Decker/Bader/Kothe
Migrations- und Integrationsrecht

Migrations- und Integrationsrecht

Kommentar

Herausgegeben von

Dr. Andreas Decker

Richter am BVerwG, Leipzig

Prof. Johann Bader

Rechtsanwalt, Stuttgart

Prof. Dr. Peter Kothe

Rechtsanwalt, Stuttgart; Lehrbeauftragter an der Hochschule
für öffentliche Verwaltung und Finanzen, Ludwigsburg

2. Auflage 2021

C.H.BECK

Zitiervorschlag:
BeckOK MigR/Bearbeiter AufenthG § 1 Rn. 1

www.beck.de

ISBN 978 3 406 77516 1

© 2021 Verlag C. H. Beck oHG
Wilhelmstraße 9, 80801 München
Druck: Eberl & Koesel GmbH & Co. KG
Am Buchweg 1, 87452 Altusried-Krugzell

Satz: Meta Systems Publishing & Printservices GmbH, Wustermark
Umschlaggestaltung: Druckerei C.H. Beck Nördlingen

chbeck.de/nachhaltig

Gedruckt auf säurefreiem, alterungsbeständigem Papier
(hergestellt aus chlorfrei gebleichtem Zellstoff)

Bearbeiterverzeichnis

Matthias Beiderbeck	Richter am Bayerischen Verwaltungsgerichtshof, München
Kathrin Biereder-Groschup .	Rechtsanwältin, Fachanwältin für Strafrecht und Fachanwältin für Migrationsrecht, Mannheim
Jürgen Blechinger	Jurist und Referent für Flucht und Migration, Evangelischer Oberkirchenrat / Diakonisches Werk Baden, Karlsruhe; Lehrbeauftragter an der Evangelischen Hochschule Freiburg
Walter Böttiger	Richter am Landessozialgericht, Stuttgart
Katharina Camerer	Rechtsanwältin, Fachanwältin für Migrationsrecht, München
Dr. Andreas Decker	Richter am Bundesverwaltungsgericht, Leipzig; Lehrbeauftragter an der Universität Augsburg
Dr. Andrea Diehl, M.J.I.	Richterin am Verwaltungsgericht; Ministerium der Justiz und für Migration, Stuttgart
Dr. Martin Diesterhöft	Richter am Verwaltungsgericht, Freiburg
Dr. Lars Dittrich	Richter am Verwaltungsgericht; Wissenschaftlicher Mitarbeiter am Bundesverfassungsgericht, Karlsruhe
Prof. Dr. Andreas Engels	Richter am Verwaltungsgericht, Köln; außerplanmäßiger Professor an der Universität zu Köln
Anja Ewald	Rechtsanwältin, Frankfurt a. M.
Wolfgang Faßbender	Rechtsanwalt, Sindelfingen
Brigitte Gerstner-Heck	Vorsitzende Richterin am Verwaltungsgericht a.D., Karlsruhe
Daniel Gräsel	Richter am Verwaltungsgericht, Stuttgart
Dr. Walter Hänsle	Oberregierungsrat, Geschäftsstelle des Bayerischen Landesbeauftragten für den Datenschutz, München
Ingrid Hönlinger	Rechtsanwältin, Ludwigsburg; Vorsitzende des für Baden-Württemberg zuständigen Prüfungsausschusses „Fachanwalt für Migrationsrecht" der Rechtsanwaltskammer Stuttgart
Günter Katzer	Richter am Bayerischen Verwaltungsgerichtshof, München
Dominik Keicher	Rechtsreferendar am Landgericht Tübingen; Doktorand am Lehrstuhl Prof. Dr. Jochen von Bernstorff, LL.M., Eberhard-Karls-Universität Tübingen
Dr. iur. utr. Sebastian Klappert	Persönlicher Referent des Beauftragten für Aussiedlerfragen und Nationale Minderheiten, Berlin; Lehrbeauftragter an der juristischen Fakultät der Universität zu Köln
Prof. Dr. Peter Kothe	Rechtsanwalt, Fachanwalt für Verwaltungsrecht und Fachanwalt für Bau- und Architektenrecht, Stuttgart; Lehrbeauftragter an der Hochschule für öffentliche Verwaltung und Finanzen, Ludwigsburg
Ass. Prof. Dr. Joachim Kretschmer	Türkisch-Deutsche Universität Istanbul; Rechtsanwalt, Berlin; Lehrbeauftragter an der Donau-Universität Krems
Simon Letsche	Parlamentsrat, Landtag von Baden-Württemberg, Stuttgart
Bettina Offer, LL.M.	Rechtsanwältin, Frankfurt a. M.
Prof. Dr. Marei Pelzer	Professorin am Fachbereich Sozialwesen, Hochschule Fulda
Claudia Protz	Vorsitzende Richterin am Verwaltungsgericht, Karlsruhe
Martin Redeker	Vorsitzender Richter am Oberverwaltungsgericht, Greifswald
Sebastian Röder, LL.M.	Rechtsanwalt, Flüchtlingsrat Baden-Württemberg, Stuttgart; Lehrbeauftragter für Migrationsrecht an der Ruprecht-Karls-Universität Heidelberg und der Hochschule Esslingen
Dr. Julian Rössler	Legationsrat, Deutsche Botschaft Rom
Dr. Jens Schmidt	Rechtsanwalt, Saarbrücken
Horst Schneider	Vorsitzender Richter am Hessischen Verwaltungsgerichtshof a.D., Kassel
Jean-Claude Schöninger	Rechtsanwalt, Fachanwalt für Migrationsrecht, Verwaltungsrecht und Medizinrecht, Lahr

Bearbeiterverzeichnis

Daniel Sigg .... Regierungsrat, Mannheim

Dr. Samuel Thomann .... Richter am Verwaltungsgericht; Wissenschaftlicher Mitarbeiter am Bundesverwaltungsgericht, Leipzig

Daniel Vollrath .... Richter am Verwaltungsgericht, Stuttgart

Dr. Moritz Votteler .... Rechtsanwalt und Avocat, Leinfelden-Echterdingen; Lehrbeauftragter für Datenschutzrecht an der Universität Stuttgart

Manfred Weidmann .... Rechtsanwalt, Tübingen

Jan Werner .... Rechtsanwalt, Eschborn

Dr. Philipp Wittmann .... Richter am Verwaltungsgericht; Wissenschaftlicher Mitarbeiter am BVerfG, Karlsruhe; Lehrbeauftragter für Migrationsrecht an der Albert-Ludwigs-Universität Freiburg i. Br. und der Ruprecht-Karls-Universität Heidelberg

Gerda Zimmerer .... Richterin am Bayerischen Verwaltungsgerichtshof, München

Vorwort

Kaum eine andere Materie steht so im Fokus von Politik, Gesellschaft und Rechtsprechung wie das Migrations- und Integrationsrecht. Kein anderes Rechtsgebiet ist zudem so zahlreichen, oftmals grundlegenden Änderungen unterworfen. Da bleiben Systematik und Dogmatik oftmals auf der Strecke. Hinzu kommen vielfältige Verschränkungen des nationalen Rechts mit Völkerrecht, wie etwa der Europäischen Menschenrechtskonvention oder der Genfer Flüchtlingskonvention, und Unionsrecht (zB Grundrechtecharta, Aufnahmerichtlinie, Qualifikationsrichtlinie, Dublin-III-Verordnung). Das macht es für den Rechtsanwender schwierig, den Überblick zu behalten.

Das vorliegende Printwerk, das einer guten Tradition des Hauses C. H. Beck folgend aus dem bereits verfügbaren Online-Kommentar hervorgegangen ist, will durch die Erläuterung grundlegender Regelwerke des internationalen und nationalen Migrations- und Integrationsrecht einschließlich des Sozialleistungsrechts dem Anwender den notwendigen Durchblick im Artikel- und Paragraphendschungel vermitteln. Dabei wird das in der Bundesrepublik Deutschland geltende Recht, der Normhierarchie folgend, anschaulich dargestellt und entsprechend dem Bedeutungsgrad sachangemessen kommentiert.

Das hinter dem Werk stehende Autorenteam setzt sich aus Personen zusammen, die überwiegend über eine langjährige praktische Erfahrung im Migrations- und Integrationsrecht verfügen, sei es in der Rechtsberatung, in behördlichen Tätigkeiten oder in einer richterlichen Verwendung. Hierdurch wird die Praxisnähe des Werkes sichergestellt.

Verlag und alle am Werk beteiligten Personen hoffen, mit dem vorliegenden Kommentar zum Migrations- und Integrationsrecht ein Kompendium geschaffen zu haben, das Licht in das Dunkel dieses Rechtsgebiets bringt und dem Anwender bei der täglichen Arbeit stets eine verlässliche Hilfe ist. Der Rechtsstand des Werkes ist der 1. Mai 2021.

Kein Kommentar ist so gut, dass er nicht verbessert werden könnte. Verlag, Herausgeber und Autorenteam freuen sich daher über Anregungen und Verbesserungsvorschläge, aber auch über konstruktive Kritik, die an den Verlag gerichtet werden möge.

München, im August 2021
Dr. Andreas Decker   Prof. Johann Bader   Prof. Dr. Peter Kothe

Inhaltsverzeichnis

Internationaler und europäischer Rechtsrahmen mit FreizügG/EU
Abkommen über die Rechtsstellung der Flüchtlinge (GFK)
Kapitel I. Allgemeine Bestimmungen

Kapitel II. Rechtsstellung

Kapitel III. Erwerbstätigkeit

Kapitel IV. Wohlfahrt

Kapitel V. Verwaltungsmaßnahmen

Kapitel VI. Durchführungs- und Übergangsbestimmungen

Inhaltsverzeichnis

Inhaltsverzeichnis

Inhaltsverzeichnis

Inhaltsverzeichnis

Gesetz über den Aufenthalt, die Erwerbstätigkeit und und die Integration von Ausländern im Bundesgebiet (AufenthG)

Kapitel 1. Allgemeine Bestimmungen

Kapitel 2. Einreise und Aufenthalt im Bundesgebiet

Abschnitt 1. Allgemeines

Inhaltsverzeichnis

Inhaltsverzeichnis

Inhaltsverzeichnis

Inhaltsverzeichnis

Abschnitt 4. Asylverfahren
Unterabschnitt 1. Allgemeine Verfahrensvorschriften

Unterabschnitt 2. Einleitung des Asylverfahrens

Unterabschnitt 3. Verfahren beim Bundesamt

Unterabschnitt 4. Aufenthaltsbeendigung

Inhaltsverzeichnis

Inhaltsverzeichnis

Inhaltsverzeichnis

Inhaltsverzeichnis

Inhaltsverzeichnis

Inhaltsverzeichnis

Verzeichnis der abgekürzt zitierten Literatur

BeckOGK............................	Gsell/Krüger/Lorenz/Reymann/Roos/Wahrendorf, beck-online.GROSSKOMMENTAR.
BeckOK AuslR	Kluth/Heusch, Beckscher Online-Kommentar Ausländerrecht.
BeckOK BGB	Hau/Poseck, Beckscher Online-Kommentar BGB.
BeckOK DatenschutzR...........	Brink/Wolff, Beckscher Online-Kommentar Datenschutzrecht.
BeckOK GG	Epping/Hillgruber, Beckscher Online-Kommentar Grundgesetz.
BeckOK SozR......................	Rolfs/Giesen/Kreikebohm/Meßling/Udsching, Beckscher Online-Kommentar Sozialrecht.
BeckOK StGB.....................	von Heintschel-Heinegg, Beckscher Online-Kommentar StGB.
BeckOK StPO	Graf, Beckscher Online-Kommentar StPO mit RiStBV und MiStra.
BeckOK Strafvollzug Bund......	Graf, Beckscher Online-Kommentar Strafvollzugsrecht Bund.
BeckOK VwGO....................	Posser/Wolff, Beckscher Online-Kommentar Verwaltungsgerichtsordnung.
BeckOK VwVfG	Bader/Ronellenfitsch, Beckscher Online-Kommentar Verwaltungsverfahrensgesetz.
Bergmann/Dienelt.................	Bergmann/Dienelt, Ausländerrecht, Kommentar, 13. Auflage 2020.
BHS.................................	Bumiller/Harders/Schwamb, FamFG, Kommentar, 12. Auflage 2019.
Böttiger Sozialleistungen für Flüchtlinge und Asylbewerber ..	Böttiger, Sozialleistungen für Flüchtlinge und Asylbewerber, Handbuch, 2017.
Calliess/Ruffert....................	Calliess/Ruffert, EUV/AEUV, Kommentar, 5. Auflage 2016.
Dreier..............................	Dreier, Grundgesetz, Kommentar, Band 1–3, 3. Auflage 2013 ff.
Dörig MigrationsR–HdB	Dörig, Handbuch Migrations- und Integrationsrecht, 2. Auflage 2020.
Ehmann/Selmayr..................	Ehmann/Selmayr, Datenschutz-Grundverordnung, Kommentar, 2. Auflage 2018.
Eicher/Luik.......................	Eicher/Luik, SGB II, Kommentar, 4. Auflage 2017.
Eisenberg/Kölbel JGG	Eisenberg/Kölbel, Jugendgerichtsgesetz, Kommentar, 22. Auflage 2021.
Erbs/Kohlhaas.....................	Häberle, Strafrechtliche Nebengesetze, Kommentar, Loseblatt.
Fichte/Jüttner	Fichte/Jüttner, SGG, Kommentar, 3. Auflage 2020.
Filzwieser/Sprung Dublin III-VO....................	Filzwieser/Sprung, Dublin III-Verordnung, Kommentar, 2014.
Fischer.............................	Fischer, Strafgesetzbuch: StGB, Kommentar, 68. Auflage 2021.
GEB AsylR	Göbel-Zimmermann/Eichhorn/Beichel-Benedetti, Asyl- und Flüchtlingsrecht, Handbuch, 2017.
GHN	Grabitz/Hilf, Das Recht der Europäischen Union, Kommentar, Loseblatt.
GK-AsylG..........................	Fritz/Vormeier, Gemeinschaftskommentar zum Asylgesetz (GK-AsylG), Loseblatt.
GK-AufenthG	Fritz/Vormeier, Gemeinschaftskommentar zum Aufenthaltsgesetz (GK-AufenthG), Loseblatt.
GK-SRB	Ehmann/Karmanski/Kuhn-Zuber, Gesamtkommentar Sozialrechtsberatung, 2. Auflage 2018.
GK-StAR	Fritz/Vormeier/Berlit, Gemeinschaftskommentar zum Staatsangehörigkeitsrecht, Loseblatt.
GKK	Geiger/Khan/Kotzur, EUV/AEUV, Kommentar, 6. Auflage 2017.

Verzeichnis der abgekürzt zitierten Literatur

Gola	Gola, DS-GVO, Kommentar, 2. Auflage 2018.
Grabenwarter/Pabel EMRK	Grabenwarter/Pabel, Europäische Menschenrechtskonvention, Lehrbuch, 7. Auflage 2021.
Grahl-Madsen Status of Refugees	Grahl-Madsen, The status of refugees in international law, Handbuch, 1972.
Grahl-Madsen Refugee Convention 1951	Grahl-Madsen, Commentary on the Refugee Convention 1951, 1997.
GSH	von der Groeben/Schwarze/Hatje, Europäisches Unionsrecht, Kommentar, 7. Auflage 2015.
GWF	Grube/Wahrendorf/Flint, SGB XII, Kommentar, 7. Auflage 2020.
Hailbronner AsylR/AuslR	Hailbronner, Asyl- und Ausländerrecht, Lehrbuch, 5. Auflage 2021.
Hailbronner AuslR	Hailbronner, Ausländerrecht, Kommentar, Loseblatt.
Hailbronner/Thym EU Immigration	Hailbronner/Thym, EU Immigration and Asylum Law, Kommentar, 2. Auflage 2016.
Hathaway Rights of Refugees	Hathaway, The Rights of Refugees under International Law, Handbuch, 2005.
HHS Neues AsylR	Heusch/Haderlein/Schönenbroicher, Das neue Asylrecht, Handbuch, 2016.
HK-BGB	Schulze/Dörner/Ebert/Hoeren/Kemper/Saenger/Scheuch/Schreiber/Schulte-Nölke/Staudinger/Wiese, BGB, Kommentar, 10. Auflage 2019.
HK-EMRK	Meyer-Ladewig/Nettesheim/von Raumer, EMRK – Europäische Menschenrechtskonvention, Kommentar, 4. Auflage 2017.
HK-GG	Hömig/Wolff, Grundgesetz für die Bundesrepublik Deutschland, Kommentar, 12. Auflage 2018.
HK-SGG	Berchtold, Sozialgerichtsgesetz, Kommentar, 6. Auflage 2021.
HKD	Hentschel/König/Dauer, Straßenverkehrsrecht, Kommentar, 46. Auflage 2021.
HMHK	Hailbronner/Maaßen/Hecker/Kau, Staatsangehörigkeitsrecht, Kommentar, 6. Auflage 2017.
HTK-AuslR	Zeitler, Hypertextkommentar zum Ausländerrecht.
Huber/Göbel-Zimmermann AuslR	Huber/Göbel-Zimmermann, Ausländer- und Asylrecht, 2. Auflage 2008.
Huber/Mantel AufenthG	Huber/Mantel, Aufenthaltsgesetz/Asylgesetz mit Freizügigkeitsgesetz/EU und ARB 1/80, 3. Aufl. 2021.
Huck/Müller	Huck/Müller, Verwaltungsverfahrensgesetz, Kommentar, 3. Auflage 2020.
Jarass GRCh	Jarass, Charta der Grundrechte der Europäischen Union, Kommentar, 4. Auflage 2021.
jurisPK-SGB II	Schlegel/Voelzke/Radüge, juris PraxisKommentar SGB II, 5. Auflage 2020.
jurisPK-SGB XII	Schlegel/Voelzke/Coseriu/Eicher, juris PraxisKommentar SGB XII, 3. Auflage 2020.
jurisPK-SGG	Schlegel/Voelzke, juris PraxisKommentar SGG, 2020.
Karpenstein/Mayer	Karpenstein/Mayer, EMRK, Kommentar, 2. Auflage 2015.
KassKomm	Körner/Leitherer/Mutschler/Rolfs, Kasseler Kommentar zum Sozialversicherungsrecht, Loseblatt.
KHK ZuwanderungsR-HdB	Kluth/Hornung/Koch, Handbuch Zuwanderungsrecht, 3. Auflage 2020.
KK-StPO	Hannich, Karlsruher Kommentar zur Strafprozessordnung, 8. Auflage 2019.
KKW	Knickrehm/Kreikebohm/Waltermann, Kommentar zum Sozialrecht, 6. Auflage 2019.
KMO Neues FachkräfteeinwanderungsR	Klaus/Mävers/Offer, Das neue Fachkräfteeinwanderungsrecht, 2020.
Kopp/Ramsauer	Kopp/Ramsauer, Verwaltungsverfahrensgesetz, Kommentar, 21. Auflage 2020.

Kopp/Schenke	Kopp/Schenke, Verwaltungsgerichtsordnung: VwGO, Kommentar, 26. Auflage 2020.
Krasney/Udsching SGVerf-HdB	Krasney/Udsching/Groth, Handbuch des sozialgerichtlichen Verfahrens, 7. Auflage 2016.
Kretschmer AuslStrafR	Kretschmer, Ausländerstrafrecht, Handbuch, 2011.
Kühling/Buchner	Kühling/Buchner, DS-GVO/BDSG, Kommentar, 3. Auflage 2020.
LK-StGB	Laufhütte/Rissing-van Saan/Tiedemann, Leipziger Kommentar Strafgesetzbuch, 12. Auflage 2006 ff.
LPK-SGB III	Böttiger/Körtek/Schaumberg, Sozialgesetzbuch III – Arbeitsförderung, Kommentar, 3. Auflage 2019.
LPK-SGB X	Diering/Timme/Stähler, Sozialgesetzbuch X, Kommentar, 5. Auflage 2019.
LPK-SGB XII	Bieritz-Harder/Conradis/Thie, SGB XII, Kommentar, 12. Auflage 2020.
MAH VerwR	Johlen/Oerder, Münchener Anwaltshandbuch Verwaltungsrecht, 4. Auflage 2017.
Marx AsylG	Marx, Kommentar zum Asylgesetz, 10. Auflage 2019.
Marx AufenthaltsR	Marx, Aufenthalts-, Asyl- und Flüchtlingsrecht, Handbuch, 7. Auflage 2020.
Maunz/Dürig	Herzog/Scholz/Herdegen/Klein, Grundgesetz-Kommentar, Loseblatt.
Maurer/Waldhoff AllgVerwR	Maurer/Waldhoff, Allgemeines Verwaltungsrecht, Lehrbuch, 20. Auflage 2020.
Meyer-Goßner/Schmitt	Meyer-Goßner/Schmitt, Strafprozessordnung: StPO, Kommentar, 64. Auflage 2021.
MKLS	Meyer-Ladewig/Keller/Leitherer/Schmidt, Sozialgerichtsgesetz: SGG, Kommentar, 13. Auflage 2020.
MSKB	Ulsamer/von Coelln/Grasshof/Haratsch/Hömig/Mellinghoff/Müller-Terpitz/Niesler/Rozek, Bundesverfassungsgerichtsgesetz, Kommentar, Loseblatt.
MüKoBGB	Säcker/Rixecker/Oetker/Limperg, Münchener Kommentar zum Bürgerlichen Gesetzbuch, Band 11: Erbrecht (§§ 1922–2385), §§ 27–35 BeurkG, 8. Auflage 2020.
MüKoStGB	Joecks/Miebach, Münchener Kommentar zum Strafgesetzbuch, Band 1–8, 3. Auflage 2017 ff.
MüKoStPO	Knauer/Kudlich/Schneider, Münchener Kommentar zur Strafprozessordnung, Band 1–3/2, 2014 ff.
MüKoZPO	Krüger/Rauscher, Münchener Kommentar zur ZPO, 5. Auflage 2016 f.
NK-AuslR	Hofmann, Ausländerrecht, Kommentar, 2. Auflage 2016
NK-BGB	Heidel/Hüßtege/Mansel/Noack, Bürgerliches Gesetzbuch: Allgemeiner Teil – EGBGB, Band 1, Kommentar, 4. Auflage 2020.
NK-EuGRCh	Meyer/Höscheidt, Charta der Grundrechte der Europäischen Union, Kommentar, 5. Auflage 2019.
NK-StGB	Kindhäuser/Neumann/Paeffgen, Strafgesetzbuch, Kommentar, 5. Auflage 2017.
NK-VwGO	Sodan/Ziekow, Verwaltungsgerichtsordnung, Kommentar, 5. Auflage 2018.
Nomos-BR/Herzog/Westphal BVFG	Herzog/Westphal, Bundesvertriebenengesetz: BVFG, Kommentar, 2. Auflage 2014.
Oestreicher/Decker	Oestreicher/Decker, SGB II/SGB XII, Kommentar, Loseblatt.
Offer/Mävers	Offer/Mävers, BeschV, Kommentar, 2016.
Paal/Pauly	Paal/Pauly, Datenschutz-Grundverordnung, Bundesdatenschutzgesetz (DS-GVO BDSG), Kommentar, 3. Auflage 2021.
Redeker/v. Oertzen	Redeker/von Oertzen, VwGO, Kommentar, 16. Auflage 2014.
Robinson Convention	Robinson, Convention relating to the status of stateless persons: its history and interpretation, Monografie, 1955.

Verzeichnis der abgekürzt zitierten Literatur

Sachs	Sachs, Grundgesetz: GG, Kommentar, 9. Auflage 2021.
SBS	Stelkens/Bonk/Sachs, VwVfG: Verwaltungsverfahrensgesetz, Kommentar, 9. Auflage 2018.
Schiedermair/Wollenschläger AuslR-HdB	Schiedermair/Wollenschläger, Handbuch des Ausländerrechts der Bundesrepublik Deutschland, Loseblatt.
Schoch/Schneider VwGO	Schoch/Schneider, Verwaltungsgerichtsordnung, Kommentar, Loseblatt.
Schönke/Schröder	Schönke/Schröder, Strafgesetzbuch: StGB, Kommentar, 30. Auflage 2019.
Schütze	Schütze, SGB X, Kommentar, 9. Auflage 2020.
SK-StPO	Wolter, Systematischer Kommentar zur Strafprozessordnung, 5. Auflage 2015 ff.
Staudinger	Staudinger, BGB – J. von Staudingers Kommentar zum Bürgerlichen Gesetzbuch mit Einführungsgesetz, 18. Auflage 2018.
UNHCR-HdB	UNHCR, Handbook and Guidelines on Procedures and Criteria for Determining Refugee Status under the 1951 Convention and the 1967 Protocol Relating to the Status of Refugees, 2011.
v. Münch/Kunig	Kämmerer/Kotzur, Grundgesetz: GG, Kommentar, 7. Auflage 2021.
Wahrendorf	Wahrendorf, Asylbewerberleistungsgesetz: AsylbLG, Kommentar, 2017.
Weis Refugees Convention 1951	Weis, The Refugee Convention, 1951, Handbuch, 1995.
Ziekow VwVfG	Ziekow, Verwaltungsverfahrensgesetz, Kommentar, 4. Auflage 2019.
Zimmermann 1951 Convention	Zimmermann, The 1951 Convention Relating to the Status of Refugees and its 1967 Protocol, Handbuch, 2011.

Vorbemerkungen

A. Migrations- und Integrationsrecht – Einführung, Begrifflichkeiten

Die Zahl der Menschen, die vor Krieg, Konflikten und Verfolgung fliehen, war noch nie so **1** hoch wie heute. Ende 2018 waren 70,8 Mio. Menschen weltweit auf der Flucht. Im Vergleich dazu waren es ein Jahr zuvor 68,5 Mio. Menschen, Ende 2016 65,6 Mio. und vor zehn Jahren 37,5 Mio. Menschen. Die Zahl der Menschen, die innerhalb ihres Heimatlandes geflohen sind, liegt bei 41,3 Mio. im Vergleich zu 40 Mio. im Jahr zuvor. Kolumbien, Syrien und die Demokratische Republik Kongo stehen an der Spitze jener Staaten, die von Binnenflucht und -vertreibung betroffen sind. Dieses Problem hat jedoch eine globale Dimension und ist verantwortlich für über 58% der Gesamtzahl von 70,8 Mio. Menschen auf der Flucht (vgl. https://www.uno-fluechtlingshilfe.de/fluechtlinge/zahlen-fakten, zuletzt abgerufen am 29.10.2019).

84 % der geflohenen Menschen weltweit lebten Ende 2018 in Staaten mit niedrigen oder **2** mittleren Einkommen. Dies liegt zum einen an der geographischen Nähe vieler armer Staaten zu Konfliktregionen. Zum anderen fehlt es international an einem Konsens, wenn es um das Thema Aufnahme von geflohenen Menschen geht (vgl. https://www.uno-fluechtlingshilfe.de/fluechtlinge/zahlen-fakten, zuletzt abgerufen am 29.10.2019).

Diese Entwicklung trifft natürlich auch Europa im Allgemeinen und die Bundesrepublik **3** Deutschland im Speziellen. Die Themen „Flüchtlingspolitik", „Asylpolitik" oder Migrationspolitik" sind in aller Munde und regelmäßig Gegenstand der Presseberichterstattung in Zeitungen, Funk und Fernsehen. Das Konfliktpotenzial ist dabei erheblich, konsensuale Lösungen müssen politisch schwer erkämpft werden. Hinzu kommt eine Begriffsverwirrung (vgl. Griesbeck BayVBl. 2018, 325 (327)), die eine sachliche Problemdiskussion erschwert. Wenn jeder Mensch, der nach Europa bzw. in die Bundesrepublik Deutschland kommt, pauschal als „**Flüchtling**" tituliert wird, dann entspricht dies jedenfalls weder Völker- noch Unions- noch nationalem Recht. Nach Art. 1 A Nr. 2 GFK ist Flüchtling eine Person, die infolge von Ereignissen, die vor dem 1.1.1951 eingetreten sind, und aus der begründeten Furcht vor Verfolgung wegen ihrer Rasse, Religion, Nationalität, Zugehörigkeit zu einer bestimmten sozialen Gruppe oder wegen ihrer politischen Überzeugung sich außerhalb des Landes befindet, dessen Staatsangehörigkeit sie besitzt, und den Schutz dieses Landes nicht in Anspruch nehmen kann oder wegen dieser Befürchtungen nicht in Anspruch nehmen will oder die sich als staatenlose infolge solcher Ereignisse außerhalb des Landes befindet, in welchem sie ihren gewöhnlichen Aufenthalt hatte, und nicht dorthin zurückkehren kann oder wegen der erwähnten Befürchtungen nicht dorthin zurückkehren will. Migration (vom lateinischen migratio = (Aus-) Wanderung, Umzug) steht dagegen für den dauerhaften Wohnortwechsel von Menschen. Ein **Migrant** ist folglich eine Person, die zu einer Migrationsbewegung gehört. Unter einer Migrationsbewegung wird die auf Dauer angelegte Verlagerung des Lebensmittelpunktes größerer Menschengruppen in neue Gebiete verstanden. Jemand der aus anderen Gründen als die, die in Art. 1 GFK genannt sind, in die Bundesrepublik Deutschland kommt, ist folglich ein (Im-) Migrant. Hieraus folgt, dass jeder Flüchtling ein Migrant, aber nicht jeder Migrant ein Flüchtling ist. Griesbeck (BayVBl. 2018, 325 (327)) verweist daher zu Recht auf die von der Generalversammlung der Vereinten Nationen am 19.9.2016 verabschiedete New Yorker Erklärung für Flüchtlinge und Migranten, in welcher klar zwischen Flüchtlingen einerseits und Migranten andererseits unterschieden wird. Indessen wurde mit dieser Deklaration der Startpunkt für die Aushandlung des Globalen Paktes für sichere, geordnete und reguläre Migration (Global Compact for Safe, Orderly and Regular Migration; nachfolgend: **Migrationspakt**) sowie des Globalen Paktes für Flüchtlinge (Global Compact on Refugees) gesetzt. Nach zahlreichen Beratungen ist der finale Text des Migrationspaktes (A/CONF.231/3) am 13.7.2018 von den Kofazilitatoren offiziell dem Präsidenten der UN-Generalversammlung übergeben worden. Der Migrationspakt wurde sodann am 10.12.2018 auf der UN-Konferenz in Marrakesch von 164 Mitgliedstaaten der UN, darunter Deutschland, formell angenommen und in der Folge von der UN-Generalsammlung in einer unverbindlichen Resolution bekräftigt. Am 29.11.2018 hat der Deutsche Bundestag über einen Antrag der Fraktionen der CDU/CSU und SPD (vgl. BT-Drs. 19/6056), mit dem der Migrationspakt begrüßt wird, namentlich abgestimmt. 372 Abgeordnete votierten für den Migrationspakt, 153 Abgeordnete stimmten dagegen. Das BVerfG hat dem Migrationspakt allerdings bescheinigt, dass er **keinerlei rechtliche Verbindlichkeit** aufweise (BVerfG NVwZ 2019, 161 = BeckRS 2018, 31541; sa die Besprechung von Hecker NVwZ 2019, 290).

Die Migration von Menschen nach Deutschland wirft erhebliche Probleme in Bezug auf deren **4** Integration in hiesige (soziale und kulturelle) Verhältnisse auf. Unter **Integration** wird (soziologisch) der allgemeine Einbezug von bisher aus sozialen Aspekten ausgeschlossenen Menschen und Gruppen verstanden, Ausländerintegration beschreibt die Aufnahme von Immigranten in das nationale Sozialgefüge. In diesem Zusammenhang ist vor allem die Frage zentral, welchen Personen Integrationsleistungen angeboten werden sollen. Sinnvoll erscheint dies nur bei (anerkannten) Flüchtlingen und solchen Immigranten, die über ein längerfristiges Bleiberecht oder eine entsprechende Bleibeperspektive verfügen. Bei allen anderen kann letztlich nur die - möglichst umgehende - Aufenthaltsbeendigung zielführend sein.

B. Rechtlicher Rahmen des Migrations- und Integrationsrechts

5 Den vielfältigen Problemen des Migrations- und Integrationsrechts steht eine mindestens ebenso große Zahl an Rechtsnormen gegenüber. Während die „Migration" und die Behandlung von Flüchtlingen ein länderübergreifendes Problem ist, stellt sich die Integration in erster Linie als nationale Problemlage dar. Entsprechend ist auch in Bezug auf den jeweils maßgeblichen Rechtsrahmen zu differenzieren.

6 Eine Vielzahl von Normen beschäftigt sich mit der **Migration.** An erster Stelle sind hier die Regelungen zur Feststellung der **Flüchtlingseigenschaft** und die sich hieraus ergebenden Konsequenzen zu nennen.

6.1 Die Magna Charta des Flüchtlingsschutzes ist das Abkommen über die Rechtsstellung der Flüchtlinge vom 28.7.1951, verkündet mit Gesetz vom 1.9.1953 (BGBl. II 559), und in Kraft getreten am 22.4.1954 gemäß Bekanntmachung vom 25.4.1954 (BGBl. 1954 II 619), die sog. **GFK (Genfer Flüchtlingskonvention).**

6.2 Auch das **Unionsrecht** weist vielfältige Regelungen zum Flüchtlingsschutz auf. Auf der Ebene des **europäischen Primärrechts** ist zunächst **Art. 6 Abs. 2 S. 1 EUV** von Bedeutung. Hierdurch wurde nicht nur die Grundlage für den Beitritt der EU zur EMRK geschaffen, sondern die EU wurde auch dazu verpflichtet, der EMRK beizutreten („tritt bei"). Indessen hat der EuGH in seinem Gutachten vom 18.12.2014 – C-2/13 – (BeckRS 2015, 80256; siehe auch die Besprechung von Streinz, JUS 2015, 567) ausgeführt, dass die Übereinkunft über den Beitritt der EU zur EMRK nicht mit Art. 6 Abs. 2 EUV und dem Protokoll (Nr. 8) zu Art. 6 Abs. 2 EUV vereinbar sei, weshalb die EU der EMRK nicht beitreten könne/dürfe. Damit verbleibt es bei den bisherigen Verknüpfungen des primären Gemeinschaftsrechts mit der EMRK nur als Rechtserkenntnisquelle (Art. 6 Abs. 3 EUV) und Bezugsrahmen (Art. 52 Abs. 3 GRCh); eine externe Kontrolle der Union und ihrer Organe einschließlich des EuGH am Maßstab der EMRK durch den EGMR findet damit nicht statt (vgl. Streinz, JUS 2015, 567, 568; zur Heranziehung der EMRK in der juristischen Fallbearbeitung siehe etwa Spitzlei/Schneider, JA 2019, 9). Mit **Art. 6 Abs. 1 EUV** hat die Europäische Union die Rechte, Freiheiten und Grundsätze anerkannt, die in der GRCh (Charta der Grundrechte der Europäischen Union v. 7.12.2000) in der am 12.12.2007 in Straßburg angepassten Fassung niedergelegt sind, und festgestellt, dass die GRCh und die Verträge rechtlich gleichrangig sind. Nach Art. 18 GRCh wird das Recht auf Asyl nach Maßgabe der GFK und des Protokolls v. 31.1.1967 über die Rechtsstellung der Flüchtlinge sowie gemäß dem EGV (Vertrag zur Gründung der Europäischen Gemeinschaft v. 25.3.1957) gewährleistet. **Sekundärrechtlich** sind insbesondere die **Aufnahme-RL** (RL 2013/33/EU v. 26.6.2013, ABl. 2013 L 180, 96), die **Asylverfahrens-RL 2005** (RL 2005/85/EG v. 1.12.2005, ABl. 2005 L 326, 13) und die **Qualifikations-RL** (RL 2011/95/EU v. 13.12.2011, ABl. 2011 L 337, 9) sowie die **Dublin III-VO** (VO (EU) 604/2013 v. 26.6.2013, ABl. 2013 L 180, 31, ber. ABl. 2017 L 49, 50), zu nennen.

6.3 Auf der Ebene des nationalen Rechts ist zunächst Art. 16a GG („Politisch Verfolgte genießen Asylrecht.") von Bedeutung. Dieses Grundrecht wird durch Art. 16a Abs. 2–5 GG eingeschränkt und auf einfachrechtlicher Ebene durch das AsylG (Asylgesetz v. 2.9.2008, BGBl. 2008 I 1798, bis zum 24.10.2015 „Asylverfahrensgesetz"; vgl. Asylverfahrensbeschleunigungsgesetz v. 20.10.2015, BGBl. 2015 I 1722) umgesetzt. Dieses sieht den Flüchtlingsschutz (§ 3 AsylG) und den europäischen subsidiären Schutz nach § 4 Abs. 1 AsylG vor; flankiert wird das Schutzkonzept des AsylG durch einen nationalen Abschiebungsschutz nach § 60 Abs. 5 und Abs. 7 S. 1 AufenthG.

7 **Außerhalb des Flüchtlingsschutzes** finden sich ebenfalls zahlreiche Regelungen auf der Ebene des **europäischen Primärrechts.** Auch hier ist wieder die GRCh von Bedeutung. Besonderer Erwähnung verdient in diesem Zusammenhang Art. 19 GRCh, wonach Kollektivausweisungen nicht zulässig sind (Art. 19 Abs. 1 GRCh) und niemand in einen Staat abgeschoben oder ausgewiesen oder an einen Staat ausgeliefert werden darf, in dem für sie oder ihn das ernsthafte Risiko der Todesstrafe, der Folter oder einer anderen unmenschlichen oder erniedrigenden Strafe oder Behandlung besteht (Art. 19 Abs. 2 GRCh). Ferner ergeben sich aus dem AEUV (Vertrag über die Arbeitsweise der Europäischen Union v. 13.12.2007, ABl. 2007 C 306, 1) etliche Vorgaben, wie etwa das Diskriminierungsverbot (Art. 18 AEUV), das Recht auf Freizügigkeit (Art. 21

AEUV), die Regelungen über die Arbeitnehmerfreizügigkeit (Art. 45 ff. AEUV), die Niederlassungsfreiheit (Art. 49 ff. AEUV) und die Dienstleistungsfreiheit (Art. 56 ff. AEUV), die von den Mitgliedstaaten zu beachten sind.

Sekundärrechtlich sind vor allem von Bedeutung: **7.1**
- Drittstaatsangehörigen-Rückführungs-RL (RL 2001/40/EG v. 28.5.2001, ABl. 2001 L 149, 34);
- RL 2001/51/EG (v. 28.6.2001, ABl. 2001 L 187, 45) zur Ergänzung der Regelungen nach Art. 26 SDÜ;
- **Schutzgewährungs-RL** (RL 2001/55/EG v. 20.7.2001, ABl. 2001 L 212, 12),
- Menschenhandelbeihilfe-Definitions-RL (RL 2002/90/EG v. 28.11.2002, ABl. 2002 L 328, 17);
- Familienzusammenführungs-RL (RL 2003/86/EG v. 22.9.2003, ABl. 2003 L 251, 12);
- Daueraufenthalts-RL (RL 2003/109/EG v. 25.11.2003, ABl. 2004 L 16, 44);
- **Freizügigkeits-RL** (RL 2004/38/EG v. 29.4.2004, ABl. 2004 L 158, 77);
- RL 2003/110/EG (v. 25.11.2003, ABl. 2003 L 321, 26) über die Unterstützung bei der Durchbeförderung im Rahmen von Rückführungsmaßnahmen auf dem Luftweg;
- Opferschutz-RL (RL 2004/81/EG v. 29.4.2004, ABl. 2004 L 261, 19);
- Studenten-RL (RL 2004/114/EG v. 13.12.2004, ABl. 2004 L 375, 12);
- Forscher-RL (RL 2005/71/EG v. 12.10.2005, ABl. 2005 L 289, 15);
- RL 2009/50/EG (v. 25.5.2009, ABl. 2009 L 155, 17) über die Bedingungen für die Einreise und den Aufenthalt von Drittstaatsangehörigen zur Ausübung einer hochqualifizierten Beschäftigung;
- Saisonarbeitnehmer-RL (RL 2014/36/EU, ABl. v. 28.3.2014 L 94, 375)
- ICT-RL (RL 2014/66/EU v. 15.5.2014, ABl. 2014 L 157, 1);
- RL (EU) 2016/801 (v. 11.5.2016, ABl. 2016 L 132, 21) über Einreise- und Aufenthaltsbedingungen von Drittstaatsangehörigen zu bestimmten Zwecken;
- Schengener Grenzkodex (VO (EU) 2016/339 v. 9.3.2016, ABl. 2016 L 77, 1).

Diese Vorgaben werden im nationalen Recht in erster Linie durch das AufenthG (Aufenthaltsgesetz v. **7.2** 25.2.2008, BGBl. I 162) umgesetzt, die primäre Rechtsquelle des deutschen Ausländerrechts, welches im Jahr 2019 zahlreichen, zT umfangreichen Änderungen unterworfen war. Weitere Regelungen enthalten die sog. AufenthV (Aufenthaltsverordnung v. 25.11.2004, BGBl. 2004 I 2945) und die BeschV (Beschäftigungsverordnung v. 6.6.2013, BGBl. 2013 I 1499). Spezielle Vorschriften für EU-Staatsangehörige finden sich überdies im FreizügG/EU (Gesetz über die allgemeine Freizügigkeit von Unionsbürgern v. 30.7.2004, BGBl. 2004 I 1959 (1986)) und bezüglich türkischer Staatsangehöriger im EWG-Türkei (Beschluss Nr. 1/80 des Assoziationsrates v. 19.9.1980 über die Entwicklung der Assoziation).

Fragen der **Integration** sind vor allem innerstaatlich zu lösen. Ein spezielles Integrationsgesetz **8** gibt es in der Bundesrepublik Deutschland jedoch nicht. Die maßgeblichen Normen sind über zahlreiche Gesetze verstreut. Das belegt nicht zuletzt das Integrationsgesetz (v. 31.7.2016, BGBl. I 1939) mit welchem ein ganzer Strauß von Gesetzen geändert worden ist. Soweit es um die soziale Absicherung von Migranten geht, finden sich entsprechende Regelungen im AsylbLG (Asylbewerberleistungsgesetz vom 5.8.1997, BGBl. 1997 I 2022), das ebenfalls 2019 ganz erheblich geändert worden ist, bzw. über § 2 Abs. 1 AsylbLG im SGB XII, ferner in § 23 SGB XII oder im SGB II. Diese Gesetze sehen dann auch etwaige Integrationsleistungen vor, wie zB §§ 5a und 5b AsylbLG. Integration ist aber natürlich auch an einen entsprechenden – langfristigen – Aufenthaltsstatus geknüpft; die hiermit im Zusammenhang stehenden Fragen beantwortet das AufenthG. Schließlich kann sich bei integrierten Ausländern auch der Wunsch nach einer Einbürgerung ergeben. Unter welchen Voraussetzungen dies möglich ist, regelt in erster Linie das StAG (Staatsangehörigkeitsgesetz v. 22.7.1913, RGBl. I 583).

C. Der Fachanwalt für Migrations- und Integrationsrecht

Vorstehende Ausführungen haben gezeigt, dass Flüchtlingsschutz, Migration und Integration **9** von Ausländern eine ganze Palette unterschiedlicher Rechtsnormen berühren und damit eine Fülle von Problemen aufwerfen, die (auch) einer rechtlichen Bewältigung bedürfen. Das gilt namentlich für den durch Art. 19 Abs. 4 GG garantierten Rechtsschutz. Das erfordert spezifische Kenntnisse im maßgeblichen Recht, an denen es – diese Aussage sei erlaubt – leider allzu oft fehlt.

Die Bedeutung des Asyl- und Ausländerrechts in der Bundesrepublik Deutschland in der ver- **10** waltungsgerichtlichen Praxis kann zudem kaum überschätzt werden. Nahezu 50 % der 2016 vor den Verwaltungsgerichten erledigten Hauptsacheverfahren kamen aus diesem Bereich (vgl. Statistisches Bundesamt, Fachserie 10, Reihe 2.4, 2016, 11).

Vor diesem Hintergrund ist es konsequent, dass zum 1.3.2016 die FAO (Fachanwaltsordnung **11** v. 22.3.1999, BRAK-Mitt. 131) geändert und als 23. Fachanwalt der „**Fachanwalt für Migrati-**

onsrecht" eingeführt worden ist. Der in § 14p FAO umschriebene Aufgabenkreis ist dabei umfassend.

12   Das vorliegende Werk richtet sich speziell an Rechtsanwälte und Praktiker, die mit dem Migrations- und Integrationsrecht befasst sind. Es soll diesen einen schnellen und umfassenden Überblick über die insofern maßgeblichen Normen verschaffen und gleichzeitig dazu beitragen, Migranten sachangemessen zu beraten. Aufgrund des Charakters als Online-Kommentar ist zudem sichergestellt, dass Änderungen der Rechtslage, die in diesem Bereich (leider) relativ häufig erfolgen, zeitnah berücksichtigt und eingearbeitet werden können, so dass stets mit der aktuellen Rechtslage gearbeitet werden kann.

Internationaler und europäischer Rechtsrahmen mit FreizügG/EU

Abkommen über die Rechtsstellung der Flüchtlinge

vom 28. Juli 1951
(BGBl. 1953 II S. 559)

Kapitel I. Allgemeine Bestimmungen

Artikel 1 Definition des Begriffs „Flüchtling"

A.
Im Sinne dieses Abkommens findet der Ausdruck „Flüchtling" auf jede Person Anwendung:
1. Die in Anwendung der Vereinbarungen vom 12. Mai 1926 und 30. Juni 1928 oder in Anwendung der Abkommen vom 28. Oktober 1933 und 10. Februar 1938 und des Protokolls vom 14. September 1939 oder in Anwendung der Verfassung der Internationalen Flüchtlingsorganisation als Flüchtling gilt.
Die von der Internationalen Flüchtlingsorganisation während der Dauer ihrer Tätigkeit getroffenen Entscheidungen darüber, daß jemand nicht als Flüchtling im Sinne ihres Statuts anzusehen ist, stehen dem Umstand nicht entgegen, daß die Flüchtlingseigenschaft Personen zuerkannt wird, die die Voraussetzungen der Ziffer 2 dieses Artikels erfüllen;
2. Die infolge von Ereignissen, die vor dem 1. Januar 1951 eingetreten sind, und aus der begründeten Furcht vor Verfolgung wegen ihrer Rasse, Religion, Nationalität, Zugehörigkeit zu einer bestimmten sozialen Gruppe oder wegen ihrer politischen Überzeugung sich außerhalb des Landes befindet, dessen Staatsangehörigkeit sie besitzt, und den Schutz dieses Landes nicht in Anspruch nehmen kann oder wegen dieser Befürchtungen nicht in Anspruch nehmen will; oder die sich als staatenlose infolge solcher Ereignisse außerhalb des Landes befindet, in welchem sie ihren gewöhnlichen Aufenthalt hatte, und nicht dorthin zurückkehren kann oder wegen der erwähnten Befürchtungen nicht dorthin zurückkehren will.
Für den Fall, daß eine Person mehr als eine Staatsangehörigkeit hat, bezieht sich der Ausdruck „das Land, dessen Staatsangehörigkeit sie besitzt" auf jedes der Länder, dessen Staatsangehörigkeit diese Person hat. Als des Schutzes des Landes, dessen Staatsangehörigkeit sie hat, beraubt gilt nicht eine Person, die ohne einen stichhaltigen, auf eine begründete Befürchtung gestützten Grund den Schutz eines der Länder nicht in Anspruch genommen hat, deren Staatsangehörigkeit sie besitzt.
B.
1. Im Sinne dieses Abkommens können die im Artikel 1 Abschnitt A enthaltenen Worte „Ereignisse, die vor dem 1. Januar 1951 eingetreten sind" in dem Sinne verstanden werden, daß es sich entweder um
   a) „Ereignisse, die vor dem 1. Januar 1951 in Europa eingetreten sind" oder
   b) „Ereignisse, die vor dem 1. Januar 1951 in Europa oder anderswo eingetreten sind"
   handelt. Jeder vertragschließende Staat wird zugleich mit der Unterzeichnung, der Ratifikation oder dem Beitritt eine Erklärung abgeben, welche Bedeutung er diesem Ausdruck vom Standpunkt der von ihm auf Grund dieses Abkommens übernommenen Verpflichtungen zu geben beabsichtigt.
2. Jeder vertragschließende Staat, der die Formulierung zu a) angenommen hat, kann jederzeit durch eine an den Generalsekretär der Vereinten Nationen gerichtete Notifikation seine Verpflichtungen durch Annahme der Formulierung b) erweitern.

C.

Eine Person, auf die die Bestimmungen des Absatzes A zutreffen, fällt nicht mehr unter dieses Abkommen,

1. wenn sie sich freiwillig erneut dem Schutz des Landes, dessen Staatsangehörigkeit sie besitzt, unterstellt; oder
2. wenn sie nach dem Verlust ihrer Staatsangehörigkeit diese freiwillig wiedererlangt hat; oder
3. wenn sie eine neue Staatsangehörigkeit erworben hat und den Schutz des Landes, dessen Staatsangehörigkeit sie erworben hat, genießt; oder
4. wenn sie freiwillig in das Land, das sie aus Furcht vor Verfolgung verlassen hat oder außerhalb dessen sie sich befindet, zurückgekehrt ist und sich dort niedergelassen hat; oder
5. wenn sie nach Wegfall der Umstände, auf Grund deren sie als Flüchtling anerkannt worden ist, es nicht mehr ablehnen kann, den Schutz des Landes in Anspruch zu nehmen, dessen Staatsangehörigkeit sie besitzt. Hierbei wird jedoch unterstellt, daß die Bestimmung dieser Ziffer auf keinen Flüchtling im Sinne der Ziffer 1 des Abschnittes A dieses Artikel Anwendung findet, der sich auf zwingende, auf früheren Verfolgungen beruhende Gründe berufen kann, um die Inanspruchnahme des Schutzes des Landes abzulehnen, dessen Staatsangehörigkeit er besitzt;
6. wenn es sich um eine Person handelt, die keine Staatsangehörigkeit besitzt, falls sie nach Wegfall der Umstände, auf Grund deren sie als Flüchtling anerkannt worden ist, in der Lage ist, in das Land zurückzukehren, in dem sie ihren gewöhnlichen Wohnsitz hat. Dabei wird jedoch unterstellt, daß die Bestimmung dieser Ziffer auf keinen Flüchtling im Sinne der Ziffer 1 des Abschnittes A dieses Artikels Anwendung findet, der sich auf zwingende, auf früheren Verfolgungen beruhende Gründe berufen kann, um die Rückkehr in das Land abzulehnen, in dem er seinen gewöhnlichen Aufenthalt hatte.

D.

Dieses Abkommen findet keine Anwendung auf Personen, die zur Zeit den Schutz oder Beistand einer Organisation oder einer Institution der Vereinten Nationen mit Ausnahme des Hohen Kommissars der Vereinten Nationen für Flüchtlinge genießen. Ist dieser Schutz oder diese Unterstützung aus irgendeinem Grunde weggefallen, ohne daß das Schicksal dieser Personen endgültig gemäß den hierauf bezüglichen Entschließungen der Generalversammlung der Vereinten Nationen geregelt worden ist, so fallen diese Personen ipso facto unter die Bestimmungen dieses Abkommens.

E.

Dieses Abkommen findet keine Anwendung auf eine Person, die von den zuständigen Behörden des Landes, in dem sie ihren Aufenthalt genommen hat, als eine Person anerkannt wird, welche die Rechte und Pflichten hat, die mit dem Besitz der Staatsangehörigkeit dieses Landes verknüpft sind.

F.

Die Bestimmungen dieses Abkommens finden keine Anwendung auf Personen, in bezug auf die aus schwerwiegenden Gründen die Annahme gerechtfertigt ist,

a) daß sie ein Verbrechen gegen den Frieden, ein Kriegsverbrechen oder ein Verbrechen gegen die Menschlichkeit im Sinne der internationalen Vertragswerke begangen haben, die ausgearbeitet worden sind, um Bestimmungen bezüglich dieser Verbrechen zu treffen;
b) daß sie ein schweres nichtpolitisches Verbrechen außerhalb des Aufnahmelandes begangen haben, bevor sie dort als Flüchtling aufgenommen wurden;
c) daß sie sich Handlungen zuschulden kommen ließen, die den Zielen und Grundsätzen der Vereinten Nationen zuwiderlaufen.

Überblick

Zusammen mit dem in Art. 33 geregelten Refoulement-Verbot (→ Art. 33 Rn. 8) bildet die in Art. 1 kodifizierte Flüchtlingsdefinition das Rückgrat der GFK: Im Zusammenspiel regeln beide Bestimmungen, unter welchen Umständen Schutzsuchende vor politischer Verfolgung durch ihren (bzw. in ihrem) Herkunftsstaat Schutz in einem der Konventionsstaaten beanspruchen können. Art. 1 regelt dabei nicht nur den zeitlichen und räumlichen Bezugsrahmen der materiellen Flüchtlingsdefinition der GFK (→ Rn. 25 ff.) und weitere positive Voraussetzungen der Schutzgewährung (Art. 1 A. Nr. 1 S. 1, Nr. 2; Art. 1 B.; Art. 1 D. S. 2; → Rn. 19 ff.), sondern auch Ausschluss- (Art. 1 D.–F.; → Rn. 77 ff.) und Verlustgründe (Art. 1 C.; → Rn. 91 ff.) sowie das Verhältnis zu anderen Schutzbestimmungen und -instrumenten (Art. 1 A. Nr. 1, Art. 1 D. S. 1; → Rn. 42 ff., → Rn. 80 ff.). Die Bedeutung dieser Zentralnorm des Flüchtlingsrechts reicht dabei weit über die GFK hinaus, da sie zugleich den Ausgangspunkt für den Flüchtlingsbegriff des Unionsrechts bildet (→ Rn. 24).

Übersicht

A. Bedeutung der GFK

I. Konventionsstaaten

Der GFK (Abkommen über die Rechtstellung der Flüchtlinge v. 28.7.1951) und dem Protokoll **1** über die Rechtstellung der Flüchtlinge v. 31.1.1967 sind **insgesamt 145 Staaten beigetreten.** Eine aktuelle Übersicht über den Stand der Verträge findet sich in der United States Treaty Collection (https://treaties.un.org/Pages/Treaties.aspx?id=5&subid=A).

Im Einzelnen handelt es sich um die Staaten Ägypten, Äquatorialguinea, Äthiopien, Albanien, Algerien, **1.1** Angola, Antigua und Barbuda, Argentinien, Armenien, Aserbaidschan, Australien, Bahamas, Belgien, Belize, Benin, Bolivien, Bosnien und Herzegowina, Botsuana, Brasilien, Bulgarien, Burkina Faso, Burundi, Chile, China (Volksrepublik), Costa Rica, Côte d'Ivoire, Dänemark, Deutschland, Dominica, Dominikani-sche Republik, Dschibuti, Ecuador, El Salvador, Estland, Fidschi, Finnland, Frankreich, Gabun, Gambia, Georgien, Ghana, Griechenland, Guatemala, Guinea, Guinea-Bissau, Haiti, Heiliger Stuhl (Vatikan), Honduras, Iran, Irland, Island, Israel, Italien, Jamaika, Japan, Jemen, Kambodscha, Kamerun, Kanada, Kasachstan, Kenia, Kirgisistan, Kolumbien, Kongo (Demokratische Republik), Kongo (Republik Kongo bzw. Kongo-Brazzaville), Korea (Republik), Kroatien, Lesotho, Lettland, Liberia, Liechtenstein, Litauen, Luxemburg, Madagaskar, Malawi, Mali, Marokko, Mauretanien, Mazedonien, Mexiko, Moldau (Republik), Montenegro, Mosambik, Namibia, Neuseeland, Nicaragua, Niederlande, Niger, Nigeria, Norwegen, Österreich, Panama, Papua-Neuguinea, Paraguay, Peru, Philippinen, Polen, Portugal, Ruanda, Rumänien, Russische Föderation, Salomonen, Sambia, Samoa, São Tomé und Príncipe, Schweden, Schweiz, Senegal, Serbien, Seychellen, Sierra Leone, Simbabwe, Slowakei, Slowenien, Somalia, Spanien, St. Kitts und Nevis, St. Vincent und die Grenadinen, Südafrika, Sudan, Surinam, Swasiland, Tadschikistan, Tansania, Timor-Leste, Togo, Trinidad und Tobago, Tschad, Tschechische Republik, Tunesien, Turkmenistan, Tuvalu, Ukraine, Uganda, Uruguay, Vereinigtes Königreich von Großbritannien und Nordirland, Weißrussland (Belarus), Zentralafrikanische Republik und Zypern.

2   Von diesen Staaten sind **nur die Republik Madagaskar und die Föderation St. Kitts und Nevis nicht auch Vertragsstaaten des Protokolls über die Rechtsstellung der Flüchtlinge v. 31.1.1967.** Da hieraus eine zeitliche Beschränkung des Anwendungsbereichs der GFK auf Fluchtereignisse vor dem 1.1.1951 folgt (→ Rn. 27 f.), ist die Konvention **dort heute faktisch ohne Bedeutung** (Zimmermann 1951 Convention/Zimmermann/Mahler Art. 1 A. Nr. 2 Rn. 122).

3   Ausschließlich dem Protokoll über die Rechtsstellung der Flüchtlinge von 1967 beigetreten sind Kap Verde, die Vereinigten Staaten von Amerika und Venezuela.

3.1   Dies führt faktisch nicht zu unterschiedlichen rechtlichen Bindungen im Vergleich zu anderen Konventionsstaaten, da Art. I Abs. 1 FlüchtlingsProt auf Art. 2–34 verweist. Den auf das Protokoll über die Rechtsstellung der Flüchtlinge v. 31.1.1967 beschränkten Signatarstaaten war es allerdings verwehrt, vom der in Art. 1 B. Nr. 1 vorgesehenen Möglichkeit der geographischen Beschränkung des Flüchtlingsbegriffs auf europäische Verfolgungsszenarien Gebrauch zu machen (→ Rn. 29).

4   Die Republik Kongo (Kongo-Brazzaville), Madagaskar, Monaco und die Türkei haben dabei gem. Art. 1 B. Nr. 1 lit. a erklärt, **das Abkommen nur auf innereuropäische Flüchtlinge anwenden zu wollen** (→ Rn. 29 ff.); weitere individuelle Vorbehalte gegenüber der Geltung einzelner Artikel der GFK wurden – wie es Art. 42 Abs. 1 ermöglicht – von einer Vielzahl von Einzelstaaten erklärt.

4.1   Eine Übersicht über die jeweiligen Vorbehalte findet sich in der United States Treaty Collection (https://treaties.un.org/Pages/ViewDetailsII.aspx?src=TREATY&mtdsg_no=V-2&chapter=5) sowie in der Kommentierung der jeweiligen Vorschriften.

II. Normenhierarchische Einbindung

1. Bedeutung als Normen des Völkerrechts

5   Als solche hat die GFK zunächst die normenhierarchische Stellung, die völkerrechtlichen Verträgen nach dem jeweiligen nationalen Recht zukommt; sie gilt in Deutschland daher **im Rang eines einfachen Bundesgesetzes** (Art. 59 Abs. 2 S. 1 GG). Die Frage, ob etwa **das in Art. 33 völkervertragsrechtlich kodifizierte Prinzip des Non-Refoulement** (→ Art. 33 Rn. 8 ff.) in Deutschland **darüber hinaus auch den Rang einer allgemeinen Regel des Völkerrechts iSd Art. 25 GG genießt** (vgl. BVerwG NVwZ 1994, 1112 (1114)), ist angesichts der Verankerung des Refoulement-Verbots im Unions-Primärrecht (→ Rn. 8) und seiner Umsetzung durch die Qualifikations-RL (RL 2011/95/EU v. 13.12.2011, ABl. 2011 L 337, 9) derzeit nicht von praktischer Bedeutung.

6   Soweit die Normen der GFK den Anforderungen an die **unmittelbare Anwendbarkeit** einer durch Zustimmungsgesetz transformierten völkerrechtlichen Bestimmungen genügen, können aus ihnen ggf. unmittelbare Rechtsfolgen zugunsten der Schutzsuchenden bzw. anerkannten Flüchtlinge hergeleitet werden (vgl. BVerwGE 89, 296 = NVwZ 1992, 676 (677)).

7   Angesichts der – zudem teilweise überschießenden – Umsetzung der GFK durch die Qualifikationsrichtlinie und die Bestimmungen des AsylG, des AufenthG und der AufenthV hat die **GFK als unmittelbare Anspruchsgrundlage** indes **praktisch nur geringe Bedeutung.** Allerdings wären die Bestimmungen des EU-Flüchtlingsrechts (und die zu deren Umsetzung bestimmten nationalen Bestimmungen) ggf. **konventionsfreundlich auszulegen,** soweit diese oder ihre Auslegung durch die nationalen Gerichte von den durch die Konvention garantierten Mindestrechten abweichen (vgl. Bast ZAR 2018, 41 (43)).

Praktische Anwendungsfälle konventionsunmittelbar herzuleitender Rechtspositionen sind der **7.1**
Anspruch auf Ausstellung eines Flüchtlingsausweises (→ Art. 29 Rn. 9; BVerwGE 88, 254 (257)) und das
Pönalisierungsverbot der Einreise von Flüchtlingen (→ Art. 31 Rn. 5; vgl. jeweils Dörig MigrationsR-
HdB § 11 Rn. 7).

2. Inkorporation als Norm im Rang primären Unionsrechts

Die Inkorporationsregel des Art. 78 Abs. 1 S. 2 AEUV verleiht der GFK im Unionsgebiet **8**
zudem den **Rang von primärem Unionsrecht** und dient somit als Rechtmäßigkeits- und
Auslegungsmaßstab auch für sekundärrechtliche Bestimmungen zB der Qualifikationsrichtlinie
(EuGH 14.5.2019 – C-391/16, C-77/17, C-78/17 [M, X. und X], Rn. 77; Dörig MigrationsR-
HdB § 11 Rn. 4; BeckOK AuslR/Thym AEUV Art. 78 Rn. 3, 7).

Die Einbeziehung als Rechtsnormen im Range des Unionsrechts hat darüber hinaus zur Folge, dass **8.1**
von einzelnen EU-Mitgliedstaaten im Rahmen des Beitritts zur GFK erklärte Vorbehalte nach Art. 42
Abs. 1 GFK nicht mehr zur Anwendung gelangen, da Art. 78 Abs. 1 S. 2 AEUV insoweit keine Vorbehalte
enthält. Völkerrechtlich gelten die Vorbehalte zwar im Verhältnis der einzelnen Konventionsstaaten zueinander fort, sie werden durch primäres Unionsrecht aber vollständig überlagert (vgl. EuGH 14.5.2019 – C-
391/16, C-77/17, C-78/17 [M, X. und X], Rn. 107).

3. Umsetzung durch das Unions-Sekundärrecht und nationales Recht

Konkretisiert wird die GFK unter anderem **durch die sekundärrechtlichen Bestimmungen** **9**
der Qualifikations-RL (RL 2011/95/EU v. 13.12.2011, ABl. 2011 L 337, 9), der Asylverfahrens-RL
(RL 2013/32/EU v. 26.6.2013, ABl. 2013 L 180, 60) und der EU-Aufnahme-RL (RL 2013/33/EU
v. 26.6.2013, ABl. 2013 L 180, 96), die allerdings ihrerseits im Lichte des primären Unionsrechts – und
damit sowohl der GRCh als auch der durch Art. 78 Abs. 1 S. 2 AEUV inkorporierten GFK
(→ Rn. 8) – auszulegen sind (vgl. EuGH BeckRS 2018, 16229 Rn. 114 sowie EuGH 14.5.2019 –
C-391/16, C-77/17, C-78/17 [M, X. und X], Rn. 94 ff., 107).

Als **Richtlinien bedürfen** die oben genannten Rechtsakte **grundsätzlich der einfachge-** **10**
setzlichen Umsetzung durch den jeweiligen Gesetzgeber, die in Deutschland durch wiederholte Anpassungen des AsylG erfolgt ist; darüber hinaus sind einzelne auch weiterhin nicht umgesetzte Bestimmungen einer **unmittelbaren Anwendung zugunsten des Schutzsuchenden**
zugänglich (vgl. zur Vermutungsregel des Art. 4 Abs. 4 Qualifikations-RL → AsylG § 3 Rn. 30.2).

B. Normsystematik und -aufbau

Art. 1 enthält die **Legaldefinition des** in der GFK verwendeten **Flüchtlingsbegriffs** und regelt **11**
zugleich Negativvoraussetzungen, die die Anwendung der GFK ausschließen (→ Rn. 77 ff.) bzw.
den nachträglichen Entfall ihrer Vergünstigungen herbeiführen (→ Rn. 91 ff.).

Abschnitt A. Nr. 1 regelt dabei zunächst die **Fortgeltung bestehender Statusentscheidun-** **12**
gen auf Grundlage älterer Schutzregime (→ Rn. 42 ff.). Er stellt zugleich klar, dass eine förmliche
Versagung des Schutzes auf Grundlage früherer Regelungen der Anerkennung als Flüchtling nach
dem „neuen" Flüchtlingsbegriff des Art. 1 A. Nr. 2 nicht entgegensteht (→ Rn. 48).

Die **praktisch weitaus bedeutsamere Nr. 2 des Abschnitts A. enthält die eigentliche** **13**
Legaldefinition des Flüchtlingsbegriffs der GFK, die sich vor allem durch ihre – mittlerweile
überholte – zeitliche Einschränkung auf Ereignisse vor dem 1.1.1951 (→ Rn. 27 ff.) und eine
ausdrückliche Regelung zur Behandlung von Mehrstaatern (→ Rn. 31) von der Legaldefinition
der Qualifikations-RL und des Asylgesetzes unterscheidet.

Abschnitt B. konkretisiert zunächst die – mittlerweile überholte – zeitliche Einschränkung des **14**
Anwendungsbereichs der GFK auf Fluchtbewegungen aufgrund von Ereignissen vor dem 1.1.1951.
Er enthält sodann eine Option, die Geltung der GFK beim Beitritt auf innereuropäische Fluchtur-
sachen zu beschränken oder auf weltweite Fluchtanlässe zu erstrecken (→ Rn. 29 ff.).

Abschnitt C. regelt Gründe für den **nachträglichen Entfall der Flüchtlingseigenschaft.** **15**
Diese entfällt, wenn der Betroffene sich freiwillig wieder dem Schutz seines Herkunftsstaates
unterstellt (Nr. 1, Nr. 2 und Nr. 4; → Rn. 110 ff.), er die Staatsangehörigkeit eines schutzbereiten
Drittstaates annimmt (Nr. 3; → Rn. 130 ff.) oder die ursprünglichen Verfolgungsgründe in Folge
einer Änderung der Umstände nachträglich entfallen (Nr. 5 und Nr. 6; → Rn. 94 ff.).

Abschnitt D. regelt den Umgang mit Flüchtlingen, die den Schutz oder Beistand einer Organisa- **16**
tion oder einer Institution der Vereinten Nationen genießen oder genossen haben. Abs. 1 der
Bestimmung schließt die Anwendung der GFK dabei für die Dauer der tatsächlichen Schutzgewäh-

rung aus (→ Rn. 80 ff.); Abs. 2 führt nach Wegfall des Schutzes zum Flüchtlingsstatus „ipso facto", dh unabhängig vom Vorliegen der in Art. 1 A. Nr. 2 genannten Tatbestandsmerkmale (→ Rn. 57 ff.).

17   Abschnitt E. enthält einen Ausschlussgrund für den **Fall der faktischen Einbürgerung durch den Aufnahmestaat.** Gemeint ist hier nicht die rechtsförmliche Verleihung der Staatsangehörigkeit des Aufnahmelandes, die ggf. nach Art. 1 C. Nr. 3 die Flüchtlingseigenschaft entfallen ließe, sondern die weitgehende faktische Gleichbehandlung mit eigenen Staatsangehörigen unter Beibehaltung der Staatenlosigkeit oder ausländischen Staatsangehörigkeit (→ Rn. 83 ff.).

18   Abschnitt F. regelt weitere negative Anwendungsvoraussetzungen der GFK in Form **individueller Schutzunwürdigkeitsgründe** (→ Rn. 86 ff.). Diese werden durch die präventiv-polizeilich motivierte Norm des Art. 33 Abs. 2 (→ Art. 33 Rn. 34 ff.) ergänzt, der Gefährder von der Geltung des in Art. 33 Abs. 1 geregelten Refoulement-Verbots ausschließt.

C. Flüchtlingsbegriff (Art. 1 A. und B.)

I. Altfallregelung, materieller Flüchtlingsbegriff und ipso-facto-Flüchtlinge

19   Art. 1 A. definiert die für die Anwendung der GFK zentralen **positiven Tatbestandsmerkmale des Flüchtlingsbegriffs der GFK.** In Nr. 1 und Nr. 2 greift er dabei auf sehr unterschiedliche Regelungstechniken zurück:

20   Die **in der Praxis kaum noch bedeutsame** (→ Rn. 50) **Altfallregelung des Art. 1 A. Nr. 1** schreibt dabei die Wirkung positiver Statusanerkennungsentscheidungen nach Maßgabe früherer Schutzinstrumente fort und unterstellt diese dem Rechtsfolgenregime der GFK. Für die Anwendung der Flüchtlingsdefinition des Art. 1 A. Nr. 1 ist dabei ohne Bedeutung, ob das jeweilige Schutzregime weiterhin fort gilt, ob die Anerkennungsvoraussetzungen des alten Rechts tatsächlich vorliegen oder der Flüchtling auch die in Nr. 2 geregelten materiellen Schutzkriterien erfüllt (→ Rn. 44 ff.). Art. 1 A. Nr. 1 enthält daher eine **rein formale Flüchtlingsdefinition** unter Anknüpfung an frühere (positive) Statusentscheidungen.

20.1   Allerdings finden die in Art. 1 C. genannten Gründe für den **nachträglichen Entfall der Flüchtlingseigenschaft** auf die Altfallregelung des Art. 1 A. Nr. 1 ebenso Anwendung wie die in Art. 1 D.–F. geregelten **Ausschlussgründe** (→ Rn. 45; → Rn. 79).

20.2   Im Hinblick auf den nachträglichen Entfall der Verfolgungsgründe sind Flüchtlinge nach Art. 1 A. Nr. 1 allerdings sogar gegenüber Konventionsflüchtlingen nach Art. 1 A. Nr. 2 privilegiert, da die GFK – anders als nationales Recht bzw. Unionsrecht – nur Flüchtlingen im Sinne der Altfallregelung die Berufung auf zwingende, auf früheren Verfolgungen beruhende Gründe gestattet (vgl. → Rn. 104 ff. zu Art. 1 C. Nr. 5 S. 2).

21   Demgegenüber regelt Art. 1 A. Nr. 2 die materiellen Voraussetzungen für die Annahme der Flüchtlingseigenschaft und damit den **eigentlichen Kern des Flüchtlingsbegriffs der GFK:** Wenn der Betroffene die dort genannten Schutzvoraussetzungen erfüllt und keiner der in Art. 1 C. bzw. Art. 1 D.–F. genannten Entfall- bzw. Ausschlussgründe vorliegt (→ Rn. 91 ff. bzw. → Rn. 77 ff.), kann sich der Betroffene in vollem Umfang auf die durch Art. 3 ff. gewährten Rechtspositionen berufen.

22   Ein **von der Flüchtlingsdefinition des Art. 1 A. unabhängiger weiterer Schutzgrund ist in Art. 1 D. S. 2 geregelt:** Hat der Betroffene den Schutz oder Beistand einer Organisation oder einer Institution der Vereinten Nationen genossen und ist dieser Schutz oder diese Unterstützung aus irgendeinem Grunde weggefallen, so genießt er **ipso facto** – dh unabhängig davon, ob er die in Art. 1 A. geregelten Schutzvoraussetzungen in der Sache erfüllt – Schutz nach der GFK, bis sein Schicksal endgültig durch Entschließungen der Generalversammlung der Vereinten Nationen geregelt worden ist (→ Rn. 57 ff.).

II. Materieller Flüchtlingsbegriff (Art. 1 A. Nr. 2)

23   Der in Art. 1 A. Nr. 2 legaldefinierte materielle Flüchtlingsbegriff bildet das **Herzstück der GFK.**

1. Weitgehende Deckungsgleichheit mit Art. 2 lit. d Qualifikations-RL und § 3 ff. AsylG

24   Da die Definition des Art. 1 A. Nr. 2 im Wesentlichen wortlautidentisch in Art. 2 lit. d Qualifikations-RL übernommen wurde, die wiederum in § 3 ff. AsylG umgesetzt wurde, kann

hinsichtlich des Flüchtlingsbegriffs der GFK **weitgehend auf die einschlägige Kommentierung zum AsylG verwiesen werden** (→ AsylG § 3 Rn. 1 ff., → AsylG § 3a Rn. 1 ff., → AsylG § 3c Rn. 1 ff., → AsylG § 3d Rn. 1, → AsylG § 3e Rn. 1). Im Nachfolgenden sollen daher nur jene Aspekte gesondert behandelt werden, hinsichtlich derer der Wortlaut der GFK von den unionsrechtlichen und nationalen Umsetzungsvorschriften abweicht oder sich sonstige Besonderheiten ergeben.

2. Einzelne Abweichungen

a) Zeitliche und räumliche Beschränkung des Schutzes. Art. 1 A. Nr. 2 und Art. 1   **25**
B. regeln − streng genommen − keine Geltungsvoraussetzungen der GFK, da deren räumlicher Anwendungsbereich sich unmittelbar aus der räumlichen Ausdehnung der Hoheitsgewalt der Konventionsstaaten (ggf. iVm der „Kolonialklausel" des Art. 40; → Art. 40 Rn. 1 ff.) ergibt und deren Inkrafttreten in Art. 43 (→ Art. 43 Rn. 1 ff.) gesondert geregelt ist. Funktional **beschränken sie vielmehr nur den nach Art. 1 A. Nr. 2 gewährten Schutz vor Verfolgung auf politische Verfolgung in Folge von Ereignissen, die vor dem in Art. 1 A. Nr. 2 genannten Zeitpunkt bzw. in den in Art. 1 B. genannten Gebieten eingetreten sind.** Für Flüchtlinge iSd Art. 1 A. Nr. 1 (→ Rn. 42 ff.) oder des Art. 1 D. S. 2 (→ Rn. 57 ff.) sind die hier genannten Einschränkungen hingegen ohne Bedeutung.

Unabhängig davon hat die Optionsklausel des Art. 1 B. schon ab initio nur in wenigen Konven-   **26**
tionsstaaten Bedeutung erlangt, da **die meisten Signatarstaaten nicht von der hier angelegten Möglichkeit der Beschränkung auf europäische Verfolgungsszenarien Gebrauch gemacht hatten** und auch die in der Vergangenheit vereinzelt erklärten **Vorbehalte** in der Moderne **nur in wenigen Staaten fortwirken** (→ Rn. 30.1). Auch die − ursprünglich in allen Konventionsstaaten gültige − **Beschränkung auf in vor 1951 stattgefundenen Ereignissen wurzelnde Verfolgungsszenarien** (→ Rn. 27 f.) hat in Folge der Ratifikation des Protokolls über die Rechtsstellung der Flüchtlinge v. 31.1.1967 durch nahezu alle Konventionsstaaten **beinahe vollständig an Bedeutung verloren** (→ Rn. 28).

Zeitliche Beschränkung auf Ereignisse vor 1951. Nach dem Wortlaut des Art. 1 A. Nr. 2   **27**
S. 1 erfasst der Flüchtlingsbegriff der GFK **nur Personen, deren begründete Furcht vor Verfolgung auf Ereignissen beruht, die vor dem 1.1.1951 eingetreten sind.** Die Regelung diente ursprünglich dem Zweck, die Mitgliedsstaaten vor der Übernahme weitreichender und potentiell unüberschaubarer Pflichten zu bewahren und die Anwendung der GFK auf die Bewältigung der Fluchtbewegungen im Zusammenhang mit dem zweiten Weltkrieg zu fokussieren (Zimmermann 1951 Convention/Zimmermann/Mahler Art. 1 A. Nr. 2 Rn. 113 f.).

Die Formulierung des Abs. 1 Nr. 2 („infolge von Ereignissen, die vor dem 1. Januar 1951 eingetreten   **27.1**
sind, und aus der begründeten Furcht vor Verfolgung") macht dabei deutlich, dass die Konventionsbestimmungen auch Verfolgungshandlungen erfassen kann, die nach 1950 stattgefunden haben oder befürchtet werden. Voraussetzung ist lediglich, dass diese Handlungen **auf vor 1951 eingetretene Ereignisse zurückzuführen sind** (Zimmermann 1951 Convention/Zimmermann/Mahler Art. 1 A. Nr. 2 Rn. 121; Zimmermann 1951 Convention/Schmahl Art. 1 B. Rn. 20).

Der von den Konventionsparteien gewählte Zeitpunkt knüpft an den **Gründungszeitpunkt des**   **27.2**
UNHCR an (vgl. Zimmermann 1951 Convention/Schmahl Art. 1 B. Rn. 20).

Bedeutungsverlust der zeitlichen Beschränkung. Durch Art. I Abs. 1 und Abs. 2 Flücht-   **28**
lingsProt wurde diese **zeitliche Beschränkung** allerdings **nahezu vollständig aufgehoben;** sie gilt nur noch auf Madagaskar und dem karibischen Inselstaat St. Kitts und Nevis fort (→ Rn. 2). In allen übrigen Konventionsstaaten ist in Art. 1 A. Nr. 2 und Art. 1 B. enthaltene zeitliche Einschränkung **damit obsolet geworden** (Zimmermann 1951 Convention/Zimmermann/Mahler Art. 1 A. Nr. 2 Rn. 115); die in Art. 1 B. ebenfalls angelegte Option einer Beschränkung des Flüchtlingsschutzes auf innereuropäische Verfolgungsszenarien wirkt nach Art. I Abs. 3 FlüchtlingsProt allerdings in jenen Konventionsstaaten weiter, die entsprechende Erklärungen bereits zu einem früheren Zeitpunkt abgegeben hatten (→ Rn. 4).

Möglichkeit der geographischen Beschränkung auf europäische Verfolgungsszena-   **29**
rien. Art. 1 B. Nr. 1 eröffnete den Konventionsstaaten im Zeitpunkt ihres Beitritts die Möglichkeit der Abgabe einer Erklärung, die Bestimmungen der GFK entweder auf Flüchtlinge allgemein anwenden zu wollen oder den Schutz **geographisch** auf solche Personen **zu beschränken,** deren Flucht auf **Ereignissen innerhalb Europas** beruht. Nach Art. 1 B. Nr. 2 kann eine im Zeitpunkt des Beitritts erklärte Beschränkung jederzeit durch Erklärung gegenüber dem Generalsekretär der Vereinten Nationen aufgehoben werden; eine nachträgliche Beschränkung auf innereuropäische Verfolgungsszenarien ist demgegenüber nicht möglich.

29.1   Auch diese Beschränkungsoption ist vor dem Hintergrund zu sehen, dass die GFK in ihren Ursprüngen vorwiegend einer Bewältigung der durch den zweiten Weltkrieg ausgelösten europäischen Flüchtlingskrise diente (Zimmermann 1951 Convention/Schmahl Art. 1 B. Rn. 1 ff.).

29.2   Ebenso wie bei der zeitlichen Beschränkung des Art. 1 A. Nr. 2 macht dessen Formulierung ("infolge von Ereignissen, die vor dem 1. Januar 1951 eingetreten sind, und aus der begründeten Furcht vor Verfolgung") deutlich, dass auch außereuropäische Verfolgungshandlungen schutzbegründend wirken können, wenn sie **in einem inneren Zusammenhang mit innereuropäischen Ereignissen stehen** (→ Rn. 27.1). Zu denken ist etwa an die Fortsetzung der Verfolgung von Exilpolitikern nach deren Flucht ins außereuropäische Ausland.

30   Soweit Mitgliedsstaaten eine entsprechende Erklärung abgegeben hatten und eine nachträgliche Erweiterung der Pflichten nach Art. 1 B. Nr. 2 nicht erfolgt war, wirken die Erklärungen auch unter Geltung des Protokolls über die Rechtsstellung der Flüchtlinge v. 31.1.1967 fort (Art. I Abs. 3 FlüchtlingsProt). Lediglich dem Protokoll über die Rechtsstellung der Flüchtlinge v. 31.1.1967 beigetretene Staaten (→ Rn. 2) sind hingegen nach Art. I Abs. 3 S. 1 FlüchtlingsProt – ohne entsprechende Wahlmöglichkeiten – verpflichtet, das Protokoll ohne geographische Begrenzung anzuwenden.

30.1   Die meisten Konventionsstaaten haben **von vorneherein keine Beschränkungserklärung iSd Art. 1 B. S. 1 lit. a abgegeben** oder ihre Verpflichtungen jedenfalls im Nachhinein durch Erklärungen iSd S. 2 erweitert. Nur die Republik Kongo (Kongo-Brazzaville), Madagaskar, Monaco und die Türkei halten weiterhin an einer Beschränkung auf in Europa wurzelnde Verfolgungsszenarien fest (vgl. Zimmermann 1951 Convention/Schmahl Art. 1 B. Rn. 31 f.).

31   **b) Mehrstaaterregelung.** Art. 1 A. Nr. 2 S. 2 enthält – anders als §§ 3 ff. AsylG und Art. 2 lit. d Qualifikations-RL – eine ausdrückliche **Mehrstaaterregelung:** Verfügt der Betroffene über mehr als eine Staatsangehörigkeit, so ist er nur dann Flüchtling, wenn die **Voraussetzungen für die Zuerkennung der Flüchtlingseigenschaft im Hinblick auf sämtliche Herkunftsländer** (zum Begriff → AsylG § 3 Rn. 18 ff.) **vorliegen.** Für Staatenlose fehlt demgegenüber eine entsprechende Parallelregelung; hier ist allein auf den letzte gewöhnliche Aufenthalt – dh der zuletzt innegehabte tatsächliche Lebensmittelpunkt – maßgeblich (vgl. → AsylG § 3 Rn. 21 ff.).

32   Auch ohne entsprechende Parallelregelung im nationalen Recht bzw. Unionsrecht werden §§ 3 ff. AsylG und Art. 2 lit. d Qualifikations-RL allerdings in der Rechtsprechung entsprechend ausgelegt (→ AsylG § 3 Rn. 24). Die Regelung des Art. 1 A. Nr. 2 S. 3 (Nichtinanspruchnahme des Schutzes eines Herkunftslandes "ohne stichhaltigen, auf eine begründete Befürchtung gestützten Grund") sollte jedoch Anlass dafür geben, auch die Möglichkeit des Verweises auf die Inanspruchnahme des Schutzes eines weiteren Herkunftsstaates unter Zumutbarkeitsvorbehalt zu stellen (→ AsylG § 3 Rn. 24.1).

33   **c) Keine Regelung zu Verfolgungsakteuren.** Anders als § 3c AsylG und Art. 6 Qualifikations-RL enthält die Legaldefinition des Art. 1 A. Nr. 2 **keine ausdrückliche Regelung zu tauglichen Verfolgungsakteuren** (Zimmermann 1951 Convention/Zimmermann/Mahler Art. 1 A. Nr. 2 Rn. 283). Zwar darf dabei als gesichert gelten, dass auch der konventionsrechtliche Flüchtlingsbegriff einen **menschlichen Verfolgungsakteur** voraussetzt und reine Umweltgefahren bzw. allgemeine Lebensrisiken (wie zB Krankheit, Mangelversorgung oder allgemein widrige Lebensbedingungen) nicht als schutzbegründende Umstände genügen lässt; dies folgt schon aus dem – eine menschliche Verfolgungshandlung voraussetzenden – Begriff der "Verfolgung" (im Unterschied zur reinen Gefährdung) und dem Erfordernis einer Verknüpfung mit den in der Norm genannten Verfolgungsgründen.

34   Ob – wie die Rechtsprechung zu Art. 16a Abs. 1 GG weiterhin annimmt – die Norm indes ausschließlich vor staatlicher oder quasistaatlicher Verfolgung schützt oder **auch** – wie § 3c Nr. 3 AsylG und Art. 6 lit. c Qualifikations-RL – **private Verfolgungsakteure erfasst,** wenn staatliche oder quasistaatliche Akteure keinen hinreichenden Verfolgungsschutz bieten, lässt sich der Norm nicht unmittelbar entnehmen (vgl. BVerwG NVwZ 1994, 1112 (1112 ff.); vgl. zur Unterscheidung zwischen Zurechnungslehre und Schutzlehre → AsylG § 3c Rn. 17 ff.).

35   Indes sind die Bestimmungen des Art. 6 Qualifikations-RL und des hierauf beruhenden § 3c AsylG der Rechtsprechung der Konventionsstaaten nachgebildet, die überwiegend der sog. Schutzlehre folgt: Schutzanspruchsbegründend ist daher nicht (nur) die an Verfolgungsgründe anknüpfende staatliche Schutzverweigerung, die eine Sonderform der staatlichen Verfolgung darstellt, sondern **auch nichtstaatliche politische Verfolgung, gegen die** – unabhängig davon, aus welchem Grund dies geschieht – **kein hinreichender staatlicher Schutz erlangt werden kann** (→ AsylG § 3c Rn. 13 ff. sowie ausf. Zimmermann 1951 Convention/Zimmermann/Mahler

Art. 1 A. Nr. 2 Rn. 291 ff.). Die ältere deutsche Rechtsprechung zur Auslegung (auch) der GFK (vgl. BVerwG NVwZ 1994, 1112 (1112 ff.)) ist damit überholt.

d) Keine Regelung zu internen Schutzalternativen. Auch die **Verweisung auf die Inan-** 36 **spruchnahme internen Schutzes,** die etwa Art. 8 Qualifikations-RL ausdrücklich ermöglicht, ist in Art. 1 nicht ausdrücklich vorgesehen. Insoweit stellt sich die Ausgangslage jedoch anders dar als im Hinblick auf die (in Art. 1 ebenfalls nicht ausdrücklich adressierte) Frage nach dem Schutz vor privaten Verfolgungsakteuren (→ Rn. 33 f.), da Art. 6 Qualifikations-RL insoweit günstigere bzw. jedenfalls gleichwertige Schutzvoraussetzungen gegenüber Art. 1 A. Nr. 2 normiert. Hinsichtlich Art. 8 Abs. 1 Qualifikations-RL stellt sich demgegenüber die Frage, ob das Unionssekundärrecht die Schutzvoraussetzungen hier gegenüber der – wegen Art. 78 Abs. 1 S. 2 AEUV im Range von Primärrecht geltenden (→ Rn. 8) – in Art. 1 A. Nr. 2 verankerten Flüchtlingsdefinition verengte und in der Folge ggf. als konventionswidrig anzusehen wäre sei (vgl. zum Streitstand ausf. Zimmermann 1951 Convention/Zimmermann/Mahler Art. 1 A. Nr. 2 Rn. 601 ff.).

Indes war die Möglichkeit der Verweisung auf die vorrangige Inanspruchnahme interner 37 Schutzalternativen **schon vor Inkrafttreten des unionsrechtlichen Schutzregimes in der Rechtsprechung zu Art. 16 GG aF anerkannt,** ohne dass die Rechtsprechung der – ebenfalls auf die Flüchtlingsdefinition der GFK gestützten – Kritik von Teilen der Literatur gefolgt wäre (vgl. Marx AsylG § 3e Rn. 4; → AsylG § 3e Rn. 5 f.). Dementsprechend kodifiziert Art. 8 Qualifikations-RL lediglich die in der Rechtsprechung vorherrschende Auslegung des Art. 1 A. Nr. 2 und **wirft keine grundlegend neuen Zweifel an der Vereinbarkeit der Verweisung auf interne Schutzalternativen mit Konventionsrecht auf.**

Entsprechende Zweifel wären auch in der Sache nicht berechtigt: Zwar dürfen sich die Lebens- 38 umstände im Zielgebiet nicht derart ungünstig darstellen, dass sich der Betroffene faktisch zu einer Rückkehr in von Verfolgung bedrohte Gebiete veranlasst sieht (vgl. zum Non-Refoulement-Ansatz → AsylG § 3e Rn. 46). Allerdings nimmt auch die GFK auf den vorrangigen Schutz des Herkunftslandes in seiner Gesamtheit („Schutz dieses Landes") Bezug und kodifiziert so den **allgemeinen Subsidiaritätsgedanken des Flüchtlingsrechts** (→ AsylG § 3e Rn. 3). Die in Art. 8 Qualifikations-RL bewusst gegenüber der Vorgängerregelung des Art. 8 Qualifikations-RL 2004 (RL 2004/83/EG v. 29.4.2004, ABl. 2004 L 304, 12) verschärften Zumutbarkeitsanforderungen gehen daher sogar über das konventionsrechtlich gebotene Mindestschutzniveau hinaus und erhöhen das unionsrechtlich gebotene Schutzniveau so beträchtlich (vgl. → AsylG § 3e Rn. 6.2; → AsylG § 3e Rn. 24 ff.; → AsylG § 3e Rn. 38 ff.).

e) Keine Gewährleistung subsidiären Schutzes. Als wesentlichster Unterschied zwischen 39 den unionsrechtlich determinierten Schutzinstrumenten einerseits und der GFK andererseits muss der Umstand angesehen werden, dass der Flüchtlingsbegriff der GFK nicht um Bestimmungen zum subsidiären Schutz ergänzt wird. Der hiernach gewährleistete Schutz **beschränkt sich folglich auf den Schutz vor politischer Verfolgung im weiteren Sinne,** während nicht verfolgungsbezogene Gefahren zB für Leib und Leben (dh zB allgemeine Kriegs- oder Gesundheitsgefahren) keine Ansprüche nach der GFK begründen können (→ AsylG § 3b Rn. 5; BVerwG NVwZ 1994, 1112 (1112 ff.); Zimmermann 1951 Convention/Zimmermann/Mahler Art. 1 A. Nr. 2 Rn. 315 ff.). Insoweit schließt die Bestimmung des § 4 AsylG, die auf Art. 15 und 18 Qualifikations-RL 2004 zurückgeht, eine dem Schutzkonzept der GFK immanente Schutzlücke (→ AsylG § 4 Rn. 3 ff. sowie Erwägungsgrund 24 Qualifikations-RL 2004). Vergleichbares gilt für die – ihrerseits gegenüber § 4 AsylG subsidiären – Abschiebeverbote des nationalen Rechts (→ AsylG § 4 Rn. 8; → AsylG § 4 Rn. 99 ff.).

f) Keine Regelung des Familienflüchtlingsschutzes. Eine mit § 26 AsylG vergleichbare 40 **Regelung über die Gewährung von Flüchtlingsschutz auch für Familienangehörige von Schutzberechtigten,** die keinen individuellen Verfolgungsnachweis voraussetzt (sog. „Familien-asyl"), **kennt die GFK nicht.** Allerdings kann sich die begründete Furcht vor Verfolgung iSd Art. 1 A. Nr. 2 im Einzelfall auch zB aus der Gefahr von Sippenhaft oder stellvertretener Verfolgung ergeben (vgl. Erwägungsgrund 36 Qualifikations-RL sowie → AsylG § 26 Rn. 3).

g) Systematische Einordnung der Entfallgründe. Inhaltlich sind die **Gründe für den** 41 **nachträglichen Entfall der Flüchtlingseigenschaft weitgehend parallel zu Art. 1 C. geregelt** (im Einzelnen → Rn. 91 ff.). Verfahrenstechnisch hat der nationale Gesetzgeber ein Erlöschen des Flüchtlingsstatus unmittelbar kraft Gesetzes allerdings nur in den in § 72 AsylG geregelten Fällen vorgesehen, während die Bindungswirkung der Anerkennungsentscheidung im Übrigen erst durch Rücknahme (§ 72 Abs. 2 AsylG, § 48 VwVfG) oder Widerruf (§ 73 Abs. 1, Abs. 2b AsylG) beseitigt werden kann (§ 73 AsylG; → Rn. 92 f.).

III. Altfallregelung (Art. 1 A. Nr. 1)

42   Die Altfallregelung des Art. 1 A. Nr. 1 **regelt den Fortbestand positiver Statusentscheidungen auf Grundlage einzelner älterer Schutzregime** (→ Rn. 44 ff.) und **unterstellt diese dem Rechtsfolgen- und Erlöschensregime der GFK** (→ Rn. 52 ff.).

43   Sie ist somit **Komplementärvorschrift zur Bestimmung des Art. 37 über die Ablösung älterer Schutzinstrumente** durch die GFK (→ Art. 37 Rn. 1 ff.).

1. Erfordernis einer förmlichen Statusanerkennung

44   Nach Art. 1 A. Nr. 1 S. 1 gilt als Flüchtling jede Person, die in Anwendung des in der Norm benannten früheren Schutzregimes als Flüchtling galt. Insbesondere aus der englischen Sprachfassung („any person who **has been considered** a refugee") wird dabei deutlich, dass die Anwendung der Altfallregelung eine **förmliche Statusanerkennung voraussetzt,** dh sie nur für solche Personen Anwendung findet, die bereits unter dem alten Schutzregime anerkannt waren. Ein Schutzsuchender kann sich daher nicht auf den Umstand berufen, dass er nach den in Nr. 1 in Bezug genommenen Bestimmungen als Flüchtling anzuerkennen gewesen wäre, er diesen Status aber aus irgendwelchen Gründen formal nicht erlangt hat (Robinson Convention 36 f.). Ihm bleibt jedoch die Möglichkeit, sich unmittelbar auf Art. 1 A. Nr. 2 zu berufen.

44.1   Der **Nachweis** einer solchen Flüchtlingsanerkennung kann bzw. konnte sich im Einzelfall jedoch als problematisch erweisen, weil nur die Verfassung der Internationalen Flüchtlingsorganisation spezifische Vorgaben zur Durchführung eines Anerkennungsverfahrens vorgesehen hatte. Der Nachweis kann daher zB durch Vorlage eines „Nansen-Passes", eines von nationalen Organisationen ausgestellten Flüchtlingsausweises oder sonstiger Dokumente geführt werden (Zimmermann 1951 Convention/Schmahl Art. 1 A. Nr. 1 Rn. 26 ff.).

2. Bindungswirkung positiver und negativer Statusentscheidungen

45   **a) Bindungswirkung positiver Statusentscheidungen.** In der Sache entfalten **positive Anerkennungsentscheidungen** der nach den jeweiligen Schutzregimen zuständigen Autoritäten daher unabhängig davon **internationale Bindungswirkung**, ob die Anerkennung zu Recht erfolgt ist. Die gesonderte Erwähnung des Art. 1 A. Nr. 1 in Art. 1 C. Nr. 5 und Nr. 6 (→ Rn. 104) zeigt dabei jedoch, dass die Bindungswirkung derartiger Anerkennungsentscheidungen in gleicher Weise entfallen kann wie die nach Art. 1 A. Nr. 2 erlangte Flüchtlingseigenschaft (→ Rn. 56).

46   Auch die in Art. 1 D.–F. geregelten **Ausschlussgründe** (→ Rn. 77 ff.) beseitigen die Bindung einer bestehenden Flüchtlingsanerkennung, weil die jeweiligen Normen die Anwendung der GFK gegenüber von Ausschlussgründen betroffenen Personen generell – dh einschließlich der in Art. 1 A. Nr. 1 angeordneten Bindungswirkung – ausschließen (→ Rn. 56 sowie Zimmermann 1951 Convention/Schmahl Art. 1 A. Nr. 1 Rn. 3).

46.1   Die Bindung der Konventionsstaaten tritt **unabhängig davon** ein, **ob der anerkennende Staat das jeweilige historische Schutzregime** selbst ratifiziert hatte oder die Konvention selbst ratifiziert hat. Ausreichend ist eine Statusfeststellung durch eine – nach früherem Recht – zuständige Behörde eines durch das jeweilige Schutzregime verpflichteten Staates (Zimmermann 1951 Convention/Schmahl Art. 1 A. Nr. 1 Rn. 32).

46.2   Die Konventionsstaaten Türkei, Ecuador, Mexiko und die Niederlande haben im unterschiedlichen Umfang Erklärungen abgegeben, die als – nach Art. 42 Abs. 1 unzulässige – Vorbehalte gegenüber der Bindungswirkung an positive Statusentscheidungen verstanden werden könnten (vgl. Zimmermann 1951 Convention/Zimmermann/Mahler Art. 1 A. Nr. 2 Rn. 64 ff.).

47   Die Fortgeltung historischer Anerkennungsentscheidungen hindert den hierdurch Begünstigten indes nicht, sich **parallel auf das Vorliegen der Voraussetzungen nach Art. 1 A. Nr. 2 zu berufen.** Insbesondere fehlte für die Durchführung eines entsprechenden Statusfeststellungsverfahrens nicht das Rechtsschutzbedürfnis, da die Zuerkennung der Flüchtlingseigenschaft (auch) nach Art. 1 A. Nr. 2 nach nationalem Recht teilweise günstigere Rechtsfolgen für den Betroffenen entfaltet (→ Rn. 53 ff.).

48   **b) Keine Bindungswirkung negativer Statusentscheidungen der Internationalen Flüchtlingsorganisation.** Keine Bindungswirkung entfalten hingegen **negative Statusentscheidungen** der bis 1952 tätigen Internationalen Flüchtlingsorganisation. Zwar kann der Betroffene eine Anerkennung nicht schon nach Maßgabe des Art. 1 A. Nr. 1 beanspruchen, da er eine positive Statusentscheidung nicht erlangt hat; er ist jedoch nicht daran gehindert, sich auch zB im Hinblick auf Fluchtereignisse, die auch nach der Verfassung der Internationalen Flüchtlingsorgani-

sation Schutzansprüche hätten begründen können, auf das Vorliegen der materiellen Voraussetzungen des Art. 1 A. Nr. 2 zu berufen. Dies ergibt sich unmittelbar aus dem Wortlaut des Art. 1 A. Nr. 1 S. 2.

Hinsichtlich einer möglichen **Bindungswirkung negativer Statusentscheidungen anderer** 49 **Behörden** trifft die GFK keine Aussage. Dies ist wohl dem Umstand geschuldet, dass nur die Verfassung der Internationalen Flüchtlingsorganisation spezifische Vorgaben zur Durchführung eines Anerkennungsverfahrens enthielt und Entscheidungen nationaler Behörden nicht zentral erfasst wurden (Zimmermann 1951 Convention/Schmahl Art. 1 A. Nr. 1 Rn. 26, 65).

3. Erfasste Schutzregimes

In der Sache bezieht sich die Fortgeltungsanordnung auf **historische Regelungen des Völker-** 50 **bundes zum Schutz einzelner Flüchtlingsgruppen.**

Gemeint sind unter anderem Flüchtlinge der russischen Oktoberrevolution, Betroffene des türkischen 50.1 Völkermords an den Armeniern, assyrische, assyrisch-chaldäische oder türkische Vertriebene des ersten Weltkriegs, Vertriebene aus dem Staatsgebiet des Deutschen Reichs (einschließlich Österreichs) während des „Dritten Reiches" und Vertriebene des Zweiten Weltkriegs (vgl. hierzu die detaillierte Auflistung bei Zimmermann 1951 Convention/Schmahl Art. 1 A. Nr. 1 Rn. 33 ff.; Robinson Convention 34 ff.).

Sie dürfte daher **weitestgehend überholt** sein, auch wenn die historischen Schutzabkommen 51 teilweise auch die Nachkommen von Flüchtlingen als Flüchtlinge ansehen (vgl. Zimmermann 1951 Convention/Schmahl Art. 1 A. Nr. 1 Rn. 40, 73; Zimmermann 1951 Convention/ Zimmermann/Mahler Art. 1 A. Nr. 2 Rn. 2).

4. Rechtsfolgen

a) Rechte und Pflichten. Inhaltlich **schreibt** Art. 1 A. Nr. 1 **die Anerkennung des Flücht-** 52 **lingsstatus, nicht aber die Rechtsfolgen der historischen Schutzinstrumente fort.** Vielmehr richtet sich die Rechtsstellung sämtlicher Flüchtlinge iSd Art. 1 A. einheitlich nach den Bestimmungen der GFK, ohne dass zwischen einzelnen Flüchtlingsgruppen zu unterscheiden wäre (Zimmermann 1951 Convention/Schmahl Art. 1 A. Nr. 1 Rn. 23 f.).

Zwar stünden weder der Wortlaut des Art. 1 A. Nr. 1 noch das Rechtsfolgenregime der GFK einer 52.1 **Besserstellung einzelner Flüchtlingsgruppen** aufgrund älterer Schutzinstrumente absolut entgegen, wenn diese Rechte unmittelbar aus dem jeweiligen Schutzregimes hergeleitet werden könnten (→ Art. 3 Rn. 7; → Art. 5 Rn. 1). In Folge des Außerkrafttretens der jeweiligen Abkommen nach Maßgabe des Art. 37 (→ Art. 37 Rn. 3 ff.) und der Auflösung der Internationalen Flüchtlingsorganisation im Jahr 1952 bleibt diese Frage jedoch weitgehend akademisch, da aus den jeweiligen Schutzregimes unmittelbar keine Rechtsfolgen mehr hergeleitet werden können. Gegebenenfalls können sich einzelne günstigere Rechtspositionen allerdings aus bilateralen Abkommen oder nationalen Legislativakten ergeben, die der Förderung und Umsetzung der historischen Schutzregimes dienten (Zimmermann 1951 Convention/Schmahl Art. 1 A. Nr. 1 Rn. 18).

c) Schlechterstellung gegenüber Flüchtlingen im Sinne des materiellen Flüchtlingsbe- 53 **griffs?** Als problematisch könnte sich indes der Umstand erweisen, dass die Europäische Union bzw. der nationale Gesetzgeber **die in Art. 1 A. Nr. 1 enthaltene Fortgeltungsregelung nicht in die Flüchtlingsdefinition des Art. 2 lit. d Qualifikations-RL bzw. des § 3 AsylG übernommen haben.** Flüchtlinge iSd Art. 1 A. Nr. 1, die nicht zugleich den Flüchtlingsbegriff des Art. 1 A. Nr. 2 oder die Voraussetzungen des Art. 1 D. S. 2 erfüllen, sind daher keine Flüchtlinge im Sinne des Unionsrechts bzw. des nationalen Rechts und können sich nicht unmittelbar auf die dort vorgesehenen Vergünstigungen berufen. Sie sind vielmehr im Grunde darauf verwiesen, individuelle Rechte unmittelbar aus den Bestimmungen der GFK herzuleiten (vgl. → Rn. 6).

Ob der Gesetzgeber eine solche **Schlechterstellung von Flüchtlingen iSd Art. 1 A. Nr. 1** 54 beabsichtigt hat, ist indes fraglich; die Nichtübernahme der Altfallregelung dürfte vielmehr dem Umstand geschuldet sein, dass die in Art. 1 A. Nr. 1 genannten historischen Schutzregimes in den jeweiligen Konventionsstaaten mit dem Beitritt zur GFK außer Kraft traten (→ Art. 37 Rn. 4 ff.). Da vor diesem Zeitpunkt erfolgte Statusanerkennungen jedoch nach Art. 1 A. Nr. 1 fortwirken (→ Rn. 20; → Rn. 44 ff.) und zum Teil auch Schutzwirkung für Nachkommen anerkannter Schutzberechtigter entfalten (→ Rn. 50), verbleibt für die Altfallregelung wohl auch heute noch ein – wenngleich schmaler – potentieller Anwendungsbereich.

Vor dem Hintergrund der unterschiedlichen Anerkennungsvoraussetzungen, der Möglichkeit 55 der Herleitung von Ansprüchen unmittelbar aus der GFK (→ Rn. 6) und der Möglichkeit der

Berufung (auch) auf Art. 1 A. Nr. 2 (→ Rn. 44 ff.) scheint eine Schlechterstellung von Flüchtlingen iSd Art. 1 A. Nr. 1 indes **nicht generell mit Art. 3 Abs. 1 GG unvereinbar,** zumal praktisch nur noch die Nachkommen anerkannter Flüchtlinge in den Genuss der Altfallregelung kommen dürften.

55.1 Die Vereinbarkeit mit Art. 3 – insbesondere im Hinblick auf das Merkmal des „Herkunftslandes" – wird ebenfalls durch den Umstand sichergestellt, dass Begünstigte aus jenen Ländern, die die in Art. 1 A. Nr. 1 in Bezug genommenen historischen Schutzregimes schwerpunktmäßig betreffen, sich parallel auch auf den Flüchtlingsbegriff des Art. 1 A. Nr. 2 berufen können. Liegen die Voraussetzungen des Art. 1 A. Nr. 2 im Hinblick auf die Betroffenen indes nicht vor, so ist offensichtlich, dass die Ungleichbehandlung im Verhältnis zu Flüchtlingen nach Art. 1 A. Nr. 2 nicht an das Herkunftsland der Betroffenen anknüpft.

5. Erlöschen

56 Da Art. 1 C., der die Voraussetzungen für den Entfall der Flüchtlingseigenschaft regelt, nicht spezifisch auf die Flüchtlingseigenschaft des Art. 1 A. Nr. 2 Bezug nimmt, führen die dort genannten Umstände **auch zur Unanwendbarkeit der Altfallregelung des Art. 1 A. Nr. 1** (→ Rn. 45). Da die früheren Schutzregime nach Maßgabe des Art. 37 außer Kraft getreten sind, können die Betroffenen bei Vorliegen der in Art. 1 C. genannten Umstände folglich weder aus Art. 1 A. Nr. 1 noch unmittelbar aus den älteren Schutzregimen Rechtspositionen herleiten.

IV. ipso-facto-Flüchtlinge (Art. 1 D. S. 2)

1. Fiktion des Bestehens (nur) der positiven Schutzvoraussetzungen

57 Ebenfalls als Flüchtlinge iSd Art. 1 A. Nr. 2 – und damit auch als Flüchtlinge iSd Art. 2 lit. d Qualifikations-RL bzw. des § 3 AsylG – sind Personen anzusehen, die zu irgendeinem Zeitpunkt den Schutz oder Beistand einer Organisation oder einer Institution der Vereinten Nationen (mit Ausnahme des Flüchtlingskommissars der Vereinten Nationen) genossen haben, wenn dieser Schutz oder diese Unterstützung aus irgendeinem Grunde weggefallen **ist („ipso-facto-Flüchtlinge"):** Solange das Schicksal dieser Personen nicht endgültig durch Entschließungen der Generalversammlung der Vereinten Nationen geregelt worden ist, sind diese auch unabhängig von der konventionsrechtlichen Flüchtlingsdefinition als Flüchtlinge anzusehen (Art. 1 D. S. 2). Die nationale Umsetzungsregelung des § 3 Abs. 3 S. 2 AsylG muss insoweit konventionsfreundlich bzw. unionsrechtskonform ausgelegt werden (→ AsylG § 3 Rn. 62; HessVGH BeckRS 2018, 18206 Rn. 16).

58 In der Sache begründet Art. 1 D. S. 2 daher eine **Fiktion des Vorliegens der in Art. 1 A. Nr. 2 genannten positiven Schutzvoraussetzungen.** Weiterhin zu prüfen sind indes die in Art. 1 E. und F. genannten Ausschlussgründe. Denn diese knüpfen nicht an die jeweiligen Flüchtlingsdefinitionen der Art. 1 A. Nr. 1 oder Nr. 2 an, sondern schließen – schon ihrem Wortlaut nach – die Anwendbarkeit der Konventionsbestimmungen in toto aus.

2. Inhaltliche Voraussetzungen

59 Inhaltlich setzt der Status als ipso-facto-Flüchtling zunächst voraus, dass der Betroffene den **Schutz oder den Beistand einer UN-Organisation** (mit Ausnahme des UN-Flüchtlingskommissars) **tatsächlich genossen hat;** als Nachweis genügt insoweit der Nachweis einer förmlichen Registrierung (vgl. → AsylG § 3 Rn. 60 ff.; HessVGH BeckRS 2018, 18206 Rn. 22 f.).

59.1 Da die United Nations Korean Reconstruction Agency (UNKRA) ihre Tätigkeit im Jahr 1958 eingestellt hat, stellt der Beistand durch das **Hilfswerk der Vereinten Nationen für Palästinaflüchtlinge im Nahen Osten (UNRWA)** derzeit den einzigen Anwendungsfall der Bestimmung dar (vgl. → AsylG § 3 Rn. 59 sowie HessVGH BeckRS 2018, 18206 Rn. 20 f. auch zu Einzelheiten der Schutzgewährung).

60 Die Formulierung des „aus irgendeinem Grunde weggefallen" Schutzes ist indes missverständlich: Denn nach dem allgemeinen Subsidiaritätsgedanken des Flüchtlingsrechts sowie der systematischen Stellung des Art. 1 D. S. 2 im Gefüge der GFK tritt die Privilegierung als ipso-facto-Flüchtling nur dann ein, **wenn der Wegfall des Schutzes auf vom Willen des Betroffenen unabhängigen Umständen** (wie der Beendigung des Schutzmandats oder der individuellen Unzumutbarkeit eines Verbleibs im Schutzgebiet) **beruht** (→ AsylG § 3 Rn. 63). Denn Art. 1 D. S. 2 soll dem Betroffenen, der den Schutz von UN-Organisationen in Anspruch genommen hat, kein Wahlrecht zwischen dem fortbestehendem Schutz durch Organisationen der Vereinten

Nationen und dem Schutz nach Bestimmungen der GFK einräumen, **sondern den Zeitraum zwischen dem Wegfall der einmal in Anspruch genommenen Schutzmöglichkeit und einer endgültigen Statusklärung durch die Vereinten Nationen überbrücken.**

3. Entfall der ipso-facto-Flüchtlingseigenschaft

a) Besondere Entfallgründe. Der Status als ipso-facto-Flüchtling entfällt zunächst dann, **61** wenn die zu irgendeinem Zeitpunkt in der Vergangenheit tatsächlich in Anspruch genommene Schutzmöglichkeit **wieder in zumutbarer Weise in Anspruch genommen werden kann** (→ AsylG § 3 Rn. 64).

Die Fiktionswirkung des Art. 1 D. S. 2 entfällt auch dann, wenn die Generalversammlung der **62** Vereinten Nationen eine **Entschließung über das weitere Schicksal der Betroffenen Personen** getroffen hat. An dieser Einschränkung wird der Charakter der Norm als Überleitungsvorschrift deutlich, die den Zeitraum zwischen dem Ende der Schutzgewährung durch UN-Organisationen durch und der endgültigen Regelung des Rechtsstatus der Betroffenen durch die Schutzgewährung nach der GFK überbrückt.

b) Anwendbarkeit der allgemeinen Entfallgründe des Art. 1 C.? Ob daneben **auch die 63 in Art. 1 C. geregelten Gründe zum Entfall der ipso-facto-Flüchtlingseigenschaft führen** (vgl. zur Geltung der Ausschlussgründe des Art. 1 E. und F. → Rn. 58), kann dem Wortlaut der Konvention **nicht eindeutig** entnommen werden. Denn Art. 1 C. gilt lediglich für Personen, „auf die die Bestimmungen des Absatzes A. zutreffen", wohingegen Art. 1 D. S. 2 allgemein „die Bestimmungen dieser Konvention" für anwendbar erklärt, ohne die Begriffsbestimmung des Art. 1 A. spezifisch in Bezug zu nehmen.

Da Art. 1 D. S. 1 letztlich als Fiktionstatbestand für das Vorliegen der in Art. 1 A. genannten **64** positiven Schutzvoraussetzungen (um)gedeutet werden kann (→ Rn. 58), **sprechen die besseren Argumente für eine Anwendung der in Art. 1 C. genannten Entfallgründe auch auf ipso-facto-Flüchtlinge.**

Auch in der Sache spricht nämlich wenig dafür, einen ipso-facto-Flüchtling auch weiterhin als **65** Flüchtling zu behandeln, wenn dieser sich erneut dem Schutz seines Herkunftslandes unterstellt, er seine Staatsangehörigkeit wiedererlangt oder sich durch Annahme einer neuen Staatsangehörigkeit einem neuen Staat anempfohlen hat. Dies gilt insbesondere vor dem Hintergrund des in Art. 1 E. genannten Ausschlussgrundes, der – schon seinem Wortlaut nach – jedenfalls auch auf ipso-facto-Flüchtlinge Anwendung findet.

Zweifelhaft ist allerdings, ob die **„Wegfall der Umstände"-Klausel des Art. 1 C. Nr. 5 66 auch die Fiktionswirkung des Art. 1 D. S. 2 beseitigen kann.** Mit dem Wortlaut des Art. 1 C. („auf die die Bestimmungen des Absatzes A zutreffen") kann zwar aus den oben genannten Gründen nicht argumentiert werden (→ Rn. 63). In der Sache könnte die „Wegfall der Umstände"-Klausel aber jedenfalls nicht im Hinblick auf den Entfall der materiellen Schutzvoraussetzungen geprüft werden, deren Vorliegen durch Art. 1 D. S. 2 gerade fingiert wird. Denn angesichts der Spiegelbildlichkeit der Flüchtlingsdefinition des Art. 1 A. Nr. 2 mit der „Wegfall der Umstände"-Klausel (→ Rn. 102) würde die Fiktionswirkung der ipso-facto-Regelung sonst vollständig entwertet.

Sieht man als schutzbegründende Umstände in Fällen des Art. 1 D. S. 2 hingegen – richtiger- **67** weise – die formale Unterschutzstellung durch die Vereinten Nationen und den späteren Wegfall dieses Schutzes (ohne dauerhafte Anschlussregelung) an, so sind **die Rechtsfolgen zB einer Aufhebung eines Schutzmandats der Vereinten Nationen gerade in Art. 1 D. S. 2 geregelt:** Der Betroffene soll formal als Flüchtling behandelt werden, bis eine endgültige Regelung seines Status durch die Vereinten Nationen erfolgt. In der Sache begründet **Art. 1 D. S. 2** daher nicht nur die Eigenschaft als ipso-facto-Flüchtling, sondern **ist im Hinblick auf die Entfallgründe des Art. 1 C. Nr. 5 und Nr. 6 lex specialis.**

Nicht ausgeschlossen ist ein Verlust der Eigenschaft als ipso-facto-Flüchtling in Fällen der **rückwirken- 67.1 den Entziehung** eines zB durch Identitätstäuschung erlangten Schutzstatus durch **Organe der Vereinten Nationen.** In diesen Fällen liegt allerdings schon kein „Wegfall" des Schutzes iSd Art. 1 D. S. 2 (oder des Art. 1 C. Nr. 5 und Nr. 6) vor; vielmehr fehlte es aufgrund der ex tunc-Wirkung von vornherein an den Voraussetzungen der ipso-facto-Flüchtlingseigenschaft.

Ebenfalls nicht ausgeschlossen ist ein Wegfall des ipso-facto-Status in Folge einer **Wiedererlangung 67.2 des zwischenzeitlich entfallen gewesenen Schutzes der zuständigen Organe der Vereinten Nationen.** In diesem Fall fällt der Betroffene (wieder) alleine unter das jeweilige Schutzregime, ohne dass es einer Anwendung der „Wegfall der Umstände"-Klausel bedürfte (→ Rn. 61).

D. Einbeziehung auch von Schutzsuchenden ohne förmliche Statusanerkennung?

68   Gegenüber den unionsrechtlichen bzw. nationalen Umsetzungsakten weist die GFK die Besonderheit auf, dass sowohl Art. 13 Qualifikations-RL in Verbindung mit den Bestimmungen der Asylverfahrens-RL (RL 2013/32/EU v. 26.6.2013, ABl. 2013 L 180, 60) als auch § 5 AsylG ein förmliches Prüfverfahren vorsehen und nicht lediglich verfahrensbezogene Rechte des Flüchtlings erst nach förmlicher Statusanerkennung zuerkennen, **wohingegen die durch die GFK gewährten Rechte unmittelbar an die Flüchtlingseigenschaft anknüpfen** (Zimmermann 1951 Convention/Schmahl Art. 1 A. Nr. 1 Rn. 1; Zimmermann 1951 Convention/Zimmermann/Mahler Art. 1 A. Nr. 2 Rn. 4; → AsylG § 3 Rn. 6). Die förmliche Verleihung des förmlichen Flüchtlingsstatus sieht die GFK ebenfalls nicht vor (vgl. BVerwG NVwZ 2006, 707 (708)).

69   Hierdurch sind zweierlei Fragen aufgeworfen: Einerseits stellt sich die Frage nach der **Vereinbarkeit des unionsrechtlichen bzw. nationalen Verfahrensvorbehalts mit den Bestimmungen der GFK** (→ Rn. 70 f.). Andererseits stellt sich die Frage, **ob** – und ggf. in welchem Umfang – **sich Schutzsuchende ggf. auch schon vor Abschluss des Statusprüfungsverfahrens auf einzelne Bestimmungen der GFK berufen können.**

I. Vereinbarkeit eines Statusfeststellungsverfahrens mit den Bestimmungen der GFK

70   Im Hinblick auf die erstgenannte Frage ist zunächst zu berücksichtigen, dass ein **förmliches Statusfeststellungsverfahren,** das ggf. mit einer – der Bestandskraft fähigen – Anerkennungsentscheidung endet, auch dem Flüchtling Vorteile bietet: Nur so erlangt er die (Rechts-)Sicherheit, dass seine Eigenschaft als Flüchtling nicht durch jede Veränderung der Verhältnisse in seinem Herkunftsland (oder in deren Bewertung durch den jeweiligen Konventionsstaat) in Frage gestellt wird (vgl. UNHCR-HdB § 112). Dementsprechend entfällt der förmlich festgestellte Flüchtlingsstatus auch erst mit Wirksamkeit bzw. Vollziehbarkeit des formalen Widerrufsaktes, obwohl die Flüchtlingseigenschaft im Sinne der GFK unmittelbar mit Eintritt der in Art. 1 C. Nr. 5 genannten Umstände entfällt (Dörig MigrationsR-HdB § 11 Rn. 9).

71   Da ein formalisiertes Statusfeststellungsverfahren tatsächlich auch schon in der Verfassung der Internationalen Flüchtlingsorganisation vorgesehen war, an deren (materielle) Regelungen die GFK – zB in Art. 1 A. Nr. 1 – ausdrücklich knüpft (vgl. Zimmermann 1951 Convention/Schmahl Art. 1 A. Nr. 1 Rn. 26; Zimmermann 1951 Convention/Zimmermann/Mahler Art. 1 A. Nr. 2 Rn. 42), **begegnet die Einführung eines entsprechenden Verfahrens durch die jeweiligen Konventionsstaaten keinen durchgreifenden Bedenken.** Im Gegenteil wird die Schaffung eines förmlichen Statusfeststellungsverfahrens zur effektiven Verwirklichung der GFK von einzelnen Autoren sogar ausdrücklich eingefordert (vgl. Zimmermann 1951 Convention/Zimmermann/Mahler Art. 1 A. Nr. 2 Rn. 74 mwN) oder implizit vorausgesetzt (vgl. UNHCR-HdB §§ 28 f.).

II. Anwendbarkeit einzelner Konventionsrechte auch schon vor förmlicher Klärung des Flüchtlingsstatus?

72   Von der Frage nach der Zulässigkeit der Einführung eines förmlichen Statusfeststellungsverfahrens ist jedoch die Frage zu unterscheiden, ob sich ein Schutzsuchender **bereits vor Abschluss des nach nationalem bzw. Recht bzw. Unionsrecht vorgesehen Statusfeststellungsverfahrens auf einzelne Bestimmungen der GFK berufen kann.** Dies erscheint zunächst kontraintuitiv: Da nicht alle Schutzsuchenden die in Art. 1 A. Nr. 2 genannten Voraussetzungen erfüllen, eine Inzidentprüfung der Anerkennungsvoraussetzungen vor Abschluss des Anerkennungsverfahrens aber der Funktion eines Statusfeststellungsverfahrens widerspricht (→ Art. 3 Rn. 10), kämen so ggf. auch Nichtflüchtlinge in den Genuss der jeweils an die Flüchtlingseigenschaft anknüpfenden Vergünstigungen der Art. 3 ff. Umgekehrt würde ein förmlicher Verfahrensvorbehalt die Konventionsrechte aber auch jenen Ausländern (zeitweise) vorenthalten, bei denen die Voraussetzungen für die Zuerkennung der Flüchtlingseigenschaft vorliegen (→ Art. 3 Rn. 9).

73   Tatsächlich muss aber jedenfalls das **Refoulement-Verbot** des Art. 33 Abs. 1 **auch schon während des Statusprüfungsverfahrens gelten,** um der Gefahr der Abschiebung „echter" Flüchtlinge vor Abschluss des Verfahrens vorzubeugen (→ Art. 33 Rn. 12; Dörig MigrationsR-HdB § 11 Rn. 13). Auch der persönliche Strafaufhebungsgrund des Art. 31 Abs. 1 kann schwerlich nur für Schutzsuchende gelten, deren Schutzersuchen sich – ggf. viele Monate nach der Einreise und Asylantragstellung – im Nachhinein als begründet darstellt (vgl. BVerfG NVwZ 2015, 361 (363)).

Überdies sieht zB Art. 9 es ausdrücklich vor, einzelne Konventionsrechte bei Vorliegen „schwer- **74** wiegender und außergewöhnlicher Umstände" **bis zum Abschluss der Prüfung zu suspendieren, ob die Betroffene tatsächlich ein Flüchtling im Sinne der GFK ist** (→ Art. 9 Rn. 8). Dies setzt jedoch voraus, dass jedenfalls einzelne der jeweils an die Flüchtlingseigenschaft anknüpfenden Konventionsrechte an sich – dh ohne eine solche Suspendierungsentscheidung – auch auf Personen anzuwenden sind, deren Flüchtlingseigenschaft im fraglichen Zeitpunkt noch nicht feststeht.

Richtigerweise sind **an die Flüchtlingseigenschaft anknüpfende Konventionsrechte** **75** **daher auch schon vor Abschluss des Statusfeststellungsverfahrens auf jeden Ausländer anzuwenden, der sich der Flüchtlingseigenschaft berühmt.** Anerkannten Flüchtlingen vorbehalten sind daher lediglich jene Rechtspositionen, die neben der Flüchtlingseigenschaft auch zB die Rechtmäßigkeit des Aufenthalts – im Sinne eines Rechts zum Aufenthalt (→ Art. 15 Rn. 2 ff.) – voraussetzen (→ Art. 3 Rn. 10).

Ausgeschlossen ist die Berufung auf Konventionsrechte allerdings dann, wenn das **76** **Nichtvorliegen der Flüchtlingseigenschaft** (bzw. das Vorliegen von Ausschluss- oder Entfallgründen) **positiv feststeht.** Hierbei ist insbesondere die **Bindungswirkung des § 6 AsylG** zu beachten, die auch **negative Statusentscheidungen** erfasst (vgl. Hailbronner AuslR AufenthG § 95 Rn. 126).

E. Ausschlussgründe

Den in Art. 1 D. S. 1, Art. 1 E. und F. geregelten Ausschlussgründen ist gemein, dass **ihr** **77** **Vorliegen die Berufung auf sämtliche Konventionsbestimmungen ausschließt.** Allerdings ist innerhalb der genannten Ausschlussgründe zwischen solchen Ausschlussgründen zu unterscheiden, die das dem Flüchtlingsrecht immanente **Subsidiaritätsprinzip** verwirklichen und den Betroffenen auf die Inanspruchnahme anderweitigen Schutzes verweisen (Art. 1 D. S. 1, Art. 1 E.; → Rn. 80 ff.), und den in Art. 1 F. geregelten **Schutzunwürdigkeitsgründen** (→ Rn. 86 ff.).

Von den in Art. 1 D.–F. genannten **Ausschlussgründen** sind in systematischer Hinsicht schließ- **78** lich die **Entfallgründe des Art. 1 C.** zu unterscheiden, die die Voraussetzungen für den nachträglichen Verlust der Flüchtlingseigenschaft regeln (→ Rn. 91).

Da die in Art. 1 D.–F. genannten Ausschlussgründe nicht spezifisch auf den materiellen Flücht- **79** lingsbegriff des Art. 1 A. Nr. 2 bezugnehmen, sondern die Anwendung der Bestimmungen der GFK generell ausschließen, finden sie auf ipso-facto-Flüchtlinge iSd Art. 1 D. S. 2 ebenso Anwendung wie auf Flüchtlinge im Sinne der Altfallregelung des Art. 1 A. Nr. 1.

I. Anderweitiger Schutz durch die Vereinten Nationen (Art. 1 D. S. 1)

Von der **Anwendung sämtlicher Konventionsbestimmungen ausgeschlossen** sind nach **80** Art. 1 D. S. 1 **Personen, die den Schutz oder Beistand einer Organisation oder einer Institution der Vereinten Nationen** (mit Ausnahme des Hohen Kommissars der Vereinten Nationen für Flüchtlinge) **genießen.** Grundgedanke dieser Ausschlussregelung ist nicht – anders als etwa bei Art. 1 F. – die Schutzunwürdigkeit des Betroffenen oder – wie bei Art. 33 Abs. 2 – dessen Gefährlichkeit, sondern der auch in Art. 1 C. Nr. 3 (→ Rn. 130 ff.) und in Art. 1 E. (→ Rn. 83 ff.) zum Ausdruck kommende **Subsidiaritätsgedanke:** So lange der Betroffene den Schutz oder den Beistand von Einrichtungen der Vereinten Nationen tatsächlich genießt, ist eine Schutzgewährung durch die Konventionsstaaten nicht notwendig.

Die Ausklammerung des Schutzes durch den Hohen Flüchtlingskommissar der Vereinten Nationen **80.1** erklärt sich durch den Umstand, dass dieser gerade mit der Überwachung der Anwendung der GFK betraut ist und zur wirksamen Durchführung ihrer Bestimmung beitragen soll (vgl. Erwägungsgrund 6 der Präambel zur GFK).

Maßgeblich ist dabei zunächst, ob der Betroffene **tatsächlich den Schutz der in Art. 1 S. 1** **81** **genannten Einrichtungen genießt.** Ein Flüchtling kann daher nicht darauf verwiesen werden, dass er entsprechenden Schutz in Anspruch hätte nehmen können oder könnte (→ AsylG § 3 Rn. 60). Hat er sich allerdings einmal dem Schutz einer der in Betracht kommenden Organisationen unterstellt, bleibt er bis zum Wegfall dieses Schutzes (vgl. zum Begriff → Rn. 60) von der Anwendung der GFK ausgeschlossen (→ AsylG § 3 Rn. 60; → AsylG § 3 Rn. 64).

Ist der Schutz der Vereinten Nationen hingegen **nachträglich entfallen,** so kann sich der **82** Betroffene bis zum Wiederaufleben des Schutzes bzw. der endgültigen Klärung seiner Situation durch die Vereinten Nationen **ipso facto – dh unabhängig davon, ob er die Flüchtlingsdefi-**

nition iSd Art. 1 A. erfüllt – auf die Bestimmungen der Konvention berufen (→ Rn. 44 ff.).

II. Anderweitiger Schutz als faktischer Staatsangehöriger des Aufnahmestaates (Art. 1 E.)

83   Nach Art. 1 E. findet das Abkommen keine Anwendung auf Personen, die von den zuständigen Behörden des Landes, in dem sie ihren Aufenthalt genommen haben, **als eine Person anerkannt wird, welche die Rechte und Pflichten hat, die mit dem Besitz der Staatsangehörigkeit dieses Landes verknüpft sind.** Gemeint ist hiermit nicht die rechtliche Verleihung der Staatsangehörigkeit des Aufenthaltsstaates, die das Vorliegen der Flüchtlingseigenschaft begrifflich ausschließt (vgl. Art. 1 A. Nr. 2, der einen Aufenthalt außerhalb des Herkunftslandes voraussetzt) bzw. diese jedenfalls nachträglich entfallen lässt (Art. 1 C. Nr. 3; Zimmermann 1951 Convention/Zimmermann/Marx Art. 1 E. Rn. 13). Vielmehr geht es um **Fälle der faktischen Gleichbehandlung mit Inländern bei formeller Aufrechterhaltung der Ausländereigenschaft** (Zimmermann 1951 Convention/Zimmermann/Marx Art. 1 E. Rn. 1, 3; UNHCR-HdB § 144).

83.1   Zu denken ist etwa an eine nationale **Exklave von Ausländern, die dieselbe Ethnie wie die überwiegende Mehrzahl der Staatsangehörigen des Aufnahmestaates aufweisen.** Gedacht war etwa an Statusdeutsche iSd Art. 116 Abs. 1 GG (vgl. UNHCR-HdB § 144 Fn. 19). In der Vergangenheit wurde die Klausel darüber hinaus zB auf Angehörige des Commonwealth in Großbritannien oder auf türkischstämmige Flüchtlinge in Bulgarien angewandt (Zimmermann 1951 Convention/Zimmermann/Marx Art. 1 E. Rn. 22 ff.).

84   Seinem Wortlaut nach schließt Art. 1 E. die Anwendung der GFK nur dann aus, wenn der Betroffene im Aufenthaltsstaat sämtliche Rechte und Pflichten innehat, die mit dem Besitz der Staatsangehörigkeit verknüpft sind. In der Praxis soll es jedoch ausreichen, **wenn der Aufnahmestaat „die meisten" einem Staatsangehörigen zustehenden Rechte gewährt.** Jedenfalls muss aber gewährleistet sein, dass der Ausländer **gleich einem Staatsangehörigen vor Ausweisung oder Abschiebung geschützt ist** (Zimmermann 1951 Convention/Zimmermann/Marx Art. 1 E. Rn. 11 ff.; UNHCR-HdB § 145).

84.1   Zu den Rechten, deren Vorenthaltung die Anwendung der Ausschlussklausel des Art. 1 E. nicht ausschließen soll, kann etwa das **aktive und passive Wahlrecht** gehören, die üblicherweise Staatsangehörigen des jeweiligen Konventionsstaats vorbehalten sind (Zimmermann 1951 Convention/Zimmermann/Marx Art. 1 E. Rn. 13).

85   Jedenfalls erforderlich ist, dass der Betroffene im Aufnahmestaat „seinen Aufenthalt genommen hat". Dies setzt eine **dauerhafte Niederlassung** voraus, so dass lediglich kurzfristige Aufenthalte nicht genügen (Zimmermann 1951 Convention/Zimmermann/Marx Art. 1 E. Rn. 11 f.; UNHCR-HdB § 146).

III. Schutzunwürdigkeit (Art. 1 F.)

86   Demgegenüber schließt Art. 1 F. die Anwendung der Konvention auf Personen aus, die sich durch Verwirklichung der in der Norm genannten Tatbestände als **schutzunwürdig** erwiesen haben. Anders als Art. 33 Abs. 2, der lediglich eine Berufung auf das Refoulement-Verbot ausschließt (→ Art. 33 Rn. 34; Zimmermann 1951 Convention/Zimmermann/Wennholz Art. 33 Nr. 2 Rn. 72), knüpft die Regelung des Art. 1 F. dabei nicht an die gegenwärtige Gefährlichkeit des Betroffenen an und **dient** daher **nicht der Gefahrenabwehr** (→ AsylG § 3 Rn. 43). Sie soll vielmehr verhindern, dass sich frühere Verfolgungsakteure durch Stellung eines Schutzantrags im Ausland ihrer strafrechtlichen Verantwortung entziehen oder die Unterschutzstellung zB von Kriegsverbrechern das Institut des Flüchtlingsschutzes an sich diskreditieren (→ AsylG § 3 Rn. 41 sowie McAdam IJRL 2017 (29), 1 [3]).

87   Inhaltlich **entspricht** Art. 1 F. **weitgehend** der Regelung des Art. 12 Abs. 2 Qualifikations-RL und **der nationalen Umsetzungsregelung des § 3 Abs. 2 S. 1 AsylG,** so dass – insbesondere im Hinblick auf die Voraussetzungen der einzelnen Tatbestandsvarianten – **auf die entsprechende Einzelkommentierung verwiesen werden kann** (vgl. → AsylG § 3 Rn. 41 ff.).

88   Teilweise abweichend formuliert ist allerdings der Ausschlussgrund des Art. 1 F. lit. b: Neben einem rechtlich unproblematischen Regelbeispiel („insbesondere eine grausame Handlung, auch wenn mit ihr vorgeblich politische Ziele verfolgt wurden"; vgl. → AsylG § 3 Rn. 4) enthält § 3 Abs. 2 S. 1 Nr. 2 AsylG mit dem Begriff der „schweren nichtpolitischen Straftat" eine gegenüber

Art. 1 F. lit. b („schweres nichtpolitisches Verbrechen") potentiell weitere Formulierung, die ggf. der völkerrechtsfreundlichen Auslegung der nationalen Bestimmungen (und des sekundären Unionsrechts) bedarf (→ AsylG § 3 Rn. 49).

Problematisch ist jedoch vor allem **die unionsrechtliche Regelung des Art. 12 Abs. 2** **89** **lit. b Qualifikations-RL,** die – anders als GFK und die nationale Umsetzungsregelung – nicht auf den Zeitpunkt der Einreise, sondern auf den Zeitpunkt der Ausstellung eines Aufenthaltstitels aufgrund der Zuerkennung der Flüchtlingseigenschaft abstellt. Art. 12 Abs. 2 lit. b Qualifikations-RL bedarf insoweit der konventionsfreundlichen Auslegung (→ AsylG § 3 Rn. 51.1).

Ebenfalls nicht ausdrücklich in der Konvention enthalten ist die Regelung des § 3 Abs. 2 **90** S. 2 AsylG, die auch **Teilnehmer der die Schutzunwürdigkeit begründenden Delikte** bzw. Handlungen von der Gewährung von Flüchtlingsschutz ausschließt (→ AsylG § 3 Rn. 54 f.). Allerdings hat diese Bestimmung lediglich klarstellende Funktion, da entsprechende Anstiftungs- und Unterstützungshandlungen auch ohne gesonderte Erwähnung Verbrechen bzw. Handlungen iSd Art. 1 F. darstellen können.

F. Entfallgründe (Art. 1 C.)

I. Systematik

Art. 1 C. regelt die Voraussetzungen, unter denen der Schutz der GFK für Flüchtlinge iSd **91** Art. 1 A. bzw. Art. 1 D. S. 2 **nachträglich entfällt.** Art. 1 C. Nr. 5 und Nr. 6 setzen dabei voraus, dass sich **der Wegfall der Schutzbedürftigkeit** in Folge einer nachhaltigen Änderung der schutzbegründenden Umstände **schlüssig belegen lässt** (→ Rn. 97 ff.). Demgegenüber **wird der Wegfall der Schutzbedürftigkeit in den Art. 1 C. Nr. 1, Nr. 2 und Nr. 4 zugrunde liegenden Fällen in Anknüpfung an das Nachfluchtverhalten des Betroffenen fingiert** (→ Rn. 110). **Art. 1 C. Nr. 3** verweist den Betroffenen schließlich auf den Schutz des Landes, dessen Staatsangehörigkeit er nach seiner Flucht aus dem Herkunftsstaat angekommen hat, und **verwirklicht** so das **allgemeine Subsidiaritätsprinzip des Flüchtlingsrechts** (→ Rn. 130 ff.).

Der nationale Gesetzgeber hat die Entfallgründe aus Nr. 5 und Nr. 6 dabei als Widerrufsgründe **92** ausgestaltet (§ 73 Abs. 1 AsylG), Nr. 1–4 aber als Erlöschensgründe gefasst (vgl. § 72 Abs. 1 Nr. 1– 3 AsylG). Diese Unterscheidung findet in der GFK keine unmittelbare Entsprechung, da diese keine – ggf. einem Widerruf zugängliche – Statusentscheidung vorsieht (→ Rn. 68). Bei **Vorliegen der Entfallgründe kann der Betroffene** vielmehr unmittelbar **keine Rechte mehr aus der GFK herleiten,** da das Nichtvorliegen der Voraussetzungen des Art. 1 A. feststeht.

Die Qualifikations-RL lässt dabei beide Ausgestaltungsvarianten zu, da sie zwar sämtliche der in der **92.1** GFK genannten Entfallgründe zunächst als Erlöschensgründe fasst (Art. 11 Abs. 1 Qualifikations-RL), in Art. 14 Abs. 1 Qualifikations-RL aber sowohl die förmliche Aberkennung des Flüchtlingsstatus (in Form einer Widerrufsentscheidung) als auch dessen Beendigung (im Sinne eines Erlöschens kraft Gesetzes) vorsieht.

In der Sache **gelten die in Art. 1 C. geregelten Entfallgründe sowohl für Flüchtlinge** **93** **im Sinne des formalen Flüchtlingsbegriffs des Art. 1 A. Nr. 1** (→ Rn. 45; → Rn. 56) als **auch für Flüchtlinge im Sinne der materiellen Flüchtlingsdefinition des Art. 1 A. Nr. 2** (→ Rn. 41). Für **ipso-facto-Flüchtlinge** iSd Art. 1 D. S. 2 (→ Rn. 57 ff.) gelten aus systematischen Gründen allerdings nur die in Art. 1 C. Nr. 1–4 geregelten Entfallgründe (→ Rn. 66 f.).

II. Wegfall der schutzbegründenden Umstände (Nr. 5 und Nr. 6)

Die in **Art. 1 C. Nr. 5 und Nr. 6 geregelten Entfallgründe,** die sich auf Staatsangehörige **94** der Verfolgerstaaten (Nr. 5) bzw. auf staatenlose Flüchtlinge (Nr. 6) beziehen, sind dabei **inhaltlich weitgehend identisch.** Zwar weisen beide Erlöschenstatbestände einzelne terminologische – zum Teil durch die unterschiedliche Beziehung beider Personengruppen zu ihren Herkunftsstaaten bedingte – Unterschiede auf; in der Praxis ergeben sich hieraus jedoch keine wesentlichen Unterschiede (→ Rn. 103).

Beiden Entfallgründen ist dabei gemein, dass sich die in ihrem jeweiligen S. 2 geregelten **95** **Klauseln über „zwingende, auf früheren Verfolgungen beruhende Gründe"** ihrem Wortlaut nach **nur auf Flüchtlinge im Sinne des** – weitestgehend überholten (→ Rn. 50) – **formalen Flüchtlingsbegriffs des Art. 1 A. Nr. 1** beziehen (→ Rn. 104). Sie werden dennoch als Ausdruck eines allgemeinen Rechtsgedankens verstanden und sind Vorbild für die entsprechenden Regelungen des Art. 11 Abs. 3 Qualifikations-RL und des § 73 Abs. 1 S. 3 AsylG (→ Rn. 105 f.).

1. „Wegfall der Umstände"-Klausel

96   Gemeinsame Voraussetzung für den nachträglichen Entfall der Flüchtlingseigenschaft ist in beiden Bestimmungen, dass **die Umstände, aufgrund derer die Betroffenen als Flüchtlinge anerkannt wurden, nachträglich weggefallen sind.**

96.1   Die Frage, ob die „Wegfall der Umstände"-Klausel auch auf Fälle Anwendung finden kann, in denen sich – zB aufgrund der Aufdeckung von Täuschungshandlungen – die Behauptung politischer Verfolgung im Nachhinein als falsch herausstellt (zu Recht verneinend BVerwGE 148, 254 = NVwZ 2014, 664 (665)), ist im Kontext der GFK ohne Bedeutung: Da die GFK keine förmliche Statusentscheidung vorsieht, die sich im Nachhinein als unrichtig herausstellen könnte, ist der Betroffene schon nach Art. 1 A. Nr. 2 nicht als Flüchtling zu behandeln.

97   Den Entstehungsmaterialen kann dabei kaum entnommen werden, welches Leitbild den Konventionsstaaten bei Abfassung der „Wegfall der Umstände"-Klausel vor Augen stand: Zwar hatte der französische Delegierte die **„Rückkehr eines Verfolgerstaates zu einer demokratischen Regierungsform"** als Anwendungsbeispiel benannt; im Übrigen wurden die Voraussetzungen des Art. 1 C. Nr. 5 S. 1 (und des weitgehend inhaltsgleichen Nr. 6 S. 1) aber – soweit ersichtlich – nicht diskutiert (Zimmermann 1951 Convention/Kneebone/O'Sullivan Art. 1 C. Rn. 30 f.). Als weitere Indikatoren für einen potentiellen Wegfall der Umstände werden zB rechtliche und soziale Reformen, Gesetzesänderungen und Amnestieprogramme diskutiert (Zimmermann 1951 Convention/Kneebone/O'Sullivan Art. 1 C. Rn. 83 mwN).

98   Nach Art. 11 Abs. 2 Qualifikations-RL muss die Änderung der Umstände **„erheblich und nicht nur vorübergehend"** sein, um ein Erlöschen der Flüchtlingseigenschaft begründen zu können. Auch wenn in der GFK keine entsprechende Regelung enthalten ist, dürfte konventionsrechtlich nichts anderes gelten: Da die Erheblichkeit der Änderung der Umstände im Hinblick auf den Wegfall der Verfolgungssituation zu bestimmen ist, dürfte eine unerhebliche Änderung der Umstände schon nicht geeignet sein, dem Betroffenen eine Inanspruchnahme des Schutzes des Herkunftslandes bzw. eine Rückkehr dorthin zu ermöglichen. Die Dauerhaftigkeit der Änderung dürfte hingegen schon im Hinblick auf den Umstand zu fordern sein, dass bereits die Frage nach dem Bestehen einer „Furcht vor Verfolgung" eine Prognoseentscheidung voraussetzt, die gerade auch zukünftige Verfolgungshandlungen bzw. -gefahren mit einschließt (vgl. EuGH NVwZ 2010, 505 Rn. 72 f. sowie Zimmermann 1951 Convention/Kneebone/O'Sullivan Art. 1 C. Rn. 83).

98.1   Hinsichtlich der Nachhaltigkeit der Änderung der Umstände wird in der Literatur gefordert, dass die veränderte Situation im Zeitpunkt der **Entscheidung für einen längeren Zeitraum** – zumindest zwölf bis 18 Monate – **stabil gewesen sein muss.** Das UNHCR nimmt einen nachhaltigen Wegfall der Umstände in seiner eigenen Praxis teilweise erst nach mehreren Jahren an (Zimmermann 1951 Convention/Kneebone/O'Sullivan Art. 1 C. Rn. 83).

2. Möglichkeit der Rückkehr bzw. der Inanspruchnahme innerstaatlichen Schutzes

99   Bei Flüchtlingen mit Staatsangehörigkeit des Verfolgerstaates kommt als weiteres Erfordernis hinzu, dass der Betroffene es nach Wegfall der schutzbegründenden Umstände nicht mehr ablehnen kann, **den Schutz seines Herkunftslandes in Anspruch zu nehmen.** Dies setzt ggf. voraus, dass der Herkunftsstaat willens und in der Lage ist, wirksamen Schutz vor Verfolgung zu gewährleisten (Zimmermann 1951 Convention/Kneebone/O'Sullivan Art. 1 C. Rn. 84). Da die GFK keinen generellen Schutz vor Gefährdungsszenarien bietet, kommt es insoweit allerdings **nicht darauf an, ob der jeweilige Herkunftsstaat zugleich auch vor allgemeinen Gefahren schützt bzw. die allgemeinen Lebensgrundlagen gewährleistet** (vgl. EuGH NVwZ 2010, 505 Rn. 78 ff.).

100   Die ausdrückliche Verweisung auf die Möglichkeit der Inanspruchnahme des Schutzes des Herkunftslandes könnte dabei den Eindruck erwecken, dass dieses **Tatbestandsmerkmal selbstständig neben dem Merkmal des „Wegfalls der Umstände" steht** und zusätzlich zum Wegfall der Verfolgungsgefahren voraussetzt, dass im jeweiligen Herkunftsstaat schutzbereite und schutzfähige staatliche Strukturen bereitstehen (vgl. zum Streitstand ausf. BVerwG ZAR 2008, 192 (193 f.) = BeckRS 2008, 33994 Rn. 22 ff.). Letzteres wird insbesondere vom UNHCR und weiten Teilen der internationalen Literatur gefordert (vgl. Zimmermann 1951 Convention/Kneebone/O'Sullivan Art. 1 C. Rn. 189 ff. mwN).

101   Der **EuGH und die deutsche Rechtsprechung sind dieser Auslegung jedoch nicht gefolgt** und verlangen lediglich, dass dem Betroffenen im Herkunftsland keine politische Verfolgung iSd Art. 1 A. Nr. 2 mehr droht (EuGH NVwZ 2010, 505 (506 ff.); BVerwGE 139, 109 = NVwZ 2011, 944 Rn. 14 ff.). **Das Fehlen schutzbereiter und schutzfähiger staatlicher Strukturen kann dabei lediglich Indiz dafür sein, dass der Wegfall der Verfolgungsgefahr nicht nachhaltig bzw.** von Dauer ist; es steht dem Entfall der Flüchtlingseigenschaft aber **nicht absolut entgegen** (EuGH NVwZ 2010, 505 (506 ff.); BVerwGE 139, 109 = NVwZ 2011, 944 Rn. 17, 19).

Diese Auslegung ist angesichts des Wortlauts der GFK nicht zwingend, aber letztlich doch **102** konsequent: Denn auch die Legaldefinition des Art. 1 A. Nr. 2, die zB der EuGH **als Spiegelbild der „Wegfall der Umstände"-Klausel** begreift (vgl. EuGH NVwZ 2010, 505 (507), ist nur dann erfüllt, wenn der Betroffene begründete Furcht vor Verfolgung aus politischen Gründen hat. Wer daher – zB im Fall objektiv schutzunfähiger Staaten – nicht den Schutz seines Landes genießt, ohne selbst allerdings von Verfolgung bedroht zu sein, kann aus Art. 1 A. Nr. 2 keine Rechte herleiten. **Dementsprechend muss auch Art. 1 C. Nr. 5 schon dann eingreifen können, wenn die zuvor begründete Verfolgungsgefahr – ggf. auch unabhängig von staatlichen Schutzmaßnahmen – dauerhaft und nachhaltig entfällt.** Das Fehlen staatlicher Schutz- und Sicherungsinstrumente mag die Nachhaltigkeit einer Änderung der Umstände jedoch im Einzelfall in Zweifel ziehen.

Die Richtigkeit dieser Auffassung wird auch im Vergleich mit Art. 1 C. Nr. 6 deutlich, der keine **102.1** Schutzbereitschaft und -willigkeit des Herkunftsstaates fordert, sondern den Wegfall der gefahrbegründenden Umstände (in Verbindung mit der tatsächlichen und rechtlichen Möglichkeit der Rückkehr) ausreichen lässt. Denn es sind keine Gründe dafür ersichtlich, den Entfall der Flüchtlingseigenschaft Staatenloser an weniger strenge Bedingung zu knüpfen als den Verfall der Flüchtlingseigenschaft von Staatsangehörigen von Drittstaaten.

Bei staatenlosen Flüchtlingen genügt es nach dem Wortlaut des Art. 1 C. Nr. 6 S. 1, dass der **103** Betroffene nach Wegfall der schutzbegründenden Umstände „in der Lage ist", in sein Herkunftsland zurückzukehren. Hierzu soll nach herrschender Ansicht neben der **tatsächlichen Möglichkeit einer Rückkehr** auch die **rechtliche Befugnis zur Rückkehr** erforderlich sein (Zimmermann 1951 Convention/Kneebone/O'Sullivan Art. 1 C. Rn. 88). Da die europäische Rechtsprechung der nur in Art. 1 C. Nr. 5 S. 1 enthaltenen „Schutz des Landes"-Klausel keine gegenüber der „Wegfall der Umstände"-Klausel selbstständige Bedeutung beimisst (→ Rn. 101 f.), ergeben sich aus den unterschiedlichen Formulierungen in Nr. 5 und Nr. 6 jedenfalls in der hiesigen Praxis keine wesentlichen Unterschiede.

3. Ausschluss bei zwingenden, auf früheren Verfolgungen beruhenden Gründen

a) Praktische Bedeutung. Nach Art. 1 C. Nr. 5 S. 2 und Art. 1 C. Nr. 6 S. 2 entfällt die **104** Flüchtlingseigenschaft nicht bei Flüchtlingen iSd Art. 1 A. Nr. 1, die sich auf **zwingende, auf früheren Verfolgungen beruhende Gründe berufen können, um die Inanspruchnahme des Schutzes bzw. die Rückkehr ins Herkunftsland abzulehnen.** Beide Regelungen knüpfen dabei ausschließlich an die Altfallregelung des Art. 1 A. Nr. 1 an (→ Rn. 42 ff.) und sind daher an sich weitgehend überholt (vgl. → Rn. 50).

Die Beschränkung auf Flüchtlinge iSd Art. 1 A. Nr. 1 ist dem Umstand geschuldet, dass sich die **104.1** Konventionsstaaten über dem tatsächlichen Umfang der aus Art. 1 A. Nr. 2 resultierenden Verpflichtungen nicht vollständig im Klaren (und daher um eine Beschränkung derselben bemüht) waren (vgl. Zimmermann 1951 Convention/Kneebone/O'Sullivan Art. 1 C. Rn. 28 mN).

Ungeachtet der expliziten Beschränkung der Klauseln auf Flüchtlinge im Sinne des formellen **105** Flüchtlingsbegriffs werden diese vielfach als **Ausdruck eines allgemeinen Rechtsgedankens** verstanden, der auf GFK-Flüchtlinge allgemein übertragbar sei (Zimmermann 1951 Convention/ Schmahl Art. 1 A. Nr. 1 Rn. 17). Diese Forderung hat indes keine textliche Grundlage im Wortlaut der GFK und kann daher nur durch Umsetzungsakte der einzelnen Konventionsstaaten verwirklicht werden.

Tatsächlich behält die Auslegung der Klauseln indes schon deswegen praktische Bedeutung, weil **106** sowohl der **Unionsgesetzgeber** (in Art. 11 Abs. 3 Qualifikations-RL) **als auch der nationale Gesetzgeber** (in § 73 Abs. 1 S. 3 AsylG) **den Schutz der Bestimmung ausdrücklich auf Flüchtlinge im Sinne der konventionsrechtlichen Flüchtlingsdefinition erstreckt haben.**

b) Voraussetzungen. „Zwingende, auf früheren Verfolgungen beruhende Gründe" könnten **107** etwa Traumatisierungen sein, die der Betroffene in Folge der früheren Verfolgung erlitten hat: Auch wenn zB die Gefahr einer Retraumatisierung selbst nicht als Gefahr der Verfolgung iSd

Art. 1 A. Nr. 2 verstanden werden kann, soll dem hiervon Betroffenen **nicht zugemutet werden, in das Land seiner (früheren) Verfolger zurückzukehren** (vgl. Zimmermann 1951 Convention/Kneebone/O'Sullivan Art. 1 C. Rn. 197; Bergmann/Dienelt/Bergmann AsylG § 73 Rn. 13; NK–AuslR/Hocks/Leuschner AsylG § 73 Rn. 28 f.). Ebenso sind etwa denkbar, in denen die Vertreibung zu einer nachhaltigen Entwurzelung des Betroffenen geführt hat (vorsichtig Bergmann/Dienelt/Bergmann AsylG § 73 Rn. 13).

108   Voraussetzung ist stets, dass der Betroffene **tatsächliche Verfolgung erlitten** hat, auf denen die „zwingenden Gründe" kausal beruhen. Da Art. 1 C. Nr. 5 S. 2, Nr. 6 S. 2 keine allgemeinen Zumutbarkeitserwägungen in die Prüfung einfließen lassen sollen und der Entfall der Flüchtlingseigenschaft nach Wegfall der Verfolgungsgefahr den intendierten Regelfall darstellt, können **nur schwere und außergewöhnliche Verfolgungshandlungen** – gedacht sei etwa an Folter, Vergewaltigung oder langfristige Inhaftierung – als Anknüpfungspunkte vor „zwingende Gründe" im Sinne der oben genannten Bestimmungen dienen (NK–AuslR/Hocks/Leuschner AsylG § 73 Rn. 29). Bloße Verfolgungsgefahren, die den Betroffenen zur Flucht veranlasst hatten, dürften insoweit in der Regel nicht ausreichen.

109   **c) Rechtsfolge.** Die deutsche Normfassung („wird unterstellt") könnte die Annahme nahelegen, dass Art. 1 C. Nr. 5 S. 2 und Nr. 6 S. 2 lediglich eine widerlegliche Vermutung der Unzumutbarkeit der Inanspruchnahme des Schutzes des Herkunftslandes begründen. Ein Blick in den verbindlichen Wortlaut der englischen („Provided that this paragraph shall not apply to") und französischen Sprachfassung („Etant entendu, toutefois, que les dispositions du présent paragraphe ne s'appliqueront pas") zeigt jedoch, dass die jeweiligen Bestimmungen **die Anwendung der Wegfall der Umstände-Klausel zu Lasten des Betroffenen absolut ausschließen, wenn ihre Voraussetzungen vorliegen.**

III. Wegfallfiktion in Anknüpfung an das Verhalten des Flüchtlings (Nr. 1, Nr. 2 und Nr. 4)

110   Demgegenüber knüpfen die in Art. 1 C. Nr. 1, Nr. 2 und Nr. 4 geregelten Entfallgründe zwar ebenfalls an den Wegfall der Schutzbedürftigkeit an, setzen dessen Nachweis aber nicht positiv voraus: Vielmehr genügt es, dann der Betroffene **den nachträglichen Entfall der Schutzvoraussetzungen** – insbesondere das Fehlen einer begründeten Furcht vor Verfolgung – **durch eigenes Verhalten dokumentiert** (vgl. BVerwG NVwZ 1992, 679 (680)). In der Sache begründen Nr. 1, Nr. 2 und Nr. 4 dabei besondere Fallgruppen der in Nr. 5 geregelten „Wegfall der Umstände"-Generalklausel, in denen der Wegfall der Schutzvoraussetzungen fingiert wird.

110.1   Normlogisch läge es an sich näher, Nr. 1, Nr. 2 und Nr. 4 als **Regelbeispiele der Nr. 5** anzusehen, die eine widerlegliche Vermutung für den Wegfall der schutzbegründenden Umstände bzw. das Wiederaufleben des Schutzes des Herkunftslandes begründen. Der eindeutige Wortlaut der Bestimmung lässt eine Deutung als widerlegliche Vermutung aber nicht zu, so dass stringente Ergebnisse nur durch restriktive systematisch-teleologische Auslegung der jeweiligen Tatbestandsmerkmale erzielt werden könnten. Denn nach dem gemeinsamen Normzweck aller in Art. 1 C. geregelten Entfallgründe soll die Flüchtlingseigenschaft nur dann entfallen, wenn der Betroffene keine begründete Furcht vor Verfolgung mehr hat bzw. er in hinreichendem Umfang auf staatlichen Schutz vertrauen kann.

1. Freiwillige Unterstellung unter den Schutz des Herkunftslandes

111   Nr. 1 betrifft dabei den Fall, dass der Betroffene **sich freiwillig erneut dem Schutz des Herkunftslandes unterstellt,** dessen Staatsangehörigkeit er besitzt. Auf Staatenlose findet der Entfallgrund des Nr. 1 seinem klaren Wortlaut nach keine Anwendung; stattdessen sind ggf. die in Nr. 4 und Nr. 6 genannten Entfallgründe zu prüfen (VGH BW 22.10.1996 – 13 S 3392/95, juris Rn. 4).

112   Begrifflich setzt Art. 1 C. Nr. 1 dabei zunächst die (erneute) **freiwillige Unterstellung des Staatsangehörigen unter den Schutz seines Herkunftslandes** voraus. Der Vergleich mit Art. 1 C. Nr. 3 (freiwillige Rückkehr und Niederlassung) zeigt dabei, dass die Inanspruchnahme des Schutzes **nicht notwendigerweise eine Rückkehr in das Herkunftsland voraussetzt** (BVerwG NVwZ 1992, 679 (681) unter Verweis auf BGH BeckRS 1965, 31170192; Zimmermann 1951 Convention/Kneebone/O'Sullivan Art. 1 C. Rn. 114 ff.) allerdings kann die freiwillige Rückkehr ggf. – auch ohne dauerhafte Niederlassung iSd Nr. 3 – als Indiz für die Inanspruchnahme des Schutzes des Herkunftslandes gewertet werden.

112.1   Insoweit kann Art. 1 C. Nr. 4 **nicht als lex specialis zu Art. 1 C. Nr. 1** angesehen werden (zumindest missverständlich aber BVerwG NVwZ 1992, 679 (681) unter Verweis auf BGH BeckRS 1965, 31170192).

Denn der Akt der freiwilligen Rückkehr in das Herkunftsland kann im Einzelfall auch dann als freiwillige Unterstellung unter den Schutz des Herkunftslandes verstanden werden, wenn sich der Betroffene nicht – wie nach Nr. 4 allerdings erforderlich – dort „niederlässt".

Ohne Rückkehr in das jeweilige Herkunftsland kann die Unterschutzstellung ggf. **in der** 113 **Inanspruchnahme diplomatischer oder konsularischer Unterstützung** gesehen werden (BeckOK AuslR/Fleuß AsylG § 72 Rn. 9). Auch hier ist jedoch zu fragen, ob der Betroffene sich objektiv „in die schützende Hand des Herkunftslandes begibt" (BayVGH BeckRS 2007, 37764 Rn. 52) oder er lediglich rechtlichen Verpflichtungen – zB als Staatsangehöriger – nachkommt oder er einzelne Leistungen zur Erfüllung sittlicher Pflichten in Anspruch nimmt (vgl. BVerwG NVwZ 1992, 679 (680 f.)).

§ 72 Abs. 1 Nr. 1 AsylG nennt – übereinstimmend mit den Richtlinien des UNHCR (UNHCR-HdB 113.1 §§ 121 f.) – als Anwendungsbeispiel für die freiwillige Unterschutzstellung die **Annahme oder Erneuerung eines Nationalpasses der Herkunftsstaates.** Auch dieses Beispiel entfaltet jedoch nur Indizwirkung, so dass im Einzelfall geprüft werden muss, ob sich der Betroffene durch die genannten Handlungen tatsächlich dem Schutz des Herkunftslandes unterstellt hat (→ AsylG § 72 Rn. 2; BVerwG NVwZ 1992, 679 (681); Zimmermann 1951 Convention/Kneebone/O'Sullivan Art. 1 C. Rn. 55 ff., 114 ff.).

Keine entsprechende Indizwirkung entfaltet demgegenüber die Beantragung sonstiger Dokumente (wie 113.2 zB von Heirats- oder Geburtsurkunden), die keine besondere Beziehung zum Ausstellerstaat voraussetzen (UNHCR-HdB § 121).

Der (noch nicht beschiedene**) Antrag auf Wiedererlangung der Staatsbürgerschaft** kann zwar als 113.3 Form der freiwilligen Unterschutzstellung gesehen werden, kann die Rechtsfolge des Art. 1 C. Nr. 1 aber dennoch nicht auslösen, da die Norm eindeutig das Bestehen einer Staatsangehörigkeit voraussetzt (NK-AuslR/Müller AsylG § 72 Rn. 20; potentiell missverständlich Bergmann/Dienelt/Bergmann AsylG § 72 Rn. 22). Die Flüchtlingseigenschaft entfällt daher erst, wenn der Betroffene seine Staatsangehörigkeit tatsächlich wiedererlangt (→ Rn. 117 ff. zu Art. 1 C. Nr. 2).

Letztlich soll die Flüchtlingseigenschaft nämlich nur dann entfallen, wenn der Ausländer die 114 durch das Verfolgungsgeschehen unterbrochenen rechtlichen Beziehungen zu seinem Herkunftsland dauerhaft wiederherstellt, weil er sich den diplomatischen Schutz gleichsam „auf Vorrat" sichert, ohne dass die Erledigung bestimmter administrativer Angelegenheiten ihn hierzu nötigt, oder weil er sich sonst „ohne Not" wieder in die schützende Hand des Heimatstaates begibt. Entscheidend ist dabei, ob **aus dem Verhalten des Ausländers auf eine veränderte Einstellung zum Heimatstaat geschlossen werden kann** (BVerwG NVwZ 1992, 679 (681)); VGH BW 22.10.1996 – 13 S 3392/95, juris Rn. 3).

Das Erfordernis der **Freiwilligkeit** ist jedenfalls dann erfüllt, wenn die Unterstellung **aufgrund** 115 **eigener Willensentschließung** vorgenommen wird, ohne dass Umstände dazu zwingen, die im konkreten Fall einer begründeten Furcht für Leben oder Freiheit vergleichbar sind (BGH BeckRS 1965, 31170192). Zur effektiven Durchsetzung des Refoulement-Verbots dürfte dabei jedenfalls zu fordern sein, dass ggf. bestehende Druckmomente die Intensität von Maßnahmen iSd Art. 9 Qualifikations-RL und des § 3a AsylG nicht erreichen (vgl. hierzu → AsylG § 3a Rn. 6 ff.).

Die Schutzbedürftigkeit eines Flüchtlings kann auch dann entfallen, wenn das Herkunftsland dem 115.1 Ausländer seinen Schutz auch ohne dessen Zutun – zB im Falle eines Regierungswechsels oder der Einstellung eines staatlichen Verfolgungsprogramms – wieder angedeihen lässt. Da der Betroffene sich in diesem Fall aber nicht freiwillig wieder dem Schutz des Herkunftslandes unterstellt und sein Verhalten folglich keine Rückschlüsse auf den Wegfall eigener Verfolgungsbefürchtungen zulässt, sind in diesem Fall die Voraussetzungen des Art. 1 C. Nr. 5 zu prüfen.

Im Fall staatlicher Verfolgungshandlungen kann eine freiwillige Unterschutzstellung im oben 116 genannten Sinne in der Regel ohne Weiteres als Beleg dafür gesehen werden, dass der Betroffene selbst keine Furcht vor Verfolgung durch die staatlichen Autoritäten mehr hegt. Insbesondere bei nichtstaatlicher Verfolgung ist jedoch zu fragen, **ob der Schutz des Landes, dem sich der Betroffene erneut unterstellt, auch tatsächlich gegeben ist** (Zimmermann 1951 Convention/Kneebone/O'Sullivan Art. 1 C. Rn. 50 ff.; UNHCR-HdB § 119). Denn eine freiwillige Unterschutzstellung iSd Art. 1 C. Nr. 1 setzt neben einem entsprechenden Willen des Betroffenen zusätzlich voraus, dass eine Schutzgewährung nach objektiven Kriterien auch tatsächlich möglich ist (BayVGH BeckRS 2007, 37764 Rn. 53) und in der Praxis geleistet wird (vgl. BGH BeckRS 1965, 31170192). Dies kann insbesondere dann fraglich sein, wenn der Herkunftsstaat die Kontrolle über Teile des Staatsgebiets verloren hat (vgl. BayVGH BeckRS 2007, 37764 Rn. 53).

2. Wiedererlangung der Staatsangehörigkeit

117   Nach Art. 1 C. Nr. 2 fällt ein Flüchtling nicht mehr unter die Bestimmungen der GFK, wenn er **seine Staatsangehörigkeit nach deren Verlust freiwillig wiedererlangt** hat. Begrifflich setzt die Norm dabei voraus, dass der Betroffene zuvor über die Staatsangehörigkeit jenes Staates verfügt hatte, die er nunmehr wiedererlangt (NK-AuslR/Müller AsylG § 72 Rn. 19). Fälle der erstmaligen Annahme einer ausländischen Staatsangehörigkeit sind daher nicht von Art. 1 C. Nr. 2, sondern ausschließlich von Art. 1 C. Nr. 3 erfasst.

118   Der **Begriff der Freiwilligkeit** ist mit dem auch in Nr. 1 und Nr. 4 verwendeten Freiwilligkeitsbegriff identisch (→ Rn. 115; → Rn. 127). In der Regel wird der Betroffene seine Staatsangehörigkeit auf eigenen Antrag hin wiedererlangen; denkbar sind aber auch Fälle, in denen der Betroffene einer von Amts wegen oder kraft Gesetzes erfolgenden Wiedereinbürgerung nicht widerspricht (Zimmermann 1951 Convention/Kneebone/O'Sullivan Art. 1 C. Rn. 120; BeckOK AuslR/Fleuß AsylG § 72 Rn. 22).

119   Gegenüber Art. 1 C. Nr. 1 und Nr. 3 weist der Wortlaut der Nr. 2 die Besonderheit auf, dass er **ausschließlich an die Wiedererlangung der zu einem früheren Zeitpunkt verlorenen Staatsangehörigkeit anknüpft**. Dies wirft erhebliche Auslegungsschwierigkeiten und Wertungswidersprüche im Vergleich zu Art. 1 C. Nr. 1 und Nr. 3 auf, da diese jeweils – zusätzlich zur Unterstellung unter den Schutz des Herkunftsstaates bzw. zur Erlangung einer neuen Staatsangehörigkeit – voraussetzen, dass der nunmehr (wieder) primär für den Schutz verantwortliche Staat auch tatsächlich zur Gewährung von Schutz bereit und in der Lage ist (→ Rn. 116; → Rn. 131). Demgegenüber müsste die Flüchtlingseigenschaft bei wortlautgetreuer Anwendung der Nr. 2 auch dann entfallen, wenn der Betroffene die zu einem früheren Zeitpunkt verlorene Staatsangehörigkeit wiedererlangt, er aber weiterhin – zB durch Verfolgungshandlungen quasistaatlicher Akteure, gegen die kein effektiver staatlicher Schutz erlangt werden kann – bedroht ist.

120   Dies ist nicht zuletzt deswegen widersprüchlich, weil der Betroffene zB im Fall einer erneuten Flucht ohne weiteres erneut als Flüchtling zu behandeln wäre, wenn der Herkunftsstaat zur Schutzgewährung nicht bereit oder nicht in der Lage ist (→ AsylG § 3d Rn. 1 ff.) oder dem Betroffenen aus anderen – zB gesundheitlichen – Gründen nicht zugemutet werden kann, in sicheren Landesteilen Schutz zu suchen (→ AsylG § 3e Rn. 24 ff.).

121   Richtigerweise ist daher zu unterscheiden: Wenn die Verfolgungshandlung, derentwegen der Betroffene als Flüchtling anzusehen ist, gerade in Form der Entziehung der Staatsbürgerschaft vorgenommen wurde (→ AsylG § 3a Rn. 11), kann die freiwillige Wiedererlangung der Staatsangehörigkeit des Verfolgerstaats ohne weiteres zum Entfall der Flüchtlingseigenschaft führen. Besteht die befürchtete oder erfolgte Verfolgungshandlung hingegen nicht in der Entziehung der Staatsangehörigkeit, sondern zB in der Verfolgung durch quasistaatliche Organisationen oder nichtstaatliche Verfolger, kann die Wiedererlangung der Staatsangehörigkeit zwar als Form der erneuten Unterstellung unter den Schutz des Herkunftsstaates gesehen werden (→ Rn. 113.3). Sie kann aber bei systematischer Auslegung unter Berücksichtigung des Art. 1 C. Nr. 1, Nr. 3 und Nr. 5 und insbesondere der Wertungen des Art. 1 A. Nr. 2 nur dann zum Entfall der Flüchtlingseigenschaft führen, wenn der Herkunftsstaat auch tatsächlich willens und in der Lage ist, vor der für die Schutzgewährung ursächlichen Gefahr politischer Verfolgung zu schützen (so – zumindest andeutungsweise – auch Zimmermann 1951 Convention/Kneebone/O'Sullivan Art. 1 C. Rn. 64).

122   **Richtigerweise ist Art. 1 C. Nr. 2 daher nur auf Fälle anzuwenden, in denen die Entziehung der Staatsangehörigkeit die Flüchtlingseigenschaft begründet hat; im Übrigen – dh insbesondere in Fällen der freiwilligen Aufgabe der Staatsangehörigkeit – sind Art. 1 C. Nr. 1 und Nr. 5 leges specialis** (aA eine weitere Erörterung Zimmermann 1951 Convention/Kneebone/O'Sullivan Art. 1 C. Rn. 60 ff.; BeckOK AuslR/Fleuß AsylG § 72 Rn. 20; Bergmann/Dienelt/Bergmann AsylG § 72 Rn. 21).

122.1   Diese Auslegung des Art. 1 C. Nr. 2 korrespondiert mit dem Umstand, dass insbesondere die in Art. 1 A. Nr. 1 genannten historischen Schutzregimes im Wesentlichen an die systematische Ausbürgerung einzelner Bevölkerungsgruppen anknüpften und nicht primär dem Schutz vor konkreten Verfolgungshandlungen, sondern der Bewältigung des durch die Ausbürgerung entstandenen rechtlichen Vakuums dienten (vgl. Zimmermann 1951 Convention/Schmahl Art. 1 A. Nr. 1 Rn. 7). Vor diesem historischen Hintergrund erscheint die Entscheidung konsequent, die Wiedererlangung der (zuvor entzogenen) Staatsangehörigkeit als eigenständigen Entfalltatbestand auszugestalten.

3. Freiwillige Rückkehr und Niederlassung im Herkunftsstaat

123   Nach Art. 1 C. Nr. 4 fallen Personen nicht mehr unter die Bestimmung der GFK, die freiwillig in das Herkunftsland (→ AsylG § 3 Rn. 18 ff.) zurückgekehrt sind und sich dort niedergelassen haben. In der Sache regelt Art. 1 C. Nr. 4 damit einen **Spezialfall der in Nr. 1 und Nr. 5 geregelten Erlöschenstatbestände** der freiwilligen Schutzunterstellung bzw. des Wegfalls der verfolgungsbegründenden Umstände: Wenn der Betroffene freiwillig in seinen Herkunftsstaat zurückkehrt und sich dort niedergelassen hat, unterstellt er sich in der Sache ebenfalls erneut dem Schutz des Herkunftsstaats und dokumentiert zugleich, dass er – jedenfalls subjektiv – keine politische Verfolgung mehr zu fürchten hat.

Anders als Art. 1 C. Nr. 1 (→ Rn. 111) ist Art. 1 C. Nr. 4 allerdings auch auf Staatenlose anwendbar, **123.1** die in ihr Herkunftsland zurückkehren und sich dort niederlassen.

Im Unterschied zu den in Art. 1 C. Nr. 1, Nr. 3 und Nr. 5 geregelten Erlöschenstatbeständen **124** **setzt der Tatbestand der Nr. 4 nicht voraus, dass der Herkunftsstaat tatsächlich schutzbereit und -willig ist.** Er überlässt die Einschätzung, ob dem Betroffenen politische Verfolgung droht bzw. er diese zum Anlass für eine Flucht (bzw. einen Verbleib) ins Ausland nehmen will, vollständig dem jeweiligen Ausländer. Er bürdet dem Betroffenen damit zugleich das erhebliche Risiko einer Fehleinschätzung auf, weil er sich im Fall einer Fortführung der bereits erlebten oder befürchteten Verfolgung nicht erneut auf den Schutz der GFK berufen kann, wenn keine wesentliche Veränderung oder Verschärfung der Verfolgungssituation eingetreten ist.

Der Erlöschensgrund des Art. 1 C. Nr. 4 setzt dabei zunächst voraus, dass der Betroffene **125** **tatsächlich in sein Herkunftsland zurückgekehrt** ist.

Darüber hinaus setzt Art. 1 C. Nr. 4 voraus, dass der Betroffene sich in seinem Herkunftsland **126** **niederlässt.** Anspruchsvernichtend ist daher letztlich der Umstand, dass der Betroffene sich hinreichend sicher fühlt, um seinen Lebensmittelpunkt trotz erlebter Verfolgungsgefahr erneut in sein Herkunftsland zu verlagern. Die rein zeitweise Rückkehr – zB zu Urlaubszwecken oder zum Zweck des Besuchs von Verwandten – lässt die Flüchtlingseigenschaft daher nach Art. 1 C. Nr. 4 unberührt.

Das **Erfordernis der Freiwilligkeit** ist bei Anwendung des Art. 1 C. Nr. 4 von besonderer **127** Bedeutung, da die tatsächliche Verfolgungssicherheit des Betroffenen bei Anwendung des Art. 1 C. Nr. 4 nicht geprüft wird (→ Rn. 124) und nur die freiwillige Rückkehr als Indiz dafür verstanden werden kann, dass der Betroffene sich hinreichend sicher vor Verfolgung fühlt bzw. bereit ist, das ggf. fortbestehende Verfolgungsrisiko für sich in Kauf zu nehmen. Es ist dürfte grundsätzlich ebenso wie bei Anwendung der Art. 1 C. Nr. 1 und Nr. 2 auszulegen sein, so dass neben einer Rückkehr aufgrund eigener Willensentschließung jedenfalls erforderlich ist, dass diese nicht auf Zwangsmomenten beruht, die eine mit Verfolgungsmaßnahmen iSd § 3a AsylG vergleichbare Intensität aufweisen (→ Rn. 115). Vergleichbares muss dann gelten, wenn der Betroffene sich mit seiner Willensentschließung lediglich in das Unvermeidbare fügt.

Die in Form der **Abschiebung** oder **Auslieferung** erfolgte Rückkehr kann daher ebenso wenig zum **127.1** Entfall der Flüchtlingseigenschaft führen wie die Ausreise zur Erfüllung einer vollziehbaren Ausreisepflicht. Gleiches gilt etwa im Fall einer Entführung durch ausländische Agenten.

Auch bei unfreiwilliger Rückkehr kann der längerfristige Aufenthalt im Verfolgerstaat allerdings als **127.2** tatsächliches Indiz für den Wegfall der Verfolgungsgründe iSd Art. 1 C. Nr. 5 und Nr. 6 verstanden werden, wenn sich der Betroffene über einen längeren Zeitraum tatsächlich keinen Verfolgungshandlungen ausgesetzt sieht (vgl. Bergmann/Dienelt/Bergmann AsylG § 73 Rn. 6).

Nach dem Wortlaut der deutschen Normfassung des Art. 1 C. Nr. 4 ist nicht eindeutig, ob **128** sich das Freiwilligkeitserfordernis nur auf die Rückkehr oder – darüber hinaus – auch auf die Niederlassung im Herkunftsstaat bezieht. Die englische Normfassung („He has voluntarily reestablished himself in the country which he left") macht jedoch deutlich, dass der **maßgebliche Grund für den Entfall der Flüchtlingseigenschaft die Freiwilligkeit der Niederlassung ist** (Zimmermann 1951 Convention/Kneebone/O'Sullivan Art. 1 C. Rn. 76 ff.).

Dies ergibt sich im Übrigen auch bei einer am Schutzzweck der GFK und der Systematik der **129** Erlöschenstatbestände orientierten Auslegung, da der Verzicht auf eine Prüfung der Verfolgungssicherheit im Herkunftsstaat (→ Rn. 124) gerade darauf beruht, dass der Betroffene sich freiwillig zu Rückkehr und Verbleib im Herkunftsstaat entschlossen hat. Belegt der Herkunftsstaat den Betroffenen daher etwa nach dessen freiwilliger Einreise mit einem Ausreiseverbot und zwingt ihn so zur Niederlassung in seinem Staatsgebiet, so geht die Flüchtlingseigenschaft nicht verloren.

IV. Erwerb einer neuen Staatsangehörigkeit (Nr. 3)

Nach Art. 1 C. Nr. 3 entfällt die Flüchtlingseigenschaft, wenn der Betroffene eine **neue 130 Staatsangehörigkeit erworben** hat und er den Schutz des Landes, dessen Staatsangehörigkeit er erworben hat, genießt. Die Bestimmung setzt dabei nicht voraus, dass der Betroffene zuvor staatenlos war oder seine frühere Staatsangehörigkeit aufgibt; vielmehr macht schon die Mehrstaaterregelung des Art. 1 A. Nr. 2 S. 2 und S. 3 deutlich, dass Schutzsuchende ggf. vorrangig auf den Schutz eines von mehreren Staaten verwiesen werden können, über dessen Staatsangehörigkeit sie verfügen (→ Rn. 31 f.). Art. 1 C. Nr. 3 findet allerdings keine Anwendung, wenn der Betroffene eine bereits früher innegehabte Staatsangehörigkeit wieder erwirbt; insoweit sind Art. 1 C. Nr. 1 und Nr. 2 (ggf. iVm Nr. 5) leges specialis (→ Rn. 122).

131   Ebenso wie Art. 1 C. Nr. 1 setzt Nr. 3 voraus, dass der **nunmehr schutzverantwortliche Staat zum Schutz vor Verfolgung bereit und in der Lage ist** (→ Rn. 116; Zimmermann 1951 Convention/Kneebone/O'Sullivan Art. 1 C. Rn. 67 f.; Bergmann/Dienelt/Bergmann AsylG § 72 Rn. 25).

132   Im Unterschied zu Art. 1 C. Nr. 1 und Nr. 2 **setzt** Nr. 3 **nicht voraus, dass der Betroffene die neue Staatsangehörigkeit freiwillig erlangt** (Zimmermann 1951 Convention/Kneebone/ O'Sullivan Art. 1 C. Rn. 65). Dies ist nicht widersprüchlich, da die Wiedererlangung der zuvor verlorenen Staatsangehörigkeit von Art. 1 C. Nr. 3 nicht erfasst ist (→ Rn. 130) und für Drittstaaten in der Regel keine Veranlassung bestehen dürfte, die Schutzgewährung durch Konventionsstaaten durch Aufdrängung seiner Staatsangehörigkeit zu hintertreiben. Als problematisch könnten lediglich Fälle anzusehen sein, in denen ein Verfolgerstaat (zuvor) Staatenlosen seine Staatsangehörigkeit aufdrängt, um die frühere Verfolgung fortsetzen zu können. Ein derart verfolgungswilliger Drittstaat wäre allerdings jedenfalls nicht als schutzbereit und schutzwillig anzusehen, so dass auch Staatenlose vor missbräuchlicher Aufdrängung einer fremden Staatsangehörigkeit hinreichend geschützt sind (vgl. Zimmermann 1951 Convention/Kneebone/O'Sullivan Art. 1 C. Rn. 70 mN).

132.1   Der Erlöschensgrund des § 72 Abs. 1 Nr. 3 AsylG, der Art. 1 C. Nr. 3 nachgebildet ist, ist gegenüber diesem (ebenso wie gegenüber Art. 11 Abs. 1 lit. c Qualifikations-RL) enger gefasst: Er setzt zusätzlich voraus, dass der Asylberechtigte bzw. Flüchtling die neue Staatsangehörigkeit **auf Antrag** erworben hat. Diese auf eine Anregung des Innenausschusses eingefügte Ergänzung soll sicherstellen, dass die Flüchtlingsanerkennung nicht erlischt, wenn gerade der Verfolgerstaat dem Flüchtling seine Staatsangehörigkeit aufzwingt (BT-Drs. 9/1630, 20). Da die Regelung den Flüchtling gegenüber der Regelung des Art. 1 C. Nr. 3 begünstigt, begegnet diese nationale Umsetzungsregelung jedenfalls aus völkerrechtlicher Sicht keinen Bedenken. Sie ist aus den oben genannten Gründen (→ Rn. 132) allerdings weitgehend überflüssig.

Artikel 2 Allgemeine Verpflichtungen

Jeder Flüchtling hat gegenüber dem Land, in dem er sich befindet, Pflichten, zu denen insbesondere die Verpflichtung gehört, die Gesetze und sonstigen Rechtsvorschriften sowie die zur Aufrechterhaltung der öffentlichen Ordnung getroffenen Maßnahmen zu beachten.

Überblick

Als Programmsatz ohne konkrete Rechtsfolgen (→ Rn. 2) hat Art. 2 im Wesentlichen symbolische Bedeutung: Er stellt den nach Art. 3 ff. gewährleisteten Begünstigungen die nach nationalem Recht bestehenden Verpflichtungen gegenüber, ohne selbst besondere Verpflichtungen der Flüchtlinge zu begründen (→ Rn. 2 ff.). Da Art. 2 auch das in Art. 7 Abs. 1 geregelte Ausländergleichbehandlungsgebot nicht suspendiert, können besondere Verpflichtungen der Flüchtlinge im Vergleich zu sonstigen Ausländern auch durch die nationalen Rechtsordnungen nicht begründet werden (→ Rn. 5, → Rn. 7).

A. Funktion und Inhalt der Norm

1   Art. 2 stellt klar, dass Schutzsuchende und Flüchtlinge nicht nur die in der GFK garantierten Rechte und Vergünstigungen genießen, sondern grundsätzlich – vorbehaltlich besonderer Privilegierungen nach Maßgabe der Art. 3 ff. – **jenen Verpflichtungen unterliegen, die der aufnehmende Konventionsstaat seiner Bevölkerung bzw. Ausländern allgemein auferlegt.** Eine Auferlegung strengerer Pflichten wird durch Art. 2 selbst zwar nicht ausgeschlossen, gerät aber notwendigerweise mit dem in Art. 7 Abs. 1 geregelten Grundsatz der Ausländergleichbehandlung (→ Art. 7 Rn. 6 ff.) in Konflikt.

Da weder Art. 2 noch die GFK im Übrigen konkrete Pflichten der Schutzsuchenden bzw. **2** Flüchtlinge begründen, muss Art. 2 im Wesentlichen als **Programmsatz ohne konkrete Rechtsfolgen** verstanden werden (Hathaway Rights of Refugees 100 f., 104; Zimmermann 1951 Convention/Lambert Rn. 2, 18, 29, 47; Robinson Convention 60 mwN). Interpretationen, die Art. 2 darüber hinaus ein **flüchtlingsspezifisches Verbot des Rechtsmissbrauchs** entnehmen wollen, sind demgegenüber verfehlt (vgl. Zimmermann 1951 Convention/Lambert Rn. 37 f.); insoweit besteht auch kein praktisches Bedürfnis, Flüchtlinge besser oder schlechter zu stellen als andere den jeweiligen nationalen Vorschriften unterliegende Personen.

Insbesondere begründet die GFK **keine spezifischen flüchtlingsrechtlichen Mitwirkungs-** **3** **pflichten oder -obliegenheiten;** sie steht ihrer Begründung durch nationales oder supranationales Recht (vgl. Art. 4 Abs. 1 S. 1 Qualifikations-RL; Art. 13 Asylverfahrens-RL; § 15 AsylG) aber auch nicht entgegen (vgl. Zimmermann 1951 Convention/Lambert Rn. 33 ff.).

B. Einzelne Verpflichtungen

I. Beachtung der Gesetze und sonstigen Rechtsvorschriften

Der in Art. 2 enthaltene Hinweis auf die **Pflicht zur Beachtung der (allgemeinen) Gesetze** **4** **und sonstigen Rechtsvorschriften ist selbstverständlich** und hat alleine symbolische Bedeutung (Zimmermann 1951 Convention/Lambert Rn. 7; Robinson Convention 60).

II. Beachtung der „zur Aufrechterhaltung der öffentlichen Ordnung getroffenen Maßnahmen"

Demgegenüber ist die Bezugnahme auf die Verpflichtung zur Beachtung der „zur Aufrechter- **5** haltung der öffentlichen Ordnung getroffenen Maßnahmen" Ausdruck der von einzelnen Konventionsstaaten wahrgenommenen Notwendigkeit, die **exilpolitische Tätigkeit** von Flüchtlingen **im Interesse der innerstaatlichen Ordnung oder der Wahrung außenpolitischer Interessen ggf. einschränken zu können** (Robinson Convention 60 f.). Da Art. 7 Abs. 1 insoweit allerdings ebenfalls mindestens eine Gleichbehandlung mit anderen Ausländern unter vergleichbaren Lebensumständen fordert (→ Art. 7 Rn. 6 ff.), kann Art. 2 nicht zur Rechtfertigung weitergehender Beschränkung der Rechte von Flüchtlingen herangezogen werden (Zimmermann 1951 Convention/Lambert Rn. 8 f., 44, 48; ähnlich Hathaway Rights of Refugees 102 f.). In Betracht kommen allerdings Maßnahmen nach Art. 8 S. 2 (→ Art. 8 Rn. 13 ff.) oder nach Art. 9 (→ Art. 9 Rn. 1 ff.).

III. Sonstige Pflichten

Der nicht abschließende Charakter der in Art. 2 benannten Pflichten („insbesondere") muss **6** als Hinweis auf Überlegungen einzelner Mitgliedsstaaten verstanden werden, Flüchtlinge – quasi spiegelbildlich zu den durch die GFK gewährleisteten Vergünstigungen gegenüber sonstigen Ausländern – stärker als sonstige Ausländer zugunsten der jeweiligen Konventionsstaaten in die Pflicht zu nehmen. Erwogen wurde dabei insbesondere eine **Heranziehung zum Wehrdienst oder anderen – zivilen – Zwangsdiensten** insbesondere im Notstandsfall (vgl. zu früheren Entwurfsfassungen Zimmermann 1951 Convention/Lambert Rn. 4 f.). Die Rechtsstellung der Flüchtlinge sollte der Rechtsstellung von Staatsangehörigen daher nicht nur im Hinblick auf die mit der Staatsangehörigkeit verbundenen Rechte (vgl. Art. 34), sondern auch im Hinblick auf hiermit verbundene Pflichten angenähert werden.

Da Art. 2 die Konventionsstaaten allerdings nicht von der Einhaltung der in der Konvention **7** im Übrigen geregelten Beschränkungen – insbesondere dem in Art. 7 Abs. 1 geregelten Gebot der Ausländergleichbehandlung (→ Art. 7 Rn. 6 ff.) – freistellt und eine Heranziehung von Ausländern zum Wehrdienst oder anderen Zwangsdiensten weder völkerrechtlich noch praktisch in Betracht kommen dürfte, kann dieses Ziel nach gegenwärtigem Stand der GFK nicht ohne tatsächliche Einbürgerung erreicht werden.

C. Rechtsfolgen

Die Rechtsfolgen einer Verletzung der allgemeinen Verhaltenspflichten sind in Art. 2 nicht **8** geregelt; insoweit bleibt es bei den nach nationalem Recht zulässigerweise vorgesehenen Sanktionen und Rechtsfolgen. Eine **Verwirkung der flüchtlingsspezifischen Rechte ist nach Art. 2 nicht zulässig,** zumal sich entsprechende Regelungsvorschläge im Normsetzungsverfahren nicht durchgesetzt haben (Robinson Convention 61). Unter den in Art. 1 E. bzw. Art. 32 f. spezifisch geregelten Voraussetzungen kann allerdings ein Verlust des Status bzw. der damit verbundenen Rechte eintreten (→ Art. 1 Rn. 83 ff.).

D. Vorbehalte oder besondere Erklärungen

9   Im Hinblick auf Art. 2 hat keiner der Konventionsstaaten Vorbehalte erklärt oder besondere Erklärungen abgegeben (Zimmermann 1951 Convention/Lambert Rn. 17).

Artikel 3 Verbot unterschiedlicher Behandlung

Die vertragschließenden Staaten werden die Bestimmungen dieses Abkommens auf Flüchtlinge ohne unterschiedliche Behandlung aus Gründen der Rasse, der Religion oder des Herkunftslandes anwenden.

Überblick

Art. 3 begründet ein auf die Anwendung der Bestimmungen der GFK (→ Rn. 3 ff.) und einzelne Verfolgungsmerkmale (→ Rn. 16) beschränktes Diskriminierungsverbot. Innerhalb dieser Beschränkungen gilt das Diskriminierungsverbot zwischen einzelnen Flüchtlingen bzw. Flüchtlingen allerdings absolut (→ Rn. 18), soweit es nicht durch Maßnahmen nach Art. 8 f. durchbrochen wird (→ Rn. 19 f.).

Übersicht

A. Inhalt und Funktion der Bestimmung

1   Art. 3 regelt ein in **zweifacher Weise beschränktes Diskriminierungsverbot:** Inhaltlich **bezieht sich dieses nur auf die „Anwendung der Bestimmungen dieses Abkommens"** und adressiert die Frage der unterschiedlichen Behandlung im Hinblick auf über die Konvention hinausgehende Gewährleistungen daher nicht (→ Rn. 7). Zudem **beschränkt es sich auf die im Normwortlaut ausdrücklich genannten Merkmale** der „Rasse", der Religion und des Herkunftslandes und ist daher enger gefasst als die nach Art. 1 schutzbegründenden Verfolgungsgründe (→ Rn. 16 f.).

2   Innerhalb dieser Parameter **gilt** Art. 3 zunächst **absolut** (→ Rn. 18). Art. 8 S. 2 bzw. Art. 9 regeln jedoch Maßnahmen bzw. setzen diese voraus, durch die auch das im oben genannten Umfang beschränkte Diskriminierungsverbot jedenfalls **im Hinblick auf das Merkmal des „Herkunftslands" durchbrochen** bzw. suspendiert **werden kann** (→ Rn. 19 f.).

B. Umfang der Gewährleistung

I. Anwendungsbereich und -voraussetzungen des Diskriminierungsverbots

3   In der Sache begründet Art. 3 kein allgemeines Diskriminierungsverbot, sondern **verbietet lediglich die unterschiedliche Anwendung der Bestimmungen der GFK** in Anknüpfung an die in der Bestimmung genannten Merkmale (Zimmermann 1951 Convention/Marx/Staff Rn. 15; Hathaway Rights of Refugees 252).

1. „Anwendung der Bestimmungen dieses Abkommens" als Anwendungsvoraussetzung

Hieraus folgt zunächst, dass Flüchtlingen (→ Rn. 8) **die in der Konvention geregelten** **4** **absoluten oder relativen Mindestgarantien nicht unter Anknüpfung an die in Art. 3 genannten Merkmale selektiv vorenthalten werden dürfen.** Dies folgt allerdings schon aus der Natur der jeweiligen Garantien als Mindestgarantien und verleiht Art. 3 insoweit keine selbstständige normative Bedeutung (Zimmermann 1951 Convention/Marx/Staff Rn. 24).

Eine **selbstständige normative Bedeutung** ergibt sich daher erst in Verbindung mit den **5** jeweiligen Bestimmungen, die die Konventionsstaaten **zur Einräumung** von **über die jeweiligen Mindestgarantien hinausgehender Rechte** ermutigen bzw. auffordern (→ Art. 7 Rn. 19; Art. 13, 17 Abs. 3, 18, 19 Abs. 1, 21, 22 Abs. 2, 24 Abs. 4, 30 Abs. 2): Soweit ein Konventionsstaat von der Möglichkeit Gebrauch macht, Flüchtlingen eine bessere als die jeweils vorgeschriebene Rechtsstellung zu gewähren, muss er dies ohne Ansehung der Rasse, der Religion oder des Herkunftslandes des Flüchtlings tun (vgl. Zimmermann 1951 Convention/Marx/Staff Rn. 25 f.).

Diese Auslegung kann zwar ggf. Anreize für die Konventionsstaaten bieten, die Rechtsstellung **6** der Flüchtlinge allgemein – insoweit diskriminierungsfrei – schwach auszugestalten und auf die Gewährleistung zwingender Mindeststandards zu beschränken (so auch die Befürchtungen einzelner Konventionsstaaten bei Erlass der Bestimmung; vgl. Zimmermann 1951 Convention/Marx/Staff Rn. 10), stellt aber sicher, **dass zumindest elementare flüchtlingsschutzrelevante Diskriminierungen nicht auch im Aufnahmestaat fortgeschrieben werden.**

Keine Anwendung findet das Diskriminierungsverbot **auf nach Maßgabe des Art. 5 unab- 7 hängig von der GFK gewährleistete Rechte.** Denn Art. 5 sieht zwar vor, dass die Konventionsstaaten Flüchtlingen Rechte und Vergünstigungen auch unabhängig von den Bestimmungen der Konvention einräumen können (→ Art. 5 Rn. 1 ff.); deren Gewährung erfolgt dann jedoch nicht – wie für die Anwendung von Art. 3 erforderlich – in „Anwendung der Bestimmungen dieses Abkommens" (Zimmermann 1951 Convention/Marx/Staff Rn. 16; Robinson Convention 63 ff.).

2. Persönliche Anwendungsvoraussetzungen

Sachlich **knüpft Art. 3 an den in Art. 1 legaldefinierten Begriff des Flüchtlings an.** Wie **8** auch bei der Anwendung anderer Bestimmungen der GFK stellt sich insoweit die Frage, ob neben anerkannten Flüchtlingen auch Schutzsuchende ohne abschließend geklärten Status die Rechtsstellung nach Art. 3 beanspruchen können.

Ein **förmlicher (positiver) Abschluss des Statusfeststellungsverfahrens kann dabei 9 jedenfalls nicht verlangt werden,** weil die GFK ein solches Verfahren nicht vorsieht und ein solcher Verfahrensvorbehalt gegenüber Personen, die die in Art. 1 genannten Merkmale tatsächlich aufweisen, mit einer zeitweiligen Vorenthaltung nach der Konvention nicht oder nicht ohne Weiteres abdingbarer Rechte verbunden wäre. Zudem zeigt die Systematik der GFK, die zwischen „bloßen" Flüchtlingsrechten und Rechtspositionen unterscheidet, die auch Flüchtlingen nur bei Legalität des Aufenthalts gewährt werden, dass einzelne flüchtlingsrechtliche Gewährleistungen schon unmittelbar nach der Einreise zur Anwendung kommen sollen. Dies gilt insbesondere für den persönlichen Strafaufhebungsgrund des Art. 31 Abs. 1 (vgl. BVerfG NVwZ 2015, 361 (363)) und das in Art. 33 Abs. 1 kodifizierte Refoulement-Verbot, das als Schutznorm nur für anerkannte Flüchtlinge keine effektive Wirkung entfalten könnte (→ Art. 33 Rn. 12).

Eine **Inzidentprüfung** der Flüchtlingseigenschaft **wäre hingegen mit der Funktion eines 10 Statusfeststellungsverfahrens unvereinbar,** das die Prüfung der Voraussetzungen des Art. 1 bei einer einheitlichen Behörde zentralisieren und eine zuverlässige und rechtssichere Handhabung der flüchtlingsrechtlichen Garantien und Statusvorteile gewährleisten soll. Die besseren Gründe sprechen daher dafür, nur die auch nach der Konvention von der Legalität des Aufenthalts abhängigen Rechte – wie zB das Vereinigungsrecht (→ Art. 15 Rn. 1 ff.), das Recht auf Erwerbstätigkeit, das Wohnungswesen (→ Art. 21 Rn. 1 ff.), das Recht auf öffentliche Erziehung jenseits der Volksschulbildung (Art. 22 Abs. 2), das Recht der öffentlichen Fürsorge (→ Art. 23 Rn. 9 ff.), das Arbeitsrecht und der sozialen Fürsorge (Art. 24), das Recht der Freizügigkeit (→ Art. 26 Rn. 8 ff.) und das Recht auf Ausstellung eines Flüchtlingsausweises (→ Art. 28 Rn. 18 ff.) – anerkannten Flüchtlingen vorzubehalten und **die alleine vom Vorliegen der Flüchtlingseigenschaft abhängigen Rechte im Übrigen auch Schutzsuchenden zu gewähren, solange das Nichtbestehen der Flüchtlingseigenschaft nicht feststeht.**

3. Räumlicher Anwendungsbereich

11   Der ursprüngliche Vorschlag, den Geltungsbereich des Diskriminierungsverbots auf das Territorium der Konventionsstaaten zu beschränken, hatte im Ergebnis keine Mehrheit gefunden. Grundsätzlich gilt der Gleichbehandlungsanspruch des Art. 3 daher **auch vor Einreise in das Territorium der Mitgliedsstaaten** bzw. unabhängig vom Aufenthaltsort des Betroffenen (Hathaway Rights of Refugees 245 f.; Robinson Convention 62).

12   Da Art. 3 Gleichbehandlungsansprüche nur im Hinblick auf die „Anwendung der Bestimmungen dieses Abkommens" begründet (→ Rn. 3 ff.), **kann der räumliche Anwendungsbereich des Art. 3** jedoch **nicht ohne die jeweils anzuwendende Konventionsbestimmung gedacht werden:** Sieht diese eine extraterritoriale Anwendung nicht vor bzw. setzt diese in der Sache einen Aufenthalt im Territorium der Konventionsstaaten voraus, kann auch Art. 3 insoweit keinen extraterritorialen Gleichbehandlungsanspruch begründen. Dies ist insbesondere vor dem Hintergrund von Bedeutung, dass die GFK zB ein Recht auf Einreise zum Zweck der Schutzgewährung nicht vorsieht.

II. Inhalt des Diskriminierungsverbots

1. Diskriminierungsbegriff

13   Der Begriff der „unterschiedlichen Behandlung" ist in der GFK nicht legaldefiniert. Indes haben sich Vorschläge, den Anwendungsbereich des Art. 3 auf Fälle erniedrigender Maßnahmen bzw. Ungleichbehandlungen zu beschränken, im Wortlaut der Bestimmung nicht niedergeschlagen (Hathaway Rights of Refugees 244 f.). Erfasst sind daher grundsätzlich **alle Fälle einer Ungleichbehandlung, die an die in Art. 3 genannten Merkmale anknüpfen.** Ob Fälle einer sachlich gerechtfertigten bzw. „angemessenen" Ungleichbehandlung aus dem Anwendungsbereich auszuscheiden sind, erscheint angesichts der Beschränkung des Diskriminierungsverbots auf die in Art. 3 genannten unabänderlichen Merkmale zweifelhaft (so aber Hathaway Rights of Refugees 245, 258).

13.1   Hochproblematisch sind bei einem solchen Normverständnis allerdings Normen wie § 29a AsylG, die unmittelbar an das Herkunftsland anknüpfen (krit. zu einer vergleichbaren Regelung in Großbritannien daher zB Hathaway Rights of Refugees 253 Fn. 509).

13.2   Ebenfalls mit Art. 3 unvereinbar ist der im Zusatzprotokoll zum Vertrag von Amsterdam über die Gewährung von Asyl für „Staatsangehörige von Mitgliedstaaten der Europäischen Union" geregelte pauschale Ausschluss von Unionsbürgern von der Durchführung eines Asylverfahrens (→ AsylG § 1 Rn. 7.1).

14   Tatbestandlich **nicht von Art. 3 erfasst ist indes die privilegierte Behandlung** von Flüchtlingen aus einzelnen Mitgliedsstaaten **im Hinblick auf Vergünstigungen, die** auch Nicht-Flüchtlingen **nur bei Gewährleistung der Gegenseitigkeit gewährt werden.** Denn insoweit ist in Art. 7 Abs. 2 geregelt, dass eine Befreiung vom Erfordernis der Gegenseitigkeit erst nach Ablauf einer dreijährigen Karenzfrist eintreten soll (→ Art. 7 Rn. 14 ff.). Dies impliziert jedoch, dass entsprechende Vorrechte auch zu einem früheren Zeitpunkt gewährt werden können, wenn der jeweilige Herkunftsstaat das Erfordernis der Gegenseitigkeit ohnehin erfüllt.

15   Im Übrigen ist hingegen **am absoluten Charakter der in Art. 3 geregelten Diskriminierungsverbote** festzuhalten, soweit diese nicht durch Art. 8 f. durchbrochen werden (→ Rn. 18 ff.). Insbesondere können Ungleichbehandlungen nicht unter Bezugnahme auf Art. 5 gerechtfertigt werden, da dieser eine Anknüpfung an die in Art. 3 genannten Merkmale weder fordert noch billigt (Hathaway Rights of Refugees 259).

2. Diskriminierungsmerkmale

16   Art. 3 knüpft an **einzelne der in Art. 1 A. Nr. 2 genannten Verfolgungsmerkmale an, ohne sämtliche der in dieser Vorschrift genannten Merkmale zu spiegeln.** Er ist anders als Art. 1 im Hinblick auf das Merkmal der „bestimmten sozialen Gruppe" bewusst auch nicht entwicklungsoffen formuliert (vgl. zur Entstehungsgeschichte Zimmermann 1951 Convention/Marx/Staff Rn. 8, 50 ff.; Hathaway Rights of Refugees 255 f.; Robinson Convention 61 ff.). Ein allgemeiner gehaltenes Verbot der Diskriminierung von Flüchtlingen im Vergleich zu Ausländern enthält das in Art. 7 Abs. 1 geregelte allgemeine Ausländergleichbehandlungsgebot (→ Art. 7 Rn. 6 ff.), das trotz anderslautender Vorschläge nicht auch in Art. 3 aufgenommen wurde (vgl. Zimmermann 1951 Convention/Marx/Staff Rn. 3, 9 ff., 27 ff.; Robinson Convention 61 f.).

Die **Merkmale der „Rasse" und der Religion** entsprechen dabei den in Art. 1 A. Nr. 2   **17**
benannten Verfolgungsgründen und werfen keine spezifischen Auslegungs- oder Anwendungsprobleme auf (vgl. daher Zimmermann 1951 Convention/Marx/Staff Rn. 37 ff. sowie → AsylG
§ 3b Rn. 6 ff.). Der **Begriff des Herkunftslandes** ist im Kontext des Flüchtlingsbegriffs zwar
ebenfalls von Bedeutung (vgl. → AsylG § 3 Rn. 19 ff.), scheidet als Anknüpfungspunkt für
Verfolgungsmaßnahmen innerhalb des Herkunftslandes aber denklogisch aus.

3. Absolute Geltung

Eine **Rechtfertigung einer an die Rasse, die Religion oder das Herkunftsland anknüp-**   **18**
fenden Behandlung ist in Art. 3 nicht vorgesehen; das Diskriminierungsverbot gilt daher
insofern zunächst absolut (→ Rn. 13 ff.).

Allerdings geht Art. 8 S. 2 davon aus, dass „außergewöhnliche Maßnahmen" wie politische   **19**
Sanktionen im Einzelfall auch an die Staatsangehörigkeit eines Flüchtlings anknüpfen können,
wenn das jeweilige nationale Recht dies zwingend gebietet. Da das „Herkunftsland" iSd Art. 1
A. Nr. 2 jedenfalls bei nicht staatenlosen Flüchtlingen demjenigen Land entspricht, über dessen
Staatsangehörigkeit sie verfügen (vgl. Zimmermann 1951 Convention/Marx/Staff Rn. 48), **steht**
Art. 3 dem an das Herkunftsland anknüpfenden Erlass „außergewöhnlicher Maßnah-
men" unter den in Art. 8 S. 2 geregelten Ausnahmebedingungen nicht entgegen (→
Art. 8 Rn. 13 ff.).

In vergleichbarer Weise steht Art. 3 auch an die Staatsangehörigkeit als Verdachtsmoment   **20**
anknüpfenden „vorläufigen Maßnahmen" iSd Art. 9 nicht zwingend entgegen, wenn das Verhältnis
des Aufnahme- zum Mitgliedstaat schwerwiegend politisch belastet ist (→ Art. 9 Rn. 1 ff.).

C. Vorbehalte

Übereinstimmend mit Art. 42 wurden negative Vorbehalte gegenüber der Geltung des Art. 3   **21**
nicht erklärt. Die Republik Moldawien hat allerdings erklärt, die GFK auch unabhängig von den
in Art. 3 genannten Merkmalen diskriminierungsfrei anwenden zu wollen (vgl. Zimmermann 1951 Convention/Marx/Staff Rn. 13).

Artikel 4 Religion

Die vertragschließenden Staaten werden den in ihrem Gebiet befindlichen Flüchtlin-
gen in Bezug auf die Freiheit der Religionsausübung und die Freiheit des Religionsun-
terrichts ihrer Kinder eine mindestens ebenso günstige Behandlung wie ihren eigenen
Staatsangehörigen gewähren.

Überblick

Art. 4 begründet im Hinblick auf das Recht der Religionsausübung und der religiösen Kindererziehung ein Inländergleichbehandlungsgebot (→ Rn. 1 ff.) als Mindeststandard (→ Rn. 9).

A. Inhalt und Funktion der Bestimmung

Art. 4 begründet im Hinblick auf die Freiheit der Religionsausübung und die Freiheit der   **1**
religiösen Kindererziehung ein **Inländergleichbehandlungsgebot.** Er ergänzt daher die Garantie
des Art. 3, die eine Ungleichbehandlung von Flüchtlingen aufgrund ihrer religiösen Orientierung
verbietet (Zimmermann 1951 Convention/Walter Rn. 7).

In der Sache wurde die Gewährleistung der Religionsfreiheit von den Konventionsstaaten als   **2**
Selbstverständlichkeit angesehen. Die Aufnahme in die GFK trägt dabei insbesondere dem
Umstand Rechnung, dass die Verweigerung religiöser Mindestgarantien und -freiheiten einen
typischen Fluchtgrund darstellt, den die Konvention als schutzbegründend anerkennt (Hathaway Rights of Refugees 570 ff.).

Dennoch fand der Vorschlag einer **absoluten** – dh von den Verhältnissen im Aufnahmestaat   **3**
unabhängigen – **Bekenntnisfreiheit innerhalb der Konventionsstaaten keine Mehrheit;** auch
ein positiver Anspruch auf staatlichen Religionsunterricht sollte bewusst nicht begründet werden
(Zimmermann 1951 Convention/Walter Rn. 3 ff., 9).

B. Umfang der Gewährleistungen

I. Freiheit der Religionsausübung und der religiösen Kindererziehung

4   Begrifflich umfasst die Freiheit der Religionsausübung – ebenso wie das Recht der religiösen Kindererziehung – nach heutigem Verständnis sowohl die **positive als auch die negative Religionsfreiheit** (Zimmermann 1951 Convention/Walter Rn. 6 mwN). Positive Leistungsansprüche werden durch Art. 4 nicht originär, sondern nur in Form **individueller Gleichbehandlungsansprüche** oder **derivativer Teilhabeansprüche** vermittelt (vgl. Zimmermann 1951 Convention/ Walter Rn. 3 ff., 9; Hathaway Rights of Refugees 582 f.).

5   Inhaltlich ist der Begriff der Religionsausübung weit zu verstehen; er kann daher neben der **inneren Religionsfreiheit** auch die **Freiheit des äußeren Bekenntnisses,** die **Freiheit des religiösen Zusammenschlusses,** die **Freiheit des öffentlichen Gottesdienstes** und die **Freiheit zur Missionierung** umfassen (vgl. Zimmermann 1951 Convention/Walter Rn. 3 ff., 9, 29 f.).

5.1   Dies folgt aus der Entstehungsgeschichte des Art. 4: Zwar stieß die sehr weit gefasste ursprüngliche Formulierung, die die vollständige Freiheit der öffentlichen und privaten Religionsausübung garantieren sollte, bei einzelnen Konventionsstaaten auf Bedenken. Ein Kompromiss wurde jedoch nicht durch die begriffliche Einschränkung der Gewährleistung auf einzelne Dimensionen der Religionsfreiheit oder -ausübung, sondern durch eine Ausgestaltung der Garantie als Gleichbehandlungsanspruch erzielt: Letztlich ist die Freiheit der Religionsausübung und religiösen Kindererziehung nur insoweit garantiert, als sie auch gegenüber Angehörigen des jeweiligen Konventionsstaates gewährleistet ist (vgl. Zimmermann 1951 Convention/Walter Rn. 3 ff., 22 ff.). Art. 4 zwingt die Konventionsstaaten daher lediglich, ihr Religionsverfassungsrecht diskriminierungsfrei gegenüber Flüchtlingen auszugestalten.

6   Das **Recht der religiösen Kindererziehung** ist im Wortlaut der Bestimmung dabei sogar ausdrücklich erwähnt und daher ebenfalls in dem Umfang garantiert, der gegenüber eigenen Staatsangehörigen gewährleistet ist (Inländergleichbehandlung). Auch insoweit begründet Art. 4 jedoch keine Leistungsansprüche, sondern nur Abwehr- und Teilhabeansprüche (Hathaway Rights of Refugees 582 f.).

7   Eine Möglichkeit zur **Einschränkung der durch Art. 4 gewährleisteten Rechte** ist in der Konvention nur in Ausnahmefällen vorgesehen (→ Art. 9 Rn. 6 ff.); weitere Möglichkeiten zur (mittelbaren) Einschränkung folgen allerdings aus der Natur des Rechts als Gleichbehandlungsanspruch.

7.1   Originäre Ansprüche können sich allerdings aus allgemeinen Grundrechtsgewährleistungen wie Art. 10 GRCh oder Art. 9 EMRK ergeben.

8   Art. 2 bindet Flüchtlinge zwar an die Einhaltung der nationalen Rechtsordnung, kann eine Einschränkung des Art. 4 aber nicht aus sich heraus rechtfertigen (vgl. Zimmermann 1951 Convention/Walter Rn. 26 ff.; → Art. 2 Rn. 1 ff.).

II. Gebot der Inländergleichbehandlung

9   Inhaltlich stellt das **Gebot der Inländergleichbehandlung** neben den zB durch Art. 16 Abs. 1 gewährleisteten absoluten Garantien (→ Art. 16 Rn. 1 ff.) **eine der stärksten Gewährleistungsformen der GFK** dar (Hathaway Rights of Refugees 572).

10   Die noch über ein Gebot der Inländergleichbehandlung hinausweisende Formulierung der „mindestens ebenso günstigen Behandlung" hat Kompromisscharakter und trägt der Befürchtung Rechnung, dass in einzelnen Konventionsstaaten insgesamt – auch gegenüber Inländern – ein nur inadäquates Niveau der Religionsfreiheit gewährleistet sein könnte (→ Rn. 3). Sie entfaltet dennoch nur bloßen **Programmsatzcharakter ohne konkreten normativen Gehalt** (Zimmermann 1951 Convention/Walter Rn. 5, 16, 35).

10.1   Als problematisch können sich insbesondere Aufnahmestaaten erweisen, in denen die Freiheit der Religionsausübung nur gegenüber Anhängern einzelner Religionen – zB der dort vorherrschenden oder sogar staatlich propagierten Religion – gewährleistet ist. Die Klausel der „mindestens ebenso günstigen Behandlung" soll hier ggf. eine Besserstellung von Flüchtlingen ermöglichen, schreibt diese aber nicht mit der gebotenen Deutlichkeit vor (Hathaway Rights of Refugees 572 ff.). Ob eine Ungleichbehandlung von Flüchtlingen mit unterschiedlicher Religionszugehörigkeit unter Hinweis auf eine entsprechende Ungleichbehandlung von Inländern mit Art. 3 vereinbar ist, erscheint zweifelhaft (so aber Robinson Convention 64 ff.).

Innerhalb der Europäischen Union bzw. der Mitgliedsstaaten des Europarats wird die Problematik durch **10.2** die Grundrechtsgewährleistungen des Art. 10 GRCh und Art. 9 EMRK entschärft, die – sowohl unmittelbar als auch über den Transmissionsriemen des Art. 4 – zumindest Ansprüche auf Gewährleistung des religiösen Existenzminimums begründen. Vergleichbare Privilegien können sich aus anderen völkerrechtlichen Übereinkünften wie dem IPBPR (Internationaler Pakt über bürgerliche und politische Rechte v. 19.12.1966) ergeben (Hathaway Rights of Refugees 574 ff.)

Nicht anders als andere Gleichbehandlungsgebote setzt Art. 4 eine **im Wesentlichen gleiche** **11** **Ausgangssituation** voraus. Einen Anspruch zB auf Anerkennung als Körperschaft des öffentlichen Rechts (Art. 140 GG iVm Art. 137 Abs. 5 S. 2 WRV) kann Art. 4 daher zB nur jenen Religionsgemeinschaften vermitteln, die eine nach der nationalen Rechtsordnung vorausgesetzte Organisationsstruktur aufweisen (Zimmermann 1951 Convention/Walter Rn. 18). Die spezifische Problematik einer Gleichbehandlung mit Staatskirchen (vgl. hierzu Zimmermann 1951 Convention/Walter Rn. 18; Robinson Convention 64 ff.) ist in der Bundesrepublik Deutschland wegen Art. 140 GG iVm Art. 137 Abs. 1 WRV nicht aufgeworfen.

C. Räumliche und sachliche Anwendungsvoraussetzungen

Räumlich vermittelt Art. 4 nur den „**im Gebiet der Mitgliedsstaaten** befindliche" Flücht- **12** lingen sachliche Schutzansprüche. Gemeint ist insoweit – schon nach dem Wortlaut der Bestimmung – das Staatsgebiet sämtlicher Konventionsstaaten, sodass Art. 4 im Einzelfall auch gegenüber einem Konventionsstaat Rechte begründen kann, obwohl der Betroffene sich selbst in einem anderen Konventionsstaat aufhält (aA wohl Zimmermann 1951 Convention/Walter Rn. 21). Dies legt schon der Umstand nahe, dass andere Bestimmungen der GFK – zB Art. 14 – ausdrücklich zwischen der Rechtsposition eines Flüchtlings im Land seines gewöhnlichen Aufenthalts und seiner Rechtspositionen in anderen Staaten differenzieren (→ Art. 14 Rn. 1 ff., Rn. 15 ff.) und zB das Recht auf Ausstellung eines Personalausweises spezifisch nur gegenüber dem Staat besteht, in dem der Betroffene sich aufhält (→ Art. 28 Rn. 18).

Praktisch dürfte die Frage einer Anwendbarkeit des Art. 4 auf im Gebiet eines Ausnahmestaates befindli- **12.1** chen Flüchtlinge gegenüber anderen Konventionsstaaten allerdings nur selten praktische Bedeutung erlangen.

Auf die Legalität des Aufenthalts kommt es nicht an, sodass Art. 4 auch gegenüber Schutzbegeh- **13** renden ohne förmliche Statusfeststellung Wirkung entfaltet, bis deren Flüchtlingsstatus geklärt ist (Zimmermann 1951 Convention/Walter Rn. 20 sowie allg. → Art. 3 Rn. 8 ff.).

D. Vorbehalte

Art. 4 ist gem. Art. 42 Abs. 1 abweichungs- bzw. vorbehaltsfest. In Übereinstimmung hiermit **14** hat kein Konventionsstaat Vorbehalte gegenüber der Anwendbarkeit der Bestimmung erklärt (Zimmermann 1951 Convention/Walter Rn. 7 mwN).

Artikel 5 Unabhängig von diesem Abkommen gewährte Rechte

Rechte und Vergünstigungen, die unabhängig von diesem Abkommen den Flüchtlingen gewährt werden, bleiben von den Bestimmungen dieses Abkommens unberührt.

A. Funktion und Inhalt der Norm

Art. 5 stellt klar, dass die GFK Flüchtlingen gewisse – absolute (vgl. → Art. 16 Rn. 1 ff.) oder **1** relative (vgl. → Art. 7 Rn. 1 ff.; → Art. 16 Rn. 16 f.) – Mindestgarantien einräumt, **ohne der Einräumung einer günstigeren Rechtsstellung durch die jeweilige nationale Rechtsordnung entgegenzustehen** (Zimmermann 1951 Convention/Skordas Rn. 1). Dies wird auch aus den Formulierungen einzelner Bestimmungen der GFK deutlich (vgl. Art. 13, 18, 19, 21 („möglichst günstige Behandlung"), Art. 22 („keine weniger günstige Behandlung") sowie → Art. 7 Rn. 1 ff).

Inhaltliche Bedeutung erlangt die Unterscheidung zwischen Vergünstigungen, die die speziellen **2** Günstigkeitsklauseln der Art. 13, 18, 19, 21 und 22 verwirklichen, und den „unabhängig von diesem Abkommen gewähren Rechten" iSd Art. 5 im Hinblick auf das Diskriminierungsverbot des Art. 3, das nur „bei Anwendung der Bestimmungen des Abkommens" Geltung beansprucht (→ Art. 3 Rn. 5 f.).

3 Anders als andere Bestimmungen der GFK begründet Art. 5 allerdings selbst keine absoluten oder relativen Rechte, sondern hat **lediglich Klarstellungsfunktion** (Robinson Convention 66). Er erlaubt daher eine dynamische Entwicklung der Rechtsstellung schutzbegehrender bzw. anerkannter Flüchtlinge (Zimmermann 1951 Convention/Skordas Rn. 1 f., 9).

B. Vorbehaltserklärungen

4 Im Hinblick auf die Bestimmung des Art. 5 wurden keine nationalen Vorbehalte erklärt (Zimmermann 1951 Convention/Skordas Rn. 7).

Artikel 6 Der Ausdruck „unter den gleichen Umständen"

Im Sinne dieses Abkommens ist der Ausdruck „unter den gleichen Umständen" dahingehend zu verstehen, daß die betreffende Person alle Bedingungen erfüllen muß (einschließlich derjenigen, die sich auf die Dauer und die Bedingungen des vorübergehenden oder des dauernden Aufenthalts beziehen), die sie erfüllen müßte, wenn sie nicht Flüchtling wäre, um das in Betracht kommende Recht in Anspruch zu nehmen, mit Ausnahme der Bedingungen, die ihrer Natur nach ein Flüchtling nicht erfüllen kann.

Überblick

Art. 6 enthält eine Legaldefinition der in einzelnen Bestimmungen der GFK enthaltenen Formel der „unter gleichen Umständen" gewährleisteten Rechte (→ Rn. 4; → Rn. 7 ff.). Da er Flüchtlinge von der Erfüllung einzelner Voraussetzungen freistellt, die diese ihrer Natur nach nicht erfüllen können (→ Rn. 10 f.), verleiht er den auf die Formel bezugnehmenden Vorschriften den Charakter eines materiell aufgeladenen Ausländergleichbehandlungsgebots, das zugunsten der Flüchtlinge relative Mindeststandards begründet (→ Rn. 1 f.).

A. Inhalt und Funktion der Bestimmung

1 Art. 6 enthält eine **Legaldefinition der in Art. 13, 15, 17–19, 21, 22 Abs. 2 und Art. 26 verwendeten Formel der „unter gleichen Umständen"** gewährleisteten Rechte und **konkretisiert** damit **die Voraussetzungen für die Anwendung der dort geregelten Gleichbehandlungsgebote.**

2 Da Art. 6 Flüchtlinge darüber hinaus von der Erfüllung von Voraussetzungen freistellt, die von Flüchtlingen ihrer Natur nach nicht erfüllt werden können, enthalten die oben genannten Bestimmungen im Ergebnis – anders als die allgemeine Regel des Art. 7 Abs. 1 – ein nicht nur formelles, sondern ein **zum Teil materiell aufgeladenes Gleichbehandlungsgebot,** das der besonderen Lebenssituation von Flüchtlingen Rechnung tragen soll (Zimmermann 1951 Convention/Marx/Machts Rn. 3).

3 Da die Vorschriften der GFK, die auf die in Art. 6 legaldefinierte Formel bezugnehmen (→ Rn. 4), eine günstigere Behandlung von Flüchtlingen jeweils nicht ausschließen, fordert auch Art. 6 in Verbindung mit den genannten Vorschriften lediglich die **Gewährleistung eines relativen Mindeststandards,** ohne den Umfang der jeweiligen Rechte nach oben zu begrenzen (vgl. allg. → Art. 5 Rn. 1 ff.).

I. Anwendungsbereich

4 Art. 6 **betrifft unmittelbar** nur die durch Art. 13, 15, 17–19, 21, 22 Abs. 2 und Art. 26 gewährleisteten Rechte, dh **das Recht zum Erwerb von Eigentum und eigentumsähnlichen Positionen, das Vereinigungsrecht, das Recht zur Ausübung einer abhängigen, selbstständigen oder freiberuflichen Tätigkeit, das Recht auf Zugang zum Wohnungswesen, das Recht auf Zugang zur öffentlichen Erziehung und das Recht auf Freizügigkeit.**

5 Allerdings dürfte im Grunde auch für den in Art. 7 Abs. 1 geregelten allgemeinen Grundsatz der Ausländergleichbehandlung nichts anderes gelten, da eine Gleichbehandlung nur im Hinblick auf eine auch in der Sache vergleichbare Situation beansprucht werden kann. Insofern entspricht

es der Natur der Sache, dass eine Gleichbehandlung mit sonstigen Ausländern nur dann beansprucht werden kann, wenn der Flüchtling auch sämtliche gesetzlichen Voraussetzungen der begünstigenden Normen erfüllt (→ Rn. 7; → Art. 7 Rn. 1).

Anders als im Anwendungsbereich des in Art. 7 Abs. 1 (→ Art. 7 Rn. 1 ff.) beschränken sich **6** die durch Art. 13, 15, 17–19, 21, 22 Abs. 2 und Art. 26 gewährleisteten Rechtspositionen allerdings nicht auf ein allgemeines Schlechterstellungsverbot. Vielmehr **modifiziert Art. 6 den in Art. 7 Abs. 1 kodifizierten allgemeinen Grundsatz der formalen Ausländergleichbehandlung und wandelt diesen zu einem materiell aufgeladenen Ausländergleichbehandlungsanspruch** (→ Rn. 10 ff.).

II. Materieller Normgehalt

1. Legaldefinition

Mit der Formel „unter den gleichen Umständen" konkretisieren die Art. 13, 15, 17–19, 21, **7** 22 Abs. 2 und Art. 26 das in Art. 7 Abs. 1 enthaltene allgemeine Ausländergleichbehandlungsgebot. Die Legaldefinition des Art. 6 stellt dabei klar, dass der Flüchtling eine Gleichbehandlung nur im Hinblick auf jene Ausländer beanspruchen kann, mit denen er sich in einer **vergleichbaren Situation** befindet.

Die Vergleichbarkeit der Situation kann sich dabei nicht nur auf die im Normwortlaut ausdrück- **8** lich genannten Merkmale der Dauer und Bedingungen des Aufenthalts beziehen, sondern auch **Umstände wie Alter, Geschlecht, Nationalität, Gesundheitszustand, Bildungsstand oder berufliche Qualifikationen einschließen.** Insoweit sollte den Konventionsstaaten ein weiter Einschätzungsspielraum zukommen (Hathaway Rights of Refugees 206 f.).

Vorbehaltlich besonderer Vergünstigungen (zB durch Art. 16, → Art. 16 Rn. 1 ff.) oder die **9** nationale Rechtsordnung) begründet die GFK daher zunächst ein **allgemeines Schlechterstellungsverbot:** Der Flüchtling soll nicht aufgrund seiner Flüchtlingseigenschaft schlechter behandelt werden als andere Ausländer, kann eine günstigere Behandlung aber nur nach Maßgabe spezieller Bestimmungen der GFK oder der jeweiligen nationalen Rechtsordnung verlangen.

2. Materielle Aufladung des Begriffs der „gleichen Umstände"

Darüber hinaus stipuliert Art. 7 im Hinblick auf die hierauf bezugnehmenden Bestimmungen, **10** die besondere Situation des Flüchtlings in den Blick zu nehmen. Denn auch wenn einzelne nach nationalem Recht bestehende Rechte und Pflichten formal nicht an den Flüchtlingsstatus des Betroffenen anknüpfen, kann ein Flüchtling **manche Bedingungen oder Voraussetzungen gerade aufgrund der bestehenden** (oder zumindest behaupteten → Art. 3 Rn. 8 ff.) **Verfolgungssituation nicht erfüllen.** Eine Rechtsposition, deren Verwirklichung nach nationalem Recht zB eine Mitwirkung des jeweiligen Herkunftsstaates voraussetzt, bliebe dem Flüchtling daher etwa trotz formaler Gleichbehandlung mit anderen Ausländern faktisch verschlossen.

Zu denken ist etwa an das Erfordernis der Beantragung eines ausländischen Ehefähigkeitszeugnisses **10.1** oder ausländischer Identitätspapiere, dessen Erfüllung den Flüchtling (oder dessen ggf. im Herkunftsland verbliebene Angehörige) der Gefahr einer Verfolgung durch den Herkunftsstaat aussetzt.

Im Hinblick auf die Bestimmungen der GFK, die auf die Formel „unter den gleichen Umstän- **11** den" bezugnehmen, **dispensiert Art. 6 daher von der Erfüllung solcher Voraussetzungen, die der Betroffene gerade aufgrund seiner Flüchtlingseigenschaft strukturell nicht erfüllen kann.** Die in der Klammer enthaltenen Beispiele und die Beschränkung auf Bedingungen, die Flüchtlinge „ihrer Natur nach" nicht erfüllen können, machen dabei deutlich, dass die Konventionsstaaten insoweit nicht die – oftmals sehr individuellen – eigentlichen Fluchtumstände (wie zB die mit der erzwungenen Aufgabe des bisherigen Lebensumfelds oft verbundenen wirtschaftlichen Nachteile oder das regelmäßige Fehlen eines längerfristigen Voraufenthalts im Aufnahmestaat) im Blick hatten, sondern **die spezifisch mit der Verfolgung bzw. fehlenden Schutzgewährung durch den Herkunftsstaat verbundenen Umstände** wie zB die verfolgungsbedingte Abschwächung des staatsangehörigkeitsrechtlichen Bandes zwischen Verfolgtem und Herkunftsstaat oder die mit einer Kontaktaufnahme mit dem Herkunftsstaat verbundenen Gefahren für Flüchtlinge und deren Angehörige.

Die Ausnahmeklausel des Art. 6 bezieht sich daher vor allem auf die Unmöglichkeit bzw. **12** **Unzumutbarkeit der Beibringung von Nachweisen** (wie zB Zeugnissen als Voraussetzung für die Anerkennung ausländischer Berufsqualifikationen) **und Erklärungen** (wie zB eine Entlassung aus der Staatsangehörigkeit als Voraussetzung der Einbürgerung), **die nur unter Rückkehr bzw. erneuter Kontaktaufnahme mit dem Herkunftsstaat erlangt werden können** (vgl. auch → Art. 25 Rn. 1 ff.; ähnlich Hathaway Rights of Refugees 208; vgl. aber auch – tendenziell weiter als hier vertreten – Zimmermann 1951 Convention/Marx/Machts Rn. 19 ff.)

B. Vorbehalte

13   Vorbehalte gegenüber der Geltung des Art. 6 hatte lediglich die Republik Italien erklärt, die diese aber im Jahr 1964 zurückgenommen hat (Zimmermann 1951 Convention/Marx/Machts Rn. 14).

Artikel 7 Befreiung von der Gegenseitigkeit

1. **Vorbehaltlich der in diesem Abkommen vorgesehenen günstigeren Bestimmungen wird jeder vertragschließende Staat den Flüchtlingen die Behandlung gewähren, die er Ausländern im allgemeinen gewährt.**
2. **Nach dreijährigem Aufenthalt werden alle Flüchtlinge in dem Gebiet der vertragschließenden Staaten Befreiung von dem Erfordernis der gesetzlichen Gegenseitigkeit genießen.**
3. **Jeder vertragschließende Staat wird den Flüchtlingen weiterhin die Rechte und Vergünstigungen gewähren, auf die sie auch bei fehlender Gegenseitigkeit beim Inkrafttreten dieses Abkommens für diesen Staat bereits Anspruch hatten.**
4. **Die vertragschließenden Staaten werden die Möglichkeit wohlwollend in Erwägung ziehen, bei fehlender Gegenseitigkeit den Flüchtlingen Rechte und Vergünstigungen außer denen, auf die sie nach Ziffer 2 und 3 Anspruch haben, sowie Befreiung von dem Erfordernis der Gegenseitigkeit den Flüchtlingen zu gewähren, welche die Bedingungen von Ziffer 2 und 3 nicht erfüllen.**
5. **Die Bestimmungen der Ziffern 2 und 3 finden nicht nur auf die in den Artikeln 13, 18, 19, 21 und 22 dieses Abkommens genannten Rechte und Vergünstigungen Anwendung, sondern auch auf die in diesem Abkommen nicht vorgesehenen Rechte und Vergünstigungen.**

Überblick

Art. 7 Abs. 1–3 und Abs. 5 ergänzen die durch die GFK gewährleisteten Rechte um weitere, **konventionsexterne Rechte,** die Flüchtlingen unter gleichen oder günstigeren Bedingungen wie Ausländern im Allgemeinen zu gewährleisten sind. Neben dem in Abs. 1 geregelten Grundsatz der Ausländergleichbehandlung (→ Rn. 6 ff.) enthält Art. 7 dabei eine Befreiung vom Erfordernis der Gegenseitigkeit nach einem Mindestaufenthalt von drei Jahren (Abs. 2; → Rn. 14 ff.) und eine Regelung über die Besitzstandswahrung im Hinblick auf bereits bei Inkrafttreten der GFK gewährleistete Rechte (Abs. 3; → Rn. 17 f.). Abs. 4 enthält daneben einen Prüfauftrag an die nationalen Gesetzgeber und Verwaltungsorgane, ob Flüchtlingen jenseits des durch Abs. 1 gewährleisteten Mindeststandards und abseits der in Abs. 2 und Abs. 3 genannten Voraussetzungen weitere Vergünstigen gewährt werden können (→ Rn. 19).

Übersicht

A. Inhalt und Bedeutung der Vorschrift

Der in Abs. 1 enthaltene **Grundsatz der Ausländergleichbehandlung** ergänzt die in der   1
GFK gewährleisteten Rechte der Flüchtlinge um einen **relativen Mindeststandard,** der auf
konventionsexterne Rechte Bezug nimmt und Flüchtlingen zumindest jene Rechte vermittelt,
die der jeweilige Konventionsstaat Ausländern im Allgemeinen gewährt.

Abs. 2 erweitert diesen Mindeststandard um Rechte, die Ausländern an sich nur dann gewährt   2
werden, wenn diese Rechte im jeweiligen Herkunftsstaat für Angehörige des Aufnahmestaates
ebenfalls gewährleistet sind („Erfordernis der gesetzlichen Gegenseitigkeit"; **Reziprozität**). Da
die Verbindung von Flüchtlingen zu ihrem Herkunftsstaat, der sie verfolgt oder jedenfalls nicht
adäquat vor nichtstaatlicher Verfolgung schützen kann oder will, weit weniger stark ausgeprägt ist
als bei Nichtflüchtlingen, lässt Abs. 2 das Gegenseitigkeitserfordernis nach drei Jahren Aufenthalt
entfallen (→ Rn. 14 ff.).

Abs. 3 enthält – wiederum ergänzend zu Abs. 2 – eine Bestandsschutzklausel, die Flüchtlingen   3
eine **Ausnahme vom Reziprozitätsgrundsatz auch dann gewährt, wenn eine solche Ausnahme im Aufnahmestaat auch schon bei Inkrafttreten der GFK in diesem Staat vorgesehen war.** Der Bestandsschutz bezieht sich dabei nicht auf die Position des individuellen Flüchtlings,
der diesen Status in der Regel deutlich nach Inkrafttreten der GFK im jeweiligen Staat erlangt
haben wird, sondern auf den im Zeitpunkt des Inkrafttretens gesicherten Acquis des Herkunftsstaats im Verhältnis zum Aufnahmestaat (**Verschlechterungsverbot**).

Abs. 4 enthält einen **Prüfauftrag** an die nationalen Rechtssetzungsorgane und Behörden, ob   4
Flüchtlingen jenseits der durch Abs. 2 und Abs. 3 begründeten Rechte weitere Vergünstigungen
gewährt werden können; er begründet als **reiner Programmsatz** allerdings selbst keine unmittelbar anwendbaren Rechte.

Abs. 5 dient der Klarstellung, dass Abs. 2 und Abs. 3 sich nicht lediglich auf die in den Art. 13,   5
18, 19, 21 und 22 genannten Vergünstigungen und Rechte, sondern sich auf **sämtliche Rechte
und Vergünstigungen** beziehen, die Ausländern in einem Konventionsstaat zukommen können.

B. Einzelgewährleistungen

I. Grundsatz der Ausländergleichbehandlung (Abs. 1)

1. Funktion als Meistbegünstigungsklausel

Abs. 1 verpflichtet die Konventionsstaaten im Hinblick auf Flüchtlinge auf die Einhaltung jener   6
Mindeststandards, die im jeweiligen Konventionsstaat auch gegenüber „Ausländern im Allgemeinen" gewährleistet sind. Er sichert daher ein **dynamisches Mindestniveau an Vergünstigungen
und Rechten und verbietet zugleich eine Diskriminierung von Flüchtlingen im Verhältnis zu sonstigen Ausländern.**

Die Bezugnahme auf die „in diesem Abkommen vorgesehenen günstigeren Bestimmungen"   7
macht deutlich, dass Abs. 1 lediglich einen **relativen Mindeststandard** begründet und einer
günstigeren Ausgestaltung einzelner Rechtspositionen der Flüchtlinge durch die Konvention oder
die nationale Rechtsordnung nicht entgegensteht. In Verbindung mit Abs. 5 wird darüber hinaus
deutlich, dass Abs. 1 insbesondere auch solche **Rechte und Vergünstigungen** erfasst, **die in der
Konvention nicht geregelt sind** (Hathaway Rights of Refugees 197 mwN). Abhängig von der
allgemeinen Rechtslage im Aufnahmestaat erweitert Abs. 1 daher die Rechte der Flüchtlinge
unter Umständen erheblich.

2. Anwendungsvoraussetzungen

Der Flüchtlingsbegriff ist in Art. 1 legaldefiniert (→ Art. 1 Rn. 11 ff.). Wie in anderen Bestim-   8
mungen der GFK setzt er keine förmliche Statusanerkennung voraus und muss daher so lange als
erfüllt gelten, wie das Nichtbestehen der Flüchtlingseigenschaft nicht bestandskräftig festgestellt
ist (→ Art. 3 Rn. 8 ff.; aA wohl Robinson Convention 71). Auf den Grundsatz der Ausländergleichbehandlung kann sich ein Schutzsuchender daher **auch im Rahmen des Statusfeststellungsverfahrens bzw. während der Dauer einer gerichtlichen Überprüfung einer negativen Statusentscheidung** berufen.

3. Inhalt der Meistbegünstigungsklausel

9   Zentraler Bezugspunkt der Ausländergleichbehandlungsklausel ist die Behandlung, die der jeweilige Konventionsstaat Ausländern „im Allgemeinen" gewährt. Das durch Abs. 1 gewährleistete Mindestniveau ist daher nicht absolut zu verstehen, sondern hängt maßgeblich von den **allgemeinen Bedingungen für Ausländer im jeweiligen Aufnahmestaat ab.** Soweit dieses hinter den durch andere Konventionsvorschriften gewährleisteten Rechten zurückbleibt, kann sich der Flüchtling auf die für ihn günstigeren Vorschriften berufen; im Übrigen ist er sonstigen Ausländern wenigstens gleichgestellt (Robinson Convention 70).

10   Die Behandlung von Ausländern „im Allgemeinen" ist jene Behandlung, die der Aufnahmestaat **Ausländern ohne besondere Rechtsstellung** angedeihen lässt (Robinson Convention 70). Bezugspunkt ist also die Rechtsstellung eines Ausländers, der keinen besonderen Status (zB diplomatischer Art) aufweist, nicht aufgrund seiner Staatsangehörigkeit besondere Privilegien genießt (zB als EU-Bürger) oder besonderen Einschränkungen unterliegt (zB als Staatsangehöriger eines mit wirtschaftlichen Sanktionen belegten Staates) und sich im Übrigen – abgesehen von der Asylantragstellung – **in einer vergleichbaren rechtlichen und tatsächlichen Situation wie der Flüchtling befindet** (vgl. Robinson Convention 70 f.).

11   Der Umfang der dem Flüchtling nach Abs. 1 zustehenden Ansprüche kann sich daher **in Abhängigkeit zB von dessen Aufenthaltsstatus** (zB bei einem Wechsel vom Status des bis zum Abschluss der Prüfung lediglich unabschiebbaren Schutzbegehrenden hin zum Status des anerkannt Schutzberechtigten, dem nach nationalem Recht eine Aufenthaltserlaubnis erteilt wird) **dynamisch entwickeln.** Die Rechtsstellung des anerkannten Flüchtlings muss demnach zB vergleichbar der Rechtsstellung eines Ausländers ausgestaltet werden, der aus anderen Gründen über eine Aufenthaltserlaubnis zu humanitären Zwecken verfügt (vgl. BVerwGE 130, 148 = NVwZ 2008, 796 (798)).

12   **Problematisch** sind daher **Bestimmungen wie § 56 Abs. 1 AsylG oder § 12a AufenthG,** die das Recht auf Aufenthalt bzw. freie Wohnsitznahme Schutzsuchender bzw. anerkannter Flüchtlinge gegenüber der relevanten Vergleichsgruppe – vollziehbar ausreisepflichtige Personen ohne Aufenthaltstitel (§ 61 Abs. 1 S. 1 AufenthG) bzw. nicht selbst erwerbssicherungsfähige Ausländer mit Aufenthaltstitel zu humanitären Zwecken (§ 12 Abs. 2 S. 2 AufenthG) – zusätzlich einschränken (vgl. BVerwGE 130, 148 = NVwZ 2008, 796 (798); NdsOVG BeckRS 2017, 120579 Rn. 48; Wissenschaftlicher Dienst des Deutschen Bundestages – WD 2-3000-084/16, 9 f.; aA wohl Hailbronner AuslR AufenthG § 12a Rn. 12; Robinson Convention 113 Fn. 207, jeweils zu Art. 26).

13   Nicht ausgeschlossen ist allerdings eine im Vergleich zu anderen Staatsangehörigen des Herkunftsstaates schlechtere Behandlung des Flüchtlings, wenn diese aus der Versagung von Privilegien resultiert, die einem Staatsangehörigen des Herkunftsstaates sonst gerade aufgrund seiner Herkunft zustehen. Denn insoweit handelt es sich nicht um Bedingungen, die der Aufnahmestaat gegenüber Ausländern „im allgemeinen" gewährleistet, sondern um an die Staatsangehörigkeit eines Ausländers anknüpfende Sonderbestimmungen. Dies entspricht spiegelbildlich der Wertung des Art. 8, der den Flüchtling (weitgehend) von Belastungen freistellt, die andere Staatsangehörige eines Staates gerade aufgrund ihrer Staatsangehörigkeit treffen (→ Art. 8 Rn. 3).

II. Ausnahme vom Reziprozitätsgrundsatz (Abs. 2, Abs. 5)

14   **Abs. 2 erweitert den durch Abs. 1 gewährleisteten Mindeststandard** um jene Rechte, die der Aufnahmestaat sonst jenen Ausländern vorbehält, deren Herkunftsstaaten den Staatsangehörigen des Aufnahmestaates diese Rechte ebenfalls gewähren. Hintergrund dieser **Befreiung vom Reziprozitätsgrundsatz** ist der Umstand, dass Flüchtlinge regelmäßig nur noch geringe Verbindungen zu jenem Staat aufweisen, der sie verfolgt oder ihnen jedenfalls keinen adäquaten Schutz vor Verfolgung durch Dritte gewährt (Robinson Convention 72). Die Vorenthaltung spezifischer Rechte ihnen gegenüber ist daher regelmäßig nicht geeignet, den Herkunftsstaat zur Einräumung derselben Rechte gegenüber Angehörigen des Aufnahmestaates zu bewegen (Hathaway Rights of Refugees 204); zudem besteht nur wenig Anlass, dem Flüchtling das Verhalten seines Herkunftsstaates zuzurechnen.

15   Im Unterschied zu den nach Abs. 1 allgemein gewährleisteten Rechten wird die Rechtsstellung nach Abs. 2 erst nach **dreijährigem Aufenthalt im Gebiet der Konventionsstaaten** gewährt. Da Abs. 2 nicht auf die Legalität des Aufenthalts abstellt und die GFK ein förmliches Statusfeststellungsverfahren nicht vorsieht, ist für den Fristbeginn nicht der Zeitpunkt der Anerkennungsentscheidung, sondern der Einreisezeitpunkt maßgeblich.

16   Ob Abs. 2 einen kontinuierlichen Aufenthalt in einem spezifischen Konventionsstaat voraussetzt, erscheint angesichts des Wortlauts zweifelhaft (so aber wohl Robinson Convention 73);

jedenfalls aber soll eine kurzfristige Ortsabwesenheit keinen Fristneubeginn bewirken (vgl. Zimmermann 1951 Convention/Skordas Rn. 118 ff.). Wurde die Rechtsstellung nach Abs. 2 erreicht, gilt sie jedenfalls auch gegenüber Konventionsstaaten, in denen sich der Flüchtling vor Erlangung der Rechtsstellung nicht aufgehalten hat (vgl. Zimmermann 1951 Convention/Skordas Rn. 125).

III. Bestandsschutzklausel (Abs. 3, Abs. 5)

Ergänzend zu Abs. 2 enthält Abs. 3 eine **Bestandsschutzklausel,** die Flüchtlingen eine Aus- **17** nahme vom Reziprozitätsgrundsatz auch dann gewährt, wenn eine solche Ausnahme im Aufnahmestaat auch schon bei Inkrafttreten der GFK in diesem Staat vorgesehen war. Der Bestandsschutz bezieht sich dabei nicht auf die Position des individuellen Flüchtlings, der diesen Status in der Regel deutlich nach Inkrafttreten der GFK im jeweiligen Staat erlangt haben wird, sondern auf den im Zeitpunkt des Inkrafttretens gesicherten Acquis des Herkunftsstaats im Verhältnis zum Aufnahmestaat (**Verschlechterungsverbot;** vgl. Zimmermann 1951 Convention/Skordas Rn. 128 ff.).

Maßgeblicher Stichtag ist dabei der Zeitpunkt des Inkrafttretens der GFK im jeweiligen Kon- **18** ventionsstaat (Zimmermann 1951 Convention/Skordas Rn. 46, 128 ff.); in Deutschland also der 22.4.1954 (vgl. BGBl. 1954 II 619).

IV. Prüfung weiterer Vergünstigungen durch den Gesetzgeber und die Verwaltung (Abs. 4)

Abs. 4 enthält einen **Programmsatz,** der die Exekutive und Legislative der Konventionsstaaten **19** zur Prüfung der Einräumung weiterer Vergünstigungen auffordert, für individuelle Flüchtlinge aber selbst keine klagbare Rechtsposition begründet (Zimmermann 1951 Convention/Skordas Rn. 130; Hathaway Rights of Refugees 204; Robinson Convention 74).

V. Umfang der gewährleisteten Rechte (Abs. 5)

Abs. 5 stellt klar, dass sich die in Abs. 2 und Abs. 3 genannten Vergünstigungen sowohl auf die **20** durch einzelne Konventionsbestimmungen gewährleisteten Rechte als auch auf sonstige Rechte beziehen, die Ausländern nach der jeweiligen nationalen Rechtsordnung allgemein oder in Abhängigkeit von der reziproken Gewährleistung in den jeweiligen Herkunftsstaaten beziehen. Insofern ergänzt Art. 7 nicht nur die durch die Art. 13, 18, 19, 21 und 22 gewährleisteten Rechte, sondern begründet zugleich relative Mindeststandards hinsichtlich der durch die Konvention nicht ausdrücklich gewährleisteten Rechte.

C. Vorbehalte

Vorbehaltserklärungen gegenüber der Geltung des Art. 7 bzw. einzelner seiner Bestimmungen **21** haben die Staaten Angola, Botswana, Brasilien, Honduras, Madagaskar, Malawi, Monaco und Uganda abgegeben (vgl. Zimmermann 1951 Convention/Skordas Rn. 32 ff.).

Artikel 8 Befreiung von außergewöhnlichen Maßnahmen

[1]**Außergewöhnliche Maßnahmen, die gegen die Person, das Eigentum oder die Interessen der Staatsangehörigen eines bestimmten Staates ergriffen werden können, werden von den vertragschließenden Staaten auf einen Flüchtling, der formell ein Staatsangehöriger dieses Staates ist, allein wegen seiner Staatsangehörigkeit nicht angewendet.** [2]**Die vertragschließenden Staaten, die nach dem bei ihnen geltenden Recht den in diesem Artikel aufgestellten allgemeinen Grundsatz nicht anwenden können, werden in geeigneten Fällen Befreiungen zugunsten solcher Flüchtlinge gewähren.**

Überblick

Art. 8 verfolgt die Zielsetzung, Flüchtlinge von gegenüber Angehörigen seines Herkunftsstaates pauschal angeordneten staatlichen Sanktionen in möglichst weitgehendem Umfang freizustellen (→ Rn. 3). Anlass für die Freistellung ist der Umstand, dass Flüchtlingen eine Loyalität zu dem jeweiligen Verfolgerstaat in der Regel nicht unterstellt werden kann und sich die Person des

Flüchtlings in der Regel auch nicht als Druckmittel bzw. Faustpfand gegenüber dem jeweiligen Verfolgerstaat eignet (→ Rn. 3; → Rn. 10).

Übersicht

A. Hintergrund und Bedeutung der Vorschrift

1   Art. 8 betrifft „außergewöhnliche Maßnahmen" eines Konventionsstaates, die dieser zB in Kriegszeiten oder im Zusammenhang mit schwelenden internationalen Konflikten gegen Staatsangehörige bestimmter Staaten trifft. **Art. 8 S. 1 dient dabei nicht selbst der Rechtfertigung derartiger Maßnahmen, sondern setzt diese als gegeben voraus; er hält den jeweiligen Konventionsstaat vielmehr dazu an, die getroffenen Maßnahmen nicht pauschal auch auf Flüchtlinge aus dem genannten Herkunftsstaat anzuwenden** (Zimmermann 1951 Convention/Davy Rn. 1).

1.1   Eine **Parallelbestimmung für Staatenlose** findet sich in Art. 8 StaatenlosenÜ (Übereinkommen über die Rechtsstellung der Staatenlosen v. 28.9.1954). Sie ist insbesondere für Personen von Bedeutung, die Opfer einer (flüchtlingsschutzrelevanten) de jure-Ausbürgerung (vgl. → AsylG § 3a Rn. 11.6) geworden sind.

1.2   Eine weitere Parallelbestimmung findet sich in Art. 44 IV. Genfer Konvention (IV. Genfer Abkommen v. 12.8.1949 zum Schutze von Zivilpersonen in Kriegszeiten, BGBl. 1954 II 917).

2   Bei den von Art. 8 adressierten „außergewöhnlichen Maßnahmen" handelt es sich um **Sanktionen bzw. Präventivmaßnahmen,** die ein Staat pauschal gegenüber Angehörigen eines oder mehrerer bestimmter Staaten ergreift, um Druck auf diesen Staat auszuüben (Hathaway Rights of Refugees 272) oder sich und seine Staatsangehörigen vor von diesen ausgehenden feindseligen Maßnahmen – gedacht ist unter anderem an Spionage, Sabotage und Propaganda – zu schützen.

2.1   **Historisches Vorbild** der Norm sind dabei Maßnahmen wie die pauschale Internierung japanischstämmiger Personen auf US-Gebiet während des zweiten Weltkriegs (vgl. US Supreme Court, 323 U.S. 214 (1944) – Korematsu vs. United States) oder die Maßnahmen der Alliierten gegen Flüchtlinge im Rahmen des zweiten Weltkriegs, die – ungeachtet ihrer Verfolgung durch Angehörige der Achsenmächte – aufgrund ihrer formalen Zugehörigkeit zu einem Feindstaat mit Sicherungsmaßnahmen oder Sanktionen überzogen wurden (Zimmermann 1951 Convention/Davy Rn. 8). Eine Parallelbestimmung findet sich in Art. 44 IV. Genfer Konvention.

2.2   In der Anwendungspraxis hat die Bestimmung **keine wesentliche Bedeutung erlangt.** In der Gegenwart wird ihre Bedeutung – nicht anders als die des Art. 9 (→ Art. 9 Rn. 2 ff.) – durch neu in Kraft getretene völkerrechtliche Bestimmungen gemindert, die die Zulässigkeit pauschaler Präventiv- oder Repressivmaßnahmen beschränken und die Prämisse des Art. 8 daher obsolet werden lassen (ausf. Zimmermann 1951 Convention/Davy Rn. 2, 48 ff.).

3   Gedankliche Prämisse derartiger Pauschalmaßnahmen ist die **unterstellte Loyalität der Fremdstaatsangehörigen zu ihrem Herkunftsstaat,** die eine Vermutung der politischen Gegnerschaft zum Aufnahmestaat begründet oder die sie als geeignetes Faustpfand erscheinen lässt, um **Druck auf den Herkunftsstaat** auszuüben. Ein derartiges Loyalitätsverhältnis kann bei Personen, denen der Herkunftsstaat aus politischen Gründen seinen Schutz versagt bzw. denen im Herkunftsstaat Verfolgung iSd Art. 1 A. droht, jedoch regelmäßig nicht unterstellt werden (Zimmermann 1951 Convention/Davy Rn. 1, 42; Hathaway Rights of Refugees 272; vgl. auch Art. 44 IV. Genfer Konvention). Art. 8 S. 1 gebietet es daher, von der Erstreckung derartiger Maßnahmen auf Flüchtlinge möglichst umfassend abzusehen.

4   Art. 8 S. 2 zeigt, dass die in S. 1 geregelte Ausnahme von der Verhängung alleine an die Staatsangehörigkeit anknüpfender Maßnahmen ihrerseits **unter dem Vorbehalt der nationalen Rechtsordnung steht,** dh durch nationales Recht verdrängt werden kann. S. 2 sieht in diesen

Fällen vor, dass der jeweilige Mitgliedstaat in „geeigneten Fällen" Befreiungen von den gesetzlich vorgesehenen Pauschalsanktionen bzw. Pauschalpräventivmaßnahmen vorsieht (→ Rn. 14 ff.).

B. Erfasste Maßnahmen

Art. 8 erfasst sämtliche Maßnahmen eines Konventionsstaates, die sich – anknüpfend an die **5** formale Zugehörigkeit des Betroffenen zu einem Feind- oder Gefährderstaat – gegen die Person, das Eigentum oder die Interessen der Staatsangehörigen eines bestimmten Staates richten (**Pauschalsanktionen oder -präventivmaßnahmen**). Die Zielrichtung der Maßnahmen ist dabei ohne Bedeutung, sodass die Norm neben Sanktionen und Präventivmaßnahmen ggf. auch – in der Regel allerdings schon völkerrechtlich verbotene – Willkürmaßnahmen erfasst (Zimmermann 1951 Convention/Davy Rn. 1).

Der Auffangbegriff der „Interessen" zeigt dabei, dass den zuvor genannten Tatbestandsvarianten **6** „gegen die Person" oder „gegen das Eigentum" **keine beschränkende Wirkung** zu kommen soll; es dürfte sich hierbei aber um die gängigsten Formen der Pauschalmaßnahmen handeln. Gedacht ist insoweit etwa an die Internierung, Melde- und Wohnsitzauflagen, Berufsverbote oder die Einziehung oder die Beschränkung des Erwerbs von Eigentum (Zimmermann 1951 Convention/Davy Rn. 34 ff.).

Ob Art. 8 auch **Maßnahmen gegenüber in einem Drittstaat aufhältigen Flüchtlingen 7** umfasst, ist umstritten (dafür Grahl-Madsen Status of Refugees 25; skeptisch Zimmermann 1951 Convention/Davy Rn. 31 f.). Da der Wortlaut insoweit keine Einschränkung enthält und Pauschalsanktionen oder -präventivmaßnahmen insbesondere gegen das Eigentum auch Flüchtlinge treffen können, die in einem anderen Staat Aufenthalt gefunden haben, sprechen die besseren Gründe für die Annahme einer Erstreckung auch auf Auslandssachverhalte.

Aufgrund der Beschränkung auf „allein" an die Staatsangehörigkeit anknüpfende Maßnahmen **8** stünde Art. 8 allerdings Maßnahmen nicht entgegen, die zB an den Aufenthalt in einem bestimmten Zielstaat in Verbindung mit der **Herkunft aus einem Gefährderstaat** anknüpfen (Hathaway Rights of Refugees 273; ähnlich Robinson Convention 76). Maßnahmen wie zB Handelssanktionen und -beschränkungen werden sich demgegenüber regelmäßig – unabhängig von der Staatsangehörigkeit – an sämtliche Personen richten, die wirtschaftliche Kontakte mit dem Gefährderstaat pflegen bzw. sich dort aufhalten, und sind demnach schon tatbestandlich nicht von Art. 8 umfasst (insoweit zutr. Zimmermann 1951 Convention/Davy Rn. 32).

C. Norminhalt

I. S. 1

Wie dargelegt dient Art. 8 – anders als Art. 9 (→ Art. 9 Rn. 1 ff.) – **nicht als Rechtfertigungs- 9 grund** für „außergewöhnliche Maßnahmen", sondern setzt deren Zulässigkeit und tatsächliche Ergreifung voraus. Die Voraussetzungen für derartige Maßnahmen sind daher nicht in Art. 8 geregelt; sie sind allerdings – vorbehaltlich der Sonderbestimmung des Art. 9 in Fällen „schwerwiegender und außergewöhnlicher Umstände" (→ Art. 9 Rn. 1 ff.) – an den übrigen Bestimmungen der GFK zu messen (aA wohl Zimmermann 1951 Convention/Davy Rn. 22).

Darüber hinaus gebietet Art. 8 S. 1 es, **Flüchtlinge von pauschalen Sanktions- oder Prä- 10 ventivmaßnahmen auszunehmen, die alleine an die Staatsangehörigkeit anknüpfen**. Grund hierfür ist es, dass alleine das formale Band der Staatsangehörigkeit im Fall einer Schutzversagung oder Verfolgung durch den Herkunftsstaat in der Regel nicht die Annahme rechtfertigt, der Betroffene werde sich seinem Herkunftsstaat als loyal erweisen bzw. sei geeignet, als Druckmittel oder Faustpfand gegenüber dem Herkunftsstaat zu dienen (→ Rn. 3).

Aus dem Text der Bestimmung wird nicht deutlich, ob sich ihr Schutz auf **anerkannte Flücht- 11 linge** iSd Art. 1 A. beschränkt oder **auch solche Personen erfasst, deren Flüchtlingsstatus noch nicht geklärt ist** (für letzteres Robinson Convention 76). Da Art. 9 spezifische Maßnahmen bis zur Klärung des Flüchtlingsstatus vorsieht und ein Konventionsstaat vor Abschluss der Sachprüfung nicht sicher beurteilen kann, ob die betroffene Person als „Flüchtling" iSd Art. 1 A. qualifiziert werden kann (sodass eine Verletzung von Art. 8 durch gegen Personen mit ungeklärtem Schutzstatus gerichtete Maßnahmen letztlich nicht ausgeschlossen werden kann), ist der Schutz allerdings auf sämtliche Schutzbegehrenden zu erstrecken (Zimmermann 1951 Convention/Davy Rn. 33). Jedenfalls nicht erforderlich ist es, dass sich der Betroffene legal oder dauerhaft im Gebiet des Konventionsstaats aufhält (Zimmermann 1951 Convention/Davy Rn. 30).

12   Art. 8 S. 1 verbietet dabei ausschließlich **Maßnahmen, die „allein" an die Staatsangehörig-keit des Betroffenen anknüpfen.** Individualisierte Maßnahmen, die auf konkrete Verdachtsmomente bzw. die individuelle Situation des Betroffenen gestützt sind, bleiben daher zulässig; untersagt sind lediglich (nach heutigem Verständnis ohnehin in der Regel menschenrechtswidrige) Pauschalsanktionen bzw. -präventivmaßnahmen (Zimmermann 1951 Convention/Davy Rn. 43; Robinson Convention 76).

12.1   Die Staatsangehörigkeit des Betroffenen kann dabei eines von mehreren Elementen einer Gefahrprognose sein, kann diese – vorbehaltlich der Fälle des Art. 8 S. 2 – aber niemals alleine tragen.

13   Die Regelung des S. 2 zeigt dabei auf, dass S. 1 nicht als striktes Verbot, sondern als **Programmsatz** verstanden werden muss, der einem Vorbehalt des nationalen Rechts unterliegt. Den Konventionsstaaten steht es also – uneingeschränkt durch materielle Rechtfertigungsanforderungen – frei, das Verbot des S. 1 durch Gesetz zu suspendieren und die hierdurch missbilligten Pauschalsanktionen bzw. -präventivmaßnahmen anzuwenden, soweit den Anforderungen des S. 2 genügt wird. Insbesondere beschränkt sich die Wirkung des S. 2 nicht auf eine Bestandssicherung für bei Inkrafttreten der Konvention bestehende Regelungen, sondern wirkt als echter Gesetzesvorbehalt (vgl. Robinson Convention 78).

II. S. 2

14   Art. 8 S. 2 unterwirft das Verbot des S. 1 einem **qualifizierten nationalen Gesetzesvorbehalt** (Zimmermann 1951 Convention/Davy Rn. 21, 45, 47): Den Konventionsstaaten bleibt es erlaubt, Pauschalmaßnahmen iSd Art. 8 S. 1 zu ergreifen, wenn das nationale Recht – gemeint ist sonstiges Völkerrecht oder eine anerkannte Rechtsquelle des nationalen Rechts (vgl. zur in der EMRK gängigen Formulierung HK-EMRK/Meyer-Ladewig/Nettesheim EMRK Art. 8 Rn. 102 ff.) – dies vorsieht und zugleich sichergestellt ist, dass Flüchtlinge in „geeigneten Fällen" von entsprechenden Pauschalsanktionen befreit werden.

15   Der Wortlaut des Art. 8 S. 2 lässt es dabei nicht genügen, dass das nationale Recht es ermöglicht, Sanktionen auch gegen Flüchtlinge zu ergreifen; er greift vielmehr nur dann ein, **wenn das nationale Recht die staatlichen Behörden zur Außerachtlassung des Art. 8 S. 1 zwingt** (Zimmermann 1951 Convention/Davy Rn. 45 f.).

16   Die praktische Bedeutung ist daher gering und dürfte allenfalls Maßnahmen wie **zB Wirtschaftssanktionen** erfassen.

17   In der Sache schreibt S. 2 damit eine **Umwandlung an sich zwingender Sanktions- oder Präventionsbestimmungen,** die alleine an die Staatangehörigkeit eines Feind- oder Gefährderstaates anknüpfen, **in Ermessensklauseln** vor: Die Konventionsstaaten dürfen entsprechende Sanktionen weiterhin ergreifen und auf Flüchtlinge aus dem betroffenen Staat erstrecken, müssen deren Berechtigung im Hinblick auf den jeweils betroffenen Flüchtling aber ggf. im Einzelfall prüfen (Zimmermann 1951 Convention/Davy Rn. 47). Inwieweit die Konventionsstaaten dabei wiederum auf pauschalisierte Fallgruppen – wie es der Wortlaut der „geeigneten Fälle" nahelegt – zurückgreifen können, ist soweit ersichtlich ungeklärt.

18   Diese Anforderungen des Art. 8 S. 2 unterliegen selbst **keinem weiteren Gesetzesvorbehalt** und müssen daher – wiederum vorbehaltlich der in Art. 9 geregelten Sondersituation (→ Art. 9 Rn. 1 ff.) – strikt eingehalten werden.

D. Vorbehalte

19   Vorbehalte gegenüber der Anwendung des Art. 8 haben insgesamt 14 Staaten (Angola, Äthiopien, Fidschi, Gambia, Großbritannien, Israel, Jamaica, Lettland, Madagaskar, Spanien, Schweden, Tuvalu und Uganda und Zypern) erklärt; die früher von den Konventionsstaaten Finnland, Griechenland, Guatemala, Italien und Malta erklärten Vorbehaltserklärungen sind mittlerweile überholt (Zimmermann 1951 Convention/Davy Rn. 19 f.).

E. Umsetzung

20   Art. 8 ist in seiner Gesamtheit zwingendes Recht und als solches in Deutschland im Rang eines Bundesgesetzes (Art. 59 Abs. 2 S. 1 GG) unmittelbar anwendbar (vgl. Zimmermann 1951 Convention/Davy Rn. 29).

Artikel 9 Vorläufige Maßnahmen

Keine der Bestimmungen dieses Abkommens hindert einen vertragschließenden Staat in Kriegszeiten oder bei Vorliegen sonstiger schwerwiegender und außergewöhnlicher Umstände daran, gegen eine bestimmte Person vorläufig die Maßnahmen zu ergreifen, die dieser Staat für seine Sicherheit für erforderlich hält, bis dieser vertragschließende Staat eine Entscheidung darüber getroffen hat, ob diese Person tatsächlich ein Flüchtling ist und die Aufrechterhaltung dieser Maßnahmen im vorliegenden Falle im Interesse der Sicherheit des Staates notwendig ist.

Überblick

Art. 9 begründet – anders als die meisten übrigen Bestimmungen der GFK – keine Gleichbehandlungs- oder Leistungsansprüche, sondern normiert einen Rechtfertigungsgrund für Abweichung von den übrigen Konventionsbestimmungen (→ Rn. 6). Die Vorschrift gilt in Kriegszeiten (→ Rn. 3) oder bei Vorliegen sonstiger schwerwiegender und außergewöhnlicher Umstände (→ Rn. 4) und rechtfertigt vorläufige Maßnahmen (→ Rn. 8), die dem Schutz des Aufnahmestaates vor Gefährdungen seiner inneren Sicherheit unter dem Deckmantel eines Schutzbegehrens dienen (→ Rn. 5; → Rn. 11).

A. Hintergrund und Bedeutung der Vorschrift

Historischer Hintergrund der Bestimmung ist die **befürchtete Unterwanderung der Kon-** 1 **ventionsstaaten durch Scheinflüchtlinge** in der Zeit der Massenfluchtbewegungen im Zusammenhang mit dem zweiten Weltkrieg (Zimmermann 1951 Convention/Davy Rn. 3).

Praktische Bedeutung hat die Bestimmung bislang nicht erlangt; ein Bedeutungsgewinn 2 ist auch für die Zukunft – jedenfalls innerhalb des Unionsgebiets – nicht zu erwarten, da die Unionsstaaten als Signaturstaaten der EMRK und Normadressaten der GRCh parallelen – in der Regel strengeren – grundrechtlichen Bindungen unterliegen (vgl. allg. Zimmermann 1951 Convention/Davy Rn. 4, 23, 49 ff.).

B. Tatbestandliche Voraussetzungen

Tatbestandlich setzt Art. 9 „Kriegszeiten" oder „sonstige schwerwiegende und außergewöhnli- 3 che Umstände" voraus. Bei der Auslegung des **Begriffs der „Kriegszeiten"** kann an allgemeine völkerrechtliche Begrifflichkeiten angeknüpft werden; eine genaue Abgrenzung zu anderen, kriegsähnlichen Zuständen ist im Hinblick auf die Auffangfunktion der zweiten Tatbestandsalternative allerdings entbehrlich.

Der **Auffangbegriff der „sonstigen schwerwiegenden und außergewöhnlichen** 4 **Umstände"** wurde historisch bewusst enger als der Begriff der „Gründe der nationalen Sicherheit" gefasst, um den Ausnahmecharakter der möglichen Beschränkungen zu betonen; er ist allerdings nicht auf Fälle des „nationalen Notstands" beschränkt und umfasst daher zB auch Fälle erheblicher internationaler Spannungslagen und unmittelbar drohende Kriegsvorstufen (vgl. Zimmermann 1951 Convention/Davy Rn. 15 f., 29 ff.; Hathaway Rights of Refugees 262 f.; Robinson Convention 80). Ob und unter welchen Umständen die **Bedrohung durch den internationalen Terrorismus** die Annahme schwerwiegender und außergewöhnliche Gründe rechtfertigen kann, ist ungeklärt (vgl. Zimmermann 1951 Convention/Davy Rn. 30, 54); angesichts des Ausnahmecharakters und der Normzwecke des Art. 9 dürften aber jedenfalls konkrete Anhaltspunkte für eine normspezifische Gefährdungslage gerade durch Flüchtlinge zu fordern sein (vgl. Hathaway Rights of Refugees 264 ff. mwN zur internationalen Rspr.).

Allgemein darf der Normzweck der Bestimmung bei der Auslegung der Tatbestandsvorauset- 5 zungen nicht aus dem Blick geraten: Da Art. 9 nicht der Bewältigung eines Massenzustroms von Flüchtlingen dient, sondern **die Unterwanderung durch Scheinflüchtlinge** (dh durch dem vermeintlichen Verfolgerregime loyal gebliebene Personen, die unter dem Deckmantel des Schutzbegehrens Angriffe auf die Sicherheit des Aufnahmestaates planen) **verhindern soll,** können rein innerstaatliche Krisen (wie zB Wirtschaftskrisen oder der Massenzustrom von Flüchtlingen an sich) keine außergewöhnlichen Umstände im Sinne der Bestimmung darstellen; notwendig ist vielmehr eine Situation, in der eine Unterwanderung durch Scheinflüchtlinge im oben genannten Sinne ernsthaft zu befürchten ist (überzeugend Zimmermann 1951 Convention/Davy Rn. 32; ähnlich Hathaway Rights of Refugees 262 ff., 267).

C. Art und Dauer der zulässigen Beschränkungen

6   Auch wenn die Bestimmung jedenfalls vorrangig auf eine Einschränkung der Art. 8 (Verbot außergewöhnlicher Maßnahmen), Art. 26 (Freizügigkeit) und Art. 3 (allgemeines Diskriminierungsverbot) abzielt, enthält sie **keine ausdrückliche Beschränkung oder abschließende Aufzählung der einschränkbaren Rechte** (Zimmermann 1951 Convention/Davy Rn. 2, 15, 20; Hathaway Rights of Refugees 266). Da Art. 9 lediglich vorläufige Maßnahmen umfasst, dürften sich die demnach **denkbaren Einschränkungen anderer Konventionsrechte insbesondere auf Art. 13 (Eigentum), Art. 15 (Vereinigungsrecht), Art. 17 ff. (Erwerbstätigkeit) und Art. 20 ff. (Wohlfahrt) beziehen** (vgl. Zimmermann 1951 Convention/Davy Rn. 20); eine (notwendigerweise endgültige) Abweichung vom Gebot des Non-Refoulement des Art. 33 Abs. 1 GFK erscheint hingegen ausgeschlossen.

7   Bedingt durch den Normzweck der Bestimmung (→ Rn. 5) können sich Beschränkungen nur gegen **Flüchtlinge aus solchen Staaten richten, die mit dem Aufnahmestaat in Konflikte oder Spannungen verwickelt sind;** generelle Beschränkungen gegenüber Schutzsuchenden an sich können auf Art. 9 daher nicht gestützt werden (vgl. Zimmermann 1951 Convention/Davy Rn. 32, 42; Hathaway Rights of Refugees 267).

8   Die Dauer der durch Art. 9 gestatteten **„vorläufigen" Maßnahmen** ist auf den Zeitraum bis zur Klärung beschränkt, ob es sich bei dem Betroffenen um einen Flüchtling handelt und die Aufrechterhaltung dieser Maßnahmen im Interesse der Sicherheit des Staates notwendig ist. Wenn feststeht, dass der Betroffene kein Flüchtling ist, steht zugleich fest, dass der Betroffene aus den – jeweils an den Flüchtlingsbegriff anknüpfenden – Bestimmungen der GFK keine Rechte herleiten kann; die Aufrechterhaltung von Beschränkungsmaßnahmen ist demnach nicht (mehr) an Art. 9 oder anderen Bestimmungen der GKF zu messen.

9   Auch **nach Feststellung der Flüchtlingseigenschaft** können vorläufige Maßnahmen iSd Art. 9 weiter aufrechterhalten werden, bis die Notwendigkeit der Aufrechterhaltung dieser Maßnahmen geklärt ist (Hathaway Rights of Refugees 268 ff.; aA Robinson Convention 80).

10   Im Übrigen geht Art. 9 zwar davon aus, dass die **Aufrechterhaltung von Maßnahmen gegen Flüchtlinge auch über den erforderlichen Klärungszeitraum hinaus** erforderlich sein kann; diese ist dann aber nicht mehr „vorläufig" und muss daher auf **Rechtfertigungsgründe außerhalb des Art. 9** gestützt werden (Hathaway Rights of Refugees 269).

D. Beschränkungen der zulässigen Maßnahmen

11   Neben der zeitlichen Beschränkung auf vorläufige Maßnahmen sind die Abweichungen von Konventionsbestimmungen an der **Erforderlichkeit zum Schutz der Sicherheit des Aufnahmestaates** zu messen. „Sicherheit" meint in diesem Kontext die Sicherheit vor feindseligen Aktionen durch vermeintliche Flüchtlinge, dh insbesondere vor Sabotage- und Terrorakten, staatsfeindlicher Propaganda oder aufrührerischen Akten, nicht aber zB die Bekämpfung allgemeiner Kriminalität oder die Bewältigung wirtschaftlicher bzw. sozialer Folgen eines Massenzustroms (→ Rn. 5 sowie Zimmermann 1951 Convention/Davy Rn. 35 f.; Hathaway Rights of Refugees 269 f.).

12   Die Bezugnahme auf das „für erforderlich Halten" seitens des Aufnahmestaates macht deutlich, dass diesem ein **weiter Beurteilungsspielraum auf Rechtsfolgenseite** zukommt (Zimmermann 1951 Convention/Davy Rn. 34, 39); stets erforderlich ist jedoch, dass die tatbestandlichen Voraussetzungen weiter vorliegen und sich die Maßnahmen auf vorläufige Maßnahmen beschränken.

E. Vorbehalte

13   Vorbehalte gegenüber der Anwendung des Art. 9 haben insgesamt zehn Staaten (Angola, Äthiopien, Fidschi, Gambia, Großbritannien, Jamaika, Madagaskar, Tuvalu, Uganda, Zypern) erklärt; auf einen entsprechender Vorbehalt Maltas hat dieses im Jahr 2002 verzichtet (Zimmermann 1951 Convention/Davy Rn. 18 f.)

Artikel 10 Fortdauer des Aufenthaltes

1. Ist ein Flüchtling während des zweiten Weltkrieges zwangsverschickt und in das Gebiet eines der Vertragsstaaten verbracht worden und hält er sich dort auf, so

wird die Dauer dieses Zwangsaufenthaltes als rechtmäßiger Aufenthalt in diesem Gebiet gelten.

2. Ist ein Flüchtling während des zweiten Weltkrieges aus dem Gebiet eines Vertragsstaates zwangsverschickt worden und vor Inkrafttreten dieses Abkommens dorthin zurückgekehrt, um dort seinen dauernden Aufenthalt zu nehmen, so wird die Zeit vor und nach dieser Zwangsverschickung für alle Zwecke, für die ein ununterbrochener Aufenthalt erforderlich ist, als ein ununterbrochener Aufenthalt gelten.

Überblick

Art. 10 trifft begünstigende Regelungen zu Fragen der Rechtmäßigkeit und Ununterbrochenheit des Aufenthalts von Flüchtlingen, die während des Zweiten Weltkriegs (1939–1945) gegen ihren Willen (zwangs-) verschickt (→ Rn. 5) worden waren (→ Rn. 1 ff.). Die beiden Regelungen in Abs. 1 und Abs. 2 knüpfen jeweils an eine Zwangsverschickung von Flüchtlingen während des Zweiten Weltkriegs an, differenzieren jedoch nach der Richtung der Zwangsverschickung in das Gebiet des Vertragsstaats, einerseits (→ Rn. 8), und der vorübergehenden Zwangsverschickung aus dem Gebiet der Vertragsstaaten heraus, andererseits (→ Rn. 9). Während die unmittelbare praktische Relevanz dieser Regelungen gering ist (→ Rn. 11), kommt ihnen fortwährende Bedeutung im Rahmen der Auslegung von Aufenthaltsdauern zu (→ Rn. 12).

A. Allgemeines

Die Regelungen des Art. 10 knüpfen inhaltlich an das in Art. 49 Abs. 1 IV. Genfer Konvention **1** (IV. Genfer Abkommen zum Schutze von Zivilpersonen in Kriegszeiten v. 12.8.1949, BGBl. 1954 II 917) geregelte Verbot zwangsweiser Einzel- oder Massenumsiedlungen sowie Deportationen an (näher Grahl-Madsen Refugee Convention 1951 (1); Zimmermann 1951 Convention/ Schmahl Rn. 4 ff.). Eine im Wesentlichen – bis auf die Ersetzung von Flüchtlingen durch Staatenlose – wortlautidentische Vorschrift findet sich auch im **Staatenlosenübereinkommen** (Übereinkommen über die Rechtsstellung der Staatenlosen v. 28.9.1954, BGBl. 1976 II 473).

Als gewissermaßen **„Nachteilsausgleich"** für die widerfahrene Zwangsverschickung sieht **2** Art. 10 auf der Rechtsfolgenseite „Gutschriften" bei der Frage der Rechtmäßigkeit und Ununterbrochenheit des Aufenthalts von Flüchtlingen vor. Keinem Flüchtling sollten Nachteile gegenüber anderen Flüchtlingen daraus erwachsen, dass er gegen seinen Willen (zwangs-) verschickt worden war (vgl. Zimmermann 1951 Convention/Schmahl Rn. 2).

Die Vorschriften des Art. 10 nehmen einerseits Bezug auf jene Bestimmungen der GFK, in **3** denen die **Aufenthaltsdauer von Flüchtlingen** eine Rolle spielt, dies sind:
- Art. 7 Abs. 2 (Befreiung vom Erfordernis der gesetzlichen Gegenseitigkeit; dreijähriger Aufenthalt; → Art. 7 Rn. 14 ff.),
- Art. 17 Abs. 2 lit. a (Nichtselbstständige Arbeit; dreijähriger Aufenthalt; → Art. 17 Rn. 32), sowie
- Art. 6 (der Ausdruck „unter den gleichen Umständen" – insoweit wird auf die Kommentierung dieser Vorschrift verwiesen, → Art. 6 Rn. 7 ff. –, welcher in zahlreichen Bestimmungen in Bezug genommen wird (etwa in Art. 13, Art. 15, Art. 17 Abs. 1, Art. 18, Art. 19 Abs. 1, Art. 21, Art. 22 Abs. 2 und Art. 26)).

Weiterhin nehmen die Vorschriften des Art. 10 auch **nationale Bestimmungen** zur Dauer des **4** rechtmäßigen oder ununterbrochenen Aufenthalts (von Flüchtlingen) in Bezug, namentlich im Bereich der Einbürgerung, der Ausübung selbstständiger Erwerbstätigkeit oder freier Berufe (vgl. Grahl-Madsen Refugee Convention 1951 (1); Zimmermann 1951 Convention/Schmahl Rn. 2, 16; zum nationalen Recht vgl. nur § 10 StAG).

B. Regelungsgehalt im Einzelnen

Die GFK gewährt den Personen, die von ihr erfasst werden, **unmittelbare Rechte** (vgl. **5** BVerwGE 88, 254 (257) = NVwZ 1992, 180; BVerwGE 7, 231 Rn. 9 = NJW 1959, 450).

Art. 10 trifft begünstigende Regelungen zu Fragen der Rechtmäßigkeit und Ununterbrochen- **6** heit des Aufenthalts von Flüchtlingen, die während des Zweiten Weltkriegs (1939–1945) gegen ihren Willen (zwangs-) verschickt worden waren. Den beiden Vorschriften des Abs. 1 und Abs. 2 ist gemein, dass sie an eine **Zwangsverschickung** von Flüchtlingen – etwa als Kriegsgefangene, politische Gefangene, Zwangsarbeiter oder Evakuierte (vgl. Grahl-Madsen Refugee Convention 1951 (1)) – während des Zweiten Weltkriegs anknüpfen und für die betroffenen Flüchtlinge

7   Dabei differenzieren die beiden Absätze des Art. 10 nach der **Richtung** der Zwangsverschi-ckung in das Gebiet des Vertragsstaats einerseits (→ Rn. 8), und der vorübergehenden Zwangsver-schickung aus dem Gebiet der Vertragsstaaten heraus andererseits (→ Rn. 9).

I. Zwangsverschickung in das Gebiet des Vertragsstaats (Abs. 1)

8   Abs. 1 regelt Fälle, in denen ein Flüchtling während des Zweiten Weltkriegs **in das Gebiet** eines Vertragsstaats zwangsverschickt worden ist. Hält er sich dort immer noch auf, so gilt die Dauer dieses Zwangsaufenthalts als rechtmäßiger Aufenthalt im Sinne internationaler und nationaler Vorschriften.

II. Vorübergehende Zwangsverschickung aus dem Gebiet der Vertragsstaaten heraus (Abs. 2)

9   Abs. 2 regelt den – umgekehrten – Fall, dass ein Flüchtling während des Zweiten Weltkriegs (vorübergehend) **aus dem Gebiet** eines Vertragsstaats heraus zwangsverschickt worden ist. Kehrt er vor Inkrafttreten der Genfer Flüchtlingskonvention in dieses Gebiet zurück, um dort seinen dauernden Aufenthalt zu nehmen, so gilt die Zeit vor und nach der Zwangsverschickung für alle Zwecke, für die ein ununterbrochener Aufenthalt erforderlich ist, als ununterbrochener Aufenthalt im Sinne internationaler und nationaler Vorschriften.

10   Die Formulierung **„vor Inkrafttreten dieses Abkommens"** verweist auf den 22.4.1954. Dies ergibt die systematische Auslegung, denn der – etwa in Art. 7 Abs. 3 verwendete – Zusatz „für diesen Staat" wurde nicht angefügt (vgl. Grahl-Madsen Refugee Convention 1951 (1); Weis Refugees Convention 1951 61; Zimmermann 1951 Convention/Schmahl Rn. 22).

C. Praktische Bedeutung

11   Infolge der zeitlichen Anknüpfung beider Regelungen an die Zeit „während des Zweiten Weltkriegs" und der zusätzlichen zeitlichen Anknüpfung der Regelung des Abs. 2 an die Zeit „vor Inkrafttreten dieses Abkommens" haben die Vorschriften heute, über ein halbes Jahrhundert später, **praktisch keine Anwendungsfälle** mehr (vgl. Weis Refugees Convention 1951 61; so bereits im Jahr 1963: Grahl-Madsen Refugee Convention 1951 (1); → Rn. 11.1).

11.1   Zwar führte das Protokoll über die Rechtsstellung der Flüchtlinge v. 31.1.1967 (BGBl. 1969 II 1293), welches die Worte „infolge von Ereignissen, die vor dem 1. Januar 1951 eingetreten sind" sowie die Worte „[…] infolge solcher Ereignisse" in Art. 1 A. Abs. 2 tilgt, zu einer Erweiterung des Flüchtlingsbegriffs (näher → Art. 1 Rn. 28). Trotz der hiermit verbundenen Intention der Vertragsstaaten des Protokolls, seit Annahme der Genfer Flüchtlingskonvention entstandene neuen Kategorien von Flüchtlingen ebenfalls zu erfassen (vgl. Erwägungsgrund 2 FlüchtlingsProt), wurde aber die explizite zeitliche Anknüpfung des Art. 10 an die Zeit „während des Zweiten Weltkriegs" und die Zeit „vor Inkrafttreten dieses Abkommens" unver-ändert beibehalten und der – ebenfalls zeitlich limitierte – Anwendungsbereich des Art. 10 **nicht erweitert.**

12   Indes sind die Regelungen des Art. 10 Abs. 1 und Abs. 2 angesichts der zahlreichen Anknüp-fungspunkte – in der Flüchtlingskonvention wie auch im nationalen Recht – für die Dauer rechtmäßigen bzw. ununterbrochenen Aufenthalts von Flüchtlingen (→ Rn. 3) nicht bedeutungs-los. Denn es lässt sich ihnen bis heute der **Rechtsgedanke** entnehmen, dass bei der rechtlichen Würdigung von Aufenthaltsdauern den spezifischen Problemlagen, denen sich Flüchtlinge gegen-über sehen, Rechnung zu tragen ist (vgl. Zimmermann 1951 Convention/Schmahl Rn. 24 mwN). Insofern vermag der Geist des gewissermaßen „Nachteilsausgleichs", den Art. 10 prägt, nach wie vor zur Auslegung von (auch innerstaatlichen → Rn. 4) Rechtsvorschriften betreffend die Dauer rechtmäßigen Aufenthalts von Flüchtlingen herangezogen zu werden.

Artikel 11 Geflüchtete Seeleute

Bei Flüchtlingen, die ordnungsgemäß als Besatzungsangehörige eines Schiffes ange-heuert sind, das die Flagge eines Vertragsstaates führt, wird dieser Staat die Möglichkeit wohlwollend in Erwägung ziehen, diesen Flüchtlingen die Genehmigung zur Niederlas-sung in seinem Gebiet zu erteilen und ihnen Reiseausweise auszustellen oder ihnen

vorläufig den Aufenthalt in seinem Gebiet zu gestatten, insbesondere um ihre Niederlassung in einem anderen Lande zu erleichtern.

Überblick

Art. 11 trägt der besonderen Situation geflüchteter Seeleute Rechnung, da diese oftmals an Bord verweilen müssen, ohne den Schutz des Flaggenstaats oder eines anderen Staates zu erlangen. Die Norm bezieht sich dabei nur auf Flüchtlinge (→ Rn. 1) welche als ordnungsgemäßes Besatzungsmitglied angeheuert wurden (→ Rn. 2); dabei ausgeschlossen werden Flüchtlinge, welche „lediglich" per Boot fliehen (→ Rn. 3). Die Vertragsstaaten sind gegenüber geflüchteten Seeleuten verpflichtet, wohlwollend (→ Rn. 5) die Niederlassung im Staatsgebiet (→ Rn. 9), die Ausstellung von Reiseausweisen (→ Rn. 10) oder die Gestattung des vorläufigen Aufenthalts (→ Rn. 11) in Erwägung zu ziehen, um der Situation dieser Flüchtlinge Abhilfe zu leisten.

A. Persönlicher Anwendungsbereich

I. Flüchtling

Der Flüchtlingsbegriff in Art. 11 entspricht der Definition in Art. 1 (→ Art. 1 Rn. 21). Als **1** weitere Voraussetzung muss der Flüchtling als ordnungsgemäßer Besatzungsangehöriger angeheuert worden sein (→ Rn. 2). Die Tatsache, dass jemand auf einem Schiff als Besatzungsmitglied angeworben wurde, bedingt noch keine bindende Feststellung der Flüchtlingseigenschaft. Zwar ist die Feststellung der Flüchtlingseigenschaft lediglich deklaratorischer Natur. Das Anheuern auf einem, zumeist privaten, Handelsschiff erfolgte jedoch meist durch den Kapitän des jeweiligen Schiffes. Dieser kann eine rechtsverbindliche staatliche Feststellung der Flüchtlingseigenschaft nicht vornehmen. Daher kann die Einordnung als ordnungsgemäßes Besatzungsmitglied nicht so ausgelegt werden, dass durch die Aufnahme und Anstellung an Bord eines Schiffes Pflichten des Flaggenstaates begründet werden können (UN Conference of Plenipotentiaries on the Status of Refugees and Stateless Persons: Summary Record of the Thirtieth Meeting, 28 November 1951, A/Conf.2/ SR.30, S. 8; Grahl-Madsen Refugee Convention 1951 (2)). Die Überprüfung der **bona fide** Flüchtlingseigenschaft der betroffenen Seeleute muss weiterhin durch die zuständigen staatlichen Stellen des Flaggenstaates erfolgen (Grahl-Madsen Refugee Convention 1951 (2)). Art. 11 ist damit erst mit positivem Abschluss eines staatlichen Verfahrens anzuwenden (näher → Rn. 7).

II. Ordnungsgemäßes Besatzungsmitglied

Der Flüchtling muss als ordnungsgemäßer Besatzungsangehöriger an Bord des Schiffes sein. **2** Die GFK definiert diese Begriffe nicht weiter. Jedoch kann hier die Definition in Art. 1 lit. b der Vereinbarung über Flüchtlingsseeleute v. 23.11.1957 (Gesetz v. 3.7.1961, BGBl. II 828), welche sich direkt auf GFK bezieht, herangezogen werden. Danach ist Seemann, wer „[…] gleichviel in welcher Eigenschaft – auf einem Handelsschiff Seemannsdienste leistet oder berufsmäßig auf einem Handelsschiff als Seemann ihren Lebensunterhalt verdient". Zwar folgt diese Konvention zeitlich später, dennoch kann das Verständnis der allgemeinen Seemannsdefinition hier dennoch in der Auslegung zu tragen kommen.

Diese Voraussetzung schließt die Anwendung des Art. 11 hinsichtlich Personen, **die per Boot 3 oder Schiff fliehen, wie auch blinde oder reguläre Passagiere** vom Anwendungsbereich aus (UN Conference of Plenipotentiaries on the Status of Refugees and Stateless Persons: Summary Record of the Twelfth Meeting, 22 November 1951, A/Conf.2/SR.12, S. 4 f.; Weis Refugees Convention 1951 81).

Hingegen sind Flüchtlinge, welche ihre **Überfahrt durch Dienste an Bord verdienen, 4 als ordnungsgemäßes Besatzungsmitglied anzusehen.** Zwar sind diese keine beruflichen Seemänner und üben diese Tätigkeit nicht mit einer Dauerhaftigkeit aus, man hatte aber historisch Flüchtlinge im Blick, welche das Anheuern auf Handelsschiffen als Weg der Flucht nutzen (Goedhart International Labour Review 2-3/72 (1955), 138 (140); → Rn. 4.1). Auch die Definition Art. 1 lit. b der Vereinbarung über Flüchtlingsseeleute v. 23.11.1957, verlangt lediglich das Ableisten von Seemannsdiensten an Bord. Des Weiteren entspricht eine solche Auslegung dem Sinn und Zweck der Norm, Flüchtlingen, welchen ein territorialer Bezug fehlt, aber dennoch durch ihre Dienste in einer engen Verbindung zur Jurisdiktion des Flaggenstaats stehen, den Zugang zu einem Zufluchtsstaat zu erleichtern.

4.1   In der Zwischenkriegszeit waren viele Flüchtlinge darauf erpicht, die Lager oder Zufluchtsstaaten zu verlassen, in denen sie keine Lebensgrundlage finden konnten (vgl. Grahl-Madsen Refugee Convention 1951 (5)). Viele geflüchtete Seeleute genossen noch keinen Schutz oder verloren diesen wieder aufgrund der langen Dauer, die sie auf hoher See und damit außerhalb der Zufluchtslandes verbrachten (Weis Refugees Convention 1951 81). Zwar war die Zahl der Betroffenen bereits zum Zeitpunkt der Verhandlungen sehr gering, jedoch sollte mit dieser Regelung der besonderen Lage geflüchteter Seeleute begegnet werden. Diese sind faktisch, ohne den rechtlichen Schutz eines Staates und legale Reisedokumente, an Bord gefangen. Sie konnten meist nicht anlanden und das Schiff legal verlassen (vgl. Weis Refugees Convention 1951 81). Dadurch gab es wiederum keine Möglichkeit für sie, mit zuständigen staatlichen Stellen, wie zB Konsulaten, in Kontakt zu treten, die gewillt wären, ihnen erstmals oder weiterhin Schutz zu gewähren (Grahl-Madsen Refugee Convention 1951 (7)).

B. Umfang der Gewährleistung

I. „Soll wohlwollend in Erwägung ziehen"

5   Art. 11 enthält, ungleich vieler anderer Ansprüche, **keinen Gleichbehandlungsstandard.** Vielmehr soll dem seemannspezifischen Problem der fehlenden territorialen Anknüpfung zu einem Staat abgeholfen werden (→ Rn. 4.1). Die Verpflichtung des Art. 11 **adressiert daher den Flaggenstaat des jeweiligen Schiffes.** Die Eigentümerschaft am Schiff oder der Sitz der Reederei ist unbeachtlich (Grahl-Madsen Refugee Convention 1951 (3)).

6   Die Pflicht des Flaggenstaates erstreckt sich nur insoweit, als dass der Staat wohlwollend die Situation der geflüchteten Seeleute in Erwägung ziehen soll. Der Begriff der **„wohlwollenden Erwägung" ist hierbei inhaltlich deckungsgleich mit Art. 7 Abs. 4** (→ Art. 7 Rn. 4; Weis Refugees Convention 1951 84; Robinson Convention 83).

7   Die hier vorausgesetzten Erwägungen beziehen sich auf die Genehmigung zur Niederlassung im Staatsgebiet (→ Rn. 9) und Ausstellung eines Reiseausweises (→ Rn. 10) oder die Gewährung eines vorläufigen Aufenthalts (→ Rn. 11). **Systematisch setzt damit die Reglung an den verschiedenen Formen der Aufenthaltsverfestigung innerhalb der GFK an.** Art. 11 empfiehlt den Staaten in der Konsequenz, **eine Fiktion des rechtmäßigen Aufenthalts** (vgl. → Art. 15 Rn. 2; → Rn. 10) innerhalb ihres Staatsgebietes zu erwägen (Weis International & Comparative Law Quarterly 7 (1958), 334 (340)).

7.1   Im Rahmen der Verhandlungen wurde zunächst der eine Sonderreglung für geflüchtete Seeleute im Rahmen des Art. 28 und im Kontext zur Frage des rechtmäßigen Aufenthalts debattiert (vgl. Weis Refugees Convention 1951 80 f.). Jedoch war die Problematik zu spezifisch, um sie in einem bereits existierenden Artikel anzugliedern. Auch brachte Großbritannien, als große Nation von Seefahrern an, dass die Frage des rechtmäßigen Aufenthalts nicht durch die bloße Anwesenheit auf dem Flaggenschiff ohne jeglichen territorialen Bezug automatisch begründet werden kann (vgl. Weis Refugees Convention 1951 83). Daher setzte sich lediglich eine Pflicht zur „wohlwollenden Erwägung" durch.

8   Der Wortlaut der Norm, unter Bezugnahme des Begriffs **„soll", legt dem Flaggenstaat eine echte Pflicht zur Auseinandersetzung mit der Möglichkeit** zur Gewährung der genannten Rechte auf (Kimminich, Der internationale Rechtsstatus des Flüchtlings, 1962, 309; Robinson Convention 82). Die Überlegung hat am Maßstab der Menschlichkeit zu erfolgen und eine Ablehnung kann daher nur aus guten Gründen ergehen (Weis Refugees Convention 1951 84; Robinson Convention 83). Zur Ablehnung müssen Gründe vorgebracht werden, welche an der Flüchtlingseigenschaft, der rechtmäßigen Anwesenheit oder dem Verweis auf Schutzalternativen in anderen Staaten ansetzen (vgl. Zimmermann 1951 Convention/Bank Rn. 27). Somit ist eine Verweigerung der Gewährung begründungs- und rechtfertigungsbedürftig.

II. Niederlassung in seinem Gebiet

9   Die Niederlassung meint hier den dauerhaften Aufenthalt im Staatsgebiet des Flaggenstaates und damit die Möglichkeit auf einen dauerhaften Aufenthaltstitel.

III. Ausstellung eines Reiseausweises

10   Mit der Erwägung hinsichtlich der Niederlassung ist auch die Ausstellung eines Reiseausweises zu verbinden. Der Begriff Reiseausweise bezieht sich auf das in Art. 28 bezeichnete Dokument. Die in Art. 28 (→ Art. 28 Rn. 1 ff.) **enthaltenen Voraussetzungen, wie der rechtmäßige**

Aufenthalt im Staatsgebiet, **müssen gerade nicht erfüllt sein** (vgl. Zimmermann 1951 Convention/Bank Rn. 26).

IV. Gestattung des vorläufigen Aufenthalts

Die Gestattung des vorläufigen Aufenthalts steht im Kontext und in Abgrenzung zu den Ansät- 11
zen der GFK, eine dauerhafte Lösung des Flüchtlingsproblems (Resettlement, Niederlassung, Staatsangehörigkeitserwerb, vgl. → Art. 30 Rn. 5 ff.) zu finden. Der vorläufige Aufenthalt muss daher zeitlich angemessen sein, um dem Betroffenen Zeit zu geben, sich um andere Schutzalternative im Sinne einer dauerhaften Lösung zu bemühen (vgl. Zimmermann 1951 Convention/Bank Rn. 27).

C. Vorbehalte

Gegen Art. 11 wurden keine Vorbehalte angebracht.   12

Kapitel II. Rechtsstellung

Artikel 12 Personalstatut

1. **Das Personalstatut jedes Flüchtlings bestimmt sich nach dem Recht des Landes seines Wohnsitzes oder, in Ermangelung eines Wohnsitzes, nach dem Recht seines Aufenthaltslandes.**
2. **¹Die von einem Flüchtling vorher erworbenen und sich aus seinem Personalstatut ergebenden Rechte, insbesondere die aus der Eheschließung, werden von jedem vertragschließenden Staat geachtet, gegebenenfalls vorbehaltlich der Formalitäten, die nach dem in diesem Staat geltenden Recht vorgesehen sind. ²Hierbei wird jedoch unterstellt, daß das betreffende Recht zu demjenigen gehört, das nach den Gesetzen dieses Staates anerkannt worden wäre, wenn die in Betracht kommende Person kein Flüchtling geworden wäre.**

Überblick

Die erste Vorschrift des Kapitels II – Rechtsstellung – regelt das sog. „Personalstatut" (→ Rn. 20) von Flüchtlingen und stellt eine in der Praxis mitunter übersehene Regelung des Internationalen Privatrechts dar (→ Rn. 2). Sie bezweckt durch die Anknüpfung an den Wohnsitz (→ Rn. 24) oder Aufenthalt (→ Rn. 25) die rechtliche Entkoppelung des Flüchtlings von dem Nationalstaat, der ihm zur Flucht Anlass gegeben hat (→ Rn. 2, → Rn. 21 ff.). Vom personellen Anwendungsbereich des Art. 12 erfasst werden Flüchtlinge im Sinne der GFK (→ Rn. 9 ff.), wobei sich die Frage der Bindungswirkung an die förmliche Zuerkennung der Flüchtlingseigenschaft durch den Aufnahme- oder einen sonstigen Staat stellt (→ Rn. 12 ff.). Streitig ist die Anwendung des Art. 12 auf Familienangehörige, die selbst keine Flüchtlinge sind (→ Rn. 16 ff.). Während in Abs. 1 das sog. „Personalstatut" eines Flüchtlings kollisionsrechtlich bestimmt wird (→ Rn. 20 ff.), regelt Abs. 2 der Schutz wohlerworbener Rechte des Flüchtlings (→ Rn. 28 ff.).

Übersicht

A. Allgemeines und Bedeutung

1   Unterteilt man die in der GFK garantierten Rechte in solche, die alle Einwohner eines Landes betreffen können (zB Bildung, Arbeit, öffentliche Fürsorge, Religionsausübung), und **Regelungen, die spezifisch Flüchtlinge betreffen** (zB Reisedokumente, Ausweisung), so betrifft Art. 12 die zweite Kategorie (vgl. da Costa, Integration, 2006, 19).

2   Die Bestimmung des Art. 12 ist eine – in der Praxis leicht übersehene (so HK-BGB/Dörner EGBGB Art. 5 Rn. 7; Zimmermann 1951 Convention/Metzger Rn. 52 f.) – Vorschrift des **internationalen Privatrechts.** Entsprechend ihrem Zweck, der besonderen Situation der Flüchtlinge Rechnung zu tragen (vgl. BeckOK BGB/Lorenz EGBGB Art. 5 Rn. 25), indem diese international-privatrechtlich von dem Nationalstaat entkoppelt werden, der ihnen zur Flucht Anlass gegeben hat (vgl. BGH BeckRS 2017, 140085), ist danach für die persönlichen Verhältnisse der Flüchtlinge nicht das Heimatrecht, sondern das **Recht des Zufluchtlands** maßgebend. Insoweit wird nicht an die Staatsangehörigkeit des Flüchtlings angeknüpft, wenn das (Kollisions-) Recht des Zufluchtlandes dies eigentlich vorsieht (vgl. BVerwG BeckRS 1988, 31274695; → Rn. 2.1 f.).

2.1   Nicht hingegen regelt Art. 12 etwa die Frage, ob ein Flüchtling nicht ohne Zustimmung der Regierung seines Heimatstaates **eingebürgert** werden darf (vgl. BVerwG BeckRS 1988, 31274695), denn dies ist keine Frage des internationalen Privatrechts.

2.2   Nach Art. 16 Abs. 2 steht ein Flüchtling auch hinsichtlich der **internationalen Zuständigkeit** einem Inländer gleich (vgl. BGH NJW 1982, 2732; 1990, 636; BeckOK BGB/Lorenz EGBGB Art. 5 Rn. 37 mwN; → Art. 16 16ff.).

3   **Praktische Bedeutung** kommt Art. 12 folglich vor allem in Vertragsstaaten der GFK zu, in denen sich die personenrechtliche Stellung von Ausländern nach allgemeinen Bestimmungen des internationalen Privatrechts nach dem Recht ihres Herkunftsstaats bestimmen würde (vgl. Zimmermann 1951 Convention/Metzger Rn. 2).

4   **Vorläufer** dieser Bestimmung fanden sich bereits in den Abkommen v. 28.10.1933 über die internationale Rechtsstellung der Flüchtlinge und v. 10.2.1938 über die Stellung der Flüchtlinge aus Deutschland (vgl. Zimmermann 1951 Convention/Metzger Rn. 3 ff.).

5   Art. 12 hat Teil an der Erweiterung des Flüchtlingsbegriffs durch das **Protokoll über die Rechtsstellung der Flüchtlinge** v. 31.1.1967 (BGBl. 1969 II 1293). Dies ergibt sich aus Art. I Abs. 1 FlüchtlingsProt. Die Möglichkeit der Erklärung von Vorbehalten (→ Rn. 33) schränkt auch das Protokoll nicht ein (vgl. Art. VII FlüchtlingsProt).

6   Eine im Wesentlichen gleichlautende Vorschrift findet sich – im Hinblick auf Staatenlose – auch in Art. 12 StaatenlosenÜ (Übereinkommen über die Rechtsstellung der **Staatenlosen** v. 28.9.1954, BGBl. 1976 II 473, BGBl. 1977 II 235).

B. Regelungsgehalt im Einzelnen

7   Kollisionsrechtlich regelt Art. 12 für Flüchtlinge (→ Rn. 9 ff.) das sog. „Personalstatut" (→ Rn. 20) durch Anknüpfung an den Wohnsitz bzw. gewöhnlichen Aufenthalt (→ Rn. 21 ff.) sowie den Schutz wohlerworbener Rechte des Flüchtlings (→ Rn. 28 ff.).

I. Personeller Anwendungsbereich

8   Vom personellen Anwendungsbereich des Art. 12 erfasst werden Flüchtlinge im Sinne der GFK (→ Rn. 9 ff.), wobei sich die Frage der Bindungswirkung an die förmliche Zuerkennung der Flüchtlingseigenschaft durch den Aufnahme- oder einen sonstigen Staat stellt (→ Rn. 12 ff.). Streitig ist die Anwendung des Art. 12 auf Familienangehörige, die selbst keine Flüchtlinge sind (→ Rn. 16 ff.).

1. Flüchtlingsbegriff

9   Erfasst werden nach Art. 1 A. Nr. 1 zunächst Personen, die nach früheren Abkommen einen Flüchtlingsstatus haben (sog. Nansen-Flüchtlinge und IRO-Flüchtlinge). Heute hat vor allem die **Flüchtlingseigenschaft** gem. Art. 1 A. Nr. 2 iVm Art. I Abs. 2 FlüchtlingsProt Bedeutung. Insoweit wird auf die Kommentierung dieser Vorschriften verwiesen, auch zu **Ausschlussgründen** nach Art. 1 D. S. 1, Art. 1 E. und Art. 1 F. sowie zu **Entfallgründen** nach Art. 1 C.

10   Von der hier angesprochenen – auch sog. **originären** – Flüchtlingseigenschaft abzugrenzen ist der sog. abgeleitete Flüchtlingsschutz für Familienangehörige (näher → Rn. 16 ff.).

Ist die Flüchtlingseigenschaft gegeben, ist für die Anwendbarkeit des Art. 12 **ohne Relevanz,** **11** **ob der Flüchtling in einem Vertragsstaat der GFK oder in einem Nichtvertragsland lebt** (vgl. Zimmermann 1951 Convention/Metzger Rn. 32 f.; MüKoBGB/v. Hein Anh. II EGBGB Art. 5 Rn. 55; überflüssig ist daher der Hinweis, Frankreich sei Vertragspartner, in BayObLG NJW 1975, 2146 (2147)).

2. Prüfung der Flüchtlingseigenschaft

Es ist allgemein anerkannt, dass die international-privatrechtliche Berufung auf Art. 12 keine **12** förmliche Statusfeststellung durch den Vertragsstaat voraussetzt (vgl. Staudinger/Bausback, 2013, Anh. IV Art. 5 EGBGB Rn. 56 mwN: deklaratorische, jedoch „quasikonstitutive" Statusanerkennung; zur im Übrigen bestehenden grundsätzlichen Konventionskonformität eines Statusfeststellungsverfahrens wird auf die Kommentierung des Art. 1 verwiesen). Daher ist das Vorliegen der Flüchtlingseigenschaft nicht in einem zentralen Verfahren, sondern **grundsätzlich inzidenter** **vom Zivilgericht zu prüfen** (vgl. nur BGH BeckRS 2018, 2064, Rn. 16; 2017, 140085, Rn. 23; BayObLG BeckRS 2009, 24449; BeckOK BGB/Lorenz EGBGB Art. 5 Rn. 30).

Allerdings macht die **positive Zuerkennung** der Flüchtlingseigenschaft (nach § 3 Abs. 4 **13** AsylG) für die Anwendbarkeit des Art. 12 eine erneute Überprüfung der Flüchtlingseigenschaft im Sinne dieser Konvention (durch das Zivilgericht) überflüssig (vgl. BGH NJW-RR 2007, 145 (145 f.) bezüglich der Anerkennung als Asylberechtigter). Liegt also ein bestandskräftiger positiver Bescheid des Bundesamts für Migration und Flüchtlinge oder eine rechtskräftige entsprechende verwaltungsgerichtliche Entscheidung zum Vorliegen der (**originären** → Rn. 9 f.) Flüchtlingseigenschaft vor, besteht kein Anlass für ein Zivilgericht, die Anwendbarkeit des Art. 12 in Frage zu ziehen. Der verwaltungsbehördlichen oder -gerichtlichen Zuerkennung der Flüchtlingseigenschaft kommt hierbei allerdings nicht nur eine starke Indizwirkung für das Vorliegen der Flüchtlingseigenschaft zu (so NK-BGB/Schulze Anh. II EGBGB Art. 5 Rn. 18), sondern gem. § 6 S. 1 AsylG eine **rechtliche Bindungswirkung** (vgl. nur VGH BW NVwZ-Beil. 2001, 8; Staudinger/ Bausback, 2013, Anh. IV Art. 5 EGBGB Rn. 56 mwN; → Rn. 13.1).

Da nach dieser Vorschrift die „Entscheidung über den Asylantrag in allen Angelegenheiten verbindlich **13.1** ist, in denen […] die Zuerkennung des internationalen Schutzes im Sinne des § 1 Abs. 1 Nr. 2 rechtserheblich ist", hat das Zivilgericht – je nach maßgeblichem Zeitpunkt der Anknüpfungsersetzung – freilich ein **etwaiges Erlöschen der Rechtsstellung nach §§ 72 f. AsylG** in Rechnung zu stellen (vgl. BeckOK AuslR/Preisner AsylG § 6 Rn. 13; hinsichtlich der Entfallgründe nach Art. 1 C. → Art. 1 Rn. 72 ff.).

Soweit in der international-privatrechtlichen Kommentarliteratur in diesem Kontext das BVerwG mit **13.2** der Aussage zitiert wird, die **Anerkennung als politisch Verfolgter in einem anderen Vertragsstaat** der Konvention habe keine Bindungswirkung für Asylanträge in Deutschland (so etwa BeckOK BGB/ Lorenz EGBGB Art. 5 Rn. 30 unter Berufung auf BVerwG NVwZ 1987, 507), ist diese – asylverfahrensrechtliche, nicht international-privatrechtliche – Aussage in den Kontext des Art. 12 richtig einzuordnen: Zunächst einmal kann sich diese Frage einem Zivilgericht in Fällen von Sekundärmigration durchaus stellen, sofern nämlich eine Zuerkennung der Flüchtlingseigenschaft in einem Vertragsstaat der GFK erfolgt ist und sich in einem anderen Vertragsstaat (hier: Deutschland) die Frage des international-privatrechtlich anwendbaren Rechts aufgeworfen wird. Von einer strikten rechtlichen Bindungswirkung einer positiven Zuerkennung (der Flüchtlingseigenschaft) in einem anderen Vertragsstaat der Konvention ist ebenso wenig auszugehen, wie von einer nationalen, gäbe es insoweit nicht das § 6 S. 1 AsylG (→ Rn. 13). Indes dürfte eine positive verwaltungsbehördliche (oder -gerichtliche) Entscheidung eines anderen Vertragsstaats vom Zivilgericht als **gewichtiges Indiz** für die Anwendbarkeit des Art. 12 zu werten sein (insoweit zurecht NK-BGB/Schulze Anh. II EGBGB Art. 5 Rn. 19).

Nach **§ 6 S. 1 AsylG** erstreckt sich die Verbindlichkeit asylrechtlicher Entscheidungen sowohl **14** auf positive als auch auf negative Entscheidungen (vgl. VGH BW NVwZ-Beil. 2001, 8; Bergmann/Dienelt/Bergmann AsylG § 6 Rn. 6; BeckOK AuslR/Preisner AsylG § 6 Rn. 13; Staudinger/Bausback, 2013, Anh. IV Art. 5 EGBGB Rn. 56 mwN; aA – zur gleichlautenden Vorgängervorschrift des § 4 S. 1 AsylG aF – SchlHOVG BeckRS 2008, 38950). Daher ist ein Zivilgericht im Rahmen der Prüfung der Anwendbarkeit des Art. 12 nicht nur an eine zuerkennende bestandskräftige verwaltungsbehördliche oder rechtskräftige verwaltungsgerichtliche Entscheidung betreffend die (originäre → Rn. 9 f.) Flüchtlingseigenschaft gebunden, **sondern gleichfalls an eine** **nicht zuerkennende** entsprechende Entscheidung (aA BGH NJW-RR 2007, 145 (146); → Rn. 14.1).

Soweit der BGH vertritt, dass aus der (von ihm – der Sache nach – bejahten faktischen, richtigerweise: **14.1** aus § 6 S. 1 AsylG folgenden rechtlichen; → Rn. 13) Bindung des Zivilgerichts an eine positive Zuerkennung der Flüchtlingseigenschaft nicht der Umkehrschluss gezogen werden könne, die **rechtskräftige Ablehnung eines Asylantrags oder gar die noch ausstehende Entscheidung** darüber schließe den Status eines Konventionsflüchtlings aus, in diesen Fällen sei die Flüchtlingseigenschaft vielmehr vom Zivilgericht eigenständig zu prüfen (vgl. BGH NJW-RR 2007, 145 (146)), ist ihm zu widersprechen. Diese Auffassung ist nicht nur insoweit zweifelhaft, als sie sich auch auf eine **verwaltungsgerichtliche** rechtskräftige Ablehnung der Zuerkennung der Flüchtlingseigenschaft erstreckt, eine solche also die Frage der Flüchtlingseigenschaft nach Art. 12 rechtlich für das Zivilgericht in keiner Weise präjudizieren soll (so allg. auch BeckOK BGB/Lorenz EGBGB Art. 5 Rn. 30), obwohl dem Verwaltungsgericht gegenüber einem Zivilgericht unzweifelhaft eine höhere Sachkompetenz im Bereich des Flüchtlingsrechts zukommt. Zudem verstößt diese Auffassung gegen § 6 S. 1 AsylG (→ Rn. 14).

14.2   Soweit in der international-privatrechtlichen Kommentarliteratur in diesem Kontext das BVerwG mit der Aussage zitiert wird, eine Person, die sich international-privatrechtlich auf die Flüchtlingseigenschaft beruft, könne **nicht auf die Durchführung eines Asylverfahrens verwiesen werden,** da diese Frage nicht Gegenstand des Verfahrens der Anerkennung als Asylberechtigter iSv Art. 16a GG ist (so etwa BeckOK BGB/Lorenz EGBGB Art. 5 Rn. 30 unter Berufung auf BVerwG NVwZ 1989, 378), ist jedoch nach heutiger Rechtslage zu berücksichtigen, dass mit jedem Asylantrag grundsätzlich (nach § 13 Abs. 2 S. 1 AsylG) nicht nur die Anerkennung als Asylberechtigter sondern auch internationaler Schutz (dh Flüchtlingsschutz und subsidiärer Schutz, vgl. § 1 Abs. 1 Nr. 2 AsylG) beantragt wird. Gleichwohl setzt die Annahme der Flüchtlingseigenschaft nach Art. 12 ein zentrales Zuerkennungsverfahren nicht zwingend voraus (→ Rn. 12). Daher muss das Zivilgericht im Zweifel die Flüchtlingseigenschaft selbst prüfen (→ Rn. 15).

15   **Im Ergebnis** ist damit lediglich in Fällen einer (noch) ausstehenden Asylantragstellung (dh Antrag auf internationalen Schutz in Form von Flüchtlingsschutz) oder bei Asylantragstellern (dh einer ausstehenden bestands- oder rechtskräftigen Entscheidung über einen Asylantrag) eine Inzidentprüfung des Vorliegens einer (originären → Rn. 9 f.) Flüchtlingseigenschaft durch das Zivilgericht selbst vorzunehmen.

3. Anwendung auf Familienmitglieder?

16   Umstritten ist, ob Art. 12 auch auf Personen Anwendung findet, die selbst nicht im oben genannten Sinne Flüchtlinge, sondern lediglich enge Familienangehörige eines Flüchtlings sind (und insofern einen innerstaatlichen bzw. europarechtlich vorgegebenen Anspruch auf einen sog. **abgeleiteten Flüchtlingsstatus** haben, sofern der Flüchtling als solcher förmlich anerkannt ist; vgl. BeckOK BGB/Lorenz EGBGB Art. 5 Rn. 27 mwN).

17   Insoweit wird in der deutschen (international-privatrechtlichen) **Rechtsprechung und Literatur** teilweise angenommen, dass sich in Bezug auf das Personalstatut der Flüchtlingsstatus auf Ehegatten und minderjährige Kinder erstrecke, welche kraft Gesetzes die Staatsangehörigkeit (oder auch Staatenlosigkeit) des Flüchtlings teilen. Dem „Wesen des Flüchtlingsrechts" sei zu entnehmen, dass aus dem Flüchtlingsstatus abgeleitete Rechtsfolgen auch für die minderjährigen Kinder des Flüchtlings gelten würden (vgl. BayObLG BeckRS 2009, 24449; 1999, 3035 Rn. 15 ff.; Staudinger/Bausback, 2013, Anh. IV Art. 5 EGBGB Rn. 59; MüKoBGB/v. Hein Anh. II Art. 5 EGBGB Rn. 55 mwN).

18   Eine derartige Erweiterung des personellen Anwendungsbereichs des Art. 12 – bei Differenzierung zwischen einem politischen und einen zivilrechtlichen Status – findet jedoch in der GFK **keine Stütze.** Der abgeleitete Flüchtlingsschutz für Familienangehörige geht gerade nicht auf Vorgaben der GFK zurück (vgl. im deutschen Recht: § 26 Abs. 5 S. 1 und S. 2 AsylG iVm § 26 Abs. 1–3 AsylG; zur Entstehungsgeschichte dieser Vorschrift → AsylG § 26 Rn. 1 ff.). Zurecht wird daher – zunehmend (so MüKoBGB/v. Hein Anh. II Art. 5 EGBGB Rn. 53) – vertreten, sofern die nahestehende Person nicht selbst einen Flüchtlingstatbestand erfülle – was wiederum durch die Verwandtschaft mit einem Flüchtling durchaus der Fall sein kann (vgl. nur Erwägungsgrund 36 Qualifikations-RL; diesen Aspekt hervorhebend MüKoBGB/v. Hein Anh. II Art. 5 EGBGB Rn. 54) –, bestehe kein Anlass zum Abweichen von der Regelanknüpfung der jeweiligen Kollisionsnorm (ebenso OLG Düsseldorf Beschl. v. 20.3.1989 – 3 Wx 105/89, juris Rn. 9, BeckRS 9998, 07843; NK-BGB/Schulze Anh. II EGBGB Art. 5 Rn. 22 mwN; BeckOK BGB/Lorenz EGBGB Art. 5 Rn. 27 jeweils mwN; → Rn. 18.1 f.).

18.1   Teilweise werden **differenzierte Lösungen** vorgeschlagen: Grundsätzlich rechtfertige der im Flüchtlings- und Asylrecht anerkannte Grundsatz der Familieneinheit und der Gedanke der Verfahrensvereinfachung (beschleunigte Prüfung des Status, Vermeidung eines Statutenwechsels bei Zuerkennung der Flüchtlingseigenschaft) bei engen Angehörigen (minderjährige Kinder, Ehegatten, Lebenspartner) angesichts der für diese typischerweise gegebenen Gefahrenlage in der Regel die Annahme eines abgeleiteten Flüchtlingsstatus. Dies sei allerdings nicht der Fall, wenn es sich bei dem Angehörigen um einen Doppelstaater handele und seine effektive Staatsangehörigkeit nicht mit derjenigen des Stammberechtigten übereinstimme. Ebenso müsse der „derivative Erwerb des Flüchtlingsstatus" ausscheiden, wenn der Angehörige die deutsche Staatsangehörigkeit oder auch die eines anderen Landes besitze und den Schutz dieses Landes genieße. Auch Art. 23 Qualifikations-RL, der die Wahrung des Familienverbands betreffe, sehe ausdrücklich in Art. 23 Abs. 2 Qualifikations-RL eine Ausnahme vor, wenn die Ausdehnung des internationalen Schutzes vom Stammberechtigten auf seine Angehörigen nicht „mit der persönlichen Rechtsstellung des Familienangehörigen vereinbar ist". Ferner könne es nicht zur Ableitung des Flüchtlingsstatus kommen, wenn der Angehörige nicht mit dem Stammberechtigten in der Bundesrepublik lebe. Stets sei Voraussetzung, dass das familiäre Verhältnis bereits vor Einsetzen der Verfolgung bestanden habe (vgl. MüKoBGB/v. Hein Anh. II Art. 5 EGBGB Rn. 54).

18.2 Auch gegen derlei – inhaltlich durchaus nachvollziehbare (zumal insbesondere dem § 26 Abs. 5 S. 1, S. 2 AsylG iVm § 26 Abs. 1–3 AsylG nachempfundene) – Ansätze ist **einzuwenden,** dass es hierfür keine Stützen in der GFK gibt, zumal der angeführte „Gedanke der Verfahrensvereinfachung" angesichts der grundsätzlichen Prüfungsautonomie der Zivilgerichte (→ Rn. 12 ff.) nicht überzeugt. Zirkelschlüssig sind im Übrigen die Argumente der Beschleunigung der Statusprüfung und der Vermeidung eines Statutenwechsels bei Zuerkennung der Flüchtlingseigenschaft, weil sie von der – unzutreffenden (→ Rn. 18) – Prämisse ausgehen, die GFK sehe einen derivativen Schutz für Familienangehörige vor. Die Vermeidung eines „Statutenwechsels bei Zuerkennung" spricht sogar vielmehr gegen eine erweiternde Anwendung auf Familienangehörige. Denn im Falle späterer Versagung eines Flüchtlingsstatus im Asylverfahren, welcher international-privatrechtlich Bindungswirkung zukommt (→ Rn. 14), käme es zum Statutenwechsel. Dass kein abgeleiteter Status mehr beansprucht werden kann, wenn der eigene Status als Flüchtling endet (→ Rn. 9), erkennen selbst die Befürworter eines derivativen Erwerbs des Flüchtlingsstatus an (vgl. Staudinger/Bausback, 2013, Anh. IV Art. 5 EGBGB Rn. 59 mwN).

II. Regelungsgehalt

19 Während in Abs. 1 das sog. „Personalstatut" (→ Rn. 20 ff.) eines Flüchtlings kollisionsrechtlich bestimmt wird, wird in Abs. 2 der Schutz wohlerworbener Rechte des Flüchtlings geregelt (→ Rn. 28 ff.).

1. „Personalstatut" eines Flüchtlings (Abs. 1)

20 Der Begriff „Personalstatut" in Art. 12 Abs. 1 stellt die wörtliche Übersetzung der authentischen Textfassungen in Englisch („personal status") und Französisch („statut personnel") dar, ohne dem herkömmlichen Bedeutungsgehalt zu entsprechen. Denn er weicht von der gebräuchlichsten Begriffsverwendung (im materiellen Sinne) ab, wonach das Personalstatut diejenige Rechtsordnung bezeichnet, die über die persönlichen Rechtsverhältnisse eines Menschen entscheidet; die Perspektive richtet sich insoweit auf die Rechtsordnung, die für bestimmte Anknüpfungsgegenstände maßgebend ist, herkömmlich das Personenrecht (Rechts- und Geschäftsfähigkeit, Geschlechtszugehörigkeit, Name) sowie das Familien- und Erbrecht (vgl. MüKoBGB/v. Hein Anh. II Art. 5 EGBGB Rn. 2 mwN). Der Begriff Personalstatut iSd Art. 12 entspricht eher dem Begriff des Personalstatuts im formellen Sinne, wonach der Fokus darauf gelegt wird, dass bei der Anknüpfung einer Rechtsfrage auf die davon betroffene Person abgestellt wird; die Blickrichtung liegt insoweit auf dem **maßgebenden Anknüpfungsmoment** (zB Staatsangehörigkeit, Wohnsitz, gewöhnlicher Aufenthalt), im deutschen Recht also regelmäßig der Staatsangehörigkeit der Person, aus der sich ihr sog. „Heimatrecht" ergibt.

21 Nach Art. 12 wird die **Staatsangehörigkeit als Anknüpfungsmoment generell verdrängt,** weil bei einer Person, die von ihrem Heimatstaat aus politischen oder sonstigen Gründen verfolgt wird, nicht mehr angenommen werden kann, dass zur Herkunftsrechtsordnung eine enge Verbindung im kollisionsrechtlichen Sinne besteht. Damit beschränkt sich Art. 12 nicht auf einen Kreis bestimmter Anknüpfungsgegenstände (Personen-, Familien-, Erbrecht) und ließe im Übrigen zu, dass das Internationale Privatrecht des Wohnsitzlandes weiterhin an die Staatsangehörigkeit des Flüchtlings anknüpft (vgl. MüKoBGB/v. Hein Anh. II Art. 5 EGBGB Rn. 6). Indem Art. 12 Abs. 1 bestimmt, dass sich das Personalstatut eines Flüchtlings nach dem **Recht des Wohnsitzlandes – hilfsweise des Aufenthaltslandes –** bestimmt, bedeutet dies, dass in jeder Kollisionsnorm des (auch staatsvertraglichen) nationalen Internationalen Privatrechts das Anknüpfungsmerkmal „Staatsangehörigkeit" durch das Anknüpfungsmerkmal „Wohnsitz" – hilfsweise „Aufenthalt" – zu ersetzen ist (vgl. nur BeckOK BGB/Lorenz EGBGB Art. 5 Rn. 31 mwN).

22 Darüber hinaus sind – vorbehaltlich von Art. 12 Abs. 2 – **alle Anknüpfungen** im Bereich des Personen-, Familien- und Erbrechts, **die im Ergebnis zur Anwendung des Rechts des**

Verfolgerstaates führen, durch die Anwendung des Wohnsitz- bzw. Aufenthaltsrechts zu ersetzen. Ist der Flüchtling gemeinsam mit einer anderen Person Anknüpfungssubjekt, so müssen nach der **ratio von Art. 12 Abs. 1 (Nichtanwendung des Rechts des Verfolgerstaates)** alle in der Person des Flüchtlings liegenden Bezugspunkte, die im Ergebnis zum Recht des Verfolgerstaates führen, unberücksichtigt bleiben. Führt etwa eine Anknüpfung an den letzten gemeinsamen gewöhnlichen Aufenthalt (zB Art. 14 Abs. 1 Nr. 2 Alt. 2 EGBGB) zum Recht des Verfolgerstaates, muss die Anknüpfung als gescheitert gelten und ist auf die nächste Anknüpfung, hilfsweise auf die lex fori zurückzugreifen (vgl. MüKoBGB/v. Hein Anh. II Art. 5 EGBGB Rn. 61; NK-BGB/ Schulze Anh. II EGBGB Art. 5 Rn. 25; BeckOK BGB/Lorenz EGBGB Art. 5 Rn. 31 mwN).

23   Die Regelung in Art. 12 Abs. 1 erfasst – nach neuerer bundesgerichtlicher Rechtsprechung – auch die Frage der **Volljährigkeit eines Flüchtlings,** so dass sie eine Staatsangehörigkeitsanknüpfung (zB des Art. 7 Abs. 1 EGBGB) verdrängt (vgl. BGH NJW 2018, 613; nun auch OLG Brandenburg BeckRS 2020, 8525 Rn. 15; so bereits Würdinger/Baetge, juris PraxisKommentar BGB, 8. Aufl. 2017, EGBGB Art. 5 Rn. 76; aA noch OLG Karlsruhe BeckRS 2015, 13110; NK-BGB/Schulze Anh. II EGBGB Art. 5 Rn. 25; HK-BGB/Dörner EGBGB Art. 5 Rn. 7).

24   Der **Begriff „Wohnsitz"** wird von der GFK selbst nicht definiert, sondern der jeweiligen lex fori überlassen. Abweichend vom Wohnsitzbegriff des deutschen Rechts (§§ 7 ff. BGB) führt die zulässige konventionsautonome Auslegung des Wohnsitzbegriffs in Art. 12 in Deutschland dazu, dass der Begriff des Wohnsitzes iSd Art. 12 (ebenso wie iSd Art. 12 StaatenlosenÜ; → Rn. 6) mit dem des gewöhnlichen Aufenthalts gleichzusetzen ist (vgl. BT-Drs. 10/504, 41; Westermann/ Grunewald/Maier-Reimer/Hohloch, Erman BGB, 15. Aufl. 2017, EGBGB Art. 5 Rn. 58). Für Konventionsflüchtlinge tritt mithin das **Anknüpfungsmerkmal des gewöhnlichen Aufenthalts** an die Stelle einer Anknüpfung an die Staatsangehörigkeit (vgl. MüKoBGB/v. Hein Anh. II Art. 5 EGBGB Rn. 63; BeckOK BGB/Lorenz EGBGB Art. 5 Rn. 32 mwN; NK-BGB/Schulze Anh. II EGBGB Art. 5 Rn. 26). Bei Asylantragstellern (bei denen das Zivilgericht zur Bejahung der Flüchtlingseigenschaft gelangt, → Rn. 15) ist an die Begründung des gewöhnlichen Aufenthalts kein zu strenger Maßstab anzulegen (vgl. Würdinger/Baetge, juris PraxisKommentar BGB, 8. Aufl. 2017, EGBGB Art. 5 Rn. 80). Erforderlich ist die Begründung eines (neuen) Daseinsmittelpunktes. Dieser wird regelmäßig im Zuzugsland liegen, auch wenn der Flüchtling dort noch nicht lange verweilt. Entscheidend ist dann, ob der neue Aufenthaltsort in der Absicht gewählt wurde, seinen zukünftigen Lebensmittelpunkt dort zu begründen. Weitere Gesichtspunkte, die für einen gewöhnlichen Aufenthalt sprechen, sind der Besuch von Sprach- und Integrationskursen und, insbesondere bei Kindern, der Schul- oder Kita-Besuch (vgl. Würdinger/Baetge, juris PraxisKommentar BGB, 8. Aufl. 2017, EGBGB Art. 5 Rn. 74).

25   Fehlt es an einem gewöhnlichen Aufenthalt, kommt das Recht des „Aufenthaltslandes" zur Anwendung. Der **Begriff „Aufenthalt"** ist (ebenso wie iSd Art. 12 StaatenlosenÜ; → Rn. 6) als schlichter (einfacher) Aufenthalt zu interpretieren (vgl. Würdinger/Baetge, juris PraxisKommentar BGB, 8. Aufl. 2017, EGBGB Art. 5 Rn. 73). Der schlichte Aufenthalt setzt als Mindesterfordernis die tatsächliche, physische Anwesenheit eines Menschen an einem Ort voraus. Darüber hinaus besteht Einigkeit, dass im Gegensatz zum gewöhnlichen Aufenthalt keine soziale Integration des Betroffenen vorauszusetzen ist. Zumeist wird zudem angenommen, dass sich aus dem Begriff des „Aufenthalts" das Mindesterfordernis einer gewissen Verweildauer ergebe, an welcher es bei bloßer Durchreise fehle (näher MüKoBGB/v. Hein EGBGB Art. 5 Rn. 122).

26   Maßgebender Zeitpunkt für die Anknüpfungsersetzung ist dabei derjenige der Begründung der Flüchtlingseigenschaft. Der Bestimmung des Art. 12 Abs. 1 kommt **keine Rückwirkung** zu. Es tritt beim Flüchtling ein Statutenwechsel ein, sobald der Flüchtlingsstatus de facto vorliegt (vgl. NK-BGB/Schulze Anh. II EGBGB Art. 5 Rn. 28; Würdinger/Baetge, juris PraxisKommentar BGB, 8. Aufl. 2017, EGBGB Art. 5 Rn. 77). Wenn die jeweilige Kollisionsnorm bei der Anknüpfung an die Staatsangehörigkeit auf einen früheren Zeitpunkt abstellt (zB Zeitpunkt der Eheschließung, Art. 15 EGBGB), so bleibt es grundsätzlich bei dieser Anknüpfung, **sofern nicht** im Einzelfall ein Widerspruch zum Zweck der Konvention (Schutz vor dem Recht des Verfolgerstaates) vorliegt. Es kommt in diesem Falle auch nicht zu einer „Versteinerung" des Heimatrechts (vgl. BeckOK BGB/Lorenz EGBGB Art. 5 Rn. 33).

27   Da sich Art. 12 grundsätzlich darauf beschränkt, das Anknüpfungsmerkmal „Staatsangehörigkeit" durch „Wohnsitz" zu ersetzen, sind **Rück- und Weiterverweisung bei der nun modifiziert anzuwendenden Kollisionsnorm grundsätzlich in gleichem Maße zu beachten wie bei unmodifizierter Anwendung** (vgl. OLG Hamm NJW-RR 1992, 391 (392); MüKoBGB/ v. Hein Anh. II Art. 5 EGBGB Rn. 69; BeckOK BGB/Lorenz EGBGB Art. 5 Rn. 35; Staudinger/ Bausback, 2013, Anh. IV Art. 5 EGBGB Rn. 70, jeweils mwN), **sofern sie nicht** im Ergebnis

zur Anwendung des Rechts des Heimat- oder Fluchtstaates führen (vgl. NK-BGB/Schulze Anh. II EGBGB Art. 5 Rn. 27).

2. Erworbene Rechte (Abs. 2)

Erworbene Rechte bleiben gem. Art. 12 Abs. 2 von einem durch Begründung des Flüchtlings- 28 status verursachten Statutenwechsel unberührt (vgl. BeckOK BGB/Lorenz EGBGB Art. 5 Rn. 36).

Da Art. 12 Abs. 1 wie gesehen keine Rückwirkung zukommt, sondern beim Flüchtling ein 29 Statutenwechsel eintritt, sobald der Flüchtlingsstatus de facto vorliegt, wiederholt Art. 12 Abs. 2 S. 1 den **allgemeinen kollisionsrechtlichen Grundsatz,** wonach vorher wohlerworbene Rechte bestehen bleiben (etwa im Hinblick auf einen Namenserwerb oder auf eine Heirat; vgl. NK-BGB/Schulze Anh. II EGBGB Art. 5 Rn. 28).

Dies gilt allerdings nach Art. 12 Abs. 2 S. 2 nicht, wenn die Beibehaltung des Rechts gegen 30 den **ordre public des Aufnahmelandes** verstößt, was enger Auslegung bedarf (vgl. Zimmermann 1951 Convention/Metzger Rn. 51; NK-BGB/Schulze Anh. II EGBGB Art. 5 Rn. 28; Würdinger/Baetge, juris PraxisKommentar BGB, 8. Aufl. 2017, EGBGB Art. 5 Rn. 77).

C. Umsetzung

Für Flüchtlinge enthält das EGBGB keine besondere kollisionsrechtliche Bestimmung (vgl. 31 Würdinger/Baetge, juris PraxisKommentar BGB, 8. Aufl. 2017, EGBGB Art. 5 Rn. 69). Kollisionsrechtlich geht Art. 12 nach **Art. 3 Nr. 2 EGBGB** – als Regelung in völkerrechtlichen Vereinbarungen, die unmittelbar anwendbares innerstaatliches Recht geworden ist – den personenrechtlichen Kollisionsnormen des EGBGB in seinem Anwendungsbereich vor.

Der deutsche Gesetzgeber hat Art. 12 zudem durch Verweisung auf die GFK in **§ 2 Abs. 1** 32 **AsylG** Rechnung getragen; diese Bestimmung ist jedoch nicht kollisionsrechtlicher, sondern allein fremdenrechtlicher Natur (vgl. Würdinger/Baetge, juris PraxisKommentar BGB, 8. Aufl. 2017, EGBGB Art. 5 Rn. 78 mwN; → Rn. 32.1).

Nach neuerer Rechtsprechung des BGH wird auch die Frage der Volljährigkeit kollisionsrechtlich von 32.1 Art. 12 erfasst (vgl. BGH NJW 2018, 613; → Rn. 23). Soweit § 12 Abs. 1 AsylG **im Anwendungsbereich des AsylG eine aktive und passive Handlungsfähigkeit für nach den Vorschriften des BGB volljährige Ausländer** verleiht (vgl. BeckOK AuslR/Neundorf AsylG § 12 Rn. 9), führt dies regelmäßig zu einem Gleichlauf.

D. Vorbehalte

Hinsichtlich der Bestimmung des Art. 12 (auch in Verbindung mit dem Protokoll über die 33 Rechtsstellung der Flüchtlinge v. 31.1.1967 → Rn. 5) lässt Art. 42 **Vorbehalte** zu. Von dieser Möglichkeit haben einige Vertragsstaaten Gebrauch gemacht (→ Rn. 33.1).

Folgende Staaten haben einen **Vorbehalt zu Art. 12 Abs. 1** erklärt: 33.1
• Ägypten,
• Botswana und
• Schweden.

Israel hat einen Vorbehalt zu Art. 12 erklärt. **Spanien** hat erklärt: „The Government of Spain reserves 33.2 its position on the application of article 12, paragraph 1. Article 12, paragraph 2, shall be interpreted as referring exclusively to rights acquired by a refugee before he obtained, in any country, the status of refugee." **Finnland** hat seinen Vorbehalt hinsichtlich Art. 12 Abs. 1 am 7.10.2004 zurückgenommen (vgl. Zimmermann 1951 Convention/Metzger Rn. 15 f.). Eine **aktuelle Übersicht** über den Stand der Verträge findet sich in der United Nations Treaty Collection (https://treaties.un.org/Pages/Treaties.aspx?id=5& subid=A).

Artikel 13 Bewegliches und unbewegliches Eigentum

Die vertragschließenden Staaten werden jedem Flüchtling hinsichtlich des Erwerbs von beweglichem und unbeweglichem Eigentum und sonstiger diesbezüglicher Rechte sowie hinsichtlich von Miet-, Pacht- und sonstigen Verträgen über bewegliches und unbewegliches Eigentum eine möglichst günstige und jedenfalls nicht weniger günstige

Behandlung gewähren, als sie Ausländern im allgemeinen unter den gleichen Umständen gewährt wird.

Überblick

Art. 13 regelt den Schutz des Eigentumserwerbs und die Eigentümerstellung für Flüchtlinge und Asylbewerber (→ Rn. 1) im Aufenthaltsstaat und bildet damit die grundlegende Bedingung dafür, dass Flüchtlinge Eigentum und Sicherheiten erwerben wie auch Wohnungen mieten können (→ Rn. 2). Dabei darf ein Flüchtling nicht schlechter gestellt werden als Ausländer im Allgemeinen unter gleichen Umständen (→ Rn. 8).

A. Anwendungsbereich

I. Persönlicher Anwendungsbereich

1   Art. 13 bezieht sich auf **jeden Flüchtling iSv Art. 1,** ohne besondere Anforderungen an dessen Aufenthalt. Auf Grund des Fehlens einer besonderen Anforderung und der deklaratorischen Natur der Feststellung der Flüchtlingseigenschaft (→ Art. 1 Rn. 1 ff.) ist Art. 13 **auch auf jeden Asylbewerber,** solange sein Status noch nicht geklärt ist (→ Art. 1 Rn. 1 ff.), und auf sich **illegal aufhaltende Flüchtlinge** (vgl. Zimmermann 1951 Convention/Metzger Art. 14 Rn. 38; **aA** Weis Refugees Convention 1951 123; Grahl-Madsen Refugee Convention 1951 Art. 14 (II)) anzuwenden.

II. Sachlicher Anwendungsbereich

1. Erwerb von Eigentum und sonstige Rechte

2   Art. 13 überschneidet sich inhaltlich mit Art. 21 (Wohnungswesen; → Art. 21 Rn. 1 ff.). Denn auch unter Art. 13 wird das Eigentum an einer Unterbringung sachlich erfasst. Ein wesentlicher Unterschied besteht darin, dass Art. 13 den Erwerb von beweglichem und unbeweglichem Eigentum und Art. 21 (→ Art. 21 Rn. 1 ff.) dagegen auch die Angemessenheit der Unterbringung von Flüchtlingen (Zimmermann 1951 Convention/Leckie/Simperingham Rn. 15; → Art. 21 Rn. 1 ff.) regelt.

3   Die GFK enthält selbst keine Definition des **konventionsrechtlichen Eigentumsbegriffs.** Der GFK liegt jedoch ein **weit auszulegender Eigentumsbegriff** zugrunde (Zimmermann 1951 Convention/Leckie/Simperingham Rn. 33). Dafür spricht, dass der Zusatz „und sonstiger diesbezüglicher Rechte" den Eigentumsbegriff sachlich erweitert und dass während den Verhandlungen keine einschränkende Definition angebracht wurde (vgl. Zimmermann 1951 Convention/Leckie/Simperingham Rn. 13). Im Weiteren kann auf den menschenrechtlichen Eigentumsbegriff (→ Rn. 3.1) verwiesen werden, welcher mit der weiten Lesart kongruent ist. Letztlich enthielt auch bereits Art. 17 Abs. 1 AEMR zum Verhandlungszeitpunkt einen Eigentumsschutz für Jedermann (vgl. Zimmermann 1951 Convention/Leckie/Simperingham Rn. 4, 34).

3.1   Neben der Garantie aus Art. 13 ist das Eigentum in verschiedenen Menschenrechtspakten geregelt; Art. 1 EMRKZusProt wie auch Art. 4, 5, 6, 23 Europäisches Niederlassungsabkommen und im zugehörigen Protokoll Abschnitt 1 A Abs. 4; Art. 5 lit. d Ziff. v ICERD.

4   Unter Art. 13 sind demnach das Eigentum selbst, schuldrechtliche Verträge zur Begründung von Eigentum (zB Kauf- und Tauschverträge), wie auch der Erwerb von beweglichem und unbeweglichem Eigentum, **inklusive dem Besitz durch Miete** (Hathaway Rights of Refugees 523 f.), der Erwerb von Sicherheiten und Aktien (vgl. Hathaway Rights of Refugees 524) und von Grundstücken, wie auch das Recht zum Geldbesitz und das Recht Bankkonten einzurichten (Robinson Convention 106; Weis Refugees Convention 1951 116) sachlich erfasst.

5   Neben dem Erwerb sind auch die **aus dem Eigentumserwerb oder Besitzerwerb folgende Rechte** unter Art. 13 zu subsumieren (zB Schutz vor entschädigungsloser Enteignung oder das Recht zur Weiterveräußerung; Hathaway Rights of Refugees 524 f.; Robinson Convention 105 f.).

6   Nicht von Art. 13 erfasst sind dagegen **geistiges Eigentum oder Rechte aus dem gewerblichen Betrieb.** Diese werden gesondert in Art. 14 (Urheberrecht und gewerbliche Schutzrechte; → Art. 14 Rn. 1 ff.), Art. 18 (Selbstständige Tätigkeit; → Art. 18 Rn. 1 ff.) geregelt.

2. Miet-, Pacht- und sonstige Verträge

Art. 13 erfasst neben dem Erwerb auch die schuldrechtliche Begründung von Eigentum oder **7** Besitz im weiteren Sinne. Hierdurch wird **die Möglichkeit** zum Abschluss besitzbezogener Verträge sowie der **Zugang zum privatrechtlichen Markt** selbst in den Anwendungsbereich mit aufgenommen. Die Bezugnahme **auf sonstige Verträge** zeigt, dass die Aufzählung nicht abschließend ist, und alle auf Besitz und Eigentum bezogene Verträge, außerhalb des Erwerbs, hinsichtlich beweglichem und unbeweglichem Eigentum, erfasst sein sollen.

B. Umfang der Gewährleistung

Die Behandlung als „**Ausländer im Allgemeinen unter gleichen Umständen**" ist in Art. 6 **8** (→ Art. 6 Rn. 1) legal definiert. Insoweit darf im Rahmen des Anwendungsbereichs ein Flüchtling nicht schlechter gestellt sein, als es Ausländer unter den gleichen Umständen sind. Die Entscheidung über den **Maßstab der Nicht-Diskriminierung**, oder anders formuliert der relativen Stellung im Rahmen der Behandlung, stellt nach unten hin eine verbindliche Mindestgrenze als Gewährung des allgemeinen fremdenrechtlichen Mindeststandards und Ausdruck des allgemeinen Diskriminierungsverbots dar. **Diese Gleichstellungspflicht richtet sich an den Staat** und kann nicht auf Privatpersonen als Adressat ausgedehnt werden. Der Staat hat die Gleichstellung in jeder Form seines Handelns, welches das Eigentum iSv Art. 13 regelt oder zu Maßnahmen berechtigt, zu beachten.

Mit der **Formulierung „möglichst günstige"** wird der Schutz lediglich marginal gegenüber **9** dem in Art. 7 (→ Art. 7 Rn. 1) definierten Minimum erhöht. Der Wortlaut knüpft diese Erhöhung **an die „Möglichkeit"** (englisch: „as favourable as possible", französisch: „un traitement aussi favorable que possible") und belässt die Erhöhung des Gleichbehandlungsstandards im Ermessen des Staates entsprechend seinen Möglichkeiten (Grahl-Madsen Refugee Convention 1951 (II)). Die Besserstellung stellt insoweit lediglich eine Empfehlung dar und **keine rechtliche Pflicht** des Aufnahmestaates (vgl. UN-Dokument E/AC.32/SR.36, S. 10).

C. Vorbehalte

Vorbehalte und Erklärungen gegen Art. 13 wurden durch Angola, Malawi, Republik Moldau, **10** Mosambik und Uganda angebracht. Alle Vorbehalte und Erklärungen waren darauf gerichtet, dass Art. 13 keine rechtlichen Verpflichtungen enthalte, sondern lediglich als Empfehlungen durch die Staaten angenommen werden (s. Zimmermann 1951 Convention/Leckie/Simperingham Rn. 10).

Artikel 14 Urheberrecht und gewerbliche Schutzrechte

[1]**Hinsichtlich des Schutzes von gewerblichen Rechten, insbesondere an Erfindungen, Mustern und Modellen, Warenzeichen und Handelsnamen, sowie des Schutzes von Rechten an Werken der Literatur, Kunst und Wissenschaft genießt jeder Flüchtling in dem Land, in dem er seinen gewöhnlichen Aufenthalt hat, den Schutz, der den Staatsangehörigen dieses Landes gewährt wird.** [2]**Im Gebiete jedes anderen vertragschließenden Staates genießt er den Schutz, der in diesem Gebiet den Staatsangehörigen des Landes gewährt wird, in dem er seinen gewöhnlichen Aufenthalt hat.**

Überblick

Art. 14 regelt den Schutz des geistigen Eigentums von Flüchtlingen, welche ihren gewöhnlichen Aufenthalt im jeweiligen Vertragsstaat genommen haben (→ Rn. 1). Die Norm begegnet damit dem Problem für Flüchtlinge, dass die meisten internationalen Verträge über den Schutz von geistigem Eigentum tatbestandlich an die Staatsangehörigkeit anknüpfen. Art. 14 erfasst dabei alle Formen geistiger Produkte (→ Rn. 7). Im Schutzniveau variiert der garantierte Mindestbehandlungsstandard nach dem jeweiligen Ort des gewöhnlichen Aufenthalts in S. 1 und S. 2. So garantiert Art. 14 S. 1 eine Gleichstellung mit den Staatsangehörigen des Staats, in welchem der Flüchtling seinen gewöhnlichen Aufenthalt genommen hat (→ Rn. 10). In anderen Gebieten der Vertragsstaaten ist der Flüchtling nach Art. 14 S. 2 mindestens mit den Staatsangehörigen des Staats des gewöhnlichen Aufenthalts in Bezug auf den Schutz von geistigem Eigentum gleichzustellen (→ Rn. 15).

Übersicht

A. Anwendungsbereich

I. Persönlicher Anwendungsbereich

1   Art. 14 setzt voraus, dass ein Flüchtling iSv Art. 1 seinen gewöhnlichen Aufenthalt im jeweiligen Staat hat. Die Schwierigkeit des Tatbestandsmerkmals des „gewöhnlichen Aufenthalts", welche sich nicht ohne weiteres in das Deutsche übertragen lässt, zeigt sich im Englischen an den Begriffen „residence" und „domicile", welche ebenfalls Gegenstand der Vertragsverhandlungen waren (→ Rn. 1.1). Im Ergebnis entspricht diese Voraussetzung der des **„rechtmäßigen Aufenthalts"** (Hathaway/Foster, The Law of Refugee Status, 2014, 26 Fn. 58; vgl. → Art. 15 Rn. 2), **mit der Ausnahme,** dass auch sich illegal aufhaltende Flüchtlinge vom Anwendungsbereich erfasst werden (Zimmermann 1951 Convention/Metzger Rn. 38, **aA** Weis Refugees Convention 1951 123; Grahl-Madsen Refugee Convention 1951 (II)).

1.1   Letztlich einigten sich die Vertragsparteien auf den Begriff des „gewöhnlichen Aufenthaltes" (habitual residence) anstatt des weiten „residence" und dem sehr engen „domicile"-Wortlaut (vgl. Hathaway Rights of Refugees 837 Fn. 557). Diese Formulierung stellt einen Mittelweg an die Anforderungen der Verbindung zum verpflichtenden Vertragsstaat dar (Weis Refugees Convention 1951 122). Danach darf der Aufenthalt nicht bloß temporärer Natur sein (Robinson Convention 90; Hathaway Rights of Refugees 837). Temporäre Aufenthalte sind solche, welche von Anfang an als zeitlich überschaubar begrenzt intendiert sind, wie Besuche, Urlaube, Arbeitsaufenthalte oder Reisen. Dafür spricht, dass eben die strengere Anforderung im Sinne von „domicile", welches eine enge und dauerhafte Bindung zum jeweiligen Staat voraussetzt, nicht gewählt wurde.

2   Art. 14 setzt an einem rein formalisierten Begriff des **de facto,** bereits zeitlich erfolgten Aufenthalts an (Hathaway Rights of Refugees 837; Robinson Convention 90; Goodwin-Gill, Refugee in International Law, 2. Aufl. 1996, 526). Dabei kommt es **neben dem faktischen Aufenthalt auch auf die Intention zum regelmäßigen Aufenthalt an** (Goodwin-Gill, Refugee in International Law, 2. Aufl. 1996, 527). Ungleich einer bloßen Anwesenheit setzt die Gewöhnlichkeit einen verstetigten und rechtlich garantierten Aufenthalt voraus, welcher zB zu einer Rückkehr oder einem Schutz vor Abschiebung bestätigt (vgl. Goodwin-Gill, Refugee in International Law, 2. Aufl. 1996, 527 f.). Ein solcher steht jedoch iSv Art. 33 jedem Flüchtling zu. Damit unterfallen auch sich illegal im Land aufhaltende Flüchtlinge dem Anwendungsbereich des Art. 14 (Zimmermann 1951 Convention/Metzger Rn. 38; **aA** Robinson Convention 91; Weis Refugees Convention 1951 123; Hathaway/Foster, The Law of Refugee Status, 2014, 26; Grahl-Madsen Refugee Convention 1951 (II)). Zwar verengt die Voraussetzung des gewöhnlichen Aufenthalts den persönlichen Anwendungskreis um eine Zeitlichkeit, jedoch verlangt dieser Standard keine rechtliche Legalität des Aufenthalts, ungleich des „rechtmäßigen Aufenthalts" (vgl. → Art. 15 Rn. 3; **aA** Hathaway/Foster, The Law of Refugee Status, 2014, 26 Fn. 58) oder die „sich in ihrem Gebiet befinden" (vgl. → Art. 27 Rn. 6). Auch während der Verhandlung wurde insgesamt kein abschließendes Ergebnis für die Anwendung auf illegale Flüchtlinge gefunden (vgl. Robinson Convention 91), so dass eine Anwendung auf sich illegal aufhaltende Flüchtlinge nicht dem historischen Gedanken entgegensteht (Zimmermann 1951 Convention/Metzger Rn. 38; **aA** Robinson Convention 91). Es lassen sich letztlich zwei Anwendungsfälle denken. Zunächst ist Art. 14 eindeutig auf bereits in einem anderen Staat anerkannte Flüchtlinge anzuwenden, welche sich illegal in einem anderen Staatsgebiet aufhalten, solange sie dort ihren gewöhnlichen Aufenthalt begründet haben. Im Weiteren ist Art. 14 auch auf die Personen anzuwenden, welche sich ohne ein Asylverfahren im Staatsgebiet aufhalten – zumindest insoweit, als dass ihre illegale Aufenthaltszeit nach positiven Feststellung der Flüchtlingseigenschaft durch ein formelles Anerkennungsverfahren zur Begründung des gewöhnlichen Aufenthalts anzurechnen ist.

3   **Eine zeitliche Grenze dafür,** wann ein „gewöhnlicher Aufenthalt" vorliegt, wurde während der Verhandlungen lediglich in negativer Weise, als nicht bloß temporär, gefunden (→ Rn. 1.1).

Der „gewöhnliche Aufenthalt" stellt damit einen Mittelweg zwischen bloßer „residence" im Sinne von verstetigter Anwesenheit und „Domicil", welches einem dauerhaften Aufenthaltsrecht gleichkommt, dar. Diese **Grenze ist durch die abgelaufene Zeit und eine Verfestigungsabsicht zu ermitteln** (Goodwin-Gill, Refugee in International Law, 2. Aufl. 1996, 527). In zeitlicher Hinsicht muss in Abgrenzung zum „Domicil" ein gewöhnlicher Aufenthalt zeitlich vor der Möglichkeit zur Beantragung eines Daueraufenthalts liegen. Als Verfestigungsabsicht können als Indikatoren die Familienanwesenheit, Absicht des Familiennachzugs, Arbeit oder Integrationsleistungen, wie auch die Dauer des Aufenthalts selbst herangezogen werden.

Auch **Asylsuchende, deren Feststellung der Flüchtlingseigenschaft noch nicht abge-** 4 **schlossen ist,** werden auf Grund der deklaratorischen Natur der Feststellung (→ Art. 1 Rn. 72) von dem persönlichen Anwendungsbereich ebenfalls erfasst, wenn sie die notwendige Dauer zu einem gewöhnlichen Aufenthalt überschritten haben (vgl. Zimmermann 1951 Convention/Metzger Rn. 38; **wohl aA** Grahl-Madsen Refugee Convention 1951 (II); Robinson Convention 91). Denn ein rechtlich garantiertes Element verlangt Art. 14 ungleich dem „rechtmäßigen Aufenthalt" (vgl. → Art. 15 Rn. 3) nicht. Die Zeit des Asylverfahrens ist nach der Anerkennung zur Begründung eines gewöhnlichen Aufenthalts in jedem Fall zu berücksichtigen.

Dass ein Flüchtling seinen gewöhnlichen Aufenthalt in mehreren Staaten begründet, ist nicht 5 ausgeschlossen, in der Praxis jedoch wohl selten der Fall (vgl. Zimmermann 1951 Convention/Metzger Rn. 37; → Rn. 14).

Flüchtlinge und Asylsuchende, welche die Voraussetzung des gewöhnlichen Aufenthalts **nicht** 6 **erfüllen, können sich auf Art. 7 Abs. 1 berufen** (Grahl-Madsen Refugee Convention 1951 (II); Robinson Convention 91).

II. Sachlicher Anwendungsbereich

Geschützt sind alle geistigen Produkte in Abgrenzung zu den klassischen sachlichen Eigentums- 7 rechten (Robinson Convention 90; → Art. 13 Rn. 2).

Der Wortlaut „insbesondere" zeigt, dass die Aufzählung der jeweiligen Rechte nicht abschlie- 8 ßend ist, und **alle Formen des geistigen Eigentums und Schöpfungen des menschlichen Geistes** zu schützen sind. Dieses weite Verständnis findet sich auch in den Verhandlungen wieder (vgl. Zimmermann 1951 Convention/Metzger Rn. 40). Art. 14 unterscheidet dabei weiter sachlich nach Schutzregimen, nicht nach Schutzstandard, zwischen gewerblichen Rechten, wie Muster, Warennamen usw und den Rechten an Werken der Literatur, Kunst und Wissenschaft, hierbei wäre als Beispiel das Copyright zu nennen. Erfasst werden im Weiteren auch Ansprüche aus unlauterem Wettbewerb, Schadensersatzansprüche als Mittel der Durchsetzung und des Schutzes des geistigen Eigentums („neighbouring rights", Zimmermann 1951 Convention/Metzger Rn. 32).

Der **Wortlaut bezieht sich dabei auf das geschützte Objekt selbst,** nicht auf das daraus 9 gewährte Recht (Hathaway Rights of Refugees 834). Dieses Vorgehen dient dazu, den rechtlichen Ausgestaltungsmöglichkeiten der Staaten Rechnung zu tragen (Zimmermann 1951 Convention/Metzger Rn. 29). Durch diese dynamische Anknüpfung fallen auch neue Formen des geistigen Eigentums unter Art. 14, welche in Reaktion auf den technischen Fortschritt geschaffen wurden und im Jahr 1951 selbst noch nicht absehbar waren, wie etwa Rechte an Daten und Datenbanken (zB Art. 7 Datenbank-RL – RL 96/9/EG v. 11.3.1996, ABl. 1996 L 77, 20). Im Weiteren kommt Art. 14 auch eine besondere Rolle hinsichtlich Formen des Schutzes geistigen Eigentum zu, welche noch keine anderweitige internationale Anerkennung erfahren haben (Zimmermann 1951 Convention/Metzger Rn. 34).

B. Gewährleistungsumfang

I. Gewährleistungsumfang (Art. 14 S. 1)

Der Vertragsstaat muss hinsichtlich des Schutzes geistigen Eigentums Flüchtlingen, welche ihren 10 gewöhnlichen Aufenthalt im Territorium haben, die gleiche Behandlung zukommen lassen wie eigenen Staatsbürgern.

Der Wortlaut „genießt" (englisch „a refugee shall be accorded", französisch „qui es accordée") 11 bezieht sich auf den einzelnen Flüchtling und **stellt ein Individualrecht dar** (Zimmermann 1951 Convention/Metzger Rn. 35). Der Flüchtling kann die Gleichbehandlung hinsichtlich des Schutzes seines geistigen Eigentums innerstaatlich selbst einfordern.

Durch die Gleichstellung mit eigenen Staatsangehörigen **profitieren Flüchtlinge auch von** 12 **internationalen Abkommen** (→ Rn. 12.1), welche der jeweilige Aufenthaltsstaat abgeschlossen hat, sofern diese auch für seine Staatsangehörige gelten (Hathaway Rights of Refugees 838 f.). Ein Flüchtling kann **sich innerstaatlich** auch auf eine Gleichstellung entsprechend der internationalen Abkommen berufen. Dies gilt auch, wenn die Abkommen zeitlich der GFK nachfolgen. Daneben gilt der Gleichstellungsanspruch auch hinsichtlich rein nationaler Gesetze und Regelungen, welche nicht in internationalen Verträge geregelt sind (Zimmermann 1951 Convention/Metzger Rn. 34).

12.1   Den Verhandlungen des Art. 14 lagen unter anderem die folgenden Konvention und Vereinbarungen zugrunde:
• Berner Übereinkunft zum Schutze von Werken der Literatur und Kunst 1889,
• Paris Additional Act 1896,
• Berlin Act 1908,
• Rome Convention 1928 (vgl. Robinson Convention 89).

Im Lichte dieser Konvention war eine Abweichung durch Art. 14 erforderlich, als Sonderregel für **de iure** oder **de facto** Staatenlose, da die genannte Konvention tatbestandlich an die Staatszugehörigkeit anknüpfen (Robinson Convention 89 Fn. 150). Nach zB Art. 1 Abs. 3 TRIPS fallen ausländische Staatsanagehörige nur dann unter den Anwendungsbereich, wenn diese unter den assimilierten Status älterer Konventionen zu subsumieren sind. Daran zeigte sich auch die Problematik für Flüchtlinge hinsichtlich des Schutzes von geistigem Eigentum. Die wesentlichen Konventionen knüpften an die Staatszugehörigkeit an. Diese Lücke kann Art. 14 füllen (Zimmermann 1951 Convention/Metzger Rn. 26).

13   Insgesamt steht Art. 14 S. 1 damit einem Ausschluss des Eigentumsschutzes durch einen Staatsangehörigkeitsbezug im Anwendungsbereich internationaler Verträge, sowie zB Art. 1 Abs. 3 TRIPS, zumindest im Rahmen innerstaatlicher Durchsetzung entgegen (Hathaway Rights of Refugees 838 f.; vgl. Zimmermann 1951 Convention/Metzger Rn. 40). Eine innerstaatliche Hinderung der Durchsetzung der Rechte am geistigen Eigentum durch Ungleichbehandlung ist unzulässig (Hathaway Rights of Refugees 835).

14   Sollte ein Flüchtling seinen gewöhnlichen Aufenthalt in mehreren Vertragsstaaten begründet haben, so steht diesem das Recht aus Art. 14 S. 1 gegenüber jedem dieser Staaten zu (Robinson Convention 90).

II. Gewährleistungsumfang (Art. 14 S. 2)

15   Art. 14 S. 2 gewährt auch einen gewissen Schutz des geistigen Eigentums außerhalb des Staatsgebietes, in dem der Flüchtling seinen gewöhnlichen Aufenthalt hat.

16   Insoweit muss ein **Flüchtling den Staatsbürgern des Staats des gewöhnlichen Aufenthalts gleichgestellt behandelt werden.** Der Flüchtling soll gegenüber den Staatsangehörigen des Staates seines gewöhnlichen Aufenthalts nicht schlechter gestellt werden, jedoch auch nicht besser als diese im Ausland (Grahl-Madsen Refugee Convention 1951 (II); Zimmermann 1951 Convention/Metzger Rn. 43).

17   Ein **effektiver Schutz besteht nach Art. 14 S. 2** im Ergebnis nur dann, wenn der Drittstaat unter internationalen Vereinbarungen dem Staat des gewöhnlichen Aufenthalts eine Gleichbehandlung mit eigenen Staatsbürgern zugesichert hat (Zimmermann 1951 Convention/Metzger Rn. 43).

18   Im Fall, dass ein Flüchtling in mehreren Vertragsstaaten seinen gewöhnlichen Aufenthalt begründet hat, kann er sich auf die Behandlung gleich den Staatsangehörigen des jeweiligen Staates berufen. Dem Flüchtling steht **insoweit ein Wahlrecht zu** (→ Rn. 12).

C. Vorbehalte

19   Dänemark, Malta und Schweden erklärten Vorbehalte gegenüber Art. 14, welche mittlerweile zu verschiedenen Zeitpunkten zurückgenommen wurden. Lediglich China hat einen heute noch wirksamen Vorbehalt angebracht (**näher** Zimmermann 1951 Convention/Metzger Rn. 9 f.).

Artikel 15 Vereinigungsrecht

Die vertragschließenden Staaten werden den Flüchtlingen, die sich rechtmäßig in ihrem Gebiet aufhalten, hinsichtlich der Vereinigungen, die nicht politischen und nicht Erwerbszwecken dienen, und den Berufsverbänden die günstigste Behandlung wie den Staatsangehörigen eines fremden Landes unter den gleichen Umständen gewähren.

Überblick

Art. 15 regelt das Vereinigungsrecht und das Recht, sich Berufsverbänden anzuschließen, von Flüchtlingen, welche sich mindestens drei Monate rechtmäßig im Staatsgebiet aufhalten (→ Rn. 2). Art. 15 ist daher nur auf anerkannte Flüchtlinge anwendbar (→ Rn. 3); einer Daueraufenthaltserlaubnis bedarf es jedoch nicht (→ Rn. 4). Inhaltlich umfasst Art. 15 die Gründung von und den Beitritt zu Vereinigungen (→ Rn. 5), welche keine Erwerbszwecke verfolgen (→ Rn. 7) und nicht politischer Art sind (→ Rn. 9), sowie die Gründung von oder den Beitritt zu Berufsverbänden (→ Rn. 12). Dabei kommt dem Flüchtling ein Meistbegünstigungsstandard in der Behandlung zu (→ Rn. 13).

A. Anwendungsbereich

I. Persönlicher Anwendungsbereich

Art. 15 erfasst jeden Flüchtling iSv Art. 1, welcher **sich rechtmäßig** im Vertragsstaat aufhält. **1**

Ein **rechtmäßiger Aufenthalt ("lawfully staying") liegt vor,** wenn eine **staatlich verlie- 2 hene Aufenthaltsberechtigung** erteilt ist (Goodwin-Gill/McAdam, The Refugee in International Law, 3. Aufl. 2007, 526), welche nicht nur einem temporären Zweck dient. Damit ist der persönliche Anwendungsbereich erst bei Flüchtlingen **nach ihrer formellen Anerkennung** (Hathaway/Foster, The Law of Refugee Status, 2014, 26; Weis Refugees Convention 1951 378) und wenn sich diese **nicht nur temporär** im Staatsgebiet aufhalten eröffnet. Grahl-Madsen zieht hinsichtlich **der Dauer des Aufenthalts** eine begründete Analogie zu den Visabestimmungen, so dass ein Aufenthalt von mehr als drei Monaten **nicht mehr rein temporärer Natur** sein kann (Grahl-Madsen Status of Refugees 354).

Personen, welche sich im Asylverfahren befinden, und damit nach deutschem Recht eine **3** Gestattung nach § 55 AsylG besitzen, erfüllen die Voraussetzung der auf Dauer gerichteten rechtmäßigen Aufenthalt nicht (→ Rn. 3.1). Zwar ist auf Grund der deklaratorischen Natur des Art. 1 (→ Art. 1 Rn. 74) zunächst jeder Asylantragsteller als Flüchtling zu behandeln. Eine **konkret formulierbare Bleibeperspektive im Sinne des rechtmäßigen Aufenthalts** ist vor Abschluss des Feststellungsverfahrens jedoch noch nicht begründet. Die Aufenthaltsgestattung während des Verfahrens ist von vorherein auf die Zeit bis zum Abschluss des Verfahrens begrenzt (§ 67 AsylG).

Hinsichtlich des Begriffs „rechtmäßigen Aufenthalt" gab es innerhalb der Verhandlungen große Unklar- **3.1** heiten, da im Vertragsentwurf die französische Fassung den Begriff „résidant régulièrement" verwendet, ohne dass dieser aus Sicht der Verhandlungsteilnehmer korrekt in das Englische übersetzt werden konnte, so dass die tatsächliche Bedeutung des Begriffs unklar war, da „lawfully resident" nicht dasselbe bedeute (Weis Refugees Convention 1951 372 f.). Die französische Terminologie selbst entstammte einer Verhandlung über den Begriff „résidence habituelle", welcher innerhalb der Verhandlungen als zu streng gesehen und durch den weniger restriktiven Begriff „résidant régulièrement" ersetzt wurde (Weis Refugees Convention 1951 371). In Verbindung mit den jeweiligen Artikeln, in welchen diese Voraussetzung verlangt wird (Art. 15, 17, 18, 19, 21, 23, 24, 26, 28), zeigt sich, dass der bloße temporäre Aufenthalt seiner Natur nach nicht gelten soll, sondern eine gewisse Zeitdauer voraussetzt und mit einer rechtlich garantierten Ansässigkeit verbunden sein soll (vgl. Hathaway Rights of Refugees 187). Argumentativ wies der französische Delegierte während der Verhandlungen darauf hin, dass die Rechte, welche diesen Standard verlangten, meist sehr großzügige Behandlungsstandards einräumten und damit inhaltlich mit der Anforderung verschränkt sein sollen (vgl. Weis Refugees Convention 1951 373). Aus der Verhandlungsphase wird klar, dass eine staatliche Anerkennung des Aufenthalts vorliegen muss und der Aufenthalt nicht rein kurzzeitigen Natur sein darf (Weis Refugees Convention 1951 378).

Ein **Recht zum Daueraufenthalt** (zB Niederlassungserlaubnis nach § 9 AufenthG) oder eine **4** konkrete und dauerhafte Wohnsitznahme im Staatsgebiet ist unter dem Merkmal des „rechtmäßigen Aufenthalts" nicht zu verlangen (Hathaway Rights of Refugees 189).

II. Sachlicher Anwendungsbereich

1. Vereinigung

Die GFK definiert den Begriff der Vereinigung nicht. Jedoch ist unter einer Vereinigung ein **5** privatrechtlicher Zusammenschluss mehrerer Personen zu verstehen, welche einen gemeinsamen Zweck verfolgen, der auf eine gewisse Zeit angelegt ist und eine Organisationsstruktur besitzt (vgl. Zimmermann 1951 Convention/Teichmann Rn. 56).

6   Hinsichtlich des Zwecks solcher Vereinigungen sind **Erwerbszwecke wie auch politische Zwecke** ausgeschlossen (→ Rn. 7, → Rn. 9). Erfasst werden jedoch religiöse Vereinigungen. Insoweit ist Art. 4 ebenfalls zu beachten (Zimmermann 1951 Convention/Teichmann Rn. 57).

2. Vereinigung nicht zu Erwerbszwecken

7   Eine Vereinigung dient dann nicht Erwerbszwecken, wenn diese nicht auf eine Gewinnerzielung gerichtet ist (Zimmermann 1951 Convention/Teichmann Rn. 66). Ausreichend ist dabei **die Absicht der Gewinnerzielung,** so dass auch die zukünftige Gewinnerzielung, ungeachtet ob diese eintritt oder nicht, Vereinigungen aus dem Anwendungsbereich von Art. 15 ausschließt.

8   Vereinigung zu Erwerbszwecken werden von Art. 18 (Selbstständige Tätigkeit) erfasst (Grahl-Madsen Refugee Convention 1951; Robinson Convention 91).

3. Vereinigung nicht politischer Art

9   Eine Vereinigung unterfällt dann nicht Art. 15, wenn diese politische Zwecke verfolgt (→ Rn. 9.1). Dabei muss die politische **Aktivität im Zentrum stehen** und es darf nicht bloße Berührungspunkte dazu geben. Die Aktivitäten und Absichten dürfen nicht auf eine Einwirkung auf den politischen Willensbildungsprozess, auf die Entscheidungsebene oder auf öffentlichen Prozess gerichtet sein (Zimmermann 1951 Convention/Teichmann Rn. 64). Ob eine solche Einwirkung auf das Ausland oder Inland abzielt, ist unbeachtlich.

9.1   Die Ausklammerung von politischen Vereinigungen und Berufsverbänden war während den Verhandlungen umstritten. Die Delegierten der Vereinigten Staaten brachten als Gegenposition an, dass damit Flüchtlingen das Recht zur politischen Meinung genommen wird, welches möglicherweise Ausländern generell sonst zustehe (vgl. Weis Refugees Convention 1951 124). Diese Ansicht traf jedoch auf starke Opposition, unter anderem durch Venezuela und vor allem die Schweiz, welche verlangte, dass Flüchtlinge von jeder politischen Aktivität fernzuhalten sind (vgl. Weis Refugees Convention 1951 127; Kimminich, Der internationale Rechtsstatus des Flüchtlings, 1962, 315; A/CONF.2/SR.8, S. 9 ff.). Dieser Standpunkt entsprach der hM dieser Zeit, dass ein Staat jegliche politische Betätigung von Ausländern, und damit auch Flüchtlingen, verbieten kann, und der verbindliche Verzicht auf politische Tätigkeit oft Bedingung der Asylgewährung war (Kimminich, Der internationale Rechtsstatus des Flüchtlings, 1962, 315). Dem zugrunde lagen die Bestrebung und der Gedanke einer Staatspflicht, politisch Verfolgte am Zusammenschluss und der politischen Tätigkeit im Inland zu hindern, um so einen politischen Exilkampf gegen einen Drittstaat und damit eine Einmischung in dessen innere Angelegenheiten zu unterbinden (Kimminich, Der internationale Rechtsstatus des Flüchtlings, 1962, 195 mwN). Diese Ansichten sind heute nicht mehr haltbar und standen bereits 1938 in der Kritik. Der Ausschluss steht auch im konkreten Widerspruch zu Art. 19, 20 AEMR, die zum Verhandlungszeitpunkt jedoch noch keine rechtsverbindliche Wirkung besaßen. Diese Sicht ändert jedoch im nichts an dem eindeutigen Wortlaut des Art. 15.

10   Innerstaatlich kann heute nach § 47 AufenthG (→ AufenthG § 47 Rn. 2) unter **Beachtung der Grund- und Menschenrechte** (vgl. → Rn. 16) die politische Tätigkeit von Ausländern untersagt werden.

4. Berufsverbände

11   Berufsverbände sind Vereinigungen mit dem gemeinsamen Zweck, Arbeitnehmerinteressen zu vertreten (vgl. Zimmermann 1951 Convention/Teichmann Rn. 62 f.).

5. Gründung und Beitritt

12   „Beitritt" bezeichnet den Erwerb der Mitgliedschaft oder die Zugehörigkeit zu einem Verein oder einem Berufsverband unter den jeweils privatrechtlich ausgestalteten Voraussetzungen. Die Gleichbehandlung erfasst **dabei den Beitritt wie auch die Gründung solcher Vereinigungen oder Berufsverbände** (Kimminich, Der internationale Rechtsstatus des Flüchtlings, 1962, 314; Zimmermann 1951 Convention/Teichmann Rn. 60; Details → Rn. 12.1).

12.1   Strittig war im Rahmen der Verhandlungen, ob Art. 15 auch neben dem Beitritt auch die Gründung von Vereinigungen oder Berufsverbänden erfassen soll. So brachte der französische Delegierte vor, dass in Frankreich Flüchtlinge zwar Mitglieder von Gewerkschaften werden können, jedoch keine Führungsposition darin übernehmen dürfen (vgl. Weis Refugees Convention 1951 124). Mehrere Anträge auf Aufnahme eines eindeutigen Vertragstextes wurden abgelehnt (vgl. Weis Refugees Convention 1951 124 f.). Die American Federation of Labor (Beobachterstatus) sah weiterhin dennoch eindeutig das Recht auf Gründung von Art. 15 als erfasst an, befürwortete aber dennoch den unklareren Text, um Flüchtlinge nicht zur Gründung einer Konkurrenz zu etablierten Gewerkschaften zu ermutigen (vgl. Weis Refugees Convention 1951 125). Im Ergebnis waren sich die Beteiligten einig, dass auch das Recht auf Gründung von Art. 15 erfasst ist (vgl. Weis Refugees Convention 1951 130).

B. Staatliche Verpflichtung

Die Norm verpflichtet den Vertragsstaat, durch Maßnahmen der Gesetzgebung und Regulie- **13** rung den Zugang oder die Gründung von Vereinigungen oder Berufsverbänden für Flüchtlinge **soweit zu ermöglichen, wie es auch dem meistbegünstigten Ausländer unter den gleichen Umständen** (gleiche Umstände, → Art. 6 Rn. 1) zusteht. Art. 15 enthält jedoch **keine Verpflichtung zur Aufnahme** von Flüchtlingen in Berufsverbände oder Vereinigungen, da diese zumeist privatrechtlich ausgestaltet sind (Weis Refugees Convention 1951 130).

Die Behandlung unter dem Meistbegünstigtenstandard taucht neben Art. 15 nur noch in Art. 17 **14** auf. Die Meistbegünstigung umfasst alle Rechte, wie sie dem bestgestellten Ausländer zustehen, auch solche, die **sich aus bilaterale oder multilateralen internationalen Verträge ergeben** (Kimminich, Der internationale Rechtsstatus des Flüchtlings, 1962, 314; Zimmermann 1951 Convention/Teichmann Rn. 53). Eine Ausnahme für insbesondere **regionale Verträge,** wie durch den belgischen Vertreter hinsichtlich dem Verträge zwischen den Benelux-Staaten angebracht, fand in den Verhandlungen keine Zustimmung (vgl. Kimminich, Der internationale Rechtsstatus des Flüchtlings, 1962, 314). Daher kann hier auch keine Ausnahme hinsichtlich den **Rechte von EU-Bürgern bestehen.**

Die Meistbegünstigung ist jedoch begrenzt durch den Zusatz „**unter den gleichen Umstän-** **15** **den**" (→ Art. 6 Rn. 8), welcher eine Einschränkung darstellt. So erfolgt eine Gleichbehandlung mit einem meistbegünstigten Ausländer nur insoweit, als der Flüchtling die gleichen Voraussetzungen wie dieser, zB Dauer des Aufenthalts, erfüllt (Kimminich, Der internationale Rechtsstatus des Flüchtlings, 1962, 314; Robinson Convention 92).

Anzumerken ist, dass heute unter Berufung auf **Art. 19, 20 AEMR, Art. 19–21 IPBPR,** **16** **Art. 8 IPWSKR, Art. 10, 11 EMRK** die Gründung und der Beitritt zu politischen Vereinigungen wie auch die politische Tätigkeit im allgemeinen jedem Menschen zusteht. Innerstaatlich kommen des Weiteren jedem Ausländer auch die Grundrechte aus **Art. 5, 4 GG und Art. 2 Abs. 1 GG** zu, welche ein weiterreichendes Recht zur politischen Betätigung und Vereinigung garantieren. Der Zugang zu den Deutschengrundrechten aus Art. 8, 9 GG ist insofern im Anwendungsbereich (vor allem nicht politisch / nicht zu Erwerbszwecken) von Art. 15 **über die Gleichstellung zu EU-Bürgern** (vgl. → Rn. 14) denkbar.

C. Vorbehalte und abgegebene Erklärungen

Die folgenden Staaten haben Vorbehalte gegen Art. 15 erklärt: **17**
• Angola,
• Belgien,
• Ecuador,
• Malawi,
• Monaco,
• Mozambique,
• Türkei und
• Uganda (https://treaties.un.org/pages/ViewDetailsII.aspx?src=TREATY&mtdsg_no=V-2& chapter=5&Temp=mtdsg2&clang=_en; näher dazu Zimmermann 1951 Convention/Teichmann Rn. 26 ff.).

Artikel 16 Zugang zu den Gerichten

1. **Jeder Flüchtling hat in dem Gebiet der vertragschließenden Staaten freien und ungehinderten Zugang zu den Gerichten.**
2. **In dem vertragschließenden Staat, in dem ein Flüchtling seinen gewöhnlichen Aufenthalt hat, genießt er hinsichtlich des Zugangs zu den Gerichten einschließlich des Armenrechts und der Befreiung von der Sicherheitsleistung für Prozeßkosten dieselbe Behandlung wie ein eigener Staatsangehöriger.**
3. **In den vertragschließenden Staaten, in denen ein Flüchtling nicht seinen gewöhnlichen Aufenthalt hat, genießt er hinsichtlich der in Ziffer 2 erwähnten Angelegen-**

heit dieselbe Behandlung wie ein Staatsangehöriger des Landes, in dem er seinen gewöhnlichen Aufenthalt hat.

Überblick

Art. 16 Abs. 1 begründet neben den in Abs. 2 und Abs. 3 genannten Gleichbehandlungsansprüchen, die an die gegenüber den Staatsangehörigen des Staats des gewöhnlichen Aufenthalts gewährleisteten Justizzugangsansprüche anknüpfen (→ Rn. 16 ff., → Rn. 19 ff.), einen originären Anspruch auf Zugang zu einem effektiven Rechtsschutzsystem (→ Rn. 15 f.). Art. 16 leistet so nicht nur einen Beitrag zur Verwirklichung der in Art. 3 ff. genannten Rechte, sondern ermöglicht effektiven Rechtsschutz auch gegen die Versagung der Flüchtlingsanerkennung (→ Rn. 5 ff.).

Übersicht

A. Normübersicht

1   Abs. 1 begründet einen **originären Anspruch des Flüchtlings auf freien und ungehinderten Zugang zu den Gerichten der Konventionsstaaten unabhängig von seinem gewöhnlichen Aufenthalt.** Das hierdurch gewährleistete Recht geht daher in zweierlei Hinsicht über die durch Art. 3 ff. garantierten Rechte hinaus: So begründet Art. 16 Abs. 1 zunächst nicht lediglich Gleichbehandlungsansprüche im Verhältnis zu Ausländern oder Staatsangehörigen des Aufnahmestaates, sondern – unabhängig von den diesen jeweils zustehenden Rechten – einen originären Justizzugangsanspruch gegenüber sämtlichen Konventionsstaaten unabhängig davon, ob es sich hierbei um den Aufnahmestaat handelt (Zimmermann 1951 Convention/Elberling Rn. 23; Hathaway Rights of Refugees 645; Robinson Convention 94).

2   Abs. 2 erweitert diese Rechte um ein **Gebot der Inländergleichbehandlung gegenüber dem Staat des gewöhnlichen Aufenthalts.** Da der freie und ungehinderte Zugang zu den Gerichten bereits durch Abs. 1 garantiert ist, kann eine Verweigerung dieser Rechte nicht damit begründet werden, dass diese Rechte innerhalb des Aufnahmestaates auch gegenüber Inländern nicht gewährleistet sind; eine Inländergleichbehandlung ist daher nur im Hinblick auf Vergünstigungen zulässig (und geboten), die Inländern über das nach Abs. 1 gebotene Mindestmaß hinaus gewährt werden. Exemplarisch – aber nicht abschließend – nennt Abs. 2 insoweit das Recht auf Prozesskostenhilfe ("Armenrecht") und das – in Deutschland bedeutungslose – Recht auf Befreiung von der Sicherheitsleistung für Prozesskosten (→ Rn. 2.1).

2.1   Nach § 110 Abs. 1 ZPO ist Prozesskostensicherheit nur zu leisten, wenn der Beklagte dies beantragt und der Kläger seinen gewöhnlichen Aufenthalt nicht in einem Mitgliedstaat der EU bzw. des EWR hat. Da Art. 16 Abs. 2 eine Befreiung von der Sicherheitsleistung für Prozesskosten an den gewöhnlichen Aufenthalt im Bundesgebiet knüpft, kommen die Vorschriften der ZPO schon strukturell – ohne dass es auf § 110 Abs. 2 Nr. 1 ZPO ankäme – nicht mit Art. 16 Abs. 2 in Konflikt (vgl. zur auch auf internationaler Ebene abnehmenden Bedeutung der Freistellung von Prozesskostensicherheiten Zimmermann 1951 Convention/Elberling Rn. 42; Hathaway Rights of Refugees 911).

3   Abs. 3 begründet für Konventionsstaaten, in denen der Flüchtling nicht seinen gewöhnlichen Aufenthalt hat (dh alle Konventionsstaaten mit Ausnahme des Aufnahmestaates), ein **Gebot der Ausländergleichbehandlung.** Im Hinblick auf die in Abs. 2 benannten Angelegenheiten ist der Betroffene daher so zu behandeln wie ein Staatsangehöriger des Aufnahmestaates.

4   **Weitergehende Rechte können sich ggf. aus dem allgemeinen Ausländergleichbehandlungsgebot des Art. 7 Abs. 1 ergeben,** soweit der Konventionsstaat Ausländern im Allgemeinen (→ Art. 7 Rn. 6 ff.) den Zugang zu seinem Rechtsschutzsystem eröffnet (Zimmermann 1951 Convention/Elberling Rn. 17).

Da Art. 16 keine formelle Statusanerkennung voraussetzt (→ Rn. 6), können die hierdurch **5** gewährleisteten Rechte sowohl für die Erlangung des förmlichen Flüchtlingsstatus als auch die Durchsetzung der hiermit verbundenen Rechte nach Art. 3 ff. (sowie sonstiger nach der jeweiligen nationalen Rechtsordnung gewährleisteten Rechte) fruchtbar gemacht werden. Er ist daher – nicht anders als Art. 19 Abs. 4 GG im Hinblick auf die durch das GG gewährleisteten Rechte – der **„Schlussstein im Gewölbe" des durch die GFK gewährleisteten flüchtlingsrechtlichen Schutzes** (vgl. zu Art. 19 Abs. 4 GG Thoma, Recht-Staat-Wirtschaft, Bd. 3, 1951, 9; vgl. auch Zimmermann 1951 Convention/Elberling Rn. 3: „fundamental character within the 1951 Convention's system of substantive rights").

B. Tatbestandsvoraussetzungen

I. Flüchtling

Der Flüchtlingsbegriff ist in Art. 1 legaldefiniert (→ Art. 1 Rn. 11 ff.). Ob die durch Art. 16 **6** gewährleisteten Rechte **die förmliche Anerkennung als Flüchtling voraussetzen oder vom schutzsuchenden Ausländer bereits im Statusfeststellungsverfahren** – gestützt auf die zu diesem Zeitpunkt noch nicht abschließend geprüfte Behauptung, selbst Flüchtling zu sein – **in Anspruch genommen werden können, ist umstritten** (Zimmermann 1951 Convention/ Elberling Rn. 4, 25, 37 f., 53 ff.).

Da die **Flüchtlingsanerkennung nach dem Vorverständnis der GFK rein deklaratorisch 7** wirkt, kann eine Beschränkung der nach Art. 16 gewährleisteten Rechtsposition auf anerkannte Flüchtlinge jedoch nicht angenommen werden (Zimmermann 1951 Convention/Elberling Rn. 25, 45, 54; Hathaway Rights of Refugees 645, 905 f.). Eine Inzidentprüfung der Frage nach dem Bestehen der Flüchtlingseigenschaft im Rahmen der Prüfung, ob sich der Betroffene im Hinblick auf die Prüfung der Flüchtlingseigenschaft auf die Gewährleistungen des Art. 16 berufen kann, ist notwendig zirkulär und daher denklogisch ausgeschlossen (Hathaway Rights of Refugees 645).

Insoweit sprechen die besseren Gründe dafür, dem Schutzsuchenden die durch Art. 16 gewähr- **8** leisteten Rechte **bis zur endgültigen Ablehnung seines Schutzgesuchs zuzuerkennen.** Richtigerweise kann Art. 16 Abs. 1 und Abs. 2 daher auch im Rahmen der gerichtlichen Überprüfung einer negativen Statusentscheidung fruchtbar gemacht werden (vgl. allg. → Art. 3 Rn. 8 ff.).

II. Gebiet der vertragschließenden Staaten

Die Beschränkung des Anspruchs auf „das Gebiet der vertragschließenden Staaten" wird in **9** der Literatur als Bezugnahme auf die Grenzen der Gerichtsbarkeit der vertragschließenden Staaten und auf die räumlichen Grenzen der Anwendbarkeit der Genfer Flüchtlingskonvention verstanden. Eine Voraussetzung, dass sich der Betroffene zum Zeitpunkt der Klageerhebung oder im Verlauf des Verfahrens im Gebiet der vertragschließenden Staaten aufhalten muss, soll der Klausel hingegen nicht zu entnehmen sein (Zimmermann 1951 Convention/Elberling Rn. 26). Dies ist insoweit zutreffend, als die Norm **die Anwesenheit im Territorium eines beliebigen Konventionsstaates genügen lässt, um die nach Abs. 1 gewährleisteten Rechte zu begründen** (vgl. Zimmermann 1951 Convention/Elberling Rn. 22).

Ein **Recht, gerichtlichen Rechtsschutz auch von außerhalb des Territoriums der Kon- 10 ventionsstaaten in Anspruch zu nehmen, wird nach dem Wortlaut des Abs. 1 jedoch nicht begründet,** da dieser nicht auf den Standort der Gerichte oder deren Zugehörigkeit zur Hoheitsgewalt eines Mitgliedsstaates, sondern auf die Anwesenheit des Flüchtlings im Gebiet der vertragschließenden Staaten abstellt. Ob sich die Ansprüche nach Abs. 1 hingegen – bei körperlicher Anwesenheit des Flüchtlings im Gebiet der Konventionsstaaten – auch auf die Inanspruchnahme der Gerichte jener Gebiete erstrecken, die ein Konventionsstaat in den internationalen Beziehungen vertritt, ist demgegenüber ausschließlich in Art. 40 geregelt (aA Zimmermann 1951 Convention/Elberling Rn. 28: vollständiger Gleichklang der Vorschriften).

III. Staat des gewöhnlichen Aufenthalts

Als Voraussetzung für die Inanspruchnahme der durch Abs. 2 gewährleisteten Rechte benennt **11** dieser den gewöhnlichen Aufenthalt des Flüchtlings in dem betreffenden Konventionsstaat. Gleichermaßen orientiert sich das Ausländergleichbehandlungsgebot des Abs. 3 an der Rechtsstellung der Staatsangehörigen desjenigen Konventionsstaats, in dem sich der Betroffene gewöhnlich aufhält. Inhaltlich verlangt der **Begriff des gewöhnlichen Aufenthalts** – ebenso wie in Art. 14

(→ Art. 14 Rn. 1 ff.) – nicht lediglich den tatsächlichen Aufenthalt, sondern – darüber hinausgehend – den nicht ganz kurzfristigen Aufenthalt mit dem Willen, sich nicht lediglich vorübergehend
im entsprechenden Staatsgebiet aufzuhalten (vgl. Robinson Convention 90, 95).

12   Die **Legalität des Aufenthalts** ist hingegen **nicht Voraussetzung für die Inanspruchnahme der durch Abs. 2 gewährleisteten Rechte,** da diese in Art. 15, 17 ff., 23 f., 26 und
28 ausdrücklich (nur) als Voraussetzung für die Inanspruchnahme der dort genannten Rechte
genannt wird. Auch setzt der „gewöhnliche Aufenthalt" nicht die Begründung eines Wohnsitzes
voraus, da die Konventionsstaaten bei Schaffung des Art. 16 bewusst auf das noch in Art. 6 der
Konvention über den Internationalen Status der Flüchtlinge v. 28.10.1933 genannte Kriterium des
„Wohnsitzes oder gewöhnlichen Aufenthalts" verzichtet haben (Zimmermann 1951 Convention/
Elberling Rn. 12, 37; Hathaway Rights of Refugees 909; Robinson Convention 90, 95).

13   Dennoch wird man fordern müssen, dass sich der Ausländer **bereits seit einiger Zeit tatsächlich im jeweiligen Konventionsstaat aufgehalten** hat oder zumindest **eine realistische Möglichkeit besteht, den durch die Einreise betätigten Aufenthaltswillen auch tatsächlich zu
verwirklichen.** Denn das Tatbestandsmerkmal des „gewöhnlichen Aufenthalts" ist zwar als faktisches Kriterium ausgestaltet und setzt daher keinen förmlichen Aufenthaltsstatus voraus, soll aber –
insbesondere im Hinblick auf die durch Abs. 3 gewährleisteten Vergünstigungen – nicht zum
„forum shopping" anleiten. Setzt der Konventionsstaat daher unmittelbar nach der (illegalen)
Einreise zu einer Abschiebung in den Staat des (früheren) gewöhnlichen Aufenthalts oder den
Transitstaat an, richtet sich die Rechtsposition des Ausländers gegenüber dem Abschiebestaat nicht
nach Abs. 2, sondern nach Abs. 1 und Abs. 3. Im Fall einer rechtlichen oder faktischen Duldung
des Ausländers über einen gewissen Zeitraum kann dieser sich jedoch auf Rechte nach Abs. 2
berufen, auch wenn der betroffene Staat den Aufenthalt nunmehr beenden will.

C. Rechtsfolgen

I. Allgemeiner Justizgewährleistungsanspruch (Abs. 1)

14   Nach Abs. 1 ist der **freie und ungehinderte Zugang zu den Gerichten in sämtlichen
Konventionsstaaten** gewährleistet. Da Abs. 2 und Abs. 3 die Rechte des Flüchtlings gegenüber
Abs. 1 erweitern, gewährleistet Abs. 1 nur ein **unabdingbares, von der allgemeinen rechtsstaatlichen Situation im jeweiligen Konventionsstaat allerdings unabhängiges Mindestmaß an Justizzugangsrechten** (Zimmermann 1951 Convention/Elberling Rn. 23). Insbesondere zeigen die Erwähnung des „Armenrechts" (→ Rn. 2) in Abs. 2 und die französische
Sprachfassung (im Unterschied zur begrifflich uneindeutigen englischen Sprachfassung, die auch
als Recht auf kostenlosen („free") Justizzugang verstanden werden könnte), dass das Recht auf
Justizzugang zwar **wirksam, aber nicht kostenfrei** gewährleistet sein muss (Zimmermann 1951 Convention/Elberling Rn. 11, 33; Hathaway Rights of Refugees 646). Insbesondere
ist auch ein Recht auf Zugang zu Prozesskostenhilfe nicht als originärer Anspruch ausgestaltet
(→ Rn. 16 f.).

15   Generell gewährleistet Art. 16 nur den **Zugang zu Gerichten,** nicht aber den Zugang zu
Verwaltungsbehörden oder staatlichen Agenturen, der nur für den Fall der Ausweisung spezialgesetzlich gewährleistet ist (Art. 32; vgl. Zimmermann 1951 Convention/Elberling Rn. 18, 29).
Soweit das behördliche Verfahren allerdings – wie etwa das deutsche Widerspruchsverfahren nach
§ 68 ff. VwGO, dem im Asylverfahren allerdings wegen § 11 AsylG keine Bedeutung zukommt –
als Zugangsvoraussetzung für die Erlangung gerichtlichen Rechtsschutz ausgestaltet ist, dürften
sich verfahrensrechtliche Mindestanforderungen zumindest mittelbar auch aus Art. 16 ergeben.

II. Gebot der Inländergleichbehandlung (Abs. 2)

16   Im Unterschied zu Abs. 1 begründet Abs. 2 keine originären (Mindest-) Ansprüche, sondern
einen derivativen Inländergleichbehandlungsanspruch im Hinblick auf solche Rechte, die
nicht schon vom Mindestgewährleistungsumfang des Abs. 1 umfasst sind. Insbesondere ein
Anspruch auf Prozesskostenhilfe ist durch die Konvention daher nur dann verbürgt, wenn dieser
auch Inländern eingeräumt wird (Hathaway Rights of Refugees 910).

17   Diese Konditionalität eines nach deutschem Rechtsstaatsverständnis elementaren Teil des Rechts
auf effektiven Zugang zu den Gerichten (BVerfGE 78, 104 (117 f.) = NJW 1998, 2231 (2232);
BVerfGE 81, 347 (357) = NJW 1991, 413) zeigt auf, dass sich **die durch Abs. 1 gewährleisteten
Rechte auf ein absolutes Mindestmaß beschränken.**

18   Der durch Abs. 2 gewährleistete Gleichbehandlungsanspruch beschränkt sich nicht auf die dort
ausdrücklich genannten Elemente des Armenrechts und der Sicherheitsleistung für Prozesskosten,

sondern erfasst **sämtliche Modalitäten des Zugangs zu den Gerichten** (Zimmermann 1951 Convention/Elberling Rn. 43; Hathaway Rights of Refugees 910).

Ergänzend folgt aus Art. 29, dass Flüchtlingen keine höheren Gerichtsgebühren als Inländern abverlangt **18.1** werden dürfen (Zimmermann 1951 Convention/Elberling Rn. 11, 19).

III. Gebot der Ausländergleichbehandlung (Abs. 3)

Für Flüchtlinge ohne gewöhnlichen Aufenthalt im vertragsschließenden Staat begründet Abs. 3 **19** einen **derivativen Ausländergleichbehandlungsanspruch:** Der Ausländer muss zwar – mangels Verwurzelung im in Anspruch genommenen Staat – nicht gem. Abs. 2 gleich einem Inländer behandelt werden, genießt aber zumindest dieselbe Behandlung wie Staatsangehörige des Aufnahmestaates.

Inhaltlich erstrecken sich die durch Abs. 3 gewährleisteten Rechte, die auch durch Abs. 2 in **20** Bezug genommen werden, dh **neben dem Recht auf Prozesskostenhilfe und dem Recht der Sicherungsleistung für Prozesskosten auch auf sonstige Modalitäten des Zugangs zu den Gerichten** (vgl. → Rn. 18). Insoweit unterscheiden sich Abs. 3 und Abs. 2 lediglich dadurch, dass Abs. 3 an die den Angehörigen des Aufnahmestaates eingeräumte Rechtsstellung anknüpft.

In der Praxis dürfte die Unterscheidung zwischen Abs. 2 und Abs. 3 jedenfalls **innerhalb der 21 EU weitestgehend bedeutungslos sein,** da die unionsrechtlichen Diskriminierungsverbote eine Schlechterstellung von Unionsbürgern gegenüber Inländern weitestgehend ausschließen. Über die Brücke des Art. 18 AEUV können sich daher Flüchtlinge aus einem EU-Aufnahmestaat regelmäßig auch gegenüber sonstigen EU-Mitgliedsstaaten mittelbar auf das in Abs. 2 enthaltene Gebot der Inländergleichbehandlung berufen. Von – zumindest theoretischer – Bedeutung ist die Unterscheidung zwischen Abs. 2 und Abs. 3 daher für EU-Mitgliedsstaaten nur dann, wenn der Betroffene in einem Nicht-EU-Staat Aufnahme gefunden hat (vgl. zur Möglichkeit der mittelbaren Inanspruchnahme völkerrechtlicher Vergünstigungen für Angehörige einzelner Konventionsstaaten Zimmermann 1951 Convention/Elberling Rn. 21).

D. Vorbehalte

Eine Vorbehaltserklärung gegenüber der Geltung von Art. 16 Abs. 1 ist durch Art. 42 Abs. 1 **22** ausgeschlossen. Gegenüber der Geltung von Abs. 2 und Abs. 3 haben Uganda, Osttimor und China partielle bzw. vollständige Vorbehalte erklärt (Zimmermann 1951 Convention/Elberling Rn. 16).

E. Umsetzung in unionales und nationales Recht / Praktische Bedeutung

Innerhalb der Bundesrepublik Deutschland sind daher **weder Abs. 1 noch Abs. 2 von prakti- 23 scher Bedeutung,** da effektiver Justizzugang schon durch Art. 19 Abs. 4 GG (gegenüber der öffentlichen Gewalt) bzw. den Anspruch auf wirkungsvollen Rechtsschutz des Art. 20 Abs. 3 GG iVm Art. 2 Abs. 1 GG (zur Durchsetzung privater Rechte, vgl. BVerfGE 94, 49 (107) = NVwZ-Beil. 1993, 11) in weit stärkerem Umfang gewährleistet ist und die nationalen Prozessordnungen – unabhängig vom Flüchtlingsstatus – nicht zwischen Deutschen und im Inland ansässigen Ausländern unterscheiden. Auch für Abs. 3 ist derzeit kein praktisches Anwendungsbeispiel ersichtlich.

Die Frage nach der Erstreckung der Garantien des Art. 16 auf das Statusfeststellungsverfahren **24** (vgl. → Rn. 6 f.) ist im Anwendungsbereich des Unionsrechts zudem praktisch nur von geringer Bedeutung, da Art. 46 Asylverfahrens-RL (RL 2013/32/EU v. 26.6.2013, ABl. 2013 L 180, 60) ein praktisch weitergehendes **„Recht auf wirksamen Rechtsbehelf"** garantiert und Art. 22 f. Asylverfahrens-RL einen Anspruch auf Rechtsberatung und -vertretung in allen Phasen des Verfahrens begründen. Da Art. 22 Asylverfahrens-RL einen Anspruch auf kostenlose Rechtsberatung und -vertretung allerdings nicht begründet, könnte Abs. 2 insoweit ggf. ergänzende Bedeutung erlangen, wenn und soweit das nationale Recht entsprechende Privilegien für eigene Staatsangehörige vorsieht.

Kapitel III. Erwerbstätigkeit

Artikel 17 Nichtselbständige Arbeit

1. Die vertragschließenden Staaten werden hinsichtlich der Ausübung nichtselbständiger Arbeit jedem Flüchtling, der sich rechtmäßig in ihrem Gebiet aufhält, die güns-

tigste Behandlung gewähren, die den Staatsangehörigen eines fremden Landes unter den gleichen Umständen gewährt wird.

2. In keinem Falle werden die einschränkenden Maßnahmen, die für Ausländer oder für die Beschäftigung von Ausländern zum Schutze des eigenen Arbeitsmarktes bestehen, Anwendung auf Flüchtlinge finden, die beim Inkrafttreten dieses Abkommens durch den betreffenden Vertragsstaat bereits davon befreit waren oder eine der folgenden Bedingungen erfüllen:

   a) wenn sie sich drei Jahre im Lande aufgehalten haben;

   b) wenn sie mit einer Person, die die Staatsangehörigkeit des Aufenthaltslandes besitzt, die Ehe geschlossen haben. Ein Flüchtling kann sich nicht auf die Vergünstigung dieser Bestimmung berufen, wenn er seinen Ehegatten verlassen hat;

   c) wenn sie ein oder mehrere Kinder haben, die die Staatsangehörigkeit des Aufenthaltslandes besitzen.

3. Die vertragschließenden Staaten werden hinsichtlich der Ausübung nichtselbständiger Arbeit Maßnahmen wohlwollend in Erwägung ziehen, um alle Flüchtlinge, insbesondere diejenigen, die im Rahmen eines Programmes zur Anwerbung von Arbeitskräften oder eines Einwanderungsplanes in ihr Gebiet gekommen sind, den eigenen Staatsangehörigen rechtlich gleichzustellen.

Überblick

Art. 17 ist die erste, von ihren Rechtsfolgen am weitesten gefasste und daher umstrittenste der insgesamt drei Vorschriften in Kapitel III der GFK, die die Erwerbstätigkeit von Flüchtlingen betreffen und regelt den Bereich der unselbstständigen Arbeit (→ Rn. 1 ff.). Die Einzelgewährleistungen des Art. 17 untergliedern sich in drei Teile: Im Abs. 1 wird für Flüchtlinge, die sich rechtmäßig im Aufnahmeland aufhalten (→ Rn. 9 ff.) hinsichtlich der Ausübung nichtselbstständiger Arbeit (→ Rn. 14 ff.) eine Pflicht (→ Rn. 18) zur Ausländergleichbehandlung (→ Rn. 19 ff.) im Sinne des Meistbegünstigungsprinzips (→ Rn. 22 ff.) aufgestellt. Weiter gehend enthält Art. 17 Abs. 2 ein spezifisches Schlechterstellungsverbot (oder auch Freistellungsgebot), das privilegierte Flüchtlinge unter näher geregelten Voraussetzungen darüber hinaus von denjenigen arbeitsmarktschützenden Restriktionen befreit, die selbst für Angehörige derjenigen Ausländergruppe mit der vorteilhaftesten Rechtsstellung Anwendung finden (→ Rn. 26 ff.). Ergänzt werden diese Vorschriften im Abs. 3 durch eine „softe" Wohlwollensklausel (→ Rn. 37).

Übersicht

A. Allgemeines

1   Art. 17 behandelt das kontrovers diskutierte Problem der unselbstständigen Erwerbstätigkeit von Flüchtlingen. Die Bestimmung ist die erste der drei Vorschriften in Kapitel III der GFK, die die **Erwerbstätigkeit von Flüchtlingen** regeln. Art. 17, der die nichtselbstständige Arbeit regelt, wird ergänzt namentlich durch Art. 18 (→ Art. 18 Rn. 1 ff.) zur selbstständigen Tätigkeit von Flüchtlingen und durch Art. 19 (→ Art. 19 Rn. 1 ff.) zur freiberuflichen Tätigkeit von Flüchtlingen. Infolge ihrer weiter gehenden Rechtsfolgen ist Art. 17 die umstrittenste der drei Vorschriften.

2   Die Bestimmung des Art. 17 hat **Vorläufer** sowohl im Abkommen v. 28.10.1933 über die internationale Rechtsstellung der Flüchtlinge als auch im (restriktiveren) Abkommen v. 10.2.1938

über die Stellung der Flüchtlinge aus Deutschland (vgl. Zimmermann 1951 Convention/Edwards Rn. 4).

Der Entstehungsgeschichte lässt sich ein insgesamt **liberaler Ansatz** entnehmen. Im Rahmen **3** der Verhandlungen wurde mehrfach darauf hingewiesen, dass mögliche Einwände im Wege der Erklärung entsprechender Vorbehalte Berücksichtigung finden mögen (vgl. näher Zimmermann 1951 Convention/Edwards Rn. 7; näher → Rn. 38). Aus dem Umstand, dass der kontroverse Charakter jedoch entstehungsgeschichtlich Berücksichtigung gefunden hat (Erklärung von Vorbehalten statt Verwässerung des allgemeinen Bedeutungsgehalts), lässt sich das Gebot **grundsätzlich weiter Auslegung** der Bestimmung folgern (vgl. Zimmermann 1951 Convention/Edwards Rn. 11).

Art. 17 hat Teil an der Erweiterung des Flüchtlingsbegriffs durch das **Protokoll über die** **4** **Rechtsstellung der Flüchtlinge** v. 31.1.1967 (BGBl. 1969 II 1293). Dies ergibt sich aus Art. I Abs. 1 FlüchtlingsProt. Die Möglichkeit der Erklärung von Vorbehalten (→ Rn. 38) schränkt auch das Protokoll nicht ein (vgl. Art. VII FlüchtlingsProt).

Eine im Wesentlichen gleichlautende Vorschrift zu Art. 17 Abs. 1 und Abs. 3 findet sich – im **5** Hinblick auf Staatenlose – auch in Art. 17 StaatenlosenÜ (Übereinkommen über die Rechtsstellung der **Staatenlosen** v. 28.9.1954, BGBl. 1976 II 473, BGBl. 1977 II 235). Art. 17 Abs. 2 findet im Staatenlosenübereinkommen hingegen keine Entsprechung.

B. Regelungsgehalt im Einzelnen

Die GFK gewährt den Personen, die von ihr erfasst werden, **unmittelbare Rechte** (vgl. **6** BVerwGE 88, 254 (257) = NVwZ 1992, 180; BVerwGE 7, 231, Rn. 9 = NJW 1959, 450).

Die **Einzelgewährleistungen** des Art. 17 untergliedern sich in drei Teile: Im Abs. 1 wird der **7** Grundsatz der Ausländergleichbehandlung und der Meistbegünstigung aufgestellt (→ Rn. 8 ff.), während im Abs. 2 spezifische Schlechterstellungsverbote geregelt werden (→ Rn. 26 ff.). Der Abs. 3 schließlich ergänzt diese Regelungen durch eine Wohlwollensklausel (→ Rn. 37).

I. Ausländergleichbehandlung und Meistbegünstigung (Abs. 1)

Art. 17 Abs. 1 verpflichtet die Vertragsstaaten, jedem Flüchtling, der sich rechtmäßig in ihrem **8** Gebiet aufhält, hinsichtlich der Ausübung nichtselbstständiger Arbeit die günstigste Behandlung zu gewähren, die den Staatsangehörigen eines fremden Landes unter den gleichen Umständen gewährt wird. Die Bestimmung des Art. 7 Abs. 1 enthält damit in ihrem personellen (→ Rn. 9 ff.) und sachlichen Anwendungsbereich (→ Rn. 14 ff.) eine Pflicht (→ Rn. 18) zu einer Ausländergleichbehandlung des Flüchtlings (→ Rn. 19 ff.) im Sinne des Meistbegünstigungsprinzips (→ Rn. 22 ff.).

1. Personeller Anwendungsbereich

Die Bestimmung des Art. 17 setzt wie viele andere Normen der GFK – wie Art. 15 (Vereini- **9** gungsrecht), Art. 19 Abs. 1 (Freie Berufe), Art. 20 (Rationierung), Art. 21 (Wohnungswesen), Art. 23 (Öffentliche Fürsorge), Art. 24 Abs. 1 (Arbeitsrecht und soziale Sicherheit) oder Art. 28 (Reiseausweise) – den **rechtmäßigen Aufenthalt** der Flüchtlinge (in der englischen Sprachfassung: „lawfully staying"; in der französischen:„résidant régulièrement") voraus. Dies unterscheidet sie von anderen Bestimmungen wie etwa von Art. 26 (Freizügigkeit), Art. 18 (Selbst[st]ändige Arbeit) oder Art. 32 (Ausweisung) –, welche es ihrem Wortlaut nach genügen lassen, dass sich der Flüchtling „rechtmäßig" im Gebiet des Vertragsstaats „befindet" (in der englischen Sprachfassung: „lawfully present"; in der französischen:„se trouvant régulièrement").

Die **Entstehungsgeschichte** (vgl. insoweit → Art. 15 Rn. 1 ff.) gibt keinen genauen Auf- **10** schluss über die Begriffsbedeutung; die Verhandlungen waren insofern von großen sprachlichen Unklarheiten geprägt (vgl. Zimmermann 1951 Convention/Teichmann Art. 15 Rn. 46 ff. mwN; Zimmermann 1951 Convention/Lester Art. 23 Rn. 29 ff., Art. 24 Rn. 25 f.).

Der Begriff der Rechtmäßigkeit verweist zur genauen Bestimmung des geforderten Grads **11** der Aufenthaltsverfestigung (notwendig) auf das **Recht des jeweiligen Vertragsstaats** (vgl. nur Zimmermann 1951 Convention/Edwards Rn. 39; vgl. BVerwGE 120, 206 Rn. 19 = NVwZ 2004, 1250 mwN).

Nach der Rechtsprechung des BVerwG (zu Art. 28 Abs. 1 S. 1; ausf. → Art. 28 Rn. 21 ff.) **12** beinhaltet rechtmäßiger Aufenthalt im Hoheitsgebiet eine „**besondere Beziehung des Betroffenen zu dem Vertragsstaat durch eine mit dessen Zustimmung begründete Aufenthaltsverfestigung**". Es genügt nicht die faktische Anwesenheit, selbst wenn sie dem Vertragsstaat bekannt ist und von diesem hingenommen wird (vgl. BVerwGE 120, 206 Rn. 19 = NVwZ 2004, 1250 mwN).

13   Während die anscheinend geringere Anforderungen an die Präsenz des Flüchtlings im Aufnahmestaat stellende Formulierung des rechtmäßigen Sichbefindens im Einzelnen umstritten ist (im Einzelnen → Art. 18 Rn. 7 ff.; → Art. 26 Rn. 7 ff.; → Art. 32 Rn. 7 ff.), ist für die Bestimmungen, welche die Anforderung eines rechtmäßigen Aufenthalts des Flüchtlings stellen, weithin anerkannt, dass die in ihnen enthaltenen Vorteile lediglich auf **unanfechtbar anerkannte Flüchtlinge** mit einer befristeten oder unbefristeten Aufenthaltserlaubnis Anwendung finden (vgl. da Costa, UNHCR Rights of Refugee, UNHCR POLAS/2006/02, 18; eingehend Zimmermann 1951 Convention/Edwards Rn. 32 ff.; vgl. insoweit auch → Art. 15 Rn. 1 ff.; nach teilweise vertretener aA wird rechtmäßiger Aufenthalt hingegen bereits bei Schutzsuchenden mit gewisser Aufenthaltsdauer, zB drei Monate, bejaht; vgl. Zimmermann 1951 Convention/Lester Art. 23 Rn. 29 ff. mwN).

2. Sachlicher Anwendungsbereich

14   Die Bestimmung Art. 17 bezieht sich auf die **Ausübung nichtselbstständiger Arbeit** (in der englischen Sprachfassung: „to engage in wage-earning employment"; in der französischen: „activité professionnelle salariée").

15   Nach dem systematischen Kontext der Vorschrift des Art. 17 im Kapitel III – Erwerbstätigkeit – ist die Ausübung einer nichtselbstständigen Arbeit iSv Art. 17 **abzugrenzen** von der Ausübung einer selbstständigen Tätigkeit in Landwirtschaft, Industrie, Handwerk und Handel sowie der Errichtung von Handels- und industriellen Unternehmen einerseits (näher → Art. 18 Rn. 13 f.) und der Ausübung einer freiberuflichen Erwerbstätigkeit (näher → Art. 19 Rn. 14 ff.) andererseits (→ Rn. 15.1).

15.1   Bereits die in Art. 17–19 erfolgende Bildung von Kategorien der Erwerbstätigkeit spricht für die **Alternativität der drei Fallgruppen.** Dies liegt für die Kategorien der nichtselbstständigen Arbeit nach Art. 17 einerseits und der selbstständigen Tätigkeit nach Art. 18 andererseits ebenso auf der Hand wie für die selbstständige, auf die genannten, abschließend aufgezählten Wirtschaftszweige beschränkte Tätigkeit nach Art. 18 einerseits und die freien Berufe nach Art. 19 andererseits. Ferner ist offenkundig, dass sich auch Art. 17 und 19 insoweit ausschließen, als es um die selbstständige oder die freien Berufs geht (vgl. VGH BW Beschl. v. 8.5.1995 – 9 S 1459/94, juris Rn. 6, NVwZ-RR 1996, 25).

16   Dabei ist die nichtselbstständige Arbeit **im weitesten Sinne zu verstehen,** um alle Fälle zu erfassen, in denen eine Person einer bezahlten Beschäftigung nachgeht. Art. 17 findet daher insbesondere Anwendung auf Personen, die Selbstständigen oder Freiberuflern assistieren (vgl. Grahl-Madsen Refugee Convention 1951 (4); Zimmermann 1951 Convention/Edwards Rn. 45).

17   **Freiberufler** hingegen werden – ungeachtet ihrer selbstständigen oder unselbstständigen Erwerbstätigkeit – von Art. 19 erfasst (vgl. insoweit eingehend → Art. 19 Rn. 17 ff.). Hinsichtlich des Begriffs des freien Berufs ist auf die jeweilige nationale Rechtsordnung abzustellen (vgl. insoweit auch → Art. 19 Rn. 14; → Rn. 17.1).

17.1   Daher ist etwa die Tätigkeit eines Konventionsflüchtlings als **Arzt im Angestelltenverhältnis** nicht in Art. 17, sondern in Art. 19 geregelt (vgl. VGH BW Beschl. v. 8.5.1995 – 9 S 1459/94, juris Rn. 6, NVwZ-RR 1996, 25; eingehend → Art. 19 Rn. 17.1 f.).

3. Verbindlicher Charakter

18   Art. 17 Abs. 1 stellt keine bloße Empfehlung dar, sondern begründet eine **verbindliche Pflicht** der Vertragsstaaten (vgl. Grahl-Madsen Refugee Convention 1951 (2); Zimmermann 1951 Convention/Edwards Rn. 31).

4. Grundsatz der Ausländergleichbehandlung

19   Der Grundsatz der Ausländergleichbehandlung findet sich bereits in der Bestimmung des **Art. 7 Abs. 1,** wonach vorbehaltlich der in diesem Abkommen vorgesehenen günstigeren Bestimmungen jeder vertragschließende Staat den Flüchtlingen die Behandlung gewähren wird, die er Ausländern im Allgemeinen gewährt. Beliefe sich Art. 17 Abs. 1 auf diesen Regelungsinhalt, wäre er freilich obsolet. Der „Mehrwert" des in Art. 17 Abs. 1 enthaltenen Gleichbehandlungsgebots erschließt sich zum einen aus der Einbeziehung der Formel „unter den gleichen Umständen" (→ Rn. 20), zum anderen aus der enthaltenen Meistbegünstigungsklausel (→ Rn. 22).

Die Formel **„unter den gleichen Umständen"** in Art. 17 Abs. 1 nimmt (ebenso wie zahlrei- **20** che andere Bestimmungen der GFK, namentlich Art. 13, Art. 15, Art. 18, Art. 19 Abs. 1, Art. 21, Art. 22 Abs. 2 und Art. 26) Bezug auf die **Legaldefinition in Art. 6,** welche die in den zitierten Bestimmungen enthaltenen Gleichbehandlungsgebote konkretisiert. Gemäß der in Art. 6 enthaltenen Legaldefinition ist der Ausdruck „unter den gleichen Umständen" dahingehend zu verstehen, dass die betreffende Person alle Bedingungen erfüllen muss (einschließlich derjenigen, die sich auf die Dauer und die Bedingungen des vorübergehenden oder des dauernden Aufenthalts beziehen), die sie erfüllen müsste, wenn sie nicht Flüchtling wäre, um das in Betracht kommende Recht in Anspruch zu nehmen, mit Ausnahme der Bedingungen, die ihrer Natur nach ein Flüchtling nicht erfüllen kann. Durch die Bezugnahme des Art. 17 Abs. 1 auf Art. 6 wird der Flüchtling iRd Art. 17 Abs. 1 mithin von der Notwendigkeit der Erfüllung solcher rechtlicher Voraussetzungen befreit, die der Betroffene gerade aufgrund seiner Flüchtlingseigenschaft struktu- rell („ihrer Natur nach") nicht erfüllen kann (vgl. zu Art. 26 Wissenschaftlicher Dienst des Deut- schen Bundestages – WD 2-3000-084/16, 8 f.; vgl. insoweit eingehend → Art. 6 Rn. 1 ff.).

Damit stellt Art. 17 Abs. 1 nicht nur einen formellen Grundsatz der Ausländergleichbehandlung **21** auf, den bereits Art. 7 Abs. 1 enthält, sondern stellt ein **besonderes Gleichbehandlungsgebot auf, das der Lebenssituation von Flüchtlingen Rechnung tragen soll** (vgl. Zimmer- mann 1951 Convention/Marx/Machts Art. 6 Rn. 3). Hierin liegt eine materielle Anreicherung des in Art. 7 Abs. 1 niedergelegten Grundsatzes der Ausländergleichbehandlung (vgl. insoweit auch → Art. 6 Rn. 1 ff.); denn Art. 7 Abs. 1 wäre bereits dadurch Genüge getan, dass man ausländerrechtliche Bestimmungen auf Flüchtlinge anwenden würde, selbst wenn diese bestimmten Voraussetzungen ihrer Natur nach nicht erfüllen können (zB weil deren Erfüllung die Flüchtlinge – oder deren ggf. im Herkunftsland verbliebene Angehörige – der Gefahr einer Verfolgung durch den Herkunftsstaat aussetzen würde; vgl. insoweit auch → Art. 6 Rn. 1 ff.). Die Bestimmung des Art. 17 Abs. 1 geht somit **über eine bereichsspezifische Affirmation des Art. 7 Abs. 1 hinaus.**

5. Meistbegünstigungsklausel

Die Bestimmung des Art. 17 Abs. 1 beschränkt sich jedoch nicht darauf, durch Bezugnahme **22** auf die Formel „unter den gleichen Umständen" einen materiell aufgeladenen Grundsatz der Ausländergleichbehandlung aufzustellen und – wie andere Bestimmungen der GFK, namentlich Art. 13, Art. 15, Art. 18, Art. 19 Abs. 1, Art. 21, Art. 22 Abs. 2 und Art. 26 – eine „möglichst günstige und jedenfalls nicht weniger günstige Behandlung" als anderen Ausländern zu gewährleis- ten. Art. 17 Abs. 1 geht darüber hinaus, indem es sogar **„die günstigste Behandlung"** einfordert, mithin einen Anspruch auf Meistbegünstigung aufstellt (vgl. nur VGH BW Beschl. v. 8.5.1995 – 9 S 1459/94, juris Rn. 6, NVwZ-RR 1996, 25). Der Flüchtling ist daher bei der Anwendung des innerstaatlichen Rechts so zu stellen, als wäre er Angehöriger der Ausländergruppe mit der vorteilhaftesten Rechtsstellung (vgl. VG München BeckRS 1997, 27752 Rn. 41).

Entstehungsgeschichtlich sollte mit dieser **Meistbegünstigungsklausel** dem Umstand Rech- **23** nung getragen werden, dass Flüchtlingen strukturell die Unterstützung ihrer eigenen Regierung im Hinblick auf völkerrechtliche Verträge im Bereich der nichtselbstständigen Beschäftigung ver- sagt bleibt. Art. 17 Abs. 1 lässt Flüchtlinge daher automatisch von solchen günstigen Bestimmungen profitieren, die irgendein anderer Staat für seine Staatsangehörigen mit dem Aufnahmestaat völker- vertraglich regelt (vgl. Grahl-Madsen Refugee Convention 1951 (3); Zimmermann 1951 Conven- tion/Edwards Rn. 40).

Hieraus folgt im Kontext der Europäischen Union die **Gleichstellung von Flüchtlingen 24 mit EU-Ausländern** im Hinblick auf Regelungen zur nichtselbstständigen Beschäftigung (vgl. Zimmermann 1951 Convention/Edwards Rn. 40).

Die Anwendung des Art. 17 Abs. 1 hat lediglich zur Folge, dass der Flüchtling bei der Anwen- **25** dung des innerstaatlichen Rechts so gestellt werden muss, als wäre er Angehöriger der Ausländer- gruppe mit der vorteilhaftesten Rechtsstellung. Dieser **relativen Gewährleistung** ist immanent, dass aus dem Grundsatz der Ausländergleichbehandlung mit Meistbegünstigungsklausel nicht zwingend ein Anspruch auf Erlaubnis der nichtselbstständigen Erwerbstätigkeit folgt. Vielmehr verhält sich der Umfang der Gewährleistung des Art. 17 Abs. 1 **akzessorisch zum innerstaatli- chen Recht.** Sofern das innerstaatliche Recht auch für diese Ausländergruppe keinen unbedingten Rechtsanspruch vorsieht, sondern lediglich die Erlaubnis ins Ermessen der zuständigen Behörde stellt, folgt aus Art. 17 Abs. 1 lediglich ein Anspruch auf fehlerfreie Ermessensausübung.

II. Spezifisches Schlechterstellungsverbot (Abs. 2)

26   Der in Art. 17 Abs. 1 aufgestellte Grundsatz der Ausländergleichbehandlung (→ Rn. 19 ff.) und der Meistbegünstigung (→ Rn. 22 ff.) wird in Art. 17 Abs. 2 ergänzt durch die verbindliche Regelung (→ Rn. 27) eines spezifischen Schlechterstellungsverbots (→ Rn. 28 ff.) zugunsten derjenigen Flüchtlinge, die eine der näher bestimmten Voraussetzungen erfüllen (→ Rn. 31 ff.).

1. Verbindlicher Charakter

27   Auch Art. 17 Abs. 2 stellt keine bloße Empfehlung dar, sondern begründet eine **verbindliche Pflicht** der Vertragsstaaten (vgl. Grahl-Madsen Refugee Convention 1951 (2); Zimmermann 1951 Convention/Edwards Rn. 31). Zu dem spezifischen Schlechterstellungsverbot des Art. 17 Abs. 2 wurden daher – folgerichtig – zahlreiche Vorbehalte (→ Rn. 38) erklärt (vgl. im Einzelnen Zimmermann 1951 Convention/Edwards Rn. 12).

2. Umfang des Schlechterstellungsverbots

28   Die über Art. 17 Abs. 1 hinausgehende Bedeutung des Schlechterstellungsverbots des Art. 17 Abs. 2 liegt darin, dass die nach innerstaatlichem Recht vorgesehenen einschränkenden Maßnahmen, die für Ausländer oder für die Beschäftigung von Ausländern zum Schutze des eigenen Arbeitsmarkts bestehen, auf die hier privilegierten Flüchtlinge keine Anwendung finden dürfen. Mit anderen Worten sind die von Art. 17 Abs. 2 privilegierten Flüchtlinge auch von denjenigen arbeitsmarktschützenden Restriktionen befreit, die selbst für Angehörige derjenigen Ausländergruppe mit der vorteilhaftesten Rechtsstellung Anwendung finden. Man könnte den Gehalt des Art. 17 Abs. 2 daher auch als **Freistellungsgebot** fassen; allerdings trägt der Begriff des Schlechterstellungsverbots der Regelungstechnik besser Rechnung.

29   Die Bestimmung des Art. 17 Abs. 2 betrifft allerdings ausschließlich Maßnahmen, die dem **Schutz des nationalen Arbeitsmarkts** dienen. Demgegenüber bleiben einschränkende Maßnahmen zu anderen Zwecken unberührt: Zu denken ist etwa an Beschäftigungsverbote von Ausländern in der nationalen Verteidigungsindustrie, die etwa auf Erwägungen der nationalen Sicherheit beruhen mögen, oder auch Staatsangehörigkeitsvorbehalte im öffentlichen Dienst (vgl. Grahl-Madsen Refugee Convention 1951 (5); Zimmermann 1951 Convention/Edwards Rn. 46).

30   Die einzelnen Voraussetzungen, unter denen ein Flüchtling vom Schlechterstellungsverbot des Art. 17 Abs. 2 erfasst ist, sind **alternativ** zu verstehen (vgl. Zimmermann 1951 Convention/Edwards Rn. 48). Dies gilt sowohl für die Voraussetzung der Vorbefreiung (vor lit. a; → Rn. 31) als auch für die die lit. a–c zugeordneten Voraussetzungen (→ Rn. 32 ff.).

3. Vorbefreiung (vor lit. a)

31   Das Schlechterstellungsverbot des Art. 17 Abs. 2 findet zum einen Anwendung auf Flüchtlinge, die beim Inkrafttreten dieses Abkommens durch den betreffenden Vertragsstaat bereits von einschränkenden Maßnahmen zum Schutz des nationalen Arbeitsmarkts befreit waren. Dieser Fallgruppe kommt zunehmend weniger praktische Relevanz zu. In den Vertragsstaaten, in denen die GFK bereits in der Nachkriegszeit in Kraft getreten ist, ist sie heute **praktisch gegenstandslos geworden** (vgl. Zimmermann 1951 Convention/Edwards Rn. 47).

4. Dreijähriger Aufenthalt (lit. a)

32   Von arbeitsmarktschützenden Restriktionen, die selbst für Angehörige derjenigen Ausländergruppe mit der vorteilhaftesten Rechtsstellung Anwendung finden, befreit sind nach Art. 17 Abs. 2 lit. a zudem Flüchtlinge, die sich „drei Jahre im Lande aufgehalten haben". Diese Voraussetzung war **entstehungsgeschichtlich besonders umstritten.** Auch hierzu wurden daher – folgerichtig – zahlreiche Vorbehalte (→ Rn. 38) erklärt; so haben etwa Zypern, Jamaica, Surinam und das Vereinigte Königreich im Rahmen eines Vorbehalts eine Erhöhung der erforderlichen Aufenthaltsdauer auf vier Jahre und Chile sogar auf zehn Jahre erklärt (vgl. im Einzelnen Zimmermann 1951 Convention/Edwards Rn. 12).

33   Sofern der Vertragsstaat keinen Vorbehalt erklärt hat, darf er keine längere Frist voraussetzen; eine **Verkürzung der Frist** auf weniger als drei Jahre ist nach Art. 17 Abs. 2 lit. a freilich möglich.

34   An die **Qualität des Aufenthalts** werden keine besonderen Anforderungen gestellt; es genüge die physische Präsenz im Aufenthaltsland, wobei die Aufenthaltsdauer auch durch kurze Reisen unterbrochen sein könne (vgl. Grahl-Madsen Refugee Convention 1951 (7)).

5. Ehe mit einem Staatsangehörigen des Aufnahmelands (lit. b)

Von arbeitsmarktschützenden Restriktionen, die selbst für Angehörige derjenigen Ausländer- **35** gruppe mit der vorteilhaftesten Rechtsstellung Anwendung finden, befreit sind nach Art. 17 Abs. 2 lit. b S. 1 auch Flüchtlinge, die mit einer Person, die die Staatsangehörigkeit des Aufnahmelands besitzt, die **Ehe geschlossen** haben. Streng nach dem Wortlaut des **Ausschlussgrunds in S. 2,** wonach sich der Flüchtling nicht auf die Vergünstigung dieser Bestimmung berufen kann, wenn er seinen Ehegatten verlassen hat, schadet umgekehrt das Verlassenwerden durch den Ehegatten nicht (vgl. Zimmermann 1951 Convention/Edwards Rn. 53). Auch diese Bestimmung war entstehungsgeschichtlich höchst umstritten. Diskutiert wurde etwa eine Berücksichtigung der Erfüllung familiärer Pflichten; dieser Ansatz wurde jedoch wegen der Komplexität der Definition entsprechender Umstände wieder fallengelassen. Neuere Interpretationsansätze versuchen, sowohl die Anforderungen der modernen Arbeitswelt zu verarbeiten, etwa indem sie getrennte Haushaltsführung nicht dem Ausschlussgrund zurechnen, als auch Weiterungen des Ehebegriffs aufzunehmen (vgl. Zimmermann 1951 Convention/Edwards Rn. 53; vgl. bereits Grahl-Madsen Refugee Convention 1951 (8)).

6. Kinder mit der Staatsangehörigkeit des Aufnahmelands (lit. c)

Von arbeitsmarktschützenden Restriktionen, die selbst für Angehörige derjenigen Ausländer- **36** gruppe mit der vorteilhaftesten Rechtsstellung Anwendung finden, befreit sind nach Art. 17 Abs. 2 lit. c schließlich Flüchtlinge, die mindestens ein Kind haben, das die Staatsangehörigkeit des Aufnahmelands besitzt. Mit diesem Freistellungstatbestand sollte der entstandenen stärkeren Verbindung zwischen der Flüchtlingsfamilie und dem Aufnahmeland Rechnung getragen werden (vgl. Zimmermann 1951 Convention/Edwards Rn. 54). Im Falle von Vätern, die ihr uneheliches Kind nicht anerkennen, wird – folgerichtig – die Nichtanwendung der Vorschrift befürwortet (vgl. Grahl-Madsen Refugee Convention 1951 (9)).

III. Wohlwollensklausel (Abs. 3)

Art. 17 Abs. 3 enthält eine Wohlwollensklausel („wohl wollend in Erwägung ziehen") hinsicht- **37** lich der rechtlichen Gleichstellung aller Flüchtlinge mit den eigenen Staatsangehörigen der Vertragsstaaten. Sie greift insbesondere zugunsten von Flüchtlingen ein, die im Rahmen eines Programmes zur Anwerbung von Arbeitskräften oder eines Einwanderungsplanes in ihr Gebiet gekommen sind. Diese Bestimmung enthält mehr eine Verpflichtung zu einem Prozess als zu einem Ergebnis. Entsprechend begründet sie auch **keinen verbindlichen Anspruch.** Mit ihr erkennen die Vertragsstaaten jedoch die zentrale Bedeutung von Erwerbstätigkeit für Integrationschancen, langfristigen Aufenthalt, wirtschaftliche Unabhängigkeit und Würde an (vgl. Zimmermann 1951 Convention/Edwards Rn. 55 f.). Insofern ähnelt die Vorschrift jener des Art. 34 im Hinblick auf die Erleichterung einer langfristigen Eingliederung und Einbürgerung von Flüchtlingen (→ Art. 34 Rn. 1).

C. Vorbehalte

Hinsichtlich der Bestimmung des Art. 17 (auch in Verbindung mit dem Protokoll über die **38** Rechtsstellung der Flüchtlinge v. 31.1.1967 → Rn. 4) lässt Art. 42 **Vorbehalte** zu. Die Tatsache, dass zahlreiche Vertragsstaaten von dieser Möglichkeit Gebrauch gemacht haben, spiegelt den kontroversen Charakter der Bestimmung wider (→ Rn. 3; → Rn. 38.1).

Folgende Staaten haben einen **Vorbehalt zu Art. 17** erklärt: **38.1**
- Äthiopien,
- Angola,
- Belgien,
- Botswana,
- Brasilien,
- Chile (insbesondere Erweiterung von drei auf zehn Jahre hinsichtlich Art. 17 Abs. 2 lit. a sowie Einschränkung des Art. 17 Abs. 2 lit. c auf Flüchtlinge, die Witwe/r eines chilenischen Ehegatten sind),
- Dänemark,
- Finnland,
- Frankreich,
- Honduras,
- Iran,

- Irland,
- Jamaika,
- Lettland,
- Liechtenstein,
- Luxemburg,
- Madagaskar,
- Malawi,
- Mexiko,
- Republik Moldawien,
- Mosambik,
- Niederlande,
- Norwegen,
- Österreich,
- Papua-Neuguinea,
- Portugal,
- Sambia,
- Schweden,
- Sierra Leone,
- Simbabwe,
- Spanien,
- Surinam,
- Uganda,
- Vereinigtes Königreich (insbesondere Erweiterung der drei auf vier Jahre hinsichtlich Art. 17 Abs. 2 lit. a) sowie
- Zypern (näher Zimmermann 1951 Convention/Edwards Rn. 12).

Eine **aktuelle Übersicht** über den Stand der Verträge findet sich in der United Nations Treaty Collection (https://treaties.un.org/Pages/Treaties.aspx?id=5&subid=A).

Artikel 18 Selbständige Tätigkeit

Die vertragschließenden Staaten werden den Flüchtlingen, die sich rechtmäßig in ihrem Gebiet befinden, hinsichtlich der Ausübung einer selbständigen Tätigkeit in Landwirtschaft, Industrie, Handwerk und Handel sowie der Errichtung von Handels- und industriellen Unternehmen eine möglichst günstige und jedenfalls nicht weniger günstige Behandlung gewähren, als sie Ausländern im allgemeinen unter den gleichen Umständen gewährt wird.

Überblick

Art. 18 ist die zweite der insgesamt drei Vorschriften in Kapitel III der GFK, die die Erwerbstätigkeit von Flüchtlingen betreffen und regelt den Bereich der selbstständigen Arbeit in bestimmten Wirtschaftszweigen (→ Rn. 1 ff.). Nach Art. 18 gewähren die Vertragsstaaten den Flüchtlingen, die sich rechtmäßig in ihrem Gebiet befinden, hinsichtlich der Ausübung einer selbstständigen Tätigkeit in Landwirtschaft, Industrie, Handwerk und Handel sowie der Errichtung von Handels- und industriellen Unternehmen eine möglichst günstige und jedenfalls nicht weniger günstige Behandlung, als sie Ausländern im allgemeinen unter den gleichen Umständen gewährt wird. Damit enthält Art. 18 in seinem personellen (→ Rn. 7 ff.) und sachlichen Anwendungsbereich (→ Rn. 13) eine Pflicht (→ Rn. 15) zu einer Ausländergleichbehandlung (→ Rn. 16 ff.) im Sinne eines Begünstigungsprinzips (→ Rn. 19 ff.).

Übersicht

A. Allgemeines

Art. 18 regelt die Ausübung einer **selbstständigen Tätigkeit** von Flüchtlingen in Landwirt- 1
schaft, Industrie, Handwerk und Handel sowie die Errichtung von Handels- und industriellen
Unternehmen. Die Bestimmung ist die zweite der drei Vorschriften in Kapitel III der GFK, die
die **Erwerbstätigkeit von Flüchtlingen** betreffen. Art. 18 wird ergänzt namentlich durch Art. 17
zur nichtselbstständigen Arbeit von Flüchtlingen (→ Art. 17 Rn. 1) und durch Art. 19 zur
freiberuflichen Tätigkeit von Flüchtlingen (→ Art. 19 Rn. 1 ff.). An der geringen Anzahl von
erklärten Vorbehalten unter den Vertragsstaaten – gerade im Gegensatz zu Art. 17 (im Einzelnen
→ Art. 17 Rn. 38) – lässt sich ablesen, dass die von Art. 18 erfassten Flüchtlinge von den
Vertragsstaaten weniger als Gefahr für den nationalen Arbeitsmarkt angesehen wurden (vgl. auch
→ Art. 19 Rn. 1). Zugleich sind die Rechtsfolgen weniger weitreichend als bei Art. 17 Abs. 1
und Abs. 2.

Diese Bestimmung hat **keine Vorläufer** im Abkommen v. 28.10.1933 über die internationale 2
Rechtsstellung der Flüchtlinge und im Abkommen v. 10.2.1938 über die Stellung der Flüchtlinge
aus Deutschland (vgl. näher Zimmermann 1951 Convention/Edwards Rn. 2).

Art. 18 hat Teil an der Erweiterung des Flüchtlingsbegriffs durch das **Protokoll über die** 3
Rechtsstellung der Flüchtlinge v. 31.1.1967 (BGBl. 1969 II 1293). Dies ergibt sich aus Art. I
Abs. 1 FlüchtlingsProt. Die Möglichkeit der Erklärung von Vorbehalten (→ Rn. 21) schränkt
auch das Protokoll nicht ein (vgl. Art. VII FlüchtlingsProt).

Eine im Wesentlichen gleichlautende Vorschrift zu Art. 18 findet sich – im Hinblick auf 4
Staatenlose – auch in Art. 18 StaatenlosenÜ (Übereinkommen über die Rechtsstellung der **Staa-**
tenlosen v. 28.9.1954, BGBl. 1976 II 473, BGBl. 1977 II 235).

B. Regelungsgehalt im Einzelnen

Die GFK gewährt den Personen, die von ihr erfasst werden, **unmittelbare Rechte** (vgl. 5
BVerwGE 88, 254 (257) = NVwZ 1992, 180; BVerwGE 7, 231 Rn. 9 = NJW 1959, 450).

Nach Art. 18 gewähren die Vertragsstaaten den Flüchtlingen, die sich rechtmäßig in ihrem 6
Gebiet befinden, hinsichtlich der Ausübung einer selbstständigen Tätigkeit in Landwirtschaft,
Industrie, Handwerk und Handel sowie der Errichtung von Handels- und industriellen Unternehmen eine möglichst günstige und jedenfalls nicht weniger günstige Behandlung, als sie Ausländern
im allgemeinen unter den gleichen Umständen gewährt wird. Damit enthält **Art. 18 im Über-**
blick in seinem personellen (→ Rn. 7 ff.) und sachlichen Anwendungsbereich (→ Rn. 13)
eine Pflicht (→ Rn. 15) zu einer Ausländergleichbehandlung (→ Rn. 16 ff.) im Sinne eines
Begünstigungsprinzips (→ Rn. 19 ff.).

I. Personeller Anwendungsbereich

Der **personelle Anwendungsbereich** des Art. 18 ist umstritten. Auf der einen Seite wird 7
vertreten, dass Art. 18 bereits auf nicht anerkannte Flüchtlinge Anwendung finde (→ Rn. 8); auf
der anderen Seite vertritt das Bundesverfassungsgericht in ständiger Rechtsprechung zum identischen Wortlaut in Art. 26, dass lediglich unanfechtbar anerkannte Flüchtlinge erfasst seien
(→ Rn. 10), was systematisch überzeugender ist (→ Rn. 12).

1. Anwendung des Art. 18 bereits auf Schutzsuchende?

Anders als viele andere Normen – wie etwa Art. 15 (Vereinigungsrecht), Art. 17 Abs. 1 8
(Nichtselbst[st]ändige Arbeit), Art. 19 Abs. 1 (Freie Berufe), Art. 20 (Rationierung), Art. 21
(Wohnungswesen), Art. 23 (Öffentliche Fürsorge) oder Art. 24 Abs. 1 (Arbeitsrecht und soziale
Sicherheit) – setzt Art. 18 – ebenso wie etwa Art. 26 (Freizügigkeit) und Art. 32 (Ausweisung) –
keinen „rechtmäßigen Aufenthalt" (in der englischen Sprachfassung: „lawfully staying"; in der
französischen:„résident régulièrement") des Flüchtlings voraus. Vielmehr lässt es Art. 18 – ebenso
wie etwa Art. 26 (Freizügigkeit) und Art. 32 (Ausweisung) – genügen, dass sich der Flüchtling
„rechtmäßig" im Gebiet des Vertragsstaats „befindet" (in der englischen Sprachfassung:
„lawfully present"; in der französischen: „se trouvant régulièrement"). Hieraus wird teilweise
geschlussfolgert, es genüge allein die physische Anwesenheit und fehlende Illegalität, nicht verlangt
werde hingegen ein Aufenthaltstitel (vgl. zu Art. 26 Zimmermann 1951 Convention/Marx Art. 26
Rn. 45 ff.; Marx, Handbuch zum Flüchtlingsschutz, 2. Aufl. 2012, § 56 Rn. 2). Nach Wortlaut
und Entstehungsgeschichte nicht erforderlich sei demgegenüber die formelle Zuerkennung der

Flüchtlingseigenschaft (vgl. zu Art. 26 eingehend Zimmermann 1951 Convention/Marx Art. 26 Rn. 58 ff.).

9   Speziell zu Art. 18 wird diesbezüglich jedoch einleuchtend eingewandt, dass es **praktische Probleme** aufwerfe, wenn Schutzsuchenden zunächst die gewerbliche Tätigkeit gestattet werde (mit der Folge längerfristiger vertraglicher und finanzieller Bindungen), ihnen später jedoch die Flüchtlingseigenschaft nicht zuerkannt werde (vgl. Zimmermann 1951 Convention/Edwards Rn. 15, gleichwohl dafür plädierend, diese Probleme auf Ebene des anzuwendenden Standards zu lösen).

2. Rechtsprechung in Deutschland

10   Die deutsche Rechtsprechung geht über diese sprachliche Unterscheidung hinweg: Nach ständiger Rechtsprechung des BVerfG zu Art. 26 (seit BVerfGE 80, 182 (187 f.) = NVwZ 1989, 951 mwN) betrifft die Voraussetzung, dass sich der Flüchtling „rechtmäßig" im Gebiet des Vertragsstaats „befindet", **nur unanfechtbar anerkannte Flüchtlinge,** nicht auch solche, die während des Asylverfahrens über eine Aufenthaltsgestattung verfügen (näher → Art. 26 Rn. 10.1 ff.).

11   Auch **hinsichtlich Art. 18** hat die obergerichtliche Rechtsprechung die Anwendbarkeit der Bestimmung nach unanfechtbarer Feststellung der Flüchtlingseigenschaft bejaht (vgl. VGH BW Beschl. v. 7.4.2004 – 13 S 431/04, juris Rn. 5, BeckRS 2004, 22172), freilich ohne zugleich einen weiter gefassten personellen Anwendungsbereich zu verneinen.

3. Stellungnahme

12   Für dieses engere Verständnis, wonach Art. 18 nur auf unanfechtbar anerkannte Flüchtlinge – und nicht auch auf Flüchtlinge, die sich noch im Asylverfahren befinden, – anwendbar ist, sprechen zum einen die aufgeworfenen **praktischen Problemen** einer vorzeitigen gewerblichen Tätigkeitsaufnahme (→ Rn. 9). Zum anderen spricht für diese Auslegung die „Einheit des Vertragswerks" mit Blick auf die Auslegung des insoweit wortlautgleichen Art. 26: Zwar reicht dieses Argument nicht so weit, auch den (insoweit ebenfalls wortlautgleichen) Art. 32 restriktiv auszulegen (eingehend → Art. 32 Rn. 1 ff.; → Art. 26 Rn. 11.2). Die **einheitliche Auslegung von Art. 18 und 26** erscheint jedoch im Hinblick darauf geboten, dass diese Bestimmungen jeweils die Gewährung von Rechtsvorteilen verbürgen (und damit grundrechtsdogmatisch ausgedrückt – anders als die auf Eingriffsabwehr zielende Bestimmung des Art. 32 – gewissermaßen „Leistungsrechte" gewähren),

II. Sachlicher Anwendungsbereich

13   Der sachliche Anwendungsbereich des Art. 18 umfasst die Ausübung einer selbstständigen Tätigkeit. Bei den nachfolgend genannten Wirtschaftszweigen „Landwirtschaft, Industrie, Handwerk und Handel" sowie „Errichtung von Handels- und industriellen Unternehmen" handelt es sich um eine **abschließende Aufzählung** (vgl. Zimmermann 1951 Convention/Edwards Rn. 22; ebenso VGH BW Beschl. v. 8.5.1995 – 9 S 1459/94, juris Rn. 6, NVwZ-RR 1996, 25). Nach dem systematischen Kontext der Vorschrift im Umfeld des Art. 17 und 19 ist von Art. 18 die Ausübung einer nichtselbstständigen Arbeit (näher → Art. 17 Rn. 14 ff.) sowie die Ausübung von freien Berufen durch Inhaber von durch die zuständigen Behörden des Vertragsstaats anerkannten Diplomen (näher → Art. 19 Rn. 13 ff.) nicht erfasst (→ Rn. 13.1).

13.1 Bereits die in Art. 17–19 erfolgende Bildung von Kategorien der Erwerbstätigkeit spricht für die **Alternativität der drei Fallgruppen.** Dies liegt für die Kategorien der nichtselbstständigen Arbeit nach Art. 17 einerseits und der selbstständigen Tätigkeit nach Art. 18 andererseits ebenso auf der Hand wie für die selbstständige, auf die genannten, abschließend aufgezählten Wirtschaftszweige beschränkte Tätigkeit nach Art. 18 einerseits und die freien Berufe nach Art. 19 andererseits (vgl. VGH BW Beschl. v. 8.5.1995 – 9 S 1459/94, juris Rn. 6, NVwZ-RR 1996, 25).

III. Gewährleistungsgehalt

14   Nach Art. 18 gewähren die Vertragsstaaten im personellen und sachlichen Anwendungsbereich der Vorschrift eine „möglichst günstige und jedenfalls nicht weniger günstige Behandlung, als sie Ausländern im allgemeinen und unter gleichen Umständen gewährt wird". Die Bestimmung des Art. 18 enthält damit eine Pflicht (→ Rn. 15) zu einer **Ausländergleichbehandlung** (→ Rn. 16 ff.) **im Sinne eines Begünstigungsprinzips** (→ Rn. 19 f.).

1. Verbindlicher Charakter

Art. 18 stellt keine bloße Empfehlung dar, sondern begründet eine **verbindliche Pflicht** der   **15** Vertragsstaaten (vgl. Zimmermann 1951 Convention/Edwards Rn. 9).

2. Grundsatz der Ausländergleichbehandlung

Der Grundsatz der Ausländergleichbehandlung findet sich bereits in der Bestimmung des **Art. 7**   **16** **Abs. 1,** wonach vorbehaltlich der in diesem Abkommen vorgesehenen günstigeren Bestimmungen jeder vertragschließende Staat den Flüchtlingen die Behandlung gewähren wird, die er Ausländern im Allgemeinen gewährt. Beliefe sich Art. 18 auf diesen Regelungsinhalt, wäre er freilich obsolet. Der „Mehrwert" des in Art. 18 enthaltenen Gleichbehandlungsgebots erschließt sich zum einen aus der Einbeziehung der Formel „unter den gleichen Umständen" (→ Rn. 17 f.), zum anderen aus der enthaltenen Begünstigungsklausel (→ Rn. 19 f.).

Die Formel **„unter den gleichen Umständen"** in Art. 18 nimmt (ebenso wie zahlreiche   **17** andere Bestimmungen der GFK, namentlich Art. 13, Art. 15, Art. 17 Abs. 1, Art. 19 Abs. 1, Art. 21, Art. 22 Abs. 2 und Art. 26) Bezug auf die **Legaldefinition in Art. 6,** welche die in den zitierten Bestimmungen enthaltenen Gleichbehandlungsgebote konkretisiert. Gemäß der in Art. 6 enthaltenen Legaldefinition ist der Ausdruck „unter den gleichen Umständen" dahingehend zu verstehen, dass die betreffende Person alle Bedingungen erfüllen muss (einschließlich derjenigen, die sich auf die Dauer und die Bedingungen des vorübergehenden oder des dauernden Aufenthalts beziehen), die sie erfüllen müsste, wenn sie nicht Flüchtling wäre, um das in Betracht kommende Recht in Anspruch zu nehmen, mit Ausnahme der Bedingungen, die ihrer Natur nach ein Flüchtling nicht erfüllen kann. Durch die Bezugnahme des Art. 18 auf Art. 6 wird der Flüchtling iRd Art. 18 mithin von der Notwendigkeit der Erfüllung solcher rechtlicher Voraussetzungen befreit, die der Betroffene gerade aufgrund seiner Flüchtlingseigenschaft strukturell („ihrer Natur nach") nicht erfüllen kann (vgl. zu Art. 26 Wissenschaftlicher Dienst des Deutschen Bundestages – WD 2-3000-084/16, 8 f.; vgl. insoweit eingehend → Art. 6 Rn. 1 ff.).

Damit stellt Art. 18 nicht nur einen formellen Grundsatz der Ausländergleichbehandlung auf,   **18** den bereits Art. 7 Abs. 1 enthält, sondern stellt ein **besonderes Gleichbehandlungsgebot auf,** **das der Lebenssituation von Flüchtlingen Rechnung tragen soll** (vgl. Zimmermann 1951 Convention/Marx/Machts Art. 6 Rn. 3). Hierin liegt eine materielle Anreicherung des in Art. 7 Abs. 1 niedergelegten Grundsatzes der Ausländergleichbehandlung (vgl. insoweit auch → Art. 6 Rn. 1 ff.); denn Art. 7 Abs. 1 wäre bereits dadurch Genüge getan, dass man ausländerrechtliche Bestimmungen auf Flüchtlinge anwenden würde, selbst wenn diese bestimmte Voraussetzungen ihrer Natur nach nicht erfüllen können (zB weil deren Erfüllung die Flüchtlinge – oder deren ggf. im Herkunftsland verbliebene Angehörige – der Gefahr einer Verfolgung durch den Herkunftsstaat aussetzen würde; vgl. insoweit auch → Art. 6 Rn. 1 ff.). Die Bestimmung des Art. 18 geht somit **über eine bereichsspezifische Affirmation des Art. 7 Abs. 1 hinaus.**

3. Begünstigungsprinzip

Mit der Formel „möglichst günstige und jedenfalls nicht weniger günstige Behandlung" (als   **19** Ausländern im allgemeinen und unter gleichen Umständen) enthält Art. 18 – ebenso wie andere Bestimmungen der GFK, namentlich Art. 13, Art. 15, Art. 17 Abs. 1, Art. 19 Abs. 1, Art. 21, Art. 22 Abs. 2 und Art. 26 – eine **Begünstigungsklausel** (vgl. VGH BW Beschl. v. 7.4.2004 – 13 S 431/04, juris Rn. 5, BeckRS 2004, 22172). Im Unterschied zur weitergehenden Bestimmung des Art. 17 Abs. 1, die „die günstigste Behandlung" im Bereich der nichtselbstständigen Arbeit einfordert und damit einen Anspruch auf Meistbegünstigung enthält (→ Art. 17 Rn. 22 ff.), handelt es sich bei Art. 18 lediglich um eine sog. **Wohlwollensklausel** (vgl. zu Art. 19 VGH BW Beschl. v. 8.5.1995 – 9 S 1459/94, juris Rn. 6, NVwZ-RR 1996, 25; → Art. 19 Rn. 23).

Deren Anwendung zwingt zwar nicht zur Gleichbehandlung mit Blick auf die günstigsten   **20** Bedingungen. Auch schließt diese Begünstigungsklausel ein einfachgesetzlich eingeräumtes ausländerbehördliches Ermessen nicht aus. Es kommt ihr jedoch **ermessensbeschränkende Wirkung** zu, deren Nichtbeachtung entsprechend einen Ermessensfehler darstellen kann (vgl. VGH BW Beschl. v. 7.4.2004 – 13 S 431/04, juris Rn. 5, BeckRS 2004, 22172).

C. Vorbehalte

Hinsichtlich der Bestimmung des Art. 18 (auch in Verbindung mit dem Protokoll über die   **21** Rechtsstellung der Flüchtlinge v. 31.1.1967, → Rn. 3) lässt Art. 42 **Vorbehalte** zu. Von dieser

Möglichkeit haben die Vertragsstaaten kaum Gebrauch gemacht (vgl. Zimmermann 1951 Convention/Edwards Rn. 5; → Rn. 21.1).

21.1   Lediglich Angola hat einen **Vorbehalt zu Art. 18** erklärt (näher Zimmermann 1951 Convention/Edwards Rn. 5). Eine **aktuelle Übersicht** über den Stand der Verträge findet sich in der United Nations Treaty Collection (https://treaties.un.org/Pages/Treaties.aspx?id=5&subid=A).

Artikel 19 Freie Berufe

1. Jeder vertragschließende Staat wird den Flüchtlingen, die sich rechtmäßig in seinem Gebiet aufhalten, Inhaber von durch die zuständigen Behörden dieses Staates anerkannten Diplomen sind und einen freien Beruf auszuüben wünschen, eine möglichst günstige und jedenfalls nicht weniger günstige Behandlung gewähren, als sie Ausländern im allgemeinen unter den gleichen Umständen gewährt wird.

2. Die vertragschließenden Staaten werden alles in ihrer Macht Stehende tun, um im Einklang mit ihren Gesetzen und Verfassungen die Niederlassung solcher Flüchtlinge in den außerhalb des Mutterlandes gelegenen Gebieten sicherzustellen, für deren internationale Beziehungen sie verantwortlich sind.

Überblick

Art. 19 ist die dritte der insgesamt drei Vorschriften in Kapitel III der GFK, die die Erwerbstätigkeit von Flüchtlingen betreffen und regelt den Bereich der freien Berufe. Art. 19 untergliedert sich in zwei Teile: Im Abs. 1 wird der Grundsatz der Ausländergleichbehandlung im Sinne eines Begünstigungsprinzips aufgestellt (→ Rn. 7 ff.). Damit enthält Art. 19 Abs. 1 – ebenso wie auch Art. 18 für den Bereich der selbstständigen Tätigkeit – in seinem personellen (→ Rn. 8 ff.) und sachlichen Anwendungsbereich (→ Rn. 13) eine Pflicht (→ Rn. 19) zu einer Ausländergleichbehandlung (→ Rn. 20 ff.) im Sinne eines Begünstigungsprinzips (→ Rn. 23 f.). Flankiert wird diese verbindliche Regelung durch eine Wohlwollensklausel in Art. 19 Abs. 2 (→ Rn. 25).

Übersicht

A. Allgemeines

1   Art. 19 regelt die **freiberufliche Tätigkeit** von Flüchtlingen und ist damit – neben Art. 17 und 18 (→ Art. 17 Rn. 1; → Art. 18 Rn. 1) zur unselbstständigen und selbstständigen Tätigkeit von Flüchtlingen – die dritte Vorschrift der GFK, die die **Erwerbstätigkeit** von Flüchtlingen regelt. An der geringen Anzahl von erklärten Vorbehalten durch die Vertragsstaaten (→ Rn. 26 f.) – gerade im Gegensatz zu Art. 17 (im Einzelnen → Art. 17 Rn. 38 f.) – lässt sich ablesen, dass die von Art. 19 erfassten freiberuflich tätigen Inhaber von Ausbildungsnachweisen von den Vertragsstaaten weniger als Gefahr für die nationalen Arbeitsmärkte angesehen werden (vgl. Zimmermann 1951 Convention/Edwards Rn. 10). Zugleich sind die Rechtsfolgen weniger weitgehend als bei Art. 17 Abs. 1 und Abs. 2 (vgl. insbesondere zur nicht möglichen analogen Anwendbarkeit des spezifischen Schlechterstellungsverbots des Art. 17 Abs. 2 auf Art. 19 BayVGH BeckRS 1994, 16485).

2   Diese Bestimmung hat **keine unmittelbaren Vorläufer** im Abkommen v. 28.10.1933 über die internationale Rechtsstellung der Flüchtlinge und im Abkommen v. 10.2.1938 über die Stellung der Flüchtlinge aus Deutschland (vgl. näher Zimmermann 1951 Convention/Edwards Rn. 3).

3   Art. 19 hat Teil an der Erweiterung des Flüchtlingsbegriffs durch das **Protokoll über die Rechtsstellung der Flüchtlinge** v. 31.1.1967 (BGBl. 1969 II 1293). Dies ergibt sich aus Art. I

Abs. 1 FlüchtlingsProt. Die Möglichkeit der Erklärung von Vorbehalten (→ Rn. 26) schränkt auch das Protokoll nicht ein (vgl. Art. VII FlüchtlingsProt).

Eine im Wesentlichen gleichlautende Vorschrift zu Art. 19 Abs. 1 findet sich – im Hinblick **4** auf Staatenlose – auch in Art. 19 StaatenlosenÜ (Übereinkommen über die Rechtsstellung der **Staatenlose** v. 28.9.1954, BGBl. 1976 II 473, BGBl. 1977 II 235). Art. 19 Abs. 2 findet dort hingegen keine Entsprechung.

B. Regelungsgehalt im Einzelnen

Die GFK gewährt den Personen, die von ihr erfasst werden, **unmittelbare Rechte** (vgl. **5** BVerwGE 88, 254 (257) = NVwZ 1992, 180; BVerwGE 7, 231 Rn. 9 = NJW 1959, 450).

Art. 19 untergliedert sich in zwei Teile: Im Abs. 1 wird der Grundsatz der Ausländergleichbe- **6** handlung im Sinne eines Begünstigungsprinzips aufgestellt (→ Rn. 7 ff.), während im Abs. 2 diese Regelung durch eine Wohlwollensklausel ergänzt wird (→ Rn. 25).

I. Ausländergleichbehandlung und Begünstigungsprinzip (Abs. 1)

Nach Art. 19 Abs. 1 gewähren die Vertragsstaaten im personellen (→ Rn. 8 ff.) und sachlichen **7** Anwendungsbereich (→ Rn. 13) der Vorschrift eine „möglichst günstige und jedenfalls nicht weniger günstige Behandlung, als sie Ausländern im allgemeinen und unter gleichen Umständen gewährt wird". Die Bestimmung des Art. 19 enthält damit eine Pflicht (→ Rn. 19) zu einer Ausländergleichbehandlung (→ Rn. 20 ff.) im Sinne eines Begünstigungsprinzips (→ Rn. 23 f.).

1. Personeller Anwendungsbereich

Die Bestimmung des Art. 19 setzt wie viele andere Normen der GFK – wie Art. 15 (Vereini- **8** gungsrecht), Art. 17 Abs. 1 (Nichtselbst[st]ändige Arbeit), Art. 20 (Rationierung), Art. 21 (Wohnungswesen), Art. 23 (Öffentliche Fürsorge), Art. 24 Abs. 1 (Arbeitsrecht und soziale Sicherheit) oder Art. 28 (Reiseausweise) – den **rechtmäßigen Aufenthalt** der Flüchtlinge (in der englischen Sprachfassung: „lawfully staying"; in der französischen:„résidant régulièrement") voraus. Damit unterscheidet sie sich von anderen Bestimmung – etwa von Art. 26 (Freizügigkeit), Art. 18 (Selbst[st]ändige Arbeit) oder Art. 32 (Ausweisung) –, welche es ihrem Wortlaut nach genügen lassen, dass sich der Flüchtling „rechtmäßig" im Gebiet des Vertragsstaats „befindet" (in der englischen Sprachfassung: „lawfully present"; in der französischen: „se trouvant régulièrement").

Die **Entstehungsgeschichte** (vgl. insoweit → Art. 15 Rn. 1 f.) gibt keinen genauen Auf- **9** schluss über die Begriffsbedeutung; die Verhandlungen waren insofern von großen sprachlichen Unklarheiten geprägt (vgl. Zimmermann 1951 Convention/Teichmann Art. 15 Rn. 46 ff. mwN; Zimmermann 1951 Convention/Lester Art. 23 Rn. 29 ff., Art. 24 Rn. 25 f.).

Der Begriff der Rechtmäßigkeit verweist zur genauen Bestimmung des geforderten Grads **10** der Aufenthaltsverfestigung (notwendig) auf das **Recht des jeweiligen Vertragsstaats** (vgl. nur Zimmermann 1951 Convention/Edwards Art. 17 Rn. 39; vgl. BVerwGE 120, 206 Rn. 19 mwN = NVwZ 2004, 1250).

Nach der Rechtsprechung des BVerwG (zu Art. 28 Abs. 1 S. 1; ausf. → Art. 28 Rn. 21 ff.) **11** beinhaltet rechtmäßiger Aufenthalt im Hoheitsgebiet eine „**besondere Beziehung des Betroffenen zu dem Vertragsstaat durch eine mit dessen Zustimmung begründete Aufenthaltsverfestigung**". Es genügt nicht die faktische Anwesenheit, selbst wenn sie dem Vertragsstaat bekannt ist und von diesem hingenommen wird (vgl. BVerwGE 120, 206 Rn. 19 mwN = NVwZ 2004, 1250).

Während die anscheinend geringere Anforderungen an die Präsenz des Flüchtlings im Aufnah- **12** mestaat stellende Formulierung des rechtmäßigen Sichbefindens im Einzelnen umstritten ist (im Einzelnen → Art. 18 Rn. 7 ff.; → Art. 26 Rn. 7 ff.; → Art. 32 Rn. 7 ff.), ist für die Bestimmungen, welche die Anforderung eines rechtmäßigen Aufenthalts des Flüchtlings stellen, weithin anerkannt, dass die in ihnen enthaltenen Vorteile lediglich auf **unanfechtbar anerkannte Flüchtlinge** mit einer befristeten oder unbefristeten Aufenthaltserlaubnis Anwendung finden (vgl. da Costa, UNHCR Rights of Refugee, UNHCR POLAS/2006/02, 18; eingehend Zimmermann 1951 Convention/Edwards Art. 17 Rn. 32 ff.; vgl. insoweit auch → Art. 15 Rn. 1 ff.; nach teilweise vertretener aA wird rechtmäßiger Aufenthalt hingegen bereits bei Schutzsuchenden mit gewisser Aufenthaltsdauer, zB drei Monate, bejaht; vgl. Zimmermann 1951 Convention/ Lester Art. 23 Rn. 29 ff. mwN).

2. Sachlicher Anwendungsbereich

13 Der sachliche Anwendungsbereich des Art. 19 umfasst die Ausübung von freien Berufen durch Inhaber von durch die zuständigen Behörden des Vertragsstaats anerkannten Diplomen. Hierin liegen **zwei – kumulative – Voraussetzungen:**

14 Hinsichtlich des **Begriffs des freien Berufs** ist auf die jeweilige nationale Rechtsordnung abzustellen, da sich Art. 19 sich mit der Einfügung in das wirtschaftliche und soziale System des Aufnahmestaates und mit der Behandlung der Konventionsflüchtlinge im Vergleich mit anderen Ausländern durch den Aufnahmestaat befasst, was es ausschließt, dem Begriff eine andere als die jeweils innerstaatlich geltende Bedeutung beizulegen (vgl. VGH BW Beschl. v. 8.5.1995 – 9 S 1459/94, juris Rn. 6, NVwZ-RR 1996, 25).

15 Weiterhin setzt Art. 19 voraus, dass der Flüchtling nicht nur einen freien Beruf auszuüben wünscht, er muss zudem **Inhaber eines durch die zuständigen Behörden dieses Staates anerkannten Diploms** sein. Der Begriff des Diploms ist weit zu verstehen; dessen Anerkennung setzt entweder voraus, dass der Flüchtling das Diplom in dem Aufnahmeland erworben hat oder sein außerhalb des Aufnahmelands erworbenes Diplom allgemein oder im Einzelfall anerkannt worden hat (vgl. Grahl-Madsen Refugee Convention 1951 (3)).

16 Nach dem systematischen Kontext der Vorschrift im Kapitel III – Erwerbstätigkeit ist die Ausübung einer freiberuflichen Tätigkeit iSv Art. 19 **abzugrenzen** von der Ausübung einer nichtselbstständigen Arbeit nach Art. 17 (näher → Art. 17 Rn. 14 ff.) sowie der Ausübung einer selbstständigen Tätigkeit in Landwirtschaft, Industrie, Handwerk und Handel sowie der Errichtung von Handels- und industriellen Unternehmen nach Art. 18 (näher → Art. 18 Rn. 13 f.; → Rn. 16.1).

16.1 Bereits die in Art. 17–19 erfolgende Bildung von Kategorien der Erwerbstätigkeit spricht für die **Alternativität der drei Fallgruppen.** Dies liegt für die Kategorien der nichtselbstständigen Arbeit nach Art. 17 einerseits und der selbstständigen Tätigkeit nach Art. 18 andererseits ebenso auf der Hand wie für die selbstständige, auf die genannten, abschließend aufgezählten Wirtschaftszweige beschränkte Tätigkeit nach Art. 18 einerseits und die freien Berufe nach Art. 19 andererseits. Ferner ist offenkundig, dass sich auch Art. 17 und 19 insoweit ausschließen, als es um die selbstständige Ausübung eines freien Berufs geht (vgl. VGH BW Beschl. v. 8.5.1995 – 9 S 1459/94, juris Rn. 6, NVwZ-RR 1996, 25).

17 Abgrenzungsschwierigkeiten bereitet vor allem die **Zuordnung der Erwerbstätigkeit eines nichtselbstständigen Freiberuflers** zu Art. 17 (nichtselbstständige Arbeit) oder Art. 19 (freie Berufe). Die Abgrenzung ist nach Wortlaut, Systematik sowie Sinn und Zweck dahingehend vorzunehmen, dass auch ein nichtselbstständig tätiger Freiberufler dem Anwendungsbereich des Art. 19 zuzuordnen ist (→ Rn. 17.1 ff.).

17.1 Nach überzeugender Auffassung haftet den **freien Berufen die Besonderheit an, selbstständig wie nichtselbstständig ausgeübt werden zu können.** Von daher bot sich die Schaffung einer gesonderten Regelung an. Hätten die Vertragsstaaten nur die selbstständige Ausübung der freien Berufe gesondert regeln wollen, hätte es hingegen keinen Anlass für die Bildung eines eigenen Artikels gegeben, vielmehr hätte ihre Aufnahme in Art. 18 nahegelegen, zumal die Rechtsfolgen von Art. 18 und 19 identisch sind. Nicht ersichtlich ist, dass die Konvention oder das Völkerrecht allgemein einen eigenen Begriff des freien Berufs kennt, der eine andere Auslegung gebieten könnte (vgl. VGH BW Beschl. v. 8.5.1995 – 9 S 1459/94, juris Rn. 6, NVwZ-RR 1996, 25).

17.2 Von diesen begrifflichen und systematischen Überlegungen abgesehen entspricht auch nur diese Auslegung den Zielen und Zwecken der GFK im Allgemeinen und den Art. 17–19 im Besonderen (vgl. VGH BW Beschl. v. 8.5.1995 – 9 S 1459/94, juris Rn. 6, NVwZ-RR 1996, 25): Die Vertragsstaaten haben sich darin zwar zur vorübergehenden Aufnahme von Flüchtlingen bereit erklärt, sie sind andererseits aber **keine generelle Verpflichtung zur dauernden Aufnahme und zur Integration** eingegangen. Dies spiegelt sich in den Vereinbarungen über die Gestattung der Erwerbstätigkeit wider. Sie soll jedem anerkannten Flüchtling möglich sein, damit er prinzipiell nicht auf Mildtätigkeit anderer oder staatliche Fürsorge angewiesen ist, sondern für seinen Lebensunterhalt selbst sorgen kann. Wenn die Vertragsstaaten sich verpflichtet haben, Konventionsflüchtlingen hinsichtlich der Erlaubnis für nichtselbstständige Arbeit die „günstigste Behandlung", hinsichtlich der Erlaubnis selbstständiger und freiberuflicher Tätigkeit aber nur „eine möglichst günstige und jedenfalls nicht weniger günstige Behandlung" im Vergleich zu anderen Ausländern einzuräumen, haben sie einen **Vorbehalt gegenüber denjenigen Erwerbstätigkeiten deutlich zum Ausdruck gebracht, die den höheren Grad der Integration sowohl voraussetzen als auch bewirken** und dadurch zu einer intensiveren Verfestigung der Aufenthaltsposition führen als die bloße Ausübung nichtselbstständiger Arbeit. Insoweit bestehen zwischen angestellten und selbstständig tätigen Ärzten keine wesentlichen Unterschiede (vgl. VGH BW Beschl. v. 8.5.1995 – 9 S 1459/94, juris Rn. 6, NVwZ-RR 1996, 25 mwN)

Damit ist etwa die Tätigkeit eines Konventionsflüchtlings als **Arzt im Angestelltenverhältnis** 18 nicht in Art. 17, sondern in Art. 19 geregelt (vgl. VGH BW Beschl. v. 8.5.1995 – 9 S 1459/94, juris Rn. 6, NVwZ-RR 1996, 25; aA VG Aachen InfAuslR 1992, 24; offen lassend VG München BeckRS 1997, 27752 Rn. 41).

3. Verbindlicher Charakter

Die Bestimmung des Art. 19 Abs. 1 stellt keine bloße Empfehlung dar, sondern begründet 19 eine **verbindliche Pflicht** der Vertragsstaaten (vgl. Zimmermann 1951 Convention/Edwards Rn. 14).

4. Grundsatz der Ausländergleichbehandlung

Der Grundsatz der Ausländergleichbehandlung findet sich bereits in der Bestimmung des **Art. 7** 20 **Abs. 1,** wonach vorbehaltlich der in diesem Abkommen vorgesehenen günstigeren Bestimmungen jeder vertragschließende Staat den Flüchtlingen die Behandlung gewähren wird, die er Ausländern im Allgemeinen gewährt. Beliefe sich Art. 19 Abs. 1 auf diesen Regelungsinhalt, wäre er freilich obsolet. Der „Mehrwert" des in Art. 19 Abs. 1 enthaltenen Gleichbehandlungsgebots erschließt sich zum einen aus der Einbeziehung der Formel „unter den gleichen Umständen" (→ Rn. 21 f.), zum anderen aus der enthaltenen Begünstigungsklausel (→ Rn. 23 f.).

Die Formel **„unter den gleichen Umständen"** in Art. 19 Abs. 1 nimmt (ebenso wie zahlrei- 21 che andere Bestimmungen der GFK, namentlich Art. 13, Art. 15, Art. 17 Abs. 1, Art. 18, Art. 21, Art. 22 Abs. 2 und Art. 26) Bezug auf die **Legaldefinition in Art. 6,** welche die in den zitierten Bestimmungen enthaltenen Gleichbehandlungsgebote konkretisiert. Gemäß der in Art. 6 enthaltenen Legaldefinition ist der Ausdruck „unter den gleichen Umständen" dahingehend zu verstehen, dass die betreffende Person alle Bedingungen erfüllen muss (einschließlich derjenigen, die sich auf die Dauer und die Bedingungen des vorübergehenden oder des dauernden Aufenthalts beziehen), die sie erfüllen müsste, wenn sie nicht Flüchtling wäre, um das in Betracht kommende Recht in Anspruch zu nehmen, mit Ausnahme der Bedingungen, die ihrer Natur nach ein Flüchtling nicht erfüllen kann. Durch die Bezugnahme des Art. 19 Abs. 1 auf Art. 6 wird der Flüchtling im Rahmen des Art. 19 Abs. 1 mithin von der Notwendigkeit der Erfüllung solcher rechtlicher Voraussetzungen befreit, die der Betroffene gerade aufgrund seiner Flüchtlingseigenschaft strukturell („ihrer Natur nach") nicht erfüllen kann (vgl. zu Art. 26 Wissenschaftlicher Dienst des Deutschen Bundestages – WD 2-3000-084/16, 8 f.; vgl. insoweit eingehend → Art. 6 Rn. 1 ff.).

Damit stellt Art. 19 Abs. 1 nicht nur einen formellen Grundsatz der Ausländergleichbehandlung 22 auf, den bereits Art. 7 Abs. 1 enthält, sondern stellt ein **besonderes Gleichbehandlungsgebot auf, das der Lebenssituation von Flüchtlingen Rechnung tragen soll** (vgl. Zimmermann 1951 Convention/Marx/Machts Art. 6 Rn. 3). Hierin liegt eine materielle Anreicherung des in Art. 7 Abs. 1 niedergelegten Grundsatzes der Ausländergleichbehandlung (vgl. insoweit auch → Art. 6 Rn. 1 ff.); denn Art. 7 Abs. 1 wäre bereits dadurch Genüge getan, dass man ausländerrechtliche Bestimmungen auf Flüchtlinge anwenden würde, selbst wenn diese bestimmte Voraussetzungen ihrer Natur nach nicht erfüllen können (zB weil deren Erfüllung die Flüchtlinge – oder deren ggf. im Herkunftsland verbliebene Angehörige – der Gefahr einer Verfolgung durch den Herkunftsstaat aussetzen würde; vgl. → Art. 6 Rn. 1 ff.). Die Bestimmung des Art. 19 Abs. 1 geht somit **über eine bereichsspezifische Affirmation des Art. 7 Abs. 1 hinaus.**

5. Begünstigungsprinzip

Mit der Formel „möglichst günstige und jedenfalls nicht weniger günstige Behandlung" (als 23 Ausländern im allgemeinen und unter gleichen Umständen) enthält Art. 19 – ebenso wie andere Bestimmungen der GFK, namentlich Art. 13, Art. 15, Art. 18, Art. 21, Art. 22 Abs. 2 und Art. 26 – eine **Begünstigungsklausel.** Im Unterschied zur weitergehenden Bestimmung des Art. 17 Abs. 1, die „die günstigste Behandlung" im Bereich der nichtselbständigen Arbeit einfordert und damit einen Anspruch auf Meistbegünstigung enthält (→ Art. 17 Rn. 22 ff.), handelt es sich bei Art. 19 lediglich um eine sog. **Wohlwollensklausel** (vgl. VGH BW Beschl. v. 8.5.1995 – 9 S 1459/94, juris Rn. 6, NVwZ-RR 1996, 25).

Deren Anwendung zwingt zwar nicht zur Gleichbehandlung mit Blick auf die günstigsten 24 Bedingungen. Der Begünstigungsklausel des Art. 19 Abs. 1 kommt jedoch **ermessensbeschrän-**

kende Wirkung zu, deren Nichtbeachtung entsprechend einen Ermessensfehler darstellen kann (vgl. zu Art. 18 VGH BW Beschl. v. 7.4.2004 – 13 S 431/04, juris Rn. 5, BeckRS 2004, 22172; → Art. 18 Rn. 20).

II. Gewährleistungsgehalt des Abs. 2

25   Art. 19 Abs. 2 enthält – ähnlich wie Art. 17 Abs. 3 – eine **Wohlwollensklausel** („alles in ihrer Macht Stehende tun") hinsichtlich der Sicherstellung, dass sich beruflich qualifizierte Flüchtlinge in den außerhalb des Mutterlandes gelegenen Gebieten niederlassen. Die Bestimmung ist daher **iVm Art. 40** (Klausel zur Anwendung auf andere Gebiete) zu lesen. Sie erklärt sich entstehungsgeschichtlich vor dem Hintergrund des Drucks mancher Staaten, Flüchtlinge nicht in Metropolregionen mit ausgeprägtem Wettbewerb auf dem Arbeitsmarkt anzusiedeln. Auch diese Bestimmung enthält mehr eine Verpflichtung zu einem Prozess als zu einem Ergebnis. Entsprechend begründet sie auch **keinen Anspruch.** Im Gegenteil, fehlt bereits jeglicher Anhaltspunkt in Bezug auf eine irgendwie geartete Wahlfreiheit des Flüchtlings selbst. Insofern müsste die Bestimmung, sofern sie heute zur Anwendung käme, mit Art. 26 oder ähnlicher menschenrechtlicher Bestimmungen in Ausgleich gebracht werden (vgl. Zimmermann 1951 Convention/Edwards Rn. 23 f.).

C. Vorbehalte

26   Hinsichtlich der Bestimmung des Art. 19 (auch in Verbindung mit dem Protokoll über die Rechtsstellung der Flüchtlinge v. 31.1.1967, → Rn. 3) lässt Art. 42 **Vorbehalte** zu. Von dieser Möglichkeit haben die Vertragsstaaten kaum Gebrauch gemacht (vgl. Zimmermann 1951 Convention/Edwards Rn. 10; → Rn. 26.1).

26.1   Folgende Staaten haben einen **Vorbehalt zu Art. 19** erklärt:
- Malawi und
- Mosambik (näher Zimmermann 1951 Convention/Edwards Art. 17 Rn. 12).

     Eine **aktuelle Übersicht** über den Stand der Verträge findet sich in der United Nations Treaty Collection (https://treaties.un.org/Pages/Treaties.aspx?id=5&subid=A).

Kapitel IV. Wohlfahrt

Artikel 20 Rationierung

     Falls ein Rationierungssystem besteht, dem die Bevölkerung insgesamt unterworfen ist und das die allgemeine Verteilung von Erzeugnissen regelt, an denen Mangel herrscht, werden Flüchtlinge wie Staatsangehörige behandelt.

Überblick

     Art. 20 verpflichtet die Vertragsstaaten, Flüchtlinge und Asylbewerber (→ Rn. 1) in Fällen, in denen ein Rationierungssystem (→ Rn. 2) hinsichtlich eines Gutes an dem Mangel für die gesamte Bevölkerung (→ Rn. 3) besteht (→ Rn. 4), mit den eigenen Staatsangehörigen gleich zu behandeln (→ Rn. 5). Dabei können Abweichungen für Flüchtlinge mit besonderen Bedürfnissen (→ Rn. 6) und kulturelle Hintergründe weiterhin vorgenommen werden (→ Rn. 7).

A. Anwendungsbereich

I. Persönlicher Anwendungsbereich

1   Der Gleichbehandlungsanspruch aus Art. 20 erfasst alle **Flüchtlinge iSv Art. 1,** ohne besondere Anforderungen an deren Aufenthalt. Aufgrund des Fehlens einer besonderen Anforderung und der deklaratorischen Natur der Feststellung der Flüchtlingseigenschaft (→ Art. 1 Rn. 1 ff.) ist Art. 20 **auch auf jeden Asylbewerber,** solange sein Status noch nicht geklärt ist (→ Art. 1 Rn. 1 ff.), und auf sich **illegal aufhaltende Flüchtlinge** (vgl. Zimmermann 1951 Convention/ Metzger Art. 14 Rn. 38, **aA** Weis Refugees Convention 1951 123; Grahl-Madsen Refugee Convention 1951 Art. 14 (II)) anzuwenden.

II. Sachlicher Anwendungsbereich

1. Rationierungssystem

Art. 20 setzt **das Bestehen eines Rationierungssystems voraus.** Es dient der Ver- und **2** Zuteilung von wesentlichen Gütern, an denen ein Mangel besteht, durch den Staat. Zumeist sind solche Situationen durch staatliche Notsituationen bedingt. Welcher Natur diese Not ist, ist für die Norm irrelevant. Als Beispiele sind Wirtschaftskrisen, Kriege wie auch Nachkriegssituationen zu nennen. Insoweit wurde Art. 20 eindeutig im Lichte der Nachkriegszeit gedacht, in welcher ein Rationierungssystem innerhalb Europas noch in weiten Teilen nötig war (Zimmermann 1951 Convention/Lester Rn. 2). Heute ist der Anwendungsbereich gering, kann jedoch eine wesentliche Rolle innerhalb von Entwicklungsstaaten in Kriegs- oder Nachkriegszeiten spielen (Zimmermann 1951 Convention/Lester Rn. 14).

2. Bevölkerung insgesamt Unterworfen

Entgegen dem Wortlaut verlangt Art. 20 kein Rationierungssystem, welches auf dem gesamten **3** Staatsterritorium operiert. Ausreichend ist es, **wenn ein räumlicher Teil der Bevölkerung betroffen** ist (Zimmermann 1951 Convention/Lester Rn. 31).

3. Erzeugnisse an denen Mangel herrscht

Die Anwendung des Art. 20 im Falle einer Rationierung erfasst **Lebensmittel, aber auch** **4** **Kleidung, Seife und andere notwendigen Hygieneartikel, wie auch Benzin** (Grahl-Madsen Refugee Convention 1951 (2)). Im Weiteren findet Art. 20 auch Anwendung auf die Rationierung und Verteilung von Gütern für wirtschaftliche und industrielle Zwecke (vgl. Zimmermann 1951 Convention/Lester Rn. 11). **Nicht erfasst werden Unterkünfte** (vgl. Zimmermann 1951 Convention/Lester Rn. 12), welche in Art. 21 (Wohnungswesen) im speziellen geregelt werden.

B. Umfang der Gewährleistung

Der Aufnahmestaat ist nach Art. 20 im Falle der Einführung eines Rationierungssystems ver- **5** pflichtet, Flüchtlinge **mit den eigenen Staatsangehörigen gleichzustellen.** Damit besteht in Fällen der Rationierung hinsichtlich Flüchtlingen ein Diskriminierungsverbot durch Gleichstellung mit den eigenen Staatsangehörigen. Eine **Pflicht, ein Rationierungssystem einzurichten,** besteht nicht (Hathaway Rights of Refugees 470; → Rn. 5.1).

Der Wortlaut ist hier eindeutig. Die Konstruktion als konditionale Anknüpfung „falls" (Originaltexte: **5.1** „where a rationing system exists [...]", „Dans le cas où il existe un système de rationement [...]") setzt das Bestehen eines solchen Systems als Bedingung voraus (Hathaway Rights of Refugees 470). Des Weiteren zielt Sinn und Zweck der Norm auf eine Gleichstellung innerhalb des Rationierungssystems ab, nicht auf eine Schaffung eines solchen für alle Bürger.

Trotz der Pflicht zur Gleichbehandlung kann der Staat das Verteilungssystem nach den speziellen **6** Bedürfnissen einzelner Personengruppen (wie zB alte Menschen, Kinder, Männer und Frauen) **dennoch abstufen.** Die Abstufung muss dabei im eingeführten Rationierungssystem selbst enthalten sein. Eine solche Unterscheidung war auch durch die Vertragsstaaten weiterhin gewollt. Dies ergibt sich aus dem zuvor verhandelten Wortlaut „on the same footing" (UN Ad Hoc Committee on Statelessness and Related Problems, E/AC.32/2, als Art. 18; E/AC.32/L.42, als Art. 15), welcher gedanklich in der Norm erhalten bleiben sollte, jedoch aus rein stilistischen Gründen gestrichen wurde (Weis Refugees Convention 1951 160). Art. 20 sollte weiterhin die notwendige Flexibilität für notwendige Abweichungen beibehalten (Hathaway Rights of Refugees 469 f.; Zimmermann 1951 Convention/Lester Rn. 8).

Unter Umständen kann auch eine **Andersbehandlung hinsichtlich kultureller spezifischer** **7** **Bedürfnisse** notwendig sein (E/AC.32/Sr.15, S. 3; vgl. Zimmermann 1951 Convention/Lester Rn. 7). Der Wortlaut selbst enthält keinen Raum zur Rücksichtnahme hinsichtlich kultureller oder religiöser Gepflogenheiten. Eine systematische Betrachtung mit Blick auf Art. 3 (→ Art. 3 Rn. 1 ff.) legt eine solche Behandlung jedoch nahe, wie auch, dass eine mögliche diskriminierende Behandlung hinsichtlich religiöser oder kultureller Aspekte und Gepflogenheiten möglicherweise zu einem **constructive refoulement** führen kann (Zimmermann 1951 Convention/Lester Rn. 19). Die Miteinbeziehung kultureller oder religiösen Bedürfnisse in Art. 20 entspricht auch dem heutigen menschenrechtlichen Standard (Zimmermann 1951 Convention/Lester Rn. 18, 21 ff.).

C. Vorbehalte

8   Vorbehalte gegenüber Art. 20 erklärten Ägypten und Osttimor (näher Zimmermann 1951 Convention/Lester Rn. 14).

Artikel 21 Wohnungswesen

Hinsichtlich des Wohnungswesens werden die vertragschließenden Staaten insoweit, als diese Angelegenheit durch Gesetze oder sonstige Rechtsvorschriften geregelt ist oder der Überwachung öffentlicher Behörden unterliegt, den sich rechtmäßig in ihrem Gebiet aufhaltenden Flüchtlingen eine möglichst günstige und jedenfalls nicht weniger günstige Behandlung gewähren, als sie Ausländern im allgemeinen unter den gleichen Umständen gewährt wird.

Überblick

Art. 21 verpflichtet die Vertragsstaaten, Flüchtlinge, welche sich rechtmäßigen in deren Staatsgebiet aufhalten (→ Rn. 1), in Bezug auf den Kauf, Bau und der Finanzierung von Unterkünften (→ Rn. 3), insofern diese Sachverhalte staatlichen Regelungen unterfallen (→ Rn. 5), mindestens mit Ausländern im Allgemeinen und unter gleichen Umständen gleich zu behandeln (→ Rn. 8).

A. Anwendungsbereich

I. Persönlicher Anwendungsbereich

1   Art. 21 setzt voraus, dass der Flüchtling iSv Art. 1 **sich rechtmäßig im Territorium des Aufnahmestaates aufhält.** Art. 21 findet daher nur auf anerkannte Flüchtlinge Anwendung, welche sich mehr als drei Monate im Staatsgebiet aufhalten („lawfully staying", → Art. 15 Rn. 2, → Rn. 1.1).

1.1   Diese Begrenzung des persönlichen Anwendungsbereichs konnte sich gegenüber der weiter gefassten vorherigen Fassung mit der Voraussetzung **„lawfully admitted"** (vgl. Zimmermann 1951 Convention/Leckie/Simperingham Rn. 45) innerhalb der Verhandlungen durchsetzen. Für die Verschärfung findet sich keine Begründung innerhalb der Travaux Préparatoires. Diese lässt sich aber innerhalb Art. 21 letztlich mit dem zu der Zeit der Verhandlungen herrschendem akutem Wohnungsmangel, als Begrenzungsmaßnahme des Adressatenkreises erklären (Hathaway Rights of Refugees 825; Zimmermann 1951 Convention/Leckie/Simperingham Rn. 45).

2   Flüchtlinge, welche das Erfordernis des **„rechtmäßigen Aufenthalts" nicht erfüllen, sind nach dem allgemein Standard aus Art. 7 Abs. 1** (→ Art. 7 Rn. 1) zu behandeln. Weiterreichende Rechte, unabhängig vom Status, vor allem in Bezug auf die Angemessenheit der Unterkunft (→ Rn. 4.1), folgen aus **den Menschenrechtsgarantien** (→ Rn. 2.1).

2.1   Das Recht auf eine Unterkunft ist unter anderem in Art. 2 Abs. 3 IPWSKR, Art. 25 Abs. 1 AEMR, in der Sache auch in Art. 27 Abs. 3 KRK, Art. 11 IPWSKR geregelt. National bemessen sich die Pflicht zur Bereitstellung einer Unterkunft und der Unterkunftsstandard, zumindest in den Fällen von staatlicher Unterbringung, an Art. 1 GG (iVm Art. 20 Abs. 1 GG; anzumerken ist hier, dass ungleich zu Art. 21, der menschenrechtliche Schutz jedem Menschen zusteht, der sich im Staatsgebiet befindet, damit auch Asylbewerbern).

II. Sachlicher Anwendungsbereich

1. Wohnungswesen

3   Der Begriff „Wohnungswesen" erfasst die Unterbringung selbst sowie auch den Kauf, den Bau und die Finanzierung einer Unterkunft (Grahl-Madsen Refugee Convention 1951 (2)). **Art. 21 steht damit in sachlicher Nähe zu Art. 13.** Beide Normen decken sich weitestgehend, insofern auch richtigerweise unter Art. 13 die Rechte aus dem Eigentum zu fassen sind (Zimmer-

mann 1951 Convention/Leckie/Simperingham Rn. 15). Da die Behandlungsstandards in beiden Artikeln gleich sind, ist eine klare Trennung auch von keiner großen Bedeutung. Ein wesentlicher Unterschied zu Art. 13 besteht nur dann, wenn unter Wohnungswesen auch die Mindestqualität der Unterkunft als angemessen zu fassen ist (so Zimmermann 1951 Convention/Leckie/Simperingham Rn. 41).

Zur Bestimmung dieses Minimalstandards und zur Bestimmung der Angemessenheit ist die **4** **Entwicklung der internationalen Menschenrechte** wie auch der innerstaatliche Standard (zB Art. 1 GG; → Rn. 2.1) mit zu beachten (Zimmermann 1951 Convention/Leckie/Simperingham Rn. 41; → Rn. 4.1). Diese sind im Ergebnis auch wesentlich ergiebiger. Sieht man nämlich unter Art. 21 auch die Angemessenheit einer Unterkunft als erfasst an, so vermittelt auch hier Art. 21 lediglich einen Gleichbehandlungsanspruch (→ Rn. 9).

Die Angemessenheit staatlicher Unterkünfte, wie die Erstaufnahme für Asylbewerber (dieser Personen- **4.1** kreis wird gerade nicht von Art. 21 erfasst), muss sich an Art. 1 GG (iVm Art. 20 GG), Art. 2 Abs. 1 GG (Recht auf Gesundheit); Art. 3 EMRK; Art. 27 Abs. 3 UN-Kinderrechtskonvention; Art. 11 Abs. 1 IPWSKR messen lassen, welche einen absoluten Mindeststandard vorschreiben. Zu dem Recht auf angemessene Unterkunft führt der Ausschuss für wirtschaftliche, soziale und kulturelle Rechte der Vereinten Nationen im Einzelnen aus, dass zwar die „Angemessenheit" von sozialen, wirtschaftlichen, kulturellen, klimatischen, ökologischen und anderen Faktoren abhängig ist und damit einen relativen Standard aufstellt; dennoch sind folgende Aspekte verbindlich zu beachten: die Sicherheit im Hinblick auf die Wohnverhältnisse (Schutz vor Zwangsräumung, Schikane und Bedrohungslagen) wie auch die Verfügbarkeit von Dienstleistungen, Anlagen und Infrastruktur (Trinkwasser, Anschlüsse, Energieversorgung zum Kochen, Heizen, Beleuchtung und Müllentsorgung), die Erschwinglichkeit (hinsichtlich Kosten), die Bewohnbarkeit (physische Sicherheit, Platz, Schutz gegen Witterung, und sonstige gesundheitliche Aspekte), die Örtlichkeit (Zugang zu Arbeitsmöglichkeiten, Gesundheitsinfrastruktur, Schulen, Kitas und sonstige soziale Einrichtungen) sowie die kulturelle Angemessenheit unter Beachtung der kulturellen Identität (CESCR, General Comment No. 4: The Right to Adequate Housing, 13.12.1991). Ein Mindeststandard wird im AsylG einzelgesetzlich nicht vorgegeben. In der EU-Aufnahme-RL (RL 2013/33/EU v. 26.6.2013, ABl. 2013 L 180, 96) findet sich lediglich ein grober Standard in Erwägungsgrund 14 und 24 EU-Aufnahme-RL für Personen mit besonderen Bedürfnissen, Kinder sowie Familien. Insoweit füllen hier die Menschen- und Grundrechte die Lücken.

2. „Angelegenheit durch Gesetze oder sonstige Rechtsvorschriften geregelt oder der Überwachung öffentlicher Behörden unterliegt"

Eine Verpflichtung des Aufnahmestaates besteht nur insoweit, als dass es sich um einen Bereich **5** handelt, **der durch Gesetze oder Rechtsvorschriften geregelt ist oder der Überwachung öffentlicher Behörden** unterliegt. Die Anwendung des Art. 21 ist eröffnet, wenn gesetzliche oder Rechtsvorschriften den vom Begriff des Wohnungswesens erfassten Bereich regeln.

Als Bezug reicht dabei aus, dass eine Überwachung durch öffentliche Behörden besteht. Damit **6** bedarf es keiner Beschäftigung auf Regierungsebene mit der Materie, auch eine lokale Überwachung oder Reglung im Einzelnen ist ausreichend, um die Anwendung von Art. 21 zu eröffnen (Zimmermann 1951 Convention/Leckie/Simperingham Rn. 43).

Vom Anwendungsbereich **ausgeschlossen sind** demnach nur rein private Verhältnisse. Ange- **7** sichts der vorschreitenden staatlichen Kontrolle im Bereich des Wohnungswesens und des Wohnungsstandards, wie auch des Diskriminierungsverbots nach dem AGG lässt sich heute kaum eine Unternehmung von Art. 21 ausklammern (vgl. Zimmermann 1951 Convention/Leckie/ Simperingham Rn. 43; Hathaway Rights of Refugees 825).

B. Gewährleistungsumfang

Art. 21 verpflichtet die Vertragsstaaten im Rahmen des staatlich regulierten Wohnungswesens, **8** Flüchtlinge, die sich rechtmäßig im Staatsgebiet aufhalten, eine möglichst günstige oder in jedem Fall eine nicht weniger günstige Behandlung als Ausländern im Allgemeinen unter den gleichen Umständen zu gewähren. **Eine Pflicht zur Unterbringung oder Bereitstellung einer Wohnung besteht aus Art. 21 nicht.**

Der Standard der zu gewährenden Mindestbehandlung ist damit vom Wortlaut her und auch **9** inhaltlich deckungsgleich mit dem zu gewährenden Standard in Art. 13 (→ Art. 13 Rn. 8). **Die Legaldefinition der Behandlung als Ausländer im Allgemeinen unter den gleichen Umständen ist in Art. 6** (→ Art. 6 Rn. 7) **niedergelegt.** Vergleichsgruppe sind nach den Ausführungen zum rechtmäßigen Aufenthalt (vgl. → Art. 15 Rn. 2) solche Ausländer, welche sich ebenfalls mit einer Aufenthaltserlaubnis zu mehr als temporären Zwecken im Staatsgebiet aufhalten. Ausgeschlossen als Vergleichsgruppe sind demnach Personen, welche sich lediglich mit einem Touristen-Visum oder wegen arbeitsbedingter Kurzaufenthalte im Staatsgebiet aufhalten. Trotz des engen Anwendungsbereichs geht Art. 21 kaum über den Mindestbehandlungsstandard aus Art. 7 Abs. 1 hinaus (Zimmermann 1951 Convention/Leckie/Simperingham Rn. 50).

C. Vorbehalte

10   Die Republik Moldau, Papua-Neuguinea und Osttimor gaben Vorbehalte oder gesonderte Erklärungen ab (näher Zimmermann 1951 Convention/Leckie/Simperingham Rn. 10).

Artikel 22 Öffentliche Erziehung

1. Die vertragschließenden Staaten werden den Flüchtlingen dieselbe Behandlung wie ihren Staatsangehörigen hinsichtlich des Unterrichts in Volksschulen gewähren.

2. Für über die Volksschule hinausgehenden Unterricht, insbesondere die Zulassung zum Studium, die Anerkennung von ausländischen Studienzeugnissen, Diplomen und akademischen Titeln, den Erlaß von Gebühren und Abgaben und die Zuerkennung von Stipendien, werden die vertragschließenden Staaten eine möglichst günstige und in keinem Falle weniger günstige Behandlung gewähren, als sie Ausländern im allgemeinen unter den gleichen Bedingungen gewährt wird.

Überblick

Art. 22 regelt den Zugang von Flüchtlingen und deren Familienmitgliedern (→ Rn. 1) zu öffentlichen Bildungseinrichtungen (→ Rn. 5). Dieser Artikel steht in engem Bezug zum menschenrechtlichen verankerten Recht auf Bildung. Art. 26 AEMR wurde bereits während der Verhandlung als Grundlage herangezogen (→ Rn. 2). Sachlich ist zwischen Volksschulen nach Abs. 1 (→ Rn. 7) und den daran anschließenden Sekundär- und weiteren Bildungsstufen nach Abs. 2 (→ Rn. 13) zu unterscheiden und zu beachten, dass diese zu einem unterschiedlichen Behandlungsstandard für Flüchtlinge führen (→ Rn. 9, → Rn. 23). Neben dem Zugang zu weiterführenden Bildungseinrichtungen regelt Art. 22 Abs. 2 auch die Zulassung zum Studium (→ Rn. 15), die Anerkennung ausländischer Zeugnisse und Abschlüsse (→ Rn. 16), den Erlass von Gebühren und Abgaben für fortführende Schulen und Hochschulen (→ Rn. 19) und die Zuerkennung öffentlicher Stipendien (→ Rn. 21).

Übersicht

A. Anwendungsbereich

I. Persönlicher Anwendungsbereich

1   Sowohl Abs. 1 als auch Abs. 2 finden Anwendung auf Flüchtlinge iSv Art. 1, ohne konkrete Voraussetzung hinsichtlich des Aufenthalts. Aufgrund der **deklaratorischen Natur der Flüchtlingsanerkennung** (→ Art. 1 Rn. 72) findet daher Art. 22 auf **anerkannte Flüchtlinge,** sich **illegal** im Bundesgebiet aufhaltende Flüchtlinge (vgl. Zimmermann 1951 Convention/Metzger Art. 14 Rn. 38, **aA** Weis Refugees Convention 1951 123; Grahl-Madsen Refugee Convention 1951 Art. 14 (II)), wie auch **Personen im Asylverfahren** Anwendung, sofern deren Status noch nicht abschließend geklärt ist (→ Art. 1 Rn. 75; Hathaway Rights of Refugees 599). Dies gilt dabei für alle Personen **ungeachtet ihres Alters** (Zimmermann 1951 Convention/Dörschner Rn. 68; Hathaway Rights of Refugees 599) oder der Frage, ob sie sich dauerhaft im Staatsgebiet aufhalten (Robinson Convention 104; Hathaway Rights of Refugees 597).

Art. 22 ist dabei auch auf **Familienangehörige,** insbesondere auf Kinder von Flüchtlingen 2 oder Asylantragstellern anzuwenden, welche die Eigenschaft nicht in eigener Person erfüllen (vgl. Grahl-Madsen Refugee Convention 1951 (3); Hathaway Rights of Refugees 595). Der Wortlaut selbst regelt eine solche Ausweitung des Anwendungsbereichs zunächst nicht. Eine Ausklammerung dieses Personenkreises, welcher zumeist die Hauptanwendungsfälle des Art. 22 darstellen dürfte, würde jedoch den Schutz nahezu gegenstandslos machen und die Anwendung zu einem exotischen Fall. Eine solche Verkürzung des Schutzes widerspricht sowohl dem **Sinn und Zweck der Norm,** die Integration von Flüchtlingen zu fördern (damals noch unter dem Begriff „assimilation"), welcher sich in den Protokollen zu den Verhandlungen explizit wiederfindet (UN Doc. E/1112 (1949), https://refworld.prg/docid/3ae68c2d.html, 22; vgl. Zimmermann 1951 Convention/Dörschner Rn. 34), **wie auch Art. 26 AEMR,** der explizit den Verhandlungen über Art. 22 zugrunde gelegt wurde (vgl. Robinson Convention 103). Dieses Verständnis des Anwendungsbereichs wurde auch in der **Empfehlung B** der Schlussakte des Ad Hoc Committee on Statelessness and Related Problems ausdrücklich bestärkt (UN Doc. E/1618, para. 40; Grahl-Madsen Refugee Convention 1951 (3)) und kann zur Auslegung nach Art. 31 Abs. 2 lit. b WVRK herangezogen werden (Zimmermann 1951 Convention/Dörschner Rn. 34).

Im Weiteren sieht das Europarecht in **Art. 14 EU-Aufnahme-RL** (RL 2013/33/EU v. 3 26.6.2013, ABl. 2013 L 180, 96) ebenfalls für minderjährige Kinder von Antragstellern, spätestens nach drei Monaten Aufenthalt einen Zugang zum Bildungssystem **in ähnlicher Weise** wie für eigene Staatsangehörige vor. Wobei die Bestimmung der EU-Aufnahme-RL hinter den Verpflichtungen aus zumindest **Art. 22 Abs. 1 zurückbleibt,** welcher eine absolute Gleichstellung mit eigenen Staatsangehörigen verlangt (→ Rn. 9).

Etwas anderes gilt für Kinder von Flüchtlingen, welche in einem Aufnahmestaat geboren wer- 4 den, der das **ius-soli-Prinzip** anwendet und so die Kinder direkt die Staatsbürgerschaft des jeweiligen Staates erwerben.

II. Sachlicher Anwendungsbereich

1. Öffentliche Erziehung

Der sachliche Anwendungsbereich **von Abs. 1 und Abs. 2** ist auf solche Formen der Bildung, 5 Stipendien, Abgaben usw begrenzt, **welche ganz oder zumindest in Teilen durch öffentliche Stellen betrieben, vergeben, erhoben oder subventioniert werden** (Zimmermann 1951 Convention/Dörschner Rn. 44; Robinson Convention 103; Grahl-Madsen Refugee Convention 1951 (1)).

Zwar stellt die Betitelung der Artikel grundsätzlich keinen auslegungsrelevanten Teil der Kon- 6 vention dar. Jedoch wird hier mehrheitlich der **Titel „Öffentliche Erziehung"** als sachliche Beschränkung des Anwendungsbereichs von Art. 22, und damit als eine Ausnahme zur Auslegungsrelevanz verstanden (vgl. UN Doc. E/AC.32/L.40; A/CONF.2/SR.35, S. 46; Robinson Convention 103; Grahl-Madsen Refugee Convention 1951 (1)). In jedem Fall ergibt sich eine solche Beschränkung des Anwendungsbereichs richtigerweise aus dem **Verpflichtungsgedanken der Vertragsstaaten,** welche die Aufgabe, insbesondere nach dem Verständnis im Zeitpunkt der Verhandlungen, nur im öffentlichen Bildungsbereich wahrnehmen konnten (Zimmermann 1951 Convention/Dörschner Rn. 41).

2. Abs. 1

a) **Volksschulen.** Der Begriff der Volksschule erfasst richtigerweise lediglich **die Grundschul-** 7 **bildung bis zur Sekundarstufe** (Grahl-Madsen Refugee Convention 1951 (5); **so wohl auch** Hathaway Rights of Refugees 597; Zimmermann 1951 Convention/Dörschner Rn. 65): Der Begriff „Volksschule", ist im englischen Originaltext als „elementary education" und im französischen Originaltext als „l'enseignement primaire" bezeichnet. Diese Ambivalenz zwischen „elementarer" und „primärer" Schuldbildung wurde innerhalb der Verhandlungen nicht weiter vertieft, so dass die erfasste Schulstufe angesichts der Dauer und Abschlussziel zunächst offen erscheint. Jedoch lag dem Vertragstext die Verwirklichung des Rechts auf Bildung nach Art. 26 Abs. 1 AEMR zugrunde, welche die „elementary" und damit Grundschulbildung als verpflichtend zugrunde legt. Im Weiteren unterscheidet Art. 26 Abs. 1 AEMR selbst zwischen Grundschulbildung und Fach-, Berufs- und Hochschulunterricht. Parallel dazu zeigt die systematische Betrachtung, dass auch Art. 22 Abs. 1, Abs. 2 diese Unterscheidung fortschreibt. Die nicht abschließende Aufzählung in Abs. 2, welche die über die Volksschule hinausgehende Bildung erfasst (englisch: „other than elementary education"), zielt klar auf die der Grundschule strukturell folgenden Bildungsstufen ab.

8   Die Grundschulbildung in Art. 22 Abs. 1 bildet einen Teil der fundamentalen Bildung und **soll inhaltlich** die Schulung der Fähigkeit zu Lesen und Schreiben, Grundlagen der Mathematik und politische Bildung beinhalten (Zimmermann 1951 Convention/Dörschner Rn. 63).

9   **b) Verpflichtung des Staates.** Der Staat **ist verpflichtet,** den berechtigten Personenkreis (→ Rn. 1 f.) in Bezug auf die Grundschulbildung und Unterricht rechtlich den eigenen Staatsangehörigen **gleichzustellen.** Hinsichtlich des **Zugangs zur Grundschule wie auch den gelehrten Unterrichtseinheiten** dürfen daher **keine anderen Regelungen für Flüchtlinge gelten als für eigene Staatsangehörige.**

10   Soweit eine **Schulpflicht** für Staatsangehörige besteht, muss auch diese für Flüchtlinge gelten (Zimmermann 1951 Convention/Dörschner Rn. 50).

11   Dieser Gleichbehandlungsstandard unter **Abs. 1 ist zwingend** und lässt keine Relativierung zu. Insoweit sind die teilweise bestehenden landesrechtlichen Regelungen über einen zeitlich verzögerten **Anspruch auf Grundschulbildung oder dem Eintritt der Schulpflicht für Grundschulkinder,** welche von Bedingungen abhängig gemacht wird (zB sechs Monate nach Zuzug, § 72 Abs. 1 S. 3 BWSchG), **mit Art. 22 Abs. 1 unvereinbar, soweit** darin eine Andersbehandlung von Flüchtlingen zu den eigenen Staatsangehörigen besteht. Dies gilt, wie oben dargelegt, auch hinsichtlich **Asylbewerbern, sich illegal aufhaltender Flüchtlinge und Familienangehörigen dieser Personen** (vgl. → Rn. 1 f.). Eine Ausnahme wäre nur unter den engen Voraussetzungen der „vorläufigen Maßnahmen" in Art. 9 (→ Art. 9 Rn. 4) hinsichtlich Einzelpersonen zulässig.

12   Dieser Gleichbehandlungsanspruch kann wegen der besonderen Bedeutung der Schulbildung nicht so ausgelegt werden, dass ein **gesonderter Vorbereitungsunterricht,** wie Vorbereitungsklassen oder Sprachkurse (zB vorgesehen in Art. 14 Abs. 2 EU-Aufnahme-RL), nach Art. 22 Abs. 1 eine unzulässige Ungleichbehandlung darstellen würden. Auch spezifische religiöse oder kulturelle Hintergründe sind im Rahmen des Unterrichts zu berücksichtigen und lassen abweichende Behandlungen zu (Zimmermann 1951 Convention/Dörschner Rn. 53). Eine **staatliche Pflicht, solche** Vorbereitungsklassen einzurichten oder eine sonstige besondere Behandlung zu gewähren, **folgt aus Art. 22 selbst nicht.** Insofern jedoch ein solcher Vorbereitungskurs eingerichtet wurde oder verpflichtend ist, muss, angesichts des Gleichbehandlungsanspruchs aus Art. 22 Abs. 1, ein „isolierter" Flüchtlingsunterricht **zeitlich begrenzt bleiben** und darf nur vorbereitenden Charakter haben (vgl. Zimmermann 1951 Convention/Dörschner Rn. 65; → Rn. 12.1).

12.1   Ein weitergehender Anspruch auf schulische Bildung kann sich innerstaatlich aus Art. 6 GG und international aus Art. 2 EMRKZusProt, Art. 13 Abs. 2 IPWSKR und Art. 28 Abs. 1 UN-Kinderrechtskonvention ergeben. Anzumerken ist hierbei, dass Deutschland seinen Vorbehalt gegenüber der Kinderrechtskonvention am **15.7.2010 zurückgenommen** hat. Der Vorbehalt war ursprünglich mit Blick auf das Asyl- und Aufenthaltsrecht erklärt worden. Dabei hatte Deutschland sich vorbehalten, dass keine Normen der UN-Kinderrechtskonvention so ausgelegt werden könnten, dass die widerrechtliche Einreise oder der widerrechtliche Aufenthalt erlaubt seien; ferner hatte die Bundesrepublik Deutschland sich vorbehalten, Unterschiede zwischen Inländern und Ausländern zu machen.

3. Abs. 2

13   **a) Über die Volksschulen hinausgehende Bildung.** Über die Volksschule hinausgehende Bildung meint, in Abgrenzung zu Abs. 1 (→ Rn. 7), die Sekundarstufen und die daran anschließenden Bildungswege, inklusive Berufsschulen (Grahl-Madsen Refugee Convention 1951 (5)).

14   In der nicht abschließenden Aufzählung in Abs. 2 werden im Weiteren auch die mit dem Recht auf Bildung verbundene Zulassung zum Studium (→ Rn. 15), die Anerkennung von ausländischen Studienzeugnissen, Diplomen und akademischen Titeln (→ Rn. 16), sowie der Erlass von Gebühren und Abgaben und die Zuerkennung von Stipendien genannt (→ Rn. 20) und vom Anwendungsbereich des Abs. 2 erfasst.

15   **b) Zulassung zum Studium.** Die Zulassung zum Studium bezeichnet die faktische Möglichkeit der Zulassung und Einschreibung in ein Studienfach an einer öffentlichen Hochschule.

16   **c) Anerkennung ausländischer Studienzeugnisse, Titel und Abschlüsse.** Die Anerkennung ausländischer Studienzeugnisse, Diplome und akademischer Titel iSv Art. 22 erfolgt **nur im Zusammenhang mit der Zulassung zu einer Bildungseinrichtung.** Dies ergibt sich aus dem Sinn und Zweck der Norm, welche den Bildungszugang regeln möchte (Grahl-Madsen Refugee Convention 1951 (6)). Eine Anerkennung von Abschlüssen im Zusammenhang mit dem

Arbeitsmarktzugang ist daher von Art. 22 nicht erfasst, sondern unterfällt Art. 19 (Grahl-Madsen Refugee Convention 1951 (3); Zimmermann 1951 Convention/Dörschner Rn. 83).

Entsprechend der Gleichbehandlungsverpflichtung (→ Rn. 24) besteht keine Pflicht zur Aner- 17 kennung jedes Abschlusses. Vielmehr besteht weiterhin ein Recht der Staaten, hinsichtlich ausländischer Titel oder Abschlüssen Vorgaben zu erlassen und die Zugangsberechtigung durch zuständige Stellen nach Eignung überprüfen zu lassen (Zimmermann 1951 Convention/Dörschner Rn. 85). Zur **Beschaffung oder Ausstellung von ausländischen Zeugnissen kann auch Art. 25** (→ Art. 25 Rn. 1 ff.) weiterreichende Rechte vermitteln.

Nach Sinn und Zweck der Norm, wie auch mit Blick auf das weit gefasste Verständnis in 18 Art. 4 EuÜakGra (Europäisches Übereinkommen über akademische Anerkennung v. 13.12.1959, BGBl. 1969 II 2058), ist die Aufzählung nicht abschließend zu verstehen und **erfasst auch nicht genannte Abschlussformen wie Bachelor, Master, Staatsexamen und sonstige vergleichbare Abschlüsse** (vgl. Grahl-Madsen Refugee Convention 1951 (6)).

Für die Anerkennung ausländischer Schulabschlüsse sind in Deutschland die einzelnen Bundes- 19 länder zuständig. Über die Anerkennung einer Hochschulzugangsberechtigung entscheiden die Hochschulen selbst.

d) Erlass von Gebühren und Abgaben. Gebühren und Abgaben können nur im Zusammen- 20 hang mit weiterführenden Bildungseinrichtungen erhoben werden.

Hinsichtlich Gebühren und Abgaben besteht jedoch eine weiterreichende Besserstellung für 21 Flüchtlinge unter Art. 29 (→ Art. 29 Rn. 1). Insoweit kommt hier Art. 22 sachlich keine gesonderte Bedeutung zu.

e) Zuerkennung von Stipendien. Die Zuerkennung von Stipendien unterfällt nur dann 22 Art. 22 Abs. 2, wenn die Förderung durch die öffentliche Hand und nicht rein private Stiftungen oder Förderprojekte erfolgt (Zimmermann 1951 Convention/Dörschner Rn. 91).

Stipendien, welche auf Grund von Abkommen zwischen Staaten garantiert werden, werden 23 **mangels einer Meistbegünstigungsregelung nicht erfasst** (Zimmermann 1951 Convention/ Dörschner Rn. 91).

f) Verpflichtung des Staates nach Abs. 2. Im Rahmen der Zulassung, Anerkennung auslän- 24 discher Leistungen und Abschlüsse sowie bei der Belastung mit Gebühren und Abgaben sind Flüchtlinge **nicht schlechter, damit mindestens gleich mit Ausländern im Allgemeinen unter gleichen Umständen zu behandeln** (vgl. → Art. 6 Rn. 6). Vergleichsgruppe sind dabei Ausländer mit einem Aufenthalt, welcher sie zur weiterführenden Bildung oder Stipendien berechtigt. Ausländer, welche von zwischenstaatlichen Bildungs-, Austausch, oder Stipendienprogrammen profitieren, **bilden keine Vergleichsgruppe,** da keine Meistbegünstigung durch Art. 22 Abs. 2 vermittelt wird.

Soweit jedoch Regelungen über die allgemeine Schulpflicht wie auch den Zugang zu Sekundär- 25 stufen oder sonstige weiterführende Bildung oder Zugänge zu Stipendien generell für Ausländer unter den gleichen Umständen bestehen, müssen diese zwingend auch für die von Art. 22 erfassten Personengruppen in gleichem Umfang gelten. So knüpfen zB manche Schulgesetze an die Voraussetzungen des Wohnsitzes oder des gewöhnlichen Aufenthalts für das Bestehen einer Schulpflicht für Ausländer an. Diese Voraussetzungen müssen dann auch durch den Flüchtling erfüllt sein (vgl. → Art. 6 Rn. 6).

Im Rahmen der Zulassung zu einer weiterführenden Bildungseinrichtung können auch dann 26 besondere Vorbereitungskurse verlangt oder eingerichtet werden, wenn Ausländer im Allgemeinen diese nicht besuchen müssten (vgl. → Rn. 12).

In Zusammenhang mit Gebühren und Abgaben ist eine **mögliche Meistbegünstigung nach** 27 **Art. 29 mit zu beachten** (Grahl-Madsen Refugee Convention 1951 (7)).

Eine Pflicht zur Besserstellung in Form einer „möglichst günstigen" Behandlung besteht aus 28 Art. 22 Abs. 2 nicht, da der **Vertragsstaat eine solche nach seinen Möglichkeiten selbst erwägen darf.** Damit besteht in Art. 22 Abs. 2 lediglich ein verbindlicher Minimalstandard, der dem allgemeinen Diskriminierungsverbot gleichsteht, welchen der Aufenthaltsstaat in Bezug auf den Zugang zu Bildung über die Grundschulbildung hinaus, der Anerkennung von Abschlüssen und Zeugnissen und bei der Vergabe von Stipendien zu beachten hat.

B. Vorbehalte

Insgesamt elf Staaten haben gegenüber Art. 22 Vorbehalte erklärt oder Erklärungen abgegeben 29 (**näher** Zimmermann 1951 Convention/Dörschner Rn. 17 f.).

Österreich verdeutlichte mittels Vorbehalts, dass die Anwendung des Art. 22 Abs. 1 auf Privat- 30 schulen in jedem Fall ausgeschlossen ist (https://treaties.un.org/pages/ViewDetailsII.aspx?src= TREATY&mtdsg_no=V-2&chapter=5&Temp=mtdsg2&clang=_en#bottom).

Artikel 23 Öffentliche Fürsorge

Die vertragschließenden Staaten werden den Flüchtlingen, die sich rechtmäßig in ihrem Staatsgebiet aufhalten, auf dem Gebiet der öffentlichen Fürsorge und sonstigen Hilfeleistungen die gleiche Behandlung wie ihren eigenen Staatsangehörigen gewähren.

Überblick

Die Bestimmung des Art. 23 etabliert den Grundsatz der Inländergleichbehandlung (→ Rn. 20 ff.) zugunsten von Flüchtlingen, die sich rechtmäßig im Vertragsstaat befinden (→ Rn. 8 ff.), auf dem Gebiet der öffentlichen Fürsorge und der sonstigen Hilfeleistungen (→ Rn. 14 ff.).

Übersicht

A. Allgemeines und Bedeutung

1   Art. 23 behandelt die Gleichbehandlung von sich rechtmäßig im Vertragsstaat aufhaltenden Flüchtlingen mit den eigenen Staatsangehörigen des Vertragsstaats auf dem Gebiet der **öffentlichen Fürsorge und der sonstigen Hilfeleistungen.**

2   Die Bestimmung des Art. 23 wird ergänzt durch weitere Bestimmungen des **Kapitels IV – Wohlfahrt,** insbesondere Art. 20 (Rationierung), Art. 21 (Wohnungswesen) und Art. 24 (Arbeitsrecht und soziale Sicherheit).

3   Infolge ihres akzessorischen Charakters (→ Rn. 14 ff.) ist die **Bedeutung** der Bestimmung umso größer, je gewichtiger die öffentlichen Fürsorgeleistungen des jeweiligen Vertragsstaats ausgestaltet sind.

4   Die Bestimmung des Art. 23 hat **Vorläufer** sowohl im Abkommen v. 28.10.1933 über die internationale Rechtsstellung der Flüchtlinge als auch im Abkommen v. 10.2.1938 über die Stellung der Flüchtlinge aus Deutschland. Gegenüber Art. 9 des Abkommens v. 28.10.1933 geht die Bestimmung des Art. 23 insoweit weiter, als jener lediglich einen Grundsatz der Ausländergleichbehandlung regelte (vgl. Grahl-Madsen Refugee Convention 1951 (1)). Der Entstehungsgeschichte lässt sich entnehmen, dass die Vorschrift – überraschenderweise – wenig umstritten war (vgl. Zimmermann 1951 Convention/Lester Rn. 3 ff.).

5   Art. 23 hat Teil an der Erweiterung des Flüchtlingsbegriffs durch das **Protokoll über die Rechtsstellung der Flüchtlinge** v. 31.1.1967 (BGBl. 1969 II 1293). Dies ergibt sich aus Art. I Abs. 1 FlüchtlingsProt. Die Möglichkeit der Erklärung von Vorbehalten (→ Rn. 29) schränkt auch das Protokoll nicht ein (vgl. Art. VII FlüchtlingsProt).

6   Eine im Wesentlichen gleichlautende Vorschrift („öffentliche Fürsorge und Unterstützung") findet sich – im Hinblick auf Staatenlose – auch in Art. 23 StaatenlosenÜ (Übereinkommen über die Rechtsstellung der **Staatenlosen** v. 28.9.1954, BGBl. 1976 II 473, BGBl. 1977 II 235).

B. Regelungsgehalt im Einzelnen

7   Art. 23 etabliert in seinem personellen (→ Rn. 8 ff.) und sachlichen Anwendungsbereich (→ Rn. 14 ff.) den **Grundsatz der Inländergleichbehandlung** (→ Rn. 20 ff.).

I. Personeller Anwendungsbereich

8   Die GFK gewährt den Personen, die von ihr erfasst werden, **unmittelbare Rechte** (vgl. BVerwGE 88, 254 (257) = NVwZ 1992, 180; BVerwGE 7, 231 Rn. 9 = NJW 1959, 450).

9   Die Bestimmung des Art. 23 setzt wie viele andere Normen der GFK – wie Art. 15 (Vereinigungsrecht), Art. 17 Abs. 1 (Nichtselbst[st]ändige Arbeit), Art. 19 (Freie Berufe), Art. 20 (Rationierung), Art. 21 (Wohnungswesen), Art. 24 Abs. 1 (Arbeitsrecht und soziale Sicherheit) oder Art. 28 (Reiseausweise) – den **rechtmäßigen Aufenthalt** der Flüchtlinge (in der englischen

Sprachfassung: „lawfully staying"; in der französischen: „résidant régulièrement") voraus. Damit unterscheidet sie sich von anderen Bestimmungen – etwa von Art. 26 (Freizügigkeit), Art. 18 (Selbst[st]ändige Arbeit) oder Art. 32 (Ausweisung) –, welche es ihrem Wortlaut nach genügen lassen, dass sich der Flüchtling „rechtmäßig" im Gebiet des Vertragsstaats „befindet" (in der englischen Sprachfassung: „lawfully present"; in der französischen: „se trouvant régulièrement").

Die **Entstehungsgeschichte** (vgl. insoweit auch → Art. 15 Rn. 1 ff.) gibt keinen genauen **10** Aufschluss über die Begriffsbedeutung; die Verhandlungen waren insofern von großen sprachlichen Unklarheiten geprägt (vgl. Zimmermann 1951 Convention/Teichmann Art. 15 Rn. 46 ff. mwN; Zimmermann 1951 Convention/Lester Rn. 29 ff., Art. 24 Rn. 25 f.).

Der Begriff der Rechtmäßigkeit verweist zur genauen Bestimmung des geforderten Grads **11** der Aufenthaltsverfestigung (notwendig) auf das **Recht des jeweiligen Vertragsstaats** (vgl. nur Zimmermann 1951 Convention/Edwards Art. 17 Rn. 39; vgl. BVerwGE 120, 206 Rn. 19 mwN = NVwZ 2004, 1250).

Nach der Rechtsprechung des BVerwG (zu Art. 28 Abs. 1 S. 1; ausf. → Art. 28 Rn. 21 ff.) **12** beinhaltet rechtmäßiger Aufenthalt im Hoheitsgebiet eine „**besondere Beziehung des Betroffenen zu dem Vertragsstaat durch eine mit dessen Zustimmung begründete Aufenthaltsverfestigung**". Es genügt nicht die faktische Anwesenheit, selbst wenn sie dem Vertragsstaat bekannt ist und von diesem hingenommen wird (vgl. BVerwGE 120, 206 Rn. 19 mwN = NVwZ 2004, 1250).

Während die anscheinend geringere Anforderungen an die Präsenz des Flüchtlings im Aufnah- **13** mestaat stellende Formulierung des rechtmäßigen Sichbefindens im Einzelnen umstritten ist (im Einzelnen → Art. 18 Rn. 7 ff.; → Art. 26 Rn. 7 ff.; → Art. 32 Rn. 7 ff.), ist für die Bestimmungen, welche die Anforderung eines rechtmäßigen Aufenthalts des Flüchtlings stellen, weithin anerkannt, dass die in ihnen enthaltenen Vorteile lediglich auf **unanfechtbar anerkannte Flüchtlinge** mit einer befristeten oder unbefristeten Aufenthaltserlaubnis Anwendung finden (vgl. da Costa, UNHCR Rights of Refugee, UNHCR POLAS/2006/02, 18; eingehend Zimmermann 1951 Convention/Edwards Art. 17 Rn. 32 ff.; vgl. insoweit auch → Art. 15 Rn. 1 ff.; nach teilweise vertretener aA wird rechtmäßiger Aufenthalt hingegen bereits bei Schutzsuchenden mit gewisser Aufenthaltsdauer, zB drei Monate, bejaht; vgl. Zimmermann 1951 Convention/ Lester Rn. 29 ff. mwN; Grube/Wahrendorf/Wahrendorf, 6. Aufl. 2018, SGB XII § 23 Rn. 29).

II. Sachlicher Anwendungsbereich

Der Grundsatz der Inländergleichbehandlung ist notwendigerweise **akzessorisch** zu den inner- **14** staatlichen Regelungen auf dem Gebiet der „öffentlichen Fürsorge und sonstigen Hilfeleistungen".

Art. 23 nennt ausdrücklich das Gebiet der „öffentlichen Fürsorge und sonstigen Hilfeleistun- **15** gen". Von einer erschöpfenden Aufzählung von nach innerstaatlichem Recht möglichen Leistungen der öffentlichen Fürsorge wurde abgesehen, da sie kaum zu erreichen ist (vgl. Grahl-Madsen Refugee Convention 1951 (3)). Der sachliche Anwendungsbereich des Art. 23 ist **weit auszulegen** (vgl. Grahl-Madsen Refugee Convention 1951 (3); Weis Refugees Convention 1951 125).

Entstehungsgeschichtlich ist belegt, dass insbesondere an Leistungen im Falle von Gebrechlich- **16** keit, Krankheit, Alter, Arbeitslosigkeit, physische oder psychische Krankheiten sowie an bedürftige Kinder („children without support") gedacht worden war; unter öffentlicher Fürsorge wurde insbesondere **Krankenhausbehandlung, Notfallbehandlung, Fürsorge für Blinde und Arbeitslose,** nicht aber Leistungen der Sozialversicherung verstanden (vgl. Grahl-Madsen Refugee Convention 1951 (3); Weis Refugees Convention 1951 125). Unter Gesundheitsversorgung wird auch die reproduktive Gesundheitsversorgung verstanden (vgl. Zimmermann 1951 Convention/Lester Rn. 39 mwN).

Leistungen der Sozialversicherung unterfallen Art. 24 Abs. 1 lit. b. Die genaue **Abgrenzung** **17** ist aufgrund der grundsätzlichen Rechtsfolgengleichheit (→ Art. 24 Rn. 13 ff.) regelmäßig unerheblich.

Grahl-Madsen schlägt vor, zur Auslegung des Begriffs der „Fürsorge" das EUFuersAbk (**Euro-** **18** **päisches Fürsorgeabkommen** v. 11.12.1953, BGBl. 1956 II 564) heranzuziehen (vgl. Grahl-Madsen Refugee Convention 1951 (3)). Der Ausdruck „Fürsorge" bezeichnet nach Art. 2 EUFuersAbk „jede Fürsorge, die jeder der Vertragschließenden nach den in dem jeweiligen Teile seines Gebietes geltenden Rechtsvorschriften gewährt und wonach Personen ohne ausreichende Mittel **die Mittel für ihren Lebensbedarf sowie die Betreuung erhalten, die ihre Lage erfordert.** Ausgenommen sind beitragsfreie Renten und Leistungen zugunsten der Kriegsopfer und der Besatzungsgeschädigten."

19   Nach der Rechtsprechung des BVerwG sind unter den in Art. 23 angesprochenen „sonstigen Hilfeleistungen" nicht soziale Hilfen jeder Art, sondern nur solche Hilfen zu verstehen, die dem in der Vorschrift geregelten Sachgebiet der öffentlichen Fürsorge zugehören. Nach dem traditionellen, auch der Bestimmung des Art. 23 zugrunde liegenden Begriffsverständnis dienen Leistungen der „öffentlichen Fürsorge" der **Hilfe zum Lebensunterhalt oder der Hilfe in besonderen Lebenslagen für solche Personen, die weder in der Lage sind, sich selbst zu helfen, noch von anderer Seite ausreichende Hilfe erhalten** (vgl. BVerwG BeckRS 1988, 31288068; → Rn. 19.1).

19.1   Dem unterfällt etwa das vom Land Baden-Württemberg aufgrund der Richtlinien des Ministeriums für Arbeit, Gesundheit und Sozialordnung für die Gewährung von Familiengeld v. 23.3.1983 gewährte **Familiengeld** nicht, da es der „Förderung der Familie" diente (vgl. BVerwG BeckRS 1986, 31297944). Gleiches wurde für das niedersächsische **Babygeld** angenommen, da dieses dem „Ausgleich finanzieller Belastungsunterschiede" durch die Geburt eines Kindes sowie „bevölkerungspolitischen Zielen" diente (vgl. BVerwG BeckRS 1988, 31288068).

III. Grundsatz der Inländergleichbehandlung

20   Art. 23 stellt keine bloße Empfehlung dar, sondern begründet eine **verbindliche Pflicht** der Vertragsstaaten (vgl. Grahl-Madsen Refugee Convention 1951 (2); Zimmermann 1951 Convention/Lester Rn. 26).

21   Aus dem Grundsatz der Inländergleichbehandlung folgt, dass Flüchtlinge **nicht schlechter als Inländer** gestellt werden dürfen. Hierin kann unter Umständen eine Besserstellung gegenüber sonstigen Ausländern liegen (→ Rn. 21.1).

21.1   Entstehungsgeschichtlicher Hintergrund war neben dem **humanitären Aspekt** des Gleichbehandlungsgebots nicht zuletzt auch der pragmatische Gedanke der **Kostenminimierung** im nationalen Interesse, da die Teilhabe an gewissen Leistungen der öffentlichen Fürsorge manch kostspieligere Krankenhausbehandlung entbehrlich machen könne (vgl. Zimmermann 1951 Convention/Lester Rn. 38 mwN).

22   Art. 23 verlangt eine effektive Gleichbehandlung. Die entsprechenden Leistungen können **in gleichem Umfang und in gleicher Frist** beansprucht werden. Unerheblich ist, ob die Leistungsverantwortung der öffentlichen Fürsorge auf nationaler, regionaler oder kommunaler Ebene des Vertragsstaats angesiedelt ist (vgl. Grahl-Madsen Refugee Convention 1951 (4); sa BVerwG BeckRS 1988, 31288068).

23   Nach der Rechtsprechung des BVerwG ist die **„gleiche Behandlung"** („the same treatment [...] as is accorded to their nationals", „le même traitement [...] qu'à leurs nationaux") iSv Art. 23 ein **weit gefasster Ausdruck,** der nicht nur die gleichen Leistungen nach Art und Höhe einschließt, sondern auch voraussetzt, dass **in vergleichbaren Situationen mit Flüchtlingen nicht anders umgegangen wird als mit den eigenen Staatsangehörigen** (vgl. BVerwGE 111, 200 (205) = NVwZ 2000, 1414; BVerwGE 130, 148 Rn. 19 mwN = NVwZ 2008, 796; BVerwG ZAR 2017, 331 Rn. 33).

24   Allerdings sind **Unterschiede, die allein die – vielfältigen – tatsächlichen Begleitumstände der Leistungsgewährung betreffen,** zu einer Verletzung des Grundsatzes der Inländergleichbehandlung nur geeignet, wenn sie **ein bestimmtes Gewicht** erreichen (vgl. BVerwG ZAR 2017, 331 Rn. 33).

25   Bei Verstoß gegen Art. 23 kann unter Umständen zugleich ein faktischer Verstoß gegen das Refoulement-Verbot des Art. 33 Abs. 1 in Betracht kommen (sog. **constructive refoulement**), sofern sich der anerkannte Flüchtling aufgrund der Vorenthaltung von Leistungen der öffentlichen Fürsorge gezwungen sähe, in den Verfolgerstaat zurückzukehren (vgl. Zimmermann 1951 Convention/Lester Rn. 17, 36, Art. 20 Rn. 19, jeweils mwN; → Rn. 25.1).

25.1   Zudem stellen „soziale Lasten" **keinen Ausweisungsgrund** der öffentlichen Sicherheit oder Ordnung iSd Art. 32 dar (→ Art. 32 Rn. 21; Zimmermann 1951 Convention/Lester Rn. 17).

C. Umsetzung

26   Nach **Art. 29 Abs. 1 Qualifikations-RL** (RL 2011/95/EU v. 13.12.2011, ABl. 2011 L 337, 9) tragen die Mitgliedstaaten dafür Sorge, dass Personen, denen internationaler Schutz zuerkannt worden ist, in dem Mitgliedstaat, der diesen Schutz gewährt hat, die notwendige Sozialhilfe wie Staatsangehörige dieses Mitgliedstaats erhalten. Damit orientiert sich der Gleichbehandlungsanspruch des Art. 29 Abs. 1 Qualifikations-RL inhaltlich an den Vorgaben der Art. 23, 24. Hier

wird ausdrücklich normiert, dass Flüchtlingen derselbe Zugang zu sozialen Rechten gewährt werden muss wie den eigenen Staatsangehörigen. Dieser Anspruch umfasse Leistungen im Rahmen der Grundsicherung für Arbeitsuchende, Sozialhilfe, Anspruch auf die Gewährung von Elterngeld, Kindergeld und Ausbildungsförderung (so Hörich/Riebau ZAR 2015, 253 (254) mwN; zur Auslegung im Lichte des Art. 23 s. EuGH NVwZ 2016, 445 Rn. 35 – Alo und Osso; NVwZ-RR 2019, 338 Rn. 24 f. – Ayubi).

Aufgrund der Breite seines Anwendungsbereichs spielt die Verpflichtung zur Inländergleichbe-　**27** handlung anerkannter Flüchtlinge aus Art. 23 in **zahlreichen Rechtsregimen** des innerstaatlichen Rechts eine Rolle. So sind bspw. die sozialhilferechtlichen Regelungen für Ausländer auf anerkannte Flüchtlinge nicht anwendbar, da Flüchtlinge Deutschen gleichgestellt sind (vgl. BeckOK SozR/Groth SGB XII § 23 Rn. 11, 13; Grube/Wahrendorf/Wahrendorf, 6. Aufl. 2018, SGB XII § 23 Rn. 29 f.; vgl. insoweit → SGB XII § 23 Rn. 1 ff.).

Die Frage, ob die Weitergeltung einer **Verpflichtungserklärung nach § 68 AufenthG** nach　**28** Anerkennung als Flüchtling mit dem Grundsatz der Inländergleichbehandlung nach Art. 23 bzw. 24 vereinbar sei (dagegen Hörich/Riebau ZAR 2015, 253 (253) mwN), hat das BVerwG bejaht (vgl. ZAR 2017, 331 Rn. 33 f.; → Rn. 28.1 f.).

Zur Begründung führte es nach Darstellung der Maßstäbe (→ Rn. 23 f.) aus, nach deutscher Rechtslage　**28.1** habe auch derjenige, dessen Lebensunterhalt ein Dritter zu tragen verpflichtet sei, einen Anspruch auf Leistungen nach dem SGB II gegen den zuständigen staatlichen Leistungsträger, soweit der Dritte tatsächlich keine Hilfe leiste (§ 9 Abs. 1 SGB II). Diesen Anspruch hätten die Begünstigten der Verpflichtungserklärung im vorliegenden Fall erfolgreich geltend gemacht. **Auf das Rechtsverhältnis zwischen dem Verpflichtungsgeber und dem Beklagten als Leistungsträger wirkten sich die Regelungen der GFK und der Qualifikations-RL** (RL 2011/95/EU v. 13.12.2011, ABl. 2011 L 337, 9) **unmittelbar nicht aus;** sie könnten daher einem Erstattungsanspruch gegen den Garantiegeber grundsätzlich nicht entgegenstehen. Allein die abstrakte Möglichkeit, dass sich ein Ausländer durch den Rückgriffsanspruch gegen seinen Verwandten von der Inanspruchnahme der ihm zustehenden Sozialleistungen abhalten lassen könnte, rechtfertige kein anderes Ergebnis. Sie habe sich jedenfalls im vorliegenden Fall nicht realisiert. Eine Überforderung des Verpflichtungsgebers im Einzelfall wäre auf der Ebene der Verhältnismäßigkeit zu berücksichtigen (vgl. BVerwG ZAR 2017, 331 Rn. 34; vgl. insoweit auch → AufenthG § 68 Rn. 1 ff.).

Zur Frage der **Vereinbarkeit von Wohnsitzauflagen** für Bezieher von Leistungen aus Sozialhilfemit-　**28.2** teln mit Art. 26 und Art. 23, 24, wenn mit den Auflagen migrationspolitische und nicht fiskalische Ziele verfolgt werden (vgl., auch zum Folgenden, BVerwGE 130, 148 = NVwZ 2008, 796 (798); → Art. 26 Rn. 21.1): Art. 23 verbiete nicht prinzipiell, bei aufenthaltsrechtlichen Beschränkungen ggf. auch am Sozialhilfebezug anzuknüpfen, wenn damit zB aus migrationspolitischen Gründen eine Gruppe von Ausländern erfasst werden soll, für die etwa ein besonderer Bedarf an Integrationsmaßnahmen gesehen wird. Auch die Zusammenschau von Art. 26 und Art. 23 schließe es nicht aus, dass Flüchtlinge als Folge zulässiger aufenthaltsrechtlicher Beschränkungen ihre Sozialhilfe nur an dem Ort ihres rechtmäßigen Aufenthalts erhalten. Dem entspreche die mWv 1.1.2005 geänderte Vorschrift des § 23 Abs. 5 S. 2 und S. 3 SGB XII, die eine Einschränkung des Sozialhilfebezugs mit Blick auf die Freizügigkeitsregelung der GFK davon abhängig macht, ob der Flüchtling einen räumlich beschränkten oder räumlich unbeschränkten Aufenthaltstitel besitzt. Rechtmäßig sei eine solche die Sozialhilfegewährung nach Art. 23 erfassende Regelung aber nur als Folge einer aus anderen Gründen gerechtfertigten aufenthaltsrechtlichen Beschränkung, nicht als ihr eigentlicher Zweck (ähnlich bereits BVerwGE 111, 200 (210) = NVwZ 2000, 1414). Das gebiete die Auslegung der Art. 26 und 23 nach den Grundsätzen der praktischen Konkordanz.

D. Vorbehalte

Hinsichtlich der Bestimmung des Art. 23 (auch in Verbindung mit dem Protokoll über die　**29** Rechtsstellung der Flüchtlinge v. 31.1.1967, → Rn. 5) lässt Art. 42 **Vorbehalte** zu. Die Tatsache, dass von dieser Möglichkeit zahlreiche Vertragsstaaten Gebrauch gemacht haben, spiegelt den kontroversen Charakter der Bestimmung wider (→ Rn. 29.1).

Folgende Staaten haben einen **Vorbehalt zu Art. 23** erklärt:　　　　　　　　　　　　**29.1**
- Ägypten,
- Estland,
- Iran,
- Kanada,
- Monaco,
- Österreich,
- Simbabwe und
- Timor-Leste.

29.2   **Rücknahmen zuvor erklärter Vorbehalte** erfolgten durch
- Italien bereits im Jahr 1964 sowie durch
- Malta im Jahr 2004 (näher Zimmermann 1951 Convention/Lester Rn. 14).

Eine **aktuelle Übersicht** über den Stand der Verträge findet sich in der United Nations Treaty Collection (https://treaties.un.org/Pages/Treaties.aspx?id=5&subid=A).

Artikel 24 Arbeitsrecht und soziale Sicherheit

1. Die vertragschließenden Staaten werden den Flüchtlingen, die sich rechtmäßig in ihrem Gebiet aufhalten, dieselbe Behandlung gewähren wie ihren Staatsangehörigen, wenn es sich um folgende Angelegenheiten handelt:
   a) Lohn einschließlich Familienbeihilfen, wenn diese einen Teil des Arbeitsentgelts bilden, Arbeitszeit, Überstunden, bezahlten Urlaub, Einschränkungen der Heimarbeit, Mindestalter für die Beschäftigung, Lehrzeit und Berufsausbildung, Arbeit von Frauen und Jugendlichen und Genuß der durch Tarifverträge gebotenen Vergünstigungen, soweit alle diese Fragen durch das geltende Recht geregelt sind oder in die Zuständigkeit der Verwaltungsbehörden fallen;
   b) Soziale Sicherheit (gesetzliche Bestimmungen bezüglich der Arbeitsunfälle, der Berufskrankheiten, der Mutterschaft, der Krankheit, der Arbeitsunfähigkeit, des Alters und des Todes, der Arbeitslosigkeit, des Familienunterhalts sowie jedes anderen Wagnisses, das nach dem im betreffenden Land geltenden Recht durch ein System der sozialen Sicherheit gedeckt wird) vorbehaltlich
      (i) geeigneter Abmachungen über die Aufrechterhaltung der erworbenen Rechte und Anwartschaften,
      (ii) besonderer Bestimmungen, die nach dem im Aufenthaltsland geltenden Recht vorgeschrieben sind und die Leistungen oder Teilleistungen betreffen, die ausschließlich aus öffentlichen Mitteln bestritten werden, sowie Zuwendungen an Personen, die nicht die für die Gewährung einer normalen Rente geforderten Bedingungen der Beitragsleistung erfüllen.
2. Das Recht auf Leistung, das durch den Tod eines Flüchtlings infolge eines Arbeitsunfalles oder einer Berufskrankheit entsteht, wird nicht dadurch berührt, daß sich der Berechtigte außerhalb des Gebietes des vertragschließenden Staates aufhält.
3. Die vertragschließenden Staaten werden auf die Flüchtlinge die Vorteile der Abkommen erstrecken, die sie hinsichtlich der Aufrechterhaltung der erworbenen Rechte und Anwartschaften auf dem Gebiete der sozialen Sicherheit untereinander abgeschlossen haben oder abschließen werden, soweit die Flüchtlinge die Bedingungen erfüllen, die für Staatsangehörige der Unterzeichnerstaaten der in Betracht kommenden Abkommen vorgesehen sind.
4. Die vertragschließenden Staaten werden wohlwollend die Möglichkeit prüfen, die Vorteile ähnlicher Abkommen, die zwischen diesen vertragschließenden Staaten und Nichtvertragsstaaten in Kraft sind oder sein werden, soweit wie möglich auf Flüchtlinge auszudehnen.

Überblick

Die Bestimmung des Art. 24 etabliert in Abs. 1 in seinem personellen Anwendungsbereich (→ Rn. 7 ff.) den Grundsatz der Inländergleichbehandlung (→ Rn. 13 ff.) auf den Gebieten des Arbeitsrechts (→ Rn. 16 ff.) und der sozialen Sicherheit (→ Rn. 18 ff.). Betreffend bestimmter Leistungen von Todes wegen geht die Gewährleistung nach Abs. 2 sogar darüber hinaus (→ Rn. 35). Zudem werden in Abs. 3 und Abs. 4 Regelungen zur Erstreckung von internationalen Abkommen auf Flüchtlinge betreffend erworbener Rechte und Anwartschaften insbesondere auf dem Gebiet der sozialen Sicherheit getroffen (→ Rn. 36 ff.).

Übersicht

A. Allgemeines und Bedeutung

Art. 24 trifft Regelungen zugunsten von sich rechtmäßig im Vertragsstaat aufhaltenden Flücht- **1** lingen auf den Gebieten des **Arbeitsrechts und der sozialen Sicherheit.**

Die Bestimmung des Art. 24 wird ergänzt durch weitere Bestimmungen in **Kapitel IV (Wohl- 2 fahrt),** insbesondere Art. 20 (Rationierung), Art. 21 (Wohnungswesen) und Art. 23 (Öffentliche Fürsorge). Art. 24 hat außerdem Bezüge zu den Bestimmungen in **Kapitel III (Erwerbstätigkeit);** die GFK berücksichtigt insofern die lebensnahen Möglichkeiten nicht ununterbrochener Erwerbstätigkeit und der sozialen Bedürftigkeit von Flüchtlingen (vgl. Zimmermann 1951 Convention/Lester Rn. 11).

Infolge des akzessorischen Charakters des Gebots der Inländergleichbehandlung insbesondere **3** in Art. 24 Abs. 1 zu den innerstaatlichen Gewährleistungen des Vertragsstaats (→ Rn. 13) bzw. den Gewährleistungen in vorhandenen und zu schließenden internationalen Abkommen betreffend erworbener Rechte und Anwartschaften (Art. 24 Abs. 3 und Abs. 4; → Rn. 36 ff.) ist die **Bedeutung** der Bestimmungen umso größer, je gewichtiger die entsprechenden Gewährleistungen im Bereich des Arbeitsrechts und der sozialen Sicherheit im jeweiligen Vertragsstaat bzw. je weitreichender entsprechende internationale Abkommen mit anderen Vertrags- sowie mit Nichtvertragsstaaten ausgestaltet sind.

Die Bestimmung des Art. 24 hat **Vorläufer** sowohl im Abkommen v. 28.10.1933 über die **4** internationale Rechtsstellung der Flüchtlinge als auch im Abkommen v. 10.2.1938 über die Stellung der Flüchtlinge aus Deutschland. Art. 24 gewährleistet insoweit einen höheren Standard gegenüber den Vorläuferbestimmungen, als jene lediglich einen Grundsatz der Ausländergleichbehandlung vorsahen (vgl. Zimmermann 1951 Convention/Lester Rn. 3 f.).

Art. 24 hat Teil an der Erweiterung des Flüchtlingsbegriffs durch das **Protokoll über die 5 Rechtsstellung der Flüchtlinge** v. 31.1.1967 (BGBl. 1969 II 1293). Dies ergibt sich aus Art. I Abs. 1 FlüchtlingsProt. Die Möglichkeit der Erklärung von Vorbehalten (→ Rn. 39) schränkt auch das Protokoll nicht ein (vgl. Art. VII FlüchtlingsProt).

Eine im Wesentlichen gleichlautende Vorschrift findet sich – im Hinblick auf Staatenlose – **6** auch in Art. 24 StaatenlosenÜ (Übereinkommens über die Rechtsstellung der **Staatenlosen** v. 28.9.1954, BGBl. 1976 II 473, BGBl. 1977 II 235).

B. Personeller Anwendungsbereich

Die GFK gewährt den Personen, die von ihr erfasst werden, **unmittelbare Rechte** (vgl. **7** BVerwGE 88, 254 (257) = NVwZ 1992, 180; BVerwGE 7, 231 Rn. 9 = NJW 1959, 450).

Die Bestimmung des Art. 24 setzt wie viele andere Normen der GFK – wie Art. 15 (Vereini- **8** gungsrecht), Art. 17 Abs. 1 (Nichtselbst[st]ändige Arbeit), Art. 19 (Freie Berufe), Art. 20 (Rationierung), Art. 21 (Wohnungswesen), Art. 23 (Öffentliche Fürsorge) oder Art. 28 (Reiseausweise) – den **rechtmäßigen Aufenthalt** der Flüchtlinge (in der englischen Sprachfassung: „lawfully staying"; in der französischen: „résidant régulièrement") voraus. Damit unterscheidet sie sich von anderen Bestimmung – etwa von Art. 26 (Freizügigkeit), Art. 18 (Selbst[st]ändige Arbeit) oder Art. 32 (Ausweisung) –, welche es ihrem Wortlaut nach genügen lassen, dass sich der Flüchtling „rechtmäßig" im Gebiet des Vertragsstaats „befindet" (in der englischen Sprachfassung: „lawfully present"; in der französischen: „se trouvant régulièrement").

9   Die **Entstehungsgeschichte** (vgl. insoweit auch → Art. 15 Rn. 1 ff.) gibt keinen genauen Aufschluss über die Begriffsbedeutung; die Verhandlungen waren insofern von großen sprachlichen Unklarheiten geprägt (vgl. Zimmermann 1951 Convention/Teichmann Art. 15 Rn. 46 ff. mwN; Zimmermann 1951 Convention/Lester Art. 23 Rn. 29 ff., Art. 24 Rn. 25).

10   Der Begriff der Rechtmäßigkeit verweist zur genauen Bestimmung des geforderten Grads der Aufenthaltsverfestigung (notwendig) auf das **Recht des jeweiligen Vertragsstaats** (vgl. nur Zimmermann 1951 Convention/Edwards Art. 17 Rn. 39; BVerwGE 120, 206 Rn. 19 = NVwZ 2004, 1250 mwN).

11   Nach der Rechtsprechung des BVerwG (zu Art. 28 Abs. 1 S. 1; ausf. → Art. 28 Rn. 21 ff.) beinhaltet rechtmäßiger Aufenthalt im Hoheitsgebiet eine „**besondere Beziehung des Betroffenen zu dem Vertragsstaat durch eine mit dessen Zustimmung begründete Aufenthaltsverfestigung**". Es genügt nicht die faktische Anwesenheit, selbst wenn sie dem Vertragsstaat bekannt ist und von diesem hingenommen wird (vgl. BVerwGE 120, 206 Rn. 19 = NVwZ 2004, 1250 mwN).

12   Während die anscheinend geringere Anforderungen an die Präsenz des Flüchtlings im Aufnahmestaat stellende Formulierung des rechtmäßigen Sichbefindens im Einzelnen umstritten ist (im Einzelnen → Art. 18 Rn. 7 ff.; → Art. 26 Rn. 7 ff.; → Art. 32 Rn. 7 ff.), ist für die Bestimmungen, welche die Anforderung eines rechtmäßigen Aufenthalts des Flüchtlings stellen, weithin anerkannt, dass die in ihnen enthaltenen Vorteile lediglich auf **unanfechtbar anerkannte Flüchtlinge** mit einer befristeten oder unbefristeten Aufenthaltserlaubnis Anwendung finden (vgl. da Costa, UNHCR Rights of Refugee, UNHCR POLAS/2006/02, 18; eingehend Zimmermann 1951 Convention/Edwards Art. 17 Rn. 32 ff.; aus der Rspr. etwa BSGE 72, 8 Rn. 29 = BeckRS 1992, 30743578; vgl. insoweit auch → Art. 15 Rn. 1 ff.; nach teilweise vertretener aA wird rechtmäßiger Aufenthalt hingegen bereits bei Schutzsuchenden mit gewisser Aufenthaltsdauer, zB drei Monate, bejaht; vgl. Zimmermann 1951 Convention/Lester Art. 23 Rn. 29 ff. mwN, Art. 24 Rn. 25).

C. Grundsatz der Inländergleichbehandlung (Abs. 1)

13   Der Grundsatz der Inländergleichbehandlung (ausf. → Rn. 29 ff.) ist **akzessorisch** zu den innerstaatlichen Regelungen auf dem Gebiet des „Arbeitsrechts und der sozialen Sicherheit".

14   Der **sachliche Anwendungsbereich** dieser Norm wurde – im Vergleich etwa zu jenem des Art. 23 – präziser geregelt durch die Aufzählung eingeschlossener Leistungen und Bestimmungen in Art. 24 Abs. 1 lit. a (→ Rn. 16 ff.) und lit. b (→ Rn. 18 ff.) sowie durch die Regelung vorbehaltener Aspekte in Art. 24 Abs. 1 lit. b Ziff. i (→ Rn. 21) und Ziff. ii (→ Rn. 25 ff.).

15   Die genaue **Abgrenzung** des sachlichen Anwendungsbereichs des Art. 24 Abs. 1 von Art. 23 ist aufgrund der grundsätzlichen Rechtsfolgengleichheit (→ Art. 23 Rn. 14 ff.) regelmäßig unerheblich.

I. Lohn (Abs. 1 lit. a)

16   Vom sachlichen Anwendungsbereich des Art. 24 Abs. 1 ist nach lit. a zum einen der „Lohn" umfasst. Eingeschlossen sind ausdrücklich die folgenden **Einzel(gewähr)leistungen:** „Familienbeihilfen [→ Rn. 17.1], wenn diese einen Teil des Arbeitsentgelts bilden, Arbeitszeit, Überstunden, bezahlter Urlaub, Einschränkungen der Heimarbeit, Mindestalter für die Beschäftigung, Lehrzeit und Berufsausbildung, Arbeit von Frauen und Jugendlichen und Genuß der durch Tarifverträge gebotenen Vergünstigungen [→ Rn. 16.1]". Diese entsprechen– mit lediglich unbedeutenden Abweichungen – dem Wortlaut des Art. 6 Abs. 1 lit. a Ziff. i und Ziff. ii des **Übereinkommens Nr. 97 der Internationalen Arbeitsorganisation über Wanderarbeiter** v. 1.7.1949 (International Labour Organization – ILO – „C097 – Migration for Employment Convention"; vgl. Grahl-Madsen Refugee Convention 1951 (2 ff.); Zimmermann 1951 Convention/Lester Rn. 30; → Rn. 16.1).

16.1   Anders als Art. 6 Abs. 1 lit. a Ziff. ii des Übereinkommens Nr. 97 der Internationalen Arbeitsorganisation über Wanderarbeiter v. 1.7.1949 gewährleistet Art. 24 Abs. 1 lit. a zwar den „Genuß der durch Tarifverträge gebotenen Vergünstigungen", jedoch **nicht auch „den Beitritt zu gewerkschaftlichen Organisatio-**

nen". Letzterer unterfällt dem sachlichen Anwendungsbereich des Art. 15 (vgl. insoweit auch → Art. 15 Rn. 1 ff.), welcher jedoch keine Inländergleichbehandlung (→ Rn. 29 ff.), sondern lediglich eine (materiell aufgeladene; vgl. insoweit auch → Art. 6 Rn. 1 ff.) Ausländergleichbehandlung garantiert (vgl. Grahl-Madsen Refugee Convention 1951 (5); Zimmermann 1951 Convention/Lester Rn. 32). In Deutschland ist dies von geringer Relevanz, da nach Art. 9 Abs. 3 S. 1 GG die Koalitionsfreiheit und damit auch das Recht, einer Gewerkschaft beizutreten, jedermann (ohne jede Einschränkung) zusteht.

Diese Einzel(gewähr)leistungen sind jedoch nur dann eingeschlossen, „**soweit** alle diese Fragen **17** durch das geltende Recht geregelt sind oder in die Zuständigkeit der Verwaltungsbehörden fallen" (vgl. Zimmermann 1951 Convention/Lester Rn. 30; → Rn. 17.1).

Die von Art. 24 Abs. 1 lit. a erfassten „**Familienbeihilfen" sind vom „Familienunterhalt" abzu- 17.1 grenzen,** der nach Art. 24 Abs. 1 lit. b Teil der „sozialen Sicherheit" ist: Art. 24 Abs. 1 lit. a betrifft nur diejenigen Familienbeihilfen, die als Teil des Arbeitslohnes gezahlt werden (vgl. BSGE 72, 8 Rn. 29 = BeckRS 1992, 30743578; aber → Rn. 15).

II. Soziale Sicherheit (Abs. 1 lit. b)

Art. 24 Abs. 1 lit. b ist unterteilt in einen grundsätzlich sachlichen Anwendungsbereich **18** (→ Rn. 19 f.), der jedoch im Weiteren **unter drei Vorbehalte** (→ Rn. 21 ff.) gestellt wird.

1. Grundsätzlicher sachlicher Anwendungsbereich

Vom sachlichen Anwendungsbereich des Art. 24 Abs. 1 ist nach lit. b zum anderen die **bewusst 19 weit gefasste „soziale Sicherheit"** umfasst, ungeachtet der Benennung im innerstaatlichen Recht (vgl. Zimmermann 1951 Convention/Lester Rn. 33). Eingeschlossen sind ausdrücklich die folgenden **Einzel(gewähr)leistungen:** „gesetzliche Bestimmungen bezüglich der Arbeitsunfälle, der Berufskrankheiten, der Mutterschaft, der Krankheit, der Arbeitsunfähigkeit [in der englischen Sprachfassung: „disability"], des Alters und des Todes, der Arbeitslosigkeit, des Familienunterhalts [→ Rn. 17.1; ebenfalls → Rn. 27 ff.] sowie jedes anderen Wagnisses [in der englischen Sprachfassung: „contingency", wohl treffender übersetzt mit „Risikos"], das nach dem im betreffenden Land geltenden Recht durch ein System der sozialen Sicherheit gedeckt wird".

Diese Einzel(gewähr)leistungen entsprechen – mit den nachfolgend erläuterten Erweiterungen – **20** dem Wortlaut des Art. 6 Abs. 1 lit. b des **Übereinkommens Nr. 97 der Internationalen Arbeitsorganisation über Wanderarbeiter** v. 1.7.1949 (→ Rn. 16; vgl. Grahl-Madsen Refugee Convention 1951 (6); Zimmermann 1951 Convention/Lester Rn. 32). Dabei war man sich bewusst, dass zum einen die in Art. 24 Abs. 1 lit. b erfasste „disability" über die vom Übereinkommen Nr. 97 der Internationalen Arbeitsorganisation über Wanderarbeiter v. 1.7.1949 und weiterer Konventionen der Internationalen Arbeitsorganisation erfasste „invalidity" (im Sinne einer andauernden „disability") hinausgeht. Zum anderen erfasst Art. 24 Abs. 1 lit. b – über Art. 6 des Übereinkommens Nr. 97 der Internationalen Arbeitsorganisation über Wanderarbeiter v. 1.7.1949 hinausgehend – auch Berufskrankheiten (in der englischen Sprachfassung: „occupational diseases"; vgl. Grahl-Madsen Refugee Convention 1951 (6); vgl. auch Abs. 2 → Rn. 35).

2. „vorbehaltlich geeigneter Abmachungen über die Aufrechterhaltung der erworbenen Rechte und Anwartschaften" (Abs. 1 lit. b Ziff. i)

Der Vorbehalt „geeigneter Abmachungen über die Aufrechterhaltung der erworbenen Rechte **21** und Anwartschaften" in Art. 24 Abs. 1 lit. b Ziff. i – welcher im Übereinkommen Nr. 97 der Internationalen Arbeitsorganisation über Wanderarbeiter v. 1.7.1949 (→ Rn. 16) schöner übersetzt wird mit „geeigneter Vorkehrungen zur Wahrung der Ansprüche und Anwartschaften" – muss im Zusammenhang mit Art. 24 Abs. 3 (→ Rn. 36 f.) und Abs. 4 (→ Rn. 38) gelesen werden. Die mit Rücksicht auf die Autonomie der Vertragsstaaten (→ Rn. 23) eindeutig als Vorbehalt (in der englischen Sprachfassung „limitations"; in der französischen: „réserve") formulierte Passage erweist sich bei näherer Betrachtung als **regelungstechnisch verunglückt** (→ Rn. 24).

Wie die Bestimmungen aus Abs. 3 und Abs. 4 verweist der Vorbehalt in Art. 24 Abs. 1 lit. b **22** Ziff. i inhaltlich auf **bilaterale internationale Abkommen.** Im Rahmen der Verhandlungen wurde herausgestellt, dass der derlei Abkommen zugrunde liegende Bedarf (nach einer Berücksichtigung bereits in einem anderen Land erworbener Rechte und Anwartschaften auf dem Gebiet der sozialen Sicherheit) bei Flüchtlingen ebenso gegeben sein könne wie bei den Staatsangehörigen der Vertragsstaaten solcher internationaler Abkommen. Infolge des (im Falle staatlicher Verfolgung) eingetretenen Verlusts des Schutzes ihres Herkunftslands könnten Flüchtlinge jedoch von entsprechenden bilateralen Abkommen mit ihrem Herkunftsland nicht profitieren. „**Geeignete Abmachungen**" (in der englischen Sprachfassung: „appropriate arrangements") beziehen sich auf (auch) zugunsten von Flüchtlingen eingreifende entsprechende Bestimmungen in bilateralen internationalen Abkommen zwischen Aufnahmeländern.

23   Eine entsprechende Verpflichtung der Inländergleichbehandlung von Flüchtlingen enthält Art. 24 Abs. 1 lit. b Ziff. i nicht; die – als Vorbehalt gefasste – Bestimmung verweist vielmehr zunächst auf die **Autonomie der Vertragsstaaten;** hieraus wird auch gefolgert, im Falle der Abwesenheit bilateraler internationaler Abkommen stehe dem Anspruch auf Inländergleichbehandlung von Flüchtlingen nichts im Wege (so Grahl-Madsen Refugee Convention 1951 (7); Zimmermann 1951 Convention/Lester Rn. 35 ff.). Eine Begünstigung von Flüchtlingen aufgrund „geeigneter Abmachungen" setzt voraus, dass die entsprechenden Rechte und Anwartschaften in Ländern erworben wurden, die sowohl Vertragsstaaten der GFK als auch der entsprechenden internationalen Abkommen sind (vgl. Grahl-Madsen Refugee Convention 1951 (10); Zimmermann 1951 Convention/Lester Rn. 43).

24   Eine Verpflichtung zur Inländergleichbehandlung zwischen verschiedenen Vertragsstaaten der GFK findet sich – erst – in Abs. 3 (→ Rn. 36), eine „softe" Weiterung auf Nichtvertragsstaaten der GFK, mit denen ein Vertragsstaat ein bilaterales Abkommen zur Aufrechterhaltung der erworbenen Rechte und Anwartschaften geschlossen hat, in Abs. 4 (→ Rn. 38). Wenn man davon ausgeht, dass **„geeignete Abmachungen" iSd Art. 24 Abs. 1 lit. b Ziff. i nur solche sein können, die mit der Verpflichtung aus Art. 24 Abs. 3 vereinbar sind** (so Zimmermann 1951 Convention/Lester Rn. 42), bleibt von dem in Art. 24 Abs. 1 lit. b Ziff. i formulierten Vorbehalt nichts übrig. Liest man die Bestimmung des Art. 24 im Zusammenhang, wäre Art. 24 Abs. 1 lit. b Ziff. i daher treffender als Maßgabe denn als Vorbehalt formuliert worden.

3. „vorbehaltlich besonderer Bestimmungen, die nach dem im Aufenthaltsland geltenden Recht vorgeschrieben sind und die Leistungen oder Teilleistungen betreffen, die ausschließlich aus öffentlichen Mitteln bestritten werden" (Abs. 1 lit. b Ziff. ii Alt. 1)

25   Eine weitere Einschränkung des Rechts auf Inländergleichbehandlung auf dem Gebiet der sozialen Sicherheit enthält zum einen Art. 24 Abs. 1 lit. b Ziff. ii Alt. 1. Hintergrund der Regelung ist der **Schutz der Sozialkassen vor Einwanderung ohne Beitragsleistung;** dieser Schutzzweck steht jedoch nicht nur grundsätzlich unter dem menschenrechtlichen Vorbehalt der Wahrung des Grundsatzes der Nichtdiskriminierung und des angemessenen Lebensstandards (vgl. Zimmermann 1951 Convention/Lester Rn. 51); er ist in Art. 24 zudem lediglich moderat ausgestaltet. Danach bezieht sich der Anspruch der Flüchtlinge auf Inländergleichbehandlung zwar einerseits nicht auf „Leistungen oder Teilleistungen, die ausschließlich aus öffentlichen Mitteln bestritten werden". Andererseits werden die Vertragsstaaten nichts vollends aus ihrer Verantwortung entlassen, denn es bedarf bzgl. solcher Leistungen oder Teilleistungen „besonderer Bestimmungen, die nach dem im Aufenthaltsland geltenden Recht vorgeschrieben sind" (vgl. Zimmermann 1951 Convention/Lester Rn. 44).

26   Bzgl. des Merkmals „**ausschließlich aus öffentlichen Mitteln bestritten**" wurde auf österreichischen Vorschlag hin diskutiert, ob dieses erweitert werden solle im Sinne von „ausschließlich oder teilweise". Es wurde sich jedoch bewusst gegen diese weitergehende Einschränkung der sozialen Sicherheit von Flüchtlingen entschieden (unter Verweis auf die Möglichkeit der Erklärung eines Vorbehalts; → Rn. 39). Denn es wäre den Flüchtlingen die Gleichbehandlung potenziell sehr weitreichend versagt, wenn bereits die teilweise Finanzierung aus öffentlichen Mitteln zum Leistungsausschluss führen könnte; zugleich würde ihnen der Gegenwert ihres Eigenanteils (bzw. des Arbeitgeberanteils) an der Finanzierung der sozialen Leistung vollständig entzogen (vgl. Zimmermann 1951 Convention/Lester Rn. 46 f.).

27   Nach der Rechtsprechung gewährleistet Art. 24 **keinen Anspruch auf Kindergeld** und weiterer ausschließlich aus öffentlichen Mitteln bestrittener Leistungen (→ Rn. 27.1 f.).

27.1   Ob das Kindergeld zur „sozialen Sicherheit" (insbesondere zum „Familienunterhalt") iSv Art. 24 Abs. 1 lit. b gehört, könne offenbleiben, denn diese Regelung lasse besondere Bestimmungen unberührt, die nach dem im Aufenthaltsland geltenden Recht vorgeschrieben sind und die Leistungen betreffen, die ausschließlich aus öffentlichen Mitteln bestritten werden, wie das beim **Kindergeld** der Fall sei (vgl. BSGE 72, 8 Rn. 29 = BeckRS 1992, 30743578; zur Nichterfassung des Kindergelds auch von Art. 29 vgl. BFH NVwZ 2008, 703 (704); → Art. 29 Rn. 10).

Ebenso als konventionskonform angesehen wurde von der Rechtsprechung der Ausschluss von Flücht- 27.2
lingen etwa vom **Erziehungsgeld** (vgl. BSGE 70, 197 = NZS 1992, 109 (112)), vom in Baden-Württemberg gewährten **Familiengeld** (vgl. BVerwG BeckRS 1986, 31297944) oder vom in Niedersachsen
gewährten **Babygeld** (vgl. BVerwG BeckRS 1988, 31288068; näher → Art. 23 Rn. 19.1).

4. „sowie Zuwendungen an Personen, die nicht die für die Gewährung einer normalen Rente geforderten Bedingungen der Beitragsleistung erfüllen" (Abs. 1 lit. b Ziff. ii Alt. 2)

Eine weitere Einschränkung des Rechts auf Inländergleichbehandlung auf dem Gebiet der 28
sozialen Sicherheit enthält zum anderen Art. 24 Abs. 1 lit. b Ziff. ii Alt. 2. Auch hier ist Hintergrund der Regelung der **Schutz der Sozialkassen vor Einwanderung ohne Beitragsleistung**
(näher → Rn. 25). Dies kommt sogar im Wortlaut deutlich zum Ausdruck; denn aus diesem geht
hervor, dass die „normale Rente" im Sinne der GFK (zumindest auch) auf Beitragsleistungen (des
Arbeitnehmers oder Arbeitgebers) beruht.

III. Rechtsfolge

Art. 24 stellt keine bloße Empfehlung dar, sondern begründet eine **verbindliche Pflicht** der 29
Vertragsstaaten (vgl. Zimmermann 1951 Convention/Lester Rn. 24).

Aus dem Grundsatz der Inländergleichbehandlung folgt, dass **Flüchtlinge nicht schlechter** 30
als Inländer gestellt werden dürfen. Hierin kann unter Umständen eine Besserstellung gegenüber
sonstigen Ausländern liegen (→ Rn. 30.1).

Entstehungsgeschichtlicher Hintergrund war neben dem **humanitären** Aspekt des Gleichbehandlungs- 30.1
gebots nicht zuletzt auch der pragmatische Gedanke der **Kostenminimierung** im nationalen Interesse, da
die Teilhabe an gewissen Leistungen der öffentlichen Fürsorge manch kostspieligere Krankenhausbehandlung entbehrlich machen könne (vgl. Zimmermann 1951 Convention/Lester Art. 23 Rn. 38 mwN).

Art. 24 verlangt eine effektive Gleichbehandlung. Die Leistungen können **in gleichem** 31
Umfang und in gleicher Frist beansprucht werden. Unerheblich ist, ob die Leistungsverantwortung der öffentlichen Fürsorge auf nationaler, regionaler oder kommunaler Ebene des Vertragsstaats
angesiedelt ist (vgl. Grahl-Madsen Refugee Convention 1951 Art. 23 (4); zu Art. 23 sa BVerwG
BeckRS 1988, 31288068).

In der deutschen Sprachfassung ist in Art. 24 Abs. 1 von „dieselbe Behandlung" die Rede, 32
während Art. 23 von „die gleiche Behandlung" spricht. Hiermit ist indes kein Bedeutungsunter-
schied verbunden, da die verbindlichen Sprachfassungen jeweils die gleiche Formel verwenden
(„the same treatment" bzw. „le même traitement"). Entsprechend der Rechtsprechung des
BVerwG zu Art. 23 ist daher die „gleiche" bzw. **„dieselbe Behandlung"** ein **weit gefasster**
Ausdruck, der nicht nur die gleichen Leistungen nach Art und Höhe einschließt, sondern auch
voraussetzt, dass **in vergleichbaren Situationen mit Flüchtlingen nicht anders umgegangen**
wird als mit den eigenen Staatsangehörigen (vgl. BVerwGE 111, 200 (205) = NVwZ 2000,
1414; BVerwGE 130, 148 Rn. 19 = NVwZ 2008, 796 mwN; BVerwG ZAR 2017, 331 Rn. 33).

Allerdings sind **Unterschiede, die allein die – vielfältigen – tatsächlichen Begleitum-** 33
stände der Leistungsgewährung betreffen, zu einer Verletzung des Grundsatzes der Inländergleichbehandlung nur geeignet, wenn sie **ein bestimmtes Gewicht** erreichen (zu Art. 23 vgl.
BVerwG ZAR 2017, 331 Rn. 33).

Dass ein Verstoß gegen Art. 24 – ähnlich wie bei der Versagung von Leistungen der öffentlichen 34
Fürsorge nach Art. 23 (→ Art. 23 Rn. 25 mwN) – unter Umständen zugleich einen faktischen
Verstoß gegen das Refoulement-Verbot des Art. 33 Abs. 1 darstellen kann (sog. **constructive**
refoulement), sofern sich der anerkannte Flüchtling aufgrund der Vorenthaltung von Leistungen
auf den Gebieten des Arbeitsrechts und der sozialen Sicherheit gezwungen sähe, in den Verfolgerstaat zurückzukehren, erscheint nicht ausgeschlossen.

D. Sonderregelung für Leistungen von Todes wegen (Abs. 2)

Art. 24 Abs. 2 regelt eine Erweiterung des in Art. 24 Abs. 1 lit. b garantierten Grundsatzes der 35
Inländergleichbehandlung auf dem Gebiet der sozialen Sicherheit im Fall des Todes. Dadurch,
dass diese Bestimmung das Recht auf „Leistung, das durch den Tod eines Flüchtlings infolge eines
Arbeitsunfalles oder einer Berufskrankheit entsteht", ungeachtet des Umstands garantiert, dass sich
der Berechtigte außerhalb des Gebietes des vertragschließenden Staates aufhält, erstreckt sie die
Regelung des Art. 24 Abs. 1 lit. b gewissermaßen auch auf **„extraterritoriale Hinterbliebene",**

selbst wenn das innerstaatliche Recht für Inländer eine derartige Leistungsgewährung nicht vorsieht (vgl. Grahl-Madsen Refugee Convention 1951 (9)).

E. Erstreckung von Abkommen hinsichtlich der Aufrechterhaltung der erworbenen Rechte und Anwartschaften (Abs. 3)

36   Nach Art. 24 Abs. 3 werden die Vertragsstaaten auf die Flüchtlinge die Vorteile der Abkommen erstrecken, die sie hinsichtlich der Aufrechterhaltung der erworbenen Rechte und Anwartschaften auf dem Gebiet der sozialen Sicherheit untereinander abgeschlossen haben oder abschließen werden, soweit die Flüchtlinge die Bedingungen erfüllen, die für Staatsangehörige der Unterzeichnerstaaten der in Betracht kommenden Abkommen vorgesehen sind. Die Vorschrift **knüpft – ebenso wie die des Abs. 4 – an den in Art. 24 Abs. 1 lit. b Ziff. i formulierten Vorbehalt an** (zum Hintergrund → Rn. 21).

37   Art. 24 Abs. 3 enthält die **Verpflichtung der Vertragsstaaten zur Inländergleichbehandlung.** Hat der Aufnahmestaat ein internationales Abkommen mit einem anderen Vertragsstaat der GFK betreffend die Anerkennung erworbener Recht und Anwartschaften auf dem Gebiet der sozialen Sicherheit (→ Rn. 19 f.) geschlossen, hat der Flüchtling einen Anspruch darauf, mit einem Staatsangehörigen des Aufnahmestaats gleichbehandelt (→ Rn. 29 ff.) zu werden. Wie gesehen bleibt unter diesen Umständen von dem in Art. 24 Abs. 1 lit. b Ziff. i formulierten Vorbehalt nichts mehr übrig (→ Rn. 24).

F. Wohlwollensklausel (Abs. 4)

38   Art. 24 Abs. 4 enthält ergänzend zur Regelung des Abs. 3 eine Wohlwollensklausel („werden wohlwollend die Möglichkeit prüfen [...] soweit wie möglich") hinsichtlich der Ausdehnung der Vorteile ähnlicher Abkommen, die – weitergehend als Abs. 3 – nicht nur zwischen den Vertragsstaaten der GFK, sondern auch zwischen diesen und Nichtvertragsstaaten geschlossen wurden oder in Zukunft geschlossen werden. Diese Bestimmung enthält mehr eine Verpflichtung zu einem Prozess als zu einem Ergebnis. Entsprechend begründet sie auch **keinen verbindlichen Anspruch,** sondern stellt lediglich eine Empfehlung dar (vgl. Weis Refugees Convention 1951 137). Mit ihr erkennen die Vertragsstaaten jedoch die Bedeutung jener Abkommen für Flüchtlinge auf dem Gebiet der sozialen Sicherheit an.

G. Vorbehalte

39   Hinsichtlich der Bestimmung des Art. 24 (auch in Verbindung mit dem Protokoll über die Rechtsstellung der Flüchtlinge v. 31.1.1967, → Rn. 5) lässt Art. 42 **Vorbehalte** zu. Die Tatsache, dass von dieser Möglichkeit zahlreiche Vertragsstaaten Gebrauch gemacht haben, spiegelt den kontroversen Charakter der Bestimmung wider (→ Rn. 39.1).

39.1   Folgende Staaten haben einen **Vorbehalt zu Art. 24** erklärt:
- Ägypten,
- Angola,
- Estland,
- Finnland,
- Honduras,
- Iran,
- Jamaika,
- Kanada,
- Lettland,
- Liechtenstein,
- Malawi,
- Republik Moldawien,
- Monaco,
- Neuseeland,
- Polen,
- Schweden,
- Simbabwe,
- Timor-Leste,
- Vereinigtes Königreich und

- Vereinigte Staaten von Amerika (freilich lediglich hinsichtlich des Protokolls über die Rechtsstellung der Flüchtlinge v. 31.1.1967, BGBl. 1969 II 1293), vgl. insoweit auch → Art. 1 Rn. 1 ff.);
  Rücknahmen zuvor erklärter Vorbehalte erfolgten durch   39.2
- Dänemark im Jahr 1968,
- Griechenland im Jahr 1978,
- Norwegen im Jahr 1954 und die
- Schweiz im Jahr 1963 (näher Zimmermann 1951 Convention/Lester Rn. 8).
    Eine **aktuelle Übersicht** über den Stand der Verträge findet sich in der United Nations Treaty Collection (https://treaties.un.org/Pages/Treaties.aspx?id=5&subid=A).

Kapitel V. Verwaltungsmaßnahmen

Artikel 25 Verwaltungshilfe

1. **Würde die Ausübung eines Rechts durch einen Flüchtling normalerweise die Mitwirkung ausländischer Behörden erfordern, die er nicht in Anspruch nehmen kann, so werden die vertragschließenden Staaten, in deren Gebiet er sich aufhält, dafür sorgen, daß ihm diese Mitwirkung entweder durch ihre eigenen Behörden oder durch eine internationale Behörde zuteil wird.**
2. **Die in Ziffer 1 bezeichneten Behörden werden Flüchtlingen diejenigen Urkunden und Bescheinigungen ausstellen oder unter ihrer Aufsicht ausstellen lassen, die Ausländern normalerweise von den Behörden ihres Landes oder durch deren Vermittlung ausgestellt werden.**
3. **Die so ausgestellten Urkunden oder Bescheinigungen werden die amtlichen Schriftstücke ersetzen, die Ausländern von den Behörden ihres Landes oder durch deren Vermittlung ausgestellt werden; sie werden bis zum Beweis des Gegenteils als gültig angesehen.**
4. **Vorbehaltlich der Ausnahmen, die zugunsten Bedürftiger zuzulassen wären, können für die in diesem Artikel erwähnten Amtshandlungen Gebühren verlangt werden; diese Gebühren sollen jedoch niedrig sein und müssen denen entsprechen, die von eigenen Staatsangehörigen für ähnliche Amtshandlungen erhoben werden.**
5. **Die Bestimmungen dieses Artikels berühren nicht die Artikel 27 und 28.**

Überblick

Art. 25 trägt im besonderen Maße der Situation fehlenden konsularischen und diplomatischen Schutzes, der Flüchtlinge auf Grund ihrer Flucht und dem Bruch zum Heimatstaat ausgesetzt sind (→ Rn. 1), durch ein Recht auf Verwaltungshilfe Rechnung. Denn erst der Zugriff auf wesentliche Urkunden und Bescheinigungen wie auch die Hilfe durch konsularische Behörden ermöglicht die effektive Rechtswahrnehmung durch Flüchtlinge im Zufluchts- oder Aufenthaltsstaat (→ Rn. 3). Dabei findet Art. 25 Anwendung auf anerkannte Flüchtlinge ungeachtet ihres Aufenthaltsrechts (→ Rn. 4) und berechtigt damit auch Personen im Asylverfahren, deren Verfahren noch nicht abgeschlossen ist (→ Rn. 5). Zur Verwaltungshilfe ist jeder Vertragsstaat verpflichtet, in dessen Staatsgebiet sich der Flüchtling nicht bloß temporär aufhält (→ Rn. 6). Die Verwaltungshilfe nach Abs. 1 ist durch den Aufenthaltsstaat mittels Mitwirkung (→ Rn. 7), im Sinne der quasikonsularischen Tätigkeit (→ Rn. 8 f.) durch geeignete eigene (→ Rn. 13) oder internationale Behörden zu erbringen (→ Rn. 14), wenn der Flüchtling sich nicht an seine Heimatbehörden wenden kann (→ Rn. 10) und die Mitwirkung zur Wahrnehmung eines ihm zustehenden Rechts erforderlich ist (→ Rn. 12). Daneben ist ein Vertragsstaat verpflichtet, Urkunden und Bescheinigungen (→ Rn. 19), welche Ausländern normalerweise durch ihre Heimatkonsulate (→ Rn. 17) oder Heimatbehörden (→ Rn. 18) ausgestellt oder vermittelt werden, selbst auszustellen bzw. zu ersetzen (→ Rn. 21), wenn der Flüchtling den relevanten Sachverhalt im Rahmen seiner Angaben (→ Rn. 22) glaubhaft macht (→ Rn. 24). Die unter Abs. 1 oder Abs. 2 ausgestellten Urkunden und Bescheinigungen stellen zwar keine Originale dar (→ Rn. 28), ihnen kommt jedoch nach Abs. 3 die notwendige Gültigkeit und Beweiskraft zu (→ Rn. 28), sofern kein ausreichender Gegenbeweis durch den Ausstellerstaat geführt wurde (→ Rn. 29). Nach Abs. 4 dürfen Gebühren für die Verwaltungshilfe, insofern solche erhoben werden, nicht höher sein, als es für eigene

Staatsangehörige der Fall wäre (→ Rn. 30). Keine Anwendung finden Art. 25 Abs. 1 und Abs. 2 nach Abs. 5 auf die unter Art. 27, 28 geregelten Ausweisdokumente (→ Rn. 31). Der GFK zeitlich nachfolgend konkretisierte die Internationale Kommission für das Zivilstandwesen (→ Rn. 32) in späteren Konventionen die Pflichten unter Art. 25 weiter (→ Rn. 34); Deutschland ist jedoch kein Mitglied der relevanten Konventionen (→ Rn. 35).

Übersicht

A. Sinn und Zweck

1 Art. 25 trägt im besonderen Maße der Situation von Flüchtlingen im Aufenthaltsstaat Rechnung. Anders als eigene Staatsangehörige oder auch Ausländer, welche nicht geflohen sind, kann sich ein Flüchtling zur Beschaffung von Dokumenten und Urkunden nicht an seine Heimatbehörden wenden.

2 Es ist gerade die für Flüchtlinge charakterisierende **de iure** bzw. **de facto** Staatenlosigkeit bedingt durch den Bruch zum Heimatland (UN Ad Hoc Committee on Statelessness and Related Problems, Status of Refugees and Stateless Persons – Memorandum by the Secretary-General, 3 January 1950, E/AC.32/2, Comments Preamble), welcher die wesentliche Voraussetzung der Anerkennung unter Art. 1 darstellt. Ausgehend von diesem Bruch mit dem Heimatstaat ist einem Flüchtling, anders als anderen Ausländern, ein Kontakt zum Heimatland unmöglich oder nicht zuzumuten, **ipso facto** mit Blick auf Art. 1 C. sogar schädlich für den Status. Hieraus folgt, dass in keinem Fall einem Flüchtling oder Asylantragssteller die Kontaktaufnahme zuzumuten oder als Voraussetzung für die Anwendung des Art. 25 zu verlangen ist (Grahl-Madsen Refugee Convention 1951 (2)).

3 Bereits im Memorandum des Generalsekretärs wurde darauf hingewiesen, dass die alleinige Schutzgewährung durch Verbleib im Aufnahmestaat, verbunden mit den in der GFK garantierten Rechten, nicht ausreichend ist, wenn viele dieser Rechte mangels notwendiger Unterlagen nicht wahrgenommen werden können (UN Ad Hoc Committee on Statelessness and Related Problems, Status of Refugees and Stateless Persons – Memorandum by the Secretary-General, 3 January 1950, E/AC.32/2, Comment Article 23); letztlich erfordern die meisten Handlungen des zivilen Lebens, wie Heirat, Scheidung, Adoption oder der Erwerb von unbeweglichem Eigentum den zweifelsfreien Nachweis der Identität oder des Personenstands (E/AC.32/2, Comment Article 23). Diese besondere Situation macht eine Substitution durch den Aufnahmestaat notwendig und **zur conditio sine qua non** der unter der GFK verbürgten Rechte. Dazu verschiebt Art. 25 die Zuständigkeit wie auch die Befähigung zur Wahrnehmung konsularischer Tätigkeiten und Ausstellung von Dokumenten auf den Aufenthaltsstaat. Erst durch das Zusammenspiel aus unter anderem Art. 12, 29, 22 mit Art. 25 wird zB der Zugang zu Hochschulen, Arbeitsplätzen oder Heirat erst überhaupt ermöglicht, indem Art. 25 die erforderliche Zugangsberechtigung oder Qualifikationsdokumente besorgt oder die Vertragsstaaten zur Ausstellung der erforderlichen Dokumente verpflichtet (Zimmermann 1951 Convention/Lester Rn. 20 f.).

B. Anwendungsbereich

I. Persönlicher Anwendungsbereich

4 Berechtigt sind alle Flüchtlinge iSd Art. 1, welche sich im Staatsgebiet aufhalten. Unbeachtlich ist, ob der Aufenthalt rechtlich legal ist (Zimmermann 1951 Convention/Lester Rn. 26). Den Anspruch aus Art. 25 genießen im Weiteren aufgrund der deklaratorischen Natur der Feststellung

der Flüchtlingseigenschaft auch Asylsuchende, solange deren Status noch nicht geklärt ist (→
Art. 1 Rn. 75; so auch Hathaway Rights of Refugees 637; Zimmermann 1951 Convention/Lester
Rn. 26). Dies gilt auch in Situationen des Mass-Influx (Zimmermann 1951 Convention/Lester
Rn. 26; vgl. UNHCR, EC/GC/01/4, 2001, Rn. 8).

Die Anknüpfung an den Aufenthalt im Gebiet des Vertragsstaats dient lediglich als Zurechnungs- **5**
und Zuordnungseinheit, um den verpflichteten Staat zu bestimmen (Hathaway Rights of Refugees 639; Weis Refugees Convention 1951 204). Aus dem Merkmal des „sich im Gebiet Aufhal-
tens" kann daher eine weitere Verfestigungsanforderung im Aufenthaltsstaat nicht abgeleitet werden (Hathaway Rights of Refugees 637 f.; → Rn. 5.1).

Die deutsche Übersetzung der Anknüpfung „aufhält" kann irreführend sein. Der authentische Text **5.1**
spricht im Englischen von „residence" und im Französischen von „il réside", was rechtlich präziser ist.
„Residence" ist, in Abgrenzung zu den anderen Formen der Verfestigung innerhalb der GFK, im Sinne
von „gewöhnlicher Aufenthalt" (vgl. → Art. 14 Rn. 1), „rechtmäßiger Aufenthalt" (vgl. → Art. 15 Rn. 2)
und bloße Anwesenheit im Staatsgebiet ohne konkrete Anforderungen an den Aufenthalt auszulegen.
Dabei ist „Residence" ein mehr zur bloßen physischen Anwesenheit im Staatsgebiet, jedoch ein minus zu
den anderen Formen (vgl. Hathaway Rights of Refugees 638). „Residence" begründen alle Flüchtlinge,
deren Aufenthalt nicht offensichtlich von rein temporärer Dauer und Absicht ist (vgl. Grahl-Madsen
Refugee Convention 1951 (3)). In Bezug auf das deutsche Recht besitzt die Aufenthaltsgestattung nach
§ 55 AsylG bloß temporären Charakter, jedoch ist der Aufenthalt der gestatten Person faktisch nicht durch
eine Kurzzeitigkeit geprägt und durch das Schutzgesuch ein Verbleib intendiert. Auf eine abschließende
rechtlich garantierte Verfestigung kann es nach dem Wortlaut eben nicht ankommen.

Der Anspruch aus Art. 25 kann sich auch gegen mehrere Vertragsstaaten richten. Hat zB ein **6**
Flüchtling einen rechtmäßigen Aufenthalt in einem Staat begründet und hält er sich derzeit in
einem anderen Vertragsstaat auf (zB zum Studium), so kann er unter Art. 25 einen der beiden
Staaten in Anspruch nehmen (Grahl-Madsen Refugee Convention 1951 (3); Zimmermann 1951 Convention/Lester Rn. 37). Insoweit kommt dem Flüchtling ein Wahlrecht zu.

II. Sachlicher Anwendungsbereich und staatliche Pflichten (Abs. 1)

1. Mitwirkung

Nach Abs. 1 ist der Aufenthaltsstaat zur Gewährung der Mitwirkung durch seine Behörden **7**
und Organe verpflichtet. Der Wortlaut „dafür sorgen, dass" (englisch „shall arrange", französisch
„veilleront à [...] soit fourni") formuliert eine direkte Verpflichtung des Aufenthaltsstaates. **Diese
Pflicht ist absolut.**
Sachlich besteht die Mitwirkungspflicht des Aufenthaltsstaates hinsichtlich aller Handlungen, **8**
welche normalerweise durch ausländische Behörden vorgenommen werden. Die „Verwaltungshilfe" ersetzt hier die Verbindung, welche für die konsularische Tätigkeit wie auch den diplomatischen Schutz wesentliche Voraussetzung ist, durch die quasi-konsularische Verpflichtungen der
Vertragsstaaten (vgl. Weis Refugees Convention 1951 204).
Unter Mitwirkung sind alle Handlungen zu erfassen, welche normalerweise durch die gerichtli- **9**
chen, administrativen oder konsularischen Heimatbehörden oder andere ausländische Behörden
vorgenommen werden. **Erfasst sind unter anderem die Ausstellung von Dokumenten und
Bescheinigungen, aber auch** niederschwelliger Maßnahmen wie zB die Aufnahme der Korres-
pondenz, Untersuchungen, Empfehlungen, Beratung und persönlicher Beistand (Grahl-Madsen
Refugee Convention 1951 (2)). Daneben werden auch konsularische Tätigkeiten wie die Vermittlung von Personenstandsurkunden, wie etwa Heirats-, Geburts-, Adoptions-, Sterbe- oder Scheidungsurkunden, wie auch Zertifikate über die Authentizität, Übersetzungen, Legalisierung von
Dokumente oder die Bestätigung der Rechtmäßigkeit unter dem nationalen Recht erfasst (vgl.
Zimmermann 1951 Convention/Lester Rn. 27; Weis Refugees Convention 1951 204). Im Weiteren wird die konsularische Funktion als Notariat und Standesamt erfasst, welche sich heute auch
in Art. 5 lit. f, lit. j WKÜ wiederfindet, wie etwa die Übermittlung von gerichtlichen und
außergerichtlichen Schriftstücken und das Leisten von Rechtshilfe (Grahl-Madsen Refugee Convention 1951 (6); vgl. Zimmermann 1951 Convention/Lester Rn. 27; Weis Refugees Convention
1951 204). Somit ist Abs. 1 nicht auf die Vermittlung oder Ausstellung von Urkunden und
Bescheinigung beschränkt und im Umfang weiter als in Abs. 2 (Grahl-Madsen Refugee Convention 1951 (2)).
Die Verwaltungshilfe ist jedoch nur dann zu leisten, sofern der Flüchtling sich nicht an die **10**
jeweilige Behörde wenden kann (vgl. → Rn. 2; Grahl-Madsen Refugee Convention 1951 (2)).

Dies ist in Bezug auf seinen Heimatsstaat, wie auch bei allen anderen Staaten, gegenüber denen eine begründete Furcht vor Verfolgung besteht, der Fall. Eine Mitwirkungspflicht des Vertragsstaats ist dagegen ausgeschlossen, wenn der nachzuweisende Akt, wie zB die Eheschließung, im Staatsgebiet des Aufenthaltsstaates oder in einem Drittstaat in dem Flüchtling keine Verfolgung droht, erfolgte. In diesen Fällen muss sich der Flüchtling an die zuständigen nationalen Behörden des jeweiligen Staats wenden (Grahl-Madsen Refugee Convention 1951 (2)). Verlangt jedoch ein Drittstaat für die Ausstellung oder seine Mitwirkung eine offizielle staatliche Anfrage, so muss der Aufenthaltsstaat diese nach Art. 25 Abs. 1 vornehmen (Grahl-Madsen Refugee Convention 1951 (2)). Erbringt der Vertragsstaat seine Mitwirkungspflicht durch die Kontaktaufnahme zu dem Heimat- oder einem anderen Verfolgerstaat, muss der Staat hierbei mögliche Gefahren für dort verbliebene Familienmitglieder mitbeachten (Zimmermann 1951 Convention/Lester Rn. 35).

11   Die Mitwirkung ist durch den Aufenthaltsstaat **auch bei Auslandsaufenthalten des Berechtigten** durch die eigenen Auslandsvertretungen zu erbringen (Zimmermann 1951 Convention/ Lester Rn. 30).

2. Ausübung eines Rechts

12   Die Mitwirkungspflicht besteht im Weiteren nur, soweit diese zur **Ausübung eines Rechts** erforderlich ist. Dabei ist der Anwendungsbereich nicht ausschließlich auf die Rechte aus der GFK nach dem Wortlaut zu beschränken (Zimmermann 1951 Convention/Lester Rn. 31). Unter Art. 25 Abs. 1 **fällt die Ausübung eines jeden Rechts, auf das der Flüchtling einen Anspruch hat und welches er ohne die Verwaltungshilfe aufgrund seiner besonderen Situation nicht wahrnehmen kann,** ungeachtet dessen, ob ihm dieses Recht aus dem innerstaatlichen Recht oder internationalem Recht zukommt (Zimmermann 1951 Convention/Lester Rn. 31). Sinn und Zweck der Norm ist es gerade, Surrogate zu schaffen, damit ein faktisch dauerhafter Rechtsverlust durch die besonderen Umstände, in welchen sich Flüchtlinge befinden, nicht eintritt.

3. Durch ihre eigenen Behörden oder durch eine internationale Behörde

13   Der Staat hat die Mitwirkung durch eigene Behörden oder durch eine internationale Behörde zu erbringen. Insoweit folgt aus Art. 25 Abs. 1 auch die Pflicht des Aufenthaltsstaats, **geeignete administrative Mechanismen überhaupt einzurichten** (Hathaway Rights of Refugees 635 f.). Unter den Behördenbegriff sind sowohl innerstaatliche Behörden wie auch Auslandsvertretungen zu fassen (Grahl-Madsen Refugee Convention 1951 (3) und (4)).

14   Der Aufenthaltsstaat kann die Verwaltungshilfe und Mitwirkungspflicht auch auf eine internationale Organisation, wie zB den UNHCR, übertragen (Grahl-Madsen Refugee Convention 1951 (4)). Die Erfüllung dieser Pflicht durch eine internationale Behörde setzt jedoch die rechtliche Delegation dieser Aufgabe und die Übertragung der dazu erforderlichen Kompetenzen voraus (Hathaway Rights of Refugees 636 f.; Grahl-Madsen Refugee Convention 1951 (4)). Auch im Falle einer Delegation bleibt der Aufenthaltsstaat dennoch selbst rechtlich verantwortlich (Hathway 635).

15   Auch in Fällen, in denen der UNHCR nicht ausdrücklich als zuständige Stelle durch den Staat ermächtigt wurde, werden in der Praxis die durch diesen ausgestellten Dokumente oftmals akzeptiert (Weis Refugees Convention 1951 203). Eine staatliche Pflicht, diese Dokumente anzuerkennen, besteht jedoch nicht, solange **keine Delegation erfolgte** (vgl. → Art. 35 Rn. 6).

4. Verwaltungshilfe im Asylverfahren

16   Die Verwaltungshilfe nach Abs. 1 kann auch im Rahmen des Verfahrens über die Feststellung der Flüchtlingseigenschaft relevant sein. Über Art. 25 Abs. 1 können in bestimmten Situationen Belege für die Fluchtgeschichte des Antragstellers unter der Mitwirkung von eigenen oder internationalen Behörde beschafft werden. Der Wortlaut würde eine solche Anwendung nicht ausschließen, wobei zu beachten ist, dass die Anwendung auf quasikonsularische Tätigkeiten der sonst ausländischen Behörden im Anspruch auf Verwaltungshilfe beschränkt ist (Zimmermann 1951 Convention/Lester Rn. 31).

III. Sachlicher Anwendungsbereich und staatliche Pflichten (Abs. 2)

1. Urkunden und Bescheinigungen

Art. 25 Abs. 2 bezieht sich nur auf solche Urkunden und Bescheinigungen, **die Ausländern** **17** **normalerweise** von den Behörden ihres Landes oder durch deren Vermittlung ausgestellt werden. Demnach beschränkt sich hier die Verwaltungshilfe, anders als in Abs. 1, sachlich auf Urkunden und Bescheinigungen aus dem Heimatstaat. Sachlich werden danach nur solche Urkunden und Bescheinigungen erfasst, welche Ausländer, die sich nicht im Heimatstaat aufhalten, **normalerweise durch ihre Behörden im Ausland erlangen können.** Damit lässt sich zunächst nur die Konstellation der Dokumentenbeschaffung durch die Auslandsvertretungen des Heimatstaates beschreiben. Erfasst sind demnach Dokumente, welche die Auslandsvertretungen des Heimatstaates für gewöhnlich ausstellen oder die durch Vermittlung ausgestellt werden. Auch hier lässt sich auf die Funktion der Konsulate als Notariat und Standesamt und deren Aufgaben zur Vermittlung aus Art. 5 lit. f, lit. j WKÜ verweisen (Grahl-Madsen Refugee Convention 1951 (6)).

Der Anwendungsbereich wird jedoch durch die Formulierung „Behörden ihres Landes" (eng- **18** lisch „national authority"; französisch „autorités nationales") auch auf alle **Urkunden und Bescheinigungen erweitert.** Damit werden auch Urkunden und Bescheinigungen erfasst, welche durch andere Behörden als Konsulate und Auslandsvertretungen ausgestellt werden (Grahl-Madsen Refugee Convention 1951 (6); Robinson Convention 110).

Unter den Begriff Urkunden und Bescheinigungen, sind daher alle zur Rechtswahrnehmung **19** relevanten Dokumente zu fassen, wie zB Geburts-, Sterbe-, Heirats-, Adoptions-, oder Scheidungsurkunden, Zeugnisse, Ausbildungs- oder Hochschulabschlüsse, sowie Abschriften und Übersetzungen von Urkunden (vgl. Zimmermann 1951 Convention/Lester Rn. 50; Robinson Convention 109). Im Weiteren nennt der erste Konventionsentwurf, welcher die Grundlage der Verhandlung bildete, die folgenden Dokumente:
- Dokumente zur Identitätsfeststellung und Situation, über den Familienstand und das Personalstatut, sofern diese im Heimatland begründet wurden;
- Zeugnis über die Regelmäßigkeit, Zulässigkeit und ordnungsgemäße Ausstellung von Dokumenten aus dem Heimatland; Bescheinigung der Unterschrift des Flüchtlings, die Anfertigung von Kopien und Übersetzungen von Dokumenten aus dem Heimatland;
- Bescheinigung über den guten Charakter und guten Benehmens des Flüchtlings, entsprechend seiner Akte, wie auch die Bescheinigung über seinen Schulabschluss, Ausbildung oder Hochschulabschluss und Akademische Titel;
- Empfehlungen gegenüber zuständigen Stellen hinsichtlich, Unterkunft, Visa, Aufenthaltserlaubnis, Schulzulassung, Büchereien usw (→ Rn. 19.1).

Mit Streichung der Liste aus dem Entwurf des Ad-Hoc-Komitees während der Verhandlung sollte der Anwendungsbereich nicht verengt werden. Vielmehr vertraten die Staaten die Auffassung, dass die sachliche Anwendung im Wortlaut ausreichend angezeigt ist (vgl. Grahl-Madsen Refugee Convention 1951 (6)).

19.1

„2. The authority so designated shall deliver or cause to be delivered to refuges unable to procure them by other means documents:
- (a) certifying the identity and the position of the refugees;
- (b) certifying their family position and civil status, in so far as these are based on acts performed or facts which occurred in the refugee's country of origin;
- (c) testifying to the regularity, validity and conformity with the previous law of their country of origin, of documents issued in such country;
- (d) certifying the signature of refuges and copies and translations of documents drawn up in their own language;
- (e) testifying to the good character and conduct of the individual refugee, to his previous record, to his professional qualifications and to his university degrees or academic diplomas etc.
- (f) recommending refugees to the competent authorities, particularly with a view to their obtaining visas, permits to reside in the country, admission to schools, libraries etc." (E/AC.32/2, Comment Article 23).

Nicht vom Anwendungsbereich erfasst werden nach Abs. 5 (→ Rn. 31) Ausweispapiere **20** (Art. 27) und Flüchtlingspässe (Art. 28), wie auch solche Urkunden und Bescheinigungen, welche durch eigene Anstrengungen in zumutbarer Weise erlangt werden können (vgl. → Rn. 10). Ausgenommen sind im Weiteren auch solche Urkunden und Bescheinigungen, die für eine Rechtswahrnehmung nicht erforderlich sind (Hathaway Rights of Refugees 640 f.).

2. Verpflichtung des Aufenthaltsstaates

21   Ist in einem Verfahren eine Bescheinigung oder Urkunde des Heimatstaates erforderlich, **so hat der Vertragsstaat, in welchem sich der Flüchtling aufhält, diese Bescheinigungen oder Urkunden selbst auszustellen.** Auch hier ist der Wortlaut eindeutig als direkte Pflicht und absolute Pflicht formuliert.

22   **Grundlage für die Ausstellung bilden die Aussage** des Flüchtlings und sofern vorhanden die vorgelegten Beweise (Grahl-Madsen Refugee Convention 1951 (5)).

23   Angesichts der geringen Anforderungen zur Erstellung des Dokuments ist dies – vor allem aus staatlicher Sicht – eine überaus weitreichende Privilegierung für Flüchtlinge (Grahl-Madsen Refugee Convention 1951 (7)). Dies wurde jedoch während der Verhandlungen bewusst auch so verstanden und aufgenommen. Bestrebungen von Staaten, die Pflicht durch ein Ermessen zu relativieren, konnten sich in den Verhandlungen gerade nicht durchsetzen; im Gegenteil, hier wurde eine strikte Pflicht bewusst als ein für Flüchtlinge notwendiges Recht formuliert (UN Conference of Plenipotentiaries on the Status of Refugees and Stateless Persons: Summary Record of the Thirty-fifth Meeting, 3 December 1951, A/CONF.2/SR 35, S. 12, 14; → Rn. 23.1).

23.1   Art. 25 „was designed to meet one of the most constant and essential needs of refugees [...] [H]e could not agree that the administrative assistance should be made optional... [I]f governments were permitted to grant or refuse them the necessary documents at their discretion, the rights which the Convention was intended to confer on refugees would be jeopardized." (Herment, Belgischer Delegierter auf der Bevollmächtigten-Konferenz, A/CONF.2/SR.11, S. 12, 14).

24   Der Wortlaut des Art. 25 Abs. 2 legt keine Anforderungen für die Ausstellung der Dokumente fest. Während der Verhandlungen wird dies unter anderem im Vergleich zur Rechtspraxis der Common-Law-States deutlich. Der Britische Delegierte **Hoare** wies darauf hin, dass eine Ausstellung als Substitut im Common Law nicht notwendig sei, da eine eidesstattliche Versicherung (Affidavit) als Substitut innerhalb der britischen Rechtordnung ausreiche (UN Conference of Plenipotentiaries on the Status of Refugees and Stateless Persons: Summary Record of the Eleventh Meeting, 22 November 1951, A/CONF.2/SR.11, S. 11). **Grahl-Madsen** zieht hieraus korrekterweise den Schluss, dass beide Arten letztlich nur auf Aussagen der Personen basieren, und sich die Ansätze daher lediglich nach der Form und nicht in der Substanz unterscheiden (Grahl-Madsen Refugee Convention 1951 (5)). Insoweit dürfen an die der Ausstellung zu **Grunde liegenden Aussagen, außer der ernsthaften und glaubhaften Beteuerung, keine hohen Anforderungen gestellt werden;** denn die Situation ist letztlich mit dem Beweismaßstab im Rahmen des Anerkennungsverfahrens vergleichbar (vgl. Zimmermann 1951 Convention/Lester Rn. 28). Angesichts von Sinn und Zweck des Art. 25 muss **die Glaubhaftmachung des relevanten Sachverhaltes vor den zuständigen Behörden ausreichen.**

25   Es ist im Weiteren zu beachten, dass der Wortlaut des Art. 25 Abs. 2 selbst kein Verweigerungsrecht vorsieht und nur die Möglichkeit einer Entkräftung der so ausgestellten Dokumente unter Abs. 3 durch den staatlicherseits zu führenden Gegenbeweis. Gelingt dies nicht bzw. ist dies nicht der Fall, **so sind die Urkunden oder Bescheinigung auszustellen.** Daher können auch die Ausstellung oder andere Surrogationsformen keinesfalls im Ermessen der Behörde liegen. **Abs. 3 sieht eine Annullierung oder Änderung der so ausgestellten Dokumente auch zu einem späteren Zeitpunkt noch vor und trägt dem Staatsinteresse dadurch ausreichend Rechnung** (so auch Goodwin–Gill/McAdam, The Refugee in International Law, 3. Aufl. 2007, 515).

26   In der praktischen Anwendung lässt Art. 25 die materiellen Voraussetzungen, wie zB die Ehefähigkeit oder Anerkennung einer im Ausland geschlossenen Ehe, unberührt. Dennoch muss für jede Voraussetzung, welche einen Nachweis verlangt, der dem Flüchtling nicht zugänglich ist, dieser Nachweis substituiert werden können, wenn der Sachverhalt glaubhaft dargelegt wird und kein Gegenbeweis erfolgt. Diese Beweislast darf auch nicht durch Hürden gegenüber dem Flüchtling verkehrt werden. Die Beweislast zum Gegenbeweis nach Abs. 3 trägt der Staat (→ Rn. 28). Und in keinem Fall kann eine vorrangige Bemühung der Stellen des Heimatsstaates verlangt werden.

IV. Abs. 3

27   Die unter Art. 25 ausgestellten Urkunden und Bescheinigungen sind bis zum Gegenbeweis als gültig angesehen. Auch Abs. 3 hat zwingenden Verpflichtungscharakter (Zimmermann 1951 Convention/Lester Rn. 54).

28   Abs. 3 bezieht sich dabei auf alle Urkunden und Bescheinigungen, welche unter Abs. 1 oder Abs. 2 ausgestellt wurden. Die unter Art. 25 ausgestellten Urkunden und Bescheinigungen gelten dabei jedoch nur als Ersatz und sind echten Dokumenten nicht gleichgestellt; es sind keine Originale (Zimmermann 1951 Convention/Lester Rn. 56; Goodwin-Gill/McAdam, The Refugee in International Law, 3. Aufl. 2007, 515). Damit besteht hier eine abgeschwächte Beweiskraft unter Vorbehalt des Gegenbeweises, dennoch sind diese als „gültig anzusehen" (englisch „shall given gredence", französisch „feront foi jusqú"). Daher kommt den Urkunden und Bescheinigungen dennoch die höchstmögliche Geltung zu, welche Zweifel an der Gültigkeit ausräumt (vgl. Grahl-Madsen Refugee Convention 1951 (7)). Somit besitzen diese die notwendige Beweiskraft und Legitimität (bis zum Gegenbeweis) **sowohl im Inland als auch in allen Hoheitsgebieten der anderen Vertragsstaaten** (Weis Refugees Convention 1951 205; Robinson Convention 112). Auch hier wird die Parallele zum Eid im Common Law (Affidavit) deutlich, danach gilt eine unter Eid geleistete Erklärung als Wahrheit, **solange keine begründeten Zweifel bestehen** (Goodwin-Gill/McAdam, The Refugee in International Law, 3. Aufl. 2007, 515 Fn. 52).

Welches Beweismaß an die Widerlegung anzulegen ist, richtet sich nach dem innerstaatli- **29** chen Recht (Zimmermann 1951 Convention/Lester Rn. 56). Dabei folgt jedoch aus Art. 25 Abs. 3 verpflichtend, dass die Beweislast immer zwingend beim jeweiligen Vertragsstaat liegt (Hathaway Rights of Refugees 644; Zimmermann 1951 Convention/Lester Rn. 54). **Daneben gilt als genereller Maßstab** des zu führenden Gegenbeweises der Grundsatz der Nichtdiskriminierung und die Pflicht zur Beachtung der Schwere der Folgen des Gegenbeweises (Zimmermann 1951 Convention/Lester Rn. 22, 56).

V. Abs. 4

Für die Verwaltungshilfe dürfen Gebühren erhoben werden, sofern keine Ausnahme für Bedürf- **30** tige besteht. Abs. 4 verpflichtet jedoch die Vertragsstaaten dazu, dass die anfallenden Gebühren für die Verwaltungshilfe iSv Abs. 1–3 nicht höher sein dürfen, als es für eigene Staatsangehörige der Fall ist. Insoweit entspricht diese Regelung auch Art. 29. Eine niedrigere Gebühr oder der Wegfall von Gebühren ist zu erwägen, jedoch für die Vertragsstaaten nicht verpflichtend.

VI. Abs. 5

Der Verweis in Abs. 5 auf Art. 27, 28 stellt klar, dass Ausweispapiere und Reisepässe nicht **31** unter den Anwendungsbereich von Art. 25 Abs. 1–3 fallen, auch wenn diese gerade unter den Wortlaut der Verwaltungshilfe subsumiert werden können. Trotz dieses zunächst eindeutigen Wortlauts sind Art. 27 oder 28 immer **als ein Gesamtsystem der Schutzgewährung,** des Rechts auf Identität und Beurkundung dieser zu verstehen und in Verbindung mit Art. 25 zu lesen (Goodwin-Gill, UNHCR, Opinion: The 1951 Convention relating to the Status of Refugees and the Obligations of States under Articles 25, 27 and 28, with particular reference to refugees without identity or travel documents, 2000, https://www.refworld.org/docid/51af00184.html, Rn. 37). Denn zumeist sind Fragen des Zivilstatus der Ausweisausstellung vorgeschaltet und Voraussetzung für eine korrekte Eintragung der Daten.

C. Relevante Regionale Abkommen

Die Internationale Kommission für das Zivilstandswesen (Commission Internationale de l'Etat **32** Civil, CIEC), nahm in der Empfehlung Nr. 1 (8.9.1967) Stellung zu Art. 25 und empfiehlt seinen Mitgliedern, die notwendigen Befugnisse an geeignete Stellen zu übertragen und diese zu befähigen, mit den Behörden anderer Mitgliedstaaten in Kontakt zu treten.

Mitglieder der CIEC sind Belgien, Frankreich, Griechenland, Luxemburg, Spanien, die **33** Schweiz und die Türkei. Im Weiteren haben die folgenden Staaten eine Beobachterstatus: Zypern, der Heilige Stuhl, Litauen, Moldawien, Peru, Rumänien, die Russische Föderation, Slowenien und Schweden (http://www.ciec1.org). Deutschland war von 1956 bis 2015 Mitglied der CIEC.

Im Weiteren gab es unter der ICEC eine Konvention über die Kooperation bezüglich der **34** Verwaltungshilfe für Flüchtlinge (Convention 22 – Relative à la coopération internationale en matière d'aide administrative aux réfugié). Deutschland ist dieser Konvention jedoch nicht beigetreten (Mitglieder sind Österreich, Belgien, Frankreich, Griechenland, Italien und die Niederlande).

In Art. 1 der Konvention über die Kooperation bezüglich der Verwaltungshilfe für Flüchtlinge **35** wird noch einmal hervorgehoben, dass keine Anfragen im Sinne einer Mitwirkung unter Art. 25 Abs. 1 an den Verfolgerstaat gerichtet werden sollen, wenn diese eine Gefahr für den Flüchtling oder seine Familie bedingen würden. Im Weiteren regelt die Konvention die formellen Vorgaben für die Zusammenarbeit und die Ausstellung von Dokumenten.

D. Vorbehalte

36   Vorbehalte erklärten vor allem die Common Law Staaten, insbesondere die ehemaligen Kolonien Großbritanniens. Diese zielten darauf ab, dass das verwendete Affidavit-System ausreichend sei, um die Pflichten aus Art. 25 Abs. 1 und Abs. 2 zu erfüllen (**näher** Zimmermann 1951 Convention/Lester Rn. 14).

37   Österreich erklärte, dass der Wortlaut „Urkunden und Bescheinigungen" in Abs. 2 und Abs. 3 ausschließlich die Identifikationspapiere im Sinne der Konvention v. 30.6.1928 bezeichnet (https://treaties.un.org/pages/ViewDetailsII.aspx?src=TREATY&mtdsg_no=V-2&chapter=5&Temp=mtdsg2&clang=_en).

38   Im Weiteren erklärten Estland, Schweden und Uganda Vorbehalte gegenüber Art. 25 (näher https://treaties.un.org/pages/ViewDetailsII.aspx?src=TREATY&mtdsg_no=V-2&chapter=5&Temp=mtdsg2&clang=_en).

Artikel 26 Freizügigkeit

Jeder vertragschließende Staat wird den Flüchtlingen, die sich rechtmäßig in seinem Gebiet befinden, das Recht gewähren, dort ihren Aufenthalt zu wählen und sich frei zu bewegen, vorbehaltlich der Bestimmungen, die allgemein auf Ausländer unter den gleichen Umständen Anwendung finden.

Überblick

Art. 26 regelt die bis heute kontrovers diskutierte Frage der Freizügigkeit von Flüchtlingen (→ Rn. 1). Auswirkungen auf ihre Auslegung hat ihr systematischer Bezug zur Bestimmung des Art. 31 Abs. 2, sowohl für die Frage des personellen Anwendungsbereichs (→ Rn. 7 ff.) als auch ihres Gewährleistungsgehalts (→ Rn. 12 ff.). Da die weitgehend parallele Vorschrift im Staatenlosenübereinkommen einer Schwesterbestimmung wie der des Art. 31 Abs. 2 entbehrt, ist sie für die Auslegung nicht sinnvollerweise heranzuziehen (→ Rn. 4 f.). Der Gehalt des im Hs. 2 verankerten Grundsatzes der Ausländergleichbehandlung (→ Rn. 15) erklärt sich durch Auslegung im Lichte von Art. 7 Abs. 1 (→ Rn. 16 ff.) und iVm Art. 6 (→ Rn. 17). Gerade die jüngere Rechtsprechung zum – der GFK nachgebildeten – Unionsrecht (→ Rn. 23) und zum nationalen Recht (→ Rn. 24 ff.) hat gezeigt, dass die Eingrenzung dem nationalen Gesetzgeber offenstehender Differenzierungsmöglichkeiten und insbesondere die Abgrenzung des Grundsatzes der Ausländergleichbehandlung zu einem allgemeinen Diskriminierungsverbot schwer fällt (→ Rn. 21.1 f.).

Übersicht

A. Allgemeines und Bedeutung

1   Art. 26 behandelt das alte und bis heute **kontrovers diskutierte Problem** der Wahl des Wohnorts und der Bewegungsfreiheit von Flüchtlingen auf dem Gebiet des jeweiligen Vertragsstaates (vgl. Grahl-Madsen Refugee Convention 1951 (1); Zimmermann 1951 Convention/Marx Rn. 1; Marx, Handbuch zum Flüchtlingsschutz, 2. Aufl. 2012, § 56 Rn. 2; UNHCR, Stellungnahme zu Maßnahmen zur Beschränkung der Wohnsitzfreiheit, 2007, 3).

2   Ein Vorläufer dieser Bestimmung fand sich bereits in Art. 2 des **Abkommens v. 10.2.1938** (vgl. näher Grahl-Madsen Refugee Convention 1951 (1); Zimmermann 1951 Convention/Marx Rn. 4).

3   Art. 26 hat Teil an der Erweiterung des Flüchtlingsbegriffs durch das **Protokoll über die Rechtsstellung der Flüchtlinge** v. 31.1.1967 (BGBl. 1969 II 1293). Dies ergibt sich aus Art. I

Abs. 1 FlüchtlingsProt. Die Möglichkeit der Erklärung von Vorbehalten (→ Rn. 27) schränkt auch das Protokoll nicht ein (vgl. Art. VII FlüchtlingsProt).

Eine im Wesentlichen gleichlautende Vorschrift findet sich – im Hinblick auf Staatenlose – **4** auch in Art. 26 StaatenlosenÜ (Übereinkommen über die Rechtsstellung der **Staatenlosen** v. 28.9.1954, BGBl. 1976 II 473, BGBl. 1977 II 235). Diese ist jedoch – trotz des im Wesentlichen gleichlautenden Textes – für die Auslegung des Art. 26 nicht sinnvollerweise heranzuziehen, steht sie doch in einem anderen systematischen Kontext (näher → Rn. 12.1; → Rn. 4.1).

Dies liegt darin begründet, dass im Staatenlosenübereinkommen **eine Art. 31 Abs. 2 entsprechende** **4.1** **Regelung nicht enthalten** ist. Da Art. 26 StaatenlosenÜ daher – anders als Art. 26 (→ Rn. 11 f.) – nicht im systematischen Kontext einer Art. 31 Abs. 2 entsprechenden Bestimmung auszulegen ist, unterscheiden sich auch die völkerrechtlichen Regelungen, die für Flüchtlinge in der GFK einerseits und für Staatenlose in Art. 26 StaatenlosenÜ andererseits getroffen wurden. Daher ist auch die Rechtsprechung zu Art. 26 StaatenlosenÜ (etwa BVerwGE 92, 116 = NVwZ 1993, 782; BVerwGE 100, 335 = NVwZ-RR 1997, 317) nicht uneingeschränkt auf Art. 26 übertragbar (vgl. BVerwGE 130, 148 = NVwZ 2008, 796 (797)).

Die Gewährleistung des Art. 26 ist **zweiteilig aufgebaut**: Im Hs. 1 wird der Grundsatz **5** aufgestellt, dass jeder vertragschließende Staat den Flüchtlingen, die sich rechtmäßig in seinem Gebiet befinden, das Recht gewähren wird, dort ihren Aufenthalt zu wählen und sich frei zu bewegen (→ Rn. 6). Im Hs. 2 wird dieses Recht unter den Vorbehalt der Bestimmungen, die allgemein auf Ausländer unter den gleichen Umständen Anwendung finden, gestellt (→ Rn. 15).

B. Freie Wahl des Aufenthaltsorts und Bewegungsfreiheit (Hs. 1)

Nach Art. 26 gewährt jeder vertragschließende Staat den Flüchtlingen, die sich rechtmäßig in **6** seinem Gebiet befinden, zunächst einmal das Recht, dort ihren Aufenthalt zu wählen und sich frei zu bewegen. Art. 26 ist dabei nicht lediglich als bloße Empfehlung, sondern als **verbindliche Verpflichtung** („shall accord") formuliert (vgl. Grahl-Madsen Refugee Convention 1951 (2); Zimmermann 1951 Convention/Marx Rn. 1).

I. Personeller Anwendungsbereich

Die GFK gewährt den Personen, die von ihr erfasst werden, **unmittelbare Rechte** (vgl. **7** BVerwGE 88, 254 (257) = NVwZ 1992, 180; BVerwGE 7, 231 Rn. 9 = NJW 1959, 450).

Der **personelle Anwendungsbereich** des Art. 26 ist allerdings umstritten. Auf der einen Seite **8** wird vertreten, dass Art. 26 bereits auf nicht anerkannte Flüchtlinge Anwendung finde (→ Rn. 9); auf der anderen Seite vertritt das BVerfG in ständiger Rechtsprechung, dass lediglich unanfechtbar anerkannte Flüchtlinge erfasst seien (→ Rn. 10), was systematisch überzeugender ist (→ Rn. 11).

1. Anwendung des Art. 26 bereits auf Schutzsuchende?

Anders als viele andere Normen der GFK – wie etwa Art. 15 (Vereinigungsrecht), Art. 17 **9** Abs. 1 (Nichtselbst[st]ändige Arbeit), Art. 19 Abs. 1 (Freie Berufe), Art. 20 (Rationierung), Art. 21 (Wohnungswesen), Art. 23 (Öffentliche Fürsorge) oder Art. 24 Abs. 1 (Arbeitsrecht und soziale Sicherheit) – setzt Art. 26 seinem Wortlaut nach keinen „rechtmäßigen Aufenthalt" (in der englischen Sprachfassung: „lawfully staying"; in der französischen:„résidant régulièrement") des Flüchtlings voraus. Vielmehr lässt es Art. 26 – ebenso wie etwa Art. 18 (Selbst[st]ändige Arbeit) und Art. 32 (Ausweisung) – genügen, dass sich der Flüchtling **„rechtmäßig" im Gebiet des Vertragsstaats „befindet"** (in der englischen Sprachfassung: „lawfully present"; in der französischen: „se trouvant régulièrement"). Daraus wird teilweise geschlussfolgert, Art. 26 lasse allein die physische Anwesenheit und fehlende Illegalität genügen, verlange hingegen keinen Aufenthaltstitel. Damit würden alle Aufenthalte einbezogen, die nicht gegen die Aufenthaltsbestimmungen verstoßen, so etwa der Aufenthalt von Studenten, Besuchern und Asylsuchenden, die für die Zwecke des Asylverfahrens aufgenommen wurden (so Zimmermann 1951 Convention/Marx Rn. 45 ff.; Marx, Handbuch zum Flüchtlingsschutz, 2. Aufl. 2012, § 56 Rn. 2). Nach Wortlaut und Entstehungsgeschichte nicht erforderlich sei demgegenüber die formelle Zuerkennung der Flüchtlingseigenschaft (vgl. eingehend Zimmermann 1951 Convention/Marx Rn. 58 ff.; mit dieser Ansicht wäre es konsequent, wenn die Bundesrepublik Deutschland nach Art. 42 einen Vorbehalt zu Art. 26 erklärte).

2. Ständige Rechtsprechung in Deutschland

10 Dessen ungeachtet geht die deutsche Rechtsprechung über diese Unterscheidung hinweg: Nach ständiger Rechtsprechung des BVerfG (seit BVerfGE 80, 182 (187 f.) mwN = NVwZ 1989, 951) betrifft Art. 26 **nur unanfechtbar anerkannte Flüchtlinge,** nicht auch solche, die während des Asylverfahrens über eine Aufenthaltsgestattung verfügen (→ Rn. 10.1).

10.1 Art. 26 betrifft nur Flüchtlinge, die dem Flüchtlingsbegriff des Art. 1 unterfallen und die sich rechtmäßig im Gebiet des jeweiligen Konventionsstaates befinden. Das ist bei einem in das Bundesgebiet eingereisten Asylbewerber **in aller Regel erst dann der Fall, wenn er als politisch Verfolgter unanfechtbar anerkannt worden ist;** zuvor kann er sich lediglich auf „das mit dem Antrag auf Asyl gesetzlich eintretende vorläufige Bleiberecht" berufen, das ihm zwar Sicherheit vor dem befürchteten Zugriff des angeblichen Verfolgerstaates gewährt, aber keine Freizügigkeit begründet (vgl. seit BVerfGE 80, 182 (187 f.) mwN = NVwZ 1989, 951; BVerfGE 96, 10 (25) = NVwZ 1997, 1109).

3. Stellungnahme

11 Die zweite Lesart vermag mit Blick auf die Systematik der GFK zu überzeugen. Denn Art. 26 steht in **systematischem Zusammenhang mit Art. 31 Abs. 2** (→ Art. 31 Rn. 17), welcher ebenfalls Regelungen zur Freizügigkeit trifft und wonach die vertragschließenden Staaten den Flüchtlingen (die sich nicht rechtmäßig im Aufnahmeland aufhalten; englisch: „unlawfully in the country", französisch: „en situation irrégulière dans le pays") beim Wechsel des Aufenthaltsorts keine Beschränkungen auferlegen werden, außer denen, die notwendig sind; diese Beschränkungen werden jedoch nur solange Anwendung finden, **bis die Rechtsstellung dieser Flüchtlinge im Aufnahmeland geregelt** oder es ihnen gelungen ist, in einem anderen Land Aufnahme zu erhalten. Wenn aber Art. 31 Abs. 2 den vertragsschließenden Staaten die Möglichkeit eröffnet, den Flüchtlingen bis zum Ende der verfahrensbedingten Schwebesituation, dh bis zur Klärung ihres Status (oder der Aufnahmegewährung in einem anderen Staat) die für „notwendig" erachteten Beschränkungen beim Wechsel des Aufenthaltsorts aufzuerlegen, also vor der förmlichen Statusanerkennung weiter gehende Restriktionen hinsichtlich der Freizügigkeit erlaubt, dann heißt dies im Umkehrschluss für Art. 26, dass dieser nur für Personen gilt, die bereits unanfechtbar als politisch Verfolgte – bzw. als Flüchtling – anerkannt sind (vgl. BVerfGE 80, 182 (187 f.) = NVwZ 1989, 951; BVerfGE 96, 10 (25) = NVwZ 1997, 1109; → Rn. 11.1 f.).

11.1 Mit anderen Worten: Gewährt Art. 31 Abs. 2 ein Weniger an Freizügigkeit als Art. 26, so kann im Umkehrschluss Art. 26 nicht auf dieselbe Personengruppe Anwendung finden. Die somit systematisch gebotene graduelle Abstufung zwischen Art. 31 Abs. 2 (Weniger) und Art. 26 (Mehr) bekäme man mit der ersten Lesart (→ Rn. 9) logisch nur überein, wenn man das Ende der verfahrensbedingten Schwebesituation bereits in der Gewährung der Aufenthaltsgestattung infolge Stellung des Antrags auf Zuerkennung der Flüchtlingseigenschaft erblicken wollte. Zum einen aber deutet der Wortlaut „**Regelung der Rechtsstellung**" im „Aufnahmeland" allerdings auf ein Mehr als die bloße zwischenzeitliche Aufenthaltsgestattung während des Statusprüfungsverfahrens hin. Zum anderen erscheint die bloße Gewährung der Aufenthaltsgestattung nicht als geeignetes Äquivalent mit der von Art. 31 Abs. 2 der „Regelung der Rechtsstellung dieser Flüchtlinge im Aufnahmeland" gleichgestellten Alternative des „Erhalts der Aufnahme in einem anderen Land", einer Situation also, in der der Flüchtling das Land alsbald **endgültig** verlässt.

11.2 Diese Auslegung entspricht jener der insoweit wortlautgleichen Bestimmung des Art. 18 (→ Art. 18 Rn. 7 ff.) und weicht von jener des Art. 32 ab (→ Art. 32 Rn. 10 ff.). Für eine **einheitliche Auslegung von Art. 26 und 18, nicht aber mit Art. 32,** spricht, dass diese Bestimmungen jeweils die Gewährung von Rechtsvorteilen verbürgen und damit grundrechtsdogmatisch ausgedrückt – anders als die auf Eingriffsabwehr zielende Bestimmung des Art. 32 (→ Art. 32 Rn. 11.1) – gewissermaßen „Leistungsrechte" gewähren. Die gegen ein unterschiedliches Auslegungsergebnis (Art. 18 und 26 einerseits, Art. 32 andererseits) einzuwendende **Einheit des Vertragswerks** dürfte indes nicht zu hoch anzusiedeln sein. Denn die Analysen zur Entstehungsgeschichte der GFK zeigen, dass hinsichtlich der Voraussetzungen der Rechtmäßigkeit des Aufenthalts von Flüchtlingen große begriffliche Unsicherheiten bestanden, die sich auf unterschiedliche innerstaatliche Konzepte (insbesondere „lawfully staying", „résidance régulière") zurückführen lassen (eingehend Zimmermann 1951 Convention/Davy Art. 32 Rn. 52 ff.; Grahl-Madsen Refugee Convention 1951 Art. 32 (2)).

II. Gewährleistungsgehalt

12 Der systematische Zusammenhang von Art. 26 und Art. 31 Abs. 2 prägt auch die Antwort auf die Frage nach dem Gewährleistungsgehalt des Art. 26. Wie gesehen (→ Rn. 11) unterscheidet

die GFK zwischen Beschränkungen der Freizügigkeit von Flüchtlingen, deren Rechtsstellung noch nicht geregelt ist (Art. 31 Abs. 2), und solchen, bei denen – etwa durch Erteilung eines Aufenthaltstitels – geklärt ist, dass sie sich rechtmäßig im Aufnahmestaat befinden (Art. 26). Aus der Tatsache, dass Art. 31 Abs. 2 – anders als Art. 26 – ausdrücklich zum Erlass aller notwendigen Wohnsitzbeschränkungen ermächtigt, muss geschlossen werden, dass derartige **Beschränkungen iRv Art. 26 nicht ohne Weiteres zulässig sind,** sondern als Eingriff in den Schutzbereich der Norm nur unter den hierfür geltenden Voraussetzungen verfügt werden dürfen (vgl. BVerwG BeckRS 2008, 33980; → Rn. 12.1).

Insofern unterscheiden sich auch die völkerrechtlichen Regelungen, die für Flüchtlinge in der GFK **12.1** einerseits und für Staatenlose in Art. 26 StaatenlosenÜ (→ Rn. 4) andererseits getroffen wurden, da das Staatenlosenübereinkommen eine Art. 31 Abs. 2 entsprechende Regelung nicht kennt. Von daher sind auch die Ausführungen zu **Art. 26 StaatenlosenÜ nicht uneingeschränkt auf Art. 26 übertragbar** (vgl. BVerwG BeckRS 2008, 33980).

Das BVerwG hat der Ansicht, erst die nationale Aufenthaltserlaubnis und die mit ihr verbunde- **13** nen Auflagen nach § 12 Abs. 2 S. 2 AufenthG bestimmten den Inhalt des rechtmäßigen Aufenthalts iSv Art. 26, die Vorschrift gewähre demnach Freizügigkeit **nur nach Maßgabe des nationalen Aufenthaltstitels, eine klare Absage erteilt** (vgl. BVerwG BeckRS 2008, 33980).

Richtig ist freilich, dass sich der Umfang der von Art. 26 gewährleisteten Freizügigkeit nicht **14** nach Maßgabe des nationalen Aufenthaltstitels bestimmt. Andernfalls vollzöge die völkerrechtliche Gewährleistung jegliche nationale Rechtsgewährung lediglich nach und wäre mithin obsolet. Vielmehr gewährleistet Art. 26 für alle Flüchtlinge, bei denen – etwa durch Erteilung eines Aufenthaltstitels – geklärt ist, dass sie sich rechtmäßig im Aufnahmestaat befinden, Freizügigkeit **im völkerrechtlich gewährleisteten Umfang.** Allerdings kommt dem nationalen (Ausländer-) Recht wegen des Vorbehalts der Ausländergleichbehandlung (→ Rn. 15) maßgebliche Determinationskraft für den völkerrechtlichen Gewährleistungsumfang zu.

C. Vorbehalt der Ausländergleichbehandlung (Hs. 2)

Seinen maßgeblichen Regelungsgehalt erfährt die Vorschrift des Art. 26 letztlich durch den in **15** den Hs. 2 aufgenommenen Vorbehalt der Bestimmungen, die allgemein auf Ausländer unter den gleichen Umständen Anwendung finden. Hiermit ist die Einschränkung der Freizügigkeit der von Art. 26 erfassten Flüchtlinge auf den (über Art. 6 materiell aufgeladenen → Rn. 17 f.) **Grundsatz der Ausländergleichbehandlung** zulässig (vgl. Marx, Handbuch zum Flüchtlingsschutz, 2. Aufl. 2012, § 56 Rn. 1).

Der Grundsatz der Ausländergleichbehandlung findet sich zwar bereits in der Bestimmung **16** des **Art. 7 Abs. 1,** wonach vorbehaltlich der in diesem Abkommen vorgesehenen günstigeren Bestimmungen jeder vertragschließende Staat den Flüchtlingen die Behandlung gewähren wird, die er Ausländern im Allgemeinen gewährt. Beliefe sich Art. 26 auf diesen Regelungsinhalt, wäre er freilich obsolet (vgl. Grahl-Madsen Refugee Convention 1951 (2)). Der „Mehrwert" des in Art. 26 enthaltenen Gleichbehandlungsgebots erschließt sich erst aus der Einbeziehung der Formel „unter den gleichen Umständen" (→ Rn. 17).

Die Formel **„unter den gleichen Umständen"** in Art. 26 nimmt (ebenso wie zahlreiche **17** andere Bestimmungen der GFK, namentlich Art. 13, Art. 15, Art. 17 Abs. 1, Art. 18, Art. 19 Abs. 1, Art. 21 und Art. 22 Abs. 2) Bezug auf die **Legaldefinition in Art. 6,** welche die in den zitierten Bestimmungen enthaltenen Gleichbehandlungsgebote konkretisiert. Gemäß der in Art. 6 enthaltenen Legaldefinition ist der Ausdruck „unter den gleichen Umständen" dahingehend zu verstehen, dass die betreffende Person alle Bedingungen erfüllen muss (einschließlich derjenigen, die sich auf die Dauer und die Bedingungen des vorübergehenden oder des dauernden Aufenthalts beziehen), die sie erfüllen müsste, wenn sie nicht Flüchtling wäre, um das in Betracht kommende Recht in Anspruch zu nehmen, mit Ausnahme der Bedingungen, die ihrer Natur nach ein Flüchtling nicht erfüllen kann. Durch die Bezugnahme des Art. 26 auf Art. 6 wird der Flüchtling iRd Art. 26 mithin von der Notwendigkeit der Erfüllung solcher rechtlicher Voraussetzungen befreit, die der Betroffene gerade aufgrund seiner Flüchtlingseigenschaft strukturell („ihrer Natur nach") nicht erfüllen kann (vgl. Wissenschaftlicher Dienst des Deutschen Bundestages – WD 2-3000-084/16, 8 f.; vgl. insoweit eingehend → Art. 6 Rn. 1 ff.).

Damit stellt Art. 26 nicht nur einen formellen Grundsatz der Ausländergleichbehandlung auf, **18** den bereits Art. 7 Abs. 1 enthält, sondern stellt ein **besonderes Gleichbehandlungsgebot auf, das der Lebenssituation von Flüchtlingen Rechnung tragen soll** (vgl. Zimmermann 1951 Convention/Marx/Machts Art. 6 Rn. 3). Hierin liegt eine materielle Anreicherung des in Art. 7 Abs. 1 niedergelegten Grundsatzes der Ausländergleichbehandlung (vgl. insoweit auch → Art. 6 Rn. 1 ff.); denn Art. 7 Abs. 1 wäre bereits dadurch Genüge getan, wenn man ausländerrechtliche Bestimmungen auf Flüchtlinge anwenden würde, selbst wenn diese bestimmte Voraussetzungen ihrer Natur nach nicht erfüllen können (zB weil deren Erfüllung die Flüchtlinge – oder deren ggf. im Herkunftsland verbliebene Angehörige – der Gefahr einer Verfolgung durch den Herkunftsstaat aussetzen würde; vgl. insoweit auch → Art. 6 Rn. 1 ff.). Die Bestimmung des Art. 26 Hs. 2 geht somit **über eine bereichsspezifische Affirmation des Art. 7 hinaus** (aA wohl Grahl-Madsen Refugee Convention 1951 (2); Marx, Handbuch zum Flüchtlingsschutz, 2. Aufl. 2012, § 56 Rn. 3).

19   Zwar bezieht sich die Legaldefinition des Art. 6 seinem Wortlaut nach lediglich auf Sachverhalte, in denen der Flüchtling Ansprüche geltend macht; sie ist jedoch **ebenfalls auf Eingriffssituationen anwendbar** (vgl. UNHCR, Stellungnahme zu Maßnahmen zur Beschränkung der Wohnsitzfreiheit, 2007, 3).

20   Weiterhin sind bei der Anwendung des Art. 26 (iVm Art. 6) nicht nur innerstaatliche Gesetze, sondern **auch die Verwaltungspraxis** in den Blick zu nehmen (vgl. UNHCR, Stellungnahme zu Maßnahmen zur Beschränkung der Wohnsitzfreiheit, 2007, 2; Deutsches Instituts für Menschenrechte, Stellungnahme Wohnsitzauflagen für anerkannte Flüchtlinge?, 2016, 4).

21   Zu beantworten ist schließlich die Frage, ob der in Art. 26 (iVm Art. 6) enthaltene, materiell aufgeladene Anspruch auf (zumindest) Ausländergleichbehandlung auf die nationalen Bestimmungen hinsichtlich sämtlicher Ausländer verweist (so etwa Wissenschaftlicher Dienst des Deutschen Bundestages – WD 2-3000-084/16, 9 f.) oder es genügen lässt, dass die nationalen Bestimmungen **mindestens eine weitere vergleichbare Gruppe von Ausländern betreffen.** Letzteres ist richtig. Andernfalls nähme man praktisch dem nationalen Gesetzgeber jegliche Differenzierungsmöglichkeit innerhalb des Ausländerrechts, selbst wenn diese an Sachgründen orientiert wäre und dem Verhältnismäßigkeitsprinzip Rechnung trüge. Art. 26 (iVm Art. 6) ist mithin vereinbar mit einer innerstaatlichen rechtlichen Differenzierung nach Gruppen von Ausländern, sofern Flüchtlinge mit der – objektiv vergleichbaren – Gruppe sonstiger Ausländer (mindestens) gleichbehandelt werden (→ Rn. 21.1 ff.).

21.1   Das BVerwG sieht dem Gleichbehandlungsgebot des Art. 26 Rechnung getragen, wenn aufenthaltsrechtliche Vorschriften in gleicher Weise auf Flüchtlinge wie auf alle anderen (von den entsprechenden Bestimmungen, hier: solche des 5. Abschnitts in Kapitel 2 des AufenthG) erfassten Ausländer angewandt werden. Es dürfe etwa zwischen Ausländern mit **unbefristetem Aufenthaltsrecht** und solchen, die nur einen befristeten Aufenthaltstitel haben, differenziert werden. Es dürfe aber auch **differenziert werden nach den Aufenthaltszwecken,** für die Aufenthaltserlaubnisse erteilt wurden. Flüchtlingen seien Aufenthaltstitel aus humanitären Gründen zu erteilen, so dass die Ausländern allgemein unter den gleichen Umständen zu erteilenden Aufenthaltstitel solche des 5. Abschnitts in Kapitel 2 des AufenthG seien. Bei den Aufenthaltstiteln dieses Abschnitts sei der Bezug von Sozialhilfe – anders als bei den Titeln nach anderen Abschnitten – kein (Regel-) Versagungsgrund (vgl. § 5 Abs. 3 AufenthG). In diesem Rahmen erscheine **gegebenenfalls auch eine weitere Differenzierung möglich,** die Wohnsitzauflagen auf Bezieher von Leistungen aus Sozialhilfemitteln beschränkt, wenn mit den Auflagen **migrationspolitische** und nicht fiskalische Ziele verfolgt werden (vgl. BVerwGE 130, 148 = NVwZ 2008, 796 (798); → Art. 23 Rn. 28.2; vgl. auch VG Aachen BeckRS 2021, 4823 Rn. 19: insbesondere Differenzierungen nach dem Aufenthaltszweck ermöglicht und aufgrund von Problemen, die sich aus der Wohnsitznahme gerade von Flüchtlingen und Personen in einer vergleichbaren Lage ergeben können).

21.2   Anders – gegen eine **Differenzierung nach dem Migrationsstatus** – sprach sich hingegen der Generalanwalt beim EuGH aus (BeckRS 2015, 81339; zu diesem Verfahren näher → Rn. 21.3). Dem ist nicht zu folgen, sofern die Differenzierung – **im Rahmen zulässiger Typisierung** – lediglich an der Art des Aufenthaltsrechts als Stellvertreterkriterium anknüpft, jedoch in der Sache von migrationspolitischen Differenzierungsgründen getragen ist. Soweit diese migrationspolitischen Differenzierungen prognostische Einschätzungen verlangen, dürfte den staatlichen Stellen hinsichtlich Geeignetheit und Erforderlichkeit ein weiter Einschätzungsspielraum zustehen; im Rahmen der Typisierung auftretenden unbilligen Härten ist durch eine strikte Beachtung der Zumutbarkeit der Wohnsitzauflage im Einzelfall Rechnung zu tragen (vgl. VG Dresden Urt. v. 7.11.2001 – A 14 K 1427/01).

21.3   Der EuGH hat in einer Vorabentscheidung auf Vorlage des BVerwG (NVwZ-RR 2015, 61), welche die – den Regelungen der GFK entsprechenden (→ Rn. 23) – Bestimmungen der Qualifikations-RL (RL 2011/95/EU v. 13.12.2011, ABl. 2011 L 337, 9) hinsichtlich subsidiär Schutzberechtigter betraf, eine nationale Regelung, die die Erteilung einer Wohnsitzauflage für Personen mit subsidiärem Schutzstatus vorsieht (nicht aber für Flüchtlinge, für Drittstaatsangehörige, die sich aus anderen als humanitären, politischen oder völkerrechtlichen Gründen rechtmäßig im Hoheitsgebiet des betreffenden Mitgliedstaats aufhalten und für Angehörige dieses Mitgliedstaats), dann für zulässig erachtet, wenn sich diese Personengruppen im Hinblick auf das mit der Regelung verfolgte Ziel nicht in einer objektiv vergleichbaren Situation befänden (vgl. EuGH NVwZ 2016, 445 Rn. 54 – Alo und Osso), also gewissermaßen auf eine **zulässige Ungleichbehandlung von wesentlich Ungleichem** erkannt. Dass der EuGH dies auch für – anders als subsidiär Schutzberechtigte dem Anwendungsbereich des Art. 26 unterfallende – Flüchtlinge entscheiden würde, geht mittelbar aus der Entscheidung hervor, entnimmt der EuGH die Maßstäbe seiner Entscheidung doch (dem Unionsrecht im Lichte) der GFK (vgl. EuGH NVwZ 2016, 445 Rn. 28–37, 44 – Alo und Osso; vgl. auch EuGH NVwZ 2016, 445 (448 f.) mAnm Pelzer: einheitlicher Schutzstatus und GFK-konforme Auslegung; Zabel NJW 2016, 1057 (1058)). Mit dem gänzlichen Absehen vom Erfordernis zumindest einer weiteren vergleichbaren Gruppe von Ausländern im nationalen Recht, hat der EuGH den Gehalt des Art. 26 mittelbar **auf ein allgemeines Diskriminierungsverbot reduziert.** Ob dies noch mit dem von Art. 26 iVm Art. 6 gewährleisteten materiell aufgeladenen → Rn. 17 f.) Grundsatz der Ausländergleichbehandlung vereinbar ist, erscheint fraglich.

D. Umsetzung

Die Frage der Freizügigkeit von Flüchtlingen wird sowohl im Unionsrecht (→ Rn. 23) als **22** auch im nationalen Recht (→ Rn. 24) geregelt.

Nach **Art. 33 Qualifikations-RL** (RL 2011/95/EU v. 13.12.2011, ABl. 2011 L 337, 9) **23** gestatten die Mitgliedstaaten die Bewegungsfreiheit von Personen, denen internationaler Schutz zuerkannt worden ist, in ihrem Hoheitsgebiet unter den gleichen Bedingungen und Einschränkungen wie für andere Drittstaatsangehörige, die sich rechtmäßig in ihrem Hoheitsgebiet aufhalten. Damit ist Art. 33 Qualifikations-RL der Bestimmung des **Art. 26 nachgebildet** (vgl. EuGH NVwZ 2016, 445 Rn. 44 – Alo und Osso) und erstreckt das in Art. 26 geregelte Recht auf Bewegungsfreiheit über die Flüchtlinge hinaus **auch auf subsidiär Schutzberechtigte.** Es gibt keine Anhaltspunkte dafür, dass der Unionsgesetzgeber in der Qualifikations-RL nur das erste der in Art. 26 geregelten Rechte (dh das Recht, sich im Gebiet des Staates, der die Flüchtlingseigenschaft zuerkannt hat, frei zu bewegen) übernehmen wollte, nicht aber das zweite (dh das Recht der Flüchtlinge, dort ihren Aufenthalt zu wählen; vgl. EuGH NVwZ 2016, 445 Rn. 35 – Alo und Osso). Aus dem Umstand, dass Art. 33 Qualifikations-RL der Bestimmung des Art. 26 nachgebildet wurde, wird gefolgert, dass die systematische Abstufung zwischen Art. 26 und Art. 31 Abs. 2 auch für das Unionsrecht gelte (vgl. Marx, Handbuch zum Flüchtlingsschutz, 2. Aufl. 2012, § 56 Rn. 7; → Rn. 23.1).

Folgt man der (nationalen) Rechtsprechung zum auf anerkannte Flüchtlinge beschränkten Anwen- **23.1** dungsbereich (→ Rn. 7 ff.) nicht, dann lassen sich die Regelungen des **Art. 7 EU-Aufnahme-RL** (RL 2013/33/EU v. 26.6.2013, ABl. 2013 L 180, 96) als unionsrechtliche „Umsetzung" des Art. 26 mit Blick auf Drittstaatsangehörige, die internationalen Schutz (in Form von Flüchtlingsschutz) beantragen (zum Anwendungsbereich vgl. Art. 3 EU-Aufnahme-RL), verstehen. In Art. 7 Abs. 1 EU-Aufnahme-RL ist zwar der Grundsatz der Bewegungsfreiheit (im Hoheitsgebiet des Aufnahmemitgliedsstaats – oder auch nur: in einem von diesem Mitgliedstaat zugewiesenen Gebiet) etabliert; die Folgeregelungen lassen jedoch weitgehende Einschränkungen zu.

Das **nationale Recht** ist nicht über jeden Zweifel an seiner Völkerrechtskonformität erhaben, **24** unterscheidet es doch zwischen Regelungen, die für alle Ausländer gelten (→ Rn. 25) und solchen, die für (insbesondere) als Flüchtlinge anerkannte Ausländer gelten (→ Rn. 26; → Rn. 24.1 f.).

Dies gilt freilich umso mehr, sofern man den personellen Anwendungsbereich weit versteht und bereits **24.1** Schutzsuchende erfasst sieht (→ Rn. 9; zu den hieraus folgenden Einwänden insbesondere gegen die Regelung des **§ 56 Abs. 1 AsylG,** wonach die Aufenthaltsgestattung räumlich auf den Bezirk der Ausländerbehörde beschränkt ist, in dem die für die Aufnahme des Ausländers zuständige Aufnahmeeinrichtung liegt, → Art. 7 Rn. 1 ff.).

Vor diesem Hintergrund (vgl. auch → Rn. 20) zeigt sich die AufenthGAVwV (**Allgemeine Verwal-** **24.2** **tungsvorschrift zum Aufenthaltsgesetz** v. 26.10.2009, GMBl. 878) in Nr. 12.2.5.2.3 AufenthGAVwV für diese Problemlage – mit Recht – sensibel, indem sie darauf hinweist, dass für Flüchtlinge (und Asylberechtigte) wohnsitzbeschränkende Auflagen nur in Betracht kommen, soweit deren Verhängung aus aus migrations- und integrationspolitischen Interessen erforderlich sei, da sich aus dem Zusammenwirken der in Art. 26 gewährten Freizügigkeit mit dem Grundsatz fürsorgerechtlicher Gleichbehandlung (Art. 24) ergebe, dass freizügigkeitsbeschränkende Maßnahmen gegenüber Flüchtlingen nicht allein zum Zweck der angemessenen Verteilung öffentlicher Soziallasten eingesetzt werden dürften (vgl. vorgehend BVerwGE 130, 148 = NVwZ 2008, 796 (798); näher → Rn. 21.1; Bergmann/Dienelt/Röcker AufenthG § 12a Rn. 65).

25   Nach der allgemeinen ausländerrechtlichen Vorschrift des **§ 12 AufenthG** werden Aufenthaltstitel für das gesamte Bundesgebiet erteilt (§ 12 Abs. 1 S. 1 AufenthG), wobei Auflagen, insbesondere räumliche Beschränkungen und Wohnsitzauflagen, mit dem Aufenthaltstitel verbunden werden können (§ 12 Abs. 2 AufenthG). Auf die Kommentierung des § 12 AufenthG wird insoweit
verwiesen (→ AufenthG § 12 Rn. 1 ff.).

26   Die – durch das Integrationsgesetz (v. 31.7.2016, BGBl. I 1939) mWz 6.8.2016 eingefügte –
Vorschrift des **§ 12a AufenthG** trifft bzw. eröffnet demgegenüber restriktivere Wohnsitzregelungen speziell für solche Ausländer, die – nach dem 1.1.2016 (vgl. § 12a Abs. 7 AufenthG) – als
Asylberechtigte, Flüchtlinge iSv § 3 Abs. 1 AsylG oder subsidiär Schutzberechtigte iSv § 4 Abs. 1
AsylG anerkannt worden sind oder denen nach §§ 22, 23 oder 25 Abs. 3 AufenthG erstmalig
eine Aufenthaltserlaubnis erteilt worden ist. Wegen der Einzelheiten wird auf die Kommentierung
des § 12a AufenthG verwiesen (→ Rn. 26.1 f.; → AufenthG § 12a Rn. 1 ff.).

26.1   Durch die Gleichstellung von (insbesondere) anerkannten Flüchtlingen mit erstmals im Besitz einer
Aufenthaltserlaubnis nach §§ 22, 23 oder 25 Abs. 3 AufenthG befindlichen Ausländern dürfte ein Verstoß
gegen den Grundsatz der Ausländergleichbehandlung nach Art. 26 und Art. 7 Abs. 1 (→ Rn. 15 ff.)
letztlich vermieden worden sein. Beide Personengruppen unterliegen gesonderten Wohnsitzregelungen,
welche **spezifische – migrationspolitische** (vgl. BVerwGE 130, 148 = NVwZ 2008, 796 (798)) –
Zwecke verfolgen, nämlich die Förderung ihrer nachhaltigen Integration in die Lebensverhältnisse der
Bundesrepublik Deutschland (vgl. § 12a Abs. 1 S. 1, Abs. 2 S. 1, Abs. 3 AufenthG) sowie die Vermeidung
von sozialer und gesellschaftlicher Ausgrenzung (vgl. § 12a Abs. 4 AufenthG). Insofern dürfte dem Gebot
der **Gleichbehandlung der anerkannten Flüchtlinge mit einer relevanten Vergleichsgruppe sonstiger Ausländer** Rechnung getragen sein (näher → Rn. 21 ff.).

26.2   Zu einem anderen Ergebnis kommt man freilich, wenn man – anders als nach der hier vertretenen
Auffassung, wonach Differenzierungen zwischen Gruppen von Ausländern aus Sachgründen erlaubt sind
(→ Rn. 21 ff.) – davon ausgeht, dass Art. 6 einen Gleichbehandlungsgrundsatz von Flüchtlingen im
Hinblick auf für sämtliche Drittstaatsangehörige geltende Regelungen enthält (so Wissenschaftlicher Dienst
des Deutschen Bundestages – WD 2-3000-084/16, 9 f., der in der Konsequenz empfiehlt, Flüchtlinge
vom Anwendungsbereich des § 12a AufenthG auszunehmen oder aber § 12a AufenthG auf sämtliche
Ausländer zu erstrecken; vgl. insoweit auch → Art. 7 Rn. 1 ff.). Dann stellte § 12a AufenthG bereits
wegen der Abweichung von § 12 AufenthG eine **Verletzung des Gleichbehandlungsgebots** des Art. 26
(iVm Art. 6) dar.

E. Vorbehalte

27   Hinsichtlich der Bestimmung des Art. 26 (auch in Verbindung mit dem Protokoll über die
Rechtsstellung der Flüchtlinge v. 31.1.1967, → Rn. 3) lässt Art. 42 **Vorbehalte** zu. Von dieser
Möglichkeit haben zahlreiche Vertragsstaaten Gebrauch gemacht.

27.1   Folgende Staaten haben einen **Vorbehalt zu Art. 26** erklärt:
- Angola,
- Botswana,
- Burundi,
- Griechenland,
- Honduras,
- Iran,
- Lettland,
- Malawi,
- Mexiko,
- Mosambik,
- Namibia,
- die Niederlande,
- Papua-Neuguinea,
- Republik Moldawien,
- Ruanda,
- Spanien,
- Sudan,
- Sambia und
- Simbabwe (vgl. Zimmermann 1951 Convention/Marx Rn. 17 ff.).
     Eine **aktuelle Übersicht** über den Stand der Verträge findet sich in der United Nations Treaty Collec-
tion (https://treaties.un.org/Pages/Treaties.aspx?id=5&subid=A).

Artikel 27 Personalausweise

Die vertragschließenden Staaten werden jedem Flüchtling, der sich in ihrem Gebiet befindet und keinen gültigen Reiseausweis besitzt, einen Personalausweis ausstellen.

Überblick

Die Bestimmung des Art. 27 verpflichtet die Vertragsstaaten zur Ausstellung von Identitätspapieren an (potenzielle) Flüchtlinge (→ Rn. 6), verstanden als provisorische Papiere, die dem Flüchtling ermöglichen sollen, seine Identität zu zeigen, diesem jedoch weder Rechte verleihen noch ausweisen (→ Rn. 5). Identitätspapiere nach Art. 27 sind von Reiseausweisen nach Art. 28 zu unterscheiden (→ Rn. 8). Die Intensität der von Art. 27 ausgehenden Verpflichtung des Aufnahmestaats hängt von dessen innerstaatlichem Ausweisrecht ab (→ Rn. 11).

A. Allgemeines und Bedeutung

Art. 27 behandelt die Frage der Ausstellung von Identitätspapieren an Flüchtlinge. Bei den in der **1** deutschen Übersetzung als Personalausweise bezeichneten Identitätspapieren („identity papers") handelt es sich um **provisorische Papiere,** die als Identitätsbescheinigung dienen, aber keinerlei Rechte zuerkennen oder nachweisen sollen. Wie aus dem Umstand, dass kein Vertragsstaat Vorbehalte bezüglich Art. 27 erklärt hat (→ Rn. 13), indizieren mag, zählt die Vorschrift des Art. 27 folgerichtig zu den **wenig umstrittenen** Bestimmungen der GFK.

Die Bestimmung zu Identitätspapieren hat Vorläufer in früheren Abkommen des Völkerbundes **2** betreffend den Status von Flüchtlingen. Ähnliche Papiere waren die später als sog. Nansen-Pässe („**Nansen Certificates**") bekannt gewordenen Reisedokumente, die heute dem Anwendungsbereich des Art. 28 (→ Art. 28 Rn. 5 ff.) zuzurechnen sind (vgl. näher Grahl-Madsen Refugee Convention 1951 (1); Zimmermann 1951 Convention/Vedsted-Hansen Rn. 3).

Art. 27 hat Teil an der Erweiterung des Flüchtlingsbegriffs durch das **Protokoll über die 3 Rechtsstellung der Flüchtlinge** v. 31.1.1967 (BGBl. I 1293). Dies ergibt sich aus Art. I Abs. 1 FlüchtlingsProt. Die Möglichkeit der Erklärung von Vorbehalten (→ Rn. 13) schränkt auch das Protokoll nicht ein (vgl. Art. VII FlüchtlingsProt).

Eine im Wesentlichen gleichlautende Vorschrift findet sich – im Hinblick auf Staatenlose – **4** auch in Art. 27StaatenlosenÜ (Übereinkommen über die Rechtsstellung der **Staatenlosen** v. 28.9.1954, BGBl. 1976 II 473, BGBl. 1977 II 235).

B. Regelungsgehalt im Einzelnen

I. Funktion

Bei den in der deutschen Übersetzung als Personalausweise bezeichneten Identitätspapiere **5** („identity papers") handelt es sich um **provisorische Papiere,** deren Funktion sich darauf beläuft, die Identität eines Flüchtlings zu zeigen, ohne diesem irgendein Recht zuzuerkennen. Hiermit ist insbesondere kein Aufenthaltsrecht verknüpft. Die im Papier festgehaltene Identität mag sogar vorläufig falsch sein (vgl. Grahl-Madsen Refugee Convention 1951 (3); offen lassend BVerwGE 120, 206 Rn. 28 = NVwZ 2004, 1250). Das Papier muss auch keine Statusangaben enthalten. Es dient lediglich dazu, den **Ausweispflichten des jeweiligen Vertragsstaats** genügen zu können (→ Rn. 11), etwa für den Fall, dass der Flüchtling von der Polizei auf der Straße angehalten und aufgefordert wird, sich auszuweisen (vgl. Grahl-Madsen Refugee Convention 1951 (3, 6); Zimmermann 1951 Convention/Vedsted-Hansen Rn. 32).

II. Personeller Anwendungsbereich

Die GFK gewährt den Personen, die von ihr erfasst werden, **unmittelbare Rechte** (vgl. **6** BVerwGE 88, 254 (257) = NVwZ 1992, 180; BVerwGE 7, 231 Rn. 9 = NJW 1959, 450).

Die Verfügbarkeit von Identitätspapieren garantiert Art. 27 **nicht nur zugunsten von Flücht- 7 linge, die sich rechtmäßig im Aufnahmeland aufhalten,** sondern auch von solchen, die illegal eingereist sind oder deren Status noch nicht geklärt ist (vgl. Grahl-Madsen Refugee Convention 1951 (4)) und umfasst damit nach Sinn und Zweck auch „potenzielle" Flüchtlinge, mithin **Asylbewerber** (vgl. UNHCR, Identity Documents for Refugees, EC/SCP/33, 20.7.1984, para. 18; Zimmermann 1951 Convention/Vedsted-Hansen Rn. 32).

III. Abgrenzung zu anderen Vorschriften

8   Damit unterscheiden sich die von Art. 27 geregelten Identitätspapiere insbesondere von den in Art. 28 in Verbindung mit dem Anhang und der Anlage zur GFK näher geregelten **Reiseausweisen,** die zum einen Flüchtlingen auszustellen sind, die sich rechtmäßig in dem Gebiet des Vertragsstaats aufhalten und diesen zum anderen Reisen außerhalb dieses Gebiets gestatten (näher → Art. 28 Rn. 2). Die Identitätspapiere nach Art. 27 haben in der Regel **nur Gültigkeit im Ausstellungsland** (vgl. BayObLGZ 1974, 95 mwN).

9   Weiter stellt Art. 27 – ebenso wie Art. 28 – eine Spezialregelung gegenüber den Regelungen zur **Verwaltungshilfe** nach Art. 25 Abs. 1–4 dar (vgl. Art. 25 Abs. 5; Zimmermann 1951 Convention/Lester Art. 25 Rn. 59).

IV. Nichtbesitz eines gültigen Reiseausweises

10   Art. 27 setzt voraus, dass der Flüchtling „keinen gültigen Reiseausweis besitzt". Hiervon sind sowohl Fälle erfasst, in denen **gar kein** Reiseausweis ausgestellt worden war, als auch Fälle, in denen die Gültigkeit eines vorhandenen Reiseausweises abgelaufen ist oder aber der Reiseausweis abhandengekommen ist. Im Lichte des Zwecks, keinen Flüchtling ohne irgendein Identitätsdokument im Gebiet des Aufnahmelands zu lassen, wenn er eines solchen nach innerstaatlichem Recht bedarf (→ Rn. 11), erfasst Art. 27 zudem die Fälle, in denen der Flüchtling seinen Reiseausweis **vorübergehend** einer Behörde ausgehändigt hat (etwa um eine Eintragung vornehmen zu lassen). Als Identitätspapier iSd Art. 27 mag in manchen Ländern in diesen Fällen eine Quittung dieser vorübergehenden Aushändigung genügen (vgl. Grahl-Madsen Refugee Convention 1951 (5)). Sofern der Flüchtling über ein gültiges Reisedokument verfügt, bedarf es hingegen keiner Ausstellung eines Identitätspapiers nach Art. 27.

V. Akzessorietät zum innerstaatlichen Recht

11   Aus dieser – sich gewissermaßen **akzessorisch zum innerstaatlichen Regime der Ausweispflicht** verhaltenden – Zweckrichtung (→ Rn. 5) folgt, dass die aus Art. 27 erwachsende konkrete Verpflichtung der Vertragsstaaten von der jeweiligen innerstaatlichen Praxis abhängt, Ausweispapiere auszugeben: Schreibt der Vertragsstaat eine allgemeine Ausweispflicht vor, erwächst aus Art. 27 eine zwingende Pflicht, Flüchtlingen ein Identitätspapier auszustellen. Bedarf der Flüchtling eines Identitätspapiers hingegen allenfalls zu privaten Zwecken (etwa zur Entgegennahme von Postlieferungen), so erwächst aus Art. 27 lediglich die Pflicht des Vertragsstaats, dem Flüchtling auf Antrag ein Identitätspapier auszugeben (so Grahl-Madsen Refugee Convention 1951 (2)).

C. Umsetzung

12   In Deutschland lassen sich – entsprechend dem breiten personellen Anwendungsbereich des Art. 27 (→ Rn. 6) – drei Phasen unterscheiden: Einem Ausländer, der um Asyl nachgesucht hat und nach den Vorschriften des AsylG oder des Aufenthaltsgesetzes erkennungsdienstlich behandelt worden ist, aber noch keinen Asylantrag gestellt hat, wird nach § 63a AsylG unverzüglich eine Bescheinigung über die Meldung als Asylsuchender (**Ankunftsnachweis**) ausgestellt; dieser entspricht am ehesten dem Personalausweis im Sinne von Art. 27. Nach § 63a Abs. 1 S. 2 Nr. 18 AsylG ist darin sogar ausdrücklich vermerkt, dass die Angaben auf den eigenen Angaben des Inhabers beruhen (zur fehlenden amtlichen Verifikation der Angaben → Rn. 5). Zwar genügt der Ausländer nach § 63a Abs. 1 S. 1 Nr. 19 AsylG mit dem Ankunftsnachweis nicht seiner Ausweispflicht. Gleichwohl ist er nach § 47a S. 3 Alt. 1 AufenthG verpflichtet, diesen auf Verlangen einer zur Überprüfung der darin enthaltenen Angaben befugten Behörde vorzulegen und es ihr zu ermöglichen, sein Gesicht mit dem Lichtbild im Dokument abzugleichen (→ Rn. 12.1 f.).

12.1   Für die Dauer des Asylverfahrens genügt ein Ausländer seiner Ausweispflicht mit der **Bescheinigung über die Aufenthaltsgestattung** (§ 64 Abs. 1 AsylG; vgl. Art. 6 EU-Aufnahme-RL – RL 2013/33/EU v. 26.6.2013, ABl. 2013 L 180, 96), wobei diese Bescheinigung nicht zum Grenzübertritt berechtigt (§ 64 Abs. 2 AsylG). Die Ausstellung der Bescheinigung ist dabei nicht an den Nichtbesitz eines gültigen Reiseausweises geknüpft. Auch diesbezüglich gilt eine Mitwirkungspflicht zum Lichtbildabgleich nach § 47a S. 2 AufenthG.

12.2   Nach § 48 Abs. 2 AufenthG schließlich genügt ein Ausländer, der einen Pass oder Passersatz weder besitzt noch in zumutbarer Weise erlangen kann, der Ausweispflicht mit der **Bescheinigung über einen Aufenthaltstitel** oder die **Aussetzung der Abschiebung,** wenn sie mit den Angaben zur Person und einem Lichtbild versehen und als Ausweisersatz bezeichnet ist. Auch diesbezüglich gilt eine Mitwirkungspflicht zum Lichtbildabgleich nach § 47a S. 3 Alt. 2 AufenthG.

D. Vorbehalte

Hinsichtlich der Bestimmung des Art. 27 (auch in Verbindung mit dem Protokoll über die **13** Rechtsstellung der Flüchtlinge v. 31.1.1967, → Rn. 3) lässt Art. 42 **Vorbehalte** zu. Von dieser Möglichkeit haben derzeit keine Vertragsstaaten Gebrauch gemacht (→ Rn. 13.1).

Eine **aktuelle Übersicht** über den Stand der Verträge findet sich in der United Nations Treaty Collec- **13.1** tion (https://treaties.un.org/Pages/Treaties.aspx?id=5&subid=A).

Artikel 28 Reiseausweise

1. [1]Die vertragschließenden Staaten werden den Flüchtlingen, die sich rechtmäßig in ihrem Gebiet aufhalten, Reiseausweise ausstellen, die ihnen Reisen außerhalb dieses Gebietes gestatten, es sei denn, daß zwingende Gründe der öffentlichen Sicherheit oder Ordnung entgegenstehen; die Bestimmungen des Anhanges zu diesem Abkommen werden auf diese Ausweise Anwendung finden. [2]Die vertragschließenden Staaten können einen solchen Reiseausweis jedem anderen Flüchtling ausstellen, der sich in ihrem Gebiet befindet; sie werden ihre Aufmerksamkeit besonders jenen Flüchtlingen zuwenden, die sich in ihrem Gebiet befinden und nicht in der Lage sind, einen Reiseausweis von dem Staat zu erhalten, in dem sie ihren rechtmäßigen Aufenthalt haben.
2. Reiseausweise, die auf Grund früherer internationaler Abkommen von den Unterzeichnerstaaten ausgestellt worden sind, werden von den vertragschließenden Staaten anerkannt und so behandelt werden, als ob sie den Flüchtlingen auf Grund dieses Artikels ausgestellt worden wären.

Anhang zu Artikel 28

Paragraph 1

1. Der im Artikel 28 dieses Abkommens vorgesehene Reiseausweis hat dem anliegenden Muster zu entsprechen.
2. Der Ausweis ist in mindestens zwei Sprachen abzufassen, von denen eine englisch oder französisch ist.

Paragraph 2

Vorbehaltlich der Bestimmungen des Ausstellungslandes können die Kinder auf dem Ausweis eines der Elternteile, oder unter besonderen Umständen, eines anderen erwachsenen Flüchtlings aufgeführt werden.

Paragraph 3

Die für die Ausstellung des Ausweises zu erhebenden Gebühren dürfen den für die Ausstellung von nationalen Pässen geltenden Mindestsatz nicht überschreiten.

Paragraph 4

Soweit es sich nicht um besondere oder Ausnahmefälle handelt, wird der Ausweis für die größtmögliche Anzahl von Ländern ausgestellt.

Paragraph 5

Die Geltungsdauer des Ausweises beträgt je nach Wahl der ausstellenden Behörde ein oder zwei Jahre.

Paragraph 6

1. [1]Zur Erneuerung oder Verlängerung der Geltungsdauer des Ausweises ist die ausstellende Behörde zuständig, solange der Inhaber sich rechtmäßig nicht in einem anderen Gebiet niedergelassen hat und rechtmäßig im Gebiet der genannten Behörde wohnhaft ist. [2]Zur Ausstellung eines neuen Ausweises ist unter den gleichen Voraussetzungen die Behörde zuständig, die den früheren Ausweis ausgestellt hat.
2. Diplomatische oder konsularische Vertreter, die zu diesem Zweck besonders ermächtigt sind, haben das Recht, die Geltungsdauer der von ihren Regierungen ausgestellten Reiseausweise für eine Zeitdauer, die sechs Monate nicht überschreiten darf, zu verlängern.
3. Die vertragschließenden Staaten werden die Möglichkeit der Erneuerung oder Verlängerung der Geltungsdauer der Reiseausweise oder der Ausstellung neuer wohl wollend prüfen, wenn es sich um Flüchtlinge handelt, die sich nicht mehr rechtmäßig

in ihrem Gebiet aufhalten und nicht in der Lage sind, von dem Lande, in dem sie rechtmäßig wohnhaft sind, einen Reiseausweis zu erhalten.

Paragraph 7

Die vertragschließenden Staaten werden die Gültigkeit der im Einklang mit den Bestimmungen des Artikels 28 dieses Abkommens ausgestellten Ausweise anerkennen.

Paragraph 8

Die zuständigen Behörden des Landes, in welches der Flüchtling sich zu begeben wünscht, werden, wenn sie zu seinem Aufenthalt bereit sind und ein Sichtvermerk erforderlich ist, einen Sichtvermerk auf seinem Ausweis anbringen.

Paragraph 9

1. Die vertragschließenden Staaten verpflichten sich, den Flüchtlingen, die den Sichtvermerk ihres endgültigen Bestimmungsgebietes erhalten haben, Durchreisesichtvermerke zu erteilen.

2. Die Erteilung dieses Sichtvermerks darf aus Gründen verweigert werden, die jedem Ausländer gegenüber zur Verweigerung eines Sichtvermerks berechtigen würden.

Paragraph 10

Die Gebühren für die Erteilung von Ausreise-, Einreise- oder Durchreisesichtvermerken dürfen den für ausländische Pässe geltenden Mindestsatz nicht überschreiten.

Paragraph 11

Wechselt ein Flüchtling seinen Wohnort oder lässt er sich rechtmäßig im Gebiet eines anderen vertragschließenden Staates nieder, so geht gemäß Artikel 28 die Verantwortung für die Ausstellung eines neuen Ausweises auf die zuständige Behörde desjenigen Gebietes über, bei welcher der Flüchtling seinen Antrag zu stellen berechtigt ist.

Paragraph 12

Die Behörde, die einen neuen Ausweis ausstellt, hat den alten Ausweis einzuziehen und an das Land zurückzusenden, das ihn ausgestellt hat, wenn in dem alten Ausweis ausdrücklich bestimmt ist, dass er an das Ausstellungsland zurückzusenden ist; im anderen Fall wird die Behörde, die den neuen Ausweis ausstellt, den alten einziehen und ihn vernichten.

Paragraph 13

1. Jeder der vertragschließenden Staaten verpflichtet sich, dem Inhaber eines Reiseausweises, der ihm vom Staat gemäß Artikel 28 dieses Abkommens ausgestellt wurde, die Rückkehr in sein Gebiet zu einem beliebigen Zeitpunkt während der Geltungsdauer des Ausweises zu gestatten.

2. Vorbehaltlich der Bestimmungen der vorstehenden Ziffer kann ein vertragschließender Staat verlangen, dass sich der Inhaber dieses Ausweises allen Formalitäten unterwirft, die für aus- oder einreisende Personen jeweils vorgeschrieben sind.

3. Die vertragschließenden Staaten behalten sich das Recht vor, in Ausnahmefällen oder in Fällen, in denen die Aufenthaltsgenehmigung des Flüchtlings für eine ausdrücklich bestimmte Zeitdauer gültig ist, zum Zeitpunkt der Ausstellung des Ausweises den Zeitabschnitt zu beschränken, während dessen der Flüchtling zurückkehren darf; diese Zeit darf jedoch nicht weniger als drei Monate betragen.

Paragraph 14

Unter alleinigem Vorbehalt der Bestimmungen des Paragraphen 13 berühren die Bestimmungen des Anhangs in keiner Weise die Gesetze und Vorschriften, die in den Gebieten der vertragschließenden Staaten die Voraussetzungen für die Aufnahme, Durchreise, den Aufenthalt, die Niederlassung und Ausreise regeln.

Paragraph 15

Die Ausstellung des Ausweises und die darin angebrachten Vermerke bestimmen und berühren nicht die Rechtsstellung des Inhabers, insbesondere nicht seine Staatsangehörigkeit.

Paragraph 16

Die Ausstellung des Ausweises gibt dem Inhaber keinen Anspruch auf den Schutz der diplomatischen und konsularischen Vertreter des Ausstellungslandes und verleiht diesen Vertretern kein Schutzrecht.

Überblick

Art. 28 trifft – zusammen mit den Regelungen aus den Paragraphen 1–16 des Anhangs einerseits (→ Rn. 37 ff.) sowie dem Muster-Reiseausweis in der Anlage andererseits (→ Rn. 27) – Regelungen rund um Inhalt, Form, geographische und zeitliche Gültigkeit, Ausstellung, Erneuerung und Anerkennung des Reiseausweises für Flüchtlinge, der umgangssprachlich auch als „Konventionspass" bezeichnet wird. Der Reiseausweis für Flüchtlinge geht entstehungsgeschichtlich zurück auf den durch die frühen flüchtlingsrechtlichen internationalen Abkommen der 1920er Jahre eingeführten „Nansen-Pass" (→ Rn. 5 ff.). Er ermöglicht den sich rechtmäßig im Gebiet eines Vertragsstaats aufhaltenden anerkannten Flüchtlingen (→ Rn. 17 ff.) die Teilnahme am internationalen Reiseverkehr (→ Rn. 11 ff.). Anders als den Identitätspapieren nach Art. 27 kommt dem Reiseausweis nach Art. 28 eine gewisse passersetzende (→ Rn. 12) Identifikationsfunktion zu (→ Rn. 14), ohne aber die Fragen der Nationalität und des diplomatischen Schutzes des Flüchtlings zu berühren (→ Rn. 15). Der Anspruch auf Ausstellung (→ Rn. 25 f.) steht unter einem – in Zeiten zunehmender Missbrauchsgefahren insbesondere durch den internationalen Terrorismus – praktisch bedeutsamer werdenden ordre public-Vorbehalt (→ Rn. 29 ff.). Der personelle Anwendungsbereich wird im Rahmen der Wohlwollensklausel des Art. 28 Abs. 1 S. 2 auf sonstige Flüchtlinge erweitert (→ Rn. 43 ff.). Art. 28 Abs. 2 regelt die Anerkennung aufgrund früherer Abkommen ausgestellter Reiseausweise (→ Rn. 45).

Übersicht

A. Allgemeines und Einordnung

Art. 28 behandelt – zusammen mit den Regelungen der **Paragraphen 1–16 des Anhangs** 1 einerseits sowie dem Muster-Reiseausweis in der **Anlage** andererseits – Fragen rund um Inhalt, Form, geographische und zeitliche Gültigkeit, Ausstellung, Erneuerung und Anerkennung des Reiseausweises für Flüchtlinge, der umgangssprachlich auch als „Konventionspass" bezeichnet wird. Der Bedarf eines derartigen internationalen Instruments rührt daher, dass sich Flüchtlinge zur Erlangung eines zur Teilnahme am internationalen Reiseverkehr notwendigen Reisedokuments regelmäßig nicht an ihren Nationalstaat wenden können.

Die Bestimmung des Art. 28 steht im Kapitel V (Verwaltungsmaßnahmen) im Kontext der 2 Bestimmung zur Freizügigkeit in Art. 26, die insbesondere die Bewegungsfreiheit von Flüchtlingen auf dem Gebiet des jeweiligen Vertragsstaates regelt, und der Bestimmung zu Personalausweisen in Art. 27, die sich ebenfalls in ihren Wirkungen auf das Gebiet eines Vertragsstaates beschränkt. Demgegenüber kommt den in Art. 28 geregelten Reiseausweisen für Flüchtlinge eine **grenzüberschreitende Wirkung** zu; sie gestatten den Inhabern Reisen außerhalb des Gebiets des ausstellenden Vertragsstaates (Art. 28 Abs. 1 und die Paragraphen 7 und 13 des Anhangs). Darüber hinaus stellt Art. 28 – ebenso wie Art. 27 – eine Spezialregelung gegenüber den Regelungen zur **Verwaltungshilfe** nach Art. 25 Abs. 1–4 dar (vgl. Art. 25 Abs. 5; Zimmermann 1951 Convention/ Lester Art. 25 Rn. 59).

Die Gewährleistungen des Art. 28 stellen insofern eine verbindliche bereichsspezifische Ausfor- 3 mung der **völkerrechtlichen Gewährleistungen** grenzüberschreitender Freizügigkeit dar. Insoweit sei etwa auf Art. 2 Abs. 2 und Abs. 3 4. EMRKProt (Protokoll Nr. 4 zur Konvention zum Schutz der Menschenrechte und Grundfreiheiten, durch das gewisse Rechte und Freiheiten gewährleistet werden, die nicht bereits in der Konvention oder im ersten Zusatzprotokoll enthalten sind v. 22.10.2010, BGBl. II 1198), Art. 12 Abs. 2 und Abs. 3 IPBPR (Internationaler Pakt über bürgerliche und politische Rechte v. 19.12.1966, BGBl. 1973 II 1533) oder Art. 13 Abs. 2 AEMR (Allgemeine Erklärung der Menschenrechte v. 10.12.1948, A/RES/217 A [III]) verwiesen.

Eine im Wesentlichen gleichlautende Vorschrift zu Art. 28 Abs. 1 findet sich – im Hinblick 4 auf Staatenlose – auch in Art. 28 StaatenlosenÜ (Übereinkommen über die Rechtsstellung der

Staatenlosen v. 28.9.1954, BGBl. 1976 II 473, BGBl. 1977 II 235). Art. 28 Abs. 2 findet im Staatenlosenübereinkommen hingegen keine Entsprechung.

B. Entstehungsgeschichte

5   Das Thema Reisepapiere für Flüchtlinge stellt aus historischer Sicht einen der wichtigsten Aspekte des internationalen Flüchtlingsschutzes dar. Die Geschichte der Reiseausweise ist noch heute von praktischer Bedeutung, da nach **Art. 28 Abs. 2** Reiseausweise, die aufgrund früherer internationaler Abkommen von den Unterzeichnerstaaten ausgestellt worden sind, von den vertragschließenden Staaten anerkannt und so behandelt werden, als ob sie den Flüchtlingen aufgrund dieses Artikels ausgestellt worden wären (→ Rn. 45).

6   Die völkerrechtliche Regelung der hiermit verbundenen Fragen war in den 1920er Jahren das primäre Motiv der Schaffung internationaler Flüchtlingsabkommen. Die Bestimmung des Art. 28 geht zurück auf den **„Nansen-Pass"** (Nansen Certificate, Nansen Passport). Dieser stellte ein vom ersten Hochkommissar für Russische Flüchtlinge, Fridtjof Nansen, entworfenes und in mehreren Abkommen seit 1922, mit sukzessive erweitertem Anwendungsbereich verankertes Reisedokument für Flüchtlinge dar (eingehend Zimmermann 1951 Convention/Skran Historical Development Rn. 4 ff.; Zimmermann 1951 Convention/Schmahl Art. 1 A. para. 1 Rn. 34 ff.; Zimmermann 1951 Convention/Vedsted-Hansen Art. 28/Schedule Rn. 3 ff.). Während die Bestimmungen der frühen Abkommen (v. 5.7.1922, v. 30.6.1923, v. 31.5.1924 und v. 12.5.1926) eher empfehlenden Charakter hatten, finden sich verbindliche Vorläufer des heutigen Art. 28 sowohl in Art. 2 des **Abkommens v. 28.10.1933** über die internationale Rechtsstellung der Flüchtlinge als auch in Art. 3 und 4 des **Abkommens v. 10.2.1938** über die Stellung der Flüchtlinge aus Deutschland (vgl. im Einzelnen Grahl-Madsen Refugee Convention 1951 (1), auch zu den Reisedokumenten des Internationalen Komitees des Roten Kreuzes; Zimmermann 1951 Convention/Vedsted-Hansen Art. 28/Schedule Rn. 3 ff.).

7   Nach dem Ersten Weltkrieg wurde die Problematik zunächst aufgegriffen durch das Abkommen v. 15.10.1946 betreffend die Ausstellung eines Reiseausweises an Flüchtlinge, die unter die Zuständigkeit des zwischenstaatlichen Ausschusses für die Flüchtlinge fallen (BGBl. 1951 II 160), sog. **Londoner Abkommen** (vgl. Zimmermann 1951 Convention/Vedsted-Hansen Art. 28/Schedule Rn. 6). Insbesondere die unter diesem Regime ausgestellten Reiseausweise werden nach Art. 28 Abs. 2 von den vertragschließenden Staaten anerkannt und so behandelt, als ob sie den Flüchtlingen aufgrund dieses Artikels ausgestellt worden wären (→ Rn. 45; vgl. heute noch § 1 Abs. 3 Nr. 1 AufenthV; vgl. insoweit auch → AufenthV § 18 Rn. 1 ff.). Das Londoner Abkommen wurde sodann durch Art. 28 abgelöst.

8   Art. 28 hat Teil an der Erweiterung des Flüchtlingsbegriffs durch das **Protokoll über die Rechtsstellung der Flüchtlinge** v. 31.1.1967 (BGBl. 1969 II 1293). Dies ergibt sich aus Art. I Abs. 1 FlüchtlingsProt. Die Möglichkeit der Erklärung von Vorbehalten (→ Rn. 48) schränkt auch das Protokoll nicht ein (vgl. Art. VII FlüchtlingsProt).

C. Regelungsgehalt im Einzelnen

9   Die GFK gewährt den Personen, die von ihr erfasst werden, **unmittelbare Rechte** (vgl. BVerwGE 88, 254 (257) = NVwZ 1992, 180; BVerwGE 7, 231 Rn. 9 = NJW 1959, 450; hinsichtlich Art. 28 vgl. auch ausdr. Nr. 1.1.5.2 AufenthGAVwV – Allgemeine Verwaltungsvorschrift zum Aufenthaltsgesetz v. 26.10.2009, GMBl. 878).

10   Die Bestimmung des Art. 28 wird ergänzt durch die in Art. 28 Abs. 1 S. 1 Hs. 2 in Bezug genommenen, einen **integralen Bestandteil** des Abkommens bildenden Detailbestimmungen des Anhanges zum Abkommen (→ Rn. 37 ff.), welcher seinerseits in Paragraph 1 Abs. 1 den in der Anlage zur GFK abgedruckten Muster-Reiseausweis in Bezug nimmt (→ Rn. 27).

I. Funktionen des Reiseausweises für Flüchtlinge

11   Ausweislich Art. 28 Abs. 1 S. 1 Hs. 1 sowie den durch Art. 28 Abs. 1 S. 1 Hs. 2 in Bezug genommenen Bestimmungen des Anhanges (insbesondere Paragraph 13 Abs. 1; → Rn. 37 ff.) liegt die Funktion des Reiseausweises darin, den Inhabern Reisen außerhalb des Gebiets des ausstellenden Vertragsstaates zu gestatten. In der **Ermöglichung grenzüberschreitender Reisen** liegt der primäre Zweck des Reiseausweises für Flüchtlinge (vgl. BVerwGE 120, 206 Rn. 26 = NVwZ 2004, 1250; vgl. jedoch → Rn. 34.1).

12   Er erfüllt insoweit den Zweck, dem Inhaber als Reiseausweis **anstelle eines nationalen Reisepasses** zu dienen, wie auch aus dem Text des in der Anlage zur GFK abgedruckten Muster-

Reiseausweises hervorgeht (dort S. 1 Nr. 1). Im internationalen Reiseverkehr erfüllt dieser als passersetzendes Papier unter anderem den Zweck, die Entscheidung dritter Staaten über die Gestattung der Einreise, Durchreise und Ausreise zu ermöglichen, etwa durch den Abgleich der im Pass enthaltenen Daten des Inhabers mit Fahndungs- oder Sperrdateien (vgl. BVerwGE 120, 206 Rn. 24, 26 = NVwZ 2004, 1250). Im internationalen Reiseverkehr besteht somit **funktionale Äquivalenz** zwischen einem Nationalpass und dem Reiseausweis für Flüchtlinge (vgl. auch die Bestimmungen der Paragraphen 8–10 des Anhangs zur Anbringung erforderlicher Ausreise-, Einreise- oder Durchreisesichtvermerke auf dem Ausweis).

Neben dem primären Zweck, dem Flüchtling grenzüberschreitende Reisen zu ermöglichen, **13** und untrennbar mit diesem verbunden, kommen dem Reiseausweis für Flüchtlinge nach Art. 28 Abs. 1 zugleich bestimmte **Ordnungs- und Kontrollfunktionen** zu (vgl. BVerwGE 120, 206 Rn. 26 = NVwZ 2004, 1250).

So folgt aus der funktionalen Äquivalenz mit dem nationalen Reisepass (→ Rn. 12), dass auch **14** dem Reiseausweis für Flüchtlinge eine **Identifikationsfunktion** zukommt, dh die Funktion, die Identität des Ausweisinhabers zu bescheinigen. Diese Funktion wird zwar nicht ausdrücklich erwähnt. Sie ist aber dem Konventions-Reiseausweis nach dem Sinn und Zweck der genannten Bestimmung immanent (vgl. auch die Rubrik Nr. 2 auf S. 4 des Musters, die die Angabe von „Urkunde oder Urkunden, auf Grund deren dieser Ausweis ausgestellt wird" vorsieht). Der nationale Reisepass hat als öffentliche, internationale Anerkennung genießende staatliche Urkunde nach internationaler Übung (auch) eine Identifikationsfunktion; er ermöglicht den **(widerlegbaren) Nachweis,** dass sein Inhaber die in ihm genannte, beschriebene und abgebildete Person ist und die im Pass enthaltenen Angaben mit den tatsächlichen und rechtlichen Verhältnissen des Inhabers übereinstimmen. Für den – den nationalen Pass ersetzenden – Reiseausweis nach Art. 28 Abs. 1 S. 1 kann grundsätzlich nichts anderes gelten. Auch er soll **bescheinigen, dass die aufgeführten Personendaten** (insbesondere Name, Vorname, Geburtsdatum und Geburtsort; vgl. S. 1 und S. 2 des Musters in der Anlage) **den Personalien des durch Lichtbild und Unterschrift ausgewiesenen Ausweisinhabers entsprechen** (vgl. BVerwGE 120, 206 Rn. 24 mwN = NVwZ 2004, 1250).

Ist die Identität eines Flüchtlings jedoch ungeklärt und nicht weiter aufklärbar, kann diese Funktion als **14.1** Legitimationspapier durch den **Vermerk, dass die angegebenen Personalien auf eigenen Angaben beruhen,** aufgehoben werden (vgl. jeweils im Rahmen eines Einbürgerungsverfahrens: BVerwG BeckRS 55936 Rn. 21; BVerwGE 120, 206 LS 4 = NVwZ 2004, 1250; SchlHOVG BeckRS 2021, 10108 Rn. 35; näher zu diesem Vermerk → Rn. 36 ff.). Ist danach die Aufnahme eines solchen Hinweises in das Ermessen der zuständigen Behörde gestellt, lässt das Nichtvorhandensein eines solchen Hinweises gerade nicht den Schluss auf eine unzweifelhaft geklärte Identität des Reiseausweisinhabers zu (vgl. OVG NRW NVwZ-RR 2016, 317 Rn. 36).

In gleicher Weise kann die Identitätsfunktion des Reiseausweises für Flüchtlinge durch den **Zusatz** **14.2** **„Identität nicht nachgewiesen"** beseitigt werden (vgl. BVerwG BeckRS 55936 Rn. 21).

Die Bestimmungen in Paragraph 15 und 16 des Anhangs leisten eine (klarstellende) **Negativab-** **15** **grenzung der Funktion** des Reiseausweises: Danach bestimmen und berühren die Ausstellung des Ausweises und die darin angebrachten Vermerke weder die Rechtsstellung des Inhabers, insbesondere nicht seine Staatsangehörigkeit (Paragraph 15) noch gibt die Ausstellung des Ausweises dem Inhaber einen Anspruch auf den Schutz der diplomatischen und konsularischen Vertreter des Ausstellungslandes (noch verleiht sie jenen Vertretern ein Schutzrecht; Paragraph 16). Dies geht auch aus dem Text des in der Anlage zur GFK abgedruckten Muster-Reiseausweises hervor (dort S. 1 Nr. 1; vgl. BVerwGE 120, 206 Rn. 24 = NVwZ 2004, 1250).

II. Anspruch auf Ausstellung eines Reiseausweises für Flüchtlinge (Abs. 1 S. 1)

Nach der **Normstruktur** des Art. 28 Abs. 1 S. 1 gewährt Hs. 1 Teil 1 im Rahmen seines **16** personellen Anwendungsbereichs (→ Rn. 17 ff.) einen Anspruch auf Ausstellung eines Reiseausweises (→ Rn. 25 ff.), der Reisen außerhalb des Gebietes des ausstellenden Vertragsstaates gestattet, wobei nach Hs. 2 die Detailbestimmungen des Anhanges zu diesem Abkommen auf diese Ausweise Anwendung finden (→ Rn. 37 ff.). Dieser Anspruch steht nach Art. 28 Abs. 1 S. 1 Hs. 1 Teil 2 unter dem Vorbehalt zwingender Gründe der öffentlichen Sicherheit oder Ordnung (→ Rn. 29 ff.).

1. Personeller Anwendungsbereich

17 Die GFK gewährt den Personen, die von ihr erfasst werden, **unmittelbare Rechte** (vgl. BVerwGE 88, 254 (257) = NVwZ 1992, 180; BVerwGE 7, 231 Rn. 9 = NJW 1959, 450).

18 Die Bestimmung des Art. 28 Abs. 1 setzt wie viele andere Normen der GFK – wie Art. 15 (Vereinigungsrecht), Art. 17 (Nichtselbst[st]ändige Arbeit), Art. 19 Abs. 1 (Freie Berufe), Art. 20 (Rationierung), Art. 21 (Wohnungswesen), Art. 23 (Öffentliche Fürsorge) oder Art. 24 Abs. 1 (Arbeitsrecht und soziale Sicherheit) – den **rechtmäßigen Aufenthalt** der Flüchtlinge (in der englischen Sprachfassung: „lawfully staying"; in der französischen:„résidant régulièrement") voraus. Damit unterscheidet sie sich von anderen Bestimmung – etwa von Art. 26 (Freizügigkeit), Art. 18 (Selbst[st]ändige Arbeit) oder Art. 32 (Ausweisung) –, welche es ihrem Wortlaut nach genügen lassen, dass sich der Flüchtling „rechtmäßig" im Gebiet des Vertragsstaats „befindet" (in der englischen Sprachfassung: „lawfully present"; in der französischen:„se trouvant régulièrement").

19 Die **Entstehungsgeschichte** (vgl. insoweit auch → Art. 15 Rn. 1 ff.) gibt keinen genauen Aufschluss über die Begriffsbedeutung; die Verhandlungen waren insofern von großen sprachlichen Unklarheiten geprägt (vgl. Zimmermann 1951 Convention/Teichmann Art. 15 Rn. 46 ff. mwN; Zimmermann 1951 Convention/Lester Art. 24 Rn. 25 f.; → Rn. 19.1).

19.1 Die begriffliche **Abweichung** in (Art. 28 Abs. 1 S. 1 Hs. 2 iVm) Paragraph 6 Abs. 1 und Paragraph 11 des Anhangs („rechtmäßige Niederlassung") beruht auf einer versäumten redaktionellen Anpassung, mit ihr ist keine abweichende Bedeutung verbunden (vgl. Zimmermann 1951 Convention/Vedsted-Hansen Art. 28/Schedule Rn. 75).

20 Der Begriff der Rechtmäßigkeit verweist zur genauen Bestimmung des geforderten Grads der Aufenthaltsverfestigung (notwendig) auf das **Recht des jeweiligen Vertragsstaats** (vgl. nur Zimmermann 1951 Convention/Edwards Art. 17 Rn. 39; vgl. BVerwGE 120, 206 Rn. 19 mwN = NVwZ 2004, 1250).

21 Nach der Rechtsprechung des BVerwG beinhaltet rechtmäßiger Aufenthalt im Hoheitsgebiet eine „**besondere Beziehung des Betroffenen zu dem Vertragsstaat durch eine mit dessen Zustimmung begründete Aufenthaltsverfestigung**". Es genügt nicht die faktische Anwesenheit, selbst wenn sie dem Vertragsstaat bekannt ist und von diesem hingenommen wird (vgl. BVerwGE 120, 206 Rn. 19 mwN = NVwZ 2004, 1250; NdsOVG NVwZ-RR 2019, 387 Rn. 33). Dies **unterscheidet Art. 28 von Art. 27** (→ Art. 27 Rn. 6), der keinen rechtmäßigen Aufenthalt voraussetzt, sondern die physische Anwesenheit des Flüchtlings im Staatsgebiet genügen lässt (vgl. BVerwGE 120, 206 Rn. 28 = NVwZ 2004, 1250).

22 Dass auch die GFK davon ausgeht, dass die Rechtmäßigkeit des Aufenthaltsrechts eine **förmliche Aufenthaltsgenehmigung** des Vertragsstaats voraussetzt, belegt auch Paragraph 13 Abs. 3 des Anhangs, welcher auf eine „Aufenthaltsgenehmigung des Flüchtlings" (in der maßgeblichen englischen und französischen Sprachfassung: „the refugee's stay is authorized" bzw. „le permis de séjour") abstellt.

23 Während die anscheinend geringere Anforderungen an die Präsenz des Flüchtlings im Aufnahmestaat stellende Formulierung des rechtmäßigen Sichbefindens im Einzelnen umstritten ist (→ Art. 18 Rn. 7 ff.; → Art. 26 Rn. 7 ff.; → Art. 32 Rn. 7 ff.), ist für die Bestimmungen, welche die Anforderung eines rechtmäßigen Aufenthalts des Flüchtlings stellen, weithin anerkannt, dass die in ihnen enthaltenen Vorteile lediglich auf **unanfechtbar anerkannte Flüchtlinge** mit einer befristeten oder unbefristeten Aufenthaltserlaubnis Anwendung finden (vgl. da Costa, UNHCR Rights of Refugee, UNHCR POLAS/2006/02, 18; eingehend Zimmermann 1951 Convention/ Edwards Art. 17 Rn. 32 ff.; vgl. insoweit auch → Art. 15 Rn. 1 ff.; nach teilweise vertretener aA wird rechtmäßiger Aufenthalt hingegen bereits bei Schutzsuchenden mit gewisser Aufenthaltsdauer, zB drei Monate, bejaht; vgl. Zimmermann 1951 Convention/Lester Art. 23 Rn. 29 ff. mwN; → Rn. 23.1).

23.1 Das innerstaatliche deutsche Recht knüpft an den Besitz eines von einem Drittstaat ausgestellten Reiseausweises sogar eine (widerlegliche) Vermutung, dass der Flüchtling bereits in diesem Staat vor politischer Verfolgung sicher war (vgl. **§ 27 Abs. 2 AsylG**). Den Unsicherheiten der Vermutungsbasis (angesichts der unterschiedlichen Staatenpraxis der Ausstellung des Ausweises und der Berechtigung zur Rückkehr; zur Wohlwollensregelung des Art. 28 Abs. 2 → Rn. 43), die dem Gesetzgeber durchaus bekannt waren (vgl. BT-Drs 9/1630, 17 f.), kann durch Absenkung der Anforderungen an die Widerlegung der Vermutung Rechnung getragen werden (vgl. Bergmann/Dienelt/Bergmann AsylG § 27 Rn. 63 ff. mwN).

24 In der Bundesrepublik Deutschland ist der Aufenthalt eines Ausländers grundsätzlich nur dann rechtmäßig, wenn er **von der zuständigen Ausländerbehörde erlaubt** worden ist (vgl.

BVerwGE 120, 206 Rn. 20 = NVwZ 2004, 1250; zur befristeten Aufenthaltserlaubnis → Rn. 24.2). Dementsprechend genügen weder die Erteilung einer **Duldung** noch die **Aufenthaltsgestattung** zur Durchführung eines Asylverfahrens noch die **Fiktion** vorläufig erlaubten Aufenthalts (vgl. BVerwGE 87, 11 = NVwZ 1991, 787 zur Parallelregelung des Art. 28 StaatenlosenÜ; → Rn. 4, → Rn. 24.1 ff.).

Die unter dem Regime des § 70 Abs. 1 AsylG aufgeworfene Frage, ob ein rechtmäßiger Aufenthalt **24.1** iSv Art. 28 Abs. 1 S. 1 auch schon **vor der Erteilung der Aufenthaltsbefugnis** angenommen werden kann, wenn dem Flüchtling die Flüchtlingseigenschaft bestandskräftig zuerkannt worden ist, die das BVerwG offen gelassen hatte (vgl. BVerwGE 120, 206 Rn. 22 = NVwZ 2004, 1250), ist nach neuer Rechtslage zu bejahen (vgl. die Erlaubnisfiktion des § 25 Abs. 2 AufenthG iVm § 25 Abs. 1 S. 3 AufenthG; vgl. insoweit → AufenthG § 25 Rn. 1 ff.).

Nach dem BVerwG soll zur Begründung eines rechtmäßigen Aufenthalts iSd Art. 28 Abs. 1 S. 1 der **24.2** Besitz einer **befristeten Aufenthaltserlaubnis jedenfalls dann** ausreichen, wenn deren Erteilung auf die Erwägung gestützt wurde, dass der Aufenthalt des Ausländers im Bundesgebiet auf Dauer hingenommen werden müsse (vgl. BVerwG NVwZ 1992, 180).

Dass die Anwendung des Art. 28 Abs. 1 S. 1 die Zuerkennung der Flüchtlingseigenschaft voraussetzt, **24.3** ergibt sich nach deutschem Recht aus **§ 6 AsylG** (vgl. OVG NRW BeckRS 2012, 47633; BeckOK AuslR/ Preisner AsylG § 6 Rn. 15; vgl. auch Nr. 60.0.3.2.3 AufenthGAVwV).

Hinsichtlich des Art. 28 Abs. 1 argumentiert das BVerwG insoweit auch mit einem **Vergleich des** **24.4** **Art. 28 Abs. 1 S. 1 mit S. 2,** der weniger weitreichende Rechtsfolgen für Flüchtlinge vorsieht, die sich im Hoheitsgebiet des Vertragsstaats lediglich „befinden" (vgl. BVerwGE 120, 206 Rn. 19 mwN = NVwZ 2004, 1250). Damit unterscheidet sich Art. 28 Abs. 1 S. 2 wiederum von Art. 26 (Freizügigkeit), Art. 18 (Selbst[st]ändige Arbeit) oder Art. 32 (Ausweisung), die voraussetzen, dass sich der Flüchtling „rechtmäßig" im Gebiet des Vertragsstaats „befindet". Die Argumentation dürfte insoweit nicht ohne Weiteres übertragbar sein.

2. Anspruch auf Ausstellung (Abs. 1 S. 1 Hs. 1 Teil 1)

Art. 28 Abs. 1 S. 1 Hs. 1 Teil 1 gewährt einen **Anspruch** auf Ausstellung eines Reiseausweises, **25** der Reisen außerhalb des Gebietes des ausstellenden Vertragsstaates gestattet, wobei nach Art. 28 Abs. 1 S. 1 Hs. 2 die Detailbestimmungen des Anhanges zu diesem Abkommen auf diese Ausweise Anwendung finden.

Art. 28 ist dabei nicht lediglich als bloße Empfehlung, sondern als **verbindliche Verpflichtung** **26** („shall issue") formuliert (vgl. Grahl-Madsen Refugee Convention 1951 (2); Zimmermann 1951 Convention/Vedsted-Hansen Art. 28/Schedule Rn. 67).

Die äußere Gestaltung des auszustellenden Ausweises hat nach Art. 28 Abs. 1 S. 1 Hs. 2 iVm **27** Paragraph 1 Abs. 1 des Anhangs dem in der Anlage zur GFK abgedruckten **Muster-Reiseausweis** zu entsprechen.

Komplementär zur Ausstellungspflicht konstituiert Art. 28 Abs. 1 S. 1 Hs. 2 iVm Paragraph 7 **28** des Anhangs die **Pflicht der Vertragsstaaten zur Anerkennung der Gültigkeit** der im Einklang mit den Bestimmungen des Art. 28 ausgestellten Ausweise.

3. Vorbehalt zwingender Gründe der öffentlichen Sicherheit oder Ordnung (Abs. 1 S. 1 Hs. 1 Teil 2)

Der auf Ausstellung eines Reiseausweises nach Art. 28 Abs. 1 S. 1 gerichtete Anspruch eines **29** Konventionsflüchtlings, der sich rechtmäßig im Gebiet eines vertragschließenden Staates aufhält, steht nach Art. 28 Abs. 1 S. 1 Hs. 1 Teil 2 unter einem **ordre public-Vorbehalt** (vgl. BVerwGE 120, 206 Rn. 28 = NVwZ 2004, 1250).

Die Begriffe „zwingender Gründe" der „öffentlichen Sicherheit oder Ordnung" (in den maß- **30** geblichen englischen und französischen Fassungen: „compelling reasons of national security or public order" bzw. „des raisons impérieuses de sécurité nationale ou d'orde public") sind unter Rückgriff auf die Genfer Konvention, mithin **autonom auszulegen** (vgl. zu Art. 32 bereits BVerwGE 3, 355 Rn. 16 = NJW 1957, 762; Grahl-Madsen Refugee Convention 1951 Art. 32 (6)).

Das in dem ordre public-Vorbehalt zum Ausdruck kommende Regel-Ausnahme-Verhältnis **31** sowie die Bezugnahme auf „zwingende" Gründe (in der maßgeblichen englischen Sprachfassung:„compelling", zudem: „require") legen eine **restriktive Auslegung** nahe (vgl. BVerwGE 120, 206 Rn. 30 = NVwZ 2004, 1250; vgl. zu Art. 32 Grahl-Madsen Refugee Convention 1951 Art. 32 (6)). Gleiches folgt aus der Entstehungsgeschichte der Vorschrift (vgl. Grahl-Madsen

Refugee Convention 1951 (5); Weis Refugees Convention 1951 194; Zimmermann 1951 Convention/Vedsted-Hansen Art. 28/Schedule Rn. 70). Gedacht wurde etwa an Fälle, in denen sich ein Flüchtling einer Strafverfolgung oder Strafvollstreckung entziehen will oder der Reise zur Begehung von kriminellen oder Spionageaktivitäten verdächtigt wird (vgl. Weis Refugees Convention 1951 194).

32   Indem Art. 28 Abs. 1 S. 1 Hs. 1 Teil 2 auf das Konzept der nationalen Sicherheit (in der englischen Sprachfassung: „national security") abstellt, referiert es zwar auf eine dem Völkerrecht entzogene Materie; in diesem Gebiet haben die Vertragsstaaten eine **Einschätzungsprärogative** (vgl. Zimmermann 1951 Convention/Vedsted-Hansen Art. 28/Schedule Rn. 73; näher → Art. 33 Rn. 40 mwN). Gleichwohl geht mit der Inbezugnahme auf die Sicherheit des Landes eine Begrenzung dieses staatlichen Spielraums einher.

33   Die Wendung „zwingender Gründe der öffentlichen Sicherheit oder Ordnung" ist **wie in Art. 32** auszulegen (vgl. Weis Refugees Convention 1951 233; ausf. → Art. 32 Rn. 20 ff.).

34   Nach der Rechtsprechung des BVerwG kann der auf Ausstellung eines Reiseausweises nach Art. 28 Abs. 1 S. 1 gerichtete Anspruch eines Konventionsflüchtlings Einschränkungen unterliegen, wenn **ernsthafte Zweifel an seiner Identität** bestehen (vgl. BVerwGE 120, 206 Rn. 23 ff. = NVwZ 2004, 1250). Dies folgt aus der Identifikationsfunktion des Reiseausweises nach Art. 28 Abs. 1 S. 1 (→ Rn. 14). Diese Einschränkung rechtfertigt sich (in jüngerer Zeit) aus den **Missbrauchsgefahren im Hinblick auf den internationalen Terrorismus** (vgl. BVerwGE 120, 206 Rn. 25, 27 = NVwZ 2004, 1250; → Rn. 34.1).

34.1   Insoweit ist zu berücksichtigen, dass ein internationaler Reiseausweis weitgehend ungehinderte Reiseaktivitäten ermöglicht, an denen auch Personen aus dem Umfeld des internationalen Terrorismus ein Interesse haben. Gelingt es diesen, ihre wahre Identität durch Verwendung von Reiseausweisen mit falschen Personenangaben zu verschleiern, so können sie bei ihren Reiseaktivitäten erfolgreich Personenfahndungen umgehen. Nach der **Resolution des UN-Sicherheitsrats 1373 (2001)** v. 28.9.2001 (S/RES/1373 (2001)) werden alle Staaten im Rahmen der Bekämpfung des Terrorismus aufgefordert, die Reisetätigkeit von Terroristen oder terroristischen Gruppen durch wirksame Grenzkontrollen und Kontrollen bei der Ausstellung von Ausweisen und Reisedokumenten sowie durch Maßnahmen zur Verhinderung von Nachahmung, Fälschung oder betrügerischem Gebrauch von Ausweisen und Reisedokumenten zu verhindern. Außerdem werden alle Staaten aufgerufen, im Einklang mit dem Völkerrecht **sicherzustellen, dass der Flüchtlingsstatus nicht für terroristische Handlungen missbraucht wird** (vgl. BVerwGE 120, 206 Rn. 27 = NVwZ 2004, 1250).

35   Aus dem Gebot restriktiver Auslegung (→ Rn. 31) folgt, dass Einschränkungen des Anspruchs auf Erteilung eines Reiseausweises nur im Falle **ernsthafter Zweifel** an der Identität des Flüchtlings – und nicht schon bei jedem wie auch immer gearteten Zweifel – gegeben sind. Dabei ist der **Grundsatz der Zumutbarkeit**, insbesondere eine im Einzelfall ggf. vorliegende Beweisnot des Flüchtlings hinsichtlich des Nachweises seiner Identität zu berücksichtigen (vgl. BVerwGE 120, 206 Rn. 31 = NVwZ 2004, 1250; → Rn. 35.1 ff.).

35.1   Die Ausländerbehörde ist zwar nicht befugt, die im Asylverfahren bejahte Flüchtlingseigenschaft – und damit regelmäßig etwa das Fortbestehen der Verfolgungsgefahr – selbst zu prüfen. Sie kann jedoch **weitere Nachweise verlangen**, sofern sich insbesondere aufgrund neuer Tatsachen oder des Fehlens von geeigneten Dokumenten ernsthafte Zweifel an der Identität des Flüchtlings ergeben. Dabei ist allerdings im Einzelfall sorgfältig zu prüfen, ob dies dem Flüchtling – insbesondere wegen der Verhältnisse im Verfolgerstaat – zumutbar ist. **Unzumutbar** sind unter anderem Handlungen, mit denen sich der Flüchtling dem Schutz des Verfolgerstaates unterstellen würde. Je nach Lage des Einzelfalls ist ggf. zu prüfen, ob es dem Flüchtling zumutbar ist, sich bspw. an dort lebende Familienangehörige, Verwandte oder Bekannte bzw. einen dortigen Rechtsanwalt zu wenden, um geeignete Nachweise zu erhalten, oder ob etwa Möglichkeiten der Kommunikation fehlen oder er sich oder andere damit in Gefahr bringen würde (vgl. BVerwGE 120, 206 Rn. 31 = NVwZ 2004, 1250 mit einfachgesetzlichen Bezügen zur alten Rechtslage).

35.2   **Unterbleibt eine zumutbare Mitwirkung des Flüchtlings oder ist sie unzureichend** und lässt sich die Identität auch nicht auf andere Weise klären – wobei die Aufklärungspflicht dort ihre Grenze findet, wo das Vorbringen des Flüchtlings keinen Anlass zu weiterer Sachaufklärung bietet –, so darf die Ausländerbehörde die Ausstellung des Reiseausweises ablehnen (vgl. BVerwGE 120, 206 Rn. 31 = NVwZ 2004, 1250).

35.3   Soweit der Flüchtling mitwirkt, aber **gefälschte Dokumente** vorlegt, begründet dies ernsthafte Zweifel an seiner Identität. Auch insoweit setzt aber die Versagung des Konventions-Reiseausweises die Zumutbarkeit der zuvor geforderten Mitwirkung voraus (vgl. BVerwGE 120, 206 Rn. 31 = NVwZ 2004, 1250).

Ist eine **Klärung der Identität wegen Unzumutbarkeit der Mitwirkung oder trotz der** 36
Mitwirkung des Flüchtlings nicht möglich, darf der Reiseausweis nicht verweigert werden.
In der im Reiseausweis enthaltenen Rubrik (Nr. 2 auf S. 4 der Anlage Muster-Reiseausweis),
aufgrund welcher Unterlagen der Ausweis ausgestellt wird, kann dann allerdings der Vermerk
angebracht werden, dass die Personalien auf eigenen Angaben beruhen. Dieser die Ausweisausstellung ermöglichende **Hinweis, dass die Personalien auf eigenen Angaben beruhen,** trägt der
bei derartigen Fallkonstellationen bestehenden Beweisnot des Flüchtlings Rechnung und entspricht damit dem Geist der GFK (vgl. BVerwGE 120, 206 Ls. 4 und Rn. 31 f. = NVwZ 2004,
1250; → Rn. 36.1 ff.).

Verneinte man die Zulässigkeit eines solchen Hinweises, so hätte dies zur Folge, dass der Reiseausweis 36.1
in solchen Fällen nicht aufklärbarer ernsthafter Identitätszweifel versagt werden könnte, da mangels Erkennbarkeit dieser Zweifel dessen erwähnte Ordnungs- und Kontrollfunktionen beeinträchtigt wären (vgl.
BVerwGE 120, 206 Rn. 31 f. mwN = NVwZ 2004, 1250). Der Hinweis, dass die Personalien auf eigenen
Angaben beruhen, stellt im Fall der Unmöglichkeit der Klärung der Identität wegen Unzumutbarkeit der
Mitwirkung daher ein **milderes Mittel gegenüber der Versagung** der Ausstellung eines Reiseausweises
dar.

Für die Zulässigkeit des in Rede stehenden Vermerks spricht auch **Paragraph 15 des Anhangs,** der 36.2
auf im Reiseausweis angebrachte Vermerke abstellt. Zwar bezieht sich die **Rubrik Nr. 2 auf S. 4 des**
Musters nach ihrem Wortlaut auf eine „Urkunde oder Urkunden, aufgrund deren dieser Ausweis ausgestellt
wird". Dies schließt indessen den Hinweis darauf nicht aus, dass die Personalien auf eigenen Angaben
beruhen (vgl. BVerwGE 120, 206 Rn. 31 f. mwN = NVwZ 2004, 1250).

Dementsprechend sieht das innerstaatliche deutsche Recht in § **4 Abs. 6 S. 1, S. 2 AufenthV iVm** 36.3
§ **4 Abs. 1 Nr. 3 AufenthV** vor, dass Reiseausweise für Flüchtlinge mit dem Hinweis ausgestellt werden
können, dass die Personendaten auf den eigenen Angaben des Antragstellers beruhen, wenn ernsthafte
Zweifel an den Identitätsangaben des Antragstellers bestehen (vgl. zur vorigen Rechtslage BVerwGE 120,
206 Rn. 33 mwN = NVwZ 2004, 1250).

Zu den Konsequenzen dieses Hinweises darauf, dass die Personalien auf eigenen Angaben beruhen, für 36.4
die **Identifikationsfunktion** des Reiseausweises → Rn. 14.1.

III. Bestimmungen des Anhangs (Abs. 1 S. 1 Hs. 2)

Die Detailbestimmungen des Anhangs zum Abkommen (Paragraph 1–16) werden durch Art. 28 37
Abs. 1 S. 1 Hs. 2 ausdrücklich in Bezug genommen und bilden so einen **integralen Bestandteil**
des Abkommens. Zu den zumeist selbsterklärenden Bestimmungen des Anhangs (so Zimmermann 1951 Convention/Vedsted-Hansen Art. 28/Schedule Rn. 75; vgl. aber die detaillierten
Erläuterungen von Grahl-Madsen Refugee Convention 1951 SCHEDULE) folgen einige Hinweise zu ausgewählten Regelungen.

Nach Paragraph 13 Abs. 1 des Anhangs sind die Vertragsstaaten verpflichtet, dem Inhaber eines 38
Reiseausweises, der ihm vom Staat gem. Art. 28 ausgestellt wurde, die **Rückkehr in sein Gebiet**
zu einem beliebigen Zeitpunkt während der Geltungsdauer des Ausweises zu gestatten (vgl.
BVerwGE 120, 206 Rn. 24 = NVwZ 2004, 1250). Allerdings wird das internationale Reiserecht
nicht unbeschränkt gewährleistet: Zum einen kann der Rückkehrzeitabschnitt nach Paragraph 13
Abs. 3 in Ausnahmefällen oder in Fällen, in denen der Aufenthaltsgenehmigung des Flüchtlings
für eine ausdrücklich bestimmte Zeitdauer gültig ist, **auf einen Zeitraum von nicht weniger**
als drei Monaten beschränkt werden. Außerdem kann der Vertragsstaat nach Paragraph 13
Abs. 2 verlangen, dass sich der Inhaber dieses Ausweises allen **Formalitäten** unterwirft, die für
aus- oder einreisende Personen jeweils vorgeschrieben sind.

Zur **geographischen Gültigkeit** regelt Paragraph 4 des Anhangs (vgl. Rubrik Nr. 1 auf S. 4 39
des Musters), dass der Reiseausweis grundsätzlich für die größtmögliche Anzahl an Ländern ausgestellt wird. Die überwiegende Staatenpraxis dürfte in Übereinstimmung hiermit dahin gehen,
den Verfolgerstaat auszunehmen (vgl. Zimmermann 1951 Convention/Vedsted-Hansen Art. 28/
Schedule Rn. 76; vgl. die Empfehlung von da Costa, UNHCR Rights of Refugee, UNHCR
POLAS/2006/02, 132). Anders als vorige Abkommen sieht die GFK keine Bestimmung vor, die
etwa an das **Betreten des Herkunftslands** einen Gültigkeitsverlust des Reisedokuments knüpfen
würde; indes entfällt nach Art. 1 C. Nr. 4 der Flüchtlingsstatus, wenn die Person freiwillig in
den Verfolgerstaat zurückkehrt und sich dort niedergelassen hat (vgl. Grahl-Madsen Refugee
Convention 1951 SCHEDULE § 4; vgl. insoweit auch → Art. 1 Rn. 1 ff.). Der VGH BW
hat in einer Prozesskostenhilfeentscheidung in Erwägung gezogen, dass es im **Ermessen des**
Vertragsstaats stehen könnte, einen Reiseausweis für Flüchtlinge ohne die Herausnahme des
Verfolgerstaats auszustellen, ggf. solches für einen vorübergehenden Zeitraum vorzusehen, um dem

Flüchtling etwa einen sittlich gebotenen Verwandtschaftsbesuch im Verfolgerstaat zu ermöglichen (BeckRS 2020, 16603 Rn. 14 ff., 34).

40   Die Abwesenheit einer Vorschrift zur Entziehung des Reiseausweises in der GFK steht im Zusammenhang mit der Regelung einer einheitlichen **Gültigkeitsdauer** von ein oder zwei Jahren in Paragraph 5 des Anhangs. Hieraus geht grundsätzlich das System hervor, dass ein Reiseausweis trotz Entfalls der Erteilungsvoraussetzungen während seiner Gültigkeitsdauer genutzt werden kann und diese im Rahmen der Verlängerung des Reiseausweises zu prüfen sind (insbesondere Fortbestehen der Flüchtlingseigenschaft, Nichteingreifen des ordre public-Vorbehalts). Indes kann einem Vertragsstaat nicht das Recht abgesprochen werden, aus zwingenden Gründen der öffentlichen Sicherheit oder Ordnung (vgl. Art. 28 Abs. 1 S. 1 Hs. 1 Teil 2) den Reiseausweis auch während dessen Gültigkeitsdauer zu widerrufen (so Grahl-Madsen Refugee Convention 1951 SCHEDULE § 5).

41   Die in Paragraph 12 des Anhangs niedergelegte Verpflichtung, bei Neuausstellung eines Ausweises den alten Ausweis einzuziehen und entweder an das ausstellende Land **zurückzusenden oder ihn zu vernichten,** stellt sicher, dass jeder Flüchtling maximal einen Reiseausweis haben kann (vgl. Grahl-Madsen Refugee Convention 1951 SCHEDULE § 12).

42   Paragraph 3 und 10 des Anhangs enthalten begrenzende Vorschriften zu den für die Ausstellung einerseits, für die Erteilung von Sichtvermerken andererseits anfallenden **Gebühren;** sie stehen damit im Zusammenhang mit den Gewährleistungen des Art. 29 (→ Art. 29 Rn. 1 ff.).

IV. Wohlwollensklausel (Abs. 1 S. 2)

43   Nach Art. 28 Abs. 1 S. 2 Hs. 1 können die Vertragsstaaten einen Reiseausweis jedem anderen Flüchtling ausstellen, der sich in ihrem Gebiet befindet, wobei sie nach Art. 28 Abs. 1 S. 2 Hs. 2 ihre Aufmerksamkeit besonders jenen Flüchtlingen zuwenden, die sich in ihrem Gebiet befinden und nicht in der Lage sind, einen Reiseausweis von dem Staat zu erhalten, in dem sie ihren rechtmäßigen Aufenthalt haben. Durch diesen **Verzicht auf das Erfordernis rechtmäßigen Aufenthalts** (→ Rn. 18 ff.) wird der Anwendungsbereich des Art. 28 Abs. 1 S. 1 zugunsten derjenigen Flüchtlinge erweitert, die sich illegal im Gebiet eines Vertragsstaats befinden (und insbesondere von dem Staat, in dem sie ihren rechtmäßigen Aufenthalt haben, keinen Reiseausweis erhalten können; → Rn. 43.1).

43.1   Diese **Weitung des Anwendungsbereichs** über sich rechtmäßig aufhaltende Flüchtlinge hinaus trägt allerdings zur Unsicherheit der Vermutungsbasis von an den Besitz von Reiseausweisen aus Drittstaaten anknüpfenden Normen des innerstaatlichen Rechts bei (näher → Rn. 23.1).

44   Ein Anspruch auf Ausstellung eines Reiseausweises für sich nicht rechtmäßig im Gebiet eines Vertragsstaats aufhaltende Flüchtlinge wird mit dieser **Wohlwollensklausel** allerdings nicht begründet.

V. Anerkennung aufgrund früherer Abkommen ausgestellter Reiseausweise (Abs. 2)

45   Die Bestimmung des Art. 28 Abs. 2 erstreckt die in Paragraph 7 des Anhangs zu Art. 28 geregelte Anerkennungspflicht der Gültigkeit der im Einklang mit den Bestimmungen des Art. 28 ausgestellten Ausweise (→ Rn. 28) auf solche Ausweise, die aufgrund früherer internationaler Abkommen von den Unterzeichnerstaaten ausgestellt worden sind. Hierunter fielen die **Nanssen-Pässe** (vgl. Weis Refugees Convention 1951 195; → Rn. 6); praktisch relevant sein dürften allenfalls noch die unter dem Regime des **Londoner Abkommens** (→ Rn. 7) ausgestellten Reiseausweise (vgl. die Bezugnahme in § 1 Abs. 3 Nr. 1 AufenthV; vgl. insoweit auch → AufenthV § 18 Rn. 1 ff.). Diese Bestimmung entbindet die Vertragsstaaten von der Ersetzung früher ausgestellter Reiseausweise (vgl. da Costa, UNHCR Rights of Refugee, UNHCR POLAS/2006/02, 130).

D. Umsetzung

46   Nach **Art. 25 Abs. 1 Qualifikations-RL** (RL 2011/95/EU v. 13.12.2011, ABl. 2011 L 337, 9) stellen die Mitgliedstaaten Personen, denen die Flüchtlingseigenschaft zuerkannt worden ist, Reiseausweise – wie im Anhang zur GFK vorgesehen – für Reisen außerhalb ihres Gebiets aus, es sei denn, dass zwingende Gründe der nationalen Sicherheit oder öffentlichen Ordnung dem entgegenstehen. Damit übernimmt die Qualifikations-RL die Regelung des Art. 28 Abs. 1 S. 1.

46.1   In **Art. 25 Abs. 2** Qualifikations-RL wird die Regelung im Wesentlichen auf anerkannte **subsidiär Schutzberechtigte** erstreckt., allerdings nur unter der zusätzlichen Voraussetzung, dass diese keinen nationalen Pass erhalten können. Hintergrund dieser Differenzierung ist der unterschiedliche Ansatz beider Schutzregime: Subsidiärer Schutz soll einen (in Art. 15 Qualifikations-RL näher umschriebenen) ernsthaften Schaden abwenden. Im Falle des Flüchtlingsschutzes übernimmt der Aufenthaltsstaat ersatzweise den Schutz, der an sich durch den Staat der Staatsangehörigkeit zu leisten wäre. Dem liegt der Zusammenbruch des durch die Staatsangehörigkeit begründeten Rechtsverhältnisses zwischen Staat und Flüchtling zugrunde. Nicht anders als beim Asylgrundrecht ist Schutzgrund des Flüchtlingsstatus der Ausschluss aus der staatlichen Friedensordnung aufgrund eines bestimmten Merkmals. Dem ist die Gefahr eines ernsthaften Schadens selbst dann nicht vergleichbar, wenn sie von dem Staat ausgeht, weil dieser seine Staatsangehörigen generell und undifferenziert schlecht behandelt (NdsOVG BeckRS 2021, 8436 Rn. 28 mwN).

Im deutschen Recht wird der im In- oder Ausland ausgestellte Reiseausweis für Flüchtlinge **47** durch die **Aufenthaltsverordnung** als ein Passersatzpapier für Ausländer anerkannt (insbesondere § 1 Abs. 3 AufenthV, § 3 Abs. 3 Nr. 1 AufenthV, § 4 Abs. 1 S. 1 Nr. 3 AufenthV; vgl. VG Saarlouis BeckRS 2020, 23469 Rn. 27); für die Einreise und den Kurzaufenthalt regelt § 18 AufenthV eine Befreiung vom Erfordernis eines Aufenthaltstitels. Im Ausweisungsrecht werden Inhaber eines von einer Behörde der Bundesrepublik Deutschland ausgestellten Reiseausweisen für Flüchtlinge nach § 53 Abs. 3a AufenthG anerkannten Flüchtlingen gleichgestellt. Auf die Kommentierung dieser Vorschriften wird insoweit verwiesen. Der Anspruch auf Ausstellung ergibt sich **unmittelbar aus Art. 28 Abs. 1 S. 1** (vgl. SächsOVG BeckRS 2017, 106610, Rn. 17 ff.; Dörig MigrationsR-HdB/Dörig § 11 Rn. 7).

E. Vorbehalte

Hinsichtlich der Bestimmung des Art. 28 (auch in Verbindung mit dem Protokoll über die **48** Rechtsstellung der Flüchtlinge v. 31.1.1967, → Rn. 8) lässt Art. 42 **Vorbehalte** zu. Gleichwohl haben nur wenige Vertragsstaaten von dieser Möglichkeit Gebrauch gemacht (→ Rn. 48.1).

Folgende Staaten haben einen **Vorbehalt zu Art. 28** erklärt: **48.1**
• Israel und
• Sambia;
Rücknahmen zuvor erklärter Vorbehalte erfolgten durch **48.2**
• Australien,
• Estland und
• Malta (näher Zimmermann 1951 Convention/Vedsted-Hansen Art. 28/Schedule Rn. 52).

Eine **aktuelle Übersicht** über den Stand der Verträge findet sich in der United Nations Treaty Collection (https://treaties.un.org/Pages/Treaties.aspx?id=5&subid=A).

Artikel 29 Steuerliche Lasten
1. **Die vertragschließenden Staaten werden von den Flüchtlingen keine anderen oder höheren Gebühren, Abgaben oder Steuern, gleichviel unter welcher Bezeichnung, erheben, als unter ähnlichen Verhältnissen von ihren eigenen Staatsangehörigen jetzt oder künftig erhoben werden.**
2. **Die Bestimmungen der vorstehenden Ziffer schließen nicht aus, die Gesetze und sonstigen Rechtsvorschriften über Gebühren für die Ausstellung von Verwaltungsurkunden einschließlich Personalausweisen an Ausländer auf Flüchtlinge anzuwenden.**

Überblick

Die Bestimmung des Art. 29 etabliert in Abs. 1 den Grundsatz der Inländergleichbehandlung (→ Rn. 8 ff.) zugunsten von Flüchtlingen (→ Rn. 6 f.) im Hinblick auf staatliche finanzielle Lasten (→ Rn. 9 ff.). Eine Ausnahme gilt für Gebühren für die Ausstellung von Verwaltungsurkunden nach Abs. 2 (→ Rn. 14 ff.). Die Regelungen des Art. 29 werden ergänzt durch Spezialregelungen wie Art. 25 Abs. 4 zu Verwaltungsmaßnahmen oder §§ 3 und 10 des Anhangs zu Reiseausweisen nach Art. 28 Abs. 1, welche der allgemeinen Regelung des Art. 29 in ihrem Anwendungsbereich vorgehen (→ Rn. 16 ff.).

Übersicht

A. Allgemeines

1   Die Bestimmung des Art. 29 etabliert den Grundsatz der **Inländergleichbehandlung** im Hinblick auf finanzielle Lasten in Abs. 1 (→ Rn. 8 ff.) mit Ausnahme von **Gebühren für die Ausstellung von Verwaltungsurkunden,** deren Zulässigkeit in Abs. 2 geregelt wird (→ Rn. 14 ff.).

2   **Vorläufer** der Bestimmung des Art. 29 fanden sich bereits in Art. 8 des Abkommens von 1928 und in Art. 13 des Abkommens von 1933 (näher Grahl-Madsen Refugee Convention 1951 (1 ff.); Weis Refugees Convention 1951 198; Zimmermann 1951 Convention/Nagy Rn. 2 ff.).

3   **Entstehungsgeschichtlich** wurde die Notwendigkeit der Bestimmung des Art. 29 teilweise in Frage gezogen vor dem Hintergrund, dass der Grundsatz der Inländergleichbehandlung insbesondere in den Bereichen der öffentlichen Fürsorge (→ Art. 23 Rn. 1), des Arbeitsrechts und der sozialen Sicherheit (→ Art. 24 Rn. 1) vorgesehen wurde (vgl. Zimmermann 1951 Convention/Nagy Rn. 9).

4   Art. 29 hat Teil an der Erweiterung des Flüchtlingsbegriffs durch das **Protokoll über die Rechtsstellung der Flüchtlinge** v. 31.1.1967. Dies ergibt sich aus Art. I Abs. 1 FlüchtlingsProt. Die Möglichkeit der Erklärung von Vorbehalten (→ Rn. 17) schränkt auch das Protokoll nicht ein (vgl. Art. VII FlüchtlingsProt).

5   Eine im Wesentlichen gleichlautende Vorschrift findet sich – im Hinblick auf Staatenlose – auch in Art. 29 StaatenlosenÜ (Übereinkommen über die Rechtsstellung der **Staatenlosen** v. 28.9.1954, BGBl. 1976 II 473, BGBl. 1977 II 235).

B. Regelungsgehalt im Einzelnen

I. Personeller Anwendungsbereich

6   Die GFK gewährt den Personen, die von ihr erfasst werden, **unmittelbare Rechte** (vgl. BVerwGE 88, 254 (257) = NVwZ 1992, 180; BVerwGE 7, 231 Rn. 9 = NJW 1959, 450).

7   Sowohl Abs. 1 als auch Abs. 2 finden Anwendung auf Flüchtlinge iSv Art. 1. Der personelle Anwendungsbereich umfasst mithin **jeglichen Flüchtling** ungeachtet des Grades seiner Aufenthaltsverfestigung. Aufgrund der lediglich deklaratorischen Natur der Feststellung der Flüchtlingseigenschaft (vgl. insoweit → Art. 1 Rn. 1 ff.; vgl. zu Art. 32 BVerwGE 7, 231 Rn. 9 = NJW 1959, 450; → Art. 32 Rn. 10) findet Art. 29 auf anerkannte Flüchtlinge, sich illegal aufhaltende Flüchtlinge, wie auch Schutzsuchende Anwendung (vgl. → Art. 22 Rn. 1).

II. Grundsatz der Inländergleichbehandlung (Abs. 1)

8   Art. 29 Abs. 1 etabliert den Grundsatz der **Inländergleichbehandlung** auf dem Gebiet des Steuer- und Abgabenrechts.

1. Sachlicher Anwendungsbereich

9   Der sachliche Anwendungsbereich des Abs. 1 ist umfassend („gleichviel unter welcher Bezeichnung"). Erfasst werden **alle Arten von finanziellen Lasten,** verstanden als sämtliche kraft öffentlicher Finanzhoheit erhobenen Zahlungen wie Abgaben, Steuern, Gebühren oder Beiträge (vgl. Zimmermann 1951 Convention/Nagy Rn. 27; zu Gerichtsgebühren → Rn. 9.1).

9.1   Daher folgt aus Art. 29 Abs. 1 (ergänzend zum Grundsatz der Inländergleichbehandlung beim Zugang zu Gerichten nach Art. 16 Abs. 2; vgl. näher → Art. 16 Rn. 1 ff.), dass von Flüchtlingen **keine höheren**

Gerichtsgebühren als von Inländern erhoben werden dürfen (vgl. Zimmermann 1951 Convention/ Zimmermann Art. 16 Rn. 11, 19).

Sofern die Mitgliedschaft in einer **Sozialversicherung** verpflichtend ist, folgt aus Art. 29 Abs. 1, dass **9.2** Flüchtlingen keine weitergehenden Lasten auferlegt werden dürfen als Inländern (vgl. Zimmermann 1951 Convention/Nagy Rn. 28).

Der sachliche Anwendungsbereich umfasst hingegen **keine steuerlichen Begünstigungen.** **10** Nach der Rechtsprechung des BFH ist es daher mit Art. 29 vereinbar, dass Flüchtlinge kein Kindergeld beanspruchen können (welches seit der Neuregelung des Familienleistungsausgleichs durch das JStG 1996 – Jahressteuergesetz 1996 v. 11.10.1995, BGBl. I 1250 – im Regelfall nach steuerrechtlichen Vorschriften gewährt wird). Denn durch die **Nichtgewährung von Kinder- geld** werden von den Flüchtlingen keine höheren Steuern erhoben als von Deutschen (vgl. BFH NVwZ 2008, 703 (704)).

2. Rechtsfolgen

Der Grundsatz der Inländergleichbehandlung ist **akzessorisch** zu den innerstaatlichen Rege- **11** lungen.

Einerseits folgt hieraus, dass Flüchtlingen keine finanziellen Lasten auferlegt werden dürfen, die **12** nicht zugleich Inländern in vergleichbaren Situationen auferlegt werden, auch wenn anderen Ausländern diese Lasten auferlegt werden. Hierin liegt eine **Besserstellung von Flüchtlingen gegenüber sonstigen Ausländern.**

Umgekehrt gilt allerdings auch: Flüchtlingen dürfen nach Art. 29 Abs. 1 dieselben finanziellen **13** Lasten wie Inländern auferlegt werden, selbst wenn andere Ausländer hiervon befreit sind (ebenso Grahl-Madsen Refugee Convention 1951 (2); Zimmermann 1951 Convention/Nagy Rn. 32; → Rn. 13.1).

Sofern finanzielle Lasten Inländern auferlegt werden, die sich **außerhalb des Vertragsstaats aufhal-** **13.1** **ten,** hindert Art. 29 Abs. 1 nicht daran, diese auch Flüchtlingen aufzuerlegen, die sich außerhalb des Vertragsstaats aufhalten (vgl. Grahl-Madsen Refugee Convention 1951 (2)).

III. Gebühren für die Ausstellung von Verwaltungsurkunden (Abs. 2)

Nach Art. 29 Abs. 2 hindert die Regelung des Abs. 1 die Vertragsstaaten nicht daran, die Gesetze **14** und sonstigen Rechtsvorschriften über Gebühren für die Ausstellung von Verwaltungsurkunden – einschließlich Personalausweisen (→ Art. 27 Rn. 1 ff.) – an Ausländer auf Flüchtlinge (→ Rn. 7) anzuwenden. Innerhalb dieses begrenzten sachlichen Anwendungsbereichs gilt mithin **keine Bes- serstellung von Flüchtlingen gegenüber sonstigen Ausländern** (→ Rn. 14.1).

Allerdings soll der Begriff „Ausländer" – auch ohne explizite Bezugnahme auf Art. 6 – zu verstehen **14.1** sein als **„Ausländer unter den gleichen Umständen"** (so Weis Refugees Convention 1951 198); hier- durch würde ein Flüchtling (ebenso wie iRv Art. 13, Art. 15, Art. 17 Abs. 1, Art. 18, Art. 19 Abs. 1, Art. 21 und Art. 22 Abs. 2) von der Notwendigkeit der Erfüllung solcher rechtlicher Voraussetzungen befreit, die der Betroffene gerade aufgrund seiner Flüchtlingseigenschaft ihrer Natur nach nicht erfüllen kann (vgl. eingehend → Art. 6 Rn. 1 ff.).

Infolge zahlreicher Spezialregelungen (→ Rn. 16 ff.) verbleibt für die allgemeine Regelung **15** des Art. 29 Abs. 2 nur noch ein **schmaler Anwendungsbereich.** Dieses Ergebnis ist darauf zurückzuführen, dass die Vorschrift der Bestimmung des Art. 13 des Abkommens von 1933 (→ Rn. 2) nachempfunden wurde, welches anders als die Genfer Flüchtlingskonvention keine Spezialregelungen enthielt (vgl. Grahl-Madsen Refugee Convention 1951 (3)).

IV. Verhältnis zu weiteren Gebührenregelungen

Die Regelungen des Art. 29 werden ergänzt durch weitere Bestimmungen der GFK. Diese **16** **Spezialregelungen** gehen der allgemeinen Regelung des Art. 29 in ihrem Anwendungsbereich vor (→ Rn. 16.1 f.).

Hierzu zählt die Regelung des Art. 25 Abs. 4 betreffend **Gebühren für die Verwaltungshilfe** iSv **16.1** Art. 25 Abs. 1–3 sowie die Regelungen der §§ 3 und 10 des Anhangs zur GFK betreffend die Kosten für die Ausstellung von bzw. die Erteilung von Sichtvermerken auf **Reiseausweisen für Flüchtlinge** (vgl. Grahl-Madsen Refugee Convention 1951 (1); → Art. 28 Rn. 42).

16.2   Weiterhin betrifft die Wohlwollensklausel des Art. 34 S. 2 die möglichste Herabsetzung der **Kosten des Einbürgerungsverfahrens** (vgl. Grahl-Madsen Refugee Convention 1951 Art. 34 (5); → Art. 34 Rn. 11 ff.).

C. Vorbehalte

17   Hinsichtlich der Bestimmung des Art. 29 (auch in Verbindung mit dem Protokoll über die Rechtsstellung der Flüchtlinge v. 31.1.1967, → Rn. 4) lässt Art. 42 **Vorbehalte** zu. Von dieser Möglichkeit haben nur wenige Vertragsstaaten Gebrauch gemacht (→ Rn. 17.1).

17.1   Folgende Staaten haben einen **Vorbehalt zu Art. 29** erklärt:
- Frankreich,
- Irland und
- Sierra Leone (näher Zimmermann 1951 Convention/Nagy Rn. 10).

Eine **aktuelle Übersicht** über den Stand der Verträge findet sich in der United Nations Treaty Collection (https://treaties.un.org/Pages/Treaties.aspx?id=5&subid=A).

Artikel 30 Überführung von Vermögenswerten

1. **Jeder vertragschließende Staat wird in Übereinstimmung mit den Gesetzen und sonstigen Rechtsvorschriften des Landes den Flüchtlingen gestatten, die Vermögenswerte, die sie in sein Gebiet gebracht haben, in das Gebiet eines anderen Landes zu überführen, in dem sie zwecks Wiederansiedlung aufgenommen worden sind.**
2. **Jeder vertragschließende Staat wird die Anträge von Flüchtlingen wohlwollend in Erwägung ziehen, die auf die Erlaubnis gerichtet sind, alle anderen Vermögenswerte, die zu ihrer Wiederansiedlung erforderlich sind, in ein anderes Land zu überführen, in dem sie zur Wiederansiedlung aufgenommen worden sind.**

Überblick

Art. 30 richtet sich an Flüchtlinge und Asylbewerber (→ Rn. 1), welche Vermögenswerte aus einem Vertragsstaat ausführen bzw. überführen möchten (→ Rn. 3), in Fällen des Resettlement (→ Rn. 5). Abs. 1 regelt dabei die Überführung von Vermögenswerten, welche von dem Flüchtling mit in den Staat eingebracht wurden (→ Rn. 8). Die Ausfuhr hat in diesem Fall in Übereinstimmung mit den Gesetzen und sonstigen Vorschriften des jeweiligen Staates zu erfolgen (→ Rn. 10), wobei die Genehmigung zur Überführung zu erteilen ist (→ Rn. 11) und lediglich die Art derer durch den Staat beschränkt werden kann (→ Rn. 12). Art. 30 Abs. 1 verpflichtet jeden Vertragsstaat, in welchem Vermögen durch einen Flüchtling eingebracht wurde (→ Rn. 14). Abs. 2 dagegen regelt die Fälle, in welchen das Vermögen nicht eingebracht, sondern innerhalb des Staatsgebietes generiert wurde (→ Rn. 17); hierbei sind die Vertragsstaaten zu einer wohlwollenden Erwägung der Genehmigung verpflichtet (→ Rn. 16), insofern das Vermögen zur Wiederansiedlung notwendig ist (→ Rn. 18). Eine Verweigerung der Genehmigung ist begründungsbedürftig (→ Rn. 20).

Übersicht

A. Allgemeiner Anwendungsbereich

I. Persönlicher Anwendungsbereich

Art. 30 ist anwendbar auf jeden **Flüchtling iSv Art. 1, ohne besondere Anforderungen** **1**
an dessen Aufenthalt. Aufgrund des Fehlens einer besonderen Anforderung und der deklaratorischen Natur der Feststellung der Flüchtlingseigenschaft (→ Art. 1 Rn. 72) ist Art. 30 **auch auf**
jeden Asylbewerber anzuwenden, solange sein Status noch nicht geklärt ist (→ Art. 1 Rn. 75),
wie auch auf sich illegal aufhaltende Flüchtlinge (vgl. Zimmermann 1951 Convention/Metzger
Art. 14 Rn. 38; aA Weis Refugees Convention 1951 123; Grahl-Madsen Refugee Convention
1951 Art. 14 (II)).

Art. 30 ist daneben **auch auf die Familienmitglieder eines Flüchtlings anzuwenden,** **2**
welche selbst nicht die Flüchtlingseigenschaft in eigener Person erfüllen. Dies ergibt sich aus der
Empfehlung B, welche durch die Bevollmächtigten-Konferenz angenommen wurde (vgl. →
Art. 22 Rn. 2) und die ungeachtet ihrer unverbindlichen Natur zur Auslegungnach Art. 31 Abs. 2
lit. b WVRK herangezogen werden kann. Dies deckt sich ebenso mit dem Sinn und Zweck der
GFK, eine dauerhafte Lösung des Flüchtlingsproblems zu finden (vgl. Zimmermann 1951 Conven-
tion/Nagy Rn. 32 f.).

II. Überführung von Vermögenswerten

Der Begriff Vermögenswerte **bezeichnet jegliche Form von Eigentum, Währung und** **3**
Rechten, welchen sich ein Geldwert beimessen lässt (vgl. Zimmermann 1951 Convention/
Nagy Rn. 37). Diese weite Sicht findet sich auch in den Verhandlungsprotokollen wieder, denn
der belgische Entwurf sah zunächst nur einen Schutz von Geldmitteln vor (vgl. Zimmermann 1951 Convention/Nagy Rn. 38), dies wurde jedoch **bewusst geändert und erweitert**
(vgl. Weis Refugees Convention 1951 274).

Durch die Ausweitung des Anwendungsbereichs im Rahmen der Verhandlungen ist der **Begriff** **4**
der Überführung so auszulegen, dass damit jegliche Form des möglichen Transfers erfasst sein soll.
Somit werden Banküberweisungen, Bargeldtransfer wie auch die Übersendung von beweglichem
Eigentum umfasst (vgl. Zimmermann 1951 Convention/Nagy Rn. 37).

III. Wiederansiedlung

Anwendung findet Art. 30 nur in der **Fallkonstellation der Wiederansiedlung („resettle-** **5**
ment"). Wiederansiedlung wird durch den UNHCR verstanden als der Prozess der Auswahl
und Überstellung von Flüchtlingen und deren Familie aus einem Staat, in welchem sie um Schutz
ersucht haben, in einen Drittstaat, welcher sich **bereit erklärt hat, sie aufzunehmen und der**
den dauerhaften Aufenthalt, sowie den Schutz vor refoulement und nach Möglichkeit die
Gleichbehandlung mit den eigenen Staatsbürgern gewährt (UNHCR-HdB 3).

Der Begriff der Wiederansiedlung kommt innerhalb der GFK exklusiv in Art. 30 vor. Er **6**
findet sich des Weiteren in Art. 2 Abs. 1 lit. b Ziff. iii des IRO-Statuts (Resolution 62 (I) der
Generalversammlung der Vereinten Nationen v. 15.12.1946) und dem Kapitel II Ziff. 9 des
UNHCR-Statuts (Resolution 428 (V) der Generalversammlung der Vereinten Nationen v.
14.12.1950). **Sie stellt neben der Wiedervereinigung mit dem Heimatstaat und der Verlei-**
hung einer neuen Staatsangehörigkeit einen der dauerhaften Lösungswege für das Flücht-
lingsproblem dar (Holborn, Refugees – A Problem of our Time, 1975, 171).

Die Wiederansiedlung kann unter Umständen zeitlich mit der **Verleihung der jeweiligen** **7**
Staatsangehörigkeit des aufnahmebereiten Staates zusammenfallen und ein Erlöschen
des Flüchtlingsstatus bedingen. Daher ist Art. 30 auch im Kontext zu Art. 1 C. Abs. 3 und
Art. 1 E. zu sehen (vgl. Zimmermann 1951 Convention/Nagy Rn. 15). In solchen Fällen ist
angesichts des Ziels der GFK, eine dauerhafte Lösung des Flüchtlingsproblems herbeizuführen
(→ Rn. 6), sowie die Integration zu fördern und vor allem das Leben im neuen Staat zu erleichtern
(vgl. Zimmermann 1951 Convention/Nagy Rn. 4), zumindest bei einem zeitlich nahen Zusammenhang von Wiederansiedlung und Verleihung der Staatsangehörigkeit, **weiterhin Art. 30**
heranzuziehen. Ein sofortiger Rechtsverlust oder auch eine sachliche Notwendigkeit zur Unterscheidung der Einbürgerung gegenüber der Wiederansiedlung als permanente Lösung findet sich
in Art. 30 nicht. Im Weiteren bleiben auch die Interessenlagen des Flüchtlings gegenüber dem
Vertragsstaat und die von Art. 30 Abs. 1 vorgenommene Interessengewichtung (→ Rn. 9) ebenfalls
gleich.

B. Abs. 1

I. Eingebrachte Vermögenswerte

8   Abs. 1 findet Anwendung auf alle Vermögenswerte (→ Rn. 3), welche aus dem Ausland in das Staatsterritorium verbracht werden. **Ob dieser Transfer vor der Schutzgesuchstellung oder erst danach stattfindet, ist für die Anwendung des Art. 30 unbeachtlich** (Grahl-Madsen Refugee Convention 1951 (3)).

9   Die in Abs. 1 implizite Abwägung zeigt an, dass hier das Interesse von Flüchtlingen an Vermögenswerten im Falle der Wiederansiedlung **gegenüber dem berechtigten Staatsinteresse überwiegt** (Zimmermann 1951 Convention/Nagy Rn. 3). Dieses Abwägungsverhältnis bezieht sich jedoch nur auf die Genehmigung der Ausführung und nicht auf die Art und Weise, wie die Ausführung im Einzelnen erfolgt (→ Rn. 11 f.).

II. In Übereinstimmung mit den Gesetzen und sonstigen Rechtsvorschriften

10   Die Genehmigung zur Überführung von Vermögenswerten soll in Übereinstimmung mit den Gesetzen und sonstigen Rechtsvorschriften erfolgen. **Insoweit besteht eine Einschränkungsmöglichkeit der staatlichen Pflicht zur Genehmigung.**

11   Diese Voraussetzung bezieht sich nach dem Wortlaut nicht auf den Transfer von Vermögenswerten selbst, **sondern auf die staatliche Genehmigung einer solchen.** Die Formulierung stellt, historisch, eine Verschärfung zum belgischen Erstentwurf dar und wurde nach einer Debatte über die ursprüngliche Formulierung „subject to the application of the formalities prescribed by the legislations" eingeführt (vgl. Zimmermann 1951 Convention/Nagy Rn. 10). Die Staaten fürchteten, der Wortlaut könnte implizieren, dass eine formal korrekte Antragsstellung ausreicht, um eine Genehmigungspflicht auszulösen (UN Conference of Plenipotentiaries on the Status of Refugees and Stateless Persons: Summary Record of the Thirteenth Meeting, 22 November 1951, A/CONF.2/SR.13, S. 8 f.). Diese Verschärfung zeigt, dass eine **effektive formelle wie auch materielle Beschränkung mittels** Gesetzen und sonstigen Rechtsvorschriften durch die Vertragsstaaten **zulässig sein soll** (Zimmermann 1951 Convention/Nagy Rn. 28; Hathaway Rights of Refugees 970; **aA** Robinson Convention 127), durch welche ein Staat seine berechtigten Interessen schützen kann.

12   Eine Beschränkung **darf jedoch nur in Bezug auf die Art und Weise der Ausfuhr** von Vermögenswerten erfolgen, bspw. durch Auszahlung in Raten oder in keiner harten Währung (Weis Refugees Convention 1951 277; **aA** Hathaway Rights of Refugees 970; gänzlich gegen ein Regulierungsrecht Robinson Convention 127). Ein gänzliches Verbot der Überführung von Vermögenswerten lässt der Wortlaut des Abs. 1 nicht zu. Die Gesetze und Rechtsvorschriften dürfen des Weiteren nicht so restriktiv sein, als dass sie den Inhalt von Art. 30 Abs. 1 faktisch gegenstandslos werden lassen (Grahl-Madsen Refugee Convention 1951 (3)).

III. Gewährleistungsumfang

13   In Fällen der Wiederansiedlung eines Flüchtlings soll der Staat, in welchem sich die Vermögenswerte befinden (→ Rn. 8), auf Antrag die Überführung durch den Flüchtling, welche in Übereinstimmung mit den Gesetzen und sonstigen Rechtsvorschriften erfolgte, gestatten, sofern die Vermögenswerte in sein Gebiet eingebracht wurden und die Möglichkeit zur Wiederansiedlung erklärt wurde. Der klare Wortlaut in Abs. 1 in der Formulierung „wird", zeigt, dass es **sich um eine echte Verpflichtung der Staaten handelt** und die Genehmigung bei Erfüllung der Voraussetzungen zu erteilen ist.

14   Art. 30 Abs. 1 verpflichtet **alle Vertragsstaaten,** in welchen sich Vermögenswerte eines Flüchtlings befinden. Einer notwendige Beziehung zu diesem Vertragsstaat bedarf es nicht (Grahl-Madsen Refugee Convention 1951 (3); **aA** Hathaway Rights of Refugees 971 f.; Zimmermann 1951 Convention/Nagy Rn. 25; Weis Refugees Convention 1951 277). Art. 30 normiert zwar einen qualitativen Unterschied zwischen Vermögen, welches in das Land eingebracht wurde (Abs. 1), und jenem, welches nicht eingebracht wurde (Abs. 2) und differenziert dadurch im Ergebnis zwischen den unterschiedlichen Interessenlagen (vgl. Zimmermann 1951 Convention/Nagy Rn. 9). Der Regelung liegt aber der Gedanke zugrunde, dass ein Staat durch die Vermögensverschiebungen von Flüchtlingen, welche noch auf der Suche nach einem dauerhaften Aufenthalt sind, nicht reicher, aber auch nicht ärmer werden soll (Grahl-Madsen Refugee Convention 1951 (3)). Dieses Gleichgewicht wird durch die Regelung des Abs. 1 hergestellt: Solange diese Neutrali-

tät des Vermögens bestehen bleibt, ist unbeachtlich, ob der Flüchtling sich jemals in dem betroffenen Staat aufgehalten hat oder nicht.

Liegen die Voraussetzungen für Art. 30 nicht vor, da es zB an einer Möglichkeit zur Wiederansiedlung fehlt, **kann sich ein Flüchtling weiterhin auf Art.** 7 als Gleichgestellter im Sinne 15 des allgemeinen Diskriminierungsverbots gegenüber Flüchtlingen **berufen** (vgl. Grahl-Madsen Refugee Convention 1951 (1); Zimmermann 1951 Convention/Nagy Rn. 57).

C. Abs. 2

Die Staaten sollen die Anträge von Flüchtlingen auf Überführung von allen anderen Vermögens-   16
werten aus ihrem Staatsgebiet wohlwollend in Erwägung ziehen. **Eine Genehmigungspflicht besteht hier nicht.**

Andere Vermögenswerte sind in Ansehung des Abs. 1 solche, die nicht durch den Flüchtling   17
mit in das Land eingebracht, **sondern im Staatsgebiet generiert wurden** (vgl. Weis Refugees Convention 1951 277; Grahl-Madsen Refugee Convention 1951 (5)), bspw. durch Arbeit, Investitionen, oder Erbschaften (Grahl-Madsen Refugee Convention 1951 (5)).

Das zu überführende Vermögen unterfällt des Weiteren nur dann Abs. 2, wenn es zur **Wieder-**   18
ansiedlung erforderlich ist. Das Kriterium der Erforderlichkeit muss im Lichte des Sinn und Zwecks des Art. 30 Abs. 2 gesehen werden (vgl. → Rn. 5, → Rn. 14). Als erforderlich sind daher nur solche Vermögenswerte anzusehen, die unmittelbar der Wiederansiedlung (→ Rn. 7) dienen und die Lebensführung im Staat der Wiederansiedlung fördern und so zu einer dauerhaften Ansiedlung beitragen.

In Abs. 2 spiegelt sich die Interessenabwägung zwischen dem Interesse des Staates, seine Wäh-   19
rung und innerstaatliche Wirtschaft zu schützen, gegenüber dem Zweck der Wiederansiedlung als dauerhafte Lösung des Flüchtlingsproblems wieder. Dem staatlichen Interesse am Schutz seiner Währung und Binnenwirtschaft ist durch entsprechende Ermessensausübung Rechnung zu tragen.

Eine Ablehnung durch den Staat ist durch dieses Verhältnis begründungsbedürftig   20
(Zimmermann 1951 Convention/Nagy Rn. 60).

D. Vorbehalte

Israel hat einen Vorbehalt gegenüber Art. 30 erklärt. Danach soll die Erteilung der Genehmi-   21
gung unter Art. 30 immer im Ermessen des insoweit zuständigen Finanzministeriums stehen. Dieser Vorbehalt erscheint mit Sinn und Zweck der Norm nicht vereinbar (Zimmermann 1951 Convention/Nagy Rn. 13).

Artikel 31 Flüchtlinge, die sich nicht rechtmäßig im Aufnahmeland aufhalten

1. **Die vertragschließenden Staaten werden wegen unrechtmäßiger Einreise oder Aufenthalts keine Strafen gegen Flüchtlinge verhängen, die unmittelbar aus einem Gebiet kommen, in dem ihr Leben oder ihre Freiheit im Sinne von Artikel 1 bedroht waren und die ohne Erlaubnis in das Gebiet der vertragschließenden Staaten einreisen oder sich dort aufhalten, vorausgesetzt, daß sie sich unverzüglich bei den Behörden melden und Gründe darlegen, die ihre unrechtmäßige Einreise oder ihren unrechtmäßigen Aufenthalt rechtfertigen.**
2. **¹Die vertragschließenden Staaten werden den Flüchtlingen beim Wechsel des Aufenthaltsorts keine Beschränkungen auferlegen, außer denen, die notwendig sind; diese Beschränkungen werden jedoch nur solange Anwendung finden, bis die Rechtsstellung dieser Flüchtlinge im Aufnahmeland geregelt oder es ihnen gelungen ist, in einem anderen Land Aufnahme zu erhalten. ²Die vertragschließenden Staaten werden diesen Flüchtlingen eine angemessene Frist sowie alle notwendigen Erleichterungen zur Aufnahme in einem anderen Land gewähren.**

Überblick

Für Flüchtlinge, die sich (noch) nicht rechtmäßig im Aufnahmeland aufhalten (→ Rn. 5 ff.), sieht Art. 31 Abs. 1 ein umfassendes Pönalisierungsverbot vor (→ Rn. 8 ff.). Die Regelung trägt dem Gedanken Rechnung, dass Verfolgte häufig nicht in der Lage sind, ihre Zufluchtsstätte auf legalem Weg zu erreichen und stellt eines der Kernprinzipien der GFK dar (→ Rn. 8 ff.). Während sich die Regelungen zur Freizügigkeit anerkannter Flüchtlinge in Art. 26 finden (→ Art. 26 Rn. 1 ff.), enthält Art. 31 Abs. 2 abweichende Regelungen zur Freizügigkeit von Flüchtlingen, die sich (noch) nicht rechtmäßig im Aufnahmeland aufhalten (→ Rn. 17 ff.).

Übersicht

A. Allgemeines und Bedeutung

1   Art. 31 enthält bedeutsame Bestimmungen für **Flüchtlinge, die sich nicht rechtmäßig im Aufnahmeland aufhalten** (→ Rn. 5 ff.): zum einen ein **Pönalisierungsverbot** in Art. 31 Abs. 1, eines der bedeutsamsten Kernprinzipien der GFK (→ Rn. 8 ff.); zum anderen in Art. 31 Abs. 2 – von Art. 26 (→ Art. 26 Rn. 1 ff.) abweichende – **Regelungen zur Freizügigkeit** (→ Rn. 17 ff.).

2   Während es **Vorläufer** der Bestimmung des Art. 31 Abs. 1 nicht gibt, finden sich Regelungsfragmente des Art. 31 Abs. 2 bereits im Abkommen v. 28.10.1933 über die internationale Rechtsstellung der Flüchtlinge und im (restriktiveren) Abkommen v. 10.2.1938 über die Stellung der Flüchtlinge aus Deutschland (vgl. näher Zimmermann 1951 Convention/Noll Rn. 6 ff.).

3   Art. 31 hat Teil an der Erweiterung des Flüchtlingsbegriffs durch das **Protokoll über die Rechtsstellung der Flüchtlinge** v. 31.1.1967 (BGBl. 1969 II 1293). Dies ergibt sich aus Art. I Abs. 1 FlüchtlingsProt. Die Möglichkeit der Erklärung von Vorbehalten (→ Rn. 35) schränkt auch das Protokoll nicht ein (vgl. Art. VII FlüchtlingsProt).

4   Im – der GFK in vielen Bestimmungen entsprechenden – Übereinkommen über die Rechtsstellung der **Staatenlosen** v. 28.9.1954 (BGBl. 1976 II 473, BGBl. 1977 II 235) findet sich eine dem Art. 31 entsprechende Vorschrift gerade nicht (vgl. BVerwG BeckRS 2008, 33980; zu den Auswirkungen auf die Auslegung der allgemeinen Freizügigkeitsbestimmung der GFK → Art. 26 Rn. 4, Rn. 12.1).

B. Personeller Anwendungsbereich

5   Die GFK gewährt den Personen, die von ihr erfasst werden, unmittelbare Rechte (vgl. BVerwGE 88, 254 (257) = NVwZ 1992, 180; BVerwGE 7, 231 Rn. 9 = NJW 1959, 450).

6   Ausweislich der Überschrift des Artikels betreffen die Regelungen des Art. 31 **Flüchtlinge, die sich nicht rechtmäßig im Aufnahmeland aufhalten** (in der englischen Sprachfassung: „unlawfully in the country of refuge"; in der französischen „en situation irrégulière dans le pays d'accueil"). Zudem werden von Art. 31 auch Flüchtlinge erfasst, die ein befristetes Aufenthaltsrecht innehatten, das Land jedoch nach Fristablauf nicht verlassen haben (vgl. zu Abs. 1: Weis Refugees Convention 1951 219).

7   Im Fall von **Schutzsuchenden** soll das Verfahren bezüglich illegaler Einreise und illegalen Aufenthalts ausgesetzt werden, bis über das Asylgesuch entschieden worden ist (vgl. Weis Refugees Convention 1951 219). In Übereinstimmung hiermit stellt Nr. 95.5.2 AufenthGAVwV (Allgemeine Verwaltungsvorschrift zum Aufenthaltsgesetz v. 26.10.2009, GMBl. 878) fest, die Regelung betreffe sowohl anerkannte wie noch nicht anerkannte Flüchtlinge, wobei es sich bei letzteren um Asylbewerber handele, denen die Flüchtlingseigenschaft noch nicht zuerkannt worden sei (→ Rn. 7.1).

7.1   Diese Lesart stimmt mit der hier vertretenen Abgrenzung des Art. 31 (Abs. 2) vom **Anwendungsbereich des Art. 26** in dem Sinne überein, dass von den Begünstigungen des Art. 26 erst die unanfechtbar anerkannten, jedoch (noch) nicht die schutzsuchenden Flüchtlinge profitieren (näher → Art. 26 Rn. 11).

C. Pönalisierungsverbot (Abs. 1)

Nach **Art. 31 Abs. 1 Hs. 1** werden die Vertragsstaaten wegen unrechtmäßiger Einreise oder 8 (unrechtmäßigen) Aufenthalts keine Strafen gegen Flüchtlinge verhängen (→ Rn. 13 ff.), die unmittelbar (→ Rn. 9 ff.) aus einem Gebiet kommen, in dem ihr Leben oder ihre Freiheit iSv Art. 1 bedroht waren (→ Rn. 11), und die ohne Erlaubnis in das Gebiet der vertragschließenden Staaten einreisen oder sich dort aufhalten. Art. 31 Abs. 1 Hs. 2 stellt die weitere Voraussetzung auf, dass sich die Flüchtlinge unverzüglich bei den Behörden melden und Gründe darlegen, die ihre unrechtmäßige Einreise oder ihren unrechtmäßigen Aufenthalt rechtfertigen (→ Rn. 12). Die Regelung trägt dem Gedanken Rechnung, dass Verfolgte häufig nicht in der Lage sind, ihre Zufluchtsstätte auf legalem Weg zu erreichen (so treffend Nr. 95.5.2 AufenthGAVwV) und stellt neben Art. 33 **eines der Kernprinzipien der GFK** dar (vgl. Schmahl/Jung NVwZ 2018, 125 (125)).

I. Tatbestand

Der Bedeutungsgehalt des Tatbestandsmerkmals „**unmittelbar**" wirft Fragen auf, sofern der 9 Flüchtling aus einem sicheren Drittland kommend in das Gebiet des Vertragsstaats einreist. Während nach Stimmen in der Literatur ein kurzer Aufenthalt in einem Land, in welchem dem Flüchtling keine Verfolgung droht, noch als „unmittelbar" gelten soll, sofern ihm in diesem kein Asyl gewährt wurde (vgl. Weis Refugees Convention 1951 219), hatte das BVerwG früher ein wörtliches Verständnis zugrunde gelegt (→ Rn. 9.1).

„Während ein Flüchtling, der unmittelbar aus dem Land, in dem er bedroht ist, in das Bundesgebiet 9.1 kommt, wegen illegalen Grenzübertritts nicht bestraft werden darf (Art. 31 der Genfer Konvention), findet diese Vorschrift auf einen solchen Flüchtling, der unerlaubt **von einem Land, in dem er nicht bedroht ist,** hierher einreist, keine Anwendung. Ein solcher Flüchtling kann wegen der illegalen Einreise bestraft werden" (vgl. BVerwGE 7, 231 Rn. 9 = NJW 1959, 450).

Das BVerfG vertritt heute ein weit gefasstes Verständnis: Danach geht ein Flüchtling seines 10 Schutzes durch Art. 31 Abs. 1 grundsätzlich nicht schon dadurch verlustig, dass er aus einem Drittstaat einreist und nicht direkt aus dem Herkunftsstaat, sofern er diesen Drittstaat nur als „Durchgangsland" nutzt und sich der Aufenthalt in diesem nicht schuldhaft verzögert. Art. 31 Abs. 1 will durch das Tatbestandsmerkmal der „Unmittelbarkeit" **lediglich verhindern, dass Flüchtlinge, die sich bereits in einem anderen Staat niedergelassen haben,** unter Berufung auf die GFK ungehindert weiterreisen können. Eine Gefährdung dieses Schutzzwecks besteht bei einer bloßen Durchreise hingegen nicht (vgl. BVerfG NVwZ 2015, 361 Rn. 22 ff. mwN; → Rn. 10.1).

In Übereinstimmung hiermit stellt Nr. 95.5.2 AufenthGAVwV fest, die Voraussetzungen der Unmittel- 10.1 barkeit lägen nicht nur bei Ausländern vor, die direkt aus dem Verfolgerstaat, sondern grundsätzlich auch bei Personen, die über einen Drittstaat einreisen. Hierfür sei allerdings erforderlich, dass die **Flucht nicht bereits im Drittstaat beendet war** (→ Rn. 33).

Zwar mag die von Art. 1 A. Abs. 2 abweichende Formulierung „Gebiet [...], in dem ihr Leben 11 oder ihre Freiheit im Sinne von Artikel 1 **bedroht waren**", eine von Art. 1 A. Abs. 2 abweichende Auslegung nahelegen. Aus der Entstehungsgeschichte der Bestimmung geht jedoch hervor, dass mit dieser Formulierung in Art. 31 Abs. 1 keine von Art. 1 A. Abs. 2 abweichende Auslegung einhergeht, sondern ebenso auf eine „begründete Furcht vor Verfolgung" abzustellen ist (vgl. Weis Refugees Convention 1951 219).

An die im Hs. 2 aufgestellte Voraussetzung, dass sich die Flüchtlinge **unverzüglich bei den** 12 **Behörden melden und Gründe darlegen** müssen, die ihre unrechtmäßige Einreise oder ihren unrechtmäßigen Aufenthalt rechtfertigen (in der englischen Sprachfassung: „good cause"; in der französischen: „raisons reconnues valables"), sind keine zu strengen Anforderungen zu stellen. Entstehungsgeschichtlich hatte man bewusst davon Abstand genommen, dem illegal einreisenden Schutzsuchenden die Beweislast erfolgloser Asylantragstellung in einem anderen Staat aufzuerlegen (vgl. Weis Refugees Convention 1951 219).

II. Rechtsfolge

Das Pönalisierungsverbot in Art. 31 Abs. 1 ist eng verknüpft mit dem **Gebot des Non-** 13 **Refoulement (Art. 33).** Beide werden als die bedeutsamsten Kernprinzipien der GFK angesehen. Während das Gebot des Non-Refoulement ein Verbot der Abschiebung und Zurückweisung in einen Verfolgerstaat statuiert (eingehend → Art. 33 Rn. 1 ff.), schützt das Pönalisierungsverbot den Betroffenen vor Bestrafungen des aufnehmenden Staates wegen unrechtmäßiger Einreise oder illegalen Aufenthalts (vgl. Schmahl/Jung NVwZ 2018, 125 (125)).

14 Dabei erfasst das Bestrafungsverbot des Art. 31 Abs. 1 **sowohl administrative als auch gerichtliche Sanktionen** der illegalen Einreise und des illegalen Aufenthalts (vgl. Weis Refugees Convention 1951 219). Daher ist die Reduzierung des Art. 31 Abs. 1 auf einen persönlichen Strafaufhebungsgrund zu eng. Entstehungsgeschichtlich ist jedoch auch belegt, dass Art. 31 Abs. 1 die Vertragsstaaten nicht daran hindern soll, Flüchtlinge (nach Maßgabe des Art. 31 Abs. 2; → Rn. 21) aus Ermittlungsgründen in Gewahrsam zu nehmen (vgl. Grahl-Madsen Refugee Convention 1951 (10)). Zur **Reichweite in strafrechtlicher Hinsicht** – Strafaufhebungsgrund lediglich für einreise- und aufenthaltsrechtliche Straftaten oder auch für mit ihnen typischerweise tateinheitlich begangene Begleitdelikte, wie etwa Urkundendelikte – VGH BW BeckRS 2020, 18997, Rn. 22 mwN (und im Anschluss an BVerfG NVwZ 2015, 361 Rn. 53): Danach liegt Art. 31 Abs. 1 der Gedanke zugrunde, dass einem Flüchtling die Verletzung von Einreise- und Aufenthaltsvorschriften nicht zum Vorwurf gemacht werden kann, wenn er nur auf diese Weise Schutz vor politischer oder sonstiger Verfolgung erlangen kann. Hierdurch will Art. 31 Abs. 1 Flüchtlinge davor bewahren, für ihre Flucht (und damit verbunden die Einreise und den Aufenthalt in einem anderen Land) bestraft zu werden. Im Umkehrschluss bedeutet dies jedoch, dass eine Strafbefreiung jedenfalls dann ausscheidet, wenn der Schutz vor Verfolgung auch in Übereinstimmung mit der Rechtsordnung des Gaststaats hätte erlangt werden können. Daher erfordert Art. 31 Abs. 1 allgemein eine **notstandsähnliche Unmöglichkeit oder Unzumutbarkeit**, angesichts einer bestehenden Verfolgungssituation die für die Einreise erforderlichen Formalitäten zu erfüllen. Dies müsste über die unstreitig von Art. 31 Abs. 1 erfassten Einreise- und Aufenthaltsdelikte hinaus auch für etwaige Begleitdelikte gelten, sofern diese in den Anwendungsbereich des persönlichen Strafaufhebungsgrunds einbezogen wären. Allein der Wunsch nach unbedingter Effektivierung des Schutzes von Flüchtlingen kann demgegenüber – auch nach dem Sinn und Zweck der Konvention – nicht zu einer carte blanche für sämtliche deliktischen Handlungen und Unterlassungen des Flüchtlings, die im Zusammenhang mit der Einreise vorgenommen werden, generiert werden.

15 Die Bestimmung des Art. 31 Abs. 1 legt den Vertragsstaaten demgegenüber keine Verpflichtung auf, den (rechtswidrigen) Aufenthalt des Flüchtlings zu **legalisieren** (vgl. Weis Refugees Convention 1951 219).

16 Weiterhin hindert Art. 31 Abs. 1 die Vertragsstaaten nicht daran, die illegal eingereisten und sich aufhaltenden Flüchtlinge aus dem Gebiet ihres Staates **auszuweisen** (vgl. Weis Refugees Convention 1951 219). Auch Art. 32 schränkt dieses Recht nicht ein, solange der Aufenthalt der Flüchtlinge nicht rechtmäßig geworden ist (näher → Art. 32 Rn. 16). Allerdings darf auch der rechtswidrig sich im Vertragsstaat befindende Flüchtling nicht in einen anderen Staat ausgewiesen werden (gewissermaßen über die „grüne Grenze" verbracht werden), der nicht **bereit ist, diesen aufzunehmen** (vgl. Weis Refugees Convention 1951 219; zum „refugee in orbit" vgl. → Art. 33 Rn. 29). In jedem Fall haben die Vertragsstaaten stets die Anforderungen des **Refoulement-Verbots** nach Maßgabe des Art. 33 zu beachten. Für solche Flüchtlinge, die weder einen legalen Aufenthaltsstatus erlangen noch von einem anderen Staat aufgenommen werden, ist der **Art. 31 Abs. 2** (→ Rn. 17) anwendbar (vgl. Weis Refugees Convention 1951 219 unter Hinweis auf die insoweit klarere Vorgängerregelung in Art. 3 des Abkommens v. 28.10.1933).

D. Freizügigkeit (Abs. 2)

17 Die Bestimmung des Art. 31 Abs. 2 S. 1 trifft von Art. 26 (→ Art. 26 Rn. 1 ff.) abweichende **Regelungen zur Freizügigkeit,** indem sie notwendige Beschränkungen der Freizügigkeit von sich (noch) nicht rechtmäßig im Aufnahmeland aufhaltenden Flüchtlingen gestattet (→ Rn. 18 ff.). Darüber hinaus wird in **Art. 31 Abs. 2 S. 2** – ähnlich wie in Art. 32 Abs. 3 – eine Pflicht zur Gewährung einer angemessenen Frist zur freiwilligen Ausreise und aller notwendigen Erleichterungen zur Aufnahme in einem anderen Land aufgestellt (→ Rn. 26 ff.).

I. Beschränkungsmöglichkeit (S. 1)

18 Nach **Art. 31 Abs. 2 S. 1** werden die Vertragsstaaten den Flüchtlingen beim Wechsel des Aufenthaltsortes keine Beschränkungen auferlegen, außer denen, die notwendig sind (Hs. 1; → Rn. 21 f.); diese Beschränkungen werden jedoch nur so lange Anwendung finden, wie die Rechtsstellung dieser Flüchtlinge im Aufnahmeland geregelt oder es ihnen gelungen ist, in einem anderen Land Aufnahme zu erhalten (Hs. 2; → Rn. 23 ff.). Diese Bestimmungen sind im Kontext

der Konvention auszulegen (→ Rn. 19 f.). Damit sind hinsichtlich der auferlegbaren Freizügig-keitsbeschränkungen ihrerseits sowohl **sachliche wie zeitliche Schranken** eingezogen. Darüber hinaus müssen die durch Art. 31 Abs. 2 S. 2 vorgesehenen notwendigen Erleichterungen zur Aufnahme in einem anderen Land gewährt werden (→ Rn. 28).

1. Verhältnis zu Art. 26 und Art. 32 Abs. 3 S. 1

Da die Bestimmung des Art. 31 Abs. 2 S. 1 ebenso wie Art. 26 (→ Art. 26 Rn. 1 ff.) **19** Regelungen zur Freizügigkeit trifft, ist sie im **systematischen Kontext** auszulegen. Die GFK unterscheidet zwischen Beschränkungen der Freizügigkeit von Flüchtlingen, deren Rechtsstellung (noch) nicht geregelt ist (Art. 31 Abs. 2), und solchen, bei denen – etwa durch Erteilung eines Aufenthaltstitels – geklärt ist, dass sie sich rechtmäßig im Aufnahmeland befinden (→ Art. 26 Rn. 1; vgl. Marx, Handbuch zum Flüchtlingsschutz, 2. Aufl. 2012, § 56 Rn. 6). Somit haben die Regelungen des Art. 26 und des Art. 31 Abs. 2 **komplementäre Anwendungsbereiche** (vgl. auch Grahl-Madsen Refugee Convention 1951 (9)). Daraus folgt, dass Beschränkungen der Freizü-gigkeit im Anwendungsbereich des Art. 31 Abs. 2 geringeren Anforderungen unterliegen als im Anwendungsbereich des Art. 26 (vgl. BVerwG BeckRS 2008, 33980; BVerfGE 96, 10 (25) = NVwZ 1997, 1109).

Überdies korrespondiert die Bestimmung des Art. 31 Abs. 2 S. 1 mit **Art. 32 Abs. 3 S. 1.** **20** Insoweit spricht der Wortlautvergleich beider Regelungen dafür, dass der bei Art. 32 Abs. 3 S. 1 angenommene Einschätzungsspielraum der Vertragsstaaten („für zweckdienlich erachtete" Maßnahmen) iRv Art. 31 Abs. 2 S. 1 nicht gegeben ist, da hier auf die Beschränkungen abgestellt wird, die „notwendig sind".

2. Sachliche Beschränkung auf das Notwendige

Die Bestimmung des Art. 31 Abs. 2 senkt dabei die Schwelle der von Art. 26 für anerkannte **21** Flüchtlinge (→ Art. 26 Rn. 10 ff.) gewährleisteten Freizügigkeit dahingehend ab, als sie ausdrück-lich zum Erlass aller **notwendigen Wohnsitzbeschränkungen** ermächtigt (vgl. BVerwG BeckRS 2008, 33980; BVerfGE 96, 10 (25) = NVwZ 1997, 1109; Marx, Handbuch zum Flücht-lingsschutz, 2. Aufl. 2012, § 56 Rn. 7). Der Schlüssel der Vorschrift liegt freilich in der Bestimmung des „Notwendigen". Entstehungsgeschichtlich wurde die Frage aufgeworfen, ob man illegal einge-reiste Flüchtlinge inhaftieren könne, jedoch letztlich nicht beantwortet; vor dem Hintergrund der Entstehungsgeschichte können illegal eingereiste Flüchtlinge hinter Stacheldraht jedoch kaum als erwünscht angesehen werden. Allenfalls für kurze Zeit mag eine **Ingewahrsamnahme zum Zweck der Identitätsfeststellung** notwendig sein. Es kann jedoch – gerade in Fällen von Mas-seneinwanderung – notwendig sein, illegal eingereiste Flüchtlinge in Camps unterzubringen (vgl. Weis Refugees Convention 1951 220). Eine Konkretisierungshilfe bei der Bestimmung des „Not-wendigen" leisten die „Detention Guidelines" des UNHCR (→ Rn. 21.1).

Die zehn „Guidelines on the applicable criteria and standards relating to the detention of asylum-**21.1** seekers and alternatives to detention" (**Detention Guidelines**) von 2012 sind im Internet abrufbar unter https://www.unhcr.org/publications/legal/505b10ee9/unhcr-detention-guidelines.html. Sie enthalten nützliche Erläuterungen zu Fragen menschenrechtskonformer Inhaftierung von Flüchtlingen, welche eine „ultima ratio"-Maßnahme sei. Folgerichtig werden darüber hinaus in Annex A insgesamt **sieben Alterna-tiven** im Sinne von „milderen Mitteln" zur Inhaftierung von Flüchtlingen dargestellt, wie etwa das Auferle-gen von Meldepflichten oder die Möglichkeit einer Sicherheitsleistung.

Sobald die Notwendigkeit der Freizügigkeitsbeschränkung **entfallen ist,** ist sie aufzuheben. **22** Daneben bestehen zeitliche Schranken auch für notwenige Beschränkungen (→ Rn. 23 f.). Darüber hinaus besteht die Pflicht zur Gewährung der durch Art. 31 Abs. 2 S. 2 eingeforderten notwendigen Erleichterungen zur Aufnahme in einem anderen Land (→ Rn. 28).

3. Zeitliche Beschränkung

Die Möglichkeit der Auferlegung notwendiger Beschränkungen hinsichtlich der Freizügigkeit **23** der Flüchtlinge wird durch Art. 31 Abs. 2 S. 1 Hs. 2 zudem in **zeitlicher Hinsicht beschränkt:** Die Beschränkungen dürfen nur so lange Anwendung finden, wie die Rechtsstellung dieser Flücht-linge im Aufnahmeland geregelt oder es ihnen gelungen ist, in einem anderen Land Aufnahme zu erhalten.

24   **Regelung der Rechtsstellung der Flüchtlinge im Aufenthaltsland** bedeutet die Gewährung einer – zumindest befristeten – Aufenthaltserlaubnis (vgl. Weis Refugees Convention 1951 220).

25   Was die **Aufnahme in einem anderen Land** anbelangt, lässt sich der Entstehungsgeschichte entnehmen, dass die Freizügigkeitsbeschränkungen nicht bereits mit Erhalt der nötigen Einreisedokumente aufzuheben sein sollten, sondern bis zum tatsächlichen Verlassen des Landes aufrechterhalten bleiben können (vgl. Grahl-Madsen Refugee Convention 1951 (11)).

II. Angemessene Frist zur freiwilligen Ausreise (S. 2)

26   Nach **Art. 31 Abs. 2 S. 2** werden die Vertragsstaaten diesen Flüchtlingen eine angemessene Frist (→ Rn. 29) sowie alle notwendigen Erleichterungen zur Aufnahme in einem anderen Land gewähren (→ Rn. 28).

27   Diese Bestimmung korrespondiert mit **Art. 32 Abs. 3 S. 1** (vgl. Weis Refugees Convention 1951 233; → Art. 32 Rn. 31 ff.).

28   Die Gewährung aller **notwendigen Erleichterungen** zur Aufnahme in einem anderen Land meint – insoweit ist Art. 32 Abs. 3 S. 1 treffender formuliert – die Möglichkeit des Flüchtlings, in einem anderen Land um rechtmäßige Aufnahme nachzusuchen. Dies umfasst insbesondere die Entbindung von Wohnsitzbeschränkungen, soweit diese die Bemühungen des Flüchtlings – etwa der Kontaktaufnahme mit den Vertretungen anderer Länder – erschweren. Insofern stellt die Gewährung aller notwendigen Erleichterungen eine weitere sachliche Schranke für die von Art. 31 Abs. 2 eröffneten Freizügigkeitsbeschränkungen dar.

29   Was unter einer **angemessenen Frist** zu verstehen ist, ist im Einzelfall zu bestimmen. Sie muss ausreichend bemessen sein, um sich an Vertretungen anderer Länder zu wenden und ein Visum zu erlangen (vgl. Weis Refugees Convention 1951 220). Im Fall eines heimatlosen Ausländers hat das Bundesverwaltungsgericht eine Ausreisefrist von zwei Monaten für zu kurz bemessen gehalten (vgl. zu Art. 32 BVerwGE 3, 355 Rn. 17 = NJW 1957, 762); diese Überlegung lässt sich auf einen Flüchtling, der nicht in seinen Heimatstaat zurückkehren kann, übertragen (vgl. Grahl-Madsen Refugee Convention 1951 Art. 32 (11)).

E. Umsetzung

30   Die Garantien des Art. 31 Abs. 1 und Abs. 2 sehen sich einer verbreitet – nicht selten aus Überforderung, häufig auch zur Abschreckung entfalteten – **restriktiven Staatenpraxis** gegenüber, nach der weltweit tausende von Flüchtlingen und Asylsuchenden häufig über längere Zeit und rechtsschutzlos inhaftiert – sei es in Gefängnissen, sei es in geschlossenen Lagern, Sperrgebieten oder Ankunftszentren – oder auf sonstige Weise in ihrer Bewegungsfreiheit eingeschränkt werden, Missstände, die in Zeiten von Massenmigration nicht selten nur durch die gemeinsame Verantwortungsübernahme durch die Staatengemeinschaft behoben werden können (vgl. Feller/Türk/Nicholson/Goodwin-Gill, Refugee Protection in International Law, 2003, 185 (220, 232 ff.)).

31   Demgegenüber wird das Pönalisierungsverbot und die Frage der Freizügigkeit von sich rechtswidrig aufhaltenden Flüchtlingen sowohl im **Unionsrecht** (→ Rn. 32) als auch im **nationalen Recht** (→ Rn. 33 ff.) umgesetzt:

32   Auf Art. 31 verweist **Art. 14 Abs. 6 Qualifikations-RL** (RL 2011/95/EU v. 13.12.2011, ABl. 2011 L 337, 9; näher Marx, Handbuch zum Flüchtlingsschutz, 2. Aufl. 2012, § 35 Rn. 189). Der EuGH hatte zunächst seine **Zuständigkeit für die Auslegung von Art. 31** verneint (vgl. EuGH BeckRS 2014, 81211 Rn. 22 ff.; → Rn. 32.1), nimmt sie jedoch inzwischen für sich in Anspruch (vgl. EuGH NVwZ 2019, 1189 Rn. 74; → Rn. 32.2).

32.1   Zunächst lehnte der EuGH seine Zuständigkeit für die Auslegung von Art. 31 ab: Einerseits stellte der Gerichtshof fest, dass er **nicht zur unmittelbaren Auslegung dieser Bestimmung zuständig** sei, da Zuständigkeiten insbesondere in dem von Art. 31 abgedeckten Bereich bei den Mitgliedstaaten verblieben seien. Andererseits wies er darauf hin, dass ein eindeutiges Unionsinteresse daran bestehe, dass zur Vermeidung künftiger Auslegungsdivergenzen die Bestimmungen der internationalen Übereinkünfte, die in das nationale Recht und in das Unionsrecht übernommen worden sind, unabhängig davon, unter welchen Voraussetzungen sie herangezogen werden, **einheitlich ausgelegt** werden. Zum einen aber sei Art. 31 nicht in einen Text des Unionsrechts übernommen worden, obschon mehrere unionsrechtliche Bestimmungen auf ihn Bezug nähmen. Zum anderen nenne das vorliegende Vorabentscheidungsersuchen keine Vorschrift des Unionsrechts, in der auf Art. 31 verwiesen würde und es sei auch nicht ersichtlich, dass Art. 14 Abs. 6 Qualifikations-RL 2004 (der dem Art. 14 Abs. 6 Qualifikations-RL entspricht) im Rahmen des Ausgangsverfahrens erheblich wäre (vgl. EuGH BeckRS 2014, 81211 Rn. 22 ff.). In der Folge hatten (allein) die nationalen Gerichte die Vorschrift des Art. 31 auszulegen und anzuwenden (vgl. Dörig MigrationsR-HdB § 11 Rn. 7).

Inzwischen nimmt der EuGH jedoch eine **Zuständigkeit für die Auslegung der GFK** (und des **32.2** durch diese garantierten Schutzniveaus) für sich in Anspruch: Auch wenn die Union nicht zu den Unterzeichnern der GFK gehöre, erlegten ihr Art. 78 Abs. 1 AEUV und Art. 18 GRCh gleichwohl die **Einhaltung der Regeln dieses Abkommens** auf (vgl. EuGH NVwZ 2019, 1189 Rn. 74 unter Bezugnahme auf EuGH NVwZ 2016, 445 Rn. 29 – Alo und Osso; BeckRS 2018, 11637 Rn. 53 – Gnandi). So stütze sich die Qualifikations-RL, auch wenn sie ein normatives System schaffe, das den Mitgliedstaaten gemeinsame und daher unionseigene Begriffe und Kriterien enthalte, nichtsdestoweniger auf die GFK und ziele unter anderem darauf ab, dass Art. 1 uneingeschränkt gewahrt werde (vgl. EuGH NVwZ 2019, 1189 Rn. 83). Konkrete Aussagen enthält diese Entscheidung jedoch nur für Art. 33 (→ Art. 33 Rn. 52.2).

Die gem. Art. 31 Abs. 1 begründete Pflicht der Vertragsstaaten zur – strafrechtlichen (aber **33** → Rn. 14) – Privilegierung von Flüchtlingen unter bestimmten, vertraglich festgelegten Voraussetzungen ist vom deutschen Gesetzgeber durch Schaffung des persönlichen Strafaufhebungsgrunds in **§ 95 Abs. 5 AufenthG,** der auf Art. 31 Abs. 1 verweist, umgesetzt worden (eingehend BVerfG NVwZ 2015, 361 Rn. 22 ff. mwN). Auf die Kommentierung dieser Vorschrift wird insoweit verwiesen.

In Umsetzung des Art. 31 Abs. 2 bestimmt § 55 Abs. 1 S. 2 AsylG, dass ein Ausländer, der um **34** Asyl nachsucht, **keinen Anspruch darauf hat, sich in einem bestimmten Land oder an einem bestimmten Ort aufzuhalten.** Vielmehr ist die (nach § 55 Abs. 1 S. 1 AsylG bestehende) Aufenthaltsgestattung gem. § 56 Abs. 1 AsylG räumlich grundsätzlich auf den Bezirk der Ausländerbehörde beschränkt, in dem die für die Aufnahme des Ausländers zuständige Aufnahmeeinrichtung liegt (→ Rn. 34.1).

Wegen der Einzelheiten wird auf die diesbezüglichen Kommentierungen zur räumlichen Beschränkung **34.1** der Aufenthaltsgestattung (insoweit § 56 AsylG), zum Verlassen des Aufenthaltsbereich eines Aufnahmeeinrichtung (insoweit § 57 AsylG) oder eines zugewiesenen Aufenthaltsbereichs (insoweit § 58 AsylG), zur Durchsetzung der räumlichen Beschränkung (insoweit § 59 AsylG), zum Erlöschen der räumlichen Beschränkung (insoweit § 59a AsylG), zur Anordnung der räumlichen Beschränkung (insoweit § 59b AsylG) sowie zu Auflagen (insoweit § 60 AsylG) verwiesen.

F. Vorbehalte

Hinsichtlich der Bestimmung des Art. 31 (auch in Verbindung mit dem Protokoll über die **35** Rechtsstellung der Flüchtlinge v. 31.1.1967, → Rn. 3) lässt Art. 42 **Vorbehalte** zu. Von dieser Möglichkeit haben relativ wenige Vertragsstaaten Gebrauch gemacht (→ Rn. 35.1).

Folgende Staaten haben einen **Vorbehalt zu Art. 31** erklärt: **35.1**
- Botswana,
- Honduras,
- Mexiko (hinsichtlich Art. 31 Abs. 2) und
- Papua-Neuguinea.

Eine **aktuelle Übersicht** über den Stand der Verträge findet sich in der United Nations Treaty Collection (https://treaties.un.org/Pages/Treaties.aspx?id=5&subid=A).

Artikel 32 Ausweisung

1. **Die vertragschließenden Staaten werden einen Flüchtling, der sich rechtmäßig in ihrem Gebiet befindet, nur aus Gründen der öffentlichen Sicherheit oder Ordnung ausweisen.**
2. **¹Die Ausweisung eines Flüchtlings darf nur in Ausführung einer Entscheidung erfolgen, die in einem durch gesetzliche Bestimmungen geregelten Verfahren ergangen ist. ²Soweit nicht zwingende Gründe für die öffentliche Sicherheit entgegenstehen, soll dem Flüchtling gestattet werden, Beweise zu seiner Entlastung beizubringen, ein Rechtsmittel einzulegen und sich zu diesem Zweck vor einer zuständigen Behörde oder vor einer oder mehreren Personen, die von der zuständigen Behörde besonders bestimmt sind, vertreten zu lassen.**
3. **¹Die vertragschließenden Staaten werden einem solchen Flüchtling eine angemessene Frist gewähren, um ihm die Möglichkeit zu geben, in einem anderen Lande um rechtmäßige Aufnahme nachzusuchen. ²Die vertragschließenden Staaten behal-**

ten sich vor, während dieser Frist diejenigen Maßnahmen anzuwenden, die sie zur Aufrechterhaltung der inneren Ordnung für zweckdienlich erachten.

Überblick

Art. 32 behandelt die Frage der Ausweisung von Flüchtlingen. Trotz ihres eigenständigen Gewährleistungsgehalts führen die Regelungen des Art. 32 – vor allem gegenüber dem Refoulement-Verbot in Art. 33 – in Literatur und Rechtsprechung (jedenfalls noch) ein relatives Schattendasein (→ Rn. 1). Die auf rechtmäßig im Gebiet eines Vertragsstaats befindliche Flüchtlinge anwendbare (→ Rn. 7 ff.) Bestimmung des Art. 32 untergliedert sich in drei Regelungteile: Die Regelung des Abs. 1 beschränkt die Möglichkeiten einer „Ausweisung" (→ Rn. 19) eines solchen Flüchtlings, indem es diese nur „aus Gründen der öffentlichen Sicherheit oder Ordnung" (→ Rn. 20 ff.) und unter Wahrung des Grundsatzes der Verhältnismäßigkeit (→ Rn. 23) gestattet. Die Bestimmungen des Abs. 2 stellen Minimalanforderungen an das Ausweisungsverfahren auf, indem sie ein durch gesetzliche Bestimmungen geregeltes Verfahren fordern (S. 1; → Rn. 25 f.) und drei spezifische Verfahrensgarantien sichern (S. 2; → Rn. 27 ff.). Abs. 3 schließlich gewährleistet – auf der einen Seite – dem ausgewiesenen Flüchtling eine unbedingte Frist zur Ermöglichung einer freiwilligen Ausreise (S. 1; → Rn. 31 f.) und ermöglicht – auf der anderen Seite – dem ausweisenden Vertragsstaat während dieser Frist recht großzügig die Anwendung für zweckdienlich erachteter Maßnahmen mit Rücksicht auf dessen Interessen an der Aufrechterhaltung der inneren Ordnung (S. 2; → Rn. 33 f.).

Übersicht

A. Allgemeines und Bedeutung

1 Art. 32 behandelt die Frage der **Ausweisung von Flüchtlingen.** Trotz ihres eigenständigen Gewährleistungsgehalts führen die Regelungen des Art. 32 – vor allem gegenüber dem Refoulement-Verbot in Art. 33 – in Literatur und Rechtsprechung ein relatives Schattendasein (vgl. Zimmermann 1951 Convention/Davy Rn. 5, 103 ff. mwN). Insoweit ist Art. 32 in Anbetracht der Substanz seiner materiellen wie prozeduralen Gewährleistungen ein **noch unausgeschöpftes normatives Potenzial** für künftige Fälle zuzuschreiben.

2 **Vorläufer** dieser Bestimmung finden sich bereits in früheren Flüchtlingsabkommen aus den Jahren 1928, 1933, 1936 und 1938 (eingehend Grahl-Madsen Refugee Convention 1951 (1); Zimmermann 1951 Convention/Davy Rn. 6 ff.).

3 Der **Entstehungsgeschichte** lassen sich drei leitende Gedanken entnehmen, die sich auch in den drei Absätzen des Art. 32 wiederfinden: die Begrenzung der Ausweisungsmöglichkeiten gegenüber rechtmäßig im Gebiet eines Vertragsstaats befindlichen Flüchtlingen (Abs. 1), die Gewährung von Verfahrensgarantien (Abs. 2) sowie die befristete Ermöglichung freiwilliger Ausreise (Abs. 3; vgl. Zimmermann 1951 Convention/Davy Rn. 12 ff.).

4 Art. 32 hat Teil an der Erweiterung des Flüchtlingsbegriffs durch das **Protokoll über die Rechtsstellung der Flüchtlinge** v. 31.1.1967 (BGBl. 1969 II 1293). Dies ergibt sich aus Art. I Abs. 1 FlüchtlingsProt. Die Möglichkeit der Erklärung von Vorbehalten (→ Rn. 35) schränkt auch das Protokoll nicht ein (vgl. Art. VII FlüchtlingsProt).

Eine im Wesentlichen gleichlautende Vorschrift zu Art. 32 findet sich – im Hinblick auf 5
Staatenlose – auch in Art. 31 StaatenlosenÜ (Übereinkommen über die Rechtsstellung der **Staatenlosen** v. 28.9.1954, BGBl. 1976 II 473, BGBl. 1977 II 235).

B. Regelungsgehalt im Einzelnen

Die auf rechtmäßig im Gebiet eines Vertragsstaats befindliche Flüchtlinge anwendbare 6
(→ Rn. 7 ff.) Bestimmung des Art. 32 untergliedert sich in drei Absätze. Die Regelung des
Abs. 1 begrenzt die Ausweisungsmöglichkeiten (→ Rn. 18 ff.). Zudem werden dem betroffenen
Flüchtling durch die Regelungen des Abs. 2 grundsätzlich Verfahrensgarantien (→ Rn. 24 ff.)
und durch die Regelungen des Abs. 3 eine Frist zur Ermöglichung einer freiwilligen Ausreise
gewährt (→ Rn. 30 ff.).

I. Personeller Anwendungsbereich

Die GFK gewährt den Personen, die von ihr erfasst werden, **unmittelbare Rechte** (vgl. 7
BVerwGE 88, 254 (257) = NVwZ 1992, 180; BVerwGE 7, 231 Rn. 9 = NJW 1959, 450). Der
personelle Anwendungsbereich des Art. 32 ist allerdings umstritten.

1. Wortlaut

Anders als viele andere Normen der GFK – wie etwa Art. 15 (Vereinigungsrecht), Art. 17 8
Abs. 1 (Nichtselbst[st]ändige Arbeit), Art. 19 Abs. 1 (Freie Berufe), Art. 20 (Rationierung), Art. 21
(Wohnungswesen), Art. 23 (Öffentliche Fürsorge) oder Art. 24 Abs. 1 (Arbeitsrecht und soziale
Sicherheit) – setzt Art. 32 – ebenso wie etwa auch Art. 18 (Selbst[st]ändige Tätigkeit) und Art. 26
(Freizügigkeit) – seinem Wortlaut nach keinen „rechtmäßigen Aufenthalt" (in der englischen
Sprachfassung: „lawfully staying"; in der französischen:„résidant régulièrement") des Flüchtlings
voraus, sondern stellt lediglich darauf ab, dass **sich der Flüchtling „rechtmäßig" im Gebiet
des Vertragsstaats „befindet"** (in der englischen Sprachfassung: „lawfully present"; in der französischen: „se trouvant régulièrement"; → Rn. 8.1).

Hieraus wird teilweise geschlussfolgert, es genüge allein die physische Anwesenheit und fehlende Illegali- 8.1
tät, nicht verlangt werde hingegen ein Aufenthaltstitel (vgl. zu Art. 26 Zimmermann 1951 Convention/
Marx Art. 26 Rn. 45 ff.; Marx, Handbuch zum Flüchtlingsschutz, 2. Aufl. 2012, § 56 Rn. 2; aber
→ Rn. 12). Nach Wortlaut und Entstehungsgeschichte nicht erforderlich sei demgegenüber die formelle
Zuerkennung der Flüchtlingseigenschaft (vgl. Zimmermann 1951 Convention/Davy Rn. 51 ff., anders
freilich Rn. 66: „removal of aliens accorded refugee status who are, at the time of the proceedings, legally
entitled to stay in the country"; zu Art. 26 eingehend Zimmermann 1951 Convention/Marx Art. 26
Rn. 58 ff.; näher → Rn. 10).

Zu unterscheiden sind drei Aspekte: erstens die Frage, ob der „Flüchtling" bereits förmlich 9
anerkannt sein muss, oder ob es genügt, dass es sich materiell um einen Flüchtling handelt
(→ Rn. 10 ff.); zweitens die Frage, was unter einem „rechtmäßigen Sichbefinden" zu verstehen
ist (→ Rn. 12 ff.), und drittens, auf welchen Zeitpunkt es für die Beurteilung der Rechtmäßigkeit
des „Sichbefindens" ankommt (→ Rn. 15 ff.).

2. „Flüchtling"

Das BVerwG hat bereits früh entschieden, dass der Anwendung des Art. 32 (und des Art. 33) 10
nicht entgegensteht, dass der Flüchtling bislang nicht förmlich anerkannt worden ist. Damit ist
Art. 32 **auch auf Schutzsuchende anzuwenden,** also gewissermaßen auf „potenzielle" Flüchtlinge (→ Rn. 10.1).

Die Vorschrift des Art. 32 ist, wenn sie ihren Zweck erfüllen soll, nicht nur dann anzuwenden, wenn 10.1
es um die Frage geht, ob Gründe der öffentlichen Sicherheit und Ordnung die Ausweisung rechtfertigen,
sondern auch dann, wenn die Frage strittig ist, ob der betreffende Ausländer den Rechtsstatus eines
ausländischen Flüchtlings im Sinne der GFK hat. **Solange aus irgendeinem Grunde strittig ist,** ob sich
ein Ausländer auf die besondere Vorschrift der Art. 32 und 33 berufen kann, ist daher – abgesehen von
dem Fall der Abschiebungshaft und den in Art. 32 Abs. 2 vorgesehenen Gründen der Staatssicherheit –
die Anordnung einer sofortigen Vollziehung des Ausweisungsbefehls unzulässig (vgl. BVerwGE 7, 231
Rn. 9 = NJW 1959, 450).

Die lediglich deklaratorischen Natur der Feststellung der Flüchtlingseigenschaft (vgl. insoweit 11
die Kommentierung der Vorschrift des Art. 1) und der **Schutzzweck des Art. 32** sprechen dafür,

bereits „potenziellen" Flüchtlingen die Rechtsstellung des Art. 32 zukommen zu lassen (ebenso
→ Art. 33 Rn. 12; → Rn. 11.1).

11.1   Diese **großzügigere Auslegung** steht zwar im Widerspruch zur – formal an die unanfechtbare Anerkennung der Flüchtlingseigenschaft anknüpfenden – ständigen Rechtsprechung des BVerfG (seit BVerfGE
80, 182 (187 f.) = NVwZ 1989, 951 mwN; BVerfGE 96, 10 (25) = NVwZ 1997, 1109) hinsichtlich der
insoweit wortlautidentischen (→ Rn. 8) Bestimmung des Art. 26 (näher → Art. 26 Rn. 10.1 ff.; →
Art. 18 Rn. 7 ff.). Sie lässt sich jedoch nach Sinn und Zweck des Art. 32 damit rechtfertigen, dass
andernfalls der Abwehrgehalt es Art. 32 regelmäßig leerliefe, würde er nicht auch auf Schutzsuchende Anwendung finden (→ Art. 26 Rn. 11.2; → Art. 18 Rn. 12).

3. „Rechtmäßigkeit" des Sichbefindens im Aufnahmeland

12   Zur Eigenschaft des (bereits förmlich anerkannten, jedenfalls aber „potenziellen" → Rn. 10)
Flüchtlings muss hinzukommen, dass sich der Flüchtling **„rechtmäßig" im Vertragsstaat befindet.** Fehlt es hieran, kann der Flüchtling den besonderen Schutz des Art. 32 nicht in Anspruch
nehmen (vgl. BVerwGE 9, 83 Rn. 9 = BeckRS 1959, 206; → Rn. 12.1).

12.1   In diesem Punkt unterscheidet sich der engere Anwendungsbereich des Art. 32 von dem **insoweit
umfassenden Anwendungsbereich des Art. 33,** der auch sich rechtswidrig in der Hoheitsgewalt eines
Vertragsstaats befindende Flüchtlinge erfasst (→ Art. 33 Rn. 13). Die Konvention unterscheidet zwischen
Flüchtlingen, die sich rechtmäßig, und solchen, die sich unrechtmäßig im Staatsgebiet aufhalten. Die sich
rechtmäßig im Staatsgebiet aufhaltenden Flüchtlinge können nur aus Gründen der Staatssicherheit oder
öffentlichen Ordnung ausgewiesen werden (Art. 32). Bei den Flüchtlingen, die sich unrechtmäßig aufhalten,
fällt diese Einschränkung fort. **Für beide Gruppen von Flüchtlingen gilt die Vorschrift des Art. 33.**
Danach darf ein Flüchtling nicht über die Grenzen von Gebieten ausgewiesen oder abgeschoben werden,
in denen sein Leben oder seine Freiheit wegen seiner Rasse, Religion, Nationalität, seiner Zugehörigkeit
zu einer bestimmten sozialen Gruppe oder wegen seiner politischen Überzeugung bedroht wäre. Diese
Einschränkung entfällt nur unter den Voraussetzungen des Art. 33 Abs. 2 (vgl. BVerwGE 9, 83 Rn. 8 =
BeckRS 1959, 206; Grahl-Madsen Refugee Convention 1951 (2); Weis Refugees Convention 1951 232).
Im Unterschied zu Art. 33 Abs. 1 spielt es für Art. 32 **indes keine Rolle, in welches Land** der Flüchtling
ausgewiesen werden soll. Art. 32 bietet – anders als der insoweit engere Art. 33 Abs. 1 – insoweit Schutz
nicht nur vor einer Ausweisung in den Verfolgerstaat (vgl. Grahl-Madsen Refugee Convention 1951 (2)).

13   Bei der Beurteilung der Rechtmäßigkeit kommt es notwendigerweise auf die **innerstaatlichen,
für die Aufenthaltnahme geltenden Vorschriften** an (vgl. BVerwGE 9, 83 Rn. 9 = BeckRS
1959, 206; Weis Refugees Convention 1951 232; → Rn. 13.1).

13.1   Unbeachlich ist nach der Rechtsprechung die sprachliche Unterscheidung in rechtmäßigen
„Aufenthalt" und rechtmäßiges „Sichbefinden" im Aufnahmeland (näher → Art. 18 Rn. 10; →
Art. 26 Rn. 10). Dies gilt sowohl für die Rechtsprechung des BVerwG (vgl. BVerwGE 9, 83 Rn. 9 =
BeckRS 1959, 206) als auch für die obergerichtliche Rechtsprechung (vgl. BayVGH Beschl. v. 10.7.2009 –
10 ZB 09.950, juris Rn. 31, BeckRS 2010, 53484).

14   Nach der Rechtsprechung soll die geforderte „Rechtmäßigkeit" jedenfalls dann vorliegen,
wenn der Flüchtling über einen **gültigen Aufenthaltstitel** verfügt (vgl. BVerwGE 9, 83 Rn. 9 =
BeckRS 1959, 206; Weis Refugees Convention 1951 232). Für den – noch nicht förmlich anerkannten – Schutzsuchenden (→ Rn. 10 ff.) bedeutet dies, dass Rechtmäßigkeit bei Vorliegen
einer gültigen **Aufenthaltsgestattung** anzunehmen ist.

4. Maßgeblicher Zeitpunkt

15   Maßgeblicher Zeitpunkt für die Beurteilung der Rechtmäßigkeit des Aufenthalts (Sichbefindens) ist die **juristische Sekunde vor Erlass der Ausweisungsverfügung.** Eine nach innerstaatlichem Recht die Rechtmäßigkeit des Aufenthalts beendende Wirkung der Ausweisung vermag
die Anwendbarkeit des Art. 32 daher nicht auszuschließen (→ Rn. 15.1).

15.1   Das BVerwG hat bereits früh entschieden, dass sich ein Flüchtling **nach Ablauf seines befristeten
Aufenthaltstitels nicht mehr „rechtmäßig"** im Bundesgebiet aufhalte, zumal er (im entschiedenen
Fall) einen Rechtsanspruch auf Erteilung einer weiteren Aufenthaltserlaubnis nicht habe geltend machen
können und auch eine Versagung der Aufenthaltserlaubnis bei der gegebenen Sach- und Rechtslage nicht
ermessenswidrig gewesen wäre (vgl. BVerwGE 9, 83 Rn. 9 = BeckRS 1959, 206; ebenso Weis Refugees
Convention 1951 232).

Die Rechtmäßigkeit des Aufenthalts (Sichbefindens) kann sich nachträglich einstellen. In der **16** Rechtsprechung ist insoweit geklärt, dass eine **vormalige illegale Einreise** eines Flüchtlings der Annahme der Rechtmäßigkeit nicht zwingend entgegensteht, sofern dem Flüchtling eine Aufenthaltserlaubnis erteilt worden ist (→ Rn. 16.1).

Insoweit hat das BVerwG früh erkannt, dass die Aufenthaltnahme eines illegal eingereisten Flüchtlings **16.1** jedenfalls dann **rechtmäßig wird,** wenn er jahrelang auf Grund einer Aufenthaltserlaubnis im Bundesgebiet lebt (vgl. BVerwGE 7, 231 Rn. 10 = NJW 1959, 450).

Zwar bestimmt sich die Rechtmäßigkeit des Sichbefindens nach den innerstaatlichen, für die **17** Aufenthaltnahme geltenden Vorschriften (→ Rn. 13). Um den Anwendungsbereich des Art. 32 nicht auszuhöhlen, können jedoch diejenigen Bestimmungen des innerstaatlichen Rechts, die sich auf die **Rechtsfolgen der Ausweisung selbst** beziehen, zur Beurteilung der Rechtmäßigkeit des Aufenthalts vor Erlass der Ausweisung **nicht herangezogen werden** (→ Rn. 17.1).

Vor diesem Hintergrund erscheint eine jüngere Entscheidung des **BayVGH** problematisch, in der dieser **17.1** vertritt, die Ausweisung (die – unter der Voraussetzung rechtmäßigen Aufenthalts – gerade an Art. 32 zu messen ist) lasse den Aufenthalt rechtswidrig werden (vgl. BayVGH Beschl. v. 10.7.2009 – 10 ZB 09.950, juris Rn. 31, 33, BeckRS 2010, 53484). Diese dem nationalen Recht entnommene, „die Rechtmäßigkeit des Aufenthalts beendende Wirkung der [sofort vollziehbaren] Ausweisung" erweist sich als „**völkerrechtsblinde Auslegung**" des Begriffs der Rechtmäßigkeit und steht offenkundig im Widerspruch zum Schutzzweck Art. 32, verbleibt durch das Abstellen auf den Zeitpunkt nach Erlass der Ausweisungsverfügung doch kein Anwendungsbereich für den Art. 32 mehr.

II. Begrenzung der Ausweisungsmöglichkeiten (Abs. 1)

Die Regelung des Art. 32 Abs. 1 gewährt zwar **keinen absoluten Schutz,** beschränkt aber **18** die Möglichkeiten einer „Ausweisung" (→ Rn. 19) eines sich rechtmäßig im Vertragsstaat befindenden Flüchtlings, indem sie diese nur „aus Gründen der öffentlichen Sicherheit oder Ordnung" (→ Rn. 20 f.) und unter Wahrung des Verhältnismäßigkeitsprinzips (→ Rn. 23) gestattet.

1. Gründe der öffentlichen Sicherheit oder Ordnung

Der **Begriff der Ausweisung** in Art. 32 Abs. 1 umfasst jede staatliche Maßnahme, die den **19** Flüchtling verpflichtet, das Gebiet des Vertragsstaats zu verlassen, und ggf. verbietet, das Gebiet wieder zu betreten, sowie deren Vollziehung; bspw. ein Aufenthaltsverbot, eine Ausweisung, eine Abschiebungsanordnung oder eine Ausreiseaufforderung und Abschiebungsandrohung (vgl. Weis Refugees Convention 1951 232). Diese staatliche Maßnahme kann von einer behördlichen oder gerichtlichen Instanz erlassen werden. Darauf, dass nicht nur der Vollzug einer Entscheidung, sondern auch die Verfügung selbst umfasst ist, deuten die Verfahrensgarantien in Art. 32 Abs. 2 und die Fristgewährung – die notwendig dem Vollzug der Maßnahme vorausgeht – in Art. 32 Abs. 3 hin (vgl. Zimmermann 1951 Convention/Davy Rn. 66).

Gründe der **öffentlichen Sicherheit oder Ordnung** (in der englischen Sprachfassung: „natio- **20** nal security und public order") sind unter Rückgriff auf die GFK, mithin **autonom** (vgl. bereits BVerwGE 3, 355 Rn. 16 = NJW 1957, 762; Grahl-Madsen Refugee Convention 1951 (6)) und **eng auszulegen** (vgl. Grahl-Madsen Refugee Convention 1951 (6); → Rn. 20.1).

Indem Art. 32 Abs. 1 auf das Konzept der nationalen Sicherheit abstellt, referiert es zwar auf eine dem **20.1** Völkerrecht entzogene Materie; in diesem Gebiet haben die Vertragsstaaten eine Einschätzungsprärogative (näher → Art. 33 Rn. 40 mwN). Gleichwohl geht mit der Inbezugnahme auf die Sicherheit des Landes eine **Begrenzung dieses staatlichen Spielraums** einher.

Die nationale Sicherheit ist insbesondere nicht bereits dadurch betroffen, dass der Verfolgerstaat **21** den Flüchtling sucht (vgl. Grahl-Madsen Refugee Convention 1951 (5)). Gründe der öffentlichen Ordnung sind etwa bei **hinreichend schweren strafrechtlichen Verfehlungen** anzunehmen; geringe Verstöße und Zuwiderhandlungen gegen das Ausländerrecht genügen hingegen nicht (vgl. Weis Refugees Convention 1951 232). Es bedarf jedoch nicht zwingend einer strafrechtlichen Verurteilung, ein **dringender Verdacht** („strong suspicion") kann ausreichen; daher kommt auch den Verfahrensgarantien des Art. 32 Abs. 2 (→ Rn. 24) eine besondere Bedeutung zu (vgl. Grahl-Madsen Refugee Convention 1951 (6)). Der Entstehungsgeschichte lässt sich weiterhin entnehmen, dass mit dem Begriff der öffentlichen Ordnung **keine ökonomischen oder „sozialen" Ursachen** wie Mittellosigkeit, Krankheit oder Behinderung gemeint waren (vgl. Grahl-

Madsen Refugee Convention 1951 (6); Weis Refugees Convention 1951 232; Zimmermann 1951 Convention/Lester Art. 23 Rn. 17).

22   Ob einem Aufenthaltsbegehren eines Konventionsflüchtlings **generalpräventive Gründe** entgegengehalten werden können, hat das BVerwG bislang offen gelassen (vgl. BVerwG BeckRS 2014, 49495; die jüngsten Entscheidungen BeckRS 2018, 18382; 2019, 16744, mit denen generalpräventive Ausweisungsgründe unter dem seit 1.1.2016 geltenden Ausweisungsrecht für zulässig erklärt wurden, betrafen keine Konventionsflüchtlinge).

2. Wahrung der Verhältnismäßigkeit im Einzelfall

23   Art. 32 Abs. 1 verlangt als **ungeschriebenes Merkmal die Einhaltung des Verhältnismäßigkeitsprinzips.** Dabei ist die Schwere der Maßnahme im Einzelfall gegen die Interessen der nationalen Sicherheit oder öffentlichen Ordnung abzuwägen (vgl. Grahl-Madsen Refugee Convention 1951 (6); Weis Refugees Convention 1951 232). Die Ausweisung muss das geeignete und unter dem Gesichtspunkt der Verhältnismäßigkeit gerechtfertigte Mittel zur Aufrechterhaltung oder Wiederherstellung der öffentlichen Sicherheit und Ordnung im oben dargelegten Sinne sein (vgl. bereits BVerwGE 3, 355 Rn. 16 = NJW 1957, 762).

III. Gewährung von Verfahrensgarantien (Abs. 2)

24   Die Bestimmungen des Abs. 2 stellen **Minimalanforderungen an das Ausweisungsverfahren** auf, indem sie ein durch gesetzliche Bestimmungen geregeltes Verfahren fordern (S. 1; → Rn. 25 f.) und drei spezifische Verfahrensgarantien sichern (S. 2; → Rn. 27 ff.).

1. Durch gesetzliche Bestimmungen geregeltes Verfahren (S. 1)

25   Nach Art. 32 Abs. 2 S. 1 darf die Ausweisung eines Flüchtlings nur in Ausführung einer Entscheidung erfolgen, die in einem durch gesetzliche Bestimmungen geregelten Verfahren ergangen ist. Diese Anforderungen an die Ausweisungsentscheidung verweisen auf die **nach innerstaatlichem Recht** generell für die Ausweisung von Ausländern vorgesehenen Verfahren (vgl. Grahl-Madsen Refugee Convention 1951 (6))

26   Diese Anforderungen haben einen **prozeduralen und einen materiellen Aspekt:** In verfahrensrechtlicher Hinsicht muss die Entscheidung aus einem gesetzlichen Verfahren hervorgehen, in dem die gesetzlich geregelten Garantien für solche Fälle, insbesondere Gleichheit vor dem Gesetz und das Recht auf ein faires Verfahren gewahrt werden. In materieller Hinsicht muss die Entscheidung auf den Einzelfall bezogen und darf nicht willkürlich sein (vgl. Weis Refugees Convention 1951 232 f.).

2. Spezifische Verfahrensgarantien (S. 2)

27   Nach Art. 32 Abs. 2 S. 2 soll dem Flüchtling – vorbehaltlich zwingender Gründe für die öffentliche Sicherheit (Hs. 1; → Rn. 29) – gestattet werden, **Beweise zu seiner Entlastung beizubringen,** ein **Rechtsmittel einzulegen** und sich zu diesem Zweck vor einer zuständigen Behörde oder vor einer oder mehreren Personen, die von der zuständigen Behörde besonders bestimmt sind, **vertreten zu lassen** (Hs. 2).

28   Eine **mündliche Anhörung ist nicht zwingend** erforderlich, solange Entlastungsbeweise schriftlich eingereicht werden können (vgl. Grahl-Madsen Refugee Convention 1951 (9)). **Rechtsmittel** werden grundsätzlich durch eine höhere Stelle oder durch ein Verwaltungsgericht entschieden (vgl. Grahl-Madsen Refugee Convention 1951 (9)). Existiert eine solche Stelle nach innerstaatlichem Recht nicht, soll eine Überprüfung durch die verfügende Stelle gewährleistet sein (so Weis Refugees Convention 1951 233); umso größere Bedeutung kommt in diesem Fall den beiden anderen Verfahrensgarantien zu (so Grahl-Madsen Refugee Convention 1951 (9)). Nicht näher spezifiziert wird, von wem sich der Flüchtling soll **vertreten lassen** können; hierbei kann es sich nur um einen **Rechtsanwalt** handeln oder – wenn das innerstaatliche Recht dies zulässt – um eine andere geeignete Person oder Organisation (vgl. Grahl-Madsen Refugee Convention 1951 (9)).

29   Die in Art. 32 Abs. 2 S. 2 Hs. 2 geregelten grundsätzlichen Verfahrensgarantien stehen unter dem **Vorbehalt zwingender Gründe für die öffentliche Sicherheit** (Hs. 1). Wie sich aus Wortlaut und Systematik erschließt, hat dieser Vorbehalt „zwingender Gründe" der öffentlichen Sicherheit höhere Voraussetzungen als der Ausweisungsgrund der öffentlichen Sicherheit nach Abs. 1 und ist als Ausnahmebestimmung restriktiv auszulegen (vgl. Grahl-Madsen Refugee Convention 1951 (8)). Der Begriff der „zwingenden Gründe" hat eine vergleichbare („similar")

Bedeutung wie in Art. 28. Solche kommen in Betracht, wenn die Entscheidung nicht bekannt gemacht werden kann, wie etwa in Spionagefällen (so Weis Refugees Convention 1951 233). Ein Vorbehalt zwingender Gründe der öffentlichen Ordnung ist nicht vorgesehen (vgl. Grahl-Madsen Refugee Convention 1951 (8)).

IV. Befristete Ermöglichung freiwilliger Ausreise (Abs. 3)

Die Bestimmung des Art. 32 Abs. 3 gewährleistet – auf der einen Seite – dem ausgewiesenen **30** Flüchtling eine **unbedingte Frist** zur Ermöglicherung einer freiwilligen Ausreise (S. 1; → Rn. 31 f.) und ermöglicht – auf der anderen Seite – dem ausweisenden Vertragsstaat während dieser Frist recht großzügig die Anwendung für **zweckdienlich erachteter Maßnahmen** mit Rücksicht auf dessen Interessen an der Aufrechterhaltung der inneren Ordnung (S. 2; → Rn. 33 f.).

1. Angemessene Frist zur freiwilligen Ausreise (S. 1)

Nach Art. 32 Abs. 3 S. 1 werden die vertragschließenden Staaten einem solchen (dh einem **31** sich rechtmäßig im Vertragsstaat befindenden; → Rn. 7 ff.) Flüchtling eine angemessene Frist gewähren, um ihm die Möglichkeit zu geben, in einem anderen Lande um rechtmäßige Aufnahme nachzusuchen. Diese Bestimmung korrespondiert mit **Art. 31 Abs. 2 S. 2** (vgl. Weis Refugees Convention 1951 233; → Art. 31 Rn. 26 ff.). Sie findet **keine Anwendung, wenn ein anderer Staat den Flüchtling aufnehmen muss** (vgl. Grahl-Madsen Refugee Convention 1951 (11)); umgekehrt findet die Vorschrift Anwendung, wenn kein anderer Staat bereit ist, den Flüchtling aufzunehmen und dieser durch den ausweisenden Staat – nach Maßgabe des **Art. 33 Abs. 2** (→ Art. 33 Rn. 33 ff.) – in den Verfolgerstaat abgeschoben werden soll (vgl. Grahl-Madsen Refugee Convention 1951 (11); Weis Refugees Convention 1951 233).

Was unter einer **angemessenen Frist** zu verstehen ist, richtet sich nach den Umständen des **32** Einzelfalls. Im Fall eines heimatlosen Ausländers hat das Bundesverwaltungsgericht eine Ausreisefrist von zwei Monaten für zu kurz bemessen gehalten (vgl. BVerwGE 3, 355 Rn. 17 = NJW 1957, 762); diese Überlegung lässt sich auf einen Flüchtling, der nicht in seinen Heimatstaat zurückkehren kann, übertragen (vgl. Grahl-Madsen Refugee Convention 1951 (11)).

2. Anwendung von Maßnahmen zur Aufrechterhaltung der inneren Ordnung (S. 2)

Die vertragschließenden Staaten behalten sich nach Art. 32 Abs. 3 S. 2 vor, während dieser **33** Frist diejenigen Maßnahmen anzuwenden, die sie zur Aufrechterhaltung der inneren Ordnung für zweckdienlich erachten (in der englischen Sprachfassung: „internal measures"; in der französischen: „mesure d'ordre interne"). Diese Bestimmung korrespondiert wiederum mit **Art. 31 Abs. 2 S. 1** (vgl. Grahl-Madsen Refugee Convention 1951 (12); Weis Refugees Convention 1951 233; → Art. 31 Rn. 17 ff.).

Im Unterschied zu Art. 31 Abs. 2 S. 1 wird jedoch vorliegend nicht auf die Beschränkungen **34** (beim Wechsel des Aufenthaltsorts), die „notwendig sind", abgestellt, sondern – großzügiger – auf diejenigen Maßnahmen, die von ihnen zur Aufrechterhaltung der inneren Ordnung **für zweckdienlich erachtet** werden (in der englischen Sprachfassung: „as they may deem necessary"; in der französischen: „qu'ils jugeront opportune"). Damit wird den Vertragsstaaten ein Einschätzungsspielraum zugebilligt.

C. Vorbehalte

Hinsichtlich der Bestimmung des Art. 32 (auch in Verbindung mit dem Protokoll über die **35** Rechtsstellung der Flüchtlinge v. 31.1.1967, → Rn. 4) lässt Art. 42 – anders als hinsichtlich des Refoulement-Verbots nach Art. 33 – **Vorbehalte** zu. Gleichwohl haben von dieser Möglichkeit nur wenige Vertragsstaaten Gebrauch gemacht (→ Rn. 35.1).

Folgende Staaten haben einen **Vorbehalt zu Art. 32** erklärt: **35.1**
• Botswana,
• Chile (hinsichtlich Art. 32 Abs. 3),
• Irland,
• Mexiko (partiell zurückgenommen im Jahr 2014),
• Papua-Neuguinea (partiell zurückgenommen im Jahr 2013) und
• Uganda;

35.2   **Rücknahmen** zuvor erklärter Vorbehalte erfolgten im Übrigen durch
- Australien im Jahr 1967,
- Griechenland im Jahr 1978,
- Malta im Jahr 2002 sowie
- Österreich zu einem nicht dokumentierten Zeitpunkt (näher, jedoch teils nicht mehr aktuell: Zimmermann 1951 Convention/Davy Rn. 33).

Eine **aktuelle Übersicht** über den Stand der Verträge findet sich in der United Nations Treaty Collection (https://treaties.un.org/Pages/Treaties.aspx?id=5&subid=A).

Artikel 33 Verbot der Ausweisung und Zurückweisung

1. **Keiner der vertragschließenden Staaten wird einen Flüchtling auf irgendeine Weise über die Grenzen von Gebieten ausweisen oder zurückweisen, in denen sein Leben oder seine Freiheit wegen seiner Rasse, Religion, Staatsangehörigkeit, seiner Zugehörigkeit zu einer bestimmten sozialen Gruppe oder wegen seiner politischen Überzeugung bedroht sein würde.**
2. **Auf die Vergünstigung dieser Vorschrift kann sich jedoch ein Flüchtling nicht berufen, der aus schwerwiegenden Gründen als eine Gefahr für die Sicherheit des Landes anzusehen ist, in dem er sich befindet, oder der eine Gefahr für die Allgemeinheit dieses Staates bedeutet, weil er wegen eines Verbrechens oder eines besonders schweren Vergehens rechtskräftig verurteilt wurde.**

Überblick

In Art. 33 ist das sog. flüchtlingsrechtliche Refoulement-Verbot niedergelegt. Hierin kommt das Kernprinzip des Flüchtlingsrechts zum Ausdruck: Der Grundsatz des Non-Refoulement besagt, dass niemand gegen seinen Willen dorthin zurückgeschickt werden darf, wo er Verfolgung ausgesetzt ist (→ Rn. 1 ff.). Entstehungsgeschichtlich eng verknüpft mit dem Konzept der territorialen Souveränität des Aufnahme- und des Herkunftsstaats (→ Rn. 5 f.), hat es sich zu einem dynamischen Instrument des Völkerrechts entwickelt, dem heute weit reichende (jedoch im Einzelnen umstrittene) Gewährleistungsgehalte zugeschrieben werden (→ Rn. 7 ff.), was umso mehr gilt, als die Ausschlussgründe in Art. 33 Abs. 2 (Alt. 1 und Alt. 2) eng gefasst sind und nochmals restriktiver interpretiert werden (→ Rn. 34 f.). Das Refoulement-Verbot des Art. 33 steht dabei im Kontext weiterer Refoulement-Verbote des Völkerrechts (→ Rn. 47 ff.) und des Unionsrechts (→ Rn. 50 ff.) und wurde ins nationale Recht umgesetzt (→ Rn. 55 ff.). Dem Refoulement-Verbot kommt durch seine Kodifizierung insbesondere in Art. 33 nicht nur der Rechtscharakter partikulären Völkervertragsrechts zu; darüber hinaus ist es inzwischen als (zumindest) Völkergewohnheitsrecht zudem Teil des allgemeinen Völkerrechts (→ Rn. 58 ff.).

Übersicht

A. Allgemeines und Bedeutung

Der für den Regelungsgehalt des Art. 33 etablierte **Begriff des „Refoulement-Verbots"** **1** oder Grundsatz des „Non-Refoulement" (nicht hingegen: „Verbot des Non-Refoulement", so jedoch fälschlich VG Ansbach – BeckRS 2021, 4685 Rn. 38) geht auf die englische und französische Sprachfassung zurück, wobei die englische Fassung ihrerseits das französische Verb „refouler" (zu Deutsch: zurückweisen) anführt (→ Rn. 1.1).

Für die Ermittlung des Gewährleistungsgehalts im Wege der Auslegung (→ Rn. 8 ff.) sind die authenti- **1.1** schen Sprachfassungen des Art. 33 Abs. 1 von Relevanz:
• So lautet Art. 33 Abs. 1 in der **englischen** Fassung, die „Prohibition of Expulsion or Return („Refoule-ment")" überschrieben ist: „No Contracting State shall expel oder return („refouler") a refugee in any manner whatsoever to the frontiers of territories where his life or freedom would be threatened on account of his race, religion, nationality, membership of a particular social group or political opinion."
• Die **französische** Fassung des Art. 33 Abs. 1 („Défense d'expulsion et de refoulement") lautet: „Aucun des Etats Contractants n'expulsera ou ne refoulera, de quelque manière que ce soit, un réfugié sur les frontières des territoires où sa vie ou sa liberté serait menacée en raison de sa race, de sa religion, de sa nationalité, de son appartenance à un certain groupe social ou de ses opinions politiques" (vgl. BGBl. 1953 II 559).

Art. 33 zählt – zusammen mit Art. 1 und Art. 31 Abs. 1 – zu den wichtigsten und praktisch **2** relevantesten Bestimmungen der GFK, ist hierin mit dem Refoulement-Verbot doch nicht weniger als das **Kernprinzip des Flüchtlingsrechts** verankert (vgl. Huber/Eichenhofer/Endres de Oliveira/Endres de Oliveira, Aufenthaltsrecht, 2017, Teil 4 Rn. 1840; Schmahl/Jung NVwZ 2018, 125 (125), die daneben das Pönalisierungsverbot des Art. 31 Abs. 1 als nicht weniger gewichtiges Kernprinzip der Flüchtlingskonvention ansehen; → Art. 31 Rn. 8).

Die besondere Bedeutung des Refoulement-Verbots nach Art. 33 kommt auch in Art. 42 zum **3** Ausdruck, welcher hinsichtlich des Art. 33 einen **Ausschluss von Vorbehalten** bestimmt (→ Art. 42 Rn. 1; vgl. Feller/Türk/Nicholson/Lauterpacht/Bethlehem, Refugee Protection in International Law, 2003, 101, 107).

Art. 33 hat Teil an der Erweiterung des Flüchtlingsbegriffs durch das **Protokoll über die** **4** **Rechtsstellung der Flüchtlinge** v. 31.1.1967 (BGBl. 1969 II 1293). Dies ergibt sich aus Art. I Abs. 1 FlüchtlingsProt. Art. VII Abs. 1 FlüchtlingsProt schließlich macht auch diese Erweiterung **vorbehaltsfest:** Danach ist Art. 33 von der Möglichkeit der Erklärung von Vorbehalten explizit ausgenommen (vgl. Feller/Türk/Nicholson/Lauterpacht/Bethlehem, Refugee Protection in International Law, 2003, 107).

B. Entstehungsgeschichte

Für das Verständnis des Grundsatzes der Nichtzurückweisung unverzichtbar ist dessen Entste- **5** hungsgeschichte: Das Refoulement-Verbot des Art. 33 ist historisch eng verknüpft mit dem **Konzept der territorialen Souveränität** des Aufnahme- und des Herkunftsstaats (vgl. insofern auch → Rn. 49 zu Staatenlosen). Das Konzept, fremde Staatsangehörige vor ihrem Herkunftsstaat zu schützen, kam während des **19. Jahrhunderts** auf, als Staaten – ideengeschichtlich stark beeinflusst von der Französischen Revolution – begannen, Auslieferungsabkommen zu schließen, in denen Ausschlussklauseln bezüglich der zwangsweisen Auslieferung von politischen Straftätern in ihren Herkunftsstaat vorgesehen wurden. Individuelle Rechte waren mit diesen Schutzklauseln jedoch noch nicht verbunden, sie trugen lediglich der Staatensouveränität Rechnung (vgl. Zimmermann 1951 Convention/Kälin/Caroni/Heim Art. 33 para. 1 Rn. 3 ff.).

Erst mit zunehmender staatlicher Regelung der Modalitäten von Einreise und Aufenthalt **nach** **6** **dem Ersten Weltkrieg** entwickelte sich das Konzept des Non-Refoulement außerhalb des Aus-lieferungsrechts. Erste diesbezügliche Abkommen des 1920 gegründeten Völkerbunds waren jedoch (allenfalls) „staatenverbindlich", gewährten keine subjektiven Rechte für Einzelne und waren zudem beschränkt auf spezifische Personenkreise. Beispielhaft stehen das für die **Flüchtlinge** **aus Russland und der Türkei** geltende Abkommen v. 28.10.1933 über die internationale Rechtsstellung der Flüchtlinge oder aber das für die Flüchtlinge aus Nazi-Deutschland geltende (restriktivere) Abkommen v. 10.2.1938 über die Stellung der **Flüchtlinge aus Deutschland** mit seinem Zusatzprotokoll v. 14.9.1939 (vgl. Zimmermann 1951 Convention/Kälin/Caroni/Heim Art. 33 para. 1 Rn. 3 ff.).

C. Regelungsgehalt im Einzelnen

7   Die Bestimmung zum Refoulement-Verbot in Art. 33 umfasst den grundsätzlichen Verbotstatbestand in Abs. 1 (→ Rn. 8) und Ausschlussgründe in Abs. 2 (→ Rn. 34).

I. Verbotstatbestand (Abs. 1)

1. Ermittlung des Gewährleistungsgehalts

8   Abs. 1 bestimmt, dass keiner der vertragschließenden Staaten einen Flüchtling auf irgendeine Weise über die Grenzen von Gebieten ausweisen oder zurückweisen wird, in denen sein Leben oder seine Freiheit wegen seiner Rasse, Religion, Staatsangehörigkeit, seiner Zugehörigkeit zu einer bestimmten sozialen Gruppe oder wegen seiner politischen Überzeugung bedroht sein würde. Die Tatbestandsmerkmale der „Bedrohung des Lebens oder der Freiheit" wegen der fünf genannten flüchtlingsrelevanten Merkmale (Rasse, Religion, Staatsangehörigkeit, Zugehörigkeit zu einer bestimmten sozialen Gruppe oder politische Überzeugung) sind im Sinne der Kohärenz des Vertragswerks in **Entsprechung mit dem Flüchtlingsbegriff** in Art. 1 A. Nr. 2 (vgl. → Art. 1 Rn. 1 ff.) auszulegen (vgl. BVerwG NVwZ 1994, 497; BeckRS 2005, 26483).

9   Das Refoulement-Verbot im Völkerrecht unterliegt einer dynamischen Entwicklung. Dabei ist der genaue Gewährleistungsgehalt des Art. 33 Abs. 1 durch **Auslegung** zu ermitteln (→ Rn. 9.1).

9.1   Nach Art. 31 WVRK (Wiener Vertragsrechtskonvention v. 23.5.1969, BGBl. 1985 II 926), welche auf die vor ihrem Inkrafttreten geschlossene GFK und das Protokoll über die Rechtsstellung der Flüchtlinge v. 31.1.1967 zwar nicht unmittelbar, aber als Ausdruck allgemeiner Regeln des Völkerrechts anwendbar ist (vgl. Art. 4 WVRK; BVerwGE 120, 206 = NVwZ 2004, 1250 (1251)), ist ein (völkerrechtlicher) Vertrag nach Treu und Glauben in Übereinstimmung mit der gewöhnlichen, seinen Bestimmungen in ihrem Zusammenhang zukommenden **Bedeutung und im Lichte seines Zieles und Zweckes** auszulegen. Dabei bezieht sich der „Zusammenhang" neben dem Vertragswortlaut auch auf jede sich auf den Vertrag beziehende Übereinkunft der Parteien (Art. 31 Abs. 2 lit. a WVRK), auch **spätere Übereinkünfte** der Parteien (Art. 31 Abs. 3 lit. a WVRK) und die hieraus hervorgehende Übung bei der Anwendung des Vertrags (Art. 31 Abs. 3 lit. b WVRK; vgl. zur Relevanz nachfolgender Entwicklungen Feller/Türk/Nicholson/Lauterpacht/Bethlehem, Refugee Protection in International Law, 2003, 103 ff.). Weiterhin können nach Art. 32 WVRK **ergänzende Auslegungsmittel,** insbesondere die vorbereitenden Arbeiten und die Umstände des Vertragsabschlusses, herangezogen werden, um die sich unter Anwendung des Art. 31 WVRK ergebende Bedeutung zu bestätigen oder die Bedeutung zu bestimmen, wenn die Auslegung nach Art. 31 WVRK die Bedeutung mehrdeutig oder dunkel lässt (Art. 32 lit. a WVRK) oder zu einem offensichtlich sinnwidrigen oder unvernünftigen Ergebnis führt (Art. 32 lit. b WVRK).

2. Rechtstechnische Einordnung

10   Der Grundsatz des Non-Refoulement in Art. 33 Abs. 1 ist nicht als Gebot, sondern **als Verbot** **formuliert.** Die Regelung gibt an, was zu unterlassen ist, enthält sich jedoch einer präzisen Angabe dessen, was positiv zu tun ist (→ Rn. 17). Der rechtlich maßgebliche Inhalt des Art. 33 Abs. 1 zielt auf eine **staatliche Unterlassungspflicht.** Er verbietet alle Maßnahmen, die im Ergebnis dazu führen, dass der Asylsuchende dem Zugriff seines Verfolgerstaats ausgesetzt wird (vgl. Marx, Handbuch zum Flüchtlingsschutz, 2. Aufl. 2012, § 51 Rn. 7).

3. Prinzip der Effektivität

11   Durch Art. 33 Abs. 1 wird Flüchtlingen umfassender Refoulement-Schutz gewährt. Auf welche Weise es letztlich zum Zugriff des Verfolgerstaats kommt, ist ohne Belang. Art. 33 Abs. 1 untersagt vielmehr die Ausweisung oder Zurückweisung **„auf irgendeine Weise"** („in any manner whatsoever"; „de quelque manière que ce soit") und legt damit bereits im Wortlaut einen Akzent auf die **Effektivität** des gewährten Schutzes, unabhängig von den konkreten Modalitäten des (untersagten) staatlichen Handelns. Das Refoulement-Verbot verbietet daher neben der unmittelbaren Verbringung in den Verfolgerstaat auch die Abschiebung oder Zurückweisung in solche Staaten, in denen eine Weiterschiebung in den Verfolgerstaat droht, mithin ein indirektes oder **mittelbares Refoulement** (vgl. BVerfGE 94, 49 Rn. 178 f. = NVwZ 1996, 700; vgl. Feller/Türk/Nicholson/Lauterpacht/Bethlehem, Refugee Protection in International Law, 2003, 122; Opeskin/Perruchoud/Redpath-Cross/Hathaway, International Migration Law, 2012, 194 f.; Lafrai, Die EU-Qualifikationsrichtlinie und ihre Auswirkungen auf das deutsche Flüchtlingsrecht, 2013, 8). Art. 33 Abs. 1 umfasst daher auch das **Verbot der Kettenabschiebung,** dh der Abschiebung in einen Staat, in dem die Gefahr der Verbringung des Ausländers in einen Verfolgerstaat besteht (vgl. BVerfGE 94, 49 Rn. 178 = NVwZ 1996, 700; Dörig MigrationsR-HdB/Dörig § 11 Rn. 11; vgl. zur Verbringung in **Drittstaaten** → Rn. 27 ff.; zur Einordnung internen Schutzes → Rn. 30 ff.).

4. Personeller Anwendungsbereich

Aus dem Prinzip der Effektivität folgt ebenfalls, dass Flüchtlinge bereits dann vom Schutzbereich **12** des Art. 33 Abs. 1 erfasst sind, wenn sie **nicht oder noch nicht förmlich von einem Staat als Flüchtlinge anerkannt** worden sind (vgl. nur Bergmann/Dienelt/Bergmann AsylG § 3 Rn. 4; Dörig MigrationsR-HdB/Dörig § 11 Rn. 13: „verfahrensrechtliche Schutzwirkung auch zuguns-ten eines nur potentiellen Flüchtlings"; zur lediglich deklaratorischen Natur der Feststellung der Flüchtlingseigenschaft vgl. → Art. 1 Rn. 1 ff.; vgl. zu Art. 32 BVerwGE 7, 231 Rn. 9 = NJW 1959, 450; → Art. 32 Rn. 10.1). Denn würde das Refoulement-Verbot des Art. 33 Abs. 1 nicht bereits vor Beginn und während des (von der GFK nicht explizit vorgesehenen) Statusprüfungsver-fahrens gelten, liefe der Refoulement-Schutz in vielen Fällen leer. Art. 33 Abs. 1 wird bereits aktiviert, wenn sich der „potenzielle" Flüchtling (eingehend → Art. 32 Rn. 10 ff.) hilfesuchend in den Herrschaftsbereich eines Vertragsstaats begibt.

Als Kehrseite unterfallen Personen, deren Antrag auf Zuerkennung der Flüchtlingseigenschaft rechtkräf- **12.1** tig **abgelehnt worden** ist, dem Schutz des Art. 33 Abs. 1 nicht (vgl. VG Ansbach BeckRS 2021, 4685 Rn. 38, in einem Dublin-Verfahren, in dem die schwedischen Behörden in einem den einschlägigen Richtlinien entsprechenden Asylverfahren zu dem Schluss gelangt, dass der Antragstellerin der Flüchtlings-status nicht zustehe); zu weitergehenden Gewährleistungen im sonstigen Völkerrecht → Rn. 47 ff.

Es genießen auch solche Flüchtlinge den Schutz, die unter Verletzung der Einreisevorschriften **13** in das Hoheitsgebiet gelangt sind. Denn Art. 33 Abs. 1 setzt – anders als Art. 32 (→ Art. 32 Rn. 1) und andere Konventionsnormen – gerade **keinen rechtmäßigen Aufenthalt** im Vertrags-staat voraus (vgl. Grahl-Madsen Refugee Convention 1951 (2); Beushausen ZAR 2010, 45 (47); GEB AsylR/Göbel-Zimmermann/Beichel-Benedetti Teil 2 Rn. 39); in den Worten des BVerwG (vgl. BVerwGE 7, 231 Rn. 10 = NJW 1959, 450): „Des Schutzes, der ihm in Art. 33 der Genfer Konvention zugesichert ist, geht der Flüchtling keinesfalls verlustig."

5. „Ausweisung" und „Zurückweisung"

Mit der Formulierung des Verbots der „Ausweisung oder Zurückweisung" untersagt Art. 33 **14** sowohl die **Abschiebung** des Flüchtlings in den Verfolgerstaat gegen dessen Willen, also die (unmittelbare) Überstellung an den Verfolgerstaat, als auch die **Zurückweisung** des Flüchtlings an der Grenze gegen dessen Willen (ausf. → Rn. 17 ff.), sofern hiermit (unmittelbar oder mittelbar → Rn. 11) die Gefahr verbunden ist, dass der Flüchtling in den Verfolgerstaat verbracht wird (vgl. Marx, Handbuch zum Flüchtlingsschutz, 2. Aufl. 2012, § 51 Rn. 5).

Das **Verbot der Ausweisung** von Flüchtlingen, die sich aufgrund eines Aufenthaltsrechts im **15** Hoheitsgebiet eines Vertragsstaats aufhalten, ist hingegen spezieller in Art. 32 niedergelegt (→ Art. 32 Rn. 1; → Rn. 15.1).

Im völkerrechtlich maßgeblichen **englischen Text** (→ Rn. 1.1) wird anstelle des Begriffs „ausweisen" **15.1** der Begriff „expel" verwendet, welcher sowohl die Ausweisung wie auch die Abschiebung umfasst. Da das Ausweisungsverbot aber spezieller in Art. 32 geregelt ist, verbleibt als eigenständiger Anwendungsbereich des Art. 33 Abs. 1 das Verbot der Abschiebung und Zurückweisung von Flüchtlingen.

6. „über die Grenzen von Gebieten"

Das völkerrechtliche Refoulement-Verbot des Art. 33 Abs. 1 knüpft seinem Wortlaut nach an **16** einen internationalen Grenzübertritt an („über die Grenzen von Gebieten"). Anders als die Vor-schrift des Art. 3 Abs. 2 des Abkommens v. 28.10.1933 über die internationale Rechtsstellung der Flüchtlinge (→ Rn. 6) ist in Art. 33 Abs. 1 die Rede von Grenzen von „Gebieten" („territo-ries") und nicht mehr nur von Grenzen des Herkunftslands („country of origin"; vgl. Grahl-Madsen Refugee Convention 1951 (4)), worin eine Weiterung liegt. Die Schutzrichtung des Refoulement-Verbots bezieht sich daher nach Wortlaut und Entstehungsgeschichte sowohl auf den **Herkunftsstaat** des Flüchtlings als auch – weiter gehend als das Abkommen v. 28.10.1933 – auf **andere Gebiete,** in denen sein Leben oder seine Freiheit wegen seiner Rasse, Religion, Staatsangehörigkeit, seiner Zugehörigkeit zu einer bestimmten sozialen Gruppe oder wegen seiner politischen Überzeugung bedroht sein würde, auf die sich also seine begründete Furcht vor Verfolgung bezieht (vgl. Grahl-Madsen Refugee Convention 1951 (4); Weis Refugees Convention 1951 245; Feller/Türk/Nicholson/Lauterpacht/Bethlehem, Refugee Protection in International Law, 2003, 123 ff.), und schließlich auch auf **nicht sichere Drittstaaten,** bei denen also das Risiko der Verbringung in den Verfolgerstaat besteht (vgl. Zimmermann 1951 Convention/Kälin/Caroni/Heim Art. 33, para. 1 Rn. 141; zu sicheren Drittstaaten → Rn. 27; zur Einordnung internen Schutzes → Rn. 30 ff.).

7. Grundsatz: Kein positives Recht auf Aufnahme

17   Das Refoulement-Verbot des Art. 33 Abs. 1 umfasst demgegenüber grundsätzlich **kein positives Recht auf Aufnahme** und (schon gar nicht auf) Asyl (vgl. Weis Refugees Convention 1951 233 mwN; Opeskin/Perruchoud/Redpath-Cross/Hathaway, International Migration Law, 2012, 193; Marx, Handbuch zum Flüchtlingsschutz, 2. Aufl. 2012, § 52 Rn. 5; Dörig MigrationsR-HdB/Dörig § 11 Rn. 12), und zwar weder als subjektiven Anspruch noch als zwischenstaatliche Pflicht (vgl. Graf Vitzthum/Hailbronner, Völkerrecht, 1. Aufl. 1997, 258 f.; → Rn. 17.1).

17.1   Entstehungsgeschichtlich wandten sich die Staatenvertreter insbesondere gegen eine Verpflichtung der Vertragsstaaten, (jedenfalls) größeren Gruppen von Flüchtlingen zu erlauben, die Grenze zu überqueren. Noch im Rahmen der Beratungen über die Asylrechtsdeklaration von 1967 wurde von den Staatenvertretern hervorgehoben, dass das in Art. 33 enthaltene Prinzip den Staaten bei Massenfluchtbewegungen (**„mass migration"**) keine rechtlichen Verpflichtungen auferlege (vgl. Marx, Handbuch zum Flüchtlingsschutz, 2. Aufl. 2012, § 52 Rn. 5 mwN). Teilweise wurde daraus der Schluss gezogen, Art. 33 Abs. 1 finde lediglich auf Flüchtlinge Anwendung, die bereits legal oder illegal **das Staatsgebiet eines Vertragsstaats betreten** hätten; gelinge ihnen dies nicht, hätten sie hingegen „Pech gehabt" (vgl. Grahl-Madsen Refugee Convention 1951 (2); Marx, Handbuch zum Flüchtlingsschutz, 2. Aufl. 2012, § 52 Rn. 2 f. mwN). Diese mit Blick auf ihr Ergebnis problematische Ansicht wird jedoch teilweise weiterhin vertreten (vgl. auch → Rn. 23.2).

18   **De facto** kann aus dem Verbot (→ Rn. 10) des Refoulement gleichwohl eine positive Pflicht zur (vorübergehenden) Aufnahme resultieren, wenn sich anderweitig ein Verstoß gegen das Verbot nicht vermeiden lässt (vgl. Opeskin/Perruchoud/Redpath-Cross/Hathaway, International Migration Law, 2012, 193; vgl. näher → Rn. 25 f.).

8. Extraterritoriale Wirkungen des Refoulement-Verbots

19   Die Ansicht, Art. 33 Abs. 1 gewähre unter keinen Umständen ein Recht auf Einlass, ist längst überholt. Vielmehr ist heute – unter Berücksichtigung des völkerrechtlichen Vertragsrechts (→ Rn. 9.1) – weithin anerkannt, dass das Refoulement-Verbot des Art. 33 Abs. 1 unter bestimmten Voraussetzungen **extraterritoriale Wirkung** entfaltet (vgl. Feller/Türk/Nicholson/Lauterpacht/Bethlehem, Refugee Protection in International Law, 2003, 110 f.; Opeskin/Perruchoud/Redpath-Cross/Hathaway, International Migration Law, 2012, 194 f.; Marx, Handbuch zum Flüchtlingsschutz, 2. Aufl. 2012, § 52 Rn. 8 ff.; Dörig MigrationsR-HdB/Dörig § 11 Rn. 12; aA Beushausen ZAR 2010, 45 (48 f.) unter Bezugnahme auf den US Supreme Court; → Rn. 23.1; → Rn. 19.1).

19.1   Mit seinem – nachfolgend erläuterten – extraterritorialen Effekt stellt Art. 33 eine **Abweichung** iSv Art. 29 Hs. 1 WVRK zu der zum **räumlichen Geltungsbereich** von Verträgen niedergelegten Grundregel (Art. 29 Hs. 2 WVRK) dar, wonach ein Vertrag grundsätzlich jede Vertragspartei hinsichtlich ihres gesamten Hoheitsgebiets bindet (sofern nicht – wie vorliegend – eine abweichende Absicht aus dem Vertrag hervorgeht oder anderweitig festgestellt ist; zur extraterritorialen Wirkung des Refoulement-Verbots nach Art. 3 EMRK → Rn. 48.2).

20   Sowohl dem Wortlaut („über die Grenzen von Gebieten") als auch Sinn und Zweck der Vorschrift (→ Rn. 11) entspricht es am besten, Art. 33 Abs. 1 ein **Verbot der Zurückweisung an der Grenze** beizulegen, sofern der Flüchtling als Folge der Zurückweisung in den Zugriffsbereich des Verfolgerstaats geriete (vgl. UNHCR, Conclusions No. 6 (XXVIII), 1977, lit. c; UNHCR, Report A/40/12 v. 13.9.1985, Ziff. 22; Feller/Türk/Nicholson/Lauterpacht/Bethlehem, Refugee Protection in International Law, 2003, 113 ff.; Marx, Handbuch zum Flüchtlingsschutz, 2. Aufl. 2012, § 52 Rn. 6 mwN; GEB AsylR/Göbel-Zimmermann/Beichel-Benedetti Teil 2 Rn. 39; Dörig MigrationsR-HdB/Dörig § 11 Rn. 13).

21   Es macht insoweit auch keinen Unterschied, ob der Flüchtling einzeln oder in einer größeren Gruppe hilfesuchend an der Grenze erscheint. Denn ein entstehungsgeschichtlich jedenfalls abge-

lehntes Recht auf Asyl bei **Massenfluchtbewegungen** (→ Rn. 17.1) ist hiermit nicht verbunden. Die Anwendbarkeit des Art. 33 auf Massenflucht steht nach Wortlaut und späterer Übung der Vertragsstaaten (→ Rn. 9.1) außer Frage, zumal die Notwendigkeit des Schutzes vor Zurückweisungen bei Flüchtlingen größerer Zahl mindestens in gleichem Maß wie bei einzelnen Flüchtlingen besteht (vgl. Feller/Türk/Nicholson/Lauterpacht/Bethlehem, Refugee Protection in International Law, 2003, 119).

Die Frage, ob die Person Flüchtling ist und als Folge der Zurückweisung in den Zugriffsbereich **22** des Verfolgerstaats geriete, lässt sich oftmals nicht ad hoc beantworten, sondern bedarf einer Prüfung im Einzelfall. Aus dieser praktischen Notwendigkeit folgen mittelbar **prozedurale Anforderungen** an das weitere Vorgehen des Vertragsstaats (im Einzelnen → Rn. 24 ff.).

Das Refoulement-Verbot nach Art. 33 Abs. 1 kann auch außerhalb des staatlichen Territoriums **23** Geltung beanspruchen, sofern die Vertragsstaat dort Hoheitsgewalt ausübt und sofern der Flüchtling als Folge der Zurückweisung in den Zugriffsbereich des Verfolgerstaats geriete. Unter diesen Voraussetzungen kann sich ein Vertragsstaat seinen aus dem Refoulement-Verbot nach Art. 33 Abs. 1 resultierenden Verpflichtungen auch weder **auf Hoher See** noch durch eine **territoriale Vorverlagerung von Grenzkontrollen** oder **extraterritoriale Abschreckungsmaßnahmen** entziehen (vgl. Marx, Handbuch zum Flüchtlingsschutz, 2. Aufl. 2012, § 52 Rn. 10 ff. mwN; Opeskin/Perruchoud/Redpath-Cross/Hathaway, International Migration Law, 2012, 195; → Rn. 23.1 f.).

Als Abweichung iSv Art. 29 Hs. 2 WVRK (→ Rn. 19.1) ist allgemein anerkannt, dass es den Staaten **23.1** nicht erlaubt ist, sich aus ihren internationalen Verpflichtungen zu lösen, wenn sie **Hoheitsgewalt jenseits ihrer Staatsgrenzen** ausüben (vgl. IGH, Legal Consequences of the Construction of a Wall in the Occupied Palestinian Territory, Advisory Opinion, I.C.J. Reports 2004, 136 ff. in Bezug auf Art. 2 IPBPR; vgl. bereits UNHCR ExCom, Empfehlung Nr. 53 (XXXIX) – Stowaway Asylum-Seekers, 1988, zur Nichtzurückweisung **blinder Passagiere** in ihr Herkunftsland; zum Rechtsrahmen der Europäischen Grenzschutzagentur „**Frontex**" → Rn. 54; sa Marx, Handbuch zum Flüchtlingsschutz, 2. Aufl. 2012, § 52 Rn. 9 ff. mwN).

Einer restriktiven Lesart, die dem Refoulement-Verbot aus den dargelegten Gründen der Effektivität **23.2** nicht entsprechen dürfte, folgte noch die **Haiti-Entscheidung** des US Supreme Court von 1993 (Nr. 92-344), mit der die Verbringung haitianischer Bootsflüchtlinge über die nationalen Seegrenzen hinaus gebilligt worden war. Auch wenn ein Wortlautargument aus Art. 33 Abs. 2 („Sicherheit des Landes [...], in dem er sich befindet") nach wie vor für eine territoriale Gebundenheit der Non-Refoulement-Verantwortung der Vertragsstaaten sprechen mag, ist jedoch die Rechtsentwicklung zwischenzeitlich über diese Entscheidung hinweggegangen (vgl. Marx, Handbuch zum Flüchtlingsschutz, 2. Aufl. 2012, § 52 Rn. 8; Opeskin/Perruchoud/Redpath-Cross/Hathaway, International Migration Law, 2012, 194 f.; vgl. auch die **Hirsi**-Entscheidung des EGMR → Rn. 48.2).

9. Verfahrensrechtliche Schutzwirkungen des Refoulement-Verbots

Obwohl die GFK selbst nicht unmittelbar ein Verfahren regelt, resultieren aus dem Refoule- **24** ment-Verbot des Art. 33 mittelbar **verfahrensrechtliche Schutzwirkungen** (vgl. Dörig MigrationsR-HdB/Dörig § 11 Rn. 13). Die Parteien eines völkerrechtlichen Vertrages sind generell verpflichtet, nach Treu und Glauben („good faith") an der Erreichung der Ziele des Vertrages mitzuwirken. Sie dürfen sich deshalb nicht durch das Unterlassen eines Verfahrens zur Prüfung der Flüchtlingseigenschaft den Verpflichtungen aus der GFK faktisch entziehen, zumal nur **durch ein in irgendeiner Weise formalisiertes Verfahren** festgestellt werden kann, ob eine Abschiebung das Refoulement-Verbot des Art. 33 berührt (vgl. BVerfGE 94, 49 Rn. 177 mwN = NVwZ 1996, 700; Feller/Türk/Nicholson/Lauterpacht/Bethlehem, Refugee Protection in International Law, 2003, 118). Dies gilt nach der Rechtsprechung des BVerfG selbst dann, wenn das Verfahren für eine Anerkennung als Flüchtling versperrt ist; hieran erweist sich der humanitäre Kerngehalt des Refoulement-Schutzes nach Art. 33 Abs. 1 (→ Rn. 24.1).

Sind Fristen für eine Statusanerkennung versäumt worden, muss jedenfalls die Verpflichtung **24.1** bestehen, vor einer unmittelbaren oder mittelbaren Abschiebung in den Verfolgerstaat im Einzelfall zu prüfen, ob das Refoulement-Verbot des Art. 33 einer solchen Maßnahme entgegensteht (vgl. BVerfGE 94, 49 Rn. 178 = NVwZ 1996, 700).

Die Staaten müssen daher ein **Verfahren etablieren, mit dem sichergestellt** wird, dass **25** es in keinem Fall zu einer Zurückweisung in den Verfolgerstaat kommt. Hierfür stehen zwei Möglichkeiten offen, entweder die Gewährung eines vorläufigen Aufenthaltsrechts im eigenen Staat (→ Rn. 26), oder aber die Abschiebung oder Zurückweisung in einen sicheren Drittstaat

(→ Rn. 27; vgl. Feller/Türk/Nicholson/Lauterpacht/Bethlehem, Refugee Protection in International Law, 2003, 113).

26   Diese Prüfungsnotwendigkeit des Vertragsstaats, ob der Ausländer Flüchtling ist und ob er als Folge einer Zurückweisung (an der Grenze) unmittelbar oder mittelbar in den Zugriffsbereich des Verfolgerstaats geriete, kann den (potenziellen) Flüchtlingen daher einen gewissen Rechtsschutz durch ein **vorläufiges Aufenthaltsrecht** etablieren (vgl. bereits UNHCR ExCom, Empfehlung Nr. 85 (XLIX), 1998, lit. q: „no rejection at frontiers without access to fair and effective procedures for determining their status and protection needs"; ebenso GEB AsylR/Göbel-Zimmermann/Beichel-Benedetti Teil 2 Rn. 39). Dass dieses vorläufige Aufenthaltsrecht auf das eigene Territorium des Vertragsstaats bezogen sein muss, ist indes nicht zwingend, sofern verhindert werden kann, dass der (potenzielle) Flüchtling in den Zugriffsbereich eines Verfolgerstaats gerät; Art. 33 steht insoweit der Ausgestaltung des Prüfverfahrens in Kooperation mit sicheren Drittstaaten (→ Rn. 27) nicht entgegen.

10. Sichere Drittstaaten

27   Bietet das Refoulement-Verbot des Art. 33 Abs. 1 Schutz vor dem Zugriff des Verfolgerstaats, so steht es einer Abschiebung oder Zurückweisung **in einen sicheren Drittstaat** (etwa auch: ersten Asylstaat) – im Einklang mit dem Subsidiaritätsgedanken des Flüchtlingsrechts – nicht entgegen, sofern gewährleistet ist, dass der Schutzsuchende nicht in einen Verfolgerstaat weitergeschoben wird (vgl. Graf Vitzthum/Hailbronner, Völkerrecht, 1. Aufl. 1997, 258 f.; Feller/Türk/Nicholson/Lauterpacht/Bethlehem, Refugee Protection in International Law, 2003, 122 f.; Beushausen ZAR 2010, 45 (47 f.) mwN; → Rn. 27.1 f.).

27.1   Auch nach dem unionsrechtlichen Refoulement-Schutz (→ Rn. 50 ff.) – genauer: nach Art. 38 Abs. 1 lit. c Asylverfahrens-RL (RL 2013/32/EU v. 26.6.2013, ABl. 2013 L 180, 60) – ist das **„Konzept des sicheren Drittstaats"** an die „Wahrung des Grundsatzes der Nicht-Zurückweisung nach der Genfer Flüchtlingskonvention" geknüpft (vgl. ausf. EuGH BeckRS 2020, 3835 Rn. 37 ff.), ebenso wie nach Art. 38 Abs. 1 lit. d Asylverfahrens-RL an die „Einhaltung des Verbots der Abschiebung, wenn diese einen Verstoß gegen das im Völkerrecht festgelegte Verbot der Folter und grausamer, unmenschlicher oder erniedrigender Behandlung darstellt" (vgl. → Rn. 48 ff.). Ähnlich wird nach Art. 35 UAbs. 1 lit. b Asylverfahrens-RL im Rahmen des **„Konzepts des ersten Asylstaats"** die Gewährung „anderweitig ausreichend[en] Schutz[es], einschließlich der Anwendung des Grundsatzes der Nicht-Zurückweisung", eingefordert (vgl. zu dessen Voraussetzungen ausf. zuletzt BVerwG BeckRS 2019, 13667, Rn. 12 ff.).

27.2   Der Standard des sicheren Drittstaats liegt auch den – das grundgesetzliche Asylrecht betreffenden – Regelungen des **Art. 16a Abs. 2** S. 1 und S. 2 GG zugrunde (vgl. ausf. BVerfGE 94, 49 Rn. 167 ff. = NVwZ 1996, 700), soweit in diesen an die Refoulement-Verbote sowohl der GFK als auch der EMRK (vgl. → Rn. 48) angeknüpft wird.

28   Die Frage, ob der (potenzielle) Flüchtling lediglich in einen solchen Drittstaat abgeschoben oder zurückgewiesen werden darf, **in dem die Frage geprüft wird,** ob der Ausländer Flüchtling ist und ob er als Folge einer Zurückweisung in den Zugriffsbereich des Verfolgerstaats geriete, ist in der Konsequenz der Anerkennung verfahrensrechtlicher Folgerungen aus dem Refoulement-Verbot zu bejahen. Denn die Staaten müssen in jedem Fall sicherstellen, dass es unter keinen Umständen zu einer Zurückweisung in einen Verfolgerstaat kommt (→ Rn. 28.1 ff.).

28.1   Aus der Rechtsprechung vgl. etwa VG München BeckRS 2016, 54366 **im Rahmen eines Dublin-Verfahrens** betreffend die „nach Rückführung nach Norwegen drohende Zurückschiebung [eines syrischen Flüchtlings] nach Russland, ohne dass sein Asylbegehren [in Norwegen] inhaltlich geprüft worden wäre, was einen Verstoß gegen das Refoulement-Verbot des Art. 33 GFK bedeuten würde"; inhaltlich anders im anschließenden Gerichtsbescheid zum Klageverfahren (vgl. VG München BeckRS 2017, 106392 Rn. 31); vgl. auch VG Saarlouis BeckRS 2020, 29118, Tenor und Rn. 34, welches angesichts des substantiierten und vom Bundesamt lediglich pauschal erwiderten Vortrags eines syrischen Antragstellers im Rahmen eines Dublin-Verfahrens, „Opfer sog. Push-Backs durch die kroatischen Behörden nach Bosnien-Herzegowina geworden zu sein", zur Wahrung der Rechte des Antragstellers aus Art. 33 eine **konkret-individuelle Zusicherung** (die ausdrückliche Anerkennung des Refoulement-Verbots und die Garantie von dessen effektiver Gewährleistung in Bezug auf den Antragsteller) seitens Kroatien für erforderlich hält.

28.2   Entsprechend setzt nach **Art. 38 Abs. 1 lit. e Asylverfahrens-RL** das „Konzept des sicheren Drittstaats" voraus, dass die zuständigen Behörden sich davon überzeugt haben (vgl. EuGH BeckRS 2020, 3835 Rn. 37: Gewissheit darüber erlangt haben), dass eine Person, die um internationalen Schutz nachsucht, in dem betreffenden Drittstaat die Möglichkeit hat, „einen Antrag auf Zuerkennung der Flüchtlingseigenschaft zu stellen und im Falle der Anerkennung als Flüchtling Schutz gemäß der Genfer Flüchtlingskonvention zu erhalten". Die Mitgliedstaaten haben nach Art. 38 Abs. 2 lit. c Asylverfahrens-RL Regelungen zu schaffen, „die es ermöglichen, **in Form einer Einzelprüfung** festzustellen, ob der betreffende Drittstaat für einen bestimmten Antragsteller sicher ist, und die dem Antragsteller zumindest die Möglichkeit bieten, die Anwendung des Konzepts des sicheren Drittstaats mit der Begründung anzufechten, dass der betreffende Drittstaat für ihn in seiner besonderen Situation nicht sicher ist" (vgl. EuGH BeckRS 2020, 3835 Rn. 38 ff.).

Entsprechendes setzt nach der Rechtsprechung des BVerfG – zum Asylgrundrecht – die für eine **28.3** Bestimmung zum sicheren Drittstaat durch Gesetz (Art. 16a Abs. 2 S. 2 GG) erforderliche Sicherstellung der Anwendung von GFK und EMRK insbesondere voraus, dass **der Staat** den beiden Konventionen beigetreten ist und **nach seiner Rechtsordnung einen Ausländer nicht in den angeblichen Verfolgerstaat abschieben darf, ohne vorher geprüft zu haben,** ob ihm dort Verfolgung iSv Art. 33 oder Folter oder unmenschliche oder erniedrigende Strafe oder Behandlung iSv Art. 3 EMRK drohen (vgl. BVerfGE 94, 49 Rn. 167 ff. und Ls. 4 lit. a = NVwZ 1996, 700). Für die Mitgliedstaaten der EU gilt dies nach Art. 16a Abs. 2 S. 1 GG bereits unmittelbar kraft Verfassung (vgl. BVerfGE 94, 49 Rn. 168 = NVwZ 1996, 700). Das BVerfG setzt – zum Asylgrundrecht – den Gedanken der effektiven Vermeidung von Kettenabschiebungen (→ Rn. 11) konsequent um, indem es entsprechende Anforderungen auch an etwaige Drittstaatenregelungen des Drittstaats vorsieht, und damit materielle und prozedurale Anforderungen an den dort sog. „**Viertstaat**" aufstellt (vgl. BVerfGE 94, 49 Rn. 179 = NVwZ 1996, 700). Wie gesehen (→ Rn. 24.1) besteht selbst im Fall der Verfristung einer Statusanerkennung die Verpflichtung, vor einer unmittelbaren oder mittelbaren Abschiebung in den Verfolgerstaat im Einzelfall zu prüfen, ob das Refoulement-Verbot des Art. 33 einer solchen Maßnahme entgegensteht. Gleiches gilt, wenn Ausländern nach ihrer Rückführung in den Drittstaat dort – etwa im Hinblick darauf, dass während des ersten Aufenthalts im Drittstaat kein Schutzgesuch gestellt worden und deshalb die dafür festgelegte Antragsfrist abgelaufen ist – **ein förmliches Verfahren nicht mehr zur Verfügung steht** (vgl. BVerfGE 94, 49 Rn. 178 = NVwZ 1996, 700; ergänzend → AsylG § 26a Rn. 1 ff. und → AsylG § 27 Rn. 1 ff.).

Lehnte man demgegenüber einen derartigen Gewährleistungsgehalt des Refoulement-Verbots **29** nach Art. 33 ab (vgl. noch Graf Vitzthum/Hailbronner, Völkerrecht, 1. Aufl. 1997, 258 f.), folgte daraus die Gefahr der – zumindest Art. 3 EMRK widersprechenden – Situation eines „**refugee in orbit**", der sich letztlich gezwungen sehen könnte, in seinen Verfolgerstaat zurückzukehren, was dem Refoulement-Verbot des Art. 33 widerspräche (und dem ursprünglich zurückweisenden Staat zuzurechnen wäre; vgl. Beushausen ZAR 2010, 45 (47)).

11. Refoulement-Verbot und interner Schutz

Teilweise wird der Gewährleistungsgehalt des Art. 33 Abs. 1 zudem mit den Anforderungen **30** an eine **zumutbare interne Schutzmöglichkeit** (vgl. zum nationalen Recht → AsylG § 3e Rn. 1 ff.) verknüpft (so VGH BW BeckRS 2017, 135067 Rn. 66), obwohl dieser Fall fehlender Schutzbedürftigkeit (vgl. Marx ZAR 2017, 304 (311)) in der GFK nicht explizit angelegt ist, sondern lediglich aus der Auslegung des Art. 1 A. Nr. 2 folgt (vgl. insoweit → AsylG § 3e Rn. 1 ff.).

In diesem Sinne stellt ein Verweis auf eine interne Region trotz dort (ebenfalls) drohender **31** Verfolgung ein **unmittelbares Refoulement** und damit eine Verletzung von Art. 33 Abs. 1 dar (vgl. Marx ZAR 2017, 304 (307)). Darüber hinaus wird ein Verweis auf die interne Region, in der zwar keine Verfolgung droht, jedoch die dort vorherrschenden ungenügenden Lebensbedingungen zur Rückkehr in die Herkunftsregion zwingen, als ein mit Art. 33 Abs. 1 unvereinbares (→ Rn. 11) **indirektes Refoulement** angesehen (vgl. Marx ZAR 2017, 304 (307); VGH BW BeckRS 2017, 135067 Rn. 66; → Rn. 31.1).

Im Sinne des **Verbots eines mittelbaren Refoulements** solle „die Gewährleistung dieser Lebensbe- **31.1** dingungen [Gewährleistung der Existenzsicherung des Betroffenen am Ort des internen Schutzes] verhindern, dass der Betroffene sich letztlich gezwungen sieht, doch wieder seine Herkunftsregion aufzusuchen und sich damit gerade den Gefährdungen auszusetzen, wegen derer er zuvor auf die Möglichkeit internen Schutzes verwiesen worden war. Die entsprechenden Anforderungen dienen damit der Wahrung von Art. 33 GFK. Denn dieser verbietet Maßnahmen, die in irgendeiner Weise zu Refoulementgefahren führen (also gerade auch die Rückführung in unsichere Gebiete und Gebiete, in denen unzumutbare Lebensbedingungen bestehen)" (VGH BW BeckRS 2017, 135067 Rn. 66 mwN; VG Freiburg BeckRS 2020, 29318).

Obwohl bei einer mittelbar erzwungenen Rückkehr in die Herkunftsregion kein internationaler **32** Grenzübertritt stattfindet (→ Rn. 16), dürfte diese Lesart nach Sinn und Zweck eines effektiven Refoulement-Schutzes (→ Rn. 11) von Art. 33 Abs. 1 gedeckt sein. Durch eine Gleichsetzung mit dem Refoulement-Schutz des Art. 33 Abs. 1 werden die Anforderungen an die Zumutbarkeit der Inanspruchnahme internen Schutzes allerdings auf einen **Minimalstandard** gesetzt (vgl. insoweit → AsylG § 3e Rn. 1 ff.).

II. Ausschlussgründe (Abs. 2)

33   Nach Art. 33 Abs. 2 kann sich auf die Vergünstigung dieser Vorschrift ein Flüchtling nicht berufen, der aus schwerwiegenden Gründen als eine Gefahr für die Sicherheit des Landes anzusehen ist, in dem er sich befindet (→ Rn. 40 ff.), oder der eine Gefahr für die Allgemeinheit dieses Staates bedeutet, weil er wegen eines Verbrechens oder eines besonders schweren Vergehens rechtskräftig verurteilt wurde (→ Rn. 43 ff.).

1. Limitierte Reichweite

34   Bereits der Entstehungsgeschichte des Art. 33 lässt sich entnehmen, dass die Ausnahmen vom Grundsatz des Refoulement-Verbots **restriktiv auszulegen** sind, um nicht der Effektivität des Artikels insgesamt abträglich zu sein (vgl. Weis Refugees Convention 1951 245; Feller/Türk/Nicholson/Lauterpacht/Bethlehem, Refugee Protection in International Law, 2003, 131 ff.; Zimmermann 1951 Convention/Kälin/Caroni/Heim Art. 33 para. 1 Rn. 18; Zimmermann 1951 Convention/Zimmermann/Wennholz Art. 33 para. 2 Rn. 11 ff.). Diese Zielrichtung kommt bereits im Wortlaut des in Art. 33 Abs. 1 niedergelegten Grundsatzes zum Ausdruck, der die Ausweisung oder Zurückweisung „**auf irgendeine Weise**" untersagt (→ Rn. 11).

35   Die Ausschlussgründe des Art. 33 Abs. 2 bieten insgesamt nicht die Möglichkeit, (mutmaßlich) gefährliche Flüchtlinge ohne Ansehung ihres individuellen Schicksals vom Grundsatz des Non-Refoulement auszuschließen; ein Verhältnismäßigkeitsvorbehalt gilt sowohl für Alt. 1 (→ Rn. 42) als auch für Alt. 2 (→ Rn. 45). Sie sind vielmehr nicht isoliert, sondern **im Lichte der menschenrechtlichen Gewährleistungen** in ihrem völkerrechtlichen Kontext auszulegen, zu denen – auch – das Refoulement-Verbot zählt (→ Rn. 47 f.). Angesichts der – absoluten und zwingenden – Gewährleistungen des Folterverbots (vgl. → Rn. 48 ff. und → Rn. 60) sind andere Lösungen des zugrunde liegenden **Konflikts zwischen individuellen Grundrechten und staatlichen Sicherheitsinteressen** indes ausgeschlossen – auch um den Preis der missliebigen Folge, dass mitunter einhergehende Terrorgefahren zulasten der Menschen im Aufnahmestaat hinzunehmen sind (vgl. Zimmermann 1951 Convention/Zimmermann/Wennholz Art. 33 para. 2 Rn. 109).

2. Überblick und Vergleich mit Art. 1 F

36   Art. 33 Abs. 2 mag zwar an den **Ausschlussgrund der Schutzunwürdigkeit in Art. 1 F.** erinnern, weicht jedoch in Rechtsfolge, Zweckrichtung und Umfang von diesem ab.

37   Anders als bei Art. 1 F. geht es Art. 33 Abs. 2 nicht um den Verlust des Flüchtlingsstatus, sondern lediglich um einen **Begünstigungsausschluss** in dem Sinne, dass sich der Flüchtling nicht auf das Refoulement-Verbot des Art. 33 Abs. 1 berufen kann.

38   Anders als Art. 1 F. der insbesondere verhindern soll, dass sich frühere Verfolgungsakteure durch Stellung eines Schutzantrags im Ausland ihrer strafrechtlichen Verantwortung entziehen (vgl. insoweit → Art. 1 Rn. 1 ff., Rn. 86), dient der in Art. 33 Abs. 2 geregelte Ausschluss der Berufung auf das Refoulement-Verbot des Art. 33 Abs. 1 der **Gefahrenabwehr.** Das Abstellen auf eine Gefahr (für die Sicherheit des Landes oder für die Allgemeinheit) setzt stets eine in die Zukunft gerichtete **Prognoseentscheidung** voraus; gefordert wird eine sehr ernsthafte und gegenwärtige Gefahr (vgl. Feller/Türk/Nicholson/Lauterpacht/Bethlehem, Refugee Protection in International Law, 2003, 129; Marx, Handbuch zum Flüchtlingsschutz, 2. Aufl. 2012, § 54 Rn. 4 mwN).

39   Anders als der Ausschlussgrund der Schutzunwürdigkeit in Art. 1 F. lässt es Art. 33 Abs. 2 Alt. 2 zudem nicht genügen, dass „aus schwer wiegenden Gründen die Annahme gerechtfertigt ist", dass die Person insbesondere näher benannte Verbrechen begangen hat; diesem Beweisstandard entspricht lediglich Art. 33 Abs. 2 Alt. 1 („aus schwer wiegenden Gründen"; vgl. Zimmermann 1951 Convention/Zimmermann/Wennholz Art. 33 para. 2 Rn. 75). Vielmehr stellt Art. 33 Abs. 2 Alt. 2 – enger – darauf ab, dass der Flüchtling „wegen eines Verbrechens oder eines besonders schweren Vergehens **rechtskräftig verurteilt** wurde" (vgl. Marx, Handbuch zum Flüchtlingsschutz, 2. Aufl. 2012, § 54 Rn. 5: „Schutzgarantie").

3. Gefahr für die Sicherheit des Landes (Alt. 1)

Indem Art. 33 Abs. 2 Alt. 1 auf das Konzept der nationalen Sicherheit abstellt, referiert es **40** auf eine dem Völkerrecht entzogene Materie. In diesem Gebiet haben die Vertragsstaaten eine **Einschätzungsprärogative** (vgl. Feller/Türk/Nicholson/Lauterpacht/Bethlehem, Refugee Protection in International Law, 2003, 135 f.; Zimmermann 1951 Convention/Zimmermann/Wennholz Art. 33 para. 2 Rn. 82; Marx, Handbuch zum Flüchtlingsschutz, 2. Aufl. 2012, § 54 Rn. 3). Gleichwohl geht mit der völkerrechtlichen Inbezugnahme auf die Sicherheit des Landes eine Begrenzung dieses staatlichen Spielraums einher.

Die internationale Staatenpraxis und die deutsche Rechtsprechung stimmen darin überein, dass **41** nur **außergewöhnlich schwerwiegende Gefahren** es rechtfertigen können, den im Abschiebungsverbot enthaltenen Menschenrechtsschutz hinter die Belange der staatlichen Sicherheit zurückzustellen (vgl. BVerwGE 106, 351 = NVwZ 1999, 425 (427); Weis Refugees Convention 1951 245 f.; Zimmermann 1951 Convention/Zimmermann/Wennholz Art. 33 para. 2 Rn. 89). Dies legt auch die rechtsfolgenmäßige Gleichstellung der ersten mit der zweiten Alternative des Art. 33 Abs. 2 nahe, die eine rechtskräftige Verurteilung wegen eines „Verbrechens oder eines besonders schweren Vergehens" voraussetzt (vgl. → Rn. 43). Anerkannt ist insofern die Ausnahme vom Refoulementverbot, wenn vom Ausländer eine **terroristische Gefahr** ausgeht (vgl. BVerwG BeckRS 2017, 104986 Rn. 41; BVerwG BeckRS 2018, 23003 Rn. 93).

Weiterhin muss die Berufung des Vertragsstaats auf die Ausschlussklausel den **Grundsatz der 42 Verhältnismäßigkeit** wahren (vgl. Feller/Türk/Nicholson/Lauterpacht/Bethlehem, Refugee Protection in International Law, 2003, 137 f.). So soll die Berufung des Vertragsstaats auf die Ausschlussklausel **ausgeschlossen** sein, wenn der Flüchtling im Falle des Refoulement Folter oder unmenschliche oder erniedrigende Behandlung zu befürchten hätte (vgl. Zimmermann 1951 Convention/Zimmermann/Wennholz Art. 33 para. 2 Rn. 90). Auch außerhalb der – absoluten und zwingenden – Gewährleistungen des Folterverbots (vgl. → Rn. 48 ff. und → Rn. 60) wird gefordert, dass die Subsumtion unter Art. 33 Abs. 2 Alt. 1 die Schwere der Gefahr für die Sicherheit des Landes – einerseits – mit der Wahrscheinlichkeit und Intensität der drohenden Verfolgung des Flüchtlings im Falle des Refoulement – andererseits – ins Verhältnis setzen müsse, um einen Ausschluss vom Refoulement-Verbot rechtfertigen zu können (vgl. Zimmermann 1951 Convention/Zimmermann/Wennholz Art. 33 para. 2 Rn. 97 ff. mwN). Selbst im Falle der Bejahung eines Ausschlusses ist **vorrangig** zur Zurückweisung oder Abschiebung in den Verfolgerstaat die Verbringung des Flüchtlings (lediglich) in einen sicheren Drittstaat in Erwägung zu ziehen (vgl. Feller/Türk/Nicholson/Lauterpacht/Bethlehem, Refugee Protection in International Law, 2003, 131 mwN).

4. Gefahr für die Allgemeinheit wegen rechtskräftiger Verurteilung (Alt. 2)

In der doppelten Qualifizierung des tatbestandlich vorausgesetzten **Verbrechens oder „beson- 43 ders schweren" Vergehens** (in der englischen Sprachfassung: „a final judgment of a particularly serious crime") kommt der Ausnahmecharakter des Art. 33 Abs. 2 zum Ausdruck. Hierunter sollen etwa Verbrechen wie Mord, Totschlag, Vergewaltigung, bewaffneter Raubüberfall oder Brandstiftung fallen (vgl. Weis Refugees Convention 1951 246; weitergehend Zimmermann 1951 Convention/Zimmermann/Wennholz Art. 33 para. 2 Rn. 101: auch Körperverletzung, Drogenhandel).

Die Anforderung einer **rechtskräftigen Verurteilung** wegen eines Verbrechens oder eines **44** besonders schweren Vergehens bedeutet, dass ein solches strafrechtliches Urteil mit Rechtsmitteln nicht (oder nicht mehr) anfechtbar ist. Sofern das staatliche Recht die Möglichkeit der Wiederaufnahme vorsieht, soll das Tatbestandsmerkmal der rechtskräftigen Verurteilung erst dann entfallen, wenn der Fall tatsächlich wiederaufgenommen worden ist (vgl. Zimmermann 1951 Convention/Zimmermann/Wennholz Art. 33 para. 2 Rn. 100 mwN).

Für die Berufung des Vertragsstaats auf die Ausschlussklausel des Art. 33 Abs. 2 Alt. 2 gilt der **45** **Grundsatz der Verhältnismäßigkeit** gleichermaßen wie bei Art. 33 Abs. 2 Alt. 1 (→ Rn. 42; vgl. Zimmermann 1951 Convention/Zimmermann/Wennholz Art. 33 para. 2 Rn. 105).

D. Das Refoulement-Verbot im Kontext

Der völkerrechtliche Refoulement-Schutz nach Art. 33 wird auf völker- wie auf unionsrechtli- **46** cher Ebene durch weitere Gewährleistungen ergänzt (→ Rn. 47 ff., → Rn. 50 ff.) und ins nationale Recht umgesetzt (→ Rn. 55 ff.).

I. Refoulement-Schutz im sonstigen Völkerrecht

47   Neben dem flüchtlingsrechtlichen Refoulement-Schutz in Art. 33 sieht das Völkerrecht weitere – menschenrechtliche – Refoulement-Verbote vor. In ihrem personellen **Anwendungsbereich** gehen sie insofern über Art. 33 hinaus, als sie sich nicht lediglich auf Flüchtlinge, sondern vielmehr auf alle Menschen beziehen.

48   So statuiert das in **Art. 3 EMRK** enthaltene Verbot der Folter und unmenschlicher oder erniedrigender Behandlung oder Strafe das Non-Refoulement-Prinzip der Menschenrechtskonvention. Insoweit wird auf die Kommentierung dieser Vorschrift verwiesen (→ Rn. 48.1 ff.).

48.1   Art. 3 EMRK lautet: „Niemand darf der Folter oder unmenschlicher oder erniedrigender Strafe oder Behandlung unterworfen werden." Anders als Art. 33 Abs. 2 (→ Rn. 33 ff.) sieht jedoch Art. 3 EMRK keine Ausschlussklausel vor. Der mithin **absolute Refoulement-Schutz** des Folterverbots nach Art. 3 EMRK hat somit – abgesehen davon, dass er sich nicht lediglich auf Flüchtlinge bezieht (→ Rn. 47) – einen umfassenderen Schutzgehalt als der Refoulement-Schutz sowohl nach Art. 33 (vgl. nur VGH BW BeckRS 2018, 27989 Rn. 49; Marx, Handbuch zum Flüchtlingsschutz, 2. Aufl. 2012, § 35 Rn. 190 f., § 54 Rn. 9 mwN zur Rspr. des EGMR; vgl. auch BVerwGE 132, 79 (94) = EZAR NF 68 Nr. 3; vgl. zuletzt – krit. zur Rechtsprechung EGMR – auch Haefeli ZAR 2020, 25 (27 ff. mwN)) als auch nach dem – unter Terrorismusvorbehalt stehenden – Asylgrundrecht (vgl. BVerwGE 109, 12 (24) = NVwZ 1999, 1349).

48.2   Auch hinsichtlich des Refoulement-Schutzes aus Art. 3 EMRK hat der EGMR eine **extraterritoriale Wirkung** anerkannt (vgl. EGMR NVwZ 2012, 809 – Hirsi Jamaa und andere / Italien: Verstoß gegen Art. 3 EMRK durch Aufgreifen eines Flüchtlingsboots auf hoher See südlich der italienischen Insel Lampedusa durch die italienische Küstenwache und Zurückbringen nach Libyen, aufgrund der möglichen Abschiebung der Beschwerdeführer in ihre Herkunftsländer – sowie aufgrund der Gefahr einer unmenschlichen Behandlung in Libyen, sowie Verstoß gegen Art. 4 4. EMRKProt; zur Loizidou-Entscheidung des EGMR v. 23.2.1995 vgl. bereits Feller/Türk/Nicholson/Lauterpacht/Bethlehem, Refugee Protection in International Law, 2003, 111). In der Entscheidung Hirsi hat der EGMR zudem aus Art. 13 EMRK ein auch auf hoher See geltendes **Recht auf wirksamen Zugang zu einem Verfahren** abgeleitet (vgl. Marx, Handbuch zum Flüchtlingsschutz, 2. Aufl. 2012, § 52 Rn. 12).

48.3   Weitere völkerrechtliche Refoulement-Verbote enthalten **Art. 3 UN-AntifolterK** (Übereinkommen gegen Folter und andere grausame, unmenschliche oder erniedrigende Behandlung oder Strafe v. 10.12.1984, BGBl. 1990 II 246; Art. 3 Abs. 1 UN-AntifolterK lautet wie folgt: „Ein Vertragsstaat darf eine Person nicht in einen anderen Staat ausweisen, abschieben oder an diesen ausliefern, wenn stichhaltige Gründe für die Annahme bestehen, dass sie dort Gefahr liefe, gefoltert zu werden"; ausf. Weiß, VN-AntifolterübereinkommensgesetzWeiß, 1. Aufl. 2013, VN-AntiFoltÜbG Art. 3 Rn. 1 ff.), sowie **Art. 7 S. 1 IPBPR** („Niemand darf der Folter oder grausamer, unmenschlicher oder erniedrigender Behandlung oder Strafe unterworfen werden.").

48.4   Zwar spielen diese weiteren Refoulement-Verbote neben dem umfassenden Schutz des Art. 3 EMRK in der Rechtspraxis (der Konventionsstaaten) kaum eine Rolle. An der **Kodifizierungsdichte** lässt sich jedoch die hohe Bedeutung des Refoulement-Schutzes im Völkerrecht ablesen.

49   Demgegenüber **keine Entsprechung** hat die Vorschrift des Art. 33 GFK im Staatenlosenübereinkommen (Übereinkommen über die Rechtsstellung der **Staatenlosen** v. 28.9.1954, BGBl. 1976 II 473); in Art. 31 StaatenlosenÜ findet sich lediglich eine dem in Art. 32 geregelten Ausweisungsverbot von Flüchtlingen, die sich aufgrund eines Aufenthaltsrechts im Hoheitsgebiet eines Vertragsstaats aufhalten, entsprechende Bestimmung. Der Grund einer „fehlenden" Entsprechung des Art. 33 GFK im Staatenlosenübereinkommen erschließt sich aus dem historischen Zweck des Refoulement-Verbots (→ Rn. 5), das entstehungsgeschichtlich (vgl. aber → Rn. 16) auf den Herkunftsstaat zielte (Schutz von fremden Staatsangehörigen vor deren – souveränem – Staat) und es einer völkerrechtlichen „Rechtfertigung" der Nicht-Zurückweisung in den Herkunftsstaat bei Staatenlosen folglich nicht bedurfte.

II. Refoulement-Schutz im Unionsrecht

50   Auch das Unionsprimärrecht gewährleistet das Refoulement-Verbot nicht nur über Art. 6 Abs. 3 EUV iVm **Art. 3 EMRK** (→ Rn. 48). Weitere Refoulement-Verbote enthält zudem die GRCh, welcher über Art. 6 Abs. 1 EUV Primärrechtsrang zukommt: Zum einen sieht **Art. 4 GRCh** – wortlautidentisch mit Art. 3 EMRK (→ Rn. 48.1) – ein Verbot der Folter und unmenschlicher oder erniedrigender Strafe oder Behandlung vor. Zum anderen regelt **Art. 19 GRCh** den „Schutz bei Abschiebung, Ausweisung und Auslieferung". Nach Art. 19 Abs. 1 GRCh sind Kollektivausweisungen nicht zulässig. Art. 19 Abs. 2 GRCh bestimmt, dass niemand „in

einen Staat abgeschoben oder ausgewiesen oder an einen Staat ausgeliefert werden [darf], in dem für sie oder ihn das ernsthafte Risiko der Todesstrafe, der Folter oder einer anderen unmenschlichen oder erniedrigenden Strafe oder Behandlung besteht". Art. 19 Abs. 2 GRCh erweitert damit den Schutz des (Art. 2 Abs. 2 GRCh und des) Art. 4 GRCh auf Fälle, in denen die verbotenen Maßnahmen nicht von einem Grundrechtsverpflichteten vorgenommen werden, derartige Maßnahmen aber durch die Ausweisung, Abschiebung oder Auslieferung ermöglicht werden (vgl. Jarass GRCh/Jarass Art. 19 Rn. 8).

Zur „Einhaltung des Grundsatzes der Nicht-Zurückweisung" – auch für den Bereich des 51 Unionssekundärrechts – bekennt sich die Europäische Union in der primärrechtlichen Bestimmung des **Art. 78 Abs. 1 AEUV** („Asylpolitik"). Zwar ist die EU selbst nicht Mitglied der GFK und des Protokolls über die Rechtsstellung der Flüchtlinge v. 31.1.1967. Mit ihrer gemeinsamen Asylpolitik sorgt sie indes für **Kohärenz** der unterschiedlichen Schutzstandards, denen die Mitgliedstaaten unterworfen sind: Nach Art. 78 Abs. 1 S. 2 AEUV muss die gemeinsame Politik im Bereich Asyl, subsidiärer Schutz und vorübergehender Schutz „mit dem Genfer Abkommen vom 28. Juli 1951 und dem Protokoll vom 31. Januar 1967 über die Rechtsstellung der Flüchtlinge sowie den anderen einschlägigen Verträgen im Einklang stehen" (vgl. insoweit → AEUV Art. 78 Rn. 1 ff.).

Entsprechend ist der Refoulement-Schutz sekundärrechtlich in der Qualifikations-RL 52 (RL 2011/95/EU v. 13.12.2011, ABl. 2011 L 337, 9) verankert. Das Unionssekundärrecht nimmt insoweit wiederum Bezug (auch) auf Art. 33: Nach **Art. 21 Abs. 1 Qualifikations-RL** („Schutz vor Zurückweisung") achten die Mitgliedstaaten „den Grundsatz der Nichtzurückweisung in Übereinstimmung mit ihren völkerrechtlichen Verpflichtungen" (→ Rn. 52.1), und in **Art. 21 Abs. 2 Qualifikations-RL** wurden auch die Ausschlussgründe des Art. 33 Abs. 2 im Wesentlichen übernommen (→ Rn. 52.2).

Ausweislich Erwägungsgrund 3 Qualifikations-RL soll die GFK (idF des Protokolls über die Rechtsstel- 52.1 lung der Flüchtlinge v. 31.1.1967) uneingeschränkt und umfassend Anwendung finden, „[…] damit der Grundsatz der Nichtzurückweisung gewahrt bleibt und niemand dorthin zurückgeschickt wird, wo er Verfolgung ausgesetzt ist." Das **Unionsrecht bestätigt damit das Refoulement-Verbot des Art. 33** (vgl. Marx, Handbuch zum Flüchtlingsschutz, 2. Aufl. 2012, § 51 Rn. 4 f.). Diese Intention kommt bereits im Entwurf der EU-Kommission zur (Vorgängerin der heutigen) Qualifikations-RL zum Ausdruck (vgl. BR-Drs. 1017/01, 32).

Zwar werden in Art. 21 Abs. 2 Qualifikations-RL auch die **Ausschlussgründe** des Art. 33 Abs. 2 52.2 (→ Rn. 33 ff.) im Wesentlichen übernommen (vgl. auch BVerwG BeckRS 2017, 104986 Rn. 41; 2018, 23003 Rn. 93). Das Unionssekundärrecht hält jedoch – im Wege der Aufnahme eines Vorbehalts in Art. 21 Abs. 2 Qualifikations-RL („sofern dies nicht aufgrund der in Absatz 1 genannten völkerrechtlichen Verpflichtungen untersagt ist") – an dem **höheren Schutzstandard** der absolut geltenden völkerrechtlichen Refoulement-Verbote im Sinne des Folterverbots (→ Rn. 47 ff.) fest. Der EuGH weist (im Rahmen der von ihm beanspruchten Zuständigkeit für die Auslegung der Konvention, soweit Unionsrecht der Union die Einhaltung der Regeln dieses Abkommens auferlegt, → Art. 31 Rn. 32.1) darauf hin, dass ein Flüchtling nach Art. 33 Abs. 2 den Grundsatz der Nichtzurückweisung in ein Land, in dem sein Leben oder seine Freiheit bedroht sind, nicht mehr in Anspruch nehmen kann, während indes Art. 21 Abs. 2 Qualifikations-RL, wie in 16. Erwägungsgrund Qualifikations-RL bestätigt, **unter Achtung der in GRCh**, insbesondere in Art. 4 GRCh und Art. 19 Abs. 2 GRCh, **verankerten Rechte** auszulegen und anzuwenden ist, wonach Folter und unmenschliche oder erniedrigende Strafen und Behandlungen **unabhängig vom Verhalten der betreffenden Person ebenso wie die Ausweisung in einen Staat, in dem einer Person das ernsthafte Risiko einer solchen Behandlung droht, uneingeschränkt verboten** sind (vgl. EuGH NVwZ 2019, 1189 Rn. 94 mwN).

Weiterhin greift auch die sekundärrechtliche **Asylverfahrens-RL** (RL 2013/32/EU v. 53 26.6.2013, ABl. 2013 L 180, 60) mehrfach auf den Grundsatz der Nicht-Zurückweisung (nach der GFK) zurück, so in Art. 35 Asylverfahrens-RL zum Begriff des „ersten Asylstaats" wie auch in Art. 38 Abs. 1 lit. c Asylverfahrens-RL zum „Konzept des sicheren Drittstaats" (→ Rn. 27.1, → Rn. 28.2).

Dem Refoulement-Verbot trägt auch der die **Europäische Grenzschutzagentur „Frontex"** 54 betreffende Beschluss des Rates v. 26.4.2010 zur Ergänzung des Schengener Grenzkodex hinsichtlich der Überwachung der Seeaußengrenzen im Rahmen der von der Europäischen Agentur für die operative Zusammenarbeit an den Außengrenzen der Mitgliedstaaten der Europäischen Union koordinierten operativen Zusammenarbeit (B 2010/252/EU v. 26.4.2010, ABl. 2010 L 111, 20) Rechnung: Danach darf keine Person „unter Verstoß gegen den Grundsatz der Nichtzurückweisung ausgeschifft oder auf andere Weise den Behörden eines Landes überstellt werden, in dem die

Gefahr der Ausweisung oder Rückführung in ein anderes Land unter Verstoß gegen diesen Grundsatz besteht" (s. Anhang Teil I Nr. 1.2 S. 1 B 2010/252/EU; → Rn. 54.1).

54.1   Weiterhin werden auch hier aus dem Refoulement-Verbot wiederum (→ Rn. 24) **prozedurale Folgerungen** gezogen: Danach sind die aufgegriffenen oder geretteten Personen grundsätzlich auf geeignete Weise zu informieren, so dass sie etwaige Gründe vorbringen können, aufgrund derer sie annehmen, dass die Ausschiffung an dem vorgeschlagenen Ort gegen den Grundsatz der Nichtzurückweisung verstößt (vgl. Anhang Teil I Nr. 1.2 S. 2).

III. Rang und Umsetzung im nationalen Recht

55   In der Bundesrepublik Deutschland gilt das völkervertraglich verankerte Refoulement-Verbot des Art. 33 zunächst einmal nach **Art. 59 Abs. 2 S. 1 GG** im Rang eines einfachen Bundesgesetzes. Infolge dieser Transformation ins nationale Recht kann sich der Einzelne für den von ihm geltend gemachten Anspruch **unmittelbar auf Bestimmungen der GFK berufen** (vgl. BVerwGE 88, 254 (257) = NVwZ 1992, 180; BVerwGE 7, 231 Rn. 9 = NJW 1959, 450; → Rn. 55.1).

55.1   Die Transformation eines völkerrechtlichen Vertrages durch ein Zustimmungsgesetz führt zur **unmittelbaren Anwendbarkeit** einer Vertragsnorm, wenn sie nach Wortlaut, Zweck und Inhalt geeignet und hinreichend bestimmt ist, wie eine innerstaatliche Vorschrift rechtliche Wirkung zu entfalten, dafür also keiner weiteren normativen Ausfüllung bedarf. Diese Voraussetzungen liegen bei den Vorschriften der GFK vor (vgl. BVerwGE 88, 254 (257) = NVwZ 1992, 180; BVerwGE 7, 231 Rn. 9 = NJW 1959, 450; Marx, Handbuch zum Flüchtlingsschutz, 2. Aufl. 2012, § 53 Rn. 19).

56   Hinsichtlich der Frage, ob dem Grundsatz der Nicht-Zurückweisung darüber hinaus der Rang einer **allgemeinen Regel des Völkerrechts iSd Art. 25 GG** zukommt, die Bestandteil des Bundesrechts ist und unmittelbar Rechte und Pflichten für die Bewohner des Bundesgebiets erzeugt, ist zu differenzieren: Zu bejahen ist diese Frage ohne Weiteres hinsichtlich des Refoulement-Verbots im Sinne des absoluten Folterverbots (→ Rn. 48 ff.), welches zu einer zwingenden Regel des Völkerrechts iSd Art. 53 WVRK (**ius cogens**) erstarkt ist (→ Rn. 48). Ob darüber hinaus auch das in Art. 33 kodifizierte Refoulement-Verbot als allgemeine Regel des Völkerrechts Bestandteil des Bundesrechts iSv Art. 25 GG geworden ist, wird teilweise angenommen (vgl. Marx, Handbuch zum Flüchtlingsschutz, 2. Aufl. 2012, § 53 Rn. 18; offen lassend – allerdings beschränkt auf nicht staatlich verfolgte bzw. sog. Bürgerkriegsflüchtlinge – BVerwG NVwZ 1994, 1112).

57   Im nationalen Ausländerrecht ist das Refoulement-Verbot des Art. 33 Abs. 1 und die Ausschlussgründe des Art. 33 Abs. 2 in **§ 60 Abs. 1 und Abs. 8 AufenthG** umgesetzt worden (vgl. BVerwG BeckRS 2017, 104986 Rn. 41; 2018, 23003 Rn. 93; vgl. auch die Vorgängervorschriften in § 14 AuslG idF v. 28.4.1965 (BGBl. I 353) und § 51 AuslG idF v. 9.7.1990 (BGBl. I 1354)). Damit trägt das deutsche Ausländerrecht dem Refoulement-Verbot des Art. 33 Rechnung (vgl. BVerfGE 94, 49 Rn. 191 = NVwZ 1996, 700; vgl. → AufenthG § 60 Rn. 1 ff.; vgl. auch Nr. 60.0.1.0 f. AufenthGAVwV). Daneben setzt § 60 AufenthG auch die Vorgaben der unionsrechtlichen Qualifikations-RL (Art. 21 Qualifikations-RL – Schutz vor Zurückweisung) um, welches seinerseits auf den Refoulement-Schutz nach Art. 33 Abs. 1 Bezug nimmt (→ Rn. 52). Die Zurückweisungen an der Grenze regelnde Vorschrift des **§ 15 AufenthG** erklärt in § 15 Abs. 4 AufenthG ihrerseits (auch) § 60 Abs. 1 AufenthG für entsprechend anwendbar (vgl. → AufenthG § 15 Rn. 1 ff.).

E. Rechtscharakter des Refoulement-Verbots

58   Hinsichtlich des Rechtscharakters des Refoulement-Verbots ist zum einen zwischen der Gewährleistung in Art. 33 und weiteren (partikularen) völkerrechtlichen Kodifizierungen einerseits und dem Refoulement-Verbot im allgemeinen Völkerrecht andererseits **zu unterscheiden.** Zum anderen hängt die Einordnung in den Kanon der völkerrechtlichen Rechtsquellen freilich maßgeblich von den dem Refoulement-Verbot beigemessenen inhaltlichen Gewährleistungen ab.

59   Das Refoulement-Verbot des Art. 33 hat nicht nur die Qualität eines **völkerrechtlichen Vertrags** (vgl. Art. 38 Abs. 1 lit. a IGHS). Das Refoulement-Verbot im Allgemeinen ist darüber hinaus – zumindest inzwischen – auch **völkergewohnheitsrechtlich anerkannt** (vgl. Art. 38 Abs. 1 lit. b IGHS; Feller/Türk/Nicholson/Lauterpacht/Bethlehem, Refugee Protection in International Law, 2003, 140 ff. mwN; Marx, Handbuch zum Flüchtlingsschutz, 2. Aufl. 2012, § 53 Rn. 16 f. mwN zur diesbezüglichen Entwicklung; GEB AsylR/Göbel-Zimmermann/Beichel-

Benedetti Teil 2 Rn. 39 mwN). Hinsichtlich der genauen inhaltlichen Reichweite des Refoulement-Verbots als Völkergewohnheitsrecht dürfte allerdings nach wie vor zu differenzieren sein (vgl. Feller/Türk/Nicholson/Lauterpacht/Bethlehem, Refugee Protection in International Law, 2003, 149 ff., 163 f.). Sicherlich nachweisbar dürfte eine allgemeine Rechtsüberzeugung der Staaten des Inhalts vorliegen, dass sie kein Recht haben, einen Flüchtling dem Zugriff seines Verfolgerstaats auszusetzen. Jedenfalls mit dem Inhalt extraterritorialer Wirkungen im oben erläuterten Sinne (→ Rn. 19 ff.) aber dürfte wohl (noch) keine hinreichende Einigkeit innerhalb der Staatengemeinschaft bestehen (zu einer restriktiveren Ansicht → Rn. 23.2). Welcher Rechtscharakter dem Refoulement-Verbot im Allgemeinen zukommt, ist – innerhalb des Kreises des Vertragsstaaten – angesichts der Abweichungsfestigkeit der Gewährleistung (→ Rn. 3) jedoch eine praktisch wenig relevante Frage.

Einigkeit besteht demgegenüber hinsichtlich des Rechtscharakters des Refoulement-Verbots **60** im Sinne des **absoluten Folterverbots:** Dieser – insbesondere in Art. 3 EMRK kodifizierte (→ Rn. 47 ff.) – absolute Refoulement-Schutz ist zu einer zwingenden Norm des allgemeinen Völkerrechts (**ius cogens**) erstarkt, die nach Art. 53 WVRK von der internationalen Staatengemeinschaft in ihrer Gesamtheit angenommen und anerkannt wird als eine Norm, von der nicht abgewichen werden darf und die nur durch eine spätere Norm des allgemeinen Völkerrechts derselben Rechtsnatur geändert werden kann (vgl. Zimmermann 1951 Convention/Zimmermann/Wennholz Art. 33 para. 2 Rn. 63; Marx, Handbuch zum Flüchtlingsschutz, 2. Aufl. 2012, § 51 Rn. 1, 6). Dass auch dem Refoulement-Verbot des Art. 33 ein zwingender Charakter in diesem Sinne zukomme, wird nur vereinzelt vertreten (vgl. etwa UNHCR, Report A/40/12 v. 13.9.1985, Ziff. 23: „peremptory norm of international law").

Artikel 34 Einbürgerung

[1]**Die vertragschließenden Staaten werden soweit wie möglich die Eingliederung und Einbürgerung der Flüchtlinge erleichtern.** [2]**Sie werden insbesondere bestrebt sein, Einbürgerungsverfahren zu beschleunigen und die Kosten dieses Verfahrens soweit wie möglich herabzusetzen.**

Überblick

Die Bestimmung des Art. 34 enthält – für ihre Zeit innovative (→ Rn. 2) – Regelungen zur Frage der Eingliederung und Einbürgerung von Flüchtlingen. Der erste Satz regelt die Erleichterung der Eingliederung und Einbürgerung von Flüchtlingen (→ Rn. 6 ff.). Dabei ist die Regelung zwar als verbindliche Pflicht ausgestaltet; diese Pflicht richtet sich jedoch lediglich auf die weitestmögliche Erleichterung der Eingliederung und Einbürgerung (→ Rn. 7 f.). Der S. 2 bezieht sich exemplarisch auf zwei – von zahlreichen denkbaren – Maßnahmen zur Erleichterung der Einbürgerung betreffend das Einbürgerungsverfahren im Hinblick auf dessen Dauer und Kosten (→ Rn. 11 ff.).

A. Allgemeines

Die Bestimmung des Art. 34 behandelt die Frage der **Eingliederung und Einbürgerung 1** von Flüchtlingen. Mit der Einbürgerung betrifft Art. 34 eine von mehreren Möglichkeiten der **Beendigung des Flüchtlingsstatus** (vgl. Grahl-Madsen Refugee Convention 1951 (1)). Zugleich hat die Bestimmung des Art. 34 inhaltliche Schnittmengen mit der Wohlwollensklausel für den Bereich der nichtselbstständigen Erwerbstätigkeit von Flüchtlingen in Art. 17 Abs. 3 (näher → Art. 17 Rn. 37).

Die Vorschrift des Art. 34 hat keine Vorläufer in früheren Abkommen bzgl. des Status von **2** Flüchtlingen und stellte insofern eine **Innovation** dar (vgl. Zimmermann 1951 Convention/Marx Rn. 4).

Art. 34 hat Teil an der Erweiterung des Flüchtlingsbegriffs durch das **Protokoll über die 3 Rechtsstellung der Flüchtlinge** v. 31.1.1967. Dies ergibt sich aus Art. I Abs. 1 FlüchtlingsProt. Die Möglichkeit der Erklärung von Vorbehalten (→ Rn. 14) schränkt auch das Protokoll nicht ein (vgl. Art. VII FlüchtlingsProt).

Eine im Wesentlichen gleichlautende Vorschrift zu Art. 34 findet sich – im Hinblick auf **4** Staatenlose – auch in Art. 32 StaatenlosenÜ (Übereinkommen über die Rechtsstellung der **Staatenlosen** v. 28.9.1954, BGBl. 1976 II 473, BGBl. 1977 II 235).

B. Regelungsgehalt im Einzelnen

5   Art. 34 enthält eine zweiteilig aufgebaute Regelung. Der S. 1 betrifft die Erleichterung der Eingliederung und Einbürgerung von Flüchtlingen (→ Rn. 6 ff.). Der S. 2 bezieht sich beispielhaft auf Details des Einbürgerungsverfahrens im Hinblick auf dessen Dauer und Kosten (→ Rn. 11 ff.).

I. Erleichterung der Eingliederung und Einbürgerung (S. 1)

6   Nach Art. 34 S. 1 werden die Vertragsstaaten die Eingliederung und Einbürgerung der Flüchtlinge so weit wie möglich erleichtern. Mit dieser „soften" Formulierung haben die Vertragsstaaten zwar das Thema der Eingliederung und Einbürgerung von Flüchtlingen erstmals zum Gegenstand eines auf Flüchtlinge bezogenen Abkommens gemacht, jedoch zugleich **bewusst davon abgesehen,** in diesen delikaten, weil eng mit der Souveränität der Vertragsstaaten verknüpften, und potenziell zahlreiche Fälle betreffenden Bereichen striktere Vorgaben zu machen (vgl. Grahl-Madsen Refugee Convention 1951 (1)).

7   Insofern wurde zwar eine **verbindliche Pflicht** („werden"; in der englischen Sprachfassung: „shall") oder auch Wohlwollensgebot (vgl. BVerwG BeckRS 2020, 38039 Rn. 26) geregelt; Art. 34 S. 1 stellt daher mehr als eine bloße Wohlwollensklausel dar. Damit unterscheidet sich Art. 34 S. 1 von der Wohlwollensklausel im Bereich der nichtselbstständigen Erwerbstätigkeit von Flüchtlingen nach Art. 17 Abs. 3 (→ Art. 17 Rn. 37).

8   Diese Pflicht der Vertragsstaaten richtet sich jedoch nicht auf die Eingliederung und Einbürgerung, sondern lediglich auf deren **weitestmögliche Erleichterung,** und lässt den Vertragsstaaten somit erhebliche Spielräume. Ein Eingliederungs- oder gar Einbürgerungsanspruch lässt sich aus Art. 34 S. 1 nicht ableiten. Der Vorschrift kommt indes **ermessensbeschränkende Wirkung** zu, deren Nichtbeachtung einen Ermessensfehler darstellen kann. Hierauf kann sich der Einzelne auch unmittelbar berufen (vgl. BVerwGE 88, 254 (257) = NVwZ 1992, 180; BVerwG 7, 231 Rn. 9 = NJW 1959, 450; vgl. etwa auch OVG NRW NVwZ-RR 2016, 712 Rn. 38).

8.1   Nach der Rechtsprechung des BVerwG ist bei der Auslegung und Anwendung des Art. 34 zu berücksichtigen, dass jeder Staat seine Staatsangehörigkeit einschließlich der Erwerbstatbestände **zu regeln berechtigt** ist und in dieser Befugnis völkerrechtlich im Wesentlichen nur durch das Verbot des Rechtsmissbrauchs beschränkt ist, welches indes nicht verletzt wird, wenn er seine Staatsangehörigkeit nicht an sachfremde, mit ihm nicht in hinreichender Weise verbundene Sachverhalte knüpft. Weder setzt er zwingende nationale Einbürgerungsvoraussetzungen für Flüchtlinge außer Kraft noch ermächtigt er die Einbürgerungsbehörden, sich im Einzelfall über jene hinwegzusetzen (vgl. BVerwG BeckRS 2020, 38039 Rn. 27 mwN).

8.2   Nach Art. 34 darf schutzberechtigten Flüchtlingen die Einbürgerung indes **nur versagt werden,** wenn **überwiegende öffentliche Interessen entgegenstehen.** Zu solchen überwiegenden öffentlichen Interessen zählen auch die Sicherheit des Staatsverbands und das mit diesem in engem Kontext stehende **öffentliche Interesse an der materiellen Wahrheit der der Einbürgerung zugrunde liegenden Personalien** (vgl. – zum Modell einer gestuften Prüfung der Identität des Einbürgerungsbewerbers, mit welchen die öffentlichen Interessen und die Beweisnot schutzberechtigter Flüchtlinge einem angemessenen Ausgleich zugeführt werden – BVerwG BeckRS 2020, 38039 Rn. 28).

9   Während der Begriff der **Einbürgerung** (in der englischen Sprachfassung: „naturalization") klar zu sein schien, da er auf das innerstaatliche Einbürgerungsrecht verweist (vgl. insoweit → StAG § 10 Rn. 1 ff.), war der Begriff der **Eingliederung** – moderner: Integration – (in der englischen Sprachfassung: „assimilation") Gegenstand längerer Diskussion. Hervorzuheben ist, dass hiermit kein Zwangsakt gemeint sein sollte, sondern lediglich das Schaffen von Voraussetzungen für die – freiwillige – Integration von Flüchtlingen in das wirtschaftliche, soziale und kulturelle Leben des Aufnahmelands einschließlich seiner Sprache, seines Brauchtums und seines Lebensstils (vgl. Grahl-Madsen Refugee Convention 1951 (3); → Rn. 9.1).

9.1   **Hierzu gehört etwa** das Anbieten von Sprachkursen, Berufsanpassungskursen, Integrationskursen zur Vermittlung von Kenntnissen der Rechts- und Gesellschaftsordnung und der Lebensverhältnisse im Aufnahmeland, vor allem aber die Förderung sozialer Kontakte zwischen Flüchtlingen und der einheimischen Bevölkerung (vgl. bereits Grahl-Madsen Refugee Convention 1951 (3)).

10   Dabei stellen Maßnahmen zur Erleichterung der Eingliederung oftmals **mittelbar** zugleich Maßnahmen zur Erleichterung der Einbürgerung dar (→ Rn. 11).

II. Einbürgerungsverfahren und -kosten (S. 2)

Was die nach Art. 34 S. 1 zu ergreifenden Maßnahmen zur Erleichterung der Einbürgerung **11** anbelangt, werden in Art. 34 S. 2 **exemplarisch** zwei von zahlreichen denkbaren Stellgrößen genannt, zum einen die (zu verkürzende) Verfahrensdauer und zum anderen die (herabzusetzenden) Verfahrenskosten der Einbürgerung.

Die in Art. 34 S. 2 angesprochene Beschleunigung des Einbürgerungsverfahrens meint nicht **12** etwa die Frist, nach der ein Ausländer eingebürgert werden kann (in Deutschland grundsätzlich acht Jahre, verkürzbar auf sieben oder sechs Jahre; vgl. insoweit → StAG § 10 Rn. 1 ff.), sondern das **Verwaltungsverfahren** betreffend die Einbürgerung, mithin die Zeitspanne zwischen Antrag und Verwaltungsentscheidung (vgl. Grahl-Madsen Refugee Convention 1951 (5)).

Mit der weiterhin in Art. 34 S. 2 angesprochenen Herabsetzung der **Kosten** des Einbürgerungs- **13** verfahrens sollte ein weiterer bedeutsamer Faktor der Erleichterung der Einbürgerung identifiziert werden (vgl. Grahl-Madsen Refugee Convention 1951 (5); → Rn. 13.1).

Neben diesen in Art. 34 S. 2 exemplarisch genannten Maßnahmen kann die Einbürgerung von Flücht- **13.1** lingen etwa **auch durch folgende Maßnahmen** erleichtert werden: Absenkung der normativen Voraussetzungen für eine Einbürgerung, insbesondere Verkürzung der erforderlichen Aufenthaltsdauer, Absenkung der Anforderungen an den Nachweis der Aufgabe oder des Verlusts der bisherigen Staatsangehörigkeit, Absenkung der Anforderungen an die finanzielle Unabhängigkeit etc. In einem weiteren Sinne stellen auch der Erwerb der Staatsangehörigkeit des Aufnahmelands durch die dortige Geburt von Flüchtlingskindern oder ein Wahlrecht zugunsten von minderjährigen Flüchtlingen Maßnahmen zur Erleichterung der Einbürgerung von Flüchtlingen dar (vgl. Grahl-Madsen Refugee Convention 1951 Art. 34 (4)).

C. Vorbehalte

Hinsichtlich der Bestimmung des Art. 34 (auch in Verbindung mit dem Protokoll über die **14** Rechtsstellung der Flüchtlinge v. 31.1.1967, → Rn. 3) lässt Art. 42 – anders als insbesondere hinsichtlich des Refoulement-Verbots nach Art. 33 sowie Art. 36–46 –**Vorbehalte** zu. Von dieser Möglichkeit haben zunehmend weniger Vertragsstaaten Gebrauch gemacht (→ Rn. 14.1).

Folgende Staaten haben einen **Vorbehalt zu Art. 34** erklärt: **14.1**
• Botswana,
• Chile,
• Honduras,
• Lettland,
• Malawi,
• Mosambik und
• Swasiland (seit 2018 offiziell: Eswatini; näher, jedoch teils nicht mehr aktuell: Zimmermann 1951 Convention/Marx Rn. 16 ff.);
   Rücknahmen zuvor erklärter Vorbehalte erfolgten durch
• Griechenland im Jahr 1978,
• Italien im Jahr 1964,
• Malta im Jahr 2004
• sowie Papua-Neuguinea im Jahr 2014.
Eine **aktuelle Übersicht** über den Stand der Verträge findet sich in der United Nations Treaty Collection (https://treaties.un.org/Pages/Treaties.aspx?id=5&subid=A).

Kapitel VI. Durchführungs- und Übergangsbestimmungen

Artikel 35 Zusammenarbeit der staatlichen Behörden mit den Vereinten Nationen

1. **Die vertragschließenden Staaten verpflichten sich zur Zusammenarbeit mit dem Amt des Hohen Kommissars der Vereinten Nationen für Flüchtlinge oder jeder ihm etwa nachfolgenden anderen Stelle der Vereinten Nationen bei der Ausübung seiner Befugnisse, insbesondere zur Erleichterung seiner Aufgabe, die Durchführung der Bestimmungen dieses Abkommens zu überwachen.**
2. **Um es dem Amt des Hohen Kommissars oder jeder ihm etwa nachfolgenden anderen Stelle der Vereinten Nationen zu ermöglichen, den zuständigen Organen der**

Vereinten Nationen Berichte vorzulegen, verpflichten sich die vertragschließenden Staaten, ihm in geeigneter Form die erbetenen Auskünfte und statistischen Angaben zu liefern über

a) **die Lage der Flüchtlinge,**
b) **die Durchführung dieses Abkommens und**
c) **die Gesetze, Verordnungen und Verwaltungsvorschriften, die in bezug auf Flüchtlinge jetzt oder künftig in Kraft sind.**

Überblick

Art. 35 regelt das rechtliche Verhältnis zwischen den Vertragsstaaten der GFK und dem UNHCR als Organ der Vereinten Nationen. Der UNCHR existierte im Zeitpunkt der Vertragsverhandlungen der GFK noch nicht (→ Rn. 1) und sein Mandat war bis 2003 stets zeitlich begrenzt (→ Rn. 2). Unter Art. 35 Abs. 1 sind die Vertragsstaaten zur Zusammenarbeit mit dem UNHCR verpflichtet (→ Rn. 3). Der Umfang dieser Pflicht korreliert mit dem Mandat des UNHCR nach dessen Statut (→ Rn. 4) und findet seine Grenzen in der Souveränität der Vertragsstaaten (→ Rn. 6). Im Weiteren nennt Abs. 1 als weitere Aufgabe und Pflicht zur Zusammenarbeit die Durchführung (→ Rn. 9) und Überwachung dieser (→ Rn. 10). Abs. 2 regelt die Informationsrechte des UNHCR und damit die Auskunftspflichten der Staaten (→ Rn. 15) hinsichtlich der Lage der Flüchtlinge (→ Rn. 17), die Durchführung des Abkommens (→ Rn. 19) und die geltenden oder zukünftige legislative Akte der Vertragsstaaten (→ Rn. 20).

Übersicht

A. Abs. 1

I. Amt des Hohen Kommissars der Vereinten Nationen für Flüchtlinge oder jeder ihm etwa nachfolgenden anderen Stelle der Vereinten Nationen

1   Das Amt des Hohen Kommissars der Vereinten Nationen für Flüchtlinge (UNHCR) wurde durch die Generalversammlung (Resolution 319 (IV) v. 3.12.1949; Resoltion 428 (V) der Generalversammlung der Vereinten Nationen v. 14.12.1950) gegründet. Der UNHCR ist ein Unterorgan der Generalversammlung iSv Art. 22 UNO (Max Planck Encyclopedia of Public International Law/Feller/Klug UNHCR Rn. 16). Seine Kompetenzen ergeben sich aus dem UNHCR-Statut.

2   Der Verweis auf die „ihm nachfolgende anderen Stelle" beruht auf dem historischen Umstand, dass der UNCHR in seiner „Lebenszeit" bis 2003 immer zeitlich begrenzt war und daher zum Zeitpunkt der Verhandlungen der Weitergang des UNHCR unklar war. So sollte eine weitergehende Verpflichtung zur Zusammenarbeit auch gegenüber dessen Nachfolger mit Art. 35 sichergestellt werden. Seit dem 22.12.2003 wurde das Mandat bis zur Lösung des Flüchtlingsproblems verlängert (Resolution 58/153 Abs. 9 der Generalversammlung der Vereinten Nationen v. 22.12.2003).

II. Zusammenarbeit

3   Unter Art. 35 Abs. 1 verpflichten sich die Vertragsstaaten zur Zusammenarbeit mit dem UNHCR. Es handelt sich dabei um eine generelle Verpflichtung. Anzumerken ist, dass im Rahmen der Verhandlungen die Pflicht aus Art. 35 Abs. 1 von einer bloßen „Unterstützung des UNHCR" zu einer Pflicht zur „zur Zusammenarbeit" intensiviert wurde, dennoch blieb die inhaltliche Ausgestaltung dieser Verpflichtungen im Rahmen der Verhandlungen zunächst weitgehend unklar (vgl. Weis Refugees Convention 1951 361). Dies mag im weitesten dem Umstand geschuldet sein, dass die Ausgestaltung des UNHCR zu diesem Zeitpunkt nicht geklärt war.

Der Umfang dieser Pflicht erstreckt sich auf die Ausübung der Befugnisse des UNHCR und **4** dient der Erleichterung seiner eigenen Aufgaben. Damit korreliert der Umfang und die Reichweite dieser Pflicht mit dem zugewiesenen Arbeitsfeld des UNHCR nach seinem Statut im vollen Umfang (vgl. Grahl-Madsen Refugee Convention 1951 (4)). Eine solche Blankopflicht wurde auch während den Verhandlungen gesehen und bestätigt (vgl. Zimmermann 1951 Convention/ Zieck Rn. 59). Damit stellt dieser Bezug eine dynamische Pflicht dar, welche sich an der Flexibilität der Aufgaben und Tätigkeiten des UNHCR ausrichtet. Insoweit wird auch die stetige Fortentwicklung des Tätigkeitfelds und des **modus operandi** des UNHCR durch seine **„good office"** Praxis (näher Zimmermann 1951 Convention/Zieck Rn. 52, 54 ff.), wie auch die zunehmende Erweiterung des Flüchtlingsbegriffs unter dem Statut, von der aufgabenbezogenen Zusammenarbeit unter Art. 35 Abs. 1 erfasst.

Aufgabe des UNHCR nach seinem Statut ist, die Gewährung Internationalen Schutzes für **5** Flüchtlinge unter seinem Mandat und eine Dauerlösung des Flüchtlingsproblems anzustreben (Kapitel I Nr. 1 UNHCR-Statut). Die Kompetenzen zur Erreichung dieses Ziels finden sich in Kapitel II Nr. 8 UNHCR-Statut. Die aufgezählten Kompetenzen sind entsprechend der zunächst angedachten Konzeptionen eines allgemeinen Organs in Kapitel I Nr. 2 UNHCR-Statut, auf den Flüchtlingsschutz im Allgemeinen gerichtet, und nicht auf den Schutz individueller Flüchtlinge. Jedoch kann der UNHCR entgegen dieser Festschreibung aus heute anerkannter Praxis auch für individuelle Flüchtlinge tätig werden (Grahl-Madsen Refugee Convention 1951 (3)). Die Pflicht zur Zusammenarbeit erstreckt sich daneben auch auf diese Funktionen, welche Art. 35 Abs. 1 selbst nennt, exemplarisch die Überwachung der Durchführung dieses Abkommens (→ Rn. 10 f.).

Eine Grenze der Art der Zusammenarbeitspflicht stellt das Recht der Staaten dar, ihre eigenen **6** Interessen und Souveränität zu schützen. Der Wortlaut Art. 35 Abs. 1 stellt eindeutig heraus, dass die Pflichten zur Umsetzung des Abkommens bei den Staaten selbst bleiben soll. Der UNHCR ist kein Mitglied der GFK und trägt daher nicht die darin enthaltenen Verpflichtungen (Goodwin-Gill IJRL 20 (2008) 675 Rn. 90 f.). Auch verbleibt die verbindliche Feststellung der Flüchtlingseigenschaft in den Händen der Vertragsstaaten und eine solche kann unter Art. 35 Abs. 1 nicht durch den UNHCR verlangt oder ohne Ermächtigung vorgenommen werden (vgl. BVerwG BeckRS 2010, 55621). Hinsichtlich der GFK-Garantien verbleibt dem UNHCR die Funktion der Überwachung derer Durchsetzung. Er kann die Gleichbehandlungsstandards oder Rechte selbst nicht stellvertretend einfordern. Dies deckt sich auch mit der angedachten historischen Funktion als zentralisierte Überwachungsinstitution im Gegensatz zur operative Unterstützung einzelner Flüchtlinge vor Ort, auch wenn diese sich über die Zeit noch wandeln sollte (Zimmermann 1951 Convention/Zieck Rn. 51). Somit kann die Zusammenarbeit auch nicht so weit ausgelegt werden, dass der UNHCR eine lokale Präsenz innerhalb des Territoriums ohne Zustimmung des jeweiligen Staates oder eine Intervention gegen Drittstaaten verpflichtend verlangen kann (Grahl-Madsen Refugee Convention 1951 (2)). Eine Reaktion gegenüber Drittstaaten selbst, wie auch ein Verfahren vor dem IGH unter Art. 38 (→ Art. 38 Rn. 5), kann von dem UNHCR erfragt, der Vertragsstaat jedoch dazu nicht verpflichtet werden (Grahl-Madsen Refugee Convention 1951 (2)).

Die Pflicht zur Kooperation erstreckt sich auch auf alle Mitglieder der Vereinten Nationen, da **7** die in Art. 35 Abs. 1 statuierte Pflicht auch im sachlichen Zusammenhang mit den Pflichten aus Art. 55, 56 UNO zusehen ist (Grahl-Madsen Refugee Convention 1951 (2); Max Planck Encyclopedia of Public International Law/Feller/Klug UNHCR Rn. 83).

Unter Art. 35 Abs. 1 können die Staaten jedoch den UNCHR auch weitergehend involvieren, **8** da diesem zudem eine Überwachungspflicht nach Kapitel I und Art. 11 UNCHR-Statut zukommt. So kann er auch nach Einladung Stellungnahmen zu Gesetzesvorhaben im Rahmen seines Mandats abgeben. Als Beispiel ist hier die Stellungnahme zum Gesetzentwurf der Bundesregierung zum Familiennachzug von Subsidiär Schutzberechtigten v. 27.5.2018 (http:// www.unhcr.org/dach/wp-content/uploads/sites/27/2018/05/UNHCR-Stellungnahme-Gesetzentwurf-Familiennachzug-zu-subsidi%C3%A4r-Schutzberechtigten-final.pdf) zu nennen.

III. Durchführung

Der UNHCR überwacht die Durchführung der Bestimmungen der Konvention. Die deutsche **9** Übersetzung ist insoweit irreführend, da sowohl in Abs. 1 wie Abs. 2 lit. b der Begriff der „Durchführung" verwendet wird. Der englische Originaltext spricht von **„application"** in Abs. 1 und von **„implementation"** in Abs. 2 lit. b. Damit können die Begriffe nicht als deckungsgleich verstanden werden, denn „application" setzt logisch die vorhergehende „implementation" voraus (Zimmermann 1951 Convention/Zieck Rn. 76). Ein Beispiel der „implementation" ist die Verpflichtung zur gesetzlichen Umsetzung nach Art. 36 (→ Art. 36 Rn. 1). Dagegen bezieht sich die Überwachung in Abs. 1 auf die Durchsetzung dieser implementierten Regelungen.

IV. Überwachung der Durchführung

10   Anders als die großen Menschenrechtsverträge kennt die GFK keine internen Durchsetzungsmechanismen wie Individualbeschwerdeverfahren oder periodische Berichterstattungsverfahren. Die Überwachung der Durchführung wurde dem UNHCR übertragen, ohne dass dieser klagebefugt wäre oder Maßnahmen gegen Staaten ergreifen kann (→ Rn. 7). Die Umsetzung der Überwachung erfüllt sich daher überwiegend in der Datenanalyse und Berichtsverfahren aus Art. 35 Abs. 2 (Max Planck Encyclopedia of Public International Law/Feller/Klug UNHCR Rn. 85).

11   Im Weiteren erfüllt der UNHCR seine Überwachungspflichten durch Publikationen und Länderberichte. Innerhalb der Dokumente verweist der UNHCR selbst auf seine Überwachungspflicht aus Nr. 8 UNHCR-Statut iVm Art. 35, 36 GFK und Art. II FlüchtlingsProt (vgl. UNHCR, Handbook and Guidelines on Procedures and Criteria for Determining Refugee Status, 2011, Foreword, 2).

12   Die Interpretation des UNHCR wie auch die Resolutionen des Executive Committee können als soft law nicht als rechtlich verbindliche Texte herangezogen werden (vgl. BVerwG BeckRS 2008, 33994 Rn. 29). Jedoch spiegeln sie die Praxis vieler Staaten wieder und diesen kommt im Rahmen der Vertragsauslegung – als maßgebende Darstellung des geltenden internationalen Flüchtlingsrechts – immense Bedeutung zu (Max Planck Encyclopedia of Public International Law /Feller/Klug UNHCR Rn. 82). Auch stellen sie Erkenntnisquellen für Länderinformationen dar (vgl. EGMR Urt. v. 23.2.2012 − 27765/09 Rn. 43 ff. – Hirsi Jamaa und andere / Italien, NVwZ 2012, 809) So bekommen sie eine mittelbare Durchsetzungswirkung, indem Gerichte regelmäßig diese heranziehen (so etwa in BVerwG BeckRS 2017, 124489).

13   Innerhalb des Europarechts ist die Überwachungsfunktion des UNHCR weitgehend verankert (→ Rn. 13.1).

13.1 • Art. 63 Abs. 1 EGV (Konsolidierte Fassungen des Vertrags über die Europäische Union und des Vertrags zur Gründung der Europäischen Gemeinschaft von 2002, ABl. 2002 C 325, 1);
      • Amsterdamer Vertrag, Nr. 17 der von der Konferenz angenommen Erklärungen zu Artikel 73k des Vertrags zur Gründung der Europäischen Gemeinschaft „In asylpolitischen Angelegenheiten werden Konsultationen mit dem Hohen Kommissar der Vereinten Nationen für Flüchtlinge [...] aufgenommen";
      • Art. 7 Abs. 2 Qualifikations-RL und Erwägungsgrund 22 Qualifikations-RL (RL 2011/95/EU v. 13.12.2011, ABl. 2011 L 337, 9);
      • Art. 21 Asylverfahrens-RL 2005 (RL 2005/85/EG v. 1.12.2005, Abl. 2005 L 326, 13);
      • Erwägungsgrund 10 und 17 VO (EU) 439/2010 und vor allem Art. 50 VO (EU) 439/2010 (v. 19.5.2010, ABl. 2010 L 132, 11).

14   Daneben tritt der UNHCR in Common Law Staaten als **Amicus Curiae** auf (Zimmermann 1951 Convention/Zieck Rn. 70). Und auch in Verfahren vor den Europäischen Gerichten tritt der UNHCR in seiner Überwachungsfunktion als beteiligter Dritter auf (vgl. unter anderem EGMR Urt. v. 23.2.2012 − 27765/09 Rn. 104 ff. – Hirsi Jamaa und andere / Italien, NVwZ 2012, 809; UNHCR Statement on Article 1 F of the 1951 Convention). Auch diese Tätigkeiten erfolgen im Rahmen seiner Überwachungsfunktion.

B. Abs. 2

15   Die Staaten haben unter Art. 35 Abs. 2 eine spezifische Auskunftspflicht, um es dem UNHCR zu ermöglichen, seiner Pflicht aus Nr. 11 UNHCR-Statut, dem Generalsekretär (als zuständiges Organ) jährlich Bericht zu erstatten, nachzukommen. Es besteht keine allgemeine oder regelmäßige Berichterstattungspflicht seitens der Vertragsstaaten. Eine solche erfolgt nur auf Aufforderung durch den UNHCR. Die Informationen müssen dem UNHCR in geeigneter Form zugeleitet werden. Geeignet ist die Form dann, wenn sie für die Arbeit des UNHCR tauglich ist (vgl. Zimmermann 1951 Convention/Zieck Rn. 83).

16   Die abfragbaren Daten beschränken sich abschließend auf die Bereiche, welche in Art. 35 Abs. 2 lit. a–c genannt werden.

I. Lage der Flüchtlinge

Art. 35 Abs. 2 lit. a erfasst Daten über die Lage der Flüchtlinge. Dies ist die erste Bezugnahme, **17** neben Art. 35 Abs. 2 lit. c, auf den Begriff „Flüchtling" innerhalb des Art. 35. Der Begriff steht hier im Kontext zu den Aufgaben des UNHCR. Der Flüchtlingsbegriff innerhalb der GFK und unter dem UNHCR-Statut weichen voneinander ab. Mehr noch aufgrund der aufgrund der stetigen Erweiterung des Mandats des UNHCR durch die **„Good Office"** Praxis. Für eine weite Auslegung als „Flüchtlinge" im Sinne des UNHCR-Statuts, spricht der Zweck der Norm, wonach der UNHCR befähigt werden soll, seine Tätigkeit auszuüben und die Pflicht zu Berichterstattung gegenüber den Vereinten Nationen möglichst effektiv wahrzunehmen (→ Rn. 15). Dieser Bericht betrifft die Mandatsflüchtlinge und nicht lediglich die Konventionsflüchtlinge (Zimmermann 1951 Convention/Zieck Rn. 84). Eine Beschränkung auf Konventionsflüchtlinge wäre daher nur iRv Art. 35 Abs. 2 lit. c sinnvoll. Gegen die Erstreckung von Abs. 2 lit. c spricht, dass dann eine Unklarheit über die staatliche Verpflichtung besteht. So müssten die Vertragsstaaten Daten dann auch über Nichtkonventionsflüchtlinge sammeln. Eine solche Pflicht würde weit über den Anwendungsbereich der GFK hinausgehen. Zwar werden die Staaten Daten über Nicht-Konventionsflüchtlinge haben, eine vertragliche Pflicht aus Art. 35 Abs. 2 lit. a steht aber im Widerspruch zur Gesamtschau des Vertrages. Eine Auskunftspflicht über Nicht-Konventionsflüchtlinge wird im Ergebnis jedoch sachlich von der Pflicht zur Zusammenarbeit aus Art. 35 Abs. 1 erfasst.

Die erbetenen Informationen müssen sich auf die Lage der Flüchtlinge beziehen. Geachtet der **18** Funktion des UNHCR (Nr. 2 UNHCR-Statut) als nicht operatives Organ ist unter „Lage" die Situation der Flüchtlinge im allgemeinen oder spezifischer Gruppen zu verstehen, nicht die Situation einzelner oder konkreter Flüchtlinge (Grahl-Madsen Refugee Convention 1951 (8)). Es ist damit nicht nur die Verfassung von Flüchtlingen im Allgemeinen zu erfassen, sondern auch deren Status und Zugang zu den jeweiligen Rechten unter der GFK, wie auch der Genuss der Menschenrechte innerhalb des jeweiligen Aufnahmelandes (vgl. Max Planck Encyclopedia of Public International Law/Feller/Klug UNHCR Rn. 69 f.; Zimmermann 1951 Convention/Zieck Rn. 85).

II. Durchführung dieses Abkommens

Wie dargelegt (→ Rn. 9) ist hier Durchführung im Sinne der Implementierung oder Umset- **19** zung der GFK zu verstehen. Damit ist ein weites Feld von Informationen erfasst, welche sich allgemein mit der Umsetzung der Konvention beschäftigen. Erfasst wird das allgemeine positive Recht im Bezug zu der GFK. Damit deckt sich Art. 35 Abs. 2 lit. b mit Art. 36 (→ Art. 36 Rn. 5; Zimmermann 1951 Convention/Zieck Rn. 86).

III. Die Gesetze, Verordnungen und Verwaltungsvorschriften, die in Bezug auf Flüchtlinge jetzt oder künftig in Kraft sind

Erfasst wird hierunter jeder legislative Akt und jedes Gesetzesvorhaben, welches – ob gezielt **20** oder nicht – im Bezug zu Flüchtlingen steht. Ausreichend ist damit, dass die Regelung sich auf den Flüchtlingsstatus oder die Flüchtlingsrechte faktisch auswirkt (Zimmermann 1951 Convention/Zieck Rn. 87).

C. Vorbehalte

Art. 42 nennt Art. 35, so dass Vorbehalte möglich wären. Dennoch wurden keine Vorbehalte **21** gegen Art. 35 erklärt (vgl. Zimmermann 1951 Convention/Zieck Rn. 18). Auch wäre ein solcher Vorbehalt aufgrund der Kooperationspflicht für Mitgliedstaaten der Vereinten Nationen aus Art. 2 Nr. 5 UNO im Ergebnis ohnehin unzulässig (Zimmermann 1951 Convention/Zieck Rn. 18).

Nach Art. VII FlüchtlingsProt (Protokoll über die Rechtsstellung der Flüchtlinge v. 31.1.1967, **22** BGBl. 1969 II 1293) sind Vorbehalte gegen Art. II FlüchtlingsProt unzulässig.

Artikel 36 Auskünfte über innerstaatliche Rechtsvorschriften

Die vertragschließenden Staaten werden dem Generalsekretär der Vereinten Nationen den Wortlaut der Gesetze und sonstiger Rechtsvorschriften mitteilen, die sie etwa erlassen werden, um die Durchführung dieses Abkommens sicherzustellen.

Überblick

Art. 36 statuiert eine Mitteilungspflicht der Vertragsstaaten gegenüber dem Generalsekretär der Vereinten Nationen. Dadurch soll die Umsetzung innerhalb der innerstaatlichen Rechtsordnung überwacht werden (→ Rn. 1). Gegenstand dieser Mitteilungspflicht sind alle staatlichen Umsetzungsakte (→ Rn. 2), sowie eine spätere Besserstellungen von Flüchtlingen über den Mindestbehandlungsstandard hinaus (→ Rn. 4). Die erlassenen Akte sind dem Generalsekretär vollständig zuzuleiten (→ Rn. 5). Die unter Art. 36 bestehende Pflicht ist absolut und muss von den Staaten ohne vorherige Anforderung erfüllt werden (→ Rn. 6). Eine entsprechende Pflicht statuiert Art. III FlüchtlingsProt (Protokoll über die Rechtsstellung der Flüchtlinge v. 31.1.1967; → Rn. 8).

A. Inhalt

1 Mit Ratifikation der GFK oder bei Beitritt zu dieser und deren Inkrafttreten (→ Art. 43 Rn. 1) besteht eine **Rechtsverbindlichkeit für den jeweiligen Vertragsstaat.** Die Erfüllung der vertraglichen Verpflichtungen wird zumeist durch die Anpassung der innerstaatlichen Rechtsordnung gewährleistet, insofern eine solche notwendig ist. Die Mitteilungspflicht aus Art. 36 soll dabei **die Überwachung** der effektiven (innerstaatlichen) Umsetzung gewährleisten (Weis Refugees Convention 1951 367).

2 Jede Form der staatlichen Umsetzungen durch Gesetze oder sonstige Rechtsvorschriften, welche **im Zusammenhang** mit den vertraglichen Verpflichtungen stehen, wird von der Mitteilungspflicht unter Art. 36 erfasst (Zimmermann 1951 Convention/Zieck Rn. 26).

3 Die Pflicht erstreckt sich dabei auf alle Akte, welche die Vertragsstaaten „[…] erlassen werden". Damit besteht die Pflicht bereits **schon vor dem Erlass.**

4 Viele Verpflichtungen aus der GFK setzen unterschiedliche Gleichbehandlungsstandards als Minimumstandard voraus. Die verpflichtende Mindestgleichbehandlung muss dabei **im Zeitpunkt** des Inkrafttretens bereits garantiert sein (Grahl-Madsen Refugee Convention 1951 (3)). Eine Besserstellung über den Mindeststandard hinaus kann **auch zu einem späteren Zeitpunkt** gewährt werden. Auch hinsichtlich einer solchen späteren Besserstellung besteht die Mitteilungspflicht nach Art. 36, da auch diese staatliche Umsetzungsakte hinsichtlich der Verpflichtung aus der GFK darstellen (Grahl-Madsen Refugee Convention 1951 (3)).

5 Die erlassenen Gesetze und sonstigen Rechtsvorschriften sind dem Generalsekretär der Vereinten Nation als **vollständige Text** zuzuleiten (vgl. das UN-Dokument A/CONF.2/SR.25, S. 27). Dadurch können alle Vertragsstaaten den Stand abfragen und ggf. abgleichen (Robinson Convention 143). Eine **Weiterleitungspflicht** dieser Texte an die anderen Vertragsstaaten durch den Generalsekretär besteht in Ermangelung einer Nennung in der Auflistung des Art. 46 nicht (Zimmermann 1951 Convention/Zieck Rn. 19, 24).

6 Diese **Pflicht ist absolut** und muss nicht – anders als bei Art. 35 (→ Art. 35 Rn. 15 ff.) – vom Generalsekretär zuvor erfragt werden (Grahl-Madsen Refugee Convention 1951 (2)). Sollte jedoch die Umsetzung durch die verfassungsmäßige innerstaatliche Kompetenzordnung den Bundesländern oder Teilgliedstaaten obliegen, trifft Art. 41 lit. c (→ Art. 41 Rn. 9) eine **speziellere Regelung.**

7 In der **praktischen Umsetzung** zeigt sich, dass die Vertragsstaaten ihre Mitteilungen über die Umsetzung an den UNHCR als Suborgan der Vereinten Nationen richten statt an den UN-Generalsekretär (Türk RQDI 14 (2001), 135 (140)). Insoweit kann hier eine anderweitige spätere Übung bestehen. Eine **gesonderte Informationspflicht** gegenüber dem UNHCR ergibt sich im Weiteren aus Art. 35 Nr. 2 lit. c (→ Art. 35 Rn. 20 ff.).

B. Art. III FlüchtlingsProt

8 Die Mitteilungspflicht der Vertragsstaaten nach Art. III FlüchtlingsProt (Protokoll über die Rechtsstellung der Flüchtlinge v. 31.1.1967) entspricht dem oben gesagten hinsichtlich Art. 36.

C. Vorbehalte

9 Nach Art. 42 Abs. 1 sind keine Vorbehalte in Bezug auf Art. 36 zulässig. Dasselbe gilt nach Art. VII FlüchtlingsProt hinsichtlich Art. III FlüchtlingsProt.

Artikel 37 Beziehung zu früher geschlossenen Abkommen

Unbeschadet der Bestimmungen seines Artikels 28 Ziffer 2 tritt dieses Abkommen im Verhältnis zwischen den vertragschließenden Staaten an die Stelle der Vereinbarungen vom 5. Juli 1922, 31. Mai 1924, 12. Mai 1926, 30. Juni 1928 und 30. Juli 1935 sowie der Abkommen vom 28. Oktober 1933, 10. Februar 1938, des Protokolls vom 14. September 1939 und der Vereinbarung vom 15. Oktober 1946.

Überblick

Art. 37 regelt das Verhältnis zwischen den Verpflichtungen der Vertragsstaaten aus der GFK und den vorherigen Abkommen (→ Rn. 1) insofern die jeweiligen Staaten ebenfalls Mitglieder dieser sind. Unberührt von dieser Regelung bleibt die Legitimität der unter den vorherigen Konventionen ausgestellten Reisedokumente (→ Rn. 2). Im Weiteren gelten die zeitlich zuvor geschlossenen Abkommen zwischen den GFK-Vertragsstaaten als aufgehoben (→ Rn. 1, → Rn. 3).

A. Sinn und Zweck

Art. 37 regelt die **Anwendung der GFK inter partes** im Verhältnis zu den vorherigen 1 Abkommen. Es handelt sich damit um eine Kollisionsnorm, welche Unklarheiten über den Pflichtenumfang untereinander vermeiden soll (→ Rn. 1.1). Im Verhältnis zwischen den Vertragsparteien der GFK gelten die vorherigen Abkommen und Arrangements als aufgehoben. Dies stellt aber **keinen Austritt dar,** da weiterhin die Verpflichtungen aus den vorherigen Konventionen gegenüber den Vertragsparteien dieser Abkommen bestehen, sofern diese nicht oder noch nicht der GFK beigetreten sind.

Der vorläufige Entwurf der Konvention, welche dem Ad Hoc Komitee vorgelegt wurde, sah vor, dass 1.1 Personen, die bereits unter den Schutz der Konventionen v. 28.10.1933 (League of Nations, Treaty Series, Vol. CLIX No. 3663) und 10.2.1938 (League of Nations, Treaty Series, Vol. CXCII No. 4461, 59) fallen, nicht von der GFK erfasst werden sollen (UN Ad Hoc Committee on Statelessness and Related Problems, Status of Refugees and Stateless Persons – Memorandum by the Secretary-General, 3 January 1950, E/AC.32/2, S. 52 (Artikel 31)). Danach wären russische, armenische, vergleichbare Gruppen sowie deutsche Flüchtlinge vom Anwendungsbereich auszuschließen, insofern eine Vertragspartei der GFK auch Mitglied dieser Abkommen ist. Ein solcher Ausschluss stieß bei dem Ad-Hoc-Komitee auf Ablehnung, da alle Flüchtlinge in den Genuss der neuen Konvention kommen sollten (vgl. Stellungnahme des Delegierten Dänemarks, E/AC.32/SR.22, S. 14). Dennoch wollten die Parteien Klarheit über den Pflichtenumfang schaffen. Denn ein Staat, der den vorherigen Konventionen angehört und der GFK beitritt, könnte aus den verschiedenen Verträgen widersprüchlichen Verpflichtungen ausgesetzt sein (Weis Refugees Convention 1951 368). Als Lösungsansatz wurde ein Neustart vorgeschlagen, bei dem die vorherige Konvention aufgehoben und durch die GFK ersetzt werden sollte (E/AC.32/SR.3, S. 6 f.). Gegen ein solches Vorgehen sprach jedoch, dass nicht alle Vertragsparteien der vorherigen Konvention auch der GFK beitreten würden. Der Belgische Delegierte schlug eine Konkurrenzlösung vor, nach der im Verhältnis zu den vorherigen Konventionen als **lex specialis** der GFK eine Stellung als **lex generalis** zukommen solle (vgl. Weis Refugees Convention 1951 368). Dieser Ansatz findet sich im Verhältnis der Vertragsstaaten zueinander unter Art. 37 jedoch nicht wieder, denn die GFK „tritt […] an die Stelle" der vorherigen Vereinbarungen. Eine Berufung auf die vorherigen Vereinbarungen ist unter Art. 5, Art. 7 Abs. 3 in besonderen Situationen denkbar (→ Art. 7 Rn. 1 ff.; vgl. → Rn. 5).

B. Inhalt der Norm

I. „Unbeschadet der Bestimmungen seines Artikels 28 Ziffer 2"

Um eine Entwertung der Reisedokumente (wie zB dem Nansen-Pass oder dem nachfolgenden 2 **London Travel Document** (Londoner Abkommen betreffend Reiseausweise für Flüchtlinge v. 19.7.1951, BGBl. II 160)) von Flüchtlingen, welche den vorherigen Regelungen unterfallen, zu vermeiden, gelten die vorherigen Abkommen iRd Art. 28 Abs. 2 **weiterhin als bestehend** (vgl. → Art. 28 Rn. 2 ff.). Insoweit gilt für Reisedokumente eine besondere Regelung. Alle Vertragsstaaten der GFK **verpflichten sich unter Art. 28 Abs. 2 zur Anerkennung** dieser vorherigen Dokumente, selbst wenn der jeweilige Vertragsstaat nicht Mitglied der vorherigen Vereinbarungen ist (Zimmermann 1951 Convention/Schmahl Rn. 10). Unbeantwortet bleibt aber die Frage, **ob ein Anspruch des Flüchtlings aus den vorherigen Konventionen** weiterhin Geltung haben kann, so zB im Falle, wenn er einen **Nansen-Pass** nach einer vorherigen Konvention innerhalb eines GFK-Mitgliedstaates beantragen möchte. Zum Beispiel entschied das deutsche BVerwG, dass eine Anwendung der vorherigen Regelungen gegeben sein muss, wenn keine Deckungsgleichheit zwischen den Vertragsstaaten und der jeweiligen Verpflichtung besteht (BVerwG BeckRS 1957, 102782). Die Entscheidung, ob ein Anspruch auf einen nicht GFK-Reisepass besteht, ist daher anhand des Reiseziels und der Bindung des Drittstaats zu beurteilen (BVerwG BeckRS 1957, 102782). Diese Ansicht deckt sich sachlich mit dem Sinn und Zweck der GFK, welche einerseits unter Art. 37 eine Vereinheitlichung anstrebt, anderseits aber auch die Gewährung effektiven Schutzes gewährleisten soll. Der Geltungserhalt hängt daher von der **Schutzverwirklichung in Gesamtschau des Einzelfalls** ab.

II. „an die Stelle der Vereinbarungen vom 5. Juli 1922, 31. Mai 1924, 12. Mai 1926, 30. Juni 1928 und 30. Juli 1935 sowie der Abkommen vom 28. Oktober 1933, 10. Februar 1938, des Protokolls vom 14. September 1939 und der Vereinbarung vom 15. Oktober 1946"

3   Art. 37 regelt das Verhältnis zwischen GFK und den genannten Abkommen. Die aufgezählten Konventionen sind hier nicht deckungsgleich mit der Aufzählung in Art. 1 A. So fehlt in Art. 37 ein Verweis auf die Satzung der International Refugee Organization (IRO-Satzung). Dies hat jedoch keine inhaltlichen Auswirkungen auf die genannten Artikel (Zimmermann 1951 Convention/Schmahl Rn. 11). Dass auch das Arrangement von 1936 nicht genannt wird, ist der Tatsache geschuldet, dass dieses durch die Konvention von 1938 abgelöst wurde.

4   Die GFK tritt an Stelle der aufgezählten Abkommen und Arrangements. Sie gelten zwischen den GFK-Vertragsstaaten als **aufgehoben** (→ Rn. 1).

5   Es ist allerdings darauf hinzuweisen, dass Art. 37 in einem **engen Zusammenhang** der Begünstigung aus Art. 5 und Art. 7 Abs. 3 steht. Die Ansprüche aus den vorherigen Abkommen bleiben jedoch **nicht erhalten** und ein Flüchtling kann sich nicht auf eine Meistbegünstigung nach den vorherigen Konventionen und Arrangements unter Art. 5 oder Art. 7 Abs. 3 berufen, da eben keine konkurrierenden Verpflichtungen bestehen sollten (vgl. → Rn. 1.1; **aA** Zimmermann 1951 Convention/Schmahl Rn. 9). Dies gilt **jedoch nur, solange** nicht ein relevanter Bezug in Form eines subjektiven Anspruchs in Verbindung mit einer Rechtswahrnehmung **in einem anderen Nichtkonventionsstaat** besteht (vgl. → Rn. 2). Denn im Verhältnis zwischen GFK-Vertragsstaaten und Vertragsstaaten, welche **nicht** der GFK, aber vorherigen Arrangements und Konvention beigetreten sind, bleiben die Verpflichtungen aus den vorherigen Vereinbarungen bestehen (Grahl-Madsen Refugee Convention 1951 (1), (3)); Weis Refugees Convention 1951 371).

C. Vorbehalte und abgegebene Erklärungen

6   Gegen Art. 37 wurden keine Vorbehalte angebracht (https://treaties.un.org/pages/ViewDetailsII.aspx?src=TREATY&mtdsg_no=V-2&chapter=5&Temp=mtdsg2&clang=_en).

Kapitel VII. Schlußbestimmungen

Artikel 38 Regelung von Streitfällen

Jeder Streitfall zwischen den Parteien dieses Abkommens über dessen Auslegung oder Anwendung, der auf andere Weise nicht beigelegt werden kann, wird auf Antrag einer der an dem Streitfall beteiligten Parteien dem Internationalen Gerichtshof vorgelegt.

Überblick

Art. 38 sieht eine Streitbeilegungsvorschrift vor (→ Rn. 1 ff.), die unter bestimmten Voraussetzungen (→ Rn. 5 ff.) eine Vorlage von Streitfällen an den IGH mit Sitz in Den Haag eröffnet, deren praktische Bedeutung allerdings gering ist (→ Rn. 13).

A. Allgemeines

Art. 38 sieht eine für völkerrechtliche Verträge **typische Streitbeilegungsvorschrift** vor;   **1**
ähnliche Klauseln finden sich in zahlreichen völkerrechtlichen Verträgen (vgl. Zimmermann 1951 Convention/Oellers-Frahm Rn. 1).

Hinsichtlich des Art. 38 sind **Vorbehalte** ausgeschlossen (näher → Art. 42 Rn. 1).   **2**

Eine dem Art. 38 entsprechende Vorschrift enthält auch das **Protokoll** über die Rechtsstellung   **3**
der Flüchtlinge v. 31.1.1967 in Art. IV FlüchtlingsProt. Jedoch sind diesbezügliche Vorbehalte –
anders als hinsichtlich des Art. 38 (→ Rn. 2) – nicht nur zulässig (vgl. Art. VII FlüchtlingsProt),
sondern auch weit verbreitet (→ Rn. 3.1).

Folgende Staaten haben einen **Vorbehalt zu Art. IV FlüchtlingsProt** erklärt: **3.1**
- Angola,
- Botswana,
- China,
- Kongo (Demokratische Republik),
- El Salvador,
- Ghana,
- Jamaika,
- Ruanda,
- St. Vincent und die Grenadinen,
- Tansania und
- Venzuela (vgl. Zimmermann 1951 Convention/Oellers-Frahm Rn. 35).

Eine aktuelle Übersicht über den Stand der Verträge findet sich in der United Nations Treaty Collection
(https://treaties.un.org/Pages/Treaties.aspx?id=5&subid=A).

Eine im Wesentlichen wortlautidentische Vorschrift findet sich – im Hinblick auf Staatenlose –   **4**
auch in Art. 34 StaatenlosenÜ (Übereinkommen über die Rechtsstellung der **Staatenlosen** v.
28.9.1954, BGBl. 1976 II 473, BGBl. 1977 II 235; → Rn. 4.1).

Ebenso wie in der GFK (→ Rn. 2) gilt auch bezüglich der Streitbeilegung im Rahmen des Überein-   **4.1**
kommens über die Rechtsstellung der Staatenlosen ein **Ausschluss von Vorbehalten** (Art. 38 Abs. 1
StaatenlosenÜ).

B. Regelungsgehalt im Einzelnen

Die Regelung sieht vor, dass jeder Streitfall, der auf andere Weise nicht beigelegt werden kann   **5**
(→ Rn. 6), zwischen den Parteien dieses Abkommens (→ Rn. 8) über dessen Auslegung oder
Anwendung (→ Rn. 9) auf Antrag einer der an dem Streitfall beteiligten Parteien (→ Rn. 10 f.)
dem IGH vorgelegt werden kann (→ Rn. 12).

I. „Streitfall"

Für den Begriff des Streitfalls (in der englischen Sprachfassung: „dispute") hat die bereits im   **6**
Jahr 1924 gefundene **Definition des Ständigen Internationalen Gerichtshofs (StIGH)** – das
ständige Organ zur gerichtlichen Streiterledigung im Rahmen des Völkerbunds und Vorgänger
des heutigen IGH (vgl. Verdross/Simma, Universelles Völkerrecht, 1. Aufl. 1976, 78) – bis heute
Gültigkeit. Diese lautet: „A dispute is a **disagreement on a point of law or fact,** a conflict of
legal views or interests between two persons" (vgl. Zimmermann 1951 Convention/Oellers-
Frahm Rn. 23 mwN; → Rn. 6.1).

Die Frage, ob tatsächlich ein Streitfall vorliegt, ist **praktisch wenig bedeutsam,** entscheidet doch der   **6.1**
IGH im Fall seiner Anrufung über diese Frage. Dieser aber hat den (freilich in anderen Fällen; → Rn. 13)
vorgebrachten Einwand, es liege kein Streitfall vor, bislang noch nie gelten lassen (vgl. Zimmermann 1951 Convention/Oellers-Frahm Rn. 23).

Die Wendung **„der auf andere Weise nicht beigelegt werden kann"** hat keine eigenständige   **7**
Bedeutung. Sie bestätigt lediglich die generelle Verpflichtung von Staaten, Streitigkeiten friedlich
beizulegen (vgl. die in Art. 33 Abs. 1 UNO genannten Möglichkeiten der Streitbeilegung durch
Verhandlung, Untersuchung, Vermittlung, Vergleich, Schiedsspruch etc; vgl. Zimmermann 1951 Convention/Oellers-Frahm Rn. 26).

II. „zwischen Parteien dieses Abkommens"

8 Beteiligte der dem IGH vorgelegten Streitfälle können nur Vertragsstaaten der GFK sein. Diese **Zuständigkeit ratione personae** stimmt mit Art. 34 Abs. 1 IGHS überein, wonach lediglich Staaten – und nicht auch Individuen – berechtigt sind, als Parteien vor dem Gerichtshof aufzutreten. Diese Einschränkung des Zugangs zum IGH ist Wurzel des praktischen Schattendaseins der Vorschrift des Art. 38 (→ Rn. 13; → Rn. 8.1).

8.1 Zwar schließt diese Zuständigkeit ratione personae es nicht aus, nicht nur die Verletzung der Rechte der Vertragsstaaten der GFK, sondern auch die Verletzung individueller Rechte im Wege des **diplomatischen Schutzes** zum Gegenstand der zwischenstaatlichen Streitbeilegung zu machen. Da diplomatischer Schutz jedoch nur zugunsten eigener Staatsangehöriger ausgeübt werden kann, sind flüchtlingsrechtlich praktisch kaum Fälle vorstellbar (vgl. Zimmermann 1951 Convention/Oellers-Frahm Rn. 24).

III. „über dessen Auslegung und Anwendung"

9 Der Gegenstand der Streitbeilegung ist naturgemäß beschränkt auf die (Auslegung und Anwendung von) **Bestimmungen der GFK,** wobei die Begriffe der Auslegung und Anwendung keiner trennscharfen Abgrenzung zugänglich sind. Die Begriffe sind eng miteinander verknüpft – so geht etwa einer jeden Anwendung einer bestimmten Vorschrift deren Auslegung notwendig voraus – und weisen Überschneidungen auf (vgl. Zimmermann 1951 Convention/Oellers-Frahm Rn. 25).

IV. „auf Antrag einer der an dem Streitfall beteiligten Parteien"

10 Das **Erfordernis eines Antrags** einer der an dem Streitfall beteiligten Vertragsstaaten verweist – auf der einen Seite – auf die Funktion des IGH, der als Organ der Rechtsprechung auf die Anrufung durch Dritte angewiesen ist. Mit anderen Worten vermag der IGH nicht eigeninitiativ tätig zu werden.

11 Die Beschränkung auf den **Antrag eines einzigen** der an dem Streitfall beteiligten Vertragsstaaten, dh die Einseitigkeit der Anrufbarkeit des Streitbeilegungsorgans, ist – auf der anderen Seite – notwendige (wenn auch nicht hinreichende; weitergehend → Rn. 13) Bedingung eines effektiven Streitbeilegungsinstruments. Die Vorlage an den IGH kann durch die andere(n) Streitpartei(en) nicht verhindert werden. Dies ist folgerichtig, denn andernfalls könnte der generelle Ausschluss von Vorbehalten nach Art. 42 (→ Rn. 2) im Einzelfall konterkariert werden.

V. Vorlage an den IGH

12 Art. 38 sieht die Möglichkeit der Vorlage des Streitfalls an den IGH vor. Entgegen dem Wortlaut der Vorschrift („wird vorgelegt") ist die Vorlage indes **nicht zwingend,** sondern stellt lediglich eine Möglichkeit der Streitbeilegung unter vielen dar (→ Rn. 7).

C. Praktische Bedeutung

13 Bislang ist die Vorschrift ohne praktischen Anwendungsfall geblieben. Dem IGH in Den Haag sind **bislang keine Streitfälle** durch Parteien dieses Abkommens über dessen Auslegung oder Anwendung vorgelegt worden. Dies ist im Wesentlichen auf zwei Gründe zurückzuführen. Zum einen besteht ein Bedarf zur Lösung von Streitfällen vor allem bei den Opfern von Verstößen gegen das Flüchtlingsabkommen. Dies sind aber nicht die Vertragsstaaten, sondern **Individuen,** die von der Vorschrift des Art. 38 gerade nicht – unmittelbar – adressiert werden (→ Rn. 8.1). Zum anderen gelten **zwischenstaatliche** Beschwerden diplomatisch als die drastischste und konfrontativste verfügbare rechtliche Maßnahme, weshalb unter den Vertragsstaaten größte Zurückhaltung besteht, von der zwischenstaatlichen Streitbeilegung Gebrauch zu machen (vgl. Zimmermann 1951 Convention/Oellers-Frahm Rn. 29 mwN). Diese Gründe sind freilich keine spezifischen für die Streitbeilegung im Rahmen der GFK, sondern haben annähernd gleichermaßen Gültigkeit in Bezug auf die zwischenstaatliche Streitbeilegung in anderen völkerrechtlichen Verträgen (etwa die gegenüber der Individualbeschwerde nach Art. 32 EMRK relativ selten erhobene Staatenbeschwerde nach Art. 33 EMRK).

Artikel 39 Unterzeichnung, Ratifikation und Beitritt

1. ¹**Dieses Abkommen liegt in Genf am 28. Juli 1951 zur Unterzeichnung auf und wird nach diesem Zeitpunkt beim Generalsekretär der Vereinten Nationen hinter-**

legt. ²Es liegt vom 28. Juli bis 31. August 1951 im Europäischen Büro der Vereinten Nationen zur Unterzeichnung auf, sodann erneut vom 17. September 1951 bis 31. Dezember 1952 am Sitz der Organisation der Vereinten Nationen.
2. ¹Dieses Abkommen liegt zur Unterzeichnung durch alle Mitgliedstaaten der Organisation der Vereinten Nationen, durch jeden Nicht-Mitgliedstaat, der zur Konferenz der Bevollmächtigten über die Rechtsstellung der Flüchtlinge und Staatenlosen eingeladen war, sowie durch jeden anderen Staat auf, den die Vollversammlung zur Unterzeichnung einlädt. ²Das Abkommen ist zu ratifizieren; die Ratifikations-Urkunden sind beim Generalsekretär der Vereinten Nationen zu hinterlegen.
3. ¹Die in Ziffer 2 dieses Artikels bezeichneten Staaten können diesem Abkommen vom 28. Juli 1951 an beitreten. ²Der Beitritt erfolgt durch Hinterlegung einer Beitrittsurkunde beim Generalsekretär der Vereinten Nationen.

Überblick

Art. 39 ist Teil der Schlussbestimmungen und regelt das Verfahren und den Zeitraum zur Unterzeichnung und Ratifikation (→ Rn. 1, → Rn. 2). Im Weiteren bestimmt Abs. 2 die zur Unterzeichnung berichtigten Staaten (→ Rn. 6) und das Ratifikationsverfahren (→ Rn. 7, → Rn. 11). Nach Ablauf des Zeitraums zur Unterschrift können die Staaten der Konvention nur noch mittels Beitrittserklärung beitreten (→ Rn. 9, → Rn. 10). Eine weitere ungeschriebene Möglichkeit, die rechtliche Bindung an die GFK herbeizuführen, ist die Vertragsnachfolge (→ Rn. 12). Die Regeln über den Beitritt zum Protokoll über die Rechtsstellung der Flüchtlinge v. 31.1.1967 sind in Art. V FlüchtlingsProt niedergelegt (→ Rn. 14).

A. Abs. 1

In Abs. 1 wird die Unterzeichnung der GFK geregelt. Mit Unterschrift drückt der Staat seine **1** Zustimmung zur Konvention aus (vgl. Art. 11, 12 WVRK). Die Unterschrift bedingt keine daraus folgende Pflicht zur Ratifikation. Die Bindungswirkung tritt nach Abs. 2 S. 2 erst mit Ratifikation ein (vgl. Art. 14 WVRK). Das sog. Frustrationsverbot, welches heute in Art. 18 WVRK begründet ist, galt zu der Verhandlungszeit nicht als Völkergewohnheitsrecht (vgl. Dörr/Schmalenbach/Dörr, Vienna Convention on the Law of Treaties, 2. Aufl. 2018, WVRK Art. 18 Rn. 5).

Die GFK lag vom 28.7.1951 bis zum 31.8.1951 im europäischen Büro der Vereinten Nationen **2** in Genf und anschließend vom 17.9.1951 bis zum 31.12.1951 im Hauptsitz der Vereinten Nationen in New York zur Unterschrift aus. Insgesamt 19 Staaten haben innerhalb des Zeitraums die GFK unterschrieben (→ Rn. 2.1). Heute sind insgesamt 145 Staaten Mitglied der GFK.

Österreich, Belgien, Kolumbien, Dänemark, Liechtenstein, Luxemburg, Niederlande, Norwegen, **2.1** Schweden, Schweiz, Großbritannien, Israel, Türkei, Griechenland, der Heilige Stuhl, Deutschland, Brasilien, Italien und Frankreich (United Nation Treaty Collection, https://treaties.un.org/pages/ViewDetailsII.aspx?src=TREATY&mtdsg_no=V-2&chapter=5&Temp=mtdsg2&clang=_en).

Mit Ende des Signaturzeitraums ist die Mitgliedschaft nur noch durch Beitrittserklärung nach **3** Art. 39 Abs. 3 (→ Rn. 9) oder durch Erklärung der Vertragsnachfolge möglich (Zimmermann 1951 Convention/Geiß Rn. 6).
Mit Unterschrift, Ratifikation oder Beitritt zur Konvention muss die Erklärung über den **4** Anwendungsbereich iSv Art. 1 B. Nr. 1 (→ Art. 1 Rn. 4) abgegeben werden.

B. Abs. 2

Art. 39 Abs. 2 S. 1 bestimmt die zur Unterschrift (→ Rn. 1) berechtigten Staaten. **5**
Zur **Unterschrift berechtigt sind** nach Art. 39 Abs. 2 S. 1 alle Mitgliedsstaaten der Vereinten **6** Nationen sowie Nichtmitgliedstaaten, welche auf die Konferenz der Bevollmächtigten oder durch die Vereinten Nationen anschließend zur Unterschrift eingeladen wurden. Dieses Vorgehen soll nicht darüber hinwegtäuschen, dass das Unterschriftenverfahren als insgesamt offen gestaltet wurde (näher Zimmermann 1951 Convention/Geiß Rn. 9 Fn. 11). Der Exklusion lag der Gedanke zu Grunde, dass nur Staaten beitreten sollen, deren Staatsqualität nicht in Zweifel steht (vgl. Zimmermann 1951 Convention/Geiß Rn. 11).
In Art. 39 Abs. 2 S. 2 ist das Ratifikationsverfahren, als Folgeschritt der Unterzeichnung, **7** geregelt. Die Ratifikation setzt eine vorherige Unterschrift voraus. Eine zeitliche Vorgabe, bis wann diese zu erfolgen hat, besteht hier nicht mehr. Jeder Unterzeichnerstaat kann die Ratifikation

zu jedem Zeitpunkt vornehmen (Robinson Convention 146). Die Ratifikationsurkunde ist beim Generalsekretär der Vereinten Nationen zu hinterlegen. Eine Pflicht zur Ratifikation besteht nicht.

8   Mit Ratifikation und Inkrafttreten (→ Art. 43 Rn. 1) tritt die Bindungswirkung an die Konvention auf internationaler Ebene ein.

C. Abs. 3

9   Art. 39 Abs. 3 **regelt den Beitritt zur GFK.** Zeitlich ist der Beitritt immer möglich. Relevant ist der Beitritt in Fällen, in denen eine Unterzeichnung nicht innerhalb der Frist nach Abs. 1 (→ Rn. 2) erfolgt ist.

10   Der Beitritt kann **zeitlich vor oder nach dem Inkrafttreten** der GFK erfolgen. Er ist mittels Beitrittserklärung gegenüber dem Generalsekretär der Vereinten Nationen zu erklären. Eine Vorlage für eine solche Beitrittsurkunde findet sich in Annex I des UNHCR-Dokuments „Procedure for becoming a Party to the 1951 Convention" (http://www.unhcr.org/ 3bbdaed04.pdf).

11   Zum Beitritt sind alle Staaten iSv Abs. 2 S. 1 berechtigt (→ Rn. 6). Der Adressatenkreis der zum Beitritt berechtigten Staaten kann mittels „Einladung zum Beitritt" durch den Generalsekretär der Vereinten Nationen jederzeit erweitert werden (Robinson Convention 146).

12   Eine weitere Möglichkeit, Vertragsstaat zu werden, ist **die Vertragsnachfolge** mittels Hinterlegung der Nachfolgeurkunde. Diese Möglichkeit ist in Art. 39 nicht genannt, ergibt sich aber aus den allgemeinen Regeln des Völkerrechts (Zimmermann 1951 Convention/Geiß Rn. 18). Sowohl die Vereinten Nationen als auch der UNHCR gehen von keiner automatischen Vertragsnachfolge aus und verlangen eine Anzeige der beabsichtigten Nachfolge, sowie die Hinterlegung einer Urkunde über die Nachfolge bei dem Generalsekretär (United Nations, Juridical Yearbook 1976, 219; Zimmermann 1951 Convention/Geiß Rn. 19). Eine spezielle Form für die Urkunden ist im Völkerrecht nicht geregelt, dennoch sind gewisse Rechtmäßigkeitsanforderungen hinsichtlich Form und Inhalt zu verlangen (Zimmermann 1951 Convention/Geiß Rn. 19).

13   Die Rolle des Sekretariats der Vereinten Nationen als Verwaltungsstelle für Unterschriften, Ratifikationen und Beitritts- wie auch Nachfolgeurkunden ist in Fällen von multilateralen Verträgen üblich. Des Weiteren ist die Stelle nach Art. 46 lit. b zur Mitteilung über den Stand verpflichtet (→ Art. 46 Rn. 7).

D. Art. V FlüchtlingsProt

14   Die Bindung an das Protokoll über die Rechtsstellung der Flüchtlinge v. 31.1.1967 erfolgt nach Art. V FlüchtlingsProt nur durch Beitritt oder durch Vertragsnachfolge.

15   Zum Beitritt **berechtigt sind** alle Vertragsparteien der GFK, alle Mitglieder der Vereinten Nation und ihrer Sonderorganisationen, wie auch solche Staaten, welche durch die Vollversammlung der Vereinten Nationen dazu eingeladen werden. Dabei ist zu beachten, dass das Protokoll über die Rechtsstellung der Flüchtlinge ein eigenständiger völkerrechtlicher Vertrag ist, welcher nach Art. I FlüchtlingsProt selbst zu einer inhaltlichen Bindung an die GFK führt und deren Anwendungsbereich modifiziert (→ Art. 45 Rn. 4).

16   Die **Zuständigkeit des Sekretariats der Vereinten Nationen,** obwohl nicht ausdrücklich geregelt, ergibt sich nach Art. V FlüchtlingsProt, Art. VI lit. c FlüchtlingsProt, Art. VII Abs. 3, Abs. 4 FlüchtlingsProt, Art. IX Abs. 1, Abs. 2 FlüchtlingsProt, Art. XI FlüchtlingsProt (Zimmermann 1951 Convention/Geiß Rn. 32). In den genannten Normen wird eine Möglichkeit zur Hinterlegung vorausgesetzt, und es ist gängige Praxis, dass das Sekretariat diese Funktion übernimmt. Darüber hinaus sieht Art. 77 WVRK diese Funktion ebenfalls beim Sekretariat (Zimmermann 1951 Convention/Geiß Rn. 33).

17   Das Protokoll über die Rechtsstellung der Flüchtlinge v. 31.1.1967 tritt nach Art. VIII FlüchtlingsProt **mit Hinterlegung der sechsten Beitrittsurkunde in Kraft.** Erfolgt der Beitritt, nachdem die Mindestzahl erreicht ist, tritt das Protokoll für den beitretenden Staat noch am Tag der Hinterlegung in Kraft. Im Falle eines zeitgleichen Beitritts zur GFK und dem Protokoll muss weiterhin die Erklärung nach Art. 1 B. erfolgen (Zimmermann 1951 Convention/Geiß Rn. 29).

Artikel 40 Klausel zur Anwendung auf andere Gebiete

1. **¹Jeder Staat kann im Zeitpunkt der Unterzeichnung, der Ratifikation oder des Beitritts erklären, daß sich die Geltung dieses Abkommens auf alle oder mehrere oder**

eins der Gebiete erstreckt, die er in den internationalen Beziehungen vertritt. [2]Eine solche Erklärung wird zu dem Zeitpunkt wirksam, an dem dieses Abkommen für den betreffenden Staat in Kraft tritt.

2. Eine Ausdehnung des Geltungsbereichs zu einem späteren Zeitpunkt erfolgt durch eine an den Generalsekretär der Vereinten Nationen zu richtende Mitteilung und wird am neunzigsten Tage nach dem Zeitpunkt wirksam, zu dem der Generalsekretär der Vereinten Nationen die Mitteilung erhalten hat, oder zu dem Zeitpunkt, an dem dieses Abkommen für den betreffenden Staat in Kraft tritt, wenn dieser letztgenannte Zeitpunkt später liegt.

3. Bei Gebieten, für die dieses Abkommen im Zeitpunkt der Unterzeichnung, Ratifikation oder des Beitritts nicht gilt, wird jeder beteiligte Staat die Möglichkeit prüfen, sobald wie möglich alle erforderlichen Maßnahmen zu ergreifen, um den Geltungsbereich dieses Abkommens auf diese Gebiete auszudehnen, gegebenenfalls unter dem Vorbehalt der Zustimmung der Regierungen dieser Gebiete, wenn eine solche aus verfassungsmäßigen Gründen erforderlich ist.

Überblick

Art. 40 regelt den räumlichen Anwendungsbereich der GFK in Bezug auf drittstaatverwaltete Staaten, wie zB Kolonien (→ Rn. 1). Dabei erfolgt eine Ausdehnung des territorialen Anwendungsbereichs nur auf explizite Erklärung des Mitgliedstaates im Zeitpunkt der Unterzeichnung, Ratifikation, Beitrittserklärung oder der Staatennachfolge (→ Rn. 2) gegenüber dem Generalsekretär der Vereinten Nationen (→ Rn. 3). Dabei werden die Vertragsstaaten angehalten, eine solche Ausdehnung anzustreben (→ Rn. 4). Das Protokoll über die Rechtsstellung der Flüchtlinge v. 31.1.1967 enthält dagegen nur die Möglichkeit, den räumlichen Anwendungsbereich qua Vorbehalt auszuschließen (→ Rn. 5).

A. Sinn und Zweck

Die sog. „Kolonial-Klausel" **erlaubt es den territorialen Anwendungsbereich** der Konvention auf das Staatsgebiet von Staaten, welche der Vertragsstaat in seinen internationalen Beziehungen vertritt, **auszudehnen** (Robinson Convention 147; → Rn. 1.1). Damit ist die GFK im Umkehrschluss ohne eine solche Erklärung in den verwalteten Gebieten nicht anwendbar, denn eine territoriale Rechtsverbindlichkeit von Verträgen tritt für die **unselbstständigen Territorien nicht automatisch ein** (Ipsen, Völkerrecht, 7. Aufl. 2018, § 13 Rn. 3). Ein **anderes gilt für Exklaven,** wie zB Ceuta und Melilla (spanisches Territorium), welche Teil des eigenen Staatsterritoriums sind. Von Art. 40 **unberührt bleibt auch die Zurechnung** über die Regeln der ASR (Articles on Responsibility of States for Internationally Wrongful Acts von 2001) und die Anknüpfung an die Jurisdiktion bei extraterritorialen Akten (so etwa bezüglich der EMRK EGMR NLMR 2017, 475 – N.D. und N.T. / Spanien; BeckRS 2012, 07707 – Hirsi Jamaa und andere / Italien). **1**

Eine solche territoriale Ausnahme innerhalb multilateraler Verträge war im historischen Gefüge gängige Praxis (näher Robinson Convention 147 Fn. 287). Die Kolonien konnten mangels eigener Staatsgewalt zumeist keine ausreichende eigenständige Völkerrechtssubjektivität erlangen, um selbst Mitglied der Konvention zu werden (vgl. Zimmermann 1951 Convention/Gil-Bazo Rn. 74). **1.1**

B. Abs. 1

Die Erweiterung des Anwendungsbereichs auf andere, nicht eigene Staatsgebiete, erfolgt **durch unilaterale Erklärung** im Zeitpunkt der Unterzeichnung, Ratifikation oder Beitrittserklärung und über den Wortlaut hinaus auch im Zeitpunkt der Erklärung der Staatenvertragsnachfolge (vgl. → Art. 39 Rn. 12). Der Zeitpunkt, zu welchem die Erklärung wirksam wird, deckt sich mit dem Zeitpunkt des Inkrafttretens der Konvention (vgl. → Art. 43 Rn. 3). **2**

C. Abs. 2

Abs. 2 ist das Resultat der souveränen Freiheit der Staaten, die territoriale Anwendung der Konvention nicht auszudehnen (→ Rn. 1). Im Umkehrschluss steht es jedem Vertragsstaat nach Abs. 2 frei, **zu jedem Zeitpunkt** nach dem in Abs. 1 bestimmten, die Anwendung auf einem oder mehreren solchen Gebieten unilateral zu erklären (Robinson Convention 147). Diese Erklä- **3** rung hat gegenüber dem Generalsekretär der Vereinten Nationen zu erfolgen. Sie wird 90 Tage nach Erhalt der Erklärung oder spätestens mit Inkrafttreten der Konvention wirksam (vgl. → Art. 43 Rn. 3).

D. Abs. 3

4   Unter Abs. 3 werden die Vertragsstaaten unter Achtung ihrer Souveränität **angehalten, eine Ausdehnung** des territorialen Anwendungsbereichs iSv Abs. 1 (→ Rn. 1) anzustreben. Art. 40 Abs. 3 stellt im historischen Kontext zwar eine Innovation dar, im Ergebnis begründet dieser aber **lediglich eine moralische Verpflichtung** der Vertragsstaaten (vgl. Robinson Convention 147).

E. Protokoll über die Rechtsstellung der Flüchtlinge v. 31.1.1967

5   Innerhalb des Protokolls findet sich keine Entsprechung zu Art. 40. Jedoch ist in Art. VII Abs. 4 FlüchtlingsProt die Möglichkeit gegeben, einen Vorbehalt hinsichtlich des räumlichen Geltungsbereich anzubringen. Im Ergebnis deckt sich diese Möglichkeit mit der Variante unter Art. 40 (vgl. Zimmermann 1951 Convention/Gil-Bazo Rn. 47).

F. Vorbehalte

6   Georgien, die Niederlande, die Republik Moldau brachten gegen Art. 40 Vorbehalte an (näher dazu Zimmermann 1951 Convention/Gil-Bazo Rn. 36 ff.; https://treaties.un.org/pages/View-DetailsII.aspx?src=TREATY&mtdsg_no=V-2&chapter=5&Temp=mtdsg2&clang=_en).

7   Australien, Dänemark, Frankreich, die Niederlande und Großbritannien erklärten zu unterschiedlichen Zeitpunkten die Ausdehnung des Anwendungsbereichs auf Gebiete unter ihrer Verwaltung (→ Rn. 7.1).

7.1   • **Australien:** Nauru, Norfolkinsel und Papa-Neuguinea (22.1.1954);
      • **Dänemark:** Grönland (4.12.1952);
      • **Frankreich:** Alle Gebiete, welche Frankreich in den internationalen Beziehungen vertritt (23.6.1954);
      • **Niederlande:** Suriname (29.6.1971);
      • **Großbritannien:** Kanalinseln und Isle of Man (11.3.1954) und für die folgenden Gebiete verbunden mit Vorbehalten: Salomonen, Zypern, Dominica, Falklandinseln, Fidschi, Gambia, Gambia, Gilbert- und Elliceinseln, Grenada, Jamaika, Kenia, Mauritius, St. Vincent, Seychellen, das Protektorat Somaliland, Sansibar, St. Helena (25.10.1956), Belize (British Honduras, 11.6.1957), Föderation von Rhodesien und Njassaland (11.7.1960), Montserrat und St. Lucia (4.9.1968), Bahama Island, 20.4.1970; https://treaties.un.org/pages/ViewDetailsII.aspx?src=TREATY&mtdsg_no=V-2&chapter=5&Temp=mtdsg2&clang=_en).

Artikel 41 Klausel für Bundesstaaten

Im Falle eines Bundes- oder Nichteinheitsstaates werden nachstehende Bestimmungen Anwendung finden:

a) **Soweit es sich um die Artikel dieses Abkommens handelt, für die der Bund die Gesetzgebung hat, werden die Verpflichtungen der Bundesregierung dieselben sein wie diejenigen der Unterzeichnerstaaten, die keine Bundesstaaten sind.**

b) **Soweit es sich um die Artikel dieses Abkommens handelt, für die die einzelnen Länder, Provinzen oder Kantone, die auf Grund der Bundesverfassung zur Ergreifung gesetzgeberischer Maßnahmen nicht verpflichtet sind, die Gesetzgebung haben, wird die Bundesregierung sobald wie möglich diese Artikel den zuständigen Stellen der Länder, Provinzen oder Kantone befürwortend zur Kenntnis bringen.**

c) **Ein Bundesstaat als Unterzeichner dieses Abkommens wird auf das ihm durch den Generalsekretär der Vereinten Nationen übermittelte Ersuchen eines anderen vertragschließenden Staates hinsichtlich einzelner Bestimmungen des Abkommens eine Darstellung der geltenden Gesetzgebung und ihrer Anwendung innerhalb des Bundes und seiner Glieder übermitteln, aus der hervorgeht, inwieweit diese Bestimmungen durch Gesetzgebung oder sonstige Maßnahmen wirksam geworden sind.**

Überblick

Art. 41 regelt die Verpflichtungen von Nichteinheitsstaaten (→ Rn. 1) unter der GFK. Durch die verschiedenen Gleichbehandlungsanforderungen und die diversen Regelungsbereiche der GFK ist Art. 41 durchaus weitreichend, auch wenn es keine praktischen Anwendungsfälle gibt. Sachlich werden innerhalb von Art. 41 die Verpflichtungen nach der verfassungsrechtlichen Zuordnung der Gesetzgebungskompetenz unterschieden. Liegt diese hinsichtlich einer zu regelnden Materie beim Bund, bestehen keine Besonderheiten (→ Rn. 3). Liegt diese dagegen bei den Ländern oder Teilgliedern, ist der Bund lediglich verpflichtet, befürwortend auf die Teilstaaten einzuwirken (→ Rn. 4), und kann sich dadurch von der Vertragsverletzung exkulpieren (→ Rn. 7). Im Weiteren besteht für die Umsetzung der GFK im Verantwortungsbereich der Teilstaaten eine spezielle Informationspflicht nach Art. 41 lit. c (→ Rn. 9).

A. Anwendung

Art. 41 findet nur hinsichtlich Staaten Anwendung, welche verfassungsrechtlich als Bundes- **1** oder Nichteinheitsstaaten organisiert sind. Denn nur für diese gelten die Sonderregeln für die Umsetzungspflicht. Damit stellt diese Vorschrift, auch aus heutiger Sicht, ein Novum innerhalb der Völkerrechtspraxis dar. Die Besonderheit dieses Ansatzes zeigt sich im Kontext zum allgemeinen Völkervertragsrecht. Art. 4 weicht von dem völkergewohnheitsrechtlich und in Art. 27, 29 WVRK niedergelegten Grundsatz ab, dass innerstaatliche Regelungen und Kompetenzzuweisungen völkerrechtlichen Bindungen nicht entgegengehalten werden können. Insoweit muss Art. 41 als **lex specialis** zu diesem Grundsatz gesehen werden, da eben keine unmittelbare Verpflichtung zur einheitlichen Umsetzung im gesamten Staatsgebiet besteht (vgl. Zimmermann 1951 Convention/ Gil-Bazo Rn. 93).

Die Notwendigkeit einer solchen Regelung ist aus der Verhandlung selbst nicht ganz ersichtlich, da zB **1.1** Österreich oder Deutschland eben keine Bedenken hinsichtlich der Umsetzung hatten (vgl. Zimmermann 1951 Convention/Gil-Bazo Rn. 47). Dennoch kann nicht außer Acht gelassen werden, dass die Reglungsgegenstände innerhalb der GFK vielfältig sind und gesetzgeberische Maßnahmen in verschiedensten Bereichen erforderlich machen würden. Dies kann durchaus zu innerstaatlichen Spannungen führen und eine Akzeptanz mindern. Von der größtmöglichen Akzeptanz, so sahen es auch die Staaten während der Verhandlungen, hängt aber letztlich das Ziel der GFK, eine dauerhafte Lösung des Flüchtlingsproblems herbeizuführen, ab (vgl. Zimmermann 1951 Convention/Gil-Bazo Rn. 4, 6).

In Deutschland wird die innerstaatliche Umsetzungskonkurrenz bei völkerrechtlichen Verträgen **2** durch das sog. Lindauer Abkommen (Verständigung zwischen der Bundesregierung und den Staatskanzleien der Länder über das Vertragsschließungsrecht des Bundes v. 14.11.1957) geregelt. Nach diesem können die Länder durch ihre Zustimmung sich einer Umsetzungspflicht durch Landesrecht nicht verweigern (Maunz/Dürig/Nettesheim GG Art. 32 Rn. 72).

B. Inhalt

I. Gesetzgebungskompetenz des Bundes (Art. 41 lit. a)

Im Fall der Gesetzgebungskompetenz des Bundes bestehen keine Besonderheiten hinsichtlich **3** der Verpflichtungen aus der GFK. Der Bundesstaat ist verpflichtet, Regelungen im Rahmen seiner Gesetzgebungskompetenz zu erlassen um seinen Verpflichtungen nachzukommen.

II. Gesetzgebungskompetenz der Länder aus der Bundesverfassung (Art. 41 lit. b)

Fällt eine gesetzlich zu regelnde Verpflichtung aus der GFK in den Bereich der ausschließlichen **4** Gesetzgebungskompetenz der einzelnen Teilglieder, welche nicht zur Gesetzgebung in diesem Bereich verfassungsrechtlich verpflichtet sind, so muss der Bund durch seine zuständigen Organe den Teilgliedstaaten die jeweiligen Artikel befürwortend zur Kenntnis bringen.

Hier zeigt sich die Ausnahme zur Umsetzungspflicht durch den Gesamtstaat (→ Rn. 1). Durch **5** die Formulierung wird die Autonomie der verfassungsrechtlichen innerstaatlichen Kompetenzverteilung insoweit geachtet, als dass der Bundesstaat lediglich auf die Länder befürwortend einwirken muss. Damit besteht für die Bundesebene lediglich eine Einwirkungspflicht.

Damit stellt sich jedoch die Frage, ob eine Nichtumsetzung und damit eine Vertragsverletzung **6** gegenüber den anderen Vertragsstaaten (Art. 41 lit. b) entgegengehalten werden kann.

7   Nach dem Wortlaut scheint dies der Fall zu sein, denn letztlich ist eine befürwortende Tätigkeit hinsichtlich der Umsetzung verlangt, keine tatsächliche Pflicht, die Umsetzung zu garantieren oder zu erwirken. Insoweit stellt Art. 41 lit. b eine **lex specialis-**Ausnahme nach Art. 55 ASR (Articles on Responsibility of States for Internationally Wrongful Acts von 2001) hinsichtlich der Reglung des Art. 4 Abs. 1 ASR, wonach jedes Organhandeln dem Staat zuzurechnen ist, dar (Zimmermann 1951 Convention/Gil-Bazo Rn. 105). Die Bundesstaaten können sich daher auf Art. 41 lit. b bei fehlender landesrechtlicher Umsetzung berufen und exkulpieren, insofern sie ihrer Einwirkungspflicht nachgekommen sind.

8   Aus der Praxis gibt es keine tatsächlichen Beispiele, in welchen Art. 41 vorgebracht wurde (vgl. Zimmermann 1951 Convention/Gil-Bazo Rn. 108).

III. Informationspflicht (Art. 41 lit. c)

9   Art. 41 lit. c stipuliert eine gesonderte Informationspflicht der Vertragsstaaten gegenüber dem Generalsekretär der Vereinten Nationen hinsichtlich der Umsetzung der GFK innerhalb des Bundes und den Teilgliedern. Diese Pflicht besteht jedoch nur dann, wenn ein anderer Mitgliedstaat diese Information mittels Mitteilung an den Generalsekretär der Vereinten Nationen ersucht.

10   Diese gesonderte Pflicht steht im sachlichen Zusammenhang mit Art. 36 (→ Art. 36 Rn. 2) und soll dem Fakt Rechnung tragen, dass der Bundesstaat selbst im Rahmen der Landeskompetenzen die Umsetzung nicht in der Hand hat.

C. Vorbehalte

11   In Bezug auf Art. 41 wurden keine Vorbehalte erklärt (https://treaties.un.org/pages/ViewDetailsII.aspx?src=TREATY&mtdsg_no=V-2&chapter=5&Temp=mtdsg2&clang=_en).

Artikel 42 Vorbehalte

1. **Im Zeitpunkt der Unterzeichnung, der Ratifikation oder des Beitritts kann jeder Staat zu den Artikeln des Abkommens, mit Ausnahme der Artikel 1, 3, 4, 16 (1), 33, 36 bis 46 einschließlich, Vorbehalte machen.**
2. **Jeder vertragschließende Staat, der gemäß Ziffer 1 dieses Artikels einen Vorbehalt gemacht hat, kann ihn jederzeit durch eine diesbezügliche, an den Generalsekretär der Vereinten Nationen zu richtende Mitteilung zurücknehmen.**

Überblick

Art. 42 behandelt zum einen die Möglichkeit der Erklärung von Vorbehalten durch die Vertragsstaaten mit gewissen Restriktionen in zeitlicher und sachlicher Hinsicht (→ Rn. 5 ff.) und zum anderen die Möglichkeit der Rücknahme zuvor erklärter Vorbehalte (→ Rn. 9 ff.). Daneben finden sich in Art. VII Abs. 1–4 FlüchtlingsProt (Protokoll über die Rechtsstellung der Flüchtlinge v. 31.1.1967, BGBl. 1969 II 1293; → Rn. 2) umfassende eigenständige Regelungen zur Erklärung und Rücknahme von Vorbehalten im Anwendungsbereich des Protokolls, die mit den Regelungen zur GFK jedoch eng verzahnt sind (→ Rn. 8.1 ff.). In der Staatenpraxis wird von der Möglichkeit der Erklärung von Vorbehalten rege Gebrauch gemacht (→ Rn. 11 ff.).

A. Allgemeines

1   Art. 42 behandelt die Möglichkeit der Erklärung und der Rücknahme von Vorbehalten durch die Vertragsstaaten. Die Vorschriften sind angelehnt an die **entsprechenden Regelungen in Art. 19 ff. WVRK** (Wiener Vertragsrechtskonvention v. 23.5.1969, BGBl. 1985 II 926), welche auf die vor ihrem Inkrafttreten geschlossene GFK und das Protokoll über die Rechtsstellung der Flüchtlinge v. 31.1.1967 zwar nicht unmittelbar, aber als Ausdruck allgemeiner Regeln des Völkerrechts anwendbar ist (vgl. Art. 4 WVRK; BVerwGE 120, 206 = NVwZ 2004, 1250 (1251)).

2   **Art. VII FlüchtlingsProt** (Protokoll über die Rechtsstellung der Flüchtlinge v. 31.1.1967, BGBl. 1969 II 1293) regelt die Möglichkeit der Erklärung und Rücknahme von Vorbehalten im Anwendungsbereich des Protokolls umfassend eigenständig, jedoch im Einzelnen eng verknüpft mit der GFK (näher → Rn. 8.1 ff.; → Rn. 10.1).

3   Hinsichtlich der Bestimmung des Art. 42 selbst lässt Art. 42 folgerichtig **keine Vorbehalte** zu.

Eine im Wesentlichen gleichlautende Vorschrift zu Art. 42 findet sich auch in Art. 38 Staatenlo- 4
senÜ (Übereinkommen über die Rechtsstellung der **Staatenlosen** v. 28.9.1954, BGBl.
1976 II 473, BGBl. 1977 II 235).

B. Regelungsgehalt im Einzelnen

Art. 42 untergliedert sich in zwei Teile: Während Abs. 1 die Möglichkeit der Erklärung von 5
Vorbehalten durch die Vertragsstaaten behandelt (→ Rn. 6 ff.), regelt Abs. 2 die Möglichkeit der
Rücknahme zuvor erklärter Vorbehalte (→ Rn. 9 ff.).

I. Erklärung von Vorbehalten (Abs. 1)

Nach Art. 42 Abs. 1 kann ein Vertragsstaat zu näher bezeichneten Zeitpunkten zu bestimmten 6
Artikeln des Abkommens Vorbehalte machen. Damit unterliegt die Möglichkeit der Erklärung
von Vorbehalten **Restriktionen in zeitlicher und sachlicher Hinsicht.**

Die Limitierung der Erklärungsmöglichkeit auf die **genannten Zeitpunkte** (Zeitpunkt der 7
Unterzeichnung, der Ratifikation oder des Beitritts) ist von begrenzter Bedeutung; zwar kann ein
Vertragsstaat nach dem Wortlaut des Art. 42 Abs. 1 einen Vorbehalt nicht mehr nach seinem
Beitritt erklären; ihm steht jedoch nach Maßgabe des Art. 44 (→ Art. 44 Rn. 7 ff.) die Möglichkeit
der Kündigung und des anschließenden Neubeitritts – unter Erklärung der gewünschten Vorbe-
halte – offen.

Weiterhin limitiert Art. 42 Abs. 1 die der Erklärungsmöglichkeit **unterliegenden Artikel.** 8
Explizit von der Erklärung von Vorbehalten ausgenommen werden Art. 1, Art. 3, Art. 4, Art. 16
Abs. 1, Art. 33 und Art. 36–46 einschließlich. Zu allen übrigen Artikeln der GFK besteht die
Möglichkeit der Erklärung von Vorbehalten (→ Rn. 8.1 ff.).

Nach **Art. VII Abs. 1 FlüchtlingsProt** kann im Zeitpunkt seines Beitritts jeder Staat zu Art. IV 8.1
FlüchtlingsProt (Beilegung von Streitigkeiten) und zur Anwendung jeder Bestimmung des Abkommens –
mit Ausnahme der Art. 1, 3, 4, 16 Abs. 1 und 33 – nach Art. I FlüchtlingsProt Vorbehalte machen, jedoch
unter der Voraussetzung, dass im Falle eines Vertragsstaates des Abkommens die nach dem vorliegenden
Artikel gemachten Vorbehalte sich nicht auf Flüchtlinge erstrecken, für die das Abkommen gilt.

Im Unterschied zu Art. 42, der die Streitbeilegungsvorschrift des Art. 38 von der Möglichkeit der 8.2
Erklärung von Vorbehalten ausnimmt, eröffnet Art. VII Abs. 1 FlüchtlingsProt die Möglichkeit der Erklä-
rung von **Vorbehalten zur Streitbeilegungsvorschrift des Art. IV FlüchtlingsProt** (→ Art. 38
Rn. 3 f.; vgl. Zimmermann 1951 Convention/Pellet Rn. 27).

Die Bestimmung des **Art. VII Abs. 2 FlüchtlingsProt,** wonach nach Art. 42 gemachte Vorbehalte, 8.3
sofern sie nicht zurückgezogen werden, auch hinsichtlich der Verpflichtungen aus diesem Protokoll Anwendung finden, regelt eine **Vorbehaltserstreckung** vom Abkommen auf das Protokoll. Die Bestimmung
des **Art. VII Abs. 4 FlüchtlingsProt** enthält – vorbehaltlich gegenteiliger Notifikationen – eine **Erstreckung der nach Art. 40 Abs. 1 und Abs. 2 abgegebenen Erklärungen** auf das Protokoll.

II. Rücknahme erklärter Vorbehalte (Abs. 2)

Als **actus contrarius** zur Erklärung von Vorbehalten nach Art. 42 Abs. 1 regelt Art. 42 Abs. 2 9
die Rücknahmemöglichkeit zuvor erklärter Vorbehalte. Im Unterschied zu den Restriktionen in
zeitlicher und sachlicher Hinsicht im Hinblick auf die Erklärung von Vorbehalten unterliegt die
Rücknahme keinerlei Einschränkungen.

Aus Gründen der Rechtsklarheit ist lediglich erforderlich, dass die **vorgeschriebene Form** – 10
an den Generalsekretär der Vereinten Nationen zu richtende Mitteilung – bei der Rücknahmeerklärung eingehalten wird (→ Rn. 10.1).

Die Bestimmung des **Art. VII Abs. 3 FlüchtlingsProt** enthält eine – Art. 42 Abs. 2 entsprechende – 10.1
Bestimmung zur **Rücknahme** von nach Art. VII Abs. 1 FlüchtlingsProt erklärten Vorbehalten.

C. Staatenpraxis

Insgesamt hat eine **relativ große Zahl** an Vertragsstaaten von der Möglichkeit der Erklärung 11
von Vorbehalten Gebrauch gemacht (→ Rn. 11.1).

Am 1.4.2010 hatten **67 von 144 Vertragsstaaten** Vorbehalte zur GFK erklärt, wobei 14 Vertragsstaaten 11.1
ihre Vorbehalte – zum Teil auf erklärte Einsprüche („objections") anderer Vertragsstaaten – wieder teilweise
oder vollständig zurückgenommen hatten; demgegenüber hatten **34 Vertragsstaaten** Vorbehalte zum

Protokoll über die Rechtsstellung der Flüchtlinge v. 31.1.1967 erklärt (vgl. Zimmermann 1951 Convention/Pellet Rn. 33).

12 Derlei Statistiken sind jedoch nur in begrenztem Maße aussagekräftig. Denn die Bandbreite der eingereichten Erklärungen ist groß; sie reicht von **echten Vorbehalten** (mindestens partielle Nichtanwendung eines Artikels) bis hin zu **Auslegungserklärungen** (sog. „interpretative declarations"). Die Unterscheidung ist nicht trennscharf, sondern fließend; mitunter kommen sog. Auslegungserklärungen echten Vorbehalten gleich, da die erklärte Auslegung mit dem Wortlaut der Bestimmung der GFK nicht mehr in Einklang zu bringen ist (näher Zimmermann 1951 Convention/Pellet Rn. 34; → Rn. 12.1).

12.1 Eine **aktuelle Übersicht** über den Stand der Verträge findet sich in der United Nations Treaty Collection (https://treaties.un.org/Pages/Treaties.aspx?id=5&subid=A).

Artikel 43 Inkrafttreten

1. **Dieses Abkommen tritt am neunzigsten Tage nach dem Zeitpunkt der Hinterlegung der sechsten Ratifikations- oder Beitrittsurkunde in Kraft.**
2. **Für jeden der Staaten, die das Abkommen nach Hinterlegung der sechsten Ratifikations- oder Beitrittsurkunde ratifizieren oder ihm beitreten, tritt es am neunzigsten Tage nach dem Zeitpunkt der Hinterlegung der Ratifikations- oder Beitrittsurkunde dieses Staates in Kraft.**

Überblick

Art. 43 regelt die Voraussetzungen, unter welchen die GFK als multilateraler Vertrag in Kraft tritt. Der Vertrag tritt nach Abs. 1 generell mit Hinterlegung der sechsten Beitritts- oder Ratifikationsurkunde in Kraft (→ Rn. 1). Für zeitlich nachfolgende Ratifikationen oder Beitritte gilt nach Abs. 2 eine 90-Tage-Frist (→ Rn. 3). Die Regelung ist über den Wortlaut auch für die Staatennachfolge anwendbar (→ Rn. 4). Für das Protokoll über die Rechtsstellung der Flüchtlinge v. 31.1.1967 regelt Art. VIII FlüchtlingsProt das Inkrafttreten (→ Rn. 6).

A. Inhalt der Regelung

1 Damit die GFK als multilaterales Abkommen in Kraft, muss es die festgelegten Voraussetzungen der Hinterlegung von sechs Ratifikations- oder Beitrittsurkunden erfüllen (vgl. Art. 24 WVRK).
2 Die geringe Schwelle von sechs Ratifikationen oder Beitritten legt nahe, dass die verhandelnden Staaten ein hohes Interesse daran hatten, dass die Konvention schnell in Kraft tritt.
3 Der Zeitraum von 90 Tagen bis zum Inkrafttreten und damit der wirksamen Verpflichtung der Vertragsstaaten dient der innerstaatlichen Vorbereitung zur Umsetzung der jeweiligen Pflichten. Des Weiteren räumt die Frist dem UN-Generalsekretär Zeit ein, die anderen Vertragsstaaten über die Ratifikation oder den Beitritt zu notifizieren (vgl. Zimmermann 1951 Convention/Geiß Rn. 2).
4 Im Fall der Staatennachfolge tritt die Konvention am Tag der Nachfolgeerklärung in Kraft (vgl. Max Planck Encyclopedia of Public International Law/Zimmermann State Succession in Treaties Rn. 7); insoweit findet Art. 43 Abs. 2 GFK keine Anwendung (Zimmermann 1951 Convention/Geiß Rn. 6).
5 Die GFK trat am 22.4.1954 in Kraft (→ Rn. 5.1).

5.1 Die GFK trat am 22.2.1954 (United Nations, Treaty Series, vol. 189, p. 137) mit der Ratifikation durch Dänemark, Norwegen, Belgien, Luxemburg, Deutschland und den Beitritt Australiens in Kraft (http://www.unhcr.org/en-us/3b73b0d63.pdf). Heute sind 145 Staaten Mitglieder der GFK und 146 Staaten sind Mitglieder des Protokolls über die Rechtsstellung der Flüchtlinge v. 31.1.1967, welches am 4.10.1967 in Kraft trat (United Nations, Treaty Series, vol. 606, p. 267; http://www.unhcr.org/en-us/3b73b0d63.pdf).

B. Art. VIII FlüchtlingsProt

6 Art. VIII Abs. 1 FlüchtlingsProt sieht ein Inkrafttreten mit der Hinterlegung der sechsten Beitrittsurkunde bei dem UN-Generalsekretariat (→ Art. 39 Rn. 17) vor.

Ungleich Art. 43 Abs. 2 führt der Beitritt zur Konvention nach dem Inkrafttreten zu keiner   7
90-Tage-Frist, sondern zur sofortigen Verpflichtung und Wirkung.

Eine Staatennachfolge innerhalb des Vertrages wird in Art. VIII FlüchtlingsProt nicht geregelt.   8
Die Wirkung tritt dann mit Erklärung der Nachfolge retroaktiv am Tag der tatsächlichen Sukzession ein (Zimmermann 1951 Convention/Geiß Rn. 12).

Das Protokoll über die Rechtsstellung der Flüchtlinge v. 31.1.1967 trat am 4.10.1967 in Kraft   9
(→ Rn. 5.1).

C. Vorbehalte

Nach Art. 42 Abs. 1 sind keine Vorbehalte gegen Art. 43 zulässig.   10

Artikel 44 Kündigung

1. **Jeder vertragschließende Staat kann das Abkommen jederzeit durch eine an den
   Generalsekretär der Vereinten Nationen zu richtende Mitteilung kündigen.**
2. **Die Kündigung wird für den betreffenden Staat ein Jahr nach dem Zeitpunkt wirksam, an dem sie beim Generalsekretär der Vereinten Nationen eingegangen ist.**
3. **¹Jeder Staat, der eine Erklärung oder Mitteilung gemäß Artikel 40 gegeben hat,
   kann jederzeit später dem Generalsekretär der Vereinten Nationen mitteilen, daß
   das Abkommen auf in der Mitteilung bezeichnetes Gebiet nicht mehr Anwendung
   findet. ²Das Abkommen findet sodann ein Jahr nach dem Zeitpunkt, an dem diese
   Mitteilung beim Generalsekretär eingegangen ist, auf das in Betracht kommende
   Gebiet keine Anwendung mehr.**

Überblick

Art. 44 regelt die Kündigungsmöglichkeit der Vertragsstaaten der Genfer Flüchtlingskonvention
und findet seine Entsprechung in Art. IX FlüchtlingsProt (→ Rn. 2). Danach besteht nach Art. 44
Abs. 1 ein jederzeitiges Kündigungsrecht (→ Rn. 7 ff.), wobei der Wirksamkeitszeitpunkt einer
Kündigung nach Art. 44 Abs. 2 um ein Jahr verschoben ist (→ Rn. 9 f.). Art. 44 Abs. 3 sieht
eine entsprechende einseitige Lösungsmöglichkeit betreffend Mitteilungen nach Art. 40 vor (→
Rn. 10). Bislang hat keiner der Vertragsstaaten der GFK und des Protokolls über die Rechtsstellung
der Flüchtlinge v. 31.1.1967 von den vorgesehenen Kündigungsmöglichkeiten Gebrauch gemacht
(→ Rn. 11 ff.).

A. Allgemeines

Art. 44 regelt die **Kündigungsmöglichkeit** der Vertragsstaaten der GFK.   1

Art. IX FlüchtlingsProt (**Protokoll über die Rechtsstellung der Flüchtlinge** v. 31.1.1967,   2
BGBl. 1969 II 1293) regelt die Kündigungsmöglichkeit im Anwendungsbereich des Protokolls
eigenständig in entsprechender Weise (→ Rn. 8.1; → Rn. 9.1).

Hinsichtlich der Bestimmung des Art. 44 lässt Art. 42 **keine Vorbehalte** zu.   3

Eine im Wesentlichen gleichlautende Vorschrift zu Art. 44 findet sich auch in Art. 40 **Staaten-**   4
losenÜ (Übereinkommen über die Rechtsstellung der Staatenlosen v. 28.9.1954, BGBl. 1976
II 473, BGBl. 1977 II 235).

B. Regelungsgehalt im Einzelnen

Art. 44 untergliedert sich in **drei Teile:** Während Abs. 1 ein jederzeitiges Kündigungsrecht   5
vorsieht (→ Rn. 7 ff.) und Abs. 2 den Wirksamkeitszeitpunkt einer Kündigung regelt (→
Rn. 9 f.), sieht Abs. 3 entsprechend aufgebaute Sonderregelungen betreffend Mitteilungen nach
Art. 40 vor (→ Rn. 10).

Von Kündigungen und Mitteilungen gem. Art. 44 macht der Generalsekretär der Vereinten   6
Nationen nach **Art. 46 lit. f** allen Mitgliedstaaten der Vereinten Nationen Mitteilung.

I. Jederzeitiges Kündigungsrecht (Abs. 1)

Art. 44 Abs. 1 enthält eine für völkerrechtliche Verträge **gewöhnliche Kündigungsklausel**   7
(vgl. Zimmermann 1951 Convention/Geiß Rn. 1). Danach kann jeder Vertragsstaat das Abkom-

men jederzeit durch eine an den Generalsekretär der Vereinten Nationen zu richtende Mitteilung kündigen. Die Kündigung stellt eine **einseitige Vertragsbeendigung** des erklärenden Vertragsstaats dar; die vertragliche Bindung der übrigen Vertragsstaaten bleibt hiervon unberührt.

8   Zwar ist für die Mitteilung die **Schriftform** nicht ausdrücklich vorgeschrieben; aus Gründen der Rechtsklarheit – auch im Hinblick auf den Fristlauf nach Art. 44 Abs. 2 (→ Rn. 9) – dürfte sich deren Einhaltung jedoch empfehlen (vgl. Zimmermann 1951 Convention/Geiß Rn. 3; → Rn. 8.1).

8.1   Eine parallele jederzeitige Kündigungsmöglichkeit sieht **Art. IX Abs. 1 FlüchtlingsProt** für jeden Vertragsstaat des Protokolls vor.

II. Wirksamwerden der Kündigung (Abs. 2)

9   Zwar kann nach Art. 44 Abs. 1 jeder Vertragsstaat das Abkommen jederzeit kündigen. Nach Art. 44 Abs. 2 entfaltet diese Mitteilung jedoch **erst mit einem Jahr Verzögerung ihre Wirkung.** Der Fristlauf beginnt mit dem Eingang der Mitteilung nach Abs. 1 bei dem Generalsekretär der Vereinten Nationen (→ Rn. 9.1).

9.1   Eine parallele Wirksamkeitsregelung sieht **Art. IX Abs. 2 FlüchtlingsProt** für jeden Vertragsstaat des Protokolls.

III. Sonderregelung betreffend Art. 40 (Abs. 3)

10   Art. 44 Abs. 3 sieht eine – Abs. 1 und Abs. 2 entsprechend aufgebaute – Sonderregelung betreffend **Mitteilungen nach Art. 40** (Klausel zur Anwendung auf andere Gebiete) vor: Während Art. 44 Abs. 3 S. 1 ein jederzeitiges einseitiges Lösungsrecht betreffend Mitteilungen nach Art. 44 vorsieht, regelt Art. 44 Abs. 3 S. 2, dass diese Mitteilung erst mit einem Jahr Verzögerung Wirkung entfaltet.

C. Staatenpraxis

11   Von der Möglichkeit der Kündigung nach Art. 44 hat bislang **keiner der Vertragsstaaten** Gebrauch gemacht. Gleiches gilt für Art. IX FlüchtlingsProt. Der internationale Druck dürfte auch deshalb besonders hoch sein (vgl. Zimmermann 1951 Convention/Geiß Rn. 2).

12   Zu sehen ist auch, dass sich die Vertragsstaaten hinsichtlich einer wesentlichen Bestimmung der Vertragswerke – das **Refoulement-Verbot nach Art. 33** (iVm Art. I Abs. 1 FlüchtlingsProt) – durch eine Kündigung der Verträge nicht von ihrer internationalen Verantwortung lösen können. Denn das Refoulement-Verbot des Art. 33 hat nicht nur die Qualität eines völkerrechtlichen Vertrags; es ist darüber hinaus – zumindest inzwischen – auch völkergewohnheitsrechtlich anerkannt (→ Art. 33 Rn. 59; → Rn. 12.1).

12.1   Eine **aktuelle Übersicht** über den Stand der Verträge findet sich in der United Nations Treaty Collection (https://treaties.un.org/Pages/Treaties.aspx?id=5&subid=A).

Artikel 45 Revision

1. **Jeder vertragschließende Staat kann jederzeit mittels einer an den Generalsekretär der Vereinten Nationen zu richtenden Mitteilung die Revision dieses Abkommens beantragen.**
2. **Die Vollversammlung der Vereinten Nationen empfiehlt die Maßnahmen, die gegebenenfalls in bezug auf diesen Antrag zu ergreifen sind.**

Überblick

Art. 45 regelt die Möglichkeit und das Verfahren zur Änderung der GFK. Jeder formelle Akt, welcher die inhaltliche Änderung des Vertragstextes insgesamt oder in Teilen zum Ziel hat, stellt eine Revision dar (→ Rn. 2). Dabei stehen die Auslegung und die Revision in sachlicher Nähe und die Abgrenzung ist oft nicht einfach (→ Rn. 3). Die Rechtsfolgen sind nicht in Art. 45 geregelt, unter Heranziehung der Grundsätze des Völkerrechts entfaltet jedoch eine Änderung nur zwischen den Vertragsstaaten verpflichtende Wirkung, insofern diese zugestimmt haben (→ Rn. 6). Ein Sonderfall der Revision ist die partielle Änderung der Vertragsverpflichtung durch eine Abrede zwischen zwei oder mehreren Staaten (→ Rn. 7). Als Beispiel ist das Dublin-Regime zu nennen (→ Rn. 7). Ein Revisionsverfahren kann durch jeden Vertragsstaat begehrt werden (→ Rn. 9) und den Staaten steht ein Wahlrecht zu, ob sie das Verfahren nach Art. 45 Abs. 1 initiieren oder dies selbst vornehmen (→ Rn. 10, → Rn. 11). Werden jedoch der Generalsekretär der Vereinten Nationen und die Vereinten Nationen involviert, so steht der Gesamtversammlung ein Empfehlungsrecht nach Abs. 2 zu (→ Rn. 12).

A. Übersicht

Die Revision, dh die gesamte Änderung eines Vertrages, ist grundsätzlich unter den Regeln **1** des Völkervertragsrechts (vgl. Art. 39 ff. WVRK) möglich. Daher ist eine spezifische Erwähnung der Möglichkeit zur Revision an und für sich nicht notwendig. Jedoch erfüllt die Aufnahme des Artikels **zwei Funktionen.** Zunächst soll die Möglichkeit der Änderung den Vertragsstaaten und noch später potentiell Beitretenden bewusst vor Augen geführt und zweitens ein besonderes Verfahren unter Einbindung der Vereinten Nationen ermöglicht werden (Zimmermann 1951 Convention/Einarsen Rn. 2).

B. Abs. 1

I. Revision

Der Begriff der **Revision** findet im Internationalen Recht **keine einheitliche Anwendung.** **2** In manchen Kontexten steht er, in Abgrenzung zu dem Begriff der Vertragsänderung („amendment", vgl. Art. 39 WVRK), für die Änderung des gesamten Vertrages. In Teilen werden jedoch die Begriffe Revision und Amendement im internationalen Recht auch synonym verwendet (Dörr/Schmalenbach/von der Decken, Vienna Convention on the Law of Treaties, 2. Aufl. 2018, WVRK Art. 39 Rn. 8). Aus dem historischen Kontext liegt der GFK **ein weites Begriffsverständnis** zugrunde, so dass jeder formelle Akt mit dem Ziel der inhaltlichen Änderung des Vertragstextes, **insgesamt oder auch nur partiell,** unter Revision zu verstehen ist (vgl. Zimmermann 1951 Convention/Einarsen Rn. 21).

Dabei sind jedoch die Grenzen zwischen Revision und Auslegung oftmals schwimmend. **3** Geachtet der Tatsache, dass Art. 31 Abs. 3 lit. b, lit. c WVRK eine überaus **dynamische Interpretation** zulässt, ist in Abgrenzung zur schleichenden Revision (und damit der faktischen Vertragsänderung) eine Grenze zu ziehen (Zimmermann 1951 Convention/Einarsen Rn. 22). Vor allem mit Blick auf die „parallele" Entwicklung des Menschenrechtsregimes seit 1951 entsteht hier eine kaum trennbare Gemengelage rechtlicher und historischer Zusammenhänge, welcher durch die Auslegung Rechnung zu tragen ist. Eine Grenze hierfür bieten **Wortlaut wie auch Sinn und Zweck der Normen.** Dabei ist nicht jede weitergehende Auslegung oder Konkretisierung im Konflikt zur Revision. Zieht man des Weiteren Art. 5 in Betracht, zeigt sich, dass die GFK selbst kein abschließendes Schutzregime aufstellt und Besserstellungen, welche über die GFK hinausgehen, parallel existieren. So können auch weitere internationale Verträge (wie zB Menschenrechtsverträge) zur Auslegung herangezogen werden, um Lücken zu schließen oder eine Besserstellung des Flüchtlings zu bedingen, welche keine Revision erfordern (Zimmermann 1951 Convention/Einarsen Rn. 14). Gleichermaßen bleiben viele Schutzstandards nur nach unten auf ein Minimum begrenzt, so dass **eine Schutzerhöhung oftmals offenbleibt und keine Revision erfordert.** Soll jedoch vom Minimumstandard der GFK nach unten abgewichen werden, erfordert dies in jedem Fall ein Revisionsverfahren (Zimmermann 1951 Convention/ Einarsen Rn. 14).

Ein Beispiel für eine partielle de-facto-Revision der GFK stellt das Protokoll über die Rechts- **4** stellung der Flüchtlinge v. 31.1.1967 durch die Änderung des Art. 1 A. und B. dar (Zimmermann 1951 Convention/Einarsen Rn. 1).

Eine Regelung über die rechtlichen Folgen einer Revision trifft Art. 45 nicht. Daher ist auf **5** die allgemeinen Regeln des internationalen Vertragsrechts und den Grundgedanken in Art. 39 ff. WVRK zurückzugreifen. Zeitlich liegt die WVRK (23.5.1969) nach der GFK und deren Protokoll und kann daher nicht direkt angewandt werden (Art. 4 WVRK). Die konkrete Gestalt des Art. 39 WVRK galt auch nicht als Völkergewohnheitsrecht bereits vor der Kodifizierung (Dörr/Schmalenbach/von der Decken, Vienna Convention on the Law of Treaties, 2. Aufl. 2018, WVRK Art. 39 Rn. 7). Die Normen können jedoch zunächst zum Vergleich herangezogen werden.

Mit Parallelen im Hinblick auf Art. 40 Abs. 4 und Abs. 5 WVRK kann eine Bindung nur **6** bestehen, insofern die Vertragsstaaten **einer Bindung an die geänderte Fassung zustimmen.**

Selbst bei einer Nichtanwendung der WVRK muss **aus dem Axiom der Staatssouveränität folgen,** dass eine Bindung nur mit Einwilligung bestehen kann. Dadurch können zwei unterschiedliche Gruppen entstehen. Zunächst gilt der geänderte Vertragstext zwischen den Staaten, welche diesen angenommen haben. Im Verhältnis zu einem Staat, welcher die Änderungen nicht angenommen hat, gelten weiterhin die Rechte und Pflichten aus dem unveränderten Vertragswerk. Dieses Verhältnis deckt sich mit dem Verweis auf Art. 30 Abs. 4 lit. b WVRK innerhalb von Art. 40 Abs. 5 WVRK.

7   Daneben regelt Art. 41 WVRK die Modifikation eines multilateralen Vertrages mittels Übereinkunft zwischen **zwei oder mehreren Parteien** (sog. **inter-se-Vereinbarung**). Diese rechtlich zwischenstaatliche Vertragsänderung **ist völkergewohnheitsrechtlich** seit dem 19. Jahrhundert anerkannt (Max Planck Encyclopedia of Public International Law/Klabbers, Amendment and Revision Rn. 11) und kann daher direkt herangezogen werden. Bei **einer wesentlichen Abweichung** innerhalb einer inter-se-Vereinbarung ist ebenfalls ein **Revisionsverfahren notwendig.** Im Unterschied zu Art. 40 WVRK schaffen die Staaten durch die Modifikation **ein Subregime zum existierenden Vertragstext,** welches über dessen Verpflichtungen hinausgeht und nur zwischen ihnen gelten soll (Dörr/Schmalenbach/von der Decken, Vienna Convention on the Law of Treaties, 2. Aufl. 2018, WVRK Art. 39 Rn. 2). Damit unterscheidet sich im Vergleich zu Art. 40 WVRK hier die Intention, aber nicht die Wirkung (Dörr/Schmalenbach/von der Decken, Vienna Convention on the Law of Treaties, 2. Aufl. 2018, WVRK Art. 39 Rn. 3). **Diese Vereinbarung muss sich im Rahmen des Sinn und Zwecks des Vertrages bewegen** und kann dessen Anforderungen eben ohne ein Revisionsverfahren nicht unterschreiten (Max Planck Encyclopedia of Public International Law/Klabbers, Amendment and Revision Rn. 11; Zimmermann 1951 Convention/Einarsen Rn. 38).

8   Ein Beispiel für eine solche **inter-se-**Vereinbarung (oder Modifikation) ist die Dublin-VO, welche zwischen den EU-Staaten die Verantwortlichkeit zur Prüfung der Flüchtlingseigenschaft im Verhältnis zueinander regelt (Max Planck Encyclopedia of Public International Law/Klabbers, Amendment and Revision Rn. 11).

II. „Jeder vertragsschließende Staat"

9   Jeder Staat, welcher die GFK ratifiziert hat, dieser beigetreten ist oder im Wege der Vertragsnachfolge eingetreten ist, kann eine **Revisionsabsicht mitteilen.** Im Umkehrschluss sind Staaten, welche die GFK lediglich unterzeichnet haben, wie auch der UNHCR von dem Anwendungsbereich des Art. 45 **ausgeschlossen.** Dieser Ausschluss wurde ausdrücklich gewollt und konnte sich während der Verhandlungen gegen einen gegenläufigen Vorschlag durchsetzen (vgl. UN Conference of Plenipotentiaries on the Status of Refugees and Stateless Persons: Summary Record of the Twenty-seventh Meeting, 27 November 1951, A/CONF.2/SR.27, S. 26).

III. „jederzeit mittels einer an den Generalsekretär der Vereinten Nation zu richtenden Mitteilung"

10   Die Mitteilung eines Revisionsbegehrens kann **jederzeit** gegenüber dem UN-Generalsekretär erklärt werden (Zimmermann 1951 Convention/Einarsen Rn. 24). Der Generalsekretär der Vereinten Nationen hat nach Art. 46 lit. g die Mitgliedstaaten über eine solche Mitteilung zu unterrichten. Diese Mitteilung an die Staaten bildet aber keine zwingende Voraussetzung für ein wirksames Revisionsverfahren (Zimmermann 1951 Convention/Einarsen Rn. 12).

11   Aus dem Verhandlungskontext ergibt sich des Weiteren, dass das in Art. 45 vorgesehene Revisionsverfahren **nicht exklusiv** sein soll. Die Staaten wollten das Verfahren nicht von einer weiteren Instanz entgegen ihre eigene Souveränität zwingend abhängig machen (vgl. Zimmermann 1951 Convention/Einarsen Rn. 25). Den Staaten steht insoweit ein **Wahlrecht** zu (Zimmermann 1951 Convention/Einarsen Rn. 25). Sollen jedoch die Vereinten Nationen entsprechend Art. 45 Abs. 1 involviert werden, **ist das Verfahren verpflichtend,** denn Art. 42 stellt klar, dass ein Abweichen von Art. 45 mittels Vorbehalts nicht möglich ist; daher muss ein eingeleitetes Verfahren zwingender Natur sein und eine Notifikation des Generalsekretärs der Vereinten Nationen ist zwingend erforderlich (Zimmermann 1951 Convention/Einarsen Rn. 26).

C. Abs. 2

12   Die Maßnahmenempfehlung erfolgt durch die **Generalversammlung,** da die Staaten sich einig waren, dass ein Revisionsverfahren Angelegenheit des höchsten Gremiums sein soll (vgl. Zimmermann 1951 Convention/Einarsen Rn. 28).

Empfehlungen der Generalversammlung werden nach den allgemeinen Regeln in Art. 18 Abs. 3   **13** UNO mit einfacher Mehrheit der Staaten abgegeben. Dieses Vorgehen hat den Vorteil, **dass es zumeist ein Stimmungsbild** der beteiligten Staaten zu einer Revision wiederspiegelt. Auch können der UNHCR und der Generalsekretär der Vereinten Nationen in diesem Rahmen Stellungen abgeben (Zimmermann 1951 Convention/Einarsen Rn. 30). Der Inhalt der Empfehlung über eine Maßnahme ist nicht begrenzt. Zumeist wird eine große Konferenz empfohlen. Die Kosten dafür tragen die Vereinten Nationen (Zimmermann 1951 Convention/Einarsen Rn. 31; UN Conference of Plenipotentiaries on the Status of Refugees and Stateless Persons: Summary Record of the Thirty-fifth Meeting, 3 December 1951, A/CONF.2/SR.35, S. 30–35).

D. Vorbehalte

Es wurden keine Vorbehalte gegenüber Art. 45 erklärt. Nach Art. 42 Abs. 1 sind auch keine   **14** Vorbehalte zulässig.

Artikel 46 Mitteilungen des Generalsekretärs der Vereinten Nationen

Der Generalsekretär der Vereinten Nationen macht allen Mitgliedstaaten der Vereinten Nationen und den im Artikel 39 bezeichneten Nicht-Mitgliedstaaten Mitteilung über:
a) Erklärungen und Mitteilungen gemäß Artikel 1, Abschnitt B;
b) Unterzeichnungen, Ratifikationen und Beitrittserklärungen gemäß Artikel 39;
c) Erklärungen und Anzeigen gemäß Artikel 40;
d) gemäß Artikel 42 erklärte oder zurückgenommene Vorbehalte;
e) den Zeitpunkt, an dem dieses Abkommen gemäß Artikel 43 in Kraft tritt;
f) Kündigungen und Mitteilungen gemäß Artikel 44;
g) Revisionsanträge gemäß Artikel 45.

Überblick

Unter Art. 46 wird der Generalsekretär der Vereinten Nationen zur Mitteilung über die genannten Angelegenheiten gegenüber den Vertragsstaaten verpflichtet. Diese Pflicht soll die reibungslose Umsetzung der GFK innerhalb der Mitgliedstaaten sicherstellen (→ Rn. 1). Die Mitteilungspflicht bezieht sich auf die folgenden Sachverhalte: Erklärungen und Mitteilungen gem. Art. 1 B. (→ Rn. 6), Unterzeichnungen, Ratifikationen und Beitrittserklärungen gem. Art. 39 (→ Rn. 7); Erklärungen und Anzeigen gem. Art. 40 (→ Rn. 8); erklärte oder zurückgenommene Vorbehalte nach Art. 42 (→ Rn. 9); Mitteilung über den Zeitpunkt, an dem dieses Abkommen gem. Art. 43 in Kraft tritt (→ Rn. 11); Kündigungen und Mitteilungen gem. Art. 44 (→ Rn. 12); Revisionsanträge gem. Art. 45 (→ Rn. 13). Auch Art. X FlüchtlingsProt sieht eine entsprechende Mitteilungspflicht vor (→ Rn. 14).

A. Inhalt der Norm

Mittels Art. 46 **soll die reibungslose Durchführung der GFK** als multilateraler Vertrag   **1** gewährleistet werden. Dazu ist es erforderlich, dass allen interessierten Parteien die wesentliche Informationen, aufgelistet in lit. a–g, mitgeteilt werden.

Diese Mitteilung richtet sich nach dem Wortlaut **an alle Mitgliedstaaten der Vereinten**   **2** **Nationen, und die unter** → **Art. 39** Rn. 6 bezeichneten Staaten. Die Inklusion der von Art. 39 erfassten Staaten soll dem heute historischen Fakt Rechnung tragen, dass nicht alle Staaten, welche die GFK ratifiziert oder unterschrieben haben, dieser beigetreten sind oder mittels Vertragsnachfolge eintraten, oder als sie zur Unterzeichnung oder Beitritt eingeladen wurden, Mitglieder der Vereinten Nationen waren.

Als Verwahrer und damit **Adressat der Norm fungiert der Generalsekretär der Vereinten**   **3** **Nationen.** Mit Eingang der aufgelisteten Erklärungen hat dieser die Pflicht, den genannten Parteien eine Note über die von anderen Staaten vorgenommene Erklärung zukommen zu lassen. Heute ist die Funktion des Verwahrers in Art. 77 WVRK näher bestimmt.

Hinsichtlich der in lit. a–g aufgelisteten Erklärungen besteht diese Pflicht zur Notifikation.   **4** Darüber hinaus kann der Generalsekretär der Vereinten Nationen die Staaten auch über **andere**

Erklärungen und Handlungen informieren, insofern er die Information als relevant erachtet (Zimmermann 1951 Convention/Geiß Rn. 1).

5   Jede Mitteilung oder Notifikation durch die Vertragsstaaten gilt unter Heranziehung Art. 78 lit. b WVRK nur als wirksam, sofern diese an den Verwahrer (hier Generalsekretär der Vereinten Nationen) erfolgt ist. Ein Zugang bei den anderen Staaten ist nur dann erfolgt, wenn diese durch den Verwahrer entsprechend Art. 77 Abs. 1 lit. e WVRK informiert wurden (Zimmermann 1951 Convention/Geiß Rn. 3).

I. Erklärungen und Mitteilungen gem. Art. 1 B. (Art. 46 lit. a)

6   Bei Unterzeichnung, Ratifikation, Beitritt oder Vertragsnachfolge sind die Staaten unter Art. 1 B. (→ Art. 1 Rn. 4) **verpflichtet, die für sie geltende Bedeutung** der „Ereignisse, die vor dem 1. Januar 1951 eingetreten sind" in Art. 1 B. zu erklären. Diese Erklärung ist unter Art. 46 lit. a den bezeichneten Staaten mitzuteilen. Des Weiteren erfasst Art. 46 lit. a auch die Mitteilung darüber, **dass ein Vertragsstaat zu einem späteren Zeitpunkt seine Auffassung von Art. 1 B. lit. a zu Art. 1 B. lit. b ändert** (Zimmermann 1951 Convention/Geiß Rn. 4).

II. Unterzeichnungen, Ratifikationen und Beitrittserklärungen gem. Art. 39 (Art. 46 lit. b)

7   Es besteht eine Mitteilungspflicht über vorgenommene Unterzeichnungen, Ratifikationen und Beitritte nach Art. 39. Dies muss auch in Fällen der Sukzession gelten (vgl. → Art. 39 Rn. 12).

III. Erklärungen und Anzeigen gem. Art. 40 (Art. 46 lit. c)

8   Erklärungen nach Art. 40 (→ Art. 40 Rn. 1) über die Ausweitung des territorialen Anwendungsbereichs der GFK auf andere Staatsgebiete, welche durch den Vertragsstaat in internationalen Angelegenheiten vertreten werden, oder die spätere Erweiterung auf diese sind durch den Generalsekretär der Vereinten Nationen allen Mitgliedstaaten mitzuteilen.

IV. Erklärte oder zurückgenommene Vorbehalte gem. Art. 42 (Art. 46 lit. d)

9   Nach Art. 46 lit. d werden alle unter Art. 42 erklärten oder zurückgenommenen Vorbehalte von der Mitteilungspflicht erfasst. Nach dem Wortlaut werden **gegen Vorbehalte erklärte Widersprüche nicht erfasst.** Die Mitteilung über solche Widersprüche durch den Generalsekretär der Vereinten Nationen ist heute jedoch gängige Praxis (vgl. Zimmermann 1951 Convention/Geiß Rn. 7). Das Gleiche gilt für jede andere konventionsrelevante Erklärung, wie zB Interpretationserklärungen (Zimmermann 1951 Convention/Geiß Rn. 7).

10   Sollte der Generalsekretär der Vereinten Nationen **einen erklärten Vorbehalt nach Art. 42** (→ Art. 42 Rn. 8 ff.) **für unzulässig halten,** so hat er die Staaten weiterhin über den Vorbehalt zu informieren, und kann den Staaten darüber hinaus auch seine Auffassung über die Unrechtmäßigkeit mitteilen (vgl. Zimmermann 1951 Convention/Geiß Rn. 8).

V. Zeitpunkt, an dem dieses Abkommen gem. Art. 43 in Kraft tritt (Art. 46 lit. e)

11   Der Zeitpunkt, an welchem die GFK nach Art. 43 in Kraft tritt (→ Art. 43 Rn. 3), ist durch den Generalsekretär der Vereinten Nationen mitzuteilen. Eine verspätete Mitteilung ändert jedoch nichts am Inkrafttreten.

VI. Kündigungen und Mitteilungen gem. Art. 44 (Art. 46 lit. f)

12   Eine durch einen Vertragsstaat erklärte Kündigung nach Art. 44 ist allen unter Art. 46 erfassten Staaten mitzuteilen (→ Rn. 2). Unter Heranziehung des Art. 78 lit. b WVRK ist die Kündigungserklärung erst mit Erhalt der Notifikation durch den Verwahrer wirksam. Diese Wirksamkeitsregelung ist für Bestimmung des Zeitraums nach Art. 44 Abs. 2 und Art. 44 Abs. 3 relevant (Zimmermann 1951 Convention/Geiß Rn. 11).

VII. Revisionsanträge gem. Art. 45 (Art. 46 lit. g)

13   Revisionsanträge durch die nach Art. 45 (→ Art. 45 Rn. 9) berechtigten Staaten sind allen bezeichneten Staaten (→ Rn. 2) mitzuteilen.

B. Art. X FlüchtlingsProt

Art. X FlüchtlingsProt sieht ebenfalls eine Pflicht zur Notifikation durch den Generalsekretär **14** der Vereinten Nationen gegenüber den in Art. V FlüchtlingsProt bezeichneten Staaten vor. Diese Pflicht besteht im Falle des Inkrafttretens, bei Beitritten, bei Vertragsnachfolge, der Erklärung von Vorbehalten oder deren Rücknahme, sowie bei Kündigungserklärungen in Bezug auf das Protokoll.

Unter Heranziehung Art. 77 Abs. 1 lit. e WVRK kann diese Auflistung **nicht als abschließend 15 verstanden werden.** Vielmehr ist es gängige Praxis des Generalsekretärs der Vereinten Nationen, die Staaten über jegliche relevante Akte in Bezug auf das Protokoll durch Mitteilungen zu informieren (vgl. Zimmermann 1951 Convention/Geiß Rn. 14).

C. Vorbehalte

Art. 42 Abs. 1 lässt keine Vorbehalte gegen Art. 46 zu.   **16**

Konvention zum Schutz der Menschenrechte und Grundfreiheiten

In der Fassung der Bekanntmachung vom 22. Oktober 2010
(BGBl. II S. 1198)
SEV 005
– in Auszügen kommentiert –

Art. 1 Verpflichtung zur Achtung der Menschenrechte

Die Hohen Vertragsparteien sichern allen ihrer Hoheitsgewalt unterstehenden Personen die in Abschnitt I bestimmten Rechte und Freiheiten zu.

Überblick

Art. 1 stellt klar, dass durch die Konvention die Menschenrechte innerhalb ihres Anwendungsbereichs geschützt werden. Der Anwendungsbereich, dh der Umfang und die Reichweite ist durch die Rechtsprechung weit ausgelegt worden und unterliegt dem Wandel. Migrationsrechtlich wichtig ist, dass der Anwendungsbereich auch eröffnet sein kann, wenn hoheitliche Maßnahmen außerhalb des Hoheitsgebietes durchgeführt werden, zB bei Zurückschiebungen vor der Grenze (→ Rn. 4).

A. Allgemeines

1   Die EMRK **verpflichtet die Vertragsparteien,** dh die Staaten des Europarates, die die EMRK bzw. ihre Zusatzprotokolle ratifiziert haben. Innerhalb der Staaten sind sämtliche Träger der staatlichen Gewalt, dh die Exekutive, Legislative, Judikative einschließlich der mittelbaren Staatsverwaltung an die EMRK gebunden.

2   Die EMRK beinhaltet **Menschenrechte,** die in erster Linie als Abwehrrechte zum Schutz der Freiheit der Menschen konzipiert sind, statuiert aber auch Schutzpflichten der Staaten. Berechtigt werden nach Art. 1 alle natürlichen und juristischen Personen, die sich auf dem Territorium eines Konventionsstaates befinden und / oder der Hoheitsgewalt eines Konventionsstaates unterfallen, ungeachtet ihrer Nationalität.

3   Die **Rechtmäßigkeit des Aufenthalts** ist für die Anwendung der EMRK unbedeutend. Für die Anwendung der Menschenrechtsverpflichtungen ist allein die **faktische Betroffenheit** durch die Staatsgewalt eines Konventionsstaates entscheidend. Ausnahme ist allein Art. 2 4. EMRKProt, der einen rechtmäßigen Aufenthalt für die Anwendung seines Schutzes fordert (Depenheuer/ Grabenwarter, Der Staat in der Flüchtlingskrise/Pabel, 2. Aufl. 2017, 199, 205). Davon abgesehen werden Angehörige von Nicht-Vertragsstaaten auch dann vom Schutzbereich der EMRK erfasst, wenn sie sich illegal in den Hoheitsbereich des Konventionsstaats begeben haben (HK-EMRK/ Meyer-Ladewig/Nettesheim Rn. 22).

4   **Jenseits der territorialen Grenzen** findet die EMRK auch auf den staatlichen Schiffen und Flugzeugen sowie konsularischen bzw. diplomatischen Vertretungen Anwendung, wenn und soweit ein Konventionsstaat Hoheitsgewalt ausführt (Karpenstein/Mayer/Johann Rn. 21 mwN). Das sonstige exterritoriale staatliche Handeln unterliegt hingegen nicht der Bindung an die EMRK, es sei denn der Staat übt die effektive Kontrolle über ein außerhalb seines Gebiets liegende Gebiet aus (EGMR BeckRS 2013, 89662 – Loizidou / Türkei; Ehlers, Europäische Grundrechte und Grundfreiheiten/Ehlers, 4. Aufl. 2015, § 2 Rn. 62).

5   Hoheitsgewalt wird zumindest dann immer ausgeübt, wenn der Staat unmittelbare Gewalt gegen Personen anwendet. Das gilt auch in Fällen der sog. **„pushbacks",** dh wenn Personen schon vor der Grenze am Eindringen in das Territorium des Konventionsstaats gehindert werden. Die Konventionsstaaten üben in diesen Fällen Hoheitsgewalt gegenüber den Betroffenen iSd Art. 1 aus. Daher ist die Zurückweisung dem handelnden Konventionsstaat zuzurechnen und muss sich an den Verpflichtungen der EMRK messen lassen (EGMR NVwZ 2019, 865 Rn. 69 ff. – M.A. und andere / Litauen; Urt. v. 3.10.2017 – 8675/15 und 8697/15 – N.D. und N.T. / Spanien; NVwZ 2012, 809 – Hirsi Jamaa / Italien).

6   **Hoheitsgewalt** wird ausgeübt, wenn ein Vertragsstaat eine hoheitliche, dh der öffentlichen Gewalt zuzuordnende Maßnahme ergreift (HK-EMRK/Meyer-Ladewig/Nettesheim Rn. 2).

Dabei wird dem Staat sowohl unmittelbare als auch mittelbare Hoheitsgewalt zugerechnet. Von mittelbarer Hoheitsgewalt ist so lange auszugehen, wie die auf der Hoheitsgewalt beruhende kausale Rechtsverletzung für den Konventionsstaat vorhersehbar war oder sein musste. Für eine Verletzung von Konventionspflichten kann bereits die Gefahr der Rechtsverletzung ausreichen, sofern die Realisierung der Gefahr im Bereich des Wahrscheinlichen und Vorhersehbaren liegt (EGMR NJW 1990, 2183 – Soering / Vereinigtes Königreich).

Beispiele für mittelbare Hoheitsgewalt: 6.1
- Auslieferung an einen Staat, in dem die Todesstrafe droht.
- Inhaftnahme im Drittstaat aufgrund eines Auslieferungsgesuchs eines Vertragsstaats (Karpenstein/Mayer/ Johann Rn. 28; EGMR Urt. v. 21.4.2009 – 11956/07 Rn. 53 – Stephens / Malta).

Die EMRK trägt den Konventionsstaaten grundsätzlich nicht auf, die Einhaltung der Men- 7 schenrechte auch in **Drittstaaten** durchzusetzen. Dennoch ist es den Konventionsstaaten untersagt, Personen, die unter ihrer Hoheitsgewalt stehen, offenen Auges in die Hoheitsgewalt eines Drittstaates zu übergeben, wenn vorhersehbar ist, dass dieser Staat gravierend gegen die Grundrechte des Betroffenen verstoßen wird.

Der EMGR hat eine solche Pflicht der Staaten bislang nur in den Fällen einer vorhersehbaren Verletzung 7.1 von Art. 2 und 3 festgestellt. Anknüpfungspunkt für die hoheitliche Maßnahme, die gegen die EMRK verstößt, ist in diesen Fällen die Ausweisung, Rückführung oder Auslieferung des Betroffenen an den Drittstaat (EGMR Urt. v. 7.7.1989 – 14038/88 – Soering / Vereinigtes Königreich).

Eine Verletzung von Art. 1 kann für sich nicht gerügt werden. Art. 1 kann **nur im Zusammen-** 8 **hang mit anderen Konventionsrechten** verletzt werden (EGMR Urt. v. 18.1.1978 – 5310/ 71 – Irland / Vereinigtes Königreich).

B. Beachtung der EMRK durch deutsche Behörden und Gerichte

Die EMRK ist ein völkerrechtliches Abkommen. Es enthält selbst keine Regelungen zu seinem 9 Rang und seiner Wirkungsweise im nationalen Recht. Durch Art. 59 Abs. 2 GG ist es in deutsches Recht übertragen und hat den **Rang einfachen Gesetzesrechts** (BVerfG DÖV 2005, 72).

In der Rechtswissenschaft wird mittels unterschiedlicher rechtlicher Konstruktionen auch vertreten, 9.1 dass die EMRK selbst Verfassungsrang habe bzw. über der Verfassung stehe (s. im Überblick Cammareri JuS 2016, 791 (791)).

Die Behörden und Gerichte müssen die EMRK und die Rechtsprechung des EGMR bei der 10 Auslegung des deutschen Rechts berücksichtigen und die Gesetze konventionskonform anwenden. Das bedeutet nicht, dass die Gerichte die Urteile detailgenau umsetzen müssen. Sie müssen sich aber damit auseinandersetzen und die Auswirkungen auf die nationale Rechtsordnung berücksichtigen (BVerfG NJW 2004, 3407). Die Grenze der völkerrechtsfreundlichen Auslegung liegt dort, wo die Beachtung der EGMR-Rechtsprechung mit der nationalen Gesetzesauslegung und Verfassungsinterpretation nicht mehr vertretbar erscheint (BVerfG NJW 2011, 297 Rn. 93). Hier muss dann der deutsche Gesetzgeber Abhilfe schaffen (BVerfG NJW 2004, 3407).

Das gilt aufgrund der Völkerrechtsfreundlichkeit des Grundgesetzes auch für das Verfassungs- 11 recht. Das BVerfG hat festgestellt, dass sowohl die Konvention an sich als auch die Rechtsprechung des EGMR als Auslegungshilfen für die Grundrechte und die rechtsstaatlichen Grundsätze des Grundgesetzes im Sinne einer völkerrechts- und menschenrechtsfreundlichen Auslegung heranzuziehen sind (BVerfG NJW 2004, 3407).

C. Wirkung der EMRK im EU-Recht

Art. 6 Abs. 3 EUV verweist als **Rechtserkenntnisquelle** für die primärrechtlichen Grundsätze 12 auf die EMRK. Zudem ist die Auslegung der EMRK zur Bedeutung und Tragweite der Grundrechte nach Art. 52 Abs. 3 GRCh auch für die Auslegung der Rechte aus der GRCh relevant, soweit sie denen der EMRK entsprechen. Diese Norm stellt eine **Mindestschutzklausel** für die GRCh dar, die GRCh kann danach auch darüber hinausgehen. Wenn die EU der EMRK beitreten sollte, ist auch die EU selbst an die EMRK gebunden.

D. EMRK im Migrationsrecht

Die EMRK enthält **keine spezifischen Konventionsrechte zum Migrationsrecht,** dh zum 13 Ausländer-, Asyl oder Staatsangehörigkeitsrecht. Insbesondere wird weder in der EMRK noch in den vereinbarten Zusatzprotokollen ein Recht auf Asyl oder Flüchtlingsanerkennung verbürgt. Die Einbeziehung einer Asylbestimmung scheiterte bereits 1991 (Dörr/Grote/Marauhn/Zimmermann/Elberling, EMRK/GG – Konkordanzkommentar, 2. Aufl. 2013, Bd. II, Kap. 27 Rn. 1; vgl. auch EGMR ZAR 2013, 336 – Mohammed Hussein und andere / Niederlande und Italien). Besonderheiten für Flüchtlinge sieht die EMRK nicht vor (Depenheuer/Grabenwarter, Der Staat in der Flüchtlingskrise/Pabel, 2. Aufl. 2017, 199, 207).

14   Ein Recht auf Einreise wird von der EMRK nicht gewährt, sondern kann sich allenfalls mittelbar über die objektiven Schutzpflichten der Konventionsstaaten zur Gewährung der Konventionsrechte ergeben.

15   Die stärksten migrationsrechtlichen Bezüge lassen sich in den Urteilen des EGMR zu den **Art. 2, 3, 5 und 8** finden.

Art. 2 Recht auf Leben

(1) ¹Das Recht jedes Menschen auf Leben wird gesetzlich geschützt. ²Niemand darf absichtlich getötet werden, außer durch Vollstreckung eines Todesurteils, das ein Gericht wegen eines Verbrechens verhängt hat, für das die Todesstrafe gesetzlich vorgesehen ist.

(2) Eine Tötung wird nicht als Verletzung dieses Artikels betrachtet, wenn sie durch eine Gewaltanwendung verursacht wird, die unbedingt erforderlich ist, um
a) jemanden gegen rechtswidrige Gewalt zu verteidigen;
b) jemanden rechtmäßig festzunehmen oder jemanden, dem die Freiheit rechtmäßig entzogen ist, an der Flucht zu hindern;
c) einen Aufruhr oder Aufstand rechtmäßig niederzuschlagen.

Überblick

Art. 2 schützt das Recht auf Leben als höchstes Gut und ist von zentraler Bedeutung (→ Rn. 1). Er verbietet die absichtliche Tötung, auch eine Rechtfertigung der Todesstrafe ist entgegen dem Wortlaut kaum denkbar (→ Rn. 2). Aus dem Artikel kann sich auch ein Verbot der Ausweisung, Rückführung und Auslieferung ergeben, wenn in dem Zielstaat die Todesstrafe oder sonstige Todesgefahren drohen (→ Rn. 9).

A. Allgemeines

1   Art. 2 **schützt das Leben** des Menschen und trifft damit den innersten Kern der Menschenrechte. Der Umgang mit dem Leben der Mitmenschen ist eine der wichtigsten und aussagekräftigsten für den menschenrechtlichen Standard in einem Staat, weshalb Art. 2 eng auszulegen ist (EGMR NJW 1990, 2183 – Soering / Vereinigtes Königreich).

2   Die EMRK schützt das Leben als höchstes Gut. Sie lässt nach ihrem Wortlaut aber die **Todesstrafe** zu. Die Todesstrafe wurde erst durch Verabschiedung von 6. EMRKProt (Art. 1 6. EMRKProt) zumindest in Friedenszeiten verboten. Mit Ausnahme von Russland haben alle Europaratsstaaten das 6. EMRKProt ratifiziert. Während 6. EMRKProt noch die Möglichkeit der Todesstrafe in Kriegszeiten zulässt, wird durch das 13. EMRKProt die Todesstrafe in allen Konstellationen abgeschafft. Das 13. EMRKProt ist von allen Europaratsstaaten mit Ausnahme von Polen, Aserbaidschan und Russland ratifiziert worden. Die Todesstrafe wird gegenwärtig aber in keinem Europaratsstaat praktiziert. Mittlerweile haben die meisten Europaratsstaaten die Todesstrafe abgeschafft. Ein Staat wird auch nur dann in den Europarat aufgenommen, wenn er die Todesstrafe abgeschafft hat.

3   Vor diesem Hintergrund hat der EGMR bereits im Fall Öcalan / Türkei erwogen, dass die Staatenpraxis der Europaratsstaaten entgegen dem Wortlaut von Art. 2 zur Unzulässigkeit der Todesstrafe geführt hat (EGMR NVwZ 2006, 1267 – Öcalan / Türkei). Nach der Unterzeichnung fast aller Mitgliedsstaaten des 13. EMRKProt hat der EGMR schließlich festgestellt, dass die Mitgliedsstaaten durch die Unterzeichnung der Zusatzprotokolle und der Staatspraxis Art. 2 dahingehend abgeändert hätten, dass die Todesstrafe unter allen Umständen verboten sei (EGMR Urt. v. 2.3.2010 – 61498/08 – Al Saadoon und andere / Vereinigtes Königreich). Selbst wenn man dem aufgrund der fehlenden Ratifikation des 13. EMRKProt durch drei Staaten nicht folgen würde, so wird das Leben als höchstes von der EMRK geschütztes Gut anzusehen sein, weshalb die Rechtfertigungsgründe für eine Tötung gem. Art. 2 so eng auszulegen sind, dass die Todesstrafe praktisch nicht denkbar ist.

B. Schutzpflichten der Staaten

Art. 2 schützt nicht nur Konventionsberechtigte vor einer Tötung durch einen Konventionsstaat. **4** Daneben statuiert Art. 2 eine Pflicht des Staates, das Leben der unter seiner Hoheitsgewalt stehenden Personen auch **gegen Dritte,** dh Drittstaaten sowie natürliche Personen, zu schützen. Die Konventionsstaaten müssen mithin aufgrund der 6. EMRKProt und 13. EMRKProt einerseits die Todesstrafe abschaffen, andererseits fordert Art. 2, dass die Konventionsstaaten jede lebensgefährdende Gewalt auch auf horizontaler Ebene so weit wie möglich verhindern. Angesichts der präventiven Verhinderungswirkung des Strafrechts gehört hierzu auch die **Pflicht zur effektiven Strafverfolgung im Falle von Tötungen.** Dies beinhaltet wirksame Ermittlungen durch eine unabhängige Behörde. Ermittlungen sind dann wirksam, wenn sie tatsächlich zur Identifizierung und Bestrafung der Verantwortlichen führen können (EGMR Urt. v. 28.10.1998 – 24760/94 – Assenov und andere / Bulgarien; NJW 2001, 1991 – Ogur / Türkei). Daraus ergibt sich auch die Pflicht, bei Auslieferungsersuchen anderer Konventionsstaaten zur Ermittlung von Tötungsdelikten angemessen mitzuwirken (→ Rn. 15).

Schwierig sind Fälle, in denen Konventionsstaaten aufgrund von **Verdachtsmomenten** umfas- **5** sende Präventivmaßnahmen zum Schutz des Lebens der Bürgerinnen und Bürger durchführen (zB Festnahmen zur Verhinderung von Terroranschlägen). Die Vereinbarkeit solcher Maßnahmen mit der EMRK misst sich an einer Abwägung zwischen dem individuellen Interesse an der Freiheit der Betroffenen (geschützt durch Art. 5) und der Schutzpflicht des Staates aus Art. 2. Entscheidend für die Beurteilung der Zulässigkeit dürften dabei folgende Kriterien sein:
• Konkretisierung der Pläne der Straftat,
• Ausschöpfung aller anderen Überwachungsmöglichkeiten,
• Dauer des Festhaltens.
Unter die Schutzpflicht aus Art. 2 fällt nicht die Regelung einer umfassenden Zuständigkeit der **6** staatlichen Gerichte für alle eigenen **Staatsangehörigen, die im Ausland zu Tode kommen** (EGMR NJW 2010, 3003 – Rantsev / Zypern und Russland).

C. Rechtfertigungsmöglichkeit nach Art. 2 Abs. 2

Art. 2 Abs. 2 listet Fälle auf, in denen eine **Tötung gerechtfertigt** sein kann. In allen Fällen **7** muss die Tötung „unbedingt erforderlich" sein. Das Kriterium „unbedingt erforderlich" (welches sich darüber hinaus nur in Art. 6 und 15 findet) fordert eine besonders strenge Verhältnismäßigkeitsprüfung. Gegenüber dem sonst üblichen Kriterium für die Prüfung der Zulässigkeit eines Eingriffs in ein Konventionsrecht, „notwendig in einer demokratischen Gesellschaft", wird in Art. 2 Abs. 2 somit eine „striktere und strengere" Rechtfertigungsprüfung als bei Eingriffen in andere Konventionsrechte verlangt (EGMR NJW 2001, 1991 – Ogur / Türkei; Urt. v. 27.9.1995 – 18984/91 – McCann und andere / Vereinigtes Königreich).

Ein **Rechtfertigungsirrtum** könnte die Rechtswidrigkeit des staatlichen Handelns ausschlie- **8** ßen. Entscheidend ist hierfür, dass der staatliche Akteur subjektiv zur Verfolgung einer der in Art. 2 Abs. 2 aufgelisteten Fälle agiert hat. Die Handlung muss zum Handlungszeitpunkt auf einer mit guten Gründen vertretbaren Überzeugung beruht haben (EGMR Urt. v. 27.9.1995 – 18984/91 – McCann und andere / Vereinigtes Königreich).

D. Ausweisung, Rückführung und Auslieferung an einen Staat, in dem die Todesstrafe droht

Eine Ausweisung / Rückführung / Auslieferung in einen Staat, in dem ernsthafte Gründe für **9** eine Gefahr sprechen, dass dem Betroffenen die Todesstrafe droht, ist nie mit Art. 2 (und wohl auch nicht mit Art. 3) vereinbar (EGMR NJW 1990, 2183 – Soering / Vereinigtes Königreich; NVwZ 2006, 1267 – Öcalan / Türkei; Urt. v. 19.11.2009 – 41015/04 – Kaboulov / Ukraine; Urt. v. 2.3.2010 – 61498/08 – Al Saadoon und andere / Vereinigtes Königreich; NVwZ 2015, 955 – Al Nashiri / Polen). Zu Beginn hatte der EGMR noch vertreten, dass aufgrund der Rechtfertigungsmöglichkeit der Todesstrafe über Art. 2 Abs. 2 auch eine **Ausweisung / Rückführung / Auslieferung in einen Staat, in dem die Todesstrafe vollzogen wird** und der Betroffene mit der Durchführung der Todesstrafe in seinem konkreten Fall rechnen müsste, mit der EMRK vereinbar sein kann. Spätestens nach dem Inkrafttreten von 6. EMRKProt und 13. EMRKProt ist es aber gefestigte Rechtsprechung, dass eine Rechtfertigung nie bestehen kann.

Nach der Rechtsprechung des EGMR kommt es darauf an, ob die Durchführung der Todesstrafe auch **9.1** **tatsächlich droht.** Allein die Tatsache, dass die Todesstrafe ausgesprochen wird, stellt dann keinen Verstoß dar, wenn aber kein reales Risiko besteht, dass diese vollzogen wird (EGMR 4.9.2018 – 17675/18 Rn. 33 – Saidani/Deutschland). Allerdings können die dadurch ausgelösten psychischen Leiden uU unter Art. 3 EMRK fallen.

10   Das konventionswidrige Verhalten des Vertragsstaates liegt in der Übertragung der eigenen Hoheitsgewalt auf einen anderen Staat. Der Konventionsstaat macht sich damit zwar nicht zum verlängerten Arm oder Akteur des Zielstaates, er verletzt aber seine Schutzpflicht gegenüber der betroffenen Person.

11   Erhält der Konventionsstaat jedoch eine **Zusicherung** des Zielstaats, dass bei der betroffenen Person keine Todesstrafe – aus welchen Gründen auch immer – in Betracht kommt, so ist eine Ausweisung / Rückführung / Auslieferung in diesen Staat keine Verletzung von Art. 2, auch wenn der Zielstaat die Todesstrafe regelmäßig durchsetzt (zu den Anforderungen an die Zusicherung → Art. 3 Rn. 1 ff.).

E. Ausweisung, Rückführung und Auslieferung in einen Staat, in dem sonstige Todesgefahren drohen

12   Als Verletzung der Schutzpflicht aus Art. 2 gilt auch eine Ausweisung / Rückführung / Auslieferung, durch die die betroffene Person bewusst der **konkreten Gefahr** ausgesetzt wird, **das Leben zu verlieren.** Dabei ist unerheblich, ob die Gefahr durch staatliche Behörden, private Dritte oder lebensbedrohliche Krankheiten entsteht.

13   Das kann etwa der Fall sein, wenn der Staat der von Dritten stammenden Gefahr erkennbar nicht begegnen kann oder will (Nußberger NVwZ 2013, 1305 (1307)). Die Anforderungen an die Darlegungen der Betroffenen sind dabei hoch: Die Gefahr des Todes muss konkret sein, dh der betroffenen Person muss mit an Sicherheit grenzender Wahrscheinlichkeit der Tod drohen.

14   Auch wenn der betroffenen Person im Zielstaat eine **Todesgefahr durch Dritte** droht, führt eine Ausweisung / Rückführung / Auslieferung dann nicht zu einer Verletzung der Schutzpflicht aus Art. 2, wenn der Zielstaat für die Sicherheit der betroffenen Person sorgt und sich die Todesgefahr voraussichtlich nicht realisieren kann. Der Schutz durch den Zielstaat kann auch dadurch gewährt werden, dass die betroffene Person im Zielstaat rechtmäßig inhaftiert wird und aufgrund der dauerhaften Kontrolle der Inhaftierten keine Gewaltanwendung von Dritten drohen kann (EGMR Urt. v. 7.12.2017 – 34999/16 Rn. 63 – D.L. / Österreich).

F. Pflicht zur Kooperation bei Auslieferungsersuchen zur rechtmäßigen Untersuchung eines Tötungsdelikts

15   Art. 2 EMRK erlegt den Konventionsstaaten eine bilaterale Verpflichtung auf, bei der Aufklärung von Straftaten zu kooperieren. Das ergebe sich aus dem besonderen Charakter der EMRK zur kollektiven Durchsetzung von Menschenrechten (EGMR NLMR 2019, 13 (17) Rn. 232 – Güzelyurtlu ua/Zypern u. Türkei). Daraus entsteht keine Pflicht zur Auslieferung. Es muss aber effektiv mitgearbeitet werden, um die Tötung aufzuklären und die Taten zu ahnden, dh es müssen alle verfügbaren Schritte zur Zusammenarbeit ausgeschöpft werden. Es muss insbesondere eine ausreichende Prüfung aller relevanten Tatsachen durchgeführt werden, bevor eine Auslieferung verweigert wird (EGMR NMLR 2019, 296 (298 f. Rn. 81 ff.) – Romeo Castano/Belgien; EGMR NLMR 2019, 13 (17 ff. Rn. 229 ff.) – Güzelyurtlu ua/Zypern u. Türkei).

Art. 3 Verbot der Folter

Niemand darf der Folter oder unmenschlicher oder erniedrigender Behandlung oder Strafe unterworfen werden.

Überblick

Das Verbot der Folter (→ Rn. 4) und unmenschlicher (→ Rn. 6) oder erniedrigender Behandlung (→ Rn. 9) ist neben Art. 2, 5 und 8 das wohl wichtigste Konventionsrecht für das Migrationsrecht. Daraus ist zwar kein Recht auf Asyl abzuleiten (→ Rn. 16), allerdings bestehen durchaus Schutzpflichten der Konventionsstaaten gegen Eingriffe durch Dritte (→ Rn. 17). Dadurch kann sich ein Verbot der Ausweisung / Rückführung / Auslieferung und damit eine Pflicht zur Ermöglichung eines Aufenthalts ergeben (→ Rn. 22). Es können sich im Einzelfall daraus auch Leistungspflichten gegenüber Schutzbedürftigen (→ Rn. 58) und Mindeststandards für Haftbedingungen (→ Rn. 63) ergeben. Bei einer möglichen Verletzung von Art. 3 sind besonders hohe prozessuale Standards von den Konventionsstaaten zu erwarten (→ Rn. 68). In diesem Zusammenhang ist auch das 4. EMRKProt relevant. Es sieht unter anderem in Art. 3 4. EMRKProt ein Verbot von Ausweisungen von Rückführungen eigener Staatsangehöriger (→ Rn. 72) und in Art. 4 4. EMRKProt ein Verbot von Kollektivausweisungen vor (→ Rn. 73).

Übersicht

A. Allgemeines und Definition

1 Das Verbot der Folter und unmenschlicher oder erniedrigender Behandlung oder Strafe hat sich durch die Rechtsprechung des EGMR neben Art. 2, 5 und 8 zum wohl wichtigsten Konventionsrecht für das Migrationsrecht entwickelt. Es statuiert das konventionsrechtliche Non-refoulement-Prinzip. Der EGMR hat insbesondere durch die Entscheidungen zu sog. pushbacks die Verpflichtung der Konventionsstaaten zur individuellen Überprüfung der Lage der Schutzsuchenden festgeschrieben und dadurch gleichzeitig eine besondere Hürde für Ausweisungen / Rückführungen / Auslieferungen von Migrantinnen und Migranten festgeschrieben. Art. 3 steht exemplarisch für die Ausarbeitung von besonderen staatlichen Schutzpflichten, die sich aus der EMRK ergeben. Der EGMR hat hierzu festgestellt, dass die Konventionsstaaten nicht nur dann gegen Art. 3 verstoßen, wenn sie durch eigene Akteure Folter oder eine unmenschliche / erniedrigende Behandlung / Strafe praktizieren, sondern auch dann, wenn sie einen Menschen aus ihrer Hoheitsgewalt in die Hoheitsgewalt eines anderen Staates übergeben, wo der Person dann Folter oder unmenschliche / erniedrigende Behandlung / Strafe droht. Der Anknüpfungspunkt für die konventionswidrige Handlung durch den Vertragsstaat liegt dann in der Ausweisung / Rückführung / Auslieferung bzw. der Übergabe der Person in die Hoheitsgewalt des Zielstaats durch Rückführung oder Auslieferung. Das gilt für Auslieferungen genauso wie für andere Ausweisungen oder Rückführungen.

2 Die **Begriffe** Folter, unmenschliche Behandlung und erniedrigende Behandlung stellen verschiedene Formen von schweren Misshandlungen dar. Sie stehen hinsichtlich der Intensität des Eingriffs in einem Stufenverhältnis zueinander, wobei die jeweils höhere Stufe die vorgehende beinhaltet, angefangen bei der erniedrigenden Behandlung und kulminierend in der Folter (von Schwichow, Die Menschenwürde in der EMRK, 2016, 35). Sämtliche Misshandlungen müssen eine gewisse Schwere erreichen und körperliche Verletzungen oder intensive physische oder psychische Leiden bewirken. Entscheidend für die Prüfung sind dabei

- Kontext der Behandlung,
- Art und Weise der Durchführung,
- Dauer der Behandlung,
- körperliche und seelische Auswirkungen beim Opfer,
- Absicht der Erniedrigung,
- Motivation für Misshandlung (EGMR Urt. v. 1.9.2015 – 16483/12 Rn. 160 – Khlaifia / Italien),

- persönliche Eigenschaften des Opfers wie Geschlecht, Alter und Gesundheitszustand (zB besondere Anfälligkeit des Opfers aufgrund der persönlichen Fluchtgeschichte; EGMR Urt. v. 18.1.1978 – 5310/71 – Irland / Vereinigtes Königreich; BeckRS 2006, 10903 – Jalloh / Deutschland; NJOZ 2017, 703 – Said und andere / Belgien; NVwZ 2009, 1547 – Juhnke / Türkei; NVwZ 2015, 127 Rn. 94 – Tarakhel / Schweiz; Urt. v. 4.10.2016 – 30474/14 Rn. 31 – Ali und andere / Schweiz).

3 Die EMRK schützt im Unterschied zum Grundgesetz nicht die körperliche Unversehrtheit oder die Gesundheit als solches. Erreicht die Misshandlung nicht die Intensität und Schwere der in Art. 3 genannten Behandlungen, kann aber unter Umständen ein **Eingriff in Art. 8** vorliegen, der als Teil des Privatlebens die physische und psychische Unversehrtheit der Person schützt (→ Art. 8 Rn. 1).

I. Definition „Folter"

4 Der EGMR zieht zur **Definition von Folter** die Definition aus Art. 1 Abs. 1 UN-AntifolterK heran (s. EGMR NJW 2001, 2001 – Salman / Türkei). Danach liegt Folter bei einer vorsätzlichen unmenschlichen Behandlung vor, die sehr schweres und grausames Leid verursacht. Wesentlich ist die Intensität und Schwere der Misshandlungen, erkennbare Absicht und die Zurechenbarkeit zu staatlichem Handeln (EGMR NJW 2001, 2001 – Salman / Türkei; Ehlers, Europäische Grundrechte und Grundfreiheiten/Uerpmann-Wittzack, 4. Aufl. 2015, § 3 Rn. 40).

5 Auch die **Androhung von Folter** kann selbst Folter darstellen, da auch seelisches Leiden umfasst ist. Es hängt aber von den Umständen des Falles ab, ob das ausgelöste psychische Leiden so grausam ist, dass es die Intensität der Folter erreicht (EGMR NJW 2010, 3145 – Gäfgen / Deutschland). In der Regel stellt die Androhung von Folter „nur" eine unmenschliche Behandlung dar.

II. Definition „Unmenschliche Behandlung"

6 Eine **unmenschliche Behandlung** liegt vor, wenn vorsätzlich eine Körperverletzung oder ein intensives physisches oder psychisches Leiden über einen gewissen Zeitraum verursacht wird (EGMR Urt. v. 6.4.2000 – 6772/95 Rn. 120 – Labita / Italien; BeckRS 2006, 10903 – Jalloh / Deutschland).

7 Darunter ist auch das sog. **death-row-phenomen** zu fassen, also die Inhaftierung einer Person, die mit Sicherheit weiß, dass sie die Todesstrafe erleiden wird, aber nicht weiß, wann die Strafe vollstreckt werden wird (EGMR NJW 1990, 2183 – Soering / Vereinigtes Königreich). Ebenso sieht der EGMR nicht nur die Verhängung der Todesstrafe in einem unfairen Verfahren, sondern schon einen Prozess, an dessen Ende die Todesstrafe stehen kann, als Verletzung von Art. 3 (ohne zu bestimmen, welche Alternative verletzt wird).

8 Ein Prozess, der zu einer **lebenslangen, nicht reduzierbaren Freiheitsstrafe** führt, kann zu einer Verletzung von Art. 3 führen – muss aber nicht (EGMR Urt. v. 12.12.2017 – 30614/15 Rn. 97 – López Elorza / Spanien; Dörr/Grote/Marauhn/Zimmermann/Elberling, EMRK/GG – Konkordanzkommentar, 2. Aufl. 2013, Bd. II, Kap. 27 Rn. 25). Ein Verstoß gegen Art. 3 liegt dann vor, wenn eine lebenslange Freiheitsstrafe weder de jure noch de facto verkürzt werden kann (EGMR Urt. v. 12.12.2017 – 30614/15 Rn. 98 – López Elorza / Spanien). Entscheidend ist dabei, ob die Möglichkeit besteht, dass die Person irgendwann nach objektiven und vorher bestimmbaren Kriterien aus dem Gefängnis entlassen wird (EGMR 4.9.2019 – 17675/18 Rn. 38 – Saidani/ Deutschland; 12.12.2017 – 30614/15 Rn. 98 – López Elorza / Spanien). Eine Möglichkeit zur Verkürzung ist dann anzunehmen, wenn die nationalen Behörden die Möglichkeit haben, aufgrund von Veränderungen im Verhalten des Inhaftierten im Sinne einer Rehabilitation zum Entschluss einer frühzeitigen Entlassung zu kommen (EGMR NJOZ 2010, 1599 Rn. 119 – Kafkaris / Zypern; Urt. v. 12.12.2017 – 30614/15 Rn. 100 – López Elorza / Spanien). Ist eine solche frühzeitige Entlassung schlicht weder rechtlich noch tatsächlich vorgesehen, führt bereits die Verurteilung zu einer lebenslangen Haft zu einem Verstoß gegen Art. 3 (EGMR NJOZ 2010, 1599 Rn. 122 – Kafkaris / Zypern; Urt. v. 12.12.2017 – 30614/15 Rn. 100 – López Elorza / Spanien). Da eine Schutzpflichtverletzung der Konventionsstaaten schon dann vorliegt, wenn Menschen in die Gefahr einer Verletzung von Art. 3 gebracht werden, ist bereits die Ausweisung / Rückführung / Auslieferung in einen Staat verboten, in dem der betroffenen Person ein solches Urteil droht.

9 Eine unmenschliche Behandlung ist in der Regel konkretisiert auf eine **Einzelperson.** Daher kann von einer weit verbreiteten, allgemeinen Gewalt kann nur in den extremsten Fällen und nur bei konkretem Risiko für die Einzelperson auf eine unmenschliche Behandlung dieser Person geschlossen werden (EGMR BeckRS 2017, 123577 Rn. 70 – M.O. / Schweiz).

III. Definition „Erniedrigende Behandlung"

Eine **erniedrigende Behandlung** liegt vor, wenn das Opfer vorsätzlich gedemütigt wird und   **10** seine Menschenwürde nicht geachtet wird. In der Regel wird das nur dann der Fall sein, wenn das Opfer Angst, Beklemmung oder Unterlegenheit fühlt und dadurch der Widerstand eines Menschen gebrochen wird (vgl. EGMR Urt. v. 26.4.2018 – 74884/13 Rn. 41 – Tsarpelas / Griechenland; NJW 2001, 2694 – Kudla / Polen; BeckRS 9998, 94504 – Pretty / Vereinigtes Königreich). Da das Opfer vorsätzlich gedemütigt werden muss, ist die Intention der Täterin oder des Täters zu berücksichtigen. Es kann aber auch dann eine erniedrigende Behandlung vorliegen, wenn die Demütigung von der Täterin oder von dem Täter nicht intendiert war, die Umstände der Behandlung aber eindeutig zu einer Demütigung führen (zB bei erniedrigenden Haftbedingungen; EGMR Urt. v. 19.4.2001 – 28524/95 – Peers / Griechenland; NVwZ 2011, 413 – M.S.S. / Belgien und Griechenland). War die Demütigung nicht intendiert, fand aus Sicht des Opfers aber eine Demütigung statt, kann ebenso eine erniedrigende Behandlung vorliegen (von Schwichow, Die Menschenwürde in der EMRK, 2016, 35; EGMR Urt. v. 25.4.1978 – 5856/72 – Tyrer / Vereinigtes Königreich).

Erforderlich für die Bejahung einer erniedrigenden Behandlung ist, dass ein **Mindestmaß an**   **11** **Intensität** gegeben ist. Die Schwelle zum Anwendungsbereich von Art. 3 bestimmt sich dabei nach den Gesamtumständen des Einzelfalls, insbesondere der Dauer der Behandlung, den physischen und psychischen Folgen sowie in Einzelfällen auch nach Geschlecht, Alter und Gesundheitszustand des Opfers (EGMR NVwZ 2020, 616 Rn. 72 – Khan/Frankreich; BeckRS 2019, 36891 Rn. 188 – Ilias und Ahmed / Ungarn; Urt. v. 26.4.2018 – 74884/13 Rn. 40 – Tsarpelas / Griechenland). Die Schwelle ist ua überschritten, wenn die Behandlung bei den Opfern Gefühle der Angst, Beklemmung oder Unterlegenheit weckt (EGMR NVwZ 2020, 616 Rn. 72 – Khan/Frankreich). Der EGMR hat in dem Kontext festgestellt, dass Asylsuchende aufgrund der Erfahrungen und Umstände einer Flucht besonders vulnerabel sein können (EGMR Urt. v. 21.11.2019 – 47287/15 Rn. 192 – Ilias und Ahmed / Ungarn).

Die erniedrigende Behandlung kann auch gegenüber **mehreren Personen** oder einer Bevölke-   **12** rungsgruppe gleichzeitig erfolgen. Erniedrigende Behandlungen können auch durch Unterlassen erfolgen, wenn bspw. ein Kranker nicht die erforderliche Behandlung zur Linderung der Krankheit erfährt (HK-EMRK/Meyer-Ladewig/Lehnert Rn. 22 mwN).

Auch die **rassistisch** begründete Differenzierung im Staatsangehörigkeitsrecht kann eine   **13** erniedrigende Behandlung darstellen (EGMR EuGRZ 1994, 386– East African Asians / Vereinigtes Königreich; Urt. v. 21.5.1997 – 34372/97 – Zeibek / Griechenland; vgl. hierzu Zimmermann/Landefeld ZAR 2014, 97 (103)).

Auf das mit der erniedrigenden Behandlung verfolgte **Ziel,** wie bspw. das Opfer zu einer   **14** bestimmten Aussage oder Handlung zu bringen, ist für die Bejahung der erniedrigenden Behandlung nicht erforderlich. So hat der EGMR auch darin eine Verletzung von Art. 3 gesehen, dass eine Person statt in einem Gefängnis in einer Polizeistation für 27 Tage gefangen gehalten wurde, da Polizeistationen nur für einen kurzfristigen Arrest vorgesehen sind (EGMR Urt. v. 26.4.2018 – 74884/13 Rn. 50 – Tsarpelas / Griechenland).

B. Eingriff in den Schutzbereich

Das Folterverbot und das Verbot der unmenschlichen oder erniedrigenden Behandlung oder   **15** Strafe schützt den „Kernbereich der psychischen und physischen Integrität des Einzelnen" (HK-EMRK/Meyer-Ladewig/Lehnert Rn. 1). Daher ist das Verbot aus Art. 3 absolut. Eine **Rechtfertigung** ist genauso wenig möglich wie die Berücksichtigung des Verhaltens des Opfers oder der begangenen Straftat. Das gilt selbst dann, wenn schwere Gefahren von der Person ausgehen. Auch wenn es die Mitgliedstaaten für besondere Schwierigkeiten stellt, die Bürgerinnen und Bürger vor internationalem Terrorismus zu schützen und daher dagegen entschlossen vorgehen müssen, verbietet die Konvention Eingriffe in Art. 3 ausnahmslos (EGMR NVwZ 2020, 535 Rn. 112 – A.M./Frankreich). Auch kann das Verbot nicht im Notstand gem. Art. 15 Abs. 2 aufgeweicht werden (EGMR NJW 2001, 56 – Selmouni / Frankreich; Urt. v. 18.01.1978 – 5310/71 – Irland / Vereinigtes Königreich; EGMR BeckRS 2021, 7285 – K.I./Frankreich).

C. Schutzpflichten der Konventionsstaaten

16   Der EGMR betont in seinen Urteilen, dass Art. 3 die Freiheit der Konventionsstaaten, über die Einreise und den Aufenthalt sowie die Ausweisung / Rückführung / Auslieferung zu entscheiden, nicht ändert (EGMR Urt. v. 26.1.2017 – 16744/14 Rn. 59 – X. / Schweiz; NVwZ 1992, 869 Rn. 102 – Vilvarajah und andere / Vereinigtes Königreich). Ein **Recht auf Asyl** sei in der EMRK nicht verankert und werde auch durch Art. 3 nicht statuiert.

17   Aus Art. 3 lassen sich aber in besonderer Weise **Schutzpflichten** des Staates bei von Dritten ausgehenden Gefahren ziehen. Folter und unmenschliche oder erniedrigende Behandlung oder Strafe ist nicht nur staatlichen Akteuren untersagt, sondern der Staat trägt dafür Sorge, dass Personen unter seiner Herrschaftsgewalt nicht von anderer Seite eine solche Behandlung erfahren (EGMR Urt. v. 7.12.2017 – 34999/16 Rn. 56 – D.L. / Österreich).

18   Der EGMR stellt dabei in ständiger Rechtsprechung fest, dass sich Art. 3 „in Anbetracht des absoluten Charakters des geschützten Rechts (…) auch auf Situationen erstrecken (kann), in denen die Gefahr von Personen oder Personengruppen ausgeht, die kein öffentliches Amt innehaben, oder auf die Folgen für die Gesundheit im Fall schwerwiegender Erkrankungen" (EGMR NVwZ 2001, 301 – T.I. / Vereinigtes Königreich; Urt. v. 29.4.1997 – 24573/94 Rn. 40 – H.L.R. / Frankreich).

19   Die Konventionsstaaten müssen daher Folter und unmenschliche / erniedrigende Behandlung / Strafe von Dritten, dh juristischen Personen oder Privatpersonen, verhindern (EGMR Urt. v. 10.5.2001 – 29392/95 – Z. und andere / Vereinigtes Königreich; BeckRS 9998, 94504 – Pretty / Vereinigtes Königreich). Unter diese Schutzpflichten können auch Maßnahmen zum Schutz vor „akuten Misshandlungen physischer oder psychischer Art" fallen (HK-EMRK/Meyer-Ladewig/Lehnert Rn. 9).

20   Die Schutzpflicht ist jedoch so zu verstehen, dass sie aufgrund der Unberechenbarkeit menschlichen Verhaltens den Behörden keine übermäßige Last aufbürdet. Daher sind die Behörden nicht verpflichtet, bei jeder Gefahr einer Misshandlung Maßnahmen zu ihrer Abwehr zu treffen. Die Konventionsstaaten müssen jedoch die erforderlichen Maßnahmen treffen, die zumindest Kinder und anderen verletzlichen Personen wirksamen und **angemessenen Schutz** vor solchen Misshandlungen bieten, von denen die Behörden wussten oder hätten wissen müssen (HK-EMRK/Meyer-Ladewig/Lehnert Rn. 9; EGMR Urt. v. 22.3.2016 – 646/10 Rn. 72 ff. – M.G. / Türkei; Urt. v. 3.6.2003 – 33343/96 Rn. 189 f. – Pantea / Rumänien; NJOZ 2014, 1995 Rn. 51 – Eremia / Moldau; Urt. v. 28.10.1998 – 23452/94 Rn. 116 – Osman / Vereinigtes Königreich; NVwZ 2014, 1641 Rn. 144 – O'Keefe / Irland). In Fällen, einer Aufnahme von begleiteten oder unbegleiteten minderjährigen Ausländern muss bedacht werden, dass die Situation extremer Verwundbarkeit des Kindes entscheidend ist und gegenüber der Eigenschaft als illegal aufhältiger Ausländer überwiegt (EGMR NVwZ 2020, 616 Rn. 74 – Khan / Frankreich).

21   Das Ausmaß der Schutzpflichten orientiert sich mithin an **Vorhersehbarkeit und Zurechnung.** Dabei kann als Grundsatz herangezogen werden, dass die Anforderungen in zeitlicher und qualitativer Hinsicht steigen, je verletzlicher die möglichen Opfer sind.

I. Objektiven Schutzpflicht als Verbot der Ausweisung / Rückführung / Auslieferung und damit Pflicht zur Ermöglichung eines Aufenthalts

22   Zwar können die Konventionsstaaten frei über Einreise und Aufenthalt von Ausländerinnen und Ausländern entscheiden, der EGMR betont aber, dass die **Ausweisung / Rückführung / Auslieferung** zu einer Verletzung von Art. 3 durch den Konventionsstaat führt, wenn gewichtige Gründe vorgebracht wurden, dass das tatsächliche Risiko besteht, dass die betroffene Person nach der Ausweisung / Rückführung / Auslieferung **im Zielstaat** Folter oder unmenschliche / erniedrigende Behandlung / Strafe erfahren wird (EGMR Urt. v. 7.12.2017 – 34999/16 Rn. 54 – D.L. / Österreich; Urt. v. 30.5.2017 – 50364/14 Rn. 41 – N.A. / Schweiz; Urt. v. 26.1.2017 – 16744/14 Rn. 60 – X. / Schweiz). In einem solchen Fall kann nur die Verlängerung des Aufenthalts den Konventionsstaat von einer Verletzung gegen Art. 3 bewahren (EGMR NVwZ 2015, 127 Rn. 93 – Tarakhel / Schweiz; NVwZ 2012, 809 Rn. 114 – Hirsi Jamaa und andere / Italien; NVwZ 2008, 1330 Rn. 125 – Saadi / Italien).

23   Als konventionswidrige Handlung des Staates gilt dabei die aktive Handlung zur **Übertragung der Herrschaftsgewalt** über die betreffende Person auf einen anderen Staat. Dabei ist irrelevant, ob der Zielstaat ein Konventionsstaat ist oder nicht (EGMR NJW 1991, 217 – Cruz Varas / Schweden). Der Konventionsverstoß erfolgt nicht erst durch den Vollzug der Ausreise mittels der Rückführung oder Auslieferung. Bereits die Ausweisung kann als Anknüpfungspunkt herangezogen werden, da hiermit die Pflicht der betroffenen Person statuiert wird, sich in die Herrschaftsgewalt des Zielstaats zu begeben. Daraus folgt, dass bereits gegen die Ausweisungsmaßnahme eine gerichtliche Überprüfung eines Verstoßes gegen Art. 3 gewährleistet sein muss (Hinterberger/ Klammer NVwZ 2017, 1180 (1181, 1183)).

Bei der Prüfung der Gefahr einer Behandlung nach Art. 3 im Zielstaat spielen die aufenthalts- **24** rechtlichen oder strafrechtlichen Umstände im Konventionsstaat wie etwa **Rechtmäßigkeit des Aufenthalts, Begehung von Straftaten** oder auch Terrorgefahr keine Rolle (vgl. EGMR NJOZ 2016, 389 Rn. 118 – Trabelsi / Belgien; NVwZ 2012, 681 Rn. 212 – Sulfi und Elmi / Vereinigtes Königreich; NVwZ 2008, 1330 Rn. 127 – Saadi / Italien; NJOZ 2010, 1903 Rn. 126 – A. und andere / Vereinigtes Königreich). Auf den formellen Geflüchtetenstatus kommt es nicht an. Auch der Entzug dieses Status entbindet die Behörden nicht von der Pflicht zur Prüfung der Gefahr (vgl. EGMR BeckRS 2021, 7285 – K.I./Frankreich).

Für eine Verletzung von Art. 3 durch eine Ausweisung / Rückführung / Auslieferung reicht **25** dabei aus, dass **erhebliche Anhaltspunkte** dafür vorliegen, dass im Zielstaat Folter oder unmenschliche / erniedrigende Behandlung / Strafe droht (EGMR NVwZ 2017, 295 Rn. 54 – A.G.R. / Niederlande; Urt. v. 17.7.2008 – 25904/07 Rn. 110 – N.A / Vereinigtes Königreich; Urt. v. 26.7.2005 – 38885/02 – N. / Finnland).

Zielstaat meint dabei nicht nur den Staat, in den die betroffene Person ausgewiesen / rückge- **26** führt / ausgeliefert werden soll. Der Konventionsstaat muss sich auch die Rückführungs- und Auslieferungspraktik eines möglichen Zwischenzielstaats zurechnen lassen. Dies gilt insbesondere für Fälle der sog. Kettenabschiebung (EGMR NVwZ 2001, 301 – T.I. / Vereinigtes Königreich; BeckRS 2014, 80857 Rn. 93 – Mohammed / Austria). Solange im Zwischenzielstaat kein ausreichendes Asylverfahren vorgesehen ist und damit ohne weitere Prüfung die Rückführung in einen Staat droht, wo Folter oder unmenschliche / erniedrigende Behandlung / Strafe zu erwarten sind, verstößt bereits die Ausweisung / Rückführung / Auslieferung in den Zwischenzielstaat gegen Art. 3 (EGMR NJW 1991, 217 – Cruz Varas / Schweden). In diesem Zusammenhang ist Maßstab der Prüfung der Zielstaat, nicht der Herkunftsstaat (vgl. Lehnert NVwZ 2020, 766 (767) mwN).

Eine Prüfung der Ausweisung, Rückführung und Auslieferung anhand von Art. 3 muss auch **27** dann erfolgen, wenn die betroffene Person in einen **Konventionsstaat**, auch einen anderen **EU-Staat,** ausgewiesen / rückgeführt / ausgeliefert werden soll. Eine Überstellungspflicht aufgrund der Dublin-Verordnung befreit nicht von der Prüfungspflicht (EGMR NVwZ 2001, 301 – T.I. / Vereinigtes Königreich; NVwZ 2009, 965 – K.R.S. / Vereinigtes Königreich; NVwZ 2011, 413 – M.S.S. / Belgien und Griechenland; NVwZ 2015, 127 Rn. 101 – Tarakhel / Schweiz).

So hat der EGMR im Fall Tarakhel (EGMR NVwZ 2015, 127 Rn. 122 – Tarakhel / Schweiz) **27.1** entschieden, dass eine **Ausweisung nach Italien** gegen Art. 3 verstoße, da es deutliche Indizien gäbe, dass Kinder nicht ausreichend versorgt würden. Im Fall A.M.E. (EGMR Urt. v. 13.1.2015 – 51428/10 – A.M.E. / Niederlande) wurde hingegen mangels Schutzbedürftigkeit die Ausweisung nach Italien bei einem alleinstehenden jungen Mann nicht als Verstoß gegen Art. 3 gesehen. Auch auf Ungarn wurde die Rechtsprechung nicht ausgeweitet (EGMR BeckRS 2014, 80857 – Mohammed / Austria).

Oftmals kann bei Ausweisungen / Rückführungen / Auslieferungen nicht getrennt werden, **28** ob bei der Ausreise eine Gefahr für eine Verletzung von **Art. 2 oder Art. 3** droht. Der EGMR prüft die beiden Grundrechte in diesen Fällen gemeinsam (vgl. EGMR NVwZ 2016, 1779 Rn. 108 – L.M. und andere / Russland).

Aus diesen Grundsätzen ergibt sich die Vorgabe an die Konventionsstaaten, bei fremden Staats- **29** angehörigen im Falle der Ausweisung / Rückführung / Auslieferung **immer** die Möglichkeit eines Verstoßes gegen Art. 3 im (Zwischen-) Zielstaat zu **prüfen.** Bei eigenen Staatsangehörigen gilt dies für jeden Fall einer Auslieferung.

1. Prüfungsmaßstab

Erforderlich für eine Verletzung von Art. 3 ist, dass „**ernsthafte Gründe**" für die Annahme **30** bestehen, dass die Person der Gefahr einer Art. 3 widersprechenden Behandlung ausgesetzt wird (EGMR NVwZ 2012, 681 Rn. 213 – Sulfi und Elmi / Vereinigtes Königreich; NVwZ 2012, 809 Rn. 114 – Hirsi Jamaa und andere / Italien; NVwZ 2013, 487 Rn. 185 – Othman / Vereinigtes Königreich; EGMR NVwZ 2017, 1187 Rn. 186 – Paposhvili / Belgien). Es muss lediglich das Risiko einer verbotenen Behandlung bestehen (EGMR NJOZ 2016, 389 Rn. 118 – Trabelsi / Belgien).

Entscheidend für die Prüfung eines Verstoßes von Art. 3 sind daher zwei Kriterien: **31**
• Wahrscheinlichkeit der Folter oder unmenschlicher / erniedrigender Behandlung / Strafe im Zielstaat (Darlegung der Gefahr),

- Vorhersehbarkeit der Folter oder unmenschlicher / erniedrigender Behandlung / Strafe im Zielstaat (Darlegung der ernsthaften Gründe zur Annahme der Gefahr).

32 Bei der Prüfung des Risikos einer Verletzung von Art. 3 im Zielstaat sind **strenge Maßstäbe** anzulegen (EGMR Urt. v. 26.1.2017 – 16744/14 Rn. 61 – X. / Schweiz; NVwZ 2017, 1187 Rn. 187 – Paposhvili / Belgien). Erforderlich ist, dass die betroffene Person Beweise bzw. „ernsthafte Gründe" für die Annahme vorbringt, dass sie im Zielstaat der tatsächlichen Gefahr von Folter oder unmenschlicher / erniedrigender Behandlung / Strafe ausgesetzt sein wird (EGMR NVwZ 2012, 681 Rn. 213 – Sulfi und Elmi / Vereinigtes Königreich; NVwZ 2012, 809 Rn. 114 – Hirsi Jamaa und andere / Italien; NVwZ 2013, 487 Rn. 186 – Othman / Vereinigtes Königreich; NVwZ 2017, 1187 Rn. 186 – Paposhvili / Belgien). Es geht um eine Folgenbewertung, so dass das zukünftige Risiko bewertet wird. Eine tatsächlich vorgefallene verbotene Behandlung in der Vergangenheit genügt dafür nicht (s. EGMR NJOZ 2016, 389 Rn. 118 – Trabelsi / Belgien), kann aber freilich im Einzelfall ein Indiz sein.

33 Der EGMR betont bei der Prüfung der Situation von Schutzsuchenden, dass die Konventionsstaaten selbst am besten in der Lage seien, die Glaubwürdigkeit eines Schutzsuchenden zu bewerten (EGMR Urt. v. 21.11.2017 – 69720/16 Rn. 27 – H.I. / Schweiz; BeckRS 2017, 123577 Rn. 73 – M.O. / Schweiz).

34 Die Beurteilung erfolgt aufgrund der Bewertung der allgemeinen Situation im Land und auf den konkreten Umständen der betroffenen Person (EGMR Urt. v. 29.4.2019 – 12.148/18 Rn. 117 – A.M. / Frankreich). Es müssen also die Verhältnisse im Zielstaat auf **Einzelfallbasis** beurteilt werden. Die Situation im möglichen Zielstaat kann nicht durch allgemeine Aussagen nachgewiesen werden. Entscheidend ist nicht allein, ob es nationale Regelungen im Zielstaat gibt, sondern vor allem auch, wie sie in der Praxis umgesetzt werden (EGMR NVwZ 2008, 1330 Rn. 147 – Saadi / Italien). Es muss immer eine aktualisierte Prüfung vorgenommen werden, inwieweit das betreffende Asylsystem funktionsfähig ist (EGMR Urt. v. 10.5.2016 – 49867/08 Rn. 43 – Babajanov / Türkei).

35 Daher befreit die Qualifikation des Zielstaats als „**sicheres Herkunftsland**" oder „sicherer Drittstaat" nicht von der Prüfung der individuellen Gefährdung (EGMR Urt. v. 7.12.2017 – 34999/16 Rn. 59 – D.L. / Österreich). Es sind immer sowohl die allgemeine Situation als auch die besondere Lage des Betroffenen im Zielstaat zu berücksichtigen (EGMR NVwZ 2017, 1187 Rn. 187 – Paposhvili / Belgien; NVwZ 2015, 227 Rn. 105 – Tarakhel / Schweiz). Es muss geprüft werden, welche Gefahr sich mit welcher Wahrscheinlichkeit im konkreten Fall im Zielstaat ergibt. Der aufenthaltsbeendende Staat muss auch bei sicheren Drittstaaten die konventionskonforme Aufnahme sicherstellen, auf die Mitgliedschaft des Zielstaats zur EMRK zu verweisen genügt nicht (EGMR Urt. v. 21.11.2019 – 47287/15 Rn. 141 ff. – Ilias u. Ahmed/Ungarn).

35a Grundsätzlich muss die betroffene Person zwischen der allgemeinen Gefahrenlage im Bestimmungsland und der persönlichen Situation unterscheiden. Das ist gelockert, wenn er zu einer Gruppe gehört, die systematisch Misshandlungen ausgesetzt ist (NVwZ 2020, 535, 538, 540, Rn. 45 – A.A. / Schweiz). Bei solchen **gruppenbezogenen Maßnahmen** muss die betroffene Person mittels zuverlässiger Berichte darlegen, dass sie zur entsprechenden Gruppe gehört und dass ernsthafte und stichhaltige Gründe für systematische Misshandlungen der Personengruppe sprechen (vgl. EGMR Urt. v. 26.1.2017 – 16744/14 Rn. 61 – X. / Schweiz; Urt. v. 23.8.2016 – 59166/12 Rn. 104 f. – J.K. und andere / Schweden).

36 Die Darlegung der **allgemeinen Situation** genügt nur „in extremen Ausnahmefällen (…), wenn die allgemein durch Gewalt bestimmte Lage im Bestimmungsland so intensiv ist, dass sie die wirkliche Gefahr begründet, jede (Ausweisung / Rückführung / Auslieferung) in dieses Land werde zwangsläufig Art. 3 EMRK verletzen" (EGMR NVwZ 2017, 293 Rn. 54 – A.G.R. / Niederlande, s.auch → Rn. 48). Generell gilt: Je schlimmer die Menschenrechtslage im Zielstaat ist, desto geringer sind die Anforderungen an die individuelle Gefahr (so Thym ZAR 2011, 368 (373)).

37 Die konkreten Umstände des Einzelfalls können mittels unterschiedlicher **Informationsquellen** nachgewiesen werden. Wichtige Informationen können hier eine entsprechende Behandlung der betroffenen Person in der Vergangenheit sein und die Zuerkennung des Flüchtlingsstatus' in anderen Staaten. Bedeutung misst der EGMR auch den Beurteilungen des Hohen Flüchtlingskommissars der Vereinigten Nationen, Regierungsquellen und Berichten von unabhängigen Menschenrechtsorganisationen zu (EGMR 19.4.2018 – 46240/15 Rn. 62 – A.S. / Frankreich; Urt. v. 2.10.2012 – 33210/11 – Singh und andere / Belgien; NVwZ 2015, 569 Rn. 138 – Georgien / Russland). Dabei achtet der EGMR auf die Autorität und den Ruf der Verfasserinnen und Verfasser, die Seriosität der zugrunde liegenden Ermittlungen, die Folgerichtigkeit der Schlüsse

und ob die Aussagen von anderen Quellen bestätigt werden (EGMR NVwZ 2015, 569 Rn. 138 – Georgien / Russland).

Aufgrund der besonderen Situation von Asylsuchenden / Flüchtlinge hat der EGMR aber **38** festgestellt, dass bei der Beurteilung ihres Vortrags und der vorgelegten Urkunden **im Zweifel** zu ihren Gunsten zu entscheiden sei. Anderes gelte freilich, wenn es Gründe gebe, an der Wahrheit des Vortrags der betroffenen Person zu zweifeln, dann müssten etwaige Unstimmigkeiten durch die Person aufgeklärt werden (EGMR NJOZ 2012, 950 Rn. 43 – Samina / Schweden). Bei Asylsuchenden / Flüchtlingen ist im Zweifel von der Glaubwürdigkeit der vorgebrachten Gründe und Dokumente zur Belegung der Gefahr von Folter oder unmenschlicher / erniedrigender Behandlung / Strafe im Zielstaat auszugehen (EGMR Urt. v. 26.1.2017 – 16744/14 Rn. 61 – X. / Schweiz; Urt. v. 23.3.2016 – 43611/11 Rn. 113 – F.G. / Schweden).

Droht im Falle der Abschiebung im Herkunftsstaat ein Verstoß gegen Art. 3 und sieht der **39** Zwischenzielstaat kein ausreichendes Asylverfahren vor, kann die **Beweislast** für die betroffene Person **erleichtert** werden.

Wenn dem abschiebenden Staat schwerwiegende Mängel im Asylverfahren des Zwischenziel- **40** staats durch zuverlässige Berichte internationaler und nichtstaatlicher Institutionen bekannt werden, hat der abschiebende Staat die konkrete Praxis zu prüfen. Die Beweislast für eine Misshandlung nach Art. 3 obliegt hier nicht allein der betroffenen Person (EGMR NVwZ 2011, 413 Rn. 352 – M.S.S. / Belgien und Griechenland).

2. Zeitpunkt der Prüfung

Der Konventionsstaat muss das Risiko im **Zeitpunkt** der Aufgabe seiner Herrschaftsgewalt, **41** also im Zeitpunkt von Ausweisung / Rückführung / Auslieferung prüfen (vgl. EGMR Urt. v. 19.4.2018 – 46240/15 Rn. 60 – A.S. / Frankreich; EuGRZ 2005, 357 Rn. 69, 74 – Mamatkulov und andere / Türkei). Die Prüfung ist anhand der Tatsachen vorzunehmen, die dem beklagten Staat im Zeitpunkt der Ausweisung / Rückführung / Auslieferung bekannt sind oder bekannt sein müssen. Hierzu muss er auch das Schicksal von Personen in **vergleichbarer Lage** betrachten, bei denen sich die Gefahr realisiert hat.

So hat der EGMR es als ausreichend gesehen, wenn die Betroffene im Zielstaat voraussichtlich häusliche **41.1** Gewalt erleiden muss, da 80 % der Frauen im Zielstaat Opfer von häuslicher Gewalt seien und der Zielstaat häusliche Gewalt als legitim ansehe und deshalb nichts dagegen unternehme (EGMR Urt. v. 20.7.2010 – 23505/09 – N. / Schweden). Teilweise trifft der EGMR selbst Aussagen zur Menschenrechtslage in einem Staat, bspw., wenn er feststellt, dass die Menschenrechtslage in Eritrea sorgenvoll sei und zahlreiche Menschen riskierten Opfer von Menschenrechtsverletzungen zu werden, gleichzeitig aber die Menschenrechtslage nicht so sei, dass sie Rückführungen nach Eritrea grundsätzlich verbieten würde (EGMR Urt. v. 21.11.2017 – 69720/16 Rn. 25 – H.I. / Schweiz).

Ist die Person zum Zeitpunkt der Entscheidung des **EGMR noch nicht abgeschoben /** **42** **ausgewiesen / ausgeliefert,** ist der maßgebliche Zeitpunkt der der Gerichtsentscheidung (EGMR NVwZ 2020, 538, 539 Rn. 41 – A.A. / Schweiz; Urt. v. 29.4.2019 – 12.148/18 Rn. 4 – A.M. / Frankreich; 30.5.2017 – 23378/15 Rn. 49 – A.I. / Schweiz; BeckRS 2017, 123577 Rn. 69 – M.O. / Schweiz; Urt. v. 30.5.2017 – 50364/14 Rn. 42 – N.A. / Schweiz; NVwZ 2008, 1330 Rn. 133 – Saadi / Italien; NVwZ 2012, 681 – Sufi und Elmi / Vereinigtes Königreich; etwas offener EuGRZ 2005, 357 Rn. 69 – Mamatkulov und andere / Türkei). Somit müssen auch Gründe berücksichtigt werden, die auf Tatsachen beruhen, die nicht im Zielstaat erfolgt sind, wie bspw. eine Konversion im Konventionsstaat oder eine nach Fluchtbeendigung aufgenommene exilpolitische Betätigung (sog. Nachfluchtgründe; EGMR Urt. v. 30.5.2017 – 23378/15 Rn. 48 ff. – A.I. / Schweiz; Urt. v. 30.5.2017 – 50364/14 Rn. 41 ff. – N.A. / Schweiz; HK-EMRK/Meyer-Ladewig/Lehnert Rn. 70).

Bei **nachlaufendem Rechtschutz** wird nicht ex post geprüft, ob es tatsächlich zu einer **43** verbotenen Behandlung der betroffenen Person kam, sondern ob der Konventionsstaat bei der Abwägung der Entscheidung über die Ausweisung / Rückführung / Auslieferung die Gefahr hätte erkennen müssen (EGMR NJOZ 2016, 389 Rn. 118 – Trabelsi / Belgien). Ist die Person bereits im Zielstaat, bezieht der EGMR bei der Prüfung die Umstände mit ein, die nach der Ausweisung / Rückführung / Auslieferung im Zielstaat eingetreten sind (EGMR Urt. v. 19.4.2018 – 46240/15 Rn. 60 – A.S. / Frankreich; Urt. v. 26.1.2017 – 16744/14 Rn. 62 – X. / Schweiz; EuGRZ 2005, 357 Rn. 69 – Mamatkulov und andere / Türkei; NVwZ 1992, 869 Rn. 107 – Vilvarajah und andere / Vereinigtes Königreich).

3. Zielstaatsbezogene Einzelfälle

44   **a) Strafverfolgung und Inhaftierung im Zielstaat.** Ein **bevorstehendes Strafverfahren, eine mögliche Untersuchungshaft oder die drohende Inhaftierung** wegen einer strafrechtlichen Verurteilung allein reichen nicht aus für eine Verletzung von Art. 3 durch eine Ausweisung / Rückführung / Auslieferung.

45   Eine Verletzung von Art. 3 kann aber vorliegen, wenn der Konventionsstaat eine Person ausweist oder ausliefert, der im Zielstaat eine **politische Gefangenschaft** oder eine **unverhältnismäßige Haftstrafe** droht (EGMR Urt. v. 17.1.2017 – 57592/08 Rn. 42 – Hutchinson / Vereinigtes Königreich). Bei einer Inhaftierung ist zum einen der Grund der Inhaftnahme zu berücksichtigen. Zum anderen liegt ein Verstoß auch vor, wenn im Zielstaat eine lebenslange Haftstrafe droht und keine Möglichkeit der Reduzierung der Haftstrafe gegeben ist (EGMR NJOZ 2010, 1599 Rn. 97 f. – Kafkaris / Zypern; Urt. v. 3.7.2001 – 44190/98 – Nivette / Frankreich; Urt. v. 17. 1.2017 – 57592/08 Rn. 42 – Hutchinson / Vereinigtes Königreich; NJOZ 2016, 389 Rn. 113 – Trabelsi / Belgien). Des Weiteren ist denkbar, dass die Haftbedingungen gegen Art. 3 verstoßen.

46   Eine Verletzung von Art. 3 kann auch vorliegen, wenn zu befürchten ist, dass eine Auslieferung dazu genutzt wird, eine Person wegen politischer Delikte oder einzig wegen ihrer politischen Anschauung zu verfolgen (unter Verstoß des Spezialitätsgrundsatzes; EGMR BeckRS 2008, 06601 Rn. 41 – Burga Ortiz / Deutschland).

47   **b) Gefahr durch Dritte im Zielstaat.** Eine Verletzung von Art. 3 kann auch vorliegen, wenn der Person nach der Ausreise eine **Gefahr von Dritten,** dh privaten Akteuren, droht. Entscheidend ist hierfür, dass der Zielstaat nicht ausreichend Schutz bieten kann oder will (EGMR Urt. v. 29.4.1997 – 24573/94 Rn. 40 – H.L.R. / Frankreich; NVwZ 1998, 161 Rn. 46 ff. – D. / Vereinigtes Königreich; Urt. v. 16.6.2016 – 34648/14 – R.D. / Frankreich). Unerheblich ist dabei, ob die Gefahr darauf zurückzuführen ist, dass die betroffene Person selbst kriminelle Handlungen begangen hatte, etwa wenn Racheakte zu befürchten sind (EGMR Urt. v. 29.4.1997 – 24573/94 Rn. 35 – H.L.R. / Frankreich).

48   Auch eine **allgemeine Gewaltlage** in einem Zielstaat kann für einen Verstoß von Art. 3 ausreichen, wenn „die allgemeine Gewalttätigkeit im Zielstaat so intensiv ist, dass die Gefahr einer Verletzung von Art. 3 begründet ist" (EGMR Urt. v. 17.7.2008 – 25904/07 Rn. 115 f. – N.A. / Vereinigtes Königreich; NVwZ 2012, 681 Rn. 217 – Sulfi und Elmi / Vereinigtes Königreich). Das ist jedenfalls dann der Fall, wenn die reale Gefahr der Misshandlung schon dadurch besteht, dass die Person ihr bei ihrer Rückkehr ausgesetzt ist (EGMR Urt. v. 17.7.2008 – 25904/07 Rn. 113–116 – N.A. / Vereinigtes Königreich; NVwZ 2016, 1779 Rn. 119 – L.M. und andere / Russland). Der EGMR hat aber klargestellt, dass dies nur in Ausnahmefällen denkbar sei (EGMR NVwZ 2016, 1779 Rn. 119 – L.M. und andere / Russland).

48.1   So hat der EGMR im Falle von **Somalia** festgestellt, dass die staatliche Struktur so schwach sei, dass Schutz vor Gewalt im konkreten Fall nicht möglich war (EGMR NVwZ 2012, 681 Rn. 219 ff. – Sulfi und Elmi / Vereinigtes Königreich). Inzwischen nimmt er zu Somalia wieder eine differenzierte Position ein (Nußberger NVwZ 2016, 815 (819)). Die Abschiebung eines **Syrers** wurde aufgrund der Sicherheits- und humanitären Situation versagt (EGMR Urt. v. 14.2.2017 – 52722/15 – S.K. / Russland). Zu **Algerien** hat der EGMR in seiner jüngeren Rechtsprechung die Position vertreten, dass die allgemeine Situation in dem Land eine Abschiebung von Personen, die mit Terrorismus in Verbindung stünden, nicht per se hindere (EGMR NVwZ 2020, 535 Rn. 126 – A.M. / Frankreich). Ebenso hat er festgestellt, dass die in Afghanistan hersrschende Gefahrenlage allein einer Ausweisung/Rückführung/Auslieferung nicht entgegen stehe (EGMR NVwZ 2020, 538, 540 Rn. 46 – A.A./Schweiz).

49   Wenn eine Gefahr **nur in Teilen eines Landes** besteht, kann der Schutz aus Art. 3 unter Umständen entfallen. Dafür muss es aber der betroffenen Person zumutbar sein, innerhalb des Staates die Regionen aufzusuchen, in denen keine Verletzung droht. Es muss in verlässlicher Weise garantiert sein, dass die betroffene Person die Möglichkeit hat, in die anderen Landesteile auszuweichen, in denen keine Gefahr droht (EGMR Urt. v. 6.3.2001 – 45276/99 Rn. 67 f. – Hilal / Vereinigtes Königreich). Hier ist zu prüfen, ob der Zielort sicher und ob er erreichbar ist.

50   **c) Gesundheitsverschlechterung im Zielstaat.** Auch **Gesundheitsverschlechterungen** im Zielstaat können einer Ausweisung / Rückführung / Auslieferung wegen einer Verletzung von Art. 3 entgegenstehen. Nach dem EGMR können sich Ausländerinnen und Ausländer im Falle von Ausweisungen / Rückführungen / Auslieferungen aber nicht grundsätzlich darauf berufen, dass sie im Falle einer Ausreise nicht weiter die Versorgung und die medizinischen, sozialen und anderen Dienste des abschiebenden Staates nutzen können (EGMR NVwZ 1998, 161 – D. / Vereinigtes Königreich). Art. 3 garantiert mithin nicht in jedem Fall, dass die medizinische

Versorgung im Zielstaat genauso gut ist wie im betroffenen Konventionsstaat. Er garantiert auch nicht eine bestimmte Behandlung, die im Zielland nicht zur Verfügung steht. Fehlende medizinische Infrastruktur im Zielland ist an sich kein Abschiebehindernis (EGMR NVwZ 2017, 1187 Rn. 192 – Paposhvili / Belgien).

In **Ausnahmefällen** kann aber ein Verstoß gegen Art. 3 vorliegen. Dies ist dann der Fall, **51** wenn ernsthafte Gründe für die Annahme bestehen, dass eine schwerkranke Person tatsächlich der Gefahr ausgesetzt würde, dass sich ihr Gesundheitszustand erheblich, schnell und irreversibel verschlechtert, mit der Folge intensiven Leidens oder einer erheblichen Herabsetzung der Lebenserwartung (vgl. dazu Berlit NVwZ-Extra 2019 1 (13 mwN)). Es ist nicht erforderlich, dass der Tod der Person im Falle der Ausreise unmittelbar bevorstünde (EGMR NVwZ 2017, 1187 Rn. 183 – Paposhvili / Belgien; vgl. auch NVwZ 1998, 161 Rn. 46 ff. – D. / Vereinigtes Königreich). Daraus folgt, dass die Folgen einer Abschiebung für den Betroffenen durch einen Vergleich seines Gesundheitszustands vor der Abschiebung mit dem, den er nach Abschiebung in das Bestimmungsland haben würde, beurteilt werden müssen (EGMR NVwZ 2017, 1187 – Paposhvili / Belgien). Eine Selbstmordgefahr im Zielstaat reicht nicht aus, wenn der Konventionsstaat konkrete und ausreichende Maßnahmen zur Verhinderung des Suizides trifft.

Maßstab für die Prüfung der Gesundheitsverschlechterung im Zielstaat ist nicht allein die Frage, **52** ob die Gesundheitsversorgung in dem Land grundsätzlich besteht, sondern in jedem Einzelfall ist zu prüfen, ob die betroffene Person tatsächlich **Zugang** zu der zur Verfügung stehenden Behandlungen und Gesundheitseinrichtungen hat (EGMR Urt. v. 16.4.2013 – 17299/12 Rn. 55 – Aswat / Vereinigtes Königreich; Urt. v. 14.4.2015 – 65692/12 Rn. 47 ff. – Tatar / Schweiz; NVwZ 2017, 1187 Rn. 190 – Paposhvili / Belgien). Dabei sind auch die Kosten für Medikamente und Behandlungen, das soziale und familiäre Netz und der Weg zur erforderlichen Behandlung zu berücksichtigen (EGMR NVwZ 2017, 1187 Rn. 190 – Paposhvili / Belgien).

In diesem Sinne ist daher auch § 60 Abs. 7 S. 4 AufenthG anzuwenden (→ AufenthG § 60 Rn. 34). **52.1** Die Norm bestimmt, dass es für die Rechtmäßigkeit der Abschiebung ausreiche, wenn die medizinische Versorgung in einem Teilgebiet des Bestimmungslands gewährleistet ist. Im Lichte der EMRK kann das nur gelten, wenn die betroffene Person nach den oben genannten Kriterien auch tatsächlichen Zugang zu diesen Gebieten hat (vgl. Hinterberger/Klammer NVwZ 2017, 1180 (1185); Thym NVwZ 2016, 409 (412)).

Konventionskonform muss auch § 60a Abs. 2c AufenthG angewendet werden (→ AufenthG § 60a **52.2** Rn. 40). Nach dieser Regelung wird vermutet, dass der Abschiebung gesundheitliche Gründe nicht entgegenstehen, es sei denn es wird eine qualifizierte ärztliche Bescheinigung vorgelegt. Der EGMR legt der betroffenen Person zwar ebenfalls die Beweislast auf. Unabhängig von der Erfüllung bestimmter verfahrensrechtlicher Anforderungen durch die betroffene Person ergibt sich aber aus dem absoluten Verbot des Art. 3, dass keine Person abgeschoben werden darf, bei der tatsächliche Anhaltspunkte für das Vorliegen einer lebensbedrohlichen oder schwerwiegenden Erkrankung vorliegen, die sich durch die Abschiebung wesentlich verschlechtern würden (vgl. Bergmann/Dienelt/Bauer/Dollinger AufenthG § 60a Rn. 47; Hinterberger/Klammer NVwZ 2017, 1180 (1185)).

d) Soziale Notlage im Zielstaat. Eine Verletzung von Art. 3 kann auch dann vorliegen, **53** wenn die Betroffenen im Zielstaat unvermeidlich in eine **soziale Notlage** geraten würden (vgl. nur zB EGMR NVwZ 2011, 413 – M.S.S. / Belgien und Griechenland; NVwZ 2015, 127 – Tarakhel / Schweiz). Der EGMR hat das in Fällen bejaht, in denen den Betroffenen im Zielstaat völlige Mittellosigkeit oder Obdachlosigkeit ohne Aussicht auf Besserung (zB wegen Arbeitsverbot) drohte oder die Aufnahmeeinrichtungen unzumutbar waren. Bei der Prüfung der sozialen Lage im Zielstaat ist bei betroffenen Familien stets auch die besondere Fürsorgepflicht gegenüber Kindern zu beachten (→ Rn. 58; EGMR NVwZ 2011, 413 Rn. 362 ff. – M.S.S. / Belgien und Griechenland; NVwZ 2015, 127 Rn. 99, 122 – Tarakhel / Schweiz).

4. Keine Verletzung von Art. 3

Eine Verletzung von Art. 3 kann ausgeschlossen sein, wenn der Zielstaat die **individuelle 54 Zusage** erteilt, dass keine Behandlung erfolge, die gegen Art. 3 verstoße und davon ausgegangen werden kann, dass sich der Zielstaat an die Zusage hält (EGMR NVwZ 2012, 1159 Rn. 50 ff. – Toumi / Italien; NVwZ 2013, 487 Rn. 187 ff. – Othman / Vereinigtes Königreich; NVwZ 2015, 127 Rn. 120, 127 – Tarakhel / Schweiz).

Auch wenn **nationale grundrechtsschützende Vorschriften** im Zielstaat oder **grund-** **55** **rechtsschützende internationale Abkommen** bestehen, muss trotzdem geprüft werden, ob hierdurch tatsächlich in der Praxis Schutz gewährt wird. Das gilt in besonderem Maße, wenn zuverlässige Quellen über dagegen verstoßende Praktiken berichten (EGMR NVwZ 2012, 1159 Rn. 51 – Toumi / Italien).

56   Bei einer Zusage wird überprüft, ob die Zusage in der Praxis eine **ausreichende Garantie** für den Schutz der betroffenen Person bietet (EGMR NVwZ 1997, 1093 Rn. 105 ff. – Chahal / Vereinigtes Königreich; NVwZ 2012, 1159 Rn. 51 – Toumi / Italien; NVwZ 2013, 487 Rn. 187 ff. – Othman / Vereinigtes Königreich). In Ausnahmefällen kann das schon durch die allgemeine Menschenrechtslage in dem betroffenen Land von vornherein ausgeschlossen sein (EGMR NVwZ 2013, 487 Rn. 187 ff. – Othman / Vereinigtes Königreich).

56.1   So hat der EGMR es als ausreichend gesehen, wenn die Betroffene im Zielstaat voraussichtlich häusliche Gewalt erleiden muss, da 80 % der Frauen im Zielstaat Opfer von häuslicher Gewalt seien und der Zielstaat häusliche Gewalt als legitim ansehe und deshalb nichts dagegen unternehme (EGMR Urt. v. 20.7.2010 – 23505/09 – N. / Schweden).

57   Folgende **Fragen** wurden vom EGMR für die Prüfung der Zuverlässigkeit der staatlichen Zusage formuliert (EGMR NVwZ 2013, 487 Rn. 189 – Othman / Vereinigtes Königreich):
• „Sind die Zusagen genau oder allgemein und vage?
Eine allgemeine, in stereotype Worte gefasste Zusicherung genügte im Fall vom Iran nicht, da das Zielland unmenschliche und erniedrigende Strafen eigentlich für legitim hält (EGMR NVwZ-RR 2020, 457 Rn. 90 – G.S. / Bulgarien)
• Wer hat die Zusagen gegeben und kann diese Person das Bestimmungsland verpflichten?
• Ist das Zielland der Auffassung, Formen der erniedrigenden oder unmenschlichen Bestrafung seien ein wesentlicher Aspekt seiner Souveränität und Rechtstradition? (EGMR NVwZ-RR 2020, 457 Rn. 90 – G.S. / Bulgarien)
• Begründen andere widersprüchliche Aussagen oder Informationen Zweifel an der Zusage? (vgl. (EGMR NVwZ-RR 2020, 457 Rn. 90 – G.S. / Bulgarien).
• Kann, wenn die Zusagen von der Zentralregierung des Bestimmungslands gemacht worden sind, erwartet werden, dass die örtlichen Behörden sie einhalten?
• Betreffen die Zusagen eine Behandlung, die im Bestimmungsland rechtmäßig oder unrechtmäßig ist?
• Wurden die Zusagen von einem Konventionsstaat gemacht?
• Wie lange und wie bedeutend sind die bilateralen Beziehungen zwischen dem Konventionsstaat und dem Zielstaat?
• Hat der Zielstaat bisher ähnliche Zusagen eingehalten?
• Kann die Einhaltung der Zusagen auf diplomatischem Wege oder über andere Bewachungsmechanismen objektiv geprüft werden einschließlich des unverzüglichen Zugangs zu einem Anwalt?
  • Gibt es ein wirksames Schutzsystem gegen Folter im Zielstaat und ist der Staat bereit, mit internationalen Überwachungsorganen einschließlich internationaler Menschenrechtsorganisationen zusammenzuarbeiten, bei Foltervorwürfen zu ermitteln und die Verantwortlichen zu bestrafen?
  • Wurde die betroffene Person früher im Zielstaat misshandelt?
  • Wurde der Wortlaut der Zusage dem Gerichtshof mitgeteilt?
  • Wurde die Verlässlichkeit der Zusagen von den Gerichten des abschiebenden Konventionsstaates geprüft?“

II. Objektive Schutzpflicht als Leistungspflicht gegenüber Asylsuchenden

58   Für Asylsuchende kann sich eine Verletzung von Art. 3 im Sinne einer erniedrigenden Behandlung auch aufgrund der **allgemeinen Lebensbedingungen** ergeben. Asylsuchende sind grundsätzlich besonders benachteiligt und verwundbar (fehlende finanzielle Mittel, Fluchttraumata, Trennung vom sozialen Umfeld, Unsicherheit über die Zukunft). Sie sind daher besonders schutzbedürftig, was sich international an der GFK, dem Mandat und den Aktivitäten des UNHCR und der Aufnahmerichtlinie der EU zeige (EGMR NVwZ 2015, 127 Rn. 97 – Tarakhel / Schweiz). In den meisten Fällen fehlt eine soziale Verankerung in der Gesellschaft des Konventionsstaates, so dass ein Mangel an staatlicher Unterstützung kaum kompensiert werden kann (vgl. Lehnert NVwZ 2016, 896 (897)). Einer Konventionsverletzung kann der Vertragsstaat nur dadurch entgehen, dass er die Asylsuchenden mit solchen Mitteln versorgt, dass sie einen gewissen Lebensstandard erreichen.

58a   In besonderem Maße schutzbedürftig sind aufgrund ihrer „Verwundbarkeit" **asylsuchende Kinder** (EGMR NVwZ 2020, 616 Rn. 74 – Khan / Frankreich; NVwZ-RR 2008, 573 Rn. 55 –

Mubilanzila Mayerka und andere / Belgien; NVwZ 2015, 127 Rn. 99 – Tarakhel / Schweiz). Es muss alles unternommen werden, was man von einem Konventionsstaat vernünftigerweise erwarten kann, um der Verpflichtung zur Betreuung und zum Schutz der Minderjährigen zu entsprechen (EGMR NVwZ 2020, 616 Rn. 92 – Khan / Frankreich).

1. Finanzielle Unterstützung

Der EGMR betont zwar in ständiger Rechtsprechung, dass Art. 3 nicht so ausgelegt werden **59** könne, dass er die Konventionsstaaten dazu verpflichte, Asylsuchenden eine **finanzielle Unterstützung** zu gewähren, damit sie einen gewissen Lebensstandard hätten (EGMR BeckRS 2021, 3010 Rn. 50 – R.R. ua/Ungarn; Urt. v. 26.4.2005 – 53566/99 Rn. 85 – Müslim / Türkei; EGMR Urt. vom 2.7.2020 – 28820/13 – N.H. ua / Frankreich). Er stellt aber fest, dass eine Verletzung von Art. 3 bejaht werden könne, wenn die betroffene Person vollständig von staatlicher Unterstützung abhängig sei und behördlicher Gleichgültigkeit gegenüberstünde, obwohl sie sich in einer ernsthaften Armut und Bedürftigkeit befinde, die mit der Menschenwürde unvereinbar sei (EGMR BeckRS 2021, 3010 Rn. 50 – R.R. ua/Ungarn; Urt. v. 7.7.2015 – 60125/11 Rn. 162 f. – V.M. und andere / Belgien; Urt. v. 5.4.2011 – 8687/08 Rn. 87 – Rahimi / Griechenland; NVwZ 2011, 413 Rn. 250, 263 – M.S.S. / Belgien und Griechenland; Urt. v. 18.6.2009 – 45603/05 – Budina / Russland).

Im Fall N.H. ua / Frankreich (Urt. vom 2.7.2020 – 28820/13 – N.H. ua / Frankreich) stellte der **59.1** EGMR fest, dass die Schwelle der Schwere iSv Art. 3 EMRK überschritten sei, da asylsuchende, alleinstehende Männer ohne materielle und finanzielle Unterstützung erhielten und die Lebensbedingungen entsprechend gewesen seien. Unterstützung hatte der Staat erst nach 185 bzw. 133 Tagen gewährt; die inländischen Gerichte hatten zuvor eingewandt, dass es den französischen Behörden an Ressourcen gemangelt hätte.

2. Unterbringung von Asylsuchenden

Der EGMR betont zwar in ständiger Rechtsprechung, dass Art. 3 nicht so ausgelegt werden **60** könne, dass er die Konventionsstaaten dazu verpflichte, allen ihrer Hoheitsgewalt unterstehenden Personen das **Recht auf eine Unterkunft** zu gewähren (EGMR Urt. v. 18.1.2001 – 27238/95 Rn. 99 – Chapman / Vereinigtes Königreich; Lehnert NVwZ 2017, 896 (896)). Die Lebensbedingungen können aber eine verbotene Behandlung nach Art. 3 darstellen, wenn die Asylsuchenden obdachlos sind, ihnen kein Zugang zu sanitären Einrichtungen gewährt wird, sie keine soziale Unterstützung erfahren, Opfer von gewalttätigen Übergriffen von anderen Bewohnern werden oder keine Möglichkeit und Perspektive besteht, dass die Personen über einen gewissen Zeitraum hinweg ihre Grundbedürfnisse befriedigen können (zB bei Überbelegung der Einrichtung, Mangel an Licht oder Belüftung, starker Einschränkung der Bewegungs- und Kommunikationsmöglichkeiten über längere Zeit, beklagenswerten hygienischen oder sanitären Verhältnissen sowie fehlendem Freizeit- oder Essensbereich; EGMR Urt. v. 21.11.2019 – 47287/15 Rn. 187 – Ilias und Ahmed / Ungarn; EGMR NVwZ 2020, 616 Rn. 81 ff. – Khan / Frankreich; 7.7.2015 – 60125/11 Rn. 162 f. – V.M. und andere / Belgien; NVwZ 2011, 413 Rn. 250, 263 – M.S.S. / Belgien und Griechenland; Urt. v. 23.7.2013 – 55352/12 Rn. 88 – Aden Ahmed / Malta; NVwZ 2016, 1387 Rn. 41 ff. – Horshill / Griechenland). Dabei sind auch die persönlichen Umstände der Antragstellenden zu berücksichtigen, wie zB ob es sich um Kinder oder Jugendliche handelt, wie der Gesundheitszustand ist, ob eine etwaige Schwangerschaft vorliegt (EGMR BeckRS 2021, 3010 Rn. 52, 65 – R.R. ua/Ungarn).

Ein Verstoß gegen Art. 3 EMRK hat der EGMR daher darin gesehen, dass Frankreich nicht alles **60a** dafür getan habe, was man vernünftigerweise erwarten konnte, um sich eines 12-jährigen Jugendlichen anzunehmen, der über mehrere Monate im sog. „Dschungel von Calais" lebte. Es habe sich im Hinblick auf Sicherheit, Unterkunft, Hygiene und Zugang zu Nahrung und Pflege angesichts seines Alters um eine völlig unangemessene Umgebung gehandelt (EGMR NVwZ 2020, 616 Rn. 93 – Khan / Frankreich).

Daraus ist zu folgern, dass die Mitgliedstaaten Asylsuchenden ein **menschenwürdiges Leben** **61** durch eine angemessene Unterstützung ermöglichen müssen. Insbesondere während des Asylverfahrens, aber auch während eines daran anschließenden Rechtsbehelfsverfahrens muss – auch im Hinblick auf Art. 13 – eine angemessene Versorgung gewährleistet sein (EGMR Urt. v. 7.7.2015, 60125/11 Rn. 162 – V. M. und andere / Belgien).

3. Pflicht zur Gewährung von Daueraufenthalt

62   Die prekären Lebensumstände von Asylsuchenden führen nicht zu einer Pflicht, Asylsuchenden einen dauerhaften Aufenthalt zu gewähren (Depenheuer/Grabenwarter, Der Staat in der Flüchtlingskrise/Pabel, 2. Aufl. 2017, 199, 205). Ein **Recht auf Asyl** lässt sich auch über die neuere Rechtsprechung des EGMR zu Art. 3 nicht begründen.

4. Bedingungen bei Inhaftierung

63   Die Rechtmäßigkeit der Abschiebehaft ist an Art. 5 Abs. 1 S. 2 lit. f zu messen. Die **Haftbedingungen** können aber auch eine Verletzung von Art. 3 darstellen. Der Staat muss sicherstellen, dass die Personen unter Bedingungen festgehalten werden, die mit der Achtung ihrer Menschenwürde vereinbar sind. Die Haft darf nicht über das notwendige Maß hinaus Leid verursachen (EGMR Urt. v. 15.12.2016 – 16483/12 Rn. 160 – Khlaifia und andere / Italien). Die Gesundheit und das Wohlbefinden müssen hinreichend gesichert sein (EGMR NVwZ 2011, 413 Rn. 211 f. – M.S.S. / Belgien und Griechenland).

64   Dabei kommt es auf die **kumulativen Auswirkungen der Haftbedingungen** an, auch die Dauer ist ein wichtiger Faktor (EGMR Urt. v. 26.11.2015 – 10290/13 Rn. 87 – Mahamed Jama / Malta). Wichtige Aspekte sind neben dem zur Verfügung stehenden Platz Tageslicht, Luftzufuhr, hygienische Verhältnisse, Möglichkeit der Bewegung im Freien und das Fehlen von weiblichen Bediensteten (EGMR Urt. v. 26.11.2015 – 10290/13 Rn. 89, 97 – Mahamed Jama / Malta). Es ist zu beachten, dass es sich bei den Inhaftierten nicht um Straftäterinnen und Straftäter handelt (EGMR Urt. v. 26.11.2015 – 10290/13 Rn. 95 – Mahamed Jama / Malta).

64.1   Im Fall M.S.S. (EGMR NVwZ 2011, 413 – M.S.S. / Belgien und Griechenland) hatte der EGMR entschieden, dass eine Verletzung von Art. 3 zumindest dann gegeben ist, wenn Asylsuchende inhaftiert werden, kaum Freigang haben, Wasser aus der Toilette trinken müssen, auf dem Boden schlafen und die Haftanstalt komplett überfüllt ist. Ebenso liegt laut dem EGMR ein Verstoß gegen Art. 3 vor, wenn Minderjährige für vier Monate in einem geschlossenen Transitbereich in Abschiebehaft genommen werden und dadurch eine Traumatisierung der Minderjährigen (aufgrund der Fluchtgeschichte, Trennung vom Vater) verschärft werden kann (EGMR NVwZ 2011, 413 Rn. 49 – M.S.S. / Belgien und Griechenland).

64.2   Ein Verstoß gegen Art. 3 EMRK lag auch vor, als Ausreisende im Winter bei unter 5° C für zwei Wochen festgehalten wurden, keinen Zugang zur Gesundheitsversorgung hatten, finanzielle Mittel nur für Grundnahrungsmittel hatten und die Betroffenen hochschwanger bzw. Kinder waren (EGMR Urt. v. 20.12.2016 – 19356/07 Rn. 83 ff. – Papioshvili / Russland). Ebenso kann ein Verstoß gegen Mindestnormen für die Aufnahme von Asylbewerbern in Mitgliedstaaten im Sinne der Aufnahme-RL (RL 2013/33/EU v. 26.5.2013, ABl. 2013 L 180, 96) eine Verletzung von Art. 3 bedeuten (EGMR NVwZ 2011, 413 Rn. 223 ff. – M.S.S. / Belgien und Griechenland).

64.3   Im Wege einer einstweiligen Verfügung hat der EGMR Italien aufgegeben, Geflüchteten, die sich über längere Zeit auf dem **Rettungsschiff „Sea-Watch 3"** aufhalten, medizinische Unterstützung, Essen und Getränke zukommen zu lassen. Das Schiff harrte zum Zeitpunkt der Entscheidung vor der sizilianischen Küste aus, weil es in Italien nicht anlegen durfte. Dem Antrag, das Schiff verlassen zu dürfen, kam der EGMR hingegen nicht nach (EGMR becklink 2012099).

64.4   Im Wege einstweiligen Rechtsschutzes hat der EGMR bei acht Betroffenen im **Flüchtlingslager in Moria** angeordnet, dass eine im Einklang mit Art. 3 EMRK stehende Verpflegung und medizinische Behandlung zur Verfügung gestellt wird (EGMR Entsch. v. 16.4.2020 – 16080/20 – E.I. und andere/Griechenland).

65   Bei einer **Überbelegung** wird eine erniedrigende Behandlung vermutet, wenn pro Häftling weniger als 3 qm (einschließlich der mit Möbeln belegten Fläche ohne sanitäre Einrichtungen) zur Verfügung stehen. Die Vermutung kann allerdings widerlegt werden. Dabei sind Faktoren wie Dauer und Umfang der Einschränkung, der Grad der Bewegungsfreiheit und Aufenthaltsmöglichkeiten außerhalb der Zelle zu berücksichtigen (EGMR Urt. v. 15.12.2016 – 16483/12 Rn. 165 – Khlaifia und andere / Italien). Stehen mehr als 3 qm zur Verfügung, kann sich ein Verstoß aus der Kombination aus Platzmangel und anderen Bedingungen ergeben. Gleichzeitig betont der EGMR, dass ein Mindestbereich von 4 qm an persönlichem Raum in einem mehrfach belegten Gefängnis keinen Verstoß gegen Art. 3 darstellen kann (EGMR Urt. v. 26.4.2018 – 74884/13 Rn. 51 – Tsarpelas/Griechenland).

65a   Bei der Unterbringung von Neuankömmlingen in **Covid19-Quarantäne** kann eine übermäßig lange und strenge Isolation ein Verstoß gegen die Schutzpflichten darstellen. Eine Unterbringung mit Neuankömmlingen in Quarantäne kann auch eine Gefährdung der Gesundheit bedeuten (vgl. dazu EGMR BeckRS 2021, 3904 – Failazoo/Malta).

Der EGMR berücksichtigt bei der Beurteilung die Situation in den Mitgliedsstaaten. Es bleibt **66** zwar bei dem Grundsatz, dass Art. 3 absolut gilt und die Verpflichtungen ebenso in Phasen sehr großen Flüchtlingszustroms bestehen (EGMR NVwZ 2011, 413 Rn. 223 ff. – M.S.S. / Belgien und Griechenland). Da bei der Würdigung, ob eine Erniedrigung vorliegt, auch Faktoren wie der Zweck und die Absicht der Behandlung durch den Staat zu berücksichtigen sind, können aber besondere Zwänge in der Gesamtabwägung eine Rolle spielen (EGMR Urt. v. 15.12.2016 – 16483/12 Rn. 165 – Khlaifia und andere/Italien).

Wenn die Haftbedingungen gegen Art. 3 verstoßen, stellen sie immer auch ein Verstoß gegen **67** das **Willkürverbot des Art. 5** dar.

D. Prozessuales (Art. 3 iVm Art. 13)

Eine drohende Verletzung von Art. 3 muss mit einem **wirksamen Rechtsbehelf** verhindert **68** werden können. Dabei dürfen nicht zu strenge Beweislastregeln gelten, die die Wirksamkeit des Rechtsbehelfs faktisch in Frage stellen (EGMR Urt. v. 26.7.2011 – 41416/08 – M. und andere / Bulgarien). Es muss eine sorgfältige, unabhängige und genaue Prüfung aller möglichen Gründe für eine Gefährdung von Art. 3 gewährleistet sein (EGMR Urt. v. 16.9.2003 – 36378/02 – Shamayev und andere / Georgien und Russland; NVwZ-Beil. 2001, 97 – Jabari / Türkei; zu den Einzelheiten → Art. 13 Rn. 3).

Wenn aufgrund der Ausweisung / Rückführung / Auslieferung eine Verletzung von Art. 3 **69** behauptet wird, gelten besonders **strenge Maßstäbe**, selbst dann, wenn der Zielstaat auch ein Konventionsstaat ist. Es muss eine sorgfältige, unabhängige und genaue Prüfung aller möglichen Gründe für eine Gefährdung von Art. 2 und 3 gewährleistet sein (EGMR Urt. v. 16.9.2003 – 36378/02 – Shamayev und andere / Georgien und Russland; NVwZ-Beil. 2001, 97 – Jabari / Türkei). Dies bedeutet auch, dass nicht allzu strenge Beweislastregeln gelten dürfen, die die Wirksamkeit des Rechtsbehelfs faktisch in Frage stellen könnten (EGMR Urt. v. 26.7.2011 – 41416/08 – M. und andere / Bulgarien). Gleichzeitig darf das aber nicht zu Lasten der Effektivität gehen (EGMR Urt. v. 2.2.2012 – 9152/09 Rn. 136 ff. – I.M. / Frankreich).

Bezüglich der Verfahrensdauer des Rechtsbehelfs verlangt der EGMR in Fällen, in denen eine **70** Verletzung von Art. 2 und 3 behauptet wird, eine **besondere Beschleunigung** (EGMR Urt. v. 3.6.2004 – 33097/96 und 57834/00 – Bati und andere / Türkei). Verletzungen von Art. 2 oder 3 infolge von Ausweisung / Rückführung / Auslieferung sind irreversibel, daher muss der Rechtsbehelf immer **aufschiebende Wirkung** haben, um das Recht nicht zu unterlaufen (EGMR Urt. v. 26.4.2007 – 25389/05 Rn. 66 – Gebremedhin / Frankreich; NVwZ 2011, 413 Rn. 290 ff. – M.S.S. / Belgien und Griechenland; Urt. v. 26.7.2011 – 41416/08 – M. und andere / Bulgarien; Urt. v. 2.2.2012 – 9152/09 – I.M. / Frankreich).

E. 4. EMRKProt: Verbot von Ausweisungen eigener Staatsangehöriger und Verbot von Kollektivausweisungen von Ausländern

Das 4. EMRKProt trägt dem Umstand Rechnung, dass Art. 3 bei der Prüfung von Ausweisun- **71** gen / Rückführungen / Auslieferungen besondere Wirkung entfaltet. Art. 3 4. EMRKProt verbietet **Einzel- und Kollektivausweisung von eigenen Staatsangehörigen,** Art. 4 4. EMRKProt verbietet **Kollektivausweisungen von Ausländern.**

I. Art. 3 4. EMRKProt: Verbot von Ausweisungen eigener Staatsangehöriger

Ausweisungen und Rückführungen **eigener Staatsangehöriger** sind konventionswidrig bzw. **72** nicht möglich. Bei eigenen Staatsangehörigen findet eine Prüfung von Art. 3 folglich nur bei Auslieferungen statt (Dörr/Grote/Marauhn/Zimmermann/Elberling, EMRK/GG – Konkordanzkommentar, 2. Aufl. 2013, Bd. II, Kap. 27 Rn. 13).

II. Art. 4 4. EMRKProt: Verbot von Kollektivausweisungen

Unter **Kollektivausweisungen** sind staatliche Maßnahmen zu verstehen, mit denen Personen **73** als Gruppe des Landes verwiesen werden oder Personen körperlich aus dem Hoheitsbereich eines Konventionsstaats in einen anderen Staat verbracht werden, ohne in Form einer angemessenen und objektiven Einzelfallprüfung die Schutzbedürftigkeit jeder einzelnen Person (EGMR Urt. v. 24.3.2020, 24917/15 – Asady und andere/Slowakei Rn. 57; NVwZ 2020, 697 Rn. 194 f. – N.D.

und N.T.; Urt. v. 5.2.2002 – 51564/99 – Čonka / Belgien; Urt. v. 20.12.2016 – 19356/07 Rn. 68 – Papioshvili / Russland) zu prüfen. Kollektivausweisungen liegen auch dann vor, wenn Personen nach generellen Kriterien wie Nationalität, Geschlecht, Hautfarbe, Ethnie oder Ähnliches ausgewiesen werden. Eine Mindestanzahl besteht nicht (NVwZ 2020, 697 Rn. 194 – N.D. und N.T.).

74   Auf eine Einzelfallprüfung kann auch bei einem **großen Zustrom von Asylsuchenden** nicht verzichtet werden (EGMR NVwZ 2019, 865, 866 Rn. 114 – M.A. ua/Litauen; NVwZ 2012, 809 Rn. 177 – Hirsi Jamaa und andere / Italien; 5.2.2002 – 51564/99 Rn. 61 f. – Čonka / Belgien; 1.9.2015 – 16483/12 – Khlaifia / Italien; 21.10.2014 – 16643/09 – Sharifi / Italien und Griechenland; 3.10.2017 – 8675/15 und 8697/15 – N.D. und N.T. / Spanien; Depenheuer/ Grabenwarter, Der Staat in der Flüchtlingskrise/Pabel, 2. Aufl. 2017, 199, 202).

75   Allerdings kann noch nicht allein aus dem Umstand, dass die Ausweisungsbescheide alle denselben Wortlaut haben, von einem Verstoß gegen Art. 4 4. EMRKProt ausgegangen werden (EGMR NVwZ 2012, 809 Rn. 183 – Hirsi Jamaa und andere / Italien; Urt. v. 15.12.2016 – 16483/12 Rn. 251 f. – Khlaifia und andere / Italien). Entscheidend ist die **Einzelfallprüfung.** Ein Verstoß gegen das Verbot der Kollektivausweisung liegt dann vor, wenn keine individuelle Prüfung der einzelnen Fälle erfolgt. Für eine hinreichende individuelle Prüfung müssen die Umstände des Einzelfalls berücksichtigt werden und die Gründe der Einreise einzeln überprüft werden (EGMR 24.3.2020 – 24917/15 – Asady und andere / Slowakei Rn. 57). Dazu gehört auch, dass jede einzelne Person individuell gegen ihre Ausweisung vorgehen können muss (EGMR 20.12.2016 – 19356/07 Rn. 68 – Papioshvili / Russland).

76   Eine Verletzung von Art. 4 4. EMRKProt liegt nach der Rechtsprechung des EGMR dann nicht vor, wenn die fehlende individuelle Prüfung auf **schuldhaftes Verhalten der betroffenen Person** zurückzuführen ist. So etwa wenn die Personen nicht zusammenarbeiteten und es daher nicht in der Verantwortung der Regierung liegt, dass keine individuellen Überprüfungen stattfinden konnten (EGMR Urt. v. 15.12.2016 – 16483/12 Rn. 240 – Khlaifia und andere / Italien).

76.1   Nach neuerer Rechtsprechung des EGMR kann das auch gelten, wenn die Betroffenen bewusst ihre große **Gruppengröße ausnutzen und Gewalt anwenden,** wodurch eine unkontrollierbare Situation geschaffen wird, die die öffentliche Sicherheit gefährdet (NVwZ 2020, 697 Rn. 201 – N.D. und N.T.). Dabei sei zu beachten, ob die Betroffenen einen illegalen Einreiseweg verwenden, obwohl ein der Einreisestaat im konkreten Fall auch einen legalen Zugang gewährt hätte (NVwZ 2020, 697 Rn. 209 – N.D. und N.T.). Dafür ist aber unbedingt erforderlich, dass der Einreisestaat im konkreten Fall auch einen legalen Zugang gewährt hätte. Dieser Zugang darf nicht nur in einer rechtlichen Verpflichtung des Mitgliedsstaats bestehen, sondern es muss auch die tatsächliche Möglichkeit bestehen (NVwZ 2020, 697 Rn. 209 – N.D. und N.T.).

76.2   Das Urteil hat ein starkes **Echo in den Medien** gefunden und wurde teilweise stark kritisiert (s. nur SZ v. 13.2.2020 „Weltfremdes Urteil"; ECCHR v. 13.2.2020 „ignoriert die Realität", „Blankoscheck für brutale Push-Backs"; Verfassungsblog v. 14.2.20 „Unlawful may not mean rightless. The shocking ECtHR Grand Chamber judgement[…]"), es wurde aber teilweise auch schon im Vorfeld gefordert (s. nur Haefeli ZAR 2020, 25).

76.3   Die Entscheidung des EGMR bezieht sich allerdings nur auf das Verbot der Kollektivausweisungen nach Art. 4 4. EMRKProt. Es trifft **keine Aussage zur absoluten und bedingungslosen Gewährleistung des Art. 3.** Es bleibt daher die weitere EGMR-Rechtsprechung abzuwarten, inwieweit Kollektivausweisungen auch in diesen Fällen trotz dieser neuen Grundsätze ein Verstoß gegen Art. 3 EMRK darstellen und damit weiter in vielen Fällen absolut verboten bleiben. Im Fall N.D. und N.T. umfasste die Prüfung des Gerichtshofs Art. 3 nicht. In diesem Fall hat er die Rüge der Verletzung von Art. 3 bereits als unzulässig abgewiesen, da die Beschwerdeführer nicht plausibel machen konnten, dass bei ihnen das Risiko einer unmenschlichen oder erniedrigenden Behandlung bestanden habe (Lübbe EuR 2020, 450 (457)).

77   Hohe Relevanz hat Art. 4 4. EMRKProt bei unmittelbaren Zurückweisungen von Einreisewilligen vor den Staatsgrenzen (**„pushbacks"**). Da gem. Art. 1 auch in diesen Fällen Hoheitsgewalt ausgeübt wird, ist eine Zurückweisung ohne Durchführung von individuellen Überprüfungen und Gewährleistung von wirksamen Beschwerden konventionswidrig (→ Art. 1 Rn. 4; → Art. 13 Rn. 1).

77.1   Zu beachten ist allerdings, dass **Griechenland** das 4. EMRKProt nicht ratifiziert hat. Auch wenn sich das Verbot der Kollektivausweisung ebenso in der Grundrechtecharta findet, kann zumindest der EGMR das daher nicht als Maßstab heran ziehen (Nußberger NVwZ 2016, 815 (821)).

Art. 4 Verbot der Sklaverei und der Zwangsarbeit

(1) Niemand darf in Sklaverei oder Leibeigenschaft gehalten werden.

(2) Niemand darf gezwungen werden, Zwangs- oder Pflichtarbeit zu verrichten.

(3) Nicht als Zwangs- oder Pflichtarbeit im Sinne dieses Artikels gilt:
a) eine Arbeit, die üblicherweise von einer Person verlangt wird, der unter den Voraussetzungen des Artikels 5 die Freiheit entzogen oder die bedingt entlassen worden ist;
b) eine Dienstleistung militärischer Art oder eine Dienstleistung, die an die Stelle des im Rahmen der Wehrpflicht zu leistenden Dienstes tritt, in Ländern, wo die Dienstverweigerung aus Gewissensgründen anerkannt ist;
c) eine Dienstleistung, die verlangt wird, wenn Notstände oder Katastrophen das Leben oder das Wohl der Gemeinschaft bedrohen;
d) eine Arbeit oder Dienstleistung, die zu den üblichen Bürgerpflichten gehört.

Überblick

Art. 4 schützt vor Sklaverei, Zwangsarbeit, aber im Sinne eines modernen Grundrechts auch Menschenhandel (→ Rn. 4). Hieraus können sich vor allem auch Schutzpflichten für die Staaten ergeben (→ Rn. 7).

A. Allgemeines und Schutzbereich

Wie Art. 3 hat auch Art. 4 einen starken **Menschenwürdebezug** (Ehlers, Europäische Grund- 1 rechte und Grundfreiheiten/Uerpmann-Wittzack, 4. Aufl. 2015, § 3 Rn. 47a). Er zählt neben Art. 2 und 3 zum Fundament der EMRK, weshalb auch Art. 4 insgesamt **notstandsfest** ist (EGMR NJW 2010, 3003 Rn. 283 – Rantsev / Zypern und Russland).

I. Sklaverei

Den Begriff der **Sklaverei** legt der EGMR in Anlehnung an die Definition des Übereinkom- 2 mens über die Sklaverei v. 25.9.1926 aus. Danach ist Sklaverei „der Zustand oder die Stellung einer Person, an der die mit dem Eigentumsrecht verbundenen Befugnisse oder einzelne davon ausgeübt werden", dh eine Person zu einer „Sache" gemacht wird (EGMR NJW 2007, 41 Rn. 122 – Siliadin / Frankreich).

II. Leibeigenschaft

„**Leibeigenschaft**" ist „eine besonders schwere Form der Freiheitsberaubung". Davon umfasst 3 ist auch die Pflicht zur Dienstleistung, die Pflicht, bei dem Dienstherrn zu wohnen, und der Ausschluss der Entschlussfreiheit, die Situation zu ändern (EGMR NJW 2007, 41 Rn. 123 – Siliadin / Frankreich).

III. Menschenhandel

Menschenhandel wird in Art. 4 nicht ausdrücklich erwähnt, fällt aber als Form der „modernen 4 Sklaverei" unter das Verbot von Art. 4 (EGMR NJW 2010, 3003 Rn. 279 – Rantsev / Zypern und Russland; Urt. v. 17.1.2017 – 58216/12 Rn. 104 – J. und andere / Österreich). Der EGMR betont, dass die **EMRK ein lebendiges Instrument** sei, das unter Berücksichtigung der heutigen Verhältnisse ausgelegt werden müsse (EGMR NJW 2010, 3003 Rn. 277 – Rantsev / Zypern und Russland). Die Bekämpfung des Menschenhandels ist auch Gegenstand einiger anderer Konventionen und Kodifikationen (Art. 5 Abs. 4 GRCh; Palermo-Protokoll der Vereinten Nationen zur Verhütung, Bekämpfung und Bestrafung des Menschenhandels v. 5.11.2000; Übereinkommen des Europarats zur Bekämpfung des Menschenhandels v. 17.11.2005; Ehlers, Europäische Grundrechte und Grundfreiheiten/Uerpmann-Wittzack, 4. Aufl. 2015, § 3 Rn. 47a). Die „immer höheren Anforderungen an den Schutz der Menschenrechte und Grundfreiheiten" würden daher „entsprechend und unvermeidlich eine größere Strenge bei der Prüfung" der Grundrechte verlangen (EGMR NJW 2010, 3003 Rn. 277 – Rantsev / Zypern und Russland).

Menschenhandel zeichnet sich aus durch die Behandlung von Menschen als Ware, die Vor- 5 schreibung der Fortbewegung, die Anwendung von Gewalt und Drohungen, enge Überwachung des Betroffenen, schlechte Lebens- und Arbeitsbedingungen und kaum oder gar keine Bezahlung (EGMR Urt. v. 17.1.2017 – 58216/12 Rn. 104 – J. und andere / Österreich).

6   Menschenhandel meint gegenwärtig insbesondere den **Handel mit Frauen und Kindern zur sexuellen Ausbeutung.** Der EGMR geht hierbei praktisch vor und sieht Menschenhandel aufgrund der Verletzung der Menschenwürde der Betroffenen und der Verletzung demokratischer Grundwerte als Verletzung von Art. 4 an, ohne zu bestimmen, ob es sich beim Menschenhandel um Sklaverei, Leibeigenschaft oder Zwangsarbeit handelt (vgl. EGMR NJW 2010, 3003 Rn. 277 ff. – Rantsev / Zypern und Russland; sa HK-EMRK/Meyer-Ladewig/Huber Rn. 6).

B. Schutzpflichten

7   Der objektive Gewährleistungsgehalt von Art. 4 verpflichtet die Staaten, Sklaverei, Leibeigenschaft, Zwangsarbeit oder Menschenhandel zu **unterbinden** und zu **bekämpfen.** Sie sind beim Verdacht eines Falles von Menschenhandel verpflichtet, alles Mögliche zu tun, um die betroffenen Personen aus der Zwangslage zu befreien, ansonsten ist eine Verletzung von Art. 4 gegeben (EGMR NJW 2010, 3003 Rn. 286 – Rantsev / Zypern und Russland; Urt. v. 17.1.2017 – 58216/12 Rn. 108 – J. und andere / Österreich). Die Verpflichtung beschränkt sich aber „aufgrund der Notwendigkeit, nach Prioritäten und Ressourcen zu entscheiden", auf verhältnismäßige Maßnahmen (EGMR NJW 2010, 3003 Rn. 287 – Rantsev / Zypern und Russland). Der EGMR hat klargestellt, dass diese Pflicht nicht so weit geht, für die Verfolgung von Menschenhandel eine universelle Zuständigkeit zu begründen (EGMR Urt. v. 17.1.2017 – 58216/12 Rn. 114 – J. und andere / Österreich).

8   Die Staaten sind verpflichtet, entsprechendes Verhalten unter **Strafe** zu stellen und wirksam strafrechtlich zu verfolgen (EGMR NJW 2007, 41 Rn. 89, 112 – Siliadin / Frankreich; Urt. v. 17.1.2017 – 58216/12 Rn. 109 – J. und andere / Österreich). Darüber hinaus müssen die Staaten weitere Maßnahmen treffen, um Menschenhandel tatsächlich und wirksam zu verhindern und die Opfer zu schützen (EGMR NJW 2010, 3003 Rn. 284 – Rantsev / Zypern und Russland). Unter anderem müssen „die staatlichen Einwanderungsvorschriften Besorgnissen wegen der Ermutigung, Erleichterung oder Toleranz des Menschenhandels Rechnung tragen" (EGMR NJW 2010, 3003 Rn. 284 – Rantsev / Zypern und Russland).

9   Da Menschenhandel oftmals nicht auf einen staatlichen Raum beschränkt ist, müssen die unterschiedlichen Staaten (Herkunfts-, Durchgangs- und Zielstaat) wirksam **zusammenarbeiten,** etwa im Rahmen der Rechtshilfe bei strafrechtlichen Ermittlungen (EGMR NJW 2010, 3003 Rn. 289 – Rantsev / Zypern und Russland).

Art. 5 Recht auf Freiheit und Sicherheit

(1) [1]Jede Person hat das Recht auf Freiheit und Sicherheit. [2]Die Freiheit darf nur in den folgenden Fällen und nur auf die gesetzlich vorgeschriebene Weise entzogen werden:
a) rechtmäßige Freiheitsentziehung nach Verurteilung durch ein zuständiges Gericht;
b) rechtmäßige Festnahme oder Freiheitsentziehung wegen Nichtbefolgung einer rechtmäßigen gerichtlichen Anordnung oder zur Erzwingung der Erfüllung einer gesetzlichen Verpflichtung;
c) rechtmäßige Festnahme oder Freiheitsentziehung zur Vorführung vor die zuständige Gerichtsbehörde, wenn hinreichender Verdacht besteht, dass die betreffende Person eine Straftat begangen hat, oder wenn begründeter Anlass zu der Annahme besteht, dass es notwendig ist, sie an der Begehung einer Straftat oder an der Flucht nach Begehung einer solchen zu hindern;
d) rechtmäßige Freiheitsentziehung bei Minderjährigen zum Zweck überwachter Erziehung oder zur Vorführung vor die zuständige Behörde;
e) rechtmäßige Freiheitsentziehung mit dem Ziel, eine Verbreitung ansteckender Krankheiten zu verhindern, sowie bei psychisch Kranken, Alkohol- oder Rauschgiftsüchtigen und Landstreichern;
f) rechtmäßige Festnahme oder Freiheitsentziehung zur Verhinderung der unerlaubten Einreise sowie bei Personen, gegen die ein Ausweisungs- oder Auslieferungsverfahren im Gange ist.

(2) Jeder festgenommenen Person muss innerhalb möglichst kurzer Frist in einer ihr verständlichen Sprache mitgeteilt werden, welches die Gründe für ihre Festnahme sind und welche Beschuldigungen gegen sie erhoben werden.

(3) [1]Jede Person, die nach Absatz 1 Buchstabe c von Festnahme oder Freiheitsentziehung betroffen ist, muss unverzüglich einem Richter oder einer anderen gesetzlich zur

Wahrnehmung richterlicher Aufgaben ermächtigten Person vorgeführt werden; sie hat Anspruch auf ein Urteil innerhalb angemessener Frist oder auf Entlassung während des Verfahrens. [2]**Die Entlassung kann von der Leistung einer Sicherheit für das Erscheinen vor Gericht abhängig gemacht werden.**

(4) Jede Person, die festgenommen oder der die Freiheit entzogen ist, hat das Recht zu beantragen, dass ein Gericht innerhalb kurzer Frist über die Rechtmäßigkeit der Freiheitsentziehung entscheidet und ihre Entlassung anordnet, wenn die Freiheitsentziehung nicht rechtmäßig ist.

(5) Jede Person, die unter Verletzung dieses Artikels von Festnahme oder Freiheitsentziehung betroffen ist, hat Anspruch auf Schadensersatz.

Überblick

Art. 5 schützt vor unberechtigter Freiheitsentziehung (→ Rn. 1). Freizügigkeitsbeschränkungen betreffen nicht Art. 5 (→ Rn. 3), sondern Art. 2 4. EMRKProt (→ Rn. 41). Strukturell besteht er aus zwei Teilen: Abs. 1 enthält die allgemeine Freiheitsgarantie sowie die Auflistung zulässiger Arten von Eingriffen (→ Rn. 7), Abs. 2–5 enthalten verfahrensrechtliche Vorschriften (→ Rn. 34). Im Kern ist die willkürliche und ungerechtfertigte Freiheitsentziehung verboten und es besteht ein Recht auf richterliche Kontrolle. Migrationsrechtlich ist vor allem die Haft zur Verhinderung der unerlaubten Einreise (→ Rn. 10) sowie die Haft bei Personen, gegen die ein Ausweisungs- (→ Rn. 26) oder Auslieferungsverfahren (→ Rn. 30) im Gange ist, relevant.

Übersicht

A. Allgemeines und Schutzbereich

Art. 5 schützt die körperliche Bewegungsfreiheit, dh das Recht, den Aufenthaltsort frei zu **1** bestimmen und zu verändern. Ob ein **Freiheitsentzug** oder eine **bloße Freiheitsbeschränkung** vorliegt, bestimmt sich nach der Intensität und Länge des Eingriffs und hängt von der konkreten Situation der betroffenen Person ab (EGMR BeckRS 2019, 36891 Rn. 212 – Ilias und Ahmed / Ungarn; NVwZ 2018, 1375 Rn. 83 – J.R. und andere / Griechenland; Urt. v. 6.11.1980 – 7367/76 Rn. 93 – Guzzardi / Italien; Urt. v. 12.1.2010 – 4158/05 Rn. 57 – Gillan und Quinton / Vereinigtes Königreich; Urt. v. 15.12.2016 – 16483/12 Rn. 64 – Khlaifia / Italien). Dabei spielen insbesondere Kriterien wie Art, Dauer, Wirkungen und Anwendungsweise der Maßnahme eine Rolle (EGMR Urt. v. 12.1.2010 – 4158/05 Rn. 57 – Gillan und Quinton / Vereinigtes Königreich; NVwZ-RR 2013, 785 Rn. 57 – Austin und andere / Vereinigtes Königreich). Es ist insbesondere zu beachten, ob die betroffene Person in einer geschlossene Einrichtung untergebracht wird, ob ein nötigendes Element vorliegt und inwieweit psychische Belastungen hervorgerufen werden (EGMR Urt. v. 6.11.1980 – 7367/76 – Guzzardi / Italien; Urt. v. 24.6.2008 – 28940/95 – Foka / Türkei; Urt. v. 12.2.2009 – 2512/04 – Nolan und andere / Russland). Demnach kann auch ein Freiheitsentzug vorliegen, wenn eine Person nicht in ein Gebäude eingeschlossen wird, sondern eine Eingrenzung in ein bestimmtes Gebiet angeordnet wird (EGMR Urt. v. 6.11.1980 – 7367/76 Rn. 91 ff. – Guzzardi / Italien), oder wenn es sich um eine kurze Mobilitätsbeschränkung handelt (EGMR NVwZ 2014, 1441 Rn. 39 – Gahramanov / Aserbaidschan). Auch der Aufenthalt in einer Transitzone kann eine Freiheitsentziehung iSd Art. 5 EMRK darstellen, wenn er faktisch einer Freiheitsentziehung gleichkommt (EGMR BeckRS 2021, 3010 Rn. 83– RR ua/ Ungarn).

2   Selbst wenn die Inhaftierung allein deshalb erfolgt, um die betroffene Person zu **unterstützen** und um sie zu **schützen,** liegt trotzdem eine Freiheitsentziehung vor, die nach Art. 5 Abs. 1 S. 2 gerechtfertigt sein muss (EGMR Urt. v. 15.12.2016 – 16483/12 Rn. 71 – Khlaifia und andere / Italien).

3   Art. 5 schützt die körperliche Bewegungsfreiheit, nicht aber das Recht auf **Freizügigkeit.** Dieses wird dagegen in Art. 2 4. EMRKProt geregelt (EGMR Urt. v. 12.1.2010 – 4158/05 Rn. 57 – Gillan und Quinton / Vereinigtes Königreich). Daher stellt es keinen Verstoß gegen Art. 5 dar, wenn einer Person ein Einreiseverbot in einen bestimmten Staat erteilt wird (unter Umständen selbst dann, wenn die Person in einer Enklave lebt; EGMR NJOZ 2013, 1183 Rn. 225 ff. – Nada / Schweiz).

4   Das darüber hinaus im Konventionstext genannte **Recht auf Sicherheit** gebietet vor allem ein rechtsstaatliches Vorgehen bei Freiheitsentziehungen und kommt bei Freiheitsentziehungen durch Konventionsstaaten in Drittländern zur Geltung (EGMR NVwZ 2006, 1267 Rn. 85 – Öcalan / Türkei). Ein Einreiserecht oder ein Recht auf Asyl lässt sich aus dem Recht auf Sicherheit nicht entnehmen (Vondung, Die Architektur des europäischen Grundrechtsschutzes nach dem Beitritt der EU zur EMRK, 2012, 213; HK-EMRK/Meyer-Ladewig/Harrendorf/König Rn. 7; Grabenwarter/Pabel EMRK § 21 Rn. 3; Ehlers, Europäische Grundrechte und Grundfreiheiten/ Grabenwarter/Struth, 4. Aufl. 2015, § 6 Rn. 6).

5   **Residenzpflichten** sind keine Freiheitsentziehung, wenn nur die Bewegungsfreiheit bzw. Niederlassungsfreiheit beschränkt wird (zB Residenzpflichten auf Kommunen, Landkreise, Bundesländer). Die Zulässigkeit dieser Residenzpflichten bemisst sich nach Art. 2 4. EMRKProt (→ Rn. 44).

6   Die **Pflicht,** sich regelmäßig bei **staatlichen Stellen zu melden,** dürfte damit ebenfalls keinen Fall der Freiheitsentziehung gem. Art. 5 darstellen (HK-EMRK/Meyer-Ladewig/Harrendorf/ König Rn. 10).

B. Eingriff

7   Die **Liste möglicher zulässiger Eingriffe** in die Bewegungsfreiheit wird in Art. 5 Abs. 1 S. 2 lit. a–f abschließend geregelt (EGMR BeckRS 2007, 10360 Rn. 30 – McKay / Vereinigtes Königreich; NJW 2010, 3359 Rn. 163 – A. und andere/Vereinigtes Königreich; NVwZ 2012, 1089 Rn. 69 – Schwabe und M.G. / Deutschland). Die Alternativen müssen eng ausgelegt werden und sehen keine weit gefassten Rechtfertigungsgründe vor (EGMR BeckRS 2007, 10360 Rn. 30 – McKay / Vereinigtes Königreich). Die Freiheitsentziehung muss gesetzlich vorgesehen und die materiellen wie formellen gesetzlichen Vorgaben für die Freiheitsentziehung müssen erfüllt sein. Die Einhaltung dieser rechtlichen innerstaatlichen Vorgaben sowie eine unverzügliche (bzw. innerhalb kurzer Frist) richterliche Überprüfung sind für die Rechtfertigung einer Inhaftierung von hoher Bedeutung (EGMR BeckRS 2007, 10360 Rn. 30 – McKay / Vereinigtes Königreich).

C. Migrationsrechtliche Aspekte

8   Im Bereich des Migrationsrechts ist in erster Linie Art. 5 Abs. 1 S. 2 lit. f relevant, dh die Haft zur **Verhinderung der unerlaubten Einreise und die Haft zur Sicherung von Ausweisungs- und Auslieferungsverfahren** (→ Rn. 10). Wenn Migrantinnen und Migranten zur **Duldung der Identitätsfeststellung** festgehalten werden, kommt Art. 5 Abs. 1 S. 2 lit. b und nach der Rechtsprechung des EGMR unter Umständen Art. 5 Abs. 1 S. 2 lit. f in Betracht (→ Rn. 32a).

9   Des Weiteren muss Art. 14 iVm Art. 5 beachtet werden, wenn sich die **Haftbedingungen** von Ausländerinnen und Ausländern von den anderer Personen **unterscheiden** (vgl. EGMR NJW 2013, 2095 Rn. 104 – Rangelov / Deutschland).

D. Haft zur Verhinderung unerlaubter Einreise bzw. Sicherung von Ausweisungs- und Auslieferungsverfahren

10   Mit Blick auf das Migrationsrecht spielt in erster Linie der Eingriffstatbestand des Art. 5 Abs. 1 S. 2 lit. f eine Rolle. Dieser sieht zwei unterschiedliche Haftgründe vor: Freiheitsentzug zur Verhinderung der unerlaubten Einreise und Freiheitsentzug zur Sicherung eines Ausweisungsverfahrens bzw. Auslieferungsverfahrens.

Zur **Abgrenzung zwischen den beiden Alternativen** legt der Konventionstext nahe, dass **11** die Einreise bzw. das Betreten des Territoriums entscheidend ist. Dies ist jedoch nicht sachgerecht, da hierdurch eine gesetzliche Fiktion geschaffen würde, nach der Personen im Flughafenverfahren, die sich teilweise über Wochen oder sogar Monate in Haftanstalten und / oder Krankenhäusern befinden, als „nicht eingereist" betrachtet werden müssten (vgl. DAV ZAR 2012, 170). Richtigerweise ist daher darauf abzustellen, ob eine Aufenthaltsgestattung bzw. ein Aufenthaltstitel erteilt worden war, der nun mehr nicht mehr gültig ist. Wurde keine Aufenthaltsgestattung erteilt bzw. kein Aufenthaltstitel, so ist die Alt. 1 einschlägig. In allen anderen Fällen, in denen der Aufenthaltstitel abgelaufen ist oder eine Ausweisungsverfügung ergangen ist, ist die Alt. 2 einschlägig.

I. Notwendigkeit der Rechtmäßigkeit der innerstaatlichen Vorgaben für die Freiheitsentziehung

Bei Prüfung der Rechtmäßigkeit nach Art. 5 Abs. 1 S. 2 lit. f erfolgt **keine inzidente Recht-** **12** **mäßigkeitsprüfung** der innerstaatlichen Rechtsgrundlagen für die Freiheitsentziehung (Karpenstein/Mayer/Elberling Rn. 89). Voraussetzung für die Haft ist nicht, dass die zugrunde liegende ausländerrechtliche Entscheidung bereits ergangen und / oder rechtmäßig ist, sondern lediglich, dass ein entsprechendes Verfahren im Gang ist (EGMR NVwZ 2016, 1785 Rn. 146 – L.M. und andere / Russland). Voraussetzung ist zudem, dass überhaupt eine gesetzliche Grundlage für die Haft besteht und die Verfahrensvorschriften eingehalten wurden.

Wird explizit im **innerstaatlichen Recht** die Freiheitsentziehung an die Rechtmäßigkeit der **13** zugrunde liegenden Maßnahme geknüpft, prüft der EGMR aber auch die Rechtmäßigkeit iRv Art. 5 Abs. 1 S. 2 lit. f (vgl. EGMR Urt. v. 18.12.1986 – 9990/82 Rn. 58 – Bozano / Frankreich).

Auch bei offensichtlicher Unrechtmäßigkeit einer ausländerrechtlichen Maßnahme oder bei **14** Kenntnis der Rechtswidrigkeit der Maßnahme der beteiligten staatlichen Stellen entfällt die Möglichkeit der Rechtfertigung der Freiheitsentziehung gem. Art. 5 Abs. 1 S. 2 lit. f (EGMR Urt. v. 18.12.1986 – 9990/82 Rn. 58 ff. – Bozano / Frankreich; Karpenstein/Mayer/Elberling Rn. 89 mwN).

In der ungarischen Transitzone an der serbischen Grenze fehlt es an einer gesetzlichen Grundlage für **14.1** die faktische Freiheitsentziehung. Eine Bestimmung besagte dort, dass Asylanträge mit bestimmten Ausnahmen nur in der Transitzone gestellt werden können und Asylsuchende dort warten müssen, bis über ihren Asylantrag entschieden ist. Da der EGMR darin weder einen Hinweis auf die Möglichkeit der Inhaftierung, noch auf die Höchstdauer der Inhaftierung finden kann, stellt das keine streng definierte Rechtsgrundlage iSd Art. 5 dar (EGMR BeckRS 2021, 3010 Rn. 89 – RR ua/Ungarn).

II. Willkürverbot und Verhältnismäßigkeit

Die Freiheitsentziehung darf nicht **willkürlich** sein. Die Prüfung des Willkürverbots geht dabei **15** über die Prüfung der Einhaltung der innerstaatlichen Rechtsgrundsätze hinaus (EGMR NVwZ 1997, 1093 Rn. 118 – Chahal / Vereinigtes Königreich; NVwZ 1997, 1102 Rn. 50 – Amuur / Frankreich).

Besteht in dem Ausweisungs- bzw. Auslieferungsverfahren, das Grund für die Freiheitsentzie- **16** hung ist, keine **Aussicht auf Erfolg,** ist die Haft nicht verhältnismäßig (EGMR Urt. v. 8.10.2009 – 10664/05 – Mikolenko / Estland). Wird das Verfahren nicht mit der erforderlichen Zügigkeit betrieben, ist die Freiheitsentziehung nicht mehr gerechtfertigt (EGMR NVwZ 2016, 1785 Rn. 146 – L.M. und andere / Russland). Wird das Verfahren aufgrund einer einstweiligen Anordnung des EGMR unterbrochen, kann die Freiheitsentziehung weiterhin rechtmäßig sein, wenn das Verfahren vom Konventionsstaat weiter ernsthaft betrieben wird (EGMR Urt. v. 26.4.2007 – 25389/05 Rn. 74 – Gebremedhin / Frankreich). Die irrige Annahme der Gültigkeit einer bereits wirkungslosen Ausweisungsverfügung reicht für die Zulässigkeit der Freiheitsentziehung nach Art. 5 Abs. 1 S. 2 lit. f nicht aus (EGMR Urt. v. 4.8.2005 – 55764/00 Rn. 41 – Zeciri / Italien).

Das Willkürverbot verbietet Konventionsstaaten auch, Personen unter **Vorgabe eines falschen** **17** **Anlasses** vorzuladen, um ihrer habhaft zu werden und sie in Abschiebehaft zu nehmen (HK-EMRK/Meyer-Ladewig/Harrendorf/König Rn. 65; EGMR Urt. v. 5.2.2002 – 51564/99 Rn. 38 – Conka / Belgien).

Die Haft muss das **letzte Mittel** zur Erreichung des Zwecks sein, andere Maßnahmen müssen **18** also unzureichend sein und die Haft muss angemessen sein (EGMR NVwZ 2009, 375 Rn. 69 – Saadi / Vereinigtes Königreich; NVwZ 2016, 1785 Rn. 146 – L.M. und andere / Russland). Das bedeutet, dass die Haft für die Erleichterung der administrativen Verfahren erforderlich sein muss.

18.1   Die Freiheitsentziehung muss nicht erfolgen, um den Betroffenen am **Untertauchen** oder der **Begehung einer Straftat** zu hindern (statt vieler: EGMR NJW 2010, 3359 Rn. 164 – A. und andere / Vereinigtes Königreich; Urt. v. 15.12.2016 – 16483/12 Rn. 90 – Khlaifia und andere / Italien). Der EGMR betont zudem, dass aus Art. 5 Abs. 1 S. 2 lit. f nicht geschlossen werden könne, dass alle ausgewiesenen Personen regelmäßig in Haft zu nehmen sind (HK-EMRK/Meyer-Ladewig/Harrendorf/König Rn. 63 mwN).

19   Die Verhältnismäßigkeit ist nur gegeben, wenn Ort, Art und Weise sowie Dauer der Unterbringung **angemessen** sind. Bezüglich der Dauer ist nur die Zeit angemessen, die für den Zweck vernünftigerweise notwendig ist (EGMR NJOZ 2012, 956 Rn. 128 – Auad / Bulgarien). Bei der Angemessenheit ist zu beachten, dass die Freiheitsentziehung nicht gegenüber Straftätern erfolgt, sondern zur Durchsetzung der aufenthaltsrechtlichen Vorgaben (EGMR NVwZ 1997, 1102 Rn. 43 – Amuur / Frankreich; NVwZ 2009, 375 Rn. 74 – Saadi / Vereinigtes Königreich). Es ist auch die besondere Verletzlichkeit der Geflüchteten zu beachten, die unter Lebensgefahr aus ihren Heimatstaaten geflohen sind (EGMR NVwZ 2009, 375 Rn. 74 – Saadi / Vereinigtes Königreich; NVwZ 1997, 1102 Rn. 41 ff. – Amuur / Frankreich).

19.1   Eine Freiheitsentziehung, die einen **Verstoß gegen Art. 3** darstellt, wird wegen Unverhältnismäßigkeit immer auch ein Verstoß gegen Art. 5 sein (Karpenstein/Mayer/Elberling Rn. 87 mwN).

20   Die Verhältnismäßigkeit der Freiheitsentziehung ist nur dann gegeben, wenn die Umstände des **Einzelfalls** berücksichtigt werden. Aus diesem Grund kann eine Inhaftierung von **Kindern und Jugendlichen** nur in sehr eng begrenzten Ausnahmefällen als allerletztes Mittel in Betracht kommen (EGMR Urt. v. 5.4.2011 – 8687/08 – Rahimi / Griechenland; NVwZ 2014, 1437 Rn. 76 ff. – Housein / Griechenland; Urt. v. 19.1.2012 – 39472/07, 39474/07 – Popov / Frankreich). Es muss ihre besondere Schutzbedürftigkeit mit einbezogen werden. Das der Inhaftierung zugrunde liegende Verfahren muss so rasch wie möglich durchgeführt werden. Eine Inhaftierung von Kindern und Jugendlichen in Hafteinrichtungen für Erwachsene ist unzulässig, auch wenn die Inhaftierung gemeinsam mit den Eltern erfolgt (EGMR Urt. v. 25.6.2020 – 9347/14 – Moustahi / Frankreich; EGMR Urt. v. 19.1.2010 – 41442/07 Rn. 74 f. – Muskhadzhiyeva und andere / Belgien).

III. Freiheitsentziehung zur Verhinderung der unerlaubten Einreise

21   Die Konventionsstaaten können gem. Art. 5 Abs. 1 S. 2 lit. f Personen in Gewahrsam nehmen, die ohne Aufenthaltsberechtigung **Einreise** begehren. Im AufenthG ist insbesondere die Zurückweisungshaft gem. § 15 AufenthG ein Fall der Inhaftierung zur Verhinderung der unerlaubten Einreise. Ob ein Antrag auf Aufenthalt oder ein Visumantrag gestellt wurde, ist unerheblich (EGMR NVwZ 2009, 375 Rn. 64 – Saadi / Vereinigtes Königreich). Solange keine Aufenthaltsgestattung oder -berechtigung besteht, bleibt die Einreise unerlaubt. Eine Meldung bei der Einreisebehörde ist unbeachtlich (HK-EMRK/Meyer-Ladewig/Harrendorf/König Rn. 62).

22   Eine Freiheitsentziehung zur Verhinderung der unerlaubten Einreise kann **nur an den Grenzen** erfolgen. Dabei sind nicht nur die Außengrenzen gemeint, sondern auch der Transitbereich in Flughäfen (EGMR NVwZ 1997, 1102 Rn. 41 ff. – Amuur / Frankreich; Urt. v. 5.2.2002 – 51564/99 – Conka / Belgien; Urt. v. 27.11.2003 – 45355/99 Rn. 44 ff. – Shamsa / Polen).

23   Wenn nach innerstaatlichem Recht die Einreise bzw. Aufenthalt schon **während des Asylverfahrens** gewährt wird, liegt eine Aufenthaltsgestattung vor, so dass eine Inhaftierung nicht mehr wegen unerlaubter Einreise möglich ist (Depenheuer/Grabenwarter, Der Staat in der Flüchtlingskrise/Pabel, 2. Aufl. 2017, 199, 208). Die Erlaubnis in Form eines „temporären Einlasses" führt dagegen nicht zu einer erlaubten Einreise.

24   Erfolgt die Inhaftierung nicht zur Verhinderung der Einreise, sondern um die **Weiterreise** in ein anderes Land zu verhindern (etwa im Rahmen der Dublin-Verträge), sind die Voraussetzungen des Art. 5 Abs. 1 S. 2 lit. f nicht gegeben und die Inhaftierung rechtswidrig (sofern keine andere Alternative aus Art. 5 Abs. 1 S. 2 einschlägt ist; Markard/Heuser ZAR 2016, 165 (169)).

25   Wie lange eine Haft zur Verhinderung der berechtigten Einreise von Asylbewerberinnen und Asylbewerbern angemessen ist, hängt vom Einzelfall und der Intensität der Einschränkung ab (vgl. EGMR BeckRS 2019, 36891 Rn. 212 – Ilias und Ahmed / Ungarn). Der EGMR betont dabei, dass bei der Beurteilung eines Eingriffs, die gegenwärtigen migrationspolitischen Umstände zu berücksichtigen sind und das Recht der Staaten, die eigenen Grenzen zu schützen, respektiert werden müsse (EGMR BeckRS 2019, 36891 Rn. 213 – Ilias und Ahmed / Ungarn). Auch aus unterschiedlichen Erfolgsquoten bei Asylsuchenden aus verschiedenen Herkunftsstaaten kann eine Unterscheidung bezüglich **Art und Länge** der Freiheitsentziehung vorgenommen werden.

Der EGMR hat in einem Fall entschieden, dass die Inhaftierung in einem „Durchgangslager" für sieben   **25.1**
Tage mit Art. 5 Abs. 1 S. 2 lit. f vereinbar sein kann (EGMR NVwZ 2009, 375 Rn. 79 – Saadi / Vereinigtes
Königreich). Er hat festgestellt, dass dadurch eine beschleunigte Bearbeitung ermöglicht würde, es erlaube,
eine Vielzahl von Asylgesuchen wirksamer zu bearbeiten. Dadurch seien umfangreichere und noch weiter-
gehende Maßnahmen der Freiheitsentziehung erspart geblieben (EGMR NVwZ 2009, 375 Rn. 77, 79 f. –
Saadi / Vereinigtes Königreich).

Eine darüber hinausgehende Inhaftierung während des gesamte Asylverfahrens bzw. Verfahrens zur   **25.2**
Überprüfung der Flüchtlingseigenschaft wird nur in Ausnahmefällen mit Art. 5 Abs. 1 S. 2 lit. f vereinbar
sein.

IV. Freiheitsentziehung während des Ausweisungsverfahrens

Art. 5 Abs. 1 S. 2 lit. f erlaubt eine Inhaftierung von Personen, gegen die ein **Ausweisungsver-**   **26**
fahren im Gange ist. Voraussetzung dafür ist, dass die Ausweisung von der zuständigen Behörde
angeordnet wurde, dass das Verfahren noch betrieben wird und dass der behördliche Wille und
die Möglichkeit besteht, die Ausweisung tatsächlich durchzuführen.

Besteht **rechtlich oder tatsächlich keine Möglichkeit,** die betroffene Person in absehbarer   **27**
Zeit zurückzuführen oder ist eine Ausweisung auf absehbare Zeit nicht zulässig, kann die Freiheits-
entziehung nicht mehr mit Art. 5 Abs. 1 S. 2 lit. f gerechtfertigt werden (EGMR Urt. v.
8.10.2009 – 10664/05 – Mikolenko / Estland; NJW 2010, 3359 Rn. 167 – A. und andere /
Vereinigtes Königreich). Bei der Gefahr der Begehung terroristischer Anschläge oder anderer
Straftaten könnte aber unter Umständen eine Haft nach Art. 5 Abs. 1 S. 2 lit. c denkbar sein.
Diese muss dann aber unterschiedslos auf Inländer und Ausländer angewendet werden, sofern
keine Rechtfertigung für die diskriminierende Behandlung der Ausländer vorliegt.

Im Fall A. hat der EGMR geprüft, ob ein Verstoß gegen Art. 5 Abs. 1 S. 2 lit. f trotz des Umstands,   **27.1**
dass ein Ausweisungsverfahren auf absehbare Zeit **keine Aussicht auf Erfolg** hat, dadurch entfällt, dass
eine Notstandserklärung der Regierung nach Art. 15 wegen der Gefahr der Begehung von terroristischen
Anschlägen oder anderen Straftaten erfolgt ist. Im Ergebnis stellt der EGMR fest, dass eine vorbeugende
Inhaftierung trotz der Erklärung nach Art. 15 unverhältnismäßig sei, da ungerechtfertigt zwischen britischen
Bürgern und Ausländern unterschieden würde (EGMR NJW 2010, 3359 Rn. 190 – A. und andere /
Vereinigtes Königreich).

Eine nationale Regelung zur Abschiebehaft für ausreisepflichtige **Gefährderinnen und Gefährder** zu   **27.2**
Zwecken der Gefahrenabwehr wäre demnach genauso konventionswidrig, wenn die Ausreise in absehbarer
Zeit nicht vollziehbar wäre. Mangels Vollziehbarkeit der Ausreise wäre die Begründung mit Art. 5 Abs. 1
S. 2 lit. f zweckwidrig. Würde die Haft auf Art. 5 Abs. 1 S. 2 lit. c gestützt, würde eine Ungleichbehandlung
nach Art. 14 iVm Art. 5 vorliegen, die der Rechtfertigung bedürfte.

Diese Grundsätze sind bei der Anwendung des deutschen Aufenthaltsrechts zu berücksichtigen (vgl.   **27.3**
→ AufenthG § 2 Rn. 26). § 2 Abs. 14 AufenthG zählt „konkrete Anhaltspunkte für eine Fluchtgefahr"
als Grund auf, der eine Abschiebehaft gem. § 62 Abs. 3 Nr. 5 AufenthG zulässt. Nach § 2 Abs. 14 Nr. 5a
AufenthG aF konnte ein solcher Anhaltspunkt sein, dass von der Person eine „erhebliche Gefahr für Leib
und Leben Dritter oder bedeutende Rechtsgüter der inneren Sicherheit" ausgeht. Die Gesetzesbegründung
führt an, dass dieser Personenkreis regelmäßig eine hohe Mobilität aufweise und sich behördlichen Maßnahmen oftmals zu entziehen versuche (BT-Drs. 17/179, 19). Angesichts der Rechtsprechung des EGMR
muss zur Anwendung des Art. 5 Abs. 1 S. 2 lit. f der Zweck der Haft die Ermöglichung der Ausreise sein.
Es muss also im Einzelfall geprüft werden, ob ein Verdacht auf Fluchtgefahr zur Vermeidung der Ausreise
besteht (vgl. Thym Ausschuss-Drs. 18(4)825 C). Sonstige Gefahren, die von dem Betroffenen ausgehen,
können bei Prüfung des Art. 5 Abs. 1 S. 2 lit. f damit nur als Indiz für eine solche Fluchtgefahr berücksichtigt
werden. Ist Haftzweck alleine die Vermeidung einer allgemeinen Gefahr, kann die Inhaftierung nicht mit
Art. 5 Abs. 1 S. 2 lit. f gerechtfertigt werden. Eine „Erweiterung der Abschiebungshaft für Ausreisepflichtige,
von denen eine erhebliche Gefahr für Leib und Leben Dritter oder bedeutende Rechtsgüter der inneren
Sicherheit ausgeht"(so aber die Stellungnahme des Normenkontrollrats, BT-Drs.17/179, 30), kann somit
nur dann bejaht werden, wenn die Ausreise tatsächlich Aussicht auf Erfolg hat und der Verdacht besteht,
dass der Betroffene sich der Ausreiseverpflichtung entziehen wird.

Art. 5 Abs. 1 S. 2 lit. f spricht nur allgemein vom Ausweisungsverfahren, dh **Modalitäten für**   **28**
das Ausweisungsverfahren lassen sich hieraus nicht unmittelbar ziehen. Wird das Verfahren
durch die Behörden aber nicht mit der angemessenen Sorgfalt durchgeführt, ist die Haft insbesondere wegen der Dauer des Verfahrens unzulässig (EGMR NVwZ 1997, 1093 Rn. 164 – Chahal /
Vereinigtes Königreich; NJOZ 2012, 956 Rn. 128 – Auad / Bulgarien). Das umfasst die Pflicht
der Konventionsstaaten, die für die Ausreise erforderlichen Dokumente mit Nachdruck zu verfolgen, bzw. Verhandlungen mit den Zielstaaten zu führen, um die Verfahren rasch durchführen zu

können (sog. Rückführungsabkommen; Depenheuer/Grabenwarter, Der Staat in der Flüchtlingskrise/Pabel, 2. Aufl. 2017, 199, 209). Dabei ist zu beachten, dass Staaten völkerrechtlich verpflichtet sind, ihre eigenen Staatsangehörigen zurückzunehmen, in den Abkommen werden daher allein die Modalitäten der Rückführung geklärt.

28.1   Die genannten Grundsätze müssen bei der Anwendung von § 62 Abs. 3 S. 4 AufenthG berücksichtigt werden (vgl. → AufenthG § 62 Rn. 25). Nach der Regelung ist die Abschiebehaft bei Personen, von denen eine „erhebliche Gefahr für Leib und Leben Dritter oder bedeutender Rechtsgüter der inneren Sicherheit" ausgeht, auch zulässig, wenn eine Abschiebung in den nächsten drei Monaten voraussichtlich nicht möglich ist. Da die Abschiebehaft nach Art. 5 Abs. 1 S. 2 lit. f. nur zur Sicherung der Ausreise gerechtfertigt ist, muss dieser Zweck auch die Verhältnismäßigkeit der Haftdauer bestimmen. Entsprechend kann die Regelung nur im Einzelfall Anwendung finden, wenn bei den Personen eine längere Haft als drei Monate allein zur Sicherung der Abschiebung verhältnismäßig wäre. Entsprechend müsste auch in jedem Fall das Aufenthaltsbeendigungsverfahren durch die Behörden aktiv betrieben werden (Höricht/Tewocht NVwZ 2017, 1153 (1155)).

29   Unzulässig ist es, wenn sich das **Verfahren** so **verzögert,** dass eine Freiheitsentziehung nicht mehr als Sicherung eines vorhersehbaren Verfahrensablaufes gesehen werden kann (EGMR NJOZ 2012, 956 Rn. 128 – Auad / Bulgarien). Wenn die Ausweisungsverfügung mithin kein Bestimmungsland nennt, kann nicht überprüft werden, ob die Behörden hinreichend zügig verfahren sind, dh ein Verstoß gegen Art. 5 liegt nahe (EGMR NJOZ 2012, 956 Rn. 133 – Auad / Bulgarien).

V. Freiheitsentziehung während des Auslieferungsverfahrens

30   Voraussetzung für eine Freiheitsentziehung während eines **Auslieferungsverfahrens** ist nur, dass ein solches Verfahren tatsächlich in Gang ist, dh die zuständige Behörde die Auslieferung angeordnet hat. Ein Auslieferungsverfahren ist auch schon dann im Gang, wenn der Zielstaat einen Auslieferungsantrag angekündigt hat, aber noch nicht formell gestellt hat (Karpenstein/Mayer/Elberling Rn. 84). Auslieferung ist iRv Art. 5 Abs. 1 S. 2 lit. f weit zu verstehen und auch dann zu bejahen, wenn eine Person auf dem Staatsgebiet des Konventionsstaats an einen Vertreter des Auslieferungsstaats übergeben wird (EGMR Urt. v. 18.12.1986 – 9990/82 Rn. 60 – Bozano / Frankreich).

31   Ist aufgrund einer **Verzögerung** des Verfahrens der Verfahrensablauf nicht mehr erkennbar, entfällt die Rechtfertigung gem. Art. 5 Abs. 1 S. 2 lit. f. Dies gilt auch, wenn es sich um ein Auslieferungsverfahren aufgrund eines Europäischen Haftbefehls handelt (HK-EMRK/Meyer-Ladewig/Harrendorf/König Rn. 64). Ebenso wenig kann eine Inhaftierung durch Art. 5 Abs. 1 S. 2 lit. f gerechtfertigt sein, wenn das Verfahren gar **nicht betrieben** wird, selbst wenn ein Auslieferungsverfahren rechtlich möglich wäre.

32   Eine Auslieferung nach Begehung einer Straftat im Konventionsstaat wird nicht dadurch widerrechtlich, dass im Zielstaat eine längere **Strafe** vorgesehen ist als im Konventionsstaat. Anders kann der Fall dann liegen, wenn die vorgesehene Strafe im Zielstaat als unverhältnismäßig anzusehen ist (HK-EMRK/Meyer-Ladewig/Harrendorf/König Rn. 33).

E. Festhalten zur Durchführung der Identitätsfeststellung

32a   Wenn Migrantinnen und Migranten in Aufnahmezentren zur Identifikation und Registrierung festgehalten werden, stellt das eine **Freiheitseinschränkung** dar, auch wenn sie nicht mit einer Freiheitsentziehung wie bei der Haft zur Sicherung von unerlaubten Ausweisungs- und Auslieferungsverfahren vergleichbar ist (EGMR NVwZ 2018, 1375 Rn. 84 – J.R. und andere / Griechenland; NVwZ 1997, 1102 Rn. 43 – Amuur / Frankreich; zur Beurteilung der Zulässigkeit einer Freiheitseinschränkung zur Identifizierung und Registrierung von Asylbewerbern, sind folgende Umstände zu betrachten Rn. 217 – Ilias und Ahmed / Ungarn):
- die individuelle Situation des Asylbewerbers und seine Wahlmöglichkeiten
- Ziel und Zweck der angewendeten nationalen Gesetzes
- Dauer der Freiheitseinschränkung
- Art und Intensität der tatsächlichen und subjektiv wahrgenommenen Freiheitseinschränkung.

Gegen einen Eingriff spricht die Möglichkeit für die Asylbewerber, für ihr Asylverfahren ohne Weiteres in einen anderen Staat zu gehen, der an die Genfer Flüchtlingskonvention gebunden ist (vgl. EGMR BeckRS 2019, 36891 Rn. 241 ff. – Ilias und Ahmed / Ungarn).

32b   Wenn ein Festhalten allein der Identifizierung dient, könnte als Rechtfertigungsgrund Art. 5 Abs. 1 S. 2 lit. b zur Anwendung kommen, wonach Haft zur Erzwingung der Erfüllung einer gesetzlichen Verpflichtung möglich ist (Markard/Heuser ZAR 2016, 165 (169)). Wird hingegen festgehalten, um gleichzeitig zu verhindern, dass sich Personen ohne Erlaubnis im Konventionsstaat aufhalten und ihre mögliche Abschiebung sichergestellt werden soll, stützt der EGMR auch eine solche Maßnahme auf Art. 5 Abs. 1 S. 2 lit. f (NVwZ 2018, 1375 Rn. 112 – J.R. und andere / Griechenland).

Das Festhalten von Migrantinnen und Migranten in Zentren zur Aufnahme, Identifizierung **32c** und Registrierung ist nach der Rechtsprechung des EGMR nur akzeptabel, wenn es dazu dient, gerade angekommene Personen zu identifizieren, zu registrieren und ihre Fingerabdrücke zu nehmen (EGMR NVwZ 2018, 1375 Rn. 83 – J.R. und andere / Griechenland; NVwZ 1997, 1102, 1103 Rn. 43 – Amuur / Frankreich). Auch wenn keine Freiheitsentziehung, sondern nur eine Freiheitseinschränkung vorliegt, muss das Festhalten trotzdem mit **angemessenen Garantien** begleitet sein (EGMR NVwZ 2018, 1375 Rn. 83 – J.R. und andere / Griechenland).

F. Schutzpflichten des Staates

Art. 5 schützt Personen nicht nur vor unberechtigter Freiheitsentziehung durch staatliche Stel- **33** len. Daneben verpflichtet Art. 5 auch die Staaten, die Personen in ihrem Herrschaftsbereich vor Freiheitsentziehung durch **Dritte** zu schützen (EGMR NJW-RR 2006, 308 Rn. 102 – Storck / Deutschland).

G. Verfahrensrechte

I. Informationspflicht

Nach Art. 5 Abs. 2 muss jede Person in kurzer Frist, möglichst unverzüglich über die Gründe **34** der Festnahme **informiert** werden. Die Informationspflicht bezieht sich entgegen dem Wortlaut der Norm nicht nur auf eine „Festnahme", sondern auch auf andere Formen der Freiheitsentziehung (vgl. EGMR Urt. v. 5.11.1981 – 7215/75 Rn. 66 – X. / Vereinigtes Königreich). Die Information muss in einer einfachen, nichttechnischen, für die betroffene Person verständlichen **Sprache** erfolgen (EGMR Urt. v. 15.12.2016 – 16483/12 Rn. 115 – Khlaifia / Italien). Die betreffende Person muss die Information tatsächlich **verstehen** (EGMR NJW 2013, 2409 Rn. 77 – Lutsenko / Ukraine).

Die Unterrichtung muss **alle notwendigen Informationen** enthalten, so dass die Person die **35** Rechtmäßigkeit gegebenenfalls überprüfen lassen kann (EGMR Urt. v. 21.4.2011 – 42310/04 Rn. 208 – Nechiporuk und andere / Ukraine). Wenn die Gründe für die Freiheitsentziehung nicht mitgeteilt werden, kann das auch einen Verstoß gegen Art. 5 Abs. 4 bedeuten, weil die Person damit keine Möglichkeit hat, das Verfahren substantiiert zu betreiben (EGMR Urt. v. 15.12.2016 – 16483/12 Rn. 132 – Khlaifia / Italien).

Bei der Haft aufgrund eines Ausweisungs- oder Auslieferungsverfahrens dürfte es als ausreichend zu **35.1** sehen sein, wenn als Begründung über das Ausweisungsverfahren informiert wird (Grabenwarter/ Pabel EMRK § 21 Rn. 43).

II. Haftprüfung

Art. 5 Abs. 4 gibt jeder inhaftierten Person das Recht auf eine **richterliche Haftprüfung.** **36** Das Recht auf Haftentlassung im Falle der Widerrechtlichkeit folgt darüber hinaus unmittelbar aus Art. 5 Abs. 1 S. 2. Das Recht auf richterliche Haftprüfung erstreckt sich nur auf eine richterliche Instanz, dh es gilt nicht, wenn die Haft bereits von einem Gericht angeordnet wurde (EGMR Urt. v. 31.7.2000 – 34578/97 Rn. 65 – Jecius / Litauen; Urt. v. 23. 11.1993 – 13190/87 Rn. 28 – Navarra / Frankreich). Wenn allerdings neue Umstände bestehen, kann auch im Falle der gerichtlichen Anordnung erneut das Recht auf gerichtliche Prüfung gegeben sein.

Die Haftprüfung muss in **kurzer Frist** erfolgen. Wie lange die Frist zu bemessen ist, hängt **37** von den Umständen des Einzelfalls ab, dh je nach betroffener Person, Komplexität des Verfahrens etc (EGMR Urt. v. 9.7.2009 – 11364/04 Rn. 106 – M. / Deutschland; NJW 2012, 2331 Rn. 43 – S.T.S. / Niederlande). Das Gericht muss die Kompetenz haben, die Freilassung bei einer positiven Entscheidung anzuordnen (EGMR Urt. v. 15.12.2016 – 16483/12 Rn. 128 – Khlaifia / Italien).

Das Gericht muss das **innerstaatliche Recht** und die **Verpflichtungen aus der Konvention** **38** prüfen. Die Haft nach Art. 5 Abs. 1 S. 2 lit. f stellt zwar einen formellen Haftgrund dar, trotzdem wird das Gericht nicht nur die tatbestandlichen Voraussetzungen prüfen müssen, sondern auch die Grundsätze der Konvention, wie etwa das Willkürverbot. Das entscheidende Gericht muss daher trotzdem Zugriff auf die entscheidungserheblichen Tatsachen haben.

38.1   Zwar kann im Einzelfall ein **staatliches Bedürfnis nach Geheimhaltung** bestehen, etwa bei nachrichtendienstlichen Informationen in Fällen der Terrorismusgefahr. Trotzdem muss das Gericht zu einer verbindlichen Entscheidung in der Lage sein, dh die Geheimhaltung darf nur so weit gehen, dass das Gericht trotzdem in der Lage ist, alle Umstände der Inhaftierung einschließlich des Willkürverbots nachzuvollziehen (Prill, Präventivhaft zur Terrorismusbekämpfung, 2010, 331).

39   Das Verfahren muss tatsächlich **effektiv** sein und **angemessene rechtstaatliche Garantien** für die inhaftierte Person vorsehen (EGMR NJW 2010, 3359 Rn. 202 ff. – A. und andere / Vereinigtes Königreich). Die Anforderungen sind aber jeweils vom Einzelfall abhängig und nicht zwingend an Art. 6 zu messen (EGMR NJW 2010, 3359 Rn. 202 ff. – A. und andere / Vereinigtes Königreich). Es bestehen in jedem Fall das Prinzip der Waffengleichheit und ein Anspruch auf rechtlichen Beistand (EGMR NVwZ 1997, 1093 Rn. 130 – Chahal / Vereinigtes Königreich).

III. Haftentschädigung

40   Im Falle von konventionswidriger Haft sieht Art. 5 Abs. 5 einen **Entschädigungsanspruch** vor. Der Anspruch gilt für materielle und immaterielle Schäden und ist verschuldensunabhängig.

H. Recht auf Freizügigkeit gem. Art. 2 4. EMRKProt

41   Art. 5 schützt vor Freiheitsentziehung, beinhaltet aber nicht das Recht auf **Freizügigkeit,** das erst durch 4. EMRKProt festgeschrieben wurde. Nach Art. 2 4. EMRKProt hat jede Person das Recht, sich frei im Hoheitsgebiet des Konventionsstaats aufzuhalten, zu bewegen und den Wohnsitz zu wählen (Art. 2 Abs. 1 4. EMRKProt) sowie den Konventionsstaat zu verlassen (Art. 2 Abs. 2 4. EMRKProt). Die Konventionsstaaten können für bestimmte Gebiete Einschränkungen bei der Freizügigkeit vorsehen, sofern dies gesetzlich vorgesehen und in einer demokratischen Gesellschaft notwendig ist (Art. 2 Abs. 4 4. EMRKProt). Insgesamt darf die Freizügigkeit nur auf gesetzlicher Grundlage zu einem in Art. 2 Abs. 3 4. EMRKProt festgeschriebenen Ziel eingeschränkt werden. Der Eingriff ist nur dann gerechtfertigt, wenn er in einer demokratischen Gesellschaft notwendig ist.

42   Dabei ist zu beachten, dass das Freizügigkeitsrecht gem. Art. 2 4. EMRKProt nur für Personen gilt, die sich **rechtmäßig** auf dem Territorium des Konventionsstaates aufhalten.

43   Unter Beschränkungen der Freizügigkeit fällt insbesondere, wenn Personen **keine Ausweise** oder sonstigen Reisepapiere **ausgestellt** werden und sie daher das Hoheitsgebiet des Konventionsstaats legal nicht verlassen können (EGMR Urt. v. 27.3.2018 –5871/07, 61948/08, 25025/10, 19971/12, 46965/12, 75561/12, 73574/13, 504/14, 31941/14 und 45416/14 Rn. 78 ff. – Berkovich und andere / Russland).

44   Eine **Residenzpflicht** stellt einen Eingriff in Art. 2 4. EMRKProt dar, der jedoch zum Schutz der öffentlichen Ordnung, insbesondere der gleichmäßigen Verteilung der Last der Integration und Versorgung der Asylsuchenden und anerkannten Schutzberechtigten, gerechtfertigt sein kann. Sie stellt eine Bedingung für die Rechtmäßigkeit des vorläufig gestatteten Aufenthalts dar. Nach dem EGMR sind Residenzpflichten daher mit Art. 2 4. EMRKProt vereinbar (EGMR BeckRS 2008, 07615 – Omwenyeke / Deutschland). Ob auch dauerhafte Aufenthaltstitel im Lichte des Art. 2 4. EMRKProt räumlich beschränkt werden dürfen, ist im Schrifttum umstritten (vgl. etwa Karpenstein/Mayer/Hoppe 4. EMRKProt Art. 2 Rn. 6; Dörr/Grote/Marauhn/Giegerich, EMRK/GG – Konkordanzkommentar, 2. Aufl. 2013, Bd. I, Kap. 26 Rn. 81 f.).

Art. 6 Recht auf ein faires Verfahren

(1) **¹Jede Person hat ein Recht darauf, dass Streitigkeiten in Bezug auf ihre zivilrechtlichen Ansprüche und Verpflichtungen oder über eine gegen sie erhobene strafrechtliche Anklage von einem unabhängigen und unparteiischen, auf Gesetz beruhenden Gericht in einem fairen Verfahren, öffentlich und innerhalb angemessener Frist verhandelt wird. ²Das Urteil muss öffentlich verkündet werden; Presse und Öffentlichkeit können jedoch während des ganzen oder eines Teiles des Verfahrens ausgeschlossen werden, wenn dies im Interesse der Moral, der öffentlichen Ordnung oder der nationalen Sicherheit in einer demokratischen Gesellschaft liegt, wenn die Interessen von Jugendlichen**

oder der Schutz des Privatlebens der Prozessparteien es verlangen oder – soweit das Gericht es für unbedingt erforderlich hält – wenn unter besonderen Umständen eine öffentliche Verhandlung die Interessen der Rechtspflege beeinträchtigen würde.

(2) Jede Person, die einer Straftat angeklagt ist, gilt bis zum gesetzlichen Beweis ihrer Schuld als unschuldig.

(3) Jede angeklagte Person hat mindestens folgende Rechte:
a) innerhalb möglichst kurzer Frist in einer ihr verständlichen Sprache in allen Einzelheiten über Art und Grund der gegen sie erhobenen Beschuldigung unterrichtet zu werden;
b) ausreichende Zeit und Gelegenheit zur Vorbereitung ihrer Verteidigung zu haben;
c) sich selbst zu verteidigen, sich durch einen Verteidiger ihrer Wahl verteidigen zu lassen oder, falls ihr die Mittel zur Bezahlung fehlen, unentgeltlich den Beistand eines Verteidigers zu erhalten, wenn dies im Interesse der Rechtspflege erforderlich ist;
d) Fragen an Belastungszeugen zu stellen oder stellen zu lassen und die Ladung und Vernehmung von Entlastungszeugen unter denselben Bedingungen zu erwirken, wie sie für Belastungszeugen gelten;
e) unentgeltliche Unterstützung durch einen Dolmetscher zu erhalten, wenn sie die Verhandlungssprache des Gerichts nicht versteht oder spricht.

Überblick

Art. 6 gibt das Recht auf ein faires Verfahren im zivilrechtlichen und strafrechtlichen Bereich, was aber die Anwendbarkeit in ausländerrechtlichen Verfahren trotzdem nicht von vornherein ausschließt (→ Rn. 1). Ob der Art. 6 auf Asylverfahren trotzdem anwendbar ist, ist umstritten. Jedenfalls werden die Wertungen von den deutschen Gerichten herangezogen (→ Rn. 2). Daneben gilt noch Art. 1 7. EMRKProt, der den Anspruch auf eine rechtmäßige Entscheidung auch im Asylverfahren umfasst (→ Rn. 11). Das 7. EMRKProt ist allerdings von Deutschland nicht ratifiziert (→ Rn. 12).

A. Allgemeines

Art. 6 spricht ausdrücklich von **zivilrechtlichen und strafrechtlichen** Verfahren. Demnach 1 wären migrationsrechtliche Verfahren, insbesondere zur Ausweisung / Rückführung / Auslieferung nicht erfasst. Allerdings legt der EGMR die Begriffe eigenständig aus. Damit kommt es auch immer wieder vor, dass nach deutschem Recht als öffentlich-rechtlich einzuordnende Streitigkeiten unter Art. 6 fallen.

Ob Verfahren aus dem Bereich des Migrationsrechts (Ausländer- und Asylrecht), insbesondere 2 Verfahren der Ausweisung / Rückführung / Auslieferung oder Beschwerden zu Staatsangehörigkeitsrechtsfragen im Regelfall erfasst sind, ist strittig (dafür zB Jaber ZAR 2017, 318 (322)). Die deutschen Gerichte ziehen Art. 6 jedenfalls teilweise heran, da der deutsche Gesetzgeber die Verfahrensprinzipien in bestimmten Bereichen allgemein und ohne Rücksicht auf die beschränkte Anwendbarkeit der Vorschrift im Einzelfall gewahrt wissen wolle (BVerwG NVwZ 2011, 629 Rn. 24 mwN). Die Anwendbarkeit kann daher nicht von vornherein ausgeschlossen werden, sondern ist im Einzelfall zu prüfen. Daneben ist Art. 47 GRCh jedenfalls erfasst.

Rückführungsfragen sind darüber hinaus von Art. 1 7. EMRKProt umfasst (→ Rn. 11). Dieses 3 ist aber Stand heute weiterhin nicht von Deutschland ratifiziert (→ Rn. 12). Der EGMR betont dabei die Wichtigkeit von Art. 6 für demokratische Gesellschaften (EGMR Urt. v. 7.7.1989 – 14038/88 Rn. 113 – Soering / Vereinigtes Königreich; NVwZ 2008, 761 Rn. 101 f. – Al Moayad / Deutschland).

B. Migrationsrechtliche Aspekte

I. Verfahren bei Ausweisung / Rückführung / Auslieferung

Art. 6 spielt insbesondere eine Rolle für das Migrationsrecht, wenn Personen **als Teil eines** 4 **Strafverfahrens ausgeliefert oder ausgewiesen werden** sollen und im Zielstaat die Gefahr oder Sicherheit besteht, dass kein faires Verfahren erfolgen wird (zB bei Umsetzung eines Europäischen Haftbefehls; EGMR Urt. v. 7.7.1989 – 14038/88 Rn. 113 – Soering / Vereinigtes Königreich;

Urt. v. 4.5.2009 – 42502/06 Rn. 130 – Muminov / Russland; NVwZ 2008, 761 Rn. 101 f. – Al Moayad / Deutschland; Karpenstein/Mayer/Meyer Rn. 158). Der EGMR fordert insoweit eine „**offenkundige Rechtsverweigerung**" (flagrant denial of justice)" mit Blick auf ein faires Verfahren im Zielstaat (EGMR Urt. v. 7.7.1989 – 14038/88 Rn. 113 – Soering / Vereinigtes Königreich; Urt. v. 4.2.2005 – 46827/99 und 46951/99 – Mamatkulov und Askarov / Türkei; NVwZ 2013, 487 Rn. 258 – Othman / Vereinigtes Königreich; NJOZ 2012, 1564 Rn. 113 – Ahorugeze / Schweden). Eine solche offenkundige Rechtsverweigerung liegt vor, wenn „offensichtlich gegen die Garantien oder Prinzipien von Art. 6 EMRK" verstoßen wird (EGMR Urt. v. 16.2.2015 – 28761/11 Rn. 562 – Al Nashiri / Polen; NJOZ 2012, 1564 Rn. 114 – Ahorugeze / Schweden; NVwZ 2013, 487 Rn. 258 – Othman / Vereinigtes Königreich). Irregularitäten oder fehlende Sicherheitsklauseln, die ihrerseits zu einer „normalen" Verletzung von Art. 6 beim Konventionsstaat führen würden, reichen für die Annahme einer offenkundigen Rechtsverweigerung nicht aus. Vielmehr muss es sich um eine so fundamentale Verletzung der Prinzipien eines fairen Verfahrens handeln, durch die der Kern oder Wesensgehalt des Rechts auf ein faires Verfahren, wie es in Art. 6 festgeschrieben ist, insgesamt aufgehoben wird (EGMR NVwZ 2013, 487 Rn. 260 – Othman / Vereinigtes Königreich; NJOZ 2012, 1564 Rn. 115 – Ahorugeze / Schweden; Urt. v. 16.2.2015 – 28761/11 Rn. 563 – Al Nashiri / Polen; BeckRS 2014, 82235 – Abu Zubaydah / Polen).

5   Von einer offenkundigen Rechtsverweigerung ist laut EGMR in folgenden **Fallkonstellationen** auszugehen (EGMR NVwZ 2013, 487 Rn. 259 – Othman / Vereinigtes Königreich):
- wenn eine Person aufgrund von Verdachtsmomenten festgehalten wird und sie keine Möglichkeit hat, vor einem unabhängigen und unparteiischen Gericht die Rechtmäßigkeit des Festhaltens überprüfen zu lassen, so dass sie bei fehlender Rechtmäßigkeit freigelassen werden muss (EGMR NVwZ 2008, 761 Rn. 101 – Al Moayad / Deutschland);
- bei willkürlicher und systematischer Verweigerung einer Kontaktaufnahme zu einem Anwalt, um sich zu verteidigen. Dies gilt erst recht, wenn der betroffenen Person dies im Ausland verwehrt wird (EGMR NVwZ 2008, 761 Rn. 101 – Al Moayad / Deutschland);
- bei Verurteilung in Abwesenheit ohne Möglichkeit einer Wiederaufnahme des Verfahrens (EGMR Urt. v. 16.10.2001 – 71555/01 Rn. 32 – Einhorn / Frankreich);
- bei einem Gerichtsverfahren, in dem die Vorgänge nur zusammengefasst werden und die Rechte der Verteidigung komplett ignoriert werden (EGMR Urt. v. 8.2.2006 – 13284/04 Rn. 47 – Bader und Kanbor / Schweden);
- bei einem Gerichtsverfahren, das auf Grundlage von Beweisen geführt wird, die unter Folter erlangt wurden (EGMR NVwZ 2013, 487 Rn. 263 – Othman / Vereinigtes Königreich; Urt. v. 16.2.2015 – 28761/11 Rn. 564 – Al Nashiri / Polen).

6   Es muss das **tatsächliche Risiko** (real risk) bestehen, dass den Betroffenen im Zielstaat eine offenkundige Rechtsverweigerung erwartet. Der Gerichtshof prüft daher, ob die Ausweisung / Rückführung / Auslieferung der betroffenen Person so durchgeführt wurde, dass ernsthafte und unbestreitbare Gründe zu dieser Annahme vorlagen (EGMR EuGRZ 2010, 285 – Kaplan / Deutschland). Die Person muss Anhaltspunkte vortragen, die das tatsächliche Risiko und die Möglichkeit der Rechtsverletzung nach einer Ausweisung / Rückführung / Auslieferung bestätigen (zB durch bewiesene vergleichbare Fälle in der Vergangenheit; EGMR NJOZ 2012, 1564 Rn. 116 – Ahorugeze / Schweden; NVwZ 2013, 487 Rn. 261, 282 – Othman / Vereinigtes Königreich). Insgesamt ist der EGMR bei der Annahme einer offenkundigen Rechtsverweigerung sehr zurückhaltend.

7   Um eine Verletzung von Art. 6 bejahen zu können, muss dem ausweisenden / rückführenden / ausliefernden Staat die offenkundige Rechtsverweigerung im Zielstaat **bekannt sein** bzw. hätte ihm bekannt sein müssen (EGMR Urt. v. 4.2.2005 – 46827/99 und 46951/99 Rn. 90 – Mamatkulov und Askarov / Türkei). Entscheidender Zeitpunkt ist dabei der Zeitpunkt der Ausweisung / Rückführung / Auslieferung bzw. der **Zeitpunkt** der Entscheidung des Gerichts (EGMR Urt. v. 4.2.2005 – 46827/99 und 46951/99 Rn. 90 – Mamatkulov und Askarov / Türkei).

8   Zur Prüfung einer möglichen offenkundigen Rechtsverweigerung im Zielstaat sind UN-Menschenrechtsberichte, Berichte von Nichtregierungsorganisationen (insbesondere Amnesty International) sowie Berichte der diplomatischen Vertretungen vor Ort heranzuziehen (vgl. Karpenstein/Mayer/Meyer Rn. 158a).

II. Keine Rechtfertigung der Verletzung möglich

9   Art. 6 **gilt absolut**, so dass das Interesse an einer Auslieferung nicht gegen den Verstoß gegen Art. 6 abgewogen werden darf. Der Konventionsstaat kann daher eine Verletzung von Art. 6 nur

dadurch ausräumen, dass er die Einhaltung der Grundsätze eines fairen Verfahrens im Zielstaat nachweist (EGMR NVwZ 2013, 487 Rn. 261 – Othman / Vereinigtes Königreich). Insbesondere darf der Grund des Strafverfahrens (zB Terrorismusgefahr) nicht zur Billigung der Rechtsverweigerung führen.

Erfolgt die Auslieferung in einen **Konventionsstaat,** hindert dies nicht die Prüfung nach **10** Art. 6. Es ist jedoch dann zu fragen, ob für den Betroffenen nicht die Möglichkeit besteht, nach Auslieferung in den Zielstaat von dort aus eine Verletzung von Art. 6 zu rügen (EGMR NVwZ 2013, 487 Rn. 261 – Othman / Vereinigtes Königreich).

C. Verfahrensgarantien bei aufenthaltsbeendenden Maßnahmen nach Art. 1 7. EMRKProt

Art. 1 7. EMRKProt bezieht sich im Unterschied zu Art. 6 eindeutig und unmittelbar auf **11** aufenthaltsbeendende Maßnahmen, dh insbesondere die Ausweisung / Rückführung / Auslieferung. Wenn eine ausländische Person einen rechtmäßigen Aufenthalt in einem Mitgliedstaat hatte, darf sie **nur aufgrund einer rechtmäßigen Entscheidung** ausgewiesen werden. Die Rechtmäßigkeit beurteilt sich nach den **nationalen Vorschriften** (EGMR Urt. v. 5.10.2006 – 14139/03 Rn. 81 – Bolat / Russland). Die Entscheidung über die Ausweisung / Rückführung / Auslieferung muss das Verhalten der betroffenen Person nennen, das ihr vorgeworfen wird. Der Person muss **rechtliches Gehör** gewährt werden, dass sie ihren Fall überprüfen lassen kann. Diese Rechte gelten ausnahmsweise nicht, wenn die Ausweisung aus Gründen der öffentlichen Sicherheit erfolgt.

Das 7. EMRKProt ist von Deutschland zwar unterzeichnet, aber **nicht ratifiziert.** Die Ratifi- **12** kation wäre durch das Parlament vorzunehmen und ist Voraussetzung für die Wirksamkeit im jeweiligen Staat.

Art. 7 Keine Strafe ohne Gesetz

(1) [1]**Niemand darf wegen einer Handlung oder Unterlassung verurteilt werden, die zur Zeit ihrer Begehung nach innerstaatlichem oder internationalem Recht nicht strafbar war.** [2]**Es darf auch keine schwerere als die zur Zeit der Begehung angedrohte Strafe verhängt werden.**

(2) **Dieser Artikel schließt nicht aus, dass jemand wegen einer Handlung oder Unterlassung verurteilt oder bestraft wird, die zur Zeit ihrer Begehung nach den von den zivilisierten Völkern anerkannten allgemeinen Rechtsgrundsätzen strafbar war.**

Überblick

Art. 7 enthält den Grundsatz „keine Strafe ohne Gesetz", ein Rückwirkungsverbot und ein Gebot der Gesetzmäßigkeit (→ Rn. 1 ff.). Der Anwendungsbereich ist auf das Strafrecht beschränkt (→ Rn. 1). Art. 7 wird durch die Verfahrensgarantien des 7. EMRKProt flankiert (→ Rn. 4).

A. Allgemeines und Definition

Art. 7 enthält den auch im deutschen Recht (Art. 103 Abs. 2 GG) bekannten Grundsatz „**keine 1 Strafe ohne Gesetz**". Das beinhaltet ein Rückwirkungsverbot und ein Gebot der Gesetzmäßigkeit. Der Anwendungsbereich beschränkt sich auf das Straf- und Ordnungswidrigkeitenrecht und dürfte auf migrationsrechtliche Verfahren nicht anwendbar sein. In Art. 1 7. EMRKProt sind allerdings auch Verfahrensgarantien bei aufenthaltsbeendenden Maßnahmen vorgesehen (→ Art. 6 Rn. 11).

Nach dem **Rückwirkungsverbot** darf niemand wegen einer Tat verurteilt werden, die zur **2** damaligen Begehungszeit nicht strafbar war.

Nach dem **Gesetzmäßigkeitsgebot** müssen die Strafnormen von einem Gesetz bestimmt **3** werden und sie dürfen nicht zu Lasten der Angeklagten ausgelegt werden. Insoweit ist auch ein Gebot der Normklarheit enthalten.

B. 7. EMRKProt

4 Flankiert wird Art. 7 durch die Verfahrensgarantien des 7. EMRKProt (Protokoll Nr. 7 zur Konvention zum Schutze der Menschenrechte und Grundfreiheiten). An **strafrechtlichen Gewährleistungsrechten** sieht Art. 2 7. EMRKProt das Recht vor, jede strafrechtliche Entscheidung von einem höherinstanzlichen Gericht unabhängig überprüfen zu lassen. Art. 3 7. EMRKProt sieht eine Entschädigungspflicht des betroffenen Mitgliedsstaates bei Fehlurteilen vor. Art. 4 7. EMRKProt enthält ein Verbot der Doppelbestrafung und –verfolgung (zu den Pflichten bei aufenthaltsbeendigenden Maßnahmen → Art. 6 Rn. 11).

5 Das 7. EMRKProt ist allerdings von Deutschland noch nicht ratifiziert (→ Art. 6 Rn. 12).

Art. 8 Recht auf Achtung des Privat- und Familienlebens

(1) Jede Person hat das Recht auf Achtung ihres Privat- und Familienlebens, ihrer Wohnung und ihrer Korrespondenz.

(2) Eine Behörde darf in die Ausübung dieses Rechts nur eingreifen, soweit der Eingriff gesetzlich vorgesehen und in einer demokratischen Gesellschaft notwendig ist für die nationale oder öffentliche Sicherheit, für das wirtschaftliche Wohl des Landes, zur Aufrechterhaltung der Ordnung, zur Verhütung von Straftaten, zum Schutz der Gesundheit oder der Moral oder zum Schutz der Rechte und Freiheiten anderer.

Überblick

Art. 8 umfasst vier Schutzbereiche: Privatleben (→ Rn. 1), Familienleben (→ Rn. 5), Wohnung (→ Rn. 14) und Korrespondenz (→ Rn. 15). Staatliche Eingriffe darin müssen grundsätzlich immer auf einer gesetzlichen Grundlage beruhen und in einer demokratischen Gesellschaft notwendig sein (→ Rn. 16; → Rn. 18). Während die Achtung der Wohnung und der Korrespondenz eine geringere Rolle für das Migrationsrecht spielen, hat der EGMR in seiner Rechtsprechung den Schutz des Privatlebens immer weiter ausgelegt und damit Art. 8 neben Art. 3 und 5 zur wichtigsten Vorschrift der EMRK für das Migrationsrecht gemacht. Daraus kann sich die Pflicht zur Ermöglichung der Einreise oder des Aufenthalts ergeben (→ Rn. 23), es kann sich Schutz vor Ausweisungen / Rückführungen / Auslieferungen ergeben (→ Rn. 42) und es kann sich eine Pflicht zur Erteilung der Staatsangehörigkeit bzw. zum Schutz vor Verlust der Staatsangehörigkeit ergeben (→ Rn. 57).

Übersicht

A. Schutzbereich

I. Schutz des Privatlebens

1 Der **Begriff des Privatlebens** ist weit zu verstehen, eine begrenzende Definition ist daher nicht möglich (EGMR Urt. v. 25.9.2001 – 44787/98 Rn. 56 – P.G. und J.H. / Vereinigtes Königreich; NJW 2002, 2851 Rn. 61 – Pretty / Vereinigtes Königreich; vgl. Maierhöfer ZAR

2014, 370). Als Leitlinie kann herangezogen werden, dass unter Privatleben alle identitätsstiftenden, selbstreferenziellen Bereiche zu fassen sind als auch zwischenmenschlichen Beziehungen.

Die Gesamtheit sozialer Bindungen zwischen niedergelassenen Migranten und der Gesellschaft ist Teil **1.1** des Privatlebens. Der EMRK weist daher selbst darauf hin, dass es kaum eine sich in einem Land aufhaltende Person geben dürfte, deren Ausweisung / Rückführung / Auslieferung nicht in den Schutz des Privatlebens eingreife (EGMR NVwZ 2019, 1427 Rn. 34 – Levakovic / Dänemark).

Zum Schutz des Privatlebens gehören daher **folgende selbstreferenzielle Bereiche:** **2**
- Name;
- sexuelle Orientierung;
- geschlechtliche Zugehörigkeit;
- individuelle Selbstbestimmung;
- persönliche Entwicklung;
- physische, psychische und soziale Identität, wie zB auch das Wohnen im Wohnwagen als Teil der ethnischen Identität (EGMR Urt. v. 18.1.2001 – 27238/95 – Chapman / Vereinigtes Königreich);
- physische, psychische und soziale Integrität (EGMR NJW 2002, 2851 Rn. 61 – Pretty / Vereinigtes Königreich; Urt. v. 26.3.1985 – 8978/80 Rn. 22 – X. und Y. / Niederlande), das betrifft bspw. zwangsweise Untersuchungen, medizinische Behandlungen, medizinische Feststellungen des Alters, zwangsweise Blut- und Speichelproben oder sonstige Eingriffe unterhalb der Schwelle des Art. 3 (EGMR Urt. v. 22.7.2003 – 24209/94 Rn. 33 – Y.F. / Türkei; NVwZ 2002, 453 Rn. 46 – Bensaid / Vereinigtes Königreich; HK-EMRK/Meyer-Ladewig/Nettesheim Rn. 11);
- der gute Ruf;
- Privatsphäre (EGMR Urt. v. 24.4.2018 – 62357/14 Rn. 109 f. – Benedik / Slowenien);
- Datenschutz;
- Berufsausübung.

Unter zwischenmenschliche Beziehungen fallen private Beziehungen, berufliche Beziehungen **3** aller Art, auch rein sexuelle Beziehungen (vgl. EGMR Urt. v. 25.9.2001 – 44787/98 Rn. 56 – P.G. und J.H. / Vereinigtes Königreich; NJW 2002, 2851 Rn. 61 – Pretty / Vereinigtes Königreich; Urt. v. 25.3.1992 – 13343/87 Rn. 63 – B / Frankreich; Urt. v. 22.2.1994 – 16213/90 Rn. 24 – Burghartz / Schweiz; Urt. v. 22.10.1981 – 7525/76 Rn. 41 – Dudgeon / Vereingtes Königreich; Urt. v. 16.2.2000 – 27798/95 Rn. 65 – Amann / Schweiz). Der Schutz umfasst die Aufnahme, die Pflege und auch die Öffentlichkeit der Beziehungen (EGMR Urt. v. 26.4.2018 – 63311/14 Rn. 119 – Hoti / Kroatien; Urt. v. 23.2.2010 – 1289/09 – Hofmann / Deutschland; Urt. v. 25.9.2001 – 44787/98 Rn. 56 – P.G. und J.H. / Vereinigtes Königreich; NVwZ 2002, 453 Rn. 47 – Bensaid / Vereinigtes Königreich; NJW 2002, 2851 Rn. 61 – Pretty / Vereinigtes Königreich; Urt. v. 7.2.2002 – 53176/99 Rn. 53 – Mikulic / Kroatien; Urt. v. 25.9.2001 – 44787/98 Rn. 56 – P.G. und J.H. / Vereinigtes Königreich).

Der EGMR ist so weit gegangen, alle **sozialen Beziehungen** zwischen ansässigen Ausländern **4** und der Gesellschaft des entsprechenden Konventionsstaats als Teil des Privatlebens und damit dem Schutz des Art. 8 unterfallend zu sehen, sofern die Beziehungen eine gewisse Festigkeit vorweisen können (settled migrants; vgl. EGMR EuGRZ 2012, 11 Rn. 48 – Trabelsi / Deutschland; NVwZ 2007, 1279 Rn. 59 – Üner / Niederlande; Urt. v. 9.10.2003 – 48321/99 Rn. 96 – Slivenko / Lettland; NVwZ 2012, 947 Rn. 55 – Osman / Dänemark). Er hat bislang offen gelassen, ob ein solches geschütztes Privatleben auch zwischen Personen ohne Aufenthaltsberechtigung und der Gesellschaft im Aufenthaltsstaat entstehen kann (dafür Maierhöfer ZAR 2014, 370; dagegen Fritzsch ZAR 2010, 14). Sachgerecht erscheint es, die **Berechtigung des Aufenthalts** für die Schutzbereichseröffnung als nicht entscheidend zu sehen, sondern dies im Rahmen der Verhältnismäßigkeitsprüfung der Rechtfertigung eines Eingriffs zu berücksichtigen. Der EGMR spricht in diesen Fällen auch nur von „settled migrants" und nicht von „legally settled migrants", was für ein solches Verständnis spricht (vgl. BeckOK AuslR/Hofmann Rn. 25 f. mwN zur deutschen Rspr.).

II. Schutz des Familienlebens

Art. 8 schützt das **Familienleben.** Eine Familie wird bereits durch das eheliche oder sonstige **5** partnerschaftliche Zusammenleben begründet. Die Eheschließung begründet eine Familie, unabhängig davon, ob die Ehe tatsächlich rechtlich geschlossen wurde, wenn keine berechtigten Zweifel an der Gültigkeit bestehen, die Ehepartner davon ausgehen verheiratet zu sein und im Bewusstsein darauf ein gemeinsames Leben begründen (EGMR NJW 1986, 3007 Rn. 63 – Abdulaziz / Vereinigtes Königreich).

6   Im Übrigen ist unter den Familienbegriff in erster Linie die Kernfamilie zu fassen, das heißt die Eltern und ihre minderjährigen Kinder (EGMR Urt. v. 9.10.2003 – 48321/99 Rn. 97 – Slivenko / Lettland). Eine Familie entsteht durch die **Geburt** oder **Adoption** eines Kindes zwischen dem Kind und den Eltern, unabhängig davon, ob die Eltern verheiratet sind (EGMR NJW 2001, 2315 Rn. 43 – Elsholz / Deutschland).

6.1   Die Übernahme der Elternschaft für ein Kind, das durch eine **Leihmutterschaft** zur Welt gebracht worden ist, stellt bei einem Zusammenleben von gerade sechs Monaten mangels biologischer Verwandtschaft zwischen zukünftigen Eltern und Kind noch keine Familienbegründung dar, solange der Konventionsstaat die Übernahme der Elternschaft rechtlich nicht vorsieht (EGMR NJW 2017, 941 Rn. 157 – Paradiso und Campanelli / Italien).

7   Die Beziehung zwischen Eltern und **erwachsenen Nachkommen** und die Beziehung von **erwachsenen Geschwistern** untereinander wird vom EMRK nur dann als „Familienleben" anerkannt, wenn zusätzliche Elemente der Abhängigkeit hinzukommen (EGMR NVwZ 2019, 1427 Rn. 35 – Levakovic / Dänemark; EGMR 17.2.2009 – 27319/07 Rn. 45 – Onur / Vereinigtes Königreich; 9.10.2003 – 48321/99 Rn. 97 – Slivenko / Lettland; NJW 2004, 2147 Rn. 44 – Yilmaz / Deutschland; vgl. aber auch EGMR InfAuslR 2010, 369 – Khan / Deutschland). Der EGMR betont in diesem Kontext, dass enge persönliche Beziehungen, die nicht unter den Familienbegriff iSd Art. 8 fallen, in der Regel in den Schutzbereich des Privatlebens fallen (EGMR Urt. v. 17.4.2018 – 6878/14 Rn. 61 – Lazoriva). Ob es mehr angemessen ist, auf das „Familienleben" oder auf das „Privatleben" abzustellen, hängt von den Umständen des Einzelfalls ab (EGMR NVwZ 2019, 1427 Rn. 35 – Levakovic / Dänemark).

7.1   Ein Abhängigkeitsverhältnis und somit ein Familienleben mit erwachsenen Abkommen wurde bspw. bejaht bei einem Mann, der auf die Hilfe seiner 23, 26 und 28 Jahre alten Kinder angewiesen war. Aufgrund seiner Invalidität war er sowohl finanziell abhängig und wohnte im Haushalt mit zwei Kindern, die die Pflege, waschen und anziehen sowie Haushaltsführung übernommen haben (EGMR NLMR 2019, 151 Rn. 62) – I.M. / Schweiz).

7a   Die Beziehung von **jungen Erwachsenen,** die noch keine eigene Familie gegründet haben, mit ihren **Eltern** kann hingegen ohne zusätzliche Voraussetzungen vom Schutz der Familie iSd Art. 8 erfasst sein (EGMR BeckRS 2009, 70641 Rn. 62 – Maslov / Österreich; Urt. v. 29.1.1997 – 23078/93 Rn. 41 – Bouchelkia / Frankreich; Urt. v. 26.9.1997 – 25613/94 Rn. 33 – El Boujaidi / Frankreich; Urt. v. 13.2.2001 – 47160/99 Rn. 26 – Ezzouhdi / Frankreich).

8   Eine **Ehe im Rechtssinne** ist für die Annahme einer Familie nicht erforderlich, es genügt auch eine „De-facto-Familienbeziehung", was dann zu bejahen ist, wenn Partner außerhalb einer Ehe zusammenleben und andere Anhaltspunkte eine ausreichend konstante Beziehung zwischen den Familienmitgliedern ausweisen (EGMR NJW 2017, 941 Rn. 140 – Paradiso und Campanelli / Italien; NJW 2001, 2315 Rn. 43 – Elsholz / Deutschland).

9   **Homosexuelle Beziehungen** sind gleichermaßen unter den Begriff Familienleben zu fassen wie heterosexuelle (EGMR Urt. v. 30.6.2016 – 51362/09 – Taddeucci und McCall / Italien).

10   Der Begriff der Familie umfasst auch die **Beziehung der werdenden Eltern** (auch bei künstlicher Befruchtung, nicht aber bei Leihmutterschaft, da keine biologische Verwandtschaft) und kann auch die Beziehung der Kinder untereinander oder die Beziehung über verschiedene Generationen hinweg umfassen, wenn ein besonderes Nähe- bzw. Abhängigkeitsverhältnis vorliegt (EGMR NJW 2009, 971 Rn. 66 – Dickson / Vereinigtes Königreich; HK-EMRK/Meyer-Ladewig/Nettesheim Rn. 28). Entscheidendes Kriterium für die Annahme einer Familie sind neben der biologischen Verwandtschaft auch die tatsächlichen persönlichen Verbindungen (EGMR NJW 2017, 941 Rn. 140 – Paradiso und Campanelli / Italien).

11   Geschützt ist das Familienleben. Familienleben meint die gemeinsam verbrachte Zeit zwischen Eltern und Kindern, auch wenn die **Beziehung zwischen den Eltern bereits zerbrochen** ist (EGMR NJW 2001, 2315 Rn. 43 – Elsholz / Deutschland). Art. 8 begründet zum Einen ein Recht auf Zusammenleben oder zumindest auf Kontakt zwischen den verschiedenen Familienmitgliedern. Das Zusammenleben der Eltern ist aber nicht Voraussetzung für die Annahme eines Familienlebens (EGMR EuGRZ 1993, 547 Rn. 21 – Berrehab / Niederlande).

11a   Der Schutz des Familienlebens geht über das bloße Zusammenleben hinaus. Neben dem Recht, die Zeit gemeinsam zu verbringen, schützt Art. 8 EMRK unter Umständen auch davor, dass das Familienleben durch die **Bedingungen des gemeinsamen Lebens** eingeschränkt wird. So kann auch eine Inhaftierung der Familie einen Eingriff darstellen, obwohl die Familie dort gemeinsam leben durfte (EGMR Urt. v. 10.4.2018 – 75157/14 Rn. 73, becklink 2009561 – Bistieva und andere / Polen).

Art. 8 schützt jedoch nicht die **Gründung einer Familie,** sondern setzt eine bestehende 12 Familie bzw. gezeugte Familie voraus (EGMR NJW 2017, 941 – Paradiso und Campanelli / Italien). Daher ist die Entscheidung, Mutter oder Vater zu werden, nicht Teil des Rechts auf Familienleben, sondern fällt unter den Schutz des Privatlebens (EGMR NJW 2008, 2013 Rn. 72 – Evans / Vereinigtes Königreich). Der Wunsch, eine Familie zu gründen, wird ebenso nicht vom Schutz des Familienlebens nach Art. 8 erfasst (EGMR NJW 2017, 941 Rn. 141 – Paradiso und Campanelli / Italien).

Mit Blick auf **polygame Ehen** kann nach diesen Grundsätzen zwischen Vater, Mutter und 13 Kind von einem Familienleben auszugehen sein, auch wenn der Vater noch mit einer weiteren Frau verheiratet ist. Staatliche Einschränkungen der Vielehe, wie zB die Verweigerung eines Nachzugsrechts für eine zweite Ehefrau, stellen damit in diesen Fällen einen Eingriff dar, der aber gerechtfertigt sein kann.

III. Schutz der Wohnung

Unter den **Schutz der Wohnung** fällt der räumlich abgrenzbare Bereich, in dem das Privat- 14 und Familienleben stattfindet (EGMR NVwZ 2008, 1215 – Gaida / Deutschland; NJW 2005, 3767 Rn. 53 – Moreno Gomez / Spanien).

IV. Schutz der Korrespondenz

Korrespondenz meint die private (also nicht öffentliche) Kommunikation. Dabei kommt es 15 nicht auf das konkrete Kommunikationsmittel an, geschützt sind alle denkbaren Mittel (zB Telefon, SMS, Messenger-Apps, E-Mail, Soziale Netzwerke).

B. Eingriff

Ein **Eingriff** liegt bei jeder **Erschwerung oder Verhinderung** eines Familien- oder Privatle- 16 bens vor. So liegt ein Eingriff vor, wenn ein Teil der Familienmitglieder in eine Abschiebehaftan-stalt verbracht werden, während andere frei sind (EGMR BeckRS 2020, 14898 – Moustahi/ Frankreich).

Daneben kann ein Eingriff auch bei **Untätigkeit des Staates** (zB Nichterteilung eines Aufent- 16a haltstitels) vorliegen, wenn nur durch positives staatliches Handeln das Familien- oder Privatleben möglich ist. Es geht dabei um das Privat- und Familienleben im konkreten Konventionsstaat, so dass auch dann ein Eingriff vorliegt, wenn Teile der Familie ausgewiesen werden und die gesamte Familie im Ausland zusammenleben könnte. Insbesondere aufgrund der weiten Auslegung des Privatlebens wird heute bei fast jeder Ausweisung / Rückführung / Auslieferung, die nach einer gewissen Zeit im Konventionsstaat erfolgt, von einem Eingriff auszugehen sein. Anders kann dies jedoch dann sein, wenn eine Ausweisung aufgrund wiederholter Duldungen nicht vollzogen wird und damit auch die Ausweisungs- / Rückführungs- / Auslieferungsverfügung ihren Eingriffscha-rakter verliert (EGMR EZAR NF 935 Nr. 14 – Yildiz / Österreich).

Auch die Verweigerung des Aufenthalts für den Ehegatten einer Person, die die Staatsangehörig- 17 keit des Aufnahmestaats besitzt, stellt einen Eingriff dar (EGMR EZAR NF 935 Nr. 11 – Boultif / Schweiz).

C. Rechtfertigung

Ein Eingriff in Art. 8 kann **gerechtfertigt** sein, wenn er auf einer gesetzlichen Grundlage 18 beruht, ein in der Vorschrift genanntes berechtigtes Ziel verfolgt und in einer demokratischen Gesellschaft notwendig ist (EGMR NVwZ 2019, 1425 Rn. 44 – Cabucak/Deutschland). Ange-sichts des weiten Schutzbereichs von Art. 8 in Form aller sozialen Beziehungen, die eine gewisse Festigkeit vorweisen können (setteld migrant), ist die Schwelle zum Eingriff schnell erreicht.

Als **gesetzliche Grundlage** ist ein materielles Gesetz erforderlich. In absoluten Ausnahmefällen 19 hat der EGMR Richterrecht genügen lassen. In diesen Fällen war die Rechtsprechung so hinrei-chend bestimmt, dass die Bürgerinnen und Bürger ihr Verhalten danach ausrichten konnten und ein Schutz gegen willkürliche staatliche Entscheidungen gegeben war (EGMR Urt. v. 26.4.2018 – 27496/15 Rn. 142 – Mohamed Hasan / Norwegen).

Die **gesetzlichen Schranken** müssen auch tatsächlich eingehalten werden. Der EGMR betont 20 dabei, dass es Aufgabe der nationalen Gerichte ist, das Migrationsrecht auszulegen und anzuwenden (vgl. EGMR Urt. v. 9.10.2003 – 48321/99 Rn. 105 – Slivenko / Lettland). Er selbst nennt zumeist nur die nationale Rechtsgrundlage und stellt fest, dass das nationale Gericht sich ausreichend mit der Rechtsgrundlage und den Ausführungen des Betroffenen auseinander gesetzt hat (EGMR EZAR NF 935 Nr. 14 Rn. 38 f. – Yildiz / Österreich; InfAuslR 2010, 369 Rn. 37– Khan / Deutschland; Urt. v. 24.11.2009 – 1820/08 Rn. 178 f. – Omojudi / Niederlande). Solange es nicht zur Willkür kommt, ist es grundsätzlich nicht Aufgabe des EGMR, das nationale Recht auszulegen und anzuwenden (EGMR Urt. v. 25.3.1985 – 8734/79 Rn. 48 – Barthold / Deutschland). Eine willkürliche Maßnahme ist dann gegeben, wenn evident gegen die gesetzliche Grundlage verstoßen wird (EGMR Urt. v. 25.3.1985 – 8734/79 Rn. 48 – Barthold / Deutschland).

20.1   Dies hat der EGMR im Fall Aristimuno Mendizabal bejaht, in dem der Betroffenen über 14 Jahre ein Aufenthaltstitel verwehrt wurde, auf den sie einen gesetzlichen Anspruch hatte (EGMR InfAuslR 2006, 297 Rn. 79 – Aristimuno Mendizabal / Frankreich).

21   Die **Notwendigkeit** bezieht sich auf eines der in Abs. 2 genannten Ziele: die nationale oder öffentliche Sicherheit, das wirtschaftliche Wohl des Landes, die Aufrechterhaltung der Ordnung, die Verhütung von Straftaten, den Schutz der Gesundheit oder der Moral oder den Schutz der Rechte und Freiheiten anderer. Diese Notwendigkeit ist dann zu bejahen, wenn der Eingriff eine dringende, soziale Pflicht für eine demokratische Gesellschaft darstellt („pressing social need"), bei der die Verhältnismäßigkeit gewahrt bleibt (vgl. EGMR Urt. v. 10.1.2017 – 55470/10 Rn. 41 – Salija / Schweiz; EZAR NF 935 Nr. 11 Rn. 46 – Boultif / Schweiz).

22   Ist der Eingriff **unverhältnismäßig** und kann somit ein Familienleben nur im Konventionsstaat erfolgen, so wird der Konventionsstaat durch Art. 8 EMRK zur Familienzusammenführung verpflichtet (EGMR EZAR NF 935 Nr. 13 – Sen / Niederlande).

D. Schutzpflichten zugunsten des Privat- und Familienlebens

23   Das Recht auf Privat- und Familienleben gewährt nicht nur Schutz vor Eingriffen in diese Freiheit, sondern **verpflichtet** zugleich die Konventionsstaaten, das Privat- und Familienleben zu achten, woraus der EGMR teilweise positive Gewährleistungspflichten des Staates gezogen hat. Der EGMR trennt dabei nicht scharf zwischen Art. 8 als Abwehrrecht und als positives Gewährleistungsrecht (EGMR Urt. v. 26.4.2018 – 63311/14 Rn. 122 – Hoti / Kroatien; NVwZ 2012, 947 Rn. 53 – Osman / Dänemark; NVwZ 2004, 1465 Rn. 98, 119 – Hattonua / Vereinigtes Königreich). In jedem Fall gilt es, eine gerechte, faire Balance zwischen den widersprechenden Interessen des Einzelnen und der Gemeinschaft im Konventionsstaat zu finden (EGMR Urt. v. 26.4.2018 – 63311/14 Rn. 122 – Hoti / Kroatien). In den meisten Fällen handelt es sich bei aufenthaltsrechtlichen Fragen gleichzeitig um ein Abwehrrecht (gegen die Ablehnung eines Aufenthaltstitels) und ein Gewährleistungsrecht (Erteilung eines Aufenthaltstitels) zum Schutz des Familien- oder Privatlebens.

24   Mit Blick auf das Privatleben sind zu den objektiven Schutzpflichten der Konventionsstaaten unter anderem zu zählen:
- die Einrichtung eines wirksamen gerichtlichen Rechtsschutzes, worunter auch die Garantie fällt, rechtzeitig von einem drohenden Eingriff Kenntnis zu erlangen;
- die Durchsetzung des Schutzes der Privatsphäre;
- die Umsetzung von spezifischen Schutzmaßnahmen, sowohl gegenüber dem Konventionsstaat als auch gegenüber sonstigen Dritten (EGMR Urt. v. 26.3.1985 – 8978/80 Rn. 23 – X. und Y. / Niederlande; NJOZ 2009, 3349 Rn. 110 – Tysiac / Polen; Urt. v. 26.5.1994 – 16969/90 – Keegan / Irland).

Daneben fällt hierunter auch die Pflicht der Konventionsstaaten, die physische und psychische Integrität der Menschen zu beschützen – auch gegenüber anderen privaten Dritten (EGMR NJOZ 2014, 1995 Rn. 73 – Eremia / Moldau; Urt. v. 26.2.1985 – 8978/80 Rn. 22 f. – X. und Y. / Niederlande).

25   Mit Blick auf das Familienleben müssen das Zusammenleben und der Kontakt zwischen den verschiedenen Familienmitgliedern ermöglicht werden (EGMR Urt. v. 24.4.2018 – 46524/14 Rn. 63 ff. – Tonello / Ungarn; Urt. v. 19.9.2000 – 32346/96 Rn. 63 – Glaser / Vereinigtes Königreich; Urt. v. 26.3.1985 – 8978/80 Rn. 23 – X. und Y. / Niederlande; NVwZ 2012, 947 Rn. 115 – Osman / Dänemark; NJW 2001, 2315 Rn. 43 – Elsholz / Deutschland).

I. Ermöglichung der Einreise bzw. Erteilung einer Aufenthaltserlaubnis

1. Allgemein

Die Konventionsstaaten haben das Recht, die Einreise, den Aufenthalt und die Ausweisung **26** von Ausländern zu kontrollieren (EGMR NJOZ 2015, 819 Rn. 355 – Kuricua / Slowenien; NVwZ 1997, 1093 Rn. 73 – Chahal / Vereinigtes Königreich; Urt. v. 26.9.1997 – 25613/94 Rn. 39 – El Boujaidi / Frankreich; EZAR NF 935 Nr. 11 Rn. 39 – Boultif / Schweiz; NVwZ 2007, 1279 Rn. 54 – Üner / Niederlande; Urt. v. 9.10.2003 – 48321/99 Rn. 115 – Slivenko / Lettland; NJW 1986, 3007 Rn. 67 – Abdulaziz / Vereinigtes Königreich; NVwZ 2005, 1043 – Dragan / Deutschland). Dieses Prinzip ist völkerrechtlich anerkannt und daran ändert unmittelbar auch Art. 8 nichts. Der EGMR betont in ständiger Rechtsprechung, dass Art. 8 weder das **Recht auf Einreise** für Ausländer in einen Konventionsstaat garantiert, noch das **Recht auf Aufenthalt** gewährleistet (EGMR Urt. v. 1.3.2018 – 58681/12 Rn. 56 – Ejimson / Deutschland; Urt. v. 3.10.2014 – 12738/10 Rn. 100 – Jeunesse / Niederlande; EuGRZ 2006, 562 Rn. 39 – Rodrigues da Silva und andere / Niederlande; NVwZ 2007, 1279 Rn. 54 – Üner / Niederlande). Genauso wenig werden Konventionsstaaten durch Art. 8 verpflichtet, Ausländerinnen und Ausländern einen bestimmten Aufenthaltstitel zu erteilen (EGMR Urt. v. 1.3.2018 – 58681/12 Rn. 56 – Ejimson / Deutschland; Urt. v. 29.4.2003 – 66729/01 – Dremlyuga / Lettland; NVwZ 2005, 1043 – Dragan / Deutschland). Nach Auslegung des EGMR ist zudem weder in der EMRK noch in den Zusatzprotokollen ein **Recht auf politisches Asyl** statuiert (EGMR NVwZ 2005, 1043 – Dragan / Deutschland; NVwZ 1992, 869 – Vilvarajah / Vereinigtes Königreich; BeckRS 2008, 06650 – Mogos und Krifka / Deutschland).

Dennoch kann die EMRK das nationale Migrations- und Integrationsrecht bestimmen. Denn **27** die nationalen aufenthaltsrechtlichen Entscheidungen müssen im Einklang mit den Rechten der EMRK erfolgen. Stellt die migrationsrechtliche Entscheidung einen Eingriff in ein Konventionsrecht dar, ist auf Grundlage des Einzelfalls zu prüfen, ob der Eingriff gerechtfertigt war. Dies muss durch Betrachtung des konkreten Einzelfalls geprüft werden. Entscheidend ist dabei, inwieweit das Familien- oder Privatleben durch die migrationsrechtliche Entscheidung eingeschränkt wird (EGMR Urt. v. 17.4.2018 – 29790/14 Rn. 47 – Guliyev und Sheina / Russland).

Bei der Frage der Rechtfertigung ist zu entscheiden, ob ein gerechter Ausgleich zwischen dem **28** **migrationsrechtlichen Interesse** des Einzelnen und dem **öffentlichen Interesse** der Aufnahmegesellschaft getroffen wurde. Bei dieser Abwägung steht den Konventionsstaaten ein gewisser Gestaltungsspielraum zu (EGMR Urt. v. 1.3.2018 – 58681/12 Rn. 56 – Ejimson / Deutschland; Urt. v. 3.10.2014 – 12738/10 Rn. 106 f. – Jeunesse / Niederlande; EuGRZ 2006, 562 Rn. 39 – Rodrigues da Silva und andere / Niederlande).

Entscheidende **Kriterien für die Abwägung** wurden dabei vom EGMR mit Blick auf die **29** Auswirkungen auf das Familienleben wie folgt festgestellt (EGMR Urt. v. 1.3.2018 – 58681/12 Rn. 56 – Ejimson / Deutschland; Urt. v. 3.10.2014 – 12738/10 Rn. 107 ff. – Jeunesse / Niederlande; EuGRZ 2006, 562 Rn. 39 – Rodrigues da Silva und andere / Niederlande; Urt. v. 5.9.2000 – 44328/98 – Solomon / Niederlande; Urt. v. 24.11.1998 – 40447/98 – Mitchell / Vereinigtes Königreich; Urt. v. 25.3.2014 – 38590/10 – Biao / Dänemark; Urt. v. 4.10.2016 – 30474/14 Rn. 43 – Ali und andere / Schweiz und Italien):
- Ausmaß der Beeinflussung des Familienlebens durch die ausländerrechtliche Entscheidung, insbesondere Interessen der Kinder;
- Ausmaß der Bindungen der Betroffenen an den Konventionsstaat (Verwurzelung);
- Vorliegen von unüberwindlichen Hindernissen für einen Aufenthalt der Familie im Heimatstaat der betroffenen Person;
- Gründe für die Einwanderungskontrolle (zB mehrfaches Vergehen gegen Einwanderungsrecht);
- öffentliches Interesse an der Begrenzung der Einreise von Ausländern in den Konventionsstaat;
- Begründung des Familienlebens in Kenntnis der Unsicherheit des Aufenthaltsstatus im Konventionsstaat (der EGMR hat entschieden, dass eine Ausweisung trotz Partnerschaft mit Angehörigen des Konventionsstaats und gemeinsamen Kindern gerechtfertigt sein kann, wenn sie allein auf einer Verletzung aufenthaltsrechtlicher Vorgaben beruht; vgl. EGMR BeckRS 2009, 70941 Rn. 58 ff. – Darren Omoregie / Norwegen);
- besondere Schutzwürdigkeit von Kindern (insbesondere Alter der Kinder, Bindungen zum Herkunftsstaat, Grad der Abhängigkeit zu den Eltern, Zumutbarkeit der Rückkehr in den Herkunftsstaat für die gesamte Familie; vgl. EGMR InfAuslR 2006, 105 Rn. 44 – Tuquabo-Tekle / Niederlande; EZAR NF 935 Nr. 7 Rn. 68 ff. – Ahmut / Niederlande; EZAR NF 935 Nr. 13 Rn. 36 ff. – Sen / Niederlande; EzAR 935 NF Nr. 6 Rn. 39 ff. – Gül / Schweiz).

30 Ergibt diese Abwägung, dass ein Familien- oder Privatleben des Betroffenen nur im betreffenden Konventionsstaat möglich ist, so ergibt sich hieraus die **Pflicht** der Konventionsstaaten, den **Aufenthalt** von Ausländern im Konventionsstaat oder die Einreise von Verwandten zu einer im Konventionsstaat lebendenden Person **zu ermöglichen** (EGMR Urt. v. 26.4.2018 – 63311/14 Rn. 143 – Hoti / Kroatien; Urt. v. 3.10.2014 – 12738/10 Rn. 106 – Jeunesse / Niederlande; NJOZ 2015, 819 Rn. 358 – Kuricua / Slowenien). Dies wird jedoch nur dann zu bejahen sein, wenn das Privat- oder Familienleben in keinem anderen Staat in gleicher Weise gelebt werden kann.

30.1 Der EGMR hat dies bejaht, wenn es den im Konventionsstaat lebenden Personen **nicht zumutbar war,** in einem anderen Land zu leben. So war zB im Fall Sen ein Teil der Familie schon lange legal im Konventionsstaat und es sollte ein minderjähriges Kind nachgeholt werden (EGMR EZAR NF 935 Nr. 13 – Sen / Niederlande). Der EGMR betont dabei, dass die bewusste Entscheidung der Eltern, das eigene Kind im Heimatland – auch für mehrere Jahre – zurückzulassen, nicht das schutzwürdige Interesse an einer Familieneinheit im Konventionsstaat hindert (EGMR EZAR NF 935 Nr. 13 Rn. 40 ff. – Sen / Niederlande; InfAuslR 2006, 105 Rn. 45 – Tuquabo-Tekle / Niederlande).

31 Der EGMR berücksichtigt dabei in besonderer Weise die **Schutzbedürftigkeit von Kindern** (EGMR Urt. v. 26.04.2018 – 27496/15 Rn. 149 – Mohamed Hasan / Norwegen). Bei der migrationsrechtlich bedingten Trennung der Kinder von ihren Eltern ist das Alter der Kinder zu beachten und zu prüfen, ob die Kinder die Fürsorge und das Zusammenleben mit den Eltern benötigen (EGMR InfAuslR 2006, 105 Rn. 49 – Tuquabo-Tekle / Niederlande). Entscheidende Kriterien sind dabei, ob die Kinder im sprachlichen und kulturellen Umfeld ihres Herkunftslands aufgewachsen sind, ob dort Verwandte von ihnen leben und ob erwartet werden kann, dass die Eltern in diesen Staat zurückkehren werden (EGMR Urt. v. 5.4.2005 – 43786/04 – Benamar / Niederlande; Urt. v. 25.3.2003 – 41266/98 – I.M. / Niederlande; Urt. v. 13.5.2003 – 53102/99 – Chandra und andere / Niederlande). Insgesamt betont der EGMR im Kontext von Art. 8, dass aufgrund der besonderen Schutzwürdigkeit von Kindern die Interessen von Kindern vorrangig zu berücksichtigen sind (EGMR Urt. v. 17.4.2018 – 29790/14 Rn. 50 – Guliyev und Sheina / Russland; Urt. v. 3.10.2014 – 12738/10 Rn. 109 – Jeunesse / Niederlande; BeckRS 2013, 03966 Rn. 135 – Neulinger und Shuruk / Schweiz). Haben Kinder ihre ganze Kindheit oder einen überwiegenden Teil davon im betreffenden Konventionsstaat verbracht, kann eine Beendigung der Aufenthaltserlaubnis nur bei sehr gewichtigen Gründen zulässig sein („very serious reasons"; EGMR EuGRZ 2012, 11 Rn. 46 – Trabelsi / Deutschland; BeckRS 2009, 70641 Rn. 74 – Maslov / Österreich). Gleichzeitig besteht jedoch keine Pflicht der Konventionsstaaten, den Aufenthalt von im Konventionsstaat geborenen Kindern zu legalisieren.

32 Entscheidend ist die Schutzwürdigkeit des Familienlebens im Konventionsstaat. Die **Kenntnis der fehlenden Aufenthaltsberechtigung** des Ehepartners mindert daher die Schutzwürdigkeit der Ehe bzw. des Familienlebens. Daher führt nur in Ausnahmefällen eine solche Ehe über Art. 8 zu einem Recht auf Einreise und Aufenthalt (EGMR Urt. v. 17.4.2018 – 29790/14 Rn. 49 – Guliyev und Sheina / Russland; Urt. v. 3.10.2014 – 12738/10 Rn. 108 – Jeunesse / Niederlande; NJW 1986, 3007 Rn. 67 – Abdulaziz / Vereinigtes Königreich; Depenheuer/Grabenwarter, Der Staat in der Flüchtlingskrise/Pabel, 2. Aufl. 2017, 199, 213).

33 Der EGMR hat zudem eine Pflicht zur Erteilung einer Aufenthaltserlaubnis zur Ermöglichung eines Privatlebens in einem Konventionsstaat darin erkannt, dass eine **staatenlose Person** über Jahre in diesem Konventionsstaat lebt und auch zu keinem anderen Staat eine engere Bindung hat, die es ihr ermöglichen würde, das Leben in diesem Staat zu führen (EGMR Urt. v. 26.4.2018 – 63311/14 Rn. 119 ff. – Hoti / Kroatien).

34 Art. 8 kann auch über die **Verbindung zu Art. 14** migrationsrechtlich Bedeutung erlangen. Dies gilt zB dann, wenn einem Familienangehörigen ein Aufenthaltstitel verweigert wird, weil er an HIV leidet (EGMR NVwZ 2012, 221 Rn. 72 – Kiyutin / Russland). Wenn die nationalen Vorschriften zum Familiennachzug (mittelbar) nach der Herkunft oder Ähnlichem differenzieren (etwa zwischen Personen, die von Geburt die Staatsbürgerschaft besitzen und solchen, die sie erst später erworben haben), liegt darin ebenso ein Verstoß gegen das Diskriminierungsverbot des Art. 14 iVm Art. 8 (EGMR NVwZ 2017, 1681 – Biao / Dänemark).

35 Bei der **Rechtfertigungsprüfung** von Ungleichbehandlungen iSd Art. 8 iVm Art. 14 ist zu berücksichtigen, dass es den Konventionsstaaten im Einzelfall zustehen kann, eine Unterscheidung zwischen eigenen Staatsangehörigen und Ausländerinnen und Ausländern mit Aufenthaltserlaubnis im Konventionsstaat zu treffen. Auch wenn ausländische Personen über einen langen Zeitraum im Konventionsstaat berechtigt ihren Aufenthalt haben und in die Gesellschaft integriert sind, kann dem Konventionsstaat im Einzelfall die Möglichkeit verbleiben, innerhalb des Rahmens von

Art. 14 zwischen ihnen und den eigenen Staatsangehörigen Unterscheidungen treffen (im Einzelnen → Art. 14 Rn. 5). Der EGMR hat dabei festgestellt, dass dies insbesondere auch für die Gewährung von Sozialleistungen an kinderreiche Familien gilt (EGMR NVwZ-RR 2011, 727 – Fawsie / Griechenland).

2. Art des Aufenthaltstitels

Auch wenn festgestellt wird, dass der Schutz des Familien- bzw. Privatlebens nur durch Ermögli- **36** chung der Einreise bzw. des Aufenthalts erreicht werden kann, gibt Art. 8 **kein Recht oder Anspruch auf einen bestimmten Aufenthaltstitel** (EGMR Urt. v. 26.4.2018 – 63311/14 Rn. 121 – Hoti / Kroatien). Entscheidend ist nur, dass dem Betroffenen durch den Aufenthalt im Konventionsstaat sein Privat- oder Familienleben ermöglicht wird, was in der Regel die Aufnahme eines Wohnsitzes und eine Arbeitserlaubnis umfassen wird (EGMR Urt. v. 26.4.2018 – 63311/14 Rn. 121 – Hoti / Kroatien; InfAuslR 2006, 297 Rn. 66 – Aristimuno Mendizabal / Frankreich; Urt. v. 10.4.2003 – 53470/99 Rn. 54 ff. – Mehemi / Frankreich). Duldungen dürften diesen Anforderungen eher nicht entsprechen (vgl. EGMR Urt. v. 10.4.2003 – 53470/99 Rn. 54 ff. – Mehemi / Frankreich).

Der EGMR prüft die rechtlichen und praktischen Auswirkungen der Erteilung eines bestimm- **37** ten Aufenthaltstitels zudem nur dann, wenn das Recht des Konventionsstaats **unterschiedliche Aufenthaltstitel** kennt (EGMR NvwZ 2008, 979 Rn. 91 – Sisojevaua / Lettland). Art. 8 erfordert, dass der Aufenthaltstitel der berechtigten Person erlaubt, sich im Konventionsstaat aufzuhalten und dadurch sein Recht auf Privat- und Familienleben gewährt wird. In diesen Fällen erfolgt keine Prüfung des EGMR, ob ein anderer Aufenthaltstitel hätte erteilt werden müssen (EGMR NvwZ 2008, 979 Rn. 91 – Sisojevaua / Lettland; InfAuslR 2006, 297 Rn. 66 – Aristimuno Mendizabal / Frankreich).

In Ausnahmefällen kann sich aus der Verbindung von Art. 14 mit Art. 8 die Pflicht zur Gleichbe- **38** handlung bestimmter Personengruppen mit anderen ergeben, sodass die Staaten zur Vermeidung einer Verletzung von Art. 14 iVm Art. 8 einen bestimmten Aufenthaltstitel erteilen müssen (EGMR NJOZ 2015, 819 Rn. 394 – Kuricua / Slowenien).

3. Ort des Aufenthalts

Art. 8 sichert nicht das Recht zu, den am besten geeigneten **Ort** für den Aufbau eines Familien- **39** lebens zu wählen (EGMR NVwZ 2005, 1043 – Dragan / Deutschland; EZAR NF 935 Nr. 7 Rn. 71 – Ahmut / Niederlande; NVwZ 2012, 947 Rn. 54 – Osman / Dänemark). Der Schutz des Familienlebens kann auch dann gewahrt sein, wenn Ehepartner vorübergehend an unterschiedlichen Orten leben müssen. Anders kann dies sein, wenn der „vorübergehende" Zustand über Jahre andauert (zB durch jahrelanges Asylverfahren; EGMR Urt. v. 29.7.2010 – 24404/05 Rn. 61 ff. – Mengesha Kimfe / Schweiz).

Anders liegt der Fall aber bei **Beteiligung von Kindern und Jugendlichen,** die als besonders **40** schutzwürdig anzusehen sind. Der EGMR betont, dass zum Recht auf Familienleben auch die Entscheidungshoheit der Eltern über die Art der Erziehung gehört, worunter auch die elterliche Entscheidung über die Freiheit des Kindes zu zählen ist, sowie den Aufenthaltsort der Kinder (EGMR NVwZ 2012, 947 Rn. 64 – Osman / Dänemark). Teilweise wird daher davon ausgegangen, dass bereits eine vom Konventionsstaat bewirkte vorübergehende Trennung von Kindern und Jugendlichen von ihren Eltern als Verstoß gegen Art. 8 Abs. 1 zu sehen sei, der der Rechtfertigung bedürfe (Depenheuer/Grabenwarter, Der Staat in der Flüchtlingskrise/Pabel, 2. Aufl. 2017, 199, 206 f.).

Eine dauerhafte Trennung der Ehepartner, denen die Auflagen erteilt werden, an unterschiedli- **41** chen Orten Wohnsitz zu nehmen, stellt aber einen Verstoß gegen Art. 8 EMRK dar, es sei denn es besteht eine Rechtfertigung (EGMR Urt. v. 29.7.2010 – 3295/06 – Agraw / Schweiz).

II. Schutz vor Ausweisung, Rückführung oder Auslieferung

1. Allgemein

Die Konventionsstaaten haben das Recht, zur Wahrung der öffentlichen Ordnung, der öffentli- **42** chen Sicherheit oder anderer legitimer Zwecke ausländische Personen des Landes zu **verweisen, zurückzuführen oder auszuliefern** (EGMR NVwZ 2019, 1427 Rn. 33 – Levakovic/Dänemark; EGMR NVwZ 2007, 1279 Rn. 54 – Üner / Niederlande; NVwZ 2005, 1043 – Dragan / Deutschland). Ausweisungen / Rückführungen / Auslieferungen sind mithin nicht **per se** eine

Verletzung von Art. 8 (EGMR NVwZ 2007, 1279 Rn. 55 – Üner / Niederlande; BeckRS 2009, 70641 Rn. 74 – Maslov / Österreich; NVwZ 2005, 1043 – Dragan / Deutschland). Sie können selbst dann zulässig sein, wenn die Betroffenen bereits im Konventionsstaat geboren wurden oder die Staatsangehörigkeit ihres Heimatstaates aufgegeben haben (EGMR NVwZ 2005, 1043 – Dragan / Deutschland).

43   Stellt die Ausweisung / Rückführung / Auslieferung aber einen Eingriff in Art. 8 dar, so bleibt diese staatliche Maßnahme nur dann zulässig, wenn sie nach Art. 8 Abs. 2 gerechtfertigt ist (allg. → Rn. 18 ff.). Die Notwendigkeit erfordert bei solchen Maßnahmen ein dringendes soziales Bedürfnis und einen **gerechten Ausgleich** zwischen dem Individualinteresse des Betroffenen und dem Interesse des Konventionsstaats getroffen wurde (EGMR NVwZ 2019, 1427 Rn. 33 – Levakovic / Dänemark; 3.10.2014 – 12738/10 Rn. 104 – Jeunesse / Niederlande; EZAR NF 935 Nr. 11 – Boultif / Schweiz; NVwZ 2007, 1279 – Üner / Niederlande; BeckRS 2009, 70641 Rn. 75 – Maslov / Österreich; EZAR NF 935 Nr. 7 Rn. 62 ff. – Ahmut / Niederlande).

44   Da der EGMR annimmt, dass ausländische Personen, die eine gewisse Zeit im Konventionsstaat verbracht haben (settled migrants), dort ein **soziales Umfeld** aufgebaut haben, stellt jede Ausweisung / Rückführung / Auslieferung nach dieser Zeit einen Eingriff in Art. 8 dar (EGMR NVwZ 2007, 1279 Rn. 59 – Üner / Niederlande). Denn der Aufbau dieses sozialen Lebens und die Gesamtheit der sozialen Beziehungen bilden einen Teil des von Art. 8 geschützten Privatlebens (EGMR NVwZ 2012, 947 Rn. 55 – Osman / Dänemark). Der EGMR spricht in diesem Kontext von persönlichen, sozialen und wirtschaftlichen Bindungen, die das Privatleben einer jeden Person ausmachen (EGMR Urt. v. 9.10.2003 – 48321/99 Rn. 96 – Slivenko / Lettland).

45   Daneben kann die Ausweisung / Rückführung / Auslieferung eines **Familienmitglieds** auch einen Eingriff in das Familienleben iSv Art. 8 bedeuten (EGMR Urt. v. 3.10.2014 – 12738/10 Rn. 108 – Jeunesse / Niederlande; Urt. v. 24.11.1998 – 40447/98 – Mitchell / Vereinigtes Königreich). Der EGMR macht vom **Einzelfall** abhängig, ob durch die aufenthaltsrechtliche Maßnahme stärker das Privatleben oder das Familienleben betroffen ist (EGMR NVwZ 2012, 947 Rn. 55 – Osman / Dänemark; BeckRS 2009, 70641 Rn. 62 ff. – Maslov / Österreich).

46   Der **legitime Zweck** der Ausweisung / Rückführung / Auslieferung iSd Art. 8 Abs. 2 ist in diesen Fällen die Aufrechterhaltung der aufenthaltsrechtlichen Vorgaben. Entscheidend für die Abwägung zwischen dem Individualinteresse an einem Verbleib im Aufenthaltsstaat und dem öffentlichem Interesse an der Ausweisung / Rückführung / Auslieferung ist, ob die Durchsetzung der aufenthaltsrechtlichen Vorgaben „in einer demokratischen Gesellschaft notwendig" ist.

47   Für die Notwendigkeit ist erforderlich, dass die Durchsetzung der Ausweisung / Rückführung / Auslieferung ein **dringendes soziales Bedürfnis** darstellt (pressing social need), bei dem die **Verhältnismäßigkeit gewahrt** bleibt (vgl. EGMR Urt. v. 10.1.2017 – 55470/10 Rn. 41 – Salija / Schweiz; EZAR NF 935 Nr. 11 Rn. 46 – Boultif / Schweiz).

48   Der EGMR gesteht den Mitgliedstaaten dabei einen gewissen **Beurteilungsspielraum** zu, fordert aber, dass die Balance zwischen den verschiedenen Interessen in gerechter Weise gehalten wird (EGMR Urt. v. 21.7.2020 – 59534/14 – Veljkovic-Jukic/Schweiz; EGMR Urt. v. 26.4.2018 – 27496/15 Rn. 143 – Mohamed Hasan / Norwegen; Urt. v. 14.9.2017 – 41215/15 Rn. 75 – Ndidi / Vereinigtes Königreich; Urt. v. 10.1.2017 – 55470/10 Rn. 43 – Salija / Schweiz; EZAR NF 935 Nr. 11 Rn. 47 – Boultif / Schweiz; Urt. v. 9.10.2003 – 48321/99 Rn. 113 – Slivenko / Lettland). Der Beurteilungsspielraum bestimmt sich dabei nach der Rechtssache und den betroffenen Interessen der Parteien, wie beispielsweise der Gesundheit des Betroffenen oder dem Interesse an einer Familienzusammenführung (EGMR Urt. v. 26.4.2018 – 27496/15 Rn. 145 – Mohamed Hasan / Norwegen).

48.1   Der EGMR hat beispielsweise entschieden, dass die Staaten bei der Frage, ob ein Kind in staatliche Fürsorge gegeben werden soll, einen großen Beurteilungsspielraum haben, bei der Frage, ob den Eltern in der Folge Zugang zu ihrem Kind gewährt wird, jedoch nur ein begrenzter Beurteilungsspielraum eingeräumt werden kann (EGMR Urt. v. 26.4.2018 – 27496/15 Rn. 145 – Mohamed Hasan / Norwegen).

49   Entscheidend ist, ob der Konventionsstaat eine **ausreichende Abwägung** vollzogen hat, dabei die relevanten Menschenrechtsstandards im Einklang mit der Rechtsprechung des EGMR angewendet hat und das Interesse des Einzelnen angemessen mit den öffentlichen Interessen im Konventionsstaat abgewogen hat (EGMR Urt. v. 14.9.2017 – 41215/15 Rn. 76 – Ndidi / Vereinigtes Königreich). Geht es dabei um die Frage, wie die Staaten die sich aus Art. 8 ergebenden positiven Schutzpflichten umsetzen, spricht der EGMR den Staaten einen weiten Beurteilungsspielraum zu (EGMR Urt. v. 24.4.2018 – 4587/09 Rn. 36 – Lozovyye / Russland).

50   Im Fall einer **ungerechtfertigten Verletzung** von Art. 8 durch eine Ausweisung / Rückführung / Auslieferung ergibt sich hieraus das Recht der betroffenen Person, eine Aufenthaltsberechtigung im betroffenen Konventionsstaat zu erhalten. Eine darüber hinausgehende Verpflichtung zur finanziellen Versorgung der Betroffenen oder das Recht auf eine Arbeitserlaubnis lässt sich damit aber nicht aus Art. 8 ziehen (EGMR Urt. v. 26.4.2005 – 53566/99 Rn. 85 – Müslim / Türkei; Urt. v. 12.10.1994 – 24088/94 – A.N. / Frankreich).

2. Schutzwürdigkeit der Familie

Der EGMR prüft bei der Frage der Rechtfertigung des Eingriffs in den Schutz des Familienle- **51** bens durch eine Ausweisung / Rückführung / Auslieferung nicht nur die Folgen der staatlichen Maßnahme für die einzelne Person, sondern auch die Folgen für die eventuell **zurückbleibende oder mitziehende Familie** (vgl. Schüller ZAR 2015, 64 (65)).

War bei Aufnahme des Familien- oder Privatlebens den Betroffenen **bewusst,** dass dieses **52** im betroffenen Konventionsstaat (aufgrund eines fehlenden Aufenthaltstitels bzw. wegen einer irregulären Einreise) unsicher ist, kann es an einer besonderen Schutzwürdigkeit der Familie fehlen (EGMR NJW 1986, 3007 Rn. 68 – Abdulaziz / Vereinigtes Königreich). In einer solchen Konstellation wird nur in Ausnahmefällen der Schutz der Familie oder des Privatlebens gegen die Ausweisung / Rückführung / Auslieferung sprechen (EGMR EuGRZ 2006, 562 Rn. 39 – Rodrigues da Silva und andere/Niederlande; Urt. v. 24.11.1998 – 40447/98 – Mitchell / Vereinigtes Königreich).

Der EGMR hat in einem Fall ein Recht auf Erteilung eines Aufenthaltstitels zugestanden, obwohl die **52.1** Betroffene **irregulär eingereist** war und sich **nicht um einen Aufenthaltstitel gekümmert** hat, weil die Tochter der Betroffenen im Konventionsstaat geboren und integriert war und ihr nicht zugemutet werden konnte, in den Heimatstaat zurückzukehren.

Daneben ist zu prüfen, ob Umstände in der betreffenden Person für eine **Unverhältnismäßig- 53 keit** der Ausweisung / Rückführung / Auslieferung sprechen. So kann eine gelungene Integration in die Gesellschaft des Konventionsstaats (zB durch erfolgreiche Arbeitsaufnahme, Unabhängigkeit von staatlichen Mitteln, Einzahlung in staatliche Sozialversicherungen oder auch ein bürgerschaftliches Engagement) gegen die Verhältnismäßigkeit der Ausweisung / Rückführung / Auslieferung sprechen (vgl. EGMR EuGRZ 1993, 547 Rn. 29 – Berrehab / Niederlande).

3. Kriterien für die Verhältnismäßigkeitsprüfung bei Ausweisung von Straftätern

Der EGMR hat klargestellt, dass die Ausweisung von Straftäterinnen und Straftätern **keine 54 Doppelbestrafung** darstellt (EGMR NVwZ 2007, 1279 Rn. 55 – Üner / Niederlande). Um eine Verletzung von Art. 8 zu vermeiden, muss vor Abschiebung eine sorgfältige Abwägung zwischen dem öffentlichen Interesse an der Abschiebung eines Straftäters und dessen Interesse an der Ausübung seines Rechts auf Achtung des Privat- und Familienlebens im Aufenthaltsstaat erfolgen. Eine angemessene Abwägung liegt dann nicht vor, wenn relevante Kriterien nicht ausreichend berücksichtigt hat (EGMR NLMR 2019, 151 ff. – I. M. / Schweiz). Der EGMR hat dabei nachfolgende Kriterien als relevant für die Abwägung benannt (vgl. EGMR NVwZ 2007, 1279 Rn. 57 ff. – Üner / Niederlande; EZAR NF 935 Nr. 11 Rn. 48 – Boultif / Schweiz; Urt. v. 24.11.2009 – 1820/08 Rn. 42 – Omojudi / Niederlande; BeckRS 2014, 80854 Rn. 45 – Udeh / Schweiz). Soweit die Kriterien nicht straftatbezogen sind, dürften diese Kriterien entsprechend auch für sonstige Ausweisungen / Rückführungen entscheidend sein:
• Art und Schwere der begangenen Straftat, insbesondere Strafmaß, Delikte, Tatumstände.
    • Von Bedeutung ist bspw., ob über einen längeren Zeitraum mehrere Straftaten begangen wurden und ob die Straftaten fortgesetzt wurden, obwohl schon zuvor Ausweisungen aufgrund von Straftaten angeordnet und wieder aufgehoben wurden (EGMR NVwZ 2019, 1425 Rn. 46 – Cabucak/Deutschland; EuGRZ 2012, 11 Rn. 57 f. – Trabelsi / Deutschland).
    • Bei Drogendelikten hält der EGMR eine „feste Haltung gegenüber denjenigen, die aktiv an der Verbreitung dieser Geißel mitwirken" für „verständlich" (EGMR NVwZ 2019, 1425 Rn. 46 – Cabucak / Deutschland), er lässt daher eine besondere Strenge der Konventionsstaaten zu (vgl. auch EGMR BeckRS 2009, 70641 Rn. 80 – Maslov / Österreich; NJW 2004, 2147 Rn. 46 – Yilmaz / Deutschland).
• Notwendigkeit zur Verhinderung von Unruhen und Kriminalität (EGMR Urt. v. 7.7.2020 – 62130/15 – K.A./Schweiz).
• Dauer des Aufenthalts der betroffenen Person im Konventionsstaat.
• Zeitpunkt der Straftat und Verhalten der betroffenen Person im Zeitraum zwischen Straftat und Entscheidung der Ausweisung.

- In der Abwägung ist zu berücksichtigen, wie lange die Tat zurück liegt und wie sich die Wiederholungsgefahr entwickelt hat, zB durch Krankheit der betroffenen Person oder Ähnliches (EGMR NLMR 2019, 151 (Rn. 76) – I.M. / Schweiz)
- Staatsangehörigkeit der betreffenden Personen (also auch der Familienangehörigen).
- Einzelheiten zum tatsächlichen Familienleben (zB Dauer der Ehe; Art des Zusammenlebens; Intensität des Familienlebens).
- Kenntnis des Partners von der Straftat bei Aufnahme des Familienlebens.
  - Wurde die Familie zu einem Zeitpunkt gegründet, als das Aufenthaltsrecht unsicher war, wird der EGMR nur in Ausnahmefällen eine Ausweisung als Verstoß gegen Art. 8 sehen (EGMR Urt. v. 28.06.2011 – 55597/09 – Nunez / Norwegen; vgl. hierzu auch Nußberger NVwZ 2013, 1305 (1309)).
  - Wusste die Ehepartnerin oder der Ehepartner bei Aufnahme des Familienlebens von der Straftat und erfolgte die Aufnahme des Familienlebens erst nach Verurteilung der Straftat, die zur Ausweisung führt, so ist diese Familienbindung nicht schutzwürdig (EGMR InfAuslR 2010, 369 Rn. 46 f. – Abdul Waheed Khan / Vereinigtes Königreich).
- Vorhandensein von Kindern der betroffenen Person und deren Alter.
- Ernsthaftigkeit der Schwierigkeiten der Partnerin oder des Partners im Zielstaat.
  - Entscheidend ist insbesondere, ob die Partnerin oder Partner Sprachkenntnisse oder sonstige Bindungen zum Zielstaat besitzt (EGMR EZAR NF 935 Nr. 14 Rn. 43 – Yildiz / Österreich).
- Möglichkeit, mit Partnerin oder Partner bzw. Kindern eine Beziehung nach der Ausreise über Staatsgrenzen hinweg fortzuführen
  - Der EGMR hat in einem Fall berücksichtigt, dass der abzuschiebende Vater die Beziehung zu seiner Tochter auch mit anderen Kommunikationsmitteln von der Türkei nach Deutschland fortführen könne und die Tochter ihn in der Türkei besuchen könne (EGMR NVwZ 2019, 1425 Rn. 49 – Cabucak / Deutschland).
- Wohl und Interesse der Kinder und mögliche Schwierigkeiten, die sie bei einer Ausreise im Zielstaat hätten.
- Festigkeit der sozialen, kulturellen oder familiäre Bindungen zum Konventionsstaat und Zielstaat.
  - Zu berücksichtigen ist, ob sich die betroffene Person und ihre Familienangehörigen ohne größere Schwierigkeiten im Zielland integrieren können (EGMR Urt v. 21.7.2020 – 59534/14 – Veljkovic-Jukic/Schweiz).
  - Eine Ausweisung / Rückführung / Auslieferung bedarf einer besonderen Abwägung, wenn die betroffene Person noch nie im Heimatland gelebt hat, die dortige Sprache nicht spricht und auch sonst keine Beziehungen zum Heimatstaat hat.
  - Eine zwanzigjährige Abwesenheit vom Heimatstaat führt nicht zur Beendigung der Beziehungen zu diesem Staat, wenn die betroffen Person und die liierte Person noch die Sprache (auch Minderheitensprache) des Herkunftslandes sprechen, das Land regelmäßig besuchen und die Kinder in einem anpassungsfähigen Alter sind (EGMR Urt. v. 10.1.2017 – 55470/10 Rn. 49 ff. – Salija / Schweiz).
  - Hat die ausgewiesene Person einen großen Teil oder die Gesamtheit ihrer Kindheit und Jugend im Konventionsstaat verbracht, kann eine Ausweisung nur bei schwerwiegenden Gründen mit Art. 8 vereinbar sein (EGMR NVwZ 2019, 1427 Rn. 41 ff. – Levakovic / Dänemark; BeckRS 2009, 70641 Rn. 75 – Maslov / Österreich; NVwZ 2012, 947 Rn. 65 – Osman / Dänemark).
- Integration und Integrationsbereitschaft der betroffenen Person im Konventionsstaat; Aussicht auf einen Arbeitsplatz; Bereitschaft, das Recht des Konventionsstaats zu befolgen (EGMR NVwZ 2019, 1427 Rn. 44 – Levakovic / Dänemark; NVwZ 2019, 1425 Rn. 50 – Cabucak/Deutschland)
- Geburtsort der Straftäterin oder des Straftäters.
- Staatsangehörigkeit aller betroffenen Personen.
- Alter der Straftäterin oder des Straftäters.
  - Insbesondere bei der Ausweisung von jugendlichen Straftäterinnen und Straftätern hat der EGMR betont, dass die Ausweisung nur das letzte Mittel sein darf (EGMR BeckRS 2009, 70641 Rn. 83 – Maslov / Österreich). Die Konventionsstaaten haben vielmehr die Pflicht, die Reintegration der betroffenen Person in die Gesellschaft zu erleichtern (EGMR BeckRS 2009, 70641 Rn. 83 – Maslov / Österreich).
- Erteilung des Aufenthaltstitels durch die staatlichen Stellen trotz Kenntnis der Straffälligkeit.
  - Wurde der betroffenen Straftäterin oder dem betroffenen Straftäter nach Kenntnis der Straftat eine Aufenthaltserlaubnis erteilt, kann sich die Behörde nicht mehr auf die Straftat als Begrün-

dung für eine Ausweisung / Rückführung stützen (EGMR Urt. v. 24.11.2009 – 1820/08 Rn. 43 – Omojudi / Niederlande).

Im Fall M.P.E.V. hatte der EGMR unter Anwendung dieser Kriterien festgestellt, dass eine Ausweisung **54.1** eines Ecuadorianers in seinen Herkunftsstaat unverhältnismäßig war. Die Tochter des Mannes hatte die Staatsangehörigkeit des Konventionsstaates erhalten. Obwohl der Mann nicht mit seiner Tochter zusammenlebte, sondern nur ein Umgangsrecht hatte, sah der EGMR die Straftaten wie Hehlerei und Diebstahl im konkreten Fall als nicht schwerwiegend genug, um die Trennung von der Tochter zu rechtfertigen. Ins Gewicht fiel auch, dass der Betroffene bereits zehn Jahre im Konventionsstaat legal gelebt hatte (EGMR BeckRS 2014, 82589 Rn. 58 – M.P.E.V. / Schweiz; vgl. auch NVwZ 2016, 1235 – Sarközi und Mahran / Österreich).

Formelle Anforderungen an die betroffene Person, wie beispielsweise die Pflicht zur Rück- **55** kehr in den Heimatstaat, um dort notwendige Formalitäten nachzuholen oder die entsprechenden Anträge zu stellen, werden meist als verhältnismäßige Maßnahme zu sehen sein (EGMR Urt. v. 3.4.2012 – 1722/10 – Biraga / Schweden).

Eine **unbefristete Ausweisung** hat Indizwirkung **gegen** die Verhältnismäßigkeit der Maß- **56** nahme (EGMR BeckRS 2009, 70641 Rn. 98 – Maslov / Österreich; BeckRS 2008, 06725 Rn. 68 – Kaya / Deutschland; Urt. v. 13.2.2001 – 47160/99 Rn. 35 – Ezzouhdi / Frankreich; NJW 2004, 2147 Rn. 48 f. – Yilmaz / Deutschland; InfAuslR 2004, 374 Rn. 37 – Radovanovic / Österreich). Sie kann aber in Einzelfällen – insbesondere bei schweren und mehrfachen Straftaten – verhältnismäßig sein (EGMR EZAR NF 40 Nr. 12 Rn. 61 – Mutlag / Deutschland; EuGRZ 2012, 11 Rn. 65 f. – Trabelsi / Deutschland). Die Befristung einer ausländerrechtlichen Maßnahme hat hingegen Indizwirkung für die Verhältnismäßigkeit der Maßnahme ((EGMR NVwZ 2019, 1425 Rn. 49 – Cabucak / Deutschland; InfAuslR 2004, 182 Rn. 37 – Benhebba / Frankreich; InfAuslR 2007, 325 – Jankov / Deutschland; NVwZ 2007, 1279 Rn. 65 – Üner / Niederlande; Urt. v. 15.11.2012 – 52873/09 Rn. 56 – Shala / Schweiz).

Ein Recht auf Einbürgerung hindert nicht allein die Rechtmäßigkeit der Ausweisung/Rück- **56a** führung/Auslieferung (EGMR NVwZ 2019, 1425 Rn. 50 – Cabucak / Deutschland).

III. Pflicht zur Erteilung der Staatsangehörigkeit und Schutz vor Verlust der Staatsangehörigkeit

Auch aus den positiven Gewährleistungspflichten gem. Art. 8 lässt sich kein **Recht auf eine** **57** **bestimmte Staatsangehörigkeit** ziehen (EGMR BeckRS 2012, 80003 Rn. 30 – Genovese / Malta; vgl. Zimmermann/Landefeld ZAR 2014, 97 ff.). Eine willkürliche Vorenthaltung einer Staatsangehörigkeit kann aber eine Verletzung von Art. 8 bedeuten (EGMR Urt. v. 7.2.2017 – 42387/13 Rn. 52 ff. – K2 / Vereinigtes Königreich; NVwZ 2018, 387 – Ramadan / Malta). Erforderlich ist hierfür, dass die Versagung der Staatsangehörigkeit unmittelbare Auswirkungen auf das Privat- oder Familienleben hat (EGMR BeckRS 2012, 80003 Rn. 30 – Genovese / Malta; Urt. v. 14.4.1998 – 31414/96 – Karassev / Finnland; vgl. auch BeckRS 2012, 10752 Rn. 151 – Riener / Bulgarien; Urt. v. 11.7.2006 – 8407/05 Rn. 2 – Savoia und Bounegru / Italien; NJOZ 2015, 819 Rn. 353 – Kuricua / Slowenien; Urt. v. 9.10.2003 – 48321/99 Rn. 77 – Slivenko / Lettland; NVwZ 2005, 1043 – Dragan / Deutschland; Urt. v. 13.11.2001 – 51864/99 – Poenaru / Rumänien). Dabei hat der EGMR eine Verletzung von Art. 8 nur in Verbindung mit dem Diskriminierungsverbot aus Art. 14 gesehen (EGMR BeckRS 2012, 80003 – Genovese / Malta). Auch Verfahrensfragen des Staatsangehörigkeitsrechts können in den Geltungsbereich des Art. 8 fallen (EGMR Urt. v. 14.4.1998 – 31414/96 Rn. 1 – Karassev / Finnland).

So hat der EGMR eine Verletzung von Art. 8 in der Anforderung gesehen, wonach Voraussetzung für **57.1** den Erwerb einer Staatsangehörigkeit durch Geburt sei, dass nicht gleichzeitig eine andere Staatsangehörigkeit erworben wird (EGMR Urt. v. 14.4.1998 – 31414/96 – Karassev / Finnland).

Gleiches gilt für die **Entziehung der Staatsbürgerschaft.** Der Entzug ist nicht generell **58** konventionswidrig. Zu beachten sind ua, ob die betroffene Person durch den Entzug staatenlos wird, ob Rechtsmittel vorhanden sind und ob dadurch eine automatische Ausweisung erfolgt (vgl. EGMR BeckRS 2020, 14886 – Ghoumid ua/Frankreich). Eine willkürliche Entziehung der Staatsbürgerschaft kann aber ein Verstoß gegen das Recht auf Privatleben nach Art. 8 darstellen (EGMR NVwZ 2018, 387 Rn. 84 – Ramadan / Malta). Die Aberkennung der Staatsangehörigkeit stellt keine verbotene Doppelbestrafung dar, da es sich um keine strafrechtliche Sanktion iSd Art. 4 7. ZPEMRK handle (EGMR BeckRS 2020, 14886 – Ghoumid ua/Frankreich).

58.1   Insbesondere wäre migrationsrechtlich denkbar, dass ein Entzug der Staatsangehörigkeit wegen kritischer Äußerungen nicht nur einen Verstoß gegen die Meinungsfreiheit gem. Art. 10 darstellen könnte, sondern auch gegen Art. 8 (vgl. EGMR Urt. v. 13.1.2015 – 44230/06 Rn. 83 ff. – Petropavlovskis / Lettland; HK-EMRK/Meyer-Ladewig/Schuster Anh. Art. 8 Rn. 1).

Art. 9 Gedanken-, Gewissens- und Religionsfreiheit

(1) Jede Person hat das Recht auf Gedanken-, Gewissens- und Religionsfreiheit; dieses Recht umfasst die Freiheit, seine Religion oder Weltanschauung zu wechseln, und die Freiheit, seine Religion oder Weltanschauung einzeln oder gemeinsam mit anderen öffentlich oder privat durch Gottesdienst, Unterricht oder Praktizieren von Bräuchen und Riten zu bekennen.

(2) Die Freiheit, seine Religion oder Weltanschauung zu bekennen, darf nur Einschränkungen unterworfen werden, die gesetzlich vorgesehen und in einer demokratischen Gesellschaft notwendig sind für die öffentliche Sicherheit, zum Schutz der öffentlichen Ordnung, Gesundheit oder Moral oder zum Schutz der Rechte und Freiheiten anderer.

Überblick

Die Gedanken-, Gewissens- und Religionsfreiheit gehört zu den Grundlagen der demokratischen Gesellschaft und schützt sämtliche weltanschaulichen Überzeugungen (→ Rn. 1). Sie schützt die freien Gedanken und die Ausübung (→ Rn. 2). Geschützt sind sämtliche Ausübungsformen, soweit dadurch die Überzeugung zum Ausdruck kommt (→ Rn. 3). Träger sind nicht nur natürliche Personen, sondern auch Vereinigungen (→ Rn. 4). Migrationsrechtlich wird der Artikel trotzdem eher selten relevant, etwa wenn religiöse Handlungen bei Ausweisungen / Rückführungen eine Rolle spielen (→ Rn. 9).

A. Allgemeines und Schutzbereich

1   Art. 9 schützt die Freiheit der Gedanken, des Gewissens, der Religion und der Weltanschauung. Umfasst sind aber auch Ansichten, die nicht religiös, dh mit transzendentalen Bezug begründet sind. Letztendlich umfasst Art. 9 **sämtliche weltanschauliche Überzeugungen,** soweit sie ein gewisses Maß an Nachhaltigkeit, Ernsthaftigkeit, Kohärenz und Bedeutung erreichen (EGMR Urt. v. 25.5.1993 – 14307/88 – Kokkinakis / Griechenland).

2   Neben dem **forum internum** und dem Schutz vor staatlichem Gedanken- und Gewissenszwang ist auch das **forum externum** geschützt (von Ungern-Sternberg, Religionsfreiheit in Europa, 2008, 45). Es beinhaltet umfassend die Freiheit, einer Religion anzugehören, sie zu wechseln, einer Religion nicht anzugehören oder darüber zu schweigen.

3   Die Aufzählung der **Ausübungsformen** „durch Gottesdienst, Unterricht oder Praktizieren von Bräuchen und Riten" ist nicht abschließend (Grabenwarter/Pabel EMRK § 22 Rn. 112; aA wohl von Ungern-Sternberg, Religionsfreiheit in Europa, 2008, 46). Entscheidend ist, dass in der Handlung die Überzeugung tatsächlich zum Ausdruck kommt (EGMR NVwZ 2006, 1389 – Leyla Sahin / Türkei). Die Handlung muss nicht von der Mehrheit der religiösen Gruppe oder Ähnlichen mitgetragen werden, sondern kann auch umstritten sein (EGMR NJW 2014, 2925 – S.A.S. / Frankreich).

4   **Träger des Rechts** sind neben natürlichen Personen auch Gemeinschaften und Vereinigungen. Da zur freien Ausübung auch der Zusammenschluss mit anderen Personen gehört, können Vereinigungen die Rechte ihrer Mitglieder geltend machen. Sie haben aber nicht nur durch ihre Mitglieder vermittelte Rechte, sondern sind selbst auch Träger des Grundrechts (EGMR Urt. v. 27.6.2000 – 27417/95 – Cha'are Shalom Ve Tsedek / Frankreich).

B. Eingriff und Rechtfertigung

5   Jedes staatliche Verbot, jede Behinderung religiöser Handlungen und die Verbindung von religiösen Handlungen mit negativen Konsequenzen stellen einen **Eingriff** in Art. 9 dar. Nicht erheblich ist, ob die Einschränkung gezielt oder unbeabsichtigt erfolgt. Das können auch umgekehrt Handlungsverpflichtungen sein, die ein Staat an seine Bürger stellt (EGMR NJW 1999, 1959 –

Buscarini / SMR). Auch eine Einschränkung von Religionsgemeinschaften stellt nach den oben beschriebenen Grundsätzen einen Eingriff dar.

Nach Art. 9 Abs. 2 können Eingriffe in die Ausübung der Religions- und Weltanschauungsfrei- **6** heit in bestimmten Fällen durch ein Gesetz **gerechtfertigt** sein. Der Eingriff müsste dafür für die öffentliche Sicherheit, zum Schutz der öffentlichen Ordnung, Gesundheit oder Moral oder zum Schutz der Rechte und Freiheiten anderer notwendig in einer demokratischen Gesellschaft sein. Entgegen dem engeren Wortlaut wird Art. 9 Abs. 2 nach gängiger Auffassung auch auf das forum internum erstreckt (Pabel/Schmahl, Internationaler Kommentar zur Europäischen Menschenrechtskonvention, Rn. 80 mwN).

Das **Gesetz** muss für die betroffene Person zugänglich und so bestimmt sein, dass sie - notfalls **7** mit sachkundiger Hilfe - in einem nach den Umständen angemessenen Maße die möglichen Folgen ihres Verhaltens vorhersehen und ihr Verhalten danach einrichten kann (EGMR NVwZ 2006, 65 – Gorzelik und andere / Polen). Anstelle eines Gesetzes kann im Einzelfall, wenn starre Gesetze in der Praxis nicht ausreichend sachgerecht erscheinen, als Rechtsgrundlage auch eine gefestigte und zugängliche Rechtsprechung treten (EGMR Urt. v. 25.5.1993 – 14307/88 – Kokkinakis / Griechenland). Das Prüfungsschema der Rechtfertigung entspricht im Wesentlichen dem des Art. 8 Abs. 2 (Gesetz, legitimes Ziel, Notwendigkeit).

Die **legitimen Ziele** sind in Art. 9 Abs. 2 abschließend aufgezählt (EGMR NJW 2014, 2925 – **8** S.A.S. / Frankreich). Notwendig in einer demokratischen Gesellschaft ist der Eingriff, wenn er zur Erreichung des Ziels im konkreten Einzelfall verhältnismäßig ist.

C. Migrationsrechtliche Aspekte

Eine Ausweisung / Rückführung / Auslieferung oder ein Wiedereinreiseverbot **allein auf-** **9** **grund religiöser Handlungen** stellt einen Eingriff in die Religionsfreiheit dar (EGMR Urt. v. 12.2.2009 – 2512/04 – Nolan und K).

Das muss entsprechend auch im Bereich der Abschiebungsanordnung gem. § 58a AufenthG gegen sog. **9.1** „Gefährderinnen und Gefährder" gelten (→ AufenthG § 58a Rn. 1 ff.). Dabei handelt es sich um Personen, bei der eine auf Tatsachen gestützte Prognose ergibt, dass sie eine besondere Gefahr für die Sicherheit der Bundesrepublik Deutschland oder eine terroristische Gefahr darstellen. Eine solche Prognose wird üblicherweise durch ein Zusammenspiel unterschiedlicher Tatsachen erstellt. Nach den Grundsätzen des EGMR dürfen die Religionszugehörigkeit und die Ausübung religiöser Handlungen für sich allein, soweit sie sich im zulässigen Spektrum bewegen, nicht als gefahrbegründende Umstände bewertet werden.

Eine Ausweisung / Rückführung / Auslieferung einer Person in ein **Land, in dem die freie** **10** **Religionsausübung nicht gewährleistet ist** oder in dem sogar die Gefahr besteht, dass die Person aufgrund der Religion verfolgt wird, stellt grundsätzlich keinen Eingriff in Art. 9 dar, da die Konventionsstaaten durch Art. 9 nicht für eine weltweite Religionsfreiheit einstehen müssen (EGMR Urt. v. 28.2.2006 – 27034/05 – Z. T. / Vereinigtes Königreich; Urt. v. 11.3.2003 – 64599/01 – Razaghi / Schweden). Etwas anderes gilt freilich, wenn sich die Einschränkung der Religionsausübung auch in Eingriffen etwa in Art. 2 und 3 niederschlägt (HK-EMRK/Meyer-Ladewig/Schuster Rn. 21).

Damit bleibt das Schutzniveau des Art. 9 in dieser Beziehung hinter der deutschen Rechtsprechung zu **10.1** § 60 Abs. 5 AufenthG zurück (→ AufenthG § 60 Rn. 1 ff.). Das BVerwG hat anerkannt, dass auch bei einem drohenden Verstoß gegen Art. 9 oder andere Grundrechte nach der EMRK ein Abschiebeverbot bestehen könne, soweit die Menschenrechtsgarantien in ihrem Kern bedroht sind. Das ist der Fall, wenn sie einen äußersten menschenrechtlichen Standard unterschreiten (BVerwG NVwZ 2000, 1302).

Die **Überprüfung der Glaubenszugehörigkeit im Asylverfahren,** wenn diese einen mögli- **11** chen Asylgrund darstellt, stellt einen Eingriff dar, der aber aus Gründen der öffentlichen Ordnung nach Abs. 2 zur Verhinderung von Asylbetrug gerechtfertigt sein kann.

Art. 10 Freiheit der Meinungsäußerung

(1) [1]Jede Person hat das Recht auf freie Meinungsäußerung. [2]Dieses Recht schließt die Meinungsfreiheit und die Freiheit ein, Informationen und Ideen ohne behördliche Eingriffe und ohne Rücksicht auf Staatsgrenzen zu empfangen und weiterzugeben. [3]Dieser Artikel hindert die Staaten nicht, für Hörfunk-, Fernseh- oder Kinounternehmen eine Genehmigung vorzuschreiben.

(2) Die Ausübung dieser Freiheiten ist mit Pflichten und Verantwortung verbunden; sie kann daher Formvorschriften, Bedingungen, Einschränkungen oder Strafdrohungen unterworfen werden, die gesetzlich vorgesehen und in einer demokratischen Gesellschaft notwendig sind für die nationale Sicherheit, die territoriale Unversehrtheit oder die öffentliche Sicherheit, zur Aufrechterhaltung der Ordnung oder zur Verhütung von Straftaten, zum Schutz der Gesundheit oder der Moral, zum Schutz des guten Rufes oder der Rechte anderer, zur Verhinderung der Verbreitung vertraulicher Informationen oder zur Wahrung der Autorität und der Unparteilichkeit der Rechtsprechung.

Überblick

Art. 10 schützt einheitlich und umfassend Meinungs-, Kommunikations-, Informations-, Presse-, Rundfunk-, Kunst- und Wissenschaftsfreiheit (→ Rn. 2). Rechtsträger sind natürliche und juristische Personen (→ Rn. 8). Eingriffe erfolgen in der Regel durch Beschränkungen, Verbote oder nachlaufende Sanktionen (→ Rn. 10). Bei der Rechtfertigung muss die grundsätzliche Bedeutung der öffentlichen Diskussion für eine freiheitlich-demokratische Gesellschaft berücksichtigt werden (→ Rn. 13). Im Migrationsrecht wird die Meinungsfreiheit vor allem bei Sonderregeln für Ausländerinnen und Ausländer nach Art. 16 (→ Rn. 17) und bei Sanktionierungen von Aussagen im Asylverfahren (→ Rn. 15) virulent.

A. Allgemeines und Schutzbereich

1   Art. 10 schützt umfassend die Meinungs- und Kommunikationsfreiheit. Aufgrund der fundamentalen Bedeutung der privaten und öffentlichen Kommunikation für freiheitliche Demokratien sind der **Schutzbereich weit** und die Rechtfertigungsmöglichkeit eng **auszulegen.**

2   Art. 10 unterscheidet dabei nicht zwischen unterschiedlichen Formen der Meinungsäußerung, wie etwa der Pressefreiheit oder der Kunstfreiheit. Art. 10 hat einen **einheitlichen Schutzbereich,** der neben der Meinungsfreiheit auch die Freiheit der Information, Presse, Kunst und Wissenschaft erfasst. Eine Differenzierung der verschiedenen Freiheiten erfolgt in der Rechtsprechung des EGMR zumeist erst auf der Ebene der Rechtfertigung.

3   Die Meinungsfreiheit im engeren Sinne umfasst die **interne Meinungsbildung** und jegliche Weitergabe von Meinungen und Tatsachen, ohne im Schutzbereich zu differenzieren (vgl. EGMR Urt. v. 25.3.1985 – 8734/79 – Barthold / Deutschland; Urt. v. 26.6.1997 – 21980/93 – Bladet Tromso A/S und andere / Norwegen; Urt. v. 8.7.1999 – 23462/94 – Arslan / Türkei). Auch kommerziell motivierte Äußerungen sind geschützt (EGMR NJW 1991, 620 – Autronic AG / Schweiz; BeckRS 2013, 81150 – Neijand Sunde Kolmisoppi / Schweden).

4   Die **Informationsfreiheit** gibt sowohl das Recht, andere Personen zu informieren („aktive Informationsfreiheit") als auch, selbst Zugang zu Informationen zu haben („passive Informationsfreiheit").

5   Auch ohne ausdrückliche Erwähnung in Art. 10 Abs. 1 ist die **Freiheit der Presse** vom Schutzbereich umfasst (s. nur bspw. EGMR BeckRS 2016, 10850 – De Haas und Gijsels / Belgien). Damit wird nicht nur die inhaltliche Gestaltung, sondern auch die gesamte **journalistische Arbeit,** etwa Recherche, Redaktionsgeheimnisse und der Quellenschutz umfasst (EGMR BeckRS 2012, 18728 – Goodwin / Vereinigtes Königreich). Unter die geschützte journalistische Arbeit gehören auch das Fotografieren und Interviews mit Asylbewerbern in einer Aufnahmeeinrichtung (EGMR Urt. v. 8.10.2019 – 15428/16 Rn. 54 – Szurovecz / Ungarn).

6   Der Schutz der **Rundfunkfreiheit** ist hingegen in Art. 10 Abs. 1 S. 3 ausdrücklich erwähnt. Darunter fällt nicht nur der traditionelle Rundfunk im Sinne des Radios, sondern auch Fernsehen und Film (EGMR MR 1995, 35 – Otto-Preminger-Institut / Österreich; Urt. v. 25.11.1996 – 17419/90 – Wingrove / Vereinigtes Königreich), unabhängig von der konkreten technischen Übertragungsart und unabhängig vom Inhalt (EGMR NJW 1991, 615 – Groppera Radio AG und andere / Schweiz).

7   Ebenfalls nicht erwähnt, aber dennoch geschützt sind auch **Kunst und Wissenschaft.** Der Schutzbereich der Kunstfreiheit umfasst die künstlerische Schöpfung sowie Interpretation und Verbreitung von Kunst (EGMR NJW 1989, 379 – Müller / Schweiz). Die Wissenschaft ist nicht nur im Bereich der Forschung selbst, sondern auch bei der Vorbereitung und Verbreitung geschützt (Grabenwarter/Pabel EMRK § 23 Rn. 12).

8   **Träger des Rechts** sind neben den unmittelbar äußernden Personen auch mittelbare Meinungsverbreitungsakteure, wie etwa Verleger und Verlage. Art. 10 schützt sowohl **natürliche als auch juristische Personen,** so dass sich auch juristische Personen auf Art. 10 berufen können

(EGMR Urt. v. 13.2.2003 – 40153/98, 40160/98 – Cetin und andere / Türkei). Der öffentlich-rechtliche Rundfunk als Anstalt ist ebenso geschützt (EGMR Urt. v. 29.3.2011 – 50084/06 – RTBF / Belgien).

Art. 10 ist nicht nur als Abwehrrecht ausgestaltet, sondern beinhaltet auch die Pflicht der **9** Staaten, die Meinungsfreiheit zu schützen. Die Konventionsstaaten sind mithin verpflichtet, Personen zu schützen, die wegen einer Meinungsäußerung bedroht, eingeschüchtert oder diskriminiert werden.

B. Eingriff und Rechtfertigung

Mögliche Eingriffe sind sowohl **zensierende Beschränkungen und Verbote** vor einer Mei- **10** nungsäußerung als auch **nachlaufende Sanktionen,** die eine bereits veröffentlichte Meinungsäußerung bestrafen. Art. 10 Abs. 1 S. 3 stellt klar, dass eine Genehmigungspflicht von Hörfunk-, Fernseh- oder Kinounternehmen keinen Eingriff in den Schutzbereich darstellt.

Nach Art. 10 Abs. 2 können Eingriffe in die Kommunikationsfreiheiten durch Gesetz **gerecht-** **11** **fertigt** sein. Der Eingriff muss zum Schutz der nationalen Sicherheit, zur Aufrechterhaltung der Ordnung oder zur Verhütung von Straftaten, zum Schutz der Gesundheit oder der Moral, zum Schutz des guten Rufes oder der Rechte anderer, zur Verhinderung oder Verbreitung vertraulicher Informationen oder zur Wahrung der Autorität und der Unparteilichkeit der Rechtsprechung notwendig sein.

Das Prüfungsschema der Rechtfertigung entspricht im Wesentlichen dem der Art. 8 Abs. 2, **12** Art. 9 Abs. 2 (Gesetz, legitimes Ziel, Notwendigkeit). Die abschließende Aufzählung der legitimen Ziele in Art. 10 Abs. 2 ist jedoch umfangreicher als in Art. 8 und 9.

Bei der Prüfung der **Notwendigkeit eines Eingriffs** (dh der Verhältnismäßigkeit) ist zu beach- **13** ten, dass aufgrund der grundsätzlichen Bedeutung der öffentlichen Diskussion und des öffentlichen Diskurses für eine freiheitlich-demokratische Gesellschaft die Ausnahmen vom Grundsatz der Meinungsfreiheit immer eng auszulegen sind. Die Notwendigkeit einer Einschränkung muss folglich überzeugend nachgewiesen werden (zB EGMR NJOZ 2012, 833 – Otegi Mondragon / Spanien). Der Prüfungsmaßstab hängt davon ab, welche **Art der Kommunikation** betroffen ist: So bleibt bei Äußerungen in politischen Diskussionen und bei Fragen öffentlichen Interesses wenig Raum für Einschränkungen, bei Äußerungen von gewählten Volksvertretern ist somit ein Eingriff besonders kritisch („sorgsam") zu prüfen (EGMR Urt. v. 23.4.1992 – 11798/85 – Castells / Spanien; NJOZ 2012, 833 – Otegi Mondragon / Spanien). Gleichzeitig sind die Grenzen zulässiger Kritik gegenüber Politikern ebenso umfassend geschützt, da dies in gleicher Weise Teil der politischen willensbildenden öffentlichen Kommunikation darstellt und Politiker sich notwendigerweise aus Gründen der Transparenz und Legitimierung der öffentlichen Kontrolle aussetzen müssen (EGMR Urt. v. 8.7.1986 – 131/84 – Lingens / Österreich; NJW 2015, 1501 – Axel Springer AG / Deutschland).

Bei Eingriffen in die Meinungsfreiheit muss innerhalb der Rechtfertigungsprüfung auch die **14** abschreckende Wirkung jedes zulässigen Eingriffs auf zukünftige Meinungsäußerungen berücksichtigt werden, da die Sanktionierung einer Meinungsäußerung als **„gedanklicher Maulkorb"** zu einer Vermeidung zukünftiger Meinungsäußerungen führen kann (EGMR BeckRS 2012, 18728 – Goodwin / Vereinigtes Königreich).

C. Migrationsrechtliche Aspekte

Migrationsrechtlich wird Art. 10 relevant, wenn **ausländer- oder asylrechtliche Folgen an** **15** **eine Meinungsäußerung** geknüpft werden. Es gilt zwar der Grundsatz, dass die EMRK den Nationalstaaten die Kontrolle über die Einreise, den Aufenthalt und die Ausweisung von Ausländern auf ihrem Staatsgebiet überlässt, die EMRK hindert nicht die nationale Ausgestaltung des Migrationsrechts (EGMR Urt. v. 23.8.2016 – 59166/12 Rn. 79 – J.K. und andere / Schweden). Trotzdem stellt eine ausländerrechtliche Sanktionierung (zB durch Ausweisung und Wiedereinreiseverbot) von Meinungsäußerungen immer einen Eingriff in Art. 10 dar (vgl. EGMR Urt. v. 20.5.2010 – 2933/03 – Cox / Türkei; InfAuslR 1996, 45 – Piermont / Frankreich; unklar: Wissenschaftlicher Dienst des Bundestages v. 23.3.2017 – WD 2–3000–035/17, 8). Es kommt hier auf die Prüfung der Rechtfertigung im Einzelfall an.

Auch die **Sanktionierung von bewussten Falschaussagen im Asyl- oder Ausweisungs-** **16** **verfahren** stellt einen Eingriff in Art. 10 dar, wenn man davon ausgeht, dass Art. 10 nicht nur wahre bzw. im guten Glauben getätigte Tatsachenbehauptungen schützt (vgl. EGMR Urt. v. 6.9.2005 – 65518/01 Rn. 113 – Salov / Ukraine). Allerdings dürfte hier der Eingriff in der Regel gerechtfertigt sein. Denn die EMRK muss als Grundordnung für eine europäische demokratisch-rechtsstaatliche Gesellschaft verstanden werden, in der das bewusste Erschleichen von Aufenthalts-titeln nicht geduldet werden kann.

17   Die Grundrechte des Art. 10 können hinsichtlich der **politischen Tätigkeit** gem. Art. 16 für **Ausländer** eingeschränkt werden. Das wurde in der jüngsten Vergangenheit insbesondere im Zusammenhang mit Auftritten türkischer Politikerinnen und Politiker im türkischen Wahlkampf im Ausland relevant. Wird ein Auftrittsverbot oder ein Einreiseverbot bzw. eine Ausweisung verhängt, würde das ein Eingriff in Art. 10 darstellen. Dieser könnte im Einzelfall gerechtfertigt sein. Soweit Art. 16 anwendbar ist, entfällt hingegen schon der Eingriff (→ Art. 16 Rn. 1).

18   Eine **Rechtfertigung eines Eingriffs** in die Meinungsfreiheit kann sich zudem aus dem **Diskriminierungsverbot** ergeben. So kann der Aufruf zur Diskriminierung von Ausländerinnen und Ausländern sanktioniert werden, selbst wenn kein Aufruf zu Gewalt enthalten ist. Es genügt für die Rechtfertigung einer solchen Meinungsäußerungsbeschränkung, wenn die Einschränkung daran anknüpft, dass eine Diskriminierung befürwortet wird und dabei auf demütigende bzw. erniedrigende Aussagen zurückgegriffen wird (EGMR Urt. v. 16.7.2009 – 15615/07 – Feret / Belgien).

Art. 11 Versammlungs- und Vereinigungsfreiheit

(1) Jede Person hat das Recht, sich frei und friedlich mit anderen zu versammeln und sich frei mit anderen zusammenzuschließen; dazu gehört auch das Recht, zum Schutz seiner Interessen Gewerkschaften zu gründen und Gewerkschaften beizutreten.

(2) ¹Die Ausübung dieser Rechte darf nur Einschränkungen unterworfen werden, die gesetzlich vorgesehen und in einer demokratischen Gesellschaft notwendig sind für die nationale oder öffentliche Sicherheit, zur Aufrechterhaltung der Ordnung oder zur Ver-hütung von Straftaten, zum Schutz der Gesundheit oder der Moral oder zum Schutz der Rechte und Freiheiten anderer. ²Dieser Artikel steht rechtmäßigen Einschränkungen der Ausübung dieser Rechte für Angehörige der Streitkräfte, der Polizei oder der Staats-verwaltung nicht entgegen.

Überblick

Art. 11 schützt die Versammlungsfreiheit (→ Rn. 2) und die Vereinigungsfreiheit (→ Rn. 3). Migrationsrechtliche Bezüge zur Versammlungs- und Vereinigungsfreiheit können sich insbeson-dere bei der ausländerrechtlichen Sanktionierung der Vereinigungszugehörigkeit (→ Rn. 8) und bei Einschränkungen von Versammlungen und Vereinigungen, die sich für Migranten einsetzen (→ Rn. 9), ergeben. Bei Prüfung der Rechtfertigung ist stets die Bedeutung der Vereinigungs- und Versammlungsfreiheit für eine freiheitlich-demokratische Gesellschaft zu berücksichtigen (→ Rn. 6).

A. Allgemeines

1   Art. 11 fasst **zwei unterschiedliche Grundrechte** zusammen: Die Versammlungsfreiheit auf der einen Seite und die Vereinigungsfreiheit auf der anderen Seite.

2   Eine **Versammlung** ist gegeben, wenn mindestens zwei Personen (EGMR Urt. v. 12.6.2012 – 26005/08, 26160/08 – Tatár und Fáber / Ungarn) mit dem Ziel der Teilnahme an einem kommu-nikativen Prozess friedlich (EGMR Urt. v. 16.7.1980 – 8440/78 – Christians against Racism and Fascism / Vereinigtes Königreich; Urt. v. 6.3.1989 – 13079/87 – G. / Deutschland) zusammen-kommen, unabhängig davon, ob sie sich in der Öffentlichkeit oder auf Privatgelände treffen (EGMR BeckRS 2015, 80362 – Yilmaz Yidiz und andere / Türkei). Art. 11 umfasst neben dem Recht, Versammlungen zu veranstalten und an Versammlungen teilzunehmen auch die Freiheit, den Ort, die Art und den Zeitpunkt zu wählen (EGMR Urt. v. 27.11.2012 – 58050/08 – Saska / Ungarn). Geschützt sind sowohl teilnehmende Personen, Veranstalter (EGMR Urt. v. 20.2.2003 – 20652/92 – Djavid An / Türkei) als auch juristische Personen und Vereinigungen, die zu einer Versammlung aufrufen oder eine Versammlung veranstalten (EGMR EuGRZ 1989, 522 – Ärzte für das Leben / Österreich; Urt. v. 14.5.2002 – 36336/01 – The Gypsy Council und andere / Vereinigtes Königreich).

3   Während eine Versammlung in der Regel über einen abgeschlossenen, eher kurzen Zeitraum durchgeführt wird, ermöglicht die **Vereinigungsfreiheit,** sich mit anderen Menschen zu einem

bestimmten Zweck oder Ziel **auf Dauer** zusammenzuschließen. Geschützt wird die Vereinigungsfreiheit **umfassend,** dh ohne Berücksichtigung des Ziels oder Zwecks der Vereinigung. Umfasst ist auch die **negative Freiheit,** sich nicht zusammenzuschließen oder sich einer bestehenden Vereinigung nicht anzuschließen (EGMR Urt. v. 30.6.1993 – 16130/90 – Sigurdur A. Sigurjónsson / Island; Urt. v. 2.6.2016 – 23646/09 – Geotech Kancev GmbH / Deutschland). Der Zusammenschluss zu einer öffentlich-rechtlichen Vereinigung ist nicht geschützt, unabhängig von der konkreten Rechtsform (EGMR Urt. v. 30.6.1993 – 16130/90 – Sigurdur A. Sigurjónsson / Island; Urt. v. 4.7.2002 – 43311/98 – Köll / Österreich). **Politische Parteien** sind hingegen als nichtstaatliche Akteure zu bewerten und somit geschützt (EGMR Urt. v. 8.12.1999 – 23885/94 – Partei der Freiheit und Demokratie (ÖZDEP) / Türkei). Neben einzelnen Personen können sich auch die Vereinigungen selbst auf Art. 11 berufen (EGMR Urt. v. 27.6.2002 – 38190/97 – Federation of Offshore Workers' Trade Unions und andere / Norwegen).

B. Eingriff und Rechtfertigung

Eingriffe in die Versammlungsfreiheit können **Einschränkungen präventiver und repressiver Art** sein. Auch die Genehmigungspflicht stellt einen Eingriff dar. Bei der Vereinigungsfreiheit treten als Eingriff zB Verbote und Einschränkungen der Vereinigungen auf.   4

Nach Art. 11 Abs. 2 können **Eingriffe durch Gesetz gerechtfertigt** sein. Der Eingriff   5 muss für die nationale oder öffentliche Sicherheit, zur Aufrechterhaltung der Ordnung oder zur Verhütung von Straftaten, zum Schutz der Gesundheit oder der Moral oder zum Schutz der Rechte und Freiheiten anderer notwendig sein. Das Prüfungsschema der Rechtfertigung entspricht im Wesentlichen dem des Art. 8 Abs. 2 und Art. 9 Abs. 2 (Gesetz, legitimes Ziel, Notwendigkeit; → Art. 9 Rn. 6). Die legitimen Ziele sind in Art. 11 Abs. 2 abschließend aufgezählt (EGMR NJW 2008, 495 – Scientology Kirche Moskau / Russland). Abs. 2 S. 2 bestimmt, dass Eingriffe im Bereich der Mitglieder der Streitkräfte, der Polizei und der Staatsverwaltung zulässig sind, jedoch – wie bei jedem Konventionsrecht – der Wesensgehalt des Art. 11 nicht angetastet werden darf (EGMR NVwZ 2016, 1230 – Ismail Sezer / Türkei).

Die Versammlungs- und Vereinigungsfreiheit werden als **Grundbedingungen für eine frei-**   6 **heitliche Demokratie** angesehen. Eine Versammlung stellt immer auch eine kollektive Meinungsäußerung dar. Daneben garantiert die Vereinigungsfreiheit auch die Parteienfreiheit. Angesicht dessen sind die Rechte weit auszulegen (EGMR NVwZ 2012, 1089 – Schwabe und M.G. / Deutschland).

Die Grundrechte aus Art. 11 können gem. Art. 16 für Ausländer hinsichtlich der **politischen**   7 **Tätigkeit** eingeschränkt werden.

C. Migrationsrechtliche Aspekte

Die **ausländerrechtliche Sanktionierung der Teilnahme an Versammlungen oder der**   8 **Mitgliedschaft in Vereinigungen,** die von Art. 11 geschützt sind, stellt ein Eingriff dar. Die Rechtfertigung ist aufgrund der hohen Bedeutung sehr streng zu prüfen.

Relevant wird das unter anderem im Bereich der Abschiebungsanordnung gem. § 58a AufenthG gegen   8.1 sog. „Gefährderinnen und Gefährder" (→ AufenthG § 58a Rn. 8). Dabei handelt es sich um Personen, bei der eine auf Tatsachen gestützte Prognose ergibt, dass sie eine besondere Gefahr für die Sicherheit der Bundesrepublik Deutschland oder eine terroristische Gefahr darstellen. Eine solche Prognose wird üblicherweise durch ein Zusammenspiel unterschiedlicher Tatsachen erstellt. Die Vereinigungszugehörigkeit und die Teilnahme an Versammlungen werden hier zwar berücksichtigt. Es ist aber zu beachten, dass ein Eingriff in Art. 11 gegeben ist, der im Einzelfall gerechtfertigt sein muss.

Versammlungen und Vereinigungen zur Durchsetzung von migrationsrechtlichen Forderungen   9 sind selbstverständlich von Art. 11 geschützt. Die gewaltfreie Unterstützung von Migranten und Flüchtlingen lässt sich dabei auch nicht rechtmäßig einschränken. Staatliche Unterdrückung oder das Verbot von Vereinigungen, die sich explizit für Flüchtlinge stark machen, lassen sich daher auch nicht mit Art. 11 Abs. 2 rechtfertigen. Anders sieht dies jedoch aus, wenn Versammlungen oder Vereinigungen zum „**sozialen Ungehorsam**" im Sinne einer Nichtachtung von staatlichen Vorgaben wie einer Residenzpflicht aufrufen oder wenn Vereinigungen Personen bei irregulären Grenzübertritten behilflich sind oder dazu aufrufen. Staatliche Eingriffe können hier gerechtfertigt sein, wenn die die Verhältnismäßigkeit der Maßnahme gewahrt wird.

Art. 12 Recht auf Eheschließung

Männer und Frauen im heiratsfähigen Alter haben das Recht, nach den innerstaatlichen Gesetzen, welche die Ausübung dieses Rechts regeln, eine Ehe einzugehen und eine Familie zu gründen.

Überblick

Art. 12 schützt das Recht zur Begründung einer Ehe (→ Rn. 1). Die Konventionsstaaten haben aber einen gesetzlichen Gestaltungsspielraum, soweit der Kernbereich nicht berührt ist (→ Rn. 5). Ein Verbot von Scheinehen kann allerdings gerechtfertigt sein (→ Rn. 8). Ein Recht auf Scheidung (→ Rn. 2) und der Schutz bestehender Ehen (→ Rn. 4) sind von Art. 12 nicht umfasst. Art. 12 kann in Einzelfällen einer Ausweisung / Rückführung entgegenstehen, wenn dadurch konkrete Ehepläne vereitelt werden (→ Rn. 7). Insbesondere bei bedürftigen Asylbewerberinnen und Asylbewerbern können auch unverhältnismäßig hohe Gebühren für die Eheschließung gegen Art. 12 verstoßen, wenn sie dadurch die Ehe vereiteln (→ Rn. 9).

A. Allgemeines und Schutzbereich

1   Art. 12 schützt zum einen die **Begründung der Ehe.** Umfasst ist davon auch die **negative Freiheit,** keine Ehe eingehen zu müssen. Die Eheschließung ist nur im Rahmen der innerstaatlichen Gesetze geschützt. Art. 12 gibt daher kein Recht auf eine **gleichgeschlechtliche Ehe,** wenn das im Staat nicht vorgesehen ist (EGMR NJW 2011, 1421 – Schalk und Kopf / Österreich; NJW 2013, 2173 – X. und andere / Österreich).

2   Nicht geschützt ist ein **Recht auf Scheidung** (EGMR DÖV 2017, 387 – Babiarz / Polen). Rechtswirksam Geschiedenen steht nach Art. 12 allerdings ein Recht auf eine erneute Heirat zu (EGMR EuGRZ 1993, 130 Rn. 40 – F. / Schweiz). Verbietet das innerstaatliche Recht eine solche erneute Ehe, ist dieses Verbot gem. Art. 17 iVm Art. 12 konventionswidrig, da es in den Wesensgehalt des Rechts auf Eheschließung eingreift und damit unverhältnismäßig ist.

3   Zum anderen schützt Art. 12 das Recht auf Familiengründung. Die Adoption ist davon aber nicht umfasst (EGMR Entsch. v. 15.12.1977 – 7229/75 – X. und Y. / Vereinigtes Königreich) (aber ggf. von Art. 8, → Art. 8 Rn. 5).

4   Art. 12 stellt eine Spezialregelung für den Eheschluss dar, er gibt keinen allgemeinen Schutz für bestehende Ehen. Das fällt unter das Privat- bzw. Familienleben gem. Art. 8.

B. Eingriff und Rechtfertigung

5   Da die Ausgestaltung der Ehe in der Hand des nationalen Gesetzgebers liegt, enthält Art. 12 keine ausformulierte Schranke. Art. 12 steht unter **Gesetzesvorbehalt.** Die Mitgliedstaaten können unter Wahrung der Verhältnismäßigkeit durch Gesetz regeln, was unter einer Ehe zu verstehen ist. Sie können Voraussetzungen, Hindernisse und Wirkungen festlegen. Die Beschränkunken des Rechts auf Eheschließung durch das innerstaatliche Gesetz darf das Recht auf Eheschließung nicht so weit beschränken, dass der **Kernbereich des Rechts** berührt wird (EGMR EuGRZ 1993, 130 Rn. 32 – F. / Schweiz). Die Rechtfertigungsprüfung beschränkt sich daher auf die Frage, ob der Wesensgehalt berührt ist, ob sie verhältnismäßig ist und ob die Regelung willkürlich ist (EGMR Urt. v. 5.1.2010 – 24023/03 – Jaremowicz / Poland).

6   Die Ermöglichung von **Mehrehen** durch das nationale Recht ist mit Art. 12 vereinbar. Dies bedeutet jedoch nicht, dass Konventionsstaaten die Eheschließung mit einer Zweitfrau ermöglichen müssen. Ganz im Gegenteil ist das **Verbot einer Zweitehe** als verhältnismäßige Beschränkung des Rechts auf Eheschließung zu sehen.

C. Migrationsrechtliche Aspekte

7   Eine Ausweisung bzw. eine Einreiseverweigerung stellt einen Eingriff in Art. 12 EMRK dar, wenn hierdurch konkrete Ehepläne vereitelt werden und die Eheschließung im Konventionsstaat nicht möglich ist (EGMR Entsch. v. 12.7.1976 – 7175/75 – X. / Deutschland). Wenn es nur dazu führt, dass die zukünftige Gattin oder der zukünftige Gatte zur Begründung der Ehe in den Konventionsstaat folgen muss, ist dann kein Eingriff gegeben, wenn die Nachfolge zumutbar ist. Die Familiengründung wird dadurch nicht vereitelt (vgl. EGMR Entsch. v. 16.7.1965 – 2535/65 – X. / Deutschland).

Das Verbot von **Scheinehen** zur Erlangung eines Aufenthaltstitels kann ebenfalls gerechtfertigt 8 sein (EGMR Urt. v. 14.12.2010 – 34848/07 – O'Donoghue und andere / Vereinigtes Königreich).

Unverhältnismäßig **hohe Gebühren für die Eheschließung** für Ausländerinnen und Auslän- 9 der sind nicht gerechtfertigt, wenn sie eine Eheschließung vereiteln. Das ist insbesondere bei bedürftigen Asylbewerberinnen und Asylbewerbern zu beachten (EGMR Urt. v. 14.12.2010 – 34848/07 – O'Donoghue und andere / Vereinigtes Königreich).

Art. 13 Recht auf wirksame Beschwerde

Jede Person, die in ihren in dieser Konvention anerkannten Rechten oder Freiheiten verletzt worden ist, hat das Recht, bei einer innerstaatlichen Instanz eine wirksame Beschwerde zu erheben, auch wenn die Verletzung von Personen begangen worden ist, die in amtlicher Eigenschaft gehandelt haben.

Überblick

Art. 13 stellt eine innerstaatliche Verfahrensgarantie zur Sicherung der Konventionsrechte dar (→ Rn. 1) und ermöglicht dadurch den Subsidiaritätsgrundsatz (→ Rn. 2). Die Konventionsstaaten sind verpflichtet, im Falle der möglichen Verletzung von Konventionsrechten einen in der Ausgestaltung und in der Praxis wirksamen Rechtsschutz zu bieten (→ Rn. 3). Ein gerichtlicher Rechtsschutz ist aber nicht erforderlich (→ Rn. 4). Diese Grundsätze sind bei Verfahren gegen Ausweisungen / Rückführungen / Auslieferungen sehr wichtig (→ Rn. 6). Insbesondere bei Schnellverfahren (→ Rn. 8) und Kollektivausweisungen (→ Rn. 9) kann Art. 13 sehr relevant sein. Besondere strenge Anforderungen gelten bei einer möglichen Verletzung von Art. 2 und 3 (→ Rn. 12).

A. Allgemeines

Art. 13 stellt eine **innerstaatliche Verfahrensgarantie** dar und sichert damit die effektive 1 Durchsetzung der Konventionsrechte. Er stellt kein eigenständiges Grundrecht dar, sondern kann nur in Verbindung mit anderen Grundrechten verletzt werden.

Gleichzeitig sichert Art. 13 den **Subsidiaritätsgrundsatz.** Jede Person, die eine Verletzung 2 von Rechten aus der EMRK behauptet, muss gegen die Verletzung zunächst ein innerstaatliches Beschwerdeverfahren anstrengen. Die Staaten sollen dadurch zunächst die Möglichkeit haben, mit innerstaatlichen Verfahren Abhilfe zu schaffen. Erst wenn dies nicht erfolgreich ist, soll der EGMR eingreifen (s. Art. 35).

Art. 13 verlangt einen in der Ausgestaltung und in der Praxis wirksamen Rechtsbehelf. Der 3 EGMR prüft mithin vornehmlich die Wirksamkeit eines Rechtsbehelfs (EGMR NVwZ 1992, 869 – Vilvarajah und andere / Vereinigtes Königreich; NJW 2000, 2089 – Smith und Grady / Vereinigtes Königreich). Wirksam ist nur ein Rechtsbehelf, der eine auf die EMRK gestützte Beschwerde zu entscheiden hat und **Abhilfe verschaffen kann** (EGMR NJW 2000, 2089 – Smith und Grady / Vereinigtes Königreich). Dabei muss nicht jede behauptete Rechtsverletzung eine Beschwerdemöglichkeit eröffnen, sondern es ist zulässig, Rechtsbehelfe nur für Beschwerden zuzulassen, bei denen die Rüge einer Konventionsverletzung „**vertretbar**" erscheint (EGMR Urt. v. 27.4.1988 – 9659/82 – Boyle und Rice / Vereinigtes Königreich; NVwZ 2004, 1465 – Hatton und andere / Vereinigtes Königreich).

Ein **gerichtlicher Rechtsschutz** ist **nicht erforderlich.** Es genügt, dass die entscheidende 4 Stelle unabhängig von der Ausgangsbehörde ist und hinreichende Entscheidungsbefugnisse hat (EGMR Urt. v. 17.7.2014 – 17885/04 – Centrefor Legal Resources / Rumänien).

Gegen Gesetze ist kein Rechtsbehelf erforderlich, dh ein Normenkontrollverfahren muss nicht 5 gewährleistet sein (EGMR NJOZ 2007, 865 – Roche / Vereinigtes Königreich).

B. Migrationsrechtliche Aspekte

Der EGMR fordert zur Wahrung von Art. 13 die **Effektivität des Rechtsschutzes,** insbeson- 6 dere im Fall einer drohenden Ausweisung / Rückführung / Auslieferung (EGMR Urt. v. 2.2.2012 – 9152/09 – I.M. / Frankreich). Dies bedeutet, dass auch bei einem Schnellverfahren die wesentlichen prozeduralen Garantien gewahrt werden müssen (EGMR Urt. v. 2.2.2012 –

9152/09 – I.M. / Frankreich: 48 h zur Vorbereitung eines Asylverfahrens ohne Zugang zu rechtlicher oder sprachlicher Unterstützung ist nicht ausreichend).

I. Verfahrensmodalitäten

7   Zur Möglichkeit des wirksamen Rechtschutzes gehören eine **ausreichende Information** der Betroffenen und die Verfügbarkeit von Dolmetscherinnen bzw. Dolmetschern. Eine Rechtsbehelfsbelehrung ist nicht erforderlich, es müssen aber Informationen darüber zur Verfügung gestellt werden, dass ein Verfahren angestrengt werden kann, in dem der Verstoß im Einzelnen gründlich geprüft wird (EGMR NVwZ 2012, 809 – Hirsi Jamaa und andere / Italien).

7.1   Entsprechend hat der EGMR einen Verstoß gegen Art. 13 darin gesehen, dass einem Betroffenen nur eine Liste mit Rechtsanwältinnen und Rechtsanwälten übergeben wurde und keine Liste mit anderen Beratungsstellen, obwohl offenkundig war, dass es ihm finanziell nicht möglich war, eine Rechtsanwältin oder einen Rechtsanwalt zu beauftragen (EGMR NVwZ 2011, 413 – M.S.S. / Belgien und Griechenland).

8   Der Beschwerdestelle muss hinreichend Zeit eingeräumt sein, um die Entscheidungen zu treffen. **Schnellverfahren** können einen Verstoß gegen Art. 13 darstellen, da aufgrund der möglichen irreversiblen Schäden eine unabhängige und sorgfältige Untersuchung des Vorbringens des Betroffenen verlangt wird. Ein Verstoß liegt daher vor, wenn Rechtsbehelfs- und Begründungsfristen zu kurz sind und Ermittlungen bzw. Nachfragen der Beschwerdestelle dadurch verhindert werden (vgl. DAV ZAR 2012, 170). Das verstärkt sich noch, wenn im Schnellverfahren gleichzeitig die Beweisanforderungen an den Betroffenen erhöht werden (EGMR NVwZ 2011, 413 – M.S.S. / Belgien und Griechenland; Urt. v. 26.4.2007 – 25389/05 – Gebremedhin / Frankreich). Kritisch kann daher ein **Schnellabschiebeverfahren** sein, bei dem Betroffene erst kurz vor einem Abschiebeflug Kenntnis von der Rückführung erlangen und die Gerichtsentscheidungen erst ergehen, wenn die Betroffenen bereits ausgereist sind. Der EGMR hat jedoch betont, dass es im Einklang mit Art. 13 stehen könne, wenn in einer **Vorinstanz** die rechtsstaatlichen Anforderungen eingehalten worden seien (EGMR Urt. v. 20.9.2007 – 45223/05 Rn. 83 – Sultani / Frankreich; BeckRS 2014, 80857 – Mohammed / Österreich). Wenn also das Schnellverfahren allein eine erneute Überprüfung ermöglicht und ein Rechtbehelf bereits als umfassende Erstprüfung der staatlichen Entscheidung stattfinden könnte und damit das Eilverfahren lediglich in einer zweiten oder weiteren Instanz erfolgt, so könnte ein solches Vorgehen im Einzelfall mit der EMRK vereinbar sein (EGMR Urt. v. 20.9.2007 – 45223/05 Rn. 83 – Sultani / Frankreich; BeckRS 2014, 80857 – Mohammed / Österreich). Das gilt aber nur, wenn nach dem ersten Behelf keine **neuen Umstände** hinzukamen. Dann ist zur Wahrung von Art. 13 eine erneute, umfassende Prüfung erforderlich (EGMR BeckRS 2014, 80857 – Mohammed / Österreich).

9   Die kurze Zeitspanne für die Durchführung von Rechtsbehelfen wird auch im Zusammenhang mit sog. **Kollektivausweisungen** relevant. Wenn die Verfahren so schnell durchgeführt werden, dass keine Zeit bleibt, eine wirksame Beschwerde durchzuführen, kommt neben Verstößen gegen Art. 3 4. EMRKProt und Art. 4 4. EMRKProt auch ein Verstoß gegen Art. 13 in Betracht (s. EGMR Urt. v. 21.10.2014 – 16643/09 Rn. 223 – Sharifi / Italien). Die Einwanderung kann zwar durch die Mitgliedstaaten national gestaltet werden, wenn Asylsuchenden / Flüchtlingen an der Grenze jedoch nicht möglich ist, ein Verfahren anzustrengen, bevor die aufenthaltsbeendende Maßnahme vollzogen wird, wird die Möglichkeit für einen wirksamen Rechtsbehelf genommen (Depenheuer/Grabenwarter, Der Staat in der Flüchtlingskrise/Pabel, 2. Aufl. 2017, 199, 203 f.)

10   Die Vertretbarkeit einer behaupteten Rechtsverletzung (→ Rn. 3) entfällt nicht dadurch, dass eine **Ausweisung oder Abschiebung tatsächlich stattgefunden** hat und somit keine weitere Rechtsverletzung zu befürchten ist (EGMR Urt. v. 26.4.2007 – 25389/05 – Gebremedhin / Frankreich).

11   Während der Dauer des Rechtsbehelfsverfahrens besteht auch ein **Recht auf** ausreichende, an Art. 3 zu messende **Sicherung des Lebensunterhalts** (EGMR Urt. v. 7.7.2015 – 60125/11 – V. M. und andere / Belgien).

II. Besonderheit bei Rüge einer Verletzung von Art. 2 oder 3

12   Wenn aufgrund der Ausweisung, Rückführung, Einreiseverweigerung oder Auslieferung eine Verletzung von Art. 2 oder 3 vorgetragen wird, gelten besonders strenge Maßstäbe (im Einzelnen vor allem → Art. 3 Rn. 68 ff.). Dies gilt auch dann, wenn der Zielstaat ein Konventionsstaat ist (Grabenwarter/Pabel EMRK § 24 Rn. 201). Es muss eine sorgfältige, unabhängige und genaue Prüfung aller möglichen Gründe für eine Gefährdung von Art. 2 und 3 gewährleistet sein (EGMR

Urt. v. 16.9.2003 – 36378/02 – Shamayev und andere / Georgien und Russland; NVwZ-Beil. 2001, 97 – Jabari / Türkei). Dies bedeutet auch, dass nicht allzu strenge Beweislastregeln gelten dürfen, die die **Wirksamkeit des Rechtsbehelfs** faktisch in Frage stellen könnten (EGMR Urt. v. 26.7.2011 – 41416/08 – M. und andere / Bulgarien).

Bezüglich der **Verfahrensdauer des Rechtsbehelfs** verlangt der EGMR in Fällen, in denen **13** eine Verletzung von Art. 2 und 3 behauptet wird, eine besondere Beschleunigung (EGMR Urt. v. 3.6.2004 – 33097/96, 57834/00 – Bati und andere / Türkei). Diese darf aber nicht zulasten der Wirksamkeit des Rechtschutzes gehen (EGMR Urt. v. 2.2.2012 – 9152/09 Rn. 136 ff. – I.M. / Frankreich). Verletzungen von Art. 2 oder 3 infolge von Ausweisungen / Rückführungen / Auslieferungen sind irreversibel, so dass zur Vermeidung der Rechtsbehelf immer aufschiebende Wirkung haben muss (EGMR Urt. v. 26.4.2007 – 25389/05 Rn. 66 – Gebremedhin / Frankreich; NVwZ 2011, 413 – M.S.S. / Belgien und Griechenland; Urt. v. 26.7.2011 – 41416/08 – M. und andere / Bulgarien; Urt. v. 2.2.2012 – 9152/09 – I.M. / Frankreich).

III. Besonderheiten bei Rüge einer Verletzung von Art. 8

Die genannten Grundsätze gelten nicht vollumfassend bei einer Verletzung von **Art. 8,** da hier **14** in der Regel keine Irreversibilität gegeben ist. Dennoch muss in diesen Fällen eine Mindestüberprüfung vor der Ausweisung / Rückführung / Auslieferung möglich sein (EGMR Urt. v. 13.12.12 – 22689/07 Rn. 83 – De Souza Ribeiro / Frankreich). Daraus lässt sich folgern, dass im Migrationsbereich der Rechtsbehelf in der Regel Suspensiveffekt haben muss (EGMR Urt. v. 7.7.2015 – 60125/11 Rn. 220 – V.M. und andere / Belgien).

Art. 14 Diskriminierungsverbot

Der Genuss der in dieser Konvention anerkannten Rechte und Freiheiten ist ohne Diskriminierung insbesondere wegen des Geschlechts, der Rasse, der Hautfarbe, der Sprache, der Religion, der politischen oder sonstigen Anschauung, der nationalen oder sozialen Herkunft, der Zugehörigkeit zu einer nationalen Minderheit, des Vermögens, der Geburt oder eines sonstigen Status zu gewährleisten.

Überblick

Das Diskriminierungsverbot aus Art. 14 kann nur in Verbindung mit anderen Konventionsrechten gerügt werden. Eine Verletzung liegt vor, wenn ein Konventionsstaat im Anwendungsbereich der Konventionsrechte (→ Rn. 1) Personen in vergleichbarer oder wesentlich gleicher Lage ungerechtfertigt unterschiedlich behandelt (→ Rn. 2). Bei der Frage der Rechtfertigung haben die Staaten einen Ermessensspielraum, insbesondere bei ethischen Fragen (→ Rn. 3). Bei einer sog. „Rassendiskriminierung" ist eine Rechtfertigung aber nicht denkbar (→ Rn. 4). Migrationsrechtlich kommen insbesondere Ungleichbehandlungen aufgrund der Staatsangehörigkeit, etwa bei Einbürgerungen und Entzug der Staatsangehörigkeit, in Betracht (→ Rn. 5). Neben Art. 14 ist Art. 1 EMRKProt12 relevant, das ein von den Konventionsrechten der EMRK unabhängiges Diskriminierungsverbot vorsieht (→ Rn. 9). Deutschland hat dieses Zusatzprotokoll allerdings noch nicht ratifiziert.

A. Allgemeines

Art. 14 ist im Gegensatz zu Diskriminierungsverboten anderer Grundrechtsregime, etwa Art. 3 **1** GG, **kein eigenständiges Menschenrecht** und kann damit auch nicht alleine gerügt werden. Es bezieht sich dem Wortlaut nach nur auf die in der EMRK anerkannten Rechte und Freiheiten, so dass das Gleichbehandlungsgebot **nur in Verbindung mit anderen Rechten aus der EMRK und ihrer Zusatzprotokolle** gilt. Für eine Rüge von Art. 14 muss daher der **Anwendungsbereich eines Konventionsrechts eröffnet** sein (EGMR Urt. v. 11.10.2001 – 30943/96 – Sahin / Deutschland). Wenn ein Staat im Anwendungsbereich über das Mindestniveau der EMRK hinausgeht und weitergehende Rechte gewährt, ist Art. 14 aber ebenso eröffnet, es darf auch bei den **darüber hinausgehenden Rechten** nicht diskriminiert werden. Eine Diskriminierung ist nach Art. 14 auch dann verboten, wenn der Eingriff in die Grundfreiheiten an sich rechtmäßig ist. Für den Anwendungsbereich genügt es also, dass ein Eingriff in die Grundfreiheit vorliegt, unabhängig davon, ob dieser gerechtfertigt ist (HK-EMRK/Meyer-Ladewig/Lehner Rn. 6). Entscheidend ist lediglich, dass sich der Sachverhalt im Anwendungsbereich eines Konventionsrechts befindet (EGMR NJW 1986, 3007 – Abdulaziz und andere / Vereinigtes Königreich; NVwZ 1995, 365 – Schmidt / Deutschland). Der EGMR prüft daher zumeist schon gar nicht Art. 14 EMRK, weil durch die Diskriminierung bereits das Konventionsrecht selbst verletzt wird (HK-EMRK/Meyer-Ladewig/Lehner Rn. 34).

2   Eine **Diskriminierung** liegt vor, wenn Personen in vergleichbarer oder wesentlich gleicher Lage unterschiedlich behandelt werden (zB EGMR NVwZ 2008, 533 – D.H. und andere / Tschechien; Urt. v. 24.5.2016 – 38590/10 – Biao / Dänemark) oder in unterschiedlicher Lage nicht unterschiedlich behandelt werden (EGMR Urt. v. 6.4.2000 – 34369/97 – Thlimmenos / Griechenland). Die Aufzählung der Diskriminierungsmerkmale in Art. 14 ist nicht abschließend (EGMR NVwZ 2012, 221 – Kiyutin / Russland). Auch eine **mittelbare ungleiche Behandlung** ist diskriminierend, wenn keine Rechtfertigung vorliegt, dh wenn sich eine allgemeine Maßnahme unverhältnismäßig nachteilig für eine Personengruppe auswirkt (EGMR NVwZ 2008, 533 – D.H. und andere / Tschechien).

3   Eine **Verletzung von Art. 14** liegt vor, wenn die unterschiedliche Behandlung aufgrund eines der in Art. 14 genannten Kriterien nicht gerechtfertigt ist, dh wenn sie kein berechtigtes Ziel verfolgt oder zwischen den angewendeten Mitteln und dem verfolgten Ziel kein angemessenes Verhältnis besteht (EGMR Urt. v. 24.5.2016 – 38590/10 – Biao / Dänemark). Die Mitgliedstaaten haben bei der Frage, wo Ungleichbehandlungen gerechtfertigt sind, einen **Ermessensspielraum.** Besonders umfassend ist dieser Spielraum bei ethischen Fragen, die in den Mitgliedstaaten unterschiedlich beurteilt werden können, sowie bei Fragen der Wirtschafts- und Sozialpolitik (EGMR NJW 2015, 3703 – Hämäläinen / Finnland; NJW 2013, 2173 – X. und andere / Österreich). Für andere Bereiche gilt hingegen ein enger Spielraum. Insbesondere bei einer Ungleichbehandlung aufgrund der nationalen Herkunft sind besonders gewichtige Gründe für eine Rechtfertigung erforderlich (HK-EMRK/Meyer-Ladewig/Lehner Rn. 13 mwN).

4   Eine Ungleichbehandlung aufgrund der ethnischen Herkunft ist nach dem EGMR nicht gerechtfertigt, da sie eine Form der verbotenen Rassendiskriminierung darstellt (EGMR Urt. v. 24.5.2016 – 38590/10 – Biao / Dänemark). Dies gilt auch dann, wenn die ethnische Herkunft nur überwiegend für die Ungleichbehandlung entscheidend ist.

B. Migrationsrelevante Diskriminierung

5   Migrationsrechtlich ist die **Diskriminierung aufgrund der nationalen Herkunft** die wohl am häufigste auftretende Kategorie. Ein Staat kann je nach Einzelfall dazu berechtigt sein, eigene Staatsangehörige anders zu behandeln als ausländische Personen, wenn ein Rechtfertigungsgrund vorliegt. Erforderlich sind bei einer Rechtfertigung allein aufgrund der Nationalität aber „sehr gewichtige Gründe" (EGMR Urt. v. 16.9.1996 – 17371/90 – Gaygusuz / Österreich). Das Diskriminierungsverbot erfährt aber zusätzlich durch Art. 16 eine Durchbrechung, wonach einige Grundfreiheiten in bestimmten Bereichen für Ausländer eingeschränkt werden können.

5.1   So liegt ein Verstoß gegen Art. 14 iVm Art. 8 vor, wenn die nationalen Vorschriften zum Familiennachzug (mittelbar) nach der ethnischen Herkunft oder Ähnlichem differenzieren (etwa zwischen Personen, die von Geburt die Staatsbürgerschaft besitzen und solchen, die sie erst später erworben haben; EGMR Urt. v. 24.5.2016 – 38590/10 – Biao / Dänemark).

5.2   Die Erhebung von Schulgebühren nur bei Ausländern, die sich vorübergehend bzw. nicht rechtmäßig im Land aufhalten, stellt eine nicht gerechtfertigte Ungleichbehandlung aufgrund der nationalen Herkunft dar (EGMR Urt. v. 21.6.2011 – 5353/05 – Ponomaryovi / Bulgarien).

5.3   Ebenso als ungerechtfertigte Ungleichbehandlung angesehen hat der EGMR die Unterscheidung zwischen Inländern und Ausländern bei der Gewährung von Arbeitslosenhilfe, die von zuvor erbrachter Arbeitsleistung abhängig war, aber nicht beitragsfinanziert wurde. Im konkreten Fall fehlte es an „sehr gewichtige Gründen" für die Unterscheidung zwischen In- und Ausländern (EGMR Urt. v. 16.9.1996 – 17371/90 – Gaygusuz / Österreich). Das Erfordernis von sehr gewichtigen Gründen für eine Unterscheidung zwischen Inländern und Ausländern gilt auch für die klassische Sozialhilfe (EGMR ZESAR 2004, 142 – Koua Poirrez / Frankreich). Unterscheidet ein Staat bei Haftbedingungen zwischen Ausländerinnen und Ausländern ohne rechtfertigenden Grund, liegt ein Verstoß gegen Art. 14 iVm Art. 5 vor (vgl. EGMR NJW 2013, 2095 Rn. 104 – Rangelov / Deutschland).

6   Ein Staat ist berechtigt, die Maßgaben für die Einreise und die Einbürgerung selbst zu treffen. Wenn der Staat die Einreise, den Aufenthalt und die Ausweisung von Ausländern für unterschiedliche Nationalitäten unterschiedlich regelt, stellt dies zwar eine Ungleichbehandlung dar. Entscheidend für die **Rechtmäßigkeit dieser unterschiedlichen Behandlung** ist, ob eine objektive

und angemessene Begründung vorliegt (EGMR EuGRZ 1993, 552 – Moustaquim / Belgien) und die unterschiedliche Behandlung rassistisch motiviert ist (EGMR Urt. v. 28.5.1985 – 92140/ 80, 9473/81, 9474/81 – Abdulaziz und andere / Vereinigtes Königreich). Es kann sich daraus eine **Pflicht zur Erteilung eines bestimmten Aufenthaltstitels** ergeben, wenn bestimmte Personengruppen einen Aufenthaltstitel erhalten. Das gleiche gilt für Einbürgerungen.

Der EGMR hat zudem entschieden, dass Art. 14 iVm Art. 8 den **willkürlichen Entzug der** 7 **Staatsangehörigkeit** verbietet. Der EGMR stellt dabei fest, dass die Konventionsstaaten auch unter Geltung des ius soli oder des ius sanguinis das in Art. 14 verankerte Diskriminierungsverbot beachten müssen (EGMR BeckRS 2012, 80003 – Genovese / Malta; Zimmermann/Landefeld ZAR 2014, 97 (101)).

Aufgrund der staatlichen Schutzpflichten bezüglich des Diskriminierungsverbots sind auch **Ein-** 8 **schränkungen der Meinungsfreiheit** denkbar. So kann der Aufruf zur Diskriminierung von Ausländerinnen und Ausländern in zulässiger Weise sanktioniert werden, selbst wenn kein Aufruf zu Gewalt enthalten ist (EGMR Urt. v. 16.7.2009 – 15615/07 – Feret / Belgien).

C. Diskriminierungsverbot aus Art. 1 EMRKProt12

Ein deutlich weitergehendes, eigenständiges Diskriminierungsverbot ist in Art. 1 EMRKProt12 9 vorgesehen. Es enthält denselben Diskriminierungsbegriff wie Art. 14. Allerdings hängt das **Verbot nicht akzessorisch von den Grundrechten der EMRK** ab. Das bedeutet, dass eine Diskriminierung durch die öffentliche Gewalt auch im Zusammenhang mit dem Genuss jedes anderen „gesetzlich niedergelegten Rechts" gegeben sein kann. Deutschland hat das Zusatzprotokoll allerdings bisher nicht ratifiziert.

Art. 15 Abweichen im Notstandsfall

(1) Wird das Leben der Nation durch Krieg oder einen anderen öffentlichen Notstand bedroht, so kann jede Hohe Vertragspartei Maßnahmen treffen, die von den in dieser Konvention vorgesehenen Verpflichtungen abweichen, jedoch nur, soweit es die Lage unbedingt erfordert und wenn die Maßnahmen nicht in Widerspruch zu den sonstigen völkerrechtlichen Verpflichtungen der Vertragspartei stehen.

(2) Aufgrund des Absatzes 1 darf von Artikel 2 nur bei Todesfällen infolge rechtmäßiger Kriegshandlungen und von Artikel 3, Artikel 4 Absatz 1 und Artikel 7 in keinem Fall abgewichen werden.

(3) ¹Jede Hohe Vertragspartei, die dieses Recht auf Abweichung ausübt, unterrichtet den Generalsekretär des Europarats umfassend über die getroffenen Maßnahmen und deren Gründe. ²Sie unterrichtet den Generalsekretär des Europarats auch über den Zeitpunkt, zu dem diese Maßnahmen außer Kraft getreten sind und die Konvention wieder volle Anwendung findet.

Überblick

Art. 15 ermöglicht es den Konventionsstaaten, im Notfall (Krieg, Notstand) die Konventionsrechte über das im jeweiligen Konventionsrecht festgeschriebene Rechtfertigungsmaß einzuschränken (→ Rn. 1). Bei der Beurteilung des Notstandes haben die Konventionsstaaten einen weiten Beurteilungsspielraum (→ Rn. 2). Die Einschränkung muss auch im Fall von Art. 15 notwendig und verhältnismäßig sein (→ Rn. 3). Einzelne Konventionsrechte (Art. 3, 4 und 7) sind notstandsfest (→ Rn. 5).

A. Allgemeines

Art. 15 ermöglicht es den Mitgliedsstaaten, unter bestimmten, engen Voraussetzungen **von** 1 **der Pflicht zum Schutz und der Gewährung der Konventionsrechte** abzuweichen. Eine Abweichung ist nur im Krieg oder im öffentlichen Notstand möglich und nur dann, wenn das Leben der Nation bedroht wird.

Im Falle des Krieges muss eine tatsächliche Bedrohung des Lebens der Nation vorliegen, 2 eine rein hypothetische Gefahr genügt nicht (Grabenwarter/Pabel EMRK § 2 Rn. 9). Neben einem Krieg kann eine Suspendierung auch bei einem anderen **öffentlichen Notstand** erfolgen. Der Notstand muss ähnlich schwer sein wie die Bedrohung des Lebens der Nation durch Krieg

(HK-EMRK/Meyer-Ladewig/Schmaltz Rn. 3). Es muss „eine außergewöhnliche Krisen- oder Notstandssituation vorliegen, welche die ganze Bevölkerung berührt und das Zusammenleben der Gemeinschaft im Staat bedroht" (EGMR Urt. v. 1.7.1961 – 332/57 – Lawless / Irland Nr. 3). In zeitlicher Hinsicht müsste die Situation bereits bestehen oder unmittelbar bevorstehen (EGMR NJW 2010, 3359 – A. und andere / Vereinigtes Königreich). Von dem Notstand müsste zudem „die ganze Nation derart betroffen sein, dass das weitere organisierte Leben der Gesellschaft bedroht ist" (EGMR NJW 2010, 3359 – A. und andere / Vereinigtes Königreich). Dafür genügt aber auch ein lokal begrenzter Notstand, wenn er auf die gesamte Nation Auswirkungen entfaltet (vgl. EGMR Urt. v. 18.12.1996 – 21987/93 – Aksoy / Türkei). Bei der Beurteilung, ob ein Notstand vorliegt, haben die Mitgliedstaaten einen relativ weiten **Beurteilungsspielraum**. Aufgrund der „unmittelbaren und ständigen Verbindung zu den dringenden Erfordernissen des Augenblicks" könnten sie die Frage des Vorliegens eines Notstands und der Erforderlichkeit von einzelnen Maßnahmen besser beurteilen (EGMR NJW 2010, 3359 – A. und andere / Vereinigtes Königreich). Trotzdem werden die Entscheidungen vom EGMR überprüft, wobei „der Art der betroffenen Rechte, den Umständen, die zu dem Notstand geführt haben und dessen Dauer angemessenes Gewicht beigemessen werden muss" (EGMR Urt. v. 18.1.1978 – 5310/71 – Irland / Vereinigtes Königreich; Urt. v. 26.5.1993 – 14553/89, 14554/89 – Brannigan und McBride / Vereinigtes Königreich; NJW 2010, 3359 – A. und andere / Vereinigtes Königreich).

3   Art. 15 stellt klar, dass die Maßnahmen im Notstandsfall notwendig sein müssen und nicht im Widerspruch zu sonstigen völkerrechtlichen Verpflichtungen stehen dürfen. Zudem muss der / die Generalsekretär/in des Europarats so schnell wie möglich unterrichtet werden (EGMR Urt. v. 1.7.1961 – 332/57 – Lawless / Irland Nr. 3). Art. 15 ermöglicht mithin nur Maßnahmen, die **unbedingt erforderlich** sind. Hier werden das Vorliegen milderer Mittel und deren Ausschöpfung sowie die Verhältnismäßigkeit der Maßnahmen geprüft.

4   Bei der Frage, ob **gegen sonstige völkerrechtliche Verpflichtungen** verstoßen wird, ist vor allem der IPBPR (Internationaler Pakt über bürgerliche und politische Rechte v. 19.12.1966), aber auch die GFK zu prüfen.

B. Notstandsfeste Rechte

5   **Notstandsfest** und damit in keinem Fall einschränkbar sind das Verbot der Folter und erniedrigenden Behandlung (Art. 3), das Verbot der Sklaverei und Leibeigenschaft (Art. 4 Abs. 1) und der Grundsatz „nulla poena sine lege" (Art. 7). Von Art. 2 (Recht auf Leben) darf nur abgewichen werden, wenn es sich um Todesfälle in Folge rechtmäßiger Kriegshandlungen handelt.

Art. 16 Beschränkungen der politischen Tätigkeit ausländischer Personen

Die Artikel 10, 11 und 14 sind nicht so auszulegen, als untersagten sie den Hohen Vertragsparteien, die politische Tätigkeit ausländischer Personen zu beschränken.

Überblick

Art. 16 ermöglicht die unterschiedliche Behandlung von in- und ausländischen Personen im Zusammenhang mit Art. 10, 11 und 14 (→ Rn. 1). Dennoch ist bei der Ungleichbehandlung die Verhältnismäßigkeit zu wahren (→ Rn. 1). Unionsbürgerinnen und -bürger gelten nicht als ausländische Personen iSd Art. 16 (→ Rn. 2). Umstritten war die Anwendung im Zusammenhang mit Wahlkampfauftritten türkischer Politikerinnen und Politiker in Deutschland in jüngerer Vergangenheit (→ Rn. 3).

A. Allgemeines

1   Sämtliche Grundfreiheiten stehen im Grundsatz allen Personen in der Hoheitsgewalt der Mitgliedstaaten zu, dh **der Schutz der Grundfreiheiten bezieht sich unterschiedslos auch auf Ausländerinnen und Ausländer** (vgl. → Art. 1 Rn. 2). Art. 16 bestimmt hierzu Ausnahmen. Danach sind Art. 10, 11 und 14 nicht so auszulegen, als untersagten sie den Konventionsstaaten, die politische Tätigkeit ausländischer Personen zu beschränken. Unabhängig davon, ob man dies als Schutzbereichsbegrenzung oder Eingriffsmöglichkeit bei Art. 10, 11 und 14 sieht, ist auch bei Maßnahmen aufgrund der politischen Tätigkeit ausländischer Personen die **Verhältnismäßigkeit**

zu wahren. Insbesondere darf die Maßnahme allein der Vermeidung außenpolitischer Konflikte dienen (HK-EMRK/Meyer-Ladewig/Diehm Rn. 3).

Aufgrund der besonderen EU-rechtlichen Vorgaben und der Schaffung einer **Unionsbürger-** 2 **schaft** gelten Personen aus EU-Mitgliedstaaten in anderen EU-Mitgliedstaaten nicht als ausländische Personen iSd Art. 16 (EGMR InfAuslR 1996, 45 – Piermont / Frankreich). In der Praxis entfaltet diese Vorschrift insgesamt wenig Relevanz (Merten/Papier, Handbuch der Grundrechte in Deutschland und Europa/Gundel, Bd. VI/1, 2010, § 147 Rn. 66).

B. Anwendung des Art. 16 im konkreten Fall

Entscheidend war Art. 16 in jüngerer Vergangenheit in den Fällen des Verbots von **Auftritten** 3 **türkischer Politiker** in anderen Konventionsstaaten. Die Verweigerung der Einreise oder einer Rückführung zur Verhinderung von Wahlkampfauftritten für ausländische Wahlkämpfe stellt für sich betrachtet einen Eingriff in Art. 10 dar, der aber unter Umständen gerechtfertigt sein kann (→ Art. 10 Rn. 17). Aufgrund von Art. 16 könnte ein Eingriff dennoch entfallen. Allerdings wird hierzu auch vertreten, dass Art. 16 aus völkerrechtlichen Gründen nicht auf ausländische Regierungspolitiker anzuwenden sei (s. Wissenschaftlicher Dienst des Bundestages v. 23.3.2017 – WD 2–3000–035/17, 9).

Wenn hingegen eine **Versammlung verboten werden soll,** in denen ausländische Politikerin- 4 nen oder Politiker auftreten sollen, dürfte Art. 16 jedenfalls nicht einschlägig sein. Hier sind Adressaten der Maßnahme nicht allein die auftretenden Personen, sondern die Veranstalter der Versammlung.

Art. 17 Verbot des Missbrauchs der Rechte

Diese Konvention ist nicht so auszulegen, als begründe sie für einen Staat, eine Gruppe oder eine Person das Recht, eine Tätigkeit auszuüben oder eine Handlung vorzunehmen, die darauf abzielt, die in der Konvention festgelegten Rechte und Freiheiten abzuschaffen oder sie stärker einzuschränken, als es in der Konvention vorgesehen ist.

Art. 17 stellt die Ausgestaltung des Grundsatzes „venire contra factrum propium" dar. Die 1 EMRK kann nicht zu ihrer eigenen Unterminierung berechtigen.

Migrationsrechtlich kann die Vorschrift unter anderem bei der Äußerung rassistischer Propa- 2 ganda Relevanz bekommen. In diesen Fällen ist aufgrund der Art. 17 bereits die Berufung auf die Meinungsfreiheit ausgeschlossen (zB EGMR NJW 2004, 3691 – Garaudy / Frankreich; Urt. v. 20.4.1999 – 41448/98 – Witzsch / Deutschland). Die Begrenzung wirkt aber nur partiell bezüglich des bestimmten Verhaltens, im Übrigen gilt der Schutz durch die Grundfreiheiten trotzdem (Merten/Papier, Handbuch der Grundrechte in Deutschland und Europa/Gundel, Bd. VI/1, 2010, § 147 Rn. 68).

Art. 18 Begrenzung der Rechtseinschränkungen

Die nach dieser Konvention zulässigen Einschränkungen der genannten Rechte und Freiheiten dürfen nur zu den vorgesehenen Zwecken erfolgen.

Art. 18 hat allein **klarstellende Bedeutung** für die Zulässigkeit von staatlichen Eingriffen. Er legt 1 einen **Grundsatz für die Rechtfertigungsprüfung** von Eingriffen in andere Konventionsrechte fest und kann als **Bestimmtheitsgrundsatz** qualifiziert werden. Die Vorschrift hat keinen materiellen Gewährleistungsgehalt, eine Verletzung von Art. 18 stellt immer eine Verletzung des jeweiligen Konventionsrechts dar, in dessen Schutzbereich eingegriffen wurde. Eine singuläre Verletzung von Art. 18 ist nicht denkbar (Löwe/Rosenberg/Esser, StPO, Bd. 11, 26. Aufl. 2012, Rn. 4)

Gemäß Art. 18 dürfen Eingriffe nur zu den in der EMRK vorgesehen Zwecken erfolgen. 2 Art. 18 stellt damit auch klar, dass **Eingriffe in schrankenlos gewährleistete Rechte** (zB Art. 3) nie zulässig sein können.

Findet ein Eingriff in eine Grundfreiheit **zu anderen als den vorgesehenen Zwecken** statt, 3 kann er auch nicht gerechtfertigt sein. Ist die Verletzung der Grundfreiheit festgestellt, ist eine gesonderte Prüfung einer Verletzung des Art. 18 mithin entbehrlich (HK-EMRK/Meyer-Ladewig/Diehm Rn. 1).

Charta der Grundrechte der Europäischen Union (2007/C 303/01)

Vom 12. Dezember 2007

(ABl. 2016 C 202 S. 389)

Celex-Nr. 1 2007 P/TXT

– in Auszügen kommentiert –

Artikel 1 Würde des Menschen

[1]Die Würde des Menschen ist unantastbar. [2]Sie ist zu achten und zu schützen.

Überblick

Die Garantie der Würde des Menschen enthält den obersten Wert in der Europäischen Union (→ Rn. 12). Sie bindet die Europäische Union und ihre Stellen sowie die Mitgliedstaaten bei der Ausführung von Unionsrecht (→ Rn. 1, → Rn. 14). Der sachliche Anwendungsbereich (→ Rn. 16) bleibt allerdings relativ schmal, da die GRCh vergleichsweise viele Einzelgrundrechte mit Bezug zur Menschenwürde kennt (→ Rn. 18). Verletzungen der Menschenwürde (→ Rn. 19) sind stets unzulässig (→ Rn. 23).

Übersicht

A. Anwendungsbereich und Auslegung der GRCh

I. Grundrechtsverpflichtete der GRCh

1 Grundrechtsverpflichtete der in der GRCh enthaltenen Grundrechte sind gem. Art. 51 Abs. 1 S. 1 die Organe, Einrichtungen und sonstigen Stellen der Union sowie die Mitgliedstaaten.

2 Die Mitgliedstaaten sind jedoch ausschließlich bei der Durchführung von Unionsrecht Adressaten der GRCh.

3 Die Durchführung von Unionsrecht ist in „allen unionsrechtlich geregelten Fallgestaltungen" gegeben, die nationale Maßnahme muss dazu „in den Geltungsbereich des Unionsrechts" fallen (EuGH EuZW 2014, 597 Rn. 33 – Pfleger). Erforderlich ist ein – hinreichend konkreter und enger – Bezug zwischen der nationalen Maßnahme und einem Unionsrechtsakt. Dieser Bezug besteht nicht schon dann, wenn das Unionsrecht einen bestimmten Sachverhalt regeln könnte, er also grundsätzlich im Zuständigkeitsbereich der Union liegt, sondern erst, wenn der Sachverhalt tatsächlich durch Unionsrecht geregelt wurde.

4 Andererseits muss die nationale Maßnahme nicht vollständig europarechtlich determiniert sein, damit es sich um eine Durchführung handelt. Stehen dem Mitgliedstaat bei der Umsetzung von Unionsrecht Ermessens- oder Gestaltungsspielräume zu, so unterliegen die Grenzen dieser Spielräume dem Unionsrecht und müssen daher auch an den Grundrechten der GRCh gemessen werden. Dies führt dazu, dass bei unionsrechtlich eingeräumten Spielräumen in der Regel auch bei der Nutzung dieser Spielräume Unionsrecht durchgeführt wird (EuGH Slg. 2011, I-13991 = NVwZ 2012, 417 Rn. 64 ff. – N. S. / Secretary of State for the Home Department).

5 Auch in den Mitgliedstaaten gelten die Grundrechte der GRCh – bei der Durchführung von Unionsrecht – unmittelbar. Gemäß Art. 6 Abs. 1 UAbs. 1 Hs. 2 EUV sind die GRCh und die Verträge gleichrangig, die GRCh ist daher dem Primärrecht der Union zuzuordnen. Es bedarf

daher keines weiteren mitgliedstaatlichen Umsetzungsaktes. Gegenüber dem nationalen Recht setzen sich die Grundrechte der GRCh wegen des Vorrangs des Unionsrechts durch.

Nationale Grundrechte bleiben anwendbar, wenn dem Mitgliedstaat ein eigener Spielraum bei **6** der Umsetzung des Unionsrechts bleibt oder er Ausnahmeregelungen des Unionsrechts nutzen kann. Nationale Grundrechte und die Grundrechte der GRCh sind dann nebeneinander anwendbar, wobei die GRCh das Mindestniveau des Grundrechtsschutzes sichert und die nationalen Grundrechte nur zum Tragen kommen, soweit sie ein darüber hinausgehendes Schutzniveau bieten (NK-EuGRCh/Borowsky Vor Art. 51 Rn. 27).

II. Verhältnis zum sonstigen Europarecht

Im Verhältnis zu den Verträgen besteht Gleichrangigkeit (Art. 6 Abs. 1 UAbs. 1 Hs. 2 EUV). **7** Soweit Normen der Verträge mit den Grundrechten der GRCh im Einzelfall kollidieren, besteht daher kein automatischer Vorrang der Grundrechte. Vielmehr sind die betroffenen Grundrechte und Normen der Verträge durch eine Abwägung in einen Ausgleich zu bringen.

Im Verhältnis zum Sekundärrecht gehen die Grundrechte der GRCh vor. **8**

III. Verhältnis zur EMRK

Der EMRK kommt für die Auslegung der GRCh eine weitreichende Bedeutung zu. Gemäß **9** Art. 52 Abs. 3 S. 1 haben die Grundrechte der GRCh die gleiche Bedeutung und Tragweite wie die der EMRK, soweit sie diesen entsprechen. Die Erläuterungen stellen in einer umfangreichen Liste dar, für welche Grundrechte der GRCh dies der Fall ist (ABl. 2007 C 303, 33 f.).

Der Verweis auf die EMRK bezieht sich nicht nur auf den Anwendungsbereich der Grund- **10** rechte, sondern auch auf die Möglichkeiten zu deren Einschränkung sowie die Anforderungen, die an derartige Einschränkungen zu stellen sind (Jarass GRCh Art. 52 Rn. 59).

Die EMRK stellt aus Sicht der GRCh das Mindestschutzniveau dar, die Verbürgungen der **11** GRCh und anderes Unionsrecht können aber weitreichender sein (Art. 52 Abs. 3 S. 2).

B. Grundlagen zu Art. 1

Die in Art. 1 verbriefte Garantie der Würde des Menschen eröffnet bewusst die GRCh. Bereits **12** in der Präambel der allgemeinen Erklärung der Menschenrechte von 1948 ist die Idee von der Menschenwürde als fundamentalem Rechtsprinzip verankert: „[Die] Anerkennung der allen Mitgliedern der menschlichen Familie innewohnenden Würde und ihrer gleichen und unveräußerlichen Rechte [bildet] die Grundlage der Freiheit, der Gerechtigkeit und des Friedens in der Welt […]."

Daran anknüpfend führen die Erläuterungen aus: „Die Würde des Menschen ist nicht nur ein **13** Grundrecht an sich, sondern bildet das eigentliche Fundament der Grundrechte." (ABl. 2007 C 303, 17).

C. Anwendungsbereich

I. Grundrechtsverpflichtete

Die Europäische Union sowie ihre Stellen sind stets an Art. 1 gebunden, die Mitgliedstaaten **14** soweit sie Unionsrechts durchführen (→ Rn. 1 ff.).

Privatpersonen werden von Art. 1 – wie auch von der übrigen GRCh – nicht direkt verpflichtet. **15**

II. Schutzbereich

Art. 1 beinhaltet zunächst ein Abwehrrecht. S. 2 stellt aber ausdrücklich klar, dass die Würde **16** des Menschen auch zu schützen ist. Abwehr- und Schutzrecht sind einklagbare Aspekte des Grundrechts.

Nachdem Art. 1 die Grundlage für die weiteren Grundrechte der GRCh bildet, sind diese im **17** Lichte des Art. 1 auszulegen. Die Würde des Menschen bildet den unantastbaren Kern der anderen Grundrechte, daher darf auch kein anderes Grundrecht so ausgelegt werden, dass dies zu einer Beeinträchtigung der Würde des Menschen führt. Umgekehrt bedeutet dies, dass die anderen Grundrechte Art. 1 als spezieller vorgehen, wenn sie eine spezifische Ausprägung der Würde des Menschen schützen.

18   Bei der Auslegung des Grundrechts kann auch die Dogmatik des BVerfG zu Art. 1 GG herangezogen werden (NK-EuGRCh/Borowsky Rn. 26). Verglichen mit dem Grundgesetz enthält die
      GRCh jedoch mehr Einzelgrundrechte mit hoher Relevanz für die Menschenwürde, die dann
      vorrangig anzuwenden sind (→ Rn. 18.1).

18.1   Beispielsweise sind ausdrücklich geregelt das Verbot der Folter (Art. 4), der Sklaverei (Art. 5), aber auch
      der Schutz personenbezogener Daten (Art. 8) und der Schutz bei Abschiebung oder Auslieferung (Art. 19).

D. Einschränkungen und deren Rechtfertigung

19   Der Eingriff erfolgt durch Verletzung der Menschenwürde. Die Form der Verletzung ist nicht
      relevant, sowohl ein Rechtsakt als auch tatsächliches Handeln eines Grundrechtsverpflichteten
      können einen Eingriff darstellen.

20   Die Menschenwürde ist verletzt, wenn ein Mensch entgegen seiner Subjektqualität behandelt
      wird oder sein Anspruch auf gleiche Achtung wie alle anderen Menschen in Frage gestellt wird.
      Der Eingriff muss allerdings ein erhebliches Gewicht haben. In Betracht kommen Ächtungen,
      Demütigungen, rassistische und sonstige Diskriminierungen.

21   Eine Verletzung der Schutzpflicht des Art. 1 liegt vor, wenn ein Grundrechtsverpflichteter es
      unterlässt, die Menschenwürde gegen Angriffe durch Dritte (insbesondere Private oder Drittstaaten) zu verteidigen. Dabei kommt ihm bei der Wahl der Mittel ein weiter Beurteilungsspielraum
      zu.

22   Im Migrationskontext kann ein Eingriff beispielsweise in Anforderungen an den Nachweis der
      Fluchtgründe im Asylverfahren liegen, die die Menschenwürde verletzen. So stellen „Tests" ebenso
      wie das „freiwillige" Vorlegen von Videos intimer Handlungen zum Nachweis der Homosexualität
      eine Verletzung der Menschenwürde dar (EuGH EuZW 2015, 132 Rn. 65 – A, B, C/Staatssecretaris van Veiligheid en Justitie).

23   Eingriffe in die Menschenwürde können nicht gerechtfertigt werden, die Menschenwürde ist
      „unantastbar". Verletzt eine Maßnahme die Menschenwürde, ist sie daher automatisch rechtswidrig.

Artikel 2 Recht auf Leben

(1) Jeder Mensch hat das Recht auf Leben.
(2) Niemand darf zur Todesstrafe verurteilt oder hingerichtet werden.

Überblick

Art. 2 enthält ein einheitliches Grundrecht, das die physische Existenz jedes Menschen schützt
(→ Rn. 2). Eingriffe, also Tötungen (→ Rn. 3), können nur in Ausnahmefällen gerechtfertigt
sein (→ Rn. 6). Bei der Auslegung kommt Art. 2 EMRK besondere Bedeutung zu (→ Rn. 1).

A. Grundlagen

1   Gemäß der Erläuterungen beruht Art. 2 auf Art. 2 Abs. 1 EMRK, Abs. 2 auf dem 6. EMRK-
      Protokoll (→ EMRK Art. 2 Rn. 2). Aufgrund dieser Entsprechung gelten auch die Vorschriften
      der EMRK über die Rechtfertigung von Eingriffen in das Recht auf Leben als Teil des Art. 2
      (ABl. 2007 C 303, 17 f.).

B. Schutzbereich

2   Art. 2 schützt das Recht, am Leben zu bleiben, also die physische Existenz des Menschen.
      Geschützt wird jede natürliche Person ab der Geburt bis zum (Hirn-) Tod, unabhängig von ihrer
      geistigen oder körperlichen Verfassung. Das werdende Leben soll nicht geschützt sein (Jarass GRCh
      Rn. 6). Juristische Personen und sonstige Personenvereinigungen können sich nicht auf Art. 2
      berufen.

C. Eingriff

3   Der Eingriff in Art. 2 erfolgt durch Tötung eines Menschen. Die Tötung muss von einem
      Grundrechtsverpflichteten verursacht werden, bspw. durch Anordnung der Tötung. Aber auch

die fahrlässige Verursachung des Todes stellt einen Eingriff dar. Die von Abs. 2 verbotene Anordnung und Vollzug der Todesstrafe stellen daher (besonders herausgehobene) Unterfälle des einheitlichen Grundrechts auf Leben dar (→ Rn. 3.1 f.).

Todesstrafe ist die staatlich angeordnete Tötung eines Menschen als Reaktion auf die Verwirklichung **3.1** eines Straftatbestands. Art. 2 Abs. 2 verbietet sowohl die Verurteilung zum Tode als auch den Vollzug der Todesstrafe. Art. 2 Abs. 1 S. 2 EMRK hatte noch normiert, dass die Todesstrafe keine Verletzung des Rechts auf Leben darstellt. Das 6. EMRK-Protokoll enthält demgegenüber ein absolutes Verbot der Todesstrafe in Friedenszeiten; das Protokoll wurde von allen Staaten der EU ratifiziert (→ EMRK Art. 2 Rn. 2; HK-EMRK/Meyer-Ladewig/Harrendorf/König 6. EMRKProt Art. 1 Rn. 2). Etwas missverständlich ist der Verweis auf Art. 2 6. EMRKProt in den Erläuterungen (ABl. 2007 C 303, 18), der die Todesstrafe in Kriegszeiten und bei Kriegsgefahr zulässt. Nach dem Inkrafttreten des 13. EMRK-Protokolls spricht viel dafür, dass die Todesstrafe auch von der Charta selbst in Kriegszeiten verboten wird (Jarass GRCh Rn. 15).

Art. 2 Abs. 2 betrifft nicht den Fall der Abschiebung oder Auslieferung in ein Land, in dem dem **3.2** Betroffenen die Todesstrafe droht. Hierzu ist aber Art. 19 Abs. 2 einschlägig (→ Art. 19 Rn. 7).

Eingriffe können auch durch einen Verstoß gegen Schutzpflichten erfolgen. Insbesondere müs- **4** sen Grundrechtsverpflichtete die Tötung von Menschen durch Dritte (bspw. Private) verhindern und – falls dies nicht gelingen sollte – ausreichend verfolgen. Dies gilt allerdings nur im Rahmen der Anwendbarkeit der GRCh, also für die Mitgliedstaaten nur bei der Durchführung von Unionsrecht (Art. 51 Abs. 1). Art. 2 darf nicht zu einer Ausweitung der Zuständigkeiten der Union führen (Art. 51 Abs. 2). Angesichts der vielfältigen potentiellen Lebensgefährdungen in modernen Gesellschaften (bspw. im Straßenverkehr, durch fehlerhafte Arzneien oder sonstige Produkte) steht den Grundrechtsverpflichteten bei der Erfüllung ihrer Schutzpflichten ein weitgehender Spielraum zu.

Fälle, in denen Personen ausgewiesen, abgeschoben oder ausgeliefert werden, die im Zielland **5** einem schwerwiegenden Todesrisiko ausgesetzt sind, werden vom EGMR im Schwerpunkt unter Art. 3 EMRK subsumiert (seit EGMR NJW 1990, 2183 – Soering). Art. 2 Abs. 1 EMRK prüft der EGMR dagegen meist nur im Zusammenhang mit Art. 3 EMRK (EGMR NLMR 2017, 522 Rn. 39 mAnm Czech – D. L. / Österreich; → EMRK Art. 2 Rn. 12). Aus Sicht der GRCh können sie daher eher Art. 19 Abs. 2 zugeordnet werden (→ Art. 19 Rn. 7), der die Rechtsprechung zu Art. 3 EMRK für den Fall der Ausweisung, Abschiebung oder Auslieferung übernimmt.

D. Rechtfertigung von Eingriffen

Für die Rechtfertigung eines Eingriffs in das Recht auf Leben ist wegen Art. 52 Abs. 3 S. 2 **6** Art. 2 Abs. 2 EMRK zu beachten (→ EMRK Art. 2 Rn. 7).

Darüber hinaus gelten die allgemeinen Anforderungen des Art. 52 Abs. 1, so ist eine gesetzliche **7** Grundlage erforderlich. Der Eingriff muss auch verhältnismäßig sein, was bei der Tötung eines Menschen nur in Ausnahmefällen denkbar ist.

Artikel 3 Recht auf Unversehrtheit

(1) Jeder Mensch hat das Recht auf körperliche und geistige Unversehrtheit.

(2) Im Rahmen der Medizin und der Biologie muss insbesondere Folgendes beachtet werden:
a) **die freie Einwilligung des Betroffenen nach vorheriger Aufklärung entsprechend den gesetzlich festgelegten Einzelheiten,**
b) **das Verbot eugenischer Praktiken, insbesondere derjenigen, welche die Selektion von Menschen zum Ziel haben,**
c) **das Verbot, den menschlichen Körper und Teile davon als solche zur Erzielung von Gewinnen zu nutzen,**
d) **das Verbot des reproduktiven Klonens von Menschen.**

Überblick

Art. 3 schützt insbesondere die menschliche Gesundheit (→ Rn. 2). Neben einem Abwehrrecht (→ Rn. 3) gewährt es einen Anspruch auf Schutz durch die Grundrechtsverpflichteten (→ Rn. 4).

A. Grundlagen

1   Art. 3 enthält ein einheitliches Grundrecht, das die menschliche Gesundheit vor Eingriffen durch Grundrechtsverpflichtete schützt. Für den Bereich der Biologie und Medizin enthält Art. 3 Abs. 2 einige spezielle Vorschriften, die mögliche Beschränkungen des Abs. 1 einschränken. Die Erläuterungen beziehen sich vor allem auf diesen Abs. 2.

B. Anwendungsbereich und Eingriffe

I. Schutz der Gesundheit

2   Geschützt wird die menschliche Gesundheit. Gesundheit ist das Fehlen von Krankheiten und Verletzungen. Ausdrücklich wird neben der körperlichen auch die geistige Gesundheit geschützt. Juristische Personen verfügen über keine Gesundheit in diesem Sinne und können sich daher nicht auf Art. 3 berufen (zu Beginn und Ende des Schutzes → Art. 2 Rn. 1 ff.).

3   Der Eingriff liegt daher vor allem im Verursachen von Krankheiten oder Verletzungen. Auch Handlungen mit dem Ziel der Heilung, also medizinische Eingriffe, stellen einen Eingriff dar. Sie sind nur bei informierter Einwilligung des Betroffenen gerechtfertigt (Abs. 2 lit. a).

4   Aus Art. 3 folgen auch Schutzpflichten für die Grundrechtsverpflichteten. Sie müssen die Gesundheit der Grundrechtsträger gegen Beeinträchtigungen durch Dritte schützen. Dies betrifft neben unmittelbaren Einwirkungen (zB durch gewalttätige Übergriffe) auch mittelbare Beeinträchtigungen der Gesundheit, etwa durch Umweltverschmutzungen oder unsichere Produkte. Bei der Erfüllung der Schutzpflichten gilt ein weiter Ermessensspielraum (→ Art. 2 Rn. 1 ff.).

5   Sollte in Folge einer Ausweisung, Abschiebung oder Auslieferung eine Verletzung der körperlichen oder geistigen Unversehrtheit durch Dritte im Zielstaat drohen, so ist vorrangig Art. 19 Abs. 2 einschlägig (→ Art. 19 Rn. 1 ff.).

II. Besondere Vorschriften für Medizin und Biologie (Abs. 2)

6   Abs. 2 lit. b–d enthalten Schranken-Schranken für Eingriffe in die körperliche und geistige Unversehrtheit (Jarass GrCh Rn. 14 ff.).

Artikel 4 Verbot der Folter und unmenschlicher oder erniedrigender Strafe oder Behandlung

Niemand darf der Folter oder unmenschlicher oder erniedrigender Strafe oder Behandlung unterworfen werden.

Überblick

Art. 4 enthält eine wesentliche Norm demokratischer Gesellschaften (→ Rn. 2). Er verbietet Folter (→ Rn. 8) und unmenschliche oder erniedrigende Behandlungen (→ Rn. 6), also physische und psychische Einwirkungen auf die Integrität des Menschen, die so schwer wiegen, dass sie die Menschenwürde verletzten. Das Verbot ist absolut (→ Rn. 13). Im Zusammenhang mit Ausweisungen, Abschiebungen und Auslieferungen ist auch Art. 19 Abs. 2 zu beachten (→ Rn. 11).

A. Grundlagen und Erläuterungen

1   Die Erläuterungen führen aus: „Das Recht nach Artikel 4 entspricht dem Recht, das durch den gleich lautenden Artikel 3 EMRK garantiert ist [...]" (→ EMRK Art. 3 Rn. 1) und weiter: „Nach Artikel 52 Absatz 3 der Charta hat Artikel 4 also die gleiche Bedeutung und Tragweite wie Artikel 3 EMRK." Die umfassende Rechtsprechung des EGMR zu Art. 3 EMRK ist daher wesentlich für die Auslegung des Art. 4.

2   Das Verbot der Folter und der unmenschlichen oder erniedrigenden Behandlung ist ein Grundwert der demokratischen Gesellschaft (EGMR NJW 2001, 56 Rn. 95). Es weist einen starken Bezug zur Garantie der Menschenwürde auf, denn Folter und unmenschliche Behandlung verletzen die Würde des Menschen zwangsläufig. Die ausdrückliche Normierung des Verbots über den allgemeinen Schutz der Würde des Menschen in Art. 1 hinaus hat einen starken Appellcharakter

und fordert unmissverständlich, Folter und ähnliche Praktiken zu unterlassen (NK-EuGRCh/ Borowsky Rn. 13).

Art. 4 enthält ein einheitliches Abwehr- und Schutzrecht. Folter ist ein Unterfall der unmensch- 3 lichen und erniedrigenden Behandlung, Strafe eine Form der Behandlung iSd Art. 4.

B. Schutzbereich

Grundrechtsträger sind alle natürlichen Personen (zu Angehörigen → Rn. 9). Juristischen 4 Personen und Personenvereinigungen steht der Schutz nicht zu.

Art. 4 schützt die körperliche und geistige Unversehrtheit gegen bestimmte Einwirkungen, die 5 zugleich die Würde des Menschen verletzten. Art. 4 steht damit im Schnittbereich von Art. 1 und Art. 3. Er geht in seinem Anwendungsbereich beiden Normen als speziellere Vorschrift vor. Hat die unmenschliche oder erniedrigende Behandlung den Tod des Betroffenen zur Folge, so dürfte Art. 2 vorrangig anzuwenden sein (Jarass GrCh Art. 2 Rn. 4).

C. Eingriff und Rechtfertigung

I. Unmenschliche und erniedrigende Behandlung, Folter

Unmenschliche Behandlung ist die zielgerichtete Verursachung schwerer Schmerzen oder 6 schwerer physischer oder psychischer Leiden. Die Einwirkung muss sowohl hinsichtlich der Dauer als auch hinsichtlich der physischen und psychischen Wirkung eine gewisse Schwere erreichen (EGRM NJW 2006, 3117 Rn. 67 – Jalloh / Deutschland). Bei der erniedrigenden Behandlung handelt es sich um eine absichtliche Demütigung des Betroffenen, die von ihrer Intensität her dazu geeignet ist, seinen moralischen und körperlichen Widerstand zu brechen.

Bei der Prüfung des Eingriffs kommt der Schwere der Einwirkung für beide Fallvarianten eine 7 entscheidende Bedeutung zu. Diese ist anhand aller Umstände des Einzelfalls zu ermitteln, bspw. von der Dauer und der Art und Weise der Wirkung der Maßnahme, sowie von Geschlecht, Alter und physischer und psychischer Verfassung des Betroffenen. Überschreitet die Maßnahme in der Zusammenschau der Umstände die Schwelle zur Verletzung der Menschenwürde, so liegt ein Eingriff vor (Jarass GrCh Rn. 10).

Folter ist eine besonders schwere Form der unmenschlichen Behandlung. Sie ist gekennzeichnet 8 durch die vorsätzliche Zufügung großer körperlicher oder seelischer Schmerzen, die zum Ziel hat, ein Geständnis des Betroffenen oder eines Dritten zu erwirken, Informationen vom Betroffenen oder Dritten zu erlangen oder Angst und Schrecken zu verbreiten (NK-EuGRCh/Borowsky Rn. 15).

Die unmenschliche oder demütigende Behandlung einer Person kann sich auch auf Dritte 9 auswirken, vor allem auf nahe Angehörige. Diese Drittwirkung kann eine solche Intensität erreichen, dass auch mit Blick auf den Dritten eine unmenschliche oder erniedrigende Behandlung vorliegt. So ist Folge (und meist auch Ziel) des „Verschwinden-Lassens" von Menschen gerade auch die Ungewissheit und Angst naher Angehöriger. Ein Belassen in dieser Ungewissheit kann eine unmenschliche Behandlung darstellen und somit einen Eingriff in Art. 4 darstellen (EGMR NVwZ-RR 2011, 251 Rn. 200 – Varnava und andere / Türkei).

II. Schutzpflichten

Art. 4 erzeugt auch Schutzpflichten. Die Grundrechtsverpflichteten müssen dafür Sorge tragen, 10 dass Grundrechtsberechtigte nicht einer unmenschlichen oder erniedrigenden Behandlung durch Dritte (bspw. Private) ausgesetzt sind. Die Schutzpflicht gilt umso stärker, je weniger der Grundrechtsträger zur Selbstbehauptung fähig ist. So sind Kinder ebenso wie Menschen mit geistiger Beeinträchtigung besonders vor Einwirkungen durch Dritte zu schützen.

III. Abschiebung, Ausweisung und Auslieferung

Die Abschiebung, Ausweisung oder Auslieferung in einen Staat, in dem Folter oder eine 11 unmenschliche oder erniedrigende Behandlung oder Strafe droht, wird von Art. 19 Abs. 2 verboten. Auch Art. 19 Abs. 2 entspricht Art. 3 EMRK, soweit es um die besondere Konstellation der Abschiebung, Ausweisung oder Auslieferung geht. Er ist daher vorrangig vor Art. 4 zu prüfen.

Zur Rücküberstellung Asylsuchender im Rahmen der Dublin II-VO urteilte der EuGH aller- 12 dings: „Art. 4 der Charta ist dahin auszulegen, dass es den Mitgliedstaaten einschließlich der nationalen Gerichte obliegt, einen Asylbewerber nicht an den „zuständigen Mitgliedstaat" im

Sinne der Verordnung (EG) Nr. 343/2003 zu überstellen, wenn ihnen nicht unbekannt sein kann, dass die systemischen Mängel des Asylverfahrens und der Aufnahmebedingungen für Asylbewerber in diesem Mitgliedstaat ernsthafte und durch Tatsachen bestätigte Gründe für die Annahme darstellen, dass der Ast. tatsächlich Gefahr läuft, einer unmenschlichen oder erniedrigenden Behandlung im Sinne dieser Bestimmung ausgesetzt zu werden." (EuGH Slg. 2011, I-13991 = NVwZ 2012, 417 Rn. 106 – N. S. / Secretary of State for the Home Department und andere). Damit stellt schon die Überstellung einer Person einen Eingriff in Art. 4 dar, wenn erst im Zielland eine unmenschliche oder erniedrigende Behandlung droht. Zu Art. 19 Abs. 2 hat sich der EuGH in dieser Leitentscheidung nicht geäußert (→ Art. 19 Rn. 6).

IV. Keine Rechtfertigung

13   Eingriffe in Art. 4 können unter keinen Umständen gerechtfertigt werden. Das gilt bereits für Art. 3 EMRK (vgl. Art. 15 Abs. 2 EMRK) und daher wegen Art. 52 Abs. 3 auch für die GRCh. Eingriffe stellen außerdem immer einen Eingriff in die Würde des Menschen dar, was auch nach Art. 1 eine Rechtfertigung ausschließt (→ Art. 1 Rn. 23).

Artikel 5 Verbot der Sklaverei und der Zwangsarbeit

(1) Niemand darf in Sklaverei oder Leibeigenschaft gehalten werden.

(2) Niemand darf gezwungen werden, Zwangs- oder Pflichtarbeit zu verrichten.

(3) Menschenhandel ist verboten.

Überblick

Art. 5 verbietet mit der Sklaverei und Leibeigenschaft (→ Rn. 6), der Zwangsarbeit (→ Rn. 8) und dem Menschenhandel (→ Rn. 10) Formen der wirtschaftlichen Ausbeutung von Menschen, die der Menschenwürde widersprechen. Das Verbot gilt nahezu absolut (→ Rn. 13) und erzeugt Schutzpflichten (→ Rn. 12). Abs. 1 und Abs. 2 basieren auf den gleichlautenden Vorschriften des Art. 4 Abs. 1 und Abs. 2 EMRK (→ Rn. 2).

A. Grundlagen und Erläuterungen

1   Art. 5 steht in engem Zusammenhang mit der Garantie der Unantastbarkeit der Würde des Menschen (Art. 1). Er verbietet die wirtschaftliche Ausnutzung von Menschen in einer Art und Weise, die Menschen zu einer sachähnlichen Verfügungsmasse machen soll.

2   Abs. 1 und Abs. 2 basieren auf Art. 4 EMRK. Die Erläuterungen führen dazu aus: „Das Recht nach Art. 5 Abs. 1 und 2 entspricht dem gleich lautenden Art. 4 Abs. 1 und 2 EMRK. Nach Artikel 52 Absatz 3 der Charta hat dieses Recht also die gleiche Bedeutung und Tragweite wie Artikel 4 EMRK. Daraus folgt:
• Eine legitime Einschränkung des Rechts nach Absatz 1 kann es nicht geben.
• In Absatz 2 müssen in Bezug auf die Begriffe „Zwangs- oder Pflichtarbeit" die „negativen" Definitionen nach Artikel 4 Absatz 3 EMRK berücksichtigt werden." (ABl. 2007 C 303, 18).

3   Abs. 3 ergänzt die Verbote nach Abs. 1 und Abs. 2 aufgrund neuerer Erfahrungen. Das Verbot des Menschenhandels „ergibt sich unmittelbar aus der Menschenwürde" (ABl. 2007 C 303, 19).

B. Schutzbereich

4   Grundrechtsträger sind alle natürlichen Personen. Auf juristische Personen und Personenvereinigungen ist das Grundrecht nicht anwendbar.

C. Eingriffe

5   Ein Eingriff in Art. 5 liegt vor, wenn ein Grundrechtsverpflichteter eine der verbotenen Maßnahmen selbst anordnet, durchführt, sich daran beteiligt oder sie billigt.

I. Sklaverei (Abs. 1)

6   Sklaverei ist ein Zustand, in dem über den Betroffenen verfügt wird wie sonst über Sachen. Leibeigenschaft ist die Verpflichtung, auf dem Grund eines anderen zu leben und dort bestimmte Dienste zu leisten, ohne selbst seine Rechtsstellung ändern zu können (Jarass GRCh Rn. 8).

Der EGMR hat diese Definitionen zusammengefasst und erweitert, um moderne Formen der **7** Ausbeutung erfassen zu können. Von Art. 4 Abs. 1 EMRK verboten ist demnach, eine Person durch Zwang wirtschaftlich auszubeuten (EGMR NJW 2007, 41 Rn. 124 – Siliadin / Frankreich). Diese Definition gilt auch für Abs. 1 (Art. 52 Abs. 3, → Art. 1 Rn. 9).

II. Zwangsarbeit (Abs. 2)

Das Verbot der Zwangsarbeit betrifft die Verpflichtung zur Erbringung von Arbeit, die unter- **8** drückend ist oder inakzeptable Härten zur Folge hat (Jarass GrCh Rn. 9). Die Beeinträchtigung muss so schwerwiegend sein, dass die Schwelle zur Verletzung der Menschenwürde erreicht ist.

Nicht als Zwangsarbeit gelten die in Art. 4 Abs. 3 EMRK genannten Dienst- und Arbeitspflich- **9** ten.

III. Menschenhandel (Abs. 3)

Menschenhandel ist die „tatsächliche und rechtswidrige Unterwerfung einer Person unter den **10** Willen anderer Personen mittels Gewalt, Drohung oder Täuschung oder unter Ausnutzung eines Abhängigkeitsverhältnisses insbesondere mit folgendem Ziel: Ausbeutung der Prostitution, Ausbeutung von Minderjährigen, sexuelle Gewalt gegenüber Minderjährigen oder Handel im Zusammenhang mit Kindesaussetzung" (Erläuterungen, ABl. 2007 C 303, 19, unter Verweis auf das Europol-Übereinkommen).

Auch die Aktivitäten von Schleusern können Menschenhandel darstellen. **11**

IV. Schutzpflichten

Die Grundrechtsverpflichteten müssen Grundrechtsträger vor Handlungen Dritter (insbeson- **12** dere Privater) schützen, die einer der verbotenen Maßnahmen gleichkommen. Da Art. 5 einen starken Bezug zur Menschenwürde aufweist und kaum Konstellationen denkbar sind, in denen ein legitimes Interesse an den verbotenen Handlungen bestehen kann, ist der Ermessensspielraum der Grundrechtsverpflichteten im Rahmen der Schutzpflichten vergleichsweise eng.

D. (Keine) Rechtfertigung

Eingriffe in Art. 5 berühren stets die Würde des Menschen und können grundsätzlich nicht **13** gerechtfertigt werden. Für das Verbot der Sklaverei ergibt sich dies aus Art. 52 Abs. 3, Art. 15 Abs. 2 EMRK. Im Fall des Krieges oder Notstands ist wegen Art. 52 Abs. 3, Art. 15 Abs. 1 EMRK eine Einschränkung des Verbots der Zwangsarbeit denkbar, dann ist aber Art. 52 Abs. 1 zu beachten.

Artikel 6 Recht auf Freiheit und Sicherheit

Jeder Mensch hat das Recht auf Freiheit und Sicherheit.

Überblick

Art. 6 schützt die körperliche Fortbewegungsfreiheit (→ Rn. 5) und damit in erster Linie vor freiheitsentziehenden Maßnahmen (→ Rn. 8). Die Vorschrift entspricht Art. 5 EMRK, weshalb dessen Anforderungen auch unter Art. 6 gelten (→ Rn. 1).

A. Grundlagen und Erläuterungen

Art. 6 verweist auf Art. 5 EMRK, indem er den Wortlaut von Art. 5 Abs. 1 S. 1 EMRK **1** wiederholt. Die Erläuterungen zu Art. 6 stellen fest: „Die Rechte nach Artikel 6 entsprechen den Rechten, die durch Artikel 5 EMRK garantiert sind, denen sie nach Artikel 52 Abs. 3 der Charta an Bedeutung und Tragweite gleichkommen. Die Einschränkungen, die legitim an diesen Rechten vorgenommen werden können, dürfen daher nicht über die Einschränkungen hinausgehen, die im Rahmen des […] Artikel 5 EMRK zulässig sind" (ABl. 2007 C 303, 19). Daher sind Einschränkungen des Art. 6 auf die in Art. 5 Abs. 1 S. 2 EMRK genannten Fälle beschränkt (→ EMRK Art. 5 Rn. 7), es gelten die Verfahrensvorschriften des Art. 5 Abs. 2–4 EMRK (→ EMRK Art. 5 Rn. 34) und die Schadensersatzpflicht des Art. 5 Abs. 5 EMRK (→ EMRK Art. 5 Rn. 40).

2   Inhaltlich ist Art. 6 auf Fälle der Freiheitsentziehung beschränkt, wie sich aus den detailreichen Vorschriften des Art. 5 EMRK ergibt (zur neueren Rechtsprechung des EuGH → Rn. 6). Art. 6 verbirgt kein Recht der allgemeinen Handlungsfreiheit, ein solches kennt die GRCh im Gegensatz zum GG (Art. 2 Abs. 1 GG) nicht.

3   Die Gewährleistung des Art. 6 geht auf das Recht des „habeas corpus" zurück, das zu den ältesten Schutzrechten gegenüber staatlicher Herrschaft gehört. Die besondere Bedeutung des Art. 6 ergibt sich auch aus dem Schadensersatzanspruch in Art. 5 Abs. 5 EMRK, den es in dieser Klarheit bei keinem anderen Grundrecht gibt.

B. Schutzbereich

4   Grundrechtsträger ist jede natürliche Person. Juristische Personen und Personenvereinigungen können sich nicht auf Art. 6 berufen, da die körperliche Bewegungsfreiheit geschützt wird.

5   Anders als der weit klingende Wortlaut vermuten lässt schützt Art. 6 mit „Freiheit" ausschließlich die körperliche Bewegungsfreiheit. Gemeint ist vor allem das Recht, sich von einem Ort wegzubewegen, also der Schutz vor Freiheitsentziehungen. Das Recht, sich im Sinne eines Freizügigkeitsrechts zu einem bestimmten Ort hinzubegeben, wird nicht geschützt (NK-EuGRCh/Bernsdorff Rn. 11).

6   Dem Begriff der „Sicherheit" kommt nach überwiegender Auffassung in der Literatur keine eigenständige Bedeutung zu. Gemeint ist die Sicherheit vor willkürlicher Freiheitsentziehung (→ EMRK Art. 5 Rn. 4). Es geht um die Sicherheit der Bewegungsfreiheit der Person, nicht um die Sicherheit der Unversehrtheit der Person (EGMR BeckRS 2014, 21161 Rn. 55 – Hajduova / Slowakei). Daraus folgt insbesondere, dass Art. 6 kein Asylrecht beinhaltet.

7   In seiner Entscheidung zur Vorratsdatenspeicherung hat der EuGH festgestellt: „Nach der Rechtsprechung des EuGH stellt die Bekämpfung des internationalen Terrorismus zur Wahrung des Weltfriedens und der internationalen Sicherheit eine dem Gemeinwohl dienende Zielsetzung der Union dar [...]. Das Gleiche gilt für die Bekämpfung schwerer Kriminalität zur Gewährleistung der öffentlichen Sicherheit [...]. Im Übrigen ist insoweit festzustellen, dass nach Art. 6 GRCh jeder Mensch nicht nur das Recht auf Freiheit, sondern auch auf Sicherheit hat" (EuGH NJW 2014, 2169 Rn. 42 – Digital Rights Ireland Ltd.). Dies deutet auf ein weitergehendes Verständnis des Begriffs der Sicherheit hin, das auch die Sicherheit vor Straftaten umfasst. Ein solches Verständnis könnte einerseits dazu führen, dass Art. 6 als Argument zur Einschränkung anderer Grundrechte herangezogen wird, andererseits aber auch umfassende Schutzpflichten der Grundrechtsverpflichteten begründen.

C. Eingriff

8   Der Eingriff in Art. 6 wird einerseits durch die Beschränkung der körperlichen Bewegungsfreiheit auf einen engen Raum und andererseits durch eine gewisse Dauer der Maßnahme charakterisiert. Die Verpflichtung, sich in einer bestimmten Gemeinde aufzuhalten, stellt in der Regel daher keinen Eingriff in Art. 6 dar. Auch kurzfristige Maßnahmen, etwa das Anhalten einer Person zur Feststellung der Personalien, ist nicht erfasst.

9   Die Einwilligung des Betroffenen schließt einen Eingriff in Art. 6 aus. Allerdings muss die Einwilligung freiwillig und jederzeit widerrufbar sein, es darf kein Element eines Zwangs verbleiben.

D. Rechtfertigung

10   Eingriffe in Art. 6 können unter den Voraussetzungen des Art. 52 Abs. 1 gerechtfertigt sein. Dies setzt insbesondere eine ausreichende gesetzliche Grundlage voraus.

11   Zusätzlich sind die Anforderungen des Art. 5 EMRK zu beachten. Erforderlich ist demnach vor allem ein legitimes Ziel, das mit dem Freiheitsentzug verbunden ist (Art. 5 Abs. 1 S. 2 EMRK).

12   Gemäß Art. 5 Abs. 1 S. 2 lit. f EMRK ist ein Freiheitsentzug zur „Verhinderung der unerlaubten Einreise" sowie zur Durchführung eines „Ausweisungs- oder Auslieferungsverfahrens" zulässig (→ EMRK Art. 5 Rn. 10).

13   Zur Verhältnismäßigkeit der Inhaftierung unter Art. 8 Abs. 3 UAbs. 1 lit. e EU-Aufnahme-RL (RL 2013/33/EU v. 26.6.2013, ABl. 2013 L 180, 96) hat der EuGH folgende Ausführungen gemacht: „Zur Erforderlichkeit der den Mitgliedstaaten durch diese Bestimmung verliehenen Befugnis, einen Antragsteller aus Gründen der nationalen Sicherheit oder der öffentlichen Ordnung in Haft zu nehmen, ist hervorzuheben, dass angesichts der Bedeutung des in Art. 6 der

Charta verankerten Rechts auf Freiheit und der Schwere des in einer solchen Inhaftnahme bestehenden Eingriffs in dieses Recht die Einschränkungen seiner Ausübung auf das absolut Notwendige beschränkt bleiben müssen" (EuGH NVwZ 2016, 1789 Rn. 56 – J. N. / Niederlande).

Artikel 7 Achtung des Privat- und Familienlebens

**Jede Person hat das Recht auf Achtung ihres Privat- und Familienlebens, ihrer Woh-
nung sowie ihrer Kommunikation.**

Überblick

Art. 7 schützt vier Teilaspekte der Privatsphäre: Das Privatleben (→ Rn. 3), das Familienleben
(→ Rn. 10), die Wohnung (→ Rn. 15) und die (nicht-öffentliche) Kommunikation (→ Rn. 18).

A. Grundlagen und Erläuterungen

Art. 7 basiert auf Art. 8 EMRK. Dazu die Erläuterungen: „Die Rechte nach Artikel 7 entspre- **1**
chen den Rechten, die durch Artikel 8 EMRK garantiert sind. Um der technischen Entwicklung
Rechnung zu tragen, wurde der Begriff „Korrespondenz" durch „Kommunikation" ersetzt. Nach
Artikel 52 Absatz 3 haben diese Rechte die gleiche Bedeutung und Tragweite wie die Rechte
aus dem entsprechenden Artikel der EMRK. Ihre möglichen legitimen Einschränkungen sind
daher diejenigen, die der genannte Artikel 8 [EMRK] gestattet" (ABl. 2007 C 303, 20).

Die vier Teilbereiche des Art. 7 stellen Aspekte der Privatsphäre dar. Nicht geschützt wird **2**
aber die vom Grundgesetz bekannte allgemeine Handlungsfreiheit, für die es in der GRCh kein
Äquivalent gibt. Art. 7 ist damit kein Auffanggrundrecht (Jarass GRCh Rn. 3). Ob es sich bei
Art. 7 um ein einheitliches Grundrecht handelt oder um vier Grundrechte, die gemeinsam normiert wurden, kann letztlich dahin stehen.

B. Achtung des Privatlebens

I. Schutzbereich

Grundrechtsträger im Teilbereich der Achtung des Privatlebens ist jede natürliche Person. **3**
Juristische Personen und Personenvereinigungen können Grundrechtsträger sein, soweit sie im
jeweiligen Teilbereich des Schutzbereichs ähnlich schutzbedürftig sind (bspw. bezüglich des Schutzes der Wohnung; NK-EuGRCh/Bernsdorff Rn. 25). Hinsichtlich anderer Aspekte, wie der
sexuellen Selbstbestimmung, scheidet ein Schutz dagegen aus.

In sachlicher Hinsicht geschützt ist der Bereich des Privaten und Intimen, einschließlich des **4**
privaten Geschäftslebens juristischer Personen. Darüber hinaus ist die Selbstbestimmung geschützt,
soweit die fragliche Handlung mit der eigenen Person zusammenhängt (bspw. Aufnahme, Pflege
und Abbruch von persönlichen Beziehungen). Geschützt werden die Selbstbestimmung auch im
Bereich der Reproduktion (insbesondere die Entscheidung, Vater bzw. Mutter zu werden) und
die sexuelle Selbstbestimmung. Schließlich wird das Recht am Namen, dem eigenen Bild und
der persönlichen Ehre geschützt.

II. Eingriff und Rechtfertigung

Der Eingriff erfolgt dadurch, dass der Grundrechtsverpflichtete in den geschützten Bereich des **5**
Privaten eindringt. Dies kann bspw. durch das Erheben von Informationen aus dem geschützten
Bereich erfolgen.

Eingriffe können gem. Art. 52 Abs. 1 gerechtfertigt werden, zudem sind die Voraussetzungen **6**
des Art. 8 Abs. 2 EMRK zu beachten (Art. 52 Abs. 3 S. 1). Erforderlich ist daher zunächst eine
gesetzliche Grundlage. Die Maßnahme muss einem legitimen Ziel dienen, wobei die Aufzählung
in Art. 8 Abs. 2 EMRK so weit ist, dass sie kaum einschränkenden Charakter hat. Schließlich
muss die Maßnahme auch verhältnismäßig sein.

III. Insbesondere: Ausweisung nach langjährigem Aufenthalt

Art. 7 kann zu beachten sein, wenn eine Person nach längerem Aufenthalt in einem Land aus **7**
diesem ausgewiesen werden soll. Während des Aufenthalts entsteht eine Verwurzelung durch

den Aufbau persönlicher Beziehungen zu Freunden und Kollegen vor Ort. Die Ausweisung hat zwangsläufig eine Unterbrechung dieser persönlichen Kontakte zur Folge und stellt daher einen Eingriff in das Privatleben des Betroffenen dar.

8   Der EGMR hat in diesem Zusammenhang zu Art. 8 EMRK ausgeführt: „Daher ist anzuerkennen, dass die Gesamtheit der sozialen Beziehungen zwischen ansässigen Zuwanderern und der Gesellschaft, in der sie leben, Bestandteil des Begriffs des „Privatlebens" i.S. von Art. 8 EMRK ist. Unabhängig davon, ob ein „Familienleben" besteht, ist die Ausweisung eines im Gastland ansässigen Zuwanderers deshalb ein Eingriff in sein Recht auf Achtung seines Privatlebens. Je nach den Umständen des ihm zur Entscheidung vorgelegten Falles stellt der Gerichtshof entweder auf den Aspekt „Familienleben" oder auf den Aspekt „Privatleben" ab" (EGMR NVwZ 2007, 1279 Rn. 59 – Üner / Niederlande).

9   Im Rahmen der Prüfung der Verhältnismäßigkeit der Ausweisung sind folgende Aspekte zu beachten: Die Art und Schwere der vom Betroffenen begangenen Straftat und die seit Begehen der Straftat vergangene Zeit und das Verhalten des Betroffenen seit der Tat (soweit die Ausweisung wegen Straftaten erfolgt), die Dauer des Aufenthalts im Land, aus dem der Betroffene ausgewiesen werden soll und die Intensität der sozialen, kulturellen und familiären Bindungen zum Gastland einerseits und zum Herkunftsland andererseits sowie die familiäre Situation des Betroffenen, ggf. die Dauer seiner Ehe und andere Umstände, die auf ein tatsächliches Familienleben eines Paares hinweisen, ob der Partner bei Begründung der familiären Beziehung Kenntnis von der Straftat hatte, ob der Verbindung Kinder entstammen und in diesem Fall deren Alter, sowie die Staatsangehörigkeit aller Beteiligten und die Frage, ob und in welchem Umfang dem Partner und den Kindern Schwierigkeiten in dem Land drohen, in das der Betroffene ausgewiesen werden soll (EGMR NVwZ 2007, 1279 Rn. 57 f. – Üner / Niederlande).

C. Achtung des Familienlebens

I. Schutzbereich

10   Grundrechtsträger sind alle natürlichen Personen. Juristische Personen und Personenvereinigungen sind nicht geschützt, da diese keine Familien im Sinne der spezifischen zwischenmenschlichen Beziehungen bilden.

11   Der Begriff der Familie ist weit zu verstehen, geschützt sind die engen und auf Dauer angelegten persönliche Beziehungen, wie sie eben für das Bild einer Familie prägend sind. Bedeutendes Indiz ist das familiäre Zusammenleben, zwingend ist es aber nicht. Geschützt ist die Beziehung zwischen Ehepartnern und unverheirateten Partnern (jeweils auch bei gleichgeschlechtlicher Ehe bzw. Partnerschaft), Kinder sind keine Voraussetzung für den Schutz des Art. 7. Außerdem umfasst ist die Beziehung zwischen Eltern und ihren Kindern. Auch die Beziehung zwischen Mitgliedern der Großfamilie kann geschützt sein, wenn persönliche Bindungen bestehen, die über die übliche Sympathie in der Großfamilie hinausgehen (Jarass GRCh Rn. 19).

II. Eingriff und Rechtfertigung

12   Der Eingriff erfolgt durch eine Maßnahme des Grundrechtsverpflichteten, die die familiären Beziehungen behindert. Ein Eingriff kann zum Beispiel durch den Entzug des Sorgerechts oder die faktische Trennung von Eltern und Kindern (oder anderen Familienmitgliedern) erfolgen (zur Rechtfertigung von Eingriffen → Rn. 6).

III. Insbesondere: Familienzusammenführung

13   Zum Familiennachzug hat der EuGH ausgeführt, dass Art. 7 für die Mitglieder einer Familie „kein subjektives Recht auf Aufnahme im Hoheitsgebiet eines Staates [begründen]", Art. 7 lässt „sich nicht dahin auslegen, dass den Staaten bei der Prüfung von Anträgen auf Familienzusammenführung kein Ermessensspielraum verbliebe" (EuGH EuZW 2006, 566 Rn. 59).

14   Damit ist klargestellt, dass Art. 7 nicht zu einem automatischen Aufenthaltsrecht führt. Im Rahmen der Entscheidung über ein Aufenthaltsrecht ist der Schutz des Familienlebens aber zu berücksichtigen.

D. Achtung der Wohnung

15   Grundrechtsträger sind natürliche aber auch juristische Personen und Personenvereinigungen, da auch Geschäftsräume geschützt sind.

Geschützt wird die Wohnung als räumlich abgetrennter Ort, an dem sich das Private entfalten **16** kann. Darüber hinaus werden auch Geschäftsräume geschützt, wenn sie nicht einer breiten Öffentlichkeit zugänglich sind.

Der Eingriff erfolgt durch das Eindringen des Grundrechtsverpflichteten in die Wohnung, sei **17** es durch Betreten oder Durchsuchen oder durch die gezielte Wahrnehmung von Vorgängen innerhalb der Wohnung, zum Beispiel durch den Einsatz technischer Mittel. Auch die Beeinträchtigung der Nutzbarkeit der Wohnung sowie der Entzug und die Zerstörung der Wohnung stellen Eingriffe dar (zur Rechtfertigung von Eingriffen → Rn. 6).

E. Achtung der Kommunikation

Grundrechtsträger sind natürliche Personen, aber auch juristische Personen und Personenverei- **18** nigung, denn auch diese nehmen über ihre Vertreter an Kommunikationsvorgängen teil.

Gegenstand des Schutzes des Art. 7 ist die besonders sensible Kommunikation unter Abwesen- **19** den, also unter Zuhilfenahme bestimmter Dienstleister (zB Post- oder Telekommunikationsdienstleister) und meist auch technischer Hilfsmittel. Geschützt ist nur die an bestimmte Adressaten gerichtete Kommunikation, nicht aber an eine unbestimmte Öffentlichkeit gerichtete Mitteilungen.

Der Eingriff erfolgt durch Zugriff auf die Kommunikation, also die Kenntnisnahme, die Abän- **20** derung, das Anhalten, Umleiten oder Vernichten der Kommunikation (zur Rechtfertigung von Eingriffen → Rn. 6).

Artikel 8 Schutz personenbezogener Daten

(1) Jede Person hat das Recht auf Schutz der sie betreffenden personenbezogenen Daten.

(2) ¹Diese Daten dürfen nur nach Treu und Glauben für festgelegte Zwecke und mit Einwilligung der betroffenen Person oder auf einer sonstigen gesetzlich geregelten legitimen Grundlage verarbeitet werden. ²Jede Person hat das Recht, Auskunft über die sie betreffenden erhobenen Daten zu erhalten und die Berichtigung der Daten zu erwirken.

(3) Die Einhaltung dieser Vorschriften wird von einer unabhängigen Stelle überwacht.

Überblick

Art. 8 schützt die personenbezogenen Daten (→ Rn. 3) natürlicher Personen (→ Rn. 2) und damit die informationelle Selbstbestimmung. Er enthält spezifische Anforderungen an die Rechtfertigung von Eingriffen (→ Rn. 4). Die Rechte auf Auskunft und Berichtigung (→ Rn. 7) flankieren den Schutz.

A. Grundlagen und Erläuterungen

Art. 8 schützt die informationelle Selbstbestimmung. Die Vorschrift basiert auf einer Reihe **1** von Vorschriften aus dem Primär- und Sekundärrecht der Union sowie der EMRK. Hierzu führen die Erläuterungen aus: „Dieser Artikel stützte sich auf Artikel 286 des Vertrags zur Gründung der Europäischen Gemeinschaft und auf die Richtlinie 95/46/EG des Europäischen Parlaments und des Rates zum Schutz natürlicher Personen bei der Verarbeitung personenbezogener Daten und zum freien Datenverkehr (ABl. L 281 vom 23.11.1995, S. 31) sowie auf Artikel 8 EMRK und das Übereinkommen des Europarates vom 28. Januar 1981 zum Schutz des Menschen bei der automatischen Verarbeitung personenbezogener Daten, das von allen Mitgliedstaaten ratifiziert wurde. Artikel 286 EGV wird nunmehr durch Artikel 16 des Vertrags über die Arbeitsweise der Europäischen Union und Artikel 39 des Vertrags über die Europäische Union ersetzt. Es wird ferner auf die Verordnung (EG) Nr. 45/2001 des Europäischen Parlaments und des Rates zum Schutz natürlicher Personen bei der Verarbeitung personenbezogener Daten durch die Organe und Einrichtungen der Gemeinschaft und zum freien Datenverkehr (ABl. L 8 vom 12.1.2001, S. 1) verwiesen. Die genannte Richtlinie und Verordnung enthalten Bedingungen und Beschränkungen für die Wahrnehmung des Rechts auf den Schutz personenbezogener Daten." Dabei ist zu beachten, dass die genannte Datenschutz-RL (RL 95/46/EG v. 24.10.1995, ABl. 1995 L 281, 31) durch die DS-GVO (VO (EU) 2016/679 v. 27.4.2016, ABl. 2016 L 119, 1), aufgehoben wurde, die EG-DS-VO (VO (EG) 45/2001 v. 12.1.2001, ABl. 2001 L 8, 1) wurde durch VO (EU) 2018/1725 zum Schutz personenbezogener Daten (v. 23.10.2018, ABl. 2018 L 295, 39) abgelöst.

B. Schutzbereich

2   Träger des Grundrechts aus Art. 8 ist jede natürliche Person. Ob auch juristische Personen geschützt sind ist umstritten (NK-EuGRCh/Bernsdorff Rn. 18).

3   Personenbezogene Daten sind alle Informationen über eine bestimmte oder bestimmbare natürliche Person. Auch wenn man die Grundrechtsträgerschaft juristischer Personen bejaht, gilt dies nur in Ansehung von Daten über natürliche Personen. An die Art der Informationen gibt es keine weiteren Anforderungen, auch banale oder öffentlich zugängliche Informationen über eine Person sind personenbezogene Daten iSd Art. 8.

C. Eingriff und Rechtfertigung

4   Der Eingriff erfolgt durch die in Art. 8 Abs. 2 genannte Verarbeitung durch einen Grundrechtsverpflichteten. Diese umfasst als Oberbegriff „das Erheben, das Speichern, die Organisation, die Aufbewahrung, die Anpassung oder Veränderung, das Auslesen, das Abfragen, die Benutzung, die Weitergabe durch Übermittlung, Verbreitung oder jede andere Form der Bereitstellung, die Kombination oder die Verknüpfung sowie das Sperren, Löschen oder Vernichten von Daten" (Art. 2 lit. b Datenschutz-RL, die in den Erläuterungen genannt wird; vgl. jetzt Art. 4 Nr. 2 DS-GVO).

5   Die informierte und freiwillige Einwilligung des Betroffenen lässt den Eingriff entfallen (Jarass GRCh Rn. 9).

6   Der Eingriff kann auf Grundlage des Art. 52 Abs. 1 unter Beachtung der spezifischen Anforderungen des Art. 8 Abs. 2 S. 1 gerechtfertigt sein. Erforderlich dazu sind eine gesetzliche Grundlage und ein legitimes Ziel. Die gesetzliche Grundlage muss die Zwecke der Verarbeitung hinreichend konkret umreißen.

D. Recht auf Auskunft und Berichtigung (Abs. 2 S. 2)

7   Das Recht auf Auskunft richtet sich gegen jeden Grundrechtsverpflichteten, der personenbezogene Daten des Grundrechtsträgers verarbeitet hat. Auch die Möglichkeit einer Verarbeitung reicht aus. Die Auskunft muss nicht kostenlos erteilt werden, Gebühren dürfen aber keine abschreckende Wirkung entfalten.

8   Der Anspruch auf Berichtigung kann auch zu einem Anspruch auf Löschung der Daten führen, wenn diese sich nicht berichtigen lassen oder rechtswidrig gespeichert sind.

9   Der allgemeine Vorbehalt des Art. 52 Abs. 1 gilt auch für das Recht auf Auskunft und Berichtigung. Die Anforderungen an die Rechtfertigung sind aber vergleichsweise hoch, da das Auskunfts- und Berichtigungsrecht fundamental für die informationelle Selbstbestimmung sind.

E. Überwachung (Abs. 3)

10   Abs. 3 enthält zunächst die Verpflichtung, eine Stelle zur Kontrolle der Einhaltung der Verpflichtungen des Art. 8 zu schaffen. Diese Verpflichtung stellt kein Grundrecht dar, mit der Einrichtung von Datenschutzbeauftragten ist ihr aber auch schon in zahlreichen Bereichen nachgekommen worden.

11   Ist eine solche Stelle eingerichtet, kann aus Abs. 3 ein (Grund-) Recht abgeleitet werden, sich mit Beschwerden an diese zu wenden.

Artikel 9 Recht, eine Ehe einzugehen und eine Familie zu gründen

Das Recht, eine Ehe einzugehen, und das Recht, eine Familie zu gründen, werden nach den einzelstaatlichen Gesetzen gewährleistet, welche die Ausübung dieser Rechte regeln.

Überblick

Art. 9 schützt das Recht, gemäß den nationalen Rechtsvorschriften die Ehe einzugehen (→ Rn. 4), sowie eine Familie zu gründen, also insbesondere Kinder zu zeugen (→ Rn. 5).

A. Grundlagen und Erläuterungen

Art. 9 gewährt die Freiheit der Eheschließung und das Recht, eine Familie zu gründen. Das **1** Familienleben selbst und auch die Freiheit der Auflösung der Eheschließung bzw. des Familienlebens werden von Art. 7 geschützt (→ Art. 7 Rn. 10).

Die Erläuterungen führen zum Verhältnis zur EMRK aus: „Dieser Artikel stützt sich auf Art. 12 **2** EMRK [...]. Die Formulierung dieses Rechts wurde zeitgemäßer gestaltet, um Fälle zu erfassen, in denen nach den einzelstaatlichen Rechtsvorschriften andere Formen als die Heirat zur Gründung einer Familie anerkannt werden. Durch diesen Artikel wird es weder untersagt noch vorgeschrieben, Verbindungen von Menschen gleichen Geschlechts den Status der Ehe zu verleihen. Dieses Recht ist also dem von der EMRK vorgesehenen Recht ähnlich, es kann jedoch eine größere Tragweite haben, wenn die einzelstaatlichen Rechtsvorschriften dies vorsehen." (ABl. 2007 C 303, 21).

B. Bedeutung

Grundrechtsträger sind ausschließlich alle natürlichen Personen. **3**

Der Schutzbereich hängt zu einem gewissen Grad von der nationalen gesetzlichen Definition **4** der Ehe ab. In der Regel gilt als Ehe die auf Dauer angelegte Lebensgemeinschaft zweier Menschen, ob diese unterschiedlichen Geschlechts sein müssen, hängt vom nationalen Recht ab, ebenso bspw. das Ehefähigkeitsalter.

Die Gründung einer Familie erfolgt durch das Hinzutreten von Kindern, in der Regel durch **5** Zeugung, aber bspw. auch durch Adoption. Dass die Eltern zuvor die Ehe eingegangen sind, ist nicht erforderlich.

Eingriffe erfolgen bspw. durch Eheverbote, die individuell oder eine bestimmte Gruppe von **6** Menschen treffen, oder durch Maßnahmen der Geburtenkontrolle.

Eingriffe können unter den Voraussetzungen des Art. 52 Abs. 1 gerechtfertigt sein. **7**

Artikel 10 Gedanken-, Gewissens- und Religionsfreiheit

(1) [1]Jede Person hat das Recht auf Gedanken-, Gewissens- und Religionsfreiheit. [2]Dieses Recht umfasst die Freiheit, die Religion oder Weltanschauung zu wechseln, und die Freiheit, seine Religion oder Weltanschauung einzeln oder gemeinsam mit anderen öffentlich oder privat durch Gottesdienst, Unterricht, Bräuche und Riten zu bekennen.

(2) Das Recht auf Wehrdienstverweigerung aus Gewissensgründen wird nach den einzelstaatlichen Gesetzen anerkannt, welche die Ausübung dieses Rechts regeln.

Überblick

Art. 10 schützt Haben und Bekennen (→ Rn. 5) einer Religion oder Weltanschauung (→ Rn. 4) sowie die Freiheit der Gedanken (→ Rn. 6) und des Gewissens (→ Rn. 7). Bedeutung erlangt die Religionsfreiheit auch im Zusammenhang mit der Feststellung von Verfolgungsgründen (→ Rn. 13).

A. Grundlagen und Erläuterungen

Den Erläuterungen zufolge basiert Art. 10 Abs. 1 auf Art. 9 EMRK: „Das in Absatz 1 garantierte **1** Recht entspricht dem Recht, das durch Artikel 9 EMRK garantiert ist, und hat nach Artikel 52 Absatz 3 der Charta die gleiche Bedeutung und die gleiche Tragweite wie dieses. Bei Einschränkungen muss daher Artikel 9 Absatz 2 EMRK gewahrt werden [...]." (ABl. 2007 C 303, 21).

Zum Recht auf Wehrdienstverweigerung besagen die Erläuterungen: „Das in Absatz 2 garan- **2** tierte Recht entspricht den einzelstaatlichen Verfassungstraditionen und der Entwicklung der einzelstaatlichen Gesetzgebungen in diesem Punkt" (ABl. 2007 C 303, 21). Allerdings wird die Wehrdienstverweigerung unter der EMRK ebenfalls durch die Religions- und Gewissensfreiheit des Art. 9 EMRK geschützt (EGMR NVwZ 2012, 1603 Rn. 110 f. – Bayatyan / Armenien), so dass auch bezüglich Art. 10 Abs. 2 Art. 9 Abs. 2 EMRK zu beachten ist.

B. Schutzbereich

3　　Grundrechtsträger sind alle natürlichen Personen, für den Bereich der Religions- und Weltanschauungsfreiheit auch die Glaubens- und Weltanschauungsgemeinschaften.

4　　Religion und Weltanschauung wollen die menschliche Existenz und die Welt erklären und deuten, woraus sie meist Anforderungen an die Lebensführung ableiten. Die Erklärungen und Deutungen müssen eine gewisse Ernsthaftigkeit und Bedeutungsschwere aufweisen. Die Religion grenzt sich zur Weltanschauung durch den Gottesbezug ab, ansonsten lassen sich Religions- und Weltanschauungsfreiheit auch zu einer Glaubensfreiheit zusammenfassen (Jarass GRCh Rn. 6).

5　　Ausdrücklich geschützt ist neben dem Haben eines Glaubens auch dessen Bekenntnis (Art. 10 Abs. 1 S. 2). Sonstige Handlungen und Verhaltensweisen sind nur geschützt, wenn sie eng mit dem Glauben verbunden sind, insbesondere also religiöse oder weltanschauliche Verhaltensvorschriften für den Alltag. Um zwingende Verpflichtungen muss es sich gleichwohl nicht handeln (EGRM NJW 2014, 1935 Rn. 82 – Eweida und andere / United Kingdom).

6　　Die Gedankenfreiheit schützt ausschließlich das Gedanken-Haben, also das „forum internum".

7　　Die Gewissensfreiheit schützt neben der Bildung eines Gewissens und gewissensgeleiteter Entscheidungen auch die daraus folgenden Handlungen und Unterlassungen (NK-EuGRCh/Bernsdorff Rn. 11). Gewissensentscheidungen müssen für den Grundrechtsträger als so verpflichtend empfunden werden, dass er nicht ohne schwere Gewissensnot gegen sie handeln kann.

8　　Das Recht auf Wehrdienstverweigerung kann als Teil der Gewissensfreiheit begriffen werden. Entsprechend muss der Grundrechtsträger glaubhaft machen können, dass er den Wehrdienst nur unter erheblicher Gewissensnot ausüben kann. Gemeint sein dürfte dabei nur der Wehrdienst an der Waffe bzw. in unmittelbarem Zusammenhang damit.

C. Eingriff und Rechtfertigung

I. Eingriff

9　　Eingriffe erfolgen durch Verbot oder Beschränkung des jeweils geschützten Verhaltens, also vor allem des Glaubensbekenntnisses. Gegenüber den Glaubensgemeinschaften müssen die Grundrechtsverpflichteten Neutralität walten lassen. Ein Eingriff liegt auch in der Indoktrination mit einer bestimmten Religion, Weltanschauung oder bestimmten Gedanken.

10　　Eingriffe in die Gewissensfreiheit und das Recht der Wehrdienstverweigerung erfolgen vor allem durch das Knüpfen negativer Folgen, insbesondere von Strafen, an die entsprechende Verhaltensweise.

II. Rechtfertigung

11　　Eingriffe können unter den Voraussetzungen des Art. 52 Abs. 1 gerechtfertigt sein, wobei die Anforderungen des Art. 9 Abs. 2 EMRK wegen Art. 52 Abs. 3 S. 1 zu beachten sind. Demnach ist zunächst eine gesetzliche Grundlage erforderlich. Der Eingriff muss darüber hinaus einem legitimen Ziel dienen. Art. 9 Abs. 2 EMRK bestimmt die legitimen Ziele, jedoch werden diese derart weit verstanden, dass es gegenüber Art. 52 Abs. 1 kaum zu weiteren Einschränkungen hinsichtlich des verfolgten Ziels kommt.

12　　Aus Art. 52 Abs. 1 GRCh und Art. 9 Abs. 2 EMRK ergibt sich schließlich das Erfordernis einer Verhältnismäßigkeitsprüfung.

III. Insbesondere: Asylrechtlicher Schutz wegen Verfolgung aus Gründen der Religion

13　　Art. 10 Abs. 1 wirkt sich auch auf die Auslegung des Verfolgungsgrunds der „Religion" in Art. 10 Abs. 1 lit. b Qualifikations-RL (RL 2011/95/EU v. 13.12.2011, ABl. 2011 L 337, 9) aus.

14　　Nicht jede Maßnahme, die im Geltungsbereich der GRCh ein Eingriff in die Religionsfreiheit wäre, stellt automatisch einen Verfolgungsgrund im Sinne der Qualifikations-RL dar. „Aus dem Wortlaut von Art. 9 der Richtlinie ergibt sich vielmehr, dass eine „schwerwiegende Verletzung" dieser Freiheit vorliegen muss, die den Betroffenen erheblich beeinträchtigt, damit die betreffenden Handlungen als Verfolgung gelten können. Somit sind Handlungen, die gesetzlich vorgesehene Einschränkungen der Ausübung des Grundrechts auf Religionsfreiheit i. S. von Art. 10 Abs. 1 der Charta darstellen, ohne deswegen dieses Recht zu verletzen, von vornherein ausgeschlossen, da sie durch Art. 52 Abs. 1 der Charta gedeckt sind. Handlungen, die zwar gegen das in Art. 10 Abs. 1 der Charta anerkannte Recht verstoßen, aber nicht so gravierend sind, dass sie einer Verletzung der grundlegenden Menschenrechte gleichkommen, von denen gem. Art. 15 Abs. 2

EMRK in keinem Fall abgewichen werden darf, können ebenfalls nicht als Verfolgung i. S. von Art. 9 Abs. 1 der Richtlinie und Art. 1 A der Genfer Konvention gelten" (EuGH BeckRS 2012, 81809 Rn. 59 ff. – Y und Z / Deutschland, die Entscheidung erging noch zur Qualifikations-RL 2004).

Andererseits sind alle Aspekte des Art. 10 bei der Bestimmung der Verfolgung zu berücksichti- **15** gen, nicht nur das „forum internum" sondern auch die Bekenntnisfreiheit. „Folglich ist bei der Bestimmung der Handlungen, die auf Grund ihrer Schwere verbunden mit der ihrer Folgen für den Betroffenen als Verfolgung gelten können, nicht darauf abzustellen, in welche Komponente der Religionsfreiheit eingegriffen wird, sondern auf die Art der Repressionen, denen der Betroffene ausgesetzt ist, und deren Folgen [...]." (EuGH BeckRS 2012, 81809 Rn. 65 – Y und Z / Deutschland).

Artikel 11 Freiheit der Meinungsäußerung und Informationsfreiheit

(1) ¹Jede Person hat das Recht auf freie Meinungsäußerung. ²Dieses Recht schließt die Meinungsfreiheit und die Freiheit ein, Informationen und Ideen ohne behördliche Eingriffe und ohne Rücksicht auf Staatsgrenzen zu empfangen und weiterzugeben.

(2) Die Freiheit der Medien und ihre Pluralität werden geachtet.

Überblick

Art. 11 Abs. 1 schützt umfassend die Kommunikationsfreiheit (→ Rn. 3), sowohl auf Seiten des Äußernden als auch auf Seiten des Empfängers (→ Rn. 4). Der Schutz gilt ausdrücklich auch über Staatsgrenzen hinweg (→ Rn. 5). Abs. 2 schützt die Freiheit der Medien (→ Rn. 10). Beide Rechte können mit Blick auf Drittstaatsangehörige (→ Rn. 9) stärker eingeschränkt werden als sonst (→ Rn. 8).

A. Grundlagen und Erläuterungen

Art. 11 Abs. 1 schützt die (öffentliche) Kommunikation und sichert damit eine der wesentlichen **1** Grundlagen einer demokratischen Gesellschaft (EuGH BeckRS 2004, 76563 Rn. 18 – Cwik). Art. 11 Abs. 2 enthält ein eigenständiges Grundrecht der Medienfreiheit (Jarass GRCh Rn. 3).

Zum Verhältnis zur EMRK führen die Erläuterungen aus: „Artikel 11 entspricht Artikel 10 **2** EMRK [...]. Nach Artikel 52 Absatz 3 der Charta hat dieses Recht die gleiche Bedeutung und Tragweite wie das durch die EMRK garantierte Recht. Die möglichen Einschränkungen dieses Rechts dürfen also nicht über die in Artikel 10 Absatz 2 vorgesehenen Einschränkungen hinausgehen, allerdings unbeschadet der Beschränkungen, die die Möglichkeit der Mitgliedstaaten, Genehmigungsregelungen nach Artikel 10 Absatz 1 Satz 3 der EMRK einzuführen, durch das Wettbewerbsrecht der Union erfahren kann. Absatz 2 dieses Artikels erläutert die Auswirkungen von Absatz 1 hinsichtlich der Freiheit der Medien. Er stützt sich insbesondere auf die Rechtsprechung des Gerichtshofs bezüglich des Fernsehens, insbesondere in der Rechtssache C-288/89 (Urteil vom 25. Juli 1991, Stichting Collectieve Antennevoorziening Gouda u. a.; Slg. 1991, I-4007), und auf das Protokoll über den öffentlich-rechtlichen Rundfunk in den Mitgliedstaaten, das dem EGV und nunmehr den Verträgen beigefügt ist, sowie auf die Richtlinie 89/552/EWG des Rates [...]." (ABl. 2007 C 303, 21). Die genannte Fernseh-RL (RL 89/552/EWG v. 3.10.1989, ABl. 1989 L 298, 23) wurde durch die AVMD-RL (RL 2010/13/EU v. 10.3.2010, ABl. 2010 L 95, 1) abgelöst.

B. Kommunikationsfreiheit (Abs. 1)

I. Schutzbereich

Das Grundrecht des Abs. 1 schützt mit Meinungen (Werturteilen), Informationen (Tatsachenbe- **3** hauptungen) und Ideen (Konzepten, Skizzen, Plänen) alle Kommunikationsinhalte, ganz gleich welcher Art sie sind.

Geschützt ist zunächst das Äußern dieser Inhalte, unabhängig von der Art und Weise der **4** Äußerung. Auch das Haben einer Meinung ist geschützt. Ebenso der Empfang von (öffentlich zugänglichen) Meinungen, Informationen und Ideen, sowohl passiv als auch die aktive Beschaffung.

5   Der Schutz des Art. 11 Abs. 1 gilt ausdrücklich auch bei Kommunikationsvorgängen über Staatsgrenzen hinweg. Die Äußerung von Meinungen aus dem Inland mit der Zielrichtung, dass diese in einem anderen Land empfangen und wahrgenommen werden, ist ebenso geschützt wie der Empfang von Informationen aus dem Ausland.

6   Grundrechtsträger sind alle natürlichen Personen, aber auch juristische Personen und Personenvereinigungen.

II. Eingriff und Rechtfertigung

7   Der Eingriff erfolgt durch die Behinderung, Verhinderung oder Sanktionierung der Äußerung oder des Empfangs der geschützten Kommunikationsinhalte.

8   Eingriffe können unter den Voraussetzungen des Art. 52 Abs. 1 gerechtfertigt sein. Dabei sind die Anforderungen des Art. 10 Abs. 2 EMRK zu beachten (Art. 52 Abs. 3 S. 1). Erforderlich sind eine gesetzliche Grundlage sowie ein legitimes Ziel, das einer Zielsetzung des Art. 10 Abs. 2 EMRK entsprechen muss. Allerdings ist der Katalog des Art. 10 Abs. 2 EMRK so weit gefasst, dass ihm kaum beschränkende Wirkung zukommt. Der Eingriff muss schließlich auch verhältnismäßig, also geeignet, erforderlich und angemessen sein (Jarass GRCh Rn. 33 f.).

9   Anwendbar ist aber auch Art. 16 EMRK, der gegenüber Drittstaatsangehörigen im Bereich der politischen Tätigkeit weitergehende Einschränkungen zulässt (→ EMRK Art. 16 Rn. 1 f.).

C. Medienfreiheit (Abs. 2)

10   Art. 11 Abs. 2 schützt die Freiheit der Medien. Medien sind auf die Kommunikation an einen unbestimmten Personenkreis gerichtet. Sie wählen ihre Inhalte aus und bereiten sie vor der Übermittlung auf. Die Art und Weise der Übermittlung ist unerheblich, Zeitungs- und Buchvertrieb fallen ebenso unter die Medienfreiheit wie Rundfunk und Verbreitungsformen über das Internet (Internetseite, E-Mail-Newsletter, Podcasts). Geschützt sind die medienspezifischen Tätigkeiten, insbesondere Informationsbeschaffung und -auswahl sowie Aufbereitung und Verbreitung der Inhalte. Die einzelnen Meinungsäußerungen werden hingegen von Abs. 1 geschützt.

11   Grundrechtsträger sind natürliche und juristische Personen, bei letzteren zB Verlage und Vertriebsunternehmen.

12   Eingriffe erfolgen durch belastende Regelungen oder Realakte im geschützten Bereich, also insbesondere Medienregulierung. Auch die Verletzung von Schutzpflichten stellt einen Eingriff dar, die Grundrechtsverpflichtenden müssen dafür Sorge tragen, dass die Arbeit von Medienvertretern nicht ungerechtfertigt behindert wird. Schließlich können die Grundrechtsverpflichteten gegen die Pflicht verstoßen, die Pluralität der Medien sicherzustellen, bspw. wenn sie nicht ausreichend gegen Verflechtungen im Medienbereich vorgehen.

13   Auch für die Medienfreiheit gelten die Einschränkungsmöglichkeiten des Art. 52 Abs. 1 iVm Art. 10 Abs. 2 EMRK (→ Rn. 8). Für Drittstaatsangehörige gilt ebenso Art. 16 EMRK (→ Rn. 9).

Artikel 12 Versammlungs- und Vereinigungsfreiheit

(1) Jede Person hat das Recht, sich insbesondere im politischen, gewerkschaftlichen und zivilgesellschaftlichen Bereich auf allen Ebenen frei und friedlich mit anderen zu versammeln und frei mit anderen zusammenzuschließen, was das Recht jeder Person umfasst, zum Schutz ihrer Interessen Gewerkschaften zu gründen und Gewerkschaften beizutreten.

(2) Politische Parteien auf der Ebene der Union tragen dazu bei, den politischen Willen der Unionsbürgerinnen und Unionsbürger zum Ausdruck zu bringen.

Überblick

Art. 12 enthält ein Grundrecht (→ Rn. 1) mit den beiden Teilbereichen Versammlungsfreiheit (→ Rn. 4) und Vereinigungsfreiheit (→ Rn. 6).

A. Grundlagen und Erläuterungen

1   Art. 12 enthält zwei unterschiedliche Gewährleistungen, nämlich die Versammlungs- und die Vereinigungsfreiheit. Die Freiheit zur Bildung politischer Parteien wird von Abs. 1 umfasst, Abs. 2

dient lediglich der Betonung der Bedeutung politischer Parteien auf Ebene der Union (und nicht nur auf Ebene der Mitgliedstaaten).

Zum Verhältnis zur EMRK und den Quellen dieses Grundrechts führen die Erläuterungen 2 aus:

„1. Absatz 1 dieses Artikels entspricht Artikel 11 EMRK [...]. Die Bestimmungen des Absatzes 1 dieses Artikels 12 haben die gleiche Bedeutung wie die Bestimmungen der EMRK; sie haben jedoch eine größere Tragweite, weil sie auf alle Ebenen, auch auf die europäische Ebene, Anwendung finden können. Nach Artikel 52 Absatz 3 der Charta dürfen die Einschränkungen dieses Rechts nicht über die Einschränkungen hinausgehen, die als mögliche rechtmäßige Einschränkungen im Sinne von Artikel 11 Absatz 2 EMRK gelten.

2. Dieses Recht stützt sich auch auf Artikel 11 der Gemeinschaftscharta der sozialen Grundrechte der Arbeitnehmer.

3. Absatz 2 dieses Artikels entspricht Artikel 10 Absatz 4 des Vertrags über die Europäische Union." (ABl. 2007 C 303, 22).

B. Schutzbereich

Grundrechtsträger sowohl der Versammlungs- als auch der Vereinigungsfreiheit sind alle natürli- 3 chen Personen, aber auch juristische Personen und Personenvereinigungen, beispielsweise die in Art. 12 angesprochenen Gewerkschaften und politischen Parteien.

I. Versammlungsfreiheit

Versammlung ist die Zusammenkunft mehrerer Menschen zur gemeinsamen Kundgabe oder 4 Bildung von Meinungen (Jarass GRCh Art. 11 Rn. 10). Die Versammlung muss an einem Ort stattfinden (und nicht „virtuell" etwa per Internet oder Telefon), aber nicht ortsfest sein. Demonstrationszüge, Sternmärsche, Menschenketten und dergleichen sind ebenso erfasst wie Kundgebungen oder Kongresse. Ob die Versammlung öffentlich oder privat ist, spielt keine Rolle. Versammlungen, die unter staatlichem Einfluss stehen, sind nicht „frei" und werden schon nicht vom Schutzbereich erfasst. Gleiches gilt für gewalttätige Versammlungen.

Geschützt ist die Entscheidung über das Ob, Wie, Wann und Wo einer Versammlung sowie 5 deren Vorbereitung. Außerdem geschützt ist die Teilnahme an einer Versammlung sowie (negativ) die Entscheidung, einer Versammlung fern zu bleiben.

II. Vereinigungsfreiheit

Vereinigung ist ein Zusammenschluss mehrerer Personen von gewisser Dauer und mit einem 6 Mindestmaß an innerer Organisation. Die Wahl einer bestimmten Rechtsform ist nicht Voraussetzung. Auf den Zweck der Vereinigung kommt es nicht an, neben Vereinigungen zur politischen oder gesellschaftlichen Meinungsbildung sind auch wirtschaftliche Vereinigungen geschützt. Ausdrücklich genannt werden die Gewerkschaften, aber auch die Bildung politischer Parteien wird von der Vereinigungsfreiheit geschützt. Nicht in den Schutzbereich fallen Vereinigungen, die nicht „frei" sind, also Zwangszusammenschlüsse und staatlich kontrollierte oder gebildete Vereinigungen.

Geschützt ist die Bildung und innere Organisation der Vereinigung sowie der Beitritt zu einer 7 Vereinigung. Darüber hinaus ist auch die Betätigung der Vereinigung und ihrer Mitglieder geschützt, soweit sie einen vereinigungsspezifischen Bezug haben (beispielsweise Mitgliederwerbung, Beitragserhebung).

C. Eingriff

Eingriffe in den Schutzbereich erfolgen durch eine Regulierung oder Sanktionierung des 8 geschützten Verhaltens oder dessen faktische Behinderung. Beispielsweise stellt die Pflicht, Versammlungen anzumelden oder ein Genehmigungsvorbehalt für Vereinigungen einen Eingriff dar.

D. Rechtfertigung von Eingriffen

Eingriffe in Art. 12 können unter den Voraussetzungen des Art. 52 Abs. 1 gerechtfertigt sein. 9 Dabei sind die Anforderungen des Art. 11 Abs. 2 EMRK wegen Art. 52 Abs. 3 S. 1 zu beachten. Demnach ist zunächst eine gesetzliche Grundlage erforderlich. Der Eingriff muss darüber hinaus einem legitimen Ziel dienen. Art. 11 Abs. 2 EMRK bestimmt die legitimen Ziele, jedoch werden diese derart weit verstanden, dass es gegenüber Art. 52 Abs. 1 kaum zu weiterer Einschränkungen hinsichtlich des verfolgten Ziels kommt.

10   Eingriffe müssen gem. Art. 11 Abs. 2 EMRK „in einer demokratischen Gesellschaft notwendig", also verhältnismäßig sein.

11   Bei Angehörigen der Streitkräfte, der Polizei oder der Staatsverwaltung sind gem. Art. 11 Abs. 2 S. 2 EMRK weitergehende Einschränkungen möglich. Gegenüber Drittstaatsangehörigen sind im Bereich der politischen Betätigung weitreichende Einschränkungen zulässig (Art. 16 EMRK).

Artikel 13 Freiheit der Kunst und der Wissenschaft

¹Kunst und Forschung sind frei. ²Die akademische Freiheit wird geachtet.

Überblick

Art. 13 schützt die Freiheit der Kunst (→ Rn. 4) und der Wissenschaft (→ Rn. 5). Er findet keine unmittelbare Parallele in der EMRK (→ Rn. 2), dennoch ist Art. 10 EMRK bei der Rechtfertigung von Eingriffen zu berücksichtigen (→ Rn. 7).

A. Grundlagen und Erläuterungen

1   Der Schutz der Kunst- und Wissenschaftsfreiheit entspricht der Verfassungstradition der Mitgliedstaaten (Jarass GRCh Rn. 2).
2   In der EMRK findet sich keine direkte Parallelvorschrift. Das Recht der Freiheit von Kunst und Wissenschaft „leitet sich in erster Linie aus der Gedankenfreiheit und der Freiheit der Meinungsäußerung ab. Seine Ausübung erfolgt unter Wahrung von Artikel 1, und es kann den durch Artikel 10 EMRK gestatteten Einschränkungen unterworfen werden" (ABl. 2007 C 303, 22).

B. Schutzbereich

3   Grundrechtsträger des Art. 13 sind alle natürlichen Personen, aber auch juristische Personen und Personenvereinigungen wie Kunstverlage oder Hochschulen und Forschungseinrichtungen.
4   Kunst entzieht sich einer formalen Definition. Gemeinhin wird eine schöpferische Gestaltung verlangt, in der der Künstler Gedanken oder Ideen durch eine Formensprache zur Anschauung bringt. Neben der Schaffung von Kunst wird auch deren Vermittlung an Dritte geschützt (Werk- und Wirkbereich).
5   Unter dem Oberbegriff „Wissenschaft" schützt Art. 13 sowohl die Forschung als auch die akademische Freiheit. Forschung ist der methodische, planmäßige und nachprüfbare Versuch, neue Erkenntnisse zu gewinnen. Akademische Freiheit meint die Weitergabe der durch die Forschung erlangten Erkenntnisse, also die Lehre.

C. Eingriffe und Rechtfertigung

6   Ein Eingriff liegt vor, wenn ein Grundrechtsverpflichteter faktisch oder durch Regelung belastend auf den geschützten Bereich einwirkt.
7   Eingriffe können unter den Voraussetzungen des Art. 52 Abs. 1 gerechtfertigt sein. Dabei sind die Voraussetzungen des Art. 10 Abs. 2 EMRK zu berücksichtigen. Es gelten die gleichen Anforderungen wie bei der Freiheit der Meinungsäußerung (→ Art. 11 Rn. 8).

Artikel 14 Recht auf Bildung

(1) Jede Person hat das Recht auf Bildung sowie auf Zugang zur beruflichen Ausbildung und Weiterbildung.

(2) Dieses Recht umfasst die Möglichkeit, unentgeltlich am Pflichtschulunterricht teilzunehmen.

(3) Die Freiheit zur Gründung von Lehranstalten unter Achtung der demokratischen Grundsätze sowie das Recht der Eltern, die Erziehung und den Unterricht ihrer Kinder entsprechend ihren eigenen religiösen, weltanschaulichen und erzieherischen Überzeu-

gungen sicherzustellen, werden nach den einzelstaatlichen Gesetzen geachtet, welche ihre Ausübung regeln.

Überblick

Art. 14 gewährleistet – unter anderem (→ Rn. 1) – das Recht auf allgemeine und berufliche Bildung (→ Rn. 3).

A. Grundlagen und Erläuterungen

Art. 14 Abs. 1 und Abs. 2 enthalten ein umfassendes Recht auf Bildung, bestehend aus den Teilbereichen Recht auf Bildung im Allgemeinen, Recht auf Zugang zur beruflichen Bildung und Recht auf unentgeltlichen Pflichtschulunterricht. Abs. 3 enthält die Privatschulfreiheit (dazu Jarass GRCh Rn. 17 ff.) und das Elternrecht (dazu Jarass GRCh Rn. 27 ff.).   **1**

Das Recht auf Bildung basiert auf Art. 2 EMRKZusProt: „Dieser Artikel lehnt sich sowohl an   **2** die gemeinsamen verfassungsrechtlichen Traditionen der Mitgliedstaaten als auch an Artikel 2 des Zusatzprotokolls zur EMRK an [...]. Es wurde für zweckmäßig erachtet, diesen Artikel auf den Zugang zur beruflichen Aus- und Weiterbildung auszudehnen (siehe Nr. 15 der Gemeinschaftscharta der sozialen Grundrechte der Arbeitnehmer sowie Artikel 10 der Europäischen Sozialcharta) und den Grundsatz der Unentgeltlichkeit des Pflichtschulunterrichts einzufügen" (ABl. 2007 C 303, 22).

B. Schutzbereich

Das Recht auf Bildung meint die allgemeine Ausbildung, von der (Grund-) Schule bis zur   **3** Hochschule. Der Schutz der beruflichen Aus- und Weiterbildung bezieht sich auf die berufliche Bildung, einschließlich der Umschulung („Weiterbildung"). Zum unentgeltlichen Pflichtschulunterricht führen die Erläuterungen aus: „In seiner hier vorliegenden Fassung besagt dieser Grundsatz lediglich, dass in Bezug auf den Pflichtschulunterricht jedes Kind die Möglichkeit haben muss, eine schulische Einrichtung zu besuchen, die unentgeltlichen Unterricht erteilt. Er besagt nicht, dass alle – und insbesondere auch die privaten – schulischen Einrichtungen, die den betreffenden Unterricht oder berufliche Ausbildung und Weiterbildung anbieten, dies unentgeltlich tun müssen" (ABl. 2007 C 303, 22).

Grundrechtsträger des Rechts auf Bildung sind alle natürlichen Personen, auch Drittstaatsange-   **4** hörige.

C. Eingriff und Rechtfertigung

Der Eingriff liegt in jeder Erschwerung des Zugangs zur allgemeinen oder beruflichen Bildung   **5** durch Regelung oder faktisches Handeln. In das Recht auf unentgeltlichen Pflichtschulunterricht wird durch Gebührenerhebung eingegriffen.

Eingriffe können auf Grundlage des Art. 52 Abs. 1 gerechtfertigt werden.   **6**

Artikel 15 Berufsfreiheit und Recht zu arbeiten

(1) Jede Person hat das Recht, zu arbeiten und einen frei gewählten oder angenommenen Beruf auszuüben.

(2) Alle Unionsbürgerinnen und Unionsbürger haben die Freiheit, in jedem Mitgliedstaat Arbeit zu suchen, zu arbeiten, sich niederzulassen oder Dienstleistungen zu erbringen.

(3) Die Staatsangehörigen dritter Länder, die im Hoheitsgebiet der Mitgliedstaaten arbeiten dürfen, haben Anspruch auf Arbeitsbedingungen, die denen der Unionsbürgerinnen und Unionsbürger entsprechen.

Überblick

Art. 15 enthält mit der Berufsfreiheit (→ Rn. 3) in Abs. 1 einen wesentlichen Bestandteil der wirtschaftlichen Grundrechte der GRCh. Geschützt ist die Freiheit der Berufswahl und -ausübung

(→ Rn. 5). Abs. 2 enthält keine über den AEUV hinausgehenden Rechte (→ Rn. 10). Abs. 3 enthält ein spezifisches Gleichbehandlungsrecht (→ Rn. 11), vermittelt aber keinesfalls einen Zugang zum Arbeitsmarkt der Union (→ Rn. 15).

A. Berufsfreiheit (Abs. 1)

1   Die Berufsfreiheit bildet zusammen mit der unternehmerischen Freiheit (Art. 16) und dem Eigentumsrecht (Art. 17) den Kern der wirtschaftlichen Grundrechte der GRCh. Die unternehmerische Freiheit dürfte der Berufsfreiheit als lex specialis vorgehen. Der Anwendungsbereich der Berufsfreiheit ist daher praktisch auf Arbeitnehmer beschränkt, obwohl der Schutzbereich an sich umfassend jede Erwerbstätigkeit schützt.

2   Zu den Rechtsquellen führen die Erläuterungen aus: „Die in Artikel 15 Absatz 1 festgeschriebene Berufsfreiheit ist in der Rechtsprechung des Gerichtshofs anerkannt (siehe u. a. die Urteile vom 14. Mai 1974, Rechtssache 4/73, Nold, Slg. 1974, 491, Rn. 12 -14; vom 13. Dezember 1979, Rechtssache 44/79, Hauer, Slg. 1979, 3727; vom 8. Oktober 1986, Rechtssache 234/85, Keller, Slg. 1986, 2897, Rn. 8). Dieser Absatz lehnt sich ferner an Artikel 1 Absatz 2 der am 18. Oktober 1961 unterzeichneten und von allen Mitgliedstaaten ratifizierten Europäischen Sozialcharta und an Nummer 4 der Gemeinschaftscharta der sozialen Grundrechte der Arbeitnehmer vom 9. Dezember 1989 an."

I. Schutzbereich

3   Träger der Berufsfreiheit sind alle natürlichen und juristischen Personen. Für juristische Personen dürfte in der Regel aber Art. 16 vorrangig anzuwenden sein. Drittstaatsangehörige sind ebenfalls Träger der Berufsfreiheit. Art. 15 Abs. 1 vermittelt aber kein Recht auf Zugang zum Arbeitsmarkt der Union, wie sich auch aus Abs. 3 ergibt (Jarass GRCh Rn. 9).

4   Beruf ist jede auf die Erzielung einer Lebensgrundlage gerichtete (Erwerbs-) Tätigkeit von gewisser Dauer. Er muss nicht zur vollständigen Erzielung der Lebensgrundlage geeignet sein, auch Nebentätigkeiten sind geschützt. Dem Begriff der Arbeit kommt keine weitere Bedeutung für die Bestimmung des Schutzbereichs zu.

5   Geschützt ist sowohl die Berufswahl als auch die Ausübung des Berufs. Der Schutz der Berufsausübung ist umfassend und bezieht sich auf die Modalitäten der Berufsausübung. Auch die grenzüberschreitende Ausübung ist geschützt. Für Unionsbürger können sich diesbezüglich weitergehende Rechte aus den Grundfreiheiten ergeben.

II. Eingriff und Rechtfertigung

6   Eingriff ist jede Regelung oder erhebliche Behinderung der Berufswahl oder -ausübung durch einen Grundrechtsverpflichtenden. Beispiele sind Anmelde- oder Genehmigungserfordernisse oder quantitative Beschränkungen des Zugangs zu bestimmten Berufen.

7   Problematischer zu qualifizieren sind Maßnahmen des Grundrechtsverpflichteten, die sich mittelbar auf die Berufsausübung auswirken. Hier liegt ein Eingriff nur dann vor, wenn er einen hinreichend engen Bezug zur Berufsausübung aufweist und sich die Belastung nicht eher auf das Verhalten Dritter (bspw. des Arbeitgebers) zurückführen lässt oder von vornherein mit dem Beruf verknüpft ist.

8   Eingriffe können unter den Voraussetzungen des Art. 52 Abs. 1 gerechtfertigt sein. Erforderlich sind eine gesetzliche Grundlage, ein legitimes Ziel und die Verhältnismäßigkeit der Maßnahme. Im Rahmen der Verhältnismäßigkeitsprüfung können auch Maßnahmen, die den Berufszugang Drittstaatsangehöriger stärker beschränken als den von Unionsbürgern, gerechtfertigt sein. Abs. 3 fordert lediglich die Gleichbehandlung bei den Arbeitsbedingungen, im Umkehrschluss sind Ungleichbehandlungen bei Zugangsschranken grundsätzlich möglich.

B. Unionsbürgerrechte (Abs. 2)

9   Abs. 2 beinhaltet einen Verweis auf einige der Grundfreiheiten des AEUV: Auf die Freizügigkeit der Arbeitnehmer (Art. 45 AEUV), auf die Niederlassungsfreiheit (Art. 49 AEUV) und auf den freie Dienstleistungsverkehr (Art. 56 AEUV).

10   Ob die Regelung ein eigenständiges Recht enthält oder lediglich einen Verweis auf die von den Grundfreiheiten gewährten Rechte, ist umstritten. In der Praxis vermitteln die Gewährleistungen des Abs. 2 jedenfalls keinen weitergehenden Schutz als die Grundfreiheiten.

C. Recht Drittstaatsangehöriger auf gleiche Arbeitsbedingungen (Abs. 3)

Abs. 3 enthält ein Gleichbehandlungsrecht. Es verbietet die Diskriminierung Drittstaatsangehö- **11** riger bei den Arbeitsbedingungen. Die Erläuterungen führen zu Abs. 3 aus: „Absatz 3 stützt sich auf Artikel 153 Absatz 1 Buchstabe g des Vertrags über die Arbeitsweise der Europäischen Union sowie auf Artikel 19 Absatz 4 der am 18. Oktober 1961 unterzeichneten und von allen Mitgliedstaaten ratifizierten Europäischen Sozialcharta. Somit findet Artikel 52 Absatz 2 der Charta Anwendung." (ABl. 2007 C 303, 23).

I. Schutzbereich

In den persönlichen Schutzbereich fallen alle Drittstaatsangehörigen, die in den Mitgliedstaaten **12** arbeiten dürfen.

Der Begriff der Arbeitsbedingungen ist eng zu verstehen. Gemeint sind die Bedingungen am **13** Arbeitsplatz selbst, also zB die Gestaltung des Arbeitsplatzes (Ergonomie, Beleuchtung, Sicherheitsvorrichtungen), die Beschaffenheit der Arbeitsmittel, die Einwirkungen auf den Grundrechtsträger durch Licht, Lärm, Gifte, Erschütterungen, usw. Nicht umfasst ist insbesondere das Arbeitsentgelt, Urlaubsregelungen und dergleichen.

II. Ungleichbehandlung und Rechtfertigung

Eine Ungleichbehandlung liegt vor, wenn eine Regelung oder sonstige Maßnahme eines **14** Grundrechtsverpflichteten zu einer Schlechterstellung Drittstaatsangehöriger bezüglich der Arbeitsbedingungen führt. Vergleichsmaßstab ist ein Unionsbürger, der die gleiche Arbeit ausübt. Eine Ungleichbehandlung kann auch bezüglich der eigenen Arbeitnehmer des Grundrechtsverpflichteten vorliegen.

Aus Abs. 3 ergibt sich weder ein Recht auf Einreise noch ein Recht auf Zugang zum Arbeits- **15** markt der Union. Vielmehr setzt Abs. 3 gerade voraus, dass bereits ein Recht zur Arbeit innerhalb der Union gegeben ist.

Ungleichbehandlungen können unter den allgemeinen Voraussetzungen des Art. 52 Abs. 1 **16** gerechtfertigt sein. Ob tatsächlich – wie von den Erläuterungen angedeutet – Art. 52 Abs. 2 einschlägig ist, ist fraglich (NK-EuGRCh/*Bernsdorff* Rn. 22).

Artikel 16 Unternehmerische Freiheit

Die unternehmerische Freiheit wird nach dem Unionsrecht und den einzelstaatlichen Rechtsvorschriften und Gepflogenheiten anerkannt.

Überblick

Art. 16 schützt die Freiheit der unternehmerischen Betätigung (→ Rn. 4), die Berufsfreiheit der Unternehmer (→ Rn. 2).

A. Grundlagen und Erläuterungen

Die Erläuterungen führen zu Quellen und Bedeutung des Art. 16 aus: „Dieser Artikel stützt sich **1** auf die Rechtsprechung des Gerichtshofs, der die Freiheit, eine Wirtschafts- oder Geschäftstätigkeit auszuüben, ([...]) und die Vertragsfreiheit ([...]) anerkannt hat, sowie auf Artikel 119 Absätze 1 und 3 des Vertrags über die Arbeitsweise der Europäischen Union, in dem der freie Wettbewerb anerkannt wird. Dieses Recht wird natürlich unter Einhaltung des Unionsrechts und der einzelstaatlichen Rechtsvorschriften ausgeübt. Es kann nach Artikel 52 Absatz 1 der Charta beschränkt werden." (ABl. 2007 C 303, 23).

Geschützt ist damit die Berufsfreiheit der Unternehmer. Art. 16 geht daher für Unternehmer **2** Art. 15 Abs. 1 vor. Gerade zugunsten juristischer Personen wird in aller Regel Art. 16 anzuwenden sein.

B. Schutzbereich

Grundrechtsträger sind alle natürlichen und juristischen Personen. **3**

Geschützt ist ein „Unternehmen", also die selbstständige wirtschaftliche Tätigkeit von gewisser **4** Dauer. Wirtschaftliche Tätigkeit bedeutet, dass Güter oder Dienstleistungen auf einem Markt gegen Entgelt angeboten werden. Erfasst werden alle unternehmerischen Tätigkeiten unabhängig von der Rechtsform (juristische Person, Personengesellschaft, Einzelkaufmann, etc) oder der Größe des Unternehmens (Großunternehmen, Mittelständler, Freiberufler, etc).

5   Geschützt ist die Aufnahme der unternehmerischen Tätigkeit (Unternehmensgründung) und deren Beendigung sowie alle unternehmensbezogenen Aktivitäten wie bswp. die Auswahl von Kunden und Lieferanten, der Abschluss von Verträgen (Vertragsfreiheit), die Preisgestaltung, die Werbung oder die Anwerbung und Einstellung von Mitarbeitern.

C. Eingriffe und Rechtfertigung

6   Eingriffe können durch unmittelbar an den Grundrechtsträger adressierte Regelungen oder diesen unmittelbar belastende sonstige Maßnahmen erfolgen, wenn diese negative Auswirkungen auf die geschützte Tätigkeit haben.

7   Wie bei der Berufsfreiheit bereiten die Fälle mittelbarer Wirkungen auf das Unternehmen größere Probleme hinsichtlich ihrer Qualifikation als Eingriff. Nahezu jede staatliche Maßnahme wirkt sich auf die eine oder andere Weise auf Unternehmen aus. Daher muss bei mittelbaren Eingriffen die Zurechenbarkeit der Auswirkungen zum staatlichen Handeln genau geprüft werden. Stellen sich die Auswirkungen für den Unternehmer eher als Folge des Verhaltens anderer Marktteilnehmer dar, so liegt in der Regel kein Eingriff vor. Gleiches gilt, falls sich ein typisches unternehmerisches Risiko realisiert.

8   Eingriffe können nach den Vorgaben des Art. 52 Abs. 1 gerechtfertigt werden. Erforderlich sind dazu eine gesetzliche Grundlage und ein legitimes Ziel. Die Maßnahme muss ferner verhältnismäßig sein.

Artikel 17 Eigentumsrecht

(1) ¹Jede Person hat das Recht, ihr rechtmäßig erworbenes Eigentum zu besitzen, zu nutzen, darüber zu verfügen und es zu vererben. ²Niemandem darf sein Eigentum entzogen werden, es sei denn aus Gründen des öffentlichen Interesses in den Fällen und unter den Bedingungen, die in einem Gesetz vorgesehen sind, sowie gegen eine rechtzeitige angemessene Entschädigung für den Verlust des Eigentums. ³Die Nutzung des Eigentums kann gesetzlich geregelt werden, soweit dies für das Wohl der Allgemeinheit erforderlich ist.

(2) Geistiges Eigentum wird geschützt.

Überblick

Art. 17 schützt das Eigentum einschließlich des geistigen Eigentums (→ Rn. 5 f.). Eingriffe können durch Entzug (→ Rn. 8) oder durch Nutzungsbeschränkungen (→ Rn. 9) erfolgen, an den Entzug werden besondere Anforderungen gestellt (→ Rn. 10).

A. Grundlagen und Erläuterungen

1   Art. 17 bildet den Abschluss des Kerns der wirtschaftlichen Grundrechte der GRCh. Während Art. 15 und Art. 16 den Erwerbsvorgang schützen, bezieht sich der Schutz des Art. 17 auf das Erworbene.

2   Der Schutz des Eigentums in Art. 17 Abs. 1 entspricht Art. 1 EMRKZusProt. Die Erläuterungen führen weiter aus: „Es handelt sich um ein gemeinsames Grundrecht aller einzelstaatlichen Verfassungen. Es wurde mehrfach durch die Rechtsprechung des Gerichtshofs – zum ersten Mal in dem Urteil Hauer (13. Dezember 1979, Slg. 1979, 3727) – bekräftigt. Die Formulierung wurde zeitgemäßer gestaltet, doch hat dieses Recht nach Artikel 52 Absatz 3 die gleiche Bedeutung und die gleiche Tragweite wie das in der EMRK garantierte Recht, wobei nicht über die in der EMRK vorgesehenen Einschränkungen hinausgegangen werden darf." (ABl. 2007 C 303, 23).

3   Das Verhältnis des Abs. 2 zu Abs. 1 stellen die Erläuterungen wie folgt dar: „Der Schutz des geistigen Eigentums ist zwar ein Aspekt des Eigentumsrechts, er wird jedoch aufgrund seiner zunehmenden Bedeutung und aufgrund des abgeleiteten Gemeinschaftsrechts in Absatz 2 ausdrücklich aufgeführt. Das geistige Eigentum umfasst neben dem literarischen und dem künstlerischen Eigentum unter anderem das Patent- und Markenrecht sowie die verwandten Schutzrechte.

Die in Absatz 1 vorgesehenen Garantien gelten sinngemäß für das geistige Eigentum." (ABl. 2007 C 303, 23).

B. Schutzbereich

Träger des Eigentumsrechts sind alle natürlichen und juristischen Personen, wie Art. 1 Abs. 1 **4** S. 1 EMRKZusProt ausdrücklich normiert. Die Staatsangehörigkeit bzw. der Sitz des Grundrechtsträgers spielt keine Rolle. Auch das in einem Mitgliedstaat belegene Eigentum eines Drittstaatsangehörigen mit Wohnsitz außerhalb der Union wird geschützt.

Eigentum iSd Art. 17 ist weit zu verstehen. Gemeint sind das „vermögenswerte Rechte, aus denen **5** sich im Hinblick auf die Rechtsordnung eine gesicherte Rechtsposition ergibt, die eine selbstständige Ausübung dieser Rechte durch und zu Gunsten ihres Inhabers ermöglicht" (EuGH EuZW 2013, 347 Rn. 34 – Sky Österreich / Österreichischer Rundfunk). Die Rechtsposition wird von Art. 17 jedoch ausdrücklich nur dann geschützt, wenn sie rechtmäßig erworben wurde.

Geschützt sind damit Sacheigentum und andere dingliche Rechte, Forderungen, das in Abs. 2 **6** ausdrücklich erwähnte geistige Eigentum (→ Rn. 3) sowie bestimmte öffentlich-rechtliche Rechtspositionen wie der Anspruch auf Steuerrückzahlung. Das Recht am eingerichteten und ausgeübten Gewerbebetrieb wird nicht geschützt (Jarass GRCh Rn. 13). Nicht geschützt sind auch bloße Chancen oder Erwerbserwartungen.

Geschützt wird von Art. 17 das Innehaben der Rechtsposition, deren Nutzung, Verfügungen **7** über die Rechtsposition und das Vererben der Rechtsposition. Nicht geschützt ist der Erwerb, da Art. 17 ausdrücklich nur bereits erworbene Rechtspositionen schützt.

C. Eingriff

Der Eingriff kann zunächst durch den Entzug der Eigentumsposition erfolgen. Diese ist in **8** Art. 17 Abs. 1 S. 2 geregelt und tritt bei dauerhaftem und vollständigem Verlust der Eigentumsposition ein. Typisches Beispiel ist die förmliche Enteignung, bei der das Eigentumsrecht zwangsweise einem Dritten – oftmals dem Staat – zugewiesen wird.

Auch Nutzungsregelungen stellen einen Eingriff dar. Nutzungsregelungen sind Maßnahmen **9** eines Grundrechtsverpflichteten, die die Nutzung des Eigentums in zeitlicher oder räumlicher Hinsicht oder bezüglich der Art und Weise einschränken. Der Grundrechtsträger behält in diesem Fall seine Eigentumsposition, er kann das Eigentum aber nicht mehr in der gleichen Art und Weise nutzen, darüber verfügen oder es vererben wie zuvor.

D. Rechtfertigung

Eingriffe können unter den Voraussetzungen des Art. 52 Abs. 1 gerechtfertigt sein, wobei **10** zusätzlich die spezifischen Anforderungen des Abs. 1 und Art. 1 EMRKZusProt zu beachten sind. Erforderlich sind demnach stets eine gesetzliche Grundlage und ein legitimer Zweck. Die Maßnahme muss darüber hinaus auch verhältnismäßig sein. Beim Entzug einer Eigentumsposition muss eine angemessene Entschädigung geleistet werden.

Artikel 18 Asylrecht

Das Recht auf Asyl wird nach Maßgabe des Genfer Abkommens vom 28. Juli 1951 und des Protokolls vom 31. Januar 1967 über die Rechtsstellung der Flüchtlinge sowie nach Maßgabe des Vertrags über die Europäische Union und des Vertrags über die Arbeitsweise der Europäischen Union (im Folgenden „die Verträge") gewährleistet.

Überblick

Art. 18 schützt das Recht auf Asyl entsprechend der Vorschriften der GFK. Ein darüber hinausgehender Schutz wird nicht vermittelt (→ Rn. 2). Geschützt werden Flüchtlinge im Sinne der GFK (→ Rn. 4) vor der Aus- oder Zurückweisung in den Verfolgungsstaat (→ Rn. 8).

A. Grundlagen und Erläuterungen

Zu den Rechtsquellen und der Reichweite des Art. 18 führen die Erläuterungen aus: „Der **1** Wortlaut des Artikels stützte sich auf Artikel 63 EGV, der nunmehr durch Artikel 78 des Vertrags über die Arbeitsweise der Europäischen Union ersetzt wurde und der die Union zur Einhaltung der Genfer Flüchtlingskonvention verpflichtet. Es sei auf die den Verträgen beigefügten Protokolle über das Vereinigte Königreich und Irland sowie Dänemark verwiesen, um zu bestimmen, inwieweit diese Mitgliedstaaten das diesbezügliche Unionsrecht anwenden und inwieweit dieser Artikel auf sie Anwendung findet. Dieser Artikel berücksichtigt das den Verträgen beigefügte Protokoll über die Gewährung von Asyl." (ABl. 2007 C 303, 24)

2   Bereits aus dem Wortlaut wird deutlich, dass kein über die GFK hinausgehender Schutz durch Art. 18 vermittelt wird. Art. 33 GFK enthält diesbezüglich die zentrale Vorschrift, den Grundsatz des Non-Refoulement (→ GFK Art. 33 Rn. 1).

B. Schutzbereich

3   Grundrechtsträger ist jede natürliche Person. In Anspruch genommen wird das Recht auf Asyl ganz überwiegend von Drittstaatsangehörigen. Dennoch sind auch Staatsbürger der Mitgliedstaaten Grundrechtsträger, ihr Asylgesuch wird aber in den meisten Fällen unbegründet sein.

4   Der Schutzbereich wird durch Art. 33 Abs. 1 GFK bestimmt. Demnach muss es sich beim Betroffenen um einen Flüchtling iSd Art. 1 A. Nr. 2 GFK handeln (→ GFK Art. 1 Rn. 23 ff.). Dies erfordert zunächst, dass sich die Person außerhalb des Staats ihrer Staatsangehörigkeit befindet.

5   Weiter muss „begründete Furcht vor Verfolgung" im Herkunftsland gegeben sein. Die Verfolgung muss dazu führen, dass das Leben oder die Freiheit der Person bedroht wäre oder ihr schwerwiegende Menschenrechtsverletzungen drohen (vgl. Art. 33 Abs. 1 GFK). Keine „begründete Furcht vor Verfolgung" ist gegeben, wenn es dem Betroffenen möglich ist innerhalb des Herkunftslands der Verfolgung auszuweichen, es also inländische Fluchtalternativen gibt (Jarass GRCh Rn. 7). Die Verfolgung muss von staatlichen Stellen ausgehen oder von diesen gefördert oder gebilligt werden.

6   Ferner muss die Verfolgung wegen bestimmter Merkmale erfolgen (Art. 1 A. Nr. 2 GFK und Art. 33 Abs. 1 GFK). Diese sind die Verfolgung wegen der Rasse, der Religion oder der Staatsangehörigkeit des Betroffenen oder wegen seiner Zugehörigkeit zu einer bestimmten sozialen Gruppe oder wegen seiner politischen Überzeugung.

7   Der durch die GFK vermittelte Schutz darf schließlich nicht entfallen sein. Dies kann unter den Voraussetzungen der Art. 1 C.–E. GFK geschehen, bspw. beim Erwerb einer neuen Staatsbürgerschaft, Wegfall der Verfolgungsgründe oder anderweitigem Beistand. Auch bestimmte schwere Verbrechen lassen den Schutz entfallen (Art. 1 F. GFK).

C. Eingriff

8   Der Eingriff erfolgt durch Ausweisung, Abschiebung, Zurückweisung oder Auslieferung an den Staat, in dem Verfolgung droht. Erfasst werden alle Maßnahmen eines Grundrechtsverpflichteten, die dazu führen, dass der Betroffene in das Herkunftsland zurückkehren muss oder dorthin verbracht wird. Damit können auch Zurückweisungen oder Ausweisungen in ein Drittland einen Eingriff darstellen, wenn die Gefahr besteht, dass von dort eine Ausweisung in das Herkunftsland erfolgt.

9   Da auch die Zurückweisung an der Grenze einen Eingriff darstellen kann, kann Art. 18 faktisch dazu führen, dass einem Betroffenen die Einreise gewährt werden muss.

10   Ein Eingriff liegt auch vor, wenn ein Grundrechtsverpflichteter kein ausreichendes, rechtsförmiges Verfahren zur Feststellung oder Verneinung der Flüchtlingseigenschaft wahrt.

D. Rechtfertigung

11   Eingriffe in Art. 18 können unter den Voraussetzungen des Art. 52 Abs. 1 gerechtfertigt werden. Erforderlich ist eine gesetzliche Grundlage. Als legitimes Ziel kommen insbesondere die Versagensgründe des Art. 33 Abs. 2 in Betracht, in diesem Fall muss Art. 33 Abs. 2 durch Gesetz konkretisiert werden (Jarass GRCh Rn. 17). Schließlich muss die Maßnahme verhältnismäßig sein.

Artikel 19 Schutz bei Abschiebung, Ausweisung und Auslieferung

   (1) Kollektivausweisungen sind nicht zulässig.

   (2) Niemand darf in einen Staat abgeschoben oder ausgewiesen oder an einen Staat ausgeliefert werden, in dem für sie oder ihn das ernsthafte Risiko der Todesstrafe, der

Folter oder einer anderen unmenschlichen oder erniedrigenden Strafe oder Behandlung besteht.

Überblick

Art. 19 schützt vor bestimmten Formen der Ausweisung, Abschiebung oder Auslieferung, die die Würde des Menschen verletzen können. Abs. 1 schützt vor Ausweisungen, die ohne Prüfung des Einzelfalls erfolgen (→ Rn. 5). Abs. 2 erweitert den Schutz des Art. 2 Abs. 2 und des Art. 4 auf Fälle, in denen durch die Ausweisung, Abschiebung oder Auslieferung (→ Rn. 7) das Risiko (→ Rn. 8) einer menschenwürdewidrigen Behandlung geschaffen wird.

A. Grundlagen und Erläuterungen

Zu den Rechtsquellen des Art. 19 stellen die Erläuterungen dar: „Absatz 1 dieses Artikels hat **1** hinsichtlich der Kollektivausweisungen die gleiche Bedeutung und Tragweite wie Artikel 4 des Zusatzprotokolls Nr. 4 zur EMRK. Hiermit soll gewährleistet werden, dass jeder Beschluss gesondert geprüft wird und dass nicht beschlossen werden kann, alle Menschen, die die Staatsangehörigkeit eines bestimmten Staates besitzen, mit einer einzigen Maßnahme auszuweisen (siehe auch Artikel 13 des Internationalen Pakts über bürgerliche und politische Rechte). Mit Absatz 2 wird die einschlägige Rechtsprechung des Europäischen Gerichtshofs für Menschenrechte zu Artikel 3 EMRK (siehe Ahmed gegen Österreich, Urteil vom 17. Dezember 1996, Slg. EGMR 1996, VI-2206 und Soering, Urteil vom 7. Juli 1989) übernommen." (ABl. 2007 C 303, 24).

Bezüglich Abs. 1 gilt daher unproblematisch Art. 52 Abs. 3 S. 1. Aber auch bezüglich Abs. 2 **2** ist Art. 52 Abs. 3 anwendbar, da sich die Norm ausdrücklich auf einen Ausschnitt des Art. 3 EMRK bezieht. Es ist insbesondere die umfassende Rechtsprechung des EGMR (→ EMRK Art. 3 Rn. 22 ff.) zu berücksichtigen.

B. Schutzbereich

Grundrechtsträger ist jede natürliche Person. Tatsächlich dient der Schutz des Art. 19 vor allem **3** Drittstaatsangehörigen, da Unionsbürger ein weitrechendes Aufenthaltsrecht aus Art. 45 Abs. 1 GRCh und Art. 21 AEUV genießen.

Der Schutz des Art. 19 erfordert ferner, dass sich der Betroffene in einem Mitgliedstaat aufhält. **4** Ob der Aufenthalt rechtmäßig ist oder nicht, ist dagegen nicht erheblich.

C. Eingriffe

I. Kollektivausweisung (Abs. 1)

Kollektivausweisungen sind dadurch gekennzeichnet, dass eine anhand genereller Merkmale **5** bestimmte Gruppe von Menschen ausgewiesen wird, ohne dass eine Prüfung und Entscheidung im Einzelfall stattfindet.

II. Sonstiger Schutz bei Abschiebung, Ausweisung und Auslieferung (Abs. 2)

Abs. 2 schützt vor bestimmten Maßnahmen eines Grundrechtsverpflichteten, nämlich der Aus- **6** weisung, einschließlich der Zurückweisung (EuGH BeckRS 2015, 80822 Rn. 65) und deren zwangsweisen Durchsetzung, der Abschiebung sowie der Auslieferung. Art. 19 Abs. 2 soll bei der asylrechtlichen Überstellung und der Übergabe aufgrund Europäischen Haftbefehls nicht einschlägig sein (Jarass GRCh Rn. 7). Insoweit dürfte dann aber Art. 4 anzuwenden sein (→ Art. 4 Rn. 12).

Ein Eingriff liegt vor, wenn dem Betroffenen im Zielland die Todesstrafe (→ Art. 2 Rn. 3.1), **7** Folter (→ Art. 4 Rn. 8) oder eine andere unmenschliche oder erniedrigende Strafe oder Behandlung (→ Art. 4 Rn. 6) droht. Der Eingriff liegt in der Maßnahme des Grundrechtsverpflichteten, es ist daher nicht erforderlich, dass die Bedrohung im Zielland von einer staatlichen Stelle ausgeht.

Es muss das „ernsthafte" Risiko bestehen, dass sich die Bedrohung realisiert, die bloße Möglich- **8** keit genügt nicht. Auch allgemeine Gefahrensituationen genügen nicht, das Risiko muss gerade für den Betroffenen bestehen.

D. Rechtfertigung

9   Eingriffe in Art. 19 Abs. 1 sind aufgrund des eindeutigen Wortlauts „nicht zulässig". Allein für den Kriegs- oder Notstandsfall können wegen Art. 15 Abs. 1 EMRK iVm Art. 52 Abs. 3 S. 1 Eingriffe gerechtfertigt sein. In diesem Fall sind die weiteren Vorgaben des Art. 52 Abs. 1 zu beachten.

10 Eingriffe in Art. 19 Abs. 2 sind stets unzulässig, da Abs. 2 auf Art. 3 EMRK zurückzuführen ist, in den gem. Art. 15 Abs. 2 EMRK auch in Kriegs- und Notstandszeiten nicht eingegriffen werden darf.

Artikel 20 Gleichheit vor dem Gesetz

Alle Personen sind vor dem Gesetz gleich.

Überblick

Art. 20 enthält einen allgemeinen Gleichbehandlungsgrundsatz, der die Ungleichbehandlung gleicher Sachverhalte verbietet (→ Rn. 3), wenn nicht objektive Gründe diese rechtfertigen (→ Rn. 5).

A. Grundlagen und Erläuterungen

1   Art. 20 stellt einen allgemeinen Gleichbehandlungsgrundsatz dar, der jede willkürliche Ungleichbehandlung verbietet. Die EMRK enthält kein vergleichbares Grundrecht. Die Erläuterungen verweisen darauf, dass der Gleichbehandlungsgrundsatz einem allgemeinen Rechtsprinzip entspricht, „das in allen europäischen Verfassungen verankert ist und das der Gerichtshof als ein Grundprinzip des Gemeinschaftsrechts angesehen hat" (ABl. 2007 C 303, 24).

B. Schutzbereich (Ungleichbehandlung)

2   Grundrechtsträger ist jede natürliche Person und auch alle juristischen Personen sowie Personenvereinigungen (juristische Personen des öffentlichen Rechts jedoch nicht). Auch Drittstaatsangehörige und juristische Personen mit Sitz in einem Drittstaat werden geschützt.

3   Art. 20 schützt im Fall der Ungleichbehandlung, also wenn vergleichbare Sachverhalte vom selben Grundrechtsverpflichteten ungleich behandelt werden. Die Vergleichbarkeit muss mit Blick auf den konkreten Sachverhalt festgestellt werden. Auch in der Gleichbehandlung ungleicher Sachverhalte kann eine Ungleichbehandlung liegen.

C. Rechtfertigung

4   Ungleichbehandlungen können auf Grundlage des Art. 52 Abs. 1 gerechtfertigt werden. Allerdings wird man in Abweichung von Art. 52 Abs. 1 keine gesetzliche Grundlage für die Ungleichbehandlung verlangen können, da der Anwendungsbereich des Art. 20 zu offen ist (Jarass GRCh Rn. 12).

5   Für die Rechtfertigung der Ungleichbehandlung muss ein objektiver Grund vorliegen, also ein legitimes Ziel iSd Art. 52 Abs. 1. Die Ungleichbehandlung muss ferner auch verhältnismäßig sein.

Artikel 21 Nichtdiskriminierung

(1) Diskriminierungen insbesondere wegen des Geschlechts, der Rasse, der Hautfarbe, der ethnischen oder sozialen Herkunft, der genetischen Merkmale, der Sprache, der Religion oder der Weltanschauung, der politischen oder sonstigen Anschauung, der Zugehörigkeit zu einer nationalen Minderheit, des Vermögens, der Geburt, einer Behinderung, des Alters oder der sexuellen Ausrichtung sind verboten.

(2) Unbeschadet besonderer Bestimmungen der Verträge ist in ihrem Anwendungsbereich jede Diskriminierung aus Gründen der Staatsangehörigkeit verboten.

Überblick

Art. 21 verbietet die Ungleichbehandlung (→ Rn. 4) aufgrund bestimmter Merkmale, nämlich einerseits persönlicher Merkmale, auf deren Ausprägung der Mensch in der Regel kaum einen Einfluss hat (→ Rn. 7), und andererseits wegen der Staatsangehörigkeit (→ Rn. 8).

A. Grundlagen und Erläuterungen

Zu den Quellen des Abs. 21 führen die Erläuterungen aus: „Absatz 1 lehnt sich an Artikel 13 **1** EGV, der nun durch Artikel 19 AEUV ersetzt wurde, und Artikel 14 EMRK sowie an Artikel 11 des Übereinkommens über Menschenrechte und Biomedizin in Bezug auf das genetische Erbe an. Soweit er mit Artikel 14 EMRK zusammenfällt, findet er nach diesem Artikel Anwendung. [...] Absatz 2 entspricht Artikel 18 Absatz 1 des Vertrags über die Arbeitsweise der Europäischen Union und findet entsprechend Anwendung." (ABl. 2007 C 303, 24).

B. Schutzbereich

Grundrechtsträger der Diskriminierungsverbote des Abs. 1 sind alle natürlichen Personen, auch **2** Drittstaatsangehörige. Juristische Personen und Personenvereinigungen können sich ebenfalls auf Art. 21 Abs. 1 berufen, soweit sich die genannten Merkmale auf sie beziehen lassen (bspw. können Religionsgemeinschaften eine Diskriminierung wegen der Religion geltend machen). Das Merkmal des „Vermögens" dürfte sich auf alle juristischen Personen beziehen lassen.

Hinsichtlich des Abs. 2 kommt entgegen dem weitgehenden Wortlaut eine Beschränkung der **3** Grundrechtsträgerschaft auf Unionsbürger in Betracht. Angesichts des deutlichen Bezugs zu Art. 18 AEUV und des speziellen Diskriminierungsverbots in Art. 15 Abs. 3 spricht viel dafür, Art. 21 Abs. 2 nur auf Unionsbürger zu beziehen (NK-EuGRCh/Hölscheidt Rn. 58).

C. Eingriff (Ungleichbehandlung)

Der Eingriff in Art. 21 erfolgt durch Ungleichbehandlung aufgrund eines der genannten Merk- **4** male. Die unzulässige Ungleichbehandlung wird dann Diskriminierung genannt, Ungleichbehandlungen können allerdings gerechtfertigt sein (→ Rn. 9).

Sowohl die unmittelbare als auch die mittelbare Ungleichbehandlung stellen einen Eingriff dar. **5** Bei der unmittelbaren Ungleichbehandlung knüpft der Grundrechtsverpflichtete eine Maßnahme ausdrücklich oder implizit an eines der genannten Merkmale (bspw. indem der Tatbestand einer Rechtsnorm an das Geschlecht anknüpft). Bei der mittelbaren Ungleichbehandlung ist die Maßnahme vordergründig hinsichtlich der genannten Merkmale neutral, faktisch betrifft sie aber ausschließlich oder ganz überwiegend Personen, bei denen eines der genannten Merkmale eine bestimmte Ausprägung hat (bspw. indem Hebammen anders behandelt werden als vergleichbare Berufe vor dem Hintergrund, dass es kaum männliche Geburtshelfer gibt und die Regelung somit mittelbar an das Geschlecht anknüpft).

Wie bei Art. 20 muss die Ungleichbehandlung vom gleichen Grundrechtsverpflichteten ausge- **6** hen. Außerdem muss die Ungleichbehandlung zu einem Nachteil für den Grundrechtsträger führen.

I. Wegen bestimmter Merkmale (Abs. 1)

Abs. 1 verbietet die Ungleichbehandlung wegen bestimmter persönlicher Merkmale, auf deren **7** Ausprägung der Mensch in der Regel kaum einen Einfluss hat. Der Katalog der genannten Merkmale ist nicht abschließend, weitere Merkmale, die in einer ähnlichen Art und Weise personengebunden und schwer oder nicht veränderlich sind, können ebenfalls unter das Diskriminierungsverbot des Abs. 1 fallen. Andererseits enthält Abs. 1 kein allgemeines Diskriminierungsverbot, der allgemeine Gleichbehandlungssatz ist in Art. 20 normiert.

II. Wegen der Staatsangehörigkeit (Abs. 2)

Ein Eingriff in Abs. 2 liegt vor, wenn „ein Angehöriger eines Mitgliedstaats nur aufgrund seiner **8** Staatsangehörigkeit gegenüber den Angehörigen eines anderen Mitgliedstaats diskriminiert" wird (EuGH Slg. 2009, I-4609 = EuZW 2009, 702 Rn. 52 – Vatsouras).

D. Rechtfertigung

9   Ungleichbehandlungen können unter den Voraussetzungen des Art. 52 Abs. 1 gerechtfertigt sein. Dazu ist – jedenfalls bei unmittelbaren Ungleichbehandlungen – eine gesetzliche Grundlage erforderlich. Erforderlich ist ferner ein legitimes Ziel, das mit der Ungleichbehandlung verfolgt wird, und, dass die Ungleichbehandlung im Lichte des verfolgten Ziels verhältnismäßig ist.

Vertrag über die Arbeitsweise der Europäischen Union

In der Fassung der Bekanntmachung vom 9. Mai 2008
(ABl. 2016 C 202 S. 47, ber. ABl. C 400 S. 1)
Celex-Nr. 1 1957 E
– in Auszügen kommentiert –

Zweiter Teil. Nichtdiskriminierung und Unionsbürgerschaft

Artikel 18 [Diskriminierungsverbot]

[ex Art. 12 EGV]
Unbeschadet besonderer Bestimmungen der Verträge ist in ihrem Anwendungsbereich jede Diskriminierung aus Gründen der Staatsangehörigkeit verboten.

Das Europäische Parlament und der Rat können gemäß dem ordentlichen Gesetzgebungsverfahren Regelungen für das Verbot solcher Diskriminierungen treffen.

Überblick

Art. 18 verbietet die Diskriminierung aus Gründen der Staatsangehörigkeit. Er enthält damit den fundamentalen Gleichheitssatz des europäischen Primärrechts, ein „Leitmotiv" der Verträge.

Das Recht der Staatsangehörigkeit ist Ausfluss staatlicher Souveränität. Sie kann nur von Staaten zuerkannt und entzogen werden. Die Union ist selbst nicht Staat, sondern Staatenverbund. Solange dem so ist, sind in der Union Angehörige der verschiedenen Mitgliedstaaten vereint. Zugleich liegt dem Unionsrecht, insbesondere jenem des Binnenmarktes ein ausgesprochen egalitärer Gedanke zugrunde. Nicht Herkunft und Nationalität sollen über Marktzugang und Absatzerfolg entscheiden, sondern die Qualifikation und Qualität, Lohn und Preis. Folgerichtig enthält Art. 18 mit dem Verbot der Diskriminierung aus Gründen der Staatsangehörigkeit die „Interpretationsmaxime" aller weiteren Bestimmungen.

Als Ausfluss des allgemeinen Gleichheitssatzes (EuGH BeckRS 2004, 71690; dogmatische Besonderheiten sieht Streinz/Lurger, EUV/AEUV, 2. Aufl. 2012, Art. 12 Rn. 13) wird das Diskriminierungsverbot in den speziellen Regelungsbereichen des Vertrages konkretisiert, insbesondere im Rahmen der Grundfreiheiten. Dort tritt Art. 18 als lex generalis („unbeschadet") hinter die spezielleren Vorschriften zurück (EuGH ZAR 2021, 79). Gleichwohl sind auch diese spezielleren Gleichheitsgarantien „im Lichte" des Art. 18 auszulegen. Eigenständige Bedeutung kommt Art. 18 nur dort zu, wo die Verträge keine besonderen Diskriminierungsverbote vorsehen.

Die grundrechtsähnliche Garantie (vgl. → Rn. 1 f.) hindert die Union, die Mitgliedstaaten und teilweise auch Private (vgl. → Rn. 3 ff.) daran, Unionsbürger und die in den Anwendungsbereich einbezogenen Drittstaatsangehörigen und Staatenlosen (vgl. → Rn. 6 ff.) im Anwendungsbereich der Verträge (vgl. → Rn. 13 f.) aufgrund der Staatsangehörigkeit zu diskriminieren (vgl. → Rn. 9 ff.). Art. 18 Abs. 2 enthält darüber hinaus eine Rechtsetzungsbefugnis, um Diskriminierungen zu verbieten (vgl. → Rn. 15).

A. Anwendbarkeit

I. Unmittelbare Anwendung und grundrechtsähnlicher Charakter

Als europäisches Primärrecht ist das Diskriminierungsverbot aus Gründen der Staatsangehörigkeit unmittelbar anwendbar. Es räumt dem Bürger unmittelbar Rechte ein, auf die er sich vor Gericht berufen kann, hat also „grundrechtsähnlichen Charakter". **1**

Dementsprechend verbietet auch Art. 21 Abs. 2 GRCh die Diskriminierung aus Gründen der Staatsangehörigkeit, ohne dass der Norm weitergehende Bedeutung zukommen dürfte. Das Diskriminierungsverbot des AEUV bindet die Mitgliedstaaten im Gegensatz zu jenem der EU-Grundrechtecharta (vgl. Art. 51 GRCh) umfassend. **2**

II. Adressaten

3 Art. 18 bindet die Union selbst, insbesondere bei der Rechtsetzung (EuGH BeckRS 2004, 71912 – AGBP). Weiter originär verpflichtet sind die Mitgliedstaaten und alle ihnen zurechenbaren Akteure. Ihr Kreis ist weit auszulegen (GKK/Khan Rn. 3 mwN).

4 Art. 18 entfaltet auch Drittwirkung gegenüber Privaten, jedenfalls insoweit, als sie zur autonomen Rechtsetzung gegenüber Einzelnen ermächtigt sind (zB Kollektivregelungen im Arbeitsrecht, Rechtsetzung von Sportverbänden für Berufssportler; EuGH BeckRS 2004, 70975 – Walrave).

5 Ob die Norm darüber hinaus Drittwirkung entfaltet ist, in der Rechtsprechung noch nicht endgültig entschieden und im Schrifttum umstritten (dafür: GHN/v. Bogdandy Rn. 28), wobei die kritischen Stimmen überwiegen (dagegen: Hailbronner ZaöRV 2004, 603; GKK/Khan Rn. 4 mwN).

III. Begünstigte

6 Das Diskriminierungsverbot aus Gründen der Staatsangehörigkeit schützt EU-Bürger (vgl. Art. 20), unabhängig von einer ggf. daneben noch bestehenden Staatsangehörigkeit eines Drittstaates.

7 Reine Drittstaatsangehörige und Staatenlose können sich grundsätzlich nicht auf das Diskriminierungsverbot berufen, es sei denn, sie sind in den Anwendungsbereich der Verträge einbezogen.

8 Art. 18 verbietet auch die Diskriminierung von Inländern. Das gilt jedoch nur, wenn sie zuvor von den Freizügigkeitsrechten des Binnenmarktes Gebrauch gemacht haben (EuGH BeckRS 2004, 70935 – Morson). Rein innerstaatliche Sachverhalte sind nicht erfasst.

B. Garantiegehalt im Einzelnen

I. Diskriminierungsverbot

9 Art. 18 verbietet jegliche Diskriminierungen aufgrund der Staatsangehörigkeit.

10 Eine Diskriminierung liegt vor, wenn die gleiche Vorschrift auf unterschiedliche Sachverhalte angewandt wird oder identische Sachverhalte unterschiedlichen Normen unterfallen (EuGH BeckRS 2004, 75933 – Schumacker) und diese Ungleichbehandlung den Betroffenen benachteiligt (vgl. GHN/Grabenwarter Art. 19 Rn. 26). An einer Diskriminierung fehlt es, wenn sich die Benachteiligung eines Ausländers allein daraus ergibt, dass die nationalen Regelungen der beiden beteiligten Staaten unterschiedlich sind (EuGH BeckRS 2004, 77267 – NFFO).

11 Neben unmittelbaren Diskriminierungen durch das Anknüpfen an die Staatsangehörigkeit (zB EuGH BeckRS 2004, 75893 – Bickel: Recht auf Strafverfahren in deutscher Sprache für eine nationale Minderheit (Südtiroler), aber nicht für Ausländer (zB Österreicher)) sind auch mittelbare Diskriminierungen erfasst. Damit gemeint sind Unterscheidungen, die zwar an andere Kriterien als die Staatsangehörigkeit anknüpfen, aber eine ähnliche Wirkung entfalten, weil sie typischerweise nur Ausländer oder nur Inländer erfüllen (zB Wohnsitz, Geburts- oder Herkunftsort).

12 Differenzierungen sind nach den vorgenannten Maßstäben nicht schlechthin verboten. Sie bedürfen aber einer Rechtfertigung dergestalt, dass sachliche Erwägungen die Unterscheidung begründen und der Grundsatz der Verhältnismäßigkeit beachtet wird (EuGH BeckRS 2005, 70203 – Bidar).

12a Für das Recht der Auslieferung hat der EuGH das Benachteiligungsverbot prozeduralisiert, indem er zum einen auch dort den Anspruch auf Gleichbehandlung betont (EuGH ZAR 2020, 111), zugleich aber anerkennt, dass ein um Auslieferung in einen außereuropäischen Staat ersuchter Mitgliedstaat seine eigenen Staatsangehörigen auf Grundlage einer verfassungsrechtlichen Norm anders behandeln darf, als Staatsangehörige anderer Mitgliedstaaten, wenn er zuvor den Behörden im Heimatstaat des Betroffenen die Möglichkeit eingeräumt hat, diesen im Rahmen des europäischen Haftbefehls für sich zu beanspruchen (EuGH NJW 2018, 1529; ähnlich bei Staatsangehörigen aus EFTA-Staaten, EuGH ZAR 2020, 387; ebenfalls zu Fragen der Auslieferung: EuGH ZAR 2021, 132).

II. „... im Anwendungsbereich der Verträge ..."

13 Das Diskriminierungsverbot gilt nur im (weit verstandenen; EuGH BeckRS 2004, 72090 – Cowan) Anwendungsbereich der Verträge, also nur soweit ein Mitgliedstaat in einem Bereich handelt, den das Unionsrecht (mit-) bestimmt, das sind insbesondere jene mit Bezug zum Binnenmarkt (zB Zugang zur Berufsausbildung; EuGH BeckRS 2004, 72987 – Gravier). Darüber hinaus lässt der EuGH mittlerweile sogar bereits den regelmäßigen Aufenthalt in einem anderen Mitgliedstaat in Ausübung einer Grundfreiheit genügen, ohne die Verbindung des fraglichen Sachrechts zur Grundfreiheit zu untersuchen (EuGH BeckRS 2008, 70618 – Wood / Fonds de garantie des victimes des actes de terrorisme et d'autres infractions; vgl. Epiney NVwZ 2009, 1139 mwN aus der Rspr.).

Dementsprechend verstößt eine Inländerdiskriminierung nicht gegen Art. 18, wenn die Stellung **14** des Inländers keinen Bezug zur Sachregelung des Unionsrechts aufweist (EuGH BeckRS 2004, 76036 – Aubertin und andere). In ständiger Rechtsprechung verneint der EuGH auch die Anwendbarkeit des Art. 18 auf rein innerstaatliche (im Sinne von nicht grenzüberschreitende) Sachverhalte. Hier sind ggf. nationale Gleichbehandlungsgebote sowie ein weitergehender Schutz durch den Kernbestand der aus der Unionsbürgerschaft (Art. 20) fließenden Rechte zu beachten, der unabhängig vom Grenzübertritt geschützt sein soll (EuGH BeckRS 2011, 80196 – Ruiz Zambrano).

C. Rechtsetzungsbefugnis (Abs. 2)

Art. 18 Abs. 2 ermächtigt Parlament und Rat, durch Rechtsetzungsakte einzelne staatsangehö- **15** rigkeitsbezogene Diskriminierungen zu verbieten sowie Rechtsakte zu erlassen, „deren Regelung notwendig erscheint, damit diese Rechte wirksam ausgeübt werden können" (EuGH BeckRS 2004, 76088 Rn. 18 – Parlament / Rat). Neben Art. 18 Abs. 2 bestehen zahlreiche speziellere Regelungen (zB Art. 21 Abs. 2, Abs. 3). Sie minimieren die praktische Bedeutung der Norm.

Artikel 19 [Antidiskriminierungsmaßnahmen]

[ex Art. 13 EGV]

(1) Unbeschadet der sonstigen Bestimmungen der Verträge kann der Rat im Rahmen der durch die Verträge auf die Union übertragenen Zuständigkeiten gemäß einem besonderen Gesetzgebungsverfahren und nach Zustimmung des Europäischen Parlaments einstimmig geeignete Vorkehrungen treffen, um Diskriminierungen aus Gründen des Geschlechts, der Rasse, der ethnischen Herkunft, der Religion oder der Weltanschauung, einer Behinderung, des Alters oder der sexuellen Ausrichtung zu bekämpfen.

(2) Abweichend von Absatz 1 können das Europäische Parlament und der Rat gemäß dem ordentlichen Gesetzgebungsverfahren die Grundprinzipien für Fördermaßnahmen der Union unter Ausschluss jeglicher Harmonisierung der Rechts- und Verwaltungsvorschriften der Mitgliedstaaten zur Unterstützung der Maßnahmen festlegen, die die Mitgliedstaaten treffen, um zur Verwirklichung der in Absatz 1 genannten Ziele beizutragen.

Überblick

Die Union hat sich im Lauf ihrer Geschichte von einer Wirtschafts- und Interessengemeinschaft hin zu einer Werteunion entwickelt. Diese Evolution hat mit den Rechtsetzungsakten zur GRCh und dem Beitritt der Union zur EMRK mit dem Vertrag von Lissabon (vgl. Art. 6 Abs. 2, Abs. 3 EUV) ihren positivrechtlichen Niederschlag gefunden.

Damit geht als Kernbestand des menschenrechtlichen acquis der Union und ihrer Mitgliedstaaten (Art. 3 Abs. 3 UAbs. 2 EUV, Art. 14 EMRK, Art. 21 GRCh) die Überzeugung einher, dass alle Menschen gleichwertig sind und Anspruch auf einen fairen, an sachgerechten Verteilungsmaßstäben ausgerichteten Zugang zu Lebenschancen haben. Dem stehen Diskriminierungen entgegen. Art. 19 weist dem Parlament (Abs. 1) bzw. Rat und Parlament (Abs. 2) die Kompetenz zu, Maßnahmen zu ihrer Bekämpfung zu treffen.

Die tatsächlichen Maßnahmen und Rechtsregeln gegen Diskriminierungen ergeben erst sich aus den auf Art. 19 gestützten Sekundärrechtsakten (vgl. → Rn. 19 ff.).

Art. 19 überträgt der Union eine Kompetenz zum Erlass von Antidiskriminierungsgesetzen. Sie ist nach dem Spezialitätsgrundsatz von ähnlichen Normen abzugrenzen (→ Rn. 1 ff.), erfasst inhaltlich aber nur Diskriminierungen wegen der in Art. 19 Abs. 1 genannten Merkmale (→ Rn. 6 ff.). Die Ermächtigung des Art. 19 ist weit gefasst (→ Rn. 13 f.). Der damit eingeräumten Möglichkeit, Private zu verpflichten, trägt ein besonderes Verfahren Rechnung (→ Rn. 17).

A. Anwendungsbereich, Berechtigte und Verpflichtete

1   Dem Charakter der Norm als reine Rechtsetzungsermächtigung entspricht, dass sie nicht unmittelbar anwendbar ist und für den einzelnen keine subjektiven Rechte begründet (EuGH BeckRS 2006, 70515 – Chacon Navas, Streinz/Streinz, EUV/AEUV, 2. Aufl. 2012, Rn. 19 mwN)

I. Abgrenzung und Normcharakter

2   Art. 19 geht als speziellere Regel der Ergänzungskompetenz des Art. 352 vor. Gegenüber spezielleren Ermächtigungen für andere Lebensbereiche (etwa Art. 157) ist die Norm subsidiär.

3   Sie ist damit vorrangig auf spezielle Maßnahmen zur Bekämpfung von Diskriminierungen ausgelegt, was auch das besondere Gesetzgebungsverfahren (vgl. sogleich) nahelegt (str., Calliess/Ruffert/Epiney Rn. 3). Ihrem Charakter nach ist die Vorschrift akzessorisch. Sie setzt eine Regelungskompetenz der Union voraus („[...] im Rahmen der übertragenen Zuständigkeiten [...]") und erweitert diese in die Breite um Maßnahmen gegen Diskriminierung (EuGH BeckRS 2008, 70976 – Bartsch). Ist eine solche unionale Kompetenz nicht geschrieben, kann sie sich auch aus dem Sachzusammenhang ergeben (zB im Vergaberecht der Union; vgl. Streinz/Streinz, EUV/AEUV, 2. Aufl. 2012, Rn. 15).

II. Sachlicher Schutzbereich

4   Sachlich umfasst Art. 19 nur Maßnahmen, um Diskriminierungen wegen der dort genannten Merkmale (Geschlecht, Rasse, ethnische Herkunft, Religion / Weltanschauung, Behinderung, Alter, sexuelle Ausrichtung) zu bekämpfen. Daraus folgt personell, dass nur natürliche Personen geschützt sind, weil die Diskriminierungsverbote an menschliche Eigenschaften anknüpfen. Juristische Personen sind damit aus-, Drittstaatsangehörige eingeschlossen. Das steht primärrechtlichen Normen nicht entgegen, die bestimmte Garantie nur für Unionsbürger vorsehen.

5   Zum Begriff der Diskriminierung und der Differenzierung zwischen unmittelbarer und mittelbarer Diskriminierung wird auf die Kommentierung zu Art. 18 verwiesen (→ Art. 18 Rn. 11). Für Art. 19 ist darauf hinzuweisen, dass die darauf gestützten Sekundärrechtsakte (vgl. → Rn. 19 ff.) Diskriminierung und mittelbare Diskriminierung jeweils in ihrem Art. 2 legal definieren und explizit verbieten.

6   „Geschlecht" iSv Art. 19 meint neben der Unterscheidung zwischen Mann und Frau auch jede andere an entsprechenden Kriterien ausgerichtete Orientierung, etwa Transvestiten, Transsexuelle und Hermaphroditen (EuGH BeckRS 2006, 70346 – Richards). Mit dem Geschlecht ist noch keine Aussage über die sexuelle Orientierung getroffen, sodass etwa die Gleichstellung gleichgeschlechtlicher Beziehungen nicht auf dieses Diskriminierungsverbot gestützt werden kann (EuGH BeckRS 2004, 75432 – Grant).

7   Die Begriffe der „Rasse" und „ethnischen Herkunft" ist nicht primärrechtlich definiert. Diese Lücke zu füllen, fällt insofern nicht leicht, als es sich bei der Rasse nicht um einen naturwissenschaftlichen Begriff handelt, sondern um ein (abzulehnendes, vgl. auch Erwägungsgrund 6 Antidiskriminierungs-RL) Konstrukt mit mehreren möglichen Anknüpfungspunkten, die zum Teil der Biologie, zum anderen aber auch dem sozialen Verhalten der gemeinten Gruppen entstammen. Art. 1 Abs. 1 ICERD nennt etwa „Rasse, [...] Hautfarbe, [...] Abstammung, de[n] nationalen Ursprung oder [das] Volkstum", das Schrifttum stellt neben vererbbaren Merkmalen wie der Hautfarbe auch auf das Verhalten, etwa die Sprache, Traditionen, Feste und Bräuche ab (GHN/Grabenwarter Rn. 33).

8   Alle mitgliedstaatlichen Rechtsordnungen kennen die Garantie der freien Religionsausübung. Ein gemeinunionales Begriffsverständnis ist noch nicht formuliert, gleichwohl bedarf es nach allgemeiner Auffassung zumindest eines transzendenten Bekenntnisses, bestimmender Vorgaben

für die Lebensweise und eines Kultes. Weltanschauung ist dagegen schon nach dem Wortlaut die Gesamtheit von Anschauungen, die die Welt und die Stellung des Menschen in ihr betreffen (Duden-Onlinewörterbuch, abrufbar unter: www.duden.de, zuletzt abgerufen am 29.6.2018). Beide Begriffe sind ausdrücklich entwicklungsoffen und damit nicht auf anerkannte oder auch nur etablierte Konfessionen oder Weltanschauungen begrenzt.

Behinderung meint laut dem EuGH jene Einschränkungen, die auf physische, geistige oder **9** psychische Beeinträchtigungen zurückzuführen sind und damit ein Teilhabehindernis begründen (EuGH BeckRS 2014, 80909 – Glatzel).

Um den Begriff hinreichend von (nicht von Art. 19 erfassten) krankheitsbedingten Einschrän- **10** kungen abzugrenzen, sind diese Einschränkungen im Vergleich zu anderen Personen desselben Lebensalters zu erheben (NK-EuGRCh/Hölscheidt GRCh Art. 26 Rn. 15) und dürfen nicht nur vorübergehenden Charakter haben (EuGH BeckRS 2006, 70515 – Chacon Navas).

Alter iSv Art. 19 meint das Lebensalter und damit sowohl die Ungleichbehandlung älterer **11** Menschen gegenüber Jüngeren (etwa durch Höchstarbeitsgrenzen) als auch jene Jüngerer gegenüber Älteren. Sie können allerdings insbesondere mit Blick auf Beschäftigungs- und arbeitsmarktpolitische Ziele gerechtfertigt sein. Für die Beschäftigung bei den Streitkräften bedarf es einer solchen Rechtfertigung nicht, weil die in Bezug auf die Altersdiskriminierung maßgebliche Gleichbehandlungs-Rahmen-RL (RL 2000/78/EG v. 27.11.200, ABl. 2000 L 303, 16; vgl. → Rn. 19) in Art. 3 Gleichbehandlungs-Rahmen-RL insoweit bereits eine tatbestandliche Ausnahme vorsieht.

Sexuelle Orientierung meint die Präferenz einer Person bei der Auswahl ihres Geschlechts- **12** oder Sexualpartners (EuGH BeckRS 2008, 70374 – Maruko).

B. Gewährleistungsinhalt

Art. 19 Abs. 1 ermächtigt ganz allgemein zu „geeigneten Vorkehrungen". Mangels weiterer **13** Vorgaben zu Handlungsformen sind demnach auch andere Maßnahmen als Rechtsakte nach Art. 288 möglich, insbesondere auch nichtnormatives Handeln, etwa Programme, finanzielle Förderung, Stellungnahmen und Empfehlungen.

Die über Art. 19 erlassenen Rechtsakte können sowohl die Mitgliedstaaten als auch Private **14** verpflichten und Privatrechtssubjekten auch subjektive Rechte einräumen. Solche Maßnahmen finden ihre Grenzen lediglich in den allgemeinen Kompetenzausübungsschranken, insbesondere den Grundsätzen der Subsidiarität, der Verhältnismäßigkeit (Art. 5 Abs. 3, Abs. 4 EUV), sowie der Privatautonomie und den Grund- und Menschenrechten der Betroffenen. Gerade bei Diskriminierungsverboten an Private verläuft hier die Konfliktlinie.

Gleichwohl unterliegen alle Vorkehrungen nach Art. 19 den allgemeinen Vorgaben des Primär- **15** rechts. Sie sind darum insbesondere am Subsidiaritätsprinzip, dem Grundsatz der Verhältnismäßigkeit (Art. 5 Abs. 3, Abs. 4 EUV) und den Grundrechten zu messen. Gerade bei Diskriminierungsverboten an Private verläuft hier die Konfliktlinie.

Ein Mittel, um die faktische Schlechterstellung bestimmter Gruppen zu beseitigen, können **16** „positive Diskriminierungen" sein, also die Besserstellung und Förderung der Betroffenen wegen ihres Merkmales. Soweit aus dem systematischen Vergleich mit Art. 157 Abs. 4 (der positive Diskriminierungen explizit erlaubt) ihre Unzulässigkeit außerhalb der Altersdiskriminierung abgeleitet wird (GHN/Grabenwarter Rn. 47 f. mwN), steht dem der weite Wortlaut und die ratio des Art. 19 Abs. 1 entgegen, Schlechterstellungen auch faktisch zu beseitigen. Dementsprechend enthalten auch die Antidiskriminierungsrichtlinien Bestimmungen zu positiven Diskriminierungen (Art. 5 Antidiskriminierungs-RL; Art. 7 Gleichbehandlungs-Rahmen-RL; Art. 6 Unisex-RL).

C. Verfahren

Verfahrensrechtlich trägt Art. 19 der besonderen Konfliktlage insbesondere bei der Verpflichtung **17** Privater Rechnung. Er sieht ein besonderes Gesetzgebungsverfahren (Art. 289 Abs. 2) vor und verlangt neben der Kollaboration von Rat und Parlament die Einstimmigkeit im Rat (Art. 19 Abs. 1).

Dem ordentlichen Gesetzgebungsverfahren (Art. 289 Abs. 1, Art. 294) in den Fällen nach **18** Art. 19 Abs. 2 kommt wegen der weiten Einschränkung, dass diese Maßnahmen „nicht zu einer Harmonisierung der Rechts- und Verwaltungsvorschriften führen dürfen", geringe Bedeutung zu. Maßnahmen nach Art. 19 müssen regelmäßig auch Rechts- und Verfahrensvorgaben machen, um die Effektivität der Durchsetzung und damit die „Geeignetheit" (Art. 19 Abs. 1) zu sichern.

D. Sekundärrecht

19   Bisher hat der Rat gestützt auf Art. 19 Abs. 1 drei Rechtsakte erlassen:
- die Antidiskriminierungs-RL (RL 2000/43/EG v. 29.6.2000, ABl. 2000 L 180, 22),
- die Gleichbehandlungs-Rahmen-RL (RL 2000/78/EG v. 27.11.2000, ABl. 2000 L 303, 16) und
- die Unisex-RL (RL 2004/113/EG v. 13.12.2004, ABl. 2004 L 373, 37).

20 Alle drei Richtlinien sind in Deutschland im AGG (Allgemeines Gleichbehandlungsgesetz v. 14.8.2006, BGBl. I 1897) umgesetzt. Sie verankern in ihrem Anwendungsbereich ein umfassendes Gleichbehandlungsgebot, das sich auch auf privatrechtliche Rechtsverhältnisse erstreckt und so die Privatautonomie einschränkt. Die dazu ergangene EuGH-Rechtsprechung behandelt im Schwerpunkt die Gleichbehandlungs-Rahmen-RL und dabei jeweils die Anwendbarkeit des Diskriminierungsverbotes (→ Rn. 1 ff.) und sodann die mögliche Rechtfertigung der Differenzierung aufgrund eines Indexkriteriums des Art. 19 (vgl. den Überblick zur Rspr. bei Calliess/Ruffert/ Epiney Rn. 14).

21   Neben den Richtlinien hatte die Union mit der VO (EU) 1381/2013 das Programm „Rechte, Gleichstellung und Unionsbürgerschaft" für den Zeitraum von 2014 bis 2020 ins Leben gerufen. Es diente vor allem der Förderung benachteiligt angesehener Personengruppen. Das Nachfolgeförderprogramm mit identischer Zielsetzung trägt den Titel „Bürger, Gleichstellung, Rechte und Werte" und erstreckt sich auf die Haushaltsperiode 2021 – 2027.

Artikel 20 [Unionsbürgerschaft]

[ex Art. 17 EGV]

(1) ¹Es wird eine Unionsbürgerschaft eingeführt. ²Unionsbürger ist, wer die Staatsangehörigkeit eines Mitgliedstaats besitzt. ³Die Unionsbürgerschaft tritt zur nationalen Staatsbürgerschaft hinzu, ersetzt sie aber nicht.

(2) ¹Die Unionsbürgerinnen und Unionsbürger haben die in den Verträgen vorgesehenen Rechte und Pflichten. ²Sie haben unter anderem

a) das Recht, sich im Hoheitsgebiet der Mitgliedstaaten frei zu bewegen und aufzuhalten;

b) in dem Mitgliedstaat, in dem sie ihren Wohnsitz haben, das aktive und passive Wahlrecht bei den Wahlen zum Europäischen Parlament und bei den Kommunalwahlen, wobei für sie dieselben Bedingungen gelten wie für die Angehörigen des betreffenden Mitgliedstaats;

c) im Hoheitsgebiet eines Drittlands, in dem der Mitgliedstaat, dessen Staatsangehörigkeit sie besitzen, nicht vertreten ist, Recht auf Schutz durch die diplomatischen und konsularischen Behörden eines jeden Mitgliedstaats unter denselben Bedingungen wie Staatsangehörige dieses Staates;

d) das Recht, Petitionen an das Europäische Parlament zu richten und sich an den Europäischen Bürgerbeauftragten zu wenden, sowie das Recht, sich in einer der Sprachen der Verträge an die Organe und die beratenden Einrichtungen der Union zu wenden und eine Antwort in derselben Sprache zu erhalten.

³Diese Rechte werden unter den Bedingungen und innerhalb der Grenzen ausgeübt, die in den Verträgen und durch die in Anwendung der Verträge erlassenen Maßnahmen festgelegt sind.

Überblick

Bereits die ökonomisch dominierten Vorformen der heutigen Union gestanden dem Einzelnen über die Grundfreiheiten und die damit verbundenen Aufenthaltsrechte in den Mitgliedstaaten subjektive Rechtspositionen zu. Sie wuchsen sich später zur „Marktbürgerschaft" der Staatsangehörigen der Mitgliedstaaten aus, indem sie auch erste demokratische Elemente wie das Wahlrecht zum Europaparlament verbürgten. Diesen Bestand nahm der Vertrag von Maastricht auf und schuf eine eigene Unionsbürgerschaft. Darin offenbart sich einerseits der Weg der Wirtschaftsgemeinschaften hin zur „immer engeren Union der Völker Europas" (Art. 1 Abs. 2 EUV), andererseits dürfen und müssen Unionsbürgerschaft und -wahlrecht als legislativer Versuch der Legitimationssteigerung verstanden werden. Gleichzeitig erhofft sich der Vertragsgeber maßgebliche Impulse zur weiteren Vertiefung der Union durch die Inpflichtnahme subjektiver Rechtspositionen. Als

Ergänzung zu Art. 20 sichert Art. 25 das stete Monitoring der Unionsbürgerschaft und stellt Kompetenzen zu ihrem Ausbau bereit. Die Unionsbürgerschaft knüpft zwingend an die Staatsbürgerschaft eines Mitgliedstaates an. Daraus ergeben sich Fragen zur Erstreckung seiner Gewährleistungen auf juristische Personen, Mehrstaater und Drittstaatsangehörige (→ Rn. 1 ff.) sowie dem Schicksal der Unionsbürgerschaft bei und den Auswirkungen des Unionsrechts auf das Erlöschen der Staatsbürgerschaft (→ Rn. 5 ff.). Sodann nimmt die Kommentierung die Unterschiede zwischen Staats- und Unionsbürgerschaft und den konkreten Gewährleistungsgehalt letzterer in den Blick (→ Rn. 7 ff.).

A. Anwendungsbereich

Zwar sieht der EuGH die Unionsbürgerschaft als „grundlegenden Status der Angehörigen der **1** Mitgliedstaaten" (BeckRS 2004, 74766 – Grzelczyk; BeckRS 2007, 70641 – Schwarz/Gootjes/Schwarz), gleichwohl setzt sie zwingend die Staatsangehörigkeit eines Mitgliedstaates voraus. Diese bestimmt sich alleine nach nationalem Recht (EuGH BeckRS 2004, 74719 – Mesbah; vgl. zur Rspr. des BVerfG zum Vertrag von Lissabon insoweit → Art. 79 Rn. 2). Das schließt nach der Rechtsprechung des EuGH indes nicht aus, dass die Mitgliedstaaten bei Erwerb und Verlust der Staatsangehörigkeit auch das Recht der Union beachten müssen (EuGH NVwZ 2010, 509 – Rottmann), insbesondere mit der EuGR-Charta (EuGH NJW 2019, 240).

I. Mehrstaater

Auch Mehrstaater mit der Staatsangehörigkeit mindestens eines Mitgliedstaates sind Unionsbür- **2** ger (EuGH BeckRS 2004, 76798 – Micheletti; BeckRS 2004, 74436 – Garcia Avello). Die Unionsbürgerschaft ist streng akzessorisch. Sie tritt an die Seite der jeweiligen Staatsbürgerschaft, ohne diese zu ersetzen (Art. 9 Abs. 2 EUV). Ein selbstständiges, „personelles Legitimationssubjekt auf europäischer Ebene" schafft die Unionsbürgerschaft nicht (BVerfGE 123, 267 = NJW 2009, 2267 – Vertrag von Lissabon).

II. Drittstaater

Aus der Akzessorietät der Unionsbürgerschaft folgt, dass Drittstaater keine Unionsbürger sind. **3** Einige der daraus folgenden Rechte können ihnen aber Familienangehörige eines Unionsbürgers zustehen. Laut Art. 2 Nr. 2 Freizügigkeits-RL – RL 2004/38/EG v. 29.4.2004, ABl. 2004 L 158, 77 – (und der gleichlautenden Umsetzung in das nationale Recht, → FreizügG/EU § 3 Rn. 12 ff.) sind das:
* Ehegatte (Art. 2 Nr. 2 lit. a Freizügigkeits-RL);
* Lebenspartner, mit dem der Unionsbürger auf der Grundlage der Rechtsvorschriften eines Mitgliedstaats eine eingetragene Partnerschaft eingegangen ist, sofern nach den Rechtsvorschriften des Aufnahmemitgliedstaats die eingetragene Partnerschaft der Ehe gleichgestellt ist und die in den einschlägigen Rechtsvorschriften des Aufnahmemitgliedstaats vorgesehenen Bedingungen erfüllt sind (Art. 2 Nr. 2 lit. b Freizügigkeits-RL);
* Verwandte in gerader absteigender Linie des Unionsbürgers und des Ehegatten oder des Lebenspartners iSv § 2 Nr. 2 lit. b Freizügigkeits-RL, die das 21. Lebensjahr noch nicht vollendet haben oder denen von diesen Unterhalt gewährt wird (Art. 2 Nr. 2 lit. c Freizügigkeits-RL);
* Verwandte in gerader aufsteigender Linie des Unionsbürgers und des Ehegatten oder des Lebenspartners iSv § 2 Nr. 2 lit. b Freizügigkeits-RL, denen von diesen Unterhalt gewährt wird (Art. 2 Nr. 2 lit. d Freizügigkeits-RL).

Daraus folgt, dass Eltern von Unionsbürgern, die diesen Unterhalt leisten keine Familienangehöri- **3a** gen des Kindes im Sinne des Freizügigkeitsrechts sind. Der EuGH hat diesen, mit Blick auf den Schutz der Familie (→ EMRK Art. 8 Rn. 5) nicht unproblematischen Befund, zum Anlass genommen, den Gewährleistungsgehalt der Unionsbürgerschaft mittelbar auf drittstaatsangehörige Eltern von Unionsbürgern auszuweiten, soweit sie Unionsbürgern, von denen ihnen abhängig sind, Unterhalt gewähren (BeckRS 2011, 80196 – Ruiz Zambrano; BeckRS 2011, 81625 – Dereci). Unabhängig davon, ob jemals ein Grenzübertritt der Unionsbürger erfolgt sei, erfordere es der „Kernbestand" der Unionsbürgerschaft, den Unterhaltsberechtigten Aufenthalt und Unterkunft zu gewähren, weil Unionsbürger anderenfalls faktisch gezwungen wären, das Gebiet der Union zu verlassen. Ein allgemeines Recht zur Familienzusammenführung ist damit nicht verbunden. Entscheidend ist die Abhängigkeit des Drittstaatsangehörigen im Einzelfall (EuGH BeckRS 2011, 80466 – McCarthy). Sie kann auch dann bestehen, wenn der andere Elternteil mit dem Kind im Unionsgebiet verbleiben kann (EuGH BeckRS 2017, 109167 – Chavez).

3b   Die nationale Rechtsprechung ist dem gefolgt (BVerwGE 147, 278 = BeckRS 2014, 45002), betont aber in Übereinstimmung mit dem EuGH (BeckRS 2012, 82564), dass die Berufung Drittstaatsangehöriger auf seltene Ausnahmefälle beschränkt sei.

III. Juristische Personen

4   Auf juristische Personen mit Sitz in der Union ist die Vorschrift entsprechend anwendbar, soweit Regelungen an die Unionsbürgerschaft anknüpfen und nicht das „Menschsein" voraussetzen, etwa bei konsularischem Schutz (Calliess/Ruffert/Kluth Rn. 10 mwN).

B. Erlöschen der Unionsbürgerschaft und Probleme der Akzessorietät

5   Aus ihrer Akzessorietät folgt, dass die Unionsbürgerschaft zwingend an den Bestand der nationalen Staatsangehörigkeit geknüpft ist und darum grundsätzlich mit dieser entsteht und erlischt. Der Bestand der Staatsangehörigkeit bestimmt sich jedoch nach dem nationalen Recht der Mitgliedstaatlichen. Ob und welche Ausnahmen von diesen Grundsätzen zu machen sind, ist noch nicht hinreichend geklärt.

6   Der EuGH betont einerseits die Hoheit der Mitgliedstaaten, über Fragen der Staatsangehörigkeit zu entscheiden. Andererseits sollen sie dabei nicht ausschließlich dem nationalen Recht unterliegen, sondern auch europarechtliche Vorgaben zu beachten haben, weil die Unionsbürgerschaft mit betroffen sei.

7   Etwa der dauerhafte Aufenthalt in einem anderen Mitgliedstaat und damit die Inanspruchnahme des Freizügigkeitsrechts darf nicht zu einem Erlöschen der Staatsbürgerschaft und damit der Unionsbürgerschaft führen (EuGH BeckRS 2010, 90235 – Rottmann; EuGH NJW 2019, 240). Weiter ist bei der Verhältnismäßigkeitsprüfung auch der mit der Entziehung eintretende Verlust der Unionsbürgerschaft zu berücksichtigen.

8   Ungeklärt ist, ob diese Dichotomie bei europarechtswidrigen Entziehungsentscheidungen zur Nichtigkeit der Entziehung der nationalen Staatsangehörigkeit wegen eines Verstoßes gegen höherrangiges (Europa-) Recht führt oder ob in einem solchen Fall die mitgliedstaatliche Entziehungsentscheidung Bestand hat und die Unionsbürgerschaft isoliert fortbesteht.

9   Hier sei für ersteres geworben, weil die kompetenziellen und dogmatischen Bedenken gegen das europarechtliche Aufladen der Entziehungsentscheidung weit weniger schwer wiegen dürften als eine mit Art. 20 nicht zu vereinbarende, losgelöste Unionsbürgerschaft. Sie dürfte überdies dem Charakter der Union als von nationaler Souveränität abgeleitetem Staatenverbund ohne Kompetenz-Kompetenz zuwiderlaufen (Art. 23 GG, Art. 5 Abs. 1 EUV, Art. 7).

10   Unter umgekehrten Vorzeichen stellt sich die Frage der Akzessorietät und damit des zwingenden Erwerbs der Unionsbürgerschaft mit der Staatsbürgerschaft bei möglicherweise problematischen, mitgliedstaatlichen Sonderwegen wie Masseneinbürgerungen (Italien / Spanien) oder dem „Verkauf" von Staatsangehörigkeiten (Malta). Sie ist de lege lata nur unter Rückgriff auf allgemeine Prinzipien des Unionsrechts justiziabel. In der Literatur wird etwa ein Verstoß gegen den Grundsatz der Bundestreue (Art. 4 Abs. 3 EUV) angenommen (Karl/Brandl, Völker und Europarecht/Köck, 2000, 207 ff.).

C. Gewährleistungsinhalt

11   Mit der Unionsbürgerschaft treten die in Art. 20 Abs. 2 lit. a–d aufgezählten Rechte neben jene aus der nationalen Staatsbürgerschaft. Der Unterschied der Unionsbürgerschaft zur Staatsbürgerschaft besteht vor allem darin, dass sie zentrale Bereiche wechselseitiger Solidar- und Einstandspflichten ausklammert (zur „abgestuften Solidarität" Calliess/Ruffert/Kluth Rn. 5).

12   Die Aufzählung in Art. 20 Abs. 2 ist nicht abschließend („unter anderem"). Der Gewährleistungsbestand der Unionsbürgerschaft ist in Art. 21–25 weiter konkretisiert und ausdrücklich entwicklungsoffen. Die genannten subjektiven Rechte aus Art. 20 ff. sind nicht durchgängig unmittelbar anwendbar. Sie bedürfen teilweise der Vermittlung über Sekundärrechtsakte, sodass die Frage der unmittelbaren Anwendbarkeit jeweils im Einzelfall zu klären ist.

13   Der materielle Gewährleistungsgehalt der Unionsbürgerschaft besteht aktuell vor allem in Gleichbehandlungsansprüchen (Art. 18), demokratischen Mitwirkungs- und Kontrollrechten (Art. 22, 24) sowie der Freizügigkeit (Art. 21) und den Marktfreiheiten (Art. 28 ff.). Daneben treten noch alle Rechte, die das Primär- und Sekundärrecht den Unionsbürgern einräumt.

14   Art. 20 spricht zwar auch von Pflichten der Unionsbürger gegenüber der Union, normiert aber keine solchen. Er lässt sich so allenfalls als Verweis auf eine Pflicht zum allgemeinen Rechtsgehorsam verstehen.

Artikel 21 [Freizügigkeit]

[ex Art. 18 EGV]

(1) Jeder Unionsbürger hat das Recht, sich im Hoheitsgebiet der Mitgliedstaaten vorbehaltlich der in den Verträgen und in den Durchführungsvorschriften vorgesehenen Beschränkungen und Bedingungen frei zu bewegen und aufzuhalten.

(2) Erscheint zur Erreichung dieses Ziels ein Tätigwerden der Union erforderlich und sehen die Verträge hierfür keine Befugnisse vor, so können das Europäische Parlament und der Rat gemäß dem ordentlichen Gesetzgebungsverfahren Vorschriften erlassen, mit denen die Ausübung der Rechte nach Absatz 1 erleichtert wird.

(3) ¹Zu den gleichen wie den in Absatz 1 genannten Zwecken kann der Rat, sofern die Verträge hierfür keine Befugnisse vorsehen, gemäß einem besonderen Gesetzgebungsverfahren Maßnahmen erlassen, die die soziale Sicherheit oder den sozialen Schutz betreffen. ²Der Rat beschließt einstimmig nach Anhörung des Europäischen Parlaments.

Überblick

Art. 21 bringt die gewandelte Stellung des unionalen Bürgerbildes von der Markt- zur Unionsbürgerschaft zum Ausdruck. Er begründet ein von spezifischen, insbesondere erwerbswirtschaftlichen Zwecken unabhängiges Recht der Unionsbürger, sich im Hoheitsbereich der Mitgliedstaaten frei aufzuhalten und zu bewegen.
Die Norm ist unmittelbar anwendbar (EuGH BeckRS 2004, 77121 – Baumbast). Benachteiligungen, die allein an den Aufenthalt in einem anderen Mitgliedstaat anknüpfen, stellen einen rechtfertigungsbedürftigen Eingriff in Art. 21 dar (EuGH BeckRS 2008, 70581 – Nerkowska).
Gleichwohl enthalten die Grundfreiheiten nach wie vor für erwerbswirtschaftlich Tätige die spezielleren und in ihrem Gewährleistungsbereich weitergehenden Regeln und Rechte. Beispielsweise haben erwerbstätige Unionsbürger nach Art. 7 Abs. 2 Freizügigkeits-VO (VO (EU) 492/2011 v. 5.4.2011, ABl. 2011 L 141, 1) den gleichen Anspruch auf steuerliche und soziale Vergünstigungen wie Inländer.
Die Anwendbarkeit der Norm qua Unionsbürgerschaft vorausgesetzt (→ Rn. 1 ff.), stellen sich bei der Anwendung des Art. 21 Fragen nach der Reichweite der im Wortlaut vorgesehenen Beschränkungen, sowie des materiellen und räumlichen Gewährleistungsgehaltes (→ Rn. 5 ff.), die in der sekundärrechtlichen Freizügigkeits-RL (RL 2004/38/EG v. 29.4.2004, ABl. 2004 L 158, 77) im Detail ungesetzt sind (→ Rn. 18 f.).

A. Anwendungsbereich

Personell knüpft Art. 21 das Freizügigkeitsrecht an die Unionsbürgerschaft, sodass zur Frage, **1** ob und welche natürlichen und juristischen Personen sich auf das Freizügigkeitsrecht berufen können, auf die dortige Kommentierung verwiesen werden kann (vgl. → Art. 20 Rn. 3).
Mit Blick auf Art. 18 bedarf es laut des EuGH weiter grundsätzlich eines grenzüberschreitenden **2** Sachverhaltes, um in den Genuss des Art. 21 zu kommen. Das kann ein zumindest einmaliger Grenzübertritt und damit der Gebrauch des Rechtes auf Freizügigkeit sein (EuGH BeckRS 2011, 80466 – McCarthy), die Staatsangehörigkeit eines anderen Mitgliedstaates (EuGH BeckRS 2004, 74436 – Garcia Avello) oder Probleme mit den Außengrenze der Union (EuGH BeckRS 2011, 80196 – Ruiz Zambrano). Auf rein innerstaatliche Sachverhalte ist Art. 21 nicht anwendbar (EuGH BeckRS 2004, 77657 – Uecker und Jacquet). Hat aber der ehemals Freizügigkeitsberechtigte von den sich aus Art. 21 ergebenden Rechten in einem anderen Mitgliedstaat Gebrauch gemacht, darf der spätere, zusätzliche Erwerb der Staatsangehörigkeit dieses Staates nicht zum Verlust dieser Rechte führen (EuGH NVwZ 2018, 137 – Ormazabal).
Art. 21 ist in seinem Anwendungsbereich gegenüber den (vom EuGH weit gefassten) Freizügig- **3** keitsrechten aus den Grundfreiheiten und ihren sekundärrechtlichen Ausformungen als spezielleren Regelungen nachrangig (EuGH BeckRS 2010, 90191 – Maria Teixeira).
Die weite Erstreckung der Garantien der Unionsbürgerschaft durch eine entsprechende Anwen- **4** dung auch auf juristische Personen (vgl. → Rn. 4) ist damit für wirtschaftliches Handeln irrelevant,

weil es bereits der Niederlassungsfreiheit unterfällt. Allerdings erwächst über Art. 21 so auch für nichtkommerzielle Vereinigungen ein Freizügigkeitsrecht, sofern man die Niederlassungsfreiheit nicht als abschließende Sonderregelung ansieht (GHN/Nettesheim Rn. 17).

5   Auch die Staatsoberhäupter der Mitgliedstaaten sind Unionsbürger und damit grundsätzlich über Art. 21 freizügigkeitsberechtigt. Für sie greifen aber vor allem die (weitergehenden) völkerrechtlichen Regeln des diplomatischen Verkehrs (EUGH BeckRS 2012, 82022 – Ungarn / Slowakische Republik).

B. Gewährleistungsinhalt

6   Art. 21 gewährt das Recht, sich auf den Territorien der Mitgliedstaaten frei zu bewegen und seinen Aufenthaltsort zu wählen (EuGH BeckRS 2006, 70813 – Tas-Hagen und Tas), also die Einreise und die Binnenmobilität in sowie die Ausreise aus einem Mitgliedstaat sowie die Wohnsitznahme, ohne dass diese Formen der Mobilität einem besonderen Zweck dienen müssen. Für die aktuellen Fragen der Auslieferung zieht der EuGH die Art. 18 und 21 gemeinsam als Maßstab heran. Auf die Kommentierung an anderer Stelle sei hier verwiesen (→ Art. 18 Rn. 12a). Sind sie wirtschaftlich motiviert, greifen die Grundfreiheiten als speziellere Sondervorschriften (vgl. → Rn. 3).

I. Räumlicher Garantiegehalt

7   Räumlich ist Art. 21 auf das Unionsgebiet beschränkt (EuGH BeckRS 2011, 80465 – Prunus), nach Wortlaut und Regelungskompetenz ist dies das „Hoheitsgebiet der Mitgliedstaaten", also jenes der Art. 52 EUV iVm Art. 355. Ob Art. 21 auch extraterritoriale Wirkungen entfaltet, also für jene Bereiche der Mitgliedstaaten gilt, die nicht dem Geltungsbereich des EU-Rechts unterliegen, ist bisher noch nicht entschieden. Mit Blick auf den weiten Wortlaut, die ratio der Norm und den effet utile erscheint es jedenfalls nicht ausgeschlossen.

8   Das FreizügAbk EG–CH (Freizügigkeits-Abkommen EG-Schweiz v. 21.6.1999, ABl. 2002 L 114, 6) dehnt den Geltungsbereich des Art. 21 darüber hinaus auch auf die Schweiz aus (vgl. zur aktuellen Entwicklung insoweit GKK/Khan/Henrich Rn. 5). Mit dem Brexit unterfällt das Vereinigte Königreich seit dem 1.2.2020 nicht mehr dem Anwendungsbereich des Art. 21. Die speziellen gegenseitigen Freizügigkeitsregeln zwischen diesem Staat und der EU sind stattdessen nunmehr im Austrittsabkommen (ABl. C 384 I/01) geregelt.

II. Sachlicher Garantiegehalt

9   Die Freizügigkeitsgarantie ist ein Beschränkungsverbot. Es greift nicht nur bei unmittelbaren und finalen Beschränkungen. Auch faktische Einschränkungen sind rechtfertigungsbedürftig. Angesichts der Weite seiner Garantien führte das dazu, dass auch neutrale Maßnahmen der Mitgliedstaaten an Art. 21 gemessen werden könnten, welche faktisch die Mobilität oder Niederlassung beeinträchtigen, etwa rote Ampeln oder die kostenpflichtige Veräußerung öffentlicher Grundstücke.

10   Um dem entgegenzuwirken, hat der EuGH die Anwendung der Warenverkehrsfreiheit auf Fälle beschränkt, die an die Person des Freizügigkeitsberechtigten und seine Verhältnisse selbst anknüpfen, sowie auf zugangsbeschränkende und diskriminierende Regelungen (EuGH BeckRS 2012, 80763 – ANETT). Diese Rechtsprechung ist auf Art. 21 entsprechend anzuwenden (GHN/ Nettesheim Rn. 23 ff.).

11   Daran gemessen sind zum einen Maßnahmen, welche an die persönlichen Verhältnisse des Betroffenen anknüpfen, Eingriffe in Art. 21, etwa das Wohnsitzerfordernis in § 5 BAföG, obwohl es unterschiedslos auch für deutsche Staatsangehörige gilt (EuGH BeckRS 2013, 82043 – Thiele Meneses). Zum zweiten sind spezifisch mobilitätsbeschränkende Maßnahmen, etwa Grenzkontrollen oder Einreise- und Aufenthaltsverbote rechtfertigungsbedürftig, zum dritten alle diskriminierenden Maßnahmen, die geeignet sind, die Mobilität einzuschränken (zB Fahrpreisermäßigungen für studierende Kinder österreichischer Beihilfeempfänger, EuGH BeckRS 2012, 81991 – Kommission / Österreich; Vorgaben zur Sprache des Personenstandsregisters, EuGH BeckRS 2011, 80519 – Runevič-Vardyn und andere; Befreiung von der Grunderwerbssteuer, EuGH BeckRS 2011, 80059 – Kommission / Griechenland; steuerliche Absetzbarkeit von Ausbildungskosten, EuGH BeckRS 2010, 90608 – Zanotti). Dagegen sind unterschiedslos anwendbare Maßnahmen der Mitgliedstaaten, die sich nicht in besonderer Weise zulasten des Freizügigkeitsrechts auswirken,

nicht an Art. 21 zu messen (EuGH BeckRS 2010, 91439 – Josemans: Verkaufsverbot für weiche Drogen an Nichtortsansässige).

Nach alledem gewährt Art. 21 das Recht auf Mobilität und freie Ortswahl und soll Hindernisse 12 staatlicher Provenienz beseitigen. Die körperliche, geistige und finanzielle Fähigkeit, dieses Recht wahrzunehmen, setzt die Norm voraus. Leistungsansprüche gegen die Union oder einen Mitgliedstaat, um diese Fähigkeit herzustellen, lassen sich aus Art. 21 nicht ableiten.

Das Freizügigkeitsrecht steht unter dem Vorbehalt der „in diesen Verträgen und den Durchfüh- 13 rungsvorschriften vorgesehenen Beschränkungen" und ist damit von der Wahrung der berechtigten Interessen der Mitgliedstaaten abhängig. Dazu gehören insbesondere die öffentliche Sicherheit und Ordnung sowie fiskalische Interessen der Mitgliedstaaten. Sie werden indes wiederum durch die allgemeinen Grundsätze des Unionsrechts beschränkt, insbesondere durch den Grundsatz der Verhältnismäßigkeit (EuGH BeckRS 2006, 70546 – De Cuyper). Die Argumentationslast zur Rechtfertigung der Freiheitseinschränkung liegt beim Mitgliedstaat.

Normverpflichtete sind die Mitgliedstaaten, insbesondere auch der jeweils „eigene" Mitglied- 14 staat des Freizügigkeitsberechtigten (EuGH BeckRS 2007, 70827 – Morgan und Bucher). Auf eine Bindung der Union kommt es wegen Art. 45 GRCh nicht mehr an.

In der Sache gewährt Art. 21 das Recht zur Einreise, Ausreise und zur Binnenmobilität in den 15 Mitgliedstaaten. Im Zusammenspiel mit Art. 18 gehen damit auch Ansprüche auf Gleichbehandlung mit Inländern insbesondere im Sozialrecht einher. Ihre konkreten Grenzen sind umstritten und unterliegen in erheblichem Maße der Rechtsfortbildung durch den EuGH (vgl. umfassend GHN/Nettesheim Rn. 41 ff.).

C. Rechtfertigung

Eingriffe in die Freiheitsgewähr des Art. 21 können durch zwingende Erwägungen des Allge- 16 meinwohls gerechtfertigt sein. Das betrifft insbesondere die öffentliche Sicherheit und Ordnung (vgl. Art. 27 f. Freizügigkeits-RL). Die Argumentations- und Nachweislast liegt insoweit bei den eingreifenden Mitgliedstaaten. Für die Frage, welche Gründe das sein können, lässt sich über einen Erst-Recht Schluss die „Cassis"-Rechtsprechung des EuGH (EuGH BeckRS 2004, 71378 – Cassis de Dijon) fruchtbar machen (EuGH BeckRS 2007, 70461 – Kommission / Belgien). Wenn danach zwingende Allgemeinwohlerfordernisse die gegenüber Art. 21 weitergehenden und spezielleren Grundfreiheiten (vgl. → Rn. 6) einzuschränken vermögen, muss das erst recht für dessen Gewährleistungen gelten. In der Cassis-Rechtsprechung verlangt der EuGH weiter eine strikte Verhältnismäßigkeitsprüfung, die Darlegung objektiver, von der Staatsangehörigkeit des Betroffenen unabhängiger Erwägungen des Allgemeinwohls und den Nachweis der Erforderlichkeit der konkreten Maßnahme (EuGH BeckRS 2012, 82645 – Caves Krier Frères).

Sogar diskriminierende Maßnahmen können so in Ausnahmefällen gerechtfertigt sein. Aller- 17 dings unterliegen sie gesteigerten Anforderungen an die Verhältnismäßigkeit, die wiederum bei mittelbaren Diskriminierungen weniger streng sind als bei unmittelbaren (EuGH BeckRS 2010, 90437 – Bressol und andere).

D. Sekundär- und Völkerrecht

Gestützt auf Art. 18 und 21 (damals Art. 12, 18 EGV) ist die Freizügigkeits-RL (RL 2004/ 18 38/EG v. 29.4.2004, ABl. 2004 L 158, 77) ergangen. Sie ist in der Bundesrepublik mit dem FreizügG/EU (Freizügigkeitsgesetz/EU v. 30.7.2004, BGBl. I 1950) umgesetzt, sodass insoweit auf die dortige Kommentierung verwiesen werden kann (→ FreizügG/EU § 2 Rn. 1 ff.).

Mit Blick auf die Garantie des Art. 21 ist dabei anzumerken, dass der EuGH in den dortigen 19 Einschränkungen, insbesondere dem Nachweis ausreichender Mittel zum Lebensunterhalt (Art. 7, 8, 12, 13 Freizügigkeits-RL), keinen Verstoß gegen Art. 21 sieht und folgerichtig auch kein vollumfängliches Gebot zur Gleichbehandlung mit Inländern annimmt (EuGH BeckRS 2014, 82337 – Dano).

Zudem finden sich in Assoziierungs- und Partnerschaftsabkommen häufig Bestimmungen über 20 die Freizügigkeit, insbesondere im Abkommen EWG-Türkei und dem Beschluss des Assoziationsrates 1/80 (→ ARB 1/80 Art. 6 Rn. 1 ff.).

Dritter Teil. Die internen Politiken und Maßnahmen der Union

Titel IV. Die Freizügigkeit, der freie Dienstleistungs- und Kapitalverkehr

Kapitel 1. Die Arbeitskräfte

Artikel 45 [Freizügigkeit der Arbeitnehmer]

[ex. Art. 39 EGV]

(1) Innerhalb der Union ist die Freizügigkeit der Arbeitnehmer gewährleistet.

(2) Sie umfasst die Abschaffung jeder auf der Staatsangehörigkeit beruhenden unterschiedlichen Behandlung der Arbeitnehmer der Mitgliedstaaten in Bezug auf Beschäftigung, Entlohnung und sonstige Arbeitsbedingungen.

(3) Sie gibt – vorbehaltlich der aus Gründen der öffentlichen Ordnung, Sicherheit und Gesundheit gerechtfertigten Beschränkungen – den Arbeitnehmern das Recht,
a) sich um tatsächlich angebotene Stellen zu bewerben;
b) sich zu diesem Zweck im Hoheitsgebiet der Mitgliedstaaten frei zu bewegen;
c) sich in einem Mitgliedstaat aufzuhalten, um dort nach den für die Arbeitnehmer dieses Staates geltenden Rechts- und Verwaltungsvorschriften eine Beschäftigung auszuüben;
d) nach Beendigung einer Beschäftigung im Hoheitsgebiet eines Mitgliedstaats unter Bedingungen zu verbleiben, welche die Kommission durch Verordnungen festlegt.

(4) Dieser Artikel findet keine Anwendung auf die Beschäftigung in der öffentlichen Verwaltung.

Überblick

Historisch zielte die europäische Einigung auf die wirtschaftliche Entwicklung und Prosperität der Mitgliedstaaten, die durch eine möglichst effiziente und damit marktwirtschaftlich freie Allokation der Produktionsfaktoren und den unbeschränkten Verkehr der Waren erreicht werden sollte.

Um dies zu gewährleisten, formulierten die Mitgliedstaaten politische Programmsätze (Art. 3 Abs. 3, Abs. 4 EUV, Art. 26). Zugleich und ungleich wichtiger jedoch statteten sie die Teilnehmer am Wirtschaftsleben mit individuellen Rechtspositionen aus, den sogenannten Grundfreiheiten (freier Warenverkehr, Art. 28 ff.; Arbeitnehmerfreizügigkeit, Art. 45 ff.; Niederlassungsfreiheit, Art. 49 ff.; Dienstleistungsfreiheit, Art. 56; Kapitalverkehrsfreiheit, Art. 63).

Die in Art. 45 ff. normierte Arbeitnehmerfreizügigkeit ist ein „fundamentaler Grundsatz des Vertrages" (EuGH BeckRS 2004, 77129 – Bosman) und der wirtschaftlichen Integration in der Union und außerdem die historische Grundgarantie des europäischen Migrationsregimes.

Die Arbeitnehmerfreizügigkeit ist unmittelbar anwendbar und begründet subjektive Rechte des einzelnen Arbeitnehmers (EuGH BeckRS 2004, 71134 – van Duyn). Sie wird heute insbesondere durch das Freizügigkeitsrecht des Art. 21 ergänzt.

Innerhalb seines Anwendungsbereichs (→ Rn. 5 ff.) verbietet Art. 45 Diskriminierungen aus Gründen der Staatsangehörigkeit und gewährt die notwendigen Nebenrechte zur Ausübung der Beschäftigung (→ Rn. 9 ff.). Vom Anwendungsbereich ausgenommen sind Tätigkeiten in der öffentlichen Verwaltung. Ungleichbehandlungen können außerdem aus zwingenden Gründen des Allgemeinwohls sowie zugunsten der öffentlichen Sicherheit gerechtfertigt sein (→ Rn. 16 ff.). Mit der Freizügigkeit der abhängig Beschäftigten ist eine Vielzahl weiterer Fragen, insbesondere im Recht der Steuern und Sozialversicherungen, verbunden. Ihrer nehmen sich mehrere Sekundärrechtsakte an (→ Rn. 23 ff.).

Übersicht

A. Anwendungsbereich

Art. 45 garantiert die Freizügigkeit der Arbeitnehmer, also der abhängig Beschäftigten. Besteht **1** ihre Arbeitsleistung darin, Dienstleistungen in einem anderen Mitgliedstaat zu erbringen, sind Art. 56, 57, nicht Art. 45 anwendbar (EuGH BeckRS 2004, 77481 – Finalarte). Der Begriff des Arbeitnehmers ist nicht legal definiert. Er ist autonom unionsrechtlich zu bestimmen und „nicht eng auszulegen" (EuGH BeckRS 2004, 73283 – Levin).

Danach ist Arbeitnehmer, wer während einer bestimmten Zeit für einen anderen weisungsge- **2** bunden Leistungen erbringt und dafür ein Entgelt erhält (EuGH BeckRS 9998, 155521 – Martínez Sala). Weiter muss die Tätigkeit Teil des Wirtschaftslebens sein (Art. 3 Abs. 3 EUV). Das ist auch dann der Fall, wenn daneben noch weitere Zwecke, etwa kultureller oder sportlicher Natur, verfolgt werden (EuGH BeckRS 9998, 92927 – Meca-Medina).

Auf die Vergütungshöhe, die Dauer der Tätigkeit und nationale Unterscheidungen (Arbeiter, **3** Angestellter, Beamter) kommt es nicht an. Auch Gelegenheitsarbeiter, in Teilzeit Beschäftigte und Praktikanten sind Arbeitnehmer iSv Art. 45. Einzig Tätigkeiten so geringen Umfangs, dass sie sich als völlig untergeordnet und unwesentlich darstellen, haben demnach außer Betracht zu bleiben (EuGH BeckRS 2004, 76538 Rn. 13 – Meeusen).

Geographisch ist Art. 45 auf alle Arbeitsverhältnisse anwendbar, die eine hinreichend enge **4** Verknüpfung zum Unionsgebiet aufweisen, etwa eine belgische Ortskraft an der deutschen Botschaft in Algier (EuGH BeckRS 2004, 75138 – Boukhalfa), und damit auch dann, wenn die Arbeitsleistung außerhalb der Union erbracht wird. Rein nationale Sachverhalte sind dagegen vom Anwendungsbereich ausgeschlossen (EuGH BeckRS 9998, 91438 – Stehen).

In persönlicher Hinsicht steht die Arbeitnehmerfreizügigkeit nur Staatsangehörigen eines Mit- **5** gliedstaates zu (stRspr, EuGH BeckRS 2004, 72530 – Caisse d'allocations / Meade). Ihre Familienangehörigen gleich welcher Nationalität sind nicht über Art. 45 AEUV berechtigt. Ihnen werden ggf. aber Rechte durch die Abreitnehmereigenschaft des Stammberechtigten vermittelt (EuGH BeckRS 2004, 76241 – Schmid), und auch das Sekundärrecht gesteht ihnen über die Freizügigkeitsrichtlinie und die Freizügigkeits-VO (VO (EU) 492/2011 v. 5.4.2011, ABl. 2011 L 141, 1) weitere Rechte zu.

Für abhängig beschäftigte Unionsbürger sind die Gewährleistungen aus Art. 45 leges speciales **6** gegenüber jenen aus dem allgemeinen Freizügigkeitsrecht des Art. 21 (→ Art. 21 Rn. 3). Es reicht jedoch an einigen Stellen weiter und ergänzt dann die Garantien des Art. 45.

Drittstaatsangehörige, Staatenlose und Flüchtlinge können sich nicht auf Art. 45 berufen (vgl. **7** auch insoweit aber die sekundärrechtlichen Regelungen → Rn. 23 ff.). Für Arbeitnehmer schweizerischer Staatsangehörigkeit gilt das Freizügigkeitsabkommen EU-Schweiz. Für solche aus dem Vereinigten Königreich das Austrittsabkommen Großbritanniens mit der EU → Art. 21 Rn. 8.

Normverpflichtet sind neben den Mitgliedstaaten und der Union selbst auch private Dritte, **8** insbesondere Arbeitgeber (EuGH BeckRS 2004, 75965 – Angonese) und Arbeitnehmervertretungen (EuGH BeckRS 2004, 74194 – Kommission / Luxemburg) und private Vereinigungen, die Kollektivregelungen treffen (EuGH BeckRS 2004, 70975 – Walrave). Die Rechtsprechung zur Niederlassungsfreiheit lässt sich insoweit auf die Arbeitnehmerfreizügigkeit übertragen (EuGH BeckRS 2004, 77129 – Bosman). Die Diskriminierung von Inländern bleibt trotz Art. 45 möglich, es sei denn, sie knüpft daran an, dass der Inländer von seinem Rückkehrrecht Gebrauch macht (EuGH BeckRS 2004, 74729 – Terhoeve).

B. Gewährleistungsgehalt

Art. 45 gewährt einen Anspruch auf Inländergleichbehandlung in Bezug auf Beschäftigungs- **9** und Arbeitsbedingungen (Abs. 2). Diskriminierungen und faktische Benachteiligungen aufgrund der Staatsangehörigkeit sind verboten (vgl. zu den Ausnahmen → Rn. 16 ff.). Darum bedürfen EU-Ausländer bspw. keiner gesonderten Arbeitserlaubnis.

10   Der Gleichbehandlungsanspruch erstreckt sich auch auf alle sozialen und steuerlichen Vergünstigungen, die inländische Arbeitnehmer genießen, etwa besonderen Kündigungsschutz oder Tren-
nungsgeld (EuGH BeckRS 2004, 71201 – Marsman; BeckRS 2004, 71762 – Sotgiu), den Lohn-
steuerjahresausgleich, Bestimmungen in Steuersatzungen oder persönliche steuerliche Vorteile
(EuGH BeckRS 2004, 75933 – Schumacker; BeckRS 2004, 74470 – Kommission / Luxemburg;
BeckRS 9998, 92811 – de Groot).

11   Für den Gleichbehandlungsanspruch kommt es insoweit nicht auf den Zusammenhang mit
einem konkreten Arbeitsverhältnis an. Es genügt, dass sie hauptsächlich wegen der Arbeitnehmereigenschaft oder eines inländischen Wohnsitzes gewährt werden, zur Integration des Arbeitnehmers
und seiner Familie im Aufenthaltsstaat beitragen und damit möglicherweise geeignet sind, die
Mobilität der Arbeitnehmer innerhalb der Union zu erleichtern (EuGH BeckRS 2004, 73494 –
Reina; BeckRS 2004, 70771 – Cristini).

12   Art. 45 Abs. 2 untersagt auch mittelbare Diskriminierungen. Damit gemeint ist die Verwendung
anderer Unterscheidungsmerkmale als der Staatsangehörigkeit mit regelmäßig ähnlicher Wirkung,
etwa den Wohnsitz oder inländische Bildungsabschlüsse, sofern diese Anknüpfung nicht aus tatsächlichen Gründen gerechtfertigt ist.

13   Neben dem Gleichbehandlungsgebot umfasst die Arbeitnehmerfreizügigkeit auch jene Rechte,
die notwendig sind, um die Dienstpflicht erfüllen zu können, also insbesondere die Rechte auf
Aufenthalt, Verbleib, Freizügigkeit und Erleichterung der Integration im Aufenthaltsstaat (Art. 45
Abs. 3).

14   Das Aufenthaltsrecht gewährt Art. 45 Abs. 3 lit. c unmittelbar. Es wird durch die Freizügigkeits-
RL (RL 2004/38/EG v. 29.4.2004, ABl. 2004 L 158, 77) weiter konkretisiert (→ Art. 21 Rn. 18).
Sie bekräftigt insbesondere den freien Aufenthalt zur Arbeitsaufnahme. Während der Stellensuche
ist der Betroffene jedoch sozialrechtlich noch kein Arbeitnehmer und kann darum aus der Arbeitnehmerfreizügigkeit noch keine Ansprüche auf Sozialleistungen herleiten (EuGH BeckRS 2016,
80386 – García Nieto).

15   Selbstredend besteht das Aufenthaltsrecht während der Dauer der beruflichen Tätigkeit. Die so
im Aufnahmestaat verbrachte Zeit bereitet über die Freizügigkeitsrichtlinie jedoch auch den Weg
zum Daueraufenthaltsrecht (EuGH BeckRS 2012, 81813 – Czop und Punakova).

C. Ausnahmeregelung für Beschäftigung in der öffentlichen Verwaltung und Rechtfertigung

16   Die Arbeitnehmerfreizügigkeit gilt nicht für Beschäftigung in der „öffentlichen Verwaltung"
(Art. 45 Abs. 4). Auch dieser Begriff ist autonom unionsrechtlich und mit Blick auf die ratio des
Art. 45 auszulegen. Der EuGH tendiert zu einer restriktiven Anwendung.

17   Öffentliche Verwaltung ist demnach die Ausübung hoheitlicher Befugnisse oder die Wahrnehmung jener Aufgaben, die auf die Wahrung der allgemeinen Belange des Staates gerichtet sind
und deshalb ein Verhältnis besonderer Verbundenheit des jeweiligen Stelleninhabers zum Staat
voraussetzen, das dem Staatsangehörigkeitsband zugrunde liegt (EuGH BeckRS 2004, 73510 –
Lawrie-Blum).

18   Allerdings greift die Ausnahme des Abs. 4 nur dann, wenn der Stelleninhaber regelmäßig
hoheitliche Befugnisse ausübt und diese nicht nur einen geringen Teil seiner Tätigkeit ausmachen
(EuGH BeckRS 2004, 77070 – Colegio de Oficiales).

19   Dementsprechend verneint der EuGH regelmäßig den Ausnahmetatbestand bei Mitarbeitern
der öffentlichen Daseinsvorsorge (Verkehr, Elektrizität, Gesundheit, Bildungswesen, Post- und
Fernmeldewesen und Kultur).

20   Mit Blick auf den Grundsatz der Verhältnismäßigkeit kann außerdem die Beschränkung der
Beförderungs- und Verwendungsmöglichkeiten das mildere Mittel gegenüber dem Komplettaus-
schluss des Bewerbers sein (EuGH BeckRS 2004, 72418 – Kommission / Italien).

21   Außerdem wird mit der erstmaligen Beschäftigung eines Arbeitnehmers anderer Staatsangehörigkeit in der öffentlichen Verwaltung dessen Status perpetuiert. Art. 45 Abs. 4 rechtfertigt dann
keine Diskriminierungen mehr (EuGH BeckRS 2004, 74859 – Österreichischer Gewerkschafts-
bund).

22   Auch bei nichthoheitlicher Tätigkeit können Eingriffe in die Arbeitnehmerfreizügigkeit aus
Gründen der öffentlichen Sicherheit gerechtfertigt sein (Art. 45 Abs. 3; vgl. → Art. 52 Rn. 3).
Daneben können auch zwingende Gründe des Allgemeinwohls einen Eingriff rechtfertigen. Diese
ursprünglich für die Warenverkehrsfreiheit entwickelte Formel wird vom EuGH inzwischen auch
auf die anderen Grundfreiheiten erstreckt (umfassend GHN/Forsthoff Rn. 372 ff.).

D. Weitere Ausgestaltung durch Sekundärrecht, Assoziierungsabkommen und Übergangsregelungen bei neuen Mitgliedstaaten

Über Art. 46, 48 hat die Arbeitnehmerfreizügigkeit durch die Freizügigkeits-VO (VO (EU) **23** 492/2011 v. 5.4.2011, ABl. 2011 L 141, 1) und die Freizügigkeits-RL (→ Art. 21 Rn. 18; beide in Deutschland mit dem FreizügG/EU – Freizügigkeitsgesetz/EU v. 30.7.2004, BGBl. I 1950 – in nationales Recht überführt) weitere sekundärrechtliche Ausgestaltung erfahren.

Die Systeme der sozialen Sicherheit der Mitgliedstaaten koordiniert die Soziale Sicherungssys- **24** teme-Koordinierungs-VO I (VO (EG) 883/2004 v. 29.4.2004, ABl. 2004 L 166, 1). Sie gewährt auch Drittstaatsangehörigen und Staatenlosen und damit insbesondere auch Flüchtlingen und ihren Angehörigen und Hinterbliebenen und den Familienmitgliedern von Arbeitnehmern Ansprüche auf Sozialleistungen (vgl. Art. 2 und 3 Soziale Sicherungssysteme-Koordinierungs-VO I).

Die Arbeitsaufnahme von Flüchtlingen regelt die Qualifikations-RL (RL 2011/95/EU v. **25** 13.12.2011, ABl. 2011 L 337, 9). Ihre Umsetzung in das nationale Recht (BT-Drs. 17/13556) betrifft insbesondere Vorschriften des AsylG und AufenthG sowie der AufenthV. Auf die dortigen Kommentierungen sei verwiesen.

Rechte für Arbeitnehmer aus Drittstaaten können außerdem Assoziierungsabkommen der **26** Union enthalten, wie sie insbesondere mit den Mittelmeeranrainerstaaten geschlossen worden sind (vgl. zum praktisch wichtigsten Assoziierungsabkommen mit der Türkei → ARB 1/80 Art. 6 Rn. 1 ff.). Insoweit ist zu beachten, dass auch die in solchen Abkommen häufig enthaltene Meistbegünstigungsklausel nicht zu einer mittelbaren Anwendbarkeit des Art. 45 führt, weil der Unionsvertrag als Integrationsvertrag nicht mit den Regelungen im Niederlassungsvertrag vergleichbar ist (GKK/Khan/Wesendorf Rn. 27).

Mit der Aufnahme jedes neuen Mitgliedstaates strömen über Art. 45 seine Staatsangehörigen **27** als potenzielle Arbeitnehmer in das Hoheitsgebiet der übrigen Mitgliedstaaten der Union. Um die daraus resultierende Konkurrenz für ihre einheimischen Arbeitskräfte und die damit möglicherweise einhergehenden sozialen und politischen Spannungen abzufedern, erhalten die (Alt-) Mitgliedstaaten bei einem Beitritt regelmäßig für eine Übergangszeit Gelegenheit, den Zugang der neuen Unionsbürger zu ihrem jeweiligen Arbeitsmarkt zu beschränken.

Die Bundesrepublik Deutschland macht von dieser Möglichkeit regelmäßig Gebrauch und **28** gestaltet den Zugang der Neuunionsbürger zum deutschen Arbeitsmarkt im europäischen Vergleich eher restriktiv. Aktuell bestehen keine Beschränkungen, nachdem die Übergangsregelung nach dem Beitritt Kroatiens am 30.6.2015 ausgelaufen ist.

Artikel 46 [Maßnahmen zur Herstellung der Freizügigkeit]

[ex Art. 40 EGV]
Das Europäische Parlament und der Rat treffen gemäß dem ordentlichen Gesetzgebungsverfahren und nach Anhörung des Wirtschafts- und Sozialausschuses durch Richtlinien oder Verordnungen alle erforderlichen Maßnahmen, um die Freizügigkeit der Arbeitnehmer im Sinne des Artikels 45 herzustellen, insbesondere
a) **durch Sicherstellung einer engen Zusammenarbeit zwischen den einzelstaatlichen Arbeitsverwaltungen;**
b) **durch die Beseitigung der Verwaltungsverfahren und -praktiken sowie der für den Zugang zu verfügbaren Arbeitsplätzen vorgeschriebenen Fristen, die sich aus innerstaatlichen Rechtsvorschriften oder vorher zwischen den Mitgliedstaaten geschlossenen Übereinkünften ergeben und deren Beibehaltung die Herstellung der Freizügigkeit der Arbeitnehmer hindert;**
c) **durch die Beseitigung aller Fristen und sonstigen Beschränkungen, die in innerstaatlichen Rechtsvorschriften oder vorher zwischen den Mitgliedstaaten geschlossenen Übereinkünften vorgesehen sind und die den Arbeitnehmern der anderen Mitgliedstaaten für die freie Wahl des Arbeitsplatzes andere Bedingungen als den inländischen Arbeitnehmern auferlegen;**
d) **durch die Schaffung geeigneter Verfahren für die Zusammenführung und den Ausgleich von Angebot und Nachfrage auf dem Arbeitsmarkt zu Bedingungen, die eine ernstliche Gefährdung der Lebenshaltung und des Beschäftigungsstands in einzelnen Gebieten und Industrien ausschließen.**

1   Art. 46 ist die Ermächtigungsgrundlage für den Erlass von Sekundärrechtsakten zur Vertiefung und Präzisierung der Arbeitnehmerfreizügigkeit. Er sieht dafür das ordentliche Gesetzgebungsverfahren vor (Art. 289 Abs. 1, 294).

2   Die maßgeblichen auf diesen Kompetenztitel gestützten Rechtsakte sind die Freizügigkeits-RL (RL 2004/38/EG v. 29.4.2004, ABl. 2004 L 158, 77) und die Freizügigkeits-VO (VO (EU) 492/2011 v. 5.4.2011, ABl. 2011 L 141, 1; vgl. → Art. 45 Rn. 23).

3   Gestützt auf Art. 46 bleibt der Unionsgesetzgeber weiter bemüht, die berufliche Mobilität zu fördern und bestehende Probleme zu beheben; in letzter Zeit etwa mit der RL 2014/54/EU zur Erleichterung der Ausübung der Freizügigkeitsrechte von Arbeitnehmern und der RL 2014/50/EU zu Erwerb und Wahrung von Zusatzrentenansprüchen.

Artikel 47 [Austausch junger Arbeitskräfte]

[ex Art. 41 EGV]
Die Mitgliedstaaten fördern den Austausch junger Arbeitskräfte im Rahmen eines gemeinsamen Programms.

1   Mit Art. 47 reagiert die Union auf das Migrationspotenzial und die erhöhte Mobilität jüngerer Arbeitnehmer. Die hierauf gestützten Programme sollen neben sozialen Zielen wie der Erhöhung des Gemeinschaftsgefühls vor allem die Voraussetzungen für eine spätere Arbeitsmigration schaffen.

2   Zuständig für die Ausarbeitung entsprechender Programme ist die Union. Die aktuellen Aktivitäten sind im Programm „Leonardo da Vinci" gebündelt. Es ist wegen der insoweit wohl nicht ausreichenden Ermächtigung des Art. 47 auch auf Art. 166 gestützt.

Artikel 48 [Sicherstellung der Ansprüche und Leistungen auf dem Gebiet der sozialen Sicherheit]

[ex Art. 42 EGV]
Das Europäische Parlament und der Rat beschließen gemäß dem ordentlichen Gesetzgebungsverfahren die auf dem Gebiet der sozialen Sicherheit für die Herstellung der Freizügigkeit der Arbeitnehmer notwendigen Maßnahmen; zu diesem Zweck führen sie insbesondere ein System ein, das zu- und abwandernden Arbeitnehmern und Selbständigen sowie deren anspruchsberechtigten Angehörigen Folgendes sichert:
a) die Zusammenrechnung aller nach den verschiedenen innerstaatlichen Rechtsvorschriften berücksichtigten Zeiten für den Erwerb und die Aufrechterhaltung des Leistungsanspruchs sowie für die Berechnung der Leistungen;
b) die Zahlung der Leistungen an Personen, die in den Hoheitsgebieten der Mitgliedstaaten wohnen.
¹Erklärt ein Mitglied des Rates, dass ein Entwurf eines Gesetzgebungsakts nach Absatz 1 wichtige Aspekte seines Systems der sozialen Sicherheit, insbesondere dessen Geltungsbereich, Kosten oder Finanzstruktur, verletzen oder dessen finanzielles Gleichgewicht beeinträchtigen würde, so kann es beantragen, dass der Europäische Rat befasst wird. ²In diesem Fall wird das ordentliche Gesetzgebungsverfahren ausgesetzt. ³Nach einer Aussprache geht der Europäische Rat binnen vier Monaten nach Aussetzung des Verfahrens wie folgt vor:
a) er verweist den Entwurf an den Rat zurück, wodurch die Aussetzung des ordentlichen Gesetzgebungsverfahrens beendet wird, oder
b) er sieht von einem Tätigwerden ab, oder aber er ersucht die Kommission um Vorlage eines neuen Vorschlags; in diesem Fall gilt der ursprünglich vorgeschlagene Rechtsakt als nicht erlassen.

Überblick

Die Sozialpolitik ist grundsätzlich Angelegenheit der Mitgliedstaaten (Art. 151). Allerdings würde die Arbeitnehmerfreizügigkeit massiv beeinträchtigt, wenn die Arbeitsmigranten befürchten müssten, aufgrund ihrer Tätigkeit im Ausland geringere Ansprüche zu erwerben oder erworbene Ansprüche einzubüßen (EuGH Urt. v. 4.5.1999 – C-262/92 – Engelbrecht). Darum gibt Art. 49 der Union die Kompetenz, die nationalen Systeme der sozialen Sicherheit zu koordinieren.

Eine darüber hinausgehende Angleichung ist nicht vorgesehen (EuGH BeckRS 2004, 74212 – Drake). Zu diesem Zweck haben das Parlament und der Rat für eine Zusammenrechenbarkeit der verschiedenen Ansprüche zu sorgen und den Leistungsexport und -import zu sichern. Bei den gewählten Maßnahmen kommt ihnen ein weites Ermessen zu (EuGH BeckRS 2004, 76738 – Nijhuis). Umfasst sind neben Arbeitnehmern auch Selbstständige.

Verfahrensrechtlich erleichtert Art. 48 die unionale Gesetzgebung, indem er auf das Einstimmigkeitserfordernis verzichtet (→ Rn. 1). Sekundärrechtlich haben die Maßnahmen zur „modernisierten Koordinierung" das historische Konkretisierungsregime abgelöst (→ Rn. 2 f.).

A. Verfahren

Seit dem Vertrag von Lissabon müssen entsprechende Beschlüsse nicht mehr einstimmig getrof- **1** fen werden. Stattdessen greift das ordentliche Gesetzgebungsverfahren (Art. 289 Abs. 1, 294). Als Ersatz wurde die Möglichkeit der Verweisung an den Europäischen Rat mit dezidierten Verfahrensvorschriften (Art. 49 Abs. 2) in den Vertrag aufgenommen.

B. Sekundärrecht

Das ursprüngliche Konkretisierungsregime stammte aus den 1970er Jahren (VO (EWG) 1408/ **2** 71 und (Durchführungs-) VO (EWG) 578/71). Es wurde durch die „**Modernisierte Koordinierung**" der VO (EG) 883/2004 und die (Durchführungs-) VO (EG) 987/2009 und ihre jeweiligen Änderungen ersetzt, die in der Bundesrepublik ihren Niederschlag im SozSEUKoordG (Gesetz zur Koordinierung der Systeme der sozialen Sicherheit in Europa v. 22.6.2011, BGBl. I 1202) und den darauf ergangenen bundesrechtlichen Verordnungen gefunden haben.

Beide Verordnungen sind im Lichte des Art. 48 auszulegen und damit migrationsfreundlich **3** (EuGH BeckRS 2004, 75395 – Lustig). Sie dienen vor allem dazu, die maßgebliche Rechtsordnung für die sozialrechtlichen Rechte und Pflichten festzulegen (Art. 11 ff. VO (EG) 883/2004; vgl. im Übrigen zum sekundärrechtlichen Regelungsstand GKK/Khan/Wesendorf Rn. 7 ff.).

Kapitel 2. Das Niederlassungsrecht

Artikel 49 [Niederlassungsfreiheit]

[ex Art. 43 EGV]
[1]**Die Beschränkungen der freien Niederlassung von Staatsangehörigen eines Mitgliedstaats im Hoheitsgebiet eines anderen Mitgliedstaats sind nach Maßgabe der folgenden Bestimmungen verboten.** [2]**Das Gleiche gilt für Beschränkungen der Gründung von Agenturen, Zweigniederlassungen oder Tochtergesellschaften durch Angehörige eines Mitgliedstaats, die im Hoheitsgebiet eines Mitgliedstaats ansässig sind.**

Vorbehaltlich des Kapitels über den Kapitalverkehr umfasst die Niederlassungsfreiheit die Aufnahme und Ausübung selbstständiger Erwerbstätigkeiten sowie die Gründung und Leitung von Unternehmen, insbesondere von Gesellschaften im Sinne des Artikels 54 Absatz 2, nach den Bestimmungen des Aufnahmestaats für seine eigenen Angehörigen.

Überblick

In der Logik der marktwirtschaftlich freien Allokation der Produktionsfaktoren (→ Art. 45 Rn. 1 ff.) liegt auch die subjektivrechtliche Gewähr der Niederlassungsfreiheit. Sie erstreckt die wirtschaftliche Freiheit der Berechtigten auf die selbstständige Erwerbstätigkeit.

Art. 49 garantiert ein unmittelbar anwendbares subjektives Recht (EuGH BeckRS 2004, 72208 – Reyners). Bestimmungen in früheren, bi- oder multilateralen Niederlassungsverträgen der Mitgliedstaaten untereinander werden durch Art. 49 verdrängt.

In seinem Anwendungsbereich (→ Rn. 1 ff.) untersagt Art. 49 Diskriminierungen aus Gründen der Staatsangehörigkeit, verpflichtet die Mitgliedstaaten, die Niederlassungsfreiheit weiter zu fördern und gewährt die zu ihrer Ausübung notwendigen Begleitrechte (→ Rn. 8 ff.). Entsprechende Eingriffe können durch Erfordernisse der öffentlichen Sicherheit, Ordnung und Gesundheit sowie durch zwingende Gründe des Allgemeinwohls gerechtfertigt sein (→ Rn. 15 f.).

A. Anwendungsbereich

1   Der Begriff der „Niederlassung" ist weit zu verstehen. Er meint den Daueraufenthalt im anderen Mitgliedstaat. Temporäre berufliche Aufenthalte sind je nach Inhalt der Tätigkeit über die Arbeitnehmerfreizügigkeit oder die Dienstleistungsfreiheit abgedeckt (EuGH BeckRS 2012, 80911 – Duomo).

2   Art. 49 setzt in Abgrenzung zur Arbeitnehmerfreizügigkeit eine selbstständige berufliche Tätigkeit voraus. Selbstständig ist dabei jede nicht abhängige Beschäftigung mit dem Ziel mehr als völlig unerhebliche Einnahmen zu erzielen, unabhängig von ihrem konkreten Inhalt (für selbstständige Prostituierte: EuGH BeckRS 2004, 75845 – Jany).

3   Liegt die Tätigkeit über den Erwerb von Unternehmen (-steilen) auf dem Bereich des Kapitalverkehrs, kommt es darauf an, ob der Erwerber bestimmenden Einfluss auf die unternehmerischen Entscheidungen nimmt, dann greift die Niederlassungsfreiheit (Art. 49 Abs. 2). Unterhalb dieser Schwelle handelt es sich primär um eine Investition und damit vorrangig um einen Fall der Kapitalverkehrsfreiheit (Art. 63–66; EuGH BeckRS 2004, 75454 – Baars; BeckRS 2012, 82405 – Test Claimants II). Beide Freiheiten sind parallel anwendbar, wenn die fragliche nationale Regelung unabhängig vom (bestimmenden) Umfang der Beteiligung greift (EuGH BeckRS 2012, 82371 – Kommission / Griechenland).

4   Art. 49 berechtigt Staatsangehörige von EU-Mitgliedstaaten, unabhängig davon ob sie daneben auch Staatsangehörige von Drittstaaten sind (EuGH BeckRS 2004, 76798 – Micheletti). Familienangehörige können am Freizügigkeitsrecht des Stammberechtigten partizipieren (vgl. → Art. 45 Rn. 5) und erhalten durch das Sekundärrecht, insbesondere die Freizügigkeits-RL, weitere subjektive Rechte (vgl. → Rn. 14).

4a   Für die gegenüber der Schweiz und die nunmehr gegenüber dem Vereinigten Königreich geltenden Regeln wird auf die Kommentierung an anderer Stelle verwiesen (→ Art. 21 Rn. 8)

5   Die Staatsangehörigkeit als Tatbestandsmerkmal des Art. 49 können nur natürliche Personen innehaben. Über Art. 54 gelten die aus der Niederlassungsfreiheit folgenden Rechte jedoch auch unmittelbar für Gesellschaften.

6   Freizügigkeitsverpflichtet ist neben dem Zielstaat, also jenem Staat, in dem die Niederlassung erfolgen soll, auch der Herkunftsstaat. Reine Inländerdiskriminierungen verbietet Art. 49 nicht. Allerdings genügt bereits eine potentielle Diskriminierung ausländischer Interessenten, selbst wenn die Verfahrensbeteiligten nur Inländer sind (EuGH BeckRS 2006, 70305 mwN – ANAV).

7   Für niedergelassene oder niederlassungswillige Unionsbürger iSv Art. 49 sind die Gewährleistungen der Niederlassungsfreiheit leges speciales gegenüber jenen aus dem allgemeinen Freizügigkeitsrecht des Art. 21 (→ Art. 21 Rn. 6 ff.).

B. Gewährleistungsinhalt

I. Diskriminierungsverbot

8   Art. 49 berechtigt unmittelbar dazu, in einem anderen Mitgliedstaat unter denselben Bedingungen wie dessen Staatsangehörige eine selbstständige Erwerbstätigkeit aufzunehmen und auszuüben sowie ein Unternehmen zu gründen und zu führen. Das damit einhergehende Diskriminierungsverbot gilt für die Union und alle Mitgliedstaaten und richtet sich außerdem auch an Private, soweit sie Kollektivregelungen treffen (EuGH BeckRS 2004, 70975 – Walrave). Die Rechtsprechung zur Arbeitnehmerfreizügigkeit ist insoweit übertragbar (EuGH BeckRS 2004, 77129 – Bosman).

9   Darum sind alle Ungleichbehandlungen, die an die Staatsangehörigkeit anknüpfen, rechtfertigungsbedürftige Eingriffe in die Niederlassungsfreiheit. Das gilt sowohl für ausländische Niederlassungswillige, als auch Inländer, deren ausländische Zweigniederlassungen gegenüber inländischen ungleich behandelt werden (EuGH BeckRS 2004, 74391 – AMID).

10   Verboten sind insbesondere auch mittelbare Diskriminierungen, also Regelungen, die nicht an direkt an die Staatsangehörigkeit anknüpfen, sondern sonstige Umstände mit regelmäßig gleicher Wirkung heranziehen (zB Herkunftsort, Unternehmenssitz, sprachliche Vorgaben), es sei denn das Kriterium ist aus besonderen sachlichen Gründen gerechtfertigt (EuGH BeckRS 2004, 76371 – Lankhorst-Hohorst).

II. Förderungspflicht

11   Über das Diskriminierungsverbot hinaus sind die Mitgliedstaaten verpflichtet, die Niederlassungsfreiheit zu fördern und noch bestehende Hindernisse zu beseitigen. Beschränkungen bleiben möglich, wenn sie in nicht diskriminierender Weise angewandt werden, durch zwingende Grün-

den des Allgemeinwohls gerechtfertigt und geeignet und erforderlich sind, um den damit verfolgten Zweck zu erreichen (EuGH BeckRS 2006, 70659 – Almelo mwN).

Allerdings ist damit kein unionaler Wettkampf um die geringsten Beschränkungen initiiert. **12** Andere oder weniger strenge Vorschriften in einem anderen Mitgliedstaat führen nicht zur Unverhältnismäßigkeit der Regeln (EuGH BeckRS 2004, 76074 – Deutsche Paracelsus Schulen).

Allgemeine Niederlassungseinschränkungen sind grundsätzlich noch kein Eingriff in Art. 49. **13** Etwas anderes gilt dann, wenn dem Wirtschaftsteilnehmer so die Möglichkeit genommen wird, unter normalen Wettbewerbsbedingungen in den Markt des Aufnahmestaates einzutreten (EuGH BeckRS 2011, 80311 – Kommission / Italien), wie etwa beim allgemeinen Verbot von Zweigniederlassungen.

III. Begleitrechte und Sekundärrecht

Wie mit der Arbeitnehmerfreizügigkeit gehen auch mit der Niederlassungsfreiheit Begleitrechte **14** auf Aufenthalt, Verbleib, Freizügigkeit und Teilhabe an Sozialleistungen für den Freizügigkeitsberechtigten und seine Angehörigen einher, sodass insoweit auf die Kommentierungen zu Art. 45 (→ Art. 45 Rn. 13) und zur Freizügigkeits-RL (→ Art. 21 Rn. 18) verwiesen werden kann. Die Koordinierung der sozialen Sicherung der Freizügigkeitsberechtigten erfolgt durch VO (EG) 883/2004 (→ Art. 48 Rn. 2).

C. Grenzen

Art. 52 erlaubt die Einschränkung der Niederlassungsfreiheit aus Gründen der öffentlichen **15** Sicherheit, Ordnung und Gesundheit. Daneben können auch Verstöße gegen Art. 49 durch zwingende Gründe des Allgemeinwohls gerechtfertigt sein (allg. EuGH BeckRS 2004, 71378 – Cassis de Dijon; zur Erstreckung auf die Niederlassungsfreiheit EuGH BeckRS 2007, 70189 – Test Claimants).

Auch diese Begrenzungsmöglichkeiten sind jedoch im Lichte des Art. 49 auszulegen und am **16** Grundsatz der Verhältnismäßigkeit zu messen (EuGH BeckRS 2005, 70962 – Marks & Spencer).

Artikel 50 [Maßnahmen zur Verwirklichung der Niederlassungsfreiheit]

[ex Art. 44 EGV]

(1) Das Europäische Parlament und der Rat erlassen gemäß dem ordentlichen Gesetzgebungsverfahren und nach Anhörung des Wirtschafts- und Sozialausschusses Richtlinien zur Verwirklichung der Niederlassungsfreiheit für eine bestimmte Tätigkeit.

(2) Das Europäische Parlament, der Rat und die Kommission erfüllen die Aufgaben, die ihnen aufgrund der obigen Bestimmungen übertragen sind, indem sie insbesondere
a) im Allgemeinen diejenigen Tätigkeiten mit Vorrang behandeln, bei denen die Niederlassungsfreiheit die Entwicklung der Produktion und des Handels in besonderer Weise fördert;
b) eine enge Zusammenarbeit zwischen den zuständigen Verwaltungen der Mitgliedstaaten sicherstellen, um sich über die besondere Lage auf den verschiedenen Tätigkeitsgebieten innerhalb der Union zu unterrichten;
c) die aus innerstaatlichen Rechtsvorschriften oder vorher zwischen den Mitgliedstaaten geschlossenen Übereinkünften abgeleiteten Verwaltungsverfahren und -praktiken ausschalten, deren Beibehaltung der Niederlassungsfreiheit entgegensteht;
d) dafür Sorge tragen, dass Arbeitnehmer eines Mitgliedstaats, die im Hoheitsgebiet eines anderen Mitgliedstaats beschäftigt sind, dort verbleiben und eine selbstständige Tätigkeit unter denselben Voraussetzungen ausüben können, die sie erfüllen müssten, wenn sie in diesen Staat erst zu dem Zeitpunkt einreisen würden, in dem sie diese Tätigkeit aufzunehmen beabsichtigen;
e) den Erwerb und die Nutzung von Grundbesitz im Hoheitsgebiet eines Mitgliedstaats durch Angehörige eines anderen Mitgliedstaats ermöglichen, soweit hierdurch die Grundsätze des Artikels 39 Absatz 2 nicht beeinträchtigt werden;
f) veranlassen, dass bei jedem in Betracht kommenden Wirtschaftszweig die Beschränkungen der Niederlassungsfreiheit in Bezug auf die Voraussetzungen für die Errichtung von Agenturen, Zweigniederlassungen und Tochtergesellschaften im Hoheits-

gebiet eines Mitgliedstaats sowie für den Eintritt des Personals der Hauptniederlassung in ihre Leitungs- oder Überwachungsorgane schrittweise aufgehoben werden;

g) soweit erforderlich, die Schutzbestimmungen koordinieren, die in den Mitgliedstaaten den Gesellschaften im Sinne des Artikels 54 Absatz 2 im Interesse der Gesellschafter sowie Dritter vorgeschrieben sind, um diese Bestimmungen gleichwertig zu gestalten;

h) sicherstellen, dass die Bedingungen für die Niederlassung nicht durch Beihilfen der Mitgliedstaaten verfälscht werden.

1   Die Niederlassungsfreiheit war zunächst nicht unmittelbar gewährleistet. Stattdessen gewährten die Verträge den damaligen Mitgliedstaaten eine Übergangsfrist bis zum 31.12.1969, während der zunächst einige Beschränkungen aufzuheben waren. Die Rechtsgrundlage dafür waren die historischen Vorläufer des Art. 50.

2   Mit dem Ablauf der Übergangsfrist ist die praktische Bedeutung der Norm rapide gesunken. Sie besteht heute nur noch, soweit Abs. 2 lit. g zur Koordinierung der gesellschaftsrechtlichen Schutzvorschriften ermächtigt.

3   Abs. 2 lit. g zielt darauf, die Gründung von Unternehmen zu erleichtern, indem durch die darauf gestützten Vorschriften die Verlagerung des Gesellschaftssitzes erleichtert und Schutzrechte der Gesellschafter harmonisiert werden. Eine Rechtsgrundlage zur Schaffung europäischer Gesellschaftsformen enthält sie jedoch nicht. Deshalb sind die Rechtsakte zur Einführung der Europäischen Gesellschaft (SE-VO – VO (EG) 2157/2001 v. 8.10.2001, ABl. 2001 L 294, 1) und Genossenschaft (SCE-VO – VO (EG) 1435/2003 v. 22.7.2003, ABl. 2003 L 207, 1) alleine auf Art. 352 gestützt (vgl. zu den auf Art. 50 gestützten gesellschaftsrechtlichen Sekundärrechtsakten GSH/Tiedje Rn. 36 ff.).

4   Neben der Harmonisierung des nationalen Gesellschaftsrechts bemüht sich die Kommission darum, unionsrechtliche Gesellschaftsformen zu schaffen. Kompetenzgrundlage dieser Aktivitäten sind die Art. 352, 114 (vgl. → Art. 54 Rn. 14 ff.).

Artikel 51 [Ausübung öffentlicher Gewalt]

[ex Art. 45 EGV]
Auf Tätigkeiten, die in einem Mitgliedstaat dauernd oder zeitweise mit der Ausübung öffentlicher Gewalt verbunden sind, findet dieses Kapitel in dem betreffenden Mitgliedstaat keine Anwendung.

Das Europäische Parlament und der Rat können gemäß dem ordentlichen Gesetzgebungsverfahren beschließen, dass dieses Kapitel auf bestimmte Tätigkeiten keine Anwendung findet.

1   **Art. 51 Abs. 1** ist die Parallelnorm zu Art. 45 Abs. 4 für das Recht der Niederlassungsfreiheit. Wie jede andere Tatbestandsausnahme im Bereich der Grundfreiheiten ist sie restriktiv auszulegen.

2   Die Vorschrift spricht von „öffentlicher Gewalt" und ist damit enger gefasst als die „öffentliche Verwaltung" des Art. 45 Abs. 4. Den Mitgliedstaaten ist insoweit Ermessen eingeräumt, welche Tätigkeiten sie ihren eigenen Staatsangehörigen in der Hoffnung auf deren besondere staatsbürgerliche Loyalität anvertrauen.

3   Der EuGH steckt ihnen gleichwohl enge Grenzen, wenn er für die „öffentliche Gewalt" Zwangsbefugnisse des Amtsinhabers fordert (BeckEuRS 2016, 470503 – Kommission / Lettland mwN). Damit sind Tätigkeiten nur insoweit erfasst, wie sie die unmittelbare oder spezifische Teilhabe an der öffentlichen Gewalt einschließen. Etwa für die Tätigkeit eines Rechtsanwaltes gilt das nicht vollumfänglich (EuGH BeckRS 2004, 72208 – Reyners). Auch das Staatsangehörigkeitserfordernis bei Notaren bemängelte der EuGH (BeckEuRS 2016, 493373).

4   **Art. 51 Abs. 2** enthält eine weiterreichende Ermächtigung zugunsten des Parlaments und des Rates, den Anwendungsbereich weiter einzuschränken. Sie dürfte in ihrer Weite und integrationshemmenden Ausgestaltung eher ein Fremdkörper im Recht der Marktfreiheiten sein und ist bisher ohne Anwendung geblieben. Sollte sich das ändern, wäre jedenfalls der Grundsatz der Verhältnismäßigkeit zu wahren und die ratio der Art. 49 ff. zu berücksichtigen.

Artikel 52 [Öffentliche Ordnung; Sicherheit; Gesundheit]

[ex Art. 46 EGV]

(1) Dieses Kapitel und die aufgrund desselben getroffenen Maßnahmen beeinträchtigen nicht die Anwendbarkeit der Rechts- und Verwaltungsvorschriften, die eine Sonderregelung für Ausländer vorsehen und aus Gründen der öffentlichen Ordnung, Sicherheit oder Gesundheit gerechtfertigt sind.

(2) Das Europäische Parlament und der Rat erlassen gemäß dem ordentlichen Gesetzgebungsverfahren Richtlinien für die Koordinierung der genannten Vorschriften.

Art. 52 stellt die Niederlassungsfreiheit unter einen ordre-public-Vorbehalt. Über die Verwei- **1** sung in Art. 62 gilt er auch für die Dienstleistungsfreiheit. Anders als Art. 51 betrifft Art. 52 nicht die Weite des Schutzbereiches, sondern die Rechtfertigungsebene.

Abs. 2 enthält eine Richtlinienermächtigung zur Koordinierung der nationalen Vorschriften. **2** Die auf die Vorgängernorm gestützte RL 64/221/EWG wurde inzwischen durch die Freizügigkeits-RL (→ Art. 21 Rn. 18) konsumiert.

Abs. 1 ist autonom unionsrechtlich und als Ausnahmevorschrift eng auszulegen. Darum können **3** wirtschaftliche Ziele keine Gründe der öffentlichen Ordnung iSv Art. 52 sein (EuGH BeckRS 2004, 74638 – Svensson) und auch die öffentliche Gesundheit ist nicht bei jedem krankheitsrelevanten Anhaltspunkt betroffen, wohl aber bei Erregern mit epidemischem Potential und der Sicherung einer hochwertigen Arzt- und Arzneimittelversorgung (EuGH BeckRS 2013, 82270 – Venturini).

Weiter verlangt der EuGH zur Rechtfertigung entsprechender Eingriffe, dass die Gefahr für **4** die öffentliche Ordnung, Sicherheit oder Gesundheit hinreichend schwer ist und Grundinteressen der Gesellschaft berührt. Allerdings gesteht er den Mitgliedstaaten insoweit einen Beurteilungsspielraum zu. An anderer Stelle betont er das Wechselspiel zwischen der auf Art. 52 AEUV gestützten Möglichkeit nationaler Einschränkungen der Niederlassungsfreiheit und diese konkretisierenden – und die Ausnahmen ggf. wiederrum einschränkenden – Sekundärrechtsakten (EuGH EuZW 2016, 439).

Schließlich verpflichtet der EuGH die Mitgliedstaaten zu einer Folgerichtigkeitsprüfung, weil **5** er eine Rechtfertigung über Art. 52 davon abhängig macht, ob der betreffende Mitgliedstaat dasselbe Verhalten bei seinen Staatsbürgern bekämpfen würde (EuGH BeckRS 2004, 73063 – Bouchereau) oder tatsächlich hinreichend bekämpft (EuGH BeckRS 2004, 75845 – Jany).

Artikel 53 [Gegenseitige Anerkennung von Diplomen; Koordinierungsrechtsetzung]

[ex Art. 47 EGV]

(1) Um die Aufnahme und Ausübung selbstständiger Tätigkeiten zu erleichtern, erlassen das Europäische Parlament und der Rat gemäß dem ordentlichen Gesetzgebungsverfahren Richtlinien für die gegenseitige Anerkennung der Diplome, Prüfungszeugnisse und sonstigen Befähigungsnachweise sowie für die Koordinierung der Rechts- und Verwaltungsvorschriften der Mitgliedstaaten über die Aufnahme und Ausübung selbstständiger Tätigkeiten.

(2) Die schrittweise Aufhebung der Beschränkungen für die ärztlichen, arztähnlichen und pharmazeutischen Berufe setzt die Koordinierung der Bedingungen für die Ausübung dieser Berufe in den einzelnen Mitgliedstaaten voraus.

Überblick

Die Personenverkehrsfreiheiten beruhen auf dem Gedanken, dass es für den Einzelnen gerechter und für die Gesellschaft von Vorteil ist, wenn nicht Herkunft, sondern Wissen, Können und Leistung über das berufliche Fortkommen entscheiden.

Faktisch und rechtlich sind Bildungsabschlüsse die primäre Zugangsschranke bei der Berufswahl. Darum ermächtigt der tatbestandlich weit gefasste (→ Rn. 1 ff.) Art. 53 zum Erlass von Richtlinien zur gegenseitigen Anerkennung dieser Abschlüsse (→ Rn. 4 ff.). Er ist durch den Vertrag von Lissabon um eine Ermächtigung zur Koordinierung erweitert worden (Art. 53 Abs. 1 aE). Vorgesehen ist das ordentliche Gesetzgebungsverfahren (Art. 289 Abs. 1, 294).

A. Anwendungsbereich

1   Die Ermächtigung gilt nur für „selbständige Tätigkeiten". Insoweit kann auf die Kommentierung zu Art. 49 verwiesen werden (→ Art. 49 Rn. 2).

2   Art. 53 umfasst alle Zeugnisse aus Schule, Hochschule und Berufsausbildung sowie eventuellen Praktika. Die Begriffe „Aufnahme und Ausübung" müssen nicht differenziert werden. Sie sind weit zu verstehen (GHN/Forsthoff Rn. 10).

3   Über Art. 54 ist Art. 53 auch auf juristische Personen anwendbar und erfasst nicht nur Bildungsabschlüsse, sondern das gesamte staatliche Aufsichtssystem aus Genehmigungs- und Zulassungsregeln, wie es etwa im Recht der Versicherungen und Banken besondere Bedeutung hat (GHN/Forsthoff Rn. 16).

B. Gewährleistungsgehalt

4   Art. 53 Abs. 1 enthält eine Rechtsetzungskompetenz der Union zur gegenseitigen Anerkennung der Abschlüsse und Zugangsschranken in den vorbezeichneten Materien.

5   Die Vorschrift des Art. 53 Abs. 2 ist weitgehend obsolet, weil die dort genannten Bereiche längst von Koordinierungsrichtlinien erfasst sind und Art. 49, 56 und 57 die dort begehrte Liberalisierung längst bewirkt haben. Die Bedeutung der Vorschrift besteht eher darin, zu belegen, dass die dort erfassten Tätigkeiten zu dem „sensiblen Bereich" gehören, in welchem eher mitgliedstaatliche Beschränkungen der Freiheiten zulässig sind (Calliess/Ruffert/Bröhmer Rn. 3).

C. Sekundärrecht

6   Hauptsächlich ist die gegenseitige Berufsanerkennung heute in der Diplomanerkennungs-RL (RL 2005/36/EG v. 7.9.2005, ABl. 2005 L 255, 22) zusammengefasst. Allerdings gilt die Richtlinie nicht umfassend, sondern nur für „reglementierte Berufe" nach der Legaldefinition des Art. 3 Diplomanerkennungs-RL. Sie beruht auf dem Prinzip der gegenseitigen Anerkennung und verallgemeinert Ausbildungen nach ihrer Dauer und dem Ausbildungsniveau und damit unabhängig vom konkreten Ausbildungsinhalt (Art. 11 Diplomanerkennungs-RL; vgl. Kluth/Gieger EuZW 2005, 486 ff.).

7   Das für die Berufsausübung maßgebliche nationale Recht bestimmt sich nach dem Ort, an den sich der Dienstleister begibt, um seine Dienstleistungen anzubieten (Art. 5 Abs. 3 Diplomanerkennungs-RL).

8   Die Richtlinie ist nach einer zunächst ungenügenden Umsetzung (EuGH BeckRS 2009, 71413 – Kommission / Deutschland) inzwischen durch das Anerkennungsgesetz in nationales Recht überführt. Mit diesem wurde das BQFG (Berufsqualifikationsfeststellungsgesetz v. 6.12.2011, BGBl. I 2515) erlassen (Art. 1 des Gesetzes zur Verbesserung der Feststellung und Anerkennung im Ausland erworbener Berufsqualifikationen v. 6.12.2011, BGBl. I 2515) und eine Vielzahl bundesrechtlicher Berufszugangsregelungen (HwO, BÄO, etc) den europarechtlichen Vorgaben angepasst (Art. 2 ff. des Gesetzes zur Verbesserung der Feststellung und Anerkennung im Ausland erworbener Berufsqualifikationen v. 6.12.2011, BGBl. I 2515).

9   Für die rechtsanwaltliche Tätigkeit trifft die Rechtsanwalts-RL (RL 98/5/EG v. 16.2.1998, ABl. 1998 L 77, 36) Sonderregelungen. Sie ist in Deutschland durch das EuRAG (EU-Rechtsanwälte-Gesetz v. 9.3.2000, BGBl. I 182) umgesetzt (vgl. zur Umsetzung in den anderen Mitgliedstaaten ABl. 1998 L 77, 36). Weiter ist für alle Dienstleistungen die Dienstleistungs-RL (RL 2006/123/EG v. 12.12.2006, ABl. 2006 L 376, 36) zu beachten (vgl. → Art. 56 Rn. 9)

Artikel 54 [Gleichstellung der Gesellschaften]

[ex. Art. 48 EGV]

Für die Anwendung dieses Kapitels stehen die nach den Rechtsvorschriften eines Mitgliedstaats gegründeten Gesellschaften, die ihren satzungsmäßigen Sitz, ihre Hauptverwaltung oder ihre Hauptniederlassung innerhalb der Union haben, den natürlichen Personen gleich, die Angehörige der Mitgliedstaaten sind.

Als Gesellschaften gelten die Gesellschaften des bürgerlichen Rechts und des Handelsrechts einschließlich der Genossenschaften und die sonstigen juristischen Personen des öffentlichen und privaten Rechts mit Ausnahme derjenigen, die keinen Erwerbszweck verfolgen.

Überblick

Die Niederlassungsfreiheit des Art. 49 schützt nur natürliche Personen (vgl. → Art. 49 Rn. 5). Weil juristische Personen und rechtlich selbstständige Personengesamtheiten (→ Rn. 1) für den Binnenmarkt ebenso wichtig sind, werden die entsprechenden Gewährleistungen über Art. 54 auch auf sie erstreckt. Ihnen sind so die freie Wahl des Sitzes und jener Nebenrechte garantiert, die zur Ausübung der Niederlassungsfreiheit notwendig sind (→ Rn. 7 ff.).

Weitere Vereinheitlichungen und damit Kostenvorteile sollen europäische Gesellschaftsformen schaffen (→ Rn. 14 ff.).

A. Anwendungsbereich

„Gesellschaften" iSv Art. 54 sind laut seinen Abs. 1 alle hinreichend verselbstständigten Ver- **1** bände, sofern sie nach dem Recht eines Mitgliedstaates gegründet wurden und ihren satzungsmäßigen Sitz oder ihre Hauptverwaltung oder-niederlassung auf dem Gebiet haben.

Eine Ausnahme besteht nur für reine Idealvereine (Art. 54 Abs. 2), also solche, die keinen **2** Erwerbszweck erfüllen. Maßgeblich ist die objektive wirtschaftliche Betätigung des Verbandes. Einer Gewinnerzielungsabsicht bedarf es nicht, was sich systematisch aus der expliziten Nennung der Genossenschaften ergibt.

Weiterreichende ideelle Zwecke sind unschädlich. Selbiges gilt mit Blick auf die gleichwertigen **3** anderen Sprachfassungen des Vertrages (Art. 55 Abs. 1 EUV), für mögliche Beschränkungen der Rechtsfähigkeit der Vereinigung, sodass insbesondere auch die Gesellschaft bürgerlichen Rechts („GbR") der § 705 ff. BGB Gesellschaft iSv Art. 54 ist.

Der „satzungsmäßige Sitz" bestimmt sich formal nach der Regelung in der Satzung. Briefkas- **4** tenfirmen (wie sie etwa das Recht der Niederlande ermöglicht) können sich auf die Niederlassungsfreiheit berufen, wenn der tatsächliche Verwaltungssitz auf dem Gebiet der Union liegt (EuGH BeckRS 2004, 74969 – Überseering).

„Hauptverwaltung" bezeichnet den räumlichen Tätigkeitsschwerpunkt der leitenden Organe **5** des Verbandes, „Hauptniederlassung" jenen, an dem die wichtigsten sachlichen und personellen Ressourcen konzentriert sind.

Aus der Systematik der Art. 49, 54 folgt weiter, dass sich eine Gesellschaft unabhängig von der **6** Staatsangehörigkeit ihrer Entscheidungsträger auf die Niederlassungsfreiheit berufen kann, wenn sie die obigen Anforderungen erfüllt (EuGH BeckRS 2004, 75124 – Centros).

B. Gewährleistungsgehalt

Über Art. 54 werden die Vorschriften zur Niederlassungsfreiheit auf Personenmehrheiten und **7** juristische Personen erstreckt, sodass für die konkreten Garantien grundsätzlich auf die Kommentierung zu Art. 49 ff. verwiesen werden kann.

Gesellschaftsrechtliches Pendant der Freizügigkeit ist die freie Sitzverlegung und damit Zu- und **8** Wegzug einer Gesellschaft in oder aus einem Mitgliedstaat. Auf ihre konkrete Form kommt es nicht an, sodass auch Umwandlungen und grenzüberschreitende Verschmelzungen von Art. 54 erfasst sind (EuGH BeckRS 2012, 81448 – VALE; BeckRS 2005, 70961 – Sevic).

Da Art. 54 keine expliziten Schranken vorsieht, dürfen sie nur nach Art. 52 oder aus zwingenden **9** Gründen des Allgemeinwohls eingeschränkt werden (EuGH BeckRS 2004, 73768 – Daily Mail). Entsprechende Regelungen müssen insbesondere verhältnismäßig sein.

Darum verstößt etwa die Pflicht eine Gesellschaft zur Sitzverlegung aufzulösen und neu zu **10** gründen gegen Art. 54 (EuGH BeckRS 2004, 74969 – Überseering), die Europarechtskonformität der Besteuerung stiller Reserven oder noch nicht realisierter Wertzuwächse entscheidet sich im Einzelfall (EuGH BeckRS 2011, 81704 – Grid Indus; BeckRS 2015, 80664 – Verder Lab Tec; BeckRS 2012, 81869 – Kommission / Portugal).

Nicht die Freizügigkeit, sondern nur die Marktchancen berührt das Recht, nach der Sitzverle- **11** gung als Gesellschaft nach dem Recht des Gründungsstaates erhalten zu bleiben. Darum hat der EuGH ein entsprechendes Verbot und damit die Bindung der Rechtsform an den Gründungsstaat gehalten (BeckRS 2008, 71325 – Cartesio).

Neben der Sitzverteilung schützt Art. 54 auch alle anderen Formen der transeuropäischen **12** Siedlungstätigkeit von Gesellschaften, etwa die Errichtung von Tochtergesellschaften und Zweigniederlassungen (EuGH BeckRS 2004, 75124 – Centros) oder Beteiligungen an bestehenden Gesellschaften (vgl. insoweit auch den klarstellenden Art. 55 sowie EuGH BeckRS 9998, 99666 – Kommission / Frankreich).

13   Dabei liegt allein in der Tatsache, dass die Gesellschaft ihre wirtschaftliche Tätigkeit nicht in ihrem Sitzstaat, sondern in jenem der Zweigniederlassung ausübt, noch kein Rechtsmissbrauch (EuGH BeckRS 2004, 74612 – Inspire Act). Entsprechende Aktivitäten unterliegen jeweils dem Recht des Mitgliedstaates, in dem die Zweigniederlassung / Tochtergesellschaft / Beteiligungsgesellschaft ihren Sitz hat. Aus Art. 54 folgt jedoch ein Anspruch auf die Gleichbehandlung in- und ausländischer Betriebsstätten, insbesondere bei der Besteuerung (EuGH BeckRS 2013, 81403 – Argenta Spaarbank; BeckRS 2015, 80513 – Kommission / Deutschland).

C. Europäische Gesellschaftsformen

14   Mit den Gewährleistungen des Art. 54 ist es Gesellschaften demnach möglich, unionsweit ihren Sitz zu verlegen und ein Netz an Niederlassungen oder Tochtergesellschaften zu unterhalten. Diese unterliegen jedoch jeweils dem Recht ihres Sitzstaates. Auch wenn sich die Union insoweit um die Harmonisierung bemüht (vgl. Art. 50), gehen damit erhebliche Rechts- und Verwaltungskosten und eine gesteigerte Komplexität des Beteiligungsnetzes einher. Darum hat die Union gestützt auf Art. 352, 114 eigene, unionsrechtliche Gesellschaftsformen geschaffen.

15   Die EWIV-VO (VO (EWG) 2137/85 v. 25.7.1985, ABl. 1985 L 199, 1) etabliert die europäische wirtschaftliche Interessenvertretung (EWIV). Sie soll die transnationale wirtschaftliche Kooperation von Personen und Unternehmen unterschiedlicher Nationalität erleichtern. Eine EWIV muss als solche in der Firma erkennbar sein (EuGH BeckRS 2004, 77056 – EITO). Im Übrigen gilt das Recht des Sitzstaates. § 1 EWIVAG stellt in Deutschland die EWIV der oHG gleich.

16   Mit der SE-VO (VO (EG) 2157/2001 v. 8.10.2001, ABl. 2001 L 294, 1) schuf die Union die Societas Europaea (SE) als europäische Gesellschaftsform. Sie soll durch eine unionsweit einheitliche Rechtsstruktur, Geschäftsführung und Berichtspflicht den Verwaltungsaufwand und damit Kosten senken. In Bezug auf die Arbeitnehmerbeteiligung wird sie durch die die Beteiligungs-RL (RL 2001/86/EG v. 8.10.2001, ABl. 2001 L 294, 22) ergänzt.

17   Im nationalen Recht haben beide Niederschlag im SEEG (Gesetz zur Einführung der Europäischen Gesellschaft v. 22.12.2004, BGBl. I 3675) gefunden. Als zweite unionale Gesellschaftsform etabliert die SCE-VO (VO (EG) 1435/2003 v. 22.7.2003, ABl. 2003 L 207, 1) die Europäische Genossenschaft (Societas Cooperativa Europaea), die mitsamt der Arbeitnehmervertretung (SCE-Ergänzungs-RL 2003/72/EG v. 22.7.2003, ABl. 2003 L 207, 25) über das SCEEinfG (Gesetz zur Einführung der Europäischen Genossenschaft und zur Änderung des Genossenschaftsrechts v. 14.8.2006, BGBl. I 1911) Eingang in das deutsche Recht gefunden hat.

Artikel 55 [Diskriminierungsverbot bei Kapitalbeteiligungen]

[ex Art. 294 EGV]
Unbeschadet der sonstigen Bestimmungen der Verträge stellen die Mitgliedstaaten die Staatsangehörigen der anderen Mitgliedstaaten hinsichtlich ihrer Beteiligung am Kapital von Gesellschaften im Sinne des Artikels 54 den eigenen Staatsangehörigen gleich.

1   Art. 55 konkretisiert das allgemeine Diskriminierungsverbot des Art. 18. Ziel der Regelung ist die weitere Liberalisierung des Rechts der Kapitalmarktbeteiligungen.

2   Die Norm ist zwar unmittelbar anwendbar, aber bereits ihrem Wortlaut nach subsidiär und hat kaum praktische Bedeutung. Sie liegt an der Grenze zwischen der Niederlassungsfreiheit (vorrangig bei Direktinvestitionen mit Einfluss auf unternehmerische Entscheidungen) und Kapitalverkehrsfreiheit (Art. 63 ff.; vorrangig bei Portfolioinvestitionen, also reinem Investment).

3   Art. 55 ordnet die Inländergleichbehandlung an. Dem widersprechen Sprach- (EuGH BeckRS 2004, 75117 – Kommission / Belgien), Staatsangehörigkeits- und Sitzerfordernisse (EuGH BeckRS 2004, 77635 – Kommission / Griechenland; BeckRS 2004, 75196 – Factortame).

4   Einschränkungen des Gleichbehandlungsrechts sind wie stets bei den Grundfreiheiten aus zwingenden Gründen des Allgemeinwohls möglich. Im Bereich der Beteiligungsfreiheit ist diese allgemeine Formel (umfassend GHN/Forsthoff Art. 45 Rn. 372 ff.) für Sicherheitsgüter durch Art. 346 Abs. 1 lit. b konkretisiert.

Kapitel 3. Dienstleistungen

Artikel 56 [Dienstleistungsfreiheit]

[ex Art. 49 EGV]
Die Beschränkungen des freien Dienstleistungsverkehrs innerhalb der Union für Angehörige der Mitgliedstaaten, die in einem anderen Mitgliedstaat als demjenigen des Leistungsempfängers ansässig sind, sind nach Maßgabe der folgenden Bestimmungen verboten.
Das Europäische Parlament und der Rat können gemäß dem ordentlichen Gesetzgebungsverfahren beschließen, dass dieses Kapitel auch auf Erbringer von Dienstleistungen Anwendung findet, welche die Staatsangehörigkeit eines dritten Landes besitzen und innerhalb der Union ansässig sind.

Überblick

Art. 56 ergänzt die Niederlassungs-, Warenverkehrs- und die Arbeitnehmerfreizügigkeit und gewährt selbstständig tätigen Dienstleistern eine entsprechende Rechtsposition. Sie weist inhaltlich enge Bezüge zur Niederlassungsfreiheit auf, als deren personenfreiheitlicher Annex sie ursprünglich verstanden wurde (GHN/Randelzhofer/Forsthoff Art. 57 Rn. 3 f.). Diese Verbindung kommt noch heute in Art. 62 zum Ausdruck (→ Art. 62 Rn. 1).
Die Dienstleistungsfreiheit war zunächst nicht unmittelbar gewährleistet. Stattdessen gewährten die Verträge den damaligen Mitgliedstaaten eine Übergangsfrist bis zum 31.12.1969, während der zunächst einige Beschränkungen aufzuheben waren. Seit dem Ablauf dieser Frist verbrieft die Dienstleistungsfreiheit aber, wie die übrigen Grundfreiheiten auch, unmittelbar anwendbare, subjektive Rechte (EuGH BeckRS 2004, 70832 – van Binsbergen) und statuiert einen Grundsatz des Vertrages (EuGH BeckRS 2004, 72876 – Webb).
In ihrem Anwendungsbereich (vgl. → Rn. 1 ff.) untersagt die Norm Diskriminierungen aus Gründen der Staatsangehörigkeit (vgl. → Rn. 7). Die damit verbundenen Garantien sind im Detail in der Dienstleistungsrichtlinie niedergelegt (vgl. → Rn. 9 ff.)

A. Anwendungsbereich

Art. 56 setzt eine grenzüberschreitende Dienstleistung (vgl. → Art. 57 Rn. 1 ff.) durch Unionsbürger auf dem Unionsgebiet voraus. Für sie sind die Gewährleistungen aus Art. 56 ff. leges speciales gegenüber jenen aus dem allgemeinen Freizügigkeitsrecht des Art. 21 (→ Art. 21 Rn. 16). **1**
Über Art. 62, 54 können sich auch mitgliedstaatliche Gesellschaften auf die Dienstleistungsfreiheit und die daraus folgenden Rechte berufen (→ Art. 62 Rn. 1). **2**
Innerhalb der Union ansässige Drittstaatsangehörige könnten über eine Entscheidung nach Art. 56 Abs. 2 ebenfalls in den Genuss der Dienstleistungsfreiheit kommen. Allerdings fehlt es bislang an einem entsprechenden Rechtsetzungsakt. **3**
Das Recht drittstaatsangehöriger Familienmitglieder von Freizügigkeitsberechtigten auf freie Erwerbstätigkeit aus der Freizügigkeits-RL (RL 2004/38/EG v. 29.4.2004, ABl. 2004 L 158, 77; → Art. 21 Rn. 18) ist auf den Tätigkeitsstaat des Stammberechtigten beschränkt (Art. 24 Freizügigkeits-RL). Selbiges gilt für drittstaatsangehörige Eltern von Unionsbürgern (EuGH BeckRS 2011, 80196 – Zambrano). **4**
Art. 56 gilt unionsweit. Für die assoziierten Gebiete der Mitgliedstaaten gelten Sonderregeln nach Art. 198. Mit Drittstaaten können völkerrechtliche Verträge, insbesondere Assoziierungsabkommen, geschlossen werden (Art. 217). **5**

B. Gewährleistungsgehalt

Normverpflichtete sind primär die Union selbst und die Mitgliedstaaten. Unter bestimmten Voraussetzungen gewährt die Dienstleistungsfreiheit jedoch auch Rechte gegenüber privaten Dritten soweit sie verbindliche Kollektivregelungen treffen (→ Art. 45 Rn. 8; zur weiterreichenden horizontalen Drittwirkung vgl. GHN/Forsthoff Art. 45 Rn. 152 ff.). **6**

7   Sachlich gewährt Art. 56 ein umfassendes Diskriminierungs- und Beschränkungsverbot. Bereichsausnahmen für Verkehr und Kapitalverkehr enthält Art. 58, eine solche für öffentliche Gewalt die Art. 62, 51.

8   Eine Rechtfertigung entsprechender Verstöße ist durch den Verweis auf den ordre-public Vorbehalt des Art. 62, 52 möglich, sowie wegen zwingenden Gründen des Allgemeinwohls. Gleichwohl zulässige Diskriminierungen begegnen weiteren Einschränkungen durch Art. 61 und den Grundsatz der Verhältnismäßigkeit.

C. Sekundärrecht

9   Um die Dienstleistungsfreiheit zu operationalisieren erließ die damalige EG die Dienstleistungs-RL (RL 2006/123/EG v. 12.12.2006, ABl. 2006 L 376, 36). Sie war ursprünglich bis zum 28.12.2009 umzusetzen (vgl. zur Umsetzung in Deutschland die Antwort der Bundesregierung auf eine entsprechende kleine Anfrage, BT-Drs. 17/728) und umfasst grundsätzlich alle Berufe (zu den Ausnahmen vgl. Art. 1 Abs. 2 Dienstleistungs-RL, Art. 2 Abs. 2 Dienstleistungs-RL, Art. 3 Abs. 2 Dienstleistungs-RL).

10   Kernelemente der Richtlinie sind dezidierte Benachteiligungs- und Diskriminierungsverbote (Art. 16 Dienstleistungs-RL) sowie der einheitliche Ansprechpartner für Dienstleistungserbringer (Art. 6 Dienstleistungs-RL).

11   Im Rahmen der europäischen Binnenmarktstrategie gibt es immer wieder Überlegungen, die Richtlinie auszuweiten und den transnationalen Dienstleistungsverkehr etwa durch elektronische europäische Dienstleistungskarten (Ratsdokument 5283/17) sowie entsprechende Verwaltungserleichterungen (Ratsdokument 5284/17) zu fördern.

Artikel 57 [Dienstleistungen]

[ex Art. 50 EGV]
Dienstleistungen im Sinne der Verträge sind Leistungen, die in der Regel gegen Entgelt erbracht werden, soweit sie nicht den Vorschriften über den freien Waren- und Kapitalverkehr und über die Freizügigkeit der Personen unterliegen.
Als Dienstleistungen gelten insbesondere:
a) gewerbliche Tätigkeiten,
b) kaufmännische Tätigkeiten,
c) handwerkliche Tätigkeiten,
d) freiberufliche Tätigkeiten.
Unbeschadet des Kapitels über die Niederlassungsfreiheit kann der Leistende zwecks Erbringung seiner Leistungen seine Tätigkeit vorübergehend in dem Mitgliedstaat ausüben, in dem die Leistung erbracht wird, und zwar unter den Voraussetzungen, welche dieser Mitgliedstaat für seine eigenen Angehörigen vorschreibt.

Überblick

Art. 57 definiert den Begriff der Dienstleistung legal. Er ist originär unionsrechtlich auszulegen.
Unbeschadet des Wortlautes („soweit [...] nicht") handelt es sich bei der Dienstleistungsfreiheit jedoch nicht um eine subsidiäre Auffanggarantie, sondern um einen Zentralbereich des Binnenmarktes. Die Aufzählung in Art. 57 lit. a–d ist beispielhaft („insbesondere") und damit keinesfalls abschließend.
Art. 57 ist nach dem Schwerpunkt der Tätigkeit von den übrigen Grundfreiheiten abzugrenzen. Er erfasst alle Arten grenzüberschreitender Dienstleistungen (vgl. → Rn. 1 ff.) und garantiert für diese ein Diskriminierungs- und Beschränkungsverbot sowie die notwendigen Begleitrechte, um Dienstleistungen zu erbringen (→ Rn. 8 ff.). Bei Eingriffen in diese Gewährleistungen stellt sich die Frage der Rechtfertigung. Ihre Antwort liefert eine strenge Verhältnismäßigkeitsprüfung unter besonderer Berücksichtigung der einschlägigen Grundfreiheiten (→ Rn. 16 ff.).

A. Anwendungsbereich

1   Die Abgrenzung zu den übrigen Grundfreiheiten erfolgt nach dem Schwerpunkt der Tätigkeit (EuGH BeckRS 2010, 90814 – Dijkmann). Jene zur Arbeitnehmerfreizügigkeit liegt in der selbstständigen oder abhängigen Erbringung der Leistung (vgl. → Art. 45 Rn. 1 ff.).

Die Warenverkehrsfreiheit ist lex specialis, wenn die Dienstleistungen in einem Produkt, also **2** einer beweglichen Sache mit Geldwert (EuGH BeckRS 2011, 80396 – Vlaamse Dierenartsenvereniging) wie einem Buch, Ton- oder Datenträger verkörpert ist, sofern dieser nicht eine bloße Nebensache der Leistung darstellt (EuGH BeckRS 2011, 81423 – Football Association Premier League Ltd.).

Schlägt sie sich in Sachkapital oder Rechten nieder, ist die Kapitalverkehrsfreiheit vorrangig **3** (zur Abgrenzung EuGH BeckRS 2006, 70771 – Fidium Finanz).

Für die Abgrenzung zu Art. 49 ff. kommt es darauf an, ob die Leistung aufgrund einer Nieder- **4** lassung in einem anderen Mitgliedstaat erbracht wird. Eine solche nimmt der EuGH bei einer auf Dauer und damit nicht nur für die jeweilige Leistung angelegten Struktur oder einem entsprechend als Agentur beauftragten Büro an (EuGH BeckRS 2004, 71793 – Sacchi; BeckRS 2004, 77557 – Gebhard). Dient die temporärere Einrichtung indes nur dazu, sich den Berufsregelungen zu entziehen, die im Falle einer Niederlassung zu beachten wären, unterliegt die Tätigkeit gleichwohl der Niederlassungs-, nicht der Dienstleistungsfreiheit (EuGH BeckRS 2004, 74437 – VOO; BeckRS 2004, 75256 – TV 10).

Nach Wortlaut, Historie und ratio des Art. 57 Abs. 1 sind Leistungen ohne wirtschaftliche **5** Motivation keine Dienstleistungen. Entscheidend ist insoweit nicht die Art der Tätigkeit, sondern der wirtschaftliche Zweck ihrer Erbringung, etwa bei privaten Hochschulen (EuGH BeckRS 2004, 74113 – Wirth) oder entgeltlichen medizinischen Dienstleistungen (EuGH BeckRS 2010, 91158 – Elchimov), unabhängig von ihrer späteren Erstattbarkeit (EuGH BeckRS 2011, 81560 – Kommission / Portugal).

Auch unvollkommene Verbindlichkeiten, etwa Spielschulden, sind Entgelte (EuGH BeckRS 9998, **5.1** 93000 – Town & County Factors).

Über die jeweils weiten Schutzbereiche der Grundfreiheiten sind alle erwerbswirtschaftlichen **6** Tätigkeiten von diesen erfasst. Fehlt es jedoch mangels Entgeltlichkeit an einer Dienstleistung, kann noch das allgemeine Diskriminierungsverbot des Art. 18 greifen (EuGH BeckRS 2005, 70494 – Kommission / Österreich).

Die Dienstleistungsfreiheit kommt nur bei grenzüberschreitenden Sachverhalten auf dem Gebiet **7** der Union zum Tragen. Ein solcher kann in vier verschiedenen Konstellationen bestehen.
• Zum Ersten kann nur die Dienstleistung die Grenze überschreiten (zB bei Call Centern oder der Teilnahme an Fernkursen).
• Zum Zweiten kann sich der Dienstleister über die Grenze zu seinem Kunden begeben (zB Rechtsanwalt bei ausländischem Mandanten).
• Zum Dritten ist ein grenzüberschreitender Sachverhalt gegeben, wenn sich der Leistungsempfänger in das EU-Ausland begibt, etwa um sich behandeln (EuGH BeckRS 2006, 70372 – Watts) oder entgeltlich unterrichten zu lassen (EuGH BeckRS 2004, 74113 – Wirth).
• Als vierte Konstellation sind schließlich „auslandsbedingte" Dienstleistungen anerkannt, also solche, die zwar zwischen Staatsangehörigen desselben Mitgliedstaates erbracht werden, aber notwendigen Auslandsbezug haben, wie der einheimische Reiseleiter auf einer Auslandsreise (EuGH BeckRS 2004, 77018 – Ergasias) oder die Vermittlung von Auslandsimmobilien zwischen Landsleuten (EuGH BeckRS 2013, 80032 – Kommission / Portugal).

B. Gewährleistungsgehalt

Auch die Dienstleistungsfreiheit normiert ein Diskriminierungsverbot. Weder der Dienstleister **8** (EuGH BeckRS 2004, 71066 – Coenen) noch der Dienstleistungsempfänger (EuGH BeckRS 2004, 76944 – Kommission / Italien) darf wegen seiner Staatsangehörigkeit diskriminiert werden.

Neben der unmittelbaren sind auch mittelbare Diskriminierungen (vgl. zur Unterscheidung **9** → Art. 18 Rn. 11), etwa durch ein Anknüpfen an die Sprache, den Wohnort, Tätigkeitsort oder Sitz erfasst (EuGH BeckRS 2004, 74638 – Fedicine).

Darüber hinaus entnimmt der EuGH den Art. 56, 57 ein umfassendes Beschränkungsverbot **10** (EuGH BeckRS 2013, 81514 – Citroën Belux NV) und damit auch eine Pflicht der Mitgliedstaaten, den freien Dienstleistungsverkehr zu fördern und noch bestehende Hindernisse zu beseitigen (EuGH BeckRS 2014, 81018 – Strojírny Prostějov).

Damit sind auch jene Beschränkungen aufzuheben, die, obwohl sie unterschiedslos gelten, auch **11** nur geeignet sind, die Tätigkeit eines in einem anderen Mitgliedstaat ansässigen Dienstleisters zu unterbinden (EuGH BeckRS 2010, 90814 – Dijkman) oder den Dienstleistungsempfänger von seiner Nachfrage nach entsprechenden Leistungen abzuhalten, etwa Wohnsitz oder Niederlassungserfordernisse (EuGH BeckRS 2014, 80308 – Navileme und Nautizende).

12   Weil auch insoweit alle beteiligten Mitgliedstaaten verpflichtet sind, kann sich der Dienstleister mit Blick auf ausländische Kunden auch gegenüber seinem Sitzstaat auf die Dienstleistungsfreiheit berufen (EuGH BeckRS 2004, 77218 – Sea-Land Service).

13   Von Art. 57 ebenfalls umfasst ist die Entsendung von Drittstaatsangehörigen (EuGH BeckRS 2015, 80783 – Martin Meat). Sie könnten sich nicht auf die Arbeitnehmerfreizügigkeit berufen (→ Art. 45 Rn. 1).

14   Schließlich ist es unmöglich, eine Dienstleistung zu erbringen, ohne einreisen, sich aufhalten und wieder ausreisen zu dürfen. Darum gehen mit Art. 56, 57 auch diese Begleitrechte einher. Sie verbürgen insbesondere die Reise- und Aufenthaltsfreiheit für Dienstleister und Dienstleistungsempfänger (zB Erwerb eines Sportbootführerscheins, EuGH BeckRS 2014, 80308 – Navileme und Nautizende).

15   Der EuGH hat diese Rechte teilweise sogar auf drittstaatsangehörige Familienangehörige erstreckt (EuGH BeckRS 2004, 77610 – Carpenter). Die Annexrechte und diese Rechtsprechung haben mit der Freizügigkeits-RL jedoch erheblich an Bedeutung verloren (→ Art. 21 Rn. 18).

C. Rechtfertigung

16   Eingriffe in die Gewährleistungen des Art. 57 sind nur dann gerechtfertigt, wenn sie nicht an die Staatsangehörigkeit anknüpfen, dem Allgemeininteresse dienen (EuGH BeckRS 2004, 76917 – Alpine Investments), zur Erreichung ihres Zweckes geeignet, notwendig und mit Blick auf die besondere Bedeutung der Niederlassungsfreiheit verhältnismäßig sind (EuGH BeckRS 2013, 81511 – Sky Italia).

17   Das kann insbesondere zu verneinen sein, weil dem Allgemeininteresse bereits durch jene Vorschriften hinreichend Rechnung getragen wird, denen der Dienstleister in seinem Sitzstaat unterliegt (EuGH BeckRS 2004, 72876 – Webb).

18   In der umfassenden Verhältnismäßigkeitsprüfung sind auch die Unionsgrundrechte zu gewichten. Niederlassungserfordernisse sind besonders streng zu prüfen, weil sie es unmöglich machen, die Dienstleistungsfreiheit auszuüben (EuGH BeckRS 2004, 77206 – Vander Elst).

19   Ob daneben auch eine Rechtfertigung nach der Keck-Rechtsprechung des EuGH möglich ist, hat der EuGH noch nicht abschließend entschieden (offen gelassen EuGH BeckRS 2004, 76917 – Alpine Investments). In der Literatur ist die Frage umstritten (Übersicht bei Streinz/Müller-Graff, EUV/AEUV, 2. Aufl. 2012, Art. 56 Rn. 88).

Artikel 58 [Verkehrsdienstleistungen; Kapitalverkehr]

[ex Art. 51 EGV]

(1) Für den freien Dienstleistungsverkehr auf dem Gebiet des Verkehrs gelten die Bestimmungen des Titels über den Verkehr.

(2) Die Liberalisierung der mit dem Kapitalverkehr verbundenen Dienstleistungen der Banken und Versicherungen wird im Einklang mit der Liberalisierung des Kapitalverkehrs durchgeführt.

1   Art. 58 verweist für Dienstleistungen auf den Gebieten des Verkehrs (Abs. 1) und des Kapitalverkehrs (Abs. 2) auf die spezielleren Regelungen. Gleichwohl gilt der Grundsatz des freien Dienstleistungsverkehrs auch dort. Die spezielleren Regelungen sind in seinem Lichte auszulegen (EuGH BeckRS 2004, 77901 – Stylianakis).

2   Die Ausnahmeregelungen sind eng auszulegen, sodass bspw. Hilfsdienstleistungen, die im Zusammenhang mit dem Verkehr stehen, nicht darunter fallen. Sie sind voll von Art. 56, 57 erfasst.

3   Verkehrsdienstleistungen sind in Art. 90 ff. speziell geregelt. Sie kompensieren die Bereichsausnahme durch Art. 58 Abs. 1 über sekundärrechtliche Diskriminierungsverbote (vgl. Art. 4 VO (EU) Nr. 1177/2010 für Schiffs-, Art. 23 VO (EG) 1008/2008 für Luft- und VO (EU) 181/2011 für Busverkehr).

4   Dienstleistungen im Zusammenhang mit dem Kapital**verkehr** unterliegen den spezielleren Art. 63 ff. Fehlt es daran, etwa bei Anlageberatung, greifen Art. 56 ff.

5   Art. 58 Abs. 2 betrifft ausdrücklich auch Versicherungen, also die entgeltliche Übernahme eines Risikos für einen anderen, weil die Ansprüche aus dem Versicherungsvertrag Teil des Kapitalverkehrs sind (GKK/Kotzur Rn. 5).

Artikel 59 [Liberalisierungsmaßnahmen]

[ex Art. 52 EGV]

(1) Das Europäische Parlament und der Rat erlassen gemäß dem ordentlichen Gesetzgebungsverfahren und nach Anhörung des Wirtschafts- und Sozialausschusses Richtlinien zur Liberalisierung einer bestimmten Dienstleistung.

(2) Bei den in Absatz 1 genannten Richtlinien sind im Allgemeinen mit Vorrang diejenigen Dienstleistungen zu berücksichtigen, welche die Produktionskosten unmittelbar beeinflussen oder deren Liberalisierung zur Förderung des Warenverkehrs beiträgt.

Zur Beseitigung bestehender Beschränkungen sieht Art. 59 eine Kompetenz zum Richtlinien- 1
erlass im ordentlichen Gesetzgebungsverfahren (Art. 289 Abs. 1, 294) vor.

Die Norm hat ihre Bedeutung weitgehend verloren, weil die Dienstleistungsfreiheit inzwischen 2
unmittelbar anwendbar ist, vom EuGH extensiv als allgemeines Beschränkungsverbot ausgelegt
wird (vgl. → Art. 57 Rn. 10) und die weitere Harmonisierung über die Ermächtigung in Art. 62,
53 erfolgt.

Artikel 60 [Weitergehende Liberalisierung]

[ex Art. 53 EGV]
Die Mitgliedstaaten bemühen sich, über das Ausmaß der Liberalisierung der Dienstleistungen, zu dem sie aufgrund der Richtlinien gemäß Artikel 59 Absatz 1 verpflichtet sind, hinauszugehen, falls ihre wirtschaftliche Gesamtlage und die Lage des betreffenden Wirtschaftszweigs dies zulassen.
Die Kommission richtet entsprechende Empfehlungen an die betreffenden Staaten.

Art. 60 S. 1 enthält eine unbestimmte Absichtserklärung. Sie ist durch eine Mehrzahl von 1
Vorbehalten mit Rechtsbegriffen von kaum bestimmbarer Weite zusätzlich abgeschwächt („wirtschaftliche Gesamtlage", „Lage des betreffenden Wirtschaftszweiges", „falls [...] zulassen").
Eine Empfehlung der Kommission nach S. 2 ist bislang nie ergangen, sodass die Norm bislang 2
keine praktische Bedeutung erlangt hat.

Artikel 61 [Übergangsregelung]

[ex Art. 54 EGV]
Solange die Beschränkungen des freien Dienstleistungsverkehrs nicht aufgehoben sind, wendet sie jeder Mitgliedstaat ohne Unterscheidung nach Staatsangehörigkeit oder Aufenthaltsort auf alle in Artikel 56 Absatz 1 bezeichneten Erbringer von Dienstleistungen an.

Die Vorschrift ist seit der unmittelbaren Anwendbarkeit der Dienstleistungsfreiheit (→ Art. 56 1
Rn. 2; vgl. insoweit auch die Kommentierung zur Niederlassungsfreiheit → Art. 50 Rn. 1 und
des daraus folgenden Beschränkungsverbotes → Art. 57 Rn. 13) mit Ablauf der Übergangsfrist
am 1.1.1970 obsolet geworden.

Artikel 62 [Entsprechende Anwendung von Vorschriften des Niederlassungsrechts]

Die Bestimmungen der Artikel 51 bis 54 finden auf das in diesem Kapitel geregelte Sachgebiet Anwendung.

Niederlassungs- und Dienstleistungsfreiheit ähneln sich strukturell, was die weiträumige Verwei- 1
sung des Dienstleistungsrechts auf jenes der Niederlassungen möglich macht. Sie betrifft die
Bereichsausnahme der öffentlichen Gewalt (Art. 51), den ordre-public Vorbehalt (Art. 52), Möglichkeiten der Harmonisierung (Art. 53), sowie die Erweiterung des geschützten Kreises der
Freiheitsberechtigten auf Gesellschaften (Art. 54). Auf die dortigen Kommentierungen sei an

dieser Stelle im Wesentlichen verwiesen (→ Art. 51 Rn. 1; → Art. 52 Rn. 1; → Art. 53 Rn. 2; → Art. 54 Rn. 1).

2   Ergänzend ist für die Frage der Harmonisierung des unionsweiten Dienstleistungsverkehrs auf die sekundärrechtliche Koordinierung der Vergabe mitgliedstaatlicher Aufträge hinzuweisen. Sie erfolgt über die Vergabe-RL 2004 (RL 2004/18/EG v. 31.3.2004, ABl. 2004 L 134, 114; Bau-, Reparatur-, Beförderung und Dienstleistungsaufträge) und die Sektoren-RL 2004 (RL 2004/17/EG v. 31.3.2004, ABl. 2004 L 134, 1; Wasser, Energie, Verkehr, Post). Sie sind in Deutschland im GWB (Gesetz gegen Wettbewerbsbeschränkungen v. 26.6.2013, BGBl. I 1750) und der VgV (Vergabeverordnung v. 12.4.2016, BGBl. I 624) umgesetzt. Ihr Ziel besteht darin, nationale Märkte für einen echten Bieterwettbewerb zu öffnen (EuGH BeckRS 2005, 70003 – Stadt Halle).

3   Um die damit möglicherweise einhergehenden negativen Folgen für die Arbeitskräfte abzuwenden, wurde die Arbeitnehmerentsende-RL (RL 96/71/EG v. 16.12.1996, ABl. 1997 L 18, 1) und zu ihrer Durchsetzung die RL 2014/67/EU erlassen. Ihre Reform dominiert aktuell die sozialpolitische Diskussion. Sie soll seit Mitte 2020 für gleiche Arbeitsbedingungen und Löhne zwischen entsandten und einheimischen Arbeitnehmern sorgen (vgl. als inhaltlichen Ausgangspunkt den Vorschlag der Kommission COM(2016) 128 final v. 8.3.2016). Die Bundesrepublik sah jedoch, im Gegensatz zu allen anderen EU-Mitgliedstaaten keinen Bedarf zur Änderung von Rechts- oder Verwaltungsvorschriften (vgl. den Bericht der Europäischen Kommission: COM 2019 426 final, 13).

Titel V. Der Raum der Freiheit, der Sicherheit und des Rechts

Kapitel 1. Allgemeine Bestimmungen

Artikel 67 [Grundsätze]

[ex Art. 61 EGV und Art. 29 EUV]

(1) Die Union bildet einen Raum der Freiheit, der Sicherheit und des Rechts, in dem die Grundrechte und die verschiedenen Rechtsordnungen und -traditionen der Mitgliedstaaten geachtet werden.

(2) ¹Sie stellt sicher, dass Personen an den Binnengrenzen nicht kontrolliert werden, und entwickelt eine gemeinsame Politik in den Bereichen Asyl, Einwanderung und Kontrollen an den Außengrenzen, die sich auf die Solidarität der Mitgliedstaaten gründet und gegenüber Drittstaatsangehörigen angemessen ist. ²Für die Zwecke dieses Titels werden Staatenlose den Drittstaatsangehörigen gleichgestellt.

(3) Die Union wirkt darauf hin, durch Maßnahmen zur Verhütung und Bekämpfung von Kriminalität sowie von Rassismus und Fremdenfeindlichkeit, zur Koordinierung und Zusammenarbeit von Polizeibehörden und Organen der Strafrechtspflege und den anderen zuständigen Behörden sowie durch die gegenseitige Anerkennung strafrechtlicher Entscheidungen und erforderlichenfalls durch die Angleichung der strafrechtlichen Rechtsvorschriften ein hohes Maß an Sicherheit zu gewährleisten.

(4) Die Union erleichtert den Zugang zum Recht, insbesondere durch den Grundsatz der gegenseitigen Anerkennung gerichtlicher und außergerichtlicher Entscheidungen in Zivilsachen.

Überblick

Art. 67, der den unionsrechtlichen Dreiklang aus Freiheit, Sicherheit und Recht (→ Rn. 3) formuliert, gibt Programmsätze zu einer Reihe von Unionspolitiken wieder (→ Rn. 4 ff.).

A. Allgemeines

1   Polizei und Justiz und damit die öffentliche Sicherheit und Ordnung, Strafe, Prävention und Vergeltung werden als besonders souveränitätssensible Bereiche wahrgenommen. Darum behielten sich die Mitgliedstaaten die entsprechenden Hoheitsrechte lange Zeit vor.

Ihre Zusammenarbeit entwickelte sich aus einer intergouvernementalen Kooperation außerhalb   2
der damaligen EWG, der „polizeilichen und justizielle Zusammenarbeit in Strafsachen". Das
Fortschreiten des Schengenprozesses und der damit verbundene Entfall der innereuropäischen
Grenzkontrollen bedingte ihre Vertiefung und schrittweise Unionalisierung, die mit dem Vertrag
von Lissabon im „Raum der Freiheit der Sicherheit und des Rechts" als einem zentralen Politik-
und Kompetenzbereich der Union (Art. 3 EUV) gipfelte.

Im Dreiklang aus Freiheit, Sicherheit und Recht kommt dabei die Grundüberzeugung der   3
Union von sich selbst, ihrem Gesellschaftsbild, aber auch ihrem Migrationsregime zum Ausdruck.
Dabei bedingen Freiheit und Recht, Recht und Sicherheit, Sicherheit und Freiheit einander.

B. Gewährleistungsgehalt

Nach Art. 67 Abs. 2 soll der acquis communautaire des Schengenraumes erhalten bleiben und   4
in vollem Umfang umgesetzt werden. Dabei handelt es sich um ein zunächst außerhalb der
Union geschlossenes Regierungsübereinkommen nach Art. 59 Abs. 2 GG zur Abschaffung der
Binnengrenzen zwischen den Signatarstaaten (Schengener Übereinkommen v. 14.6.1985, ABl.
2000 L 239, 13) und das dazu vereinbarte SDÜ (Schengener Durchführungsabkommen v.
19.6.1990, ABl. 2000 L 239, 19), das durch den Vertrag von Amsterdam in den unionalen Rahmen
einbezogen (vgl. im Weiteren den Überblick zu Art. 77) und durch die Rechtsprechung des
EuGH (BeckEuRS 2020, 641402) weiter konturiert wurde.

Die so entstandenen offenen Grenzen bedingen eine Mehrzahl weiterer Politiken der Union,   5
deren Programmsätze Art. 67 wiedergibt, etwa zu Asyl, Einwanderung und der Kontrolle der
Außengrenzen (Abs. 2), Polizei, Justiz und Strafrechtspflege (Abs. 3 und Abs. 4).

Dabei ist rechtlich der Grundsatz der Subsidiarität (Art. 5 Abs. 1, Abs. 3 EUV) und faktisch   6
die Kooperationsbereitschaft der Mitgliedstaaten zu beachten, was der Zusammenarbeit enge Grenzen setzt.

Artikel 68 [Strategische Leitlinien]

Der Europäische Rat legt die strategischen Leitlinien für die gesetzgeberische und operative Programmplanung im Raum der Freiheit, der Sicherheit und des Rechts fest.

Art. 68 verdeutlicht die Bedeutung intergouvernementaler Initiativen zur Vertiefung des Rau-   1
mes der Freiheit, der Sicherheit und des Rechts. So werden auf Gipfeln der Staats- und Regie-
rungschefs (Art. 15 Abs. 2 EUV) mit Blick auf die jeweils aktuellen Erfordernisse besondere
Aktionsschwerpunkte festgelegt und in Form von Leitlinien formuliert (Art. 26 Abs. 1 EUV). Sie
münden später in weiteren Rechtsakten und Aktionen.

Die kompetenziellen Grundlagen dieser Maßnahmen finden sich in den übrigen Bestimmungen   2
der Verträge, insbesondere im Titel V des AEUV. Sie können nicht allein auf Art. 68 gestützt
werden.

Großbritannien und Irland sind durch das Protokoll Nr. 21 über die Position des Vereinigten   3
Königreichs und Irland hinsichtlich des Raums der Freiheit, der Sicherheit und des Rechts (mit
Verfassungsrang, Art. 51 EUV) nicht an diese Leitlinien gebunden, haben aber das Recht zum
„opt in" im Einzelfall (Art. 3 des Protokolls Nr. 21).

Die bisher unter diesem Titel ergangenen Fünf-Jahres-Programme (Tampere, (Den) Haag,   4
Stockholm sowie das Post-Stockholm Programm) legten jeweils einen Schwerpunkt auf Migrati-
onsthemen. Der Post-Stockholm-Prozess endete 2019.

Die aktuellen EU-Programme nehmen vor allem den wirtschaftlichen und infrastrukturellen   5
Aufbau und den Klimaschutz in der Union in den Fokus.

Artikel 69 [Achtung des Subsidiaritätsprinzips]

Die nationalen Parlamente tragen bei Gesetzgebungsvorschlägen und -initiativen, die im Rahmen der Kapitel 4 und 5 vorgelegt werden, Sorge für die Achtung des Subsidiaritätsprinzips nach Maßgabe des Protokolls über die Anwendung der Grundsätze der Subsidiarität und der Verhältnismäßigkeit.

Mit der Vergemeinschaftung der Migrationspolitik im Raum der Freiheit der Sicherheit und   1
des Rechts (→ Art. 67 Rn. 2) sind auch Kernbereiche mitgliedstaatlicher Souveränität (etwa Teile

der Polizei und Strafrechtspflege) partiell der Union überantwortet. Im Gegenzug war es den Mitgliedstaaten wichtig, dem häufig beklagten Demokratiedefizit der Union entgegenzuwirken und für diese besonders wichtigen Handlungsfelder die Rückbindung an die nationalen Parlamente und damit letztlich an den Volkswillen zu stärken.

2   Art. 69 hat dabei vor allem symbolische Bedeutung. Seine Regelungsmaterien liegen ohnehin in geteilter Zuständigkeit zwischen der Union und den Mitgliedstaaten (Art. 4 Abs. 2 lit. j), sodass der Grundsatz der Subsidiarität (Art. 5 Abs. 1, Abs. 3 EUV) auch ohne explizite Nennung an dieser Stelle zu beachten wäre. Andererseits gewinnt das Subsidiaritätsprinzip durch die nochmalige Betonung besonderen Nachdruck (Grimm STAAT 2009, 475 ff.).

3   Konkrete Ausgestaltung erfährt die Mitwirkung der nationalen Parlamente im Protokoll Nr. 2 über die Anwendung der Grundsätze der Subsidiarität und der Verhältnismäßigkeit. Es steht den Verträgen im Rang gleich (Art. 51 EUV).

Artikel 70 [Kontrollsystem für nationale Durchführungsmaßnahmen]

[1]Unbeschadet der Artikel 258, 259 und 260 kann der Rat auf Vorschlag der Kommission Maßnahmen erlassen, mit denen Einzelheiten festgelegt werden, nach denen die Mitgliedstaaten in Zusammenarbeit mit der Kommission eine objektive und unparteiische Bewertung der Durchführung der unter diesen Titel fallenden Unionspolitik durch die Behörden der Mitgliedstaaten vornehmen, insbesondere um die umfassende Anwendung des Grundsatzes der gegenseitigen Anerkennung zu fördern. [2]Das Europäische Parlament und die nationalen Parlamente werden vom Inhalt und den Ergebnissen dieser Bewertung unterrichtet.

1   Die Norm installiert ein System wechselseitiger Kontrolle der Unionsorgane für den Raum der Freiheit, der Sicherheit und des Rechts. Es steht selbstständig neben dem Vertragsverletzungsverfahren der Art. 258 ff. („unbeschadet [...]").

2   In der Sache führt Art. 70 ein Evaluierungsverfahren ein. Es soll frühzeitig Hinweise auf Umsetzungsdefizite liefern, damit der politischen Selbstkontrolle dienen, die Umsetzungsbereitschaft der Mitgliedstaaten steigern (GKK/Kotzur Rn. 2) und so dem Prinzip der gegenseitigen Anerkennung Geltung verschaffen.

3   Das Verfahren ist der Sache nach ein Verwaltungsverfahren. Darum ist lediglich die Unterrichtung der Parlamente vorgesehen (S. 2).

Artikel 71 [Ständiger Ausschuss „Innere Sicherheit"]

[ex Art. 36 EUV]

[1]Im Rat wird ein ständiger Ausschuss eingesetzt, um sicherzustellen, dass innerhalb der Union die operative Zusammenarbeit im Bereich der inneren Sicherheit gefördert und verstärkt wird. [2]Er fördert unbeschadet des Artikels 240 die Koordinierung der Maßnahmen der zuständigen Behörden der Mitgliedstaaten. [3]Die Vertreter der betroffenen Einrichtungen und sonstigen Stellen der Union können an den Arbeiten des Ausschusses beteiligt werden. [4]Das Europäische Parlament und die nationalen Parlamente werden über die Arbeiten des Ausschusses auf dem Laufenden gehalten.

1   Art. 71 überführt den bisherigen „Koordinierungsausschuss" zum „Ständigen Ausschuss Innere Sicherheit" (in anderen Worten „COSI", „Ständiger Ausschuss für die operative Zusammenarbeit" oder „71er Ausschuss"; vgl. GKK/Kotzur Rn. 3). Zu seiner Einrichtung ist der Ratsbeschluss B 2010/131/EU (v. 25.2.2010, ABl. 2010 L 52, 50) ergangen.

2   In dem Ausschuss kommen hohe Beamte der nationalen Sicherheitsbehörden zusammen. Vertreter anderer Koordinierungsstellen (zB von Europol oder Frontex) können hinzugezogen werden. Auch die Kommission ist im Ausschuss vertreten (GHN/Röben Rn. 5).

3   Der Ausschuss hat eine doppelte Aufgabe. Zum einen koordiniert er die Zusammenarbeit der Behörden. Zum anderen fungiert er als internes Beratungsorgan des Rates, etwa indem er Empfehlungen an diesen richtet. Die Vorbereitung der Arbeiten des Rates sowie jegliche Legislativaktivität obliegt dagegen dem Ausschuss der ständigen Vertreter der Mitgliedstaaten (Art. 240).

Artikel 72 [Nationale Zuständigkeiten]

[ex Art. 64 Abs. 1 EGV und Art. 33 EUV]
Dieser Titel berührt nicht die Wahrnehmung der Zuständigkeiten der Mitgliedstaaten für die Aufrechterhaltung der öffentlichen Ordnung und den Schutz der inneren Sicherheit.

Die Norm formuliert einen klassischen ordre-public-Vorbehalt im Sinne einer bereichsspezifi- **1** schen Kompetenzgarantie dergestalt, dass die unionalen Kompetenzen in diesem Bereich streng auf die Ziele des Art. 67 ausgerichtet bleiben und gerade keine umfassende Zuständigkeit der Union begründet wird. Er wird durch Art. 73 noch erweitert.

Neben der expliziten Erstreckung auf den Titel V gilt der Vorbehalt der öffentlichen Sicherheit **2** und Ordnung auch im übrigen Unionsrecht als ungeschriebene Regel der Kompetenzverteilung zwischen Union und Mitgliedstaaten (vgl. EuGH BeckRS 2004, 75819 – Kommission / Frankreich, wonach die Mitgliedstaaten allein für die Aufrechterhaltung der öffentlichen Sicherheit und Ordnung zuständig bleiben). Analog Art. 4, 5 EUV bezieht sich der Vorbehalt auf die Kompetenz und ihre Ausübung.

Prozessual wird die Norm durch Art. 276 ergänzt (Unzuständigkeit des EuGH für die Überprü- **3** fung von Maßnahmen der nationalen Polizei- und Sicherheitsbehörden zum Schutz der öffentlichen Sicherheit und Ordnung).

Neben dieser Klarstellung begrenzt Art. 72 die Ausübung der auf die Union übertragenen **4** Kompetenzen. Sie darf nicht dazu führen, dass seine Wertung ausgehöhlt wird. Außerdem kann Art. 72 in Verbindung mit anderen Normen als Rechtfertigung für mitgliedstaatliche Eingriffe in die Grundfreiheiten und Unionsbürgerrechte dienen. Er ist dann Teil der zwingenden Erwägungen des Allgemeinwohls im Sinne der Cassis-Rechtsprechung des EuGH (→ Art. 21 Rn. 16).

Die Begriffe „Aufrechterhaltung der öffentlichen Ordnung" und „Schutz der inneren Sicher- **5** heit" sind autonom unionsrechtlich auszulegen. Dabei kann auf die Rechtsprechung des EuGH zu denselben Begriffen in anderem Normzusammenhang zurückgegriffen werden (vgl. etwa Art. 52). Als Fallgruppen sind etwa anerkannt: Bekämpfung von Drogenhandel, Kriminalitätsformen im Zusammenhang mit Alkoholkonsum oder illegaler Migration und Aufenthalt.

Wegen des Ausnahmecharakters der Norm ist einerseits ihre restriktive Auslegung geboten. **6** Andererseits wird diese durch den Einschätzungsspielraum zugunsten der Effektivität der Gefahrenabwehr ausbalanciert (EuGH BeckRS 2004, 75845 – Jany). Deshalb können bei der Subsumtion auch unklare Bedrohungslagen oder außenpolitische Überlegungen berücksichtigt werden.

Artikel 73 [Zusammenarbeit der Mitgliedstaaten]

Es steht den Mitgliedstaaten frei, untereinander und in eigener Verantwortung Formen der Zusammenarbeit und Koordinierung zwischen den zuständigen Dienststellen ihrer für den Schutz der nationalen Sicherheit verantwortlichen Verwaltungen einzurichten, die sie für geeignet halten.

Überblick

Art. 73 erweitert den Vorbehalt des Art. 72. Die polizeiliche und justizielle Zusammenarbeit ist historisch aus intergouvernementalen Absprachen außerhalb der Union entstanden und hat schrittweise den Weg unter ihr Dach gefunden (→ Art. 67 Rn. 1 ff.).

Art. 73 stellt dabei klar, dass die Mitgliedstaaten trotz der Unionalisierung zur intergouvernementalen Zusammenarbeit außerhalb der EU berechtigt bleiben. Das gilt für den gesamten Titel V des AEUV. Insbesondere Art. 74 sperrt die Zusammenarbeit nicht. Sie findet (erst) dort ihre Grenze, wo diese Zusammenarbeit aus anderen, nicht kompetenziellen Gründen gegen Primär- oder Sekundärrecht verstößt.

Art. 73 ist zwar eine Sondervorschrift, er begründet aber ein gewünschtes kompetenzielles Nebeneinander von Unions- und Völkerrecht, von dem weitere Impulse für die Vertiefung der Union ausgehen können und sollen. Daraus folgt, dass der topos nicht greift, wonach Ausnahmen eng auszulegen seien. Die „Dienststellen der nationalen Sicherheit" (→ Rn. 1 f.) und die ihnen bei ihrer Kooperation durch Art. 73 oder anderweitig gesetzten Grenzen (→ Rn. 3 ff.) sind anderweitig zu bestimmen.

A. Anwendungsbereich

1   Der Terminus der „Dienststellen der nationalen Sicherheit" ist unionsautonom auszulegen. „Nationale Sicherheit" meint, wegen der systematischen Stellung der Norm in Art. 67 ff., innere Sicherheit. Entscheidend für die entsprechende Einstufung der Behörden ist ihre Funktion, nicht die Kategorisierung nach nationalem Recht. Es kommt demnach allein darauf an, ob die Stelle zur Bekämpfung einer Gefahr aus dem Anwendungsbereich der Art. 67 ff. tätig wird.

2   Dienststellen nationaler Zusammenarbeit sind darum etwa die Kriminalpolizei, Nachrichtendienste aber auch Justizbehörden.

B. Gewährleistungsgehalt

3   Art. 73 belässt den Mitgliedstaaten die Kompetenz zur intergouvernementalen Zusammenarbeit. Die Norm sieht keine Formen vor, in denen diese Kooperation erfolgen soll (EuGH BeckRS 2007, 70280 – Advocaten voor de Wereld). Ihre Wahl ist selbst Teil der von Art. 73 gewährten Freiheit.

4   Rechtlich ist zu beachten, dass die Handlungsformen der intergouvernementalen Zusammenarbeit nicht jene des Art. 288 sind. Die Kooperationen sind völkerrechtlichen, nicht unionsrechtlichen Ursprunges und damit an völkerrechtlichen Maßstäben, etwa jenen der Wiener Vertragsrechtskonvention zu messen.

5   Die unter Art. 73 verabschiedeten Maßnahmen reichen vom Personalaustausch bis zur echten Institutionalisierung von der Amtshilfe bis zum völkerrechtlichen Vertrag. Rechtschutz können dementsprechend auch keine Unions-, sondern nur nationale Gerichte gewähren.

6   Allerdings ist Art. 73 eine Öffnungsklausel zugunsten der Mitgliedstaaten. Darum bleibt es ihnen möglich, bei ihren Kooperationen auf Organe der Union (etwa den Rat oder die Kommission) zurückzugreifen, sofern die den Unionsorganen dabei übertragenen Aufgaben ihre Befugnisse nicht verfälschen (EuGH BeckRS 2012, 82506 – Pringle). Die Zuständigkeit des EuGH kann eine Schiedsklausel nach Art. 273 begründen.

7   Weiter gibt es auch keine Vorgaben zur Zahl der beteiligten Staaten, was sowohl bi- als auch multinationale Kooperationen ermöglicht. Geographisch ist die Öffnungsklausel jedoch auf die „Mitgliedstaaten untereinander" begrenzt. Eine intergouvernementale Zusammenarbeit mit Staaten außerhalb der Union ist nicht von Art. 73 erfasst. Etwa Kooperationen einzelner Mitgliedstaaten mit dem Vereinigten Königreich können deshalb nur rein völkerrechtlich und nicht unter dieser Norm ablaufen.

8   Wie der Schengenprozess und die polizeiliche und justizielle Zusammenarbeit in Strafsachen zeigen, können von der intergouvernementalen Zusammenarbeit wichtige Impulse für die europäische Einigung ausgehen. Ein Beispiel dafür ist der Vertrag von Prüm (über vertiefte Zusammenarbeit zur Bekämpfung des Terrorismus, der grenzüberschreitenden Kriminalität und der Migration zwischen Deutschland, Frankreich, Österreich, Spanien und den Benelux-Staaten, BGBl. 2006 II 626, 1458).

9   Die spätere Umwandlung der ursprünglich völkerrechtlichen Vereinbarungen in Unionsrecht schließt Art. 73 nicht aus. Erfolgt sie, ergeben sich die entsprechenden Folgen für das anwendbare Recht und die Justiziabilität.

Artikel 74 [Maßnahmen zur Verwaltungszusammenarbeit]

[ex Art. 66 EGV]

[1]Der Rat erlässt Maßnahmen, um die Verwaltungszusammenarbeit zwischen den zuständigen Dienststellen der Mitgliedstaaten in den Bereichen dieses Titels sowie die Zusammenarbeit zwischen diesen Dienststellen und der Kommission zu gewährleisten. [2]Dabei beschließt er auf Vorschlag der Kommission vorbehaltlich des Artikels 76 und nach Anhörung des Europäischen Parlaments.

Überblick

Unionsrecht wird im Grundsatz indirekt, also durch die Mitgliedstaaten vollzogen (ebenso wie Bundesrecht grundsätzlich durch die Bundesländer vollzogen wird, Art. 83 GG). Soweit das Sekundärrecht keine Sonderregeln enthält, wenden die Mitgliedstaaten dabei ihr nationales Verfahrens-, Verwaltungsorganisations- und Prozessrecht an (BeckOK AuslR/Thym Rn. 1, 2).

Um zu verhindern, dass der indirekte Vollzug in der Migrationspolitik die einheitliche und effektive Anwendung des Unionsrechts untergräbt, begründet Art. 74 eine allgemeine Kompetenz der Union, die Zusammenarbeit der mitgliedstaatlichen Verwaltungs- und Justizbehörden im Raum der Freiheit der Sicherheit und des Rechts zu fördern.

Gestützt auf Art. 74 hat die Union eine Vielzahl von Kooperationen angestoßen (→ Rn. 4), auch wenn bei der Anwendung ggf. besondere Subsidiaritätsanforderungen zu wahren sind (→ Rn. 2). Art. 74 S. 2 sieht ein besonderes Verfahren zur Beschlussfassung vor (→ Rn. 5), das insbesondere großen Wert auf die justiziable (→ Rn. 6) Beteiligung des Europäischen Parlaments legt.

Der direkte Vollzug des Unionsrechts durch EU-Behörden kommt demnach nur in Ausnahmefällen in Betracht, unzwar dann, wenn die Kompetenzgrundlage dies vorsieht (Lehner/Lehner, Die herausgeforderte Rechtsordnung, 2018, 183 (190 ff.)).

A. Anwendungsbereich

Die Norm ist lex specialis zu Art. 197 Abs. 3. Gegenüber den spezielleren Normen zur Verwal- **1** tungszusammenarbeit der mitgliedstaatlichen Behörden Art. 81, 84 f., 88, 89 ist sie in deren Anwendungsbereich nachrangig. Überdies wohnt EU-Kompetenzen zugleich eine Annexbefugnis zur Regelung des Verwaltungsverfahrens inne, weshalb Rechtsakte nach Art. 77–80 AEUV auch Vorschriften zur Vereinheitlichung der nationalen Verwaltungszusammenarbeit enthalten können, was den Anwendungsbereich von Art. 74 AEUV weiter einschränkt.

B. Gewährleistungsgehalt

Der Terminus „Verwaltungszusammenarbeit" ist weit zu verstehen. Allerdings ergeben sich aus **2** Art. 73 besondere Anforderungen an die Subsidiarität unionaler Kooperationen (Art. 5 Abs. 3 EUV), die in der Regel zu verneinen sein dürften.

Bezüglich der Mittel der Zusammenarbeit macht Art. 74 keine Vorgaben. Insbesondere können **3** gestützt auf die Norm aber Exekutivagenturen gegründet werden (vgl. umfassend GHN/Röben Rn. 12).

C. Anwendungsbeispiele

Beispiele für Kooperationen unter Art. 74 sind etwa: **4**
- das Europäische Justizielle Netz für Zivil- und Handelssachen (grenzüberschreitende Gerichtsverfahren),
- das ARGO-Programm (Verwaltungszusammenarbeit bei Außergrenzen, Visa, Asyl und Einwanderung),
- ICONET (Informationsaustausch über illegale Migration, Einreise und Einwanderung sowie Rückführung) und
- Frontex (die europäische Agentur zur Zusammenarbeit bei der Sicherung der Außengrenzen).

D. Beschlussfassung (S. 2)

Bei den Maßnahmen nach Art. 74 handelt es sich nicht um Gesetzgebungsakte. Sie ergehen **5** in einem Rechtsetzungsverfahren sui generis. Das explizite Vorschlagrecht der Kommission (vgl. insoweit Art. 293) erweitert Art. 76 lit. b um ein solches der Mitgliedstaaten. Nach Diskussion des Vorschlages und seiner Annahme oder Änderungsvorschlägen durch das Parlament entscheidet der Rat mit qualifizierter Mehrheit (Art. 16 Abs. 3 EUV). Insbesondere bei abgelehnten Vorschlägen der Mitgliedstaaten steht ihnen noch der Weg über Art. 73 offen.

E. Rechtschutz

Werden die durch das spezielle Verfahren eröffneten Beteiligungsrechte des Parlaments (→ **6** Rn. 5) verletzt, steht ihm eine Klage nach Art. 263 UAbs. 2 offen.

Individualrechtschutz ist gegen entsprechende Initiativen regelmäßig nicht eröffnet, weil sie **7** weiterer Umsetzungsakte bedürfen. Erst gegen diese ist dann der Rechtsweg eröffnet. Zuvor kommt nur eine Vorlage an den EuGH in Betracht (Art. 267).

Artikel 75 [Maßnahmen gegen Terrorismusfinanzierung]

[ex Art. 60 EGV]

Sofern dies notwendig ist, um die Ziele des Artikels 67 in Bezug auf die Verhütung und Bekämpfung von Terrorismus und damit verbundener Aktivitäten zu verwirklichen, schaffen das Europäische Parlament und der Rat gemäß dem ordentlichen Gesetzgebungsverfahren durch Verordnungen einen Rahmen für Verwaltungsmaßnahmen in Bezug auf Kapitalbewegungen und Zahlungen, wozu das Einfrieren von Geldern, finanziellen Vermögenswerten oder wirtschaftlichen Erträgen gehören kann, deren Eigentümer oder Besitzer natürliche oder juristische Personen, Gruppierungen oder nichtstaatliche Einheiten sind.

Der Rat erlässt auf Vorschlag der Kommission Maßnahmen zur Umsetzung des in Absatz 1 genannten Rahmens.

In den Rechtsakten nach diesem Artikel müssen die erforderlichen Bestimmungen über den Rechtsschutz vorgesehen sein.

Überblick

Mit dem Erstarken des internationalen Terrorismus, insbesondere seit dem 11.9.2001 sind Maßnahmen zu seiner Bekämpfung in den öffentlichen und politischen Fokus gerückt (vgl. zu den verschiedenen Resolutionen der UN und des Europarates GHN/Röben Rn. 6).

Sie richten sich heute nicht mehr vorrangig gegen Staaten und entstammen auch nicht länger dem klassischen Gefahrenabwehrrecht, sondern nehmen stattdessen Individuen und Menschengruppen und damit Finanz-, Kommunikations- und Migrationsbewegungen in den Fokus (sog. „smart sanctions"; vgl. umfassend: Stöckel, Smart Sanctions in der Europäischen Union, 2014).

Sie werden in der EU unter anderem auf Art. 75 gestützt. Die Norm ist dabei zum einen lex specialis zu Art. 215 (sowie mit anderer Zielrichtung Art. 207 Abs. 1) und den Freistellungsregelungen der Art. 346, 347 als allgemeinen Embargovorschriften. Zum anderen ermöglicht sie anders als diese außenpolitischen Maßnahmen auch Beschränkungen des innerunionalen Kapitalverkehrs. Art. 75 Abs. 1 zählt beispielhaft, aber nicht abschließend, mögliche Maßnahmen auf (→ Rn. 4), der Abs. 2 widmet sich dem Verfahren (→ Rn. 7), Abs. 3 dem Rechtschutz (→ Rn. 8 ff.).

A. Anwendungsbereich

1   Terrorismus iSv Art. 75 bezeichnet vorsätzliche Handlungen, durch die ein Staat oder eine internationale Organisation ernsthaft geschädigt werden können, indem sie die Bevölkerung einschüchtern, Zwänge jeglicher Art der politischen, verfassungsrechtlichen, wirtschaftlichen oder sozialen Grundstrukturen ernsthaft destabilisieren oder zerstören (ABl. 2008 L 330, 21).

2   Gelder sind „finanzielle Vermögenswerte oder wirtschaftliche Vorteile jeder Art", ihr Einfrieren das „Verhindern oder Erschweren jeglicher Form der Bewegung" (vgl. VO (EG) 881/2002 sowie GHN/Röben Rn. 21 ff.).

B. Gewährleistungsgehalt

3   Finanzbasierte Terrorbekämpfung erfolgt mit zwei Stoßrichtungen. Zum einen kann sie darauf zielen, Einnahmequellen terroristisch Aktiver auszutrocknen, zum anderen darauf, jene Finanzbewegungen zu unterbinden oder zumindest zur Strafverfolgung nachzuvollziehen, derer es bedarf, um terroristische Aktivitäten durchzuführen (vgl. den Aktionsplan der Kommission zur Intensivierung der Bekämpfung der Terrorismusfinanzierung v. 2.2.2016, COM(2016) 50 final).

4   Art. 75 Abs. 1 ermächtigt die EU zu erheblichen Eingriffen in die damit ausgeübten Grundrechte und -freiheiten. Die Norm knüpft dabei nur an die Verfügungsgewalt der Berechtigten über die Finanzmittel an, nicht an ihre Staatsangehörigkeit oder ihren Sitz. Aus den allgemeinen staatsrechtlichen Grundsätzen ergibt sich gleichwohl, dass Sanktionen nur dann möglich sind, wenn es einen Bezug zur Union gibt (etwa Sitz, Aufenthalt oder Vermögensbewegungen auf ihrem Gebiet).

5   Irland hat sich zwar grundsätzlich „opt outs" zu Art. 67 ff. im Protokoll (Nr. 21) über die Position des Vereinigten Königreichs und Irlands hinsichtlich des Raums der Freiheit, der Sicherheit und des Rechts vorbehalten, diese aber nicht auf Art. 75 erstreckt (Irland, Art. 9 des Protokolls Nr. 21).

Art. 75 wird für präventivpolizeiliches Handeln ergänzt durch Art. 83 Abs. 1 UAbs. 2 und 6
Art. 87–89.

C. Verfahren

Art. 75 Abs. 2 sieht ein zweistufiges Verfahren vor. Auf Vorschlag der Kommission (die für 7
Art. 74 greifende Weiterung über Art. 76 gilt hier nicht) erlässt der Rat eine sekundärrechtliche
Ermächtigungsgrundlage im ordentlichen Gesetzgebungsverfahren (Art. 289 Abs. 1, 294). Auf
diese werden dann die exekutiven Einzelmaßnahmen gestützt.

D. Rechtschutz

Sanktionen nach Art. 75 Abs. 1 greifen erheblich in Grundrechte und -freiheiten ein. Darum 8
verlangt Art. 75 Abs. 3 als rechtstaatliches Gegengewicht explizite Bestimmungen des jeweiligen
Legislativaktes zu effektivem Rechtschutz. Er richtet sich nach dem Ursprung der Maßnahme
und der Ausgestaltung der Ermächtigungsgrundlagen.

Der EuGH hat die verfassungsrechtlichen Grenzen der Terrorismusbekämpfung in seiner Kadi- 9
Rechtsprechung (noch vor Erlass des Art. 75) gezogen (EuGH BeckRS 2008, 70898 – Kadi).
Danach sind Völkerrechtsakte unionsrechtlich nicht justiziabel. Nach Bundesrecht greift Art. 24
Abs. 2 GG, wonach vor dem BVerfG die Kompetenz des Sicherheitsrates überprüft werden könnte
und die Identitäts- und Ultra-vires-Kontrolle eröffnet wären.

Die unionalen Umsetzungsakte der völkerrechtlichen Vereinbarungen unterliegen Art. 41, 47 ff. 10
GRCh. Sie sind mit dem Interesse an der Völkerrechtskonformität abzuwägen. Sie unterliegen
weiter, unabhängig von ihrem völkerrechtlichen Ursprung, in vollem Umfang der Grundrechts-
kontrolle durch die Gerichte der Union. Die Details sind in den jeweiligen Sekundärrechtsakten
normiert.

Artikel 76 [Initiativrecht]

**Die in den Kapiteln 4 und 5 genannten Rechtsakte sowie die in Artikel 74 genannten
Maßnahmen, mit denen die Verwaltungszusammenarbeit in den Bereichen der genannten Kapitel gewährleistet wird, werden wie folgt erlassen:
a) auf Vorschlag der Kommission oder
b) auf Initiative eines Viertels der Mitgliedstaaten.**

Die Unionalisierung der polizeilichen und justiziellen Zusammenarbeit in Strafsachen (→ 1
Art. 67 Rn. 1 ff.) bewirkt, dass nun auch Rechtsakte dieser Materien im ordentlichen Gesetzgebungsverfahren erlassen werden (Art. 289 Abs. 1, 294).

Art. 76 trägt dem ursprünglich intergouvernementalen Charakter des Politikbereiches Rech- 2
nung und räumt sowohl der Kommission als auch den Mitgliedstaaten ein Initiativrecht ein.
Vorschlägen der Kommission gesteht der AEUV dabei eine höhere Gewähr zu, im Unionsinteresse
zu liegen. Darum liegen hier die Annahmevoraussetzungen der doppelt qualifizierten Mehrheit
im Rat (Art. 16 Abs. 3, Abs. 4) niedriger als bei Vorschlägen aus dem Kreis der Mitgliedstaaten
(Art. 238 Abs. 2).

Kapitel 2. Politik im Bereich Grenzkontrollen, Asyl und Einwanderung

Artikel 77 [Grenzschutzpolitik]

[ex Art. 62 EGV]
**(1) Die Union entwickelt eine Politik, mit der
a) sichergestellt werden soll, dass Personen unabhängig von ihrer Staatsangehörigkeit
beim Überschreiten der Binnengrenzen nicht kontrolliert werden;
b) die Personenkontrolle und die wirksame Überwachung des Grenzübertritts an den
Außengrenzen sichergestellt werden soll;
c) schrittweise ein integriertes Grenzschutzsystem an den Außengrenzen eingeführt
werden soll.**

(2) Für die Zwecke des Absatzes 1 erlassen das Europäische Parlament und der Rat gemäß dem ordentlichen Gesetzgebungsverfahren Maßnahmen, die folgende Bereiche betreffen:

a) die gemeinsame Politik in Bezug auf Visa und andere kurzfristige Aufenthaltstitel;

b) die Kontrollen, denen Personen beim Überschreiten der Außengrenzen unterzogen werden;

c) die Voraussetzungen, unter denen sich Drittstaatsangehörige innerhalb der Union während eines kurzen Zeitraums frei bewegen können;

d) alle Maßnahmen, die für die schrittweise Einführung eines integrierten Grenzschutzsystems an den Außengrenzen erforderlich sind;

e) die Abschaffung der Kontrolle von Personen gleich welcher Staatsangehörigkeit beim Überschreiten der Binnengrenzen.

(3) [1]Erscheint zur Erleichterung der Ausübung des in Artikel 20 Absatz 2 Buchstabe a genannten Rechts ein Tätigwerden der Union erforderlich, so kann der Rat gemäß einem besonderen Gesetzgebungsverfahren Bestimmungen betreffend Pässe, Personalausweise, Aufenthaltstitel oder diesen gleichgestellte Dokumente erlassen, sofern die Verträge hierfür anderweitig keine Befugnisse vorsehen. [2]Der Rat beschließt einstimmig nach Anhörung des Europäischen Parlaments.

(4) Dieser Artikel berührt nicht die Zuständigkeit der Mitgliedstaaten für die geografische Festlegung ihrer Grenzen nach dem Völkerrecht.

Überblick

Mit dem SÜ (Schengener Übereinkommen v. 14.6.1985, ABl. 2000 L 239, 13) und dem zugehörigen SDÜ (Schengener Durchführungsübereinkommen v. 19.6.1990, ABl. 2000 L 239, 19) vereinbarte ein Teil der Mitgliedstaaten über völkerrechtliche Verträge und damit außerhalb des Regimes der EU den Abbau der Personenkontrollen an den gemeinsamen Binnengrenzen.

Diesen status quo unionalisierte das Protokoll (Nr. 19) zur Einbeziehung des Schengen-Besitzstandes (sog. „Schengen-Protokoll") mit der Folge, dass die EU-Organe die entsprechenden Rechtsakte seither wie jedes andere Sekundärrecht ändern können und über die Kompetenz des Art. 77 ändern und vertiefen können (→ Rn. 4 ff.). Allerdings sind Sonderregelungen für Dänemark und Irland zu beachten (→ Rn. 2 ff.).

Nachdem die Abschaffung der innerunionalen Grenzkontrollen zunächst vorrangig dem Binnenmarkt dienen sollte, emanzipiert sie sich durch Art. 77 iVm Art. 3 Abs. 2 als eigenständiger Politikbereich und erweitert die Kompetenzen der Union um das Feld der Grenz- und Visums- (Abs. 2), sowie Teile der Passpolitik (Abs. 3; → Rn. 9).

Die Rechtsakte für Maßnahmen nach Art. 77 Abs. 1 und Abs. 2 sind im ordentlichen Gesetzgebungsverfahren zu erlassen (Art. 289 Abs. 1, 294), solche nach Abs. 3 im besonderen Gesetzgebungsverfahren.

A. Anwendungsbereich

1   Das Schengenregime ist seinen intergouvernementalen Kinderschuhen entwachsen. Es gilt ausweislich Art. 1 und 2 Schengen-Protokoll (= Protokoll Nr. 19 zum AEUV) für alle Mitgliedstaaten der EU außer Dänemark und Irland. Beitrittskandidaten haben den Schengen-Besitzstand im Falle ihrer Aufnahme vollständig zu übernehmen (Art. 7 Schengen-Protokoll). Darüber hinaus sind Island und Norwegen assoziiert (Art. 6 Schengen-Protokoll).

2   Die Republik Irland folgte diesem Beispiel, um die bestehende Reisefreiheit auf den britischen Inseln (und damit insbesondere zwischen Irland und Nordirland) zu erhalten.

3   Dänemark hat den Schengener-Besitzstand bewahrt, sich jedoch von dessen Fortentwicklung abgekoppelt (Art. 3 Schengen-Protokoll). Sie kann nur noch über einen völkerrechtlichen Vertrag des Landes mit den übrigen Mitgliedstaaten erfolgen (Art. 4 Protokoll Nr. 22 zum AEUV).

B. Gewährleistungsgehalt

4   Nach Art. 77 Abs. 1 lit. a sind die Grenzkontrollen an den Binnengrenzen abzuschaffen. Die maßgeblichen Begriffe definiert Art. 1 SDÜ legal. Danach sind

• Binnengrenzen: die gemeinsamen Landgrenzen der Vertragsparteien sowie ihre Flughäfen für die Binnenflüge und ihre Seehäfen für die regelmäßigen Fährverbindungen ausschließlich von

und nach dem Gebiet der Vertragsparteien ohne Fahrtunterbrechung in außerhalb des Gebiets gelegenen Häfen;
- Außengrenzen: die Land- und Seegrenzen sowie die Flug- und Seehäfen der Vertragsparteien, soweit sie nicht Binnengrenzen sind;
- Grenzkontrollen: die an den Grenzen vorgenommenen Kontrollen, die unabhängig von jedem anderen Anlass ausschließlich auf Grund des beabsichtigten Grenzübertritts durchgeführt werden.

Kontrollen aus besonderem Anlass, etwa zur Strafverfolgung oder Terrorismusprävention bleiben **5** danach auch unter Art. 77 erlaubt. Der sekundärrechtliche Schengener Grenzkodex (vgl. → Rn. 11) sieht außerdem die Möglichkeit vor, temporär die Grenzkontrollen wieder einzuführen (Art. 25 Schengener Grenzkodex). Mehrere Mitgliedstaaten (unter anderem auch die Bundesrepublik) haben davon in jüngerer Zeit als Reaktion auf umfangreiche Migrationsbewegungen von Asylsuchenden Gebrauch gemacht.

Die Migration mit Drittstaaten können parallele internationale Abkommen nach Art. 218 **6** regeln. Sie bleiben von Art. 77 unberührt. Über entsprechende Verträge nehmen etwa die Schweiz, Norwegen und Island am Schengenraum teil.

Für die Sicherung der Außengrenzen tritt neben diese unionale Kompetenz noch eine solche **7** der Mitgliedstaaten. Das Protokoll Nr. 23 über Außengrenzkontrollen berechtigt sie zum Aushandeln und Abschluss entsprechender Vereinbarungen, wie sie beispielsweise die Republik Italien vormals mit Libyen geschlossen hatte.

Weiter ermächtigen Art. 77 Abs. 1, Abs. 2 die Mitgliedstaaten zu einer gemeinsamen Visums- **8** und integrierten Grenzschutzpolitik. Sie soll insbesondere den Missbrauch durch Mehrfachvisa oder „Visums-shopping" (Visumsantrag beim Mitgliedstaat mit den geringsten Anforderungen und anschließende Weiterreise ohne Kontrolle an den Binnengrenzen) verhindern. Sie sind als ganzheitliche Kompetenzen ausgestaltet, sodass die Voraussetzungen und das Verfahren jeweils im Detail geregelt werden können. Insoweit sei auf das einschlägige Sekundärrecht verwiesen (vgl. → Rn. 11).

Anders als die übrigen Absätze des Art. 77 regelt der Abs. 3 nicht die Kompetenzen gegenüber **9** Drittstaatsangehörigen, sondern für die Reisedokumente von EU-Bürgern und deren Familienangehörigen. Es handelt sich insoweit um eine ausdrücklich subsidiäre Abrundungskompetenz. Sie erlaubt es, Gestaltungsmerkmale anzugleichen, nicht etwa auch eine unionale Personalausweispflicht einzuführen.

Art. 77 Abs. 4 ist historisch auf den noch immer schwelenden Konflikt zwischen Spanien und **10** Großbritannien über den Rechtsstatus Gibraltars zurückzuführen – er sollte durch die Schengener Bestimmungen nicht berührt werden. Aus einer generelleren Perspektive sind Pass- und Visumsrecht, Grenzkontrollen und Aufenthaltstitel zwar Ausfluss staatlicher Gebietshoheit und damit klassische Materien nationalstaatlicher Tätigkeit. Trotz der Kompetenzübertragungen in Art. 77 Abs. 1–3 ist mit Abs. 4 aber klargestellt, dass die Union in ihren Grenzen von jenen der Mitgliedstaaten abhängig bleibt und ihr damit schon mangels eigenen Hoheitsgebietes der Staatscharakter fehlt (so auch ohne Nennung des Art. 77 Abs. 4: BVerfGE 123, 267 (402 f.) = NJW 2009, 2267 – Vertrag von Lissabon).

C. Sekundärrecht

Das SÜ wurde durch eine Mehrzahl von EU-Rechtsakten, jeweils in Verordnungsform geändert **11** und erweitert. Zu nennen sind insbesondere:
- der Visakodex (VO (EG) 810/2009 v. 13.7.2009, ABl. 2009 L 243, 1),
- der Schengener Grenzkodex (VO (EU) 2016/399 v. 9.3.2016, ABl. 2016 L 77, 1),
- die Einführung der Europäischen Agentur für die operative Zusammenarbeit an den Außengrenzen („FRONTEX", VO (EG) 2007/2004 v. 26.10.2004 ABl. 2004 L 349, 1),
- das Schengener Informationssystem II (VO (EG) 1987/2006 v. 20.12.2006, ABl. 2006 L 381, 4) und
- die Einführung des Europäischen Grenzüberwachungssystems (EUROSUR-VO – VO (EU) 1052/2013 v. 22.10.2013, ABl. 2013 L 295, 11).
- Die Passsicherheit regelt die VO (EG) 2252/2004 (v. 13.12.2004, ABl. 2004 L 385, 1).

Artikel 78 [Asylpolitik]

[ex Art. 63 Nr. 1 und Nr. 2 EGV und Art. 64 Abs. 2 EGV]

(1) ¹Die Union entwickelt eine gemeinsame Politik im Bereich Asyl, subsidiärer Schutz und vorübergehender Schutz, mit der jedem Drittstaatsangehörigen, der inter-

nationalen Schutz benötigt, ein angemessener Status angeboten und die Einhaltung des Grundsatzes der Nicht- Zurückweisung gewährleistet werden soll. [2]Diese Politik muss mit dem Genfer Abkommen vom 28. Juli 1951 und dem Protokoll vom 31. Januar 1967 über die Rechtsstellung der Flüchtlinge sowie den anderen einschlägigen Verträgen im Einklang stehen.

(2) Für die Zwecke des Absatzes 1 erlassen das Europäische Parlament und der Rat gemäß dem ordentlichen Gesetzgebungsverfahren Maßnahmen in Bezug auf ein gemeinsames europäisches Asylsystem, das Folgendes umfasst:

a) einen in der ganzen Union gültigen einheitlichen Asylstatus für Drittstaatsangehörige;

b) einen einheitlichen subsidiären Schutzstatus für Drittstaatsangehörige, die keinen europäischen Asylstatus erhalten, aber internationalen Schutz benötigen;

c) eine gemeinsame Regelung für den vorübergehenden Schutz von Vertriebenen im Falle eines Massenzustroms;

d) gemeinsame Verfahren für die Gewährung und den Entzug des einheitlichen Asylstatus beziehungsweise des subsidiären Schutzstatus;

e) Kriterien und Verfahren zur Bestimmung des Mitgliedstaats, der für die Prüfung eines Antrags auf Asyl oder subsidiären Schutz zuständig ist;

f) Normen über die Aufnahmebedingungen von Personen, die Asyl oder subsidiären Schutz beantragen;

g) Partnerschaft und Zusammenarbeit mit Drittländern zur Steuerung des Zustroms von Personen, die Asyl oder subsidiären beziehungsweise vorübergehenden Schutz beantragen.

(3) [1]Befinden sich ein oder mehrere Mitgliedstaaten aufgrund eines plötzlichen Zustroms von Drittstaatsangehörigen in einer Notlage, so kann der Rat auf Vorschlag der Kommission vorläufige Maßnahmen zugunsten der betreffenden Mitgliedstaaten erlassen. [2]Er beschließt nach Anhörung des Europäischen Parlaments.

Überblick

Als Folge der entfallenen Kontrollen an den Binnengrenzen der Mitgliedstaaten im Zuge des Schengenprozesses genießen Personen auf dem Gebiet der Union faktisch Bewegungsfreiheit. Damit stellen sich zum einen Fragen der inneren Sicherheit mit größerer Dringlichkeit (vgl. den Überblick zu Art. 77); zum anderen hat sich damit auch die Frage der Aufnahme von Asylsuchenden, Einwanderern und Flüchtlingen in das gemeinsame Interesse der Mitgliedstaaten verlagert.

Offene Binnengrenzen erfordern nicht nur effektive, sondern auch kohärente Zugangsregelungen. Art. 78 bezieht sich dabei nur auf die unfreiwillige Migration Unionsexterner (→ Rn. 2). Dabei enthält sein Abs. 1 die allgemeinen Programmsätze, welche in Abs. 2 operationalisiert werden und Garantien für den gesamten Verlauf des Asylverfahrens enthalten (→ Rn. 5 ff.). Sie werden durch spezielle Sekundärrechtsakte für die einzelnen Verfahrensschritte weiter ausgeformt (→ Rn. 13 ff.). Die entsprechenden Rechtsakte sind im ordentlichen Gesetzgebungsverfahren (Art. 289 Abs. 1, 294) zu erlassen.

In Art. 78 Abs. 1 bekennt sich die Union für das Flüchtlingsrecht auf die GFK (Genfer Flüchtlingskonvention v. 28.7.1951, BGBl. 1953 II 559). Das ist schon deshalb sinnvoll, weil die Mitgliedstaaten anderenfalls je nach Bindung an die GFK ggf. aus mehreren verschiedenen Regimen (Völkerrecht und Unionsrecht) verpflichtet wären, Schutz zu gewähren, was die rechtliche Kohärenz der Schutzgewähr bedrohte. Weiter ist es ein Zeichen für eine völkerrechtsoffene Union (v. Bogdandy/Bast/Kirchhof, Europäisches Verfassungsrecht, 2. Aufl. 2009, 1009, 1020).

Die „anderen einschlägigen Verträge" sind solche mit inhaltlichem Bezug zur Verwirklichung der Asylpolitik nach Art. 78, also insbesondere die Übereinkommen zum internationalen Schutz der Menschenrechte, einschließlich der Kinderrechtskonvention. Nicht erfasst sind aktuelle oder zukünftige Verträge, die nicht von allen Mitgliedstaaten ratifiziert sind (Battjes, European Asylum Law and International Law, 2006, 98). Rechtshierarchisch werden die Völkerrechtsnormen so im nationalen Recht aufgewertet, indem sie dort nicht länger als einfaches Gesetzesrecht gelten, sondern als Unionsrecht – gleich ob primärer oder sekundärer Ebene – Vorrang vor allen nationalen Rechtssätzen genießen.

Weiter stellt Art. 78 Abs. 1 klar, dass sich die gemeinsame Asylpolitik umfassend auf alle Ebenen von Schutz vor Unbill und Verfolgung erstreckt, trotz terminologischer Unterschiede also Asyl-, Flüchtlings-, subsidiärer und vorübergehender Schutz erfasst sein sollen. Damit wird neben dem völkerrechtlich geprägten Status des „Flüchtlings" (→ AsylG § 3 Rn. 3) der europarechtliche Status des „subsidiär Schutzberechtigten" etabliert (vgl. zur Normgenese GHN/Thym Rn. 29 sowie → AsylG § 4 Rn. 3). Sie werden sekundärrechtlich weiter ausgeformt (→ Rn. 20 ff.).

Übersicht

A. Anwendungsbereich

Personal gilt Art. 78 nur für Drittstaatsangehörige und Staatenlose (Art. 67 Abs. 2 S. 2). Die **1** innerunionale Schutzgewähr für Staatsangehörige anderer Mitgliedstaaten schließt das Protokoll Nr. 24, bis auf wenige Ausnahmen, aus (→ Rn. 19 ff.).

Sachlich umfasst Art. 78 mit Asyl-, Flüchtlings-, subsidiärem und vorübergehendem Schutz **2** alle Formen „unfreiwilliger Migration", also jene auf der Flucht vor jemandem oder etwas, während die „freiwillige Migration", also jene auf der Suche nach besseren Lebenschancen, Art. 79 unterfällt (s. den Überblick zu Art. 79).

In **geographischer** Hinsicht gilt Art. 78 unionsweit mit Ausnahme von Irland und Dänemark **3** (vgl. insoweit → Art. 77 Rn. 1 ff.). Wegen der „opt in"-Option Irlands im Einzelfall enthalten die Sekundärrechtsakte in der Regel Ausführungen zur geographischen Reichweite in den Erwägungsgründen.

Außerdem nehmen etwa die Schweiz, Norwegen und Island aufgrund einer völkerrechtlichen **4** Assoziierung am Dublin-System teil.

B. Gewährleistungsgehalt

Die gemeinsame europäische Asylpolitik des Art. 78 umfasst den gesamten Lauf des Asylverfah- **5** rens: von der Bestimmung desjenigen Mitgliedstaates, der für die Bearbeitung des Asylantrages zuständig ist (Abs. 2 lit. e), über tatbestandliche Vorgaben zur Schutzgewähr (Abs. 2 lit. a und lit. b) und Garantien für das Verfahren (Abs. 2 lit. d) bis zur Anerkennung, Versorgung und Integration (Abs. 2 lit. f), der Aufenthaltsbeendigung oder Wiederaberkennung des Schutzstatus der Antragsteller. Sie werden jeweils sekundärrechtlich ausgeformt (vgl. → Rn. 20 ff.).

Dabei ist die Union insbesondere für den Schutzstatus nicht auf die Vorgabe von Mindest- **6** standards beschränkt, sondern errichtet stattdessen einen einheitlichen Schutzstandard (Art. 78 Abs. 2 lit. a und lit. b; Schwarze/Graßhof, EU-Kommentar, 3. Aufl. 2012, Rn. 15). Rechtspraktisch folgt daraus, dass die überwiegende Zahl der migrationsrechtlich zu beantwortenden Rechtsfragen in der Letztentscheidungskompetenz nicht mehr bei den nationalen Obergerichten, sondern beim EuGH liegt (vgl. für die Qualifikations-RL (RL 95/2011/EU) ausdrücklich: EuGH NVwZ 2019, 1189). Etwa die Rechtsprechung des Bundesverfassungsgerichts im Asylbereich hat sich folgerichtig weg von den materiellen Garantien und hin zu prozessualen Verbürgungen verlagert (Zimmermann, Linien der Rechtsprechung des Bundesverfassungsgerichts, Band 6, 2022).

Für die Mitgliedstaaten folgt daraus weiter, dass sie, wenn sie den geforderten Verpflichtungen **7** nicht nachkommen, nicht nur gerichtlich zu ihrer Erfüllung verpflichtet werden, sondern dazu auch von den Unionsorganen gezwungen oder bei Problemen (ggf. im Zusammenspiel mit Art. 78 Abs. 3) von ihnen unterstützt werden können (vgl. etwa die Empf (EU) 2016/193 als Reaktion auf das Urteil des EGMR BeckRS 2011, 3848 – M.S.S. / Belgien und Griechenland sowie die VO (EU) 514/2014 zur Einrichtung eines Asyl-, Migrations-, und Integrationsfonds).

Art. 78 Abs. 2 lit. g weist der Union schließlich die Kompetenz zu, mit Drittstaaten zu kooperie- **8** ren. Entsprechende Vereinbarungen müssen den Verfahrens- und Formvorschriften des Art. 216 genügen, so die Mitgliedstaaten ohnehin, und sei es formell, in den intergouvernementalen Raum ausweichen wie jüngst bei der umgangssprachlich als „Flüchtlingsabkommen" titulierten Erklärung EU-Türkei v. 18.3.2016 (vgl. EuG BeckRS 2017, 106785).

Art. 78 Abs. 2 lit. g gilt nur für sektorale, nicht für übergreifende, völkerrechtliche Verträge (ggf. **9** mit Einzelbestimmungen zur Asylpolitik), etwa Assoziierungs- und Nachbarschaftsabkommen. Sie unterfallen Art. 8 EUV, Art. 217. In jüngster Zeit ist die Norm im Zusammenhang mit der Errichtung von EU-Asyl-Aufnahmezentren außerhalb des Gebietes der Mitgliedstaaten in Stellung gebracht worden. Kompetenziell dürfte Art. 78 Abs. 2 lit. g ein solches Vorgehen ermöglichen. Im Übrigen wäre die Rechtmäßigkeit nach der Ausgestaltung dieser Zentren im Einzelfall zu beurteilen. Unabhängig von ihrem Ort unterläge der Betrieb solcher Zentren durch die EU den Vorgaben des Flüchtlingsvölkerrechts sowie den menschenrechtlichen Garantien des Völker- und Unionsrechts.

10   Art. 78 Abs. 3 enthält schließlich eine spezielle, migrationsrechtliche ordre-public Klausel für „vorläufige Maßnahmen". Mit Blick auf die sonstigen, weitreichenden Kompetenzen der Union hätte es ihrer wohl nicht zwingend bedurft. Gleichwohl wird so Zweifeln an der Rechtmäßigkeit einstweiliger Notstandsmaßnahmen frühzeitig begegnet.

11   Welche Maßnahmen erlassen werden können, bestimmt die Norm nicht. Daraus folgert der EuGH, dass alle vorläufigen Maßnahmen erlaubt sind, die effektiv und schnell auf eine aufgrund eines plötzlichen Zustroms von Drittstaatsangehörigen eintretende Notlage reagieren (EuGH NVwZ 2018, 391 Rn. 77 – Slowakische Republik und Ungarn / Rat).

12   „Vorläufig" ist eine Maßnahme dann, wenn sie nur für eine begrenzte Zeit gelten soll. Welche Höchstdauer davon gedeckt ist, ermittelt der EuGH anhand einer Angemessenheitsprüfung der Maßnahme im Einzelfall. Für die Vorläufigkeit kommt es dabei nur auf die Dauer der Maßnahme als solche, nicht auf jene ihrer möglichen Folgen an (EuGH NVwZ 2018, 391 Rn. 90 ff. – Slowakische Republik und Ungarn / Rat). Tatbestandlich meint „plötzlicher Zustrom" einen Zustrom, der einen solchen Umfang hat, dass er unvorhersehbar war. Dies gilt auch dann, wenn er im Rahmen einer Migrationskrise stattfindet, die sich über mehrere Jahre erstreckt, sofern er die normale Funktionsweise des gemeinsamen Asylsystems der Union unmöglich macht (EuGH NVwZ 2018, 391 Rn. 114).

C. Sekundärrecht und Protokoll Nr. 24

13   Die Zuständigkeit der einzelnen Mitgliedstaaten für die Bearbeitung der Asylanträge regelt seit 2013 die Dublin III-VO (VO (EU) 604/2013 v. 26.6.2013, ABl. 2013 L 180, 31). Das dafür notwendige Tatsachenwissen (etwa zu illegalen Grenzübertritten, Gewähr von Aufenthaltstiteln oder der Stellung eines Asylantrages) sichert die auf die Dublin III-VO gestützte Datei „Eurodac". Für beide sei auf die Kommentierung zur Dublin III-VO verwiesen (→ Dublin III-VO Art. 21 Rn. 3.1).

14   Das Verfahren zur Bearbeitung der Anträge (wie auch zu einer möglichen Aberkennung) regelt die Asylverfahrens-RL (RL 2013/32/EU v. 26.6.2013, ABl. 2013 L 180, 16), die tatbestandlichen Voraussetzungen für die Gewährung von Flüchtlingsschutz und subsidiärem Schutz die Qualifikations-RL (RL 2011/95/EU v. 13.12.2011, ABl. 2011 L 337, 9). Beide sind im AsylG umgesetzt, sodass auf die dortige Kommentierung verwiesen werden kann (Verfahren insbesondere der Abschnitt 4 des AsylG, §§ 14 ff. AsylG; Tatbestände des internationalen Schutzes: Flüchtlingsschutz → AsylG § 3 Rn. 7; subsidiärer Schutz → AsylG § 4 Rn. 23).

15   Zu den Verfahrensvorschriften zählen auch Modifikationen für Anträge von Schutzsuchenden aus „sicheren Herkunftsstaaten", also solchen, bei denen nach der Annahme des Gesetzgebers grundsätzlich eine überwiegende Wahrscheinlichkeit gegen die Begründetheit des Schutzantrages spricht (vgl. im Einzelnen die Kommentierungen zu Art. 16a Abs. 2, Abs. 3 GG und § 29a AsylG).

16   Für Schutzbegehren ihrer Staatsangehörigen bei einem anderen Mitgliedstaat sind die Mitgliedstaaten übereingekommen, sich durch das Protokoll Nr. 24 über die Gewährung von Asyl für Staatsangehörige von Mitgliedstaaten der Europäischen Union selbst mit Verfassungsrang (Art. 51 EUV) grundsätzlich als sichere Herkunftsstaaten zu klassifizieren. Das ist mit Blick auf die umfassende Grund- und Menschenrechtsbindung der Mitgliedstaaten (Art. 6 Abs. 1, Abs. 3 EUV) sowie der neu Beitretenden (Art. 2 EUV) und die für Unionsbürger ohnehin bestehende Freizügigkeit (→ Art. 21 Rn. 6) konsequent.

16.1   Asylanträge Staatsangehöriger anderer Mitgliedstaaten sind ausnahmsweise nur dann zu berücksichtigen, wenn der Herkunftsstaat in seinem Hoheitsgebiet die Verpflichtungen aus der Menschenrechtskonvention außer Kraft setzt (Art. 1 lit. a Protokoll Nr. 24; → EMRK Art. 15 Rn. 1 ff.), ein Suspendierungsverfahren nach Art. 7 Abs. EUV gegen den Herkunftsstaat abgeschlossen oder eingeleitet worden ist, der europäische Rat einen entsprechenden Beschluss gefasst hat oder eine schwerwiegende und anhaltende Vertragsverletzung durch den Herkunftsstaat festgestellt worden ist (Art. 7 Abs. 2 EUV, Art. 1 lit. b und lit. c Protokoll Nr. 24). Schließlich kann sich jeder Mitgliedstaat auch einseitig eines Antrages annehmen. Er hat dann aber den Rat zu unterrichten (Art. 1 lit. d Protokoll Nr. 24).

16.2   Die insgesamt stark auf das geschriebene Recht abstellende Normierung wird durch eine kritische europäische Öffentlichkeit und die europäischen Institutionen und die Verfahren nach Art. 7 EUV mit den tatsächlichen Zuständen im Einklang gehalten.

Die Frage, welche weiteren Staaten pauschal als sichere Herkunftsstaaten anzusehen sind, ist **17** politisch hoch umstritten. Aktuell beantworten die Mitgliedstaaten sie zulässigerweise (Art. 37 Abs. 1 Asylverfahrens-RL) selbstständig, auch wenn Art. 36 ff. Asylverfahrens-RL vorgeben, welche Erfordernisse für eine entsprechende Einstufung erfüllt sein müssen. In der Bundesrepublik wird ihr anhaltendes Vorliegen durch einen Monitoringbericht der Bundesregierung an den Bundestag überwacht (§ 29a Abs. 2a, Abs. 3 AsylG).

Im Sinne der Kohärenz wird eine europaweit einheitliche Liste der „sicheren Herkunftsstaaten" **18** angedacht. Sie wäre gestützt auf Art. 78 Abs. 2 als Verordnung zu erlassen (vgl. exemplarisch den letzten Vorschlag der Unionsorgane in diese Richtung COM(2015) 452 final, wonach Albanien, Bosnien und Herzegowina, die ehemalige jugoslawische Republik Mazedonien, der Kosovo, Montenegro, Serbien und die Türkei „sichere Drittstaaten" wären, sowie die Ausarbeitung des Fachbereiches Europa des Bundestages zu dieser Initiative: PE 6 – 3000 – 113/16).

Garantien für anerkannte Schutzberechtigte enthalten die EU-Aufnahme-RL (RL 2013/33/ **19** EU v. 26.6.2013, ABl. 2013 L 180, 96) und die Qualifikations-RL (Art. 20 ff. Qualifikations-RL). Ihre Vorgaben sind in Deutschland mit dem Asylgesetz und dem Asylbewerberleistungsgesetz in nationales Recht umgesetzt, sodass insoweit auf die dortigen Kommentierungen verwiesen wird. In diesem Zusammenhang ist darauf hinzuweisen, dass ein von einem Mitgliedstaat zuerkannter Schutzstatus nur in diesem Geltung hat. In der Bunddesrepublik Deutschland hat er wegen des völkerrechtlichen refoulement-Verbotes nur ein Abschiebeverbot zur Folge (vgl. → AufenthG § 60 Rn. 4).

Mit der Statusentscheidung geht keine unionsweite Freizügigkeit einher. Das konditionale **20** Recht weiterzuwandern entsteht erst, wenn dem Ausländer auch ein Daueraufenthaltsrecht zuerkannt wurde (vgl. dazu die Kommentierung zur Umsetzung der Daueraufenthalts-RL (RL 2003/109/EG v. 25.11.2003, ABl. 2004 L 16, 44) in das nationale deutsche Recht in §§ 9a–9c AufenthG → AufenthG § 9c Rn. 1 und → AufenthG § 38a Rn. 1).

Die Rückführungs-RL (RL 2008/115/EG v. 16.12.2008, ABl. 2008 L 348, 98) schließlich **21** regelt die zwangsweise Beendigung des Aufenthaltes auf dem Gebiet der Union. Sie ist im AsylG und AufenthG umgesetzt, sodass insoweit auf die dortige Kommentierung verwiesen werden kann (insbesondere das Kapitel 5 des AufenthG, §§ 50 ff. AufenthG → AufenthG § 53 Rn. 1).

Schließlich hat der Rat in prophetischer Voraussicht eines möglichen Massenzustroms gestützt **22** auf Art. 78 Abs. 2 lit. c AEUV die Schutzgewährungs-RL (RL 2001/55/EG v. 20.7.2001, ABl. 2001 L 212, 12) beschlossen. Sie legt Mindestnormen für die Gewährung vorübergehenden Schutzes im Falle eines Massenzustroms von Vertriebenen fest und sieht Maßnahmen vor, um die mit der Aufnahme dieser Personen und den Folgen ihrer Aufnahme verbundenen Belastungen auf die Mitgliedstaaten ausgewogen zu verteilen. Während der Massenmigration der Jahre 2015 und 2016 wurde ihre Anwendung diskutiert, letztlich aber verworfen (Schmidt ZAR 2015, 205).

Artikel 79 [Einwanderungspolitik]

[ex Art. 63 Nr. 3 und Nr. 4 EGV]

(1) Die Union entwickelt eine gemeinsame Einwanderungspolitik, die in allen Phasen eine wirksame Steuerung der Migrationsströme, eine angemessene Behandlung von Drittstaatsangehörigen, die sich rechtmäßig in einem Mitgliedstaat aufhalten, sowie die Verhütung und verstärkte Bekämpfung von illegaler Einwanderung und Menschenhandel gewährleisten soll.

(2) Für die Zwecke des Absatzes 1 erlassen das Europäische Parlament und der Rat gemäß dem ordentlichen Gesetzgebungsverfahren Maßnahmen in folgenden Bereichen:

a) Einreise- und Aufenthaltsvoraussetzungen sowie Normen für die Erteilung von Visa und Aufenthaltstiteln für einen langfristigen Aufenthalt, einschließlich solcher zur Familienzusammenführung, durch die Mitgliedstaaten;

b) Festlegung der Rechte von Drittstaatsangehörigen, die sich rechtmäßig in einem Mitgliedstaat aufhalten, einschließlich der Bedingungen, unter denen sie sich in den anderen Mitgliedstaaten frei bewegen und aufhalten dürfen;

c) illegale Einwanderung und illegaler Aufenthalt, einschließlich Abschiebung und Rückführung solcher Personen, die sich illegal in einem Mitgliedstaat aufhalten;

d) Bekämpfung des Menschenhandels, insbesondere des Handels mit Frauen und Kindern.

(3) Die Union kann mit Drittländern Übereinkünfte über eine Rückübernahme von Drittstaatsangehörigen in ihr Ursprungs- oder Herkunftsland schließen, die die Voraus-

setzungen für die Einreise in das Hoheitsgebiet eines der Mitgliedstaaten oder die Anwesenheit oder den Aufenthalt in diesem Gebiet nicht oder nicht mehr erfüllen.

(4) Das Europäische Parlament und der Rat können gemäß dem ordentlichen Gesetzgebungsverfahren unter Ausschluss jeglicher Harmonisierung der Rechtsvorschriften der Mitgliedstaaten Maßnahmen festlegen, mit denen die Bemühungen der Mitgliedstaaten um die Integration der sich rechtmäßig in ihrem Hoheitsgebiet aufhaltenden Drittstaatsangehörigen gefördert und unterstützt werden.

(5) Dieser Artikel berührt nicht das Recht der Mitgliedstaaten, festzulegen, wie viele Drittstaatsangehörige aus Drittländern in ihr Hoheitsgebiet einreisen dürfen, um dort als Arbeitnehmer oder Selbstständige Arbeit zu suchen.

Überblick

Mit dem Wegfall der Kontrollen an den Binnengrenzen herrscht auf dem Gebiet der Mitgliedstaaten faktisch Bewegungsfreiheit. Das berührt in besonderem Maße Fragen der öffentlichen Sicherheit und erfordert das gemeinsame Management von Migrationsströmen aus Drittstaaten im Sinne ihrer Steuerung sowie der Aufnahme und Integration der betroffenen Menschen. Art. 79 etabliert dafür die gemeinsame Einwanderungspolitik der Mitgliedstaaten als Gegenstück zur Flüchtlings- und Asylpolitik des Art. 78 (→ Rn. 1).

Beide Normen und das zu ihnen ergangene Sekundärrecht stehen sich dabei nicht dichotomisch gegenüber. Stattdessen konstruieren die wechselseitigen Bedingungen, Abhängigkeiten und Verweisungen eine einheitliche europäische Migrationspolitik. So gelten etwa die Richtlinien für den Aufenthalt zu bestimmten Zwecken regelmäßig auch für international Schutzberechtigte. Ihre Grenze findet diese Kompetenz beim Recht der Staatsangehörigkeit. Es gewährt zwar abschließende Statussicherheit, bleibt aber als Ausprägung staatlicher Souveränität den Mitgliedstaaten vorbehalten (BVerfGE 123, 267 (358) = BeckRS 2009, 35262 – Vertrag von Lissabon). Art. 79 Abs. 1 kodifiziert die Ziele der gemeinsamen Migrationspolitik. Sie werden in Abs. 2 auf einzelne Tätigkeitsfelder operationalisiert (→ Rn. 7 ff.), während Abs. 3 den unionalen Handlungsrahmen geographisch auf Abkommen mit Drittstaaten erstreckt (→ Rn. 15 f.), Abs. 4 ihn inhaltlich auf (nichtrechtliche) Integrationshilfen ausweitet (→ Rn. 18) und Abs. 5 einen ordrepublic-Vorbehalt zu Gunsten der nationalen Arbeitsmärkte enthält (→ Rn. 17).

Zwar ist die Zieltrias des Art. 79 Abs. 1 für den Unionsgesetzgeber verbindliches Recht, mit Blick auf die daneben auch zu beachtenden Ziele des Art. 3 Abs. 3 EUV ergibt sich aber ein inhaltlich kaum zu begrenzendes Potpourri. Die betonte „angemessene Behandlung" wird dabei rechtlich schon durch die grund- und menschenrechtlichen Garantien sichergestellt, denen die Union unterliegt (Art. 6 EUV). Sie ist als solche nicht justiziabel und ohne praktische Relevanz.

Aller überschneidenden Interessen und Beteuerungen der Gemeinsamkeiten zum Trotz berührt die Politik der Einwanderung, Integration und ggf. Rückführung Drittstaatsangehöriger Grundinteressen der Mitgliedstaaten und ihrer Gesellschaften. Damit einher geht die Angst vor übergroßem Souveränitätstransfer und Verlust. Ihr begegnen Art. 79 Abs. 4, Abs. 5 explizit durch entsprechende Klarstellungen und Beschränkungen (→ Rn. 17 f.).

Außerdem steht die Migrationspolitik in der konkurrierenden Kompetenz der Union und der Mitgliedstaaten, sodass die Prinzipien von Subsidiarität und Verhältnismäßigkeit zu wahren sind (Art. 2 Abs. 2, Art. 4 Abs. 2 lit. j). Praktisch kommt das etwa darin zum Ausdruck, dass die Union zumeist durch Richtlinien statt durch Verordnungen handelt und den Mitgliedstaaten so Umsetzungsräume bleiben (Art. 288 Abs. 3).

A. Anwendungsbereich

1   Art. 79 regelt in Abgrenzung zu Art. 78 die „freiwillige", also zielstaatsbezogene im Gegensatz zur herkunftsstaatsbezogenen Migration (vgl. → Art. 78 Rn. 2).

2   In personeller Hinsicht gilt Art. 79 für „Drittstaatsangehörige". Das schließt auch Staatenlose ein (Art. 67 Abs. 2 S. 2). Drittstaatsangehörige sind dabei originär Personen, die nicht in der Union Schutz nach Art. 78 gesucht haben. Über entsprechende Verweisungen und Bezugnahmen in den Sekundärrechtsakten werden die Regelungen jedoch regelmäßig auch auf Schutzsuchende nach Art. 79 erstreckt.

3   Unionsbürgern kommen aus Art. 20 Aufenthaltsrechte und Freizügigkeit im Unionsgebiet zu. Sie gelten unabhängig von ihrer Staatsangehörigkeit auch für die Familienangehörigen von Unionsbürgern. Zwar sind auch solche Drittstaatsangehörigen von Art. 79 umfasst (GHN/Thym

Rn. 19), darauf gestütztes Sekundärrecht muss jedoch ihre besondere Rechtstellung, etwa aus der Freizügigkeitsrichtlinie beachten (vgl. → Art. 21 Rn. 18).

Geographisch ist auch für Art. 79 auf die Sonderstellung des Vereinigten Königreiches, Irlands **4** und Dänemarks hinzuweisen (→ Art. 77 Rn. 1 ff.), wobei erstere in der Grundtendenz bereit sind, an Rechtsakten zur Bekämpfung illegaler Migration teilzunehmen, nicht jedoch an solchen zur legalen Migration.

B. Gewährleistungsgehalt

I. Art. 79 Abs. 1

Art. 79 Abs. 1 betont die gemeinsame Einwanderungspolitik und damit ein „neues gemeineuro- **5** päisches Selbstverständnis" (Häberle EuGRZ 1991, 261 ff.). Der Selbstanspruch aus der angemessenen Behandlung rechtmäßig Anwesender und der Bekämpfung illegaler Migration und ihrer Profiteure darf als spezifisch migrationspolitische Ausprägung der Trias aus Freiheit, Sicherheit und Recht verstanden werden, welche sich die Union in Art. 67 auf die Fahne schreibt.

Daran überrascht, dass die Bekämpfung illegaler Migration und die Kontrolle der Migrationsbe- **6** wegungen (nur) im Zusammenhang des Art. 79, nicht auch bei Art. 78 geregelt sind. Das ist insoweit unschädlich, als nicht nach Art. 78 und dem dazu ergangenen Sekundärrecht als schutzbedürftig Anerkannte nach der Systematik der Verträge automatisch Wirtschaftsmigranten sind und die Maßnahmen zur Erreichung dieser Ziele ggf. auf beide Artikel gestützt werden können.

II. Statuserteilung und daraus folgende Rechte (Art. 79 Abs. 2 lit. a, lit. b)

Art. 79 Abs. 2 lit. a und lit. b regeln die Statuserteilung („ob" – lit. a) und den Umfang der **7** daraus folgenden Rechte (lit. b). Der Abgrenzung zwischen „kurzfristigem" und „langfristigem" Aufenthalt dürfte wegen der umfassenden Kompetenzen der Union wenig Bedeutung zukommen (GHN/Thym Rn. 24 beziffert die Grenze auf „wenige Monate"). „Aufenthaltstitel" nach Art. 79 Abs. 2 lit. a ist „jedes von den Behörden eines Mitgliedstaates ausgestellte Dokument, das einer Person den Aufenthalt in einem Mitgliedstaat erlaubt" (GKK/Kotzur Rn. 6). Der Union werden damit Aufgabe und Kompetenz zugewiesen, temporäre (Visa) und Daueraufenthaltstitel zu regeln, was sie in entsprechenden Sekundärrechtsakten, etwa dem Visakodex (VO (EG) 810/2009 v. 13.7.2009, ABl. 2009 L 243, 1) auch getan hat.

Art. 79 Abs. 2 lit. b überträgt der Union die Kompetenz zur Regelung der Aufenthalts- und **8** Bewegungsrechte von Daueraufenthaltsberechtigten Drittstaatsangehörigen. Ihren Status regelt die Daueraufenthalts-RL (RL 2003/109/EG v. 25.11.2003, ABl. 2004 L 16, 44), und zwar auch dann, wenn diese international schutzberechtigt sind (RL 2014/66/EU v. 15.5.2014, ABl. 2014 L 157, 1). Die Daueraufenthalts-RL ist in Deutschland in §§ 9a–9c und 38a AufenthG umgesetzt, sodass auf die dortige Kommentierung verwiesen werden kann.

Art. 79 selbst enthält keine Bestimmungen, welche Rechte den Berechtigten zu gewähren sind **9** und welchen Umfang diese Rechte haben müssen. Entsprechendes kann sich jedoch aus den sonstigen Garantien des Unions- (Art. 15 Abs. 3 GRCh) oder Völkerrechts, insbesondere Assoziierungsabkommen ergeben (vgl. etwa das Assoziierungsabkommen EWG-Türkei und den darunter ergangenen Beschluss des Assoziationsrates 1/80, → ARB 1/80 Art. 6 Rn. 4 ff.). Außerdem treffen weitere Sekundärrechtsakte Detailbestimmungen, um die in der legalen Migration liegenden wirtschaftlichen Potenziale zu heben (→ Rn. 19)

III. Maßnahmen gegen illegale Migration (Art. 79 Abs. 2 lit. c)

Art. 79 Abs. 2 lit. c und lit. d berechtigen die Union, Maßnahmen gegen illegale Migration **10** zu treffen. „Illegale" Migration im Sinne der Norm kann sich kumulativ oder alternativ daraus ergeben, dass die Bewegung selbst gegen Rechtsnormen verstößt (etwa Visumserfordernisse, illegale Grenzübertritte) oder daraus, dass nach Abschluss der behördlichen und gerichtlichen Verfahren kein Anspruch (mehr) auf Daueraufenthalt festgestellt werden kann, insbesondere, weil der Ausländer nicht schutzbedürftig iSd Art. 78 und seiner einfachgesetzlichen Konkretisierungen ist oder weil ihm ein Aufenthaltstitel entzogen wurde.

Bisher stützt die Union vor allem Maßnahmen zur Abschiebung und Rückführung auf diese **11** Norm, so die Rückführungs-RL (RL 2008/115/EG v. 16.12.2008, ABl. 2008 348, 98; umgesetzt in §§ 50 ff. AufenthG, vgl. die Kommentierung dort) sowie die EG-Drittstaatsangehörigen-Rückführungs-RL (RL 2001/40/EG v. 28.5.2001, ABl. 2001 149, 34; umgesetzt in § 58 Abs. 2 AufenthG, → AufenthG § 58 Rn. 2 ff.), RL 2001/51/EG (Ergänzung des Art. 26 SDÜ, umgesetzt in §§ 63 ff. AufenthG) und RL 2003/110/EG (Unterstützung bei der Durchbeförderung im Rahmen von Rückführungsmaßnahmen auf dem Luftweg, umgesetzt in §§ 60a Abs. 2a und 74a AufenthG).

12   Dem Kampf gegen illegale Migration dient auch die Opferschutz-RL (RL 2004/81/EG v. 29.4.2004, ABl. 2004 L 261, 19), im Wesentlichen umgesetzt in § 25 Abs. 4 AufenthG (→ AufenthG § 25 Rn. 46 ff.). Die strafrechtliche Bekämpfung des Menschenhandels unterfällt dem spezielleren Art. 83 Abs. 1.

13   Bei der Anwendung der einfachgesetzlichen Umsetzungen der Richtlinie ist jeweils zu beachten, dass auch Maßnahmen gegen oder im Anschluss an illegale Migration die Grund- und menschenrechtlichen Garantien zu achten haben, insbesondere Art. 3 und 8 EMRK.

14   In der Praxis scheitern Rückführungsmaßnahmen häufig an faktischen Problemen wie fehlenden Reisedokumenten der Betroffenen oder mangelnder Aufnahmebereitschaft der Herkunftsstaaten (obwohl diese völkergewohnheitsrechtlich zur Rücknahme eigener Staatsangehöriger verpflichtet wären). Art. 79 Abs. 2 lit. c ermächtigt die Union darum auch, entsprechende Vorfeld- und Unterstützungsmaßnahmen zu treffen, etwa ein europäisches Reisedokument für die Betroffenen einzuführen (VO (EU) 2016/1953 v. 26.10.2016, ABl. 2016 L 311, 13) oder Rückführungsflüge zu koordinieren (E 2004/573/EG v. 29.4.2004, ABl. 2004 L 261, 28).

IV. Übereinkünfte mit Drittstaaten

15   Art. 79 Abs. 3 (ggf. iVm Art. 77 Abs. 2 lit. a) behält es der EU vor, Rücknahmeübereinkommen mit Drittstaaten zu treffen, etwa mit Armenien (B 2013/629/EU v. 22.10.2013, ABl. 2013 L 289, 12), Aserbaidschan (B 2014/239/EU v. 14.4.2014, ABl. 2014 L 128, 15) und der Türkei (B 2014/252/EU v. 14.4.2014, ABl. 2014 L 134, 1). Dabei sind die Regeln für das außenpolitische Handeln der Union zu beachten, insbesondere Art. 218.

16   Die Kompetenz der Mitgliedstaaten, solche Abkommen zu schließen, wird davon nicht berührt, solange kein EU-Abkommen mit dem entsprechenden Staat besteht. Die Verträge haben neben der Rücknahmepflicht häufig auch finanzielle Unterstützungsleistungen (vgl. → Art. 80 Rn. 4) zum Gegenstand, teilweise auch die gegenseitige Anerkennung von Rückführungsentscheidungen (GKK/Kotzur Rn. 10). Den Handlungsspielraum der Union begrenzen auch insoweit die grund- und menschenrechtlichen Garantien, denen die Union über die allgemeinen Vertragsgrundsätze, die GRCh und die EMRK unterworfen ist (Art. 6 EUV). Soweit die Abkommen nicht nur sektoral gelten, sondern umfassenderer Natur sind, greifen Art. 8 EUV, Art. 217 (→ Art. 78 Rn. 9).

17   Um entsprechenden Ängsten der Mitgliedstaaten zu begegnen, enthält Art. 79 Abs. 5 einen ordre-public Vorbehalt für die nationalen Arbeitsmärkte. Bei seiner Anwendung ist zu beachten, dass er nur den Arbeitsmarktzugang von Drittstaatsangehörigen mit Aufenthaltswunsch aus Gründen der Erwerbstätigkeit umfasst, nicht aber jenen von Drittstaatsangehörigen, die aus anderen Gründen aufenthaltsberechtigt sind (etwa Studenten oder Familienangehörige).

18   Auch Fragen der Integration stehen im Spannungsfeld aus mitgliedstaatlichen und unionalen Interessen. Art. 79 Abs. 4 schließt einen Kompromiss, der der Union insoweit zwar Maßnahmen erlaubt, ihr aber jegliche Rechtsharmonisierung untersagt. Dementsprechend ist sie auf „weiche" Handlungsformen, etwa Unterstützungsfonds beschränkt (vgl. → Art. 80 Rn. 4). Eine Rechtsharmonisierung auf anderer kompetenzieller Grundlage ist möglich, sofern Art. 79 Abs. 4 dadurch nicht unterlaufen wird (EuGH BeckRS 2004, 76863 – Deutschland / Parlament und Rat).

C. Weiteres Sekundärrecht

19   Um auch die freiwillige Migration zu steuern und die damit für die Mitgliedstaaten einhergehenden Chancen zu nutzen, regeln eine Reihe weiterer Richtlinien die Möglichkeiten zum längerfristigen Aufenthalt in der Union zu bestimmten, privilegierten Zwecken. Mit Einreise- und Aufenthaltsbedingungen bei unternehmensinternen Transfers befasst sich die ICT-RL (RL 2014/66/EU v. 15.5.2014, ABl. 2014 L 157, 1), im Wesentlichen umgesetzt in §§ 19b–19d AufenthG; mit dem Zuzug und Aufenthalt zu Forschungs-, und Ausbildungszwecken die REST-RL (RL (EU) 2016/801 v. 11.5.2016, ABl. 2016 L 132, 21), im Wesentlichen umgesetzt in §§ 16 ff. AufenthG (→ AufenthG § 16 Rn. 1), §§ 20 ff. AufenthG (→ AufenthG § 20 Rn. 1), mit hochqualifizierten Beschäftigten die („Hochqualifizierten"-) RL 2009/50/EG, im Wesentlichen umgesetzt in §§ 18b, 18c, 19a AufenthG (→ AufenthG § 18b Rn. 1; → AufenthG § 18c Rn. 1; → AufenthG § 19a Rn. 1).

Artikel 80 [Grundsatz der Solidarität]

[1]Für die unter dieses Kapitel fallende Politik der Union und ihre Umsetzung gilt der Grundsatz der Solidarität und der gerechten Aufteilung der Verantwortlichkeiten unter den Mitgliedstaaten, einschließlich in finanzieller Hinsicht. [2]Die aufgrund dieses Kapitels erlassenen Rechtsakte der Union enthalten, immer wenn dies erforderlich ist, entsprechende Maßnahmen für die Anwendung dieses Grundsatzes.

Überblick

Art. 80, der einen politischen Appell zur Solidarität enthält (→ Rn. 1), begründet zwar keine eigenen Kompetenzen der Union, kann aber als politische Zielbestimmung für die Auslegung anderer Normen herangezogen werden (→ Rn. 3 f.).

A. Allgemeines

Art. 80 enthält einen politischen Appell zur Solidarität, wie ihn das Primärrecht auch an 1 anderer Stelle kennt (Art. 3 Abs. 3 EUV, Art. 67, 222 Abs. 1). Aus der Normierung folgen keine unmittelbaren Pflichten für die Mitgliedstaaten oder die Unionsorgane.

In der Norm kommt damit dreierlei zum Ausdruck: Zum ersten das allgemeine Bewusstsein 2 der Mitgliedstaaten, dass eine solidarische Verteilung der Migrationslasten sinnvoll und wünschenswert ist (vgl. zu ihrem wohlverstandenen Eigeninteresse GHN/Thym Rn. 2). Zum zweiten das gleichwohl verbreitete und dieses Bewusstsein überwiegende Interesse der Mitgliedstaaten, nicht durch verpflichtende Regelungen gezwungen zu werden, Lasten zu übernehmen, und drittens die Tendenz und den Anspruch des Vertrages von Lissabon, die Union nicht länger als funktionales Vehikel, sondern als politische Gemeinschaft zu etablieren.

B. Gewährleistungsgehalt

Art. 80 enthält keine eigenen Kompetenzen der Union. Er kann aber als politische Zielbestim- 3 mung für die Auslegung anderer Normen herangezogen werden. Daneben beinhaltet das gemeinsame Migrationsregime an verschiedenen Stellen Unterstützungen für die Mitgliedstaaten in logistischer, operativer oder legislativer Form.

Beispiele dafür sind die Europäische Unterstützungsagentur in Asylfragen (EASO, ins Leben 4 gerufen durch VO (EU) 439/2010) oder die Einrichtung von zweckgebundenen EU-Fonds (etwa des Fonds für innere Sicherheit VO (EU) 513/2014; und des Asyl-, Migrations- und Integrationsfonds, „AMIF", VO (EU) 516/2014) und die Ausschüttung ihrer Finanzmittel an Mitgliedstaaten mit besonders frequentierten EU-Außengrenzen. Eine darüber hinausgehende solidarische Umverteilung von Migranten wird insbesondere von der Bundesrepublik Deutschland seit den 1990er Jahren gefordert und von verschiedenen Stellen immer wieder angeregt. Trotz dieser Initiativen konnten entsprechende Vorhaben wegen Widerständen aus dem Kreis der Mitgliedstaaten bisher aber nicht umgesetzt werden.

Verordnung (EU) Nr. 604/2013 des Europäischen Parlaments und des Rates vom 26. Juni 2013 zur Festlegung der Kriterien und Verfahren zur Bestimmung des Mitgliedstaats, der für die Prüfung eines von einem Drittstaatsangehörigen oder Staatenlosen in einem Mitgliedstaat gestellten Antrags auf internationalen Schutz zuständig ist (Neufassung)

(ABl. L 180 S. 31, ber. 2017 L 49 S. 50)

Celex-Nr. 3 2013 R 0604

– in Auszügen kommentiert –

Kapitel I. Gegenstand und Definitionen

Art. 1 Gegenstand

Diese Verordnung legt die Kriterien und Verfahren fest, die bei der Bestimmung des Mitgliedstaats, der für die Prüfung eines von einem Drittstaatsangehörigen oder Staatenlosen in einem Mitgliedstaat gestellten Antrags auf internationalen Schutz zuständig ist, zur Anwendung gelangen (im Folgenden „zuständiger Mitgliedstaat").

1   Art. 1 definiert den Gegenstand der Verordnung. Sie regelt, welcher ihrer Mitgliedstaaten zuständig ist, wenn Angehörige von Drittstaaten oder Staatenlose einen Antrag auf internationalen Schutz stellen. Mitgliedstaaten der Verordnung sind die Mitgliedstaaten der Europäischen Union. Über Zusatzabkommen sind Island, Liechtenstein, Norwegen und die Schweiz Mitgliedstaaten geworden.

1.1   Ausgangspunkt der Verordnung ist das Dubliner Übereinkommen. Dies ist ein völkerrechtlicher Vertrag über die Bestimmung des Staates, der für die Prüfung eines in einem Mitgliedstaat der Europäischen Gemeinschaft gestellten Asylantrages zuständig ist. Das Dubliner Übereinkommen wurde am 15.6.1990 von Belgien, Dänemark, Deutschland, Frankreich, Griechenland, Irland, Italien, Luxemburg, den Niederlanden, Portugal, Spanien und dem Vereinigten Königreich unterzeichnet. Es trat für diese Staaten am 1.9.1997 in Kraft (BGBl. 1997 II 1452). Später beigetreten sind Österreich und Schweden (1.10.1997), Finnland (1.1.1998, BGBl. II 62) und Tschechien (1.8.2005, BGBl. II 1099). Die Regelungen des Europarechts haben das Dubliner Übereinkommen faktisch ersetzt.

1.2   Als das Übereinkommen 1997 in Kraft getreten ist, hatte Deutschland eine lange östliche EU-Außengrenze. Damit hatte das Land bei der Aufnahme von Asylsuchenden seinen Teil zu tragen. Heute ist Deutschland – abgesehen von seinen Meeresgrenzen – von Staaten umgeben, die Mitgliedstaaten der Verordnung sind. Das Land ist durch die Dublin-Regel bevorzugt.

2   Für die Mitgliedstaaten der EU ist die Verordnung sekundäres EU-Recht. Ihre **Rechtsgrundlage** ist Art. 73 Abs. 2 AEUV. Es gelten die Auslegungsgrundsätze, die der EuGH erarbeitet hat. Die Staaten Island, Liechtenstein, Norwegen und die Schweiz haben zur Anwendung der Verordnung Abkommen mit der Europäischen Union geschlossen.

2.1   Art. 78 AEUV sieht vor, dass die Europäische Union eine gemeinsame Politik im Bereich Asyl, subsidiärer Schutz und vorübergehender Schutz entwickelt, mit dem jedem Drittstaatsangehörigen, der internationalen Schutz benötigt, ein angemessener Status angeboten und die Einhaltung des Grundsatzes der Nicht-Zurückweisung gewährleistet werden soll (Art. 78 Abs. 1 S. 1 AEUV).

3   Bei der Verordnung handelt es sich um eine besondere Art von Drittstaatenregelung. Ein Antragsteller soll nur ein Asylverfahren in nur einem Mitgliedstaat erhalten. Damit soll ein Missbrauch von Asylverfahren durch parallele oder sukzessive Anträge auf internationalen Schutz (sog. asylumshopping) verhindert werden. Ein effektiver Zugang zu einem Verfahren zur Feststellung der Flüchtlingseigenschaft soll zumindest in einem Staat garantiert werden (keine „refugees in orbit"). Es soll

so schnell wie möglich der zuständige Mitgliedstaat für die inhaltliche Prüfung des Antrags auf internationalen Schutz festgestellt werden. Adressaten sind die Mitgliedstaaten und alle natürlichen und juristischen Personen innerhalb des Anwendungsbereichs der Verordnung. Der Antragsteller hat ein subjektives Recht auf ermessensfehlerfreie Entscheidung GEB AsylR Rn. 397).

Auf globaler Ebene war es das Exekutivkomitee der Vereinten Nationen, das 1979 als erste internationale **3.1** Institution die Notwendigkeit für eine solche Regelung hervorgehoben hat. Dadurch sollte vermieden werden, dass es immer mehr „refugees in orbit" gibt, für die kein Staat verantwortlich ist. In den entsprechenden Schlussfolgerungen wird dargelegt, dass der zuständige Mitgliedstaat anhand bestimmter Kriterien festgelegt werden soll. Dazu gehören insbesondere die Wünsche des Asylsuchenden sowie dessen Verbindungen oder enge Beziehungen zu einem bestimmten Staat (Schlussfolgerungen Flüchtlinge ohne Asylland Nr. 15 – 1979, enthalten in Dokument 12A der Generalversammlung der Vereinten Nationen (A / 34/ 12 / Add.1) http://www.unhcr.org/excom/exconc/3ae68c960/refugees-asylum-country.html).

Die vorliegende Verordnung weicht erheblich von diesen Grundsätzen ab, die auf subjektiven Kriterien **3.2** beruhen, ab. Abgestellt wird auf objektive Kriterien. Erwägungsgrund 5 legt die Formel für die Bestimmung des für die Prüfung eines Asylantrags zuständigen Mitgliedstaates wie folgt fest: Sie sollte auf objektiven, für die Mitgliedstaaten und für die Betroffenen gerechten Kriterien basieren.

Die Verordnung setzt auf eine schnelle Handhabung, im Interesse sowohl der Asylsuchenden als auch **3.3** der Mitgliedstaaten. Für die Mitgliedstaaten ist es weitgehend nicht erforderlich, die Beweggründe der Asylsuchenden zu berücksichtigen. Wenig in Betracht gezogen werden die Verbindungen des Asylsuchenden zu einem bestimmten Mitgliedstaat. Der Schwerpunkt wird auf die Frage gelegt, welcher Mitgliedstaat die Ursache dafür gesetzt hat, dass der Asylbewerber sich im Dublin-Raum befindet (Hailbronner/Thym EU Immigration Rn. 3).

Das Dublin-System existiert seit mehr als zwanzig Jahren. Es zeigt sich, dass dieses System grundlegende **3.4** Funktionen nicht effektiv und effizient erfüllen kann. Gleichzeitig verursacht es beträchtliche Kosten für die Gesellschaft sowie erhebliche Belastungen für die betroffenen Personen (Hailbronner/Thym EU Immigration Rn. 4; ebenso GEB AsylR Rn. 398).

Erwägungsgrund 9 legt deshalb nahe, notwendige Verbesserungen mit Blick auf die Leistungsfähigkeit **3.5** des Dublin-Systems und den auf der Grundlage dieses Systems gewährten Schutz der Antragsteller vorzunehmen. Es sollte ein umfassender „Eignungstest", das heißt eine faktengestützte Überprüfung der rechtlichen, der wirtschaftlichen und sozialen Auswirkungen des Dublin-Systems, einschließlich seiner Auswirkungen auf die Grundrechte durchgeführt werden.

Art. 1 definiert den **formellen** und den **sachlichen Anwendungsbereich** der Verordnung. **4** Der **formelle Anwendungsbereich** sind die Kriterien und Verfahren zur Bestimmung des zuständigen Mitgliedstaats. Art. 8–17, 19 Abs. 1, 21 Abs. 1, 22 Abs. 7, 23 Abs. 3, 25 Abs. 2 und 29 Abs. 2 legen die Zuständigkeitskriterien im weiteren Sinn fest. Art. 20–33 regeln das Verfahren im engeren Sinn. Art. 33–36 enthalten Regelungen zur Verwaltungskooperation, Art. 37 ermöglicht ein Schlichtungsverfahren in Fragen, die die Anwendung der Verordnung betreffen. Die Durchführungsverordnung (VO (EU) 118/2014 v. 30.1.2014, ABl. 2014 L 39, 1) enthält ergänzende Regelungen. **Sachlich** gilt die Verordnung für Drittstaatsangehörige oder Staatenlose, die einen Antrag auf internationalen Schutz stellen. Den Begriff Drittstaatsangehöriger erläutert Art. 2 lit. a. Der Begriff Staatenloser ist in der Verordnung nicht definiert. Gemäß Art. 1 Abs. 1 StaatenlosenÜ (Übereinkommen über die Rechtsstellung der Staatenlosen v. 28.9.1954) ist ein Staatenloser eine Person, die kein Staat aufgrund seines Rechtes als Staatsangehörigen ansieht. Der Begriff Antrag auf internationalen Schutz ist in Art. 2 lit. b definiert.

Für die Verordnung gelten **drei Funktionsprinzipien:** **5**
- Das Einheitsprinzip: Ein Antragsteller – Ein prüfender Staat (Art. 3 Abs. 1 S. 2)
- Das Prioritätsprinzip: Erste Einreise – Erste Zuständigkeit (Art. 13 Abs. 1)
- Das Überstellungsprinzip: Überstellung in den zuständigen Staat – Keine Sachprüfung im Folgestaat (Art. 21 ff.; Dietz, Ausländer- und Asylrecht, 2. Aufl. 2017, 197).

Die Verordnung regelt das Verfahren zur Bestimmung des zuständigen Mitgliedstaats **abschlie- 6 ßend**. Deshalb ist es den Mitgliedstaaten verwehrt, abweichende Verfahrensregeln und Zuständigkeitskriterien zu erlassen (Filzwieser/Sprung Dublin III-VO K3).

Die Mitgliedstaaten können jedoch untereinander **bilaterale Verwaltungsvereinbarungen** **7** bezüglich der praktischen Modalitäten der Durchführung der Verordnung treffen (Art. 36).

Art. 2 Definitionen

Im Sinne dieser Verordnung bezeichnet der Ausdruck
a) **„Drittstaatsangehöriger" jede Person, die nicht Bürger der Union im Sinne von Artikel 20 Absatz 1 des AEUV ist und bei der es sich nicht um einen Staatsangehöri-**

gen eines Staates handelt, der sich aufgrund eines Abkommens mit der Europäischen Union an dieser Verordnung beteiligt;

b) „Antrag auf internationalen Schutz" einen Antrag auf internationalen Schutz im Sinne des Artikels 2 Buchstabe h der Richtlinie 2011/95/EU;

c) „Antragsteller" einen Drittstaatsangehörigen oder Staatenlosen, der einen Antrag auf internationalen Schutz gestellt hat, über den noch nicht endgültig entschieden wurde;

d) „Prüfung eines Antrags auf internationalen Schutz" die Gesamtheit der Prüfungsvorgänge, der Entscheidungen oder Urteile der zuständigen Behörden in Bezug auf einen Antrag auf internationalen Schutz gemäß der Richtlinie 2013/32/EU und der Richtlinie 2011/95/EU mit Ausnahme der Verfahren zur Bestimmung des zuständigen Mitgliedstaats gemäß dieser Verordnung;

e) „Rücknahme eines Antrags auf internationalen Schutz" die vom Antragsteller im Einklang mit der Richtlinie 2013/32/EU ausdrücklich oder stillschweigend unternommenen Schritte zur Beendigung des Verfahrens, das aufgrund des von ihm gestellten Antrags auf internationalen Schutz eingeleitet worden ist;

f) „Begünstigter internationalen Schutzes" einen Drittstaatsangehörigen oder Staatenlosen, dem internationaler Schutz im Sinne von Artikel 2 Buchstabe a der Richtlinie 2011/95/EU zuerkannt wurde,

g) „Familienangehörige" die folgenden Mitglieder der Familie des Antragstellers, die sich im Hoheitsgebiet der Mitgliedstaaten aufhalten, sofern die Familie bereits im Herkunftsland bestanden hat:
   − der Ehegatte des Antragstellers oder sein nicht verheirateter Partner, der mit ihm eine dauerhafte Beziehung führt, soweit nach dem Recht oder nach den Gepflogenheiten des betreffenden Mitgliedstaats nicht verheiratete Paare ausländerrechtlich vergleichbar behandelt werden wie verheiratete Paare,
   − die minderjährigen Kinder des im ersten Gedankenstrich genannten Paares oder des Antragstellers, sofern diese nicht verheiratet sind, gleichgültig, ob es sich nach nationalem Recht um eheliche oder außerehelich geborene oder adoptierte Kinder handelt,
   − bei einem minderjährigen und unverheirateten Antragsteller, der Vater, die Mutter oder ein anderer Erwachsener, der entweder nach dem Recht oder nach den Gepflogenheiten des Mitgliedstaats, in dem der Erwachsene sich aufhält, für den Minderjährigen verantwortlich ist,
   − bei einem unverheirateten, minderjährigen Begünstigten internationalen Schutzes, der Vater, die Mutter oder ein anderer Erwachsener, der/die entweder nach dem Recht oder nach den Gepflogenheiten des Mitgliedstaats, in dem sich der Begünstigte aufhält, für ihn verantwortlich ist;

h) „Verwandter": der volljährige Onkel, die volljährige Tante oder ein Großelternteil des Antragstellers, der/die sich im Hoheitsgebiet eines Mitgliedstaats aufhält, ungeachtet dessen, ob es sich gemäß dem nationalen Recht bei dem Antragsteller um ein ehelich oder außerehelich geborenes oder adoptiertes Kind handelt;

i) „Minderjähriger" einen Drittstaatsangehörigen oder Staatenlosen unter 18 Jahren;

j) „unbegleiteter Minderjähriger" einen Minderjährigen, der ohne Begleitung eines für ihn nach dem Recht oder nach den Gepflogenheiten des betreffenden Mitgliedstaats verantwortlichen Erwachsenen in das Hoheitsgebiet der Mitgliedstaaten einreist, solange er sich nicht tatsächlich in der Obhut eines solchen Erwachsenen befindet; dies schließt einen Minderjährigen ein, der nach Einreise in das Hoheitsgebiet eines Mitgliedstaats dort ohne Begleitung zurückgelassen wird;

k) „Vertreter" eine Person oder Organisation, die von den zuständigen Behörden zur Unterstützung und Vertretung eines unbegleiteten Minderjährigen in Verfahren nach Maßgabe dieser Verordnung bestellt wurde, um das Wohl des Kindes zu wahren und für den Minderjährigen, soweit erforderlich, Rechtshandlungen vorzunehmen. Wird eine Organisation zum Vertreter bestellt, so bezeichnet der Ausdruck „Vertreter" eine Person, die in Bezug auf den Minderjährigen ihre Pflichten im Einklang mit dieser Verordnung wahrnimmt;

l) „Aufenthaltstitel" jede von den Behörden eines Mitgliedstaats erteilte Erlaubnis, mit der der Aufenthalt eines Drittstaatsangehörigen oder Staatenlosen im Hoheitsgebiet dieses Mitgliedstaats gestattet wird, einschließlich der Dokumente, mit denen die Genehmigung des Aufenthalts im Hoheitsgebiet im Rahmen einer Regelung des vorübergehenden Schutzes oder bis zu dem Zeitpunkt, zu dem die eine Ausweisung verhindernden Umstände nicht mehr gegeben sind, nachgewiesen werden kann; ausgenommen sind Visa und Aufenthaltstitel, die während der zur Bestimmung des zuständigen Mitgliedstaats entsprechend dieser Verordnung erforderlichen Frist oder während der Prüfung eines Antrags auf internationalen Schutz oder eines Antrags auf Gewährung eines Aufenthaltstitels erteilt wurden;

m) „Visum" die Erlaubnis oder Entscheidung eines Mitgliedstaats, die im Hinblick auf die Einreise zum Zweck der Durchreise oder die Einreise zum Zweck eines Aufenthalts in diesem Mitgliedstaat oder in mehreren Mitgliedstaaten verlangt wird. Es werden folgende Arten von Visa unterschieden:
   - „Visum für den längerfristigen Aufenthalt": eine von einem der Mitgliedstaaten im Einklang mit seinem innerstaatlichen Recht oder dem Unionsrecht ausgefertigte Erlaubnis oder Entscheidung, die im Hinblick auf die Einreise zum Zweck eines Aufenthalts in diesem Mitgliedstaat von mehr als drei Monaten verlangt wird;
   - „Visum für den kurzfristigen Aufenthalt": eine Erlaubnis oder Entscheidung eines Mitgliedstaats im Hinblick auf die Durchreise durch das Hoheitsgebiet eines oder mehrerer oder aller Mitgliedstaaten oder einen geplanten Aufenthalt in diesem Gebiet von höchstens drei Monaten je Sechsmonatszeitraum ab dem Zeitpunkt der ersten Einreise in das Hoheitsgebiet der Mitgliedstaaten;
   - „Visum für den Flughafentransit" ein für die Durchreise durch die internationalen Transitzonen eines oder mehrerer Flughäfen von Mitgliedstaaten gültiges Visum;

n) „Fluchtgefahr" das Vorliegen von Gründen im Einzelfall, die auf objektiven gesetzlich festgelegten Kriterien beruhen und zu der Annahme Anlass geben, dass sich ein Antragsteller, ein Drittstaatsangehöriger oder Staatenloser, gegen den ein Überstellungsverfahren läuft, diesem Verfahren möglicherweise durch Flucht entziehen könnte.

Überblick

Art. 2 definiert insgesamt 14 Begriffe, die in der Dublin III-VO verwendet werden.

Übersicht

A. Drittstaatsangehöriger (lit. a)

Der Begriff stellt eine Negativbeschreibung dar. Er bezieht sich auf Menschen, die nicht Bürger **1** der EU sind, sowie auf Menschen, die nicht Staatsangehörige eines Staates sind, der sich an der Verordnung beteiligt hat. Aktuell sind dies Island, Lichtenstein, Norwegen und die Schweiz. Im Umkehrschluss bedeutet das, dass die Verordnung gleichermaßen nicht für die Bürger der EU und für die Bürger dieser vier weiteren Mitgliedstaaten gilt.

Die Definition des Drittstaatsangehörigen verdeutlicht, dass die Verordnung über die Mitglied- **2** staaten der EU hinaus Anwendung findet (Filzwieser/Sprung Dublin III-VO K1 f.). Die Verordnung erfasst ausschließlich natürliche Personen. Nur Menschen können an Leib, Leben oder persönlicher Freiheit eingeschränkt werden. Nur Menschen kann internationaler Schutz im Sinne der Qualifikations-RL (RL 2011/95/EU v. 13.12.2011, ABl. 2011 L 337, 9) zuerkannt werden, worauf in Art. 1 und Art. 2 lit. b Bezug genommen wird (Filzwieser/Sprung Dublin III-VO K3).

B. Antrag auf internationalen Schutz (lit. b)

3   Die Definition in der Verordnung nimmt Bezug auf Art. 2 lit. h Qualifikations-RL (RL 2011/ 95/EU v. 13.12.2011, ABl. 2011 L 337, 9). Sie bezeichnet als Antrag auf internationalen Schutz den Antrag eines Drittstaatsangehörigen oder eines Staatenlosen auf Anerkennung als Flüchtling oder auf Anerkennung des Anspruches auf subsidiären Schutz. Der Antrag auf internationalen Schutz ist somit inhaltlich so formuliert, dass grundsätzlich alle Anträge auf Schutzgewährung als Anträge auf internationalen Schutz gewertet werden (Filzwieser/Sprung Dublin III-VO K4).

4   Ein Antrag auf internationalen Schutz liegt nicht vor, wenn der Drittstaatsangehörige oder der Staatenlose ausdrücklich um eine andere, gesondert zu beantragende Form des Schutzes außerhalb des Anwendungsbereichs der Qualifikations-RL ersucht (Art. 2 lit. h Qualifikations-RL). Ist dies in der Rechtsordnung eines der Mitgliedstaaten der Verordnung vorgesehen und stellt der Antragsteller ausdrücklich auf diesen Schutz ab, liegt kein Antrag auf internationalen Schutz im Sinne der Verordnung vor. Ersucht der Antragsteller hingegen lediglich allgemein um Schutz vor Abschiebung in den Herkunftsstaat, liegt ein Antrag im Sinne der Verordnung vor (Filzwieser/ Sprung Dublin III-VO K5).

5   Mit der mündlichen Willenserklärung, internationalen Schutz zu beantragen, trifft den jeweiligen Mitgliedstaat der Verordnung die aktive Verpflichtung, dem Antragsteller die Erfüllung notwendiger Formvorschriften ohne unzumutbare Schwierigkeiten zu ermöglichen. Darüber hinaus gehende, die Antragstellung beschränkende Regelungen (zB Antragstellung nur in der Landessprache) sind unzulässig (Filzwieser/Sprung Dublin III-VO K6).

C. Antragsteller (lit. c)

6   Dieser Ausdruck bezeichnet einen Drittstaatsangehörigen iSv Art. 2 lit. a oder einen Staatenlosen, der einen Antrag auf internationalen Schutz gestellt hat. Für diesen Menschen gilt die Verordnung, sobald er den Antrag auf internationalen Schutz gestellt hat und über diesen noch nicht endgültig entschieden wurde (Filzwieser/Sprung Dublin III-VO K7).

7   Gemäß Art. 20 Abs. 2 S. 1 gilt ein Antrag auf internationalen Schutz als gestellt, wenn den zuständigen Behörden des betreffenden Mitgliedstaates ein vom Antragsteller eingereichtes Formblatt oder ein behördliches Protokoll zugegangen ist. Einzelstaatliche und internationale Vorschriften regeln, wann über den Antrag endgültig entschieden ist (Filzwieser/Sprung Dublin III-VO K8).

D. Prüfung eines Antrags auf internationalen Schutz (lit. d)

8   Dieser Begriff umfasst alle Prüfungsvorgänge, Entscheidungen oder Urteile der zuständigen Behörden, die sich auf einen Antrag auf internationalen Schutz gemäß der Asylverfahrens-RL (RL 2013/32/EU v. 26.6.2013, ABl. 2013 L 180, 60) und der Qualifikations-RL (RL 2011/95/ EU v. 13.12.2011, ABl. 2011 L 337, 9) beziehen. Diese bilden die Grundlage für die Asylgesetze der EU-Mitgliedstaaten (Filzwieser/Sprung Dublin III-VO K9).

9   Ausgenommen hiervon sind die Verfahren zur Bestimmung des zuständigen Mitgliedstaates gemäß der Verordnung. Solange also der Mitgliedstaat, in dem der Antrag auf internationalen Schutz gestellt wurde, prüft, ob ein anderer Mitgliedstaat zur Prüfung des Antrags zuständig ist, handelt es sich nicht um eine Prüfung des Antrags auf internationalen Schutz im Sinne der Verordnung. Diese Unterscheidung ist vor allem für die in Art. 18 lit. b und lit. c definierten Pflichten des im Sinne der Verordnung zuständigen Mitgliedstaates wichtig. Diese Pflichten beginnen, wenn das Verfahren zur Bestimmung des zuständigen Mitgliedstaats, das in Art. 20 ff. geregelt ist, abgeschlossen ist (Filzwieser/Sprung Dublin III-VO K10).

10   Statthafte Klageart, wenn die Aufhebung einer Entscheidung über die Unzuständigkeit Deutschlands für die Prüfung eines Asylantrags nach den Regelungen der Verordnung begehrt wird, ist die Anfechtungsklage. Der Erhebung einer auf die Zuerkennung der Flüchtlingseigenschaft gerichteten Verpflichtungsklage nach § 42 Abs. 1 Alt. 2 VwGO steht entgegen, dass die Verordnung ein von der materiellen Prüfung eines Asylantrags gesondertes behördliches Verfahren für die Bestimmung des hierfür zuständigen Staats vorsieht (Art. 2 lit. d). Die Trennung der Verfahren zur Zuständigkeitsbestimmung und zur materiellen Prüfung des Asylbegehrens darf nicht dadurch umgangen werden, dass das Verwaltungsgericht im Fall der Aufhebung der Zustän-

digkeitsentscheidung sogleich über die Begründetheit des Asylantrags entscheidet (zur Vorgänger-regelung in Art. 2 lit. e Dublin II-VO BVerwG BeckRS 2015, 55632; Berlit NVwZ 2017, 1 (3)).

E. Rücknahme des Antrags auf internationalen Schutz (lit. e)

Die Rücknahme erfolgt im Einklang mit der Asylverfahrens-RL (RL 2013/32/EU v. **11** 26.6.2013, ABl. 2013 L 180, 60). Die Begriffe „Rücknahme" und „Zurückziehung" werden sowohl in der Asylverfahrens-RL als auch in der Verordnung synonym verwendet. In der Verordnung bezieht sich der Begriff Rücknahme des Antrags auf internationalen Schutz auf die Art. 18 Abs. 1 lit. c und Art. 20 Abs. 5 (Filzwieser/Sprung Dublin III-VO K12).

Die Rücknahme des Antrags kann ausdrücklich oder stillschweigend erfolgen. Art. 28 Abs. 1 **12** beschreibt, wann Fälle der stillschweigenden Rücknahme vorliegen können. Die Regelung ist nicht abschließend. Es handelt sich um eine Kann-Bestimmung. Sie räumt den Mitgliedstaaten einen gewissen Ermessensspielraum in der Ausgestaltung der Rücknahme ein (Filzwieser/Sprung Dublin III-VO K14).

Verlässt ein Antragsteller das Staatsgebiet eines Mitgliedstaates in Richtung eines anderen Mit- **13** gliedstaates, so kann dies für sich genommen nicht als Rücknahme des Antrags auf internationalen Schutz bewertet werden. Dies ergibt sich zum einen aus der Genfer Flüchtlingskonvention. Zum anderen ergibt es sich aus der systematischen Interpretation der Verordnung. Hier sind in Art. 18 Abs. 1 lit. b und lit. c verschiedene Wiederaufnahmetatbestände niedergelegt. So stellt die Verordnung sicher, dass eine inhaltliche Prüfung des Antrags auf internationalen Schutz in diesen Fällen eröffnet ist (Filzwieser/Sprung Dublin III-VO K15).

F. Begünstigter internationalen Schutzes (lit. f)

Hierunter definiert die Verordnung einen Drittstaatsangehörigen oder Staatenlosen, dem inter- **14** nationaler Schutz iSv Art. 2 lit. a Qualifikations-RL zuerkannt wurde. Diese Vorschrift definiert als internationalen Schutz die Anerkennung der Flüchtlingseigenschaft gem. Art. 2 lit. e Qualifikations-RL sowie den subsidiären Schutzstatus gem. Art. 2 lit. g Qualifikations-RL. Bedeutsam ist der Begriff Begünstigter internationalen Schutzes für Art. 9. Diese Vorschrift enthält Regelungen für Antragsteller, deren Familienangehörige Begünstigte internationalen Schutzes sind.

G. Familienangehörige (lit. g)

Die Achtung der Familieneinheit ist prominent in Erwägungsgrund 14–17 verankert. Der **15** Begriff „Familienangehörige" umfasst die hier genannten Familienmitglieder des Antragstellers. Sie müssen sich im Hoheitsgebiet der Mitgliedstaaten aufhalten. Gleichzeitig muss die Familie bereits im Herkunftsland bestanden haben. Die in Art. 2 lit. g enthaltene Definition ist Grundlage der Kriterien zur Bestimmung des zuständigen Mitgliedstaats in Kapitel III (Filzwieser/Sprung Dublin III-VO K23).

Maßgeblich für die Bestimmung der Familienangehörigen ist der Zeitpunkt der erstmaligen **16** Stellung eines Antrags auf internationalen Schutz. Dies ergibt sich aus Art. 7 Abs. 2. Später eingereiste Familienangehörige beeinflussen die Bestimmung des für den Antragsteller zuständigen Mitgliedstaates nicht. Ausnahmen sind in Art. 7 Abs. 3 geregelt. Dasselbe muss für die humanitäre Klausel des Art. 17 Abs. 2 gelten. Hier ist ausdrücklich dargelegt, dass ein Mitgliedstaat jederzeit einen anderen Mitgliedstaat ersuchen kann, den Antragsteller aufzunehmen, wenn die entsprechenden humanitären Gründe vorliegen. Die Anforderung, dass der Familienverbund schon im Herkunftsland bestanden haben muss, erscheint zunächst absolut. Sie kann aber im Hinblick auf Art. 16 und 17 Abs. 2 relativiert werden. Denkbar sind Fälle, in denen ein schützenswertes Abhängigkeitsverhältnis erst im Laufe der Flucht bzw. während des Aufenthaltes in einem Mitgliedstaat entsteht (Filzwieser/Sprung Dublin III-VO K25).

Eine Sonderregelung für Kinder, die im Hoheitsgebiet des Mitgliedstaates geboren werden, ist **17** in Art. 20 Abs. 3 S. 2 enthalten. Deren Situation ist untrennbar mit der Situation des Familienangehörigen verbunden und fällt in die Zuständigkeit des Mitgliedstaates, der für die Prüfung des Antrags auf internationalen Schutz dieses Familienangehörigen zuständig ist.

Im **ersten Gedankenstrich** wird der Ehegatte des Antragstellers als Familienangehöriger defi- **18** niert. Die Gleichstellung von unverheirateten Paaren mit Ehepaaren setzt voraus, dass das Ausländerrecht des betreffenden Mitgliedstaates diese vorsieht. Nicht maßgeblich ist das Recht des Herkunftslandes des Paares.

Im **zweiten Gedankenstrich** sind minderjährige Kinder des in Gedankenstrich eins genannten **19** Paares oder des Antragstellers als Familienangehörige benannt. Art. 2 lit. i erklärt Personen unter

18 Jahren zu Minderjährigen. Es kann sich um Kinder handeln, die nach dem Recht des Herkunftsstaates ehelich oder außerehelich geboren oder die adoptiert sind. Die Kinder müssen unverheiratet sein.

20   Im **dritten Gedankenstrich** wird auf minderjährige, unverheiratete Antragsteller eingegangen. Ihre Familienangehörige können Vater oder Mutter sein. Familienangehöriger kann auch ein Erwachsener sein, der nach dem Recht oder nach den Gepflogenheiten des Mitgliedstaates, in dem der Erwachsene sich aufhält, für den Minderjährigen verantwortlich ist. Nicht maßgeblich ist das Recht des Herkunftslandes des Erwachsenen.

21   Im **vierten Gedankenstrich** finden sich Regelungen für minderjährige, unverheiratete Begünstigte internationalen Schutzes iSv Art. 2 lit. f. Ihre Familienangehörige können Vater oder Mutter sein. Familienangehöriger kann auch ein Erwachsener sein, der nach dem Recht oder nach den Gepflogenheiten des Mitgliedstaates, in dem der Begünstigte sich aufhält, für den Minderjährigen verantwortlich ist. Nicht maßgeblich ist das Recht des Herkunftslandes des Begünstigten.

H. Verwandter (lit. h)

22   Dieser Begriff umfasst den volljährigen Onkel, die volljährige Tante oder einen Großelternteil des Antragstellers, der / die sich im Hoheitsgebiet eines Mitgliedstaates aufhalten. Anders als bei Art. 2 lit. g ist nicht erforderlich, dass die Verwandtschaft bereits im Herkunftsland bestanden hat. Maßgeblich ist der Begriff unter anderem für die Zuständigkeitsprüfung im Falle von unbegleiteten Minderjährigen gem. Art. 8 Abs. 2.

I. Minderjährige (lit. i)

23   Die Verordnung versteht hierunter einen Drittstaatsangehörigen oder Staatenlosen unter 18 Jahren. Nicht maßgeblich ist die Frage, ob dieser Mensch nach dem Recht seines Heimatstaates mit 18 Jahren volljährig ist. In Guinea oder Pakistan beginnt die Volljährigkeit bspw. erst mit 21 Jahren.

J. Unbegleiteter Minderjähriger (lit. j)

24   Dies ist ein Minderjähriger, der ohne Begleitung eines verantwortlichen Erwachsenen in das Hoheitsgebiet der Mitgliedstaaten einreist. Wer verantwortlicher Erwachsener ist, ergibt sich aus dem Recht und den Gepflogenheiten des betreffenden Mitgliedstaates. Ein volljähriges Geschwister stellt keinen verantwortlichen Erwachsenen dar (VG Düsseldorf BeckRS 2019, 21121). Die Definition schließt auch einen Minderjährigen ein, der mit einem verantwortlichen Erwachsenen in das Hoheitsgebiet eines Mitgliedstaates eingereist ist, dort jedoch ohne Begleitung zurückgelassen wird. Maßgeblicher Zeitpunkt für die Frage, ob der Minderjährige unbegleitet ist, ist der Zeitpunkt der Antragstellung (Art. 7 Abs. 2 iVm Art. 8). Die Definition des unbegleiteten Minderjährigen ist bedeutsam für Art. 6 und 8.

K. Vertreter (lit. k)

25   Ein Vertreter soll einen unbegleiteten Minderjährigen unterstützen oder vertreten. Er wird von den zuständigen Behörden des Mitgliedstaates bestellt. Handeln kann es sich um eine Person oder eine Organisation. Innerhalb einer Organisation bezeichnet der Ausdruck „Vertreter" eine natürliche Person, die für den Minderjährigen Pflichten im Einklang mit der Verordnung wahrnimmt. Ziel ist es, das Wohl des unbegleiteten Minderjährigen zu wahren. In Art. 6 Abs. 2 S. 2 wird vorausgesetzt, dass der Vertreter über die entsprechenden Qualifikationen und Fachkenntnisse verfügt, um zu gewährleisten, dass dem Wohl des Minderjährigen während der nach der Verordnung durchgeführten Verfahren Rechnung getragen wird. Er vertritt den unbegleiteten Minderjährigen in Verfahren zur Gewährung internationalen Schutzes. Die darüber hinausgehende gesetzliche Vertretung des unbegleiteten Minderjährigen bestimmt sich nach dem nationalen Recht der Mitgliedstaaten (Filzwieser/Sprung Dublin III-VO K41).

L. Aufenthaltstitel (lit. l)

26   Ein Aufenthaltstitel stellt eine Aufenthaltserlaubnis dar, die ein Mitgliedstaat einem Drittstaatsangehörigen oder Staatenlosen für einen bestimmten Zeitraum oder dauerhaft rechtskräftig erteilt. In Abgrenzung zum in Art. 2 lit. m genannten Visum ist davon auszugehen, dass es sich um eine

Aufenthaltserlaubnis handelt, die nach der Einreise in den Mitgliedstaat erteilt wird (Filzwieser/Sprung Dublin III-VO K42).

Die Definition umfasst die Dokumente, mit denen ein Mitgliedstaat den Aufenthalt des Antrag- **27** stellers in seinem Hoheitsgebiet gestattet. Dies kann im Rahmen einer Regelung des vorüberge-henden Schutzes im Sinne der Schutzgewährungs-RL (RL 2001/55/EG v. 20.7.2001, ABl. 2001 L 212, 12) erfolgen (Filzwieser/Sprung Dublin III-VO K43). Dies kann auch einen Zeitraum erfassen, in dem eine Ausweisung nicht möglich ist. Die Definition erfasst also auch Aufenthaltsti-tel, die sich aus Ausreisehindernissen ergeben können. Eine Duldung iSv § 60a AufenthG kann also ein zuständigkeitsbegründender Titel sein.

Nicht erfasst vom Begriff „Aufenthaltstitel" sind Titel, die während der Frist zur Bestimmung **28** des zuständigen Mitgliedstaates oder während der Prüfung eines Antrags auf internationalen Schutz oder eines Antrags auf Gewährung eines Aufenthaltstitels erteilt wurden. Damit werden bspw. Fälle erfasst, in denen sich ein Drittstaatsangehöriger oder Staatenloser während der Prüfung seines Antrags auf internationalen Schutz vom Mitgliedstaat A in den Mitgliedstaat B begibt und dort nach seinem Antrag auf internationalen Schutz eine Aufenthaltsgenehmigung erhält (Filzwieser/Sprung Dublin III-VO K45).

M. Visum (lit. m)

Diese Vorschrift definiert drei verschiedene Arten von Visum. In Abgrenzung zum Begriff **29** „Aufenthaltstitel" in Art. 2 lit. l muss es sich um eine Erlaubnis handeln, die vor der Einreise in den Mitgliedstaat zur Einreise oder zur Durchreise erteilt worden ist. Der Begriff „Visum" ist maßgeblich für die Zuständigkeitsbegründung nach Art. 12. Besitzt ein Antragsteller mehrere gültige Visa verschiedener Mitgliedstaaten, ist für die Zuständigkeitsbegründung das Visum maß-geblich, das zuletzt abläuft (Art. 12 Abs. 3).

N. Fluchtgefahr (lit. n)

Dieser Begriff bezieht sich auf den Fall, dass ein Antragsteller, also ein Drittstaatsangehöriger **30** oder Staatenloser, gegen den ein Überstellungsverfahren läuft, sich diesem Verfahren durch Flucht entziehen könnte. Kriterien für das Vorliegen einer Fluchtgefahr gibt die Verordnung nicht vor. Sie setzt die Beurteilung des jeweiligen Einzelfalles voraus. Die Mitgliedstaaten sind für die Ein-schätzung der Gründe verantwortlich. Diese Gründe müssen auf objektiven, gesetzlich festgelegten Kriterien beruhen (Filzwieser/Sprung Dublin III-VO K48). Der Begriff „Überstellungsverfahren" findet sich in Art. 28 Abs. 2 wieder.

Kapitel II. Allgemeine Grundsätze und Schutzgarantien

Art. 3 Verfahren zur Prüfung eines Antrags auf internationalen Schutz

(1) [1]Die Mitgliedstaaten prüfen jeden Antrag auf internationalen Schutz, den ein Drittstaatsangehöriger oder Staatenloser im Hoheitsgebiet eines Mitgliedstaats ein-schließlich an der Grenze oder in den Transitzonen stellt. [2]Der Antrag wird von einem einzigen Mitgliedstaat geprüft, der nach den Kriterien des Kapitels III als zuständiger Staat bestimmt wird.

(2) Lässt sich anhand der Kriterien dieser Verordnung der zuständige Mitgliedstaat nicht bestimmen, so ist der erste Mitgliedstaat, in dem der Antrag auf internationalen Schutz gestellt wurde, für dessen Prüfung zuständig.

Erweist es sich als unmöglich, einen Antragsteller an den zunächst als zuständig bestimmten Mitgliedstaat zu überstellen, da es wesentliche Gründe für die Annahme gibt, dass das Asylverfahren und die Aufnahmebedingungen für Antragsteller in diesem Mitgliedstaat systemische Schwachstellen aufweisen, die eine Gefahr einer unmenschli-chen oder entwürdigenden Behandlung im Sinne des Artikels 4 der EU–Grundrechte-charta mit sich bringen, so setzt der die Zuständigkeit prüfende Mitgliedstaat, die Prü-fung der in Kapitel III vorgesehenen Kriterien fort, um festzustellen, ob ein anderer Mitgliedstaat als zuständig bestimmt werden kann.

Kann keine Überstellung gemäß diesem Absatz an einen aufgrund der Kriterien des Kapitels III bestimmten Mitgliedstaat oder an den ersten Mitgliedstaat, in dem der

Antrag gestellt wurde, vorgenommen werden, so wird der die Zuständigkeit prüfende Mitgliedstaat der zuständige Mitgliedstaat.

(3) Jeder Mitgliedstaat behält das Recht, einen Antragsteller nach Maßgabe der Bestimmungen und Schutzgarantien der Richtlinie 32/2013/EU in einen sicheren Drittstaat zurück- oder auszuweisen.

Überblick

Art. 3 legt das Verfahren zur Prüfung eines Antrags auf internationalen Schutz fest. Die Pflicht zur Prüfung eines Antrages auf internationalen Schutz wurde erstmals durch das Dubliner Übereinkommen geschaffen und stellte ein völkerrechtliches Novum dar (Filzwieser/Sprung Dublin III-VO K3).

Übersicht

A. Prüfungsverpflichtung

1   Die Mitgliedstaaten haben sich dazu verpflichtet, jeden Antrag auf internationalen Schutz, den ein Drittstaatsangehöriger oder ein Staatenloser im Hoheitsgebiet eines Mitgliedstaates gestellt hat, zu prüfen.

1.1   Die Begriffe „Antrag auf internationalen Schutz", „Drittstaatsangehöriger" und „Staatenloser" sowie „Prüfung eines Antrags auf internationalen Schutz" sind in Art. 2 definiert und dort auch kommentiert (→ Art. 2 Rn. 1 ff.).

2   Dazu gehören auch Anträge an der Grenze oder in den Transitzonen des Mitgliedstaates. Der Begriff „Grenze" umfasst die Land-, Luft- und Wassergrenze. Das Hoheitsgebiet eines Mitgliedstaats erfasst alle zum Mitgliedstaat gehörenden Territorien, soweit nicht in der Verordnung eine Ausnahme vorgesehen ist. In der Verordnung gibt es eine einzige Ausnahme. Sie befindet sich in Art. 43: Für die Französische Republik gilt diese Verordnung nur für ihr europäisches Hoheitsgebiet. Mit „Transitzone" ist gem. Art. 15 der internationale Transitbereich eines Flughafens gemeint (Filzwieser/Sprung Dublin III-VO K5)

3   Anträge, die ohne territorialen Bezug zu einem Mitgliedstaat gestellt werden, also bspw. schriftliche Anträge, die der Antragsteller aus seinem Herkunftsstaat oder aus einem anderen Nichtmitgliedstaat gestellt hat, sind von dieser Vorschrift nicht umfasst. Ebenso gehören hierzu nicht bei einer diplomatischen oder konsularischen Vertretung eines Mitgliedstaates gestellte Anträge (Filzwieser/Sprung Dublin III-VO K1).

4   Die **Zuständigkeit** des jeweiligen Mitgliedstaates ergibt sich aus Art. 7 ff. Der zuständige Mitgliedstaat prüft den Antrag auf internationalen Schutz und schließt auch die Prüfung ab (Art. 18). Innerstaatliche, unionsrechtliche sowie internationale Rechtsvorschriften bzw. Verpflichtungen konkretisieren die Pflicht zur Zuständigkeitsprüfung. Dazu gehören die GFK und die EMRK. Hinzu kommen unionsrechtliche Vorgaben, wie die GRCh (Charta der Grundrechte der Europäischen Union v. 12.12.2007, ABl. 2007 C 303, 1), die Aufnahme-RL (RL 2013/33/EU v. 26.6.2013, ABl. 2013 L 180, 96), die Qualifikations-RL (RL 2011/95/EU v. 13.12.2011, ABl. 2001 L 237, 9) sowie die Asylverfahrens-RL (RL 2013/32/EU v. 26.6.2013, ABl. 2013 L 180, 60; Filzwieser/Sprung Dublin III-VO K4).

5   **Maßgeblicher Zeitpunkt** für die Zuständigkeitsprüfung ist der Zeitpunkt der Antragstellung (Art. 7 Abs. 2). Die Prüfung erfolgt nach der in Kapitel III genannten Rangfolge (Art. 7 Abs. 1). Ist nach diesen Kriterien kein anderer Mitgliedstaat zuständig, findet der Auffangtatbestand von Art. 3 Abs. 2 Anwendung: Hiernach ist der Mitgliedstaat zuständig, in dem der Antrag auf internationalen Schutz gestellt wurde.

6   Art. 3 Abs. 1 S. 2 beinhaltet das **Einheitsprinzip:** Nur der zuständige Mitgliedstaat soll den Antrag auf internationalen Schutz prüfen. Er soll im Falle des negativen Verfahrensausganges dafür Sorge tragen, dass der Drittstaatsangehörige das gemeinsame Hoheitsgebiet wieder verlässt. Hierzu

trägt insbesondere die Pflicht zur Wiederaufnahme des Verfahrens gem. Art. 18 Abs. 1 iVm Art. 23 bei (Filzwieser/Sprung Dublin III-VO K6).

B. Auffangtatbestand und systemische Schwachstellen

I. Auffangtatbestand

Art. 3 Abs. 2 S. 1 stellt einen Auffangtatbestand dar. Dies gilt sowohl hinsichtlich der **allgemeinen** als auch hinsichtlich der **besonderen Zuständigkeitskriterien**. Die **allgemeinen Zuständigkeitskriterien** sind in Art. 8–15 geregelt. Sie müssen bereits zum Zeitpunkt der ersten Antragstellung in einem Mitgliedstaat vorliegen (Art. 7 Abs. 2). Merkmal der allgemeinen Zuständigkeitskriterien ist, dass der jeweilige Mitgliedstaat auf deren Bestimmung keinen Einfluss hat. Die allgemeinen Zuständigkeitskriterien finden bei allen Aufnahmeersuchen Anwendung. 7

Die **besonderen Zuständigkeitskriterien** ergeben sich aus Art. 16, Art. 17, Art. 19 Abs. 1, Art. 21 Abs. 1, Art. 22 Abs. 7, Art. 23 Abs. 3, Art. 25 Abs. 2, Art. 28 Abs. 3 und Art. 29 Abs. 2. Ihr Merkmal ist, dass sie durch den Mitgliedstaat selbst geschaffen werden. Art. 17 Abs. 1 kann nicht Gegenstand eines Aufnahme- oder Wiederaufnahmeersuchens sein, ebenso nicht Art. 21 Abs. 1. Die angenommene Zuständigkeit nach Art. 17 Abs. 2 ist im Zuge eines Aufnahmeersuchens geltend zu machen. Die übrigen besonderen Zuständigkeitsbestimmungen entstehen – ohne Spielraum – ex lege bei Vorliegen der dort genannten Voraussetzungen (Filzwieser/Sprung Dublin III-VO K7). 8

Der Zeitpunkt, **zu dem ein Antrag auf internationalen Schutz als gestellt gilt,** ergibt sich aus Art. 20 Abs. 2. 9

Die **Stellung eines Antrags auf internationalen Schutz** hat **folgende Wirkungen:** Sie löst das Verfahren zur Bestimmung des zuständigen Mitgliedstaates aus. Gleichzeitig begründet sie die Zuständigkeit des Mitgliedstaates, in dem der Antrag zum ersten Mal gestellt wurde, wenn kein anderer Mitgliedstaat als zuständig befunden wurde oder sich kein anderer Mitgliedstaat für zuständig erklärt hat (Art. 17 Abs. 1). Art. 3 Abs. 2 S. 1 kann deshalb nicht Grundlage eines Aufnahme- oder Wiederaufnahmeersuchens an einen anderen Mitgliedstaat sein. Die Vorschrift bestätigt in diesen Fällen die Zuständigkeit des Staates, in dem zum ersten Mal der Antrag auf internationalen Schutz gestellt wurde (Filzwieser/Sprung Dublin III-VO K9). 10

Die **Zuständigkeit nach Art. 3 Abs. 2 S. 1** kann grundsätzlich nur durch eine rechtskräftig positive inhaltliche Erledigung des Antrags auf internationalen Schutz oder durch Eintreten der Erlöschenstatbestände des Art. 19 **enden.** Ausnahmen sind im Falle eines nachträglichen Selbsteintritts eines anderen Mitgliedstaates denkbar (Filzwieser/Sprung Dublin III-VO K11). 11

II. Systemische Schwachstellen

Wenn das Asylverfahren und die Aufnahmebedingungen für Antragsteller in dem nach der Verordnung zuständigen Mitgliedstaat systemische Schwachstellen aufweisen, die eine Gefahr einer unmenschlichen oder entwürdigenden Behandlung iSv Art. 4 GRCh mit sich bringen, setzt der die Zuständigkeit prüfende Mitgliedstaat die Prüfung fort. Er prüft unter Zugrundelegung der allgemeinen Zuständigkeitsregeln gem. Art. 7 ff., ob ein anderer Mitgliedstaat als zuständig bestimmt werden kann. Bei der Überprüfung, ob dem Antragsteller im Zielstaat eine Art. 4 GRCh widersprechende Behandlung droht, hat das Gericht die Situation im Zeitpunkt der Überstellung, während des laufenden Verfahrens und nach Zuerkennung des internationalen Schutzstatus in Betracht zu ziehen (EuGH BeckRS 2019, 3600 Rn. 88; 2019, 3603 Rn. 87). 12

Bei der Klärung der Frage, wann systemische Mängel im Asylverfahren bzw. in den Aufnahmebedingungen eines Mitgliedstaates vorliegen, ist das Urteil des EuGH v. 21.12.2011 (BeckRS 2011, 81943 – N.S. / UK und M.E. / IRL) relevant. Der EuGH verweist darin auf das Urteil des EGMR v. 21.01.2011 (ZAR 2011, 395 Rn. 358, 360, 367 – M.S.S. / Belgien und Griechenland). Systemische Mängel liegen vor, wenn sie das vom EGMR beschriebene Ausmaß der Grundrechtsbeeinträchtigung erreichen. Grundlegend für die Feststellung systemischer Mängel im Asylverfahren ist die Frage, ob der grundsätzliche Zugang zum Asylverfahren gewährleistet ist (EGMR ZAR 2011, 395 Rn. 358). Systemische Mängel der Aufnahmebedingungen liegen vor, wenn die Haft- und Lebensbedingungen während des Verfahrens auf internationalen Schutz eine erniedrigende Behandlung darstellen (EGMR ZAR 2011, 395 Rn. 367). 13

Bei der Beurteilung der Asylverfahren und der Aufnahmebedingungen können unterschiedlichste Quellen herangezogen werden. In seinem Urteil (EGMR ZAR 2011, 395 Rn. 348) benennt der EGMR Berichte, die den Mitgliedstaaten bekannt sind bzw. sein müssen. Dazu 14 gehören Berichte des UNHCR, der Europäischen Menschenrechtskommission, internationaler Nichtregierungsorganisationen, wie Amnesty International, Human Rights Watch, Pro Asyl und des European Council on Refugees and Exiles, sowie anderer Nichtregierungsorganisationen, die im jeweiligen Mitgliedstaat präsent sind.

15 In der Rechtsprechung des EGMR und des EuGH sind die allgemeinen Maßstäbe zu den Voraussetzungen, unter denen ein Vorliegen systemischer Schwachstellen einer Abschiebung in einen Zielstaat entgegen stehen kann, rechtsgrundsätzlich geklärt. Besonders in den Urteilen C-163/17 (BeckRS 2019, 3600 Rn. 91–93) und C-297/17 (BeckRS 2019 3603 Rn. 89–91) hat der EuGH diese Maßstäbe präzisiert. Die Klärung weiterer Rechtsfragen in diesem unionsrechtlichen Zusammenhang dürfte schwerlich ohne ein weiteres Vorabentscheidungsersuchen erfolgen können. Klärungsfähige Tatsachenfragen können sich im Berufungsverfahren stellen und auch eine Berufungszulassung rechtfertigen (Berlit NVwZ 2017, 1 (5)). Nach dem System der normativen Vergewisserung (BVerfG NVwZ 1996, 700; NVwZ-Beil. 1994, 3) sowie nach dem Prinzip des gegenseitigen Vertrauens (EuGH BeckRS 2011, 81939 Rn. 80) gilt die Vermutung, dass in allen Mitgliedstaaten der EU die Vorschriften der GFK, der EMRK und der GRCh in Bezug auf den Umgang mit Asylwerbern eingehalten werden. Diese Vermutung wird durch das Vorliegen systemischer Mängel widerlegt (VG Ansbach BeckRS 2020, 1152).

16 Zum Vorliegen systemischer Schwachstellen nach ausgewählten Ländern:
- Bulgarien (ja: EuGH BeckRS 2019, 3603; nein: VG Karlsruhe BeckRS 2018, 36527),
- Finnland (nein: VG Stuttgart A 7 K 14022/17),
- Frankreich (nein: VG Ansbach BeckRS 2019, 29390),
- Griechenland (ja: VG Trier Urt. v. 12.7.2018 – 9 K 207/17.TR, asyl.net: M26436; nein: VG Ansbach BeckRS 2021, 5366),
- Italien (Einzelfallprüfung erforderlich: EuGH BeckRS 2019, 2012577; BVerfG BeckRS 2018, 6416; nein: VG Karlsruhe BeckRS 2020, 19720; VG Köln BeckRS 2020, 17954),
- Kroatien (nein: VG Saarlouis BeckRS 2020, 29118),
- Lettland (nein: VG Ansbach BeckRS 2016, 40363),
- Litauen (nein: VG Ansbach BeckRS 2016, 41579),
- Niederlande (nein: VG Göttingen Urt. v. 16.7.2018 – 4 A 385/17, asyl.net: M26386),
- Norwegen (kann nicht ausgeschlossen werden: VG München BeckRS 2016, 54366; nein: VG Bremen BeckRS 2017, 134586),
- Österreich (nein: HmbOVG BeckRS 2017, 109300, nrkr, Revision beim BVerwG unter BeckRS 2017, 138203),
- Polen (nein: VG Aachen BeckRS 2017, 137464),
- Rumänien (ja: VG Schwerin BeckRS 2015, 46165; nein: VG München BeckRS 2020, 35798),
- Schweden (nein: VG Düsseldorf BeckRS 2019, 21123),
- Slowakische Republik (nein: VG Trier BeckRS 2019, 26013),
- Slowenien (nein: VG Augsburg BeckRS 2018, 28071),
- Ungarn (ja: BayVGH BeckRS 2018, 2366).

17 Wenn im Aufnahmestaat **keine systemischen Schwachstellen** vorliegen, kann eine **Einzelfallprüfung** dennoch dazu führen, dass eine Verletzung der Grundrechte aus Art. 3 EMRK/Art. 4 GRCh festgestellt wird. Dies kann der Fall sein, wenn eine Familie mit Kleinkindern bis zu einer angemessenen Unterbringung lange warten müsste, sich also in einer **vulnerablen Situation** befindet (Filzwieser/Sprung Dublin III-VO K19). Denkbar ist auch eine nicht ausreichende Gesundheitsversorgung im Aufnahmestaat.

18 Selbst bei **Erhalt eines (subsidiären) Schutzstatus** in einem (mängelbehafteten) Mitgliedstaat ist für ein Aufstockungsbegehren im Rahmen eines unbeschränkten Antrags auf internationalen Schutz ein Rechtsschutzbedürfnis gegeben (zu Griechenland BVerfG NVwZ 2017, 1196; zu Rumänien VG Düsseldorf BeckRS 2017, 129773; GEB AsylR Rn. 391 mwN; allg. zum Thema Personen mit Schutzstatus in einem anderen EU-Land Funke-Kaiser ASYLMAGAZIN 2015, 148).

19 Dem Antragsteller steht ein **subjektives Recht** auf rechtskonforme Anwendung des Art. 3 Abs. 2 S. 2 dahingehend zu, dass keine Überstellung in den Mitgliedstaat, in dem systemische Schwachstellen des Asylverfahrens bzw. der Aufnahmebedingungen für Antragsteller herrschen, vorgenommen werden darf (Filzwieser/Sprung Dublin III-VO K14, K18). Fraglich ist, ob ein Anspruch auf Ausübung des Selbsteintrittsrechts nach Art. 17 Abs. 1 besteht (bejahend die Praxis der anderen Mitgliedstaaten, bspw. zur Vorgängerregelung Schweiz. BVGer BVGE 2010/45 E.5; verneinend EuGH NVwZ 2014, 129 mAnm Thym – Puid; diff. GEB AsylR Rn. 413 ff.).

20 Art. 3 Abs. 2 S. 2 setzt nicht voraus, dass der Mitgliedstaat, dessen Asylverfahren bzw. Aufnahmebedingungen systemische Schwachstellen aufweisen, einem Aufnahme- oder Wiederaufnahmeer-

suchen zugestimmt hat. Auch setzt die Vorschrift nicht voraus, dass die Zuständigkeit auf diesen Staat aufgrund Verfristung übergegangen ist (Filzwieser/Sprung Dublin III-VO K15). Bei der Auslegung der Vorschrift ist das Urteil des EuGH v. 21.12.2011 zu Art. 4 GRCh zu berücksichtigen (BeckRS 2011, 81943 – N.S. / UK und M.E. / IRL). Die Situation des Antragstellers darf nicht durch eine unangemessen lange Verfahrensdauer verschlechtert werden (EuGH BeckRS 2011, 81943 Rn. 98). In diesen Fällen muss der Aufenthaltsstaat sein Selbsteintrittsrecht prüfen (Filzwieser/Sprung Dublin III-VO K13 f.). Unter welchen Voraussetzungen im Fall einer überlangen Verfahrensdauer eine Pflicht zum Selbsteintritt des ersuchenden Mitgliedstaats nach Art. 3 Abs. 2 Dublin II-VO besteht (vgl. dazu EuGH BeckRS 2011, 81939 Rn. 108; 2013, 82158 Rn. 35), hat das BVerwG bisher offengelassen. Es hat festgestellt, dass eine Verfahrensdauer von etwas mehr als elf Monaten von der Asylantragstellung bis zur Erteilung der Zustimmung zur Wiederaufnahme jedenfalls keine Überlänge aufweise (BVerwG BeckRS 2015, 55632).

III. Zuständigkeitsbegründung bei systemischen Mängeln

Liegen die Voraussetzungen des Art. 3 Abs. 2 S. 2 für den Mitgliedstaat vor, der gemäß Kapitel III **21** zuständig wäre, oder handelt es sich bei diesem Staat um den ersten Mitgliedstaat, in dem der Antrag auf internationalen Schutz gestellt wurde, endet dessen Zuständigkeit. Die Zuständigkeit geht dann auf den Mitgliedstaat über, der die Zuständigkeit prüft. Dieser Mitgliedstaat ist regelmäßig der aktuelle Aufenthaltsstaat des Antragstellers (Art. 3 Abs. 2 S. 3).

C. Verweisung in sicheren Drittstaat

Jeder Mitgliedstaat behält das Recht, einen Antragsteller in einen sicheren Drittstaat zurück- **22** oder auszuweisen. Dieses Recht gilt unabhängig von der Zuständigkeit des Mitgliedstaats nach der Verordnung. Maßgeblich sind die Bestimmungen und Schutzgarantien der Asylverfahrens-RL (RL 2013/32/EU v. 26.6.2013, ABl. 2013 L 180, 60). Auszulegen ist die Vorschrift im Sinne menschenrechtlicher Vorgaben. Hierzu gehört das Verbot der Ausweisung und Zurückweisung (Non-Refoulement) Gebot in Art. 33 GFK. Eine Zurück- oder Ausweisung darf auch nicht erfolgen, wenn die Verletzung von Art. 2 EMRK (Recht auf Leben) sowie Art. 3 EMRK (Verbot der Folter bzw. unmenschlicher oder erniedrigender Strafe oder Behandlung) droht.

Drittstaat ist jeder Staat, der nicht Mitgliedstaat der Verordnung ist. Art. 3 Abs. 3 wird vom **23** EuGH dahingehend ausgelegt, dass ein Mitgliedstaat einen Antragsteller auch dann in einen sicheren Drittstaat zurück- oder ausweisen darf, wenn er im Rahmen eines Wiederaufnahmeverfahrens anerkannt hat, dass er zuständig ist (EuGH BeckRS 2016, 80581 Rn. 49).

Die Anwendung von Art. 3 Abs. 3 steht im Ermessen des jeweiligen Mitgliedstaats. Ein unzulässiger **24** Ermessensmissbrauch würde vorliegen, wenn ein Mitgliedstaat das Dublin-System untergräbt, indem er bilaterale Vereinbarungen mit einem angrenzenden Nichtmitgliedstaat trifft und dorthin sämtliche Drittstaatsangehörige, die sich auf seinem Territorium aufhalten, ausweist (Filzwieser/Sprung Dublin III-VO K23). Ist die geplante Überstellung in den sicheren Drittstaat nicht möglich, steht es dem Mitgliedstaat weiterhin frei, ein Ersuchen an den gemäß der Zuständigkeitskriterien der Verordnung zuständigen Mitgliedstaat zu stellen. Die Drei-Monats-Frist des Art. 21 Abs. 1 ist zu beachten.

Zwischen den Mitgliedstaaten der Verordnung herrscht Einigkeit, dass kein gemäß der Verord- **25** nung zuständiger Staat die Übernahme eines Antragstellers mit der Begründung ablehnen darf, der ersuchende Staat hätte von der Drittstaatsregelung Gebrauch machen können (Filzwieser/Sprung Dublin III-VO K26).

Art. 4 Recht auf Information

(1) Sobald ein Antrag auf internationalen Schutz im Sinne des Artikels 20 Absatz 2 in einem Mitgliedstaat gestellt wird, unterrichten seine zuständigen Behörden den Antragsteller über die Anwendung dieser Verordnung und insbesondere über folgende Aspekte:
a) die Ziele dieser Verordnung und die Folgen einer weiteren Antragstellung in einem anderen Mitgliedstaat sowie die Folgen eines Umzugs in einen anderen Mitgliedstaat während die Schritte, in welchen der nach dieser Verordnung zuständige Mitgliedstaat bestimmt wird und der Antrag auf internationalen Schutz geprüft wird;
b) die Kriterien für die Bestimmung des zuständigen Mitgliedstaats, die Rangfolge derartiger Kriterien in den einzelnen Schritten des Verfahrens und ihre Dauer ein-

schließlich der Tatsache, dass ein in einem Mitgliedstaat gestellter Antrag auf internationalen Schutz dazu führen kann, dass dieser Mitgliedstaat nach dieser Verordnung zuständig wird, selbst wenn diese Zuständigkeit nicht auf derartigen Kriterien beruht;

c) das persönliche Gespräch gemäß Artikel 5 und die Möglichkeit, Angaben über die Anwesenheit von Familienangehörigen, Verwandten oder Personen jeder anderen verwandtschaftlichen Beziehung in den Mitgliedstaaten zu machen, einschließlich der Mittel, mit denen der Antragsteller diese Angaben machen kann;

d) die Möglichkeit zur Einlegung eines Rechtsbehelfs gegen eine Überstellungsentscheidung und gegebenenfalls zur Beantragung einer Aussetzung der Überstellung;

e) den Umstand, dass die zuständigen Behörden der Mitgliedstaaten ihn betreffende Daten allein zur Erfüllung ihrer Verpflichtungen aus dieser Verordnung austauschen dürfen;

f) das Auskunftsrecht bezüglich ihn betreffender Daten und das Recht zu beantragen, dass solche Daten berichtigt werden, sofern sie unrichtig sind, oder gelöscht werden, sofern sie unrechtmäßig verarbeitet wurden, sowie die Verfahren zur Ausübung dieser Rechte einschließlich der Kontaktangaben der Behörden im Sinne des Artikels 35 und der nationalen Datenschutzbehörden, die für die Entgegennahme von Beschwerden über den Schutz personenbezogener Daten zuständig sind.

(2) ^{1}Die Informationen nach Absatz 1 werden schriftlich in einer Sprache mitgeteilt, die der Antragsteller versteht oder von der vernünftigerweise angenommen werden darf, dass der Antragsteller sie versteht. ^{2}Die Mitgliedstaaten verwenden hierzu das zu diesem Zweck gemäß Absatz 3 erstellte gemeinsame Merkblatt.

Wenn dies für das richtige Verständnis des Antragstellers notwendig ist, werden die Informationen auch mündlich, beispielsweise bei dem Gespräch nach Artikel 5, erteilt.

(3) ^{1}Die Kommission erstellt im Wege von Durchführungsrechtsakten ein gemeinsames Merkblatt sowie ein spezielles Merkblatt für unbegleitete Minderjährige, das mindestens die Angaben in Absatz 1 dieses Artikels enthält. ^{2}Dieses gemeinsame Merkblatt enthält außerdem Informationen über die Anwendung der Verordnung (EU) Nr. 603/2013 und insbesondere über den Zweck, zu dem die Daten eines Antragstellers in Eurodac verarbeitet werden dürfen. ^{3}Das gemeinsame Merkblatt wird so gestaltet, dass es die Mitgliedstaaten mit zusätzlichen mitgliedstaatsspezifischen Informationen ergänzen können. ^{4}Diese Durchführungsrechtsakte werden gemäß dem in Artikel 44 Absatz 2 dieser Verordnung genannten Prüfverfahren erlassen.

Überblick

Art. 4 regelt das Recht des Drittstaatsangehörigen oder Staatenlosen, der in einem Mitgliedstaat einen Antrag auf internationalen Schutz gestellt hat, auf Information.

A. Umfang der Informationspflicht des Mitgliedstaats

1   Sobald ein Drittstaatsangehöriger oder ein Staatenloser einen Antrag auf internationalen Schutz iSv Art. 20 Abs. 2 in einem Mitgliedstaat gestellt hat, informiert ihn die zuständige Behörde darüber, dass die Verordnung auf die Prüfung seines Antrags angewendet wird. Hinzu kommen sechs Einzelaspekte, die in Art. 4 Abs. 1 lit. a–f dargelegt sind. So wird in der Verordnung das Recht des Antragstellers auf Durchführung eines fairen Verfahrens konkretisiert (Filzwieser/ Sprung Dublin III-VO K1).

2   Im Einzelnen beinhaltet die Informationspflicht folgende Aspekte:
- Dies sind zunächst die Ziele der Verordnung, also die Bestimmung des Mitgliedstaates, der für die Prüfung des Antrags zuständig ist (Art. 1). Hinzu kommen die Folgen einer weiteren Antragstellung in einem anderen Mitgliedstaat sowie die Folgen eines Umzugs in einen anderen Mitgliedstaat. Die Belehrung betrifft den Zeitraum, in dem der nach der Verordnung zuständige Mitgliedstaat bestimmt und der Antrag auf internationalen Schutz geprüft wird.
- Die Information umfasst die Kriterien für die Bestimmung des zuständigen Mitgliedstaates sowie deren Rangfolge und Zeitdauer. Informiert wird auch über das Selbsteintrittsrecht eines Mitgliedstaates gem. Art. 17 Abs. 1.
- In der Information wird auf das persönliche Gespräch iSv Art. 5 hingewiesen. Aufmerksam gemacht wird auch ausdrücklich darauf, dass Angaben über die Anwesenheit von Familienange-

hörigen, Verwandten oder Personen jeder anderen verwandtschaftlichen Beziehung in den Mitgliedstaaten gemacht werden können.

- Schon in dieser ersten Information wird über die Möglichkeit zur Einlegung eines Rechtsbehelfs gegen eine Überstellungsentscheidung und die Möglichkeit zur Beantragung einer Aussetzung der Überstellung hingewiesen. Diese Information erfolgt also nicht erst dann, wenn die Überstellungsentscheidung erlassen wird.
- Der Antragsteller wird darüber informiert, dass die zuständigen Behörden der Mitgliedstaaten ihn betreffende Daten allein zur Erfüllung der Verpflichtungen aus der Verordnung austauschen dürfen.
- Der Antragsteller wird außerdem darüber informiert, dass er ein Auskunfts-, Berichtigungs- und Löschungsrecht bezüglich dieser Daten hat.

B. Form der Informationserteilung

Gemäß Art. 4 Abs. 2 werden die Informationen schriftlich erteilt. Dies ermöglicht dem Antragsteller, sie in Ruhe und auch zu einem späteren Zeitpunkt nachzulesen. Die Informationen werden in einer Sprache erteilt, die der Antragsteller versteht oder von der vernünftigerweise angenommen werden darf, dass er sie versteht. Hinsichtlich der Einzelheiten verweist Art. 4 Abs. 2 auf Abs. 3. Art. 4 Abs. 2 sieht außerdem vor, dass die Informationen mündlich erteilt werden können, wenn es für das richtige Verständnis des Antragstellers notwendig ist. Dies ist insbesondere bedeutsam, wenn es sich bei dem Antragsteller um einen Analphabeten oder um einen Menschen mit Sehbeeinträchtigung handelt. Die Informationen können beispielsweise bei dem persönlichen Gespräch nach Art. 5 erteilt werden.

C. Merkblätter

Art. 4 Abs. 3 sieht vor, dass die Kommission Merkblätter erstellt. Ein gemeinsames Merkblatt **4** enthält neben den Informationen aus Art. 4 Abs. 1 Informationen über die Anwendung der Eurodac-VO (VO (EU) 603/2013 v. 26.6.2013, ABl. 2013 L 180, 1). Die Mitgliedstaaten können das gemeinsame Merkblatt um zusätzliche mitgliedsstaatsspezifische Informationen ergänzen. Vorgesehen ist außerdem ein spezielles Merkblatt für unbegleitete Minderjährige, das mindestens die Angaben aus Art. 4 Abs. 1 enthält. Die Einzelheiten sind in Anhang X und XI der DVO (EU) 118/2014 geregelt.

Art. 5 Persönliches Gespräch

(1) ¹Um das Verfahren zur Bestimmung des zuständigen Mitgliedstaats zu erleichtern, führt der die Zuständigkeit prüfende Mitgliedstaat ein persönliches Gespräch mit dem Antragsteller. ²Dieses Gespräch soll auch das richtige Verständnis der dem Antragsteller gemäß Artikel 4 bereitgestellten Informationen ermöglichen.

(2) Auf das persönliche Gespräch darf verzichtet werden, wenn
a) der Antragsteller flüchtig ist oder
b) der Antragsteller, nachdem er die in Artikel 4 genannten Informationen erhalten hat, bereits die sachdienlichen Angaben gemacht hat, so dass der zuständige Mitgliedstaat auf andere Weise bestimmt werden kann. Der Mitgliedstaat, der auf das Gespräch verzichtet, gibt dem Antragsteller Gelegenheit, alle weiteren sachdienlichen Informationen vorzulegen, die für die ordnungsgemäße Bestimmung des zuständigen Mitgliedstaats von Bedeutung sind, bevor eine Entscheidung über die Überstellung des Antragstellers in den nach Artikel 26 Absatz 1 zuständigen Mitgliedstaat ergeht.

(3) Das persönliche Gespräch wird zeitnah geführt, in jedem Fall aber, bevor über die Überstellung des Antragstellers in den zuständigen Mitgliedstaat gemäß Artikel 26 Absatz 1 entschieden wird.

(4) ¹Das persönliche Gespräch wird in einer Sprache geführt, die der Antragsteller versteht oder von der vernünftigerweise angenommen werden darf, dass er sie versteht und in der er sich verständigen kann. ²Die Mitgliedstaaten ziehen erforderlichenfalls einen Dolmetscher hinzu, der eine angemessene Verständigung zwischen dem Antragsteller und der das persönliche Gespräch führenden Person gewährleisten kann.

(5) [1]Das persönliche Gespräch erfolgt unter Bedingungen, die eine angemessene Vertraulichkeit gewährleisten. [2]Es wird von einer dafür qualifizierten Person gemäß dem innerstaatlichen Recht durchgeführt.

(6) [1]Der Mitgliedstaat, der das persönliche Gespräch führt, erstellt eine schriftliche Zusammenfassung, die zumindest die wesentlichen Angaben des Antragstellers aus dem Gespräch enthält. [2]Diese Zusammenfassung kann in Form eines Berichts oder eines Standardformulars erstellt werden. [3]Der Mitgliedstaat gewährleistet, dass der Antragsteller und/oder der ihn vertretende Rechtsbeistand oder sonstiger Berater zeitnah Zugang zu der Zusammenfassung erhält.

Überblick

Art. 5 sieht ein persönliches Gespräch der zuständigen Behördenvertreter mit dem Drittstaatsangehörigen oder dem Staatenlosen, der einen Antrag auf internationalen Schutz gestellt hat, vor und regelt den Zweck sowie den Ablauf des entsprechenden Verfahrens.

A. Zweck

1   Das persönliche Gespräch soll das Verfahren zur Bestimmung des zuständigen Mitgliedstaats erleichtern. Zugleich soll es dem Antragsteller ermöglichen, die Informationen aus dem in Art. 4 geregelten Merkblatt richtig zu verstehen (Art. 5 Abs. 1).

B. Ausnahmen

2   Art. 5 Abs. 2 sieht zwei Ausnahmen von dieser Regel vor:
* Der Antragsteller ist flüchtig (Abs. 2 lit. a). Maßgeblich ist der Zeitpunkt, in dem das Gespräch durchgeführt werden soll. Sollte der Antragsteller zu einem späteren Zeitpunkt bei den Behörden des zuständigen Mitgliedstaates vorsprechen, sind diese nicht verpflichtet, das persönliche Gespräch nachzuholen. Ergeht eine Überstellungsentscheidung, wird er in der dazu gehörenden Rechtsbehelfsbelehrung auf Möglichkeiten des Rechtsschutzes hingewiesen (Art. 26). Schriftlich kann er im Laufe des Verfahrens jederzeit eine Stellungnahme gegenüber den Behörden des Mitgliedstaates abgeben (Filzwieser/Sprung Dublin III-VO Art. 4 K3).
* Auf das persönliche Gespräch darf auch verzichtet werden, wenn der Antragsteller bereits die sachlichen Angaben gemacht hat, anhand derer der zuständige Mitgliedstaat bestimmt werden kann. Wichtig ist aber, dass der Antragsteller zuvor die in Art. 4 genannten Informationen erhalten hat (Abs. 2 lit. b). Ein solcher Fall kann vorliegen, wenn der Antragsteller die erforderlichen Angaben schriftlich bei der Behörde des Mitgliedstaates eingereicht hat. Schriftliche Stellungnahmen des Antragstellers können bis zu dem Zeitpunkt erfolgen, in dem die Überstellungsentscheidung nach Art. 26 Abs. 1 ergeht.

2a   Die Rechtsfolgen eines unterbliebenen persönlichen Gesprächs werden in der Dublin III-VO nicht geregelt. Der EuGH geht grundsätzlich davon aus, dass eine Verletzung von Verteidigungsrechten nur dann zur Aufhebung einer erlassenen Entscheidung führen kann, wenn das Verfahren ohne diese Verletzung zu einem anderen Ergebnis hätte führen können. In seinem Urteil vom 16.7.2020 – C-517/17 (EuGH NVwZ 2020, 1817 Rn. 70 ff.) hat der EuGH jedoch festgestellt, dass diese Rechtsprechung auf einen Verstoß gegen Verteidigungsrechte der Art. 14, 15 und 34 Asylverfahrens-RL nicht anwendbar ist. Diese Entscheidung lässt sich wiederum auf einen Verstoß gegen Art. 5 Abs. 1 übertragen, da diese Regelung ähnlich zu den Art. 14, 15 und 34 Asylverfahrens-RL einerseits die Pflicht der Mitgliedstaaten zur Führung eines persönlichen Gesprächs sowie Vorschriften zur Durchführung eines solchen Gesprächs enthalten und andererseits die Einhaltung des Art. 4 GRCh gewährleisten. Das unterbliebene Gespräch stellt also einen entscheidungserheblichen Verfahrensmangel dar (VG Bremen BeckRS 2021, 8598 Rn. 23, 24).

C. Ablauf

3   Art. 5 Abs. 3 sieht ein zeitnahes persönliches Gespräch vor. In jedem Fall muss es erfolgen, bevor die Überstellungsentscheidung gemäß Art. 26 Abs. 1 erlassen wird. Damit alle Umstände abgewogen berücksichtigt werden können, sollte das persönliche Gespräch mit dem Antragsteller vor der Einleitung eines Konsultationsverfahrens erfolgen (Filzwieser/Sprung Dublin III-VO Art. 4 K6). Die Vorgabe der Zeitnähe ist keine starre Ausschlussfrist, deren Verletzung zur Aufhebung des Dublin-Bescheids führen kann (VGH BW BeckRS 2017, 110115).

D. Verständigung

Um die Verständigung mit dem Antragsteller zu gewährleisten, wird gem. Art. 5 Abs. **4**
4 das persönliche Gespräch in einer Sprache geführt, die der Antragsteller versteht oder von der vernünftigerweise angenommen werden darf, dass er sie versteht. Auch muss er selbst sich in der Sprache
verständigen können. Vorgesehen ist, dass erforderlichenfalls ein Dolmetscher hinzugezogen wird.
Welche Anforderungen an die Qualifikation des Dolmetschers gestellt werden, ist in der Verordnung nicht geregelt. Für die Klärung sind die Mitgliedstaaten verantwortlich.

E. Vertraulichkeit

Art. 5 Abs. 5 sieht vor, dass Vertraulichkeit bei dem persönlichen Gespräch gewährleistet ist. **5**
Zuständig hierfür ist eine Person, die gemäß dem innerstaatlichen Recht qualifiziert ist. Sie muss
also in der Lage sein, dieses Gespräch professionell und respektvoll zu führen (Filzwieser/
Sprung Dublin III-VO Art. 4 K8).

F. Schriftliche Zusammenfassung

Art. 5 Abs. 6 sieht eine schriftliche Zusammenfassung des Gesprächs vor, die zumindest die **6**
wesentlichen Angaben des Antragstellers enthält. Es muss also keine wörtliche Wiedergabe erfolgen. Die schriftliche Zusammenfassung kann individuell oder per Standardformular erfolgen. Der
Mitgliedstaat gewährleistet, dass der Antragsteller und / oder sein Berater zeitnah Einsicht in die
Zusammenfassung erhält.

Art. 6 Garantien für Minderjährige

**(1) Das Wohl des Kindes ist in allen Verfahren, die in dieser Verordnung vorgesehen
sind, eine vorrangige Erwägung der Mitgliedstaaten.**

**(2) ¹Die Mitgliedstaaten sorgen dafür, dass ein unbegleiteter Minderjähriger in allen
Verfahren, die in dieser Verordnung vorgesehen sind, von einem Vertreter vertreten
und/oder unterstützt wird. ²Der Vertreter verfügt über die entsprechenden Qualifikationen und Fachkenntnisse, um zu gewährleisten, dass dem Wohl des Minderjährigen
während der nach dieser Verordnung durchgeführten Verfahren Rechnung getragen
wird. ³Ein solcher Vertreter hat Zugang zu dem Inhalt der einschlägigen Dokumente
in der Akte des Antragstellers einschließlich des speziellen Merkblatts für unbegleitete
Minderjährige.**
**Dieser Absatz lässt die entsprechenden Bestimmungen in Artikel 25 der Richtlinie
2013/32/EU unberührt.**

**(3) Bei der Würdigung des Wohl des Kindes arbeiten die Mitgliedstaaten eng zusam-
men und tragen dabei insbesondere folgenden Faktoren gebührend Rechnung:**
a) Möglichkeiten der Familienzusammenführung;
**b) dem Wohlergehen und der sozialen Entwicklung des Minderjährigen unter besonde-
rer Berücksichtigung seines Hintergrundes;**
**c) Sicherheitserwägungen, insbesondere wenn es sich bei dem Minderjährigen um ein
Opfer des Menschenhandels handeln könnte;**
d) den Ansichten des Minderjährigen entsprechend seinem Alter und seiner Reife.

**(4) Zum Zweck der Durchführung des Artikels 8 unternimmt der Mitgliedstaat, in
dem der unbegleitete Minderjährige einen Antrag auf internationalen Schutz gestellt
hat, so bald wie möglich geeignete Schritte, um die Familienangehörigen, Geschwister
oder Verwandte des unbegleiteten Minderjährigen im Hoheitsgebiet der Mitgliedstaaten
zu ermitteln, wobei er das Wohl des Kindes schützt.**
**Zu diesem Zweck kann der Mitgliedstaat internationale oder andere einschlägige
Organisationen um Hilfe ersuchen und den Zugang des Minderjährigen zu den Such-
diensten dieser Organisationen erleichtern.**
**Das Personal der zuständigen Behörden im Sinne von Artikel 35, die unbegleitete
Minderjährige betreffende Anträge bearbeiten, haben eine geeignete Schulung über die
besonderen Bedürfnisse Minderjähriger erhalten und werden weiterhin geschult.**

**(5) ¹Zur Erleichterung geeigneter Maßnahmen zur Ermittlung der im Hoheitsgebiet
eines anderen Mitgliedstaats lebenden Familienangehörigen, der Geschwister oder der**

Verwandten eines unbegleiteten Minderjährigen gemäß Absatz 4 dieses Artikels erlässt die Kommission Durchführungsrechtsakte, einschließlich der Festlegung eines Standardformblatts für den Austausch einschlägiger Informationen zwischen den Mitgliedstaaten. [2]**Diese Durchführungsrechtsakte werden gemäß dem in Artikel 44 Absatz 2 genannten Prüfverfahren erlassen.**

Überblick

Art. 6 beinhaltet Verfahrensgarantien für Minderjährige. Dreh- und Angelpunkt ist das Wohl des Kindes. Bereits Erwägungsgrund 13 stellt fest, dass das Kindeswohl bei der Anwendung der Verordnung eine vorrangige Erwägung der Mitgliedstaaten sein soll. Bezug genommen wird auf die UN-Kinderrechtskonvention (v. 20.11.1989, BGBl. 1992 II 121) und die GRCh (Charta der Grundrechte der Europäischen Union v. 12.12.2007, ABl. 2007 C 303, 1). Darüber hinaus sollten für unbegleitete Minderjährige aufgrund ihrer besonderen Schutzbedürftigkeit spezielle Verfahrensgarantien festgelegt werden.

A. Kindeswohl

1 Wiederholt wird der Gedanke aus Erwägungsgrund 13 in Art. 6 Abs. 1. Die vorrangige Bedeutung des Kindeswohls kann erfordern, dass an den Entscheidungen nach der Verordnung weitere Behörden des Mitgliedstaates mitarbeiten. Maßgeblich hierfür ist die nationale Rechtsordnung. Zu denken ist an Jugendämter oder Familiengerichte. Diese können zB bei der Entscheidung darüber beteiligt werden, ob die Zusammenführung des Kindes mit einem Verwandten dem Kindeswohl dient (Art. 8 Abs. 2; Filzwieser/Sprung Dublin III-VO K2). Die Zuständigkeitsbestimmungen für unbegleitete Minderjährige in Art. 6 sind individualschützend, da sie nicht nur die Beziehungen zwischen den Mitgliedstaaten regeln, sondern (auch) dem Grundrechtsschutz dienen (BVerwG BeckRS 2015, 55772 = NVwZ 2016, 157).

B. Rechtliche Vertretung

2 Art. 6 Abs. 2 regelt die rechtliche Vertretung des unbegleiteten Minderjährigen. Ergänzend sieht die Vorschrift einen Vertreter vor, der über Qualifikationen und Fachkenntnisse verfügt, die ihm ermöglichen, dem Wohl des Minderjährigen Rechnung zu tragen. Nur ein solcher Vertreter des unbegleiteten Minderjährigen hat das Recht auf Zugang zu allen Dokumenten, die im Rahmen des Zuständigkeitsverfahrens erstellt worden sind. Dies beinhaltet ausdrücklich auch das spezielle Merkblatt für unbegleitete Minderjährige (Art. 4 Abs. 3 iVm Art. 4 Abs. 1). Weitere Verfahrensgarantien für unbegleitete Minderjährige enthalten Art. 24 EU-Aufnahme-RL (RL 2013/33/EU v. 26.6.2013, ABl. 2013 L 180, 96) sowie Art. 25 Asylverfahrens-RL (RL 2013/32/EU v. 26.6.2013, ABl. 2013 L 180, 60). Sinnvollerweise handelt es sich bei dem Vertreter nach Art. 6 Abs. 2 Dublin III-VO und Art. 24 EU-Aufnahme-RL bzw. Art. 25 Asylverfahrens-RL um dieselbe Person. So kann ein abgestimmtes Verfahren sichergestellt werden. Dies ist dann bedeutsam, wenn es keine Hinweise darauf gibt, dass Familienangehörige des unbegleiteten Minderjährigen sich in einem Mitgliedstaat befinden. In diesem Fall ist der Mitgliedstaat zuständig, in dem der unbegleitete Minderjährige seinen Antrag auf internationalen Schutz gestellt hat, sofern dies dem Wohl des Minderjährigen dient (Art. 8 Abs. 4). Das Zuständigkeitsverfahren ist dann schnell durchzuführen. Fortgefahren wird mit der Prüfung des Antrags auf internationalen Schutz (Filzwieser/Sprung Dublin III-VO K3).

3 Hieraus folgt für den Regelfall, dass es in den meisten Fällen der Bestellung eines (anwaltlichen) Mitvormunds oder Ergänzungspflegers bedarf (Hailbronner/Thym EU Immigration Rn. 6; Huber NVwZ-Extra 17/2016, 1 (7) = NVwZ 2016, 1216; ebenso Barwig/Beichel-Benedetti/Brinkmann, Gerechtigkeit in der Migrationspolitik/Hocks, 2016, 239 ff.). Der BGH hat in zwei Entscheidungen die Bestellung einer Ergänzungspflegschaft zusätzlich zu einer bestehenden Amtsvormundschaft abgelehnt (BGH NJW 2013, 3095; 2014, 865; aA AG Heidelberg Beschl. v. 21.7.2015 – 31 F 67/15). Das OLG Frankfurt a. M. hat in einem derartigen Fall einen Rechtsanwalt als Mitvormund bestellt (OLG Frankfurt a. M. BeckRS 2016, 12821; aA OLG Nürnberg BeckRS 2015, 20375).

3.1 Die Definition des unbegleiteten Minderjährigen befindet sich in Art. 2 lit. i und lit. j (→ Art. 2 Rn. 23 f.), die Definition des Vertreters in Art. 2 lit. k (→ Art. 2 Rn. 25).

C. Zusammenarbeit der Mitgliedstaaten

Art. 6 Abs. 3 legt besonderen Wert auf die Wahrung der Familieneinheit (vgl. dazu auch **4** Art. 11; VG Greifswald BeckRS 2020, 799). Im Fokus steht eine enge Zusammenarbeit der Mitgliedstaaten, um so das Wohl des Kindes angemessen zu würdigen. Faktoren sind hierbei Möglichkeiten der Familienzusammenführung, das Wohlergehen und die soziale Entwicklung des Minderjährigen, Sicherheitserwägungen für den Minderjährigen sowie dessen Ansichten unter Berücksichtigung seines Alters und seiner Reife.

D. Ermittlung von Familienangehörigen

Art. 6 Abs. 4 nimmt Bezug auf Art. 8, der Kriterien der Bestimmung des für Minderjährige **5** zuständigen Mitgliedstaates enthält. Die Mitgliedstaaten werden verpflichtet, sobald wie möglich geeignete Schritte zu unternehmen, um Familienangehörige zu ermitteln. Dies muss ohne unnötigen Aufschub erfolgen (EuGH ZAR 2013, 445 – M.A., B.T. und D.A. / UK). Der EuGH betont, dass unbegleiteten Minderjährigen ein rascher Zugang zum Asylverfahren eingeräumt werden muss. Die Ermittlung der Familienangehörigen oder Verwandten des unbegleiteten Minderjährigen kann gem. Art. 34 über Informationsaustausch erfolgen. Der Mitgliedstaat kann international oder andere einschlägige Organisationen bei der Suche beteiligen. Dies sind insbesondere der UNHCR (http://www.unhcr.org/dach/de/), der Suchdienst des Roten Kreuzes (https://www.drk-suchdienst.de/de) oder Refugees United (https://refunite.org/). Welche die dafür zuständige Behörde ist und mit welchen Mitteln sie ausgestattet ist, regelt Art. 5 Abs. 4 iVm Art. 35. Hier ist auch dargelegt, dass die Mitarbeiter dieser Behörden eine geeignete Schulung über die besonderen Bedürfnisse Minderjähriger erhalten und fortlaufend geschult werden. Auch dies zeigt, dass das Wohl des Minderjährigen vorrangig beachtet werden muss. Die besonderen Bedürfnisse unbegleiteter Minderjähriger werden so in der Verordnung anerkannt.

E. Standardformular

Art. 6 Abs. 5 sieht vor, dass die Kommission ein Standardformblatt für den Austausch der **6** erforderlichen Informationen zwischen den Mitgliedstaaten (Art. 34) erstellt. Die Einzelheiten sind in Anhang VIII der DVO (EU) 118/2014 geregelt.

Kapitel III. Kriterien zur Bestimmung des zuständigen Mitgliedstaats

Art. 7 Rangfolge der Kriterien

(1) **Die Kriterien zur Bestimmung des zuständigen Mitgliedstaats finden in der in diesem Kapitel genannten Rangfolge Anwendung.**

(2) **Bei der Bestimmung des nach den Kriterien dieses Kapitels zuständigen Mitgliedstaats wird von der Situation ausgegangen, die zu dem Zeitpunkt gegeben ist, zu dem der Antragsteller seinen Antrag auf internationalen Schutz zum ersten Mal in einem Mitgliedstaat stellt.**

(3) **Im Hinblick auf die Anwendung der in den Artikeln 8, 10 und 6 genannten Kriterien berücksichtigen die Mitgliedstaaten alle vorliegenden Indizien für den Aufenthalt von Familienangehörigen, Verwandten oder Personen jeder anderen verwandtschaftlichen Beziehung des Antragstellers im Hoheitsgebiet eines Mitgliedstaats, sofern diese Indizien vorgelegt werden, bevor ein anderer Mitgliedstaat dem Gesuch um Aufnahme- oder Wiederaufnahme der betreffenden Person gemäß den Artikeln 22 und 25 stattgegeben hat, und sofern über frühere Anträge des Antragstellers auf internationalen Schutz noch keine Erstentscheidung in der Sache ergangen ist.**

Überblick

Die Kriterien zur Bestimmung des zuständigen Mitgliedsstaats lassen sich im Wesentlichen in zwei Gruppen unterteilen: die allgemeinen Kriterien in Kapitel III und die besonderen Kriterien in den Kapiteln IV–VI. Art. 7 bezieht sich allein auf die allgemeinen Kriterien in Kapitel III, soweit nicht ausdrücklich etwas anderes geregelt ist (→ Rn. 3). Dementsprechend bezieht sich Art. 7 Abs. 1 auf den Fall konkurrierender Zuständigkeiten, die sich aus der Anwendung der allgemeinen Kriterien ergeben und die grundsätzlich bei Erstanträgen oder bei Folgeanträgen in den Fällen des Art. 19 Abs. 2 und Abs. 3 zur Anwendung kommen. Die Zuständigkeitskriterien verleihen dem Antragsteller eine subjektive Rechtsposition (→ Rn. 7). Zweck der in Abs. 1 festgelegten Rangfolge ist es, ein sog. Asylforumshopping zu verhindern und die Sekundärmigration einzudämmen (→ Rn. 13). Die normative Hierarchie des Abs. 1 wird durch den Vorrang der grundrechtlich determinierten Zuständigkeitskriterien (wie etwa Art. 8–11) und im Falle der Unmöglichkeit der Überstellung durch Art. 3 Abs. 2 UAbs. 3 durchbrochen (→ Rn. 14). Für die besonderen Zuständigkeitskriterien gibt es keine vergleichbare normative Hierarchie. Allerdings kann sich hier der Vorrang eines Zuständigkeitskriteriums aus dem sachlichen Zusammenhang ergeben. So gehen die fristgebundenen Zuständigkeitskriterien den übrigen Zuständigkeitskriterien in der Regel vor (→ Rn. 17). Aus dem Zusammenspiel dieser Regelungsmechanismen empfiehlt sich ein bestimmtes Prüfungsmuster für die Zuständigkeitsprüfung (→ Rn. 23). Der in Abs. 2 festgelegte maßgebliche Zeitpunkt für die Beurteilung der Sachlage gilt ausnahmslos, es sei denn, es liegt ein Fall des Abs. 3 vor. Für die besonderen Zuständigkeitskriterien gilt Abs. 2 nicht (→ Rn. 24).

Übersicht

A. Allgemeines

I. Systematik der Zuständigkeitskriterien

1   Nach Art. 3 Abs. 1 S. 1 wird der Antrag von einem einzigen Mitgliedstaat geprüft, der nach den Kriterien des Kapitels III als zuständiger Mitgliedstaat bestimmt wird. Diese Regelung bringt jedoch lediglich einen Grundsatz zum Ausdruck, denn wie in Art. 3 Abs. 2 UAbs. 1 angedeutet, gibt es weitere Kriterien, die in der gesamten Verordnung enthalten sind und ebenfalls die Zuständigkeit eines Mitgliedstaats begründen können.

2   Der Begriff der Zuständigkeitskriterien wird hier in Anlehnung an die gesetzliche Terminologie der Kriterien zur Bestimmung des zuständigen Mitgliedstaats für vollständige Zuständigkeitstatbestände verwendet. Die Zuständigkeitskriterien lassen sich in allgemeine und besondere unterteilen. Wenngleich die in Rechtsprechung und Literatur am weitesten verbreitete Unterscheidung wenig aussagekräftig ist, wird das teilweise alternativ verwendete Begriffspaar primär und sekundär hier nicht verwendet, um den Eindruck zu vermeiden, dass die sekundären Kriterien lediglich zweitrangig zur Anwendung kämen. Dies ist jedoch nicht zwingend der Fall (→ Rn. 17). Die allgemeinen Kriterien sind in Kapitel III aufgeführt und knüpfen ausnahmslos an in der Person des Antragstellers liegende Umstände an. Die besonderen Kriterien in den übrigen Kapiteln knüpfen teilweise ebenfalls an in der Person des Antragstellers liegende Gründe (so etwa Art. 16, Art. 17 Abs. 2), ermöglichen aber Abweichungen hiervon. Überwiegend knüpfen die besonderen Kriterien an Verfahrensabläufe wie etwa den Ablauf von Fristen zur Überstellung in einen originär zuständigen Mitgliedstaat an. Die an die (Wieder-) Aufnahme- und Überstellungsfristen gekoppelten Tatbestände ebenfalls als Zuständigkeitskriterien einzuordnen, entspricht zum einen der Rechtsfolge, dass der betreffende Mitgliedsstaat zuständig wird, und trägt zum anderem der Rechtsprechung des EuGH Rechnung, wonach auch diese Tatbestände eine subjektive Rechtsposition begründen.

Im Einzelnen ergibt sich die folgende Aufstellung der 17 allgemeinen Zuständigkeitskriterien geordnet **2.1** nach acht Fallgruppen:
- Unbegleitete Minderjährige: Art. 8 Abs. 1 S. 1 und S. 2, Abs. 2–5;
- Familienangehörige eines Begünstigten internationalen Schutzes: Art. 9;
- Familienangehörige eines bereits im Prüfungsverfahren befindlichen Antragstellers: Art. 10;
- Mehrere Familienangehörige oder / und unverheiratete minderjährige Geschwister: Art. 11;
- Inhaber eines Aufenthaltstitels oder Visums: Art. 12 Abs. 1–4;
- Illegal Eingereiste oder Antragsteller mit illegalem Aufenthalt: Art. 13 Abs. 1 und Abs. 2;
- Visafreie Einreise: Art. 14;
- Antragstellung im Flughafentransitbereich: Art. 15.

Im Einzelnen ergibt sich die folgende Aufstellung der 14 besonderen Zuständigkeitskriterien geordnet **2.2** nach zwölf Fallgruppen:
- Auf Unterstützung angewiesene Personen: Art. 16 Abs. 1 und Abs. 2;
- Zuständigkeit aus humanitären Gründen: Art. 17 Abs. 2;
- Selbsteintritt: Art. 17 Abs. 1;
- Erteilung eines Aufenthaltstitels: Art. 19 Abs. 1;
- Mitreisende oder im Mitgliedsstaat geborene Minderjährige: Art. 20 Abs. 3;
- Verspätetes Aufnahmegesuch: Art. 21 Abs. 1 UAbs. 3;
- Verspätete Antwort auf Aufnahmegesuch: Art. 22 Abs. 7;
- Verspätetes Wiederaufnahmegesuch: Art. 23 Abs. 3, Art. 24 Abs. 3;
- Verspätete Antwort auf Wiederaufnahmegesuch: Art. 25 Abs. 2;
- Ablauf der Überstellungsfrist nach Aufnahme bzw. Wiederaufnahme: Art. 29 Abs. 2;
- Zuständiger Mitgliedsstaat nach den übrigen Kriterien nicht bestimmbar (Auffangtatbestand, Mitgliedsstaat der ersten Antragstellung): Art. 3 Abs. 2 UAbs. 1;
- Überstellung unmöglich (Auffangtatbestand, den Antrag prüfender Mitgliedsstaat): Art. 3 Abs. 2 UAbs. 3.

II. Anwendungsbereich des Art. 7

Die Vorschrift regelt **Grundsätze** der Anwendung der in Art. 8–15 geregelten **allgemeinen** **3** **Zuständigkeitskriterien.** Die besonderen Zuständigkeitskriterien außerhalb des Kapitels III sind von der Vorschrift nicht umfasst, es sei denn es ist ausdrücklich geregelt (BeckOK AuslR/Günther AsylG § 29 Rn. 11–13; GK-AsylG/Funke-Kaiser AsylG § 29 Rn. 72 f.; Filzwieser/Sprung Dublin III-VO K2). Dies ergibt sich zum einen aus dem Wortlaut der Vorschrift in Abs. 1 und Abs. 2 und zum anderen aus der Regelungssystematik der besonderen Zuständigkeitskriterien, die gerade entweder ausdrücklich an einen anderen maßgeblichen Zeitpunkt anknüpfen (so etwa bei Zuständigkeitsübergang nach Ablauf der Überstellungsfrist) oder auf den Zeitpunkt der Entscheidung des Mitgliedsstaats abstellen (so etwa das sog. Selbsteintrittsrecht nach Art. 17 Abs. 1 UAbs. 2 S. 1).

Art. 7 trifft in Abs. 1 und Abs. 2 Regelungen, die grundsätzlich **Konkurrenzsituationen** **4** zwischen verschiedenen (allgemeinen) Zuständigkeitskriterien lösen, die aufgrund in mehreren Mitgliedsstaaten gestellten, aber noch nicht beschiedenen Asylanträgen entstehen (vgl. zu der Vorgängerregelung in Art. 5 Abs. 2 Dublin II-VO BVerwG NVwZ 2016, 157 Rn. 17).

Die allgemeinen Zuständigkeitskriterien kommen bei einem **Erstantrag** wie in Art. 20 Abs. 2 **5** S. 1 definiert (→ Art. 20 Rn. 1) zur Anwendung. Bei einem **Folgeantrag** iSd Art. 2 lit. q Asylverfahrens-RL (RL 2013/32/EU v. 26.6.2013, ABl. 2013 L 180, 60) kommen die allgemeinen Zuständigkeitskriterien grundsätzlich nur dann zur Anwendung, wenn ein Fall des Art. 19 Abs. 2 oder Abs. 3 vorliegt, also die Pflichten des ursprünglichen Mitgliedsstaats entfallen sind (→ Art. 19 Rn. 4). Lediglich Art. 7 Abs. 3 bezieht sich auch auf Art. 16 und damit auf ein besonderes Zuständigkeitskriterium. Im Übrigen richtet sich die Zuständigkeit nach den Wiederaufnahmetatbeständen in Art. 20 Abs. 5, Art. 18 Abs. 1 lit. c Var. 1, Art. 18 Abs. 1 lit. d Var. 1 (so nunmehr auch EuGH BeckRS 2019, 4643 Rn. 58 f.; aA noch Generalanwalt beim EuGH BeckRS 2018, 30301 Rn. 66 ff.; krit. auch Vogt/Nestler NVwZ 2019, 859). In den Fällen einer erneuten Antragstellung nach einer bestandskräftigen Entscheidung gelten die besonderen Zuständigkeitstatbestände unabhängig davon, ob der betreffende Mitgliedsstaat auch originär zuständig war, denn jedenfalls ist die Zuständigkeit nach Art. 17 Abs. 1 UAbs. 2 S. 1 durch die Prüfung des Antrags auf internationalen Schutz übergegangen. Soweit eine Rücknahme des Erstantrags bereits in einem Stadium erfolgte, bevor das Verfahren zur Bestimmung des zuständigen Mitgliedsstaats abgeschlossen werden konnte, ist der Mitgliedsstaat des ersten Antrags nach Art. 20 Abs. 5 UAbs. 1, Art. 23–

25 und 29 verpflichtet, den Antragsteller wiederaufzunehmen. Eine Ablehnung des Antrags auf internationalen Schutz als unzulässig, weil ein weiteres Asylverfahren nach nationalen Vorschriften nicht durchzuführen ist (§ 29 Abs. 1 Nr. 5 AsylG), kommt wegen Art. 18 Abs. 2 UAbs. 2 nicht in Betracht. Dem Zweitantrag kommt auf Ebene des Gemeinschaftsrechts keine eigene Bedeutung zu, da der Sinn und Zweck des § 71a AsylG darin besteht, den Zweitantrag dem Folgeantrag iSd Art. 71 AsylG gleich zu stellen (vgl. BT-Drs. 12/4450, 27; BVerwGE 157, 18 = BeckRS 2016, 111567 Rn. 30).

6   Lässt sich ein Mitgliedsstaat anhand der Zuständigkeitskriterien nicht bestimmen, so ist nach dem Auffangtatbestand des Art. 3 Abs. 2 UAbs. 1 der erste Mitgliedsstaat, in dem der Antrag auf internationalen Schutz gestellt wurde, für dessen Prüfung zuständig (→ Art. 3 Rn. 3).

III. Subjektive Rechte des Antragstellers und Rechtsschutz

1. Unterlassungs- und Schutzpflicht

7   Das Dublin-Verfahren dient der Koordinierung der Asylverfahren zwischen den Mitgliedsstaaten. Ziel der Verordnung ist es im Grundsatz nicht, den Antragsteller dem möglichst „richtigen" Mitgliedsstaat zuzuordnen, sondern eine effiziente Zuordnung vorzunehmen. Das Verfahren ist damit als objektiv-rechtliches Zuordnungsregime konzipiert, deren prozeduralen Vorschriften keine subjektiven Positionen begründen sollen (BVerwGE 153, 162 Rn. 17 ff. = NVwZ 2016, 154 Rn. 17 ff.; Maunz/Dürig/Gärditz GG Art. 16a Rn. 145; Nettesheim AöR 2020, 358 (390, 397 f.)). Nach der Rechtsprechung des EuGH hingegen begründet grundsätzlich **jede** die Zuständigkeit eines Mitgliedsstaats bestimmende Norm ein subjektives Recht des Antragstellers (EuGH NVwZ 2016, 1157 Rn. 61 – Ghezelbash; NVwZ 2016, 1155 Rn. 27 – Karim; NVwZ 2017, 1601 – Mengesteab; NVwZ 2018, 43 – Shiri; OVG NRW BeckRS 2017, 124767 Rn. 12 ff., 22). Begründet wird dies generell im Wesentlichen mit der durch die mit dieser Verordnung eingeführten Beteiligungs- und Verfahrensrechte der Antragsteller (EuGH NVwZ 2016, 1157 Rn. 46 – Ghezelbash; vgl. dazu Bergmann/Dienelt/Bergmann AsylG § 29 Rn. 34; krit. Hailbronner AuslR AsylG § 29 Rn. 128; krit. auch Maunz/Dürig/Gärditz GG Art. 16a Rn. 145).

8   In Bezug auf die Zuständigkeitskriterien, die der Sicherung der Rechte aus Art. 7 (Achtung des Privat- und Familienlebens) und Art. 24 GRCh (Rechte des Kindes) dienen (vgl. Erwägungsgrund 13, 14 und 16), folgt die subjektive Rechtsposition im Einzelfall aus dem grundrechtlichen Gehalt (so schon zur Zuständigkeit im Falle unbegleiteter Minderjähriger nach der Dublin II-VO BVerwG NVwZ 2016, 157; zu Dublin III-VO VG Freiburg BeckRS 2020, 5100 Rn. 24). Bei den Zuständigkeitstatbeständen nach Fristablauf streitet der im Erwägungsgrund 5 und vom EuGH als rechtlich und tatsächlich wichtig erachtete Beschleunigungsgrundsatz für die Begründung subjektiver Rechte. Zudem soll gerade in Fällen, in denen etwa eine Überstellung unmöglich ist, verhindert werden, dass der Antragsteller als sog. refugee in orbit keinen Zugang zu einer Prüfung seines Antrags auf internationalen Schutz erhält (EuGH NVwZ 2017, 1601 Rn. 54 f.).

9   Für den Einzelfall in der Praxis ergibt sich aus der weitgehenden Rechtsprechung des EuGH, dass nicht für jedes Zuständigkeitskriterium, das dem prüfenden Staat kein Ermessen einräumt, geprüft werden muss, ob es eine subjektive Rechtsposition begründet (unabhängig von einem eingeräumten Ermessen: GK-AsylG/Funke-Kaiser AsylG § 29 Rn. 56). Dies gilt allerdings nur, solange die persönlichen Voraussetzungen in der Person der Beteiligten erfüllt sind. Sind die Voraussetzungen eines Zuständigkeitskriteriums erfüllt, sind die so begründeten subjektiven Rechte nach Art. 27 Abs. 1 Dublin III-VO und Art. 47 GRCh auch einklagbar (zu den Konsequenzen für den Rechtsschutz im Einzelnen → Art. 27 Rn. 2).

2. Gewährleistung der Überstellung?

10   In der Rechtsprechung und Literatur wird vertreten, dass der Antragsteller zudem einen Anspruch auf die Überstellung innerhalb der Überstellungsfrist habe, sofern die sich durch die nichtfristgebundenen Zuständigkeitskriterien ergebende Zuständigkeit grundrechtlich geschützt ist (vgl. etwa die Art. 8–10). Der Antragsteller kann sich demnach in diesen Fällen auch nach Ablauf der Überstellungsfrist auf eine innerhalb der Überstellungsfrist begründete Zuständigkeit eines Mitgliedsstaats berufen (VG Wiesbaden BeckRS 2017, 129873 Rn. 32 ff. = FamRZ 2018, 402, für den Fall, dass sich der Antragsteller bereits im Zielstaat befindet). Hierauf aufbauend besteht in den genannten Fällen, in denen sich der Antragsteller noch nicht im Zielstaat befindet, nicht lediglich eine Unterlassung- und Schutzpflicht im Falle drohender Überstellung in einen unzuständigen Mitgliedsstaat, sondern auch eine Pflicht des betreffenden Mitgliedsstaats den

Antragsteller in den zuständigen Mitgliedsstaat zu überstellen (zum einstweiligen Rechtsschutz zur Überstellung innerhalb der Überstellungsfrist VG Gelsenkirchen BeckRS 2018, 3279 Rn. 4). Der automatische Zuständigkeitsrückfall auf den Aufenthaltsstaat gilt demnach dann nicht, wenn dies zur Vereitelung subjektiver Rechtspositionen führt (VG Münster ZAR 2019, 74 (76 f.) mAnm Ziebritzki; Nestler/Vogt ZAR 2017, 21 (23)). Statthafte Klageart in der Hauptsache ist hier eine Verpflichtungsklage nach § 42 Abs. 1 Var. 2 VwGO (hierzu und zu den Konsequenzen für den Rechtsschutz im Einzelnen → Art. 27 Rn. 3.2).

3. Ergänzende besondere Zuständigkeitskriterien nach Art. 16 und 17

In den Fällen, in denen die Voraussetzungen eines allgemeinen Zuständigkeitskriteriums nicht **11** vorliegen, gleichwohl aber ein grundrechtlicher Bezug besteht, muss im Einzelfall geprüft werden, inwieweit die besonderen Zuständigkeitskriterien nach Art. 16 Abs. 1 und Abs. 2 sowie Art. 17 Abs. 1 und Abs. 2 subjektive Rechtspositionen vermitteln und ob sich die subjektive Rechtsposition gegenüber den anderen zu berücksichtigenden Interessen durchsetzt. Hier ist im Rahmen des eingeräumten (intendierten) Ermessens eine Verhältnismäßigkeitsprüfung vorzunehmen. So ist etwa bei der Prüfung im Falle von Bezügen zur Familienzusammenführung im weiteren Sinn in Anlehnung an die Rechtsprechung des EGMR zu Art. 8 EMRK im Einzelfall zu prüfen, inwieweit die Zuständigkeit aufgrund von Art. 7 GRCh geboten ist (vgl. EGMR Urt. v. 30.6.2015 – 39350/13 Rn. 47 – A. S. / Schweiz). Zu berücksichtigen sind nach der Rechtsprechung des EGMR im Einzelfall die Intensität der familiären Verbindungen, in welchem Maß sie unterbrochen würden, Hindernisse, die Familieneinheit wiederherzustellen und auf der anderen Seite Aspekte der Immigrationskontrolle und der öffentlichen Ordnung (vgl. EGMR Urt. v. 30.6.2015 – 39350/13 Rn. 47 – A. S. / Schweiz; Lübbe ZAR 2017, 15 (19)) Durch die Harmonisierung nach Art. 53 GRCh kommt dieses Schutzniveau auch im Hinblick auf Art. 7 GRCh zur Anwendung.

4. Berücksichtigung der Ziele der Verordnung

Allerdings verlieren die Ziele der Verordnung durch Anerkennung von subjektiven Rechtsposi- **12** tionen nicht ihre Gültigkeit (EuGH NVwZ 2016, 1157 Rn. 54 – Ghezelbash). Deshalb müssen bei der Prüfung der Voraussetzungen eines Anspruchs auch die Ziele der Verordnung berücksichtigt werden. Insbesondere das Ziel einer Verhinderung eines sog. Asylforumshoppings steht einer Auswahlentscheidung der Antragsteller anhand ökonomischer Interessen oder anderer persönlicher Wünsche entgegen (zu den Zielen der Verordnung im Einzelnen → Art. 1 Rn. 2; vgl. dazu auch Günther ZAR 2017, 7 (8); zu der Problematik sachfremder Erwägungen in Bezug auf die Auswahl des zuständigen Mitgliedsstaats vgl. etwa → Art. 9 Rn. 9).

B. Die Rangfolge der Kriterien (Abs. 1)

I. Zweck der Rangfolge

Die Festlegung der Rangfolge der Zuständigkeitskriterien dient im Zusammenspiel mit anderen **13** Vorschriften einem Hauptziel des Dublin-Systems: einen zuständigen Mitgliedsstaat unabhängig von dem Willen des Antragstellers zu bestimmen und damit der Verhinderung eines sog. **Asylforumshoppings** (vgl. zur Rangfolge nach Art. 5 Abs. 1 Dublin II-VO EuGH NVwZ-RR 2013, 735 Rn. 44; OVG Bln-Bbg BeckRS 2016, 110325 Rn. 25; OVG NRW BeckRS 2016, 52566 Rn. 39; zu den Zielen der Verordnung Günther, ZAR 2017, 7 (8)). Ein Wahlrecht des Antragstellers, in welchem Mitgliedstaat sein Antrag auf internationalen Schutz geprüft wird, besteht nicht (BVerwG BeckRS 2016, 46151). Nach wie vor sind Mehrfachanträge ein in der Europäischen Union weit verbreitetes Problem. Wie eine externe Studie im Auftrag der Kommission zur Bewertung des Dublin-Systems ergeben hat, hatten im Jahr 2014 24 % der Antragsteller bereits in einem anderen Mitgliedsstaats Anträge gestellt. Die Sekundärmigration werde durch die unterschiedliche Qualität der Aufnahme- und Asylsysteme begünstigt (European Commission, Evaluation of the Dublin III Regulation, DG Migration and Home Affairs, Final report, 4.12.2015, 9). Diese lässt sich zudem „innerhalb eines Raumes ohne Binnengrenzkontrollen praktisch kaum steuern" (Maunz/Dürig/Gärditz GG Art. 16a Rn. 149).

II. Funktionsweise der Rangfolge bei Zuständigkeitskonkurrenz

1. Zwischen den allgemeinen Zuständigkeitskriterien des Kapitels III

14   Die normative Hierarchie der Zuständigkeitskriterien führt dazu, dass bei einem Zusammentreffen von mehreren originären Zuständigkeitskriterien, die jeweils die Zuständigkeit unterschiedlicher Mitgliedsstaaten bestimmen, der Mitgliedsstaat zuständig ist, der durch das in der Rangfolge erstgenannte Kriterium bestimmt wird. Die Rangfolge gilt sowohl **im Hinblick auf die Abfolge der einzelnen Artikel als auch im Hinblick auf die jeweiligen Absätze.**

15   Die Rangfolgeregelung in Abs. 2 ist stets im Zusammenhang mit Art. 3 Abs. 2 UAbs. 2 zu lesen. Danach ist ein nur nachrangig zuständiger Mitgliedsstaat als zuständig zu bestimmen, wenn eine Überstellung in den zunächst bestimmten Mitgliedsstaat wegen systemischer Schwachstellen und einer damit verbundenen Gefahr einer unmenschlichen oder entwürdigenden Behandlung iSd Art. 4 GRCh unmöglich ist. In diesem Fall ist die Prüfung der Zuständigkeit nach den allgemeinen Kriterien des Kapitels III fortzusetzen. Lässt sich kein anderer Mitgliedsstaat als zuständig bestimmen, sieht Art. 3 Abs. 2 UAbs. 3 vor, dass der Mitgliedsstaat zuständig ist, in dem der Antrag auf internationalen Schutz iSd Art. 3 Abs. 2 UAbs. 1 erstmals gestellt wurde. Nur für den Fall, dass eine Überstellung auch dorthin nicht möglich ist, wird nach Art. 3 Abs. 2 UAbs. 3 der die Zuständigkeit prüfende Mitgliedsstaat als zuständiger Mitgliedsstaat bestimmt (→ Art. 3 Rn. 2 ff.).

16   Durchbrochen wird der Grundsatz der normativen Hierarchie, wenn Rechte des Antragstellers aus Art. 7 und 24 GRCh betroffen sind. So kommt etwa Art. 11 für den Fall vorrangig zur Anwendung, dass bei der Gefahr der Trennung durch die Anwendung der Kriterien mehrere Familienangehörige und / oder unverheiratete minderjährige Geschwister in demselben Mitgliedsstaat gleichzeitig oder in so großer zeitlicher Nähe einen Antrag auf internationalen Schutz stellen, dass die Verfahren zur Bestimmung des zuständigen Mitgliedsstaats gemeinsam durchgeführt werden können (vgl. zu Art. 11 im Einzelnen → Art. 11 Rn. 2). Dadurch wird den Anforderungen des Schutzes familiärer Beziehungen nach Art. 3 EMRK und Art. 7 GRCh Rechnung getragen. Diese Vorrangstellung erstreckt sich auch auf die Zuständigkeitskriterien nach Art. 9 und 10. Dies gilt in entsprechender Weise für die Zuständigkeitskriterien in Art. 8, weil hier Rechte des Antragstellers aus Art. 24 GRCh betroffen sind (→ Art. 8 Rn. 3).

2. Zwischen den allgemeinen und besonderen Zuständigkeitskriterien

17   Das Verhältnis der allgemeinen zu den besonderen Zuständigkeitskriterien wird im Grundsatz durch Art. 3 Abs. 1 S. 2 bestimmt. Danach wird der zuständige Mitgliedsstaat nach den allgemeinen Zuständigkeitskriterien bestimmt. Dieser Grundsatz wird zwingend in den Fällen der Art. 3 Abs. 2 UAbs. 1 und UAbs. 3, Art. 17 Abs. 2 S. 1, Art. 21 Abs. 1 UAbs. 3, Art. 23 Abs. 3, Art. 24 Abs. 3 oder Art. 29 Abs. 2 durchbrochen. Dies gilt in gleicher Weise für die Fälle verspäteter Antwort des ersuchten Mitgliedsstaates auf eine Aufnahme oder Gesuch nach Art. 22 Abs. 7 und Art. 25 Abs. 2 (→ Rn. 20; Hailbronner AuslR AsylG § 29 Rn. 64).

18   Vorrangig ist die Zuständigkeit entgegen Art. 3 Abs. 1 S. 2 nach Art. 16 oder Art. 17 zu bestimmen, wenn die allgemeinen Zuständigkeitskriterien zu einer Verletzung der Rechte des Antragstellers aus Art. 8 EMRK und Art. 7 GRCh oder Art. 24 GRCh führen (Filzwieser/Sprung Dublin III-VO K2; ferner Erwägungsgrund 9, 32 und 39). Im Einzelfall können diese Grundrechte dazu führen, dass das eingeräumte Ermessen in Art. 17 Abs. 1 S. 1 auf null reduziert ist und der betroffene Mitgliedsstaat verpflichtet ist, den Antrag auf internationalen Schutz in der Sache zu prüfen (vgl. → Art. 17 Rn. 1). Dies gilt nicht in den Fällen, in denen eine Überstellung wegen Verletzung der Rechte des Antragstellers aus Art. 3 EMRK und Art. 4 GRCh nicht möglich ist. Eine Zuständigkeit des Aufenthaltsstaates wird hier nur nach Art. 29 Abs. 2 begründet (EuGH NVwZ 2017, 691 Rn. 89).

19   Zu unterscheiden hiervon sind freilich die Fälle, in denen sich aus den Rechten nach Art. 3 EMRK und Art. 4 GRCh zielstaatsbezogene Überstellungshindernisse ergeben und aufgrund ihrer Intensität und Schwere eine systemische Schwachstelle iSd Art. 3 Abs. 2 in dem Überstellungszielstaat und die Voraussetzungen des Art. 3 Abs. 2 UAbs. 3 vorliegen. In diesen Fällen wird der prüfende Mitgliedsstaat für die Prüfung des Antrags auf internationalen Schutz zuständig.

20   Die Voraussetzungen des Art. 3 Abs. 2 UAbs. 3 liegen dann vor, wenn sich weder aus anderen, nachrangigen allgemeinen Zuständigkeitskriterien des Kapitels III die Zuständigkeit eines anderen Mitgliedsstaates ergibt bzw. eine Überstellung dorthin unmöglich ist noch eine Überstellung an den Mitgliedsstaat des ersten Antrags möglich ist (vgl. auch schon zur Dublin II-VO EuGH NVwZ 2014, 129 Rn. 33). Die Begrenzung der Fortsetzung der Prüfung nach den allgemeinen

Zuständigkeitskriterien des Kapitels III schließt jedoch nicht aus, dass eine Zuständigkeit nach den besonderen Zuständigkeitskriterien begründet wird.

3. Exkurs: Zwischen den besonderen Zuständigkeitskriterien

Hinsichtlich der besonderen Zuständigkeitskriterien gibt es keine ausdrücklichen Rangfolgere- **21** gelungen. Liegen die Voraussetzungen eines besonderen, nicht fristgebundenen Zuständigkeitskriteriums vor und wird dieses durch ein fristgebundenes Zuständigkeitskriterium nach Art. 21 Abs. 1 UAbs. 3, Art. 22 Abs. 7, Art. 23 Abs. 3, Art. 24 Abs. 3, Art. 25 Abs. 2 oder Art. 29 Abs. 2 überholt, so ist grundsätzlich die Anwendung des nicht fristgebundenen ausgeschlossen, weil die Zuständigkeit mit Fristablauf übergeht und nicht mehr zur Disposition des die Zuständigkeit prüfenden Mitgliedsstaats steht (zu dem Anspruch des Antragstellers sich auf das Zuständigkeitskriterium nach Fristablauf berufen zu können vgl. EuGH NVwZ 2017, 1601 Rn. 62; vgl. dazu Bergmann/Dienelt/Bergmann AsylG § 29 Rn. 29). Dies ergibt sich daraus, dass der EuGH die Fristen in Art. 21 Abs. 1 und Art. 29 Abs. 1 im Grundsatz als Ausschlussfristen interpretiert (EuGH NVwZ 2017, 1601 Rn. 62, 74 – Mengesteab; NVwZ 2018, 43 Rn. 39 f. – Shiri). Dies muss auch für den Fall der Frist des Art. 23 Abs. 2 gelten, wie der EuGH zumindest angedeutet hat (EuGH NVwZ 2018, 43 Rn. 39 – Shiri).

Dies gilt jedoch nach teilweise vertretener Auffassung dann nicht, wenn vor Fristablauf eine grundrecht- **21.1** lich determinierte Zuständigkeit – wie etwa nach den Zuständigkeitskriterien des Art. 8–10 – begründet war. In diesem Fall besteht nach dieser Auffassung ein Anspruch des Antragstellers auf Gewährleistung der Überstellung (→ Rn. 9).

Auch zwischen den besonderen Zuständigkeitskriterien gilt, dass diejenigen vorrangig anzuwenden **21.2** sind, die dem Schutz der Grundrechte aus Art. 7 und 24 GRCh dienen (→ Rn. 21). Dies ist in den Fällen der Zuständigkeitskriterien nach Art. 16 Abs. 1, Abs. 2, Art. 17 Abs. 2 und Art. 20 Abs. 3 möglich.

Zu beachten ist, dass die Fristen des Art. 29 Abs. 1 und Abs. 2 an die Überstellung und nicht **22** lediglich an eine Überstellungsentscheidung anknüpfen, so dass das Zuständigkeitskriterium nach Art. 29 Abs. 2 eine nach Art. 21 Abs. 1 UAbs. 3, Art. 22 Abs. 7, Art. 23 Abs. 3, Art. 24 Abs. 3 oder Art. 25 Abs. 2 begründete Zuständigkeit eines anderen Mitgliedsstaats derogiert (EuGH NVwZ 2018, 43 Rn. 42 f. – Shiri; zum Anspruch des Antragstellers auf eine Überstellung innerhalb der Überstellungsfrist → Rn. 10).

Die Ausübung des Selbsteintrittsrechts und damit verbundene Begründung der Zuständigkeit eines **22.1** Mitgliedsstaats nach Art. 17 Abs. 1 UAbs. 2 ist nach Ablauf der Überstellungsfrist nach Art. 29 Abs. 1 UAbs. 1 wegen des Ausschlusscharakters der Frist nach Art. 29 Abs. 2 S. 1 nicht mehr möglich (vgl. etwa VG Braunschweig Beschl. v. 12.3.2018 – 9 B 49/18).

Hinsichtlich der Auffangtatbestände in Art. 3 Abs. 2 UAbs. 1 (Zuständigkeit des Mitgliedsstaats der **22.2** ersten Antragstellung) und UAbs. 3 (Zuständigkeit des den Antrag prüfenden Mitgliedsstaats) ergibt sich aus Art. 3 Abs. 2 UAbs. 1 der Vorrang des Mitgliedsstaats der ersten Antragstellung.

4. Prüfungsschema für die Zuständigkeit

Aus den vorstehenden Grundsätzen ergibt sich **beispielhaft** für die Praxis nachfolgende sche- **23** matische Prüfungsfolge:

Ausgangslage: Feststellung der Unzuständigkeit durch das BAMF und Abschiebungsanordnung in anderen Mitgliedsstaat. Ziel des Klägers / Antragstellers: Die Bundesrepublik Deutschland zur Durchführung der Prüfung seines Antrags auf internationalen Schutz zu verpflichten.
Fällt der Einzelfall in den Anwendungsbereich der Dublin III-VO? (vgl. zum persönlichen und sachlichen Anwendungsbereich Art. 1; zum zeitlichen Anwendungsbereich Art. 49)
Wenn der Anwendungsbereich eröffnet ist:
Sind die Überstellungsfristen nach Art. 29 Abs. 1 und Abs. 2 abgelaufen? Wenn die Überstellungsfristen abgelaufen sind, ist Deutschland zuständig (Art. 29 Abs. 2). Da der Antragsteller / Kläger im Bundesgebiet bleiben will, ist ein möglicher Anspruch auf Gewährleistung einer Überstellung in einen anderen Mitgliedsstaat hier nicht relevant.
Wenn die Überstellungsfristen noch nicht abgelaufen sind: Ist eines der weiteren fristengebundenen Zuständigkeitskriterien einschlägig?

• Verspätetes Aufnahmegesuch: Art. 21 Abs. 1 UAbs. 3;
• Verspätetes Wiederaufnahmegesuch: Art. 23 Abs. 3, Art. 24 Abs. 3;
• Verspätete Antwort auf Aufnahmegesuch: Art. 22 Abs. 7;
• Verspätete Antwort auf Wiederaufnahmegesuch: Art. 25 Abs. 2.
Wenn ein Kriterium erfüllt ist, dann prüfen, ob die Überstellung möglich ist.

Wenn keines der fristengebundenen Kriterien einschlägig ist oder die Zuständigkeit eines anderen Mitgliedsstaates begründet ist, dann Prüfung der allgemeinen und besonderen Kriterien, die der Familienzusammenführung / Wahrung der Familieneinheit respektive dem Minderjährigenschutz dienen: • Unbegleitete Minderjährige: Art. 8 Abs. 1–5; • Familienangehörige eines Begünstigten internationalen Schutzes: Art. 9; • Familienangehörige eines bereits im Prüfungsverfahren befindlichen Antragstellers: Art. 10; • Mehrere Familienangehörige oder / und unverheiratete minderjährige Geschwister: Art. 11; • Auf Unterstützung angewiesene Personen: Art. 16 Abs. 1 und Abs. 2; • Mitreisende oder im Mitgliedsstaat geborene Minderjährige: Art. 20 Abs. 3. Wenn ein Kriterium erfüllt ist, dann prüfen, ob Überstellung möglich ist.
Wenn keines dieser Kriterien einschlägig ist, dann Prüfung der folgenden besonderen Kriterien: • Selbsteintritt: Art. 17 Abs. 1; • Zuständigkeit aus humanitären Gründen: Art. 17 Abs. 2; • Erteilung eines Aufenthaltstitels: Art. 19 Abs. 1. Wenn ein Kriterium erfüllt ist, dann prüfen, ob Überstellung möglich ist.
Wenn keines der Kriterien einschlägig ist, dann Prüfung der besonderen und allgemeinen Kriterien, in dieser Reihenfolge: • Inhaber eines Aufenthaltstitels oder Visums: Art. 12 Abs. 1–4; • Illegal Eingereiste oder Antragsteller mit illegalem Aufenthalt: Art. 13 Abs. 1 und Abs. 2; • Visafreie Einreise: Art. 14; • Antragstellung im Flughafentransitbereich: Art. 15. Wenn ein Kriterium erfüllt ist, dann prüfen, ob Überstellung möglich ist.
Wenn nach dieser Prüfung kein zuständiger Mitgliedsstaat ermittelbar ist: Auffangtatbestand des Mitgliedsstaats der ersten Antragstellung nach Art. 3 Abs. 2 UAbs. 1.
Ist eine Überstellung möglich (Art. 3 Abs. 2 UAbs. 2)?
Wenn eine Überstellung nicht möglich ist, ist nach Art. 3 Abs. 2 UAbs. 2 die Prüfung der allgemeinen Kriterien nach Kapitel III fortzusetzen und auf das nachrangig erfüllte Kriterium abzustellen. Nur wenn auch nach dieser Prüfung kein anderer Mitgliedsstaat zuständig ist oder eine Überstellung dorthin unmöglich ist und auch eine Überstellung in den Mitgliedsstaat der ersten Antragstellung unmöglich ist, dann ist nach Art. 3 Abs. 2 UAbs. 3 Deutschland für die Prüfung des Antrags auf internationalen Schutz zuständig.

C. Der maßgebliche Zeitpunkt zur Beurteilung der Sachlage (Abs. 2)

I. Grundsatz

24   Der für die Beurteilung der Sachlage maßgebliche Zeitpunkt ist der, zu dem der Antragsteller seinen Antrag auf internationalen Schutz zum ersten Mal in einem Mitgliedsstaat stellt (sog. **Versteinerungsklausel**). Nach Art. 20 Abs. 2 S. 1 gilt ein Antrag auf internationalen Schutz als gestellt, wenn den zuständigen Behörden des betreffenden Mitgliedsstaats ein vom Antragsteller eingereichtes Formblatt oder ein behördliches Protokoll zugegangen ist. Dabei sollte nach S. 2 dieser Vorschrift bei einem nicht in schriftlicher Form gestellten Antrag die Frist zwischen der Abgabe der Willenserklärung und der Erstellung des Protokolls so kurz wie möglich gehalten sein. Dies wirft vor dem Hintergrund der nationalrechtlichen Aufspaltung zwischen Asylgesuch und förmlichem Asylantrag die Frage auf, was unter dem Zeitpunkt der Antragstellung zu verstehen ist. Nach der Rechtsprechung des EuGH gilt ein Antrag auf internationalen Schutz jedenfalls mit **Übermittlung der Bescheinigung über die Meldung als Asylsuchender (BüMA)** an das Bundesamt als gestellt (EuGH NVwZ 2017, 1601 Rn. 75 ff., 97 ff. – Mengesteab; im Einzelnen → Art. 20 Rn. 1).

Die Vorschrift geht aufgrund des Anwendungsvorrangs des Unionsrechts der Regelung des **25**
§ 77 Abs. 1 AsylG vor, wonach das Gericht bei Streitigkeiten nach dem AsylG zur Beurteilung
der Sach- und Rechtslage auf den Zeitpunkt der letzten mündlichen Verhandlung bzw. der gerichtlichen Entscheidung abzustellen hat (BVerwG NVwZ 2016, 157 Rn. 17).

II. Ausnahmen

Die prima vista im Grundsatz eindeutige Regelung über den maßgeblichen Zeitpunkt zur **26**
Beurteilung der Sachlage wird jedoch in der Rechtsprechung in Einzelfällen durchbrochen. Nach
hier vertretener Auffassung ist jedoch eine Ausnahme von dem Grundsatz nur dann möglich,
wenn dies ausdrücklich angeordnet ist oder sich dies aus dem Regelungszusammenhang ergibt
(vgl. dazu die Kommentierung der einzelnen Artikel). Dies gilt etwa für Art. 7 Abs. 3 (→ Rn. 29)
sowie für Art. 9 und 10, soweit eine Zustimmung (Wunsch) der Beteiligten erforderlich ist. Diese
kann regelmäßig erst dann erfolgen, wenn der Antrag bei dem prüfenden Mitgliedsstaat gestellt
wurde.

Auch in Art. 2 lit. j S. 1 bei der Begriffsdefinition des unbegleiteten Minderjährigen ist im **27**
Hinblick auf Art. 8 scheinbar eine Modifikation enthalten. So ist ein Minderjähriger danach nur
solange unbegleitet, als er sich nicht in der tatsächlichen Obhut eines verantwortlichen Erwachsenen befindet. Damit kann die Eigenschaft als unbegleiteter Minderjähriger nachträglich entfallen.
Dies gilt nach Art. 2 lit. j S. 2 umgekehrt auch dann, wenn nach begleiteter Einreise, die Inobhutnahme entfällt und der Minderjährige dadurch nachträglich zum unbegleiteten Minderjährigen
wird. Richtigerweise ändert dies jedoch an dem für die Beurteilung der Sachlage maßgeblichen
Zeitpunkt nach Art. 7 Abs. 2 nichts; der Minderjährige muss also im maßgeblichen Zeitpunkt
ohne Begleitung sein (GK-AsylG/Funke-Kaiser AsylG § 29 Rn. 80; Hailbronner AuslR AsylG
§ 29 Rn. 89).

Dies gilt auch für die Beurteilung der Minderjährigkeit (vgl. Bergmann/Dienelt/Bergmann **28**
AsylG § 29 Rn. 49 mwN). Ziel ist des Zuordnungsregimes der Dublin III-VO ist nicht die
Auswahl des möglichst „richtigen" Mitgliedsstaates, sondern eine effiziente Zuordnung. Hiervon
sollte nur dann abgewichen werden, wenn dies grundrechtlich geboten ist und nicht dann, wenn
möglicherweise zu einem späteren Zeitpunkt grundrechtlich kein besonderer Schutz mehr nötig
erscheint (→ Rn. 7). In Rechtsprechung und Schrifttum wird dies gleichwohl teilweise abweichend beurteilt.

Eine Durchbrechung wird bei der Beurteilung der Minderjährigkeit iRd Art. 8 Abs. 4 vorgenommen. **28.1**
Es wird die Auffassung vertreten, dass sich aus der Systematik und dem Sinn und Zweck der Vorschriften
über den Schutz der Minderjährigen ableiten lasse, dass die Versteinerungsklausel hier nicht zur Anwendung
komme, sondern auf den Zeitpunkt abzustellen sei, zu dem der Antragsteller seinen Antrag in dem prüfenden Mitgliedsstaat (also in der Regel dem Aufenthaltsstaat) gestellt habe (so VG Düsseldorf BeckRS 2016,
52774; VG Berlin BeckRS 2017, 136750 Rn. 8 ff.; VG Kassel BeckRS 2019, 16078 Rn. 15; zust. BeckOK
AuslR/Günther AsylG § 29 Rn. 42; Bergmann/Dienelt/Bergmann AsylG § 29 Rn. 49; aA VG Aachen
BeckRS 2015, 45405; VG Düsseldorf Beschl. v. 24.8.2016 – 12 L 2387/16.A).

D. Modifikation des maßgeblichen Zeitpunkts zur Beurteilung der Sachlage (Abs. 3)

Die in Abs. 3 enthaltene Regelung, die sich unter Berücksichtigung eines Schreibfehlers in der **29**
deutschen Fassung der Verordnung auf die Art. 8, 10 und 16 bezieht, sieht eine teilweise Ausweitung des für die Sachlage entscheidungserheblichen Zeitpunkts vor. Allerdings ist Art. 7 Abs. 2
auf Art. 16 ohnehin nicht anwendbar (→ Rn. 3), weshalb hier Art. 7 Abs. 3 keine Veränderung
im Hinblick auf den maßgeblichen Zeitpunkt für die Beurteilung der Sachlage mit sich bringt
(Filzwieser/Sprung Dublin III-VO K9).

Der Begriff der Indizien wird in Art. 22 Abs. 3 lit. b und den entsprechenden Durchführungs- **30**
rechtsakten näher bestimmt (→ Art. 22 Rn. 4).

Abs. 3 Hs. 1 verpflichtet, den die Zuständigkeit prüfenden Mitgliedsstaats, für die genannten **31**
Zuständigkeitskriterien dazu, auch nach der Stellung eines Aufnahme- oder Wiederaufnahmegesuchs aktuelle Indizien zu berücksichtigen und beauftragt damit im Hinblick auf die Zuständig-
keitsentscheidung eine laufende Aktualisierungspflicht (für eine weitergehende Bedeutung Generalanwalt beim EuGH BeckRS 2018, 30301 Rn. 66 ff.; der EuGH ist dem nicht gefolgt, BeckRS
2019, 4643; krit. Vogt/Nestler NVwZ 2019, 859). Die zeitliche Obergrenze setzt die Regelung
des Abs. 3 in Hs. 2 auf den Zeitpunkt fest, zu dem entweder einem Aufnahme- oder Wiederauf-

nahmegesuch stattgegeben oder über früher gestellte Anträge des Antragstellers auf internationalen Schutz in der Sache entschieden wurde.

Art. 8 Minderjährige

(1) [1]Handelt es sich bei dem Antragsteller um einen unbegleiteten Minderjährigen, so ist der Mitgliedstaat zuständiger Mitgliedstaat, in dem sich ein Familienangehöriger oder eines der Geschwister des unbegleiteten Minderjährigen rechtmäßig aufhält, sofern es dem Wohl des Minderjährigen dient. [2]Ist der Antragsteller ein verheirateter Minderjähriger, dessen Ehepartner sich nicht rechtmäßig im Hoheitsgebiet der Mitgliedstaaten aufhält, so ist der Mitgliedstaat zuständiger Mitgliedstaat, in dem sich der Vater, die Mutter, oder ein anderer Erwachsener – der entweder nach dem Recht oder nach den Gepflogenheiten des Mitgliedstaats für den Minderjährigen zuständig ist – oder sich eines seiner Geschwister aufhält.

(2) Ist der Antragsteller ein unbegleiteter Minderjähriger, der einen Verwandten hat, der sich rechtmäßig in einem anderen Mitgliedstaat aufhält, und wurde anhand einer Einzelfallprüfung festgestellt, dass der Verwandte für den Antragsteller sorgen kann, so führt dieser Mitgliedstaat den Minderjährigen und seine Verwandten zusammen und ist der zuständige Mitgliedstaat, sofern es dem Wohl des Minderjährigen dient.

(3) Halten sich Familienangehörige, Geschwister oder Verwandte im Sinne der Absätze 1 und 2 in mehr als einem Mitgliedstaat auf, wird der zuständige Mitgliedstaat danach bestimmt, was dem Wohl des unbegleiteten Minderjährigen dient.

(4) Bei Abwesenheit eines Familienangehörigen, eines seiner Geschwister oder eines Verwandten im Sinne der Absätze 1 und 2, ist der Mitgliedstaat zuständiger Mitgliedstaat, in dem der unbegleitete Minderjährige seinen Antrag auf internationalen Schutz gestellt hat, sofern es dem Wohl des Minderjährigen dient.

(5) [1]Der Kommission wird die Befugnis übertragen gemäß Artikel 45 in Bezug auf die Ermittlung von Familienangehörigen, Geschwistern oder Verwandten eines unbegleiteten Minderjährigen; die Kriterien für die Feststellung des Bestehens einer nachgewiesenen familiären Bindung; die Kriterien zur Beurteilung der Fähigkeit eines Verwandten, für den unbegleiteten Minderjährigen zu sorgen, einschließlich der Fälle, in denen sich die Familienangehörigen, Geschwister oder Verwandten des unbegleiteten Minderjährigen in mehr als einem Mitgliedstaat aufhalten, delegierte Rechtsakte zu erlassen. [2]Bei der Ausübung ihrer Befugnis zum Erlass delegierter Rechtsakte geht die Kommission nicht über den in Artikel 6 Absatz 3 vorgesehenen Umfang des Wohls des Kindes hinaus.

(6) [1]Die Kommission legt im Wege von Durchführungsrechtsakten einheitliche Bedingungen für Konsultationen und den Informationsaustausch zwischen den Mitgliedstaaten fest. [2]Diese Durchführungsrechtsakte werden gemäß dem in Artikel 44 Absatz 2 genannten Prüfverfahren erlassen.

Überblick

Die Vorschrift regelt fünf Zuständigkeitskriterien für minderjährige Antragsteller (→ Rn. 9). Entsprechend der grundrechtlichen Bedeutung des Minderjährigenschutzes ist das Wohl des Minderjährigen stets zu berücksichtigen und entsprechend sind auch die Zuständigkeitskriterien für minderjährige Antragsteller in der Regel vorrangig anzuwenden (→ Rn. 3). Die Minderjährigkeit muss zu dem nach Art. 7 Abs. 2 maßgeblichen Zeitpunkt vorliegen (→ Rn. 7); in Zweifelsfällen hinsichtlich der Minderjährigkeit des Antragstellers bedarf es einer gutachtlichen Untersuchung (→ Rn. 8). Der Grundtatbestand ist in Abs. 1 S. 1 geregelt. Danach ist grundsätzlich der Mitgliedstaat zuständig, in dem sich ein Familienangehöriger oder eines der Geschwister rechtmäßig aufhält (→ Rn. 12). Dieser Grundtatbestand wird für den verheirateten Antragsteller in S. 2 modifiziert, sofern sich der Ehegatte des Antragstellers nicht rechtmäßig in einem Mitgliedstaat aufhält. Abs. 2 kommt zur Anwendung, wenn die Voraussetzungen des Abs. 1 nicht vorliegen und ein Verwandter sich rechtmäßig in einem Mitgliedsstaat aufhält (→ Rn. 16). Bestehen nach Abs. 1 oder Abs. 2 Anknüpfungspunkte zu mehr als einem Mitgliedsstaat, so kommt die Kollisionsregelung nach Abs. 3 zur Anwendung. Danach wird der zuständige Mitgliedsstaat nach Maßgabe des Wohls des unbegleiteten Minderjährigen bestimmt (→ Rn. 18). Abs. 4 bestimmt als Auffangtatbestand den

Mitgliedsstaat als zuständig, in dem der Antragsteller den zu prüfenden Antrag gestellt hat und in dem er sich aufhält (→ Rn. 19).

Übersicht

A. Allgemeines

I. Bedeutung der Zuständigkeitskriterien nach Art. 8

Der Schutz der Minderjährigen ist in der Verordnung stark ausgestaltet. Die Bedeutung des **1** Minderjährigenschutzes kommt bereits in Erwägungsgrund 13 und 16 und in Art. 6 zum Ausdruck und wird in Bezug auf die Zuständigkeitskriterien in den Regelungen in Art. 7 Abs. 3 und Art. 8 konkret (zur subjektiven Rechtsposition des Minderjährigen → Art. 7 Rn. 7 ff.).

Nach Art. 6 Abs. 1 ist das Wohl des Kindes in allen Verfahren der Verordnung als eine vorrangige **2** Erwägung zu berücksichtigen (→ Art. 6 Rn. 1). Dies wird in Art. 8 bei den einzelnen Tatbeständen nochmals ausdrücklich erwähnt, gilt aber nach Art. 6 auch dann, wenn eine solche ausdrückliche Erwähnung nicht erfolgt (so etwa in Art. 8 Abs. 1 S. 2). In der Regel ist davon auszugehen, dass die Zusammenführung eines unbegleiteten Minderjährigen mit einem Familienangehörigen, Geschwister oder verantwortlichen sonstigen Erwachsenen dem Wohl des Minderjährigen entspricht, es sei denn es liegen Anhaltspunkte für Misshandlung, Gewalt oder ähnliches durch die genannten Personenkreise vor.

Entsprechend Art. 6 Abs. 1 sind die Zuständigkeitskriterien für Minderjährige abweichend von **3** der normative Hierarchie des Art. 7 Abs. 1 vorrangig zu prüfen. Dies entspricht auch dem in Art. 24 Abs. 2 GRCh verankerten Grundrecht, wonach bei allen Kinder betreffende Maßnahmen öffentlicher Stellen oder privater Einrichtungen das Wohl des Kindes eine vorrangige Erwägung sein muss (zu der Vorgängervorschrift Art. 6 Abs. 2 Dublin II-VO EuGH NVwZ-RR 2013, 735 Rn. 57).

II. Persönlicher Anwendungsbereich

1. Begriff des unbegleiteten Minderjährigen

Der Begriff des Minderjährigen ist in Art. 2 lit. i definiert und meint einen Drittstaatsangehöri- **4** gen oder Staatenlosen unter 18 Jahren (→ Art. 2 Rn. 23). Befindet sich der Minderjährige in Begleitung eines Familienangehörigen, richtet sich die Bestimmung des für die Prüfung zuständigen Mitgliedsstaats nach Art. 20 Abs. 3.

Der sog. **unbegleitete Minderjährige**, für den der persönliche Anwendungsbereich des Art. 8 **5** eröffnet ist, wird in Art. 2 lit. j definiert (→ Art. 2 Rn. 24). Unbegleitet ist ein Minderjähriger nach Art. 2 lit. j S. 1 dann, wenn er sich in dem Mitgliedsstaat nicht tatsächlich in Obhut eines Erwachsenen befindet, der nach dem Recht oder den Gepflogenheiten des Mitgliedsstaates für den Minderjährigen verantwortlich ist. Dies gilt nach Art. 2 lit. j S. 2 auch dann, wenn der Minderjährige nach der Einreise ohne Begleitung zurückgelassen wird.

Ob der Minderjährige verheiratet ist, hat für die Einordnung als Minderjähriger oder unbeglei- **6** teter Minderjähriger zunächst keine Bedeutung. Allerdings ergeben sich für verheiratete Minderjährige teilweise andere Anknüpfungspunkte für die Bestimmung des zuständigen Mitgliedsstaates (vgl. Abs. 1 S. 2; → Rn. 15).

2. Maßgeblicher Zeitpunkt zur Beurteilung der Minderjährigkeit

7   Der maßgebliche Zeitpunkt für die Beurteilung der Sachlage ist in Art. 7 Abs. 2 und Abs. 3 geregelt. Dies gilt auch für die Begriffsbestimmung und damit für die Frage, ob ein Antragsteller ein unbegleiteter Minderjähriger ist (umstr. → Art. 7 Rn. 27).

3. Zweifel an der Minderjährigkeit

8   Liegen keine (belastbaren) Ausweispapiere vor, aus denen sich das Alter des Antragstellers zweifelsfrei ergibt, sind die Angaben des Antragstellers von maßgeblicher Bedeutung. Aus dem grundrechtlichen Schutz nach Art. 24 GRCh folgt, dass bei Zweifeln an der Minderjährigkeit eines Antragstellers die Angaben des Antragstellers zu seinem Alter in der Regel nur dann unbeachtlich sind, wenn die Zweifel durch weitere Sachaufklärungsmaßnahmen bestätigt wurden. Regelungen über die Sachaufklärung hinsichtlich der Minderjährigkeit sind in den Vorschriften zur Inobhutnahme nach §§ 42 Abs. 1 S. 1 Nr. 3, 42a Abs. 1 S. 1 SGB VIII enthalten. Begegnen die Angaben des Antragstellers zu seinem Alter Zweifeln, ist eine Alterseinschätzung und -feststellung in Form einer qualifizierten Inaugenscheinnahme vorzunehmen (§ 42f Abs. 1 S. 1 Alt. 2 SGB VIII). In Zweifelsfällen ist nach § 42f Abs. 2 S. 1 SGB VIII auf Antrag des Betroffenen bzw. seines Vertreters oder von Amts wegen durch das Jugendamt eine ärztliche Untersuchung zur Altersbestimmung zu veranlassen (BayVGH BeckRS 2017, 108039 Rn. 29). Das Vorliegen eines Zweifelsfalls unterliegt als unbestimmter Rechtsbegriff der vollständigen verwaltungsgerichtlichen Kontrolle. Der BayVGH schließt einen Zweifelsfall nach Durchführung der Inaugenscheinnahme überzeugend nur dann aus, wenn „es darum geht, für jedermann ohne Weiteres erkennbare (offensichtliche), gleichsam auf der Hand liegende, über jeden vernünftigen Zweifel erhabene Fälle evidenter Minderjährigkeit festzustellen oder eindeutiger Volljährigkeit auszuscheiden, in welchen ein Sich-Berufen des Betroffenen auf den Status der Minderjährigkeit selbst vor dem Hintergrund möglicher eigener Unkenntnis vom genauen Geburtsdatum als evident rechtsmissbräuchlich erscheinen muss" (BayVGH BeckRS 2017, 108039 Rn. 34, 38; auf das letzte Erscheinungsbild abstellend VG Berlin BeckRS 2017, 136750 Rn. 18 in Anlehnung an die jugendhilferechtliche Rspr. unter anderem des OVG Bln-Bbg Beschl. v. 29.8.2017 – OVG 6 S. 27.17).

III. Aufbau der Norm

9   Art. 8 enthält fünf Zuständigkeitskriterien, die in der aufsteigenden Rangfolge zur Anwendung kommen (zur Rangfolge → Art. 7 Rn. 14). Liegen die Voraussetzungen des vorrangigen Tatbestands nicht vor, was auch den Fall einschließt, dass einem Zuständigkeitskriterium das Wohl des Minderjährigen entgegensteht, so ist der nachrangige Tatbestand zu prüfen.

10   Die **Grundregel** ist in **Abs. 1** enthalten. Danach ist grundsätzlich der Mitgliedstaat zuständig, in dem sich ein **Familienangehöriger oder** eines der **Geschwister** rechtmäßig aufhält. Für den verheirateten unbegleiteten Minderjährigen, dessen Ehepartner sich nicht rechtmäßig in einem Mitgliedstaat aufhält, richtet sich die Zuständigkeit danach, wo sich die Eltern oder ein anderer Erwachsener aufhalten, der nach dem Recht oder den Gepflogenheiten des Mitgliedsstaats für den Minderjährigen zuständig ist.

11   Nachrangig hierzu kommt **Abs. 2** zur Anwendung, der an den rechtmäßigen Aufenthalt eines **Verwandten** anknüpft, sofern festgestellt wurde, dass dieser für den Antragsteller sorgen kann. Bestehen nach Abs. 1 oder Abs. 2 Anknüpfungspunkte zu mehr als einem Mitgliedstaat, so kommt die **Kollisionsregelung** nach **Abs. 3** zur Anwendung. Danach wird der zuständige Mitgliedstaat nach Maßgabe des Wohls des unbegleiteten Minderjährigen bestimmt. Fehlt es an Anknüpfungspunkten nach Abs. 1 und Abs. 2, so kommt der **Auffangtatbestand** des **Abs. 4** zur Anwendung. Zuständiger Mitgliedstaat ist in diesem Fall derjenige, in dem der unbegleitete Minderjährige seinen Antrag auf internationalen Schutz gestellt hat.

B. Der Grundtatbestand (Abs. 1)

I. Anknüpfung an Familienangehörige und Geschwister (S. 1)

1. Familienangehörige

Der **Begriff des Familienangehörigen** wird in Art. 2 lit. g definiert (vgl. im Einzelnen → **12** Art. 2 Rn. 15). Für den Anwendungsbereich des Art. 8 ist die Definition nach Art. 2 lit. g dritter Gedankenstrich hinsichtlich des unverheirateten Minderjährigen maßgeblich; hinsichtlich des verheirateten Minderjährigen kommt Art. 2 lit. g erster und dritter Gedankenstrich zur Anwendung. Entscheidend ist, dass die Familie bereits **in dem Herkunftsland bestanden** hat. Eine Familiengründung in einem Drittstaat oder nach der Einreise ist daher unbeachtlich. In diesen Fällen ist im Einzelfall das Zuständigkeitskriterium des Art. 17 Abs. 2 zu prüfen (vgl. → Art. 17 Rn. 1).

2. Tatsächlicher und rechtmäßiger Aufenthalt

Der Familienangehörige oder eines der Geschwister muss sich **tatsächlich in einem (anderen)** **13** **Mitgliedsstaat aufhalten.** Dieser tatsächliche Aufenthalt muss aber **rechtmäßig** sein. Der Begriff der Rechtmäßigkeit ist nicht in der Verordnung definiert und bestimmt sich nach nationalem Recht (Filzwieser/Sprung Dublin III-VO K4). Ein rechtmäßiger Aufenthalt liegt nur dann vor, wenn der Aufenthalt durch den Mitgliedsstaat nicht nur vorübergehend geduldet wird. Der Aufenthalt muss vielmehr ausdrücklich legalisiert werden (VG Düsseldorf BeckRS 2015, 44349). Der rechtmäßige Aufenthalt ist damit nicht mit einem Aufenthaltstitel iSd Art. 2 lit. l gleichzusetzen, da dieser Begriff auch Dokumente umfasst, mit denen die Genehmigung des Aufenthalts im Hoheitsgebiet des Mitgliedstaats im Rahmen einer Regelung des vorübergehenden Schutzes oder bis zu dem Zeitpunkt, zu dem die eine Ausweisung verhindernden Umstände nicht mehr gegeben sind, nachgewiesen werden kann. Für einen rechtmäßigen Aufenthalt genügt hingegen ein vorübergehendes Recht auf Aufenthalt wie etwa nach § 81 Abs. 3 S. 1, Abs. 4 S. 1 AufenthG oder nach § 55 AsylG nicht (Hailbronner AuslR AsylG § 29 Rn. 90; GK-AsylG/Funke-Kaiser AsylG § 29 Rn. 86 f.; BeckOK AuslR/Günther AsylG § 29 Rn. 41).

3. Wohl des Minderjährigen

Das Wohl des Minderjährigen darf der nach den Anknüpfungspunkten zu bestimmenden **14** Zuständigkeit eines Mitgliedstaats nicht entgegenstehen (zu diesem Verständnis als negativem Tatbestandsmerkmal vgl. GK-AsylG/Funke-Kaiser AsylG § 29 Rn. 88; aA BeckOK AuslR/Günther AsylG § 29 Rn. 41). Ein solches Hindernis wird in der Regel vorliegen, wenn der Minderjährige (auch) vor dem betroffenen Familienangehörigen Schutz sucht. Dies ist etwa bei einer drohenden Zwangsverheiratung einer Minderjährigen oder bei Misshandlungen einer verheirateten Minderjährigen durch ihren Ehemann der Fall.

II. Sonderregelung für verheiratete unbegleitete Minderjährige (S. 2)

Hält sich der Ehepartner eines verheirateten Minderjährigen nicht rechtmäßig im Hoheitsgebiet **15** eines Mitgliedsstaats auf, so kommt die Sonderregelung in S. 2 zum Tragen, da der Ehegatte als berücksichtigungsfähiger Familienangehöriger nach Art. 2 lit. g erster Gedankenstrich entfällt. Anknüpfungspunkt ist hier der Aufenthalt der Eltern oder eines anderen Erwachsenen, der nach dem Recht oder den Gepflogenheiten des Mitgliedstaats für den Minderjährigen zuständig ist. Auch für eine Anknüpfung nach S. 2 muss der Aufenthalt rechtmäßig sein. Dies folgt zum einen aus dem Regelungszusammenhang, wonach die Modifikation gerade dann zum Tragen kommt, wenn kein rechtmäßiger Aufenthalt des Ehegatten im Hoheitsgebiet eines Mitgliedstaats vorliegt. S. 2 modifiziert die Voraussetzungen des S. 1 nur im Hinblick auf die Personen, an deren Aufenthalt angeknüpft wird, nicht aber die Voraussetzungen im Übrigen. Daher ist auch das Wohl des Minderjährigen als negatives Tatbestandsmerkmal in S. 2 zu prüfen.

C. Die nachrangige Erweiterung auf den Personenkreis der Verwandten als Anknüpfungsmerkmal (Abs. 2)

I. Der Begriff des Verwandten

16   Ein Verwandter ist nach Art. 2 lit. h der volljährige Onkel, die volljährige Tante oder ein Großelternteil des Antragstellers, der / die sich im Hoheitsgebiet eines Mitgliedstaats aufhält, ungeachtet dessen, ob es sich gemäß dem nationalen Recht bei dem Antragsteller um ein ehelich oder außerehelich geborenes oder adoptiertes Kind handelt (vgl. im Einzelnen → Art. 2 Rn. 22).

II. Die Fähigkeit des Verwandten für den Minderjährigen zu sorgen

17   Abs. 2 sieht eine Prüfung im Einzelfall vor, ob der Verwandte für den Minderjährigen sorgen kann. Was unter dem Begriff des „Sorgens" zu verstehen ist, ergibt sich nicht unmittelbar aus der Verordnung. Der Wortlaut umfasst jedenfalls die Personensorge iSd § 1631 Abs. 1 BGB. Der Verwandte muss also in der Lage sein, den Minderjährigen zu pflegen, zu erziehen und zu beaufsichtigen. Die Pflege schließt die Unterbringung, Verpflegung, Bekleidung sowie die Sorge um seine Gesundheit mit ein. Bei der Beurteilung, ob der Verwandte hierzu zumindest für die Dauer des Asylverfahrens wirtschaftlich in der Lage ist, muss jedoch der in der Regel bestehende Anspruch des Minderjährigen auf soziale Leistungen berücksichtigt werden (GK-AsylG/Funke-Kaiser AsylG § 29 Rn. 93; vgl. dazu auch VG Freiburg BeckRS 2020, 5100 Rn. 27; aA VG Ansbach BeckRS 2020, 40006 Rn. 32).

D. Die Kollisionsregelung bei mehreren Anknüpfungspunkten (Abs. 3)

18   Ergeben sich aus den Zuständigkeitskriterien in Abs. 1 S. 1, S. 2 und Abs. 2 mehrere Anknüpfungspunkte für die Bestimmung eines zuständigen Mitgliedstaats, so kommt Abs. 3 zur Anwendung. In diesem Fall ist eine Auswahlentscheidung nach dem Wohl des Minderjährigen zu treffen (→ Rn. 14). Ist danach die Bestimmung mehrerer Mitgliedstaaten als zuständig möglich, so sind für eine Entscheidung die Ziele der Verordnung in den Blick zu nehmen (vgl. zu den Zielen → Art. 1 Rn. 2). Allerdings kommt dem Ziel der Verhinderung eines sog. Asylforumshoppings in dieser Konstellation nur untergeordnete Bedeutung zu, da gerade eine Auswahl unter mehreren dem Wohl des Antragstellers dienenden Mitgliedstaaten getroffen werden soll. Die Gefahr eines **refugee in orbit** besteht nicht. Herausgehobene Bedeutung kommt daher dem Ziel einer Verfahrensbeschleunigung zu, was regelmäßig dazu führen dürfte, dass der Aufenthaltsstaat als zuständig zu bestimmen ist, wenn er nach Abs. 1 und Abs. 2 in Betracht kommt.

E. Der Auffangtatbestand (Abs. 4)

19   Fehlt es an einem Anknüpfungspunkt im Sinne der Regelungen in Abs. 1 S. 1, S. 2 und Abs. 2, weil sich kein Mitglied der genannten Personenkreise rechtmäßig im Hoheitsgebiet eines Mitgliedstaats aufhält oder weil einer Zuständigkeitsbestimmung das Wohl des Minderjährigen entgegensteht, ist der Anwendungsbereich des Abs. 4 eröffnet. Die Auslegung des Begriffs der Abwesenheit als Voraussetzung eines fehlenden rechtmäßigen Aufenthalts ergibt sich aus dem systematischen Zusammenhang der Norm, da in Abs. 1 und Abs. 2 jeweils ein rechtmäßiger Aufenthalt der betreffenden Person Voraussetzung für eine Zuständigkeitsbestimmung ist.

20   Die Rechtsfolge nach Abs. 4 sieht vor, dass der Staat zuständig ist, in dem der Minderjährige seinen Antrag auf internationalen Schutz gestellt hat. Nach Art. 7 Abs. 2 ist auf die Sachlage zum Zeitpunkt der erstmaligen Antragstellung abzustellen. Hat der Antragsteller bereits zuvor in einem anderen Mitgliedstaat einen Antrag auf internationalen Schutz gestellt, so wäre danach der Mitgliedstaat des ersten Antrags zuständig. Der EuGH hat jedoch bereits zu der Vorgängervorschrift Art. 6 Abs. 2 Dublin II-VO (VO (EG) 343/2003 v. 18.2.2003, ABl. 2003 L 50, 1) entschieden, dass unter Berücksichtigung des Zusammenhangs und der Ziele, die mit der Regelung verfolgt würden, auf den Antrag abzustellen sei, den der Minderjährige in dem Mitgliedstaat gestellt habe, in dem er sich aufhalte (EuGH NVwZ-RR 2013, 735 Rn. 53 ff.).

F. Durchführungsbestimmungen (Abs. 5, Abs. 6)

21   Die Kommission hat zur Durchführung der Dublin II-VO die VO (EG) 1560/2003 erlassen, die nach Maßgabe des Art. 48 UAbs. 2 nach wie vor in Kraft ist und idF der VO (EU) 118/2014 gilt. Hinzuweisen ist hier auf Art. 12 Abs. 2 VO (EG) 1560/2003, wonach die Dauer des Verfahrens

zur Unterbringung des Minderjährigen über die Fristen des Art. 18 Abs. 1 und Abs. 6 Dublin II-VO, Art. 19 Abs. 4 Dublin II-VO hinausgehen kann. Dieser Umstand steht nicht zwangsläufig dem Verfahren zur Bestimmung des zuständigen Staates oder der Durchführung der Überstellung entgegen. Diese Regelung gilt nach Art. 48 UAbs. 3 für die entsprechenden Fristen in Art. 22 und 29 dieser Verordnung. Der in der Kommentarliteratur als sehr unscharf und wenig präzise kritisierte Wortlaut ist unter Berücksichtigung des grundrechtlichen Hintergrunds von Art. 8 dahingehend zu verstehen, dass eine Bestimmung des zuständigen Mitgliedsstaats nach Art. 8 über den Ablauf der genannten Fristen hinaus nur ausnahmsweise möglich ist, wenn andernfalls die Rechte des Antragstellers aus Art. 24 GRCh in unverhältnismäßiger Weise beschränkt würden (weiterführend GK-AsylG/Funke-Kaiser AsylG § 29 Rn. 99, 255).

Art. 9 Familienangehörige, die Begünstigte internationalen Schutzes sind

Hat der Antragsteller einen Familienangehörigen – ungeachtet der Frage, ob die Familie bereits im Herkunftsland bestanden hat –, der in seiner Eigenschaft als Begünstigter internationalen Schutzes in einem Mitgliedstaat aufenthaltsberechtigt ist, so ist dieser Mitgliedstaat für die Prüfung des Antrags auf internationalen Schutz zuständig, sofern die betreffenden Personen diesen Wunsch schriftlich kundtun.

Überblick

Art. 9 dient der Familienzusammenführung und damit regelmäßig der Wahrung von Grundrechten aus Art. 7 GRCh (→ Rn. 1). Der Familienangehörige als Anknüpfungspunkt für das Zuständigkeitskriterium muss aufgrund seiner Eigenschaft als Begünstigter internationalen Schutzes in einem Mitgliedsstaat aufenthaltsberechtigt sein (→ Rn. 6). Sowohl der Familienangehörige als auch der Antragsteller müssen einer Familienzusammenführung zustimmen (→ Rn. 8).

A. Allgemeines

I. Die Bedeutung der Zuständigkeitskriterien zur Familienzusammenführung

Art. 9 dient wie auch Art. 10 der Familienzusammenführung. Diese hat mit zunehmenden **1** Grenzschließungen in Europa in Folge der gestiegenen Flüchtlingszahlen erheblich an Bedeutung gewonnen. Die Zuständigkeitskriterien der Familienzusammenführung (Art. 9 und 10) und zur Wahrung der Familieneinheit (Art. 11) kommen abweichend von den sonstigen allgemeinen Zuständigkeitskriterien zur Anwendung. Innerhalb der Zuständigkeitskriterien zur Familienzusammenführung bzw. Wahrung der Familieneinheit überlagert Art. 11 die Art. 9 und 10 (vgl. → Art. 7 Rn. 16). Zum Anwendungsbereich ist allgemein auf den Anwendungsbereich der allgemeinen Zuständigkeitskriterien zu verweisen (→ Art. 7 Rn. 5).

II. Subjektive Rechte und Rechtsschutz

Nach der weitgehenden Rechtsprechung des EuGH, wonach die Zuständigkeitskriterien den **2** Antragstellern subjektive Rechtspositionen einräumen, ist für die Antragsteller der Rechtsweg zur Durchsetzung ihrer möglicherweise bestehenden Ansprüche grundsätzlich eröffnet (→ Art. 7 Rn. 7; insbesondere zur Ausnahme von diesem Grundsatz → Rn. 9; zu den grundrechtlichen Bezügen → Art. 7 Rn. 8; zu den Konsequenzen für den Rechtsschutz im Einzelnen → Art. 27 Rn. 3).

III. Darlegungs- und Beweislast

Die Darlegungs- und Beweislast richtet sich grundsätzlich nach den Regelungen in Art. 22 **3** Abs. 2–5 iVm Art. 1 Abs. 1 lit. a VO (EG) 1560/2003, Anhang II VO (EU) 118/2014 (vgl. im Einzelnen → Art. 22 Rn. 4).

IV. Maßgeblicher Zeitpunkt zur Beurteilung der Sachlage

Die im Folgenden (→ Rn. 5 ff.) genannten Voraussetzungen müssen in der Person des Famili- **4** enangehörigen zu dem nach Art. 7 Abs. 2 maßgeblichen Zeitpunkt vorliegen. Art. 7 Abs. 3 kommt hinsichtlich Art. 9 nicht zur Anwendung. Ein Antrag auf Familienzusammenführung muss spätestens vor Eintritt des prüfenden Mitgliedsstaats in die Sachprüfung gestellt werden. Nach Eintritt in die Sachprüfung soll aufgrund des Beschleunigungsgrundsatzes und dem entsprechendem Ziel der Verordnung (vgl. Erwägungsgrund 5) keine weitere Verzögerung durch Abbruch der Sachprüfung, Eintritt in das Verfahren zur Bestimmung des zuständigen Mitgliedsstaats und Überstellung verursacht werden (EuGH NVwZ 2012, 417 Rn. 79; GK-AsylG/Funke-Kaiser AsylG § 29 Rn. 79.1, 108).

B. Einzelerläuterungen

I. Die Voraussetzungen hinsichtlich des Familienangehörigen als Anknüpfungspunkt

1. Modifizierter Begriff des Familienangehörigen

5   Das Zuständigkeitskriterium des Art. 9 knüpft an den Familienangehörigen des Antragstellers an. Entgegen Art. 2 lit. g wird der Begriff des Familienangehörigen für die Anwendung des Art. 9 auch auf Art. 2 lit. g entsprechende verwandtschaftliche Beziehungen ausgeweitet, die nicht bereits im Herkunftsland entstanden sind (vgl. zum Begriff des Familienangehörigen im Übrigen → Art. 2 Rn. 15 ff.).

2. Aufenthaltsberechtigt als Begünstigter internationalen Schutzes

6   Der Familienangehörige muss als Begünstigter internationalen Schutzes iSd Art. 2 lit. b in einem Mitgliedsstaat aufenthaltsberechtigt sein. Der Begriff des Begünstigten internationalen Schutzes ist in Art. 2 lit. f definiert (→ Art. 2 Rn. 14). Damit ist Begünstigter jeder Drittstaatsangehörige oder Staatenlose, dem die Flüchtlingseigenschaft oder subsidiärer Schutz zuerkannt worden ist. Die Feststellung eines Abschiebungsverbots genügt mithin nicht. Ausreichend ist eine behördliche Entscheidung, ohne dass deren Bestandskraft erforderlich wäre.

7   Der Familienangehörige muss auf Grund der Zuerkennung über ein verfestigtes und nicht nur vorübergehendes Aufenthaltsrecht verfügen (vgl. → Art. 8 Rn. 13). Aufenthaltsberechtigt als Begünstigter internationalen Schutzes ist ein Familienangehöriger auch dann, wenn diesem in einem Mitgliedsstaat ein Aufenthaltsrecht in Folge des von einem anderen Mitgliedsstaat oder Drittstaat zuerkannten internationalen Schutzes gewährt wurde, sofern der betreffende Mitgliedsstaat für den Familienangehörigen formal verantwortlich ist (Filzwieser/Sprung Dublin III-VO K2; BeckOK AuslR/Günther AsylG § 29 Rn. 45).

II. Die Kundgabe des Wunsches der Betroffen als weitere Voraussetzung

8   Die Familienzusammenführung steht unter dem Vorbehalt der Zustimmung (Wunsch) des Antragstellers und des Familienangehörigen. Diese muss schriftlich erklärt werden (Art. 17 Abs. 2 VO (EG) 1560/2003 ist wegen Art. 48 UAbs. 2 nicht mehr anwendbar). Das Ersuchen um Zustimmung der Beteiligten kann regelmäßig erst dann erfolgen, wenn der Antrag bei dem prüfenden Mitgliedsstaat gestellt wurde. Daher kommt es entgegen Art. 7 Abs. 2 insoweit nicht auf den danach maßgeblichen Zeitpunkt der ersten Antragstellung an (→ Rn. 4).

9   Die Zustimmung darf nicht aus den der Verordnung sachfremden Erwägungen verweigert werden (VGH BW NVwZ-RR 2018, 629 Rn. 11; als rechtsmissbräuchlich bewertet von VG Düsseldorf BeckRS 2016, 51854). Ist dies der Fall, so können sich die Beteiligten nicht auf ihre Rechte aus Art. 7 GRCh berufen und etwa einen Anspruch aus Art. 17 Abs. 1 oder Abs. 2 auf eine Zusammenführung im Aufenthaltsstaat des Antragstellers geltend machen (Filzwieser/Sprung Dublin III-VO K6).

9.1   So etwa, wenn Eltern als Familienangehörige iSd Art. 9 in einen anderen Mitgliedsstaat (Aufenthaltsstaat) reisen, und dort nach Geburt des Antragstellers einen (weiteren) Antrag auf internationalen Schutz stellen, um gerade keine Zuständigkeit des nach Art. 9 eigentlich zuständigen Mitgliedsstaats zu begründen (Konstellation nach VGH BW NVwZ-RR 2018, 629 Rn. 8). In diesen Fällen ist Art. 9 unter Berücksichtigung der Ziele der Verordnung zumindest dahingehend einschränkend auszulegen, dass die Ablehnung des Antrags auf internationalen Schutz in dem Aufenthaltsstaat als unzulässig sowie die Rückführung des Neugeborenen im Familienverband in den eigentlich zuständigen Mitgliedsstaat hierdurch nicht gesperrt wird (vgl. hierzu und zur Zuständigkeitsbestimmung in diesen Fällen analog Art. 20 Abs. 3: VGH BW NVwZ-RR 2018, 629 Rn. 9 ff.).

9.2   Ist der den Antrag prüfende Mitgliedsstaat nicht der nach Art. 9 zuständige Mitgliedsstaat, so ist die Frist des Art. 21 Abs. 1 für ein Aufnahmegesuch zu beachten. Nach Art. 21 Abs. 1 beginnt die Frist mit

Antragstellung nach Art. 20 Abs. 2 zu laufen. Im Fall des Art. 9 kann die Frist des Art. 21 Abs. 1 erst dann zu laufen beginnen, wenn jedenfalls durch den Antragsteller der Antrag auf Familienzusammenführung gestellt wurde (vgl. → Art. 21 Rn. 2). Andernfalls würde Art. 9 aufgrund der regelmäßig zur Ermittlung der Voraussetzungen des Art. 9 notwendigen Zeit leer laufen. Einem Fristbeginn erst ab Vorliegen der übereinstimmenden Zustimmungserklärungen steht der Beschleunigungsgrundsatz entgegen. Allerdings ist eine Bestimmung der Zuständigkeit dann nicht mehr möglich, wenn ein Mitgliedsstaat in die Sachprüfung eingetreten ist (→ Rn. 4; GK-AsylG/Funke-Kaiser AsylG § 29 Rn. 79.1, 108).

Ein Widerruf oder die Rücknahme einer erteilten Zustimmung ist nach einer Zustimmung des ersuch- **9.3** ten Mitgliedsstaats gem. Art. 26 Abs. 1 nicht möglich. Dies widerspricht dem Ziel der Verordnung, ein Asylforumshopping zu verhindern, sowie dem Ziel, die Durchführung eines Asylverfahrens zu beschleunigen.

Eine nachträgliche Veränderung der Umstände, wie etwa der Wegzug des Familienangehörigen aus **9.4** dem ersuchten und als zuständig bestimmten Mitgliedsstaat, ist grundsätzlich wegen Art. 7 Abs. 2 und nach erfolgter Zustimmung der Beteiligten unbeachtlich. Allerdings vermittelt unter diesen Umständen Art. 9 dem Antragsteller keine subjektive Rechtsposition mehr, mit der Folge, dass eine Überstellung in den als zuständig bestimmten Mitgliedsstaat nicht einklagbar ist (GK-AsylG/Funke-Kaiser AsylG § 29 Rn. 110; zu den Rechtsschutzmöglichkeiten → Art. 27 Rn. 2;). Ist der betreffende Familienangehörige in einen anderen Mitgliedsstaat gereist und dort aufenthaltsberechtigt, so wird in der Regel ein Ersuchen nach Art. 17 Abs. 2 S. 1 erforderlich sein, dem im Falle einer grundrechtlich geschützten, subjektiven Rechtsposition aus Art. 7 GRCh stattzugeben sein wird. Befindet sich der Familienangehörige nicht mehr im Hoheitsgebiet eines Mitgliedsstaats, wird eine Überstellung gegen das Prinzip gegenseitigen Vertrauens verstoßen, das den Kern des Gedankens eines Raums der Freiheit, der Sicherheit und des Rechts und insbesondere eines Gemeinsamen Europäischen Asylsystems (GEAS) betrifft (vgl. Erwägungsgrund 22). Der Kerngedanke der Verordnung besteht darin, die Behandlung der Asylanträge zu rationalisieren und zu verhindern, dass das System dadurch stockt, dass die staatlichen Behörden mehrere Anträge desselben Antragstellers bearbeiten müssen, und die Rechtssicherheit hinsichtlich der Bestimmung des für die Behandlung des Asylantrags zuständigen Staates zu erhöhen und damit dem sog. Asylforumshopping zuvorzukommen. Eine Überstellung in einen Mitgliedsstaat, in dem der Familienangehörige sich nicht mehr als Anknüpfungspunkt befindet, ist mit dieser Zielsetzung sowie dem Beschleunigungsgrundsatz (vgl. Erwägungsgrund 5) nicht vereinbar.

Art. 10 Familienangehörige, die internationalen Schutz beantragt haben

Hat ein Antragsteller in einem Mitgliedstaat einen Familienangehörigen, über dessen Antrag auf internationalen Schutz noch keine Erstentscheidung in der Sache ergangen ist, so ist dieser Mitgliedstaat für die Prüfung des Antrags auf internationalen Schutz zuständig, sofern die betreffenden Personen diesen Wunsch schriftlich kundtun.

Überblick

Die Bestimmung eines Mitgliedsstaats nach Art. 10 als für die Sachprüfung zuständig setzt voraus, dass der Antrag auf internationalen Schutz des Familienangehörigen zeitlich vor dem Antrag des Antragstellers gestellt wurde (→ Rn. 4), über den Antrag des Familienangehörigen noch nicht in Sache entschieden worden ist (→ Rn. 5) und die beteiligten Personen einen entsprechenden Wunsch bzw. ihre Zustimmung schriftlich geäußert haben (→ Rn. 6).

A. Allgemeines

Art. 10 dient neben Art. 9 der Familienzusammenführung und knüpft für die Bestimmung des **1** zuständigen Mitgliedsstaats an den Familienangehörigen an, für dessen Antrag auf internationalen Schutz bereits eine Zuständigkeitsbestimmung erfolgt ist, aber eine Entscheidung in der Sache noch nicht ergangen ist. Art. 10 wird ebenso wie Art. 9 von Art. 11 überlagert, der der Wahrung der Familieneinheit dient. Der maßgebliche Zeitpunkt zur Beurteilung der Sachlage bestimmt sich nach Art. 7 Abs. 2 und Abs. 3 (im Übrigen → Art. 9 Rn. 4).

Das Zuständigkeitskriterium des Art. 10 kommt auch dann zur Anwendung, wenn mehrere **2** Familienangehörige in unterschiedlichen Mitgliedsstaaten die Voraussetzungen des Art. 10 erfüllen. Durch das Erfordernis der beiderseitigen Zustimmung wird der Familienangehörige konkretisiert, an den für die Bestimmung des zuständigen Mitgliedsstaats angeknüpft werden soll (zur Reichweite einer subjektiven Rechtsposition sowie zur Darlegungs- und Beweislast → Art. 9 Rn. 2 f.).

B. Einzelerläuterungen

I. Voraussetzungen in der Person des Familienangehörigen

3   Abweichend von Art. 9 wird der Begriff des Familienangehörigen in Art. 10 im Vergleich zu der Legaldefinition in Art. 2 lit. g nicht erweitert (zum Begriff des Familienangehörigen vgl. → Art. 2 Rn. 15 ff.).

4   Aus der Anknüpfung an die Zuständigkeit des anderen Mitgliedsstaats für den Antrag des Familienangehörigen ergibt sich zugleich, dass der Antrag des Antragstellers zeitlich nach dem Antrag des Familienangehörigen gestellt worden sein muss. Die Zuständigkeit des anderen Mitgliedsstaats für das Verfahren des Familienangehörigen muss feststehen. Da hier in der Regel kein Bescheid ergeht, muss geprüft werden, ob der Mitgliedsstaat vorbehaltlos in die Sachprüfung eingetreten ist (GK-AsylG/Funke-Kaiser AsylG § 29 Rn. 79.1; zu den Voraussetzungen, wann ein (konkludenter) vorbehaltloser Eintritt in die Sachprüfung vorliegt, → Art. 17 Rn. 2).

4.1   In der Rechtsprechung wird Art. 10 über seinen Wortlaut hinaus nach Sinn und Zweck erweiternd für den Fall angewandt, dass Familienangehörige gemeinsam und gleichzeitig einen Antrag stellen und erst infolge einer Entscheidung des Mitgliedsstaats getrennt behandelt werden und sich (nur) einer der Angehörigen im nationalen Verfahren des betreffenden Mitgliedsstaats befindet (VG München BeckRS 2021, 10182 Rn. 26).

5   Über den Antrag des Familienangehörigen darf dagegen noch nicht in der Sache entschieden worden sein (im nationalen Recht § 31 AsylG). Eine Sachentscheidung umfasst insoweit neben der Bescheidung des Erstantrags auch die Entscheidung, in Folgeverfahren gem. Art. 40 Abs. 5 Asylverfahrens-RL den Antrag in der Sache nicht weiter zu prüfen.

5.1   Umstritten ist, ob eine Erstentscheidung in der Sache erst dann vorliegt, wenn eine bestands- bzw. rechtskräftige Entscheidung vorliegt. Dafür wird insbesondere der Sinn und Zweck der Regelung der Zusammenführung von Familienangehörigen angeführt, dem andernfalls etwa im Zeitraum zwischen behördlicher Entscheidung und gerichtlicher Entscheidung nicht hinreichend Rechnung getragen würde (OVG Bln-Bbg BeckRS 2019, 20367 Rn. 9 ff.; aA VG München BeckRS 2019, 35313 Rn. 13; Filzwieser/Sprung Dublin III-VO Anm. K3; Koehler, Praxiskommentar zum Europäischen Asylzuständigkeitssystem, 2018, Rn. 7).

II. Die Kundgabe des Wunsches der Betroffenen als weitere Voraussetzung

6   Die Familienzusammenführung steht unter dem Vorbehalt der Zustimmung (Wunsch) des Antragstellers und des Familienangehörigen (im Einzelnen → Art. 9 Rn. 8; VG Düsseldorf BeckRS 2018, 52279).

Art. 11 Familienverfahren

Stellen mehrere Familienangehörige und/oder unverheiratete minderjährige Geschwister in demselben Mitgliedstaat gleichzeitig oder in so großer zeitlicher Nähe einen Antrag auf internationalen Schutz, dass die Verfahren zur Bestimmung des zuständigen Mitgliedstaats gemeinsam durchgeführt werden können, und könnte die Anwendung der in dieser Verordnung genannten Kriterien ihre Trennung zur Folge haben, so gilt für die Bestimmung des zuständigen Mitgliedstaats Folgendes:

a) **zuständig für die Prüfung der Anträge auf internationalen Schutz sämtlicher Familienangehöriger und/oder unverheirateter minderjähriger Geschwister ist der Mitgliedstaat, der nach den Kriterien für die Aufnahme des größten Teils von ihnen zuständig ist;**

b) **andernfalls ist für die Prüfung der Mitgliedstaat zuständig, der nach den Kriterien für die Prüfung des von dem ältesten von ihnen gestellten Antrags zuständig ist.**

Überblick

Art. 11 dient der Wahrung der Familieneinheit und einer zusammenhängenden Bearbeitung der durch die Betroffenen gestellten Anträge auf internationalen Schutz (→ Rn. 1). Wie die Zuständigkeitskriterien zur Familienzusammenführung nach Art. 9 und 10 sowie Art. 8 zum Schutz von unbegleiteten Minderjährigen geht Art. 11 den übrigen Zuständigkeitskriterien vor

(→ Rn. 2). Die Anwendung des Art. 11 setzt voraus, dass die Wahrung der Familieneinheit in Bezug auf die Prüfung der Anträge auf internationalen Schutz überhaupt noch möglich ist (→ Rn. 5). Die Anträge sind dann in hinreichender zeitlicher Nähe gestellt, wenn die Zuständigkeit für den zuerst gestellten Antrag noch nicht feststeht (→ Rn. 6). Die Gefahr der Trennung durch die Anwendung der übrigen Kriterien des Kapitel III besteht dann, wenn nach Aktenlage die Voraussetzungen eines zur Trennung führenden Zuständigkeitskriteriums vorliegen bzw. bei weiterer Sachaufklärung vorliegen könnten (→ Rn. 7). Die Rechtsfolgen ergeben sich aus Art. 11 lit. a und nachrangig hierzu aus lit. b (→ Rn. 8 und → Rn. 9).

A. Allgemeines

Art. 11 dient der Wahrung der **Familieneinheit**. Anders als in den Fällen des Art. 9 und 10, **1** in denen sich die Betroffenen in unterschiedlichen Mitgliedsstaaten aufhalten, betrifft Art. 11 die Konstellation, dass sich Familienangehörige und / oder unverheiratete minderjährige Geschwister in demselben Mitgliedsstaat befinden. Art. 11 verfolgt zudem den Zweck, dass die Entscheidungen über die Anträge der betroffenen Personen auf internationalen Schutz möglichst zusammenhängend bearbeitet werden können (vgl. Erwägungsgrund 15).

Aus dem grundrechtlichen Bezug (Art. 7 GRCh) und aus dem Regelungszusammenhang ergibt **2** sich, dass Art. 11 entgegen der normativen Hierarchie in Art. 7 Abs. 1 **vorrangig** vor den allgemeinen Zuständigkeitskriterien ohne grundrechtlichen Bezug zur Anwendung kommt. Für die Vorrangstellung spricht auch die Bezugnahme in Art. 11 auf die in der Verordnung genannten Kriterien. Könnte deren Anwendung zur Trennung der Familie führen, so ist Art. 11 vorrangig anzuwenden.

Aber auch im Verhältnis zu den Zuständigkeitskriterien Art. 9 und Art. 10 kommt Art. 11 der **3** Vorrang zu. So stellen die Zuständigkeitskriterien in Art. 11 lit. a und lit. b auf die übrigen Kriterien des Kapitels III ab und treffen so eine Anwendungsregelung für die übrigen Zuständigkeitskriterien. Der Vorrang vor Art. 9 und 10 ergibt sich daraus, dass eine mögliche Trennung des betroffenen Personenkreises durch die Anwendung dieser Kriterien gerade verhindert werden soll. Die Art. 9 und 10 knüpfen zudem in zeitlicher Hinsicht an einen späteren Zeitpunkt an. Für die Anwendung des Art. 9 muss über den Antrag des Familienangehörigen bereits in der Sache entschieden sein; nach Art. 10 muss zumindest die Bestimmung des zuständigen Mitgliedsstaats abgeschlossen sein. Art. 11 hat dagegen gerade zur Voraussetzung, dass die Bestimmung des zuständigen Mitgliedsstaats noch nicht abgeschlossen ist (zu der Reichweite einer subjektiven Rechtsposition → Art. 9 Rn. 2; zur Darlegungs- und Beweislast → Art. 9 Rn. 3).

B. Einzelerläuterungen

I. Persönlicher Anwendungsbereich

Art. 11 kommt nur dann zur Anwendung, wenn mehrere – also zumindest zwei – Familienange- **4** hörige und / oder unverheiratete minderjährige Geschwister in demselben Mitgliedsstaat einen Antrag auf internationalen Schutz gestellt haben (zu dem Begriff des Familienangehörigen → Art. 2 Rn. 15 ff.).

Von Beginn an vom persönlichen Anwendungsbereich ausgenommen sind Antragsteller, für **5** deren Antrag auf internationalen Schutz die Zuständigkeit eines Mitgliedsstaats bereits bei Antragstellung feststeht (Filzwieser/Sprung Dublin III-VO K8). Dies hat zur Folge, dass eine familieneinheitliche Prüfung der Anträge auf internationalen Schutz in der Regel nicht mehr erfolgen kann, weshalb Art. 11 in diesen Konstellationen auch für die übrigen Familienmitglieder nicht mehr anwendbar ist.

Dies ist insbesondere dann der Fall, wenn ein Antragsteller bereits in einem anderen Mitgliedsstaat **5.1** einen Antrag auf internationalen Schutz gestellt hat und dieser Staat bereits in die Sachprüfung eingetreten ist. Ein solcher Fall ist etwa denkbar, wenn ein Familienvater in einen Mitgliedsstaat X einreist und dort einen Antrag auf internationalen Schutz stellt, der bereits in der Sache geprüft wird. Sodann reist er mit der nachkommenden Familie nach Deutschland und stellt dort mit allen Familienangehörigen einen Antrag auf internationalen Schutz; einen Wunsch, das Verfahren in dem Mitgliedsstaat X fortzuführen, äußern die Betroffenen bewusst nicht (vgl. → Art. 9 Rn. 9). Für die übrigen Familienangehörigen gibt es keinerlei Anhaltspunkte für die Zuständigkeit eines anderen Mitgliedsstaats. Mitgliedsstaat X ist jedenfalls aufgrund des Selbsteintritts nach Art. 17 Abs. 1 S. 1 zuständig und nach Art. 18 Abs. 1 lit. b verpflichtet, den Familienvater wiederaufzunehmen. Die Anwendung des Art. 11 für die restlichen Familienangehörigen führt hier zur Zuständigkeit Deutschlands (Art. 11 lit. a, Art. 3 Abs. 2) und zur Trennung der Familieneinheit. Das Ziel der Wahrung der Familieneinheit kann hier durch Art. 11 von Beginn an nicht erreicht werden. In diesem Fall ist der Mitgliedsstaat X verpflichtet, von seinem Selbsteintrittsrecht nach Art. 17 Abs. 1 S. 1 Gebrauch zu machen und die Familienmitglieder aufzunehmen.

II. Zeitpunkt der Antragstellung

6 Die Anträge müssen gleichzeitig oder in so großer zeitlicher Nähe gestellt worden sein, dass eine gemeinsame Durchführung des Verfahrens zur Bestimmung des zuständigen Mitgliedsstaats noch möglich ist. Eine gemeinsame Durchführung dieses Verfahrens ist möglich, solange der betroffene Mitgliedsstaat die Prüfung zur Bestimmung des zuständigen Mitgliedsstaats noch nicht abgeschlossen hat. Dies ist jedoch offensichtlich der Fall, wenn der Mitgliedsstaat ein Übernahme- / Wiederaufnahmeersuchen an einen anderen Staat gestellt hat. Die Prüfung der Zuständigkeit ist auch dann abgeschlossen, wenn die Zuständigkeit auf den prüfenden Mitgliedsstaat nach Art. 21 Abs. 1 oder Art. 25 Abs. 3 durch Fristablauf übergeht. Im Übrigen ist ein gemeinsames Verfahren zur Bestimmung des zuständigen Mitgliedsstaats möglich, solange der prüfende Mitgliedsstaat noch nicht in die Sachprüfung eines Antrags auf internationalen Schutz eingetreten ist (→ Art. 17 Rn. 2). Ab diesem Zeitpunkt ist das Verfahren zur Bestimmung des zuständigen Mitgliedsstaats abgeschlossen. Das Ziel des Art. 11, durch die Wahrung der Familieneinheit eine gemeinsame Prüfung der Anträge auf internationalen Schutz zu gewährleisten, ist nicht mehr erreichbar, weshalb in diesem Fall keine hinreichende zeitliche Nähe der Anträge anzunehmen ist.

III. Gefahr der Trennung durch die Anwendung der übrigen Zuständigkeitskriterien

7 Nur wenn die Anwendung der übrigen Zuständigkeitskriterien der Verordnung zur Trennung der Familie führen könnte, ist die Vorschrift anzuwenden. Es genügt daher, wenn die Voraussetzungen eines zur Trennung führenden Zuständigkeitskriteriums **nach Aktenlage** zumindest **möglich erscheinen**. Es ist dagegen nicht erforderlich, dass die Sachlage im Hinblick auf die Voraussetzungen der anderen Zuständigkeitskriterien ausermittelt sein muss. Insbesondere sind keine zeitaufwendigen Anfragen bei etwa betroffenen Mitgliedsstaaten oder gar entsprechende Aufnahmeersuchen notwendig, um die hier in Rede stehende Voraussetzung des Art. 11 zu erfüllen.

IV. Rechtsfolge

8 Im Falle des Art. 11 lit. a ist maßgeblich, welcher Mitgliedsstaat nach den Kriterien für den größten Teil der Familienmitglieder / Geschwister zuständig wäre. Mit Kriterien bezeichnet Art. 11 lit. a (und lit. b) die Kriterien nach Kapitel III der Verordnung.

9 Im Fall des Art. 11 lit. b, der nachrangig zu Art. 11 lit. a zur Anwendung kommt, richtet sich die Zuständigkeit danach, welcher Mitgliedsstaat für die Prüfung des von dem ältesten von ihnen gestellten Antrags zuständig ist. Der Wortlaut ist insoweit unklar, weil er sowohl eine Anknüpfung an den ältesten Antrag (bei nicht gleichzeitiger Antragstellung) oder an den Antrag des ältesten Antragstellers erlaubt. Um gerade die Fälle abzudecken, in denen eine gleichzeitige Antragstellung erfolgt ist, sollte der zweiten Auslegungsmöglichkeit der Vorrang gegeben werden (BeckOK AuslR/Günther AsylG § 29 Rn. 48; so wohl auch GK-AsylG/Funke-Kaiser AsylG § 29 Rn. 122).

Art. 12 Ausstellung von Aufenthaltstiteln oder Visa

(1) Besitzt der Antragsteller einen gültigen Aufenthaltstitel, so ist der Mitgliedstaat, der den Aufenthaltstitel ausgestellt hat, für die Prüfung des Antrags auf internationalen Schutz zuständig.

(2) ¹Besitzt der Antragsteller ein gültiges Visum, so ist der Mitgliedstaat, der das Visum erteilt hat, für die Prüfung des Antrags auf internationalen Schutz zuständig, es sei denn, dass das Visum im Auftrag eines anderen Mitgliedstaats im Rahmen einer Vertretungsvereinbarung gemäß Artikel 8 der Verordnung (EG) Nr. 810/2009 des Europäischen Parlaments und des Rates vom 13. Juli 2009 über einen Visakodex der Gemeinschaft erteilt wurde. ²In diesem Fall ist der vertretene Mitgliedstaat für die Prüfung des Antrags auf internationalen Schutz zuständig.

(3) Besitzt der Antragsteller mehrere gültige Aufenthaltstitel oder Visa verschiedener Mitgliedstaaten, so sind die Mitgliedstaaten für die Prüfung des Antrags auf internationalen Schutz in folgender Reihenfolge zuständig:

a) der Mitgliedstaat, der den Aufenthaltstitel mit der längsten Gültigkeitsdauer erteilt hat, oder bei gleicher Gültigkeitsdauer der Mitgliedstaat, der den zuletzt ablaufenden Aufenthaltstitel erteilt hat;
b) der Mitgliedstaat, der das zuletzt ablaufende Visum erteilt hat, wenn es sich um gleichartige Visa handelt;
c) bei nicht gleichartigen Visa der Mitgliedstaat, der das Visum mit der längsten Gültigkeitsdauer erteilt hat, oder bei gleicher Gültigkeitsdauer der Mitgliedstaat, der das zuletzt ablaufende Visum erteilt hat.

(4) Besitzt der Antragsteller nur einen oder mehrere Aufenthaltstitel, die weniger als zwei Jahre zuvor abgelaufen sind, oder ein oder mehrere Visa, die seit weniger als sechs Monaten abgelaufen sind, aufgrund derer er in das Hoheitsgebiet eines Mitgliedstaats einreisen konnte, so sind die Absätze 1, 2 und 3 anwendbar, solange der Antragsteller das Hoheitsgebiet der Mitgliedstaaten nicht verlassen hat.

Besitzt der Antragsteller einen oder mehrere Aufenthaltstitel, die mehr als zwei Jahre zuvor abgelaufen sind, oder ein oder mehrere Visa, die seit mehr als sechs Monaten abgelaufen sind, aufgrund derer er in das Hoheitsgebiet eines Mitgliedstaats einreisen konnte, und hat er die Hoheitsgebiete der Mitgliedstaaten nicht verlassen, so ist der Mitgliedstaat zuständig, in dem der Antrag auf internationalen Schutz gestellt wird.

(5) ¹Der Umstand, dass der Aufenthaltstitel oder das Visum aufgrund einer falschen oder missbräuchlich verwendeten Identität oder nach Vorlage von gefälschten, falschen oder ungültigen Dokumenten erteilt wurde, hindert nicht daran, dem Mitgliedstaat, der den Titel oder das Visum erteilt hat, die Zuständigkeit zuzuweisen. ²Der Mitgliedstaat, der den Aufenthaltstitel oder das Visum ausgestellt hat, ist nicht zuständig, wenn nachgewiesen werden kann, dass nach Ausstellung des Titels oder des Visums eine betrügerische Handlung vorgenommen wurde.

Überblick

Art. 12 bestimmt denjenigen Mitgliedsstaat als zuständig, in dessen Verantwortung ein Aufenthaltstitel oder ein Visum erteilt worden ist. Als Anknüpfungspunkt erfasst sind für zum maßgeblichen Zeitpunkt gültige Aufenthaltstitel und Visa (→ Rn. 3) ebenso wie für weniger als zwei Jahre abgelaufene Aufenthaltstitel bzw. weniger als sechs Monate abgelaufene Aufenthaltstitel (→ Rn. 8). Für die Kollision bestimmter Aufenthaltstitel und Visa sieht Abs. 3 Regelungen vor (→ Rn. 7). Im Grundsatz ist bei älteren Aufenthaltstiteln oder Visa der Mitgliedsstaat zuständig, in dem der erste Antrag auf internationalen Schutz gestellt wurde (→ Rn. 10).

A. Allgemeines

Art. 12 ist das in der Rangfolge erste Zuständigkeitskriterium, das neben Art. 13–15 an die **1** Rechtmäßigkeit der Einreise bzw. des Aufenthalts anknüpft. Art. 12 weist demjenigen Mitgliedsstaat die Verantwortung für die Durchführung eines Asylverfahrens zu, der durch die Erteilung eines Aufenthaltstitels bzw. Visums die Einreise bzw. die Antragstellung im Hoheitsgebiet der Mitgliedsstaaten ermöglicht hat. Zu Recht wird daher gefordert, dass das Visum oder der Aufenthaltstitel bereits zum Zeitpunkt der Einreise in einen Mitgliedsstaat erteilt gewesen sein muss und sich über diesen Zeitpunkt erstreckt haben muss. Neben dem Sinn und Zweck der Regelung sprächen dafür der systematische Zusammenhang mit Abs. 4 (VG Münster BeckRS 2017, 101994 Rn. 8 ff.). Im Übrigen gilt Art. 7 Abs. 2.

Die vier in Art. 12 enthaltenen Zuständigkeitskriterien kommen in der dort genannten Reihen- **2** folge zur Anwendung (→ Art. 7 Rn. 14). Die Zuständigkeitskriterien knüpfen an die Erteilung eines Aufenthaltstitels oder eines Visums an. Die bloße Einreise oder der Aufenthalt genügen nicht. Auch Art. 12 vermittelt nach der weitgehenden Rechtsprechung des EuGH eine subjektive Rechtsposition (hierzu und zum Rechtsschutz → Art. 7 Rn. 7, → Art. 27 Rn. 2).

B. Einzelerläuterungen zu den Kollisionsregelungen

I. Anknüpfung an die Erteilung eines gültigen Aufenthaltstitels (Abs. 1)

Abs. 1 knüpft an den Besitz eines gültigen Aufenthaltstitels an. Der Begriff des Aufenthaltstitels **3** wird in Art. 2 lit. l umschrieben (im Einzelnen → Art. 2 Rn. 26). Der Besitz meint die Erteilung, nicht den physischen Besitz eines Aufenthaltstitels. Der Aufenthaltstitel muss zu dem nach Art. 7 Abs. 2 maßgeblichen Zeitpunkt gültig sein (→ Rn. 1). Nachträgliche Veränderungen sind demnach unbeachtlich.

II. Anknüpfung an die Erteilung eines gültigen Visums (Abs. 2)

4   Abs. 2 stellt für die Bestimmung des zuständigen Mitgliedsstaats auf den Besitz eines gültigen Visums ab. Der Begriff des Visums ist in Art. 2 lit. m geregelt (im Einzelnen → Art. 2 Rn. 29). Wie der EuGH erst jüngst betont hat, sind die von der Union im Visabereich erlassenen Rechtsakte (insbesondere Visakodex – VO (EG) 810/2009 v. 13.7.2009, ABl. 2009 L 243, 1) zwar Kontextelemente, die bei der Auslegung von Art. 2 lit. m und Art. 12 zu berücksichtigen sind. Der Begriff „Visum" im Sinne dieser Verordnung ist jedoch nicht unmittelbar aus diesen Rechtsakten abzuleiten, sondern ist vielmehr so zu verstehen, dass er auf der speziellen Definition in Art. 2 lit. m der Verordnung und ihrer allgemeinen Systematik beruht (EuGH BeckRS 2017, 118287 Rn. 47; zum maßgeblichen Zeitpunkt des Vorliegens eines Visums → Rn. 1).

5   Auch hier meint der Besitz die ausdrückliche Erteilung des Visums. Die Vorschrift fordert einen exekutiven oder legislativen Akt, mit dem ausdrücklich das Visum im Einklang mit dem Visakodex erteilt wird. Lässt ein Mitgliedsstaat etwa einen Antragsteller sein Hoheitsgebiet auf dem Weg in einen anderen Mitgliedsstaat passieren, so liegt darin keine Erteilung eines Visums (EuGH NVwZ 2017 1357 Rn. 40 ff., 53). Die Verantwortung für die Erteilung eines Visums im Auftrag eines anderen Mitgliedsstaats trägt dieser andere Mitgliedsstaat (Abs. 2 S. 2).

6   In der Literatur wird teilweise die Auffassung vertreten, die Anwendung des Art. 12 Abs. 2 setze voraus, dass in dem Mitgliedsstaat, in dem der Antrag auf internationalen Schutz gestellt wurde, für die Einreise eine Visumspflicht bestehe; andernfalls komme Art. 14 zur Anwendung. Dies ergebe sich zwingend aus Art. 14. Im Übrigen sei dies früher ausdrücklich in Art. 5 Abs. 2 lit. b des Dubliner Übereinkommens (vgl. BGBl. 1994 I 792 f.) geregelt gewesen (so GK-AsylG/Funke-Kaiser AsylG § 29 Rn. 126).

III. Kollisionsregel bei Erteilung mehrere gültiger Aufenthaltstitel und / oder Visa (Abs. 3)

7   Abs. 3 regelt das Zusammentreffen mehrerer gültiger Aufenthaltstitel und / oder Visa. Die drei Kollisionsregeln kommen in der genannten Reihenfolge zur Anwendung (→ Art. 7 Rn. 14). Aus den Regelungen ergibt sich, dass bei einem Zusammentreffen von Aufenthaltstiteln und Visa der **Aufenthaltstitel stets vorrangig** zu beachten ist. Demnach ist der Mitgliedsstaat zuständig, in dessen Verantwortung der Aufenthaltstitel mit der längsten Gültigkeitsdauer erteilt wurde; bei gleicher Gültigkeitsdauer der Mitgliedsstaat, in dessen Verantwortung der zuletzt ablaufende Aufenthaltstitel erteilt wurde (lit. a). Im Fall **gleichartiger Visa** ist der Mitgliedsstaat zuständig, in dessen Verantwortung das zuletzt ablaufende Visum erteilt wurde (lit. b). Bei **nicht gleichartigen Visa** ist – vergleichbar mit der Regelung in lit. a – der Mitgliedsstaat zuständig, in dessen Verantwortung das Visum mit der längsten Gültigkeitsdauer erteilt wurde; bei gleicher Gültigkeitsdauer der Mitgliedsstaat, in dessen Verantwortung das zuletzt ablaufende Visum erteilt wurde. Zu Recht wird in der Literatur darauf aufmerksam gemacht, dass – abweichend von den Regelungen in lit. a und lit. c – in lit. b keine Regelung für den Fall vorgesehen ist, dass die Visa zum selben Zeitpunkt ablaufen. Das (ansonsten primäre) Kriterium der Gültigkeitsdauer ist bei gleichartigen Visa nicht vorgesehen (vgl. BeckOK AuslR/Günther AsylG § 29 Rn. 54). Eine analoge Anwendung der Regelungen in lit. a oder lit. c kommt angesichts der eindeutig zum Ausdruck gebrachten Abweichung nicht in Betracht (vgl. BeckOK AuslR/Günther AsylG § 29 Rn. 54; aA Filzwieser/ Sprung Dublin III-VO K14; GK-AsylG/Funke-Kaiser AsylG § 29 Rn. 131). Vielmehr muss in den Fällen, die in Art. 12 Abs. 3 nicht geregelt sind, auf nachrangige Zuständigkeitskriterien bis hin zur Auffangzuständigkeit nach Art. 3 Abs. 2 UAbs. 2 zurückgegriffen werden.

IV. Anknüpfung an abgelaufene Aufenthaltstitel oder Visa (Abs. 4)

8   Abs. 4 UAbs. 1 dehnt die Regelungen in Abs. 1–3 auf jüngere Altfälle aus. Für den Fall, dass einer oder mehrere Aufenthaltstitel weniger als zwei Jahre zuvor abgelaufen sind, sind Abs. 1–3 demnach entsprechend anzuwenden. Dies gilt ebenfalls für Visa, aufgrund derer der Antragsteller die Möglichkeit hatte einzureisen und die weniger als sechs Monate abgelaufen sind. Bei der Berechnung der Fristen ist Art. 42 zu beachten.

9   Voraussetzung für die entsprechende Anwendung von Abs. 1–3 ist, dass der Antragsteller das Hoheitsgebiet der Mitgliedsstaaten – also nicht lediglich des Mitgliedsstaats, in dem der zu prüfende

Antrag gestellt wurde – zwischenzeitlich nicht verlassen hat. Soweit sich ein Antragsteller darauf beruft, zwischenzeitlich das Hoheitsgebiet verlassen zu haben, müssen hierfür belastbare Anhaltspunkte vorliegen (vgl. VG Aachen BeckRS 2018, 6129 Rn. 12). Für ein Entfallen des Zuständigkeitskriteriums nach Abs. 4 genügt auch eine nur kurzzeitige Ausreise (Filzwieser/Sprung Dublin III-VO Art. 9 K24).

Abs. 4 UAbs. 2 sieht eine Auffangzuständigkeit des Mitgliedsstaates vor, in dem der Antrag auf **10** internationalen Schutz gestellt wurde, wenn der Aufenthaltstitel vor mehr als zwei Jahren erteilt wurde bzw. das Visum vor mehr als sechs Monaten erteilt wurde.

Maßgeblicher Zeitpunkt ist auch im Fall des Abs. 4 nach Art. 7 Abs. 2 der Zeitpunkt der ersten **11** Antragstellung. Daraus ergibt sich auch, dass Abs. 4 UAbs. 2 dem Mitgliedstaat die Verantwortung zuweist, in dem erstmals der Antrag auf internationalen Schutz gestellt wurde. Liegt der Ablauf der Geltungsdauer exakt zwei Jahre bzw. sechs Monate zurück, sieht Abs. 4 keine Regelung vor, weshalb hier vorbehaltlich nachrangig zu prüfender Zuständigkeitskriterien regelmäßig Art. 3 Abs. 2 UAbs. 1 zur Anwendung kommt.

C. Betrügerisches Erlangen oder nachträgliches Fälschen von Aufenthaltstiteln oder Visa (Abs. 5)

Hat ein Antragsteller sich den Aufenthaltstitel oder das Visum durch Vorlage gefälschter, falscher, **12** ungültiger Dokumente oder durch missbräuchliche Verwendung einer (falschen) Identität erschlichen, bleibt es bei den Regelungen in Abs. 1–4, es sei denn, der den Aufenthaltstitel oder das Visum erteilende Mitgliedsstaat kann die betrügerische Handlung nachweisen.

Art. 13 Einreise und/oder Aufenthalt

(1) ¹Wird auf der Grundlage von Beweismitteln oder Indizien gemäß den beiden in Artikel 22 Absatz 3 dieser Verordnung genannten Verzeichnissen, einschließlich der Daten nach der Verordnung (EU) Nr. 603/2013 festgestellt, dass ein Antragsteller aus einem Drittstaat kommend die Land-, See- oder Luftgrenze eines Mitgliedstaats illegal überschritten hat, so ist dieser Mitgliedstaat für die Prüfung des Antrags auf internationalen Schutz zuständig. ²Die Zuständigkeit endet zwölf Monate nach dem Tag des illegalen Grenzübertritts.

(2) Ist ein Mitgliedstaat nicht oder gemäß Absatz 1 dieses Artikels nicht länger zuständig und wird auf der Grundlage von Beweismitteln oder Indizien gemäß den beiden in Artikel 22 Absatz 3 genannten Verzeichnissen festgestellt, dass der Antragsteller – der illegal in die Hoheitsgebiete der Mitgliedstaaten eingereist ist oder bei dem die Umstände der Einreise nicht festgestellt werden können – sich vor der Antragstellung während eines ununterbrochenen Zeitraums von mindestens fünf Monaten in einem Mitgliedstaat aufgehalten hat, so ist dieser Mitgliedstaat für die Prüfung des Antrags auf internationalen Schutz zuständig.

Hat sich der Antragsteller für Zeiträume von mindestens fünf Monaten in verschiedenen Mitgliedstaaten aufgehalten, so ist der Mitgliedstaat, wo er sich zuletzt aufgehalten hat, für die Prüfung des Antrags auf internationalen Schutz zuständig.

Überblick

Die Vorschrift knüpft in Abs. 1 an die illegale Einreise (→ Rn. 5), in Abs. 2 an den illegalen Aufenthalt eines Antragstellers an (→ Rn. 12). Die Vorschrift ist von erheblicher Praxisrelevanz. Die wesentlichen Anwendungsprobleme dürften sich aber im Hinblick auf die Nachweisbarkeit und damit in Bezug auf Art. 22 Abs. 3 stellen (→ Rn. 8).

A. Allgemeines

Wie bereits bei den Zuständigkeitskriterien nach Art. 12 kommt auch bei Art. 13 das Verant- **1** wortungsprinzip zum Tragen, wonach derjenige Mitgliedstaat für die Prüfung des Antrags auf internationalen Schutz in der Sache zuständig ist, der die Einreise aus einem Drittstaat ermöglicht hat. Art. 13 knüpft letztlich daran an, dass die Grenze des Mitgliedstaats zu einem Drittstaat nicht hinreichend gesichert und eine illegale Einreise möglich war.

2   Von der Anwendung des Art. 13 sowie dem der Verordnung zugrunde liegenden Verantwortungsprinzip kann – wie der EuGH erst jüngst entschieden hat – auch dann nicht abgewichen werden, wenn eine ungewöhnlich hohe Anzahl an Schutzsuchenden in das Hoheitsgebiet der Mitgliedsstaaten einreist und Mitgliedsstaaten die Ein- oder Durchreise in Anbetracht der hohen Anzahl dulden (EuGH BeckRS 2017 118287 Rn. 93 ff.). Dies steht jedoch einer vorläufigen Maßnahme in Form der vorübergehenden Aussetzung des Art. 13 durch einen Beschluss des Rates nicht entgegen, wenn der Beschluss auf objektiven Kriterien beruht und nicht offensichtlich ungeeignet ist, um zur Erreichung des Ziels der Entlastung der betroffenen Mitgliedsstaaten beizutragen (EuGH NVwZ 2018 391 Rn. 206 ff.).

3   Die zwei in Art. 13 enthaltenen Zuständigkeitskriterien kommen in der dort genannten Reihenfolge zur Anwendung (→ Art. 7 Rn. 14).

4   Auch Art. 13 vermittelt nach der weitgehenden Rechtsprechung des EuGH eine subjektive Rechtsposition (hierzu und zum Rechtsschutz → Art. 7 Rn. 7, → Art. 27 Rn. 2).

B. Einzelerläuterungen

I. Zuständigkeit aufgrund nachweisbarer illegaler Einreise (Abs. 1)

1. Sachlicher Anwendungsbereich

5   Der sachliche Anwendungsbereich des Zuständigkeitskriteriums nach Abs. 1 ist dann erfüllt, wenn eine **nachweisbare illegale Einreise von einem Drittstaat** (also jeder Staat, der nicht Mitgliedstaat der Verordnung ist) vorliegt und **diese nicht mehr als zwölf Monate zurückliegt.** Die Ausschlussfrist, die den Kompromiss zwischen den Interessen der Binnen- und der Außengrenzstaaten widerspiegelt (vgl. Filzwieser/Sprung Dublin III-VO K8), ist nach Art. 42 zu berechnen. Die Frist läuft ungeachtet der Einlegung eines Rechtsbehelfs (EuGH BeckRS 2017, 119735 Rn. 59).

2. Einreise

6   Der Begriff der Einreise ist aus dem Regelungszusammenhang zu bestimmen. Eine Einreise iSd Abs. 1 liegt vor, wenn die Grenze des Mitgliedsstaats tatsächlich überschritten wurde, sei es auf Land-, See- oder Luftweg. Verlässt der Antragsteller die Transitzone eines Mitgliedsstaats nicht, so liegt nach Art. 15 keine Einreise vor.

3. Illegalität

7   Aus der Regelungssystematik der Art. 12–14 ergibt sich, dass eine Einreise, die nicht den Art. 12 und 14 unterfällt, illegal ist und damit den Anwendungsbereich des Art. 13 eröffnet. Dabei ist zu beachten, dass kein Visum iSd Art. 12 vorliegt, wenn die Einreise eines Drittstaatsangehörigen lediglich geduldet wird (→ Art. 12 Rn. 5). Der Begriff der Illegalität ist mittels Auslegung nach dem gewöhnlichen Sprachgebrauch, dem Regelungszusammenhang und dem Sinn und Zweck der Verordnung zu bestimmen (vgl. zur Definition des Begriffs ausf. EuGH NVwZ 2017 1357 Rn. 60 ff.). Andere die Einreise in die Mitgliedsstaaten betreffenden Vorschriften, wie etwa der Schengener Grenzkodex 2006 (VO (EG) 562/2006 v. 15.3.2006, ABl. 2006 L 105, 1 idF der VO (EU) 610/2013 v. 26.6.2013, ABl. 2013 L 182, 1), sind lediglich Kontextelemente, die zwar zu berücksichtigen sind, aber keine Definition vorgeben können (EuGH NVwZ 2017 1357 Rn. 72 ff.). Danach überschreitet eine Person eine Grenze illegal unabhängig davon, ob das Überschreiten der Grenze geduldet, unter Verletzung der einschlägigen Vorschriften gestattet oder aus humanitären Gründen unter Abweichung von den für Drittstaatsangehörige grundsätzlich geltenden Einreisevoraussetzungen gestattet wird (EuGH NVwZ 2017 1357 Rn. 92). Illegal iSd Art. 13 stellt im Übrigen nicht auf die Strafbarkeit eines Verhaltens – wie der Begriff illegal suggerieren könnte –, sondern darauf ab, ob die Einreise regulär im Sinne der Verordnung erfolgte (Filzwieser/Sprung Dublin III-VO Art. 9 K6).

4. Nachweisbar

8   Die Einreise ist dann festgestellt, wenn sie nach den Beweismitteln und Indizien iSd Art. 22 Abs. 3 oder / und den Daten der VO (EU) 603/2013 (v. 26.6.2013, ABl. 2013 L 180, 1, sog. Eurodac-VO) nachweisbar ist, es sei denn das Gegenteil ist durch Gegenbeweise erwiesen (vgl. im Einzelnen → Art. 22 Rn. 4).

In den Fällen, in denen die Mitgliedsstaaten an den Außengrenzen die Verpflichtungen der **9** VO (EU) 603/2013 (Eurodac-VO) nicht hinreichend berücksichtigen und Drittstaatsangehörige ohne Registrierung durchreisen lassen, kann im Einzelfall auch ohne Vorliegen der bezeichneten Beweismittel und Indizien aus den Angaben des Antragstellers sowie aus allgemeinen Erkenntnissen über Fluchtrouten eine hinreichende Nachweisbarkeit vorliegen (Filzwieser/Sprung Dublin III-VO K11). Dieser Grundsatz kommt in Art. 22 Abs. 6 zum Ausdruck (vgl. im Einzelnen → Art. 22 Rn. 4).

II. Zuständigkeit aufgrund illegalen Aufenthalts (Abs. 2)

Auch die Regelung in Abs. 2 setzt voraus, dass eine legale Einreise im Sinne dieser Verordnung **10** nicht erfolgt ist und keine Legalisierung vor Stellung des ersten Antrags auf internationalen Schutz erfolgt ist.

Hiervon ausgehend erfasst Abs. 2 zum einen Fälle, in denen der Nachweis einer illegalen **11** Einreise iSd Abs. 1 nicht geführt werden kann, zum anderen erfasst er die Antragsteller, bei denen die Anwendung des Zuständigkeitskriteriums nach Abs. 1 S. 1 aufgrund der Ausschlussfrist in Abs. 1 S. 2 ausscheidet.

Nach Abs. 2 UAbs. 1 ist der Mitgliedsstaat zuständig, in dessen Hoheitsgebiet sich der Antrag- **12** steller ohne Unterbrechung für mindestens fünf Monate aufgehalten hat. Auch hier muss der Aufenthalt über Beweismittel und Indizien iSd Art. 22 Abs. 3 nachgewiesen werden (vgl. im Einzelnen → Art. 22 Rn. 4). Bei der Fristberechnung ist Art. 42 zu berücksichtigen. Bestehen **mehrere Aufenthalte** iSd Abs. 2 UAbs. 1, so ist nach UAbs. 2 der letzte hiervon maßgeblich.

Art. 14 Visafreie Einreise

(1) Reist ein Drittstaatsangehöriger oder Staatenloser in das Hoheitsgebiet eines Mitgliedstaats ein, in dem für ihn kein Visumzwang besteht, so ist dieser Mitgliedstaat für die Prüfung des Antrags auf internationalen Schutz zuständig.

(2) ¹Der Grundsatz nach Absatz 1 findet keine Anwendung, wenn der Drittstaatsangehörige oder Staatenlose seinen Antrag auf internationalen Schutz in einem anderen Mitgliedstaat stellt, in dem er ebenfalls kein Einreisevisum vorweisen muss. ²In diesem Fall ist dieser andere Mitgliedstaat für die Prüfung des Antrags auf internationalen Schutz zuständig.

A. Allgemeines

Art. 14 betrifft iRd Art. 12–15 alle Antragsteller, die legal ohne Visumserfordernis von einem **1** Drittstaat in einen Mitgliedstaat einreisen. Die Visafreiheit kann sich entweder lediglich auf einen Mitgliedstaat (Abs. 1) oder auf mehrere Mitgliedstaaten (Abs. 2) erstrecken (vgl. dazu GK-AsylG/ Funke-Kaiser AsylG § 29 Rn. 153). Zuständiger Mitgliedstaat ist der Mitgliedstaat, der durch die Visafreiheit die Einreise ermöglicht und in dem der Antrag auf internationalen Schutz gestellt wird.

B. Einzelerläuterungen

I. Visumfreiheit in einem Mitgliedstaat (Abs. 1)

Der Begriff des Drittstaatsangehörigen ist in Art. 2 lit. a definiert (→ Art. 2 Rn. 2). Die **2** Einreise muss aus einem Drittstaat (also einem Staat, der nicht Mitgliedstaat der Verordnung ist) erfolgt sein. Bei der Einreise über eine Binnengrenze kommen vorrangig die Art. 12 und 13 zur Anwendung. Aus dem systematischen Zusammenhang mit Abs. 2 S. 1 folgt, dass der sachliche Anwendungsbereich des Abs. 1 nur dann eröffnet ist, wenn der Antragsteller in dem Einreisestaat auch den Antrag auf internationalen Schutz stellt.

II. Visumfreiheit in mehreren Mitgliedsstaaten (Abs. 2)

Abs. 2 dispensiert im Falle der Visumsfreiheit in mehreren Mitgliedsstaaten den Einreisemit- **3** gliedstaat von der Verantwortung für die Prüfung des Antrags auf internationalen Schutz und erlegt diese dem Mitgliedstaat auf, in dem der Antragsteller (erstmals) seinen Antrag auf internationalen Schutz stellt.

Art. 15 Antrag im internationalen Transitbereich eines Flughafens

Stellt ein Drittstaatsangehöriger oder Staatenloser im internationalen Transitbereich eines Flughafens eines Mitgliedstaats einen Antrag auf internationalen Schutz, so ist dieser Mitgliedstaat für die Prüfung des Antrags zuständig.

A. Allgemeines

1   Die Regelung in Art. 15 macht deutlich, dass es keine verantwortungsfreien Gebiete im Hoheitsbereich der Mitgliedsstaaten gibt.

B. Einzelerläuterungen

2   Der Begriff des Drittstaatsangehörigen ist in Art. 2 lit. a definiert (→ Art. 2 Rn. 2). Die Einrichtung und der Umfang des internationalen Transitbereichs eines Flughafens liegt in der Verantwortung der Mitgliedsstaaten. Der Transitbereich ist in Richtung des Mitgliedsstaats erst dann verlassen, wenn die Einreise – nach der Einreisekontrolle – erfolgt ist.

2.1   Das Verfahren richtet sich national nach § 18a AsylG und dem sog. Verfahren bei Einreise auf dem Luftwege. Die Begrenzung des Aufenthalts von Antragstellern während der Durchführung des Verfahrens in für die Unterbringung vorgesehenen Räumlichkeiten im Transitbereich des Flughafens ist nach der Rechtsprechung des BVerfG keine Freiheitsentziehung oder -beschränkung (Art. 104 GG iVm Art. 2 Abs. 2 GG), wenn der Antragsteller den Bereich auf dem Luftweg verlassen kann (BVerfG NVwZ 1996, 678). Derartige Unterbringungsmöglichkeiten gibt es derzeit in Deutschland nur an den internationalen Flughäfen in Berlin-Schönefeld, Düsseldorf, Frankfurt a. M., Hamburg und München. Nur an diesen Flughäfen findet daher derzeit ein Flughafenverfahren statt (Dörig, Handbuch Migrations- und Integrationsrecht/Hocks, 2018, Rn. 566 ff.).

Kapitel IV. Abhängige Personen und Ermessensklauseln

Art. 16 Abhängige Personen

(1) Ist ein Antragsteller wegen Schwangerschaft, eines neugeborenen Kindes, schwerer Krankheit, ernsthafter Behinderung oder hohen Alters auf die Unterstützung seines Kindes, eines seiner Geschwister oder eines Elternteils, das/der sich rechtmäßig in einem Mitgliedstaat aufhält, angewiesen oder ist sein Kind, eines seiner Geschwister oder ein Elternteil, das/der sich rechtmäßig in einem Mitgliedstaat aufhält, auf die Unterstützung des Antragstellers angewiesen, so entscheiden die Mitgliedstaaten in der Regel, den Antragsteller und dieses Kind, dieses seiner Geschwister oder Elternteil nicht zu trennen bzw. sie zusammenzuführen, sofern die familiäre Bindung bereits im Herkunftsland bestanden hat, das Kind, eines seiner Geschwister oder der Elternteil in der Lage ist, die abhängige Person zu unterstützen und die betroffenen Personen ihren Wunsch schriftlich kundgetan haben.

(2) ¹Hält sich das Kind, eines seiner Geschwister oder ein Elternteil im Sinne des Absatzes 1 rechtmäßig in einem anderen Mitgliedstaat als der Antragsteller auf, so ist der Mitgliedstaat, in dem sich das Kind, eines seiner Geschwister oder ein Elternteil rechtmäßig aufhält, zuständiger Mitgliedstaat, sofern der Gesundheitszustand des Antragstellers diesen nicht längerfristig daran hindert, in diesen Mitgliedstaat zu reisen. ²In diesem Fall, ist der Mitgliedstaat, in dem sich der Antragsteller aufhält, zuständiger Mitgliedstaat. ³Dieser Mitgliedstaat kann nicht zum Gegenstand der Verpflichtung gemacht werden, das Kind, eines seiner Geschwister oder ein Elternteil in sein Hoheitsgebiet zu verbringen.

(3) Der Kommission wird die Befugnis übertragen gemäß Artikel 45 in Bezug auf die Elemente, die zur Beurteilung des Abhängigkeitsverhältnisses zu berücksichtigen sind, in Bezug auf die Kriterien zur Feststellung des Bestehens einer nachgewiesenen familiären Bindung, in Bezug auf die Kriterien zur Beurteilung der Fähigkeit der betreffenden Person zur Sorge für die abhängige Person und in Bezug auf die Elemente, die

zur Beurteilung einer längerfristigen Reiseunfähigkeit zu berücksichtigen sind, delegierte Rechtsakte zu erlassen.

(4) [1]Die Kommission legt im Wege von Durchführungsrechtsakten einheitliche Bedingungen für Konsultationen und den Informationsaustausch zwischen den Mitgliedstaaten fest. [2]Diese Durchführungsrechtsakte werden nach dem in Artikel 44 Absatz 2 genannten Prüfverfahren erlassen.

Überblick

Art. 16 und 17 bilden das Kapitel IV „Abhängige Personen und Ermessensklauseln" der Dublin III-VO (vgl. die erheblich umgestaltete Vorgängernorm des Art. 15 Dublin II-VO). Insoweit greifen diese Regelungen anknüpfend an die Art. 8 ff. erneut den humanitären Gedanken auf, sowohl getrennte Familienangehörige in einem Mitgliedstaat zusammenzuführen als auch sich in einem Mitgliedstaat befindliche Familienangehörige nicht zu trennen (Abs. 1; vgl. Erwägungsgrund 17; → Rn. 1 ff.). Im Falle der räumlichen Trennung ergeben sich Folgen für die Zuständigkeit zur Bearbeitung des Asylantrages (Abs. 2, → Rn. 4). Nähere Ausgestaltungen diesbezüglich obliegen der Kommission (Abs. 3 und Abs. 4, → Rn. 5).

A. Herstellung / Beibehaltung der Familieneinheit (Abs. 1)

I. Tatbestandsvoraussetzungen

Zunächst muss es sich iRd **Alt. 1** bei dem Antragsteller selbst um eine abhängige Person **1** handeln. Die Norm nennt als Lebenslagen, die eine solche Abhängigkeit begründen: Schwangerschaft, neugeborenes Kind, schwere Krankheit, ernsthafte Behinderung oder hohes Alter. Andere (schutzbedürftige) Lebenslagen sind nicht in einer Analogie zu Art. 16, sondern – bereits aufgrund der abweichenden Rechtsfolgenseite – ggf. innerhalb des Art. 17 zu berücksichtigen. Gerade aufgrund dieser Lebenslage muss der Antragsteller auf die Unterstützung eines Familienangehörigen angewiesen sein. Zur Bewertung der Hilfsbedürftigkeit ist gem. Art. 11 VO (EG) 1560/2003 (Durchführungsverordnung zur Dublin II-VO v. 2.9.2003, ABl. 2003 L 222, 3), der durch die DVO (EU) 118/2014 (Durchführungsverordnung zur Dublin III-VO v. 30.1.2014, ABl. 2014 L 39, 1) ergänzt wurde, maßgeblich auf objektive Schriftstücke, zB ärztliche Atteste abzustellen. Art. 16 Abs. 1 nennt als mögliche Familienangehörige das Kind, die Eltern oder Geschwister des Antragstellers. Durch die Aufzählung wird deutlich, dass nicht etwa der Begriff des Familienangehörigen gem. Art. 2 lit. g maßgeblich ist, der jedenfalls den Art. 9 und 10 ohne Erweiterungen zu Grunde liegt. Als maßgebliche Unterschiede zu Art. 2 lit. g sind zu nennen, dass sowohl alle Kinder (unabhängig von deren Minderjährigkeit) als auch Eltern (unabhängig vom Alter des Antragstellers) erfasst werden. Ebenfalls sind Geschwister umfasst. Ehegatten hingegen werden nicht genannt; eine bestehende Ehe führt jedoch bereits unter den Voraussetzungen der Art. 9 oder 10 zur Prüfung der Asylanträge der Ehegatten in einem Mitgliedstaat.

Im Rahmen der **Alt. 2** ist nicht der Antragsteller selbst, sondern einer der genannten Familien- **2** angehörigen aufgrund einer der Lebenslagen des Art. 16 Abs. 1 auf die Unterstützung des Antragstellers angewiesen. In beiden Alternativen sind weitere Voraussetzungen, dass das Familienmitglied in dem anderen Mitgliedstaat einen rechtmäßigen Aufenthalt hat und die familiäre Bindung bereits im Herkunftsland bestanden hat, was jedoch nicht auch eine familiäre Gemeinschaft in Form eines Zusammenlebens erfordert (vgl. HHS Neues AsylR Rn. 268). Weitere gemeinsame Tatbestandsvoraussetzungen beider Alternativen sind schließlich, dass das Kind, eines seiner Geschwister oder der Elternteil in der Lage ist, die abhängige Person zu unterstützen, und dass die betroffenen Personen ihren Wunsch schriftlich kundgetan haben.

II. Rechtsfolge: Zusammenführung bzw. keine Trennung

Liegen diese Voraussetzungen vor, so entscheiden die Mitgliedstaaten in der Regel, den Antrag- **3** steller und dieses Kind, dieses seiner Geschwister oder den Elternteil nicht zu trennen bzw. sie (in einem Mitgliedstaat) zusammenzuführen. Die Rechtsfolge der Zusammenführung bzw. des Unterlassens einer Trennung ist somit nicht zwingend. Angesicht der Formulierung „**in der Regel**" sind die Mitgliedstaaten jedoch zum Ergreifen der entsprechenden Maßnahmen gehalten, sollte nicht etwa ein atypischer Fall vorliegen. Die eine Atypik begründenden Umstände müssen von einigem Gewicht sein, um das Regel-Ausnahme-Verhältnis nicht im Ergebnis umzukehren. Denkbare atypische Umstände sind bspw. solche, die am Willen des Familienangehörigen zur

Unterstützung zweifeln lassen (vgl. Art. 11 Abs. 4 VO (EG) 1560/2003) oder das unmittelbar bevorstehende Ende einer Abhängigkeit. Letztlich ist stets die Notwendigkeit und Zweckmäßigkeit im Rahmen einer Gesamtbetrachtung zu beurteilen (vgl. Art. 11 Abs. 3 VO (EG) 1560/2003).

B. Zuständiger Mitgliedstaat (Abs. 2)

4   Liegen die Voraussetzungen des Abs. 1 vor, so regelt Abs. 2 S. 1 für den Fall, dass sich die Familienangehörigen in verschiedenen Mitgliedstaaten aufhalten, Folgendes: Zuständig für die Bearbeitung des Asylantrages des abhängigen Antragstellers ist derjenige Mitgliedstaat, in dem sich der Familienangehörige rechtmäßig aufhält. Abweichend hiervon ist bei einer gesundheitsbedingten Reiseunfähigkeit des Antragstellers der Mitgliedstaat, in dem sich der Antragsteller aufhält, zuständiger Mitgliedstaat (S. 1 und S. 2), wobei auch in diesem dann die nach Abs. 1 gebotene Zusammenführung stattfindet. Unproblematisch ist im Falle eines gemeinsamen Aufenthalts von Antragsteller und Familienangehörigen in einem Mitgliedstaat dieser Mitgliedstaat für die Bearbeitung des Asylantrags des Antragstellers zuständig. Bereits aus dem Wortlaut von Art. 16 Abs. 1 folgt, dass es auf ein Ersuchen des an sich zuständigen Mitgliedstaates zur Übernahme der Zuständigkeit des Aufenthaltsstaates nicht ankommt. Dies ergibt sich aus der Abgrenzung zu Art. 17 Abs. 2, der ein solches Ersuchen voraussetzt (Marx ZAR 2014, 5 (8)). Der zuständig gewordene Mitgliedstaat hat den vormals zuständigen Mitgliedstaat über den Zuständigkeitsübergang zu unterrichten (vgl. EuGH NVwZ-RR 2013, 69 Rn. 52).

C. Befugnisse der Kommission (Abs. 3, Abs. 4)

5   **Abs. 3** räumt der Europäischen Kommission die Befugnis ein, mittels delegierten Rechtsakten die in diesem Absatz genannten Tatbestandselemente näher auszugestalten. Von dieser Befugnis hat die Kommission durch Art. 2 Nr. 6 DVO (EU) 118/2014 (Durchführungsverordnung zur Dublin III-VO), der Art. 11 VO (EG) 1560/2003 (Durchführungsverordnung zur Dublin II-VO) um einen Abs. 6 ergänzt, Gebrauch gemacht (→ Rn. 1). Nach **Abs. 4** legt die Kommission im Wege von Durchführungsrechtsakten einheitliche Bedingungen für Konsultationen und den Informationsaustausch zwischen den Mitgliedstaaten fest.

Art. 17 Ermessensklauseln

(1) **Abweichend von Artikel 3 Absatz 1 kann jeder Mitgliedstaat beschließen, einen bei ihm von einem Drittstaatsangehörigen oder Staatenlosen gestellten Antrag auf internationalen Schutz zu prüfen, auch wenn er nach den in dieser Verordnung festgelegten Kriterien nicht für die Prüfung zuständig ist.**
[1]**Der Mitgliedstaat, der gemäß diesem Absatz beschließt, einen Antrag auf internationalen Schutz zu prüfen, wird dadurch zum zuständigen Mitgliedstaat und übernimmt die mit dieser Zuständigkeit einhergehenden Verpflichtungen.** [2]**Er unterrichtet gegebenenfalls über das elektronische Kommunikationsnetz DubliNet, das gemäß Artikel 18 der Verordnung (EG) Nr. 1560/2003 eingerichtet worden ist, den zuvor zuständigen Mitgliedstaat, den Mitgliedstaat, der ein Verfahren zur Bestimmung des zuständigen Mitgliedstaats durchführt, oder den Mitgliedstaat, an den ein Aufnahme- oder Wiederaufnahmegesuch gerichtet wurde.**
Der Mitgliedstaat, der nach Maßgabe dieses Absatzes zuständig wird, teilt diese Tatsache unverzüglich über Eurodac nach Maßgabe der Verordnung (EU) Nr. 603/2013 mit, indem er den Zeitpunkt über die erfolgte Entscheidung zur Prüfung des Antrags anfügt.

(2) [1]**Der Mitgliedstaat, in dem ein Antrag auf internationalen Schutz gestellt worden ist und der das Verfahren zur Bestimmung des zuständigen Mitgliedstaats durchführt, oder der zuständige Mitgliedstaat kann, bevor eine Erstentscheidung in der Sache ergangen ist, jederzeit einen anderen Mitgliedstaat ersuchen, den Antragsteller aufzunehmen, aus humanitären Gründen, die sich insbesondere aus dem familiären oder kulturellen Kontext ergeben, um Personen jeder verwandtschaftlichen Beziehung zusammenzuführen, auch wenn der andere Mitgliedstaat nach den Kriterien in den Artikeln 8 bis 11 und 16 nicht zuständig ist.** [2]**Die betroffenen Personen müssen dem schriftlich zustimmen.**
Das Aufnahmegesuch umfasst alle Unterlagen, über die der ersuchende Mitgliedstaat verfügt, um dem ersuchten Mitgliedstaat die Beurteilung des Falles zu ermöglichen.

¹Der ersuchte Mitgliedstaat nimmt alle erforderlichen Überprüfungen vor, um zu prüfen, dass die angeführten humanitären Gründe vorliegen, und antwortet dem ersuchenden Mitgliedstaat über das elektronische Kommunikationsnetz DubliNet, das gemäß Artikel 18 der Verordnung (EG) Nr. 1560/2003 eingerichtet wurde, innerhalb von zwei Monaten nach Eingang des Gesuchs. ²Eine Ablehnung des Gesuchs ist zu begründen.

Gibt der ersuchte Mitgliedstaat dem Gesuch statt, so wird ihm die Zuständigkeit für die Antragsprüfung übertragen.

Überblick

Art. 17 führt den humanitären Zuständigkeitsgedanken im Rahmen mitgliedstaatlichen Ermessens fort: Abs. 1 vermittelt den Mitgliedstaaten das Recht, entgegen einer an sich gegebenen Zuständigkeit eines anderen Mitgliedstaates, den Asylantrag eines Asylbewerbers zu prüfen (sog. Selbsteintrittsrecht, → Rn. 1 ff.). Abs. 2 sieht spiegelbildlich die Möglichkeit eines an sich zuständigen Mitgliedstaates vor, ein Ersuchen an einen anderen Mitgliedstaat zu richten, ob dieser nicht von seinem Selbsteintrittsrecht Gebrauch machen will (→ Rn. 6 f.).

A. Selbsteintrittsrecht (Abs. 1)

I. Tatbestandsvoraussetzungen

Das Selbsteintrittsrecht besteht unabhängig vom Vorliegen etwaiger Tatbestandsvoraussetzungen **1** (vgl. EuGH NVwZ 2017, 1357). Die in Abs. 1 UAbs. 2 und UAbs. 3 aufgeführten Unterrichtungsobliegenheiten bzw. -pflichten an den ursprünglich zuständigen Mitgliedstaat bilden keine Tatbestandsvoraussetzung, sondern folgen aus einem bereits ausgeübten Selbsteintrittsrecht (vgl. NK-AuslR/Bruns AsylG § 27a Rn. 60 mwN). In Zusammenschau mit Art. 16 und Art. 17 Abs. 2 dürften jedoch vornehmlich familiäre Gründe sowie weitere humanitäre Kriterien wie Krankheit oder die Aussicht auf Erteilung einer Duldung die maßgeblichen Gesichtspunkte sein (vgl. Nestler/ Vogt ZAR 2017, 21 (24)). Diese **humanitären Gründe** können in den besonderen Umständen des Einzelfalls begründet sein; in Betracht kommt jedoch auch eine Notlage zahlreicher Asylsuchender in einem anderen Mitgliedstaat, obwohl eine solche Notlage die Zuständigkeitsregelungen nach der Dublin III-VO gerade nicht aushebelt. Letztlich muss auch ein in großer Zahl ausgeübtes Selbsteintrittsrecht den humanitären Umständen des Einzelfalls Rechnung tragen und insbesondere die zwingenden Zuständigkeitsregelungen der Art. 8–10 berücksichtigen, um nicht seinerseits etwa die gemeinsame Prüfung von Asylanträgen einer Familie zu vereiteln. Wird das Selbsteintrittsrecht nämlich ausgeübt, genießt es Vorrang vor den übrigen Zuständigkeitskriterien (BeckOK AuslR/ Günther AsylG § 29 Rn. 11).

Das Selbsteintrittsrecht ist **weder form- noch fristgebunden.** Es kann der hM zufolge auch **2** konkludent ausgeübt werden (vgl. nur NK–AuslR/Bruns AsylG § 27a Rn. 60 mwN). Allein die – jedenfalls vom Bundesamt für Migration und Flüchtlinge (Bundesamt) vielfach praktizierte – Anhörung zu den Fluchtgründen nach § 25 AsylG bereits in einem frühen Verfahrensstadium reicht als konkludentes Verhalten jedoch nicht aus (vgl. Filzwieser/Sprung Dublin III-VO K12; Hailbronner AuslR AsylG § 27a Rn. 64). Unerheblich ist, ob der eigentlich zuständige Mitgliedstaat einem Zuständigkeitsübergang zugestimmt hat (vgl. EuGH BeckRS 2013, 81101). Auch der Asylantragsteller selbst muss nicht zustimmen. Mit der Ausübung des Selbsteintrittsrechts geht die Zuständigkeit auf den eintretenden Mitgliedstaat über; dieser ist nun verpflichtet, den Asylantrag materiell zu prüfen.

Der Entwurf der Dublin IV-VO sah (dann unter Art. 19 Dublin IV-VO-E) eine erhebliche Beschrän- **2.1** kung des Selbsteintrittsrechts der Mitgliedstaaten vor. So sollte ein Mitgliedstaat das Selbsteintrittsrecht nur noch ausüben dürfen, wenn familiäre Gründe dafür sprechen und noch kein anderer Mitgliedstaat als zuständig festgelegt worden ist (vgl. zum Ganzen Henkel ZRP 2017, 2). Dem Entwurf der Dublin IV-VO der Europäischen Kommission war ansonsten insbesondere die Absicht zu entnehmen, familiäre Bindungen zu stärken, etwa einen umfassenderen Personenkreis als Familienangehörige zu berücksichtigen. Die EU-Kommission hat ihren Vorschlag zur Dublin IV-VO kürzlich jedoch zurückgenommen (2021/C 143/04).

II. Ermessen und Selbsteintrittspflicht

3   Art. 17 Abs. 1 räumt den Mitgliedstaaten ein **weites Ermessen** ein, ob sie von ihrem Selbsteintrittsrecht Gebrauch machen. Die Ermessensausübung hat sich hierbei an den genannten humanitären Kriterien zu orientieren; die Frage der Anwendung der Ermessensklausel durch einen Mitgliedstaat obliegt nicht allein dem nationalen Recht und dessen Auslegung durch das Verfassungsgericht des betreffenden Mitgliedstaats, sondern stellt eine Frage nach der Auslegung des Unionsrechts iSv Art. 267 AEUV dar (vgl. EuGH NVwZ 2017, 691).

4   Ausnahmsweise kann sich das Ermessen jedoch zu einer **Pflicht zum Selbsteintritt** verdichten (vgl. nur Bergmann/Dienelt/Bergmann AsylG § 29 Rn. 28 f.). Ob der Antragsteller hierauf auch einen (subjektiv einklagbaren) Anspruch hat, ist europarechtlich noch nicht eindeutig geklärt. Gegen einen einklagbaren Rechtsanspruch hat sich zuletzt überzeugend der VGH BW (BeckRS 2019, 18065) ausgesprochen. Übt ein Mitgliedstaat jedoch das Selbsteintrittsrecht aus, beschränkt sich seine Verpflichtung nicht nur darauf, von einer Überstellung in den an sich zuständigen Mitgliedstaat abzusehen, sondern den Asylantrag auch in der Sache zu prüfen, um einen sog. „refugee in orbit" zu vermeiden (allein für eine Pflicht zum Unterlassen der Überstellung BeckOK AuslR/Günther AsylG § 29 Rn. 33 mwN). Ob eine solche Ermessensreduzierung vorliegt, hat das Gericht bei der Überprüfung der Rechtmäßigkeit der Unzulässigkeitsentscheidung des Bundesamts nach § 29 Abs. 1 Nr. 1 lit. a AsylG zu ermitteln; ergänzend zu der hierbei statthaften Anfechtungsklage muss der Kläger kein weiteres Verpflichtungsbegehren geltend machen (vgl. BeckOK AuslR/Günther AsylG § 29 Rn. 37). Im Verfahren des einstweiligen Rechtsschutzes ist entsprechend ein Antrag nach § 80 Abs. 5 VwGO, gerichtet gegen die sofort vollziehbare Abschiebungsanordnung gem. § 34a AsylG, statthaft.

5   Eine Pflicht zum Selbsteintritt ist **insbesondere** anzunehmen, wenn ein aufgrund von Art. 4 GRCh und Art. 3 EMRK zu berücksichtigendes nationales Abschiebehindernis, so zB ein schlechter Gesundheitszustand des Asylantragstellers, der Überstellung in den zuständigen Mitgliedstaat entgegensteht (vgl. EuGH NVwZ 2017, 691). In diesen Fällen muss die das Abschiebungshindernis begründende Erkrankung nicht nur von kurzfristiger Dauer sein, wobei eine Orientierung an dem Zeitraum von sechs Monaten des Art. 31 Abs. 3 Asylverfahrens-RL praktikabel erscheint (so VG Göttingen BeckRS 2017, 108553). Gleiches gilt aufgrund des dem Dublin-System innewohnenden Beschleunigungsgedankens, wenn zum Zeitpunkt der gerichtlichen Entscheidung hinreichend sicher feststeht, dass innerhalb der nächsten sechs Monate eine Überstellung aus tatsächlichen Gründen nicht möglich sein wird oder durchgeführt werden kann (vgl. VGH BW DÖV 2016, 879). In der aktuell europaweiten **Corona-Pandemie** hat das Bundesamt von seinem Selbsteintrittsrecht hingegen nicht Gebrauch gemacht, sondern in einer Vielzahl gerichtlicher Verfahren die Durchführung der Überstellungsentscheidung gem. Art. 27 Abs. 4 (→ Art. 27 Rn. 8.2) iVm § 80 Abs. 4 VwGO ausgesetzt. An dieser Praxis haben Verwaltungsgerichte insbesondere im Hinblick auf eine dadurch möglicherweise herbeigeführte Unterbrechung der Überstellungsfrist nach Art. 29 (→ Art. 29 Rn. 13.1) zu Recht durchgreifende Zweifel geäußert (vgl. etwa VG Schleswig BeckRS 2020, 10097; vgl. ausf. Lehnert/Werdermann NVwZ 2020, 1308). Das Bundesverwaltungsgericht hat diese Frage nun dem EuGH im Wege des Vorabentscheidungsverfahrens vorgelegt (ZAR 2021, 134). Zwar von einem „Überstellungshindernis", nicht aber von der Pflicht zum Selbsteintritt ist bei der Annahme systemischer Schwachstellen iSd Art. 3 Abs. 2 UAbs. 2 im eigentlich zuständigen Mitgliedstaat auszugehen; in diesen Fällen statuiert jedoch bereits Art. 3 Abs. 2 UAbs. 3 einen solchen Zuständigkeitsübergang (→ Art. 3 Rn. 21). Nach der Jawo-Entscheidung des EuGH (NVwZ 2019, 712) ist die Überstellung in den zuständigen Mitgliedstaat auf dieser Grundlage nur dann unmöglich, wenn der Asylantragsteller im zuständigen Mitgliedstaat (ggf. auch nach dort erfolgter Zuerkennung eines Schutzstatus) unfreiwillig der Gefahr extremer materieller Not ausgesetzt würde; Abweichendes gilt für besonders schutzbedürftige Personen. Zur Wahrung oder Herbeiführung der Familieneinheit in einem Mitgliedstaat kann es für diesen Mitgliedstaat außerdem geboten sein, auch nach dem Ablauf von Fristen der Dublin III-VO das Selbsteintrittsrecht auszuüben (VG Münster BeckRS 2018, 40754).

5.1   Bei Streitigkeiten über die Mitwirkung des Bundesamtes im Dublin-Verfahren handelt es sich grundsätzlich um eine Streitigkeit nach dem AsylG iSv § 52 Nr. 2 S. 3 VwGO (BVerwG NVwZ 2019, 1767). Ist die Bundesrepublik Deutschland für die Prüfung des Asylantrags eines in einem anderen Mitgliedstaat aufhältigen minderjährigen Familienangehörigen eines in Deutschland anerkannten Flüchtlings zuständig, hat sie unter Berücksichtigung von Art. 8 EMRK nach Ablauf der Dublin-Überstellungsfrist ihr Selbsteintrittsrecht auszuüben, was auch im Wege der einstweiligen Anordnung nach § 123 VwGO verfolgt werden kann (vgl. VG Düsseldorf BeckRS 2017, 130291; vgl. auch Nestler/Vogt ZAR 2017, 21 (27 f.)).

B. Selbsteintrittsersuchen (Abs. 2)

Nach Abs. 2 kann die **Initiative** auch vom an sich zuständigen Mitgliedstaat ausgehen, indem 6
dieser einen anderen Mitgliedstaat ersucht, den Antragsteller aufzunehmen. Voraussetzung hierfür
ist zunächst, dass es humanitäre (insbesondere familiäre) Gründe gibt, die aber gerade nicht zu
einer zwingenden Zuständigkeit führen. Zudem darf noch keine „Erstentscheidung" in der Sache
ergangen sein. Erstentscheidung bedeutet dabei, dass das Erstverfahren bestands- oder rechtskräftig
abschließend entschieden wurde.

Abweichend von Art. 17 Abs. 1 verlangt Abs. 2, dass der Betroffene dem Ersuchen des anderen 7
Mitgliedstaats **zugestimmt** hat. Der ersuchte Mitgliedstaat muss seine Entscheidung innerhalb
von zwei Monaten übermitteln. Eine Ablehnung muss begründet werden. Anders als etwa Art. 22
Abs. 7 (→ Art. 22 Rn. 3) regelt Art. 17 Abs. 2 nicht, dass eine fehlende Zustimmung bzw.
Ablehnung innerhalb dieser Frist als Übernahme gilt. Allein aus der Begründungspflicht im Falle
der Ablehnung lässt sich eine solche Rechtsfolge auch nicht herleiten (aA NK-AuslR/Bruns AsylG
§ 27a Rn. 63). Gibt der ersuchte Mitgliedstaat dem Gesuch (fristgemäß) statt, wird ihm die
Zuständigkeit für die Antragsprüfung übertragen. Zuletzt hat die Bundesregierung die freiwillige
Übernahme von unbegleiteten minderjährigen Flüchtlingen und geflüchteten Familien aus dem
griechischen Flüchtlingslager Moria auf Art. 17 Abs. 2 gestützt (vgl. BT-Drs. 19/24556, 2).

Kapitel V. Pflichten des zuständigen Mitgliedstaats

Art. 18 Pflichten des zuständigen Mitgliedstaats

(1) Der nach dieser Verordnung zuständige Mitgliedstaat ist verpflichtet:
a) einen Antragsteller, der in einem anderen Mitgliedstaat einen Antrag gestellt hat,
nach Maßgabe der Artikel 21, 22 und 29 aufzunehmen;
b) einen Antragsteller, der während der Prüfung seines Antrags in einem anderen Mitgliedstaat einen Antrag gestellt hat oder der sich im Hoheitsgebiet eines anderen
Mitgliedstaats ohne Aufenthaltstitel aufhält, nach Maßgabe der Artikel 23, 24, 25
und 29 wieder aufzunehmen;
c) einen Drittstaatsangehörigen oder einen Staatenlosen, der seinen Antrag während
der Antragsprüfung zurückgezogen und in einem anderen Mitgliedstaat einen
Antrag gestellt hat oder der sich ohne Aufenthaltstitel im Hoheitsgebiet eines anderen
Mitgliedstaats aufhält, nach Maßgabe der Artikel 23, 24, 25 und 29 wieder aufzunehmen;
d) einen Drittstaatsangehörigen oder Staatenlosen, dessen Antrag abgelehnt wurde und
der in einem anderen Mitgliedstaat einen Antrag gestellt hat oder der sich im
Hoheitsgebiet eines anderen Mitgliedstaats ohne Aufenthaltstitel aufhält, nach Maßgabe der Artikel 23, 24, 25 und 29 wieder aufzunehmen.
(2) Der zuständige Mitgliedstaat prüft in allen dem Anwendungsbereich des Absatzes 1 Buchstaben a und b unterliegenden Fällen den gestellten Antrag auf internationalen
Schutz oder schließt seine Prüfung ab.
¹Hat der zuständige Mitgliedstaat in den in den Anwendungsbereich von Absatz 1
Buchstabe c fallenden Fällen die Prüfung nicht fortgeführt, nachdem der Antragsteller
den Antrag zurückgezogen hat, bevor eine Entscheidung in der Sache in erster Instanz
ergangen ist, stellt dieser Mitgliedstaat sicher, dass der Antragsteller berechtigt ist, zu
beantragen, dass die Prüfung seines Antrags abgeschlossen wird, oder einen neuen
Antrag auf internationalen Schutz zu stellen, der nicht als Folgeantrag im Sinne der
Richtlinie 2013/32/EU behandelt wird. ²In diesen Fällen gewährleisten die Mitgliedstaaten, dass die Prüfung des Antrags abgeschlossen wird.
In den in den Anwendungsbereich des Absatzes 1 Buchstabe d fallenden Fällen, in
denen der Antrag nur in erster Instanz abgelehnt worden ist, stellt der zuständige Mitgliedstaat sicher, dass die betreffende Person die Möglichkeit hat oder hatte, einen wirksamen Rechtsbehelf gemäß Artikel 46 der Richtlinie 2013/32/EU einzulegen.

Überblick

Art. 18 steht im Kapitel V der Dublin III-VO, das ebenfalls mit „Pflichten des zuständigen Mitgliedstaats" überschrieben ist. Die Vorschrift markiert den Übergang von den die Zuständigkeit der Mitgliedstaaten (primär) regelnden Kapitel 3 und 4 hin zum Pflichtenprogramm, das an die ermittelte Zuständigkeit anknüpft. Dieses kann grob in verschiedene Aufnahme- bzw. Wiederaufnahmepflichten (Abs. 1, → Rn. 1 f.) sowie die Pflicht zur materiellen Prüfung des Asylantrags (Abs. 2, → Rn. 4) unterteilt werden. Nicht vom Dublin-Regime umfasst, jedoch von zunehmender praktischer Relevanz im Rahmen der Sekundärmigration, sind Fälle, in denen ein Asylantragsteller bereits in einem anderen Mitgliedstaat einen internationalen Schutzstatus erhalten hat (→ Rn. 3).

A. Pflicht zur (Wieder-)Aufnahme (Abs. 1)

1   Die Norm **begründet keine Zuständigkeit** eines Mitgliedstaats, sondern setzt eine solche voraus. Die regelmäßig vom Bundesamt für Migration und Flüchtlinge (Bundesamt) in Dublin-Bescheiden verwendete Formulierung „der ersuchte Staat ist nach Art. 18 … zuständig" ist daher nicht korrekt. Art. 18 Abs. 1 listet sodann für den zuständigen Mitgliedstaat unter den lit. a–d insgesamt vier Pflichten zur (Wieder-) Aufnahme in Bezug auf den Asylantragsteller auf. Alle Regelungen des Abs. 1 verweisen für die Modalitäten der (Wieder-) Aufnahmepflicht auf einzelne Vorschriften des Kapitel IV der Dublin III-VO („nach der Maßgabe der Artikel […]"). Somit regelt Art. 18 die Pflichten nur im Grundsatz; ob tatsächlich eine (Wieder-) Aufnahme zu erfolgen hat, bestimmt sich im Einzelnen nach den Verfahrensvorschriften der in Bezug genommen Artikel.

2   Im Einzelnen gilt dazu Folgendes:
- Lit. a regelt die Pflicht zur Aufnahme eines Asylantragstellers, der in einem anderen Mitgliedstaat einen Asylantrag gestellt hat. Aufgrund des Verweises auf die Art. 21, 22 und 29 wird deutlich, dass der Asylantragsteller im zuständigen Mitgliedstaat selbst noch keinen Asylantrag gestellt hat.
- Lit. b beinhaltet die erste Konstellation, in der der Asylantragsteller im zuständigen Mitgliedstaat selbst bereits einen Asylantrag gestellt hat (Wiederaufnahme). Nach der Antragstellung und vor Abschluss des Asylverfahrens im zuständigen Mitgliedstaat hat der Antragsteller jedoch den zuständigen Mitgliedstaat verlassen und in einem anderen (unzuständigen) Mitgliedstaat einen weiteren Asylantrag gestellt oder hält sich schlicht im Hoheitsgebiet eines anderen (unzuständigen) Mitgliedstaats auf, für den er keinen Aufenthaltstitel besitzt. In der Folge wird auf die Vorschriften für die Wiederaufnahme (Art. 23–25) verwiesen.
- Lit. c regelt den Fall der Antragsrücknahme (vgl. hierzu die Legaldefinition des Art. 2 lit. c während des laufenden Asylverfahrens im zuständigen Mitgliedstaat, der – insoweit in Übereinstimmung mit lit. b – in einem anderen Mitgliedstaat einen Antrag gestellt hat oder der sich ohne Aufenthaltstitel im Hoheitsgebiet eines anderen Mitgliedstaats aufhält.
- Lit. d umfasst schließlich den weiteren Fall in Form der Ablehnung des Asylantrags im zuständigen Mitgliedstaat. Jeder Asylantrag soll im Grundsatz nur einmal als Erstantrag in einem der Dublin-Staaten geprüft werden. Findet jedoch keine Überstellung des Asylantragstellers durch Deutschland in den zuständigen Mitgliedstaat statt und wird in der Folge eine nationale Zuständigkeit begründet, hat das Bundesamt den Asylantrag als Zweitantrag iSd § 71a AsylG zu prüfen.

3   Ist der Antragsteller bereits in einem anderen Dublin-Staat **als international Schutzberechtigter anerkannt,** erlässt das Bundesamt eine Unzulässigkeitsentscheidung nach § 29 Abs. 1 Nr. 2 AsylG und droht – wie sich aus §§ 34a Abs. 1 S. 4, 35 AsylG ergibt – die Abschiebung in diesen Staat an (vgl. hierzu und im Weiteren zur Problematik der sog. Anerkannten-Fälle Bergmann/Dienelt/Bergmann AsylG § 29 Rn. 26). Die Dublin III-VO findet keine Anwendung. Da sich die Dublin III-VO neben dem Antrag auf Zuerkennung der Flüchtlingseigenschaft auch auf Anträge bzgl. des subsidiären Schutzstatus erstreckt (vgl. Art. 2 lit. b und lit. c), ist deren Anwendungsbereich (ebenfalls) nicht eröffnet, wenn der Antragsteller bereits in einem anderen Mitgliedstaat den subsidiären Schutzstatus erhalten hat (EuGH BeckRS 2017, 107126). Daher greift auch die Wiederaufnahmepflicht nach Art. 18 Abs. 1 lit. b bzw. lit. d nicht, weil nicht davon ausgegangen werden kann, dass der Flüchtlingsschutzantrag abgelehnt oder noch anhängig ist. Die Entscheidung des Bundesamtes über die Unzulässigkeit des Antrags nach § 29 Abs. 1 Nr. 2 AsylG und die Abschiebungsandrohung werden gem. § 37 Abs. 1 AsylG unwirksam, wenn das Verwaltungsgericht dem Antrag nach § 80 Abs. 5 VwGO entspricht (vgl. zum Anwendungsbereich des § 37 Abs. 1 AsylG VGH BW BeckRS 2018, 3251; zur Frage des Rechtsmissbrauchs bei Setzung einer Ausreisefrist von 30 Tagen nach § 38 Abs. 1 AsylG: VGH BW NVwZ 2020, 566), und das Bundesamt hat das Asylverfahren fortzuführen. Bei dieser Fortführung muss sich das Bundesamt mit den vom Verwaltungsgericht im Eilverfahren geäußerten ernstlichen Zweifeln auseinandersetzen, ist aber

an dessen Bewertung nicht gebunden. Liegen die Voraussetzungen des § 29 Abs. 1 Nr. 2 AsylG – einschließlich etwaiger sich aus dem Anwendungsvorrang des Unionsrechts ergebender Vorgaben – weiterhin vor, muss es erneut eine Unzulässigkeitsentscheidung treffen (vgl. BVerwG NVwZ 2019, 794). Nach der jüngsten EuGH-Rechtsprechung in den Rechtssachen Hamed und Omar (BeckRS 2019, 28304) ist es einem Mitgliedstaat verwehrt, den Zweitantrag als unzulässig abzulehnen, wenn die Lebensverhältnisse, die dem Antragsteller in dem anderen Mitgliedstaat als Schutzberechtigter erwarten würden, ihn der ernsthaften Gefahr aussetzen würden, eine unmenschliche oder erniedrigende Behandlung iSv Art. 4 GRCh zu erfahren. Die Maßstäbe, wann eine solche Behandlung anzunehmen ist, sind durch den EuGH in den Rechtssachen Jawo (BeckRS 2019, 3600) und Ibrahim (BeckRS 2019, 3603) konkretisiert worden (vgl. auch VGH BW BeckRS 2019, 18065). In diesen Fällen ist also im verwaltungsgerichtlichen Verfahren nicht nur ein nationales Abschiebungsverbot in Bezug auf den Mitgliedstaat festzustellen, sondern auch die Unzulässigkeitsentscheidung nach § 29 Abs. 1 Nr. 2 AsylG aufzuheben (BVerwG BeckRS 2020, 14913). Ein „Durchentscheiden" über den Asylantrag in der Sache obliegt dem Verwaltungsgericht jedoch nicht, so dass das Bundesamt diese Prüfung vornehmen muss (vgl. VG Karlsruhe BeckRS 2020, 5399).

B. Prüfung des Asylantrags (Abs. 2)

Abs. 2 sieht für den zuständigen Mitgliedstaat im Wesentlichen eine Pflicht zur materiellen **4** Prüfung des Asylantrags vor. In den Fällen des Abs. 1 lit. b ist das bereits eröffnete Asylverfahren somit schlicht fortzuführen. Ist in den Fällen des Abs. 1 lit. c die Prüfung aufgrund der Rücknahme des Asylantrags nicht fortgeführt worden, hat der zuständige Mitgliedstaat entweder das Verfahren aufgrund des ersten Antrags weiter zu führen oder muss den Antragsteller erneut einen Antrag auf internationalen Schutz stellen lassen. Eine Pflicht, das Verfahren zur Prüfung des Antrags in dem Stadium wieder aufzunehmen, in dem es eingestellt worden war, ist Art. 18 Abs. 2 jedoch nicht zu entnehmen (vgl. EuGH BeckRS 2016, 80581 Rn. 64 ff.). Ein neuer Antrag darf nicht als Folgeantrag behandelt werden. Dem Antragsteller soll nicht das Recht genommen werden, einmal eine Entscheidung über seinen Asylerstantrag als Erstantrag zu erhalten. In den Fällen des Abs. 1 lit. d ist der zuständige Mitgliedstaat angehalten, dem Antragsteller die Möglichkeit eines wirksamen Rechtsbehelfs iSd Art. 46 Asylverfahrens-RL (RL 2013/32/EU v. 26.6.2013, ABl. 2013 L 180, 60) gegen die behördliche Ablehnung seines Asylgesuchs einzuräumen, sollte er eine solche Möglichkeit noch nicht erhalten haben.

Art. 19 Übertragung der Zuständigkeit

(1) Erteilt ein Mitgliedstaat dem Antragsteller einen Aufenthaltstitel, so obliegen diesem Mitgliedstaat die Pflichten nach Artikel 18 Absatz 1.

(2) Die Pflichten nach Artikel 18 Absatz 1 erlöschen, wenn der zuständige Mitgliedstaat nachweisen kann, dass der Antragsteller oder eine andere Person im Sinne von Artikel 18 Absatz 1 Buchstabe c oder d, um dessen/deren Aufnahme oder Wiederaufnahme er ersucht wurde, das Hoheitsgebiet der Mitgliedstaaten für mindestens drei Monate verlassen hat, es sei denn, die betreffende Person ist im Besitz eines vom zuständigen Mitgliedstaat ausgestellten gültigen Aufenthaltstitels.

Ein nach der Periode der Abwesenheit im Sinne des Unterabsatzes 1 gestellter Antrag gilt als neuer Antrag, der ein neues Verfahren zur Bestimmung des zuständigen Mitgliedstaats auslöst.

(3) Die Pflichten nach Artikel 18 Absatz 1 Buchstaben c und d erlöschen, wenn der zuständige Mitgliedstaat nachweisen kann, dass der Antragsteller oder eine andere Person im Sinne von Artikel 18 Absatz 1 Buchstabe c oder d, um dessen/deren Wiederaufnahme er ersucht wurde, nach Rücknahme oder Ablehnung des Antrags das Hoheitsgebiet der Mitgliedstaaten auf der Grundlage eines Rückführungsbeschlusses oder einer Abschiebungsanordnung verlassen hat.

Ein nach einer vollzogenen Abschiebung gestellter Antrag gilt als neuer Antrag, der ein neues Verfahren zur Bestimmung des zuständigen Mitgliedstaats auslöst.

Überblick

Art. 19 regelt eine Reihe von Konstellationen, in denen vom in Art. 18 festgelegten Grundsatz, dass dem zuständigen Mitgliedstaat die dort genannten Pflichten obliegen, durch später eintretende

Tatsachen abgewichen wird. Abs. 1 normiert hierbei einen Pflichtenübergang für den Fall, das dem Antragsteller von einem anderen als dem zuständigen Mitgliedstaat ein Aufenthaltstitel erteilt wird (→ Rn. 1). Bei Antragsrücknahme und Antragsablehnung sehen Abs. 2 und Abs. 3 Vorschriften für den Fall des Verlassens der Mitgliedstaaten (und bei erneuter illegaler Einreise) vor (→ Rn. 2 ff.).

A. Erteilung eines Aufenthaltstitels (Abs. 1)

1   Erteilt ein Mitgliedstaat einem Asylantragsteller einen Aufenthaltstitel (nach seinem nationalen Recht), gehen die Pflichten des Art. 18 Abs. 1 auf diesen Mitgliedstaat über. Die Norm wählt somit zwar denselben Anknüpfungspunkt wie Art. 12 Abs. 1, nämlich die Erteilung eines Aufenthaltstitels (→ Art. 12 Rn. 3). Art. 12 Abs. 1 regelt jedoch die primäre Zuständigkeit. Im Rahmen von Art. 19 Abs. 1 muss im Gegensatz dazu zunächst die Zuständigkeit eines anderen Mitgliedstaats bestanden haben, dessen Pflichten übergehen können; der Aufenthaltstitel muss also danach erteilt werden (vgl. NK-AuslR/Bruns AsylG § 27a Rn. 43). Es erscheint aber auch in diesen Fällen sachgerecht, den Mitgliedstaat, in dem der Antragsteller ohnehin aufenthaltsberechtigt ist und der sich für den Antragsteller verantwortlich gezeigt hat, mit den Pflichten des Art. 18 zu betrauen. Der Begriff des Aufenthaltstitels ist in Art. 2 lit. l legaldefiniert. Ausgenommen sind demnach eigentlich Aufenthaltstitel, die während der zur Bestimmung des zuständigen Mitgliedstaats entsprechend der Dublin III-VO erforderlichen Frist oder während der Prüfung eines Antrags auf internationalen Schutz oder eines Antrags auf Gewährung eines Aufenthaltstitels erteilt wurden. Dieser Ausschluss kann aber hier nicht zum Tragen kommen, da Art. 19 Abs. 1 ansonsten keinen sinnvollen Anwendungsbereich hätte. Im Übrigen gelten dieselben Anforderungen an einen Aufenthaltstitel wie bei Art. 12 Abs. 1. Dem Mitgliedstaat, der einen Aufenthaltstitel erteilt hat, obliegt auch die Prüfung des Asylantrags des Antragstellers, weil Art. 18 Abs. 2 die Pflicht zur Prüfung des Asylantrags an die Eröffnung der Anwendungsbereiche des Art. 18 Abs. 1 knüpft.

B. Verlassen der Mitgliedstaaten und neuer Antrag (Abs. 2, Abs. 3)

2   Verlässt ein Antragsteller iSv Art. 18 Abs. 1 lit. c oder lit. d eine sonstige Person, die keinen weiteren Antrag in dem Mitgliedstaat gestellt hat, das Hoheitsgebiet der Mitgliedstaaten für mindestens drei Monate, so erlöschen nach **Art. 19 Abs. 2 UAbs. 1** die Pflichten des zuständigen Mitgliedstaats nach Art. 18 Abs. 1, der um Wiederaufnahme des Antragstellers ersucht wurde. Um insbesondere die Zuständigkeitsregelungen nach dem Dublin-System nicht zu unterlaufen, ist der Begriff „Mitgliedstaat" hier in einem weiten Sinne dergestalt zu verstehen, dass auch die vier „assoziierten Dublin-Staaten" Schweiz, Norwegen, Island und Liechtenstein inbegriffen sind. Den Nachweis dieses Verlassens obliegt dem zuständigen Mitgliedstaat und dürfte im Einzelfall – auch im Hinblick auf die geforderten drei Monate – schwer zu führen sein. Stützt sich der Nachweis vorwiegend auf die Angaben des Antragstellers, ist dieses Vorbringen später auch Gegenstand der gerichtlichen Überzeugungsbildung (vgl. Bergmann/Dienelt/Bergmann AsylG § 29 Rn. 49 mit Verweis auf VG Stuttgart Urt. v. 29.4.2014 – A 12 K 1539/14). Ein Erlöschen tritt nicht ein, wenn der Antragsteller im Besitz eines vom zuständigen Mitgliedstaat ausgestellten gültigen Aufenthaltstitels ist.

3   Zwangsläufige Folge des Erlöschens der Pflichten des Art. 18 Abs. 1 ist, dass kein Mitgliedstaat zur Prüfung des Asylantrags (mehr) verpflichtet ist. Stellt der Antragsteller nach mindestens dreimonatiger Abwesenheit aus dem Hoheitsgebiet der Dublin-Staaten jedoch einen erneuten Asylantrag, gilt dieser gemäß **Art. 19 Abs. 2 UAbs. 2** als neuer Antrag, der ein neues Verfahren zur Bestimmung des zuständigen Mitgliedstaats auslöst (vgl. EuGH NVwZ 2016, 1155 = BeckRS 2016, 81118). Infolgedessen ist es durchaus möglich, dass sich ein Antragsteller zur gleichen Zeit in mehreren Dublin-Verfahren befindet. Nach der Rechtsprechung des EuGH (NVwZ 2018, 560 mAnm Hruschka) ist dies nun auch möglich, wenn ein aufgrund einer Dublin-Entscheidung überstellter Asylantragsteller in den überstellenden Staat zurückkehrt. Dann nämlich muss ein neues Dublin-Verfahren eingeleitet werden, da das Dublin-System eine Weiterwirkung des ursprünglichen Dublin-Bescheids nicht kennen soll (→ Art. 23 Rn. 3).

4   Parallel zu Abs. 2 sieht Abs. 3 ein Erlöschen der Pflichten nach Art. 18 Abs. 1 lit. c und lit. d vor, wenn der Antragsteller nach Rücknahme oder Ablehnung des Antrags das Hoheitsgebiet der Mitgliedstaaten auf der Grundlage eines Rückführungsbeschlusses oder einer Abschiebungsanordnung – gleich welchen Mitgliedstaats – verlassen hat. Im Gegensatz zu Abs. 2 setzt das Verlassen keine Mindestdauer voraus. Ein nach vollzogener Abschiebung gestellter Antrag gilt (ebenfalls) als neuer Antrag. Es muss also erneut ermittelt werden, welcher Mitgliedstaat für die Durchführung des Asylverfahrens zuständig ist.

Kapitel VI. Aufnahme- und Wiederaufnahmeverfahren

Abschnitt I. Einleitung des Verfahrens

Art. 20 Einleitung des Verfahrens

(1) Das Verfahren zur Bestimmung des zuständigen Mitgliedstaats wird eingeleitet, sobald in einem Mitgliedstaat erstmals ein Antrag auf internationalen Schutz gestellt wird.

(2) [1]Ein Antrag auf internationalen Schutz gilt als gestellt, wenn den zuständigen Behörden des betreffenden Mitgliedstaats ein vom Antragsteller eingereichtes Formblatt oder ein behördliches Protokoll zugegangen ist. [2]Bei einem nicht in schriftlicher Form gestellten Antrag sollte die Frist zwischen der Abgabe der Willenserklärung und der Erstellung eines Protokolls so kurz wie möglich sein.

(3) [1]Für die Zwecke dieser Verordnung ist die Situation eines mit dem Antragsteller einreisenden Minderjährigen, der der Definition des Familienangehörigen entspricht, untrennbar mit der Situation seines Familienangehörigen verbunden und fällt in die Zuständigkeit des Mitgliedstaats, der für die Prüfung des Antrags auf internationalen Schutz dieses Familienangehörigen zuständig ist, auch wenn der Minderjährige selbst kein Antragsteller ist, sofern dies zum Wohl des Minderjährigen dient. [2]Ebenso wird bei Kindern verfahren, die nach der Ankunft des Antragstellers im Hoheitsgebiet der Mitgliedstaaten geboren werden, ohne dass ein neues Zuständigkeitsverfahren für diese eingeleitet werden muss.

(4) [1]Stellt ein Antragsteller bei den zuständigen Behörden eines Mitgliedstaats einen Antrag auf internationalen Schutz, während er sich im Hoheitsgebiet eines anderen Mitgliedstaats aufhält, obliegt die Bestimmung des zuständigen Mitgliedstaats dem Mitgliedstaat, in dessen Hoheitsgebiet sich der Antragsteller aufhält. [2]Dieser Mitgliedstaat wird unverzüglich von dem mit dem Antrag befassten Mitgliedstaat unterrichtet und gilt dann für die Zwecke dieser Verordnung als der Mitgliedstaat, bei dem der Antrag auf internationalen Schutz gestellt wurde.

Der Antragsteller wird schriftlich von dieser Änderung des die Zuständigkeit prüfenden Mitgliedstaats und dem Zeitpunkt, zu dem sie erfolgt ist, unterrichtet.

(5) Der Mitgliedstaat, bei dem der erste Antrag auf internationalen Schutz gestellt wurde, ist gehalten, einen Antragsteller, der sich ohne Aufenthaltstitel im Hoheitsgebiet eines anderen Mitgliedstaats aufhält oder dort einen Antrag auf internationalen Schutz gestellt hat, nachdem er seinen ersten Antrag noch während des Verfahrens zur Bestimmung des zuständigen Mitgliedstaats zurückgezogen hat, nach den Bestimmungen der Artikel 23, 24, 25 und 29 wieder aufzunehmen, um das Verfahren zur Bestimmung des zuständigen Mitgliedstaats zum Abschluss zu bringen.

Diese Pflicht erlischt, wenn der Mitgliedstaat, der das Verfahren zur Bestimmung des zuständigen Mitgliedstaats abschließen soll, nachweisen kann, dass der Antragsteller zwischenzeitlich das Hoheitsgebiet der Mitgliedstaaten für mindestens drei Monate verlassen oder in einem anderen Mitgliedstaat einen Aufenthaltstitel erhalten hat.

Ein nach einem solchen Abwesenheitszeitraum gestellter Antrag im Sinne von Unterabsatz 2 gilt als neuer Antrag, der ein neues Verfahren zur Bestimmung des zuständigen Mitgliedstaats auslöst.

Überblick

Art. 20 ist die einzige Norm des mit „Aufnahme- und Wiederaufnahmeverfahren" überschriebenen VI. Kapitels der Dublin III-VO. Entsprechend regelt die Vorschrift in Abs. 1 und Abs. 2 Grundsätzliches zur Frage des Beginns eines Dublin-Verfahrens (→ Rn. 1 f.). Abs. 3 trägt nochmals dem Schutz minderjähriger Antragsteller und dem Familienzusammenhalt Rechnung (→ Rn. 3). Abs. 4 und Abs. 5 wiederum regeln Zuständigkeiten und Pflichten, wenn Antragstellung und tatsächlicher Aufenthalt des Antragstellers hinsichtlich der Mitgliedstaaten auseinanderfallen (→ Rn. 4 f.).

A. Verfahrenseinleitung durch Antrag auf internationalen Schutz (Abs. 1–3)

1   Nach **Art. 20 Abs. 1** beginnt ein Dublin-Verfahren zur Bestimmung des zuständigen Mitglied-staats, wenn erstmals ein Antrag auf internationalen Schutz im Hoheitsgebiet eines Mitgliedstaats gestellt wird. Der Zeitpunkt der erstmaligen Antragstellung ist auch für die Bestimmung des nach den Kriterien dieses Kapitels zuständigen Mitgliedstaats maßgeblich, Art. 7 Abs. 2 – sog. „Versteinerungsprinzip" (vgl. zur Begrifflichkeit Bergmann ZAR 2015, 81 (83)). Der Begriff „Antrag auf internationalen Schutz" ist in Art. 2 lit. b legaldefiniert als Antrag auf internationalen Schutz iSd Art. 2 lit. h Qualifikations-RL. Gemäß **Art. 20 Abs. 2** gilt ein Antrag auf internationalen Schutz als gestellt, wenn den zuständigen Behörden des betreffenden Mitgliedstaats ein vom Antragsteller eingereichtes Formblatt oder ein behördliches Protokoll zugegangen ist, wobei bei einem nicht in schriftlicher Form gestellten Antrag die Frist zwischen der Abgabe der Willenserklä-rung und der Erstellung eines Protokolls so kurz wie möglich sein sollte. Nach der Rechtsprechung des EuGH in der Entscheidung Mengesteab (NVwZ 2017, 1601 = BeckRS 2017, 118290) ist es dabei ausreichend, wenn der mit der Durchführung der sich aus dieser Verordnung ergebenden Verpflichtungen betrauten Behörde ein Schriftstück zugegangen ist, das von einer Behörde erstellt wurde und bescheinigt, dass ein Drittstaatsangehöriger um internationalen Schutz ersucht hat. Diese formalen Voraussetzungen der Antragstellung unterscheiden sich von jenen des § 14 AsylG. Nach der Dublin III-VO liegt somit ein Asylantrag bereits dann vor, wenn aufgrund der Asylnach-suche nach einer Erstregistrierung und erkennungsdienstlichen Behandlung eine Bescheinigung über die Meldung als Asylsuchender (Ankunftsnachweis iSd § 63a AsylG, ehemals BüMA = Bescheinigung über die Meldung als Asylsuchender) ausgestellt worden ist, was den Beginn der fristgebundenen Zuständigkeitsprüfung gemäß der Dublin III-VO zur Folge hat (vgl. GEB AsylR Rn. 402). Das OVG NRW (BeckRS 2017, 124767) stellt bei Erteilung eines Ankunftsnachweises in Einklang mit der Entscheidung Mengesteab auf den Zeitpunkt ab, zu dem dieser dem Bundes-amt für Migration und Flüchtlinge (Bundesamt) übermittelt oder ihm die darin enthaltenen Informationen zur Verfügung gestellt worden sind. Ist ein Asylantrag gestellt, sind Zurückweisun-gen in einen anderen Staat zur Antragsprüfung nur nach Durchführung des dafür vorgesehenen Verfahrens, also der Vorschriften des VI. Kapitels der Dublin III-VO, rechtmäßig (vgl. Huber AufenthG/Göbel-Zimmermann/Masuch/Hruschka, 2. Aufl. 2016, AufenthG § 60 Rn. 12).

2   Das Verfahren selbst hat die Aufklärung des maßgeblichen Sachverhalts durch das Bundesamt zum Gegenstand. Hierzu hat regelmäßig zeitnah ein persönliches Gespräch mit dem Antragsteller stattzufinden (vgl. Art. 5). Große Bedeutung für die Bestimmung des für die materielle Prüfung des Antrags zuständigen Staates sind die Erkenntnisse, die durch einen Abgleich der Fingerabdrücke des Antragstellers mit den Daten im sog. Eurodac-System gewonnen werden (vgl. dazu im Weite-ren HHS Neues AsylR Rn. 274; → Art. 21 Rn. 3.1 ff.).

3   Gemäß **Art. 20 Abs. 3** ist die Situation des mit einem Antragsteller einreisenden Minderjähri-gen, der der Definition des Familienangehörigen entspricht (vgl. Art. 2 lit. g), untrennbar mit der Situation seines Familienangehörigen verbunden. Der Minderjährige fällt in die Zuständigkeit des für die Prüfung des Antragstellers zuständigen Mitgliedstaats (vgl. zur Unzulässigkeit von Asylanträ-gen der in Deutschland geborenen Kinder im EU-Ausland anerkannter Schutzberechtigter Bro-scheit InfAuslR 2018, 41). Damit wird der Schutz Minderjähriger (vgl. Erwägungsgrund 13 und Art. 6) und der Grundsatz der Familieneinheit (vgl. insbesondere Erwägungsgrund 15) verwirk-licht. Eines eigenen Dublin-Verfahrens bedarf es für diese Minderjährige im Gegensatz zu den unbegleiteten Minderjährigen iSd Art. 8 also nicht. Dies gilt auch, wenn der Minderjährige selbst kein Antragsteller ist (vgl. jedoch § 14a AsylG). Dem Wohl des Minderjährigen dürfte es jedoch nicht dienen, das Zuständigkeitsschicksal der Eltern in Bezug auf einen Mitgliedstaat mit systemi-schen Schwachstellen iSd Art. 3 Abs. 2 zu teilen (vgl. VG Würzburg BeckRS 2019, 18117). Ebenfalls in die Zuständigkeit des für die Prüfung des Antragstellers zuständigen Mitgliedstaats fallen Kinder, die nach der Ankunft des Antragstellers im Hoheitsgebiet der Mitgliedstaaten gebo-ren werden; insoweit löst deren Geburt nicht die Einleitung eines neuen Zuständigkeitsverfahrens aus. Abs. 3 ist hingegen weder direkt noch analog anwendbar, wenn den Eltern bereits in einem anderen Mitgliedstaat internationaler Schutz zuerkannt worden ist (BayVGH BeckRS 2018, 32963; aA VGH BW NVwZ-RR 2018, 629; zuletzt offen gelassen von BVerwG BeckRS 2020, 19064, das aber die Stellung eines fristgemäßen Aufnahmegesuchs iSd Art. 21 durch den Mitglied-staat, in dem das Kind geboren wurde, verlangt).

B. Abweichen vom Mitgliedstaat der Antragstellung und vom Mitgliedstaat des aktuellen Aufenthalts (Abs. 4, Abs. 5)

Stellt ein Antragsteller, während er sich im Hoheitsgebiet eines anderen Mitgliedstaats aufhält, **4** bei den zuständigen Behörden eines Mitgliedstaats einen Antrag auf internationalen Schutz, obliegt gem. Abs. 4 UAbs. 1 S. 1 die Bestimmung des zuständigen Mitgliedstaats dem Mitgliedstaat, in dessen Hoheitsgebiet sich der Antragsteller aufhält. Der Mitgliedstaat des derzeitigen Aufenthalts muss unverzüglich von dem mit dem Antrag befassten Mitgliedstaat unterrichtet werden. In der Folge wird – aus Gesichtspunkten der Beschleunigung und Praktikabilität – fingiert, dass der Antrag auf internationalen Schutz bei dem Mitgliedstaat des aktuellen Aufenthalts gestellt wurde. Dieser Mitgliedstaat hat somit das Dublin-Verfahren durchzuführen. Dies stellt eine Ausnahme zum Grundsatz des Abs. 1 dar. Der Antragsteller ist schließlich schriftlich von der Änderung des die Zuständigkeit prüfenden Mitgliedstaats und dem Zeitpunkt, zu dem sie erfolgt ist, zu unterrichten (Abs. 4 UAbs. 2).

Hat der Antragsteller in diesen Fällen jedoch seinen ersten Antrag noch während des Verfahrens **5** zur Bestimmung des zuständigen Mitgliedstaats zurückgezogen, ist der Mitgliedstaat, bei dem der erste Antrag auf internationalen Schutz gestellt wurde, gehalten, den Antragsteller nach den Bestimmungen der Art. 23–25 und 29 wieder aufzunehmen, um das Verfahren zur Bestimmung des zuständigen Mitgliedstaats zum Abschluss zu bringen. Abs. 5 soll nach der Rechtsprechung des EuGH **analog** zur Anwendung kommen, wenn der Antragsteller seinen Antrag zwar nicht zurückzieht, jedoch eigenmächtig in einen anderen Mitgliedstaat weiterreist (BeckRS 2019, 4643; vgl. auch die Besprechung von Vogt/Nestler NVwZ 2019, 859). Abs. 5 UAbs. 2 bestimmt sodann in Anlehnung an Art. 19 Abs. 2 und Abs. 3 ein Erlöschen dieser Aufnahmeverpflichtung beim Nachweis des Verlassens der Mitgliedstaaten für mindestens drei Monate. Ein nach einem solchen Abwesenheitszeitraum gestellter Antrag gilt wiederum als neuer Antrag (Abs. 5 UAbs. 3).

Abschnitt II. Aufnahmeverfahren

Art. 21 Aufnahmegesuch

(1) Hält der Mitgliedstaat, in dem ein Antrag auf internationalen Schutz gestellt wurde, einen anderen Mitgliedstaat für die Prüfung des Antrags für zuständig, so kann er so bald wie möglich, auf jeden Fall aber innerhalb von drei Monaten nach Antragstellung im Sinne von Artikel 20 Absatz 2, diesen anderen Mitgliedstaat ersuchen, den Antragsteller aufzunehmen.

Abweichend von Unterabsatz 1 wird im Fall einer Eurodac-Treffermeldung im Zusammenhang mit Daten gemäß Artikel 14 der Verordnung (EU) Nr. 603/2013 dieses Gesuch innerhalb von zwei Monaten nach Erhalt der Treffermeldung gemäß Artikel 15 Absatz 2 jener Verordnung gestellt.

Wird das Gesuch um Aufnahme eines Antragstellers nicht innerhalb der in Unterabsätzen 1 und 2 niedergelegten Frist unterbreitet, so ist der Mitgliedstaat, in dem der Antrag auf internationalen Schutz gestellt wurde, für die Prüfung des Antrags zuständig.

(2) Der ersuchende Mitgliedstaat kann in Fällen, in denen der Antrag auf internationalen Schutz gestellt wurde, nachdem die Einreise oder der Verbleib verweigert wurde, der Betreffende wegen illegalen Aufenthalts festgenommen wurde oder eine Abschiebungsanordnung zugestellt oder vollstreckt wurde, eine dringende Antwort anfordern. ¹**In dem Gesuch werden die Gründe genannt, die eine dringende Antwort rechtfertigen, und es wird angegeben, innerhalb welcher Frist eine Antwort erwartet wird.** ²**Diese Frist beträgt mindestens eine Woche.**

(3) In den Fällen im Sinne der Unterabsätze 1 und 2 ist für das Gesuch um Aufnahme durch einen anderen Mitgliedstaat ein Formblatt zu verwenden, das Beweismittel oder Indizien gemäß den beiden in Artikel 22 Absatz 3 genannten Verzeichnissen und/oder sachdienliche Angaben aus der Erklärung des Antragstellers enthalten muss, anhand derer die Behörden des ersuchten Mitgliedstaats prüfen können, ob ihr Staat gemäß den in dieser Verordnung definierten Kriterien zuständig ist. ¹**Die Kommission legt im Wege von Durchführungsrechtsakten einheitliche Bedingungen für die Erstellung und Übermittlung von Aufnahmegesuchen fest.** ²**Diese Durch-**

führungsrechtsakte werden gemäß dem in Artikel 44 Absatz 2 genannten Prüfverfahren erlassen.

Überblick

Art. 21, der Abschnitt 2 des IV. Kapitels einleitet, knüpft zeitlich an den Abschluss der Prüfung der Zuständigkeit durch den hiermit betrauten Mitgliedstaat an. Ist diese Prüfung zu dem Ergebnis gelangt, dass ein anderer Mitgliedstaat, in dem noch kein Antrag auf internationalen Schutz gestellt wurde, zuständig ist, kann der zuständige Staat ersucht werden, den Antragsteller aufzunehmen (→ Rn. 1). Ob für das Aufnahmegesuch eine zwei- oder dreimonatige Frist gilt, hängt davon ab, ob dem Gesuch eine Eurodac-Treffermeldung zugrunde liegt (→ Rn. 2). Wird das Aufnahmegesuch nicht innerhalb der maßgeblichen Frist gestellt, wird der ersuchende Staat für die Prüfung des Antrags zuständig (→ Rn. 3). Die Frist hat drittschützende Wirkung zugunsten des Antragstellers. Abs. 2 beinhaltet die Möglichkeit einer dringenden Antwort in Sonderfällen (→ Rn. 6); Abs. 3 enthält Form- und Verfahrensvorschriften für das Aufnahmegesuch; die Kommission hat im Wege von Durchführungsrechtsakten für einheitliche Bedingungen für die Erstellung und Übermittlung von Aufnahmegesuchen zu sorgen (→ Rn. 7).

A. Fristgemäßes Aufnahmegesuch (Abs. 1)

I. Allgemeines

1   Führt die Überprüfung, welcher Mitgliedstaat für die Prüfung des Antrags auf internationalen Schutz zuständig ist (vgl. → Art. 20 Rn. 2 ff.), zur Annahme der Zuständigkeit eines anderen Mitgliedstaats, besteht die Möglichkeit, ein **Aufnahmegesuch** (oder generalisierend Übernahme-ersuchen) an diesen Staat zu richten. Gegenstand dieser Überprüfung durch den ersuchenden Mitgliedstaat sind stets auch die primären Zuständigkeitskriterien des Kapitels III (EuGH BeckRS 2019, 4643). Aus der Systematik und den Begrifflichkeiten des Art. 18 Abs. 1 sowie der Art. 23–25 ergibt sich, dass ein Aufnahmegesuch (nur) in den Fällen zu stellen ist, in denen der Antragsteller in dem für zuständig erachteten Mitgliedstaat noch keinen Antrag auf internationalen Schutz gestellt hat. Ist dort bereits ein Antrag gestellt worden, handelt es sich in allen Fällen um ein Wiederaufnahmegesuch (vgl. → Art. 23 Rn. 1 ff.). Für das Aufnahmegesuch sind die Form- und Verfahrensvorschriften des Abs. 3 zu beachten.

2   Das Stellen des Aufnahmegesuchs soll „so bald wie möglich" erfolgen und ist im Übrigen nur an (Höchst-) Fristen gebunden. Die **Länge der Anfragefrist** (vgl. zur anschaulichen Begrifflichkeit Hruschka ASYLMAGAZIN 2018, 46) beurteilt sich anhand der Frage, ob eine Eurodac-Treffermeldung für den Antragsteller in Bezug auf den für zuständig erachteten Mitgliedstaat vorliegt. Liegt ein solcher Treffer – wie in der Praxis bei Aufnahmeersuchen sehr häufig – vor, so beträgt gem. UAbs. 2 die Fristlänge zwei Monate. Liegt hingegen kein Eurodac-Treffer vor, ist das Aufnahmegesuch binnen drei Monaten an den jeweiligen Mitgliedstaat zu richten. **Fristbeginn** ist im Falle eines Eurodac-Treffers der Erhalt der Treffermeldung; liegt kein Eurodac-Treffer vor, ist die Antragstellung iSv Art. 20 Abs. 2 maßgeblich, so dass bereits die Übermittlung des Ankunftsnachweises an das Bundesamt für Migration und Flüchtlinge (Bundesamt) die Frist in Gang setzt (vgl. → Art. 20 Rn. 1). Die konkrete Berechnung der jeweiligen Frist richtet sich grundsätzlich nach den Maßgaben des Art. 42. Neben diesen gesetzlich vorgesehen Fristen ist zu beachten, dass auch ein allzu langes Zuwarten mit einer Eurodac-Anfrage, um erst dann in ein Rücküberstellungsverfahren einzutreten, das Beschleunigungsgebot des Art. 31 Asylverfahrens-RL verletzen und somit zur Rechtswidrigkeit des Dublin-Bescheides führen kann (VG Stuttgart BeckRS 2020, 34902).

3   **Läuft diese Frist ab,** ohne dass ein solches Aufnahmegesuch gestellt wurde, ist der Staat der ersten Beantragung internationalen Schutzes für die Prüfung des Antrags zuständig (Art. 21 Abs. 1 UAbs. 3). Diese Zuständigkeit wird sodann unabhängig von den (primären) Zuständigkeitskriterien des Kapitels III begründet (vgl. BeckOK AuslR/Günther AsylG § 29 Rn. 15), weshalb bei der Zuständigkeit durch Fristablauf auch von einem „sekundären Zuständigkeitskriterium" gesprochen werden kann. Wird diese Frist hingegen eingehalten, obliegt es dem ersuchten Mitgliedstaat gem. Art. 22 – wiederum innerhalb einer vorgegebenen Frist – zu antworten (→ Art. 22 Rn. 1 ff.). Nicht möglich ist es, ein Aufnahmegesuch mehr als drei Monate nach Stellung des Antrags auf internationalen Schutz wirksam zu unterbreiten, auch wenn dies weniger als zwei Monate nach Erhalt eines Eurodac-Treffers geschieht; die Zwei-Monats-Frist findet daher nur alternativ Anwendung, verlängert aber nicht den Dreimonatszeitraum, der somit in allen Fällen eine Höchstfrist darstellt (vgl. EuGH NVwZ 2017, 1601; sa VG München BeckRS 2017, 131278).

Wird durch das nicht fristgemäße Stellen eines Aufnahmegesuches eine gebotene Familienzusammenzuführung vereitelt, wird vereinzelt (so etwa VG Münster ZAR 2019, 74) von einer Unbeachtlichkeit des Fristablaufs ausgegangen. Überzeugender ist es hingegen, in diesen Fällen eine Pflicht zum Selbsteintritt nach Art. 17 Abs. 1 (→ Art. 17 Rn. 4) anzunehmen, da die Fristenregelungen der Dublin III-VO keine Ausnahmen kennen.

Die Einrichtung des „Eurodac"-Systems für den Vergleich von Fingerabdrücken zum Zwecke der **3.1** effektiven Anwendung des Dubliner Übereinkommens basiert ursprünglich auf der VO (EG) 2725/2000, die durch die VO (EU) 603/2013 geändert wurde. Der Erhalt eines Eurodac-Treffers findet seine Grundlage in der in Art. 9 Abs. 1 VO (EU) 603/2013 geregelten Pflicht der Mitgliedstaaten, jeder Person, die internationalen Schutz beantragt und mindestens 14 Jahre alt ist, umgehend den Abdruck aller Finger abzunehmen und mit weiteren Daten iSd Art. 11 VO (EU) 603/2013 spätestens 72 Stunden nach Antragstellung an ein Zentralsystem weiterzuleiten. Gleiches regelt Art. 14 VO (EU) 603/2013 auch für Personen, die (ausschließlich) illegal Außengrenzen der Mitgliedstaaten überschritten haben. Anhand der so in das Zentralsystem eingestellten Daten kann ein Mitgliedstaat bei illegaler Einreise bzw. illegalem Aufenthalts eines Drittstaatsangehörigen unter weiteren Voraussetzungen ermitteln, in welchen Mitgliedstaaten sich dieser bereits vor der Einreise aufgehalten hat und wo ggf. bereits ein Antrag auf internationalen Schutz gestellt wurde. Eurodac-Treffer können in drei Kategorien unterteilt werden: Kategorie 1 = Asylantrag gestellt; Kategorie 2 = illegaler Grenzübertritt; Kategorie 3 = illegaler Aufenthalt. Die jeweilige Kategorie ist anhand der Zahl nach dem Länderkürzel in der Treffernummer ablesbar.

II. Individualschutz durch die Anfragefrist

Unter der Geltung der Dublin II-VO hatte der EuGH in ständiger Rechtsprechung entschieden, **4** dass ein Antragsteller gegen seine Überstellung in den zuständigen Mitgliedstaat ausschließlich dortige systemische Schwachstellen einwenden kann, die in seinem konkreten Einzelfall zu einer Verletzung von Art. 4 GRCh führen würden; bei den übrigen Vorschriften, so auch den Fristenregelungen, handele es sich um „organisatorische Vorschriften, die die Beziehungen zwischen den Mitgliedstaaten regeln" (vgl. zuletzt EuGH NVwZ 2014, 208). An dieser Rechtsprechung hielt der EuGH unter der Geltung der Dublin III-VO nicht mehr fest. Im Urteil **Ghezelbash** v. 7.6.2016 (NVwZ 2016, 1157) entschied der EuGH, dass die fehlerhafte Anwendung eines in Kapitel III der Dublin III-VO festgelegten Zuständigkeitskriteriums vom Antragsteller gegen seine Überstellung geltend gemacht werden kann, da sich der Verordnungsgeber nunmehr nicht darauf beschränkt habe, organisatorische Regeln zu normieren, sondern sich für eine Beteiligung des Asylbewerbers (mitsamt eines wirksamen Rechtsbehelfs) entschieden habe. Diese Wertung bestätigte der EuGH in seinem Urteil v. 7.6.2016 (NVwZ 2016, 1155), woraufhin das BVerwG bereits in seinem Urteil v. 9.8.2016 (BeckRS 2016, 50727 Rn. 22) von einem grundsätzlichen Individualschutz der Fristregelungen ausging. Im **Mengesteab**-Urteil v. 26.7.2017 (NVwZ 2017, 1601) entschied der EuGH dann ausdrücklich, dass sich ein Antragsteller im Rahmen eines Rechtsbehelfs gegen eine ihm gegenüber ergangene Überstellungsentscheidung auf den Ablauf der in Art. 21 Abs. 1 genannten Frist berufen kann und dies auch dann gilt, wenn der ersuchte Mitgliedstaat bereit ist, diese Person aufzunehmen. Nicht mehr überraschend hat der EuGH den Individualschutz nun unter zusätzlichem Verweis auf Art. 47 GRCh für die Überstellungsfrist des Art. 29 Abs. 1 angenommen (NVwZ 2018, 43 mAnm Pelzer).

Angesichts dieses Wandels in der Rechtsprechung des EuGH hat sich der subjektive Rechtskreis **5** der Antragsteller im Rahmen von Rechtsbehelfen gegen Dublin-Bescheide erheblich erweitert. Die **Verwaltungsgerichte** sind in der Folge gehalten, in Dublin-Verfahren die Einhaltung der Anfragefrist durch den ersuchenden Staat von Amts wegen zu prüfen und ggf. den Bescheid des Bundesamts im Ganzen, also mitsamt der auf § 29 Abs. 1 Nr. 1 lit. a AsylG gestützten Unzulässigkeitsentscheidung, aufzuheben.

B. Dringende Antwort und Formvorschriften (Abs. 2, Abs. 3)

Nach **Abs. 2** kann der ersuchende Mitgliedstaat in bestimmten (Ausnahme-) Fällen, namentlich **6** wenn die Einreise oder der Verbleib verweigert wurde, der Betroffene wegen illegalen Aufenthalts festgenommen wurde oder eine Abschiebungsanordnung zugestellt oder vollstreckt wurde, eine dringende Antwort anfordern. Der Mitgliedstaat hat in dem Gesuch die Gründe, die eine dringende Antwort rechtfertigen, sowie die **Länge der Antwortfrist** iSd Art. 22 Abs. 1 zu nennen, wobei diese mindestens eine Woche betragen muss (UAbs. 2). Für die Antwort des ersuchten Mitgliedstaats sieht Art. 22 Abs. 6 (→ Art. 22 Rn. 2) besondere Regelungen vor.

7   Gemäß **Abs.** 3 ist für das Aufnahmegesuch ein Formblatt zu verwenden, das Beweismittel oder Indizien gemäß den Vorgaben des Art. 22 Abs. 3 (→ Art. 22 Rn. 4) und / oder sachdienliche Angaben aus der Erklärung des Antragstellers enthalten muss, anhand derer die Behörden des ersuchten Mitgliedstaats prüfen können, ob ihr Staat für die Prüfung des Asylantrags zuständig ist. Dieses Formblatt findet sich in Anhang I **DVO (EU) 118/2014.** Im Übrigen hat diese Verordnung den für das Aufnahmegesuch maßgeblichen Art. 1 VO (EG) 1560/2003 jedoch nur unwesentlich modifiziert.

Art. 22 Antwort auf ein Aufnahmegesuch

(1) Der ersuchte Mitgliedstaat nimmt die erforderlichen Überprüfungen vor und entscheidet über das Gesuch um Aufnahme eines Antragstellers innerhalb von zwei Monaten, nach Erhalt des Gesuchs.

(2) In dem Verfahren zur Bestimmung des zuständigen Mitgliedstaats werden Beweismittel und Indizien verwendet.

(3) ¹Die Kommission legt im Wege von Durchführungsrechtsakten die Erstellung und regelmäßige Überprüfung zweier Verzeichnisse, in denen die sachdienlichen Beweismittel und Indizien gemäß den in den Buchstaben a und b dieses Artikels festgelegten Kriterien aufgeführt sind, fest. ²Diese Durchführungsrechtsakte werden gemäß dem in Artikel 44 Absatz 2 genannten Prüfverfahren erlassen.
a) Beweismittel:
  i) Hierunter fallen förmliche Beweismittel, die insoweit über die Zuständigkeit nach dieser Verordnung entscheiden, als sie nicht durch Gegenbeweise widerlegt werden;
  ii) Die Mitgliedstaaten stellen dem in Artikel 44 vorgesehenen Ausschuss nach Maßgabe der im Verzeichnis der förmlichen Beweismittel festgelegten Klassifizierung Muster der verschiedenen Arten der von ihren Verwaltungen verwendeten Dokumente zur Verfügung;
b) Indizien:
  i) Hierunter fallen einzelne Anhaltspunkte, die, obwohl sie anfechtbar sind, in einigen Fällen nach der ihnen zugebilligten Beweiskraft ausreichen können;
  ii) Ihre Beweiskraft hinsichtlich der Zuständigkeit für die Prüfung des Antrags auf internationalen Schutz wird von Fall zu Fall bewertet.

(4) Das Beweiserfordernis sollte nicht über das für die ordnungsgemäße Anwendung dieser Verordnung erforderliche Maß hinausgehen.

(5) Liegen keine förmlichen Beweismittel vor, erkennt der ersuchte Mitgliedstaat seine Zuständigkeit an, wenn die Indizien kohärent, nachprüfbar und hinreichend detailliert sind, um die Zuständigkeit zu begründen.

(6) ¹Beruft sich der ersuchende Mitgliedstaat auf das Dringlichkeitsverfahren gemäß Artikel 21 Absatz 2, so unternimmt der ersuchte Mitgliedstaat alle Anstrengungen, um die vorgegebene Frist einzuhalten. ²In Ausnahmefällen, in denen nachgewiesen werden kann, dass die Prüfung eines Gesuchs um Aufnahme eines Antragstellers besonders kompliziert ist, kann der ersuchte Mitgliedstaat seine Antwort nach Ablauf der vorgegebenen Frist erteilen, auf jeden Fall ist die Antwort jedoch innerhalb eines Monats zu erteilen. ³In derartigen Fällen muss der ersuchte Mitgliedstaat seine Entscheidung, die Antwort zu einem späteren Zeitpunkt zu erteilen, dem ersuchenden Mitgliedstaat innerhalb der ursprünglich gesetzten Frist mitteilen.

(7) Wird innerhalb der Frist von zwei Monaten gemäß Absatz 1 bzw. der Frist von einem Monat gemäß Absatz 6 keine Antwort erteilt, ist davon auszugehen, dass dem Aufnahmegesuch stattgegeben wird, was die Verpflichtung nach sich zieht, die Person aufzunehmen und angemessene Vorkehrungen für die Ankunft zu treffen.

Überblick

Während Art. 21 an den ersuchenden Mitgliedstaat gerichtet ist, formuliert der daran anknüpfende Art. 22 die Pflichten des ersuchten Mitgliedstaats. Dieser hat nach Abs. 1 binnen zwei Monaten nach Erhalt des Gesuchs eine Überprüfung vorzunehmen und dem ersuchenden Mitgliedstaat zu antworten (→ Rn. 1); eine dahingehende Sondervorschrift enthält Abs. 6 für das Dringlichkeitsverfahren nach Art. 21 Abs. 2 (→ Rn. 2). Antwortet der ersuchte Mitgliedstaat nicht fristgemäß, bestimmt Abs. 7, dass dem Aufnahmegesuch stattgegeben wird. Der ersuchte Mitgliedstaat hat den Betroffenen in der Folge aufzunehmen (→ Rn. 3). Abs. 2–5 konkretisieren die Beweiserfordernisse in dem Verfahren zur Bestimmung des zuständigen Mitgliedstaats (→ Rn. 4).

A. Fristgemäße Antwort auf ein Aufnahmegesuch (Abs. 1, Abs. 6)

I. Voraussetzungen

Hat der vom ersuchenden Mitgliedstaat für zuständig erachtete Mitgliedstaat dessen Aufnahme- **1** gesuch iSd Art. 21 Abs. 1 nachweislich (vgl. VG Wiesbaden BeckRS 2014, 122222) erhalten, so muss er die erforderlichen Überprüfungen (vgl. → Rn. 4) vornehmen und über das Aufnahmegesuch innerhalb einer **Frist von zwei Monaten** entscheiden. Wie sich aus Abs. 7 (sowie Art. 5 und 6 VO (EG) 1560/2003) ergibt, hat er seine Entscheidung dem ersuchenden Staat mitzuteilen. Diese Antwort muss gem. Art. 6 VO (EG) 1560/2003 die relevante zuständigkeitsbegründende Norm und sachdienliche Hinweise für die weitere Abwicklung der Überstellung enthalten. Aus der **Zustimmung** folgt die Verpflichtung, den Antragsteller zwecks Durchführung des Asylverfahrens aufzunehmen (vgl. → Art. 18 Rn. 2). Der ersuchende Mitgliedstaat ist nun gehalten, gem. Art. 29 (vgl. → Art. 29 Rn. 1 ff.) spätestens binnen sechs Monaten – vorbehaltlich etwaiger Rechtsbehelfe – die Überstellung in den zuständigen Mitgliedstaat vorzunehmen. Das Bundesamt für Migration und Flüchtlinge erlässt im nationalen Asylverfahren einen sog. **Dublin-Bescheid**, in dem es den Asylantrag des Antragstellers als unzulässig ablehnt (§ 29 Abs. 1 Nr. 1 lit. a AsylG), eine Feststellung zum Vorliegen von Abschiebungsverboten nach § 60 Abs. 5 und Abs. 7 S. 1 AufenthG trifft, die Abschiebung nach § 34a AsylG in den zuständigen Mitgliedstaat anordnet und das Einreise- und Aufenthaltsverbot gem. § 11 Abs. 1 und Abs. 2 AufenthG erlässt sowie dieses befristet (vgl. auch HHS Neues AsylR Rn. 278 f.). Lehnt der ersuchte Staat hingegen die Aufnahme ab, hat er in seiner **ablehnenden Antwort** an den ersuchenden Mitgliedstaat ausführlich sämtliche Gründe, die zu der Ablehnung geführt haben, zu erläutern (Art. 5 Abs. 1 VO (EG) 1560/2003). Vertritt der ersuchende Mitgliedstaat die Auffassung, dass die Ablehnung auf einem Irrtum beruht, oder kann er sich auf weitere Unterlagen berufen, ist er berechtigt, innerhalb von drei Wochen nach Erhalt der ablehnenden Antwort im Wege einer Art Remonstrationsverfahrens eine erneute Prüfung seines Aufnahmegesuchs zu verlangen, woraufhin der ersuchte Mitgliedstaat wiederum binnen zwei Wochen zu antworten hat (Art. 5 Abs. 2 VO (EG) 1560/2003). Innerhalb der Frist von drei Wochen nach der Ablehnung sollen auch mehrere Remonstrationen des ersuchenden Mitgliedstaats möglich sein (vgl. VG Ansbach BeckRS 2018, 1918 Rn. 21 ff.). Erfolgt jedoch keine Antwort des ersuchten Mitgliedstaats in der für diesen geltenden zweiwöchigen Frist, wird der ersuchende Mitgliedstaat endgültig zuständig, sofern die jeweilige Anfragefrist nach Art. 21 Abs. 1 oder Art. 23 Abs. 2 abgelaufen ist (EuGH NVwZ-RR 2019, 121).

Beruft sich der ersuchende Mitgliedstaat auf das **Dringlichkeitsverfahren** gem. Art. 21 Abs. 2, **2** so hat der ersuchte Mitgliedstaat nach Abs. 6 alle Anstrengungen zu unternehmen, um die ihm vorgegebene von Art. 21 Abs. 1 abweichende Frist (von mindestens einer Woche, Art. 21 Abs. 2 UAbs. 2) einzuhalten. Mit Fristablauf tritt aber nicht zwingend die Rechtsfolge des Abs. 7 ein. Kann der ersuchte Mitgliedstaat nämlich in Ausnahmefällen nachweisen, dass die Prüfung eines Gesuchs besonders kompliziert ist, ist ihm die Möglichkeit gegeben, seine Antwort nach Ablauf der vorgegebenen Frist, jedoch innerhalb eines Monats, erteilen. Hierüber hat der ersuchte den ersuchenden Mitgliedstaat innerhalb der vorgegebenen Frist zu informieren.

II. Rechtsfolgen einer nicht fristgemäßen Antwort (Abs. 7)

Antwortet der ersuchte Mitgliedstaat – wie in der Praxis bei einigen Mitgliedstaaten häufig bis **3** regelmäßig – nicht innerhalb der maßgeblichen Frist aus Abs. 1 oder Abs. 6, ist gem. Abs. 7 davon auszugehen, dass dem Aufnahmegesuch stattgegeben wird. Der ersuchte Mitgliedstaat ist also unabhängig von der materiellen Rechtslage in Gestalt der primären Zuständigkeitskriterien zuständig (vgl. BeckOK AuslR/Günther AsylG § 29 Rn. 15; VGH BW BeckRS 2015, 41179 Rn. 7; aA unter anderem VG München BeckRS 2017, 117935 Rn. 13). Im Weiteren stellt Abs. 7 klar, dass diese Form der Zuständigkeitsbegründung die – auch bei der Stattgabe eines Aufnahmegesuchs geltenden – Verpflichtungen in Form der Aufnahme des Antragstellers sowie des Treffens von Vorkehrungen für dessen Ankunft auslöst. Für die Überstellung gelten auch hier die Art. 29 ff. (vgl. → Rn. 1).

B. Beweiserfordernis im Prüfungsverfahren (Abs. 2–5)

4 Das Beweiserfordernis im Rahmen des Prüfungsverfahrens regeln Abs. 2–5. Grundsätzlich soll gem. Abs. 4 das Beweiserfordernis nicht über das für die ordnungsgemäße Anwendung dieser Verordnung erforderliche Maß hinausgehen. Im Prüfungsverfahren heranzuziehen sind Beweismittel und Indizien (Abs. 2). Abs. 3 gibt jeweils eine Legaldefinition für die beiden Begriffe. Demnach sind **Beweise** förmliche Beweismittel, die insoweit über die Zuständigkeit nach dieser Verordnung entscheiden, als sie nicht durch Gegenbeweise widerlegt werden. **Indizien** sind im Gegensatz dazu einzelne Anhaltspunkte, die, obwohl sie anfechtbar sind, in einigen Fällen der ihnen zugebilligten Beweiskraft ausreichen können; ihre Beweiskraft hinsichtlich der Zuständigkeit für die Prüfung des Antrags auf internationalen Schutz wird von Fall zu Fall bewertet. Beweise entfalten demnach eine weitaus größere Beweiskraft als Indizien. Näheres regelt die DVO (EU) 118/2014, die im Anhang II ein auf die verschiedenen Zuständigkeitsnormen gemünztes umfassendes Verzeichnis enthält, was jeweils als Beweis (Verzeichnis A) und was jeweils als Indiz (Verzeichnis B) angesehen wird. Im Weiteren normiert die insoweit (noch) anwendbare VO (EG) 1560/2003 (EG-Asylantragzuständigkeits-DVO v. 2.9.2003, ABl. 2003 L 222, 3) in Art. 3 Abs. 2 VO (EG) 1560/2003, dass der ersuchte Mitgliedstaat darüber hinaus sämtliche ihm unmittelbar und mittelbar verfügbaren Informationen in die Prüfung einbeziehen muss. Hat diese Überprüfung ergeben, dass die Zuständigkeit des ersuchten Mitgliedstaats zumindest aufgrund eines Zuständigkeitskriteriums der Dublin III-VO begründet ist, muss der ersuchte Mitgliedstaat seine Zuständigkeit anerkennen. Ist das Aufnahmegesuch allein auf Indizien gestützt, erkennt der ersuchte Mitgliedstaat seine Zuständigkeit an, wenn die Indizien kohärent, nachprüfbar und hinreichend detailliert sind, um die Zuständigkeit zu begründen (Abs. 5).

Abschnitt III. Wiederaufnahmeverfahren

Art. 23 Wiederaufnahmegesuch bei erneuter Antragstellung im ersuchenden Mitgliedstaat

(1) Ist ein Mitgliedstaat, in dem eine Person im Sinne des Artikels 18 Absatz 1 Buchstaben b, c oder d einen neuen Antrag auf internationalen Schutz gestellt hat, der Auffassung, dass nach Artikel 20 Absatz 5 und Artikel 18 Absatz 1 Buchstaben b, c oder d ein anderer Mitgliedstaat für die Prüfung des Antrags zuständig ist, so kann er den anderen Mitgliedstaat ersuchen, die Person wieder aufzunehmen.

(2) Ein Wiederaufnahmegesuch ist so bald wie möglich, auf jeden Fall aber innerhalb von zwei Monaten nach der Eurodac-Treffermeldung im Sinne von Artikel 9 Absatz 5 der Verordnung (EU) Nr. 603/2013 zu stellen.

Stützt sich das Wiederaufnahmegesuch auf andere Beweismittel als Angaben aus dem Eurodac-System, ist es innerhalb von drei Monaten, nachdem der Antrag auf internationalen Schutz im Sinne von Artikel 20 Absatz 2 gestellt wurde, an den ersuchten Mitgliedstaat zu richten.

(3) Erfolgt das Wiederaufnahmegesuch nicht innerhalb der in Absatz 2 festgesetzten Frist, so ist der Mitgliedstaat für die Prüfung des Antrags auf internationalen Schutz zuständig, in dem der neue Antrag gestellt wurde.

(4) Für ein Wiederaufnahmegesuch ist ein Standardformblatt zu verwenden, das Beweismittel oder Indizien im Sinne der beiden Verzeichnisse nach Artikel 22 Absatz 3 und/oder sachdienliche Angaben aus der Erklärung der betroffenen Person enthalten muss, anhand derer die Behörden des ersuchten Mitgliedstaats prüfen können, ob ihr Staat auf Grundlage der in dieser Verordnung festgelegten Kriterien zuständig ist.

[1]Die Kommission legt im Wege von Durchführungsrechtsakten einheitliche Bedingungen für die Erstellung und Übermittlung von Wiederaufnahmegesuchen fest. [2]Diese Durchführungsrechtsakte werden gemäß dem in Artikel 44 Absatz 2 genannten Prüfverfahren erlassen.

Überblick

Mit Art. 23 beginnt der III. Abschnitt des VI. Kapitels, der das Wiederaufnahmeverfahren regelt. Kein Aufnahmegesuch nach Art. 21, sondern ein Wiederaufnahmegesuch gem. Art. 23

Vollrath

kann vom ersuchenden Mitgliedstaat gestellt werden, wenn der Antragsteller bereits in einem anderen Mitgliedstaat einen Antrag auf internationalen Schutz gestellt hat und nun erneut im ersuchenden Mitgliedstaat einen solchen Antrag stellt (Abs. 1, → Rn. 1). Wie das Aufnahmegesuch ist das Wiederaufnahmegesuch fristgebunden; die Länge der Frist verkürzt sich im Falle eines Eurodac-Treffers (Abs. 2, → Rn. 2). Wird die Anfragefrist nicht eingehalten, so ist gem. Abs. 3 der Mitgliedstaat zuständig, in dem der erneute Antrag gestellt wurde (→ Rn. 3). Form und Verfahren regelt schließlich Abs. 4 (→ Rn. 4).

A. Fristgemäßes Wiederaufnahmegesuch (Abs. 1, Abs. 2)

Die von Art. 23 erfassten Konstellationen unterscheiden sich vom Aufnahmegesuch des Art. 21 **1** allein dadurch, dass der Asylbewerber im ersuchten Mitgliedstaat bereits wirksam einen Antrag auf internationalen Schutz gestellt haben muss. Erfasst werden damit ausweislich des Abs. 1 die Fälle des Art. 18 Abs. 1 lit. b–d und des Art. 20 Abs. 5. Es ist daher für das Wiederaufnahmegesuch unerheblich, ob das Asylverfahren des Antragstellers im ersuchten Staat noch nicht beendet ist, er seinen ersten Antrag (ggf. noch während des Verfahrens zur Bestimmung des zuständigen Mitgliedstaats) zurückgenommen hat oder der erste Antrag abgelehnt worden ist (vgl. NK-AuslR/ Bruns AsylG § 27a Rn. 16). Wenn der Antragsteller in diesen Fällen im ersuchten Mitgliedstaat keinen erneuten Antrag stellt, ist nicht Art. 23, sondern Art. 24 (→ Art. 24 Rn. 1 ff.) einschlägig. Ausgenommen von der Zuständigkeitsüberprüfung des ersuchenden Mitgliedstaats sind in Abweichung zu Art. 21 (→ Art. 21 Rn. 1) die primären Zuständigkeitskriterien des Kapitels III, sollte der Antragsteller nicht etwa eindeutige Beweise für eine Primärzuständigkeit eines anderen Mitgliedstaats vorlegen (EuGH BeckRS 2019, 4643). Nach der Rechtsprechung des EuGH (BeckRS 2013, 81155 Rn. 60) kann aus Gründen des Kindeswohls kein Wiederaufnahmegesuch bei der wiederholten Antragstellung unbegleiteter Minderjähriger ohne Familienangehörige in anderen Mitgliedstaaten gestellt werden, weil dann dieser Mitgliedstaat des aktuellen Aufenthalts gem. Art. 8 Abs. 4 (im Urteil Art. 6 Abs. 2 Dublin II-VO) zuständig ist.

Das Wiederaufnahmegesuch soll gem. Abs. 2 „so bald wie möglich" gestellt werden; es ist an **2** (Höchst-) Fristen gebunden. Die **Länge der Anfragefrist** ist parallel zu der Regelung des Art. 21 Abs. 1 UAbs. 3 zum Aufnahmegesuch gestaltet (→ Art. 21 Rn. 1 ff.): zwei Monate bei Eurodac-Treffermeldung ab Erhalt der Treffermeldung, drei Monate ab Antragstellung iSd Art. 20 Abs. 2 (→ Art. 20 Rn. 1 ff.) in den übrigen Fällen, wobei die Drei-Monats-Frist auch bei einem späteren Eurodac-Treffer die Höchstfrist darstellt. Ein Dringlichkeitsverfahren kennt das Wiederaufnahmegesuch im Gegensatz zum Aufnahmegesuch nicht (vgl. → Art. 21 Rn. 6 ff.). Die Anfragefrist ist nicht nur objektives Verfahrensrecht, sondern begründet wie alle Fristenregelungen der Dublin III-VO ein subjektives Recht des Antragstellers (vgl. → Art. 21 Rn. 4 ff.; vgl. auch VG Stuttgart BeckRS 2020, 34902). Die Gerichte haben daher auch beim Wiederaufnahmegesuch stets zu prüfen, ob dieses fristgemäß und daher (noch) wirksam gestellt werden konnte. Ist die Frist nicht eingehalten worden, ist der Dublin-Bescheid auf die Anfechtungsklage des Klägers hin in der Hauptsache aufzuheben (vgl. nur VG München BeckRS 2017, 121371).

Nach dem Entwurf der Dublin IV-VO sollte es zu einer Straffung des gesamten Überstellungssystems **2.1** kommen, so etwa durch das Ersetzen des Wiederaufnahmegesuchs (dann Art. 26 Dublin IV-VO-E) durch eine Wiederaufnahmemitteilung ohne Pflicht bzw. Recht des ersuchten Mitgliedstaats zur eigenen Prüfung (vgl. Henkel ZRP 2017, 2 (3 f.)). Die EU-Kommission hat ihren Vorschlag zur Dublin IV-VO kürzlich jedoch zurückgenommen (2021/C 143/04).

B. Zuständigkeit nach Fristablauf (Abs. 3)

Läuft diese Frist ab, ohne dass ein Wiederaufnahmegesuch gestellt wurde, ist der Mitgliedstaat, **3** in dem der neue Antrag gestellt wurde und der die fristgemäße Anfrage versäumt hat, unabhängig von den (primären) Zuständigkeitskriterien zuständig (Art. 23 Abs. 3). Ist die Bundesrepublik Deutschland etwa durch Ablauf der Anfragefrist zuständig geworden, ist über den erneuten Antrag vom Bundesamt nicht im Wege eines Erstantrags, sondern im Wege eines **Zweitantrags nach § 71a AsylG** zu entscheiden, falls das Asylverfahren im ersten Mitgliedstaat erfolglos abgeschlossen wurde. An die Feststellung eines erfolglosen Abschlusses des Asylverfahrens im anderen Mitgliedstaat sind jedoch hohe Anforderungen zu stellen (vgl. BVerwG ZAR 2017, 236 (238 f.)). Wenn nach § 71a AsylG kein weiteres Asylverfahren durchzuführen ist, ergeht eine Unzulässigkeitsentscheidung des Bundesamts gem. § 29 Abs. 1 Nr. 5 AsylG (vgl. grdl. zum in der Praxis zunehmend relevanten Asylzweitantrag BeckOK AuslR/Dickten AsylG § 71a Rn. 1 ff.). Die rechtswidrige Ablehnung eines Asylantrags als unzulässig wegen anderweitiger internationaler Zuständigkeit nach

§ 29 AsylG kann wegen der ungünstigeren Rechtsfolgen nicht in eine (negative) Zweitantragsentscheidung nach § 71a AsylG umgedeutet werden (vgl. BVerwG NVwZ 2016, 157). Wird ein Wiederaufnahmegesuch hingegen **fristgemäß** gestellt, obliegt es dem ersuchten Mitgliedstaat gem. Art. 25, innerhalb der dort festgelegten Frist zu antworten (→ Art. 25 Rn. 1 ff.). Kehrt der Antragsteller nach Zustimmung und Überstellung aus dem ersten Mitgliedstaat illegal in den zuvor ersuchenden Mitgliedstaat zurück, kann dieser nicht auf Grundlage der ersten Dublin-Entscheidung die Überstellung erneut durchführen, sondern muss nach der jüngsten Rechtsprechung des EuGH ein erneutes Wiederaufnahmeverfahren durchführen (vgl. BeckRS 2018, 292 Rn. 41 ff.; → Art. 19 Rn. 3). Diese Rechtsprechung lässt an der (ohnehin in der Praxis zu Recht bemängelten) effektiven Durchsetzung der Dublin III-VO erhebliche Zweifel aufkommen (vgl. BeckOK AuslR/Günther AsylG § 29 Rn. 18).

C. Form- und Verfahrensvorschriften (Abs. 4)

4   Gemäß **Abs. 4** ist für das Wiederaufnahmegesuch ein Formblatt zu verwenden, das Beweismittel oder Indizien gemäß den Vorgaben des Art. 22 Abs. 3 (→ Art. 22 Rn. 4 ff.) und / oder sachdienliche Angaben aus der Erklärung des Antragstellers enthalten muss, anhand derer die Behörden des ersuchten Mitgliedstaats prüfen können, ob ihr Staat für die Prüfung des Asylantrags zuständig ist. Dieses Formblatt ist in Anhang III **DVO (EU) 118/2014** (v. 30.1.2014, ABl. 2014 L 39, 1) niedergelegt. Die Gründe für das Gesuch sowie die Bestimmungen der Dublin III-VO, auf die sich das Gesuch stützt, müssen aus dem Wiederaufnahmegesuch hervorgehen (Art. 2 VO (EG) 1560/2003).

Art. 24 Wiederaufnahmegesuch, wenn im ersuchenden Mitgliedstaat kein neuer Antrag gestellt wurde

(1) Ist ein Mitgliedstaat, in dessen Hoheitsgebiet sich eine Person im Sinne des Artikels 18 Absatz 1 Buchstaben b, c oder d ohne Aufenthaltstitel aufhält und bei dem kein neuer Antrag auf internationalen Schutz gestellt wurde, der Auffassung, dass ein anderer Mitgliedstaat gemäß Artikel 20 Absatz 5 und Artikel 18 Absatz 1 Buchstaben b, c oder d zuständig ist, so kann er den anderen Mitgliedstaat ersuchen, die Person wieder aufzunehmen.

(2) Beschließt ein Mitgliedstaat, in dessen Hoheitsgebiet sich eine Person ohne Aufenthaltstitel aufhält, in Abweichung von Artikel 6 Absatz 2 der Richtlinie 2008/115/EG des Europäischen Parlaments und des Rates vom 16. Dezember 2008 über gemeinsame Normen und Verfahren in den Mitgliedstaaten zur Rückführung illegal aufhältiger Drittstaatsangehöriger eine Abfrage der Eurodac-System gemäß Artikel 17 der Verordnung (EU) Nr. 603/2013, so ist das Gesuch um Wiederaufnahme einer Person im Sinne des Artikels 18 Absatz 1 Buchstaben b oder c dieser Verordnung oder einer Person im Sinne ihres Artikels 18 Absatz 1 Buchstabe d, deren Antrag auf internationalen Schutz nicht durch eine endgültige Entscheidung abgelehnt wurde, so bald wie möglich, auf jeden Fall aber innerhalb von zwei Monaten nach dem Erhalt der Eurodac-Trefermeldung im Sinne von Artikel 17 Absatz 5 der Verordnung (EU) Nr. 603/2013 zu unterbreiten.

Stützt sich das Wiederaufnahmegesuch auf andere Beweismittel als Angaben aus dem Eurodac-System, ist es innerhalb von drei Monaten, nachdem der ersuchende Mitgliedstaat festgestellt hat, dass ein anderer Mitgliedstaat für die betreffende Person zuständig sein könnte, an den ersuchten Mitgliedstaat zu richten.

(3) Wird das Wiederaufnahmegesuch nicht innerhalb der in Absatz 2 genannten Frist unterbreitet, so gibt der Mitgliedstaat, in dessen Hoheitsgebiet sich die betreffende Person ohne Aufenthaltstitel aufhält, dieser Person Gelegenheit, einen neuen Antrag zu stellen.

(4) Hält sich eine Person im Sinne von Artikel 18 Absatz 1 Buchstabe d dieser Verordnung, deren Antrag auf internationalen Schutz in einem Mitgliedstaat durch eine rechtskräftige Entscheidung abgelehnt wurde, ohne Aufenthaltstitel im Hoheitsgebiet eines anderen Mitgliedstaats auf, so kann der letzte Mitgliedstaat den früheren Mitgliedstaat entweder um Wiederaufnahme der betreffenden Person ersuchen oder ein Rückkehrverfahren gemäß der Richtlinie 2008/115/EG durchführen.

Beschließt der letzte Mitgliedstaat, den früheren Mitgliedstaat um Wiederaufnahme der betreffenden Person zu ersuchen, so finden die Bestimmungen der Richtlinie 2008/115/EG keine Anwendung.

(5) Für das Gesuch um Wiederaufnahme der Person im Sinne des Artikels 18 Absatz 1 Buchstaben b, c oder d ist ein Standardformblatt zu verwenden, das Beweismittel oder Indizien im Sinne der beiden Verzeichnisse nach Artikel 22 Absatz 3 und/oder sachdienliche Angaben aus der Erklärung der Person enthalten muss, anhand derer die Behörden des ersuchten Mitgliedstaats prüfen können, ob ihr Staat auf Grundlage der in dieser Verordnung festgelegten Kriterien zuständig ist.
[1]Die Kommission erstellt und überprüft regelmäßig im Wege von Durchführungsrechtsakten die beiden Verzeichnisse, in denen sachdienliche Beweiselemente und Indizien nach Maßgabe der in Artikel 22 Absatz 3 Buchstaben a und b festgelegten Kriterien angegeben werden, und erlässt einheitliche Bedingungen für die Erstellung und Übermittlung von Wiederaufnahmegesuchen. [2]Diese Durchführungsrechtsakte werden gemäß dem in Artikel 44 Absatz 2 genannten Prüfverfahren erlassen.

Überblick

Ist bislang nur im ersten, nicht aber im zweiten Mitgliedstaat (wie von Art. 23 vorausgesetzt) ein Antrag auf internationalen Schutz gestellt worden, ist der Anwendungsbereich des Art. 24 eröffnet. Wie iRd Art. 23 kann der Mitgliedstaat des aktuellen Aufenthalts den Mitgliedstaat der ersten Antragstellung um Aufnahme des Antragstellers ersuchen (Abs. 1, → Rn. 1). Das Wiederaufnahmegesuch ist nach Abs. 2 ebenfalls fristgebunden; die Fristlänge bestimmt sich nach dem Vorliegen eines Eurodac-Treffers (→ Rn. 2). Bei Ablauf der Anfragefrist ist dem Betroffenen, da er ja noch keinen erneuten Antrag gestellt hat, die Möglichkeit zu eben dieser Antragstellung zu geben (Abs. 3, → Rn. 3). Abs. 4 enthält eine Spezialregelung für Personen iSd Art. 18 Abs. 1 lit. d. In Abs. 5 finden sich nähere Regelungen zur Form des Wiederaufnahmegesuchs und zum Verfahren (→ Rn. 4).

A. Fristgemäßes Wiederaufnahmegesuch bzw. Rückkehrverfahren bei ausschließlich illegalem Aufenthalt (Abs. 1, Abs. 2 und Abs. 4)

Art. 24 unterscheidet sich in seinem Anwendungsbereich von Art. 23 allein dadurch, dass der **1** Ausländer im Mitgliedstaat des aktuellen Aufenthalts noch keinen (erneuten) Antrag auf internationalen Schutz gestellt hat (vgl. zu dieser Unterscheidung EuGH NVwZ 2017, 1610 = BeckRS 2017, 107126 Rn. 26); der Ausländer muss sich vielmehr illegal, da ohne Aufenthaltstitel, in diesem zweiten Mitgliedstaat aufhalten. Ansonsten muss es sich bei dem Betroffenen – genau wie bei Art. 23 auch – um eine Person iSd Art. 18 Abs. 1 lit. b–d oder des Art. 20 Abs. 5 handeln (vgl. → Art. 23 Rn. 1). Der Mitgliedstaat des aktuellen Aufenthalts kann in der Folge den Mitgliedstaat der Antragstellung um die Wiederaufnahme ersuchen. Handelt es sich bei dem illegal Aufhältigen um eine Person iSd Art. 18 Abs. 1 lit. d, deren Antrag auf internationalen Schutz in einem Mitgliedstaat durch eine rechtskräftige Entscheidung abgelehnt wurde, besteht nach **Abs. 4** zudem die (alternative) Möglichkeit, ein Rückkehrverfahren gemäß der Rückführungs-RL (RL 2008/115/EG v. 16.12.2008, ABl. 2008 L 348, 98) durchzuführen und somit den illegalen Aufenthalt durch eine Rückkehr des Betroffenen in den Drittstaat als seinem Herkunftsstaat zu beenden (Art. 6 ff. Rückführungs-RL); durch diesen Verweis wird die gesamte Rückführungs-RL anwendbar. Einem Drittstaatsangehörigen, der sich ohne Aufenthaltstitel im Bundesgebiet aufhält, ist dementsprechend gem. § 59 AufenthG unter Aufforderung zur freiwilligen Ausreise binnen angemessener Frist die Abschiebung in seinen Herkunftsstaat oder einen anderen Staat, in den er einreisen darf oder der zu seiner Übernahme verpflichtet ist, anzudrohen. Beschließt der letzte Mitgliedstaat aber, den früheren Mitgliedstaat um Wiederaufnahme der betreffenden Person zu ersuchen, so finden die Bestimmungen der Rückführungs-RL keine Anwendung (Abs. 4 UAbs. 2). Bei der auf § 34a AsylG gestützten Abschiebungsanordnung handelt es sich generell nicht um eine Rückführungsentscheidung iSd Rückführungs-RL (vgl. VGH BW InfAuslR 2014, 293 = BeckRS 2014, 51025).

Die Anfragefrist beträgt gem. Abs. 2 UAbs. 2 – in Übereinstimmung mit Art. 23 Abs. 2 (vgl. **2** → Art. 23 Rn. 2) – grundlegend drei Monate. Beginn der Frist ist dabei jedoch (weil kein erneuter Antrag auf internationalen Schutz gestellt worden ist) der Zeitpunkt, in dem der Mitgliedstaat des aktuellen Aufenthalts festgestellt hat, dass ein anderer Mitgliedstaat für die betreffende Person zuständig sein könnte, also nicht erst ab Kenntnis der dafür angeführten Beweismittel (vgl. NK-AuslR/Fränkel AsylG § 27a Rn. 22). Führt eine durchgeführte Eurdodac-Abfrage zu einer Treffermeldung, beträgt die Frist zwei Monate nach Erhalt der Treffermeldung. Auch in den Fällen eines (späteren) Eurodac-Treffers stellen die drei Monate die Höchstfrist dar.

B. Möglichkeit der Antragstellung nach Fristablauf (Abs. 3)

3   Nach Abs. 3 folgt aus dem Fristablauf – anders als bei Art. 21 Abs. 1 und Art. 23 Abs. 3 – nicht bereits die Zuständigkeit des Mitgliedstaats des aktuellen Aufenthalts für die Bearbeitung des Asylantrags, weil der Betroffene ja einen solchen in diesem Mitgliedstaat noch gar nicht gestellt hat. Gleichwohl verpflichtet Abs. 3 diesen Mitgliedstaat dazu, dem Betroffenen die Gelegenheit zu geben, einen neuen Antrag zu stellen. Erfolgt die Antragstellung, ist dieser Mitgliedstaat dann auch für die Prüfung zuständig. Falls eine Antragstellung unterbleibt, sind der Status und der eventuelle Verbleib des Betroffenen nach dem (nationalen) Ausländerrecht zu beurteilen.

C. Form- und Verfahrensvorschriften (Abs. 5)

4   Gemäß Abs. 5 ist für das Wiederaufnahmegesuch ein Formblatt zu verwenden, das Beweismittel oder Indizien gemäß den Vorgaben des Art. 22 Abs. 3 (→ Art. 22 Rn. 1 ff.) und / oder sachdienliche Angaben aus der Erklärung des Antragstellers enthalten muss; dieses findet sich in Anhang III DVO (EU) 118/2014 (im Weiteren → Art. 23 Rn. 4).

Art. 25 Antwort auf ein Wiederaufnahmegesuch

(1) ¹Der ersuchte Mitgliedstaat nimmt die erforderlichen Überprüfungen vor und entscheidet über das Gesuch um Wiederaufnahme der betreffenden Person so rasch wie möglich, in jedem Fall aber nicht später als einen Monat, nachdem er mit dem Gesuch befasst wurde. ²Stützt sich der Antrag auf Angaben aus dem Eurodac-System, verkürzt sich diese Frist auf zwei Wochen.

(2) Wird innerhalb der Frist von einem Monat oder der Frist von zwei Wochen gemäß Absatz 1 keine Antwort erteilt, ist davon auszugehen, dass dem Wiederaufnahmegesuch stattgegeben wird, was die Verpflichtung nach sich zieht, die betreffende Person wieder aufzunehmen und angemessene Vorkehrungen für die Ankunft zu treffen.

Überblick

Art. 25 schließt den Abschnitt des Wiederaufnahmeverfahrens ab. Entsprechend zu Art. 22 für das Aufnahmegesuch formuliert er die Pflichten des ersuchten Mitgliedstaats im Fall eines Wiederaufnahmegesuchs (Art. 23, 24). Nach Abs. 1 hat der ersuchte Mitgliedstaat nach Erhalt des Gesuchs einen Monat zur Überprüfung und Antwort über das Gesuch; liegt ein Eurodac-Treffer vor, verkürzt sich die Frist auf lediglich zwei Wochen (→ Rn. 1). Antwortet der ersuchte Mitgliedstaat nicht fristgemäß, so bestimmt Abs. 2, dass dem Wiederaufnahmegesuch stattgegeben wird, so dass der ersuchte Mitgliedstaat den Betroffenen wieder aufnehmen muss (→ Rn. 2).

A. Fristgemäße Antwort auf ein Wiederaufnahmegesuch (Abs. 1)

1   Art. 25 regelt die Antwort auf ein Wiederaufnahmegesuch; er gilt für beide Varianten des Wiederaufnahmegesuchs, also sowohl für Art. 23 (erneute Antragstellung) als auch für Art. 24 (nur illegaler Aufenthalt). Hat der vom ersuchenden Mitgliedstaat für zuständig erachtete Mitgliedstaat dessen Wiederaufnahmegesuch erhalten, so muss er zunächst die erforderlichen Überprüfungen vornehmen. Die letztliche Entscheidungs- bzw. Antwortfrist für den ersuchten Mitgliedstaat ist jedoch im Vergleich zu Art. 22 deutlich verkürzt: zwei Wochen nach Erhalt eines Eurodac-Treffers, ansonsten ein Monat, nachdem der Mitgliedstaat mit dem Gesuch befasst wurde (vgl. auch HHS Neues AsylR Rn. 277). Die kürzeren Fristen tragen zur weiteren Verfahrensbeschleunigung bei und dürften dem Umstand geschuldet sein, dass sich der ersuchte Mitgliedstaat – im Gegensatz zum Aufnahmeverfahren – bereits im Rahmen der Asylantragstellung mit dem Antragsteller befasst hat. Basiert das Wiederaufnahmegesuch auf einem Eurodac-Treffer, regelt Art. 4 VO (EG) 1560/2003 (DVO zur Dublin II-VO v. 2.9.2003, ABl. 2003 L 222, 3), dass der ersuchte Mitgliedstaat seine Zuständigkeit anzuerkennen hat, es sei denn, er kann ein Erlöschen der Zuständigkeit aufgrund von Tatsachenbeweisen oder umfassenden und nachprüfbaren Erklärungen des Asylbewerbers geltend machen. Aus der **Zustimmung** folgt die Verpflichtung, den Antragsteller wieder aufzunehmen und ggf. das Asylverfahren fortzuführen bzw. wieder aufzunehmen (vgl. → Art. 18 Rn. 2, → Art. 20 Rn. 5). Es ergeht in den Fällen des Art. 23 ein Dublin-Bescheid im nationalen Asylverfahren (vgl. → Art. 22 Rn. 1); für die Modalitäten der Überstellung gelten jeweils die Art. 29 ff. (→ Art. 29 Rn. 1 ff.). Lehnt der ersuchte Staat hingegen die Aufnahme ab, hat er in seiner **ablehnenden Antwort** an den ersuchenden Mitgliedstaat ausführlich sämtliche Gründe, die zu der Ablehnung geführt haben, zu erläutern (Art. 5 Abs. 1 VO (EG) 1560/2003, der auch auf das Wiederaufnahmegesuch Anwendung findet). Auch beim Wiederaufnahmeverfahren steht dem ersuchenden Mitgliedstaat in diesen Fällen das Remonstrationsverfahren (vgl. → Art. 22 Rn. 1) offen.

B. Rechtsfolgen einer nicht fristgemäßen Antwort (Abs. 2)

Antwortet der ersuchte Mitgliedstaat – wie zumal aufgrund der insbesondere bei Eurodac- **2** Treffern kurzen Frist von zwei Wochen nicht unüblich – nicht innerhalb der maßgeblichen Frist des Abs. 1, ist nach Abs. 2 davon auszugehen, dass dem Wiederaufnahmegesuch stattgegeben wird (Zuständigkeit unabhängig von materieller Rechtslage, vgl. → Art. 22 Rn. 3). Die Zuständigkeit zieht die Verpflichtung nach sich, die betreffende Person wieder aufzunehmen und angemessene Vorkehrungen für die Ankunft zu treffen.

Abschnitt IV. Verfahrensgarantien

Art. 26 Zustellung der Überstellungsentscheidung

(1) ¹Stimmt der ersuchte Mitgliedstaat der Aufnahme oder Wiederaufnahme eines Antragstellers oder einer anderen Person im Sinne von Artikel 18 Absatz 1 Buchstabe c oder d zu, setzt der ersuchende Mitgliedstaat die betreffende Person von der Entscheidung in Kenntnis, sie in den zuständigen Mitgliedstaat zu überstellen, sowie gegebenenfalls von der Entscheidung, ihren Antrag auf internationalen Schutz nicht zu prüfen. ²Wird die betreffende Person durch einen Rechtsbeistand oder einen anderen Berater vertreten, so können die Mitgliedstaaten sich dafür entscheiden, die Entscheidung diesem Rechtsbeistand oder Berater anstelle der betreffenden Person zuzustellen und die Entscheidung gegebenenfalls der betroffenen Person mitzuteilen.

(2) Die Entscheidung nach Absatz 1 enthält eine Rechtsbehelfsbelehrung, einschließlich des Rechts, falls erforderlich, aufschiebende Wirkung zu beantragen, und der Fristen für die Einlegung eines Rechtsbehelfs sowie Informationen über die Frist für die Durchführung der Überstellung mit erforderlichenfalls Angaben über den Ort und den Zeitpunkt, an dem oder zu dem sich die betreffende Person zu melden hat, wenn diese Person sich auf eigene Initiative in den zuständigen Mitgliedstaat begibt.

Die Mitgliedstaaten stellen sicher, dass die betreffende Person zusammen mit der Entscheidung nach Absatz 1 Angaben zu Personen oder Einrichtungen erhält, die sie rechtlich beraten können, sofern diese Angaben nicht bereits mitgeteilt wurden.

(3) Wird die betreffende Person nicht durch einen Rechtsbeistand oder einen anderen Berater unterstützt oder vertreten, so informiert der Mitgliedstaat sie in einer Sprache, die sie versteht oder bei der vernünftigerweise angenommen werden kann, dass sie sie versteht, über die wesentlichen Elemente der Entscheidung, darunter stets über mögliche Rechtsbehelfe und die Fristen zur Einlegung solcher Rechtsbehelfe.

Überblick

Ein Antragsteller, den ein Mitgliedstaat in einen anderen, für die Durchführung des Asylverfahrens zuständigen Mitgliedstaat überstellen möchte, oder eine dem Antragsteller gleichgestellte Person iSv Art. 18 muss aus rechtsstaatlichen Gesichtspunkten die Möglichkeit haben, die Rechtmäßigkeit einer Überstellung(sentscheidung) überprüfen zu lassen. Der Unionsgesetzgeber hat mit den in Art. 26, 27 enthaltenen Regelungen wesentliche Verfahrensgarantien als Voraussetzungen für eine Überprüfbarkeit geschaffen. Diese im vierten Abschnitt des sechsten Kapitels der

Verordnung enthaltenen Verfahrensgarantien bezwecken vornehmlich die Sicherstellung effektiven Rechtsschutzes (→ Rn. 1). Vor der Überstellung eines Antragstellers hat der ihn überstellende Mitgliedstaat eine förmliche Überstellungsentscheidung – in Deutschland grundsätzlich in Form einer Abschiebungsanordnung nach § 34a Abs. 1 AsylG (→ Rn. 3) – zu erlassen und den Antragsteller oder seinen Rechtsbeistand / Berater über diese in Kenntnis zu setzen (→ Rn. 2). Mit Erlass der Überstellungsentscheidung muss der überstellende Mitgliedstaat den Antragsteller zugleich auch über die diesem zu Verfügung stehenden Rechtsschutzmöglichkeiten gegen die Überstellungsentscheidung (Art. 27), die einschlägigen Fristen und die Modalitäten des weitere Überstellungsverfahrens informieren (→ Rn. 4 ff.). Diese Informationen sollen dem Antragsteller in einer Sprache mitgeteilt werden, von der vernünftigerweise angenommen werden kann, dass er diese versteht (→ Rn. 7).

A. Allgemeines

1   Liegen Beweismittel oder Indizien dafür vor, dass ein Mitgliedstaat, in dem sich ein Antragsteller nicht aufhält, insbesondere nach Kapitel III der Dublin III-VO für die Durchführung des Asylverfahrens zuständig ist, hat der die Zuständigkeit prüfende Mitgliedstaat, in dem sich der Antragsteller aufhält, den für zuständig gehaltenen Mitgliedstaat einzubinden. Hierbei sind insbesondere die in Kapitel VI Abschnitte I bis III enthaltenen Vorschriften über Aufnahme- und Wiederaufnahmeverfahren zwingend zu beachten. Am Ende eines nach Art. 20 ff. (→ Art. 20 Rn. 1 ff.) durchzuführenden (Wieder-) Aufnahmeverfahrens hat der die Zuständigkeit prüfende Mitgliedstaat unter Beachtung von Art. 26 eine förmliche Überstellungsentscheidung zu erlassen. Die diese Überstellungsentscheidung betreffenden und in Art. 26 normierten Verfahrensgarantien enthalten rudimentärste Vorgaben für die Ausgestaltung eines Rechtsbehelfsverfahrens durch die Mitgliedstaaten. Der Hauptzweck dieser Verfahrensgarantien besteht darin, es einem Antragsteller zu ermöglichen, die Einhaltung der Regelungen über Aufnahme- und Wiederaufnahmeverfahren im Rahmen eines Rechtsbehelfsverfahrens überprüfen zu lassen (→ Art. 27 Rn. 1 ff.; vgl. EuGH NVwZ 2018, 1380 Rn. 53). Damit dient die Vorschrift insgesamt in erster Linie der Gewährung effektiven Rechtsschutzes (Art. 47 GRCh, Art. 19 Abs. 4 GG) und stellt eine – zugegebenermaßen selbstverständliche – Ausprägung des Rechtsstaatsprinzips dar. Verletzt ein Mitgliedstaat beharrlich und systematisch seine Pflichten nach Art. 26, dürfte man kaum umhinkommen, für diesen systemische Schwachstellen iSv Art. 3 Abs. 2 UAbs. 2 zu bejahen.

B. Einzelerläuterung
I. Erlass und Bekanntgabe der „Dublin"-Entscheidung(en) (Abs. 1)

2   Die Anwendbarkeit von Art. 26 Abs. 1, dh die Pflicht zur Bekanntgabe der in einem Verfahren nach der Dublin III-VO ergangenen Entscheidungen, setzt ausdrücklich lediglich voraus, dass der ersuchte, dh der Mitgliedstaat, in den die Überstellung erfolgen soll, der Aufnahme oder Wiederaufnahme eines Betroffenen iSv Art. 18 aktiv zugestimmt hat.

2.1   Allerdings beschränkt sich die Vorschrift nicht allein hierauf, sondern bezieht auch die Regelungen über das (Wieder-) Aufnahmeverfahren insgesamt mit ein. Der Anwendungsbereich von Art. 26 Abs. 1 ist daher gleichfalls eröffnet, wenn der ersuchte Mitgliedstaat nicht auf ein Übernahmeersuchen reagiert und nach den Vorschriften der Verordnung in diesem Fall die Zustimmung des ersuchten Mitgliedstaats nach Ablauf einer gewissen Frist fingiert wird (zB → Art. 22 Rn. 3; VG Düsseldorf BeckRS 2019, 525 Rn. 6).

2.2   Zu beachten ist, dass Art. 26 Abs. 1 nicht voraussetzt, dass der Antragsteller im ersuchenden Mitgliedstaat einen Asylantrag gestellt hat. Vielmehr ist Art. 26 auch auf die sog. Aufgriffsfälle, in denen der Betroffene kein (erneutes) Asylgesuch gestellt hat, anzuwenden (NdsOVG BeckRS 2021, 8339 Rn. 7).

2a   Die Überstellungsentscheidung darf erst dann erlassen und einem Antragsteller zugestellt werden, sofern eine (fingierte) Zustimmung des aufnehmenden Mitgliedstaats vorliegt (EuGH NVwZ 2018, 1380 Rn. 42, 74). Liegt die (fingierte) Zustimmung nicht vor oder wird sie unwirksam, ist die Überstellungsentscheidung rechtswidrig (VG Düsseldorf BeckRS 2019, 525 Rn. 6).

2a.1   Dass eine Überstellungsentscheidung dem Betroffenen nicht zugestellt werden darf, bevor nicht eine (fingierte) Zustimmung des ersuchten Mitgliedstaats vorliegt, ergibt sich aus dem Wortlaut fast aller Sprachfassungen von Art. 26 (EuGH NVwZ 2018, 1380 Rn. 42). Der Unionsgesetzgeber hat eine genaue Verfahrensabfolge zwischen der (fingierten) Stattgabe des Gesuchs um Aufnahme oder Wiederaufnahme durch den ersuchten Mitgliedstaat und der Zustellung der Überstellungsentscheidung an die betreffende Person festgelegt (vgl. EuGH NVwZ 2018, 1380 Rn. 43). Dieses Auslegungsergebnis wird durch die

Systematik der Regelungen über das (Wieder-) Aufnahmeverfahren gestützt, die aufeinanderfolgende Verfahrensphasen und zwingend zu beachtende Fristen vorsehen, sowie durch das Ziel der Verordnung (vgl. EuGH NVwZ 2018, 1380 Rn. 47 ff., 55 ff.).

Der das Dublin-Verfahren durchführende Mitgliedstaat hat dem Antragsteller die Überstellungsentscheidung bekanntzugeben („[...] setzt [...] in Kenntnis"). Lässt sich der Antragsteller durch einen Rechtsbeistand oder Berater vertreten bzw. unterstützen, können die Mitgliedstaaten sich dafür entscheiden, die Überstellungsentscheidung diesem Vertreter des Antragstellers zuzustellen. Eine Definition der Begriffe „Rechtsbeistand" und „Berater" sowie „in Kenntnis setzen" und „zuzustellen" enthält die Dublin III-VO nicht. Da Auslegungshilfen auch nicht sonstigen unionsrechtlichen Vorschriften zu entnehmen sind, ist daher nach den allgemeinen Regeln (vgl. Art. 291 Abs. 1 AEUV) jedenfalls im Hinblick auf die Bekanntgabe der Überstellungsentscheidung auf die nationalrechtlichen Vorschriften über die Bekanntgabe eines Verwaltungsakts zurückzugreifen. **2a.2**

Für ein in Deutschland durchgeführtes Verfahren gilt: Nach § 31 Abs. 1 S. 3 AsylG ist ein „Dublin"-Bescheid, der die Überstellungsentscheidung in Form der Abschiebungsanordnung bzw. -drohung nach § 34a AsylG gewöhnlich enthält, den Beteiligten unverzüglich zuzustellen. Allerdings ist eine förmliche Zustellung im Sinne des VwZG keine zwingende Voraussetzung für die Wirksamkeit eines Dublin-Bescheids. Hierfür genügt vielmehr auch eine „einfache" Bekanntgabe nach § 41 VwVfG. Eine Einschränkung des Rechts auf effektiven Rechtsschutz ist hiermit nicht verbunden, da der Lauf einer Frist zur Einlegung eines Rechtsmittels ohne den Nachweis einer Bekanntgabe an den Antragsteller (oder seinen Vertreter) ohnehin im Grundsatz nicht beginnt (vgl. § 41 Abs. 2 S. 3 VwVfG, vgl. § 58 Abs. 2 VwGO). **2a.3**

Das Bundesamt für Migration und Flüchtlinge (Bundesamt) erlässt die Überstellungsentscheidung grundsätzlich in Form einer Abschiebungsanordnung auf der Grundlage von § 34a Abs. 1 S. 1 AsylG (VG Potsdam BeckRS 2016, 119296 Rn. 13). Kann eine Abschiebungsanordnung nicht ergehen, bspw. wegen inlandsbezogener Abschiebungshindernisse, etwa wegen vorübergehender Reiseunfähigkeit des Antragstellers, hat das Bundesamt eine Abschiebungsandrohung zu erlassen (§ 34a Abs. 1 S. 4 AsylG, vgl. § 34 AsylG). Allerdings steht dem Bundesamt auch die Möglichkeit offen, von dem in Art. 17 Abs. 1 normierten Selbsteintrittsrecht (→ Art. 17 Rn. 1 ff.) Gebrauch machen, wovon es in der Praxis bloß zurückhaltend Gebrauch macht. Mit der Abschiebungsanordnung oder -androhung verbindet das Bundesamt grundsätzlich auch den Erlass einer Unzulässigkeitsentscheidung nach § 29 Abs. 1 Nr. 1 AsylG sowie einer Entscheidung gem. § 31 Abs. 3 AsylG über das Nichtvorliegen nationaler – sog. zielstaatsbezogener, dh den Abschiebezielstaat betreffende – Abschiebungsverbote gem. § 60 Abs. 5 und Abs. 7 AufenthG. Regelmäßig fügt das Bundesamt dem Dublin-Bescheid eine Entscheidung über die Anordnung und Befristung eines gesetzlichen Einreise- und Aufenthaltsverbots nach § 11 Abs. 1 AufenthG bei. Das Bundesamt hat gem. § 31 Abs. 6 AsylG dem Antragsteller auch mitzuteilen, welcher andere Staat für die Durchführung seines Asylverfahrens zuständig ist. Die genannten Entscheidungen sind dem Antragsteller oder seinem Bevollmächtigten – wie auch die Überstellungsentscheidung – unverzüglich zuzustellen (§ 31 Abs. 1 S. 3, S. 7 AsylG; s. MAH VerwR/Bender § 24 Rn. 138). **3**

II. Informationen über die Rechtsbehelfe, einzuhaltende Fristen, Überstellungsmodalitäten und Rechtsberatung (Abs. 2)

Der Überstellungsentscheidung ist eine Rechtsbehelfsbelehrung beizufügen, mit der ein Antragsteller zunächst über die ihm offenstehenden Eilrechts- und Hauptsacherechtsbehelfe sowie die Fristen für deren Einlegung informiert werden soll. Fehlt eine Rechtsbehelfsbelehrung oder ist sie fehlerhaft, beträgt die Frist, innerhalb der ein Antragsteller ein Gericht anrufen kann, grundsätzlich ein Jahr ab Zustellung, Eröffnung oder Verkündung (§ 58 Abs. 2 VwGO; vgl. VG Minden BeckRS 2017, 113097 Rn. 11 ff.; 2015, 41893). **4**

Gegen die auf Grundlage von § 34a Abs. 1 AsylG ergangene Abschiebungsanordnung bzw. Abschiebungsandrohung ist die Anfechtungsklage nach § 42 VwGO statthaft. Sie ist im Fall der Abschiebungsanordnung innerhalb von einer Woche (§ 34a Abs. 2 S. 1 AsylG, § 74 Abs. 1 Hs. 2 AsylG), im Fall der Abschiebungsandrohung innerhalb von zwei Wochen nach Zustellung der Entscheidung zu erheben (§ 74 Abs. 1 Hs. 1 AsylG). Da die Klage gegen die Abschiebungsanordnung keine aufschiebende Wirkung entfaltet (§ 75 Abs. 1 AsylG), muss der Antragsteller – um seine Überstellung vor einer abschließenden Entscheidung im Klageverfahren zu verhindern – innerhalb einer Woche ab Bekanntgabe der (Überstellungs-) Entscheidung einen Antrag auf Anordnung der aufschiebenden Wirkung gem. § 80 Abs. 5 S. 1 VwGO, § 34a Abs. 2 S. 1 AsylG stellen. **4.1**

Dem Antragsteller ist mit der Überstellungsentscheidung auch mitzuteilen, innerhalb welcher Frist die Überstellung durchgeführt werden kann. Zudem soll er Informationen über die Modalitä- **5** ten einer freiwilligen Ausreise in den zuständigen Mitgliedstaat erhalten (sa Art. 7 VO (EG) 1560/2003). Ihr Fehlen führt allerdings nicht zur Rechtswidrigkeit einer Abschiebungsanordnung (BVerwG ZAR 2016, 71 Rn. 28; NVwZ 2016, 71 Rn. 17).

5.1   Um den Anforderungen in Art. 26 Abs. 2 gerecht zu werden, genügt vielmehr, dass die Überstellungs-entscheidung die Möglichkeit einer freiwilligen Ausreise nicht ausschließt (VG Berlin BeckRS 2017, 157037 Rn. 17 f.). Dies ist bei einer verfügten Abschiebungsanordnung regelmäßig der Fall. Der Antragstel-ler kann über die Möglichkeit der freiwilligen Ausreise auch noch informiert werden, nachdem die Über-stellungsentscheidung getroffen wurde (SchlHOVG BeckRS 2015, 45446). In der Praxis weist das Bundes-amt gewöhnlich im Bescheid auf die Möglichkeit einer freiwilligen Ausreise auf Initiative des Antragstellers hin.

6   Schließlich ist der Antragsteller spätestens mit Bekanntgabe der Überstellungsentscheidung über die Möglichkeit, sich rechtlich beraten zu lassen, zu informieren. Welche Folgen eine Verletzung dieser Vorgabe nach sich zieht, ist noch ungeklärt (vgl. → Rn. 7.1).

III. Mitteilung der Entscheidung(en) in einer dem Antragsteller verständlichen Sprache (Abs. 3)

7   Hat ein Antragsteller keinen Rechtsbeistand, muss er die wesentlichen Elemente der Überstel-lungsentscheidung – neben den genannten Rechtsbehelfen und den Rechtsbehelfsfristen dürfte hierzu jedenfalls der Entscheidungstenor zählen – in einer Sprache erhalten, die er versteht oder von der vernünftigerweise angenommen werden kann, dass er sie verstehe. Die Rechtsfolgen eines Verstoßes gegen diese Vorgaben sind dem nationalen Recht zu entnehmen.

7.1   Art. 26 Abs. 3 statuiert eine Übersetzungsverpflichtung, jedoch nicht die Pflicht, den entsprechenden Bescheid in einer Fremdsprache zu verfassen (hierzu und zum Folgenden s. VG Aachen BeckRS 2020, 3632 Rn. 10). Fehlt eine ordnungsgemäße Belehrung, so hat der Mitgliedsstaat sicherzustellen, dass der Antragsteller dennoch von seinem Recht auf einen wirksamen Rechtsbehelf Gebrauch machen kann, zB durch Wiedereinsetzung in den vorigen Stand (vgl. § 60 VwGO). Wie dem Antragsteller ermöglicht wird, Rechtsschutz in Anspruch zu nehmen, kann jedoch dahinstehen, wenn er fristgerecht um Rechtsschutz ersucht. Fehlt eine ordnungsgemäße Übersetzung der wesentlichen Entscheidungsinhalte, führt dies nicht zur Rechtswidrigkeit des streitgegenständlichen Bescheides (VG Aachen BeckRS 2020, 3632 Rn. 11).

Art. 27 Rechtsmittel

(1) Der Antragsteller oder eine andere Person im Sinne von Artikel 18 Absatz 1 Buchstabe c oder d hat das Recht auf ein wirksames Rechtsmittel gegen eine Überstel-lungsentscheidung in Form einer auf Sach- und Rechtsfragen gerichteten Überprüfung durch ein Gericht.

(2) Die Mitgliedstaaten sehen eine angemessene Frist vor, in der die betreffende Person ihr Recht auf einen wirksamen Rechtsbehelf nach Absatz 1 wahrnehmen kann.

(3) Zum Zwecke eines Rechtsbehelfs gegen eine Überstellungsentscheidung oder einer Überprüfung einer Überstellungsentscheidung sehen die Mitgliedstaaten in ihrem innerstaatlichen Recht Folgendes vor:
a) dass die betroffene Person aufgrund des Rechtsbehelfs oder der Überprüfung berech-tigt ist, bis zum Abschluss des Rechtsbehelfs oder der Überprüfung im Hoheitsgebiet des betreffenden Mitgliedstaats zu bleiben; oder
b) dass die Überstellung automatisch ausgesetzt wird und diese Aussetzung innerhalb einer angemessenen Frist endet, innerhalb der ein Gericht, nach eingehender und gründlicher Prüfung, darüber entschieden hat, ob eine aufschiebende Wirkung des Rechtsbehelfs oder der Überprüfung gewährt wird; oder
c) die betreffende Person hat die Möglichkeit, bei einem Gericht innerhalb einer ange-messenen Frist eine Aussetzung der Durchführung der Überstellungsentscheidung bis zum Abschluss des Rechtsbehelfs oder der Überprüfung zu beantragen. Die Mit-gliedstaaten sorgen für einen wirksamen Rechtsbehelf in der Form, dass die Überstel-lung ausgesetzt wird, bis die Entscheidung über den ersten Antrag auf Aussetzung ergangen ist. Die Entscheidung, ob die Durchführung der Überstellungsentschei-dung ausgesetzt wird, wird innerhalb einer angemessenen Frist getroffen, welche gleichwohl eine eingehende und gründliche Prüfung des Antrags auf Aussetzung

ermöglicht. Die Entscheidung, die Durchführung der Überstellungsentscheidung nicht auszusetzen, ist zu begründen.

(4) Die Mitgliedstaaten können vorsehen, dass die zuständigen Behörden beschließen können, von Amts wegen tätig zu werden, um die Durchführung der Überstellungsentscheidung bis zum Abschluss des Rechtsbehelfs oder der Überprüfung auszusetzen.

(5) Die Mitgliedstaaten stellen sicher, dass die betreffende Person rechtliche Beratung und – wenn nötig – sprachliche Hilfe in Anspruch nehmen kann.

(6) ¹Die Mitgliedstaaten stellen sicher, dass die rechtliche Beratung auf Antrag unentgeltlich gewährt wird, wenn die betreffende Person die Kosten nicht selbst tragen kann. ²Die Mitgliedstaaten können vorsehen, dass Antragstellern hinsichtlich der Gebühren und anderen Kosten keine günstigere Behandlung zuteil wird, als sie den eigenen Staatsangehörigen in Fragen der rechtlichen Beratung im Allgemeinen gewährt wird.

Ohne den Zugang zur rechtlichen Beratung willkürlich einzuschränken, können die Mitgliedstaaten vorsehen, dass keine unentgeltliche rechtliche Beratung und Vertretung gewährt wird, wenn die zuständige Behörde oder ein Gericht dem Rechtsbehelf oder der Überprüfung keine greifbaren Erfolgsaussichten einräumt.

Beschließt eine andere Stelle als ein Gericht, gemäß diesem Absatz keine unentgeltliche rechtliche Beratung und Vertretung zu gewähren, so sehen die Mitgliedstaaten das Recht vor, bei einem Gericht einen wirksamen Rechtsbehelf gegen diesen Beschluss einzulegen.

In Übereinstimmung mit den Voraussetzungen dieses Absatzes stellen die Mitgliedstaaten sicher, dass die rechtliche Beratung und Vertretung nicht willkürlich eingeschränkt werden und der wirksame Zugang des Antragstellers zu den Gerichten nicht beeinträchtigt wird.

Die rechtliche Beratung umfasst zumindest die Vorbereitung der erforderlichen Verfahrensdokumente und die Vertretung vor Gerichten und kann auf Rechtsbeistand und Berater beschränkt werden, die nach einzelstaatlichem Recht zur Bereitstellung von Unterstützung und Vertretung berufen sind.

Die Verfahren für die Inanspruchnahme rechtlicher Beratung werden im einzelstaatlichen Recht festgelegt.

Überblick

Art. 27 der Verordnung bezweckt – wie Art. 26 – ebenfalls die Sicherstellung effektiven Rechtsschutzes (→ Rn. 1) und beschreibt eigentlich eine rechtsstaatliche Selbstverständlichkeit: Ein Antragsteller kann gegen eine ihn betreffende Überstellungsentscheidung die Gerichte eines – die Überstellungsentscheidung erlassenden – Mitgliedstaats anrufen. Der dem Antragsteller zur Verfügung stehende Rechtsbehelf muss wirksam sein, dh das angerufene Gericht hat die Überstellungsentscheidung umfassend auf Fehler in sachlicher und in rechtlicher Hinsicht zu überprüfen (→ Rn. 2 ff.). Die (Rechtsbehelfs-) Frist, innerhalb der ein Antragsteller eine gerichtliche Überprüfung beantragen kann, muss angemessen sein (→ Rn. 5 f.). Während des Gerichtsverfahrens darf der Antragsteller nur unter bestimmten Voraussetzungen in einen für zuständig erachteten, anderen EU-Mitgliedstaat überstellt werden (→ Rn. 7 f.). Er hat – ggf. unter Voraussetzungen – einen Anspruch auf sprachliche und rechtliche Unterstützung (→ Rn. 9 f.), wenn er die Überstellungsentscheidung überprüfen lassen möchte.

A. Allgemeines

Wie Art. 26 dient auch Art. 27 der Sicherstellung effektiven Rechtsschutzes (Art. 47 GRCh, **1** Art. 19 Abs. 4 GG; → Art. 26 Rn. 1). Erlangt eine Person iSv Art. 18 Kenntnis von einer ihn negativ betreffenden Überstellungsentscheidung, muss ihm der für die Entscheidung verantwortliche Mitgliedstaat die Möglichkeit einräumen, die Entscheidung gerichtlich überprüfen zu lassen. Die Regelungen in Art. 27 legen die Rahmenbedingungen für die Ausgestaltung des Rechtsbehelfsverfahrens durch die Mitgliedstaaten fest. Verletzt ein Mitgliedstaat beharrlich und systematisch seine Pflichten nach Art. 27, dürfte man kaum umhinkommen, für diesen systemische Schwachstellen iSv Art. 3 Abs. 2 UAbs. 2 zu bejahen.

B. Einzelerläuterung

I. Recht auf eine Überprüfung der Überstellungsentscheidung durch ein Gericht – wirksamer Rechtsbehelf (Abs. 1)

1. Umfang der gerichtlichen Überprüfung

2   Ein Antragsteller kann die Überstellungsentscheidung in sachlicher und rechtlicher Hinsicht im Rahmen eines bei einem Gericht einzulegenden Rechtsbehelfs überprüfen lassen. Hierauf hat er einen unmittelbar aus Art. 27 Abs. 1 folgenden Anspruch. Die Mitgliedstaaten müssen einen effektiven Rechtsbehelf zur Verfügung stellen, dh es muss ein wirksamer und **vollständiger gerichtlicher Rechtsschutz** für einen Antragsteller sichergestellt werden, was einer restriktiven Auslegung von Art. 27 Abs. 1 entgegensteht (vgl. EuGH ZAR 2017, 413 Rn. 47). Die nationalen Gerichte müssen diese Grundsätze ihrer Entscheidungsfindung stets zugrunde legen.

2.1   Ein Rechtsbehelf gegen Überstellungsentscheidungen soll die Prüfung der Anwendung der Dublin III-VO und der Rechts- und Sachlage in dem Mitgliedstaat umfassen, in den der Antragsteller überstellt wird (Erwägungsgrund 19).

2.2   Darüber hinaus muss ein Rechtsbehelf einen Antragsteller auch in die Lage versetzen, nach dem Erlass der Überstellungsentscheidung und sogar nach der Überstellung eintretende Änderungen tatsächlicher und rechtlicher Umstände geltend zu machen (EuGH BeckRS 2018, 292 Rn. 31, 38 f.). Hierzu kann auch der Ablauf der Überstellungsfrist gehören (EuGH NVwZ 2018, 43 Rn. 44).

3   Mit dem Rechtsbehelf kann ein Antragsteller die Anwendung der Dublin III-VO samt der vorgesehenen Verfahrensgarantien überprüfen lassen (EuGH ZAR 2017, 413 Rn. 48). Ein Antragsteller kann sich damit jedenfalls auf die primären Zuständigkeitskriterien nach Art. 7–15 (EuGH NVwZ 2016, 1157 Rn. 61), aber auch auf das Erlöschen nach Art. 19 Abs. 2 (→ Art. 19 Rn. 2; EuGH NVwZ 2016, 1155 Rn. 27) oder den Übergang einer zunächst begründeten Zuständigkeit berufen (Art. 21 Abs. 1; EuGH ZAR 2017, 413 Rn. 62).

3.1   Für die Anwendung der „Abdullahi"-Rechtsprechung des EuGH zur Dublin II-VO ist nach der gefestigten Rechtsprechung des EuGH kein Raum mehr. Nach der „Abdullahi"-Rechtsprechung konnte ein Antragsteller gegen die Überstellungsentscheidung lediglich systemische Mängel des Asylverfahrens und der Aufnahmebedingungen im Zielstaat der Überstellung geltend machen (vgl. Art. 3 Abs. 2 UAbs. 2). Dabei musste die tatsächliche Gefahr bestehen, dass der Antragsteller einer Art. 4 GRCh zuwiderlaufenden Behandlung ausgesetzt sein könnte (EuGH NVwZ 2014, 208 Rn. 62). Nach der Abkehr von dieser Rechtsprechung kann sich ein Antragsteller auch auf Zuständigkeitskriterien und Tatbestände berufen, nach denen die Zuständigkeit eines Mitgliedstaats auf einen anderen übergeht.

3.2   Teilweise wird vertreten, dass ein Antragsteller im Rahmen eines Rechtsbehelfs nach Art. 27 Abs. 1 auch die Zuständigkeit eines Mitgliedstaats geltend machen könne, in dem er sich nicht befinde, also ein Recht auf Überstellung in den zuständigen Mitgliedstaat (VG Gelsenkirchen BeckRS 2018, 3279; VG Düsseldorf BeckRS 2018, 2058; Nestler/Vogt ZAR 2017, 21 (23); aA VG Ansbach BeckRS 2018, 4411; VG Frankfurt a. M. BeckRS 2018, 4189).

2. Rechtsbehelf gegen die Überstellungsentscheidung nach § 34a AsylG

4   Gegen die nach § 34a Abs. 1 AsylG ergangene Abschiebungsanordnung bzw. Abschiebungsandrohung ist die Anfechtungsklage nach § 42 VwGO statthaft. Einer darüberhinausgehenden, auf Fortführung des Asylverfahrens oder auf Zuerkennung des Flüchtlingsstatus oder subsidiären Schutzes gerichteten Verpflichtungsklage fehlt das Rechtsschutzbedürfnis (vgl. VG Gelsenkirchen BeckRS 2016, 43073). Stellt ein Antragsteller einen entsprechenden Verpflichtungsantrag, ist seine Klage, jedenfalls sofern er anwaltlich vertreten ist, insoweit kostenpflichtig als unzulässig abzuweisen. Da die Klage gegen eine Abschiebungsanordnung (nicht aber gegen eine Abschiebungs**androhung**) keine aufschiebende Wirkung hat (§ 75 Abs. 1 AsylG), muss ein Antragsteller – um seine Überstellung vor einer Entscheidung im Klageverfahren zu verhindern – innerhalb einer Woche ab Bekanntgabe der Entscheidung einen Antrag auf Anordnung der aufschiebenden Wirkung gem. § 80 Abs. 5 S. 1 VwGO, § 34a Abs. 2 S. 1 AsylG stellen.

4.1   Ein hilfsweise gestellter Verpflichtungsantrag, zielstaatsbezogene Abschiebungsverbote iSv § 60 Abs. 5 und 7 S. 1 feststellen zu lassen, ist, jedenfalls soweit ein Kläger mit seinem vordringlichsten Klageziel die Rechtswidrigkeit einer Abschiebungs**anordnung** geltend macht, überflüssig und ebenfalls mangels Rechtsschutzbedürfnis unzulässig. Denn könnte sich ein Antragsteller mit Erfolg auf einen Anspruch auf

Feststellung eines zielstaatsbezogenen Abschiebungsverbots berufen, der im Rahmen der Prüfung der Rechtmäßigkeit einer Abschiebungsanordnung ohnehin inzident zu prüfen wäre (vgl. BayVGH BeckRS 2015, 54520 Rn. 4), wäre die Abschiebungsanordnung bereits – und zugleich der gesamte Dublin-Bescheid – rechtswidrig und aufzuheben, da der Antragsteller nicht in den zuständigen Mitgliedstaat abgeschoben werden kann. Die Unzulässigkeitsentscheidung sollte im Fall der Aufhebung einer Überstellungsentscheidung ebenfalls grundsätzlich aufgehoben werden, um eine Situation zu verhindern, in der der Antrag eines Antragstellers auf internationalen Schutz in keinem Mitgliedstaat geprüft wird (refugee in orbit).

Bei seiner Entscheidung hat das Gericht die Sach- und Rechtslage im Zeitpunkt der letzten mündlichen **4.2** Verhandlung oder – sofern es eine mündliche Verhandlung nicht durchführt – der Entscheidung zugrunde zu legen (§ 77 Abs. 1 AsylG). Mit dieser Regelung entspricht das nationale Recht den Vorgaben des EuGH, dass sich ein Antragsteller auch auf Änderungen der Sach- und Rechtslage nach Zustellung der Überstellungsentscheidung berufen können muss.

II. Geltendmachung des Rechtsbehelfs innerhalb angemessener Frist (Abs. 2)

Vorgesehen ist, dass ein Antragsteller die gerichtliche Überprüfung einer Überstellungsentschei- **5** dung innerhalb einer angemessenen, vom nationalen Gesetzgeber zu bestimmenden Frist beantragen muss. Weitere Vorgaben enthält die Verordnung nicht, sodass den EU-Mitgliedstaaten bei der Anwendung dieser Bestimmung ein gewisser Spielraum zusteht. Allerdings: Unzulässig ist die Wahl einer so kurzen Frist, die es einem Antragsteller unmöglich machen würde, von einem Rechtsbehelf Gebrauch zu machen, oder jedenfalls so erschweren würde, dass er faktisch keinen Rechtsbehelf einlegen könnte (Art. 47 GRCh, Art. 19 Abs. 4 GG).

Erlässt das Bundesamt für Migration und Flüchtlinge (Bundesamt) eine Abschiebungsanord- **6** nung, ist ein Antrag innerhalb einer Woche ab Bekanntgabe der Entscheidung zu stellen (§ 34a Abs. 2 S. 1 AsylG). Dies gilt auch für Erhebung der Klage (§ 74 Abs. 1 Hs. 2 AsylG). Die Angemessenheit der Wochenfrist wird vereinzelt in Frage gestellt (NK-AuslR/Müller AsylG § 34a Rn. 5). In der Praxis stellt die Einhaltung der Wochenfrist allerdings regelmäßig kein Problem dar. Im Falle einer Abschiebungsandrohung nach § 34a Abs. 1 S. 4 AsylG beträgt die Klagefrist zwei Wochen (§ 74 Abs. 1 Hs. 1 AsylG). Da die Klage gegen die Abschiebungsandrohung aufschiebende Wirkung hat, ist es regelmäßig nicht erforderlich, einen Eilantrag zu stellen. Ein solcher wäre mangels Rechtsschutzbedürfnis als unzulässig abzulehnen.

III. Bleiberecht des Antragstellers während des gerichtlichen Überprüfungsverfahrens (Abs. 3, Abs. 4)

Beantragt ein Antragsteller eine gerichtliche Überprüfung der Überstellungsentscheidung, darf **7** er nur abgeschoben werden, nachdem
• das Gerichtsverfahren abgeschlossen ist (Abs. 3 lit. a) oder
• ein Gericht entschieden hat, dass das „Rechtsmittel" keine aufschiebende Wirkung hat (Abs. 3 lit. b und lit. c).
Um seine Abschiebung während eines gegen eine Abschiebungsanordnung nach § 34a AsylG **8** gerichteten Klageverfahrens zu verhindern, muss ein Antragsteller – rechtzeitig – einen Antrag auf Anordnung der aufschiebenden Wirkung seiner gegen die Anordnung gerichteten Klage stellen (→ Rn. 4). Bei diesem Antrag handelt es sich um einen Rechtsbehelf iSv Art. 27 Abs. 3 lit. c (→ Art. 29 Rn. 9).

Stellt ein Antragsteller einen Antrag auf Aussetzung der Überstellungsentscheidung, muss das angerufene **8.1** Gericht innerhalb einer angemessenen Frist eine eingehende und gründliche Prüfung des Antrags vornehmen (zur Angemessenheit im Falle eines etwa zwei Jahre anhängig gewesenen Eilverfahrens s. VGH BW BeckRS 2020, 27993 Rn. 4 f.). Ob die in Verfahren nach § 80 Abs. 5 VwGO oftmals durch das Gericht vorgenommene, bloß summarische Prüfung den hier genannten Anforderungen einer „eingehenden und gründlichen Prüfung" in jedem Fall gerecht wird, darf – auch in Anbetracht der zahlreichen, stattgebenden Entscheidungen des BVerfG – bezweifelt werden. Jedenfalls ist eine Entscheidung, mit der ein Eilantrag abgelehnt wird, ggf. ausführlich zu begründen (BVerfG NVwZ 2017, 470 Rn. 21). Um den Vorgaben in Art. 27 gerecht zu werden, hat ein angerufenes Gericht in Verfahren nach § 80 Abs. 5, Abs. 7 VwGO eine umfassende rechtliche Überprüfung auf der Grundlage eines gründlichen Aktenstudiums und einer Auswertung der verfügbaren Erkenntnisquellen zur (Versorgungs-) Lage im zuständigen Mitgliedstaat vorzunehmen.

Das Bundesamt kann die Vollziehung einer Abschiebungsanordnung nach Art. 27 Abs. 4, § 80 Abs. 4 **8.2** VwGO auch von Amts wegen bis zur Rechtskraft der Hauptsacheentscheidung aussetzen. Eine derartige behördliche Entscheidung steht in ihren Wirkungen einer gerichtlichen Anordnung der aufschiebenden Wirkung gleich und hat zur Folge, dass die Verfügung nicht vollzogen werden darf und damit die Überstellungsfrist – uU erneut – unterbrochen wird (vgl. BVerwG NVwZ 2016, 1492 Rn. 18). Eine Überstellungsfrist dürfte aber dann nicht unterbrochen werden, wenn die behördliche Aussetzung einer Vollziehung rechtlich unter keinem denkbaren Aspekt haltbar, dh willkürlich ist (vgl. BVerwG NVwZ 2019, 304 Rn. 32).

8.3   Ob die während der Corona-Krise und aufgrund der Schließung innereuropäischer Grenzen erklärten Aussetzungen des Bundesamts eine Unterbrechung der Überstellungsfrist bewirken konnten, ist umstritten (dafür VG Karlsruhe BeckRS 2020, 21523 Rn. 34 mwN; VG Stuttgart 4.8.2020 – A 2 K 5706/19; dagegen BayVGH BeckRS 2020,36207 Rn. 9 ff.; OVG NRW BeckRS 2020, 34254 Rn. 31 ff.; NdsOVG BeckRS 2020, 29668 Rn. 18 ff.; SchlHOVG BeckRS 2020, 15739 Rn. 6 ff.; vertiefend Lehnert/Werdermann NVwZ 2020, 1308; Neumann ZAR 2020, 314). Das BVerwG (ZAR 2021, 134) hat zur Klärung der Frage den EuGH angerufen (dort anhängig unter C-248/21).

IV. Inanspruchnahme von Rechtsberatung und sprachlicher Hilfe (Abs. 5, Abs. 6)

9   Um das Recht auf effektiven Rechtsschutz auch in tatsächlicher Hinsicht sicherzustellen, muss ein Antragsteller Zugang zu – ggf. kostenloser – rechtlicher Beratung und einem Dolmetscher haben können. Dies wird in Art. 27 Abs. 5 und Abs. 6 klargestellt.

10   Ist ein Antragsteller nicht in der Lage, Kosten für die Rechtsberatung aufzubringen, kann er einen Antrag auf Bewilligung von **Prozesskostenhilfe stellen (§ 166 VwGO, §§ 114 ff. ZPO). Die Bewilligung** setzt allerdings mindestens voraus, dass die beabsichtigte Rechtsverfolgung oder Rechtsverteidigung hinreichende Aussicht auf Erfolg bietet und nicht mutwillig erscheint (§ 114 Abs. 1 S. 1 ZPO). Diese Voraussetzungen für die Bewilligung von Prozesskostenhilfe verstoßen nicht gegen die Vorgaben in Art. 27 Abs. 6 UAbs. 1 S. 2, UAbs. 2.

Abschnitt V. Inhaftnahme zum Zwecke der Überstellung

Art. 28 Haft

(1) Die Mitgliedstaaten nehmen eine Person nicht allein deshalb in Haft, weil sie dem durch diese Verordnung festgelegten Verfahren unterliegt.

(2) Zwecks Sicherstellung von Überstellungsverfahren, dürfen die Mitgliedstaaten im Einklang mit dieser Verordnung, wenn eine erhebliche Fluchtgefahr besteht, nach einer Einzelfallprüfung die entsprechende Person in Haft nehmen und nur im Falle, dass Haft verhältnismäßig ist und sich weniger einschneidende Maßnahmen nicht wirksam anwenden lassen.

(3) Die Haft hat so kurz wie möglich zu sein und nicht länger zu sein, als bei angemessener Handlungsweise notwendig ist, um die erforderlichen Verwaltungsverfahren mit der gebotenen Sorgfalt durchzuführen, bis die Überstellung gemäß dieser Verordnung durchgeführt wird. ¹Wird eine Person nach diesem Artikel in Haft genommen, so darf die Frist für die Stellung eines Aufnahme- oder Wiederaufnahmegesuchs einen Monat ab der Stellung des Antrags nicht überschreiten. ²Der Mitgliedstaat, der das Verfahren gemäß dieser Verordnung durchführt, ersucht in derartigen Fällen um eine dringende Antwort. ³Diese Antwort erfolgt spätestens zwei Wochen nach Eingang des Gesuchs. ⁴Wird innerhalb der Frist von zwei Wochen keine Antwort erteilt, ist davon auszugehen, dass dem Aufnahme- bzw. Wiederaufnahmegesuch stattgegeben wird, was die Verpflichtung nach sich zieht, die Person aufzunehmen und angemessene Vorkehrungen für die Ankunft zu treffen.

Befindet sich eine Person nach diesem Artikel in Haft, so erfolgt die Überstellung aus dem ersuchenden Mitgliedstaat in den zuständigen Mitgliedstaat, sobald diese praktisch durchführbar ist und spätestens innerhalb von sechs Wochen nach der stillschweigenden oder ausdrücklichen Annahme des Gesuchs auf Aufnahme oder Wiederaufnahme der betreffenden Person durch einen anderen Mitgliedstaat oder von dem Zeitpunkt an, ab dem der Rechtsbehelf oder die Überprüfung gemäß Artikel 27 Absatz 3 keine aufschiebende Wirkung mehr hat.

¹Hält der ersuchende Mitgliedstaat die Fristen für die Stellung eines Aufnahme- oder Wiederaufnahmegesuchs nicht ein oder findet die Überstellung nicht innerhalb des Zeitraums von sechs Wochen im Sinne des Unterabsatz 3 statt, wird die Person nicht länger in Haft gehalten. ²Die Artikel 21, 23, 24 und 29 gelten weiterhin entsprechend.

(4) Hinsichtlich der Haftbedingungen und der Garantien für in Haft befindliche Personen gelten zwecks Absicherung der Verfahren für die Überstellung in den zuständigen Mitgliedstaat, die Artikel 9, 10 und 11 der Richtlinie 2013/33/EU.

Überblick

Ein Mitgliedstaat darf eine Person iSv Art. 18 zur Sicherstellung des Überstellungsverfahrens (→ Rn. 1, → Rn. 3) ausschließlich (→ Rn. 2) bei Vorliegen eines Haftgrundes (→ Rn. 4) unter Beachtung des Grundsatzes der Verhältnismäßigkeit (→ Rn. 5) (auch vorläufig, → Rn. 7) inhaftieren. Bei der Anordnung der Haft sind neben diesen materiellen Voraussetzungen auch formelle Voraussetzungen einzuhalten (→ Rn. 6 ff.). Die Haftdauer muss so kurz wie möglich sein (→ Rn. 9). Für das (Wieder-) Aufnahme- und Überstellungsverfahren gelten im Fall der Inhaftierung einer Person iSv Art. 18 kürzere Fristen für das (Wieder-) Aufnahmeverfahren sowie das Verfahren zur Überstellung (→ Rn. 10 ff.). Lässt der Mitgliedstaat die genannten Fristen verstreichen, muss eine Person iSv Art. 18 grundsätzlich freigelassen werden (→ Rn. 14). Die in der EU-Aufnahme-RL (RL 2013/33/EU v. 26.6.2013, ABl. 2013 L 180, 96) vorgesehenen Haftbedingungen und Verfahrensgarantien haben die Mitgliedstaaten auch für nach Art. 28 inhaftierte Personen zu beachten (→ Rn. 15).

Übersicht

A. Allgemeines

Die Möglichkeit, eine Person iSv Art. 18 in Haft nehmen zu können, dient der Sicherstellung **1** des Überstellungsverfahrens. Durch die Inhaftierung soll vermieden werden, dass die betreffende Person flieht und sich der Durchführung einer etwaigen Entscheidung über ihre Überstellung entzieht (EuGH NVwZ 2018, 46 Rn. 31). Die in Abs. 3 genannten kürzeren Fristen, die das (Wieder-) Aufnahme- und das Überstellungsverfahren betreffen (→ Rn. 10 ff.), verfolgen den Zweck, die Beeinträchtigung der persönlichen Freiheit der Person iSv Art. 18 möglichst gering zu halten (BGH BeckRS 2017,111193 Rn. 8), und stellen damit Ausprägungen des staatlichen Übermaßverbots dar.

B. Einzelerläuterung

I. Verbot der Inhaftierung allein aufgrund der Durchführung eines Dublin-Verfahrens (Abs. 1)

Abs. 1 der Vorschrift verdeutlicht, dass eine Person iSv Art. 18 nicht allein aufgrund der **2** Durchführung eines Dublin-Verfahrens inhaftiert werden darf, dh ohne dass in der Person des Betroffenen eine erhebliche Fluchtgefahr gegeben ist.

II. Voraussetzungen der Inhaftnahme (Abs. 2)

1. Materielle Voraussetzungen

3 Die zuständige Behörde des Mitgliedstaats, in dem sich eine Person iSv Art. 18 befindet, darf ihre Haft nur zur Sicherstellung eines Überstellungsverfahrens nach der Dublin III-VO anordnen.

3.1 Sicherungshaft darf daher nicht angeordnet werden, wenn die Überstellung einer Person iSv Art. 18 während der Haft praktisch nicht durchführbar ist (BGH BeckRS 2017, 111193 Rn. 11). Praktisch durchführbar ist die Überstellung, wenn die Behörde alle hierfür erforderlichen Voraussetzungen schaffen kann, insbesondere wenn zu erwarten ist, dass die benötigten Papiere besorgt und die Rückflüge in den zuständigen Mitgliedstaat gebucht werden können (BGH BeckRS 2017, 111193 Rn. 11).

3.2 Eine Haftanordnung ist aufzuheben, wenn sich ergibt, dass eine Überstellung innerhalb des angeordneten Haftzeitraums nicht mehr durchgeführt werden kann (BGH BeckRS 2014, 11601 Rn. 7). Die Sicherungshaft darf auch bis zu einer Entscheidung über eine Verlängerung der Haft nicht aufrechterhalten werden (BGH NVwZ 2016, 1824 Rn. 7).

3.3 Art. 28 Abs. 2 findet auch im Fall der Inhaftnahme zur Sicherung einer Zurückweisung an einer Binnengrenze der Europäischen Union Anwendung, sodass insoweit ebenfalls die hier beschriebenen Voraussetzungen gegeben sein müssen (vgl. BGH BeckRS 2020, 41382 Rn. 14).

4 Zudem muss im Rahmen einer Einzelfallprüfung festgestellt werden, dass bei der Person iSv Art. 18 eine erhebliche Fluchtgefahr besteht.

4.1 Nach Art. 2 lit. n versteht man unter einer Fluchtgefahr das Vorliegen von Gründen im Einzelfall, die auf objektiven gesetzlich festgelegten Kriterien beruhen und zu der Annahme Anlass geben, dass sich eine Person iSv Art. 18, ein Drittstaatsangehöriger oder Staatenloser, gegen den ein Überstellungsverfahren läuft, diesem Verfahren möglicherweise durch Flucht entziehen könnte (→ Art. 2 Rn. 1 ff.). Es ist Aufgabe der Mitgliedstaaten, entsprechende Kriterien für das Vorliegen einer Fluchtgefahr festzulegen (EuGH NVwZ 2017, 777 Rn. 28). Die Kriterien müssen in einer zwingenden Vorschrift mit allgemeiner Geltung festgelegt werden; eine gefestigte Rechtsprechung genügt nicht (EuGH NVwZ 2017, 777 Rn. 45). Ist dies nicht der Fall, ist eine Inhaftnahme rechtswidrig (EuGH NVwZ 2017, 777 Rn. 46).

4.2 Der deutsche Gesetzgeber hat in § 2 Abs. 14 S. 1 und S. 2 AufenthG iVm § 62 Abs. 3a und Abs. 3b Nr. 1–5 AufenthG Anhaltspunkte normiert, welche die widerlegliche Regelvermutung einer Fluchtgefahr begründen (vgl. Beichel-Benedetti NJW 2015, 2541). Die Regelungen dürften den Anforderungen von Art. 2 lit. n genügen und Grundlage für die Anordnung von Haft zur Sicherstellung von Überstellungsverfahren nach Art. 28 sein (vgl. BGH NVwZ 2016, 1582 Rn. 8; 2016, 1111 Rn. 15 ff.; aA Beichel-Benedetti/Hoppe NVwZ 2017, 779; Beichel-Benedetti NJW 2015, 2541).

4.3 Das Vorliegen eines der in § 2 Abs. 14 AufenthG geregelten Anhaltspunkte ist indessen lediglich ein Indiz dafür, dass im konkreten Fall eine Fluchtgefahr besteht. Welches Gewicht diesem Indiz zukommt und ob tatsächlich von einer Fluchtgefahr ausgegangen werden kann, bedarf immer einer Gesamtbetrachtung aller Umstände des Einzelfalls (BGH BeckRS 2018, 1286 Rn. 10, 22 ff.).

4.4 Die Anordnung der Haft kann nicht (mehr) auf § 62 Abs. 3 S. 1 AufenthG gestützt werden. Ein Rückgriff auf die in dieser Vorschrift geregelten Haftgründe kommt seit dem Inkrafttreten von § 2 Abs. 14 AufenthG nicht mehr in Betracht (vgl. BGH BeckRS 2016, 17449 Rn. 4).

5 Dritte Voraussetzung ist, dass die Inhaftierung einer Person iSv Art. 18 dem Grundsatz der Verhältnismäßigkeit genügt. Hieran fehlt es insbesondere, wenn ein milderes Mittel zur Verfügung steht, mit dem der Zweck der beantragten Haft in ebenso ausreichender Weise erreicht werden kann. Als mildere Mittel kommen bspw. in Betracht: die Stellung einer Kaution (vgl. BGH BeckRS 2018, 1286 Rn. 24) oder eine freiwillige Ausreise (vgl. LG Detmold BeckRS 2016, 119902 Rn. 30).

2. Formelle Voraussetzungen

6 Für die Anordnung der Haft sind in Deutschland nach § 2 Abs. 14 S. 4 und S. 5 AufenthG, § 23a Abs. 1, Abs. 2 Nr. 6 GVG die Amtsgerichte zuständig.

6.1 Das zuständige Gericht hat von Amts wegen aufzuklären, ob die Voraussetzungen für die Anordnung der Haft vorliegen (§ 26 FamFG). Dies gilt auch, wenn sich nach Anordnung der Haft für das Gericht hinreichende Anhaltspunkte ergeben, dass die Voraussetzungen der Freiheitsentziehung möglicherweise nicht (mehr) vorliegen (BGH NVwZ 2016, 1824 Rn. 5).

7 Ein Gericht darf eine Haftanordnung nur auf Antrag der für die Durchführung der Überstellung zuständigen Verwaltungsbehörde erlassen (vgl. § 2 Abs. 14 S. 3 AufenthG, § 417 FamFG). Diese

kann den Antragsteller beim Vorliegen enger Voraussetzungen ausnahmsweise auch ohne vorherige richterliche Anordnung festhalten und vorläufig in Gewahrsam nehmen, wobei sie eine richterliche Entscheidung über die Haftanordnung unverzüglich herbeizuführen hat (§ 2 Abs. 14 S. 3 und S. 4 AufenthG).

Der Antrag muss den in § 417 FamFG genannten formellen Anforderungen entsprechen. Die Behörde **7.1** muss insbesondere die zweifelsfrei bestehende Ausreisepflicht, das Vorliegen der Abschiebungsvoraussetzungen, die Erforderlichkeit der Haft, die Durchführbarkeit der Abschiebung und die notwendige Haftdauer darlegen (BGH BeckRS 2020, 4907 Rn. 8). Zwar dürfen die Ausführungen zur Begründung des Haftantrags knappgehalten sein, sie müssen aber die für die richterliche Prüfung des Falls wesentlichen Punkte ansprechen (BGH BeckRS 2020, 4907 Rn. 8).

Fehlt es hieran, darf die beantragte Sicherungshaft nicht angeordnet werden (BGH BeckRS 2018, **7.2** 24455 Rn. 5; 2016, 110874 Rn. 4). Mängel des Haftantrags kann die Behörde von sich aus oder auf richterlichen Hinweis – mit Wirkung für die Zukunft – beheben. In jedem Fall muss der Antragsteller zu den ergänzenden Angaben persönlich angehört werden (BGH BeckRS 2020, 4907 Rn. 10; 2016, 110874 Rn. 6).

Demgegenüber muss in einem Antrag auf Anordnung der Überstellungshaft nach Art. 28 Abs. 2 weder **7.3** dargelegt werden, dass und weshalb der Zielstaat nach der Dublin III-VO zur Aufnahme verpflichtet ist, noch muss angegeben werden, in welchem Verfahren die Überstellung erfolgen soll, ob also eine Aufnahme (Art. 21 f.) oder eine Wiederaufnahme (Art. 23 ff.) betrieben wird (BGH BeckRS 2020, 9762 Rn. 9; aA noch BGH BeckRS 2015, 2511). Denn die Prüfung, ob eine Aufnahme- oder Wiederaufnahmeverpflichtung des Zielstaates unter Einhaltung der Regelungen der Dublin III-VO entstanden und nicht wieder entfallen ist, obliegt allein den Verwaltungsgerichten und nicht auch dem Haftrichter (vgl. hierzu und zum Folgenden BGH BeckRS 2020, 9762 Rn. 12, 14). Demzufolge hat der Haftrichter die Entscheidungen der Verwaltungsbehörde grundsätzlich ohne eigene Prüfung gelten zu lassen. Etwas anderes gilt nur dann, wenn der Betroffene gegen seine Überstellung um Rechtsschutz durch die Verwaltungsgerichte nachgesucht hat und sich daraus ein der Überstellung entgegenstehendes Hindernis ergeben kann. In diesem Fall muss der Haftrichter den Stand und voraussichtlichen Fortgang des verwaltungsgerichtlichen Verfahrens aufklären. Steht danach zu erwarten, dass das Verwaltungsgericht dem Eilantrag des Betroffenen stattgeben und dessen Überstellung aussetzen wird, darf er die Haft nicht anordnen und muss eine bereits ergangene Haftanordnung aufheben.

Vor der Anordnung der Haft ist der Antragsteller grundsätzlich persönlich anzuhören (§ 420 **8** Abs. 1 FamFG).

Für die Anhörung einer Person iSv Art. 18, die der deutschen Sprache nicht mächtig ist, ist ein **8.1** Dolmetscher hinzuzuziehen (BGH BeckRS 2010, 8476 Rn. 15). Der Richter muss sich vergewissern, dass der hinzugezogene Dolmetscher und der Betroffene in einer Sprache miteinander kommunizieren können (LG Detmold BeckRS 2016, 119902 Rn. 7).

Die Person iSv Art. 18 muss grundsätzlich erneut persönlich angehört werden, wenn die Fortdauer der **8.2** Haft auf einen neuen Sachverhalt gestützt wird (vgl. BGH BeckRS 2016, 17449 Rn. 6; → Rn. 7.2).

III. Haft- und Überstellungsmodalitäten (Abs. 3)

1. Haftdauer (UAbs. 1)

Der Grundsatz der Verhältnismäßigkeit ist auch hinsichtlich der Dauer der Haft zu beachten. **9** Diese muss so kurz wie möglich und darf nicht länger sein als erforderlich. Dieser Grundsatz wird durch die in UAbs. 2 und UAbs. 3 genannten Fristen konkretisiert (EuGH NVwZ 2018, 46 Rn. 27). Die Zeitspanne, innerhalb der eine Inhaftierung als erforderlich angesehen werden kann, ist unter Berücksichtigung der konkreten Anforderungen des Verfahrens in jedem Einzelfall zu beurteilen (EuGH NVwZ 2018, 46 Rn. 44).

2. Kürzere Fristen im (Wieder-) Aufnahmeverfahren (UAbs. 2)

Bei inhaftierten Personen iSv Art. 18 ist das (Wieder-) Aufnahmeverfahren in Abweichung von **10** den Fristen, die für nicht inhaftierte Betroffene gelten (Art. 21–25), innerhalb einer wesentlich kürzeren Zeitspanne durchzuführen. Das (Wieder-) Aufnahmegesuch muss innerhalb eines Monats ab Asylantragstellung an den für zuständig gehaltenen Mitgliedstaat gerichtet und dieser um eine dringende Antwort ersucht werden. Antwortet der zuständige Mitgliedstaat nicht innerhalb von zwei Wochen nach Eingang des Gesuchs, ist von der Annahme des Gesuchs auszugehen.

3. Kürzere Überstellungsfrist (UAbs. 3)

11   Abweichend von Art. 29 (→ Art. 29 Rn. 4) ist bei inhaftierten Personen iSv Art. 18 eine erheblich kürzere Überstellungsfrist vorgesehen. Sie beträgt sechs Wochen und beginnt mit der Annahme des (Wieder-) Aufnahmegesuchs oder mit dem Entfall der aufschiebenden Wirkung eines von einer Person iSv Art. 18 eingelegten Rechtsbehelfs.

12   Wird eine Person iSv Art. 18 erst nach der Annahme eines (Wieder-) Aufnahmegesuchs inhaftiert, kann die Überstellungsfrist auch mehr als sechs Wochen betragen (EuGH NVwZ 2018, 46 Rn. 39 f.).

12.1   Auch in diesem Fall ist eine Haftdauer von mehr als drei Monaten unzulässig, wenn eine Überstellung effektiv vorgenommen werden kann (EuGH NVwZ 2018, 46 Rn. 46). Indessen kann eine Haftdauer von zwei Monaten nach den Umständen des Einzelfalls zulässig sein (EuGH NVwZ 2018, 46 Rn. 47).

12.2   Nach dem Entfall der aufschiebenden Wirkung eines Rechtsbehelfs steht dem ersuchenden Mitgliedstaat die gesamte Frist von sechs Wochen zur Durchführung der Überstellung zur Verfügung. Diese Frist verkürzt sich auch dann nicht, wenn sich eine Person iSv Art. 18 bereits vor der Annahme des (Wieder-) Aufnahmegesuchs in Haft befunden hat (EuGH NVwZ 2018, 46 Rn. 59). Denn dem ersuchenden Mitgliedstaat muss ausreichend Zeit zur Verfügung stehen, um die technischen Modalitäten der Überstellung zu regeln und die Überstellung durchzuführen.

13   Nach der Rechtsprechung des BGH wird eine neue Sechs-Wochen-Frist in Lauf gesetzt, wenn die Durchführung der Überstellung aus Gründen scheitert, die eine inhaftierte Person iSv Art. 18 zu vertreten hat (BGH BeckRS 2017, 111193 Rn. 12).

4. Rechtsfolgen bei nicht rechtzeitigem (Wieder-) Aufnahmeersuchen / nicht rechtzeitiger Überstellung (UAbs. 4)

14   Lässt der ersuchende Mitgliedstaat die Fristen zur Stellung des (Wieder-) Aufnahmegesuchs bzw. zur Überstellung einer Person iSv Art. 18 nach UAbs. 2 verstreichen, muss er die Person freilassen. In diesem Fall kann das (Wieder-) Aufnahmegesuch jedoch noch nach Art. 21, 23 oder 24 gestellt werden und eine Überstellung innerhalb der Überstellungsfrist nach Art. 29 (→ Art. 29 Rn. 4) erfolgen.

IV. Haftbedingungen und Mindestgarantien (Abs. 4)

15   Abs. 4 verweist hinsichtlich der vom ersuchenden Mitgliedstaat einzuhaltenden Haftbedingungen und Verfahrensgarantien auf Vorschriften der EU-Aufnahme-RL. So muss bspw. die Anordnung der Haft durch eine Justiz- oder Verwaltungsbehörde erfolgen (Art. 9 Abs. 2 EU-Aufnahme-RL). Die Haftanordnung ist schriftlich zu erlassen und zu begründen.

Abschnitt VI. Überstellung

Art. 29 Modalitäten und Fristen

(1) Die Überstellung des Antragstellers oder einer anderen Person im Sinne von Artikel 18 Absatz 1 Buchstabe c oder d aus dem ersuchenden Mitgliedstaat in den zuständigen Mitgliedstaat erfolgt gemäß den innerstaatlichen Rechtsvorschriften des ersuchenden Mitgliedstaats nach Abstimmung der beteiligten Mitgliedstaaten, sobald dies praktisch möglich ist und spätestens innerhalb einer Frist von sechs Monaten nach der Annahme des Aufnahme- oder Wiederaufnahmegesuchs durch einen anderen Mitgliedstaat oder der endgültigen Entscheidung über einen Rechtsbehelf oder eine Überprüfung, wenn diese gemäß Artikel 27 Absatz 3 aufschiebende Wirkung hat.

Wenn Überstellungen in den zuständigen Mitgliedstaat in Form einer kontrollierten Ausreise oder in Begleitung erfolgen, stellt der Mitgliedstaat sicher, dass sie in humaner Weise und unter uneingeschränkter Wahrung der Grundrechte und der Menschenwürde durchgeführt werden.

[1]Erforderlichenfalls stellt der ersuchende Mitgliedstaat dem Antragsteller ein Laissez-passer aus. [2]Die Kommission gestaltet im Wege von Durchführungsrechtsakten das Muster des Laissez-passer. [3]Diese Durchführungsrechtsakte werden gemäß dem in Artikel 44 Absatz 2 genannten Prüfverfahren erlassen.

Der zuständige Mitgliedstaat teilt dem ersuchenden Mitgliedstaat gegebenenfalls mit, dass die betreffende Person eingetroffen ist oder dass sie nicht innerhalb der vorgegebenen Frist erschienen ist.

(2) [1]Wird die Überstellung nicht innerhalb der Frist von sechs Monaten durchgeführt, ist der zuständige Mitgliedstaat nicht mehr zur Aufnahme oder Wiederaufnahme der betreffenden Person verpflichtet und die Zuständigkeit geht auf den ersuchenden Mitgliedstaat über. [2]Diese Frist kann höchstens auf ein Jahr verlängert werden, wenn die Überstellung aufgrund der Inhaftierung der betreffenden Person nicht erfolgen konnte, oder höchstens auf achtzehn Monate, wenn die betreffende Person flüchtig ist.

(3) Wurde eine Person irrtümlich überstellt oder wird einem Rechtsbehelf gegen eine Überstellungsentscheidung oder der Überprüfung einer Überstellungsentscheidung nach Vollzug der Überstellung stattgegeben, nimmt der Mitgliedstaat, der die Überstellung durchgeführt hat, die Person unverzüglich wieder auf.

(4) [1]Die Kommission legt im Wege von Durchführungsrechtsakten einheitliche Bedingungen für Konsultationen und den Informationsaustausch zwischen den Mitgliedstaaten, insbesondere für den Fall, dass Überstellungen verschoben werden oder nicht fristgerecht erfolgen, für Überstellungen nach stillschweigender Annahme, für Überstellungen Minderjähriger oder abhängiger Personen und für kontrollierte Überstellungen fest. [2]Diese Durchführungsrechtsakte werden gemäß dem in Artikel 44 Absatz 2 genannten Prüfverfahren erlassen.

Überblick

In den Vorschriften in Abschnitt VI des VI. Kapitels der Dublin III-VO hat der Unionsgesetzgeber insbesondere die bei einer Überstellung einzuhaltenden Anforderungen normiert (→ Rn. 1 f.). Art. 29 regelt die Durchführung der Überstellung nur lückenhaft (→ Rn. 3), stellt jedoch immerhin klar, dass die Überstellung innerhalb einer bestimmten Frist erfolgen muss (→ Rn. 4), die verlängerbar ist (→ Rn. 5). Der Unionsgesetzgeber hat hier zudem den Beginn der Überstellungsfrist geregelt (→ Rn. 6 ff.). Nach Ablauf der Überstellungsfrist ist eine Überstellung nicht mehr möglich. Vielmehr wird der ersuchende Mitgliedstaat zuständig und muss ein nationales Asylverfahren durchführen (→ Rn. 15 f.). Art. 29 enthält schließlich die Regelung, dass der überstellende Mitgliedstaat eine rechtswidrig überstellte Person iSv Art. 18 wiederaufnehmen muss (→ Rn. 17).

Übersicht

A. Allgemeines

Nach er eine Überstellungsentscheidung erlassen hat, wird ein Mitgliedstaat grundsätzlich versu- **1** chen, eine Person iSv Art. 18 in den für aufnahmepflichtig erachteten Mitgliedstaat zu überstellen. In Art. 29–32 hat der Unionsgesetzgeber die Anforderungen geregelt, die ein Mitgliedstaat bei der Überstellung eines Asylsuchenden einhalten muss. Während Art. 29 insbesondere weitere Voraussetzungen und Modalitäten einer Überstellung vorsieht, beantworten die in Art. 30–32 enthaltenen Regelungen die Fragen, wer die Kosten einer Überstellung zu tragen hat und welche personenbezogenen Daten einer Person iSv Art. 28 der überstellende Mitgliedstaat an den aufnehmenden Mitgliedstaat übermitteln darf, soll oder muss.

Art. 33 enthält Verfahrensvorschriften für den Fall, dass für das Dublin-System relevante Mängel **2** im Asylsystem eines Mitgliedstaats bestehen (→ Art. 33 Rn. 1 ff.). Die Norm mutet in Abschnitt VI „Überstellung" zunächst wie ein Fremdkörper an. Zu bedenken ist indessen, dass systemische Mängel im Asylverfahren eines Mitgliedstaats einen die Überstellung in diesen Mitgliedstaat hindernden Grund darstellen (vgl. Art. 3 Abs. 2 UAbs. 2, → Art. 3 Rn. 12 ff.).

B. Einzelerläuterung

I. Überstellungsmodalitäten (Abs. 1)

3   Wie die Überstellung eines Antragstellers im Detail zu erfolgen hat, ergibt sich aus Art. 29 und der aufgrund von Art. 29 Abs. 4 erlassenen Durchführungsbestimmungen (Art. 8 ff. VO (EG) 1560/2003, v. 2.9.2003, ABl. 2003 L 222, 3; zuletzt geändert durch DVO (EU) 118/2014 v. 30.1.2014, ABl. 2014 L 39, 1) nur rudimentär. Aus diesem Grund ist es dem nationalen Gesetzgeber überlassen, weitere Überstellungsmodalitäten durch den Erlass nationaler Regelungen festzulegen. Diese sind dann im Lichte des Grundsatzes des „effet utile" des Unionsrechts auszulegen.

3.1   In Art. 29 ist insbesondere vorgesehen, dass sich die beteiligten Mitgliedstaaten vor der Überstellung abzustimmen, bspw. den Ort und den Zeitpunkt der Überstellung zu bestimmen haben (vgl. Art. 8 und 9 VO (EG) 1560/2003). Überstellungen haben in humaner Weise unter Beachtung der Menschenwürdegarantie und der Grundrechte zu erfolgen (UAbs. 2) Schließlich sind auch die in Art. 31 und 32 normierten Voraussetzungen für die Übermittlung personenbezogener Daten zu beachten (→ Art. 31 Rn. 1 ff., → Art. 32 Rn. 1 ff.).

3.2   Das Tatbestandsmerkmal „sobald dies [die Überstellung] praktisch möglich ist" ist im deutschen Recht Rechtmäßigkeitsvoraussetzung der Abschiebungsanordnung nach § 34a Abs. 1 S. 1 AufenthG. Ist die Abschiebung hiernach praktisch nicht durchführbar, darf eine Abschiebung nicht angeordnet werden.

3.3   Abschiebungen durch deutsche Behörden erfolgen insbesondere auf der Grundlage von § 58 AufenthG. Einzelheiten können der AufenthGAVwV (Allgemeine Verwaltungsvorschrift zum Aufenthaltsgesetz v. 26.10.2009, GMBl. 878) sowie den Verwaltungsvorschriften der Bundesländer entnommen werden.

II. Überstellungsfrist (Abs. 1, Abs. 2)

1. Fristlänge

4   Die Frist, innerhalb derer eine Person iSv Art. 18 in den zuständigen Mitgliedstaat überstellt werden muss, beträgt im Grundsatz sechs Monate. Sie kann unter bestimmten Voraussetzungen durch den Mitgliedstaat, der die Überstellung durchführen möchte, auf höchstens ein Jahr bzw. höchstens 18 Monate verlängert werden. Eine Verlängerung auf ein Jahr setzt voraus, dass die Überstellung aufgrund der Inhaftierung eines Antragstellers nicht erfolgen kann. Eine Verlängerung auf maximal 18 Monate kommt nur dann in Betracht, wenn der Antragsteller flüchtig ist.

4.1   Welche Voraussetzungen vorliegen müssen, damit eine Person iSv Art. 18 als „flüchtig" angesehen werden kann, kann der „Jawo"-Entscheidung des EuGH entnommen werden. Danach setzt die Annahme, dass eine Person iSv Art. 18 flüchtig ist, voraus, dass er sich den zuständigen nationalen Behörden entzieht und die Überstellung objektiv unmöglich macht, um diese subjektiv bewusst zu vereiteln (EuGH ZAR 2019, 192 Rn. 62, 70; VGH BW BeckRS 2019, 18065 Rn. 81; aA: VG Berlin BeckRS 2018, 4472 Rn. 8). Man geht davon aus, dass die Flucht kausal dafür sein muss, dass es den zuständigen Behörden tatsächlich unmöglich ist, die Überstellung durchzuführen (OVG Bln-Bbg BeckRS 2020, 4672 Rn. 23 mwN).

4.2   Wie aus der Verwendung der Zeitform des Präsens in Art. 29 Abs. 2 S. 2 Alt. 2 („flüchtig ist") folgt, muss ein Antragsteller im Zeitpunkt der Verlängerung der Dublin-Überstellungsfrist noch (aktuell) flüchtig sein, die Flucht also noch fortbestehen (hierzu und zum Folgenden: BVerwG BeckRS 2021, 6972 Rn. 27). Nach dem insoweit klaren und eindeutigen Wortlaut der Vorschrift entfällt die tatbestandliche Voraussetzung des „Flüchtigseins" zu dem Zeitpunkt, zu dem ein Antragsteller dem Bundesamt seinen Aufenthaltsort offenlegt. Ab diesem Zeitpunkt ist eine Verlängerung der Überstellungsfrist auf 18 Monate unzulässig, weil sich der Antragsteller der Überstellung nicht mehr gezielt entzieht und die Durchsetzung der Überstellung möglich ist. Dass für eine Überstellung grundsätzlich ein zusammenhängender Zeitraum von sechs Monaten zur Verfügung stehen soll, um die Überstellung zu bewerkstelligen, rechtfertigt deswegen keine andere Beurteilung, weil es das Bundesamt selbst in der Hand hat, bei zwischenzeitlichen Überstellungshindernissen infolge einer Flucht zeitnah durch eine Verlängerung der Überstellungsfrist zu reagieren; etwaige Kommunikationsmängel im Verhältnis zu den mit dem Vollzug der Überstellung betrauten Behörden müsste sich das Bundesamt zurechnen lassen.

4.3   Mittlerweile geklärt ist, dass ein Antragsteller nicht flüchtig iSd Art. 29 ist, wenn er sich im offenen Kirchenasyl befindet, also den Behörden der Aufenthaltsorts des Antragstellers bekannt ist (vgl. hierzu und zum Folgenden: BVerwG BeckRS 2021, 6972 Rn. 24 ff.). Die für die Abschiebung zuständige Behörde ist auch weder rechtlich noch tatsächlich an der Durchführung einer Überstellung gehindert. Der Kirchenraum ist nicht exempt, dh er ist von gesetzlichen Pflichten nicht befreit. Ein Sonderrecht der Kirchen, aufgrund dessen die Behörden bei Aufnahme einer Person in das sog. Kirchenasyl gehindert wären, eine

Überstellung durchzuführen und hierzu gegebenenfalls unmittelbaren Zwang anzuwenden, gibt es nicht (SchlHOVG BeckRS 2018, 5155 Rn. 18). Etwas anderes kann gelten, wenn der das Kirchenasyl suchende Antragsteller den Behörden eine ladungsfähige Anschrift nicht mitteilt (vgl. BVerwG BeckRS 2021, 6972 Rn. 24; VG Berlin BeckRS 2020, 3362 Rn. 11).

Die Überstellungsfrist verlängert sich bei Vorliegen der Voraussetzungen von Art. 29 Abs. 2 **5** S. 2 auch ohne eine förmliche Verlängerungsentscheidung des überstellenden Mitgliedsstaats (EuGH ZAR 2019, 192 Rn. 75; VGH BW BeckRS 2019, 18065 Rn. 80). Die deutsche, englische und französische Sprachfassung der Vorschrift („kann [...] verlängert werden", „may be extended", „peut être porté") deutet allerdings nicht auf eine Verlängerung kraft Gesetzes hin (vgl. VGH BW BeckRS 2017, 106575 Rn. 23).

Der ersuchende Mitgliedstaat muss den zuständigen Mitgliedstaat an einer Verlängerung der Überstel- **5.1** lungsfrist nicht beteiligen (EuGH ZAR 2019, 192 Rn. 74). Dies folgt aus Gründen der Praktikabilität (vgl. Art. 9 VO (EG) 1560/2003). Es genügt, wenn der überstellende Staat einseitig mitteilt, dass die Frist aufgrund eines genannten Umstandes verlängert wurde (vgl. SchlHOVG BeckRS 2018, 5155 Rn. 11 ff. unter Verweis auf Art. 9 Abs. 2 S. 2 VO (EG) 1560/2003; vgl. VGH BW BeckRS 2017, 106575 Rn. 23). Die Verlängerungsentscheidung ist eine tatbestandlich gebundene Verfahrensentscheidung, die dem zuständigen, ersuchten Staat mitzuteilen ist, um einem Zuständigkeitsübergang durch Ablauf der Überstellungsfrist zu begegnen (BVerwG BeckRS 2019, 34850 Rn. 9).

Wird der Aufenthaltsort einer Person iSv Art. 18 nach erfolgter rechtmäßiger Mitteilung der Fristverlän- **5.2** gerung gegenüber dem aufnehmenden Mitgliedstaat den Behörden bekannt, muss die Überstellungsfrist nicht nachträglich auf sechs Monate begrenzt werden (BVerwG BeckRS 2019, 34850 Rn. 16 f.).

2. Fristbeginn

Für den Beginn der Überstellungsfrist ist nach Art. 29 Abs. 1 UAbs. 1 Alt. 1 grundsätzlich **6** zunächst auf den Zeitpunkt abzustellen, in dem der zuständige Mitgliedstaat dem (Wieder-) Aufnahmegesuch ausdrücklich zustimmt bzw. die Zustimmung stillschweigend als erteilt gilt (Art. 22 Abs. 1 und Abs. 7, → Art. 22 Rn. 1 ff., Art. 25, → Art. 25 Rn. 1 f.).

Hiervon abweichend beginnt die Überstellungsfrist nach Art. 29 Abs. 1 UAbs. 1 Alt. 2 mit **7** der endgültigen Entscheidung über einen Rechtsbehelf, wenn eine Person iSv Art. 18 vor dem Ablauf der Überstellungsfrist einen Rechtsbehelf mit aufschiebender Wirkung iSv Art. 27 Abs. 3 (→ Art. 27 Rn. 7) einlegt oder eine Behörde die aufschiebende Wirkung eines eingelegten Rechtsbehelfs anordnet (→ Art. 27 Rn. 8.2; vgl. EuGH BeckRS 2017, 119735 Rn. 60). Auch in diesem Fall steht dem überstellenden Mitgliedstaat die gesamte Überstellungsfrist zur Verfügung, um eine Person iSv Art. 18 in den zuständigen Mitgliedstaat zu überstellen (BVerwG NVwZ 2016, 1492 Rn. 14).

War die Überstellungsfrist im Zeitpunkt der Einlegung des Rechtsbehelfs mit aufschiebender Wirkung **7.1** oder bei Anordnung der aufschiebenden Wirkung bereits abgelaufen, kann der Lauf der Überstellungsfrist nicht erneut beginnen. Denn der mit Ablauf der Überstellungsfrist nach Alt. 1 erfolgte Zuständigkeitsübergang kann nicht mehr rückgängig gemacht werden (vgl. BVerwG NVwZ 2016, 1492 Rn. 14).

Eine gegen die Entscheidungen des Bundesamtes für Migration und Flüchtlinge (Bundesamt), **8** den Asylantrag nach § 29 Abs. 1 Nr. 1 lit. a AsylG als unzulässig abzulehnen und nach § 34a Abs. 1 Abs. 1 S. 1 AsylG die Abschiebung einer Person iSv Art. 18 in den zuständigen Staat anzuordnen, gerichtete Anfechtungsklage hat grundsätzlich keine aufschiebende Wirkung (§ 75 Abs. 1 AsylG, § 38 Abs. 1 S. 1 AsylG). Die Erhebung einer Anfechtungsklage und die Entscheidung hierüber sind daher für den Beginn der Überstellungsfrist grundsätzlich nicht relevant.

Beantragt eine Person iSv Art. 18 fristgerecht innerhalb einer Woche ab Bekanntgabe der **9** Abschiebungsanordnung jedoch zugleich, die aufschiebende Wirkung der Anfechtungsklage gem. § 80 Abs. 5 VwGO anzuordnen, ist ihre Abschiebung – jedenfalls vor einer ablehnenden gerichtlichen Entscheidung – nicht zulässig (§ 34a Abs. 2 S. 2 AsylG). Daher ist der rechtzeitig gestellte Antrag nach § 80 Abs. 5 VwGO, § 34a Abs. 2 S. 1 AsylG ein Rechtsbehelf mit aufschiebender Wirkung iSv Art. 29 Abs. 1 UAbs. 1 Alt. 2, Art. 27 Abs. 3 (VG Leipzig BeckRS 2017, 136058 Rn. 18; VG Augsburg BeckRS 2016, 46317 Rn. 14 ff.; aA BeckOK AuslR/Heusch/Günther AsylG § 29 Rn. 17).

Dies ergibt sich daraus, dass der unionsrechtlich auszulegende Begriff der „aufschiebenden Wirkung" **9.1** alle Fälle umfasst, in denen eine Überstellungsentscheidung nach den nationalen Vorschriften zur Ausgestaltung des Rechtsbehelfsverfahrens nicht vollzogen werden darf (vgl. BVerwG NVwZ 2016, 1492 Rn. 18).

9.2　　Demgegenüber ist die Überstellung einer Person iSv Art. 18 während eines Abänderungsverfahrens nach § 80 Abs. 7 VwGO grundsätzlich möglich. Lehnt das Verwaltungsgericht einen Abänderungsantrag ab, beginnt die Überstellungsfrist hierdurch nicht (erneut) zu laufen (vgl. BVerwG NVwZ 2016, 1495 Rn. 18).

10　　Hieraus folgt: Hat ein rechtzeitig gestellter Antrag nach § 80 Abs. 5 VwGO gegen eine Abschiebungsanordnung keinen Erfolg, beginnt der Lauf der Überstellungsfrist mit der Bekanntgabe des ablehnenden Beschlusses (BVerwG NVwZ 2016, 1495 Rn. 18; vgl. OVG NRW BeckRS 2016, 48798 Rn. 21). Dies gilt jedoch nur, sofern die mit der Annahme des (Wieder-) Aufnahmegesuchs in Gang gesetzte Überstellungsfrist im Zeitpunkt, in dem eine Person iSv Art. 18 den Eilantrag gestellt hatte, nicht abgelaufen war (vgl. BVerwG NVwZ 2016, 1492 Rn. 14; → Rn. 7.1).

11　　Denkbar ist auch folgende Konstellation: das Verwaltungsgericht ordnet auf einen Antrag nach § 80 Abs. 5 VwGO zunächst die aufschiebende Wirkung der Anfechtungsklage an. In diesem Fall darf der Betroffene vor einer gerichtlichen Entscheidung über die Anfechtungsklage grundsätzlich nicht überstellt werden. Ist die Anfechtungsklage erfolgreich, entfällt mit der Aufhebung der Abschiebungsanordnung die Grundlage der Überstellung. Weist das Verwaltungsgericht die Anfechtungsklage ab, beginnt der – erneute – Lauf der Überstellungsfrist nach § 80b Abs. 1 S. 1 Alt. 1 VwGO mit der Unanfechtbarkeit des Urteils.

11.1　　Unanfechtbar ist das abweisende Urteil, sofern das Gericht die Klage als offensichtlich unzulässig oder offensichtlich unbegründet abweist (§ 78 Abs. 1 AsylG), der Betroffene nicht innerhalb eines Monats ab Zustellung des Urteils die Zulassung der Berufung beantragt (§ 78 Abs. 2–4 AsylG) oder der Zulassungsantrag erfolglos ist (§ 78 Abs. 5 S. 2 AsylG).

12　　Nach § 80b Abs. 1 S. 1 Alt. 2 VwGO, § 78 Abs. 2 AsylG endet die durch stattgebenden Beschluss eines Gerichts bewirkte aufschiebende Wirkung einer Anfechtungsklage, die in der ersten Instanz erfolglos war, drei Monate nach Ablauf der gesetzlichen Begründungsfrist (§ 78 Abs. 4 S. 3 AsylG) des Antrags auf Zulassung der Berufung (BVerwG NVwZ 2016, 1492 Rn. 15 ff.). Dies bedeutet, dass der Lauf der Überstellungsfrist während des Berufungs(zulassungs)verfahrens beginnen kann, obwohl das verwaltungsgerichtliche Urteil noch nicht rechtskräftig ist. Auf Antrag kann das Berufungsgericht die Fortdauer der aufschiebenden Wirkung der Anfechtungsklage anordnen (§ 80b Abs. 2 VwGO).

13　　Das Bundesamt kann die Vollziehung der Abschiebungsanordnung nach Art. 27 Abs. 4, § 80 Abs. 4 VwGO auch von Amts wegen aussetzen. Die Aussetzung der Abschiebungsanordnung bis zur Rechtskraft der Hauptsacheentscheidung hat zur Folge, dass die Abschiebungsanordnung nicht vollzogen werden darf und damit die Überstellungsfrist erneut unterbrochen wird (vgl. BVerwG NVwZ 2016, 1492 Rn. 18).

13.1　　Allerdings wird der Lauf einer Überstellungsfrist dann nicht unterbrochen, wenn die behördliche Aussetzung der Vollziehung rechtlich unter keinem denkbaren Aspekt haltbar, dh willkürlich ist (vgl. BVerwG NVwZ 2019, 304 Rn. 32; → Art. 27 Rn. 8.2) Es stellt sich die Frage, ob der Eintritt der Unterbrechung der Überstellungsfrist bei behördlicher Aussetzung der Abschiebungsanordnung an weitere Voraussetzungen geknüpft ist. Teilweise wird verlangt, dass die Aussetzungsentscheidung des Bundesamts darauf beruht, dass diese zum Zwecke einer rechtlichen Prüfung der Überstellungsentscheidung erfolgt (SchlHOVG BeckRS 2020, 15739 Rn. 5 ff.).

13.2　　Ob die während der Corona-Krise und aufgrund der Schließung innereuropäischer Grenzen erklärten Aussetzungen des Bundesamts eine Unterbrechung der Überstellungsfrist bewirken konnten, ist umstritten (dafür VG Karlsruhe BeckRS 2020, 21523 Rn. 34 mwN; VG Stuttgart 4.8.2020 – A 2 K 5706/19; dagegen BayVGH BeckRS 2020, 36207 Rn. 9 ff.; OVG NRW BeckRS 2020, 34254 Rn. 31 ff.; NdsOVG BeckRS 2020, 29668 Rn. 18 ff.; SchlHOVG BeckRS 2020, 15739 Rn. 6 ff.; vertiefend Lehnert/Werdermann NVwZ 2020, 1308; Neumann ZAR 2020, 314). Das BVerwG (ZAR 2021, 134) hat zur Klärung der Frage den EuGH angerufen (dort anhängig unter C-248/21).

3. Fristberechnung (Art. 42)

14　　Die Berechnung der Überstellungsfrist erfolgt anhand der in Art. 42 enthaltenen Vorgaben.

14.1　　Für den Fristbeginn bleibt der Tag außer Betracht, an dem der zuständige Mitgliedstaat der (Wieder-) Aufnahme des Betroffenen – ausdrücklich oder stillschweigend – zugestimmt hat oder die aufschiebende Wirkung eines Rechtsbehelfs endet (lit. a). Hat ein Mitgliedstaat der Aufnahme einer Person iSv Art. 18 bspw. am 1.1. zugestimmt, beginnt die Überstellungsfrist am 2.1.

14.2　　Dieser Tag findet jedoch bei der Berechnung des Endes der Überstellungsfrist Berücksichtigung (lit. b; Zustimmung am 1.1., Ende der Überstellungsfrist: 1.7.). Beginnt die Frist am Monatsersten, endet die Frist am Monatsletzten (Zustimmung am 31.12., Beginn der Frist am 1.1., Ende der Frist am 30.6.).

Feiertage, Samstage und Sonntage haben auf die Berechnung der Überstellungsfrist keine Auswirkung **14.3** und werden – wie Werktage – mitberechnet (lit. c).

4. Zuständigkeitsübergang bei nicht rechtzeitig erfolgter Überstellung (Abs. 2 S. 1)

Erfolgt die Überstellung einer Person iSv Art. 18 nicht innerhalb der Überstellungsfrist, geht **15** die Zuständigkeit von Rechts wegen und ohne Weiteres auf den ersuchenden Mitgliedstaat über (VG Würzburg BeckRS 2018, 1021 Rn. 13). Nicht erforderlich ist insbesondere, dass der zuständige Mitgliedstaat die Verpflichtung zur (Wieder-) Aufnahme der betreffenden Person ablehnt (EuGH NVwZ 2018, 43 Rn. 30, 34). Der Zuständigkeitsübergang ist von Amts wegen zu beachten (EuGH NVwZ 2018, 43 Rn. 43) und hat zur Folge, dass der nunmehr zuständig gewordene Mitgliedstaat über den Asylantrag im nationalen Verfahren entscheiden muss.

Eine Person iSv Art. 18 kann sich auf den Ablauf der Überstellungsfrist auch gegenüber nationa- **16** len Behörden und Gerichten berufen (EuGH NVwZ 2018, 43 Rn. 44; vgl. VG Gelsenkirchen BeckRS 2018, 3279 Rn. 7; vgl. VG Düsseldorf BeckRS 2018, 2058 Rn. 12).

Ist die Überstellungsfrist abgelaufen, ist in der Regel eine Aufhebung des gesamten Dublin-Bescheids, **16.1** also insbesondere auch der Unzulässigkeitsentscheidung (§ 29 Abs. 1 Nr. 1 lit. a AsylG), angezeigt (vgl. BVerwG NVwZ 2016, 1492 Rn. 25).

Da eine Überstellung nach dem Ablauf der Überstellungsfrist nicht mehr zulässig ist, kann es im **16.2** Einzelfall sinnvoll sein, auf die Einlegung eines Eilrechtsbehelfs zu verzichten, bspw. falls inländische Abschiebungshindernisse nach § 60a AufenthG vorliegen (vgl. MAH VerwR § 24 Rn. 142).

Ob aus dem grundsätzlich individualschützenden Charakter von Art. 29 auch folgt, dass sich eine **16.3** Person iSv Art. 18 vor den Gerichten des zuständigen Mitgliedstaats darauf berufen kann, innerhalb der Überstellungsfrist in den zuständigen Mitgliedstaat überstellt zu werden, ist streitig (dafür VG Gelsenkirchen BeckRS 2018, 3279; VG Düsseldorf BeckRS 2018, 2058, dagegen VG Ansbach BeckRS 2018, 4411; VG Frankfurt a. M. BeckRS 2018, 4189).

III. Folgen einer rechtswidrigen Überstellung (Abs. 3)

Eine im Dublin-Verfahren rechtswidrig überstellte Person muss der überstellende Mitgliedstaat **17** unverzüglich wiederaufnehmen. Abs. 3 dürfte insoweit einen der überstellten Person zustehenden individuellen und einklagbaren Anspruch enthalten.

Eine Überstellung dürfte insbesondere irrtümlich erfolgt sein im Fall der Personenverwechslung, dh **17.1** wenn nicht der Antragsteller, sondern eine dritte Person überstellt wird. Darüber hinaus dürften Überstellungen in einen unzuständigen oder insbesondere wegen des Bestehens systemischer Mängel (→ Art. 3 Rn. 12) unzuständig gewordenen Staat oder entgegen dem Verbot der Überstellung nach rechtzeitig gestelltem Antrag nach § 80 Abs. 5 VwGO (§ 34a Abs. 2 S. 2 VwGO) erfasst sein.

Die überstellte Person ist auch wiederaufzunehmen, wenn ein gegen die Abschiebungsanordnung einge- **17.2** legter Rechtsbehelf, insbesondere eine Anfechtungsklage oder ein Antrag nach § 80 Abs. 7 VwGO, nach der Überstellung Erfolg hat.

Art. 30 Kosten der Überstellung

(1) Die Kosten für die Überstellung eines Antragstellers oder einer anderen Person im Sinne von Artikel 18 Absatz 1 Buchstabe c oder d in den zuständigen Mitgliedstaat werden von dem überstellenden Mitgliedstaat getragen.

(2) Muss die betroffene Person infolge einer irrtümlichen Überstellung oder eines erfolgreichen Rechtsbehelfs gegen eine Überstellungsentscheidung oder der Überprüfung einer Überstellungsentscheidung nach Vollzug der Überstellung rücküberstellt werden, werden die Kosten für die Rücküberstellung von dem Mitgliedstaat getragen, der die erste Überstellung durchgeführt hat.

(3) Die Überstellungskosten werden nicht den nach dieser Verordnung zu überstellenden Personen auferlegt.

Überblick

Mit dieser Vorschrift hat der Unionsgesetzgeber geregelt, welcher Mitgliedstaat die durch die Überstellung oder Rücküberstellung (→ Rn. 1) einer Person iSv Art. 18 verursachten Kosten zu tragen hat (→ Rn. 2). Dabei hat er klargestellt, dass der zur Kostentragung verpflichtete Mitgliedstaat diese Kosten nicht auf den (rück-)überstellten Betroffenen abwälzen darf (→ Rn. 3). Vorschriften der Mitgliedstaaten, welche hiervon abweichende Kostentragungspflichten vorsehen, bspw. § 66 Abs. 1 AufenthG, sind im Anwendungsbereich von nach der Dublin III-VO durchgeführten (Rück-)Überstellungen unanwendbar (→ Rn. 4). Nicht ausgeschlossen ist allerdings, dass § 66 AufenthG möglicherweise hinsichtlich sonstiger in § 66 AufenthG genannter Kostenschuldner auf nach der Dublin III-VO durchgeführte (Rück-)Überstellungen Anwendung findet (→ Rn. 5). Der Begriff der „Kosten" iSd Dublin III-VO ist weit auszulegen (→ Rn. 6).

A. Allgemeines

1   Der Anwendungsbereich von Art. 30 umfasst nicht nur Überstellungen eines Betroffenen auf der Grundlage der Vorschriften der Dublin III-VO in den zuständigen Mitgliedstaat nach Art. 29 Abs. 1 (Überstellung, Abs. 1), sondern auch die Rückgängigmachung einer zu Unrecht erfolgten Abschiebung im Fall des Art. 29 Abs. 3 (→ Art. 29 Rn. 17 ff.; Rücküberstellung, Abs. 2).

B. Einzelerläuterung

I. Haftung des überstellenden Mitgliedstaats für die Kosten der (Rück-) Überstellung (Abs. 1, Abs. 2)

2   Abs. 1 und Abs. 2 sehen vor, welcher von den am (Rück-)Überstellungsverfahren beteiligten Mitgliedstaaten die durch eine (Rück-)Überstellung verursachten Kosten zu tragen hat. Der Mitgliedstaat, der eine Überstellung in einen (vermeintlich) zuständigen Mitgliedstaat durchgeführt hat, muss nicht nur die Kosten einer durchgeführten Überstellung übernehmen. Ihn trifft auch die Pflicht, die Kosten einer Rücküberstellung zu tragen, sofern die Überstellung irrtümlich erfolgt ist oder ein im überstellenden Mitgliedstaat anhängiger Rechtsbehelf erfolgreich gewesen ist. Den Mitgliedstaat, in den eine Person iSv Art. 18 überstellt wird, trifft keinesfalls eine Pflicht zur Kostentragung, auch nicht zur anteiligen.

II. Keine Haftung einer Person iSv Art. 18 für die Kosten der (Rück-) Überstellung (Abs. 3)

3   Nach Abs. 3 darf ein zur Kostentragung verpflichteter Mitgliedstaat die Überstellungskosten auch nicht auf den überstellten Betroffenen abwälzen. Art. 30 Abs. 3 findet sowohl auf Überstellungskosten iSv Abs. 1 als auch auf Rücküberstellungskosten iSv Abs. 2 Anwendung (VG Berlin BeckRS 2015, 45165 Rn. 15 f.).

3.1   Nach dem Wortlaut der deutschen Sprachfassung erfasst Abs. 3 ausdrücklich lediglich „Überstellungskosten". Unklar bleibt, ob auch Kosten der „Rücküberstellung" umfasst sind. Es ist nach dem Wortlaut jedoch nicht ausgeschlossen, die Rücküberstellung als einen speziellen Fall der Überstellung anzusehen. Hierfür spricht die Systematik des Art. 30. Bereits die Überschrift des Art. 30 „Kosten der Überstellung" bezieht sich auf die gesamte Norm, also auf den die Kosten für die Überstellung erfassenden Abs. 1 und den die Kosten für die Rücküberstellung umfassenden Abs. 2. Aus Abs. 2 ergibt sich zudem, dass die Rücküberstellung als spezifische Form der Überstellung anzusehen ist.

3.2   Hinzu kommt, dass die Ursachen für eine Rücküberstellung kaum dem Verantwortungsbereich einer Person iSv Art. 18, sondern vielmehr demjenigen des Mitgliedstaats zuzurechnen sein dürften, der den Betroffenen zu Unrecht überstellt hat. Dieser Umstand spricht dagegen, es zuzulassen, dass eine Person iSv Art. 18 an den Kosten ihrer Rücküberstellung beteiligt wird.

3.3   Die englische Sprachfassung, die sowohl in Abs. 1 als auch in Abs. 2 auf „transfer" im Singular abstellt, und ebenso die französische Sprachfassung („transfert") stellen in Abs. 3 auf den Plural von „costs of such transfers" (in Übereinstimmung mit der Überschrift des Artikels) bzw. „coûts des ces transferts" ab. Auch dies deutet darauf hin, die Rücküberstellung als Spezialfall der Überstellung anzusehen (vgl. VG Berlin BeckRS 2015, 45165 Rn. 16).

4   Vorschriften der Mitgliedstaaten, welche hiervon abweichende Kostentragungspflichten vorsehen, bspw. § 66 Abs. 1 AufenthG (vgl. VGH BW BeckRS 2019, 21631 Rn. 35 ff.), wonach durch die Abschiebung entstehende Kosten in erster Linie der Ausländer zu tragen hat, sind im Anwendungsbereich von nach der Dublin III-VO durchgeführten (Rück-) Überstellungen unanwendbar (unionsrechtlicher Anwendungsvorrang, vgl. Art. 4 Abs. 3 UAbs. 3 EUV).

5   Fraglich erscheint, ob der Anwendungsvorrang auch hinsichtlich der sonstigen in § 66 AufenthG genannten Kostenschuldner – insbesondere Personen, die sich gegenüber der Ausländerbehörde oder Auslandsvertretung zur Übernahme der Ausreisekosten einer Person iSv Art. 18 verpflichtet haben, sowie Arbeitgeber oder sonstige Unternehmer, bei denen der Betroffene illegal beschäftigt war – gilt. Hiergegen spricht, dass Art. 30 Abs. 3 sonstige Kostenschuldner nicht erfasst und in Abs. 1 und Abs. 2 lediglich die Kostenverteilung zwischen den beteiligten Mitgliedstaaten geregelt ist.

III. Umfang der Haftung

Der Begriff der Überstellungskosten ist – in Ermangelung einer gesetzlichen Definition – 6 unionsrechtlich auszulegen. Er ist weit zu verstehen und umfasst alle Kosten, die im Zusammenhang mit der Überstellung oder Rücküberstellung des Antragstellers stehen. Hierzu dürften insbesondere die Beförderungs- und sonstigen Reisekosten, die durch die Überstellung entstehenden Verwaltungskosten und auch die durch die Begleitung einer Person iSv Art. 18 entstehenden Kosten zählen (vgl. VGH BW BeckRS 2019, 21631 Rn. 48 ff.).

Art. 31 Austausch relevanter Informationen vor Durchführung einer Überstellung

(1) [1]Der den Antragsteller oder eine andere Person im Sinne des Artikels 18 Absatz 1 Buchstabe c oder d überstellende Mitgliedstaat übermittelt dem zuständigen Mitgliedstaat die personenbezogenen Daten der zu überstellenden Person, soweit dies sachdienlich und relevant ist und nicht über das erforderliche Maß hinausgeht, allein zu dem Zweck, um es den zuständigen Behörden im zuständigen Mitgliedstaat gemäß dem innerstaatlichen Recht zu ermöglichen, diese Person in geeigneter Weise zu unterstützen – unter anderem die zum Schutz ihrer lebenswichtigen Interessen unmittelbar notwendige medizinische Versorgung zu leisten – und um die Kontinuität des Schutzes und der Rechte sicherzustellen, die diese Verordnung und andere einschlägige Bestimmungen des Asylrechts bieten. [2]Diese Daten werden dem zuständigen Mitgliedstaat innerhalb einer angemessenen Frist vor der Überstellung übermittelt, damit seine zuständigen Behörden gemäß dem innerstaatlichen Recht ausreichend Zeit haben, erforderliche Maßnahmen zu ergreifen.

(2) Der überstellende Mitgliedstaat übermittelt dem zuständigen Mitgliedstaat sämtliche Informationen, die wesentlich für den Schutz der Rechte und der unmittelbaren besonderen Bedürfnisse der zu überstellenden Person sind, soweit der zuständigen Behörde gemäß dem innerstaatlichen Recht entsprechende Informationen vorliegen; hierzu zählen insbesondere

a) alle unmittelbaren Maßnahmen, welche der zuständige Mitgliedstaat ergreifen muss, um sicherzustellen, dass den besonderen Bedürfnissen der zu überstellenden Person angemessen Rechnung getragen wird, einschließlich der gegebenenfalls unmittelbar notwendigen medizinischen Versorgung;

b) Kontaktdaten von Familienangehörigen Verwandten oder Personen jeder anderen verwandtschaftlichen Beziehung im Zielstaat, sofern relevant;

c) bei Minderjährigen Angaben zur Schulbildung;

d) eine Bewertung des Alters des Antragstellers.

(3) [1]Der Informationsaustausch nach Maßgabe dieses Artikels erfolgt nur zwischen den Behörden, die der Kommission gemäß Artikel 35 dieser Verordnung unter Verwendung des auf der Grundlage von Artikel 18 der Verordnung (EG) Nr. 1560/2003 eingerichteten elektronischen Kommunikationsnetzes „DubliNet" mitgeteilt worden sind. [2]Die ausgetauschten Informationen werden nur für die in Absatz 1 genannten Zwecke verwendet und werden nicht weiterverarbeitet.

(4) [1]Zur Erleichterung des Informationsaustauschs zwischen den Mitgliedstaaten legt die Kommission im Wege von Durchführungsrechtsakten ein Standardformblatt für die Übermittlung der nach diesem Artikel erforderlichen Daten fest. [2]Diese Durchführungsrechtsakte werden gemäß dem in Artikel 44 Absatz 2 genannten Prüfverfahren erlassen.

(5) Auf den Informationsaustausch nach Maßgabe dieses Artikels findet Artikel 34 Absätze 8 bis 12 Anwendung.

Überblick

Mit Art. 31 verpflichtet der Unionsgesetzgeber einen überstellenden Mitgliedstaat dazu, dem zuständigen Mitgliedstaat bestimmte persönliche Daten einer Person iSv Art. 18 vor ihrer Überstellung ausschließlich zu ihrem Schutz zu übermitteln (→ Rn. 1 ff.). Die Übermittlung unterliegt formellen und materiellen Voraussetzungen (→ Rn. 4 ff.). Eine Person iSv Art. 18 kann Verstöße gegen Regeln zur Verwendung ihrer Daten geltend machen (→ Rn. 7).

A. Allgemeines

1   Die in Art. 31 enthaltenen Regelungen erlauben dem überstellenden Mitgliedstaat, personenbezogene Daten des zu überstellenden Betroffenen an den zuständigen Mitgliedstaat zu übermitteln, verpflichten diesen allerdings auch hierzu. Die Datenübermittlung ist nur zulässig, soweit dies der Unterstützung und dem Schutz der Rechte des Betroffenen dient. Mit der staatlichen Eingriffsbefugnis korrespondiert eine mitgliedstaatliche Pflicht. Einer Person iSv Art. 18 ist daher ein (gerichtlich durchsetzbarer) Anspruch auf Übermittlung ihrer Daten zuzuerkennen.

2   Art. 31 ist die gegenüber Art. 32 allgemeinere Vorschrift (→ Art. 32 Rn. 1). Steht die Übermittlung von Gesundheitsdaten einer Person iSv Art. 18 im Raum, sind die in Art. 32 enthaltenen – engeren – Voraussetzungen zwingend zu beachten.

3   Die in Art. 31 und 32 enthaltenen Regelungen lassen den Schluss zu, dass auch Überstellungen schutzbedürftiger Personen, wie etwa psychisch Kranker, grundsätzlich möglich sind (vgl. VG Würzburg BeckRS 2017, 129704 Rn. 25 mwN).

B. Einzelerläuterung

I. Voraussetzungen für die Übermittlung personenbezogener Daten (Abs. 1–3)

4   Der Begriff der personenbezogenen Daten ist in Art. 4 Nr. 1 DS-GVO (VO (EU) 2016/679 v. 27.4.2016, ABl. 2016 L 19, 1) definiert. Er umfasst alle Informationen über eine bestimmte oder bestimmbare natürliche Person. Art. 31 Abs. 2 enthält eine beispielhafte und nicht abschließende Aufzählung.

5   Die Übermittlung der Daten muss sachdienlich, relevant und verhältnismäßig sein. Des Weiteren darf sie nur erfolgen, um die Unterstützung des Betroffenen im zuständigen Mitgliedstaat und um die Einhaltung seiner sich aus der Dublin III-VO und sonstigen asylrechtlichen Bestimmungen ergebenden Rechte sicherzustellen. Zu anderen Zwecken darf eine Übermittlung – jedenfalls gestützt auf Art. 31 – nicht stattfinden.

6   Die Übermittlung der Daten darf nur zwischen den nach Art. 35 mitgeteilten Behörden erfolgen (vgl. Informationen der Mitgliedstaaten v. 14.2.2015, ABl. 2015 C 55, 5) und selbstverständlich nur zwischen dem überstellenden und dem zuständigen Mitgliedstaat. Sie hat so rechtzeitig vor der Überstellung stattzufinden, dass sich der zuständige Mitgliedstaat auf zB familiäre Besonderheiten einer Person iSv Art. 18 einstellen kann. Die Behörden dürfen die übermittelten Daten nicht weiterverarbeiten (zum Begriff der Verarbeitung s. Art. 4 Nr. 2 DS-GVO).

II. Anspruch auf Richtigkeit und Aktualität der gespeicherten Daten (Abs. 5 iVm Art. 34 Abs. 8–12)

7   Mit Art. 31 Abs. 5 erklärt der Unionsgesetzgeber Art. 34 Abs. 8–12 für anwendbar. Nach diesen Vorgaben dürfen übermittelte Daten nicht fehlerhaft sein (Abs. 8). Dem Betroffenen steht ein Auskunftsrecht zu. Auch kann er sich gegen Verstöße bei der Datenverarbeitung zur Wehr setzen. Er kann insbesondere die Berichtigung oder Löschung falscher oder unvollständiger Daten verlangen (Abs. 9) und – kommt der Mitgliedstaat dem Verlangen nicht nach – die nationalen Gerichte anrufen.

Art. 32 Austausch von Gesundheitsdaten vor Durchführung einer Überstellung

(1) [1]Der überstellende Mitgliedstaat übermittelt dem zuständigen Mitgliedstaat Informationen über besondere Bedürfnisse der zu überstellenden Person, insbesondere bei Behinderten, älteren Menschen, Schwangeren, Minderjährigen und Personen, die Folter, Vergewaltigung oder sonstige schwere Formen psychischer, physischer oder sexueller Gewalt erlitten haben, – soweit der zuständigen Behörde gemäß dem innerstaatlichen

Recht entsprechende Informationen vorliegen – nur zum Zwecke der medizinischen Versorgung oder Behandlung, wozu in bestimmten Fällen auch Angaben zur körperlichen oder geistigen Gesundheit dieser Person gehören können. [2]Diese Informationen werden in einer gemeinsamen Gesundheitsbescheinigung, der die erforderlichen Dokumente beigefügt sind, übermittelt. [3]Der zuständige Mitgliedstaat trägt dafür Sorge, dass diesen besonderen Bedürfnissen in geeigneter Weise – insbesondere auch, sofern erforderlich, durch eine medizinische Erstversorgung – Rechnung getragen wird. [1]Die Kommission erstellt im Wege von Durchführungsrechtsakten die gemeinsame Gesundheitsbescheinigung. [2]Diese Durchführungsrechtsakte werden gemäß dem in Artikel 44 Absatz 2 genannten Prüfverfahren erlassen.

(2) [1]Der überstellende Mitgliedstaat übermittelt dem zuständigen Mitgliedstaat die Informationen nach Absatz 1 nur mit ausdrücklicher Einwilligung des Antragstellers und/oder seines Vertreters, oder falls die Person aus physischen oder rechtlichen Gründen außerstande ist, ihre Einwilligung zu geben, sofern eine solche Übermittlung zum Schutz lebenswichtiger Interessen des Antragstellers oder eines Dritten erforderlich ist. [2]Das Fehlen der Einwilligung, einschließlich einer Verweigerung zur Einwilligung steht der Überstellung nicht entgegen.

(3) Die Verarbeitung der in Absatz 1 genannten personenbezogenen Gesundheitsdaten erfolgt nur durch Angehörige der Gesundheitsberufe, die nach einzelstaatlichem Recht, einschließlich der von den zuständigen einzelstaatlichen Stellen erlassenen Regelungen, der ärztlichen Verschwiegenheit unterliegen, oder durch sonstige Personen, die einem entsprechenden Berufsgeheimnis unterliegen.

(4) [1]Der Informationsaustausch nach Maßgabe dieses Artikels erfolgt nur zwischen den Angehörigen der Gesundheitsberufe oder sonstigen Personen nach Absatz 3. [2]Die ausgetauschten Informationen werden nur für die in Absatz 1 genannten Zwecke verwendet und werden nicht weiterverarbeitet.

(5) Die Kommission legt im Wege von Durchführungsrechtsakten einheitliche Bedingungen und praktische Modalitäten für den Informationsaustausch nach Absatz 1 dieses Artikels fest Diese Durchführungsrechtsakte werden gemäß dem in Artikel 44 Absatz 2 genannten Prüfverfahren erlassen.

(6) Auf den Informationsaustausch nach Maßgabe dieses Artikels findet Artikel 34 Absätze 8 bis 12 Anwendung.

Überblick

Durch die gegenüber Art. 31 speziellere Vorschrift (→ Rn. 1) wird ein überstellender Mitgliedstaat dazu verpflichtet, dem für die Durchführung des Asylverfahrens zuständigen Mitgliedstaat Informationen zum Gesundheitszustand einer Person iSv Art. 18 zu übermitteln (→ Rn. 2 f.). Die Übermittlung der in dieser Vorschrift genannten Daten hat vor der Überstellung zu erfolgen. Sie unterliegt formellen und materiellen Voraussetzungen (→ Rn. 4 ff.). Eine Person iSv Art. 18 kann Verstöße gegen Regeln zur Verwendung ihrer Daten geltend machen (→ Rn. 7).

A. Allgemeines

Für die Übermittlung von Informationen über die Gesundheit einer zu überstellenden Person **1** iSv Art. 18 sieht Art. 32 besondere und gegenüber Art. 31 engere Voraussetzungen vor. Gegenüber Art. 31 ist Art. 32 daher spezieller (→ Art. 31 Rn. 2). In den Anwendungsbereich von Art. 32 fallen alle Informationen über die Gesundheit einer Person iSv Art. 18, die nicht für eine unmittelbar notwendige medizinische Versorgung bedeutsam sind. Die Übermittlung von Informationen über die Gesundheit einer Person, die demgegenüber für eine unmittelbar notwendige medizinische Versorgung bedeutsam sind, ist unter den in Art. 31 enthaltenen Voraussetzungen zulässig.

Auch Art. 32 statuiert in erster Linie eine dem überstellenden Mitgliedstaat obliegende Pflicht **2** zur Übermittlung von Gesundheitsdaten des zu Überstellenden. Da es zu gesundheitlichen Einschränkungen kommen könnte, wenn ein Staat solche Daten nicht an den zuständigen Mitgliedstaat übermittelt, ist einem Betroffenen ein (gerichtlich durchsetzbarer) Anspruch auf Übermittlung seiner Gesundheitsdaten zuzuerkennen.

Die in Art. 31 und Art. 32 enthaltenen Regelungen lassen den Schluss zu, dass auch Überstel- **3** lungen schutzbedürftiger Personen, wie etwa psychisch Kranker, grundsätzlich möglich sind (vgl. VG Würzburg BeckRS 2020, 147 Rn. 27 mwN).

B. Einzelerläuterung

I. Voraussetzungen für die Übermittlung von Gesundheitsdaten (Abs. 1–4)

4   Der Begriff der Gesundheitsdaten ist nicht legaldefiniert. In Abgrenzung zu Art. 31 (→ Art. 31 Rn. 1 ff.) handelt es sich um alle Informationen über die körperliche und geistige Gesundheit einer Person iSv Art. 18, die nicht für eine unmittelbar notwendige medizinische Versorgung bedeutsam sind.

5   Die Übermittlung von Gesundheitsdaten nach dieser Vorschrift ist nur zulässig, um dem zuständigen Mitgliedstaat zu ermöglichen, eine Person iSv Art. 18 in medizinischer Hinsicht zu unterstützen. Des Weiteren darf die Übermittlung nur mit ausdrücklicher Einwilligung der Person iSv Art. 18 erfolgen oder ohne diese, wenn diese aus physischen oder rechtlichen Gründen zur Erteilung der Einwilligung außerstande und die Übermittlung dieser Daten zum Schutz lebenswichtiger Interessen erforderlich ist. Das Fehlen einer Einwilligung steht einer Überstellung allerdings nicht entgegen.

6   Der Austausch von Gesundheitsdaten darf nur zwischen Angehörigen von Gesundheitsberufen erfolgen, die der ärztlichen Schweigepflicht unterliegen, oder sonstigen Personen, die einem Berufsgeheimnis unterliegen. Nur diese Personen dürfen die Gesundheitsdaten ausschließlich zum Zwecke der medizinischen Versorgung eines Betroffenen verarbeiten (zum Begriff der Verarbeitung s. Art. 4 Nr. 2 DS-GVO). Die übermittelten Daten dürfen nicht weiterverarbeitet werden.

II. Anspruch auf Richtigkeit und Aktualität der gespeicherten Daten (Art. 32 Abs. 6 iVm Art. 34 Abs. 8–12)

7   Art. 32 Abs. 6 erklärt Art. 34 Abs. 8–12 für anwendbar. Hiernach übermittelte Daten dürfen nicht unrichtig oder fehlerhaft sein (Abs. 8). Der zu überstellenden Person iSv Art. 18 steht ein Auskunftsrecht zu. Der Betroffene kann sich gegen Verstöße bei der Datenverarbeitung zur Wehr setzen und zudem insbesondere die Berichtigung oder Löschung falscher oder unvollständiger Daten verlangen (Abs. 9). Kommt der Mitgliedstaat dem Verlangen nicht nach, kann der Betroffene die nationalen Gerichte anrufen.

Art. 33 Mechanismus zur Frühwarnung, Vorsorge und Krisenbewältigung

(1) Stellt die Kommission insbesondere auf Grundlage der vom EASO gemäß der Verordnung (EU) Nr. 439/2010 gesammelten Informationen fest, dass die Anwendung der vorliegenden Verordnung infolge der konkreten Gefahr der Ausübung besonderen Drucks auf das Asylsystem eines Mitgliedstaats und/oder von Problemen beim Funktionieren des Asylsystems eines Mitgliedstaats beeinträchtigt sein könnte, so spricht sie in Zusammenarbeit mit dem EASO Empfehlungen für diesen Mitgliedstaat aus und fordert ihn zur Ausarbeitung eines präventiven Aktionsplans auf.

Der betreffende Mitgliedstaat teilt dem Rat und der Kommission mit, ob er beabsichtigt, einen derartigen präventiven Aktionsplan vorzulegen, um den Druck und/oder die Probleme beim Funktionieren seines Asylsystems zu bewältigen, gleichzeitig aber auch den Schutz der Grundrechte der Personen, die einen Antrag auf internationalen Schutz stellen, zu gewährleisten.

[1]Ein Mitgliedstaat kann nach eigenem Ermessen und aus eigener Veranlassung einen präventiven Aktionsplan aufstellen und diesen später überarbeiten. [2]Bei der Ausarbeitung eines präventiven Aktionsplans kann der Mitgliedstaat die Kommission, andere Mitgliedstaaten, das EASO und andere einschlägige Agenturen der Union um Unterstützung ersuchen.

(2) [1]Wird ein präventiver Aktionsplan aufgestellt, so legt der betreffende Mitgliedstaat dem Rat und der Kommission diesen Plan vor und erstattet regelmäßig Berichte über dessen Durchführung. [2]Die Kommission unterrichtet anschließend das Europäische Parlament über die wesentlichen Elemente des präventiven Aktionsplans. [3]Die Kommission unterbreitet dem Rat Berichte über dessen Durchführung und übermittelt dem Europäischen Parlament Berichte über dessen Durchführung.

[1]Der betreffende Mitgliedstaat ergreift alle geeigneten Maßnahmen, um die besondere Belastungssituation auf sein Asylsystem zu bewältigen oder um sicherzustellen, dass die festgestellten Mängel behoben werden, bevor sich die Situation verschlechtert.

[2]Umfasst der präventive Aktionsplan Maßnahmen, mit denen dem besonderen Druck entgegengewirkt werden soll, dem das Asylsystem eines Mitgliedstaats ausgesetzt ist, durch welchen die Anwendung dieser Verordnung in Frage gestellt werden könnte, so holt die Kommission den Rat der EASO ein, bevor sie dem Europäischen Parlament und dem Rat Bericht erstattet.

(3) [1]Stellt die Kommission auf Grundlage der Analyse des EASO fest, dass durch die Durchführung des präventiven Aktionsplans die festgestellten Mängel nicht behoben wurden, oder besteht eine ernste Gefahr, dass die Asylsituation in dem betreffenden Mitgliedstaat sich zu einer Krise entwickelt, die durch einen präventiven Aktionsplan voraussichtlich nicht bewältigt werden kann, so kann die Kommission in Zusammenarbeit mit dem EASO den betreffenden Mitgliedstaat auffordern, einen Krisenbewältigungsaktionsplan auszuarbeiten und diesen erforderlichenfalls zu überarbeiten. [2]Der Krisenbewältigungsaktionsplan soll während des gesamten Prozesses die Wahrung des Asylrechts der Union, insbesondere der Grundrechte der Personen, die einen Antrag auf internationalen Schutz stellen, gewährleisten.

Im Anschluss an die Aufforderung, einen Krisenbewältigungsaktionsplan auszuarbeiten, erstellt der betreffende Mitgliedstaat in Zusammenarbeit mit der Kommission und dem EASO zügig einen derartigen Plan, spätestens innerhalb von drei Monaten ab der Aufforderung.

Der betreffende Mitgliedstaat legt seinen Krisenbewältigungsaktionsplan vor und erstattet mindestens alle drei Monate der Kommission und anderen interessierten Akteuren wie gegebenenfalls dem EASO Bericht über dessen Durchführung.

[1]Die Kommission unterrichtet das Europäische Parlament und den Rat über den Krisenbewältigungsaktionsplan, eventuelle Überarbeitungen und dessen Durchführung. [2]In diesen Berichten legt der betreffende Mitgliedstaat Daten vor, welche die Einhaltung des Krisenbewältigungsaktionsplans belegen, wie die Länge des Verfahrens, die Haftbedingungen und die Aufnahmekapazität im Verhältnis zum Zustrom von Antragstellern.

(4) [1]Der Rat verfolgt während des gesamten Prozesses hinsichtlich Frühwarnung, Bereitschaft und Krisenmanagement gemäß diesem Artikel die Lage genau und kann um zusätzliche Informationen ersuchen und politische Leitlinien vorgeben, insbesondere im Hinblick auf die Dringlichkeit und den Ernst der Lage und somit die Notwendigkeit, dass ein Mitgliedstaat entweder einen präventiven Aktionsplan oder erforderlichenfalls einen Krisenbewältigungsaktionsplan ausarbeitet. [2]Das Europäische Parlament und der Rat können während des gesamten Prozesses im Hinblick auf Solidaritätsmaßnahmen, die sie gegebenenfalls für angemessen halten, Leitlinien erörtern und vorgeben.

Steigt der Migrationsdruck auf einen EU-Mitgliedstaat stark an, besteht die Gefahr der Überforderung dieses Mitgliedstaats bei der Anwendung und Einhaltung der Dublin III-Regelungen. Um solchen Entwicklungen frühzeitig entgegenwirken zu können, hat der Unionsgesetzgeber in Art. 33 vorgesehen, dass die Kommission den betroffenen Mitgliedstaat zur Aufstellung eines präventiven Aktionsplans auffordert. Allerdings bleibt es dem Mitgliedstaat überlassen, einer Aufforderung durch die Kommission nachzukommen. Demgegenüber ist die Ausarbeitung eines Krisenbewältigungsaktionsplans insbesondere dann obligatorisch, wenn sich die Asylsituation in einem Mitgliedstaat zu einer Krise entwickeln könnte. Welche Maßnahmen ein betroffener Mitgliedstaat in einen Krisenbewältigungsaktionsplan aufzunehmen hat, gibt Art. 33 nicht vor. **1**

Eine besondere Rolle kommt in Verfahren nach Art. 33 dem Europäischen Unterstützungsbüro **2** für Asylfragen (EASO, https://www.easo.europa.eu/), das seinen Sitz in Malta hat, zu.

In Notlagen aufgrund eines plötzlichen Zustroms Asylsuchender kann der Rat auf Europäischen **3** Union auf Vorschlag der Kommission vorläufige Maßnahmen zugunsten der betreffenden Mitgliedstaaten erlassen (Art. 78 Abs. 3 AEUV). Insoweit hat der Rat die Beschlüsse B (EU) 2015/ 1523 (zur Einführung von vorläufigen Maßnahmen im Bereich des internationalen Schutzes zugunsten von Italien und Griechenland v. 14.9.2015, ABl. 2015 L 239, 146) und B (EU) 2015/ 1601 (zur Einführung von vorläufigen Maßnahmen im Bereich des internationalen Schutzes zugunsten von Italien und Griechenland v. 22.9.2015, ABl. 2015 L 248, 80) erlassen.

Beschluss Nr. 1/80 des Assoziationsrates vom 19. September 1980 über die Entwicklung der Assoziation

– in Auszügen kommentiert –

Kapitel II. Soziale Bestimmungen

Abschnitt 1. Fragen betreffend die Beschäftigung und die Freizügigkeit der Arbeitnehmer

Art. 6

(1) Vorbehaltlich der Bestimmungen in Artikel 7 über den freien Zugang der Familienangehörigen zur Beschäftigung hat der türkische Arbeitnehmer, der dem regulären Arbeitsmarkt eines Mitgliedstaats angehört, in diesem Mitgliedstaat
– nach einem Jahr ordnungsgemäßer Beschäftigung Anspruch auf Erneuerung seiner Arbeitserlaubnis bei dem gleichen Arbeitgeber, wenn er über einen Arbeitsplatz verfügt;
– nach drei Jahren ordnungsgemäßer Beschäftigung – vorbehaltlich des den Arbeitnehmern aus den Mitgliedstaaten der Gemeinschaft einzuräumenden Vorrangs – das Recht, sich für den gleichen Beruf bei einem Arbeitgeber seiner Wahl auf ein unter normalen Bedingungen unterbreitetes und bei den Arbeitsämtern dieses Mitgliedstaates eingetragenes anderes Stellenangebot zu bewerben;
– nach vier Jahren ordnungsgemäßer Beschäftigung freien Zugang zu jeder von ihm gewählten Beschäftigung im Lohn- oder Gehaltsverhältnis.

(2) ¹Der Jahresurlaub und die Abwesenheit wegen Mutterschaft, Arbeitsunfall oder kurzer Krankheit werden den Zeiten ordnungsgemäßer Beschäftigung gleichgestellt. ²Die Zeiten unverschuldeter Arbeitslosigkeit, die von den zuständigen Behörden ordnungsgemäß festgestellt worden sind, sowie die Abwesenheit wegen langer Krankheit werden zwar nicht den Zeiten ordnungsgemäßer Beschäftigung gleichgestellt, berühren jedoch nicht die aufgrund der vorherigen Beschäftigungszeit erworbenen Ansprüche.

(3) Die Einzelheiten der Durchführung der Absätze 1 und 2 werden durch einzelstaatliche Vorschriften festgelegt.

Überblick

Die Rechtsstellung türkischer Staatsangehöriger bestimmt sich nach dem AufenthG. Haben türkische Staatsangehörige eine Rechtsposition aus dem ARB 1/80 (Beschluss Nr. 1/80 des Assoziationsrates v. 19.9.1980 über die Entwicklung der Assoziation) erworben (→ Rn. 1), werden die Vorschriften des AufenthG durch die Bestimmungen des ARB 1/80 modifiziert, da der ARB 1/80 Bestandteil des Unionsrecht ist und ihm deshalb Anwendungsvorrang zukommt (→ Rn. 4). Art. 6 Abs. 1 regelt den stufenweisen Arbeitsmarktzugang für türkische Arbeitnehmer. Gestaffelt nach einjähriger, dreijähriger und vierjähriger ordnungsgemäßer Beschäftigung erwerben türkische Arbeitnehmer ein Recht auf einen speziellen Zugang zum Arbeitsmarkt, das jeweils auch ein Aufenthaltsrecht impliziert (→ Rn. 5 ff.). Abs. 2 S. 1 bestimmt, welche Zeiten, obwohl tatsächlich keine Arbeit geleistet wird, den Zeiten ordnungsgemäßer Beschäftigung gleichgestellt sind (→ Rn. 20). Nach Abs. 2 S. 2 sind Zeiten unverschuldeter Arbeitslosigkeit und Zeiten langer Krankheit den Beschäftigungszeiten zwar nicht gleichgestellt, führen jedoch nicht zum Verlust einer bereits zuvor erworbenen assoziationsrechtlichen Rechtsposition (→ Rn. 21 ff.).

Übersicht

A. Gemeinschaftsrechtliche Grundlage

I. Entwicklung der Assoziation zwischen der Türkei und den Mitgliedstaaten der EU

Am 12.9.**1963** wurde in Ankara das **Abkommen zur Gründung einer Assoziation zwischen der Europäischen Wirtschaftsgemeinschaft (EWG) und der Türkei (Assoziierungsabkommen)** geschlossen, mit dem Ziel, die Türkei zur Stärkung der Handels- und Wirtschaftsbeziehungen in mehreren Phasen **schrittweise** der Europäischen Gemeinschaft anzunähern, um die Voraussetzungen für einen Beitritt der Türkei zur Europäischen Gemeinschaft herzustellen. In Art. 12 des Assoziierungsabkommens vereinbarten die Vertragsparteien, in einer Übergangsphase die **Arbeitnehmerfreizügigkeit** schrittweise herzustellen. Im **Zusatzprotokoll** v. 23.11.1970, das nach Art. 62 EWGTRAssZusProt Bestandteil des Assoziierungsabkommens ist, wurde ergänzend vereinbart, die Erstellung der für die Übergangsphase erforderlichen Regeln dem nach Art. 6 AssozAbk EWG-TR gebildeten **Assoziationsrat** zu übertragen. 1

Der Assoziationsrat fasste zunächst am 20.12.1976 den Beschluss Nr. 2/76 **(ARB 2/76)** und am **19.9.1980** den **Beschluss Nr. 1/80 des Assoziationsrats über die Entwicklung der Assoziation (ARB 1/80),** der inhaltlich den ARB 2/76 ersetzt. Der ARB 1/80 enthält in Kapitel II („Soziale Bestimmungen") unter Abschnitt 1 Regelungen zur **Beschäftigung und Freizügigkeit** von türkischen Staatsangehörigen und ihren Familienangehörigen in den Mitgliedstaaten der EU. Der ARB 1/80 ist ab 1.12.1980 anwendbar (→ Art. 16 Rn. 1) und ersetzt ab diesem Zeitpunkt den ARB 2/76, der für die Zeit vom 20.12.1976 bis 30.11.1980 zur Anwendung kommt (EuGH BeckRS 2018, 17481 Rn. 48 – Yön). 2

Bestimmungen über die Entwicklung der **Niederlassungs- und Dienstleistungsfreiheit** sind vom Assoziationsrat nicht getroffen worden. Allerdings untersagt insoweit **Art. 41 Abs. 1 EWGTRAssZusProt** den Vertragsparteien, ab Inkrafttreten des Zusatzprotokolls am 1.1.1973 neue Beschränkungen dieser Grundfreiheiten einzuführen (sog. **stand-still-Klausel;** → Art. 13 Rn. 1 ff.). 3

II. Rechtsnatur des ARB 1/80

Der ARB 1/80 ist ein völkerrechtlicher Vertrag, bei dem es sich nach der Rechtsprechung des EuGH um **sekundäres Gemeinschaftsrecht** handelt. Soweit seine Bestimmungen nicht nur Programmcharakter haben, haben sie in den Mitgliedstaaten **unmittelbare Wirkung;** dies gilt insbesondere für die Art. 6, 7 und 14. Art. 6 und 7 regeln nach ihrem Wortlaut zwar lediglich die beschäftigungsrechtliche, nicht aber die aufenthaltsrechtliche Stellung der türkischen Arbeitnehmer. Diese beiden Aspekte sind jedoch eng miteinander verknüpft. Indem die fraglichen Bestimmungen türkischen Arbeitnehmern nach einem bestimmten Zeitraum ordnungsgemäßer Beschäftigung in dem betreffenden Mitgliedstaat Zugang zu jeder von ihnen gewählten Beschäftigung im Lohn- oder Gehaltsverhältnis gewähren, implizieren sie zwangsläufig, dass den türkischen Arbeitnehmern zumindest zu diesem Zeitpunkt ein Aufenthaltsrecht zusteht; anderenfalls wäre das Recht, das sie diesen Arbeitnehmern zuerkennen, völlig wirkungslos (grdl. EuGH NVwZ 1988, 235 – Demirel; NVwZ 1991, 255 – Sevince). Somit gehen Regelungen des ARB 1/80, soweit sie eine aufenthaltsrechtliche Wirkung haben, wegen des **Anwendungsvorrangs des Gemeinschaftsrechts** (→ FreizügG/EU § 1 Rn. 6 ff.) dem nationalen Aufenthaltsrecht vor. 4

B. Allgemeines zu Art. 6

5 Erfüllt ein türkischer Arbeitnehmer die Voraussetzungen des Art. 6 Abs. 1, folgt aus den stufenweisen garantierten Beschäftigungsrechten implizit ein assoziationsrechtliches Aufenthaltsrecht (EuGH NVwZ 1988, 235 – Demirel; NVwZ 1991, 255 – Sevince). Die erste Beschäftigungsstufe knüpft an das Bestehen einer mindestens einjährigen ununterbrochenen ordnungsgemäßen Beschäftigung bei dem gleichen Arbeitgeber an. Art. 6 enthält **keine Regelungen für die erstmalige Einreise** eines türkischen Staatsangehörigen. Für die erstmalige Einreise eines türkischen Staatsangehörigen gelten daher die nationalen Regelungen des AufenthG. Allerdings ist auch insoweit die **stand-still-Klausel** des Art. 13 zu beachten (→ Art. 13 Rn. 14 ff.).

6 Art. 6 Abs. 1 knüpft das Aufenthaltsrecht an das Bestehen eines **Beschäftigungsverhältnisses** an. Der **türkische Arbeitnehmer** muss **ordnungsgemäß beschäftigt** sein (→ Rn. 7 ff.) und dem **regulären Arbeitsmarkt angehören** (→ Rn. 12 ff.). Die Vorschrift gibt ein Stufenverhältnis vor, das nacheinander schrittweise durchlaufen werden muss (→ Rn. 25 ff.). Abs. 2 S. 1 bestimmt, welche Zeiten, obwohl tatsächlich keine Arbeit geleistet wird, den Zeiten ordnungsgemäßer Beschäftigung gleichgestellt sind (→ Rn. 20). Nach Abs. 2 S. 2 sind Zeiten unverschuldeter Arbeitslosigkeit und Zeiten langer Krankheit den Beschäftigungszeiten zwar nicht gleichgestellt, führen jedoch nicht zum Verlust einer bereits zuvor erworbenen assoziationsrechtlichen Rechtsposition (→ Rn. 21 ff.).

C. Voraussetzungen des Art. 6

I. Arbeitnehmereigenschaft

7 Voraussetzung der Begünstigung ist zunächst das Vorliegen der Arbeitnehmereigenschaft. Der **assoziationsrechtliche Arbeitnehmerbegriff** wird vom EuGH in ständiger Rechtsprechung entsprechend dem von ihm entwickelten unionsrechtlichen Arbeitnehmerbegriff bestimmt (→ FreizügG/EU § 2 Rn. 6 ff.). Danach ist der Begriff des Arbeitnehmers nicht eng auszulegen. Er ist anhand objektiver Kriterien zu definieren, die das Arbeitsverhältnis im Hinblick auf die Rechte und Pflichten der betroffenen Personen kennzeichnen. Wesentliches Merkmal eines Arbeitsverhältnisses ist, dass jemand während einer bestimmten Zeit **für einen anderen nach dessen Weisung** Leistungen erbringt, für die er als Gegenleistung eine **Vergütung** erhält. Dabei ist eine Gesamtbewertung des Sachverhalts erforderlich (EuGH NVwZ 2010, 367 Rn. 26 ff. – Genc).

8 Erforderlich ist weder ein **Mindesteinkommen** noch eine **Mindestarbeitszeit,** es darf sich lediglich nicht nur um eine völlig untergeordnete oder unwesentliche Tätigkeit handeln. Ausreichend sind auch Teilzeitbeschäftigungen. Auch wenn die Grenze zur Unwesentlichkeit in der Regel bei einer Wochenarbeitszeit von sechs Stunden erreicht ist, können auch dann Gesichtspunkte darauf hindeuten, dass es sich bei der Erwerbstätigkeit um eine **tatsächliche und echte Tätigkeit** handelt. Bei der Gesamtbewertung des Arbeitsverhältnisses sind nämlich nicht nur Gesichtspunkte wie die Arbeitszeit und die Höhe der Vergütung zu berücksichtigen, sondern auch solche wie der Anspruch auf bezahlten Urlaub, die Geltung von Lohnfortzahlung im Krankheitsfall, die Anwendung eines Tarifvertrags auf den Arbeitsvertrag sowie der Umstand, dass das Arbeitsverhältnis mit demselben Unternehmen längere Zeit bestanden hat (EuGH NVwZ 2010, 367 Rn. 19 ff. – Genc). Die Kriterien für eine geringfügige Beschäftigung nach § 8 SGB IV sind grundsätzlich nicht heranzuziehen.

9 Die **Einkünfte,** zu denen auch Sachleistungen wie Unterkunft und Verpflegung zählen, müssen nicht den Lebensunterhalt der betroffenen Person decken. Die ergänzende Inanspruchnahme von Sozialleistungen schließt die Arbeitnehmereigenschaft nicht aus (EuGH NVwZ 2010, 367 Rn. 20 – Genc). Nicht ausreichend für die Annahme der Arbeitnehmerschaft ist dagegen der Einsatz im Rahmen einer Arbeitsbeschaffungsmaßnahme zur Erhaltung, Wiederherstellung oder Förderung der Arbeitsfähigkeit, **wenn keine tatsächlichen und echten Tätigkeiten verrichtet werden,** sondern die Tätigkeiten nur Mittel zur Rehabilitation oder zur Wiedereingliederung in das Arbeitsleben sind (EuGH ZAR 1989, 176 Rn. 15 f. – Bettray). Werden aber tatsächlich echte Tätigkeiten verrichtet, für die eine übliche Vergütung gezahlt wird, ist der assoziationsrechtliche Arbeitnehmerbegriff auch dann erfüllt, wenn es sich um eine Tätigkeit im Rahmen einer Arbeitsbeschaffungsmaßnahme handelt (→ Rn. 12).

10 Art. 6 erfasst auch **befristete Arbeitsverhältnisse.** Anderenfalls bestünde die Möglichkeit, dem türkischen Arbeitnehmer durch eine Befristung des Arbeitsverhältnisses den Erwerb einer assoziationsrechtlichen Rechtsposition vorzuenthalten. Dem steht das Gebot der praktischen Wirksamkeit des Assoziationsrechts entgegen (EuGH NVwZ 1999, 1099 Rn. 24 f. – Birden).

Auch Personen, die im Rahmen eines **Berufsausbildungsverhältnisses** eine echte Tätigkeit **11** im Lohn- oder Gehaltsverhältnis ausüben, unterfallen dem assoziationsrechtlichen Arbeitnehmerbegriff. Das Gleiche gilt für **Schüler** und **Studenten,** die iRd § 16 Abs. 3 AufenthG arbeiten, zB um ihren Lebensunterhalt zu finanzieren (→ Rn. 18; → Rn. 28). Nicht unter den assoziationsrechtlichen Arbeitnehmerbegriff fallen dagegen **Arbeitsleistungen** aufgrund familiärer Bindungen, die **im häuslichen Rahmen ohne Entgelt** geleistet werden, auch wenn sich deren Wert wirtschaftlich beziffern lässt. Dies gilt zB für die Haushaltsführung der Ehefrau und für häusliche Pflegeleistungen durch Verwandte.

II. Zugehörigkeit zum regulären Arbeitsmarkt

Auch die Zugehörigkeit zum regulären Arbeitsmarkt bestimmt sich allein nach objektiven **12** Kriterien. Erforderlich ist, dass der Arbeitnehmer einer legalen Beschäftigung nachgeht und dass sich seine berufliche Tätigkeit nicht von derjenigen eines anderen Arbeitnehmers unterscheidet, der die gleiche oder eine gleichartige Tätigkeit ausübt, insbesondere dass er die übliche Vergütung erhält. Sind diese Voraussetzungen erfüllt, gehört der türkische Arbeitnehmer auch dann dem regulären Arbeitsmarkt an, wenn das Arbeitsverhältnis besonderen Zwecken dient, einer beschränkten Personengruppe vorbehalten und dazu bestimmt ist, die Einbeziehung des Betroffenen in das Berufsleben zu erleichtern, und zudem aus öffentlichen Mitteln finanziert wird (EuGH NVwZ 1999, 1099 Rn. 42 ff. – Birden).

Die Beschäftigung muss einen hinreichenden Bezug zum Bundesgebiet aufweisen, dies bedarf **13** bei **grenzüberschreitenden Tätigkeiten,** zB als Fernfahrer oder als Seemann auf deutschen Schiffen, einer besonderen Prüfung. Entscheidend ist insbesondere der Ort der Einstellung, das Gebiet, von dem aus die Tätigkeit im Lohn- oder Gehaltsverhältnis ausgeübt wird, und welche nationalen Rechtsvorschriften im Bereich des Arbeitsrechts und der sozialen Sicherheit zur Anwendung kommen (EuGH NVwZ 1995, 1093 Rn. 23 – Bozkurt). Ein Unternehmen mit Sitz in der Türkei, das rechtmäßig Dienstleistungen in einem Mitgliedstaat erbringt, sowie die bei ihm beschäftigten türkischen Staatsangehörigen, die in der Türkei wohnen und regelmäßig Transporte zwischen der Türkei und Deutschland mit in Deutschland zugelassenen Lkw durchführen, können sich allerdings auf die **stand-still-Klausel** des Art. 41 Abs. 1 EWGTRAssZusProt berufen (EuGH InfAuslR 2004, 32 Rn. 105 f. = BeckRS 2004, 76304 – Abatay, Sahin; → Art. 13 Rn. 26).

III. Ordnungsgemäße Beschäftigung

Eine Beschäftigung ist iSd Art. 6 ordnungsgemäß, wenn sie im Einklang mit den entsprechenden **14** **aufenthalts- und arbeitserlaubnisrechtlichen** Bestimmungen steht. Die Beschäftigung muss also sowohl mit den Rechts- und Verwaltungsvorschriften über die Einreise und den Aufenthalt als auch mit den Rechts- und Verwaltungsvorschriften über die Beschäftigung vereinbar sein (EuGH NVwZ 2007, 187 Rn. 36 – Güzeli). Nach der Rechtsprechung des BVerwG (NVwZ 1995, 1110 Rn. 26) sind diese Voraussetzungen nicht erfüllt, wenn die Aufenthaltserlaubnis des türkischen Staatsangehörigen mit der Auflage „Erwerbstätigkeit nicht gestattet" versehen ist.

Der türkische Arbeitnehmer muss eine gesicherte und nicht nur vorläufige Position auf dem **15** Arbeitsmarkt besitzen. Dies setzt ein **nicht bestrittenes Aufenthaltsrecht** im Bundesgebiet voraus (EuGH NVwZ 1993, 258 Rn. 12 – Kus). An einem solchen **fehlt es** bei folgenden Fallkonstellationen:
- Der türkische Arbeitnehmer durfte sich nur infolge der **aufschiebenden Wirkung seiner Klage** gegen die ablehnende Entscheidung der Ausländerbehörde vorläufig im Bundesgebiet aufhalten, die Klage ist jedoch letztlich erfolglos geblieben (EuGH NVwZ 1993, 258 Rn. 12 – Kus). Wird sein Aufenthaltsrecht dagegen endgültig anerkannt, ist er rückwirkend so zu behandeln, als habe er während des fraglichen Zeitraums ein nicht nur vorläufiges Aufenthaltsrecht und daher eine gesicherte Stellung auf dem Arbeitsmarkt besessen (EuGH InfAuslR 1993, 41 Rn. 17 = NVwZ 1993, 258).
- Der Aufenthalt des türkischen Arbeitnehmers gilt wegen der **Fiktionswirkung des § 81 Abs. 3 oder Abs. 4 AufenthG** als erlaubt, der beantragte Aufenthaltstitel wird jedoch letztlich abgelehnt. Wird das Aufenthaltsrecht dagegen endgültig anerkannt, ist er rückwirkend so zu behandeln, als habe er während des fraglichen Zeitraums ein nicht nur vorläufiges Aufenthaltsrecht und daher eine gesicherte Stellung auf dem Arbeitsmarkt besessen (EuGH InfAuslR 1993, 41 Rn. 17 = NVwZ 1993, 258).
- Beschäftigung während eines **Asylverfahrens** aufgrund einer Aufenthaltsgestattung nach § 55 AsylG; das gilt jedenfalls dann, wenn das Asylverfahren negativ abgeschlossen wird.
- Der türkische Arbeitnehmer ist lediglich im Besitz einer **Duldung** nach § 60a AufenthG.

- Die Aufenthaltserlaubnis wurde durch **vorsätzliche Täuschung** erwirkt, die zu einer Verurteilung geführt hat (EuGH NVwZ 1998, 50 Rn. 25 ff. – Kol). Nach der Rechtsprechung des VGH BW (InfAuslR 2017, 332 Rn. 77 = BeckRS 2017, 114095) gilt dies auch dann, wenn der türkische Staatangehörige wegen der Täuschung nicht strafrechtlich zur Verantwortung gezogen worden ist (falls keine Täuschung → Rn. 19).
- Zeiträume, in denen der türkische Arbeitnehmer nach Trennung der Eheleute als Arbeitnehmer tätig war, wenn er die schriftlich von ihm übernommene Verpflichtung, der Ausländerbehörde unverzüglich jede Veränderung der ehelichen Lebensgemeinschaft (zB Trennung über einen längeren Zeitraum) zu offenbaren, vorsätzlich verletzt hat (Gedanke des Rechtsmissbrauchs; BVerwG NVwZ 2013, 1336 Rn. 26).

16 Bei den Zeiten ordnungsgemäßer Beschäftigung sind auch **kurze Zeiträume** zu berücksichtigen, in denen der türkische Arbeitnehmer zwar keine gültige Aufenthalts- oder Arbeitserlaubnis besaß, die zuständige Behörde jedoch die Ordnungsmäßigkeit des Aufenthalts in Frage gestellt, sondern eine neue Aufenthalts- oder Arbeitserlaubnis erteilt hat (EuGH NVwZ 1999, 286 Rn. 67 ff. – Ertanir).

17 Nicht erforderlich ist, dass der türkische Arbeitnehmer zum Zweck der Aufnahme einer unselbstständigen Beschäftigung in die Bundesrepublik eingereist ist und/oder ihm der Aufenthalt für eine unselbstständige Erwerbstätigkeit gestattet worden ist (EuGH BeckRS 2004, 75326). Es ist grundsätzlich **unerheblich, aus welchen Gründen das Recht auf Einreise und Aufenthalt erlangt worden ist;** der ursprüngliche Zweck, für den eine Aufenthaltserlaubnis erteilt worden ist, kann auch die Führung einer ehelichen Lebensgemeinschaft gewesen sein.

18 Auch eine Aufenthaltserlaubnis zu Studien- und Ausbildungszwecken nach §§ 16 ff. AufenthG begründet eine gesicherte Rechtsposition und damit eine ordnungsgemäße Beschäftigung. Das gilt auch dann, wenn der Ausbildungsaufenthalt nicht auf einen Daueraufenthalt ausgerichtet ist. Grundsätzlich kann allein die **Zwecksetzung** sowie eine **zeitliche Beschränkung** eines Aufenthaltstitels einem türkischen Arbeitnehmer, wenn er ansonsten die Voraussetzungen des Art. 6 Abs. 1 erfüllt, nicht die durch diese Vorschrift verliehenen abgestuften Rechte nehmen (EuGH NVwZ 1999, 283 Rn. 48 ff. – Günaydin). Dies gilt selbst dann, wenn der türkische Arbeitnehmer bei Erteilung der Arbeits- und Aufenthaltserlaubnis darauf hingewiesen worden ist, dass ihm diese nur für maximal drei Jahre und ausschließlich zum Zweck der Ausübung einer bestimmten Tätigkeit (Spezialitätenkoch) bei einem namentlich bezeichneten Arbeitgeber erteilt werden (EuGH NVwZ 1999, 286 Rn. 34 ff. – Ertanir).

18a Weder aus dem Wortlaut der Vorschrift noch aus der Rechtsprechung des EuGH lässt sich entnehmen, dass es sich um eine **werktäglich ununterbrochene Tätigkeit** innerhalb eines Jahres handeln muss. Anderenfalls wären Teilzeit- und geringfügige Beschäftigungen sowie auch Beschäftigungen von Studenten, die nur in den Grenzen des § 16 Abs. 3 AufenthG erlaubt sind, von vornherein ausgeschlossen, dem Betroffenen eine Rechtsstellung nach Art. 6 zu vermitteln. Für die Annahme, dass die Beschäftigung über einen Zeitraum von einem Jahr ausgeübt wird, ist es daher **ausreichend, wenn 120 ganze oder 240 halbe Tage Beschäftigung im Rahmen eines Arbeitsverhältnisses gleichmäßig auf das Jahr verteilt werden** (Bergmann/Dienelt/Dienelt Rn. 48 mwN).

19 Nach Ablauf von einem Jahr ordnungsgemäßer Beschäftigung hat ein türkischer Arbeitnehmer einen **Anspruch auf Verlängerung** seiner Arbeitserlaubnis bei demselben Arbeitgeber, der **von keinen weiteren Voraussetzungen abhängig ist** und insbesondere nicht von den Voraussetzungen, unter denen das Recht auf Einreise und Aufenthalt erlangt worden ist. Die zuständigen nationalen Behörden sind deshalb daran gehindert, den Aufenthaltstitel eines türkischen Arbeitnehmers rückwirkend auf den Zeitpunkt, zu dem der Grund weggefallen war, von dem das nationale Recht die Erteilung dieses Titels abhängig machte, zurückzunehmen, wenn der Arbeitnehmer keine Täuschung begangen hat und die Rücknahme nach Ablauf von einem Jahr ordnungsgemäßer Beschäftigung erfolgt (EuGH NVwZ 2012, 1617 Rn. 44 ff. – Gülbahce).

IV. Unterbrechung der Beschäftigungszeiten

20 Grundsätzlich dürfen die gem. Abs. 1 erforderlichen Beschäftigungszeiten nicht durch Fehlzeiten unterbrochen sein, es sei denn, die Unterbrechung ist nach Abs. 2 unschädlich. **Abs. 2 S. 1** betrifft nur Zeiten der tatsächlichen Unterbrechung der Beschäftigung, **ohne dass das Arbeitsverhältnis aufgelöst wird** (Jahresurlaub, Abwesenheit wegen Mutterschaft, Arbeitsunfall oder kurze Krankheit). Diese Zeiten der bloßen Abwesenheit des Arbeitnehmers werden **Zeiten ordnungsgemäßer Beschäftigung gleichgestellt** und deshalb bei den Beschäftigungszeiten des

Abs. 1 berücksichtigt. Als kurze Krankheit sind jedenfalls Krankheitszeiten von bis zu drei Monaten anzusehen.

Die in **Abs. 2 S.** 2 genannten beschäftigungslosen Zeiten, die durch unverschuldete Arbeitslo- 21 sigkeit oder lange Krankheit bedingt sind, werden zwar nicht den Beschäftigungszeiten gleichgestellt, sind jedoch insofern unschädlich, als der Arbeitnehmer dadurch **nicht seine aufgrund der vorherigen ordnungsgemäßen Beschäftigung erworbenen Ansprüche verliert.** Abs. 2 S. 2 findet daher grundsätzlich vor Erreichen der ersten Verfestigungsstufe keine Anwendung (EuGH NVwZ 2007, 187 Rn. 44 f. – Güzeli).

Unverschuldet arbeitslos ist ein türkischer Arbeitnehmer, wenn er die Gründe, die zur 22 Beendigung des Arbeitsverhältnisses geführt haben, nicht zu vertreten hat. Dies ist zB der Fall bei betriebsbedingten Kündigungen, Einstellung der Produktion, Insolvenz des Arbeitgebers und unzumutbaren Arbeitsbedingungen. Unterbrechungen können für bestimmte Berufe (zB Seemann) auch typisch sein (EuGH NVwZ 2006, 66 Rn. 61 – Sedef). Haben dagegen im Verhalten des Arbeitnehmers liegende Gründe zur Beendigung des Arbeitsverhältnisses geführt, liegt keine unverschuldete Arbeitslosigkeit vor. Wurde das Arbeitsverhältnis durch Abschluss eines **Aufhebungsvertrages** beendet, ist im Einzelfall zu prüfen, welche Gründe zur Beendigung des Arbeitsverhältnisses geführt haben (BeckOK AuslR/Tewocht FreizügG/EU § 2 Rn. 49 mwN). Eine gewisse Indizwirkung hat, ob von der Arbeitsverwaltung eine Sperrfrist verhängt worden ist.

Die **ordnungsgemäße Feststellung** setzt grundsätzlich voraus, dass sich der türkische Arbeit- 23 nehmer arbeitslos meldet und sich als Arbeitsuchender registrieren lässt. Zur Notwendigkeit, sich **arbeitslos zu melden,** hat der EuGH allerdings festgestellt: „Dass die Unterbrechungen des Arbeitsverhältnisses von den zuständigen Behörden des Aufnahmemitgliedstaats nicht ordnungsgemäß als Zeiten der Arbeitslosigkeit festgestellt wurden, ist im vorliegenden Fall nicht erheblich. Der Kläger konnte nämlich annehmen, er brauche sich den nationalen Arbeitsämtern nicht zur Verfügung zu stellen, da er, wie sich aus den Akten ergibt, in den meisten Fällen bereits einen neuen, erst später zu erfüllenden Arbeitsvertrag oder aber zumindest ernstliche Aussichten darauf hatte, wieder anheuern zu können, und er tatsächlich seine Berufstätigkeit stets kurze Zeit nach Beendigung seines vorausgegangenen Arbeitsvertrags wieder aufgenommen hat. Unter diesen Umständen wäre die Registrierung des Klägers als Arbeitsuchender in Anbetracht dessen nicht sachdienlich gewesen, dass er seine Beschäftigung wiederholt, aber nur kurzfristig unterbrach (EuGH NVwZ 2006, 315 Rn. 61 – Sedef).

Hat der türkische Arbeitnehmer keine Aussicht mehr, einen entsprechenden Arbeitsplatz zu 24 bekommen, scheidet er als **Langzeitarbeitsloser** aus dem regulären Arbeitsmarkt aus und verliert seine assoziationsrechtliche Rechtsposition.

D. Aufenthaltsrecht der türkischen Arbeitnehmer

Das assoziationsrechtliche Aufenthaltsrecht ist gestaffelt nach einem dreistufigen Modell, wobei 25 die drei Stufen grundsätzlich nacheinander und ununterbrochen zu durchlaufen sind (EuGH NVwZ 2006, 315 Rn. 37 – Sedef).

• Nach **einem Jahr** ordnungsgemäßer Beschäftigung hat der türkische Arbeitnehmer das Recht, weiterhin **bei demselben Arbeitgeber** tätig zu sein (erster Gedankenstrich).

• Nach **drei Jahren** ordnungsgemäßer Beschäftigung bei demselben Arbeitgeber hat der türkische Arbeitnehmer – vorbehaltlich des den Arbeitnehmern aus den Mitgliedstaaten einzuräumenden Vorrangs – das Recht, sich **für den gleichen Beruf bei einem Arbeitgeber seiner Wahl** auf ein anderes Stellenangebot zu bewerben (zweiter Gedankenstrich).

• Nach **vier Jahren** ordnungsgemäßer Beschäftigung im gleichen Beruf, davon die ersten drei Jahre bei demselben Arbeitgeber, hat der türkische Arbeitnehmer das uneingeschränkte Recht, sich für **jede frei gewählte Beschäftigung im Lohn- oder Gehaltsverhältnis** zu bewerben (dritter Gedankenstrich).

Zur Erreichung des **vollen und uneingeschränkten Arbeitsmarktzugangs** muss der türkische 26 Arbeitnehmer somit vier Jahre in der gleichen Branche ordnungsgemäß beschäftigt sein, davon die ersten drei Jahre bei demselben Arbeitgeber. Erst nach drei Jahren darf er – innerhalb der Branche – die Möglichkeit, den Arbeitsplatz zu wechseln. Davor führt ein **freiwilliger Arbeitgeberwechsel** grundsätzlich zum **Verlust bereits erworbener Rechte,** dh die Beschäftigungszeiten beim ersten Arbeitgeber gehen verloren. Etwas anderes gilt gem. Abs. 2 S. 2 bei **unverschuldeter Arbeitslosigkeit:** Verliert der türkische Arbeitnehmer nach einem Jahr ordnungsgemäßer Beschäftigung unverschuldet seinen Arbeitsplatz, darf er unter Beibehaltung des bereits erworbenen Anspruchs aus dem ersten Gedankenstrich den Arbeitgeber wechseln (Bergmann/Dienelt/Dienelt Rn. 52 ff.).

27   Nach **vier Jahren** ordnungsgemäßer Beschäftigung hat der türkische Arbeitnehmer einen **uneingeschränkten Zugang zum Arbeitsmarkt.** Dieses Recht behält er auch dann, wenn er seinen Arbeitsplatz kündigt und eine neue Arbeitsstelle annimmt; für eine angemessene Zeit (drei bis sechs Monate) auch, um sich eine neue Stelle zu suchen. Nach sechs Monaten scheidet er allerdings aus dem Arbeitsmarkt aus, es sei denn, er kann belegen, dass auch danach Aussicht auf Erlangung eines neuen Arbeitsplatzes besteht.

28   Der türkische Arbeitnehmer, der ein assoziationsrechtliches Aufenthaltsrecht erworben hat, ist gem. § 4 Abs. 5 S. 1 AufenthG verpflichtet, das **Bestehen dieses Rechts durch den Besitz einer Aufenthaltserlaubnis nachzuweisen,** sofern er weder eine Niederlassungserlaubnis (§ 9 AufenthG) noch eine Erlaubnis zum Daueraufenthalt-EU (§ 9a AufenthG) besitzt. Die Aufenthaltserlaubnis wird auf Antrag ausgestellt (§ 4 Abs. 5 S. 2 AufenthG) und hat nur eine deklaratorische Bedeutung und Beweisfunktion (EuGH NVwZ 2009, 1551 Rn. 59 – Sahin).

29   Daneben kann der türkische Arbeitnehmer auch noch andere Aufenthaltstitel nach dem AufenthG erwerben. Auf die Kommentierung zu § 4 Abs. 5 AufenthG wird verwiesen (→ AufenthG § 4 Rn. 20).

E. Erlöschen der Rechtsstellung aus Art. 6 Abs. 1

30   Das assoziationsrechtliche Aufenthaltsrecht, **gleich welcher Stufe,** erlischt beim **Verlust der Arbeitnehmereigenschaft** durch:
• Aufnahme einer selbstständigen Beschäftigung;
• dauerhafte Arbeitsunfähigkeit (EuGH NVwZ 1995, 1093 Rn. 39 f. – Bozkurt);
• altersbedingtes Ausscheiden aus dem Berufsleben (EuGH NVwZ 1995, 1093 Rn. 39 f. – Bozkurt);
• Ausscheiden aus dem Arbeitsmarkt wegen Langzeitarbeitslosigkeit (→ Rn. 24; → Rn. 27; → Rn. 32).

31   **Verlässt** ein türkischer Arbeitnehmer **das Bundesgebiet** für einen nicht unbedeutenden Zeitraum, erlischt sein assoziationsrechtliches Aufenthaltsrecht, gleich welcher Stufe. In Anlehnung an § 4a Abs. 6 FreizügG/EU sind Abwesenheitszeiten von bis zu sechs Monaten im Jahr sowie eine Abwesenheit zur Ableistung des Wehrdienstes unschädlich (→ Art. 7 Rn. 32; → FreizügG/EU § 4a Rn. 20).

32   Nach der Rechtsprechung des EuGH (NVwZ 2000, 1029 Rn. 49 – Nazli: einjährige Untersuchungshaft und anschließende Verurteilung zu einer Freiheitsstrafe zur Bewährung; DVBl 2005, 1258 Rn. 25 = BeckRS 2005, 70505 – Dogan: dreijährige Haftstrafe) erlischt der nach dem dritten Gedankenstrich erworbene uneingeschränkte Zugang zum Arbeitsmarkt im Fall der **Inhaftierung** dann **nicht,** wenn der Betroffene innerhalb eines angemessenen Zeitraums nach Haftende wieder eine Beschäftigung findet. Erst, wenn objektiv feststeht, dass eine Beschäftigung nicht mehr gefunden werden kann, scheidet der Assoziationsberechtigte aus dem Arbeitsmarkt aus und verliert seine assoziationsrechtliche Rechtsstellung.

33   Das assoziationsrechtliche Aufenthaltsrecht, gleich welcher Stufe, **erlischt** ferner bei:
• **Ausweisung** aus der Bundesrepublik in Einklang mit Art. 14 (→ Art. 14 Rn. 1 ff.)
• Verlust der türkischen Staatsangehörigkeit.

Art. 7

[1]**Die Familienangehörigen eines dem regulären Arbeitsmarkt eines Mitgliedstaates angehörenden türkischen Arbeitnehmers, die die Genehmigung erhalten haben, zu ihm zu ziehen,**
– **haben vorbehaltlich des den Arbeitnehmern aus den Mitgliedstaaten der Gemeinschaft einzuräumenden Vorrangs das Recht, sich auf jedes Stellenangebot zu bewerben, wenn sie dort seit mindestens drei Jahren ihren ordnungsgemäßen Wohnsitz haben;**
– **haben freien Zugang zu jeder von ihnen gewählten Beschäftigung im Lohn- oder Gehaltsverhältnis, wenn sie dort seit mindestens fünf Jahren ihren ordnungsgemäßen Wohnsitz haben.**
[2]**Die Kinder türkischer Arbeitnehmer, die im Aufnahmeland eine Berufsausbildung abgeschlossen haben, können sich unabhängig von der Dauer ihres Aufenthalts in dem betreffenden Mitgliedstaat dort auf jedes Stellengebot bewerben, sofern ein Elternteil**

in dem betreffenden Mitgliedstaat seit mindestens drei Jahren ordnungsgemäß beschäftigt war.

Überblick

Art. 7 regelt den Arbeitsmarktzugang und damit implizit das Aufenthaltsrecht der Familienangehörigen von türkischen Arbeitnehmern (→ Rn. 1 ff.). S. 1 der Vorschrift regelt den stufenweisen Arbeitsmarktzugang der Familienangehörigen, gestaffelt nach dreijähriger und fünfjähriger Wohnsitznahme beim Stammberechtigten (→ Rn. 10 ff.). Nach S. 2 erhalten darüber hinaus die Kinder türkischer Arbeitnehmer mit dem Abschluss einer Berufsausbildung im Bundesgebiet, unabhängig von der Dauer ihres eigenen Aufenthalts im Bundesgebiet, einen uneingeschränkten Zugang zum Arbeitsmarkt, sofern ein Elternteil mindestens drei Jahre im Bundesgebiet beschäftigt war (→ Rn. 25 ff.). Wie auch bei Art. 6 umfasst die assoziationsrechtliche Rechtsposition nicht nur ein Beschäftigungsrecht, sondern implizit auch ein Aufenthaltsrecht (→ Art. 6 Rn. 5). Bereits nach dem erstmaligen Erwerb eines Beschäftigungs- und Aufenthaltsrechts nach S. 1 verselbstständigt sich diese assoziationsrechtliche Rechtsposition und ihr Bestand wird nicht berührt durch den Wegfall von Tatbestandsvoraussetzungen in der Person des Stammberechtigten wie auch des Familienangehörigen (→ Rn. 13; → Rn. 24). Das Beschäftigungs- und Aufenthaltsrecht nach S. 2 ist von vornherein weitgehend unabhängig vom Status des Stammberechtigten im Zeitpunkt der Aufnahme und des Abschlusses der Berufsausbildung (→ Rn. 28 f.).

Übersicht

A. Allgemeines

Die Rechtsstellung türkischer Staatsangehöriger und ihrer Familienangehörigen bestimmt sich **1** nach dem AufenthG. Haben türkische Staatsangehörige eine Rechtsposition aus dem ARB 1/80 (Beschluss Nr. 1/80 des Assoziationsrates v. 19.9.1980 über die Entwicklung der Assoziation) erworben (→ Art. 6 Rn. 1), werden die Vorschriften des AufenthG durch die Bestimmungen des ARB 1/80 modifiziert, da dieser Bestandteil des Unionsrecht ist und ihm deshalb Anwendungsvorrang zukommt (→ Art. 6 Rn. 4). Art. 7, der unmittelbare Wirkung hat (EuGH NVwZ 2011, 483 Rn. 31 – Bozkurt), regelt in **zwei voneinander unabhängigen** Bestimmungen den Arbeitsmarktzugang für Familienangehörige von türkischen Arbeitnehmern – ungeachtet der Staatsangehörigkeit der Familienangehörigen (→ Rn. 14). Nach **S. 1** erwerben die **Familienangehörigen** von türkischen Arbeitnehmern gestaffelt nach dreijähriger und fünfjähriger ordnungsgemäßer Wohnsitznahme beim Stammberechtigten ein Recht auf einen speziellen Zugang zum Arbeitsmarkt, das jeweils auch ein Aufenthaltsrecht impliziert (→ Art. 6 Rn. 5 ff.). **Kinder** türkischer Arbeitnehmer erhalten darüber hinaus nach **S. 2** mit dem **Abschluss einer Berufsausbildung im Bundesgebiet** einen uneingeschränkten Zugang zum Arbeitsmarkt. Neben einem abgeleiteten Aufenthaltsrecht aus **Art. 7, der als speziellere Norm dem Art. 6 vorgeht** (EuGH NVwZ 2005, 1292 – Aydinli), kann auch ein Aufenthaltsrecht aus Art. 6 bestehen (BVerwG NVwZ 1995, 1110 Rn. 28).

Beide Bestimmungen des Art. 7 enthalten jedoch keine Regelungen für die erstmalige Einreise **2** eines Familienangehörigen; sie setzen vielmehr den ordnungsgemäßen Aufenthalt des Familienangehörigen im Bundesgebiet voraus (EuGH NVwZ 1997, 1104 – Kadiman; NVwZ 2005, 198 – Cetinkaya). Für die **erstmalige Einreise von Familienangehörigen** eines türkischen Arbeitnehmers gelten daher die nationalen Regelungen des AufenthG. Zu beachten ist jedoch insoweit die stand-still-Klausel des Art. 13 (→ Art. 13 Rn. 14 ff.).

3 Der **Stammberechtigte** muss zum Zeitpunkt der Einreise des Familienangehörigen als **Arbeitnehmer** tätig sein (S. 1; → Rn. 21), bzw. zu einem beliebigen Zeitpunkt mindestens drei Jahre als Arbeitnehmer tätig gewesen sein (S. 2; → Rn. 28); auf Familienangehörige von Selbstständigen findet Art. 7 keine Anwendung (BVerwG NVwZ 1995, 1110 Rn. 30). Der **assoziationsrechtliche Arbeitnehmerbegriff** wird vom EuGH in ständiger Rechtsprechung entsprechend dem von ihm entwickelten unionsrechtlichen Arbeitnehmerbegriff bestimmt (→ FreizügG/EU § 2 Rn. 6 ff.). Danach ist der Begriff des Arbeitnehmers **nicht eng** auszulegen. Er ist anhand objektiver Kriterien zu definieren, die das Arbeitsverhältnis im Hinblick auf die Rechte und Pflichten der betroffenen Personen kennzeichnen. Wesentliches Merkmal eines Arbeitsverhältnisses ist, dass jemand während einer bestimmten Zeit für einen anderen nach dessen Weisung Leistungen erbringt, für die er als Gegenleistung eine Vergütung erhält. Dabei ist eine Gesamtbewertung des Sachverhalts erforderlich (EuGH NVwZ 2010, 367 Rn. 26 ff. – Genc).

4 Erforderlich ist weder ein **Mindesteinkommen** noch eine **Mindestarbeitszeit,** es darf sich lediglich nicht nur um eine völlig untergeordnete oder unwesentliche Tätigkeit handeln. Ausreichend sind auch **Teilzeitbeschäftigungen.** Auch wenn die Grenze zur Unwesentlichkeit in der Regel bei einer Wochenarbeitszeit von sechs Stunden erreicht ist, können auch dann Gesichtspunkte darauf hindeuten, dass es sich bei der Erwerbstätigkeit um eine tatsächliche und echte Tätigkeit handelt. Bei der Gesamtbewertung des Arbeitsverhältnisses sind nämlich nicht nur Gesichtspunkte wie die Arbeitszeit und die Höhe der Vergütung zu berücksichtigen, sondern auch solche wie der Anspruch auf bezahlten Urlaub, die Geltung von Lohnfortzahlung im Krankheitsfall, die Anwendung eines Tarifvertrags auf den Arbeitsvertrag sowie der Umstand, dass das Arbeitsverhältnis mit demselben Unternehmen längere Zeit bestanden hat (EuGH NVwZ 2010, 367 Rn. 19 ff. – Genc). Die Kriterien für eine geringfügige Beschäftigung nach § 8 SGB IV sind grundsätzlich nicht heranzuziehen.

5 Die **Einkünfte,** zu denen auch Sachleistungen wie Unterkunft und Verpflegung zählen, müssen nicht den Lebensunterhalt der betroffenen Person decken. Die ergänzende Inanspruchnahme von Sozialleistungen schließt die Arbeitnehmereigenschaft nicht aus (EuGH NVwZ 2010, 367 Rn. 20 – Genc). Nicht ausreichend für die Annahme der Arbeitnehmerschaft ist dagegen der Einsatz im Rahmen einer Arbeitsbeschaffungsmaßnahme zur Erhaltung, Wiederherstellung oder Förderung der Arbeitsfähigkeit, wenn keine tatsächlichen und echten Tätigkeiten verrichtet werden, sondern die Tätigkeiten nur Mittel zur Rehabilitation oder zur Wiedereingliederung in das Arbeitsleben sind (EuGH ZAR 1989, 176 Rn. 15 f. – Bettray). Werden aber tatsächliche und echte Tätigkeiten verrichtet, für die eine übliche Vergütung gezahlt wird, ist der assoziationsrechtliche Arbeitnehmerbegriff auch dann erfüllt, wenn es sich um eine Tätigkeit im Rahmen einer Arbeitsbeschaffungsmaßnahme handelt (→ Art. 6 Rn. 12; → Rn. 7).

6 Nicht erforderlich ist, dass der Stammberechtigte selbst infolge seiner unselbstständigen Beschäftigung eine Rechtsposition aus Art. 6 Abs. 1 erworben hat. Unschädlich ist auch, wenn er sein Recht auf Zugang zum Arbeitsmarkt als Asylbewerber erworben hat (EuGH NVwZ 2009, 235 – Altun).

7 Weiter muss der **Stammberechtigte** dem **regulären Arbeitsmarkt** angehören (→ Art. 6 Rn. 12 f.). Dies bestimmt sich nach objektiven Kriterien. Erforderlich ist, dass der Stammberechtigte einer legalen Beschäftigung nachgeht und dass sich seine berufliche Tätigkeit nicht von derjenigen eines anderen Arbeitnehmers unterscheidet, der die gleiche oder eine gleichartige Tätigkeit ausübt, er insbesondere die übliche Vergütung erhält. Sind diese Voraussetzungen erfüllt, gehört der Stammberechtigte auch dann dem regulären Arbeitsmarkt an, wenn das Arbeitsverhältnis besonderen Zwecken dient, einer beschränkten Personengruppe vorbehalten und dazu bestimmt ist, die Einbeziehung des Betroffenen in das Berufsleben zu erleichtern, und zudem aus öffentlichen Mitteln finanziert wird (EuGH NVwZ 1999, 1099 Rn. 42 ff. – Birden).

8 Die Beschäftigung des Stammberechtigten muss einen hinreichenden Bezug zum Bundesgebiet aufweisen, dies bedarf bei **grenzüberschreitenden Tätigkeiten,** zB als Fernfahrer oder als Seemann auf deutschen Schiffen, einer besonderen Prüfung. Entscheidend ist insbesondere der Ort der Einstellung, das Gebiet, von dem aus die Tätigkeit im Lohn- oder Gehaltsverhältnis ausgeübt wird, und welche nationalen Rechtsvorschriften im Bereich des Arbeitsrechts und der sozialen Sicherheit zur Anwendung kommen (EuGH NVwZ 1995, 1093 Rn. 23 – Bozkurt). Insoweit kann jedoch die stand-still-Klausel des Art. 41 Abs. 1 EWGTRAssZusProt von Bedeutung sein (→ Art. 6 Rn. 13).

9 Der **Stammberechtigte** muss zum Zeitpunkt der Einreise des Familienangehörigen **türkischer Staatsangehöriger** sein (S. 1), bzw. während der mindestens dreijährigen Tätigkeit als

Arbeitnehmer türkischer Staatsangehöriger gewesen sein (S. 2; → Rn. 29). Diese Voraussetzung ist auch dann erfüllt, wenn er **daneben** die **deutsche** oder eine andere **Staatsangehörigkeit** besitzt bzw. besaß (EuGH NVwZ 2012, 1022 Rn. 41 – Kahveci, Inan). Hat der Stammberechtigte später seine türkische Staatsangehörigkeit (insbesondere durch Einbürgerung) verloren, **bleiben bereits erworbene Rechtsstellungen des Familienangehörigen bestehen** (Bergmann/Dienelt/Dienelt Rn. 13 mwN; → Rn. 24). Gibt der Stammberechtigte dagegen bereits während der ersten Erwerbsphase des Familienangehörigen seine türkische Staatsangehörigkeit auf, kann er nach hM in der Rechtsprechung die Rechte aus Art. 7 S. 1 nicht mehr an seine Familienangehörigen vermitteln (Bergmann/Dienelt/Dienelt Rn. 15 mwN).

B. Aufenthaltsrecht von Familienangehörigen nach S. 1

S. 1 privilegiert Familienangehörige eines dem regulären Arbeitsmarkt angehörenden türkischen **10** Arbeitnehmers, die die Genehmigung erhalten haben, zu ihm zu ziehen, und die bei dem türkischen Arbeitnehmer seit mindestens drei Jahren (erster Gedankenstrich) oder seit mindestens fünf Jahren (zweiter Gedankenstrich) ihren ordnungsgemäßen Wohnsitz haben.

I. Begriff des Familienangehörigen

Der ARB 1/80 selbst enthält keine Definition des Begriffs des Familienangehörigen. Nach der **11** Rechtsprechung des EuGH ist der Begriff auf der Unionsebene einheitlich auszulegen, es ist deshalb auf den zum FreizügG/EU entwickelten Begriff abzustellen (EuGH NVwZ 2005, 73 Rn. 37 ff. – Ayaz). Wie bei den Familienangehörigen von Unionsbürgern (→ FreizügG/EU § 3 Rn. 9 ff.) wird neben dem **Ehegatten** auf die **Verwandtschaft in gerader absteigender Linie** abgestellt. In gerader Linie verwandt sind Personen, die voneinander abstammen (§ 1589 BGB). Verwandte in der Seitenlinie (zB Geschwister) werden deshalb ebenso wenig erfasst wie Verschwägerte in gerader Linie (nach § 1590 BGB die Verwandten des Ehegatten). Als Familienangehörige gelten deshalb:
• der Ehegatte und die noch nicht 21jährigen Kinder und Enkel des türkischen Arbeitnehmers;
• die noch nicht 21jährigen Kinder und Enkel seines Ehegatten.
Wie bei Familienangehörigen von Unionsbürgern (→ FreizügG/EU § 3 Rn. 12 ff.) werden **12** daneben **weitere Verwandte** des türkischen Arbeitnehmers sowie seines Ehegatten in den Kreis der begünstigten Familienangehörigen einbezogen: Verwandte in gerader aufsteigender und absteigender Linie (Eltern, Großeltern, über 21 Jahre alte Kinder und Enkel), denen der türkische Arbeitnehmer oder sein Ehegatte Unterhalt gewährt. Eine **Unterhaltsgewährung** liegt vor bei einer fortgesetzten regelmäßigen Unterstützung in einem Umfang, der es ermöglicht, zumindest einen Teil des Lebensunterhalts regelmäßig zu decken. Ob ein Anspruch auf diese Unterhaltsleistungen besteht, ist unbeachtlich.
Nach dem Erwerb des assoziationsrechtlichen Aufenthaltsrechts durch den Familienangehöri- **13** gen ist eine **Veränderung dessen familiären Beziehung** zum türkischen Arbeitnehmer **unbeachtlich** (→ Rn. 24). Der Bestand eines erworbenen Beschäftigungs- und Aufenthaltsrechts wird deshalb weder durch die Vollendung des 21. Lebensjahres noch durch eine Scheidung der Ehe (EuGH NVwZ 2011, 483 – Bozkurt) berührt. Dies gilt selbst dann, wenn der begünstigte Ehemann wegen Gewaltdelikten gegenüber seiner Ehefrau, von der er seine Rechtsposition ableitet, strafrechtlich verurteilt worden ist.
Die Familienangehörigen müssen selbst keine türkischen Staatsangehörigen sein (EuGH NVwZ **14** 2012, 1235 – Dülger; VG Gießen BeckRS 2012, 49250).

II. Genehmigung des Nachzugs zu einem Arbeitnehmer

Der Erwerb eines assoziationsrechtlichen Aufenthaltsrechts nach Art. 7 S. 1 hängt weiter davon **15** ab, dass der Familienangehörige von den zuständigen Behörden die Genehmigung erhalten hat, zu dem türkischen Arbeitnehmer zu ziehen. Dem von Aufnahmemitgliedstaat ausdrücklich gestatteten **Familiennachzug** werden folgende Fallkonstellationen **gleichgestellt**:
• **Geburt** des Familienangehörigen **im Inland** (EuGH NVwZ 2005, 198 – Cetinkaya);
• **Eheschließung** mit einem türkischen Arbeitnehmer **im Bundesgebiet**, wenn der Familienangehörige nach dem nationalen Recht keine Aufenthaltserlaubnis zum Zwecke der Familienzusammenführung einholen muss, weil er sich bereits rechtmäßig im Bundesgebiet aufhält; das Gleiche gilt, wenn zwar die Erteilung einer Aufenthaltserlaubnis zum Zwecke der Familienzusammenführung erforderlich ist, diese aber nicht von der vorherigen Durchführung eines Visumverfahrens abhängig ist (zB gem. § 5 Abs. 2 S. 2 AufenthG oder § 39 Nr. 3–5 AufenthV);

• genehmigungsfreier Zuzug eines Kindes in das Bundesgebiet vor Vollendung des 16. Lebensjahres unter Geltung des AuslG (Ausländergesetz v. 9.7.1990, BGBl. I 1354).

16 Dagegen steht ein Aufenthaltsrecht nach Art. 7 S. 1 demjenigen Familienangehörigen **nicht zu,** der unter Verstoß gegen die nationalen Vorschriften in das Bundesgebiet eingereist ist und hier Wohnung genommen hat (EuGH NVwZ 2005, 198 Rn. 23 – Cetinkaya). Dies gilt auch für Familienangehörige, die sich mit einem Visum oder visumfrei **für drei Monate zu Besuchszwecken** im Bundesgebiet aufhalten.

III. Ordnungsgemäßer Wohnsitz bei dem türkischen Arbeitnehmer

17 Erforderlich ist ein mindestens dreijähriger (erster Gedankenstrich) bzw. mindestens fünfjähriger (zweiter Gedankenstrich) **ununterbrochener ordnungsgemäßer Wohnsitz bei dem türkischen Arbeitnehmer.** Der Familienangehörige muss daher zunächst einen **gültigen Aufenthaltstitel** besitzen. Nicht ausreichend ist, dass er sich nur infolge der aufschiebenden Wirkung seiner Klage gegen die ablehnende Entscheidung der Ausländerbehörde vorläufig im Bundesgebiet aufhalten darf oder sein Aufenthalt wegen der Fiktionswirkung des § 81 Abs. 3 oder Abs. 4 AufenthG als erlaubt gilt. Wird sein Aufenthaltsrecht allerdings endgültig anerkannt, ist er rückwirkend so zu behandeln, als habe er während des fraglichen Zeitraums ein nicht nur vorläufiges Aufenthaltsrecht besessen.

18 Bei den Zeiten eines ordnungsgemäßen Wohnsitzes sind auch **kurze Zeiträume** zu berücksichtigen, in denen der Familienangehörige zwar keine gültige Aufenthaltserlaubnis besaß, die zuständige Behörde jedoch die Ordnungsmäßigkeit des Aufenthalts nicht in Frage gestellt, sondern eine neue Aufenthaltserlaubnis erteilt hat (EuGH NVwZ 1997, 1104 – Kadiman).

19 Weiter muss der Familienangehörige während des gesamten Zeitraums mit dem Stammberechtigten eine **ununterbrochene tatsächliche Lebensgemeinschaft** führen. Kurzfristige Unterbrechungen der tatsächlichen Lebensgemeinschaft ohne die Absicht, den gemeinsamen Wohnsitz im Bundesgebiet aufzugeben, sind unschädlich (EuGH NVwZ 1997, 1104 – Kadiman). Dies gilt zB für eine Abwesenheit aus beruflichen Gründen während eines angemessenen Zeitraums oder für einen weniger als sechs Monate dauernden unfreiwilligen Aufenthalt im Heimatland des Betroffenen.

20 Wohnt der Familienangehörige während der gesamten Zeit mit dem Stammberechtigten zusammen, ist es unschädlich, wenn er vor dem Ablauf der Drei-Jahres-Frist heiratet, selbst wenn die zuständige Ausländerbehörde die zur Familienzusammenführung mit dem Stammberechtigten erteilte Aufenthaltserlaubnis deshalb nachträglich widerruft (EuGH NVwZ 2011, 1187 – Pehlivan).

21 Erforderlich ist weiter grundsätzlich eine **durchgehende Beschäftigung des stammberechtigten türkischen Arbeitnehmers** während des gesamten Zeitraums. Eine Unterbrechung wegen einer zwischenzeitlich eingetretenen Arbeitslosigkeit ist solange unschädlich, wie aufgrund der Gesamtsituation des Stammberechtigten davon auszugehen ist, dass dieser eine neue Beschäftigung finden wird (EuGH NVwZ 2009, 235 – Altun).

22 Dagegen hängt das Entstehen des Beschäftigungs- und Aufenthaltsrechts des **Familienangehörigen** selbst **nicht** davon ab, dass dieser **dem regulären Arbeitsmarkt angehört** und während einer bestimmten Dauer eine Beschäftigung im Lohn- oder Gehaltsverhältnis ausübt (EuGH NVwZ 2005, 1292 – Aydinli). Selbst im Bundesgebiet geborene Kinder, die dem Arbeitsmarkt nie angehört haben, können das Recht aus Art. 7 S. 1 erwerben.

IV. Aufenthaltsrecht des Familienangehörigen

23 Nach dreijährigem Zusammenleben hat der Familienangehörige das Recht, sich vorbehaltlich des Vorrangs von Unionsbürgern auf jedes Stellenangebot zu bewerben, nach fünfjährigem Zusammenleben hat er einen uneingeschränkten Zugang zum Arbeitsmarkt. **Beide Rechtspositionen** beinhalten ein **implizites Aufenthaltsrecht.** Gemäß § 4 Abs. 5 S. 1 AufenthG ist der Familienangehörige verpflichtet, **das Bestehen des von ihm erworbenen assoziationsrechtlichen Aufenthaltsrechts durch den Besitz einer Aufenthaltserlaubnis nachzuweisen,** sofern er weder eine Niederlassungserlaubnis (§ 9 AufenthG) noch eine Erlaubnis zum Daueraufenthalt-EU (§ 9a AufenthG) besitzt. Die Aufenthaltserlaubnis wird auf Antrag ausgestellt (§ 4 Abs. 5 S. 2 AufenthG) und hat nur eine deklaratorische Bedeutung und Beweisfunktion (EuGH NVwZ 2009, 1551 Rn. 59 – Sahin). Auf die Kommentierung zu § 4 Abs. 5 AufenthG wird verwiesen (→ AufenthG § 4 Rn. 20). Der Familienangehörige kann daneben auch noch andere Aufenthaltstitel nach dem AufenthG erwerben.

V. Loslösung und Verselbstständigung der Rechtsposition des Familienangehörigen von der des Stammberechtigten

Bereits **nach dem erstmaligen Erwerb** eines assoziationsrechtlichen Beschäftigungs- und **24** Aufenthaltsrechts des Familienangehörigen **verselbstständigt** sich dessen Rechtsposition und ihr Bestand wird nicht berührt durch den Wegfall von Tatbestandsvoraussetzungen in der Person des Stammberechtigten oder des Familienangehörigen (→ Rn. 13). Den Mitgliedstaaten ist es nach der ständigen Rechtsprechung des EuGH verwehrt, das erworbene Aufenthaltsrecht von weiteren Voraussetzungen als den in Art. 7 genannten abhängig zu machen (EuGH NVwZ 2000, 1277 – Ergat; NVwZ 2005, 198 – Cetinkaya). Für den Bestand eines einmal erworbenen Aufenthaltsrechts des Familienangehörigen ist es deshalb nicht erforderlich, dass der stammberechtigte türkische Arbeitnehmer weiterhin dem regulären Arbeitsmarkt angehört (EuGH NVwZ 2005, 198 – Cetinkaya), dieser kann das Bundesgebiet sogar danach verlassen oder die türkische Staatsangehörigkeit aufgegeben haben (→ Rn. 9). Auch die Volljährigkeit des als Minderjähriger eingereisten Familienangehörigen, der auch nicht mehr bei seinen Eltern lebt, beeinflusst sein erworbenes Aufenthaltsrecht nicht (EuGH NVwZ 2005, 1292 – Aydinli).

C. Aufenthaltsrecht von Kindern nach S. 2

Unabhängig von den Voraussetzungen des S. 1 erhalten Kinder türkischer Arbeitnehmer nach **25** S. 2 mit dem Abschluss einer Berufsausbildung im Bundesgebiet, unabhängig von der Dauer ihres eigenen Aufenthalts im Bundesgebiet, einen uneingeschränkten Zugang zum Arbeitsmarkt und damit verbunden ein implizites Aufenthaltsrecht, sofern ein Elternteil mindestens drei Jahre im Bundesgebiet beschäftigt war. Dabei ist weder erforderlich, dass das Kind im Wege des Familiennachzugs in das Bundesgebiet eingereist ist, noch, dass es eine bestimmte Zeit im Bundesgebiet mit dem stammberechtigten Elternteil zusammengelebt hat. Der **Einreisezweck** des Kindes ist gleichgültig. Erforderlich ist lediglich eine **rechtmäßige Einreise.**

I. Abschluss einer Berufsausbildung im Bundesgebiet

Der assoziationsrechtliche Begriff „Abschluss einer Berufsausbildung", der vom EuGH bisher **26** nicht bestimmt worden ist, ist wegen der Einheit des Unionsrechts entsprechend dem vom EuGH entwickelten unionsrechtlichen Begriff auszulegen. Danach ist der Begriff weit auszulegen. Er erfasst **jede Form der Ausbildung,** die auf eine Qualifikation für einen bestimmten Beruf oder eine bestimmte Beschäftigung vorbereitet oder die die besondere Befähigung zur Ausübung eines solchen Berufs oder einer solchen Beschäftigung verleiht, und zwar unabhängig vom Alter und vom Ausbildungsniveau der Schüler und Studenten und selbst dann, wenn der Lehrplan auch allgemeinbildenden Unterricht enthält (EuGH NVwZ 1990, 54 Rn. 15). Ausgehend davon ist der Erwerb einer förmlichen Berufsqualifikation oder der Abschluss eines Studiums erforderlich. Entscheidend ist, dass die abgeschlossene Ausbildung die Aufnahme einer Beschäftigung auf dem Arbeitsmarkt ermöglicht. Nur angelernte Tätigkeiten oder der Besuch eines schulischen Berufsvorbereitungsjahres reichen nicht aus (BVerwG NVwZ 1995, 1113 Rn. 28).

II. Dreijährige ordnungsgemäße Beschäftigung eines Elternteils

Eine **Beschäftigung** ist **ordnungsgemäß,** wenn sie im Einklang mit den entsprechenden **27** aufenthalts- und arbeitserlaubnisrechtlichen Bestimmungen steht. Die Beschäftigung muss also sowohl mit den Rechts- und Verwaltungsvorschriften über den Aufenthalt als auch mit den Rechts- und Verwaltungsvorschriften über die Beschäftigung vereinbar sein (EuGH NVwZ 2007, 187 Rn. 36 – Güzeli). Der türkische Arbeitnehmer muss eine gesicherte und nicht nur vorläufige Position auf dem Arbeitsmarkt besitzen. Dies setzt ein nicht bestrittenes Aufenthaltsrecht im Bundesgebiet voraus (EuGH NVwZ 1993, 258 Rn. 12 – Kus; → Art. 6 Rn. 14 ff.).

Es ist ausreichend, dass die **dreijährige Beschäftigungszeit eines Elternteils** zu einem **belie-** **28** **bigen Zeitpunkt in der Vergangenheit** absolviert worden ist (EuGH NVwZ 1999, 281 – Akman). Selbst die zwischenzeitliche Rückkehr der Eltern in die Türkei ist unschädlich. Art. 7 S. 2, der nicht dazu dient, günstige Voraussetzungen für die Familienzusammenführung im Aufnahmemitgliedstaat zu schaffen, sondern den Zugang der Kinder türkischer Arbeitnehmer zum Arbeitsmarkt erleichtern soll, macht nämlich die Rechte, die er diesen Kindern verleiht, nicht davon abhängig, dass ein Elternteil zu dem Zeitpunkt, zu dem das Kind seine Berufsausbildung im Aufnahmemitgliedstaat beginnt, nach wie vor die Arbeitnehmereigenschaft besitzt oder in diesem Staat wohnt. Er ist deshalb dahin auszulegen, dass sich das Kind eines türkischen Arbeitnehmers, der im Aufnahmemitgliedstaat länger als drei Jahre ordnungsgemäß beschäftigt war, nach Abschluss seiner Berufsausbildung in diesem Staat auch dann auf das Recht auf Zugang zum Arbeitsmarkt und das entsprechende Aufenthaltsrecht berufen kann, wenn es, nachdem es mit seinen Eltern in den Herkunftsstaat zurückgekehrt war, allein in den betreffenden Mitgliedstaat zurückkehrte, um dort seine Ausbildung aufzunehmen (EuGH NVwZ 2010, 433 – Bekleyen).

29   Da S. 2 somit nicht das Vorliegen der Entstehungsvoraussetzungen im Zeitpunkt der Inanspruchnahme der Rechtsposition fordert (Bergmann/Dienelt/Dienelt Rn. 66), muss es konsequenterweise deshalb auch ausreichen, dass der **Elternteil während der mindestens dreijährigen Tätigkeit als Arbeitnehmer türkischer Staatsangehöriger gewesen ist.** Hat er bei Beginn der Berufsausbildung des Kindes seine türkische Staatsangehörigkeit (insbesondere durch Einbürgerung) verloren, muss er auch dann noch die Rechte aus Art. 7 S. 2 an seine Kinder vermitteln können.

III. Aufenthaltsrecht des Kindes

30   Bei Erfüllung der Voraussetzungen des S. 2 hat das Kind einen uneingeschränkten Zugang zum Arbeitsmarkt, was ein implizites Aufenthaltsrecht beinhaltet. Gemäß § 4 Abs. 5 S. 1 AufenthG ist es verpflichtet, das Bestehen des von ihm erworbenen assoziationsrechtlichen Aufenthaltsrechts durch den Besitz einer Aufenthaltserlaubnis **nachzuweisen,** sofern es weder eine Niederlassungserlaubnis (§ 9 AufenthG) noch eine Erlaubnis zum Daueraufenthalt-EU (§ 9a AufenthG) besitzt. Die Aufenthaltserlaubnis wird auf Antrag ausgestellt (§ 4 Abs. 5 S. 2 AufenthG) und hat nur eine deklaratorische Bedeutung und Beweisfunktion (EuGH NVwZ 2009, 1551 Rn. 59 – Sahin). Auf die Kommentierung zu § 4 Abs. 5 AufenthG wird verwiesen (→ AufenthG § 4 Rn. 20). Daneben können auch noch andere Aufenthaltstitel nach dem AufenthG erworben werden.

D. Erlöschen des Aufenthaltsrechts aus Art. 7

31   Nach ständiger Rechtsprechung des EuGH **kann das aus Art. 7 abgeleitete Aufenthaltsrecht ausschließlich in zwei Fällen erlöschen:** Wenn der assoziationsrechtlich begünstigte Familienangehörige durch sein persönliches Verhalten die öffentliche Ordnung, Sicherheit und Gesundheit tatsächlich und schwerwiegend gefährdet, sodass der Aufnahmemitgliedstaat in Einklang mit Art. 14 Abs. 1 **aufenthaltsbeendende Maßnahmen** ergreift (→ Art. 14 Rn. 1 ff.), sowie dann, wenn der Familienangehörige **das Hoheitsgebiet des Aufnahmemitgliedstaats für einen nicht unerheblichen Zeitraum ohne berechtigte Gründe verlässt** (EuGH NVwZ 2000, 1277 – Ergat; NVwZ 2005, 198 – Cetinkaya; NVwZ 2005, 1292 – Aydinli). Alle anderen von der nationalen Rechtsprechung entwickelten Verlustgründe hat der EuGH nicht anerkannt. Selbst eine längere **Inhaftierung** mit einer anschließenden Drogentherapie gefährdet demnach den Bestand des Aufenthaltsrechts nicht (EuGH NVwZ 2005, 198 – Cetinkaya; NVwZ 2005, 1292 – Aydinli).

32   Hinsichtlich der **Abwesenheit für einen nicht unerheblichen Zeitraum ohne berechtigte Gründe** wurde von der Rechtsprechung eine umfangreiche Kasuistik entwickelt (BeckOK AuslR/Kurzidem Rn. 33 ff. mwN). Maßgeblich ist, ob der Assoziationsberechtigte seinen **Lebensmittelpunkt** aus Deutschland wegverlagert: Je länger er sich im Ausland aufhält, desto eher spricht dies dafür, dass er seinen Lebensmittelpunkt in Deutschland aufgegeben hat. Ab einem Auslandsaufenthalt von einem Jahr müssen deshalb gewichtige Anhaltspunkte dafür vorliegen, dass sein Lebensmittelpunkt noch im Bundesgebiet ist (BVerwG BeckRS 2015, 44470). Erforderlich ist eine Würdigung der Umstände des Einzelfalls, wobei der Länge der Abwesenheit nur eine Indizwirkung zukommt.

33   Unionsrechtlich nicht geklärt ist bisher die Frage, ob im Falle einer unterlassenen Optionserklärung nach § 29 Abs. 2 StAG eine infolge des Erwerbs der deutschen Staatsangehörigkeit verlorene Rechtsstellung nach Art. 7 wieder auflebt (VGH BW NVwZ-RR 2017, 74 Rn. 5).

Art. 8

(1) Kann in der Gemeinschaft eine offene Stelle nicht durch die auf dem Arbeitsmarkt der Mitgliedstaaten verfügbaren Arbeitskräfte besetzt werden und beschließen die Mitgliedstaaten im Rahmen ihrer Rechts- und Verwaltungsvorschriften zu gestatten, dass zur Besetzung dieser Stelle Arbeitnehmer eingestellt werden, die nicht Staatsangehörige eines Mitgliedstaates der Gemeinschaft sind, so bemühen sich die Mitgliedstaaten, den türkischen Arbeitnehmern in diesem Falle einen Vorrang einzuräumen.

(2) Die Arbeitsämter der Mitgliedstaaten bemühen sich, die bei ihnen eingetragenen offenen Stellen, die nicht durch dem regulären Arbeitsmarkt dieses Mitgliedstaates angehörende Arbeitskräfte aus der Gemeinschaft besetzt werden konnten, mit regulär als Arbeitslose gemeldeten türkischen Arbeitnehmern zu besetzen, die im Hoheitsgebiet des genannten Mitgliedstaates ihren ordnungsgemäßen Wohnsitz haben.

Überblick

Die Vorschrift richtet sich an die Arbeitsverwaltungen der Mitgliedstaaten der EU und gibt diesen auf, sich unter bestimmten Voraussetzungen bei der Arbeitsvermittlung zugunsten türkischer Arbeitnehmer zu „bemühen". Abs. 1 fordert Bemühungen zur vorrangigen Besetzung offener Stellen mit türkischen Arbeitnehmern (→ Rn. 2). Abs. 2 fordert Bemühungen zur vorrangigen Vermittlung von türkischen Arbeitslosen auf offene Stellen (→ Rn. 3). Die Vorschrift ist nach ihrem Wortlaut nicht unmittelbar anwendbar und hat deshalb keine aufenthaltsrechtliche Relevanz (→ Rn. 1).

A. Allgemeines

Die Vorschrift normiert lediglich eine „Bemühenspflicht" der Mitgliedstaaten. Ihr Wortlaut 1 sowie ihr auf die Hilfestellung bei der Arbeitsbeschaffung gerichteter Zweck und die im Verhältnis zum einzelnen türkischen Arbeitnehmer geringe Bestimmtheit der den Arbeitsverwaltungen übertragenen Aufgaben schließen aus, dass aus ihr ein Aufenthaltsrecht türkischer Staatsangehöriger über die Regelung der Art. 6 und 7 hinaus folgt (BVerwG NVwZ 1995, 1113 Rn. 36; 1999, 775 Rn. 46).

B. Bemühungen zur vorrangigen Stellenbesetzung (Abs. 1)

Kann eine offene Stelle nicht durch die auf dem Arbeitsmarkt verfügbaren Arbeitskräfte besetzt 2 werden und beschließen die Mitgliedstaaten im Rahmen ihrer Rechts- und Verwaltungsvorschriften zu gestatten, dass zur Besetzung dieser Stelle Arbeitnehmer eingestellt werden, die nicht Staatsangehörige eines Mitgliedstaates der EU sind, so bemühen sich die Mitgliedstaaten, den türkischen Arbeitnehmern in diesem Falle einen Vorrang einzuräumen. Nicht nur wegen des zweifachen Vorbehalts, sondern schon wegen der fehlenden aufenthaltsrechtlichen Relevanz hat die Vorschrift keine praktische Bedeutung.

C. Bemühungen zur vorrangigen Arbeitsvermittlung (Abs. 2)

Konnten bei den Arbeitsämtern eingetragene offene Stellen nicht durch dem regulären Arbeits- 3 markt des Mitgliedstaates angehörende Arbeitskräfte aus der EU besetzt werden, so bemühen sich die Arbeitsämter des Mitgliedstaates, sie mit regulär als Arbeitslose gemeldeten türkischen Arbeitnehmern zu besetzen, die im Hoheitsgebiet dieses Mitgliedstaates ihren ordnungsgemäßen Wohnsitz haben. Auch diese Vorschrift hat wegen der fehlenden aufenthaltsrechtlichen Relevanz keine praktische Bedeutung.

Art. 9

[1]Türkische Kinder, die in einem Mitgliedstaat der Gemeinschaft ordnungsgemäß bei ihren Eltern wohnen, welche dort ordnungsgemäß beschäftigt sind oder waren, werden unter Zugrundelegung derselben Qualifikationen wie die Kinder von Staatsangehörigen dieses Mitgliedstaates zum allgemeinen Schulunterricht, zur Lehrlingsausbildung und zur beruflichen Bildung zugelassen. [2]Sie können in diesem Mitgliedstaat Anspruch auf die Vorteile haben, die nach den einzelstaatlichen Rechtsvorschriften in diesem Bereich vorgesehen sind.

Überblick

Die Vorschrift vermittelt in S. 1 türkischen Kindern, die im Bundesgebiet ordnungsgemäß bei ihren Eltern wohnen (→ Rn. 2), welche hier ordnungsgemäß beschäftigt sind oder waren (→ Rn. 3), einen Anspruch auf gleichen Zugang zum Bildungssystem wie deutschen Kindern (→

Rn. 4). Nach S. 2 haben diese türkischen Kinder darüber hinaus einen Anspruch auf die im Bundesgebiet für Deutsche vorgesehenen Ausbildungsförderungsmaßnahmen (→ Rn. 5). Die Vorschrift hat nach der Rechtsprechung des EuGH in den Mitgliedstaaten unmittelbare Wirkung (→ Rn. 1). Ihre aufenthaltsrechtliche Relevanz ist bislang nicht geklärt (→ Rn. 6 f.).

A. Allgemeines

1 Nach der Rechtsprechung des EuGH hat der gesamte Art. 9 in den Mitgliedstaaten **unmittelbare Wirkung,** da er eine klare und eindeutige Verpflichtung enthält, deren Erfüllung oder deren Wirkungen nicht vom Erlass eines weiteren Aktes abhängen (EuGH NVwZ-RR 2005, 854 Rn. 26, 43 – Gürol). **Diskriminierende Vorschriften** einer Regelung, die die Gewährung eines Anspruchs auf Zugang zum Bildungssystem oder auf Ausbildungsförderungsmaßnahmen von einer Voraussetzung abhängig macht, die für Inländer nicht gilt, dürfen nicht angewendet werden (EuGH NVwZ-RR 2005, 854 Rn. 23 – Gürol).

2 Das **Wohnorterfordernis** setzt **keine häusliche Gemeinschaft** mit den Eltern voraus, das Bestehen eines gemeinsamen Wohnsitzes reicht aus, wobei diesem Erfordernis durch die Beibehaltung eines Nebenwohnsitzes bei den Eltern Genüge getan ist (EuGH NVwZ-RR 2005, 854 Rn. 28 – Gürol). Ein türkisches Kind, das im Bundesgebiet ordnungsgemäß bei seinen Eltern wohnt und mit Aufnahme einer Ausbildung oder eines Studiums seinen Hauptwohnsitz an den Ort der Schul- oder Ausbildungseinrichtung verlegt und dabei seinen Nebenwohnsitz bei den Eltern anmeldet, erfüllt deshalb das Wohnorterfordernis. Da nicht jede Art schulischer oder beruflicher Ausbildung zwangsläufig in der Nähe des Wohnorts der Eltern des Kindes angeboten wird, kann ggf. nur dessen Recht, sich an einem anderen Ort als dem Wohnort der Eltern niederzulassen, sicherstellen, dass es tatsächlich wie deutsche Kinder die von ihm gewünschte schulische oder berufliche Ausbildung wählen kann (EuGH NVwZ-RR 2005, 854 Rn. 29 ff. – Gürol).

3 Verlangt wird eine **ordnungsgemäße Beschäftigung der Eltern,** die jedoch bereits beendet sein kann. Eine Beschäftigung ist ordnungsgemäß, wenn sie im Einklang mit den entsprechenden aufenthalts- und arbeitserlaubnisrechtlichen Bestimmungen steht. Die Beschäftigung muss also sowohl mit den Rechts- und Verwaltungsvorschriften über den Aufenthalt als auch mit den Rechts- und Verwaltungsvorschriften über die Beschäftigung vereinbar sein (EuGH NVwZ 2007, 187 Rn. 36 – Güzeli). Voraussetzung ist weiter eine gesicherte und nicht nur vorläufige Position auf dem Arbeitsmarkt, was ein nicht bestrittenes Aufenthaltsrecht im Bundesgebiet voraussetzt (EuGH NVwZ 1993, 258 Rn. 12 – Kus; → Art. 6 Rn. 14 ff.).

B. Anspruch auf gleichen Zugang zum Bildungssystem (S. 1)

4 S. 1 enthält ein **Gleichbehandlungsgebot** in Bezug auf den Zugang zum Schulunterricht, zur Lehrlingsausbildung und zur beruflichen Bildung. Der gleichberechtigte Zugang zum Unterricht erstreckt sich dabei auf jede Form von Unterricht, einschließlich eines Universitätsstudiums (EuGH NVwZ-RR 2005, 854 Rn. 36 – Gürol).

C. Anspruch auf Ausbildungsförderungsmaßnahmen (S. 2)

5 Die Bestimmung gewährt türkischen Kindern einen Anspruch auf **gleichberechtigten Zugang** zu einer Ausbildungsförderung wie sie Deutschen gewährt wird. Sie haben die **gleichen Ansprüche** auf Förderung der Kosten für den Zugang zur Ausbildung und den Lebensunterhalt **wie Deutsche,** ihnen stehen deshalb insbesondere auch Ansprüche nach dem AFBG (Aufstiegsfortbildungsförderungsgesetz v. 15.6.2016, BGBl. I 1450) zu. Zur Gewährleistung der Chancengleichheit darf die Förderung nicht von strengeren Voraussetzungen abhängig gemacht werden, zB darf ein Studienaufenthalt im Ausland nicht von Voraussetzungen abhängig gemacht werden, die für Deutsche nicht gelten; dies gilt auch dann, wenn ein Hochschulstudium in der Türkei absolviert wird (EuGH NVwZ-RR 2005, 854 Rn. 38 ff. – Gürol).

D. Aufenthaltsrechtliche Relevanz

6 Bislang nicht geklärt ist, ob dem Teilhabeanspruch des Art. 9 auch eine aufenthaltsrechtliche Relevanz zukommt (BeckOK AuslR/Kurzidem Rn. 4 f. mwN). Anhaltspunkte für einen Anspruch auf Erteilung einer Aufenthaltserlaubnis für die **erstmalige Einreise** eines türkischen Kindes zum Zwecke der Aufnahme einer Ausbildung lassen sich aus Art. 9 nicht entnehmen. Dessen Wortlaut spricht vielmehr dagegen: „Türkische Kinder, die **in einem Mitgliedstaat**

der Gemeinschaft **ordnungsgemäß bei ihren Eltern wohnen,** welche **dort** ordnungsgemäß beschäftigt sind oder waren, [...]". Der Teilhabeanspruch des türkischen Kindes setzt somit dessen **ordnungsgemäße Wohnsitznahme** bei den Eltern in einem Mitgliedstaat voraus. Zudem verbleibt nach assoziationsrechtlichen Grundsätzen die Regelung der erstmaligen Einreise stets in der Kompetenz der Mitgliedstaaten (→ Art. 6 Rn. 5; → Art. 7 Rn. 2).

Für bereits in Ausbildung befindliche, sich ordnungsgemäß im Inland aufhaltende türkische   7
Kinder wird die Auffassung vertreten, dass Art. 9 bei Erfüllung seiner Tatbestandsvoraussetzungen ihnen einen **von keinen weiteren Voraussetzungen abhängigen Anspruch auf Verlängerung ihres Aufenthaltstitels** gebe; ausreichend sei dafür bereits die Zulassung zum allgemeinen Schulunterricht in deutschen Schulen (BeckOK AuslR/Kurzidem Rn. 4 f. mwN). Auch dies erscheint fraglich. Anders als Art. 6 und 7, die unter bestimmten Voraussetzungen ein Beschäftigungsrecht gewähren, das ohne ein entsprechendes Aufenthaltsrecht völlig wirkungslos wäre (EuGH NVwZ 1988, 235 – Demirel), gewährt Art. 9 türkischen Kindern, die im Bundesgebiet ordnungsgemäß bei ihren Eltern wohnen, lediglich einen Anspruch darauf, unter Zugrundelegung derselben Qualifikationen wie deutsche Kinder zum allgemeinen Schulunterricht, zur Lehrlingsausbildung und zur beruflichen Bildung zugelassen zu werden, mithin einen **Anspruch auf Gleichbehandlung** (EuGH NVwZ-RR 2005, 854 Rn. 22, 30 – Gürol). Aus diesem Diskriminierungsverbot kann sich schwerlich ein Aufenthaltsrecht ergeben.

Art. 10

(1) Die Mitgliedstaaten der Gemeinschaft räumen den türkischen Arbeitnehmern, die ihrem regulären Arbeitsmarkt angehören, eine Regelung ein, die gegenüber den Arbeitnehmern aus der Gemeinschaft hinsichtlich des Arbeitsentgeltes und der sonstigen Arbeitsbedingungen jede Diskriminierung aufgrund der Staatsangehörigkeit ausschließt.

(2) Vorbehaltlich der Artikel 6 und 7 haben die in Absatz 1 genannten türkischen Arbeitnehmer und ihre Familienangehörigen in gleicher Weise wie die Arbeitnehmer aus der Gemeinschaft Anspruch auf die Unterstützung der Arbeitsämter bei der Beschaffung eines Arbeitsplatzes.

Überblick

Abs. 1 der Vorschrift verbietet die Diskriminierung von dem regulären Arbeitsmarkt angehörenden türkischen Arbeitnehmern (→ Rn. 2) gegenüber Unionsbürgern hinsichtlich des Arbeitsentgelts und der sonstigen Arbeitsbedingungen (→ Rn. 3). Die Bestimmung hat nach der Rechtsprechung des EuGH in den Mitgliedstaaten unmittelbare Wirkung (→ Rn. 1). Ihre aufenthaltsrechtliche Relevanz ist bislang nicht abschließend geklärt (→ Rn. 5 ff.). Nach Abs. 2 haben die in Abs. 1 genannten türkischen Arbeitnehmer sowie ihre Familienangehörigen einen Anspruch auf die gleiche Unterstützung durch die Arbeitsämter bei der Arbeitsplatzsuche wie die Arbeitnehmer aus den Mitgliedstaaten (→ Rn. 9).

A. Diskriminierungsverbot (Abs. 1)

Die Bestimmung stellt das Verbot auf, **türkische Arbeitnehmer, die dem regulären Arbeits-**   1
markt angehören, hinsichtlich des Arbeitsentgelts und der sonstigen Arbeitsbedingungen aufgrund ihrer Staatsangehörigkeit zu diskriminieren. Das Gleichbehandlungsgebot verbietet die Anwendung diskriminierender Vorschriften, die die Gewährung eines Anspruchs von einer Voraussetzung abhängig machen, die für Inländer nicht gilt. Die Bestimmung enthält eine klare und eindeutige Verpflichtung, deren Erfüllung oder deren Wirkung nicht vom Erlass ergänzender Durchführungsvorschriften abhängig ist. Sie ist deshalb nach der Rechtsprechung des EuGH in den Mitgliedstaaten **unmittelbar anwendbar** (EuGH NVwZ 2007, 187 – Güzeli; InfAuslR 2003, 361 Rn. 67 = BeckRS 2004, 74654 = Wählergruppe Gemeinsam), mit der Folge, dass sich türkische Staatsangehörige vor den nationalen Gerichten auf das Diskriminierungsverbot berufen können, um die Anwendung entgegenstehender Vorschriften des innerstaatlichen Rechts auszuschließen.

Das Diskriminierungsverbot gilt **nur für türkische Arbeitnehmer,** die dem regulären Arbeits-   2
markt angehören (→ Art. 6 Rn. 1 ff. ff.), dagegen – anders als Abs. 2 – **nicht** auch für deren **Familienangehörige.** Nicht erforderlich ist, dass die türkischen Arbeitnehmer bereits eine

Rechtsposition nach Art. 6 erworben haben oder ihnen Rechte als Familienangehörige aus Art. 7 zustehen (EuGH NVwZ 2007, 187 – Güzeli; → Rn. 5).

3   Die Mitgliedstaaten dürfen diejenigen Bestimmungen nicht anwenden, die türkische Arbeitnehmer wegen ihrer Staatsangehörigkeit hinsichtlich des Arbeitsentgelts und der sonstigen Arbeitsbedingungen schlechter stellen als Inländer und Unionsbürger. Nach der Rechtsprechung des EuGH ist der Begriff **„sonstige Arbeitsbedingungen"** in Anlehnung an seine Rechtsprechung zum Diskriminierungsverbot bei Gemeinschaftsangehörigen in Art. 48 Abs. 2 EUV **weit auszulegen**. Art. 10 Abs. 1 gebietet deshalb die Gleichbehandlung in Bezug auf alles, was sich unmittelbar oder mittelbar auf die Ausübung einer Erwerbstätigkeit im Aufnahmemitgliedstaat bezieht. Er umfasst somit auch ein Diskriminierungsverbot auf dem spezifischen Gebiet der Beteiligung der Arbeitnehmer an gewerkschaftlichen und diesen gleichgestellten Tätigkeiten, die von Einrichtungen zur Vertretung und zur Verteidigung der Interessen der Arbeitnehmer ausgeübt werden (EuGH InfAuslR 2003, 361 Rn. 84 f. = BeckRS 2004, 74654 – Wählergruppe Gemeinsam).

4   Auch soweit von türkischen Arbeitnehmern **für die Ausstellung von Aufenthaltsdokumenten Gebühren** verlangt werden, die im Vergleich zu den von Unionsbürgern für entsprechende Aufenthaltsdokumente verlangten Gebühren unverhältnismäßig sind, stellt dies eine gegen Art. 10 verstoßende diskriminierende Arbeitsbedingung dar (EuGH InfAuslR 2010, 270 Rn. 75 = BeckRS 2010, 90522 – Kommission / Niederlande). Dabei ist nach der Rechtsprechung des EuGH auch hier – wie bei Art. 13 – nicht jede im Vergleich zur Lage der Unionsbürger höhere Gebühr notwendigerweise unverhältnismäßig. Vielmehr können in Sonderfällen Gebühren, die etwas höher sind als die von Unionsbürgern für die Ausstellung entsprechender Dokumente verlangten, noch als verhältnismäßig angesehen werden. Gebühren, die innerhalb einer Spanne liegen, deren niedrigster Wert um mehr als 2/3 höher ist als die von Unionsbürgern für die Ausstellung entsprechender Dokumente verlangten Gebühren, sind insgesamt unverhältnismäßig (EuGH InfAuslR 2010, 270 Rn. 74 = BeckRS 2010, 90522 – Kommission / Niederlande).

5   Es ist bislang nicht abschließend geklärt, ob aus dem **Diskriminierungsverbot**, das in erster Linie eine Schlechterstellung hinsichtlich der Arbeitsbedingungen in einem Beschäftigungsverhältnis verhindern soll, (ausnahmsweise) auch eine **aufenthaltsrechtliche Wirkung** hergeleitet werden kann. Aus der Rechtsprechung des EuGH ist zu entnehmen, dass die Frage eines **Aufenthaltsrechts** infolge einer **Arbeitserlaubnis** jedenfalls nicht abschließend in Art. 6 geregelt ist (EuGH NVwZ 2007, 187 – Güzeli), sondern sich ggf. aus einer unbefristeten Arbeitsgenehmigung in Verbindung mit dem Diskriminierungsverbot ein Anspruch auf Verlängerung eines Aufenthaltstitels ergeben kann (EuGH NVwZ 2012, 1617 Rn. 52 – Gülbahce). **Ausgangspunkt** ist die Rechtsprechung des EuGH zu den Diskriminierungsverboten in Art. 64 EU-Mittelmeer-Abk EG/TN (Europa-Mittelmeer-Abkommen EG/Tunesien v. 17.7.1995, ABl. 1998 L 97, 2; BGBl. 1997 II 342) sowie in Art. 64 EU-Mittelmeer-Abk EG/MA (EU-Mittelmeer-Abk EG/MA v. 26.2.1996, ABl. 2000 L 70, 2; BGBl. 1998 II 1811), denen der EuGH in Ausnahmefällen eine aufenthaltsrechtliche Wirkung beimisst. Zwar untersage dieses Verbot einem Mitgliedstaat grundsätzlich nicht, Maßnahmen in Bezug auf das Aufenthaltsrecht eines tunesischen oder marokkanischen Staatsangehörigen zu ergreifen, der zunächst die Erlaubnis zum Aufenthalt in diesem Mitgliedstaat und zur Aufnahme einer Berufstätigkeit erhalten habe. Dass ein solches Vorgehen den Betroffenen zwinge, sein Arbeitsverhältnis im Aufnahmemitgliedstaat vor dem mit dem Arbeitgeber vertraglich vereinbarten Termin zu beenden, ändere daran grundsätzlich nichts. Dennoch **bejaht der EuGH in Ausnahmefällen eine aufenthaltsrechtliche Wirkung dieser Diskriminierungsverbote** und begründet sie damit, dass nicht angenommen werden könne, dass die Mitgliedstaaten in der Weise über das Diskriminierungsverbot verfügen dürften, indem sie dessen praktische Wirksamkeit durch Bestimmungen des nationalen Rechts beschränkten. Insbesondere könne der Aufnahmemitgliedstaat dann, **wenn er dem Wanderarbeitnehmer ursprünglich in Bezug auf die Ausübung einer Beschäftigung weitergehende Rechte als in Bezug auf den Aufenthalt verliehen habe,** die Situation dieses Arbeitnehmers nicht aus Gründen infrage stellen, die nicht dem Schutz eines berechtigten Interesses des Staates, wie der öffentlichen Ordnung, Sicherheit und Gesundheit, dienten (EuGH NVwZ 1999, 1095 Rn. 66 – El-Yassini; NVwZ 2007, 430 Rn. 39 f. – Gattoussi).

6   Das Diskriminierungsverbot vermittelt somit keinen dem assoziationsrechtlichen Aufenthaltsrecht nach Art. 6 oder 7 vergleichbaren Status. Seine nach der Rechtsprechung des **EuGH in Ausnahmefällen bestehende aufenthaltsrechtliche Wirkung** leitet sich nicht aus einem gemeinschaftsrechtlich begründeten Anspruch auf Ausübung einer Beschäftigung ab, sondern **beruht** auf einer durch das nationale Recht eines Mitgliedstaates eingeräumten **überschießenden beschäftigungsrechtlichen Position** in Verbindung mit der praktischen Wirksamkeit (effet utile) des Diskriminierungsverbots (BVerwG NVwZ 2010, 1101 Rn. 16). Ist die gewährte Aufenthaltser-

laubnis kürzer als die Arbeitserlaubnis und wird vor Ablauf der Arbeitserlaubnis eine Verlängerung der Aufenthaltserlaubnis abgelehnt, ohne dies mit Gründen des Schutzes eines berechtigten Interesses des Staates, namentlich Gründen der öffentlichen Ordnung, Sicherheit und Gesundheit rechtfertigen zu können, besteht ein Anspruch auf Verlängerung der Aufenthaltserlaubnis bis zum Ende der Beschäftigung (EuGH NVwZ 1999, 1095 Rn. 66 – El-Yassini).

Voraussetzung für eine ausnahmsweise aufenthaltsrechtliche Wirkung des Diskriminierungsverbots ist somit, dass dem türkischen Arbeitnehmer nach deutschem Recht in Bezug auf die Ausübung einer Beschäftigung weitergehende Rechte als in Bezug auf seinen Aufenthalt verliehen worden sind. Das **BVerwG** (NVwZ 2010, 1098 Rn. 15) hat **bisher einer unbefristeten Arbeitsgenehmigung kein** von der Aufenthaltserlaubnis unabhängiges, gleichsam **überschießendes Recht** auf Fortführung einer nicht selbstständigen Erwerbstätigkeit **zuerkannt**. Mit Inkrafttreten des AufenthG am 1.1.2005 habe der Gesetzgeber das bis dahin geltende doppelte Genehmigungsverfahren aufgegeben. Der Ausländer bedürfe für den Aufenthalt und die Ausübung einer Erwerbstätigkeit neben der von der Ausländerbehörde zu erteilenden Aufenthaltsgenehmigung nicht mehr einer Arbeitsgenehmigung durch die Bundesagentur für Arbeit wie zuvor nach §§ 284 ff. SGB III aF, sondern es ergehe nur noch eine einheitliche Entscheidung über den Aufenthalt und die Ausübung einer Erwerbstätigkeit durch die Ausländerbehörde, die zur Erteilung eines die Ausübung einer Beschäftigung erlaubenden Aufenthaltstitels der Zustimmung der Bundesagentur für Arbeit bedürfe (§ 39 AufenthG). Die **verwaltungsinterne Zustimmung der Bundesagentur für Arbeit** zur Aufnahme einer Beschäftigung verleihe dem Besitzer einer befristeten Aufenthaltserlaubnis in Bezug auf die Ausübung einer Beschäftigung **keine weitergehenden Rechte** als sein Aufenthaltstitel in Bezug auf seinen Aufenthalt. Sie scheide daher als Grundlage für ein gemeinschaftsrechtliches Aufenthaltsrecht wegen Verletzung des Diskriminierungsverbots aus. Dies gelte auch bei sog. **Altfällen**, da eine vor dem 1.1.2005 erteilte Arbeitsberechtigung nach § 105 Abs. 2 AufenthG mit Inkrafttreten des AufenthG in eine Zustimmung der Bundesagentur für Arbeit zur Aufnahme einer Beschäftigung umgewandelt werde (BVerwG NVwZ 2010, 1101 Rn. 22). 7

Die gesetzliche Neuordnung des Aufenthalts- und Arbeitserlaubnisrechts **verstößt** nach Ansicht des BVerwG auch **nicht** gegen die **stand-still-Klausel** des Art. 13 (→ Art. 13 Rn. 1 ff. ff.), da insoweit keine Verschlechterung gegenüber dem am 1.12.1980 bestehenden Rechtszustand vorliege, der im Ausgangspunkt für neu zugezogene türkische Arbeitnehmer und deren Familienangehörige keine sofortige Erteilung einer unbefristeten Arbeitsberechtigung vorgesehen habe (BVerwG NVwZ 2010, 1101 Rn. 23). 8

B. Anspruch auf Unterstützung durch die Arbeitsämter (Abs. 2)

Nach dieser Bestimmung haben türkische Arbeitnehmer **sowie ihre Familienangehörigen** einen Anspruch auf die gleiche Unterstützung durch die Arbeitsämter bei der Arbeitsplatzsuche wie die Arbeitnehmer aus den Mitgliedstaaten. Diese Gewährleistung ist **umfassend** zu verstehen. Sie erfasst auch soziale Leistungen und Vorteile, die die Erlangung einer beruflichen Qualifikation und den sozialen Aufstieg erleichtern (BeckOK AuslR/Kurzidem Rn. 15 mwN). Nach hM kommt der Bestimmung **keine eigenständige aufenthaltsrechtliche Bedeutung** zu (BeckOK AuslR/Kurzidem Rn. 15 mwN). 9

Art. 11

Staatsangehörige der Mitgliedstaaten, die dem regulären Arbeitsmarkt der Türkei angehören, und ihre Familienangehörigen, welche die Genehmigung erhalten haben, zu ihnen zu ziehen, genießen dort die in den Artikeln 6, 7, 9 und 10 gewährten Rechte und Vorteile, wenn sie die in diesen Artikeln vorgesehenen Voraussetzungen erfüllen.

Im Rahmen der Gegenseitigkeit garantiert die Bestimmung den Staatsangehörigen der Mitgliedstaaten und ihren Familienangehörigen die Rechte der Art. 6, 7, 9 und 10 in der Türkei. Im Inland hat die Bestimmung keine aufenthaltsrechtliche Bedeutung. 1

Art. 12

¹Wenn in einem Mitgliedstaat der Gemeinschaft oder in der Türkei der Arbeitsmarkt ernsten Störungen ausgesetzt oder von ernsten Störungen bedroht ist, die ernste Gefah-

ren für den Lebensstandard und das Beschäftigungsniveau in einem Gebiet, einem Wirtschaftszweig oder einem Beruf mit sich bringen können, so kann der betreffende Staat davon absehen, automatisch die Artikel 6 und 7 anzuwenden. [2]Der betreffende Staat unterrichtet den Assoziationsrat von dieser zeitweiligen Einschränkung.

1   Im Fall einer eingetretenen oder drohenden ernsten Störung seines Arbeitsmarkts hat ein Mitgliedstaat nach S. 1 das Recht zur zeitweiligen Suspendierung der Rechte aus Art. 6 und 7. Dies ist dem Assoziationsrat anzuzeigen (S. 2). Bislang ist von dieser Möglichkeit kein Gebrauch gemacht worden.

Art. 13

Die Mitgliedstaaten der Gemeinschaft und die Türkei dürfen für Arbeitnehmer und ihre Familienangehörigen, deren Aufenthalt und Beschäftigung in ihrem Hoheitsgebiet ordnungsgemäß sind, keine neuen Beschränkungen der Bedingungen für den Zugang zum Arbeitsmarkt einführen.

Überblick

Die in dieser Vorschrift enthaltene sog. stand-still-Klausel (Stillhalteklausel) verbietet allgemein die Einführung neuer innerstaatlicher Maßnahmen, die bezwecken oder bewirken, dass die Ausübung der Arbeitnehmerfreizügigkeit durch einen türkischen Staatsangehörigen in einem Mitgliedstaat strengeren Voraussetzungen unterworfen wird, die für ihn im Zeitpunkt des Inkrafttretens des ARB 1/80 in dem betreffenden Mitgliedstaat (in der Bundesrepublik Deutschland am 1.12.1980) galten (→ Rn. 1). Auf nationale Maßnahmen, die in der Zeit v. 20.12.1976 bis 30.11.1980 eingeführt wurden, kommt die stand-still-Klausel des Art. 7 ARB 2/76 zur Anwendung (→ Rn. 2). Diese für die Arbeitnehmerfreizügigkeit geltenden stand-still-Klauseln werden ergänzt durch die stand-still-Klausel des Art. 41 Abs. 1 EWGTRAssZusProt (Assoziationsabkommen–Zusatzprotokoll v. 23.11.1970), der die Verpflichtung der Vertragsparteien enthält, keine neuen Beschränkungen der Niederlassungsfreiheit und des freien Dienstleistungsverkehrs einzuführen (→ Rn. 2). Alle drei stand-still-Klauseln, die wegen ihres unterschiedlichen Anwendungsbereichs alternativ zur Anwendung kommen (→ Rn. 2), sind nach der Rechtsprechung des EuGH unmittelbar anwendbares Gemeinschaftsrecht (→ Rn. 1). Da sie alle das gleiche Ziel verfolgen, sind sie auch gleich auszulegen und ihr Anwendungsbereich ist somit gleich weit (→ Rn. 3). Sie schließen die Anwendung nationaler Normen auf türkische Staatsangehörige, die Rechte auf Grund des Assoziierungsabkommens besitzen, aus, die verglichen mit einem vorherigen Rechtszustand eine neue Beschränkung der Arbeitnehmerfreizügigkeit, der Niederlassungs- oder Dienstleistungsfreiheit beinhalten; auch eine Verschärfung der Voraussetzungen für eine Familienzusammenführung ist eine neue Beschränkung in diesem Sinne (→ Rn. 4). Die Einführung einer neuen Beschränkung ist nur dann erlaubt, wenn sie zu den in Art. 14 aufgeführten Beschränkungen gehört oder durch einen zwingenden Grund des Allgemeininteresses gerechtfertigt sowie geeignet ist, die Verwirklichung des verfolgten legitimen Ziels zu gewährleisten und nicht über das zu dessen Erreichung Erforderliche hinausgeht (→ Rn. 8; → Rn. 15 ff.). Liegt ein Verstoß gegen die stand-still-Klausel vor, kommen die für den umfassten Personenkreis günstigeren, aktuell jedoch nicht mehr geltenden Rechtsnormen zur Anwendung (→ Rn. 5 f.), begrenzt allerdings durch das sog. Besserstellungsverbot des Art. 59 EWGTRAssZusProt (→ Rn. 7).

Übersicht

A. Grundsätze

Mit dem Verbot der Einführung neuer **Beschränkungen der Bedingungen für den Zugang** 1
zum Arbeitsmarkt für sich ordnungsgemäß im Aufnahmemitgliedstaat aufhaltende türkische
Arbeitnehmer und ihre Familienangehörigen enthält Art. 13 eine sog. stand-still-Klausel (**Stillhalteklausel**). Auch der vom Assoziationsrat zunächst am 20.12.1976 gefasste ARB 2/76 (→ Art. 6
Rn. 2) enthielt in Art. 7 ARB 2/76 eine solche stand-still-Klausel. Ergänzend tritt die stand-
still-Klausel des Art. 41 Abs. 1 EWGTRAssZusProt (Assoziationsabkommen-Zusatzprotokoll v.
23.11.1970; → Art. 6 Rn. 1) hinzu, der die Verpflichtung der Vertragsparteien enthält, keine
neuen **Beschränkungen der Niederlassungsfreiheit und des freien Dienstleistungsverkehrs**
einzuführen. Die Stillhalteklauseln in Art. 7 ARB 2/76, Art. 13 ARB 1/80 und Art. 41 Abs. 1
EWGTRAssZusProt verbieten nach ständiger Rechtsprechung des EuGH **allgemein** die Einführung neuer innerstaatlicher Maßnahmen, die **bezwecken oder bewirken,** dass die Ausübung
einer wirtschaftlichen Freiheit durch einen türkischen Staatsangehörigen in dem betreffenden
Mitgliedstaat strengeren Voraussetzungen als denjenigen unterworfen wird, die für ihn zum Zeit-
punkt des Inkrafttretens des Art. 7 ARB 2/76 (am 20.12.1976), des Art. 13 (am 1.12.1980, Art. 16
Abs. 1) oder des Art. 41 Abs. 1 EWGTRAssZusProt (am 1.1.1973) in diesem Mitgliedstaat galten
(EuGH InfAuslR 2004, 32 = BeckRS 2004, 76304 – Abatay, Sahin / Bundesanstalt für Arbeit).
Begrenzt wird dies allerdings durch das sog. **Besserstellungsverbot** des Art. 59 EWGTRAssZus-
Prot (→ Rn. 7). Alle drei Bestimmungen enthalten klare, präzise und nicht an Bedingungen
geknüpfte, eindeutige Stillhalteklauseln, die eine Verpflichtung der Vertragsparteien begründen,
die rechtlich eine reine Unterlassungspflicht ist. Sie sind damit **unmittelbar anwendbares
Gemeinschaftsrecht,** so dass die türkischen Staatsangehörigen, für die die Bestimmungen gelten,
sich vor den innerstaatlichen Gerichten auf sie berufen können, um die Anwendung entgegenstehender Vorschriften des innerstaatlichen Rechts auszuschließen (EuGH NVwZ 1991, 255
Rn. 26 – Sevince; NVwZ-Beil. 2000, 139 Rn. 54, 71 – Savas).

Alle drei Stillhalteklauseln dienen dem in Art. 12 (→ Art. 6 Rn. 1) formulierten Ziel der 2
schrittweisen Herstellung der Arbeitnehmerfreizügigkeit, der Niederlassungsfreiheit und des freien
Dienstleistungsverkehrs (→ Art. 6 Rn. 1). Da die Bestimmungen zwar dasselbe Ziel, jedoch
jeweils ihren eigenen, genau bestimmten Anwendungsbereich verfolgen, können sie nicht zusammen, sondern **nur alternativ** angewandt werden (EuGH InfAuslR 2004, 32 Rn. 86 = BeckRS
2004, 76304 – Abatay, Sahin / Bundesanstalt für Arbeit). Auf neue Beschränkungen der Ausübung
der Niederlassungsfreiheit und des freien Dienstleistungsverkehrs findet die Stillhalteklausel des
Art. 41 Abs. 1 EWGTRAssZusProt Anwendung. Auf neue Beschränkungen der Ausübung der
Arbeitnehmerfreizügigkeit finden die Stillhalteklauseln des Art. 7 ARB 2/76 und des Art. 13
Anwendung, die sich in zeitlicher Hinsicht unterscheiden. Art. 7 ARB 2/76 kommt zur Anwen-
dung auf nationale Maßnahmen, die in der Zeit v. 20.12.1976 bis 30.11.1980 eingeführt wurden,
Art. 13 ist auf nationale Maßnahmen anwendbar, die ab dem 1.12.1980 eingeführt wurden (EuGH
BeckRS 2018, 17481 Rn. 48 – Yön).

Aus der **Gleichartigkeit ihrer Zielsetzung,** günstige Bedingungen für die schrittweise Ver- 3
wirklichung der Arbeitnehmerfreizügigkeit, der Niederlassungsfreiheit und des freien Dienstleistungsverkehrs zu schaffen, indem den innerstaatlichen Stellen verboten wird, neue Hindernisse
für diese Freiheiten einzuführen, hat der EuGH (NVwZ 2009, 1551 Rn. 65 – Sahin; BeckRS
2018, 17481 Rn. 66 – Yön) jedoch geschlossen, dass die **Bestimmungen auch gleich auszulegen** und somit ihr Anwendungsbereich gleich weit ist.

Nationale Regelungen, die die **Voraussetzungen für die Familienzusammenführung ver-** 4
schärfen, fallen insoweit in den **Anwendungsbereich der Stillhalteklauseln,** als sie geeignet
sind, die Ausübung der Arbeitnehmerfreizügigkeit, der Niederlassungsfreiheit oder des freien
Dienstleistungsverkehrs zu beeinträchtigen. Sie stellen dann eine neue Beschränkung dar, nicht
für den betreffenden Familienangehörigen, sondern für die assoziationsberechtigten türkischen
Staatsangehörigen, zu dessen Familie er gehört. Es kann sich auf die Entscheidung eines türkischen
Staatsangehörigen, sich in einem Mitgliedstaat niederzulassen, negativ auswirken, wenn die
Rechtsvorschriften dieses Mitgliedstaats die Familienzusammenführung erschweren oder unmöglich machen und sich der türkische Staatsangehörige deshalb unter Umständen zu einer Entscheidung zwischen seiner Tätigkeit in dem betreffenden Mitgliedstaat und seinem Familienleben in
der Türkei gezwungen sehen kann (EuGH NVwZ 2014, 1081 Rn. 34 f. – Dogan; BeckRS 2018,
17481 Rn. 64 ff. – Yön; → Rn. 12; → Rn. 15).

Greifen die Stillhalteklauseln ein, kommen die für den von ihnen erfassten Personenkreis **güns-** 5
tigeren, aktuell jedoch nicht mehr geltenden Rechtsnormen zur Anwendung. Es ist dabei
zunächst ein Vergleich vorzunehmen zwischen der derzeitigen Rechtslage und der Rechtslage am

20.12.1976 (hinsichtlich des **Art. 7 ARB 2/76**) oder der am **1.12.1980** (hinsichtlich des **Art. 13**) oder der am **1.1.1973** (hinsichtlich des **Art. 41 Abs. 1 EWGTRAssZusProt**). Abzustellen ist dabei jeweils auf die Einzelnorm und nicht auf die Gesamtsituation des türkischen Erwerbstätigen. Dabei sind neben dem eigentlichen Normtext auch die Verwaltungspraxis sowie die gerichtliche Entscheidungspraxis miteinzubeziehen (BVerwG NVwZ 2009, 1182 Rn. 38).

6   Darüber hinaus wendet der EuGH die sog. **zeitliche Meistbegünstigungsklausel** an. Nimmt der nationale Gesetzgeber nach dem 1.12.1980 bzw. 1.1.1973 eingeführte Verbesserungen des Status von Assoziationsberechtigten ganz oder teilweise wieder zurück, ohne jedoch hinter den Stand v. 20.12.1976 bzw. 1.12.1980 bzw. 1.1.1973 zurückzufallen, stellt auch diese Rücknahme eine neue Beschränkung iSv Art. 7 ARB 2/76 bzw. Art. 13 bzw. Art. 41 Abs. 1 EWGTRAssZus-Prot dar (EuGH NVwZ 2011, 349 – Toprak, Oguz). Die Tragweite der Stillhalteverpflichtung erstreckt sich auf sämtliche neuen Hindernisse für die Ausübung der Arbeitnehmerfreizügigkeit, der Niederlassungsfreiheit oder des freien Dienstleistungsverkehrs, die eine Verschärfung der zu einem bestimmten Zeitpunkt bestehenden Bedingungen darstellen, so dass gewährleistet sein muss, dass sich die Mitgliedstaaten nicht von dem mit den Stillhalteklauseln verfolgten Ziel entfernen, indem sie Bestimmungen ändern, die sie nach Inkrafttreten des ARB 2/76, des ARB 1/80 oder des Zusatzprotokolls in ihrem Gebiet zugunsten der genannten Freiheiten türkischer Staatsangehöriger erlassen haben (EuGH NVwZ 2012, 97 Rn. 94 – Derici).

7   Der Erlass neuer Vorschriften steht allerdings dann nicht im Widerspruch zur Stillhalteklausel, wenn die neuen Vorschriften **in gleicher Weise auf türkische Staatsangehörige und auf Unionsbürger** Anwendung finden. Andernfalls befänden sich türkische Staatsangehörige in einer günstigeren Position als Unionsbürger, was gegen Art. 59 EWGTRAssZusProt verstieße, wonach der Republik Türkei keine günstigere Behandlung gewährt werden darf als diejenige, die sich die Mitgliedstaaten untereinander einräumen (EuGH NVwZ 2009, 1551 Rn. 67 – Sahin: **Besserstellungsverbot**).

8   Darüber hinaus hat der EuGH in seiner neueren Rechtsprechung eine **Verschlechterung** der rechtlichen Situation von assoziationsberechtigten türkischen Staatsangehörigen dann für **zulässig** gehalten, wenn diese durch einen **zwingenden Grund des Allgemeininteresses** gerechtfertigt und geeignet ist, die Erreichung des angestrebten legitimen Ziels zu erreichen, und nicht über das zu dessen Erreichung Erforderliche hinausgeht (EuGH NVwZ 2014, 1081 Rn. 37 – Dogan). Erforderlich ist somit sowohl ein zwingender Grund des Allgemeininteresses wie auch die Beachtung des Grundsatzes der **Verhältnismäßigkeit** (→ Rn. 15 f.).

B. Stillhalteklausel des Art. 13

I. Begünstigter Personenkreis

9   Da es Art. 13 den Mitgliedstaaten allgemein verwehrt, türkische Staatsangehörige hinsichtlich des Zugangs zur Beschäftigung weniger günstig zu behandeln als bei Inkrafttreten der Stillhalteklausel am 1.12.1980, ist es **gleichgültig, ob** die türkischen Staatsangehörigen **zum Zeitpunkt der Einführung der neuen Beschränkung** bereits eine ordnungsgemäße Beschäftigung ausgeübt und über ein Aufenthaltsrecht im Aufnahmemitgliedstaat verfügt haben (EuGH InfAuslR 2004, 32 Rn. 75–83 = BeckRS 2004, 76304 – Abatay, Sahin / Bundesanstalt für Arbeit).

10   Es ist auch **nicht erforderlich,** dass der türkische Arbeitnehmer die Anforderungen von **Art. 6 Abs. 1 erfüllt.** Art. 13 ist nicht dazu bestimmt, die bereits in den Arbeitsmarkt eines Mitgliedstaats integrierten türkischen Staatsangehörigen zu schützen, sondern soll gerade für die türkischen Staatsangehörigen gelten, die noch keine Rechte in Bezug auf Beschäftigung und entsprechend auf Aufenthalt nach Art. 6 Abs. 1 genießen (EuGH NVwZ 2009, 1551 Rn. 51 – Sahin).

11   Aus dem Wortlaut der Vorschrift ergibt sich weiter, dass diese nicht nur für die türkischen **Arbeitnehmer,** sondern auch **für deren Familienangehörige** gilt. Deren Einreise in das Hoheitsgebiet eines Mitgliedstaats zum Zweck der Familienzusammenführung mit einem türkischen Arbeitnehmer, der sich bereits rechtmäßig in diesem Staat befindet, hängt nach Art. 7 nicht von der Ausübung einer Beschäftigung als Arbeitnehmer ab (→ Art. 7 Rn. 22). Art. 13 ist somit nicht auf türkische Migranten beschränkt, die eine Beschäftigung als Arbeitnehmer ausüben (zur Verlängerung der für die Entstehung eines eigenständigen Aufenthaltsrechts des nachziehenden Ehegatten erforderlichen Ehebestandszeit → Rn. 18).

II. Tragweite der Bestimmung

12   Nach ihrem Wortlaut verbietet die Vorschrift nur neue Beschränkungen des **Zugangs zum Arbeitsmarkt.** Der EuGH (InfAuslR 2010, 270 Rn. 49 = BeckRS 2010, 90522 – Kommission /

Niederlande) wertet jedoch in seiner Rechtsprechung die **gesamten aufenthaltsrechtlichen Rahmenbedingungen materiell- oder verfahrensrechtlicher Natur** als mögliche Beschränkungen für den Zugang zum Arbeitsmarkt. Von der Stillhalteklausel umfasst sind deshalb auch die Bedingungen für den Familiennachzug (→ Rn. 4; → Rn. 15) sowie die Gebühren für die Erteilung eines Aufenthaltstitels (→ Rn. 17).

Nach ihrem Wortlaut bezieht sich die Vorschrift weiter nur auf **Arbeitnehmer und ihre** **13** **Familienangehörigen,** deren **Aufenthalt und ggf. Beschäftigung** im Aufnahmemitgliedstaat **ordnungsgemäß** sind. Nach ständiger Rechtsprechung des EuGH (NVwZ-Beil. 2000, 139 Rn. 58 – Savas) lassen die assoziationsrechtlichen Vorschriften im Grundsatz die Befugnis der Mitgliedstaaten unberührt, Vorschriften sowohl über die Einreise türkischer Staatsangehöriger in ihr Hoheitsgebiet als auch über die Voraussetzungen für deren erste Beschäftigung zu erlassen; geregelt wird lediglich die Stellung türkischer Arbeitnehmer, die im Aufnahmemitgliedstaat aufgrund rechtmäßiger Ausübung einer Beschäftigung von gewisser Dauer in den in Art. 6 genannten Bedingungen bereits ordnungsgemäß eingegliedert sind. Ein türkischer Staatsangehöriger kann sich somit **im Grundsatz** nur dann auf die Stillhalteklausel berufen, wenn er die nationalen Vorschriften auf dem Gebiet der Einreise, des Aufenthalts und ggf. der Beschäftigung beachtet hat und sich dementsprechend **bei Inkrafttreten der neuen Beschränkung** (EuGH NVwZ 2009, 1551 Rn. 55 – Sahin) **rechtmäßig im Bundesgebiet** aufhält (EuGH InfAuslR 2004, 32 Rn. 84 = BeckRS 2004, 76304 – Abatay, Sahin / Bundesanstalt für Arbeit). In der neueren Rechtsprechung hat der EuGH den Anwendungsbereich von Art. 13 aber ausgedehnt auf die Voraussetzungen der erstmaligen Einreise (→ Rn. 14).

Aus der Gleichartigkeit des mit Art. 13 ARB 1/80 und Art. 41 Abs. 1 EWGTRAssZusProt **14** verfolgten Ziels (→ Rn. 2) hat der EuGH (NVwZ 2009, 1551 Rn. 65 – Sahin) geschlossen, dass diese Bestimmungen gleich auszulegen sind und somit der Anwendungsbereich der beiden Normen gleich weit ist, obwohl Art. 13 nach seinem Wortlaut einen ordnungsgemäßen Aufenthalt und eine ordnungsgemäße Beschäftigung voraussetzt, während Art. 41 Abs. 1 EWGTRAssZusProt ohne weitere Voraussetzungen die Einführung neuer Beschränkungen der Niederlassungsfreiheit und des freien Dienstleistungsverkehrs verbietet. Er hat deshalb in seiner neueren Rechtsprechung den **Anwendungsbereich von Art. 13 auf die Voraussetzungen der erstmaligen Einreise ausgedehnt:** Es sei davon auszugehen, dass Art. 13 vom Zeitpunkt seines Inkrafttretens an der Einführung neuer Beschränkungen der Ausübung der Arbeitnehmerfreizügigkeit in das nationale Recht einschließlich solcher entgegenstehe, die die **materiell- und/oder verfahrensrechtlichen Voraussetzungen für die erstmalige Aufnahme türkischer Staatsangehöriger** betreffen, die in einem Mitgliedstaat von der Arbeitnehmerfreizügigkeit Gebrauch machen wollen (EuGH InfAuslR 2010, 270 Rn. 49 = BeckRS 2010, 90522 – Kommission / Niederlande).

Auch nach der Rechtsprechung des EuGH (NVwZ 2014, 1081 Rn. 37 – Dogan) gilt dies **15** **nicht uneingeschränkt,** sondern begrenzt wird die erweiterte Auslegung des Art. 13 durch die ebenfalls neuere Rechtsprechung **zur Zulässigkeit einer Verschlechterung der rechtlichen Situation** von assoziationsberechtigten türkischen Staatsangehörigen aus einem **zwingenden Grund des Allgemeininteresses** (→ Rn. 8), sofern die Verschlechterung geeignet ist, die Erreichung des angestrebten legitimen Ziels zu erreichen, und nicht über das zu dessen Erreichung Erforderliche hinausgeht. Eine Neuregelung, die vorschreibt, dass zum Zweck der Familienzusammenführung nachziehende Ehegatten von türkischen Staatsangehörigen vor der Einreise generell nachweisen müssen, dass sie **einfache Kenntnisse der deutschen Sprache** erworben haben, gehe jedenfalls über das hinaus, was zur Erreichung des verfolgten Ziels (Bekämpfung von Zwangsverheiratungen und Förderung der Integration) erforderlich sei, da der fehlende Nachweis des Erwerbs hinreichender Sprachkenntnisse automatisch zur Ablehnung des Antrags auf Familienzusammenführung führt, ohne dass besondere Umstände des Einzelfalls berücksichtigt werden (EuGH NVwZ 2014, 1081 Rn. 38 f. – Dogan). Durch die daraufhin erfolgte Einführung des Ausnahmetatbestandes in § 30 Abs. 1 S. 3 Nr. 6 AufenthG, der nunmehr im Einzelfall ein Absehen vom Spracherfordernis ermöglicht, wenn der Erwerb von Sprachkenntnissen dem Ehegatten vor der Einreise nicht möglich oder nicht zumutbar ist, kann der Verhältnismäßigkeitsgrundsatz jetzt gewahrt sein; da aber auch die Modalitäten der Umsetzung nicht über das hinausgehen dürfen, was zur Erreichung des verfolgten Ziels erforderlich ist (EuGH NVwZ 2017, 1517 Rn. 34 ff. – Tekdemir; BeckRS 2018, 17481 – Rn. 81 ff. – Yön), muss die Ausländerbehörde das ihr eingeräumte Ermessen im Einzelfall unter Beachtung des Verhältnismäßigkeitsgrundsatzes ausüben.

Das Ziel der effektiven Einwanderungskontrolle und der Steuerung der Migrationsströme kann **16** ein zwingender Grund des Allgemeininteresses sein, der die **Einführung einer Visumpflicht** zu rechtfertigen vermag. Die neue Beschränkung darf jedoch gemessen an dem verfolgten Ziel nicht unverhältnismäßig sein. Der Grundsatz der **Verhältnismäßigkeit** verlangt dabei auch, dass auch die **Modalitäten der Umsetzung** nicht über das hinausgehen, was zur Erreichung des verfolgten Ziels erforderlich ist (EuGH NVwZ 2017, 1517 Rn. 34 ff. – Tekdemir; BeckRS 2018, 17481 Rn. 81 ff. – Yön). Es ist deshalb im Einzelfall zu prüfen, ob die Ausländerbehörde ein ihr eingeräumtes Ermessen unter Beachtung dieser Grundsätze ausgeübt hat.

17   Die Stillhalteklausel hindert die **Einführung von Gebühren für die Ausstellung von Aufenthaltsdokumenten** nicht, solange diese im Vergleich zu Gebühren, die Unionsbürger in vergleichbarer Lage zu zahlen haben, nicht **unverhältnismäßig** sind (EuGH NVwZ 2009, 1551 Rn. 69 ff. – Sahin). Dabei ist nach der Rechtsprechung des EuGH (InfAuslR 2010, 270 Rn. 71 = BeckRS 2010, 90522 – Kommission / Niederlande) nicht jede im Vergleich zur Lage der Unionsbürger höhere Gebühr notwendigerweise unverhältnismäßig. Vielmehr geht der Gerichtshof davon aus, dass Gebühren, die etwas höher sind als die von Unionsbürgern für die Ausstellung entsprechender Dokumente verlangten, in bestimmten Sonderfällen als verhältnismäßig angesehen werden können. Der nationale Gesetzgeber hat die Gebührenregelung inzwischen an diese Rechtsprechung angepasst.

18   Allgemein anerkannt ist, dass die **Verlängerung** der für die Entstehung eines eigenständigen Aufenthaltsrechts des nachziehenden Ehegatten (→ Rn. 11) erforderlichen **Ehebestandszeit von zwei auf drei Jahre** in § 31 Abs. 1 S. 1 Nr. 1 AufenthG einen Verstoß gegen die Stillhalteklausel des Art. 13 darstellt und deshalb für die Ehegatten von Assoziationsberechtigten die vorherige günstigere Regelung zur Anwendung kommt.

19   Hinsichtlich der **Ausweisung von Assoziationsberechtigten** ist streitig, ob die Neuregelung in den §§ 53 ff. AufenthG eine Verschlechterung gegenüber der zuvor geltenden Rechtslage darstellt (BeckOK AuslR/Kurzidem Rn. 15 f. mwN). Die mit Inkrafttreten des AufenthG am 1.1.2005 einhergehende **Integration des Arbeitsgenehmigungsrechts in das Aufenthaltsrecht** (→ Art. 10 Rn. 7) verstößt nach Ansicht des BVerwG (NVwZ 2010, 1101 Rn. 23) nicht gegen die Stillhalteklausel des Art. 13 (→ Art. 10 Rn. 8).

C. Stillhalteklausel des Art. 41 Abs. 1 EWGTRAssZusProt

I. Bedeutung und Tragweite der Bestimmung

20   Die in Art. 41 Abs. 1 EWGTRAssZusProt enthaltene Stillhalteklausel **verbietet** allgemein die **Einführung neuer Maßnahmen,** die **bezwecken oder bewirken,** dass die Ausübung der Niederlassungsfreiheit oder des freien Dienstleistungsverkehrs durch einen türkischen Staatsangehörigen in einem Mitgliedstaat strengeren Voraussetzungen als denjenigen unterworfen wird, die für ihn galten, als das Zusatzprotokoll in Bezug auf den betreffenden Mitgliedstaat in Kraft trat (EuGH NVwZ 2012, 97 Rn. 88 – Derici). Art. 41 Abs. 1 EWGTRAssZusProt steht somit **vom Zeitpunkt seines Inkrafttretens** in der Bundesrepublik Deutschland (1.1.1973) an **der Einführung neuer Beschränkungen** der Ausübung der Niederlassungsfreiheit oder der Dienstleistungsfreiheit **einschließlich solchen** entgegen, die die **materiell- und / oder verfahrensrechtlichen Voraussetzungen für die erstmalige Aufnahme** türkischer Staatsangehöriger im Bundesgebiet betreffen, die hier von diesen wirtschaftlichen Freiheiten Gebrauch machen wollen (EuGH NVwZ 2011, 1447 Rn. 22 – Oguz).

21   Dabei **kann die Stillhalteklausel des Art. 41 Abs. 1 EWGTRAssZusProt nicht aus sich selbst heraus einem türkischen Staatsangehörigen das Niederlassungsrecht und das damit einhergehende Aufenthaltsrecht verleihen.** Die erstmalige Zulassung der Einreise eines türkischen Staatsangehörigen in einen Mitgliedstaat unterliegt ausschließlich dem Recht dieses Staates und der Betroffene kann sich auf bestimmte Rechte auf dem Gebiet der Ausübung einer Beschäftigung oder einer selbstständigen Tätigkeit und damit verbunden auf dem Gebiet des Aufenthalts von Gemeinschaftsrechts wegen **nur berufen,** wenn er sich in dem betreffenden Mitgliedstaat in einer **ordnungsgemäßen Situation befindet.** Die **Stillhalteklausel verwehrt nur** den Erlass neuer Maßnahmen, die den Zweck oder die Folge haben, dass die Niederlassung und damit verbunden der Aufenthalt eines türkischen Staatsangehörigen strengeren Bedingungen unterworfen werden als denjenigen, die am 1.1.1973 galten (EuGH NVwZ-Beil. 2000, 139 Rn. 64–69 – Savas). Die Stillhalteklausel ist somit als solche nicht geeignet, einem türkischen Staatsangehörigen ein Niederlassungsrecht und damit verbunden ein Recht auf Aufenthalt in dem Mitgliedstaat, in dem er sich **unter Verstoß gegen das nationale Einwanderungsrecht** aufgehalten und als Selbstständiger berufliche Tätigkeiten ausgeübt hat, zu verleihen. Die **Auslegung des innerstaatlichen Rechts,** um festzustellen, ob die im konkreten Fall auf den türkischen Staatsangehörigen angewandte Regelung ungünstiger ist als diejenige, die zum Zeitpunkt des Inkrafttretens des Zusatzprotokolls galt, ist **Sache der nationalen Gerichte** (EuGH NVwZ-Beil.

2000, 139 Rn. 71 – Savas). Diese haben einen Vergleich der aktuell im Bundesgebiet geltenden Anforderungen mit den am 1.1.1973 geltenden vorzunehmen.

Eine **neue Beschränkung ist auch dann unzulässig,** wenn ihre **Einführung in Umsetzung** **22** **eines abgeleiteten Gemeinschaftsrechts** erfolgt (zB Erfordernis eines Schengen-Visums für die Einreise türkischer Staatsangehöriger in das Bundesgebiet nach § 4 Abs. 1 AufenthG, § 6 Abs. 1 AufenthG iVm Art. 1 Abs. 1 EU-Visum-VO 2001 – VO (EG) 539/2001 v. 15.3.2001, ABl. 2001 L 81, 1, ab 19.12.2018 EU-Visum-VO – VO (EU) 2018/1806 v. 14.11.2018, ABl. 2018 L 303, 39). Der Vorrang der von der Gemeinschaft geschlossenen völkerrechtlichen Übereinkommen vor den Rechtsakten des abgeleiteten Gemeinschaftsrechts verlangt es, letztere nach Möglichkeit in Übereinstimmung mit diesen Übereinkommen auszulegen (EuGH NVwZ 2009, 513 Rn. 59 – Soysal, Savatli). In Reaktion auf diese Entscheidung hat das Bundesministerium des Innern mit Erlass v. 6.5.2009 (M13-125 156/115) die Visumpflicht für türkische Lkw-Fahrer ausgesetzt, die als Beschäftigte eines Arbeitgebers mit Sitz in der Türkei grenzüberschreitende Lkw-Fahrten nach Deutschland durchführen, sich nicht länger als zwei Monate im Bundesgebiet aufhalten und die Transportleistung rechtmäßig erbringen können. Für weitere Fallgruppen der Dienstleistungserbringung (Montage- und Instandhaltungsarbeiten, fahrendes Personal im Personen- und Güterverkehr, Vorträge oder Darbietungen von wissenschaftlichem oder künstlerischem Wert oder sportlichen Charakters) wird von der Visumpflicht abgesehen.

Dagegen verwehrt die Stillhalteklausel des Art. 41 Abs. 1 EWGTRAssZusProt nicht den Erlass **23** von Vorschriften, die in gleicher Weise **auf türkische Staatsangehörige und auf Unionsbürger** Anwendung finden (EuGH NVwZ 2009, 513 Rn. 61 – Soysal, Savatli).

II. Begünstigter Personenkreis

Da Art. 41 Abs. 1 EWGTRAssZusProt nach seinem Wortlaut anders als Art. 13, der einen **24** ordnungsgemäßen Aufenthalt und eine ordnungsgemäße Beschäftigung voraussetzt, ohne weitere Voraussetzungen die Einführung neuen Beschränkungen der Niederlassungsfreiheit und des freien Dienstleistungsverkehrs verbietet, kommt es nach der Rechtsprechung des EuGH (NVwZ 2011, 1447 Rn. 33 – Oguz; NVwZ 2008, 61 Rn. 68 – Tum, Dari = abgelehnte Asylbewerber) für die Anwendung der Stillhalteklausel nicht darauf an, ob sich ein türkischer Staatsangehöriger zu dem Zeitpunkt, zu dem er einen Antrag auf Niederlassung im Gebiet eines Mitgliedstaats stellt, rechtmäßig in diesem Staat aufhält oder nicht. Auf die Stillhalteklausel kann sich auch ein türkischer Staatsangehöriger berufen, dessen Aufenthaltserlaubnis mit der Auflage versehen ist, dass ihm eine selbstständige Erwerbstätigkeit untersagt ist, der aber trotzdem unter Verstoß gegen diese Auflage eine selbstständige Tätigkeit aufnimmt und anschließend eine Verlängerung seiner Aufenthaltserlaubnis auf der Grundlage der von ihm zwischenzeitlich aufgenommenen Geschäftstätigkeit beantragt (EuGH NVwZ 2011, 1447 Rn. 46 – Oguz).

Art. 41 Abs. 1 EWGTRAssZusProt hat in der Bundesrepublik insbesondere Bedeutung für die **25** **Dienstleistungsfreiheit.** Deren Inanspruchnahme setzt zunächst die Ausübung einer **wirtschaftlichen** Tätigkeit durch den türkischen Staatsangehörigen voraus. Der Begriff „freier Dienstleistungsverkehr" in Art. 41 Abs. 1 EWGTRAssZusProt umfasst dagegen nicht die Freiheit türkischer Staatsangehöriger, sich als Dienstleistungsempfänger in einen Mitgliedstaat zu begeben, um dort eine Dienstleistung in Anspruch zu nehmen (**passive Dienstleistungsfreiheit;** EuGH NVwZ 2013, 1465 Rn. 63 – Demirkan).

Voraussetzung ist weiter eine **grenzüberschreitende** wirtschaftliche Tätigkeit. Art. 41 Abs. 1 **26** EWGTRAssZusProt betrifft somit nur die türkischen Staatsangehörigen, die von ihrer Freiheit Gebrauch machen, in einem anderen Mitgliedstaat Dienstleistungen zu erbringen. Damit kann sich sowohl ein **Unternehmen mit Sitz in der Türkei,** das rechtmäßig Dienstleistungen in einem Mitgliedstaat erbringt, wie auch die **bei ihm beschäftigten** türkischen Staatsangehörigen, die in der Türkei wohnen und regelmäßig Transporte zwischen der Türkei und Deutschland mit in Deutschland zugelassenen Lkw durchführen auf die Stillhaltklausel berufen (EuGH InfAuslR 2004, 32 Rn. 105 f. = BeckRS 2004, 76304 – Abatay, Sahin / Bundesanstalt für Arbeit; NVwZ 2009, 513 Rn. 44 – Soysal, Savatli). Gegenüber dem Staat, in dem ein Leistungserbringer ansässig ist, kann er sich auf das Recht auf freien Dienstleistungsverkehr nur dann berufen, wenn die Leistungen an Leistungsempfänger erbracht werden, die in einem anderen Mitgliedstaat ansässig sind (EuGH NVwZ 2011, 1447 Rn. 107 – Oguz).

Art. 14

(1) Dieser Abschnitt gilt vorbehaltlich der Beschränkungen, die aus Gründen der öffentlichen Ordnung, Sicherheit und Gesundheit gerechtfertigt sind.

(2) Er berührt nicht die Rechte und Pflichten, die sich aus den einzelstaatlichen Rechtsvorschriften oder zweiseitigen Abkommen zwischen der Türkei und den Mitgliedstaaten der Gemeinschaft ergeben, soweit sie für ihre Staatsangehörigen keine günstigere Regelung vorsehen.

Überblick

Die Vorschrift eröffnet in Abs. 1 die Möglichkeit einer Aufenthaltsbeendigung, insbesondere einer Ausweisung von Assoziationsberechtigten und bestimmt zugleich den Maßstab, dem diese Aufenthaltsbeendigung genügen muss; sie ist nur zulässig aus Gründen der öffentlichen Ordnung, Sicherheit und Gesundheit (→ Rn. 1 f.). Mit der Neuregelung der Ausweisung von Assoziationsberechtigten und ihren Familienangehörigen in § 53 Abs. 3 AufenthG in der seit dem 1.1.2016 geltenden Fassung wurden die in der Rechtsprechung des EuGH entwickelten Maßstäbe zur Konkretisierung des Art. 14 Abs. 1 in das nationale Recht übertragen (→ Rn. 3 ff.). Abs. 2 bestimmt zu Gunsten von Assoziationsberechtigten ein allgemeines Günstigkeitsprinzip. Regelungen des nationalen Rechts oder in bilateralen Abkommen, die im Vergleich zu den Regelungen in Art. 6 ff. günstiger sind, gehen den Regelungen in Art. 6 ff. vor (→ Rn. 12).

A. Aufenthaltsbeendigung von Assoziationsberechtigten (Abs. 1)

I. Die in der Rechtsprechung des EuGH entwickelten Maßstäbe

1   Der ARB 1/80 enthält keine eigenständigen Vorschriften über die Beendigung des Aufenthalts assoziationsberechtigter türkischer Staatsangehöriger im Aufnahmemitgliedstaat, sondern lediglich in Art. 14 Abs. 1 einen Beschränkungsvorbehalt. Danach gilt Abschnitt 1 des ARB 1/80 (nur) vorbehaltlich der Beschränkungen, die aus Gründen der öffentlichen Ordnung, Sicherheit und Gesundheit gerechtfertigt sind. Hieraus ergibt sich ein **besonderer Ausweisungsschutz für assoziationsberechtigte türkische Staatsangehörige.** Hinsichtlich dessen **Umfang** ist nach der ständigen Rechtsprechung des EuGH (NVwZ 2000, 1029 – Nazli; NVwZ 2012, 422 – Ziebell) auf die für freizügigkeitsberechtigte Unionsbürger geltenden Grundsätze zurückzugreifen. Allerdings sind dabei die **weitergehenden Schutzwirkungen des Art. 28 Abs. 3 Freizügigkeits-RL** (Ausweisung nach zehnjährigem Aufenthalt im Bundesgebiet und generell bei Minderjährigen nur aus zwingenden Gründen der öffentlichen Sicherheit zulässig; → FreizügG/EU § 6 Rn. 15 ff.) wegen der grundsätzlichen Unterschiede der durch die Freizügigkeits-RL vermittelten Rechtsstellung des Unionsbürgers zu der eines Assoziationsberechtigten **nicht anzuwenden.** Vielmehr ist der **Ausweisungsschutz** – nach Aufhebung der auch auf Assoziationsberechtigte angewandten RL 64/221/EWG (v. 25.2.1964, ABl. 1964 L 56, 878) mWv 30.4.2006 (→ Rn. 9) – nach **Art. 12 Daueraufenthalts-RL** (RL 2003/109/EG v. 25.11.2003, ABl. 2004 L 16, 44) **zu bestimmen** (EuGH NVwZ 2012, 422 – Ziebell).

2   Gemäß Art. 12 Daueraufenthalts-RL darf ein **langfristig Aufenthaltsberechtigter** nur ausgewiesen werden, wenn er eine **gegenwärtige, hinreichend schwere Gefahr für die öffentliche Ordnung oder die öffentliche Sicherheit** darstellt (Art. 12 Abs. 1 Daueraufenthalts-RL), die Ausweisungsverfügung darf nicht auf wirtschaftlichen Überlegungen beruhen (Art. 12 Abs. 2 Daueraufenthalts-RL) und die zuständigen Behörden haben die Dauer des Aufenthalts der betreffenden Person im Aufenthaltsstaat, ihr Alter, die Folgen einer Ausweisung für die betreffende Person und ihre Familienangehörigen sowie ihre Bindungen zum Aufenthaltsstaat oder fehlende Bindungen zum Herkunftsstaat zu berücksichtigen (Art. 12 Abs. 3 Daueraufenthalts-RL). Da nach ständiger Rechtsprechung des EuGH Ausnahmen und Abweichungen von der Grundfreiheit der Arbeitnehmer eng auszulegen sind, dürfen zudem Maßnahmen, die aus Gründen der öffentlichen Ordnung oder der öffentlichen Sicherheit gerechtfertigt sind, nur getroffen werden, wenn sich nach einer Einzelfallprüfung durch die zuständigen nationalen Behörden herausstellt, dass das **individuelle Verhalten der betroffenen Person** eine **gegenwärtige, hinreichend schwere Gefahr für ein Grundinteresse der Gesellschaft darstellt.** Darüber hinaus müssen sowohl der Grundsatz der **Verhältnismäßigkeit** als auch die Grundrechte des Betroffenen, insbesondere das Recht auf Achtung des Privat- und Familienlebens, gewahrt werden.

1. Rechtslage seit 1.1.2016: Ausweisung nach §§ 53 ff. AufenthG

Mit dem Gesetz zur Neubestimmung des Bleiberechts und der Aufenthaltsbeendigung v. **3** 27.7.2015 (BGBl. I 1386) hat der Gesetzgeber mWv 1.1.2016 das nationale **Ausweisungsrecht neu geregelt.** Das bis dahin geltende gestufte System der Ist-, Regel- und Ermessensausweisung ist durch einen einheitlichen Ausweisungstatbestand ersetzt worden. Nach § 53 Abs. 1 AufenthG ist auf der Tatbestandsebene unter Berücksichtigung aller Umstände des Einzelfalls eine Interessenabwägung vorzunehmen. Abzuwägen ist das Interesse an der Ausreise des Betroffenen aus dem Bundesgebiet gegen sein Interesse an einem Verbleib. Überwiegt das Interesse an der Ausreise, **ist** der Ausländer auszuweisen. Mangels einer Übergangsregelung ist die gesetzliche Neuregelung auch auf am 1.1.2016 bereits anhängige Ausweisungsverfahren anzuwenden.

Hinsichtlich der Ausweisung von Assoziationsberechtigten und ihren Familienangehörigen **4** wurden **die in der Rechtsprechung des EuGH entwickelten Maßstäbe zur Konkretisierung des Art. 14 Abs. 1 in § 53 Abs. 3 AufenthG in das nationale Recht übertragen.** Danach darf ein Ausländer, dem nach dem ARB 1/80 ein Aufenthaltsrecht zusteht, nur ausgewiesen werden, wenn das persönliche Verhalten des Betroffenen gegenwärtig eine schwerwiegende Gefahr für die öffentliche Sicherheit und Ordnung darstellt, die ein Grundinteresse der Gesellschaft berührt und die Ausweisung für die Wahrung dieses Interesses unerlässlich ist.

2. Persönliches Verhalten des Betroffenen

Eine Ausweisung darf nicht automatisch aufgrund einer strafrechtlichen Verurteilung oder zum **5** Zweck der Generalprävention – um andere Ausländer vor der Begehung von Straftaten abzuschrecken – angeordnet werden (EuGH NJW 2008, 2736 – Bozkurt; NJW 2012, 422 – Ziebell). Zulässig ist eine Ausweisung **ausschließlich aus spezialpräventiven Gründen;** wird die Ausweisung auch nur mittragend auf generalpräventive Erwägungen gestützt, wird den Anforderungen des Art. 14 Abs. 1 nicht genügt und die Ausweisung ist rechtswidrig (BVerwG BeckRS 2006, 20218).

3. Gegenwärtige Gefährdung der öffentlichen Sicherheit und Ordnung

Erforderlich ist zunächst eine **Prognose** über die vom Assoziationsberechtigten aktuell ausge **6** hende Gefahr für die öffentliche Sicherheit und Ordnung. Stützt sich die Gefahr wie im Regelfall auf die vorherige Begehung einer Straftat, muss zum **maßgeblichen Zeitpunkt** der Entscheidung der letzten Tatsacheninstanz vom Betroffenen eine mit der erforderlichen Wahrscheinlichkeit drohende **Gefahr der Wiederholung** von einschlägigen Straftaten ausgehen. Zu berücksichtigen sind alle nach der letzten Behördenentscheidung eingetretenen Tatsachen, die den Wegfall oder eine nicht unerhebliche Verminderung der gegenwärtigen Gefährdung mit sich bringen können. Nach der Rechtsprechung des BVerwG (InfAuslR 2010, 3 = BeckRS 2009, 40444) wird der dabei anzulegende **Wahrscheinlichkeitsmaßstab** mit wachsendem Gewicht des gefährdeten Rechtsguts geringer (aA VGH BW NVwZ-RR 2012, 492 Rn. 47, der dies als nicht vereinbar mit den vom EuGH entwickelten Grundsätzen ansieht), darf jedoch nicht so weit abgesenkt werden, dass der Betroffene darlegen oder sogar beweisen muss, dass die Begehung von Straftaten in Zukunft mit Sicherheit ausgeschlossen werden kann (VGH BW InfAuslR 2013, 176 Rn. 39 = BeckRS 2013, 47868). Die Einholung eines **Sachverständigengutachtens** ist nur dann erforderlich, wenn dem Gericht, zB bei einer psychischen Erkrankung des Betroffenen, die erforderliche Sachkunde fehlt. Die **Aussetzung eines Strafrestes zur Bewährung** durch die Strafgerichte nach § 57 Abs. 1 und Abs. 2 StGB oder § 88 Abs. 1 und Abs. 2 JGG bindet die Ausländerbehörde schon deshalb nicht, weil sie bei ihrer Prognoseentscheidung einen weiteren Zeithorizont in den Blick zu nehmen hat als das Strafgericht (BayVGH BeckRS 2016, 45476; aber → Rn. 7).

4. Grundinteresse der Gesellschaft

Aus der Wiederholungsgefahr muss sich weiter eine hinreichend schwere Gefahr für ein **7** **Grundinteresse der Gesellschaft** ergeben. Hierfür ist eine – auch serienmäßig begangene (EuGH NVwZ 2008, 59 Rn. 36 – Polat) – Bagatell- oder auch Kleinkriminalität nicht ausreichend; auch eine kleine bis mittlere Betrugskriminalität dürfte nicht ausreichen (VG Aachen BeckRS 2016, 45719). Nach der Rechtsprechung des VGH BW (InfAuslR 2013, 176 Rn. 49 f. = BeckRS 2013, 47868) entspricht bei einer **Aussetzung der Reststrafe** nach § 57 Abs. 1 und Abs. 2 StGB oder § 88 Abs. 1 und Abs. 2 JGG eine Ausweisung grundsätzlich nicht dem Grundinteresse der Gesellschaft, zumindest jedenfalls dann nicht, wenn der Ausländer längere Zeit im Bundesgebiet gelebt und hier wesentliche Teile seiner Sozialisierung erfahren hat. Etwas anderes könne gelten, wenn die Aussetzungsentscheidung sich als offenkundig fehlerhaft erweise oder infolge aktueller Entwicklungen überholt sei.

5. Unerlässlichkeit der Ausweisung

8   Für die Wahrung dieses Grundinteresses der Gesellschaft muss die **Ausweisung unerlässlich** sein. Sie muss dem Grundsatz der **Verhältnismäßigkeit** entsprechen. Dabei ist unter **Berücksichtigung aller Umstände des Einzelfalls** eine Interessenabwägung vorzunehmen. Abzuwägen ist das Interesse an der Ausreise des Betroffenen aus dem Bundesgebiet gegen sein Interesse an einem Verbleib. Die Ausweisung muss weiter sowohl den verfassungsrechtlichen Vorgaben des **Art. 6 GG** als auch den Vorgaben des **Art. 8 EMRK** genügen.

6. Keine verfahrensrechtlichen Vorgaben mehr

9   Die Durchführung eines **Widerspruchsverfahrens** ist **nicht mehr zwingend erforderlich.** Die RL 64/221/EWG (v. 25.2.1964, ABl. 1964 L 56, 878), deren Art. 9 Abs. 1 das sog. „**Vier-Augen-Prinzip**" vorgeschrieben hatte, ist gem. Art. 38 Abs. 2 Freizügigkeits-RL (RL 2004/38/EG v. 29.4.2004, ABl. 2004 L 158, 77) mWv 30.4.2006 aufgehoben worden. Damit ist Art. 9 Abs. 1 RL 64/221/EWG auch nicht mehr – entsprechend – auf assoziationsrechtlich privilegierte türkische Staatsangehörige anzuwenden (zur früheren Anwendung des „Vier-Augen-Prinzips": EuGH NVwZ 2004, 1099 Rn. 103 ff. – Orfanopoulos und Oliveri / Land Baden-Württemberg). Die nunmehr geltenden unionsrechtlichen Verfahrensgarantien begründen nicht die Notwendigkeit, ein Vorverfahren durchzuführen. Das „Vier-Augen-Prinzip" des Art. 9 Abs. 1 RL 64/221/EWG wurde ersetzt durch das in Art. 31 Abs. 1 Freizügigkeits-RL normierte **Rechtsschutzkonzept.** Das nationale Rechtsschutzsystem einschließlich der Möglichkeiten zur Erlangung vorläufigen Rechtsschutzes (→ Rn. 10) entspricht den unionsrechtlichen Vorgaben (BVerwG BeckRS 2012, 56736). Die Verlagerung der Verfahrensgarantien auf die Rechtsschutzebene stellt nach der Rechtsprechung des BVerwG schon deshalb keinen Verstoß gegen die Stillhalteklauseln des Art. 13 sowie des Art. 41 Abs. 1 EWGTRAssZusProt (→ Art. 13 Rn. 1) dar, weil Art. 59 EWGTRAssZusProt eine Besserstellung von Assoziationsberechtigten gegenüber Unionsbürgern verbietet (BVerwG NVwZ 2013, 365 Rn. 22 ff.; → Art. 13 Rn. 7).

7. Widerspruch und Klage

10   Solange Widerspruch und Klage gegen eine Ausweisungsverfügung aufschiebende Wirkung entfalten, erlischt ein assoziationsrechtliches Aufenthaltsrecht nicht. § 84 Abs. 2 S. 1 AufenthG, wonach Widerspruch und Klage unbeschadet ihrer aufschiebenden Wirkung die Wirksamkeit der Ausweisung unberührt lassen, findet auf assoziationsberechtigte türkische Staatsangehörige nach dem europarechtlichen Grundsatz des „effet utile" keine Anwendung (VGH BW NVwZ-RR 2011, 172 Rn. 13 ff.).

II. Altausweisungen

11   **Bestandskräftige Ausweisungsverfügungen,** die ergangen sind, bevor eine Klärung der Voraussetzungen einer Ausweisung von assoziationsberechtigten türkischen Staatsangehörigen durch den EuGH erfolgt ist, gelten fort. Ein **Anspruch** des Betroffenen **auf Wiederaufgreifen des Verfahrens** nach § 51 VwVfG ergibt sich nicht aus der nachträglichen Klärung gemeinschaftsrechtlicher Fragen durch den EuGH und der hierauf beruhenden Änderung der höchstrichterlichen nationalen Rechtsprechung, denn dies hat nicht zu einer Änderung der Rechtslage iSd § 51 Abs. 1 Nr. 1 VwVfG geführt. Eine Änderung der Rechtsprechung führt grundsätzlich nicht zu einer Änderung der Rechtslage. Eine solche verlangt eine Änderung im Bereich des materiellen Rechts, dem eine allgemein verbindliche Außenwirkung zukommt (BVerwG NVwZ 2010, 656 Rn. 21). Nunmehr ist jedoch eine Änderung des materiellen Rechts erfolgt, denn die in der Rechtsprechung des EuGH entwickelten Maßstäbe zur Ausweisung von Assoziationsberechtigten und ihren Familienangehörigen sind mWv 1.1.2016 in § 53 Abs. 3 AufenthG in das nationale Recht übertragen worden. Dennoch ist fraglich, ob sich daraus ein **Anspruch** des Betroffenen **auf Wiederaufgreifen** des Verfahrens nach § 51 Abs. 1 Nr. 1 VwVfG ergibt. Fraglich ist bereits, ob neben der speziell geregelten Befristung der Wirkungen einer Ausweisung überhaupt Bedarf und Raum für das Wiederaufgreifen des Ausweisungsverfahrens im Hinblick auf nachträgliche Änderungen der Rechtslage besteht (BVerwG NVwZ 2008, 82).

B. Günstigkeitsprinzip (Abs. 2)

Die Vorschrift enthält ein allgemeines Günstigkeitsprinzip. Regelungen des nationalen Rechts **12** oder in bilateralen Abkommen zwischen der Türkei und der Bundesrepublik, die im Vergleich zu den Regelungen in Art. 6 ff. günstiger sind, gehen den Regelungen in Art. 6 ff. vor. Die Vorschrift hat in der aktuellen Praxis keine nennenswerte Bedeutung.

Art. 15

(1) Damit der Assoziationsrat in der Lage ist, die ausgewogene Anwendung dieses Abschnitts zu überwachen und sich zu vergewissern, dass sie unter Bedingungen erfolgt, die die Gefahr von Störungen auf den Arbeitsmärkten ausschließen, führt er in regelmäßigen Zeitabständen einen Meinungsaustausch durch, um für eine bessere gegenseitige Kenntnis der wirtschaftlichen und sozialen Lage einschließlich der Lage auf dem Arbeitsmarkt und seiner Entwicklungsaussichten in der Gemeinschaft und in der Türkei zu sorgen.
Er legt jährlich dem Assoziationsrat einen Tätigkeitsbericht vor.

(2) Der Assoziationsausschuss ist befugt, sich im Hinblick auf die Durchführung von Absatz 1 von einer Ad-hoc-Gruppe unterstützen zu lassen.

Die etwas irritierend formulierte Bestimmung beschreibt die Aufgaben des Assoziationsrats und **1** des Assoziationsausschusses bei der Überwachung der ausgewogenen Anwendung des Abschnitts 1 des ARB 1/80. Assoziationsrat und Assoziationsausschuss müssen sich vergewissern, dass dessen Anwendung unter Bedingungen erfolgt, die die Gefahr von Störungen auf den Arbeitsmärkten ausschließen. Zur Erreichung dieses Ziel hat der Assoziationsrat in regelmäßigen Zeitabständen einen Meinungsaustausch durchzuführen. Die Bestimmung hat keine individualrechtliche Bedeutung.

Art. 16

(1) Die Bestimmungen dieses Abschnitts sind ab 1. Dezember 1980 anwendbar.

(2) Ab 1. Juni 1983 prüft der Assoziationsrat insbesondere im Lichte der in Artikel 15 genannten Tätigkeitsberichte die Ergebnisse der Anwendung dieses Abschnitts, um die ab 1. Dezember 1983 möglichen Lösungen auszuarbeiten.

Überblick

Abs. 1 der Bestimmung regelt den Zeitpunkt der Anwendbarkeit des Abschnitts 1 des ARB 1/80 (Art. 6 ff.); dieser Zeitpunkt ist insbesondere für die stand-still-Klausel des Art. 13 (→ Art. 13 Rn. 1 ff.) von Bedeutung (→ Rn. 1). Abs. 2 sieht die Möglichkeit vor, dass der Assoziationsrat ab 1.12.1983 Lösungen ausarbeitet für Probleme, die bei der Umsetzung der Art. 6 ff. entstanden sind (→ Rn. 2).

Gemäß Art. 30 ist der ARB 1/80 insgesamt bereits am 1.7.1980 in Kraft getreten. Sein die **1** Beschäftigung und die Freizügigkeit der Arbeitnehmer regelnder Abschnitt 1 (Art. 6 ff.) ist jedoch nach Art. 16 Abs. 1 erst ab 1.12.1980 anwendbar. Dieser Zeitpunkt ist insbesondere für die **stand-still-Klausel des Art. 13** (→ Art. 13 Rn. 1 ff.) von Bedeutung. Diese verbietet die Einführung neuer Beschränkungen der Bedingungen für den Zugang zum Arbeitsmarkt für sich ordnungsgemäß im Aufnahmemitgliedstaat aufhaltende türkische Arbeitnehmer und ihre Familienangehörige im Vergleich zu den Bedingungen, die für sie zum Zeitpunkt der Anwendbarkeit des ARB 1/80 galten. Greift die stand-still-Klausel ein, kommen die für den Personenkreis erfassten Personenkreis günstigeren, aktuell jedoch nicht mehr geltenden Rechtsnormen zur Anwendung. Erforderlich ist deshalb ein Vergleich zwischen der derzeitigen Rechtslage und der Rechtslage am 1.12.1980 (→ Art. 13 Rn. 5).

Der ARB 1/80 ersetzt ab dem 1.12.1980 den zunächst vom Assoziationsrat am 20.12.1976 **2** gefassten Beschluss Nr. 2/76 (→ Art. 6 Rn. 2). Für die Zeit vom 20.12.1976 bis 30.11.1980 kommt der ARB 2/76 zur Anwendung (EuGH BeckRS 2018, 17481 Rn. 48 – Yön).

3   Von der in Abs. 2 vorgesehenen Möglichkeit, Lösungen zu erarbeiten für Probleme, die bei
der Umsetzung der Art. 6 ff. entstanden sind, hat der Assoziationsrat bislang keinen Gebrauch
gemacht.

Abschnitt 2. Sozio-kulturelle Förderung und Austausch junger Arbeitnehmer

Art. 17

**Die Mitgliedstaaten und die Türkei arbeiten entsprechend ihrer jeweiligen einzelstaatlichen Lage und gemäß ihrer Rechtsordnungen bei Maßnahmen zur sozio-kulturellen
Förderung der türkischen Arbeitnehmer und ihrer Familienangehörigen zusammen,
insbesondere im Hinblick auf das Schreibenlernen, die Erlernung der Sprache des Aufnahmelandes, die Wahrung der Bindungen zur türkischen Kultur sowie den Zugang zur
Berufsausbildung.**

1   Der Vorschrift kommt keine individualrechtliche Bedeutung zu.

Art. 18

**Der Assoziationsausschuss arbeitet eine vom Assoziationsrat an die Mitgliedstaaten
der Gemeinschaft und an die Türkei zu richtende Empfehlung für die Durchführung
von Maßnahmen aus, um jungen Arbeitnehmern, welche eine Grundausbildung in
ihrem Land erhalten haben, die Möglichkeit zu geben, an ihre Berufsausbildung ergänzenden Praktika unter den Bedingungen des Artikels 40 des Zusatzprotokolls teilzunehmen.
Er verfolgt die tatsächliche Durchführung dieser Bestimmung.**

1   Der Vorschrift kommt keine individualrechtliche Bedeutung zu.

Kapitel III. Wirtschaftliche und technische Zusammenarbeit

Art. 30

Dieser Beschluss tritt am 1. Juli 1980 in Kraft.

1   Die Vorschrift regelt das Inkrafttreten des ARB 1/80 insgesamt, der inhaltlich den ARB 2/76
ablöst (→ Art. 6 Rn. 2). Der die Beschäftigung und die Freizügigkeit der Arbeitnehmer regelnde
Abschnitt 1 (Art. 6 ff.) ist erst seit dem 1.12.1980 anwendbar (Art. 16). Dieser Zeitpunkt ist
insbesondere für die stand-still-Klausel des Art. 13 (→ Art. 13 Rn. 1 ff.) von Bedeutung (→
Art. 16 Rn. 1 ff.).

Gesetz über die allgemeine Freizügigkeit von Unionsbürgern (Freizügigkeitsgesetz/EU – FreizügG/EU)

Vom 30. Juli 2004
(BGBl. I S. 1950, 1986)
FNA 26-13

§ 1 Anwendungsbereich; Begriffsbestimmungen

(1) Dieses Gesetz regelt die Einreise und den Aufenthalt von
1. Unionsbürgern,
2. Staatsangehörigen der EWR-Staaten, die nicht Unionsbürger sind,
3. Staatsangehörigen des Vereinigten Königreichs Großbritannien und Nordirland nach dessen Austritt aus der Europäischen Union, denen nach dem Austrittsabkommen Rechte zur Einreise und zum Aufenthalt gewährt werden,
4. Familienangehörigen der in den Nummern 1 bis 3 genannten Personen,
5. nahestehenden Personen der in den Nummern 1 bis 3 genannten Personen sowie
6. Familienangehörigen und nahestehenden Personen von Deutschen, die von ihrem Recht auf Freizügigkeit nach Artikel 21 des Vertrages über die Arbeitsweise der Europäischen Union nachhaltig Gebrauch gemacht haben.

(2) Im Sinne dieses Gesetzes
1. sind Unionsbürger Staatsangehörige anderer Mitgliedstaaten der Europäischen Union, die nicht Deutsche sind,
2. ist Lebenspartner einer Person
   a) ein Lebenspartner im Sinne des Lebenspartnerschaftsgesetzes sowie
   b) eine Person, die auf der Grundlage der Rechtsvorschriften eines Mitgliedstaates der Europäischen Union oder eines EWR-Staates eine eingetragene Partnerschaft eingegangen ist,
3. sind Familienangehörige einer Person
   a) der Ehegatte,
   b) der Lebenspartner,
   c) die Verwandten in gerader absteigender Linie der Person oder des Ehegatten oder des Lebenspartners, die das 21. Lebensjahr noch nicht vollendet haben oder denen von diesen Unterhalt gewährt wird, und
   d) die Verwandten in gerader aufsteigender Linie der Person oder des Ehegatten oder des Lebenspartners, denen von diesen Unterhalt gewährt wird,
4. sind nahestehende Personen einer Person
   a) Verwandte im Sinne des § 1589 des Bürgerlichen Gesetzbuchs und die Verwandten des Ehegatten oder des Lebenspartners, die nicht Familienangehörige der Person im Sinne der Nummer 3 sind,
   b) ledige Kinder, die das 18. Lebensjahr noch nicht vollendet haben, unter Vormundschaft von oder in einem Pflegekindverhältnis zu der Person stehen und keine Familienangehörigen im Sinne von Nummer 3 Buchstabe c sind, sowie
   c) eine Lebensgefährtin oder ein Lebensgefährte, mit der oder dem die Person eine glaubhaft dargelegte, auf Dauer angelegte Gemeinschaft eingegangen ist, die keine weitere Lebensgemeinschaft gleicher Art zulässt, wenn die Personen beide weder verheiratet noch Lebenspartner einer Lebenspartnerschaft im Sinne der Nummer 2 sind,
5. ist das Austrittsabkommen das Abkommen über den Austritt des Vereinigten Königreichs Großbritannien und Nordirland aus der Europäischen Union und der Europäischen Atomgemeinschaft (ABl. L 29 vom 31.1.2020, S. 7) und
6. sind britische Staatsangehörige die in Artikel 2 Buchstabe d des Austrittsabkommens genannten Personen.

Überblick

§ 1, der den Anwendungsbereich des FreizügG/EU regelt, ist durch das Gesetz zur aktuellen Anpassung des Freizügigkeitsgesetzes/EU und weiterer Vorschriften an das Unionsrecht v.

12.11.2020 (BGBl. I 2416) völlig neu gefasst worden. Der Anwendungsbereich des FreizügG/EU wird neu definiert, in Anpassung an die Rechtsprechung des EuGH und zur Regelung des Aufenthaltsrechts von britischen Staatsangehörigen nach dem Austritt des Vereinigten Königreichs von Großbritannien und Nordirland aus der EU. Der begünstigte Personenkreis umfasst nunmehr neben den Unionsbürgern und den Staatsangehörigen der EWR-Staaten (Island, Liechtenstein, Norwegen; → Rn. 22) die Staatsangehörigen des Vereinigten Königreichs von Großbritannien und Nordirland, denen nach dem Austrittsabkommen Rechte zur Einreise und zum Aufenthalt gewährt werden (→ Rn. 23 ff.); hinzukommen jeweils die Familienangehörigen dieser Personen (→ Rn. 29 ff.) sowie die ihnen nahestehenden Personen (→ Rn. 38 ff.), auch wenn diese Drittstaatsangehörige sind. Unionsbürger sind nach der Begriffsbestimmung in Abs. 2 Nr. 1 Staatsangehörige anderer Mitgliedstaaten der EU, die nicht Deutsche sind. Haben deutsche Staatsangehörige von ihrem Recht auf Freizügigkeit nachhaltig Gebrauch gemacht, erhalten allerdings ihre Familienangehörigen und darüber hinaus die dem deutschen Staatsangehörigen nahestehenden Personen nach Abs. 1 Nr. 6 ein unionsrechtliches Aufenthaltsrecht (→ Rn. 43 ff.). Abs. 2 definiert die Begriffe Familienangehöriger (→ Rn. 29 ff.), Lebenspartner (→ Rn. 32), nahestehende Person (→ Rn. 38 ff.), Austrittabkommen (→ Rn. 23 f.) und britische Staatsangehörige (→ Rn. 28). Da im FreizügG/EU die europarechtlichen Vorgaben in nationales Recht umgesetzt sind (→ Rn. 4), sind dessen Vorschriften unionsrechtskonform auszulegen und im Kollisionsfall genießt das Gemeinschaftsrecht Anwendungsvorrang (→ Rn. 5 ff.). Das FreizügG/EU regelt grundsätzlich abschließend das Recht auf Einreise und Aufenthalt der in § 1 Abs. 1 genannten Personen. Es geht dem AufenthG vor (§ 1 Abs. 2 Nr. 1 AufenthG); Vorschriften des AufenthG kommen nur zur Anwendung, wenn ausdrücklich auf sie verwiesen wird (→ § 11 Rn. 1 ff.), wenn sie eine günstigere Rechtsstellung vermitteln (§ 11 Abs. 14 S. 1) und nachdem die Ausländerbehörde das Nichtbestehen oder den Verlust des Freizügigkeitsrechts festgestellt hat (§ 11 Abs. 14 S. 2). Der sachliche Geltungsbereich des FreizügG/EU erfasst über den Wortlaut der Vorschrift hinaus im Regelfall nur grenzüberschreitende Sachverhalte (→ Rn. 50).

Übersicht

A. Gemeinschaftsrechtliche Grundlagen

I. Entwicklung

1   Das Recht der Unionsbürger, sich im Hoheitsgebiet der Mitgliedstaaten frei zu bewegen und aufzuhalten, ergibt sich bereits unmittelbar aus dem **primären** Gemeinschaftsrecht. Art. 18 Abs. 1 EGV gewährleistet die allgemeine Freizügigkeit. Spezielle Freizügigkeitsgewährleistungen für bestimmte Personengruppen enthalten Art. 39 EGV (Arbeitnehmerfreizügigkeit), Art. 43 EGV (Niederlassungsfreiheit) und Art. 49 EGV (Dienstleistungsfreiheit). Eine Konkretisierung des Freizügigkeitsrechts erfolgt in Art. 20 Abs. 2 S. 2 lit. a, 21 AEUV (allgemeine Freizügigkeit), Art. 45 AEUV (Arbeitnehmerfreizügigkeit), Art. 49 AEUV (Niederlassungsfreiheit) und Art. 56, 57 AEUV (Dienstleistungsfreiheit).

2   Die nähere Regelung erfolgte sekundärrechtlich zunächst in einer Reihe von Verordnungen und Richtlinien, zuletzt Anfang der 1990er Jahre. Mit der auf der Grundlage der Art. 18, 21, 45, 50 und 59 AEUV erlassenen **Freizügigkeits-RL** (RL 2004/38/EG v. 29.4.2004, ABl. 2004 L

158, 77 – genannt auch **Unionsbürger-RL**) wurden in einem einzigen Rechtsakt die bisherigen umfangreichen Rechtsvorschriften – zwei Verordnungen und neun Richtlinien – zusammengefasst und vereinfacht. Die Freizügigkeits-RL regelt die Bedingungen, unter denen Unionsbürger (Art. 20 AEUV) und ihre Familienangehörigen ihr Recht auf Freizügigkeit und Aufenthalt ausüben können und das Recht auf Daueraufenthalt sowie die Beschränkungen dieser Rechte aus Gründen der öffentlichen Ordnung, Sicherheit und Gesundheit.

Die Kodifizierung in der Freizügigkeits-RL darf nach der ständigen Rechtsprechung des EuGH **3** keinesfalls zu einer Verschlechterung der Rechtsstellung der Unionsbürger führen (grundlegend EuGH NVwZ 2008, 1097 Rn. 59 – Metock), denn „die RL 2004/38/EG bezweckt, wie aus ihrem dritten Erwägungsgrund hervorgeht, das Freizügigkeits- und Aufenthaltsrecht aller Unionsbürger zu vereinfachen und zu verstärken, so dass es nicht in Betracht kommt, dass die Unionsbürger aus dieser Richtlinie weniger Rechte ableiten als aus den Sekundärrechtsakten, die sie ändert oder aufhebt".

II. Umsetzung in Deutschland

Die Umsetzung der unionsrechtlichen Regelungen für Angehörige der Mitgliedstaaten erfolgte **4** in Deutschland zunächst im AufenthG/EWG (Aufenthaltsgesetz/EWG v. 22.7.1969, BGBl. I 927; zuletzt geändert im Jahr 2003) sowie in der FreizügV/EG (Freizügigkeitsverordnung/EG v. 17.7.1997, BGBl. I 1810). Mit dem FreizügG/EU (Freizügigkeitsgesetz/EU v. 30.7.2004, BGBl. I 1950, zuletzt geändert durch Art. 1 des Gesetzes zur aktuellen Anpassung des Freizügigkeitsgesetzes/EU und weiterer Vorschriften an das Unionsrecht v. 12.11.2020, BGBl. I 2416) erfolgte eine Gesamtrevision der Freizügigkeitsregeln für Unionsbürger. Im FreizügG/EU sind – seit der Anpassung durch das Gesetz zur Umsetzung aufenthalts- und asylrechtlicher Richtlinien der Europäischen Union v. 19.8.2007 (BGBl. I 1970) – die Vorgaben der Freizügigkeits-RL vereinfachend zusammengefasst. Im **Gesetz zur aktuellen Anpassung des Freizügigkeitsgesetzes/EU und weiterer Vorschriften an das Unionsrecht v. 12.11.2020** (BGBl. I 2416), erfolgten – um zwischenzeitlich ergangenen Entscheidungen des EuGH Rechnung zu tragen und Vertragsverletzungen gegen die Bundesrepublik Deutschland abzuwenden – noch ausstehende Anpassungen an die Freizügigkeits-RL. Dieses Gesetz enthält darüber hinaus die verfahrensmäßige Umsetzung des Aufenthaltsrechts derjenigen britischen Staatsangehörigen und ihrer Familienangehörigen, denen im Abkommen über den Austritt des Vereinigten Königreichs Großbritannien und Nordirland aus der Europäischen Union und der Europäischen Atomgemeinschaft (**Brexit-Abk**) ein Recht zur Einreise und zum Aufenthalt gewährt wird (→ Rn. 23 ff., → § 16 Rn. 1 ff.).

III. Wirkung des EU-Rechts auf das nationale Recht

Soweit es sich bei den unionsrechtlichen Vorgaben zum Freizügigkeitsrecht der Unionsbürger **5** um unmittelbar anwendbares Recht handelt, werden bei einer Kollision die Bestimmungen des FreizügG/EU im Wege des Anwendungsvorrangs verdrängt (→ Rn. 6 ff.). Handelt es sich bei den unionsrechtlichen Vorgaben lediglich um Zielvorgaben, sind die Bestimmungen des FreizügG/ EU europarechtskonform auszulegen (Bergmann/Dienelt/Dienelt Vor § 1 Rn. 53; → Rn. 11).

1. Anwendungsvorrang

Soweit es sich bei den unionsrechtlichen Vorgaben zum Freizügigkeitsrecht der Unionsbürger **6** um unmittelbar in den Mitgliedstaaten anwendbares Recht handelt, überlagern diese im Wege des Anwendungsvorrangs das nationale Recht. Die nationalen Ausländerbehörden und Gerichte sind verpflichtet, diese Freizügigkeitsrechte als unmittelbar geltendes Recht innerstaatlich durchzusetzen und entgegenstehendes nationales Recht nicht anzuwenden (Hailbronner AuslR Vorb. Rn. 13).

Unmittelbar anwendbar sind die **primärrechtlich** in Art. 39 EGV (Arbeitnehmerfreizügigkeit), **7** Art. 43 EGV (Niederlassungsfreiheit) und Art. 49 EGV (Dienstleistungsfreiheit) sowie konkretisierend in Art. 20 Abs. 2, 21 AEUV (allgemeine Freizügigkeit), Art. 45 AEUV (Arbeitnehmerfreizügigkeit), Art. 49 AEUV (Niederlassungsfreiheit) und Art. 56, 57 AEUV (Dienstleistungsfreiheit) niedergelegten Freizügigkeitsgewährleistungen. Auch die von der EU mit Drittstaaten abgeschlossenen Verträge und Abkommen sind Bestandteil des unmittelbar geltenden Unionsrechts und haben deshalb Anwendungsvorrang vor entgegenstehenden Bestimmungen des nationalen Rechts (zB das FreizügAbk EG-CH → Rn. 27; → § 12 Rn. 3 ff.).

Sekundärrechtliche Regelungen sind nur teilweise unmittelbar anwendbar. Es ist zwischen **8** EU-Verordnungen und Richtlinien zu differenzieren. EU-Verordnungen gelten gem. Art. 288

Abs. 2 AEUV unmittelbar in jedem Mitgliedstaat und überlagern deshalb das nationale Recht. Richtlinien sind dagegen gem. Art. 288 Abs. 3 AEUV nur hinsichtlich des zu erreichenden Ziels verbindlich, überlassen jedoch den innerstaatlichen Stellen die Wahl der Form und der Mittel zur Umsetzung des Ziels.

9   Allerdings kann sich der Unionsbürger nach Ablauf der in der Richtlinie festgesetzten Umsetzungsfrist bei fehlender oder unzureichender Umsetzung auf ein ihm in der Richtlinie hinreichend bestimmt und unbedingt eingeräumtes Recht gegenüber nationalen Behörden und Gerichten berufen (EuGH NVwZ 1994, 885 Rn. 8). Die unmittelbare Wirkung der Richtlinie gilt dabei nur zu Gunsten des Bürgers.

10   Der Vorrang des EU-Rechts gilt auch hinsichtlich der in EU-Normen verwandten Begriffe. Diese sind ausschließlich nach Unionsrecht auszulegen. Dies gilt auch für Begriffe, die auch im nationalen Recht verwendet werden.

10.1   Der in § 2 Abs. 2 AufenthG unter Bezugnahme auf § 7 SGB IV definierte Begriff „Erwerbstätigkeit" findet im Unionsrecht keine Anwendung, dieses hat eigene Begriffsbestimmungen für Erwerbstätigkeit und Arbeitnehmer (→ § 2 Rn. 6 ff.).

2. Unionsrechtskonforme Auslegung

11   Auch soweit das Unionsrecht keine unmittelbare Wirkung entfaltet, ist das nationale Recht, wenn es in den Regelungsbereich des Unionsrechts fällt, unionsrechtskonform auszulegen (EuGH NJW 1984, 2021 Rn. 26). Die richtlinienkonforme Interpretation des nationalen Rechts setzt dabei weder die ausreichende Bestimmtheit noch die Unbedingtheit der anzuwendenden Richtlinienbestimmung voraus.

3. Bedeutung der Entscheidungen des EuGH

12   Stellt der EuGH in Verfahren über Vorlagen nationaler Gerichte oder in Vertragsverletzungsverfahren die Unvereinbarkeit des nationalen Rechts mit EU-Recht fest (Art. 19 EUV, Art. 260, 267 AEUV), sind in dem betreffenden Verfahren die nationalen Gerichte und die Mitgliedstaaten hieran gebunden. Der EuGH kann jedoch weder seiner Rechtsprechung entgegenstehende Gerichtsentscheidungen aufheben noch Gesetze der Mitgliedstaaten für nichtig erklären.

B. Stellung des FreizügG/EU

13   Das FreizügG/EU ist ein grundsätzlich **abschließendes Spezialgesetz,** das dem AufenthG vorgeht (§ 1 Abs. 2 Nr. 1 AufenthG); Vorschriften des AufenthG kommen nur zur Anwendung, wenn ausdrücklich auf sie verwiesen wird (→ § 11 Rn. 1 ff.), wenn sie eine günstigere Rechtsstellung vermitteln (§ 11 Abs. 14 S. 1, → § 11 Rn. 23) und nachdem die Ausländerbehörde das Nichtbestehen oder den Verlust des Freizügigkeitsrechts festgestellt hat (§ 11 Abs. 14 S. 2, → § 11 Rn. 24 ff.).

14   Das **Günstigkeitsprinzip** des § 11 Abs. 14 S. 1 (→ § 11 Rn. 23) hat auch zur Folge, dass Regelungen des AufenthG, die deutsche Staatsangehörige betreffen (zB § 28 AufenthG), zur Anwendung kommen können. Über das Diskriminierungsverbot des Art. 18 AEUV kann ein Unionsbürger verlangen, so gestellt zu werden wie ein deutscher Staatsangehöriger. Dies kann insbesondere bedeutsam sein bei Nachzugsfällen zu minderjährigen Unionsbürgern, wenn der Lebensunterhalt des drittstaatsangehörigen Elternteils nicht gedeckt ist. Hier ist die günstigere Regelung des § 28 Abs. 1 S. 2 AufenthG heranzuziehen (Bergmann/Dienelt/Dienelt Rn. 7).

15   Für Ausländer, für die die **Vermutung** gilt, sie seien freizügigkeitsberechtigt (→ Rn. 17 ff.), die es aber tatsächlich nicht sind, kommt nach dem ausdrücklichen Wortlaut des § 11 Abs. 14 S. 2 (→ § 11 Rn. 24) das FreizügG/EU solange zur Anwendung, bis die Ausländerbehörde das Nichtbestehen oder den Verlust des Freizügigkeitsrechts nach § 2 Abs. 7 (→ § 2 Rn. 39 ff.) oder § 5 Abs. 4 (→ § 5 Rn. 11 ff.) festgestellt hat (OVG NRW BeckRS 2015, 55489).

16   Das FreizügG/EU enthält nur speziell aufenthaltsrechtliche Regelungen. Soziale Rechte werden in den jeweiligen Leistungsgesetzen, insbesondere SGB II und SGB XII festgelegt.

C. Anwendungsbereich des FreizügG/EU

17   Der durch das FreizügG/EU **begünstigte Personenkreis** ist nunmehr in § 1 umfassend und gegenüber der früheren Rechtslage weitergehend geregelt. Der **sachliche Geltungsbereich** erfasst über den Wortlaut der Vorschrift hinaus im Regelfall nur grenzüberschreitende Sachverhalte (→ Rn. 50 ff.).

Darüber hinaus differenziert das FreizügG/EU zwischen den Unionsbürgern und ihren Famili- **18** enangehörigen, die seinem Regelungsbereich nach formalen Kriterien unterfallen (§ 1) und den **freizügigkeitsberechtigten Unionsbürgern und ihren Familienangehörigen,** die in § 2 Abs. 1 durch zusätzliche materielle Kriterien näher bestimmt werden (→ § 2 Rn. 1 ff.). Gemäß § 1 Abs. 2 Nr. 1 AufenthG findet das AufenthG keine Anwendung auf Ausländer, deren Rechtsstellung vom FreizügG/EU **geregelt** ist. Danach sind Ausländer aus dem Anwendungsbereich des AufenthG bereits dann ausgenommen, wenn deren Rechtsstellung im FreizügG/EU lediglich **geregelt** ist. **Nicht erforderlich** ist, dass der Ausländer nach den Vorschriften des FreizügG/EU auch **tatsächlich freizügigkeitsberechtigt** ist. Folgerichtig kommt nach § 11 Abs. 14 S. 2 das **AufenthG erst dann** zur Anwendung, wenn die Ausländerbehörde das Nichtbestehen oder den Verlust des Rechts nach § 2 Abs. 1 **festgestellt** hat (→ Rn. 15). Dies gilt allerdings nicht für drittstaatsangehörige Personen, die weder Ehegatte noch Lebenspartner eines Unionsbürgers sind, und deren Eigenschaft als Familienangehöriger nach § 1 Abs. 2 Nr. 3 lit. c und d von weiteren „materiellen" Voraussetzungen (Unterhaltsgewährung) abhängt; für diesen Personenkreis gilt **keine Freizügigkeitsvermutung** (BVerwG NVwZ 2018, 736). In diesen Fällen darf demnach die Ausländerbehörde von vornherein die Vorschriften des AufenthG anwenden, es bleibt ihr allerdings unbenommen, zur Rechtsklarheit aufenthaltsrechtliche Anordnungen vorsorglich mit der ausdrücklichen Feststellung zu verbinden, dass ein Recht auf Einreise und Aufenthalt nach dem FreizügG/EU nicht besteht.

Auch wenn der Ausländer über einen die Freizügigkeit vermittelnden Sachverhalt **getäuscht** **19** hat (zB durch Vorlage eines gefälschten Passes oder einer gefälschten Heiratsurkunde), gilt bis zur Klärung des Status des Ausländers die Freizügigkeitsvermutung, dh das FreizügG/EU kommt zur Anwendung. Gegebenenfalls kann die Ausländerbehörde eine Nichtbestehensfeststellung nach § 2 Abs. 7 erlassen (→ § 2 Rn. 39 ff.; aA Bergmann/Dienelt/Dienelt Rn. 11 ff., der bei offenkundiger Täuschung oder bei Aufdeckung der Täuschung noch vor Ausstellung einer Aufenthaltskarte das AufenthG für unmittelbar anwendbar hält; so auch VGH BW BeckRS 2019, 22035).

I. Personeller Anwendungsbereich (Abs. 1)

1. Staatsangehörige anderer Mitgliedstaaten (Unionsbürger; Nr. 1)

Zu dem durch das FreizügG/EU begünstigten Personenkreis gehören in erster Linie die Uni- **20** onsbürger (Abs. 1 Nr. 1), die in Abs. 2 Nr. 1 definiert sind als Staatsangehörige anderer Mitgliedstaaten der EU, die nicht Deutsche sind. Die Bestimmung der Staatsangehörigkeit eines Mitgliedstaates richtet sich ausschließlich nach dessen nationalen Gesetzen, nach ständiger Rechtsprechung fällt die Festlegung der Voraussetzungen für Erwerb und Verlust der Staatsangehörigkeit in die Zuständigkeit der einzelnen Mitgliedstaaten.

Ist ein Drittstaatsangehöriger zugleich Staatsangehöriger eines EU-Mitgliedstaates, kann er sich **21** auf diese Unionsbürgerschaft berufen. Den Mitgliedstaaten ist es beim Vorliegen weiterer Staatsangehörigkeiten verwehrt, Untersuchungen darüber anzustellen, ob die des Drittstaates effektiver ist (EuGH BeckRS 2004, 76798 Rn. 10).

2. Staatsangehörige der EWR-Staaten (Nr. 2)

Abs. 1 Nr. 2 erstreckt den Anwendungsbereich des FreizügG/EU nunmehr ausdrücklich auch **22** auf Staatsangehörige der EWR-Staaten (**Island, Liechtenstein** und **Norwegen**), die keine Unionsbürger sind. Nach § 12 finden die Bestimmungen, die für Unionsbürger, deren Familienangehörige und den Unionsbürgern nahestehende Personen gelten, auch für EWR-Bürger, deren Familienangehörige und den EWR-Bürger nahestehende Personen Anwendung. Staatsangehörige der EWR-Staaten haben somit die gleichen Freizügigkeitsrechte wie Unionsbürger (→ § 12 Rn. 2 f.).

3. Britische Staatsangehörige, denen nach dem Austrittsabkommen Rechte zur Einreise u. zum Aufenthalt gewährt werden (sog. „Alt-Briten"; Nr. 3)

Das Vereinigte Königreich Großbritannien und Nordirland hat die EU zum 31.1.2020 verlassen. **23** Das **BrexitAbk** (Abkommen über den Austritt des Vereinigten Königreichs Großbritannien und Nordirland aus der Europäischen Union und der Europäischen Atomgemeinschaft v. 24.1.2020, ABl. 2020 L 29, 7) sah bis zum 31.12.2020 eine Übergangszeit vor, während der britische Staatsangehörige und ihre Familienangehörigen weiterhin wie Unionsbürger behandelt wurden. Für die Zeit ab dem 1.1.2021 sieht das BrexitAbk in Art. 10 BrexitAbk aufenthaltsrechtliche Regelungen grundsätzlich nur für britische Staatsangehörige und deren drittstaatsangehörigen Familienangehörige vor, die bis zum Ende des Übergangszeitraums (31.12.2020) als Unionsbürger freizügigkeitsberechtigt waren **und** von ihrem Freizügigkeitsrecht Gebrauch gemacht hatten (sog. **„Alt-Briten"**). Deren Rechtsstellung bestimmt sich nach dem Austrittsabkommen, das unmittelbar anwendbar geltendes Recht ist (→ Rn. 5). § 16 regelt die verfahrensmäßige Umsetzung der im BrexitAbk getroffenen Regelungen (→ § 16 Rn. 7). Der **Status** der „Alt-Briten" unterscheidet sich vom Freizügigkeitsrecht, ist diesem allerdings sehr ähnlich. Nach § 16 Abs. 5 stehen Aufenthaltsrechte der nach dem Austrittsabkommen Begünstigten auch außerhalb des AufenthG und des FreizügG/EU den Inhabern eines Freizügigkeitsrechts gleich, wobei Sonderregelungen im Austrittsabkommen oder in einem Bundesgesetz vorgehen.

24   Unter **Art. 10 BrexitAbk** fallen britische Staatsangehörige, die
- ihr Recht auf Aufenthalt in einem Mitgliedstaat **vor** Ende des Übergangszeitraums im Einklang mit dem Unionsrecht ausgeübt haben **und** danach **weiter** dort wohnen (Art. 10 Abs. 1 lit. b BrexitAbk),
- ihr Recht als Grenzgänger in einem oder mehreren Mitgliedstaaten **vor** Ende des Übergangszeitraums im Einklang mit dem Unionsrecht ausgeübt haben **und** danach **weiter** ausüben (Art. 10 Abs. 1 lit. d BrexitAbk),
- Familienangehörige, die **vor** Ende des Übergangszeitraums in Deutschland gewohnt haben **und** danach **weiter** dort wohnen (Art. 10 Abs. 1 lit. e Ziff. i und lit. f BrexitAbk; → § 16 Rn. 8).

25   Nach Ende des Übergangszeitraums können **neue Rechte** nach dem Austrittsabkommen nur noch sehr eingeschränkt durch Familienangehörige von „Alt-Briten" erworben werden. Zum einen durch **in gerader absteigender Linie** verwandte Familienangehörige, die **bei Ende des Übergangszeitraums außerhalb Deutschlands gewohnt** haben und zum Zeitpunkt des Ersuchens um Nachzug das 21. Lebensjahr noch nicht vollendet haben oder ihnen von dem „Alt-Briten" Unterhalt gewährt wird (Art. 10 Abs. 1 lit. e Ziff. ii BrexitAbk). Zum anderen durch innerhalb oder außerhalb Deutschlands **nachgeborene** oder **neu adoptierte Kinder** von „Alt-Briten", sofern zu dem Zeitpunkt, zu dem sie um Aufenthalt ersuchen, eine der folgenden Voraussetzungen erfüllt ist (Art. 10 Abs. 1 lit. e Ziff. iii BrexitAbk):
- beide Eltern sind „Alt-Briten",
- der eine Elternteil ist „Alt-Brite", der andere besitzt die deutsche Staatsangehörigkeit,
- der eine Elternteil ist „Alt-Brite" und hat das alleinige oder gemeinsame Sorgerecht für das Kind.

26   Für den **Familiennachzug zu „Alt-Briten"** ihren drittstaatsangehörigen Familienangehörigen und den drittstaatsangehörigen nahestehenden Personen nach dem Ende des Übergangszeitraums enthält das Austrittsabkommen nur teilweise Regelungen, ansonsten finden nach § 11 Abs. 10 S. 1 die Vorschriften des AufenthG zum Familiennachzug entsprechende Anwendung (→ § 16 Rn. 21a; → § 11 Rn. 14; → § 11 Rn. 19).

27   Für nach dem Ende des Übergangszeitraums neu einwandernde britische Staatangehörige (sog. **„Neu-Briten"**) enthält das Austrittsabkommen keine Regelungen. Auf ihren Aufenthalt finden deshalb die allgemeinen Vorschriften des AufenthG Anwendung (→ § 16 Rn. 5).

28   Im komplexen britischen Staatsangehörigkeitsrecht sind Varianten der britischen Staatsangehörigkeit vorgesehen unter anderem für die Kanalinseln, die Insel Man und eine „British Nationality Overseas". Nicht alle diese Staatsangehörigkeiten vermittelten die Eigenschaft als Unionsbürger, so sind etwa nicht alle britischen Einwohner der Kanalinseln Unionsbürger gewesen. Zur Klarstellung und Sicherstellung einer kohärenten Auslegung wird daher in § 1 Abs. 2 Nr. 6 auf die **Definition des Begriffes „britischer Staatsangehöriger"** in Art. 2 lit. d BrexitAbk Bezug genommen (→ § 16 Rn. 1 ff.).

4. Familienangehörige der in Nr. 1–3 genannten Personen (Nr. 4)

29   § 1 Abs. 2 Nr. 3 enthält nunmehr eine ausdrückliche Definition des Begriffs des Familienangehörigen im Sinne des FreizügG/EU. Danach sind Familienangehörige einer Person:
- der Ehegatte (Nr. 3 lit. a),
- der Lebenspartner (Nr. 3 lit. b),
- die Verwandten in **gerader absteigender** Linie der Person oder des Ehegatten oder des Lebenspartners, die das 21. Lebensjahr noch nicht vollendet haben **oder** denen von diesen Unterhalt gewährt wird (Nr. 3 lit. c),
- die Verwandten in **gerader aufsteigender** Linie der Person oder des Ehegatten oder des Lebenspartners, denen von diesen Unterhalt gewährt wird (Nr. 3 lit. d).

§ 1 regelt dabei nur den Anwendungsbereich des Gesetzes, gewährt aber selbst kein Aufenthaltsrecht. Unter welchen Voraussetzungen Familienangehörige ein Aufenthaltsrecht besitzen, bestimmt sich insbesondere nach den §§ 3 und 4.

Der EuGH versteht den **Ehebegriff formal-rechtlich.** Eine tatsächlich geführte eheliche 30 Lebensgemeinschaft wie § 27 AufenthG sie voraussetzt, ist nicht erforderlich. Auch der getrenntlebende Ehegatte, der die Scheidung beabsichtigt, verfügt bis zur Scheidung über ein Aufenthaltsrecht. Voraussetzung ist lediglich, dass beide in demselben Mitgliedstaat bleiben, in dem der Ehegatte, der Unionsbürger, Staatsangehöriger eines EWR-Staates oder „Alt-Brite" ist, von seinem Recht auf Freizügigkeit Gebrauch gemacht hat (EuGH NVwZ 2015, 1431 Rn. 54). Auch dürfen an den **Nachweis der Eheschließung** keine überzogenen Anforderungen gestellt werden, die Vorlage einer Heiratsurkunde ist in der Regel ausreichend (→ § 5a Rn. 13).

Nicht schutzwürdig ist jedoch eine zur Umgehung von Einreise- und Aufenthaltsbestimmungen 31 geschlossene **Scheinehe,** bei denen die Partner von vornherein keine eheliche Lebensgemeinschaft beabsichtigen und auch nicht eingegangen sind, sondern nur formell die Ehe geschlossen haben, um dem Ausländer zu einem aus anderen Gründen angestrebten, ihm aber verwehrten Aufenthalt zu verhelfen. § 2 Abs. 7 erlaubt in diesen Fällen die Feststellung des Nichtbestehens des Freizügigkeitsrechts (→ § 2 Rn. 39 ff.); ein solches Verhalten ist überdies nach § 9 Abs. 1 strafbar (→ § 9 Rn. 4.1). Bis zum Ergehen einer Feststellungsentscheidung nach § 2 Abs. 7 kann sich der Ehegatte jedoch auch bei einer wirksamen, aber missbräuchlich geschlossenen Scheinehe auf die Freizügigkeitsvermutung berufen (VGH BW BeckRS 2019, 22035).

Zu den Familienangehörigen gehören auch die **Lebenspartner.** Der Begriff des Lebenspartners 32 wird erstmals in Abs. 2 Nr. 2 gesetzlich definiert. Er umfasst zum einen Lebenspartner im Sinne des deutschen LPartG (Abs. 2 Nr. 2 lit. a). Nachdem in Deutschland nunmehr geschlechtsunabhängige Ehen zugelassen worden sind und das LPartG nach § 1 LPartG keine neuen Lebenspartnerschaften nach deutschem Recht mehr zulässt, gilt Abs. 2 Nr. 2 lit. a nur noch für „Altfälle". Nach Abs. 2 Nr. 2 lit. b werden solche eingetragenen Partnerschaften erfasst, die auf der Grundlage der Rechtsvorschriften eines Mitgliedstaates der EU oder eines EWR-Staates geschlossen wurden und auch in Deutschland anerkannte zivilrechtliche Wirkungen entfalten. Diese Wirkung kann auf Bundesrecht oder dem Recht der EU beruhen. Das Aufenthaltsrecht der Lebenspartner bestimmt sich insbesondere nach den §§ 3 und 4.

Zu den Familienangehörigen gehören weiter unter bestimmten Voraussetzungen auch **Ver-** 33 **wandte gerader absteigender und gerader aufsteigender Linie.** In gerader Linie verwandt sind Personen, die voneinander abstammen (§ 1589 BGB). Verwandte in der Seitenlinie (zB Geschwister) werden deshalb nicht von Abs. 2 Nr. 2 lit. c und lit. d erfasst. Erfasst werden jedoch nunmehr auch die Verwandten in gerader aufsteigender und gerader absteigender Linie des Ehegatten oder des Lebenspartners (Verschwägerte in gerader Linie nach § 1590 BGB).

Nach Abs. 2 Nr. 2 lit. c (**absteigende Linie**) gelten als Familienangehörige: 34
• die noch nicht 21-jährigen Kinder, Enkel und Urenkel des Unionsbürgers, Staatsangehörigen eines EWR-Staates oder „Alt-Briten",
• die noch nicht 21-jährigen Kinder, Enkel und Urenkel seines Ehegatten oder Lebenspartners,
• die über 21-jährigen Kinder, Enkel und Urenkel des Unionsbürgers, Staatsangehörigen eines EWR-Staates oder „Alt-Briten", denen von diesen Unterhalt gewährt wird,
• die über 21-jährigen Kinder, Enkel und Urenkel seines Ehegatten oder Lebenspartners, denen von diesen Unterhalt gewährt wird.

Nach Abs. 2 Nr. 2 lit. d gelten Verwandte in gerader **aufsteigender Linie** (Eltern, Großeltern) des 35 Unionsbürgers, Staatsangehörigen eines EWR-Staates oder „Alt-Briten", als Familienangehörige, wenn ihnen von diesem Unterhalt gewährt wird. Die Verwandten in gerader aufsteigender Linie von deren Ehegatten und Lebenspartner gelten als Familienangehörige, wenn ihnen von diesem Unterhalt gewährt wird.

Eine **Unterhaltsgewährung** liegt vor bei einer fortgesetzten regelmäßigen Unterstützung in 36 einem Umfang, der es ermöglicht, zumindest einen Teil des Lebensunterhalts regelmäßig zu decken. Ob ein Anspruch auf diese Unterhaltsleistungen besteht, ist unbeachtlich. Von einem Verwandten in gerader absteigender Linie kann auch nicht der Nachweis verlangt werden, dass er vergeblich versucht hat, Arbeit zu finden, im Heimatland Sozialleistungen zu erlangen oder seinen Lebensunterhalt auf andere Weise zu bestreiten (EuGH ZAR 2014, 202 Rn. 25 – Reyes).

Der Unterhaltsbedarf muss im Herkunfts- oder Heimatland des Verwandten in dem Zeitpunkt 37 bestehen, in dem dieser den Familiennachzug beantragt. Das Freizügigkeitsrecht entfällt nicht nachträglich, wenn der **Unterhaltsbedarf im Bundesgebiet entfällt.** Die Tatsache, dass ein Familienangehöriger aufgrund persönlicher Umstände wie Alter, Ausbildung und Gesundheit gute Voraussetzungen dafür mitbringt, eine Arbeit zu finden, und darüber hinaus beabsichtigt, im

Aufnahmemitgliedstaat einer Arbeit nachzugehen, wirkt sich nicht auf die Auslegung des Erfordernisses „denen [...] Unterhalt gewährt wird" aus (EuGH ZAR 2014, 202 Rn. 30 ff. – Reyes).

5. Nahestehende Personen der in Nr. 1–3 genannten Personen (Nr. 5)

38   Der neu in das FreizügG/EU aufgenommene Begriff der **„nahestehenden Person"** wird in § 1 Abs. 2 Nr. 4 wie folgt definiert:
- Verwandte iSd § 1589 BGB und die Verwandten des Ehegatten oder des Lebenspartners, die nicht Familienangehörige der Person iSd Nr. 3 sind (lit. a),
- ledige Kinder, die das 18. Lebensjahr noch nicht vollendet haben, unter Vormundschaft von oder in einem Pflegeverhältnis zu der Person stehen und keine Familienangehörigen iSd Nr. 3 lit. c sind (lit. b),
- eine Lebensgefährtin oder ein Lebensgefährte, mit der oder dem die Person eine glaubhaft dargelegte, auf Dauer angelegte Gemeinschaft eingegangen ist, die keine weitere Lebensgemeinschaft gleicher Art zulässt, wenn die Personen beide weder verheiratet noch Lebenspartner einer Lebenspartnerschaft iSd Nr. 2 sind (lit. c).

39 Die für Familienangehörige geltenden Vorschriften des FreizügG/EU finden für nahestehende Personen keine Anwendung, das Aufenthaltsrecht der nahestehenden Personen, die selbst keine Unionsbürger sind, ist vielmehr in dem neu geschaffenen § 3a geregelt (→ § 3a Rn. 1 ff.).

40   Nach Abs. 2 Nr. 4 lit. a sind nahestehende Personen **Verwandte** iSd § 1589 BGB des Unionsbürgers, Staatsangehörigen eines EWR-Staates oder „Alt-Briten" oder deren Ehegatten oder deren Lebenspartners, **die keine Familienangehörigen** iSd Nr. 3 sind. Dies sind Verwandte in der Seitenlinie (zB Geschwister), aber auch Verwandte in gerader absteigender oder aufsteigender Linie, bei denen die in Abs. 2 Nr. 3 lit. c und lit. d geforderten Voraussetzungen (unter 21 Jahre oder Unterhaltsgewährung) nicht erfüllt sind. Die Reichweite der Verwandtschaft ist bewusst nicht begrenzt worden (BT-Drs. 263/20, 38). Der Grad der Verwandtschaft ist nach der Rechtsprechung des EuGH (NVwZ 2012, 1532 Rn. 37 – Rahman) bei der im Rahmen der Ermessensentscheidung gebotenen Einzelfallabwägung zu berücksichtigen, dem entspricht der neue § 3a Abs. 2 (→ § 3a Rn. 1 ff.).

41   Nach Abs. 2 Nr. 4 lit. b sind nahestehende Personen Kinder in einem Vormundschafts- oder Pflegeverhältnis, die nach der Rechtsprechung des EuGH (NVwZ-RR 2019, 572 – SM (unter algerische Kafala gestelltes Kind)) ebenfalls unter Art. 3 Abs. 2 S. 1 lit. a Freizügigkeits-RL fallen.

42   Unter die in Abs. 2 Nr. 4 lit. d geregelte Fallgruppe der **Lebensgefährten** fallen langandauernde Partnerschaften, die nach der Rechtsordnung der Bundesrepublik Deutschland nicht bereits anderweitig anerkannt werden. Erforderlich ist der Nachweis einer **auf Dauer** angelegten Beziehung. Dies ist eine zwischen einem Mann und einer Frau oder zwei Personen gleichen Geschlechts bestehende Lebensgemeinschaft, die keine weitere Lebensgemeinschaft gleicher Art zulässt, sich durch innere Bindungen auszeichnet und ein gegenseitiges Einstehen der Partner in den Not- und Wechselfällen des Lebens füreinander begründet (BVerfGE 87, 234 (264) = NJW 1993, 643). Wichtiges Indiz hierfür ist eine Wohn- und Wirtschaftsgemeinschaft, wofür die bloße Bescheinigung einer gemeinsamen Meldeanschrift nicht ausreicht. Weiter erforderlich ist nach dem Wortlaut der Vorschrift, dass beide Beteiligte weder verheiratet noch Lebenspartner einer Lebenspartnerschaft sind. Damit sollen Mehrfachnachzüge verhindert werden (BT-Drs. 263/20, 40).

6. Familiennachzug zu deutschen Staatsangehörigen (Abs. 1 Nr. 5)

43   In § 1 Abs. 2 Nr. 1 ist nunmehr klargestellt, dass Unionsbürger im Sinne des FreizügG/EU nur die Staatsangehörigen anderer EU-Mitgliedstaaten sind, die nicht Deutsche sind. Damit kann sich auch ein deutscher Staatsangehöriger, der zugleich Staatsangehöriger eines anderen EU-Mitgliedstaates ist, nicht schon allein aufgrund der Doppelstaatsangehörigkeit für die Einreise nach und den Aufenthalt seiner drittstaatsangehörigen Familienangehörigen in Deutschland auf die Anwendung von Freizügigkeitsrecht und damit auf die günstigeren unionsrechtlichen Nachzugsregelungen (insbesondere hinsichtlich Visum, Sprachnachweis und ehelicher Lebensgemeinschaft) berufen. Der Familiennachzug Drittstaatsangehöriger zu Deutschen ist grundsätzlich abschließend im AufenthG geregelt. Diese grundsätzlich zulässige **Inländerdiskriminierung** (Bergmann/Dienelt/Dienelt § 3 Rn. 18 ff.) ist jedoch **nur** dann mit Unionsrecht vereinbar, wenn **kein grenzüberschreitender Sachverhalt** vorliegt (EuGH NVwZ 2018, 137; NVwZ-RR 2014, 401). Dem trägt der neu geschaffene § 1 Abs. 1 Nr. 6 Rechnung. Vom Anwendungsbereich des FreizügG/EU umfasst werden nunmehr auch die drittstaatsangehörigen Familienangehörigen und nahestehenden Personen von Deutschen, wenn der Deutsche von seinem Recht auf Freizügigkeit nach Art. 21 AEUV **nachhaltig** Gebrauch gemacht hat. Nach § 12a finden auf diesen Personen-

kreis die für drittstaatsangehörige Familienangehörige und nahestehende Personen von Unionsbürgern geltenden Regelungen des FreizügG/EU entsprechende Anwendung (→ § 12a Rn. 2 ff.). Erfasst werden folgende Fallkonstellationen: **44**
- Der deutsche Staatsangehörige kehrt während oder nach Beendigung der Ausübung der Arbeitnehmerfreizügigkeit in einem anderen Mitgliedstaat zusammen mit seinen drittstaatsangehörigen Familienangehörigen oder der drittstaatsangehörigen nahestehenden Person iSd Abs. 2 Nr. 4 nach Deutschland zurück (sog. **Rückkehrerfälle,** EuGH NVwZ-RR 2014, 401).
- Der deutsche Staatsangehörige übt vom Bundesgebiet aus seine Freizügigkeitsrechte aus (zB als **Dienstleistungserbringer** an Empfänger in anderen Mitgliedstaaten, EuGH EuR 2002, 852).
- Der Staatsangehörige eines anderen EU-Mitgliedstaates, der von seinem Recht auf Freizügigkeit nach Art. 21 AEUV Gebrauch gemacht hat, hat unter Beibehaltung seiner ursprünglichen Staatsangehörigkeit die deutsche Staatsangehörigkeit erworben (EuGH NVwZ 2018, 137 – Lounes).

Das **nachhaltige Gebrauchmachen** von der Freizügigkeit erfordert eine gewisse Dauer. Ein nur **45** wenige Tage oder Wochen dauernder Kurzaufenthalt zu touristischen Zwecken oder zum Zweck der Eheschließung in einem anderen Mitgliedstaat ist hierfür nicht ausreichend (BVerwGE 138, 122 = NVwZ 2011, 496 Rn. 12 mAnm Oberhäuser NVwZ 2012, 52). Erforderlich dürfte mindestens ein Aufenthalt von drei Monaten sein. Auch nach der Rechtsprechung des EuGH reichen bei der Rückkehr des Unionsbürgers in den Mitgliedstaat, dessen Staatsangehörigkeit er besitzt, Kurzaufenthalte im Aufnahmemitgliedstaat wie an Wochenenden oder in den Ferien auch kumulativ nicht aus, seinem drittstaatsangehörigen Familienangehörigen ein abgeleitetes Aufenthaltsrecht zu vermitteln (EuGH NVwZ-RR 2014, 401 Rn. 59 – O. und B.). Die Eigenschaft des Familienangehörigen oder der nahestehenden Person muss bereits zum Zeitpunkt des gemeinsamen Aufenthalts im anderen Mitgliedstaat bestanden haben und darf nicht erst nachträglich begründet worden sein.

Eine entsprechende Anwendung des FreizügG/EU auf Familienangehörige kommt ausnahms- **46** weise in Betracht, wenn es sich bei dem Unionsbürger um einen freizügigkeitsberechtigten Minderjährigen handelt, der von einem drittstaatsangehörigen Elternteil tatsächlich betreut wird, diese Betreuung erforderlich ist und keine öffentlichen Mittel in Anspruch genommen werden (EuGH BeckRS 2004, 78097 – Zhu und Chen; → Rn. 51).

7. Sonstige Drittstaatsangehörige

Sonstige Drittstaatsangehörige, die keine Familienangehörige oder nahestehende Personen im **47** Sinne des FreizügG/EU sind, sind vom Anwendungsbereich dieses Gesetzes nicht umfasst. Die sie betreffenden EU-Regelungen (insbesondere Familienzusammenführungs-RL – RL 2003/86/EG v. 22.9.2003, ABl. 2003 L 251, 12; Daueraufenthalts-RL – RL 2003/109/EG v. 25.11.2003, ABl. 2005 L 16, 44; Studenten-RL – RL 2004/114/EG v. 13.12.2004 ABl. 2004 L 375, 12; Forscher-RL – RL 2005/71/EG v. 12.10.2005, ABl. 2005 L 209, 15 und Blue-Card-RL – RL 2009/50/EG v. 25.5.2009, ABl. 2009 L 155, 17) sind in das sonstige Ausländerrecht, insbesondere das AufenthG und das AsylG, einbezogen worden, zuletzt durch das Gesetz zur Umsetzung aufenthalts- und asylrechtlicher Richtlinien der Europäischen Union (v. 19.8.2007, BGBl. I 1970).

Eine den Unionsbürgern ähnliche Rechtsstellung kann sich für sonstige Drittstaatsangehörige **48** allerdings aus völkerrechtlichen Abkommen ergeben, die die EU mit Drittstaaten abschließt. So genießen Staatsangehörige der Schweiz aufgrund des am 1.6.2002 in Kraft getretenen **FreizügAbk EG-CH** (Abkommen zwischen der Europäischen Gemeinschaft und ihren Mitgliedstaaten einerseits und der Schweizerischen Eidgenossenschaft andererseits über die Freizügigkeit v. 21.6.1999; BGBl. 2001 II 810) im Wesentlichen ein dem Freizügigkeitsrecht für Unionsbürger entsprechendes Recht auf Einreise und Aufenthalt (→ § 12 Rn. 3 ff.). Da Schweizer Staatsangehörige vom Regelungsbereich des FreizügG/EU nicht umfasst werden, richtet sich ihre Rechtsstellung zwar nach dem AufenthG, dessen Vorschriften werden jedoch durch das FreizügAbk EG-CH modifiziert, dem, da es Bestandteil des Unionsrechts ist, Anwendungsvorrang (→ Rn. 5 ff.) zukommt (GK-AufenthG/Funke-Kaiser Rn. 35). Dies gilt auch für Unionsbürger, die sich in der Schweiz aufhalten.

Für den aufenthaltsrechtlichen Status von türkischen Staatsangehörigen, die eine Rechtsposition **49** aus dem **EWG-Türkei** (Beschluss Nr. 1/80 des Assoziationsrates v. 19.8.1980 über die Entwicklung der Assoziation **(ARB 1/80)** erworben haben, gilt Entsprechendes. Auch der Assoziationsratsbeschluss ist Bestandteil des Unionsrechts, die Rechtsstellung der von ihm Begünstigten bestimmt sich nach dem AufenthG, dessen Vorschriften durch den Assoziationsratsbeschluss modifiziert werden (s. im Einzelnen die Kommentierung zum EWG-Türkei).

II. Sachlicher Anwendungsbereich

50   In sachlicher Hinsicht geht es um die Einreise in das und den Aufenthalt im Bundesgebiet, dh als ungeschriebenes Tatbestandsmerkmal ist grundsätzlich ein grenzüberschreitender Sachverhalt erforderlich, auf rein innerstaatliche Sachverhalte findet Unionsrecht nach Art. 21 AEUV in der Regel keine Anwendung.

51   Wird allerdings der Kernbestand der Rechte, die der Unionsbürgerstatus verleiht, gefährdet, findet Unionsrecht ausnahmsweise auch auf rein interne Sachverhalte Anwendung. Dies gilt insbesondere bei minderjährigen Unionsbürgern, die von ihrem Freizügigkeitsrecht noch nie Gebrauch gemacht haben, die EU aber verlassen müssten, wenn ihren drittstaatsangehörigen Eltern kein Aufenthaltsrecht gewährt würde (EuGH BeckRS 2004, 74436 – Avello; BeckRS 2004, 78097 – Zhu und Chen; NVwZ 2011, 545 – Ruiz Zambrano).

52   Dagegen rechtfertigt die bloße Tatsache, dass es für einen Unionsbürger aus wirtschaftlichen Gründen oder zur Aufrechterhaltung der Familiengemeinschaft im Gebiet der Union wünschenswert erscheinen könnte, dass sich seine drittstaatsangehörigen Familienangehörigen mit ihm zusammen im Gebiet der Union aufhalten können, für sich genommen nicht die Annahme, dass der Unionsbürger gezwungen wäre, das Gebiet der Union zu verlassen, wenn kein Aufenthaltsrecht gewährt würde (EuGH NVwZ 2012, 97 Rn. 52 – Dereci). Dies gilt auch bei Patchworkfamilien, wenn die drittstaatsangehörige Mutter mit einem minderjährigen EU-Bürger aus erster Ehe in einem EU-Staat lebt und in zweiter Ehe mit einem Drittstaatsangehörigen verheiratet ist, mit dem sie ein weiteres Kind hat (EuGH NVwZ 2013, 419 Rn. 52 ff. – O. und S.).

53   Auch die vorübergehende Trennung von Ehegatten, zB zur Durchführung des Visumverfahrens, ist nicht geeignet, den Kernbereich des Unionsbürgerrechts zu beeinträchtigen. Auch eine lang andauernde Trennung der Ehegatten, zB wegen der Ausweisung eines Ehegatten, führt nicht zu einer unzulässigen Beeinträchtigung des Kernbereichs des Unionsbürgerrechts (Bergmann/Dienelt/Dienelt Vor § 1 Rn. 17).

§ 2 Recht auf Einreise und Aufenthalt

(1) Freizügigkeitsberechtigte Unionsbürger und ihre Familienangehörigen haben das Recht auf Einreise und Aufenthalt nach Maßgabe dieses Gesetzes.

(2) Unionsrechtlich freizügigkeitsberechtigt sind:
1. **Unionsbürger, die sich als Arbeitnehmer oder zur Berufsausbildung aufhalten wollen,**
1a. **Unionsbürger, die sich zur Arbeitsuche aufhalten, für bis zu sechs Monate und darüber hinaus nur, solange sie nachweisen können, dass sie weiterhin Arbeit suchen und begründete Aussicht haben, eingestellt zu werden,**
2. **Unionsbürger, wenn sie zur Ausübung einer selbständigen Erwerbstätigkeit berechtigt sind (niedergelassene selbständige Erwerbstätige),**
3. **Unionsbürger, die, ohne sich niederzulassen, als selbständige Erwerbstätige Dienstleistungen im Sinne des Artikels 57 des Vertrages über die Arbeitsweise der Europäischen Union erbringen wollen (Erbringer von Dienstleistungen), wenn sie zur Erbringung der Dienstleistung berechtigt sind,**
4. **Unionsbürger als Empfänger von Dienstleistungen,**
5. **nicht erwerbstätige Unionsbürger unter den Voraussetzungen des § 4,**
6. **Familienangehörige unter den Voraussetzungen der §§ 3 und 4,**
7. **Unionsbürger und ihre Familienangehörigen, die ein Daueraufenthaltsrecht erworben haben.**

(3) ¹Das Recht nach Absatz 1 bleibt für Arbeitnehmer und selbständig Erwerbstätige unberührt bei
1. **vorübergehender Erwerbsminderung infolge Krankheit oder Unfall,**
2. **unfreiwilliger durch die zuständige Agentur für Arbeit bestätigter Arbeitslosigkeit oder Einstellung einer selbständigen Tätigkeit infolge von Umständen, auf die der Selbständige keinen Einfluss hatte, nach mehr als einem Jahr Tätigkeit,**
3. **Aufnahme einer Berufsausbildung, wenn zwischen der Ausbildung und der früheren Erwerbstätigkeit ein Zusammenhang besteht; der Zusammenhang ist nicht erforderlich, wenn der Unionsbürger seinen Arbeitsplatz unfreiwillig verloren hat.**

²Bei unfreiwilliger durch die zuständige Agentur für Arbeit bestätigter Arbeitslosigkeit nach weniger als einem Jahr Beschäftigung bleibt das Recht aus Absatz 1 während der Dauer von sechs Monaten unberührt.

(4) ¹Unionsbürger bedürfen für die Einreise keines Visums und für den Aufenthalt keines Aufenthaltstitels. ²Familienangehörige und nahestehende Personen, die nicht Unionsbürger sind, bedürfen für die Einreise eines Visums nach den Bestimmungen für Ausländer, für die das Aufenthaltsgesetz gilt. ³Der Besitz einer gültigen Aufenthaltskarte, auch der eines anderen Mitgliedstaates der Europäischen Union, entbindet nach Artikel 5 Abs. 2 der Richtlinie 2004/38/EG des Europäischen Parlaments und des Rates vom 29. April 2004 über das Recht der Unionsbürger und ihrer Familienangehörigen, sich im Hoheitsgebiet der Mitgliedstaaten frei zu bewegen und aufzuhalten und zur Änderung der Verordnung (EWG) Nr. 1612/68 und zur Aufhebung der Richtlinien 64/221/EWG, 68/360/EWG, 73/148/EWG, 75/34/EWG, 75/35/EWG, 90/364/EWG, 90/365/EWG und 93/96/EWG (ABl. EU Nr. L 229 S. 35) von der Visumpflicht.

(5) ¹Für einen Aufenthalt von Unionsbürgern von bis zu drei Monaten ist der Besitz eines gültigen Personalausweises oder Reisepasses ausreichend. ²Familienangehörige, die nicht Unionsbürger sind, haben das gleiche Recht, wenn sie im Besitz eines anerkannten oder sonst zugelassenen Passes oder Passersatzes sind und sie den Unionsbürger begleiten oder ihm nachziehen.

(6) ¹Für die Ausstellung des Visums werden keine Gebühren erhoben. ²Für die Ausstellung des Visums an nahestehende Personen werden Gebühren erhoben. ³Die Gebühren entsprechen denjenigen, die von Ausländern erhoben werden, für die das Aufenthaltsgesetz gilt.

(7) ¹Das Nichtbestehen des Rechts nach Absatz 1 kann festgestellt werden, wenn feststeht, dass die betreffende Person das Vorliegen einer Voraussetzung für dieses Recht durch die Verwendung von gefälschten oder verfälschten Dokumenten oder durch Vorspiegelung falscher Tatsachen vorgetäuscht hat. ²Das Nichtbestehen des Rechts nach Absatz 1 kann bei einem Familienangehörigen, der nicht Unionsbürger ist, außerdem festgestellt werden, wenn feststeht, dass er dem Unionsbürger nicht zur Herstellung oder Wahrung der familiären Lebensgemeinschaft nachzieht oder ihn nicht zu diesem Zweck begleitet. ³Einem Familienangehörigen, der nicht Unionsbürger ist, kann in diesen Fällen die Erteilung der Aufenthaltskarte oder des Visums versagt werden oder seine Aufenthaltskarte kann eingezogen werden. ⁴Entscheidungen nach den Sätzen 1 bis 3 bedürfen der Schriftform.

Überblick

Die Vorschrift beschreibt den Kreis der Freizügigkeitsberechtigten und den Umfang ihrer Rechte bei Einreise und Aufenthalt (→ Rn. 1 ff.). Die freizügigkeitsberechtigten Personengruppen werden in Abs. 2 aufgeführt (→ Rn. 5 ff.). Abs. 3 bestimmt für bestimmte Konstellationen der Erwerbslosigkeit den Erhalt der Arbeitnehmer- / Erwerbstätigeneigenschaft (→ Rn. 22 ff.). Das allgemeine Recht auf Aufenthalt von bis zu drei Monaten ist in Abs. 5 geregelt (→ Rn. 31). Abs. 4 regelt die Visumpflicht (→ Rn. 32 f.), die nur für drittstaatsangehörige Familienangehörige und dem Unionsbürger nahestehende Personen besteht, wobei gem. Abs. 6 nur für die Ausstellung des Visums an dem Unionsbürger nahestehende Personen Gebühren erhoben werden dürfen (→ Rn. 38 f.). Abs. 7 ermächtigt die zuständige Behörde, bei Missbrauch, Betrug oder Täuschung das Nichtbestehen des Freizügigkeitsrechts festzustellen (→ Rn. 39 ff.).

Übersicht

A. Allgemeines

1 Unionsbürger und ihre Familienangehörigen (auch wenn diese Drittstaatsangehörige sind) haben **unmittelbar kraft Unionsrecht** das Recht, sich im Hoheitsgebiet der anderen Mitgliedstaaten frei zu bewegen und aufzuhalten (Art. 20 Abs. 2 S. 2 lit. a AEUV, Art. 21 AEUV). § 2 trifft deshalb keine eigenständigen Regelungen, sondern **beschreibt** lediglich **deklaratorisch** den Kreis der Freizügigkeitsberechtigten und den Umfang ihrer Rechte bei Einreise und Aufenthalt. Die in Abs. 2 aufgeführten Kategorien freizügigkeitsberechtigter Unionsbürger sind deshalb unter Berücksichtigung des unionsrechtlichen Primär- und Sekundärrechts sowie der Rechtsprechung des EuGH auszulegen. Soweit das FreizügG/EU Formalitäten, insbesondere die Visumpflicht, und die Erbringung bestimmter Nachweise vorschreibt, dienen diese nur Beweiszwecken, es handelt es sich um keine Bedingungen für das Freizügigkeitsrecht (→ Rn. 33).

2 Das **Freizügigkeitsrecht der Familienangehörigen** ist grundsätzlich **akzessorisch,** dh abhängig vom Fortbestand des Freizügigkeitsrechts des Unionsbürgers und vom Fortbestand der familiären Bindung. Zum **eigenständigen** Recht wird es mit dem Entstehen eines Daueraufenthaltsrechts nach § 4a Abs. 1 S. 2 nach fünfjährigem Aufenthalt (→ § 4a Rn. 5 f.); bei Beendigung der Erwerbstätigkeit des Unionsbürgers entsteht das Daueraufenthaltsrecht unter Umständen auch früher (§ 4a Abs. 4; → § 4a Rn. 17 ff.). Bei Tod oder Wegzug des Unionsbürgers sowie bei Scheidung oder Aufhebung der Ehe wird das abgeleitete Freizügigkeitsrecht unter den Voraussetzungen des § 3 Abs. 3–5 vorzeitig zu einem eigenständigen Recht (→ § 3 Rn. 18 ff.). Ist der **Familienangehörige selbst Unionsbürger,** ist zunächst zu prüfen, ob er seinerseits in eigener Person die Freizügigkeitsvoraussetzungen des § 2 Abs. 2 erfüllt und ihm damit bereits ein eigenständiges Recht zusteht. Nur wenn dies nicht der Fall ist, zB weil er als nicht erwerbstätiger Unionsbürger die Voraussetzungen des § 4 (ausreichender Krankenversicherungsschutz und ausreichende Existenzmittel; → § 4 Rn. 4 ff.) nicht erfüllt, ist in einem zweiten Schritt zu prüfen, ob ihm als Familienangehöriger eine abgeleitete Freizügigkeitsberechtigung zusteht (BVerwG NVwZ-RR 2015, 910 Rn. 23).

B. Einreisefreiheit und Aufenthaltsrecht (Abs. 1)

3 Unionsbürger und ihre Familienangehörigen können in das Bundesgebiet einreisen und sich dort zumindest für einen Zeitraum von bis zu drei Monaten (Abs. 5; → Rn. 32) frei aufhalten und bewegen. Dieses Recht ist lediglich an den Besitz eines gültigen Personalausweises oder Passes geknüpft. Das Freizügigkeitsrecht umfasst das Recht auf freie Wahl des Wohnsitzes, des Arbeitsplatzes sowie bei einem Selbstständigen der Niederlassung.

4 Wegen der generellen **Freizügigkeitsvermutung** (→ § 1 Rn. 15 ff.) kommt das Aufenthaltsrecht aus Abs. 1 zunächst auch demjenigen Unionsbürger zu, der schon bei seiner Einreise in das Bundesgebiet keinen Freizügigkeitstatbestand erfüllt. Nach § 5 Abs. 2 S. 1 steht es im Ermessen der Ausländerbehörde, von Unionsbürgern oder ihren drittstaatsangehörigen Familienangehörigen zu verlangen, die Voraussetzungen des Freizügigkeitsrechts drei Monate nach der Einreise **glaubhaft** zu machen (→ § 5 Rn. 7 f.). § 5a zählt abschließend die Dokumente und Nachweise auf, die maximal für die Glaubhaftmachung verlangt werden dürfen (→ § 5a Rn. 1 ff.). Bestehen die Freizügigkeitsvoraussetzungen nicht oder nicht mehr, kann die Ausländerbehörde dies gem. § 5 Abs. 4 feststellen (→ § 5 Rn. 14 ff.).

C. Freizügigkeitsberechtigte Personengruppen (Abs. 2)

Die **deklaratorische** Aufzählung der freizügigkeitsberechtigten Personengruppen in Abs. 2　**5**
hat nur eingeschränkte Bedeutung. Die verwendeten Begriffe sind unter Berücksichtigung des
unionsrechtlichen Primär- und Sekundärrechts sowie der Rechtsprechung des EuGH auszulegen.

I. Arbeitnehmer, Auszubildende (Nr. 1)

1. Arbeitnehmer

Der unionsrechtliche Arbeitnehmerbegriff wird weder durch den AEUV noch durch das sekun-　**6**
däre Unionsrecht definiert. Nach der Rechtsprechung des EuGH ist der Begriff grundsätzlich
weit und seine Ausnahmen und Einschränkungen sind eng auszulegen (Bergmann/Dienelt/Dienelt
Rn. 38 mwN). **Wesentliches Merkmal** eines Arbeitsverhältnisses ist, dass jemand während einer
bestimmten Zeit für einen anderen **nach dessen Weisung** Leistungen erbringt, für die er als
Gegenleistung eine **Vergütung** erhält (BeckOK AuslR/Tewocht Rn. 18 mwN). Dabei ist eine
Gesamtbewertung des Sachverhalts erforderlich (EuGH NVwZ 2010, 367 Rn. 26 ff. – Genc).

Erforderlich ist weder ein **Mindesteinkommen** noch eine **Mindestarbeitszeit,** es darf sich　**7**
lediglich nicht nur um eine völlig untergeordnete oder unwesentliche Tätigkeit handeln. Ausreichend sind auch Teilzeitbeschäftigungen. Auch wenn die Grenze der Unwesentlichkeit in der
Regel bei einer Wochenarbeitszeit von sechs Stunden erreicht ist, können auch dann Gesichtspunkte darauf hindeuten, dass es sich bei der Erwerbstätigkeit um eine tatsächliche und echte
Tätigkeit handelt. Bei der Gesamtbewertung des Arbeitsverhältnisses sind nämlich nicht nur
Gesichtspunkte wie die Arbeitszeit und die Höhe der Vergütung zu berücksichtigen, sondern
auch solche wie der Anspruch auf bezahlten Urlaub, die Geltung von Lohnfortzahlung im Krankheitsfall, die Anwendung eines Tarifvertrags auf den Arbeitsvertrag sowie der Umstand, dass das
Arbeitsverhältnis mit demselben Unternehmen längere Zeit bestanden hat (EuGH NVwZ 2010,
367 Rn. 19 ff. – Genc). Die Kriterien für eine geringfügige Beschäftigung nach § 8 SGB IV sind
für die Beurteilung der Arbeitnehmereigenschaft grundsätzlich nicht heranzuziehen.

Die **Einkünfte,** zu denen auch Sachleistungen wie Unterkunft und Verpflegung zählen, müssen　**8**
nicht den Lebensunterhalt der betroffenen Person decken. Die ergänzende Inanspruchnahme von
Sozialleistungen schließt die Arbeitnehmereigenschaft nur dann aus, wenn sich der Betroffene
ausschließlich aus diesem Grund im Bundesgebiet aufhält und die Freizügigkeit somit missbräuchlich in Anspruch nimmt (EuGH NJW 1988, 2165 Rn. 43 – Lair; Bergmann/Dienelt/Dienelt
Rn. 52 f. mwN). Nicht ausreichend für die Annahme der Arbeitnehmereigenschaft ist dagegen
der Einsatz im Rahmen einer Arbeitsbeschaffungsmaßnahme zur Erhaltung, Wiederherstellung
oder Förderung der Arbeitsfähigkeit, **wenn keine tatsächlichen und echte Tätigkeiten verrichtet werden,** sondern die Tätigkeiten nur Mittel zur Rehabilitation oder zur Wiedereingliederung in das Arbeitsleben sind (EuGH ZAR 1989, 176 Rn. 15 f. – Bettray). Sind indessen Tätigkeiten, die der Teilhabe und Eingliederung dienen, von einem gewissen wirtschaftlichen Wert und
darauf gerichtet, die Produktivität schwerbehinderter Menschen zu steigern und den sozialen
Schutz zu gewährleisten, der ihnen zusteht, ist der Arbeitnehmerbegriff auch dann erfüllt, wenn
es sich um eine Tätigkeit im Rahmen einer Arbeitsbeschaffungsmaßnahme handelt (EuGH NZA
2015, 1444 Rn. 39 f. – Fenoll). Es kommt weder auf die Herkunft der Mittel noch auf die
tatsächliche Produktivität der betroffenen Person an (EuGH NVwZ 1999, 1099 Rn. 28 – Birden).
Ausreichen kann auch, dass dem Auszubildenden ein Anspruch auf Ausbildungsgeld nach den
§§ 112 ff. SGB III als Leistung zur Teilhabe am Arbeitsleben zusteht (VGH BW BeckRS 2018,
18130 Rn. 6 ff.).

Mit der Beendigung des Arbeitsverhältnisses erlischt grundsätzlich die Arbeitnehmereigenschaft.　**9**
Unter den Voraussetzungen des Abs. 3 bleibt sie jedoch bei vorübergehender Erwerbsminderung,
unfreiwilliger Erwerbslosigkeit oder Aufnahme einer Berufsausbildung erhalten (→ Rn. 22 ff.).

2. Auszubildende

Personen, die im Rahmen eines Ausbildungsverhältnisses, Praktikums, Volontariats usw eine　**10**
echte Tätigkeit im Lohn- oder Gehaltsverhältnis ausüben, weisen bereits die **Arbeitnehmereigenschaft** auf (→ Rn. 8). Dies gilt auch dann, wenn sie nur wenige Wochenstunden Arbeit leisten
und deshalb nur eine geringe Vergütung erhalten. Auch **Referendare** zählen zu den Arbeitnehmern (EuGH NJW 2005, 1481 – Kranemann).

Schüler und Studenten gelten dann als **Arbeitnehmer,** wenn sie neben ihrer Ausbildung　**11**
arbeiten, zB um ihren Lebensunterhalt zu finanzieren. Bei ehemaligen Arbeitnehmern, die ihre

Beschäftigung unterbrechen und eine Berufsausbildung aufnehmen, bleibt zudem unter den Voraussetzungen des Abs. 3 S. 1 Nr. 3 die Arbeitnehmereigenschaft erhalten (→ Rn. 24 f.).

12   Die sonstigen Auszubildenden und Studierenden, die **nicht** die **Arbeitnehmereigenschaft** aufweisen, sind gem. § 2 Abs. 2 Nr. 5 iVm § 4 (nicht erwerbstätige Unionsbürger) freizügigkeitsberechtigt (→ § 4 Rn. 1 ff.). Dies entspricht Art. 7 Abs. 1 lit. c Freizügigkeits-RL, der das Freizügigkeitsrecht dieses Personenkreises von einem umfassenden Krankenversicherungsschutz und ausreichenden Existenzmitteln abhängig macht. Nach § 5a Abs. 1 S. 2 müssen diese Voraussetzungen nicht nachgewiesen werden, sondern es reicht deren Glaubhaftmachung (→ § 5a Rn. 9).

II. Arbeitsuchende (Nr. 1a)

13   Unionsbürger, die im Aufnahmemitgliedstaat unfreiwillig arbeitslos werden, behalten unter den Voraussetzungen des Abs. 3 ihre Arbeitnehmer- / Erwerbstätigeneigenschaft. Das Freizügigkeitsrecht von Unionsbürgern, die sich **arbeitslos in einen anderen Mitgliedstaat begeben** und dort eine Beschäftigung suchen, ist in Nr. 1a geregelt. Gemäß Art. 45 Abs. 3 lit. a AEUV umfasst die Arbeitnehmerfreizügigkeit das Recht, sich um tatsächlich angebotene Stellen zu bewerben und damit auch das Recht der Arbeitsuche in einen anderen Mitgliedstaat. Nach der Rechtsprechung des EuGH ist ein arbeitsuchender Unionsbürger solange freizügigkeitsberechtigt, als er mit begründeter Aussicht auf Erfolg Arbeit sucht (BeckRS 2004, 76058 – Antonissen). Nr. 1a legt deshalb keine starre Frist fest, sondern bestimmt lediglich, dass sich Unionsbürger über einen Zeitraum von **mehr als sechs Monaten** hinaus nur dann zur Arbeitsuche aufhalten dürfen, wenn und solange sie **nachweisen** können, dass sie weiterhin Arbeit suchen **und** begründete Aussicht haben, eingestellt zu werden.

14   Es muss die **ernstliche Absicht** bestehen, eine **Beschäftigung aufnehmen zu wollen,** belegt zB durch Kontakte mit der Arbeitsagentur, Wahrnehmung von Vorstellungsgesprächen und Reaktionen auf Stellenanzeigen. Dieses Bemühen darf **objektiv nicht aussichtslos sein.** Dabei ist eine einzelfallbezogene Prüfung geboten, unter Berücksichtigung von Ausbildung, Berufserfahrung, Sprachkenntnissen, Gesundheitszustand, Alter sowie Länge der bisherigen Arbeitsuche. Ist die Ausländerbehörde der Auffassung, dass die Kriterien für einen mehr als sechsmonatigen Aufenthalt nicht oder nicht mehr erfüllt sind, kann sie gem. § 5 Abs. 4 den Verlust des Freizügigkeitsrechts feststellen (→ § 5 Rn. 14 ff.). Erst mit der wirksamen Bekanntgabe der Verlustfeststellung wird der Betroffene nach § 7 Abs. 1 S. 1 ausreisepflichtig (→ § 5 Rn. 19). Bis zu diesem Zeitpunkt hält er sich rechtmäßig im Bundesgebiet auf.

15   Die Details hins. des Rechts auf Arbeitsuche sind geregelt in der Freizügigkeits-VO (VO (EU) 492/2011 v. 5.4.2011, ABl. 2011 L 141, 1). Danach hat jeder Unionsbürger im Hoheitsgebiet eines anderen Mitgliedstaates mit dem gleichen Vorrang Anspruch auf Zugang zu den verfügbaren Stellen wie die Staatsangehörigen dieses Staates (Art. 2 Freizügigkeits-VO). Im Hinblick auf den Abschluss von Arbeitsverträgen darf es nicht zu Diskriminierungen kommen (Art. 3 Freizügigkeits-VO). Gleiches gilt für staatliche Hilfen, die ein Mitgliedstaat seinen arbeitslosen Staatsangehörigen gewährt (Art. 5 Freizügigkeits-VO). Hinsichtlich des Anspruchs auf **soziale Leistungen für Arbeitsuchende** wird auf die Kommentierung zu § 7 SGB II und § 23 SGB XII verwiesen.

III. Niedergelassene selbstständige Erwerbstätige (Nr. 2)

16   Nach Art. 49 Abs. 2 AEUV umfasst die Niederlassungsfreiheit die Aufnahme und Ausübung selbstständiger Erwerbstätigkeiten sowie die Gründung und Leitung von Unternehmen, insbesondere von Gesellschaften nach den Bedingungen des Aufnahmestaats für seine eigenen Angehörigen. Eine selbstständige Erwerbstätigkeit ist jede Art der wirtschaftlichen Tätigkeit, die in eigener Verantwortung und **weisungsfrei** erfolgt. Die Weisungsfreiheit ist das entscheidende Merkmal zur Abgrenzung von der Arbeitnehmerfreizügigkeit. Eine Gewinnerzielungsabsicht muss vorhanden, wenn auch nicht vorrangiges Ziel sein. Die wirtschaftliche Tätigkeit muss mittels einer festen Einrichtung in einem anderen Mitgliedstaat und auf unbestimmte Zeit erfolgen. Die Niederlassung ist das entscheidende Merkmal zur Abgrenzung von der Dienstleistungsfreiheit.

IV. Erbringer von Dienstleistungen (Nr. 3)

17   Die Dienstleistungsfreiheit garantiert das grenzüberschreitende Angebot von Dienstleistungen, das sind insbesondere grenzüberschreitende gewerbliche, kaufmännische, handwerkliche und freiberufliche Leistungen. Der Begriff der Dienstleistung wird weit verstanden, auch die Überlassung von Arbeitnehmern (EuGH NJW 1982, 1203 – Webb) und die Prostitution (EuGH NVwZ 2002, 226 – Aldona Malgorzatat Jany) können eine Dienstleistung darstellen. Der Dienstleistungserbrin-

ger wird ohne Niederlassung in einem anderen Mitgliedstaat tätig. Nr. 3 gilt seinem Wortlaut nach nur für selbstständige Dienstleistungserbringer, dürfte aber auf unselbstständig beschäftigte Dienstleistungserbringer entsprechend anwendbar sein (BeckOK AuslR/Tewocht Rn. 37 mwN).

V. Empfänger von Dienstleistungen (Nr. 4)

Nr. 4 schützt die sog. passive Dienstleistungsfreiheit, das ist die Freiheit der Leistungsempfänger, **18** sich zur Inanspruchnahme einer Dienstleistung in einen anderen Mitgliedstaat zu begeben, ohne durch Beschränkungen daran gehindert zu werden (EuGH BeckRS 2004, 72932). Dienstleistungsempfänger sind unter anderem Touristen, Patienten sowie Studien- und Geschäftsreisende. Der Besuch an staatlichen Schul- und Hochschulen fällt wegen fehlender Gewinnerzielungsabsicht auch dann nicht unter die passive Dienstleistungsfreiheit, wenn Gebühren oder Schulgeld erhoben werden.

VI. Nicht Erwerbstätige (Nr. 5)

Erfasst sind Rentner, die in einem anderen Mitgliedstaat erwerbstätig waren, sowie Studenten, **19** Auszubildende und sonstige Personen, die über kein Einkommen aus Erwerbstätigkeit verfügen (→ Rn. 10 ff.). Nicht Erwerbstätige genießen nur unter den Voraussetzungen des § 4 Freizügigkeit (→ § 4 Rn. 1 ff.).

VII. Familienangehörige (Nr. 6)

Familienangehörige, gleich welcher Staatsangehörigkeit, von freizügigkeitsberechtigten Uni- **20** onsbürgern haben ein – abgeleitetes – Freizügigkeitsrecht (→ Rn. 2), wenn sie den Unionsbürger begleiten oder ihm nachziehen (§ 3 Abs. 1 S. 1; → § 3 Rn. 1 ff.), wobei Familienangehörige nicht erwerbstätiger Unionsbürger zusätzlich die Voraussetzungen des § 4 erfüllen müssen (→ § 4 Rn. 1 ff.). Der Begriff des Familienangehörigen ist in § 1 Abs. 2 Nr. 3 definiert (→ § 1 Rn. 29 ff.).

VIII. Daueraufenthaltsberechtigte (Nr. 7)

Freizügigkeitsberechtigt sind auch diejenigen Unionsbürger und ihre Familienangehörigen, die **21** nach § 4a ein Daueraufenthaltsrecht erworben haben (→ § 4a Rn. 1 ff.). Nach § 4a Abs. 1 S. 1 entsteht das Daueraufenthaltsrecht für Unionsbürger nach fünfjährigem ständigem rechtmäßigem Aufenthalt im Bundesgebiet (→ § 4a Rn. 2 ff.), für ihre drittstaatsangehörigen Familienangehörigen, wenn diese sich seit fünf Jahren mit dem Unionsbürger ständig rechtmäßig im Bundesgebiet aufgehalten haben (§ 4a Abs. 1 S. 2; → § 4a Rn. 5 f.). Bei Beendigung der Erwerbstätigkeit des Unionsbürgers kann dessen Daueraufenthaltsrecht nach § 4a Abs. 2 bereits vor Ablauf von fünf Jahren entstehen (→ § 4a Rn. 8 ff.): das Gleiche gilt unter den Voraussetzungen des § 4a Abs. 4 für seine Familienangehörigen (→ § 4a Rn. 18 ff.). Stirbt der Unionsbürger, bevor er ein Daueraufenthaltsrecht erworben hat, erhalten seine Familienangehörigen unter den Voraussetzungen des § 4a Abs. 3 mit dem Zeitpunkt des Todes ein Daueraufenthaltsrecht (→ § 4a Rn. 19). Drittstaatsangehörige Familienangehörige, die gem. § 3 Abs. 3–5 auch nach dem Tod oder Wegzug des Unionsbürgers, der Scheidung oder Aufhebung der Ehe ihr Aufenthaltsrecht behalten, erwerben nach § 4a Abs. 5 das Daueraufenthaltsrecht, wenn sie sich fünf Jahre ständig rechtmäßig im Bundesgebiet aufgehalten haben (→ § 4a Rn. 21).

D. Erhalt der Arbeitnehmer- / Erwerbstätigeneigenschaft (Abs. 3)

Unter den Voraussetzungen des Abs. 3 bleibt bei vorübergehender Erwerbsminderung, unfrei- **22** williger Erwerbslosigkeit oder Aufnahme einer Berufsausbildung die Arbeitnehmer- / Erwerbstätigeneigenschaft erhalten. Liegen die Voraussetzungen für die Beibehaltung der Arbeitnehmer- / Erwerbstätigeneigenschaft nicht oder nicht mehr vor, kann die Ausländerbehörde gem. § 5 Abs. 4 den Verlust des Freizügigkeitsrechts feststellen (→ § 5 Rn. 14 ff.). Erst mit der wirksamen Bekanntgabe der Verlustfeststellung wird der Betroffene nach § 7 Abs. 1 S. 1 ausreisepflichtig (→ § 5 Rn. 19). Bis zu diesem Zeitpunkt hält er sich weiterhin rechtmäßig im Bundesgebiet auf.

I. Vorübergehende Erwerbsminderung (S. 1 Nr. 1)

Die Arbeitnehmereigenschaft bleibt erhalten, wenn infolge Krankheit oder Unfall eine vorüber- **23** gehende Erwerbsminderung eintritt. Abzustellen ist dabei nicht auf den rentenversicherungsrechtlichen Begriff der Erwerbsminderung, sondern auf den arbeitsplatzbezogenen Begriff der **Arbeits-**

unfähigkeit (Bergmann/Dienelt/Dienelt Rn. 104 f. mwN). Auch schwangere Frauen, die die ihre Erwerbstätigkeit oder Arbeitssuche wegen der körperlichen Belastungen im Spätstadium ihrer Schwangerschaft oder nach der Geburt des Kindes aufgeben, behalten die Arbeitnehmereigenschaft, sofern sie innerhalb eines angemessenen Zeitraums nach der Geburt ihres Kindes ihre Beschäftigung wieder aufnehmen oder eine andere Stelle finden (EuGH ZAR 2014, 765 – Saint Prix). Die Arbeitsunfähigkeit ist dann als **vorübergehend** anzusehen, wenn aufgrund einer ärztlichen Prognose mit der Wiederherstellung der Arbeitsfähigkeit gerechnet werden kann, wobei auch eine eingeschränkte Arbeitsfähigkeit ausreicht.

II. Unfreiwillige Arbeitslosigkeit (S. 1 Nr. 2, S. 2)

24   Abs. 3 unterscheidet nach seinem Wortlaut zwischen zwei Alternativen:
• unfreiwillige durch die Agentur für Arbeit bestätigte Arbeitslosigkeit und
• die Einstellung einer selbstständigen Tätigkeit infolge von Umständen, auf die der Selbstständige keinen Einfluss hatte.

25   **Weitere Voraussetzung** ist bei **beiden Alternativen** eine vorhergehende grundsätzlich **mehr als einjährige Tätigkeit.** Verschiedene aneinander anschließende Tätigkeiten sind dabei zusammenzurechnen, und zwar auch, wenn diese teilweise in abhängiger Beschäftigung und teilweise in selbstständiger Tätigkeit ausgeübt worden sind (Bergmann/Dienelt/Dienelt Rn. 106 mwN). Bei unfreiwilliger Arbeitslosigkeit **in den ersten zwölf Tätigkeitsmonaten** wird das Fortbestehen des Freizügigkeitsrechts nach Abs. 3 S. 2 auf die Dauer von sechs Monaten beschränkt. Diese Regelung gilt auch für selbstständig Erwerbstätige.

26   Ein abhängig beschäftigter **Arbeitnehmer** ist unfreiwillig arbeitslos, wenn er die Gründe, die zur Beendigung des Arbeitsverhältnisses geführt haben, nicht zu vertreten hat. Dies ist zB der Fall bei betriebsbedingten Kündigungen, Einstellung der Produktion, Insolvenz des Arbeitgebers und unzumutbaren Arbeitsbedingungen. Haben dagegen im Verhalten des Arbeitnehmers liegende Gründe zur Beendigung des Arbeitsverhältnisses geführt, liegt keine unfreiwillige Arbeitslosigkeit vor. Wurde das Arbeitsverhältnis durch Abschluss eines Aufhebungsvertrages beendet, ist im Einzelfall zu prüfen, welche Gründe zur Beendigung des Arbeitsverhältnisses geführt haben (BeckOK AuslR/Tewocht Rn. 49 mwN). Eine gewisse Indizwirkung hat, ob von der Arbeitsverwaltung eine Sperrfrist verhängt worden ist.

27   Bei einem **selbstständig Erwerbstätigen** ist entscheidend, ob die Einstellung der selbstständigen Tätigkeit auf Umständen beruht, auf die der Betroffene keinen Einfluss hat. Dies kann im Einzelfall schwierig zu beurteilen sein. Die Erwerbslosigkeit ist jedenfalls zumindest dann unfreiwillig, wenn die Einstellung der Tätigkeit maßgeblich durch externe Umstände verursacht wurde, die prinzipiell auf jeden Selbstständigen in vergleichbarer Situation einwirken (zB nachlassende Nachfrage, Konjunkturschwankungen, Wirtschaftskrisen, Beschränkungen nach dem BundesinfektionsschutzG).

28   Bei abhängig beschäftigten **Arbeitnehmern** muss die zuständige **Agentur für Arbeit** die **Unfreiwilligkeit der Arbeitslosigkeit bestätigen.** Ob dies entgegen dem Wortlaut der Vorschrift auch bei **selbstständig Erwerbstätigen** erforderlich ist, ist streitig (bejahend BeckOK AuslR/Tewocht Rn. 51; unklar Bergmann/Dienelt/Dienelt Rn. 109 f.). Sinn und Zweck der Vorschrift sprechen dafür, dass auch der selbstständig Erwerbstätige einen Nachweis der Arbeitsuche erbringen und sich bei der Agentur für Arbeit arbeitslos melden muss. Für das Fortbestehen des Freizügigkeitsrechts ist es ausreichend, dass sich der unfreiwillig Erwerbslose bei der Agentur für Arbeit arbeitslos meldet und seinen ihr gegenüber bestehenden Obliegenheiten nachkommt (BeckOK AuslR/Tewocht Rn. 51; Bergmann/Dienelt/Dienelt Rn. 111).

29   Die **Dauer der Fortgeltung der Arbeitnehmer- / Erwerbstätigeneigenschaft** ist weder im FreizügG/EU noch in der Freizügigkeits-RL geregelt (Ausnahme: Abs. 3 S. 2, der bei unfreiwilliger Arbeitslosigkeit in den ersten zwölf Tätigkeitsmonaten das Fortbestehen des Freizügigkeitsrechts auf die Dauer von sechs Monaten beschränkt; → Rn. 25). Aus der Entstehungsgeschichte des Art. 7 Abs. 3 Freizügigkeits-RL ist zu entnehmen, dass nach einer mehr als einjährigen Tätigkeit die Arbeitnehmer- / Erwerbstätigeneigenschaft über die Dauer von insgesamt zwei Jahren unfreiwilliger Arbeitslosigkeit fortbesteht (ausf. Bergmann/Dienelt/Dienelt Rn. 114 ff.).

III. Aufnahme einer Berufsausbildung (S. 1 Nr. 3)

30   Abs. 3 S. 1 Nr. 3 regelt zwei unterschiedliche Konstellationen des Fortbestehens der Arbeitnehmer- / Erwerbstätigeneigenschaft: Wird eine Erwerbstätigkeit **unterbrochen** oder **beendet,** um eine Berufsausbildung zu beginnen, so muss diese im Zusammenhang zur aufgegebenen Erwerbstätigkeit stehen. Ist der Betroffene dagegen **unfreiwillig arbeitslos** (→ Rn. 26 f.) und beginnt

dann eine Berufsausbildung, so muss diese in keinem Zusammenhang zur vorherigen Erwerbstätigkeit stehen. Für den Zusammenhang zwischen Erwerbstätigkeit und danach aufgenommener Berufsausbildung ist grundsätzlich keine Mindestdauer der beruflichen Tätigkeit erforderlich (EuGH NJW 1988, 2165 – Lair).

E. Aufenthalt bis zu drei Monaten (Abs. 5)

Abs. 5 regelt das von materiellen Voraussetzungen unabhängige dreimonatige Aufenthaltsrecht 31 von Unionsbürgern. Dieses Recht zum Kurzaufenthalt setzt weder die Ausübung einer der Grundfreiheiten noch ausreichenden Krankenversicherungsschutz oder ausreichende Existenzmittel voraus. Die drittstaatsangehörigen Familienangehörigen haben das gleiche Recht, wenn sie den Unionsbürger begleiten oder ihm nachziehen (→ § 3 Rn. 6). Auch der drittstaatsangehörige Familienangehörige benötigt für den Kurzaufenthalt kein Einreisevisum. Erforderlich sind lediglich die aufgeführten Identitätsnachweise; auch insoweit handelt es sich jedoch um keine Bedingung für den Aufenthalt (→ Rn. 1, → Rn. 33, → § 5a Rn. 1 ff.).

F. Visum und Aufenthaltstitel (Abs. 4)

I. Unionsbürger (S. 1)

Unionsbürger benötigen für die Einreise in das Bundesgebiet kein Visum und für den Aufenthalt 32 im Bundesgebiet keinen Aufenthaltstitel. Für einen Aufenthalt von bis zu drei Monaten ist nach Abs. 5 lediglich ein gültiger Personalausweis oder Reisepass erforderlich. Auch dies ist keine Voraussetzung des Freizügigkeitsrechts, sondern erleichtert nur dessen Feststellung (EuGH NJW 2005, 1033 Rn. 25 – Oulane). Kann die Identität und die Staatsangehörigkeit des Unionsbürgers „mit anderen Mitteln" sicher festgestellt werden, kann nach der Rechtsprechung des EuGH sein Aufenthaltsrecht nicht mit der Erwägung angezweifelt werden, dass weder ein gültiger Personalausweis noch ein gültiger Pass vorgelegt worden sei (EuGH NJW 2005, 1033 Rn. 25 – Oulane).

II. Drittstaatsangehörige Familienangehörige und nahestehende Personen (S. 2, S. 3)

Anders als Unionsbürger benötigen ihre drittstaatsangehörigen Familienangehörigen sowie dem 33 Unionsbürger nahestehende drittstaatsangehörige Personen iSd § 1 Abs. 2 Nr. 4 für die Einreise in das Bundesgebiet grundsätzlich ein **Visum** (S. 2). Dies gilt nicht, wenn der Drittstaatsangehörige im Besitz einer gültigen Aufenthaltskarte ist (S. 2). Diese kann nach S. 3 auch von den Behörden eines anderen Mitgliedstaats ausgestellt worden sein (EuGH NVwZ 2015, 284 – Sean McCarthy). Dabei hat die von einem anderen Mitgliedstaat ausgestellte Aufenthaltskarte ausschließlich für die Einreise rechtliche Bedeutung, ein Recht auf Aufenthalt kann, da sie in anderen Mitgliedstaaten keine Bindungswirkung entfaltet, aus ihr nicht hergeleitet werden (EuGH NVwZ 2008, 402 Rn. 26). Darüber hinaus ist ein Visum auch dann nicht erforderlich, wenn der drittstaatsangehörige Familienangehörige oder die drittstaatsangehörige nahestehende Person iSd § 1 Abs. 2 Nr. 4 aufgrund seiner / ihrer Staatsangehörigkeit nach den nationalen Regelungen, insbesondere nach § 41 AufenthV oder nach den Regelungen der EU-Visum-VO (VO (EU) 2018/1806 v. 14.11.2018, ABl. 2018 L 303, 39; früher: EU-Visum-VO 2001 – VO (EG) 539/2001 v. 15.3.2001, ABl. 2001 L 81, 1, die am 18.12.2018 außer Kraft getreten ist) von der Visumpflicht befreit ist.

Erteilt wird das Visum ausschließlich nach den materiellen Voraussetzungen des FreizügG/EU. 34 Die Einreisevoraussetzungen des AufenthG (zB Nachweis einfacher Sprachkenntnisse, § 30 Abs. 1 S. 1 Nr. 2 AufenthG) müssen nicht erfüllt sein. Die **Einhaltung der Visumpflicht** ist auch **keine materielle Bedingung des Freizügigkeitsrechts.** Ein Verstoß gegen die Visumpflicht genügt daher nicht, um den Aufenthalt des Drittstaatsangehörigen zu beenden (EuGH BeckRS 9998, 155882 – MRAX). Nach Art. 5 Abs. 4 Freizügigkeits-RL hat ein Mitgliedstaat einem drittstaatsangehörigen Familienangehörigen, der nicht über das ggf. erforderliche Visum verfügt, jede angemessene Möglichkeit zu gewähren, sich dieses in einer angemessenen Frist zu beschaffen oder übermitteln zu lassen oder mit anderen Mitteln bestätigen zu lassen oder nachzuweisen, dass er das Recht auf Freizügigkeit und Aufenthalt genießt, bevor der Mitgliedstaat eine Zurückweisung verfügt. Der Mitgliedstaat muss deshalb zunächst die Einreise zulassen; eine Zurückweisung an der Grenze ist in der Regel unverhältnismäßig.

Nach Art. 5 Abs. 2 UAbs. 2 Freizügigkeits-RL treffen die Mitgliedstaaten alle erforderlichen 35 Maßnahmen, um die Beschaffung der ggf. erforderlichen Visa zu **erleichtern.** Die Visa werden so bald wie möglich und nach einem **beschleunigten** Verfahren unentgeltlich erteilt. Nach

Nr. 2.4.4 FreizuegGEUAVwV sind Visaanträge im Rahmen der örtlichen Gegebenheiten unverzüglich anzunehmen, zu bearbeiten und zu entscheiden. Auch ein **Zustimmungsverfahren** nach § 31 AufenthV findet **nicht** statt.

36   Dem drittstaatsangehörigen Familienangehörigen darf auch weder die Visumerteilung noch die Einreise allein deshalb verweigert werden, weil die betroffene Person im Schengener Informationssystem zur Einreiseverweigerung ausgeschrieben ist. Es sei denn, der betroffene Mitgliedstaat hat zuvor festgestellt, dass von der Anwesenheit dieser Person in seinem Hoheitsgebiet eine tatsächliche, gegenwärtige und erhebliche Gefahr für ein Grundinteresse der Gesellschaft ausgeht (EuGH BeckRS 2006, 70083 – Kommission / Spanien).

37   Der Verdacht einer **Scheinehe** ist in der Regel nicht ausreichend, um dem drittstaatsangehörigen Familienangehörigen die Einreise zu verweigern (→ Rn. 40). Als Scheinehen gelten nur solche Ehen, die **ausschließlich** zu dem Zweck geschlossen wurden, die Familienfreizügigkeit in Anspruch zu nehmen (Erwägungsgrund 28 Freizügigkeits-RL). Es ist nicht ausreichend, dass mit der Ehe aus einwanderungsrechtlicher Sicht oder in anderer Hinsicht ein Vorteil verbunden ist. Ob die Eheleute in häuslicher Gemeinschaft zusammenleben, spielt keine Rolle (→ § 3 Rn. 7).

G. Gebühr und Gebührenbefreiung (Abs. 6)

38   Nach Abs. 6 S. 1 werden für die Ausstellung eines ggf. erforderlichen Visums an **Familienangehörige** keine Gebühren erhoben. Die **Gebührenfreiheit** gilt **nur für Visa.** Für die Ausstellung aller anderen Dokumente und Bescheinigungen gelten die Gebührenregelungen in den §§ 44–54 AufenthV: Für die Bescheinigung des Daueraufenthaltsrechts des **Unionsbürgers** nach § 5 Abs. 5 S. 1 wird eine Gebühr von 10 EUR erhoben (§ 47 Abs. 3 S. 4 AufenthV). Für die Ausstellung einer Aufenthaltskarte nach § 5 Abs. 1 S. 1 sowie die Ausstellung einer Daueraufenthaltskarte nach § 5 Abs. 5 S. 2 an **drittstaatsangehörige Familienangehörige** wird jeweils eine Gebühr in Höhe der für die Ausstellung von Personalausweisen an Deutsche erhobenen Gebühr erhoben (§ 47 Abs. 3 S. 1 AufenthV); ist der drittstaatsangehörige Familienangehörige noch nicht 24 Jahre alt, beträgt die Gebühr jeweils die Höhe, die für die Ausstellung von Personalausweisen an Deutsche dieses Alters erhoben wird (§ 47 Abs. 3 S. 2 AufenthV). **Auslagen** können über den Verweis in § 11 Abs. 1 S. 1 auf § 69 AufenthG erhoben werden. Nach § 12 BGebG können Auslagen auch dann erhoben werden, wenn die Amtshandlung selbst nicht gebührenpflichtig ist.

38a   Für die Ausstellung eines ggf. erforderlichen Visums an dem Unionsbürger **nahestehende Personen** iSd § 1 Abs. 2 Nr. 4 werden nach Abs. 6 S. 2 **Gebühren** erhoben. Die Gebühren entsprechen denjenigen, die von Ausländern erhoben werden, für die das AufenthG gilt; nach § 46 Abs. 2 AufenthV beträgt die Visa-Gebühr 25–75 EUR.

H. Feststellung des Nichtbestehens des Freizügigkeitsrecht bei Rechtsmissbrauch und Betrug (Abs. 7)

I. Voraussetzungen

39   Nach Abs. 7 **kann** das Nichtbestehen des Freizügigkeitsrechts festgestellt werden, wenn **feststeht,** dass die betreffende Person das Vorliegen einer Voraussetzung für dieses Recht durch die Verwendung von gefälschten oder verfälschten Dokumenten oder durch Vorspiegelung falscher Tatsachen vorgetäuscht hat (S. 1). Bei einem **drittstaatsangehörigen Familienangehörigen** kann das Nichtbestehen des Freizügigkeitsrechts **außerdem** festgestellt werden, wenn **feststeht,** dass er dem Unionsbürger nicht zur Herstellung oder Wahrung der familiären Lebensgemeinschaft nachzieht oder ihn nicht zu diesem Zweck begleitet (S. 2). Grundsätzlich ist bei Unionsbürgern und ihren Familienangehörigen vom Bestehen der Voraussetzungen des Freizügigkeitsrechts auszugehen. Eine Prüfung, ob die Voraussetzungen vorliegen, ist deshalb nur im Vorliegen begründeter Zweifel zulässig. Die Beweislast liegt bei der Behörde. Lediglich **Verdachtsmomente** für das Bestehen einer **Scheinehe** (→ Rn. 37) sind in der Regel nicht ausreichend (s. aber VGH BW BeckRS 2019, 22035, der es auch im Eilverfahren ausreichen lässt, dass dem vorläufigen Ergebnis eines Ermittlungsverfahrens nichts Substantielles entgegengesetzt wird). Da sich die Betroffenen aufgrund der Freizügigkeitsvermutung bis zum Erlass der Feststellung des Nichtbestehens rechtmäßig im Bundesgebiet aufhalten, hat die Behörde zunächst hinsichtlich der Visumerteilung das Beschleunigungs- und Erleichterungsgebot (→ Rn. 35) zu beachten.

II. Entscheidung

Sind die tatbestandlichen Voraussetzungen des Abs. 7 erfüllt, steht der Erlass einer Verlustfeststellung **40** im Ermessen der Behörde. Im Rahmen der Ermessensentscheidung ist zu berücksichtigen, dass nach Art. 14 Abs. 3 Freizügigkeits-RL die Inanspruchnahme von Sozialhilfeleistungen durch einen Unionsbürger oder einen seiner Familienangehörigen nicht automatisch zu einer Ausweisung führen darf. Art. 14 Abs. 1 Freizügigkeits-RL bestimmt, dass nur die unangemessene Inanspruchnahme von Sozialhilfeleistungen freizügigkeitsschädlich ist. Die Entscheidung bedarf zu ihrer Wirksamkeit der **Schriftform** (Abs. 7 S. 4).

III. Rechtsfolge der Verlustfeststellung

Mit der wirksamen Bekanntgabe der Verlustfeststellung wird der Betroffene nach § 7 Abs. 1 **41** S. 1 ausreisepflichtig (→ § 7 Rn. 4; → Rn. 42). Weitere Rechtsfolge der bestandskräftigen Verlustfeststellung ist grundsätzlich lediglich ein Aufenthaltsverbot; ein Wiedereinreiseverbot besteht nur, wenn es ausdrücklich angeordnet worden ist (§ 7 Abs. 2 S. 2, → § 7 Rn. 10). Da die Aufenthaltskarte des drittstaatsangehörigen Familienangehörigen keinen Regelungscharakter hat, ist deren Widerruf nicht erforderlich. Um den Rechtsschein eines bestehenden Freizügigkeitsrechts zu beseitigen, kann und sollte sie jedoch eingezogen werden (Abs. 7 S. 3 aE).

Die Verlustfeststellung ist mangels einer Verweisung auf § 84 AufenthG in § 11 Abs. 1 nicht **42** kraft Gesetzes sofort vollziehbar, dh Widerspruch und Klage gegen die Feststellung haben nach § 80 VwGO aufschiebende Wirkung. Soll der Aufenthalt des Betroffenen sofort beendet werden, bedarf die Verlustfeststellung der behördlichen Anordnung des Sofortvollzugs nach § 80 Abs. 2 S. 1 Nr. 4 VwGO, die jedoch nach der Rechtsprechung des BVerfG das Vorliegen eines besonderen öffentlichen Interesses voraussetzt, das über das Interesse hinausgeht, das (nur) den Erlass der Feststellung selbst rechtfertigt (NVwZ 1996, 58). Ein solches dürfte eher selten vorliegen (s. aber VGH BW ZAR 2020, 112, der für das Vorliegen des besonderen Vollzugsinteresses die mangelnden Erfolgsaussichten im Hauptsacheverfahren ausreichen lässt). Nach § 80 Abs. 3 S. 1 VwGO hat die Behörde das besondere Vollzugsinteresse schriftlich eingehend darzulegen.

IV. Rechtsschutz

Ordnet die Behörde nach § 80 Abs. 2 S. 1 Nr. 4 VwGO die sofortige Vollziehung der Verlust- **43** feststellung an, kann im vorläufigen Rechtsschutzverfahren nach § 80 Abs. 5 VwGO ein Antrag auf Wiederherstellung der aufschiebenden Wirkung des Widerspruchs oder der Anfechtungsklage gestellt werden. Enthält der Feststellungsbescheid zugleich eine Abschiebungsandrohung und ist diese als Vollstreckungshandlung über § 80 Abs. 2 S. 1 Nr. 3 VwGO nach dem einschlägigen Landesrecht kraft Gesetzes sofort vollziehbar (zB § 12 BWLVwVG, Art. 21a BayVwZVG), ist ein Antrag auf Anordnung der aufschiebenden Wirkung nach § 80 Abs. 5 VwGO statthaft. § 7 Abs. 1 S. 4 erlaubt den vorläufigen Verbleib im Bundesgebiet bis zum rechtskräftigen Abschluss des gerichtlichen Eilverfahrens (→ § 7 Rn. 5).

Gegen die Verlustfeststellung kann Widerspruch – sofern das Landesrecht dies vorsieht – und **44** Anfechtungsklage erhoben werden. Maßgeblicher Beurteilungszeitpunkt ist jedenfalls hinsichtlich der Sachlage der Zeitpunkt der gerichtlichen Entscheidung (EuGH NVwZ 2004, 1099). Die Behörde hat deshalb die von ihr getroffene Ermessensentscheidung darauf zu kontrollieren, ob sich die Verhältnisse des Betroffenen geändert haben. Ist dies der Fall, hat sie entweder die Verlustfeststellung aufzuheben oder ihre Ermessenserwägungen auch noch im gerichtlichen Verfahren zu ergänzen oder zu modifizieren (§ 114 S. 2 VwGO).

§ 3 Familienangehörige

(1) ¹Familienangehörige der in § 2 Abs. 2 Nr. 1 bis 5 genannten Unionsbürger haben das Recht nach § 2 Abs. 1, wenn sie den Unionsbürger begleiten oder ihm nachziehen. ²Für Familienangehörige der in § 2 Abs. 2 Nr. 5 genannten Unionsbürger gilt dies nach Maßgabe des § 4.

(2) Familienangehörige, die nicht Unionsbürger sind, behalten beim Tod des Unionsbürgers ein Aufenthaltsrecht, wenn sie die Voraussetzungen des § 2 Abs. 2 Nr. 1 bis 3 oder Nr. 5 erfüllen und sich vor dem Tod des Unionsbürgers mindestens ein Jahr als seine Familienangehörigen im Bundesgebiet aufgehalten haben.

(3) Die Kinder eines freizügigkeitsberechtigten Unionsbürgers und der Elternteil, der die elterliche Sorge für die Kinder tatsächlich ausübt, behalten auch nach dem Tod oder Wegzug des Unionsbürgers, von dem sie ihr Aufenthaltsrecht ableiten, bis zum Abschluss einer Ausbildung ihr Aufenthaltsrecht, wenn sich die Kinder im Bundesgebiet aufhalten und eine Ausbildungseinrichtung besuchen.

(4) Ehegatten oder Lebenspartner, die nicht Unionsbürger sind, behalten bei Scheidung oder Aufhebung der Ehe oder Aufhebung der Lebenspartnerschaft ein Aufenthaltsrecht, wenn sie die für Unionsbürger geltenden Voraussetzungen des § 2 Abs. 2 Nr. 1 bis 3 oder Nr. 5 erfüllen und wenn

1. die Ehe oder die Lebenspartnerschaft bis zur Einleitung des gerichtlichen Scheidungs- oder Aufhebungsverfahrens mindestens drei Jahre bestanden hat, davon mindestens ein Jahr im Bundesgebiet,

2. ihnen durch Vereinbarung der Ehegatten oder der Lebenspartner oder durch gerichtliche Entscheidung die elterliche Sorge für die Kinder des Unionsbürgers übertragen wurde,

3. es zur Vermeidung einer besonderen Härte erforderlich ist, insbesondere weil dem Ehegatten oder dem Lebenspartner wegen der Beeinträchtigung seiner schutzwürdigen Belange ein Festhalten an der Ehe oder der Lebenspartnerschaft nicht zugemutet werden konnte, oder

4. ihnen durch Vereinbarung der Ehegatten oder der Lebenspartner oder durch gerichtliche Entscheidung das Recht zum persönlichen Umgang mit dem minderjährigen Kind nur im Bundesgebiet eingeräumt wurde.

Überblick

Die Vorschrift regelt das Recht auf Einreise und Aufenthalt der Familienangehörigen von Unionsbürgern. Familienangehörige von freizügigkeitsberechtigten Unionsbürgern haben nach Abs. 1 ein abgeleitetes Freizügigkeitsrecht, wenn sie den Unionsbürger begleiten oder ihm nachziehen (S. 1, → Rn. 6 f.), wobei Familienangehörige nicht erwerbstätiger Unionsbürger zusätzlich die Voraussetzungen des § 4 erfüllen müssen (S. 2, → Rn. 13). Nach Abs. 2 erhält ein drittstaatsangehöriger Familienangehöriger beim Tod des Unionsbürgers unter bestimmten Voraussetzungen ein eigenständiges Aufenthaltsrecht (→ Rn. 8 ff.). Abs. 3 regelt den weiteren Aufenthalt von Kindern in Ausbildung sowie ihres personensorgeberechtigten Elternteils nach Tod oder Wegzug des Unionsbürgers (→ Rn. 16 f.). Nach Abs. 4 erhält ein drittstaatsangehöriger Ehegatte / Lebenspartner bei Scheidung oder Aufhebung der Ehe unter bestimmten Voraussetzungen ein eigenständiges Aufenthaltsrecht (→ Rn. 18 f.).

Übersicht

A. Allgemeines

1   Das Aufenthaltsrecht der Familienangehörigen von Unionsbürgern ist **abschließend** geregelt im FreizügG/EU. Die Bestimmungen des AufenthG für den Familiennachzug (§§ 27 ff. AufenthG), zB das Erfordernis von Sprachkenntnissen, kommen nicht zur Anwendung. Nur soweit die Regelungen des AufenthG im Einzelfall eine günstigere Rechtsstellung vermitteln als das FreizügG/EU, gelten diese über die allgemeine Günstigkeitsklausel nach § 11 Abs. 14 S. 1 (→ § 11 Rn. 23).

2   Nach Abs. 1 S. 1 genießen **Familienangehörige** (zum Begriff s. § 1 Abs. 2 Nr. 3, → § 1 Rn. 29 ff.) der in § 2 Abs. 2 Nr. 1–5 genannten **freizügigkeitsberechtigten Unionsbürger** ein **abgeleitetes Freizügigkeitsrecht,** wenn sie den Unionsbürger begleiten oder ihm nachziehen. Dies gibt ihnen in gleichem Umfang ein Recht auf Einreise, Aufenthalt, Arbeitsmarktzugang

usw wie dem Unionsbürger. Das Freizügigkeitsrecht der Familienangehörigen ist grundsätzlich **akzessorisch,** dh abhängig vom Fortbestand des Freizügigkeitsrechts des Unionsbürgers und vom Fortbestand der familiären Bindung. Zum **eigenständigen** Recht wird es mit dem Entstehen eines Daueraufenthaltsrechts: gem. § 4a Abs. 1 S. 2 nach fünfjährigem Aufenthalt (→ § 4a Rn. 5 f.), bei Beendigung der Erwerbstätigkeit des Unionsbürgers unter Umständen auch früher (§ 4a Abs. 4, → § 4a Rn. 17 ff.). Unter den Voraussetzungen der Abs. 2–4 wird das abgeleitete Freizügigkeitsrecht des Familienangehörigen vorzeitig zu einem eigenständigen Recht.

Ist der **Familienangehörige selbst Unionsbürger,** ist zunächst zu prüfen, ob er seinerseits **3** **in eigener Person** die Freizügigkeitsvoraussetzungen des § 2 Abs. 2 erfüllt und ihm damit bereits ein eigenständiges Recht zusteht. Nur wenn dies nicht der Fall ist, zB weil er als nicht erwerbstätiger Unionsbürger die Voraussetzungen des § 4 (ausreichender Krankenversicherungsschutz und ausreichende Existenzmittel) nicht erfüllt, ist in einem zweiten Schritt zu prüfen, ob ihm als Familienangehöriger eine abgeleitete Freizügigkeitsberechtigung zusteht (BVerwG NVwZ-RR 2015, 910 Rn. 23). Das Gleiche gilt, wenn in Betracht kommt, dass der – auch drittstaatsangehörige – Familienangehörige bereits ein **eigenständiges Daueraufenthaltsrecht** nach § 4a erlangt hat (BVerwG NVwZ-RR 2015, 910 Rn. 17 ff.). Das ist als erstes zu prüfen und erst danach eine abgeleitete Freizügigkeitsberechtigung als Familienangehöriger. Dem drittstaatsangehörigen Familienangehörigen steht es zudem von Anfang an frei, bei Erfüllung der Voraussetzungen einen eigenen und damit nicht akzessorischen Aufenthaltstitel nach dem AufenthG, etwa zur Erwerbstätigkeit, zu beantragen und zu erhalten.

In § 1 Abs. 2 Nr. 1 ist nunmehr klargestellt, dass Unionsbürger im Sinne des FreizügG/EU **4** nur die Staatsangehörigen anderer EU-Mitgliedstaaten sind, die nicht Deutsche sind. Damit kann sich auch ein **deutscher Staatsangehöriger,** der zugleich Staatsangehöriger eines anderen EU-Mitgliedstaates ist, nicht schon allein aufgrund der Doppelstaatsangehörigkeit für die Einreise nach und den Aufenthalt seiner drittstaatsangehörigen Familienangehörigen in Deutschland auf die Anwendung von Freizügigkeitsrecht und damit auf die günstigeren unionsrechtlichen Nachzugsregelungen (insbesondere hinsichtlich Visum, Sprachnachweis und ehelicher Lebensgemeinschaft) berufen. Der Familiennachzug Drittstaatsangehöriger zu Deutschen ist grundsätzlich abschließend im AufenthG geregelt. Diese grundsätzlich zulässige **Inländerdiskriminierung** (Bergmann/Dienelt/Dienelt Rn. 18 ff.) ist jedoch **nur** dann mit Unionsrecht vereinbar, wenn **kein grenzüberschreitender Sachverhalt** vorliegt (EuGH NVwZ 2018, 137; NVwZ-RR 2014, 401). Dem trägt der neu geschaffene § 1 Abs. 1 Nr. 6 Rechnung. Nach dieser Vorschrift gelten für die Einreise nach und den Aufenthalt in Deutschland von drittstaatsangehörigen Familienangehörigen und nahestehenden Personen von Deutschen die Vorschriften FreizügG/EU, wenn der **Deutsche von seinem Recht auf Freizügigkeit nach Art. 21 AEUV nachhaltig Gebrauch gemacht hat.**

Erfasst werden folgende Fälle: **4a**
- Der deutsche Staatsangehörige kehrt während oder nach Beendigung der Ausübung der Arbeitnehmerfreizügigkeit in einem anderen Mitgliedstaat zusammen mit seinen drittstaatsangehörigen Familienangehörigen oder der ihm nahestehenden Person iSd § 1 Abs. 2 Nr. 4 nach Deutschland zurück (sog. **Rückkehrerfälle,** EuGH NVwZ-RR 2014, 401).
- Der deutsche Staatsangehörige übt vom Bundesgebiet aus seine Freizügigkeitsrechte als **Dienstleistungserbringer** an Empfänger in anderen Mitgliedstaaten, EuGH EuR 2002, 852).
- Der Staatsangehörige eines anderen EU-Mitgliedstaates, der von seinem Recht auf Freizügigkeit nach Art. 21 AEUV Gebrauch gemacht hat, hat unter Beibehaltung seiner ursprünglichen Staatsangehörigkeit die deutsche Staatsangehörigkeit erworben (EuGH NVwZ 2018, 137 – Lounes).

Das **nachhaltige Gebrauchmachen** von der Freizügigkeit erfordert eine gewisse Dauer. Ein nur **5** wenige Tage oder Wochen dauernder Kurzaufenthalt zu touristischen Zwecken oder zum Zweck der Eheschließung in einem anderen Mitgliedstaat ist hierfür nicht ausreichend (BVerwGE 138, 122 = NVwZ 2011, 496 Rn. 12 mAnm Oberhäuser NVwZ 2012, 52). Erforderlich dürfte mindestens ein Aufenthalt von drei Monaten sein. Auch nach der Rechtsprechung des EuGH reichen bei der Rückkehr des Unionsbürgers in den Mitgliedstaat, dessen Staatsangehörigkeit er besitzt, Kurzaufenthalte im Aufnahmemitgliedstaat wie an Wochenenden oder in den Ferien auch kumulativ nicht aus, seinem drittstaatsangehörigen Familienangehörigen oder der ihm nahestehenden Person ein abgeleitetes Aufenthaltsrecht zu vermitteln (EuGH NVwZ-RR 2014, 401 Rn. 59 – O. und B.). Die Eigenschaft des Familienangehörigen oder der nahestehenden Person muss bereits zum Zeitpunkt des gemeinsamen Aufenthalts im anderen Mitgliedstaat bestanden haben und darf nicht erst nachträglich begründet worden sein.

B. Voraussetzungen des Freizügigkeitsrechts des Familienangehörigen (Abs. 1)

6   Nach dem Wortlaut von Abs. 1 S. 1 muss der Familienangehörige den Unionsbürger **begleiten oder ihm nachziehen.** Erfasst werden jedoch auch die Fälle, in denen die familiäre Bindung erst im Bundesgebiet hergestellt wurde. Es spielt keine Rolle, ob drittstaatsangehörige Familienangehörige in das Bundesgebiet eingereist sind, bevor oder nachdem sie Familienangehörige des Unionsbürgers wurden, da die Weigerung, ihnen ein Aufenthaltsrecht einzuräumen, gleichermaßen geeignet ist, den betreffenden Unionsbürger davon abzuhalten, sich weiter im Bundesgebiet aufzuhalten (EuGH NVwZ 2008, 1097 Rn. 92 – Metock). Unerheblich ist auch, wie der drittstaatsangehörige Familienangehörige in das Bundesgebiet eingereist ist (EuGH NVwZ 2008, 1097 Rn. 96 – Metock), insbesondere, ob dies rechtmäßig erfolgt ist.

7   Ein dauerhaftes Zusammenleben von Unionsbürger und Familienangehörigen in einer **gemeinsamen Wohnung** ist nicht erforderlich. Auch der getrennt lebende Ehegatte, der die Scheidung beabsichtigt, verfügt bis zur Scheidung über ein Aufenthaltsrecht. Voraussetzung ist lediglich, dass beide in demselben Mitgliedstaat bleiben, in dem der Ehegatte, der Unionsbürger ist, von seinem Recht auf Freizügigkeit Gebrauch macht (EuGH NVwZ 2015, 1431 Rn. 54; → Rn. 10 f.).

8   Familienangehörige **nicht erwerbstätiger Unionsbürger** müssen nach S. 2 zusätzlich die Voraussetzungen des § 4 erfüllen. Dies gilt jedoch nur für einen mehr als dreimonatigen Aufenthalt (→ § 4 Rn. 1). Nach § 4 S. 1 iVm § 5a Abs. 1 S. 1 Nr. 3 muss der Nachweis erbracht werden, dass für den Familienangehörigen (und den Unionsbürger) ausreichender Krankenversicherungsschutz besteht und ausreichende Existenzmittel zur Verfügung stehen (→ § 4 Rn. 4 ff., → § 5a Rn. 8). Ein verfügt Unionsbürger auch dann über ausreichende Existenzmittel für sich und seine Familienangehörigen, so dass sie während ihres Aufenthalts keine Sozialhilfeleistungen des Aufnahmemitgliedstaats in Anspruch nehmen müssen, wenn diese Mittel zum Teil aus denen des drittstaatsangehörigen Ehegatten stammen. (EuGH NVwZ 2015, 1431 – Singh, Njumi und Aly). Handelt es sich bei dem Unionsbürger um einen **Studenten,** wird in § 4 S. 2 der Kreis der nachzugsberechtigten Familienangehörigen beschränkt auf Ehegatten / Lebenspartner und die Kinder, denen Unterhalt gewährt wird (→ § 4 Rn. 8 ff.); ausreichender Krankenversicherungsschutz und ausreichende Existenzmittel müssen nach § 5a Abs. 1 S. 2 in diesem Fall nur glaubhaft gemacht werden (→ § 5a Rn. 9).

9   Der Familiennachzug zu **Unionsbürgern,** die nach fünfjährigem Aufenthalt ein **Daueraufenthaltsrecht** nach § 4a Abs. 1 erworben haben, ist im FreizügG/EU nicht vollständig geregelt (Abs. 1 verweist nur auf § 2 Abs. 2 Nr. 1–5, nicht auf § 2 Abs. 2 Nr. 7). Nach hM muss zumindest für die Kernfamilie des nach § 4a Abs. 1 daueraufenthaltsberechtigten Unionsbürgers das Niveau erreicht werden, das das AufenthG für den Nachzug zu Deutschen enthält (Art. 24 Abs. 1 S. 1 Freizügigkeits-RL). Entsprechend § 28 AufenthG muss damit beim Ehegatten, beim minderjährigen ledigen Kind sowie bei dem die Personensorge ausübenden Elternteil eines minderjährigen ledigen Daueraufenthaltsberechtigten auch ohne Prüfung weiterer Voraussetzungen (ausreichender Krankenversicherungsschutz und ausreichende Existenzmittel) ein Familiennachzug möglich sein (BeckOK AuslR/Tewocht § 4a Rn. 4; Bergmann/Dienelt/Dienelt § 4a Rn. 64).

C. Verbleiberechte der Familienangehörigen (Abs. 2–4)

10   Das Freizügigkeitsrecht des Familienangehörigen ist grundsätzlich **akzessorisch,** dh abhängig von Fortbestand der familiären Bindung und vom Verbleib des Unionsbürgers im Bundesgebiet. In Abs. 2–4 sind verschiedene Fallkonstellationen geregelt, bei denen die familiäre Bindung erlischt (Tod oder Wegzug des Unionsbürgers, Scheidung oder Aufhebung der Ehe), was grundsätzlich dazu führen müsste, dass auch das abgeleitete Freizügigkeitsrecht des Familienangehörigen erlischt, sofern dieser noch kein Daueraufenthaltsrecht nach § 4a erworben hat (→ Rn. 2). Abs. 2–4 bestimmen die Voraussetzungen, unter denen das **abgeleitete, noch nicht eigenständige** Freizügigkeitsrecht des Familienangehörigen dennoch erhalten bleibt. Nach fünfjährigem ständigem rechtmäßigem Aufenthalt erwerben die betreffenden Familienangehörigen dann nach § 4a Abs. 5 ein Daueraufenthaltsrecht (→ § 4a Rn. 19).

11   Abs. 2 regelt die Rechte der Hinterbliebenen beim **Tod des Unionsbürgers.** Beim Tod oder Wegzug eines Unionsbürgers, dessen Kind im Bundesgebiet eine Ausbildung absolviert, behalten nach Abs. 3 sowohl das Kind als auch der die elterliche Sorge ausübende Elternteil ihr Aufenthaltsrecht. Abs. 4 regelt die Voraussetzungen, unter denen drittstaatsangehörige Ehegatten / Lebenspartner bei **Scheidung oder Aufhebung der Ehe** ihr Aufenthaltsrecht behalten.

Diese Regelungen gelten in erster Linie für drittstaatsangehörige Familienangehörige. Bei **12** **Familienangehörigen, die selbst Unionsbürger sind,** ist zunächst zu prüfen, ob sie nicht in eigener Person die Freizügigkeitsvoraussetzungen des § 2 Abs. 2 erfüllen und ihnen damit bereits ein eigenständiges Freizügigkeitsrecht zusteht.

I. Tod des Unionsbürgers (Abs. 2)

Drittstaatsangehörige Familienangehörige behalten beim Tod des Unionsbürgers ihr Aufent- **13** haltsrecht, wenn **sie selbst** die Voraussetzungen des § 2 Abs. 2 Nr. 1–3 oder Nr. 5 erfüllen **und** sich zudem vor dem Tod des Unionsbürgers mindestens ein Jahr als seine Familienangehörigen im Bundesgebiet aufgehalten haben. Die Familienangehörigen müssen die in § 2 Abs. 2 Nr. 1–3 oder Nr. 5 genannten Voraussetzungen in **eigener Person** erfüllen, dh Arbeitnehmer, Auszubildende, Arbeitsuchende, Selbstständige oder Erbringer von Dienstleistungen sein oder als nicht Erwerbstätige die Voraussetzungen des § 4 erfüllen. Der Empfang von Dienstleistungen (§ 2 Abs. 2 Nr. 4) genügt nicht.

Der Hinterbliebene muss mindestens ein Jahr **als Familienangehöriger** des Unionsbürgers **14** im Bundesgebiet gelebt haben. Andere Aufenthaltszwecke sind nicht ausreichend. Entscheidend ist ausschließlich die objektive Rechtslage, dass das unionsrechtliche Aufenthaltsrecht durch die Ausstellung einer Aufenthaltskarte bescheinigt worden ist (§ 5 Abs. 1), ist nicht erforderlich. Unterbrechungen des einjährigen Aufenthalts nach § 4a Abs. 6 (→ § 4a Rn. 20) sind unschädlich.

Ein **Voraufenthalt** von mindestens einem Jahr ist dann **nicht notwendig,** wenn der Tod des **15** Ehegatten während des Bestands der ehelichen Lebensgemeinschaft im Bundesgebiet eingetreten ist. Gemäß dem Günstigkeitsprinzip in § 11 Abs. 14 S. 1 kommt hier § 31 Abs. 1 Nr. 2 AufenthG zur Anwendung, so dass der überlebende Ehegatte ohne Rücksicht auf den Voraufenthalt ein eigenständiges – zunächst auf ein Jahr beschränktes – Aufenthaltsrecht hat (BeckOK AuslR/ Tewocht Rn. 24 mwN).

II. Hinterbliebene Kinder in der Ausbildung (Abs. 3)

Beim Tod oder Wegzug eines Unionsbürgers, dessen Kind sich im Bundesgebiet aufhält und **16** eine Ausbildungseinrichtung besucht, behalten nach Abs. 3 sowohl das Kind als auch der die elterliche Sorge tatsächlich ausübende Elternteil bis zum Abschluss der Ausbildung ihr Aufenthaltsrecht. Erfasst wird jede staatliche und anerkannte private **Ausbildungseinrichtung,** die zum Abschluss einer Qualifikation führt. Die Ausbildung muss nicht zu einer beruflichen Qualifikation führen, auch der Besuch einer allgemeinbildenden Schule wird von der Vorschrift erfasst. Für den Besuch der Ausbildungseinrichtung ist erforderlich, dass das Kind die Ausbildung ernsthaft betreibt, eine bloße Anmeldung ist nicht ausreichend. Das Aufenthaltsrecht hängt nicht vom Vorhandensein ausreichender Existenzmittel oder eines umfassenden Krankenversicherungsschutzes ab (EuGH NVwZ 2010, 887).

Auch diese Regelung gilt in erster Linie für drittstaatsangehörige Kinder. Bei **Kindern, die** **17** **selbst Unionsbürger** sind – was in der Regel der Fall sein dürfte, wenn ein Elternteil Unionsbürger ist –, ist zunächst zu prüfen, ob sie nicht in eigener Person die Freizügigkeitsvoraussetzungen des § 2 Abs. 2 (in Betracht kommt insbesondere § 2 Abs. 2 Nr. 1) erfüllen und ihnen damit bereits ein eigenständiges Freizügigkeitsrecht zusteht.

III. Scheidung / Aufhebung der Ehe (Abs. 4)

Der drittstaatsangehörige Ehegatte / Lebenspartner behält nach Scheidung oder Aufhebung **18** der Ehe / Lebenspartnerschaft sein Aufenthaltsrecht, wenn er **selbst in eigener Person** die Voraussetzungen des § 2 Abs. 2 Nr. 1–3 oder Nr. 5 erfüllt und **zusätzlich alternativ eine** der in Abs. 4 Nr. 1–4 genannten Voraussetzungen erfüllt sind:
- bei Einleitung des Scheidungs- oder Aufhebungsverfahrens bestand die Ehe / Lebenspartnerschaft mindestens drei Jahre, davon mindestens ein Jahr im Bundesgebiet,
- Übertragung der elterlichen Sorge für die Kinder des Unionsbürgers auf den drittstaatsangehörigen Ehegatten / Lebenspartner,
- Vorliegen einer besonderen Härte,
- Recht zum persönlichen Umgang mit dem minderjährigen Kind wird nur im Bundesgebiet eingeräumt.

Hinsichtlich der **Nr. 1** muss sich der mit dem Drittstaatsangehörigen verheiratete Unionsbürger **19** bis zum Zeitpunkt der Einleitung des gerichtlichen Scheidungsverfahrens im Bundesgebiet aufgehalten haben (EuGH NVwZ 2015, 1431 – Singh, Njumi und Aly). Eine besondere Härte iSd

Nr. 3 liegt insbesondere vor bei häuslicher Gewalt; es soll dem Opfer nicht zugemutet werden, um das Aufenthaltsrecht nicht zu verlieren, an der Ehe festzuhalten zu müssen. Nach dem **Wortlaut** von **Nr. 4** kann die Beschränkung des Umgangsrechts auf das Bundesgebiet nicht nur durch gerichtliche Entscheidung, sondern auch durch Vereinbarung der Ehegatten / Lebenspartner erfolgen. Da Art. 13 Abs. 2 lit. d Freizügigkeits-RL insoweit restriktiver ist, erscheint es geboten, Nr. 4 entsprechend der Freizügigkeits-RL restriktiv auszulegen, damit die geschiedenen Partner es nicht in der Hand haben, durch eine entsprechende Vereinbarung dem drittstaatsangehörigen Ehegatten / Lebenspartner ein Freizügigkeitsrecht zu verschaffen (BeckOK AuslR/Tewocht Rn. 32 mwN).

D. Daueraufenthaltsrecht der Familienangehörigen

20   Das unionsrechtliche Aufenthaltsrecht der Familienangehörigen wird nach § 4a Abs. 1 S. 2 ein Daueraufenthaltsrecht, wenn sie sich seit fünf Jahren mit dem Unionsbürger ständig rechtmäßig im Bundesgebiet aufgehalten haben (→ § 4a Rn. 5 f). Entsteht das Daueraufenthaltsrecht des Unionsbürgers nach § 4a Abs. 2 bereits vor Ablauf von fünf Jahren (→ § 4a Rn. 13), erhalten seine Familienangehörigen, die bei ihm ihren ständigen Wohnsitz haben, bereits dann ebenfalls das Daueraufenthaltsrecht (§ 4a Abs. 4, → § 4a Rn. 17). Stirbt der Unionsbürger, bevor er ein Daueraufenthaltsrecht erworben hat, erhalten seine Familienangehörigen, die im Zeitpunkt seines Todes bei ihm ihren ständigen Wohnsitz hatten, gemäß § 4a Abs. 3 bei Vorliegen bestimmter Voraussetzungen **vorzeitig** ein Daueraufenthaltsrecht (→ § 4a Rn. 22).

21   Liegen die Voraussetzungen des § 4a Abs. 3 nicht vor, behält aber ein Familienangehöriger beim Tod des Unionsbürgers gemäß Abs. 2 oder 3 sein Aufenthaltsrecht → Rn. 10 ff.), wird das dann eigenständige unionsrechtliche Aufenthaltsrecht gemäß § 4a Abs. 5 nach fünfjährigem rechtmäßigen Aufenthalt im Bundesgebiet zum Daueraufenthaltsrecht (→ § 4a Rn. 19a). Das Gleiche gilt, wenn ein Familienangehöriger beim Wegzug des Unionsbürgers gemäß Abs. 3 (→ Rn. 13 ff.) oder bei Scheidung oder Aufhebung der Ehe gemäß Abs. 4 (→ Rn. 18 f.) sein Aufenthaltsrecht behält.

§ 3a Aufenthalt nahestehender Personen

(1) Einer nahestehenden Person eines Unionsbürgers, die selbst nicht als Unionsbürger und nicht nach den §§ 3 oder 4 freizügigkeitsberechtigt ist, kann auf Antrag das Recht zur Einreise und zum Aufenthalt im Bundesgebiet verliehen werden, wenn
1. es sich um eine nahestehende Person im Sinne des § 1 Absatz 2 Nummer 4 Buchstabe a handelt und
   a) der Unionsbürger ihr zum Zeitpunkt der erstmaligen Antragstellung seit mindestens zwei Jahren und nicht nur vorübergehend Unterhalt gewährt,
   b) der Unionsbürger mit ihr in dem Staat, in dem sie vor der Verlegung des Wohnsitzes in das Bundesgebiet gelebt hat oder lebt, in häuslicher Gemeinschaft gelebt hat und die häusliche Gemeinschaft zwischen dem Unionsbürger und ihr mindestens zwei Jahre bestanden hat oder
   c) nicht nur vorübergehend schwerwiegende gesundheitliche Gründe zum Antragszeitpunkt die persönliche Pflege von ihr durch den Unionsbürger zwingend erforderlich machen,
2. es sich um eine nahestehende Person im Sinne des § 1 Absatz 2 Nummer 4 Buchstabe b handelt und der Unionsbürger mit ihr im Bundesgebiet für längere Zeit in familiärer Gemeinschaft zusammenleben wird und sie vom Unionsbürger abhängig ist oder
3. es sich um eine nahestehende Person im Sinne des § 1 Absatz 2 Nummer 4 Buchstabe c handelt und der Unionsbürger mit ihr im Bundesgebiet nicht nur vorübergehend zusammenleben wird.

(2) Bei der Entscheidung über die Verleihung eines Rechts nach Absatz 1 ist nach einer eingehenden Untersuchung der persönlichen Umstände maßgeblich zu berücksichtigen, ob der Aufenthalt der nahestehenden Person unter Berücksichtigung ihrer Beziehung zum Unionsbürger sowie von anderen Gesichtspunkten, wie dem Grad der finanziellen oder physischen Abhängigkeit oder dem Grad der Verwandtschaft zwischen ihr und dem Unionsbürger, im Hinblick auf einen in Absatz 1 genannten Anlass des Aufenthalts erforderlich ist.

(3) § 3 Absatz 2 findet entsprechende Anwendung.

Überblick

Die Vorschrift trifft eine Regelung für die Verleihung eines unionsrechtlichen Aufenthaltsrechts an dem Unionsbürger nahestehende Personen iSd § 1 Abs. 2 Nr. 4. Diesen kann bei Vorliegen der in Abs. 1 genannten Voraussetzungen (→ Rn. 7 ff.) das Recht zur Einreise und zum Aufenthalt im Bundesgebiet verliehen werden. Auch wenn diese Voraussetzungen erfüllt sind, steht die Erteilung des unionsrechtlichen Aufenthaltsrechts im Ermessen der Behörde (→ Rn. 11). Die bei der Ausübung des Ermessens maßgeblichen Kriterien gibt Abs. 2 vor. Wird dem nahestehenden Personen ein unionsrechtliches Aufenthaltsrecht nach § 3a erteilt, richtet sich deren Rechtsstellung nach dem FreizügG/EU (→ Rn. 1). Ist dies nicht der Fall, kommen für die nahestehenden Personen ausschließlich die Regelungen des AufenthG zur Anwendung (→ Rn. 1). Das einer nahestehenden Person nach § 3a erteilte unionsrechtliche Aufenthaltsrecht ist grundsätzlich akzessorisch, dh vom Fortbestand der in Abs. 1 genannten Voraussetzungen für die Erteilung sowie vom Verbleib des Unionsbürgers im Bundesgebiet abhängig. § 3 Abs. 2, auf den § 3a Abs. 3 verweist, bestimmt die Voraussetzungen, unter denen das abgeleitete noch nicht eigenständige Aufenthaltsrecht beim Tod des Unionsbürgers dennoch erhalten bleibt (→ Rn. 14 f.). Bei Vorliegen der Voraussetzungen des § 4a erwirbt die nahestehende Person ein eigenständiges Daueraufenthaltsrecht (§ 4a Abs. 1 S. 2–5; → Rn. 16 ff.).

A. Allgemeines

Die **Voraussetzungen,** unter denen dem Unionsbürger nahestehende Personen iSd § 1 Abs. 2 **1** Nr. 4 ein unionsrechtliches Aufenthaltsrecht verliehen werden **kann,** sind **abschließend** im FreizügG/EU geregelt. Vorschriften des AufenthG kommen nur zur Anwendung, wenn ausdrücklich auf sie verwiesen wird. So kommen zB gem. § 11 Abs. 5 die allgemeinen Erteilungsvoraussetzungen des § 5 Abs. 1, Abs. 2 und Abs. 4 AufenthG entsprechend zur Anwendung (→ § 11 Rn. 8). Soweit die Regelungen des AufenthG im Einzelfall eine günstigere Rechtsstellung vermitteln als das FreizügG/EU, gelten diese über die allgemeine Günstigkeitsklausel nach § 11 Abs. 14 S. 1 (→ § 11 Rn. 23). Wird einer nahestehenden Person nach § 3a ein unionsrechtliches Aufenthaltsrecht erteilt, richtet sich deren Rechtsstellung nach dem FreizügG/EU. Wird ein solches Recht nicht erteilt, kommen ausschließlich die Regelungen des AufenthG zur Anwendung.

Die Möglichkeit der Verleihung eines unionsrechtlichen Aufenthaltsrechts nach § 3a stellt **kein** **2** **kraft Gesetzes entstehendes Freizügigkeitsrecht** dar. Folgerichtig gilt für diesen Personenkreis **keine Freizügigkeitsvermutung.** Es gilt deshalb auch die Visumpflicht (→ Rn. 10). Das der nahestehenden Person nach § 3a erteilte unionsrechtliche Aufenthaltsrecht ist grundsätzlich **akzessorisch,** dh vom Fortbestand der in Abs. 1 genannten Voraussetzungen für die Erteilung und vom Verbleib des Unionsbürgers im Bundesgebiet abhängig. § 3 Abs. 2, auf den § 3a Abs. 3 verweist, bestimmt die Voraussetzungen, unter denen das abgeleitete noch nicht eigenständige Aufenthaltsrecht beim Tod des Unionsbürgers dennoch erhalten bleibt (→ § 3 Rn. 11 ff.). Bei Vorliegen der Voraussetzungen des § 4a erwirbt die nahestehende Person ein eigenständiges Daueraufenthaltsrecht (§ 4a Abs. 1 S. 2–5).

Durch den einleitenden S. 1 vor Nr. 1 wird klargestellt, dass eine Freizügigkeitsberechtigung **3** nach dem FreizügG/EU vorrangig zu berücksichtigen ist. Es ist deshalb zunächst zu prüfen, ob die nahestehende Person des Unionsbürgers **selbst freizügigkeitsberechtigter Unionsbürger** oder **freizügigkeitsberechtigter Familienangehöriger** ist und ihr damit bereits ein eigenständiges oder abgeleitetes Freizügigkeitsrecht zusteht. Nur wenn dies nicht der Fall ist, ist in einem zweiten Schritt zu prüfen, ob ihr als nahestehender Person ein unionsrechtliches Aufenthaltsrecht erteilt werden kann (vgl. BVerwG NVwZ-RR 2015, 910 Rn. 23). Der drittstaatsangehörigen nahestehenden Person steht es zudem von Anfang an frei, bei Erfüllung der Voraussetzungen einen eigenen und damit nicht akzessorischen Aufenthaltstitel nach dem AufenthG, etwa zur Erwerbstätigkeit, zu beantragen und zu erhalten.

In § 1 Abs. 2 Nr. 1 ist nunmehr klargestellt, dass Unionsbürger im Sinne des FreizügG/EU **4** nur die Staatsangehörigen anderer EU-Mitgliedstaaten sind, die nicht Deutsche sind. Damit kann sich auch ein **deutscher Staatsangehöriger,** der zugleich Staatsangehöriger eines anderen EU-Mitgliedstaates ist, nicht schon allein aufgrund der Doppelstaatsangehörigkeit für die Einreise nach und den Aufenthalt einer ihm nahestehenden drittstaatsangehörigen Person in Deutschland auf die Anwendung von Freizügigkeitsrecht und damit auf die grundsätzlich günstigeren unionsrechtlichen Nachzugsregelungen berufen. Der Nachzug Drittstaatsangehöriger zu Deutschen ist grundsätzlich abschließend im AufenthG geregelt. Diese grundsätzlich zulässige **Inländerdiskriminierung** (Bergmann/Dienelt § 3 Rn. 18 ff.) ist jedoch **nur** dann mit Unionsrecht vereinbar, wenn **kein grenzüberschreitender Sachverhalt** vorliegt (EuGH NVwZ 2018, 137; NVwZ-RR

2014, 401). Dem trägt der neu geschaffene § 1 Abs. 1 Nr. 5 Rechnung. Nach dieser Vorschrift gelten für die Einreise nach und den Aufenthalt in Deutschland von drittstaatsangehörigen Familienangehörigen und drittstaatsangehörigen nahestehenden Personen von Deutschen die Vorschriften des FreizügG/EU, wenn der **Deutsche von seinem Recht auf Freizügigkeit nach Art. 21 AEUV nachhaltig Gebrauch gemacht hat.**

5   Erfasst werden folgende Fälle:
- Der deutsche Staatsangehörige kehrt während oder nach Beendigung der Ausübung der Arbeitnehmerfreizügigkeit in einem anderen EU-Mitgliedstaat zusammen mit einer ihm nahestehenden Person iSd § 1 Abs. 2 Nr. 4 nach Deutschland zurück (sog. **Rückkehrerfälle**, EuGH NVwZ-RR 2014, 401).
- Der deutsche Staatsangehörige übt vom Bundesgebiet aus seine Freizügigkeitsrechte aus (zB als **Dienstleistungserbringer** an Empfänger in anderen EU-Mitgliedstaaten, EuGH EuR 2002, 852).
- Der Staatsangehörige eines anderen EU-Mitgliedstaates, der von seinem Recht auf Freizügigkeit nach Art. 21 AEUV Gebrauch gemacht hat, hat unter Beibehaltung seiner ursprünglichen Staatsangehörigkeit die deutsche Staatsangehörigkeit erworben (EuGH NVwZ 2018, 137 – Lounes).

6   Das **nachhaltige Gebrauchmachen** von der Freizügigkeit erfordert eine gewisse Dauer. Ein nur wenige Tage oder Wochen dauernder Kurzaufenthalt zu touristischen Zwecken oder zum Zweck der Eheschließung in einem anderen Mitgliedstaat ist hierfür nicht ausreichend (BVerwGE 138, 122 = NVwZ 2011, 495 Rn. 12 mAnm Oberhäuser NVwZ 2012, 52). Erforderlich dürfte mindestens ein Aufenthalt von drei Monaten sein. Auch nach der Rechtsprechung des EuGH reichen bei der Rückkehr des Unionsbürgers in den Mitgliedstaat, dessen Staatsangehörigkeit er besitzt, Kurzaufenthalte im Aufnahmemitgliedstaat wie an Wochenenden oder in den Ferien auch kumulativ nicht aus, seinem drittstaatsangehörigen Familienangehörigen oder einer drittstaatsangehörigen nahestehenden Person ein abgeleitetes Aufenthaltsrecht zu vermitteln (EuGH NVwZ-RR 2014, 401 Rn. 59 – O. und B.). Die Eigenschaft der nahestehenden Person muss bereits zum Zeitpunkt des gemeinsamen Aufenthalts im anderen Mitgliedstaat bestanden haben und darf nicht erst nachträglich begründet worden sein.

B. Erteilung eines Aufenthaltsrechts an nahestehende Personen

I. Voraussetzungen nach Abs. 1

1. Verwandte iSd § 1 Abs. 2 Nr. 4 lit. a (Abs. 1 Nr. 1)

7   Bei nahestehenden Personen iSd § 1 Abs. 2 Nr. 4 lit. a (**Verwandte in der Seitenlinie**) kann nach Abs. 1 Nr. 1 ein unionsrechtliches Aufenthaltsrecht erteilt werden, wenn eine der folgenden Voraussetzungen erfüllt ist:
- Der Unionsbürger **gewährt** der nahestehenden Person, die den Nachzug begehrt, zum Zeitpunkt der Antragstellung seit mindestens zwei Jahren und nicht nur vorübergehend **Unterhalt**. Die Unterhaltsgewährung muss noch zum Zeitpunkt der Antragstellung erfolgen und da bereits zwei Jahre andauern (Abs. 1 Nr. 1 lit. a).
- Der Unionsbürger hat mit der nahestehenden Person, die den Nachzug begehrt, seit mindestens zwei Jahren in **häuslicher Gemeinschaft** gelebt, und zwar in dem Staat, in dem sie vor der Verlegung des Wohnsitzes in das Bundesgebiet gelebt haben. Dies muss ein- und derselbe Staat gewesen sein, nicht aber notwendigerweise der Staat, dessen Staatsangehörigkeit der Unionsbürger oder die ihm nahestehende Person besitzt. Es muss auch kein EU-Mitgliedstaat gewesen sein (Abs. 1 Nr. 1 lit. b).
- Nicht nur vorübergehende **schwerwiegende gesundheitliche Gründe** machen zum Zeitpunkt der Antragstellung die persönliche Pflege der nahestehenden Person durch den Unionsbürger zwingend erforderlich (Abs. 1 Nr. 1 lit. c).

2. Kinder iSd § 1 Abs. 2 Nr. 4 lit. b (Abs. 1 Nr. 2)

8   Bei nahestehenden Personen iSd § 1 Abs. 2 Nr. 4 lit. b (Minderjährige, die unter Vormundschaft vom oder in einem Pflegekindverhältnis zum Unionsbürger stehen) kann nach Abs. 1 Nr. 2 ein unionsrechtliches Aufenthaltsrecht erteilt werden, wenn der Unionsbürger mit dem Minderjährigen im Bundesgebiet für längere Zeit in familiärer Gemeinschaft zusammenleben wird und der Minderjährige vom Unionsbürger abhängig ist. Ein vorheriges Zusammenleben oder eine vorhe-

rige Unterhaltsleistung ist nicht erforderlich. Die Vormundschaft oder das Pflegekindverhältnis wird durch eine gerichtliche oder behördliche Entscheidung begründet.

3. Lebensgefährten iSd § 1 Abs. 2 Nr. 4 lit. c (Abs. 1 Nr. 3)

Einem Lebensgefährten iSd § 1 Abs. 2 Nr. 4 lit. c kann nach Abs. 1 Nr. 3 ein unionsrechtliches **9** Aufenthaltsrecht erteilt werden, wenn der Unionsbürger mit ihm im Bundesgebiet nicht nur vorübergehend zusammenleben wird.

II. Voraussetzungen nach § 11 Abs. 5 iVm § 5 Abs. 1, Abs. 2 und Abs. 4 AufenthG

Nach § 11 Abs. 5 müssen darüber hinaus die Regelerteilungsvoraussetzungen nach § 5 Abs. 1, **10** Abs. 2 und Abs. 4 AufenthG erfüllt sein (→ § 11 Rn. 8). Nach § 5 Abs. 1 AufenthG muss der Lebensunterhalt gesichert und die Identität geklärt sowie die Passpflicht erfüllt sein. Weiter darf hinsichtlich der nahestehenden Person kein Ausweisungsinteresse bestehen. Zudem ist in entsprechende Anwendung des § 5 Abs. 2 AufenthG eine erforderliche Visumpflicht zu erfüllen. Da die Möglichkeit der Verleihung eines unionsrechtlichen Aufenthaltsrechts nach § 3a kein kraft Gesetzes entstehendes Freizügigkeitsrecht darstellt, ist eine visumfreie Einreise nicht zulässig. Nach § 5 Abs. 4 AufenthG ist die Erteilung eines Aufenthaltsrechts in bestimmten Fällen der Staatsgefährdung ausgeschlossen.

III. Kriterien für die Ermessensbetätigung (Abs. 2)

Die Vorschrift gibt die maßgeblichen Kriterien für die Ausübung des Ermessens vor, das der **11** Behörde bei Vorliegen der Voraussetzungen des Abs. 1 eingeräumt ist. Maßgebliches Kriterium ist, ob nach einer eingehenden Ermittlung der persönlichen Umstände unter Berücksichtigung der Beziehung zwischen dem Unionsbürger und der ihm nahestehenden Person sowie von anderen Gesichtspunkten, wie dem Grad der finanziellen oder physischen Abhängigkeit oder dem Grad der Verwandtschaft zwischen dem Unionsbürger und der ihm nahestehenden Person, deren Aufenthalt erforderlich ist. Die Dokumente, die von der Behörde als **Nachweise** verlangt werden, sind aufgezählt in § 5a Abs. 3 (→ § 5a Rn. 14 ff.). Die Reichweite der Verwandtschaft ist bewusst nicht begrenzt worden (BT-Drs. 263/20, 38). Nach der Rechtsprechung des EuGH (DÖV 2012, 853 Rn. 37 – Rahman) ist bei der im Rahmen der Ermessensentscheidung gebotenen Einzelfallabwägung auch der Grad der Verwandtschaft zu berücksichtigen.

Wird ein unionsrechtliches Aufenthaltsrecht verliehen, wird gemäß § 5 Abs. 7 S. 1 eine **Aufent-** **12** **haltskarte für nahestehende Personen** ausgestellt, die fünf Jahre gültig sein soll. Die Inhaber des Rechts dürfen eine Erwerbstätigkeit ausüben (§ 5 Abs. 7 S. 2). Anders als bei Unionsbürgern und ihren Familienangehörigen kommt der Aufenthaltskarte für nahestehende Personen keine lediglich deklaratorische Bedeutung zu, vielmehr verkörpert die Aufenthaltskarte die konstitutive Verleihung des Rechts auf Einreise und Aufenthalt und bestätigt damit das Vorliegen der Erteilungsvoraussetzungen (BeckOK AuslR/Kurzidem § 5 Rn. 23 mwN).

Bei einem nachträglichen Wegfall der Voraussetzungen des Abs. 1 kann die Behörde gem. § 7 **13** Abs. 2 S. 2 AufenthG, auf den § 11 Abs. 5 (→ § 11 Rn. 8) verweist, die zeitliche Geltungsdauer der grundsätzlich fünf Jahre gültigen Aufenthaltskarte (§ 5 Abs. 7; → § 5 Rn. 27) nachträglich verkürzen.

C. Verbleiberecht der nahestehenden Person (Abs. 3)

Gemäß Abs. 3 findet § 3 Abs. 2 entsprechende Anwendung (→ § 3 Rn. 10 ff.), dh die nahe- **14** hende Person behält beim Tod des Unionsbürgers unter bestimmten Voraussetzungen ihr Aufenthaltsrecht, das dann zu einem eigenständigen wird. Voraussetzung ist, dass sie selbst die Voraussetzungen des § 2 Abs. 2 Nr. 1–3 oder Nr. 5 erfüllt und sich zudem vor dem Tod des Unionsbürgers mindestens ein Jahr als nahestehende Person im Bundesgebiet aufgehalten hat. Die nahestehende Person muss die in § 2 Abs. 2 Nr. 1–3 oder Nr. 5 genannten Voraussetzungen in eigener Person erfüllen, dh Arbeitnehmer, Auszubildende, Arbeitssuchende, Selbstständige oder Erbringer von Dienstleistungen sein oder als nicht Erwerbstätige die Voraussetzungen des § 4 erfüllen. Der Empfang von Dienstleistungen (§ 2 Abs. 2 Nr. 4) genügt nicht.

Der Hinterbliebene muss mindestens ein Jahr als nahestehende Person des Unionsbürgers mit **15** einem ihm von der Behörde verliehenen unionsrechtlichen Aufenthaltsrecht im Bundesgebiet gelebt haben. Andere Aufenthaltszwecke sind nicht ausreichend.

D. Daueraufenthaltsrecht der nahestehenden Person

16   Nahestehende Personen, denen ein unionsrechtliches Aufenthaltsrecht verliehen worden ist, haben nach § 4a Abs. 1 S. 2 ein Daueraufenthaltsrecht, wenn sie sich seit fünf Jahren mit dem Unionsbürger ständig rechtmäßig im Bundesgebiet aufgehalten haben. Entsteht das Daueraufenthaltsrecht des Unionsbürgers nach § 4a Abs. 2 bereits vor Ablauf von fünf Jahren (→ § 4a Rn. 13), erhalten die ihm nahestehenden Personen, die bei ihm ihren ständigen Wohnsitz haben, bereits dann ebenfalls das Daueraufenthaltsrecht (§ 4a Abs. 4). Stirbt der Unionsbürger, bevor er ein Daueraufenthaltsrecht erworben hat, erhält die ihm nahestehende Person, die im Zeitpunkt seines Todes bei ihm ihren ständigen Wohnsitz hatte, gemäß § 4a Abs. 3 bei Vorliegen bestimmter Voraussetzungen **vorzeitig** ein Daueraufenthaltsrecht (→ § 4a Rn. 22).

17   Liegen die Voraussetzungen des § 4a Abs. 3 nicht vor, behält aber die nahestehende Person beim Tod des Unionsbürgers gemäß Abs. 3 iVm § 3 Abs. 2 ihr Aufenthaltsrecht, wird das dann eigenständige unionsrechtliche Aufenthaltsrecht gemäß § 4a Abs. 5 nach fünfjährigem rechtmäßigen Aufenthalt im Bundesgebiet zum Daueraufenthaltsrecht (→ § 4a Rn. 19a).

§ 4 Nicht erwerbstätige Freizügigkeitsberechtigte

[1]**Nicht erwerbstätige Unionsbürger und ihre Familienangehörigen, die den Unionsbürger begleiten oder ihm nachziehen, haben das Recht nach § 2 Abs. 1, wenn sie über ausreichenden Krankenversicherungsschutz und ausreichende Existenzmittel verfügen.** [2]**Hält sich der Unionsbürger als Student im Bundesgebiet auf, haben dieses Recht nur sein Ehegatte, Lebenspartner und seine Kinder, denen Unterhalt gewährt wird.**

Überblick

Die Vorschrift regelt, unter welchen Voraussetzungen nicht erwerbstätige Unionsbürger und ihre Familienangehörigen freizügigkeitsberechtigt sind. Gefordert werden nach S. 1 ein ausreichender Krankenversicherungsschutz und ausreichende Existenzmittel (→ Rn. 4 ff.). S. 2 begrenzt bei im Bundesgebiet studierenden Unionsbürgern den Kreis der freizügigkeitsberechtigten Familienangehörigen auf den Ehegatten / Lebenspartner und die eigenen Kinder, denen Unterhalt gewährt wird (→ Rn. 8 ff.).

A. Allgemeines

1   Die Vorschrift kommt nur bei einem **Aufenthalt von mehr als drei Monaten** zur Anwendung. Kürzere Aufenthalte sind nach § 2 Abs. 5 von keinen weiteren Voraussetzungen als dem dort genannten Identitätsnachweis abhängig (→ § 2 Rn. 31).

B. Nicht Erwerbstätige und ihre Familienangehörigen

2   Die Vorschrift gilt für nicht erwerbstätige Unionsbürger, dh für Unionsbürger, die weder selbstständig (→ § 2 Rn. 16) noch abhängig beschäftigt (→ § 2 Rn. 6 ff.) sind, und ihre Familienangehörigen (s. § 1 Abs. 2 Nr. 3, → § 1 Rn. 29 ff.), die den Unionsbürger begleiten oder ihm nachziehen (→ § 3 Rn. 6). Personen, die im Rahmen eines **Ausbildungsverhältnisses,** Praktikums, Volontariats usw eine Tätigkeit im Lohn- oder Gehaltsverhältnis ausüben, sind **Arbeitnehmer** iSd § 2 Abs. 2 Nr. 1 (→ § 2 Rn. 10 f.). Dies gilt auch dann, wenn sie nur wenige Wochenstunden Arbeit leisten und deshalb nur eine geringe Vergütung erhalten. Auch **Referendare** zählen zu den Arbeitnehmern (EuGH NJW 2005, 1481 – Kranemann). **Schüler** und **Studenten** gelten dann als **Arbeitnehmer,** wenn sie neben ihrer Ausbildung arbeiten, zB um ihren Lebensunterhalt zu finanzieren. Bei **ehemaligen Arbeitnehmern,** die ihre Beschäftigung unterbrechen und eine Berufsausbildung aufnehmen, bleibt unter den Voraussetzungen des § 2 Abs. 3 S. 1 Nr. 3 die Arbeitnehmereigenschaft erhalten (→ § 2 Rn. 22). Nur die **sonstigen** Auszubildenden und Studierenden, die nicht die Arbeitnehmereigenschaft aufweisen, sind nicht erwerbstätige Unionsbürger, für deren Freizügigkeitsberechtigung § 2 Abs. 2 Nr. 5 iVm § 4 (→ § 2 Rn. 31) zur Anwendung kommt. Dies entspricht Art. 7 Abs. 1 lit. c Freizügigkeits-RL, der das Freizügigkeitsrecht dieses Personenkreises von einem umfassenden Krankenversicherungsschutz und ausreichenden Existenzmitteln abhängig macht.

Unionsbürger, die im Aufnahmemitgliedstaat unfreiwillig **arbeitslos** werden, behalten unter 3
den Voraussetzungen des § 2 Abs. 3 Nr. 2 ihre Arbeitnehmer- / Erwerbstätigeneigenschaft (→
§ 2 Rn. 24 ff.) und damit auch ihre Familienangehörigen das uneingeschränkte Freuzügigkeits-
recht. Das Freizügigkeitsrecht von Unionsbürgern, die sich arbeitslos in einen anderen Mitgliedstaat begeben und dort eine Beschäftigung suchen, ist in § 2 Abs. 2 Nr. 1a geregelt (→ § 2
Rn. 13 ff.). Gemäß Art. 45 Abs. 3 lit. a AEUV umfasst die Arbeitnehmerfreizügigkeit das Recht,
sich um tatsächlich angebotene Stellen zu bewerben und damit auch das Recht der **Arbeitsuche**
in einem anderen Mitgliedstaat. Nach der Rechtsprechung des EuGH ist ein **arbeitsuchender**
Unionsbürger solange freizügigkeitsberechtigt, als er mit begründeter Aussicht auf Erfolg Arbeit
sucht (BeckRS 2004, 76058 – Antonissen). § 2 Abs. 2 Nr. 1a legt deshalb keine starre Frist fest,
sondern bestimmt lediglich, dass sich Unionsbürger über einen Zeitraum von mehr als sechs
Monaten hinaus nur dann zur Arbeitsuche aufhalten dürfen, wenn und solange sie nachweisen
können, dass sie weiterhin Arbeit suchen und begründete Aussicht haben, eingestellt zu werden
(→ § 2 Rn. 13 ff.). Es spricht viel dafür, dass sich auch die **Familienangehörigen von arbeitsu-**
chenden Unionsbürgern länger als drei Monate ohne Nachweis ausreichenden Krankenversicherungsschutzes und ausreichender Existenzmittel im Bundesgebiet aufhalten dürfen (BeckOK
AuslR/Tewocht Rn. 17 mwN).

C. Ausreichender Krankenversicherungsschutz

Der Unionsbürger und seine Familienangehörigen müssen über ausreichenden Krankenversi- 4
cherungsschutz verfügen. Dieser muss die üblichen Leistungen umfassen für Arzt, Zahnarzt, Krankenhaus, Rehabilitation, Schwangerschaft und Geburt.

D. Ausreichende Existenzmittel

Zu den **Existenzmittel** gehören neben dem eigenen Vermögen auch Unterhaltsleistungen 5
von Familienangehörigen oder Dritten, Stipendien, Ausbildungs- und Umschulungsbeihilfen,
Arbeitslosengeld, Invaliditäts-, Hinterbliebenen-, Vorruhestands-, oder Altersrenten, Renten
wegen Arbeitsunfall, Berufs- oder Erwerbsunfähigkeit oder sonstige auf einer Beitragsleistung
beruhende öffentliche Mittel. Da Leistungen nach dem SGB II zur Sicherung des Lebensunterhalts
für Arbeitsuchende nicht auf Beitragsleistungen beruhen, zählen sie nach überwiegender Meinung
nicht zu den zu berücksichtigenden Existenzmitteln (BeckOK AuslR/Tewocht Rn. 8 mwN).

Die Festlegung eines bestimmten Betrags für die Bestimmung der **ausreichenden** Existenzmit- 6
tel wird in Art. 8 Abs. 4 Freizügigkeits-RL untersagt; es muss jeweils unter Berücksichtigung der
persönlichen Situation des Betroffenen eine Einzelfallentscheidung getroffen werden (Art. 8 Abs. 4
S. 1 Freizügigkeits-RL). Dabei darf der Betrag in keinem Fall über dem Schwellenbetrag liegen,
unter dem deutschen Staatsangehörigen in der Bundesrepublik Sozialhilfe gewährt wird (Art. 8
Abs. 4 S. 2 Freizügigkeits-RL). Auch eine geringfügige oder vorübergehende Inanspruchnahme
von **Sozialhilfeleistungen** ist unschädlich (BVerwG NVwZ-RR 2015, 910 Rn. 21 mwN).

Es ist nicht erforderlich, dass der Unionsbürger und seine Familienangehörigen jeweils für sich 7
selbst über ausreichende Existenzmittel verfügen. Ausreichend ist, dass einer von ihnen über
genügend Mittel verfügt, um auch die anderen zu unterstützen.

E. Freizügigkeitsberechtigte Familienangehörige von studierenden
Unionsbürgern

S. 2 beschränkt den Kreis der freizügigkeitsberechtigten Familienangehörigen von im Bundesge- 8
biet studierenden Unionsbürgern auf den Ehegatten / Lebenspartner und die eigenen Kinder,
denen Unterhalt gewährt wird. Ausschlaggebend ist die **faktische Unterhaltsgewährung.**

Student ist eine Person, die eine Zulassung besitzt zu einer staatlichen oder staatlich anerkann- 9
ten Universität, pädagogischen Hochschule, Kunsthochschule, Fachhochschule oder sonstigen
anerkannten Lehranstalt, die eine über die Allgemeinbildung hinausgehende berufliche Qualifikation vermittelt, oder wer an einer solchen Lehranstalt immatrikuliert ist. Arbeiten **Studenten**
neben ihrer Ausbildung, gelten sie auch dann als **Arbeitnehmer,** wenn sie nur wenige Wochenstunden Arbeit leisten und deshalb nur eine geringe Vergütung erhalten (→ Rn. 2).

F. Nachweise

Studierende Unionsbürger und ihre Familienangehörigen müssen ausreichenden Krankenver- 10
sicherungsschutz und ausreichende Existenzmittel nur **glaubhaft** machen (§ 5a Abs. 1 S. 2, →

§ 5a Rn. 10); die **anderen** nicht erwerbstätigen Unionsbürger und ihre Familienangehörigen müssen **Nachweise** vorlegen (§ 5a Abs. 1 S. 1 Nr. 3).

§ 4a Daueraufenthaltsrecht

(1) [1]Unionsbürger, die sich seit fünf Jahren ständig rechtmäßig im Bundesgebiet aufgehalten haben, haben unabhängig vom weiteren Vorliegen der Voraussetzungen des § 2 Abs. 2 das Recht auf Einreise und Aufenthalt (Daueraufenthaltsrecht). [2]Ihre Familienangehörigen und nahestehenden Personen, die Inhaber eines Rechts nach § 3a Absatz 1 sind,[1], die nicht Unionsbürger sind, haben dieses Recht, wenn sie sich seit fünf Jahren mit dem Unionsbürger ständig rechtmäßig im Bundesgebiet aufgehalten haben.

(2) [1]Abweichend von Absatz 1 haben Unionsbürger nach § 2 Abs. 2 Nr. 1 bis 3 vor Ablauf von fünf Jahren das Daueraufenthaltsrecht, wenn sie
1. sich mindestens drei Jahre ständig im Bundesgebiet aufgehalten und mindestens während der letzten zwölf Monate im Bundesgebiet eine Erwerbstätigkeit ausgeübt haben und
    a) zum Zeitpunkt des Ausscheidens aus dem Erwerbsleben das 65. Lebensjahr erreicht haben oder
    b) ihre Beschäftigung im Rahmen einer Vorruhestandsregelung beenden oder
2. ihre Erwerbstätigkeit infolge einer vollen Erwerbsminderung aufgeben,
    a) die durch einen Arbeitsunfall oder eine Berufskrankheit eingetreten ist und einen Anspruch auf eine Rente gegenüber einem Leistungsträger im Bundesgebiet begründet oder
    b) nachdem sie sich zuvor mindestens zwei Jahre ständig im Bundesgebiet aufgehalten haben oder
3. drei Jahre ständig im Bundesgebiet erwerbstätig waren und anschließend in einem anderen Mitgliedstaat der Europäischen Union erwerbstätig sind, ihren Wohnsitz im Bundesgebiet beibehalten und mindestens einmal in der Woche dorthin zurückkehren; für den Erwerb des Rechts nach den Nummern 1 und 2 gelten die Zeiten der Erwerbstätigkeit in einem anderen Mitgliedstaat der Europäischen Union als Zeiten der Erwerbstätigkeit im Bundesgebiet.

[2]Soweit der Ehegatte oder der Lebenspartner des Unionsbürgers Deutscher nach Artikel 116 des Grundgesetzes ist oder diese Rechtsstellung durch Eheschließung mit dem Unionsbürger bis zum 31. März 1953 verloren hat, entfallen in Satz 1 Nr. 1 und 2 die Voraussetzungen der Aufenthaltsdauer und der Dauer der Erwerbstätigkeit.

(3) Familienangehörige und nahestehende Personen eines verstorbenen Unionsbürgers nach § 2 Abs. 2 Nr. 1 bis 3, die im Zeitpunkt seines Todes bei ihm ihren ständigen Aufenthalt hatten, haben das Daueraufenthaltsrecht, wenn
1. der Unionsbürger sich im Zeitpunkt seines Todes seit mindestens zwei Jahren im Bundesgebiet ständig aufgehalten hat,
2. der Unionsbürger infolge eines Arbeitsunfalls oder einer Berufskrankheit gestorben ist oder
3. der überlebende Ehegatte oder Lebenspartner des Unionsbürgers Deutscher nach Artikel 116 des Grundgesetzes ist oder diese Rechtsstellung durch Eheschließung mit dem Unionsbürger vor dem 31. März 1953 verloren hat.

(4) Die Familienangehörigen und die nahestehenden Personen eines Unionsbürgers, der das Daueraufenthaltsrecht nach Absatz 2 erworben hat, haben ebenfalls das Daueraufenthaltsrecht, wenn sie bei dem Unionsbürger ihren ständigen Aufenthalt haben.

(5) Familienangehörige nach § 3 Absatz 2 bis 4 und nahestehende Personen nach § 3 Absatz 3 erwerben das Daueraufenthaltsrecht, wenn sie sich fünf Jahre ständig rechtmäßig im Bundesgebiet aufhalten.

(6) Der ständige Aufenthalt wird nicht berührt durch
1. Abwesenheiten bis zu insgesamt sechs Monaten im Jahr oder
2. Abwesenheit zur Ableistung des Wehrdienstes oder eines Ersatzdienstes sowie
3. eine einmalige Abwesenheit von bis zu zwölf aufeinander folgenden Monaten aus wichtigem Grund, insbesondere auf Grund einer Schwangerschaft und Entbindung,

schweren Krankheit, eines Studiums, einer Berufsausbildung oder einer beruflichen Entsendung.

(7) Eine Abwesenheit aus einem seiner Natur nach nicht nur vorübergehenden Grund von mehr als zwei aufeinander folgenden Jahren führt zum Verlust des Daueraufenthaltsrechts.

[1] **Zeichensetzung amtlich.**

Überblick

Die Vorschrift regelt das Daueraufenthaltsrecht für Unionsbürger, ihre Familienangehörigen und die dem Unionsbürger nahestehenden Personen. Gemäß der Grundnorm in Abs. 1 entsteht für Unionsbürger das Daueraufenthaltsrecht nach fünfjährigem ständigen rechtmäßigen Aufenthalt im Bundesgebiet (S. 1, → Rn. 2), für ihre drittstaatsangehörigen Familienangehörigen und, die dem Unionsbürger nahestehenden Personen, wenn sich diese seit fünf Jahren mit dem Unionsbürger ständig rechtmäßig im Bundesgebiet aufgehalten haben (S. 2, → Rn. 5). Abs. 2 bestimmt, unter welchen Voraussetzungen das Daueraufenthaltsrecht für Unionsbürger bereits vor Ablauf von fünf Jahren entsteht (→ Rn. 7 ff.); das Daueraufenthaltsrecht ihrer Familienangehörigen und das der ihnen nahestehenden Personen in diesen Fällen regelt Abs. 4 (→ Rn. 17). Stirbt der Unionsbürger, bevor er ein Daueraufenthaltsrecht erworben hat, erhalten seine Familienangehörigen und die ihm nahestehenden Personen unter den Voraussetzungen des Abs. 3 bereits mit dem Tod des Unionsbürgers ein Daueraufenthaltsrecht (→ Rn. 18). Sind die Voraussetzungen des Abs. 3 nicht erfüllt, behalten aber die Familienangehörigen beim Tod des Unionsbürgers nach § 3 Abs. 2 oder 3 ihr Aufenthaltsrecht, regelt Abs. 5, wann dieses zum Daueraufenthaltsrecht wird; das Gleiche gilt für die dem Unionsbürger nahestehenden Personen, die beim Tod des Unionsbürgers nach § 3a Abs. 3 iVm § 3 Abs. 2 ihr Aufenthaltsrecht behalten. Abs. 5 regelt weiter den Erwerb des Daueraufenthaltsrechts durch Familienangehörige, die nach dem Wegzug des Unionsbürgers, der Scheidung oder der Aufhebung der Ehe ihr Aufenthaltsrecht behalten (→ Rn. 19 ff.). Abs. 6 bestimmt, welche Zeiten der Abwesenheit von Bundesgebiet bei der Fristberechnung mitgerechnet werden (→ Rn. 20). Abs. 7 regelt den Verlust des Daueraufenthaltsrechts bei zu langer Abwesenheit vom Bundesgebiet (→ Rn. 22). Den Familiennachzug zu daueraufenthaltsberechtigten Drittstaatsangehörigen regelt nunmehr § 11 Abs. 9, der auf § 29 AufenthG verweist (→ Rn. 25); dagegen ist der Familiennachzug zu daueraufenthaltsberechtigten Unionsbürgern im FreizügG/EU nicht vollständig geregelt (→ Rn. 24).

Übersicht

A. Allgemeines

Mit der Entstehung des Daueraufenthaltsrechts wird das unionsrechtliche Aufenthaltsrecht **1** **unabhängig von den Freizügigkeitsvoraussetzungen** des § 2 Abs. 2; ein einmal **entstandenes** Daueraufenthaltsrecht wird durch einen **späteren Wegfall** der Freizügigkeitsvoraussetzungen

nicht mehr berührt (BVerwG NVwZ-RR 2015, 910). Das Daueraufenthaltsrecht entsteht **kraft Gesetzes**, sobald seine Voraussetzungen erfüllt sind. Dem Unionsbürger wird auf Antrag unverzüglich sein Daueraufenthaltsrecht bescheinigt (§ 5 Abs. 5 S. 1, → § 5 Rn. 20). Seinen drittstaatsangehörigen daueraufenthaltsberechtigten Familienangehörigen sowie den ihm nahestehenden daueraufenthaltsberechtigten Personen wird auf Antrag innerhalb von sechs Monaten nach Antragstellung eine Daueraufenthaltskarte ausgestellt (§ 5 Abs. 5 S. 2, Abs. 7, → § 5 Rn. 20). Beides sind **rein deklaratorische Bescheinigungen** (→ § 5 Rn. 20, Rn. 2 ff.). Das einmal entstandene Daueraufenthaltsrecht entfällt nur bei mehr als zweijähriger nicht nur vorübergehender Abwesenheit vom Bundesgebiet (Abs. 7, → Rn. 22 f.) oder durch eine Verlustfeststellung nach § 6 Abs. 1, die nach § 6 Abs. 4 nur noch aus schwerwiegenden Gründen getroffen werden kann (→ § 6 Rn. 1 ff.).

B. Daueraufenthaltsrecht nach fünf Jahren ständigen rechtmäßigen Aufenthalts (Abs. 1)

I. Unionsbürger (S. 1)

2   Für die Annahme eines ständigen rechtmäßigen Aufenthalts ist die Tatsache einer fehlenden Verlustfeststellung allein nicht ausreichend. Der Unionsbürger muss vielmehr während eines **zusammenhängenden Zeitraums von mindestens fünf Jahren ununterbrochen die Freizügigkeitsvoraussetzungen** des Art. 7 Abs. 1 Freizügigkeits-RL **erfüllt haben,** denn nur dann ist sein Aufenthalt rechtmäßig im Sinne des Unionsrechts (EuGH NVwZ-RR 2012, 121 Rn. 46 – Ziolkowski und Szeja). Die Zeitspanne, während der fünf Jahre lang ununterbrochen die Freizügigkeitsvoraussetzungen des Art. 7 Abs. 1 Freizügigkeits-RL vorgelegen haben müssen, muss jedoch nicht bis zuletzt angedauert haben, sie kann auch weiter zurück in der Vergangenheit liegen. Auch Zeiten vor Inkrafttreten der Freizügigkeits-RL können Berücksichtigung finden; ein Daueraufenthaltsrecht konnte nach der Rechtsprechung des EuGH aber erst mit Ablauf der Umsetzungsfrist der Freizügigkeits-RL am 30.4.2006 (Art. 40 Abs. 1 Freizügigkeits-RL) erworben werden (EuGH BeckEuRS 2010 523775 – Lasall). Der VGH BW hat offengelassen, ob im Bundesgebiet deshalb etwas anderes gilt, weil hier das Daueraufenthaltsrecht bereits zum 1.1.2005 mit § 2 Abs. 5 FreizügG/EU aF umgesetzt war (BeckRS 2018, 30946 Rn. 10). Hinsichtlich der **unschädlichen Abwesenheitszeiten** gilt Abs. 6 (→ Rn. 20).

3   Auch Aufenthaltszeiten eines jetzigen Unionsbürgers im Bundesgebiet **vor dem Beitritt seines Herkunftsstaats zur EU** können ein Recht auf Daueraufenthalt begründen. Diese Aufenthaltszeiten sind aber nur berücksichtigungsfähig, wenn der Betroffene nachweisen kann, dass sie im Einklang mit den Voraussetzungen des Art. 7 Abs. 1 Freizügigkeits-RL zurückgelegt wurden (EuGH NVwZ-RR 2012, 121 Rn. 16 – Ziolkowski und Szeja).

4   Die Rechtmäßigkeit des Aufenthalts entfällt nicht automatisch durch den Bezug von Sozialhilfeleistungen. Erforderlich ist vielmehr eine **unangemessene** Inanspruchnahme von Sozialhilfeleistungen (BVerwG NVwZ-RR 2015, 910 Rn. 21).

II. Drittstaatsangehörige Familienangehörige und dem Unionsbürger nahestehende Personen (S. 2)

5   Drittstaatsangehörige Familienangehörige von Unionsbürgern erwerben das Daueraufenthaltsrecht, wenn sie sich seit fünf Jahren mit dem Unionsbürger ständig rechtmäßig im Bundesgebiet aufgehalten haben. Ihnen steht das abgeleitete Aufenthaltsrecht nur dann zu, wenn sie den Unionsbürger begleiten oder ihm nachziehen, dies impliziert eine im Sinne des Ehe- und Familienschutzes schutzwürdige tatsächliche Beziehung. Sie kann zu bejahen sein, wenn sich die Mutter eines freizügigkeitsberechtigten Unionsbürgers intensiv um dessen krankes Kind kümmert (BVerwG NVwZ-RR 2015, 910 Rn. 23). Bezogen auf **Eheleute** stellt das Unionsrecht allerdings lediglich auf den **formalen Ehebegriff** ab. Das Daueraufenthaltsrecht des Familienangehörigen kann also auch dann entstehen, wenn sich die Eheleute während des Fünfjahreszeitraums getrennt und jeweils mit einem anderen Partner zusammengelebt haben (EuGH NVwZ-RR 2014, 740).

6   Zeiten, in denen der drittstaatsangehörige Familienangehörige im Bundesgebiet eine **Freiheitsstrafe verbüßt** hat, können bei der Berechnung des Fünf-Jahres-Zeitraums nicht berücksichtigt werden. Die vor und nach der Freiheitsstrafe zurückgelegten Aufenthaltszeiten können auch nicht zusammengerechnet werden, denn die Kontinuität des Aufenthalts wird durch die Verbüßung der Freiheitsstrafe unterbrochen (EuGH NVwZ-RR 2014, 247 Rn. 32 – Nnamdi Onuekwere).

Dem Unionsbürger **nahestehende Personen iSd § 1 Abs. 2 Nr. 4,** denen ein Recht nach 6a
§ 3a Abs. 1 erteilt worden ist, erwerben das Daueraufenthaltsrecht, wenn sie sich seit fünf Jahren
mit dem Unionsbürger ständig rechtmäßig im Bundesgebiet aufgehalten haben. Nicht ausreichend
ist die formale Erfüllung der in § 3a genannten Voraussetzungen, der nahestehenden Person muss
vielmehr das Recht von der Behörde auch verliehen worden sein.

C. Vorzeitiges Daueraufenthaltsrecht bei Beendigung der Erwerbstätigkeit (Abs. 2, Abs. 4)

I. Unionsbürger (Abs. 2)

Unionsbürger, die iSd § 2 Abs. 2 Nr. 1–3 freizügigkeitsberechtigt sind (Arbeitnehmer, Selbst- 7
ständige, Arbeitssuchende, Auszubildende, selbstständige Dienstleistungserbringer), erwerben
unter den Voraussetzungen des Abs. 2 auch dann das Daueraufenthaltsrecht, wenn sie sich **noch
nicht fünf Jahre** ständig im Bundesgebiet aufgehalten haben. Für diesen **begünstigten Personenkreis** gilt im Einzelnen Folgendes:

1. Rentner, Vorruhestandsberechtigte (S. 1 Nr. 1)

Die iSd § 2 Abs. 2 Nr. 1–3 freizügigkeitsberechtigten Unionsbürger (Arbeitnehmer, Selbststän- 8
dige, Arbeitssuchende, Auszubildende, selbstständige Dienstleistungserbringer) erwerben das Daueraufenthaltsrecht, wenn sie sich **mindestens drei Jahre ständig im Bundesgebiet aufgehalten**
haben. Dabei müssen sie mindestens **während der letzten zwölf Monate im Bundesgebiet**
eine **Erwerbstätigkeit** ausgeübt haben, **und** entweder zum Zeitpunkt des Ausscheidens aus dem
Erwerbsleben das 65. Lebensjahr erreicht haben (lit. a) oder vorruhestandsberechtigt sein und aus
diesem Grund ihre Erwerbstätigkeit beenden (lit. b).

Hinsichtlich des **mindestens dreijährigen** ständigen Aufenthalts im Bundesgebiet gilt das zum 9
fünfjährigen Aufenthalt Ausgeführte (→ Rn. 2 ff.). Hinsichtlich der unschädlichen Abwesenheitszeiten gilt Abs. 6 (→ Rn. 20).

Der Unionsbürger muss **während der letzten zwölf Monate im Bundesgebiet** eine 10
Erwerbstätigkeit ausgeübt haben, wobei Zeiten der Erwerbstätigkeit in einem anderen EU-
Mitgliedstaat als Zeiten der Erwerbstätigkeit im Bundesgebiet gelten (Abs. 2 S. 1 aE). Nach Art. 17
Abs. 1 Freizügigkeits-RL **gelten als Zeiten der Erwerbstätigkeit auch:** Zeiten unfreiwilliger
Arbeitslosigkeit, die vom zuständigen Arbeitsamt ordnungsgemäß festgestellt werden, vom Willen
des Betroffenen unabhängige Arbeitsunterbrechungen sowie krankheits- oder unfallbedingte Fehl-
zeiten oder Unterbrechungen; diese Zeiten sind deshalb bei der zwölfmonatigen Erwerbstätigkeit
zu berücksichtigen (BeckOK AuslR/Tewocht Rn. 22 mwN).

Unionsbürger, deren **Ehegatte oder eingetragener Lebenspartner Deutscher** iSd Art. 116 11
GG ist, oder deren Ehegatte diese Rechtsstellung infolge der Eheschließung mit dem Unionsbürger
aufgrund der bis zum 31.3.1953 geltenden Rechtslage verloren hat (§ 17 Abs. 6 RuStAG aF),
müssen weder die dreijährige Aufenthaltsdauer noch die zwölfmonatige Erwerbstätigkeit erfüllen
(Abs. 2 S. 2).

Bis zum 31.3.1953 führte die Eheschließung deutscher Frauen mit einem Ausländer gem. § 17 Abs. 6 **11.1**
RuStAG aF zum Verlust der deutschen Staatsangehörigkeit. Mit Inkrafttreten des GleichberG (Gleichbe-
rechtigungsgesetz v. 18.6.1957, BGBl. I 609) am 1.7.1958 ist die Bestimmung außer Kraft getreten (Art. 117
GG).

Nach dem Wortlaut von Abs. 2 S. 1 Nr. 1 lit. a muss der Unionsbürger zum Zeitpunkt des 12
Ausscheidens aus dem Erwerbsleben das 65. Lebensjahr erreicht haben. Demgegenüber fordert
Art. 17 Abs. 1 lit. a Freizügigkeits-RL, dass das in dem betreffenden Mitgliedstaat für die Geltendmachung einer Altersrente gesetzlich vorgesehene Alter erreicht worden sein muss. Diese Altersgrenze kann bei einer Berufsgruppe (zB Einsatzdienst der Feuerwehr) auch unter dem 65. Lebensjahr liegen. Abs. 2 S. 1 Nr. 1 lit. a muss deshalb richtlinienkonform dahingehend ausgelegt werden
(→ § 1 Rn. 11), dass auf das **jeweils gesetzlich vorgesehene Rentenalter** abzustellen ist
(BeckOK AuslR/Tewocht Rn. 24 mwN). Auf das Erreichen des gesetzlich vorgesehenen Renten-
alters ist auch dann als maßgebliches Kriterium abzustellen, wenn der Unionsbürger freiwillig
über die Altersgrenze hinaus erwerbstätig bleibt (BeckOK AuslR/Tewocht Rn. 25 mwN). Der
Nachweis einer Rentenberechtigung ist deshalb nicht erforderlich.

Nach Art. 17 Abs. 1 lit. a S. 2 Freizügigkeits-RL gilt bei **Selbstständigen,** die nach den 13
Rechtsvorschriften des Aufnahmemitgliedstaats **keinen Anspruch auf eine Altersrente haben,**

die Altersvoraussetzung als erfüllt, wenn der Betroffene das 60. Lebensjahr vollendet hat. Diese Regelung, die im FreizügG/EU keine Berücksichtigung gefunden hat, ist hinreichend konkret und unbedingt formuliert und deshalb im deutschen Recht **unmittelbar anwendbar** (→ § 1 Rn. 9; BeckOK AuslR/Tewocht Rn. 26 mwN).

2. Erwerbsunfähige (S. 1 Nr. 2)

14   Der begünstigte Personenkreis (→ Rn. 7) erwirbt nach Abs. 2 S. 1 Nr. 2 auch dann vor Ablauf von fünf Jahren das Daueraufenthaltsrecht, wenn er die Erwerbstätigkeit **infolge** einer **vollen Erwerbsminderung** aufgegeben hat, **und**

- die volle Erwerbsminderung durch einen Arbeitsunfall oder eine Berufskrankheit eingetreten ist, die einen Rentenanspruch gegenüber einem Leistungsträger im Bundesgebiet begründet (Abs. 2 S. 1 Nr. 2 lit. a) **oder**
- nachdem sich der betroffene Unionsbürger zuvor mindestens zwei Jahre ständig im Bundesgebiet aufgehalten hat (Abs. 2 S. 1 Nr. 2 lit. b). Nach Abs. 2 S. 2 entfällt die Voraussetzung der zweijährigen Aufenthaltsdauer, wenn der Ehegatte oder eingetragene Lebenspartner des Unionsbürgers Deutscher / ehemaliger Deutscher ist (→ Rn. 11).

15   Bei beiden Varianten muss die Aufgabe der Erwerbstätigkeit kausal auf dem Eintritt der Erwerbsunfähigkeit beruhen. Die **erste Variante** verlangt keine Mindestdauer des Aufenthalts, die Erwerbsunfähigkeit muss aber durch einen Arbeitsunfall oder eine Berufskrankheit eingetreten sein, die zu einem Rentenanspruch geführt hat. Die **zweite Variante** verlangt eine Mindestdauer des **Aufenthalts** im Bundesgebiet, der Unionsbürger muss jedoch nicht zwei Jahre erwerbstätig gewesen sein, ausreichend ist, dass er zum Zeitpunkt des Eintritts der Erwerbsunfähigkeit erwerbstätig war und sich zuvor zwei Jahre rechtmäßig im Bundesgebiet aufgehalten hat. Die Berechnung der zweijährigen Aufenthaltszeit erfolgt unter Berücksichtigung von Abs. 6 und Abs. 7 (→ Rn. 20 ff.).

3. Pendler (S. 1 Nr. 3)

16   Pendler erwerben nach Abs. 2 S. 1 Nr. 3 vor Ablauf von fünf Jahren das Daueraufenthaltsrecht, wenn sie drei Jahre ständig im Bundesgebiet erwerbstätig waren und anschließend in einem anderen Mitgliedstaat erwerbstätig sind, sofern sie ihren Wohnsitz im Bundesgebiet beibehalten und durchschnittlich einmal die Woche dorthin zurückkehren.

II. Familienangehörige und nahestehende Personen (Abs. 4)

17   Familienangehörige und nahestehende Personen, die Inhaber eines nach § 3a Abs. 1 verliehenen Rechts sind, – gleichgültig, ob Drittstaatsangehörige oder selbst Unionsbürger – des nach **Abs. 2** begünstigten Personenkreises (→ Rn. 7) erwerben nach Abs. 4 ebenfalls das Daueraufenthaltsrecht bereits vor Ablauf von fünf Jahren, wenn sie bei dem Unionsbürger ihren ständigen Aufenthalt haben. Dabei ist entgegen dem Wortlaut nicht erforderlich, dass der Familienangehörige oder die nahestehende Person den Aufenthalt bei dem Unionsbürger bereits beim Entstehen von dessen Daueraufenthaltsrecht hatte. Auch ein ständiger Aufenthalt ist nicht erforderlich, kurzfristige Unterbrechungen hindern den Erwerb des Daueraufenthaltsrechts für den Familienangehörigen nicht. Beides ergibt sich aus Art. 17 Abs. 3 Freizügigkeits-RL (→ § 1 Rn. 9; Bergmann/Dienelt/Dienelt Rn. 58). Weitere Voraussetzungen (ausreichender Krankenversicherungsschutz und ausreichende Existenzmittel) müssen nicht erfüllt sein (Bergmann/Dienelt/Dienelt Rn. 61).

D. Vorzeitiges Daueraufenthaltsrecht für Familienangehörige und nahestehende Personen beim Tod eines erwerbstätigen Unionsbürgers (Abs. 3)

18   Abs. 3 regelt das Daueraufenthaltsrecht von Familienangehörigen und nahestehenden Personen, die Inhaber eines nach § 3a Abs. 1 verliehenen Rechts sind, wenn der erwerbstätige Unionsbürger im Laufe seines Erwerbslebens stirbt, bevor **er selbst** ein Daueraufenthaltsrecht erworben hat. Gehört dieser – ein solcher noch nicht daueraufenthaltsrechtberechtigte – Unionsbürger zu dem in § 2 Abs. 2 Nr. 1–3 aufgeführten Personenkreis (Arbeitnehmer oder Selbständiger), erhalten **mit seinem Tod** seine Familienangehörigen und die nahestehenden Personen ein eigenständiges Daueraufenthaltsrecht, wenn sie im Zeitpunkt des Todes ihren ständigen Aufenthalt bei ihm hatten **sowie alternativ eine** der folgenden Voraussetzungen vorliegt:

- der Unionsbürger hat sich im Zeitpunkt seines Todes seit mindestens zwei Jahren ständig im Bundesgebiet aufgehalten (Nr. 1);
- der Unionsbürger ist infolge eines Arbeitsunfalls oder einer Berufskrankheit gestorben (Nr. 2);

• der überlebende Ehegatte des Unionsbürgers ist ehemaliger Deutscher (→ Rn. 11).

Liegen diese Voraussetzungen nicht vor, ist zu prüfen, ob der drittstaatsangehörige Familienange- 18a hörige oder die dem Unionsbürger nahestehende Person ein Daueraufenthaltsrecht nach Abs. 5 erwirbt (→ Rn. 19 f.).

E. Daueraufenthaltsrecht für drittstaatsangehörige Familienangehörige und nahestehende Personen nach Tod oder Wegzug des Unionsbürgers sowie Scheidung oder Aufhebung der Ehe (Abs. 5)

Drittstaatsangehörige **Familienangehörige,** die gem. § 3 Abs. 2–4 auch nach dem Tod oder 19 Wegzug des Unionsbürgers, der Scheidung oder Aufhebung der Ehe ihr **Aufenthaltsrecht behalten** (→ § 3 Rn. 18 ff.), das dann zu einem eigenständigen wird, erwerben das Daueraufenthaltsrecht, wenn sie sich fünf Jahre ständig rechtmäßig im Bundesgebiet aufgehalten haben. Der Fünf-Jahres-Zeitraum beginnt nicht erst mit der Aufrechterhaltung des Rechts nach § 3 Abs. 2, auch der davor liegende rechtmäßige Aufenthalt im Bundesgebiet ist anzurechnen.

Drittstaatsangehörige nahestehende Personen, die gem. § 3a Abs. 3 iVm § 3 Abs. 2 auch 19a nach dem Tod des Unionsbürgers **ihr ihnen verliehenes Aufenthaltsrecht behalten** (→ § 3a Rn. 1 ff.), erwerben das Daueraufenthaltsrecht, wenn sie sich fünf Jahre ständig rechtmäßig im Bundesgebiet aufgehalten haben. Der Fünf-Jahres-Zeitraum beginnt nicht erst mit der Aufrechterhaltung des Rechts nach § 3 Abs. 2, auch der davor liegende rechtmäßige Aufenthalt im Bundesgebiet ist anzurechnen.

F. Unschädliche Abwesenheitszeiten (Abs. 6)

Abs. 6 nennt die Abwesenheitszeiten, die bei der Fristberechnung zum Erwerb des Daueraufent- 20 haltsrechts unbeachtlich sind. Gemäß **Nr. 1** sind Abwesenheitszeiten von **bis zu sechs Monaten im Jahr** unschädlich. Dabei sind alle Zeiten vorübergehender Abwesenheit zusammenzurechnen, gleichgültig aus welchem Grund das Bundesgebiet verlassen worden ist. Bei längeren Abwesenheitszeiten über den Jahreswechsel hinweg sind die Zeiten auf die beiden Jahre aufzuteilen.

Nr. 2 erlaubt eine Abwesenheit zur Ableistung eines **Wehrdienstes** oder eines Ersatzdienstes. 21 **Nr. 3** erlaubt eine **einmalige** Abwesenheit von bis zu zwölf aufeinander folgenden Monaten aus wichtigem Grund, wobei die Gründe beispielhaft und nicht abschließend aufgezählt werden.

G. Verlust des Daueraufenthaltsrechts (Abs. 7)

Abs. 7 fordert für den Verlust des Daueraufenthaltsrechts über den reinen Abwesenheitszeitraum 22 von zwei aufeinander folgenden Jahren hinaus eine Abwesenheit aus einem seiner Natur nach nicht nur vorübergehenden Grund. Es muss objektiv feststehen, dass das Bundesgebiet nicht nur vorübergehend verlassen wird, Indizien, die dafür sprechen, sind die Aufgabe von Arbeitsstelle und Wohnung und die Mitnahme des Eigentums. Die Feststellung erfordert eine Bewertung der Umstände des Einzelfalls. Dies spricht dafür, dass das Daueraufenthaltsrecht nicht automatisch kraft Gesetzes bei Vorliegen der in Abs. 7 genannten Voraussetzungen erlischt, sondern erst mit der behördlichen Verlustfeststellung nach § 5 Abs. 6, Abs. 4 S. 1 (so BeckOK AuslR/Kurzidem § 5 Rn. 22 mwN; diff. Bergmann/Dienelt/Dienelt § 5 Rn. 76; → § 5 Rn. 21).

Allein die Feststellung des Verlusts des Daueraufenthaltsrechts nach § 5 Abs. 6, Abs. 4 S. 1 führt 23 noch nicht zur Ausreisepflicht des Betroffenen nach § 7 Abs. 1 S. 1, da die Ausreisepflicht die Feststellung des Nichtbestehens der Freizügigkeitsvoraussetzungen erfordert (→ § 7 Rn. 1 ff.). Ob der Unionsbürger oder sein Familienangehöriger oder die ihm nahestehende Person neben dem Daueraufenthaltsrecht auch das (einfache) Recht nach § 2 Abs. 1 oder § 3a Abs. 1 verloren haben, bedarf einer gesonderten Prüfung.

H. Familiennachzug zum Daueraufenthaltsberechtigten

Der **Familiennachzug** zu **Unionsbürgern, die ihr Daueraufenthaltsrecht nach Abs. 1** 24 **erworben haben,** ist im FreizügG/EU geregelt. Nach hM muss zumindest für die Kernfamilie des nach Abs. 1 daueraufenthaltsberechtigten Unionsbürgers das Niveau erreicht werden, das das AufenthG für den Nachzug zu Deutschen enthält (Art. 24 Abs. 1 Freizügigkeits-RL). Entsprechend § 28 AufenthG muss damit beim Ehegatten, beim minderjährigen ledigen Kind sowie beim die Personensorge ausübenden Elternteil eines minderjährigen ledigen Daueraufenthaltsberechtigten auch ohne Prüfung weiterer Voraussetzungen (ausreichender Krankenversicherungsschutz und ausreichende Existenzmittel) ein Familiennachzug möglich sein (BeckOK AuslR/ Tewocht Rn. 4; Bergmann/Dienelt/Dienelt Rn. 64). Der VGH BW geht davon aus, dass den Familienangehörigen von daueraufenthaltsberechtigten Unionsbürgern grundsätzlich ein unionsrechtliches Aufenthaltsrecht zusteht (BeckRS 2020, 28861 Rn. 9).

25 Der Familiennachzug zu **Drittstaatsangehörigen,** die nach Abs. 1 S. 2 daueraufenthaltsberechtigt sind, ist seit dem 24.11.2020 in § 11 Abs. 9 dahingehend geregelt, dass § 29 AufenthG (Familiennachzug zu Inhabern einer Erlaubnis zum Daueraufenthalt-EU) entsprechend anwendbar ist (→ § 11 Rn. 14). Nach hM ist diese Vorschrift mit Unionsrecht unvereinbar, der Familiennachzug zu diesem Personenkreis muss mindestens ebenso ausgestaltet sein wie der Familiennachzug zu Deutschen (BeckOK AuslR/Tewocht Rn. 5b; Bergmann/Dienelt/Dienelt Rn. 65 ff.).

§ 5 Aufenthaltskarten, Bescheinigung über das Daueraufenthaltsrecht

(1) [1]Freizügigkeitsberechtigten Familienangehörigen, die nicht Unionsbürger sind, wird von Amts wegen innerhalb von sechs Monaten, nachdem sie die erforderlichen Angaben gemacht haben, eine Aufenthaltskarte für Familienangehörige von Unionsbürgern ausgestellt, die fünf Jahre gültig sein soll. [2]Eine Bescheinigung darüber, dass die erforderlichen Angaben gemacht worden sind, erhält der Familienangehörige unverzüglich.

(2) [1]Die zuständige Ausländerbehörde kann verlangen, dass die Voraussetzungen des Rechts nach § 2 Abs. 1 drei Monate nach der Einreise glaubhaft gemacht werden. [2]Für die Glaubhaftmachung erforderliche Angaben und Nachweise können von der zuständigen Meldebehörde bei der meldebehördlichen Anmeldung entgegengenommen werden. [3]Diese leitet die Angaben und Nachweise an die zuständige Ausländerbehörde weiter. [4]Eine darüber hinausgehende Verarbeitung oder Nutzung durch die Meldebehörde erfolgt nicht.

(3) Das Vorliegen oder der Fortbestand der Voraussetzungen des Rechts nach § 2 Absatz 1 kann aus besonderem Anlass überprüft werden.

(4) [1]Sind die Voraussetzungen des Rechts nach § 2 Abs. 1 innerhalb von fünf Jahren nach Begründung des ständigen rechtmäßigen Aufenthalts im Bundesgebiet entfallen oder liegen diese nicht vor, kann der Verlust des Rechts nach § 2 Abs. 1 festgestellt und bei Familienangehörigen, die nicht Unionsbürger sind, die Aufenthaltskarte eingezogen werden. [2]§ 4a Abs. 6 gilt entsprechend.

(5) [1]Auf Antrag wird Unionsbürgern unverzüglich ihr Daueraufenthaltsrecht bescheinigt. [2]Ihren daueraufenthaltsberechtigten Familienangehörigen, die nicht Unionsbürger sind, wird innerhalb von sechs Monaten nach Antragstellung eine Daueraufenthaltskarte ausgestellt.

(6) Für den Verlust des Daueraufenthaltsrechts nach § 4a Abs. 7 gilt Absatz 4 Satz 1 entsprechend.

(7) [1]Bei Verleihung des Rechts nach § 3a Absatz 1 stellt die zuständige Behörde eine Aufenthaltskarte für nahestehende Personen, die nicht Unionsbürger sind, aus, die fünf Jahre gültig sein soll. [2]Die Inhaber des Rechts dürfen eine Erwerbstätigkeit ausüben. [3]Absatz 5 Satz 2 findet entsprechende Anwendung.

Überblick

Die Vorschrift enthält verfahrensrechtliche Regelungen des Aufenthalts von Unionsbürgern, ihrer Familienangehörigen und der dem Unionsbürger nahestehenden Personen. Abs. 1 enthält Vorgaben für die Ausstellung der Aufenthaltskarte für drittstaatsangehörige Familienangehörige (→ Rn. 3 ff.). Nach Abs. 2 S. 1 kann die Ausländerbehörde drei Monate nach der Einreise des Unionsbürgers die Glaubhaftmachung der Voraussetzungen des Freizügigkeitsrechts verlangen (→ Rn. 9); S. 2 und S. 3 enthalten insoweit eine Verfahrenserleichterung (→ Rn. 10). Abs. 3 erlaubt bei Vorliegen eines besonderen Anlasses die Überprüfung der Freizügigkeitsvoraussetzungen (→ Rn. 11 ff.). Innerhalb von fünf Jahren nach Begründung des ständigen rechtmäßigen Aufenthalts des Unionsbürgers im Bundesgebiet kann nach Abs. 4 das Nichtbestehen oder der nachträgliche Wegfall der Freizügigkeitsvoraussetzungen festgestellt werden (→ Rn. 13 ff.). Abs. 5 regelt die Bescheinigung des gem. § 4a erworbenen Daueraufenthaltsrechts (→ Rn. 22); Abs. 6

enthält Regelungen für die Feststellung des Verlusts des Daueraufenthaltsrechts wegen zu langer Abwesenheit vom Bundesgebiet (→ Rn. 21 f.). Abs. 7 enthält Vorgaben für die Ausstellung der Aufenthaltskarte für dem Unionsbürger nahestehende drittstaatsangehörige Personen (→ Rn. 23 f.).

Übersicht

A. Allgemeines

Das Freizügigkeitsrecht des Unionsbürgers und seiner Familienangehörigen, das die Einreise in **1** das und den Aufenthalt im Bundesgebiet umfasst, wurzelt in der Unionsbürgerschaft (Art. 20 Abs. 2 AEUV), die sekundärrechtliche Ausgestaltung erfolgt in der Freizügigkeits-RL. Es besteht eine generelle **Freizügigkeitsvermutung** für Unionsbürger, ungeachtet eines Nachweises der Voraussetzungen der in § 2 Abs. 2 aufgeführten Freizügigkeitstatbestände. Nach § 2 Abs. 4 bedarf die Einreise des Unionsbürgers keines Visums und sein Aufenthalt keines Aufenthaltstitels. Für einen Kurzaufenthalt von bis zu drei Monaten ist der Besitz eines gültigen Personalausweises oder Reisepasses ausreichend (§ 2 Abs. 5). Die Ausstellung einer rein deklaratorischen Bescheinigung über das Aufenthaltsrecht des Unionsbürgers (§ 5 Abs. 1 S. 1 aF) ist seit 29.1.2013 (Inkrafttreten des Gesetzes zur Änderung des Freizügigkeitsgesetzes/EU und weiterer aufenthaltsrechtlicher Vorschriften v. 21.1.2013, BGBl. I 86) abgeschafft.

Etwas anderes gilt nach Ende des am 1.1.2021 abgelaufenen Übergangszeitraums für **britische 1a Staatsangehörige** und ihre Familienangehörigen. Den durch das BrexitAbk (Abkommen über den Austritt des Vereinigten Königreichs Großbritannien und Nordirland aus der Europäischen Union und der Europäischen Atomgemeinschaft v. 24.1.2020, ABl. 2020 L 29, 7) begünstigten britischen Staatsangehörigen und ihren Familienangehörigen wird gem. § 16 Abs. 1 S. 1 von Amts wegen ein Aufenthaltsdokument-GB ausgestellt (→ § 16 Rn. 11). Britische Staatsangehörige, die nach dem BrexitAbk Rechte als Grenzgänger haben, sind verpflichtet, ein Aufenthaltsdokument für Grenzgänger-GB zu beantragen, mit dem dieses Recht bescheinigt werden (→ § 16 Rn. 11).

Das Aufenthaltsrecht des Unionsbürgers ist nicht abhängig von der Einhaltung formaler Vor- **2** schriften wie etwa der melderechtlichen Pflicht. Maßgeblich sind allein die gemeinschaftsrechtlichen Vorgaben. Wegen der generellen **Freizügigkeitsvermutung** kommt das Aufenthaltsrecht aus § 2 Abs. 1 zunächst auch demjenigen Unionsbürger zu, der schon bei seiner Einreise in das Bundesgebiet keinen Freizügigkeitstatbestand erfüllt hat und zwar solange, bis die Ausländerbehörde nach § 2 Abs. 7 das Nichtbestehen des Freizügigkeitsrechts (→ § 2 Rn. 39 ff.) oder nach § 5 Abs. 4 das Nichtbestehen oder den Wegfall der Freizügigkeitsvoraussetzungen festgestellt hat (→ Rn. 12 ff.). Erst mit der wirksamen Bekanntgabe der Feststellung wird der Betroffene nach § 7 Abs. 1 S. 1 ausreisepflichtig (→ § 7 Rn. 4).

B. Aufenthaltskarte für drittstaatsangehörige Familienangehörige (Abs. 1)

I. Voraussetzungen

Auch drittstaatsangehörige Familienangehörige, deren Freizügigkeitsrecht ebenfalls im Gemein- **3** schaftsrecht wurzelt, bedürfen für den Aufenthalt im Bundesgebiet keines konstitutiven Aufenthaltstitels. Auch hinsichtlich ihnen gilt die **Freizügigkeitsvermutung** (VGH BW BeckRS 2020, 28861). Nach S. 1 ist ihnen jedoch zum Nachweis ihres Freizügigkeitsrechts von Amts wegen innerhalb von sechs Monaten, nachdem sie die erforderlichen Angaben gemacht haben, eine Aufenthaltskarte auszustellen. Die Aufenthaltskarte ist lediglich eine **Bescheinigung,** die nur **eine deklaratorische Bedeutung** und Beweisfunktion hat. Ihr Widerruf nach dem Erlass einer Nichtbestehens- oder Verlustfeststellung ist deshalb nicht erforderlich. Um den Rechtsschein eines bestehenden Freizügigkeitsrechts zu beseitigen, ist sie dann jedoch gem. Abs. 4 S. 1 aE einzuziehen werden (→ Rn. 16, → § 6 Rn. 24).

4   Unverzüglich, nachdem der drittstaatsangehörige Familienangehörige die erforderlichen Angaben, die sich aus § 5a Abs. 2 ergeben (→ § 5a Rn. 11 ff.), gemacht hat, wird ihm nach S. 2 hierüber eine sog. **Verfahrensbescheinigung** ausgestellt. Sie dient als Nachweis für die Rechtmäßigkeit des Aufenthalts des Familienangehörigen, unabhängig von der Glaubhaftmachung des Freizügigkeitsrechts durch die vorgelegten Unterlagen.

5   Für die Ausgestaltung der Aufenthaltskarte bestehen in § 58 S. 1 Nr. 13 AufenthV iVm Anlage D15 AufenthV bundeseinheitliche Vorgaben. Die **Gültigkeitsdauer** der Aufenthaltskarte soll in der Regel fünf Jahre betragen (Abs. 1 S. 1 aE). Für ihre Ausstellung wird nach § 47 Abs. 3 S. 1 AufenthV eine Gebühr erhoben in Höhe der für die Ausstellung von Personalausweisen an Deutsche erhobenen Gebühr; ist der drittstaatsangehörige Familienangehörige noch nicht 24 Jahre alt, beträgt die Gebühr die Höhe, die für die Ausstellung von Personalausweisen an Deutsche dieses Alters erhoben wird (§ 47 Abs. 3 S. 2 AufenthV; → Rn. 21).

II. Rechtsschutz

6   Verweigert die Ausländerbehörde die Ausstellung der Aufenthaltskarte, ist fraglich, ob die Ausländerbehörde im **Hauptsacheverfahren** mit einer Verpflichtungsklage nach § 42 VwGO zur Ausstellung der Aufenthaltskarte verpflichtet werden kann. Zumindest jedenfalls kann im Wege der allgemeinen Leistungsklage die Verurteilung der Ausländerbehörde zur Ausstellung der Aufenthaltskarte begehrt werden. Im Rahmen der Verpflichtungs- oder allgemeinen Leistungsklage wird dann das Vorliegen der materiellen Voraussetzungen des Freizügigkeitsrechts geprüft.

6a   Wird um das Bestehen eines Aufenthaltsrechts als drittstaatsangehöriger Familienangehöriger eines Unionsbürgers gestritten, ist **einstweiliger Rechtsschutz** im Verfahren nach § 123 Abs. 1–3 VwGO mit einem Antrag auf vorläufige Ausstellung einer Aufenthaltskarte gerichtet gegen den Rechtsträger der für die Ausstellung zuständigen Behörde, zu suchen (VGH BW BeckRS 2018, 18130 Rn. 3).

6a.1   Ein Anordnungsgrund liegt schon dann vor, wenn der Antragsteller kein anderweitiges, bereits bescheinigtes Aufenthaltsrecht hat (VGH BW BeckRS 2018, 18130 Rn. 3).

6a.2   Nimmt eine Gemeinde die Aufgaben der unteren Ausländerbehörde als Pflichtaufgabe nach Weisung wahr, bindet die Rechtskraft eines im verwaltungsgerichtlichen Verfahren gegen die Gemeinde ergangenen Feststellungsurteils auch das Land als Träger der zuständigen Fachaufsichts- und Widerspruchsbehörde. Das Gleiche gilt im umgekehrten Fall (VGH BW NVwZ-RR 2019, 669 Rn. 11 ff.).

C. Verlangen nach Glaubhaftmachung (Abs. 2)

7   Nach § 5 Abs. 2 S. 1 steht es im Ermessen der Ausländerbehörde, von Unionsbürgern oder ihren drittstaatsangehörigen Familienangehörigen zu verlangen, drei Monate nach der Einreise die Voraussetzungen des Freizügigkeitsrechts **glaubhaft** zu machen. Hinsichtlich der vorzulegenden Dokumente und Nachweise gilt die Einschränkung des § 5a (→ § 5a Rn. 1 ff.). Nach Nr. 5.3.1.1.1 FreizuegGEUAVwV **hat** die Ausländerbehörde bei einem **Unionsbürger** grundsätzlich vom Vorliegen der Freizügigkeitsvoraussetzungen auszugehen, wenn er erklärt, dass eine der geforderten Ausübungsvoraussetzungen vorliegt und keine Zweifel an seiner Erklärung bestehen. In diesem Fall ist ohne eine Überprüfung der Angaben von der Vorlage entsprechender Unterlagen abzusehen. Demgegenüber sieht Nr. 5.3.1.2.1 FreizuegGEUAVwV vor, dass bei **drittstaatsangehörigen Familienangehörigen** das Vorliegen der Freizügigkeitsvoraussetzungen zu prüfen ist.

8   Nach Abs. 2 S. 2–4 können der Unionsbürger und seine drittstaatsangehörigen Familienangehörigen die erforderlichen Angaben und ggf. die Vorlage entsprechender Dokumente und Nachweise gegenüber der Meldebehörde bei der ordnungsrechtlichen Anmeldung der Wohnung abgeben. Die Meldebehörde nimmt die Daten entgegen und leitet sie ohne weitere Verarbeitung und Nutzung an die Ausländerbehörde weiter.

D. Überprüfung der Freizügigkeitsvoraussetzungen bei besonderem Anlass (Abs. 3)

Da Art. 14 Abs. 2 UAbs. 2 S. 2 Freizügigkeits-RL eine systematische Überprüfung der Freizü- **9** gigkeitsvoraussetzungen ausdrücklich verbietet, sieht Abs. 3 eine im Ermessen der Behörde stehende Überprüfung **nur aus besonderem Anlass** vor. Ein besonderer Anlass, der die Überprüfung rechtfertigt, sind nach Art. 14 Abs. 2 UAbs. 2 S. 1 Freizügigkeits-RL begründete Zweifel, ob der Unionsbürger oder seine Familienangehörigen die Freizügigkeitsvoraussetzungen (noch) erfüllen. Als besonderen Anlass nennt Nr. 5.4.1. FreizuegGEUAVwV insbesondere den Bezug von Leistungen nach SGB II (Grundsicherung für Arbeitsuchende) oder SGB XII (Sozialhilfe) durch den nichterwerbstätigen Unionsbürger oder dessen Familienangehörige, wobei dies allerdings gem. Art. 14 Abs. 3 Freizügigkeits-RL nicht automatisch zur Verlustfeststellung nach Abs. 4 führen darf. Anlass für eine Überprüfung können auch hinreichende Anhaltspunkte für eine Täuschung über das Vorliegen der Freizügigkeitsvoraussetzungen sein.

Nach dem Entstehen des Daueraufenthaltsrechts nach § 4a nach einem seit fünf Jahren **10** ständigen rechtmäßigen Aufenthalt im Bundesgebiet wird das Aufenthaltsrecht vom Fortbestand der Freizügigkeitsvoraussetzungen gelöst, eine Überprüfung darf deshalb dann **nicht mehr** stattfinden.

E. Feststellung des Nichtbestehens oder Wegfalls der Freizügigkeitsvoraussetzungen (Abs. 4)

I. Voraussetzungen

Während mit der Verlustfeststellung nach § 6 der Verlust eines **bestehenden** Freizügigkeitsrechts **11** wegen der Gefährdung der öffentlichen Ordnung, Sicherheit oder Gesundheit festgestellt wird (→ § 6 Rn. 3 ff.), kommt die sog. **administrative Verlustfeststellung** nach Abs. 4 S. 1 zur Anwendung, wenn die Freizügigkeitsvoraussetzungen **von vornherein nicht bestanden haben oder nachträglich entfallen sind.** Sie ist nur innerhalb von fünf Jahren nach Begründung des ständigen rechtmäßigen Aufenthalts im Bundesgebiet möglich, da danach ein Daueraufenthaltsrecht nach § 4a Abs. 1 S. 1 entsteht und das Aufenthaltsrecht vom Fortbestand der Freizügigkeitsvoraussetzungen gelöst wird (→ Rn. 12). Mit dem Entstehen des Daueraufenthaltsrechts erlischt die Möglichkeit einer administrativen Verlustfeststellung (BVerwG NVwZ-RR 2015, 910 Rn. 16); die Voraussetzungen für den Verlust des einmal entstandenen Daueraufenthaltsrecht sind abschließend in § 4a Abs. 7 geregelt (→ § 4a Rn. 22 f.). Der ständige Aufenthalt wird begründet mit der Wohnsitznahme im Bundesgebiet, die in der Regel durch die Anmeldung bei der Meldebehörde dokumentiert wird.

Eine Verlustfeststellung ist ausgeschlossen nach einem fünfjährigen ständigen rechtmäßigen **12** Aufenthalt im Bundesgebiet. Streitig ist, ob nach einem fünfjährigen ständigen Aufenthalt im Bundesgebiet die Verlustfeststellung auch dann ausscheidet, wenn der Unionsbürger oder sein Familienangehöriger während diesem Zeitraum über keine Freizügigkeitsberechtigung verfügt, die Ausländerbehörde aber keine Verlust- oder Nichtbestehensfeststellung getroffen hat (so BeckOK AuslR/Kurzidem Rn. 14). Nach der Rechtsprechung des BVerwG (NVwZ-RR 2015, 910 Rn. 17) ist eine Verlustfeststellung nicht bereits nach fünfjährigem ständigem Aufenthalt im Bundesgebiet ausgeschlossen, sondern nur, wenn der Betroffene während einer Aufenthaltszeit von mindestens fünf Jahren ununterbrochen die Freizügigkeitsvoraussetzungen des Art. 7 Abs. 1 Freizügigkeits-RL erfüllt hat. Begründet wird dies damit, dass das Entstehen eines Daueraufenthaltsrechts nach § 4a Abs. 1 S. 1 unionsrechtlich das Vorliegen dieser Voraussetzungen fordert.

Bei der Bestimmung des Fünfjahreszeitraums bleiben gem. Abs. 4 S. 2, der auf § 4a Abs. 6 **13** verweist, bestimmte Aufenthaltsunterbrechungen außer Betracht: eine bis zu sechs Monate dauernde Abwesenheit im Kalenderjahr, die Abwesenheit zur Ableistung des Wehr- oder eines Ersatzdienstes und eine einmalige Abwesenheit von bis zu zwölf Monaten Dauer aus wichtigem Grund (→ § 4a Rn. 20 f.).

II. Entscheidung

Sind die tatbestandlichen Voraussetzungen des Abs. 4 erfüllt, steht der Erlass einer Verlustfeststel- **14** lung im **Ermessen** der Behörde. Im Rahmen der Ermessensentscheidung ist zu berücksichtigen, dass nach Art. 14 Abs. 3 Freizügigkeits-RL die Inanspruchnahme von Sozialhilfeleistungen durch einen Unionsbürger oder einen seiner Familienangehörigen nicht automatisch zu einer Ausweisung führen darf. Art. 14 Abs. 1 Freizügigkeits-RL bestimmt, dass nur die unangemessene Inanspruchnahme von Sozialhilfeleistungen freizügigkeitsschädlich ist.

14a   Die Entscheidung der Verlustfeststellung bedarf zu ihrer Wirksamkeit der **Schriftform** (Art. 30 Abs. 1 Freizügigkeits-RL iVm Art. 15 Abs. 1 Freizügigkeits-RL). Die Verlustfeststellung muss ausdrücklich erfolgen, die Ablehnung der Erteilung einer Aufenthaltskarte ist nicht ausreichend (VGH BW NVwZ-RR 2019, 669).

III. Rechtsfolge der Verlustfeststellung

15   Mit der wirksamen Bekanntgabe der Verlustfeststellung wird der Betroffene nach § 7 Abs. 1 S. 1 ausreisepflichtig (→ § 7 Rn. 4). Weitere Rechtsfolge der bestandskräftigen Verlustfeststellung ist lediglich ein Aufenthaltsverbot, nicht aber eine Wiedereinreisesperre nach § 7 Abs. 2 (→ § 7 Rn. 9 ff.). Da die Aufenthaltskarte des drittstaatsangehörigen Familienangehörigen keinen Regelungscharakter hat, ist deren Widerruf nicht erforderlich. Um den Rechtsschein eines bestehenden Freizügigkeitsrechts zu beseitigen, kann und sollte sie jedoch eingezogen werden (Abs. 4 S. 1 aE).

16   Die Verlustfeststellung ist nicht kraft Gesetzes sofort vollziehbar, dh Widerspruch und Klage gegen die Feststellung haben nach § 80 VwGO **aufschiebende Wirkung.** Soll der Aufenthalt des Betroffenen sofort beendet werden, bedarf die Verlustfeststellung der behördlichen Anordnung des Sofortvollzugs nach § 80 Abs. 2 S. 1 Nr. 4 VwGO, die jedoch nach der Rechtsprechung des BVerfG (NVwZ 1996, 58) das Vorliegen eines besonderen öffentlichen Interesses voraussetzt, das über das Interesse hinausgeht, das (nur) den Erlass der Feststellung selbst rechtfertigt. Ein solches besonderes Vollzugsinteresse dürfte eher selten vorliegen (s. aber VGH BW ZAR 2020, 112, der für das Vorliegen des besonderen Vollzugsinteresses einer Verlustfeststellung nach § 2 Abs. 7 die mangelnden Erfolgsaussichten im Hauptsacheverfahren ausreichen lässt). Nach § 80 Abs. 3 S. 1 VwGO hat die Behörde das besondere Vollzugsinteresse schriftlich eingehend darzulegen.

IV. Rechtsschutz

17   Ordnet die Behörde nach § 80 Abs. 2 S. 1 Nr. 4 VwGO die **sofortige Vollziehung** der Verlustfeststellung an, kann im vorläufigen Rechtsschutzverfahren nach § 80 Abs. 5 VwGO ein Antrag auf Wiederherstellung der aufschiebenden Wirkung des Widerspruchs oder der Anfechtungsklage gestellt werden. Enthält der Feststellungsbescheid zugleich eine Abschiebungsandrohung und ist diese als Vollstreckungshandlung über § 80 Abs. 2 S. 1 Nr. 3 VwGO nach dem einschlägigen Landesrecht kraft Gesetzes sofort vollziehbar (zB § 12 BWLVwVG, Art. 21a BayVwZVG), ist insoweit ein Antrag auf Anordnung der aufschiebenden Wirkung nach § 80 Abs. 5 VwGO statthaft. § 7 Abs. 1 S. 4 erlaubt den vorläufigen Verbleib im Bundesgebiet bis zum rechtskräftigen Abschluss des gerichtlichen Eilverfahrens (→ § 7 Rn. 5).

18   Gegen die Verlustfeststellung können **Widerspruch** – sofern das Landesrecht dies vorsieht – und **Anfechtungsklage** erhoben werden. Maßgeblicher Beurteilungszeitpunkt ist jedenfalls hinsichtlich der Sachlage der Zeitpunkt der gerichtlichen Entscheidung (EuGH NVwZ 2004, 1099). Die Behörde hat deshalb die von ihr getroffene Ermessensentscheidung darauf zu kontrollieren, ob sich die Verhältnisse des Betroffenen geändert haben. Ist dies der Fall, hat sie entweder die Verlustfeststellung aufzuheben oder ihre Ermessenserwägungen auch noch im gerichtlichen Verfahren zu ergänzen oder zu modifizieren (§ 114 S. 2 VwGO).

F. Daueraufenthaltsrecht (Abs. 5, Abs. 6)

19   Liegen die Voraussetzungen des § 4a für den Erwerb des Daueraufenthaltsrechts vor, wird dem Unionsbürger auf Antrag unverzüglich sein Daueraufenthaltsrecht bescheinigt (Abs. 5 S. 1). Seinem drittstaatsangehörigen daueraufenthaltsberechtigten Familienangehörigen wird auf Antrag innerhalb von sechs Monaten nach Antragstellung eine **Daueraufenthaltskarte** ausgestellt (Abs. 5 S. 2). Auch insoweit handelt es sich lediglich um eine Bescheinigung, die nur deklaratorische Bedeutung und Beweisfunktion hat (→ Rn. 3).

20   Die **Gebührenfreiheit** gilt nach § 2 Abs. 6 S. 1 **nur für Visa** und nach § 2 Abs. 6 S. 2 auch nicht für die Ausstellung eines Visums an nahestehende Personen iSd § 1 Abs. 2 Nr. 4. Für die Ausstellung deren Visums sowie für die Ausstellung aller anderen Dokumente und Bescheinigungen gelten die Gebührenregelungen in den §§ 44–54 AufenthV: Für die Ausstellung von Aufenthaltskarten und Daueraufenthaltskarten an drittstaatsangehörige Familienangehörige und an nahestehende Personen iSd § 1 Abs. 2 Nr. 4 wird jeweils eine Gebühr erhoben in Höhe der für die Ausstellung von Personalausweisen an Deutsche erhobenen Gebühr (§ 47 Abs. 3 S. 1 AufenthV);

sind diese Personen noch nicht 24 Jahre alt, beträgt die Gebühr jeweils die Höhe, die für die Ausstellung von Personalausweisen an Deutsche dieses Alters erhoben wird (§ 47 Abs. 3 S. 3 AufenthV). Ein **Aufenthaltsdokument-GB** (§ 16 Abs. 2 S. 1) wird an bisherige Inhaber einer Daueraufenthaltskarte gebührenfrei ausgestellt (§ 47 Abs. 3 S. 2 AufenthV), ansonsten wird eine Gebühr in Höhe des für die Ausstellung von Personalausweisen an Deutsche erhobenen Gebühr erhoben (§ 47 Abs. 3 S. 1 AufenthV). **Auslagen** können über den Verweis in § 11 Abs. 1 S. 1 auf § 69 AufenthG erhoben werden.

Abs. 6 ordnet für den **Verlust des Daueraufenthaltsrechts** nach § 4a Abs. 7 die entsprechende 21
Anwendung von Abs. 4 S. 1 an. § 4a Abs. 7 fordert über den reinen Abwesenheitszeitraum von zwei aufeinanderfolgenden Jahren hinaus eine Abwesenheit aus einem seiner Natur nach nicht nur vorübergehen Grund (→ § 4a Rn. 22), diese Feststellung erfordert eine Bewertung der Umstände des Einzelfalls. Dies spricht dafür, dass das Daueraufenthaltsrecht erst mit der behördlichen Verlustfeststellung erlischt (so BeckOK AuslR/Kurzidem Rn. 22 mwN) und nicht automatisch kraft Gesetzes bei Vorliegen der in § 4a Abs. 7 genannten Voraussetzungen eintritt (so aber Bergmann/Dienelt/Dienelt Rn. 76). Entsprechend der Regelung hinsichtlich der Aufenthaltskarte in Abs. 4 S. 1 können nach der Verlustfeststellung die Bescheinigung über das Daueraufenthaltsrecht und die Daueraufenthaltskarte eingezogen werden.

Die Feststellung des Verlusts des Daueraufenthaltsrechts führt noch nicht zur Ausreisepflicht 22
des Betroffenen nach § 7 Abs. 1 S. 1, da die Ausreisepflicht die Feststellung des Nichtbestehens der Freizügigkeitsvoraussetzungen erfordert (→ § 7 Rn. 1). Ob der Unionsbürger oder sein Familienangehöriger neben dem Verlust des Daueraufenthaltsrechts auch sein (einfaches) Recht nach § 2 Abs. 1 verloren hat, bedarf einer gesonderten Prüfung.

G. Aufenthaltskarte für drittstaatsangehörige dem Unionsbürger nahestehende Personen (Abs. 7)

Anders als drittstaatsangehörige Familienangehörige haben drittstaatsangehörige dem Unions- 23
bürger nahestehende Personen iSd § 1 Abs. 2 Nr. 4 im Bundesgebiet nur dann ein Aufenthaltsrecht, wenn ihnen das von der zuständigen Behörde nach § 3a Abs. 1 verliehen wird (→ § 3a Rn. 1 ff.). Ihnen wird dann eine Aufenthaltskarte für nahestehende Personen ausgestellt, die fünf Jahre gültig sein soll (S. 1). Der Inhaber des Rechts darf eine Erwerbstätigkeit ausüben (S. 2). Anders als bei Unionsbürgern und ihren Familienangehörigen kommt der Aufenthaltskarte für nahestehende Personen keine lediglich deklaratorische Bedeutung zu; vielmehr verkörpert die Aufenthaltskarte die konstitutive Verleihung des Rechts auf Einreise und Aufenthalt und bestätigt damit das Vorliegen der Erteilungsvoraussetzungen (BeckOK AuslR/Kurzidem Rn. 23 mwN).

Erwirbt die nahestehende Person nach § 4a ein Daueraufenthaltsrecht, wird ihr auf Antrag 24
innerhalb von sechs Monaten nach Antragstellung eine **Daueraufenthaltskarte** ausgestellt (Abs. 7 S. 3 iVm Abs. 5 S. 2). Es sich handelt insoweit lediglich um eine Bescheinigung, die nur deklaratorische Bedeutung und Beweisfunktion hat.

§ 5a Vorlage von Dokumenten

(1) **[1]Die zuständige Behörde darf in den Fällen des § 5 Absatz 2 von einem Unionsbürger den gültigen Personalausweis oder Reisepass und im Fall des**
1. § 2 Abs. 2 Nr. 1 eine Einstellungsbestätigung oder eine Beschäftigungsbescheinigung des Arbeitgebers,
2. § 2 Abs. 2 Nr. 2 einen Nachweis über seine selbständige Tätigkeit,
3. § 2 Abs. 2 Nr. 5 einen Nachweis über ausreichenden Krankenversicherungsschutz und ausreichende Existenzmittel
verlangen. [2]Ein nicht erwerbstätiger Unionsbürger im Sinne des § 2 Abs. 2 Nr. 5, der eine Bescheinigung vorlegt, dass er im Bundesgebiet eine Hochschule oder andere Ausbildungseinrichtung besucht, muss die Voraussetzungen nach Satz 1 Nr. 3 nur glaubhaft machen.

(2) Die zuständige Behörde darf von Familienangehörigen in den Fällen des § 5 Absatz 2 oder für die Ausstellung der Aufenthaltskarte einen anerkannten oder sonst zugelassenen gültigen Pass oder Passersatz und zusätzlich Folgendes verlangen:
1. einen Nachweis über das Bestehen der familiären Beziehung, bei Verwandten in absteigender und aufsteigender Linie einen urkundlichen Nachweis über Voraussetzungen des § 1 Absatz 2 Nummer 3,

2. eine Meldebestätigung des Unionsbürgers, den die Familienangehörigen begleiten oder dem sie nachziehen.

(3) Die zuständige Behörde verlangt in den Fällen des § 3a für die Ausstellung der Aufenthaltskarte über die in Absatz 2 genannten Nachweise hinaus

1. ein durch die zuständige Behörde des Ursprungs- oder Herkunftslands ausgestelltes Dokument, aus dem hervorgeht,

　　a) in Fällen nach § 3a Absatz 1 Nummer 1 Buchstabe a, dass und seit wann die nahestehende Person vom Unionsbürger Unterhalt bezieht,

　　b) in Fällen nach § 3a Absatz 1 Nummer 1 Buchstabe b, dass und wie lange die nahestehende Person mit dem Unionsbürger in häuslicher Gemeinschaft gelebt hat,

2. in Fällen nach § 3a Absatz 1 Nummer 1 Buchstabe c den Nachweis schwerwiegender gesundheitlicher Gründe, die die persönliche Pflege der nahestehenden Person durch den Unionsbürger zwingend erforderlich machen,

3. in Fällen nach § 3a Absatz 1 Nummer 2 den urkundlichen Nachweis des Bestehens der Vormundschaft oder des Pflegekindverhältnisses sowie einen Nachweis der Abhängigkeit der nahestehenden Person vom Unionsbürger und

4. in den Fällen nach § 3a Absatz 1 Nummer 3 den Nachweis über die Umstände für das Bestehen einer dauerhaften Beziehung nach § 1 Absatz 2 Nummer 4 Buchstabe c zwischen dem Unionsbürger und der nahestehenden Person.

Überblick

§ 5a zählt abschließend die Dokumente und Nachweise auf, die maximal für eine geforderte Glaubhaftmachung oder einen geforderten Nachweis des Freizügigkeitsrechts des Unionsbürgers und die Ausstellung der Aufenthaltskarte für seine Familienangehörigen sowie für die Verleihung eines unionsrechtlichen Aufenthaltsrechts an dem Unionsbürger nahestehende Personen verlangt werden dürfen. Abs. 1 zählt die Dokumente und Nachweise auf, die vom Unionsbürger selbst verlangt werden dürfen, differenzierend nach dem jeweiligen Rechtsgrund des Freizügigkeitsrechts (→ Rn. 5 ff.). Hinsichtlich der Familienangehörigen von Unionsbürgern erfolgt die Aufzählung in Abs. 2, der richtlinienkonform dahingehend auszulegen ist, dass entgegen dem Wortlaut zu unterscheiden ist zwischen Familienangehörigen, die selbst Unionsbürger sind, und drittstaatangehörigen Familienangehörigen (→ Rn. 12 f.). Hinsichtlich der dem Unionsbürger nahestehenden Personen erfolgt die Aufzählung der vorzulegenden Nachweise in Abs. 3 (→ Rn. 14).

A. Allgemeines

1　　Das Freizügigkeitsrecht des Unionsbürgers und seiner Familienangehörigen, das die Einreise in das und den Aufenthalt im Bundesgebiet umfasst, wurzelt in der Unionsbürgerschaft (Art. 20 Abs. 2 AEUV). Hieraus folgt eine generelle Freizügigkeitsvermutung für Unionsbürger, ungeachtet eines Nachweises der Voraussetzungen der in § 2 Abs. 2 aufgeführten Freizügigkeitstatbestände. Nach § 5 Abs. 2 S. 1 steht es im Ermessen der Ausländerbehörde, von Unionsbürgern zu verlangen, die Voraussetzungen des Freizügigkeitsrechts drei Monate nach der Einreise **glaubhaft** zu machen (→ Rn. 11). § 5a Abs. 1 und Abs. 2 zählen **abschließend** die Dokumente und Nachweise auf, die **maximal** für die Glaubhaftmachung des Freizügigkeitsrechts des Unionsbürgers und die Ausstellung der Aufenthaltskarte für seine drittstaatsangehörigen Familienangehörigen verlangt werden dürfen. Abs. 1 und Abs. 2 setzen Art. 8 Abs. 3–5 Freizügigkeits-RL und Art. 10 Abs. 2 Freizügigkeits-RL um, sie sind richtlinienkonform auszulegen (→ Rn. 2). Die Behörde kann auch weniger verlangen oder auf die Vorlage entsprechender Dokumente und Nachweise sogar ganz verzichten, wenn sie die Angaben des Unionsbürgers bei seiner polizeilichen Anmeldung für schlüssig hält. Abs. 3 zählt die Dokumente und Nachweise auf, die für die Verleihung eines unionsrechtlichen Aufenthaltsrechts an dem Unionsbürger nahestehende Personen zu verlangen sind.

2　　Kann die Identität und die Staatsangehörigkeit des Unionsbürgers „mit anderen Mitteln" sicher festgestellt werden, kann nach der Rechtsprechung des EuGH (NJW 2005, 1033 Rn. 25 – Oulane) sein Aufenthaltsrecht nicht mit der Erwägung angezweifelt werden, dass weder ein gültiger Personalausweis noch ein gültiger Pass vorgelegt worden sei (für den Nachweis der Eigenschaft eines Familienangehörigen s. EuGH NVwZ-RR 2018, 826 – Diallo). Auch die Belegung anderer freizügigkeitsrelevanter Tatbestandsmerkmale durch den Betroffenen „mit anderen Mitteln" muss die Behörde als Glaubhaftmachung akzeptieren.

Auch soweit zum Identitätsnachweis die Vorlage eines gültigen Personalausweises, Passes oder **3** Passersatzes verlangt werden kann, ist dies **keine Voraussetzung des Freizügigkeitsrechts,** sondern erleichtert nur dessen Feststellung (EuGH NJW 2005, 1033 Rn. 25 – Oulane).

Die Anwendung von § 5a Abs. 1 und Abs. 2 ist **beschränkt** auf die Glaubhaftmachung des **4** Freizügigkeitsrechts des Unionsbürgers sowie die Ausstellung der Aufenthaltskarte für drittstaatangehörige Familienangehörige. Sie gilt nicht für die Überprüfung des Fortbestands des Freizügigkeitsrechts aus besonderem Anlass nach § 5 Abs. 4 sowie die Ausstellung der Bescheinigung über das Daueraufenthaltsrecht und die Ausstellung der Daueraufenthaltskarte nach § 5 Abs. 5. Insoweit darf auch die Vorlage anderer Dokumente und Nachweise verlangt werden.

Hinsichtlich der Ausstellung der Aufenthaltskarte für dem Unionsbürger **nahestehende Perso-** **4a** **nen** iSd § 1 Abs. 2 Nr. 4, die ein unionsrechtliches Aufenthaltsrecht erst durch dessen Verleihung nach § 3a Abs. 1 erhalten, zählt § 5a Abs. 3 die Nachweise und Dokumente auf, die die Behörde für die Verleihung des Rechts **zwingend** verlangen muss. Hinsichtlich der Ausstellung von **Auf-** **enthaltsdokumenten-GB** verweist § 16 Abs. 2 S. 3 auf Regelungen im Austrittsabkommen.

B. Vorlage von Dokumenten durch Unionsbürger (Abs. 1)

Neben der Vorlage eines gültigen Personalausweises oder Reisepasses zum Nachweis der Identi- **5** tät des Unionsbürgers (zur Einschränkung → Rn. 2) können vom Unionsbürger differenzierend nach dem jeweiligen Rechtsgrund des Freizügigkeitsrechts folgende Dokumente und Nachweise verlangt werden:

I. Arbeitnehmer gem. § 2 Abs. 2 Nr. 1

Beruft sich der Unionsbürger auf sein Arbeitnehmerfreizügigkeitsrecht nach § 2 Abs. 2 Nr. 1, **6** kann eine Einstellungsbestätigung oder Beschäftigungsbescheinigung des Arbeitgebers verlangt werden, für die keine bestimmte Form vorgeschrieben ist. Von **Arbeitsuchenden** kann während der ersten sechs Monate kein weiterer Nachweis verlangt werden; für die Zeit danach muss nach § 2 Abs. 2 Nr. 1a nachgewiesen werden, dass weiterhin Arbeit gesucht wird **und** die begründete Aussicht besteht, eingestellt zu werden (→ § 2 Rn. 13 ff.).

II. Selbstständige gem. § 2 Abs. 2 Nr. 2

Von niedergelassenen selbstständigen Erwerbstätigen kann ein Nachweis über ihre selbstständige **7** Tätigkeit verlangt werden (zB die Gewerbeanmeldung).

III. Nicht Erwerbstätige gem. § 2 Abs. 2 Nr. 5

Der **Nachweis** von ausreichendem Krankenversicherungsschutz (→ § 4 Rn. 4) und ausreichen- **8** den Existenzmitteln (→ § 4 Rn. 5) kann verlangt werden. Nach Art. 8 Abs. 4 FreizügigkeitsRL darf kein fester Betrag für das ausreichende Existenzmittel festgelegt werden, sondern berücksichtigt werden muss die persönliche Situation des Betroffenen (S. 1). Dabei darf der Betrag in keinem Fall über dem Schwellenbetrag liegen, unter dem deutschen Staatsangehörigen in der Bundesrepublik Sozialhilfe gewährt wird (S. 2). Auch eine geringfügige oder vorübergehende Inanspruchnahme von Sozialhilfeleistungen ist unschädlich (BVerwG NVwZ-RR 2015, 910 Rn. 21 mwN).

Von nicht erwerbstätigen Unionsbürgern, die eine Bescheinigung vorlegen, dass sie im Bundes- **9** gebiet eine **Hochschule oder andere Ausbildungseinrichtung** besuchen, darf nach Abs. 1 S. 2 **kein Nachweis** eines ausreichenden Krankenversicherungsschutzes und ausreichender Existenzmittel verlangt werden, sondern **nur** deren **Glaubhaftmachung.** Nach Nr. 5a.1.2.1 Freizueg-GEUAVwV rechnen zu „andere[n] Ausbildungseinrichtung[en]" auch außeruniversitäre Forschungseinrichtungen, soweit die ausländischen Wissenschaftlerinnen und Wissenschaftler dort im Rahmen eines Praktikums von mehr als drei Monaten, in der Vorbereitung einer Promotion oder in der Postdoc-Phase erste praktische Erfahrungen in der Forschung machen.

IV. Dienstleistungserbringer und -empfänger gem. § 2 Abs. 2 Nr. 3

Von diesem Personenkreis können keine weiteren Nachweise verlangt werden. Er hält sich **10** regelmäßig nur vorübergehend im Bundesgebiet auf (§ 2 Abs. 2 Nr. 3). Bestehen aufgrund der Länge des Aufenthalts Zweifel, ob sich das Freizügigkeitsrecht aus der Dienstleistungsfreiheit ableiten lässt, kann die Ausländerbehörde nach § 5 Abs. 2 S. 1 die Glaubhaftmachung der Freizügigkeitsvoraussetzungen verlangen, ohne durch § 5a Abs. 1 eingeschränkt zu sein.

C. Vorlage von Dokumenten durch Familienangehörige (Abs. 2)

11   Abs. 2 zählt die Dokumente und Nachweise auf, die von Familienangehörigen von Unionsbürgern drei Monate nach der Einreise verlangt werden dürfen zur Glaubhaftmachung der Voraussetzungen des Freizügigkeitsrechts (§ 5 Abs. 2) und – bei drittstaatsangehörigen Familienangehörigen – zur Ausstellung der Aufenthaltskarte (§ 5 Abs. 1 S. 1).

12   Hinsichtlich der **Familienangehörigen** von Unionsbürgern, **die selbst Unionsbürger sind,** ist Abs. 2 **richtlinienkonform** dahingehend auszulegen, dass bei diesem Personenkreis entgegen dem Wortlaut von Abs. 2 zum Identitätsnachweis auch die Vorlage eines gültigen Personalausweises ausreicht, da nach Art. 8 Abs. 5 lit. a Freizügigkeits-RL von ihnen die Vorlage eines gültigen Personalausweises **oder** eines Reisepasses verlangt werden kann (Bergmann/Dienelt/Dienelt Rn. 4). Soweit dieser Personenkreis selbst nach § 2 freizügigkeitsberechtigt ist, können von ihm auch keine der in Abs. 2 Nr. 1 und Nr. 2 aufgezählten zusätzlichen Nachweise verlangt werden.

13   Die in Abs. 2 Nr. 1 aufgezählten **Nachweise der Familienangehörigeneigenschaft** und eine **Meldebescheinigung des Unionsbürgers** (Nr. 2) können verlangt werden zum einen von Familienangehörigen von Unionsbürgern, die zwar selbst Unionsbürger sind, aber selbst nicht die Freizügigkeitsvoraussetzungen nach § 2 erfüllen, und zum anderen von drittstaatsangehörigen Familienangehörigen. Gefordert werden kann die Vorlage einer Meldebescheinigung des Unionsbürgers, den der Familienangehörige begleitet oder dem er nachzieht (Abs. 2 Nr. 2). **Zusätzlich** kann nach Abs. 2 Nr. 1 verlangt werden:

- ein **einfacher Nachweis** über das Bestehen der familiären Beziehung bei **Ehe** oder eingetragener Lebenspartnerschaft, der in der Regel durch Vorlage der entsprechenden Urkunde geführt wird. Da nach Art. 10 Abs. 2 lit. b Freizügigkeits-RL zum Nachweis des Aufenthaltsrechts des drittstaatsangehörigen Familienangehörigen lediglich eine **Bescheinigung** über das Bestehen einer familiären Beziehung verlangt werden darf, dürfen an den Nachweis der Eheschließung keine überzogenen Anforderungen gestellt werden. Die Vorlage einer **Heiratsurkunde** ist **in der Regel ausreichend.** Nicht ausreichend ist allerdings die Vorlage einer Heiratsurkunde, die nach der Auskunft des zuständigen Generalkonsulats nicht echt ist und dies mit einfachsten Mitteln aufzudecken ist (Eheschließung in einer nicht existierenden Kirche vor einem nicht existierenden Geistlichen; VGH BW BeckRS 2019, 22035 Rn. 19 f.). Weitergehende Anforderungen sind unzulässig (BeckOK AuslR/Tewocht § 3 Rn. 12). → Rn. 13.1.
- Bei **Verwandten in ab- und aufsteigender Linie** ist zum Beleg der Stellung als Familienangehöriger ein **urkundlicher Nachweis** erforderlich, in der Regel eine Geburtsurkunde. Soweit nach § 1 Abs. 2 Nr. 3 lit. c und d eine Unterhaltsgewährung erforderlich ist (→ § 1 Rn. 36), kann, da es nur auf die tatsächliche Unterhaltsgewährung ankommt, kann kein urkundlicher Nachweis verlangt werden.

13.1   Unzulässig ist insbesondere das Verlangen der
- Kostenübernahme für eine Überprüfung der Heiratsurkunde (VG Stuttgart BeckRS 2013, 49422)
- Vorlage einer Bescheinigung nach Art. 39 Brüssel IIa-VO (VO (EG) 2201/2003 v. 27.11.2003, ABl. 2003 L 338, 1), da diese Verordnung nach Art. 1 Brüssel IIa-VO nur für Zivilsachen, zB Ehescheidungen, gilt.

D. Vorlage von Nachweisen für die Verleihung eines Aufenthaltsrechts an dem Unionsbürger nahestehende Personen (Abs. 3)

14   Wird an dem Unionsbürger nahestehende Personen iSd § 1 Abs. 2 Nr. 4 (→ § 3a Rn. 1 ff.) ein unionsrechtliches Aufenthaltsrecht nach § 3a Abs. 1 verliehen, wird ihnen nach § 5 Abs. 7 S. 1 eine Aufenthaltskarte für nahestehende Personen ausgestellt, die fünf Jahre gültig sein soll. Anders als bei Unionsbürgern und ihren Familienangehörigen kommt der Aufenthaltskarte für nahestehende Personen keine lediglich deklaratorische Bedeutung zu; vielmehr verkörpert die Aufenthaltskarte die konstitutive Verleihung des Rechts auf Einreise und Aufenthalt und bestätigt damit das Vorliegen der Erteilungsvoraussetzungen (BeckOK AuslR/Kurzidem § 5 Rn. 23 mwN). Vor Verleihung des unionsrechtlichen Aufenthaltsrechts **muss** die Behörde über die in Abs. 2 genannten Nachweise hinaus folgende weitere Nachweise verlangen:

15   Bei **Verwandten in der Seitenlinie:**
- ein von der zuständigen Behörde des Ursprungs- oder Herkunftslands ausgestelltes Dokument, aus dem hervorgeht, dass und seit wann sie vom Unionsbürger Unterhalt beziehen (§ 3a Abs. 1 Nr. 1 lit. a) oder dass und wie lange sie mit dem Unionsbürger in häuslicher Gemeinschaft gelebt haben (§ 3a Abs. 1 Nr. 1 lit. b).

- den Nachweis schwerwiegender gesundheitlicher Gründe, die die persönliche Pflege durch den Unionsbürger zwingend erforderlich machen (§ 3a Abs. 1 Nr. 1 lit. c).

Bei ledigen **Minderjährigen** den urkundlichen Nachweis des Bestehens der Vormundschaft oder **16** des Pflegekindverhältnisses sowie einen Nachweis der Abhängigkeit vom Unionsbürger (§ 3a Abs. 1 Nr. 2).

Bei **Lebensgefährten** iSd § 1 Abs. 2 Nr. 4 lit. c mit der oder dem der Unionsbürger eine **17** glaubhaft dargelegte, auf Dauer angelegte Gemeinschaft eingegangen ist und mit der er im Bundesgebiet nicht nur vorübergehend zusammenleben wird, den Nachweis über die Umstände für das Bestehen einer dauerhaften Beziehung zwischen ihm und dem Unionsbürger (§ 3a Abs. 1 Nr. 3). Nicht ausreichen soll hierfür nach der Begründung des Gesetzentwurfs ein Auszug aus dem Melderegister, aus dem sich das Zusammenleben unter einer gemeinsamen Adresse ergibt. Der Nachweis einer dauerhaften Beziehung, die durch das Bestehen einer Lebens- und Wirtschaftsgemeinschaft gekennzeichnet ist, soll vielmehr durch Belege über ein längerfristiges Zusammenleben, gemeinsame Kinder, gemeinsame Vermögenswerte wie Konten oder Immobilien sowie über Unterhaltsleistungen geführt werden können.

Soweit die nahestehenden Personen nach § 3a FreizügG/EU gem. § 11 Abs. 5 FreizügG/EU **18** auch die allgemeinen Erteilungsvoraussetzungen des § 5 AufenthG erfüllen müssen, **können** von ihnen neben § 5a Abs. 3 FreizügG/EU auch die nach dem Aufenthaltsgesetz erforderlichen Nachweismittel verlangt werden.

§ 6 Verlust des Rechts auf Einreise und Aufenthalt

(1) ¹Der Verlust des Rechts nach § 2 Abs. 1 kann unbeschadet des § 2 Absatz 7 und des § 5 Absatz 4 nur aus Gründen der öffentlichen Ordnung, Sicherheit oder Gesundheit (Artikel 45 Absatz 3, Artikel 52 Absatz 1 des Vertrages über die Arbeitsweise der Europäischen Union) festgestellt und die Bescheinigung über das Daueraufenthaltsrecht oder die Aufenthaltskarte oder Daueraufenthaltskarte eingezogen werden. ²Aus den in Satz 1 genannten Gründen kann auch die Einreise verweigert werden. ³Die Feststellung aus Gründen der öffentlichen Gesundheit kann nur erfolgen, wenn es sich um Krankheiten mit epidemischem Potenzial im Sinne der einschlägigen Rechtsinstrumente der Weltgesundheitsorganisation und sonstige übertragbare, durch Infektionserreger oder Parasiten verursachte Krankheiten handelt, sofern gegen diese Krankheiten Maßnahmen im Bundesgebiet getroffen werden. ⁴Krankheiten, die nach Ablauf einer Frist von drei Monaten ab dem Zeitpunkt der Einreise auftreten, stellen keinen Grund für eine Feststellung nach Satz 1 dar.

(2) ¹Die Tatsache einer strafrechtlichen Verurteilung genügt für sich allein nicht, um die in Absatz 1 genannten Entscheidungen oder Maßnahmen zu begründen. ²Es dürfen nur im Bundeszentralregister noch nicht getilgte strafrechtliche Verurteilungen und diese nur insoweit berücksichtigt werden, als die ihnen zu Grunde liegenden Umstände ein persönliches Verhalten erkennen lassen, das eine gegenwärtige Gefährdung der öffentlichen Ordnung darstellt. ³Es muss eine tatsächliche und hinreichend schwere Gefährdung vorliegen, die ein Grundinteresse der Gesellschaft berührt.

(3) Bei der Entscheidung nach Absatz 1 sind insbesondere die Dauer des Aufenthalts des Betroffenen in Deutschland, sein Alter, sein Gesundheitszustand, seine familiäre und wirtschaftliche Lage, seine soziale und kulturelle Integration in Deutschland und das Ausmaß seiner Bindungen zum Herkunftsstaat zu berücksichtigen.

(4) Eine Feststellung nach Absatz 1 darf nach Erwerb des Daueraufenthaltsrechts nur aus schwerwiegenden Gründen getroffen werden.

(5) ¹Eine Feststellung nach Absatz 1 darf bei Unionsbürgern und ihren Familienangehörigen, die ihren Aufenthalt in den letzten zehn Jahren im Bundesgebiet hatten, und bei Minderjährigen nur aus zwingenden Gründen der öffentlichen Sicherheit getroffen werden. ²Für Minderjährige gilt dies nicht, wenn der Verlust des Aufenthaltsrechts zum Wohl des Kindes notwendig ist. ³Zwingende Gründe der öffentlichen Sicherheit können nur dann vorliegen, wenn der Betroffene wegen einer oder mehrer vorsätzlicher Straftaten rechtskräftig zu einer Freiheits- oder Jugendstrafe von mindestens fünf Jahren verurteilt oder bei der letzten rechtskräftigen Verurteilung Sicherungsverwahrung angeordnet wurde, wenn die Sicherheit der Bundesrepublik Deutschland betroffen ist oder wenn vom Betroffenen eine terroristische Gefahr ausgeht.

(6) Die Entscheidungen oder Maßnahmen, die den Verlust des Aufenthaltsrechts oder des Daueraufenthaltsrechts betreffen, dürfen nicht zu wirtschaftlichen Zwecken getroffen werden.

(7) Wird der Pass, Personalausweis oder sonstige Passersatz ungültig, so kann dies die Aufenthaltsbeendigung nicht begründen.

(8) ¹Vor der Feststellung nach Absatz 1 soll der Betroffene angehört werden. ²Die Feststellung bedarf der Schriftform.

Überblick

Die Bestimmun konkretisiert die primärrechtlich in Art. 45 Abs. 3, 52 Abs. 1 AEUV angelegte Beschränkung der Freizügigkeit. Neben § 2 Abs. 7, der in Missbrauchsfällen die Feststellung des Nichtbestehens des Freizügigkeitsrechts ermöglicht, und § 5 Abs. 4, der die Möglichkeit der Verlustfeststellung bei Nichtbestehen oder Wegfall des Freizügigkeitsrechts regelt, erlaubt § 6 die Verlustfeststellung aus Gründen der öffentlichen Ordnung, Sicherheit oder Gesundheit (→ Rn. 3). Es handelt sich um ein gegenüber der Ausweisung nach dem AufenthG eigenständiges Regelungssystem mit einer eigenständigen Begrifflichkeit (→ Rn. 1). Grundvoraussetzung ist eine gegenwärtige hinreichend schwere Gefährdung der öffentlichen Ordnung, Sicherheit oder Gesundheit durch den Betroffenen, die ein Grundinteresse der Gesellschaft berührt (→ Rn. 6 ff.). Wirtschaftliche Gründe oder das Fehlen eines gültigen Passes, Personalausweises oder sonstigen Passersatzes reichen hierfür nicht aus (Abs. 6 und Abs. 7, → Rn. 5). Nach dem Erwerb des Daueraufenthaltsrechts sind nach Abs. 4 für die Verlustfeststellung schwerwiegende Gründe erforderlich (→ Rn. 11 ff.). Nach einem zehnjährigen Aufenthalt im Bundesgebiet und generell bei Minderjährigen ist eine Verlustfeststellung grundsätzlich nur noch aus zwingenden Gründen der öffentlichen Sicherheit zulässig (Abs. 5 S. 1), die nach Abs. 5 S. 3 nur vorliegen können bei einer rechtskräftigen Verurteilung zu einer Freiheits- oder Jugendstrafe von mindestens fünf Jahren, der Anordnung von Sicherungsverwahrung, der Betroffenheit der Sicherheit der Bundesrepublik Deutschland oder bei einer terroristischen Gefahr (→ Rn. 13 ff.). Die Verlustfeststellung, die im Ermessen der Behörde (Abs. 1 S. 1) steht (→ Rn. 23), bedarf der Schriftform; der Betroffene soll nach Abs. 8 vor ihrem Erlass angehört werden (→ Rn. 22). Die Verlustfeststellung löst nach § 7 die Pflicht zur Ausreise aus dem Bundesgebiet (→ § 7 Rn. 8 ff.) und eine zu befristende Wiedereinreisesperre (→ § 7 Rn. 9 ff.) aus (→ Rn. 24).

Übersicht

A. Allgemeines

1   Auf Ausländer, deren Rechtsstellung im FreizügG/EU geregelt ist, kommt, soweit nicht ausnahmsweise (insbesondere in § 11) vom Gesetz etwas anderes bestimmt ist, das AufenthG nicht zur Anwendung (§ 1 Abs. 2 Nr. 1 AufenthG). Bei freizügigkeitsberechtigten Unionsbürgern und ihren drittstaatsangehörigen Familienangehörigen ist deshalb eine Ausweisung nach §§ 53 ff. AufenthG grundsätzlich nicht möglich. Allerdings bestimmt § 11 Abs. 8 S. 1 und S. 2, dass für die Aufenthaltsbeendigung folgender Personengruppen nicht die §§ 6 und 7, sondern die Bestimmungen des AufenthG entsprechend anzuwenden sind: drittstaatsangehörige Familienangehörige, die nach dem Tod des Unionsbürgers nach § 3 Abs. 2 ein Aufenthaltsrecht behalten, drittstaatsangehörige Ehegatten oder Lebenspartner, die bei Scheidung oder Aufhebung der Ehe oder Aufhebung der Lebenspartnerschaft nach § 3 Abs. 4 ein Aufenthaltsrecht behalten, sowie drittstaatsangehörige nahestehende Personen eines Unionsbürgers, die ein Aufenthaltsrecht nach § 3a Abs. 1 haben.

Zur Frage, ob und inwieweit § 11 Abs. 8 S. 1 und 2 unionsrechtswidrig ist, siehe die Kommentierung zu § 11 (→ § 11 Rn. 11 ff.). Neben § 2 Abs. 7, der in Missbrauchsfällen die Feststellung des Nichtbestehens des Freizügigkeitsrechts ermöglicht (→ § 2 Rn. 39 ff.), und § 5 Abs. 4, der die Möglichkeit der Verlustfeststellung bei Nichtbestehen oder Wegfall des Freizügigkeitsrechts regelt (→ § 5 Rn. 13 ff.), erlaubt § 6 die Verlustfeststellung aus Gründen der öffentlichen Ordnung, Sicherheit oder Gesundheit. Die Rechtsfolgen einer Verlustfeststellung sind, soweit § 6 nicht selbst eine Regelung trifft, in § 7 geregelt. Auch insoweit kommen Bestimmungen des AufenthG nur zur Anwendung, wenn in § 11 ausdrücklich auf sie verwiesen wird (→ § 11 Rn. 5).

Nach Abs. 1 S. 2 können die in Abs. 1 S. 1 genannten Gründe bereits zur Verweigerung der **2** Einreise führen. Die dogmatische Einordnung dieser Bestimmung ist unklar. Ist eine entsprechende Feststellung der Ausländerbehörde vor der Einreiseverweigerung nicht erforderlich (so Bergmann/Dienelt/Dienelt Rn. 12; BeckOK AuslR/Kurzidem Rn. 36), erscheint dies schon im Hinblick auf die in Abs. 8 S. 2 geforderte Schriftform problematisch. Zum anderen bestimmt § 7 Abs. 2 S. 1 ein Einreiseverbot erst, nachdem eine Verlustfeststellung ergangen ist (→ § 7 Rn. 9). Auch das Erreichen eines effektiven gerichtlichen Rechtsschutzes ist eingeschränkt, wenn dem Unionsbürger oder seinem drittstaatsangehörigen Familienangehörigen ohne vorherige Verlustfeststellung bereits die Einreise verweigert wird, denn die gerichtliche Überprüfung des von ihnen geltend gemachten Freizügigkeitsrechts muss dann auch im Eilverfahren vom Ausland aus betrieben werden. § 7 Abs. 1 S. 4 erlaubt demgegenüber auch beim Erlass einer sofort vollziehbaren Verlustfeststellung den vorläufigen Verbleib im Bundesgebiet bis zum rechtskräftigen Abschluss des gerichtlichen Eilverfahrens (→ Rn. 26).

B. Voraussetzungen der Verlustfeststellung

Die Verlustfeststellung aus Gründen der öffentlichen Ordnung, Sicherheit oder Gesundheit **3** nach Abs. 1 S. 1 steht selbstständig neben der Verlustfeststellung bei Nichtbestehen oder Wegfall der Freizügigkeitsvoraussetzungen nach § 5 Abs. 4. Während die sog. **administrative Verlustfeststellung** nach § 5 Abs. 4 zur Anwendung kommt, wenn die Freizügigkeitsvoraussetzungen nicht bestehen oder entfallen sind (→ § 5 Rn. 13 ff.), wird mit der Verlustfeststellung nach § 6 der Verlust eines **bestehenden** Freizügigkeitsrechts festgestellt; Voraussetzung ist die Gefährdung der öffentlichen Ordnung, Sicherheit oder Gesundheit, wobei die geforderte Intensität der Gefährdung bei den verschiedenen Fallgruppen im Einzelnen genau vorgegeben wird. Dabei sind die Tatbestandsvoraussetzungen wegen des Eingriffs in eine elementare gemeinschaftsrechtliche Grundfreiheit nach ständiger Rechtsprechung des EuGH (NVwZ 2008, 59 Rn. 28 ff. – Polat) **eng auszulegen.**

I. Gefährdung der öffentlichen Ordnung oder Sicherheit

Die allein nach gemeinschaftsrechtlichen Grundsätzen zu bestimmenden Begriffe der öffentli- **4** chen Ordnung und öffentlichen Sicherheit umfassen die gesamte staatliche Rechtsordnung. Relevant sind dabei in erster Linie – drohende oder begangene – Verstöße gegen Strafrechtsnormen. In Abs. 2, Abs. 6 und Abs. 7 sind verschiedene Einschränkungen vorgegeben.

Nach Abs. 6 darf die Verlustfeststellung nicht zu **wirtschaftlichen Zwecken** getroffen werden, **5** dh allein das Fehlen ausreichender Finanzmittel rechtfertigt die Maßnahme nicht. Das Fehlen eines gültigen Passes, Personalausweises oder sonstigen Passersatzes reicht ebenfalls nicht aus (Abs. 7).

Auch die Tatsache einer strafrechtlichen Verurteilung genügt nach Abs. 2 S. 1 nicht allein **6** nicht für eine Verlustfeststellung, sondern ausschlaggebend sein darf ausschließlich das persönliche Verhalten der betreffenden Einzelperson (Abs. 2 S. 2). Die der strafrechtlichen Verurteilung zugrunde liegenden Umstände müssen ein persönliches Verhalten erkennen lassen, das eine **gegenwärtige** Gefährdung der öffentlichen Ordnung darstellt. Eine **Vielzahl kleinerer Straftaten** (Ordnungswidrigkeiten oder Verkehrsdelikte), die für sich allein genommen jeweils nicht geeignet sind, eine nach Abs. 2 S. 3 erforderliche tatsächliche und hinreichend schwere Gefährdung eines Grundinteresses der Gesellschaft zu begründen, rechtfertigt keine Feststellung nach § 6 (EuGH NVwZ 2008, 59 Rn. 28 ff. – Polat).

Erforderlich ist eine **konkrete Wiederholungsgefahr.** Das persönliche Verhalten des Betroffe- **7** nen muss auf die konkrete Gefahr von weiteren schweren Störungen der öffentlichen Ordnung hindeuten (EuGH NVwZ 2008, 59 Rn. 28 ff. – Polat). Für die Gefährdungsprognose sind die einschlägigen strafrechtlichen Entscheidungen heranzuziehen. Die Ausländerbehörde hat eine eigenständige Prognose zur Wiederholungsgefahr zu treffen, wobei sie an die Feststellungen und Beurteilungen der Strafgerichte rechtlich nicht gebunden ist. Strafaussetzungsentscheidungen der

Strafgerichte nach § 57 StGB oder § 36 Abs. 1 S. 3 BtMG stellen jedoch eine wesentliche Entscheidungsgrundlage dar, von der grundsätzlich nur bei Vorliegen überzeugender Gründe abgewichen werden kann, etwa wenn der Ausländerbehörde umfassenderes Tatsachenmaterial zur Verfügung steht, das genügend zuverlässig eine andere Einschätzung der Wiederholungsgefahr erlaubt (Bergmann/Dienelt/Bauer AufenthG § 53 Rn. 31 mwN).

8   Nach Abs. 2 S. 2 besteht hinsichtlich im Bundeszentralregister bereits getilgter strafrechtlicher Verurteilungen ein **Verwertungsverbot.** Diese Verurteilungen dürfen auch für die Prognose zur Wiederholungsgefahr nicht herangezogen werden.

II. Gefährdung der öffentlichen Gesundheit

9   Eine Verlustfeststellung wegen Gefährdung der öffentlichen Gesundheit ist nach Abs. 1 S. 3 stark eingeschränkt, sowohl hinsichtlich der zu berücksichtigenden Krankheiten (Krankheiten mit epidemischem Potenzial im Sinne der WHO und sonstige übertragbare, durch Infektionserreger oder Parasiten verursachte Krankheiten, gegen die im Bundesgebiet Maßnahmen getroffen werden) als auch durch die zeitliche Begrenzung (Auftreten der Krankheit während der ersten drei Monate nach der Einreise). Die Einreiseverweigerung wegen einer Pandemie setzt nicht voraus, dass im konkreten Einzelfall bei der betreffenden Person Krankheitserreger nachgewiesen werden. Die Verlustfeststellung wegen Gefährdung der öffentlichen Gesundheit hatte in der Praxis bisher wenig Bedeutung. Auch nach Auftreten von Covid-19, dem neuen Coronavirus, sind bisher keine Maßnahmen gegenüber sich bereits im Bundesgebiet befindlichen Unionsbürgern oder ihren Familienangehörigen bekannt geworden.

C. Privilegierung bei der Verlustfeststellung (Abs. 4, Abs. 5)

10   Abs. 4 und Abs. 5 modifizieren für drei Personengruppen die Voraussetzungen für eine Verlustfeststellung, indem sie gesteigerte Anforderungen an das berührte Grundinteresse der Gesellschaft stellen. Dies erfolgt hinsichtlich Daueraufenthaltsberechtigten (→ Rn. 11), Minderjährigen (→ Rn. 13 f.) und Unionsbürgern sowie ihren Familienangehörigen nach zehnjährigem Aufenthalt im Bundesgebiet (→ Rn. 15 ff.).

I. Daueraufenthaltsberechtigte (Abs. 4)

11   Bei daueraufenthaltsberechtigten Unionsbürgern (§ 4a Abs. 1 S. 1 und Abs. 2) und ihren daueraufenthaltsberechtigten drittstaatsangehörigen Familienangehörigen (§ 4a Abs. 1 S. 2 und Abs. 3–5) rechtfertigen nach Abs. 4 nur **schwerwiegende** Gründe der öffentlichen Ordnung oder Sicherheit eine Verlustfeststellung. Dabei muss der Betroffene zum Zeitpunkt des Ergehens der Verlustfeststellung die **Voraussetzungen für einen Daueraufenthalt** nach § 4a **nur erfüllen.** Nicht erforderlich ist, dass dem Unionsbürger das Daueraufenthaltsrecht nach § 5 Abs. 5 S. 1 bescheinigt oder seinem drittstaatsangehörigen Familienangehörigen nach § 5 Abs. 5 S. 2 eine Daueraufenthaltskarte ausgestellt worden ist.

12   **Schwerwiegende** Gründe der öffentlichen Ordnung oder Sicherheit dürften zu bejahen sein bei drohender Wiederholung von Verbrechen oder besonders schweren Vergehen, wenn der Betroffene wegen eines einzelnen Delikts rechtskräftig zu einer Freiheitsstrafe von mindestens drei Jahren verurteilt worden ist. Eine unmittelbar bevorstehende Wiederholungsgefahr ist dabei nicht unbedingt erforderlich (Bergmann/Dienelt/Dienelt Rn. 51 f.). Entscheidend sind die Umstände im jeweiligen Einzelfall.

II. Minderjährige (Abs. 5 S. 1, S. 2)

13   Bei Minderjährigen können nach Abs. 5 S. 1 grundsätzlich nur **zwingende** Gründe der öffentlichen Sicherheit (→ Rn. 19 f.) eine Verlustfeststellung rechtfertigen, unabhängig von der Dauer ihres Aufenthalts im Bundesgebiet. Minderjährig ist, wer zum Zeitpunkt des Ergehens der Verlustfeststellung das 18. Lebensjahr noch nicht vollendet hat (BeckOK AuslR/Kurzidem Rn. 19).

14   Zwingende Gründe der öffentlichen Sicherheit müssen nach Abs. 5 S. 2 dann nicht vorliegen, wenn der **Verlust** des Aufenthaltsrechts zum Wohl des Kindes **notwendig** ist. Der Begriff „Wohl des Kindes" orientiert sich nach Art. 28 Abs. 3 lit. b Freizügigkeits-RL an der UN-Kinderrechtskonvention (v. 20.11.1989, BGBl. 1992 II 121). Eine Verlustfeststellung kann danach in Betracht kommen, wenn die Einhaltung der Familieneinheit eine Rückkehr des Kindes zu seinen Eltern oder zusammen mit seinen Eltern oder einem Elternteil in den Herkunftsstaat erforderlich macht.

III. Zehnjähriger Aufenthalt im Bundesgebiet (Abs. 5 S. 1, S. 3)

Bei Unionsbürgern sowie ihren Familienangehörigen, die in den letzten zehn Jahren ihren **15** Aufenthalt im Bundesgebiet hatten, können nach Abs. 5 S. 1 nur noch **zwingende** Gründe der öffentlichen Sicherheit eine Verlustfeststellung rechtfertigen. Betrachtet werden die **letzten zehn Jahre vor dem Ergehen der Verlustfeststellung** (EuGH BeckRS 2014, 80039). In diesem Zeitraum muss sich der Unionsbürger grundsätzlich ununterbrochen im Bundesgebiet aufgehalten haben (EuGH BeckRS 2014, 80039). Streitig ist die Bewertung von Zeiten der Aufenthaltsunterbrechung. Diese sollen nach der Rechtsprechung des EuGH (BeckRS 2014, 80039) jedenfalls dann unschädlich sein, wenn sie den Integrationszusammenhang mit der Bundesrepublik nicht unterbrechen. Eine Anwendung der Unterbrechungsregelung in § 4a Abs. 6 (→ § 4a Rn. 20 ff.) ist damit naheliegend (Bergmann/Dienelt/Dienelt Rn. 59).

Zeiten von Strafhaft führen regelmäßig zur Unterbrechung des Zehn-Jahres-Zeitraums **16** (EuGH BeckRS 2014, 80039). Vom VGH BW wird beim EuGH eine Vorabentscheidung zu der Frage eingeholt, ob bei einem langjährigen Aufenthalt im Inland, der zu einer Verwurzelung des Betroffenen geführt hat, die Verurteilung zu einer ersten Haftstrafe ein sofortiges Abreißen des Integrationszusammenhangs bewirkt (VGH BW BeckRS 2016, 46949).

Streitig ist die Frage, ob der **Aufenthalt** des Betroffenen im Bundesgebiet in den letzten zehn **17** Jahren **rechtmäßig** gewesen sein muss oder ob der bloße tatsächliche Aufenthalt genügt. Sowohl der Wortlaut von Art. 28 Abs. 3 Freizügigkeits-RL als auch von § 6 Abs. 5 S. 1 sprechen dafür, dass jeder Aufenthalt von zehn Jahren – ungeachtet seiner Qualität – die Privilegierung des Abs. 5 S. 1 auslöst (Bergmann/Dienelt/Dienelt Rn. 56 mwN).

Auch **Voraufenthaltszeiten** im Bundesgebiet, die **vor dem Beitritt** des Heimatstaates **zur 18 EU** zurückgelegt wurden, können berücksichtigungsfähig sein. Voraussetzung ist, dass sie im Einklang mit den Voraussetzungen des Art. 7 Freizügigkeits-RL zurückgelegt worden sind. Neben der Rechtmäßigkeit des Aufenthalts nach nationalem Recht müssen vor dem Beitritt zur EU auch die Voraussetzungen eines gemeinschaftsrechtlichen Aufenthaltsrechts vorgelegen haben (Bergmann/Dienelt/Dienelt Rn. 57 mwN).

Liegen die Voraussetzungen des Abs. 5 S. 1 vor, darf eine Verlustfeststellung nur aus **zwingen- 19 den Gründen der öffentlichen Sicherheit** erfolgen. Der Begriff der zwingenden Gründe der **öffentlichen Sicherheit** ist gemeinschaftsrechtlich zu bestimmen, den Mitgliedstaaten ist kein Raum zu einer eigenständigen Begriffsbestimmung eröffnet (EuGH BeckRS 2012, 80973). Die Sicherheit der Bundesrepublik Deutschland kann in der Regel nur bei schwersten Straftaten in Verbindung mit einer Wiederholungsgefahr betroffen sein. Dies wird der Fall sein bei terroristischen Gefahren und bei Straftaten im Bereich besonders schwerer Kriminalität (wie etwa die in Art. 83 Abs. 1 Abs. 2 AEUV genannten Delikte Terrorismus, Menschenhandel, sexuelle Ausbeutung von Frauen und Kindern, illegaler Drogenhandel, illegaler Waffenhandel, Geldwäsche, Korruption, Fälschung von Zahlungsmitteln, Computerkriminalität und organisierte Kriminalität), die geeignet sind, die Bevölkerung allgemein zu gefährden (im Einzelnen BeckOK AuslR/Kurzidem Rn. 25 ff. mwN).

Soweit Abs. 5 S. 3 an eine rechtskräftige Verurteilung wegen einer oder mehrerer Straftaten **20** zu einer Freiheits- oder Jugendstrafe von mindestens fünf Jahren anknüpft, wird damit nur die **Unschädlichkeitsschwelle** festgelegt („Zwingende Gründe der öffentlichen Sicherheit können nur dann vorliegen […]"). Es ist immer eine umfassende Prüfung erforderlich, ob die konkrete Tat Anlass gibt, von einer zwingenden Gefahr für die öffentliche Sicherheit auszugehen.

D. Entscheidung über die Verlustfeststellung

Abs. 6 S. 2 schreibt für die Verlustfeststellung zwingend die **Schriftform** vor. Nach Art. 30 **21** Abs. 1 Freizügigkeits-RL müssen Entscheidungen nach § 6 Abs. 1 dem Betroffenen schriftlich in einer Weise mitgeteilt werden, dass er deren Inhalt und Wirkung nachvollziehen kann. Die Gründe, die der Entscheidung zugrunde liegen, sind genau und umfassend mitzuteilen.

Die vorherige **Anhörung** des Betroffenen ist nach Abs. 6 S. 1 als Soll-Vorschrift ausgestaltet. **22** Ein Anhörungs**recht** ergibt sich aus Art. 41 GRCh, wonach jede Person das Recht hat, gehört zu werden, bevor ihr gegenüber eine für sie nachteilige individuelle Maßnahme getroffen wird.

Liegen die tatbestandlichen Voraussetzungen für eine Verlustfeststellung vor, hat die Behörde **23** eine **Ermessensentscheidung** zu treffen („kann"), bei der das Interesse des Betroffenen an seinem Verbleib im Bundesgebiet gegenüber den die Verlustfeststellung tragenden Gründen abzuwägen ist. Die dabei auf Seiten des Betroffenen einzustellenden Belange sind in Abs. 3 – nicht abschließend – aufgeführt.

E. Rechtsfolge der Verlustfeststellung

24　　Mit der wirksamen **Bekanntgabe** der Verlustfeststellung wird der Betroffene nach § 7 Abs. 1 S. 1 ausreisepflichtig, wobei allerdings die Vereinbarkeit dieser Bestimmung mit den europarechtlichen Vorgaben im Einzelnen streitig ist (→ § 7 Rn. 4). Weitere Rechtsfolgen der **bestandskräftigen** Verlustfeststellung sind nach § 7 Abs. 2 ein Aufenthaltsverbot und eine – zu befristende – Wiedereinreisesperre (→ § 7 Rn. 9). Da die Bescheinigung über das Daueraufenthaltsrecht des Unionsbürgers nach § 5 Abs. 5 S. 1 sowie die Aufenthaltskarte und die Daueraufenthaltskarte des drittstaatsangehörigen Familienangehörigen nach § 5 Abs. 1 S. 1 und Abs. 5 S. 2 keinen Regelungscharakter, sondern nur deklaratorische Bedeutung und eine Beweisfunktion haben (→ § 5 Rn. 3), ist deren Widerruf nicht erforderlich. Um den Rechtsschein eines bestehenden Freizügigkeitsrechts zu beseitigen, können und sollten sie jedoch gem. Abs. 1 S. 1 eingezogen werden.

25　　Die Verlustfeststellung ist nicht kraft Gesetzes sofort vollziehbar, dh Widerspruch und Klage gegen die Feststellung haben nach § 80 VwGO **aufschiebende Wirkung.** Soll der Aufenthalt des Betroffenen sofort beendet werden, bedarf die Verlustfeststellung der behördlichen Anordnung des Sofortvollzugs nach § 80 Abs. 2 S. 1 Nr. 4 VwGO, die jedoch nach der Rechtsprechung des BVerfG (NVwZ 1996, 58) das Vorliegen eines besonderen öffentlichen Interesses voraussetzt, das über das Interesse hinausgeht, das (nur) den Erlass der Feststellung selbst rechtfertigt. Es müssen konkrete Anhaltspunkte dafür bestehen, dass sich die Gefahr, die mit der Verlustfeststellung abgewendet werden soll, bereits während eines Widerspruchs- oder Klageverfahrens realisiert. Dies dürfte nur selten der Fall sein und ist insbesondere in der Regel ausgeschlossen, wenn sich der Betroffene in Haft befindet. Nach § 80 Abs. 3 S. 1 VwGO hat die Behörde das besondere Vollzugsinteresse schriftlich eingehend darzulegen.

F. Rechtsschutz

26　　Ordnet die Behörde nach § 80 Abs. 2 S. 1 Nr. 4 VwGO die sofortige Vollziehung der Verlustfeststellung an, kann im **vorläufigen Rechtsschutzverfahren** nach § 80 Abs. 5 VwGO ein Antrag auf Wiederherstellung der aufschiebenden Wirkung des Widerspruchs oder der Anfechtungsklage gestellt werden. Ist die Abschiebungsandrohung als Vollstreckungshandlung über § 80 Abs. 2 S. 1 Nr. 3 VwGO nach dem einschlägigen Landesrecht kraft Gesetzes sofort vollziehbar (zB § 12 BWLVwVG, Art. 21a BayVwZVG), ist insoweit ein Antrag auf Anordnung der aufschiebenden Wirkung nach § 80 Abs. 5 VwGO statthaft. § 7 Abs. 1 S. 4 erlaubt den vorläufigen Verbleib im Bundesgebiet bis zum rechtskräftigen Abschluss des gerichtlichen Eilverfahrens (→ § 7 Rn. 5).

27　　Gegen die Verlustfeststellung können Widerspruch – sofern das Landesrecht dies vorsieht – und Anfechtungsklage erhoben werden. Maßgeblicher Beurteilungszeitpunkt ist jedenfalls hinsichtlich der Sachlage der Zeitpunkt der gerichtlichen Entscheidung (EuGH NVwZ 2004, 1099 – Orfanopoulos und Oliveri). Die Behörde hat deshalb die von ihr getroffene Ermessensentscheidung darauf zu kontrollieren, ob sich die Verhältnisse des Betroffenen geändert haben und sich dies auf eine Beurteilung der Gefährdung auswirken kann. Ist dies der Fall, hat sie entweder die Verlustfeststellung aufzuheben oder ihre Ermessenserwägungen auch noch im gerichtlichen Verfahren zu ergänzen oder zu modifizieren (§ 114 S. 2 VwGO).

G. Altausweisungen

28　　Vor Inkrafttreten des FreizügG/EU am 1.1.2005 auf der Grundlage von § 12 AufenthG/EWG in Verbindung mit dem AuslG (Ausländergesetz v. 9.7.1990, BGBl. I 1354) wirksam ergangene **bestandskräftige Ausweisungsverfügungen** gegenüber Unionsbürgern oder ihren drittstaatsangehörigen Familienangehörigen **gelten fort** (BVerwG NVwZ 2008, 82); auch insoweit besteht jedoch in sinngemäßer Anwendung von § 7 Abs. 2 eine einklagbare **Befristungspflicht von Amts wegen** (Bergmann/Dienelt/Dienelt § 7 Rn. 78 ff. mwN). Nach der Rechtsprechung des BVerwG hat der Betroffene dagegen **keinen Anspruch auf Wiederaufgreifen des Verfahrens** nach § 51 VwVfG. Begründet wird dies damit, dass sich mit Inkrafttreten des FreizügG/EU am 1.1.2005 die Rechtslage nicht zu seinen Gunsten geändert habe. Das ergebe sich aus der Übergangsvorschrift des § 102 Abs. 1 S. 1 AufenthG, wonach unter anderem die vor dem 1.1.2005 getroffenen Ausweisungen einschließlich ihrer Rechtsfolgen wirksam bleiben. Die Materialien zu dieser Regelung belegten den Willen des Gesetzgebers, dass die durch eine „Altausweisung" ausgelösten gesetzlichen Verbote aus § 8 Abs. 2 AuslG fortwirken sollten. Das gelte nicht nur für

Drittstaatsangehörige, denn § 7 Abs. 2 S. 1 sehe im Anschluss an eine Verlustfeststellung gem. § 6 Abs. 1, die an die Stelle der Ausweisung von Unionsbürgern getreten ist, ebenfalls ein Einreise- und Aufenthaltsverbot vor. Die Fortgeltung der an die Ausweisung eines Unionsbürgers geknüpften Sperrwirkungen begegne deshalb unter dem Aspekt einer nicht gerechtfertigten intertemporalen Ungleichbehandlung keinen Bedenken (BVerwG NVwZ 2008, 1024 Rn. 12 f.). Im Übrigen sei bereits fraglich, ob neben der speziell geregelten Befristung der Wirkungen einer Ausweisung überhaupt Bedarf und Raum für das Wiederaufgreifen des Ausweisungsverfahrens im Hinblick auf nachträgliche Änderungen der Rechtslage bestehe (BVerwG NVwZ 2008, 1024 Rn. 13).

§ 7 Ausreisepflicht

(1) ¹Unionsbürger oder ihre Familienangehörigen sind ausreisepflichtig, wenn die Ausländerbehörde festgestellt hat, dass das Recht auf Einreise und Aufenthalt nicht besteht. ²In dem Bescheid soll die Abschiebung angedroht und eine Ausreisefrist gesetzt werden. ³Außer in dringenden Fällen muss die Frist mindestens einen Monat betragen. ⁴Wird ein Antrag nach § 80 Abs. 5 der Verwaltungsgerichtsordnung gestellt, darf die Abschiebung nicht erfolgen, bevor über den Antrag entschieden wurde.

(2) ¹Unionsbürger und ihre Familienangehörigen, die ihr Freizügigkeitsrecht nach § 6 Abs. 1 verloren haben, dürfen nicht erneut in das Bundesgebiet einreisen und sich darin aufhalten. ²Unionsbürgern und ihren Familienangehörigen, bei denen das Nichtbestehen des Freizügigkeitsrechts nach § 2 Absatz 7 festgestellt worden ist, kann untersagt werden, erneut in das Bundesgebiet einzureisen und sich darin aufzuhalten. ³Dies soll untersagt werden, wenn ein besonders schwerer Fall, insbesondere ein wiederholtes Vortäuschen des Vorliegens der Voraussetzungen des Rechts auf Einreise und Aufenthalt, vorliegt oder wenn ihr Aufenthalt die öffentliche Ordnung und Sicherheit der Bundesrepublik Deutschland in erheblicher Weise beeinträchtigt. ⁴Bei einer Entscheidung nach den Sätzen 2 und 3 findet § 6 Absatz 3, 6 und 8 entsprechend Anwendung. ⁵Das Verbot nach den Sätzen 1 bis 3 wird von Amts wegen befristet. ⁶Die Frist ist unter Berücksichtigung der Umstände des Einzelfalles festzusetzen und darf fünf Jahre nur in den Fällen des § 6 Absatz 1 überschreiten. ⁷Die Frist beginnt mit der Ausreise. ⁸Ein nach angemessener Frist oder nach drei Jahren gestellter Antrag auf Aufhebung oder auf Verkürzung der festgesetzten Frist ist innerhalb von sechs Monaten zu bescheiden.

Überblick

Abs. 1 S. 1 bestimmt die Ausreisepflicht des Unionsbürgers und seiner drittstaatsangehörigen Familienangehörigen nach Feststellung des Nichtbestehens oder des Verlusts des Freizügigkeitsrechts. Abs. 1 S. 2 und S. 3 treffen Regelungen zum Vollzug der Ausreisepflicht (Ausreisefrist, Abschiebungsandrohung, Abschiebung bei Inanspruchnahme vorläufigen Rechtsschutzes → Rn. 1 ff.). Bei einer Verlustfeststellung nach § 6 Abs. 1 besteht gem. Abs. 2 S. 1 eine gesetzliche Wiedereinreisesperre (→ Rn. 9); Abs. 2 S. 2 räumt im Fall der Nichtbestehensfeststellung nach § 2 Abs. 7 der Behörde ein Ermessen zum Erlass einer Wiedereinreisesperre ein (→ Rn. 10 ff.). Die Wiedereinreisesperre ist gem. Abs. 2 S. 5 von Amts wegen zu befristen (→ Rn. 13); Abs. 2 S. 4–6 bestimmen die dabei zu beachtenden Vorgaben. Fristbeginn ist die Ausreise (Abs. 2 S. 7). Nach angemessener Frist, spätestens nach drei Jahren, besteht nach Abs. 2 S. 8 ein Anspruch auf erneute Prüfung und Entscheidung über die Befristung nach Maßgabe der aktuellen Sachlage (→ Rn. 14). Gesetzlich nicht geregelt ist die Behandlung von Altfällen, wenn dem drittstaatsangehörigen Familienangehörigen vor dem 29.1.2013 eine Aufenthalts- oder Daueraufenthaltskarte erteilt worden ist (→ Rn. 16) oder auf der Grundlage von § 12 AufenthG/EWG in Verbindung mit dem AuslG (Ausländergesetz v. 9.7.1990, BGBl. I 1354) eine Ausweisung ergangen ist (→ Rn. 17).

A. Ausreisepflicht, Ausreisefrist und Abschiebungsandrohung (Abs. 1)

I. Ausreisepflicht

Grundsätzliche Voraussetzung für die Ausreisepflicht eines Unionsbürgers und seiner drittstaats- **1** angehörigen Familienangehörigen ist die Feststellung des Nichtbestehens des Freizügigkeitsrechts nach § 2 Abs. 7 (→ § 2 Rn. 39 ff.) oder die Feststellung des Verlusts des Freizügigkeitsrechts nach § 5 Abs. 4 (→ § 5 Rn. 11 ff.) oder nach § 6 Abs. 1 (→ § 6 Rn. 3 ff.) durch die Ausländerbehörde. Auch im Fall des zu keinem Zeitpunkt freizügigkeitsberechtigten drittstaatsangehörigen Familienangehörigen entsteht die Ausreisepflicht erst mit der behördlichen Feststellung des Nichtbestehens des Freizügigkeitsrechts (BeckOK AuslR/Kurzidem Rn. 3). Das gilt selbst in den Fällen, in denen das Bestehen eines Freizügigkeitsrechts nicht dargetan oder sogar über das Vorliegen eines solchen getäuscht worden ist (Bergmann/Dienelt/Dienelt Rn. 13 ff.).

2   Die Ausreisepflicht **erlischt** mit der tatsächlichen dauerhaften Verlegung des Aufenthalts aus dem Bundesgebiet. Dabei stellt die Ausreise in einen anderen Mitgliedstaat nur dann eine Erfüllung der Ausreisepflicht dar, wenn Einreise und Aufenthalt dort erlaubt sind (§ 11 Abs. 1 iVm § 50 Abs. 3 AufenthG).

3   Entfällt der Grund für eine Verlustfeststellung nach § 5 Abs. 4, weil der Betroffene erstmals oder erneut Freizügigkeit erlangt hat, **entfällt** die Ausreisepflicht (Bergmann/Dienelt/Dienelt Rn. 25).

II. Vollziehbarkeit der Ausreisepflicht

4   Die Nichtbestehens- oder Verlustfeststellung ist nicht kraft Gesetzes sofort vollziehbar, dh Widerspruch und Klage gegen die Verlustfeststellung haben nach § 80 Abs. 1 VwGO aufschiebende Wirkung. Obwohl § 84 Abs. 2 S. 1 AufenthG mangels einer Verweisung in § 11 für Unionsbürger nicht gilt, soll die **Ausreisepflicht** bereits mit der wirksamen Bekanntgabe der Verlustfeststellung entstehen (BeckOK AuslR/Kurzidem Rn. 2). **Vollstreckbar** ist sie jedoch **erst** ab Bestandskraft oder bei Anordnung des Sofortvollzugs nach § 80 Abs. 2 S. 1 Nr. 4 VwGO (§ 6 Abs. 1 VwVG sowie die entsprechenden Bestimmungen in den Vollstreckungsgesetzen der Länder). Eine Vollstreckung der Ausreisepflicht im Wege der **Abschiebung** vor Unanfechtbarkeit der Feststellungsverfügung bedarf somit der behördlichen Anordnung des Sofortvollzugs nach § 80 Abs. 2 S. 1 Nr. 4 VwGO, die nach der Rechtsprechung des BVerfG (NVwZ 1996, 58) das Vorliegen eines besonderen öffentlichen Interesses voraussetzt, das über das Interesse hinausgeht, das (nur) den Erlass der Feststellung selbst rechtfertigt. Nach § 80 Abs. 3 S. 1 VwGO ist dieses besondere Vollzugsinteresse schriftlich eingehend darzulegen.

5   Wird ein – nicht fristgebundener – Antrag nach § 80 Abs. 5 VwGO auf Wiederherstellung der aufschiebenden Wirkung beim Verwaltungsgericht gestellt, darf nach S. 4 die Abschiebung erst erfolgen, nachdem das Gericht **rechtskräftig** über diesen Antrag entschieden (und ihn abgelehnt) hat.

6   Da das Aufenthaltsrecht des Unionsbürgers mangels einer Verweisung in § 11 auf § 84 Abs. 2 S. 1 AufenthG nicht erlischt, solange Widerspruch und Klage gegen die Verlustfeststellung aufschiebende Wirkung entfalten, kommt eine Verwahrung des Passes nach § 11 Abs. 1 S. 1 iVm § 50 Abs. 5 AufenthG ohne Anordnung des Sofortvollzugs der Feststellungsverfügung vor Eintritt deren Bestandskraft nicht in Betracht (VGH BW NVwZ-RR 2011, 172 Rn. 19).

III. Ausreisefrist und Abschiebungsandrohung

7   Nach S. 2 soll bereits in der Feststellungsverfügung die Abschiebung angedroht und eine Ausreisefrist gesetzt werden. Nicht zu empfehlen ist dabei wegen der aufschiebenden Wirkung eines etwaigen Rechtsbehelfs und des bei Anordnung des Sofortvollzugs geltenden S. 4 (→ Rn. 4 f.) die datumsmäßige Festlegung der Ausreisefrist. Sinnvoller ist es, den Beginn des Fristlaufs an die Bestandskraft der Feststellungsverfügung zu knüpfen oder, bei Anordnung des Sofortvollzugs, an die Rechtskraft einer etwaigen Entscheidung des Verwaltungsgerichts im Eilverfahren.

8   Die Gewährung einer **angemessenen Ausreisefrist** soll die ordnungsgemäße Abwicklung des Aufenthalts im Bundesgebiet ermöglichen (Kündigung von Wohnung und Arbeitsstelle, Vorbereitung des Umzugs usw). Bei der Bestimmung sind die Umstände des Einzelfalls zu berücksichtigen. S. 3 legt eine Mindestfrist von einem Monat fest, die nur in dringenden Fällen unterschritten werden darf.

B. Wiedereinreisesperre und Aufenthaltsverbot (Abs. 2)

I. Wiedereinreisesperre kraft Gesetzes (S. 1)

9   Die **bestandskräftige** (BeckOK AuslR/Kurzidem Rn. 9) Verlustfeststellung aus Gründen der öffentlichen Ordnung, Sicherheit und Gesundheit **nach § 6 Abs. 1** führt kraft Gesetzes zu einem

Einreise- und Aufenthaltsverbot, dh zu einer Wiedereinreisesperre, auch wenn keine Abschiebung durchgeführt worden ist.

II. Wiedereinreisesperre im Ermessen der Behörde (S. 2–4)

Bei einer Feststellung des Nichtbestehens der Freizügigkeit **nach § 2 Abs. 7** steht die Anord- **10** nung einer Wiedereinreisesperre **im Ermessen** der Behörde (S. 2). In besonders schweren Missbrauchsfällen, insbesondere bei wiederholtem Vortäuschen des Vorliegens der Freizügigkeitsvoraussetzungen oder bei einer erheblichen Beeinträchtigung der öffentlichen Ordnung und Sicherheit **soll** die Anordnung erfolgen (S. 3). Letzterer Fall verlangt, dass der Betroffene auf der Grundlage des missbräuchlich erlangten Aufenthaltsrechts weitere erhebliche Rechtsverstöße begeht oder weitere Rechtsverstöße von erheblicher Bedeutung zeigen, dass auch in Zukunft keine rechtmäßige Ausübung des Freizügigkeitsrechts zu erwarten ist.

Hinsichtlich der für die Ermessensentscheidung maßgeblichen Gesichtspunkte verweist S. 4 auf **11** § 6 Abs. 3 und Abs. 6 (Berücksichtigung der Umstände des Einzelfalls, keine Sperrwirkung zu wirtschaftlichen Zwecken). Verfahrensrechtlich gelten die Vorgaben des § 6 Abs. 8 (vorherige Anhörung, Schriftform der Entscheidung).

Bei der Feststellung des Nichtbestehens oder Verlusts des Freizügigkeitsrechts **nach § 5 Abs. 4** **12** darf **keine Wiedereinreisesperre** angeordnet werden. Rechtsfolge einer bestandskräftigen Verlustfeststellung nach § 5 Abs. 4 ist lediglich ein Aufenthaltsverbot, nicht aber ein Verbot der Wiedereinreise in das Bundesgebiet (→ § 5 Rn. 15).

III. Befristung der Wiedereinreisesperre (S. 5–7)

Die Befristung der Sperrwirkung erfolgt nach S. 5 von Amts wegen. Die Höchstgrenze von **12a** fünf Jahren darf nur bei einer Verlustfeststellung aus Gründen der öffentlichen Ordnung, Sicherheit und Gesundheit nach § 6 Abs. 1 überschritten werden. Über die genaue Fristlänge wird im Einzelfall unter Berücksichtigung aller relevanten Umstände (S. 6) entschieden (im Einzelnen VGH BW BeckRS 2016, 44328). Im Einzelfall kann auch eine Befristung auf den Jetztzeitpunkt geboten sein (BVerwG NVwZ 2008, 82). Bei der Befristung handelt es sich um eine gebundene und somit gerichtlich voll überprüfbare Entscheidung (BVerwG BeckRS 2015, 44901; VGH BW BeckRS 2016, 44328). Die Frist beginnt erst mit der Ausreise zu laufen (S. 7).

Vor Ablauf der Sperrwirkung kann gem. § 11 Abs. 1 iVm § 11 Abs. 8 AufenthG aus zwingenden **12b** Gründen ausnahmsweise eine Erlaubnis zum kurzfristigen Betreten des Bundesgebiets (**Betretenserlaubnis**) erteilt werden (→ § 11 Rn. 3).

IV. Anspruch auf erneute Prüfung und Entscheidung der Befristung (S. 8)

Nach S. 8 kann die **Aufhebung oder Verkürzung der Frist** der Sperrwirkung beantragt **13** werden. Nach einer angemessenen Frist, spätestens nach drei Jahren, besteht ein **Anspruch** darauf, dass die Behörde innerhalb von sechs Monaten über einen derartigen Antrag entscheidet. Die Entscheidung ist auf der Grundlage einer aktuellen Gefährdungsprognose und Verhältnismäßigkeitsprüfung zu treffen (BVerwG BeckRS 2015, 44901). Gegebenenfalls kann Klage auf Verpflichtung zur Befristung der Sperrwirkung erhoben werden.

C. Behandlung von Altfällen

I. Vor dem 29.2.2013 erteilte Aufenthalts- und Daueraufenthaltskarten

Anders als nach der jetzigen Rechtslage handelte es sich bei den vor Inkrafttreten des Gesetzes **14** zur Änderung des Freizügigkeitsgesetzes/EU und weiterer aufenthaltsrechtlicher Vorschriften (v. 21.1.2013, BGBl. I 86) bis zum 29.1.2013 für drittstaatsangehörige Familienangehörige erteilten Aufenthalts- und Daueraufenthaltskarten um feststellende Verwaltungsakte. Hinsichtlich dieser Altfälle muss zur Begründung der Ausreisepflicht zunächst die Aufenthalts- oder Daueraufenthaltskarte zurückgenommen oder widerrufen werden (Bergmann/Dienelt/Dienelt Rn. 7).

II. Altausweisungen

Vor Inkrafttreten des FreizügigG/EU am 1.1.2005 auf der Grundlage von § 12 AufenthG/EWG **15** in Verbindung mit dem AuslG (Ausländergesetz v. 9.7.1990, BGBl. I 1354) wirksam ergangene bestandskräftige Ausweisungsverfügungen gegenüber Unionsbürgern oder ihren drittstaatsangehörigen Familienangehörigen gelten fort (BVerwG NVwZ 2008, 82; → § 6 Rn. 28); auch insoweit besteht jedoch in sinngemäßer Anwendung von § 7 Abs. 2 eine einklagbare **Befristungspflicht von Amts** wegen (Bergmann/Dienelt/Dienelt Rn. 78 ff. mwN). Das Gleiche gilt, wenn ein Drittstaatsangehöriger nach seiner Ausweisung durch Einbürgerung oder den Beitritt seines Herkunftsstaates zur EU Unionsbürger geworden ist (BVerwG NVwZ 2017, 879).

§ 8 Ausweispflicht

(1) Die Personen, deren Einreise und Aufenthalt nach § 1 Absatz 1 durch dieses Gesetz geregelt ist, sind verpflichtet,
1. **bei der Einreise in das oder der Ausreise aus dem Bundesgebiet einen Pass oder anerkannten Passersatz**
   a) **mit sich zu führen und**
   b) **einem zuständigen Beamten auf Verlangen zur Prüfung vorzulegen,**
2. **für die Dauer des Aufenthalts im Bundesgebiet den erforderlichen Pass oder Passersatz zu besitzen,**
3. **den Pass oder Passersatz sowie die Aufenthaltskarte, die Bescheinigung des Daueraufenthalts und die Daueraufenthaltskarte den mit der Ausführung dieses Gesetzes betrauten Behörden auf Verlangen vorzulegen, auszuhändigen und vorübergehend zu überlassen, soweit dies zur Durchführung oder Sicherung von Maßnahmen nach diesem Gesetz erforderlich ist.**

(1a) Die Personen, deren Einreise und Aufenthalt nach § 1 Absatz 1 durch dieses Gesetz geregelt ist, sind verpflichtet, die in Absatz 1 Nummer 3 genannten Dokumente auf Verlangen einer zur Überprüfung der Identität befugten Behörde vorzulegen und es ihr zu ermöglichen, das Gesicht mit dem Lichtbild im Dokument abzugleichen.

(2) [1]Die mit dem Vollzug dieses Gesetzes betrauten Behörden dürfen unter den Voraussetzungen des Absatzes 1 Nr. 3 die auf dem elektronischen Speicher- und Verarbeitungsmedium eines Dokumentes nach Absatz 1 gespeicherten biometrischen und sonstigen Daten auslesen, die benötigten biometrischen Daten beim Inhaber des Dokumentes erheben und die biometrischen Daten miteinander vergleichen. [2]Biometrische Daten nach Satz 1 sind nur die Fingerabdrücke, das Lichtbild und die Irisbilder. [3]Die Polizeivollzugsbehörden, die Zollverwaltung und die Meldebehörden sind befugt, Maßnahmen nach Satz 1 zu treffen, soweit sie die Echtheit des Dokumentes oder die Identität des Inhabers überprüfen dürfen. [4]Die nach den Sätzen 1 und 3 erhobenen Daten sind unverzüglich nach Beendigung der Prüfung der Echtheit des Dokumentes oder der Identität des Inhabers zu löschen.

Überblick

Alle Personen, die nach Abs. 1 Nr. 1 vom Anwendungsbereich des FreizügG/EU umfasst sind, sind nach Abs. 1 Nr. 1 verpflichtet, bei der Ein- und Ausreise Ausweispapiere mit sich zu führen und sie einem zuständigen Beamten auf Verlangen vorzulegen (→ Rn. 2). Abs. 1 Nr. 2 regelt die Pflicht zum Besitz eines Ausweises während des Aufenthalts im Bundesgebiet (→ Rn. 4). Abs. 1 Nr. 3 regelt die Pflicht zur Vorlage, Aushändigung und vorübergehenden Überlassung der Ausweispapiere und weiterer Dokumente an die mit der Ausführung des FreizügG/EU betrauten Behörden (→ Rn. 5). Die in Abs. 1 Nr. 3 genannten Dokumente sind nach Abs. 1a auch den zur Identitätsprüfung befugten Behörden auf Verlangen vorzulegen und ihnen ein Abgleich des Gesichts mit dem Lichtbild im Dokument zu ermöglichen (→ Rn. 6). Abs. 2 lässt in begrenztem Umfang die Erhebung und den Abgleich von biometrischen Daten zu (→ Rn. 7 ff.).

A. Allgemeines

1   Die in der Vorschrift genannten Pflichten sind rein **ordnungsrechtlicher Natur,** ihre Befolgung ist keine Voraussetzung für das Recht auf Einreise und Aufenthalt. Das Aufenthaltsrecht der Personen, die nach Abs. 1 Nr. 1 vom Anwendungsbereich des FreizügG/EU umfasst sind, kann nicht davon abhängig gemacht werden, dass sie einen gültigen Pass oder Personalausweis vorlegen, sofern ihre Identität und ihre Staatsangehörigkeit zweifelsfrei mit anderen Mitteln nachgewiesen werden können (EuGH NJW 2005, 1033 Rn. 25 – Oulane). Art. 5 Abs. 4 Freizügigkeits-RL

bestimmt ausdrücklich, dass dem Unionsbürger oder seinem Familienangehörigen, der nicht die erforderlichen Reisedokumente besitzt, **vor einer Zurückweisung** an der Grenze jede angemessene Möglichkeit zu gewähren ist, sich die erforderlichen Dokumente in einer angemessenen Frist zu beschaffen oder übermitteln zu lassen oder sich mit anderen Mitteln bestätigen zu lassen oder nachzuweisen, dass er das Recht auf Freizügigkeit und Aufenthalt genießt (→ § 11 Rn. 3). Verstöße gegen die Ausweis- und Vorlagepflichten des Abs. 1 und Abs. 1a sind **bußgeldbewehrt** (§ 10).

B. Ausweispflichten (Abs. 1)

I. Bei der Ein- und Ausreise

Nach Nr. 1 lit. a muss bei der Ein- und Ausreise ein Pass oder anerkannter Passersatz **mit sich** 2 **geführt** werden. Nach Nr. 1 lit. b darf die Einhaltung dieser Pflicht kontrolliert werden. Hinsichtlich des Begriffs der Einreise verweist § 11 Abs. 1 auf § 13 Abs. 2 AufenthG (→ § 11 Rn. 3). Was unter einem **anerkannten Passersatz** zu verstehen ist, bestimmt sich nach § 3 AufenthV (Zulassung nichtdeutscher amtlicher Ausweise als Passersatz) und § 4 AufenthV (Deutsche Passersatzpapiere für Ausländer). Zu den zugelassenen nichtdeutschen amtlichen Ausweisen als Passersatz zählen insbesondere amtliche Personalausweise der EU-Mitgliedstaaten, der EWR-Staaten und der Schweiz für deren Staatsangehörige (§ 3 Abs. 3 Nr. 5 AufenthV). Bei der **eID-Karte** (Karte mit Funktion zum elektronischen Identitätsnachweis), die Unionsbürgern gem. § 1 eIDKG (eID-Karte-Gesetz v. 21.6.2019, BGBl. I 846) seit dem 1.11.2019 auf Antrag ausgestellt wird, handelt es sich dagegen um kein Ausweispapier im klassischen Sinn, sondern um eine einfache Chip-Karte, auf der die wichtigsten Identifizierungsdaten gespeichert sind. Mit der eID-Karte erhalten Unionsbürger die Möglichkeit, deutsche E-Government-Dienstleistungen abzuwickeln (Inanspruchnahme von Verwaltungsdienstleistungen über das Internet).

Die **Zuständigkeit zur Überprüfung** der Papiere obliegt den mit der Kontrolle des grenz- 3 überschreitenden Verkehrs beauftragten Beamten der Bundespolizei (§ 2 Abs. 2 Nr. 2 BPolG) und des Zolls (Verordnung nach § 68 S. 1 Nr. 1 BPolG).

II. Während des Aufenthalts im Bundesgebiet

Während die **Mitführungs**pflicht nach Nr. 1 lit. a auf die Zeit des Grenzübertritts beschränkt 4 ist, erstreckt sich die **Besitz**pflicht der Nr. 2 auf die gesamte Zeit des Aufenthalts im Bundesgebiet. Nach Beendigung der Einreise muss der Ausländer zwar ein gültiges Ausweispapier besitzen, muss dieses jedoch nicht jederzeit mit sich führen.

Nach Nr. 3 haben die Personen, die nach Abs. 1 Nr. 1 vom Anwendungsbereich des FreizügG/ 5 EU umfasst sind, auf Verlangen den mit der Ausführung des FreizügG/EU betrauten Behörden ihre Ausweispapiere (Pass oder anerkannter Passersatz) und ggf. die Bescheinigung des Daueraufenthalts (§ 5 Abs. 5 S. 1), die drittstaatsangehörigen Familienangehörigen ihre Ausweispapiere und ihre Aufenthaltskarte (§ 5 Abs. 1) und ggf. die Daueraufenthaltskarte (§ 5 Abs. 5 S. 2) vorzulegen, auszuhändigen und zu überlassen. Dies kann von ihnen jedoch nicht anlasslos verlangt werden, sondern nur, soweit dies zur Durchführung oder Sicherung von Maßnahmen nach dem FreizügG/EU erforderlich ist, insbesondere zur Überprüfung und Feststellung des aufenthaltsrechtlichen Status.

C. Gesichtsabgleich (Abs. 1a)

Nach Abs. 1a sind die in Abs. 1 Nr. 3 genannten Dokumente auch den zur Identitätsprüfung 6 befugten Behörden vorzulegen und diesen ist ein Abgleich des Gesichts mit dem Lichtbild im Dokument zu ermöglichen. Diese Vorschrift wurde eingefügt durch Art. 8 des Gesetzes zu bereichsspezifischen Regelungen der Gesichtsverhüllung und zur Änderung weiterer dienstrechtlicher Vorschriften v. 8.6.2017 (BGBl. I 1570), gültig ab 15.6.2017. Sie soll die zweifelsfreie Identitätsprüfung bei einer Gesichtsverhüllung ermöglichen.

D. Erhebung und Abgleich biometrischer Daten (Abs. 2)

Zulässig sind: 7
- Auslesung der auf dem vorgelegten Dokument gespeicherten biometrischen Daten,
- Erhebung der entsprechenden biometrischen Daten beim Inhaber des Dokuments,

- Vergleich dieser biometrischen Daten.

Dabei dürfen nur die Fingerabdrücke, das Lichtbild und die Irisbilder überprüft werden.

8   Die Erhebung und der Abgleich der biometrischen Daten dürfen nur zur Überprüfung der Echtheit eines der in Abs. 1 genannten Dokumente oder der Identität des Inhabers erfolgen, ansonsten sind die Maßnahmen unzulässig.

9   Ermächtigt sind zum einen die mit der Ausführung des FreizügG/EU betrauten Behörden (S. 1) und zum anderen die Polizei**vollzugs**behörden, die Zollverwaltung und die Meldebehörden, soweit diese die Echtheit eines der in Abs. 1 genannten Dokumente oder die Identität des Inhabers überprüfen dürfen (S. 3).

10   Nach S. 4 sind die erhobenen Daten **unverzüglich** nach Beendigung der Prüfung der Echtheit des Dokuments oder der Identität des Inhabers **zu löschen**.

§ 9 Strafvorschriften

(1) Mit Freiheitsstrafe bis zu drei Jahren oder mit Geldstrafe wird bestraft, wer unrichtige oder unvollständige Angaben macht oder benutzt, um für sich oder einen anderen eine Aufenthaltskarte, eine Daueraufenthaltskarte, eine Bescheinigung über das Daueraufenthaltsrecht, ein Aufenthaltsdokument-GB oder ein Aufenthaltsdokument für Grenzgänger-GB zu beschaffen oder eine so beschaffte Urkunde wissentlich zur Täuschung im Rechtsverkehr gebraucht.

(2) Mit Freiheitsstrafe bis zu einem Jahr oder mit Geldstrafe wird bestraft, wer entgegen § 7 Abs. 2 Satz 1 in das Bundesgebiet einreist oder sich darin aufhält.

(3) Gegenstände, auf die sich eine Straftat nach Absatz 1 bezieht, können eingezogen werden.

Überblick

Die Vorschrift stellt in Abs. 1 die vorsätzliche Abgabe falscher Angaben gegenüber der Ausländerbehörde zur Beschaffung einer Aufenthaltskarte, einer Daueraufenthaltskarte, einer Bescheinigung über das Daueraufenthaltsrecht, eines Aufenthaltsdokument-GB oder eines Aufenthaltsdokuments für Grenzgänger-GB unter Strafe (→ Rn. 3). In Abs. 2 wird die Einreise und der Aufenthalt im Bundesgebiet trotz eines Wiedereinreiseverbots nach § 7 Abs. 2 S. 1 infolge einer Feststellung des Verlustes des Freizügigkeitsrechts nach § 6 Abs. 1 unter Strafe gestellt (→ Rn. 8). Nach Abs. 3 können die erlangten oder vorgelegten falschen Dokumente eingezogen werden (→ Rn. 11). Unionsbürger und ihre Familienangehörigen können sich darüber hinaus gem. § 11 Abs. 1 auch nach §§ 95 Abs. 1 Nr. 4 und Nr. 8, Abs. 2 Nr. 2 und Abs. 4, 96 und 97 AufenthG strafbar machen (→ Rn. 2).

A. Allgemeines

1   Art. 36 S. 1 Freizügigkeits-RL, den § 9 umsetzt, verpflichtet die Mitgliedstaaten zur Festlegung von Sanktionen bei einem Verstoß gegen die Vorschriften des FreizügG/EU, diese müssen aber **verhältnismäßig** sein (Art. 36 S. 2 Freizügigkeits-RL). Dies gilt nicht nur hinsichtlich des im Gesetz festgelegten Strafrahmens (hier hat sich der Gesetzgeber an § 24 Abs. 1 PaßG orientiert), sondern auch bei der Festlegung des **Strafmaßes** im Einzelfall. Bei einer Bestrafung nach Abs. 1 ist dabei auch zu berücksichtigen, dass es sich bei den genannten Tatobjekten (Aufenthaltskarte, Daueraufenthaltskarte, Bescheinigung über das Daueraufenthaltsrecht, Aufenthaltsdokument-GB und Aufenthaltsdokument für Grenzgänger-GB) nur um rein deklaratorische Bescheinigungen handelt (→ § 5 Rn. 3, Rn. 22).

2   Außer in den in § 9 aufgezählten Fallkonstellationen können sich Unionsbürger und ihre Familienangehörigen gem. § 11 Abs. 1 auch wie folgt strafbar machen:
- nach § 95 Abs. 1 Nr. 4 AufenthG (Zuwiderhandlungen gegen eine vollziehbare Anordnung, die ein Ausreiseverbot nach § 46 Abs. 2 S. 1 oder S. 2 AufenthG oder ein Verbot der politischen Betätigung nach § 47 Abs. 1 S. 2 oder Abs. 2 AufenthG zum Gegenstand hat);
- nach § 95 Abs. 1 Nr. 8 AufenthG (Zugehörigkeit zu einer überwiegend aus Ausländern bestehenden Vereinigung oder Gruppe, deren Bestehen, Zielsetzung oder Tätigkeit vor den Behörden geheim gehalten wird, um ihr Verbot abzuwenden);
- nach § 95 Abs. 2 Nr. 2 AufenthG (Erschleichen eines Aufenthaltstitels oder einer Duldung oder Gebrauchen einer so beschafften Urkunde);

• nach § 96 AufenthG (Einschleusen von Ausländern);
• nach § 97 AufenthG (Einschleusen mit Todesfolge; gewerbs- und bandenmäßiges Einschleusen).
Die Aufzählung in § 11 Abs. 1 ist abschließend. Eine Anwendung des § 95 Abs. 2 Nr. 1 lit. a und lit. b AufenthG (Verstoß gegen Einreise- und Aufenthaltsverbot von Ausländern, die ausgewiesen, zurückgeschoben oder abgeschoben worden sind) scheidet aus (→ Rn. 9).

B. Erschleichen von Dokumenten (Abs. 1)

I. Objektiver Tatbestand

Fraglich ist, ob die Strafvorschrift auf Nichtdeutsche begrenzt ist oder ob **Täter auch ein** 3 **deutscher Staatsangehöriger** sein kann. Letzteres erscheint im Hinblick auf den in § 1 definierten Anwendungsbereich des FreizügG/EU nicht unproblematisch. Die Rechtsprechung zu dem § 9 Abs. 1 entsprechenden § 95 Abs. 2 Nr. 2 AufenthG geht jedoch davon aus, dass diese Vorschrift in ihrer fremdnützigen Begehungsvariante auch von Deutschen täterschaftlich verwirklicht werden kann (BGH BeckRS 2005 03106; OLG Karlsruhe NStZ-RR 2004, 376 (377)).

1. Unrichtige oder unvollständige Angaben

Erfasst sind lediglich unrichtige oder unvollständige Angaben zur Beschaffung einer Aufenthalts- 4 karte, einer Daueraufenthaltskarte, einer Bescheinigung über das Daueraufenthaltsrecht, eines Aufenthaltsdokument-GB oder eines Aufenthaltsdokument für Grenzgänger-GB. **Unrichtig** sind Angaben, wenn sie nicht dem wahren Sachverhalt entsprechen. Angaben sind **unvollständig,** wenn weitere – die Entscheidung potentiell nachteilig beeinflussende – Tatsachen verschwiegen werden.

Von der Strafbarkeit nach Abs. 1 erfasst sind die sog. **Scheinehen,** bei denen die Partner von vornherein 4.1 keine eheliche Lebensgemeinschaft beabsichtigen und auch nicht eingegangen sind, sondern nur formell die Ehe geschlossen haben, um dem Ausländer zu einem aus anderen Gründen angestrebten, ihm aber verwehrten Aufenthalt zu verhelfen (§ 2 Abs. 7 S. 2; BeckOK AuslR/Hohoff AufenthG § 95 Rn. 95).

Streitig sind dagegen die Fälle der sog. **Scheinvaterschaft,** bei denen ein Mann, der nicht der biologi- 4.2 sche Vater des Kindes ist, durch Erklärung nach § 1592 Nr. 2 BGB die Vaterschaft über ein Kind anerkannt hat (zum Streitstand BeckOK AuslR/Hohoff AufenthG § 95 Rn. 94).

Da es sich um ein **abstraktes Gefährdungsdelikt** handelt, ist nicht erforderlich, dass die 5 Ausstellung der Urkunde durch die falschen Angaben bewirkt wird (BGH BeckRS 2015, 18192 Rn. 20 zu dem § 9 Abs. 1 entsprechenden § 95 Abs. 2 Nr. 2 AufenthG). Die Tat muss **im Inland begangen** worden sein. Unrichtige oder unvollständige Angaben bei einer Auslandsvertretung sind vom Straftatbestand nicht erfasst (OLG Köln NStZ 200, 39 (40) zum § 9 Abs. 1 entsprechenden § 95 Abs. 2 Nr. 2 AufenthG).

2. Gebrauch der Urkunde zur Täuschung im Rechtsverkehr

Abs. 1 Alt. 2 erfüllt, wer von einer erschlichenen Aufenthaltskarte, einer Daueraufenthaltskarte, 6 einer Bescheinigung über das Daueraufenthaltsrecht, einem Aufenthaltsdokument-GB oder einem Aufenthaltsdokument für Grenzgänger-GB wissentlich zur Täuschung im Rechtsverkehr Gebrauch macht (im Einzelnen BeckOK AuslR/Hohoff AufenthG § 95 Rn. 98 zu dem § 9 Abs. 1 entsprechenden § 95 Abs. 2 Nr. 2 AufenthG).

II. Subjektiver Tatbestand

Der Straftatbestand setzt ein vorsätzliches Handeln voraus, wobei bedingter Vorsatz ausreichend 7 ist.

C. Einreise oder Aufenthalt im Bundesgebiet trotz eines Wiedereinreiseverbots (Abs. 2)

I. Objektiver Tatbestand

Das Wiedereinreiseverbot nach § 7 Abs. 2 S. 1 gilt nur für Unionsbürger und ihre Familienange- 8 hörigen, die ihr Freizügigkeitsrecht nach § 6 Abs. 1 verloren haben und hat deshalb eine wirksame **Feststellung des Verlusts des Freizügigkeitsrechts nach § 6 Abs. 1 zur Voraussetzung**

(Verlustfeststellungen nach § 5 Abs. 4 S. 1 sind nicht zu berücksichtigen). Das bloße Nichtvorliegen der materiellen Voraussetzungen des Freizügigkeitsrechts ist nicht ausreichend. Erforderlich ist eine bestandskräftige (→ § 7 Rn. 9) Verlustfeststellung nach § 6 Abs. 1. Da bestandskräftige Verwaltungsakte das Rechtsverhältnis zwischen den Beteiligten bindend regeln (§ 43 Abs. 1 VwVfG), erscheint es problematisch, darüber hinaus auch die Vereinbarkeit der Verlustfeststellung mit den unionsrechtlichen Vorgaben zu verlangen und insoweit den Strafgerichten eine Prüfungspflicht aufzuerlegen (so BeckOK AuslR/Tewocht Rn. 7).

9   Bei **Altausweisungen** vor Inkrafttreten des FreizügG/EU (1.1.2005) fehlt es an einer Verlustfeststellung nach § 6 Abs. 1. Diese können zwar durch eine analoge Anwendung des § 11 Abs. 1 die Sperrwirkung des § 7 Abs. 2 S. 1 entfalten, eine Strafbarkeit scheidet jedoch angesichts des klaren Wortlauts von Abs. 2 aus. Auch eine Strafbarkeit nach § 95 Abs. 2 Nr. 1 AufenthG, der wegen des fehlenden Verweises in § 11 Abs. 1 unanwendbar ist, scheidet in diesen Fällen aus.

II. Subjektiver Tatbestand

10   Der Straftatbestand setzt vorsätzliches Handeln voraus, wobei bedingter Vorsatz ausreichend ist.

D. Einziehung von Tatobjekten (Abs. 3)

11   Die erlangten oder vorgelegten falschen Dokumente können eingezogen werden. Die Voraussetzungen für die Einziehung ergeben sich aus § 74 StGB.

§ 10 Bußgeldvorschriften

(1) Ordnungswidrig handelt, wer
1. entgegen § 8 Absatz 1 Nummer 1 Buchstabe b oder Nummer 3 ein dort genanntes Dokument nicht oder nicht rechtzeitig vorlegt oder
2. entgegen § 8 Absatz 1a ein dort genanntes Dokument nicht oder nicht rechtzeitig vorlegt oder einen Abgleich mit dem Lichtbild nicht oder nicht rechtzeitig ermöglicht.

(2) Ordnungswidrig handelt, wer vorsätzlich oder leichtfertig entgegen § 8 Abs. 1 Nr. 2 einen Pass oder Passersatz nicht besitzt.

(3) Ordnungswidrig handelt, wer vorsätzlich oder fahrlässig entgegen § 8 Abs. 1 Nr. 1 Buchstabe a einen Pass oder Passersatz nicht mit sich führt.

(4) Die Ordnungswidrigkeit kann in den Fällen der Absätze 1 und 3 mit einer Geldbuße bis zu dreitausend Euro, in den übrigen Fällen mit einer Geldbuße bis zu tausend Euro geahndet werden.

(5) Verwaltungsbehörde im Sinne des § 36 Abs. 1 Nr. 1 des Gesetzes über Ordnungswidrigkeiten ist in den Fällen der Absätze 1 und 3 die in der Rechtsverordnung nach § 58 Abs. 1 des Bundespolizeigesetzes bestimmte Bundespolizeibehörde.

Überblick

Die Vorschrift regelt die Ahndung von Pass- und Ausweisverstößen als Ordnungswidrigkeit. In Abs. 1–3 werden Verstöße gegen die in § 8 Abs. 1 und Abs. 1a aufgeführten Ausweis- und Vorlagepflichten geahndet (→ Rn. 3 ff.). Abs. 4 bestimmt den Bußgeldrahmen. Abs. 5 enthält eine Bestimmung der für die Ahndung der Ordnungswidrigkeiten sachlich zuständigen Behörde (→ Rn. 8). Darüber hinaus kann gem. § 11 Abs. 1 auch ein Ordnungswidrigkeitentatbestand nach § 98 Abs. 2 Nr. 2, Abs. 2a, Abs. 3 Nr. 3 und Abs. 4 AufenthG erfüllt sein (→ Rn. 1).

A. Allgemeines

1   Außer in den in § 10 aufgezählten Fallkonstellationen kann gem. § 11 Abs. 1 auch wie folgt ein Ordnungswidrigkeitentatbestand erfüllt sein:
• nach § 98 Abs. 2 Nr. 2 AufenthG iVm § 98 Abs. 4 AufenthG: – auch versuchtes – Entziehen der polizeilichen Grenzkontrolle;
• nach § 98 Abs. 2a Nr. 1 AufenthG: Beschäftigung eines Ausländers, der entgegen § 4a Abs. 5 S. 1 AufenthG nicht im Besitz eines die Erwerbstätigkeit gestattenden Aufenthaltstitels ist;

- nach § 98 Abs. 2a Nr. 2–4 AufenthG: Verstoß gegen Mitteilungs- und Anzeigepflichten;
- nach § 98 Abs. 3 Nr. 3 AufenthG iVm § 98 Abs. 4 AufenthG: – auch versuchte – Ein- und Ausreise außerhalb einer zugelassenen Grenzübergangsstelle oder Verstoß gegen die Pflicht zur Mitführung eines Passes)

Den Bußgeldrahmen bestimmt insoweit § 98 Abs. 5 AufenthG.

Gemäß § 10 OWiG kann **grundsätzlich nur vorsätzliches** Handeln als Ordnungswidrigkeit **2** geahndet werden. **Fahrlässiges** Handeln muss, um einen Bußgeldtatbestand zu erfüllen, im Gesetz ausdrücklich mit Geldbuße bedroht sein. Dies ist in Abs. 2 und Abs. 3 erfolgt.

B. Verletzung von Vorlagepflichten (Abs. 1)

Geahndet wird der Verstoß gegen folgende Vorlagepflichten: **3**
- § 8 Abs. 1 Nr. 1 lit. b: Pflicht bei der Ein- und Ausreise, dem zuständigen Beamten auf Verlangen den Pass oder Passersatz zur Prüfung vorzulegen;
- § 8 Abs. 1 Nr. 3: Pflicht zur Vorlage, Aushändigung und vorübergehenden Überlassung des Passes oder Passersatzes, der Aufenthaltskarte, der Bescheinigung des Daueraufenthalts und der Daueraufenthaltskarte auf Verlangen der mit der Ausführung des FreizügG/EU betrauten Behörden;
- § 8 Abs. 1 lit. a: Pflicht zur Vorlage der vorstehend genannten Dokumente zur Identitätsprüfung mit der Möglichkeit zur Abgleichung des Gesichtes mit dem Lichtbild im Dokument:

Hinsichtlich der tatbestandlichen Voraussetzungen: → § 8 Rn. 2 f. **3a**

C. Verletzung der Passpflicht während des Aufenthalts im Bundesgebiet (Abs. 2)

I. Objektiver Tatbestand

Geahndet wird der Verstoß gegen die Passpflicht nach § 8 Abs. 1 Nr. 2 während des Aufenthalts **4** im Bundesgebiet (hinsichtlich der tatbestandlichen Voraussetzungen → § 8 Rn. 4).

II. Subjektiver Tatbestand

Der Nichtbesitz eines Passes oder Passersatzes muss auf Vorsatz oder Leichtfertigkeit im Sinne **5** von gesteigerter Fahrlässigkeit beruhen.

D. Verletzung der Ausweispflicht bei Ein- und Ausreise (Abs. 3)

I. Objektiver Tatbestand

Geahndet wird der Verstoß gegen die Pflicht nach § 8 Abs. 1 Nr. 1 lit. a bei der Ein- und **6** Ausreise in das Bundesgebiet einen Pass oder anerkannten Passersatz mit sich zu führen (hinsichtlich der tatbestandlichen Voraussetzungen → § 8 Rn. 2 f.).

II. Subjektiver Tatbestand

Ausreichend ist bereits ein fahrlässiger Pflichtverstoß. Fahrlässig handelt, wer die im Verkehr **7** erforderliche Sorgfalt außer Acht lässt.

E. Zuständigkeit (Abs. 5)

In den Fällen des Abs. 1 (Verstoß gegen Vorlagepflichten bei der Ein- und Ausreise) und **8** Abs. 3 (Verstoß gegen die Ausweispflicht bei der Ein- und Ausreise) ist **sachlich** zuständige Verwaltungsbehörde iSd § 36 Abs. 1 Nr. 1 OWiG die in der Rechtsverordnung nach § 58 Abs. 1 BPolG bestimmte Bundespolizeibehörde. Nach § 1 Abs. 3 Nr. 5 lit. c BPolZV ist zuständig für die **Verfolgung** der Ordnungswidrigkeiten die für die Grenzkontrolle jeweils örtlich zuständige Bundespolizeidirektion und für deren **Ahndung** das Bundespolizeipräsidium (§ 1 Abs. 3 Nr. 1a lit. c BPolZV).

Da Abs. 1 jedoch auch einen Verstoß gegen § 8 Abs. 1 Nr. 3 ahndet, der Vorlagepflichten auch **9** für die Zeit des Aufenthalts im Bundesgebiet bestimmt, ist Abs. 5 insoweit einschränkend auszulegen. Insoweit verbleibt es hinsichtlich der **sachlichen** Zuständigkeit wie im Fall des Abs. 2 bei der Regelung in § 36 Abs. 1 Nr. 2 lit. a, Abs. 2 OWiG. Für die **örtliche** Zuständigkeit gilt § 37

OWiG. Danach ist örtlich zuständig die Behörde, in deren Bezirk die Ordnungswidrigkeit begangen oder entdeckt worden ist oder der Betroffene zur Zeit der Einleitung des Bußgeldverfahrens seinen Wohnsitz hat. Ändert sich der Wohnsitz des Betroffenen nach Einleitung des Bußgeldverfahrens, so ist auch die Behörde örtlich zuständig, in deren Bezirk der neue Wohnsitz liegt. Hat der Betroffene im räumlichen Geltungsbereich dieses Gesetzes keinen Wohnsitz, so wird die Zuständigkeit auch durch den gewöhnlichen Aufenthaltsort bestimmt.

§ 11 Anwendung des allgemeinen Aufenthaltsrechts; Ausnahmen von der Anwendung dieses Gesetzes

(1) Auf die Personen, deren Einreise und Aufenthalt nach § 1 Absatz 1 durch dieses Gesetz geregelt ist, finden § 3 Absatz 2, § 11 Absatz 8, die §§ 13, 14 Absatz 2, § 44 Absatz 4, die §§ 45a, 46 Absatz 2, § 50 Absatz 3 bis 6, § 59 Absatz 1 Satz 6 und 7, die §§ 69, 73, 74 Absatz 2, § 77 Absatz 1, die §§ 80, 82 Absatz 5, die §§ 85 bis 88, 90, 91, 95 Absatz 1 Nummer 4 und 8, Absatz 2 Nummer 2, Absatz 4, die §§ 96, 97, 98 Absatz 2 Nummer 2, Absatz 2a, 3 Nummer 3, Absatz 4 und 5 sowie § 99 des Aufenthaltsgesetzes entsprechende Anwendung.

(2) § 73 des Aufenthaltsgesetzes ist nur zur Feststellung von Gründen gemäß § 6 Absatz 1, hiervon abweichend in den Fällen des Absatzes 8 Satz 1 und des Absatzes 12 Satz 2 ohne Einschränkung anzuwenden.

(3) [1]§ 78 des Aufenthaltsgesetzes ist für die Ausstellung von Aufenthaltskarten, Daueraufenthaltskarten, Aufenthaltsdokumenten-GB und Aufenthaltsdokumenten für Grenzgänger-GB entsprechend anzuwenden. [2]Sie tragen die nach Maßgabe der nach den §§ 11a und 99 Absatz 1 Nummer 13a Satz 1 des Aufenthaltsgesetzes erlassenen Rechtsverordnung festgelegten Bezeichnungen. [3]In der Zone für das automatische Lesen wird anstelle der Abkürzungen nach § 78 Absatz 2 Satz 2 Nummer 1 des Aufenthaltsgesetzes in Aufenthaltskarten und Daueraufenthaltskarten die Abkürzung „AF" und in Aufenthaltsdokumenten-GB und Aufenthaltsdokumenten für Grenzgänger-GB die Abkürzung „AR" verwendet.

(4) [1]Eine Fiktionsbescheinigung nach § 81 Absatz 5 des Aufenthaltsgesetzes ist auf Antrag auszustellen, wenn nach diesem Gesetz von Amts wegen eine Aufenthaltskarte, ein Aufenthaltsdokument-GB oder ein Aufenthaltsdokument für Grenzgänger-GB auszustellen ist und ein Dokument mit elektronischem Speicher- und Verarbeitungsmedium noch nicht zur Überlassung an den Inhaber bereitsteht. [2]In Fällen, in denen ein Recht auf Einreise und Aufenthalt nach diesem Gesetz nur auf Antrag besteht, findet § 81 des Aufenthaltsgesetzes entsprechende Anwendung.

(5) § 5 Absatz 1, 2 und 4, § 6 Absatz 3 Satz 2 und 3, § 7 Absatz 2 Satz 2 und § 82 Absatz 1 und 2 des Aufenthaltsgesetzes sowie § 82 Absatz 3 des Aufenthaltsgesetzes, soweit er sich auf § 82 Absatz 1 des Aufenthaltsgesetzes bezieht, sind in den Fällen des § 3a entsprechend anzuwenden.

(6) § 82 Absatz 4 des Aufenthaltsgesetzes ist in den Fällen des Absatzes 8 Satz 1 und des Absatzes 12 Satz 2 entsprechend anzuwenden.

(7) [1]Die Mitteilungspflichten nach § 87 Absatz 2 Satz 1 Nummer 1 bis 3 des Aufenthaltsgesetzes bestehen insoweit entsprechend, als die dort genannten Umstände auch für die Feststellung nach § 2 Absatz 7, § 5 Absatz 4 und § 6 Absatz 1 entscheidungserheblich sein können. [2]Sie bestehen in den Fällen des Absatzes 8 Satz 1 und des Absatzes 12 Satz 2 ohne diese Einschränkung.

(8) [1]Auf den Aufenthalt von Personen, die
1. sich selbst als Familienangehörige im Bundesgebiet aufgehalten haben und nach § 3 Absatz 2 nach dem Tod eines Unionsbürgers ein Aufenthaltsrecht behalten,
2. nicht Unionsbürger sind, sich selbst als Ehegatten oder Lebenspartner im Bundesgebiet aufgehalten haben, und die nach der Scheidung oder Aufhebung der Ehe oder Aufhebung der Lebenspartnerschaft nach § 3 Absatz 4 ein Aufenthaltsrecht behalten, und
3. als nahestehende Personen eines Unionsbürgers ein Aufenthaltsrecht nach § 3a Absatz 1 haben,

sind die §§ 6 und 7 nicht anzuwenden. [2]Insoweit findet das Aufenthaltsgesetz entsprechende Anwendung. [3]Auf den Aufenthalt von Familienangehörigen der in Satz 1 genannten Personen ist § 3 Absatz 1 nicht anzuwenden. [4]Insoweit sind die Regelungen des Aufenthaltsgesetzes zum Familiennachzug zu Inhabern von Aufenthaltserlaubnissen aus familiären Gründen entsprechend anzuwenden.

(9) [1]§ 3 Absatz 1 ist für den Aufenthalt von Familienangehörigen von Personen nicht anzuwenden, die selbst Familienangehörige oder nahestehende Personen und nicht Unionsbürger sind und nach § 4a Absatz 1 Satz 2 ein Daueraufenthaltsrecht haben. [2]Insoweit sind die Vorschriften des Aufenthaltsgesetzes zum Familiennachzug zu Inhabern einer Erlaubnis zum Daueraufenthalt – EU entsprechend anzuwenden.

(10) Sofern Familienangehörige von Personen, die ein in § 16 Absatz 1 und 2 genanntes Recht zum Aufenthalt in der Bundesrepublik Deutschland ausüben, kein Recht zum Aufenthalt in der Bundesrepublik Deutschland haben, das nach dem Austrittsabkommen geregelt ist, finden die Vorschriften des Aufenthaltsgesetzes zum Familiennachzug entsprechende Anwendung. Dabei werden gleichgestellt
1. Inhaber eines Daueraufenthaltsrechts nach Artikel 15 des Austrittsabkommens den Inhabern einer Erlaubnis zum Daueraufenthalt – EU,
2. Inhaber eines anderen Aufenthaltsrechts nach dem Austrittsabkommen, die britische Staatsangehörige sind, den Inhabern einer Blauen Karte EU und
3. Inhaber eines anderen Aufenthaltsrechts nach dem Austrittsabkommen, die weder britische Staatsangehörige noch Unionsbürger sind, den Inhabern einer Aufenthaltserlaubnis aus familiären Gründen.

(11) § 3a und die übrigen Bestimmungen dieses Gesetzes und des Aufenthaltsgesetzes, die in Fällen des § 3a dieses Gesetzes gelten, sind auf nahestehende Personen britischer Staatsangehöriger entsprechend anzuwenden, wenn die britischen Staatsangehörigen ein in § 16 Absatz 1 genanntes Aufenthaltsrecht im Bundesgebiet ausüben und wenn und solange die Voraussetzungen des Artikels 10 Absatz 2, 3 oder 4 des Austrittsabkommens erfüllt sind.

(12) [1]Die §§ 6 und 7 finden nach Maßgabe des Artikels 20 Absatz 1 des Austrittsabkommens entsprechende Anwendung, wenn ein Verhalten, auf Grund dessen eine Beendigung des Aufenthalts eines Inhabers eines Rechts nach § 16 erfolgt oder durchgesetzt wird, vor dem Ende des Übergangszeitraums stattgefunden hat. [2]Im Übrigen findet hinsichtlich der Beendigung des Aufenthalts von Inhabern eines Rechts nach § 16 das Aufenthaltsgesetz Anwendung. [3]§ 52 des Verwaltungsverfahrensgesetzes findet entsprechende Anwendung.

(13) § 88a Absatz 1 Satz 1, 3 und 4 des Aufenthaltsgesetzes findet entsprechende Anwendung, soweit die Übermittlung von teilnehmerbezogenen Daten im Rahmen der Durchführung von Integrationskursen nach § 44 Absatz 4 des Aufenthaltsgesetzes, zur Überwachung einer Eingliederungsvereinbarung nach dem Zweiten Buch Sozialgesetzbuch oder zur Durchführung des Einbürgerungsverfahrens erforderlich ist.

(14) [1]Das Aufenthaltsgesetz findet auch dann Anwendung, wenn es eine günstigere Rechtsstellung vermittelt als dieses Gesetz. [2]Hat die Ausländerbehörde das Nichtbestehen oder den Verlust des Rechts nach § 2 Absatz 1 festgestellt, findet das Aufenthaltsgesetz Anwendung, sofern dieses Gesetz keine besonderen Regelungen trifft.

(15) [1]Zeiten des rechtmäßigen Aufenthalts nach diesem Gesetz unter fünf Jahren entsprechen den Zeiten des Besitzes einer Aufenthaltserlaubnis. [2]Zeiten des rechtmäßigen Aufenthalts nach diesem Gesetz über fünf Jahren entsprechen dem Besitz einer Niederlassungserlaubnis.

Überblick

Auf Ausländer, deren Rechtsstellung im FreizügG/EU geregelt ist, kommt das AufenthG nicht zur Anwendung, soweit nicht durch Gesetz etwas anderes bestimmt ist (§ 1 Abs. 2 Nr. 1 AufenthG). Eine solche gesetzliche Ausnahme enthält § 11. Abs. 1–13 ordnen die entsprechende Anwendung einzelner enumerativ aufgezählter Bestimmungen des AufenthG an (→ Rn. 3 f.). Dabei ordnet Abs. 1 die **vollständige** Anwendung von Normen des AufenthG an, Abs. 2–13 dagegen jeweils nur eine **partielle** Anwendung (→ Rn. 2). Abs. 14 S. 1 bestimmt ein allgemeines Günstigkeitsprinzip, sollten Bestimmungen des AufenthG dem Einzelnen eine günstigere Rechtsstellung vermitteln als das FreizügG/EU (→ Rn. 23). Sofern das FreizügG/EU keine besonderen Regelungen trifft, kommt gem. Abs. 14 S. 2 nach der Feststellung des Nichtbestehens oder des Verlusts des

Freizügigkeitsrechts durch die Ausländerbehörde generell das AufenthG zur Anwendung (→ Rn. 24 ff.). Nach der Anrechnungsvorschrift des Abs. 15 werden dabei Zeiten des rechtmäßigen Aufenthalts nach dem FreizügG/EU wie Zeiten des Besitzes eines Aufenthaltstitels nach dem AufenthG berücksichtigt (→ Rn. 26 ff.).

Übersicht

A. Allgemeines

1   Das FreizügG/EU regelt grundsätzlich **abschließend** das Recht auf Einreise und Aufenthalt von Personen, deren Einreise und Aufenthalt nach § 1 Abs. 1 geregelt ist. Es geht dem AufenthG vor; dessen Vorschriften kommen nur zur Anwendung, wenn ausdrücklich auf sie verwiesen wird (§ 1 Abs. 2 Nr. 1 AufenthG). § 11 enthält insoweit eine generelle Regelung. Abs. 1 ordnet die **vollständige** Anwendung von Normen des AufenthG an, Abs. 2–13 dagegen jeweils nur eine **partielle** Anwendung.

B. Entsprechende Anwendung einzelner Bestimmungen des AufenthG (Abs. 1)

2   Abs. 1 ordnet die **vollständige** Anwendung von Normen des AufenthG an, Abs. 2–13 dagegen jeweils nur eine **partielle** Anwendung. Soweit dieselbe Norm in Abs. 1 und in Abs. 2–13 genannt wird, ist das Verhältnis dieser Verweisungen nicht ganz eindeutig, aber wohl dahingehend auszulegen, dass die **einschränkende Verweisung gilt**.

I. Entsprechende Anwendung nach Abs. 1

3   Abs. 1 ordnet die entsprechende vollständige Anwendung von Normen des AufenthG an. Dabei ist jedoch jeweils der europarechtliche Vorrang der Freizügigkeits-RL zu beachten (→ § 1 Rn. 6 ff.). Der Anwendungsbereich der aufgeführten Normen des AufenthG ist deshalb häufig gering, zum Teil auch streitig. Im Einzelnen:

- **§ 3 Abs. 2 AufenthG** (Ausnahmen von der Passpflicht in begründeten Einzelfällen): Die Verweisung hat keine praktische Bedeutung. Art. 5 Abs. 4 Freizügigkeits-RL enthält insoweit eine weitergehende Regelung. Besitzt der Unionsbürger oder sein Familienangehöriger nicht die erforderlichen Reisedokumente, ist ihm jede angemessene Möglichkeit zu gewähren, sich die erforderlichen Dokumente in einer angemessenen Frist zu beschaffen oder übermitteln zu lassen oder sich mit anderen Mitteln bestätigen zu lassen oder nachzuweisen, dass er das Recht auf Freizügigkeit und Aufenthalt genießt, das gilt insbesondere auch vor einer Zurückweisung an der Grenze. Bei der Ausweispflicht für Personen, die nach Abs. 1 Nr. 1 vom Anwendungsbereich des FreizügG/EU umfasst sind (§ 8), handelt es sich nur um eine reine Ordnungsvorschrift, deren Befolgung keine Voraussetzung für das Recht auf Einreise und Aufenthalt ist (→ § 8 Rn. 1).

- **§ 11 Abs. 8 AufenthG** (Betretenserlaubnis): Die Verweisung hat Bedeutung nur nach der Feststellung des Nichtbestehens nach § 2 Abs. 7 oder des Verlusts des Freizügigkeitsrechts nach § 6 Abs. 1, da nur dann ein Einreise- und Aufenthaltsverbot besteht (§ 7 Abs. 2 S. 1 und S. 2, → § 7 Rn. 9 ff.).
- **§ 13 AufenthG** (Grenzübertritt nur an zugelassener Grenzübergangsstelle mit polizeilicher Kontrolle): Im Hinblick auf die grundsätzlich bestehende Freizügigkeitsvermutung (→ § 1 Rn. 15) und die Regelung in Art. 5 Freizügigkeits-RL wird die entsprechende Anwendung von § 13 Abs. 2 AufenthG, der den Grenzübertritt von der Einreise abgrenzt, abgelehnt (BeckOK AuslR/Kurzidem Rn. 2 mwN).
- **§ 14 Abs. 2 AufenthG** (Ausnahme-Visa und Passersatzpapiere beim Grenzübertritt): Die Ausstellung von Ausnahme-Visa beim Grenzübertritt durch die mit der polizeilichen Kontrolle des grenzüberschreitenden Verkehrs beauftragten Behörden kommt in erster Linie nur für drittstaatsangehörige Ehegatten oder Lebenspartner in Betracht (§ 2 Abs. 4). Da es sich bei deren Visumpflicht aber nur um eine reine Ordnungsvorschrift handelt, deren Befolgung keine Voraussetzung für das Recht auf Einreise und Aufenthalt ist (→ § 2 Rn. 33 f.), hat die Verweisung insoweit kaum praktische Bedeutung. Etwas anderes gilt für die neu in den Anwendungsbereich des FreizügG/EU aufgenommenen nahestehenden Personen iSd § 1 Abs. 2 Nr. 4, deren Aufenthaltsrecht in § 3a geregelt wird. Hinsichtlich dieses Personenkreises verweist Abs. 5 auf die Passpflicht des § 5 Abs. 1 AufenthG und die Visumpflicht des § 5 Abs. 2 AufenthG. Nach dem Willen des Gesetzgebers soll es sich insoweit nicht um reine Ordnungsvorschiften handeln (BT-Drs. 263/20, 48).
- **§ 44 Abs. 4 AufenthG** (Berechtigung zur Teilnahme an einem Integrationskurs): Im Rahmen von Restkapazitäten können auch Ausländer ohne Teilnahmeanspruch an Integrationskursen teilnehmen. Der fehlende Teilnahmeanspruch von Freizügigkeitsberechtigten wird zum Teil als Verstoß gegen das Diskriminierungsverbot angesehen, zum Teil wird auf das Günstigkeitsprinzip des Abs. 14 (→ Rn. 23) verwiesen (BeckOK AuslR/Kurzidem Rn. 2 mwN).
- **§ 45a AufenthG** (Berufsbezogene Deutschsprachförderung): Beim Bezug von Leistungen nach dem SGB II besteht die Verpflichtung zur Teilnahme an Maßnahmen der berufsbezogenen Deutschsprachförderung, wenn dies in einer Eingliederungsvereinbarung nach dem SGB II vorgesehen ist.
- **§ 46 Abs. 2 AufenthG** (Ausreiseverbot): Die Bestimmung hat keine praktische Relevanz.
- **§ 50 Abs. 3–6 AufenthG** (Ausreisepflicht): Besteht eine Ausreisepflicht nach § 7 Abs. 1 (→ § 7 Rn. 1 ff.), genügt die Einreise in einen anderen Mitgliedstaat der EU oder in einen anderen Schengen-Staat nur dann dieser Ausreisepflicht, wenn dem Unionsbürger oder seinem Familienangehörigen dort Einreise und Aufenthalt erlaubt sind (§ 50 Abs. 3 AufenthG). Maßnahmen zur Sicherstellung der Ausreisepflicht sind die Anzeige des Wohnungswechsels (§ 50 Abs. 4 AufenthG), die Verwahrung des Passes (§ 50 Abs. 5 AufenthG) sowie die Ausschreibung zur Fahndung (§ 50 Abs. 6 AufenthG); dabei wird die Pflicht zur Anzeige eines Wohnungswechsels mangels Rechtsgrundlage für europarechtswidrig erachtet (BeckOK AuslR/Kurzidem Rn. 2 mwN).
- **§ 59 Abs. 1 S. 6 und S. 7 AufenthG** (Unterbrechung der Ausreisefrist): Die Bestimmung hat wenig praktische Relevanz. Die für die Entstehung der Ausreisepflicht nach § 7 Abs. 1 erforderliche Feststellung des Nichtbestehens oder des Verlusts des Freizügigkeitsrechts ist nicht kraft Gesetzes sofort vollziehbar; bei einer – nur ausnahmsweise zulässigen – behördlichen Anordnung des Sofortvollzugs nach § 80 Abs. 2 S. 1 Nr. 4 VwGO gilt § 7 Abs. 1 S. 4; danach darf, wenn ein Antrag nach § 80 Abs. 5 VwGO auf Wiederherstellung der aufschiebenden Wirkung beim Verwaltungsgericht gestellt wird, die Abschiebung erst erfolgen, nachdem das Gericht rechtskräftig über diesen Antrag entschieden (und ihn abgelehnt) hat (→ § 7 Rn. 4 f.).
- **§ 69 AufenthG** (Gebühren): Der Anwendungsbereich der Bestimmung ist beschränkt. Visagebühren können nach § 2 Abs. 6 S. 1 lediglich für die Ausstellung eines Visums an nahestehende Personen iSd § 1 Abs. 2 Nr. 4 erhoben werden. Die Gebühren entsprechen nach § 2 Abs. 6 S. 2 denjenigen, die von Ausländern erhoben werden, für die das AufenthG gilt (→ § 2 Rn. 38). Im Übrigen sieht Art. 25 Abs. 2 Freizügigkeits-RL vor, dass alle Aufenthaltsdokumente entweder unentgeltlich oder gegen Entrichtung eines Betrags ausgestellt werden, der die Gebühr für die Ausstellung entsprechender Dokumente an Inländer nicht übersteigt (→ § 2 Rn. 38). Dem trägt § 47 Abs. 3 AufenthV Rechnung.

- **§ 73 AufenthG** (Beteiligungserfordernis im Visumverfahren und bei der Erteilung von Aufenthaltstiteln): Die entsprechende Anwendung der Bestimmung wird durch Abs. 2 begrenzt (→ Rn. 4).
- **§ 74 Abs. 2 AufenthG** (Weisungsbefugnis der Bundesregierung im Einzelfall): § 74 Abs. 2 AufenthG ermächtigt die Bundesregierung im Einzelfall zur Erteilung von Einzelanweisungen an die Länderbehörden (Art. 84 Abs. 5 S. 1 GG), wobei die Weisungen grundsätzlich gegenüber der obersten Landesbehörde ausgesprochen werden.
- **§ 77 Abs. 1 AufenthG** (Schriftformerfordernis): § 77 Abs. 1 AufenthG ordnet für einzeln aufgezählte belastende Verwaltungsakte aus Gründen der Rechtssicherheit ein Schriftformerfordernis und aus Gründen der Rechtsklarheit ein Begründungserfordernis an. Der Anwendungsbereich der Bestimmung ist beschränkt. Das FreizügG/EU selbst schreibt für bestimmte negative Entscheidungen die Schriftform vor: für die Feststellung des Nichtbestehens des Freizügigkeitsrechts nach § 2 Abs. 7 (§ 2 Abs. 7 S. 4) sowie für die Feststellung des Verlusts des Freizügigkeitsrechts nach § 6 Abs. 1 (§ 6 Abs. 8 S. 2). Die Feststellung des Nichtbestehens oder Wegfalls der Freizügigkeitsvoraussetzungen nach § 5 Abs. 4 bedarf gem. Art. 30 Abs. 1 Freizügigkeits-RL iVm Art. 15 Abs. 1 Freizügigkeits-RL ebenfalls der Schriftform (→ § 5 Rn. 17). Die Entscheidungen sind schon nach den allgemeinen Vorschriften zwingend mit einer Begründung zu versehen (s. § 39 VwVfG); dies gilt umso mehr, als der Erlass dieser Maßnahmen jeweils im Ermessen der Behörde steht (s. § 40 VwVfG). Auch die Versagung eines Visums zur Familienzusammenführung nach § 2 Abs. 4 S. 2 muss nach Art. 15 Abs. 1 Freizügigkeits-RL iVm Art. 30 Abs. 1 Freizügigkeits-RL schriftlich in einer Weise mitgeteilt werden, dass deren Inhalt und Wirkung nachvollzogen werden kann.
- **§ 80 AufenthG** (Handlungsfähigkeit Minderjähriger): Handlungsfähig sind nur die nach deutschem Recht Volljährigen (§ 80 Abs. 1 und Abs. 3 AufenthG). Minderjährige werden durch ihren gesetzlichen Vertreter oder die sonstige Person, die sie an Stelle des gesetzlichen Vertreters im Bundesgebiet betreut, vertreten (§ 80 Abs. 4 AufenthG).
- **§ 82 Abs. 5 AufenthG** (Vorlage eines Lichtbildes und Abnahme von Fingerabdrücken): Es ist fraglich, ob das – nunmehr personell sogar unbeschränkte – Verlangen, für die Ausstellung von Aufenthaltsdokumenten Lichtbilder und – im Zuge der Einführung des elektronischen Aufenthaltstitels – Fingerabdrücke zu verlangen, gegen die Vorgaben der Freizügigkeits-RL verstößt.
- **§ 85 AufenthG** (Berechnung von Aufenthaltszeiten): Die praktische Relevanz der Bestimmung ist gering.
- **§ 86 AufenthG** (Erhebung personenbezogener Daten): Die Vorschrift erlaubt die zur Aufgabenerfüllung erforderliche Datenerhebung. Dabei ist allerdings zu beachten, dass nach der Rechtsprechung des EuGH (NVwZ 2009, 379 – Huber) die Erhebung personenbezogener Daten von Unionsbürgern beschränkt ist. Eine Datenerhebung im Rahmen eines **Ausländerzentralregisters** ist sowohl zu statistischen Zwecken als auch zur Bekämpfung der Kriminalität unzulässig.
- **§§ 87, 88 und 90 AufenthG** (Datenübermittlung): Die entsprechende Anwendung von § 87 AufenthG wird durch Abs. 7 begrenzt.
- **§ 91 AufenthG** (Speicherung und Löschung von Daten)
- **§ 95 Abs. 1 Nr. 4 und Nr. 8, Abs. 2 Nr. 2, Abs. 4, 96 und 97 AufenthG** (ausgewählte Strafvorschriften, → § 9 Rn. 2)
- **§ 98 Abs. 2 Nr. 2, Abs. 2a, Abs. 3 Nr. 3 Abs. 4 und Abs. 5 AufenthG** (ausgewählte Bußgeldvorschriften, → § 10 Rn. 1)
- **§ 99 AufenthG** (Verordnungsermächtigung): Die in der AufenthV enthaltenen Regelungen zB für die Gestaltung von Aufenthaltsdokumenten (§ 58 S. 1 Nr. 13 und Nr. 14 AufenthV) und Gebühren (§ 47 Abs. 3 AufenthV) beruhen auf dieser Verordnungsermächtigung.

II. Partielle Anwendung nach Abs. 2–13

4   Abs. 2–13 ordnen nicht die vollständige, sondern nur die partielle Anwendung von Normen des AufenthG an. Im Einzelnen:

1. § 11 Abs. 2 iVm § 73 AufenthG (Beteiligung von Sicherheitsbehörden und Nachrichtendiensten bei der Aufenthaltsbeendigung)

5   **§ 73 AufenthG** regelt den Datenaustausch zwischen Ausländerbehörden, Sicherheitsbehörden und Nachrichtendiensten im Rahmen einer Sicherheitsüberprüfung bei Terrorismusverdacht oder Ähnlichem vor Erteilung eines Visums oder eines Aufenthaltstitels. Nach § 11 Abs. 2 S. 1 Hs. 1

ist die entsprechende Anwendung der Bestimmung nur zur Feststellung von Gründen für eine Verlustfeststellung nach § 6 Abs. 1 zulässig.

Nach § 11 Abs. 2 S. 1 Hs. 2 ist die entsprechende Anwendung von § 73 AufenthG dagegen **5a** uneingeschränkt zulässig für die Aufenthaltsbeendigung der Personengruppen, die nach Abs. 8 S. 1 und Abs. 12 S. 2 nicht nach den §§ 6 und 7, sondern nach den Bestimmungen des AufenthG erfolgt. Dabei handelt es sich um folgende Personengruppen:
- § 11 Abs. 8 S. 1:
  - o drittstaatsangehörige Familienangehörige, die nach dem **Tod** des Unionsbürgers nach § 3 Abs. 2 ein Aufenthaltsrecht behalten,
  - o drittstaatsangehörige Ehegatten oder Lebenspartner, die bei **Scheidung** oder **Aufhebung der Ehe** oder **Aufhebung der Lebenspartnerschaft** nach § 3 Abs. 4 ein Aufenthaltsrecht behalten,
  - o drittstaatsangehörige **nahestehende Personen** eines Unionsbürgers, die ein Aufenthaltsrecht nach § 3a Abs. 1 haben (→ Rn. 11 f.).
- § 11 Abs. 12 S. 2: Aufenthaltsbeendigung von „Alt-Briten, ihren Familienangehörigen sowie der ihnen nahestehenden Personen, wenn sie auf einem Verhalten beruht, das nach Ende des Übergangszeitraums stattgefunden hat (→ Rn. 21).

2. § 11 Abs. 3 iVm § 78 AufenthG (elektronische Dokumente)

Nach Abs. 3 S. 1 gelten die Regelungen des § 78 AufenthG für elektronische Aufenthaltstitel **6** entsprechend für die Ausstellung von Aufenthaltskarten, Daueraufenthaltskarten, Aufenthaltsdokumenten-GB und Aufenthaltsdokumenten für Grenzgänger-GB. Diese Aufenthaltsdokumente tragen die in der Anlage D14 AufenthV festgelegten Bezeichnungen (Abs. 3 S. 2). In der Zone für das automatische Lesen wird anstelle der Abkürzungen nach § 78 Abs. 2 S. 2 Nr. 2 AufenthG in Aufenthaltskarten und Daueraufenthaltskarten die Abkürzung „AF" und in Aufenthaltsdokumenten-GB und Aufenthaltsdokumenten für Grenzgänger-GB die Abkürzung „AR" verwendet (Abs. 3 S. 3).

3. § 11 Abs. 4 iVm § 81 Abs. 5 AufenthG (Fiktionsbescheinigung)

Abs. 4 S. 1 regelt die Fälle, in denen **kraft Gesetzes ein unionsrechtliches Aufenthaltsrecht 7** besteht (in der Regel bei dem durch das FreizügG/EU begünstigten Personenkreis), die Bescheinigung dieses Rechts in Kartenform aber noch nicht bereitsteht. In der Zeit zwischen der Veranlassung der Herstellung der Karte (zentral bei der Bundesdruckerei) und ihrer Übergabe an den Karteninhaber ist diesem auf Antrag eine vorläufige Bescheinigung auszustellen, dass ein unionsrechtliches Aufenthaltsrechts vorliegt. In den Fällen, in denen ein **unionsrechtliches Aufenthaltsrecht nur auf Antrag** besteht (nach § 3a bei den nahestehenden Personen), wird dem Antragsteller nach Abs. 4 S. 2 eine Fiktionsbescheinigung nach § 81 Abs. 5 AufenthG ausgestellt.

4. § 11 Abs. 5 (entsprechende Anwendung des AufenthG in den Fällen des § 3a)

Hinsichtlich der **nahestehenden Personen,** die nach § 3a auf Antrag ein unionsrechtliches **8** Aufenthaltsrecht erhalten können, werden folgende für Antragsfälle passende Regelungen des AufenthG für entsprechend anwendbar erklärt:
- Die **Regelerteilungsvoraussetzungen** nach **§ 5 Abs. 1 AufenthG** (Sicherung des Lebensunterhalts, Klärung der Identität, Nichtbestehen eines Ausweisungsinteresses in der nahestehenden Person, Nichtgefährdung der Interessen der Bundesrepublik Deutschland und Erfüllung der Passpflicht), **§ 5 Abs. 2 AufenthG** (Erfüllung der Visumpflicht, wobei § 41 AufenthV und die anderen in der AufenthV vorgesehenen Ausnahmen Anwendung finden), **§ 5 Abs. 4 AufenthG** (kein Ausweisungsinteresse wegen Staatsgefährdung).
- Nach **§ 6 Abs. 3 S. 2 AufenthG** richtet sich die Erteilung des Einreisvisums nach dem für die Erteilung des unionsrechtlichen Aufenthaltsrechts geltenden § 3a; nach **§ 6 Abs. 3 S. 3** werden Zeiten des Aufenthalts mit dem Visum auf die Zeiten des Aufenthalts mit einem unionsrechtlichen Aufenthaltsrecht nach § 3a angerechnet.
- Nach **§ 7 Abs. 2 S. 2 AufenthG** kann die Behörde die zeitliche Geltungsdauer der grundsätzlich fünf Jahre gültigen Aufenthaltskarte (§ 5 Abs. 7) nachträglich verkürzen, wenn die Voraussetzungen des § 3a Abs. 1 für die Erteilung eines unionsrechtlichen Aufenthaltsrechts an nahestehende Personen nachträglich wegfallen. Dies gilt allerdings nur, solange die nahestehende Person noch kein Daueraufenthaltsrecht nach § 4a erworben hat.

- Nach **§ 82 Abs. 1 AufenthG** ist die nahestehende Person zur Mitwirkung, insbesondere zur unverzüglichen Geltendmachung von ihr günstigen Umständen und zur Vorlage der dafür erforderlichen Nachweise verpflichtet (S. 1). Die Behörde kann ihr dafür eine Frist setzen und die nach Ablauf der Frist geltend gemachten Umstände und Nachweise können unberücksichtigt bleiben (S. 2–4). Hierauf ist die nahestehende Person nach **§ 82 Abs. 3 AufenthG** hinzuweisen. Diese Regelungen gelten nach **§ 82 Abs. 2 AufenthG** auch im Widerspruchsverfahren.

5. § 11 Abs. 6 iVm § 82 Abs. 4 AufenthG (Untersuchung der Reisefähigkeit, Botschaftsvorführung)

9   Gegenüber Personen, für deren Aufenthaltsbeendigung das AufenthG zur Anwendung kommt (§ 11 Abs. 8 S. 1 und Abs. 12 S. 2, → Rn. 5a), kann die Vorführung bei der zuständigen Botschaft sowie eine ärztliche Untersuchung zur Feststellung der Reisefähigkeit angeordnet werden.

6. § 11 Abs. 7 iVm § 87 Abs. 2 S. 1 Nr. 1–3 AufenthG (Unterrichtungspflichten)

10   Öffentliche Stellen mit Ausnahme von Schulen sowie Bildungs- und Erziehungseinrichten haben die zuständige Ausländerbehörde unverzüglich zu unterrichten, wenn sie im Zusammenhang mit der Erfüllung ihrer Aufgaben Kenntnis erlangen von Umständen, die entscheidungserheblich sein können für die Feststellung nach § 2 Abs. 7 (Nichtbestehen des Freizügigkeitsrechts bei Rechtsmissbrauch oder Betrug) und die Feststellung des Verlusts des Freizügigkeitsrechts nach § 5 Abs. 4 oder § 6 Abs. 1 (Abs. 7 S. 1). Hinsichtlich Personen, für deren Aufenthaltsbeendigung das AufenthG zur Anwendung kommt (Abs. 8 S. 1 und Abs. 12 S. 2, → Rn. 5a), gilt diese Unterrichtungspflicht uneingeschränkt, dh nicht nur im Hinblick auf die Möglichkeit einer Aufenthaltsbeendigung (Abs. 7 S. 2).

7. § 11 Abs. 8 (Aufenthaltsbeendigung und Familiennachzug bei nach § 3 Abs. 2 und Abs. 4 Verbleibeberechtigten oder nach § 3a Abs. 1 Aufenthaltsberechtigten)

11   Nach Abs. 8 S. 1 und S. 2 sind für die **Aufenthaltsbeendigung** folgender Personengruppen nicht die §§ 6 und 7, sondern die Bestimmungen des AufenthG entsprechend anzuwenden:
- drittstaatsangehörige Familienangehörige, die nach dem **Tod** des Unionsbürgers nach § 3 Abs. 2 ein Aufenthaltsrecht behalten,
- drittstaatsangehörige Ehegatten oder Lebenspartner, die bei **Scheidung** oder **Aufhebung der Ehe** oder **Aufhebung der Lebenspartnerschaft** nach § 3 Abs. 4 ein Aufenthaltsrecht behalten,
- drittstaatsangehörige **nahestehende Personen** eines Unionsbürgers, die ein Aufenthaltsrecht nach § 3a Abs. 1 haben.

12   Die Vorschrift ist jedenfalls insoweit **unionsrechtswidrig,** als die **Aufenthaltsbeendigung der Verbleibeberechtigten** nicht den unionsrechtlichen Maßstäben des FreizügG/EU, sondern den Maßstäben des AufenthG unterworfen wird. Die verbleibeberechtigten Familienangehörigen können sich deshalb auf §§ 6, 7 berufen (BeckOK AuslR/Tewocht § 3 Rn. 26 mwN; aA Bergmann/Dienelt AuslR § 3 Rn. 75; eine **Ausweisung** kann materiell-rechtlich nur wie bei assoziationsberechtigten türkischen Staatsangehörigen erfolgen, dh nunmehr nach § 53 Abs. 3 AufenthG; → ARB 1/80 Art. 14 Rn. 4 ff.). Auch soweit die Vorschrift die **Aufenthaltsbeendigung nahestehender Personen,** die ein Aufenthaltsrecht nach § 3a Abs. 1 haben, nicht den §§ 6 und 7, sondern den Maßstäben des AufenthG unterwirft, dürfte sie **unionsrechtswidrig** sein. Zulässig dürfte es lediglich sein, nach § 7 Abs. 2 S. 2 AufenthG die zeitliche Geltungsdauer der grundsätzlich fünf Jahre gültigen Aufenthaltskarte (§ 5 Abs. 7) nachträglich zu verkürzen, wenn die Voraussetzungen des § 3a Abs. 1 für die Erteilung eines unionsrechtlichen Aufenthaltsrechts an nahestehende Personen nachträglich weggefallen sind (→ § 3a Rn. 1 ff.). Auch dies ist nur solange möglich, solange die nahestehende Person noch kein Daueraufenthaltsrecht nach § 4a erworben hat.

13   Nach Abs. 8 S. 3 und S. 4 ist für den **Familiennachzug** zu folgenden Personengruppen nicht § 3 Abs. 1 anzuwenden, sondern es gelten die Regelungen des AufenthG zum Familiennachzug zu Inhabern von Aufenthaltserlaubnissen aus familiären Gründen entsprechend:
- zu drittstaatsangehörigen Familienangehörigen, die nach dem **Tod** des Unionsbürgers nach § 3 Abs. 2 ein Aufenthaltsrecht behalten,
- zu drittstaatsangehörigen Ehegatten oder Lebenspartnern, die bei **Scheidung** oder **Aufhebung der Ehe** oder **Aufhebung der Lebenspartnerschaft** nach § 3 Abs. 4 ein Aufenthaltsrecht behalten,
- zu **nahestehenden Personen** eines Unionsbürgers, die ein Aufenthaltsrecht nach § 3a Abs. 1 haben.

8. § 11 Abs. 9 (Familiennachzug zu drittstaatsangehörigen daueraufenthaltsrechtberechtigten Familienangehörigen oder nahestehenden Personen)

Nach dieser Vorschrift sind für den Familiennachzug zu drittstaatsangehörigen Familienangehö-   **14** rigen oder nahestehenden Personen, die **daueraufenthaltsberechtigt** sind (§ 4a Abs. 1 S. 2, Abs. 3–5, → § 4a Rn. 18) nicht die Vorschriften des FreizügG/EU (§ 3 Abs. 1) anzuwenden, sondern es gelten die Vorschriften des AufenthG zum Familiennachzug zu Inhabern einer Erlaubnis zum Daueraufenthalt-EU (§ 29 AufenthG) entsprechend. Nach hM ist diese Vorschrift mit Unionsrecht (Art. 24 Abs. 1 S. 2 Freizügigkeits-RL) unvereinbar (Bergmann/Dienelt/Dienelt § 3 Rn. 71, Bergmann/Dienelt/Dienelt § 4a Rn. 67; BeckOK AuslR/Tewocht § 4a Rn. 5b: der Familiennachzug zu diesem Personenkreis muss mindestens ebenso ausgestaltet sein wie der Familiennachzug zu Deutschen).

9. § 11 Abs. 10 (Familiennachzug zu „Alt-Briten")

Die Vorschrift regelt den Familiennachzug zu „Alt-Briten" nach dem Ende des Übergangszeit-   **15** raums sowie den Familiennachzug zu drittstaatsangehörigen Familienangehörigen und nahestehenden Personen der nach dem Austrittsabkommen Berechtigten (→ § 16 Rn. 1 ff.).

Das Vereinigte Königreich Großbritannien und Nordirland hat die EU zum 31.1.2020 verlassen.   **16** Das **BrexitAbk** (Abkommen über den Austritt des Vereinigten Königreichs Großbritannien und Nordirland aus der Europäischen Union und der Europäischen Atomgemeinschaft v. 24.1.2020, ABl. 2020 L 29, 7) sah bis zum **31.12.2020** eine **Übergangszeit** vor, während der britische Staatsangehörige und ihre Familienangehörigen weiterhin wie Unionsbürger behandelt wurden. Für die Zeit **ab dem 1.1.2021** sieht das Austrittsabkommen in Art. 10 BrexitAbk aufenthaltsrechtliche Regelungen nur für britische Staatsangehörige und deren drittstaatsangehörige Familienangehörige vor, die bis zum Ende des Übergangszeitraums (31.12.2020) freizügigkeitsberechtigt waren und von ihrem Freizügigkeitsrecht Gebrauch gemacht hatten (sog. **„Alt-Briten"**). Deren Rechtsstellung bestimmt sich vornehmlich durch den als unmittelbares Recht geltenden Austrittsabkommen. Der **Status** der „Alt-Briten" unterscheidet sich vom Freizügigkeitsrecht, ist diesem allerdings sehr ähnlich, die entsprechenden Regelungen enthält § 16 (→ § 16 Rn. 1 ff.).

Unter **Art. 10 BrexitAbk** fallen britische Staatangehörige, die   **17**
- ihr Recht auf Aufenthalt in einem Mitgliedstaat vor Ende des Übergangszeitraums im Einklang mit dem Unionsrecht ausgeübt haben und danach weiter dort wohnen (Art. 10 Abs. 1 lit. b BrexitAbk),
- ihr Recht als Grenzgänger in einem oder mehreren Mitgliedstaaten vor Ende des Übergangszeitraums im Einklang mit dem Unionsrecht ausgeübt haben und danach weiter ausüben (Art. 10 Abs. 1 lit. d BrexitAbk),
- Familienangehörige, die vor Ende des Übergangszeitraums in Deutschland gewohnt haben und danach weiter dort wohnen (Art. 10 Abs. 1 lit. f BrexitAbk).

Nach Ende des Übergangszeitraums können **neue Rechte** nach dem Austrittsabkommen nur   **18** noch **sehr eingeschränkt** durch Familienangehörige von „Alt-Briten" erworben werden. Zum einen durch in gerader absteigender Linie verwandte Familienangehörige, die bei Ende des Übergangszeitraums außerhalb Deutschlands gewohnt haben und zum Zeitpunkt des Ersuchens um Nachzug das 21. Lebensjahr noch nicht vollendet haben oder denen von dem „Alt-Briten" Unterhalt gewährt wird (Art. 10 Abs. 1 lit. e Ziff. ii BrexitAbk). Zum anderen durch innerhalb oder außerhalb Deutschlands nachgeborene oder neu adoptierte Kinder von „Alt-Briten", sofern zu dem Zeitpunkt, zu dem sie um Aufenthalt ersuchen, eine der folgenden Voraussetzungen erfüllt ist (Art. 10 Abs. 1 lit. e Ziff. iii BrexitAbk):
- beide Eltern sind „Alt-Briten",
- der eine Elternteil ist „Alt-Brite", der andere besitzt die deutsche Staatsangehörigkeit,
- der eine Elternteil ist „Alt-Brite" und hat das alleinige oder gemeinsame Sorgerecht für das Kind.

Soweit das Austrittsabkommen keine Regelungen enthält für **nach** dem Ende des Übergangszeit-   **19** raums erfolgenden Familiennachzug und den Nachzug von nahestehenden Personen (→ § 16 Rn. 23 ff.) zu den nach dem BrexitAbk Begünstigten gelten nach § 11 Abs. 10 S. 1 insoweit die Vorschriften des AufenthG zum Familiennachzug entsprechend. Da für die Feststellung der Voraussetzungen für den Familiennachzug nach dem AufenthG entscheidend ist, welchen Aufenthaltstitel die Bezugsperson besitzt, trifft § 11 Abs. 10 S. 1 folgende Gleichstellungsregelung:
- Ein **Daueraufenthaltsrecht** nach Art. 15 BrexitAbk entspricht einer Erlaubnis zum Daueraufenthalt-EU.

- Ein anderes Aufenthaltsrecht eines **britischen Staatangehörigen** nach dem BrexitAbk entspricht einer Blauen Karte EU.
- Ein anderes Aufenthaltsrecht eines **Drittstaatsangehörigen** nach dem Austrittsabkommen entspricht einer Aufenthaltserlaubnis aus familiären Gründen.

10. § 11 Abs. 11 (Rechtsstellung der „Alt-Briten" nahestehenden Personen)

20   § 3a und die in diesen Fällen geltenden Bestimmungen des FreizügG/EU und des AufenthG kommen auf **nahestehende Personen britischer Staatangehöriger** entsprechend zur Anwendung, wenn die britischen Staatangehörigen im Bundesgebiet ein in § 16 genanntes Aufenthaltsrecht ausüben (→ § 16 Rn. 1 ff.; → § 16 Rn. 23 ff.) und wenn und solange die Voraussetzungen des Art. 10 Abs. 2, Abs. 3 oder Abs. 4 BrexitAbk erfüllt sind. Dies betrifft folgende Fallkonstellationen:
- Der nahestehenden Person ist vor Ende der Übergangszeit ein Aufenthaltsrecht nach § 3a verliehen worden und sie bleibt danach weiter im Bundesgebiet wohnen (Art. 10 Abs. 2).
- Die nahestehende Person hat vor Ende der Übergangszeit die Erteilung eines Aufenthaltsrechts nach § 3a beantragt, das ihr nach Ende der Übergangszeit verliehen wird (Art. 10 Abs. 3 BrexitAbk).
- Der Lebensgefährte iSd § 1 Abs. 2 Nr. 4, mit dem der britische Staatangehörige eine ordnungsgemäß bescheinigte dauerhafte Beziehung eingegangen ist, hat vor Ende des Übergangszeit außerhalb des Bundesgebiets gewohnt, die Beziehung war vor Ende des Übergangszeit dauerhaft und besteht zum Zeitpunkt des Antrags auf Erteilung eines Aufenthaltsrechts nach § 3a weiter (Art. 10 Abs. 4 BrexitAbk).

11. § 11 Abs. 12 (Beendigung des Aufenthalts von „Alt-Briten")

21   Für die Aufenthaltsbeendigung von „Alt-Briten gelten die §§ 6 und 7 entsprechend, wenn sie auf einem Verhalten beruht, das vor Ende des Übergangszeitraums stattgefunden hat (Abs. 12 S. 1). Hat das Verhalten nach Ende des Übergangszeitraums stattgefunden, gilt das AufenthG (Abs. 12 S. 2); dies entspricht Art. 20 Abs. 2 BrexitAbk. Nach Abs. 12 S. 3 ist nach Wegfall des Aufenthaltsrechts das zum Nachweis des Aufenthaltsrechts ausgestellte Dokument in entsprechender Anwendung des § 52 VwVfG des Bundes einzuziehen.

12. § 11 Abs. 13 iVm § 88a Abs. 1 S. 1, S. 3 und S. 4 AufenthG

22   Geregelt wird die Übermittlung von bei der Durchführung von Integrationskursen erhobenen teilnehmerbezogenen Daten an andere Behörden. Die Übermittlung ist nur zulässig, soweit dies zur Überwachung einer Eingliederungsvereinbarung nach dem SGB II oder zur Durchführung eines Einbürgerungsverfahrens **erforderlich** ist.

C. Allgemeines Günstigkeitsprinzip in Abs. 14 S. 1

23   Die Vorschrift enthält als Auffangbestimmung eine allgemeine Günstigkeitsklausel, sollten Bestimmungen des AufenthG dem Einzelnen eine günstigere Rechtsstellung vermitteln als das FreizügG/EU. Die Günstigkeitsklausel ist Ausfluss des primärrechtlich verankerten Diskriminierungsverbots (Art. 18 AEUV). Der Vergleich knüpft an die einzelnen Merkmale der Rechtsstellung im konkreten Einzelfall an und prüft, ob diese im Einzelfall günstiger sind. Der Unionsbürger muss dann so gestellt werden wie ein deutscher Staatsangehöriger oder ein Drittstaatsangehöriger im AufenthG.

23.1   Die Beschränkung der Teilnahme an Integrationskursen auf verfügbare Plätze nach § 44 Abs. 4 AufenthG verstößt gegen das Diskriminierungsverbot, da Spätaussiedler nach § 9Abs. 1 BVFG einen Anspruch auf kostenlose Teilnahme haben (→ Rn. 3).

23.2   Die drittstaatsangehörige Mutter eines minderjährigen Unionsbürgers, der ihren Lebensunterhalt nicht decken kann, wird über § 4 nur dann in die Freizügigkeit miteinbezogen, wenn der Lebensunterhalt der Familie gedeckt ist. Demgegenüber wird gem. § 28 Abs. 1 S. 1 Nr. 3, S. 2 AufenthG eine Aufenthaltserlaubnis unabhängig von den Voraussetzungen des § 5 Abs. 1 Nr. 1 AufenthG erteilt.

D. Generelle Anwendung des AufenthG nach der Feststellung des Nichtbestehens oder des Verlusts des Freizügigkeitsrechts (Abs. 14 S. 2)

Sofern das FreizügG/EU keine besonderen Regelungen trifft, kommt nach der Feststellung **24** des Nichtbestehens (§ 2 Abs. 7) oder der Feststellung des Verlusts des Freizügigkeitsrechts (§§ 5 Abs. 4, 6 Abs. 1) durch die Ausländerbehörde generell das AufenthG zur Anwendung. Dies gilt jedoch erst ab Bestandskraft der Feststellung. Die entgegenstehende Ansicht (BeckOK AuslR/ Kurzidem Rn. 6) hat wenig praktische Relevanz, denn die Feststellung ist nicht kraft Gesetzes sofort vollziehbar und bei einer – nur ausnahmsweise zulässigen – behördlichen Anordnung des Sofortvollzugs nach § 80 Abs. 2 S. 1 Nr. 4 VwGO gilt hinsichtlich der auf die Feststellung folgenden Ausreisepflicht jedenfalls § 7 Abs. 1 S. 4 (→ § 7 Rn. 4 f.; Bergmann/Dienelt/Dienelt § 7 Rn. 22 ff.).

Als **Sonderregelungen,** die den entsprechenden Bestimmungen des AufenthG vorgehen, gel- **25** ten für die Abschiebungsandrohung § 7 Abs. 1 S. 2–4 (→ § 7 Rn. 7), für das Wiedereinreiseverbot und dessen Befristung § 7 Abs. 2 (→ § 7 Rn. 9 f.) und für die Strafbarkeit § 9 Abs. 2 (→ § 9 Rn. 8).

E. Anrechnung von Zeiten des rechtmäßigen Aufenthalts nach dem FreizügG/EU (Abs. 15)

Kommt nach der Feststellung des Nichtbestehens (§ 2 Abs. 7) oder der Feststellung des Verlusts **26** des Freizügigkeitsrechts (§§ 5 Abs. 4, 6 Abs. 1) durch die Ausländerbehörde das AufenthG zur Anwendung, werden Zeiten des rechtmäßigen Aufenthalts nach dem FreizügG/EU wie Zeiten des Besitzes eines Aufenthaltstitels nach dem AufenthG berücksichtigt. Da Anknüpfungspunkt der rechtmäßige Aufenthalt ist, sind wegen der grundsätzlichen Freizügigkeitsvermutung alle Zeiten bis zur Feststellung des Nichtbestehens oder des Verlusts des Freizügigkeitsrechts anrechenbar.

Zu berücksichtigen sind auch **Unterbrechungszeiten,** die gem. § 4a Abs. 6 als rechtmäßiger **27** Aufenthalt nach dem FreizügG/EU anzusehen sind (→ § 4a Rn. 20 f.).

Zeiträume unter fünf Jahren werden dem Besitz einer Aufenthaltserlaubnis, Zeiträume über **28** fünf Jahre dem Besitz einer Niederlassungserlaubnis gleichgestellt.

§ 11a Verordnungsermächtigung

Das Bundesministerium des Innern, für Bau und Heimat wird ermächtigt, durch Rechtsverordnung mit Zustimmung des Bundesrates die Einzelheiten der Ausstellung von Aufenthaltskarten nach § 5 Absatz 1 Satz 1 und Absatz 7 Satz 1, Daueraufenthaltskarten nach § 5 Absatz 5 Satz 2, Aufenthaltsdokumenten-GB nach § 16 Absatz 2 Satz 1 und Aufenthaltsdokumenten für Grenzgänger-GB nach § 16 Absatz 3 entsprechend § 99 Absatz 1 Nummer 13a Satz 1 des Aufenthaltsgesetzes sowie Einzelheiten des Prüfverfahrens entsprechend § 34 Nummer 4 des Personalausweisgesetzes und Einzelheiten zum elektronischen Identitätsnachweis entsprechend § 34 Nummer 5 bis 7 des Personalausweisgesetzes festzulegen.

Die Verordnungsermächtigung ermöglicht Vorgaben insbesondere zur einheitlichen Gestaltung **1** von Aufenthalts- und Daueraufenthaltskarten für drittstaatsangehörige Familienangehörige von Unionsbürgern und dem Unionsbürger nahestehende Personen sowie von Aufenthaltsdokumenten für „Alt-Briten". Das Bundesministerium des Innern, für Bau und Heimat hat von dieser Verordnungsermächtigung bislang keinen Gebrauch gemacht. Die entsprechenden Vorgaben für die Gestaltung von Bescheinigungen des Daueraufenthalts für Unionsbürger oder Staatsangehörige eines EWR-Staates sowie von Aufenthalts- und Daueraufenthaltskarten, Aufenthaltsdokumenten-GB und Aufenthaltsdokumenten für Grenzgänger-GB sind in der AufenthV idF vom 26.11.2020 enthalten (insbesondere § 58 S. 1 Nr. 13 und § 59 Abs. 2 AufenthV), die aufgrund von § 11 Abs. 3 iVm § 99 Abs. 1 Nr. 13a S. 1 AufenthG ergangen ist (→ § 11 Rn. 6).

§ 12 Staatsangehörige der EWR-Staaten

Die nach diesem Gesetz für Unionsbürger, Familienangehörige von Unionsbürgern und nahestehende Personen von Unionsbürgern geltenden Regelungen finden jeweils auch für Staatsangehörige der EWR-Staaten, die nicht Unionsbürger sind, und für ihre Familienangehörigen und ihre nahestehenden Personen Anwendung.

1   Der Anwendungsbereich des FreizügG/EU, der nunmehr in § 1 geregelt ist, erstreckt sich nach dessen Abs. 1 Nr. 2, Nr. 4 und Nr. 5 auch auf Staatsangehörige der EWR-Staaten (Island, Liechtenstein und Norwegen), deren Familienangehörige und die ihnen nahestehenden Personen. § 12 bestimmt, dass für sie die jeweils für Unionsbürger geltenden Regelungen Anwendung finden.

2   Seit dem EU-Beitritt der meisten Mitgliedstaaten des EWR (Abkommen über den Europäischen Wirtschaftsraum v. 2.5.1992) hat die Vorschrift derzeit nur noch für **Island, Liechtenstein und Norwegen** Geltung. Für deren Staatsangehörige, ihre Familienangehörigen nach § 1 Abs. 2 Nr. 3 und die ihnen nahestehenden Personen nach § 1 Abs. 2 Nr. 4 gilt **unmittelbar** das FreizügG/EU.

3   Da die Schweiz 1992 in einer Volksabstimmung den Beitritt zur EWR abgelehnt hat, kommt § 12 auf **Schweizer Staatsangehörige** nicht zur Anwendung. Diese genießen jedoch aufgrund des am 1.6.2002 in Kraft getretenen **FreizügAbk EG-CH** (Abkommen zwischen der Europäischen Gemeinschaft und ihren Mitgliedstaaten einerseits und der Schweizerischen Eidgenossenschaft andererseits über die Freizügigkeit v. 21.6.1999; BGBl. 2001 II 810) im Wesentlichen ein dem Freizügigkeitsrecht für Unionsbürger entsprechendes Recht auf Einreise und Aufenthalt. Da Schweizer Staatsangehörige vom Regelungsbereich des FreizügG/EU nicht umfasst werden, richtet sich ihre Rechtsstellung zwar nach dem AufenthG, dessen Vorschriften werden jedoch durch das FreizügAbk EG-CH modifiziert, dem, da es Bestandteil des Unionsrechts ist, Anwendungsvorrang (→ § 1 Rn. 7) zukommt (GK-AufenthG/Funke-Kaiser § 1 Rn. 35). Dies gilt auch für Unionsbürger, die sich in der Schweiz aufhalten.

4   Nach dem **FreizügAbk EG-CH** ist die Einreise gegen Vorlage eines gültigen Personalausweises oder Reisepasses gestattet (Art. 3 FreizügAbk EG-CH iVm Art. 1 Nr. 1 Anhang I FreizügAbk EG-CH). Es darf weder ein Visum noch eine gleichartige Formalität verlangt werden (Art. 5 Freizügigkeits-RL, auf den Art. 16 FreizügAbk EG-CH Bezug nimmt). Die Freizügigkeit und das Aufenthaltsrecht dürfen nur aus Gründen der öffentlichen Ordnung, Sicherheit oder Gesundheit beschränkt werden (Art. 27 Freizügigkeits-RL). Dabei gelten die gleichen Vorgaben wie in § 6 Abs. 2. § 52 Abs. 2 AufenthV sieht für die Erteilung oder Verlängerung einer Aufenthaltserlaubnis eine ermäßigte Gebühr vor, für die Ausstellung einer Fiktionsbescheinigung wird gar keine Gebühr erhoben, auch Bearbeitungsgebühren fallen nicht an.

§ 12a Unionsrechtliches Aufenthaltsrecht

Auf Familienangehörige und nahestehende Personen von Deutschen, die von ihrem Recht auf Freizügigkeit nach Artikel 21 des Vertrages über die Arbeitsweise der Europäischen Union nachhaltig Gebrauch gemacht haben, finden die nach diesem Gesetz für Familienangehörige und für nahestehende Personen von Unionsbürgern geltenden Regelungen entsprechende Anwendung.

1   Nach § 1 Abs. 1 Nr. 6 umfasst nunmehr der Anwendungsbereich des FreizügG/EU auch die Familienangehörigen und nahestehende Personen von Deutschen, die von ihrem Freizügigkeitsrecht nachhaltig Gebrauch gemacht haben (→ Rn. 3). § 12a bestimmt, dass für diesen Personenkreis jeweils die für Familienangehörige und nahestehende Personen von Unionsbürgern geltenden Regelungen entsprechende Anwendung finden.

2   In § 1 Abs. 2 Nr. 1 ist nunmehr klargestellt, dass Unionsbürger im Sinne des FreizügG/EU nur die Staatsangehörigen anderer EU-Mitgliedstaaten sind, nicht jedoch Deutsche. Damit kann sich auch ein deutscher Staatsangehöriger, der zugleich Staatsangehöriger eines anderen EU-Mitgliedstaates ist, nicht schon allein aufgrund der Doppelstaatsangehörigkeit für die Einreise nach und den Aufenthalt seiner drittstaatsangehörigen Familienangehörigen in Deutschland auf die Anwendung von Freizügigkeitsrecht und damit auf die günstigeren unionsrechtlichen Nachzugsregelungen (insbesondere hinsichtlich Visum, Sprachnachweis und ehelicher Lebensgemeinschaft) berufen. Der Familiennachzug Drittstaatsangehöriger zu Deutschen ist grundsätzlich abschließend

im AufenthG geregelt. Diese grundsätzlich zulässige **Inländerdiskriminierung** (Bergmann/ Dienelt/Dienelt § 3 Rn. 18 ff.) ist jedoch **nur** dann mit Unionsrecht vereinbar, wenn **kein grenzüberschreitender Sachverhalt** vorliegt (EuGH NVwZ 2018, 137; NVwZ-RR 2014, 401). Dem trägt der neu geschaffene § 1 Abs. 1 Nr. 6 Rechnung. Vom Anwendungsbereich des FreizügG/EU umfasst werden nunmehr auch die drittstaatsangehörigen Familienangehörigen und nahestehenden Personen von Deutschen, wenn der Deutsche von seinem Recht auf Freizügigkeit nach Art. 21 AEUV **nachhaltig** Gebrauch gemacht hat. § 12a regelt, dass auf diesen Personenkreis die für drittstaatsangehörige Familienangehörigen und nahestehende Personen von Unionsbürgern geltenden Regelungen des FreizügG/EU entsprechende Anwendung finden.

Erfasst werden folgende Fallkonstellationen: 3

- Der deutsche Staatsangehörige kehrt während oder nach Beendigung der Ausübung der Arbeitnehmerfreizügigkeit in einem anderen Mitgliedstaat zusammen mit seinen drittstaatsangehörigen Familienangehörigen oder ihm nahestehenden Personen iSd § 1 Abs. 2 Nr. 4 nach Deutschland zurück (sog. **Rückkehrerfälle,** EuGH NVwZ-RR 2014, 401).

- Der deutsche Staatsangehörige übt von Bundesgebiet aus seine Freizügigkeitsrechte aus (zB als **Dienstleistungserbringer** an Empfänger in anderen Mitgliedstaaten, EuGH EuR 2002, 852).

- Der Staatsangehörige eines anderen EU-Mitgliedstaates, der von seinem Recht auf Freizügigkeit nach Art. 21 AEUV Gebrauch gemacht hat, hat unter Beibehaltung seiner ursprünglichen Staatsangehörigkeit die deutsche Staatsangehörigkeit erworben (EuGH NVwZ 2018, 137 – Lounes).

Das **nachhaltige Gebrauchmachen** von der Freizügigkeit erfordert eine gewisse Dauer. Ein nur 4 wenige Tage oder Wochen dauernder Kurzaufenthalt zu touristischen Zwecken oder zum Zweck der Eheschließung in einem anderen Mitgliedstaat ist hierfür nicht ausreichend (BVerwGE 138, 122 = NVwZ 2011, 495 Rn. 12 mAnm Oberhäuser NVwZ 2012, 52). Erforderlich dürfte mindestens ein Aufenthalt von drei Monaten sein. Auch nach der Rechtsprechung des EuGH reichen bei der Rückkehr des Unionsbürgers in den Mitgliedstaat, dessen Staatsangehörigkeit er besitzt, Kurzaufenthalte im Aufnahmemitgliedstaat wie an Wochenenden oder in den Ferien auch kumulativ nicht aus, seinem drittstaatsangehörigen Familienangehörigen ein abgeleitetes Aufenthaltsrecht zu vermitteln (EuGH NVwZ-RR 2014, 401 Rn. 59 – O. und B.). Die Eigenschaft des Familienangehörigen oder der nahestehenden Person muss bereits zum Zeitpunkt des gemeinsamen Aufenthalts im anderen Mitgliedstaat bestanden haben und darf nicht erst nachträglich begründet worden sein.

§ 13 Staatsangehörige der Beitrittsstaaten

Soweit nach Maßgabe des Beitrittsvertrages eines Mitgliedstaates zur Europäischen Union abweichende Regelungen anzuwenden sind, findet dieses Gesetz Anwendung, wenn die Beschäftigung durch die Bundesagentur für Arbeit nach § 284 Absatz 1 des Dritten Buches Sozialgesetzbuch genehmigt wurde.

Die Norm in ihrer seit dem 1.7.2015 geltenden Fassung trägt dem Umstand Rechnung, dass 1 aktuell keine Freizügigkeitsbeschränkungen für neu der EU beigetretene Mitgliedstaaten mehr bestehen, die Vorschrift trifft deshalb nur eine Regelung für den Fall, dass zukünftig in Beitrittsverträgen der Arbeitsmarktzugang für die Staatsangehörigen des neuen Beitrittsstaates für eine Übergangszeit beschränkt wird (→ Rn. 2). Auch dann sind jedoch die Staatsangehörigen des Beitrittsstaates Unionsbürger und genießen Freizügigkeit in allen Mitgliedstaaten, ihre Freizügigkeit ist lediglich für eine Übergangszeit **partiell** beschränkt (→ Rn. 3 f.).

Aktuell bestehen keine Freizügigkeitsbeschränkungen für neu der EU beigetretene Mitgliedstaa- 2 ten mehr. Für die zuletzt beigetretenen Mitgliedstaaten Bulgarien, Rumänien und Kroatien sind die Übergangsregelungen ausgelaufen. Die zuletzt nach dem EU-Beitritt Kroatiens zum 1.7.2013 für kroatische Staatsangehörige geltenden Freizügigkeitsbeschränkungen sind seit dem 1.7.2015 komplett weggefallen. Dem trägt die Vorschrift in ihrer seit dem 1.7.2015 geltenden Fassung Rechnung, indem sie nur eine Regelung für den Fall trifft, dass auch zukünftig in Beitrittsverträgen der Arbeitsmarktzugang für die Staatsangehörigen des neuen Beitrittsstaates wieder für eine Übergangszeit beschränkt wird.

Auch soweit Beitrittsverträge einschränkende, zeitlich befristete Übergangsregelungen enthal- 3 ten, wird in dem neuen Mitgliedstaat mit dem Beitritt das gesamte Unionsrecht anwendbar. Die Staatsangehörigen des Beitrittsstaates sind Unionsbürger und genießen Freizügigkeit in allen

Mitgliedstaaten. Ihre Freizügigkeit ist lediglich für eine Übergangszeit **partiell** beschränkt (ausf. zum Ganzen Bergmann/Dienelt/Dienelt Rn. 7 ff., 23 ff.).

4   Wird der Arbeitsmarktzugang zukünftig in einem Beitrittsvertrag für eine Übergangszeit beschränkt, bedürfen Staatsangehörige des Beitrittsstaates auch in Zukunft für die Aufnahme einer Beschäftigung der vorherigen Erteilung einer Arbeitsgenehmigung durch die Bundesagentur für Arbeit nach § 284 Abs. 1 SGB III (ausf. BeckOK SozR/Bieback SGB III § 284 Rn. 1 ff.). Erst nach deren Erteilung kommen dann auch die **insoweit geltenden** Regelungen des FreizügG/EU zur Anwendung. Abgesehen von dem eingeschränkten Zugang zum Arbeitsmarkt gelten – entgegen dem missverständlichen Wortlaut von § 13 – unmittelbar die Regelungen des FreizügG/EU. Aufenthaltsrechtliche Bedeutung entfaltet die Norm somit nur in den Fällen, in denen sich die Freizügigkeitsberechtigung aus dem Arbeitnehmerstatus ableitet (BeckOK AuslR/Kurzidem Rn. 1).

§ 14 Bestimmungen zum Verwaltungsverfahren

[1]**Von den in § 11 Abs. 1 in Verbindung mit § 87 Absatz 1, 2 Satz 1 und 2, Abs. 4 Satz 1, 2 und 4, §§ 90, 91 Abs. 1 und 2, § 99 Abs. 1 und 2 des Aufenthaltsgesetzes getroffenen Regelungen des Verwaltungsverfahrens kann durch Landesrecht nicht abgewichen werden.** [2]**Dies gilt nicht im Hinblick auf Verfahren im Zusammenhang mit Aufenthaltsrechten nach § 3a und mit den in den §§ 12a und 16 geregelten Aufenthaltsrechten.**

1   § 14 erklärt in S. 1 Regelungen des AufenthG zum Verwaltungsverfahren, die gem. § 11 Abs. 1 auch auf Unionsbürger und ihre Familienangehörigen zur Anwendung kommen (→ Rn. 3) für zwingendes Recht, das die Länder nicht abweichend regeln können (→ Rn. 2). Dagegen werden in S. 2 die Verfahren der neu im Gesetz vorgesehenen Aufenthaltsrechte nicht abweichungsfest ausgestaltet (→ Rn. 2).

2   Nach Art. 83 GG führen die Länder die Bundesgesetze als eigene Angelegenheit aus. Sie regeln die Einrichtung der Behörden und das Verwaltungsverfahren (Art. 84 Abs. 1 S. 1 GG). Bestimmen Bundesgesetze das Verwaltungsverfahren, können die Länder gem. Art. 84 Abs. 1 S. 2 GG von den bundesgesetzlichen Verwaltungsverfahrensvorschriften abweichende Regelungen treffen. Diese Kompetenz der Länder zur abweichenden Regelung kann der Bund nach Art. 84 Abs. 1 S. 5 GG in Ausnahmefällen wegen eines besonderen Bedürfnisses nach bundeseinheitlicher Regelung des Verwaltungsverfahrens ausschließen. Von dieser Möglichkeit hat der Bundesgesetzgeber in § 14 S. 1 Gebrauch gemacht. Die in § 14 S. 1 genannten Vorschriften des AufenthG, die gem. § 11 Abs. 1 auch hinsichtlich Unionsbürgern und ihrer Familienangehörigen gelten, dürfen von den Ländern **nicht abweichend** geregelt werden. Dies gilt jedoch nach S. 2 nicht, wenn es sich um Verfahren handelt im Zusammenhang mit Aufenthaltsrechten nach § 3a für nahestehende Personen sowie im Zusammenhang mit den in § 12a geregelten unionsrechtlichen Aufenthaltsrechten für Familienangehörige und nahestehende Personen von Deutschen, die von ihrem Freizügigkeitsrecht nachhaltig Gebrauch gemacht haben, und den in § 16 geregelten Aufenthaltsrechten von „Alt-Briten" und ihrer Familienangehörigen; diese Verfahren dürfen von den Ländern ohne Einschränkung abweichend gestaltet werden.

3   Im Einzelnen handelt es sich um folgende Vorschriften:
- § 87 Abs. 1, Abs. 2 S. 1 und S. 2, Abs. 4 S. 1, S. 2 und S. 4 AufenthG: Pflicht von in der Regel öffentlichen Stellen zur Übermittlung von Daten an die zuständige Ausländerbehörde (zB für die Einleitung oder Durchführung eines Straf- oder Bußgeldverfahrens, § 87 Abs. 4 S. 1 und S. 2),
- § 90 AufenthG: Pflicht der Ausländerbehörden zur Übermittlung von Daten an die für die Verfolgung und Ahndung von Verstößen gegen Straf- und Bußgeldvorschriften zuständigen Stellen,
- § 91 Abs. 1 und Abs. 2 AufenthG: Speicherung und Löschung personenbezogener Daten,
- § 99 Abs. 1 und Abs. 2 AufenthG: Ermächtigung des Bundesministeriums des Innern zum Erlass von Rechtsverordnungen zur Ausführung des AufenthG.

§ 15 Übergangsregelung

Eine vor dem 28. August 2007 ausgestellte Aufenthaltserlaubnis-EU gilt als Aufenthaltskarte für Familienangehörige eines Unionsbürgers fort.

Die Vorschrift enthält eine Übergangsregelung hinsichtlich der nach § 5 Abs. 2 in der bis zum **1** 27.8.2007 geltenden Fassung ausgestellten Aufenthaltserlaubnisse-EU für drittstaatsangehörige Familienangehörige. Diese Aufenthaltserlaubnisse-EU gelten automatisch als Aufenthaltskarte nach § 5 Abs. 1 fort.

Nach § 5 Abs. 2 in der bis zum 27.8.2007 geltenden Fassung wurde drittstaatsangehörigen **2** Familienangehörigen von Amts wegen eine Aufenthaltserlaubnis-EU ausgestellt. Mit dem Gesetz zur Umsetzung aufenthalts- und asylrechtlicher Richtlinien der Europäischen Union v. 19.8.2007 (BGBl. I 1970) wurde die Terminologie an die der Freizügigkeits-RL angepasst. Drittstaatsangehörigen Familienangehörigen wird seither nach § 5 Abs. 1 eine Aufenthaltskarte ausgestellt (→ § 5 Rn. 3 f.). Die bis zum 27.8.2007 ausgestellten Aufenthaltserlaubnisse-EU gelten automatisch, dh ohne dass es eines behördlichen Umsetzungsaktes bedarf, als Aufenthaltskarte nach § 5 Abs. 1 fort. Eine inhaltliche Überprüfung des Fortbestandes der Freizügigkeitsberechtigung findet nicht statt.

§ 16 Rechtsstellung britischer Staatsangehöriger und ihrer Familienangehörigen

(1) ¹Das in Teil Zwei Titel II Kapitel 1 des Austrittsabkommens vorgesehene Recht auf Einreise und Aufenthalt im Bundesgebiet kann ausgeübt werden, ohne dass es hierfür eines Antrages bedarf. ²Dieses Recht ist ein Aufenthaltsrecht im Sinne des Artikels 18 Absatz 4 des Austrittsabkommens.

(2) ¹Denjenigen,
1. die das Recht nach Absatz 1 ausüben oder
2. die das nach Artikel 24 Absatz 2, auch in Verbindung mit Artikel 25 Absatz 2, des Austrittsabkommens bestehende Recht ausüben, im Bundesgebiet zu wohnen, wird von Amts wegen ein Aufenthaltsdokument im Sinne des Artikels 18 Absatz 4 des Austrittsabkommens (Aufenthaltsdokument-GB) ausgestellt. ²Sie haben ihren Aufenthalt spätestens innerhalb von sechs Monaten nach dem Ende des Übergangszeitraums im Sinne des Teils Vier des Austrittsabkommens bei der zuständigen Ausländerbehörde anzuzeigen, wenn sie nicht bereits Inhaber einer Aufenthaltskarte oder Daueraufenthaltskarte sind. ³Die Vorschriften des Artikels 18 Absatz 1 Unterabsatz 2 Buchstabe b Satz 2 Buchstabe c sowie i bis n des Austrittsabkommens finden entsprechende Anwendung.

(3) Britische Staatsangehörige, die nach Teil Zwei Titel II Kapitel 2 des Austrittsabkommens Rechte als Grenzgänger haben, sind verpflichtet, ein Dokument (Aufenthaltsdokument für Grenzgänger-GB) zu beantragen, mit dem diese Rechte bescheinigt werden.

(4) § 2 Absatz 4 Satz 2 und Absatz 7 und § 5 Absatz 3 und 4 finden entsprechende Anwendung.

(5) Für die Anwendung anderer Gesetze als des Aufenthaltsgesetzes und dieses Gesetzes stehen Aufenthaltsrechte, auf die in den Absätzen 1 und 2 Bezug genommen wird, dem Freizügigkeitsrecht nach § 2 gleich, sofern im Austrittsabkommen oder durch Gesetz nichts Abweichendes bestimmt ist.

(6) ¹Aufenthaltskarten und Daueraufenthaltskarten werden eingezogen, sobald der Inhaber infolge des Austritts des Vereinigten Königreichs Großbritannien und Nordirland aus der Europäischen Union kein Recht nach § 2 Absatz 1 mehr besitzt. ²Sie verlieren ab dem 1. Januar 2022 auf jeden Fall ihre Gültigkeit.

Überblick

Die Vorschrift gewährt kein Recht zum Aufenthalt, sondern regelt nur die verfahrensmäßige Umsetzung der im BrexitAbk (Abkommen über den Austritt des Vereinigten Königreichs Großbritannien und Nordirland aus der Europäischen Union und der Europäischen Atomgemeinschaft v. 24.1.2020, ABl. 2020 L 29, 7) getroffenen Regelungen. Materiell-rechtlich wird das Aufenthaltsrecht der nach dem Austritt des Vereinigten Königreichs Großbritannien und Nordirland aus der EU weiterhin begünstigten britischen Staatsangehörigen, ihrer Familienangehörigen sowie der ihnen nahestehenden Personen allein durch das BrexitAbk begründet (→ Rn. 1; → Rn. 7). Nach Abs. 1 der Vorschrift besteht das Aufenthaltsrecht der vom BrexitAbk Begünstigten kraft Gesetzes und es bedarf keines Antrags auf Verleihung des neuen Aufenthaltsstatus (→ Rn. 6). Die Dokumente zum Nachweis des neuen Aufenthaltsstatus werden nach Abs. 2 S. 1 von Amts wegen ausgestellt (Aufenthaltsdokument-GB); lediglich Grenzgänger müssen nach Abs. 3 die Ausstellung eines Aufenthaltsdokuments für Grenzgänger-GB beantragen (→ Rn. 6). Welche Dokumente für die Statusfeststellung vorzulegen sind, ist im BrexitAbk abschließend geregelt, auf dessen einschlägige Bestimmungen Abs. 2 S. 3 verweist (→ Rn. 13 ff.). Abs. 2 S. 2 der Vorschrift bestimmt die Pflicht, den Aufenthalt bis spätestens 30.6.2021 der zuständigen Ausländerbehörde anzuzeigen; diese Pflicht besteht nicht bei Inhabern von nach bisherigem Recht erteilten Aufenthaltskarten oder Daueraufenthaltskarten (→ Rn. 8). Nach Abs. 4 findet die Bestimmung zur Visumpflicht für drittstaatsangehörige Familienangehörige und drittstaatsangehörige nahestehende Personen (§ 2 Abs. 4 S. 2, → § 2 Rn. 33 ff.) entsprechende Anwendung (→ Rn. 12), ebenso § 2 Abs. 7, wonach das Nichtbestehen des Freizügigkeitsrechts festgestellt werden kann, wenn feststeht, dass die betreffende Person das Vorliegen einer Voraussetzung für dieses Recht durch die Verwendung von gefälschten oder verfälschten Dokumenten oder durch Vorspiegelung falscher Tatsachen vorgetäuscht hat (§ 2 Abs. 7 S. 1, → § 2 Rn. 39 f.) oder – bei einem drittstaatsangehörigen Familienangehörigen – wenn feststeht, dass er dem Unionsbürger nicht zur Herstellung oder Wahrung der familiären Lebensgemeinschaft nachzieht oder ihn nicht zu diesem Zweck begleitet (§ 2 Abs. 7 S. 2, → § 2 Rn. 39 f.). Entsprechende Anwendung finden weiter § 5 Abs. 3 und Abs. 4 (Feststellung des Verlusts des Freizügigkeitsrechts beim Entfall seiner Voraussetzungen, → Rn. 20 f.; → § 5 Rn. 11). Für die Aufenthaltsbeendigung nach §§ 6, 7 trifft § 11 Abs. 12 S. 1 eine Regelung (→ Rn. 19; → § 11 Rn. 21). Auch außerhalb des AufenthG und des FreizügG/EU stehen Aufenthaltsrechte der nach dem BrexitAbk Begünstigten den Inhabern eines Freizügigkeitsrechts gleich; Sonderregelungen im BrexitAbk oder in einem Bundesgesetz gehen allerdings vor (Abs. 5). Die nach bisherigem Recht erteilten Aufenthaltskarten und Daueraufenthaltskarten verlieren am 1.1.2022 ihre Gültigkeit (Abs. 6 S. 2, → Rn. 7). Sie sind bereits vor diesem Zeitpunkt einzuziehen, wenn ihr Inhaber kein unionsrechtliches Aufenthaltsrecht mehr besitzt (Abs. 6 S. 1, → Rn. 8).

Übersicht

A. Allgemeines

1   Das Vereinigte Königreich Großbritannien und Nordirland hat die EU zum 31.1.2020 verlassen. Das **BrexitAbk** (Abkommen über den Austritt des Vereinigten Königreichs Großbritannien und Nordirland aus der Europäischen Union und der Europäischen Atomgemeinschaft v. 24.1.2020, ABl. 2020 L 29, 7) sah in Teil Vier **bis zum 31.12.2020** eine **Übergangszeit** vor, während der britische Staatsangehörige und ihre Familienangehörigen weiterhin wie Unionsbürger behandelt wurden. Für die Zeit **ab dem 1.1.2021** sieht das BrexitAbk in Teil Zwei Titel I Art. 10 BrexitAbk aufenthaltsrechtliche Regelungen grundsätzlich nur für britische Staatsangehörige vor, die bis zum Ende des Übergangszeitraums (31.12.2020) als Unionsbürger freizügigkeitsberechtigt waren **und** von ihrem Freizügigkeitsrecht Gebrauch gemacht hatten (sog. **„Alt-Briten"**, → Rn. 2), sowie für deren Familienangehörige, die vor Ende des Übergangszeitraums in Einklang mit dem Unionsrecht in Deutschland gewohnt haben und danach weiter dort wohnen (→ Rn. 2; → Rn. 10), weiter für den „Alt-Briten" nahestehende Personen, denen vor Ende der Übergangszeitraums ein Aufenthaltsrecht verliehen worden ist und die danach weiter im Bundesgebiet wohnen bleiben (→ Rn. 2). Nach dem Ende des Übergangszeitraums können nach dem BrexitAbk neue Rechte nur noch sehr eingeschränkt durch Familienangehörige von „Alt-Briten" (→ Rn. 3 f.) und den

„Alt-Briten" nahestehende Personen (→ Rn. 4) erworben werden. Das BrexitAbk ist unmittelbar geltendes Recht (→ § 1 Rn. 5); **materiell-rechtlich** wird das Aufenthaltsrecht der in ihm Begünstigten **allein** durch das BrexitAbk begründet. § 16 gewährt kein Recht zum Aufenthalt, sondern regelt nur die verfahrensmäßige Umsetzung der im BrexitAbk getroffenen Regelungen; das Gleiche gilt für § 11 Abs. 11 hinsichtlich der den „Alt-Briten" nahestehenden Personen. Der **Status** der „Alt-Briten" unterscheidet sich vom Freizügigkeitsrecht, ist diesem allerdings sehr ähnlich. Nach § 16 Abs. 5 stehen Aufenthaltsrechte der nach dem BrexitAbk Begünstigten auch außerhalb des AufenthG und des FreizügG/EU den Inhabern eines Freizügigkeitsrechts gleich, wobei Sonderregelungen im BrexitAbk oder in einem Bundesgesetz vorgehen.

Unter **Art. 10 BrexitAbk** fallen britische Staatsangehörige, die   2
- ihr Recht auf Aufenthalt in einem Mitgliedstaat **vor** Ende des Übergangszeitraums im Einklang mit dem Unionsrecht ausgeübt haben **und** danach **weiter** dort wohnen (Art. 10 Abs. 1 lit. b BrexitAbk),
- ihr Recht als Grenzgänger in einem oder mehreren Mitgliedstaaten **vor** Ende des Übergangszeitraums im Einklang mit dem Unionsrecht ausgeübt haben **und** danach **weiter** ausüben (Art. 10 Abs. 1 lit. d BrexitAbk, → Rn. 9),
- deren Familienangehörige, die **vor** Ende des Übergangszeitraums im Einklang mit dem Unionsrecht in Deutschland gewohnt haben **und** danach **weiter** dort wohnen (Art. 10 Abs. 1 lit. e Ziff. i und lit. f BrexitAbk, → Rn. 10),
- die ihnen nahestehenden Personen, denen **vor** Ende des Übergangszeitraums nach nationalem Recht ein Aufenthaltsrecht im Einklang mit Art. 3 Abs. 2 Freizügigkeits-RL verliehen worden ist **und** die danach **weiter** im Bundesgebiet wohnen bleiben (Art. 10 Abs. 2 BrexitAbk, → Rn. 22 f.).

Nach Ende des Übergangszeitraums können nach dem BrexitAbk **neue Rechte** nur noch   3 sehr eingeschränkt erworben werden. Durch **Familienangehörige** von „Alt-Briten": zum einen durch **in gerader absteigender Linie** Verwandte, die **bei Ende des Übergangszeitraums außerhalb Deutschlands gewohnt** haben **und** zum Zeitpunkt des Ersuchens um Nachzug das 21. Lebensjahr nicht vollendet haben oder denen vom „Alt-Briten" Unterhalt gewährt wird (Art. 10 Abs. 1 lit. e Ziff. ii BrexitAbk). Zum anderen durch innerhalb oder außerhalb Deutschlands **nachgeborene** oder **neu adoptierte Kinder** von „Alt-Briten", sofern zu dem Zeitpunkt, zu dem sie um Aufenthalt ersuchen, eine der folgenden Voraussetzungen erfüllt ist (Art. 10 Abs. 1 lit. e Ziff. iii BrexitAbk):
- beide Eltern sind „Alt-Briten",
- der eine Elternteil ist „Alt-Brite", der andere besitzt die deutsche Staatsangehörigkeit,
- der eine Elternteil ist „Alt-Brite" und hat das alleinige oder gemeinsame Sorgerecht für das Kind.

Durch den „Alt-Briten" **nahestehende Personen**: zum einen, wenn die nahestehende Person   4 **vor** Ende des Übergangszeitraums die Erleichterung der Einreise und des Aufenthalts iSv Art. 3 Abs. 2 Freizügigkeits-RL **beantragt** hat **und** ihr **nach** Ende des Übergangszeitraums ein Aufenthaltsrecht nach § 3a **verliehen wird** (Art. 10 Abs. 3 BrexitAbk). Zum anderen, wenn der Lebensgefährte iSd § 1 Abs. 2 Nr. 4, mit dem der „Alt-Brite" eine ordnungsgemäß bescheinigte dauerhafte Beziehung eingegangen ist, vor Ende des Übergangszeitraums außerhalb des Bundesgebiets gewohnt hat, die Beziehung vor Ende des Übergangszeitraums dauerhaft war und zum Zeitpunkt des Antrags auf Erteilung eines Aufenthaltsrechts nach § 3a weiter besteht (Art. 10 Abs. 4 Brexit-Abk, → Rn. 22 f.).

Für andere nach dem Ende des Übergangszeitraums neu einwandernde britische Staatsangehö-   5 rige (sog. **„Neu-Briten"**) enthält das BrexitAbk keine Regelungen. Auf ihren Aufenthalt finden deshalb die allgemeinen Vorschriften des AufenthG Anwendung. Das Gleiche gilt für britische Staatsangehörige, die vor dem Ende des Übergangszeitraums von ihrem Freizügigkeitsrecht Gebrauch gemacht haben, aber nicht zu den vom BrexitAbk Begünstigten gehören, weil sie im Bundesgebiet weder einen Wohnsitz begründet haben noch hier erwerbstätig waren (zB regelmäßige Aufenthalte im Rahmen von Fernbeziehungen). Überschreiten deren Aufenthalte im Schengen-Raum nicht 90 Tage innerhalb von Bezugszeiträumen von 180 Tagen, sind sie bei Erfüllung der Voraussetzungen des Art. 6 Abs. 1 Schengener Grenzkodex im Rahmen des Aufenthaltsrechts nach Art. 20 Abs. 1 SDÜ ohne weiteres zulässig. Ansonsten ist die Erteilung einer Aufenthaltserlaubnis nach § 7 Abs. 1 S. 3 AufenthG (Aufenthaltserlaubnis für einen vom AufenthG nicht vorgesehenen Aufenthaltszweck) zulässig, wobei bei der Ermessensausübung maßgeblich die bisherige unproblematische Handhabung des gelebten Lebensmodells zu berücksichtigen ist.

Im komplexen britischen Staatsangehörigkeitsrecht sind **Varianten der britischen Staatsan-**   6 **gehörigkeit** vorgesehen unter anderem für die Kanalinseln, die Insel Man und eine „British

Nationality Overseas". Nicht alle diese Staatsangehörigkeiten vermittelten die Eigenschaft als Unionsbürger, so sind etwa nicht alle britischen Einwohner der Kanalinseln Unionsbürger gewesen. Zur Klarstellung und Sicherstellung einer kohärenten Auslegung wird daher in § 1 Abs. 2 Nr. 6 auf die **Definition des Begriffes „britischer Staatsangehöriger"** in Art. 2 lit. d BrexitAbk Bezug genommen.

B. Rechtsstellung der vom BrexitAbk Begünstigten

7   § 16 gewährt kein Recht zum Aufenthalt, sondern regelt nur die verfahrensmäßige Umsetzung der im BrexitAbk getroffenen Regelungen. Materiell-rechtlich wird das Aufenthaltsrecht nach dem Austritt des Vereinigten Königreichs Großbritannien und Nordirland aus der EU weiterhin begünstigten britischen Staatsangehörigen, ihrer Familienangehörigen und der ihnen nahestehenden Personen allein durch das BrexitAbk begründet. Nach § 16 Abs. 1 besteht das Aufenthaltsrecht der vom BrexitAbk Begünstigten **kraft Gesetzes** und es bedarf keines Antrags auf Verleihung des neuen Aufenthaltsstatus. Deutschland hat sich damit hinsichtlich der in Art. 18 BrexitAbk eingeräumten Wahlmöglichkeit für das Bescheinigungsverfahren (Art. 18 Abs. 4) und gegen das Antragsverfahren (Art. 18 Abs. 1) entschieden (eine Ausnahme gilt für nahestehende Personen, denen nach Ende des Übergangszeitraums ein Aufenthaltsrecht nach § 3a verliehen wird, → Rn. 4; 25). Zum Nachweis ihres Aufenthaltsstatus wird den „Alt-Briten" nach Abs. 2 S. 1 von **Amts wegen ein Aufenthaltsdokument ausgestellt** (**Aufenthaltsdokument-GB**). Lediglich Grenzgänger müssen nach Abs. 3 die Ausstellung eines Aufenthaltsdokuments für Grenzgänger-GB beantragen (→ Rn. 11). Die nach **bisherigem Recht** erteilten Aufenthaltskarten und Daueraufenthaltskarten verlieren am 1.1.2022 ihre Gültigkeit (Abs. 6 S. 2). Sie sind bereits vor diesem Zeitpunkt einzuziehen, wenn ihr Inhaber kein unionsrechtliches Aufenthaltsrecht mehr besitzt (Abs. 6 S. 1).

8   Abs. 2 S. 2 bestimmt die Pflicht, den **Aufenthalt** bis spätestens 30.6.2021 der zuständigen Ausländerbehörde **anzuzeigen;** erfolgt die Einreise erst nach dem Ende des Übergangszeitraums, endet die Frist drei Monate nach der Einreise oder sechs Monate nach Ende des Übergangszeitraums, wobei der spätere Zeitpunkt maßgebend ist (Art. 18 Abs. 1 UAbs. 2 lit. b S. 2 BrexitAbk, auf den Abs. 2 S. 3 verweist). Eine Anzeigepflicht besteht nicht bei Inhabern einer Aufenthaltskarte oder einer Daueraufenthaltskarte (Abs. 2 S. 2 aE).

I. Rechtsstellung der „Alt-Briten" und ihrer Familienangehörigen

1. Vom BrexitAbk umfasster Personenkreis

9   Zu den vom BrexitAbk Begünstigten, denen **kraft Gesetzes** ein unionsrechtliches Aufenthaltsrecht zusteht, gehören **britische Staatsangehörige,** die
- ihr Recht auf Aufenthalt in einem Mitgliedstaat **vor** Ende des Übergangszeitraums im Einklang mit dem Unionsrecht ausgeübt haben **und** danach **weiter** dort wohnen (Art. 10 Abs. 1 lit. b BrexitAbk),
- ihr Recht als Grenzgänger in einem oder mehreren Mitgliedstaaten **vor** Ende des Übergangszeitraums in Einklang mit dem Unionsrecht ausgeübt haben **und** danach **weiter** ausüben (Art. 10 Abs. 1 lit. d BrexitAbk).

10 Nach den Bestimmungen des BrexitAbk haben weiter folgende (auch drittstaatsangehörige) **Familienangehörige kraft Gesetzes** ein unionsrechtliches Aufenthaltsrecht:
- Familienangehörige, die **vor** Ende des Übergangszeitraums im Einklang mit Unionsrecht in Deutschland gewohnt haben **und** danach **weiter** dort wohnen (Art. 10 Abs. 1 lit. e Ziff. i BrexitAbk). Dies gilt auch, wenn sie **vor** Ende des Übergangszeitraums **aufgrund eines eigenständigen Aufenthaltsrechts** nach § 3 Abs. 3, Abs. 4 oder Abs. 5 FreizügG/EU aF – jetzt § 3 Abs. 2, Abs. 3 oder Abs. 4 – (Tod oder Wegzug des freizügigkeitsberechtigten britischen Staatsangehörigen, Scheidung oder Aufhebung der Ehe oder Lebenspartnerschaft) in Deutschland gewohnt haben und danach weiter dort wohnen (Art. 10 Abs. 1 lit. f BrexitAbk).
- Verwandte in **gerader absteigender Linie,** die **vor Ende des Übergangszeitraums außerhalb Deutschlands gewohnt** haben und zum Zeitpunkt des Ersuchens um Nachzug das 21. Lebensjahr noch nicht vollendet haben oder ihnen vom „Alt-Briten" (→ Rn. 9) Unterhalt gewährt wird (Art. 10 Abs. 1 lit. e Ziff. ii BrexitAbk).
- **Nach Ende des Übergangszeitraums** innerhalb oder außerhalb Deutschlands **nachgeborene** oder **neu adoptierte Kinder** von „Alt-Briten" (→ Rn. 2), sofern zu dem Zeitpunkt, zu dem sie um Aufenthalt ersuchen, eine der in Art. 10 Abs. 1 lit. e Ziff. iii BrexitAbk genannten Voraussetzungen erfüllt ist (→ Rn. 3).

• Besuchen **Kinder** oder **Enkel** eines freizügigkeitsberechtigten Arbeitnehmers oder Selbständigen, der das Bundesgebiet vor dem Ende der Übergangszeit bereits verlassen hat, nach dessen Wegzug im Bundesgebiet eine Bildungseinrichtung, so hat ihr **Personensorgeberechtigter** bis zu ihrer Volljährigkeit ein unionsrechtliches Aufenthaltsrecht und auch noch danach, sofern sie weiterhin der Anwesenheit und der Fürsorge des Personensorgeberechtigten bedürfen, um ihre Ausbildung fortsetzen und abschließen zu können (Art. 24 Abs. 2 und Art. 25 Abs. 2 BrexitAbk, auf die § 16 Abs. 2 S. 1 Nr. 2 ausdrücklich verweist).

Nur soweit das BrexitAbk darüber hinaus keine Regelungen für den **Familiennachzug zu „Alt- 11 Briten"** nach dem Ende des Übergangszeitraums enthält, finden nach § 11 Abs. 10 S. 1 insoweit die Vorschriften des AufenthG zum Familiennachzug entsprechende Anwendung (→ § 11 Rn. 19 f.).

Nach § 16 Abs. 4 finden die Bestimmungen zur **Visumpflicht** für Familienangehörige (§ 2 **12** Abs. 4 S. 2, → § 2 Rn. 33 ff.) entsprechende Anwendung. Entsprechende Anwendung finden auch die Bestimmungen zur Feststellung des Nichtbestehens des Freizügigkeitsrechts wenn feststeht, dass die betreffende Person das Vorliegen einer Voraussetzung für dieses Recht durch die Verwendung von gefälschten oder verfälschten Dokumenten oder durch Vorspiegelung falscher Tatsachen vorgetäuscht hat (§ 2 Abs. 7 S. 1, → § 2 Rn. 39 f.) oder - bei einem drittstaatsangehörigen Familienangehörigen - wenn feststeht, dass er dem „Alt-Briten" nicht zur Herstellung oder Wahrung der familiären Lebensgemeinschaft nachzieht oder ihn nicht zu diesem Zweck begleitet (§ 2 Abs. 7 S. 2, → § 2 Rn. 39 f.). Entsprechende Anwendung finden weiter § 5 Abs. 3 und Abs. 4 (Feststellung des Verlusts des Freizügigkeitsrechts beim Entfall seiner Voraussetzungen, → § 5 Rn. 11 ff.; → Rn. 15).

2. Aufenthaltsdokumente

Die Dokumente zum Nachweis des neuen Aufenthaltsstatus werden nach Abs. 2 S. 1 **von Amts 13 wegen** ausgestellt (Aufenthaltsdokument-GB). **Lediglich Grenzgänger** müssen nach Abs. 3 die Ausstellung eines Aufenthaltsdokuments **beantragen** (Aufenthaltsdokument für Grenzgänger-GB). Nach § 11 Abs. 3 S. 1 gelten die Regelungen des § 78 AufenthG für elektronische Aufenthaltstitel entsprechend für die Ausstellung von Aufenthaltsdokumenten-GB und Aufenthaltsdokumenten für Grenzgänger-GB. Diese Aufenthaltsdokumente tragen die in der Anlage D14 AufenthV festgelegten Bezeichnungen (Abs. 3 S. 2). In der Zone für das automatische Lesen wird anstelle der Abkürzungen nach § 78 Abs. 2 S. 2 Nr. 2 AufenthG in Aufenthaltsdokumenten-GB und Aufenthaltsdokumenten für Grenzgänger-GB die Abkürzung „AR" verwendet (§ 11 Abs. 3 S. 3). Steht ein Dokument mit elektronischem Speicher- und Verarbeitungsmedium noch nicht zur Überlassung an den Berechtigten bereit, ist diesem auf Antrag für die Zeit zwischen der Veranlassung der Herstellung des Dokuments (zentral bei der Bundesdruckerei in Berlin) und seiner Übergabe an den Berechtigten eine Bescheinigung darüber auszustellen, dass die Ausstellung eines solchen Dokuments veranlasst worden ist (**Fiktionsbescheinigung** nach § 81 Abs. 5 AufenthG iVm § 11 Abs. 4 S. 1, → § 11 Rn. 7).

Welche **Nachweise für die Statusfeststellung** vorzulegen sind, ist im BrexitAbk **abschlie- 14 ßend** geregelt, auf dessen einschlägige Bestimmungen (Art. 18 Abs. 1 UAbs. 2 lit. i–n) Abs. 2 S. 3 verweist. Danach kann von **„Alt-Briten" selbst** verlangt werden:
• Zur Überprüfung der **Identität:** ein gültiger Reisepass oder nationaler Personalausweis, deren Anerkennung von keinem anderen Kriterium als ihrer Gültigkeit abhängig gemacht werden darf (Art. 18 Abs. 1 UAbs. 2 lit. i BrexitAbk)
• Von **Arbeitnehmern:** Einstellungsbestätigung des Arbeitgebers oder Beschäftigungsbescheinigung (Art. 18 Abs. 1 UAbs. 2 lit. k Ziff. i)
• Von **Selbständigen:** Nachweis der Selbständigkeit (Art. 18 Abs. 1 UAbs. 2 lit. k Ziff. i BrexitAbk)
• Von **Nichterwerbstätigen:** Nachweis über ausreichende Existenzmittel, sodass keine Sozialhilfeleistungen in Anspruch genommen werden müssen (→ § 5a Rn. 8), und Nachweis über umfassenden Krankenversicherungsschutz für sich und ihre Familienangehörigen (Art. 18 Abs. 1 UAbs. 2 lit. k Ziff. ii BrexitAbk)
• Von **Studenten:** Bescheinigung über die Einschreibung bei einer staatlich anerkannten oder staatlich finanzierten Ausbildungseinrichtung; Bescheinigung über umfassenden Krankenversicherungsschutz; Erklärung oder gleichwertiger Nachweis über ausreichende Existenzmittel für sich und ihre Familienangehörigen, wobei kein bestimmter Existenzmittelbetrag verlangt werden darf (Art. 18 Abs. 1 UAbs. 2 lit. k Ziff. iii BrexitAbk; → § 5a Rn. 8).

15 Von **Familienangehörigen** von „Alt-Briten", die **vor** Ende des Übergangszeitraums im Einklang mit Unionsrecht in Deutschland gewohnt haben **und** danach **weiter** dort wohnen (Art. 10 Abs. 1 lit. e Ziff. i BrexitAbk) können für die Ausstellung eines Aufenthaltsdokument-GB folgende Nachweise verlangt werden:

- Zur Überprüfung der **Identität**: ein gültiger Reisepass; ist der Familienangehörige britischer Staatsbürger genügt ein nationaler Personalausweis. Die Anerkennung der Ausweispapiere darf von keinem anderen Kriterium als ihrer Gültigkeit abhängig gemacht werden (Art. 18 Abs. 1 UAbs. 2 lit. i BrexitAbk)
- Bescheinigung über das Bestehen einer familiären Beziehung oder eingetragenen Partnerschaft (Art. 18 Abs. 1 UAbs. 2 lit. l Ziff. i BrexitAbk)
- Meldebescheinigung des „Alt-Briten" (Art. 18 Abs. 1 UAbs. 2 lit. l Ziff. ii BrexitAbk)
- Bei Verwandten in gerader absteigender Linie, die das 21. Lebensjahr noch nicht vollendet haben oder denen Unterhalt gewährt wird, und bei Verwandten in gerader aufsteigender Linie, denen Unterhalt gewährt wird, ein **urkundlicher** Nachweis, dass diese Voraussetzungen erfüllt sind; das Gleiche gilt für entsprechende Verwandte des Ehegatten oder eingetragenen Partners (Art. 18 Abs. 1 UAbs. 2 lit. l Ziff. iii BrexitAbk)

16 Von **Verwandten in gerader absteigender Linie,** die **vor Ende des Übergangszeitraums außerhalb Deutschlands gewohnt** haben und zum Zeitpunkt des Ersuchens um Nachzug das 21. Lebensjahr noch nicht vollendet haben oder ihnen vom „Alt-Briten" Unterhalt gewährt wird (Art. 10 Abs. 1 lit. e Ziff. ii BrexitAbk) kann für die Ausstellung eines Aufenthaltsdokument-GB **zusätzlich** ein **urkundlicher** Nachweis verlangt werden, dass die vorstehend genannten Voraussetzungen bereits vor Ende des Übergangszeitraums erfüllt waren (Art. 18 Abs. 1 UAbs. 2 lit. m Ziff. iv BrexitAbk).

17 Personen, die **vor Ende des Übergangszeitraums** eine gültige **Daueraufenthaltskarte** besitzen, müssen für die Ausstellung eines Aufenthaltsdokument-GB lediglich einen Identitätsnachweis sowie eine Bestätigung ihres andauernden Aufenthalts vorlegen; ihnen wird das Aufenthaltsdokument-GB **unentgeltlich** ausgestellt (Art. 18 Abs. 1 UAbs. 2 lit. h BrexitAbk, § 49 Abs. 3 S. 2 AufenthV). Alle anderen Berechtigten haben für die Ausstellung eines Aufenthaltsdokuments-GB sowie für die Ausstellung eines Aufenthaltsdokuments für Grenzgänger-GB eine **Gebühr** in Höhe der für die Ausstellung eines Personalausweises an Deutsche (des entsprechenden Alters) erhobenen Gebühr zu entrichten (§ 49 Abs. 3 S. 1 und 3 AufenthV).

3. Daueraufenthaltsrecht

18 Britische Staatsangehörige und ihre Familienangehörigen erwerben unter den Voraussetzungen des § 4a ein Daueraufenthaltsrecht (→ § 4a Rn. 1 ff.). Berücksichtigt werden dabei nach Art. 15 Abs. 1 S. 2 BrexitAbk die entsprechenden Zeiten **vor und nach** Ende des Übergangszeitraums. Nach Art. 15 Abs. 3 BrexitAbk führt nach Erwerb des Daueraufenthaltsrechts nur die **Abwesenheit vom Bundesgebiet, die fünf aufeinanderfolgende Jahre überschreitet, automatisch zum Verlust des Daueraufenthaltsrechts.**

4. Beendigung des Aufenthalts

19 Für die Aufenthaltsbeendigung von der nach dem BrexitAbk Begünstigten gelten die **§§ 6 und 7** entsprechend, wenn sie auf einem Verhalten beruht, das **vor** Ende des Übergangszeitraums stattgefunden hat (§ 11 Abs. 12 S. 1, → § 11 Rn. 21). Hat das Verhalten **nach** Ende des Übergangszeitraums stattgefunden, gilt das AufenthG (§ 11 Abs. 12 S. 2, → § 11 Rn. 21), dies entspricht Art. 20 Abs. 2 BrexitAbk.

20 Die Bestimmungen zur Feststellung des Nichtbestehens des Rechts bei Täuschung oder unterbliebener Herstellung der familiären Lebensgemeinschaft (§ 2 Abs. 7, → § 2 Rn. 39) sowie zur Feststellung des Verlusts des Rechts beim Entfall seiner Voraussetzungen (§ 5 Abs. 3 und Abs. 4, → § 5 Rn. 11) finden nach § 16 Abs. 4 entsprechende Anwendung.

21 Nach § 11 Abs. 12 S. 3 ist nach Wegfall des Aufenthaltsrechts das zum Nachweis des Aufenthaltsrechts ausgestellte Dokument in entsprechender Anwendung des § 52 VwVfG des Bundes einzuziehen.

5. Familiennachzug

21a Keine Regelungen enthält das BrexitAbk für den Familiennachzug zu drittstaatsangehörigen Familienangehörigen der nach dem BrexitAbk Begünstigten. Nach § 11 Abs. 10 S. 1, Abs. 9 S. 1 finden insoweit die Vorschriften des AufenthG zum Familiennachzug entsprechende Anwendung

(→ § 11 Rn. 14; → § 11 Rn. 19). Für den Familiennachzug zu drittstaatsangehörigen Familien-angehörigen oder nahestehenden Personen, die **daueraufenthaltsberechtigt** sind (§ 4a Abs. 1 S. 2, Abs. 3–5, → § 4a Rn. 18) nicht die Vorschriften des FreizügG/EU (§ 3 Abs. 1) gelten die Vorschriften des AufenthG zum Familiennachzug zu Inhabern einer Erlaubnis zum Daueraufent-halt-EU (§ 29 AufenthG) entsprechend.

II. Rechtsstellung der „Alt-Briten" nahestehenden Personen

Nach § 11 Abs. 11 kommen § 3a und die in diesen Fällen geltenden Bestimmungen des **22** FreizügG/EU (zB § 11 Abs. 8, → § 11 Rn. 11; → § 11 Rn. 8) auf **nahestehende Personen britischer Staatsangehöriger** entsprechend zur Anwendung, wenn die britischen Staatsangehöri-gen im Bundesgebiet ein in § 16 genanntes Aufenthaltsrecht ausüben und wenn und solange die Voraussetzungen des Art. 10 Abs. 2, Abs. 3 oder Abs. 4 BrexitAbk erfüllt sind.

Nach den Bestimmungen des BrexitAbk können folgende (auch drittstaatsangehörige) einem **23** „Alt-Briten" **nahestehende Personen** ein unionsrechtliches Aufenthaltsrecht erhalten:
• Ist einer nahestehenden Person eines „Alt-Briten" **vor Ende** der Übergangszeitraums ein Auf-enthaltsrecht im Einklang mit Art. 3 Abs. 2 Freizügigkeits-RL erteilt worden **und** bleibt diese danach weiter im Bundesgebiet wohnen, **behält** sie ihr (unionsrechtliches) Aufenthaltsrecht (Art. 10 Abs. 2 BrexitAbk). **Nach Ende des Übergangszeitraums** können nach dem Brexit-Abk durch den „Alt-Briten" nahestehende Personen sehr eingeschränkt **neue Rechte** erworben werden. Dies betrifft folgende Fallkonstellationen:
• Die nahestehende Person hat **vor** Ende der Übergangszeitraums die Erteilung eines Aufenthalts-rechts im Einklang mit Art. 3 Abs. 2 Freizügigkeits-RL beantragt, das ihr **nach** Ende der Über-gangszeitraums (nach § 3a) verliehen wird (Art. 10 Abs. 3 BrexitAbk).
• Der Lebensgefährte iSd § 1 Abs. 2 Nr. 4 (→ § 1 Rn. 38 ff.), mit dem der „Alt-Brite" eine ordnungsgemäß bescheinigte dauerhafte Beziehung eingegangen ist, hat **vor** Ende des Über-gangszeitraums außerhalb des Bundesgebiets gewohnt, die Beziehung war **vor** Ende des Über-gangszeitraums dauerhaft **und** besteht zum Zeitpunkt des Antrags auf Erteilung eines Aufent-haltsrechts im Einklang mit Art. 3 Abs. 2 Freizügigkeits-RL weiter (Art. 10 Abs. 4 BrexitAbk).

Die erste Fallkonstellation, bei der die nahestehende Person das ihr bereits erteilte Aufenthaltsrecht **24** behält, dürfte selten sein. § 3a ist erst Mitte November 2020 und damit kurz vor Ende des Übergangszeitraums am 31.12.2020 in das FreizügG/EU eingefügt worden. Davor hat Deutsch-land den unter Art. 3 Abs. 2 Freizügigkeits-RL fallenden Personen (nunmehr nahestehende Perso-nen iSd § 1 Abs. 2 Nr. 4) nur selten ein Aufenthaltsrecht gewährt.

Bei den beiden anderen Fallkonstellationen führt nach Art. 10 Abs. 5 BrexitAbk der Aufnahme- **25** staat, dh bereits die für die Visumerteilung zuständige Behörde – nach Abs. 4 iVm § 2 Abs. 4 S. 2 besteht **Visumpflicht** (→ § 2 Rn. 33 f.) –, eine eingehende Untersuchung der persönlichen Umstände durch und begründet eine etwaige Verweigerung der Einreise oder des Aufenthalts. Die Visagebühren entsprechen nach § 2 Abs. 6 S. 2 denjenigen, die von Ausländern erhoben werden, für die das AufenthG gilt (→ § 2 Rn. 38). Nach dem Willen des Gesetzgebers soll es sich bei der Visumpflicht nicht um eine reine Ordnungsvorschift handeln (BT-Drs. 263/20, 48). Ein unionsrechtliches Aufenthaltsrecht entsteht in diesen Fällen auch nicht kraft Gesetzes, sondern muss der nahestehenden Person verliehen werden (→ § 3a Rn. 2).

1. Aufenthaltsdokument

Welche **Nachweise** für die Erteilung eines unionsrechtlichen Aufenthaltsrechts vorzulegen **26** sind, ist im BrexitAbk **abschließend** geregelt, auf dessen einschlägige Bestimmungen (Art. 18 Abs. 1 UAbs. 2 lit. i–n) Abs. 2 S. 3 verweist. Danach kann verlangt werden:
• Zur Überprüfung der **Identität**: ein gültiger Reisepass; ist die nahestehende Person britischer Staatsangehöriger genügt ein nationaler Personalausweis. Die Anerkennung der Ausweispapiere darf von keinem anderen Kriterium als ihrer Gültigkeit abhängig gemacht werden (Art. 18 Abs. 1 UAbs. 2 lit. i BrexitAbk)
• Meldebescheinigung des „Alt-Briten" (Art. 18 Abs. 1 UAbs. 2 lit. l Ziff. ii BrexitAbk
• Wenn der nahestehenden Person **vor Ende** der Übergangszeitraums ein Aufenthaltsrecht im Einklang mit Art. 3 Abs. 2 Freizügigkeits-RL erteilt worden ist, die Bescheinigung einer deut-schen Behörde, dass sie weiter im Bundesgebiet wohnen bleibt (Art. 18 Abs. 1 UAbs. 2 lit. l Ziff. iv BrexitAbk).
• Sonst ein Nachweis, dass **vor Ende** der Übergangszeitraums eine dauerhafte Beziehung mit dem „Alt-Briten" bestanden hat und danach weiter besteht (Art. 18 Abs. 1 UAbs. 2 lit. l Ziff. v BrexitAbk).

27   Wird der nahestehenden Person ein Aufenthaltsrecht verliehen, wird ihr ein Aufenthaltsdokument-GB ausgestellt. Nach § 11 Abs. 4 S. 2 wird dem Antragsteller eine Fiktionsbescheinigung nach § 81 Abs. 5 AufenthG ausgestellt (→ § 11 Rn. 7).

2. Daueraufenthaltsrecht

28   Nach § 11 Abs. 11 sind § 3a und die übrigen Bestimmungen des FreizügG/EU und des AufenthG, die in den Fällen des § 3a gelten, auf nahestehende Personen von „Alt–Briten" entsprechend anzuwenden, solange die Voraussetzungen des § 10 Abs. 2, 3 oder 4 BrexitAbk erfüllt sind. Nahestehende Personen von „Alt–Briten" haben somit nach § 4a Abs. 1 S. 2 ein Daueraufenthaltsrecht, wenn sie sich seit fünf Jahren mit dem „Alt–Briten" ständig rechtmäßig im Bundesgebiet aufgehalten haben (→ § 4a Rn. 6a). Berücksichtigt werden dabei nach Art. 15 Abs. 1 S. 2 BrexitAbk die entsprechenden Zeiten **vor und nach** Ende des Übergangszeitraums. Stirbt der „Alt–Brite", bevor er ein Daueraufenthaltsrecht erworben hat, erhält die ihm nahestehende Person, die im Zeitpunkt seines Todes bei ihm ihren ständigen Wohnsitz hatte, gemäß § 4a Abs. 3 bei Vorliegen bestimmter Voraussetzungen vorzeitig ein Daueraufenthaltsrecht (→ § 4a Rn. 19a). Nach Art. 15 Abs. 3 BrexitAbk führt nach Erwerb des Daueraufenthaltsrechts nur die **Abwesenheit vom Bundesgebiet, die fünf aufeinanderfolgende Jahre überschreitet, automatisch zum Verlust des Daueraufenthaltsrechts.**

3. Beendigung des Aufenthalts

29   Für die Aufenthaltsbeendigung von der nach dem BrexitAbk Begünstigten gelten die **§§ 6 und 7** entsprechend, wenn sie auf einem Verhalten beruht, das **vor** Ende des Übergangszeitraums stattgefunden hat (§ 11 Abs. 12 S. 1, → § 11 Rn. 21). Hat das Verhalten **nach** Ende des Übergangszeitraums stattgefunden, gilt das AufenthG (§ 11 Abs. 12 S. 2, → § 11 Rn. 21), dies entspricht Art. 20 Abs. 2 BrexitAbk.

30   Die Bestimmungen zur Feststellung des Nichtbestehens des Rechts bei Täuschung oder unterbliebener Herstellung der familiären Lebensgemeinschaft (§ 2 Abs. 7, → § 2 Rn. 39) sowie zur Feststellung des Verlusts des Rechts beim Entfall seiner Voraussetzungen (§ 5 Abs. 3 und Abs. 4, → § 5 Rn. 11 f.) finden nach § 16 Abs. 4 entsprechende Anwendung.

31   Nach § 11 Abs. 12 S. 3 ist nach Wegfall des Aufenthaltsrechts das zum Nachweis des Aufenthaltsrechts ausgestellte Dokument in entsprechender Anwendung des § 52 VwVfG des Bundes einzuziehen.

4. Familiennachzug

32   Keine Regelungen enthält das BrexitAbk für den Familiennachzug zu drittstaatsangehörigen nahestehenden Personen der nach dem BrexitAbk Begünstigten. Nach § 11 Abs. 10 S. 1, Abs. 9 S. 1 finden insoweit die Vorschriften des AufenthG zum Familiennachzug entsprechende Anwendung (→ § 11 Rn. 14; → § 11 Rn. 19). Für den Familiennachzug zu drittstaatsangehörigen Familienangehörigen oder nahestehenden Personen, die **daueraufenthaltsberechtigt** sind (§ 4a Abs. 1 S. 2, Abs. 3–5, → § 4a Rn. 18) nicht die Vorschriften des FreizügG/EU (§ 3 Abs. 1) gelten die Vorschriften des AufenthG zum Familiennachzug zu Inhabern einer Erlaubnis zum Daueraufenthalt-EU (§ 29 AufenthG) entsprechend.

Nationales Recht

Allgemeines Verfahrensrecht

Verwaltungsverfahrensgesetz (VwVfG)

In der Fassung der Bekanntmachung vom 23. Januar 2003
(BGBl. I S. 102)
FNA 201-6
– in Auszügen kommentiert –

Teil I. Anwendungsbereich, örtliche Zuständigkeit, elektronische Kommunikation, Amtshilfe, europäische Verwaltungszusammenarbeit

Abschnitt 2. Amtshilfe

§ 4 Amtshilfepflicht

(1) **Jede Behörde leistet anderen Behörden auf Ersuchen ergänzende Hilfe (Amtshilfe).**

(2) **Amtshilfe liegt nicht vor, wenn**
1. **Behörden einander innerhalb eines bestehenden Weisungsverhältnisses Hilfe leisten;**
2. **die Hilfeleistung in Handlungen besteht, die der ersuchten Behörde als eigene Aufgabe obliegen.**

Überblick

Nach Art. 35 Abs. 1 GG sind die Behörden des Bundes und der Länder zur gegenseitigen Rechts- und Amtshilfe verpflichtet. §§ 4–7 konkretisieren diese Pflichten in Bezug auf ihre Voraussetzungen, das anzuwendende Verfahren sowie den Umfang und die Grenzen. Die Vorschriften dienen einer effektiven Durchführung der Verwaltungsaufgaben unter Beachtung der föderalen Teilung der Staatsgewalt zwischen Bund und Ländern im Interesse der Allgemeinheit; sie begründen keine subjektiv-öffentliche Rechte der Bürger.

A. Anwendungsbereich

Amtshilfe im Sinne des VwVfG kann nur zwischen verschiedenen Behörden iSd § 1 Abs. 4 **1** geleistet werden. Danach sind die Regelungen über die Amtshilfe zwischen den Behörden des Bundes und – soweit § 1 diese erfasst – der Länder anwendbar. Sie gelten für jegliches Verwaltungshandeln und sind nicht beschränkt auf Verfahren iSd § 9. Auf Verwaltungshandeln in Privatrechtsform sind die §§ 4 ff. analog anzuwenden (str., wie hier SBS/Schmitz Rn. 14; Huck/Müller/Müller Rn. 4; krit. Ziekow VwVfG Rn. 4.). Ob auch von oder zugunsten von Beliehenen Amtshilfe geleistet werden kann, ist strittig (Sachs/Erbguth GG Art. 35 Rn. 8; BeckOK VwVfG/Funke-Kaiser Rn. 13). Im Verhältnis zu Behörden anderer Mitgliedstaaten der Europäischen Union gelten für Hilfeleistungen die §§ 8a ff.

B. Begriff der Amtshilfe

2   Amtshilfe ist definiert als die lediglich **ergänzende Hilfeleistung** zwischen Behörden. Nach der Legaldefinition des § 4 Abs. 1 VwVfG. NRW. ist Amtshilfe die auf Ersuchen geleistete ergänzende Hilfe zwischen Behörden. Sie ist eine im Einzelfall erfolgende Beistands- und Unterstützungshandlung in einem fremden Verfahren (VG Düsseldorf BeckRS 2019, 16282). Amtshilfe hat dienende Funktion und beschränkt sich auf ein punktuelles Zusammenwirken mit Ausnahmecharakter. Verfahrensherrschaft und Verfahrensverantwortung bleiben bei der das Grundverfahren betreibenden Behörde. Der Bereich zulässiger Amtshilfe wird verlassen, wenn die ersuchte Behörde die Aufgaben der ersuchenden wesentlich oder gar vollständig erfüllt (BVerfG BeckRS 2011, 53034 = NVwZ 2011, 1254).

3   Von der Amtshilfe zu unterscheiden sind die **Organleihe,** die eine Ermächtigung zur Aufgabenerledigung im Außenverhältnis und im eigenen Namen darstellt (BVerfGE 63, 1, 31 = NVwZ 1983, 537; BVerwG NJW 1976, 1468; BGHZ 176, 256 = NVwZ 2009, 199), das **Mandat** für ein Handeln im Außenverhältnis in fremdem Namen, die **Delegation,** also die Übertragung der Zuständigkeit von einer höheren Behörde an eine nachgeordnete Behörde zur selbstständigen Wahrnehmung der Aufgabe im eigenen Namen, sowie schließlich die **Rechtshilfe,** die zwischen Gerichten stattfindet und insoweit häufig unscharf jedwede Tätigkeit von Gerichten für Gerichte bezeichnet.

4   Amtshilfe liegt nicht vor, wenn sich Behörden innerhalb eines bestehenden Weisungsverhältnisses Hilfe leisten (Abs. 2 Nr. 1) oder die Hilfeleistung der ersuchten Behörde ohnehin als eigene Aufgabe obliegt (Abs. 2 Nr. 2). Besteht nämlich die Hilfeleistung in Handlungen, die der ersuchten Behörde als eigene Aufgabe obliegen, liegt keine Amtshilfe vor. Dies ist zwingende Folge des Wesens der Amtshilfe, im Rahmen derer die ersuchte Behörde fremdnützig und altruistisch handelt, da sie ihr Verwaltungshandeln als Teilakt eines fremden Verwaltungsverfahrens in fremdem Interesse erbringt (VG Düsseldorf BeckRS 2019, 16282).

C. Rechtsschutz

5   Maßnahmen im Rahmen der Amtshilfe entfalten gegenüber dem Bürger keine Außenwirkung und können von ihm deshalb nicht isoliert angegriffen werden; er kann nur mittelbar eine Prüfung durch Anfechtung des gesamten Verwaltungsakts herbeiführen.

6   Im Verhältnis verschiedener Behörden untereinander bestimmen sich die Pflicht zur Amtshilfeleistung, deren Grenzen und Ausgestaltung nach dem Recht der ersuchten Behörde. Mit einer insoweit bestehenden Verpflichtung korrespondiert ein **Anspruch** der ersuchenden Behörde, den diese ggf. gerichtlich geltend machen kann. Der Rechtsweg richtet sich nach dem Recht der ersuchten Behörde (BVerwGE 160, 169 = NJW 2018, 716; BVerwG NVwZ 1986, 467; VGH BW BeckRS 2021, 10136; NVwZ-RR 1990, 337; OLG Karlsruhe BeckRS 2008, 13767).

---

§ 5 Voraussetzungen und Grenzen der Amtshilfe

(1) **Eine Behörde kann um Amtshilfe insbesondere dann ersuchen, wenn sie**
1. **aus rechtlichen Gründen die Amtshandlung nicht selbst vornehmen kann;**
2. **aus tatsächlichen Gründen, besonders weil die zur Vornahme der Amtshandlung erforderlichen Dienstkräfte oder Einrichtungen fehlen, die Amtshandlung nicht selbst vornehmen kann;**
3. **zur Durchführung ihrer Aufgaben auf die Kenntnis von Tatsachen angewiesen ist, die ihr unbekannt sind und die sie selbst nicht ermitteln kann;**
4. **zur Durchführung ihrer Aufgaben Urkunden oder sonstige Beweismittel benötigt, die sich im Besitz der ersuchten Behörde befinden;**
5. **die Amtshandlung nur mit wesentlich größerem Aufwand vornehmen könnte als die ersuchte Behörde.**

(2) ¹**Die ersuchte Behörde darf Hilfe nicht leisten, wenn**
1. **sie hierzu aus rechtlichen Gründen nicht in der Lage ist;**
2. **durch die Hilfeleistung dem Wohl des Bundes oder eines Landes erhebliche Nachteile bereitet würden.**
²**Die ersuchte Behörde ist insbesondere zur Vorlage von Urkunden oder Akten sowie zur Erteilung von Auskünften nicht verpflichtet, wenn die Vorgänge nach einem Gesetz oder ihrem Wesen nach geheim gehalten werden müssen.**

(3) Die ersuchte Behörde braucht Hilfe nicht zu leisten, wenn
1. eine andere Behörde die Hilfe wesentlich einfacher oder mit wesentlich geringerem Aufwand leisten kann;
2. sie die Hilfe nur mit unverhältnismäßig großem Aufwand leisten könnte;
3. sie unter Berücksichtigung der Aufgaben der ersuchenden Behörde durch die Hilfeleistung die Erfüllung ihrer eigenen Aufgaben ernstlich gefährden würde.

(4) Die ersuchte Behörde darf die Hilfe nicht deshalb verweigern, weil sie das Ersuchen aus anderen als den in Absatz 3 genannten Gründen oder weil sie die mit der Amtshilfe zu verwirklichende Maßnahme für unzweckmäßig hält.

(5) ¹Hält die ersuchte Behörde sich zur Hilfe nicht für verpflichtet, so teilt sie der ersuchenden Behörde ihre Auffassung mit. ²Besteht diese auf der Amtshilfe, so entscheidet über die Verpflichtung zur Amtshilfe die gemeinsame fachlich zuständige Aufsichtsbehörde oder, sofern eine solche nicht besteht, die für die ersuchte Behörde fachlich zuständige Aufsichtsbehörde.

Überblick

§ 5 regelt als zentrale Vorschrift die Voraussetzungen und Grenzen der Amtshilfe. Abs. 1 zählt beispielhaft Fälle möglicher Amtshilfe auf. Abs. 2 nennt Verbotsgründe, bei deren Vorliegen ein Ersuchen abzulehnen ist. Abs. 3 listet – wie sich aus Abs. 4 ergibt – abschließend Gründe für eine ermessensfehlerfreie Verweigerung der Amtshilfe auf. Abs. 5 bestimmt, wie Streitigkeiten über die Verpflichtung zur Amtshilfe vorgerichtlich zu lösen sind.

A. Voraussetzungen eines Amtshilfeersuchens (Abs. 1)

§ 5 Abs. 1 nennt Fälle, in denen „insbesondere" Amtshilfe zulässig ist; die Aufzählung ist **1** folglich nicht abschließend. Ob sich eine Behörde zur Erfüllung ihrer Aufgaben der ergänzenden Hilfe einer anderen Behörde bedienen will, steht in ihrem pflichtgemäßen Ermessen. Eine Ermessensreduzierung ist vorstellbar, vor allem bei gebundenen Hauptentscheidungen, zu deren Vornahme die ersuchende Behörde Hilfsmaßnahmen einer anderen Behörde benötigt. Kommen hierfür mehrere Behörden in Betracht, so richtet sich die Auswahl nach § 6.

I. Rechtliche Gründe

§ 5 Abs. 1 Nr. 1 ermöglicht Amtshilfe, wenn die ersuchende Behörde aus rechtlichen Gründen **2** zu der Amtshandlung nicht in der Lage ist. Derartiges rechtliches Unvermögen ist etwa gegeben, wenn die Behörde zu einer Teilhandlung des Verfahrens infolge örtlicher und / oder sachlicher Unzuständigkeit rechtlich nicht in der Lage ist (ob auch Fälle der sachlichen Unzuständigkeit erfasst werden, ist strittig; bejahend etwa SBS/Schmitz Rn. 6; Huck/Müller/Müller Rn. 4; verneinend dagegen Schlink NVwZ 1986, 249 (254); BeckOK VwVfG/Funke-Kaiser Rn. 9). Allerdings erweitert § 5 Abs. 1 Nr. 1 nicht die Kompetenzen der ersuchenden Behörde, weshalb die fehlende Befugnis zum Erlass der Hauptentscheidung nicht im Wege der Amtshilfe gleichsam ersetzt werden kann.

II. Tatsächliche Gründe

§ 5 Abs. 1 Nr. 2 nennt als weiteren Fall der Amtshilfe das Unvermögen der ersuchenden **3** Behörde infolge fehlender personeller und sächlicher Ausstattung. Zwar kommt es insoweit nicht darauf an, ob die ersuchende Behörde dieses Unvermögen zu verantworten hat, weshalb auch eine zeitweise Überlastung hierunter fällt. Die Kompensation einer dauerhaften Überlastung trotz entsprechenden Aufgabenzuschnitts stellt aber bereits begrifflich keine Amtshilfe mehr dar. Ferner genügt es nicht, wenn die Amtshandlung bei der ersuchten Behörde mit geringerem Aufwand als bei der ersuchenden erledigt werden kann.

III. Fehlende Tatsachenkenntnis

Amtshilfe ist nach § 5 Abs. 1 Nr. 3 möglich, wenn die ersuchende Behörde zur Aufgabenerledi- **4** gung auf die Kenntnis von Tatsachen angewiesen ist, die ihr unbekannt sind und die sie selbst nicht ermitteln kann. Diese Tatsachen können bei der ersuchten Behörde bereits vorhanden oder erst noch von ihr zu ermitteln sein. Er stellt damit einen **Auffangtatbestand** dar. Die Erstellung von Gutachten und die Erteilung von Rechtsauskünften zählen nicht zu den Tatsachen.

IV. Fehlen von Beweismitteln

5   Das Fehlen von Urkunden und sonstigen Beweismitteln, die die ersuchende Behörde für die Aufgabenerledigung benötigt, begründet nach § 5 Abs. 1 Nr. 4 ein Amtshilfeersuchen an diejenigen Behörde, in deren Besitz sich diese Beweismittel befinden. Hierfür reicht aus, dass die ersuchende Behörde von der bloßen Möglichkeit der Verwendung der Unterlagen als Beweismittel ausgeht, deren Unverzichtbarkeit ist nicht erforderlich.

V. Wesentlich größerer Aufwand

6   § 5 Abs. 1 Nr. 5 erlaubt Amtshilfe aus Gründen der Effizienz, wenn die ersuchende Behörde zwar zur Durchführung der Amtshandlung in der Lage ist, aber nur mit wesentlich höherem Aufwand als die ersuchte Behörde. Der maßgebliche Aufwand wird gekennzeichnet durch Einfachheit, Schnelligkeit und Kosten. Entscheidend ist insoweit der Teilakt, für den die Erforderlichkeit einer Amtshilfe begründet werden soll (OVG NRW BeckRS 2011, 53034 = NVwZ 2011, 1254).

VI. Weitere Gründe

7   § 5 Abs. 1 ist nicht abschließend; vielmehr können auch andere Gründe eine Amtshilfe im Interesse effektiveren Verwaltungshandelns oder der Kosteneinsparung rechtfertigen. Zu denken ist etwa an die Gewährung der Akteneinsicht an einen Beteiligten durch eine an seinem Wohnort ansässige Behörde oder die Überlassung eines Sitzungssaals an eine Behörde, die zwar an ihrem Sitz über solche Einrichtungen verfügt, einen Erörterungstermin aber vor Ort durchführen will.

B. Zwingende Ablehnungsgründe (Abs. 2)

8   § 5 Abs. 2 nennt abschließend die Gründe, aus denen sich ein **Verbot der Amtshilfe** ergibt. Ob ein solcher Verbotsgrund vorliegt, ist nach dem Recht der ersuchten Behörde zu beantworten.

I. Rechtliche Gründe

9   Die Amtshilfe ist nach § 5 Abs. 2 S. 1 Nr. 1 dann ausgeschlossen, wenn die ersuchte Behörde aus rechtlichen Gründen zur Vornahme der Amtshilfehandlung außer Stande ist. Gemeint sind Fälle, in denen die ersuchte Behörde sachlich oder örtlich unzuständig ist oder ihr die Befugnis fehlt, in Rechte außenstehender Dritter einzugreifen, denn die Amtshilfe vermag deren Befugnisse nicht zu erweitern (VGH BW NJW 1997, 3110). Die rechtliche Unzulässigkeit betrifft nicht nur die Gewährung der Amtshilfe, sondern führt auch bereits zur Rechtwidrigkeit des Ersuchens.

II. Erhebliche Nachteile für das Wohl des Bundes oder eines Landes

10   Amtshilfe ist unzulässig, wenn sich durch die Vornahme der Amtshilfehandlung erhebliche Nachteile für das Wohl des Bundes oder eines Landes ergäben (§ 5 Abs. 2 S. 1 Nr. 2). Dieser Verbotsgrund ist mit dem der § 29 Abs. 2, § 84 Abs. 3, § 99 Abs. 1 S. 2 VwGO, § 119 Abs. 1 SGG, § 86 Abs. 2 FGO, § 96 StPO, § 37 Abs. 4 S. 1 BeamtStG inhaltsgleich und unterliegt als unbestimmter Rechtsbegriff der vollen gerichtlichen Überprüfbarkeit. Erhebliche Nachteile entstehen regelmäßig nur durch eine Beeinträchtigung oder Gefährdung des Bestandes oder der Funktionsfähigkeit des Staates und seiner Einrichtungen (BVerwGE 75, 1 (13 f.) = NJW 1987, 202). Hierzu zählt auch die Gewährleistung einer funktionstüchtigen Strafrechtspflege (vgl. BVerfGE 46, 214 = NJW 1977, 2355) durch ungestörte und von außen unbeeinflusste Durchführung von Strafverfahren (OLG Frankfurt a. M. BeckRS 2020, 34134). Der Behörde steht kein Beurteilungsspielraum zu.

III. Geheimhaltungspflichten

11   § 5 Abs. 2 S. 2 verbietet der ersuchten Behörde die Amtshilfe, soweit die Vorgänge kraft Gesetzes oder ihrem Wesen nach geheim gehalten werden müssen. Gesetzliche Geheimhaltungspflichten ergeben sich etwa aus § 30 im Allgemeinen oder Art. 10 GG, §§ 39 ff. PostG, § 88 ff. TKG, § 35 SGB I, §§ 68 ff. SGB X und § 30 AO im Besonderen.

12   Außer in Fällen einer gesetzlichen Geheimhaltungspflicht ist die Amtshilfe zu verweigern, wenn die mit der Hilfeleistung zu offenbarenden Informationen ihrem Wesen nach geheim zu halten sind. Auch insoweit steht der Behörde kein Beurteilungsspielraum zu, ihre Entscheidung ist

gerichtlich voll überprüfbar. Die objektive Schutzbedürftigkeit kann sich vor allem daraus ergeben, dass die erbetene Handlung in die Persönlichkeits- und Intimsphäre eines Dritten eingreift (BVerwGE 50, 255 (264) = NJW 1976, 1364 (1365)). Stets ist eine Interessen- und Güterabwägung zwischen dem Interesse der Behörde an der Amtshilfe und den für die Geheimhaltung sprechenden Gründen vorzunehmen (SBS/Schmitz Rn. 31 mwN).

C. Fakultative Ablehnungsgründe (Abs. 3)

§ 5 Abs. 3 stellt die Verweigerung der Amtshilfe bei Vorliegen eines der genannten Gründe in **13** das pflichtgemäße Ermessen der ersuchten Behörde. Die Aufzählung ist, wie sich im Umkehrschluss aus § 5 Abs. 4 ergibt, abschließend. Weitere Weigerungsgründe, insbesondere ein Verweis auf Unzweckmäßigkeit oder Rechtswidrigkeit der Hauptentscheidung scheiden aus (VGH BW NVwZ-RR 1990, 337 (338); Ziekow VwVfG Rn. 18; wohl auch SBS/Schmitz Rn. 14; aA Huck/Müller/Müller Rn. 20; BeckOK VwVfG/Funke-Kaiser Rn. 30, 58).

I. Effizienzgesichtspunkte

Die ersuchte Behörde kann nach § 5 Abs. 3 Nr. 1 die Amtshilfe ablehnen, wenn eine **dritte 14 Behörde** die Hilfe wesentlich einfacher oder mit wesentlich geringerem Aufwand leisten kann. Sie darf die ersuchende Behörde weder darauf verweisen, dass diese selbst oder ein Privater die betreffende Handlung schneller und kostengünstiger vornehmen könnte (Huck/Müller/Müller Rn. 17).

Die ersuchte Behörde darf die Hilfe nach § 5 Abs. 3 Nr. 2 auch verweigern, wenn sie diese **15** nur mit einem **unverhältnismäßig großen Aufwand** leisten könnte. Dies ist der Fall, wenn zwischen dem Aufwand für die Leistung der Amtshilfe und dem Aufwand für die Erledigung eigener Aufgaben der ersuchten Behörde ein Missverhältnis besteht (BT-Drs. 7/910, 40; SBS/Schmitz Rn. 35; Ziekow VwVfG Rn. 20). Die ersuchte Behörde ist verpflichtet, weiteres Personal einzustellen oder zusätzliche Sachmittel zu beschaffen. Hinsichtlich finanzieller Aufwendungen ist § 8 Abs. 1 zu beachten.

II. Unzumutbarkeit

Schließlich kann die Behörde nach § 5 Abs. 3 Nr. 3 die Amtshilfe verweigern, wenn sie ihr **16 unzumutbar** ist, weil die Hilfeleistung die eigene Aufgabenerfüllung ernstlich gefährden würde. Eine **ernstliche Gefährdung** liegt vor, wenn die Erfüllung dringender eigener Angelegenheiten infolge sachlicher und personeller Überlastung nicht nur kurzfristig und vorübergehend nicht mehr gewährleistet ist. Geringfügige Erschwerungen sind danach hinzunehmen (SBS/Schmitz Rn. 36).

D. Grenzen des Ablehnungsrechts (Abs. 4)

§ 5 Abs. 4 hat insoweit klarstellende Funktion, als die Weigerungsgründe des § 5 Abs. 3 **17** abschließend sind und eine Ablehnung der Amtshilfe aus anderen Gründen, etwa aus Zweckmäßigkeitserwägungen, ausscheidet.

E. Streitentscheidung und Rechtsschutz (Abs. 5)

Bei Meinungsverschiedenheiten zwischen der ersuchenden und der ersuchten Behörde über **18** die Verpflichtung zur Amtshilfe muss die ersuchte Behörde – wenn sie ihre Verpflichtung verneint – ihre Auffassung der ersuchenden Behörde mitteilen. Besteht die ersuchende Behörde weiterhin auf der Hilfe, so entscheidet die gemeinsam fachlich zuständige Aufsichtsbehörde oder, sofern eine solche nicht besteht, die nach dem jeweiligen Verwaltungsorganisationsrecht für die ersuchte Behörde zuständige Aufsichtsbehörde.

Das Streitentscheidungsverfahren des § 5 Abs. 5 ist obligatorisch und Voraussetzung für eine **19** gerichtliche Durchsetzung des Amtshilfeanspruchs (VG Minden NVwZ 1989, 90). Wurde das Verfahren nach § 5 Abs. 5 nicht durchgeführt, fehlt es am Rechtsschutzbedürfnis für die Klage.

§ 6 Auswahl der Behörde

Kommen für die Amtshilfe mehrere Behörden in Betracht, so soll nach Möglichkeit eine Behörde der untersten Verwaltungsstufe des Verwaltungszweigs ersucht werden, dem die ersuchende Behörde angehört.

1   § 6 beschränkt das Ermessen der ersuchenden Behörde bei der Auswahl der Behörde, die um
     die Hilfeleistung ersucht werden soll.

2   Zwar steht die Entscheidung über die Inanspruchnahme von Amtshilfe grundsätzlich im Ermes-
     sen der ersuchenden Behörde, die Sollvorschrift des § 6 schränkt jedoch bei mehreren für ein
     Ersuchen in Betracht kommenden Behörden die Auswahl ein. Bei der Behörde der untersten
     Verwaltungsstufe wird es sich häufig um eine Gemeinde- oder Kreisverwaltung handeln, weshalb
     eine Vermutung dafür spricht, dass sie wegen ihrer Vertrautheit mit den örtlichen Verhältnissen
     die Amtshilfe zweckmäßig und kostengünstig leisten kann.

3   Etwas gilt etwa, wenn ein Ausnahmefall oder eine atypische Situation vorliegt, wie bspw. im
     Fall des § 5 Abs. 3 (→ § 5 Rn. 13). Allerdings hat die Nichtbeachtung des § 6 keinerlei Folgen.

4   Mit „Verwaltungszweig" ist die nach dem Ressortprinzip zu ermittelnde Fachverwaltung
     gemeint (SBS/Schmitz Rn. 5).

§ 7 Durchführung der Amtshilfe

**(1) Die Zulässigkeit der Maßnahme, die durch die Amtshilfe verwirklicht werden
soll, richtet sich nach dem für die ersuchende Behörde, die Durchführung der Amtshilfe
nach dem für die ersuchte Behörde geltenden Recht.**

**(2) [1]Die ersuchende Behörde trägt gegenüber der ersuchten Behörde die Verantwor-
tung für die Rechtmäßigkeit der zu treffenden Maßnahme. [2]Die ersuchte Behörde ist
für die Durchführung der Amtshilfe verantwortlich.**

Überblick

§ 7 trifft für die Fälle, in denen für das Handeln von ersuchender und ersuchter Behörde
unterschiedliche Normen gelten, eine eindeutige Regelung für das anzuwendende Recht. Diese
bestimmt im Interesse der Rechtssicherheit zugleich deren rechtliche Verantwortung.

A. Anzuwendendes Recht

1   Herrin des Verfahrens ist die ersuchende Behörde. Die rechtliche Zulässigkeit der Gesamtmaß-
     nahme beantwortet sich deshalb allein nach dem Recht der ersuchenden Behörde. Dagegen ist
     die Amtshilfe selbst, dh die Handlung aufgrund des Ersuchens, von der ersuchten Behörde zu
     verantworten, weshalb sich die Durchführung der Amtshilfe allein nach deren Recht bestimmt.

B. Verantwortungsbereiche

I. Außenwirkung

2   Amtshilfe wird im behördlichen Innenverhältnis geleistet, weshalb der Hilfeleistung der ersuch-
     ten Behörde regelmäßig keine Außenwirkung zukommt. Der Bürger kann sich deshalb nur gegen
     die Gesamtmaßnahme der ersuchenden Behörde zur Wehr setzen (BayVGH NVwZ 1987, 613
     (614)). Nur wenn eine Amtshilfeleistung iSd § 44a S. 2 VwGO ausnahmsweise Außenwirkung
     entfaltet, kann der Bürger sie angreifen (SBS/Schmitz Rn. 9).

II. Haftung

3   Entscheidend für die Haftung ist nach § 7 Abs. 2, welche Behörde durch welche Maßnahme
     Rechte des Bürgers verletzt. Aus diesem Grund haftet der Rechtsträger der ersuchenden Behörde,
     wenn deren Gesamtmaßnahme rechtswidrig ist und dem Bürger hierdurch unmittelbar ein Scha-
     den zugefügt wird; dies gilt auch dann, wenn die Rechtswidrigkeit der Gesamtmaßnahme aus einer
     fehlerhaften Hilfeleistung der ersuchten Behörde ohne Außenwirkung resultiert (SBS/Schmitz
     Rn. 10 f.). Der Rechtsträger der ersuchten Behörde ist hingegen verantwortlich, wenn durch die
     unmittelbare Ausführung der Hilfeleistung ein Schaden verursacht wird (OLG Düsseldorf NVwZ-
     RR 1995, 2).

§ 8 Kosten der Amtshilfe

**(1) [1]Die ersuchende Behörde hat der ersuchten Behörde für die Amtshilfe keine
Verwaltungsgebühr zu entrichten. [2]Auslagen hat sie der ersuchten Behörde auf Anforde-**

rung zu erstatten, wenn sie im Einzelfall 35 Euro übersteigen. ³Leisten Behörden desselben Rechtsträgers einander Amtshilfe, so werden die Auslagen nicht erstattet.

(2) Nimmt die ersuchte Behörde zur Durchführung der Amtshilfe eine kostenpflichtige Amtshandlung vor, so stehen ihr die von einem Dritten hierfür geschuldeten Kosten (Verwaltungsgebühren, Benutzungsgebühren und Auslagen) zu.

§ 8 betrifft die Kostenerstattung im Innenverhältnis der an der Amtshilfe beteiligten Behörden. **1** Die Erstattung der Amtshilfekosten richtet sich nach dem Recht der um Amtshilfe ersuchten Behörde (BVerwGE 162, 296 = NVwZ-RR 2018, 850).

§ 8 Abs. 1 S. 1 schließt die Erstattung von Verwaltungsgebühren für die Amtshilfe aus. Nach **2** § 8 Abs. 1 S. 2 sind Auslagen von der ersuchenden Behörde zu erstatten, wenn die ersuchte Behörde diese anfordert und sie im Einzelfall 35,00 EUR übersteigen. Der Anspruch der ersuchten Behörde auf Erstattung der Auslagen der Amtshilfe umfasst die amtshilfebedingten Mehrkosten, nicht dagegen Anteile der laufenden Personal- und Sachkosten (BVerwGE 162, 296 = NVwZ-RR 2018, 850).

Auslagen sind die bei der Amtshilfe entstehenden, den allgemeinen Verwaltungsaufwand über **3** steigenden Kosten wie Post- und Telekommunikationsentgelte, Reisekosten, aber auch Überstundenzuschläge und Zeugenentschädigungen (OLG Hamburg BeckRS 9998, 33827).

Hierbei schließt die aus dem Amtshilfeverhältnis zwischen ersuchender und ersuchter Behörde **4** resultierende besondere Pflichten- und Vertrauensbeziehung die Geltendmachung der Verjährung aus (OVG RhPf BeckRS 2010, 56851).

Stellt die Hilfeleistung eine kostenpflichtige Amtshandlung der ersuchten Behörde dar, so kann **5** diese selbst Kosten erheben, die etwaige Verwaltungs- und Benutzungsgebühren sowie Auslagen umfassen.

Abschnitt 3. Europäische Verwaltungszusammenarbeit

§ 8a Grundsätze der Hilfeleistung

(1) Jede Behörde leistet Behörden anderer Mitgliedstaaten der Europäischen Union auf Ersuchen Hilfe, soweit dies nach Maßgabe von Rechtsakten der Europäischen Gemeinschaft geboten ist.

(2) ¹Behörden anderer Mitgliedstaaten der Europäischen Union können um Hilfe ersucht werden, soweit dies nach Maßgabe von Rechtsakten der Europäischen Gemeinschaft zugelassen ist. ²Um Hilfe ist zu ersuchen, soweit dies nach Maßgabe von Rechtsakten der Europäischen Gemeinschaft geboten ist.

(3) Die §§ 5, 7 und 8 Absatz 2 sind entsprechend anzuwenden, soweit Rechtsakte der Europäischen Gemeinschaft nicht entgegenstehen.

Überblick

Die §§ 8a–8e sind durch Art. 4a des Gesetzes zur Umsetzung der Dienstleistungsrichtlinie im Gewerberecht und in weiteren Rechtsvorschriften v. 17.7.2009 (BGBl. I 2091) in das VwVfG eingefügt worden (allg. Korte NVwZ 2007, 501; Schmitz/Prell NVwZ 2009, 1121; Shirvani DVBl 2012, 1338) und am 28.12.2009 in Kraft getreten. Hierdurch wurden Art. 21, 28–35 Dienstleistungs-RL (RL 2006/123/EG v. 12.12.2006, ABl. 2006 L 376, 36) in nationales Recht umgesetzt.

A. Regelungsgehalt

Obwohl Art. 28, 29 Dienstleistungs-RL (RL 2006/123/EG v. 12.12.2006, ABl. 2006 L 376, **1** 36) mit „Amtshilfe" überschrieben sind, geht die Verwaltungszusammenarbeit gem. Kapitel VI der Dienstleistungs-RL weit über eine bloße Amtshilfe nach §§ 4 ff. hinaus. Charakteristisch für die Amtshilfe nach deutschem Verständnis ist, dass sie auf ergänzende Hilfe im Einzelfall beschränkt ist, demgegenüber konstituieren Art. 28 ff. Dienstleistungs-RL nach der unionsrechtlichen Begrifflichkeit eine **permanente Verwaltungszusammenarbeit**. Auf diese Weise werden die Mitgliedstaaten zur Ergreifung von Maßnahmen für eine wirksame Zusammenarbeit bei der Kontrolle der Dienstleistungserbringer und ihrer Dienstleistungen verpflichtet.

2   Das Zusammenwirken der Behörden aller Mitgliedstaaten untereinander und mit der Kommission soll die grenzüberschreitende Erbringung von Dienstleistungen im Binnenmarkt administrativ kontrollfähig halten. Aus diesem Grund vermeidet § 8a den Begriff der Amtshilfe und verwendet den der Hilfeleistung, um die Unterscheidung von der Amtshilfe im tradierten Sinne der §§ 4 ff. zu verdeutlichen.

B. Im Einzelnen

I. Hilfeleistung durch deutsche Behörden

3   Nach Abs. 1 sind Behörden im des Geltungsbereichs des VwVfG verpflichtet, Behörden anderer Mitgliedstaaten auf deren Ersuchen Hilfe zu leisten, soweit dies nach Maßgabe von Rechtsakten der Europäischen Gemeinschaft geboten ist. Die Voraussetzungen solcher Ersuchen richten sich nach den einschlägigen Vorschriften des betreffenden Mitgliedstaats in Verbindung mit dem die Hilfeleistungspflicht begründenden europäischen Rechtsakt.

4   Ein Ersuchen in diesem Sinne liegt vor, wenn eine deutsche Behörde von der Behörde eines anderen Mitgliedstaats aufgefordert wird, eine konkrete Maßnahme vorzunehmen, ohne dass es auf die innerstaatliche Zuständigkeitsverteilung ankäme. Ist die ersuchte Behörde unzuständig, so ist sie zur Weiterleitung an die zuständige Behörde nicht verpflichtet. Im Anwendungsbereich der Dienstleistungs-RL muss sie das Ersuchen allerdings an die Verbindungsstelle nach Art. 28 Abs. 2 Dienstleistungs-RL übergeben, die wiederum zur Adressierung des Ersuchens an die zuständige Behörde verpflichtet ist. Die weiteren Anforderungen an die Form des Ersuchens regelt § 8b. Von Amts wegen vorzunehmende Hilfeleistungen erfasst § 8d.

II. Hilfeersuchen durch deutsche Behörden

5   Abs. 2 regelt den Fall, dass ersuchende Stelle eine deutsche Behörde und ersuchte Stelle die Behörde eines anderen EU-Mitgliedstaates ist. Ein **fakultatives Hilfeersuchen** muss nach dem jeweiligen Rechtsakt der EU zugelassen sein; es zu stellen, steht im Ermessen der deutschen Behörde (S. 1). Bei einem **obligatorischen Hilfeersuchen** handelt es sich um eine gebundene Entscheidung; hierzu ist die Behörde nach EU-Recht verpflichtet (vgl. etwa Art. 35 Dienstleistungs-RL).

C. Simultangesetzgebung

6   Die europäische Verwaltungszusammenarbeit umfasst direkte Hilfeleistungen zwischen Bundes-, Landes- oder Kommunalbehörden und ausländischen Behörden, weshalb sie sowohl bundes- als auch landesrechtlich umzusetzen war. Zwar regeln Bund und Länder das Verwaltungsverfahrensrecht für ihre eigenen Behörden grundsätzlich selbst. Wegen der für Bund und Länder gleichermaßen geltenden Umsetzungspflichten aus Rechtsakten der Europäischen Gemeinschaft bestand jedoch die Notwendigkeit eines einheitlichen Vorgehens. Die Übereinstimmung im Wortlaut ist nach § 137 Abs. 1 Nr. 2 VwGO Voraussetzung für die Revisibilität auch der Landesverwaltungsverfahrensgesetze und dient damit der einheitlichen Auslegung der Vorschriften durch die Gerichte. Wesentlich war für die Simultangesetzgebung außerdem der Aspekt der Verwaltungsvereinfachung (BT-Drs. 16/13399, 11).

§ 8b Form und Behandlung der Ersuchen

(1) ¹Ersuchen sind in deutscher Sprache an Behörden anderer Mitgliedstaaten der Europäischen Union zu richten; soweit erforderlich, ist eine Übersetzung beizufügen. ²Die Ersuchen sind gemäß den gemeinschaftsrechtlichen Vorgaben und unter Angabe des maßgeblichen Rechtsakts zu begründen.

(2) ¹Ersuchen von Behörden anderer Mitgliedstaaten der Europäischen Union dürfen nur erledigt werden, wenn sich ihr Inhalt in deutscher Sprache aus den Akten ergibt. ²Soweit erforderlich, soll bei Ersuchen in einer anderen Sprache von der ersuchenden Behörde eine Übersetzung verlangt werden.

(3) Ersuchen von Behörden anderer Mitgliedstaaten der Europäischen Union können abgelehnt werden, wenn sie nicht ordnungsgemäß und unter Angabe des maßgeblichen Rechtsakts begründet sind und die erforderliche Begründung nach Aufforderung nicht nachgereicht wird.

(4) ¹Einrichtungen und Hilfsmittel der Kommission zur Behandlung von Ersuchen sollen genutzt werden. ²Informationen sollen elektronisch übermittelt werden.

Überblick

§ 8b ist die zentrale Form- und Verfahrensvorschriften für die Behandlung von Hilfeleistungsersuchen in der Europäischen Verwaltungszusammenarbeit. Geregelt werden Anforderungen an die Sprache und die Begründung der Ersuchen deutscher Behörden an Behörden anderer Mitgliedstaaten (Abs. 1), sprachliche und Begründungserfordernisse für Ersuchen, die von Behörden anderer Mitgliedstaaten an deutsche Behörden gerichtet werden (Abs. 2 und Abs. 3) sowie die Nutzung von Einrichtungen und Hilfsmitteln der Kommission und die elektronische Übermittlung von Informationen (Abs. 4).

A. Sprachregelung, Übersetzung- und Begründungspflicht

Abs. 1 und Abs. 2 gewährleisten durch die Vorgabe, die deutsche Sprache zu verwenden, dass **1** die Akten für alle Verfahrensbeteiligten, für andere Sachbearbeiter, für Aufsichtsbehörden und für Gerichte verständlich sind und das Verwaltungsverfahren damit nachvollziehbar und überprüfbar bleibt (§ 23 Abs. 1, § 184 GVG). Für Ersuchen von Behörden anderer Mitgliedstaaten ist danach eine Übersetzung erforderlich. Sofern das Ersuchen bereits vor der Vorlage einer Übersetzung hinreichend verständlich ist, kann schon mit der Bearbeitung begonnen werden.

Unproblematisch ist ein Informationsaustausch in einer anderen Sprache, wenn sichergestellt **2** ist, dass alle wesentlichen Verfahrensschritte auch in deutscher Sprache aktenkundig gemacht werden. Dies erfordert eine deutsche Übersetzung jedenfalls vor Abschluss der Bearbeitung. Anderenfalls ist das Ersuchen abzulehnen (Huck/Müller/Müller Rn. 6).

Demgegenüber stellt Abs. 3 die Ablehnung in das pflichtgemäße Ermessen der ersuchten (deut- **3** schen) Behörde, wenn das Ersuchen nicht ordnungsgemäß und unter Angabe des maßgeblichen Rechtsakts begründet bzw. die erforderliche Begründung nach Aufforderung nicht nachgereicht wird. Ist der zugrunde liegende Rechtsakt zwar nicht ausdrücklich genannt, aber ohne weiteres erkennbar, so wäre eine Ablehnung des Ersuchens wegen fehlender Angabe des maßgeblichen Rechtsakts ermessensfehlerhaft (Schmitz/Prell NVwZ 2009, 1121 (1126); SBS/Schmitz Rn. 14).

B. Einrichtungen und Hilfsmittel der Kommission, elektronische Übermittlung

Nach Abs. 4 S. 1 sollen bei der Behandlung von Hilfeersuchen die Einrichtungen und Hilfsmit- **4** tel der Kommission genutzt werden. Die Vorschrift meint in erster Linie das im Jahre 2007 eingeführte sog. **Binnenmarktinformationssystem** (Internal Market Information System – IMI; IMI-VO – VO (EU) 1024/2012 v. 25.10.2012, ABl. 2012 L 316, 1), ein für die grenzüberschreitende Verwaltungszusammenarbeit in der Europäischen Union entwickeltes Instrument (Europäische Kommission, Handbuch zur Umsetzung der Dienstleistungsrichtlinie, 2007, 62).

Gemäß Abs. 4 S. 2 sollen Informationen grundsätzlich **elektronisch übermittelt** werden. **5** Ausnahmen gelten für solche Informationsinhalte und -formate, die entweder nicht, nur eingeschränkt oder nur mit unverhältnismäßigem Aufwand elektronisch übermittelt werden können (gedacht ist an Fälle technischer Unmöglichkeit oder besonderer Sensibilität der Daten, vgl. BT-Drs. 16/13399, 14).

§ 8c Kosten der Hilfeleistung

Ersuchende Behörden anderer Mitgliedstaaten der Europäischen Union haben Verwaltungsgebühren oder Auslagen nur zu erstatten, soweit dies nach Maßgabe von Rechtsakten der Europäischen Gemeinschaft verlangt werden kann.

Die Regelung betrifft Kostenerstattungsansprüche, die eine ersuchte deutsche Behörde gegen- **1** über einer ersuchenden Behörde eines anderen Mitgliedstaates im Rahmen der Amtshilfe geltend machen kann. § 8c geht insoweit der allgemeinen Regel des § 8 vor.

2   Gebühren oder Kostenerstattung können von der ersuchenden Behörde nur auf der Grundlage des Sekundärrechts verlangt werden. Das EU-Recht geht grundsätzlich von der Gegenseitigkeit des gezogenen Nutzens und damit einem langfristigen Kostenausgleich aus. Soweit der im Ersuchen in Bezug genommene europäische Rechtsakt eine Kostenregelung vorsieht, ist diese zu beachten.

3   Es genügt, wenn der Gemeinschaftsrechtsakt eine Gebührenerhebung oder Auslagenerstattung zulässt; er muss sie nicht ausdrücklich anordnen. Deshalb können für die Gewährung des Registerzugangs nach Art. 28 Abs. 7 Dienstleistungs-RL Gebühren erhoben werden, wenn inländische Behörden insoweit einer Kostentragungspflicht unterliegen (BT-Drs. 16/13399, 14).

§ 8d Mitteilungen von Amts wegen

(1) ¹**Die zuständige Behörde teilt den Behörden anderer Mitgliedstaaten der Europäischen Union und der Kommission Angaben über Sachverhalte und Personen mit, soweit dies nach Maßgabe von Rechtsakten der Europäischen Gemeinschaft geboten ist. ²Dabei sollen die hierzu eingerichteten Informationsnetze genutzt werden.**

(2) **Übermittelt eine Behörde Angaben nach Absatz 1 an die Behörde eines anderen Mitgliedstaats der Europäischen Union, unterrichtet sie den Betroffenen über die Tatsache der Übermittlung, soweit Rechtsakte der Europäischen Gemeinschaft dies vorsehen; dabei ist auf die Art der Angaben sowie auf die Zweckbestimmung und die Rechtsgrundlage der Übermittlung hinzuweisen.**

Überblick

Im Unterschied zu den §§ 8a–8c betrifft § 8d keine Ersuchen um Hilfeleistungen, sondern **Pflichtmitteilungen** nach EU-Recht über Sachverhalte und Personen, deren Adressaten Behörden anderer Mitgliedstaaten und die Kommission sein können.

A. Allgemeines

1   Abs. 1 begründet **Mitteilungspflichten** in dem in Rechtsakten der Europäischen Gemeinschaft vorgesehenen Umfang und setzt so diese Rechtsakte damit. Insbesondere Art. 29 Abs. 3 Dienstleistungs-RL und Art. 32 Abs. 1 Dienstleistungs-RL sehen solche Mitteilungspflichten vor (sog. Vorwarnmechanismus). Danach hat jeder Mitgliedstaat die Pflicht, die übrigen betroffenen Mitgliedstaaten sowie die Kommission zu unterrichten, wenn er Kenntnis von Umständen in Zusammenhang mit einer **Dienstleistungstätigkeit** erhält, die eine ernste Gefahr oder schweren Schaden für die Gesundheit oder Sicherheit von Personen oder für die Umwelt verursachen könnten.

2   In diesem Kontext gehört auch § 11b Abs. 1 S. 2 und S. 3 GewO. Danach gibt die deutsche Behörde Daten an die zuständige ausländische Stelle weiter, wenn tatsächliche Anhaltspunkte dafür vorliegen, dass deren Kenntnis zur Aufgabenerfüllung notwendig ist; nach pflichtgemäßem Ermessen kann die deutsche Behörde ihrerseits einen Datenaustausch mit der zuständigen Stelle des betreffenden Staates vornehmen, soweit dies zur Aufgabenerfüllung erforderlich ist. Der Datenaustausch erfolgt regelmäßig über das **Binnenmarktinformationssystem** (IMI), das die Funktion eines „**Vorwarnkoordinators**" vorsieht. Dieser wird von Bund und Ländern jeweils für ihre Zuständigkeitsbereiche bestimmt.

B. Unterrichtung des Betroffenen

3   Soweit Rechtsakte der Europäischen Gemeinschaft eine Information des Betroffenen bei **Datenübermittlungen** an Behörden anderer Mitgliedstaaten anordnen, werden diese in Bezug genommen und damit umgesetzt. Abs. 2 regelt in Anlehnung an datenschutzrechtliche Bestimmungen (vgl. Art. 14 DS-GVO – VO (EU) 2016/679 v. 27.4.2016, ABl. 2016 L 119, 1) den Umfang der Unterrichtungspflicht der übermittelnden Behörde gegenüber dem Betroffenen.

4   Eine besondere Unterrichtungspflicht gegenüber dem Betroffenen über auf behördlicher Ebene ausgetauschte Informationen ergibt sich etwa aus der Regelung des Art. 33 Abs. 1 S. 2 Dienstleistungs-RL, die den Austausch von Informationen über die **Zuverlässigkeit des jeweiligen Dienstleistungserbringers** betrifft (Disziplinar- oder Verwaltungsmaßnahmen, strafrechtliche Sanktionen, Entscheidungen wegen Insolvenz oder Konkurs mit betrügerischer Absicht).

C. Datenschutz

Im Übrigen richtet sich der Datenschutz bei Mitteilungen nach Abs. 1 nach dem jeweils **5** einschlägigen bereichsspezifischen Gemeinschaftsrecht und der DS-GVO (zu dem an die DS-GVO angepassten Bundesdatenschutzrecht vgl. Greve NVwZ 2017, 737; ferner SBS/Schmitz Rn. 9 f.). Soweit die gemeinschaftsrechtlichen Datenschutzbestimmungen der Ergänzungen durch den nationalen Gesetzgeber zulassen, sind das entsprechende Umsetzungsgesetz, sonstige bereichsspezifische nationale Datenschutzbestimmungen und ggf. subsidiär das BDSG (Bundesdatenschutzgesetz v. 30.6.2017, BGBl. I 2097) zu beachten.

§ 8e Anwendbarkeit

¹Die Regelungen dieses Abschnitts sind mit Inkrafttreten des jeweiligen Rechtsaktes der Europäischen Gemeinschaft, wenn dieser unmittelbare Wirkung entfaltet, im Übrigen mit Ablauf der jeweiligen Umsetzungsfrist anzuwenden. ²Sie gelten auch im Verhältnis zu den anderen Vertragsstaaten des Abkommens über den Europäischen Wirtschaftsraum, soweit Rechtsakte der Europäischen Gemeinschaft auch auf diese Staaten anzuwenden sind.

Überblick

§ 8e bestimmt Zeitpunkt und Umfang der Anwendung der Regelungen über die europäische Zusammenarbeit.

A. Beginn der Zusammenarbeit

S. 1 regelt die Anwendbarkeit in Abhängigkeit von dem jeweiligen Rechtsakt der Europäischen **1** Gemeinschaft. Entfalten diese wie Verordnungen unmittelbare Wirkung gelten die Vorschriften über die Verwaltungszusammenarbeit unmittelbar ab dem Inkrafttreten des jeweiligen Rechtsaktes, anderenfalls – etwa im Fall von Richtlinien – mit Ablauf der jeweiligen Umsetzungsfrist.

B. Erstreckung auf EWR-Staaten

S. 2 stellt zudem klar, dass die Grundsätze der Verwaltungszusammenarbeit nicht nur im Verhält- **2** nis zu den Behörden der Europäischen Union, sondern auch im Verhältnis zu den anderen drei Staaten gelten, die mit den Mitgliedstaaten der Europäischen Union den Europäischen Wirtschaftsraum bilden (Island, Liechtenstein und Norwegen).

Soweit Angehörige dieser Staaten Rechte aus Rechtsakten der Europäischen Gemeinschaft in **3** Anspruch nehmen können, muss auch eine grenzüberschreitende Verwaltungszusammenarbeit mit diesen Staaten – etwa zur Gewährleistung einer ordnungsgemäßen Kontrolle von grenzüberschreitend tätigen Dienstleistern – möglich sein.

Teil II. Allgemeine Vorschriften über das Verwaltungsverfahren

Abschnitt 1. Verfahrensgrundsätze

§ 23 Amtssprache

(1) **Die Amtssprache ist deutsch.**

(2) **¹Werden bei einer Behörde in einer fremden Sprache Anträge gestellt oder Eingaben, Belege, Urkunden oder sonstige Dokumente vorgelegt, soll die Behörde unverzüglich die Vorlage einer Übersetzung verlangen. ²In begründeten Fällen kann die Vorlage einer beglaubigten oder von einem öffentlich bestellten oder beeidigten Dolmetscher oder Übersetzer angefertigten Übersetzung verlangt werden. ³Wird die verlangte Übersetzung nicht unverzüglich vorgelegt, so kann die Behörde auf Kosten des Beteiligten**

selbst eine Übersetzung beschaffen. [4]Hat die Behörde Dolmetscher oder Übersetzer herangezogen, erhalten diese in entsprechender Anwendung des Justizvergütungs- und -entschädigungsgesetzes eine Vergütung.

(3) Soll durch eine Anzeige, einen Antrag oder die Abgabe einer Willenserklärung eine Frist in Lauf gesetzt werden, innerhalb deren die Behörde in einer bestimmten Weise tätig werden muss, und gehen diese in einer fremden Sprache ein, so beginnt der Lauf der Frist erst mit dem Zeitpunkt, in dem der Behörde eine Übersetzung vorliegt.

(4) [1]Soll durch eine Anzeige, einen Antrag oder eine Willenserklärung, die in fremder Sprache eingehen, zugunsten eines Beteiligten eine Frist gegenüber der Behörde gewahrt, ein öffentlich-rechtlicher Anspruch geltend gemacht oder eine Leistung begehrt werden, so gelten die Anzeige, der Antrag oder die Willenserklärung als zum Zeitpunkt des Eingangs bei der Behörde abgegeben, wenn auf Verlangen der Behörde innerhalb einer von dieser zu setzenden angemessenen Frist eine Übersetzung vorgelegt wird. [2]Andernfalls ist der Zeitpunkt des Eingangs der Übersetzung maßgebend, soweit sich nicht aus zwischenstaatlichen Vereinbarungen etwas anderes ergibt. [3]Auf diese Rechtsfolge ist bei der Fristsetzung hinzuweisen.

Überblick

§ 23 stellt für den sachlichen Anwendungsbereich des VwVfG klar, welche Sprache im behördlichen Verkehr maßgeblich ist. Abs. 1 legt die Amtssprache fest. Abs. 2 bestimmt die Möglichkeiten der Behörde, auf fremdsprachige Anträge zu reagieren. Abs. 3 regelt den Fristbeginn für ein Tätigwerden der Behörde, wenn bei ihr Erklärungen in einer fremden Sprache eingehen. Für den umgekehrten Fall normiert Abs. 4 die Auswirkungen fremdsprachiger Erklärungen auf Fristen und Ansprüche des Beteiligten. Eine Regelung über die Beteiligung eines Sprachmittlers oder Dolmetschers für die Durchführung der mündlichen Verhandlung fehlt in § 23 anders als in § 185 GVG, § 17 Abs. 1 AsylG. Verständigungsprobleme aus anderen als sprachlichen Gründen werden hier nicht geregelt (vgl. zu diesen SBS/Schmitz Rn. 70 ff.).

A. Gebrauch der Amtssprache

I. Grundsatz

1   Die **deutsche Amtssprache** gilt für amtliche Mitteilungen, Entscheidungen, Bescheide usw, durch die rechtliche Wirkungen wie etwa Fristen ausgelöst werden (VG Berlin BeckRS 2014, 53913: Keine Verwaltungsaktsqualität eines mit „Information importante" überschriebenen in französischer Sprache verfassten Schriftstücks einer deutschen Behörde). Die Vorschrift dient der Praktikabilität des Verwaltungsverfahrens, gewährt jedoch weder nach ihrem Wortlaut noch nach ihrem Sinn und Zweck subjektive Rechte für den Einzelnen (VG Berlin BeckRS 2020, 46153).

2   Im schriftlichen Verfahren ist – anders als im mündlichen Umgang, der auch Mundart erlaubt – nur Hochdeutsch zulässig (SBS/Schmitz Rn. 24 ff.). Akten sind vollständig, nachvollziehbar und einer gerichtlichen Überprüfung zugänglich in deutscher Sprache zu führen (OVG MV NJW 2008, 3016 (3018)).

II. Fremdsprachen

3   Aus dem Grundsatz, dass die Amtssprache deutsch ist (Abs. 1), folgt – anders als bei der Bestimmung der Gerichtssprache nach § 184 GVG (die Rechtswirksamkeit fremdsprachiger Schriftstücke im Gerichtsverkehr verneinend etwa BGH NJW 1982, 532; 1984, 2050; BSG BeckRS 1986, 30718913; BayObLG NJW-RR 1987, 379; bejahend dagegen BVerwG NJW 1990, 3103; BayVGH NJW 1976, 1048; OLG Frankfurt a. M. NJW 1980, 1173; FG Saarland NJW 1989, 3112; zum Streitstand SBS/Schmitz Rn. 29 ff.; MAH VerwR/Bender § 24 Rn. 17 verweist auf Erfahrungswerte der verwaltungsgerichtlichen Praxis, denen zufolge fremdsprachige Schriftstücke, die nicht in angemessener Übersetzung vorgelegt werden, unter Hinweis auf die Gerichtssprache unberücksichtigt bleiben) – jedoch nicht, dass fremdsprachige Erklärungen, insbesondere bestimmende Anträge und Erklärungen unbeachtlich wären. Sie sind vielmehr grundsätzlich entgegenzunehmen und gem. § 23 Abs. 2–4 zu bearbeiten. Nach dem auch hier anzuwendenden § 130 BGB wird ein fremdsprachiger Antrag als Willenserklärung mit Zugang bei der Behörde wirksam gestellt, sofern er als solcher zu erkennen ist (SBS/Schmitz Rn. 30; Ziekow VwVfG Rn. 4).

§ 13 AsylG greift diesen Gedanken auf, indem er sowohl den mündlichen und als auch konklu- **4** denten Asylantrag ausdrücklich zulässt, obwohl er regelmäßig in einer fremden Sprache gestellt werden wird. Für das weitere Verfahren ist etwa in § 17 Abs. 1 AsylG die Beiziehung eines Dolmetschers oder eines Übersetzers bzw. sonstigen Sprachmittlers ausdrücklich vorgeschrieben.

B. Behandlung fremdsprachiger Eingaben

Abs. 2 bestimmt für den Umgang mit fremdsprachigen Eingaben, dass die Behörde grundsätzlich **5** verpflichtet ist, unverzüglich die Vorlage einer Übersetzung zu verlangen. Hiervon kann abgesehen werden, wenn es sich nicht um verfahrensbestimmende Anträge handelt und der Inhalt dem Amtswalter aufgrund von besonderen Sprachkenntnissen verständlich ist.

Grundlage für die Bearbeitung und Bescheidung des von einem Ausländer in einer fremden **6** Sprache gestellten Antrags ist grundsätzlich die von dem Antragsteller vorgelegte Übersetzung seines Antrags ins Deutsche (BVerwG NVwZ-RR 1991, 109 (110)). In Einzelfällen kann die Behörde noch die Beglaubigung einer Übersetzung oder die eigenständige Übersetzung durch einen öffentlich bestellten und beeidigten Übersetzer oder Dolmetscher fordern. Eine beglaubigte Übersetzung darf im Anwendungsbereich der Dienstleistungs-RL (RL 2006/123/EG v. 12.12.2006, ABl. 2006 L 376, 36) nur aus zwingenden Gründen des Allgemeininteresses verlangt werden (Art. 5 Abs. 3 Dienstleistungs-RL). Ob die Behörde auf Kosten des Beteiligten selbst eine Übersetzung veranlasst, steht in ihrem Ermessen.

Aus Abs. 2 ist jedenfalls zu folgern, dass ein der deutschen Sprache nicht hinreichend mächtiger **7** Ausländer alle ihm zumutbaren Anstrengungen unternehmen muss, um den Inhalt einer öffentlich-rechtlichen Erklärung erfassen zu können (BVerfG NVwZ 1992, 262 (263); 1992, 1080 f.; BVerwG InfAuslR 1994, 128 (129) = BeckRS 1993, 31230544), weshalb er erforderlichenfalls selbst für einen Dolmetscher zu sorgen hat. Unterlässt er dies, kann er eine von ihm dennoch abgegebene Willenserklärung nicht wegen Irrtums anfechten (NdsOVG NVwZ 1999, 1013 (1014); Ziekow VwVfG Rn. 6).

C. Auswirkungen auf Fristen

§ 23 Abs. 3 und Abs. 4 betreffen Beginn und Wahrung von Fristen im Hinblick auf fremdspra- **8** chige Anträge, Anzeigen und Willenserklärungen. Nach Abs. 3 beginnen Fristen für ein behördliches Tätigwerden bei Anträgen in fremder Sprache erst mit dem Vorliegen einer Übersetzung. Auf diese Weise wird vermieden, dass eine Zustimmungsfiktion – etwa nach § 22 Abs. 5 S. 4 BauGB, § 15 Abs. 2 S. 2 BImSchG – eintreten kann oder die Behörde verspätet reagiert, solange nur die fremdsprachliche Erklärung vorliegt (Ziekow VwVfG Rn. 7).

Abs. 4 S. 1 fingiert im Interesse des fremdsprachigen Antragstellers den Eingangszeitpunkt **9** seiner Erklärung mit der Einreichung der fremdsprachigen Fassung, sofern er innerhalb einer von der Behörde zu setzenden angemessenen Frist die Übersetzung nachreicht. Sollte die gesetzte Frist zu kurz bemessen sein, ist eine neue Frist zu setzen (VG München BeckRS 2016, 122362; Huck/Müller/Huck Rn. 19).

Erst die Vorlage der Übersetzung entfaltet fristwahrende Wirkung, sofern sich nicht aus zwi- **10** schenstaatlichen Vereinbarungen etwas anderes ergibt (SBS/Schmitz Rn. 69). Auf diese Rechtsfolge ist nach S. 3 **bei der Fristsetzung** hinzuweisen, weshalb ein nachträglicher Hinweis nicht genügt. Der Hinweis muss vielmehr gleichzeitig mit der Fristsetzung gegeben werden. Ist er unterblieben, so kann er nur nachgeholt werden, wenn zugleich eine neue wiederum angemessene Frist gesetzt wird (SBS/Schmitz Rn. 68).

§ 24 Untersuchungsgrundsatz

(1) ¹Die Behörde ermittelt den Sachverhalt von Amts wegen. ²Sie bestimmt Art und Umfang der Ermittlungen; an das Vorbringen und an die Beweisanträge der Beteiligten ist sie nicht gebunden. ³Setzt die Behörde automatische Einrichtungen zum Erlass von Verwaltungsakten ein, muss sie für den Einzelfall bedeutsame tatsächliche Angaben des Beteiligten berücksichtigen, die im automatischen Verfahren nicht ermittelt würden.

(2) Die Behörde hat alle für den Einzelfall bedeutsamen, auch die für die Beteiligten günstigen Umstände zu berücksichtigen.

(3) Die Behörde darf die Entgegennahme von Erklärungen oder Anträgen, die in ihren Zuständigkeitsbereich fallen, nicht deshalb verweigern, weil sie die Erklärung oder den Antrag in der Sache für unzulässig oder unbegründet hält.

Überblick

§ 24 normiert den Grundsatz der Amtsermittlung. Danach muss die Behörde den Sachverhalt, soweit er entscheidungserheblich ist, selbst und vollständig ermitteln. Grundsätzlich gilt dies auch, wenn automatische Einrichtungen für den Erlass von Verwaltungsakten eingesetzt werden; hierbei müssen Angaben der Beteiligten jedoch dann berücksichtigt werden, wenn sie in diesem Verfahren nicht ermittelt werden können. Während § 86 VwGO wesentlich durch die Rechtsschutzgarantie des Art. 19 Abs. 4 GG geprägt ist und deshalb dem privaten Interesse des Bürgers sowie der gerichtlichen Kontrolle eines in der Vergangenheit begründeten Sachverhaltes dient, ist § 24 auf die Ermittlung eines Sachverhaltes gerichtet, der Grundlage einer regelmäßig in die Zukunft gerichteten Verwaltungsentscheidung ist (BVerwG NVwZ 1999, 535; SBS/Kallerhoff/Fellenberg Rn. 2).

A. Sachverhaltsermittlung

1 § 24 verpflichtet die Behörde, ermächtigt sie aber nicht zu den für die Sachverhaltsaufklärung erforderlichen Maßnahmen; hierfür bedarf es anderer Rechtsgrundlagen (Ziekow VwVfG Rn. 1). Art und Umfang der für die Sachverhaltsfeststellung erforderlichen Ermittlungen bestimmt die Behörde gem. Abs. 1 S. 2 nach pflichtgemäßem Ermessen mit Blick auf die Entscheidungserheblichkeit der jeweiligen Umstände, das Erfordernis der Überzeugungsbildung und verfügbare Beweismittel (BVerwG BeckRS 2004, 24386; 2002, 22949).

1a Abs. 1 S. 3 enthält **zwei nicht normierte Anforderungen an die Verwaltung.** Für die Betroffenen muss – erstens – die **Möglichkeit bestehen oder geschaffen werden, tatsächliche Angaben zu machen.** Die Vorschrift lässt – angesichts der Vielfalt der gegenwärtigen und zukünftigen Anwendungsfelder des Verwaltungsverfahrensrechts – offen, wie der Betroffene seine Angaben macht. Die Behörde muss für das jeweilige Verfahren geeignete Möglichkeiten für die Beteiligten schaffen. Erforderlich ist, die für die Herstellung einer ausreichenden Sachverhaltsermittlung und Einzelfallgerechtigkeit etwa notwendige nähere Regelungen zu treffen. Die gemachten tatsächlichen Angaben müssen – zweitens – Berücksichtigung finden (vgl. etwa Ziekow VwVfG Rn. 12b, 12c; SBS/Kallerhoff/Fellenberg Rn. 57d, 57e). Zwar wurde die Möglichkeit automatisierter Verfahren gleichsam „vor die Klammer gezogen" und allgemein geregelt, dennoch erscheint es wenig sinnvoll, die konkrete Ausgestaltung dem jeweiligen Fachrecht zu überlassen. Die konkrete Formulierung setzt mit den daran angesprochenen Angaben des Beteiligten dessen **Tätigwerden** voraus; dies wiederum erfordert, dass ihm hierzu Gelegenheit gegeben wird, er also von dem bevorstehenden Erlass eines Verwaltungsakts Kenntnis erlangt. Dies ist bei belastenden Verwaltungsakten wegen des Erfordernisses der vorherigen Anhörung (→ § 28 Rn. 1) weniger problematisch, obwohl die Erfahrung lehrt, dass derartige Anhörungen auch häufig unterlassen werden. Bei begünstigenden Verwaltungsakten erfolgt regelmäßig keine Anhörung; dennoch können sie sich nachteilig für den Betroffenen auswirken, wenn die Begünstigung hinter dem zurückbleibt, was der Betroffene beanspruchen könnte, hätte er zuvor Gelegenheit gehabt, die ihm günstigen Umstände vorzutragen. Auf diese Weise wird der Betroffene in beiden Fällen genötigt, ein Widerspruchsverfahren oder gar – soweit das verwaltungsgerichtliche Vorverfahren abgeschafft wurde bzw. wird – ein Klageverfahren anzustrengen. Aus einer Anhörung folgt zwar grundsätzlich kein Recht auf Erörterung der vorgebrachten Tatsachen und der hierzu gemachten Rechtsausführungen; eine dahingehende Notwendigkeit kann sich aber aus der Verpflichtung der Behörde zur vollständigen Ermittlung des Sachverhalts bei anderenfalls nicht oder nur schwer aufklärbaren Fragen ergeben (VG Greifswald BeckRS 2020, 36900).

2 Sie ist an das Vorbringen und etwaige Beweisanträge der Beteiligten nicht gebunden; diese sind zwar nach § 26 zur Mitwirkung verpflichtet, können aber insoweit nur Anregungen geben (→ § 26 Rn. 4).

B. Berücksichtigungsgebot

3 Die Behörde hat alle bedeutsamen und damit auch die für die Beteiligten günstigen Umstände zu berücksichtigen (Abs. 2; OVG Bln-Bbg NJOZ 2010, 940 (941)). Zur Problematik bei automatisierten Verfahren → Rn. 1a.

C. Entgegennahme von Erklärungen

4 Sie muss außerdem Erklärungen und Anträge entgegennehmen, soweit sie hierfür zuständig ist (Abs. 3). Demgemäß ist sie auch dann zur Bearbeitung des Folgeantrags verpflichtet, wenn sie

diesen mangels Vortrags begründender Tatsachen für unbegründet oder schon für unzulässig hält (VG Würzburg BeckRS 2021, 9371). Denn die Begründung eines gestellten Antrags ist regelmäßig keine Voraussetzung für dessen Wirksamkeit. Eine Zurückweisung von Anträgen und Erklärungen als unzulässig oder offensichtlich unbegründet ist deshalb – von wenigen Ausnahmen abgesehen – rechtswidrig (vgl. zur Fristversäumung bei unterfrankierter Briefsendung einerseits VGH BW Die Justiz 1988, 100; andererseits HmbOVG NJW 1995, 3137).

Hierzu sind die erforderlichen organisatorischen Vorkehrungen zu treffen, die etwa die Einrich- **5** tung eines Nachtbriefkastens für fristwahrende Erklärungen (BVerfG NJW 1976, 747) und das Bereithalten moderner Kommunikationsmittel umfassen (BVerfGE 69, 381= NJW 1986, 244; SBS/Kallerhoff/Fellenberg Rn. 76 ff.). Keinesfalls darf der Zugang von Erklärungen, Anträgen, Anregungen oder sonstigem Vorbringen unnötig erschwert werden (BVerfGE 52, 203 (207) = NJW 1980, 580; BVerfGE 69, 381 (385) = NJW 1986, 244; BVerfG NJW 2005, 3346; NJW-RR 2008, 446).

D. Dokumentationspflicht

Mit dem Untersuchungsgrundsatz korrespondiert die Pflicht der Behörden zur Dokumentation **6** der gewonnenen Erkenntnisse durch vollständige Aktenführung; diese steht einer Zurückhaltung von Informationen und Wertungen und erst recht auch deren Entfernung aus den Akten entgegen, wenn sie erst einmal rechtmäßig dort hingelangt sind (BVerfG NJW 1983, 2135).

E. Kostentragung

Die bei der Amtsermittlung anfallenden Kosten sind grundsätzlich von der Behörde selbst zu **7** tragen. Die Inanspruchnahme Dritter, insbesondere Beteiligter, kommt nur dann in Betracht, wenn hierfür eine spezielle Rechtsgrundlage zu einer Belastung mit Kosten ermächtigt (Huck/Müller/Huck Rn. 63), wie etwa die differenzierte Regelung in § 9 Abs. 1 und Abs. 2 BBodSchG, § 24 Abs. 2 BBodSchG zeigt.

§ 26 Beweismittel

(1) ¹Die Behörde bedient sich der Beweismittel, die sie nach pflichtgemäßem Ermessen zur Ermittlung des Sachverhalts für erforderlich hält. ²Sie kann insbesondere
1. Auskünfte jeder Art einholen,
2. Beteiligte anhören, Zeugen und Sachverständige vernehmen oder die schriftliche oder elektronische Äußerung von Beteiligten, Sachverständigen und Zeugen einholen,
3. Urkunden und Akten beiziehen,
4. den Augenschein einnehmen.
(2) ¹Die Beteiligten sollen bei der Ermittlung des Sachverhalts mitwirken. ²Sie sollen insbesondere ihnen bekannte Tatsachen und Beweismittel angeben. ³Eine weitergehende Pflicht, bei der Ermittlung des Sachverhalts mitzuwirken, insbesondere eine Pflicht zum persönlichen Erscheinen oder zur Aussage, besteht nur, soweit sie durch Rechtsvorschrift besonders vorgesehen ist.
(3) ¹Für Zeugen und Sachverständige besteht eine Pflicht zur Aussage oder zur Erstattung von Gutachten, wenn sie durch Rechtsvorschrift vorgesehen ist. ²Falls die Behörde Zeugen und Sachverständige herangezogen hat, erhalten sie auf Antrag in entsprechender Anwendung des Justizvergütungs- und -entschädigungsgesetzes eine Entschädigung oder Vergütung.

Überblick

§ 26 konkretisiert die Amtsermittlungspflicht der Behörde insofern, als die ihr im Rahmen der Beweiserhebung zur Verfügung stehenden Möglichkeiten beispielhaft genannt werden.

A. Beweiserhebung durch die Behörde

Die Beweiserhebung im Verwaltungsverfahren ist Teil der Sachverhaltermittlung im Wege **1** des **Freibeweises**. Neben den in Abs. 1 genannten Beweismitteln können grundsätzlich alle

Erkenntnismittel herangezogen werden, auf die die Behörde ihre Überzeugung vom Vorliegen oder Nichtvorliegen von Tatsachen stützen kann.

2 Die Auswahl der Beweismittel trifft sie nach pflichtgemäßem Ermessen. Hierbei hat sie wegen des Grundsatzes der Gesetzmäßigkeit der Verwaltung die Grenzen zu beachten, die sich aus Grundrechten, Gesetzen und allgemeinen Verfahrensgrundsätzen ergeben.

3 Die Beteiligten haben jedoch – wie sich im Umkehrschluss aus § 66 Abs. 2 ergibt – weder einen Anspruch auf Benachrichtigung von der Beweisaufnahme noch einen darauf, an einem Beweistermin teilzunehmen, noch im Fall der Teilnahme an Zeugen und Sachverständige Fragen zu stellen (SBS/Kallerhoff/Fellenberg Rn. 13).

B. Mitwirkungspflichten der Beteiligten

4 Nach Abs. 2 bestehen Mitwirkungspflichten der Beteiligten an der Sachverhaltsermittlung nur im Sinne einer Obliegenheit. Genügen sie ihrer **Mitwirkungslast** nicht, müssen sie die entsprechenden Nachteile hinnehmen.

5 Die Aufklärungspflicht der Behörde endet dort, wo der Beteiligte seiner Mitwirkungsobliegenheit nicht nachkommt. Auch der Beteiligte kann sich grundsätzlich aller nach § 26 Abs. 1 S. 1 und 2 zugelassenen Beweismittel bedienen, mit einer nur abgestuften Zulassung der Nachweisarten und einer umfassenden Tatsachenwürdigung soll bestehenden Missbrauchsgefahren effektiv begegnet werden können (BVerwG NVwZ 2021, 494 Rn. 19). Aus einer verweigerten Mitwirkung können für den Beteiligten nachteilige Schlüsse gezogen werden, wenngleich keine Umkehr der Beweislast erfolgt.

6 Eine unterbliebene Mitwirkung kann bei Amtshaftungsansprüchen als schuldhafte Mitverursachung zu einer Minderung der Schadenersatzpflicht führen (§ 254 BGB) und im Fall der Aufhebung eines Bescheides die Schutzwürdigkeit mindern (§ 48 Abs. 2, Abs. 3 bzw. § 49 Abs. 6) sowie bei Kostenentscheidungen nach § 155 Abs. 4 VwGO zu berücksichtigen sein (Ziekow VwVfG Rn. 19). In Betracht kommt etwa auch die Nichtberücksichtigung verspäteten Vortrags (§ 25 Abs. 3 AsylG).

§ 28 Anhörung Beteiligter

(1) Bevor ein Verwaltungsakt erlassen wird, der in Rechte eines Beteiligten eingreift, ist diesem Gelegenheit zu geben, sich zu den für die Entscheidung erheblichen Tatsachen zu äußern.

(2) Von der Anhörung kann abgesehen werden, wenn sie nach den Umständen des Einzelfalls nicht geboten ist, insbesondere wenn
1. eine sofortige Entscheidung wegen Gefahr im Verzug oder im öffentlichen Interesse notwendig erscheint;
2. durch die Anhörung die Einhaltung einer für die Entscheidung maßgeblichen Frist in Frage gestellt würde;
3. von den tatsächlichen Angaben eines Beteiligten, die dieser in einem Antrag oder einer Erklärung gemacht hat, nicht zu seinen Ungunsten abgewichen werden soll;
4. die Behörde eine Allgemeinverfügung oder gleichartige Verwaltungsakte in größerer Zahl oder Verwaltungsakte mit Hilfe automatischer Einrichtungen erlassen will;
5. Maßnahmen in der Verwaltungsvollstreckung getroffen werden sollen.

(3) Eine Anhörung unterbleibt, wenn ihr ein zwingendes öffentliches Interesse entgegensteht.

Überblick

§ 28 regelt als Ausfluss des Rechts auf ein faires Verfahren den Anspruch auf rechtliches Gehör im Verwaltungsverfahren, für das Art. 103 Abs. 1 GG nicht gilt. Abs. 1 verpflichtet die Behörde, den Beteiligten Gelegenheit zur Äußerung zu entscheidungserheblichen Tatsachen vor Erlass eines belastenden Verwaltungsakts zu geben. Abs. 2 eröffnet der Behörde ein Ermessen, in den in Nr. 1–5 genannten Regelbeispielen von der Anhörung abzusehen; Abs. 3 untersagt die Anhörung, wenn ihr ein zwingendes öffentliches Interesse entgegensteht (SBS/Kallerhoff/Mayen Rn. 1).

A. Anhörungspflicht (Abs. 1)

Nach Abs. 1 ist einem Beteiligten vor Erlass eines Verwaltungsakts, der in seine Rechte eingreift, **1** Gelegenheit zu geben, sich zu den für die Entscheidung erheblichen Tatsachen zu äußern. Die Anhörung kann selbst dann, wenn der zu erlassende Verwaltungsakt schriftlich erteilt werden muss, mündlich und damit auch telefonisch erfolgen.

Ein ausdrücklicher Hinweis, dass der Beteiligte sich äußern kann, ist nicht erforderlich. Es **2** genügt vielmehr, dass der Beteiligte erkennen kann, dass er Gelegenheit zur Äußerung zu den für die Entscheidung erheblichen Tatsachen hat. Das Gesetz sieht auch nicht vor, dass dem Beteiligten für seine Äußerung eine Frist zu setzen ist (NdsOVG BeckRS 2010, 48608).

B. Anhörungsverzicht (Abs. 2)

Nach Abs. 2 kann von einer Anhörung abgesehen werden, wenn sie nach den Umständen **3** nicht geboten ist.

I. Notwendigkeit einer sofortigen Entscheidung (Nr. 1)

Ein Absehen von der Anhörung kann gemäß Nr. 1 zum einen aus der objektiven Notwendigkeit **4** einer sofortigen Entscheidung folgen.

Zum anderen kann es gerechtfertigt sein, weil die Behörde aufgrund der ihr bekanntgeworde- **5** nen Tatsachen eine sofortige Entscheidung bei Gefahr in Verzug oder im öffentlichen Interesse für notwendig halten durfte (BVerwGE 68, 267 (271) = NVwZ 1984, 577; BVerwG NJW 1989, 993 (994)), weil etwa der „Ankündigungseffekts" einer Anhörung den Erfolg der beabsichtigten Maßnahme gefährdete (BVerwG NVwZ 2013, 521 (524)).

II. Fristwahrung (Nr. 2)

Nr. 2 erlaubt das Absehen von einer Anhörung, wenn ihretwegen maßgebliche Fristen nicht **6** eingehalten werden könnten, wie etwa Handlungsfristen, nach deren Ablauf Genehmigungsfiktio- nen eintreten, oder Verjährungs- und Ausschlussfristen (SBS/Kallerhoff/Mayen Rn. 54).

III. Kein Abweichen vom Antrag (Nr. 3)

Wenn von den **tatsächlichen Angaben** zu entscheidungserheblichen Tatsachen, die ein Betei- **7** ligter gemacht hat, nicht zu seinen Ungunsten abgewichen werden soll, kann nach Nr. 3 ebenfalls von der Anhörung abgesehen werden. Hat die Behörde darüber hinaus weitere entscheidungser- hebliche Tatsachen ermittelt, ist Nr. 3 unanwendbar. Unterschiede in der **rechtlichen Würdi- gung** dieser Tatsachen schließen die Anwendbarkeit von Nr. 3 nicht aus (SBS/Kallerhoff/Mayen Rn. 55; Huck/Müller/Huck Rn. 26).

IV. Allgemeinverfügung, Massenverfahren, automatisierte Verfahren (Nr. 4)

Beim Erlass von Allgemeinverfügungen (§ 35 S. 2; VGH BW NVwZ-RR 2003, 311 (312): **8** ermessensfehlerfrei bei vorübergehendem Ausschluss des Gemeingebrauchs an einer Straße; BGH NVwZ 2002, 509 (510): ermessensfehlerhaft bei einem Umlegungsbeschluss) oder gleichartigen Verwaltungsakten in Massenverfahren, dh bei mehr als 50 Adressaten (OVG Bln-Bbg NZM 2007, 529 (530): Kürzung von Sozialleistungen in 3.000 Fällen), bzw. mit Hilfe automatischer Einrich- tungen kann die Behörde ebenfalls von einer vorherigen Anhörung absehen (SBS/Kallerhoff/ Mayen Rn. 62).

V. Verwaltungsvollstreckung (Nr. 5)

Nr. 5 lässt im Interesse der Effektivität eine Ausnahme von der Anhörungspflicht bei Maßnah- **9** men der Verwaltungsvollstreckung zu, weil der Erfolg durch den „Ankündigungseffekt" einer Anhörung unterlaufen werden könnte (BVerwG NJW 1989, 993 (994)).

VI. Dokumentationspflicht

Jedenfalls sind die Ermessenserwägungen, mit denen der Verzicht auf die Anhörung begründet **10** wird, aktenkundig zu machen und im abschließenden Verwaltungsakt nach § 39 zu begründen (OVG NRW NVwZ 1982, 326; OVG NRW BeckRS 2021, 8979; Ziekow VwVfG Rn. 6).

C. Zwingendes öffentliches Interesse (Abs. 3)

11   Nach Abs. 3 hat die Anhörung zu unterbleiben, wenn ihr ein zwingendes öffentliches Interesse entgegensteht. Dieses Verbot setzt voraus, dass besonders hochstehende und schützenswerte Interessen das Unterbleiben der Anhörung zwingend gebieten, wie etwa anderenfalls drohende erhebliche Nachteile für das Wohl des Bundes oder eines Landes, Terrorgefahren, Sicherheits- oder Geheimhaltungsinteressen oder eine erhebliche Gefährdung der öffentlichen Sicherheit und Ordnung.

12   Das Vorliegen dieser Voraussetzungen unterliegt uneingeschränkter gerichtlicher Nachprüfung (SBS/Kallerhoff/Mayen Rn. 65; Huck/Müller/Huck Rn. 29; Ziekow VwVfG Rn. 13).

D. Rechtsfolgen einer Verletzung der Anhörungspflicht

13   § 28 setzt lediglich die Gelegenheit zur Äußerung voraus, verlangt aber nicht, dass der Beteiligte hiervon tatsächlich Gebrauch macht. Unterlässt er dies, ist § 28 nicht verletzt.

14   Fehlt eine ordnungsgemäße Anhörung ist der Verwaltungsakt zwar rechtswidrig, aber nicht nichtig.

15   Seine Aufhebung kommt jedoch wegen § 46 nur in Betracht, wenn sich das Fehlen der Anhörung auf das Ergebnis ausgewirkt hat. Dies ist regelmäßig bei **gebundenen Entscheidungen** der Fall. Anhörungsfehler bei Entscheidungen mit **Beurteilungs- und/oder Ermessensspielräumen** erfordern eine **hypothetische Betrachtung in zweifacher Hinsicht:** Zunächst ist zu prüfen, was der Betroffene bei fehlerfreier Anhörung vorgetragen hätte, und sodann, ob dieser Vortrag objektiv geeignet gewesen wäre, die Sachentscheidung der Behörde zu beeinflussen (vgl. BVerwG BeckRS 2014, 45729; BVerwGE 137, 199 = NVwZ 2011, 115; OVG RhPf BeckRS 2021, 7994; SBS/Kallerhoff/Mayen Rn. 71). Außerdem kann die Anhörung noch nachgeholt werden, wodurch nach § 45 Abs. 1 Nr. 3 Heilung eintritt (→ § 45 Rn. 6; Ziekow VwVfG Rn. 14).

Teil III. Verwaltungsakt

Abschnitt I. Zustandekommen des Verwaltungsaktes

§ 35 Begriff des Verwaltungsaktes

[1]**Verwaltungsakt ist jede Verfügung, Entscheidung oder andere hoheitliche Maßnahme, die eine Behörde zur Regelung eines Einzelfalls auf dem Gebiet des öffentlichen Rechts trifft und die auf unmittelbare Rechtswirkung nach außen gerichtet ist.** [2]**Allgemeinverfügung ist ein Verwaltungsakt, der sich an einen nach allgemeinen Merkmalen bestimmten oder bestimmbaren Personenkreis richtet oder die öffentlich-rechtliche Eigenschaft einer Sache oder ihre Benutzung durch die Allgemeinheit betrifft.**

Überblick

Als eine der zentralen Handlungsformen der Verwaltung wird in § 35 S. 1 der Verwaltungsakt legal definiert und in S. 2 die Allgemeinverfügung als besondere Form des Verwaltungsakts. Die Vorschrift hat damit wesentliche Bedeutung nicht nur für das Verwaltungsverfahren, sondern auch für das verwaltungsgerichtliche Verfahren.

A. Verfahrensfunktion

1   Als Gegenstand des Verwaltungsverfahrens führt der Verwaltungsakt zur Anwendung der §§ 9–53 einschließlich der dort normierten Verfahrensrechte und -garantien wie etwa dem Anspruch auf rechtliches Gehör (→ § 28 Rn. 1 ff.) und dem Recht auf Akteneinsicht (§ 29). Der Verwaltungsakt schließt – ebenso wie der öffentlich-rechtliche Vertrag – das Verwaltungsverfahren ab.

2   Hieran knüpfen im Allgemeinen die Rechtsschutzmöglichkeiten des Widerspruchs (§§ 68 ff. VwGO) und der Klage (§§ 42 ff. VwGO) mit der Anordnung des Suspensiveffekts (§ 80 Abs. 1

VwGO) an. Wegen dieser Verbindung des Verwaltungsverfahrens zum Verwaltungsprozess wird auch von der **Scharnierfunktion** des Verwaltungsakts gesprochen. Aus Bundes- oder Landesrecht ergeben sich hier jedoch Besonderheiten (zB Ausschluss des Widerspruchsverfahrens gem. § 11 AsylG oder durch Ausführungsgesetze der Länder zur VwGO).

B. Regelungsfunktion

Der Verwaltungsakt wendet das allgemeine, für alle geltende Recht auf den Einzelfall an und **3** konkretisiert so die Rechte und Pflichten seines Adressaten. Insoweit stellt der Verwaltungsakt das Ergebnis der Sachverhaltsermittlung, der anschließenden rechtlichen Bewertung des festgestellten Sachverhalts anhand der normierten Tatbestandsvoraussetzungen und der Ableitung der sich daraus im Einzelfall ergebenden Rechtsfolge durch die Behörde dar. Entscheidend ist somit, dass eine Regelung getroffen wird, die objektiv und unmittelbar darauf gerichtet ist, gegenüber dem Betroffenen eine Rechtsfolge zu setzen (OVG NRW BeckRS 2020, 28146). Bei einem behördlichen Einreise- und Aufenthaltsverbot und einer Befristungsentscheidung handelt es sich nicht um zwei VAe, sondern um eine einheitliche Einzelfallentscheidung (OVG Bln-Bbg BeckRS 2020, 16291; VGH BW NVwZ-RR 2020, 556; BeckRS 2019, 29732). Sie betrifft die Verhängung eines Einreiseverbots von bestimmter Dauer (BVerwG ZAR 2018, 85).

Infolge seiner grundsätzlich **fehlerunabhängigen Rechtswirksamkeit** (→ § 44 Rn. 2) und **4** des Eintritts (formeller) **Bestandskraft** bei ungenutztem Verstreichen der Widerspruchs- bzw. Klagefrist (→ § 43 Rn. 1 ff.) vermag der Verwaltungsakt Rechtsverhältnisse effektiv einseitig und verbindlich zu regeln.

§ 36 Nebenbestimmungen zum Verwaltungsakt

(1) Ein Verwaltungsakt, auf den ein Anspruch besteht, darf mit einer Nebenbestimmung nur versehen werden, wenn sie durch Rechtsvorschrift zugelassen ist oder wenn sie sicherstellen soll, dass die gesetzlichen Voraussetzungen des Verwaltungsaktes erfüllt werden.

(2) Unbeschadet des Absatzes 1 darf ein Verwaltungsakt nach pflichtgemäßem Ermessen erlassen werden mit
1. **einer Bestimmung, nach der eine Vergünstigung oder Belastung zu einem bestimmten Zeitpunkt beginnt, endet oder für einen bestimmten Zeitraum gilt (Befristung);**
2. **einer Bestimmung, nach der der Eintritt oder der Wegfall einer Vergünstigung oder einer Belastung von dem ungewissen Eintritt eines zukünftigen Ereignisses abhängt (Bedingung);**
3. **einem Vorbehalt des Widerrufs**
oder verbunden werden mit
4. **einer Bestimmung, durch die dem Begünstigten ein Tun, Dulden oder Unterlassen vorgeschrieben wird (Auflage);**
5. **einem Vorbehalt der nachträglichen Aufnahme, Änderung oder Ergänzung einer Auflage.**

(3) Eine Nebenbestimmung darf dem Zweck des Verwaltungsaktes nicht zuwiderlaufen.

Überblick

§ 36 regelt die Zulässigkeit von Nebenbestimmungen, in Abs. 1 für gebundene Verwaltungsakte und in Abs. 2 für Ermessensentscheidungen. Letzterer nennt außerdem die fünf häufigsten Nebenbestimmungen und definiert diese. Abs. 3 begrenzt die Zulässigkeit von Nebenbestimmungen. Die Vorschrift gilt für den Anwendungsbereich des VwVfG, wird durch fachgesetzliche Sonderregelungen (Bsp.: § 12 Abs. 2 AufenthG; SBS/Stelkens Rn. 110) verdrängt, kann aber zu deren Auslegung herangezogen werden.

Übersicht

A. Begriff und Abgrenzung

1   Eine Legaldefinition der Nebenbestimmung im Allgemeinen fehlt, Abs. 2 definiert nur die wichtigsten Typen von Nebenbestimmungen. Nebenbestimmungen modifizieren oder ergänzen den eigentlichen Regelungsgehalt eines Verwaltungsakts. Dessen Inhalt stellt bereits für sich eine sinnvolle Regelung dar, auf die die Nebenbestimmung zwingend angewiesen sind (**strenge Akzessorietät**); sie fehlt etwa zwischen Ausbildungsduldung und Wohnsitzauflage (vgl. etwa NdsOVG BeckRS 2020, 22708). Zu Nebenbestimmungen im weiteren Sinn, die nicht von § 36 erfasst werden vgl. OVG NRW BeckRS 2020, 17904; NVwZ-RR 2007, 60; VGH BW BeckRS 2005, 30231).

2   Neben den konstitutiven Nebenbestimmungen Befristung und Bedingung, die die Geltung der eigentlichen Regelung begründen oder erlöschen lassen, haben die additiven Nebenbestimmungen wie Auflagen, Auflagen- und Widerrufsvorbehalt nur ergänzende Funktion.

3   Keine Nebenbestimmungen sind sog. modifizierende Auflagen, bei denen der Verwaltungsakt mit einem vom Antrag abweichenden Inhalt erlassen wird (VGH BW NVwZ 1994, 709: Ausrüstung einer Tankstelle mit einer Gaspendelanlage), und sog. Auflagen, die unabhängig von einer solchen Hauptregelung auferlegt werden (SächsOVG NVwZ-RR 2002, 435: Auflage iSd § 15 Abs. 1 VersG als selbstständiger Verwaltungsakt).

B. Arten von Nebenbestimmungen

4   Die Aufzählung in Abs. 2 ist nicht abschließend, sondern nennt nur die in der Praxis gängigsten Nebenbestimmungen.

I. Befristung (Abs. 2 Nr. 1)

5   Unter einer Befristung ist eine Bestimmung zu verstehen, der zufolge eine begünstigende oder belastende Regelung zu einem bestimmten Zeitpunkt beginnt oder endet oder für einen bestimmten Zeitraum gilt.

6   Zu diesem Zweck werden entweder der Anfangs- oder der Endzeitpunkt oder beide Zeitpunkte festgelegt.

II. Bedingung (Abs. 2 Nr. 2)

7   Mit einer Bedingung wird die begünstigende oder belastende Regelung des VA vom Eintritt eines ungewissen künftigen Ereignisses abhängt. Je nachdem, ob der Eintritt oder der Wegfall der Wirkungen eines Verwaltungsakts hiervon betroffen ist, handelt es sich um eine aufschiebende oder eine auflösende Bedingung (OVG MV NJOZ 2004, 4379 (4380) zu § 56 Abs. 3 AuslG; Ziekow VwVfG Rn. 8).

8   Irrelevant ist, ob der Eintritt des Ereignisses von einem der Beteiligten beeinflusst werden kann oder nicht.

III. Vorbehalt des Widerrufs (Abs. 2 Nr. 3)

9   Der Widerrufsvorbehalt eröffnet der Behörde die Möglichkeit, die Wirkungen des Verwaltungsakts durch die spätere Erklärung zu beseitigen. Der **konstitutive** Widerrufsvorbehalt nach Abs. 2 Nr. 3 ist zu unterscheiden vom lediglich **deklaratorischen** Hinweis auf eine gesetzlich zugelassene Möglichkeit des Widerrufs nach § 49. Wenn ein konstitutiver Widerrufsvorbehalt gewollt ist, muss dies für Adressaten wegen der besonderen Rechtsfolgen eindeutig erkennbar sein (BVerwGE 112, 263 (264 f.) = NVwZ 2001, 919 (920)).

Bei der späteren Prüfung der Rechtmäßigkeit des vorbehaltenen Widerrufs kommt es nach 10 Eintritt der Bestandskraft auf die Rechtmäßigkeit des Widerrufsvorbehalts nicht an (BVerwG NVwZ 1987, 498 (499)).

IV. Auflage (Abs. 2 Nr. 4)

Mit einer Auflage wird dem Begünstigten des Verwaltungsakts zusätzlich ein Tun, Dulden oder 11 Unterlassen aufgegeben (VGH BW BeckRS 2018, 10500: „Sprachauflage" zur Gewährleistung der Verkehrssicherheit von Großraumtransporten; OVG RhPf NVwZ-RR 2017, 999: Auflagen zur Löschwasserrückhaltung in Baugenehmigung). Aufgrund ihrer Eigenständigkeit bleibt der Grundverwaltungsakt auch dann wirksam bleibt, wenn die Auflage nicht erfüllt wird.

Dies berechtigt aber zum Widerruf des Grundverwaltungsakt nach § 49 Abs. 2 S. 1 Nr. 2 oder 12 zur zwangsweisen Durchsetzung im Wege der **Verwaltungsvollstreckung.**

V. Auflagenvorbehalt (Abs. 2 Nr. 5)

Der Auflagenvorbehalt ermöglicht der Behörde, eine bereits im Verwaltungsakt enthaltene 13 Auflage zu ändern oder zu ergänzen, oder auch eine neue und zusätzliche Auflage zu erlassen. Dies eröffnet ihr eine nachträgliche **Korrekturmöglichkeit.**

Aufgrund dessen sind der **Vertrauensschutz** des Betroffenen und die Bestandskraft des Verwal- 14 tungsakts von vornherein eingeschränkt. Hierbei ist die Behörde nicht gehindert, trotz materiell rechtswidrigen Vorbehalts eine Auflage nachträglich aufzunehmen, wenn der Verwaltungsakt mit diesem Vorbehalt unanfechtbar geworden ist (SächsOVG BeckRS 2010, 52973).

C. Zulässigkeit von Nebenbestimmungen

Im Anwendungsbereich des VwVfG bildet § 36 eine eigenständige **Ermächtigungsgrundlage** 15 zum Erlass von Nebenbestimmungen; im Übrigen ergibt sie sich aus dem jeweiligen Fachrecht (SBS/Stelkens VwVfG Rn. 111 ff.; Ziekow VwVfG Rn. 16 ff.).

Gebundene Verwaltungsakte dürfen nur mit einer Nebenbestimmung versehen werden, wenn 16 dies durch Rechtsvorschrift zugelassen ist (Abs. 1 Alt. 1) oder durch sie sichergestellt werden soll, dass die gesetzlichen Voraussetzungen des Verwaltungsakts erfüllt werden (Abs. 1 Alt. 2).

Verfügt die Behörde über einen Ermessens- oder Beurteilungsspielraum, so richtet sich die 17 Zulässigkeit weiterhin nach Abs. 1 (**Rechtsgrundverweisung** in Abs. 2); im Übrigen entscheidet die Behörde nach pflichtgemäßem Ermessen.

Grundsätzlich darf eine Nebenbestimmung nach Abs. 3 nicht dem Zweck eines Verwaltungsakts 18 zuwiderlaufen.

§ 36 erfasst nur Nebenbestimmungen, die dem Verwaltungsakt bei seinem Erlass beigefügt 19 werden. **Nachträgliche Nebenbestimmungen** bedürfen – soweit sie nicht vorbehalten wurden – als (teilweise) Aufhebung des ursprünglichen Verwaltungsakts eines gesonderten Verfahrens nach §§ 48, 49.

D. Rechtsschutz

Mögliche **Rechtbehelfe** gegen Nebenbestimmungen sind zunächst der Widerspruch und spä- 20 ter Anfechtungs- oder Verpflichtungsklage. Umstritten ist, ob die Rechtsbehelfe isoliert gegen die Nebenbestimmung erhoben werden können oder ob sie sich gegen den Verwaltungsakt insgesamt richten müssen (zum Streitstand Huck/Müller/Müller Rn. 32 ff.; Ziekow VwVfG Rn. 25 ff.; BeckOK VwVfG/Tiedemann Rn. 83 ff.).

Nach der älteren Auffassung sind alle Nebenbestimmungen **unselbstständige Bestandteile** 21 des Verwaltungsakts und können nur gemeinsam mit diesem im Wege der Verpflichtungsklage angegriffen werden. Nur die Auflage kann danach wegen ihrer Selbstständigkeit isoliert mit der Anfechtungsklage angegriffen werden (OVG Bln NVwZ 2001, 1059). Die modifizierende Auflage ändert den Inhalt des Verwaltungsakts, weshalb auch sie mit der Verpflichtungsklage anzugreifen ist.

Die neuere Auffassung hingegen hält sämtliche Arten von Nebenbestimmungen mit der **isolier-** 22 **ten Anfechtungsklage** für angreifbar, weil der Wortlaut des § 113 Abs. 1 S. 1 VwGO („soweit") eine Teilaufhebung zulasse (BVerwGE 112, 221 = NVwZ 2001, 429; OVG LSA NVwZ-RR 2009, 239). Eine solche komme immer dann in Betracht, wenn der Verwaltungsakt auch ohne die Nebenbestimmung sinnvoll und rechtmäßig sei (BVerwGE 112, 221 = NVwZ 2001, 429).

§ 37 Bestimmtheit und Form des Verwaltungsaktes; Rechtsbehelfsbelehrung

(1) Ein Verwaltungsakt muss inhaltlich hinreichend bestimmt sein.

(2) ¹Ein Verwaltungsakt kann schriftlich, elektronisch, mündlich oder in anderer Weise erlassen werden. ²Ein mündlicher Verwaltungsakt ist schriftlich oder elektronisch zu bestätigen, wenn hieran ein berechtigtes Interesse besteht und der Betroffene dies unverzüglich verlangt. ³Ein elektronischer Verwaltungsakt ist unter denselben Voraussetzungen schriftlich zu bestätigen; § 3a Abs. 2 findet insoweit keine Anwendung.

(3) ¹Ein schriftlicher oder elektronischer Verwaltungsakt muss die erlassende Behörde erkennen lassen und die Unterschrift oder die Namenswiedergabe des Behördenleiters, seines Vertreters oder seines Beauftragten enthalten. ²Wird für einen Verwaltungsakt, für den durch Rechtsvorschrift die Schriftform angeordnet ist, die elektronische Form verwendet, muss auch das der Signatur zugrunde liegende qualifizierte Zertifikat oder ein zugehöriges qualifiziertes Attributzertifikat die erlassende Behörde erkennen lassen. ³Im Fall des § 3a Absatz 2 Satz 4 Nummer 3 muss die Bestätigung nach § 5 Absatz 5 des De-Mail-Gesetzes die erlassende Behörde als Nutzer des De-Mail-Kontos erkennen lassen.

(4) Für einen Verwaltungsakt kann für die nach § 3a Abs. 2 erforderliche Signatur durch Rechtsvorschrift die dauerhafte Überprüfbarkeit vorgeschrieben werden.

(5) ¹Bei einem schriftlichen Verwaltungsakt, der mit Hilfe automatischer Einrichtungen erlassen wird, können abweichend von Absatz 3 Unterschrift und Namenswiedergabe fehlen. ²Zur Inhaltsangabe können Schlüsselzeichen verwendet werden, wenn derjenige, für den der Verwaltungsakt bestimmt ist oder der von ihm betroffen wird, auf Grund der dazu gegebenen Erläuterungen den Inhalt des Verwaltungsaktes eindeutig erkennen kann.

(6) ¹Einem schriftlichen oder elektronischen Verwaltungsakt, der der Anfechtung unterliegt, ist eine Erklärung beizufügen, durch die der Beteiligte über den Rechtsbehelf, der gegen den Verwaltungsakt gegeben ist, über die Behörde oder das Gericht, bei denen der Rechtsbehelf einzulegen ist, den Sitz und über die einzuhaltende Frist belehrt wird (Rechtsbehelfsbelehrung). ²Die Rechtsbehelfsbelehrung ist auch der schriftlichen oder elektronischen Bestätigung eines Verwaltungsaktes und der Bescheinigung nach § 42a Absatz 3 beizufügen.

Überblick

Der § 37 Abs. 1 enthält das Gebot hinreichender Bestimmtheit. Abs. 2–5 regeln Mindestanforderungen an die Form des Verwaltungsakts. Abs. 6 erstreckt das Erfordernis der Rechtsbehelfsbelehrung auf den elektronischen Verwaltungsakts, die elektronische Bestätigung sowie die Bescheinigung nach § 42a Abs. 3 (→ § 42a Rn. 8).

A. Bestimmtheitsgebot

1   Nach Abs. 1 der Vorschrift muss ein Verwaltungsakt inhaltlich hinreichend bestimmt sein. Die Bestimmtheit ist erforderlich, damit der Adressat des Verwaltungsakts erkennen kann, was von ihm verlangt wird, und der Verwaltungsakt als **Vollstreckungstitel** dienen kann.

2   Das Bestimmtheitsgebot bezieht sich zunächst auf den **Adressaten** eines Verwaltungsakts. Dieser muss unter Anwendung gängiger Auslegungsmethoden zumindest bestimmbar sein.

3   Des Weiteren muss der **Inhalt** der getroffenen Regelung vollständig, klar und unmissverständlich sein. Erforderlich ist eine möglichst präzise Bezeichnung von Gegenstand, Art und Umfang der Regelung, wofür jedoch genügt, dass sich der Inhalt durch Auslegung unter Zugrundelegung des Empfängerhorizonts ermitteln lässt (OVG NRW BeckRS 2015, 4803). Der Entscheidungsinhalt muss für den Adressaten nach Art und Umfang aus sich heraus verständlich sein und ihn in die Lage versetzen, zu erkennen, was genau von ihm gefordert wird bzw. was in der ihn betreffenden Sache geregelt oder verbindlich durch den VA festgestellt wird. Wenn der VA einen vollstreckbaren Inhalt hat, muss er darüber hinaus so bestimmt sein, dass er Grundlage für Maßnahmen seiner zwangsweisen Durchsetzung sein kann. Es genügt, dass aus dem gesamten Inhalt des VA und aus dem Zusammenhang, vor allem aus der von der Behörde gegebenen Begründung, hinreichende Klarheit gewonnen werden kann (OVG MV BeckRS 2020, 24185). Besondere Bestimmt-

heitsanforderungen gelten für das **Nachschieben von Ermessenserwägungen** (BVerwG NVwZ 2014, 151 Rn. 35 ff.; Huck/Müller/Müller Rn. 9).

Ist ein Verwaltungsakt nicht hinreichend bestimmt, so ist er materiell rechtswidrig und nicht 4 vollstreckungsfähig (OVG RhPf BeckRS 2020, 24424; VGH BW NVwZ-RR 2013, 451). Nichtig ist ein solcher Verwaltungsakt aber nur, wenn der Fehler besonders schwerwiegend und offensichtlich iSd § 44 Abs. 1, Abs. 2 (→ § 44 Rn. 3 ff.) ist. Da das Bestimmtheitserfordernis des § 37 die **materielle Rechtmäßigkeit** des Verwaltungsakts betrifft, scheidet eine Heilung nach § 45 von vornherein aus (SBS/Sachs § 45 Rn. 151; Ziekow VwVfG Rn. 7; Huck/Müller/Müller Rn. 10; aA OVG RhPf NVwZ 1990, 399).

B. Grundsätzliche Formfreiheit

Die Wahl der Form eines Verwaltungsakts steht grundsätzlich im Ermessen der Behörde. Nach 5 Abs. 2 S. 1 kann ein Verwaltungsakt deshalb schriftlich, elektronisch, mündlich sowie in sonstiger Weise erlassen werden. Rechtssicherheit und Rechtsklarheit sprechen häufig für die **Schriftform.** In Bereichen, in denen rasche Entscheidungen geboten sind, ergehen Verwaltungsakte typischerweise in mündlicher, auch fernmündlicher Form.

Automatisierter Erlass eines Verwaltungsakts bedeutet, dass er ganz oder teilweise programm- 6 gesteuert erfolgt. Nicht ausreichend ist seine Erstellung am PC oder unter Verwendung von Textbausteinen. Wenn der automatisierte Verwaltungsakt durch hand- oder maschinenschriftliche Änderungen oder Ergänzungen aus Empfängersicht nicht mehr als „mit Hilfe automatisierter Einrichtungen" erlassen erscheint, verliert er die Privilegierungen des § 37 Abs. 5 (Huck/Müller/ Müller Rn. 24).

Liegt ein berechtigtes Interesse vor, kann der Adressat unverzüglich, also ohne schuldhaftes 7 Zögern, die schriftliche (oder elektronische) **Bestätigung** eines mündlichen Verwaltungsakts nach Maßgabe des Abs. 2 S. 2 verlangen. Unter denselben Voraussetzungen ist nach Abs. 2 S. 3 ein elektronischer Verwaltungsakt schriftlich zu bestätigen, wobei § 3a Abs. 2 nicht anwendbar ist.

C. Rechtsbehelfsbelehrung

Durch das PlVereinhG (Gesetz zur Verbesserung der Öffentlichkeitsbeteiligung und Vereinheit- 8 lichung von Planfeststellungsverfahren v. 31.5.2013, BGBl. I 1388) wurde mit Abs. 6 eine Legaldefinition der Rechtsbehelfsbelehrung und eine Pflicht zu deren Erteilung eingefügt (diese Pflicht wurde nicht von allen Bundesländern in Landesrecht übernommen; vgl. SBS/Stelkens Rn. 143 f.); diese Regelung trat an die Stelle des gleichzeitig aufgehobenen § 59 VwGO. Wenngleich das Fachrecht vielfach eine Rechtsbehelfsbelehrung fordert, kann es eine Rechtsbehelfsbelehrungspflicht grundsätzlich auch – mit Wirkung für § 58 VwGO – ausschließen (vgl. § 77 Abs. 2 AufenthG; SBS/Stelkens Rn. 141).

§ 38 Zusicherung

(1) ¹Eine von der zuständigen Behörde erteilte Zusage, einen bestimmten Verwaltungsakt später zu erlassen oder zu unterlassen (Zusicherung), bedarf zu ihrer Wirksamkeit der schriftlichen Form. ²Ist vor dem Erlass des zugesicherten Verwaltungsaktes die Anhörung Beteiligter oder die Mitwirkung einer anderen Behörde oder eines Ausschusses auf Grund einer Rechtsvorschrift erforderlich, so darf die Zusicherung erst nach Anhörung der Beteiligten oder nach Mitwirkung dieser Behörde oder des Ausschusses gegeben werden.

(2) Auf die Unwirksamkeit der Zusicherung finden, unbeschadet des Absatzes 1 Satz 1, § 44, auf die Heilung von Mängeln bei der Anhörung Beteiligter und der Mitwirkung anderer Behörden oder Ausschüsse § 45 Abs. 1 Nr. 3 bis 5 sowie Abs. 2, auf die Rücknahme § 48, auf den Widerruf, unbeschadet des Absatzes 3, § 49 entsprechende Anwendung.

(3) Ändert sich nach Abgabe der Zusicherung die Sach- oder Rechtslage derart, dass die Behörde bei Kenntnis der nachträglich eingetretenen Änderung die Zusicherung nicht gegeben hätte oder aus rechtlichen Gründen nicht hätte geben dürfen, ist die Behörde an die Zusicherung nicht mehr gebunden.

Überblick

§ 38 Abs. 1 enthält eine Legaldefinition der Zusicherung als Unterfall der Zusage, erstreckt Anhörungs- und Mitwirkungserfordernisse auf sie und schreibt die Schriftform vor. Gemäß § 38 Abs. 2 sind die Vorschriften über die Nichtigkeit von Verwaltungsakten (§ 44), die Heilung von Anhörungs- und Mitwirkungsmängeln (§ 45) sowie die Aufhebung von Verwaltungsakten (§§ 48, 49) entsprechend anwendbar. § 38 Abs. 3 überträgt die „clausula rebus sic stantibus" auf die Zusicherung. Nicht geregelt wird hingegen, unter welchen Voraussetzungen eine Zusicherung erteilt werden darf.

A. Inhalt und Wirksamkeit

1   Eine Zusicherung ist das behördliche Versprechen, einen bestimmten Verwaltungsakt später zu erlassen oder zu unterlassen. Erforderlich ist ein entsprechender **Bindungswille der Behörde,** der dem Adressaten gegenüber unzweifelhaft zum Ausdruck kommen muss. Von ihr abzugrenzen sind Auskünfte, Hinweise und informelle Absprachen, die für das künftige Verhalten der Behörde von Bedeutung sind oder sein können (OVG NRW BeckRS 2020, 33535). Zusicherungen können sowohl Bedingungen als auch andere Nebenbestimmungen enthalten (BVerwG BeckRS 2004, 31352930) (→ § 36 Rn. 4 ff.).

2   Um wirksam zu sein, muss eine Zusicherung drei Mindestanforderungen erfüllen:
• Sie muss (1.) von der **zuständige Behörde** erteilt werden,
• sich (2.) auf einen **bestimmten Verwaltungsakt** beziehen und
• (3.) der **Schriftform** genügen (Abs. 1).
Fehlt eine dieser Voraussetzungen ist die Erklärung nicht nur rechtswidrig, sondern unwirksam, also nichtig.

3   Darüber hinaus finden die Nichtigkeitsgründe des § 44 Anwendung (Abs. 2).

B. Ermessensentscheidung

4   § 38 enthält keine Rechtsgrundlage für die Erklärung einer Zusicherung. Besteht eine **Ermächtigungsgrundlage** für den Erlass bzw. das Unterlassen des in Rede stehenden Verwaltungsakts, so umfasst diese auch die Zusicherung. Deren Erteilung steht im **pflichtgemäßen Ermessen** der Behörde (→ § 40 Rn. 2 ff.).

5   Sieht die Rechtsgrundlage für den Erlass des zugesicherten Verwaltungsakts eine vorherige **Anhörung** der Beteiligten oder die **Mitwirkung** anderer Behörden vor, darf die Zusicherung nach Abs. 1 S. 2 erst nach einer solchen Beteiligung erteilt werden.

C. Wirkung / clausula rebus sic stantibus

6   Ist die Zusicherung auf den Erlass eines bestimmten Verwaltungsakt gerichtet, so begründet sie ein **subjektiv-öffentliches Recht** ihres Adressaten auf Erlass des zugesicherten Verwaltungsakts, das mit der Verpflichtungsklage durchgesetzt werden kann (BVerwGE 97, 323 (326) = NJW 1995, 1977 ff.). Bezieht sie sich auf das Unterlassen eines bestimmten Verwaltungsakts, ist ein zusicherungswidrig erlassener Verwaltungsakt rechtswidrig und auf entsprechenden Anfechtungsrechtsbehelf des Adressaten aufzuheben (ThürOVG BeckRS 2008, 34224).

7   Abs. 3 enthält eine spezialgesetzliche Regelung des **Wegfalls der Geschäftsgrundlage** (clausula rebus sic stantibus). Wenn sich die tatsächlichen und / oder rechtlichen Verhältnisse gegenüber dem Zeitpunkt der Zusicherung in einer Weise ändern, dass die Behörde die Zusicherung bei Kenntnis der nachträglich eingetretenen Änderung nicht abgegeben hätte oder nicht hätte abgeben dürfen, entfällt ex nunc die Bindungswirkung der Zusicherung kraft Gesetzes (BVerwGE 97, 323 (326) = NJW 1995, 1977 (1978)).

8   Hierin liegt ein wesentlicher Unterschied zum Widerruf gem. § 49 Abs. 2 S. 1 Nr. 3 und Nr. 4. Nach den allgemeinen Grundsätzen vom Wegfall der Geschäftsgrundlage kommt jedoch auch im Rahmen des § 38 Abs. 3 eine Anpassung der Zusicherung an die geänderte Sach- oder Rechtslage in Betracht (VGH BW NVwZ-RR 1999, 636 (639 f.)).

§ 39 Begründung des Verwaltungsaktes

(1) ¹Ein schriftlicher oder elektronischer sowie ein schriftlich oder elektronisch bestätigter Verwaltungsakt ist mit einer Begründung zu versehen. ²In der Begründung sind

die wesentlichen tatsächlichen und rechtlichen Gründe mitzuteilen, die die Behörde zu ihrer Entscheidung bewogen haben. [3]Die Begründung von Ermessensentscheidungen soll auch die Gesichtspunkte erkennen lassen, von denen die Behörde bei der Ausübung ihres Ermessens ausgegangen ist.

(2) Einer Begründung bedarf es nicht,

1. soweit die Behörde einem Antrag entspricht oder einer Erklärung folgt und der Verwaltungsakt nicht in Rechte eines anderen eingreift;
2. soweit demjenigen, für den der Verwaltungsakt bestimmt ist oder der von ihm betroffen wird, die Auffassung der Behörde über die Sach- und Rechtslage bereits bekannt oder auch ohne Begründung für ihn ohne weiteres erkennbar ist;
3. wenn die Behörde gleichartige Verwaltungsakte in größerer Zahl oder Verwaltungsakte mit Hilfe automatischer Einrichtungen erlässt und die Begründung nach den Umständen des Einzelfalls nicht geboten ist;
4. wenn sich dies aus einer Rechtsvorschrift ergibt;
5. wenn eine Allgemeinverfügung öffentlich bekannt gegeben wird.

Überblick

§ 39 regelt in Abs. 1 die Pflicht zur Begründung schriftlicher oder schriftlich bestätigter sowie elektronischer oder elektronisch bestätigter Verwaltungsakte und einschließlich inhaltlicher Mindestanforderungen sowie in Abs. 2 die Ausnahmen, bei deren Vorliegen es keiner Begründung bedarf. Das Begründungserfordernis erstreckt sich auf Nebenbestimmungen (§ 36) und ist auf Zusicherungen (§ 38) entsprechend anwendbar (Ziekow VwVfG Rn. 3). Sonderregeln gehen ihm vor (Abs. 2 Nr. 4).

A. Begründungspflicht

§ 39 Abs. 1 schreibt für schriftliche und elektronische sowie schriftlich oder elektronisch bestä- **1** tigte Verwaltungsakte eine Begründung einschließlich ihrer inhaltlichen **Mindestanforderungen** vor. § 39 Abs. 2 regelt **Ausnahmen** von der Begründungspflicht, ist abschließend und nicht analogiefähig (Huck/Müller/Müller Rn. 1).

Die Mitteilung der Gründe dient zum einen dazu, dem Bürger eine sachgemäße Wahrnehmung **2** seiner Interessen zu ermöglichen und seine Rechte sachgemäß zu verteidigen (BVerwG NVwZ 2020, 167), denn sie ist Voraussetzung dafür, dass er prüfen kann, ob Rechtsbehelfe angezeigt sind und Aussicht auf Erfolg haben können (NdsOVG BeckRS 2021, 3605). Zum anderen dient sie der Selbstkontrolle der Verwaltung und der Überprüfung durch die Gerichte zu erleichtern (Ziekow VwVfG Rn. 1).

B. Inhalt und Umfang

Nach § 39 Abs. 1 S. 2 in der Begründung die wesentlichen Gründe mitzuteilen, die die **3** behördliche Entscheidung in tatsächlicher und rechtlicher Hinsicht tragen. Inhalt und Umfang der Begründung richten sich nach den Besonderheiten des Einzelfalls. In entsprechender Anwendung des Abs. 2 Nr. 2 kann der Umfang der Begründung bei bekannten oder zumindest eindeutig erkennbaren Umständen beschränkt werden.

Die Angabe der Rechtsgrundlagen ist nicht erforderlich. **4**

Die Begründung darf nicht in sich widersprüchlich sein. **5**

§ 39 verlangt mit der Formulierung „die die Behörde zu ihrer Entscheidung bewogen haben" **6** zwar, dass die „wahren" Gründe für den Verwaltungsakterlass anzugeben sind (SBS/Stelkens Rn. 47), erforderlich ist jedoch lediglich das (formelle) **Vorhandensein einer Begründung**, nicht deren materiell-rechtliche Richtigkeit (Ziekow VwVfG Rn. 5).

C. Ermessensentscheidungen

Die Begründung von Ermessensentscheidungen muss nach Abs. 1 S. 3 diejenigen Gesichts- **7** punkte erkennen lassen, von denen sich die Behörde bei der Ausübung ihres Ermessens leiten ließ. Da es sich um eine Soll-Vorschrift handelt, muss die Begründung in der Regel Darlegungen zum Abwägungsvorgang und -ergebnis umfassen; nur in besonderen Ausnahmefällen – etwa entsprechend Abs. 1 S. 3 bei bereits bekannten oder ohne Weiteres erkennbaren Umstände – kann davon abgesehen werden kann (Huck/Müller/Müller Rn. 5 f.). Verlangt eine Ermessensregelung

(Soll-Regelung) für den Regelfall eine bestimmte Entscheidung und lässt sie Ausnahmen hiervon nur bei einer atypischen Sachlage zu, soll es für den Inhalt der Anforderungen nach § 39 Abs. 1 nur darauf ankommen, ob ein vom Regelfall abweichender Sachverhalt vorliegt oder nicht (OVG NRW BeckRS 2020, 29543).

D. Ausnahmen von der Begründungspflicht

8   Abs. 2 regelt fünf Konstellationen, in denen von einer Begründung abgesehen werden kann. Die Ausnahmetatbestände sind abschließend aufgezählt und nicht analogiefähig (SBS/Stelkens Rn. 115):

I. Abs. 2 Nr. 1

9   Eine Begründung kann entfallen, wenn die Behörde einem Antrag entspricht oder einer Erklärung folgt und der Verwaltungsakt nicht in Rechte Dritter eingreift. Da die Begründung in erster Linie dem Rechtsschutz des Adressaten dient, ist sie entbehrlich, wenn seinem Anliegen des Adressaten gefolgt wird und Dritte nicht belastet werden.

II. Abs. 2 Nr. 2

10   Ebenfalls unter Rechtsschutzgesichtspunkten entbehrlich ist eine Begründung, wenn dem Adressaten die Gründe für die Entscheidung bereits bekannt oder ohne weiteres erkennbar sind. Erforderlich ist die positive Kenntnis, wobei eine Parallelwertung in der Laiensphäre genügt (Huck/Müller/Müller Rn. 12). In einem solchen Fall kann der Adressat seine Rechte auch ohne eine Begründung der Entscheidung wahren.

III. Abs. 2 Nr. 3

11   Des Weiteren soll bei gleichartigen Verwaltungsakte in größerer Zahl und mit Hilfe automatisierter Einrichtungen erlassenen Verwaltungsakte auf eine Begründung verzichtet werden können. Die Begriffe entsprechen denen in § 28 Abs. 2 Nr. 4 (→ § 28 Rn. 8) und § 37 Abs. 5 (→ § 37 Rn. 7).

12   Verfahrensökonomie vermag aber keine Reduzierung der Rechtsschutzstandards zu rechtfertigen. Hinzukommen muss deshalb stets, dass die Begründung nach den Umständen des Einzelfalls nicht geboten ist. Wegen der daraus folgenden Überschneidungen mit Abs. 2 Nr. 1 und Nr. 2 ist die Bedeutung dieser Ausnahme gering (SBS/Stelkens Rn. 95).

IV. Abs. 2 Nr. 4

13   Eine Begründung ist ferner nicht erforderlich, wenn dies aus einer Rechtsvorschrift folgt. Diese Ausnahme ist umfassender als der bloße Vorrang spezialgesetzlicher Regelungen nach § 1 Abs. 1, weil sie auch Rechtsvorschriften der Länder (einschließlich Satzungen) erfasst (Huck/Müller/Müller Rn. 15). Die Begründungspflicht kann ausdrücklich, aber auch nach Sinn und Zweck einer Regelung – etwa aus Gründen der Geheimhaltung, insbesondere nach § 29 Abs. 2 und nach § 30 – ganz oder teilweise ausgeschlossen sein.

V. Abs. 2 Nr. 5

14   Schließlich bedarf eine Allgemeinverfügung iSd § 35 S. 2 keiner Begründung, sofern sie öffentlich bekannt gegeben wird.

E. Fehlerfolgen

15   Ein Verstoß gegen das Begründungserfordernis führt grundsätzlich nicht zur Nichtigkeit, sondern nur zur (formellen) Rechtswidrigkeit des Verwaltungsakts.

16   Auf die objektive Richtigkeit kommt es insoweit nicht an, denn aus § 39 Abs. 1 folgt keine Pflicht zu einer objektiv richtigen Begründung (OVG NRW NVwZ-RR 2006, 86 (87); SBS/Stelkens Rn. 30).

17   Eine unzureichende oder fehlende Begründung kann nachgeholt werden (→ § 45 Rn. 5), und zwar bis zum Abschluss der letzten Tatsacheninstanz eines verwaltungsgerichtlichen Verfahrens (→ § 45 Rn. 8). Dies hat zur Folge, dass der Mangel unbeachtlich und der Verwaltungsakt geheilt wird.

Das Fehlen einer Begründung oder deren Unrichtigkeiten haben bei einer Ermessensentschei- **18** dung **Indizwirkung** für das Vorliegen von Ermessensfehlern, ohne dass das Gericht weitere Nachforschungen müsste.

Ermessenserwägungen können zwar nach § 114 S. 2 VwGO ergänzt werden, ein **Austausch** der **19** Begründung ist jedoch **unzulässig** (SächsOVG Beschl. v. 19.10.2012 – 2 A 762/11, juris Rn. 9).

§ 40 Ermessen

Ist die Behörde ermächtigt, nach ihrem Ermessen zu handeln, hat sie ihr Ermessen entsprechend dem Zweck der Ermächtigung auszuüben und die gesetzlichen Grenzen des Ermessens einzuhalten.

Überblick

§ 40 enthält die materiell-rechtlichen Maßstäbe für Ermessensentscheidungen, deren prozessrechtliche Entsprechung sich in § 114 VwGO findet.

A. Bedeutung

Das **Wesen des Ermessens** erschließt sich aus dem Gegensatz zum gebundenen Verwaltungs- **1** handeln: Sind auf der Tatbestandsseite einer Norm alle Voraussetzungen erfüllt, eröffnet ein der Behörde eingeräumtes Ermessen mehrere – rechtmäßige – Handlungsoptionen auf der Rechtsfolgenseite. Bei einer **gebundenen Entscheidung** ist dagegen nur eine Rechtsfolge möglich. Die Ausübung des Ermessens hat pflichtgemäß zu erfolgen, sich also am Ermächtigungszweck zu orientieren und die gesetzlichen Grenzen einzuhalten (BVerfGE 14, 105 (114); 18, 353 (363)).

B. Ermessensermächtigungen

§ 40 setzt eine **anderweitige Ermächtigung** zur Ermessensausübung voraus. Diese kann **2** ausdrücklich eingeräumt werden wie etwa in § 22 S. 1 („nach pflichtgemäßem Ermessen") oder durch Formulierungen wie „kann" (zB § 8 StAG; vgl. etwa VGH BW BeckRS 2009, 31486), „darf", „ist berechtigt" oder „ist befugt". Die Reichweite des so eröffneten Ermessens ist bezogen auf das „Ob" und das „Wie" des behördlichen Handelns durch Auslegung zu ermitteln. Instruktiv etwa zum Kontaktverbot nach § 56 Abs. 4 AufenthG (VGH BW BeckRS 2020, 38067) → AufenthG § 56 Rn. 30 ff.

Zwischen den ein Ermessen einräumenden „Kann-Vorschriften" und den eine gebundene **3** Entscheidung prägenden „Muss-Vorschriften" stehen die sog. „**Soll-Vorschriften**". Sie beschreiben ein Regel-Ausnahme-Verhältnis, dem zufolge die in der Norm genannte Rechtsfolge regelmäßig eintritt, von der nur in atypischen Ausnahmefällen abgewichen werden darf (zB § 8 Abs. 2 AufenthG).

Ein ähnliches Regel-Ausnahme-Verhältnis besteht bei dem sog. gelenkten oder **intendierten** **4** **Ermessen,** wenn entgegen dem Wortlaut das durch die Norm eröffnete Ermessens nach dem Willen des Gesetzgebers regelmäßig in einer bestimmten Weise auszuüben ist (zB § 49 Abs. 3; BVerwGE 105, 55 (57) = NJW 1998, 2233 (2234)).

C. Ermessensschranken

Die Behörde ist in ihrer **Ermessensausübung** nicht frei, sondern **pflichtgemäß** an den **5** Normzweck gebunden und durch die Gesetze begrenzt. Sofern sich der Zweck nicht aus der Ermächtigung selbst ergibt, ist er im Wege der Auslegung anhand des Gesetzes im Übrigen, anhand weiterer Gesetze, anhand des GG – insbesondere der Grundrechte – und ggf. anhand europäischer oder völkerrechtlicher Regelungen zu ermitteln (SBS/Sachs Rn. 63; Huck/Müller/Müller Rn. 12).

Aus dem ermächtigenden Gesetz und sonstigen Rechtsvorschriften ergeben sich zugleich die **6** Grenzen. Besondere Bedeutung haben insoweit vor allem der **Gleichheitsgrundsatz** (Art. 3 Abs. 1 GG) und die regelmäßig auf ihn zurückzuführende **Selbstbindung der Verwaltung** durch ermessenslenkende Verwaltungsvorschriften und eine ständige Verwaltungspraxis sowie der Grundsatz der **Verhältnismäßigkeit** (SBS/Sachs Rn. 73 ff.; Ziekow VwVfG Rn. 25 ff.).

D. Ermessensreduzierung

7   Ermessensbindungen führen mitunter dazu, dass ein abstrakt gesehen weiter Ermessensspielraum bei Berücksichtigung aller entscheidungserheblichen Umstände schrumpft, bis nur noch wenige rechtmäßige Handlungsoptionen verbleiben. Im Einzelfall kann sich der Ermessensspielraum so weit verengen, dass nur eine einzige Entscheidung zulässig ist (sog. „**Ermessensreduzierung auf Null**"; ausf. SBS/Sachs Rn. 102a–102e mwN).

E. Ermessensfehler

8   Vier Kategorien von Ermessensfehlern werden häufig genannt, die sich aber mitunter nicht scharf voneinander trennen lassen (zum Folgenden Huck/Müller/Müller Rn. 24 ff.):

- Ein **Ermessensnichtgebrauch** liegt vor, wenn die Behörde von dem ihr eingeräumten Ermessen keinen Gebrauch macht, also keinerlei Ermessenserwägungen anstellt.
- Von einer **Ermessensunterschreitung** wird gesprochen, wenn die Behörde den vollständigen Umfang des Ermessens verkennt, also nicht alle ihr zustehenden Möglichkeiten in die Entscheidungsfindung einbezieht.
- Ein **Ermessensfehlgebrauch** ist gegeben, wenn die Behörde zwar die gesetzlichen Ermessensgrenzen einhält, ihre Entscheidung aber dennoch auf nicht tragfähigen Erwägungen beruht. Das ist etwa der Fall, wenn die Behörde nicht alle wesentlichen Gesichtspunkte in ihre Entscheidung einbezieht (**Ermessensdefizit**) oder andere, zweckwidrige Gesichtspunkte einbezieht (**sachfremde Erwägungen**).
- Eine **Ermessensüberschreitung** liegt vor, wenn die von der Behörde gewählte Rechtsfolge über den gesetzlichen Rahmen des Ermessens hinausgeht.

F. Fehlerfolgen

9   Zwar können Verfahrensfehler wie etwa eine unzureichende Sachverhaltsermittlung (→ § 24 Rn. 1) oder eine unterlassene Anhörung (→ § 28 Rn. 1) eine fehlerhafte Ermessensentscheidung zur Folge haben, insbesondere können sie zu Ermessensdefiziten führen, gleichwohl sind Ermessensfehler sind **keine Verfahrensfehler** iSd § 46, sondern materiell-rechtliche Fehler.

10   Ein ermessensfehlerhafter Verwaltungsakt ist grundsätzlich rechtswidrig und nur ausnahmsweise bei Vorliegen eines besonders schwerwiegenden und offensichtlichen Fehlers nichtig (→ § 44 Rn. 2).

11   Da Verwaltungs- und Widerspruchsverfahren eine Einheit bilden, kann ein Ermessensfehler auch noch im Widerspruchsverfahren durch die Ausgangsbehörde oder die Widerspruchsbehörde geheilt werden. Außerdem können Ermessenserwägungen auch noch im verwaltungsgerichtlichen Verfahren ergänzt werden (§ 114 S. 2 VwGO).

§ 41 Bekanntgabe des Verwaltungsaktes

(1) ¹Ein Verwaltungsakt ist demjenigen Beteiligten bekannt zu geben, für den er bestimmt ist oder der von ihm betroffen wird. ²Ist ein Bevollmächtigter bestellt, so kann die Bekanntgabe ihm gegenüber vorgenommen werden.

(2) ¹Ein schriftlicher Verwaltungsakt, der im Inland durch die Post übermittelt wird, gilt am dritten Tag nach der Aufgabe zur Post als bekannt gegeben. ²Ein Verwaltungsakt, der im Inland oder in das Ausland elektronisch übermittelt wird, gilt am dritten Tag nach der Absendung als bekannt gegeben. ³Dies gilt nicht, wenn der Verwaltungsakt nicht oder zu einem späteren Zeitpunkt zugegangen ist; im Zweifel hat die Behörde den Zugang des Verwaltungsaktes und den Zeitpunkt des Zugangs nachzuweisen.

(2a) ¹Mit Einwilligung des Beteiligten kann ein elektronischer Verwaltungsakt dadurch bekannt gegeben werden, dass er vom Beteiligten oder von seinem Bevollmächtigten über öffentlich zugängliche Netze abgerufen wird. ²Die Behörde hat zu gewährleisten, dass der Abruf nur nach Authentifizierung der berechtigten Person möglich ist und der elektronische Verwaltungsakt von ihr gespeichert werden kann. ³Der Verwaltungsakt gilt am Tag nach dem Abruf als bekannt gegeben. ⁴Wird der Verwaltungsakt nicht innerhalb von zehn Tagen nach Absendung einer Benachrichtigung über die Bereitstellung abgerufen, wird diese beendet. ⁵In diesem Fall ist die Bekanntgabe nicht bewirkt; die Möglichkeit einer erneuten Bereitstellung zum Abruf oder der Bekanntgabe auf andere Weise bleibt unberührt.

(3) ¹Ein Verwaltungsakt darf öffentlich bekannt gegeben werden, wenn dies durch Rechtsvorschrift zugelassen ist. ²Eine Allgemeinverfügung darf auch dann öffentlich bekannt gegeben werden, wenn eine Bekanntgabe an die Beteiligten untunlich ist.

(4) ¹Die öffentliche Bekanntgabe eines schriftlichen oder elektronischen Verwaltungsaktes wird dadurch bewirkt, dass sein verfügender Teil ortsüblich bekannt gemacht wird. ²In der ortsüblichen Bekanntmachung ist anzugeben, wo der Verwaltungsakt und seine Begründung eingesehen werden können. ³Der Verwaltungsakt gilt zwei Wochen nach der ortsüblichen Bekanntmachung als bekannt gegeben. ⁴In einer Allgemeinverfügung kann ein hiervon abweichender Tag, jedoch frühestens der auf die Bekanntmachung folgende Tag bestimmt werden.

(5) Vorschriften über die Bekanntgabe eines Verwaltungsaktes mittels Zustellung bleiben unberührt.

Überblick

Abs. 1 regelt, dass und wem gegenüber Verwaltungsakte bekannt zu geben sind. Abs. 2 bestimmt für schriftliche und elektronische Verwaltungsakte eine widerlegliche Zugangsfiktion für die Bekanntgabe als Anknüpfungspunkt für den Lauf von Fristen. Abs. 3 und Abs. 4 normieren die Voraussetzungen und die Form der öffentlichen Bekanntgabe. Abs. 5 stellt klar, dass die Vorschriften, die die Zustellung von Verwaltungsakten verlangen, unberührt bleiben.

A. Begriff der Bekanntgabe

Bekanntgabe iSd Abs. 1 meint die **wissentliche und willentliche Eröffnung eines Verwal-** 1 **tungsakts** durch eine Behörde gegenüber dem Adressaten des Verwaltungsakts oder dem von ihm Betroffenen. Sie muss nicht notwendig durch die für dessen Erlass zuständige Behörde selbst erfolgen, sondern kann auch auf andere Weise, insbesondere durch Vermittlung einer anderen Behörde vorgenommen werden, sofern dies nur mit Wissen und Wollen der zuständigen Behörde geschieht (BVerwG AuAS 1997, 218 = BeckRS 1997, 31225329).

In analoger Anwendung des § 130 BGB setzt die Bekanntgabe den Zugang des Verwaltungsakts 2 voraus, dh der Verwaltungsakt muss so in den „Machtbereich" des Empfängers gelangen, dass bei gewöhnlichem Verlauf und normaler Gestaltung der Verhältnisse des Empfängers mit der Kenntnisnahme durch ihn zu rechnen ist (BVerwG NVwZ 2018, 496 (498)).

Ein potentieller Empfänger muss jedoch keine Vorkehrungen dafür treffen, dass ihn Verwal- 3 tungsakte tatsächlich erreichen (Ziekow VwVfG Rn. 5).

B. Individuelle Bekanntgabe

Bekannt zu geben ist gem. Abs. 1 S. 1 grundsätzlich gegenüber demjenigen Beteiligten, für den 4 der Verwaltungsakt bestimmt ist oder der von ihm betroffen wird, bei dessen Handlungsunfähigkeit gegenüber dem jeweiligen gesetzlichen Vertreter (§ 12). Ist ein **Bevollmächtigter** ausdrücklich oder konkludent bestellt, kann nach Abs. 1 S. 2 die Bekanntgabe auch ihm gegenüber erfolgen; die Soll-Vorschrift des § 14 Abs. 3 S. 1 wird insoweit verdrängt (BVerwG NVwZ 1998, 1292 (1293); VGH BW NVwZ-RR 2006, 154 (155)). Besonderheiten gelten bei Zustellungen nach vorheriger Vollmachtsvorlage (→ Rn. 6).

Vom **Grundsatz der Formfreiheit** (→ § 37 Rn. 5 f.) umfasst wird auch die Form der 5 Bekanntgabe. Sofern das Gesetz keine besonderen Anforderungen vorsieht, kann die Bekanntgabe eines Verwaltungsakts auf jede geeignete Weise erfolgen.

Der **Zeitpunkt der Bekanntgabe** des Verwaltungsakts hängt von dessen Form ab. Ein münd- 6 lich oder in anderer Weise erlassener Verwaltungsakt wird mit der Kundgabe gegenüber dem Anwesenden wirksam, so dass Abgabe und Zugang hier zeitlich zusammenfallen. Die Bekanntgabe eines schriftlichen oder elektronischen Verwaltungsakts geschieht grundsätzlich zu dem Zeitpunkt, zu welchem nach der Verkehrsauffassung bei gewöhnlichem Verlauf und unter normalen Umständen mit der Kenntnisnahme durch den Beteiligten (oder seinen Bevollmächtigten) zu rechnen ist. Tatsächliche Kenntnisnahme ist nicht erforderlich.

Hiervon abweichend gilt ein schriftlicher Verwaltungsakt bei der Übermittlung durch die Post 7 oder einen lizensierten privaten Postdienstleister (SächsOVG BeckRS 2015, 41317; ähnlich OVG

RhPf NVwZ-RR 2003, 4 (5): Fiktion gilt nur für externe Dienstleister, nicht aber für interne Zuleitungssysteme (Dienstpost)) gem. Abs. 2 S. 1 im Inland am dritten Tage nach seiner Aufgabe zur Post als bekannt gegeben, ein elektronischer Verwaltungsakt – unabhängig vom Sitz des Empfängers im In- oder Ausland – am dritten Tage nach seiner Absendung als bekannt gegeben.

8   Diese Vermutung ist widerleglich. Die Behörde trägt das **Risiko der Nichterweislichkeit** des Zugangs bei berechtigten Zweifeln, die durch das Bestreiten des Zugangs seitens des Empfängers begründet werden können (VG Potsdam BeckRS 2010, 55228).

C. Öffentliche Bekanntgabe

9   Die öffentliche Bekanntgabe unterscheidet sich von der einfachen Individualbekanntgabe dadurch, dass ihre Wirksamkeit nicht vom Zugang des Verwaltungsakts beim Betroffenen abhängt (SBS/Stelkens Rn. 135). Zulässig ist sie gem. Abs. 3, wenn sie durch Rechtsvorschrift zugelassen oder – im Fall der Allgemeinverfügung – die Bekanntgabe an die Beteiligten untunlich ist. Eine unzulässige oder nicht vorschriftsgemäß bewirkte öffentliche Bekanntgabe kann diese Rechtsfolge nicht herbeiführen. Ist die öffentliche Bekanntgabe nicht zulässig, wird der VA gegenüber einem Betroffenen erst dann wirksam, wenn er ihm individuell bekannt gegeben wird oder aufgrund vollständiger Kenntnisnahme als bekannt gegeben gilt (BVerwG NVwZ 2021, 896 (898).

10   Verfahren und Form bestimmen sich bei Fehlen fachgesetzlicher Regelungen nach dem einschlägigen Landesrecht, den kommunalen Bekanntmachungssatzungen oder nach den Gepflogenheiten am Sitz der Behörde. Hierbei ist anzugeben, wo und wann der Verwaltungsakt nebst Begründung eingesehen werden kann (Huck/Müller/Müller Rn. 12 f.).

D. Fehlerfolgen

11   Unterbleibt eine Bekanntgabe, wird eine unzulässige Form der Bekanntgabe gewählt oder erfolgt sie abweichend von zwingenden gesetzlichen Vorgaben, so wird der Verwaltungsakt gegenüber dem Beteiligten gem. § 43 Abs. 1 S. 1 nicht wirksam, da eine Bekanntgabe ist nicht Rechtmäßigkeits-, sondern **Wirksamkeitsvoraussetzung** (Ziekow VwVfG Rn. 20; SBS/Stelkens Rn. 222).

§ 42 Offenbare Unrichtigkeiten im Verwaltungsakt

[1]Die Behörde kann Schreibfehler, Rechenfehler und ähnliche offenbare Unrichtigkeiten in einem Verwaltungsakt jederzeit berichtigen. [2]Bei berechtigtem Interesse des Beteiligten ist zu berichtigen. [3]Die Behörde ist berechtigt, die Vorlage des Dokuments zu verlangen, das berichtigt werden soll.

Überblick

§ 42 dient im Interesse der Verwaltung an einer einfachen Korrekturmöglichkeit der Erhaltung des Verwaltungsakts, sofern lediglich das Gewollte klargestellt und nicht das schutzwürdige Vertrauen des Bürgers eingegriffen wird.

A. Anwendungsbereich

1   § 42 gilt unmittelbar für schriftlich oder elektronisch erlassene Verwaltungsakte und für schriftlich oder elektronisch bestätigte Verwaltungsakte (§ 37 Abs. 2 S. 2). Die Vorschrift ist ferner anzuwenden auf Zusicherungen (§ 38; Ziekow VwVfG Rn. 2; Huck/Müller/Müller Rn. 1) und auf Nebenbestimmungen (§ 36; BeckOK VwVfG/Schemmer Rn. 2) sowie auf Planfeststellungsbeschlüsse (§ 72 Abs. 1; BVerwG NVwZ 2000, 553).

B. Offenbare Unrichtigkeit

2   Eine **Unrichtigkeit** iSd § 42 liegt vor, wenn die Formulierung des Verwaltungsakts etwas anderes ausgesagt, als die Behörde wollte, oder etwas nicht sagt, was sie wollte. Beispielhaft nennt das Gesetz Schreib- und Rechenfehler. Fehler der Sachverhaltsfeststellung, der Tatsachenwürdigung oder der Rechtsanwendung fallen nicht unter den Oberbegriff der offenbaren Unrichtigkeit, bei deren Vorliegen der Verwaltungsakt von vornherein mit dem gewollten Inhalt wirksam wird.

Offenbar ist eine Unrichtigkeit, wenn sie offensichtlich ist oder zumindest den Beteiligten 3
ohne weiteres auffällt, sei es auch erst durch weitere im Zusammenhang mit dem Erlass des
Verwaltungsakts stehende Umstände (BVerwG NVwZ 1986, 198; VGH BW BeckRS 2018,
17864).

C. Berichtigungsverfahren

Die Berichtigung erfolgt durch die zu diesem Zeitpunkt zuständige Behörde nach pflichtgemä- 4
ßen Ermessen auf Antrag oder von Amts wegen, jederzeit und ohne Einhaltung einer besonderen
Form. Die Behörde ist nach S. 3 berechtigt, die Vorlage des zu berichtigenden Dokuments zu
verlangen (Ziekow VwVfG Rn. 6; Huck/Müller/Müller Rn. 5 ff.).

§ 42a Genehmigungsfiktion

(1) ¹**Eine beantragte Genehmigung gilt nach Ablauf einer für die Entscheidung festgelegten Frist als erteilt (Genehmigungsfiktion), wenn dies durch Rechtsvorschrift angeordnet und der Antrag hinreichend bestimmt ist.** ²**Die Vorschriften über die Bestandskraft von Verwaltungsakten und über das Rechtsbehelfsverfahren gelten entsprechend.**

(2) ¹**Die Frist nach Absatz 1 Satz 1 beträgt drei Monate, soweit durch Rechtsvorschrift
nichts Abweichendes bestimmt ist.** ²**Die Frist beginnt mit Eingang der vollständigen
Unterlagen.** ³**Sie kann einmal angemessen verlängert werden, wenn dies wegen der
Schwierigkeit der Angelegenheit gerechtfertigt ist.** ⁴**Die Fristverlängerung ist zu begründen und rechtzeitig mitzuteilen.**

(3) **Auf Verlangen ist demjenigen, dem der Verwaltungsakt nach § 41 Abs. 1 hätte
bekannt gegeben werden müssen, der Eintritt der Genehmigungsfiktion schriftlich zu
bescheinigen.**

Überblick

Abs. 1 und Abs. 2 S. 2 formulieren erstmals im VwVfG Grundsätze für die Genehmigungsfiktion. Abs. 2 S. 1 normiert eine Regelfrist von drei Monaten, die unter bestimmten Voraussetzungen
verlängert werden kann (Abs. 2 S. 3 und S. 4). Nach Abs. 3 hat der von durch die Fiktion
Begünstigte einen Anspruch auf eine schriftliche Bescheinigung über den Eintritt der Genehmigungsfiktion. Für welche Genehmigungsverfahren eine Genehmigungsfiktion gelten soll, regelt
jedoch ausschließlich das Fachrecht.

A. Begriffsbestimmung/Anwendungsbereich

§ 42a Abs. 1 definiert zunächst den Begriff der **Genehmigungsfiktion:** Eine beantragte 1
Genehmigung gilt nach Ablauf einer für die Entscheidung festgesetzten Frist als erteilt; sie gilt
allein für begünstigende Verwaltungsakte.

B. Voraussetzungen

Die Festlegung, ob und in welchen Fällen eine Genehmigungsfiktion eintritt, ist den einschlägi- 2
gen **Rechtsvorschriften** des jeweiligen Fachrechts vorbehalten.

Eine Genehmigung wird somit gerade nicht erteilt; vielmehr tritt deren Fiktion an ihre Stelle. 3
Ein behördliches Handeln mit dem Erklärungswert eines Verwaltungsakts iSd § 35 fehlt; eine
Zurechnung zu der Behörde erfolgt dadurch, dass gerade ihr Unterlassen die gesetzlich geregelten
Folgen auslöst. Dies setzt einen **hinreichend bestimmten Antrag** voraus (Abs. 1 S. 1), weil
sich nur aus ihm iVm den einschlägigen Genehmigungsvorschriften der Inhalt der fingierten
Genehmigung hinreichend bestimmen lässt.

Weitere Voraussetzung für den Eintritt der Fiktionswirkung, dass eine für die Entscheidung 4
festgelegte **Frist abgelaufen** ist, ohne dass eine behördliche Sachentscheidung ergangen ist. Abs. 2
bestimmt eine **Regelentscheidungsfrist** von drei Monaten. Durch Rechtsvorschrift kann Abweichendes werden, und zwar allgemein durch entsprechendes Fachrecht oder bei Vorliegen einer
gesetzlichen Ermächtigung durch die Behörde selbst (vgl. BT-Drs. 16/10493, 16; ferner Ziekow
VwVfG Rn. 15).

5   Der Beginn der Entscheidungsfrist knüpft nicht an eine formelle behördliche Feststellung der **Antragsvollständigkeit,** sondern an den Eingang des Antrags und der vollständigen Unterlagen an. Maßgeblich für die Frage nach der Vollständigkeit ist auch nicht die Einschätzung der Behörde oder der Empfängerhorizont des Antragstellers, sondern allein die objektive Rechtslage (VGH BW BeckRS 2018, 17864).

6   Die Frist kann **einmal verlängert** werden (Guckelberger DÖV 2010, 109 (115); Offermann-Burckart AnwBl 2016, 474 (480)), und zwar durch eine Mitteilung an den Antragsteller, die ihm in Form eines Zwischenbescheides vor Ablauf der Dreimonatsfrist unter Angabe eines konkreten Zeitraums, um den die Entscheidungsfrist verlängert wird, zugehen muss (VGH BW BeckRS 2018, 17864). Gerechtfertigt werden kann eine solche Fristverlängerung nur mit der **Komplexität des Genehmigungsverfahrens** und nicht etwa mit einer Arbeitsüberlastung der Behörde (Guckelberger DÖV 2010, 109 (115); Ziekow VwVfG Rn. 16).

C. Bekanntgabe

7   Der Fristablauf ersetzt die wirksame Bekanntgabe der fingierten Genehmigung ungeachtet ihrer Rechtmäßigkeit (OVG Bln-Bbg BeckRS 2017, 115686; BeckOK VwVfG/Schemmer Rn. 7).

8   Gleichwohl besteht ein berechtigtes Interesse des Antragstellers, den Eintritt der Fiktionswirkung bestätigt zu bekommen; dieser Bescheinigung ist eine Rechtsbehelfsbelehrung beizufügen (§ 37 Abs. 6 S. 2).

9   Sie steuert damit auch den **Lauf der Rechtsbehelfsfristen.** Nach Abs. 1 S. 2 gelten für die Genehmigungsfiktion die Vorschriften über das Rechtsbehelfsverfahren entsprechend. Dies bedeutet nichts anderes, als dass die Bekanntgabe der Fiktionsbescheinigung an Drittbetroffene die Anfechtungsfristen nach §§ 70, 74 VwGO auslöst (Ziekow VwVfG Rn. 20).

Abschnitt 2. Bestandskraft des Verwaltungsaktes

§ 43 Wirksamkeit des Verwaltungsaktes

(1) ¹**Ein Verwaltungsakt wird gegenüber demjenigen, für den er bestimmt ist oder der von ihm betroffen wird, in dem Zeitpunkt wirksam, in dem er ihm bekannt gegeben wird.** ²**Der Verwaltungsakt wird mit dem Inhalt wirksam, mit dem er bekannt gegeben wird.**

(2) Ein Verwaltungsakt bleibt wirksam, solange und soweit er nicht zurückgenommen, widerrufen, anderweitig aufgehoben oder durch Zeitablauf oder auf andere Weise erledigt ist.

(3) Ein nichtiger Verwaltungsakt ist unwirksam.

Überblick

§ 43 regelt den Beginn (Abs. 1) und in die Dauer der Wirksamkeit des Verwaltungsakts (Abs. 2) gegenüber dem Adressaten und sonstigen Betroffenen. Abs. 3 stellt klar, dass ein nichtiger Verwaltungsakt unwirksam ist.

A. Bedeutung

1   **Wirksamkeit** iSd § 43 bedeutet, dass der Verwaltungsakt die von der Behörde erstrebten Rechtswirkungen nach außen entfaltet; sie geht über den bloßen Bestand des Verwaltungsakts hinaus, indem sie für einen bestimmten Personenkreis und in einem bestimmten sachlichen Umfang Bindungswirkung hat.

B. Wirksamkeit

2   Die **äußere Wirksamkeit** tritt mit der Bekanntgabe des Verwaltungsakts ein und meint Bindung des Betroffenen an den Verwaltungsakt, selbst wenn dessen Regelungsgehalt erst zu einem späteren Zeitpunkt Bedeutung erlangt. Zugleich bindet der wirksame Verwaltungsakt die erlas-

sende Behörde und deren Träger, weshalb diese den Regelungsgehalt gegen sich gelten lassen müssen, solange der Verwaltungsakt nicht geändert aufgehoben wurde oder sich erledigt hat.

Innere Wirksamkeit bezeichnet den Eintritt der Rechtsfolgen des Verwaltungsakts. Sie fällt 3 in der Regel mit der äußeren Wirksamkeit zusammen, kann aber – etwa aufgrund von Nebenbestimmungen (→ § 36 Rn. 5 ff.) – zu einem anderen Zeitpunkt eintreten.

C. Folgen der Wirksamkeit

In **persönlicher Hinsicht** bindet der Verwaltungsakt den Adressaten und die erlassende 4 Behörde. In **sachlicher Hinsicht** beschränkt sich die **Bindungswirkung** grundsätzlich auf den Tenor der Entscheidung, zu dessen Auslegung und Abgrenzung die Begründung herangezogen werden kann.

Die **Tatbestandswirkung** bezieht sich auf die Existenz des Verwaltungsakts, die andere Perso- 5 nen, Behörden oder Gerichte bei deren Maßnahmen und Entscheidungen hinzunehmen haben; eine Prüfung seiner Rechtmäßigkeit findet insoweit nicht statt (BayVGH BeckRS 2021, 2822 Rn. 29; 2016, 50120 Rn. 45; OVG NRW BeckRS 2016, 53637 Rn. 36).

Demgegenüber kommt eine **Feststellungswirkung** mit der Folge, dass nicht nur die getroffene 6 Regelung, sondern auch ihr **zugrunde gelegten tatsächlichen Feststellungen** erfasst werden, nur in Ausnahmefällen in Betracht. Hierzu bedarf es einer ausdrücklichen gesetzlichen Regelung (BVerwGE 15, 332 (334 f.) = NJW 1963, 1419; BVerwGE 72, 8 (9 f.) = BeckRS 9998, 169556), die Inhalt und Umfang der Feststellungswirkung normiert (BVerwGE 69, 334 = NVwZ 1985, 115 (116); vgl. etwa § 42 AsylVfG).

Die Wirksamkeit ist von der **Vollziehbarkeit** und von der **Bestandskraft** zu unterscheiden; 7 beide sind mittelbare Folgen und setzen die Wirksamkeit voraus.

Die **Vollziehung** dient der Verwirklichung der im Verwaltungsakt angeordneten Rechtsfolge 8 und bedarf regelmäßig zusätzlicher behördlicher Handlungen, die ihrerseits weitere Voraussetzungen erfüllen müssen.

Formelle Bestandskraft tritt ein, wenn der Verwaltungsakt nicht mehr mit ordentlichen 9 Rechtsbehelfen (Widerspruch, Anfechtungs- oder Verpflichtungsklage) angegriffen werden kann. **Materielle Bestandskraft** ist gegeben, wenn Behörde und Beteiligte derart an den Verwaltungsakt gebunden sind, dass er nur gemäß spezialgesetzlichen Normen oder §§ 48 ff. aufgehoben werden kann.

D. Beginn und Dauer der Wirksamkeit

Die Wirksamkeit des Verwaltungsakts **beginnt** gem. Abs. 1 S. 2 mit dem Zeitpunkt und dem 10 Inhalt der wirksamen Bekanntgabe (→ § 41 Rn. 1 ff. ff.) und somit individuell gegenüber jedem Empfänger. Sie **dauert** an, soweit und solange er nicht aufgehoben oder erledigt ist (Abs. 2). Zum Erlöschen einer Wohnsitzauflage vgl. etwa OVG MV BeckRS 2021, 6995 Rn. 13.

E. Unwirksamkeit

Abs. 3 stellt klar, dass ein nichtiger Verwaltungsakt unwirksam ist. Wann Nichtigkeit vorliegt, 11 folgt aus § 44 (→ § 44 Rn. 3 ff.).

§ 44 Nichtigkeit des Verwaltungsaktes

(1) Ein Verwaltungsakt ist nichtig, soweit er an einem besonders schwerwiegenden Fehler leidet und dies bei verständiger Würdigung aller in Betracht kommenden Umstände offensichtlich ist.

(2) Ohne Rücksicht auf das Vorliegen der Voraussetzungen des Absatzes 1 ist ein Verwaltungsakt nichtig,
1. der schriftlich oder elektronisch erlassen worden ist, die erlassende Behörde aber nicht erkennen lässt;
2. der nach einer Rechtsvorschrift nur durch die Aushändigung einer Urkunde erlassen werden kann, aber dieser Form nicht genügt;
3. den eine Behörde außerhalb ihrer durch § 3 Abs. 1 Nr. 1 begründeten Zuständigkeit erlassen hat, ohne dazu ermächtigt zu sein;
4. den aus tatsächlichen Gründen niemand ausführen kann;

5. der die Begehung einer rechtswidrigen Tat verlangt, die einen Straf- oder Bußgeldtatbestand verwirklicht;
6. der gegen die guten Sitten verstößt.

(3) Ein Verwaltungsakt ist nicht schon deshalb nichtig, weil
1. Vorschriften über die örtliche Zuständigkeit nicht eingehalten worden sind, außer wenn ein Fall des Absatzes 2 Nr. 3 vorliegt;
2. eine nach § 20 Abs. 1 Satz 1 Nr. 2 bis 6 ausgeschlossene Person mitgewirkt hat;
3. ein durch Rechtsvorschrift zur Mitwirkung berufener Ausschuss den für den Erlass des Verwaltungsaktes vorgeschriebenen Beschluss nicht gefasst hat oder nicht beschlussfähig war;
4. die nach einer Rechtsvorschrift erforderliche Mitwirkung einer anderen Behörde unterblieben ist.

(4) Betrifft die Nichtigkeit nur einen Teil des Verwaltungsaktes, so ist er im Ganzen nichtig, wenn der nichtige Teil so wesentlich ist, dass die Behörde den Verwaltungsakt ohne den nichtigen Teil nicht erlassen hätte.

(5) Die Behörde kann die Nichtigkeit jederzeit von Amts wegen feststellen; auf Antrag ist sie festzustellen, wenn der Antragsteller hieran ein berechtigtes Interesse hat.

Überblick

§ 44 ist zu entnehmen, unter welchen Voraussetzungen und in welchem Umfang ein Verwaltungsakt nichtig ist, und wie die Behörde damit umzugehen hat.

A. Bedeutung

1   § 44 ergänzt § 43 Abs. 3, der als Konsequenz der Nichtigkeit die Unwirksamkeit des Verwaltungsakts anordnet. Ein nichtiger Verwaltungsakt entfaltet keine Wirksamkeit ($\rightarrow$ § 43 Rn. 2 ff.), insbesondere keine Bindungs- und Tatbestandswirkung, er erwächst nicht in Bestandskraft. Die Nichtigkeit ist ein Unterfall der Rechtswidrigkeit. Im Umkehrschluss folgt daraus, dass die bloße Fehlerhaftigkeit nicht zur Unwirksamkeit führt.

B. Generalklausel (Abs. 1)

2   Die Generalklausel des Abs. 1 ist subsidiär anzuwenden. Nach ihr ist ein Verwaltungsakt nichtig, soweit er an einem besonders schwerwiegenden Fehler leidet und dies bei verständiger Würdigung aller in Betracht kommenden Umstände offensichtlich ist. Die Fehlerhaftigkeit muss ihm „**auf die Stirn geschrieben**" sein, so dass der Durchschnittsbetrachter ohne weitere Ermittlungen oder besondere rechtliche Überlegungen zu dem Schluss gelangen muss, dass der Verwaltungsakt unmöglich rechtens sein kann (OVG NRW BeckRS 2012, 48183). Die an ein rechtsstaatliches Vorgehen zu stellenden Anforderungen müssen so drastisch verfehlt werden, dass es unerträglich wäre, dem Verwaltungsakt Wirksamkeit und damit Rechtsverbindlichkeit zuzuerkennen. Eine Nichtigkeit wegen inhaltlicher Unbestimmtheit ist deshalb nur anzunehmen, wenn Adressaten aufgrund von Widersprüchen, gedanklichen Brüchen oder anderen Ungereimtheiten nach keiner denkbaren Betrachtungsweise erkennen können, was von ihnen verlangt wird (BVerwG NVwZ 2021, 896 Rn. 50).

C. Absolute Nichtigkeitsgründe (Abs. 2)

3   Die Aufzählung der absoluten Nichtigkeitsgründe ist abschließend. Ihr Vorliegen führt zur Nichtigkeit, ohne dass die besondere Schwere des Fehlers oder dessen Offensichtlichkeit gegeben sein muss (BVerwG NVwZ 1990, 668).

I. Nichterkennbarkeit der erlassenden Behörde (Nr. 1)

4   Nach Nr. 1 ist ein schriftlich oder elektronisch erlassener Verwaltungsakt nichtig, der die erlassende Behörde nicht erkennen lässt. Allerdings kann ihm auch noch der Widerspruchsbescheid insoweit die maßgebliche Gestalt iSd § 79 Abs. 1 Nr. 1 VwGO geben (VGH BW VBlBW 1988, 439 (440); OVG LSA BeckRS 2008, 32692).

II. Fehlende Aushändigung erforderlicher Urkunde (Nr. 2)

Gemäß Nr. 2 ist ein Verwaltungsakt nichtig, der wegen nur durch die Aushändigung einer 5
Urkunde erlassen werden kann, dieser Form aber nicht genügt. Beispiele für eine solche konstitutive Wirkung der Urkundenübergabe:
- Einbürgerung gem. § 16 S. 1 StAG (BVerwG BeckRS 2014, 56980);
- Ernennung von Beamten und Richtern gem. § 10 Abs. 2 S. 1 BBG, § 8 Abs. 2 S. 1 BeamtStG, § 17 Abs. 1 DRiG (BGH NJW 2004, 3784).

III. Fehlen der örtlichen Zuständigkeit (Nr. 3)

Nr. 3 erfasst nur Fehler der durch § 3 Abs. 1 Nr. 1 begründeten örtlichen Zuständigkeit, die 6
sich auf unbewegliches Vermögen oder ein ortsgebundenes Recht bzw. Rechtsverhältnis beziehen
(OVG LSA BeckRS 2007, 25455). Zuständigkeitsmängeln außerhalb von § 3 Abs. 1 Nr. 1 führen
danach nicht zur Nichtigkeit.

IV. Tatsächliche Unmöglichkeit (Nr. 4)

Nach Nr. 4 ist ein Verwaltungsakt nichtig, den aus tatsächlichen Gründen niemand ausführen 7
kann. Gemeint ist tatsächliche objektive Unmöglichkeit, bloßes Unvermögen genügt nicht.

V. Rechtswidrige Tat (Nr. 5)

Ein Verwaltungsakt ist gem. Nr. 5 nichtig, wenn er die Begehung einer Tat verlangt, die 8
einen Straf- oder Bußgeldtatbestand verwirklicht, wobei es nur auf Tatbestandsmäßigkeit und
Rechtswidrigkeit (vgl. aber HessVGH BeckRS 2005, 26659 zur Legalisierungswirkung der
behördlichen Anordnung), nicht aber auf Verschulden ankommt.

VI. Sittenwidrigkeit (Nr. 6)

Gemäß Nr. 6 ist ein Verwaltungsakt, der gegen die guten Sitten verstößt, nichtig, auch wenn 9
der Fehler nicht offenkundig ist. Dies entspricht dem allgemeinen Rechtsgedanken, der § 138 BGB
zugrunde liegt. Die Nichtigkeit erfasst nicht nur die Anordnung von Sittenwidrigem, sondern
auch die Erlaubnis dessen, was wegen Sittenwidrigkeit nicht erlaubnisfähig ist (vgl. BeckOK
VwVfG/Schemmer Rn. 60).

D. Negativkatalog (Abs. 3)

I. Zuständigkeitsmängel (Nr. 1)

Nr. 1 nimmt diejenigen Verstöße gegen die örtliche Zuständigkeit von der Nichtigkeitsfolge 10
aus, die nicht von Abs. 2 Nr. 3 erfasst werden und ggf. sogar gem. § 46 unbeachtlich sind.

II. Mitwirkung ausgeschlossener Personen (Nr. 2)

Nach Nr. 2 führt die Mitwirkung von nach § 20 Abs. 1 S. 1 Nr. 2–6 ausgeschlossen Personen 11
nicht zur Nichtigkeit. Mitwirkung meint die tatsächliche Einflussnahme auf Verfahren und Entscheidung; sie umfasst auch Handlungen von Aufsichtsbehörden (BVerwGE 69, 256 (267 f.) =
NVwZ 1984, 718 (720)). Die Mitwirkung einer nach § 20 Abs. 1 S. 1 Nr. 1 ausgeschlossenen
Person ist nach Abs. 1 (→ Rn. 1) zu beurteilen. Dies gilt entsprechend für Fälle der § 21 (SBS/
Sachs Rn. 179), § 65 Abs. 1 und § 71 Abs. 3 (Huck/Müller/Müller Rn. 21).

III. Fehlende Mitwirkung eines Ausschusses (Nr. 3)

Gemäß Nr. 3 keine Nichtigkeit, wenn ein durch Rechtsvorschrift zur Mitwirkung berufener 12
Ausschuss den für den Erlass des Verwaltungsakts vorgeschriebenen Beschluss nicht gefasst hat
oder nicht beschlussfähig war. Ein Ausschuss ist keine Behörde; andernfalls ist Nr. 4 einschlägig.

IV. Fehlende Mitwirkung einer anderen Behörde (Nr. 4)

Nr. 4 enthält für mehrstufige Verwaltungsakte eine Nr. 3 entsprechende Regelung; auch hier 13
muss die Mitwirkung anderer Behörden durch Rechtsnorm vorgeschrieben sein. Die Regelung

ist analog auf die Mitwirkung einer Körperschaft (bspw. Einvernehmen der Gemeinde gem. § 36 BauGB) und auf schwächere Beteiligungsformen (zB Anhörung, Benehmen) anzuwenden (Ziekow VwVfG Rn. 20). Mängel sind gem. § 45 Abs. 1 Nr. 5 (→ § 45 Rn. 7) heilbar bzw. nach § 46 (→ § 46 Rn. 10) unbeachtlich.

E. Teilnichtigkeit (Abs. 4)

14   Abs. 4 normiert den **Grundsatz der Teilnichtigkeit** und begrenzt die Nichtigkeit auf den vom Fehler betroffenen Teil des Verwaltungsakts, wenn nicht der nichtige Teil so wesentlich ist, dass der Verwaltungsakt ohne den nichtigen Teil nicht erlassen worden wäre. Hierbei kommt es nicht auf tatsächliche, subjektive oder hypothetische Erwägungen, sondern auf den objektiv zum Ausdruck gebrachten Willen der Behörde an (OVG NRW NVwZ-RR 1992, 525 (526); OVG Bln NVwZ 1997, 1005).

F. Nichtigkeitsfeststellung (Abs. 5)

15   Abs. 5 sieht neben Feststellungs- und Anfechtungsklage ein behördliches Verfahren zur Nichtigkeitsfeststellung vor, das von Amts wegen oder auf Antrag durchgeführt wird. Die Feststellung der Nichtigkeit ergeht durch feststellenden Verwaltungsakt (VGH BW BeckRS 2006, 23996), der ggf. durch Verpflichtungsklage erstritten werden kann.

§ 45 Heilung von Verfahrens- und Formfehlern

(1) Eine Verletzung von Verfahrens- oder Formvorschriften, die nicht den Verwaltungsakt nach § 44 nichtig macht, ist unbeachtlich, wenn
1. der für den Erlass des Verwaltungsaktes erforderliche Antrag nachträglich gestellt wird;
2. die erforderliche Begründung nachträglich gegeben wird;
3. die erforderliche Anhörung eines Beteiligten nachgeholt wird;
4. der Beschluss eines Ausschusses, dessen Mitwirkung für den Erlass des Verwaltungsaktes erforderlich ist, nachträglich gefasst wird;
5. die erforderliche Mitwirkung einer anderen Behörde nachgeholt wird.

(2) Handlungen nach Absatz 1 können bis zum Abschluss der letzten Tatsacheninstanz eines verwaltungsgerichtlichen Verfahrens nachgeholt werden.

(3) ¹Fehlt einem Verwaltungsakt die erforderliche Begründung oder ist die erforderliche Anhörung eines Beteiligten vor Erlass des Verwaltungsaktes unterblieben und ist dadurch die rechtzeitige Anfechtung des Verwaltungsaktes versäumt worden, so gilt die Versäumung der Rechtsbehelfsfrist als nicht verschuldet. ²Das für die Wiedereinsetzungsfrist nach § 32 Abs. 2 maßgebende Ereignis tritt im Zeitpunkt der Nachholung der unterlassenen Verfahrenshandlung ein.

Überblick

§ 45 ermöglicht aus verfahrensökonomischen Gründen die Heilung bestimmter Verfahrens- und Formfehler durch Nachholung der versäumten Handlung, damit materiell-rechtlich fehlerfreie Entscheidungen nicht daran scheitern.

A. Bedeutung

1   Heilbar gem. § 45 sind lediglich Verfahrens- und Formfehler, nicht aber materiell-inhaltliche Mängel. Erfasst werden nur **Vorschriften über das Verfahren,** sie betreffen das behördliche Verhalten, das zum Erlass des Verwaltungsakts führt, wie etwa Einleitung des Verfahrens, Ermittlung des Sachverhalts, Beteiligung der Betroffenen, Gewährung von Akteneinsicht und rechtliches Gehör, Bekanntgabe usw.

B. Heilung einzelner Verfahrens- und Formfehler

Sachlich beschränkt § 45 die Nachholung auf bestimmte Verfahrenshandlungen. **2**
Teilweise wird vertreten, die Regelung des Abs. 1 sei abschließend (bejahend etwa Kassel **3**
NVwZ-RR 2007, 42 (43); Ziekow VwVfG Rn. 2), teilweise wird sie für erweiterbar gehalten,
wenn sich dies nicht nach der Natur der betreffenden Verfahrensvorschrift verbiete (BVerwG
NVwZ 1984, 578 (579); OVG NRW NVwZ-RR 1995, 314; Bader NVwZ 1998, 674 (676);
SBS/Sachs Rn. 135; BeckOK VwVfG/Schemmer Rn. 14 f.). Die **Heilbarkeit** findet aber jedenfalls ihre Grenzen, wenn die nachzuholende Verfahrenshandlung ihre rechtsstaatliche Funktion
nicht mehr erfüllen könnte und deshalb keine hinreichend offene Entscheidungssituation mehr
gegeben ist (BVerwGE 66, 297 = NJW 1983, 2516; BeckOK VwVfG/Schemmer Rn. 16).

Nachholbar ist zunächst der für den Erlass eines mitwirkungsbedürftigen Verwaltungsakts erfor- **4**
derliche Antrag (Nr. 1).

Eine erforderliche Begründung kann – wenn sie ganz oder teilweise fehlt – ebenfalls nachgeholt **5**
werden (Nr. 2), wobei sich die Erforderlichkeit auf formellen Anforderungen des § 39 (→ § 39
Rn. 3 ff.) bezieht, nicht auf deren sachlichen Gehalt.

Nr. 3 betrifft dem Wortlaut nach zwar nur die Nachholung der Anhörung von Beteiligten **6**
(vgl. → § 28 Rn. 1), meint jedoch alle Verfahrenshandlungen, die darauf gerichtet sind, den
Beteiligten rechtliches Gehör zu gewähren. Eine Heilung tritt hier allerdings nur dann ein, wenn
die Anhörung nachträglich ordnungsgemäß durchgeführt und ihre Funktion für den Entscheidungsprozess der Behörde uneingeschränkt erreicht wird (BVerwG 137, 199 = NVwZ 2011,
115 Rn. 37). Das setzt voraus, dass der Beteiligte – nachträglich – eine vollwertige Gelegenheit
zur Stellungnahme erhält und die Behörde die vorgebrachten Argumente zum Anlass nimmt, die
ohne vorherige Anhörung getroffene Entscheidung kritisch zu überdenken (HessVGH NVwZ-
RR 2012, 163 (164)). Ob Äußerungen und Stellungnahmen der Beteiligten im gerichtlichen
Verfahren generell geeignet sind, eine nachträgliche Anhörung iSd § 45 Abs. 1 Nr. 3 darzustellen,
ist umstritten (verneinend: BVerwGE 137, 199 = NVwZ 2011, 115; bejahend: OVG NRW
BeckRS 2010, 55839 mwN; NdsOVG NVwZ-RR 2002, 822; mit Einschränkungen: HessVGH
NVwZ-RR 1989, 113).

Nr. 4 und Nr. 5 erlauben die Nachholung gesetzwidrig unterbliebener Mitwirkung eines **7**
Ausschusses oder einer anderen Behörde.

C. Zeitliche Grenze der Nachholung

Gemäß Abs. 2 können Handlungen nach Abs. 1 bis zum **Abschluss der letzten Tatsachenins- 8
tanz** eines verwaltungsgerichtlichen (Hauptsache-) Verfahrens nachgeholt werden. Diese Möglichkeit der Heilung einschließlich des Nachschiebens von ergänzenden **Ermessenerwägungen**
begegnet keinen Bedenken. Das gilt auch, soweit das Landesrecht den Wegfall des Widerspruchsverfahrens vorsieht (BVerwG NVwZ-RR 2010, 550).

D. Fiktion fehlenden Verschuldens

Abs. 3 erlaubt unter erleichterten Voraussetzungen eine **Wiedereinsetzung in den vorigen 9
Stand,** wenn dem Verwaltungsakt die erforderliche Begründung fehlt (→ Rn. 5) oder die erforderliche Anhörung eines Beteiligten unterblieben ist (→ Rn. 6) und der Betroffene dadurch an
der rechtzeitigen Anfechtung des Verwaltungsaktes gehindert wurde. Eine hierdurch verursachte
Versäumung der Rechtsbehelfsfrist gilt als nicht verschuldet. Dies betrifft in erster Linie die Wiedereinsetzung in Widerspruchs- und der Klagefristen (§ 70 VwGO bzw. § 74 VwGO jeweils iVm
§ 60 VwGO; Ziekow VwVfG Rn. 21 ff.; SBS/Sachs Rn. 154).

§ 46 Folgen von Verfahrens- und Formfehlern

**Die Aufhebung eines Verwaltungsaktes, der nicht nach § 44 nichtig ist, kann nicht
allein deshalb beansprucht werden, weil er unter Verletzung von Vorschriften über das
Verfahren, die Form oder die örtliche Zuständigkeit zustande gekommen ist, wenn
offensichtlich ist, dass die Verletzung die Entscheidung in der Sache nicht beeinflusst
hat.**

Überblick

§ 46 trägt – wie auch schon § 45 – der verfahrensökonomischen Überlegung Rechnung, dass ein materiell-rechtlich fehlerfreier Verwaltungsakt allein wegen Mängeln seines Zustandekommens wirksam bleiben soll.

A. Bedeutung

1 § 46 regelt, dass die Aufhebung eines Verwaltungsakts, der unter Verstoß gegen Normen über Verfahren, Form oder örtliche Zuständigkeit erging, nicht beansprucht werden kann, wenn die Verletzung dieser Vorschriften offensichtlich keinen Einfluss auf die Sachentscheidung hatte (→ Rn. 1.1). Auf diese Weise werden **sämtliche Entscheidungsmöglichkeiten** erfasst, einschließlich derjenigen, bei denen der Behörde ein Ermessens- oder Beurteilungsspielraum eröffnet ist.

1.1 Anders noch die bis 1996 geltende engere Fassung, die noch verlangte, dass „keine andere Entscheidung in der Sache hätte getroffen werden können" (BGBl. 1976 I 1253), und damit auf gebundene Entscheidungen und Fälle der Ermessensreduzierung auf Null beschränkt war.

2 Dies begegnet unionsrechtlichen Bedenken, sofern der Fehler unionsrechtliche Vorgaben betrifft (EuGH ZUR 2014, 36 Rn. 51 ff.; BeckRS 2015, 81352; weiterführend Huck/Müller/Müller Rn. 2a, 11a).

B. Voraussetzungen

I. Anwendungsbereich

3 § 46 findet nur Anwendung, wenn der betreffende Verwaltungsakt nicht nach § 44 (→ § 44 Rn. 2 ff., → § 44 Rn. 10 ff.) nichtig ist. Die Regelung ist **abschließend** und **nicht analogiefähig** (Huck/Müller/Müller Rn. 4; Ziekow VwVfG Rn. 5). Aus diesem Grund kann sie auf Mängel der sachlichen Zuständigkeit oder materiell-rechtliche Fehler nicht angewandt werden.

II. Verfahrensfehler

4 **Verfahrensfehler** sind alle Verstöße gegen das Verfahren betreffende Vorschriften, dh sämtliche in Verwaltungsverfahrensgesetzen von Bund und Ländern enthaltenen Verfahrensregelungen oder in einschlägigen Fachgesetzen enthaltene Vorgaben für das Verfahren.

5 Nicht anwendbar ist § 46 jedoch auf die Verletzung **absoluter Verfahrensrechte**. Ausgenommen sind somit Vorschriften, die einzelnen Beteiligten eine vom allgemeinen Verfahren und seinem Ausgang unabhängige, selbstständige und selbstständig durchsetzbare Rechtsposition einräumen (BVerwGE 105, 348 (353) = NVwZ 1998, 395 mwN.; BVerwGE 137, 199 = NVwZ 2011, 115 Rn. 39; Ziekow VwVfG Rn. 7; Huck/Müller/Müller Rn. 6 mwN).

III. Formfehler

6 Erfasst werden auch Formfehler, die nicht zur Nichtigkeit des Verwaltungsakts führen (vgl. etwa → § 44 Rn. 5), somit auch Fehler der erforderlichen Begründung des Verwaltungsakts (→ § 39 Rn. 3 ff.; BVerwGE 78, 113 = NVwZ 1988, 829; SächsOVG NVwZ 2007, 847); dies gilt auch, wenn das Widerspruchsverfahren ganz oder teilweise abgeschafft wurde (BVerwG NVwZ-RR 2010, 550).

IV. Mängel der örtlichen Zuständigkeit

7 Auch Verstöße gegen die örtliche Zuständigkeit können unbeachtlich sein, wenn sie nicht zur Nichtigkeit iSd § 44 Abs. 3 Nr. 1 führen (→ § 45 Rn. 6); keinesfalls unbeachtlich ist die sachliche Unzuständigkeit (VGH BW GewA 2013, 217 (218)).

V. Verhältnis zu §§ 45, 48

8 § 46 betrifft – von der örtlichen Unzuständigkeit abgesehen – dieselben Mängel wie § 45. Beide Vorschriften sind nebeneinander anwendbar; ihre Rechtsfolgen sind unterschiedlich: § 45 erlaubt die Heilung der Verfahrensverstöße (→ § 45 Rn. 2 ff.), wodurch der Verwaltungsakt formell rechtmäßig wird. § 46 lässt seine Rechtswidrigkeit unberührt, vermeidet aber seine Aufhebbarkeit wegen eines Verfahrens- oder Formfehlers. Damit scheidet zugleich ein Anspruch auf

Rücknahme gemäß § 48 aus, von Amts wegen ist sie indes möglich (BeckOK VwVfG/Schemmer § 45 Rn. 3, BeckOK VwVfG/Schemmer Rn. 6 f.).

VI. Offensichtlich ausgeschlossener Einfluss auf die Sachentscheidung

Der Fehler darf die Entscheidung in der Sache nicht beeinflusst haben. Dies bedeutet, dass § 46 **9** auf sämtliche Verwaltungsakte anwendbar ist, nicht nur auf gebundene Entscheidungen und Fälle einer Ermessensreduzierung auf Null (enger HessVGH BeckRS 2015, 47466). Der fehlende Einfluss kann somit nicht nur mit Alternativlosigkeit begründet werden, sondern auch mit fehlender Kausalität des Mangels für die konkret getroffene Entscheidung; dies muss ohne jeglichen Zweifel feststehen (BVerwGE 142, 205 = NJW 2012, 2823 (2825)).

C. Rechtsfolgen

§ 46 schließt einen Anspruch des Betroffenen auf Aufhebung des Verwaltungsakts aus, wenn **10** dieser nur wegen eines in § 46 genannten Mangels fehlerhaft ist. Der Verwaltungsakt bleibt rechtswidrig. Ein etwaiger Rechtsbehelf ist zwar zulässig, aber unbegründet.

§ 47 Umdeutung eines fehlerhaften Verwaltungsaktes

(1) Ein fehlerhafter Verwaltungsakt kann in einen anderen Verwaltungsakt umgedeutet werden, wenn er auf das gleiche Ziel gerichtet ist, von der erlassenden Behörde in der geschehenen Verfahrensweise und Form rechtmäßig hätte erlassen werden können und wenn die Voraussetzungen für dessen Erlass erfüllt sind.

(2) ¹Absatz 1 gilt nicht, wenn der Verwaltungsakt, in den der fehlerhafte Verwaltungsakt umzudeuten wäre, der erkennbaren Absicht der erlassenden Behörde widerspräche oder seine Rechtsfolgen für den Betroffenen ungünstiger wären als die des fehlerhaften Verwaltungsaktes. ²Eine Umdeutung ist ferner unzulässig, wenn der fehlerhafte Verwaltungsakt nicht zurückgenommen werden dürfte.

(3) Eine Entscheidung, die nur als gesetzlich gebundene Entscheidung ergehen kann, kann nicht in eine Ermessensentscheidung umgedeutet werden.

(4) § 28 ist entsprechend anzuwenden.

Überblick

§ 47 hält mit der Umdeutung eine weitere Möglichkeit bereit, einen fehlerhaften Verwaltungsakt aufrechtzuerhalten. Sie beruht – ebenso wie § 140 BGB – auf der Erwägung, dass eine Regelung nicht wegen eines Fehlers scheitern soll, wenn in rechtlich zulässiger Weise eine gleichwertige Entscheidung getroffen werden kann.

A. Voraussetzungen der Umdeutung (Abs. 1)

I. Fehlerhafter Verwaltungsakt

Umgedeutet werden können nach Abs. 1 Verwaltungsakte sowie auch Zusicherungen (→ **1** § 38 Rn. 1) und Widerspruchsbescheide (§ 73 VwGO). Eine Änderung der Handlungsform ist ausgeschlossen, dh die Umdeutung eines Verwaltungsakts in einen öffentlich-rechtlichen Vertrag oder umgekehrt scheidet aus. Ebenso verbietet sich die Umdeutung eines Verwaltungsakts in eine untergesetzliche Norm wie etwa eine gemeindliche Satzung oder umgekehrt.

II. Gleiche Zielrichtung

Der Verwaltungsakt, in den der fehlerhafte Verwaltungsakt umgedeutet werden soll, muss auf **2** das Ziel gerichtet sein, dh die gleiche **materiell-rechtliche Tragweite** haben, er darf über den ursprünglichen weder hinausgehen noch hinter ihm zurückbleiben. Gleichartigkeit in diesem Sinne ist gegeben, wenn der fehlerhafte Verwaltungsakt und der andere Verwaltungsakt hinsichtlich ihres Zwecks und ihrer Wirkungen im Wesentlichen identisch sind (SBS/Sachs Rn. 34 ff.; Huck/Müller/Müller Rn. 4; Ziekow VwVfG Rn. 5 ff.).

III. Übereinstimmung in Zuständigkeit, Verfahren und Form

3   Abs. 1 ermöglicht die Umdeutung, wenn die Behörde, die gehandelt hat, im Zeitpunkt des Erlasses auch für den durch Umdeutung entstandenen Verwaltungsakt zuständig gewesen wäre.

4   Des Weiteren müssen die hierfür geltenden Verfahrens- und Formerfordernisse gewahrt werden.

5   Eine Nachholung der erforderlicher Mitwirkungs- bzw. Verfahrenshandlungen ist zulässig (→ § 45 Rn. 2 ff.).

6   Unbeachtliche Mängel schaden nicht (→ § 46 Rn. 4 ff.).

IV. Materielle Rechtmäßigkeit des umgedeuteten Verwaltungsaktes

7   Alle materiell-rechtlichen Voraussetzungen des aus der Umdeutung hervorgehenden Verwaltungsakts müssen in dem für die Beurteilung der Sach- und Rechtslage maßgeblichen Zeitpunkt der Umdeutung vorliegen. Eine rechtswidrige Entscheidung unterliegt im gerichtlichen Verfahren deshalb nicht der Aufhebung, wenn sie im Wege der Umdeutung nach § 47 durch eine andere – rechtmäßige – Regelung ersetzt werden kann (vgl. BVerwG BVerwGE 164, 179 Rn. 40 = NVwZ 2019, 794 (800) zu einer Unzulässigkeitsentscheidung des BAMF nach § 29 Abs. 1 Nr. 2 AsylG). Eine Umdeutung ist auch noch im Revisionsverfahren möglich, sofern die das Revisionsgericht bindenden tatrichterlichen Feststellungen ausreichen, den Beteiligten rechtliches Gehör gewährt worden ist und sie in ihrer Rechtsverteidigung nicht beeinträchtigt sind (BVerwGE 153, 234 = NVwZ 2016, 157 Rn. 30 mwN; BVerwG NVwZ 2020, 1839 Rn. 26).

B. Ausschluss der Umdeutung (Abs. 2)

I. Widerspruch zur erkennbaren Zielsetzung

8   Nach Abs. 2 S. 1 Alt. 1 scheidet eine Umdeutung aus, wenn der das Ergebnis der Umdeutung der erkennbaren Absicht der erlassenden Behörde widerspräche. So kann etwa ein Bescheid, mit dem ein Asylantrag nach § 29 Abs. 1 Nr. 1 lit. a AsylG als unzulässig abgelehnt wurde, nicht in einen ablehnenden Bescheid nach § 29 Abs. 1 Nr. 2 AsylG umgedeutet werden (NdsOVG BeckRS 2020, 19711 Rn. 8; OVG NRW BeckRS 2020, 3905 Rn. 4; ThürOVG BeckRS 2020, 3063 Rn. 8 ff.; offengelassen: SchlHOVG BeckRS 2020, 2062).

II. Ungünstigere Rechtsfolgen für den Betroffenen

9   Gemäß Abs. 2 S. 1 Alt. 2 ist eine Umdeutung ist ausgeschlossen, wenn die Rechtsfolgen des umgedeuteten Verwaltungsakt für den Betroffenen ungünstiger wären als die des ursprünglichen Verwaltungsakts.

10   Dies gilt sowohl für zusätzliche Belastungen als auch für eine erstmalige Beschwer.

11   Hierbei kommt es nicht nur auf die unmittelbaren, im Tenor zum Ausdruck zum Ausdruck kommenden Rechtsfolgen an, sondern auch auf die nur mittelbaren Auswirkungen des geänderten Verwaltungsakts, einschließlich rein tatsächlicher, insbesondere wirtschaftlicher Art (SBS/Sachs Rn. 48 ff.).

III. Ausschluss der Rücknahme

12   Abs. 2 S. 2 verbietet die Umdeutung scheidet aus **Gründen des Vertrauensschutzes,** wenn der fehlerhafte Verwaltungsakt nicht zurückgenommen werden dürfte. Dies betrifft vor allem § 48 Abs. 2 (Vertrauensschutz bei Leistungsbescheiden) und § 48 Abs. 4 (Versäumung der Jahresfrist). Entfällt dieser Schutz allerdings wegen § 50, so kann auch umgedeutet werden.

C. Keine Umdeutung in Ermessensentscheidungen (Abs. 3)

13   Abs. 3 schließt die Umdeutung gebundener Entscheidungen in Ermessensentscheidungen aus, weil die Rechtmäßigkeit Letzterer voraussetzt, dass die Behörde zumindest erkannt hat, dass ihr ein Ermessensspielraum eröffnet war zusteht, und sie diesen pflichtgemäß ausgenutzt hat.

D. Anhörung (Abs. 4)

14   Abs. 4 erklärt § 28 (→ § 28 Rn. 1) für anwendbar. Betroffene sind deshalb zur beabsichtigten Umdeutung anzuhören, und zwar auch dann, wenn sowohl der ursprüngliche als auch der aus

der Umdeutung hervorgehende Verwaltungsakt begünstigend sind und nicht in deren Rechte eingreift. Die Anhörung kann nachgeholt werden (→ § 45 Rn. 6; SBS/Sachs Rn. 58 ff.).

§ 48 Rücknahme eines rechtswidrigen Verwaltungsaktes

(1) [1]Ein rechtswidriger Verwaltungsakt kann, auch nachdem er unanfechtbar geworden ist, ganz oder teilweise mit Wirkung für die Zukunft oder für die Vergangenheit zurückgenommen werden. [2]Ein Verwaltungsakt, der ein Recht oder einen rechtlich erheblichen Vorteil begründet oder bestätigt hat (begünstigender Verwaltungsakt), darf nur unter den Einschränkungen der Absätze 2 bis 4 zurückgenommen werden.

(2) [1]Ein rechtswidriger Verwaltungsakt, der eine einmalige oder laufende Geldleistung oder teilbare Sachleistung gewährt oder hierfür Voraussetzung ist, darf nicht zurückgenommen werden, soweit der Begünstigte auf den Bestand des Verwaltungsaktes vertraut hat und sein Vertrauen unter Abwägung mit dem öffentlichen Interesse an einer Rücknahme schutzwürdig ist. [2]Das Vertrauen ist in der Regel schutzwürdig, wenn der Begünstigte gewährte Leistungen verbraucht oder eine Vermögensdisposition getroffen hat, die er nicht mehr oder nur unter unzumutbaren Nachteilen rückgängig machen kann. [3]Auf Vertrauen kann sich der Begünstigte nicht berufen, wenn er
1. den Verwaltungsakt durch arglistige Täuschung, Drohung oder Bestechung erwirkt hat;
2. den Verwaltungsakt durch Angaben erwirkt hat, die in wesentlicher Beziehung unrichtig oder unvollständig waren;
3. die Rechtswidrigkeit des Verwaltungsaktes kannte oder infolge grober Fahrlässigkeit nicht kannte.
[4]In den Fällen des Satzes 3 wird der Verwaltungsakt in der Regel mit Wirkung für die Vergangenheit zurückgenommen.

(3) [1]Wird ein rechtswidriger Verwaltungsakt, der nicht unter Absatz 2 fällt, zurückgenommen, so hat die Behörde dem Betroffenen auf Antrag den Vermögensnachteil auszugleichen, den dieser dadurch erleidet, dass er auf den Bestand des Verwaltungsaktes vertraut hat, soweit sein Vertrauen unter Abwägung mit dem öffentlichen Interesse schutzwürdig ist. [2]Absatz 2 Satz 3 ist anzuwenden. [3]Der Vermögensnachteil ist jedoch nicht über den Betrag des Interesses hinaus zu ersetzen, das der Betroffene an dem Bestand des Verwaltungsaktes hat. [4]Der auszugleichende Vermögensnachteil wird durch die Behörde festgesetzt. [5]Der Anspruch kann nur innerhalb eines Jahres geltend gemacht werden; die Frist beginnt, sobald die Behörde den Betroffenen auf sie hingewiesen hat.

(4) [1]Erhält die Behörde von Tatsachen Kenntnis, welche die Rücknahme eines rechtswidrigen Verwaltungsaktes rechtfertigen, so ist die Rücknahme nur innerhalb eines Jahres seit dem Zeitpunkt der Kenntnisnahme zulässig. [2]Dies gilt nicht im Falle des Absatzes 2 Satz 3 Nr. 1.

(5) Über die Rücknahme entscheidet nach Unanfechtbarkeit des Verwaltungsaktes die nach § 3 zuständige Behörde; dies gilt auch dann, wenn der zurückzunehmende Verwaltungsakt von einer anderen Behörde erlassen worden ist.

Überblick

§ 48 regelt die Aufhebung rechtswidriger Verwaltungsakte. Unter der sog. Rücknahme ist dabei die vollständige oder teilweise Aufhebung (Beseitigung) oder Änderung eines rechtswidrigen Verwaltungsakts durch einen neuen Verwaltungsakt außerhalb eines Rechtsbehelfsverfahrens zu verstehen. Tatbestandlich unterscheidet § 48 zwischen der Rücknahme belastender (§ 48 Abs. 1 S. 1) und der Rücknahme begünstigender Verwaltungsakte (§ 48 Abs. 1 S. 2); bei Letzteren wird weiter differenziert zwischen begünstigenden Verwaltungsakten, die eine Geld- oder teilbare Sachleistung gewähren oder hierfür Voraussetzung sind (§ 48 Abs. 2), und sonstigen begünstigenden Verwaltungsakten (§ 48 Abs. 3). Die Norm ist im Zusammenhang mit § 49 über die Aufhebung rechtmäßiger Verwaltungsakte (= Widerruf), § 49a über die Erstattung und Verzinsung, § 50 über Rücknahme und Widerruf im Rechtsbehelfsverfahren sowie § 51 über das Wiederaufgreifen des Verfahrens zu sehen.

Übersicht

A. Einführung

I. Vorbemerkung

1   Es ist einer Verwaltungsbehörde grundsätzlich möglich, einen von ihr erlassenen Verwaltungsakt wieder aufzuheben. Die Verwaltungsbehörde ist an den von ihr erlassenen Verwaltungsakt nicht in gleicher Weise gebunden wie ein Gericht an das von ihm erlassene Urteil; Letzteres kann nur unter den engen Voraussetzungen der §§ 118–120 VwGO geändert werden.

2   Auch aus dem Gedanken der Rechtskraft kann nichts Gegenteiliges hergeleitet werden, da Verwaltungsakte grundsätzlich zwar für den Bürger formell und materiell unangreifbar werden können – nach Ablauf der Rechtsbehelfsfristen besteht kein Anfechtungsrecht mehr; der Verwaltungsakt wird für den Bürger endgültig verbindlich – nicht aber für die Verwaltungsbehörde. Aus diesem Grund wird beim Verwaltungsakt nur von Bestandskraft und nicht von Rechtskraft gesprochen. Rechtskräftig werden nur Urteile (s. allg. zu §§ 48, 49 etwa Martini JA 2012, 762; 2013, 442).

3   Die Regelungen über die Rücknahme von Verwaltungsakten stehen im Spannungsfeld zwischen Vertrauensschutz, Rechtssicherheit und dem Grundsatz der Gesetzmäßigkeit der Verwaltung (Art. 20 Abs. 3 GG; vgl. Martini JA 2012, 762). Diese Grundsätze müssen bei Auslegung und Anwendung des § 48 Berücksichtigung finden.

II. Konkurrenzen

4   § 48 ist nur anwendbar, soweit sich in den einschlägigen Fachgesetzen keine speziellen Bestimmungen über die Rücknahme von Verwaltungsakten finden, denn diese haben regelmäßig Vorrang (vgl. Voßkuhle/Kaufhold JuS 2014, 695), wie zB § 35 StAG oder im Bereich der Sozialleistungsgewährung die §§ 44, 45, 48 SGB X. Ist eine vorrangige Norm gegeben, dann heißt das aber nicht zwangsläufig, dass § 48 völlig unbeachtlich ist. Vielmehr können die allgemeinen Grundsätze des Vertrauensschutzes, die in § 48 ihren Niederschlag gefunden haben, bei der Auslegung der spezialgesetzlichen Normen zu beachten sein (BVerfGE 59, 128), soweit es sich hierbei um eine Ermessensnorm handelt (bei einer gebundenen Entscheidung dürfte dagegen kein Raum für zusätzliche Vertrauenschutzerwägungen sein, denn sind die Voraussetzungen der speziellen Vorschrift gegeben, ist der entsprechende Verwaltungsakt aufzuheben).

5   Im Bereich des Ausländerrechts ist vor allem § 51 AufenthG zu beachten. Nach § 51 Abs. 1 Nr. 3 AufenthG erlischt ein Aufenthaltstitel mit seiner Rücknahme. Da die Voraussetzungen für die Rücknahme im AufenthG jedoch nicht besonders geregelt sind, gilt § 48 (vgl. Bergmann/Dienelt/Bauer/Dollinger AufenthG § 51 Rn. 7).

6   Im Bereich des Asylrechts regelt § 73 Abs. 2 S. 1 AsylG die Rücknahme der Asylberechtigung. Nach der Rechtsprechung des BVerwG (BVerwGE 112, 80 (89) = BeckRS 2000, 30131933) ist § 73 Abs. 2 S. 1 AsylG indessen nicht abschließend, womit Raum für eine ergänzende Anwendung von § 48 verbleibt, soweit die Rücknahme dort nicht geregelt ist. Hierfür spricht insbesondere die Erwähnung des § 48 in § 73 Abs. 4 S. 1 AsylG, die andernfalls keinen Sinn ergäbe (so zu Recht Bergmann/Dienelt/Bergmann AsylG § 73 Rn. 21; BeckOK AuslR/Fleuß AsylG § 73 Rn. 27). Gleiches gilt für die Rücknahme der Zuerkennung der Flüchtlingseigenschaft nach § 73 Abs. 2 S. 2 AsylG, die Rücknahme des subsidiären Schutzes nach § 73b Abs. 3 AsylG und die Rücknahme der Feststellung der Voraussetzungen des § 60 Abs. 5 oder Abs. 7 AufenthG gem. § 73c Abs. 1 AsylG, da auch für diese Fälle unter anderem § 73 Abs. 4 S. 1 AsylG entsprechende Anwendung (vgl. § 73b Abs. 4 AsylG und § 73c Abs. 3 AsylG) findet (ebenso BeckOK AuslR/ Fleuß AsylG § 73b Rn. 12; Bergmann/Dienelt/Bergmann AsylG § 73c Rn. 3). Zu beachten ist, dass §§ 73 Abs. 2, 73b Abs. 3 und 73c Abs. 1 AsylG jeweils gebundene Entscheidungen vorsehen und damit ein Rückgriff auf § 48 insofern ausgeschlossen ist. Soweit vorgenannte Normen nicht einschlägig sind, kann die Rücknahme aber ggf. über § 48 im Ermessenswege erfolgen.

III. Abgrenzungsfragen

Bevor § 48 angewendet werden kann, sind nicht nur etwaige vorrangige Spezialregelungen zu **7** beachten. Die Norm ist auch von § 49, der die Aufhebung rechtmäßiger Verwaltungsakte, den Widerruf, regelt, abzugrenzen. Die Unterscheidung ist von besonderer Bedeutung, weil sich das Prinzip der Rechtssicherheit und des Vertrauensschutzes (vgl. → Rn. 3) bei der Rücknahme des rechtswidrigen Verwaltungsakts gegenüber dem Gebot der Gesetzmäßigkeit der Verwaltung durchsetzen muss, um die Bestandskraft zu erhalten, während sich diese Vorgaben beim rechtmäßigen Verwaltungsakt mit der gleichen Zielsetzung gegenseitig bestärken (Lehner VERW 26 (1993), 183 (200)). Dieser Unterschied findet denn auch konkrete Gestalt in den Tatbeständen der §§ 48, 49, die an das Vertrauen des Adressaten in den Bestand des rechtswidrigen Verwaltungsakts höhere Anforderungen stellen als an das Vertrauen in den Bestand des rechtmäßigen Verwaltungsakts (Lehner VERW 26 (1993), 183 (200)). Zu beachten ist allerdings, dass ein rechtswidriger Verwaltungsakt analog § 49 aufgehoben werden kann, denn wenn und soweit schon rechtmäßige Verwaltungsakte aufgehoben werden dürfen, muss dies erst recht für rechtswidrige Verwaltungsakte gelten (Voßkuhle/Kaufhold JuS 2014, 695 (696); → § 49 Rn. 8).

B. Rechtsnatur der Aufhebungsentscheidung, Verfahren

Gemäß § 48 können Verwaltungsakte aufgehoben werden. Nach der sog. actus-contrarius- **8** Theorie ist auch die Rücknahme ein Verwaltungsakt (statt vieler Erfmeyer DVBl 1997, 27 (30)).

Das Rücknahmeverfahren ist ein selbstständiges (nicht förmliches) Verwaltungsverfahren iSv **9** §§ 9 ff., das nach näherer Maßgabe der allgemeinen Vorschriften des VwVfG durchzuführen ist und das seinerseits mit dem Erlass eines Verwaltungsakts in der Form eines Rücknahmebescheides endet (Lehner VERW 26 (1993), 183 (198); Erfmeyer DVBl 1997, 27 (30); sa BVerwG NVwZ-RR 2005, 343). Dementsprechend ist zB der Betroffene vorher anzuhören (§ 28) und muss die Entscheidung gem. § 39 begründet werden (sa Krausnick JuS 2010, 594 (596); Martini JA 2013, 442).

C. Die Voraussetzungen im Einzelnen

I. Rechtswidriger Verwaltungsakt

1. Verwaltungsakt (§ 35)

§ 48 ist nur anwendbar, wenn es um die Aufhebung eines (wirksamen) Verwaltungsakts iSv **10** § 35 geht; hierzu zählen auch eine Zusicherung nach § 38 (BVerwG BeckRS 2006, 21888) sowie fiktive Verwaltungsakte (vgl. § 42a). Die Aufhebung schlicht-hoheitlichen Handelns oder die Abwicklung öffentlich-rechtlicher Verträge nach §§ 54 ff. wird durch die Vorschrift nicht ermöglicht (BVerwG BeckRS 9998, 48533 = Buchholz 451.511 § 6 Nr. 4).

Ob § 48 auf **nichtige** Verwaltungsakte Anwendung findet, ist streitig (offensichtlich hiervon **11** ausgehend, allerdings ohne das Problem zu erörtern BayVGH BayVBl. 1996, 374; für zumindest analoge Anwendung Kopp/Ramsauer Rn. 18 mwN; Ziekow VwVfG Rn. 11; Klein VERW 1993, 123 (124); Gröpl JA 1995, 904; sa Koehl JuS 2016, 902 (904); Schenke JuS 2016, 97). Für den Regelfall wird dies zu verneinen sein, weil die Behörde gem. § 44 Abs. 5 (bzw. über § 43 VwGO das Gericht) die Nichtigkeit des Verwaltungsakts feststellen kann. Zudem ergibt sich die Notwendigkeit der Rücknahme eines Verwaltungsakts unter Berücksichtigung des komplizierten Ausgleichs von einerseits Vertrauensschutz und andererseits Rechtsstaatsprinzip nur bei rechtswirksamen Verwaltungsakten, nicht aber bei nichtigen und damit unwirksamen (§ 43 Abs. 3) Verwaltungsakten, da es – aufgrund des zur Nichtigkeit führenden schweren Fehlers – am schützenswerten Bestandsvertrauen fehlt (ebenso Maurer/Waldhoff AllgVerwR § 11 Rn. 16). Ist allerdings zwischen Behörde und Bürger gerade streitig, ob der Verwaltungsakt nichtig ist oder „nur" rechtswidrig, muss der Behörde wohl die Möglichkeit zugestanden werden, in analoger Anwendung des § 48 den betroffenen Verwaltungsakt zurückzunehmen.

12   Diese Ausführungen gelten nicht für **erledigte** und damit gem. § 43 Abs. 2 unwirksam gewordene Verwaltungsakte. Hier besteht kein Bedürfnis für eine Rücknahme, weil die Behörde im Zweifel durch einen feststellenden Verwaltungsakt die Beendigung der Wirksamkeit des Verwaltungsakts aussprechen kann (Kopp/Ramsauer Rn. 19; Krausnick JuS 2010, 594 (595)).

13   Unerheblich ist allerdings, ob der Verwaltungsakt noch angefochten werden kann oder ob er bereits unanfechtbar geworden ist; im ersten Fall kann allerdings § 50 zur Anwendung kommen. Soweit zulässigerweise ein Rechtsbehelf ergriffen wurde, wird es sich bei einer „Aufhebungsentscheidung" der Ausgangsbehörde aber regelmäßig um eine Abhilfe nach § 72 VwGO und nicht um eine Rücknahme nach § 48 handeln (→ § 50 Rn. 6).

2. Rechtswidrigkeit des Verwaltungsaktes

14   **a) Begriff.** Ein Verwaltungsakt ist dann rechtswidrig, wenn die im Zeitpunkt seines Erlasses geltenden Rechtssätze falsch angewendet worden sind (so schon BVerwGE 13, 28 = BeckRS 9998, 181664) oder bei der Entscheidung von einem Sachverhalt ausgegangen worden ist, der sich als unrichtig erweist (BVerwGE 31, 222 = BeckRS 1969, 30429522). Die unrichtige Anwendung des geltenden Rechts kann sowohl auf einer fehlerhaften Anwendung des formellen wie auch des materiellen Rechts beruhen. Ob es sich hierbei um nationales oder etwa europäisches Recht handelt, spielt keine Rolle (s. zu letzterem Art. 288 AEUV; vgl. BVerwG BayVBl. 1993, 632 = NJW 1993, 2764).

15   Dabei ist zu beachten, dass **Verfahrensfehler** zu einer Rücknahme nach § 48 dann **nicht berechtigen,** wenn sie nach § 45 als geheilt gelten (dann ist der Verwaltungsakt insoweit rechtmäßig; vgl. Krausnick JuS 2010, 681 (682)) oder nach § 46 der Verfahrensfehler unbeachtlich ist (denn § 46 stellt auch für § 48 eine „Sperre" dar; wie hier Kopp/Ramsauer § 46 Rn. 45 f.; Erichsen/Brügge JURA 1999, 496; Sodan DVBl 1999, 729).

16   **b) Maßgeblicher Zeitpunkt für die Beurteilung der Rechtswidrigkeit.** Maßgeblicher Zeitpunkt für die Beurteilung der Rechtswidrigkeit eines Verwaltungsakts ist der Zeitpunkt seines **Erlasses** (so bereits BVerwGE 1, 35 = BeckRS 1953, 30424645 und seither in stRspr; zB BVerwGE 59, 148 (149) = BeckRS 1979, 106300; BVerwG NJW 1984, 2842), was sich aus § 49 Abs. 2 Nr. 3 und Nr. 4 ergibt (vgl. Voßkuhle/Kaufhold JuS 2014, 695 (696)), falls sich aus dem Fachrecht kein anderer Zeitpunkt ergibt (BVerwGE 143, 87 Rn. 43 = BeckRS 2012, 53675; BVerwGE 155, 81 Rn. 27 = BeckRS 2016, 47803; BVerwGE 159, 148 Rn. 18; BVerwG BeckRS 2018, 31131 Rn. 12). Wird der Verwaltungsakt mit durch Widerspruch angefochten und ändert die Widerspruchsbehörde den Verwaltungsakt, so ist für die Frage der Rechtmäßigkeit des Verwaltungsakts – wegen § 79 Abs. 1 Nr. 1 VwGO – auf den Zeitpunkt des Erlasses des Widerspruchsbescheides abzustellen. Nachträgliche Änderungen der Rechtslage oder des Lebenssachverhaltes bleiben unberücksichtigt (BVerwG NVwZ 1982, 503; Kopp/Ramsauer Rn. 25; Maurer/Waldhoff AllgVerwR § 11 Rn. 11), es sei denn, die Rechtslage ändert sich rückwirkend (BVerwGE 84, 111 = BeckRS 9998, 169990; BVerwG DVBl 1994, 115). Hiervon zu unterscheiden ist der Fall, dass die Behörde die – anfängliche – Rechtswidrigkeit aufgrund einer „besseren Erkenntnis" erst nachträglich erkennt, zB weil sie feststellt, dass die Tatsachen, die den Verwaltungsakt rechtfertigten, bei seinem Erlass nicht vorgelegen haben (BVerwGE 18, 168 = BeckRS 9998, 181557) oder die Rechtslage falsch beurteilt wurde (BVerwGE 13, 28 = BeckRS 9998, 181664). In diesen Fällen war der Verwaltungsakt schon im Zeitpunkt seines Erlasses rechtswidrig und könnte daher grundsätzlich zurückgenommen werden.

17   Umstritten ist die Frage, wie ein „**rechtswidrig werdender Verwaltungsakt**", also ein solcher, der zur Zeit seines Erlasses rechtmäßig war, später aber rechtswidrig wurde, zu behandeln ist. Richtigerweise ist insofern zwischen einem Verwaltungsakt, der sich in einem einmaligen Befehl erschöpft, und einem sog. Dauer-Verwaltungsakt zu unterscheiden. Nur bei letzterem wirkt sich eine Rechtsänderung – weil der Dauerverwaltungsakt seine Regelungswirkung ständig neu entfaltet und das zugrunde liegende Verwaltungsrechtsverhältnis ständig neu konkretisiert wird (vgl. BVerwGE 138, 21 Rn. 21 = BeckRS 2010, 56021; BVerwGE 148, 28 Rn. 9 = BeckRS 2013, 59225) – aus mit der Folge, dass solche Verwaltungsakte ab dem Zeitpunkt ihrer Rechtswidrigkeit zurückgenommen werden können (zB BVerwGE 143, 230 Rn. 16 = BeckRS 2012, 55067

mwN; Voßkuhle/Kaufhold JuS 2014, 695 (696)). Im Übrigen kommt es allein darauf an, ob der Verwaltungsakt im Zeitpunkt seines Erlasses rechtswidrig war (sa Ludwigs DVBl 2008, 1164 (1165); Krausnick JuS 2010, 681 (682)). Ist mithin der Verwaltungsakt zur Zeit seines Erlasses rechtmäßig und tritt auch keine rückwirkende Rechtswidrigkeit ein, so kann er nur nach Maßgabe des § 49 widerrufen werden.

II. Rechtswidrig belastender, rechtswidrig begünstigender Verwaltungsakt

1. Vorbemerkung

Die Unterscheidung, ob ein Verwaltungsakt lediglich belastend oder (auch) begünstigend ist, **18** ist für die weitere Prüfung des § 48 von ausschlaggebender Bedeutung. Handelt es sich um einen belastenden Verwaltungsakt, so ist die Rücknahme an keine weiteren tatbestandlichen Voraussetzungen geknüpft. Sie muss allein das Ergebnis einer ordnungsgemäßen Ermessensentscheidung der zuständigen Behörde sein (§ 48 Abs. 1 S. 1). Soweit es sich jedoch um einen (auch) begünstigenden Verwaltungsakt handelt, ist dessen Rücknahme nur unter den Voraussetzungen des § 48 Abs. 2–4 zulässig (vgl. § 48 Abs. 1 S. 2: „darf nur zurückgenommen werden [...]").

2. Belastender, begünstigender Verwaltungsakt

Belastend ist ein Verwaltungsakt, wenn durch ihn der Status quo in einen status quo minus **19** verwandelt wird, indem er Pflichten begründet, also Gebote oder Verbote auferlegt, Rechte entzieht oder aufhebt oder zum Nachteil des Betroffenen verändert, Verpflichtungen konkretisiert oder sonstige erhebliche Nachteile begründet oder bestätigt (Kopp/Ramsauer Rn. 65). Begünstigend ist ein Verwaltungsakt nach der Legaldefinition des § 48 Abs. 1 S. 2 dann, wenn er ein Recht oder einen rechtlich erheblichen Vorteil begründet oder bestätigt, der Status quo sozusagen in einen status quo plus verändert wird (vgl. Ludwigs DVBl 2009, 1164).

Die Frage, ob der Verwaltungsakt (nur) belastend oder (auch) begünstigend ist, kann im Einzel- **20** fall schwierig zu beurteilen sein. Das gilt namentlich bei **Verwaltungsakten mit Doppelwirkung,** also zB der Erteilung eines Aufenthaltstitels mit Nebenbestimmungen. In diesen Fällen gelten die Bestimmungen über die Rücknahme begünstigender Verwaltungsakte, soweit nur der begünstigende Teil oder der Verwaltungsakt im Ganzen aufgehoben werden soll (BVerwG BayVBl. 1984, 48; Ziekow VwVfG Rn. 9; Martini JA 2013, 442 (444)).

III. Rücknahme rechtswidrig belastender Verwaltungsakte (§ 48 Abs. 1 S. 1)

Rechtswidrig belastende Verwaltungsakte sind im Wege ordnungsgemäßer Ermessensausübung **21** frei rücknehmbar. Das gilt auch dann, wenn sie zB durch Urteil bestätigt worden sind. Insoweit bestehen keine weiteren Voraussetzungen. Auch § 48 Abs. 4 gilt nicht. Das folgt zwar nicht aus § 48 Abs. 4 selbst, aber aus § 48 Abs. 1 S. 2, der auf Abs. 4 nur für die Rücknahme rechtswidrig begünstigender Verwaltungsakte verweist (vgl. auch Kopp/Ramsauer Rn. 150).

Der Bürger hat allerdings grundsätzlich keinen Rechtsanspruch auf die Rücknahme, sondern **22** nur einen **Anspruch auf ermessensfehlerfreie Entscheidung** über die Rücknahme. Selbst wenn ein rechtswidriger belastender Verwaltungsakt vorliegt, ist die Behörde folglich nicht gezwungen, den Verwaltungsakt zurückzunehmen, denn es handelt sich – wie das Wort „kann" belegt – bei der Rücknahme eines Verwaltungsakts um eine Ermessensentscheidung. Maßgebend für die Ermessensausübung werden dabei vor allem die Intensität des Eingriffs in Grundrechtspositionen des Betroffenen und die durch den Eingriff ausgelösten Folgen sein. Im Einzelfall kann dieses **Ermessen** allerdings auch auf **Null reduziert** sein mit der Folge, dass dann eine Pflicht zur Aufhebung des Verwaltungsakts besteht. Davon ist nach der Rechtsprechung in der Regel dann auszugehen, wenn die Aufrechthaltung des rechtswidrigen Verwaltungsakts sich als „schlechthin unerträglich" erweist, was eine Frage der Umstände des Einzelfalles ist (vgl. BVerwG DVBl 2009, 254 (257) mwN; NVwZ 2007, 709; ferner Ludwigs DVBl 2009, 1164; Tietz-Bartram LKV 2011, 152 (154); Martini JA 2013, 442 (445)).

IV. Rücknahme rechtswidrig begünstigender Verwaltungsakte (§ 48 Abs. 1 S. 2, Abs. 2–4)

1. Vorbemerkung

Rechtswidrig begünstigende Verwaltungsakte dürfen nur unter den Einschränkungen des § 48 **23** Abs. 2–4 zurückgenommen werden (§ 48 Abs. 1 S. 2). Diese Regelungen versuchen einen angemessenen Interessenausgleich zwischen dem Grundsatz der Gesetzmäßigkeit der Verwaltung (Art. 20 Abs. 3 GG) und dem Grundsatz der Rechtssicherheit sowie – darauf aufbauend – des Vertrauensschutzes des Betroffenen herzustellen. Das geschieht systematisch dadurch, dass bei Geld- oder Sachleistungen (§ 48 Abs. 2) der Vertrauensschutz auf der Tatbestandsseite zu berücksichtigen ist, mit der Folge, dass es bereits am Tatbestand für die Rücknahmeentscheidung fehlt und der Behörde insoweit auch kein Ermessen eröffnet wird (vgl. zB OVG LSA LKV 2000, 545), wenn das Vertrauen des Begünstigten in den Bestand des Verwaltungsakts schutzwürdig ist; dagegen ist bei sonstigen begünstigenden Verwaltungsakten (§ 48 Abs. 3) ein Vertrauensschutz allenfalls auf der Rechtsfolgenseite gewährleistet. Infolgedessen ist auch insoweit eine genaue Differenzierung erforderlich.

2. Rücknahme nach § 48 Abs. 2

24   Ein Verwaltungsakt, der eine (einmalige oder laufende) Geldleistung (= in Geld bezifferbare Leistung, zB Beihilfe etc) oder eine teilbare Sachleistung (= Lieferung von Gütern und sonstigen Leistungen, zB auch Überlassung von Wohnraum; vgl. Kopp/Ramsauer Rn. 88) gewährt oder hierfür Voraussetzung ist (zB Leistungsbescheid), darf nicht zurückgenommen werden, soweit der Begünstigte auf den Bestand vertraut hat und sein Vertrauen unter Abwägung mit dem öffentlichen Interesse schutzwürdig ist (§ 48 Abs. 2 S. 1).

24.1   Das Institut des Vertrauensschutzes soll den **Bürger** dabei unter gewissen Voraussetzungen in seinem Vertrauen auf die Rechtmäßigkeit und den Bestand von Maßnahmen der Verwaltung schützen. Demgegenüber kann sich eine **Behörde** grundsätzlich nicht auf Vertrauensschutz gegenüber einer anderen Behörde berufen (BVerwGE 27, 215 (218 f.)). Das gilt auch für Selbstverwaltungskörperschaften, wie zB Gemeinden, die als Körperschaft des öffentlichen Rechts an den Grundsatz der Gesetzmäßigkeit der Verwaltung gebunden sind und „nicht auf den Fortbestand eines rechtswidrigen Zustandes vertrauen können sollen, sondern darauf achten müssen, dass öffentliche Mittel sachgerecht und rechtmäßig verwendet werden." (BVerwGE 60, 208 (211); BVerwG LKV 2006, 558 (560); BayVGH BeckRS 2001, 21557 = VwRR BY 2001, 274 (275); BayVBl. 2016, 484 (485); NdsOVG JA 2013, 799). Das bedeutet allerdings nicht, dass in dieser Konstellation eine rechtswidrige Entscheidung stets korrigiert werden müsste, denn das öffentliche Interesse, das in diesen Fällen den ausschließlichen Maßstab für die Rücknahmeentscheidung bildet, wird nicht nur vom Grundsatz der Gesetzmäßigkeit der Verwaltung, sondern ebenso vom Gesichtspunkt der Rechtssicherheit bestimmt (BVerwGE 44, 333 (336); BVerwG LKV 2006, 558).

24.2   § 48 Abs. 2 dürfte im Bereich des Migrations- und Integrationsrechts eine eher untergeordnete Rolle spielen. Soweit Leistungen iSv § 48 Abs. 2 erbracht werden, wird es sich regelmäßig um solche handeln, die in den Anwendungsbereich der Sozialleistungsgesetze fallen (vgl. § 68 SGB I), wie zB Leistungen nach dem SGB II, dem SGB XII oder dem AsylbLG (vgl. § 9 Abs. 3 AsylbLG), für die § 48 nicht einschlägig ist, sondern §§ 44, 45 SGB X bzw. bei Dauerverwaltungsakten § 48 SGB X.

25   § 48 Abs. 2 S. 1 verlangt eine **Abwägung** zwischen dem Vertrauensschutz des Betroffenen am Bestand des Verwaltungsakts gegen das öffentliche Rücknahmeinteresse. Die Abwägungsentscheidung ist in vollem Umfang der gerichtlichen Kontrolle zugänglich und wird durch die Regelungen in S. 2 und S. 3 „gelenkt". Liegt weder ein Fall des S. 2 noch ein solcher des S. 3 vor, hat eine offene Abwägung zwischen dem Bestandsinteresse des Betroffenen und dem Interesse der Allgemeinheit an einer Aufhebung der rechtswidrigen Begünstigung stattzufinden (vgl. Martini JA 2012, 762 (764)). Als Abwägungskriterien kommen dabei die Art des Verfahrens (je förmlicher, desto höher der Vertrauensschutz), die Zeit, die seit Erlass des Verwaltungsakts verstrichen ist (je länger, desto höher der Vertrauensschutz) oder die Auswirkungen des Fortbestandes der Begünstigung für die Allgemeinheit (je geringer, desto höher der Vertrauensschutz) in Betracht.

26   Nach Maßgabe des **S. 2** ist das Vertrauen des Begünstigten „in der Regel" schutzwürdig. Die Wendung „in der Regel" ist dabei ein **unbestimmter Rechtsbegriff,** der in vollem Umfang der gerichtlichen Nachprüfung unterliegt und sicherstellt, dass auch in anderen als den in Abs. 2 S. 3 genannten Fällen sich der Betroffene nicht auf Vertrauen berufen kann. § 48 Abs. 2 S. 2 schließt also nicht aus, dass sich bei der nach Abs. 2 S. 1 gebotenen Abwägung das subjektive Vertrauen auf den Bestand des Verwaltungsakts als gegenüber dem öffentlichen Interesse minder gewichtig und damit nicht schutzwürdig erweist, obwohl der Begünstigte eine irreversible Vermögensdisposition getroffen hat und kein Fall des Abs. 2 S. 3 vorliegt (BVerwG BayVBl. 1993, 632).

27   Auf Vertrauen kann sich der Begünstigte in den in Abs. 2 **S. 3 Nr. 1–3** genannten Fällen nicht berufen. Zu beachten ist dabei, dass diese Regelungen hinsichtlich des nicht schützenswerten Vertrauens nicht abschließend sind (BVerwGE 143, 230 Rn. 18 = BeckRS 2012, 55067), weil sich auch im Rahmen der Abwägung nach Abs. 2 S. 1 ergeben kann, dass im konkreten Einzelfall das Vertrauen des Betroffenen auf den Bestand des Verwaltungsakts nicht schutzwürdig ist.

Alle Fälle des S. 3 beruhen auf dem Gedanken, dass derjenige, der auf bestimmte Art und **28** Weise die Fehlerhaftigkeit des Verwaltungsakts herbeigeführt hat (Nr. 1 und Nr. 2) oder diese kannte bzw. infolge grober Fahrlässigkeit nicht kannte (Nr. 3), in seinem Vertrauen auf den Bestand des Verwaltungsakts nicht schutzwürdig ist. In allen Fällen ist somit auf den **Begünstigten abzustellen.** Im Einzelnen gilt danach Folgendes:

*   Nach **Abs. 2 S. 3 Nr. 1** ist das Vertrauen des Betroffenen in den Bestand des Verwaltungsakts nicht schutzwürdig, wenn dieser den Erlass des Verwaltungsakts durch ein unredliches Verhalten im Sinne der Regelung erwirkt hat. Das setzt zumindest die objektive Kausalität der unredlichen Verhaltensweise für die Rechtswidrigkeit des begünstigenden Verwaltungsakts voraus (vgl. etwa Erfmeyer DöV 1997, 629 (630)). Auf ein **Verschulden** kommt es dabei nicht an (BVerwGE 143, 230 Rn. 17 = BeckRS 2012, 55067). Liegt der Tatbestand der Nr. 1 vor, findet zudem die Jahresfrist des § 48 Abs. 4 S. 1 keine Anwendung (§ 48 Abs. 4 S. 2).
*   Gemäß **Abs. 2 S. 3 Nr. 2** entfällt der Vertrauensschutz in einen rechtswidrigen Verwaltungsakt ferner, wenn der Begünstigte den zurückzunehmenden Verwaltungsakt durch Angaben erwirkt hat, die in wesentlicher Beziehung unrichtig bzw. unvollständig waren. Umstritten (vgl. zusf. etwa Erfmeyer DöV 1997, 629) ist dabei die Auslegung des Merkmals **„erwirkt".** Zutreffender Weise ist mit Blick auf Abs. 2 S. 3 Nr. 1, der ebenfalls ein „Erwirken" voraussetzt, davon auszugehen, dass es sich hierbei um ein **bloßes Kausalitätserfordernis** in Bezug auf die fehlerhaften Angaben für die Rechtswidrigkeit des Verwaltungsakts handelt (wie hier BVerwG BeckRS 1993, 31226406; NVwZ 1990, 1069 (1071); BVerwGE 78, 139 (142) = BeckRS 9998, 169741; BVerwGE 74, 357 (364) = BeckRS 9998, 169649; Maurer/Waldhoff AllgVerwR § 11 Rn. 31; aA Kopp/Ramsauer Rn. 116; Ziekow VwVfG Rn. 30; BayVGH BayVBl. 1987, 696; NVwZ 2001, 931 (932), wonach die Norm ein ziel- und zweckgerichtetes Handeln des Begünstigten voraussetze und die Angaben in diesem Sinne entscheidungserheblich gewesen sein müssen). Folglich reicht es für das „Erwirken" in Nr. 2 aus, wenn zwischen den fehlerhaften Angaben und der Rechtswidrigkeit des Bescheides eine kausale Beziehung besteht, wenn also die Ursache für die Fehlerhaftigkeit der Angaben im Verantwortungsbereich des Begünstigten (und nicht der Behörde) gelegen hat (Martini JA 2016, 830 (831)). Auch hier kommt es auf ein Verschulden des Begünstigten nicht an (BVerwGE 78, 139 (142) = BeckRS 9998, 169741).
*   Das Vertrauen ist schließlich nach **Abs. 2 S. 3 Nr. 3** nicht schutzwürdig, wenn der Begünstigte die Rechtswidrigkeit des Verwaltungsakts kannte oder infolge grober Fahrlässigkeit nicht kannte. Dabei kommt es nicht auf die Kenntnis oder grob fahrlässige Unkenntnis der Umstände, die zur Rechtswidrigkeit des Verwaltungsakts führen, an (vgl. Martini JA 2016, 830 (831)), sondern darauf, dass der Begünstigte die Rechtswidrigkeit des Verwaltungsakts kannte oder infolge grober Fahrlässigkeit nicht kannte (BVerwG DVBl 1994, 115).

3. Rücknahme nach § 48 Abs. 3

Ein sonstiger Verwaltungsakt (= ein solcher, der nicht unter Abs. 2 fällt) kann ohne weitere **29** Voraussetzungen zurückgenommen werden. Der wesentliche Unterschied zur Regelung in Abs. 2 besteht somit darin, dass Vertrauensgesichtspunkte des Begünstigten nicht schon auf der Tatbestandsseite, sondern allenfalls auf der Rechtsfolgenseite, mithin beim Ermessen, jedenfalls aber beim Ausgleich des Vermögensnachteils eine Rolle spielen, nicht aber in Bezug auf die Rücknehmbarkeit eines Verwaltungsakts (SächsOVG LKV 2000, 458; VG München BayVBl. 2001, 249).

4. Jahresfrist (§ 48 Abs. 4)

Sowohl die Rücknahme eines unter § 48 Abs. 2 fallenden Verwaltungsakts als auch eines solchen **30** nach § 48 Abs. 3 ist nur innerhalb der Jahresfrist des § 48 Abs. 4 S. 1 zulässig, es sei denn, es liegt ein Fall des § 48 Abs. 2 S. 3 Nr. 1 vor, denn dann gilt die Jahresfrist nicht (vgl. § 48 Abs. 4 S. 2; in diesem Fall kann die Befugnis zur Rücknahme allenfalls verwirkt sein). Bei der Jahresfrist des § 48 Abs. 4 handelt es sich um eine Ausschlussfrist, die auf andere Rücknahmetatbestände nicht, auch nicht analog angewendet werden kann (vgl. etwa BVerwG DöV 1997, 338 für § 47 Abs. 2 S. 1 WaffG). Die Frist ist nicht verlängerbar (Martini JA 2017, 838 (839)); eine Wiedereinsetzung nach § 32 ist nicht möglich, auch kann § 53 Abs. 1 über die Hemmung der Verjährungsfristen nicht analog auf die Ausschlussfrist des § 48 Abs. 4 angewendet werden (BVerwGE 143, 230 = BeckRS 2012, 55067).

Die von § 48 Abs. 4 S. 1 verfolgte **Zielsetzung** ist es, das Risiko der Rücknahme eines rechtswidrigen **30.1** Verwaltungsakts – auch bei Vorliegen der Voraussetzungen des § 48 Abs. 1–3 – zugunsten des Bürgers zu begrenzen. Diese Begrenzung dient nicht nur dem Rechtsfrieden, sondern gerade auch dem Schutz des Bürgers, der auf den Bestand eines zu seinen Gunsten erlassenen Verwaltungsakts vertraut (vgl. allg. BVerwGE 70, 356 (360) = BeckRS 1984, 108100; BVerwG NVwZ-RR 1997, 570).

31   Über die Auslegung des § 48 Abs. 4 bestand lange Zeit erheblicher Streit. Umstritten waren der Anwendungsbereich der Norm, der Fristbeginn und der maßgebliche Behördenbegriff. Die Fragen sind heute weitestgehend durch die Rechtsprechung geklärt. Danach ist die Frist des § 48 Abs. 4 S. 1 eine **Entscheidungsfrist,** keine Bearbeitungsfrist (s. nur Martini JA 2017, 838 (839 f.)). Die Jahresfrist beginnt nach ständiger Rechtsprechung des Bundesverwaltungsgerichts erst zu laufen, wenn dem nach der behördeninternen Geschäftsverteilung zuständigen Amtswalter alle für die Rücknahme erheblichen Tatsachen vollständig und zweifelsfrei bekannt sind (BVerwGE 70, 356 (364 f.) = BeckRS 1984, 108100). Hierzu gehört neben der bloßen (Er-) Kenntnis der Rechtswidrigkeit des früheren Bescheids auch die Kenntnis aller für einen möglichen Vertrauensschutz und für die zu treffende Ermessensentscheidung wesentlichen Umstände (BVerwGE 70, 356 (362 ff.) = BeckRS 1984, 108100). Nach dieser vom Gesetzgeber ausdrücklich gebilligten Auslegung (vgl. BT-Drs. 10/6283, 5) beginnt der Fristlauf erst dann, wenn die Behörde ohne weitere Sachaufklärung objektiv in der Lage ist, unter sachgerechter Ausübung ihres Ermessens über die Rücknahme des Verwaltungsakts zu entscheiden (BVerwGE 70, 356 (362 ff.) = BeckRS 1984, 108100); dies setzt – sofern dadurch weitere entscheidungserhebliche Tatsachen ermittelt werden können – auch eine Anhörung des Betroffenen voraus (BVerwG BeckRS 2009, 30616 Rn. 7; BVerwGE 112, 360 (364) = BeckRS 2001, 30157345 mwN; BayVGH BayVBl. 2016, 484 Rn. 30).

32   Die Ausgestaltung der Rücknahmefrist als Entscheidungsfrist hat freilich zur Konsequenz, dass es die Behörde in der Hand hat, den Beginn der Frist durch eine Verzögerung des Anhörungsverfahrens hinauszuschieben (vgl. BVerwG NVwZ 2002, 485 (486)). Ein solches Verhalten kann aber zur Verwirkung des Rechts auf Rücknahme führen (BVerwG NVwZ 2002, 485 (486); BVerwGE 100, 226 (236 f.); BVerwG BeckRS 9998, 31173 = Buchholz 316 § 48 VwVfG Nr. 99; Beschl. v. 12.9.1997 – 3 B 66/97, juris Rn. 4, BeckRS 1997, 31224103). Dies ist der Fall, wenn der Begünstigte aufgrund besonderer Umstände berechtigterweise annehmen durfte, die Behörde werde von einer Rücknahme des als rechtswidrig erkannten Verwaltungsakts absehen, und wenn er sein Vertrauen auf die Nichtausübung der Rücknahmebefugnis in einer Weise betätigt hat, dass ihm mit der gleichwohl erfolgten Rücknahme ein unzumutbarer Nachteil entstünde (vgl. BVerwGE 110, 226 (236) = BeckRS 1999, 30088122; BVerwG BayVBl. 1993, 663 mwN; BayVGH BayVBl. 2016, 484 Rn. 32).

33   Ein besonderes Problem in Bezug auf die Jahresfrist entsteht dann, wenn der Rücknahmebescheid auf einen entsprechenden **Rechtsbehelf** des Adressaten hin aufgehoben wird und die Behörde nun – unter Vermeidung des zur Aufhebung führenden Fehlers – einen neuen Rücknahmebescheid erlassen möchte. Insoweit ist wie folgt zu differenzieren:

- Bringt das Widerspruchsverfahren / das Klageverfahren, das zur Aufhebung des ersten Rücknahmebescheides geführt hat, der für die Rücknahme zuständigen Behörde (neue) Tatsachen zur Kenntnis, die für die Ausübung des Rücknahmeermessens bedeutsam sind, beginnt die Jahresfrist erst zu laufen, wenn der zuständigen Behörde die ihr neuen Tatsachen, ggf. nach Sachaufklärung, vollständig bekannt sind (BVerwGE 100, 199 = BeckRS 9998, 170637).
- Ist der Behörde der zur Rücknahme berechtigende Sachverhalt vollständig bekannt, unterläuft ihr aber in der Rechtsanwendung bezüglich der die Rücknahme tragenden Ermächtigungsgrundlage ein Fehler (zB der Bescheid ist zu unbestimmt, das Ermessen wurde nicht ausgeübt), dann setzt nicht erst die spätere Kenntnis dieses Rechtsfehlers die Jahresfrist in Lauf, denn die Kenntnis von der Reichweite und den rechtlichen Anforderungen der Rücknahmeermächtigung gehören nicht zur Kenntnis der Tatsachen iSv § 48 Abs. 4 S. 1 (BVerwGE 100, 199 = BeckRS 9998, 170637).

34 Die Jahresfrist ist eingehalten, wenn der Rücknahmebescheid vor deren Ablauf mit Wissen und Wollen des zuständigen Amtsträgers die Behörde verlässt, um dem Adressaten gegenüber bekanntgegeben zu werden. Das folgt daraus, dass es sich bei der Jahresfrist um eine Entscheidungsfrist handelt; die (verbindliche) Entscheidung zur Rücknahme ist aber bereits getroffen, wenn der Rücknahmebescheid die Behörde in Richtung zum Adressaten verlässt. Nicht überzeugend ist hingegen das Abstellen auf die Bekanntgabe des Rücknahmebescheids an den Adressaten (so aber Broscheit DVBl 2017, 1274), denn in diesem Fall würde die Einhaltung der Jahresfrist, wenn sie erst kurz vor deren Ablauf ergeht, von den Unwägbarkeiten der Zustellung durch die Post abhängen; eine rechtssichere Bestimmung, ob die Jahresfrist im konkreten Einzelfall eingehalten ist, würde damit unmöglich gemacht, zumindest aber erschwert.

V. Ermessensentscheidung

Wie § 48 Abs. 1 S. 1 klarstellt, ist die Entscheidung über die Rücknahme eine **Ermessensent-** 35 **scheidung;** das gilt auch für die Rücknahme rechtswidrig begünstigender Verwaltungsakte und speziell solcher, die unter Abs. 2 fallen (trotz der dort nach S. 1 vorzunehmenden Abwägungsentscheidung; Kopp/Ramsauer Rn. 127; SBS/Sachs Rn. 87 ff.; BayVGH BayVBl. 1994, 51), mit allen sich hieraus ergebenden Konsequenzen (insbesondere dem Begründungserfordernis des § 39 Abs. 1 S. 3).

Die Behörde hat ihr Ermessen nicht nur hinsichtlich des „Ob" der Rücknahme auszuüben, 36 sondern auch bezüglich des „Wie", also insbesondere, ob der Verwaltungsakt ganz oder teilweise, mit Wirkung ex tunc oder ex nunc zurückgenommen wird. Im Falle des nicht schutzwürdigen Vertrauens nach § 48 Abs. 2 S. 3 wird der Verwaltungsakt **in der Regel** (= unbestimmter Rechtsbegriff) **mit Wirkung für die Vergangenheit** (= ex tunc) aufgehoben (Abs. 2 S. 4). Das Rücknahmeermessen der Behörde ist insoweit gebunden (vergleichbar einem „soll").

Hinsichtlich der im Einzelfall anzustellenden Ermessenserwägungen ist bei der Rücknahme 37 rechtswidrig begünstigender Verwaltungsakte zwischen der Rücknahme nach § 48 Abs. 2 und der nach § 48 Abs. 3 zu differenzieren:

- Im Falle der Rücknahme von Verwaltungsakten iSv **§ 48 Abs.** 2 wird das Rücknahmeermessen in der Regel durch das gesetzliche Gebot, bei der Aufstellung und Ausführung des Haushaltsplanes die Grundsätze der Wirtschaftlichkeit und Sparsamkeit zu beachten, gelenkt (sog. intendiertes Ermessen). Das bedeutet, dass in Fällen der rechtswidrigen Gewährung von öffentlichen Zuschüssen im Regelfall das Ermessen nur durch eine Entscheidung für die Rücknahme fehlerfrei ausgeübt werden kann. Die Haushaltsgrundsätze überwiegen dabei im Allgemeinen das Interesse des Begünstigten, den Zuschuss behalten zu dürfen, und verbieten einen großzügigen Verzicht auf die Rücknahme von Subventionen (BVerwGE 105, 55 = BeckRS 9998, 167494). Infolgedessen müssen besondere Gründe vorliegen, um eine gegenteilige Entscheidung zu rechtfertigen. Das hat zur Folge, dass es – nach Ansicht des BVerwG – für den Regelfall auch keiner Darlegung der Ermessenserwägungen gem. § 39 Abs. 1 S. 3 bedarf (vgl. zB BVerwGE 91, 82 (90); BVerwGE 105, 55 = BeckRS 9998, 167494 mwN).
- Im Unterschied hierzu besteht iRd **§ 48 Abs. 3** für sonstige rechtswidrig begünstigende Verwaltungsakte kein solches intendiertes Ermessen; die Ermessensausübung hat sich daher an § 40 VwVfG zu orientieren. Fraglich ist dabei, inwieweit Vertrauensschutzgesichtspunkte hierbei eine Rolle spielen dürfen bzw. müssen, denn ausweislich des Wortlautes der Vorschrift findet ein Vertrauensschutz zunächst nur im Hinblick auf den Ausgleich etwaiger Vermögensnachteile statt. Gleichwohl geht die **hM** (BVerwG NVwZ-RR 2001, 198; BayVGH BayVBl. 2008, 25 (26); OVG NRW BauR 2005, 696; OVG Brem NordÖR 2004, 160; BayVGH BayVBl. 2001, 249; OVG Bln LKV 2000, 458 mwN; Krausnick JuS 2010, 681 (685); Lehner VERW 26 (1993), 183; Schenke DÖV 1983, 320; Wendt JA 1980, 85; Achterberg, Allgemeines Verwaltungsrecht, 2. Aufl. 1986, § 23 Rn. 71; siehe auch BVerwG DÖV 1994, 570 = UPR 1994, 229 = BayVBl. 1994, 374 = NVwZ 1994, 896) davon aus, dass auch iRd § 48 Abs. 3 etwaige Vertrauensschutzgesichtspunkte zugunsten des Begünstigten jedenfalls bei der Ermessensentscheidung nach § 48 Abs. 1 S. 1 zu berücksichtigen sind (einschränkend Voßkuhle/Kaufhold JuS 2014, 695 (697), wonach Aspekte des Vertrauensschutzes nur insoweit zu berücksichtigen seien, als sie sich auf immaterielle Belange bezögen). Dem ist zuzustimmen, denn würden Vertrauensschutzgesichtspunkte im Rahmen der Entscheidung über die Rücknahme eines unter § 48 Abs. 3 fallenden Verwaltungsaktes nicht berücksichtigt, so würden sich schwerwiegende verfassungsrechtliche Bedenken ergeben, die das Verdikt der Verfassungswidrigkeit des § 48 Abs. 3 unumgänglich machten. Das Prinzip des Vertrauensschutzes besitzt, unabhängig davon, ob es im Rechtsstaatsprinzip, speziell im Grundsatz der Rechtssicherheit oder der Verhältnismäßigkeit, oder im Grundsatz der materiellen Gerechtigkeit, in den Freiheitsgrundrechten oder in Art. 3 GG angesiedelt wird, Verfassungsrang. Diesem Vertrauensschutzprinzip würde durch die Regelung des § 48 Abs. 3 VwVfG ohne Berücksichtigung von Vertrauensschutzgesichtspunkten im Rahmen der Ermessensentscheidung nicht ausreichend Rechnung getragen (so zu Recht VG München BayVBl. 2001, 249).

VI. Adressat des Rücknahmebescheides

§ 48 enthält keine ausdrückliche Aussage darüber, wem gegenüber der Ursprungs- Verwaltungs- 38 akt aufzuheben ist, wer mithin Adressat der Aufhebungsentscheidung sein muss. Die (zutreffende) Beantwortung dieser Frage ist aber von besonderer Bedeutung, denn wird der Verwaltungsakt gegenüber dem falschen Adressaten aufgehoben, ist die Aufhebung rechtswidrig und auf den entsprechenden Rechtsbehelf hin.

39   Im Regelfall ergeben sich allerdings aus dem Schweigen des Gesetzes keine Probleme, weil sich der richtige Adressat ohne weiteres aus der Funktion der Aufhebungsentscheidung ergibt. Sie ist der Gegenakt (vgl. → Rn. 8) zu dem aufzuhebenden Verwaltungsakt. Sie zielt auf die Beseitigung des durch diesen Verwaltungsakt begründeten Rechtsverhältnisses. Um dieses Ziel zu erreichen, muss sich die Aufhebungsentscheidung an denjenigen richten, demgegenüber – durch den aufzuhebenden Verwaltungsakt – das Rechtsverhältnis begründet worden ist (BVerwG NVwZ-RR 2005, 322). Im Regelfall ist dies der Adressat des ursprünglichen Verwaltungsakts (BVerwG BayVBl. 2000, 378; NVwZ 1988, 151; Geron JA 2002, 229 (230)). Hat in den ursprünglichen Verwaltungsakt eine Einzel- oder Gesamtrechtsnachfolge stattgefunden, so ist Adressat der Aufhebungsentscheidung der Einzel- bzw. der Gesamtrechtsnachfolger (BVerwG ZBR 1983, 206 (207); NVwZ-RR 2005, 322).

40   Zu beachten ist, dass die bloße Weitergabe der Begünstigung an einen Dritten allein nicht genügt, um diesen zum Begünstigten iSd § 48 Abs. 2, Abs. 3 werden zu lassen, denn ein zivilrechtlicher Akt des Adressaten (zB Schenkung, Darlehen) kann den Dritten nicht in das Verwaltungsrechtsverhältnis einbeziehen (Geron JA 2002, 229 (230); BVerwG BayVBl. 2000, 378).

VII. Zuständigkeit

41   § 48 Abs. 5 regelt die Zuständigkeit für die Rücknahmeentscheidung. Da die Rücknahme jedoch selbst ein Verwaltungsakt ist und hierfür die allgemeinen Verfahrensvorschriften, insbesondere bezüglich örtlicher und sachlicher Zuständigkeit, gelten (vgl. zB Geron JA 2002, 229), hat die Norm nur klarstellende Bedeutung (Kopp/Ramsauer Rn. 146).

42   Zuständig ist die erlassende Behörde. Welche das ist, bestimmt sich grundsätzlich nach dem einschlägigen Fachrecht. Lässt sich diesem keine hinreichend klare Aussage entnehmen, ist auf allgemeine verwaltungsverfahrensrechtliche Grundsätze zurückzugreifen. Danach hat über die Aufhebung diejenige Behörde zu entscheiden, die zum Zeitpunkt der Aufhebungsentscheidung für den Erlass des aufzuhebenden Verwaltungsakts sachlich zuständig wäre (BVerwG NVwZ-RR 2012, 431 Rn. 12 mwN). Hat sich die Zuständigkeit zwischenzeitlich geändert oder hatte eine unzuständige Behörde den Verwaltungsakt erlassen, so entscheidet über die Aufhebung folglich nicht diese, sondern die tatsächlich sachlich und gem. § 3 örtlich zuständige Behörde (vgl. § 48 Abs. 5 Hs. 2; vgl. auch BVerwG NVwZ-RR 1996, 538 mwN; ferner BVerwG NJW 2000, 1512; BVerwGE 142, 195 Rn. 16 = BeckRS 2012, 51759).

VIII. Folgen der Rücknahme

1. Für den zurückgenommenen Verwaltungsakt

43   Die Rücknahme ist in jeder Alternative des § 48 sowohl **mit Wirkung für die Zukunft** als auch **mit Wirkung für die Vergangenheit** möglich. Da eine dem § 49 Abs. 4 vergleichbare Regelung fehlt, muss die Behörde ausdrücklich bestimmen, ob sie den Verwaltungsakt mit Wirkung für die Zukunft oder für die Vergangenheit zurücknimmt. Fehlt eine entsprechende Bestimmung, wird – mit Ausnahme des Falles des § 48 Abs. 2 S. 3 (vgl. § 48 Abs. 2 S. 4) – im Zweifel davon auszugehen sein, dass die Rücknahme nur mit Wirkung für die Zukunft erfolgen soll.

43.1   Wird gegen die Rücknahmeentscheidung Widerspruch und ggf. Anfechtungsklage erhoben, so kommt diesen gem. § 80 Abs. 1 S. 1 VwGO allerdings aufschiebende Wirkung zu. Das hat zur Folge, dass aus dem Rücknahmebescheid keine Rechtswirkungen gezogen werden dürfen, weil die Behörde während des durch den Widerspruch herbeigeführten Schwebezustandes alle Maßnahmen zu unterlassen hat, die dem Vollzug des angefochtenen Verwaltungsakts dienen, sofern diese Maßnahmen den Bestand und die Rechtmäßigkeit des Verwaltungsakts voraussetzen. Das wiederum bewirkt, dass der zurückgenommene Verwaltungsakt bis zur Unanfechtbarkeit der Rücknahme ausgenutzt werden kann (s. etwa NdsOVG NVwZ 1996, 605). Etwas anderes gilt nur dann, wenn die Behörde nach § 80 Abs. 2 S. 1 Nr. 4 VwGO die sofortige Vollziehung des Rücknahmebescheides angeordnet hat.

2. Vermögensrechtliche Folgen

44   **a) Rücknahme eines Verwaltungsakts iSv § 48 Abs. 2.** Siehe hierzu die Ausführungen bei § 49a (→ § 49a Rn. 1 ff.).

45   **b) § 48 Abs. 3.** Die vermögensrechtlichen Folgen der Rücknahme eines sonstigen Verwaltungsakts führen nach Maßgabe des Abs. 3 **auf Antrag** (innerhalb eines Jahres nach entsprechendem

Hinweis der Behörde; Abs. 3 S. 5) zum Ausgleich des Vermögensnachteils. Das setzt aber voraus, dass das Vertrauen des Betroffenen unter Abwägung mit dem öffentlichen Interesse (also Prüfung wie bei Abs. 2 S. 1) schutzwürdig ist, wofür auch Abs. 2 S. 3 gilt (vgl. Abs. 3 S. 2).

Zu ersetzen sind die Vermögensnachteile, die der Betroffene infolge seines Vertrauens auf den **46** Bestand des durch die Rücknahme entfallenden Verwaltungsakts erleidet. Zu ersetzen ist daher nur das dem negativen Interesse des Zivilrechts entsprechende Vertrauensinteresse, also der Schaden, der dem Begünstigten dadurch entstanden ist, dass die Behörde falsch entschieden und er sich auf den Bestand des rechtswidrigen Verwaltungsakts eingerichtet hat (OVG NRW BauR 2013, 76 (77)).

Der auszugleichende Vermögensnachteil wird von der Behörde festgesetzt (Abs. 3 S. 4) und **47** darf nicht über das Verwaltungsakt-Bestandsinteresse hinausgehen (Abs. 3 S. 3).

§ 49 Widerruf eines rechtmäßigen Verwaltungsaktes

(1) Ein rechtmäßiger nicht begünstigender Verwaltungsakt kann, auch nachdem er unanfechtbar geworden ist, ganz oder teilweise mit Wirkung für die Zukunft widerrufen werden, außer wenn ein Verwaltungsakt gleichen Inhalts erneut erlassen werden müsste oder aus anderen Gründen ein Widerruf unzulässig ist.

(2) ¹Ein rechtmäßiger begünstigender Verwaltungsakt darf, auch nachdem er unanfechtbar geworden ist, ganz oder teilweise mit Wirkung für die Zukunft nur widerrufen werden,
1. wenn der Widerruf durch Rechtsvorschrift zugelassen oder im Verwaltungsakt vorbehalten ist;
2. wenn mit dem Verwaltungsakt eine Auflage verbunden ist und der Begünstigte diese nicht oder nicht innerhalb einer ihm gesetzten Frist erfüllt hat;
3. wenn die Behörde auf Grund nachträglich eingetretener Tatsachen berechtigt wäre, den Verwaltungsakt nicht zu erlassen, und wenn ohne den Widerruf das öffentliche Interesse gefährdet würde;
4. wenn die Behörde auf Grund einer geänderten Rechtsvorschrift berechtigt wäre, den Verwaltungsakt nicht zu erlassen, soweit der Begünstigte von der Vergünstigung noch keinen Gebrauch gemacht oder auf Grund des Verwaltungsaktes noch keine Leistungen empfangen hat, und wenn ohne den Widerruf das öffentliche Interesse gefährdet würde;
5. um schwere Nachteile für das Gemeinwohl zu verhüten oder zu beseitigen.
²§ 48 Abs. 4 gilt entsprechend.

(3) ¹Ein rechtmäßiger Verwaltungsakt, der eine einmalige oder laufende Geldleistung oder teilbare Sachleistung zur Erfüllung eines bestimmten Zwecks gewährt oder hierfür Voraussetzung ist, kann, auch nachdem er unanfechtbar geworden ist, ganz oder teilweise auch mit Wirkung für die Vergangenheit widerrufen werden,
1. wenn die Leistung nicht, nicht alsbald nach der Erbringung oder nicht mehr für den in dem Verwaltungsakt bestimmten Zweck verwendet wird;
2. wenn mit dem Verwaltungsakt eine Auflage verbunden ist und der Begünstigte diese nicht oder nicht innerhalb einer ihm gesetzten Frist erfüllt hat.
²§ 48 Abs. 4 gilt entsprechend.

(4) Der widerrufene Verwaltungsakt wird mit dem Wirksamwerden des Widerrufs unwirksam, wenn die Behörde keinen anderen Zeitpunkt bestimmt.

(5) Über den Widerruf entscheidet nach Unanfechtbarkeit des Verwaltungsaktes die nach § 3 zuständige Behörde; dies gilt auch dann, wenn der zu widerrufende Verwaltungsakt von einer anderen Behörde erlassen worden ist.

(6) ¹Wird ein begünstigender Verwaltungsakt in den Fällen des Absatzes 2 Nr. 3 bis 5 widerrufen, so hat die Behörde den Betroffenen auf Antrag für den Vermögensnachteil zu entschädigen, den dieser dadurch erleidet, dass er auf den Bestand des Verwaltungsaktes vertraut hat, soweit sein Vertrauen schutzwürdig ist. ²§ 48 Abs. 3 Satz 3 bis 5 gilt entsprechend. ³Für Streitigkeiten über die Entschädigung ist der ordentliche Rechtsweg gegeben.

Überblick

§ 49 regelt die Aufhebung **rechtmäßiger** Verwaltungsakte, den **Widerruf.** Hierbei stehen sich die Grundsätze des Vertrauensschutzes, der Rechtssicherheit und der Gesetzmäßigkeit der

Verwaltung (Art. 20 Abs. 3 GG) nicht – wie bei § 48 – widerstreitend gegenüber, sondern stehen nebeneinander. Für die Aufhebbarkeit von Verwaltungsakten nach § 49 folgt daraus, dass die Voraussetzungen für einen Widerruf strenger sind als die für die Rücknahme nach § 48. § 49 enthält eine ähnliche Differenzierung wie § 48. Auch hier ist zwischen dem Widerruf rechtmäßig nicht begünstigender Verwaltungsakte (§ 49 Abs. 1) und dem Widerruf rechtmäßig begünstigender Verwaltungsakte (§ 49 Abs. 2) zu unterscheiden; bei Letzteren ist weiter zu differenzieren zwischen (sonstigen) rechtmäßig begünstigenden Verwaltungsakten (§ 49 Abs. 2) und rechtmäßigen Verwaltungsakten, die eine Geld- oder teilbare Sachleistung gewähren oder hierfür Voraussetzung sind (§ 49 Abs. 3).

Übersicht

A. Einführung

I. Vorbemerkung

1   Siehe hierzu die Ausführungen bei § 48 (→ § 48 Rn. 1 ff.).

II. Konkurrenzen

2   Zu § 49 gibt es eine ganze Reihe von Spezialregelungen, die die Norm verdrängen wie zB im Bereich der Sozialleistungsgewährung die §§ 46, 47, 48 SGB X. Im Rahmen des Ausländerrechts sind vor allem §§ 51, 52 AufenthG zu nennen. Nach § 51 Abs. 1 Nr. 4 AufenthG erlischt der Aufenthaltstitel mit seinem Widerruf. Diesbezüglich enthält § 52 AufenthG eine Sonderregelung, die abschließend ist, dh § 49 ist daneben nicht anwendbar (Bergmann/Dienelt/Tanneberger AufenthG § 52 Rn. 3).

3   Im Asylrecht ist in § 73 AsylG der Widerruf der Asylberechtigung und der Flüchtlingseigenschaft abschließend geregelt (Bergmann/Dienelt/Bergmann AsylG § 73 Rn. 3; BeckOK AuslR/Fleuß AsylG § 73 Rn. 7). Anlass für die Heranziehung des § 49 besteht danach nicht (vgl. BVerwG NVwZ 2007, 1330; wohl auch schon BVerwGE 112, 80 = BeckRS 2000, 30131933). Gleiches dürfte für den Widerruf des subsidiären Schutzes nach § 73b Abs. 1 AsylG und den Widerruf von Abschiebungsverboten nach § 60 Abs. 5 oder Abs. 7 AufenthG gem. § 73c Abs. 2 AsylG gelten (vgl. Bergmann/Dienelt/Bergmann AsylG § 73c Rn. 4; BeckOK AuslR/Fleuß AsylG § 73c Rn. 10; sa BVerwGE 143, 183 = BeckRS 2012, 54963 für die einjährige Ausschlussfrist des § 49 Abs. 2 S. 2 iVm § 48 Abs. 4 S. 1).

III. Abgrenzungsfragen

4   Siehe hierzu die Ausführungen bei § 48 (→ § 48 Rn. 7).

B. Rechtsnatur der Aufhebungsentscheidung, Verfahren

5   Unter den Voraussetzungen des § 49 können Verwaltungsakte widerrufen werden. Nach der sog. actus-contrarius-Theorie ist auch der Widerruf ein Verwaltungsakt (SBS/Sachs § 48 Rn. 242; Erfmeyer DVBl 1997, 27 (30)).

6   Das Widerrufsverfahren ist ein selbstständiges (nicht förmliches) Verwaltungsverfahren iSv §§ 9 ff., das nach näherer Maßgabe der allgemeinen Vorschriften des VwVfG durchzuführen ist und das seinerseits mit dem Erlass eines Verwaltungsakts in der Form eines Widerrufsbescheides endet (Lehner VERW 26 (1993), 183 (198); Erfmeyer DVBl 1997, 27 (30); sa BVerwG NVwZ-RR 2005, 343). Dementsprechend ist zB der Betroffene vorher anzuhören (§ 28) und muss die Entscheidung gem. § 39 begründet werden (sa Krausnick JuS 2010, 594 (596); Martini JA 2013, 442).

C. Die Voraussetzungen im Einzelnen

I. Rechtmäßiger Verwaltungsakt

Ein Widerruf kommt nach dem Gesetzeswortlaut nur bei einem **rechtmäßigen** Verwaltungsakt 7 in Betracht. Ein Verwaltungsakt ist rechtmäßig, wenn er zur Zeit seines Erlasses in jeder Hinsicht mit der Rechtsordnung im Einklang stand. Wird er auch nicht rückwirkend rechtswidrig (vgl. → § 48 Rn. 17), so kann er nur nach Maßgabe des § 49 widerrufen werden.

Nach hM können allerdings unter den Voraussetzungen des § 49 auch rechtswidrige Verwal- 8 tungsakte widerrufen werden (BVerwG NVwZ 1987, 498; BVerwGE 112, 80 = BeckRS 2000, 30131933; VGH BW NVwZ-RR 1992, 126; OVG NRW NVwZ 1993, 76). Das folgt aus einem „erst-recht-Schluss" (wenn schon ein rechtmäßiger Verwaltungsakt widerrufen werden kann, dann erst recht ein rechtswidriger; vgl. auch Krausnick JuS 2010, 778 (779) sowie → § 48 Rn. 7). Das gilt namentlich für § 49 Abs. 2 Nr. 1, denn auch ein rechtswidriger Verwaltungsakt muss aufgrund eines Widerrufsvorbehalts aufgehoben werden können.

II. Rechtmäßig nicht begünstigender, rechtmäßig begünstigender Verwaltungsakt

Im Rahmen des § 49 ist die Unterscheidung zwischen nicht begünstigendem und begünstigen- 9 dem Verwaltungsakt von Bedeutung. Das Gesetz weicht hier also von der Terminologie des § 48 Abs. 1 (belastend – begünstigend) ab. Dies geschah vor dem Hintergrund, dass von § 49 Abs. 1 auch solche Verwaltungsakte erfasst werden sollten, deren Gegenstand die Ablehnung eines Anspruches oder eine negative Feststellung ist (SBS/Sachs Rn. 18). In der Sache handelt es sich jedoch beim nicht begünstigenden Verwaltungsakt in der Regel um einen belastenden Verwal- tungsakt, sodass der Unterscheidung des § 48 folgend auch bei § 49 vom belastenden – als das Gegenstück zum begünstigenden – Verwaltungsakt gesprochen werden soll (Ziekow VwVfG Rn. 5). Auf die entsprechenden Ausführungen bei § 48 (→ § 48 Rn. 18 ff.) wird verwiesen.

III. Widerruf eines rechtmäßig belastenden Verwaltungsakts (§ 49 Abs. 1)

Ein rechtmäßiger, aber nicht begünstigender / belastender Verwaltungsakt kann grundsätzlich 10 unter Ausübung pflichtgemäßen Ermessens **frei** widerrufen werden, allerdings nur mit Wirkung für die Zukunft. Ausgeschlossen ist der Widerruf nur, wenn ein Verwaltungsakt gleichen Inhalts (und in der Regel an den gleichen Adressaten; vgl. Krausnick JuS 2010, 778 (780)) erneut ergehen müsste; das ist der Fall, wenn sich bei einer gebundenen Entscheidung die für den Verwaltungsakt maßgebliche Sach- und Rechtslage nicht geändert hat oder – sofern der Behörde ein Ermessen eingeräumt ist – dieses auf Null reduziert ist (Erichsen/Brügge JURA 1999, 496 (497); sa Voß- kuhle/Kaufhold JuS 2014, 695 (697)). Des Weiteren scheidet ein Widerruf aus, wenn ein Widerruf aus anderen Gründen unzulässig ist; ein solches Widerrufsverbot kann sich aus Sinn und Zweck einer gesetzlichen Regelung, aus allgemeinen Rechtsgrundsätzen, aus der Natur des Verwaltungs- akts ergeben, wie zB bei der Genehmigung von Satzungen, aus einer Zusicherung nach § 38 oder aus einer Vereinbarung in einem öffentlich-rechtlichen Vertrag (Erichsen/Brügge JURA 1999, 496 (497)).

Beide Einschränkungen tragen dem Grundsatz der Gesetzmäßigkeit der Verwaltung (Art. 20 11 Abs. 3 GG) Rechnung, denn ein Widerruf wäre sinnlos, wenn die Behörde sofort – um rechtmäßig zu handeln – einen gleich lautenden Verwaltungsakt erlassen müsste. Dementsprechend kommt ein Widerruf eines rechtmäßigen belastenden Verwaltungsakts grundsätzlich nur dort in Betracht, wo der Behörde ein Ermessens- oder ein Beurteilungsspielraum eingeräumt ist, nicht dagegen bei gebundenen Verwaltungsakten (Gleiches gilt im Ausnahmefall der Ermessensreduzierung auf Null). Etwas anderes ist nur dann – namentlich bei Dauer-Verwaltungsakten (zum Begriff → § 48 Rn. 17; BVerwGE 59, 148 (160) = BeckRS 1979, 106300) – anzunehmen, wenn eine Änderung der Sach- oder Rechtslage von einem Verwaltungsakt mitumfasst wird. Soweit sich durch diese Änderung die Aufrechterhaltung des ursprünglichen (sei es eines gebundenen oder eines Ermes- sens-) Verwaltungsakts nicht mehr rechtfertigen lässt oder nicht mehr erforderlich ist, wird dieser Verwaltungsakt in der Regel zu widerrufen sein. Bei einer Änderung der Sach- oder Rechtslage, die vom ursprünglichen Verwaltungsakt nicht erfasst wird, bedarf es dagegen keines Widerrufs, weil der Verwaltungsakt durch die Änderung gegenstandslos wird (BVerwGE 69, 90 (93) = BeckRS 9998, 169465).

IV. Widerruf eines rechtmäßig begünstigenden Verwaltungsakts (§ 49 Abs. 2, Abs. 3)

1. Vorbemerkung

12   Beim Widerruf eines rechtmäßigen begünstigenden Verwaltungsakts stellt sich die Problematik ähnlich wie bei der Rücknahme eines rechtswidrig begünstigenden Verwaltungsakts dar. Wieder müssen Vertrauensschutz des Betroffenen und der Grundsatz der Gesetzmäßigkeit der Verwaltung in Einklang gebracht werden. Im Unterschied zu § 48 Abs. 1 S. 2, Abs. 2 und Abs. 3 hat der Gesetzgeber jedoch bei den Widerrufsgründen bereits einen Interessenausgleich vorgenommen dergestalt, dass nur in den in § 49 Abs. 2 S. 1 Nr. 1–5 **abschließend** (vgl. statt aller Kopp/Ramsauer Rn. 26) aufgezählten bzw. in den in Abs. 3 genannten Fällen ein Widerruf möglich ist, ansonsten nicht (vgl. auch Voßkuhle/Kaufhold JuS 2014, 695 (697)).

2. Widerruf nach § 49 Abs. 2

13   a) **Widerrufsvorbehalt (§ 49 Abs. 2 S. 1 Nr. 1).** § 49 Abs. 2 S. 1 Nr. 1 erlaubt den Widerruf in zwei Fällen. Zum einen, wenn der Widerruf durch Rechtsvorschrift zugelassen ist (**Nr. 1 Alt. 1**). Sieht also ein (Bundes- oder Landes-) Gesetz allgemein oder unter bestimmten Voraussetzungen eine Widerrufsmöglichkeit vor, ergibt sich die Befugnis der Behörde zum Widerruf – schon über § 1 – aus der entsprechenden Befugnis des Spezialgesetzes (Kopp/Ramsauer Rn. 32; SBS/Sachs Rn. 43). Eines Rückgriffs auf § 49 bedarf es dabei im Regelfall nicht. Eine solche spezielle Widerrufsnorm findet sich etwa in § 52 AufenthG, §§ 73 Abs. 1, 73b und 73c AsylG (vgl. → Rn. 2 f.).

14   Zum anderen kommt ein Widerruf in Betracht, wenn er im Verwaltungsakt vorbehalten ist (**Nr. 1 Alt. 2**); damit ist der Widerrufsvorbehalt iSv § 36 Abs. 2 Nr. 3 angesprochen. Zulässig ist ein Widerrufsvorbehalt, wenn er gesetzlich zugelassen ist, wenn er erforderlich ist, um bei gebundenen Verwaltungsakten die Voraussetzungen für den Haupt-Verwaltungsakt zu schaffen (§ 36 Abs. 1 Alt. 2; s. hierzu etwa BVerwGE 153, 301 mAnm Waldhoff JuS 2016, 959) oder wenn der Haupt-Verwaltungsakt im Ermessen der Behörde steht (§ 36 Abs. 2). Ob der Widerruf vorbehalten werden durfte, lässt der Wortlaut des § 49 Abs. 2 S. 1 Nr. 1 offen. Einigkeit besteht jedoch darüber, dass zum Widerruf nur der wirksame Widerrufsvorbehalt berechtigt, nicht jedoch der nichtige (§ 43 Abs. 3). Ob der Widerrufsvorbehalt allerdings rechtmäßig oder rechtswidrig ist, soll nach der Rechtsprechung (BVerwG NVwZ 1987, 498; NVwZ-RR 1994, 580), jedenfalls nach Unanfechtbarkeit des Widerrufsvorbehalts (so SBS/Sachs Rn. 40; Sarnighausen NVwZ 1995, 563; **aA** Krausnick JuS 2010, 778 (780); Winter-Peter JURA 2018, 508 (510)) keine Rolle spielen, weil auch der rechtswidrige Widerrufsvorbehalt wirksam ist und im Fall, dass er nicht angegriffen wurde, bestandskräftig wird. Die Rechtswidrigkeit des Widerrufsvorbehaltes ist aber dann bei der Ermessensentscheidung über den Widerruf zu berücksichtigen, womit beim rechtswidrigen Widerrufsvorbehalt das Bestandsvertrauen in den rechtmäßigen Verwaltungsakt regelmäßig höher zu bewerten sein dürfte als beim rechtmäßigen (BVerwG NVwZ-RR 1994, 580; wohl auch BVerwG NVwZ 1987, 498; Kopp/Ramsauer Rn. 37; SBS/Sachs Rn. 41; vgl. zum Widerruf aufgrund Widerrufsvorbehalts auch Eichberger GewArch 1983, 105). Im Ergebnis kommt es somit für die Rechtmäßigkeit des Widerrufs in der Regel nicht darauf an, ob der Widerrufsvorbehalt rechtmäßig oder rechtswidrig ist.

15   Unabhängig von vorstehendem setzt ein Widerruf nach Nr. 1 Alt. 2 voraus, dass tatbestandlichen Voraussetzungen des Widerrufsvorbehalts erfüllt sind (Erichsen/Brügge JURA 1999, 496 (498)). Ist das nicht der Fall, ist ein Widerruf unzulässig; die Frage, ob der Widerrufsvorbehalt rechtmäßig oder rechtswidrig war, stellt sich dann nicht.

16   b) **Auflagenverstoß (§ 49 Abs. 2 S. 1 Nr. 2).** Ist der Verwaltungsakt mit einer Auflage iSv § 36 Abs. 2 Nr. 4 verbunden, so kann diese bei nicht oder nicht fristgerechter Erfüllung durch den Begünstigten den Widerruf rechtfertigen. Auf ein etwaiges Verschulden des Betroffenen kommt es dabei nicht an (Erichsen/Brügge JURA 1999, 496 (498)). Ob es sich bei der verfügten Nebenbestimmungen um eine Auflage im Rechtssinne handelt, ist anhand deren Inhalts durch Auslegung zu ermitteln (hinsichtlich der Rechtmäßigkeit bzw. der Rechtswidrigkeit der Auflage gilt das unter → Rn. 14 Gesagte entsprechend).

17   c) **Nachträglich eingetretene Tatsachen (§ 49 Abs. 2 S. 1 Nr. 3).** Abs. 1 S. 1 Nr. 3 lässt den Widerruf eines Verwaltungsakts zu untern den **kumulativ** erforderlichen Voraussetzungen

des nachträglichen Eintritts von Tatsachen, die die Behörde berechtigen, den Verwaltungsakt nicht zu erlassen und der Gefährdung des öffentlichen Interesses ohne Widerruf.

„**Tatsachen**" sind solche Gegebenheiten, die für die getroffene Regelung des Verwaltungsaktes **18** relevant sind (BeckOK VwVfG/Abel Rn. 44), egal aus welcher Rechtssphäre sie stammen. Auch die geänderte Bewertung von Sachverhalten kann eine Änderung von Tatsachen iSv § 49 Abs. 2 S. 1 Nr. 3 sein (BVerwGE 155, 81 Rn. 36 = BeckRS 2016, 47803). Eine Einzelmeinung, die sich in der wissenschaftlichen Diskussion bisher nicht durchgesetzt hat, ist dagegen grundsätzlich keine (neue) Tatsache in diesem Sinne (BVerwG NVwZ 2016, 323 Rn. 12). „Nachträglich eingetreten" sind diese Tatsachen, wenn sie nach Bekanntgabe des Verwaltungsakts eintreten, nicht jedoch, wenn sie erst nach Bekanntgabe entdeckt werden, vorher aber schon vorlagen (in diesem Fall ist der Verwaltungsakt rechtswidrig; es gilt § 48) und wenn sie für die Rechtsanwendung (= nunmehrige Ablehnung eines entsprechenden Verwaltungsakts) von Bedeutung sind (vgl. auch Krausnick JuS 2010, 778 (781)).

Aufgrund dieser Tatsachen muss die Behörde – im Sinne einer hypothetischen Kausalität – **19** berechtigt sein, den Verwaltungsakt nicht zu erlassen. Das heißt aus (heutiger) objektiver Sicht dürfen die Voraussetzungen für den Erlass des Verwaltungsakts nicht mehr vorliegen (Kopp/Ramsauer Rn. 47). Das ist der Fall, wenn die Behörde nunmehr bei einer gebundenen Entscheidung verpflichtet, bei einer Ermessensentscheidung zumindest berechtigt wäre, den Erlass des Verwaltungsakts zu versagen (Erichsen/Brügge JURA 1999, 496 (498)).

Darüber hinaus ist erforderlich, dass der Widerruf zur Abwehr einer Gefährdung des öffentli- **20** chen Interesses, dh zur Beseitigung oder Verhinderung eines sonst drohenden Schadens für wichtige Gemeinschaftsgüter (zB Schutz des Grundwassers) geboten ist. Es genügt nicht, dass der Widerruf (nur) im öffentlichen Interesse liegt (BVerwG BeckRS 9998, 44881 = DVBl 1982, 1004 (1005); Buchholz 316 § 49 VwVfG Nr. 25).

d) Geänderte Rechtsvorschrift (§ 49 Abs. 2 S. 1 Nr. 4). Nr. 4 trifft für Fälle der Änderung **21** von Rechtsvorschriften eine ähnliche Regelung wie Nr. 3. Voraussetzung ist zunächst, dass sich eine Rechtsvorschrift, also ein Gesetz im formellen oder materiellen Sinn (= Verordnung, Satzung) geändert hat. Nicht ausreichend ist dagegen die bloße Änderung der Rechtsprechung (BVerwGE 26, 82 (89) = BeckRS 1967, 00506; BVerwG NJW 1981, 2595) oder von Verwaltungsvorschriften (Kopp/Ramsauer Rn. 50a; Ziekow VwVfG Rn. 22).

Aufgrund dieser Änderung muss die Behörde berechtigt sein, den Verwaltungsakt nicht zu **22** erlassen. Des Weiteren muss ohne den Widerruf das öffentliche Interesse gefährdet sein. Beide Voraussetzungen entsprechen denen der Nr. 3; auf die dortigen Ausführungen (→ Rn. 19 f.) wird verwiesen.

Die Widerrufsmöglichkeit scheidet allerdings aus, wenn der Begünstigte von der ihm gewährten **23** Vergünstigung bereits Gebrauch gemacht hat (Alt. 1). Dabei ist der Begriff des „Gebrauchmachens" im Sinne eines „Inwerksetzens" zu verstehen (BVerwG Buchholz 316 § 49 VwVfG Nr. 25 mwN; SBS/Sachs Rn. 76).

Der Widerruf ist ferner ausgeschlossen, wenn der Begünstigte aufgrund des Verwaltungsakts **24** bereits Leistungen, zB Beihilfen, empfangen hat (Alt. 2). Ob der Gebrauch oder die Leistung noch rückgängig gemacht werden kann, spielt dabei keine Rolle (Kopp/Ramsauer Rn. 52; Krausnick JuS 2010, 778 (781)).

e) Schwere Nachteile für das Gemeinwohl (§ 49 Abs. 2 S. 1 Nr. 5). Die Gemeinwohlklau- **25** sel fungiert als **Auffangtatbestand**, wenn keiner der in Nr. 1–4 genannten Widerrufsgründe einschlägig ist. „Wichtige Gemeinschaftsgüter" sind dabei etwa die Volksgesundheit, der Schutz der natürlichen Lebensgrundlagen, darüber hinaus aber auch Gründe des übergesetzlichen Notstandes oder Katastrophenfälle (vgl. Dorn DÖV 1988, 15; Ziekow VwVfG Rn. 23).

f) Jahresfrist (§ 49 Abs. 2 S. 2 iVm § 48 Abs. 4). Der Widerruf eines rechtmäßigen **26** begünstigenden Verwaltungsakts iSv § 49 Abs. 2 kann gem. § 49 Abs. 2 S. 2 nur innerhalb der Jahresfrist des § 48 Abs. 4 erfolgen. Es gilt das zu § 48 Abs. 4 (→ § 48 Rn. 30 ff.) Gesagte entsprechend. Allerdings dürfte § 48 Abs. 4 S. 2 für die Fälle des Widerrufs keine Bedeutung haben, da Fälle, in denen die Leistungsgewährung trotz arglistiger Täuschung, Drohung oder Bestechung rechtmäßig ist, ausgeschlossen erscheinen (Baumeister NVwZ 1997, 19 (22)).

3. Widerruf nach § 49 Abs. 3

Gemäß § 49 Abs. 3 kann ein rechtmäßiger Verwaltungsakt, der eine einmalige oder laufende **27** Geldleistung oder teilbare Sachleistung zur Erfüllung eines bestimmten Zweckes gewährt oder hierfür Voraussetzung ist, auch nachdem er unanfechtbar geworden ist, ganz oder teilweise, auch mit Wirkung für die Vergangenheit, unter bestimmten Voraussetzungen widerrufen werden. Die

Norm ist enger gefasst als die des § 49 Abs. 2, ist aber – im Unterschied zur vergleichbaren Regelung in § 48 Abs. 2 S. 1 – nicht abschließend in Bezug auf Geldleistungs-Verwaltungsakte, sondern **neben** den Widerrufsgründen des § 49 Abs. 2 **anwendbar** (Sachs/Wermeckes NVwZ 1996, 1185 (1186); Baumeister NVwZ 1997, 19 (21); Erichsen/Brügge JURA 1999, 496 (500)). Die Besonderheit der Vorschrift liegt darin begründet, dass sie einen Widerruf auch **mit Wirkung für die Vergangenheit** zulässt, während nach Abs. 2 ein Widerruf nur mit Wirkung für die Zukunft möglich ist.

27.1   § 49 Abs. 3 dürfte im Bereich des Migrations- und Integrationsrechts eine eher untergeordnete Rolle spielen. Soweit Leistungen iSv § 49 Abs. 3 erbracht werden, wird es sich regelmäßig um solche handeln, die in den Anwendungsbereich der Sozialleistungsgesetze fallen (vgl. § 68 SGB I), wie zB Leistungen nach dem SGB II, dem SGB XII oder dem AsylbLG (vgl. § 9 Abs. 3 AsylbLG), für die § 49 nicht einschlägig ist, sondern §§ 46, 47 SGB X bzw. bei Dauerverwaltungsakten § 48 SGB X.

28   Voraussetzung ist, dass die Leistung „zur Erfüllung eines bestimmten Zweckes" gewährt worden ist. Dabei werden nur solche Leistungsverwaltungsakte erfasst, mit denen die Behörde nicht nur einen bestimmten Zweck verfolgt, sondern der Leistungsempfänger darüber hinaus mit der Leistung einen bestimmten Zweck erfüllen, mithin die Leistung zu einem bestimmten Zweck verwenden muss (Baumeister NVwZ 1997, 19 (20)). Das muss im Verwaltungsakt selbst mit hinreichender Bestimmtheit und Deutlichkeit zum Ausdruck kommen (Kopp/Ramsauer Rn. 65; Suerbaum VerwArch 1999, 375; Sachs/Wermeckes NVwZ 1996, 1185 (1186)).

29   Schließlich muss ein **Widerrufsgrund** vorliegen. Ein solcher ist gegeben, wenn die Leistung nicht, nicht alsbald nach der Erbringung oder nicht mehr für den in dem Verwaltungsakt bestimmten Zweck verwendet wird (**Nr. 1**). Eine Leistung ist in diesem Sinne nicht „alsbald" nach der Auszahlung verwendet worden, wenn dies nicht „kurz danach" geschehen ist; „alsbald" ist also nicht im Sinne von „unverzüglich" (§ 121 BGB) zu verstehen. Die Nichterweislichkeit der zweckentsprechenden Mittelverwendung geht zu Lasten des Leistungsempfängers.

30   Ein Widerruf kann ferner erfolgen, wenn mit dem Verwaltungsakt eine Auflage verbunden ist und der Begünstigte diese nicht oder nicht innerhalb einer ihm gesetzten Frist erfüllt hat (Nr. 2). Die Regelung ist mit der in § 49 Abs. 2 S. 1 Nr. 2 identisch. Auf die dortigen Ausführungen (→ Rn. 16) wird verwiesen.

31   Auch der Widerruf eines rechtmäßigen begünstigenden Verwaltungsakts iSv § 49 Abs. 3 kann gem. § 49 Abs. 3 S. 2 nur innerhalb der Jahresfrist des § 48 Abs. 4 erfolgen. Es gilt das zu § 48 Abs. 4 (→ § 48 Rn. 30 ff.) Gesagte entsprechend.

V. Ermessensentscheidung

32   Über den Widerruf ist in allen Fällen des § 49 im Wege **pflichtgemäßer Ermessensausübung** (vgl. Wortlaut „kann" bzw. „darf") zu entscheiden. Es gilt dabei im Wesentlichen das zu § 48 Gesagte, auch im Hinblick auf den Umfang des Widerrufs (ganz oder teilweise) entsprechend mit dem Unterschied, dass – außer im Fall des § 49 Abs. 3 – der Widerruf **nur für die Zukunft** möglich ist (vgl. → Rn. 10).

33   Liegen die Voraussetzungen nach § 49 Abs. 2 S. 1 Nr. 3–5 oder Abs. 3 vor, ist allerdings nach der Rechtsprechung das Widerrufsermessen im Hinblick auf das öffentliche Interesse an einer sparsamen und wirtschaftlichen Haushaltsführung in Richtung auf einen Widerruf der Vergünstigung „**intendiert**" (BVerwG Buchholz 448.0 § 13a WPflG Nr. 19 = DÖV 1991, 76; BeckRS 1990, 31239873 = Buchholz 448.0 § 13 a WPflG Nr. 18; BeckRS 1987, 31292384 = Buchholz 448.0 § 9 WPflG Nr. 11; **aA** Kopp/Ramsauer Rn. 30, wonach das Vertrauen des Begünstigten stets gesondert zu berücksichtigen sei; krit. SBS/Sachs Rn. 11), so dass nur in atypischen Fällen von einem Widerruf abgesehen werden kann (vgl. auch BVerwGE 151, 302 Rn. 17 = BeckRS 2015, 45355; BVerwGE 105, 55 (58) = BeckRS 9998, 167494). Das soll nach Ansicht des BVerwG zudem zur Folge haben, dass es für den Regelfall keiner Darlegung der Ermessenserwägungen gem. § 39 Abs. 1 S. 3 bedarf (vgl. zB BVerwGE 91, 82 (90) = BeckRS 1992, 118493; BVerwGE 105, 55 = BeckRS 9998, 167494 mwN; sa BayVGH NVwZ-RR 2003, 88 (89) mwN), der Hinweis auf die Gebote der Wirtschaftlichkeit und Sparsamkeit der Haushaltsführung somit genügt.

33.1   Die Behörde muss im Widerrufsbescheid angeben, ob die Subvention ganz oder nur teilweise widerrufen wird, und dabei eine Aussage zum Ausmaß des Widerrufs der Höhe nach treffen. Ein Widerruf „nur dem Grunde" nach ist unzulässig (BVerwG DVBl 2001, 306).

VI. Adressat

Auf die Ausführungen bei § 48, die hier sinngemäß gelten, wird verwiesen (→ § 48 Rn. 38 ff.).   **34**

VII. Zuständigkeit

§ 49 Abs. 5 regelt die Zuständigkeit für die Widerrufsentscheidung. Da der Widerruf jedoch **35** selbst ein Verwaltungsakt ist und hierfür die allgemeinen Verfahrensvorschriften, insbesondere bezüglich örtlicher und sachlicher Zuständigkeit, gelten, hat die Norm nur klarstellende Bedeutung.

Zuständig ist die erlassende Behörde. Welche das ist, bestimmt sich grundsätzlich nach dem **36** einschlägigen Fachrecht. Lässt sich diesem keine hinreichend klare Aussage entnehmen, ist auf allgemeine verwaltungsverfahrensrechtliche Grundsätze zurückzugreifen. Danach hat über die Aufhebung diejenige Behörde zu entscheiden, die zum Zeitpunkt der Aufhebungsentscheidung für den Erlass des aufzuhebenden Verwaltungsakts sachlich zuständig wäre (BVerwG NVwZ-RR 2012, 431 Rn. 12 mwN). Hat sich die Zuständigkeit zwischenzeitlich geändert oder hatte eine unzuständige Behörde den Verwaltungsakt erlassen, so entscheidet über die Aufhebung folglich nicht diese, sondern die tatsächlich sachlich und gem. § 3 örtlich zuständige Behörde (vgl. § 48 Abs. 5 Hs. 2; vgl. auch BVerwG NVwZ-RR 1996, 538 mwN; ferner BVerwG NJW 2000, 1512; BVerwGE 142, 195 Rn. 16 = BeckRS 2012, 51759).

VIII. Folgen des Widerrufs

Der Widerruf – sowohl nach § 49 Abs. 1 als auch nach § 49 Abs. 2 – ist **nur mit Wirkung für** **37** **die Zukunft** möglich. Bestimmt die Behörde keinen späteren Termin, so wird der widerrufene Verwaltungsakt mit dem Wirksamwerden des Widerrufs (= Bekanntgabe) unwirksam (§ 49 Abs. 4; zu Fragen des Suspensiveffektes bei Widerspruch und Klage gegen eine Widerrufsentscheidung → § 48 Rn. 43.1).

Im Fall des § 49 Abs. 3 ist dagegen der Widerruf auch mit Wirkung für die Vergangenheit **38** möglich. Die Folgen hieraus ergeben sich aus § 49a Abs. 1 (→ § 49a Rn. 1 ff.).

Zu den vermögensrechtlichen Folgen eines Widerrufs s. § 49 Abs. 6.   **39**

§ 49a Erstattung, Verzinsung

(1) ¹Soweit ein Verwaltungsakt mit Wirkung für die Vergangenheit zurückgenommen oder widerrufen worden oder infolge Eintritts einer auflösenden Bedingung unwirksam geworden ist, sind bereits erbrachte Leistungen zu erstatten. ²Die zu erstattende Leistung ist durch schriftlichen Verwaltungsakt festzusetzen.

(2) ¹Für den Umfang der Erstattung mit Ausnahme der Verzinsung gelten die Vorschriften des Bürgerlichen Gesetzbuchs über die Herausgabe einer ungerechtfertigten Bereicherung entsprechend. ²Auf den Wegfall der Bereicherung kann sich der Begünstigte nicht berufen, soweit er die Umstände kannte oder infolge grober Fahrlässigkeit nicht kannte, die zur Rücknahme, zum Widerruf oder zur Unwirksamkeit des Verwaltungsaktes geführt haben.

(3) ¹Der zu erstattende Betrag ist vom Eintritt der Unwirksamkeit des Verwaltungsaktes an mit fünf Prozentpunkten über dem Basiszinssatz jährlich zu verzinsen. ²Von der Geltendmachung des Zinsanspruchs kann insbesondere dann abgesehen werden, wenn der Begünstigte die Umstände, die zur Rücknahme, zum Widerruf oder zur Unwirksamkeit des Verwaltungsaktes geführt haben, nicht zu vertreten hat und den zu erstattenden Betrag innerhalb der von der Behörde festgesetzten Frist leistet.

(4) ¹Wird eine Leistung nicht alsbald nach der Auszahlung für den bestimmten Zweck verwendet, so können für die Zeit bis zur zweckentsprechenden Verwendung Zinsen nach Absatz 3 Satz 1 verlangt werden. ²Entsprechendes gilt, soweit eine Leistung in Anspruch genommen wird, obwohl andere Mittel anteilig oder vorrangig einzusetzen sind. ³§ 49 Abs. 3 Satz 1 Nr. 1 bleibt unberührt.

Überblick

§ 49a normiert die Folgen der Rücknahme und des Widerrufs von Verwaltungsakten in Bezug auf bereits von einer Behörde erbrachte Leistungen, wenn diese mit Wirkung **ex tunc** aufgehoben oder infolge Eintritts einer auflösenden Bedingung unwirksam werden. Abs. 1 regelt die Erstattungspflicht dem Grunde nach, Abs. 2 in der Höhe, Abs. 3 und Abs. 4 enthalten Verzinsungsregelungen hinsichtlich des zu erstattenden Betrages bzw. bei zweckwidriger Leistungsverwendung.

Übersicht

A. Einführung

1 § 49a (vgl. allg. hierzu etwa Suerbaum VerwArch 1999, 360) regelt als spezielle Ausprägung des allgemeinen öffentlich-rechtlichen Erstattungsanspruches die Erstattung von aufgrund eines Verwaltungsakts erbrachter Leistungen dem Grunde nach für die dort genannten Fälle (Sachs/Wermeckes NVwZ 1996, 1185 (1187); Neumann NVwZ 2000, 1244 (1251 f.)). Er ist eng mit §§ 48, 49 verzahnt.

2 Die Vorschrift gilt nach hM nur im Verhältnis Staat–Bürger, nicht aber für Erstattungsansprüche des Bürgers gegen den Staat (s. die Begründung des Gesetzentwurfs zur Änderung verwaltungsverfahrensrechtlicher Vorschriften, BT-Drs. 13/1534, 5 ff.; SBS/Sachs Rn. 13; **aA** Baumeister NVwZ 1997, 19 (22 f.): zumindest teilweise entsprechende Anwendbarkeit).

B. Erstattungsanspruch und Festsetzung (§ 49a Abs. 1)

3 Gemäß § 49a Abs. 1 S. 1 sind bereits erbrachte Leistungen zu erstatten, soweit ein Verwaltungsakt mit Wirkung für die Vergangenheit, mithin ex tunc, zurückgenommen oder widerrufen worden ist (Abs. 1 S. 1 Alt. 1). Die Norm rekurriert insofern primär auf die Fälle des § 48 Abs. 2 S. 4 und des § 49 Abs. 3; sie erfasst aber auch die Konstellationen des § 48 Abs. 2 S. 1–3, in welchen die Leistungsgewährung im Wege der Ermessensausübung mit Wirkung ex tunc zurückgenommen wurde.

4 Ferner werden von der Vorschrift die Fälle erfasst, in denen der Leistungsverwaltungsakt aufgrund des Eintritts einer auflösenden Bedingung unwirksam wird (§ 49a Abs. 1 S. 1 Alt. 2 iVm § 36 Abs. 2 Nr. 1). Im Unterschied zur ersten Alternative muss die Wirksamkeit des Verwaltungsakts hier nicht ex tunc entfallen, sondern kann auch ex nunc eintreten.

4.1 Der öffentlich-rechtliche Erstattungsanspruch nach § 49a Abs. 1 S. 1 entsteht in dem Zeitpunkt, in dem der Verwaltungsakt, der der Leistungsgewährung zugrunde liegt, mit Wirkung für die Vergangenheit weggefallen und damit der Rechtsgrund der Leistung beseitigt ist (BVerwG BayVBl. 2015, 721 (723) mwN zur Frage, wann ein Anspruch nach § 49a Abs. 1 S. 1 iSv § 38 InsO begründet und damit Insolvenzforderung ist).

5 Ist eine Zuwendung durch Verwaltungsakt zunächst **nur vorläufig bewilligt** worden und wird dieser vorläufige Verwaltungsakt rückwirkend durch einen anderen Bewilligungsverwaltungsakt ersetzt, der die Zuwendung endgültig und in geringerer Höhe festsetzt, dann ist § 49a Abs. 1 auf diesen Fall analog anzuwenden (BVerwGE 135, 238 = BeckRS 2010, 45411). Damit muss der Zuwendungsempfänger den zu viel erhaltenen Betrag in gleicher Weise erstatten, wie ein Zuwendungsempfänger, dessen Zuwendungsbescheid von der Behörde rückwirkend aufgehoben worden ist. Dem steht auch ein etwaiger Vertrauensschutz des Betroffenen nicht entgegen, denn es liegt im Wesen der Vorläufigkeit, dass Vertrauen auf die Endgültigkeit der Regelung nicht entstehen kann (BVerwGE 135, 238 = BeckRS 2010, 45411).

6 Die gem. § 49a Abs. 1 S. 1 zu erstattende Leistung muss durch die Behörde durch **schriftlichen Verwaltungsakt** festgesetzt werden (§ 49a Abs. 1 S. 2). Adressat des Rückforderungsbescheides ist der Adressat der Aufhebungsentscheidung (→ § 48 Rn. 38 ff.).

6.1 Nicht erforderlich ist, dass der Erstattungsschuldner auch der Zuwendungsempfänger ist. Sofern neben ihm zB im Wege des Schuldbeitritts oder an seiner Stelle Dritte die Erstattung schulden, ermächtigt § 49a Abs. 1 S. 1 die Behörde auch zu deren Inanspruchnahme (BVerwG DVBl. 2011, 892 mwN). Nicht in

Anspruch genommen werden können hingegen Personen, die nur für die Erstattungsschuld eines anderen haften, weil diese die Erstattung nicht als eigene Verbindlichkeit schulden (BVerwG NVwZ 2017, 1463 mzustAnm Heusch).

Die Behörde kann die Rückforderung durch einen Verwaltungsakt selbst betreiben und ist **7** nicht auf den Weg zu den Gerichten angewiesen. Die Festsetzung der Erstattung kann mit der Aufhebung des Verwaltungsakts verbunden werden; sie muss es aber nicht. Vielmehr kann die Behörde auch erst den Ausgang des Anfechtungsrechtsstreits gegen den Aufhebungsbescheid abwarten und nach dessen (rechtskräftiger) Bestätigung die zu erstattende Leistung festsetzen.

C. Umfang der Erstattung (§ 49a Abs. 2)

Für den Umfang der Erstattung verweist § 49a Abs. 2 S. 1 im Wege des **Rechtsfolgenverweises 8** (vgl. Begründung des Gesetzentwurfes zu einem Gesetz zur Änderung verwaltungsverfahrensrechtlicher Vorschriften, BT-Drs. 13/1534, 7; Gröpl VerwArch 1997, 23 (40); Kopp/Ramsauer Rn. 12; SBS/Sachs Rn. 42) auf die Regelungen des BGB über die ungerechtfertigte Bereicherung. Da aber die tatbestandlichen Voraussetzungen der Erstattung (Rücknahme, Widerruf mit Wirkung ex tunc, Eintritt einer auflösenden Bedingung) in § 49a Abs. 1 S. 1 und der Festsetzung in § 49a Abs. 1 S. 2, eigenständig und abschließend bezeichnet sind, wirkt die Verweisung nur insoweit, als es um den Umfang der Erstattung geht. Die Verweisung beschränkt sich mithin auf §§ 818 ff. BGB, so dass zB § 814 BGB nicht anwendbar ist (BVerwG NVwZ 2002, 854 zum vergleichbaren § 12 Abs. 2 BBesG).

§ 49a Abs. 2 S. 2 enthält eine spezielle Regelung für den Fall der „ursprünglichen" Bösgläubig- **9** keit, die zum Entfallen der Entreicherungseinrede des § 818 Abs. 3 BGB führt. Dafür ist es ausreichend, dass der Erstattungspflichtige die Umstände kannte oder infolge grober Fahrlässigkeit nicht kannte, die zur Rücknahme, zum Widerruf oder zur Unwirksamkeit des Verwaltungsakts geführt haben (BVerwG BeckRS 1990, 31242290 = Buchholz 316 § 48 VwVfG Nr. 64 mwN). §§ 819, 820 BGB bleiben daneben anwendbar, soweit sie gegenüber § 49a Abs. 2 S. 2 weitergehende Rechtsfolgen enthalten (SBS/Sachs Rn. 48; Erichsen/Brügge JURA 1995, 496 (502); sa Ziekow VwVfG Rn. 6).

D. Verzinsung des zu erstattenden Betrages (§ 49a Abs. 3)

Der Erstattungsbetrag ist nach § 49a Abs. 3 S. 1 von dem Zeitpunkt des Eintritts der Unwirk- **10** samkeit des aufgehobenen Verwaltungsakts an zu verzinsen und zwar mit fünf Prozentpunkten über dem Basiszinssatz (s. hierzu etwa Schneckenberger NVwZ 2003, 36) jährlich.

Aus dem Wesen des Zinses als Entgelt für die eingeräumte Nutzungsmöglichkeit folgt dabei, dass die **10.1** Zinspflicht nicht vor der Auszahlung des bewilligten Betrages einsetzen kann (BVerwG BayVBl. 2002, 705; Ziekow VwVfG Rn. 13; SBS/Sachs Rn. 73).

Im Falle der Ersetzung eines vorläufigen Bewilligungsbescheids durch einen endgültigen und **11** einer hierdurch bedingten Herabsetzung des Zuwendungsbetrages ist nicht nur der von der Behörde zu viel gezahlte Betrag vom Zuwendungsempfänger analog § 49a Abs. 1 S. 1 zu erstatten (vgl. → Rn. 5), sondern dieser Betrag ist auch analog § 49a Abs. 3 S. 1 zu verzinsen (BVerwGE 135, 238 = BeckRS 2010, 45411; BVerwG NVwZ 2016, 1577).

Als Ausgleich für die umfassend vorgesehene Verzinsungspflicht sieht § 49a Abs. 3 S. 2 die **12** Möglichkeit vor, von der Geltendmachung des Zinsanspruches abzusehen. Hierüber hat die Behörde in Ausübung pflichtgemäßen Ermessens zu entscheiden, wobei die Norm selbst einen Beispielsfall (vgl. Wortlaut „insbesondere") benennt. Bei dieser Entscheidung ist der Umstand, wer das Entstehen der Überzahlung zu vertreten hat, auch außerhalb des Anwendungsbereichs des Regelbeispiels zu berücksichtigen (BVerwG NVwZ 2016, 1577).

Nach dem in § 49a Abs. 3 S. 2 genannten Beispiel kann auf die Geltendmachung des Zinsan- **13** spruches verzichtet werden, „wenn der Begünstigte die Umstände, die zur Rücknahme, zum Widerruf oder zur Unwirksamkeit des Verwaltungsaktes geführt haben, nicht zu vertreten" hat. Zu vertreten hat der Empfänger analog § 276 BGB jedes Verschulden (auch leichte Fahrlässigkeit; Kopp/Ramsauer Rn. 22). **Kumulativ** hierzu ist erforderlich, dass der Begünstigte den zu erstattenden Betrag innerhalb der von der Behörde festgesetzten Frist zurückzahlt. Mit dieser Voraussetzung wird sichergestellt, dass nur der zur Rückzahlung bereite Empfänger in den Genuss der Zinsfreiheit gelangen kann. Hiermit soll offensichtlich ein Anreiz für eine fristgerechte Rückzahlung der Leistung geschaffen werden.

E. Verzinsung bei Zweckverzögerung (§ 49a Abs. 4)

14   § 49a Abs. 4 enthält eine Sondervorschrift bei Geldleistungen, die zu einem bestimmten Zweck erbracht worden sind. Nach S. 1 kann (= Ermessen) die Behörde „Zwischenzinsen" verlangen, wenn die Leistung nicht alsbald nach der Auszahlung für den bestimmten Zweck verwendet wird.

15   Das Recht, Zwischenzinsen zu verlangen, besteht nicht nur für die Zukunft, sondern auch für die Zeit vor ihrer Geltendmachung für die bis dahin verstrichene Zeit verfrühter Inanspruchnahme der Zuwendungsmittel (BVerwG NVwZ 2003, 221; ThürOVG NVwZ-RR 1999, 435). Das bedeutet zugleich, dass die Behörde Zwischenzinsen auch dann noch verlangen kann, wenn zum Zeitpunkt ihrer Geltendmachung die ausgezahlten Mittel bereits zweckentsprechend verwendet wurden, ihr verspäteter Einsatz für den bestimmten Zweck also erst im Nachhinein aufgedeckt wird (sa Neumann NVwZ 2000, 1244 (1252)).

16   Zwischenzinsen können ferner verlangt werden, soweit eine Leistung in Anspruch genommen wird, obwohl andere Mittel (Eigenmittel, Zuwendungen anderer Zuwendungsgeber oder sonstige Drittmittel) anteilig oder vorrangig einzusetzen sind (§ 49a Abs. 4 S. 2). Die Maßgabe eines anteiligen oder vorrangigen Einsatzes eigener Mittel oder von Mitteln Dritter wird regelmäßig in dem die Leistung gewährenden Verwaltungsakt festgelegt sein (Schmitz/Schlatmann NVwZ 2002, 1281 (1293)).

17   Der Verzögerungszinsanspruch nach § 49a Abs. 4 S. 1 entsteht in dem Zeitpunkt, zu dem die Leistung nicht „alsbald" nach Auszahlung bestimmungsgemäß verwendet worden ist, und wird mit Erlass des Feststellungsbescheides oder dem darin genannten Zeitpunkt fällig, weil es im Ermessen der Bewilligungsbehörde steht, den Verzögerungszinsanspruch geltend zu machen oder – auch aus den Gründen des § 49a Abs. 3 S. 2 VwVfG – von einer Geltendmachung abzusehen (BVerwGE 123, 303 = BeckRS 2005, 27509). Wird ein Verzögerungszinsanspruch geltend gemacht, bleibt gleichwohl ein Widerruf nach § 49 Abs. 3 S. 1 möglich (vgl. § 49 Abs. 4 S. 3).

F. Verjährung des Erstattungsanspruchs

18   Nach der Rechtsprechung des BVerwG (DVBl 2017, 844 = NVwZ 2017, 969; s. hierzu etwa Scherer-Leydecker/Laboranowitsch NVwZ 2017, 1837; Teuber NVwZ 2017, 1814) findet auf den Erstattungsanspruch nach § 49a Abs. 1 S. 1 seit dem Inkrafttreten des SchRModG (Schuldrechtsmodernisierungsgesetz v. 26.11.2001, BGBl. I 3138) am 1.1.2002 nicht mehr die kenntnisunabhängige 30-jährige Verjährungsfrist des § 195 BGB aF, sondern die kenntnisabhängige dreijährige Verjährungsfrist des § 195 BGB nF Anwendung (so auch schon ThürOVG LKV 2011, 520). Gleiches gilt für etwaige Zinsansprüche nach § 49a Abs. 3 und Abs. 4 (vgl. Teuber NVwZ 2017, 1814 (1819)).

§ 50 Rücknahme und Widerruf im Rechtsbehelfsverfahren

§ 48 Abs. 1 Satz 2 und Abs. 2 bis 4 sowie § 49 Abs. 2 bis 4 und 6 gelten nicht, wenn ein begünstigender Verwaltungsakt, der von einem Dritten angefochten worden ist, während des Vorverfahrens oder während des verwaltungsgerichtlichen Verfahrens aufgehoben wird, soweit dadurch dem Widerspruch oder der Klage abgeholfen wird.

Überblick

§ 50 enthält eine Regelung über die Ausnahme von Beschränkungen, die gem. § 48 für die Rücknahme und nach § 49 für den Widerruf begünstigender Verwaltungsakte aus Gründen des Vertrauensschutzes gelten, für den Fall, dass die Behörde während eines anhängigen Widerspruchs- oder Klageverfahrens den von einem Dritten angefochtenen Verwaltungsakt zurücknimmt bzw. widerruft, um dem Widerspruch / der Klage abzuhelfen.

A. Anfechtung eines begünstigenden Verwaltungsakts mit Drittwirkung

1   § 50 setzt voraus, dass ein begünstigender Verwaltungsakt (zum Begriff → § 48 Rn. 18 ff.) angefochten wurde und zwar von einem (durch den Verwaltungsakt belasteten) Dritten. Es muss sich mithin um einen Verwaltungsakt mit (belastender) Drittwirkung handeln. Der Vorschrift liegt der Gedanke zugrunde, dass der Begünstigte bei einem solchen Verwaltungsakt mit der Einlegung von Rechtsbehelfen durch andere – durch den Verwaltungsakt belastete – Personen und im Falle

einer Verletzung der Rechte dieser Personen mit der gerichtlichen Aufhebung des Verwaltungsakts von vornherein rechnen muss und deshalb keinen Vertrauensschutz verdient; unter diesen Umständen soll die Behörde nicht gezwungen sein, im Verwaltungsprozess untätig eine zu befürchtende gerichtliche Aufhebung des Verwaltungsakts abzuwarten, sondern soll sie gewissermaßen vorwegnehmen dürfen (vgl. BVerwG BeckRS 2011, 46657 Rn. 6 mit Verweis auf BT-Drs. 7/910, 74).

Der (belastete) Dritte muss ferner diesen Verwaltungsakt mit Widerspruch oder Anfechtungs- 2 klage angegriffen haben. Hieraus folgt, dass – solange noch keine Anfechtung erfolgt ist – § 50 nicht eingreifen kann (SBS/Sachs Rn. 68; Knack/Henneke/Peuker, VwVfG, 11. Aufl. 2019, Rn. 28; Erichsen/Ehlers, Allgemeines Verwaltungsrecht, 14. Aufl. 2010, § 19 Rn. 13; Maurer/ Waldhoff AllgVerwR § 11 Rn. 70; **aA** BVerwGE 31, 67 (69) = BeckRS 1968, 30424742; sa Horn DÖV 1990, 864; Schenke DÖV 1983, 329). Dem entsprechend findet § 50 auch in der Zeit zwischen Erlass des Widerspruchsbescheides (auf den Widerspruch des Dritten hin) und Erhebung der Anfechtungsklage (durch den Dritten) keine Anwendung, weil die Möglichkeit besteht, dass sich der Dritte mit der Entscheidung der Widerspruchsbehörde abfindet (SBS/Sachs Rn. 65; Remmert VerwArch 2000, 209; **aA** Kopp/Ramsauer Rn. 18; BVerwG BeckRS 2010, 51144 Rn. 6: § 50 ist auch in diesem Zeitraum anwendbar).

B. Widerspruch / Klage muss mit der Aufhebung abgeholfen werden

In diesem Zusammenhang geht es letztlich um die Frage, inwieweit die Zulässigkeit und die 3 Begründetheit des Drittrechtsbehelfs für die Anwendbarkeit des § 50 von Bedeutung ist. Herrschend ist heute allein die Erkenntnis, dass der Widerspruch / die Klage jedenfalls zulässig sein muss, da es andernfalls nicht gerechtfertigt ist, den Vertrauensschutz des begünstigten Adressaten entfallen zu lassen (BVerwGE 105, 354 (360) = BeckRS 1997, 30424386; BVerwG NVwZ 1983, 285 mwN; OVG NRW NVwZ 1989, 72; BayVGH NVwZ 1997, 701; Kopp/Ramsauer Rn. 22 mwN; Reinhardt/Schwertner JuS 2002, 893 (897); SBS/Sachs Rn. 93).

Fraglich ist indessen, ob der Rechtsbehelf des Dritten auch begründet sein muss. Dabei geht 4 es in der Sache um die Auslegung der Formulierung des Gesetzes „soweit dem Widerspruch oder der Klage dadurch **abgeholfen** wird". Richtigerweise ist davon auszugehen, dass der Widerspruch / die Klage (tatsächlich) begründet sein muss und die Behörde deshalb ihre Entscheidung revidiert, denn nur insoweit kann von einer Abhilfe die Rede sein. Hierfür spricht zum einen die Gesetzesgeschichte (BT-Drs. 7/910, 19), zum anderen ist kein Grund ersichtlich, warum der Begriff der Abhilfe in § 50 anders zu verstehen sein sollte als der in § 72 VwGO (**aA** BayVGH NVwZ 1997, 701). Es ist zwar zuzugeben, dass im Zeitpunkt der Entscheidung der Ausgangsbehörde häufig die Begründetheit des Widerspruchs noch streitig sein wird; aufgrund des Amtsermittlungsgrundsatzes (§§ 24 ff.) muss sich die Ausgangsbehörde jedoch über die (Un-) Begründetheit klar werden; sie kann die Beantwortung dieser Frage nicht auf die Widerspruchsbehörde abwälzen (wie hier Maurer/Waldhoff AllgVerwR § 11 Rn. 71; Kopp/Ramsauer Rn. 24; SBS/ Sachs Rn. 93; in diese Richtung auch BVerwG 15.2.1990 – 4 C 39/86, juris Rn. 17, BeckRS 9998, 47723; **aA** BeckOK VwVfG/Falkenbach Rn. 11).

C. Rechtsfolge

Liegen die oben beschriebenen Voraussetzungen des § 50 vor, dann gelten § 48 Abs. 1 S. 2, 5 Abs. 2–4 sowie § 49 Abs. 2–4 und Abs. 6, also die Regelungen über den Vertrauensschutz, **nicht,** wenn ein begünstigender Verwaltungsakt, der von einem Dritten (in zulässiger und begründeter Weise) angefochten wird, während des Vor- oder während des Klageverfahrens aufgehoben wird, soweit dadurch dem Widerspruch oder der Klage abgeholfen wird. Der (ursprünglich) begünstigte Adressat des Verwaltungsakts kann sich folglich in einem solchen Fall nicht auf Vertrauensschutz berufen.

Da nach heute hM § 72 VwGO nicht nur eine verfahrensrechtliche, sondern auch eine materi- 6 ell-rechtliche Rechtsgrundlage zur Aufhebung eines Verwaltungsakts mit Drittwirkung bei Anfechtung durch einen Dritten darstellt, ist ein Rückgriff auf §§ 48 ff. an sich nicht erforderlich, gleichwohl aber möglich. Das BVerwG hat sich in seiner Entscheidung v. 18.4.1996 (BeckRS 9998, 3827) insofern für ein Wahlrecht der Ausgangsbehörde ausgesprochen (ebenso: Kraft BayVBl. 1995, 519 (522); SBS/Sachs Rn. 5) und diese Rechtsprechung mit der Entscheidung v. 28.4.2009 (BeckRS 2009, 35508 = DVBl 2009, 1249) nochmals ausdrücklich bestätigt. Danach steht die Entscheidung, in welcher Form die Aufhebung des angefochtenen Verwaltungsakts erfolgt, im pflichtgemäßen Ermessen der Ausgangsbehörde. Hierbei darf sie beispielsweise berücksichtigen, ob sie den Widerspruch für von Anfang begründet hält oder ob sie ihm aus anderen, etwa nachträglich entstandenen Gründen entsprechen will. Ob die Behörde eine Abhilfeentscheidung innerhalb oder eine Rücknahmeentscheidung außerhalb des Widerspruchsverfahrens getroffen hat, ist nach den üblichen Auslegungsgrundsätzen für behördliche Willensentschließungen zu beurteilen, denn grundsätzlich hat die Behörde deutlich zu machen, was sie will. Bei nicht ausräumbaren Unklarheiten ist von einer Entscheidung im Widerspruchsverfahren auszugehen (BVerwG BeckRS 2009, 35508 = DVBl 2009, 1249 (1250) mwN). Vermeidet die Ausgangsbehörde allerdings eine förmliche Entscheidung über den Widerspruch ausschließlich deswegen, weil sie bei erkannter Erfolgsaussicht des Widerspruchs den Widerspruchsführer um den zu erwartenden Kostenanspruch bringen will, so fällt ihr ein Formenmissbrauch zur Last mit der Folge, dass die behördliche Formenwahl nach den Grundsätzen von Treu und Glauben unbeachtlich ist (BVerwG BeckRS 2009, 35508 = DVBl 2009, 1249 (1250) mwN). Sie muss sich dann so behandeln lassen, als habe sie eine Abhilfeentscheidung getroffen.

7 Für das Klageverfahren fehlt eine dem § 72 VwGO entsprechende Vorschrift (vgl. SBS/Sachs Rn. 4 mwN). Kommt die Behörde daher dem Klagebegehren des Dritten nach, weil sie dessen Klage für begründet hält, so findet § 48 (der Verwaltungsakt ist dann rechtswidrig) unter den erleichterten Voraussetzungen des § 50 (kein Vertrauensschutz nach § 48 Abs. 1 S. 2, Abs. 2–4 und Abs. 6) Anwendung.

§ 51 Wiederaufgreifen des Verfahrens

(1) Die Behörde hat auf Antrag des Betroffenen über die Aufhebung oder Änderung eines unanfechtbaren Verwaltungsaktes zu entscheiden, wenn
1. **sich die dem Verwaltungsakt zugrunde liegende Sach- oder Rechtslage nachträglich zugunsten des Betroffenen geändert hat;**
2. **neue Beweismittel vorliegen, die eine dem Betroffenen günstigere Entscheidung herbeigeführt haben würden;**
3. **Wiederaufnahmegründe entsprechend § 580 der Zivilprozessordnung gegeben sind.**

(2) Der Antrag ist nur zulässig, wenn der Betroffene ohne grobes Verschulden außerstande war, den Grund für das Wiederaufgreifen in dem früheren Verfahren, insbesondere durch Rechtsbehelf, geltend zu machen.

(3) ¹Der Antrag muss binnen drei Monaten gestellt werden. ²Die Frist beginnt mit dem Tage, an dem der Betroffene von dem Grund für das Wiederaufgreifen Kenntnis erhalten hat.

(4) Über den Antrag entscheidet die nach § 3 zuständige Behörde; dies gilt auch dann, wenn der Verwaltungsakt, dessen Aufhebung oder Änderung begehrt wird, von einer anderen Behörde erlassen worden ist.

(5) Die Vorschriften des § 48 Abs. 1 Satz 1 und des § 49 Abs. 1 bleiben unberührt.

Überblick

§ 51 ist § 580 ZPO – auf den er in Abs. 1 Nr. 3 verweist – nachgebildet. Die Norm unterscheidet zwischen dem Wiederaufgreifen im engeren Sinn (§ 51 Abs. 1–4) und dem im weiteren Sinn (§ 51 Abs. 5). Der Unterschied besteht darin, dass im ersten Fall bei Erfüllung bestimmter Voraussetzungen ein Rechtsanspruch auf Wiederaufgreifen eines bestandskräftig abgeschlossenen Verfahrens besteht, während im zuletzt genannten Fall nur ein solcher auf ermessensfehlerfreie Entscheidung hierüber gegeben ist. § 51 stellt einen **außerordentlichen Rechtsbehelf** dar.

Übersicht

A. Einführung

§ 51 trägt neben den §§ 48 ff. zur Lösung des Konflikts zwischen dem Grundsatz des Vertrauens- **1** schutzes, der Rechtssicherheit und dem der Gesetzmäßigkeit der Verwaltung bei (SBS/Sachs Rn. 1). Die Vorschrift verdrängt jedoch nicht die §§ 48 ff., sondern steht – wie § 51 Abs. 5 beweist – neben diesen, weshalb beide Formen der Durchbrechung der Bestandskraft von Verwaltungsakten streng unterschieden werden müssen. Dabei gibt es durchaus Fallkonstellationen, in denen der Entscheidung über die Aufhebung eines Verwaltungsakts die Entscheidung der Behörde über das Wiederaufgreifen des Verfahrens vorausgeht. Letztere Entscheidung vollzieht sich sozusagen auf der ersten Stufe des behördlichen Handelns, während auf der zweiten Stufe dann darüber befunden werden muss, ob der Verwaltungsakt aufgehoben wird (vgl. etwa BVerwG DVBl 2010, 254). Liegen die Voraussetzungen des § 51 Abs. 1–3 vor, ist die Behörde zum Wiederaufgreifen des Verfahrens verpflichtet; ist dies nicht der Fall, kann sie nach § 51 Abs. 5 das Verfahren im Ermessenswege wiederaufgreifen (BVerwG DVBl 2010, 254) ohne dass es hierfür eines Antrages bedürfte.

§ 51 kann durch Spezialvorschriften eingeschränkt (siehe zum Verhältnis zu § 15 Abs. 2 S. 2 **2** BVFG etwa BVerwGE 160, 128 = BeckRS 2017, 135220) oder ausgeschlossen (s. etwa § 72 Abs. 1 für Planfeststellungsverfahren; BVerwGE 155, 81 = BeckRS 2016, 47803) sein. Die im Bereich des Migrationsrechts wichtigsten Fälle dürften § 71 Abs. 1 AsylG und § 71a Abs. 1 AsylG darstellen, die für das asylrechtliche Folge- bzw. Zweitantragsverfahren auf § 51 Abs. 1–3 VwVfG verweisen.

B. Abgrenzungsfragen

Das Verhältnis des § 51 zu den §§ 48, 49 ist zwar in Einzelfragen umstritten. Unzweifelhaft ist **3** jedoch unter anderem, dass die §§ 48, 49 neben § 51 anwendbar sind (vgl. nur § 51 Abs. 5; vgl. BVerwGE 60, 316 (325) = BeckRS 1980, 30440007; BVerwGE 78, 332 (338) = BeckRS 9998, 169776; VGH BW DVBl 1989, 885 (886); Erfmeyer DVBl 1997, 27 (29) mwN) und § 51 Abs. 1– 4 im Gegensatz zu den §§ 48, 49 der Behörde kein Ermessen zum Wiederaufgreifen des Verfahrens einräumt, wenn dessen Voraussetzungen vorliegen. Vielmehr gibt die Norm dem Betroffenen einen Rechtsanspruch auf Neueröffnung des bereits abgeschlossenen Verfahrens mit dem Ziel einer erneuten abschließenden Entscheidung (s. hierzu auch Kühne JA 1985, 326).

Das Verfahren des Wiederaufgreifens ist zu unterscheiden vom bloßen Tätigwerden einer **4** Behörde auf einen „Zweitantrag" hin (§ 51 Abs. 5), bei dem es im Ermessen der Behörde steht, ob sie in eine erneute Sachprüfung eintritt (abgeschlossen durch Erlass eines Zweitbescheides) oder nicht (dann ergeht eine sog. wiederholende Verfügung).

C. Wiederaufgreifen des Verfahrens nach § 51 Abs. 1–4 (sog. Wiederaufgreifen im engeren Sinn)

I. Zulässigkeit eines Antrages auf Wiederaufgreifen des Verfahrens

1. Antrag

Über das Wiederaufgreifen eines Verfahrens wird nur auf Antrag (vgl. § 22 S. 2 Nr. 1) entschie- **5** den. Bei einem unklar gefassten Antrag ist dieser auszulegen. Dabei ist insbesondere zu klären, ob es sich um einen Antrag auf Wiederaufgreifen des Verfahrens nach § 51 Abs. 1–4 oder (nur) um einen solchen auf Aufhebung nach § 51 Abs. 5 iVm §§ 48, 49 handelt. Wird ein Antrag auf „Wiederaufgreifen des Verfahrens" gestellt, dann ist dieser als einheitliches Begehren zu verstehen und sowohl unter dem Gesichtspunkt des Wiederaufgreifens im engeren Sinn (§ 51 Abs. 1–4) als auch mit Blick auf ein Wiederaufgreifen im weiteren Sinn (§ 51 Abs. 5) zu würdigen (vgl. BVerwG BayVBl. 2012, 478; BVerwGE 135, 121 Rn. 17 ff. = BeckRS 2010, 45404; BVerwGE 135, 137 Rn. 15 ff. = BeckRS 2009, 40437).

2. Unanfechtbarer Verwaltungsakt

6   Nach dem Tatbestand des § 51 Abs. 1 kommt ein Wiederaufgreifen des Verfahrens nur bei einem unanfechtbaren Verwaltungsakt in Betracht; um was für einen Verwaltungsakt es sich handelt, spielt keine Rolle, vorausgesetzt, § 51 ist überhaupt anwendbar (vgl. → Rn. 2). Ist der Verwaltungsakt noch anfechtbar, ist Widerspruch oder Klage zu erheben, die gegenüber dem Verfahren nach § 51 speziell sind. Der unanfechtbare Verwaltungsakt muss jedoch überhaupt noch Geltung beanspruchen und damit eine erneute Sachentscheidung verhindern. Infolgedessen ist § 51 vor allem für Dauer-Verwaltungsakte und noch nicht vollzogene Verwaltungsakte von Bedeutung (BVerwG NVwZ 1984, 727; 1987, 321).

7   § 51 Abs. 1 differenziert nicht danach, auf welche Weise der Verwaltungsakt bestandskräftig geworden ist. Auch ein durch bestandskräftigen Widerspruchsbescheid oder durch rechtskräftiges Urteil unanfechtbar gewordener Verwaltungsakt kann Gegenstand eines Wiederaufnahmeverfahrens sein (BVerwGE 159, 136 Rn. 19 = BeckRS 2017, 124190; BVerwG BeckRS 9998, 45679 = Buchholz 316 § 51 VwVfG Nr. 18 S. 19; BVerwGE 82, 272 (273 ff.) und Ls. 1 = BeckRS 9998, 165219). Dem steht insbesondere nicht die Rechtskraft nach § 121 VwGO entgegen, da der Streitgegenstand (im gerichtlichen Verfahren der verfolgte (Sach-) Anspruch; im Wiederaufnahmeverfahren der Wiederaufnahmegrund) nicht identisch ist (BVerwGE 70, 110 (111) = NJW 1985, 280; BVerwGE 82, 272 = BeckRS 9998, 165219; BVerwGE 91, 256 = BeckRS 9998, 170293) und § 51 Abs. 1 zudem einen gesetzlich geregelten Fall der Durchbrechung der Rechtskraft darstellt.

3. Schlüssige Behauptung eines Wiederaufgreifensgrundes

8   Nach der grundlegenden Entscheidung des BVerwG (NJW 1982, 2204), die zwar zu § 51 Abs. 1 Nr. 2 erging, aber wohl verallgemeinerungsfähig sein dürfte (Klein apf 1992, 67 (68); sa BVerwG BeckRS 2015, 126308 = ZOV 2015, 149 Rn. 10; BeckRS 2013, 58563 = ZOV 2013, 177 Rn. 28 mwN), setzt ein zulässiger Antrag auf Wiederaufgreifen des Verfahrens voraus, dass der vom Antragsteller ins Feld geführte Wiederaufgreifensgrund eine für ihn günstigere Entscheidung möglich erscheinen lässt. Daher muss der Antragsteller den Wiederaufgreifensgrund so vortragen, dass diese Möglichkeit schlüssig dargelegt ist; es genügt dabei schon die Möglichkeit einer günstigeren Entscheidung aufgrund des geltend gemachten Wiederaufnahmegrundes (BVerfG DVBl 2000, 1048 (1049) mwN; NVwZ-RR 2015, 357 Rn. 3). Ein Schlüssigkeitsmangel führt zur Ablehnung des Antrages (bzw. zur Abweisung einer nachfolgenden Klage; BVerwG BeckRS 9998, 44571 = Buchholz 316 § 51 VwVfG Nr. 11; sa BVerwG BeckRS 2001, 30197573 = Buchholz 428 § 1 Abs. 8 VermG Nr. 18).

9   Die mit dem Antrag (und im weiteren Verlauf des Verfahrens) geltend gemachten Wiederaufnahmegründe bestimmen und begrenzen den Gegenstand der behördlichen und gerichtlichen Prüfung (BVerwG Buchholz 316 § 51 VwVfG Nr. 24; BVerwGE 163, 370 Rn. 12). Die Behörde und in einem etwa nachfolgenden Verfahren die Gerichte sind daher nicht befugt, andere als vom Antragsteller selbst geltend gemachte Gründe ihrer Entscheidung über das Wiederaufgreifen zugrunde zu legen (BVerfG DVBl 2000, 1048 (1049) mwN; 2010, 254 (255); NVwZ-RR 1993, 667; NVwZ 1989, 161 = EZAR 212 Nr. 6; BeckRS 9998, 44571 = Buchholz 316 § 51 VwVfG Nr. 11).

10   Fehlt es an einem schlüssigen Vortrag, so handelt die Behörde rechtmäßig, wenn sie den Antrag als unzulässig ablehnt (BVerwG NJW 1982, 2204).

4. Antragsbefugnis

11   Nach allgemeinen Rechtsgrundsätzen kann Antrag auf Wiederaufgreifen des Verfahrens nur stellen, wer durch den Verwaltungsakt materiell beschwert ist (SBS/Sachs Rn. 17). Das setzt zunächst voraus, dass der Verwaltungsakt gegenüber dem Betroffenen wirksam geworden ist (§§ 41, 43). Ist das der Fall, so sind neben dem Adressaten eines (auch) belastenden Verwaltungsakts, auch ein Dritter, der durch den einen anderen begünstigenden Verwaltungsakt belastet wird und ein Antragsteller, soweit sein Antrag abgelehnt wurde oder die Genehmigung hinter dem Antrag zurückblieb (zB auch wenn „zu wenig" beantragt wurde), antragsbefugt.

5. Frist (§ 51 Abs. 3)

12   Der Antrag muss binnen **drei Monaten** gestellt werden. Die Drei-Monats-Frist beginnt mit dem Tag, an dem der Betroffene von dem Wiederaufgreifensgrund Kenntnis erhalten hat (§ 51

Abs. 3 S. 2; sa BVerwG DÖV 1994, 661). Bei einem auf § 51 Abs. 1 Nr. 2 gestützten Antrag ist das der Tag, an dem das neue Beweismittel dem Betroffenen vorliegt (BayVGH BauR 2009, 1891 (1894) = BayVBl. 2010, 276). Dabei gilt die Ausschlussfrist des § 51 Abs. 3 nicht nur im Verfahren vor der Behörde, sondern auch für bei Gericht neu vorgebrachte Wiederaufgreifensgründe.

Die Frist berechnet sich nach § 31. Bei mehreren – in zeitlichen Abständen vorgebrachten – **13** Wiederaufnahmegründen gilt die Frist für jeden Fall gesondert (BVerwG BayVBl. 1990, 216 = NVwZ 1990, 359). Wiedereinsetzung nach § 32 ist möglich.

6. Kein Verschulden (§ 51 Abs. 2)

Der Wiederaufgreifensantrag ist nur zulässig, wenn der Betroffene ohne grobes Verschulden **14** außerstande war, den Wiederaufnahmegrund in dem früheren Verfahren, insbesondere durch Rechtsbehelf, geltend zu machen. „Früheres Verfahren" bedeutet dabei das gesamte Verfahren den Verwaltungsakt betreffend bis zu seiner Unanfechtbarkeit, also ggf. einschließlich eines Rechtsbehelfs- oder Klageverfahrens (BVerwG BeckRS 2006, 26719 = Buchholz 316 § 51 VwVfG Nr. 49).

Ein **grobes Verschulden** liegt immer dann vor, wenn dem Betroffenen das Bestehen des **15** Wiederaufnahmegrundes bekannt war oder sich den ihm bekannten Umständen nach aufdrängen musste und er sich trotzdem unter Vernachlässigung der einem ordentlichen Beteiligten zumutbaren Sorgfaltspflichten (insbesondere gem. § 26 Abs. 2 S. 2) nicht weiter darum kümmerte (BVerwG BeckRS 2013, 58563 = ZOV 2013, 177 Rn. 26 mwN). Leichte Fahrlässigkeit genügt somit nicht.

II. Begründetheit

Begründet ist der Wiederaufgreifensantrag dann, wenn **feststeht**, dass einer der in § 51 Abs. 1 **16** abschließend genannten Gründe vorliegt. Darüber haben sich die Verwaltungsbehörde und im Streitfall das Gericht ggf. durch Beweisaufnahme Überzeugung zu verschaffen (BVerwG NVwZ-RR 2015, 357 Rn. 8; BeckRS 2011, 46658 = ZOV 2011, 87 (88); BeckRS 9998, 44571 = Buchholz 316 § 51 VwVfG Nr. 11).

1. Zuständigkeit

Da die Entscheidung über das Wiederaufgreifen des Verfahrens ein Verwaltungsakt ist (statt **17** aller BayVGH BayVBl. 1987, 371), gelten hierfür die allgemeinen Regeln; § 51 Abs. 4 ist insofern nur klarstellend (→ § 48 Rn. 41 ff.).

2. Vorliegen eines Wiederaufgreifensgrundes

a) Änderung der Sach- oder Rechtslage zugunsten des Betroffenen (Abs. 1 Nr. 1). **18** Eine **Änderung der Sachlage** zugunsten des Betroffenen liegt vor, wenn „Tatsachen", die im Zeitpunkt des Erlasses des früheren Bescheides vorlagen und für die behördliche Entscheidung objektiv bedeutsam waren, also Merkmal oder Teilstück eines gesetzlichen Tatbestandes sind (vgl. Thietz-Bartmann LKV 2011, 152 (153)), nachträglich wegfallen oder wenn neue, für die Entscheidung erhebliche Tatsachen nachträglich eintreten (s. zB BVerwG NVwZ 2002, 718). Eine Änderung der Sachlage kann auch durch Gewinnung neuer naturwissenschaftlicher Erkenntnisse eintreten (BVerwG DVBl 1982, 1004 zu § 49 Abs. 2 S. 1 Nr. 3). Damit wird der als objektiv angesehene Wissensstand im Nachhinein verändert. Der Zielsetzung des § 51 Abs. 1 Nr. 1 entspricht es, die objektive Erkennbarkeit von tatsächlichen Umständen der „wirklichen" Änderung der Sachlage gleichzusetzen. Als Änderung der Sachlage gilt daher auch der „Erkenntnisfortschritt" (BVerwG NVwZ 2002, 718; Kopp/Ramsauer Rn. 29; SBS/Sachs Rn. 94 f.).

Von einer **Rechtslagenänderung** zugunsten des Betroffenen ist auszugehen, wenn sie – die **19** Rechtslagenänderung – für den ergangenen Verwaltungsakt entscheidungserhebliche Voraussetzungen betrifft, sodass eine Änderung eine dem Betroffenen günstigere Entscheidung erfordert oder doch ermöglicht (BVerwG BeckRS 2018, 27519 = NWVBl. 2019, 62 mwN). Keine Rechtslagenänderung liegt zB dann vor, wenn die Verwaltungspraxis der Behörde ändert (BVerwG NVwZ-RR 1994, 119) oder wenn gerichtliche Entscheidungen über die Gültigkeit von Rechtsnormen ergehen, auch wenn diesen Gesetzeskraft (zB gem. § 31 Abs. 2 BVerfGG) oder sonst Allgemeinverbindlichkeit (§ 47 Abs. 5 S. 2 VwGO) zukommt, denn diese Entscheidungen wirken nicht konstitutiv auf das materielle Recht ein, sondern stellen lediglich die Normunwirksamkeit wegen Verstoßes gegen höherrangiges Recht fest (SBS/Sachs Rn. 100). Eine **Änderung** der **Rechtsprechung genügt** ebenfalls **nicht** (BVerwG NVwZ-RR 1994, 119 mwN; BeckRS 9998,

46572 = Buchholz 316 § 51 VwVfG Nr. 20; BeckRS 2013, 58563 = ZOV 2013, 177 Rn. 21 mwN). Denn eine solche Änderung erfasst nur einen Wandel der normativen Bestimmung, nicht aber eine Änderung der Norminterpretation; die gerichtliche Entscheidungsfindung bleibt rechtliche Würdigung des Sachverhalts am Maßstab der vorgegebenen Rechtsordnung (BVerwGE 95, 86 (89) = BeckRS 9998, 170540; BVerwG NVwZ 1995, 1097; BeckRS 1996, 31232732 = Buchholz 421.0 Prüfungswesen Nr. 366; BeckRS 2011, 54199 = ZOV 2011, 221; NVwZ-RR 2012, 334). Das gilt selbst dann, wenn es um eine Entscheidung des **EuGH** geht (vgl. BVerwGE 135, 137 = BeckRS 2009, 40437; BVerwGE 121, 226 (228 f.) = BeckRS 2004, 25337); der EuGH hat diese Rechtsprechung ausdrücklich gebilligt (vgl. EuGH BeckRS 2008, 70226 – Kempter / Hauptzollamt Hamburg-Jonas). Eventuell kommt dann aber unter Anwendung der „Kühne & Heitz"-Kriterien (EuGH NVwZ 2004, 459 = EuZW 2004, 215; sa EuGH NVwZ 2006, 1280; ferner EuGH NVwZ 2006, 1277 = EuZW 2006, 696 – i-21 Germany GmbH, Arcor AG & Co. KG / Deutschland) ein Wiederaufgreifen des Verfahrens nach § 51 Abs. 5 iVm §§ 48 und 49 in Betracht. Bei der Prüfung der Frage, ob sich die Rechtslagenänderung **günstig** auswirken kann, ist vom aktuellen Sachverhalt auszugehen, denn die nach einem Wiederaufgreifen in Anwendung der sachlichen Rechtsgrundlagen zu treffende neue Sachentscheidung richtet sich nach der aktuellen Sachlage (BVerwG BeckRS 2018, 27519 = NWVBl. 2019, 62 Rn. 22).

19.1   Auch die abweichende Beurteilung von Rechtsfragen kann bei unverändertem Sach- und Rechtslage nicht zum Wiederaufgreifen nach § 51 Abs. 1 Nr. 1 führen (vgl. BVerwGE 95, 86 (89, 91) = BeckRS 9998, 170540; BVerwG Beschl. v. 29.10.1997 – 7 B 336.97, juris Rn. 5, BeckRS 9998, 53840 mwN). Etwaige materiell-rechtliche Mängel der Erstentscheidung hätten seinerzeit mit Rechtsbehelfen geltend gemacht werden können. Dass diese nicht oder nicht erfolgreich eingelegt wurden, stellt noch keinen Wiederaufgreifensgrund dar (BVerwGE 159, 136 Rn. 28 = BeckRS 2017, 124190).

20   **b) Neue Beweismittel (Abs. 1 Nr. 2).** Beweismittel (vgl. § 26) iSv § 51 Abs. 1 Nr. 2 sind solche Erkenntnismittel, die die Überzeugung von der Existenz oder Nichtexistenz von Tatsachen belegen können. Neu sind solche Beweismittel nur, soweit sie bis zum Abschluss der vorangegangenen Verfahrens – einschließlich der daran anschließenden gerichtlichen Verfahren – noch nicht existierten oder vom Betroffenen unverschuldet nicht oder nicht rechtzeitig beigebracht werden konnten (BVerwGE 159, 136 Rn. 24 = BeckRS 2017, 124190 mwN; BVerwG BeckRS 2013, 58563 = ZOV 2013, 177).

21   § 51 Abs. 1 Nr. 2 setzt voraus, dass die zulässigerweise geltend gemachten neuen Beweismittel auf der Grundlage der den bestandskräftigen Bescheid tragenden Rechtsauffassung zu einer günstigeren Entscheidung geführt hätten. Dazu müssen sich aus der neuen Beweislage Tatsachen ergeben, die nach dem damaligen rechtlichen Maßstab zu einer günstigeren Entscheidung zwingen (BVerwGE 82, 272 (277 f.) = BeckRS 9998, 165219; BVerwG Beschl. v. 29.10.1997 – 7 B 336.97, juris Rn. 5, BeckRS 9998, 53840; BeckRS 2000, 30109627 = Buchholz 316 § 51 VwVfG Nr. 42 Ls. und S. 2; BeckRS 2011, 46658 = ZOV 2011, 87 Rn. 9). Als Maßstab ist nicht die damalige objektive Rechtslage zugrunde zu legen, sondern die Rechtsauffassung, die der bestandskräftige Entscheidung im Erstverfahren trägt. Sie ergibt sich zunächst aus der Begründung des Verwaltungsaktes, gegebenenfalls in der Gestalt des Widerspruchsbescheides. Wurde der Verwaltungsakt gerichtlich bestätigt, ist die diese Bestätigung tragende Rechtsauffassung maßgeblich (BVerwGE 159, 136 Rn. 26 = BeckRS 2017, 124190).

22   Das Beweismittel muss so beschaffen sein, dass es – im Rahmen der den bestandskräftigen Bescheid tragenden Rechtsauffassung – die Richtigkeit der tatsächlichen Entscheidungsgrundlage erschüttert. Es darf sich also nicht in einer neuen Bewertung bekannter Tatsachen erschöpfen. Es muss darauf zielen, dass die Behörde im früheren Verfahren von falschen tatsächlichen Voraussetzungen ausgegangen ist und in Kenntnis des richtigen Sachverhalts zugunsten des Betroffenen entschieden hätte (BVerwG BeckRS 2006, 26719 = Buchholz 316 § 51 VwVfG Nr. 49; BeckRS 2001, 30197573 = Buchholz 428 § 1 Abs. 8 VermG Nr. 18).

23   Problematisch ist die Handhabung von **Sachverständigengutachten.** Damit nicht jedes neue Gutachten zu einem Wiederaufgreifen des Verfahrens führt, sind nach der Rechtsprechung des BVerwG (vgl. zB BVerwGE 82, 272 (276 f.) = BeckRS 9998, 165219; BVerwG BeckRS 9998, 170540 = Buchholz 316 § 51 VwVfG Nr. 31) Sachverständigengutachten nur dann neue Beweismittel, wenn sie nach Abschluss des Verwaltungsverfahrens erstellt und neue, seinerzeit noch nicht bekannte Tatsachen verwerten, wenn sie also selbst auf neuen Beweismitteln beruhen (ebenso BayVGH BauR 2009, 1891 (1895) = BayVBl. 2010, 276). Fachliche Meinungen, wissenschaftliche Ansichten und bloße Folgerungen sachkundiger Personen genügen daher für sich nicht, um als Gegenstand neuer Beweismittel einen Anspruch auf Wiederaufgreifen des Verfahrens zu begründen (BVerwG BeckRS 2014, 58295 = ZOV 2014, 269).

c) Wiederaufnahmegründe entsprechend § 580 ZPO (Abs. 1 Nr. 3). Nach Abs. 1 Nr. 3 **24** gelten des Weiteren die Wiederaufnahmegründe der Restitutionsklage der ZPO, die sich im Wesentlichen auf gravierende Verfahrensverstöße und grobe Sachmängel beziehen, allerdings in der Praxis kaum eine Rolle spielen (s. hierzu etwa BVerwG BeckRS 2016, 50342).

III. Rechtsfolgen

1. Entscheidung der Behörde

Die Behörde hat grundsätzlich drei Möglichkeiten zur Entscheidung, wobei jede dieser Ent- **25** scheidungen einen Verwaltungsakt iSv § 35 S. 1 darstellt – auch soweit ein Wiederaufgreifen des Verfahrens abgelehnt wird (BVerwG BeckRS 1995, 31232376 = Buchholz 114 § 2 VZOG Nr. 3; NVwZ 2002, 482) – und immer zur Wiedereröffnung des Verwaltungsrechtsweges führt:
- Sie kann den Antrag als unzulässig abweisen; eine erneute Prüfung in der Sache erfolgt nicht. **26**
- Sie kann den Antrag als unbegründet abweisen; auch dann erfolgt keine erneute Sachprüfung. **27**
- Sind die Voraussetzungen des § 51 Abs. 1–3 erfüllt, ist der Antrag mithin zulässig und begründet, **28** hat die Behörde das Verfahren wiederaufzugreifen und eine neue Entscheidung in der Sache zu treffen (BVerwG BeckRS 2001, 31351146 = Buchholz 402.240 § 53 AuslG Nr. 42; BVerwGE 111, 77 = BeckRS 2000, 30102578). Erst wenn die Behörde auf der ersten Stufe eine Positiventscheidung über das Wiederaufgreifen des Verfahrens getroffen hat, wird ihr mithin der Weg für eine neue Sachentscheidung, sozusagen auf der zweiten Stufe, eröffnet (BVerwG DVBl 2009, 254 (256)). Das Verfahren wird damit in die Lage zurückversetzt, in der es sich vor Erlass der letzten Verwaltungsentscheidung befunden hat (BVerwG NVwZ-RR 1993, 667); hierdurch wird zugleich die Bestandskraft des Ausgangsverwaltungsakts durchbrochen (Burgi JuS 1991, L 81). Eine ausdrückliche Aufhebung des Ausgangsverwaltungsakts ist nicht erforderlich (gleichwohl zweckmäßig; vgl. Kopp/Ramsauer Rn. 22 aE). Die neue Sachentscheidung richtet sich nun nach dem insoweit einschlägigen materiellen Recht und nicht nach §§ 48, 49 (**hM**; vgl. etwa BVerwGE 70, 110 (115) = NJW 1985, 280; BVerwG DVBl 1982, 998 = NJW 1982, 2204; DVBl 2009, 254 (256); Kopp/Ramsauer Rn. 20; SBS/Sachs Rn. 30; Schenke DÖV 1983, 330; Selmer JuS 1987, 364; **aA** Maurer/Waldhoff AllgVerwR § 11 Rn. 61). Das folgt schon aus systematischen Erwägungen, denn es wäre kaum verständlich, dem Bürger einen Rechtsanspruch auf Wiederaufgreifen des Verfahrens zu gewähren, dann aber im Ermessenswege die Behörde über die Aufhebung entscheiden zu lassen (Klein apf 1992, 67).

Da das Verfahren nach § 51 dem Schutz des Betroffenen dient und auf seinen Antrag hin stattfindet, **29** ist die Behörde an den Antrag gebunden; eine **reformatio in peius,** also eine Veränderung der Rechtslage zu Lasten des Antragstellers, durch die neue Sachentscheidung, dürfte unzulässig sein (Kopp/Ramsauer Rn. 20a; SBS/Sachs Rn. 42–45; Kühne JA 1985, 326 (329)).

2. Gerichtliche Überprüfung

Lehnt die Behörde das Wiederaufgreifen des Verfahrens ab, weil sie den Antrag für unzulässig **30** oder unbegründet hält, so ist gegen diese Entscheidung Verpflichtungsklage zu erheben, und zwar auf Abänderung des Verwaltungsakts, hinsichtlich dessen ein Wiederaufgreifen des Verfahrens beantragt war. Damit kann vom Kläger nicht lediglich auf „Wiederaufgreifen" geklagt werden (BVerwGE 106, 171 = BeckRS 9998, 171007; BVerwG BeckRS 2000, 31351120 = Buchholz 402.25 § 34 AsylVfG Nr. 4; vgl. auch BVerwG BeckRS 9998, 44571 = Buchholz 316 § 51 VwVfG Nr. 11; BeckRS 9998, 47933 = Buchholz 448.6 § 19 KDVG Nr. 4; s. ferner Neumann NVwZ 2000, 1244 (1254); **aA** BayVGH NVwZ 2017, 1147 mkritAnm Struzina NVwZ 2017, 1751).

Stellt das Gericht fest, dass der Wiederaufgreifensantrag tatsächlich unzulässig oder unbegründet **31** war, weist es die Klage ab. Stellt es dagegen fest, dass der Wiederaufgreifensantrag zulässig und begründet ist, so muss das Gericht wegen seiner Pflicht, die Streitsache spruchreif zu machen (vgl. § 113 Abs. 5 VwGO, in der Sache entscheiden; das Gericht kann dagegen nicht „isoliert" die Frage, ob wiederaufzugreifen ist, beantworten (BVerwGE 106, 171 = BeckRS 9998, 171007; BVerwG BeckRS 2000, 31351120 = Buchholz 402.25 § 34 AsylVfG Nr. 4; vgl. auch BVerwG BeckRS 9998, 44571 = Buchholz 316 § 51 VwVfG Nr. 11; BeckRS 9998, 47933 = Buchholz 448.6 § 19 KDVG Nr. 4; s. ferner Neumann NVwZ 2000, 1244 (1254)) und das Verfahren zur Sachentscheidung wieder an die Behörde zurückgeben.

D. Wiederaufgreifen des Verfahrens nach § 51 Abs. 5 (sog. Wiederaufgreifen im weiteren Sinn)

32 Nach § 51 Abs. 5 bleiben § 48 Abs. 1 S. 1 und § 49 Abs. 1 unberührt. Das heißt, die Behörde kann im Wege des Ermessens ein Verwaltungsverfahren auch dann wieder aufnehmen, wenn und soweit die Voraussetzungen für ein Wiederaufgreifen nach § 51 Abs. 1–3 nicht gegeben sind (BVerwG NVwZ-RR 1993, 667 mwN), mit dem Ziel, einen möglicher Weise rechtswidrigen Verwaltungsakt zugunsten des Betroffenen wieder rückgängig zu machen und durch einen rechtmäßigen Verwaltungsakt zu ersetzen (BVerwGE 78, 332 (338 ff.) = BeckRS 9998, 169776; BVerwG BeckRS 2018, 27519 = NWVBl. 2019, 62 Rn. 30). Die in § 51 Abs. 5 verankerte Ermächtigung der Behörden zum Erlass eines Zweitbescheides, der an die Stelle des ersten Bescheides tritt oder diesen inhaltlich ergänzt, ermöglicht mithin die nachträgliche Korrektur inhaltlich unrichtiger Entscheidungen (BVerfG NVwZ 2008, 418 (419); BeckRS 2009, 35508 = Buchholz 316 § 80 VwVfG Nr. 55 Rn. 16 ff.; BVerwGE 101, 64 (69 ff.) = BeckRS 9998, 3827; BVerwG BeckRS 2014, 50734 = Buchholz 316 § 51 VwVfG Nr. 61 Rn. 10). Das gilt auch bei gerichtlich bestätigten Verwaltungsakten, denn § 51 Abs. 5 ist auch insofern eine gesetzliche Ermächtigung zur Überwindung der Rechtskraft einer gerichtlichen Entscheidung (BVerwG DVBl 2009, 254 (256)).

33 Liegen die Voraussetzungen für ein Wiederaufgreifen des Verfahrens nach § 51 Abs. 1–3 nicht vor, hat die Behörde nach § 51 Abs. 5 iVm §§ 48, 49 – bei Erfüllung der jeweiligen Tatbestandsvoraussetzungen – nach pflichtgemäßem Ermessen zu entscheiden, ob die bestandskräftige frühere Entscheidung zurückgenommen oder widerrufen wird (zur Reichweite eines Antrages auf Wiederaufgreifen → Rn. 5). Insoweit besteht ein Anspruch auf ermessensfehlerfreie Entscheidung (BVerwG NVwZ 2000, 940 = Buchholz 402.240 § 53 AuslG Nr. 33; BeckRS 2017, 119895 = Buchholz 421.2 Hochschulrecht Nr. 196 Rn. 9 mwN; BeckRS 2018, 27519 = NWVBl. 2019, 62 Rn. 30).

34 Ebenso wie das Wiederaufgreifensverfahren nach § 51 Abs. 1–Abs. 3 vollzieht sich das Verfahren nach § 51 Abs. 5 in **zwei Stufen:**

35 • **Erste Stufe:** Entscheidung über das Wiederaufgreifen nach pflichtgemäßem Ermessen; dabei handelt die Behörde grundsätzlich nicht ermessenfehlerhaft, wenn sie ein Wiederaufgreifen im Hinblick auf eine rechtskräftige gerichtliche Bestätigung des Verwaltungsakts ablehnt (BVerwG DVBl 2009, 254 (256)). Eine Pflicht zum Wiederaufgreifen des Verfahrens nach § 51 Abs. 5 besteht aber im Fall einer Ermessensreduzierung auf null. Davon ist auszugehen, wenn die Aufrechterhaltung eines rechtswidrigen Verwaltungsakts schlechthin unerträglich wäre (zB BVerwGE 135, 137 = BeckRS 2009, 40437; BVerwGE 121, 226 (231 ff.) = BeckRS 2004, 25337).

35.1 Hiervon kann etwa ausgegangen werden, wenn die Behörde durch unterschiedliche Ausübung der Rücknahmebefugnis in gleichen oder ähnlich gelagerten Fällen gegen den allgemeinen Gleichheitssatz verstößt oder wenn Umstände gegeben sind, die die Berufung der Behörde auf die Unanfechtbarkeit als einen Verstoß gegen die guten Sitten oder gegen Treu und Glauben erscheinen lassen. Die offensichtliche Rechtswidrigkeit des Verwaltungsakts, dessen Rücknahme begehrt wird, kann ebenfalls die Annahme rechtfertigen, seine Aufrechterhaltung sei schlechthin unerträglich (BVerwG NVwZ 2007, 709 Rn. 13; BeckRS 2018, 27519 = NWVBl. 2019, 62 Rn. 31).

36 • **Zweite Stufe:** Bei positiver Entscheidung auf der ersten Stufe, erneute Sachentscheidung.

37 Greift die Behörde das Verfahren wieder auf, ergeht eine neue Sachentscheidung. Wird diese zur Überprüfung durch das Gericht gestellt, so ist dieses nicht auf den geltend gemachten Grund für ein Wiederaufgreifen beschränkt, sondern prüft die Sachentscheidung vollumfänglich nach (BVerwGE 60, 316 (325) = BeckRS 1980, 30440007; BVerwGE 78, 332 (338) = BeckRS 9998, 169776; BVerwG NVwZ-RR 1993, 667).

§ 52 Rückgabe von Urkunden und Sachen

[1]Ist ein Verwaltungsakt unanfechtbar widerrufen oder zurückgenommen oder ist seine Wirksamkeit aus einem anderen Grund nicht oder nicht mehr gegeben, so kann die Behörde die auf Grund dieses Verwaltungsaktes erteilten Urkunden oder Sachen, die zum Nachweis der Rechte aus dem Verwaltungsakt oder zu deren Ausübung bestimmt sind, zurückfordern. [2]Der Inhaber und, sofern er nicht der Besitzer ist, auch der Besitzer dieser Urkunden oder Sachen sind zu ihrer Herausgabe verpflichtet. [3]Der

Inhaber oder der Besitzer kann jedoch verlangen, dass ihm die Urkunden oder Sachen wieder ausgehändigt werden, nachdem sie von der Behörde als ungültig gekennzeichnet sind; dies gilt nicht bei Sachen, bei denen eine solche Kennzeichnung nicht oder nicht mit der erforderlichen Offensichtlichkeit oder Dauerhaftigkeit möglich ist.

Die Vorschrift ergänzt die Regelungen über die Unwirksamkeit bzw. die Beendigung der 1 Wirksamkeit von Verwaltungsakten in Bezug auf die Rückforderung von Urkunden etc, die durch den Wegfall des Verwaltungsakts, zu dessen Nachweis bzw. Ausübung der damit bestimmten Befugnisse sie bestimmt waren, gegenstandslos werden.

§ 52 dient der Sicherheit des Rechtsverkehrs und der Verhinderung von Missbräuchen (Ziekow 2 VwVfG Rn. 1). Die Norm soll ausschließen, dass behördliche Urkunden etc verfügbar bleiben, die eine in Wahrheit nicht mehr bestehende Befugnis dokumentieren (OVG NRW NVwZ 1990, 1183). § 52 gibt der Behörde eine materielle Befugnis (Kopp/Ramsauer Rn. 1) zur Rückforderung der genannten Urkunden etc.

Die Vorschrift setzt voraus, dass der Verwaltungsakt unanfechtbar aufgehoben oder seine Wirk- 3 samkeit aus einem anderen Grunde nicht (mehr) gegeben ist (vgl. § 43 Abs. 2 sowie BVerwGE 152, 87 = BeckRS 2015, 46552). Vom letzteren Fall soll auch die sofortige Vollziehbarkeit nach § 80 Abs. 2 VwGO, insbesondere in den Fällen des § 80 Abs. 2 S. 1 Nr. 4 VwGO, erfasst sein (vgl. OVG NRW NVwZ 1990, 1183; VG Köln Urt. v. 25.10.2016 – 7 K 3024/15, juris Rn. 30, BeckRS 2016, 53630; VG Hamburg Urt. v. 24.6.2016 – 2 K 2209/13, juris Rn. 250, BeckRS 2016, 54481). Das erscheint indessen zweifelhaft, weil nach hM die sofortige Vollziehbarkeit nicht die Wirksamkeit des Verwaltungsakts suspendiert, die § 52, sondern nur dessen Vollziehbarkeit (vgl. grdl. BVerwGE 13, 1 (5) = BeckRS 9998, 181489; seither stRspr, zB BVerwG BeckRS 9998, 44800 = BayVBl. 1983, 311; BVerwGE 99, 109 (112) = BeckRS 1995, 30441029 mwN).

Erfasst werden von § 52 Urkunden aller Art ohne Rücksicht darauf, ob sie für den Verwaltungs- 4 akt konstitutive oder lediglich deklaratorische Bedeutung haben (VGH BW GewArch 2013, 210 mwN).

Staatsangehörigkeits- und Aufenthaltsrecht

Staatsangehörigkeitsgesetz (StAG)

Vom 22. Juli 1913

(RGBl. I S. 583)

FNA 102-1

§ 1 [„Deutscher"]

Deutscher im Sinne dieses Gesetzes ist, wer die deutsche Staatsangehörigkeit besitzt.

Überblick

Die Vorschrift regelt, dass Deutscher im Sinne des StAG ist, wer die deutsche Staatsangehörigkeit besitzt (→ Rn. 6). Zu den völker- und staatsrechtlichen Grundlagen (→ Rn. 1a ff.). Wie die deutsche Staatsangehörigkeit erworben (→ Rn. 7) oder verloren (→ Rn. 14) wird, regeln einzelne Vorschriften des StAG. Deutsche iSd § 1 sind deutsche Staatsangehörige. Statusdeutsche sind mit Deutsche iSd § 1 (→ Rn. 21). Der Nachweis der deutschen Staatsangehörigkeit ist durch ein Feststellungsverfahren möglich (→ Rn. 15). Zur Unionsbürgerschaft (→ Rn. 22). Zu verwaltungsverfahrensrechtlichen Grundlagen (→ Rn. 5a ff.).

Übersicht

A. Rechtsgrundlagen

1   Rechtsgrundlage für den **Erwerb der deutschen Staatsangehörigkeit** ist § 3, für den **Verlust** § 17 und für den **Erwerb** der deutschen Staatsangehörigkeit **durch Statusdeutsche** seit dem 1.8.1999 § 7 (Ausstellung einer Bescheinigung nach § 15 Abs. 1 oder Abs. 2 BVFG) und § 40a (Überleitung in die deutsche Staatsangehörigkeit).

1.1   Dabei ist korrekterweise von Staatsangehörigkeit, nicht von Staatsbürgerschaft zu sprechen. Während der Begriff „Staatsangehörigkeit" rechtlich-formal die Zugehörigkeit zu einem bestimmten Staatsverband kraft Gesetzes regelt, stellt der Begriff der Staatsbürgerschaft als politisch-programmatischer Begriff die Partizipation der dauerhaft auf dem Gebiet eines Staates lebenden Bevölkerung dar und ist eher sozialwissenschaftlich genutzt. Er ist aber in den rechtlichen Strukturen unscharf und für die Fragen der staatsrechtlichen und völkerrechtlichen Zuordnung unbrauchbar (HMHK/Hailbronner Grdl. Rn 5).

1a   Nach **Art. 15 Abs. 1 AEMR** (Allgemeine Erklärung der Menschenrecht) steht völkerrechtlich jedem Menschen eine Staatsangehörigkeit zu, auch wenn dies natürlich in der Praxis sich völlig anders darstellt, wie die nicht unerhebliche Anzahl Staatenloser (geschätzt zehn Millionen laut UNO-Flüchtlingshilfe) zeigt. Art. 15 Abs. 2 AEMR verbietet außerdem den willkürlichen Entzug der Staatsangehörigkeit und die Versagung eines Wechsels derselben.

Diverse völkerrechtliche Abkommen und Übereinkommen regeln eine Basis für das Recht der Staatsan- **1a.1**
gehörigkeit, so das Übereinkommen zur Verminderung der Staatenlosigkeit (v. 30.8.1961, BGBl.
1977 II 597), das Staatenlosenübereinkommen (Übereinkommen über die Rechtsstellung der Staatenlosen
v. 28.9.1954, BGBl. 1976 II 473), das Übereinkommen über die Staatsangehörigkeit verheirateter Frauen
(v. 20.2.1957, BGBl. 1973 II 1249), das Übereinkommen über die Verringerung der Mehrstaatigkeit und
über die Wehrpflicht von Mehrstaatern (v. 6.5.1963, BGBl. 1969 II 1954).

Staatsrechtlich bedeutet die **Staatsangehörigkeit** die **Zuordnung subjektiver öffentlicher** **1b**
Rechte und Pflichten, die aus derselben unmittelbar hergeleitet oder an diese als gesetzliche
Voraussetzungen anknüpfen. Die Staatsangehörigkeit ist zudem **konstituierendes Merkmal des**
Staatsvolkes (Summe aller Staatsangehörigen) und der staatlichen Ordnung. Die Zugehörigkeit
zum Staatsvolk wird durch die Staatsangehörigkeit vermittelt (BVerfG BeckRS 1974, 104426;
HMHK/Hailbronner Grdl. B. Rn. 6). Völkerrechtlich ist die Staatsangehörigkeit eine **rechtliche**
Verbindung einer Einzelperson zu einem Staat, aus der sich im zwischenstaatlichen Rechts-
verkehr zwischen den Staaten Rechtsfolgen hinsichtlich der Ausübung souveräner Hoheitsbefug-
nisse ergeben (HMHK/Hailbronner Grdl. B. Rn. 6). Sie organisiert somit die rechtliche Zugehö-
rigkeit (Dörig MigrationsR-HdB § 1 Rn. 1). So ist die Staatsangehörigkeit bspw. in Fragen des
Internationalen Privatrechts ein häufiger Anknüpfungspunkt. Völkerrechtlich ergibt sich auch eine
Aufnahmepflicht des Staates für eigene Staatsangehörige. Dies wird im Bereich des Verlustes der
Staatsangehörigkeit nach § 28 Abs. 1 Nr. 2 zu diskutieren sein (→ § 28 Rn. 45).

Die **Zuordnungsfunktion korreliert zugleich mit einer Abgrenzungsfunktion,** durch **1c**
welche Personen, die nicht die deutsche Staatsangehörigkeit haben, von bestimmten Rechten,
aber auch Pflichten ausgenommen sind. Die Staatsangehörigkeit ist deshalb in den durch internationales und supranationales Recht gezogenen Grenzen ein zulässiges Kriterium für die unterschiedliche Behandlung von Menschen mit und ohne die jeweilige Staatsangehörigkeit (Dörig MigrationsR-HdB § 1 Rn. 8). Dies zeigt auch die Tatsache, dass in Art. 3 Abs. 3 S. 1 GG die
Staatsangehörigkeit nicht als absolutes Benachteiligungsverbot genannt ist (so auch Dörig MigrationsR-HdB § 1 Rn. 9). Allerdings ist natürlich eine Differenzierung durch einfaches Recht an
Art. 3 Abs. 1 GG zu messen (Dörig MigrationsR-HdB § 1 Rn. 9; BVerfG BeckRS 1979, 804).

So ist es bspw. dem Landesgesetzgeber verwehrt, Ausländern das **Wahlrecht** zu den Vertretun- **1d**
gen des Volkes in den Gemeinden einzuräumen (BVerfG BeckRS 1990, 113209), wobei das
BVerfG bereits in dieser Entscheidung klargestellt hat, dass verfassungsrechtlich Unionsbürgern
durchaus das Kommunalwahlrecht eingeräumt werden könnte. Dies hat das BVerfG dann auch
nach Einführung des Art. 28 Abs. 1 S. 3 GG durch das Gesetz zur Änderung des Grundgesetzes
v. 21.12.1992 (BGBl. I 2086) als unbedenklich angesehen (BVerfG BeckRS 2016, 45546).

Auch gibt es diverse **Grundrechte, welche grundsätzlich nur Deutschen zustehen,** so die **1e**
Versammlungs- und Vereinigungsfreiheit nach Art. 8 GG, die Freizügigkeit nach Art. 9 GG und
die Berufsfreiheit nach Art. 12 Abs. 1 GG. Auch ist der Zugang zu öffentlichen Ämtern nach
Art. 33 Abs. 2 GG Deutschen vorbehalten.

Die **zentrale Differenzierung** nach der Staatsangehörigkeit erfolgt im gesamten **Migrations-** **1f**
recht, basierend auf § 2 Abs. 1 AufenthG.

Aufgrund dieser Zuordnungs- und Abgrenzungsfunktion ist das Staatsangehörigkeitsrecht der **1g**
Ort, an dem der Gesetzgeber Veränderungen in der Zusammensetzung der Einwohnerschaft der
Bundesrepublik Deutschland im Blick auf die Ausübung politischer Rechte Rechnung tragen
kann (BVerfG BeckRS 1990, 113209).

Bis zum 31.12.1999 wurde das Gesetz als RuStAG (Reichs- und Staatsangehörigkeitsgesetz) **2**
bezeichnet. Erst mit dem **Gesetz zur Reform des Staatsangehörigkeitsrechts** v. 15.7.1999
(BGBl. I 1618) wurde das Gesetz zum 1.1.2000 in der Folge der Vollendung der Wiedervereinigung zum Staatsangehörigkeitsgesetz umbenannt. Damit wurde auch klargestellt, dass es keine
Reichs- und Staatsbürgerschaft, sondern eine deutsche Staatsangehörigkeit gibt. **Das deutsche**
Staatsangehörigkeitsrecht ist somit **das Recht der Staatsangehörigkeit der Staatsbürger**
der Bundesrepublik Deutschland (HMHK/Hailbronner Vorb. Rn. 2). Insbesondere gibt es
keine Reichsbürgerschaft.

Zurecht weist Marx (GK-StAR/Marx Rn. 2) darauf hin, dass die mit der vorbenannten Reform **2.1**
bezweckte Modernisierung (BT-Drs. 14/533, 13) nicht gelungen war. Der Rahmen des RuStAG wurde
beibehalten. Zahlreiche Begriffe und Vorschriften blieben veraltet. Erst mit dem Zuwanderungsgesetz v.
30.7.2004 (BGBl. I 1950) wurde auch das StAG in einigen Punkten modernisiert, wobei auch weiterhin
eine Neugestaltung und damit Abgrenzung vom RuStAG ausgeblieben ist.

Die Regelungen für den Erwerb und den Verlust der Staatsangehörigkeit trifft der Gesetzgeber. **2a**
Die ausschließliche Gesetzgebungskompetenz liegt beim Bund (Art. 73 Abs. 1 Nr. 2 GG). Die

Regelungen unterliegen dem Wandel und erfordern Maßnahmen der Anpassung. Dies hat das BVerfG (BeckRS 1990, 113209) festgehalten.

2a.1   BVerfG BeckRS 1990, 113209: „So überläßt das Grundgesetz, wie Art. 73 Nr. 2 und Art. 116 belegen, die Regelung der Voraussetzungen für Erwerb und Verlust der Staatsangehörigkeit und damit auch der Kriterien, nach denen sich die Zugehörigkeit zum Staatsvolk des Näheren bestimmt, dem Gesetzgeber. Das Staatsangehörigkeitsrecht ist daher auch der Ort, an dem der Gesetzgeber Veränderungen in der Zusammensetzung der Einwohnerschaft der Bundesrepublik Deutschland im Blick auf die Ausübung politischer Rechte Rechnung tragen kann. [...]. Es bleibt daher unter diesen Umständen nach geltendem Verfassungsrecht nur die Möglichkeit, auf eine derartige Lage mit entsprechenden staatsangehörigkeitsrechtlichen Regelungen zu reagieren, etwa dadurch, dass denjenigen Ausländern, die sich auf Dauer in der Bundesrepublik aufhalten u. der deutschen Staatsgewalt mithin in einer den Deutschen vergleichbaren Weise unterworfen sind, der Erwerb der deutschen Staatsangehörigkeit erleichtert wird."

3   Seit dem 1.2.2001 ist die StAR-VwV (**Allgemeine Verwaltungsvorschrift** zum Staatsangehörigkeitsrecht v. 13.12.2000, BAnz. 2001 Nr. 21a, 1) in Kraft. Aufgrund der vielfältigen Änderungen des StAG ist sie aber nur noch eingeschränkt anwendbar. Das Bundesministerium des Innern hat nach der Verabschiedung des Zweiten Gesetzes zur Änderung des Staatsangehörigkeitsgesetzes v. 13.11.2014 (BGBl. I 1714) **vorläufige Anwendungshinweise** (VAH-StAG) erlassen, welche auch die vorhergehenden Änderungen des StAG berücksichtigen. Diese sind aber **keine Verwaltungsvorschriften** und binden die Verwaltung deshalb nicht. Sie sind lediglich als **unverbindliche Hinweise** zur Anwendung des StAG anzusehen, solange die StAR-VwV nicht angepasst wird. Außerdem sind auch sie mittlerweile in einigen Punkten veraltet.

3a   Auch einige wenige Länder haben eigene Verwaltungsvorschriften und Auslegungshinweise zur Anwendung des StAG erlassen:

3a.1   **Landesrechtliche Verwaltungsvorschriften zum StAG:**
- **Baden-Württemberg:** Verwaltungsvorschrift des Ministeriums für Integration zum Staatsangehörigkeitsgesetz (VwV StAG) vom 8.7.2013 – 2-1010.1/1 – (Stand 23.11.2015)
- **Bremen:** Vorläufige Anwendungshinweise des Senators für Inneres und Sport zum Staatsangehörigkeitsgesetz in der Fassung des Gesetzes zur Änderung des Staatsangehörigkeitsgesetzes vom 5.2.2009
- **Hessen:** Vorläufige Anwendungshinweise Hessens zum Staatsangehörigkeitsrecht (VAH-Hessen) vom 10.9.2007, geändert durch Erlasse v. 19.12.2007 und 7.8.2009
- **Niedersachsen:** Niedersächsische Durchführungsbestimmungen zum Staatsangehörigkeitsgesetz in der im BGBL. III Gliederungsnr. 102-1, veröffentlichten bereinigten Fassung, zul. geändert durch Art. 5 des Gesetzes v. 19.8.2007 (BGBl. I 1970).

4   Durch das **Gesetz zur Umsetzung aufenthalts- und asylrechtlicher Richtlinien der Europäischen Union** v. 19.8.2007 (BGBl. I 1970) wurde erstmals ein **Feststellungsverfahren** über den Besitz der deutschen Staatsangehörigkeit eingeführt (§ 30).

5   Zu beachten sind im Rahmen von Feststellungsverfahren aufgrund des Abstammungsprinzips **gesetzliche Regelungen, die unter Umständen schon lange außer Kraft sind,** welche aber eventuell herangezogen werden müssen, um zu prüfen, ob derjenige, von welchem die Staatsangehörigkeit abgeleitet wird, die deutsche Staatsbürgerschaft besessen hat (→ § 4 Rn. 21).

5a   Das **Verwaltungsverfahren** in staatsangehörigkeitsrechtlichen Angelegenheiten richtet sich in erster Linie nach dem **VwVfG,** je nach Behörde des Bundes oder der Länder. Allerdings sind hiervon abweichende Regelungen im StAG, wie zB §§ 2, 4 Abs. 3, 16, 19, 23, 29, 37 und 39, als leges speciales zu beachten. Die **sachliche und örtliche Zuständigkeit** der Behörden ergibt sich, soweit im StAG nicht gesondert geregelt, aus dem **Landesrecht.**

5a.1   **Landesrechtliche Regelungen zur sachlichen und örtlichen Zuständigkeit der Behörden:**
- **Baden-Württemberg:** StAngZuVO (Verordnung des Innenministeriums über Zuständigkeiten im Staatsangehörigkeitsrecht v. 3.2.1976, BWGBl. 245; zuletzt geändert durch Art. 81 der Verordnung v. 23.2.2017, BWGBl. 99),
- **Bayern:** StAZustV (Verordnung über die Zuständigkeit der Staatsangehörigkeitsbehörden v. 2.1.2000, BayGVBl. 6; zuletzt geändert durch § 1 Abs. 1 der Verordnung v. 26.3.2019, BayGVBl. 98),
- **Berlin:** BlnAZG (Gesetz über die Zuständigkeiten in der Allgemeinen Berliner Verwaltung idF v. 22.7.1996, BlnGVBl. 302; zuletzt geändert durch Gesetz v. 12.10.2020, BlnGVBl. 807),
- **Brandenburg:** StAngZustG (Gesetz über die Zuständigkeit in Staatsangehörigkeitsangelegenheiten v. 10.9.2013, BbgGVBl. I Nr. 25, 1),
- **Bremen:** BremStAZBek. (Bekanntmachung über die Zuständigkeiten in Staatsangehörigkeits- und bestimmten Aufenthaltsangelegenheiten v. 29.11.2016, Brem. GBl. 858),

- **Hamburg:** Anordnung über Zuständigkeiten in Staatsangehörigkeitsangelegenheiten v. 18.12.1962 (HmbGVBl. 1223; zuletzt geändert durch Art. 3 der Anordnung v. 26.10.2010, Amtl. Anz 2129),
- **Hessen:** VVEbgVerf (Verwaltungsvorschrift über das Einbürgerungsverfahren v. 15.12.2017, HeStAnz 2018, 43),
- **Mecklenburg-Vorpommern:** StAZustLVO M-V (Landesverordnung zur Bestimmung der zuständigen Behörden in Staatsangehörigkeitsangelegenheiten v. 4.4.2001, GVOBl. M-V 139; zuletzt geändert durch Gesetz v. 9.8.2000, GVOBl. M-V 360),
- **Niedersachsen:** NdsAllgZustVO-Kom (Allgemeine Zuständigkeitsverordnung für die Gemeinden und Landkreise zur Ausführung von Bundesrecht v. 14.12.2004, Nds. GVBl. 589; zuletzt geändert durch Verordnung v. 6.11.2020, Nds. GVBl. 379),
- **Nordrhein-Westfalen:** StAngZustVO (Verordnung über die Zuständigkeit in Staatsangehörigkeitsangelegenheiten v. 3.6.2008, GV. NRW. 468),
- **Rheinland-Pfalz:** StAZuVO (Landesverordnung über die Zuständigkeiten in Staatsangehörigkeitsangelegenheiten v. 10.12.1999, RhPfGVBl. 447; zuletzt geändert durch Art. 1 des Gesetzes v. 28.9.2010, RhPfGVBl. 280),
- **Saarland:** StaaARZustV (Gesetz über Zuständigkeiten nach dem Staatsangehörigkeitsrecht v. 18.5.2011, SaarlABl. I 214; zuletzt geändert durch das Gesetz zur organisationsrechtlichen Anpassung und Entfristung der Geltungsdauer von Landesvorschriften v. 13.10.2015, SaarlABl. I 790),
- **Sachsen:** StAZVO (Verordnung der Staatsregierung über Zuständigkeiten im Staatsangehörigkeitsrecht v. 21.5.1997, SächsGVBl. 435; zuletzt geändert durch Art. 4 der Verordnung v. 11.12.2012, SächsGVBl. 753),
- **Sachsen-Anhalt:** LSAAllgZustVO-Kom (Allgemeine Zuständigkeitsverordnung für die Gemeinden und Landkreise zur Ausführung von Bundesrecht v. 7.5.1994, GVBl. LSA 568; zuletzt geändert durch Gesetz v. 25.9.2020, GVBl. LSA 560),
- **Schleswig-Holstein:** SchlHStAngBehG (Gesetz über die Bestimmung der Staatsangehörigkeitsbehörden v. 24.12.1960, GVOBl. Schl.-H. 1961, 3),
- **Thüringen:** GBerIMZustBestVO (Thüringer Verordnung zur Bestimmung von Zuständigkeiten im Geschäftsbereich des Innenministeriums v. 15.4.2008, ThürGVBl. 102; zuletzt geändert durch Art. 2 der Verordnung v. 14.8.2018, ThürGVBl. 376).

Mitwirkungshandlungen anderer Behörden sind interne Vorgänge, die keine Außenwirkung **5b** entfalten. Verantwortlich handelnde Behörde bleibt die Staatsangehörigkeitsbehörde.

Gemäß **§ 99 VwGO (In-Camera-Verfahren)** ist die Verweigerung über die Vorlage von **5c** Akten über sicherheitsrelevante Erkenntnisse im Verwaltungsrechtsstreit möglich. Hierüber entscheidet in einem gesonderten Verfahren das jeweilige Oberverwaltungsgericht bzw. Verwaltungsgerichtshof oder das BVerwG (HMHK/Hailbronner Vorb. Rn. 13). Eine unrechtmäßige Verweigerung kann im Rahmen der Beweiswürdigung berücksichtigt werden (VGH BW Urt. v. 22.3.1994 – 13 S 1818/93).

Derzeit ist das **Vierte Gesetz zur Änderung des Staatsangehörigkeitsgesetzes in Vorbe- 5d reitung,** welches Änderungen an den §§ 3, 4, 5, 6, 8, 10, 12b, 14, 18, 30 und 38 vorsieht. Außerdem soll danach § 15 eingefügt werden, der einen Einbürgerungsanspruch für Verfolgte des Naziregimes und deren Abkömmlinge vorsieht. Weiter soll § 39 eingefügt werden, der eine Ermächtigung zum Erlass von Rechtsverordnungen vorsieht. § 40a soll wegen Gegenstandslosigkeit aufgehoben werden (BR-Drs. 249/21).

B. Besitz der deutschen Staatsangehörigkeit

I. Allgemeines

Die **deutsche Staatsangehörigkeit besitzt, wer sie erworben und nicht wieder verloren 6 hat.** Seit dem 1.1.1914 sind vor allem die Erwerbs- und Verlustgründe des RuStAG in seiner jeweils geltenden Fassung zu beachten.

Davor das Gesetz über die Erwerbung und den Verlust der Bundes- und Staatsangehörigkeit v. 1.7.1870 **6.1** (BGBl. des Norddeutschen Bundes 355). Vor diesem die einzelstaatlichen staatsangehörigkeitsrechtlichen Regelungen (GK-StAR/Marx Rn. 17).

II. Erwerb der deutschen Staatsangehörigkeit

Für den **Erwerb der deutschen Staatsangehörigkeit** kommen vor allem die folgenden 7 Tatbestände in Betracht:

1. Abstammung

8 **Abstammung von einem deutschen Vater oder einer deutschen Mutter,** wobei die Abstammung von einem deutschen Vater außerhalb einer Ehe erst seit dem 1.7.1993 und die Abstammung von einer deutschen Mutter innerhalb einer Ehe erst seit dem 1.1.1975 uneingeschränkt möglich ist.

2. Legitimation

9 **Legitimation durch einen deutschen Vater** (bis zum 30.6.1998) oder **Erklärung nach § 5** seit dem 1.7.1998.

3. Eheschließung

10 **Eheschließung** mit einem Deutschen (bis 31.3.1953) oder **Erklärung bei Eheschließung** (bis 31.12.1969).

4. Annahme als Kind

11 Seit 1.1.1977 **Annahme als Kind** durch einen Deutschen.

5. Einbürgerung

12 **Einbürgerung** einschließlich der **Sammeleinbürgerungen** nach § 1 StAngRegG (Staatsangehörigkeitsfragen-Regelungsgesetz v. 22.2.1955, BGBl. I 65).

6. Erklärung

13 Bis 31.7.2006 durch Erklärung nach Art. 3 des Gesetzes zur Änderung des Reichs- und Staatsangehörigkeitsgesetzes v. 20.12.1974 (BGBl. I 3714).

7. Wiedereinbürgerung

13a Nach **Art. 116 Abs. 2 GG** sind frühere deutsche Staatsangehörige, denen zwischen dem 30.1.1933 und dem 8.5.1945 die deutsche Staatsangehörigkeit aus politischen, rassischen oder religiösen Gründen entzogen worden ist, auf Antrag wieder einzubürgern. Das gilt auch für deren Abkömmlinge.

III. Verlust der deutschen Staatsangehörigkeit

14 Der Verlust der deutschen Staatsangehörigkeit kommt vor allem in den folgenden Fällen in Betracht: **Entlassung** (§§ 18 ff.), **Erwerb einer ausländischen Staatsangehörigkeit** auf Antrag (§ 25), **Verzicht** (§ 26), **Annahme als Kind** durch einen Ausländer (§ 27), **Legitimation** durch einen Ausländer vor dem 1.4.1953 (§ 17 Nr. 5 RuStAG 1913 – Reichs- und Staatsangehörigkeitsgesetz idF v. 22.7.1913, RGBl. 583) oder **Eheschließung** mit einem Ausländer vor dem 1.4.1953 (§ 17 Nr. 6 RuStAG 1913).

IV. Nachweis und Vermutung

15 Der Nachweis der deutschen Staatsangehörigkeit war bis zum Gesetz zur Umsetzung aufenthalts- und asylrechtlicher Richtlinien der Europäischen Union v. 19.8.2007 (BGBl. I 1970), mit welchem das Feststellungsverfahren nach § 30 eingeführt wurde, nicht geregelt. Die **Einbürgerungsurkunde** kann lediglich den Nachweis für den Besitz der deutschen Staatsangehörigkeit zum Zeitpunkt des Erwerbs erbringen (HMHK/Kau Rn. 7). Um einen späteren Verlusttatbestand auszuschließen, ist das Feststellungsverfahren nach § 30 nötig.

16 Nach Nr. 1.3 StAR-VwV kann vom Besitz der deutschen Staatsangehörigkeit ausgegangen werden (**Vermutung**), wenn nachgewiesen oder glaubhaft ist, dass der Betroffene und ggf. die Personen, von denen er seine Staatsangehörigkeit ableitet, spätestens seit dem 1.1.1950 von deutschen Stellen als deutsche Staatsangehörige behandelt wurden.

17 Dies gilt nicht, wenn sich im Einzelfall Zweifel ergeben, zB wegen Geburt oder Aufenthalt im Ausland einschließlich der Gebiete, deren staatsrechtliche Zugehörigkeit sich geändert hat, sowie bei ausländischer Staatsangehörigkeit von Eltern oder Geschwistern.

Die Behandlung als deutscher Staatsangehöriger kann insbesondere belegt werden durch **Staats-** 18
angehörigkeitsurkunden (Staatsangehörigkeitsausweis, Heimatschein) oder durch deutsche **Per-**
sonalpapiere, in denen die deutsche Staatsangehörigkeit eingetragen ist oder die nur deutschen
Staatsangehörigen erteilt wurden (zB Personalausweis, Reisepass, Wehrpass, Arbeitsbücher, Kenn-
karten).

V. Erwerb und Verlust der Staatsbürgerschaft der DDR

Der vor dem 3.10.1999 erfolgte Erwerb der Staatsbürgerschaft der DDR entspricht dem Erwerb 19
der deutschen Staatsangehörigkeit, soweit nicht in ganz besonderen Ausnahmefällen der ordre
public entgegensteht. Dementsprechend haben **alle Erwerbstatbestände,** die zur Staatsbürgerschaft der DDR geführt haben, **die deutsche Staatsangehörigkeit vermittelt,** auch wenn es
den konkreten Erwerbsgrund nach dem StAG bzw. RuStAG nicht gegeben hat (GK-StAR/Marx
§ 25 Rn. 18).

Die **Verlustgründe** richten sich ausschließlich nach dem RuStAG. Daher haben Bürger der 20
DDR, welche aufgrund der Doppelstaatsverträge der DDR (mit Bulgarien, Mongolei, Polen,
Rumänien, Sowjetunion, Tschechoslowakei und Ungarn) ihre Staatsbürgerschaft verloren hatten,
die deutsche Staatsangehörigkeit nicht verloren (GK-StAR/Marx § 25 Rn. 19).

VI. Statusdeutsche

Die Vorschrift umfasst nicht den Statusdeutschen nach Art. 116 Abs. 1 Alt. 2 GG, der die 21
deutsche Staatsangehörigkeit nicht besitzt. Allerdings werden die Erwerbs- und Verlustgründe des
StAG im Allgemeinen analog auf Statusdeutsche angewandt (Nr. 1.1 VAH-StAG).

VII. Unionsbürgerschaft

1974 und 1985 wurden die ersten Berichte zur Prüfung einer Unionsbürgerschaft erstellt 22
(Bericht an den Rat v. 2.7.1974, EG-Bulletin-Beil. 7/1975, 25; Bericht des Ad-hoc-Ausschusses
für das Europa der Bürger an den Europäischen Rat in Brüssel am 29. und 30.3.1985 sowie Bericht
an den Europäischen Rat v. 28. und 29.6.1985). Konkrete, unmittelbare Ergebnisse wurden durch
diese Berichte nicht erzielt.

Der Europäische Rat von Dublin prüfte am 25. und 26.6.1990 erneut die Frage, welche 23
politischen und sozialen Rechte mit der Unionsbürgerschaft verbunden werden sollten. Die diesbezüglichen Vorschläge sowie der Europäische Rat in Rom am 15.12.1990 führten zwar zu
einigen zusätzlichen Rechten, nicht aber zu einer Unionsbürgerschaft.

Durch den **Vertrag von Maastricht** wurde schließlich 1992 der Begriff der Unionsbürger- 24
schaft in **Art. 17 EGV** eingeführt. Der Bürger, der Staatsangehöriger eines Mitgliedstaates der
Europäischen Union ist, ist dadurch automatisch zugleich Unionsbürger.

Durch den **Vertrag von Lissabon** ist die Unionsbürgerschaft seit dem 1.12.2009 in **Art. 20–** 25
24 AEUV geregelt und weiterentwickelt.

Die **Unionsbürgerschaft** ist nach EuGH BeckRS 2018, 7744 (stRspr) der **fundamentale** 26
Status der Angehörigen der Mitgliedstaaten, aus dem sich die im Vertrag niedergelegten
Rechte ableiten.

Die **Unionsbürgerschaft** stellt aber **keine eigenständige Staatsangehörigkeit** dar (BVerfG 27
BeckRS 1993, 8465). Dies würde erfordern, dass die EU, welche eine supranationale Organisation
darstellt, in einen Bundesstaat umgewandelt würde. Deshalb vermittelt die Unionsbürgerschaft
auch nur innergemeinschaftliche Rechte und Pflichten.

Die **Unionsbürgerschaft** ist gem. Art. 20 Abs. 1 AEUV **akzessorisch zur Staatsangehörig-** 28
keit eines Mitgliedstaates. Sie ergänzt die nationale Staatsbürgerschaft, ersetzt sie aber nicht.
Sie kann somit nicht isoliert erworben oder verloren werden (Dörig MigrationsR-HdB § 1
Rn. 12).

Die **Unionsbürgerschaft hat Einfluss auf Verlustregelungen, die Staatsangehörigkeit** 29
betreffend, da der Verlust der Staatsangehörigkeit eines Mitgliedstaates automatisch auch den
Verlust der Rechte, die sich aus der Unionsbürgerschaft ergeben (zB Niederlassungsfreiheit, Freizügigkeit), hat. Ebenso ist die Unionsbürgerschaft zu berücksichtigen, wenn der Gebrauch europäischer Grundfreiheiten zur Folge haben kann, dass die Unionsbürgerschaft im Anschluss verloren
geht. Das betrifft zB einen etwaigen Verlust einer Staatsangehörigkeit eines Mitgliedstaates nach
mehrjährigem Aufenthalt in einem anderen Mitgliedstaat (→ AEUV Art. 20 Rn. 7).

§ 2 [aufgehoben]

§ 3 [Erwerb der Staatsangehörigkeit]

(1) Die Staatsangehörigkeit wird erworben
1.   durch Geburt (§ 4),
2.   durch Erklärung nach § 5,
3.   durch Annahme als Kind (§ 6),
4.   durch Ausstellung der Bescheinigung gemäß § 15 Abs. 1 oder 2 des Bundesvertriebe-
     nengesetzes (§ 7),
4a. durch Überleitung als Deutscher ohne deutsche Staatsangehörigkeit im Sinne des
     Artikels 116 Abs. 1 des Grundgesetzes (§ 40a),
5.   für einen Ausländer durch Einbürgerung (§§ 8 bis 16, 40b und 40c).

(2) ¹Die Staatsangehörigkeit erwirbt auch, wer seit zwölf Jahren von deutschen Stellen
als deutscher Staatsangehöriger behandelt worden ist und dies nicht zu vertreten hat.
²Als deutscher Staatsangehöriger wird insbesondere behandelt, wem ein Staatsangehörigkeitsausweis, Reisepass oder Personalausweis ausgestellt wurde. ³Der Erwerb der
Staatsangehörigkeit wirkt auf den Zeitpunkt zurück, zu dem bei Behandlung als Staatsangehöriger der Erwerb der Staatsangehörigkeit angenommen wurde. ⁴Er erstreckt sich
auf Abkömmlinge, die seither ihre Staatsangehörigkeit von dem nach Satz 1 Begünstigten ableiten.

Überblick

Die Norm regelt die Erwerbsgründe der deutschen Staatsangehörigkeit. Abs. 1 (→ Rn. 2)
trifft dabei keine eigenen materiellen Regelungen, sondern ist eine reine Verweisungsnorm, während Abs. 2 (→ Rn. 29) einen eigenen Erwerbsgrund enthält. Zum Verhältnis des Abs. 2 zur
früheren Rechtsprechung (→ Rn. 59a). Die in Abs. 1 genannten Erwerbsgründe (→ Rn. 2) sind
nicht abschließend (→ Rn. 2a). Vielmehr kommen diverse gesetzliche Erwerbsgründe (→ Rn. 3),
Erwerbsgründe aufgrund Erklärung (→ Rn. 8) sowie Anspruchseinbürgerungen (→ Rn. 12)
und Einbürgerungen nach Ermessen (→ Rn. 21) hinzu, die sich auch außerhalb des StAG finden.
Das Pendant zu den Verlustgründen enthält § 17. Zur Frage, ob die deutsche Staatsangehörigkeit
aus mehreren Gründen erworben werden kann (→ Rn. 24). Systemwidrig wurde in Abs. 2 ein
eigenständiger materieller Erwerbsgrund im Rahmen des Gesetzes zur Umsetzung aufenthalts-
und asylrechtlicher Richtlinien der Europäischen Union (v. 19.8.2007, BGBl. I 1970) eingeführt
(→ Rn. 29), der Staatsangehörigkeitserwerb aufgrund der Behandlung als deutscher Staatsangehöriger (→ Rn. 43) über einen Zeitraum von zwölf Jahren (→ Rn. 34) durch deutsche Stellen
(→ Rn. 39). Ausgeschlossen ist der Erwerb der deutschen Staatsangehörigkeit, wenn der Betroffene den Irrtum zu vertreten hat (→ Rn. 49). Der Anspruch wirkt rückwirkend (→ Rn. 58) und
wirkt sich auch auf Abkömmlinge aus (→ Rn. 59). Zum Einbürgerungsverfahren (→ Rn. 60).

Übersicht

A. Entstehungsgeschichte

Seit Inkrafttreten des RuStAG 1913 wurde die Vorschrift durch § 1 StAngVO (Verordnung **1** über die deutsche Staatsangehörigkeit v. 5.2.1934) dahingehend geändert, dass nicht mehr die Staatsangehörigkeit zu einem Bundesstaat, sondern die deutsche Staatsangehörigkeit erworben wird.

Die ursprüngliche Fassung des Abs. 1 Nr. 3 trat aufgrund des Gleichberechtigungsgrundsatzes **1a** des Art. 3 Abs. 2 GG mit Fristablauf nach Art. 117 Abs. 1 GG am 1.4.1953 außer Kraft und wurde durch Art. 1 Nr. 1 3. StAngRegG (Drittes Gesetz zur Regelung von Fragen der Staatsangehörigkeit v. 19.8.1957, BGBl. I 1251) mWv 24.8.1957 geändert und durch Art. 1 Nr. 2 lit. a des Gesetzes zur Änderung des Reichs- und Staatsangehörigkeitsgesetzes v. 8.9.1969 (BGBl. I 1581) mWv 1.1.1970 aufgehoben. Die jetzige Fassung des Abs. 1 Nr. 3 wurde zum 1.1.1977 durch Art. 9 Nr. 1 AdoptG (Gesetz über die Annahme als Kind und zur Änderung anderer Vorschriften v. 2.7.1976, BGBl. I 1749) aufgenommen.

Abs. 1 Nr. 2 wurde durch Art. 2 KindRG (Kindschaftsrechtsreformgesetz v. 16.12.1997, **1b** BGBl. I 2942) zusammen mit § 5 mWv 1.7.1998 geändert (→ § 5 Rn. 1). Zuvor war die Legitimation Erwerbsgrund.

Durch Art. 1 Nr. 2 des Gesetzes zur Reform des Staatsangehörigkeitsrechts v. 15.7.1999 **1c** (BGBl. I 1618) wurde mWv 1.1.2000 Abs. 1 Nr. 4 neu gefasst und Abs. 1 Nr. 4a hinzugefügt.

Durch Art. 5 Nr. 3 ZuwG 2005 (BGBl. 2004 I 1996) wurde der in Abs. 1 bestehende Zusatz, **1d** dass die Staatsangehörigkeit in einem Bundesstaate erworben wird, als gegenstandslos gestrichen. Außerdem wurde in Abs. 1 Nr. 5 § 40c mit aufgenommen.

Abs. 2 wurde durch Art. 5 Abs. 2 des Gesetzes zur Umsetzung aufenthalts- und asylrechtlicher **1e** Richtlinien der Europäischen Union v. 19.8.2007 (BGBl. I 1970) mWz 28.8.2007 hinzugefügt.

Derzeit ist das Vierte Gesetz zur Änderung des Staatsangehörigkeitsrechts in Vorbereitung **1f** (BR-Drs. 249/21, wonach Abs. 1 Nr. 4a aufgrund der ebenfalls geplanten Streichung des § 40a gestrichen werden soll.

B. Erwerbsgründe nach dem StAG (Abs. 1)

Die in Abs. 1 Nr. 1–5 genannten Gründe für den Erwerb der Staatsangehörigkeit sind bei den **2** jeweiligen Vorschriften kommentiert. Dabei gibt es zwei grundlegende Prinzipien, den Erwerb kraft Abstammung (**ius sanguinis**), geregelt in § 4 Abs. 1 und Abs. 2, und den Erwerb durch Anknüpfung an den Geburtsort (**ius soli**) nach § 4 Abs. 3.

C. Nicht in Abs. 1 genannte Erwerbsgründe

Die in Abs. 1 genannten Erwerbsgründe sind **nicht abschließend.** Bei der Frage, ob die **2a** deutsche Staatsangehörigkeit erworben wurde, sind über das StAG hinaus auch weitere Möglichkeiten zu prüfen, die teilweise auch auf Vorschriften beruhen, die seit langem außer Kraft sind (so zB VG Köln BeckRS 2009, 37632).

I. Erwerb der deutschen Staatsangehörigkeit durch oder aufgrund eines Gesetzes

Deutsche Volkszugehörige, denen während der Herrschaft des Nationalsozialismus die deutsche **3** Staatsangehörigkeit durch **Kollektiveinbürgerungen** verliehen worden war, sind gem. § 1 StAng-RegG deutsche Staatsangehörige. Das StAngRegG wurde zwar durch Art. 2 des Gesetzes über die weitere Bereinigung von Bundesrecht (v. 8.12.2010, BGBl. I 1864) mWv 15.12.2010 aufgehoben. Ausweislich der Gesetzesbegründung bleiben die Maßgaben des StAngRegG zu Erwerb und Verlust der deutschen Staatsangehörigkeit aber weiterhin zu beachten, soweit diese rechtserheblich sind (BT-Drs. 230/10).

Nach **Art. 116 Abs. 2 S. 2 GG** gelten Personen, denen im Zeitraum zwischen dem 30.1.1933 **4** und dem 8.8.1945 die deutsche Staatsangehörigkeit aus politischen, rassischen oder religiösen Gründen entzogen worden war, was vor allem aufgrund des Gesetzes über den Widerruf von Einbürgerungen und die Aberkennung der deutschen Staatsangehörigkeit v. 14.7.1933 (RGBl. I 480) sowie durch die Elfte Verordnung zum Reichsbürgergesetz v. 25.11.1941 (RGBl. I 722) erfolgt war, als **nicht ausgebürgert,** wenn sie nach dem 8.5.1945 ihren Wohnsitz in Deutschland genommen und keinen entgegengesetzten Willen haben erkennen lassen. Nach **Art. 116 Abs. 2 S. 1 GG** sind sie auf Antrag wieder einzubürgern, wenn die Voraussetzungen des Art. 116 Abs. 2 S. 2 GG nicht vorliegen. Die Ausbürgerungen sind von Anfang an als nichtig anzusehen (BVerfGE 23, 98 = VerwRspr 1969, 261). Die Betroffenen sind also so zu stellen, als hätten sie die deutsche Staatsangehörigkeit nie verloren (BVerfG BeckRS 9998, 104502). Daran ändert auch der zwischenzeitliche Erwerb einer anderen Staatsangehörigkeit nichts (BVerfGE 23, 98 = VerwRspr 1969, 261).

4a   Nach Art. 116 Abs. 2 S. 1 GG sind die **Abkömmlinge der Betroffenen** nach Art. 116 Abs. 2 GG diesen gleichgestellt. Dies betrifft sämtliche Nachkommen in absteigender Linie (BVerwG NJW 1994, 2164), wenn diese zu ihm in einem rechtlichen Verhältnis stehen, an welches das Staatsangehörigkeitsrecht den Erwerb der deutschen Staatsangehörigkeit knüpft. Dabei gibt es **keine Beschränkung auf bestimmte Generationen** (BVerwG BeckRS 9998, 166366), da zum einen der Wortlaut keine derartige Beschränkung vorsieht und zum anderen der Gesetzeszweck, die Wiedergutmachung nationalsozialistischen Unrechts keine derartige Beschränkung zulassen würde. Dabei ist das Recht anzuwenden, welches zum Zeitpunkt der Geburt des Abkömmlings galt (BVerwG BeckRS 1983, 30427635). Allerdings ist es **nach BVerfG** BeckRS 2020, 12439 verfassungsrechtlich geboten, den **Begriff „Abkömmlinge" weit auszulegen.** Dabei sind die Wertentscheidungen der Art. 6 Abs. 5 GG und Art. 3 Abs. 2 GG in die Entscheidung mit einzubeziehen und der Einbürgerungsanspruch entgegen der vorbenannten Rechtsprechung des BVerwG BeckRS 1983, 30427635 nicht solchen Abkömmlingen vorzuenthalten, die nach einem durch das GG überwundenen Rechtsverständnis die deutsche Staatsangehörigkeit von ihrem Vater auch ohne dessen Ausbürgerung nicht hätten erwerben können. Bei einer hypothetischen Prüfung, welche nicht mehr gültige Rechtsvorschriften zugrunde legt, dürfen diese nicht in einer Weise ausgelegt und angewandt werden, welche jedenfalls heute mit den Wertentscheidungen des GG nicht (mehr) im Einklang steht. Danach ist eine einseitige Bindung des nichtehelichen Kindes an die Mutter hinsichtlich des Erwerbs der Staatsangehörigkeit nicht mit den Wertentscheidungen in Art. 6 Abs. 5 GG und Art. 3 Abs. 2 GG vereinbar und kann somit auch nicht als rechtfertigender Grund für die Ungleichbehandlung nichtehelicher Kinder herangezogen werden, denn mit Art. 3 Abs. 2 GG ist es nicht vereinbar, wenn der Erwerb der deutschen Staatsangehörigkeit nach dem Abstammungsprinzip nur im Verhältnis zu einem Elternteil, im Falle der nichtehelichen Geburt allein zur Mutter, anerkannt wird.

4a.1   Die Auffassung des BVerwG (BeckRS 2001, 30178163), wonach ansonsten noch § 13 als Ermessenseinbürgerung für die Abkömmlinge in Betracht kommt, dürfte nach der Gesetzesänderung v. 19.8.2007 (Art. 5 EUAsylUmsG − Gesetz zur Umsetzung aufenthalts- und asylrechtlicher Richtlinien der Europäischen Union v. 19.8.2007, BGBl. I 1970 −), wonach von § 13 nur noch die minderjährigen Kinder eines ehemaligen Deutschen umfasst sind, keine Bedeutung mehr haben.

4b   Art. 116 Abs. 2 GG ist nicht auf Personen anzuwenden, welche die deutsche Staatsangehörigkeit aufgrund Emigration bereits vor dem in der Vorschrift genannten Zeitraum verloren hatten. Für diese bestand die Möglichkeit der Wiedereinbürgerung nach § 1 StAngRegG durch Antragstellung bis zum 31.12.1970.

4c   Nicht anwendbar ist Art. 116 Abs. 2 GG auch auf **Verfolgte, die den 8.5.1945 nicht überlebt haben** (BVerfGE 23, 98 = VerwRspr 1969, 261), da sie weder einen Antrag auf Wiedereinbürgerung noch einen Wohnsitz in der Bundesrepublik Deutschland stellen konnten. Sie haben aber die deutsche Staatsangehörigkeit nie verloren, sofern dies auf der Elften Verordnung zum Reichsbürgergesetz v. 25.11.1941 (RGBl. I 722) erfolgt war, da diese als von Anfang an nichtig anzusehen ist (BVerfGE 23, 98 = VerwRspr 1969, 261).

4d   Nicht anwendbar ist Art. 116 Abs. 2 GG des Weiteren auf Personen, die von Österreich mWv 27.4.1945 in Anspruch genommen wurden („Anschlussdeutsche"). Dies betrifft auch deren Abkömmlinge (BVerwG BeckRS 9998, 165242).

5   Nach Art. 2 RuStAÄndG 1963 (Gesetz zur Änderung des Reichs- und Staatsangehörigkeitsgesetzes v. 19.12.1963, BGBl. I 982) erwarb ein **eheliches Kind einer deutschen Frau, welches zwischen dem 1.4.1953 und dem 1.1.1964 geboren wurde,** die deutsche Staatsangehörigkeit, wenn es sonst staatenlos gewesen wäre und die deutsche Staatsangehörigkeit nicht ausgeschlagen hat.

6   Weiter sind deutsche Staatsangehörige diejenigen, die in einer der in **§ 10 Hs. 2 1. StAngRegG** (BGBl. 1955 I 65) genannten Organisationen (deutsche Wehrmacht, Waffen-SS, deutsche Polizei, Organisation Todt und Reichsarbeitsdienst) tätig waren und für die ein entsprechender Feststellungsbescheid vor dem 23.2.1955, dem Inkrafttreten des 1. StAngRegG, (aA GK-StAR/Marx § 3 Rn. 73: 27.2.1955) ergangen ist. Ohne diesen Feststellungsbescheid hatte die Tätigkeit in den vorbenannten Organisationen nicht den Erwerb der deutschen Staatsangehörigkeit zur Folge (§ 10 Hs. 1 1. StAngRegG (BGBl. 1955 I 65)).

7   Personen, die vor dem 18.5.1956 (aA GK-StAR/Marx § 3 Rn. 72: 26.5.1955) ein rechtskräftiges verwaltungsgerichtliches Urteil dahingehend erhalten haben, dass sie infolge der **Wiederein-**

gliederung Österreichs die deutsche Staatsangehörigkeit besitzen oder Anspruch auf eine deutsche Staatsangehörigkeitsurkunde haben, sind deutsche Staatsangehörige (§ 10 2. StAngRegG (BGBl. I 1956, 431)).

II. Erwerb durch Erklärung

Durch Erklärung konnten **Österreicher,** die nach Wiederentstehen des österreichischen Staates **8** 1945 die ihre durch den Anschluss erlangte Staatsangehörigkeit verloren hatten, gem. §§ 3, 4 2. StAngRegG (BGBl. I 1956, 431) im Falle ihres dauernden Aufenthalts im Bundesgebiet seit dem 26.4.1945 die deutsche Staatsangehörigkeit bis zum 30.6.1957 (§ 8 S. 1 2. StAngRegG (BGBl. I 1956, 431)) durch Erklärung erlangen.

Ausländerinnen konnten aufgrund einer **Eheschließung** mit einem deutschen Staatsangehöri- **9** gen zwischen dem 1.4.1953 und dem 24.8.1957 nach Art. I Nr. 2, Art. II 3. StAngRegG (Drittes Gesetz zur Regelung von Fragen der Staatsangehörigkeit v. 19.8.1957, BGBl. I 1251) die deutsche Staatsangehörigkeit erlangen.

Nach Art. 3 Abs. 1 S. 1 RuStAÄndG 1974 (Gesetz zur Änderung des Reichs- und Staatsangehö- **10** rigkeitsgesetzes v. 20.12.1974, BGBl. I 3714) erhielten **ehelich geborene Kinder einer deutschen Staatsangehörigen** die deutsche Staatsangehörigkeit, falls sie diese infolge Legitimation durch einen ausländischen Vater verloren hatten. Die diesbezügliche Erklärung musste bis spätestens 31.12.1977 abgegeben worden sein (Art. 5 RuStAÄndG 1974 (BGBl. I 3714)).

Nichtehelich nach dem 31.3.1953 und vor dem 1.1.1975 geborene Kinder einer deut- 10a schen Staatsangehörigen, die aufgrund der Legitimation eines ausländischen Vaters die deutsche Staatsangehörigkeit verloren haben, konnten ebenfalls durch Erklärung bis zum 31.12.1977 die deutsche Staatsangehörigkeit nach Art. 3 Abs. 1 S. 2 RuStAÄndG 1974 (Gesetz zur Änderung des Reichs- und Staatsangehörigkeitsgesetzes v. 20.12.1974, BGBl. I 3714) wiedererlangen.

Nach **Art. 12 § 4 AdoptG** (Gesetz über die Annahme als Kind und zur Änderung anderer **11** Vorschriften v. 2.7.1976, BGBl. I 1749) konnten vor dem Inkrafttreten dieses Gesetzes am 1.1.1977 wirksam angenommene und zu diesem Zeitpunkt noch minderjährige Kinder unter den dort näher genannten Bedingungen durch Erklärung bis zum 31.12.1979 deutsche Staatsangehörige werden.

III. Anspruchseinbürgerung

Frühere deutsche Staatsangehörige, denen aus politischen, rassischen oder religiösen Gründen **12** **zwischen dem 30.1.1933 und dem 8.5.1945 die deutsche Staatsangehörigkeit entzogen** worden war, haben einen sich aus **Art. 116 Abs. 2 S. 1 GG** direkt ergebenden Anspruch auf Wiedereinbürgerung (→ Rn. 4). Auch deren **Abkömmlinge** haben diesen Anspruch (→ Rn. 4a).

Nach § 11 1. StAngRegG (BGBl. 1955 I 65) hat derjenige, der aus politischen, rassischen oder **13** religiösen Gründen **von den in § 1 Abs. 1 StAngRegG genannten Sammeleinbürgerungen ausgeschlossen** war, einen Anspruch auf Erwerb der deutschen Staatsangehörigkeit, wenn er nicht zwischenzeitlich eine andere Staatsangehörigkeit erworben und seinen dauernden Aufenthalt in der Bundesrepublik hat. Der Anspruch ist nicht befristet. Abkömmlinge sind hier nicht umfasst.

Ehemalige deutsche Staatsangehörige, die aus politischen, rassischen oder religiösen Gründen **14** **zwischen dem 30.1.1933 und dem 8.5.1945** diese **verloren** hatten **und vor dem 26.2.1955 eine andere Staatsangehörigkeit angenommen** haben, haben einen Anspruch auf Einbürgerung, auch wenn sie den dauernden Aufenthalt im Ausland beibehalten haben (§ 12 1. StAngRegG (BGBl 1955 I 65)). Deren Abkömmlingen stand der Anspruch bis zum 31.12.1970 zu (§ 12 Abs. 2 StAngRegG idF von Art. III 3. StAngRegG (BGBl. I 1957, 1251)).

Nach § 9 Abs. 2 1. StAngRegG (BGBl. 1955 I 65) hat ein **deutscher Volkszugehöriger 15** einen Anspruch auf Einbürgerung, wenn er die Rechtsstellung eines Vertriebenen nach § 1 BVFG hat oder als Aussiedler Aufnahme im Inland finden soll, sofern er im zweiten Weltkrieg Angehöriger der deutschen Wehrmacht oder eines angeschlossenen oder gleichgestellten Verbandes war, nach der Vertreibung keine neue Staatsangehörigkeit erworben hat und nicht aus einem Staat stammt, der die durch Sammeleinbürgerung von 1938 bis 1945 Eingebürgerten als seine Staatsangehörigen in Anspruch nimmt. Für Angehörige richtet sich der Anspruch nach § 9 Abs. 2 S. 2 1. StAngRegG (BGBl. 1955 I 65).

Unbedeutend ist, ob eine einmal erworbene andere Staatsangehörigkeit später wieder verloren wurde. **15.1** Maßgeblich ist ausschließlich der erfolgte Erwerb der anderen Staatsangehörigkeit (BVerwG BeckRS 1996, 31256752).

16   Ein **heimatloser Ausländer** (§ 1 HeimatlAuslG – Gesetz über die Rechtsstellung heimatloser
      Ausländer im Bundesgebiet v. 25.4.1951, BGBl. I 269) hat nach § 21 HeimatlAuslG bei einem
      rechtmäßigen Aufenthalt in Deutschland von sieben Jahren sowie weitgehender Straflosigkeit (§ 21
      Abs. 1 S. 1 Nr. 2 HeimatlAuslG) einen Einbürgerungsanspruch, soweit die allgemeinen Vorschrif-
      ten über die Einbürgerung erfüllt sind. Dabei sind die Vorschriften des StAG anzuwenden. Bei
      Miteinbürgerung der Familienangehörigen ist der Mindestaufenthalt nicht nötig (§ 21 Abs. 1 S. 2
      HeimatlAuslG).

17   Einen Einbürgerungsanspruch nach Art. II Abs. 1 3. StAngRegG (Drittes Gesetz zur Regelung
      von Fragen der Staatsangehörigkeit v. 19.8.1957, BGBl. I 1251) besaß auch die **Ausländerin,
      die in der Zeit v. 1.4.1953 bis 23.8.1957 einen deutschen Staatsangehörigen geheiratet**
      hat (§ 6 RuStAG aF). Sie musste innerhalb einer Ausschlussfrist von einem Jahr, somit bis zum
      23.8.1958 (aA GK-StAR/Marx: 24.8.1957) erklären, dass sie die deutsche Staatsangehörigkeit
      rückwirkend auf den Zeitpunkt der Eheschließung haben wollte (Art. II Abs. 2 3. StAngRegG
      (BGBl. I 1957, 1251)). Verstarb sie vor Fristablauf, so konnten Angehörige gemäß § 21 1. StAng-
      RegG (BGBl. 1955 I 65) nach den dortigen Regelungen den Anspruch geltend machen.

18   Art. 4 RuStAÄndG 1974 (Gesetz zur Änderung des Reichs- und Staatsangehörigkeitsgesetzes
      v. 20.12.1974, BGBl. I 3714) gewährte für nach dem 31.3.1953 geborene, volljährige und nach
      dem damaligen Recht **nichteheliche Kinder einer Deutschen** einen bis 31.12.1977 befristeten
      Einbürgerungsanspruch.

19   Ein seit der Geburt **Staatenloser** hat einen Einbürgerungsanspruch nach Art. 2 StlVermG
      (Gesetz zur Verminderung der Staatenlosigkeit v. 29.6.1977, BGBl. I 1101), wenn er in der
      Bundesrepublik, an Bord eines Schiffes, welches berechtigt ist, die Bundesflagge zu führen, oder
      in einem Flugzeug, welches das Staatszugehörigkeitskennzeichen der Bundesrepublik Deutschland
      führt, geboren wurde, seit fünf Jahren seinen rechtmäßigen und dauerhaften Aufenthalt im Inland
      hat und den Antrag vor Vollendung des 21. Lebensjahres stellt. Dies wird bei Staatenlosen zu
      beachten sein, die auf einem deutschen Flüchtlingsboot geboren wurden. Straftaten mit Freiheits-
      oder Jugendstrafe von fünf Jahren oder mehr sind anspruchshindernd. Der Anspruch beruht aus-
      schließlich auf Art. 2 StlVermG, nicht auf Art. 32 Staatenlosenübereinkommen oder Art. 1 Abs. 1
      EUVerStaloUeb (BVerwG BeckRS 9998, 170315).

19a   Zur Frage, was unter einem **dauernden Aufenthalt** iSd Art. 2 StlVermG zu verstehen ist, hat
      das BVerwG (BeckRS 2009, 33330) ausführliche Überlegungen angestellt. Danach ist zwischen
      der Dauerhaftigkeit und der Rechtmäßigkeit des Aufenthalts zu unterscheiden. Unter dauerndem
      Aufenthalt ist dabei im Wesentlichen das zu verstehen, was unter dem Begriff des gewöhnlichen
      Aufenthalts im Flüchtlingsrecht verstanden wird. Ein solcher Aufenthalt erfordert, im Gegensatz
      zum rechtmäßigen Aufenthalt, keine förmliche Zustimmung der Ausländerbehörde. Vielmehr
      genügt es, dass die Ausländerbehörde unbeschadet ihrer rechtlichen Möglichkeiten davon Abstand
      nimmt, den Aufenthalt des Staatenlosen zu beenden, zB weil die Aufenthaltsbeendigung unzumut-
      bar oder undurchführbar wäre (BVerwG BeckRS 2009, 33330).

19b   Auch muss es sich **nicht** um einen **ununterbrochenen Aufenthalt** handeln. So ist es nicht
      nötig, dass sich der Aufenthalt des Bewerbers zum Zeitpunkt der Einbürgerungsentscheidung mit
      Willen der Ausländerbehörde zu einer voraussichtlich dauernden Niederlassung verfestigt hat.
      Sinn und Zweck des dem StlVermG zugrundeliegenden Übereinkommen zur Verminderung der
      Staatenlosigkeit ist nicht, dem Erfordernis des dauernden Aufenthalts eine Einordnung in die
      deutschen Lebensverhältnisse zugrunde zu legen, welches in der Regel erst nach einem langfristi-
      gen Einleben in die deutsche Umwelt eintritt (BVerwG BeckRS 1993, 31237651). Wesentlich
      ist, dass der Aufenthalt nicht auf absehbare Zeit beendet werden soll. Kurzfristige Unterbrechungen
      des dauernden Aufenthalts stehen der Erfüllung der Wartefrist nicht entgegen (BVerwG BeckRS
      9998, 28753).

19c   Der Aufenthalt muss nach dem Wortlaut des Art. 2 Abs. 2 StlVermG zwar auch rechtmäßig
      sein. Dieses Erfordernis stimmt aber nicht mit Art. 1 Abs. 2 lit. b EUVerStaloUeb überein, sodass
      sich die Frage stellt, ob die Vorschrift mit dem Übereinkommen vereinbar ist. Der Rechtsprechung
      des BVerwG (BeckRS 1993, 31237651; 2009, 33330) ist diesbezüglich keine klare Linie zu entneh-
      men. Allerdings spricht sich das BVerwG dafür aus, dass die Vorschriften des StlVermG anhand
      des EUVerStaloUeb (Übereinkommen zur Verminderung der Staatenlosigkeit v. 30.8.1961, BGBl.
      1977 II 597) auszulegen sind. Danach kann dem **Begriff der Rechtmäßigkeit des Aufenthalts
      keine selbstständige Bedeutung** neben dem Erfordernis der Dauerhaftigkeit des Aufenthalts
      zukommen (HMHK/Hailbronner Grdl. F Rn. 38).

19d   Bei **Kindern und Jugendlichen** richtet sich die Frage des dauernden Aufenthalts nach demje-
      nigen der Eltern (BVerwG BeckRS 1993, 31237651).

§ 10 begründet für Ausländer, die sich seit mindestens acht Jahren rechtmäßig und dauerhaft **20** im Inland aufhalten, einen Einbürgerungsanspruch (→ § 10 Rn. 1 ff.).

IV. Ermessenseinbürgerung

Nach § 8 kann unter den dort genannten Voraussetzungen ein Ausländer eingebürgert werden **21** (im Einzelnen → § 8 Rn. 1 ff.).

Deutsche Volkszugehörige ohne deutsche Staatsangehörigkeit können die Einbürgerung **22** vom Ausland her gem. § 9 StAngRegG beantragen, wenn sie die Rechtsstellung eines Vertriebenen nach § 1 BVFG haben oder als Aussiedler nach § 1 Abs. 2 Nr. 3 BVFG im Inland Aufnahme finden sollen. Dies steht in diesem Fall auch dem Ehegatten zu.

Keinen Einbürgerungstatbestand stellt **Art. 34 GFK** dar (so wohl GK-StAR/Marx Rn. 89). **23** Vielmehr handelt es sich um einen Ermessensgesichtspunkt, der im Rahmen der allgemeinen Einbürgerungsvorschriften zu beachten ist.

D. Mehrfacher Erwerb der deutschen Staatsangehörigkeit

Grundsätzlich gilt das Prinzip, dass die deutsche Staatsangehörigkeit nicht erneut erworben **24** werden kann, wenn diese bereits besessen wird.

Seit der Einführung des § 29 muss dies anders gesehen werden. § 29 stellt den Erwerb der **25** deutschen Staatsangehörigkeit nach § 4 Abs. 3 und § 40b unter einen Vorbehalt der auflösenden Bedingung (VGH BW BeckRS 2016, 51163), da der Betroffene unter den dort genannten Umständen sich erklären muss, ob er die deutsche Staatsangehörigkeit beibehält oder sich für die andere Staatsangehörigkeit, die er innehat, entscheidet. Damit ist die **ius-soli-Staatsbürgerschaft eine schwächere Staatsangehörigkeit im Vergleich zu allen sonstigen Erwerbsgründen.** Einen Vorbehalt wie beim ius-soli-Erwerb kennt das Staatsangehörigkeitsrecht sonst nicht (GK-StAR/Marx § 4 Rn. 346).

Mit GK-StAR/Marx § 4 Rn. 350 kann deshalb dem nachträglichen anderweitigen Erwerb der **26** deutschen Staatsangehörigkeit, insbesondere im Fall des § 6 (Annahme als Kind), das bisherige Prinzip nicht mehr entgegengehalten werden. Ein Verlust der von Geburt an bestehenden deutschen Staatsangehörigkeit bei erneutem Erwerb aus anderen Gründen steht auch § 17 Abs. 1 aufgrund der abschließenden Regelung nicht entgegen.

Auch soweit das BVerwG (BeckRS 2018, 8496) die Auffassung vertritt, der Erwerb nach § 4 **27** Abs. 1 vom deutschen Vater stehe unter dem Vorbehalt, dass keine wirksame Anfechtung der Vaterschaft zum Wegfall der deutschen Staatsangehörigkeit beim Kind bewirkt (→ § 4 Rn. 17), muss dazu führen, dass ein anderweitiger Erwerb der deutschen Staatsangehörigkeit aufgrund einer anderen Erwerbsvorschrift möglich sein muss.

Das SächsOVG (BeckRS 2014, 45207) scheint in die Richtung zu tendieren, dass zwei Anspruchsgrund- **27.1** lagen für die deutsche Staatsangehörigkeit bestehen können. Im entschiedenen Fall war streitig, ob die zwischenzeitlich eingebürgerte Klägerin bereits seit Geburt die deutsche Staatsangehörigkeit besitzt. Das SächsOVG hat den Anspruch auf Feststellung nach § 30 als zulässig angesehen.

Keinen Sinn machen würde selbstredend der erneute Erwerb der deutschen Staatsangehörigkeit **28** durch Einbürgerung, da diese den Verlust der anderen Staatsangehörigkeit vorsieht, und diese dem § 29 vorgreifen würde.

E. Langjährige Behandlung als Deutscher (Abs. 2)

I. Rechtsgrundlage

Am 28.8.2007 trat das Gesetz zur Umsetzung aufenthalts- und asylrechtlicher Richtlinien der **29** Europäischen Union (v. 19.8.2007, BGBl. I 1970) in Kraft. Mit diesem wurde Abs. 2 erstmalig eingefügt. Danach kann die deutsche Staatsangehörigkeit auch durch **langjährige Behandlung als deutscher Staatsangehöriger** erworben werden.

II. Allgemeines

Die Vorschrift regelt, dass **die deutsche Staatsangehörigkeit erwirbt, wen deutsche Stel- 30 len seit zwölf Jahren als deutschen Staatsangehörigen behandelt haben,** sofern die betroffene Person dies nicht zu vertreten hat. Abs. 2 regelt den Erwerb der deutschen Staatsangehörigkeit durch Vertrauensschutz **abschließend** (aber → Rn. 35).

31   Abs. 2 ist eine Fortentwicklung des vom Gesetzgeber bereits mit dem ZuwG (Zuwanderungsgesetz v. 30.7.2004, BGBl. I 1950) eingeführten Rechtsgedankens. Nach § 38 Abs. 5 AufenthG muss bzw. kann einem Betroffenen, der aus einem nicht von ihm zu vertretenden Grund von deutschen Stellen als Deutscher behandelt wurde, ein Aufenthaltstitel erteilt werden. Abs. 2 nun geht unter den strengeren Voraussetzungen einen Schritt weiter und **ermöglicht den Erwerb der deutschen Staatsangehörigkeit für Personen, welche nie die deutsche Staatsangehörigkeit besessen oder diese verloren haben.**

32   Abs. 2 spricht von der Behandlung als deutscher Staatsangehöriger, nicht von der als Deutscher. Damit ist klargestellt, dass die **Behandlung als Statusdeutscher nicht unter diese Vorschrift** fällt.

33   Schon **vor Inkrafttreten des Abs. 2** ging die Rechtsprechung davon aus, dass unter besonderen Voraussetzungen bei fehlerhaftem, die deutsche Staatsangehörigkeit unbefristet feststellenden Verwaltungsakt unter dem Gesichtspunkt des Vertrauensschutzes der Erwerb der Staatsangehörigkeit eintreten kann (BVerwG BeckRS 9998, 164144).

III. Maßgeblicher Zeitraum

34   Dieser Erwerbstatbestand ist **nicht auf Fälle beschränkt,** bei denen die Behandlung als Deutscher erst **ab** der **Gesetzesänderung** begonnen hat. Nach dem Willen des Gesetzgebers sollen sich auch diejenigen auf Abs. 2 berufen können, die zum Zeitpunkt des Inkrafttretens des Gesetzes zur Umsetzung aufenthalts- und asylrechtlicher Richtlinien der Europäischen Union am 28.8.2007 bereits seit mindestens zwölf Jahren als deutsche Staatsangehörige behandelt wurden und die übrigen Voraussetzungen erfüllen (BT-Drs. 16/5056, 227).

35   Dabei muss der Betroffene noch **im Zeitpunkt des Inkrafttretens des Abs. 2 zum 28.8.2007 als deutscher Staatsangehöriger behandelt** worden sein. Eine Behandlung über einen Zeitraum von zwölf Jahren als deutscher Staatsangehöriger vor Inkrafttreten der Norm, aber nicht mehr zum Zeitpunkt ihres Inkrafttretens, führt nicht zum Erwerb der deutschen Staatsangehörigkeit nach dieser Vorschrift (VGH BW BeckRS 2008, 36220; OVG NRW BeckRS 2012, 45187; OVG Bbg BeckRS 2009, 40080). Eventuell kommt hier aber eine Behandlung nach der früheren Vertrauensschutzpraxis in Betracht (→ Rn. 59a), wobei hier die Voraussetzungen erheblich höher waren. Nach der damaligen Rechtsprechung hat allein die Ausstellung eines zeitlich befristeten Dokuments, wie eines Reisepasses, nicht ausgereicht, um den Staatsangehörigkeitserwerb zu begründen, wenn diese nicht auf einem Verwaltungsakt beruhten (BVerwG BeckRS 9998, 164144; 1979, 30441215).

36   Der Betroffene darf über den gesamten Zeitraum von zwölf Jahren nicht deutscher Staatsangehöriger gewesen sein. **Zeiten, in welchen die deutsche Staatsangehörigkeit bestanden hat, werden nicht berücksichtigt** (VG Köln BeckRS 2014, 50637; BeckOK AuslR/Weber § 3 Rn. 13; aA ohne Begründung GK-StAR/Marx § 3 Rn. 20). Die Vorschrift stuft die jahrelange Behandlung als deutscher Staatsangehöriger als Erwerbsgrund für die deutsche Staatsangehörigkeit ein. Ein Erwerb ist aber nur möglich, wenn die Staatsangehörigkeit nicht bereits vorliegt oder nicht belegt werden kann. Dies wäre mit dem gesetzgeberischen Zweck der Vorschrift nicht vereinbar. Allerdings ist ein **rückwirkender Verlust der Staatsangehörigkeit zu berücksichtigen** (VG Hamburg BeckRS 2014, 54709; aA BeckOK AuslR/Weber § 3 Rn. 13). Dann ist auch der Zeitraum, in welchem der Betroffene vermeintlich die deutsche Staatsangehörigkeit innehatte, zu berücksichtigen. Sofern der rückwirkende Verlust der deutschen Staatsangehörigkeit aufgrund Täuschung, Drohung, Bestechung usw. durch den Betroffenen im Einbürgerungsverfahren erfolgt (§ 35 Abs. 1), muss die Korrektur im Bereich des Vertretenmüssens (→ Rn. 49) erfolgen. Sofern die Gegenmeinung (BeckOK AuslR/Weber § 3 Rn. 13) die Auffassung vertritt, dass grundsätzlich der Zeitraum eines Verlustes der deutschen Staatsangehörigkeit ex tunc unberücksichtigt blieben muss, weil damit keine schützenswerte Rechtsposition vorliege, geht dies fehl. Es sind auch Konstellationen denkbar, in denen der rückwirkende Verlust der Staatsangehörigkeit nicht aufgrund eines Fehlverhaltens des Betroffenen erfolgt.

37   Auch Zeiten, in denen der Betroffene Deutscher war, dies aber nicht wusste, werden nicht berücksichtigt.

37a   Der Zeitraum des **Vertrauensschutzes endet,** wenn von den zuständigen deutschen Stellen dem Betroffenen Umstände zur Kenntnis gebracht werden, die zu einer anderweitigen staatsangehörigkeitsrechtlichen Bewertung führen, **insbesondere, wenn ein Staatsangehörigkeitsprüfungsverfahren eingeleitet wird** (VG Berlin BeckRS 2016, 56095; VG Köln BeckRS 2015, 42165; Dörig MigrationsR-HdB § 2 Rn. 38).

Nach Auffassung von VG Neustadt (BeckRS 2017, 149106) endet der Zeitraum ebenfalls, **37b** wenn der Betroffene nach einmaliger Erstellung eines deutschen Reisepasses bei Ablauf desselben keinen neuen Reisepass beantragt. Das Gericht vertritt die Auffassung, Zweck der kurzen Geltungsdauer von Reisepässen sei, dass eine Behandlung nach Abs. 2 so nicht möglich sei, weil bei der Neubeantragung des Reisepasses die zuständige Stelle die Möglichkeit hat festzustellen, ob der Betroffene deutscher Staatsangehöriger ist. Dieser Zweck des § 5 PassG findet sich allerdings nicht in den Motiven zu dieser Vorschrift. Das Urteil ist deshalb abzulehnen. Zudem gibt es keine rechtliche Verpflichtung, einen Reisepass zu beantragen.

IV. Wohnsitz

Der **Wohnsitz oder der gewöhnliche Aufenthalt** der betroffenen Person ist **unerheblich.** **38** Ein deutscher Wohnsitz ist nicht Voraussetzung. Auch eine im Ausland lebende Person kann unter Abs. 2 fallen, zB durch die Behandlung als deutscher Staatsangehöriger durch deutsche Auslandsvertretungen (GK-StAR/Marx Rn. 13).

V. Deutsche Stellen

Die **Behandlung** als deutscher Staatsangehöriger **muss von deutschen Stellen erfolgt sein.** **39** Nicht eindeutig ist dabei, was unter deutschen Stellen zu verstehen ist, insbesondere, ob hierunter nur solche Behörden fallen, deren Kernaufgabe die Prüfung der deutschen Staatsangehörigkeit ist. Dies wird man nicht so einschränkend sehen können. Maßgeblich ist vielmehr, dass die **öffentliche Stelle bei ihrer konkreten Tätigkeit das Vorliegen der deutschen Staatsangehörigkeit prüfen** muss, auch wenn dies keine Kerntätigkeit darstellt (VGH BW BeckRS 2008, 36220). Dabei muss sie keineswegs befugt sein, die deutsche Staatsangehörigkeit festzustellen (GK-StAR/ Marx Rn. 41).

Dass eine **restriktive Behandlung** der Vorschrift **nicht angebracht** ist, zeigt sich auch daran, **40** dass der Katalog der Möglichkeiten einer Behandlung als deutscher Staatsangehöriger in S. 2 nicht abschließend ist („insbesondere"). So genügt auch eine **mittelbare Behandlung als deutscher Staatsangehöriger.** Es ist zB zu berücksichtigen, dass eine Ausländerbehörde einem Ausländer aufgrund der vermeintlichen deutschen Staatsangehörigkeit eines Familienangehörigen eine entsprechende Aufenthaltserlaubnis erteilt (VG Stade BeckRS 2009, 38861).

Die Anwendbarkeit ist also **nicht nur** auf eine Behandlung durch Stellen beschränkt, deren **41** Kernaufgabe die Prüfung der deutschen Staatsangehörigkeit ist, zB die Passbehörden. Die eher restriktive Aufzählung nach den VAH-StAG erscheint nicht angemessen. Diese sehen als deutsche Stellen Verwaltungsbehörden oder Selbstverwaltungsorgane an, die unmittelbar oder mittelbar mit der Prüfung des Staatsangehörigkeitsstatus des Betroffenen befasst sind.

Nach alledem sind **als deutsche Stellen** iSd Abs. 2 – ohne Anspruch der Vollständigkeit – **42** **anzusehen:** Staatsangehörigkeitsbehörden, Ausländerbehörden, Meldebehörden, Passbehörden, Personenstandsbehörden, Auslandsvertretungen im konsularischen Aufgabenbereich, Dienstherren bei der Beamtenernennung, Berufszulassungsstellen bei Berufen, welche die deutsche Staatsangehörigkeit voraussetzen, Wehrersatzbehörden, Zivildienstbehörden (GK-StAR/Marx Rn. 40). Weiter gehören hierher Wahl- oder Registerbehörden (Dörig MigrationsR-HdB § 2 Rn. 34). Gleichgültig ist, ob es sich um kommunale, Landes- oder Bundesbehörden handelt (GK-StAR/ Marx Rn. 41).

VI. Behandlung als deutscher Staatsangehöriger

Die **Art und Weise,** in welcher die Person als deutscher Staatsangehöriger behandelt werden **43** kann, ist in Abs. 2 S. 2 beispielhaft geregelt. Danach liegt ein **Behandeln als deutscher Staatsangehöriger insbesondere** vor, wenn ein Staatsangehörigkeitsausweis, ein Reisepass oder ein Personalausweis ausgestellt wird.

Nicht nachvollziehbar ist die Auffassung von HMHK/Kau Rn. 7a, wonach der Besitz eines Staatsange- **43.1** hörigkeitsausweises, eines Reisepasses oder eines Personalausweises allein ohne Hinzukommen weiterer Tatbestandsmerkmale nicht für den Erwerb der deutschen Staatsangehörigkeit nach dieser Vorschrift ausreichen soll. Dies ist mit dem Wortlaut der Vorschrift nicht in Einklang zu bringen. Die zitierten Urteile betreffen zudem nicht den Erwerb nach § 3 Abs. 2. Eine andere Frage ist, ob der Betroffene das Behandeln zu vertreten hat.

Der ursprünglich seitens des BVerwG vorgenommene Ausschluss von befristet erteilten staatsan- **44** gehörigkeitsrechtlichen Urkunden (BeckRS 9998, 164144) wurde seitens des Gesetzgebers nicht übernommen. Vielmehr sind durch den Begriff „insbesondere" sämtliche staatsangehörigkeitsrechtlichen Dokumente einbezogen.

45   Denkbar sind somit Sachverhalte, wie zB die **Ernennung zum Richter** (§ 9 DRiG), die **Zulassung zu Wahlen,** soweit das Wahlrecht auf deutsche Staatsangehörige beschränkt ist, und die **Berufung zum Soldaten** (§ 37 Abs. 1 S. 1 SG). Dazu gehört beispielsweise auf der **Kinderausweis** bzw. **Kinderreisepass** nach § 1 Abs. 2 PaßG (VG Hamburg BeckRS 2014, 54709; VG Köln BeckRS 2014, 50637).

46   Seitens der deutschen Stelle muss zumindest eine **summarische Prüfung der Staatsangehörigkeit** vor dem Behandeln als deutscher Staatsangehöriger erfolgt sein. Wird schlicht aufgrund von Angaben des Betroffenen oder eines Dritten die Staatsangehörigkeit unterstellt, liegt kein Behandeln in diesem Sinne vor (GK-StAR/Marx Rn. 33). Es bedarf aber **keiner formellen Prüfung der Staatsangehörigkeit** (GK-StAR/Marx Rn. 34; NK-AuslR/Geyer Rn. 7).

46a   Das Behandeln iSd Abs. 2 muss über den Zeitraum von zwölf Jahren andauern. Wurde einmalig ein Dokument, zB ein Personalausweis, ausgestellt, der vor dem Ablauf von zwölf Jahren seine Gültigkeit verliert und wird kein entsprechendes neues Dokument im maßgeblichen Zeitraum beantragt, liegt kein **aktives Behandeln** durch deutsche Stellen mehr vor. Es ist vielmehr ein Agieren der deutschen Stelle gegenüber dem Betroffenen nötig (VG Neustadt a. d. Weinstraße BeckRS 2017, 139390).

46b   **Ändert die deutsche Stelle ihr Verhalten vor Ablauf der zwölf Jahre** dahingehend, dass sie die Ausstellung zunächst verweigert, um das Vorliegen der deutschen Staatsangehörigkeit zunächst zu prüfen, entsteht eine Zäsur, sodass der Vertrauensschutz nicht weiterläuft (VG Berlin BeckRS 2016, 56095; VG Köln BeckRS 2014, 50637; BeckOK AuslR/Weber § 3 Rn. 14). So ist die Erteilung eines Visums an den Betroffenen zur Einreise in die Bundesrepublik ein klares Zeichen, dass die Behandlung als Deutscher nicht aufrechterhalten wird (VG Köln BeckRS 2015, 54061).

46c   Ebenso ist ein **widersprüchliches Verhalten verschiedener Stellen** gegenüber dem Betroffenen ausreichend, um den Vertrauensschutz entfallen zu lassen (VG Köln BeckRS 2017, 126657; BeckOK AuslR/Weber § 3 Rn. 14).

46d   Da Abs. 2 keine Aussage zur **Häufigkeit der Behandlung** als deutschen Staatsangehörige trifft, ist davon auszugehen, dass eine einmalige, über den notwendigen Zeitraum andauernde Behandlung genügt (so auch GK-StAR/Marx § 3 Rn. 38; NK-AuslR/Geyer Rn. 8). Die einschränkende Auffassung von BeckOK AuslR/Weber § 3 Rn. 16, wonach eine gewisse Verstetigung des Behandelns zu fordern sei, überzeugt nicht. Sofern dabei auf ein unterbleibender Verlängerungsantrag eines Ausweispapiers abgestellt wird, betrifft dies nach hiesiger Auffassung den Zeitraum des Behandelns, nicht die notwendige Intensität des Behandelns.

47   Die Einbeziehung in einen Aufnahmebescheid als Abkömmling eines **Spätaussiedlers** erfolgt nach der Rechtsprechung nicht aufgrund einer staatsangehörigkeitsrechtlichen Überprüfung (VGH BW BeckRS 2008, 36220). Auf diesen Fall ist Abs. 2 somit nicht anzuwenden.

47a   Abs. 2 S. 1 erfasst nur Amtshandlungen einer deutschen Stelle gegenüber einer Person, welche im Zeitpunkt dieser Amtshandlung **nicht objektiv bereits deutscher Staatsangehöriger** iSd Art. 116 Abs. 1 Alt. 1 GG **oder Statusdeutscher** iSd Art. 116 Abs. 1 Alt. 2 GG ist (OVG NRW BeckRS 2017, 127738; Dörig MigrationsR-HdB § 2 Rn. 35), da die deutsche Staatsangehörigkeit nur erwerben kann, wer diese nicht bereits besitzt.

48   Durch das Behandeln muss ein **Vertrauenstatbestand** durch die deutsche Stelle gerade gegenüber dem Betroffenen entstanden sein. Eine allgemeine Verwaltungspraxis in anderen Fällen genügt nicht (VGH BW BeckRS 2008, 36220). Auch ein rein verwaltungsinterner Vorgang, wie ein Melderegistereintrag, schafft beim Betroffenen kein Bewusstsein für eine Behandlung als Deutscher und ist damit nicht schützenswert iSd Abs. 2 (OVG NRW BeckRS 2018, 157; VG Regensburg BeckRS 2014, 53139; BeckOK AuslR/Weber § 3 Rn. 14).

48a   Andererseits beenden aber auch **rein verwaltungsinterne Zweifel,** ohne diese dem Betroffenen bekannt zu geben, nicht den Vertrauenstatbestand und unterbrechen nicht den Zwölfjahres-Zeitraum (OVG NRW BeckRS 2020, 8795; BeckOK AuslR/Weber § 3 Rn. 14).

48b   Der Betroffene muss ausweislich des Wortlauts als deutscher Staatsangehöriger behandelt worden sein. **Auf eine Behandlung als Statusdeutscher** (Art. 116 Abs. 1 Alt. 2 GG) **ist Abs. 2 nicht anwendbar.**

48c   Abs. 2 ist aber auf Personen anwendbar, die zuerst die deutsche Staatsangehörigkeit besessen und zwischenzeitlich verloren haben (VG Hamburg BeckRS 2014, 54709).

VII. Vertretenmüssen

Der Erwerb der deutschen Staatsangehörigkeit nach Abs. 2 ist ausgeschlossen, wenn der Betrof- **49** fene die **Behandlung als deutscher Staatsangehöriger zu vertreten** hat (Abs. 2 S. 1 Hs. 2). Schließlich basiert die Vorschrift auf dem Grundsatz des Vertrauensschutzes, der selbstredend nicht gegeben ist, wenn die fehlerhafte Behandlung als deutscher Staatsangehöriger vorwerfbar auf ein Verhalten des Betroffenen zurückgeht.

Nach Nr. 3.2 VAH-StAG liegt Vertretenmüssen vor, wenn der Betroffene die deutschen Stellen **50** über das Bestehen seiner deutschen Staatsangehörigkeit getäuscht oder einen diesbezüglichen Irrtum aufrechterhalten hat. **Vorsatz** schließt die Anwendung des Abs. 2 somit immer aus.

Auch **grob fahrlässig unzureichende oder fehlerhafte Angaben,** die zur fehlerhaften **51** Behandlung als Deutscher durch die Stelle führen, schließen die Anwendung des Abs. 2 aus. Auch hier liegt stets ein Vertretenmüssen iSd S. 1 vor (GK-StAR/Marx Rn. 50). Das **Unterlassen** der Offenbarung relevanter Tatsachen schließt dann den Erwerb nach Abs. 2 aus, wenn der Betroffene unvollständige Angaben auf Anfragen der zuständigen Stelle macht (VG Hamburg BeckRS 2014, 54709).

Der Betroffene muss trotz positiver Kenntnis des Nichtbestehens der deutschen Staatsangehörig- **52** keit entweder notwendige Informationen abgegeben oder dies unterlassen haben. Nach Nr. 3.2 Abs. 6 VAH-StAG können aber **vom Betroffenen keine Kenntnisse des deutschen Staatsangehörigkeitsrechts erwartet** werden. Auch darf er grundsätzlich auf die Richtigkeit von Verwaltungshandeln vertrauen. Nicht zu vertreten hat es demnach der Betroffene, wenn er von deutschen Stellen falsch unterrichtet worden ist oder wenn sich die bisherige Rechtsauslegung, zB aufgrund von Gerichtsentscheidungen, geändert hat.

Nachträglich eintretende Umstände sind nur dann den deutschen Stellen mitzuteilen, wenn **53** sich die staatsangehörigkeitsrechtliche Erheblichkeit dem Betroffenen hätte aufdrängen müssen (GK-StAR/Marx Rn. 51; BeckOK AuslR/Weber § 3 Rn. 21) und er daher zur Offenbarung dieser Tatsachen verpflichtet war (VG Hamburg BeckRS 2014, 54709). Dabei fordert ein Vertretenmüssen durch Unterlassen allerdings als Mindestmaß an möglicher staatsangehörigkeitsrechtlicher Relevanz der nicht offenbarten Tatsachen (VGH BW BeckRS 202, 16950). Dies ist, wie BeckOK AuslR/Weber § 3 Rn. 21 zurecht festhält, sicherlich eine Frage der Komplexität des Einzelfalls sowie der Kenntnis des Betroffenen von rechtlichen Grundlagen, wobei nach Nr. 3.2 Abs. 6 VAH-StAG keine Kenntnisse des deutschen Staatsangehörigkeitsrechts vom Betroffenen erwartet werden dürfen (→ Rn. 52).

Anders sieht dies allerdings teilweise **die Rechtsprechung.** Nach VG Köln BeckRS 2015, **54** 42165 liege Vertretenmüssen zwar laut der Gesetzesbegründung dann vor, wenn der Betreffende wissentlich auf die Umstände eingewirkt hat, die deutschen Stellen dazu veranlasst haben, ihn als deutschen Staatsangehörigen zu behandeln. Ein Vertretenmüssen setze aber bereits begrifflich kein Verschulden in Form von Vorsatz oder Fahrlässigkeit voraus. Zu vertreten habe jemand ein Verhalten schon dann, wenn er in der Lage und aus Rechtsgründen verpflichtet und es ihm auch nach den Umständen zumutbar war, einen Vorgang zu verhindern. Erforderlich, aber auch ausreichend sei eine dem Betroffenen zurechenbare Veranlassung der fehlerhaften Deutschenbehandlung. Dies könne durch Tun oder Unterlassen geschehen. Zwar dürften hierbei von dem Betroffenen keine Kenntnisse des deutschen Staatsangehörigkeitsrechts verlangt werden, ein Vertretenmüssen liege aber dann vor, wenn der Betroffene die Anzeige eines auch bei einer Parallelwertung in der Laiensphäre ohne besondere staatsangehörigkeitsrechtliche Kenntnis möglicherweise staatsangehörigkeitsrechtlich relevanten Vorgangs wie etwa den Erwerb einer ausländischen Staatsangehörigkeit bei der prüfungsbefugten Stelle unterlassen hat (so auch Dörig MigrationsR-HdB § 2 Rn. 37).

Nach hiesiger Auffassung steht dies bereits im Gegensatz zum allgemeinen Rechtsverständnis **54a** des Begriffs „Vertretenmüssen". Zum anderen steht diese Auffassung auch im Widerspruch zu Nr. 3.2 VAH-StAG. Insbesondere ist eine derart weite Fassung aber wohl auch nicht mit dem Willen des Gesetzgebers in Einklang zu bringen. In der im Urteil genannten BT-Drs. 16/5065, 227 ist aufgeführt, dass Vertretenmüssen vorliegt, soweit jemand wissentlich auf die Umstände eingewirkt hat, die deutsche Stellen dazu veranlasst haben, ihn bisher als deutschen Staatsangehörigen zu behandeln. Hierzu zählt nach der Gesetzesbegründung insbesondere Täuschung über oder das Verschweigen relevanter Tatsachen. Dies deutet darauf hin, dass versehentliches, also fahrlässiges Verhalten nicht ausreichend sein dürfte. Erst recht kann ein noch nicht einmal fahrlässiges Verhalten kein Vertretenmüssen im Sinne dieser Vorschrift darstellen.

Kenntnisse, über welche die zuständigen Stellen verfügen oder verfügen können, liegen **55** nicht zurechenbar im Verantwortungsbereich des Betroffenen, was ein Vertretenmüssen ausschließt (VG Stade BeckRS 2009, 38861). Der Betroffene darf insbesondere darauf vertrauen, dass die zuständigen Stellen bekannte Tatsachen auch verwerten. Das Vertretenmüssen muss dem alleinigen Verantwortungsbereich des Betroffenen zuzurechnen sein.

56   Der Betroffene muss das Behandeln als deutscher Staatsangehöriger persönlich zu vertreten haben. Ist der Betroffene im maßgeblichen Zeitraum minderjährig, kann ihm ein **Fehlverhalten der Eltern nicht zugerechnet** werden (VG Hamburg BeckRS 2014, 54709 mit ausführlicher und zutreffender Begründung; offengelassen VGH BW BeckRS 2020,16950; GK-StAR/Marx Rn. 56; Dörig MigrationsR-HdB § 2 Rn. 37; NK-AuslR/Geyer § 3 Rn. 11; aA HMHK/Kau StAG Rn. 6b unter Bezug auf §§ 1626, 1629 BGB; BeckOK AuslR/Weber § 3 Rn. 22).

56.1   Soweit sich HMHK/Kau Rn. 6b auf VG Köln BeckRS 2014, 51537 bezieht, ist dies unzutreffend, da es im dortigen Fall um die Frage geht, ob der Elternteil bereits die deutsche Staatsangehörigkeit verloren hat. Um ein Vertretenmüssen hinsichtlich des Staatsangehörigkeitserwerbs des minderjährigen Kindes ging es nicht.

56.2   Auch die Ausführungen des BVerfG (BeckRS 201, 46474 Rn. 39), wonach in begrenztem Maß auch ein Vertretenmüssen der Eltern zum Verlust der deutschen Staatsangehörigkeit des Kindes führen kann, sind nicht auf das Vertretenmüssen im Sinne dieser Vorschrift anzuwenden, da sie gerade nicht den Erhalt, sondern den Verlust der Staatsangehörigkeit betreffen.

56.3   Entgegen BeckOK AuslR/Weber § 3 Rn. 22 spricht die Gesetzesbegründung durchaus für die hier vertretene Auffassung. BT-Drs. 16/5065, 227 führt aus, dass, soweit jemand jedoch wissentlich auf die Umstände eingewirkt hat, die deutsche Stellen dazu veranlasst haben, „ihn" bisher als deutschen Staatsangehörigen zu behandeln, der Erwerb nach § 3 Abs. 2 ausgeschlossen ist. Von einer Auswirkung auf die Behandlung Dritter als deutsche Staatsangehörige wird explizit nicht gesprochen.

57   **Beispiele:**
- **Kein Vertretenmüssen,** wenn der Verlust aufgrund einer Vaterschaftsanfechtung durch den deutschen Vater eingetreten ist, und dies der Behörde nicht mitgeteilt wird (VG Hamburg BeckRS 2014, 54709; aA wohl HMHK/Kau Rn. 8b).
- **Kein Vertretenmüssen,** wenn der Staatsangehörigkeitserwerb nach § 1592 Nr. 1 BGB erfolgt und erst durch Vaterschaftsanfechtung zu einem späteren Zeitpunkt entfällt, da die Abstammung nach § 1592 Nr. 1 BGB kraft Gesetzes erfolgt und kraft Gesetzes weiterbesteht und auch eine Mitteilung an die Ausländerbehörde hieran nichts ändern würde (VGH BW BeckRS 2020, 16950).
- **Kein Vertretenmüssen,** wenn die zuständigen Stellen eine irrige Rechtsauffassung vertreten (OVG NRW BeckRS 2020, 8795; BeckOK AuslR/Weber § 3 Rn. 20).
- **Vertretenmüssen,** wenn der Erwerb einer anderen Staatsangehörigkeit auf eigenen Antrag deutschen Behörden gegenüber verschwiegen wird (VG Köln BeckRS 2020, 34260; 2015, 42165; 2014, 51537).

VIII. Rückwirkung und Abkömmlinge

58   Der **konstitutive Erwerb nach dieser Vorschrift wirkt ex tunc** ab dem Zeitpunkt, den die deutsche Stelle als Erwerbszeitpunkt angenommen hat (Abs. 2 S. 3), zB bei einem vermeintlichen Erwerb nach § 4 auf den Zeitpunkt der Geburt, im Falle des § 5 auf den Zeitpunkt der Erklärung, im Falle des § 6 auf den Zeitpunkt der Annahme als Kind. Es kommt also weder auf den Zeitpunkt der summarischen behördlichen Prüfung noch auf den Zeitpunkt der Bekanntgabe des Ergebnisses der Prüfung an (GK-StAR/Marx Rn. 59).

59   Diese Rückwirkung ist insbesondere auch von Bedeutung für den **abgeleiteten Staatsangehörigkeitserwerb durch Abkömmlinge** nach Abs. 2 S. 4. Danach erstreckt sich der Staatsangehörigkeitserwerb auch auf Abkömmlinge, die seit dem Zeitpunkt in Abs. 2 S. 3 ihre Staatsangehörigkeit vom Begünstigten ableiten. Dieser eigenständige Erwerbsgrund lässt keinen Raum für die Anwendung früherer Fassungen des StAG, welche ansonsten möglicherweise zu anderen Rechtsfolgen für die Abkömmlinge führen würden. Voraussetzung für den Staatsangehörigkeitserwerb der Abkömmlinge ist aber, dass der Begünstigte tatsächlich die deutsche Staatsangehörigkeit nach Abs. 2 erworben hat. Die Behandlung genügt nicht. Der gesetzliche Erstreckungserwerb der deutschen Staatsangehörigkeit auf Abkömmlinge nach § Abs. 2 S. 4 tritt dabei unabhängig davon ein, ob der Abkömmling die Behandlung des Stammberechtigten als deutscher Staatsangehöriger nach Abs. 2 S. 1 zu vertreten hat (OVG NRW BeckRS 2020, 8795).

IX. Verhältnis zur Rechtsprechung des Vertrauensschutzes des BVerwG

59a   Bereits **vor Inkrafttreten des Abs. 2** hat das BVerwG in ständiger Rechtsprechung die Auffassung vertreten, dass unter besonderen, strengen Voraussetzungen bei einem fehlerhaften Erlass eines unbefristeten feststellenden Verwaltungsaktes der **Erwerb der deutschen Staatsangehörigkeit unter dem Gesichtspunkt des Vertrauensschutzes** eintritt (BVerwG BeckRS 9998, 108076). Dabei stellte das BVerwG fest, dass zwar das Interesse des Staates an der Rechtmäßigkeit der Verwaltung gerade im Staatsangehörigkeitsrecht von besonderem Gewicht sei, allerdings das Interesse nicht derart hoch zu veranschlagen sei, dass es einer Abwägung gegenüber dem schutzwürdigen Vertrauen eines Einzelnen von vornherein entzogen wäre (so auch GK-StAR/Marx § 3 Rn. 23). Anderenfalls würde die grundsätzliche Gleichwertigkeit, welche das Prinzip der Gesetzmäßigkeit der Verwaltung und der Grundsatz der Gewährleistung von Rechtssicherheit durch Vertrauensschutz verkannt werden.

Ausnahmsweise sei deshalb, wenn die zuständige Behörde rechtsirrig durch unbefristeten fest- **59b** stellenden Verwaltungsakt die deutsche Staatsangehörigkeit festgestellt hat, den Irrtum aber nach langjähriger Behandlung als deutscher Staatsangehöriger rückgängig machen will, obwohl den Betroffenen an der fehlerhaften Feststellung der deutschen Staatsangehörigkeit kein Verschulden trifft, dem Betroffenen die deutsche Staatsangehörigkeit zu belassen.

Fraglich ist, ob in den Fällen, in welchen Abs. 2 nicht zur Anwendung kommt, die **bisherige** **59c** **Rechtsprechung weiterhin angewendet** werden kann.

Nach der hier vertretenen Auffassung wird dies jedenfalls in denjenigen (heute sicherlich selte- **59d** nen) Fällen, in denen die Behandlung **vor Inkrafttreten des Abs. 2** endete, anzunehmen sein. Abs. 2 regelt die Rechtslage ab Inkrafttreten und schließt eine anderweitige Handhabung für frühere Fälle keineswegs aus.

Aber auch **nach Inkrafttreten des Abs. 2** gibt es keine stringenten Gründe für einen Aus- **59e** schluss des sonstigen allgemeinen Grundsatzes des Interesses eines Bürgers an der Rechtssicherheit. Auch geben weder der Wortlaut der Vorschrift, noch die Gesetzesbegründung Anhaltspunkte dafür, dass der Gesetzgeber eine abschließende Regelung treffen wollte. Angesichts der Tatsache, dass die Voraussetzungen, welche die frühere Rechtsprechung an den Erhalt der deutschen Staatsangehörigkeit stellt, erheblich strenger sind, als die Regelung des Abs. 2, ist nicht ersichtlich, weshalb über den Abs. 2 hinaus die frühere Rechtsprechung in Ausnahmefällen nicht weiterhin zur Anwendung kommen sollte, zumal diese auf nach wie vor bestehenden allgemeinen Rechtsgrundsätzen beruht (aA ohne nähere Begründung BayVGH BeckRS 2010, 51790; OVG NRW BeckRS 2017, 127738; OVG NRW BeckRS 2013, 49529; HMHK/Kau Rn 6; wie hier im Ergebnis BeckOK AuslR/Weber Rn. 11; NK-AuslR/Geyer Rn. 6).

F. Verwaltungsverfahren bei Einbürgerungen

Das StAG kennt **keine besonderen Regelungen für das Einbürgerungsverfahren** und **60** regelt lediglich einzelne Punkte im Detail, so in § 16 die Wirksamkeit der Einbürgerung durch Aushändigung der Einbürgerungsurkunde, in § 32 die Mitwirkungspflicht und in § 37 Abs. 2 den Austausch von Daten zwischen der Staatsangehörigkeitsbehörde und den Verfassungsschutzbehörden. Ansonsten handelt es sich um ein normales Verwaltungsverfahren nach dem jeweiligen Verwaltungsverfahrensgesetz.

Danach wird das Einbürgerungsverfahren durch Stellung eines **formfreien Antrags** (BayVGH **61** BeckRS 2009, 33649) in Gang gesetzt. Da der Einbürgerungsbewerber die Darlegungs- und Beweislast dafür trägt, dass alle Einbürgerungsvoraussetzungen gegeben sind, ist die Nutzung des Formantrags ratsam. Dies betrifft insbesondere Fälle, in denen es darum geht, dass ein vollständiger Antrag rechtzeitig gestellt wurde, wie bspw. bei § 3 Abs. 1 BrexitÜG.

Die **Staatsangehörigkeitsbehörde hat** den **Antrag auf Einbürgerung auf alle erdenkli- 62 chen Anspruchsgrundlagen zu überprüfen** und kann sich bspw. bei einem Antrag nach § 10 nicht hierauf begrenzen und eine mögliche Ermesseneinbürgerung nach § 8 nicht prüfen (stRspr, BVerwG BeckRS 9998, 165242). Die Praxis zeigt leider diesbezüglich eine andere Handhabung.

Auch im Einbürgerungsverfahren gilt grundsätzlich der **Amtsermittlungsgrundsatz.** Die **63** Staatsangehörigkeitsbehörde hat deshalb den Sachverhalt von Amts wegen zu ermitteln. Ergänzend hat allerdings der **Einbürgerungsbewerber** im Verwaltungsverfahren nach seinen Möglichkeiten **mitzuwirken** (§ 37 Abs. 1 S. 1 iVm § 82 AufenthG). Im Rahmen des Amtsermittlungsgrundsatz hat die Staatsangehörigkeitsbehörde die Möglichkeit und die Pflicht, andere öffentliche Stellen zur Übermittlung personenbezogener Daten aufzufordern (§ 31). Diese Behörden sind nach § 32 zur Übermittlung verpflichtet. Dabei geht es insbesondere um die Ermittlung von Erkenntnissen der Verfassungsschutzbehörden nach § 37 Abs. 2 S. 1.

Teilweise kann sich der Einbürgerungsbewerber im Verfahren durch **Bevollmächtigte** nach **64** § 14 VwVfG vertreten lassen. Allerdings gibt es im Verfahren auch **höchstpersönliche Verpflichtungen,** wie die abzugebenden Erklärungen nach § 10 Abs. 1 S. 1 Nr. 1. Fordert die Staatsangehörigkeitsbehörde den Einbürgerungsbewerber zur persönlichen Vorsprache auf, hat dieser dem nach § 37 Abs. 1 S. 1 iVm § 82 Abs. 4 S. 1 AufenthG Folge zu leisten.

65   Die **Entscheidung über den Einbürgerungsantrag ergeht durch Verwaltungsakt,** gegen den, je nach Landesrecht Widerspruch oder Anfechtungs- und Verpflichtungsklage statthaft sind.

66   Ein Antrag auf Erlass einer **einstweiligen Anordnung auf einstweilige Einbürgerung** (§ 123 VwGO) ist nicht statthaft. Es gibt keine vorläufige Erteilung der deutschen Staatsbürgerschaft (VG Berlin BeckRS 2018, 35731; VG Stuttgart BeckRS 2017, 106892; Dörig MigrationsR-HdB § 3 Rn. 43).

67   **Kein konstitutiver Verwaltungsakt** ergeht **beim Erwerb der Staatsangehörigkeit durch Geburt,** wie nach § 4 Abs. 1 und Abs. 3. Die Entscheidung des Standesbeamten bei der Registrierung der Staatsangehörigkeit im Geburtenregister hat keine statusbegründende Wirkung (→ § 4 Rn. 87).

§ 4 [Geburt]

(1) [1]Durch die Geburt erwirbt ein Kind die deutsche Staatsangehörigkeit, wenn ein Elternteil die deutsche Staatsangehörigkeit besitzt. [2]Ist bei der Geburt des Kindes nur der Vater deutscher Staatsangehöriger und ist zur Begründung der Abstammung nach den deutschen Gesetzen die Anerkennung oder Feststellung der Vaterschaft erforderlich, so bedarf es zur Geltendmachung des Erwerbs einer nach den deutschen Gesetzen wirksamen Anerkennung oder Feststellung der Vaterschaft; die Anerkennungserklärung muß abgegeben oder das Feststellungsverfahren muß eingeleitet sein, bevor das Kind das 23. Lebensjahr vollendet hat.

(2) [1]Ein Kind, das im Inland aufgefunden wird (Findelkind), gilt bis zum Beweis des Gegenteils als Kind eines Deutschen. [2]Satz 1 ist auf ein vertraulich geborenes Kind nach § 25 Absatz 1 des Schwangerschaftskonfliktgesetzes entsprechend anzuwenden.

(3) [1]Durch die Geburt im Inland erwirbt ein Kind ausländischer Eltern die deutsche Staatsangehörigkeit, wenn ein Elternteil
1. seit acht Jahren rechtmäßig seinen gewöhnlichen Aufenthalt im Inland hat und
2. ein unbefristetes Aufenthaltsrecht oder als Staatsangehöriger der Schweiz oder dessen Familienangehöriger ein Aufenthaltserlaubnis auf Grund des Abkommens vom 21. Juni 1999 zwischen der Europäischen Gemeinschaft und ihren Mitgliedstaaten einerseits und der Schweizerischen Eidgenossenschaft andererseits über die Freizügigkeit (BGBl. 2001 II S. 810) besitzt.
[2]Der Erwerb der deutschen Staatsangehörigkeit wird in dem Geburtenregister, in dem die Geburt des Kindes beurkundet ist, eingetragen. [3]Das Bundesministerium des Innern, für Bau und Heimat wird ermächtigt, mit Zustimmung des Bundesrates durch Rechtsverordnung Vorschriften über das Verfahren zur Eintragung des Erwerbs der Staatsangehörigkeit nach Satz 1 zu erlassen.

(4) [1]Die deutsche Staatsangehörigkeit wird nicht nach Absatz 1 erworben bei Geburt im Ausland, wenn der deutsche Elternteil nach dem 31. Dezember 1999 im Ausland geboren wurde und dort seinen gewöhnlichen Aufenthalt hat, es sei denn, das Kind würde sonst staatenlos. [2]Die Rechtsfolge nach Satz 1 tritt nicht ein, wenn innerhalb eines Jahres nach der Geburt des Kindes ein Antrag nach § 36 des Personenstandsgesetzes auf Beurkundung der Geburt im Geburtenregister gestellt wird; zur Fristwahrung genügt es auch, wenn der Antrag in dieser Frist bei der zuständigen Auslandsvertretung eingeht. [3]Sind beide Elternteile deutsche Staatsangehörige, so tritt die Rechtsfolge des Satzes 1 nur ein, wenn beide die dort genannten Voraussetzungen erfüllen.

Überblick

Diese Vorschrift regelt den Grundsatz und die Ausnahmen des Erwerbs der deutschen Staatsangehörigkeit durch Abstammung (ius sanguinis). Außerdem regelt die Vorschrift erstmals den Staatsangehörigkeitserwerb aufgrund Geburt im Bundesgebiet, somit nach ius soli. Der grundsätzliche Erwerb der deutschen Staatsangehörigkeit durch Abstammung (→ Rn. 2) von einem deutschen (→ Rn. 2) Elternteil (→ Rn. 4) wird in Abs. 1 (→ Rn. 1d) geregelt. Wer rechtlicher Vater ist, bestimmt das BGB (→ Rn. 12). Zum Kollisionsrecht (→ Rn. 5). Abs. 2 S. 1 (→ Rn. 25) regelt den Erwerb der deutschen Staatsangehörigkeit durch fiktive Abstammung bei Findelkindern

(→ Rn. 26). Diesen gleichgestellt sind nach Abs. 2 S. 2 vertraulich geborene Kinder (→ Rn. 35). Beim eventuellen rückwirkenden Verlust der deutschen Staatsangehörigkeit im Falle der Klärung der Abstammung (→ Rn. 32) sind Grenzen zu beachten (→ Rn. 33, → Rn. 18a f.). Abs. 3 (→ Rn. 38) weicht den Grundsatz des ius sanguinis auf und bietet in Deutschland (→ Rn. 43) geborenen Kindern von in Deutschland seit acht Jahren gewöhnlich (→ Rn. 49) rechtmäßig (→ Rn. 57) mit unbefristetem Aufenthaltsrecht (→ Rn. 69) lebenden (→ Rn. 49), integrierten Ausländern (→ Rn. 46) die Möglichkeit des Erwerbs der deutschen Staatsangehörigkeit im Rahmen des ius soli. Zu Unterbrechungen des Aufenthalts (→ Rn. 56). Das nicht bindende (→ Rn. 81) Feststellungsverfahren liegt beim Standesamt (→ Rn. 80). Abs. 4 (→ Rn. 89) wiederum schränkt den Grundsatz des ius sanguinis für Kinder von im Ausland (→ Rn. 93) geborenen und dort mit gewöhnlichem Aufenthalt wohnhaften (→ Rn. 94) deutschen Elternteilen ein. Es darf für das Kind keine Staatenlosigkeit drohen (→ Rn. 97). Die deutsche Staatsangehörigkeit allerdings wird bei rechtzeitigem (→ Rn. 105) Antrag (→ Rn. 101) auf Beurkundung der Geburt vom Kind erworben. Zur Ermächtigung zum Erlass einer Rechtsverordnung (→ Rn. 84a).

Übersicht

A. Entstehungsgeschichte

In der **ursprünglichen Form bei der Verkündung 1913** hatte die Vorschrift lediglich zwei **1** Absätze. Nach **Abs. 1** wurde der Erwerb durch Abstammung von den Eltern geregelt (→ Rn. 22), nach Abs. 2 diejenige eines Findelkindes.

Durch Art. 1 RuStAÄndG 1963 (Gesetz zur Änderung des Reichs- und Staatsangehörigkeitsge- **1a** setzes v. 19.12.1963, BGBl. I 982) wurde der Erwerb der Staatsangehörigkeit eines unehelichen Kindes von der deutschen Mutter in Abs. 1 S. 2 geregelt. Nach BVerfG BeckRS 1974, 104426 war die unterschiedliche Handhabung des Staatsangehörigkeitserwerbs bei unehelichen Kindern, wonach nur bei einer deutschen Mutter, nicht aber bei einem deutschen Vater die deutsche Staatsangehörigkeit erworben wurde, nicht mit Art. 3 Abs. 2 GG zu vereinbaren (s. hierzu auch BVerfG BeckRS 2020, 12439). Mit Wirkung v. 1.1.1975 wurde deshalb Abs. 1 dahingehend geändert, dass das eheliche Kind eines deutschen Elternteils und das nichteheliche Kind einer deutschen Mutter die deutsche Staatsangehörigkeit erwarben. Die Regelung für nichteheliche Kinder eines deutschen Vaters wurde in § 10 geregelt (Art. 1 Nr. 1 und Nr. 2 RuStAÄndG 1974 – Gesetz zur Änderung des Reichs- und Staatsangehörigkeitsgesetzes v. 20.12.1974, BGBl. I 3714). Mit Wirkung v. 1.7.1993 wurde durch das Gesetz zur Änderung asylverfahrens-, ausländer- und staatsangehörigkeitsrechtlicher Vorschriften (v. 30.6.1993, BGBl. I 1062) Abs. 1 S. 2 eingefügt, der seit dem 1.7.1998 aufgrund von Art. 2 KindRG (Gesetz zur Reform des Kindschaftsrechts v. 16.12.1997, BGBl. I 2942) seine jetzige Fassung hat.

Abs. 2 wurde durch das ZuwG (Zuwanderungsgesetz v. 30.7.2004, BGBl. I 1950) mWv **1b** 1.1.2005 neu gefasst. Mit dem Gesetz zum Ausbau der Hilfen für Schwangere und zur Regelung der vertraulichen Geburt (v. 28.8.2013, BGBl. I 3458) kam S. 2 hinzu.

Abs. 3 S. 1 und **Abs. 4** wurden mWv 1.1.2000 durch Art. 1 Nr. 3 des Gesetzes zur Reform **1c** des Staatsangehörigkeitsrechts (v. 15.7.1999, BGBl. I 1618) eingefügt. Hierdurch wurde zum einen ein eingeschränktes ius soli eingeführt, zum anderen der Erwerb der deutschen Staatsangehörigkeit durch Abstammung bei langfristiger Abwesenheit vom Bundesgebiet eingeschränkt. Mit Wirkung v. 1.1.2005 ist durch das ZuwG (Zuwanderungsgesetz v. 30.7.2004, BGBl. I 1950) Abs. 3 S. 1 Nr. 2 neu gefasst worden, um das Freizügigkeitsrecht sowie die neuen Aufenthaltstitel nach dem ZuwG zu berücksichtigen. Eine erneute Änderung erfuhr Abs. 3 S. 1 Nr. 2 durch das Gesetz zur Änderung des Aufenthaltsgesetzes und weiterer Gesetze v. 15.3.2005 (BGBl. I 721). Schließlich erfolgte eine Neufassung durch Art. 5 Nr. 3 des Gesetzes zur Umsetzung aufenthalts- und asylrechtlicher Richtlinien der Europäischen Union (v. 19.8.2007, BGBl. I 1970). Eine redaktionelle Änderung mWv 1.1.2009 erfuhr Abs. 3 S. 2 durch Art. 2 Abs. 2 PStRG (Gesetz zur Reform des Personenstandsrechts v. 19.2.2007, BGBl. I 122). Abs. 4 S. 2 wurde mWv 15.12.2010 durch das Gesetz über die weitere Bereinigung von Bundesrecht (v. 8.12.2010, BGBl. I 1864) geändert. Eine weitere redaktionelle Änderung erfuhr Abs. 3 S. 3 durch die 11. ZustAnpVO (Elfte Zuständigkeitsanpassungsverordnung v. 19.6.2020, BGBl. I 1328).

B. Ius-sanguinis-Prinzip (Abs. 1)

1d   Abs. 1 regelt den **Grundsatz des ius sanguinis** in S. 1. Außerdem wird in S. 2 geregelt, was hinsichtlich der Abstammung zu beachten ist, wenn diese nicht nach § 1592 Nr. 1 BGB feststeht.

I. Abstammung (S. 1)

2   Voraussetzung für den Erwerb der deutschen Staatsangehörigkeit ist zunächst die Abstammung von zumindest einem Elternteil (→ Rn. 4), welcher seinerseits die deutsche Staatsangehörigkeit zum Zeitpunkt der Geburt des Kindes besitzt. Maßgeblich ist diesbezüglich § 1 (→ § 1 Rn. 1).

3   Auf die **Ehelichkeit oder Nichtehelichkeit** kommt es heute staatsangehörigkeitsrechtlich nicht mehr an. Allerdings hat diese Frage Bedeutung im Rahmen der Abstammung (→ Rn. 12).

4   Als **Elternteil** gilt, von wem das Kind rechtlich abstammt. Dies bestimmt sich nach den deutschen Gesetzen. Maßgebliche Vorschriften sind hier zunächst §§ 1591 ff. BGB und bei Auslandsbezug Art. 19 EGBGB.

4a   Nach § 1591 BGB ist **Mutter die Frau, welche das Kind geboren hat.** Somit ist bei Leihmutterschaft nicht die Spenderin der Eizelle die Mutter, sondern diejenige, welche das Kind austrägt (OLG Stuttgart FamRZ 2012, 1710).

4b   Wer **Vater** ist, richtet sich nach **§ 1592 BGB** (→ Rn. 12).

5   Das **Kollisionsrecht** nach Art. 19 EGBGB ist stets dann zu beachten, wenn ein Kind im Ausland geboren wurde und / oder ein Elternteil eine ausländische Staatsangehörigkeit besitzt.

6   Gemäß dem Kollisionsrecht richtet sich die Frage der Abstammung zunächst nach dem **Recht des gewöhnlichen Aufenthalts des Kindes** (Art. 19 Abs. 1 S. 1 EBGBG). Alternativ und gleichwertig (BGH BeckRS 2006, 12211) kann sich die Frage der Abstammung auch nach dem **Recht des Staates richten, dem der jeweilige Elternteil angehört** (Art. 19 Abs. 1 S. 2 EGBGB). Zudem kann sich die Abstammung, ebenfalls alternativ und gleichwertig, nach dem **Ehestatut** (Art. 13 EGBGB) **der verheirateten Mutter** zum Zeitpunkt der Geburt des Kindes ergeben (Art. 19 Abs. 1 S. 3 EGBGB).

6.1   In Altfällen ist die frühere Rechtslage zu beachten. **Bis zum 1.9.1986,** dem Inkrafttreten des Gesetzes zur Neuregelung des Internationalen Privatrechts (BGBl. I 1142), richtete sich die Frage der ehelichen Abstammung gem. Art. 18 Abs. 1 EGBGB aF immer nach deutschem Recht, wenn der Ehemann der Mutter im Zeitpunkt der Geburt deutscher Staatsangehöriger war (EBGBG idF BGBl. III 400-1; hierzu BGH BeckRS 9998, 112467).

6.2   **Bis zum 30.6.1998** richtete sich die kollisionsrechtliche Frage, ob die Mutter zum Zeitpunkt der Geburt des Kindes verheiratet war, nach Art. 13 f EGBGB idF des Gesetzes zur Neuregelung des Internationalen Privatrechts v. 25.7.1986 (BGBl. I 1142) bzw. Bekanntmachung der Neufassung des Einführungsgesetzes zum Bürgerlichen Gesetzbuche v. 21.9.1994 (BGBl. I 2494). Die Abstammung eines nichtehelichen Kindes richtete sich nach Art. 20 Abs. 1 S. 1 EGBGB idF des Gesetzes zur Neuregelung des Internationalen Privatrechts v. 25.7.1986 (BGBl. I 1142) bzw. Bekanntmachung der Neufassung des Einführungsgesetzes zum Bürgerlichen Gesetzbuche v. 21.9.1994 (BGBl. I 2494).

6a   Der gewöhnliche Aufenthalt iSd Art. 19 Abs. 1 S. 1 EGBGB **eines in der Bundesrepublik Deutschland geborenen Kindes einer sich illegal hier aufhaltenden Ausländerin** ist Deutschland, wenn das Kind sich noch nie in einem anderen Land aufgehalten hat, nach dem Willen der Mutter für nicht absehbare Zeit im Bundesgebiet verbleiben soll und eine Aufenthaltsbeendigung nicht konkret absehbar ist (OVG Brem BeckRS 2020, 31620; 2020, 32344).

Begehrt ein Samenspender die Feststellung der Vaterschaft für einen **im Ausland extrakorpo-** 6b
ral aufbewahrten Embryo, bestimmt sich das anzuwendende Recht allein entsprechend Art. 19
Abs. 1 S. 2 EGBGB nach dem Personalstatut des Samenspenders (BGH BeckRS 2016, 16442).

Führen mehrere mögliche Abstammungsstatute zu unterschiedlichen Ergebnissen, entscheidet 7
das **Günstigkeitsprinzip** (KG BeckRS 2016, 01392; OLG Karlsruhe BeckRS 2015, 06240;
OLG Hamm BeckRS 2014, 8204). Dabei ist unter Günstigkeitsprinzip die Abstammung isoliert
zu betrachten, nicht die Frage der Staatsangehörigkeit. Stets sind dabei auch die Grenzen des
deutschen ordre public (Art. 6 EGBGB) zu beachten. Zu berücksichtigen ist hierbei auch Art. 8
EMRK. Dieser begründet zum einen ein Recht auf diskriminierungsfreien Zugang zur Staatsangehörigkeit und verbietet außerdem die Differenzierung zwischen ehelichen und nichtehelichen
Kindern.

OLG Karlsruhe BeckRS 2015, 06240: Es erscheint sachgerecht, nach dem Prinzip der Vaterschaftswahr- 7.1
scheinlichkeit und abgestuften Günstigkeit im Falle einer Vaterschaftsvermutung ausländischen Rechts für
den geschiedenen Ehemann und einer wirksamen Vaterschaftsanerkennung durch einen anderen Mann
letzterer den Vorrang zu geben und Art. 19 Abs. 1 S. 1 EGBGB anzuwenden. Liegt hingegen keine
Vaterschaftsanerkennung in einem solchen Fall vor, ist Art. 19 Abs. 1 S. 2 EGBGB anzuwenden, um
überhaupt eine Vaterschaft rechtlich herbeizuführen. Maßgeblich für die Prüfung ist der Zeitpunkt der
Eintragung in das Geburtenregister (die Entscheidung enthält eine ausführliche Darstellung des Streitstands
hinsichtlich des maßgeblichen Zeitpunkts).

Soweit sich die Abstammung nach Art. 19 Abs. 1 S. 3 EGBGB (**Abstammung von der** 8
verheirateten Mutter) richtet, ist zunächst zu prüfen, ob eine wirksame Ehe vorliegt, wobei die
Voraussetzungen sich nach dem Recht des Staats richten, dem der Verlobte angehört. Grundsätzlich ist für jeden Verlobten das Recht desjenigen Staats anzuwenden, dem er angehört (Art. 13
Abs. 1 EGBGB). Ergänzend ist deutsches Recht anzuwenden (Art. 13 Abs. 2 EGBGB). Bei
Eheschließung in Deutschland müssen die hiesigen Voraussetzungen erfüllt sein (Art. 13 Abs. 4
EGBGB). Wurde die Ehe im Ausland geschlossen, gilt das dortige Verfahrensrecht. Diese Kollisi-
onsnormen sind auch hinsichtlich des Bestands der Ehe anzuwenden (zB Scheidung). Im Ausland
auch vor Inkrafttreten des Gesetzes zur Einführung des Rechts auf Eheschließung für Personen
gleichen Geschlechts v. 20.7.2017 (BGBl. I 2787) am 1.10.2017 geschlossene gleichgeschlechtliche
Ehen unterliegen denselben kollisionsrechtlichen Bestimmungen wie deutsche eingetragene
Lebenspartnerschaften. Nach Auffassung des BGH liegt zu Recht kein Verstoß gegen den ordre
public vor, wenn eine ausländische Rechtsordnung die Elternstellung neben der leiblichen Mutter
kraft Gesetzes auch deren Ehefrau bzw. Lebenspartnerin zuweist (BGH BeckRS 2016, 10844;
zum Sonderfall einer im Ausland zulässigen Leihmutterschaft s. BGH BeckRS 2018, 23794; AG
Köln BeckRS 2019, 14761).

Bei **mehrfacher Staatsangehörigkeit** geht diejenige vor, mit welcher der Betroffene die 9
engste Bindung hat (Art. 5 Abs. 1 S. 1 EGBGB). Dabei ist zu beachten, dass die in Art. 5 Abs. 1
S. 1 genannten Anknüpfungspunkte keinen abschließenden Charakter haben (BeckOK AuslR/
Weber Rn. 13; BeckOK BGB/Lorenz EGBGB Art. 5 Rn. 8 f.). Ist die Person auch Deutscher,
geht diese Rechtsstellung stets vor (Art. 5 Abs. 1 S. 2 EGBGB), wobei hier zurecht unionsrechtliche
Bedenken angeführt werden (MüKoBGB/v. Hein EGBGB Art. 5 Rn. 84 ff.; wohl auch BeckOK
AuslR/Weber Rn. 13; aA Palandt/Thorn EGBGB Art. 5 Rn. 3 f.).

Bei **Staatenlosen** oder Personen, deren Staatsangehörigkeit nicht feststellbar ist, ist das Recht 10
des Staates anzuwenden, in welchem die Person den gewöhnlichen Aufenthalt hat (Art. 5 Abs. 2
EGBGB, Art. 12 EUVerStaloUeb; Art. 12 GFK). Dasselbe gilt für Asylberechtigte und Flüchtlinge
(§ 2 Abs. 1 AsylG ivm Art. 12 Abs. 1 GFK).

Ein **Statusdeutscher** vermittelt nur dann die deutsche Staatsangehörigkeit, wenn er bereits im 11
Besitz einer Bescheinigung nach § 15 Abs. 1 oder Abs. 2 BVFG ist (§ 7 Abs. 1).

Zur **international-verfahrensrechtlichen Zuständigkeit** s. §§ 98 ff. FamFG. Dabei sind 11a
allerdings vorrangige völkerrechtliche und unionsrechtliche Regelungen zu beachten (§ 97 Abs. 1
FamFG). Namentlich sind hier insbesondere das Minderjährigenschutzabkommen v. 5.10.1961
(BGBl. 1971 II 217), Art. 60 lit. a Brüssel IIa-VO und das Haager Kinderschutzübereinkommen
(BGBl. 2009 II 602) zu benennen. Die **Anerkennung und Vollstreckbarkeit ausländischer**
Entscheidungen richtet sich nach §§ 107 ff. FamFG.

II. Einschränkung bei Abstammung vom Vater (S. 2)

Der Erwerb der deutschen Staatsangehörigkeit allein vom Vater erfordert, dass dessen **Vater-** 12
schaft rechtlich feststeht, entweder aufgrund der Ehe mit der Kindsmutter (§ 1592 Nr. 1

BGB) oder der Anerkennung (§ 1592 Nr. 2 BGB) sowie der gerichtlichen Feststellung der Vaterschaft (§ 1592 Nr. 3 BGB). Der Erwerb der deutschen Staatsangehörigkeit tritt in allen Fällen ab Geburt ein. Nicht maßgeblich ist somit die familienrechtliche Klärung. Das ergibt sich aus dem Wortlaut des S. 2 „bei der Geburt" (SG Dortmund BeckRS 2017, 135759).

12a Für vor dem 1.7.1993 Geborene ist S. 2 nicht anwendbar, da die Vorschrift erst zu diesem Zeitpunkt in Kraft trat. In diesen Fällen ist § 5 zu beachten ($\rightarrow$ § 5 Rn. 4).

13 Die Anerkennung nach § 1592 Nr. 2 BGB bedarf nach § 1595 BGB der **Zustimmung der Mutter.** Wird die Zustimmung nicht erteilt, ist die gerichtliche Feststellung nach § 1592 Nr. 3 BGB erforderlich. Anerkennung und Zustimmung müssen öffentlich beurkundet werden (§ 1597 Abs. 1 BGB). Der Wortlaut der Vorschrift, wonach die Anerkennung nach den deutschen Gesetzen zu erfolgen hat, inkludiert auch die Kollisionsnormen des EGBGB, sodass ein Verweis auf ausländisches Recht möglich ist ($\rightarrow$ Rn. 5).

13.1 Beispielhaft für Ghana OVG Brem BeckRS 2020, 31620.

14 Dabei ist eine, wie der Gesetzestext vermuten lässt, Geltendmachung im eigentlichen Sinne nicht notwendig, da der **Erwerb der Staatsangehörigkeit kraft Gesetzes** eintritt (HMHK/Kau Rn. 36; GK-StAR/Marx Rn. 154).

15 **Ob der rechtliche Vater auch der biologische Vater** ist, ist, sofern die Voraussetzungen des §§ 1592 f. BGB gegeben sind, **nicht von Bedeutung** (BremOVG BeckRS 2021, 1909). Die im früheren § 1600 Abs. 1 Nr. 5 BGB vorgesehene Behördenanfechtung ist mit Beschluss des BVerfG v. 17.12.2013 (BeckRS 2014, 46474) als verfassungswidrig erachtet worden.

15a Es ist der Behörde auch verwehrt, ein Feststellungsverfahren nach § 30 Abs. 3 zu fordern. Ist als Voraussetzung des Staatsangehörigkeitserwerbs lediglich die nach bürgerlichem Recht zu beurteilende Abstammung zweifelhaft, darf die Behörde die **Eintragung nicht von der vorherigen Durchführung eines Feststellungsverfahrens nach § 30 Abs. 3 und der Vorlage eines Staatsangehörigkeitsausweises abhängig** machen, da sie die Staatsangehörigkeit des Kindes in eigener Zuständigkeit überprüft (BGH BeckRS 2016, 10844).

16 Der am 29.7.2017 aufgrund des Gesetzes zur besseren Durchsetzung der Ausreisepflicht neu gefasste **§ 85a AufenthG,** der letztendlich an die Stelle des früheren § 1600 Abs. 1 Nr. 5 BGB aF getreten ist, führt nicht zu einer Nichtigkeit einer rechtlich feststehenden Vaterschaft und somit auch nicht zum rückwirkenden Wegfall der deutschen Staatsangehörigkeit des Kindes, sondern soll präventiv bereits den Erwerb derselben verhindern.

16a § 85a AufenthG sieht ein zweistufiges Verfahren vor, bei dem, sofern **konkrete Anhaltspunkte für die Annahme eines Missbrauchs** bestehen, die **Beurkundung durch die beurkundende Behörde oder die Urkundsperson nach § 1597a Abs. 2 S. 1 BGB auszusetzen** und die zuständige Ausländerbehörde zu unterrichten ist. Letztere prüft dann, ob ein Missbrauch vorliegt. Eine Beurkundung der Vaterschaft darf bis zum Abschluss dieser Prüfung nicht erfolgen ($\rightarrow$ AufenthG § 85a Rn. 3). Setzt die Behörde nicht aus und erfolgt die Anerkennung durch den Vater, kann diese nicht mehr geändert werden, auch wenn die Aussetzung irrtümlich nicht erfolgt ist (VG Bremen BeckRS 2020, 30869; BeckOK AuslR/Weber Rn. 17).

16b Was unter konkreten Anhaltspunkten für die Annahme einer missbräuchlichen Vaterschaftsanerkennung zu verstehen ist, regelt **§ 1597a BGB,** auf den § 85a AufenthG verweist (näher $\rightarrow$ AufenthG § 85a Rn. 3.1).

16c Die **missbräuchliche Anerkennung** der Vaterschaft wird **nach § 85a Abs. 2 AufenthG unter den dort genannten Voraussetzungen** vermutet. Dabei handelt es sich um Regelbeispiele, die widerlegt werden können. Dabei führen die konkreten Anhaltspunkte nach § 1597a BGB quasi zur Regelvermutung der missbräuchlichen Anerkennung nach § 85a Abs. 2 AufenthG mit der Folge, dass die Beurkundung unterbleibt. In atypischen Fällen bleibt die Beweislast aber bei der Behörde (BT-Drs 18/12415, 17).

16d Sehr **bedenklich** ist dabei, dass konkrete Anhaltspunkte bestehen sollen, wenn es keine persönliche Beziehung zwischen dem Anerkennenden und der Mutter bzw. dem Kind gibt. Bereits die allgemeine Lebenserfahrung spricht dagegen, eine Wahrscheinlichkeit dafür anzunehmen, dass aus einer einmaligen sexuellen Beziehung ohne persönliche Bindung kein Kind hervorgehen könnte.

16e Die **Ausländerbehörde entscheidet durch Verwaltungsakt** nach § 85a Abs. 1 S. 2 AufenthG (näher $\rightarrow$ AufenthG § 85a Rn. 7). Dieser ist gem. § 84 Abs. 1 Nr. 9 AufenthG **sofort vollziehbar** und das Anerkennungsverfahren ist in der Folge abzulehnen (§ 1597a Abs. 2 S. 4 BGB).

17 Eine ansonsten erfolgte **Anfechtung der Vaterschaft** (§ 1600 Abs. 1 Nr. 1–4 BGB) führt nach der bisherigen, mittlerweile umstrittenen Rechtsprechung ($\rightarrow$ Rn. 18a f.), zum rückwirkenden Wegfall der Vaterschaft und somit auch zum **Wegfall des Erwerbs der deutschen Staatsangehörigkeit ex tunc** (BVerwG BeckRS 2018, 8496; HmbOVG BeckRS 2004, 23523). Nach

Auffassung des BVerwG steht die nach Abs. 1 erworbene Staatsangehörigkeit unter dem Vorbehalt, dass die Vaterschaft nicht erfolgreich angefochten wird (zur zivilrechtlichen Rückwirkung der Vaterschaftsanfechtung BGH BeckRS 2012, 3801).

Fraglich ist in diesen Fällen zunächst, ob die Feststellung, dass die deutsche Staatsangehörigkeit **18** wegfällt, eine – verbotene – Entziehung der deutschen Staatsangehörigkeit nach Art. 16 Abs. 1 S. 1 GG darstellt. Nach BVerfG BeckRS 2007, 20388 stellt zwar der Sachverhalt eine Entziehung nach Art. 16 Abs. 1 S. 1 GG dar. Eine Entziehung sei aber nur die Verlustzufügung, welche die Funktion der Staatsangehörigkeit als verlässliche Grundlage gleichberechtigter Zugehörigkeit beeinträchtigt. Dies erfordere einen **Vertrauenstatbestand,** der jedenfalls bei einem kleinen Kind nicht gegeben sei. Offengelassen hat das BVerfG die Frage, ab welchem **Alter** dies anders zu sehen ist. Ein rückwirkender Verlust der Staatsangehörigkeit kann also bei fortgeschrittenem Alter eines Kindes möglicherweise einen Verstoß gegen Art. 16 Abs. 1 S. 1 GG darstellen.

Das BVerfG hat allerdings im Beschluss v. 17.7.2019 (BeckRS 2019, 16179) entschieden, dass **18a** im Falle einer **Vaterschaftsanfechtung** jedenfalls für den Zeitraum **vor dem 12.2.2009,** als § 17 durch das Gesetz zur Änderung des Staatsangehörigkeitsgesetzes v. 5.2.2009 (BGBl. I 158) geändert wurde, **keine gesetzliche Grundlage für den Verlust der deutschen Staatsangehörigkeit** iSd Art. 16 Abs. 1 S. 2 GG vorgelegen habe. Insbesondere regeln nach dieser Entscheidung die familienrechtlichen Vorschriften den Verlust der deutschen Staatsangehörigkeit nicht hinreichend. Dies hat auch **heute noch erhebliche Bedeutung,** da durch Vaterschaftsanfechtungen, welche vor diesem Zeitpunkt erfolgt sind, kein Verlust der deutschen Staatsangehörigkeit für das Kind eingetreten ist. Maßgeblicher Zeitpunkt ist dabei derjenige der Feststellung der fehlenden Abstammung.

Mittlerweile hat das OVG Brem (BeckRS 2020, 4983) – darüberhinausgehend – entschieden, **18b** dass **auch für später erfolgte Vaterschaftsanfechtungen,** also nach dem 12.2.2009, als § 17 durch das Gesetz zur Änderung des Staatsangehörigkeitsgesetzes v. 5.2.2009 (BGBl. I 158) geändert wurde, **keine gesetzliche Grundlage für den Verlust der deutschen Staatsangehörigkeit iSd Art. 16 Abs. 1 S. 2 GG** vorliegt. Im entschiedenen Fall ging es um ein im Jahr 2014 geborenes Kind. Das Gericht vertritt die Auffassung, dass dem Gesetzesvorbehalt des Art. 16 Abs. 1 S. 2 GG erst dann genüge getan ist, wenn die Rechtsfolge des Wegfalls der Staatsangehörigkeit eindeutig dem Wortlaut einer einfach-gesetzlichen Norm entnommen werden kann (aA NdsOVG BeckRS 2019, 22915 in einem aufenthaltsrechtlichen Eilverfahren), unabhängig von der Frage, ob die Anfechtung der Vaterschaft durch die Mutter oder den Vater des Kindes vorgenommen wird. Das Gericht führt aus, dass angesichts der Rechtsprechung des BVerfG (BeckRS 2019, 16179; 2014, 46474; → Rn. 18a) strenge Anforderungen an den Gesetzesvorbehalt des Art. 16 Abs. 1 S. 2 GG zu stellen sind. Diesen Anforderungen genügt nach Auffassung des Gerichts § 17 Abs. 2 und Abs. 3 nicht. § 17 Abs. 2 regelt, dass der Verlust nach § 17 Abs. 1 Nr. 7 nicht die kraft Gesetzes erworbene Staatsangehörigkeit Dritter berührt, wenn der Dritte das fünfte Lebensjahr vollendet hat. Nach § 17 Abs. 3 S. 1 gilt § 17 Abs. 2 entsprechend in den dort genannten Fällen, unter anderem bei der Feststellung des Nichtbestehens der Vaterschaft nach § 1599 BGB. Dem Gesetzesvorbehalt nach Art. 16 Abs. 1 S. 2 GG ist damit aber nicht genüge getan, weil der Umstand, dass die Staatsangehörigkeit infolge des Nichtbestehens der Vaterschaft wegfällt, nicht ausdrücklich geregelt ist, sondern lediglich impliziert, dass die Anfechtung zum Verlust der Staatsangehörigkeit führt. Damit wird der Verlust der Staatsangehörigkeit aber nur mittelbar geregelt. Die Vorschrift setzt einen anderweitig gesetzlich vorgesehenen Verlust voraus, ohne ihn selbst zu regeln, wie sich anhand des Urteils des BVerwG (BeckRS 2018, 8496) entnehmen lässt.

Die **Auffassung des OVG Brem** (BeckRS 2020, 4983) **überzeugt.** Schon lange werden die **18c** Anforderungen an die diversen Gesetzesvorbehalte zur Einschränkung von Grundrechten nach unten geschraubt. Die jetzt zu sehende Tendenz angesichts der Rechtsprechung des BVerfG (BeckRS 2014, 46474; 2019, 16179) zeigt eine höchst dringende und erfreuliche Korrektur durch das BVerfG, welches das OVG Brem nur konsequent fortsetzt. Es bleibt abzuwarten, ob andere Gerichte dem folgen. Derzeit scheinen jedenfalls die Behörden diesem Urteil meistens noch nicht zu folgen.

Hält eine Behörde dem Staatsangehörigkeitserwerb eine angeblich unwirksame Vaterschaftsan- **18d** erkennung wegen einer von ihr behaupteten anderweitigen Vaterschaft entgegen, hat sie, insbesondere wenn deren Körperschaft die Beurkundung der Vaterschaftsanerkennung selbst vorgenommen hat, die Unwirksamkeit zu beweisen. Eine bloße Möglichkeit einer anderweitigen, vorrangigen Vaterschaft ist nicht ausreichend (VG Bremen BeckRS 2020, 30869). Hat die Kindesmutter allerdings zunächst behauptet, verheiratet zu sein, und bestreitet sie dies im weiteren Verfahren, ist dieses widersprüchliche Verhalten ausreichend, um berechtigte Zweifel an der Wirksamkeit einer entgegenstehenden Vaterschaftsanerkennung zu begründen (OVG Brem BeckRS 2020, 32344).

19   Die Anerkennungserklärung bzw. der Antrag auf Feststellung der Vaterschaft muss **vor Vollendung des 23. Lebensjahres des Kindes** abgegeben worden sein. Dabei ist es notwendig, aber auch ausreichend, dass das Verfahren förmlich begonnen wurde. Die Rechtswirkungen können aber erst mit Abschluss des jeweiligen Verfahrens geltend gemacht werden. Abgesehen von dieser Frist kommt es auf den Zeitpunkt der Anerkennung oder Feststellung der Vaterschaft nicht an.

20   Da der Erwerb der Staatsangehörigkeit nach dieser Vorschrift auf den Zeitpunkt der Geburt zurückwirkt, wird ein **zwischenzeitlich erfolgter staatsangehörigkeitsrechtlicher Akt gegenstandslos** (HMHK/Kau Rn. 41; GK-StAR/Marx Rn. 156).

III. Frühere Rechtslage

21   Frühere Erwerbstatbestände können in **Feststellungsverfahren nach § 30** auch heute noch von Bedeutung sein.

22   Nach § 4 Abs. 1 RuStAG 1913 erwarb das eheliche Kind eines deutschen Staatsangehörigen die Staatsangehörigkeit des Vaters, das uneheliche Kind einer Deutschen die Staatsangehörigkeit der Mutter und das uneheliche Kind einer ausländischen Mutter deren Staatsangehörigkeit. Das uneheliche Kind eines deutschen Vaters wurde entweder Ausländer oder Staatenloser. Die Staatsangehörigkeit einer ehelichen Mutter war unerheblich, weil nach § 6 RuStAG 1913 die ausländische Ehefrau eines Deutschen mit der Eheschließung die deutsche Staatsangehörigkeit erwarb und sie nach § 17 Nr. 6 RuStAG 1913 bei Eheschließung mit einem Ausländer verlor (Dörig MigrationsR-HdB § 2 Rn. 7).

22a   In diesen Fällen ist aber die Rechtsprechung des BVerfG BeckRS 2020, 12439 zu beachten. Danach ist es mit **Art. 3 Abs. 2 GG** nicht vereinbar, wenn der Erwerb der deutschen Staatsangehörigkeit nach dem Abstammungsprinzip nur im Verhältnis zu einem Elternteil anerkannt wird.

23   Mit Wirkung v. 1.1.1964 erwarb nach § 4 Abs. 1 S. 2 aF das eheliche Kind einer Deutschen die deutsche Staatsangehörigkeit, wenn es sonst staatenlos geworden wäre. Art. 2 RuStAÄndG 1963 (Gesetz zur Änderung des Reichs- und Staatsangehörigkeitsgesetzes v. 19.12.1963, BGBl. I 982) ordnete außerdem an, dass zwischen dem 1.4.1953 und dem 31.12.1963 geborenen ehelichen Kinder einer Deutschen, die sonst staatenlos waren, automatisch die deutsche Staatsangehörigkeit erwarben, verbunden mit einem befristeten Ausschlagungsrecht.

24   Vom 1.1.1975 bis 30.6.1993 erwarb ein eheliches Kind die deutsche Staatsangehörigkeit, wenn ein Elternteil Deutscher war. Ein nichteheliches Kind erwarb die deutsche Staatsangehörigkeit, wenn die Mutter Deutsche war. Siehe hierzu aber BVerfG BeckRS 2020, 12439 (→ Rn. 22a).

C. Findelkind (Abs. 2)

25   Abs. 2 regelt den Erwerb der deutschen Staatsangehörigkeit durch Findelkinder.

I. Findelkind (S. 1)

26   **Findelkind** ist ein Kind, das infolge seines Alters hilflos ist und dessen Abstammung nicht feststellbar ist (Nr. 4.2 VAH-StAG).

27   Diese Vorschrift geht auf Art. 2 EUVerStaloUeb zurück. Danach gilt **ein in Deutschland aufgefundenes Kind als in Deutschland geborenes und von deutschen Eltern abstammendes Kind.**

28   Die **Abstammung wird fingiert.** Grund für den Erwerb der deutschen Staatsangehörigkeit ist nicht die Geburt im Bundesgebiet, die ja ohnehin nicht feststehen muss. Es handelt sich damit nicht um einen ius-soli Erwerb (so auch BeckOK AuslR/Weber Rn. 23; Dörig, MigrationsR-HdB/Berlit § 2 Rn. 10). Damit entspricht diese Vorschrift dem **Ius-sanguinis-Prinzip.**

29   Hilflos kann **nicht nur ein Kleinkind** sein. Die Vorschrift trifft keine Altersgrenze, spricht aber von einem Kind. Somit ist die **Altersgrenze** für die Anwendbarkeit die Volljährigkeit. Welche Kriterien zur Bestimmung einer Hilflosigkeit heranzuziehen sind, ist nicht geregelt. Diese wird anzunehmen sein, solange aus den Angaben des Kindes kein Nachweis über die tatsächliche Abstammung zu führen ist (GK-StAR/Marx Rn. 199; krit. NK-AuslR/Oberhäuser Rn. 8).

30   Insofern ist der Betriff Findelkind im staatsangehörigkeitsrechtlichen Sinn auch von § 25 PStG zu unterscheiden. Dort ist ein neugeborenes Kind gemeint (GK-StAR/Marx Rn. 199).

31   Kein Fall dieser Vorschrift ist, wenn die Personen, die als Eltern in Betracht kommen, die Elternschaft bestreiten. In einem solchen Fall ist die Frage der Elternschaft zu klären (GK-StAR/Marx Rn. 198).

Wird die wahre Abstammung festgestellt und ist keines der beiden Elternteile deut- 32
scher Staatsangehöriger, verliert das Kind die deutsche Staatsangehörigkeit rückwirkend. Erforderlich ist der positive Nachweis, dass das Kind von einer bestimmten Person abstammt. Es genügt
somit nicht, dass feststeht, dass das Kind nicht von deutschen Eltern abstammen kann (GK-StAR/
Marx Rn. 204). Aus dem Zweck des Art. 2 EUVerStaloUeb ergibt sich, dass auch die Möglichkeit
für die Anknüpfung eines anderen Staatsangehörigkeitserwerbs gegeben sein muss (GK-StAR/
Marx Rn. 206).

Dem rückwirkenden **Verlust der deutschen Staatsangehörigkeit sind aber Grenzen** 33
gesetzt. Zum einen ist § 3 Abs. 2 zu beachten. Wurde das Kind zwölf Jahre als Deutscher
behandelt, verbleibt es bei der deutschen Staatsangehörigkeit (ebenso GK-StAR/Marx Rn. 208;
Dörig MigrationsR-HdB/Berlit § 2 Rn. 10; zweifelnd BeckOK AuslR/Weber Rn. 26, der die
Fiktion des Abs. 2 teleologisch nicht unter § 3 Abs. 2 subsumiert). Weiter sind die Grenzen des
Art. 16 Abs. 1 GG zu beachten. Hat das Kind bereits ein gewisses Alter erreicht, hat es bereits
einen Vertrauenstatbestand in seine vermeintliche Staatsangehörigkeit erworben. Es stellt sich
damit die Frage der Verfassungswidrigkeit einer Entziehung der Staatsangehörigkeit (→ Rn. 15).
Eine gesetzliche Grundlage, welche die Feststellung kein Deutscher zu sein, ermöglichen würde
(Art. 16 Abs. 1 S. 2 GG), ist nicht gegeben (→ Rn. 18a). Wenn außerdem das Kind staatenlos
würde, wäre der Verlust der deutschen Staatsangehörigkeit verfassungswidrig (Art. 16 Abs. 1 S. 2
Hs. 2 GG).

Nicht geklärt und umstritten ist, ob es für den Beweis der anderweitigen Abstammung 34
ausreicht, dass ein Elternteil nicht deutscher Staatsangehöriger ist. Steht nur die anderweitige Staatsangehörigkeit eines Elternteils fest und ist die Identität des anderen Elternteils nach wie
vor ungeklärt, gilt das ursprünglich als Findelkind behandelte Kind nach richtiger Auffassung nach
wie vor als Kind eines Deutschen, nämlich hinsichtlich des unbekannten Elternteils. Dies entspricht
dem klaren Wortlaut des Abs. 2 S. 1, der von „einem Deutschen" spricht. Es genügt demnach
ein deutscher Elternteil. Dies entspricht auch der Systematik der Vorschrift, welche das Findelkind
fiktiv unter das Abstammungsprinzip des ius sanguinis stellt. Dabei genügt aber ein deutscher
Elternteil, um die Staatsangehörigkeit weiterzugeben. Auch Art. 2 EUVerStaloUeb, wonach bei
einem Findelkind davon auszugehen ist, dass es von Eltern abstammt, welche die deutsche Staatsangehörigkeit haben, steht dem nicht entgegen. Diese Vorschrift fingiert, dass beide Elternteile die
deutsche Staatsangehörigkeit haben. Der Beweis, dass ein Elternteil diese nicht besitzt, sagt nichts
zur Frage aus, ob der andere, unbekannte Elternteil ebenfalls nicht die deutsche Staatsangehörigkeit
besitzt. Abs. 2 S. 1 erfordert aber den Beweis des Nichtvorliegens der deutschen Staatsangehörigkeit. Dieser Beweis ist nicht erbracht, wenn die Staatsangehörigkeit des noch unbekannten, fingierten deutschen Elternteils nicht geklärt ist.

II. Vertrauliche Geburt (S. 2)

Gemäß § 25 SchKG können **Schwangere im Konfliktfall** entbinden, ohne ihre Identität 35
offenzulegen. Es handelt sich dabei um eine Entbindung, bei der die Schwangere lediglich die
Angaben nach § 26 Abs. 2 S. 2 SchKG macht, die Identität aber vertraulich bleiben muss. Das
Kind wird nach S. 2 wie ein Findelkind als Kind eines Deutschen behandelt.

Die **staatsangehörigkeitsrechtliche Rechtslage ist identisch mit der des Findelkindes** 36
(→ Rn. 27).

Macht ein solches Kind mit Vollendung des 16. Lebensjahres von seinem Einsichtsrecht 37
Gebrauch (§ 31 Abs. 2 SchKG) oder die Mutter von ihrem Rücknahmerecht, richten sich die
staatsangehörigkeitsrechtlichen Folgen nach → Rn. 34. Bei der Klärung der Identität aufgrund
des Einsichtsrechts des Kindes ist allerdings ein rückwirkender Verlust der Staatsangehörigkeit
aufgrund des Zeitablaufs jedenfalls wegen § 3 **Abs. 2** ausgeschlossen.

D. Ius-soli-Prinzip (Abs. 3)

I. Allgemeines

Abs. 3 regelt den Erwerb der deutschen Staatsangehörigkeit nach dem **ius-soli-Prinzip,** somit 38
dem Geburtsortprinzip. Die Vorschrift gibt einem **im Inland geborenen Kind ausländischer**
Eltern die Möglichkeit, die deutsche Staatsangehörigkeit unmittelbar zu erwerben.

Damit wird erstmals im deutschen Staatsangehörigkeitsrecht aufgrund des am 1.1.2000 in Kraft 39
getretenen Gesetzes zur Reform des Staatsangehörigkeitsrechts (v. 15.7.1999, BGBl. I 1618) durch
die Geburt in der Bundesrepublik die deutsche Staatsangehörigkeit unabhängig von der Staatsange-

hörigkeit der Eltern vermittelt. Durch diese Regelung sollte insbesondere staatsangehörigkeitsrechtlich auf die besonderen Probleme der zweiten und dritten Generation von Einwanderern in
der Bundesrepublik reagiert werden (BT-Drs. 14/533).

40   Der Staatsangehörigkeitserwerb nach dieser Vorschrift kann unter den Voraussetzungen des
§ 29 verloren gehen. Diese Regelung **schwächt die Wirkung der nach Abs. 3 erworbenen
Staatsangehörigkeit** im Vergleich zu anderen Gründen des Staatsangehörigkeitserwerbs, bei
denen ein Verlust nur unter den strengen Voraussetzungen der §§ 17 und 35 eintreten kann.

41   Während zuvor der Grundsatz galt, dass die deutsche Staatsangehörigkeit nicht parallel mehrfach
erworben werden kann, muss diese Auffassung revidiert werden. Erwirbt derjenige, der nach dieser
Vorschrift deutscher Staatsangehöriger ist, später nach einer anderen Vorschrift, etwa § 6, die
deutsche Staatsangehörigkeit, geht Letztere dem Erwerb nach Abs. 3 vor, da sich § 29 ausschließlich
auf den Erwerb nach Abs. 3 bezieht (GK-StAR/Marx Rn. 213; aA HMHK/Kau Rn. 85; BeckOK
AuslR/Weber Rn. 32; → § 29 Rn. 33).

II. Geburt im Inland

42   Die Geburt muss im Inland erfolgen.

43   Unter **Inland** ist der **Geltungsbereich des GG** gemäß der Präambel des GG zu verstehen,
somit das gesamte deutsche Staatsgebiet. Dazu gehören auch nach dem Seerechtsübereinkommen
das deutsche Küstenmeer innerhalb einer Zone von 12 sm sowie der deutsche Luftraum, der
durch die über dem og Gebiet liegende senkrechte Luftsäule. Ebenso gehören hierzu Schiffe,
welche unter deutscher Bundesflagge fahren, sowie Flugzeuge, welche das Staatszugehörigkeitszeichen der Bundesrepublik Deutschland führen, auch wenn die Geburt außerhalb des deutschen
Küstenmeers bzw. Luftraums erfolgt. Nicht zum deutschen Staatsgebiet gehören die Auslandsvertretungen der Bundesrepublik Deutschland.

44   Die Kindesmutter kann auch **nur zur Geburt in die Bundesrepublik eingereist** sein. Liegen
die weiteren Voraussetzungen vor, erwirbt das Kind die deutsche Staatsangehörigkeit nach dieser
Vorschrift. Auch ist es nicht erforderlich, dass das Kind sich nach der Geburt weiterhin in der
Bundesrepublik aufhält.

44a   Wird das Kind ungeplant während eines kurzzeitigen Aufenthalts im Ausland bei ansonsten
ständigem Aufenthalt der Eltern in der Bundesrepublik geboren, ist das Kind nicht im Inland
geboren und Abs. 3 nicht anzuwenden.

III. Status der Eltern

45   Begünstigt sind **Kinder ausländischer Eltern.** Beide Elternteile müssen Ausländer
(→ Rn. 46) sein. Ansonsten richtet sich der Erwerb der Staatsangehörigkeit nach Abs. 1. **Ein
Elternteil** (→ Rn. 49) muss seit **mindestens acht Jahren** seinen **gewöhnlichen Aufenthalt**
(→ Rn. 50), der **rechtmäßig** (→ Rn. 57) sein muss, **im Inland** (→ Rn. 43) haben.

1. Ausländer

46   Was ein **Ausländer** ist, regelt **§ 2 Abs. 1 AufenthG.** Danach ist Ausländer, wer nicht Deutscher
iSd Art. 116 Abs. 1 GG ist. Somit sind neben Inhabern einer ausschließlich ausländischen Staatsangehörigkeit auch **Staatenlose** umfasst. **Statusdeutsche** werden nicht als Ausländer angesehen
(→ § 1 Rn. 1).

47   Die Eltern können unterschiedliche und auch mehrere Staatsangehörigkeiten besitzen (GK-
StAR/Marx Rn. 233).

48   Nicht erforderlich ist eine geklärte **Identität der Eltern,** wie sie etwa bei der Einbürgerung
nach § 10 gefordert wird (BVerwG BeckRS 2011, 55936).

2. Gewöhnlicher Aufenthalt in Deutschland

49   Erforderlich ist, dass sich zumindest **ein Elternteil zum Zeitpunkt der Geburt des Kindes
seit mindestens acht Jahren** gewöhnlich in Deutschland aufhält. Wo der andere Elternteil
lebt, ist unerheblich. Die Eltern müssen weder zusammenleben noch gar verheiratet sein. Auch
ist ohne Bedeutung, welcher der beiden Eltern den Status vermittelt.

50   Der **Begriff des gewöhnlichen Aufenthalts ist in § 30 Abs. 3 S. 2 SGB I definiert.** Die
verwaltungsgerichtliche Rechtsprechung greift hierauf zurück (BVerwG BeckRS 2011, 55862).
Seinen gewöhnlichen Aufenthalt hat ein Ausländer danach im Inland, wenn er **nicht nur vorübergehend, sondern auf unabsehbare Zeit** hier lebt, sodass eine Beendigung des Aufenthalts

ungewiss ist (BVerwG BeckRS 2016, 46279). Grundsätzlich ist hierfür maßgebend der Lebensmittelpunkt nach den tatsächlichen Verhältnissen. Auch erfordert dies die Absicht, nicht an den bisherigen Lebensmittelpunkt zurückzukehren.

Die Prüfung dieser Frage erfordert eine **Prognose,** bei der insbesondere die **rechtliche Mög-** 51 **lichkeit des weiteren dauerhaften Aufenthalts** aus ex-ante-Sicht zu bewerten ist. Wenn die Beendigung des Aufenthalts aufgrund der aufenthaltsrechtlichen Vorschriften in absehbarer Zeit zu erwarten ist, ist nicht von einem gewöhnlichen Aufenthalt auszugehen. Nimmt aber die Ausländerbehörde den Aufenthalt auf nicht absehbare Zeit hin, ist von einem dauerhaften gewöhnlichen Aufenthalt auszugehen (näher BVerwG BeckRS 2011, 55862). Nach BVerwG BeckRS 2016, 46279 schließen weder ein befristeter Aufenthaltstitel noch wiederholt erteilte Duldungen einen gewöhnlichen Aufenthalt aus (s. aber zur Rechtmäßigkeit (→ Rn. 64). Zeiten einer Aufenthaltsbewilligung vor der Geltung des AufenthG sind aufgrund der Sperrwirkung des § 28 Abs. 3 AuslG aF nicht geeignet, einen dauerhaften Aufenthalt anzunehmen (BVerwG BeckRS 2018, 15074).

Schließt die Ausländerbehörde eine Verlängerung des Aufenthaltstitels gem. **§ 8 Abs. 2 Auf-** 52 **enthG** von vornherein aus, ist nicht mehr von einem gewöhnlichen Aufenthalt auszugehen, da dieser nicht mehr von Dauer sein kann.

Ein **Studienaufenthalt** im Bundesgebiet kann einen gewöhnlichen Aufenthalt begründen. 53 Nach BVerwG BeckRS 2016,46279, wird ein gewöhnlicher Aufenthalt begründet, wenn ein Ende des Aufenthalts im Bundesgebiet zu keinem Zeitpunkt absehbar ist. Bei der gebotenen ex-ante-Betrachtung besteht in diesen Fällen die Möglichkeit, dass die Ausländerbehörde nach erfolgreichem Abschluss des Studiums den weiteren Verbleib im Bundesgebiet zum Zweck der Arbeitsplatzsuche nach § 16 Abs. 4 AufenthG oder zum Zweck der Erwerbstätigkeit nach §§ 18 ff. AufenthG ermöglicht.

Nicht vorausgesetzt werden etwa familiäre oder berufliche Bindungen im Bundesgebiet (GK- 54 StAR/Marx Rn. 245).

Ausreichend für einen dauernden Aufenthalt ist es bereits, dass aufgrund der Situation im 55 Heimatland die **Abschiebung** des ausländischen Elternteils auf unabsehbare Zeit **ausgeschlossen** ist (BVerwG BeckRS 9998, 50167; GK-StAR/Marx Rn. 245).

Die Frage, ob **Unterbrechungen** des gewöhnlichen Aufenthalts als schädlich anzusehen sind, 56 richtet sich nach zutreffender Auffassung nach **§ 12b Abs. 1 und Abs. 2** (so auch Dörig MigrationsR-HdB § 2 Rn. 23; offen gelassen OVG Bbg BeckRS 2011, 48206). Die gegenteilige Auffassung (HMHK/Kau Rn. 80a; BeckOK AuslR/Weber Rn. 35) vertreten die Auffassung, dass § 12b Abs. 1 nicht unmittelbar anzuwenden ist, weil sich § 12b aus systematischen Gründen nur auf die Fälle des Erwerbs durch Einbürgerung nach §§ 8 bis 16, 40b und 40c bezieht, nicht aber auf den Erwerb durch Geburt nach § 3 Abs. 1 Nr. 1 iVm § 4. Allerdings wirken sich kürzere Unterbrechungen im üblichen Maße für Urlaubszeiten, Aufenthalte im Heimatstaat uä definitiv nicht auf die Dauer des gewöhnlichen Aufenthalts nicht aus (einschr. wohl BeckOK AuslR/Weber Rn. 35), sofern sie in einem Rahmen bleiben, der die Rechtmäßigkeit des Aufenthalts nicht tangiert (§ 51 Abs. 1 Nr. 6 AufenthG; → Rn. 68). Gegebenenfalls wird im Einzelfall zu prüfen sein, inwieweit die Integration des betreffenden Elternteils, auf welche Abs. 3 zielt, trotz einer längeren Abwesenheit noch gegeben ist (so auch HMHK/Kau Rn. 80a).

3. Rechtmäßiger Aufenthalt in Deutschland

Der **Aufenthalt muss auch seit acht Jahren rechtmäßig sein.** Die Rechtmäßigkeit wird 57 über eine ex-post Betrachtung nach dem Ausländerrecht ermittelt (BeckOK AuslR/Weber Rn. 37).

Was unter einem rechtmäßigen Aufenthalt zu verstehen ist, richtet sich somit nach dem Aufent- 58 haltsrecht. Ein **rechtmäßiger Aufenthalt** ist danach regelmäßig dann gegeben, wenn der Ausländer gem. § 4 Abs. 1 AufenthG über einen **Aufenthaltstitel** verfügt. Ebenso liegt ein rechtmäßiger Aufenthalt vor, wenn der Ausländer ein **Aufenthaltsrecht als Unionsbürger bzw. Familienangehöriger** nach § 5 Abs. 1 FreizügG/EU hat, nach Anhang I FreizügAbk EG-CH ein Aufenthaltsrecht hat oder **assoziationsfreizügig** nach Art. 6 oder 7 ARB 1/80 ist.

Der rechtmäßige und der gewöhnliche Aufenthalt müssen zeitlich deckungsgleich sein. Einge- 59 rechnet werden deshalb **nur Aufenthaltszeiten, die gleichzeitig gewöhnlich und rechtmäßig waren** (BVerwG BeckRS 9998, 170315; GK-StAR/Marx Rn. 247).

Aufenthaltszeiten eines Asylbewerbers **mit Aufenthaltsgestattung** können nur dann ange- 60 rechnet werden, **wenn eine spätere Asylanerkennung bzw. die Zuerkennung internationalen Schutzes nach § 1 Abs. 1 Nr. 2 Hs. 2 AsylG** (Flüchtlingsstatus oder subsidiärer Schutz) **erfolgt** (§ 55 Abs. 3 AsylG). Nach BVerwG BeckRS 2011, 55862 ist auch der Zeitraum eines

Asylfolgeverfahrens unter den oben genannten Bedingungen anzurechnen, auch wenn in diesem Zeitraum lediglich eine Duldung erteilt wurde. **Maßgeblicher Zeitpunkt** für den Beginn des anzurechnenden Zeitraums ist das Datum, in welchem der Ausländer um Asyl nachsucht bzw. den Asylfolgeantrag stellt. Nach hier vertretener Auffassung kommt es nicht auf den Zeitpunkt an, an welchem die Aufenthaltsgestattung ausgestellt wurde (§ 13 AsylG). **Nicht angerechnet** wird die Zeit des Asylverfahrens, wenn das Asylgesuch abgelehnt wird, der Ausländer aber eine Aufenthaltserlaubnis aus anderen Gründen erhält. Nicht abgerechnet wird auch die Zeit eines sich im Kirchenasyl aufhaltenden Asylfolgeantragstellers, wenn der Folgeantrag nicht zu einem weiteren Asylverfahren geführt hat (SaarlOVG BeckRS 2006, 26454; BeckOK AuslR/Weber Rn. 38.1).

60.1   Soweit HMHK/Kau Rn. 79 und GK-StAR/Marx Rn. 248 offensichtlich mindestens die Zuerkennung des Flüchtlingsschutzes fordern, also subsidiären Schutz nicht genügen lassen, steht dies im Widerspruch zum Wortlaut des § 1 Abs. 1 Nr. 2 Hs. 2 AsylG.

61   Rechtmäßig ist auch der **fiktiv erlaubte Aufenthalt** nach § 81 Abs. 2, § 81 Abs. 3 S. 1 und § 81 Abs. 4 AufenthG (BVerwG BeckRS 2016, 46279). Anders wird dies bei der Duldungsfiktion nach § 81 Abs. 3 S. 2 AufenthG zu beurteilen sind, da diese die Unrechtmäßigkeit des Aufenthalts nicht beendet, sondern gerade voraussetzt (so auch BeckOK AuslR/Weber Rn. 38.2; HMHK/Kau Rn. 79).

61a   Ein **genehmigungsfreier Aufenthalt** ist ein rechtmäßiger Aufenthalt (BVerwG BeckRS 2011, 55862; Dörig MigrationsR-HdB § 2 Rn. 22).

62   Allein der Passverlust führt nicht zu einem rechtswidrigen Aufenthalt (aA wohl BeckOK AuslR/Weber Rn. 37). **Erst mit dem rechtskräftigen Widerruf der Aufenthaltserlaubnis oder mit der Ablehnung einer Verlängerung derselben wird der Aufenthalt rechtswidrig.** Dies ergibt sich aus § 52 Abs. 1 S. 1 Nr. 1 AufenthG (so auch GK-StAR/Marx Rn. 249). Frühere Zeiten des Passverlustes die zu einer Unterbrechung des rechtmäßigen Aufenthalts nach § 9 Abs. 1 S. 1 AuslG aF geführt haben, sind in analoger Anwendung des § 12b Abs. 3 (früher § 89 Abs. 3 AuslG aF) nicht zu Lasten des Betroffenen zu berücksichtigen (BVerwG BeckRS 2006, 23867; GK-StAR/Marx Rn. 250).

63   Im Fall einer **Ausweisungsverfügung** erlischt der Aufenthaltstitel mit Bekanntgabe der Verfügung (§ 51 Abs. 1 Nr. 5 AufenthG). Da für diese Folge nach dieser Vorschrift keine Rechtskraft erforderlich ist, wird der Aufenthalt mit Zustellung der Ausweisungsverfügung rechtswidrig. Wird die Ausweisungsverfügung aufgehoben, entfällt die Rechtswidrigkeit rückwirkend.

64   **Nicht ausreichend** für einen rechtmäßigen Aufenthalt ist hingegen eine **Duldung** nach § 60a AufenthG (Nr. 4.3.1.2 VAH-StAG). Siehe aber für den Fall der Duldung während eines Asylfolgeverfahrens → Rn. 60.

65   Nach **§ 12b Abs. 3** bleiben Unterbrechungen der Rechtmäßigkeit des Aufenthalts dann außer Betracht, wenn sie darauf beruhen, dass die erstmalige Erteilung des Aufenthaltstitels bzw. dessen **Verlängerung nicht rechtzeitig beantragt** wurden (BVerwG BeckRS 2016, 46279). Die Rechtmäßigkeit des Aufenthalts darf aber nicht längere Zeit unterbrochen sein. Es erfolgt keine Summierung diverser rechtmäßiger Aufenthaltszeiten (so auch BeckOK AuslR/Weber Rn. 35). Dies ergibt sich aus dem Wortlaut der Vorschrift („seit acht Jahren").

66   Angerechnet werden auch Zeiten, in denen der **Ausländer als Deutscher behandelt** wurde. Denn auch solche Zeiten stellen einen rechtmäßigen Aufenthalt dar.

67   Die Rechtmäßigkeit eines Aufenthalts endet in den Fällen des **§ 51 Abs. 1 Nr. 3–5a AufenthG** mit Wirksamwerden der Verfügung, mit welcher der Aufenthaltstitel erlischt. Nicht maßgeblich ist die Unanfechtbarkeit der Verfügung. Die Wirksamkeit bleibt trotz Einlegen eines mit aufschiebender Wirkung versehenen Rechtsmittels bestehen, bis die Verfügung aufgehoben oder zurückgenommen ist (§ 84 Abs. 2 S. 1 AufenthG). Nur dann kann der Zeitraum zwischen Erlass und Aufhebung der Verfügung als rechtmäßiger Aufenthalt angerechnet werden.

68   Die Aufenthaltserlaubnis erlischt auch, wenn sich der Ausländer nicht nur vorübergehend (§ 51 Abs. 1 Nr. 6 AufenthG) oder längere Zeit genehmigt (§ 51 Abs. 1 Nr. 7 AufenthG) im Ausland aufhält. Die Grenze des genehmigungslosen **Auslandsaufenthalts** beträgt sechs Monate. Zu den Einzelheiten wird auf die Kommentierung des § 51 AufenthG verwiesen.

4. Unbefristetes Aufenthaltsrecht

69   Der Elternteil, von welchem das Kind die deutsche Staatsangehörigkeit ableitet, muss zum Zeitpunkt der Geburt des Kindes entweder über ein **unbefristetes Aufenthaltsrecht** verfügen oder, sofern er schweizerischer Staatsangehöriger oder Familienangehöriger eines solchen ist, im

Besitz einer Aufenthaltserlaubnis-Schweiz nach Art. 2 und 3 Anhang I FreizügAbk EG-CH sein (aber → Rn. 73). Unerheblich ist der Zweck des ursprünglichen Aufenthalts.

Als unbefristetes Aufenthaltsrecht sind anzusehen die **Niederlassungserlaubnis** nach § 9 Auf-   **70** enthG, das **Daueraufenthaltsrecht-EU** nach § 9a AufenthG, ein **Aufenthaltsrecht nach §§ 2, 3 FreizügG/EU**, ein **Aufenthaltsrecht nach § 12 FreizügG/EU**, ein **Aufenthaltsrecht nach § 12 HeimatlAuslG** sowie das **Aufenthaltsrecht** assoziationsfreizügiger türkischer Staatsangehöriger **nach Art. 6, 7 ARB 1/80** (zu Letzterem wie hier NK-AuslR/Oberhäuser Rn. 18; GK-StAR/Marx Rn. 328; Dörig MigrationsR-HdB § 2 Rn. 26; aA VG Bremen BeckRS 2020, 36090; HMHK/Kau Rn. 83, BeckOK AuslR/Weber Rn. 41).

Soweit HMHK/Kau Rn. 83 und BeckOK AuslR/Weber Rn. 41 ein solches Recht für assoziationsbe-   **70.1** rechtigte Türken verneinen, sondern eine Erteilung einer Niederlassungserlaubnis fordern, ist dies nicht nachzuvollziehen. Auch Nr. 4.3.1.3 Abs. 2 VAH-StAG 2007 und AAH-ARB 1/80 S. 18 und 45 (Allgemeine Anwendungshinweise des Bundesministeriums des Innern zum Beschluss Nr. 1/80 des Assoziationsrats EWG/Türkei und zu Artikel 41 Absatz 1 des Zusatzprotokolls zum Assoziierungsabkommen v. 26.11.2013) bestätigen die hier vertretene Auffassung (ebenso NK-AuslR/Oberhäuser Rn. 18; GK-StAR/Marx Rn. 328; Dörig MigrationsR-HdB § 2 Rn. 26).

Die Vorschrift spricht von einem Aufenthaltsrecht, nicht von einem Aufenthaltstitel. Ist also   **71** die Vorstellung eines Titels nur deklaratorischer Art, so ist dieser auch nicht erforderlich. Der Besitz einer **Aufenthaltskarte bzw. einer Daueraufenthaltskarte** ist deshalb **nicht erforderlich** für den Erwerb der deutschen Staatsangehörigkeit. Vielmehr genügt das Recht an sich. Erst mit der Feststellung der Ausreisepflicht nach § 7 FreizügG/EU endet dieses Recht (so auch NK-AuslR/Oberhäuser Rn. 17; aA HMHK/Kau Rn. 82 f.).

Soweit die Erteilung eines Titels notwendig ist, wie insbesondere bei der Niederlassungserlaubnis,   **72** kommt es nach § 81 Abs. 3 S. 1 und S. 4 AufenthG auf den **Zeitpunkt der Beantragung an, sofern der Titel rückwirkend erteilt wird** (so wohl auch Dörig MigrationsR-HdB § 2 Rn. 24; BeckOK AuslR/Weber Rn. 42). Sofern der unbefristete Titel, der rechtzeitig mit allen notwendigen Unterlagen versehen beantragt wurde, verspätet erst mit Wirkung ex nunc erteilt wurde, muss notfalls auf Wirkung ex tunc geklagt werden. Das nach BVerwG BeckRS 1998, 30025792 erforderliche schutzwürdige Interesse ergibt sich in den Fällen des Abs. 3 regelmäßig (NdsOVG BeckRS 2017, 132270; Dörig MigrationsR-HdB § 2 Rn. 24; BeckOK AuslR/Weber Rn. 44).

Soweit das Gesetz bei **Schweizer Staatsangehörigen** eine Aufenthaltserlaubnis-Schweiz for-   **73** dert, erscheint dies im Hinblick auf das Diskriminierungsverbot nach Art. 2 FreizügAbk EG-CH europarechtlich bedenklich. Der Gesetzgeber begründet die Änderung der Vorschrift bezüglich Unionsbürgern und ihren Familienangehörigen damit, dass nach europarechtlichen Vorgaben ein Recht vom Vorhandensein einer lediglich deklaratorischen Bescheinigung abhängig gemacht werden darf. Wenn dies für Unionsbürger und deren Familienangehörige gilt, muss dies auch für Schweizer Staatsangehörige, die von ihrem Freizügigkeitsrecht Gebrauch machen, gelten (NK-AuslR/Oberhäuser Rn. 20; GK-StAR/Marx Rn. 327).

Aufenthaltsgenehmigungen, die vor dem 1.1.2005 auf der Grundlage des AuslG aF ausgestellt   **74** wurden, gelten gem. **§ 101 AufenthG** fort und sind somit berücksichtigungsfähig. So wurden die unbefristeten Aufenthaltstitel zur Niederlassungserlaubnis.

Entgegen Nr. 4.3.1.3 Abs. 3 VAH-StAG 2007 ist auch eine **Befreiung vom Erfordernis eines**   **75** **Aufenthaltstitels**, wie zB für Botschaftspersonal, ausreichend, sofern ein Recht zum dauerhaften Aufenthalt gegeben ist. Denn Abs. 3 spricht ausdrücklich nicht von einem Titel, sondern von einem Recht (aA HMHK/Kau Rn. 82). Soweit diesbezüglich BeckOK AuslR/Weber Rn. 30 ausführt, dass diplomatisches Personal keines Aufenthaltsrechts bedarf, so ist dies nicht zutreffend. Diplomatisches Personal hat ein Aufenthaltsrecht, benötigt aber keinen Aufenthaltstitel nach dem AufenthG, weil letzteres nicht für sie anwendbar ist. Auch § 1 Abs. 2 Nr 3 AufenthG, worauf sich BeckOK AuslR/Weber Rn. 30 ausdrücklich bezieht, spricht explizit von der Befreiung von Erfordernis eines Aufenthaltstitels, nicht vom fehlenden Erfordernis eines Aufenthaltsrechts (wie hier im Ergebnis NK-AuslR/Oberhäuser Rn. 23).

Entfällt das Aufenthaltsrecht zu einem späteren Zeitpunkt ex tunc, fällt damit rückwirkend   **76** die Voraussetzung für den Erwerb der deutschen Staatsangehörigkeit weg. Dieser Wegfall ist aber ausgeschlossen, wenn das Kind zum Zeitpunkt der Entscheidung bereits das fünfte Lebensjahr vollendet hat (§ 17 Abs. 2 und Abs. 3 S. 1). Im Übrigen sind die unter → Rn. 32 genannten Grenzen zu beachten. Außerdem ist auch hier die Rechtsprechung des BVerfG zu beachten (→ Rn. 18a). **Vor dem 12.2.2009** gab es **keine Rechtsgrundlage für den Verlust der deutschen Staatsangehörigkeit** für den Fall des rückwirkenden Wegfalls der Voraussetzungen des Erwerbs.

IV. Rechtsfolgen

77   Rechtsfolge der Geburt eines Kindes ausländischer Eltern unter den genannten Voraussetzungen ist der **Erwerb der deutschen Staatsangehörigkeit kraft Gesetzes.** Einer Antragstellung oder sonstigen Erklärung bedarf es nicht.

78   Ohne Bedeutung ist auch, ob das Kind mit der Geburt eine weitere Staatsangehörigkeit erhält.

79   Auch gibt es **keine Möglichkeit** für die Eltern, den Erwerb der deutschen **Staatsangehörigkeit durch Geburt auszuschlagen** (HMHK/Kau Rn. 86; GK–StAR/Marx Rn. 356). Das Kind erwirbt die deutsche Staatsangehörigkeit auch gegen den Willen der Eltern (Dörig MigrationsR–HdB § 2 Rn. 20). Der Weg über den Verzicht nach § 26 erfordert die Zustimmung des deutschen Familiengerichts (§ 26 Abs. 4 iVm § 19).

V. Verfahren

80   **Der ius-soli-Erwerb wird beim Standesamt des Geburtsorts registriert.** Der Hinweis auf den Erwerb der Staatsangehörigkeit erfolgt in einem gesonderten Vermerk des Geburtseintrags (§ 34 Abs. 3 PStV). Ist die Staatsangehörigkeit der Eltern bekannt, vermerkt der Standesbeamte auch deren Staatsangehörigkeit. Der Standesbeamte hat bei Geburt eines Kindes ausländischer Eltern Angaben zu deren Aufenthaltsrecht einzuholen (§ 34 Abs. 1 PStV). Diese Angaben prüft das Standesamt durch Einholung einer Auskunft bei der Ausländerbehörde (§ 34 Abs. 2 PStV).

81   Der Eintrag der Staatsangehörigkeit des Neugeborenen ist kein Bestandteil des Geburtseintrags selbst, da er unterhalb des urkundlichen Teils des Geburtseintrags erfolgt (§§ 21 Abs. 1 und Abs. 3, 54 PStG). Somit hat der **Eintrag der Staatsangehörigkeit** im Gegensatz zum Geburtseintrag selbst auch **keine Beweiskraft.** Dementsprechend stellt die Registrierung der Staatsangehörigkeit im Geburtenregister auch **keinen Verwaltungsakt** dar, sondern eine rechtlich unverbindliche Maßnahme nach personenstandsrechtlichen Vorschriften (VG Neustadt a. d. Weinstraße BeckRS 2014, 54857). Er kann also nicht mit Außenwirkung in Bestandskraft erwachsen.

82   Eine förmliche Berichtigung eines diesbezüglich fehlerhaften Eintrags erfolgt dementsprechend ebenfalls nicht. Vielmehr kann der Hinweis formlos nachträglich gestrichen werden. Hierüber, wie über den positiven Eintrag, sind die gesetzlichen Vertreter sowie die Meldebehörde zu benachrichtigen.

83   Die Eintragung bei Geburt eines Kindes ausländischer Eltern hat somit Beweiskraft nur hinsichtlich der Tatsache der Geburt im Inland. **Behörden können** deshalb stets **in eigener Zuständigkeit die Staatsangehörigkeit des Kindes prüfen,** zumal Vorkommnisse wie der Verlust der Staatsangehörigkeit nicht automatisch vom Standesamt berücksichtigt werden. Allerdings veranlasst der Eintrag diverse Behörden zum Tätigwerden, so zB im Hinblick auf § 29.

84   Einen formellen Nachweis des Erwerbs der deutschen Staatsangehörigkeit kann somit nur die Erteilung eines Staatsangehörigkeitsausweises durch die Staatsangehörigkeitsbehörde erbringen.

84a   Das Bundesministerium des Innern, für Heimat und Bau hat mit der 16. VO zur Änderung der VO zur Ausführung des PStG v. 12.11.1999 (BGBl. I 2203) von seiner **Verordnungsermächtigung nach Abs. 3 S. 3** Gebrauch gemacht.

VI. Rechtsschutz und praktische Hinweise

85   Hier ist zu unterscheiden, ob Rechtsschutz hinsichtlich des standesamtlichen Eintrags oder des Bestehens der Staatsangehörigkeit angestrebt wird.

86   Hinsichtlich des **standesamtlichen Verfahrens** kann beim Amtsgericht nach den Vorschriften des FamFG gegen die Ablehnung oder die Vornahme des standesamtlichen Handels vorgegangen werden (§§ 49, 50 PStG). Allerdings ist umstritten, ob für ein Verfahren gegen das Standesamt ein Rechtsschutzbedürfnis fehlt, da der Eintrag keine konstitutive Wirkung hat (so auch NK–AuslR/Oberhäuser Rn. 33).

87   Hinsichtlich eines **Streits um den Erwerb der Staatsangehörigkeit** ist deshalb anzuraten im Verwaltungsverfahren gegen die Staatsangehörigkeitsbehörde durch ein Verfahren nach § 30 vorgegangen werden (NK–AuslR/Oberhäuser Rn. 33; Dörig MigrationsR-HdB § 3 Rn. 41). Wird die deutsche Staatsangehörigkeit durch die Staatsangehörigkeitsbehörde bestritten oder die Ausstellung eines Staatsangehörigkeitsausweises abgelehnt, kann – je nach Landesrecht – Widerspruch eingelegt bzw. Feststellungs- oder Anfechtungsklage erhoben werden. Auch gegen die ungewünschte Annahme des Erwerbs der deutschen Staatsangehörigkeit kann durch Feststellungsklage, im Falle eines Verwaltungsaktes auch durch Anfechtungsklage vorgegangen werden.

88   Wegen des Vorliegens der Voraussetzungen für den ius-soli-Erwerb bei den Eltern muss, wenn das **unbefristete Aufenthaltsrecht** in Frage steht, darauf geachtet werden, dass die **Feststellung des Vorliegens zum Zeitpunkt vor der Geburt** erfolgt.

E. Ausschluss des Staatsangehörigkeitserwerbs (Abs. 4)

I. Allgemeines

Ausgeschlossen von der nach Abs. 1 vorgesehenen Vermittlung der Staatsangehörig- 89
keit an die Kinder sind Deutsche, die nach dem 31.12.1999 im Ausland geboren wurden und
dort ihren gewöhnlichen Aufenthalt haben, sofern ihr im Ausland geborenes Kind dadurch nicht
staatenlos wird, es sei denn, die Beurkundung der Geburt des Kindes im Geburtenregister wird
innerhalb eines Jahres nach der Geburt gem. § 36 PStG beantragt.

Zuständig ist nach § 36 Abs. 2 S. 3 PStG das Standesamt I in Berlin. Fristwahrend kann der 90
Antrag auch bei der zuständigen Auslandsvertretung gestellt werden.

Sind **beide Elternteile deutsche Staatsangehörige,** findet diese Vorschrift nur dann Anwen- 91
dung, wenn die Voraussetzungen auf beide Elternteile zutreffen (S. 3). Dies ist zB dann nicht der
Fall, wenn sich die deutschen Eltern getrennt haben und ein Elternteil seinen gewöhnlichen
Aufenthalt wieder in das Bundesgebiet verlegt hat. Ebenso ist Abs. 4 nicht anzuwenden, wenn einer
der beiden deutschen Eltern in der Bundesrepublik geboren wurde (GK-StAR/Marx Rn. 404).

Grund der Vorschrift ist, dass nach dem Willen des Gesetzgebers eine Vermittlung der 92
Staatsangehörigkeit dann nicht mehr möglich sein soll, wenn der Bezug zum deutschen Staatsgebiet
nicht mehr besteht.

II. Im Einzelnen

1. Geburt des Elternteils im Ausland

Hier gelten die gleichen Regeln wie unter → Rn. 43, allerdings in umgekehrter Sicht. 93
Der Grund, weshalb die Geburt im Ausland erfolgt ist, ist ohne Bedeutung, kann also auch 93a
zufällig erfolgt sein.

2. Gewöhnlicher Aufenthalt im Ausland

Zum Begriff gewöhnlicher Aufenthalt wird auf → Rn. 50 ff. verwiesen. Dabei ist unter „dort" 94
nicht der Ort der Geburt, sondern generell das Ausland gemeint.

Der Grund des Auslandsaufenthalts ist dabei ohne Bedeutung. Wesentlich ist, dass der Aufenthalt 95
im Ausland auf unabsehbare Zeit besteht.

Umstritten ist, ob der gewöhnliche Aufenthalt ununterbrochen im Ausland angedau- 96
ert haben muss. GK-StAR/Marx Rn. 395 weist zurecht darauf hin, dass von einem Wegfall der
Bindungen zum Bundesgebiet nur dann ausgegangen werden kann, wenn der Auslandsaufenthalt,
bis auf unwesentliche Unterbrechungen zB zu Besuchszwecken, angedauert hat. Die dem entgegenstehende Auffassung (HMHK/Kau Rn. 57) verkennt, dass ansonsten unter diese Vorschrift
beispielsweise auch Personen fallen würden, welche zufällig im Ausland geboren wurden, die
gesamte Kindheit, Schul- und Ausbildungszeit in Deutschland verbracht haben und nach wie vor
als Erwachsene im Bundesgebiet berufstätig sind, aber ihren Wohnsitz in das jenseits der Grenze
liegende Nachbardorf dauerhaft verlegt haben. Wieso in solchen Fällen kein Bezug zum deutschen
Staatsgebiet mehr bestehen soll, ist nicht verständlich.

3. Drohende Staatenlosigkeit

Die Verhinderung der Staatenlosigkeit geht zurück auf **Art. 4 Abs. 1 EUVerStaloUeb,** wonach 97
jeder Vertragsstaat einer nicht im Hoheitsgebiet eines Vertragsstaats geborenen Person, die sonst
staatenlos wäre, seine Staatsangehörigkeit verleiht, wenn ein Elternteil zur Zeit der Geburt des
Betreffenden die entsprechende Staatsangehörigkeit besaß.

Drohende Staatenlosigkeit ist stets anzunehmen, wenn der Erwerb einer anderen Staatsan- 98
gehörigkeit nicht sicher ist. Dieser Zweifel ist auch gegeben, wenn zwar ein Recht auf eine andere
Staatsangehörigkeit bestünde, der andere Staat dies aber verweigert.

Maßgeblich ist der Erwerb einer anderen Staatsangehörigkeit zum Zeitpunkt der 99
Geburt, da auch keine vorübergehende Staatenlosigkeit eintreten darf. Ein späterer möglicher
Erwerb einer anderen Staatsangehörigkeit ist nicht zu berücksichtigen. Erfolgt auch der Erwerb
der anderen Staatsangehörigkeit nur im Falle der Staatenlosigkeit, erwirbt das Kind die deutsche
Staatsangehörigkeit (Nr. 4.4.1 VAH-StAG).

Sind danach beide Eltern deutsche Staatsangehörige und erfüllen beide die Voraussetzungen 100
des Abs. 4, erhält das Kind dennoch die deutsche Staatsangehörigkeit durch Geburt, **wenn das**

Geburtsland ihm **nicht de iure soli dessen Staatsangehörigkeit erteilt** (GK-StAR/Marx Rn. 406).

4. Antrag auf Beurkundung

101 Zur Verhinderung der Rechtsfolge nach Abs. 4 S. 1 kann jeder **Antragsberechtigte** (§ 36 Abs. 1 S. 4 Nr. 1 PStG) nach Abs. 4 S. 2 einen Antrag auf Beurkundung der Geburt des Kindes stellen. Nach der früheren Version war dies nur dem deutschen Elternteil möglich (aA GK-StAR/Marx Rn. 408, der nach wie vor die Antragstellung durch einen deutschen Elternteil fordert).

102 Die beantragende Person muss die **Personensorge** innehaben und geschäftsfähig sein.

103 **Nicht nötig** ist, dass beide Elternteile die Beurkundung wünschen. Die Auslandsvertretung hat kein Prüfungsrecht dahingehend, ob es sich um eine **einvernehmliche Entscheidung der Eltern** handelt (GK-StAR/Marx Rn. 409).

104 Die Beantragung muss nicht zum Zweck der Sicherung der deutschen Staatsangehörigkeit erfolgen. Denkbar ist möglicherweise auch eine **konkludente Antragstellung,** so zB eine Passbeantragung für das Kind. Erfolgt trotz einer anzunehmenden konkludenten Antragstellung keine Beurkundung, ist nach hiesiger Auffassung die Frist dennoch gewahrt, da es allein auf den Antrag, nicht auf die Beurkundung zur Fristwahrung ankommt (aA HMHK/Kau Rn. 64).

105 Die **Jahresfrist** berechnet sich nach § 31 VwVfG iVm §§ 187 ff. BGB. Maßgeblich für die Einhaltung der Frist ist der Eingang der Anzeige bei der zuständigen Behörde. Eine Belehrung über die Frist erfolgt nicht.

106 Bei Fristversäumnis ist nach hiesiger Auffassung **Wiedereinsetzung in den vorigen Stand** möglich. Entgegen HMHK/Kau Rn. 65 ist dies nicht dadurch ausgeschlossen, dass § 34 VwVfG aufgrund von § 2 Abs. 3 Nr. 3 VwVfG nicht zur Anwendung kommt (wie hier BeckOK AuslR/Weber Rn. 22). Auch ergibt sich weder aus § 4 Abs. 4 S. 2 noch aus § 36 PStG und auch nicht aus den PStG-VwV, dass der Antrag zwingend bei der Auslandsvertretung zu stellen wäre. Der Antrag ist vielmehr primär beim Standesamt I in Berlin zu stellen. Nur zur Fristwahrung genügt auch ein rechtzeitiger Antrag bei der Auslandsvertretung. Für den Antrag beim Standesamt I in Berlin ist § 2 Abs. 3 Nr. 3 VwVfG nicht einschlägig. Da die Frist im StAG geregelt ist und für das StAG grundsätzlich die Verfahrensvorschriften des VwVfG gelten, ist auch § 34 VwVfG anwendbar.

107 Der Antrag ist **formfrei.** Auch ein mündlicher Antrag ist zur Fristwahrung möglich, wobei sich eventuell daraus Beweisschwierigkeiten ergeben können.

5. Rechtsfolgen

108 Die **unmittelbare Folge der Vorschrift ist der Ausschluss des Erwerbs der deutschen Staatsangehörigkeit** durch Abstammung zum Zeitpunkt der Geburt. Dieser Ausschluss gilt zumindest bis zur Beurkundung der Geburt nach S. 2. Erfolgt die Beurkundung aufgrund eines rechtzeitig gestellten Beurkundungsantrags, erwirbt das Kind **ex tunc** mit der Geburt die deutsche Staatsangehörigkeit.

109 Die Anzeige hat entgegen GK-StAR/Marx Rn. 416 nicht lediglich deklaratorische Funktion, sondern ist in den Fällen des Abs. 4 S. 1 Tatbestandsvoraussetzung für den Erwerb der deutschen Staatsangehörigkeit durch Geburt.

6. Rechtsschutz

110 Hinsichtlich der Beurkundung ist ein Verfahren vor dem zuständigen Amtsgericht nach dem FamFG durchzuführen. Wird die deutsche Staatsangehörigkeit durch Behörden bestritten, kommt ein Verfahren nach § 30 in Betracht.

111 Wurde die Frist versäumt, bestehen möglicherweise erleichterte Einbürgerungsmöglichkeiten nach §§ 8 und 14.

§ 5 [Erklärungsrecht des Kindes]

Durch die Erklärung, deutscher Staatsangehöriger werden zu wollen, erwirbt das vor dem 1. Juli 1993 geborene Kind eines deutschen Vaters und einer ausländischen Mutter die deutsche Staatsangehörigkeit, wenn
1. eine nach den deutschen Gesetzen wirksame Anerkennung oder Feststellung der Vaterschaft erfolgt ist,

2. **das Kind seit drei Jahren rechtmäßig seinen gewöhnlichen Aufenthalt im Bundesgebiet hat und**
3. **die Erklärung vor der Vollendung des 23. Lebensjahres abgegeben wird.**

Überblick

Die Vorschrift schließt eine Regelungslücke (→ Rn. 2) für vor dem 1.7.1993 nichtehelich geborene (→ Rn. 5) Kinder eines deutschen Vaters (→ Rn. 6) und einer ausländischen Mutter. Aufgrund des zeitlich beschränkten Anwendungsbereichs verliert die Vorschrift zunehmend an Bedeutung. Der späteste Zeitpunkt für die Abgabe einer solchen Erklärung war der 30.6.2016 (→ Rn. 2). Bedeutung hat die Vorschrift weiterhin für Abkömmlinge (→ Rn. 16). Bis zur Altersgrenze muss die Anerkennung (→ Rn. 8) erfolgt sein und der geforderte Aufenthalt (→ Rn. 10) stattgefunden haben. Zu den Rechtsschutzmöglichkeiten (→ Rn. 18).

Übersicht

A. Allgemeines/Entstehungsgeschichte

Mit dem Inkrafttreten des § 4 Abs. 1 S. 2 RuStAG idF des Gesetzes zur Änderung asylverfahrens-, ausländer- und staatsangehörigkeitsrechtlicher Vorschriften vom 30.6.1993 (BGBl. I 1062) konnte **ab dem 1.7.1993 ein nichteheliches Kind eines deutschen Vaters und einer ausländischen Mutter nach Feststellung der Vaterschaft die deutsche Staatsangehörigkeit erwerben.** **1**

Diese Vorschrift galt aber **nicht für vor dem 1.7.1993 geborene Kinder,** da dies eine Rückwirkung der Vorschrift erfordert hätte, was angesichts des Wortlauts und der Gesetzessystematik im Hinblick auf § 4 Abs. 1 S. 2 vom Gesetzgeber nicht vorgesehen war (BVerwG BeckRS 1997, 127450; VG Berlin BeckRS 2009, 36738; VG Bremen BeckRS 9998, 82544). Für **vor dem 1.7.1993 geborene nichteheliche Kinder** war der Erwerb der deutschen Staatsangehörigkeit durch Geburt nur möglich, wenn die Mutter deutsche Staatsangehörige war (§ 4 Abs. 1 Nr. 2 RuStAG idF des RuStAÄndG 1974 – BGBl. 1974 I 3714). Eine Ableitung der deutschen Staatsangehörigkeit allein vom deutschen Vater war demnach auch bei Vaterschaftsanerkennung nicht möglich. **1a**

In diesem Fall bestand **lediglich ein erleichterter Einbürgerungsanspruch** des minderjährigen Kindes nach erfolgter Vaterschaftsanerkennung gemäß § 10 RuStAG idF RuStAÄndG 1974 (BGBl. I 3714) bei mindestens fünfjährigem dauerhaftem Aufenthalt in der Bundesrepublik. Durch Art. 3 des Gesetzes zur Verminderung der Staatenlosigkeit v. 29.6.1977 (BGBl. I 1101) entstand der Einbürgerungsanspruch nach erfolgter Vaterschaftsanerkennung bereits nach dreijährigem dauerhaftem Aufenthalt in der Bundesrepublik und einer Antragstellung vor Vollendung des 23. Lebensjahres. **1b**

Die zweifelhafte Rechtslage für nichteheliche Kinder eines deutschen Vaters und einer ausländischen Mutter bis zum 30.6.1993 milderte schließlich § 5 ab. § 5 gibt den **vor dem 1.7.1993 nichtehelich geborenen Kindern** eines deutschen Vaters und einer ausländischen Mutter bis zur Vollendung des 23. Lebensjahrs die **Möglichkeit, durch Erklärung** unter den genannten Voraussetzungen die **deutsche Staatsangehörigkeit** unmittelbar **zu erwerben.** Diese Möglichkeit ist allerdings durch Zeitablauf mittlerweile erloschen. Der späteste Zeitpunkt für die Abgabe der Erklärung für ein bis zum 30.6.1993 geborenes Kind war der 30.6.2016. Wurde die Erklärung nicht rechtzeitig abgegeben, bleibt nur noch die Einbürgerung. **2**

Hinsichtlich der Fristenregelung ist aber nunmehr die Entscheidung des BVerfG vom 20.5.2020 (BeckRS 2020, 12439) zu beachten. Das **BVerfG** hat entschieden, dass es **mit Art. 3 Abs. 2 GG nicht vereinbar** ist, wenn der Erwerb der deutschen Staatsangehörigkeit nach dem Abstammungsprinzip nur im Verhältnis zu einem Elternteil, im Fall der nichtehelichen Geburt allein zur Mutter, **2a** anerkannt wird. Art. 3 Abs. 2 GG verbietet die rechtliche Differenzierung nach dem Geschlecht und schützt sowohl Männer wie Frauen vor Benachteiligung. Bei Regelungen, die an den Geschlechterunterschied der Eltern anknüpfen, kann Art. 3 Abs. 2 GG als objektiver Wertmaßstab von Bedeutung sein. Wenn die Staatsangehörigkeit eines Kinders von der Staatsangehörigkeit der Eltern oder eines Elternteils abhängig gemacht wird, ist es deshalb nicht mit Art. 3 Abs. 2 GG zu vereinbaren, das Problem der Staatsangehörigkeit von Kindern einseitig zulasten der Mutter oder des Vaters zu lösen. Die unterschiedliche Handhabung nichtehelicher Kinder ist deshalb nicht mehr aufrecht zu erhalten. Dies muss auch in der weiteren Abstammungslinie rückwirkend beachtet werden.

3   Für **Kinder, die ab dem 1.7.1993 geboren wurden,** richtet sich der Erwerb der deutschen Staatsangehörigkeit des nichtehelichen Kindes nach § 4 Abs. 1 S. 2 (→ § 4 Rn. 12). Danach erwirbt das Kind eines deutschen Vaters und einer ausländischen Mutter die deutsche Staatsangehörigkeit dann, wenn die Vaterschaft wirksam anerkannt oder festgestellt wurde, sofern die Anerkennungserklärung des Vaters vor der Vollendung des 23. Lebensjahres durch das Kind abgegeben oder das Vaterschaftsfeststellungsverfahren eingeleitet worden sein muss.

3a   Die Vorschrift ist verfassungsrechtlich nicht zu beanstanden (ausführlich VG Berlin BeckRS 2009, 36738). Siehe aber → Rn. 2a.

3b   Aufgrund der Tatsache, dass die Vorschrift zwischenzeitlich weitgehend gegenstandslos geworden ist, ist derzeit eine komplette Neufassung der Vorschrift durch das Vierte Gesetz zur Änderung des Staatsangehörigkeitsgesetzes in Vorbereitung (BR-Drs. 249/21).

B. Erläuterungen im Einzelnen

I. Altersgrenze

4   Alle **Tatbestandsvoraussetzungen mussten bis zur** in Nr. 3 angegebenen **Altersgrenze vorliegen.** Sofern die Erklärung abgegeben wurde, bevor alle Voraussetzungen vorliegen, war dies unschädlich, sofern jedenfalls zum in Nr. 3 genannten Zeitpunkt alle Voraussetzungen gegeben waren.

II. Geburt

5   Das **Kind musste vor dem 1.7.1993 geboren** sein, was durch die Vorlage einer Geburtsurkunde zu belegen war. Auch eine ausländische Urkunde war grundsätzlich iRd § 418 ZPO ausreichend.

III. Staatsangehörigkeit Eltern

6   Der **Vater musste** nach einhelliger Meinung (nur) **zum Zeitpunkt der Geburt des Kindes** die **deutsche Staatsangehörigkeit innehaben.** Nicht ausreichend war die Eigenschaft als Statusdeutscher (BayVGH Urt. v. 15.4.2003 – 5 B 02.1496). Auch eine analoge Anwendung ist ausgeschlossen (BeckOK AuslR/Müller Rn. 9). Allerdings ist auf § 40a hinzuweisen.

7   **Unbeachtlich** waren und sind **spätere Veränderungen** wie zB der nachträgliche Verlust der Staatsangehörigkeit des Vaters oder die Einbürgerung der Mutter (Nr. 5.1.1 VAH-StAG). War allerdings die Mutter zum Zeitpunkt der Geburt ebenfalls deutsche Staatsangehörige, richtet sich der Erwerb der deutschen Staatsangehörigkeit durch das Kind nach § 4 Abs. 1 S. 1.

7a   Ist der **Vater vor der Geburt des Kindes verstorben,** musste er zum Zeitpunkt des Todes die deutsche Staatsangehörigkeit innehaben (BeckOK AuslR/Müller Rn. 8; GK-StAR/Marx Rn. 59).

IV. Anerkennung bzw. Feststellung der Vaterschaft (Nr. 1)

8   Hinsichtlich der **Anerkennung der Vaterschaft** ist zunächst auf → § 4 Rn. 12 zu verweisen. Bei einer späteren erfolgreichen **Vaterschaftsanfechtung** konnte das Kind die deutsche Staatsangehörigkeit nicht durch Erklärung erwerben.

8a   Maßgeblich für die Anerkennung der Vaterschaft ist das bis zum 30.6.1993 geltende diesbezügliche Recht (BeckOK AuslR/Müller Rn. 11; HMHK/Hailbronner Rn. 22).

8b   Nach Rn. 5.1.1 StARVwV ist ausreichend, dass sich die Vaterschaft aus einem deutschen Personenstandsbuch ergibt. Ist das nicht der Fall, hat die Staatsangehörigkeitsbehörde zu prüfen, ob eine nach den deutschen Gesetzen wirksame Anerkennung oder Feststellung der Vaterschaft vorliegt.

Zu beachten sind für das **Legitimationsstatut** Art. 220, 20, 21 EGBGB. Nicht nötig ist nach 9
dem Wortlaut eine nach deutschem Recht erfolgte Anerkennung, sondern eine nach deutschem
Recht wirksame Anerkennung.

V. Aufenthalt des Kindes im Bundesgebiet (Nr. 2)

Das Kind musste seit drei Jahren seinen **gewöhnlichen Aufenthalt rechtmäßig im Bundes-** 10
gebiet haben (zum gewöhnlichen Aufenthalt → § 4 Rn. 50, zum rechtmäßigen Aufenthalt →
§ 4 Rn. 57 ff.).
Der **Aufenthalt** muss **unmittelbar vor Abgabe der Erwerbserklärung** vorgelegen haben. 10a
Dies ergibt sich aus dem Wortlaut der Vorschrift im Präsens.

VI. Erklärung

Die Erklärung war **vor Vollendung des 23. Lebensjahres** abzugeben. 11
Abgabeberechtigt war bis zur Vollendung des 16. Lebensjahrs durch das Kind jeder gesetzliche 12
Vertreter. Ab Vollendung des 16. Lebensjahrs musste die Erklärung vom Kind selbst abgegeben
werden (§ 37 Abs. 1).
Die Frist war als **gesetzliche Frist** nicht verlängerbar. Die Frist war aber keine Ausschlussfrist, 13
wie etwa die Frist des § 29 Abs. 3 S. 3. **Wiedereinsetzung** in den vorigen Stand gemäß § 32
VwVfG war somit möglich (BeckOK AuslR/Müller Rn. 18; GK-StAR/Marx Rn. 80.1). Dabei
kam es in erster Linie auf das Vertretenmüssen des Kindes an. Auf die Kenntnis des gesetzlichen
Vertreters kam es dann an, wenn vom Kind altersbedingt eine Kenntnis der Erklärungspflicht
nicht gefordert werden konnte, was aber aufgrund der Frist bis zur Vollendung des 23. Lebensjahrs
nur in Ausnahmefällen wird angenommen werden können.
Die **Erklärung** musste **gegenüber** der für das Kind **sachlich und örtlich zuständigen** 14
Staatsangehörigkeitsbehörde abgegeben werden.

C. Folgen

Im Zeitpunkt der Abgabe der Erklärung trat, sofern alle Voraussetzungen erfüllt waren, der 15
Erwerb der deutschen Staatsangehörigkeit unmittelbar ein. Dabei ist unbeachtlich, ob der
Erklärende noch andere Staatsangehörigkeiten innehat (BVerwG BeckRS 9998, 46871).
Die Wirkungen traten **ex nunc** ein. Deshalb erstreckt sich der Staatsangehörigkeitserwerb auch 16
nicht auf **Abkömmlinge,** die vor dem Wirksamwerden des Staatsangehörigkeitserwerbs geboren
wurden. Hier kommt nur eine erleichterte Einbürgerung in Betracht. Ab Wirksamwerden der
Erklärung wird geborenen Kindern die deutsche Staatsangehörigkeit aber vermittelt. Vor diesem
Hintergrund hat die Vorschrift auch weiterhin Bedeutung.
Die zuständige Behörde stellte dem Kind bei Vorliegen der Voraussetzungen eine **Urkunde** 17
über den Erwerb der deutschen Staatsangehörigkeit nach § 1 Abs. 1 Nr. 1 StAUrkVwV aus.

D. Rechtsschutz

Bei Zweifeln über das Bestehen oder Nichtbestehen der deutschen Staatsangehörigkeit kann 18
ein Feststellungsverfahren nach § 30 Abs. 1 S. 1 durchgeführt werden.
Wird dem Antrag nicht stattgegeben, ist die Verpflichtungsklage statthaft, wobei, je nach Lan- 19
desrecht, zuvor ein Widerspruchsverfahren durchzuführen ist.

§ 6 [Annahme als Kind]

¹**Mit der nach den deutschen Gesetzen wirksamen Annahme als Kind durch einen**
Deutschen erwirbt das Kind, das im Zeitpunkt des Annahmeantrags das achtzehnte
Lebensjahr noch nicht vollendet hat, die Staatsangehörigkeit. ²Der Erwerb der Staatsan-
gehörigkeit erstreckt sich auf die Abkömmlinge des Kindes.

Überblick

Die Vorschrift vermittelt dem ausländischen (→ Rn. 8) Kind (→ Rn. 39) die deutsche Staats-
gehörigkeit aufgrund der Annahme (→ Rn. 9) durch einen Deutschen (→ Rn. 3) im Sinne des
ius-sanguinis-Prinzips (→ Rn. 2). Zu Statusdeutschen (→ Rn. 7). Zu unterscheiden sind die

Inlandsadoption (→ Rn. 10) und die Auslandsadoption (→ Rn. 25). Bei der Auslandsadoption ist zwischen der starken und der schwachen Adoption zu unterscheiden (→ Rn. 33). Zu den Anerkennungsverfahren (→ Rn. 25). Welches Recht zur Anwendung kommt regelt das EGBGB (→ Rn. 10; → Rn. 18). Zur internationalen Zuständigkeit (→ Rn. 22). Der Staatsangehörigkeitserwerb erstreckt sich auch auf bereits vorhandene Abkömmlinge des Anzunehmenden (→ Rn. 47). Zum Zeitpunkt der Wirksamkeit der Adoption (→ Rn. 24). Zu den rechtlichen Folgen der Adoption (→ Rn. 42). Zur selbständigen Überprüfungspflicht der Staatsangehörigkeitsbehörden (→ Rn. 49).

Übersicht

A. Allgemeines

1 § 6 geht zurück auf Art. 11 des Europäischen Übereinkommens über die Adoption von Kindern v. 24.4.1967 (BGBl. 1980 II 1093), wonach der Erwerb der Staatsangehörigkeit eines adoptierten Kindes erleichtert werden soll. Mit Wirkung v. 1.1.1977 wurde diese Regelung in das damalige RuStAG aufgenommen, damals noch mit der Beschränkung auf minderjährige Kinder. Seit dem 1.9.1986 gilt die Altersgrenze von 18 Jahren, um Unterschiede aufgrund des Heimatrechts des Kindes zu vermeiden.

2 Der Erwerb der deutschen Staatsangehörigkeit ist Ausdruck des in § 4 Abs. 1 geregelten **iussanguinis-Prinzips** (→ § 4 Rn. 1e), da der Angenommene wie ein leibliches Kind des Deutschen behandelt wird.

2a **Maßgeblich** für die Prüfung des Erwerbs der deutschen Staatsangehörigkeit ist die Rechtslage, also die **Fassung des § 6, zum Zeitpunkt der Annahme des Kindes** (BVerwG BeckRS 2017, 138201).

B. Erläuterungen im Einzelnen

I. Annahme durch einen Deutschen

3 Der Erwerb der deutschen Staatsangehörigkeit nach dieser Vorschrift erfordert die **Annahme als Kind durch einen Deutschen.** Ausreichend ist, dass **ein Elternteil** Deutscher ist. Unerheblich ist auch, ob der Elternteil neben der deutschen noch eine weitere Staatsangehörigkeit besitzt.

4 **Maßgeblicher Zeitpunkt** für das Innehaben der deutschen Staatsangehörigkeit ist derjenige des Wirksamwerdens der Annahme als Kind (→ Rn. 24, → Rn. 38). Weder ist maßgeblich die Staatsangehörigkeit zum Zeitpunkt der Antragstellung noch zu einem nach dem Wirksamwerden liegenden Zeitpunkt.

5 Wird der Annehmende nach Antragstellung Deutscher und erreicht der Anzunehmende vor Wirksamwerden der Annahme, aber nach Antragstellung das 18. Lebensjahr, ist § 6 dennoch erfüllt (→ Rn. 40).

6 Die Einbürgerung des Annehmenden muss bis zum Wirksamwerden der Adoption erfolgt sein. Lediglich eine **Einbürgerungszusicherung** genügt nicht (GK-StAR/Marx Rn. 122), da damit noch keine deutsche Staatsangehörigkeit vorliegt.

7 Für **Statusdeutsche,** welche die deutsche Staatsangehörigkeit nicht besitzen, gilt § 6 entsprechend für den Erwerb der Deutscheneigenschaft (Nr. 6.1.3 StAR-VwV).

8 Der **Anzunehmende darf nicht bereits aus anderen Gründen die deutsche Staatsangehörigkeit besitzen** oder vor dem Wirksamwerden der Annahme erwerben. Sonst ist § 6 Abs. 1 nicht anwendbar. Ausnahme ist nach hiesiger Auffassung der Erwerb nach § 4 Abs. 3, da dieser Erwerb unter dem Vorbehalt des § 29 steht und deshalb nicht gleichwertig ist mit einem Staatsangehörigkeitserwerb nach S. 1 (aA BeckOK AuslR/Weber § 3 Rn. 29; wohl auch GK-StAR/Marx Rn. 129). Siehe hierzu → § 3 Rn. 24.

II. Wirksame Annahme als Kind

Die **Annahme muss nach den deutschen Gesetzen wirksam sein.** Damit ist eine bloß **9** faktische, nicht den deutschen Gesetzen entsprechende Adoption nicht ausreichend für den Staatsangehörigkeitserwerb (VG Gießen BeckRS 1999, 31166135).

1. Inlandsadoption

Das Adoptionsverfahren im Inland unterliegt grundsätzlich dem **Heimatrecht des Anneh- 10 menden.** Da der Annehmende deutscher Staatsangehöriger sein muss, ist maßgeblich grundsätzlich deutsches Recht (Art. 22 Abs. 1 S. 1 EGBGB).

Ist der Annehmende aber mit einem Ehepartner, der nicht deutscher Staatsangehöriger ist, **11** verheiratet, ist das anzuwendende Recht nach dem **Ehewirkungsstatut** zu bestimmen (Art. 14, 22 Abs. 1 S. 2 EGBGB). Gemäß Art. 14 Abs. 1 Nr. 1 EGBGB richtet sich das Ehewirkungsstatut vorrangig nach dem Recht des Staates, dem beide Ehegatten gemeinsam angehören oder während der Ehe zuletzt angehörten, wenn einer von ihnen diesem Staat noch angehört. Bei einer gemeinsamen ausländischen Staatsangehörigkeit, zB bei einem Doppelstaater, der auch die deutsche Staatsangehörigkeit besitzt, ist somit das ausländische Recht anzuwenden.

Ob es sich bei den Annehmenden um ein Ehepaar handelt, muss als selbstständig anknüpfende **12** Vorfrage nach Art. 13 EGBGB geklärt werden (GK-StAR/Marx Rn. 46).

Bestand keine gemeinsame ausländische Staatsangehörigkeit, richtet sich das Ehewirkungsstatut **13** nach dem Recht des Staates, in dem beide Ehegatten ihren gewöhnlichen Aufenthalt haben oder während der Ehe zuletzt hatten, sofern einer von Ihnen dort noch den gewöhnlichen Aufenthalt hat (Art. 14 Abs. 1 Nr. 2 EGBGB).

Im Übrigen ist maßgebend das Recht des Staates, mit dem die Ehegatten auf sonstige Weise **14** gemeinsam am engsten verbunden sind (Art. 14 Abs. 1 Nr. 3 EGBGB).

Zu beachten ist außerdem eine eventuelle Rechtswahl der Ehegatten nach Art. 14 Abs. 2 und **15** Abs. 3 EGBGB. Außerdem ist auch ein renvoi (Rück- / Weiterverweisung) auf das deutsche Recht durch das ausländische Recht zu beachten.

Auch bei Getrenntleben der Ehepartner ist das Ehewirkungsstatut weiter maßgeblich (Art. 22 **16** Abs. 1 S. 2 EGBGB). Im Falle einer Lebenspartnerschaft richtet sich das anzuwendende Recht gem. Art. 22 Abs. 1 S. 3 EGBGB nach dem Wirkungsstatut für die Lebenspartnerschaft (Art. 17b Abs. 1 S. 1 EGBGB).

Nehmen die Ehepartner das Kind nicht gemeinsam an, ändert sich aufgrund Art. 22 Abs. 1 **17** S. 2 EGBGB nichts an der Anwendung des Ehewirkungsstatuts. Wird das Kind zu einem späteren Zeitpunkt auch vom anderen Ehepartner angenommen, so ist für jede der beiden Adoptionen auf das im Zeitpunkt der jeweiligen Adoption maßgebliche Ehewirkungsstatut abzustellen (GK-StAR/Marx Rn. 49).

Auch das **Heimatrecht des Kindes** ist zu beachten (GK-StAR/Marx Rn. 77). Daran ändert **18** die Anwendbarkeit deutschen Rechts bzw. des Rechts nach dem Ehewirkungsstatut nichts. Erfordert etwa das Heimatrecht des Kindes das Vorliegen weiterer Zustimmungen, so müssen diese eingeholt werden (Art. 23 S. 1 EGBGB). Soweit für das Wohl des Kindes erforderlich, kann aber deutsches Recht anstelle des Heimatrechts des Kindes zur Anwendung kommen (Art. 23 S. 2 EGBGB). Dies betrifft zB Fälle, in denen erforderliche Zustimmungen nicht oder nur unter unverhältnismäßigen Bedingungen eingeholt werden können (zB Kriegszustand im Heimatland, verschollene Eltern usw) oder wenn verweigerte Zustimmungen nach ausländischem Recht nicht gerichtlich ersetzt werden können (BayObLG BeckRS 9998, 75749).

Dies gilt auch dann, wenn das Heimatrecht des Kindes kein kodifiziertes Adoptionsrecht kennt, **19** da Art. 23 S. 2 EGBGB gerade die Adoption von minderjährigen Kindern ermöglichen soll, wenn die Zustimmungserfordernisse des jeweiligen Heimatrechts nicht erfüllt werden können (GK-StAR/Marx Rn. 80 mwN).

Allerdings ist Art. 23 S. 2 EGBGB eng auszulegen (GK-StAR/Marx Rn. 81). **20**

Weiter muss auch eine im Inland nach ausländischem Recht erfolgte Adoption in ihren Wirkun- **21** gen einer Adoption nach deutschem Recht entsprechen, um wirksam zu sein. Ist dies nicht der Fall, ist die Anwendbarkeit des § 6 ausgeschlossen.

Die **deutschen Gerichte** sind **zuständig,** wenn der Annehmende, einer der annehmenden **22** Ehegatten oder das Kind Deutscher ist oder den gewöhnlichen Aufenthalt im Inland hat (§ 101 FamFG). Dabei handelt es sich aber nicht um eine ausschließliche Zuständigkeit (§ 106 FamFG). Eine ausländische Adoption ist auch bei gegebenem deutschem Gerichtsstand möglich, es sei denn, sie ist nach § 109 FamFG ausgeschlossen.

23   Das deutsche Gericht wendet nach den Grundsätzen des lex fori das deutsche Verfahrensrecht an.

24   Durch **Zustellung des Beschlusses** des Familiengerichts an den Annehmenden wird die Annahme als Kind wirksam (§ 1752 Abs. 1 BGB, § 197 Abs. 2 FamFG). Sollte der Annehmende zwischenzeitlich verstorben sein, wird die Annahme durch Zustellung an den Anzunehmenden wirksam (§ 197 Abs. 2 FamFG).

2. Auslandsadoption

25   Ob eine **Auslandsadoption im Inland Wirksamkeit** hat, kann im Wesentlichen in **zwei Verfahren** geprüft werden:

26   **§ 9 AdÜbAG** bietet die Möglichkeit, auf Antrag eine Bescheinigung eines Mitgliedsstaats nach Art. 23 Abs. 1 HAdoptÜ (Haager Adoptionsübereinkommen v. 29.5.1993, BGBl. 2001 II 1034) auf Echtheit prüfen zu lassen. Zuständig hierfür ist der Generalbundesanwalt beim BGH als Bundeszentralstelle nach § 1 AdÜbAG. Die Bescheinigung des Mitgliedsstaats, wonach die Adoption gemäß dem Haager Übereinkommen zustande gekommen ist, ist danach anzuerkennen, sofern das Kind das 18. Lebensjahr noch nicht vollendet hat.

27   Weiter bietet § 2 AdWirkG ein **gerichtliches Verfahren,** um die Anerkennung sowie die Wirkungen einer im Ausland erfolgten Adoption eines minderjährigen Kindes im Inland zu klären und festzustellen. Das AdWirkG (Adoptionswirkungsgesetz v. 5.11.2001, BGBl. I 2950) ist nicht auf Adoptionen nach dem Haager Adoptionsübereinkommen beschränkt (HmbOVG BeckRS 2006, 27631).

28   Voraussetzung hierfür ist zunächst, dass keiner der in § 109 FamFG genannten Ausschlusstatbestände gegeben ist.

29   Es darf somit **keine Unzuständigkeit des Gerichts des anderen Staates** gem. § 109 Abs. 1 Nr. 1 FamFG vorliegen. Dies ist vor allem dann der Fall, wenn weder der Annehmende bzw. dessen Ehepartner noch der Anzunehmende die Staatsangehörigkeit des anderen Staates oder den gewöhnlichen Aufenthalt im anderen Staat hatte.

30   Es darf keine gerügte Verletzung **rechtlichen Gehörs** vorliegen (§ 109 Abs. 1 Nr. 2 FamFG).

31   Die Entscheidung darf nicht mit einer im Inland ergangenen oder einer anzuerkennenden früheren ausländischen Entscheidung im **Widerspruch** stehen sowie mit einem früheren im Inland rechtshängig gewordenen Verfahren unvereinbar sein (§ 109 Abs. 1 Nr. 3 FamFG).

32   Eine Anerkennung der Entscheidung darf nicht gegen den deutschen **ordre public** verstoßen (§ 109 Abs. 1 Nr. 4 FamFG).

33   Außerdem muss die **ausländische Entscheidung in ihren Wirkungen einer Minderjährigenadoption nach deutschem Sachrecht** wesentlich **entsprechen** (BVerwG BeckRS 2017, 138201). Dabei ist es nicht Aufgabe des deutschen Gerichts, die eigene materiell-rechtliche Einschätzung an die Stelle der ausländischen Entscheidung zu setzen. Eine Überprüfung der Gesetzmäßigkeit der ausländischen Entscheidung findet gemäß § 109 Abs. 5 FamFG im Anerkennungsverfahren nicht statt (AG Frankfurt a. M. BeckRS 2012, 15687). Bei einer **Volladoption** entspricht die ausländische Entscheidung in ihren Wirkungen einer Minderjährigenadoption nach deutschem Sachrecht entsprechend § 1755 Abs. 1 S. 1 BGB, weil der Angenommene die rechtliche Stellung eines leiblichen Kindes des Annehmenden erhält und die rechtlichen Verbindungen zur leiblichen Familie erlöschen (BVerwG BeckRS 2017, 138201). Bei der Beurteilung, ob eine Wesensgleichheit einer Auslandsadoption gegeben ist, bedarf es einer abstrakten Betrachtung, welche die Rechtswirkungen nach dem ausländischen Recht denen nach deutschem Recht gegenüberstellt und nicht danach differenziert, ob im konkreten Fall die leiblichen Eltern noch leben (BVerwG BeckRS 2017, 138201). Bei einer sog. **starken Adoption** erlischt zwar ebenfalls das ursprüngliche Eltern-Kind-Verhältnis. Aber eine vollständige rechtliche Einbindung in die annehmende Familie erfolgt nicht unbedingt (BVerwG BeckRS 2007, 25117). Bei einer **schwachen Adoption** hingegen bestehen weiterhin rechtliche Bindungen zu den leiblichen Eltern, zB Erbrechte. Auf **Antrag nach § 2 Abs. 1 AdWirkG** stellt das Familiengericht fest, ob das Eltern-Kind-Verhältnis des Kindes zu seinen bisherigen Eltern durch die Annahme erloschen ist.

33a   Eine **Umwandlungsmöglichkeit** einer schwachen zu einer starken Adoption bietet § 3 AdWirkG. Danach kann das Familiengericht auf Antrag aussprechen, dass das Kind die Rechtsstellung eines nach den deutschen Sachvorschriften angenommenen Kindes erhält, sofern dies dem Kindeswohl entspricht, die erforderlichen Zustimmungen zu einer das leibliche Eltern-Kind-Verhältnis beendenden Wirkung erteilt sind und keine überwiegenden Interessen des Ehegatten, des Lebenspartners oder der Kinder des Annehmenden oder des Angenommenen entgegenstehen.

Voraussetzung ist aber, dass der Umwandlungsantrag vor Vollendung des achtzehnten Lebensjahrs gestellt wurde (VG Köln BeckRS 2019, 1659).

§ 4 AdWirkG bestimmt, dass sowohl die Feststellung nach § 2 AdWirkG, als auch die Umwand- **34** lung nach § 3 AdWirkG für und gegen alle wirken.

Es ist aber zu beachten, dass **§ 4 AdWirkG nur eingeschränkt Bindungswirkung** im Hin- **35** blick auf staatsangehörigkeitsrechtliche Fragen hat (BVerwG BeckRS 2017, 138201) (→ Rn. 49).

Das BVerwG begründet dies mit dem Verweis auf die Gesetzesbegründung (BT-Drs. 7/3061, 64), **35.1** wonach der Staatsangehörigkeitserwerb mit der vollen rechtlichen Stellung eines ehelichen Kindes des Annehmenden gerechtfertigt wird. Im Gegensatz hierzu sah der Gesetzgeber die Erwachsenenadoption, welche eine solche rechtliche Stellung nicht vermittelt, nicht für den Staatsangehörigkeitserwerb als ausreichend an. Das BVerwG schließt daraus, dass eine Adoption, die das Kind nicht in die oben genannte Stellung bringt, auch keine Rechtfertigung für eine Gleichstellung bietet. Das BVerwG sieht sich auch durch die Gesetzesbegründung zum AdWirkG bestätigt, wo darauf verwiesen wird, dass der Erwerb der deutschen Staatsangehörigkeit nach gefestigter verwaltungsgerichtlicher Rechtsprechung voraussetze, dass eine im Ausland vollzogene Annahme durch Deutsche in ihren Wirkungen nicht wesentlich hinter denen der Minderjährigenadoption deutschen Rechts zurückbleibe (BT-Drs. 14/6011, 28).

Nach der Rechtsprechung ist § 6 danach dahingehend einschränkend auszulegen, dass die **36** **Auslandsadoption in ihrer konkreten rechtlichen Gestaltung einer Minderjährigenadop- tion nach deutschem Recht gleichwertig** ist (BVerwG BeckRS 2017, 138201; HmbOVG BeckRS 2006, 27931). Eine Entscheidung nach dem AdWirkG ist dabei nur dahingehend verbind- lich, als feststeht, dass eine wirksame und anzuerkennende Adoption vorliegt. Nicht festgestellt wird damit aber nach vorgenannter Meinung, dass auch eine dem deutschen Recht gleichwertige Adoption vorliegt. Dies ist im Rahmen der Tatbestandsvoraussetzungen des § 6 gesondert zu prüfen und eigenständig auszulegen. Voraussetzung sind die folgenden Punkte: Das **Eltern-Kind- Verhältnis zu den leiblichen Eltern muss erlöschen** (§ 1755 BGB). Ist dies nicht der Fall, scheidet der Staatsangehörigkeitserwerb nach § 6 in der Regel aus, da die Kappung der Bande zu den leiblichen Eltern von zentraler Bedeutung für die Integration des Kindes in die neue Familie ist (BVerwG BeckRS 2017, 138201). Es ist erforderlich, dass eine **rechtliche Gleichstellung des angenommenen Kindes mit einem leiblichen Kind des Annehmenden** gegeben ist. Die **Aufhebung des Annahmeverhältnisses** darf nur unter ähnlich eingeschränkten Voraussetzungen zulässig sein, wie sie das deutsche Recht in §§ 1759, 1761, 1763 BGB normiert. **Unproblema- tisch** ist hingegen, dass **einzelne rechtliche Beziehungen zu den leiblichen Eltern** weiter bestehen (zum Ganzen ausf. HmbOVG BeckRS 2006, 27631; zur Demokratischen Republik Kongo s. OVG NRW BeckRS 2016, 51946; VG Berlin BeckRS 2012, 53020; zu Österreich s. BayVGH BeckRS 1988, 110780). Allerdings sind diese Punkte in die **Gesamtabwä- gung** einzubeziehen, ob die Auslandsadoption mit einer Minderjährigenadoption nach deutschem Recht weitgehend wirkungsgleich ist (BVerwG BeckRS 2017, 138201).

Diese strikte Haltung des BVerwG (BeckRS 2017, 138201) wirft erhebliche Probleme auf, die im **36.1** Moment noch nicht geklärt sind. Es entsteht möglicherweise ein Spannungsverhältnis zwischen § 6 StAG und dem EGBGB, nach welchem in Auslandsfällen fast immer das ausländische Recht für die Rechtsbezie- hungen zwischen Anzunehmenden und Annehmenden maßgeblich ist. Die Folge kann sein, dass das im Ausland lebende Kind dort als Kind eines Deutschen gilt, während es aufgrund der Rechtsprechung des BVerwG nicht die deutsche Staatsangehörigkeit nach § 6 erworben hat. Eine Lösung könnte sein, dass das Kind in diesem Fall im Rahmen des Aufenthaltsrechts in die Bundesrepublik geholt wird. Im Rahmen des Nachzugs zu einem Deutschen nach § 28 Abs. 1 S. 1 Nr. 2 AufenthG wird dabei zu prüfen sein, ob das Kind nach dem nach EGBGB anzuwendenden Recht dann als Kind des Deutschen gilt. Eventuell lässt sich dann eine Inlandsadoption durchführen, um eine starke Adoption zu erreichen.

Ausländische Akte, die lediglich Rechtsbeziehungen zwischen dem Annehmenden und dem **37** Anzunehmenden bewirken, nicht aber ein Verwandtschaftsverhältnis, sind nicht gleichwertig, da in solchen Fällen nicht vom Eintreten in die Rechte und Pflichten eines ehelichen Kindes in vollem Umfang gesprochen werden kann. Offen bleibt aber in diesen Fällen die Umwandlung nach § 3 AdWirkG oder die Wiederholung der Adoption im Inland.

Die **Beurteilung der Wesensgleichheit der Auslandsadoption ist nach abstrakten** **37a** **Gesichtspunkten** vorzunehmen. Es sind die Rechtswirkungen nach dem ausländischen Recht denen nach deutschem Recht gegenüberzustellen. Nicht maßgeblich ist zB, ob die leiblichen Eltern noch leben oder verstorben sind. Das BVerwG begründet diese abstrakte Betrachtungsweise damit, dass im Staatsangehörigkeitsrecht das Gebot der Rechtssicherheit von so erheblicher Bedeutung ist, dass klare abstrakte Kriterien für die rechtliche Gleichwertigkeit der Adoptionswirkungen und damit den Staatsangehörigkeitserwerb geboten sind (BVerwG BeckRS 2017, 138201).

38   Der **Zeitpunkt der Wirksamkeit der Auslandsadoption** richtet sich nach den dortigen Vorschriften.

III. Altersgrenze

39   Der **Antrag** auf Annahme muss wirksam **vor der Vollendung des 18. Lebensjahres** gestellt worden sein. Die **Altersgrenze ist gerechtfertigt,** um den Anreiz zu vermeiden, durch eine Adoption die für Ausländer bestehenden aufenthaltsrechtlichen und berufsrechtlichen Schranken zu umgehen (Dörig MigrationsR-HdB § 2 Rn. 12). Darin ist weder ein Verstoß gegen Art. 3 Abs. 1 GG (BVerwG BeckRS 1998, 30431781), noch gegen Art. 6 Abs. 1 GG zu sehen (BVerwG BeckRS 1998, 30040271; Dörig MigrationsR-HdB § 2 Rn. 12). Bei einem **Antrag im Inland ist eine notarielle Beurkundung vorgeschrieben** (§ 1750 Abs. 1 S. 2 BGB). Zur Wirksamkeit muss der Antrag beim Familiengericht eingegangen sein (BVerwG BeckRS 1998, 30040271). Zu diesem Zeitpunkt darf somit das 18. Lebensjahr noch nicht vollendet sein. Das Vorliegen der weiteren Einwilligungen ist nicht Wirksamkeitsvoraussetzung (BayVGH BeckRS 1996, 20442). Allerdings wird die umstrittene Auffassung vertreten, dass bei Ehegatten die Erklärung beider Annehmenden vorliegen muss (aA NK-AuslR/Fränkel Rn. 11 mwN).

39a   Die Minderjährigkeit des Anzunehmenden wird von der Staatsangehörigkeitsbehörde selbstständig geprüft, was die Klärung der Identität voraussetzt (OVG NRW BeckRS 2018, 30452; Dörig MigrationsR-HdB § 2 Rn. 14). Siehe auch → Rn. 50.

40   Unerheblich ist, dass die **Annahme** erst **nach der Vollendung des 18. Lebensjahres** eintritt, sofern jedenfalls der Antrag rechtzeitig wirksam gestellt wurde (BVerwG BeckRS 1998, 30040271; (→ Rn. 39)). Allerdings muss die Adoption weiter als Minderjährigenadoption nach § 1772 Abs. 1 BGB fortgeführt werden (BVerwG BeckRS 2003, 25293; VG Köln BeckRS 2010, 51827). Auch ein Ruhen des Adoptionsverfahrens bis nach dem Erreichen der Volljährigkeit ist unschädlich, sofern das Verfahren als Minderjährigenadoption fortgeführt wird (BayVGH BeckRS 2014, 53533). Auch ist unschädlich, wenn das Familiengericht nach zwischenzeitlichem Eintritt der Volljährigkeit aufgrund eines neuen Antrags ein zweites Volljährigenadoptionsverfahren durchführt, solange erkennbar ist, dass der Annehmende das ursprüngliche Verfahren fortsetzen möchte (BVerwG BeckRS 2003, 25293). Für den Eintritt der Rechtsfolge des gesetzlichen Staatsangehörigkeitserwerbs entscheidend ist nach dem Gesetz zunächst nur, dass im Zeitpunkt der Vollendung des achtzehnten Lebensjahres des Kindes noch der auf Minderjährigenadoption gerichtete (erste) Antrag anhängig und weder abschließend negativ beschieden, noch wirksam zurückgenommen ist (VG München BeckRS 2015, 43872; VG Freiburg BeckRS 2010, 50879; VG Minden BeckRS 2008, 35050).

40.1   Im Hinblick auf § 6 ist es deshalb wichtig, das Minderjährigenadoptionsverfahren auch nach Eintritt der Volljährigkeit als solches fortzusetzen und Aufforderungen des Gerichts auf Umstellung, Erledigungserklärung oder Rücknahme nicht nachzukommen. Das Gericht darf den Antrag nicht von sich aus auf eine Erwachsenenadoption umdeuten. Hat allerdings das Vormundschaftsgericht, gar mit demselben Geschäftszeichen, ein Volljährigen-Adoptionsverfahren nach Eintritt der Volljährigkeit durchgeführt, steht dies nach Auffassung von VG Freiburg (BeckRS 2010, 50879) der Anwendung dieser Vorschrift nicht entgegen.

40a   **Stirbt der Annehmende vor dem Ausspruch der Annahme** durch das Familiengericht, kann diese dennoch ausgesprochen werden, wenn gem. § 1753 Abs. 2 BGB der Annehmende den Antrag beim Familiengericht eingereicht oder bei oder nach der notariellen Beurkundung des Antrags den Notar damit beauftragt hat, den Antrag einzureichen (BVerwG BeckRS 1998, 30040271).

41   Bei Auslandsadoptionen richtet sich die Frage der Altersgrenze nach den dortigen Vorschriften.

IV. Rechtliche Folgen

42   Die deutsche Staatsangehörigkeit tritt kraft Gesetzes **ex nunc** mit Wirksamkeit der Annahme ein.

43   Der nach Abs. 1 Eingebürgerte verliert seine frühere Staatsangehörigkeit nicht nach dem StAG. Eine **doppelte Staatsangehörigkeit verhindert die Einbürgerung nicht.** Selbstverständlich ist nicht auszuschließen, dass ein Verlust der anderen Staatsangehörigkeit nach dem dortigen Heimatrecht aufgrund des Erwerbs der deutschen Staatsangehörigkeit oder aufgrund der Adoption erfolgt.

Eine **Aufhebung der Adoption** nach § 1760 BGB oder § 1763 BGB wirkt nur für die 44
Zukunft (§ 1764 Abs. 1 S. 1 BGB). Sie hat deshalb keine Auswirkung auf die Beibehaltung der
deutschen Staatsangehörigkeit.

Teilweise wird die Auffassung vertreten, dass, wenn eine im Ausland erfolgte Adoption ex tunc 45
nach der dortigen Recht (Art. 22 Abs. 1 S. 1, 14 Abs. 1 EGBGB) aufgehoben werden kann,
dies auch Auswirkung auf die deutsche Staatsangehörigkeit haben kann. Dies ist abzulehnen (GK-
StAR/Marx Rn. 128 mwN).

V. Abkömmlinge

Nach der Adoption geborene Abkömmlinge des Angenommenen erwerben die deutsche 46
Staatsangehörigkeit durch Geburt nach § 4 Abs. 1.

Bei der Adoption bereits vorhandene Abkömmlinge des Angenommenen erhalten eben- 47
falls die deutsche Staatsangehörigkeit kraft Gesetzes. Die Wirkung tritt ex nunc ein, wie beim
Adoptierten auch (BT-Drs. 7/3061, 66).

Was unter Abkömmling zu verstehen ist, richtet sich nach deutschem Sachrecht, wie bei einem 48
leiblichen Kind auch.

VI. Verfahrensrechtliches

Im **Verfahren auf Feststellung der deutschen Staatsangehörigkeit** nach § 30 **prüft** nach 49
BVerwG BeckRS 2015, 43765 die **Staatsangehörigkeitsbehörde selbständig**, ob eine nach
deutschem Recht wirksame Annahme an Kindes statt ein Kind betrifft, das im Zeitpunkt des
zur Annahme führenden Antrags das achtzehnte Lebensjahr noch nicht vollendet hatte. An die
familiengerichtliche Entscheidung über ein Adoptionsbegehren ist sie nur insoweit gebunden, als
es die Tatsache einer nach deutschem Recht wirksamen Annahme als Kind, und zwar zu den
Bedingungen einer Minderjährigenadoption, betrifft. Eine weitergehende Bindung auch an die
Beurteilung des Familiengerichts, auf welchen Antrag hin diese Adoption erfolgt sei, oder an
die familiengerichtliche Begründung, aus welchem der in § 1772 Abs. 1 S. 1 BGB benannten
Rechtsgründe sich die Wirkungen der Annahme nach den Vorschriften über die Annahme eines
Minderjährigen oder eines verwandten Minderjährigen richten, für den nach S. 1 zu beurteilenden
Staatsangehörigkeitserwerb kraft Gesetzes besteht nicht. § 1772 Abs. 1 S. 2 BGB regelt nur die
familienrechtlichen Wirkungen. Eine Bindungswirkung für den eigenständig geregelten Staatsangehörigkeitserwerb ergibt sich hieraus nicht. Sie folgt auch nicht aus der Tatbestandswirkung der
Annahme an Kindes statt oder der Rechtskraftwirkung der familiengerichtlichen Entscheidung.
Die auf die zivilrechtlichen Wirkungen der Annahmeentscheidung bezogenen Wirkungen bleiben
von einer selbständigen staatsangehörigkeitsbehördlichen Beurteilung des Zusammenhanges des
vor Vollendung des achtzehnten Lebensjahres gestellten Annahmeantrages und der letztlich
bewirkten Annahme unberührt.

Die **Staatsangehörigkeitsbehörde prüft** auch unabhängig von der familiengerichtlichen Ent- 50
scheidung die **Identität des angenommenen** Kindes. Die Identitätsprüfung stellt einen unverzichtbaren Teil der vorgesehenen Statusprüfung dar, die bereits deshalb notwendig ist, weil die
Minderjährigkeit des Kindes eine Tatbestandsvoraussetzung der Vorschrift darstellt (NRW OVG
BeckRS 2018, 30452; Dörig MigrationsR-HdB § 2 Rn. 14).

§ 7 [Erwerb durch Flüchtlinge und Vertriebene]

**Spätaussiedler und die in den Aufnahmebescheid einbezogenen Familienangehörigen
erwerben mit der Ausstellung der Bescheinigung nach § 15 Abs. 1 oder Abs. 2 des Bundesvertriebenengesetzes die deutsche Staatsangehörigkeit.**

Überblick

Die Vorschrift regelt den Erwerb der deutschen Staatsangehörigkeit kraft Gesetzes mit Ausstellung des Aufnahmebescheids nach BVFG (→ Rn. 10). Betroffen von dieser Regelung sind Spätaussiedler, denen eine Bescheinigung nach § 15 Abs. 1 BVFG ausgestellt wird (→ Rn. 7) oder
die als Angehörige nach § 15 Abs. 2 BVFG in diesen Bescheid mit aufgenommen werden (→
Rn. 8). Die Rücknahme einer erschlichenen Bescheinigung erfolgt nach § 15 Abs. 3 BVFG (→
Rn. 14).

A. Entstehungsgeschichte und Funktion

1   § 7 RuStAG 1913 (Reichs- und Staatsangehörigkeitsgesetz v. 22.7.1913) verpflichtete, wie bereits das StAngG 1870 (Gesetz über den Erwerb und den Verlust der Bundes- und Staatsangehörigkeit v. 1.6.1870), jeden Bundesstaat, in dem sich ein Deutscher niedergelassen hatte, zu dessen Aufnahme ohne Rücksicht auf die Landeszugehörigkeit. Dies betraf auch die Ehefrau und die minderjährigen Kinder.

2   Durch die StAngVO 1934 (Verordnung über die deutsche Staatsangehörigkeit v. 4.2.1934, RGBl. I 85) wurden die Landesstaatsangehörigkeiten aufgehoben und die Vorschrift wurde gegenstandslos. Daran änderte auch die Wiederaufnahme der Landesstaatsangehörigkeiten in einigen Ländern nach Ende des 2. Weltkriegs nichts. Lediglich der damalige Abs. 2 S. 2, der die Antragsmündigkeit bis zum Inkrafttreten des heutigen § 37 regelte, hatte noch Bedeutung.

3   Mit dem Gesetz zur Reform des Staatsangehörigkeitsrechts (v. 15.7.1999, BGBl. I 1618) erhielt die Vorschrift mWz 1.8.1999 den Erwerbstatbestand für Statusdeutsche iSd Art. 116 GG. Danach erwirbt ein Deutscher iSd Art. 116 GG, der nicht die deutsche Staatsangehörigkeit besitzt, kraft Gesetzes diese mit der Ausstellung einer Bescheinigung nach § 15 Abs. 1 oder Abs. 2 BVFG.

4   Damit entfiel die bis dahin geltende Notwendigkeit der Durchführung eines Einbürgerungsverfahrens zur Realisierung des bestehenden Einbürgerungsanspruchs nach § 6 StAngRegG aF für den Statusdeutschen und, unter den Voraussetzungen des § 4 Abs. 3 S. 2 und S. 3 BVFG, für den nichtdeutschen Ehegatten und die Abkömmlinge.

5   Zudem wurde mit § 40a für die damals bereits existierenden Statusdeutschen die Erteilung der deutschen Staatsangehörigkeit kraft Gesetzes ab dem 1.8.1999 als Altfallregelung ermöglicht. Nichtdeutsche Ehegatten und deren Abkömmlinge profitierten hiervon aber nur, wenn sie bereits zu diesem Stichtag eine Spätaussiedlerbescheinigung hatten.

6   Eine redaktionelle Überarbeitung erfuhr die Vorschrift durch das Gesetz zur Umsetzung aufenthalts- und asylrechtlicher Richtlinien der Europäischen Union v. 19.8.2007 (BGBl. I 1970). Der privilegierte gesetzliche Erwerb der deutschen Staatsangehörigkeit durch Ausstellung einer Bescheinigung nach § 15 BVFG gilt nur noch für Spätaussiedler und die in den Aufnahmebescheid einbezogenen berechtigten Familienangehörigen.

B. Erläuterungen im Einzelnen

I. Betroffener Personenkreis

7   Als Spätaussiedler wird seit dem 1.1.1993 derjenige bezeichnet, der, nachdem ihm ein **Aufnahmebescheid** an deutsche Volkszugehörige **vor der Ausreise nach §§ 26, 27 Abs. 1 BVFG** erteilt wurde, nach Deutschland einreist. Ebenso ist Spätaussiedler ein **deutscher Volkszugehöriger, der nach der Einreise** wegen Vorliegens einer Härte **gem. § 27 Abs. 2 BVFG einen Aufnahmebescheid erhält.** Zum Nachweis der Spätaussiedlereigenschaft wird ihm eine **Bescheinigung nach § 15 Abs. 1 BVFG** erteilt. Diese Bescheinigung hat nur eine deklaratorische Wirkung. An die Bescheinigung sind aber diverse Rechte geknüpft (näher zum Bescheinigungsverfahren → BVFG § 15 Rn. 1 ff.).

8   **Ehegatten und Abkömmlinge** eines deutschen Volkszugehörigen werden ebenfalls Statusdeutsche, wenn sie in den Aufnahmebescheid einbezogen werden und sie in Deutschland aufgenommen werden. Voraussetzung ist, dass die Bezugsperson den Spätaussiedlerstatus tatsächlich erhalten hat und ihnen eine Bescheinigung nach § 15 Abs. 2 BVFG ausgestellt wurde, wobei auch hier die Bescheinigung lediglich deklaratorische Wirkung hat (näher → BVFG § 15 Rn. 1 ff.).

9   Hinsichtlich derjenigen **Abkömmlinge, die nicht in den Aufnahmebescheid aufgenommen waren,** sah § 7 S. 2 aF (→ Rn. 9.1) vor, dass diese ebenfalls die deutsche Staatsangehörigkeit erwerben. Diese Möglichkeit sieht die neue Fassung nicht mehr vor. Abgemildert wird dies allerdings dadurch, dass unter bestimmten Bedingungen gem. § 27 Abs. 2 S. 3 BVFG eine nachträgliche Eintragung erfolgen kann (→ BVFG § 27 Rn. 1 ff.).

9.1   § 7 S. 2 aF lautete: „Der Erwerb der deutschen Staatsangehörigkeit erstreckt sich auf diejenigen Kinder, die ihre Deutscheneigenschaft von dem nach Satz 1 Begünstigten ableiten."

II. Verfahren

10   Die **deutsche Staatsangehörigkeit wird** nach dieser Vorschrift **mit der Ausstellung der Bescheinigung,** nicht mit der Aushändigung kraft Gesetzes **erworben** (NK-AuslR/Koch Rn. 7).

Einzige tatbestandliche Voraussetzung ist somit die Bescheinigung nach § 15 BVFG. Die Bescheinigung ist für die Einbürgerungsbehörde bindend (§ 15 Abs. 1 S. 4 BVFG).

Auch der einbezogene Ehegatte und Abkömmling erwirbt automatisch mit Ausstellung 11 der Bescheinigung die deutsche Staatsangehörigkeit. Nicht einbezogene Ehegatten und Abkömmlinge hingegen nicht.

Es ist **keine Mitwirkung des Betroffenen,** kein Antrag, keine Aushändigung der Urkunde 12 über den Staatsangehörigkeitserwerb und keine sonstige besondere Verfügung der Behörde für den Erwerb der deutschen Staatsangehörigkeit nötig, da die Bescheinigung nach § 15 BVFG von Amts wegen erteilt wird (→ BVFG § 15 Rn. 2; BeckOK AuslR/Griesbeck Rn. 6; aA HMHK/Hailbronner Rn. 21, der eine Antragstellung fordert).

Im Moment der Ausstellung der Bescheinigung erfolgt der Übergang von der Spätaussiedlerei- 13 genschaft bzw. der Eigenschaft des Angehörigen eines Spätaussiedlers zur deutschen Staatsangehörigkeit. Erstere geht damit unter.

III. Rücknahme

Die **Bescheinigung nach § 15 Abs. 1 und Abs. 2 BVFG kann nach § 15 Abs. 3 BVFG** 14 **mit Wirkung ex tunc zurückgenommen werden,** wenn diese erschlichen oder durch Drohung bzw. Bestechung erlangt wurde. Der Widerruf der Bescheinigung ist nicht zulässig (§ 15 Abs. 4 S. 5 BVFG). Da die Rücknahme in die grundrechtlich geschützte deutsche Staatsangehörigkeit nach Art. 16 Abs. 1 GG eingreift, sind hieran besondere Voraussetzungen geknüpft, wie zB die zeitliche Befristung. Hierbei ist **§ 17 Abs. 2 zu beachten,** wonach der Verlust einer kraft Gesetzes erworbenen deutschen Staatsangehörigkeit Dritter, zB des Elternteils, nicht zum Verlust der deutschen Staatsangehörigkeit des Betroffenen führt, wenn dieser das fünfte Lebensjahr vollendet hat (→ § 17 Rn. 39). Diese Vorschrift ist gemäß § 17 Abs. 3 auf die Rücknahme einer Bescheinigung nach § 15 BVFG entsprechend anzuwenden (→ § 17 Rn. 46). Hinsichtlich der weiteren Voraussetzungen kann insofern auf die Kommentierung des § 35 (→ § 35 Rn. 5) verwiesen werden.

IV. Rückkehrer

Personen, die ab dem 1.1.1993 eine Spätaussiedlerbescheinigung erhalten haben, können seit 15 dem 1.8.1999 in die Aussiedlungsgebiete zurückkehren, ohne die deutsche Staatsangehörigkeit zu verlieren, da sie die deutsche Staatsangehörigkeit ab diesem Zeitpunkt mit Ausstellung der Bescheinigung erwarben (NK-AuslR/Koch Rn. 14). Bis zum 31.7.1999 war dies nicht der Fall. Wer zuvor nicht nach § 6 StAngRegG eingebürgert worden war, verlor mit der Rückkehr in die Aussiedlungsgebiete auch die Rechtsstellung als Statusdeutscher und wurden daraufhin als Ausländer behandelt.

Teilweise wird die Auffassung vertreten, diese Personen könnten seit dem Inkrafttreten des 16 Gesetzes zur Umsetzung aufenthalts- und asylrechtlicher Richtlinien der Europäischen Union zum 28.8.2007 die deutsche Staatsangehörigkeit erhalten. Dies dürfte nicht zutreffend sein, da es keine Übergangsregelung im Gesetz gibt und somit nach den allgemeinen Grundsätzen das Gesetz erst Wirksamkeit ab seinem Inkrafttreten erlangt hat. Zu diesem Zeitpunkt hatten die Betroffenen aber bereits ihre Rechtsstellung als Statusdeutsche verloren (NK-AuslR/Koch Rn. 14).

V. Staatsangehörigkeitsausweis

Auf Antrag kann ein Staatsangehörigkeitsausweis § 30 Abs. 3 beantragt werden. Hierfür entste- 17 hen Gebühren iHv 25 EUR (§ 3 Abs. 1 Nr. 3 StAGebV).

Der Gegenstandswert für Streitigkeiten hinsichtlich der Spätaussiedlerbescheinigung beträgt 18 5.000 EUR, derjenige für eine in Frage stehende deutsche Staatsangehörigkeit 10.000 EUR.

§ 8 [Einbürgerung eines Ausländers]

(1) Ein Ausländer, der rechtmäßig seinen gewöhnlichen Aufenthalt im Inland hat, kann auf seinen Antrag eingebürgert werden, wenn seine Identität und Staatsangehörigkeit geklärt sind und er
1. handlungsfähig nach § 37 Absatz 1 Satz 1 oder gesetzlich vertreten ist,

2. weder wegen einer rechtswidrigen Tat zu einer Strafe verurteilt noch gegen ihn auf Grund seiner Schuldunfähigkeit eine Maßregel der Besserung und Sicherung angeordnet worden

3. eine eigene Wohnung oder ein Unterkommen gefunden hat,

4. sich und seine Angehörigen zu ernähren imstande ist und

seine Einordnung in die deutschen Lebensverhältnisse gewährleistet ist.

(2) Von den Voraussetzungen des Absatzes 1 Satz 1 Nr. 2 und 4 kann aus Gründen des öffentlichen Interesses oder zur Vermeidung einer besonderen Härte abgesehen werden.

Überblick

§ 8 eröffnet die Möglichkeit der Einbürgerung eines Ausländers, der seinen gewöhnlichen rechtmäßigen Aufenthalt im Inland hat, auf dessen Antrag hin im Ermessenswege. Die Vorschrift setzt tatbestandlich voraus, dass der antragstellende Ausländer, dessen Identität und Staatsangehörigkeit geklärt sind (→ Rn. 19 ff.), handlungsfähig (→ Rn. 59 ff.) ist, dass er nicht zu einer einbürgerungsschädlichen Strafe wegen einer rechtswidrigen Tat verurteilt oder eine Maßregel der Sicherung und Besserung angeordnet worden ist (→ Rn. 65 ff.), dass er eine eigene Wohnung oder ein Unterkommen gefunden hat (→ Rn. 86 f.), er sich und seine Angehörigen ernähren kann (→ Rn. 88 ff.) und seine Einordnung in die deutschen Lebensverhältnisse gewährleistet ist (→ Rn. 88a, → Rn. 98a ff.). Nach Abs. 2 (→ Rn. 99 ff.) kann von den tatbestandlichen Anforderungen der Unbescholtenheit und der Unterhaltsfähigkeit iSd Abs. 1 Nr. 2 und Nr. 4 abgesehen werden. Das Absehen von diesen Voraussetzungen im Wege der Ermessensentscheidung kommt aus Gründen des öffentlichen Interesses oder zur Vermeidung einer besonderen Härte in Betracht. Liegen die tatbestandlichen Voraussetzungen vor, hat der Einbürgerungsantragsteller ein subjektiv-öffentliches Recht auf ermessensfehlerfreie Bescheidung, für die eine Vielzahl von Ermessenskriterien eine Rolle spielen können (→ Rn. 106 ff.).

Übersicht

A. Vorbemerkung

I. Gesetzeshistorie

Mit dem Gesetz zur Reform des Staatsangehörigkeitsrechts v. 15.7.1999 (BGBl. I 1618) wurde **1** das RuStAG 1913 (Reichs- und Staatsangehörigkeitsgesetz v. 22.7.1913) umbenannt, bereinigt und teilweise neu gefasst.

Weitere Gesetzeshistorie: § 8 neu gefasst mWv 1.1.2005 durch Gesetz v. 30.7.2004 **2** (BGBl. I 1950); Abs. 1 S. 2 neu gefasst mWv 18.3.2005 durch Gesetz v. 14.3.2005 (BGBl. I 721); Abs. 1 S. 2 aufgehoben, bisheriger S. 1 wird alleiniger Wortlaut und Nr. 2 neu gefasst sowie Abs. 2 geändert mWv 28.8.2007 durch Gesetz v. 19.8.2007 (BGBl. I 1970); Abs. 1 Nr. 1 geändert mWv 1.11.2015 durch Gesetz v. 28.10.2015 (BGBl. I 1802); Abs. 1 aE mWv 9.8.2019 ergänzt um das Merkmal der Klärung der Identität und der Staatsangehörigkeit und Abs. 1 aE ergänzt um das Erfordernis der Einordnung in die deutschen Lebensverhältnisse durch Gesetz v. 4.8.2019 (BGBl. I 1124).

II. Allgemeines

Bis zum Erlass des ZuwG (Zuwanderungsgesetz v. 30.7.2004, BGBl. I 1950) war § 8 die **3** **zentrale,** als Ermessensvorschrift ausgebildete **Norm** zur Regelung der Einbürgerungsvorausset-zungen, die **ergänzt** wurde durch die **Sollvorschrift** des § 9 zur Einbürgerung von Ehegatten (oder Lebenspartnern) Deutscher.

Durch den mit dem ZuwG begründeten Einbürgerungsanspruch gem. § 10 ging ein **Bedeu-** **4** **tungsverlust** des § 8 einher. Vorrangig sind nunmehr die tatbestandlichen Voraussetzungen eines **Einbürgerungsanspruchs** zu prüfen, während § 8 lediglich die in Abs. 1 definierten Mindestvo-raussetzungen regelmäßig voraussetzt und die Einbürgerungsentscheidung im Übrigen in das **Ermessen** der Einbürgerungsbehörde stellt. § 8 Abs. 2 enthält darüber hinaus eine weitere Ermes-sensermächtigung, aus Gründen des öffentlichen Interesses oder zur Vermeidung einer besonderen Härte von den Voraussetzungen des Abs. 1 S. 1 Nr. 2 und Nr. 4 abzusehen. Möchte der Einbürge-rungsbewerber die Prüfung seines Einbürgerungsbegehrens durch die Einbürgerungsbehörde auf eine bestimmte Rechtsgrundlage (etwa die Anspruchseinbürgerung nach § 10) beschränken, muss sich dieses Begehren explizit aus seinem Einbürgerungsantrag ergeben (→ Rn. 56).

Zur **Steuerung** des Ermessens, aber auch zur einheitlichen Auslegung der Tatbestandsmerkmale **5** greifen die Einbürgerungsbehörden – soweit noch möglich – auf die **Verwaltungsvorschrift** StAR-VwV (Allgemeine Verwaltungsvorschrift zum Staatsangehörigkeitsrecht v. 13.12.2000, BAnz. 2001, 1418) zurück, die jedoch nur noch in Teilen anwendbar ist (HMHK/Hailbronner/ Hecker Rn. 10).

Im Übrigen orientieren sich die Einbürgerungsbehörden nunmehr an den nicht verbindlichen **6** **Vorläufigen Anwendungshinweisen** des Bundesministeriums des Innern zum StAG idF des Zweiten Gesetzes zur Änderung des Staatsangehörigkeitsgesetzes v. 13.11.2014, BGBl. I 1714 (VAH-StAG).

Verbindlichkeit im Sinne einer Verwaltungsvorschrift entfalten die VAH-StAG allein für die **7** Staatsangehörigkeitsbehörden in Bremen und Bremerhaven (Vor Nr. 1 VAH-StAG).

B. Tatbestandliche Voraussetzungen von § 8 Abs. 1

I. Ausländer

1. Allgemeines

Der Begriff „Ausländer" ist im StAG nicht definiert. In Nr. 8.1.1. VAH-StAG findet sich eine **8** **Negativbestimmung.** Danach ist Ausländer derjenige, der **nicht** Deutscher iSd Art. 116 Abs. 1

GG ist (§ 2 Abs. 1 AufenthG). Deutscher im Sinne der Regelung ist vorbehaltlich anderer gesetzlicher Regelungen, wer die deutsche Staatsangehörigkeit besitzt oder als Flüchtling oder Vertriebener deutscher Volkszugehörigkeit oder als dessen Ehegatte oder Abkömmling in dem Gebiete des Deutschen Reiches nach dem Stande v. 31.12.1937 Aufnahme gefunden hat.

9   Der Begriff **Deutscher** im Sinne des GG umfasst danach neben deutschen Staatsangehörigen auch die **sog. Statusdeutschen.** Solange die Eigenschaft einer Person in diesem Sinne nicht feststeht, wird sie als Ausländer behandelt (HessVGH BeckRS 2005, 23230; Bergmann/Dienelt/Dienelt AufenthG § 2 Rn. 11).

10   Keine Ausländer sind danach auch die deutschen Staatsangehörigen, die eine oder mehrere fremde Staatsangehörigkeit(en) besitzen (**sog. inländische Mehrstaater**), während Staatenlose, die nicht Deutsche iSd Art. 116 Abs. 1 GG sind, vom Ausländerbegriff des § 2 Abs. 1 AufenthG erfasst werden (Hailbronner AuslR AufenthG § 2 Rn. 8 f.).

2. Erwerb der deutschen Staatsangehörigkeit

11   Die deutsche Staatsangehörigkeit wird durch die in § 3 dargestellten Tatbestände erworben. Der Erwerb erfolgt durch Geburt (§ 4), durch Erklärung nach § 5, durch Annahme als Kind (§ 6), durch Ausstellung der Bescheinigung gem. § 15 Abs. 1 oder Abs. 2 BVFG (§ 7), durch Überleitung als Deutscher ohne deutsche Staatsangehörigkeit iSd Art. 116 Abs. 1 GG (§ 40a) oder auf Antrag nach Art. 116 Abs. 2 S. 1 GG.

11.1   Art. 116 Abs. 1 S. 2 GG gewährt einen unmittelbaren Anspruch auf Wiedereinbürgerung für diejenigen Personen und ihre Abkömmlinge, die zwischen dem 30.1.1933 und dem 8.5.1945 die Staatsangehörigkeit aus politischen, ethnischen (im Originalwortlaut „rassischen") oder religiösen Gründen entzogen worden ist. Mit Blick auf die Wertentscheidungen der Art. 5 Abs. 5 GG und Art. 3 Abs. 2 GG steht dieser Anspruch auch **nichtehelichen Abkömmlingen** Verfolgter zu. Dies gilt auch für solche Abkömmlinge, die nach einem durch das Grundgesetz überwundenen Rechtsverständnis die deutsche Staatsangehörigkeit von ihrem Vater auch ohne dessen Ausbürgerung nicht hätten erwerben können (BVerfG BeckRS 2020, 12439 Rn. 56).

11a   Des Weiteren kann ein Ausländer die deutsche Staatsangehörigkeit durch Einbürgerung (§§ 8–16, 40b und 40c) erwerben oder dadurch, dass jemand seit zwölf Jahren von deutschen Stellen als deutscher Staatsangehöriger behandelt worden ist und diese Behandlung nicht zu vertreten hat (§ 3 Abs. 2 S. 1).

12   Soweit **Erwerbstatbestände** vor dem Inkrafttreten des StAG nach dem RuStAG 1913 stattgefunden haben, sind die Regelungen des RuStAG 1913 als intertemporales Recht bedeutsam. Der Erwerb und der Verlust der deutschen Staatsangehörigkeit richten sich nach dem zum **jeweiligen Zeitpunkt** geltenden Recht (v. Münch/Kunig GG Art. 116 Rn. 13).

3. Statusdeutsche

13   Statusdeutsche können nur die Personen sein, die keine deutsche Staatsangehörigkeit, sondern eine **fremde Staatsangehörigkeit** besitzen oder **staatenlos** sind. Der **Erwerb dieses Status** – und nur dies regelt Art. 116 Abs. 1 GG (v. Münch/Kunig GG Art. 116 Rn. 36) – ist an folgende Voraussetzungen geknüpft: deutsche Volkszugehörigkeit, Flucht oder Vertreibung und Aufnahme in Deutschland.

14   Der Begriff der deutschen Volkszugehörigkeit wird definiert durch § 6 BVFG. Danach bedarf es des **Bekenntnisses** zum deutschen Volkstum, das durch Merkmale wie Abstammung, Sprache, Erziehung, Kultur bestätigt wird. Nach dem 31.12.1923 Geborene erwerben die deutsche Volkszugehörigkeit durch Abstammung von einem deutschen Staatsangehörigen oder deutschen Volkszugehörigen und dem Bekenntnis zum deutschen Volkstum (HMHK/Hailbronner GG Art. 116 Rn. 46 ff.).

15   Flüchtling oder Vertriebener iSv Art. 116 Abs. 1 GG ist, wer seinen Wohnsitz in einem von § 1 BVFG beschriebenen Gebiet **verfolgungsbedingt** verloren hat (v. Münch/Kunig GG Art. 116 Rn. 37, 39).

16   Art. 116 Abs. 1 Alt. 2 GG fordert schließlich, dass der deutsche Volkszugehörige in Deutschland **Aufnahme gefunden** hat. Mit der Aufnahme in Deutschland wird der Status des Deutschen ohne Staatsangehörigkeit erworben mit der Folge, dass er nicht mehr als Ausländer zu behandeln ist (HMHK/Hailbronner GG Art. 116 Rn. 58). Die Norm selbst gewährt aber **weder** einen **Anspruch auf Einreise** in das Bundesgebiet **noch** vermittelt sie ein **Bleiberecht;** der Statuserwerb setzt vielmehr die Aufnahme voraus (BVerfG BeckRS 1990, 07006; BVerwG BeckRS 2004, 27628; OVG Bln-Bbg BeckRS 2014, 52029).

Ob ein **Aufnahmeanspruch** besteht, beurteilt sich nach den jeweils geltenden einfachgesetzli- 17
chen Regelungen. Ein solcher Anspruch ist nach §§ 26 ff. BVFG, idF des KfbG (Kriegsfolgenbereinigungsgesetz v. 21.12.1992, BGBl. I 2094), auf den Personenkreis der Spätaussiedler (§ 4 BVFG)
beschränkt (BVerwG BeckRS 2012, 56292), während der in §§ 1–3 BVFG beschriebene Personenkreis auf das Verfahren nach § 100 BVFG verwiesen wird (OVG Bln-Bbg BeckRS 2014,
52029).

Wird im **Aufnahmeverfahren** nach den §§ 26 ff. BVFG der Bezugsperson eine Bescheinigung 18
nach § 15 Abs. 1 BVFG erteilt, ist die Bescheinigung gem. S. 4 für die Staatsangehörigkeitsbehörden und alle Behörden und Stellen verbindlich, die für die Gewährung von Rechten oder Vergünstigungen an Spätaussiedler zuständig sind. Seit dem Inkrafttreten des StAG am 1.1.2000 erwirbt
die in der Bescheinigung nach § 15 BVFG benannte Personen die deutsche Staatsangehörigkeit
nach § 7 (BVerwG BeckRS 2012, 55844).

II. Geklärte Identität und Staatsangehörigkeit des Ausländers

1. Identitätsprüfung

Zwingende Voraussetzung einer Einbürgerung – und zwar sowohl auf der Grundlage des § 10 19
als auch nach §§ 8, 9 und 13 – ist, dass die **Identität** und die **Staatsangehörigkeit** des Einbürgerungsbewerbers geklärt sind und feststehen. Die **Klärung** offener Identitätsfragen ist notwendige
Voraussetzung und **unverzichtbarer Bestandteil** der Prüfung der Einbürgerungsvoraussetzungen
(zur Methodik der Identitätsprüfung vgl. becklink 2017559; zum Ausgangspunkt der Identitätsprüfung iRd §§ 10 und 11 vgl. BVerwG BeckRS 2011, 55936 Rn. 12).

Die Angaben des Einbürgerungsbewerbers zur **Person,** insbesondere Titel, Vor- und Nach- 20
name, Geburtsname und -datum, sowie Geburtsort und Familienstand, bilden die **Basis** für alle
weiteren Anfragen bei in- und ausländischen Behörden und Institutionen. Dies gilt etwa für
die Frage, ob und welche Staatsangehörigkeit der Bewerber besitzt, ob er im In- oder Ausland
wegen einer Straftat verurteilt worden ist, ob tatsächliche Anhaltspunkte für ein Verfolgen oder
Unterstützen verfassungsfeindlicher Bestrebungen bestehen, ein besonders schwerwiegendes Ausweisungsinteresse vorliegt, oder – hinsichtlich seiner Unterhaltsfähigkeit iSv § 8 Abs. 1 Nr. 4 –
zur Überprüfung, ob es Angehörige gibt.

Nachdem das BVerwG mit Urteil v. 1.9.2011 erkannt hat, dass diese Identitätsprüfung im 21
Gesetz unausgesprochen vorausgesetzt wird (BVerwGE 140, 311 = BeckRS 2011, 55936 Rn. 12),
hat der Gesetzgeber mit dem Dritten Gesetz zur Änderung des Staatsangehörigkeitsgesetzes v.
4.8.2019 (BGBl. I 1124) mWv 9.8.2019 die geklärte Identität und Staatsangehörigkeit als Tatbestandsmerkmal in das Gesetz aufgenommen.

2. Erforderlichkeit

Voraussetzung für eine Identitätsprüfung sind jedoch **tatsächliche Anhaltspunkte** für **Zweifel** 22
an der Identität des Einbürgerungsbewerbers. Ob von einer geklärten Identität oder von einem
noch bestehenden Klärungsbedarf auszugehen ist, beurteilt sich nach einer **einzelfallbezogenen
Prüfung** (VG Stuttgart BeckRS 2010, 49400).

Die Identitätsprüfung im einbürgerungsrechtlichen Verfahren ist **nicht** bereits deshalb **entbehr-** 23
lich, weil eine solche Prüfung nach § 5 Abs. 1 Nr. 1a AufenthG regelmäßig im **aufenthaltsrechtlichen** Erlaubnisverfahren durchzuführen ist. Denn die Identitätsprüfung der Ausländerbehörde
hat **keine Bindungswirkung** für die Einbürgerungsbehörde. Von der Ausländerbehörde erteilte
Aufenthaltserlaubnisse entfalten eine Tatbestandswirkung nur hinsichtlich des maßgeblichen Regelungsgehalts des Verwaltungsakts, die festgestellten Personalien nehmen als bloße Vorfrage an der
Tatbestandswirkung nicht teil (BVerwGE 140, 311 = BeckRS 2011, 55936 Rn. 14). Dagegen
dienen die Beurkundungen in den **Personenstandsregistern und -urkunden** dem Zweck,
beweiskräftige Unterlagen über den **Personenstand** bereitzustellen. Dabei weisen die Beweisregeln des § 54 Abs. 1 und Abs. 2 PStG – anders als die Regelungen der §§ 415, 418 ZPO –
die Besonderheit auf, dass die Urkunden nicht in jedem Fall auf eigenen Wahrnehmungen der
beurkundenden Behörde beruhen müssen (Gaaz/Bornhofen, Personenstandsgesetz, 4. Aufl. 2018,
PStG § 54 Rn. 8 f.). An dieser Beweiskraft nehmen jedoch nur die Angaben teil, die nach der
Legaldefinition des § 1 Abs. 1 PStG dem Personenstand zuzurechnen sind. Das sind der **Namen,**
die Daten über **Geburt, Eheschließung,** Begründung einer **Lebenspartnerschaft** und **Tod**
sowie damit in Verbindung stehende familien- und namensrechtliche Tatsachen. Nicht von der
Legaldefinition umfasst ist die Staatsangehörigkeit einer Person, so dass ein solcher Registereintrag

nicht an der Beweiskraft der Beurkundung teilhat. Gemäß § 54 Abs. 3 S. 1 PStG sind die Beweisregeln aus § 54 Abs. 1 und Abs. 2 PStG widerlegbare Vermutungen, wobei für die Unrichtigkeit der Beurkundung derjenige beweispflichtig ist, der die Unrichtigkeit behauptet (Gaaz/Bornhofen, Personenstandsgesetz, 4. Aufl. 2018, PStG § 54 Rn. 22 mit Hinweis auf OLG Hamm BeckRS 2016, 1184; zum Beurkundungssystem des PStG allg. und zum Berichtigungsverfahren vgl. OLG Düsseldorf BeckRS 2020, 110046).

24   Die Durchführung der Identitätsprüfung im einbürgerungsrechtlichen Verfahren ist gegenüber **anerkannten Flüchtlingen** auch nicht aufgrund des Wohlwollensgebot nach Art. 34 S. 1 GFK generell ausgeschlossen, denn die Bestimmung setzt zwingende nationale Einbürgerungsvoraussetzungen für Flüchtlinge nicht außer Kraft (BVerwGE 140, 311 = BeckRS 2011, 55936; OVG NRW BeckRS 2016, 53391).

25   Soweit einem Flüchtling nach Art. 28 Abs. 1 GFK ein Reisepass ausgestellt worden ist, hat dieser zwar grundsätzlich auch die Funktion, die Identität des Ausweisinhabers zu bescheinigen. Der Reisepass kann diese Funktion nicht erfüllen, wenn – in dem Fall, in dem die Identität des Flüchtlings **ungeklärt** ist – er den Vermerk trägt, dass die angegebenen Personalien **auf eigenen Angaben** beruhen (BVerwGE 120, 206 (216) = NVwZ 2004, 1250). Ist dagegen ein solcher Reisepass **vorbehaltlos** – also ohne einen solchen einschränkenden **Zusatz** – ausgestellt, ermöglicht er den **widerlegbaren Nachweis** dafür, dass der Passinhaber die in ihm genannte, beschriebene und abgebildete Person ist und die im Pass enthaltenen Angaben mit den tatsächlichen und rechtlichen Verhältnissen des Inhabers übereinstimmen (BVerwGE 120, 206 (216) = NVwZ 2004, 1250). Bei **entstehenden Zweifeln** ist die Identität des Passinhabers einer **erneuten Prüfung** zugänglich, die im Ergebnis einen entsprechenden Vermerk / Zusatz zur Folge haben kann (OVG LSA BeckRS 2019, 33667).

26   Von begründeten **Zweifeln** an der Identität einer Person ist dann auszugehen, wenn geeignete **Dokumente** zum Nachweis der Identität **fehlen** oder wenn **gefälschte Urkunden** vorgelegt werden (BVerwGE 120, 206 (216) = NVwZ 2004, 1250). Aufklärungsbedürftige Zweifel an der Identität des Einbürgerungsbewerbers entstehen auch durch die Vorlage inhaltlich widersprüchlicher oder beweisrechtlich wertloser Urkunden (OVG NRW BeckRS 2020, 35654 zu widersprüchlichen Belegen über das Datum der Geburt).

26a   Das **Verfahren zur Aufklärung der Identität** ist vor dem Hintergrund des grundrechtlich geschützten **Persönlichkeitsrechts** des Einbürgerungsbewerbers („Grundsatz eines zukunftsgerichteten Entfaltungsschutzes") so auszugestalten, dass es bis zur Grenze der objektiven Möglichkeit und subjektiven Zumutbarkeit mitwirkenden Einbürgerungsbewerbern möglich sein muss, ihre Identität nachzuweisen. Dazu hat das BVwerG ein Stufenmodell entwickelt (BVerwG BeckRS 2020, 38039 = NVwZ 2021, 494).

1. **Stufe:** Danach kommen zum Nachweis der Identität in erster Linie neben dem Nationalpass andere staatliche Dokumente des Heimatstaates, wie Geburtsurkunde, Taufbescheinigung, Heiratsurkunde, Führerschein, Meldebescheinigung oder Schulbescheinigungen in Betracht. Hilfreich und mit stärkerer Aussagekraft sind Dokumente, die ein erforderliches Lichtbild tragen.

2. **Stufe:** Ist der Einbürgerungsbewerber **nicht im Besitz** solcher amtlichen Dokumente, weil etwa im Heimatland **eine effektive Staatsgewalt und staatliche Strukturen** fehlen, so dass auch unter Mithilfe des Auswärtigen Amtes keine Möglichkeit besteht, hinsichtlich der Identität über amtliche Register verlässliche Auskünfte zu erhalten (vgl. dazu HessVGH BeckRS 2020, 9220), oder ist ihm die **Beibringung** solcher Dokumente **subjektiv unzumutbar,** weil er etwa als **schutzberechtigter Flüchtling** befürchten muss, dass bereits eine auch nur technische Kontaktaufnahme mit Behörden des Heimatlandes Repressalien für Dritte zur Folge hätte (BVerwG BeckRS 2010, 45060), so sind auch sonstige Beweismittel nach § 26 Abs. 1 S. 1 und 2 VwVfG zugelassen. Dazu zählen vor allem nichtamtliche Urkunden oder Dokumente, die die Angaben zur Person belegen können, gegebenenfalls aber auch Zeugenaussagen.

3. **Stufe:** Ist auch ein Rückgriff auf solche Beweismittel objektiv nicht möglich oder subjektiv nicht zumutbar, so kann die Identität im jeweiligen Einzelfall als nachgewiesen anzusehen sein, wenn die Angaben des Einbürgerungsbewerbers auf der Grundlage seiner eigenen, schlüssigen und glaubhaften Angaben und im Kontext seiner gegebenenfalls vorgelegten Dokumente auf der Grundlage einer umfassenden Gesamtwürdigung zur Überzeugung der Einbürgerungsbehörde feststehen.

26a.1 Zur Situation in der **Demokratischen Volksrepublik Korea:** danach sind identitätsbelegende Dokumente oder Registerauszüge für Flüchtlinge von der Demokratischen Volksrepublik Korea über die deutsche Botschaft nicht zu erlangen vgl. HessVGH BeckRS 2020, 9220.

26a.2 BayVGH BeckRS 2018, 32464 zu **somalischen** Personenstandsurkunden.

Zur Situation im **Irak** und der Möglichkeit des Identitätsnachweises durch eine eidesstattliche Versiche-   **26a.3**
rung des Vaters bzw. einer Zeugeneinvernahme der ebenfalls in Deutschland lebenden Geschwister des
Einbürgerungsbewerbers, die bereits eingebürgert sind, ANA-ZAR 1/2019, 4 mit Hinweis auf OVG RhPf
Beschl. v. 1.2.2016 – 7 A 11020/15).

In Fällen, in denen aufgrund der staatlichen Strukturen im Heimatland auch unter Mithilfe des Auswärti-   **26a.4**
gen Amtes keine Möglichkeit besteht, verlässliche Auskünfte hinsichtlich der Identität aus amtlichen Registern zu erlangen, haben verschiedene Bundesländer im Erlasswege Beweiserleichterungen geschaffen:
- **Hessen:** Erlass des Hessischen Ministeriums des Innern und für Sport v. 6.7.2016 – II 1 – 01c08-18-
  12/003 zu somalischen Staatsangehörigen (vgl. LT-Drs. 19/5268). Im Wege der Beweiserleichterung
  kann nach diesem Erlass als erforderlicher Nachweis auch der Vortrag eines Angehörigen gelten, wenn
  dessen Identität zweifelsfrei geklärt ist und dieser die Personendaten des Antragstellers an Eides Statt
  versichert.
- **Schleswig-Holstein:** Erlass des Ministeriums für Inneres, ländliche Räume und Integration v. 27.2.2019
  zu somalischen Staatsangehörigen (https://www.frsh.de/fileadmin/pdf/behoerden/Erlasse_ab_2012/
  MILISH_Somalia_27.2.2019.pdf). Nach diesem Erlass sollen zum Nachweis der Identität auch andere
  Beweismittel zugelassen sein, insbesondere nicht aus dem Herkunftsland stammende Urkunden und der
  Zeugenbeweis. In Betracht kommt etwa die Vernehmung von Personen, die mit dem Einbürgerungsbe-
  werber verwandt sind und deren Identität geklärt ist oder durch eine eidesstattliche Versicherung durch
  diese Personen.

Als **Erkenntnisquellen** über die Herkunft im Rahmen der Identitätsfeststellung werden auch   **26b**
im Einbürgerungsverfahren insbesondere für solche Personen, die als Flüchtlinge in die Bundesrepublik Deutschland eingereist sind, **gutachterliche Sprach- und Textanalysen** herangezogen.
Derartige Gutachten, die häufig bereits in asylrechtlichen bzw. aufenthaltsrechtlichen Verwaltungsverfahren von den zuständigen Behörden in Auftrag gegeben wurden, sind auch in verwaltungsgerichtlichen Verfahren **verwertbar;** die Einholung **zusätzlicher Sachverständigengutachten**
oder gutachterlicher Stellungnahmen zu diesem Beweisthema stehen im **Ermessen** des Gerichts.
Ermessensfehlerhaft ist ein Absehen von der Einholung eines weiteren Gutachtens jedoch,
wenn sich dem Gericht die Notwendigkeit einer weiteren Beweiserhebung hätte aufdrängen
müssen (SächsOVG NVwZ 2018, 1579). Da ein solches Gutachten **weder** eine bestimmte **Staatsangehörigkeit** noch die **konkrete Identität** einer Einzelperson feststellen kann, sondern allenfalls
sprachlich-geographische Zuordnungen hinsichtlich der Herkunft aufgrund phonetischer,
syntaktischer und lexikalischer Gesichtspunkte vornehmen kann, stellen die Erkenntnisse lediglich
Indizien im Rahmen der eigentlichen Identitätsfeststellung dar. Dementsprechend ist die tatsächliche Aussagekraft des Gutachtens von einer Vielzahl von Faktoren abhängig. Zu **Aspekten,** die
die **Verwertbarkeit** der gutachterlichen Sprach- und Textanalysen **beeinflussen bzw. beeinträchtigen** können (vgl. HessVGH BeckRS 2020, 9220; VG Würzburg BeckRS 2016, 53694;
VG Stuttgart BeckRS 2012, 48149).

Die **Beurteilung,** ob sich aus den vorgelegten Dokumenten oder den sonstigen Erkenntnis-   **27**
quellen einschließlich der eigenen Angaben des Einbürgerungsbewerbers zur Überzeugung der
Behörde oder des Gerichts **hinreichend sicher** die Identität des Einbürgerungsbewerbers ergibt,
ist in jedem Fall eine Frage der **freien Beweiswürdigung** der vorgelegten Urkunden durch die
Behörde oder das Gericht (GK-StAR § 10 Rn. 56.1). Die erforderliche **Überzeugungsbildung**
hat sich dabei an einem für das **praktische Leben** brauchbaren Grad von **Gewissheit** zu orientieren, der Zweifeln Schweigen gebietet, ohne diese völlig auszuschließen. Dies gilt für alle Stufen
des Identitätsfeststellungsverfahrens (→ Rn. 26a; BVerwG BeckRS 2020, 38039 = NVwZ 2021,
494). In diesem Rahmen ist ein Übergang von einer Stufe zur einer nachgelagerten Stufe nur
zulässig, wenn dem Einbürgerungsbewerber der Nachweis seiner Identität auf dieser Stufe trotz
hinreichender Mitwirkung (§ 37 Abs. 1 iVm § 82 Abs. 1 AufenthG) nicht gelingt (BeckRS 2021,
4113).

Keine einbürgerungshindernden **Zweifel** an der Identität eines Flüchtlings sind zB anzuneh-   **28**
men, wenn sich dieser vor 20 Jahren mit einer zur Ausländerakte genommen ID-Karte ausgewiesen
hatte, sie nicht mehr auffindbar ist, ein Antrag auf Ausstellung einer neuen ID-Karte bei der
Botschaft erfolglos blieb und eine Reise des Einbürgerungsbewerbers in seine Geburtsregion
wegen der Besetzung durch IS-Milizen unzumutbar ist (vgl. VG Hannover BeckRS 2014, 59743;
GK-StAR § 10 Rn. 56.4). Ein Einbürgerungshindernis besteht zB auch **dann nicht,** wenn der
Ausländer zwar unter falscher Identität in das Bundesgebiet eingereist ist und unter diesen angegebenen Personalien einen Aufenthaltstitel (später in Form einer Niederlassungserlaubnis) erhalten
hat, vor der Beantragung der Einbürgerung seine Personalien unter Vorlage einer Staatsangehörigkeitsurkunde berichtigt hat, ohne dass dies zur **Rücknahme** des Aufenthaltstitels geführt hat
(BVerwG NVwZ 2017, 1312).

3. Mitwirkungspflicht des Einbürgerungsbewerbers

29 Gemäß § 37 Abs. 1 S. 2 iVm § 82 Abs. 1 S. 1 AufenthG ist der Ausländer verpflichtet, **seine Belange** und **für ihn günstige Umstände,** soweit sie nicht offenkundig oder bekannt sind, unter Angabe nachprüfbarer Umstände unverzüglich **geltend zu machen** und die erforderlichen **Nachweise** über seine persönlichen Verhältnisse, sonstige erforderliche Bescheinigungen und Erlaubnisse sowie sonstige erforderliche Nachweise, die er erbringen kann, unverzüglich **beizubringen.** Diese besondere Mitwirkungspflicht statuiert zudem eine **Darlegungs- und Beweispflicht** des Ausländers, die umso stärker wiegt, je mehr Umstände betroffen sind, die der Kenntnis und Verantwortungssphäre des Ausländers zuzurechnen sind (BayVGH BeckRS 2015, 41000; Bergmann/Dienelt/Samel AufenthG § 82 Rn. 9).

30 § 82 AufenthG modifiziert den grundsätzlich im Verwaltungsverfahren geltenden **Untersuchungsgrundsatz,** ohne ihn jedoch zu beseitigen. Es enthebt die (Einbürgerungs-) Behörde auch nicht der Verpflichtung, vom Einbürgerungsbewerber vorgetragene Anhaltspunkte über das Auswärtige Amt und ggfls. über Mittelspersonen im Ausland im Rahmen des Zulässigen und Möglichen weiter **aufzuklären** (Bergmann/Dienelt/Samel AufenthG § 82 Rn. 5).

31 Die gem. § 37 Abs. 1 S. 2 iVm § 82 Abs. 1 S. 1 AufenthG über die **besondere Mitwirkungslast** des Einbürgerungsbewerbers modifizierte Pflicht zur Amtsermittlung beansprucht jedoch lediglich im Verwaltungsverfahren Geltung und – soweit ein Widerspruchsverfahren durchzuführen ist – im Widerspruchsverfahren (§ 82 Abs. 2 AufenthG). Diese **Beschränkung** der Ermittlungspflicht **gilt nicht** für das **verwaltungsgerichtliche Verfahren.** Insoweit gilt uneingeschränkt § 86 Abs. 1 S. 1 Hs. 2 VwGO, wobei die Beteiligten zur **Sachverhaltserforschungen** heranzuziehen sind. Dabei führt aber auch eine **Verweigerung** von im Einzelfall zumutbaren Mitwirkungshandlungen nicht zu einer Beschränkung des Amtsermittlungsgrundsatzes, sondern kann allenfalls im Rahmen der **Beweiswürdigung** berücksichtigt werden (BVerwGE 140, 311 = BeckRS 2011, 55936 Rn. 25; BayVGH BeckRS 2014, 56705; Bergmann/Dienelt/Samel AufenthG § 82 Rn. 5; Hailbronner AuslR AufenthG § 82 Rn. 13).

4. Beweiserleichterungen

32 Der Klärung der Identität eines Einbürgerungsbewerbers bedarf es auch, soweit diesem die **Flüchtlingseigenschaft** zuerkannt worden ist. Jedoch rechtfertigt das **Wohlwollensgebot** des Art. 34 S. 1 GFK hinsichtlich des Identitätsnachweises Erleichterungen bei der Beweisführung. Zur Klärung seiner Identität darf deshalb die Einbürgerungsbehörde nur solche **Nachweise verlangen,** deren Beschaffung ihm – insbesondere wegen der Verhältnisse im Verfolgerstaat – zumutbar sind. **Unzumutbar** sind in diesem Zusammenhang etwa Handlungen, mit denen sich der Flüchtling nach § 72 Abs. 1 AsylG dem Schutz des Verfolgerstaates unterstellen würde. Unter Berücksichtigung der Umstände des Einzelfalls ist auch zu prüfen, ob es dem Flüchtling zumutbar ist, sich etwa an dort lebende Familienangehörige, Verwandte oder Bekannte bzw. einen dortigen Rechtsanwalt zu wenden, um geeignete Nachweise zu erhalten oder ob etwa die Möglichkeiten der Kommunikation fehlen oder er sich oder andere damit in Gefahr bringen würde (BVerwGE 120, 206 (215) = NVwZ 2004, 1250; OVG NRW BeckRS 2016, 53391).

5. Folgen der Unaufklärbarkeit/Folgen für in Deutschland geborene Kinder

33 Unterbleibt eine **zumutbare Mitwirkungshandlung** des Einbürgerungsbewerbers oder ist diese **unzureichend** und lässt sich die Identität des Einbürgerungsbewerbers auch nicht auf andere Weise klären – wobei die **Aufklärungspflicht** dort ihre Grenze findet, wo das Vorbringen des Ausländers keine Anhaltspunkte zu weiterer Sachaufklärung bietet – tritt **Unaufklärbarkeit** ein, soweit Identitätszweifel nicht zur vollen Überzeugung der Behörde oder des Gerichts beseitigt worden sind. In diesem Fall obliegt dem **Einbürgerungsbewerber** die **materielle Beweislast** für die Erfüllung der Einbürgerungsvoraussetzungen (BVerwGE 140, 311 (25) = NVwZ 2012, 707; BVerwGE 120, 206 (215) = NVwZ 2004, 1250; NdsOVG BeckRS 2018, 9543).

33a Die Anforderungen an die Klärung der Identität und der Staatsangehörigkeit gelten auch für den Erwerb der deutschen Staatsangehörigkeit in Deutschland geborener Kinder, soweit der Erwerb nicht kraft Gesetzes nach § 4 Abs. 3 erfolgt (vgl. → § 4 Rn. 38 ff.; zur Rechtfertigung der Ungleichbehandlung der beiden Personengruppen vgl. NdsOVG BeckRS 2020, 595), sondern auf der Grundlage der §§ 8 ff. Da zur Klärung der Identitätsanforderungen des Kindes auch der Familien-)Name gehört, sind die Anforderungen dann geklärt, wenn die Identität und die Staatsangehörigkeit der Eltern feststehen (VG Schleswig BeckRS 2020, 11680). Auch eine in Deutschland ausgestellte Geburtsurkunde entfaltet nur die Beweiskraft nach Maßgabe des § 54

PStG. Enthält die Urkunde den Zusatz, dass die beurkundeten Tatsachen allein auf den Angaben der beantragenden Person beruhen, ist die Beweiskraft entsprechend eingeschränkt (vgl. → Rn. 23, → Rn. 25).

III. Gewöhnlicher rechtmäßiger Aufenthalt im Inland (§ 8 Abs. 1 Hs. 1)

1. Allgemeines

Mit dem ZuwG wurde die Voraussetzung des „rechtmäßigen gewöhnlichen Aufenthalts im **34** Inland" mWz 1.1.2005 in das Gesetz aufgenommen. Sie ersetzt die Anforderung des Abs. 1 Hs. 1 „im Inland niedergelassen".

2. Aufenthalt im Inland

Dieses Merkmal fordert einen Aufenthalt in der **Bundesrepublik Deutschland.** Mit den **35** Regelungen über den Status Deutschlands im Zwei-plus-Vier Vertrag (BGBl. 1990 II 1317) und dem Inkrafttreten des Einigungsvertrages am 3.10.1990 (BGBl. II 885) ist dies das Gebiet der Bundesrepublik **einschließlich der neuen Bundesländer,** so dass auch Aufenthaltszeiten auf dem Territorium der damaligen DDR Inlandsaufenthalte darstellen. Damit hat sich der frühere Streit um die Auslegung des Inlandsbegriffs für die geltende Rechtslage erledigt (zur Entwicklung des Inlandsbegriffs vgl. GK-StAR Rn. 41 ff.; HMHK/Hailbronner/Hecker Rn. 18).

Einbürgerungen, die vor dem 3.10.1990 unter Zugrundelegung des an die Rechtslage vom **36** 31.12.1937 anknüpfenden **Inlandsbegriffs** vorgenommen worden sein sollten, unterliegen **nicht der Gefahr** der **Rücknahme.** Diese Einbürgerungen konnten sich zum einen auf eine überwiegende Meinung im Schrifttum stützen und zum anderen steht einer nachträglichen Aufhebung das Prinzip des Vertrauensschutzes (§ 3 Abs. 2) entgegen (GK-StAR Rn. 53).

Mit dem Erfordernis des Aufenthalts im Inland verfolgt der Gesetzgeber das grundsätzliche **37** Ziel, **Einbürgerungsanträge** nur **vom Inland** aus zuzulassen; Einbürgerungen vom Ausland aus sind nur unter den besonderen Voraussetzungen der §§ 13 bzw. 14 zulässig.

3. Gewöhnlicher Aufenthalt

Die Begriffsbestimmung „rechtmäßiger gewöhnlicher Aufenthalt" erfolgt hinsichtlich der Vor- **38** schriften der §§ 4 Abs. 3 S. 1 Nr. 1, 8 Abs. 1 Hs. 1 und § 10 Abs. 1 S. 1 Hs. 1 nach denselben Grundsätzen. Die Voraussetzung enthält mit dem **gewöhnlichen Inlandsaufenthalt** einerseits und der **Rechtmäßigkeit** dieses gewöhnlichen Aufenthalts andererseits zwei **selbstständige** Tatbestandsmerkmale (BVerwGE 155, 47 (12) = BeckRS 2016, 46279).

Der verwendete Begriff des **gewöhnlichen** Aufenthalts hat im Wesentlichen die gleiche Bedeu- **39** tung wie der Begriff „dauernder Aufenthalt" in Art. 2 S. 1 StlVermG (Gesetz zur Verminderung der Staatenlosigkeit v. 29.6.1977, BGBl. I 1101). Zur Auslegung der Begriffe kann an die Legaldefinition des gewöhnlichen Aufenthalts in § 30 Abs. 3 S. 2 SGB I angeknüpft werden (BVerwGE 155, 47 = BeckRS 2016, 46279 Rn. 12; BVerwGE 122, 119 (202) = BeckRS 2005, 25341).

Das Merkmal gewöhnlicher Aufenthalt bestimmt sich allein nach tatsächlichen **Gesichtspunk- 40 ten.** Von einem gewöhnlichen Aufenthalt in der Bundesrepublik Deutschland ist danach bei einer Person auszugehen, die nicht nur vorübergehend, sondern auf **unabsehbare Zeit** hier lebt, so dass eine Beendigung des Aufenthalts ungewiss ist. Ein dauernder Aufenthalt setzt keine ununterbrochene Anwesenheit im Inland voraus. Maßgeblich ist vielmehr, ob sich nach den tatsächlichen Verhältnissen des Einzelfalls – insbesondere unter Berücksichtigung familiärer oder beruflicher Bindungen – der **Lebensmittelpunkt** in Deutschland befindet (GK-StAR § 10 Rn. 88). Für diese Feststellung ist eine **Prognose** erforderlich, die neben den Vorstellungen des Ausländers auch dessen rechtliche Möglichkeiten berücksichtigt.

In Fällen, in den der Einbürgerungsbewerber aus **beruflichen Gründen** zwischen dem Aufenthaltsort **40.1** im Inland und dem Ausland pendelt (etwa Angehörige des akademischen Lehrpersonals oder eines international agierenden Unternehmens), kommt auch bei längeren Auslandsaufenthalten das Vorliegen eines gewöhnlichen Aufenthalts im Inland in Betracht, wenn unter Berücksichtigung der **privaten Lebensumstände** eine **Gewichtung** der gesamten tatsächlichen Umstände die Annahme rechtfertigt, dass sich der Schwerpunkt der Lebensverhältnisse im Inland befindet (GK-StAR Rn. 60; HMHK/Hailbronner/Hecker Rn. 20).

Nicht erforderlich ist jedoch, dass der Aufenthalt mit **Willen** der Ausländerbehörde auf grund- **41** sätzlich unbeschränkte Zeit angelegt ist. Auch ein zeitlich befristeter Aufenthaltstitel bzw. ein bloßer **Verzicht** auf aufenthaltsbeendende Maßnahmen schließen einen gewöhnlichen Aufenthalt nicht aus. Insoweit – hinsichtlich des Verzichts auf aufenthaltsbeendende Maßnahmen – bedarf es auch keiner förmlichen Zustimmung der Ausländerbehörde, sondern es genügt, dass diese unbeschadet ihrer rechtlichen Möglichkeiten davon **absieht**, den **Aufenthalt zu beenden**, weil sie dies für unzumutbar oder undurchführbar hält (BVerwGE 155, 47 (13) = NVwZ 2016, 1811; BVerwGE 133, 203 (31 ff.) = NVwZ-RR 2010, 252; BVerwGE 122, 199 (202) = NVwZ 2005, 707; BVerwGE 92, 116 (121 ff.) = NVwZ 1993, 782).

42   Auch **Kinder und Jugendliche** müssen als Einbürgerungsbewerber die Voraussetzung eines gewöhnlichen Aufenthalts im Inland persönlich erfüllen.

43   Reist ein Ausländer aus dem Inland aus, kann dies sowohl zur **Beendigung** des gewöhnlichen als auch des rechtmäßigen Aufenthalts (→ Rn. 53) führen. Um eine **Ausreise** in diesem Sinne handelt es sich, wenn sie nicht staatlich erzwungen oder veranlasst ist (BVerwGE 141, 325 = NVwZ-RR 2012, 411 Rn. 10). Eine Beendigung des gewöhnlichen Aufenthalts liegt regelmäßig vor, wenn der Aufenthalt im Inland unter Umständen aufgegeben wird, die eindeutig auf eine **endgültige Ausreise** schließen lassen; als Anhaltspunkte dafür kommen in Betracht, die Ausgabe des Arbeitsplatzes, der Abbruch inländische Bankverbindungen, die Wohnungsauflösung oder die melderechtliche Abmeldung (GK-StAR § 12b Rn. 15; zu der Frage, unter welchen Voraussetzungen auch der längere Auslandsaufenthalt eines Ausländers lediglich eine **unschädliche Unterbrechung** des gewöhnlichen Aufenthalts darstellt, → § 12b Rn. 7 ff.).

4. Rechtmäßiger Aufenthalt

44   Neben der **Dauerhaftigkeit** des Aufenthalts muss – als weiteres Element – der Aufenthalt des Einbürgerungsbewerbers auch **rechtmäßig** sein. Soweit sich die Rechtmäßigkeit des Aufenthalts nicht kraft Gesetzes ergibt, ist der Aufenthalt nur rechtmäßig, wenn er von der zuständigen Ausländerbehörde erlaubt worden ist, dem Ausländer also ein Aufenthaltstitel erteilt worden ist (§ 4 AufenthG). Ein Anspruch auf die Erteilung eines derartigen Titels allein reicht nicht aus (GK-StAR § 10 Rn. 112).

45   **Aufenthaltsrechte** werden vermittelt:
- durch das FreizügG/EU (Freizügigkeitsgesetz/EU v. 30.7.2004, BGBl. I 1950 idF vom 12.11.2020, BGBl. I 2416) für freizügigkeitsberechtigte Unionsbürger oder für gleichgestellte Staatsangehörige eines EWR-Staates (Island, Liechtenstein, Norwegen) oder für deren Familienangehörige,
- gem. Art. 6 oder 7 ARB 1/80 für türkische Staatsangehörige oder
- aufgrund des Freizügigkeits-Abkommens EG-Schweiz (Abkommens zwischen der Europäischen Gemeinschaft und ihren Mitgliedsstaaten einerseits und der Schweizerischen Eidgenossenschaft andererseits über die Freizügigkeit v. 21.6.1999, ABl. 2002 L 114, 6; BGBl. 2001 II 810) für Staatsangehörige der Schweiz oder deren Familienangehörige (Nr. 4.1.3.2 VAH-StAG).

46   Aufenthaltsrechte wurden vermittelt durch die erteilten **Aufenthaltstitel** nach dem bis zum 31.12.2004 geltenden AuslG (Ausländergesetz v. 9.7.1990, BGBl. I 1354; Aufenthaltserlaubnis, Aufenthaltsberechtigung, Aufenthaltsbewilligung oder Aufenthaltsbefugnis) und dem FreizügG/EU bzw. der Freizügigkeits-VO (VO (EU) 492/2011 v. 5.4.2011, ABl. 2011 L 141, 1) oder nach dem bis zum 31.12.2007 gültigen Freizügigkeitsgesetz (Aufenthaltserlaubnis-EG).

47   **Aufenthaltsrechte** werden **derzeit** vermittelt durch die in § 4 Abs. 1 S. 2 AufenthG bezeichneten Aufenthaltstitel (Visum, Aufenthaltserlaubnis, Blaue Karte, ICT-Karte, Mobile ICT-Karte, Niederlassungserlaubnis und Erlaubnis zum Daueraufenthalt-EU).

48   Eine nach § 55 AsylVfG bzw. später § 55 AsylG erteilte **Aufenthaltsgestattung** vermittelt einen rechtmäßigen Aufenthalt nur in den Fällen einer unanfechtbaren Anerkennung als Asylberechtigter bzw. der unanfechtbaren Zuerkennung internationalen Schutzes nach § 1 Abs. 1 Nr. 2 AsylG (BVerwGE 128, 254 = BeckRS 2007, 24598 Rn. 10; Nr. 4.3.1.2 lit. e VAH-StAG).

49   Als **rechtmäßig** werden schließlich **Aufenthaltszeiten** von solchen Personen angesehen,
- die vom Erfordernis eines Aufenthaltstitels befreit oder deutsche Staatsangehörige oder Statusdeutsche waren,
- deren Aufenthalt als heimatlose Ausländer kraft Gesetzes erlaubt war,
- für die eine Erlaubnisfiktion nach § 81 Abs. 3 S. 1 AufenthG oder nach § 69 Abs. 3 S. 1 AuslG oder nach § 68 Abs. 1 S. 2 AsylVfG bestand oder
- die über ein Aufenthaltsrecht nach dem Recht der damaligen DDR verfügten (Nr. 4.3.1.2 lit. f-i VAH-StAG).

49.1   Im Anwendungsbereich des **§ 38 Abs. 5 AufenthG** genügt es für den Eintritt der **Fiktionswirkung** (→ AufenthG § 81 Rn. 17) nach § 81 Abs. 3 S. 1 AufenthG, dass die Erteilung eines **Aufenthaltstitels** nach § 38 Abs. 5 AufenthG iVm § 38 Abs. 1 S. 1 AufenthG ernsthaft in Betracht kommt (VGH BW BeckRS 2020, 16950; zur Bedeutung der Fiktionsbescheinigung nach § 81 Abs. 5 AufenthG iVm § 81 Abs. 4 AufenthG für die Fortgeltung eines rechtmäßigen Aufenthalts vgl. BVerwG BeckRS, 2014, 49307).

5. Deckungsgleichheit

Ebenso wie bei den Regelungen nach § 4 Abs. 3 S. 1 Nr. 1 und § 10 Abs. 1 S. 1 muss **50** sich auch im Rahmen der Ermessenseinbürgerung die Rechtmäßigkeit des Aufenthalts auf den gewöhnlichen Aufenthalt beziehen, die **Zeiträume** müssen **deckungsgleich** sein (BVerwGE 155, 47 = BeckRS 2016, 46279 Rn. 20; BVerwGE 92, 116 (121 ff.) = NVwZ 1993, 782).

In dem zuvor genannten Urteil v. 23.2.1993 (BVerwGE 92, 116 (121 ff.) = NVwZ 1993, 782) **51** hat das BVerwG unter der Geltung des AuslG entschieden, dass nicht die **bloße Anwesenheit,** sondern ein Daueraufenthalt des Ausländers im Inland rechtmäßig sein müsse. Erforderlich für die Fälle der Genehmigungsbedürftigkeit sei deshalb, dass eine Aufenthaltsgenehmigung für einen dauernden, nicht bloß für einen vorübergehenden Aufenthaltszweck erteilt worden sei.

Unter der Geltung des AufenthG wird nunmehr jede **Aufenthaltserlaubnis** für einen – ggf. **52** seiner Natur nach vorübergehenden – Zweck erteilt (§ 7 Abs. 1 S. 2 AufenthG). Es bestehen – von Ausnahmeregelungen abgesehen (§ 8 Abs. 2 AufenthG) – **Verlängerungsmöglichkeiten,** solange der **Aufenthaltszweck** fortbesteht (§ 8 Abs. 1 AufenthG) oder an seine Stelle ein anderer, eine Verlängerung ermöglichender Aufenthaltszweck getreten ist (etwa §§ 31 Abs. 1 und 16 Abs. 4 AufenthG). Im Gegensatz zum AuslG kennt das AufenthG auch keine eine weitere aufenthaltsrechtliche **Verfestigung hindernde Sperrwirkung,** die bei einer Änderung des Aufenthaltszwecks der Erteilung einer Aufenthaltserlaubnis für diesen geänderten Aufenthaltszweck entgegenstehen könnte (zu einer solchen die aufenthaltsrechtliche Verfestigung hindernde Sperrwirkung vgl. § 28 Abs. 1 und Abs. 3 AuslG, hinsichtlich einer zur Ausbildungszwecken erteilten Aufenthaltsbewilligung). Daraus folgt, dass bei der **Prüfung der Rechtmäßigkeit** eines Daueraufenthalts auch Zeiten zu berücksichtigen sind, in denen der Ausländer unter Geltung des AufenthG nur im Besitz einer – für einen seiner Natur nach nur vorübergehenden Zweck erteilten – Aufenthaltserlaubnis war, wenn ihm auf diesem Wege ein Zugang zu einer dauerhaften Aufenthaltsposition eröffnet worden ist (BVerwGE 155, 47 = BeckRS 2016, 46279 Rn. 19).

Reist ein Ausländer aus dem Bundesgebiet aus, so ist im Hinblick auf die Rechtmäßigkeit des **53** bisherigen Inlandsaufenthalts nach dem **Zweck** des Auslandsaufenthalts **zu unterscheiden:** Der Aufenthaltstitel erlischt bereits mit dem Verlassen des Bundesgebietes, wenn der Ausländer aus einem seiner **Natur nach nicht vorübergehenden Grund** ausreist (§ 51 Abs. 1 Nr. 6 AufenthG). Der Aufenthaltstitel erlischt des Weiteren, wenn der Ausländer – aus einem seiner Natur nach **vorübergehenden Grund** – ausreist und nicht innerhalb von **sechs Monaten** oder einer von der Ausländerbehörde bestimmten längeren Frist wieder **eingereist** ist (§ 51 Abs. 1 Nr. 7 AufenthG). Ein **Erlöschen** des Aufenthaltstitels nach diesen Vorschriften tritt ausnahmsweise nicht ein, wenn die Voraussetzungen von § 51 Abs. 2 oder Abs. 3 AufenthG vorliegen.

IV. Einbürgerungsantrag

Die Einbürgerung ist ein mitwirkungsbedürftiger rechtsgestaltender Verwaltungsakt. Mit dem **54** **Einbürgerungsantrag** beginnt das Verwaltungsverfahren (§ 22 LVwVfG). Der Antragsteller, also derjenige, der an die Behörde herantritt und in eigenem Namen für sich die Einbürgerung beantragt, wird gem. § 13 Abs. 1 Nr. 1 LVwVfG Beteiligter des Verwaltungsverfahrens.

Das StAG schreibt keine besondere Form des Einbürgerungsantrags vor, nach Nr. 8.1.1 Abs. 3 **55** StAR-VwV **soll** der Antrag schriftlich gestellt und zur Erleichterung der Antragstellung ein Vordruck verwendet werden.

Hinsichtlich der **Reichweite** des Einbürgerungsantrags ist davon auszugehen, dass er grundsätz- **56** lich auf **sämtliche Anspruchsgrundlagen** gestützt wird. Denn der Antrag ist regelmäßig auf die Einbürgerung in den deutschen Staatsverbund gerichtet, unabhängig davon, auf welcher Rechtsgrundlage er beruht. Will der Einbürgerungsbewerber von der Möglichkeit Gebrauch machen, seinen Antrag auf eine bestimmte Rechtsgrundlage zu **beschränken,** muss er dies gegenüber der Behörde klar und unmissverständlich zum Ausdruck bringen (BVerwGE 142, 132 = NVwZ 2012, 1254 Rn. 14).

Wird die Einbürgerung **ohne** einen entsprechenden Einbürgerungsantrag gewährt, so leidet **57** sie wegen der damit verbundenen Folgen hinsichtlich der bisherigen Staatsangehörigkeit sowie aus völkerrechtlichen Bedenken an einem besonders schweren und offenkundigen Fehler, der gem. § 44 Abs. 1 LVwVfG zur **Nichtigkeit** führt (GK-StAR § 16 Rn. 27 f.; HMHK/Hailbronner/Hecker § 16 Rn. 13).

58   Tritt der Einbürgerungsantragsteller unter Angabe **unzutreffender Personalien** einschließlich einer unzutreffenden Staatsangehörigkeit auf und wird ihm eine diesen Angaben entsprechend ausgefertigte Einbürgerungsurkunde ausgehändigt, ist eine solche Einbürgerung **nicht nichtig** iSv § 44 LVwVfG, jedoch aufgrund der Identitätstäuschung **rücknehmbar** nach § 48 Abs. 2 S. 3 Nr. 1 VwVfG (BVerwG BeckRS 2014, 56980 Rn. 18; VGH BW BeckRS 2013, 59832).

V. Handlungsfähigkeit (§ 8 Abs. 1 Nr. 1)

59   Die Handlungsfähigkeit einer Person bedeutet die **Fähigkeit,** Verfahrenshandlungen selbst vorzunehmen oder durch einen Bevollmächtigten vornehmen zu lassen. Für den Bereich des StAG ist das die Fähigkeit, aktiv Verfahrenshandlungen vorzunehmen, insbesondere selbst den erforderlichen Einbürgerungsantrag zu stellen und Erklärungen abzugeben. Die Handlungsfähigkeit umfasst darüber hinaus auch die Fähigkeit zur Entgegennahme von Verfahrenshandlungen und insbesondere auch die Entgegennahme von (behördlichen und gerichtlichen) Entscheidungen (HMHK/Hailbronner § 37 Rn. 4; GK-StAR § 37 Rn. 7).

60   Gemäß § 37 Abs. 1 S. 1 ist zur **Vornahme** von Verfahrenshandlungen nach diesem Gesetz **fähig,** wer das 16. Lebensjahr vollendet hat, sofern er nicht nach Maßgabe des BGB geschäftsunfähig oder im Falle seiner Volljährigkeit in dieser Angelegenheit zu betreuen und einem Einwilligungsvorbehalt zu unterstellen wäre. Verfahrenshandlungen Minderjähriger, die das 16. Lebensjahr vollendet haben, bedürfen danach nicht der Zustimmung des gesetzlichen Vertreters (BT-Drs. 14/533, 17; BT-Drs. 18/5921, 31).

61   Mit dem in § 37 Abs. 1 S. 2 enthaltenen Verweis auf § 80 Abs. 3 S. 1 AufenthG werden für die Frage nach der **Minderjährigkeit** oder der **Volljährigkeit** eines Ausländers die Vorschriften des BGB für entsprechend anwendbar erklärt. Aus § 2 BGB, wonach die Volljährigkeit mit der Vollendung des 18. Lebensjahrs eintritt, iVm §§ 106, 107 BGB bestimmt sich die für die Handlungsfähigkeit bedeutsame **Geschäftsfähigkeit** einer Person. Nach § 80 Abs. 3 S. 2 AufenthG bleibt allerdings die Geschäftsfähigkeit und die sonstige rechtliche Handlungsfähigkeit eines nach dem **Recht seines Heimatstaates** volljährigen Ausländers unberührt. Dementsprechend kann ein Ausländer unter 16 Jahren abweichend von § 37 Abs. 1 S. 1 in staatsangehörigkeitsrechtlichen Angelegenheiten **handlungsfähig** sein, wenn er nach dem Recht seines Heimatstaates volljährig und geschäftsfähig ist (Nr. 80.3 AufenthGAVwV).

62   **Geschäftsunfähige** sind danach handlungsunfähig, wobei für die Beurteilung dieser Frage entgegen Art. 7 EGBGB nicht das Recht des Heimatstaates des Einbürgerungsbewerbers gilt, sondern allein § 104 BGB.

63   Ebenso wenig handlungsfähig sind **minderjährige Personen,** die in ihrer Geschäftsfähigkeit beschränkt sind (§ 106 BGB), soweit sie nicht von § 37 Abs. 1 S. 1 erfasst werden, denn sie sind für den Gegenstand des Verfahrens – eine Angelegenheit nach dem StAG – nicht durch Vorschriften des BGB als geschäftsfähig oder durch weitergehende Vorschriften des öffentlichen Rechts als handlungsfähig anerkannt.

64   Der Handlungsfähigkeit eines **volljährigen** Ausländers steht im Übrigen entgegen, wenn er in dieser Angelegenheit **zu betreuen** und einem **Einwilligungsvorbehalt** zu unterstellen wäre. Zwar lässt die Bestellung eines Betreuers nach den §§ 1896 ff. BGB für einen Volljährigen, der aufgrund einer psychischen Krankheit oder einer körperlichen, geistigen oder seelischen Behinderung seine Angelegenheiten ganz oder teilteilweise nicht besorgen kann (§ 1896 Abs. 1 S. 1 BGB), die **Geschäftsfähigkeit** und damit auch die Handlungsfähigkeit der Person auch für den Bereich der Angelegenheiten **unberührt,** für den der Betreuer zu bestellen wäre. Soweit der **Gegenstand des Verfahrens** allerdings unter einen vom Gericht besonders anzuordnenden Einwilligungsvorbehalt fällt, kann der Betreute Verfahrenshandlungen nur vornehmen, für die er durch Vorschriften des BGB oder des öffentlichen Rechts trotz Bestehens des Betreuungsverhältnisses als handlungsfähig anerkannt ist (BeckOK VwVfG/Gerstner-Heck VwVfG § 12 Rn. 14 f.; Kopp/Ramsauer VwVfG § 12 Rn. 16). Derartige Vorschriften bestehen für den Bereich des Staatsangehörigkeitsrechts nicht.

VI. Keine Verurteilung zu einer Strafe oder Maßregel der Besserung oder Sicherung (§ 8 Abs. 1 Nr. 2)

1. Allgemeines

65   Die Einbürgerungsvoraussetzung des Abs. 1 Nr. 2 setzt voraus, dass der Bewerber weder wegen einer rechtwidrigen Tat zu einer **Strafe verurteilt** noch gegen ihn aufgrund seiner Schulunfähig-

keit einer **Maßregel** der Besserung oder Sicherung **angeordnet** worden ist. Diese Anforderung erstreckt sich nicht nur auf das Fehlen von **inländischen** Verurteilungen und Anordnungen von Maßregeln der Besserung und Sicherung, sondern auch auf **ausländische** Verurteilungen. Als **einbürgerungsunschädlich** bleiben nur solche Verurteilungen und Anordnungen außer Betracht, die unter die **Ausnahmeregelung** des § 12a fallen.

2. Verurteilungen

Eine Verurteilung in Inland ist jede Entscheidung, durch die ein **deutsches Gericht** wegen **66** einer rechtswidrigen Tat auf eine **Strafe** erkennt. Nicht erfasst wird die Ahndung von Ordnungswidrigkeiten. Eine Verurteilung im Sinne des Tatbestandsmerkmals liegt jedoch erst vor, wenn die Verteilung **rechtskräftig** geworden ist. Folglich werden auch **Verfahrenseinstellungen** nach §§ 153, 153b–153e, 154b, 154c StPO oder §§ 45, 47 JGG nicht erfasst.

Auch die Verhängung einer **Jugendstrafe** ist grundsätzlich einbürgerungsschädlich iSd Abs. 1 **67** Nr. 2 (BVerwGE 150, 17 = BeckRS 2014, 54184 Rn. 12 ff.; HMHK/Hailbronner/Hecker § 12a Rn. 16 ff.; GK-StAR § 12a Rn. 35 ff.; Nr. 12a.2 VAH-StAG). Soweit das BVerwG für die vor dem 1.1.2005 geltende Regelung des § 88 Abs. 1 AuslG ausgeführt hat, dass eine Jugendstrafe weder eine Freiheitsstrafe iSd § 88 Abs. 1 S. 1 Nr. 1 noch eine Strafe iSd § 88 Abs. 1 S. 2 AuslG ist (BVerwG NVwZ 2004, 997), beruht dies auf der Auslegung, dass § 88 Abs. 2 AuslG eine Sonderregelung für Jugendliche enthielt, die mit dem ZuwG aufgehoben wurde (vgl. zu dem damaligen Meinungsstand GK-StAR § 12a Rn. 35 f.).

Neben inländischen Verurteilungen sind grundsätzlich auch ausländische **Verurteilungen** zu **68** Strafen einbürgerungsschädlich beachtlich; dies folgt unmittelbar aus § 12 Abs. 2 S. 1. Voraussetzung ist allerdings, dass die Tat **im Inland** als **strafbar anzusehen** ist, die Verurteilung in einem **rechtsstaatlichen Verfahren** ausgesprochen worden ist und das **Strafmaß verhältnismäßig** ist. Die **Darlegungs- und materielle Beweislast** für diese Voraussetzungen trägt die **Einbürgerungsbehörde**. Auch wenn die ausländische Verurteilung die dargelegten Anforderungen erfüllt, bleibt sie unberücksichtigt – also einbürgerungsunschädlich – wenn sie nach dem **BZRG zu tilgen** wäre (§ 12a Abs. 2 S. 2).

3. Anordnung von Maßregeln der Besserung und Sicherung

Einbürgerungsschädlich iSv Abs. 1 Nr. 2 ist im Übrigen, wenn gegen den Einbürgerungsbewer- **69** ber aufgrund seiner **Schuldunfähigkeit** eine **Maßregel** der Besserung und Sicherung **angeordnet** worden ist.

Maßregeln der Besserung und Sicherung sind gem. § 61 StGB die Unterbringung in einem **70** psychiatrischen Krankenhaus (Nr. 1, § 63 StGB), die Unterbringung in einer Erziehungsanstalt (Nr. 2, § 64 StGB), die Unterbringung in der Sicherungsverwahrung (Nr. 3, § 66 StGB), die Führungsaufsicht (Nr. 4, § 68), die Entziehung der Fahrerlaubnis (Nr. 5, § 69 StGB) und das Berufsverbot (Nr. 6, § 70 StGB).

Die Anordnung einer Maßregel der Besserung und Sicherung aufgrund der **Schuldunfähigkeit** **71** kommt (als selbstständige Anordnung, vgl. § 71 StGB) in Betracht, wenn ein Strafverfahren deshalb undurchführbar ist, weil der Täter im Zeitpunkt der Tat schuldunfähig (§ 20 StGB) war oder seine Schuldunfähigkeit nicht auszuschließen ist (Fischer StGB § 71 Rn. 2).

4. Beurteilungsmaßstäbe

Ob eine inländische Verurteilung vorliegt, prüft die Einbürgerungsbehörde in erster Linie **72** anhand von **Auskünften** aus dem Bundeszentralregister (Zentral- und Erziehungsregister). Den Einbürgerungsbehörden steht für das Einbürgerungsverfahren gem. § 41 Abs. 1 Nr. 6 BZRG ein **Anspruch auf Mitteilung** auch der Eintragungen über den Einbürgerungsbewerber zu, die in ein Führungszeugnis nicht aufgenommen werden.

Für die Beurteilung und Einordnung der vom Bundeszentralregister übermittelten Eintragun- **73** gen durch die Einbürgerungsbehörde ist von einer **grundsätzlichen Bindung** dieser Behörde auszugehen; sie kann im **Regelfall** von der **Richtigkeit** der Verurteilung und auch der Strafzumessung ausgehen (BVerwG BeckRS 2010, 51738; BayVGH BeckRS 2007, 30611 Rn. 9).

Dies gilt auch für die **Verurteilungen im Strafbefehlsverfahren,** die mangels rechtzeitigen **74** Einspruchs gem. § 410 Abs. 3 StPO einem rechtskräftigen Urteil gleichstehen (BVerwG BeckRS 2010, 51738).

Eine **Ausnahme** von dieser Bindung kommt nur in den Fällen in Betracht, in denen sich **75** ernstliche Zweifel an der Richtigkeit des der Verurteilung zu Grunde liegenden Sachverhalts oder

der daraus gezogenen rechtlichen Wertungen ergeben oder die Einbürgerungsbehörde ausnahmsweise in der Lage ist, den Vorfall **besser aufzuklären** als die Strafverfolgungsbehörde (BVerwG BeckRS 2010, 51738).

76   Soweit das BVerwG in der vorgenannten Entscheidung von der grundsätzlichen **Bindung** an die **rechtskräftigen Entscheidungen** auch für die eigenständige, integrationsorientierte Ermessensregelung nach § 12a Abs. 1 S. 2 aF spricht, gilt dies zwar auch für die novellierte Fassung der Ermessensentscheidung nach § 12a Abs. 1 S. 3, das eigentliche Nichtberücksichtigungsermessen (HMHK/Hailbronner/Hecker § 12a Rn. 8) beschränkt sich allerdings auf solche Strafen, die den Rahmen nach S. 1 und S. 2 nur geringfügig übersteigen.

5. Vorhalte- bzw. Verwertungsverbot

77   Ohne Bedeutung für die Frage der strafrechtlichen **Unbescholtenheit** des Einbürgerungsbewerbers – also einbürgerungsunschädlich – sind Verurteilungen, die dem **Vorhalte- und Verwertungsverbot** des § 51 Abs. 1 BZRG unterfallen (BVerwGE 142, 132 = NVwZ 2012, 1254 Rn. 42; HessVGH BeckRS 2014, 53723 = InfAuslR 2014, 349 Rn. 26). Danach dürfen einer Person im Rechtsverkehr solche Eintragungen über eine Verurteilung nicht mehr vorgehalten oder zu ihrem Nachteil verwertet werden, die im **Bundeszentralregister getilgt** worden sind oder der **Tilgungsreife** nach dem Vierten Abschnitt des BZRG unterliegen.

78   Die **Tilgungsfristen,** nach deren Ablauf der Täter vom **Makel** der Verurteilung **befreit** sein und ihm die Resozialisierung erleichtert werden soll, die sich je nach Umfang des Strafmaßes zwischen fünf und 15 Jahren bewegen, richten sich nach § 46 Abs. 1 Nr. 1, Nr. 2 und Nr. 4 BZRG. Einer 20jährigen Tilgungsfrist gem. § 46 Abs. 1 Nr. 3 BZRG unterliegen die dort genannten Straftaten aus dem 13. Abschnitt des StGB, nämlich bestimmte Straftaten gegen die sexuelle Selbstbestimmung. Sind im Register **mehrere Verurteilungen** eingetragen, so ist die Tilgung einer Eintragung gem. § 47 Abs. 3 S. 1 BZRG erst zulässig, wenn für alle Verurteilungen die Voraussetzungen der Tilgung vorliegen (OVG NRW BeckRS 2014, 59273).

79   Soweit bei einer **Jugendstrafe,** die zur **Bewährung** ausgesetzt war, nach Ablauf der Bewährungszeit gem. § 26a JGG die Strafe erlassen und unter den Voraussetzungen des § 100 JGG der **Strafmakel beseitigt** wird, führt dies (noch) nicht zu einem Verwertungsverbot nach § 51 Abs. 1 BZRG. Die Beseitigung des Strafmakels führt zwar zu einer privilegierten registerrechtlichen Behandlung (§ 41 Abs. 2 BZRG), wonach eine **Übermittlung** an Einbürgerungsbehörden und Verwaltungsgerichte nur noch sehr **eingeschränkt** möglich ist, und hat auch Einfluss auf die Tilgungsfrist, die sich dann nach § 46 Abs. 1 Nr. 1 lit. f BZRG richtet, es hat aber keine Bedeutung für das **Tilgungsverbot** nach § 47 Abs. 3 S. 1 BZRG für den Fall, dass in das Register **mehrere Verurteilungen** eingetragen sind (BVerwGE 150, 17 = BeckRS 2014, 54184 Rn. 16). Der Verwertung der Verurteilung durch die Einbürgerungsbehörde steht – trotz der Übermittlungsbeschränkungen nach § 41 Abs. 2 BZRG – die **rechtmäßig erlangte** anderweitige **Kenntnis** nicht entgegen (BVerwGE 150, 17 (23 ff.) = BeckRS 2014, 54184; BVerwG BeckRS 2009, 39906; 9998, 45031).

80   Ist eine Eintragung im Bundeszentralregister getilgt, ist die Einbürgerungsbehörde grundsätzlich an die **Tilgungsentscheidung** des Registers **gebunden.** Dies ist von Bedeutung, da in besonderen Fällen eine **vorzeitige Tilgung** gem. § 49 BZRG bzw. bei atypischen Fallgestaltungen in Betracht kommt (VGH BW BeckRS 2013, 58645; EZAR NF 73 Nr. 9). Hinsichtlich **zu Unrecht** getilgter Eintragungen ist § 50 BZRG zu beachten.

81   § 51 Abs. 1 BZRG ist jedoch auf Taten, die nicht zu einer strafrechtlichen Verurteilung geführt haben, weder unmittelbar noch entsprechend anzuwenden. Sinn der Vorschrift ist es, den Verurteilten nach der Tilgung oder nach Ablauf der Tilgungsfrist von dem Makel der Verurteilung zu befreien und ihm die Resozialisierung zu erleichtern. Fehlt es an einer Verurteilung, ist dies nicht erforderlich (BVerwGE 142, 132 = NVwZ 2012, 1254 Rn. 41 f.).

81.1   Straftaten, die nicht zu einer strafrechtlichen Verurteilung geführt haben, können für das Einbürgerungsverfahren aber von Bedeutung sein, soweit die zugrundeliegenden Handlungen **Verfolgungs- oder Unterstützungscharakter** iSv § 11 Abs. 1 haben.

81.2   Aus der Regelung über den Ausschluss der Einbürgerung unter den Voraussetzungen des § 11 Abs. 1 Nr. 1 kann aber nicht der Schluss auf die **Nichtanwendbarkeit** des § 51 Abs. 1 BZRG gezogen werden, da die Regelung generell im Rechtsverkehr, also in allen Bereichen des Rechtsverkehrs Geltung beansprucht. Eine solche Einschränkung ist weder nach dem Wortlaut noch dem Sinn des § 51 Abs. 1 BZRG geboten. Soweit der Gesetzgeber bestimmte Bereiche von der Beachtung des umfassenden Verwertungsverbots durch alle staatlichen Stellen nach Eintritt der Tilgungsreife ausnehmen wollte, hat er dies **abschlie-**

ßend in den §§ 51 Abs. 2, 52 BZRG geregelt (BVerwGE 142, 132 = NVwZ 2012, 125 Rn. 40; aA OVG Bln-Bbg BeckRS 2011, 55552).

Eine **Ausnahme** vom Vorhalte- und Verwertungsverbot, die für das Einbürgerungsverfahren 82 von Bedeutung ist, folgt aus § 52 Abs. 1 BZRG, wonach eine frühere Tat abweichend von § 51 Abs. 1 BZRG berücksichtigt werden darf, wenn die Sicherheit der Bundesrepublik Deutschland oder eines ihrer Länder eine Ausnahme zwingend gebietet.

6. Unbeachtlichkeit strafrechtlicher Sanktionen

Unter den in § 12a Abs. 1 und Abs. 2 genannten Voraussetzungen bleiben **inländische** und 83 **ausländische Verurteilungen** zu einer Geld- oder Freiheitsstrafe sowie Anordnungen von **Maßregeln** der Besserung und Sicherung **außer Betracht** (zu den **unbeachtlichen Verurteilung** → § 12a Rn. 12 ff.; zum **Zusammentreffen** mehrerer Geld- und Freiheitsstrafen → § 12a Rn. 18 ff.; zu Überschreiten des **Bagatellrahmens** → § 12a Rn. 21 ff.; zur Unbeachlichkeit von **Maßregeln** der Besserung und Sicherung → § 12a Rn. 27 ff. und zur Bewertung **ausländischer** Verurteilungen → § 12a Rn. 31 ff.).

Liegt keine Verurteilung des Einbürgerungsbewerbers vor, sondern wird wegen des **Verdachts** 84 **einer Straftat** ermittelt, hat die Einbürgerungsbehörde die **Entscheidung** über die Einbürgerung **auszusetzen** (→ § 12a Rn. 40 ff.).

Der Einbürgerungsbewerber hat gem. § 12a Abs. 4 im **Ausland** erfolgte Verurteilungen sowie 85 im Ausland anhängige **Ermittlungs- und Strafverfahren** im Einbürgerungsantrag aufzuführen (→ § 12a Rn. 48 ff.).

VII. Eigene Wohnung oder Unterkommen (§ 8 Abs. 1 Nr. 3)

1. Wohnung

Unter Wohnung ist eine Unterkunft zu verstehen, die dem Einbürgerungsbewerber und seinen 86 mit ihm in häuslicher Gemeinschaft lebenden Familienangehörigen die Führung eines **Haushalts** ermöglicht. Es muss sich hierbei nicht um eine selbstständig angemietete Wohnung handeln, ein Untermietverhältnis reicht aus. Eine lediglich provisorische Unterbringung genügt jedoch nicht (Nr. 8.1.1.3 StAR-VwV; Nr. 8.1.1.3 VAH-StAG).

2. Unterkommen gefunden

Als Unterkommen ist eine andere Unterkunft anzusehen, die dem ständigen Aufenthalt zu 87 **Wohnzwecken** dient, bspw. ein Wohnheim (Nr. 8.1.1.3 StAR-VwV; Nr. 8.1.1.3 VAH-StAG).

VIII. Imstande sein, sich und seine Angehörigen zu ernähren und Gewährleistung der Einordnung in die deutschen Lebensverhältnisse (§ 8 Abs. 1 Nr. 4)

1. Allgemeines

Als weitere Voraussetzung fordert Abs. 1, dass ein Einbürgerungsbewerber sich und seine Ange- 88 hörigen **zu ernähren** imstande ist. Diesen Anforderungen wird nur der **Personenkreis** gerecht, der sich und seine Angehörigen unterhalten kann, sich also **wirtschaftlich** nachhaltig in die Lebensverhältnisse in Deutschland **integriert** hat, ohne die **öffentlichen Sozialsysteme** in Anspruch zu nehmen (HMHK/Hailbronner/Hecker Rn. 37a). Die Voraussetzungen des Abs. 1 Nr. 4 sind dann erfüllt, wenn der Einbürgerungsbewerber den eigenen und den Lebensunterhalt seiner Familie sowie etwaige gegen ihn gerichtete **Unterhaltsansprüche** nachhaltig und **auf Dauer** aus einem **selbst erwirtschafteten Einkommen,** einem **eigenen Vermögen** oder einem bestehenden **Unterhaltsanspruch gegen einen Dritten** bestreiten kann, ohne auf einen Anspruch auf Unterhalt aus **öffentlichen Mitteln** angewiesen zu sein (Nr. 8.1.1.4 StAR-VwV). Der so verstandene Begriff der **Unterhaltsfähigkeit** ist weiter als die Ausgestaltung des Lebensunterhaltssicherungserfordernis bei der Anspruchseinbürgerung nach § 10 Abs. 1 S. 1 Nr. 3, das lediglich das Bestreiten des Lebensunterhalts ohne Inanspruchnahme von Leistungen nach SGB II und SGB XII verlangt. Der Gesetzgeber hat **in Kenntnis** dieser **Unterschiede** bei der Einführung der (erleichterten) Anspruchseinbürgerung und der verschiedener Modifizierungen der gesetzlichen Regelung, die zu § 10 Abs. 1 S. 1 Nr. 3 in der derzeit geltenden Fassung geführt haben, § 8 Abs. 1 Nr. 4 **unverändert** gelassen, so dass die Vorschrift weiterhin auf die – weit verstandene –

Unterhaltsfähigkeit und gerade nicht auf die Nichtinanspruchnahme bestimmter, inlandsbezogener Sozialleistungen abstellt (BVerwGE 152, 156 = NVwZ 2015, 1675 Rn. 16 ff.).

88a   Mit dem Dritten Gesetz zur Änderung des Staatsangehörigkeitsgesetzes v. 4.8.2019 (BGBl. I 1124) wurde das Tatbestandsmerkmal der Gewährleistung der Einordnung in die deutschen Lebensverhältnisse, das bislang allein gem. § 9 Abs. 1 Nr. 2 aF Voraussetzung der Einbürgerung von Ehegatten und Lebenspartnern Deutscher war, sowohl für die Anspruchseinbürgerung in § 10 Abs. 1 Nr. 7, als auch in die Ermessenseinbürgerungsnormen eingefügt, und zwar hier durch Ergänzung des Abs. 1 aE (→ Rn. 98a ff.) und durch die Verweisungen in den §§ 9 und 14 (zu den Einzelheiten und Besonderheiten der Verweisungen → § 9 Rn. 15a ff., → § 14 Rn. 10a f.).

2. Personeller Umfang der Unterhaltspflicht

89   Aus der Forderung, neben der eigenen Person auch die Angehörigen zu ernähren imstande zu sein, folgt, dass der Einbürgerungsbewerber neben dem eigenen auch den Lebensunterhalt seiner Familie sowie etwaige gegen ihn gerichtete Unterhaltsansprüche nachhaltig und auf Dauer bestreiten können muss, ohne auf einen Anspruch auf Unterhalt aus öffentlichen Mitteln angewiesen zu sein (Nr. 8.1.1.4 StAR-VwV; Nr. 8.1.1.4 VAH-StAG). Die Regelung fordert jedoch nicht, dass zwischen dem Einbürgerungsbewerber und dem **unterhaltsberechtigten Angehörigen** eine **familiäre Lebensgemeinschaft** oder sonst eine **räumliche Nähebeziehung** besteht, es sich um Familienangehörige im engeren Sinne handelt oder sich die dem Grunde nach unterhaltsberechtigten Angehörigen im **Bundesgebiet** aufhalten. Erforderlich und ausreichend ist, dass nach den anzuwendenden familienrechtlichen Regelungen abstrakt ein **Unterhaltsanspruch** in Betracht kommt, ggfls. wenn diese **Person** zum Einbürgerungsbewerber in das **Bundesgebiet nachzieht.** Nicht erforderlich ist, dass bereits Unterhaltsleistungen erbracht werden bzw. solche zu erwarten sind oder entsprechende gesetzliche Unterhaltspflichten nach Grund und Höhe gerichtlich oder anderweitig tituliert sind. Die Unterhaltsanforderungen erfüllt der Einbürgerungsbewerber auch dann nicht, wenn ein **gesetzlicher Unterhaltsanspruch** des Unterhaltsgläubigers im Einzelfall nur deswegen nicht besteht, weil es nach dem anzuwendenden Familienrecht an der erforderlichen konkreten Unterhaltsfähigkeit des Schuldners fehlt (BVerwGE 152, 156 = NVwZ 2015, 1675 Rn. 14).

90   Sinn und Zweck der Regelung rechtfertigen auch **keine Beschränkung** des Unterhaltssicherungserfordernisses auf bereits **im Inland lebende** oder bereits **konkret nachzugswillige** Angehörige. Denn neben dem Zweck, den deutschen Staat von **finanziellen Lasten** freizuhalten, die durch eine Einbürgerung entstehen können, fordert die Regelung auch die Erfüllung gewisser Voraussetzungen einer **wirtschaftlichen Integration** durch den Einbürgerungsbewerber. Eine solche hinreichende Integration im Bundesgebiet in wirtschaftlicher Hinsicht liegt auch dann nicht vor, wenn der Einbürgerungsbewerber aus eigenem Einkommen oder Vermögen solche Angehörige, die **im Ausland leben,** nicht im Bundesgebiet zu ernähren imstande ist (BVerwGE 152, 156 = NVwZ 2015, 1675 Rn. 17).

91   **Nicht zum Kreis** der Angehörigen in diesem Sinne zählen Personen, gegenüber denen der Einbürgerungsbewerber **ohne Rechtspflicht** Solidarleistungen erbringt (GK-StAR Rn. 132).

92   Bei verheirateten Einbürgerungsbewerbern ist es hingegen ausreichend, wenn die Ehegatten **gemeinsam** imstande sind, ihren Lebensunterhalt nachhaltig und dauerhaft sicherzustellen (Nr. 8.1.1.4 StAR-VwV; Nr. 8.1.1.4 VAH-StAG).

3. Qualitativer Umfang

93   Die Unterhaltsfähigkeit des Einbürgerungsbewerbers kann sich aus eigenem Einkommen, insbesondere aus einer **selbstständigen** oder **nichtselbstständigen** beruflichen **Tätigkeit,** eigenem **Vermögen,** aber auch aus **Unterhaltsansprüchen** gegen **Dritte** ergeben. Hängt die Unterhaltsfähigkeit von dem Unterhaltsanspruch gegen eine dritte Person ab, so ist es bei einem gesetzlichen Unterhaltsanspruch ausreichend, wenn die dritte **Person leistungsfähig** und der Unterhaltsanspruch **im Inland durchsetzbar** ist. Dies gilt auch für eine Vereinbarung über die Unterhaltspflicht nach § 1585c BGB (Nr. 8.1.1.4 VAH-StAR). **Unterhaltsfähig** ist auch diejenige Person, die eine **Rente** von einem **deutschen Träger** bezieht oder bezogen hat (Nr. 8.1.1.4 StAR-VwV; Nr. 8.1.1.4. VAH-StAG).

94   Neben dem Bestreiten des laufenden Lebensunterhalts umfasst die Unterhaltsfähigkeit auch eine **ausreichende Absicherung** gegen Krankheit, Pflegebedürftigkeit, Berufs- und Erwerbsunfähigkeit und für das Alter (Nr. 8.1.1.4 VAH-StAR). Ausreichend dafür sind solche Sicherungs-

maßnahmen, die auch bei deutschen Staatsangehörigen aus mittleren und unteren Einkommens-
schichten üblich sind (GK–StAR Rn. 131).

Beruht das (Familien-) **Einkommen** allein auf **Sozialhilfe** (§ 8 SGB XII) oder **Grundsiche-** 95
rung für Arbeitsuchende (SGB II), sind die tatbestandlichen Mindestanforderungen grundsätzlich
nicht erfüllt (BVerwG NVwZ-RR 1997, 738). Wird das (Familien-) Einkommen durch **öffent-**
lich-rechtliche Transferleistungen bezuschusst, zählen Leistungen, die mit der Sozialhilfe
zweckidentisch sind, nicht zum Einkommen (VGH BW BeckRS 1998, 22234). **Nicht zweck-**
identisch in diesem Sinne ist dagegen Kindergeld, das unterhaltsrelevant zum Einkommen hinzugerechnet werden kann (Nr. 8.1.1.4 StAR-VwV; Nr. 8.1.1.4. VAH-StAG). Beim Bezug anderer
öffentlich-rechtlicher Transferleistungen, die mit der Sozialhilfe zweckidentisch sind (Arbeitslosengeld, Erziehungsgeld, Unterhaltsgeld, Krankengeld, Wohngeld oder Ausbildungsförderung nach
dem BAföG), ist eine **Prognoseentscheidung** erforderlich, ob der Einbürgerungsbewerber künftig in der Lage sein wird, sich ohne Bezug solcher Leistungen aus eigenen Kräften zu unterhalten
(Nr. 8.1.1.4 StAR-VwV; Nr. 8.1.1.4. VAH-StAG). Den genannten Leistungen gleichgestellt ist
die Grundsicherung im Alter und bei Erwerbsminderung, sowie das sog. Arbeitslosengeld II
(HMHK/Hailbronner/Hecker Rn. 40).

4. Quantitativer Umfang

Anhaltspunkte über die tatsächliche **Höhe** des Einkommens, nach der von der Unterhaltsfähig- 96
keit in dem hier geforderten Umfang auszugehen ist, enthalten weder das Gesetz selbst, die nach
wie vor geltende Verwaltungsvorschrift noch die später ergangenen Vorläufigen Anwendungshinweise. Als **Maßstab** für die Bestimmung der Unterhaltsfähigkeit ist von der, das **Existenzmini-**
mum beschreibenden, Höhe der nach § 28 SGB XII festgesetzten Regelsätze der Sozialhilfe
auszugehen (VGH BW BeckRS 1998, 22234). Hinzu kommen Unterkunftskosten (Miete und
Mietnebenkosten), sowie erforderliche Beiträge zur Kranken- und Pflegeversicherung. Neben der
sozialen Absicherung gegen Krankheit und Pflegebedürftigkeit umfasst die Unterhaltsfähigkeit
darüber hinaus auch eine ausreichende Absicherung gegen Berufs- und Erwerbsunfähigkeit und
für das Alter (Nr. 8.1.1.4 StAR-VwV; Nr. 8.1.1.4. VAH-StAG).

Hinsichtlich der **Beiträge** zur Kranken- und Pflegeversicherung ist zu berücksichtigen, dass Ehegatten, 96.1
Lebenspartner und Kinder von **sozialversicherungspflichtigen Arbeitnehmern** unter den Voraussetzungen des § 10 Abs. 1 SGB V mitversichert sind, so dass keine weiteren Beträge bedarferhöhend hinzu
gerechnet werden (GK-StAR Rn. 151; zu **Absetzungen** bei Erwerbstätigen nach § 11 Abs. 2 SGB II s.
BVerwGE 131, 370 = NVwZ 2009, 248).

Bei der Bewertung des unterhaltsfähigen Einkommens sind nur **Einkommensquellen** zu 97
berücksichtigen, die eine **gewisse Nachhaltigkeit** des Mittelzuflusses gewährleisten, so dass Einkünfte **außer Betracht** bleiben müssen, die **einmalig** oder von **vorübergehender Natur** sind
(Aushilfstätigkeiten), oder die nicht auf der Grundlage eines **Anspruchs** erlangt werden, etwa
Unterstützung durch einen nicht Unterhaltspflichtigen. **Zweck** der tatbestandlichen Anforderung
ist es nämlich, die wirtschaftliche Existenzgrundlage des Einbürgerungsbewerbers und ggf. seiner
Familienangehörigen auch nach den Maßgaben der → Rn. 90 eigenständig zu sichern (BVerwGE
152, 156 = NVwZ 2015, 1675 Rn. 17 ff.; BVerwG NVwZ-RR 1997, 441; OVG Bln BeckRS
2004, 18786).

5. Ursachen der fehlenden Unterhaltsfähigkeit

Während gem. § 10 Abs. 1 Nr. 3 die mangelnde Unterhaltsfähigkeit nach den dort bestimmten 98
Anforderungen **einbürgerungsunschädlich** ist, soweit der Ausländer die Inanspruchnahme der
genannten Sozialleistungen nicht zu vertreten hat, schließt die Inanspruchnahme von Sozialhilfe
oder Arbeitslosenhilfe (→ Rn. 95) iRd § 8 die Einbürgerung auch aus, wenn er dies **nicht zu**
vertreten hat (BVerwG NVwZ-RR 1997, 738; Nr. 8.1.1.4 StAR-VwV).

6. Gewährleistung der Einordnung in die deutschen Lebensverhältnisse

Mit der Aufnahme des Merkmals „Gewährleistung der Einordnung in die deutschen Lebensver- 98a
hältnisse" in § 10 Abs. 1 Nr. 7 wurde über hiesigen Wortlaut hinaus zugleich ein Regelbeispiel –
das Verbot der Mehrehe – in den Tatbestand der Anspruchseinbürgerung eingefügt, das als Maßstab
für die Versagung der Einbürgerung wegen Nichtgewährleistung der Einordnung in die deutschen
Lebensverhältnisse dienen soll. Zu den grundsätzlichen Anforderungen an dieses Merkmal (→
§ 10 Rn. 111a ff.). Die dort genannten Voraussetzungen – rechtmäßige Mindestaufenthaltsdauer,

Bekenntnis zur freiheitlichen demokratischen Grundordnung des Grundgesetzes, Lebensunterhaltssicherung, Straffreiheit und ausreichende Kenntnisse der deutschen Sprache und Kenntnisse der Rechts- und Gesellschaftsordnung und der Lebensverhältnisse in Deutschland – bei deren Vorliegen **regelmäßig** von der Gewährleistung der Einordnung in die deutschen Lebensverhältnisse auszugehen ist, finden grundsätzlich auch im Rahmen der Ermessenseinbürgerung Anwendung.

98b   Als einbürgerungshindernd wirkt auch im Rahmen der Ermessenseinbürgerung die fehlende tätige Einordnung in die elementaren Grundsätze des gesellschaftlich-kulturellen Gemeinschaftslebens, die als unverzichtbare außerrechtliche Voraussetzungen eines gedeihlichen Zusammenlebens zu werten sind. Als Maßstab für die Beachtlichkeit derartiger Grundsätze dient bislang allein das Regelbeispiel des Verbots der Mehrehe (→ § 10 Rn. 111c f.).

98c   Hinsichtlich der regelmäßigen Voraussetzungen, unter den angenommen wird oder angenommen werden kann, dass im Rahmen der Ermessenseinbürgerung die Einordnung in die deutschen Lebensverhältnisse gewährleistet ist, muss auch unter Geltung des neu gefassten Tatbestandsmerkmals die Einordnung noch nicht abgeschlossen sein, sondern ist – etwa bei geringeren Voraufenthaltszeiten – auf der Basis einer Prognose zu bewerten. In diesem Zusammenhang wird der Einbürgerungsbehörde jedoch kein durch die Verwaltungsgerichte nur beschränkt überprüfbarer Beurteilungsspielraum eröffnet, sondern das Merkmal Einordnung in die deutschen Lebensverhältnisse unterliegt der vollen gerichtlichen Nachprüfbarkeit (BVerwGE 79, 94 (96) = NJW 1988, 2196).

98d   Darüber hinaus bestehen bei der Ermessenseinbürgerung nach § 8 hinsichtlich verschiedener Regelvoraussetzungen (→ Rn. 98a), bei deren Vorliegen auf die Gewährleistung der Einordnung in die deutschen Lebensverhältnisse geschlossen werden kann, verringerte Anforderungen im Verhältnis zu den Voraussetzungen der Anspruchseinbürgerung nach § 10. Diese Ermessensgesichtspunkte in den VAH-StAG ihren Niederschlag gefunden (zu den Einzelheiten → Rn. 107 ff.).

98e   Das Tatbestandsmerkmal der Gewährleistung der Einordnung in die deutschen Lebensverhältnisse hat durch eine unglücklich formulierte Ergänzung des Abs. 1 aE nach Nr. 4 Eingang in die Vorschrift gefunden. Das Merkmal ist jedoch nicht Bestandteil des Abs. 1 Nr. 4 geworden, sondern hat außerhalb der nummerierten Voraussetzungen eine eigenständige Bedeutung, so dass es auch **nicht** der **Ausnahmeregelung** des Abs. 2 unterliegt, wonach von dieser Voraussetzung aus Gründen des öffentlichen Interesses oder zur Vermeidung einer besonderen Härte abgesehen werden kann.

C. Abweichungen nach § 8 Abs. 2

I. Allgemeines

99   Die **Ermessensnorm** des Abs. 2 ermöglicht ein **Absehen** von den Anforderungen der **Straffreiheit** (Abs. 1 Nr. 2) sowie der **Unterhaltsfähigkeit** und der **Einordnung in die deutschen Lebensverhältnisse** (Abs. 1 Nr. 4). Das Ermessen ist dann eröffnet, wenn eines der durch unbestimmte Rechtsbegriffe bestimmten Tatbestandsmerkmale **„aus Gründen des öffentlichen Interesses"** oder **„zur Vermeidung einer besonderen Härte"** vorliegen. Diese unbestimmten Rechtsbegriffe unterliegen der vollen verwaltungsgerichtlichen Kontrolle.

II. Öffentliches Interesse

100   Aus Gründen des öffentlichen Interesses kommt ein Absehen von den vorgenannten tatbestandlichen Anforderungen nach Nr. 8.2 Abs. 2 VAH-StAG bspw. in Betracht, wenn bereits **Einbürgerungserleichterungen,** einschließlich vorübergehender oder dauerhafter Hinnahme von Mehrstaatigkeit, bei einem besonderen oder herausragenden öffentlichen Interesse eingeräumt worden sind.

101   Diese Anforderung an den Begriff des öffentlichen Interesses wird teilweise als zu eng, jedenfalls als **nicht abschließend** kritisiert, da kein „besonderes" oder „herausragendes öffentliches Interesse, sondern ein „schlichtes" öffentliches Interesse gefordert werde. Dieses manifestiere sich grundsätzlich in allen in der Verwaltungspraxis und den Allgemeinen Verwaltungsvorschriften bezeichneten Einbürgerungserleichterungen (GK-StAR Rn. 159 mit Hinweis auf Nr. 8.1.2 StAR-VwV). Dem ist zuzustimmen, denn sowohl Nr. 8.1.2 StAR-Vw als auch Nr. 8.1.2 VAH-StAG bringen zum **Ausdruck,** dass alle in Nr. 8.1.3 VAH-StAG beschriebenen Einbürgerungserleichterungen Ausdruck des öffentlichen (Einbürgerungs-) Interesses sind und nicht (allein) die Berücksichtigung einer individuellen Sondersituation des Einbürgerungsbewerbers.

III. Besondere Härte

Ein Absehen von den tatbestandlichen Anforderungen des Abs. 1 Nr. 2 und Nr. 4 kommt auch **102** bei dem Vorliegen einer besonderen Härte in Betracht. Eine solche Härte muss durch **atypische Umstände** des Einzelfalls bedingt sein und gerade **durch die Verweigerung** der Einbürgerung hervorgerufen werden und deshalb durch eine Einbürgerung **vermieden** oder zumindest entscheidend **abgemildert** werden können (BVerwGE 142, 145 = NVwZ 2012, 1250 Rn. 39).

Ein Absehen vom Erfordernis der **Straffreiheit** nach Abs. 1 Nr. 2 kommt zur Vermeidung **103** einer besonderen Härte auch dann in Betracht, wenn die **Grenze** der Bagatellstraftaten **mehr als geringfügig** isv § 12a Abs. 1 S. 3 **überschritten** worden ist (BVerwGE 142, 145 = NVwZ 2012, 1250 Rn. 38; enger Nr. 8.2 Abs. 3 VAH-StAG).

Von einer besonderen Härte hinsichtlich der Anforderungen nach Abs. 1 Nr. 4 wird insbeson- **104** dere ausgegangen, wenn jemand aufgrund einer zur Durchführung des Entlassungsverfahrens erteilten **Einbürgerungszusicherung** aus seiner bisherigen Staatsangehörigkeit bereits ausgeschieden und staatenlos geworden ist, und nun unverschuldet der Einbürgerung mangelnde Unterhaltsfähigkeit entgegenstünde, die auf dem zwischenzeitlichen Verlust des eigenen oder des Arbeitsplatzes des Ehegatten oder eingetragenen Lebenspartners (BT-Drs. 15/420, 116) oder ähnlicher Umstände beruht (Nr. 8.2 Abs. 4 VAH-StAG).

Gesichtspunkte der Vermeidung einer besonderen Härte kommen bspw. auch in Fällen von **105** staatsangehörigkeitsrechtlichem **Wiederherstellungscharakter** (Nr. 8.1.3.2, 8.1.3.3 VAH-StAG), bei Behinderten, Pflegekindern, älteren Personen mit langem Inlandsaufenthalt und Kindern von staatsangehörigkeitsrechtlich **Schutzbedürftigen,** die diesen Status nicht erworben haben, in Betracht (Nr. 8.2 Abs. 4 VAH-StAG).

D. Ermessensausübung

I. Allgemeines

Liegen die tatbestandlichen Voraussetzungen des Abs. 1 vor, hat der Einbürgerungsbewerber **106** ein **subjektives Recht** auf eine **rechtsfehlerfreie Ermessensentscheidung** über seinen Einbürgerungsantrag, die nach den üblichen Regeln am Maßstab des § 114 VwGO gerichtlich überprüfbar ist (HMHK/Hailbronner/Hecker Rn. 51 f.).

Der weite **Ermessensspielraum** der Einbürgerungsbehörde hat sich zum einen im Rahmen **107** der Grundentscheidungen der Verfassung einschließlich der Grundrechte zu bewegen und erfährt auch durch einfaches Recht gewissen Einschränkungen, etwa das Wohlwollens gebot nach Art. 34 GFK (HMHK/Hailbronner/Hecker Rn. 54 f.).

Zum anderen kann sich auch im Rahmen der Ermessensausübung das Einbürgerungsbegehren **108** über Art. 3 Abs. 1 GG in Verbindung mit **ermessenssteuernden Verwaltungsvorschriften** oder einer **beständigen Verwaltungspraxis** zu einer subjektiven Rechtsposition verdichten (BVerwG BeckRS 1989, 31238314; BVerwGE 75, 86 (93) = NJW 1987, 856; HMHK/Hailbronner/Hecker Rn. 56; NK-AuslR/Oberhäuser Rn. 75; zu den strukturellen Veränderungen im Verhältnis der tatbestandlichen Mindestvoraussetzungen und (typischen) Ermessensbelangen, vgl. GK-StAR Rn. 198).

II. Ermessenskriterien

1. Vorbemerkung

Maßstab für die Ermessensausübung ist in erster Linie das Vorliegen eines öffentlichen Interesses **109** an der Einbürgerung (Nr. 8.0 VAH-StAG). Dieses öffentliche Interesse wird im Wesentlichen bestimmt durch die in Nr. 8.1.2–8.1.3.9.2 und 8.2 VAH-StAG enthaltenen Grundsätze. Persönliche Wünsche und wirtschaftliche Interessen des Einbürgerungsbewerbers sind dagegen nicht entscheidend. Andererseits stehen Belange der Entwicklungspolitik einer Einbürgerung nicht entgegen (Nr. 8.1.2 VAH-StAG). Im Einzelnen kommen die nachfolgenden unter Nr. 2–6 dargestellten **Ermessensgesichtspunkte** und Dispensmöglichkeiten in Betracht:

2. Ausreichende Kenntnisse der deutschen Sprache und Einordnung in die deutschen Lebensverhältnisse (Nr. 8.1.2.1 VAH-StAG)

Der Maßstab für die Erfüllung **ausreichender Sprachkenntnisse** orientiert sich auch im **110** Rahmen der Ermessensausübung an § 10 Abs. 4, Nr. 8.1.2.1.1 VAH-StAG (→ § 10 Rn. 84 ff.,

Rn. 100). Des Weiteren finden auch die gesetzlichen **Ausnahmeregelungen** des § 10 Abs. 6 Anwendung (Nr. 8.1.2.1.3 VAH-StAG).

111   Als weitere Einbürgerungserleichterungen im Rahmen der Ermessensausübung kommen in Betracht:
- Einbürgerungsbewerber, die auch in ihrer Herkunftssprache Analphabeten, können unzureichende Kenntnisse der deutschen Schriftsprache durch **anderweitige Integrationsleistungen** ausgleichen (BVerwG NVwZ 2010, 1502).
- Bei Personen, die das **60. Lebensjahr** vollendet haben und seit zwölf Jahren ihren rechtmäßigen Aufenthalt im Inland haben, genügt es, wenn sie sich ohne nennenswerte Probleme im Alltagsleben in deutscher Sprache mündlich verständigen können (Nr. 8.1.3.7 VAH-StAG). Eine **Reduzierung** der Anforderungen an die hinreichenden Sprachkenntnisse kommt auch gegenüber Einbürgerungsbewerbern in Betracht, an deren Einbürgerung ein **besonderes öffentliches Interesse** besteht (Ergänzende Anm. zu Nr. 8.1.2.1.3 VAH-StAG).

3. Inlandsaufenthalt

112   Vor der Einbürgerung – also im Zeitpunkt der Aushändigung der Einbürgerungsurkunde – soll sich der Einbürgerungsbewerber, der das 16. Lebensjahr vollendet hat, wenigstens acht Jahre im Inland aufgehalten haben. Eine **Verkürzung** dieser erforderlichen Aufenthaltszeiten kommt in Betracht; insoweit finden die Verkürzungsmöglichkeiten nach Maßgabe des § 10 Abs. 3 Anwendung. Gleiches gilt für die **Unterbrechungsregelung** des § 12b Abs. 2 (Nr. 8.1.2.2 VAH-StAG).

113   Bei der **Berechnung** der erforderlichen **Aufenthaltsdauer** können nur Zeiten berücksichtigt werden, in denen der Einbürgerungsbewerber sich rechtmäßig im Inland aufgehalten hat. Die Unterbrechungsregelungen des § 12 Abs. 1 und Abs. 3 finden Anwendung (Nr. 8.1.2.3 VAH-StAG; zur **Rechtmäßigkeit** des Aufenthalts im Inland → Rn. 44 ff.).

114   Grundsätzlich wird auch im Rahmen der Ermessenseinbürgerung ein unbefristetes Aufenthaltsrecht oder ein anderer in § 10 Abs. 1 Nr. 3 geforderter Aufenthaltsstatus verlangt. **Abweichend** davon genügt eine **Aufenthaltserlaubnis** nach § 23 Abs. 1 AufenthG und § 23a Abs. 1 AufenthG, wenn sie aufgrund **gruppenbezogener Regelungen** aus humanitären Gründen auf Dauer zugesagt („Altfallregelung") oder im Einzelfall („Härtefallersuchen") angeordnet worden ist (Nr. 8.1.2.4 VAH-StAG). Für Ausländer, die aufgrund **völkerrechtlicher Übereinkommen** oder damit in Zusammenhang stehender Rechtsvorschriften vom Erfordernis eines Aufenthaltstitels befreit sind, insbesondere die bei den diplomatischen Missionen oder berufskonsularischen Vertretungen ausländischer Staaten im Inland beschäftigten ausländischen Ortskräfte und ihre Familienangehörigen, setzt die Einbürgerung voraus, dass ihnen nach Fortfall der aufenthaltsrechtlichen Vergünstigung ein Aufenthaltsstatus (Aufenthaltsrecht oder Aufenthaltstitel) gewährt werden könnte (Nr. 8.1.2.4 VAH-StAG).

4. Staatsbürgerliche Kenntnisse, Loyalitätserklärung, Bekenntnis zur freiheitlichen demokratischen Grundordnung

115   Erleichterungen hinsichtlich **staatsbürgerlicher Kenntnisse** im Rahmen der Ermessensausübung kommen in dem Maße in Betracht, wie dies hinsichtlich des Erfordernisses **hinreichender Sprachkenntnisse** der Fall ist (→ Rn. 110 f.).

116   Von dem **Bekenntnis- und Loyalitätserfordernis** (→ § 10 Rn. 24 ff.) sind Minderjährige unter 16 Jahren und nicht handlungsfähige Personen iSv § 37 Abs. 1 S. 1 freigestellt (Nr. 8.1.2.5 VAH-StAG).

5. Vermeidung von Mehrstaatigkeit

117   Der Grundsatz der Vermeidung von Mehrstaatigkeit (Tatbestandsmerkmal nach § 10 Abs. 1 S. 1 Nr. 4 ist die **Aufgabe** oder der **Verlust** der bisherigen Staatsangehörigkeit) ist im Rahmen der Ermessensausübung zu beachten (Nr. 8.1.2.6 VAH-StAG). Die Aufgabe umfasst alle Fälle des Ausscheidens aus der bisherigen Staatsangehörigkeit durch einseitige Willenserklärung oder einen Hoheitsakt des Herkunftsstaates (Entlassung, Genehmigung des Verzichts auf die Staatsangehörigkeit oder Erlaubnis zum Staatsangehörigkeitswechsel). Verlust ist das kraft Gesetzes eintretende Ausscheiden aus der bisherigen Staatsangehörigkeit (Nr. 10.1.1.4 VAH-StAG).

117.1   Liegen die tatbestandlichen Voraussetzungen der Ermessenseinbürgerung (Abs. 1) in der Person eines israelischen Staatsangehörigen vor, ist die Beibehaltung der israelischen Staatsbürgerschaft generell hinzunehmen. Aus der Verantwortung Deutschlands für den Völkermord an der jüdischen Bevölkerung Europas soll israelischen Staatsangehörigen die dauerhafte Option einer Rückkehr nach Israel eröffnet werden (Weisung des Bundesministeriums des Innern v. 11.2.2020 – V II 5 – 20102/8#4, zitiert nach ASYLMA-GAZIN 5/2020, 174).

Erfordert die Aufgabe der ausländischen Staatsangehörigkeit die verbindliche **Zusage** der Ein- **118** bürgerung für den Fall des Nachweises der Aufgabe der bisherigen Staatsangehörigkeit, ist dem Einbürgerungsbewerber eine schriftliche Einbürgerungszusicherung mit diesem Inhalt zu erteilen. Sie wird in der Regel befristet auf zwei Jahre erteilt. Die **Erteilung** erfolgt unter dem **Vorbehalt,** dass sich die für die Einbürgerung maßgebliche Sach- oder Rechtslage bis zum Ablauf der Frist nicht ändert. Eine Verlängerung der Frist ist zulässig (Nr. 8.1.2.6.1 VAG-StAG).

Eine **vorübergehende Hinnahme** von Mehrstaatigkeit kommt in Betracht, wenn der auslän- **119** dische Staat das Ausscheiden aus seiner Staatsangehörigkeit erst nach dem Vollzug der Einbürgerung zulässt und kein Grund für die dauernde Hinnahme der Mehrstaatigkeit vorliegt. Die setzt voraus, dass der Einbürgerungsbewerber **zum Ausscheiden** aus der ausländischen Staatsangehörigkeit bereit ist und – sofern das ausländische Recht dies vorsieht – die dazu **erforderlichen Handlungen** vorgenommen hat (Nr. 8.1.2.6.2 StAR-VwV; Nr. 8.1.2.6.2 VAH-StAG).

Die vorübergehende Hinnahme der Mehrstaatigkeit kommt auch in Betracht, wenn das Recht **120** des Herkunftsstaates das **Ausscheiden** aus der Staatsangehörigkeit von der **Volljährigkeit** des Einbürgerungsbewerbers **abhängig** macht (vgl. BVerwGE 146, 89 = BeckRS 2013, 50054 Rn. 25) und die minderjährige Person nicht binnen zwei Jahren volljährig wird. Eine **vorübergehende Mehrstaatigkeit** kann dann hingenommen werden, **wenn**

• der Einbürgerungsbewerber mit seinen Eltern oder mit einem allein sorgeberechtigten Elternteil eingebürgert werden soll,
• der Einbürgerungsbewerber mit dem nicht allein sorgeberechtigten Elternteil eingebürgert werden soll und der andere Elternteil die deutsche Staatsangehörigkeit besitzt,
• die Eltern des Einbürgerungsbewerbers oder der allein sorgeberechtigte Elternteil die deutsche Staatsangehörigkeit besitzen oder
• der Einbürgerungsbewerber Vollwaise ist.

In diesen Fällen ist die Einbürgerung mit einer **schriftlichen Auflage** zu versehen, in der dem **121** Einbürgerungsbewerber die zum Ausscheiden aus der ausländischen Staatsangehörigkeit erforderlichen Handlungen aufgegeben werden und in der er verpflichtet wird, diese Handlungen unverzüglich vorzunehmen (Nr. 8.1.2.6.2 StAR-VwV; Nr. 8.1.2.6.2 VAH-StAG).

Zur **Durchsetzung** einer im Einbürgerungsbescheid enthaltenen Auflage, die zum Ausscheiden aus **121.1** der ausländischen Staatsangehörigkeit erforderlichen Handlungen vorzunehmen, kann auch mehrfach ein **Zwangsgeld** nach Maßgabe der landesrechtlichen Bestimmungen verhängt werden. Vom Vollzug der Auflage ist abzusehen, wenn nach der Einbürgerung ein Grund für die dauernde Hinnahme von Mehrstaatigkeit entsteht (Nr. 8.1.2.6.2 StAR-VwV; Nr. 8.1.2.6.2 VAH-StAG).

Auch die **dauernde** Hinnahme der Mehrstaatigkeit ist nach pflichtgemäßem Ermessen zu **122** prüfen. In die Ermessensprüfung sind zunächst die Gesichtspunkte einzustellen, die gem. § 12 im Rahmen der Anspruchseinbürgerung zu einem Absehen von der Voraussetzung des § 10 Abs. 1 S. 1 Nr. 4 führen. Als Ermessensgesichtspunkt kommt in diesem Zusammenhang zunächst in Betracht (Nr. 8.1.2.6.3.1, 8.1.2.6.3.2 VAH-StAG), dass das **Recht des ausländischen Staates** das Ausscheiden aus dessen Staatsangehörigkeit **nicht vorsieht** (→ § 12 Rn. 14 ff.), der ausländische Staat die Entlassung also durchweg **verwehrt** (zur Differenz in der Formulierung zwischen § 12 Abs. 1 S. 2 Nr. 2 („die Entlassung regelmäßig verweigert") und der vorgenannten „durchweg verwehrt", was dahingehend aufgefasst wird, dass die Entlassung nie oder fast nie ausgesprochen wird → § 12 Rn. 18 ff.). Als weiterer Gesichtspunkt kommt nach Nr. 8.1.2.6.3.2 VAH-StAG in Betracht, dass der ausländische Staat die Entlassung aus der Staatsangehörigkeit von **unzumutbaren Bedingungen abhängig** macht (→ § 12 Rn. 22 ff.). Soweit als beachtlicher Gesichtspunkt für die Ermessensentscheidung nicht der Aspekt des § 12 Abs. 1 S. 2 Nr. 3 in die Nr. 8.1.2.6.3.2 VAH-StAG aufgenommen wurde, nach dem der ausländische Staat die Entlassung aus der Staatsangehörigkeit aus Gründen versagt hat, die der Ausländer nicht zu vertreten hat, dürfte dies auf einem **Redaktionsversehen** beruhen, denn selbst unter den strengeren Voraussetzungen der Nr. 8.1.2.6.3.4 VAH-StAG kommt als Ermessensgesichtspunkt die Verweigerung der Entlassung in Betracht, die der Einbürgerungsbewerber **zu vertreten** hat, wenn dieser sich schon länger als 20 Jahre nicht mehr im Herkunftsstaat aufgehalten hat, davon mindestens zehn Jahre im Inland verbracht hat und über vierzig Jahre alt ist (Nr. 8.1.2.6.3.4 VAH-StAG). Zur Nichtaufnahme des Erfordernisses des § 12 Abs. 1 S. 2 Nr. 3 – dass der ausländische Staat über den vollständigen und formgerechten Entlassungsantrag nicht in angemessener Zeit entschieden hat – in Nr. 8.1.2.6.3.2

VAH-StAG ist zu beachten, dass für den überwiegenden Teil dieser Fälle – soweit der ausländische Staat die Entlassung **regelmäßig verweigert** – ein **Entlassungsantrag nicht** mehr **gefordert** wird (→ § 12 Rn. 24).

6. Einbürgerungserleichterung für bestimmte Personengruppen

123   Für einen **staatsangehörigkeitsrechtlich Schutzbedürftigen,** also einen Ausländer, der einen Reisepasses für Flüchtlinge nach Art. 28 GFK besitzt, soweit das BAMF kein Verfahren nach § 73 AsylG eingeleitet hat, oder staatenlos ist, wird abweichend von Nr. 8.1.2.2 VAH-StAG eine Aufenthaltsdauer von sechs Jahren als ausreichend angesehen. Diesem Personenkreis soll des Weiteren entsprechend Art. 34 GFK und Art. 32 StaatenlosenÜ die Einbürgerung erleichtert, das Verfahren beschleunigt und Schwierigkeiten bei der Beschaffung von Urkunden berücksichtigt werden (Nr. 8.1.3.1 VAH-StAG).

124   Personen, die **nationalsozialistisches Unrecht** erlitten haben, die also in der Zeit vom 30.1.1933 bis zum 8.5.1945 aus politischen, ethnischen oder religiösen Gründen von Verfolgungs- maßnahmen betroffen waren und keinen Anspruch nach Art. 116 Abs. 2 GG (zur erweiterten Reichweite des Anspruchs nach Art. 116 Abs. 2 S. 1 GG vgl. nunmehr → Rn. 11.1) oder §§ 11, 12 Abs. 1 StAngRegG haben, können nach vier Jahren eingebürgert werden (Nr. 8.1.3.2 VAH-StAG).

125   **Ehemalige deutsche Staatsangehörige** und Abkömmlinge (einschließlich der Adoptivkin- der) deutscher und ehemaliger deutscher Staatsangehöriger können bei einer nach Lage des **Ein- zelfalls** erheblich kürzeren Aufenthaltsdauer als acht Jahren eingebürgert werden. Abweichend von Nr. 8.1.2.4 VAH-StAG kann es als ausreichend angesehen werden, wenn der Aufenthalt im Inland im **Zeitpunkt** der Einbürgerung rechtmäßig ist. Im Fall der **Erwachsenenadoption** (§ 1770 BGB) und einer dreijährigen familiären Lebens- und Beistandsgemeinschaft mit dem deutschen Elternteil kommt eine Einbürgerung nach einer Aufenthaltszeit von vier Jahren in Betracht (Nr. 8.1.3.3 VAH-StAG).

126   Ebenfalls nach vier Jahren Aufenthaltsdauer kommt eine Einbürgerung **deutschsprachiger Einbürgerungsbewerber** aus Liechtenstein, Österreich oder deutschsprachigen Gebieten in anderen europäischen Staaten, in denen Deutsch Amts- oder Umgangssprache ist, in Betracht (Nr. 8.1.3.4 VAH-StAG).

127   Personen, an deren Einbürgerung ein **besonderes öffentliches Interesse** besteht, können unter erheblicher Verkürzung der regelmäßig vorgesehenen Aufenthaltsdauer eingebürgert wer- den, die geforderte Aufenthaltsdauer soll drei Jahre aber nicht unterschreiten. Ein solches besonde- res öffentliches Interesse kann bestehen, wenn die Person für eine Tätigkeit im deutschen Interesse, insbesondere im Bereich der Wissenschaft, Forschung, Wirtschaft, Kunst, Medien, des Sports oder des öffentlichen Dienstes gewonnen oder erhalten werden soll (Nr. 8.1.3.5 VAH-StAG).

128   **Minderjährige,** die das 16. Lebensjahr noch nicht vollendet haben, sollen nur eingebürgert werden, wenn sie im Inland mit einem deutschen Staatsangehörigen, der für sie sorgeberechtigt ist, in familiärer Gemeinschaft leben und sich vor der Einbürgerung seit mindestens drei Jahren im Inland aufgehalten haben. Bei Kindern, die im Zeitpunkt ihrer Einbürgerung das sechste Lebensjahr noch nicht vollendet haben, genügt es, wenn sie unmittelbar vor der Einbürgerung ihr halbes Leben im Inland verbracht haben (Nr. 8.1.3.6 VAH-StAG).

129   Eine **Miteinbürgerung** von Ehegatten und Kindern, die das 16. Lebensjahr vollendet haben, kommt unter den Ermessensgesichtspunkten Nr. 8.1.2–8.1.3.8 VAH-StAG in Betracht (Nr. 8.1.3.9 VAH-StAG).

130   Eine **vorsorgliche Einbürgerung** kommt in Betracht, wenn trotz nachhaltiger Bemühungen nicht in angemessener Zeit der Besitz der deutschen Staatsangehörigkeit oder der Deutscheneigen- schaft belegt bzw. bestehende Zweifel an der Rechtswirksamkeit des vorangegangenen Erwerbs ausgeräumt werden kann, und der Erwerbstatbestand der Ersitzung nach § 3 Abs. 2 nicht vorliegt. Diese Form der Einbürgerung setzt jedoch voraus, dass der Betreffende bisher von deutschen Stellen als deutscher Staatsangehöriger oder Statusdeutscher behandelt worden ist (Nr. 8.1.3.8 VAH-StAG).

§ 9 [Einbürgerung von Ehegatten oder Lebenspartnern Deutscher]

(1) Ehegatten oder Lebenspartner Deutscher sollen unter den Voraussetzungen des § 8 eingebürgert werden, wenn sie ihre bisherige Staatsangehörigkeit verlieren oder aufgeben oder ein Grund für die Hinnahme von Mehrstaatigkeit nach Maßgabe von § 12

vorliegt, es sei denn, daß sie nicht über ausreichende Kenntnisse der deutschen Sprache verfügen (§ 10 Abs. 1 Satz 1 Nr. 6 und Abs. 4) und keinen Ausnahmegrund nach § 10 Abs. 6 erfüllen.

(2) Die Regelung des Absatzes 1 gilt auch, wenn die Einbürgerung bis zum Ablauf eines Jahres nach dem Tode des deutschen Ehegatten oder nach Rechtskraft des die Ehe auflösenden Urteils beantragt wird und dem Antragsteller die Sorge für die Person eines Kindes aus der Ehe zusteht, das bereits die deutsche Staatsangehörigkeit besitzt.

Überblick

§ 9 privilegiert Ehegatten und Lebenspartner deutscher Staatsangehöriger (→ Rn. 2 ff.) und führt bei der Erfüllung der tatbestandlichen Voraussetzungen des Abs. 1 zu einem (Regel-) Einbürgerungsanspruch, der nur beim Vorliegen eines atypischen Sonderfalls zu versagen ist (→ Rn. 29 ff.). Abs. 1 der Vorschrift fordert neben der Erfüllung der Voraussetzungen des § 8 zum einen den Verlust oder die Aufgabe der bisherigen Staatsangehörigkeit, es sei denn, es liegt ein Fall der Hinnahme von Mehrstaatigkeit nach Maßgabe des § 12 vor (→ Rn. 16 ff.). Als Rückausnahme formuliert Abs. 1 Hs. 2 das Erfordernis ausreichender Kenntnisse der deutschen Sprache, die den Anforderungen des § 10 Abs. 4 entsprechen müssen, soweit von diesen Voraussetzungen nicht nach § 10 Abs. 6 abzusehen ist (→ Rn. 28). Abs. 2 erweitert die Privilegierung in zeitlicher Hinsicht um ein Jahr für den Fall des Todes des deutschen Ehegatten oder nach Rechtskraft des die Ehe auflösenden Urteils, soweit in diesem Zeitraum der Einbürgerungsantrag gestellt wurde und dem Antragsteller die elterliche Sorge für ein Kind aus der Ehe zusteht, dass bereits die deutsche Staatsangehörigkeit besitzt (→ Rn. 37 ff.).

Übersicht

A. Gesetzeshistorie

§ 9 eingefügt durch Gesetz v. 8.9.1969 (BGBl. I 1581); Abs. 1 Nr. 1 geändert mWv 1.1.2000 **1** durch Gesetz v. 15.7.1999 (BGBl. I 1618); Abs. 1 geändert mWv 1.8.2001 durch Gesetz v. 16.2.2001 (BGBl. I 266); Abs. 1 Nr. 1 geändert mWv 1.1.2005 durch Gesetz v. 30.7.2004 (BGBl. I 1950); Abs. 1 abschließender Satzteil geändert und Abs. 3 aufgehoben mWv 28.8.2007 durch Gesetz v. 19.8.2007 (BGBl. I 1970); Abs. 1 S. 1 Hs. 1 mWv 9.8.2019 durch Streichung der Nummernbezeichnungen und des Inhalts der Nr. 2 neu gefasst durch Gesetz v. 4.8.2019 (BGBl. I 1124).

B. Tatbestand des Abs. 1

I. Allgemeines

Unter den Voraussetzungen des § 9 **privilegiert** das StAG das Einbürgerungsbegehren **auslän- 2 discher Ehegatten und Lebenspartner** deutscher Staatsangehöriger und trägt damit grundsätzlich dem Schutzgut des Art. 6 Abs. 1 GG Rechnung, wobei dem **Gesetzgeber** bei der normativen Ausgestaltung der staatsangehörigkeitsrechtlichen Regelung ein **Gestaltungsspielraum** zusteht, der die angemessene Wahrung der Belange der Allgemeinheit ermöglicht (BVerwGE 64, 7 (11) = NJW 1982, 538).

3   Mit der Inkorporierung der Voraussetzungen des § 8 Abs. 1 und der Ausgestaltung der Vorschrift als **Sollvorschrift** (→ Rn. 9 ff.) hat sie **Vorrang** vor der Prüfung des § 8, der die Einbürgerung beim Vorliegen der tatbestandlichen Voraussetzungen in das freie Ermessen der Einbürgerungsbehörde stellt.

II. Privilegierter Personenkreis

4   Als privilegiert im Sinne der Vorschrift gelten die **Ehegatten und Lebenspartner** Deutscher. Das sind Personen, die nach § 1353 Abs. 1 S. 1 BGB idF des Gesetzes zur Einführung des Rechts auf Eheschließung für Personen gleichen Geschlechts v. 20.7.2017 (BGBl. I 2787) die Ehe geschlossen haben oder in einer registrierten Lebenspartnerschaft nach dem LPartG (Lebenspartnerschaftsgesetz v. 16.2.2001, BGBl. I 266) leben.

5   Nach Nr. 9.1 StAR-VwV und Nr. 9.1 VAH-StAG muss die **Ehe** oder die Lebenspartnerschaft für den deutschen Rechtskreis **gültig geschlossen** worden sein und im Zeitpunkt der Einbürgerung noch bestehen.

6   Ob eine Ehe für den **deutschen Rechtskreis** gültig geschlossen wurde, hängt auch von der Erfüllung der deutschen Kollisionsnormen, insbesondere Art. 13 EGBGB ab. Danach unterliegen die Voraussetzungen der Eheschließung für jeden Verlobten in erster Linie dem Recht des Staates, dem er angehört (Art. 13 Abs. 1 EGBGB). In diesem Zusammenhang ist § 1309 Abs. 1 S. 1 BGB von Bedeutung, wonach eine Ehe nicht eingegangen werden soll, bevor derjenige, der vorbehaltlich des Art. 13 Abs. 2 EGBGB ausländischem Recht unterliegt, ein **Zeugnis** der inneren Behörde seines Heimatstaates darüber beigebracht hat, dass der Eheschließung nach dem Recht dieses Staates kein **Ehehindernis** entgegensteht. Dies gilt indes nicht für Personen, die eine gleichgeschlechtliche Ehe eingehen wollen und deren Heimatstaat die Eingehung einer gleichgeschlechtlichen Ehe nicht vorsieht (§ 1309 Abs. 3 BGB).

7   Fehlt nach Art. 13 Abs. 1 EGBGB eine Voraussetzung, so ist insoweit **deutsches Recht** anzuwenden, wenn

- ein Verlobter seinen gewöhnlichen Aufenthalt im **Inland** hat oder **Deutscher** ist,
- die Verlobten die zumutbaren Schritte zur Erfüllung der Voraussetzung unternommen haben und
- es mit der **Eheschließungsfreiheit** unvereinbar ist, die Ehe zu versagen; insbesondere steht die frühere Ehe eines Verlobten nicht entgegen, wenn ihr Bestand durch eine hier erlassene oder anerkannte Entscheidung beseitigt oder der Ehegatte des Verlobten für tot erklärt ist (Art. 13 Abs. 2 EGBGB).

8   Eine Ehe kann im Inland nur in der hier vorgeschriebenen **Form** geschlossen werden (Art. 13 Abs. 4 S. 1 EGBGB).

9   Für eine im Ausland geschlossene Ehe folgt aus Art. 11 Abs. 1 EGBGB – vorbehaltlich der Grundsätze des ordre public – die Anwendbarkeit des **Verfahrensrechts** des **Eheschließungsortes** (GK-StAR Rn. 20; HMHK/Hailbronner/Hecker Rn. 6).

10   Soweit die **Ehemündigkeit** eines Verlobten nach Art. 13 Abs. 1 EGBGB ausländischem Recht unterliegt, ist die Ehe nach deutschem Recht

- unwirksam, wenn der Verlobte im Zeitpunkt der Eheschließung das 16. Lebensjahr noch nicht vollendet hatte, und
- aufhebbar, wenn der Verlobte im Zeitpunkt der Eheschließung das 16., aber nicht das 18. Lebensjahr vollendet hatte (Art. 13 Abs. 3 EGBGB in der ab dem 22.7.2017 geltenden Fassung, BGBl. 2017 I 2787; zur verfassungsrechtlichen Bewertung dieser Regelung, vgl. Gausing/Wittebol DÖV 2018, 41 ff., und nunmehr den Vorlagebeschluss des BGH BeckRS 2018, 32048 = FamRZ 2019, 181).

11 Tatbestandlich setzt Abs. 1 eine **gültig geschlossene** Ehe voraus, die im Zeitpunkt der Einbürgerung noch besteht. Wurde die Ehe oder die Lebenspartnerschaft zu einem **anderen Zweck** als dem der Führung einer **ehelichen** Lebensgemeinschaft (§ 1353 BGB) oder **partnerschaftlichen Lebensgemeinschaft** begründet, stellt dies die Gültigkeit der Eheschließung nicht in Frage; eine solche Ehe ist gem. § 1314 Abs. 2 Nr. 5 BGB nur aufhebbar. Eine gültig geschlossene Ehe ist deshalb auch im Einbürgerungsverfahren so lange beachtlich, als sie nicht **aufgehoben** oder **geschieden** ist (HessVGH BeckRS 2005, 23237 = InfAuslR 2002, 426). In einem solchen Fall, in dem die Ehe nicht zur Führung einer Lebensgemeinschaft eingegangen worden ist, kommt die Annahme eines **atypischen Falls** in Betracht, der den grundsätzlichen Rechtsanspruch auf Einbürgerung beseitigt und der der Einbürgerungsbehörde die Möglichkeit eröffnet, die Einbürgerung nach **Ermessen** zu verweigern (BVerwGE 119, 17 (20) = BeckRS 2003, 25253 = NVwZ 2004, 487; BVerwG BeckRS 9998, 44887= NJW 1984, 70 (71); VGH BW BeckRS InfAuslR 2003, 205 (207 f.); VG Stuttgart BeckRS 2017,137320; Nr. 9.0 StAR-VwV und Nr. 9.0 VAH-StAG; NK-AuslR/Oberhäuser Rn. 4; GK- STAR Rn. 24 ff.; aA für eine Scheinehe HMHK/ Hailbronner/Hecker Rn. 5).

Des Weiteren muss der Ehegatte bzw. Lebenspartner des Einbürgerungsbewerbers im **Zeit- 12 punkt** der Einbürgerung deutscher Staatsangehöriger sein. Deutscher in diesem Sinne ist, wer die deutsche Staatsangehörigkeit besitzt (§ 1). Der Begriff des Deutschen umfasst nicht den Statusdeutschen iSv Art. 116 Abs. 1 GG (Nr. 9.1 StAR-VwV und Nr. 9.1 VAH-StAG).

III. Erfüllung der tatbestandlichen Voraussetzungen des § 8

1. Allgemeines

Soweit Abs. 1 S. 1 Hs. 1 unter die Bedingung der Erfüllung der Voraussetzungen des § 8 **13** steht, müssen zunächst die allgemeinen Anforderungen des § 8 Abs. 1 S. 1 erfüllt sein. Der Einbürgerungsbewerber – Ehegatte oder Lebenspartner eines deutschen Staatsangehörigen – muss **Ausländer** sein (→ § 8 Rn. 8 ff.), dessen Identität und Staatsangehörigkeit geklärt sind (→ § 8 Rn. 19 ff.), der einen wirksamen **Einbürgerungsantrag** gestellt hat (→ § 8 Rn. 54 ff.). Er muss zudem seinen **gewöhnlichen** (→ § 8 Rn. 34 ff.) und **rechtmäßigen** (→ § 8 Rn. 44 ff.) **Aufenthalt** im Inland haben.

2. Einzelne Anforderungen nach § 8 Abs. 1 S. 1 Nr. 1–4

Des Weiteren wird die Erfüllung der tatbestandlichen Voraussetzungen des § 8 Abs. 1 S. 1 **14** Nr. 1–4 gefordert, wobei von den Anforderungen nach Nr. 2 und Nr. 4 gem. § 8 Abs. 2 aus Gründen des öffentlichen Interesses oder zur Vermeidung einer besonderen Härte abgesehen werden kann (Nr. 9.1 VAH-StAG iVm Nr. 8.1.1.2 und 8.1.1.4 VAH-StAG).

Der Einbürgerungsbewerber muss daher **handlungsfähig** sein (→ § 8 Rn. 59 ff.), und straf- **15** rechtlich **unbescholten** (→ § 8 Rn. 65 ff.). Er muss im Inland eine **eigene Wohnung** oder ein **Unterkommen** gefunden haben (→ § 8 Rn. 86 f.), **sich** und seine **Angehörigen** zu **ernähren** im Stande sein (→ § 8 Rn. 88 ff.).

3. Anforderung nach § 8 Abs. 1 S. 1 aE

Durch das Drittes Gesetz zur Änderung des Staatsangehörigkeitsgesetzes (v. 4.8.2019, **15a** BGBl. I 1124) wurde Abs. 1 Nr. 2 gestrichen und das Merkmal „seine Einordnung in die deutschen Lebensverhältnisse gewährleistet ist" in § 8 Abs. 1 aE eingefügt (→ § 8 Rn. 88a, Rn. 98a ff.).

Neben den zu § 8 in den VAH-StAG (Nr. 8.1.2.3–8.1.2.5 VAH-StAG) enthaltenen Anforde- **15b** rungen ergeben sich für die Einbürgerung von Ehegatten und Lebenspartnern Deutscher in Nr. 9.1.2 VAH-StAG besondere ehespezifische Gesichtspunkte im Hinblick auf die Voraussetzungen, bei deren Vorliegen regelmäßig auf die Gewährleistung der Einordnung in die deutschen Lebensverhältnisse geschlossen werden kann. Nach den Vorstellungen bzw. den Erwartungen des Gesetzgebers sollen für die Einordnung in die deutschen Lebensverhältnisse regelmäßig ein **Inlandsaufenthalt** und das **eheliche Zusammenleben** mit einem Deutschen über einen Zeitraum von einigen Jahren genügen (BVerwGE 79, 94 (96) = BeckRS 9998, 46870 = NJW 1988, 2196 = InfAuslR 1988, 189).

Für den erforderlichen **Inlandsaufenthalt** wird nach Nr. 9.1.2.1 VAH-StAG in der Regel ein **15c Aufenthalt von drei Jahren** als ausreichend angesehen. Nach einer Unterbrechung des Aufenthalts können frühere Aufenthalte im Inland bis zu zwei Dritteln der geforderten Aufenthaltsdauer angerechnet werden. Die eheliche oder partnerschaftliche **Lebensgemeinschaft** des Einbürgerungsbewerbers mit dem deutschen Ehegatten oder Lebenspartner muss im Zeitpunkt der Einbürgerung seit zwei **Jahren** bestehen. Dieser muss in dieser Zeit deutscher Staatsangehöriger oder Statusdeutscher gewesen sein.

Abweichend von → Rn. 15c kann die Einbürgerung nach einer Aufenthaltsdauer von weniger **15d** als drei Jahren erfolgen, wenn die eheliche oder partnerschaftliche Lebensgemeinschaft seit drei Jahren besteht, bei

• Angehörigen international tätiger, auch ausländischer Unternehmen und Institutionen oder anderen Personen, die aus beruflichen oder geschäftlichen Gründen ihren gewöhnlichen Aufenthalt im Ausland haben wenn die Tätigkeit im Ausland im deutschen Interesse lag,

- Ehegatten oder Lebenspartnern von Deutschen, die im Ausland eine der oben genannten Tätigkeiten ausgeübt haben, und
- Ehegatten oder Lebenspartnern von aus dem Ausland zurückgekehrten entsandten Angehörigen des Auswärtigen Amtes, der Bundeswehr und anderen öffentlicher oder öffentlich geförderter Einrichtungen.

IV. Voraussetzungen des Abs. 1

1. Verlust oder Aufgabe der bisherigen Staatsangehörigkeit bzw. berechtigter Grund für die Hinnahme von Mehrstaatigkeit (S. 1 Hs. 1)

16   Insbesondere auch für die Einbürgerung von Ehegatten und Lebenspartnern verfolgt das Gesetz den Grundsatz der **Vermeidung** von **Mehrstaatigkeit**. § 9 fordert danach, dass der Einbürgerungsbewerber seine **bisherige Staatsangehörigkeit** verloren oder aufgegeben hat. Der **Verlust** der Staatsangehörigkeit tritt kraft Gesetzes ein, während die **Aufgabe** alle Fälle des Ausscheidens aus der bisherigen Staatsangehörigkeit durch einseitige Willenserklärung oder einen Hoheitsakt des Herkunftsstaates (Entlassung, Genehmigung des Verzichts auf die Staatsangehörigkeit oder Erlaubnis zum Staatsangehörigkeitswechsel) umfasst (Nr. 10.1.1.4 VAH-StAG).

17   Die Hinnahme der Mehrstaatigkeit kommt iRd § 9 nur nach Maßgabe des § 12 in Betracht. Die Einbürgerungsbehörde hat Mehrstaatigkeit bei der Einbürgerung eines Ehegatten oder Lebenspartners eines Deutschen dann hinzunehmen, wenn der Ausländer seine bisherige Staatsangehörigkeit **nicht** oder nur unter **besonders schwierigen** Bedingungen aufgeben kann. Das ist derzeit in den Fällen des § 12 Abs. 1 S. 1 (→ § 12 Rn. 9 ff.), des § 12 Abs. 1 S. 2 Nr. 1–6 (→ § 12 Rn. 14 ff.) und des § 12 Abs. 2 (→ § 12 Rn. 55 ff.) der Fall.

18   Liegen die Voraussetzungen einer Hinnahme der Mehrstaatigkeit nach § 12 nicht vor, kommt eine Einbürgerung nur nach der **Ermessensvorschrift** des § 8 in Betracht. Im Rahmen der dort vorzunehmenden Ermessensentscheidung sind weitere, die Einbürgerung erleichternde Gesichtspunkte berücksichtigungsfähig (→ § 8 Rn. 117 ff.).

19   – Derzeit nicht belegt.
25

26   Liegen die tatbestandlichen Voraussetzungen eines **Ausschlussgrundes** nach § 11 in Form von verfassungsfeindlichen oder extremistischen Bestrebungen nach § 11 S. 1 Nr. 1 (→ § 11 Rn. 5 ff.) oder in Form eines besonders schwerwiegenden Ausweisungsinteresses iSv § 54 Abs. 1 Nr. 2 oder Nr. 4 AufenthG nach § 11 S. 1 Nr. 2 (→ § 11 Rn. 38 ff.) vor, ist eine **Einbürgerung** generell **ausgeschlossen**. Diese Ausschlussgründe gelten auch gegenüber Ausländern iSv § 1 Abs. 2 AufenthG und für Staatsangehörige der Schweiz und deren Familienangehörige, die eine Aufenthaltserlaubnis aufgrund des Freizügigkeitsabkommens zwischen der EU und der Schweiz besitzen (→ § 11 Rn. 14 ff.).

27   Eine Einbürgerung kommt des Weiteren nicht in Betracht, soweit dem Einbürgerungsbewerber die **politische Betätigung** gem. § 47 AufenthG beschränkt oder **untersagt** worden ist (Nr. 9.1.2.1. VAH-StAG iVm Nr. 8.1.2.5 VAH-StAG).

2. Ausschluss mangels ausreichender Sprachkenntnisse

28   Eine Einbürgerung eines Ehegatten oder Lebenspartners eines Deutschen scheidet aus, wenn er nicht über **ausreichende Sprachkenntnisse** verfügt. Auch der Personenkreis, der eine Einbürgerung nach § 9 anstrebt, hat hinsichtlich seiner Sprachkompetenz die Anforderungen des § 10 Abs. 1 S. 1 Nr. 6, Abs. 4, also die Anforderungen der Sprachprüfung zum Zertifikat Deutsch (B1 des gemeinsamen europäischen Referenzrahmens für Sprachen) in mündlicher und schriftlicher Form zu erfüllen (→ § 10 Rn. 84 ff.). Unter den Voraussetzungen des § 10 Abs. 6 (→ Rn. 24) ist auch zwingend vom Erfordernis ausreichender Sprachkenntnisse abzusehen (→ § 10 Rn. 100 ff.).

C. Rechtsfolgen

I. Allgemeines

29   Erfüllt der Einbürgerungsbewerber die tatbestandlichen Voraussetzungen des § 9 Abs. 1, soll er eingebürgert werden. Mit der Ausgestaltung als „**Sollvorschrift**" wird dem Einbürgerungsbewerber ein grundsätzlicher Einbürgerungsanspruch gewährt. Nur in atypischen Fällen darf die Einbürgerung ausnahmsweise nach Ermessen verweigert werden. **Atypisch** in diesem Sinne sind vor-

nehmlich solche Sachverhalte, auf die ihrer gesetzlichen Zweckbestimmung nach die Privilegierung des § 9 nicht unmittelbar zielt, die aber von ihrem abstrakten Rahmen erfasst werden. Es müssen demnach **besondere Umstände** vorliegen, die eine **Einbürgerung** nach Sinn und Zweck des Gesetzes als **unangemessen** erscheinen lassen (BVerwGE 119, 17 (20) = BeckRS 2003, 25253 = NVwZ 2004, 487; BVerwG BeckRS 9998, 44887= NJW 1984, 70 (71); BVerwGE 64, 7 (9) = NJW 1982, 538 = InfAuslR 1981, 309). In diesem Zusammenhang wird auch von einem sog. **Restermessen** gesprochen (HMHK/Hailbronner/Hecker Rn. 28 ff.; GK-StAR Rn. 164 ff.; NK-AuslR/Oberhäuser Rn. 23).

II. Einzelheiten

Derartige **Umstände,** die die Einbürgerung nach Sinn und Zweck des Gesetzes als unangemes- **30** sen erscheinen lassen, kommen in Betracht, wenn die Ehe oder die Lebenspartnerschaft zu einem **anderen Zweck** als dem der Führung der ehelichen oder partnerschaftlichen Lebensgemeinschaft begründet wurde (zB Scheinehe) oder nur formal besteht und eine eheliche oder partnerschaftliche Lebensgemeinschaft nicht oder nicht mehr geführt wird (**gescheiterte Ehe** oder gescheiterte **Lebenspartnerschaft**), soweit keine Ausnahme nach § 9 Abs. 2 in entsprechend Anwendung in Betracht kommt (Nr. 9.0 StAR-VwV und Nr. 9.0 VAH-StAG).

Von einer **sog. Scheinehe** wird gesprochen, wenn die Eheschließung nicht dem **Ziel** dient, **31** eine – in welcher Form auch immer zu führende – eheliche oder partnerschaftliche Lebensgemeinschaft zu begründen, sondern einen **anderen Zweck** verfolgt, insbesondere den, dem ausländischen Partner ein sonst nicht zu erlangendes Aufenthaltsrecht zu verschaffen (BVerwGE 119, 17 = BeckRS 2004, 25253 = NVwZ 2004, 252; BVerwGE 98, 298 = BeckRS 9998, 170491 = NVwZ 1995, 1119; VGH BW InfAuslR 2003, 205).

Von einer **atypischen Konstellation,** die zur Versagung der Einbürgerung im Ermessenswege **32** führen kann, ist auch dann auszugehen, wenn die Ehe bzw. die Lebenspartnerschaft **endgültig gescheitert** ist, die Partner also dauernd getrennt leben. Davon ist regelmäßig auszugehen, wenn zwischen den Ehepartnern keine **häusliche Gemeinschaft** mehr besteht und ein Ehegatte sie erkennbar nicht mehr herstellen (§ 1566 BGB), die Eheleute also nach außen erkennbar den gemeinsamen **Lebensmittelpunkt** dauerhaft aufgegeben haben (OVG NRW NVwZ-Beil. 2000, 115 = InfAuslR 2000, 290).

Hinsichtlich der Feststellung einer solchen atypischen Konstellation ist jedoch zunächst voraus- **33** zuschicken, dass den Eheleuten die **Freiheit** zusteht, ihr eheliches **Zusammenleben** souverän **zu gestalten** und der Schutz vor staatlichen Eingriffen grundgesetzlich gewährleistet ist, und zwar unabhängig davon, ob die maßgeblichen Motive für die Eheschließung den Idealvorstellungen einer Ehe gerecht werden, oder andere **Beweggründe** eine wesentliche oder gar ausschlaggebende Rolle gespielt haben. Es ist deshalb grundsätzlich davon auszugehen, dass die (Ehe-) Partner eine Lebensgemeinschaft führen (HessVGH BeckRS 2005, 23237 = InfAuslR 2002, 426).

Eine behördliche Prüfung des Einzelfalls hinsichtlich des Führens der Lebensgemeinschaft **34** kommt nur ausnahmsweise bei einem triftigen Anlass in Betracht, zumal sie letztlich nur bei **Kenntnis** von **Umständen** aus dem höchstpersönlichen Bereich der Betroffenen erfolgen kann (HessVGH BeckRS 2005, 23237 = InfAuslR 2002, 426; zu den zu beachtenden Grundsätzen der **Verhältnismäßigkeit** und des Übermaßverbots, BVerfG BeckRS 2003, 22361). Nicht ausreichend für eine solche Prüfung sind **anonyme** Anzeigen (SchlHOVG InfAuslR 2001, 82) oder ein **nicht tatsachengestützer** Verdacht (OVG Brem InfAuslR 1988, 281). Denn es wäre mit Art. 1 Abs. 1 GG iVm Art. 2 Abs. 1 GG schwerlich vereinbar, wenn die Verwaltung es unternähme, sich die Kenntnis von Amts wegen zu verschaffen, und wenn den Betroffenen vorbehaltslos die Last auferlegt würde, darzutun, dass es sich bei ihrer Ehe nicht um eine „Scheinehe" handelt (BVerfGE 76, 1 (61) = BeckRS 9998, 99013 = NJW 1988, 626 = NVwZ 1988, 242 Ls.) oder dass die Ehe oder Lebenspartnerschaft nicht endgültig gescheitert ist.

Allerdings können bei Ehegatten und Lebenspartnern **äußerliche Anhaltspunkte** außerhalb **35** der Intimsphäre festgestellt werden, die auf ein Zusammenleben in der erforderlichen Lebensgemeinschaft hindeuten. Bestehen dagegen **Anhaltspunkte,** die einen **Anfangsverdacht** auf das Vorliegen einer „Scheinehe" oder einer endgültig gescheiterten (ehelichen) Lebensgemeinschaft rechtfertigen, ist der Einbürgerungsbewerber gem. § 37 Abs. 1 S. 2 iVm § 82 Abs. 1 AufenthG zur **Mitwirkung** und Darlegung bzw. **Erläuterung** innerfamiliärer Lebensumstände außerhalb der Intimsphäre verpflichtet (HessVGH BeckRS 2005, 23237 = InfAuslR 2002, 426).

Als **Anhaltspunkte** für das Vorliegen einer „Scheinehe" kommen in Betracht: **35.1**
• Die Ehepartner machen widersprüchliche Angaben zu ihren jeweiligen Personalien oder zu wichtigen persönlichen Lebenssachverhalten, sie sprechen keine für beide verständliche Sprache.

- Eine in zeitlichem Zusammenhang mit der Eheschließung stehende vorherige Scheidung von einem ausländischen Ehepartner sowie dem Abschluss eines notariellen Vertrages am Tag der Eheschließung, durch den Versorgungsausgleich, nachehelicher Unterhalt und Erbansprüche ausgeschlossen wurden (VGH BW InfAuslR 2003, 205).
- Trotz gleicher Meldeadresse und den Angaben zu einer häuslichen Gemeinschaft ist ein Partner weder den Vermieter noch in der Nachbarschaft bekannt oder je gesehen worden (zu dem umfangreichen Katalog von Anhaltspunkten, die für und gegen eine „Scheinehe" sprechen Bergmann/Dienelt/Dienelt AufenthG § 27 Rn. 78; Oestmann InfAuslR 2008, 17 (19); NK-AuslR/Fahlbusch AufenthG § 95 Rn. 229 ff.; NK-AuslR/Müller AufenthG § 27 Rn. 27 ff.).

35.2   Auch die Anhaltspunkte für die Annahme eines endgültigen Scheiterns der Ehe oder der Lebenspartnerschaft müssen gemessen an den Maßstäben des § 1566 BGB (→ Rn. 32) darauf hindeuten, dass die Voraussetzungen des § 1353 BGB nicht mehr vorliegen, also das geforderte gegenseitige Pflichtenverhältnis nicht mehr gewollt ist (HmbOVG BeckRS 1990, 05410 Rn. 36 = InfAuslR 1991, 343; VG Minden BeckRS 2005, 30016 Rn. 27):

- Die im Regelfall geforderte häusliche Lebensgemeinschaft (BVerwG BeckRS 1997, 31239776 = InfAuslR 1998, 272) kann sich einbürgerungsunschädlich – etwa aus beruflichen Gründen – als sog. „Wochenendehe" darstellen.
- Beziehungskrisen einschließlich sexueller Drittbeziehungen (OVG RhPf InfAuslR 1999, 417) sind solange einbürgerungsunschädlich, als das Fortbestehen des wechselseitigen Pflichtenverhältnisses übereinstimmend gewollt wird.

35.3   Besteht dieser übereinstimmende Wille nicht mehr, steht allerdings einem dauernden Getrenntleben nicht der Umstand entgegen, dass die Partner noch in der gemeinsamen Wohnung gelebt haben (BayVGH BeckRS 2005, 29421 = BayVBl. 2007, 117; VG Minden BeckRS 2005, 30016).

36   Beruhen die eingeleiteten **Überprüfungen** der Einbürgerungsbehörde auf **belastbaren Tatsachen,** die die Annahme einer „Scheinehe" oder einer gescheiterten Ehe rechtfertigen, und sind die Zweifel an dem Führen einer (ehelichen) Lebensgemeinschaft durch die Darlegungen und Erläuterungen des Einbürgerungsbewerbers – und ggf. **ergänzenden Angaben** des Partners – nicht zerstreut worden und kommt auch eine weitere Beweisaufnahme nicht in Betracht (**non liquet**), so fällt die **materielle Beweislast** für das Vorliegen einer „Scheinehe" oder einer gescheiterten Lebensgemeinschaft der **Einbürgerungsbehörde** zur Last. Die Kontroverse zu dieser Frage, wird überwiegend iRd § 27 AufenthG – Familiennachzug – mit dem Ergebnis geführt wird, dass die materielle Beweislast (nach wie vor) den Ausländer trifft. Denn für die Anträge auf Erteilung eines Visums komme es entscheidend darauf an, dass die Eheleute die Absicht verfolgen, die eheliche Lebensgemeinschaft im Bundesgebiet herzustellen, und dieser Herstellungswille gehöre zu den die Eheleute begünstigenden Umständen (BVerwGE 136, 222 Rn. 17 ff. = BeckRS 2010, 49429 = NVwZ 2010, 1367 = InfAuslR 2010, 350; OVG Bln-Bbg BeckRS 2010, 49496; HessVGH BeckRS 2008, 39223 = NVwZ-RR 2009, 264; Bergmann/Dienelt/Dienelt AufenthG § 27 Rn. 67 ff.; aA Oestmann InfAuslR 2008, 17 (21); Göbel-Zimmermann ZAR 2008, 169 (170)). Diese Begründung kann jedoch für das Einbürgerungsverfahren keine Geltung beanspruchen, da sich der ausländische Ehepartner regelmäßig bereits mehrere Jahre rechtmäßig im Inland aufhält und nach der gesetzlichen Systematik des § 9 als Sollschrift der **Einbürgerungsbehörde** die **materielle Beweislast** für die **Atypik** des Falles obliegt, nach der ihr das Restermessen eröffnet ist, die Einbürgerung des Ehegatten oder Lebenspartner eines Deutschen (ausnahmsweise) abzulehnen.

D. Erweiterung des privilegierten Personenkreises durch Abs. 2

I. Allgemeines

37   Von dem Erfordernis, dass der Einbürgerungsbewerber gem. Abs. 1 mit dem deutschen Ehegatten oder Lebenspartner in einer gültigen Ehe bzw. eingetragenen Partnerschaft tatsächlich eine eheliche bzw. partnerschaftliche Lebensgemeinschaft (→ Rn. 4 ff. und → Rn. 30 ff.) führt, **erweitert** Abs. 2 den **privilegierten Personenkreis** um die Einbürgerungsbewerber, die ihren **Einbürgerungsantrag** bis zum **Ablauf** eines Jahres nach dem **Tod** des deutschen Ehegatten oder nach Rechtskraft des **Ehe auflösenden Urteils** gestellt haben und die die **elterliche Sorge** für ein aus der Ehe hervorgegangenes **Kind** haben, das die **deutsche Staatsangehörigkeit** bereits besitzt.

38   Abs. 2 spricht im Gegensatz zu Abs. 1 nur von **Ehegatten,** jedoch nicht von Lebenspartnern einer eingetragenen Lebenspartnerschaft. Mit der Novellierung des § 1353 Abs. 1 S. 1 BGB durch das Gesetz zur Einführung des Rechts auf Eheschließung für **Personen gleichen Geschlechts** v. 20.7.2017 (BGBl. I 2787) gilt Abs. 2 auch für gleichgeschlechtliche Ehepaare.

II. Voraussetzungen des Abs. 2

1. Eheauflösung

Der Wortlaut der Regelung eröffnet die Regeleinbürgerung nach Abs. 1 zum einen noch nach **39** dem Tod des deutschen Ehegatten und zum anderen im Fall der Scheidung der Ehe. **Entsprechend anwendbar** ist Abs. 2, wenn die Ehegatten **dauernd getrennt** leben und das Familiengericht dem ausländischen Elternteil gem. § 1671 Abs. 1 BGB die elterliche Sorge allein übertragen hat (Nr. 9.2 VAH-StAG).

2. Sonstige Voraussetzungen

Das **Kind** aus der Ehe muss bereits die **deutsche Staatsangehörigkeit** besitzen. Als **Erwerbs-** **40** **tatbestände** kommen insbesondere § 4 – durch Geburt als Kind eines deutschen Staatsangehörigen – und § 6 – nach deutschen Gesetzen wirksame **Annahme** als Kind durch einen Deutschen, soweit das Kind im Zeitpunkt des Annahmeantrages noch minderjährig war – in Betracht (Nr. 9.2 StAR-VwV; Nr. 9.2 VAH-StAG).

Der **ausländische Elternteil** muss das **Sorgerecht** für dieses Kind besitzen. Ausreichend dafür **41** ist das – nach Trennung und Scheidung im Regelfall fortgeltende gemeinsame Sorgerecht der Ehegatten – undeutlich bleibt die Ergänzende Anmerkung zu Nr. 9.2 VAH-StAG –, da auch mit der tatsächlichen Wahrnehmung dieser Sorge eine staatsangehörigkeitsrechtlich **schützenswerte familiäre Lebensgemeinschaft** zwischen dem deutschen Kind und Einbürgerungsbewerber fortbesteht. Der **gesetzgeberische Zweck** für den Fortbestand der Einbürgerungsanspruchs nach Eheauflösung ist die Wahrung der Familieneinheit, die auch durch die Wahrnehmung des gemeinsamen Sorgerechts gefördert wird (OVG NRW BeckRS 2006, 24968 = EZAR NF 74 Nr. 3; HessVGH BeckRS 2004, 22952; GK-StAR Rn. 168).

Das Führen einer schützenswerten familiären Lebensgemeinschaft fordert **keine häusliche** **42** **Gemeinschaft** mit dem deutschen Kind. Den Anforderungen des gemeinsamen Sorgerechts wird nach Trennung und Scheidung auch Genüge getan, wenn diese tatsächlich in dem danach möglichen Umfang ausgeübt wird, also unter Einschluss von **gleichberechtigter Teilhabe** an Pflege, Erziehung und Beaufsichtigung des Kindes einschließlich der gemeinsamen Ausübung des Aufenthaltsbestimmungsrechts. Ist das gemeinsame Sorgerecht durch vertragliche Regelungen so gestaltet, dass dem ausländischen Elternteil nur das frühere **Umgangsrecht** und die Erfüllung der Unterhaltspflicht als Sorgerecht verbleibt, erfüllt dies nicht die Anforderungen des Abs. 2 (HessVGH BeckRS 2004, 22952; GK-StAR Rn. 182 ff.).

§ 10 [Einbürgerung]

(1) ¹Ein Ausländer, der seit acht Jahren rechtmäßig seinen gewöhnlichen Aufenthalt im Inland hat und handlungsfähig nach § 37 Absatz 1 Satz 1 oder gesetzlich vertreten ist, ist auf Antrag einzubürgern, wenn seine Identität und Staatsangehörigkeit geklärt sind und er
1. sich zur freiheitlichen demokratischen Grundordnung des Grundgesetzes für die Bundesrepublik Deutschland bekennt und erklärt, dass er keine Bestrebungen verfolgt oder unterstützt oder verfolgt oder unterstützt hat, die
   a) gegen die freiheitliche demokratische Grundordnung, den Bestand oder die Sicherheit des Bundes oder eines Landes gerichtet sind oder
   b) eine ungesetzliche Beeinträchtigung der Amtsführung der Verfassungsorgane des Bundes oder eines Landes oder ihrer Mitglieder zum Ziele haben oder
   c) durch Anwendung von Gewalt oder darauf gerichtete Vorbereitungshandlungen auswärtige Belange der Bundesrepublik Deutschland gefährden,
   oder glaubhaft macht, dass er sich von der früheren Verfolgung oder Unterstützung derartiger Bestrebungen abgewandt hat,
2. ein unbefristetes Aufenthaltsrecht oder als Staatsangehöriger der Schweiz oder dessen Familienangehöriger eine Aufenthaltserlaubnis auf Grund des Abkommens vom 21. Juni 1999 zwischen der Europäischen Gemeinschaft und ihren Mitgliedstaaten einer-

seits und der Schweizerischen Eidgenossenschaft andererseits über die Freizügigkeit, eine Blaue Karte EU oder eine Aufenthaltserlaubnis für andere als die in den §§ 16a, 16b, 16d, 16f, 17, 18d, 18f, 19, 19b, 19e, 22, 23 Absatz 1, den §§ 23a, 24, 25 Abs. 3 bis 5 des Aufenthaltsgesetzes aufgeführten Aufenthaltszwecke besitzt,

3. den Lebensunterhalt für sich und seine unterhaltsberechtigten Familienangehörigen ohne Inanspruchnahme von Leistungen nach dem Zweiten oder Zwölften Buch Sozialgesetzbuch bestreiten kann oder deren Inanspruchnahme nicht zu vertreten hat,

4. seine bisherige Staatsangehörigkeit aufgibt oder verliert,

5. weder wegen einer rechtswidrigen Tat zu einer Strafe verurteilt noch gegen ihn auf Grund seiner Schuldunfähigkeit eine Maßregel der Besserung und Sicherung angeordnet worden ist,

6. über ausreichende Kenntnisse der deutschen Sprache verfügt,

7. über Kenntnisse der Rechts- und Gesellschaftsordnung und der Lebensverhältnisse in Deutschland verfügt und

seine Einordnung in die deutschen Lebensverhältnisse gewährleistet, insbesondere er nicht gleichzeitig mit mehreren Ehegatten verheiratet ist. ²Die Voraussetzungen nach Satz 1 Nr. 1 und 7 müssen Ausländer nicht erfüllen, die nicht handlungsfähig nach § 37 Absatz 1 Satz 1 sind.

(2) Der Ehegatte und die minderjährigen Kinder des Ausländers können nach Maßgabe des Absatzes 1 mit eingebürgert werden, auch wenn sie sich noch nicht seit acht Jahren rechtmäßig im Inland aufhalten.

(3) ¹Weist ein Ausländer durch die Bescheinigung des Bundesamtes für Migration und Flüchtlinge die erfolgreiche Teilnahme an einem Integrationskurs nach, wird die Frist nach Absatz 1 auf sieben Jahre verkürzt. ²Bei Vorliegen besonderer Integrationsleistungen, insbesondere beim Nachweis von Sprachkenntnissen, die die Voraussetzungen des Absatzes 1 Satz 1 Nr. 6 übersteigen, kann sie auf sechs Jahre verkürzt werden.

(4) ¹Die Voraussetzungen des Absatzes 1 Satz 1 Nr. 6 liegen vor, wenn der Ausländer die Anforderungen der Sprachprüfung zum Zertifikat Deutsch (B1 des Gemeinsamen Europäischen Referenzrahmens für Sprachen) in mündlicher und schriftlicher Form erfüllt. ²Bei einem minderjährigen Kind, das im Zeitpunkt der Einbürgerung das 16. Lebensjahr noch nicht vollendet hat, sind die Voraussetzungen des Absatzes 1 Satz 1 Nr. 6 bei einer altersgemäßen Sprachentwicklung erfüllt.

(5) ¹Die Voraussetzungen des Absatzes 1 Satz 1 Nr. 7 sind in der Regel durch einen erfolgreichen Einbürgerungstest nachgewiesen. ²Zur Vorbereitung darauf werden Einbürgerungskurse angeboten; die Teilnahme daran ist nicht verpflichtend.

(6) Von den Voraussetzungen des Absatzes 1 Satz 1 Nr. 6 und 7 wird abgesehen, wenn der Ausländer sie wegen einer körperlichen, geistigen oder seelischen Krankheit oder Behinderung oder altersbedingt nicht erfüllen kann.

(7) Das Bundesministerium des Innern, für Bau und Heimat wird ermächtigt, die Prüfungs- und Nachweismodalitäten des Einbürgerungstests sowie die Grundstruktur und die Lerninhalte des Einbürgerungskurses nach Absatz 5 auf der Basis der Themen des Orientierungskurses nach § 43 Abs. 3 Satz 1 des Aufenthaltsgesetzes durch Rechtsverordnung, die nicht der Zustimmung des Bundesrates bedarf, zu regeln.

Überblick

§ 10 ist die zentrale Norm des Einbürgerungsrechts im Rahmen des StAG. Erfüllt der Einbürgerungsantragsteller die tatbestandlichen Voraussetzungen, vermittelt die Norm – soweit kein Ausschlussgrund nach § 11 vorliegt – einen Einbürgerungsanspruch (→ Rn. 3 ff.). Die Prüfung dieser Norm hat Vorrang vor den sonstigen Regel- bzw. Ermessenseinbürgerungsnormen. Abs. 1 formuliert in seinem Hs. 1 allgemeine tatbestandlichen Erfordernisse (→ Rn. 7 ff.), die um die weiteren Anforderungen der Nr. 1–7 ergänzt werden (→ Rn. 24 ff.), deren Erfüllung der Einbürgerungsanspruch voraussetzt und gewährt mit Abs. 1 S. 2 eine erste Ausnahme von den Anforderungen der Nr. 1 – Bekenntnis und Loyalitätserklärung – und der Nr. 7 – Kenntnisse der Rechts- und Gesellschaftsordnung und der Lebensverhältnisse in Deutschland, sowie die Gewährleistung der Einordnung in die deutschen Lebensverhältnisse – für Personen, die nicht handlungsfähig nach § 37 Abs. 1 S. 1 sind (→ Rn. 112 f.). Abs. 2 enthält eine Einbürgerungserleichterung für Ehegatten und die minderjährigen Kinder des Einbürgerungsbewerbers (→ Rn. 114 ff.), während Abs. 3 Einbürgerungserleichterungen im Hinblick auf die Aufenthaltsdauer und die Anforderungen an die Kenntnisse der deutschen Sprache gewährt (→ Rn. 10 ff.). Abs. 4 und Abs. 5 konkretisieren die Anforderungen an die Sprachkenntnisse und die Kenntnisse der Rechts- und Gesellschaftsordnung (→ Rn. 84 ff.). Abs. 6 regelt die Voraussetzungen, unter denen von den Anforderungen an die Sprachkenntnisse und die Kenntnisse der Rechts- und Gesellschaftsordnung abzusehen ist (→ Rn. 100 ff.). Abs. 7 enthält eine Verordnungsermächtigung für die Prüfungs- und Nachweismodalitäten von Einbürgerungskursen und -tests (→ Rn. 124 ff.).

Übersicht

A. Gesetzeshistorie

§ 10 eingefügt mWv 1.1.2005 durch Gesetz v. 30.7.2004 (BGBl. I 1950); Abs. 1 S. 1 Nr. 2 **1** neu gefasst mWv 18.3.2005 durch Gesetz v. 14.3.2005 (BGBl. I 721); Abs. 1 und Abs. 3 neu gefasst, Abs. 4–7 angefügt mWv 28.8.2007, Abs. 1 Nr. 7 und Abs. 5 eingefügt mWv 1.9.2008 durch Gesetz v. 19.8.2007 (BGBl. I 1970); Abs. 1 S. 1 Nr. 2 geändert mWv 1.8.2012 durch Gesetz v. 1.6.2012 (BGBl. I 1224); Abs. 1 S. 1 Nr. 2 geändert mWv 1.8.2015 durch Gesetz v. 27.7.2015 (BGBl. I 1386); Abs. 1 S. 1 einleitender Satzteil und S. 2 geändert mWv 1.11.2015 durch Gesetz v. 28.10.2015 (BGBl. I 1802); Abs. 1 S. 1 Hs. 1 mWv 9.8.2019 ergänzt um das Merkmal der Klärung der Identität und der Staatsangehörigkeit und Abs. 1 Nr. 7 ergänzt um das Erfordernis der Einordnung in die deutschen Lebensverhältnisse durch Gesetz v. 4.8.2019 (BGBl. I 1124); Abs. 1 S. 1 Nr. 2 mWv 1.3.2020 verändert durch Art. 44 FachkEinwG (Fachkräfteeinwanderungsgesetz v. 15.8.2019, BGBl. I 1307); Abs. 7 geändert mWv 27.6.2020 durch Gesetz v. 19.6.2020 (BGBl. 2020 I 1328).

2 § 10 Abs. 1 S. 1 Nr. 7 und § 10 Abs. 5 sind gem. Art. 10 Abs. 4 des Gesetzes zur Umsetzung aufenthalts- und asylrechtlicher Richtlinien der Europäischen Union (v. 19.8.2007, BGBl. I 1970) am 1.9.2008 in Kraft getreten.

B. Allgemeines

I. Einbürgerungsanspruch

3 Mit § 10 hat der Gesetzgeber ein **subjektiv-öffentliches,** also einklagbares **Recht** geschaffen, das einem Ausländer mit Einbürgerungsabsichten eine **Einbürgerungsperspektive** eröffnet. Beim Vorliegen der tatbestandlichen Voraussetzungen des Abs. 1 und dem Fehlen von Ausschlussgründen nach § 11 vermittelt die Norm einen **Anspruch auf Einbürgerung,** der nicht im Ermessen der Einbürgerungsbehörde steht (HMHK/Hailbronner/Hecker Rn. 8 ff.) und ihr hinsichtlich der normierten Einbürgerungsvoraussetzungen auch keinen Beurteilungsspielraum eröffnet (GK-StAR Rn. 40).

4 Der Einbürgerungsbehörde steht **Ermessen** lediglich im Rahmen der der eigentlichen Einbürgerungsentscheidung **vorgelagerten Prüfung** zu, soweit in den tatbestandlichen Ausnahmeregelungen nach Abs. 3 S. 2, § 12a Abs. 1 S. 3 und § 12b Abs. 2 ein Ermessensspielraum eröffnet ist (GK-StAR Rn. 41).

5 Über die in → Rn. 3 genannten Voraussetzungen hinaus können jedoch **völkerrechtsvertragliche** Einbürgerungsvoraussetzungen oder -hindernisse, zB etwaige Zustimmungserfordernisse des Heimatstaates von Bedeutung sein, soweit sie gegenüber einbürgerungsrechtlichen Voraussetzungen **Vorrang** haben (GK-StAR Rn. 44).

5.1 Das in Nr. II des Schlussprotokolls zum **Deutsch-Iranischen Niederlassungsabkommen** v. 17.2.1929 normierte vorherige Zustimmungserfordernis der iranischen Behörden zur Einbürgerung iranischer Staatsangehöriger gilt nicht im Falle eines Einbürgerungsanspruchs nach § 10 (BVerwGE 149, 387 = BeckRS 2014, 54338 Rn. 20; BVerwGE 80, 249 (252 ff.) = NJW 1989, 1446).

II. Antrag

6 Die Einbürgerung ist ein mitwirkungsbedürftiger rechtsgestaltender Verwaltungsakt. Allein durch einen **Einbürgerungsantrag** kann das dazu erforderliche Verwaltungsverfahren eingeleitet werden (§ 22 LVwVfG). Eine ohne wirksamen Einbürgerungsantrag herbeigeführte Einbürgerung ist nichtig (§ 44 Abs. 1 LVwVfG; zu den weiteren Einzelheiten → § 8 Rn. 54 ff.).

C. Voraussetzungen (Abs. 1)

I. Allgemeines (Abs. 1 S. 1 Hs. 1)

1. Ausländer, dessen Identität und Staatsangehörigkeit geklärt sind

7 Der Begriff des „**Ausländers**" ist im StAG nicht definiert (→ § 8 Rn. 8 ff.).

8 Über die staatsangehörigkeitsrechtliche Voraussetzung hinaus, dass der Einbürgerungsbewerber kein Deutscher iSv § 1 ist, also keine deutsche Staatsangehörigkeit besitzt, muss auch seine **konkrete Identität** und seine **tatsächliche Staatsangehörigkeit** geklärt sein und feststehen (→ § 8 Rn. 19 ff.).

2. Achtjähriger rechtmäßiger gewöhnlicher Aufenthalt

9 Zu den Voraussetzungen eines **gewöhnlichen rechtmäßigen Inlandsaufenthalts** → § 8 Rn. 34 ff.

3. Verkürzungsmöglichkeit für Mindestaufenthalt (Abs. 3)

10 Die Mindestaufenthaltsdauer nach Abs. 1 **verkürzt** sich auf sieben Jahre, wenn der Einbürgerungsbewerber eine Bescheinigung über die **erfolgreiche Teilnahme** an einem **Integrations-**

kurs nach § 43 Abs. 4 AufenthG in Verbindung mit der IntV (Integrationskursverordnung v. 13.12.2004, BGBl. I 3370) idF v. 21.6.2017 (BGBl. I 1875) vorlegt.

Das Bundesamt für Migration und Flüchtlinge koordiniert die Integrationskurse und führt sie **11** durch. Es kann sich hierzu privater oder öffentlicher Träger bedienen (§ 43 Abs. 3 S. 2 AufenthG). Die erfolgreiche Teilnahme am Integrationskurs wird alleine vom Bundesamt mit dem **„Zertifikat Integrationskurs"** gem. § 17 Abs. 4 IntV bescheinigt.

Den Integrationskurs hat erfolgreich abgeschlossen (§ 17 Abs. 2 IntV), wer im **Abschlusstest** **12** durch

- den skalierten Sprachtest „Deutsch-Test für Zuwanderer" des Bundesamtes die Sprachkompetenzen in den Fertigkeiten Hören, Lesen, Schreiben und Sprechen auf der Stufe B1 des Gemeinsamen Europäischen Referenzrahmens für Sprachen nachweist, und
- im skalierten Test „Leben in Deutschland" die für das Bestehen des **Orientierungskurses** notwendige Punktzahl erreicht hat.

Ohne die Vorlage des Zertifikats Integrationskurs kommt eine Verkürzung der Mindestaufenthalts- **13** dauer nach Abs. 1 auf sieben Jahre nach Abs. 3 S. 1 nicht in Betracht; dies gilt unabhängig von den Gründen, aus denen die Bescheinigung nicht vorgelegt werden kann (GK-StAR Rn. 396).

Dem Zertifikat Integrationskurs des Bundesamtes stehen indes **Bescheinigungen** von Kursträ- **14** gern nach § 43 Abs. 3 S. 2 AufenthG der bis zum 27.8.2007 geltenden Fassung des AufenthG **gleich** (Nr. 10.3.1 VAH-StAG).

Gemäß Abs. 3 S. 2 **kann** eine Verkürzung der Mindestaufenthaltsdauer nach Abs. 1 auf sechs **15** Jahre erfolgen, wenn **besondere Integrationsleistungen** vorliegen. Als Beispiel derartiger besonderer Integrationsleistungen nennt S. 2 den Nachweis von Sprachkenntnissen, die die Voraussetzungen des Abs. 1 S. 1 Nr. 6 übersteigen.

Besondere Integrationsleistungen sind alle einer Integration förderlichen Handlungen eines **16** Ausländers, die qualitativ oder quantitativ über die in Abs. 1 normierten **Mindestanforderungen** für einen Einbürgerungsanspruch **hinausgehen** und so vom „Üblichen" abweichen (VG Aachen BeckRS 2015, 47744; GK-StAR Rn. 398).

Eine iSv S. 2 beachtliche Überschreitung der Mindestanforderungen hinsichtlich der **Sprach- 17 kompetenz** kann dann angenommen werden, wenn die Sprachkenntnisse das Niveau der Stufe B2 des Gemeinsamen Europäischen Referenzrahmens für Sprachen oder höher erreichen (OVG NRW BeckRS 2013, 45014; VG Aachen BeckRS 2015, 47744; BT-Drs. 16/5107, 9; Nr. 10.3.1 VAH-StAG; GK-StAR Rn. 399).

Als weitere besondere Integrationsleistungen kommen alle nachhaltigen **ehrenamtlichen** **18** **Aktivitäten** in gemeinnützigen Organisationen und Vereinen im sportlichen, sozialen, politischen, gewerkschaftlichen oder kulturellen Bereich in Betracht, mit denen ein den Durchschnitt übersteigender Wille zur Integration in die Rechts- und Gesellschaftsordnung der Bundesrepublik Deutschland dokumentiert wird (GK-StAR Rn. 401).

Bei der Ermessensentscheidung ist in jedem Einzelfall eine **Gesamtbetrachtung** anzustellen, **19** bei der unter Umständen auch mehrere Integrationsleistungen zusammen erst die privilegierte Reduzierung der Mindestaufenthaltsdauer nach S. 2 rechtfertigen (Nr. 10.3.1 VAH-StAG).

4. Handlungsfähigkeit

Die Handlungsfähigkeit einer Person beschreibt die **Fähigkeit,** Verfahrenshandlungen selbst **20** vorzunehmen oder durch einen Bevollmächtigten vornehmen zu lassen. Für den Bereich des StAG bedeutet es die Fähigkeit, Verfahrenshandlungen vor- und entgegenzunehmen, insbesondere selbst den erforderlichen Einbürgerungsantrag zu stellen. Die tatbestandlichen Voraussetzungen der Handlungsfähigkeit regelt § 37 Abs. 1 (zu den Einzelheiten → § 8 Rn. 59 ff.).

5. Kein Ausschlussgrund nach § 11

Liegen die tatbestandlichen Voraussetzungen eines **Ausschlussgrundes** nach § 11 in Form **21** von verfassungsfeindlichen oder extremistischen Bestrebungen nach S. 1 Nr. 1 (→ § 11 Rn. 5 ff.) oder in Form eines besonders schwerwiegenden Ausweisungsinteresses nach § 54 Abs. 1 Nr. 2 oder Nr. 4 AufenthG vor (S. 1 Nr. 2; → § 11 Rn. 38 ff.), so ist eine **Einbürgerung** generell, auch beim Vorliegen der sonstigen Voraussetzungen eines Einbürgerungsanspruchs, **ausgeschlossen.**

Die Ausschlussgründe beanspruchen gem. S. 2 auch **Geltung** gegenüber Ausländern iSv § 1 **22** Abs. 2 AufenthG und für Staatsangehörige der Schweiz und deren Familienangehörige, die eine Aufenthaltserlaubnis aufgrund des Freizügigkeits-Abkommens EG-Schweiz (Abkommen zwischen der Europäischen Gemeinschaft und ihren Mitgliedstaaten einerseits und der Schweizerischen Eidgenossenschaft andererseits über die Freizügigkeit v. 21.6.1999, ABl. 2002 L 114, 6) besitzen.

23   Eine Einbürgerung kommt des Weiteren nicht in Betracht, soweit dem Einbürgerungsbewerber die **politische Betätigung** gem. § 47 AufenthG beschränkt oder **untersagt** worden ist (Nr. 8.1.2.5 VAH–StAG).

II. Bekenntnis zur freiheitlichen demokratischen Grundordnung / Loyalitätserklärung (Nr. 1)

1. Allgemeines

24   Die nach Nr. 1 geforderte Erklärung enthält zwei Komponenten, zum einen das **Bekenntnis** zur freiheitlichen demokratischen Grundordnung und zum anderen die (Loyalitäts-) **Erklärung,** keine verfassungsfeindlichen oder extremistischen Bestrebungen zu verfolgen oder zu unterstützen oder verfolgt oder unterstützt zu haben.

25   Das Bekenntnis und die Erklärung des Einbürgerungsbewerbers haben in der Regel bei der Beantragung der Einbürgerung, spätestens aber vor der Aushändigung der Einbürgerungsurkunde zu erfolgen. Bereits bei der **Antragstellung** soll der Einbürgerungsbewerber über die Bedeutung des Bekenntnisses zur freiheitlichen demokratischen Grundordnung und der Erklärung schriftlich und mündlich **belehrt** werden. Er soll zudem **befragt** werden, ob er Handlungen vorgenommen hat, die als der Einbürgerung entgegenstehende Bestrebungen im Sinne der Erklärung anzusehen sind (Nr. 85.1.1.1 StAR-VwV und Nr. 10.1.1.1 VAH-StAG). Für das weitere Einbürgerungsverfahren schreibt § 37 Abs. 2 eine **(Regel-) Anfrage** beim Landesamt für **Verfassungsschutz** vor.

26   Diese grundsätzliche Verpflichtung der Einbürgerungsbehörde zur Belehrung und Befragung steht im Zusammenhang mit Abs. 1 Nr. 7, Abs. 5. Danach muss der Einbürgerungsbewerber in der Regel durch einen erfolgreichen **Einbürgerungstest** nachweisen, dass er über ausreichende Kenntnisse der Rechts- und Gesellschaftsordnung und der Lebensverhältnisse in Deutschland verfügt.

2. Inhalt des Bekenntnisses und der Erklärung

27   Nach Nr. 85.1.1.1 StAR-VwV und Nr. 10.1.1.1 VAH-StAG hat der Einbürgerungsbewerber folgendes **Bekenntnis** und folgende **Erklärung** abzugeben:
„1. Ich bekenne mich zur freiheitlichen demokratischen Grundordnung für die Bundesrepublik Deutschland. Insbesondere erkenne ich an:
a) das Recht des Volkes, die Staatsgewalt in Wahlen und Abstimmungen und durch besondere Organe der Gesetzgebung, der vollziehenden Gewalt und der Rechtsprechung auszuüben und die Volksvertretung in allgemeiner, unmittelbarer, freier, gleicher und geheimer Wahl zu wählen.
b) die Bindung der Gesetzgebung an die verfassungsmäßige Ordnung und die Bindung der vollziehenden Gewalt und der Rechtsprechung an Gesetz und Recht,
c) das Recht auf Bildung und Ausübung einer parlamentarischen Opposition,
d) die Ablösbarkeit der Regierung und ihre Verantwortlichkeit gegenüber der Volksvertretung,
e) die Unabhängigkeit der Gerichte,
f) den Ausschluss jeder Gewalt- und Willkürherrschaft,
g) die im Grundgesetz konkretisierten Menschenrechte.
2. Ich erkläre, dass ich keine Bestrebungen verfolge oder unterstütze oder verfolgt oder unterstützt habe, die
a) gegen die freiheitliche demokratische Grundordnung, den Bestand oder die Sicherheit des Bundes oder eines Landes gerichtet sind oder
b) eine ungesetzliche Beeinträchtigung der Amtsführung der Verfassungsorgane des Bundes oder eines Landes oder ihrer Mitglieder zum Ziele haben oder
c) durch Anwendung von Gewalt oder darauf gerichtete Vorbereitungshandlungen auswärtige Belange der Bundesrepublik Deutschland gefährden.“
Macht der Einbürgerungsbewerber **glaubhaft,** dass er sich von der früheren Verfolgung oder Unterstützung derartiger Bestrebungen **abgewandt** hat, gilt die Aussage „Ich erkläre, dass ich keine Bestrebungen verfolge oder unterstütze,...“ mit dem Zusatz: „Von der früheren Verfolgung oder Unterstützung derartiger Bestrebungen habe ich mich abgewandt.“ (Nr. 85.1.1.1 StAR-VwV und Nr. 10.1.1.1 VAH-StAG).

28   Die in dem Bekenntnis bezeichneten **Schutzgüter** der freiheitlichen demokratischen Grundordnung entsprechen § 4 Abs. 2 lit. a–g BVerfSchG, die Schutzgüter der Loyalitätserklärung folgen aus § 4 Abs. 1 lit. a–c BVerfSchG.

3. Charakter des Bekenntnisses und der Erklärung

Das Bekenntnis- und Erklärungserfordernis soll dem Einbürgerungsbewerber die Notwendig- 29
keit einer **glaubhaften Hinwendung** zu den Grundprinzipien der deutschen Verfassung vor
seiner Aufnahme in den deutschen Staatsverband vor Augen führen. Deshalb werden ihm neben
sonstigen Integrationszeichen sowohl ein aktives persönliches Bekenntnis als auch die Bestätigung
eines nicht verfassungsgefährdenden Verhaltens in der Vergangenheit und der Gegenwart abverlangt (VGH BW BeckRS 2017, 110111 Rn. 29).

In Rechtsprechung und Literatur wird unterschiedlich beurteilt, ob es sich bei dem Bekenntnis- 30
und Erklärungserfordernis um eine **formelle** oder um eine **materielle** Einbürgerungsvoraussetzung handelt. Ist den Einbürgerungsvoraussetzungen also bereits Genüge getan, wenn Bekenntnis
und Erklärung **abgegeben** sind, oder sind die Einbürgerungsvoraussetzungen erst erfüllt, wenn
sich der Einbürgerungsbewerber – materiell – tatsächlich aus innerer Überzeugung und auf der
Grundlage fundamentaler Kenntnisse der Rechts- und Gesellschaftsordnung der Bundesrepublik
Deutschland zur freiheitlichen demokratischen Grundordnung bekennt und die abgegebene Loyalitätserklärung somit **materiell wahrheitsgemäß** ist (zum Meinungsstand, vgl. VGH BW
BeckRS 2017, 110111 Rn. 29 ff.; GK-StAR Rn. 135).

Es herrscht jedoch Klarheit darüber, dass ein glaubhaftes Bekenntnis zur freiheitlichen demokra- 31
tischen Grundordnung nur derjenige abgeben kann, der über einen Grundbestand an staatsbürgerlichem **Wissen verfügt** und infolgedessen weiß, die Beachtung welcher Prinzipien von ihm
erwartet wird. Dem wird durch das Erfordernis des Abs. 1 Nr. 7 Rechnung getragen, wonach
der Einbürgerungsbewerber in der Regel durch einen erfolgreichen **Einbürgerungstest** nachweisen muss, dass er über Kenntnisse der Rechts- und Gesellschaftsordnung und der Lebensverhältnisse
in Deutschland verfügt (BVerwG BeckRS 2009, 30195). Im Übrigen muss die **Loyalitätserklärung** unabhängig von ihrer Einordnung als formelle oder materielle Einbürgerungsvoraussetzung
jedenfalls hinsichtlich der in ihr enthaltenen **Tatsachenerklärungen** der Sache nach **vollständig**
und **wahrheitsgemäß** abgegeben werden (BVerwG NVwZ 2016, 1424).

Vor dem Hintergrund der **Übereinstimmung** des dargestellten Wortlauts des Bekenntnis- 32
und Erklärungserfordernisses mit § 4 BVerfSchG, der zugleich die wortgleiche Grundlage des
Einbürgerungsausschlussgrundes gem. § 11 Abs. 1 Nr. 1 bildet, ist entscheidend, dass die Anforderungen an das Bekenntnis und an die Loyalitätserklärung nicht über die Anforderungen nach § 11
Abs. 1 Nr. 1 hinausgehen (vgl. GK-StAR Rn. 139).

Daraus folgt hinsichtlich des Bekenntnisses, dass **äußerlich erkennbare** tatsächliche Umstände in der 32.1
Person des Einbürgerungsbewerbers vorliegen müssen, die ein wirksames Bekenntnis zur freiheitlichen
demokratischen Grundordnung ausschließen (verneint für einen Verstoß gegen das Prinzip der Einehe,
VGH BW NVwZ 2017, 1212). Für die Loyalitätserklärung gelten die Anforderungen des § 11 Abs. 1
Nr. 1.

In tatsächlicher Hinsicht stellt sich – jedenfalls soweit das Bekenntnis als materielles Einbürge- 33
rungserfordernis aufzufassen ist – die Frage nach der Bestimmtheit des Begriffs der freiheitlichen
demokratischen Grundordnung, soweit er über den durch § 4 Abs. 2 BVerfSchG bestimmten
Wortlaut des geforderten Bekenntnisses hinausgeht. Die Klärung dieses – auch in der Rechtswissenschaft unklaren und vom BVerfG jüngst neu akzentuierten (BVerfGE 134, 141 Rn. 112 =
NVwZ 2013, 1468) – weiterhin unbestimmten Rechtsbegriffs ist nicht Aufgabe des Einbürgerungsbewerbers (VGH BW BeckRS 2017, 110111 Rn. 47).

4. Folgen unvollständiger oder wahrheitswidriger Erklärungen

Werden hinsichtlich des Bekenntnis- und Erklärungserfordernisses vorsätzlich **unvollständige** 34
oder **wahrheitswidrige** Erklärungen abgegeben, die für den Erlass der Einbürgerung wesentlich
waren, kann die Einbürgerung unter den Voraussetzungen des § 35 zurückgenommen werden.
Die **Rücknahme** darf gem. § 35 Abs. 3 jedoch nur bis zum Ablauf von fünf Jahren nach der
Bekanntgabe der Einbürgerung erfolgen (zu den weiteren Einzelheiten vgl. BVerwG NVwZ 2016,
1424; BeckRS 2007, 24914; OVG NRW BeckRS 2016, 47476; → § 35 Rn. 1 ff.).

5. Freistellung nach Abs. 1 S. 2

Einbürgerungsbewerber, die **nicht handlungsfähig** nach § 37 Abs. 1 S. 1 sind, müssen das 35
Bekenntnis- und Erklärungserfordernis des Abs. 1 S. 1 Nr. 1 nicht erfüllen. Das sind zum einen
minderjährige Ausländer, die das 16. Lebensjahr noch nicht vollendet haben (→ § 8 Rn. 59 ff.),

und zum anderen **volljährige** Ausländer, soweit sie in dieser Angelegenheit iSd § 1896 Abs. 1 S. 1 BGB **zu betreuen sind** (→ § 8 Rn. 64).

35.1   Da insbesondere das Bekenntnis zur freiheitlichen demokratischen Grundordnung ein Mindestmaß an Kenntnissen der Rechts- und Gesellschaftsordnung der Bundesrepublik Deutschland voraussetzt und diese nach Abs. 1 S. 1 Nr. 7 in der Regel durch einen Einbürgerungstest nachzuweisen sind (Abs. 5 S. 1), kann – soweit nach Abs. 6 von dieser Voraussetzung abgesehen wird – auch das Bekenntnis- und Erklärungserfordernis in besonderen Einzelfällen entfallen, wenn ein Fall der Handlungsunfähigkeit iSv § 37 Abs. 1 S. 1 nicht vorliegt (zum Fall einer die Handlungsfähigkeit unberührt lassenden Leidens unter einer **sog. Prüfungsphobie,** vgl. HessVGH BeckRS 2013, 48079).

36   Maßgeblich für die Beurteilung der Minderjährigkeit des Einbürgerungsbewerbers ist der **Zeitpunkt** der Aushändigung der Einbürgerungsurkunde. Denkbar ist daher, das ein bei der Antragstellung noch nicht 16-Jähriger in das Bekenntnis- und Erklärungserfordernis „hineinwächst" (GK-StAR Rn. 170).

III. Unbefristetes Aufenthaltsrecht bzw. besondere Aufenthaltserlaubnisse (Nr. 2)

1. Allgemeines

37   Mit der Einbürgerungsvoraussetzung nach Nr. 2 fordert der Gesetzgeber einen gesicherten **Aufenthaltsstatus,** der einen dauerhaften oder zumindest einen solchen Aufenthalt sicherstellt, der nicht nur einer vorübergehenden Zweckbestimmung dient. Ein solcher Status kann sich aus einem ein Aufenthaltsrecht konstitutiv begründenden Aufenthaltstitel ergeben oder auf einem aus unions- bzw. assoziationsrechtlichen Normen folgenden genehmigungsfreien Aufenthalt beruhen, für den ggf. eine Bescheinigung erforderlich ist, die jedoch nur deklaratorischen Charakter hat (GK-StAR Rn. 180).

38   Für vor dem 1.1.2005 bzw. 28.8.2007 erteilte Aufenthaltsrechte gilt § 101 AufenthG (Nr. 4.3.1.3 VAH-StAG).

2. Genehmigungsfreie Aufenthalte

39   **Freizügigkeitsberechtigte Unionsbürger** (§ 2 Abs. 1 und Abs. 2 FreizügG/EU) und **gleichgestellte Staatsangehörige** eines **EWR-Staates** – § 12 FreizügG/EU (Island, Liechtenstein, Norwegen) – sowie deren Familienangehörige besitzen ein unbefristetes Aufenthaltsrecht.

40   Dies gilt auch für **türkische Staatsangehörige,** die die Voraussetzungen der Art. 6 und 7 ARB 1/80 erfüllen, in Fällen des Art. 6 ARB 1/80 unter Berücksichtigung der jeweiligen für den Erwerb der deutschen Staatsangehörigkeit erforderlichen Voraufenthaltszeit (Nr. 4.3.1.3 VAH-StAG). Dieser **Personenkreis** bedarf nach § 4 Abs. 5 AufenthG zwar einer Aufenthaltserlaubnis, die indes nur deklaratorische Bedeutung hat (GK-StAR Rn. 189 mwN; aA OVG Brem BeckRS 2016, 51787).

41   Die einem Staatsangehörigen der **Schweiz** oder dessen Familienangehörigen erteilte Aufenthaltserlaubnis nach dem Abkommen zwischen der Europäischen Gemeinschaft und ihren Mitgliedstaaten einerseits und der Schweizerischen Eidgenossenschaft andererseits über die Freizügigkeit steht dem unbefristeten Aufenthaltsrecht gleich.

42   Ein unbefristetes Aufenthaltsrecht haben – da sie keines Aufenthaltstitels bedürfen – **heimatlose** Ausländer, da sie nach dem Erwerb der Rechtsstellung (§§ 1 und 2 HeimatlAuslG) kraft Gesetzes (§ 12 S. 2 HeimatlAuslG) keines Aufenthaltstitels bedürfen (Nr. 4.3.1.2 VAH-StAG).

3. Titel, die ein unbefristetes Aufenthaltsrecht vermitteln

43   Solche, unbefristete Aufenthaltsrechte konstitutiv begründende Titel sind die **Niederlassungserlaubnis** nach § 9 AufenthG und die Niederlassungserlaubnis nach § 18b AufenthG, für deren Erteilung das Gesetz geringere Anforderungen stellt.

44   Auch die Erlaubnis zum **Daueraufenthalt-EU** gem. § 9a AufenthG ist ein solcher Titel, wobei streitig ist, ob es ein unionsrechtlich begründetes Daueraufenthaltsrecht nur deklaratorisch bestätigt oder ihre Erteilung für den Daueraufenthalt konstitutiv ist (zum Meinungsstand vgl. GK-StAR Rn. 188; GK-AufenthG § 9a Rn. 38 ff.).

4. Sonstige Aufenthaltserlaubnisse

45   Einbürgerungsrechtlich relevant iSd Nr. 2 sind die **Aufenthaltserlaubnisse,** die für **andere** als in den §§ 16a, 16b, 16d, 16e, 16f, 17, 18d, 18f, 19, 19b, 19e, 22, 23 Abs. 1, 23a, 24 und 25

Abs. 3–5 AufenthG aufgeführten Aufenthaltszwecke, also Ausbildungs- oder Forschungszwecke bzw. aus völkerrechtlichen, humanitären oder politischen Gründen erteilt wurden.

Das **sind** im Wesentlichen Aufenthaltserlaubnisse **46**
* zum Zweck der Erwerbstätigkeit (§ 18 AufenthG iVm § 18a AufenthG für Fachkräfte mit Berufsausbildung oder § 18 AufenthG iVm § 18b Abs. 1 bzw. Abs. 2 AufenthG (Blaue Karte EU) für Fachkräfte mit akademischer Ausbildung; § 19c AufenthG für sonstige Beschäftigungszwecke nach Maßgabe der BeschV (Beschäftigungsverordnung v. 6.6.2013, BGBl. I 1499) – oder zwischenstaatlicher Vereinbarungen bzw. für Beamte iSv § 19c Abs. 4 AufenthG; § 19d AufenthG für qualifizierte Geduldete),
* zum Zweck der Arbeitsplatzsuche für Fachkräfte (§ 20 AufenthG),
* zum Zweck der Forschung für mobile Forscher (§ 20b AufenthG,
* zur Ausübung einer selbstständigen Tätigkeit (§ 21 AufenthG),
* nach unanfechtbarer Asylanerkennung oder der Zuerkennung der Flüchtlingseigenschaft bzw. subsidiären Schutzes (§ 25 Abs. 1 und Abs. 2 AufenthG),
* aus familiären Gründen (§§ 27–36 AufenthG),
* zur Wahrnehmung des Rechts auf Wiederkehr (§ 37 AufenthG) und
* nach § 38 AufenthG für ehemalige Deutsche (GK-StAR Rn. 196).

5. Wirksamkeit der Erlaubnisse

Für den einbürgerungsrechtlich relevanten Aufenthaltsstatus, der durch einen konstitutiv wir- **47** kenden Aufenthaltstitel vermittelt wird, ist dessen **Wirksamkeit** im Zeitpunkt der Einbürgerung erforderlich. Daran **fehlt** es, wenn er infolge des Ablaufs seiner Geltungsdauer, Eintritts einer auflösenden Bedingung, Rücknahme oder Widerruf, durch Ausweisung des Ausländers oder eines anderen in § 51 Abs. 1 AufenthG genannten Grundes erloschen ist.

Erlischt der **Aufenthaltstitel** durch einen den Aufenthalt beendenden Verwaltungsakt, **endet 48** die **Rechtmäßigkeit** des Aufenthalts mit der **Bekanntgabe** dieses Verwaltungsakts, auch wenn er mit Widerspruch oder Klage angegriffen wird. Denn gem. § 84 Abs. 2 S. 1 AufenthG lassen Widerspruch und Klage **unbeschadet** ihrer aufschiebenden Wirkung die Wirksamkeit eines Verwaltungsakts, der die Rechtmäßigkeit des Aufenthalts beendet, unberührt (BayVGH BeckRS 2012, 25717).

Nicht statusbegründend oder -erhaltend sind die **Fiktionswirkungen** gem. § 81 Abs. 3 und **49** Abs. 4 AufenthG, die unter den dort geregelten Voraussetzungen für die Verfahrensdauer der Bearbeitung von Anträgen auf Erteilung oder Verlängerung von Aufenthaltstiteln durch die Ausländerbehörde die Rechtmäßigkeit des weiteren Aufenthalts nach Ablauf des bisherigen Titels oder des bisherigen genehmigungsfreien Zeitraums fingieren. Denn die Fiktionswirkung vermittelt allein eine **verfahrensrechtliche Sicherung,** nicht jedoch eine materiell-rechtliche Aufenthaltsposition (BVerwGE 136, 211 = BeckRS 2010, 50186; GK-StAR Rn. 209; zur Unschädlichkeit einer Unterbrechung der Rechtmäßigkeit des Aufenthalts → § 12b Rn. 42).

Ist der für die Einbürgerung nach Nr. 2 relevante rechtmäßige Aufenthalt im (verwaltungsge- **50** richtlichen) **Streit,** gebietet das Gebot des effektiven Rechtsschutzes (Art. 19 Abs. 4 GG) der Einbürgerungsbehörde, im Rahmen des ihr zustehenden Verfahrensermessens die Entscheidung – soweit die sonstigen Einbürgerungsvoraussetzungen vorliegen – bis zur rechtskräftigen verwaltungsgerichtlichen Entscheidung **auszusetzen** (zur Aussetzungspflicht bei Ermittlungen wegen des Verdachts einer Straftat → § 12a Rn. 40 ff.), oder eine **Einbürgerungszusicherung** für den Fall zu erteilen, dass der rechtmäßige Aufenthalt nicht unterbrochen bzw. der Aufenthaltstitel nicht erloschen ist (GK-StAR Rn. 213 f.).

IV. Gesicherter Lebensunterhalt (Nr. 3)

1. Allgemeines

Die Anforderung, den **Lebensunterhalt** für sich und seine unterhaltsberechtigten Familienan- **51** gehörigen ohne Inanspruchnahme von Leistungen nach SGB II oder SGB XII bestreiten zu können oder deren **Inanspruchnahme nicht zu vertreten** haben, ist **weniger streng** als die Voraussetzung der **Unterhaltsfähigkeit** nach § 8 Abs. 1 Nr. 4 (→ § 8 Rn. 88 ff.). Abs. 1 Nr. 3 setzt einerseits ein Mindestmaß an wirtschaftlicher Integration in die Verhältnisse der Bundesrepublik Deutschland voraus, misst aber andererseits dem Gesichtspunkt der Verhinderung der Belastung der sozialen Sicherungssysteme angesichts des Erfordernisses eines bereits langen rechtmäßigen Inlandsaufenthalts geringere Bedeutung bei (BVerwGE 133, 153 = NVwZ 2009, 843 Rn. 24).

2. Eigenständige Sicherung des Lebensunterhalts

52   **Staatliche Leistungen** nach dem SGB II umfassen die Grundsicherung für Arbeitsuchende, während Leistungen nach dem SGB XII Sozialhilfe sowie die Grundsicherung im Alter und bei Erwerbsminderung zum Gegenstand haben. Es handelt sich um steuerfinanzierte und **bedürftigkeitsabhängige** Leistungen, die nur in Betracht kommen, wenn der eigene Lebensunterhalt nicht aus eigenem Einkommen oder Vermögen bestritten werden kann (BVerwGE 133, 153 = NVwZ 2009, 843 Rn. 14). **Nicht erfasst** von diesen Leistungen sind die in § 2 Abs. 3 AufenthG genannten **öffentlichen Leistungen** Kindergeld, Kinderzuschlag, Erziehungsgeld, Elterngeld, Ausbildungsförderung (SGB III, BAföG), öffentliche Mittel, die auf Beitragsleistungen beruhen, oder die gewährt werden, um den Aufenthalt im Bundesgebiet zu ermöglichen sowie Leistungen nach dem UnterhVG (Unterhaltsvorschussgesetz v. 17.7.2007, BGBl. I 1446), die auf anderen Rechtsgrundlagen beruhen.

53   Das Erfordernis, seinen Lebensunterhalt ohne Inanspruchnahme von Leistungen nach SGB II oder SGB XII bestreiten zu können, bestimmt einen **Mindestunterhaltsbedarf,** dessen Ermittlung sich bei erwerbsfähigen Einbürgerungsbewerbern nach den §§ 19 ff. SGB II aus dem Regelbedarf (§ 20 SGB II), Mehrbedarfen (§§ 21, 24–27 SGB II) und dem Bedarf für Unterkunft und Heizung (§ 22 SGB II) ergibt (VG Stuttgart BeckRS 2015, 47236). Das Erfordernis schließt die Absicherung durch eine ausreichende Kranken- und Pflegeversicherung aus eigenen Mitteln ein. Bei erwerbsfähigen Einbürgerungsbewerbern soll der Lebensunterhalt auch Aufwendungen für eine Altersversorgung umfassen, ohne dass allerdings im Zeitpunkt der Einbürgerung bereits feststehen muss, dass im späteren Rentenfall durch daraus resultierende Leistungen der Lebensunterhalt gesichert sein wird (VGH BW BeckRS 2014, 47662; 2009, 33120; aA GK-StAR Rn. 225).

54   Einbürgerungsunschädlich ist – unbeschadet der weitergehenden Ausnahme, dass der Einbürgerungsbewerber die **Inanspruchnahme** nicht zu vertreten hat – regelmäßig allein die derzeitige tatsächliche Inanspruchnahme der Leistungen nach SGB II oder SGB XII (Nr. 85.1.1.3 StARVwV; Nr. 10.1.1.3 VAH-StAG). Für die Beantwortung der Frage, ob der Lebensunterhalt ohne Inanspruchnahme von Leistungen nach SGB II oder SGB XII bestritten werden kann, ist nämlich nicht ausschließlich auf die aktuelle Situation abzustellen, sondern es ist eine **prognostische Einschätzung** erforderlich, ob der Einbürgerungsbewerber die zuvor beschriebenen Sozialleistungen in Anspruch nehmen wird oder hierauf in einem überschaubaren **zukünftigen Zeitraum** angewiesen sein wird (BVerwGE 152, 156 (23) = BeckRS 2015, 48129; BVerwGE 133, 153 = NVwZ 2009, 843 Rn. 27; OVG NRW BeckRS 2015, 40288; aA VGH BW BeckRS 2014, 47662).

55   Diese Prognose hat insbesondere auch die **bisherige Erwerbsbiographie** zu berücksichtigen und auch **sonstige Umstände,** aus denen sich **absehbare Risiken** des Arbeitsplatzverlustes oder einer wesentlichen Einkommensverschlechterung ergeben (GK-StAR Rn. 246). Sowohl hinsichtlich des Prognosezeitraumes als auch der Prognosesicherheit sind jedoch von der Behörde keine überspannten Anforderungen zu stellen; insbesondere stehen allgemeine Risiken des Arbeitsmarktes oder der Wirtschaft einer positiven Prognose nicht entgegen (HMHK/Hailbronner/Hecker Rn. 38; GK-StAR Rn. 240.1).

55.1   Eine **positive Prognose** über die Sicherung des Lebensunterhalts für einen überschaubaren zukünftigen Zeitraum kann auch für einen Einbürgerungsbewerber zu verneinen sein, der Wohngeld anstelle von Leistungen nach dem SGB II bezieht, wenn die Prognose die Annahme rechtfertigt, er nehme vorübergehend Wohngeld, aber keine Leistungen nach SGB II in Anspruch, um seine Einbürgerung nicht zu gefährden, werde aber nach der Einbürgerung wieder solche Leistungen beantragen (OVG NRW BeckRS 2014, 58801).

3. Personenkreis unterhaltspflichtiger Familienangehörigen

56   Die Fähigkeit, den Lebensunterhalt aus eigenen Mitteln ohne Inanspruchnahme von Leistungen nach SGB II oder SGB XII zu bestreiten, muss nicht nur für den Einbürgerungsbewerber, sondern auch in Bezug auf seine unterhaltsberechtigten Familienangehörigen gewährleistet sein. Einbürgerungsrechtlich relevant ist – anders als nach § 8 Abs. 1 Nr. 4 (→ § 8 Rn. 89 ff.) – jedoch lediglich die Gewährung von Leistungen der Sozialhilfe nach dem SGB XII im **Inland,** während die Nichterfüllung von Unterhaltspflichten gegenüber im **Ausland** lebenden Familienangehörigen, die dort Sozialhilfe oder vergleichbare Leistungen in Anspruch nehmen, **unschädlich** ist (BVerwGE 152, 156 (23) = NVwZ 2015, 1675; GK-StAR Rn. 233).

57   Unterhaltsberechtigt sind nur die Familienangehörigen, deren Leistungsbezug nach SGB II oder SGB XII für den Einbürgerungsbewerber einbürgerungsschädlich sein könnte, also die nicht

nur einen abstrakten, sondern einen **konkreten** (durchsetzungsfähigen) **Unterhaltsanspruch** gegen den Einbürgerungsbewerber haben. Ein Unterhaltsanspruch scheidet jedoch nach § 1602 BGB aus, wenn das Familienmitglied im Stande ist, sich selbst zu unterhalten oder hierzu lediglich deswegen nicht in der Lage ist, weil er seinen aus dem Unterhaltsrecht folgenden **Erwerbsobliegenheiten** nicht (hinreichend) nachkommt (NdsOVG BeckRS 2014, 45025; VGH BW BeckRS 2009, 33120).

Lebt der Einbürgerungsbewerber in einer **Bedarfsgemeinschaft** iSd § 7 Abs. 3 SGB II, so ist **58** der Leistungsbezug nach SGB II oder SGB XII einbürgerungsrechtlich nur insoweit relevant, als es sich um **unterhaltsberechtigte** Familienangehörige handelt; dies ist bspw. beim Partner einer eheähnlichen Gemeinschaft oder einem Stiefkind nicht der Fall (GK-StAR Rn. 237).

4. Nicht zu vertretende Inanspruchnahme der Leistung

Erhält ein Einbürgerungsbewerber Leistungen nach dem SGB II oder SGB XII, so ist dieser **59** Leistungsbezug **einbürgerungsunschädlich,** wenn der Einbürgerungsbewerber diesen Bezug nicht zu vertreten hat. Der Begriff des „**Vertretenmüssens**" in diesem Sinne ist wertneutral und setzt **kein pflichtwidriges, schuldhaftes** Verhalten voraus. Er beschränkt sich nicht auf vorsätzliches oder fahrlässiges Handeln (§ 276 Abs. 1 S. 2 BGB). Erforderlich, aber auch ausreichend ist vielmehr, dass der Ausländer durch ein ihm **zurechenbares Handeln** oder Unterlassen **adäquat-kausal** die **Ursache** für den – fortdauernden – Leistungsbezug gesetzt hat (zur zeitlichen Begrenzung adäquat-kausaler Ursachen vgl. → Rn. 68). Ursächlich in diesem Sinne ist das Verhalten des Verantwortlichen für die Verursachung oder Herbeiführung des in Bezug genommenen Umstandes, wenn das Verhalten **nicht nachrangig,** sondern hierfür, wenn schon nicht allein ausschlaggebend, so doch maßgeblich bzw. prägend ist (BVerwGE 133, 153 = NVwZ 2009, 843 Rn. 23). Entscheidungserheblich für die Bewertung vergangenen Verhaltens ist dabei auch die Frage, ob der Einbürgerungsbewerber die Möglichkeit hatte, ein etwa für den Einbürgerungsanspruch schädliches Verhalten aufgrund **behördlicher Hinweise** zu erkennen und zu verändern. Der **Zurechnungszusammenhang** für Verletzungen sozialrechtlicher Obliegenheitsverpflichtungen besteht daher umso eher fort, je mehr die Einbürgerungs- oder Sozialbehörde diese **Pflichten** in einer für den Einbürgerungsbewerber eindeutigen und erkennbaren Art und Weise **konkretisiert** haben (NdsOVG BeckRS 2020, 17571 mit Hinweis auf OVG NRW BeckRS 2017, 120447). Die im Folgenden dargestellten Grundsätze, die zunächst zur Beantwortung der Frage des Vertretenmüssens der Inanspruchnahme von Leistungen nach dem SGB XII entwickelt wurden, gelten in gleicher Weise für das Vertretenmüssen der Inanspruchnahme von Leistungen nach dem SGB II (NdsOVG BeckRS 2020, 1850; OVG NRW BeckRS 2018, 1835).

Ob der Leistungsbezug vom Einbürgerungsbewerber zu vertreten hat, ist eine verwaltungsge- **60** richtlich uneingeschränkt nachprüfbare **Rechtsfrage,** in Bezug auf die der Einbürgerungsbehörde **kein Beurteilungsspielraum** zusteht (VGH BW NVwZ-RR 2008, 839). **Darlegungs- und beweispflichtig** für die Erfüllung der **sozialrechtlichen Obliegenheiten** (OVG NRW BeckRS 2020, 18002) und für das **Nichtvertretenmüssen** ist, da es sich regelmäßig um aus seiner persönlichen Sphäre stammenden Umstände handelt, der **Einbürgerungsbewerber** (NdsOVG BeckRS 2020, 17571; GK-StAR Rn. 254). An den dem Einbürgerungsbewerber obliegenden Nachweis, dass er Zeiten der Nichtbeschäftigung nicht zu vertreten hat, sind allerdings keine überspannten Anforderungen zu stellen, weil er bei einer nachträglichen (einbürgerungsrechtlichen) Bewertung seiner zurückliegenden Bemühungen um Arbeit in Beweisnot geraten kann, da er keine Veranlassung hatte, entsprechende Bemühungen systematisch zu erfassen und beweissicher zu dokumentieren (BVerwGE 133, 153 = NVwZ 2009, 843 Rn. 20; NdsOVG BeckRS 2020, 17571).

Der Einbürgerungsbewerber hat den Bezug von Sozialleistungen grundsätzlich dann zu vertre- **61** ten, wenn er nicht in dem sozialrechtlich gebotenen Umfang bereit ist, seine **Arbeitskraft** zum Bestreiten des Lebensunterhalts für sich und seine unterhaltsberechtigten Angehörigen **einzusetzen** (HMHK/Hailbronner/Hecker Rn. 43). Dies setzt in erster Linie voraus, dass er **erwerbsfähig** iSv § 8 SGB II ist, also nicht wegen Krankheit oder Behinderung auf absehbare Zeit außerstande ist, unter den üblichen Bedingungen des allgemeinen Arbeitsmarktes mindestens drei Stunden täglich erwerbstätig zu sein.

Als ein zu vertretender Grund für ein Angewiesen sein auf Leistungen ist insbesondere ein **62** Arbeitsplatzverlust wegen **Nichterfüllung arbeitsvertraglicher Pflichten** oder die Auflösung eines Beschäftigungsverhältnisses wegen **arbeitswidrigen** Verhaltens anzusehen. Anhaltspunkte dafür, dass ein Einbürgerungsbewerber das Fehlen seiner wirtschaftlichen Leistungsfähigkeit zu vertreten hat, ergeben sich zB auch daraus, dass er wiederholt die Voraussetzungen für eine

Sperrfrist (§ 159 SGB III) erfüllt hat oder dass aus anderen Gründen Hinweise auf **Arbeitsunwilligkeit** bestehen (Nr. 85.1.1.3 StAR-VwV; Nr. 10.1.1.3 VAH-StAG).

62.1   In der **Rechtsprechung** finden sich folgende Beispiele, in denen die Inanspruchnahme von Leistungen nach dem SGB II oder SGB XII vom Einbürgerungsbewerber **zu vertreten** ist:
- Eine Einbürgerungsbewerberin hat den Leistungsbezug – ohne Verstoß gegen das aus Art. 6 Abs. 2 GG gewährleistete elterliche Erziehungsrecht – dann zu vertreten, wenn sie eine Arbeitsaufnahme verweigert, obgleich es ihr möglich wäre, ihrem Ehemann zumindest zeitweise die Betreuung des gemeinsamen Kindes zu überlassen, auch wenn dieses Kind das dritte Lebensjahr noch nicht vollendet hat (OVG NRW NVwZ 2016, 712; BeckRS 2016, 47724). Zweifelhaft erscheint die Annahme des Vertretenmüssens, soweit der Mutter abverlangt wird, den neunmonatigen Sohn der ebenfalls im Haushalt lebenden arbeitssuchenden 21-jährigen Tochter zu überlassen (OVG NRW BeckRS 2015, 54574).
- Zu vertreten ist der Leistungsbezug auch, wenn keine ernsthaften Bemühungen um eine Arbeitsstelle vorliegen. Dies gilt etwa dann, wenn bereits die Bewerbungsschreiben qualitativ nicht den Anforderungen genügen, die an ernsthafte Bemühungen um eine Beschäftigung zu stellen sind (OVG NRW BeckRS 2015, 56093), oder wenn der Einbürgerungsbewerber bei der Arbeitssuche nachhaltig durch Gleichgültigkeit oder mögliche Arbeitgeber abschreckende Angaben zu erkennen gibt, dass er tatsächlich kein Interesse an einer Erwerbstätigkeit hat (VGH BW NVwZ-RR 2008, 839).
- Ein Vertretenmüssen kommt in Betracht, wenn ein starker Nikotinkonsum des Einbürgerungsbewerbers seine Vermittlungsfähigkeit am Arbeitsmarkt erheblich einschränkt (VGH BW BeckRS 2014, 47662).
- Schließlich kann der Leistungsbezug während einer Fortbildung grundsätzlich aufgrund gegenwärtigen Verhaltens zu vertreten sein. Jedoch kann ein Vertretenmüssen im Falle des Bemühens um Fortbildung anstelle der Suche nach einer Erwerbstätigkeit **ausscheiden,** wenn ein **Vermittlungshemmnis** auf dem Arbeitsmarkt besteht, das seinerseits nicht aufgrund zurechenbaren vergangenen Verhaltens vom Einbürgerungsbewerber zu vertreten ist (NdsOVG BeckRS 2013, 59145).

63   **Nicht zu vertreten** hat es der Einbürgerungsbewerber hingegen insbesondere, wenn ein Leistungsbezug wegen des **Verlustes** des Arbeitsplatzes durch **gesundheitliche, betriebsbedingte oder konjunkturelle Ursachen** begründet ist und er sich **hinreichend intensiv** um eine Beschäftigung (Ausbildungs- oder Arbeitsplatz) **bemüht** hat (Nr. 85.1.1.3 StAR-VwV; Nr. 10.1.1.3 VAH-StAG).

64   Mit dem Gesetz zur Umsetzung aufenthalts- und asylrechtlicher Richtlinien der Europäischen Union (v. 19.8.2007, BGBl. I 1970) wurde der bis dahin geltende Abs. 1 S. 3 aufgehoben und die Prüfung, ob ein Einbürgerungsbewerber den Leistungsbezug zu vertreten hat, erstreckt sich nunmehr auch auf Personen, die das 23. Lebensjahr noch nicht vollendet haben. Der Bezug staatlicher Leistungen während der **Schulzeit,** der **Ausbildung** und des **Studiums** ist vom Einbürgerungsbewerber allerdings regelmäßig **nicht zu vertreten.** Auch kann die Inanspruchnahme staatlicher Leistungen durch die unterhaltspflichtigen Eltern dem jugendlichen Einbürgerungsbewerber nicht zugerechnet werden (Ergänzende Anm. zu Nr. 10.1.1.3 VAH-StAG).

64.1   Mangels **Zurechnungsnorm** hat ein erwerbsunfähiger Einbürgerungsbewerber die Inanspruchnahme von Leistungen nach SGB XII nicht deshalb zu vertreten, weil sein unterhaltspflichtiger Ehegatte zumutbare Erwerbsbemühungen unterlässt; das fremde Vertretenmüssen wird dem Einbürgerungsbewerber nicht anspruchshindernd als Eigenes zugerechnet (NdsOVG BeckRS 2014, 45025).

5. Aufstockung

65   Als einbürgerungsschädlich kommt der **Bezug** von Leistungen nach dem SGB II oder SGB XII auch dann in Betracht, wenn er nur **ergänzenden Charakter** hat, wenn also eigene (unzureichende) Einkommensquellen durch die Inanspruchnahme von ergänzenden Leistungsansprüchen **aufgestockt** werden. Dies gilt auch für die **Grundsicherung** im Alter, wenn also Rentenansprüche durch Leistungen nach dem SGB XII aufgestockt werden.

66   Auch die Inanspruchnahme von solchen aufstockenden Leistungen ist allerdings nur dann **einbürgerungsschädlich,** wenn der Bezug vom Einbürgerungsbewerber zu vertreten ist. Dabei ist zu beachten, dass ein Vertretenmüssen nur in Betracht kommt, wenn der Einbürgerungsbewerber bei einer Gesamtbetrachtung aller Umstände mit seinem Verhalten eine wesentliche, prägende Ursache **für den Leistungsbezug insgesamt gesetzt hat.** Bei Sozialhilfe- oder Grundsicherungsleistungen, die die anderweitige Sicherung des Lebensunterhalts durch Einkommen lediglich ergänzen, sind dabei nicht allein die aufstockenden Leistungen, sondern die Sicherung des Lebensunterhalts insgesamt in den Blick zu nehmen (BVerwGE 133, 153 = NVwZ 2009, 843 Rn. 23).

67   Bei dieser **Gesamtbetrachtung** der Frage, ob der Einbürgerungsbewerber den (aufstockenden) Bezug von Grundsicherung im Alter (§ 41 SGB XII) zu vertreten hat, ist auch zu berücksichtigen, dass das deutsche Sozialsystem für den Regelfall davon ausgeht, dass erwerbsfähige Personen grundsätzlich auch selbst für ihre Altersversorgung aufkommen. Deswegen besteht grundsätzlich die **Obliegenheit,** durch den Einsatz der Arbeitskraft für die Altersversorgung zu sorgen. Von einem Vertretenmüssen des Leistungsbezugs kann jedoch nur ausgegangen werden, wenn die **Obliegenheitsverletzung** nach Art, Umfang und Dauer von einigem Gewicht ist. An den nach allgemeinen Grundsätzen dem Einbürgerungsbewerber obliegenden Nachweis, dass er **Zeiten der Nichtbeschäftigung** nicht zu vertreten hat, sind jedoch keine überspannten Anforderungen zu stellen, weil der Einbürgerungsbewerber bei einer nachträglichen einbürgerungsrechtlichen **Neubewertung** seiner zurückliegenden Bemühungen um Arbeit in **Beweisnot** geraten kann, da er keinen Anlass hatte, entsprechende Bemühungen systematisch zu erfassen und beweissicher zu dokumentieren (BVerwGE 133, 153 = NVwZ 2009, 843 Rn. 20).

6. Fernwirkungen – Grenze der zeitlichen Zurechnung

Die **Einbürgerungsschädlichkeit** stellt darauf ab, dass der Einbürgerungsbewerber durch zurechenbares Handeln oder Unterlassen den **gegenwärtigen Leistungsbezug prägend** (mit-) verursacht und ihn deshalb zu vertreten hat. Die Vorschrift fordert allerdings keine zeitlich unbegrenzte Zurechnung des Verursachungsbeitrags. Der geforderte Zusammenhang zwischen zu verantwortetem vergangenen Verhalten und späteren Fernwirkungen verliert vielmehr nach Sinn und Zweck der Regelung, einer Zuwanderung in die Sozialsysteme entgegenzuwirken, im Zeitverlauf an Gewicht und Dichte und tritt hinter dem Anliegen zurück, Personen mit langjährigem rechtmäßigen Inlandsaufenthalt einen Anspruch auf Zugang zur deutschen Staatsangehörigkeit einzuräumen. Ein Einbürgerungsbewerber hat deshalb für ein ihm zurechenbares und für den aktuellen Leistungsbezug mitursächliches Verhalten **nach Ablauf von acht Jahren** nicht mehr einzustehen (BVerwGE 133, 153 = NVwZ 2009, 843 Rn. 28). **68**

V. Aufgabe oder Verlust der bisherigen Staatsangehörigkeit (Nr. 4)

1. Allgemeines

Auch mit der Überführung der Anspruchseinbürgerung in das StAG hat der Gesetzgeber an dem bereits in § 87 AuslG zum Ausdruck gebrachten Prinzip der Vermeidung der Mehrstaatigkeit festgehalten. **69**

Die grundsätzliche Verpflichtung des Einbürgerungsbewerbers zur Aufgabe der bisherigen Staatsangehörigkeit bezieht sich – soweit er im Besitz mehrerer Staatsangehörigkeiten ist – auf alle Staatsangehörigkeiten. **70**

Von dieser **Verpflichtung** ist beim Vorliegen der Voraussetzungen des § 12 abzusehen. Soweit der Einbürgerungsbewerber mehrere Staatsangehörigkeiten besitzt, erstreckt sich die Prüfungspflicht der Einbürgerungsbehörde hinsichtlich der **Hinnahme von Mehrstaatigkeit** nach den Voraussetzungen des § 12 auf sämtliche bisherigen Staatsangehörigkeiten. **71**

2. Hinnahme von Mehrstaatigkeit

Die Vorschrift des § 12 regelt in drei Absätzen unterschiedliche Gründe, nach denen von dem Erfordernis der Aufgabe oder des Verlustes der bisherigen Staatsangehörigkeit nach Abs. 1 S. 1 Nr. 4 abzusehen ist. **72**

Gemäß § 12 Abs. 1 wird von der Voraussetzung des Abs. 1 S. 1 Nr. 4 abgesehen, wenn der Ausländer seine bisherige Staatsangehörigkeit **nicht** oder nur unter **besonders schwierigen** Bedingungen **aufgeben** kann. Das Vorliegen dieser Voraussetzungen wird in § 12 Abs. 1 S. 2 Nr. 1–6 beschrieben (zu den Einzelheiten vgl. → § 12 Rn. 9 ff., zu der Frage, ob es sich bei Nr. 1–6 um abschließende Hinnahmeregelungen oder um nicht abschließende Regelbeispiele handelt, vgl. → § 12 Rn. 10 ff.). **73**

Abs. 2 regelt die Verpflichtung der Hinnahme der Mehrstaatigkeit für Ausländer mit der Staatsangehörigkeit eines anderen Mitgliedstaates der EU und der Schweiz (→ § 12 Rn. 55 ff.). **74**

Mit Abs. 3 eröffnet der Gesetzgeber die Möglichkeit, weitere Ausnahmen von der Voraussetzung des Abs. 1 S. 1 Nr. 4 nach Maßgabe völkerrechtlicher Verträge vorzusehen (→ § 12 Rn. 58). **75**

VI. Strafrechtliche Unbescholtenheit (Nr. 5)

1. Allgemeines

76   Die Einbürgerungsanspruchsvoraussetzung des Abs. 1 S. 1 Nr. 5 setzt voraus, dass der Bewerber weder wegen einer rechtswidrigen Tat zu einer **Strafe verurteilt** noch gegen ihn aufgrund seiner Schulunfähigkeit einer **Maßregel** der Besserung oder Sicherung **angeordnet** worden ist. Diese Anforderung erstreckt sich nicht nur auf das Fehlen von inländischen Verurteilungen und Anordnungen von Maßregeln der Besserung und Sicherung, sondern auch auf ausländische Verurteilungen. Als einbürgerungsunschädlich bleiben nur solche Verurteilungen und Anordnungen außer Betracht, die unter die Ausnahmeregelung des § 12a fallen.

2. Verurteilungen

77   Eine Verurteilung in **Inland** ist jede Entscheidung, durch die ein **deutsches Gericht** wegen einer rechtswidrigen Tat auf eine Strafe erkennt, eine Maßregel der Besserung und Sicherung angeordnet, jemanden nach § 59 StGB mit einem Strafvorbehalt verwarnt oder nach § 27 JGG die Schuld eines Jugendlichen oder Heranwachsenden festgestellt hat (§ 4 BZRG; zu den Einzelheiten vgl. → § 8 Rn. 66 f., Rn. 69 ff.).

78   Für die Berücksichtigung von **ausländischen Verurteilungen** zu Strafen gelten die Maßstäbe des § 12 Abs. 2 (→ Rn. 30, → § 8 Rn. 68).

3. Beurteilungsmaßstäbe

79   Ob eine inländische Verurteilung vorliegt, prüft die Einbürgerungsbehörde in erster Linie anhand von **Auskünften** aus dem Bundeszentralregister (→ § 8 Rn. 72 ff.).

4. Vorhalte- bzw. Verwertungsverbot

80   Ohne Bedeutung für die Frage der Unbescholtenheit des Einbürgerungsbewerbers – also einbürgerungsunschädlich – sind die Verurteilungen, die dem **Vorhalte- und Verwertungsverbot** des § 51 Abs. 1 BZRG unterfallen (→ § 8 Rn. 77 ff.).

5. Unbeachtlichkeit strafrechtlicher Sanktionen

81   Unter den in § 12a Abs. 1 und Abs. 2 genannten Voraussetzungen bleiben inländische und ausländische Verurteilungen zu einer Geld- oder Freiheitsstrafe sowie Anordnungen von Maßregeln der Besserung und Sicherung außer Betracht: Zu den unbeachtlichen Verurteilung (→ § 12a Rn. 12 ff.), zum Zusammentreffen mehrerer Geld- und Freiheitsstrafen (→ § 12a Rn. 18 ff.), zu Überschreiten des Bagatellrahmens (→ § 12a Rn. 21 ff.), zur Unbeachtlichkeit von Maßregeln der Besserung und Sicherung (→ § 12a Rn. 27 ff.) und zur Bewertung ausländischer Verurteilungen (→ § 12a Rn. 31 ff.).

82   Liegt keine Verurteilung des Einbürgerungsbewerbers vor, sondern wird wegen des **Verdachts** einer Straftat **ermittelt,** hat die Einbürgerungsbehörde die Entscheidung über die Einbürgerung **auszusetzen** (→ § 12a Rn. 40 ff.).

83   Der Einbürgerungsbewerber hat gem. § 12a Abs. 4 im **Ausland** erfolgte Verurteilungen sowie im Ausland anhängige **Ermittlungs- und Strafverfahren** im Einbürgerungsantrag aufzuführen (→ § 12a Rn. 48 ff.).

VII. Ausreichende Sprachkenntnisse (Nr. 6, Abs. 4), Kenntnisse der deutschen Rechts- und Gesellschaftsordnung und der Lebensverhältnisse (Nr. 7, Abs. 5) sowie die Gewährleistung der Einordnung in die deutschen Lebensverhältnisse

1. Anforderungen an ausreichende Sprachkenntnisse (Abs. 4 S. 1)

84   Maßstab für die Anforderung an ausreichende Sprachkenntnisse ist seit dem Gesetz zur Umsetzung aufenthalts- und asylrechtlicher Richtlinien der Europäischen Union v. 19.8.2007 (BGBl. I 1970) gem. Abs. 4 die Sprachprüfung zum Zertifikat Deutsch (B1 des Gemeinsamen Europäischen Referenzrahmens für Sprachen) in mündlicher und schriftlicher Form. Diese Kenntnisse sind von der Einbürgerungsbehörde zu prüfen und festzustellen.

85   Nicht zwingend ist der **Nachweis** der Kenntnisse durch den Erwerb eines solchen Zertifikats; der Nachweis ist auch durch **andere geeignete Mittel** möglich.

Die Kenntnisse gelten neben der Möglichkeit der Vorlage des Zertifikats regelmäßig auch dann als **85.1** nachgewiesen, **wenn** der Einbürgerungsbewerber

- eine Bescheinigung des Bundesamtes für Migration und Flüchtlinge (vor dem 28.8.2007 eines Integrationskursträgers) über die erfolgreiche Teilnahme an einem Sprachkurs im Rahmen eines Integrationskurses (§ 43 Abs. 4 AufenthG) erhalten hat,
- vier Jahre eine deutschsprachige Schule mit Erfolg (Versetzung in die nächsthöhere Klasse) besucht hat und im Fach „Deutsch" mindestens die Note „ausreichend" erzielt hat,
- einen Hauptschulabschluss oder wenigstens einen gleichwertigen deutschen Schulabschluss erworben und im Fach „Deutsch" mindestens die Note „ausreichend" erzielt hat,
- in die zehnte Klasse einer weiterführenden deutschsprachigen Schule (Realschule, Gymnasium oder Gesamtschule) versetzt worden ist und im Fach „Deutsch" mindestens die Note „ausreichend" erzielt hat,
- ein Studium an einer deutschsprachigen Hochschule oder Fachhochschule oder eine deutsche Berufsausbildung erfolgreich abgeschlossen hat oder
- die deutsche Sprache als Muttersprache beherrscht (Nr. 10.1.1.6 VAH-StAG).

Verfügt der Einbürgerungsbewerber weder über entsprechende Zeugnisse noch über andere **86** Zertifikate zum **Beleg** seiner Sprachkenntnisse, ist die Einbürgerungsbehörde gehalten, dem Bewerber einen **Sprachtest,** ggf. auch einen Sprachkurs zu empfehlen. Auf einen Sprachtest kann die Einbürgerungsbehörde verzichten, wenn sie nach den aus einem **persönlichen Gespräch** gewonnen Erkenntnissen der Überzeugung ist, dass der Bewerber offensichtlich über die geforderten Sprachkenntnisse verfügt (Nr. 10.1.1.6 VAH-StAG).

Die zum Nachweis der erforderlichen Sprachkenntnisse ausgestellten Zertifikate einer zertifi- **87** zierten Sprachschule entfalten **Indizwirkung** hinsichtlich der Erfüllung der Anforderungen von Nr. 6. Diese Indizwirkung ist jedoch **erschüttert,** wenn der Einbürgerungsbewerber ein solches Zertifikat vorlegt, jedoch objektiv den Eindruck vermittelt, nicht über hinreichende Deutschkenntnisse zu verfügen. Bestehen konkrete **Anhaltspunkte für unzureichende Sprachkenntnisse,** haben die Einbürgerungsbehörde und ggf. die Verwaltungsgerichte sich durch weitere Ermittlungen von Amts wegen die erforderliche **Überzeugungsgewissheit** zu verschaffen (OVG NRW BeckRS 2013, 57561; VG Freiburg BeckRS 2014, 53442).

Solche weiteren Ermittlungen kommen ausnahmsweise auch in Betracht, wenn konkrete **88** Anhaltspunkte dafür vorliegen, dass **nach Erlangung** des Zertifikats ein relevanter **Sprachverlust** eingetreten ist. Denn maßgeblich für die Beurteilung der Anforderungen an die deutsche Sprache ist der Zeitpunkt der Einbürgerung (GK-StAR Rn. 314). Allein aus dem Alter eines vorgelegten Zertifikats lassen sich beachtliche Zweifel an der Sprachkompetenz allerdings nicht herleiten (VG Düsseldorf BeckRS 2014, 52370).

2. Sprachanforderungen an Minderjährige (Abs. 4 S. 2)

Minderjährige Kinder, die das 16. Lebensjahr noch nicht vollendet haben, erfüllen die erforder- **89** lichen ausreichenden Sprachkenntnisse nach Abs. 1 Nr. 6, wenn bei ihnen eine **altersgemäße Sprachentwicklung** vorliegt.

Für **schulpflichtige** Kinder können zum Nachweis dieser Anforderung **Zeugnisse** oder **Ent- 90 wicklungsberichte** der Schulen herangezogen werden. Eine altersgemäße Sprachentwicklung ist dann anzunehmen, wenn die Leistungen im Fach „Deutsch" regelmäßig mindestens mit der Note „ausreichend" bewertet wurden. Dieser Maßstab folgt aus dem erforderlichen Sprachniveau nach S. 1 (Nr. 10.1.1.6 VAH-StAG).

Für noch **nicht schulpflichtige** Kinder kann – bei entsprechenden Anhaltspunkten für vorhan- **91** dene Sprachdefizite – mit Einwilligung der Vertretungsberechtigten auf die **Expertise** des Jugendamtes zurückgegriffen werden.

3. Anforderungen an die Kenntnisse der deutschen Rechts- und Gesellschaftsordnung und der Lebensverhältnisse (Nr. 7, Abs. 5)

Die Voraussetzungen des Abs. 1 S. 1 Nr. 7 sind in der Regel durch einen erfolgreichen **92 Einbürgerungstest** nachzuweisen. Ein solcher Test wird nach der auf der Grundlage der Verordnungsermächtigung des § 10 Abs. 7 erlassen EinbTestV (Einbürgerungstestverordnung v. 5.8.2008, BGBl. I 1649) idF der Verordnung v. 18.3.2013 (BGBl. I 585) durchgeführt.

Der Nachweis **staatsbürgerlicher Kenntnisse** ist auch durch einen Abschluss des Einbürge- **93** rungsbewerbers einer deutschen Hauptschule oder eines vergleichbaren oder höheren Schulabschlusses einer deutschen allgemeinbildenden Schule erbracht. Dies gilt auch bei einem erfolgreichen Studium der Rechts- oder Politikwissenschaften. Bei Abschlüssen anderer Studienrichtungen, wie zB Lehramt, kommt es auf die Fächerkombination an. Berufsschulabschlüsse können als Nachweis anerkannt werden, wenn berufsbegleitender Unterricht einschließlich des Fachs „Politik" erteilt wurde (Nr. 10.1.1.7 VAH-StAG).

94 Der **bundeseinheitliche** Einbürgerungstest erfolgt mittels eines aus 33 Fragen bestehenden Fragebogens, bei dem zu jeder Frage aus vier möglichen Antworten die richtige gewählt werden muss. Die Fragebögen sind aus einem Fragenkatalog erstellt worden, der als Anlage 1 EinbTestV bekannt gemacht worden ist.

95 Der **Test** ist gem. § 1 Abs. 3 EinbTestV **bestanden,** wenn unter Aufsicht innerhalb von 60 Minuten mindestens 17 der 33 Fragen richtig beantwortet worden sind.

96 Über das Bestehen des Tests wird eine **Bescheinigung** nach einheitlichem Vordruck ausgestellt, die auch nach einem Wohnsitzwechsel gegenüber der dann zuständige Behörde fort gilt (§ 1 Abs. 4 EinbTestV).

97 Zur Vorbereitung auf den Einbürgerungstest werden **Einbürgerungskurse** angeboten, die jedoch nicht verpflichtend sind (Abs. 5 S. 2).

98 Den Nachweis von Kenntnissen nach Abs. 1 S. 1 Nr. 7 müssen gem. Abs. 1 S. 2 Einbürgerungsbewerber nicht erfüllen, die **nicht handlungsfähig** nach § 37 Abs. 1 S. 1 sind. Das sind zum einen **minderjährige** Ausländer, die das 16. Lebensjahr noch nicht vollendet haben (→ § 8 Rn. 59 ff.), und zum anderen **volljährige** Ausländer, soweit sie in dieser Angelegenheit iSd § 1896 Abs. 1 S. 1 BGB **zu betreuen** sind (→ § 8 Rn. 64).

99 Maßgeblich für die Beurteilung der Minderjährigkeit des Einbürgerungsbewerbers ist der **Zeitpunkt** der Aushändigung der Einbürgerungsurkunde. Denkbar ist daher, dass ein bei der Antragstellung noch nicht 16-Jähriger in das Erfordernis des Nachweises dieser Kenntnisse „hineinwächst" (GK-StAR Rn. 170).

4. Ausnahmen nach Abs. 6

100 Abs. 6 statuiert die **Pflicht,** von den **Anforderungen** nach Abs. 1 S. 1 Nr. 6 und Nr. 7 – von den geforderten Sprachkenntnissen und den Kenntnissen der Rechts- und Gesellschaftsordnung – **abzusehen,** wenn der Einbürgerungsbewerber die Anforderungen wegen einer Krankheit, einer Behinderung oder altersbedingt nicht erfüllen kann.

101 Voraussetzung für ein Absehen von den Anforderungen ist eine der genannten Beeinträchtigungen im **Zeitpunkt** der Einbürgerung. Maßgeblich sind die Verhältnisse im Zeitpunkt der Entscheidung über den Einbürgerungsantrag bzw. im verwaltungsgerichtlichen Verfahren bei Schluss der letzten mündlichen Verhandlung in der Tatsacheninstanz. Vor diesem Hintergrund ist es **unerheblich,** ob die erforderlichen Kenntnisse zu einem früheren Zeitpunkt hätten erworben werden können oder ob der Nichterwerb der Kenntnisse auf **Versäumnissen** in der **Vergangenheit** beruht (BVerwGE 149, 387 = NVwZ 2014, 1383 Rn. 12).

102 Erforderlich ist jedoch, dass das beeinträchtigende **Hindernis** nachweislich **kausal** für das Unvermögen am Kenntniserwerb ist. Zwar wird nicht vorausgesetzt, dass die Beeinträchtigung die alleinige Ursache für das Unvermögen, die sprachlichen und staatsbürgerlichen Kenntnisse zu erwerben ist, sie müssen jedoch die **wesentliche (Mit-) Ursache** sein (VGH BW BeckRS 2014, 59092).

103 Zur **Beurteilung** der Wesentlichkeit der (Mit-) Ursache bedarf es der Ermittlung und Darstellung der konkreten Auswirkungen der Beeinträchtigung auf den erforderlichen Kenntniserwerb. Dies erfordert regelmäßig die Vorlage einer **(fach-) ärztlichen Bescheinigung,** aus der sich ergeben muss, auf welcher Grundlage die **Diagnose** beruht und wie sich die Beeinträchtigung im konkreten Fall darstellt (zu einem krankheitsbedingten Unvermögen vgl. BayVGH BeckRS 2014, 55976). Fehlt ein solch aussagekräftiges Attest, besteht keine Veranlassung zur weitergehenden **Erforschung** des Sachverhalts von Amts wegen; ein dahingehender **Beweisantrag** wäre als unsubstanntiert anzusehen (VGH BW BeckRS 2018, 10450; OVG NRW BeckRS 2017, 126419).

104 Von Abs. 6 sind neben den Fällen, in denen ein Einbürgerungsbewerber aufgrund der genannten Beeinträchtigungen gehindert ist, die erforderlichen Kenntnisse zu erwerben, auch die Fälle erfasst, dass der Bewerber infolge der Beeinträchtigungen am Nachweis der erforderlichen Kenntnisse in **Prüfungs-** und anderen **Testsituationen** gehindert ist. Als eine solche Beeinträchtigung kommt eine sog. **Prüfungsphobie,** also eine **Angststörung** in Betracht, die sich isoliert auf Prüfungssituationen bezieht, und die zu prüfende Person daran hindert, ihre Kenntnisse zu belegen (HessVGH BeckRS 2013, 48079).

105 Als Beeinträchtigungen, die den Kenntniserwerb **hindern,** kommen körperliche, geistige oder seelische Krankheiten und Behinderungen in Betracht (zur näheren Beschreibung von in Betracht

kommenden Beeinträchtigungen, insbesondere zu psychischen Erkrankungen und seelischen Behinderungen, vgl. WHO ICD-10-GM, abrufbar unter http://www.icd-code.de/icd/code/ F00-F99). Zu nennen sind Erkrankungen wie Demenz oder Delir sowie Depressionen, posttraumatische Belastungsstörungen oder Angststörungen.

Keine krankheitsbedingte **wesentliche Ursache** für den unzureichenden Kenntniserwerb ist **106** der (absolute und funktionale) **Analphabetismus.** Damit werden kulturell, bildungs- oder psychisch bedingte individuelle Defizite im Lesen und / oder Schreiben bis hin zu völligem Unvermögen bezeichnet. Beachtlich iSd Abs. 6 ist der Analphabetismus nur dann, wenn er durch eine geistige Behinderung oder längerfristige oder chronische Krankheit verursacht oder mit einem als Lernbehinderung bezeichneten Komplex verbunden ist (zu **hochgradiger Schwerhörigkeit** als wesentliche (Mit-) Ursache des Analphabetismus, NdsOVG BeckRS 2019, 26782). Eine analoge Anwendung des Abs. 6 auf alle Fälle des Analphabetismus kommt nicht in Betracht, da der Gesetzgeber mit § 9 Abs. 2 S. 4 und S. 5 AufenthG für die Erteilung der Niederlassungserlaubnis weitergehende Ausnahmen geschaffen, sich also für das Einbürgerungsrecht für strengere Anforderungen entschieden hat. Im Übrigen war dem Gesetzgeber zu diesem Zeitpunkt die Entscheidung des BVerwG v. 20.10.2005 (BeckRS 2006, 21477) bekannt, nach der ein Analphabet keinen Anspruch auf Einbürgerung hat (zu Erleichterungen im Rahmen der Ermessenseinbürgerung vgl. → § 8 Rn. 113).

Auch **Legasthenie** im **Erwachsenenalter** stellt keine Krankheit oder Behinderung iSv Abs. 6 **107** dar, solange sie nicht mit einer körperlichen oder seelischen Erkrankung einhergeht (VG Hannover BeckRS 2014, 52143). Für Behinderungs- und Krankheitsfälle, die den **Kenntniserwerb** lediglich **erschweren** (Seh- und Hörbehinderung, Legasthenie, Dyslexie, Sprachbehinderung oder motorische Beeinträchtigungen), sind Lern-, Test- und Prüfungsmethoden bekannt, die diesen Beeinträchtigungen Rechnung tragen (HessVGH BeckRS 2013, 48079).

Von den Anforderungen nach Abs. 1 S. 1 Nr. 6 und Nr. 7 ist auch als Folge **altersbedingter 108 Einschränkungen** abzusehen. Es soll Einbürgerungsbewerbern in fortgeschrittenem Lebensalter angesichts der typischerweise im Alter schwindenden Fähigkeit, sich neue Kenntnisse und Fertigkeiten anzueignen, nicht ausnahmslos zugemutet werden, entsprechende Bemühungen, Kenntnisse auf dem geforderten Niveau zu erwerben, zu entfalten (OVG Saarl BeckRS 2014, 48649; GK-StAR Rn. 406).

Im Hinblick auf die **erforderliche Kausalität** kommt es – wie bei den Merkmalen Erkrankung **109** und Behinderung – nicht darauf an, ob es der Einbürgerungsbewerber in der **Vergangenheit** versäumt hat, entsprechende Kenntnisse zu erwerben (BVerwGE 149, 387 = NVwZ 2014, 1383). Im maßgeblichen Zeitpunkt der Entscheidung (→ Rn. 102) muss die für den Erwerb der geforderten sprachlichen und staatsbürgerlichen Kenntnisse notwendige **Lernfähigkeit** fehlen (OVG Saarl BeckRS 2014, 48649; GK-StAR Rn. 406).

Für die Beurteilung der Frage nach dem Vorhandensein dieser Lernfähigkeit spielt das altersbe- **110** dingte Nachlassen der **kognitiven Leistungsfähigkeit** eine zentrale Rolle, die wiederum durch unterschiedlichste Aspekte beeinflusst werden kann. Zu nennen sind dabei in erster Linie der bisher erworbene Bildungsstand und die in diesen Lernprozessen gewonnenen Erfahrungen, das Maß der Anforderungen an sprachliche und soziale Integration im Rahmen der Erwerbstätigkeit, der eigene Lebensstil und der Einfluss des individuellen Lebensumfeldes. Diese Umstände können auch in der Gesamtschau mit der gesundheitlichen Verfassung des Einbürgerungsbewerbers zum Fehlen der notwendigen Lernfähigkeit führen (GK-StAR Rn. 406).

Es ist demnach – ggf. auf der Grundlage einer **ärztlichen Bescheinigung** (Nr. 10.6 VAH- **111** StAG) – im Einzelfall zu ermitteln, ob trotz fortgeschrittenen Lebensalters unter Berücksichtigung der konkreten Lebensentwicklung und -umstände des Einbürgerungsbewerbers davon auszugehen ist, dass dessen etwaige Bemühungen auf dem durch Abs. 4 für Sprachkenntnisse und Abs. 5 für staatsbürgerliche Kenntnisse vorgegebenen Niveau zu erwerben, erfolgversprechend sind (OVG Saarl BeckRS 2014, 48649).

Ein 67-jähriger Einbürgerungsbewerber, der mit 22 Jahren in die Bundesrepublik eingereist ist, hat **111.1** nicht dargelegt, dass **sein Alter kausal** für sein Unvermögen ist, die Anforderungen des Abs. 4 zu erfüllen; ihm kommen auch nicht die Beweiserleichterungen nach Nr. 10.6 VwV StAG (Verwaltungsvorschrift des Ministeriums für Integration zum Staatsangehörigkeitsgesetz v. 8.7.2013 – 2-1010.1/1, GABl. 2013, 330) zugute, die für Einbürgerungsbewerber gelten, die das 65. Lebensjahr vollendet und mit ihrem 55. Geburtstag nach Deutschland eingereist sind (VGH BW NVwZ-RR 2014, 937; zu einem 68-jährigen Einbürgerungsbewerber, der sich seit 34 Jahren im Bundesgebiet lebt, OVG Saarl BeckRS 2020, 5888; als Bsp. für einen 71 Jahre alten Einbürgerungsbewerber, der nach seinen persönlichen Lebensumständen bei Entfalten entsprechender Bemühungen **nicht in der Lage** ist, die Anforderungen gem. Abs. 1 S. 1 Nr. 6 und Nr. 7 zu erfüllen, vgl. OVG Saarl BeckRS 2014, 48649).

5. Gewährleistung der tatsächlichen Einordnung in die deutschen Lebensverhältnisse

111a   Mit der Ergänzung des Abs. 1 Nr. 7 durch das Dritte Gesetz zur Änderung des Staatsangehörig-keitsgesetzes v. 4.8.2019 (BGBl. I 1124) werden die Voraussetzungen der Anspruchseinbürgerung – wie auch durch die Ergänzung der sonstigen Einbürgerungsnormen der §§ 8, 9, und 14 – um das Erfordernis der Gewährleistung der Einordnung in die deutschen Lebensverhältnisse erweitert. In Abs. 1 Nr. 7 wird mit der zusätzlichen Erweiterung um den Halbsatz „insbesondere er [der Einbürgerungsbewerber] nicht mit mehreren Ehegatten verheiratet ist", ein **Regelbeispiel** ange-fügt, das eine Anspruchseinbürgerung ausschließt.

111b   Der Gesetzgeber geht allerdings bei der Erfüllung der sonstigen Voraussetzungen der Anspruchs-einbürgerung (rechtmäßige Mindestaufenthaltsdauer (→ Rn. 9 ff., → Rn. 37 ff.), Bekenntnis zur freiheitlich demokratischen Grundordnung des GG (→ Rn. 24 ff.), Lebensunterhaltssicherung (→ Rn. 51 ff.), Straffreiheit (→ Rn. 76 ff.), ausreichende Kenntnisse der deutschen Sprache und Kenntnisse der Rechts- und Gesellschaftsordnung und der Lebensverhältnisse in Deutschland (→ Rn. 84 ff.)) davon aus, dass auf dieser Grundlage eine Einordnung in die deutschen Lebensver-hältnisse gewährleistet ist. Dies soll indes nicht der Fall sein, wenn mit Hinweis auf die Rechtspre-chung des BVerwG (BeckRS 2018, 15074 Rn. 20) konkrete Anhaltspunkte dafür bestehen, dass der Einbürgerungsbewerber es ungeachtet dessen an der vorauszusetzenden Bereitschaft zur Beach-tung von Gesetz und Recht oder einer tätigen Einordnung in die **elementaren Grundsätze** des **gesellschaftlich-kulturellen Gemeinschaftslebens,** die als unverzichtbare außerrechtliche Voraussetzungen eines gedeihlichen Zusammenlebens zu werten sind, fehlen lässt (BT-Drs. 19/ 11083, 10).

111c   Maßstab für eine fehlende Einordnung ist danach die Nichtbeachtung solcher elementaren Grundsätze des gesellschaftlich-kulturellen Gemeinschaftslebens, die als unverzichtbare außerrecht-liche Voraussetzungen eines gedeihlichen Zusammenlebens zu werten sind. Als einen solchen Grundsatz wertet der Gesetzgeber das Prinzip der Einehe. Dass es sich bei dem Grundsatz der Einehe um einen solchen elementaren Grundsatz im vorgenannten Sinne handelt, ergibt sich aus dessen hochrangiger verfassungsrechtlicher (Ehebegriff des GG, BVerfGE 62, 323 = BeckRS 9998, 102493) und strafrechtlicher (§ 172 StGB) Verankerung, die ihn zu einem Teil der deutschen Lebensverhältnisse macht. Auf der Grundlage dieser Rechtsprechung hat der Gesetzgeber das **Verbot der Mehrehe** als **Regelbeispiel** für das Fehlen der Gewährleistung der Einordnung in die deutschen Lebensverhältnisse in das Gesetz aufgenommen. **Verallgemeinernd** sind danach nur solche unverzichtbaren Grundsätze des gesellschaftlich-kulturellen Gemeinschaftslebens Teil der deutschen Lebensverhältnisse, deren Bedeutung verfassungsrechtlich und strafrechtlich veran-kert ist (Dörig MigrationsR.-HdB/Berlit § 2 Rn. 158c; BeckOK-AuslR/Weber Rn. 54). Die Nichtbeachtung dieses Verbots hindert eine Anspruchseinbürgerung auch dann, wenn die Doppel- oder Mehrehe im Ausland wirksam geschlossen worden ist und sie im Rahmen des ordre public als im Bundesgebiet wirksam anerkannt wird deshalb auch nicht gegen deutsches Strafrecht verstößt (BVerwG BeckRS 2018, 15074 Rn. 20 zu § 9 Abs. 1 Nr. 2 aF).

111c.1   Zur Gewährleistung der Einordnung in die deutschen Lebensverhältnisse von Partnern einer Mehrehe, die selbst nicht mit mehreren Ehegatten verheiratet sind, VG Greifswald BeckRS 2021, 8855.

111d   Das ergänzende Merkmal der Gewährleistung der Einordnung in die deutschen Lebensverhält-nisse hat bereits im Gesetzgebungsverfahren Kritik erfahren. So wird zum einen die de facto-Ausschlussklausel im Bereich der Mehrehe als unangemessen beurteilt und zum anderen der Begriff der Lebensverhältnisse als zu unbestimmt kritisiert und damit die Möglichkeit einer willkürlichen Auslegung des Begriffs eröffnet (BT-Drs. 19/11083, 13 f.). Die Kritik an der Bestimmtheit des Merkmals „Einordnung in die deutschen Lebensverhältnisse" erscheint berechtigt, da mit der Forderung nach einer tätigen Einordnung in die elementaren Grundsätze des gesellschaftlich-kulturellen Gemeinschaftslebens ein normativ ungeregelter Kulturvorbehalt formuliert wird, der derzeit nur durch das Regelbeispiel des Verbots der Mehrehe begrenzt wird.

D. Ausnahmen

I. Ausnahmen für Handlungsunfähige (Abs. 1 S. 2)

112   Die besondere **Freistellung** Handlungsunfähiger iSv § 37 nach Abs. 1 S. 2 bezieht sich zum einen auf das **Bekenntnis- und Loyalitätserfordernis** nach Abs. 1 S. 1 Nr. 1 und auf das Erfordernis (hinreichender) **Kenntnisse der Rechts- und Gesellschaftsordnung** und der **Lebensverhältnisse in Deutschland** nach Abs. 1 S. 1 Nr. 7.

Zu den Freistellungen im Einzelnen zum Bekenntnis- und Loyalitätserfordernis nach Abs. 1 **113**
S. 1 Nr. 1 (→ Rn. 35 f.), und zu den Kenntnissen der Rechts- und Gesellschaftsordnung und
der Lebensverhältnisse in Deutschland nach Abs. 1 S. 1 Nr. 7 (→ Rn. 98 f.).

II. Ausnahmen für Ehegatten und minderjährige Kinder des Ausländers (Abs. 2)

1. Allgemeines

Die Möglichkeit der Miteinbürgerung von Ehegatten und minderjährigen Kindern knüpft an **114**
das **öffentliche Interesse** einer **einheitlichen Staatsangehörigkeit** innerhalb der Familie an.
Anders als bei dem Haupteinbürgerungsbewerber, dem ein Anspruch nach Abs. 1 zustehen muss,
liegt die Miteinbürgerung der weiteren Familienmitglieder im Ermessen der Einbürgerungsbehörde.

2. Tatbestandliche Voraussetzungen

Die Miteinbürgerung des **Ehegatten** setzt eine für den deutschen Rechtskreis geschlossene **115**
Ehe voraus, im Zeitpunkt der Entscheidung über den Einbürgerungsantrag noch Gültigkeit beansprucht. Nach § 1353 Abs. 1 S. 1 BGB idF des Gesetzes zur Einführung des Rechts auf Eheschlie
ßung für Personen gleichen Geschlechts v. 20.7.2017 (BGBl. I 2787) gilt das auch für Ehen von
Personen gleichen Geschlechts. Nicht von Abs. 2 erfasst sind Personen, die in einer registrierten
Lebenspartnerschaft nach dem LPartG (Lebenspartnerschaftsgesetz v. 16.2.2001, BGBl. I 266)
leben (GK-StAR Rn. 347).

Die Beurteilung der **Gültigkeit der Ehe** für den deutschen Rechtskreis richtet sich – unbescha **116**
det des Umstandes, dass beide Ehegatten Ausländer sind und deshalb eine Einbürgerung nach § 9
nicht in Betracht kommt – nach **deutschem Kollisionsrecht** (zu den Einzelheiten → § 9
Rn. 6 ff. mit der Maßgabe, dass die Ausführungen zu Lebenspartnerschaften keine Anwendung
finden).

Vom Anwendungsbereich des Abs. 2 erfasst sind nur **minderjährige Kinder** des Ausländers, **117**
also des Haupteinbürgerungsbewerbers nach Abs. 1. Das sind neben ehelichen Kindern, nichteheliche Kinder, soweit die Vaterschaft feststeht und Adoptivkinder, deren Annahme an Kindes statt
nach deutschem Recht wirksam ist. Ob dieser Personenkreis minderjährig ist, richtet nach dem
BGB; minderjährig sind Personen, die das 18. Lebensjahr noch nicht vollendet haben (§ 2 BGB).

Materiell setzt die Ermöglichung der Miteinbürgerung des Ehegatten und minderjähriger Kin **118**
der voraus, dass auch sie die tatbestandlichen Voraussetzungen des Abs. 1 unter Berücksichtigung
der dafür vorgesehenen relevanten Erleichterung (insbesondere Abs. 6 und §§ 12–12b) mit **Ausnahme** eines achtjährigen rechtmäßigen Inlandsaufenthalts aufweisen. Das gilt hinsichtlich der
grundsätzlichen Verpflichtung der Vermeidung der Mehrstaatigkeit, der Erfordernisse der Unbescholtenheit und der Sicherung des Lebensunterhalts sowie der Beherrschung der erforderlichen
Sprach- und staatsbürgerlichen Kenntnisse und der Erfüllung der Bekenntnis- und Loyalitätserklärungserfordernisse.

Liegt ein Ausschlussgrund nach § 11 vor (→ § 11 Rn. 2 ff.), kann auch eine Miteinbürgerung **119**
nicht erfolgen (Nr. 10.2.1.2.3 VAH-StAG).

3. Ermessensgrundsätze

Für die Miteinbürgerung des Ehegatten wird (regelmäßig) ein **Inlandsaufenthalt** von vier **120**
Jahren bei **zweijähriger Dauer** der **ehelichen Lebensgemeinschaft** vorausgesetzt
(Nr. 10.2.1.2.1 VAH-StAG).

Das minderjährige Kind des Einbürgerungsbewerbers, das im Zeitpunkt der Einbürgerung das **121**
16. Lebensjahr noch nicht vollendet hat, **soll** mit ihm eingebürgert werden, wenn er für das
Kind sorgeberechtigt ist und mit ihm eine familiäre Lebensgemeinschaft im Inland besteht. Das
miteinzubürgernde Kind soll sich seit **drei Jahren im Inland** aufhalten. Bei einem Kind, das im
Zeitpunkt der Miteinbürgerung das sechste Lebensjahr noch nicht vollendet hat, genügt es in
diesem Fall, wenn es unmittelbar vor der Einbürgerung sein **halbes Leben** im Inland verbracht
hat (Nr. 10.2.1.2.2 VAH-StAG).

Die Miteinbürgerung eines minderjährigen Kindes, das im Zeitpunkt der Einbürgerung das **122**
16. Lebensjahr vollendet hat, setzt in der Regel voraus, dass es selbstständig eingebürgert werden
könnte (Nr. 10.2.1.2.2 VAH-StAG).

Hinsichtlich der im Übrigen anzustellenden Ermessenserwägungen ist das **Interesse** an einer **123**
einheitlichen Staatsangehörigkeit innerhalb der Familie in besonderer Weise in den Blick zu

nehmen. Dieses ist neben dem privaten Interesse der Einbürgerungsbewerber unter **integrationspolitischen Aspekten** ein gewichtiges öffentliches Interesse (vgl. zu den einzustellenden Erwägungen HMHK/Hailbronner/Hecker Rn. 71 f.; GK-StAR Rn. 367 ff.).

E. Verordnungsermächtigung nach Abs. 7

124   Auf der Grundlage der Verordnungsermächtigung des § 10 Abs. 7 hat das BMI die EinbTestV (Einbürgerungstestverordnung v. 5.8.2008, BGBl. I 1649) idF der Verordnung v. 18.3.2013 (BGBl. I 585) erlassen.

125   Die **Prüfungs- und Nachweismodalitäten** des **Einbürgerungstests** ergeben sich aus § 1 Abs. 1–4 EinbTestV und §§ 2 und 3 EinbTestV iVm der Anlage 1 EinbTestV. Aus dem Fragenkatalog der Anlage 1 EinbTestV, der 310 Fragen umfasst und aus 300 Fragen aus den Themenfeldern des Rahmencurriculums zum Einbürgerungskurs „Leben in der Demokratie", „Geschichte und Verantwortung" und „Mensch und Gesellschaft", sowie aus zehn Fragen, die sich auf das Bundesland beziehen, in dem der Prüfungsteilnehmer wohnt, besteht, werden Fragebögen mit 33 Fragen erstellt. Den Einbürgerungstest besteht, wer unter Aufsicht in 60 Minuten 17 Fragen eines solchen Fragebogens richtig beantwortet.

126   Die Grundstrukturen und Lerninhalte des **Einbürgerungskurses** ergeben sich aus dem Rahmencurriculum der Anlage 2 EinbTestV, das für die Durchführung von Einbürgerungskursen verbindlich ist (§ 1 Abs. 5 EinbTestV).

§ 11 [Ausschluss der Einbürgerung]

[1]Die Einbürgerung ist ausgeschlossen, wenn

1. **tatsächliche Anhaltspunkte die Annahme rechtfertigen, dass der Ausländer Bestrebungen verfolgt oder unterstützt oder verfolgt oder unterstützt hat, die gegen die freiheitliche demokratische Grundordnung, den Bestand oder die Sicherheit des Bundes oder eines Landes gerichtet sind oder eine ungesetzliche Beeinträchtigung der Amtsführung der Verfassungsorgane des Bundes oder eines Landes oder ihrer Mitglieder zum Ziele haben oder die durch die Anwendung von Gewalt oder darauf gerichtete Vorbereitungshandlungen auswärtige Belange der Bundesrepublik Deutschland gefährden, es sei denn, der Ausländer macht glaubhaft, dass er sich von der früheren Verfolgung oder Unterstützung derartiger Bestrebungen abgewandt hat, oder**

2. **nach § 54 Absatz 1 Nummer 2 oder 4 des Aufenthaltsgesetzes ein besonders schwerwiegendes Ausweisungsinteresse vorliegt.**

[2]Satz 1 Nr. 2 gilt entsprechend für Ausländer im Sinne des § 1 Abs. 2 des Aufenthaltsgesetzes und auch für Staatsangehörige der Schweiz und deren Familienangehörige, die eine Aufenthaltserlaubnis auf Grund des Abkommens vom 21. Juni 1999 zwischen der Europäischen Gemeinschaft und ihren Mitgliedstaaten einerseits und der Schweizerischen Eidgenossenschaft andererseits über die Freizügigkeit besitzen.

Überblick

§ 11 enthält in S. 1 Gründe, die eine Einbürgerung kraft Gesetzes generell ausschließen. Den Ausschlussgründen aus Nr. 1 und Nr. 2 ist gemeinsam, dass sie Personen von der Einbürgerung ausschließen, die durch verfassungsfeindliche, staatsgefährdende oder sonstige gewalttätige Handlungen die dort genannten besonderen (staatlichen) Schutzgüter gefährden.

Nach S. 1 Nr. 1 werden Personen von der Einbürgerung ausgeschlossen, die die Schutzgüter der freiheitlichen demokratischen Grundordnung, des Bestandes oder der Sicherheit des Bundes oder eines Landes, der Amtsführung von Verfassungsorganen bzw. auswärtige Belange der Bundesrepublik Deutschland durch die dort genannten Tathandlungen gefährden (→ Rn. 5 ff.). Als Rückausnahme, die die Einbürgerungsschädlichkeit dieser Handlungen beseitigt, ist erforderlich, dass sich der Einbürgerungsbewerber von der früheren Verfolgung oder Unterstützung derartiger Bestrebungen abgewandt hat (→ Rn. 34 ff.).

Nr. 2 schließt Personen von der Einbürgerung aus, hinsichtlich derer ein besonders schwerwiegendes Ausweisungsinteresse nach § 54 Abs. 1 Nr. 2 oder Nr. 4 AufenthG vorliegt. Dies betrifft Personen, die die dort genannten Schutzgüter dadurch gefährden, dass sie terroristische Handlungen unterstützen, schwere staatsgefährdende Straftaten nach § 89a StGB vorbereiten oder sich zur Verfolgung ihrer politischen oder religiösen Ziele dem Mittel der Gewalt bedienen (→ Rn. 38 ff.). Mit S. 2 erweitert § 11 die Anwendbarkeit des S. 1 Nr. 2 auch auf diejenigen Ausländer, auf die nach § 1 Abs. 2 AufenthG das AufenthG keine Anwendung findet (→ Rn. 63 ff.).

Übersicht

A. Gesetzeshistorie

§ 11 wurde mWv 1.1.2005 durch das Gesetz zur Steuerung und Begrenzung der Zuwanderung **1** und zur Regelung des Aufenthalts und der Integration von Unionsbürgern und Ausländern (v. 30.7.2004, BGBl. I 1950) eingefügt; neu gefasst mWv 28.8.2007 durch das Gesetz zur Umsetzung aufenthalts- und asylrechtlicher Richtlinien der Europäischen Union (v. 19.8.2007, BGBl. I 1970); durch das Gesetz zur Neubestimmung des Bleiberechts und der Aufenthaltsbeendigung (v. 27.7.2015, BGBl. I 1386) wurde mWv 1.8.2015 S. 1 Nr. 2 neu gefasst.

B. Allgemeines

Mit dem Gesetz zur Umsetzung aufenthalts- und asylrechtlicher Richtlinien der Europäischen **2** Union v. 19.8.2007 (BGBl. I 1970) wird beim Vorliegen der tatbestandlichen Voraussetzungen des § 11 nicht nur der Einbürgerungsanspruch nach § 10 ausgeschlossen, sondern die Vorschrift gilt für alle Einbürgerungsnormen; die Vorschrift stellt nunmehr ein **Einbürgerungsverbot** dar (GK-StAR Rn. 4). Die Vorschrift steht im Zusammenhang mit dem Einbürgerungserfordernis der Abgabe einer Bekenntnis- und Loyalitätserklärung (§§ 10 Abs. 1 Nr. 1, 16 und dahingehenden Anforderungen im Rahmen der Ermessenseinbürgerungen der §§ 8, 9, 13 und 14). Sie fordert kraft Gesetzes auch Geltung, soweit der Einbürgerungsbewerber die entsprechenden Erklärungen abgegeben hat.

Ob die tatbestandlichen Voraussetzungen eines **Ausschlussgrundes** vorliegen, unterliegt der **3** **vollen verwaltungsgerichtlichen Kontrolle,** ohne dass der Einbürgerungsbehörde hinsichtlich einzelner unbestimmter Rechtsbegriffe ein Beurteilungsspielraum zukommt. Da das Verbot die Einbürgerung selbst beim dem grundsätzlichen Vorliegen eines Einbürgerungsanspruchs kraft Gesetzes ausschließt, obliegt der Einbürgerungsbehörde die **Darlegungs- und (materielle) Beweislast** für das Vorliegen der tatbestandlichen Voraussetzungen eines der in Nr. 1 und Nr. 2 genannten Ausschlussgründe.

Allerdings hat der Gesetzgeber im Hinblick auf die **besonders sicherheitsrelevanten Schutz-** **4** **güter** und der in diesem Zusammenhang bestehenden Nachweisprobleme mit den Merkmalen „wenn tatsächliche Anhaltspunkte die Annahme rechtfertigen" und mit der in § 54 Abs. 1 Nr. 2

AufenthG verwendeten Formulierung „wenn Tatsachen die Schlussfolgerung rechtfertigen" die **Darlegungslast abgesenkt** (→ Rn. 22 ff. und → Rn. 50 ff.).

C. Ausschlussgrund nach S. 1 Nr. 1

I. Ausländer

5   Der Begriff des Ausländers ist im StAG nicht definiert, er geht aber über den Anwendungsbereich des AufenthG hinaus. Zu den im Rahmen des Ausschlussgrundes nach S. 1 Nr. 1 relevanten Einzelheiten wird auf die Kommentierung zu § 8 (→ § 8 Rn. 8 ff.) verwiesen.

II. Schutzgüter der Norm

1. Freiheitliche demokratische Grundordnung

6   Nach der Rechtsprechung des BVerfG (BVerfGE 2, 1 = BeckRS 9998, 124517) ist die freiheitliche demokratische Grundordnung iSd Art. 21 Abs. 2 GG eine Ordnung, die unter Ausschluss jeglicher Gewalt und Willkürherrschaft eine rechtsstaatliche Herrschaftsordnung auf der Grundlage der Selbstbestimmung des Volkes nach dem Willen der jeweiligen Mehrheit und der Freiheit und Gleichheit darstellt. Zu den grundlegenden Prinzipien dieser Ordnung sind mindestens zu rechnen: Die Achtung vor dem im Grundgesetz konkretisierten Menschenrechten, vor allem vor dem Recht der Persönlichkeit auf Leben und freie Entfaltung, die Volkssouveränität, die Gewaltenteilung, die Verantwortlichkeit der Regierung, die Gesetzmäßigkeit der Verwaltung, die Unabhängigkeit der Gerichte, das Mehrparteiensystem und die Chancengleichheit für alle politischen Parteien mit dem Recht auf verfassungsgemäße Bildung und Ausübung einer Opposition. Auf dieser Grundlage hat das BVerfSchG das Schutzgut und die maßgeblichen Verfassungsgrundsätze in § 4 Abs. 2 BVerfSchG legal definiert. Mit dem Urteil v. 17.1.2017 hat das **BVerfG** (BVerfGE 144, 20 (538 ff.) = BeckRS 2017, 100243 = NVwZ-Beil. 2017, 46) den Begriff der freiheitlichen demokratischen Grundordnung im Hinblick auf die im Grundgesetz konkretisierten **Menschenrechte** auf den **menschenwürderechtlichen Kern** reduziert (Warg NVwZ-Beil. 2017, 42), so dass allein die grundrechtlichen Verbürgungen erfasst werden, die insbesondere die **Wahrung personaler Individualität, Identität, Integrität** sowie die elementare Rechtsgleichheit gewährleisten. Daneben sind vom Begriff der freiheitlichen demokratischen Grundordnung nur die fundamentalen Grundprinzipien erfasst, die für den freiheitlichen Verfassungsstaat schlechthin unentbehrlich sind.

7   **Nicht erfasst** sind dagegen Rechtsgrundsätze oder Gestaltungsprinzipien für die Organisation des gesellschaftlichen Zusammenlebens, wie etwa die sich aus Art. 3 Abs. 2 GG ergebenden Anforderungen hinsichtlich der Gestaltung des Zusammenlebens der Geschlechter, mag ihnen für die Gesellschaftsordnung auch zentrale Bedeutung zukommen. Eine in traditionalistischen und / oder religiösen Überzeugungen gründende antiemanzipatorische, patriarchalische Grundhaltung ist im Hinblick auf das Schutzgut nach Nr. 1 nicht einbürgerungshindernd (GK-StAR Rn. 109).

8   Auch die **Ehe** als solche, die als Einehe und als auf Dauer angelegte, frei eingegangene Lebensgemeinschaft durch Art. 6 Abs. 1 GG geschützt ist, wird nicht vom Begriff der freiheitlichen demokratischen Grundordnung erfasst, so dass das kollisionsrechtlich wirksame Eingehen einer zweiten Ehe im Ausland ein Bekenntnis zur freiheitlichen demokratischen Grundordnung nicht ausschließt (VGH BW BeckRS 2017, 110111 = NVwZ 2017, 1212, bestätigt durch BVerwG BeckRS 2018, 15074).

2. Bestand oder Sicherheit des Bundes oder eines Landes, ungesetzliche Beeinträchtigung der Amtsführung der Verfassungsorgane

9   Nach den **Legaldefinitionen** des § 4 Abs. 1 S. 1 lit. a BVerfSchG und des § 92 Abs. 1 StGB ist das Schutzgut der Var. 1 „Bestand des Bundes oder eines Landes" auf den Erhalt der völkerrechtlichen Souveränität und der staatlichen Einheit gerichtet (Fischer StGB § 92 Rn. 2 ff.). Schutzgut der Sicherheit des Bundes oder eines Landes (Var. 2) ist die innere und äußere Sicherheit. Dieser Begriff ist enger als der Begriff der öffentlichen Sicherheit nach dem allgemeinen Polizeirecht und umfasst nach innen den Bestand und die Funktionsfähigkeit des Staates und seiner Einrichtungen einschließlich des Schutzes vor Einwirkungen durch Gewalt und Drohungen mit Gewalt auf die Wahrnehmung staatlicher Funktionen (BVerwG BeckRS 2018, 610 = InfAuslR 2018, 124; BVerwGE 123, 114 (120) = BeckRS 2005, 27806 = EZAR NF 28 Nr. 2). Die Var. 3

soll schließlich die Amtsführung der Verfassungsorgane oder ihrer Mitglieder vor ungesetzlichen Beeinträchtigungen schützen.

3. Gefährdung der auswärtigen Belange der Bundesrepublik durch Gewalt oder darauf gerichtete Vorbereitungshandlungen

Schutzgut dieser Alternative sind die auswärtigen Belange der Bundesrepublik Deutschland, **10** soweit sie durch Anwendung von Gewalt oder darauf gerichtete Vorbereitungshandlungen gefährdet werden. Die in der Aufgabenbestimmung des § 3 Abs. 1 Nr. 3 BVerfSchG enthaltene Beschränkung auf Bestrebungen im Geltungsbereich des Gesetzes hat in § 11 keinen Niederschlag gefunden. Dementsprechend werden nicht nur Gewalt anwendende oder vorbereitende Handlungen gegen Personen oder Sachen im Bundesgebiet oder außerhalb des Bundesgebietes gegen Deutsche oder deutsche Einrichtungen erfasst, sondern auch die Anwendung von Gewalt außerhalb des Bundesgebietes gegen Nichtdeutsche (BVerwGE 142, 132 Rn. 17 = BeckRS 2012, 50800 = NVwZ 2012, 1254).

III. Bestrebungen verfolgen oder unterstützen

1. Allgemeines

Soweit die im Raum stehenden inkriminierten Bestrebungen aus der **Zugehörigkeit** des die **11** Einbürgerung anstrebenden Ausländers zu einer und / oder der aktiven Betätigung für eine **Organisation** gefolgt werden, bedarf es einer Prüfung auf zwei Ebenen: Es müssen auf der ersten Ebene tatsächliche Anhaltspunkte für die Annahme vorliegen, dass die Organisation **verfassungsfeindliche Bestrebungen** verfolgt. Auf der zweiten Ebene müssen die **persönlichen Verhaltensweisen** des einzelnen Einbürgerungsbewerbers **einbürgerungsschädlich** sein, indem sie tatbestandlich ein Verfolgen oder Unterstützen der verfassungsfeindlichen Bestrebungen der Organisation darstellen.

Neben den **politischen Organisationen,** die Bestrebungen gegen die Schutzgüter der Nr. 1 **12** verfolgen, können dies auch Organisationen sein, die sich in erster Linie als **religiöse Gemeinschaft** verstehen. Dies kommt in Betracht, wenn sich eine solche Gemeinschaft nicht nur auf religiöse und soziale Ziele und Aktivitäten beschränkt, sondern – und sei es als Teil ihres **religiösen Selbstverständnisses** – auch weitergehende politische, verfassungsfeindliche Ziele verfolgt (BVerwGE 135, 302 Rn. 18 = BeckRS 2010, 47972 = NVwZ-RR 2010, 786 = InfAuslR 2010, 253; HessVGH BeckRS 2017, 132334 = InfAuslR 2018, 140 Ls.; zu den Einzelheiten der Informationsbeschaffung und der Einordnung von Organisationen, die verfassungsfeindliche Bestrebungen verfolgen → Rn. 14.1 ff.).

Die **Verhaltensweisen** des einzelnen Einbürgerungsbewerbers sind dann einbürgerungsfeind- **13** lich, wenn **Anknüpfungstatsachen** ein Verfolgen oder Unterstützen von Bestrebungen verfassungsfeindlicher Organisationen belegen. Vor dem Hintergrund des gesetzgeberischen Willens, die Tatbestandsmäßigkeit von Anknüpfungstatsachen für derartige Bestrebungen schon **vor der Schwelle** einer konkreten Gefahr im Sinne des Gefahrenabwehrrechts anzusiedeln, ist der Bereich der in Betracht kommenden Handlungen des Einbürgerungsbewerbers weit zu fassen, ohne dass es einer trennscharfen Abgrenzung zwischen Verfolgen und Unterstützen bedarf (BVerwGE 135, 302 Rn. 15 = BeckRS 2010, 47972 = NVwZ-RR 2010, 786 = InfAuslR 2010, 253; HessVGH BeckRS 2017, 132334 = InfAuslR 2018, 140 Ls.; GK-StAR Rn. 94).

2. Bestrebungen

Zur Begriffsbestimmung der Formulierung „Bestrebungen" gegen die vorgenannten Schützgü- **14** ter des S. 1 Nr. 1 kann auf die Legaldefinition des § 4 Abs. 1 BVerfSchG zurückgegriffen werden. Danach sind Bestrebungen gegen die freiheitliche demokratische Grundordnung (§ 4 Abs. 1 S. 1 lit. c BVerfSchG) solche politisch bestimmten, ziel- und zweckgerichteten Verhaltensweisen in einem oder für einen Personenzusammenschluss, der darauf gerichtet ist, die in § 4 Abs. 2 BVerfSchG genannten Verfassungsgrundsätze zu beseitigen oder außer Geltung zu setzen, bzw. mit anderen Worten, die mit solchen Verhaltensweisen das benannte Schutzgut beeinträchtigen (vgl. BVerwGE 135, 320 (15) = BeckRS 2010, 47972 = NVwZ-RR 2010, 786; HessVGH BeckRS 2017, 132334). Bestrebungen gegen den Bestand des Bundes oder eines Landes (§ 4 Abs. 1 S. 1 lit. a BVerfSchG) sind solche zuvor beschriebenen Verhaltensweisen in einem oder für einen Personenzusammenschluss, der darauf gerichtet ist, die Freiheit des Bundes oder eines Landes von fremder Herrschaft aufzuheben, ihre staatliche Einheit zu beseitigen oder ein zu ihm gehörendes Gebiet abzutrennen, während Bestrebungen gegen die Sicherheit des Bundes oder eines Landes (§ 4 Abs. 1 S. 1 lit. b BVerfSchG) darauf gerichtet sind, den Bund, Länder oder deren Einrichtungen in ihrer Funktionsfähigkeit erheblich zu beeinträchtigen. Bestrebungen, die iSd Nr. 1 Var. 3 durch Anwendung von Gewalt oder darauf gerichtete Vorbereitungshandlungen auswärtige Belange der Bundesrepublik Deutschland gefährden, sind solche politisch bestimmten, ziel- und zweckgerichteten Verhaltensweisen in einem oder für einen Personenzusammenschluss, der darauf gerichtet ist, Gewalt als Mittel der Durchsetzung seiner politischen Belange einzusetzen (BVerwGE 142, 132 Rn. 17 = BeckRS 2012, 50800 = NVwZ 2012, 1254).

14.1   Als Erkenntnisquelle für die Frage, ob eine Organisation verfassungsfeindliche Bestrebungen verfolgt, kann zunächst die Liste im Anhang des Gemeinsamen Standpunktes des Rates der Europäischen Union über die Anwendung besonderer Maßnahmen zur Bekämpfung des Terrorismus (2001/931/GSAP) **gelisteten Terrororganisationen** verwiesen werden. Als weitere Quelle für terroristische Aktivitäten kommt ein Zugriff (http://www.start.umd.edu/gtd) auf die **„Global Terrorism Database"** der University Maryland in Betracht (→ Rn. 45).

14.2   Als **weitere Quellen** für verfassungsfeindliche Aktivitäten stehen die jährlich veröffentlichten **Verfassungsschutzberichte** des Bundesamtes und der Landesämter für Verfassungsschutz zur Verfügung. Schließlich können sich im Rahmen des Einbürgerungsverfahrens weitere Anhaltspunkte aus einer Unterrichtung der Einbürgerungsbehörde durch die Verfassungsschutzbehörden nach § 37 Abs. 2 ergeben.

14.3   Bei **inhomogenen Organisationen,** die verschiedene **Strömungen** aufweisen, die unter dem Aspekt der Verfassungsfeindlichkeit unterschiedlich zu bewerten sind, ist entscheidend darauf abzustellen, welcher Strömung der Einbürgerungsbewerber zuzurechnen ist. Denn in solchen Organisationen kann der Mitgliedschaft in ihr und / oder die Tätigkeit für sie keine vergleichbare indizielle Aussagekraft wie bei einer in Bezug auf die Verfassungsfeindlichkeit einheitlich zu beurteilenden Organisation beigemessen werden. Daher ist es geboten, im Wege einer umfassenden **Gesamtwürdigung** des Sachverhalts festzustellen, ob der Einbürgerungsbewerber die Organisation als Ganzes einschließlich ihrer **einbürgerungsschädlichen Ziele** mitträgt oder ob er sich der einbürgerungsrechtlich unbedenklichen Strömung zurechnen lässt (BVerwGE 135, 302 Rn. 20 = BeckRS 2010, 47972 = NVwZ-RR 2010, 786; InfAuslR 2010, 253; HessVGH BeckRS 2017, 132334 = InfAuslR 2018, 140 Ls.).

14.4   Bei der **Islamischen Gemeinschaft Milli Görüs (IGMG)** handelt es sich um eine derartige inhomogene Vereinigung (OVG Bln-Bbg BeckRS 2011, 52727; VGH BW BeckRS 2008, 36795 = VBlBW 2009, 29; zu **neueren Entwicklungen** mit Hinweis auf die **Verfassungsschutzberichte des Bundes 2017** (S. 172, 214 und 216) und **2018** (S. 170, 224 und 226) sowie **Berlin 2017** (S. 62 ff.), vgl. VG Berlin BeckRS 2020, 557).

15   Verhaltensweisen von Einzelpersonen, die nicht in einem oder für einen Personenzusammenschluss handeln, sind Bestrebungen im Sinne des Gesetzes, wenn sie auf Anwendung von Gewalt gerichtet sind oder aufgrund ihrer Wirkungsweise geeignet sind, ein Schutzgut dieses Gesetzes erheblich zu beschädigen (§ 4 Abs. 1 S. 4 BVerfSchG).

3. Verfolgen

16   Bestrebungen gegen die Schutzgüter der Nr. 1 verfolgt, wer selbst auf die Ziele der Bestrebung hinwirkt, unterstützend ist tätig, wer an einem fremden Hinwirken auf die Ziele der Bestrebung mitwirkt. Von einem Verfolgen ist danach auszugehen, wer eine Bestrebung durch eigene Handlungen aktiv vorantreibt und dabei um die Tatsachen weiß, aus denen sich deren gegen die Schutzgüter gerichtete Zielrichtung ergibt. Dies ist regelmäßig bei einer Person anzunehmen, die in einer **Führungsposition** des Personenzusammenschlusses oder sonst an **herausgehobener Stelle** die Aktivitäten der Bestrebung plant, organisiert oder entscheidet (HessVGH BeckRS 2017, 132334; OVG NRW BeckRS 2016, 41706 = NVwZ-RR 2016, 756; BayVGH BeckRS 2013, 51521).

4. Unterstützen

17   Unterstützen ist hingegen jede Handlung eines Einbürgerungsbewerbers, die für Bestrebungen iSd Nr. 1 **objektiv vorteilhaft** ist, sich also in irgendeiner Weise für diese positiv auswirkt. Nicht erforderlich ist, dass die Bestrebung objektiv geeignet ist, eines der in Nr. 1 genannten Schutzgüter tatsächlich zu beeinträchtigen. Es reicht aus, wenn der Träger der Bestrebung mit ihnen das Ziel verfolgt, die besagten Güter zu beeinträchtigen. Ebenso wenig ist erforderlich, dass das Verhalten des Einbürgerungsbewerbers tatsächlich Erfolg hat oder für einen Erfolg ursächlich ist (BVerwGE 135, 302 Rn. 15 = BeckRS 2010, 47972 = NVwZ-RR 2010, 786; BVerwGE 128, 140 Rn. 16 = BeckRS 2007, 23787 = NVwZ 2007, 956; HessVGH BeckRS 2017, 132334).

Allerdings kann nicht bereits jede Handlung, die sich zufällig als für die inkriminierte Bestrebung 18
objektiv vorteilhaft erweist, als tatbestandliche Unterstützungshandlung verstanden werden. Es
sind nur solche Handlungen ein Unterstützen, die ein Ausländer für ihn erkennbar und **von
seinem Willen** getragen zum Vorteil der genannten Bestrebung vornimmt (BVerwGE 128, 140
Rn. 18 = BeckRS 2007, 23787 = NVwZ 2007, 956).
Die Unterzeichnung der unter der Überschrift „Auch ich bin ein PKK'ler" verbreitete sog. 19
„Selbsterklärung" – ohne weitergehende Aktivitäten für die verbotene Organisation der PKK –
ist nicht als Unterstützung von verfassungsfeindlichen Bestrebungen iSv S. 1 Nr. 1 zu qualifizieren.
Es handelt sich nach dem Inhalt der Erklärung um eine politische Meinungsäußerung zu Gunsten
der zur damaligen Zeit vertretenen „neuen Linie" der PKK im Sinne einer neuen, gewaltfreien
Politik, die auf eine friedliche Lösung der Kurdenfrage in der Türkei setzt hat. Auch die weiteren,
in der Erklärung erhobenen Forderungen werden auf der Grundlage gewaltfreier und legaler
politischer Aktivitäten der PKK erhoben, so dass sie nicht auf verfassungsfeindliche Bestrebungen
gerichtet sind (BVerwGE 128, 140 Rn. 22 ff. = BeckRS 2007, 23787 = NVwZ 2007, 956).

Ein Unterstützen liegt nicht bereits im Gebetsbesuch einer Moschee, deren führende Vertreter und 19.1
Teile der Besucher sich ideologisch am Salafismus orientieren, selbst wenn der Einbürgerungsbewerber –
wie andere Besucher – Geld für die Unkosten der Moschee gespendet hat (OVG Brem BeckRS 2018,
27244; so auch VG Berlin BeckRS 2021, 11905 allein für den Besuch einer Moschee, die vom Verfassungsschutz als salafistisch eingestuft wird).

Nimmt ein Einbürgerungsbewerber eine herausgehobene Funktion in einem Verein wahr, der 20
von einer Organisation gesteuert wird, die inkriminierte Bestrebungen iSd Nr. 1 verfolgt, bedarf
es für den Verdacht einer Unterstützung nicht der ausdrücklichen Feststellung, dass der Einbürgerungsbewerber auch innerlich selbst aktiv inkriminierte Bestrebungen unterstützt (NdsOVG
BeckRS 2016, 49675 = NVwZ 2016, 1502 Ls.; HessVGH BeckRS 2006, 21374 = NVwZ-RR
2006, 429).

5. Aktivitäten in der Vergangenheit

Nach dem eindeutigen Wortlaut der Nr. 1 sind auch solche Bestrebungen der vorgenannten 21
Art einbürgerungsschädlich, die der Einbürgerungsbewerber in der Vergangenheit **verfolgt oder
unterstützt hat.** Der Ausschlussgrund wird auch nicht dadurch beseitigt, dass der Einbürgerungs-
bewerber seine früheren Aktivitäten nicht mehr verfolgen zu wollen. Vielmehr fordert
Nr. 1, dass der Ausländer – als Rückausnahme – glaubhaft macht, dass er sich von der früheren
Verfolgung oder Unterstützung derartiger Bestrebungen abgewandt hat (zu den Einzelheiten
→ Rn. 34 ff.).

IV. Anhaltspunkte für die Annahme

1. Tatsächliche Anhaltspunkte

Für die in Nr. 1 genannten besonders sicherheitsrelevanten Schutzgüter hat das Gesetz eine 22
Vorverlagerung des Schutzes vorgenommen. Durch die **Absenkung** der Darlegungs- Nachweis-
schwelle soll nach dem Willen des Gesetzgebers die Einbürgerung von Personen auch dann
verhindert werden, wenn Aktivitäten gegen die Schutzgüter der Nr. 1, die regelmäßig nicht in
aller Öffentlichkeit und transparent entfaltet werden, nicht sicher nachgewiesen werden können
(BT-Drs. 14/533, 18 f.; BayVGH BeckRS 2013, 51521; GK-StAR Rn. 66). Das Gesetz fordert
nicht den Nachweis der Verfolgung oder Unterstützung von Bestrebungen gegen die Schutzgüter,
ausreichend ist schon das Vorliegen **tatsächlicher Anhaltspunkte,** die eine personenbezogene
Annahme rechtfertigen, dass der Einbürgerungsbewerber derartige Bestrebungen verfolgt oder
unterstützt (hat). Es genügen daher konkrete Tatsachen, die eine hinreichende Wahrscheinlichkeit
für eine solche Annahme begründen (BVerwGE 135, 302 Rn. 15 = BeckRS 2010, 47972 =
NVwZ-RR 2010, 786; OVG Bln-Bbg BeckRS 2012, 54780; BT-Drs. 14/533, 18 f.).
Der **begründete Verdacht** muss sich auf eines der in Nr. 1 benannten Schutzgüter beziehen. 23
Dementsprechend wird nicht jedes unter Strafrechtsschutz stehende Rechtsgut von Nr. 1 erfasst,
andererseits setzt der Ausschlussgrund der Nr. 1 aber auch keine strafrechtliche Verurteilung
voraus, so dass auch einer Strafbarkeit vorgelagerte Verfolgungs- oder Unterstützungshandlungen
einbürgerungsschädlich sind (BVerwGE 128, 140 Rn. 15 = BeckRS 2007, 23787 = NVwZ 2007,
956; GK-StAR Rn. 107).
Als solche verdachtsbegründenden Anhaltspunkte kommen bei dem Einbürgerungsbewerber 24
aufgefundene Publikationen oder Symbole einer inkriminierten Organisation und seine sonstigen

Aussagen in Betracht (VG Freiburg BeckRS 2008, 31446; HMHK/Hailbronner/Hecker Rn. 14). Personenbezogene Informationen können sich auch aus nachrichtendienstlichen Quellen oder aus Erkenntnissen sonstiger Sicherheitsbehörden ergeben. Bezogen auf inkriminierte Organisationen, in denen oder für die Bestrebungen iSd Nr. 1 verfolgt oder unterstützt werden, können zudem aus den Informationen und publizierten Berichten des Bundesamtes- und der Landesämter für Verfassungsschutz Anknüpfungstatsachen folgen; insoweit findet auch nach § 37 Abs. 2 eine „Regelanfrage" (Dörig MigrationsR HdB/Berlit § 2 Rn. 74) an das jeweilige Landesamt für Verfassungsschutz durch die Einbürgerungsbehörde statt (→ § 37 Rn. 22 ff.).

2. Rechtfertigung der Annahme

25   Bei der Beurteilung der Frage, ob die der Einbürgerungsbehörde vorliegenden Anknüpfungstatsachen je für sich oder in ihrer **Gesamtschau** nach Inhalt, Art und Gewicht für die Annahme ausreichen, von einer Verfolgung oder Unterstützung von Bestrebungen nach Nr. 1 auszugehen, besteht kein Beurteilungsspielraum sondern unterliegt der in vollem Umfang der verwaltungsgerichtlichen Kontrolle (BVerwGE 135, 302 Rn. 17 = BeckRS 2010, 47972 = NVwZ-RR 2010, 786). Werden die Anknüpfungstatsachen aus der Zugehörigkeit bzw. aktiven Betätigung des Einbürgerungsbewerbers für eine bestimmte Organisation hergeleitet, gilt dies auch bezüglich der Organisation (BVerwG BeckRS 2009, 31544).

3. Darlegungs- und Beweismaß

26   Der Einbürgerungsbehörde obliegt die Darlegungslast für das Vorliegen der Voraussetzungen eines die Einbürgerung ausschließenden Grundes nach Nr. 1. Angesichts der in → Rn. 6 ff. dargelegten besonders sicherheitsrelevanten Schutzgüter und der in diesem Zusammenhang stehenden Nachweisprobleme hat der Gesetzgeber bereits die Darlegungslast abgesenkt und die Einbürgerungsbehörde hat lediglich Anhaltspunkte darzulegen, die die Annahme rechtfertigen, dass der Einbürgerungsbewerber Bestrebungen nach Nr. 1 verfolgt oder unterstützt (hat). Die Einbürgerungsbehörde muss also nicht die Verhaltensweisen selbst darlegen und gegebenenfalls beweisen, sondern lediglich Anknüpfungstatsachen benennen, die den Schluss darauf zulassen.

27   Dass die **Anknüpfungstatsachen** die geforderte Annahme rechtfertigen, unterliegt jedoch der **vollen gerichtlichen Kontrolle;** ein wie immer geartete Beurteilungsspielraum besteht für die Einbürgerungsbehörde nicht (BVerwGE 135, 302 Rn. 17 = BeckRS 2010, 47972 = NVwZ-RR 2010,786).

28   Für das Vorliegen der Anknüpfungstatsachen obliegt der Einbürgerungsbehörde darüber hinaus auch die volle Beweislast. Dieser Vollbeweis kann grundsätzlich auch durch Angaben eines **Zeugen vom Hörensagen** erbracht werden. Derartige Aussagen genügen zum Beweis der Anknüpfungstatsache jedoch regelmäßig nur, wenn sie durch andere bewiesene Indiztatsachen bestätigt werden. Dies gilt auch für unbelegte Mitteilungen von Verfassungsschutzbehörden gegenüber dem Gericht, die auf nicht offengelegten Quellen beruhen bzw. für derartige Zeugenaussagen von Beamten der Verfassungsschutzbehörden (BVerwG BeckRS 2009, 41563; BayVGH BeckRS 2013, 49688 = NVwZ-RR 2013, 782 Ls.; VGH BW BeckRS 2011, 52299 = EZAR NF 75 Nr. 7). Denn die in Art. 19 Abs. 4 GG gewährleistete Garantie des **effektiven Rechtsschutzes** darf auch dann nicht in unverhältnismäßiger Weise eingeschränkt werden, wenn sich eine Behörde auf **Geheimhaltungsgründe** beruft und sich diese Gründe auf die allein als Beweismittel in Betracht kommenden Verwaltungsvorgänge beziehen (VGH BW BeckRS 2011, 52299 = EZAR NF 75 Nr. 7).

29   Aufgrund der Geheimhaltungsbedürftigkeit von **Erkenntnisquellen** der **Verfassungsschutzbehörden** kann es zu einer Weigerung der Vorlage entsprechender Erkenntnisse oder Akten kommen bzw. zur Vorlage von bereinigten oder teilweise geschwärzter Teilakten (HMHK/Hailbronner/Hecker Rn. 16b). Ist in einem solchen Fall in einem sog. **„in-camera-Verfahren"** (§ 99 Abs. 2 VwGO) endgültig festgestellt worden, dass die Verweigerung einer Aktenvorlage infolge der Geheimhaltungsbedürftigkeit der in der Akte dokumentierten Erkenntnisse rechtmäßig ist, hat das Gericht der Hauptsache die ihm verbleibenden Möglichkeiten der **Sachaufklärung** vollständig auszuschöpfen. Des Weiteren muss das durch die Geheimhaltung entstehende Rechtsschutzdefizit im Rahmen der **Beweiswürdigung** ausgeglichen werden. Die Würdigung von Angaben von Zeugen vom Hörensagen, die aufgrund des Rechts auf ein **faires Verfahren** nach Art. 2 Abs. 1 GG in Verbindung mit dem Rechtsstaatsprinzip besonderen Anforderungen unterliegt, hat hinsichtlich des Beweiswertes dieser Angaben die besonderen Richtigkeitsrisiken zu beachten. Derartige Angaben sind insbesondere auch deshalb nur **begrenzt zuverlässig,** weil sich die jedem Personenbeweis anhaftenden Fehlerquellen im Zuge der Vermittlung der Angaben

verstärken und insbesondere das Gericht die Glaubwürdigkeit der Gewährsperson nicht selbst einschätzen kann (VGH BW BeckRS 2011, 52299 = EZAR NF 75 Nr. 7).

Andererseits hat das Gericht einen durch die **Sperrerklärung** verursachten **Beweisnotstand** 30 unter Berücksichtigung der gesetzlichen Verteilung der materiellen Beweislast angemessen zu würdigen (BVerwGE 131, 171 Rn. 30, 44 = BeckRS 2008, 38054 = NVwZ 2008, 1371).

Auch im Fall der **rechtmäßigen Verweigerung** der Vorlage von Urkunden oder Akten führt 31 dies nicht zu einer Umkehr der materiellen **Beweislast**. Beweispflichtig bleibt die Einbürgerungsbehörde. Für die Tatsachenfeststellung bestrittener Tatsachen gilt insoweit das Regelbeweismaß der vollen richterlichen Überzeugung (§ 108 Abs. 1 VwGO), selbst wenn sich die Einbürgerungsbehörde wegen der Geheimhaltungsbedürftigkeit von Erkenntnisquellen der Verfassungsschutzbehörden in einem **sachtypischen Beweisnotstand** befindet (BVerwGE 131, 171 Rn. 44 = BeckRS 2008, 38054 = NVwZ 2008, 1371; BayVGH BeckRS 2013, 49688 = NVwZ-RR 2013, 782 Ls.; VGH BW BeckRS 2011, 52299 = EZAR NF 75 Nr. 7; GK-StAR Rn. 76).

4. Verwertungs- und Vorhalteverbot

Ist der Einbürgerungsbewerber wegen der Verfolgung oder Unterstützung von Bestrebungen 32 gegen die Schutzgüter der Nr. 1 strafrechtlich verurteilt worden, unterliegt diese Verurteilung den **Tilgungsregelungen** des BZRG. Ist **Tilgungsreife** eingetreten (→ § 8 Rn. 78), kann dem Einbürgerungsbewerber gem. § 51 Abs. 1 BZRG die Tat und die Verurteilung im Rechtsverkehr nicht mehr entgegengehalten und nicht mehr zu seinem Nachteil verwertet werden. Dies gilt grundsätzlich auch für Strafverurteilungen wegen Verfolgungs- und Unterstützungshandlungen nach Nr. 1, denn der Begriff des Rechtsverkehrs umfasst sämtliche Bereiche des Rechtslebens unter Einschluss des Verwaltungs- und damit auch des Staatsangehörigkeitsrechts. Soweit der Gesetzgeber **einzelne Bereiche** des Rechts **ausnehmen** wollte, hat er dies abschließend in §§ 51 Abs. 2 und 52 BZRG geregelt. Im Zusammenhang mit den Schutzgütern der Nr. 1 darf gem. § 52 Abs. 1 Nr. 1 BZRG eine frühere Tat abweichend von § 51 Abs. 1 BZRG nur berücksichtigt werden, wenn die Sicherheit der Bundesrepublik Deutschland oder eines ihrer Länder eine Ausnahme zwingend gebietet; an dieser Ausnahme muss sich eine Verfolgungs- oder Unterstützungshandlung messen lassen (BVerwGE 142, 132 Rn. 40 = BeckRS 2012, 50800 = NVwZ 2012, 1254).

Auf Handlungen im Hinblick auf die Schutzgüter der Nr. 1, die nicht zu einer strafrechtlichen 33 Verurteilung geführt haben, ist § 51 Abs. 1 BZRG weder unmittelbar noch entsprechend anwendbar (BVerwGE 142, 132 Rn. 41 = BeckRS 2012, 50800 = NVwZ 2012, 1254).

V. Rückausnahme

1. Sich-Abwenden

Dem Einbürgerungsbewerber kann jedoch der **Ausschlussgrund** dann nicht mehr entgegen- 34 gehalten werden, wenn er sich **glaubhaft** von der Verfolgung oder Unterstützung von Bestrebungen iSd Nr. 1 **abgewandt** hat. Von einem Abwenden kann jedoch nicht bereits dann gesprochen werden, wenn man derartige Verfolgungs- oder Unterstützungshandlungen zeitweilig oder situationsbedingt unterlässt bzw. bekundet, frühere Aktivitäten nicht weiter verfolgen zu wollen (HMHK/Hailbronner/Hecker Rn. 17a). Ein Sich-Abwenden setzt vielmehr eine **Änderung der inneren Einstellung** voraus, was wiederum voraussetzt, dass der Einbürgerungsbewerber jedenfalls einräumen muss oder zumindest nicht bestreiten darf, in der Vergangenheit Bestrebungen im vorgenannten Sinne verfolgt oder unterstützt zu haben, und dass er derartige Verfolgungs- oder Unterstützungshandlungen, insbesondere deren Verfassungswidrigkeit nicht verharmlost oder bagatellisiert (BVerwG BeckRS 2016, 46325 = InfAuslR 2016, 300; BVerwGE 142, 132 Rn. 47 = BeckRS 2012, 50800 = NVwZ 2012, 1254; HessVGH BeckRS 2017, 132334; GK-StAR Rn. 152).

2. Glaubhaftmachung

Die Glaubhaftmachung, sich von Verfolgungs- oder Unterstützungshandlungen abgewandt zu 35 haben, erfordert die Vermittlung einer **überwiegenden Wahrscheinlichkeit,** dass derartige Handlungen in der **Zukunft auszuschließen** sind. Damit wird zugleich ein herabgesetztes Beweismaß bezeichnet. Es ist eine **Gesamtschau** der für und gegen eine Abwendung sprechenden Faktoren vorzunehmen, wobei insbesondere Art, Gewicht, Dauer, Häufigkeit und Zeitpunkt des einbürgerungsschädlichen Verhaltens von Bedeutung ist. Die Anforderungen sind in der Regel umso höher, je stärker das Gewicht des einbürgerungsschädlichen Verhaltens ist und je näher dieses Verhalten zeitlich an die Entscheidung über den Einbürgerungsantrag hereinreicht (BVerwGE 142, 132 Rn. 47 = BeckRS 2012, 50800 = NVwZ 2012, 1254).

36   Erforderlich ist die Glaubhaftmachung eines **inneren Abwendungsvorgangs,** der sich auf innere Lern- und Erkenntnisprozesse oder auf äußerlich feststellbare Umstände zurückführen lässt. Von maßgeblicher Bedeutung ist eine **nachvollziehbare Erklärung** für die Abwendung; es genügt, wenn der Einbürgerungsbewerber die Umstände, die seine Abwendung belegen, so substantiiert und einleuchtend darlegt, dass die Einbürgerungsbehörde oder das Gericht die Abwendung unter Berücksichtigung rechtsstaatlicher Belange als triftig anerkennen kann. Die an die Glaubhaftmachung dieses inneren Prozesses zu stellenden Anforderungen dürfen jedoch nicht überspannt werden (OVG Saarl BeckRS 2007, 27503; GK-StAR Rn. 156 ff.).

37   Für ein Sich-Abwenden ist jedoch nicht erforderlich, dass der Einbürgerungsbewerber seine in der Vergangenheit liegenden Handlungen bedauert, sie als falsch oder irrig verurteilt oder ihnen abschwört (BVerwGE 142, 132 Rn. 47 = BeckRS 2012, 50800 = NVwZ 2012, 1254; HMHK/Hailbronner/Hecker Rn. 18).

D. Ausschlussgrund nach S. 1 Nr. 2

I. Allgemeines

38   Die jetzige Fassung des S. 1 Nr. 2 beruht auf der Novellierung der §§ 53 ff. AufenthG, nach der die Ausweisungsentscheidung nicht mehr anhand eines unterschiedlichen Grades der Bindung der Behörde (Ist-, Regel- und Ermessensausweisung) an die gesetzlich normierten Ausweisungsgründe zu treffen ist, sondern als eine umfassende Abwägungsentscheidung. Im Rahmen dieser Abwägung sind gesetzlich unterschiedlich gewichtete Ausweisungs- und Bleibeinteressen abzuwägen (BeckOK AuslR/Fleuß AufenthG § 54 Rn. 1 f.). Für den Einbürgerungsausschlussgrund des S. 1 Nr. 2 wird jedoch allein das tatbestandliche Vorliegen eines in S. 1 Nr. 2 aF geregelten Ausweisungsgrundes (§ 54 Nr. 5, Nr. 5a und Nr. 5b AufenthG aF) durch das eines nunmehr geregelten Ausweisungsinteresses ersetzt. Vor diesem Hintergrund kann auf die zu den Ausweisungsgründen ergangene frühere Rechtsprechung zurückgegriffen werden, soweit hinsichtlich der tatbestandlichen Voraussetzungen Deckungsgleichheit besteht (BVerwG BeckRS 2017, 125402; BVerwGE 157, 325 Rn. 20 ff., 28 = BeckRS 2017, 107747 = EZAR NF 40 Nr. 23).

II. Besonders schwerwiegende Ausweisungsinteressen

1. § 54 Abs. 1 Nr. 2 AufenthG

39   Das besonders schwerwiegende Ausweisungsinteresse des § 54 Abs. 1 Nr. 2 AufenthG enthält als tatbestandlichen Voraussetzungen zunächst die Alternative der
• Gefährdung der freiheitlichen demokratischen Grundordnung (Alt. 1) und
• der Sicherheit der Bundesrepublik Deutschland (Alt. 2; Bergmann/Dienelt/Bauer/Dollinger AufenthG § 54 Rn. 26 ff.).
Daneben treten als weitere Tatbestandsalternativen
• die Unterstützung des Terrorismus (Alt. 3; Bergmann/Dienelt/Bauer/Dollinger AufenthG § 54 Rn. 32 ff.) und
• die Vorbereitung einer schweren staatsgefährdenden Gewalttat nach § 89a StGB (Alt. 4; Bergmann/Dienelt/Bauer/Dollinger AufenthG § 54 Rn. 47 ff.).

39a   An den tatbestandlichen Voraussetzungen eines besonders schwerwiegende Ausweisungsinteresses nach Nr. 2 fehlt es jedoch, wenn der Ausländer erkennbar und glaubhaft von seinem sicherheitsgefährdenden Handeln Abstand genommen hat (zur Begriffsbestimmung der **freiheitlichen demokratischen Grundordnung** → Rn. 6 ff.; zur Bedeutung und Reichweite des Begriffs der **Sicherheit** der Bundesrepublik Deutschland → Rn. 9).

40   Die vorgenannten Schutzgüter der freiheitlichen demokratischen Grundordnung bzw. der Sicherheit der Bundesrepublik Deutschland müssen von dem Einbürgerungsbewerber selbst konkret **gefährdet** werden (NK-AuslR/Cziersky-Reis AufenthG § 54 Rn. 18; KHM ZuwanderungsR-HdB/Kluth, 2. Aufl. 2017, § 5 Rn. 98). Ob einer Gefährdung dieser Rechtsgüter vorliegt, bestimmt sich nach dem polizeirechtlichen **Gefahrenbegriff,** also durch eine **Prognoseentscheidung** über die Konkretheit der Möglichkeit des **Schadenseintritts** unter Berücksichtigung der Bedeutung des gefährdeten Rechtsguts. Ein Gefährdung der freiheitlichen demokratischen Grundordnung oder der Sicherheit der Bundesrepublik Deutschland liegt danach erst dann vor, wenn

eine nicht bloß entfernte Möglichkeit eines Schadenseintritts besteht (OVG Brem BeckRS 2013, 47076; 9998, 26753 = NVwZ-RR 2006, 643 = EZAR NF 40 Nr. 3). Danach liegt der Ausschlussgrund nicht bereits im Fall einer bloßen Zugehörigkeit zu einer Vereinigung vor, die ihrerseits eine Gefährdung der Sicherheit der Bundesrepublik Deutschland oder der freiheitlichen demokratischen Grundordnung darstellt, soweit sich nicht die Gefährdung in der Person des Einbürgerungsbewerbers konkretisiert (BVerwGE 123, 114 (121 f.) = BeckRS 2005, 27806 = NVwZ 2005, 1091 (1092); HessVGH BeckRS 2006, 21373 = NVwZ-RR 2007, 131). Einbürgerungsfeindlich ist allerdings auch eine konkrete Gefährdungshandlung des Einbürgerungsbewerbers im Ausland, soweit sie eine Gefahr im Inland herbeiführt (BeckOK AuslR/Fleuß AufenthG § 54 Rn. 64).

Von einer **Gefährdung** der freiheitlichen demokratischen Grundordnung und der Sicherheit **41** der Bundesrepublik Deutschland ist nach der Legaldefinition des § 54 Abs. 1 Nr. 2 AufenthG („hiervon ist auszugehen, wenn") auch auszugehen, wenn entweder die Voraussetzungen der Alt. 3 (**Unterstützung des Terrorismus**) oder Alt. 4 (die Vorbereitung einer **schweren staatsgefährdenden Gewalttat** nach § 89a StGB; → Rn. 39) vorliegen (BVerwGE 159, 270 Rn. 18 = BeckRS 2017, 124489 = NVwZ 2018, 409; VGH BW BeckRS 2016, 41711 = DVBl 2016, 387 = NVwZ-RR 2016, 357 Ls.). In einem solchen Fall bedarf es keiner weiteren Prüfung einer konkreten Gefährdung iSd § 54 Abs. 1 Nr. 2 Hs. 1 AufenthG (BeckOK AuslR/ Fleuß AufenthG § 54 Rn. 67 ff.).

Ein besonders schwerwiegendes Ausweisungsinteresse liegt auch dann vor, wenn Tatsachen die **42** Schlussfolgerung rechtfertigen, dass ein Ausländer einer Vereinigung angehört oder angehört hat, die den Terrorismus unterstützt oder er eine derartige Vereinigung unterstützt oder unterstützt hat.

Der Begriff des **Terrorismus** ist im AufenthG nicht definiert, auf der Grundlage der UN- **43** Konvention zur Bekämpfung der Finanzierung des Terrorismus (Art. 2 Abs. 1 lit. b AntiTerror-FinÜ) und Art. 1 Abs. 3 GS 2001/931/GASP (Gemeinsamer Standpunkt des Rates v. 27.12.2001 über die Anwendung besonderer Maßnahmen zur Bekämpfung des Terrorismus, ABl. 2001 L 344, 93) hat die Rechtsprechung jedoch eine der Rechtsanwendung fähige Begriffsbestimmung entwickelt. **Terroristische Handlungen** sind danach bestimmte katalogmäßig aufgeführte vorsätzliche Handlungen, die durch ihre Art oder durch ihren Kontext ein Land oder eine internationale Organisation ernsthaft schädigen können und im innerstaatlichen Recht als Straftat definiert sind, wenn sie mit dem Ziel begangen werden,
• die Bevölkerung auf schwerwiegende Weise einzuschüchtern oder
• eine Regierung oder eine internationale Organisation unberechtigterweise zu einem Tun oder Unterlassen zu zwingen oder
• die politischen, verfassungsrechtlichen, wirtschaftlichen oder sozialen Grundstrukturen eines Landes oder einer internationalen Organisation ernsthaft zu destabilisieren oder zu zerstören (BVerwGE 141, 100 Rn. 19 = BeckRS 2012, 45868 = NVwZ 2012, 701).

Der Ausdruck „terroristische Handlungen" bezeichnet vorsätzliche Handlungen, die ein Land oder **43.1** eine internationale Organisation dadurch ernsthaft schädigen können, dass sie die Bevölkerung einschüchtern, zwingt jeglicher Art auferlegen, die politischen, verfassungsrechtlichen, wirtschaftlichen und sozialen Grundstrukturen ernsthaft destabilisieren oder zerstören. Folgende Handlungen werden in der Liste aufgeführt:
• Anschläge auf das Leben oder die körperliche Unversehrtheit einer Person;
• Entführung oder Geiselnahme;
• weit reichende Zerstörungen an einer öffentlichen oder privaten Einrichtung, einschließlich des Informatiksystems;
• Kapern von öffentlichen Verkehrsmitteln (Luft- oder Wasserfahrzeugen);
• Herstellung, Besitz, Erwerb, Beförderung oder Verwendung von Schusswaffen, Sprengstoffen, Kernwaffen, biologischen und chemischen Waffen;
• Freisetzung gefährlicher Stoffe in die Luft oder Herbeiführen einer Überschwemmung, Explosion oder eines Brandes;
• Störung oder Unterbrechung der Versorgung mit Wasser, Strom oder anderen lebenswichtigen natürlichen Ressourcen;
• Anführen einer terroristischen Vereinigung oder Beteiligung an deren Aktivitäten, auch durch Bereitstellung von Logistik oder Finanzmitteln.

Die einfache Drohung mit der Begehung dieser Straftaten ist als terroristische Straftat zu bewerten. In dem gemeinsamen Standpunkt wird ferner die „terroristische Vereinigung" definiert als organisierter Zusammenschluss gleich welcher Zusammensetzung und welchen Organisationsgrades von Personen, die in Verabredung handeln, um terroristische Handlungen zu begehen (GS 2001/931/GASP).

44   Eine **Vereinigung** ist der auf eine gewisse Dauer angelegte organisatorische Zusammenschluss von mindestens drei Personen, die bei Unterordnung des Willens des Einzelnen unter den Willen der Gesamtheit gemeinsame Zwecke verfolgen und unter sich derart in Beziehung stehen, dass sie sich untereinander als einheitlicher Verband fühlen (BGHSt 28, 147 = BeckRS 9998, 104798 = NJW 1979, 172; BeckOK AuslR/Fleuß AufenthG § 54 Rn. 72).

45   Von einer Vereinigung, die den **Terrorismus unterstützt,** ist auszugehen, wenn sie sich selbst terroristisch betätigt. Ist eine Organisation in die Liste über Terrororganisationen im Anhang des GS 2001/931/GASP und / oder seiner Aktualisierungen (zuletzt B (GASP) 2018/475) aufgeführt, erlaubt dies die Feststellung, dass die Vereinigung terroristischer Art ist (EuGH BeckEuRS 2010, 555257 = NVwZ 2011, 285; BVerwG BeckRS 2010, 57083). Steht der Charakter einer Vereinigung als terroristische Organisation substantiell infrage, ist dem jedoch in einer einzelfallbezogenen Prüfung im Rahmen des Einbürgerungsverfahrens nachzugehen (zum Widerruf eines Aufenthaltstitels eines Flüchtlings s. EuGH BeckRS 2015, 80822 = EuGRZ 2015, 393 = InfAuslR 2015, 357). Als Erkenntnisquellen zur Feststellung von terroristischen Aktivitäten kann insbesondere auch auf die „Global Terrorism Database" der University Maryland (http://www.start.umd.edu/gtd) zurückgegriffen werden (BVerwG BeckRS 2014, 45800 = NVwZ-RR 2014, 35 = InfAuslR 2014, 117; Bergmann/Dienelt/Bauer/Dollinger AufenthG § 54 Rn. 39).

46   Von einer Vereinigung, die den Terrorismus unterstützt, ist auszugehen, wenn die Vereinigung die Begehung terroristischer Taten durch **Dritte veranlasst, fördert oder befürwortet** (BT-Drs. 14/7386, 54). Der Unterstützungsbegriff im Ausweisungsrecht ist weiter als der strafrechtliche Begriff des Unterstützens einer terroristischen Vereinigung in § 129a Abs. 5 StGB; er umfasst etwa auch das Werben für die Ideologie und die Ziele des Terrorismus (BVerwGE 141, 100 Rn. 20 = BeckRS 2012, 45868 = NVwZ 2012, 701 = EZAR- NF 42 Nr. 10). Das Veranlassen, Fördern oder Befürworten terroristischer Taten durch eine Vereinigung kann auch durch Verhaltensweisen erfüllt sein, die die Schwelle der Strafbarkeit nicht überschreiten, sondern Vorfeldunterstützungen darstellen (BVerwGE 159, 270 Rn. 19 = BeckRS 2017, 124489 = NVwZ 2018, 409; BVerwG BeckRS 2017, 125402 Rn. 17; BVerwGE 147, 261 Rn. 13 = BeckRS 2013, 56760 = NVwZ 2014,294; BVerwGE 141, 100 Rn. 20 = BeckRS 2012, 45868 = NVwZ 2012, 701; VGH BW BeckRS 2016, 44406). Das Unterstützen des Terrorismus durch eine Vereinigung setzt jedoch voraus, dass die Zwecke oder die Tätigkeit der Vereinigung (auch) auf die Unterstützung des Terrorismus gerichtet sind; die Unterstützung des Terrorismus muss jedenfalls (auch) ein Ziel der Vereinigung oder ihrer Tätigkeit sein. Ein bloßes Ausnutzen der Strukturen einer Vereinigung durch Dritte in Einzelfällen reicht dafür nicht (BVerwGE 141, 100 Rn. 23 = BeckRS 2012, 45868 = NVwZ 2012, 701).

47   Einer solchen **Vereinigung gehört an,** wer zur Verfolgung des gemeinsamen Zwecks mit anderen gleichgesinnten Personen der Art in Beziehung steht, dass er sich mit diesen Personen als Organisation verbunden fühlt; er insoweit also am Leben der Vereinigung teilnimmt (Hailbronner AuslR AufenthG § 54 Rn. 40).

48   Neben der Zugehörigkeit zu einer solchen Vereinigung handelt auch tatbestandsmäßig, wer eine derartige Vereinigung unterstützt oder unterstützt hat. Als **tatbestandliches Unterstützen** ist jede Tätigkeit zu verstehen, die sich in irgendeiner Weise positiv auf die Aktionsmöglichkeiten der Vereinigung auswirkt. Dazu zählt jedes Tätigwerden eines Nichtmitglieds, das die innere Organisation und den Zusammenhalt der Vereinigung fördert, ihren Fortbestand oder die Verwirklichung ihrer auf die Unterstützung terroristischer Bestrebungen gerichteten Ziele fördert und damit ihre potentielle Gefährlichkeit festigt und ihr Gefahrenpotential stärkt. Insoweit kann bereits eine Teilnahme an Veranstaltungen oder Demonstrationen eine sanktionierte Vorfeldunterstützung des (internationalen) Terrorismus darstellen. Auf einen beweis- und messbaren Nutzen für die Verwirklichung der missbilligten Ziele kommt es ebenso wenig an wie auf eine subjektive Vorwerfbarkeit (BVerwGE 123, 114 (125) = BeckRS 2005, 27806 = NVwZ 2005, 1091 = InfAuslR 2005, 374). Es gilt insoweit für die Fälle des Unterstützens einer terroristischen Vereinigung ein **abgesenkter Gefahrenmaßstab,** der keine von der Person des Unterstützers ausgehende konkrete und gegenwärtige Gefahr erfordert (BVerwGE 159, 270 Rn. 21 = BeckRS 2017, 124489 = NVwZ 2018, 409; BVerwG BeckRS 2017, 125402; BVerwGE 157, 325 Rn. 35 = BeckRS 2017, 107747 = EZAR NF 40 Nr. 23).

49   Für das **individuelle Unterstützen** der Vereinigung durch den Einbürgerungsbewerber ist erforderlich, dass für ihn das auf die Unterstützung des Terrorismus gerichtete Handeln der Vereinigung erkennbar ist, um es ihm zurechnen zu können (BVerwGE 159, 270 Rn. 22 = BeckRS 2017, 124489 = NVwZ 2018, 409; BVerwGE 141, 100 Rn. 23 = BeckRS 2012, 45868 = NVwZ 2012, 701); eine über diese Erkennbarkeit hinausgehende innere Einstellung des Ausländers ist unbeachtlich. Zum Schutz der Meinungsäußerungsfreiheit und dem Gebot der Verhältnismäßigkeit staatlicher Eingriffe in die grundrechtlich geschützte Betätigungsfreiheit des Einzelnen kommen als tatbestandliche Unterstützungshandlungen allerdings solche Handlungen nicht in Betracht, die erkennbar nur auf einzelne, mit terroristischen Zielen und Mitteln nicht im Zusammenhang stehende – etwa humanitäre oder politische – Ziele der Vereinigung gerichtet sind (BVerwGE 159, 270 Rn. 21 = BeckRS 2017, 124489 = NVwZ 2018, 409; BVerwGE 147, 261 Rn. 15, 18 = BeckRS 2013, 56760 = NVwZ 2014, 294 = InfAuslR 2013, 418; BVerwGE 123, 114 Ls. 3 = BeckRS 2005, 27806 = NVwZ 2005, 1091 = InfAuslR 2005, 374; Bergmann/Dienelt/Bauer/Dollinger AufenthG § 54 Rn. 43).

Die **Darlegungs- und (materielle) Beweislast** für das Vorliegen der tatbestandlichen Voraus- **50** setzungen des besonders schwerwiegenden Ausweisungsinteresses obliegt der Einbürgerungsbehörde. Zu unterscheiden ist allerdings hinsichtlich des **Maßes dieser Last.** Dafür, dass die Vereinigung iSd § 54 Abs. 1 Nr. 2 AufenthG den Terrorismus unterstützt, trägt die Einbürgerungsbehörde die volle Darlegungs- und Beweislast. Dieser Umstand muss – tatsachengestützt – zur vollen Überzeugung des Gerichts festgestellt werden können (BVerwGE 147, 261 Rn. 15, 18 = BeckRS 2013, 56760 = NVwZ 2014, 294 = InfAuslR 2013, 418). Für die **Zugehörigkeit** des Einbürgerungsbewerbers bzw. seine **Unterstützung** einer Vereinigung, die den Terrorismus unterstützt gilt eine **herabgestufte Darlegungs- und Beweislast.** Davon ist auszugehen, wenn Tatsachen diese Schlussfolgerung rechtfertigen. Damit findet – wie bei dem Ausschlussgrund des S. 1 Nr. 1 (→ Rn. 22 f.) – eine Vorverlagerung des Schutzes der tatbestandlich erfassten Schutzgüter. Der Darlegungs- und Beweislast ist dann Genüge getan, wenn eine auf **Indiztatsachen** gestützte Prognose die hinreichende Wahrscheinlichkeit für die Schlussfolgerung begründet, dass der Einbürgerungsbewerber einer solchen Vereinigung angehört oder sie unterstützt. Für die Anknüpfungstatsachen, die als Indizien für die tatrichterliche Schlussfolgerung der Zugehörigkeit zu einer Organisation bzw. deren individuelle Unterstützung dienen soll, gilt jedoch wieder das Regelbeweismaß der vollen richterlichen **Überzeugung** (BVerwGE 143, 138 Rn. 27 = BeckRS 2012, 54945 = NVwZ 2012, 1625 = InfAuslR 2012, 380; BVerwGE 141, 100 Rn. 16 = BeckRS 2012, 45868 = NVwZ 2012, 701). Hinsichtlich weiterer Einzelheiten wird auf die Kommentierung des im Wesentlichen bedeutungsgleichen Merkmals des S. 1 Nr. 1, „wenn tatsächliche Anhaltspunkte, die Annahme rechtfertigen", verwiesen (→ Rn. 22 ff. und → Rn. 26 ff.).

Die tatbestandlichen Voraussetzungen eines besonders schwerwiegenden Ausweisungsinteresses **51** in Form der **Terrorismusunterstützung liegt** jedoch **nicht (mehr) vor,** wenn der Einbürgerungsbewerber von seinem sicherheitsgefährdenden Handeln erkennbar und **glaubhaft Abstand genommen** hat. Allein eine – auch längere – Passivität des Einbürgerungsbewerbers hinsichtlich seines sicherheitsgefährdenden Handelns erfüllt diese Voraussetzungen nicht. Gefordert wird eine auf innerer Überzeugung beruhende nach außen erkennbare Distanzierung (BVerwGE 147, 261 Rn. 23 = BeckRS 2013, 56760 = NVwZ 2014, 294 = InfAuslR 2013, 418; Bergmann/Dienelt/Bauer/Dollinger AufenthG § 54 Rn. 46 f.). Dies entspricht den Anforderungen eines sich Abwendens iSv § 54 Abs. 1 Nr. 1, so dass auf die dortigen Voraussetzungen Bezug genommen werden kann (→ Rn. 34 ff.).

Nach Var. 4 ist schließlich von einem besonders schwerwiegenden Ausweisungsinteresse auszu- **52** gehen, wenn Tatsachen die Schlussfolgerung rechtfertigen, dass der Einbürgerungsbewerber eine in § 89a Abs. 1 StGB bezeichnete schwere staatsgefährdende Gewalttat nach § 89a Abs. 2 StGB vorbereitet oder vorbereitet hat.

Eine **schwere staatsgefährdende Gewalttat** nach § 89a Abs. 1 S. 2 StGB ist eine Straftat **53** gegen das Leben in den Fällen des § 211 StGB oder des § 212 StGB oder gegen die persönliche Freiheit in den Fällen des § 239a StGB oder des § 239b StGB, die nach den Umständen bestimmt und geeignet ist, den Bestand oder die Sicherheit eines Staates oder einer internationalen Organisation zu beeinträchtigen oder Verfassungsgrundsätze der Bundesrepublik Deutschland zu beseitigen, außer Geltung zu setzen oder zu untergraben. Nach § 89a Abs. 2 StGB wird eine solche schwere staatsgefährdende Gewalttat **vorbereitet,** wenn der Einbürgerungsbewerber

• eine andere Person unterweist oder sich unterweisen lässt in der Herstellung von oder im Umgang mit Schusswaffen, Sprengstoffen, Spreng- oder Brandvorrichtungen, Kernbrenn- oder sonstigen radioaktiven Stoffen, Stoffen, die Gift enthalten oder hervorbringen können, anderen gesundheitsschädlichen Stoffen, zur Ausführung der Tat erforderlichen besonderen Vorrichtungen oder in sonstigen Fertigkeiten, die der Begehung einer der in Abs. 1 genannten Straftaten dienen,

• Waffen, Stoffe oder Vorrichtungen der in § 89a Abs. 2 Nr. 1 StGB bezeichneten Art herstellt, sich oder einem anderen verschafft, verwahrt oder einem anderen überlässt oder

• Gegenstände oder Stoffe sich verschafft oder verwahrt, die für die Herstellung von Waffen, Stoffen oder Vorrichtungen der in § 89a Abs. 2 Nr. 1 StGB bezeichneten Art wesentlich sind.

54   Gemäß § 89a Abs. 2a StGB ist § 89a Abs. 2 Nr. 1 StGB auch anzuwenden, wenn der Täter eine schwere staatsgefährdende Gewalttat vorbereitet, indem er es unternimmt, zum Zweck der Begehung einer schweren staatsgefährdenden Gewalttat oder der in § 89a Abs. 2 Nr. 1 StGB genannten Handlungen aus der Bundesrepublik Deutschland auszureisen, um sich in einen Staat zu begeben, in dem Unterweisungen von Personen iSd § 89a Abs. 2 Nr. 1 StGB erfolgen. Aus § 89a Abs. 3 StGB folgt schließlich, dass § 89a Abs. 1 StGB auch gilt, wenn die Vorbereitung im Ausland begangen wird. Wird die Vorbereitung außerhalb der Mitgliedstaaten der Europäischen Union begangen, gilt dies nur, wenn sie durch einen Deutschen oder einen Ausländer mit Lebensgrundlage im Inland begangen wird oder die vorbereitete schwere staatsgefährdende Gewalttat im Inland oder durch oder gegen einen Deutschen begangen werden soll.

55   Für die Anwendung dieser Variante des besonders schwerwiegenden Ausweisungsinteresses bedarf es weder der Einleitung strafgerichtlicher Verfolgungsmaßnahmen noch einer Verurteilung oder einer sonstigen strafprozessualen Maßnahme (Hailbronner AulR AufenthG § 54 Rn. 52), erforderlich sind konkrete Tatsachen, die die Schlussfolgerung auf die Vorbereitung einer schweren staatsgefährdenden Gewalttat zulassen (→ Rn. 50).

56   Auch bei dieser Variante des § 54 Abs. 1 Nr. 2 AufenthG werden frühere tatbestandliche Handlungsweisen erfasst, soweit der Einbürgerungsbewerber nicht erkennbar und glaubhaft von seinem sicherheitsgefährdenden Handeln Abstand genommen hat (→ Rn. 51).

2. § 54 Abs. 1 Nr. 4 AufenthG

57   Das besonders schwerwiegende Ausweisungsinteresse des § 54 Abs. 1 Nr. 4 AufenthG setzt voraus, dass ein Ausländer zur **Verfolgung politischer oder religiöser Ziele** Gewalt befürwortet. Tatbestandlich unterscheidet § 54 Abs. 1 Nr. 4 AufenthG drei Handlungsalternativen: Von einem besonders schwerwiegenden Ausweisungsinteresse ist auszugehen, wenn sich der Ausländer entweder
- an Gewalttätigkeiten beteiligt,
- öffentlich zur Gewaltanwendung aufruft oder
- mit Gewaltanwendung droht. Gemeinsam ist den Handlungsalternativen, dass sie auf die Verfolgung politischer oder religiöser Ziele gerichtet sind.

58   Der Begriff des politischen Ziels ist weit zu fassen und betrifft die Grundlagen des staatlichen und gesellschaftlichen Zusammenlebens. Ein Ziel ist danach politisch, wenn es den Charakter oder die Gestaltung dieses Zusammenlebens zum Gegenstand hat. Dabei kann es um die Bewahrung oder die Veränderung staatlicher und gesellschaftlicher Ordnungsprinzipien, von Einrichtungen oder Daseinsformen im In- und Ausland handeln (Bergmann/Dienelt/Bauer/Dollinger AufenthG § 54 Rn. 59). Dabei sind religiöse Ziele als Unterfall politischer Ziele zu werten; mit der Aufnahme auch religiöser Ziele wollte der Gesetzgeber verdeutlichen, dass extremistische Netzwerke auch im religiös-politischen Spektrum existieren, etwa in der Szene der gewaltbereiten Salafisten (BT-Drs. 18/4097, 51).

59   Die Alternative **„Beteiligung an Gewalttätigkeiten"** setzt eine Handlung gegen die körperliche Unversehrtheit von Personen oder Sachen unter Einsatz physischer Kraft voraus (Fischer StGB § 125 Rn. 4), wobei nicht zwingend eine Täterschaft gefordert wird, sondern alle Beteiligungsformen nach den §§ 25 ff. StGB in Betracht kommen. Nicht ausreichend ist die bloße Anwesenheit in einer unfriedlichen Menschenmenge oder rein psychischer Zwang (Hailbronner AuslR AufenthG § 54 Rn. 66). Erforderlich ist jedoch, dass die Beteiligung tatsächlich festgestellt wird (Bergmann/Dienelt/Bauer/Dollinger AufenthG § 54 Rn. 60; NK-AuslR/Cziersky-Reis AufenthG § 54 Rn. 27). Die Darlegungs- und Beweislast dafür ob liegt der Einbürgerungsbehörde.

60   Der **Aufruf zur Gewaltanwendung** muss **öffentlich** sein, dh er muss für eine größere oder unbestimmte Anzahl von Menschen bestimmt und auch wahrnehmbar sein (Bergmann/Dienelt/Bauer/Dollinger AufenthG § 54 Rn. 60). Der Begriff des Aufrufs zur Gewaltanwendung knüpft an den Begriff der Aufforderung zur Anwendung von Gewalt an und geht damit über das bloße Befürworten hinaus und verlangt ein ausdrückliches Einwirken auf andere mit dem Ziel, in ihnen den Schluss zu bestimmten (gewalttätigen) Handlungen hervorzurufen (OVG Brem BeckRS 9998, 26753 = NVwZ-RR 2006, 643 = EZAR NF 40 Nr. 3 unter Rückgriff auf die Interpretation des Begriffs in § 130 StGB; NK-AuslR/Cziersky-Reis AufenthG § 54 Rn. 28).

61   Die **Drohung mit Gewaltanwendung** muss nicht öffentlich sein (Bergmann/Dienelt/Bauer/Dollinger AufenthG § 54 Rn. 60; Hailbronner AuslR AufenthG § 54 Rn. 64; aA NK-AuslR/Cziersky-Reis AufenthG § 54 Rn. 29). Die Drohung muss jedoch die ausdrückliche oder konkludente Ankündigung bzw. das In-Aussicht-Stellen zum Gegenstand haben, selbst oder mit Einfluss auf Dritte physische Gewalt auszuüben (NK-AuslR/Cziersky-Reis AufenthG § 54 Rn. 29).

Anders als § 54 Abs. 1 Nr. 2 AufenthG, der die Tatbestandlichkeit der dort genannten sicher- **62** heitsgefährdenden Handlungen ausschließt, soweit der Ausländer erkennbar und glaubhaft von diesen Handlungen Abstand genommen hat (→ Rn. 34 ff.), sieht § 54 Abs. 1 Nr. 4 AufenthG eine derartige **Exkulpationsmöglichkeit** nicht vor. Nach der Gesetzesbegründung ist eine solche Exkulpation nicht vorgesehen, da der Ausländer bereits Gewalt eingesetzt habe und sich davon, anders als von einem bestimmten Gedankengut, nicht distanzieren könne (BT-Drs. 18/4097). In der aufenthaltsrechtlichen Literatur wurde in diesem Zusammenhang jedenfalls eine Berücksichtigung eines Abstandnehmens im Rahmen der Abwägung nach § 53 Abs. 1 AufenthG befürwortet (BeckOK AuslR/Tanneberger AufenthG § 54 Rn. 50 ff.). Diese Auffassung wird im BeckOK AuslR/Fleuß AufenthG § 54 Rn. 105 aufgegeben. Der Einbürgerungsausschlussgrund des S. 1 Nr. 2 fordert jedoch allein das Vorliegen der tatbestandlichen Voraussetzungen des besonders schwerwiegenden Ausweisungsinteresses nach § 54 Abs. 1 Nr. 4 AufenthG, so dass eine Exkulpation durch ein Abstandnehmen, wie es § 54 Abs. 1 Nr. 2 aE AufenthG vorsieht, nicht in Betracht kommt. Im einbürgerungsrechtlichen Verfahren dürften in der Vergangenheit liegende Handlungen, die ein besonders schwerwiegendes Ausweisungsinteresse darstellen, im Falle eines Abstandnehmens dann nicht mehr einbürgerungsfeindlich sein, wenn das **Ausweisungsinteresse** aus Gründen des Vertrauensschutzes **verbraucht** ist, weil trotz Vorliegens des Ausweisungsinteresses ein (weiterer) Aufenthaltstitel erteilt worden ist. Voraussetzung für einen derartigen Verbrauch ist jedoch, dass die Ausländerbehörde einen ihr zurechenbaren Vertrauenstatbestand geschaffen haben muss, aufgrund dessen der Ausländer annehmen kann, ihm werde sein Verhalten im Rahmen einer Ausweisung nicht (mehr) entgegengehalten (BVerwGE 157, 325 Rn. 39 = BeckRS 2017, 107747 = NVwZ 2017, 1883 = EZAR NF 40 Nr. 23; VGH BW Beck RS 2017, 140682 = EZAR NF 40 Nr. 25).

Ein solcher Vertrauenstatbestand – und damit der Verbrauch eines Ausweisungsinteresses – steht unter **62.1** dem Vorbehalt, dass sich die maßgeblichen Umstände nicht verändern. Beachtliche Veränderungen können den dem Ausländer vermittelten Vertrauensschutz nachträglich entfallen lassen (OVG NRW BeckRS 2017, 102525; 2008, 139596).

Ein Verbrauch des Ausweisungsinteresses kommt nicht in Betracht, wenn sich die Ausländerbehörde **62.2** die Berücksichtigung früherer Straftaten bei Begehung neuer Straftaten ausdrücklich vorbehält (OVG Brem BeckRS 2017, 131445).

E. Erweiterung des Anwendungsbereichs des Ausschlussgrundes Nr. 2 (S. 2)

I. Allgemeines

Der Ausschlussgrund Nr. 2 setzt das Vorliegen der tatbestandlichen Voraussetzungen eines **63** besonders schwerwiegenden Ausweisungsinteresses im Rahmen einer Ausweisung nach § 53 AufenthG voraus. Da das AufenthG gem. § 1 Abs. 2 AufenthG bestimmte Personengruppen aus seinem **Anwendungsbereich** ausschließt, kommt eine Ausweisung von Personen dieser Gruppen auf der Grundlage des AufenthG nicht in Betracht. S. 2 **erweitert** den Ausschluss einer Einbürgerung – unabhängig davon, dass Angehörige dieser Personengruppen nicht ausgewiesen werden können – auf Einbürgerungsbewerber dieser Personenkreise, soweit eine solche Person die tatbestandlichen Voraussetzungen des § 54 Abs. 1 Nr. 2 oder Nr. 4 AufenthG erfüllt.

II. Erfasste Personengruppen

Nach § 1 Abs. 2 Nr. 1 AufenthG findet das Gesetz keine Anwendung auf **freizügigkeitsbe- 64 rechtigte Unionsbürger** (§ 2 Abs. 2 FreizügG/EU) und ihre **Familienangehörigen** (§ 3 Abs. 2 FreizügG/EU; BVerwG BeckRS 2017, 139254 = NVwZ 2018, 736 = InfAuslR 2018, 121). Diesen freizügigkeitsberechtigten Unionsbürgern gleichgestellt sind Staatsangehörige der EWR-Staaten (Island, Liechtenstein, Norwegen) sowie deren Familienangehörige (§ 12 FreizügG/EU). Ebenfalls von der Anwendung des AufenthG ausgeschlossen sind Ausländer, die nach Maßgabe **65** der §§ 18–20 GVG der deutschen Gerichtsbarkeit nicht unterliegen (§ 1 Abs. 2 Nr. 2 AufenthG). Dies sind **Mitglieder diplomatischer Missionen**, ihre **Familienangehörigen** und ihre **privaten Hausangestellten** (§ 18 GVG), **Mitglieder konsularischer Vertretungen** einschließlich der **Wahlkonsularbeamten** (§ 19 GVG), sowie **Repräsentanten anderer Staaten** und deren Begleitung, die sich auf amtliche Einladung der Bundesrepublik Deutschland im Geltungsbereich dieses Gesetzes aufhalten (§ 20 GVG). Gleiches gilt gem. § 1 Abs. 2 Nr. 3 AufenthG schließlich für **Personen,** die nach Maßgabe **66** **völkerrechtlicher Verträge** für den diplomatischen und konsularischen Verkehr von der Verpflichtung, ihren Aufenthalt der Ausländerbehörde anzuzeigen und dem Erfordernis eines Aufenthaltstitels befreit sind (NK–AuslR/Bender AufenthG § 1 Rn. 27).

67   Vom Ausschlussgrund des S. 1 Nr. 2 werden schließlich auch **Staatsangehörige der Schweiz** und deren **Familienangehörige** erfasst, die eine Aufenthaltserlaubnis aufgrund des Freizügigkeits-Abkommens EG-Schweiz (Abkommen zwischen der Europäischen Gemeinschaft und ihren Mitgliedstaaten einerseits und der Schweizerischen Eidgenossenschaft andererseits über die Freizügigkeit v. 21.6.1999, ABl. 2002 L 114, 6) besitzen (vgl. Zustimmungsgesetz v. 2.9.2001, BGBl. II 810).

F. Verfahrensrechtliche Besonderheiten

68   Bei Einbürgerungsbewerbern, die das 16. Lebensjahr vollendet haben, überprüfen die Staatsangehörigkeitsbehörden vor einer Einbürgerung die Voraussetzungen des § 11 durch eine **(Regel-) Anfrage** bei den zuständigen **Verfassungsschutzbehörden.** Zu diesem Zweck werden den Verfassungsschutzbehörden auch die erforderlichen Daten des Einbürgerungsbewerbers übermittelt (Nr. 37.2 VAH-StAG). Die Verfassungsschutzbehörden unterrichten die anfragende Stelle – soweit hierfür ein Anlass besteht – unverzüglich nach Maßgabe der insoweit bestehenden besonderen gesetzlichen Verwendungsregelungen (§ 37 Abs. 2 S. 2; zu den Einzelheiten des Anlasses und des Umfangs der Übermittlungen → § 37 Rn. 22; NK–AuslR/Hofmann/Hilbrans § 37 Rn. 16 ff.; HMHK/Hailbronner § 37 Rn. 10 f.).

§ 12 [Ausnahmen von § 10 Abs. 1 Satz 1 Nr. 4]

(1) [1]**Von der Voraussetzung des § 10 Abs. 1 Satz 1 Nr. 4 wird abgesehen, wenn der Ausländer seine bisherige Staatsangehörigkeit nicht oder nur unter besonders schwierigen Bedingungen aufgeben kann.** [2]**Das ist anzunehmen, wenn**
1. **das Recht des ausländischen Staates das Ausscheiden aus dessen Staatsangehörigkeit nicht vorsieht,**
2. **der ausländische Staat die Entlassung regelmäßig verweigert,**
3. **der ausländische Staat die Entlassung aus der Staatsangehörigkeit aus Gründen versagt hat, die der Ausländer nicht zu vertreten hat, oder von unzumutbaren Bedingungen abhängig macht oder über den vollständigen und formgerechten Entlassungsantrag nicht in angemessener Zeit entschieden hat,**
4. **der Einbürgerung älterer Personen ausschließlich das Hindernis eintretender Mehrstaatigkeit entgegensteht, die Entlassung auf unverhältnismäßige Schwierigkeiten stößt und die Versagung der Einbürgerung eine besondere Härte darstellen würde,**
5. **dem Ausländer bei Aufgabe der ausländischen Staatsangehörigkeit erhebliche Nachteile insbesondere wirtschaftlicher oder vermögensrechtlicher Art entstehen würden, die über den Verlust der staatsbürgerlichen Rechte hinausgehen, oder**
6. **der Ausländer einen Reiseausweis nach Artikel 28 des Abkommens vom 28. Juli 1951 über die Rechtsstellung der Flüchtlinge (BGBl. 1953 II S. 559) besitzt.**

(2) **Von der Voraussetzung des § 10 Abs. 1 Satz 1 Nr. 4 wird ferner abgesehen, wenn der Ausländer die Staatsangehörigkeit eines anderen Mitgliedstaates der Europäischen Union oder der Schweiz besitzt.**

(3) **Weitere Ausnahmen von der Voraussetzung des § 10 Abs. 1 Satz 1 Nr. 4 können nach Maßgabe völkerrechtlicher Verträge vorgesehen werden.**

Überblick

Die Vorschrift normiert Voraussetzungen, unter den die Einbürgerungsbehörde im Rahmen der Anspruchseinbürgerung die Mehrstaatigkeit des Einbürgerungsbewerbers hinzunehmen hat. Dies ist der Fall, wenn die Aufgabe der bisherigen Staatsangehörigkeit nur unter besonders schwierigen Bedingungen erfolgen kann (Abs. 1 S. 1, → Rn. 9). S. 2 enthält unter Nr. 1–6 konkretisierte Ausnahmetatbestände: Die Aufgabe der bisherigen Staatsangehörigkeit unter besonders schwierigen Bedingungen ist anzunehmen, wenn das ausländische Recht ein Ausscheiden nicht vorsieht (Nr. 1, → Rn. 14 ff.), der Staat die Entlassung regelmäßig verweigert (Nr. 2, → Rn. 18 ff.), die Entlassung aus Gründen versagt, die der Einbürgerungsbewerber nicht zu vertreten, die Entlassung von unzumutbaren Bedingungen abhängig gemacht werden oder über den Antrag nicht in angemessener Zeit entschieden wird (Nr. 3, → Rn. 22 ff.). Die Mehrstaatigkeit älterer Personen ist hinzunehmen, wenn die Entlassung auf unverhältnismäßige Schwierigkeiten stößt und die Versagung der Einbürgerung eine besondere Härte darstellen würde (Nr. 4, → Rn. 41 ff.). Des Weiteren ist die Mehrstaatigkeit hinzunehmen, wenn bei der Aufgabe der Staatsangehörigkeit erhebliche Nachteile insbesondere wirtschaftlicher oder vermögensrechtlicher Art entstehen würden (Nr. 5, → Rn. 48 ff.), sowie bei Personen, die einen Reiseausweis nach Art. 28 GFK besitzen (Nr. 6, → Rn. 51 ff.). Im Übrigen ist gegenüber Staatsangehörigen eines anderen Mitglieds der EU oder der Schweiz auf die Aufgabe der bisherigen Staatsangehörigkeit zu verzichten (Abs. 2, → Rn. 55 ff.). Schließlich eröffnet Abs. 3 die Möglichkeit, durch völkerrechtliche Verträge weitere Ausnahmen vorzusehen, nach denen Mehrstaatigkeit hinzunehmen ist (→ Rn. 58).

Übersicht

A. Gesetzeshistorie

§ 12 eingefügt mWv 1.1.2005 durch Gesetz v. 30.7.2004 (BGBl. I 1950); Abs. 1 S. 2 Nr. 2, **1** Nr. 6 und Abs. 2 geändert, Abs. 3 aufgehoben, bisheriger Abs. 4 wurde Abs. 3 mWv 28.8.2007 durch Gesetz v. 19.8.2007 (BGBl. I 1970).

B. Allgemeines

I. Grundlagen

Mit der Einfügung von § 10 Abs. 1 S. 1 Nr. 4 und § 12 durch das ZuwG (Zuwanderungsgesetz **2** v. 30.7.2004, BGBl. I 1950) wurde das zuvor in § 87 AuslG enthaltene **Prinzip der Vermeidung der Mehrstaatigkeit** mit geringfügigen Änderungen in das StAG übernommen.

Der Anspruch auf Einbürgerung gem. § 10 fordert nach Abs. 1 S. 1 Nr. 4 die **Aufgabe** oder **3** den **Verlust** der **bisherigen Staatsangehörigkeit**. Ein Absehen von dieser Forderung erfolgt nach Maßgabe des § 12.

Auch für die **Ermessenseinbürgerungen** nach den §§ 8 und 9 ist der Grundsatz der Vermei- **4** dung der Mehrstaatigkeit bei der Ermessensausübung zu beachten (Nr. 8.1.2.6 VAH-StAG; → § 8 Rn. 117 ff.).

II. Ausnahmen

1. Hinnahme der Mehrstaatigkeit nach Abs. 1 und Abs. 2

Kann der Einbürgerungsbewerber seine bisherige Staatsangehörigkeit nicht oder nur unter **5** besonders schwierigen Bedingungen aufgeben, oder besitzt er die Staatsangehörigkeit eines anderen Mitgliedstaates der EU oder der Schweiz, ist von der Voraussetzung des § 10 Abs. 1 S. 1 Nr. 4 abzusehen. Im Rahmen der Anspruchseinbürgerung gem. § 10 hat die Einbürgerungsbehörde die Mehrstaatigkeit hinzunehmen, wenn einer der **Ausnahmetatbestände** der Abs. 1 oder Abs. 2 erfüllt sind.

Soweit die tatbestandlichen Voraussetzungen der Abs. 1 und Abs. 2 **unbestimmte Rechtsbe- 6 griffe** enthalten, unterliegen diese der **vollen verwaltungsgerichtlichen Kontrolle**; es besteht

kein Beurteilungsspielraum, keine Einschätzungsprärogative oder ein Normkonkretisierungsermessen der Einbürgerungsbehörde (GK-StAR Rn. 20; HMHK/Hailbronner/Hecker Rn. 7; BayVGH BeckRS 2014, 55977 Rn. 13).

7   Besitzt der Einbürgerungsbewerber mehrere Staatsangehörigkeiten, bezieht sich sowohl die Aufgabeverpflichtung des Bewerbers nach § 10 Abs. 1 S. 1 Nr. 4 als auch die **Prüfungspflicht** der Einbürgerungsbehörde hinsichtlich des Vorliegens eines Ausnahmefalles auf **sämtliche** bisherigen **Staatsangehörigkeiten.**

2. Weitere Möglichkeit der Hinnahme der Mehrstaatigkeit (Abs. 3)

8   Abs. 3 enthält eine Öffnungsklausel für eine Erweiterung der Möglichkeiten über die Hinnahme von Mehrstaatigkeit durch völkerrechtliche Verträge.

C. Tatbestandliche Voraussetzungen des Abs. 1

I. Inhaltsbestimmung

1. Allgemeines

9   Nach Abs. 1 S. 1 ist vom Erfordernis der Aufgabe der bisherigen Staatsangehörigkeit gem. § 10 Abs. 1 S. 1 Nr. 4 abzusehen, wenn der Einbürgerungsbewerber seine bisherige Staatsangehörigkeit **nicht** oder nur unter **besonders schwierigen** Bedingungen **aufgeben** kann. Der Maßstab für die Bestimmung besonders schwieriger Bedingungen wird durch die Fallgruppen des S. 2 präzisiert. Liegen besonders schwierige Bedingungen vor, hat die Einbürgerungsbehörde die Mehrstaatigkeit hinzunehmen. Die in Abs. 1 enthaltenen unbestimmten Rechtsbegriffe unterliegen der vollen verwaltungsgerichtlichen Kontrolle; Beurteilungsspielräume sind der Behörde nicht eröffnet.

2. Bedeutungsgehalt

10   Das Verhältnis von S. 1 und S. 2 ist – wie bereits hinsichtlich der Vorgängervorschrift des § 87 Abs. 1 S. 1 AuslG – umstritten.

11   Zum einen wird die Auffassung vertreten, die Voraussetzungen für das Absehen vom Erfordernis der Aufgabe der bisherigen Staatsangehörigkeit werde **abschließend** durch die Fallgruppen des S. 2 **geregelt** (Nr. 12.1.1 VAH-StAG). Eine darüberhinausgehende Hinnahme der Mehrstaatigkeit stoße sowohl an die Grenze des Wortlauts („das ist anzunehmen, wenn") und widerspreche auch der Zielsetzung der Vorschrift (HMHK/Hailbronner/Hecker Rn. 10; VGH BW BeckRS 2006, 20461; OVG NRW NVwZ-RR 1998, 519 (520)).

12   Zum anderen wird die Meinung vertreten, S. 1 stelle eine **Auffanggeneralklausel** dar. Diese Auslegung liege bereits aufgrund von Art. 16 EUStAÜb (Europäisches Staatsangehörigkeitsübereinkommen v. 6.11.1997, BGBl. 2004 II 578) nahe, der den Vertragsstaaten aufgebe, den Erwerb oder die Beibehaltung der Staatsangehörigkeit nicht von der Aufgabe oder dem Verlust einer anderen Staatsangehörigkeit abhängig zu machen, wenn die Aufgabe oder der Verlust unmöglich oder unzumutbar sei. Denn es sei zweifelhaft, ob die Fallgruppen des S. 2 alle Gründe erfasse, die nach dem Abkommen als unzumutbar zu werten seien (GK-StAR Rn. 23 ff.; NK-AuslR/Geyer Rn. 8).

13   Das BVerwG hat die Frage bislang – als nicht entscheidungserheblich – **offengelassen** und dazu ausgeführt, dass auch bei einer Einordnung als Generalklausel die Anforderungen an eine darauf gestützte Ausnahme hoch seien (BVerwGE 137, 237 = NVwZ 2010, 1499 Rn. 19). Der Streit hat etwas an Bedeutung verloren, da eine Reihe der als Anwendungsfall diskutierten Fallgruppen nunmehr ausdrücklich von einer der Fallgruppen des S. 2 erfasst werden (GK-StAR Rn. 24 ff.).

II. Hinderungsgründe

1. Unmöglichkeit nach dem Recht des Heimatstaates (S. 2 Nr. 1)

14   Ein **Absehen** von der Aufgabe der bisherigen Staatsangehörigkeit setzt nach Nr. 1 voraus, dass das **Recht des ausländischen Staates** ein Ausscheiden aus dessen Staatsangehörigkeit **nicht vorsieht.** Der Anwendungsbereich ist danach nur eröffnet, wenn das jeweilige nationale Staatsangehörigkeitsrecht das Ausscheiden aus der Staatsangehörigkeit generell ausschließt (BVerwGE 146,

89 = BeckRS 2013, 50054 Rn. 37; HMHK/Hailbronner/Hecker Rn. 13), wenn also die Rechtsordnung außer dem Tod des Betroffenen keinen Verlust- oder Entlassungsgrund enthält (GK-StAR Rn. 35 f.).

Derartige Staaten, deren Recht generell kein Ausscheiden aus der Staatsangehörigkeit ermög- **15** licht, sind Argentinien und Bolivien (Nr. 12.1.2.1 VAH-StAG).

Nr. 12.1.2.1 VAH-StAG führt neben den genannten Staaten Argentinien und Bolivien in **16** zwei weiteren Listen Staaten auf, in denen das dortige nationale Recht das Ausscheiden aus der Staatsangehörigkeit nur für **bestimmte Personengruppen** generell nicht ermöglicht. Der Anwendungsbereich der Nr. 1 ist darüber hinaus allerdings auch dann eröffnet, wenn das ausländische nationale Recht das Ausscheiden aus der Staatsangehörigkeit nur bestimmten Personengruppen generell nicht ermöglicht. Dies sind in erster Linie Staaten, deren Rechtsordnung gebürtigen Staatsangehörigen kein Ausscheiden aus der Staatsangehörigkeit ermöglicht. Dazu zählen derzeit Costa Rica, Ecuador, Guatemala, Honduras, Mexiko, Nicaragua, Panama und Uruguay. Des Weiteren ermöglichen Brasilien und die Dominikanische Republik in besonderen Fallkonstellationen generell kein Ausscheiden aus der Staatsangehörigkeit. Brasilien ermöglicht im Anwendungsbereich deutschen Staatsangehörigkeitsrechts kein Ausscheiden bei gewöhnlichem Aufenthalt in Deutschland sowie bei Wiedererwerb der deutschen Staatsangehörigkeit. Die Dominikanische Republik ermöglicht kein Ausscheiden für gebürtige dominikanische Staatsangehörige, die in der Dominikanischen Republik geboren sind. Diese Zuordnung in den VAH-StAG erscheint **zweifelhaft,** da die Nr. 1 − in Abgrenzung zu Nr. 3 Var. 2 − staatenbezogen voraussetzt, dass das das jeweilige nationale Staatsangehörigkeitsrecht ein Recht zum Ausscheiden nicht vorsieht (BVerwGE 146, 89 = BeckRS 2013, 50054 Rn. 10 ff.).

Knüpft das **ausländische nationale Recht** die Aufgabe oder den Verlust der Staatsangehörig- **17** keit an eine **bestimmte Bedingungen,** etwa das Erreichen einer Altersgrenze (Art. 17 Abs. 1 ghanaisches StAG, § 25 türkisches StAG; zur Entlassung aus der russischen Staatsangehörigkeit mit Vollendung des 18. Lebensjahres OVG NRW BeckRS 2020, 1473), ist mit Blick auf den systematischen Zusammenhang zu Nr. 3 Alt. 2 − wenn der ausländische Staat die Entlassung von unzumutbaren Bedingungen abhängig macht − nicht von einer rechtlichen Unmöglichkeit auszugehen (BVerwGE 146, 89 = BeckRS 2013, 50054 Rn. 17; NdsOVG BeckRS 2012, 47359; GK-StAR Rn. 37; HMHK/Hailbronner/Hecker Rn. 13).

2. Regelmäßige Verweigerung (Nr. 2)

Von dem Erfordernis des Verzichts auf die bisherige Staatsangehörigkeit ist auch abzusehen, **18** wenn der **ausländische Staat** die Entlassung **regelmäßig verweigert.** Damit ist ein **Regel-Ausnahme-Prinzip** formuliert, nach dem in der Praxis des Herkunftsstaates davon auszugehen ist, dass der Entlassungsantrag erfolglos bleibt. Nach der Begründung des Gesetzgebers ist der Regelfall, also die Verweigerung der Entlassung aus der bisherigen Staatsangehörigkeit, dann gegeben, wenn Entlassungen nie oder fast nie ausgesprochen werden (BT-Drs. 14/533, 19; so auch Nr. 12.1.2.2 VAH-StAG; aA NK-AuslR/Geyer Rn. 12; GK-StAR Rn. 52, wonach diese Relation ohne Not und gesetzliche Stütze als zu eng erachtet wird).

Eine solche **Verweigerungspraxis** muss nicht durchgehend erfolgen und ist auch noch nicht **19** dann widerlegt, wenn in unberechenbarer Weise Personen aus der Staatsangehörigkeit entlassen werden (HMHK/Hailbronner/Hecker Rn. 14). Die Regelmäßigkeit der Verweigerung setzt aber für einen bestimmten Zeitraum eine **eindeutig belegbare Staatspraxis** voraus, angesichts derer das Verlangen, einen vollständigen und formgerechten Entlassungsantrag zu stellen, als überflüssige Formalie erscheint (BayVGH BeckRS 2014, 53536).

Vor diesem Hintergrund hat der Gesetzgeber mit der Novellierung des S. 2 Nr. 2 durch das **20** Gesetz zur Umsetzung aufenthalts- und asylrechtlicher Richtlinien der Europäischen Union (v. 19.8.2007, BGBl. I 1970) durch die Streichung der Voraussetzung, dass „der Ausländer der zuständigen Behörde einen **Entlassungsantrag** zur Weiterleitung an den ausländischen Staat übergeben hat", das Erfordernis eines erkennbar aussichtslosen Antrages aufgegeben.

Als Staaten, die die Entlassung aus der bisherigen Staatsangehörigkeit regelmäßig verweigern, **21** gelten derzeit Afghanistan, Algerien, Angola, Eritrea, Iran, Kuba, Libanon, Malediven, Marokko, Nigeria, Syrien, Thailand und Tunesien (Nr. 12.1.2.2 VAH-StAG).

3. Versagung der Entlassung (Nr. 3 Var. 1)

Die Var. 1 der Nr. 3 regelt die Hinnahme der Mehrstaatigkeit für Fälle, in denen der ausländische **22** Staat die Entlassung aus der bisherigen Staatsangehörigkeit aus Gründen **versagt,** die der Einbürgerungsbewerber **nicht zu vertreten** hat. Sie setzt − ebenso wie die Var. 3 − grundsätzlich einen

Antrag auf Entlassung aus der bisherigen Staatsangehörigkeit voraus, der **formgerecht** und **vollständig ausgefüllt** gestellt worden sein muss. Ob ein Antrag diese Anforderungen erfüllt, richtet sich nach der Verwaltungspraxis des Herkunftsstaates (BVerwG NVwZ-RR 1997, 442; VGH BW InfAuslR 1992, 98).

23   Sieht das Recht des Herkunftsstaates ein **mehrstufiges Entlassungsverfahren** vor, etwa der Art, dass zunächst ein formloser Antrag und die Darstellung der Entlassungsgründe gefordert werden und dem Antragsteller erst dann die notwendigen Formulare übersandt werden, so ist von einem formgerechten und vollständigen Antrag auch dann auszugehen, wenn nicht dem Antragsteller durch Übersendung der erforderlichen Formulare innerhalb angemessener Zeit ermöglicht wird, die zweite Verfahrensstufe einzuleiten (BVerwG NVwZ-RR 1997, 442).

24   Von dem Erfordernis eines formgerechten und vollständig ausgefüllten Entlassungsantrags ist ausnahmsweise jedoch dann abzusehen, wenn nach der Erkenntnislage ein Angehöriger einer Personengruppe, der durch eine nach ethnischen Kriterien **diskriminierenden Entlassungspraxis** betroffen ist, keine Möglichkeit besitzt, seine reguläre Entlassung aus der Staatsangehörigkeit auf legale Weise zu erreichen (BVerwGE 129, 20 = NVwZ 2007, 1328 Rn. 21; NdsOVG BeckRS 2015, 42229; BayVGH BeckRS 2014, 53536).

25   Des Weiteren setzt diese Variante grundsätzlich voraus, dass über den Antrag durch eine **verfahrensabschließende Entscheidung** ablehnend entschieden wurde. Von einer Versagung ist jedoch auch dann auszugehen, wenn eine Antragstellung auf Entlassung aus der Staatsangehörigkeit trotz mehrerer ernsthafter und nachhaltiger Bemühungen des Einbürgerungsbewerbers und trotz amtlicher Begleitung, soweit sie sinnvoll und durchführbar ist, über einen Zeitraum von mindestens **sechs Monaten** hinweg nicht ermöglicht wird. Bei mehrstufigen Entlassungsverfahren gilt bereits auch für die Einleitung der nächsten Stufe (Nr. 12.1.2.3.1 VAH-StAG).

26   Eine abschließende Entscheidung liegt jedoch (noch) nicht vor, wenn die Entlassung für den Fall der Erfüllung weiterer Bedingungen in Aussicht gestellt wird (GK-StAR Rn. 82 ff.).

27   Die Versagung der Entlassung aus der bisherigen Staatsangehörigkeit muss schließlich auf **Gründen** beruhen, die der Einbürgerungsbewerber **nicht zu vertreten** hat. Ohne Bedeutung ist dabei, ob die **Ablehnungsgründe** politisch, wirtschaftlich oder fiskalisch motiviert sind, und ob sie sich aus der Rechtsordnung oder der Verwaltungspraxis des ausländischen Staates ergeben (HMHK/ Hailbronner/Hecker Rn. 17; NK-AuslR/Geyer Rn. 15).

28   Zu **vertreten** hat der Einbürgerungsbewerber die Versagung der Entlassung, wenn er **Verpflichtungen** gegenüber dem Herkunftsstaat **verletzt** hat und die Entlassungsverweigerung darauf beruht. Der Begriff des **Vertretenmüssens** beschränkt sich nicht auf vorsätzliches oder fahrlässiges Handeln. Erforderlich, aber auch ausreichend ist, dass der Einbürgerungsbewerber durch ein **zurechenbares Handeln oder Unterlassen** adäquat-kausal die Ursache für die Versagung der Entlassung aus der Staatsangehörigkeit gesetzt hat (vgl. BVerwGE 133, 153 = NVwZ 2009, 843 Rn. 23; GK-StAR Rn. 90). Als **Beispiele** für eine Verletzung derartige Verpflichtungen kommen die Nichtrückzahlung von zu Ausbildungszwecken gewährten Stipendien, die Verletzung von Unterhaltspflichten, die Nichtbegleichung von Steuerrückständen oder die Einreichung eines nicht vollständigen oder formgerechten Entlassungsantrags in Betracht (Nr. 12.1.2.3.1 VAH-StAG; VGH BW InfAuslR 2003, 160).

29   Von einem Vertretenmüssen der Verletzungshandlung kann jedoch nur dann ausgegangen werden, wenn es sich um **Pflichten** handelt, die dem Einbürgerungsbewerber im Einzelfall **unzumutbar** sind (NK-AuslR/Geyer Rn. 16). Insoweit steht die Var. 1 in engem Zusammenhang zur Var. 2, nach der die Mehrstaatigkeit hinzunehmen ist, soweit die Entlassung aus der bisherigen Staatsangehörigkeit von unzumutbaren Bedingungen abhängig gemacht wird. Die **Abgrenzung** diese **beiden Varianten** erfolgt nicht nach sachlichen Gesichtspunkten, vielmehr sind die Fälle der Var. 2 ein Unterfall der Var. 1, die sich danach unterscheiden, ob eine ablehnende Entscheidung über den Entlassungsantrag bereits ergangen ist oder nicht. Die Fälle der Var. 2 zeichnen sich dadurch aus, dass die bekannten, abstrakt-generellen Anforderungen des Herkunftsstaates an die Entlassung aus der Staatsangehörigkeit unzumutbar sind, so dass schon auf einen Entlassungsantrag bzw. die Durchführung des Verfahrens verzichtet werden kann (GK-StAR Rn. 93). Hinsichtlich des Vertretenmüssens einer Pflichtverletzung kann deshalb zur Abgrenzung zumutbarer und unzumutbarer Entlassungsanforderungen auf → Rn. 31 ff. verwiesen werden.

30   Die **Darlegungs-** und materielle **Beweislast** für das Nichtvertretenmüssen trägt nach der gesetzlichen Konstruktion von **Regel und Ausnahme** grundsätzlich der **Einbürgerungsbewerber** (BVerwGE 133, 153 = NVwZ 2009, 843 Rn. 20). Soweit Probleme bei der Feststellung des Vertretenmüssens deshalb auftreten, weil die ablehnende Entscheidung des Herkunftsstaates keine oder lediglich floskelartige Begründungen enthält oder die Entscheidung im Freien Ermessen der Behörde steht, ist in solchen Fällen, in denen **sonstige Erkenntnisquellen**, etwa **Verwaltungs-**

vorschriften oder eine **bestehende Verwaltungspraxis,** nicht zur Verfügung stehen, davon auszugehen, dass der Einbürgerungsbewerber die Versagung nicht zu vertreten hat (NK-AuslR/ Geyer Rn. 16).

4. Abhängigkeit von unzumutbaren Bedingungen (Nr. 3 Var. 2)

Unzumutbar ist eine vom ausländischen Staat gestellte Bedingung für die Entlassung aus der 31 Staatsangehörigkeit iSd Var. 2, wenn sie schon abstrakt-generell betrachtet nach den **Wertvorstellungen** der deutschen Rechtsordnung **nicht hinnehmbar** ist (BVerwGE 146, 89 = BeckRS 2013, 50054 Rn. 17). Ob von einer unzumutbaren Bedingung auch bereits dann gesprochen werden kann, wenn für den Einbürgerungsbewerber bereits nach seinen konkreten Verhältnissen unter Berücksichtigung aller Umstände des Einzelfalls nach Maßgabe eines objektivierenden normativen Maßstabs aus nationaler Sicht eine Unzumutbarkeit vorliegt (BayVGH BeckRS 2014, 53536; NdsOVG BeckRS 2012, 47359; VGH BW NVwZ-RR 2009,354; GK-StAR Rn. 106; NK-AuslR/Geyer Rn. 18), hat das BVerwG offengelassen (BVerwGE 137, 237 = NVwZ 2010, 1499 Rn. 37). Für den Fall einer generell zulässigen Entlassungsvoraussetzung soll jedenfalls eine individuell-konkrete Unzumutbarkeit nur in Betracht kommen, wenn eine vom Regelfall abweichende **atypische Belastungssituation** vorliegt, die bei wertender Betrachtung nach nationalem Recht nicht hinzunehmen ist (BVerwGE 146, 89 = BeckRS 2013, 50054 Rn. 19).

Zumutbar und regelmäßig erforderlich ist grundsätzlich die **Kontaktaufnahme** zu Behörden 32 des Herkunftsstaates und ggf. das **persönliche Erscheinen** bei der Auslandsvertretung (zu Ausnahmefällen → Rn. 37). Als **zumutbare Entlassungsbedingung** wird nach der Betrachtungsweise des BVerwG das Entlassungserfordernis der Volljährigkeit angesehen (→ Rn. 17). Als ebenfalls zumutbar sind die unter → Rn. 28 dargestellten Anforderungen zu nennen: die Begleichung von zu Ausbildungszwecken gewährten Stipendien, die Begleichung von Steuerrückständen und die Erfüllung von Unterhaltspflichten. Nicht grundsätzlich unzumutbar ist auch die Bedingung des Herkunftsstaats, dass der Einbürgerungsbewerber zunächst seine pass- oder personenstandsrechtlichen Angelegenheiten ordnet (Nr. 12.1. 2.3.2.3 VAH-StAG). Die Forderung hat aber dort ihre **Grenze,** wo der Einbürgerungsbewerber keine realistische Chance hat, die Entlassungsvoraussetzung unter zumutbaren Bedingungen zu erfüllen (BVerwGE 129, 20 = NVwZ 2007, 1328 Rn. 22), wenn etwa für eine Dokumentenbeschaffung mit einer längeren, unter Umständen mehrjährigen Verfahrensdauer zu rechnen ist oder der Herkunftsstaat trotz nachhaltiger, aber erfolgloser Bemühungen des Einbürgerungsbewerbers nicht auf die Beibringung verzichtet (HMHK/Hailbronner/Hecker Rn. 31).

Als zumutbar wird auch eine zu entrichtende **Entlassungsgebühr** angesehen, jedoch nur, 33 wenn sie einschl. Nebenkosten ein durchschnittliches Bruttoeinkommen eines Einbürgerungsbewerbers von 1.278 EUR nicht übersteigen (Nr. 12.1.2.3.2.1 VAH-StAG; HMHK/Hailbronner/ Hecker Rn. 25).

Wird die Entlassung aus der Staatsangehörigkeit von der **Ableistung des Wehrdienstes** abhän- 34 gig gemacht, ist die Bedingung unzumutbar, wenn der Einbürgerungsbewerber
- über 40 Jahre alt ist und seit mehr als 15 Jahren seinen gewöhnlichen Aufenthalt nicht mehr im Herkunftsstaat hat, davon mindestens zehn Jahre im Inland,
- durch die Leistung des Wehrdienstes in eine bewaffnete Auseinandersetzung mit der Bundesrepublik Deutschland oder mit einem mit der Bundesrepublik Deutschland verbündeten Staat verwickelt werden könnte,
- zur Ableistung des Wehrdienstes für mindestens zwei Jahre seinen Aufenthalt im Ausland nehmen müsste und in einer familiären Gemeinschaft mit seinem Ehegatten und einem minderjährigen Kind lebt **oder**
- sich aus Gewissensgründen der Beteiligung an jeder Waffenanwendung zwischen den Staaten widersetzt und die Leistung eines Ersatzdienstes durch den Herkunftsstaat nicht ermöglicht wird (Nr. 12.1.2.3.2.1 VAH-StAG; vgl. vertiefend GK-StAR Rn. 148–161.1). Unzumutbar ist auch die Forderung nach Erfüllung des Wehrdienstes für die Einbürgerungsbewerber, die bereits in der zweiten und weiteren Generationen in Deutschland leben (Nr. 12.1.2.3.2.1 VAH-StAG) bzw. für solche Bewerber, die zwar der Wehrpflicht unterliegen, sie mangels Einberufung aber nicht erfüllen können (BVerwGE 129, 20 = NVwZ 2007, 1328 Rn. 23). **Unzumutbarkeit** der Erfüllung des Wehrdienstes kommt schließlich für **im Inland aufgewachsene** Einbürgerungsbewerber in Betracht (Nr. 12.1.2.3.2.1 VAH-StAG; GK-StAR Rn. 149.1; HMHK/Hailbronner/Hecker Rn. 28; NK-AuslR/Geyer Rn. 22).

Soweit die **unzumutbare Verpflichtung** zur Wehrdienstleistung durch Geldzahlung abgewendet 35 werden kann, der Herkunftsstaat also ein **Freikauf** ermöglicht, ist auch diese Forderung in der

Regel unzumutbar, wenn der **Betrag** das Dreifache eines durchschnittlichen Bruttoeinkommens des Einbürgerungsbewerbers übersteigt; ein Betrag ab 5.112 EUR ist immer unzumutbar. Generell unzumutbar ist das Ansinnen eines Freikaufs für die Personengruppe der Einbürgerungsbewerber, die bereits in der zweiten oder weiteren Generationen in Deutschland leben (Nr. 12.1.2.3.2.1 VAH-StAG).

36   Als generell unzumutbar ist eine Entlassung aus der bisherigen Staatsangehörigkeit anzusehen, die nur mittels **Bestechung** herbeigeführt werden kann (BVerwGE 129, 20 = NVwZ 2007, 1328 Rn. 23; VGH BW NVwZ-RR 2009, 354; OVG RhPf BeckRS 2005, 155746). Gleiches gilt für die **Forderung,** einen **Asylantrag** zurückzunehmen oder den erlangten **Asylstatus** aufzugeben (GK-StAR Rn. 128; NK-AuslR/Geyer Rn. 20). Unzumutbar, weil nach den Wertvorstellungen der deutschen Rechtsordnung nicht hinnehmbar, sind auch Forderungen nach Unterzeichnung von **Schuldanerkenntnissen oder -bekenntnissen,** wenn es dabei um wahrwidrige **Selbstverleugnungen** oder **Selbstbezichtigungen** handelt (GK-StAR Rn. 127). Als unzumutbare Forderung kommt auch das **zwangsweise Tragen** religiöser Symbole – Vorlage von Lichtbildern mit Kopftuch für einen formgerechten Entlassungsantrag – in Betracht (NK-AuslR/Geyer Rn. 20) oder gar die Forderung nach Übertritt des Ehepartners zu einer anderen Religion (GK-StAR Rn. 127).

37   Trotz der grundsätzlichen Zumutbarkeit der Kontaktaufnahme zu Behörden des Herkunftsstaates kommt eine **ausnahmsweise Unzumutbarkeit** unter konkret-individuellen Umständen in Betracht. Die Forderung nach Kontaktaufnahme oder persönlicher Vorsprache kann bei Flüchtlingen, bei denen nicht bereits nach Nr. 6 die Mehrstaatigkeit hinzunehmen ist, unzumutbar sein, die Opfer von schweren Misshandlungen oder Folter durch Organe dieses Staates waren. Für Kinder von Flüchtlingen nach Nr. 6, die selbst keinen Flüchtlingsstatus haben, nach dem Recht des Herkunftsstaates aber nicht ohne die Eltern aus der Staatsangehörigkeit entlassen werden können, stellt die Kontaktaufnahme ebenfalls eine unzumutbare Bedingung dar (NK-AuslR/Geyer Rn. 19; HMHK/Hailbronner/Hecker Rn. 46).

5. Unangemessene Bearbeitungszeit (Nr. 3 Var. 3)

38   Die Var. 3 stellt allein auf eine Nichtbescheidung des Entlassungsantrages in angemessener Zeit ab. Die Beurteilung der **Angemessenheit** als unbestimmter Rechtsbegriff unterliegt der vollen verwaltungsgerichtlichen Kontrolle (VGH BW InfAuslR 1997, 317). Vorausgesetzt wird ein vollständiger und formgerechter Entlassungsantrag (→ Rn. 22), der bei der nach dem Recht des Herkunftsstaates für die Entgegennahme des Antrages zuständigen Stelle eingegangen sein muss.

39   Die Angemessenheit der Frist, in der über den Antrag zu entscheiden ist, bestimmt sich nach den konkreten Umständen des Einzelfalls. Von der **Unangemessenheit** ist jedoch auszugehen, wenn nach **zwei Jahren** keine Entscheidung ergangen ist (als Höchstgrenze, GK-StAR Rn. 193; nach Nr. 12.1.2.3.3 VAH-StAG wenn mit einer Entscheidung auch innerhalb der nächsten sechs Monate nicht zu rechnen ist).

40   Bestehen aber nach dem Recht bzw. der Verwaltungspraxis des Herkunftsstaates **sachliche Gründe** für die **Zurückstellung der Bearbeitung,** wird der Fristlauf gehemmt. Dies gilt insbesondere für die Beseitigung von Entlassungshindernissen, wie etwa die Erfüllung der Wehrpflicht, jedenfalls soweit sie keine unzumutbare Bedingung iSd Var. 3 darstellen (GK-StAR Rn. 195).

6. Ältere Personen (Nr. 4)

41   Die Hinnahme der Mehrstaatigkeit nach Nr. 4 setzt voraus, dass der Einbürgerung älterer Personen ausschließlich das Hindernis eintretender Mehrstaatigkeit entgegensteht, die Entlassung auf **unverhältnismäßige Schwierigkeiten** stößt und die Versagung der Einbürgerung eine **besondere Härte** darstellen würde. Diese Bedingungen müssen kumulativ vorliegen (BVerwGE 137, 237 = NVwZ 2010, 1499 Rn. 22).

42   Ältere Personen in diesem Sinne sind regelmäßig solche Personen, die das **60. Lebensjahr** vollendet haben (VGH BW BeckRS 2014, 47662; Nr. 12.1.2.2 VAH-StAG). Ob angesichts der Anhebung der Altersgrenze in der gesetzlichen Rentenversicherung (Gesetz zur Anpassung der Regelaltersgrenze an die demografische Entwicklung und zur Stärkung der Finanzierungsgrundlagen der Rentenversicherung v. 20.4.2007, BGBl. I 554) an dieser Grenze festzuhalten ist, hat das BVerwG offengelassen (BVerwGE 137, 237 = NVwZ 2010, 1499 Rn. 19).

43   Der Einbürgerung steht ausschließlich das Hindernis eintretender Mehrstaatigkeit entgegen, wenn die sonstigen tatbestandlichen Voraussetzungen einer Anspruchseinbürgerung nach § 10 oder einer Ermessenseinbürgerung nach §§ 8 bzw. 9 erfüllt sind.

Unverhältnismäßige Schwierigkeiten, die eine Hinnahme der Mehrstaatigkeit rechtfertigen **44** können, müssen sich zum einen auf den **Vorgang der Entlassung** aus der bisherigen Staatsangehörigkeit beziehen und zum anderen **altersbezogen,** also auf das fortgeschrittene Lebensalter zurückzuführen sein. Auch diese Ausnahme regelt – wie die anderen Nummern des S. 2 – einen Sonderfall, der hier an das Alter einer Personengruppe anknüpft (OVG NRW BeckRS 2010, 45535). Danach können Entlassungsvoraussetzungen, die an sich regelmäßig objektiv (noch) zumutbar sind, die Hinnahme von Mehrstaatigkeit rechtfertigen, wenn und weil sie sich in Bezug auf das Alter des Einbürgerungsbewerbers als unverhältnismäßig erweisen. Auftretende Schwierigkeiten sind jedoch nur dann unverhältnismäßig, wenn sie diese **altersbedingte Zumutbarkeitsgrenze** überschreiten (BVerwGE 137, 237 = NVwZ 2010, 1499 Rn. 22).

Beispielhaft ist von der Überschreitung der Zumutbarkeitsgrenze etwa auszugehen, wenn **45** es dem älteren Einbürgerungsbewerber aus gesundheitlichen Gründen nicht möglich ist, in der Auslandsvertretung persönlich **vorzusprechen** oder eine zur Erfüllung einer Entlassungsvoraussetzung erforderliche **Reise** in den Herkunftsstaat durchzuführen Nr. 12.1.2.4 VAH-StAG). Die unverhältnismäßige Schwierigkeit kann sich auch aus der Klärungsbedürftigkeit von entlassungsrelevanten Tatsachen ergeben, die auf Umständen in lang zurückliegender **Vergangenheit** beruhen. Von Bedeutung können auch befristete **Aufbewahrungsfristen** für erforderliche Urkunden und Akten im Herkunftsstaat sein (GK-StAR Rn. 211). Schließlich können auch **Verfahrensdauer** und **Wartezeiten** im Entlassungsverfahren, die sich bei jüngeren Einbürgerungsbewerbern noch im Rahmen des zumutbaren halten (zu unzumutbaren Bedingungen iSv Nr. 3 Var. 2 → Rn. 31, → Rn. 37), im höheren Alter unverhältnismäßig sein (BVerwGE 137, 237 = NVwZ 2010, 1499 Rn. 22).

Die Frage der Unverhältnismäßigkeit der Schwierigkeit ist anhand eines **objektiven Maßstabs 46** zu beurteilen, nicht jedoch, wie der betreffende (ältere) Einbürgerungsbewerber die sich bei der Entlassung aus der bisherigen Staatsangehörigkeit stellenden Hindernisse subjektiv bewertet, etwa aufgrund einer höheren affektiven Bindung an die bisherige Staatsangehörigkeit oder fehlender Flexibilität bzw. des Festhaltenwollens an der eigenen Lebensgeschichte als Teil der eigenen Identität (BVerwGE 137, 237 = NVwZ 2010, 1499 Rn. 22).

Die Versagung der Einbürgerung müsste schließlich eine **besondere Härte** darstellen. Dies **47** erfordert Umstände, die über den Regelfall der Aufgabe der bisherigen Staatsangehörigkeit hinausgehen. Eine besondere Härte kommt etwa in Betracht, wenn alle in Deutschland lebenden Familienangehörigen bereits deutsche Staatsangehörige sind oder der Einbürgerungsbewerber seit mindestens 15 Jahren rechtmäßig seinen gewöhnlichen Aufenthalt im Inland hat (Nr. 12.1.2.4 VAH-StAG). Sie kommt auch bei einem besonderen Engagement für das Gemeinwesen in Betracht, durch das die Hinwendung zur Bundesrepublik Deutschland dokumentiert wird (GK-StAR Rn. 218). Auch eine höhere affektive Bindung an die bisherige Staatsangehörigkeit aufgrund des höheren Alters kann eine besondere Härte begründen (BVerwGE 137, 237 = NVwZ 2010, 1499 Rn. 22).

7. Erhebliche Nachteile (Nr. 5)

Von der Aufgabe der bisherigen Staatsangehörigkeit ist auch abzusehen, wenn mit der Aufgabe **48** erhebliche Nachteile insbesondere **wirtschaftlicher** oder **vermögensrechtlicher** Art verbunden sind. Wie bereits der Wortlaut mit der gewählten Formulierung „**insbesondere**" nahelegt, müssen beachtliche Nachteile nicht nur solche wirtschaftlicher oder vermögenrechtlicher Natur sein, sondern es kommen auch immaterielle Nachteile in Betracht (GK-StAR Rn. 22; enger gefasst: Nr. 12.1.2.5.1 VAH-StAG). Als immaterielle Nachteile kommen jedoch nur Beeinträchtigungen in Betracht, die objektiv entstehen und zu gewichten sind (BVerwG BeckRS 2019, 11281 Rn. 18). Die Regelung soll verhindern, dass der Einbürgerungsbewerber gezwungen wird, die Einbürgerung in den deutschen Staatenbund durch Hinnahme erheblicher Nachteile zu „erkaufen". Für das Entstehen derartiger Nachteile trägt der Einbürgerungsbewerber die Darlegungs- und materielle Beweislast (BVerwGE 137, 237 = NVwZ 2010, 1499 Rn. 30). Die Regelung der Hinnahme der Mehrstaatigkeit beim Vorliegen beachtlicher Nachteile beinhaltet allerdings zugleich die Pflicht des Einbürgerungswilligen, Entstehung oder Umfang der drohenden Nachteile zu vermeiden oder zu mindern, soweit er diese beeinflussen kann (HessVGH BeckRS 2009, 38806).

Als beachtliche **wirtschaftliche oder vermögensrechtliche** Nachteile kommen etwa Regelungen **48.1** des Herkunftsstaats über den Verlust von Eigentum an Grund und Boden oder Erbbeschränkungen bei Aufgabe der Staatsangehörigkeit in Betracht (NK-AuslR/Geyer Rn. 25; verneint für die israelische Rechtsordnung VG Saarlouis BeckRS 2008, 30964 Rn. 24; zur Besteuerung von Immobilienveräußerungen in Russland VG Saarlouis BeckRS 2021, 9234). In Betracht kommen auch der Verlust von Rentenansprüchen und -anwartschaften (HessVGH BeckRS 2009, 38806) oder die Gefährdung von konkret bestehenden Geschäftsbeziehungen(BayVGH NVwZ-RR 2015, 65; zu Folgen des deutsch-amerikanischen Sozialversicherungsabkommens BeckRS 2012, 56228; zur sog. Ausbürgerungssteuer, die mit der Wegzugsbesteuerung nach § 6 AStG – Außensteuergesetz v. 8.9.1972, BGBl. I 1713 – vergleichbar ist, für den Fall der Aufgabe der US-Staatsbürgerschaft und einer damit verbundenen Gefahr eines Einreiseverbots in die USA, VG Sigmaringen BeckRS 2020, 36492).

48.2   Keinen erheblichen **immateriellen** Nachteil stellt die Versagung des Bedürfnisses dar, aus Gewissensgründen die bisherige Staatsangehörigkeit Bosnien-Herzegowinas (Entität Republica Srpska) beibehalten zu dürfen (VGH BW BeckRS 2018, 35199; die Nichtzulassungsbeschwerde blieb ohne Erfolg, BVerwG BeckRS 2019, 11281; zu den Erschwernissen bei der Ein- und Ausreise nach Israel bei Aufgabe der israelischen Staatsangehörigkeit von Personen arabischer Abstammung VG Saarlouis BeckRS 2008, 30964).

49   Beachtlich sind nur solche Nachteile, die über den Verlust der staatsbürgerlichen Rechte hinausgehen. **Nicht erfasst** werden daher in erster Linie die an die Staatsbürgerschaft geknüpften staatsbürgerlichen Teilhabe- und sonstigen Rechte, wie das Wahlrecht, der diplomatische oder konsularische Schutz, die visumsfreie Einreise oder der genehmigungsfreie Aufenthalt (VG Köln BeckRS 2015, 47224; GK-StAR Rn. 221). Ebenfalls nicht erfasst werden wirtschaftliche Nachteile, die unmittelbar mit dem Entlassungsverfahren einschließlich der Beseitigung von (zumutbaren) Entlassungshindernissen (→ Rn. 32 ff.) verbunden sind.

50   Die Nachteile müssen **„bei Aufgabe"**, also in zeitlichem und sachlichem **Zusammenhang** mit der Aufgabe der bisherigen Staatsangehörigkeit entstehen (BayVGH NVwZ-RR 2015, 65; GK-StAR Rn. 223). Nachteile, die sich später aus der Nichtrealisierung gegenwärtiger (Erwerbs-) Chancen ergeben, stellen keinen beachtlichen Nachteil dar (HessVGH Beschl. v. 16.7.2013 – 5 A 736/13.Z).

8. Inhaber eines Flüchtlingsausweises nach Art. 28 GFK (Nr. 6)

51   Nr. 6 setzt voraus, dass der Einbürgerungsbewerber im **Besitz** eines **Reisepasses** nach Art. 28 GFK ist. Aus dieser Vorschrift folgt, dass Flüchtlingen, die sich rechtmäßig im Inland aufhalten, ein Reisepass ausgestellt wird, der ihnen Reisen außerhalb Deutschlands gestattet. Zu dem von Art. 28 GFK erfassten **Personenkreis** zählen in erster Linie Asylberechtigte nach Art. 16a GG und Personen, bei denen unanfechtbar festgestellt worden ist, dass in ihrer Person die Voraussetzungen des § 60 AufenthG vorliegen. Zu dem Kreis gehören des Weiteren Personen, denen bis zum Wirksamwerden des Beitritts im Beitrittsgebiet Asyl gewährt worden ist, sowie die Personen, die außerhalb des Bundesgebietes als ausländische Flüchtlinge anerkannt worden sind (GK-StAR Rn. 243; NK-AuslR/Geyer Rn. 27).

52   Maßgeblich ist der Besitz des Reisepasses für Flüchtlinge als **Nachweis** für die durch Nr. 6 begünstigten Personengruppen. Denn die Hinnahme der Mehrstaatigkeit knüpft nicht mehr – wie bis Ende 2004 – an den Status eines politisch Verfolgten an, sondern stellt auf den Besitz eines Reisepasses ab (NdsOVG BeckRS 2008, 39461). Allein ein Anspruch auf Erteilung eines solchen Passes genügt deshalb nicht. Ist der Einbürgerungsbewerber allerdings im Besitz eines Reisepasses, ist die Einbürgerungsbehörde – soweit der Pass Gültigkeit besitzt – an diesen Nachweis gebunden (GK-StAR Rn. 243; NK-AuslR/Geyer Rn. 27).

53   Ist jedoch die Asylberechtigung oder die Zuerkennung der Flüchtlingseigenschaft nach § 72 Abs. 1 AsylG kraft Gesetzes **erloschen,** verliert der Reisepass seine **Gültigkeit;** der Inhaber ist nach § 72 Abs. 2 AsylG verpflichtet, neben dem Anerkennungsbescheid auch den Pass unverzüglich an die Ausländerbehörde zurückzugeben. Ein das Erlöschen feststellender Verwaltungsakt hat keine konstitutive Wirkung, sondern eröffnet nur die Möglichkeit der zwangsweisen Durchsetzung der Herausgabepflicht (BayVGH BeckRS 2009, 32257).

54   Allein die Möglichkeit eines Widerrufs oder einer Rücknahme der Asylberechtigung oder der Zuerkennung der Flüchtlingseigenschaft berührt dagegen die Gültigkeit des Passes nicht. Ist dagegen ein **Widerrufs- oder Rücknahmebescheid** wirksam ergangen, führt dies gem. § 73 Abs. 2c AsylG dazu, dass bis zur Bestandskraft des Widerrufs oder der Rücknahme für das Einbürgerungsverfahren nicht nur die Verbindlichkeit der Entscheidung über den Asylantrag entfällt, sondern auch die **Gültigkeit des Passes,** und zwar unbeschadet des Umstandes, dass die Verpflichtung zur Rückgabe des Passes gem. § 73 Abs. 6 AsylG erst ab der Unanfechtbarkeit bzw. der Bestandskraft des Bescheides entsteht. Andernfalls würde die Regelung des § 73 Abs. 2c AsylG (und die wortgleiche Vorgängerregelung des § 73 Abs. 2a S. 4 AsylVfG), die explizit für das Einbürgerungsverfahren geschaffen wurde, leer laufen (NdsOVG BeckRS 2008, 39461 mit ausdrücklicher Aufgabe der noch im Beschl. v. 21.7.2006 – 13 LA 215/06 vertretenen Auffassung; VGH BW BeckRS 2006, 20461; BayVGH BeckRS 2009, 32257; aA NK-AuslR/Geyer Rn. 28).

D. Tatbestandliche Voraussetzungen des Abs. 2

Abs. 2 schreibt der Einbürgerungsbehörde **zwingend** die **Hinnahme** der Mehrstaatigkeit für 55 einen Einbürgerungsbewerber vor, der die Staatsangehörigkeit eines anderen Mitgliedsstaates der **EU** oder der **Schweiz** besitzt. Unerheblich ist, ob er daneben weitere Staatsangehörigkeiten von Drittstaaten innehat.

Dem Status eines Staatsangehörigen eines Mitgliedsstaates der EU oder der Schweiz stehen 56 nicht die Staatsangehörigen von Staaten gleich, die mit der EU auf der Grundlage des Art. 49 AEUV Beitrittsverhandlungen führen, mit denen die EU gem. Art. 217 AEUV Assoziierungsabkommen geschlossen hat oder die mit der EU als überseeische Länder und Hoheitsgebiete nach Art. 198 AEUV (Anhang II AEUV) assoziiert sind (GK-StAR Rn. 252 mit Hinweis auf VG Darmstadt BeckRS 2009, 40128 zu EWG-Türkei). Ebenfalls nicht gleichgestellt sind die Staatsangehörigen der EWR-Staaten Island, Liechtenstein und Norwegen (GK-StAR Rn. 253; krit. NK-AuslR/Geyer Rn. 30).

Mit dem Inkrafttreten des Gesetzes zur Umsetzung aufenthalts- und asylrechtlicher Richtlinien 57 der Europäischen Union (v. 19.8.2007, BGBl. I 1970) im Jahre 2007 ist auch das Erfordernis **Gegenseitigkeit** – also eine entsprechende Hinnahme der Mehrstaatigkeit – in der Einbürgerungspraxis des anderen EU-Mitgliedsstaates **entfallen,** so dass die Anforderung auch gegenüber Altfällen aufgrund des Günstigkeitsprinzips des § 40c keine Geltung mehr beansprucht (NK-AuslR/Geyer Rn. 29).

E. Tatbestandliche Voraussetzungen des Abs. 3

Abs. 3 enthält eine **Öffnungsklausel** für **völkerrechtliche Verträge,** weitere Ausnahmen 58 vom Grundsatz der Vermeidung von Mehrstaatigkeit zu ermöglichen, etwa auch erweiterte Möglichkeiten einer befristeten Hinnahme von Mehrstaatigkeit zu schaffen. Derartige Verträge hat die Bundesrepublik Deutschland nach Auffassung des Bundesministeriums des Innern bisher nicht geschlossen (Nr. 12.3 VAH-StAG; zum Charakter und zur Reichweite des EUStAÜb – Europäisches Staatsangehörigkeitsübereinkommen v. 6.11.1997, BGBl. II 578 –, insbesondere zu der Frage, ob das Übereinkommen über die bislang im StAG geregelten Ausnahmen weitere Ausnahmen über die Hinnahme der Mehrstaatigkeit enthält, vgl. NK-AuslR/Geyer Rn. 4, 8, 31; GK-StAR Rn. 329).

§ 12a [Verurteilungen]

(1) ¹Bei der Einbürgerung bleiben außer Betracht:
1. die Verhängung von Erziehungsmaßregeln oder Zuchtmitteln nach dem Jugendgerichtsgesetz,
2. Verurteilungen zu Geldstrafe bis zu 90 Tagessätzen und
3. Verurteilungen zu Freiheitsstrafe bis zu drei Monaten, die zur Bewährung ausgesetzt und nach Ablauf der Bewährungszeit erlassen worden ist.
²Bei mehreren Verurteilungen zu Geld- oder Freiheitsstrafen im Sinne des Satzes 1 Nr. 2 und 3 sind diese zusammenzuzählen, es sei denn, es wird eine niedrigere Gesamtstrafe gebildet; treffen Geld- und Freiheitsstrafe zusammen, entspricht ein Tagessatz einem Tag Freiheitsstrafe. ³Übersteigt die Strafe oder die Summe der Strafen geringfügig den Rahmen nach den Sätzen 1 und 2, so wird im Einzelfall entschieden, ob diese außer Betracht bleiben kann. ⁴Ist eine Maßregel der Besserung und Sicherung nach § 61 Nr. 5 oder 6 des Strafgesetzbuches angeordnet worden, so wird im Einzelfall entschieden, ob die Maßregel der Besserung und Sicherung außer Betracht bleiben kann.

(2) ¹Ausländische Verurteilungen zu Strafen sind zu berücksichtigen, wenn die Tat im Inland als strafbar anzusehen ist, die Verurteilung in einem rechtsstaatlichen Verfahren ausgesprochen worden ist und das Strafmaß verhältnismäßig ist. ²Eine solche Verurteilung kann nicht mehr berücksichtigt werden, wenn sie nach dem Bundeszentralregistergesetz zu tilgen wäre. ³Absatz 1 gilt entsprechend.

(3) ¹Wird gegen einen Ausländer, der die Einbürgerung beantragt hat, wegen des Verdachts einer Straftat ermittelt, ist die Entscheidung über die Einbürgerung bis zum Abschluss des Verfahrens, im Falle der Verurteilung bis zum Eintritt der Rechtskraft des Urteils auszusetzen. ²Das Gleiche gilt, wenn die Verhängung der Jugendstrafe nach § 27 des Jugendgerichtsgesetzes ausgesetzt ist.

(4) Im Ausland erfolgte Verurteilungen und im Ausland anhängige Ermittlungs- und Strafverfahren sind im Einbürgerungsantrag aufzuführen.

Überblick

§ 12a regelt in Abs. 1 Ausnahmen von der Einbürgerungsvoraussetzung der strafrechtlichen Unbescholtenheit. Es werden die Verurteilungen und Maßnahmen der Besserung und Sicherung bestimmt, die zwingend als unbeachtlich außer Betracht bleiben (→ Rn. 4 ff.). Abs. 1 S. 3 eröffnet des Weiteren die Möglichkeit, Strafen, die den Rahmen des S. 1 geringfügig übersteigen, im Ermessenswege als unbeachtlich außer Betracht zu lassen (→ Rn. 21 ff.). Abs. 2 regelt, unter welchen Voraussetzungen auch ausländische Verurteilungen einbürgerungsschädlich sein können (→ Rn. 31 ff.). Abs. 3 enthält die Verfahrensverpflichtung der Einbürgerungsbehörde zur Aussetzung des Einbürgerungsverfahrens während der Dauer von Ermittlungen gegen den Einbürgerungsbewerber wegen des Verdachts einer Straftat bzw. der Verhängung einer Jugendstrafe nach § 27 JGG (→ Rn. 40 ff.). Abs. 4 verpflichtet schließlich den Einbürgerungsbewerbers zur Mitteilung von anhängigen Ermittlungs- und Strafverfahren sowie erfolgten Verurteilungen im Ausland (→ Rn. 48 ff.).

Übersicht

A. Gesetzeshistorie

1   § 12a eingefügt mWv 1.1.2005 durch Gesetz v. 30.7.2004 (BGBl. I 1950); Abs. 1 neu gefasst mWv 28.8.2007 durch Gesetz v. 19.8.2007 (BGBl. I 1970).

B. Allgemeines

2   Mit dem ZuwG (Zuwanderungsgesetz v. 30.7.2004, BGBl. I 1950) wurden die §§ 10–12b in das StAG eingefügt. Die Regelung über die **Unbeachtlichkeit strafrechtlicher Verfehlungen** nach Abs. 1 bezog sich zunächst nur auf den Einbürgerungsanspruch nach § 10, der in § 10 Abs. 1 S. 1 Nr. 5 voraussetzt, dass der Einbürgerungsbewerber weder wegen einer rechtswidrigen Tat zu einer Strafe verurteilt noch gegen ihn aufgrund seiner Schuldunfähigkeit eine Maßregel der Besserung und Sicherung angeordnet worden ist.

3   Nach der Novellierung des § 12a Abs. 1 durch das Gesetz zur Umsetzung aufenthalts- und asylrechtlicher Richtlinien der Europäischen Union v. 19.8.2007 (BGBl. I 1970) finden die Unbe-

achtlichkeitsregelungen des § 12a auf **alle Einbürgerungsverfahren,** also auch auf die (Ermessens-) Einbürgerungen der §§ 8 und 9 **Anwendung.**

C. Unbeachtlichkeit strafrechtlicher Sanktionen (§ 12a Abs. 1)

I. Vorbemerkungen

1. Verurteilung

Die Vorschrift knüpft an die strafrechtlichen Unbescholtenheitsvorschriften des § 8 Abs. 1 **4** Nr. 2, § 9 Abs. 1 Hs. 1 und § 10 Abs. 1 Nr. 5 an und beansprucht deshalb für alle Einbürgerungsverfahren Geltung. Grundsätzlich von Bedeutung für die Prüfung der fehlenden Straffreiheit nach diesen Vorschriften sind neben allen rechtskräftigen (Abs. 3 S. 1 Hs. 2) **Verurteilungen** im Inland auch diejenigen ausländischen Verurteilungen, die von Abs. 2 erfasst werden.

Verurteilungen im Inland in diesem Sinne sind **rechtskräftige Entscheidungen,** durch die **5** ein deutsches Gericht wegen einer rechtswidrigen Tat auf Strafe erkannt, eine Maßregel der Besserung und Sicherung angeordnet, jemanden nach § 59 StGB mit einem Strafvorbehalt verwarnt oder nach § 27 JGG die Schuld eines Jugendlichen oder Heranwachsenden festgestellt hat (§ 4 BZRG; zu den Einzelheiten → § 8 Rn. 66 f., → § 8 Rn. 69 ff.).

Für die Berücksichtigung von **ausländischen Verurteilungen** gelten die Maßstäbe des Abs. 2 **6** (→ Rn. 31 ff.).

2. Beurteilungsmaßstäbe

Ob eine inländische Verurteilung vorliegt, prüft die Einbürgerungsbehörde in erster Linie **7** anhand von **Auskünften** aus dem **Bundeszentralregister** (Zentral- und Erziehungsregister). Den Einbürgerungsbehörden steht für das Einbürgerungsverfahren gem. § 41 Abs. 1 Nr. 6 BZRG ein **Anspruch auf Mitteilung** auch der Eintragungen über den Einbürgerungsbewerber zu, die in ein Führungszeugnis nicht aufgenommen werden (zu den Einzelheiten, nach denen dem Grunde nach von einbürgerungsschädlichen Verurteilungen und Anordnungen der Besserung und Sicherung auszugehen ist → § 8 Rn. 65 ff.).

3. Vorhalte- bzw. Verwertungsverbot

Ohne Bedeutung für die Frage der strafrechtlichen **Unbescholtenheit** des Einbürgerungsbe- **8** werbers sind Verurteilungen, die dem Vorhalte- und Verwertungsverbot des § 51 Abs. 1 BZRG unterfallen (BVerwGE 142, 132 Rn. 42 = BeckRS 2012, 50800 = NVwZ 2012, 1254; HessVGH BeckRS 2014, 53723 = InfAuslR 2014, 349 = AuAS 2014, 164; zu den Einzelheiten → § 8 Rn. 77 ff.).

II. Erziehungsmaßregeln und Zuchtmittel nach dem JGG

1. Allgemeines

Für die Frage der strafrechtlichen Unbescholtenheit bleiben verhängte Erziehungsmaßregeln **9** oder Zuchtmittel nach dem JGG außer Betracht. Die Jugendstrafe nach §§ 17 ff. JGG ist dagegen weder Erziehungsmaßregel noch Zuchtmittel; ihre Behandlung richtet sich nach Abs. 1 S. 1 Nr. 3 (→ Rn. 14 und → § 8 Rn. 67).

2. Erziehungsmaßregeln

Erziehungsmaßregeln iSv § 9 JGG sind zum einen Weisungen gem. § 10 JGG, also Ge- oder **10** Verbote, die die Lebensführung des Jugendlichen regeln und dadurch seine **Erziehung fördern** und **sichern** sollen. Zum anderen sind es Anordnungen, **Hilfe zur Erziehung** iSv § 12 JGG in Anspruch zu nehmen, also dem Jugendlichen eine Erziehungsbeistandschaft gem. § 30 SGB VIII aufzuerlegen, oder anzuordnen, dass er ein betreutes Wohnen nach § 34 SGB VIII in Anspruch nimmt.

3. Zuchtmittel

Zuchtmittel iSv § 13 JGG sind die Verwarnung (§ 14 JGG), die Erteilung von Auflagen (§ 15 **11** JGG) und der Jugendarrest (§ 16, 16a JGG).

III. Geld- oder Freiheitsstrafen

1. Geldstrafe

12   Verurteilungen zu einer Geldstrafe bis zu **90 Tagessätzen** bleiben **unbeachtlich.** Die Herabsetzung der nicht zu beachtenden Geldstrafe von 180 auf 90 Tagessätze erfolgte im Jahr 2007
durch das Gesetz zur Umsetzung aufenthalts- und asylrechtlicher Richtlinien der Europäischen
Union und soll die Bedeutung der strafrechtlichen Unbescholtenheit des Einbürgerungsbewerbers
unterstreichen (GK-StAR Rn. 23).

13   Hat jemand eine Geldstrafe bis zu 180 Tagessätzen verwirkt, so kann das Gericht ihn unter
den Voraussetzungen des § 59 StGB neben dem Schuldspruch verwarnen, die Strafe bestimmen
und sich die Verurteilung unter Bestimmung einer **Bewährungszeit** (§ 59a StGB) vorbehalten.
Führt die Bestimmung der Strafe zu einer Geldstrafe von bis zu 90 Tagessätzen, bleibt das Verfahren
nach § 59 StGB für das Einbürgerungsverfahren ungeachtet einer späteren Verurteilung zur vorbehaltenen Strafe außer Betracht. Übersteigt die vorbehaltene Strafe 90 Tagessätze, ist die Einbürgerungsbehörde nicht durch Abs. 3 gehindert, das Einbürgerungsverfahren fortzusetzen und auch
diese vorbehaltene Strafe außer Betracht zu lassen. Die **Verwarnung mit Strafvorbehalt** ist ein
verfahrensbeendendes Urteil, durch das der Einbürgerungsbewerber jedoch gerade nicht zu einer
Strafe im Sinne der einbürgerungsrechtlichen Unbescholtenheitsregelungen verurteilt worden ist
(GK-StAR Rn. 23.1).

2. Freiheitsstrafe

14   Verurteilungen zu Freiheitsstrafen bleiben bis zu drei Monaten außer Betracht. Dies gilt auch
für verhängte Jugendstrafe (→ § 8 Rn. 67). Auch diese **Bagatellgrenze** ist durch das Gesetz zur
Umsetzung aufenthalts- und asylrechtlicher Richtlinien der Europäischen Union im Jahre 2007
von sechs auf drei Monate **herabgesetzt** worden. Die Vorschrift hat damit für verhängte Jugendstrafen völlig an Bedeutung verloren, denn gem. § 18 Abs. 1 S. 1 JGG beträgt das **Mindestmaß**
der Jugendstrafe sechs Monate, so dass ihre Verhängung grundsätzlich einer Einbürgerung entgegenstehen. Diese Konsequenz war dem Gesetzgeber auch bewusst (BT-Drs. 16/5056, 230). Bereits
mit der Einfügung des § 12a in das StAG ist die ursprüngliche Regelung des § 88 Abs. 2 AuslG
für die besondere (privilegierte) Behandlung der Verhängung einer Jugendstrafe bis zu einem Jahr,
die zur Bewährung ausgesetzt worden ist, ersatzlos entfallen (Ergänzende Anm. zu Nr. 12a.2
VAH-StAG). Die **Beseitigung des Strafmakels** einer Jugendstrafe gem. § 100 JGG führt auch
nicht zu einem **Verwertungsverbot** nach § 51 BZRG, sondern gem. § 41 Abs. 3 BZRG lediglich
zur **Einschränkung** des Umfangs der **Auskunftserteilung** durch die Registerbehörde (→ § 8
Rn. 79). Im Einbürgerungsverfahren ist die Verurteilung trotz der Beseitigung des Strafmakels zu
berücksichtigen, wenn die Einbürgerungsbehörde auf anderem Weg rechtmäßig Kenntnis davon
erlangt hat (BVerwGE 150, 17 Rn. 14, 24 = BeckRS 2014, 54184 = InfAuslR 2014, 389).

15   Auch im **Erwachsenenstrafrecht** wird gem. § 47 StGB eine Freiheitsstrafe unter sechs Monaten nur in Ausnahmefällen verhängt, wenn besondere Umstände die Verhängung der Freiheitsstrafe
zur Einwirkung auf den Täter oder zur Verteidigung der Rechtsordnung unerlässlich machen.

16   Als weitere Voraussetzung der Unbeachtlichkeit der Verurteilung setzt Nr. 2 die **Aussetzung**
der Strafe **zur Bewährung** voraus (BayVGH BeckRS 2007, 30924). Vor Ablauf der Bewährungszeit hat die Einbürgerungsbehörde zu prüfen, ob sie den Einbürgerungsantrag ablehnt oder das
Verfahren bis zum Erlass der Freiheitsstrafe nach Ablauf der Bewährungszeit aussetzt (Nr. 12a.1.1.3
VAH-StAG).

17   Abschließende Voraussetzung, die Verurteilung zur Freiheitsstrafe bis zu drei Monaten außer
Betracht zu lassen ist, dass die Strafe nach **Ablauf** der Bewährungsstrafe gem. § 56g StGB erlassen
worden ist.

IV. Zusammentreffen mehrerer Verurteilungen (Abs. 1 S. 2)

1. Mehrere Geld- oder Freiheitsstrafen

18   Mehrere Bagatellverurteilungen iSv Nr. 2 und Nr. 3, die im Bundeszentralregister **nicht getilgt**
oder **nicht** nach den Vorschriften der §§ 47–49 BZRG **tilgungsreif** sind, werden grundsätzlich
zusammengezählt.

19   Dies gilt ausnahmsweise nicht, wenn wegen der Begehung mehrerer Straftaten bei der Verurteilung oder nachträglich (§ 55 StGB) eine **Gesamtstrafenbildung** erfolgt. Maßgeblich für die

Beurteilung nach Abs. 1 ist in diesem Fall allein die Verurteilung zu der einen Gesamtstrafe (Nr. 12a.1.2 VAH-StAG; GK-StAR Rn. 37.7).

2. Zusammentreffen von Geld- und Freiheitsstrafen

Treffen Geld- und Freiheitsstrafen iSd Nr. 2 und Nr. 3 zusammen, so entspricht bei der **20** **Addition** ein Tagessatz einem Tag Freiheitsstrafe. Ist eine Freiheitsstrafe nicht zur Bewährung ausgesetzt, so ist diese Verurteilung ungeachtet der Höhe der Freiheitsstrafe einbürgerungsschädlich (HMHK/Hailbronner/Hecker Rn. 4).

V. Ausdehnung der Unbeachtlichkeitsgrenze im Einzelfall

1. Überschreitung des Rahmens

Überschreitet die Verurteilung oder die Summe der Verurteilungen den Rahmen nach S. 1 **21** und S. 2 **geringfügig,** so ist unter Berücksichtigung der Umstände des Einzelfalls zu entscheiden, ob diese außer Betracht bleiben kann. Der unbestimmte Rechtsbegriff der Geringfügigkeit, der der vollen gerichtlichen Kontrolle unterliegt, bezieht sich im Kontext der Verurteilung bzw. der Summe der Verurteilungen auf eine quantitativ bestimmte oder bestimmbare Größe (BVerwGE 142, 145 Rn. 15 = BeckRS 2012, 51026 = NVwZ 2012, 1250).

Bereits aus Abs. 2 S. 1 Hs. 2, wonach bei dem Zusammentreffen von Geld- und Freiheitsstrafen **22** ein Tagessatz einem Tag Freiheitsstrafe entspricht, folgt, dass auch die abstrakte Konkretisierung der Geringfügigkeitsgrenze einheitlich zu erfolgen hat (OVG NRW BeckRS 2011, 49330 = EZAR NF 75 Nr. 8).

Nach dem Wortsinn, der Gesetzessystematik und der -historie kann von einem **geringfügigen** **23** Übersteigen des Rahmens nicht gesprochen werden, wenn die Strafverurteilung den Rahmen des Abs. 1 um 1/3 übersteigt (BVerwGE 142, 145 Rn. 15 = BeckRS 2012, 51026 = NVwZ 2012, 1250).

Der HessVGH (BeckRS 2014, 53723 = InfAuslR 2014, 349) hat unter Bezugnahme auf **24** andere Vorschriften, die diesen Begriff verwenden, die Geringfügigkeit der Überschreitung in **quantitativer Hinsicht** in den Bereich von **10 %** eingeordnet. Nach Nr. 12a.1.3 VAH-StAG ist eine Überschreitung des Rahmens geringfügig, wenn die Strafe oder die Summe der Strafen die Bagatellgrenze um nicht mehr als 21 Tagessätze bzw. drei Wochen Freiheitsstrafe übersteigt.

Diese rein **quantitative Bestimmung** des Geringfügigkeitsbegriffs wird im Wesentlichen mit **25** dem Argument **kritisiert,** dass in der Praxis der Strafgerichte regelmäßig eine Monatsstufung vorgenommen werde und deshalb das Nichtberücksichtigungsermessen – neben der Jugendstrafe (→ Rn. 14) – für Einzelfreiheitsstrafen auch im Erwachsenenstrafrecht faktisch leerlaufe (OVG NRW BeckRS 2011, 49330 = EZAR NF 75 Nr. 8). Zu Recht wird **im Übrigen** kritisiert, dass der **Gesetzgeber** auf eine **Präzisierung** des unbestimmten Rechtsbegriffs **verzichtet** und eine solche Präzisierung einer Verwaltungsvorschrift vorbehalten hat (NK-AuslR/Geyer Rn. 11). Eine solche Verwaltungsvorschrift des Bundesministeriums des Innern existiert nicht und den VAH-StAG fehlt die Bindungswirkung (→ § 8 Rn. 6).

2. Nichtberücksichtigungsermessen

Liegen die tatbestandlichen Voraussetzungen – das geringfügige Überschreiten des Bagatellrah- **26** mens – vor, hat die Einbürgerungsbehörde unter Berücksichtigung der konkreten Umstände des Einzelfalls und Abwägung der öffentlichen und privaten Interessen über die Unbeachtlichkeit der Verurteilung zu entscheiden. Als maßgebliche **Ermessensgesichtspunkte** kommen in Betracht, ob es sich um eine vorsätzliche oder fahrlässige Straftat handelt, ob es sich um eine einmalige Verfehlung handelt oder ob Wiederholungsgefahr besteht (NdsOVG BeckRS 2009, 31283). Maßgeblich kann auch sein, wie lang die Straftat zurückliegt und ob die Tilgungsreife in nächster Zeit zu erwarten ist (Nr. 88.1.2 StAR-VwV). Berücksichtigungsfähig sind auch die Strafzumessungsgründe des § 46 Abs. 2 StGB (GK-StAR Rn. 51) bzw. ob ausnahmsweise ernstliche Zweifel an der Verurteilung insbesondere an der Festsetzung des Strafmaßes bestehen (BVerwG BeckRS 2010, 51738 Rn. 18). Von Bedeutung ist auch die Sozialprognose des Einbürgerungsbewerbers, insbesondere mit Blick auf den Stand der Integration (Nr. 12a.1.3 VAH-StAG).

VI. Unbeachtlichkeit von Maßregeln der Besserung und Sicherung

1. Allgemeines

27   Nach dem übereinstimmenden Wortlaut des § 8 Abs. 1 Nr. 2 und des § 10 Abs. 1 S. 1 Nr. 5 ist **einbürgerungsschädlich,** wenn gegen eine Person aufgrund ihrer **Schuldunfähigkeit** eine **Maßregel** der Besserung und Sicherung angeordnet worden ist. Als **unbeachtlich** außer Betracht bleiben können im Einzelfall gem. Abs. 1 S. 4 jedoch nur Maßregeln der Besserung und Sicherung nach § 61 Nr. 5 StGB (**Entziehung der Fahrerlaubnis**) oder nach § 61 Nr. 6 StGB (**Berufsverbot**). Die weiteren Maßregeln der Besserung und Sicherung gem. § 61 Nr. 1–4 StGB, also die Unterbringung in einem psychiatrischen Krankenhaus, die Unterbringung in einer Entziehungsanstalt, die Unterbringung in der Sicherungsverwahrung und die Führungsaufsicht, sind danach hinsichtlich aller Einbürgerungen als einbürgerungshindernd zu berücksichtigen (BT-Drs. 16/5065, 230).

2. Anwendungsbereich

28   Gemäß Abs. 1 S. 4 wird hinsichtlich der Anordnung der Maßregel der Besserung und Sicherung nach § 61 Nr. 5 oder Nr. 6 StGB im Einzelfall entschieden, ob eine solche Maßregel außer Betracht bleibt. Zwar enthält Abs. 1 S. 4 seinem Wortlaut nach keine Unterscheidung zwischen selbstständigen – an die Schuldunfähigkeit des Täters anknüpfende – Maßregeln und unselbstständigen, die gegen schuldfähige Täter zusätzlich zu dessen strafrechtlicher Verurteilung angeordnet worden sind. Aus der Zusammenschau mit den einbürgerungsrechtlichen Anforderungen der §§ 8 Abs. 1 Nr. 2 und 10 Abs. 1 S. 1 Nr. 5 – Anordnung der Maßregel aufgrund der Schuldunfähigkeit des Täters – folgt jedoch, dass sich die **Unbeachtlichkeitsregelung** des Abs. 1 S. 4 allein auf **isolierte bzw. selbstständige Maßregeln** nach § 61 Nr. 5 und Nr. 6 StGB bezieht. Nach der gesetzlichen Neufassung der einbürgerungsrechtlichen Unbescholtenheitserfordernisse in den §§ 8 Abs. 1 Nr. 2 und 10 Abs. 1 S. 1 Nr. 5 im Jahre 2007 differenziert der Wortlaut beider Vorschriften nunmehr nicht nur nach der Schuldfähigkeit des Täters, sondern terminologisch auch zwischen der Verurteilung („zu einer Strafe") und der Anordnung (einer Maßregel der Besserung und Sicherung). Maßregeln, die zusätzlich zu einer strafrechtlichen Verurteilung des (schuldfähigen) Täters angeordnet werden, sind als **unselbstständige Maßregeln** von vornherein **nicht einbürgerungshindernd** (BVerwG BeckRS 2018, 6382 Rn. 12 ff.; BayVGH BeckRS 2017, 102578; VG Augsburg BeckRS 2015, 46082 Rn. 27; NK-AuslR/Geyer Rn. 13). Die unselbstständige Maßregel der Besserung und Sicherung erfüllt bereits nicht den Tatbestand des § 8 Abs. 1 Nr. 2 bzw. des § 10 Abs. 1 S. 1 Nr. 5 und fällt nicht in den Anwendungsbereich des Nichtberücksichtigungsermessens.

28.1   Vor dem Hintergrund dieser Neuregelung ist der Rechtsprechung des BVerwG (BVerwGE 128, 271 = BeckRS 2007, 24817 = NVwZ 2007, 1205) die Grundlage entzogen, wonach auch bei einer selbstständigen Maßregel der Besserung und Sicherung die Einbürgerungsbehörde entsprechend Abs. 1 S. 2 aF im Einzelfall zu entscheiden hatte, ob sie außer Betracht bleiben kann.

29   Selbstständige Maßregeln der Besserung und Sicherung, die aufgrund der Schuldunfähigkeit des Täters nach § 61 Nr. 1–4 StGB angeordnet wurden, sind generell einbürgerungsschädlich, ohne dass sie nach Abs. 1 S. 4 als unbeachtlich außer Betracht gelassen werden können.

3. Nichtberücksichtigungsermessen

30   Die im Rahmen der **Ermessensentscheidung** vorzunehmende Abwägung der öffentlichen und privaten Interessen zu der Frage, ob die in Rede stehende Maßregel der Besserung und Sicherung außer Betracht bleibt, hat im Wesentlichen die Gesichtspunkte zu berücksichtigen, die auch nach Abs. 1 S. 3 von Bedeutung sein können (→ Rn. 26). Zu beachten ist jedoch, dass die hier relevanten Maßregeln aufgrund der **Schuldunfähigkeit** des Täters angeordnet worden sind und ihren **Zweck** in der **Besserung** des Täters und dem **Schutz** der Allgemeinheit finden (zum Zweck vgl. Fischer StGB Vor § 61 Rn. 1). Als maßgeblicher Ermessensgesichtspunkt ist deshalb auch einzustellen, inwieweit ein Bedürfnis nach Fortwirkung des Sicherungs- und Besserungszwecks besteht, was insbesondere mit Blick auf die Art und die Schwere der Anlasstat zu beurteilen ist (vgl. GK-StAR Rn. 61.3 f.).

D. Behandlung von Auslandsstraftaten (Abs. 2)

I. Allgemeines

Abs. 2 stellt klar, dass auch **ausländische Verurteilungen** zu Strafen für die Beurteilung der 31
Einbürgerungsvoraussetzung der strafrechtlichen Unbescholtenheit nach § 8 Abs. 1 Nr. 2 und § 10
Abs. 1 S. 1 Nr. 5 einbürgerungshindernd von Bedeutung sein können. **Einbürgerungshindernde
Wirkung** entfalten solche Verurteilungen jedoch nur, wenn die Tat **im Inland** als **strafbar**
anzusehen ist, die Verurteilung in einem **rechtsstaatlichen Verfahren** ausgesprochen worden ist,
das **Strafmaß verhältnismäßig** ist und die Verurteilung nach dem BZRG noch **nicht zu tilgen**
wäre.

Ausländische Verurteilungen zu Strafen, die unter den vorgenannten Voraussetzungen – für die 32
die Einbürgerungsbehörde die Darlegung und materielle Beweislast trägt – **Einbürgerungshin-
dernisse** darstellen, bleiben unter den Voraussetzungen des Abs. 1 außer Betracht.

II. Im Inland als strafbar anzusehen

Das Erfordernis der inländischen Strafbarkeit ist dann erfüllt, wenn die der ausländischen Verur- 33
teilung zu Grunde liegende Tat die Tatbestandsmerkmale eines **deutschen Straftatbestandes**
einschließlich objektiver Strafbarkeitsbedingungen erfüllt, ohne dass nach deutschem Recht ein
Rechtfertigungsgrund vorliegt (GK-StAR Rn. 64 f. mit Hinweis auf § 3 Abs. 1 IRG und OLG
Stuttgart Die Justiz 1986, 373; HMHK/Hailbronner/Hecker Rn. 20). Abs. 2 fordert keine Verurteilung wegen einer **vorsätzlichen** Tat. Die Verurteilung ist jedoch 34
nur dann als im Inland strafbar anzusehen, wenn die **fahrlässige Begehungsweise** auch nach
deutschem Recht strafbar wäre (Nr. 88.1 StAR-VwV; NK-AuslR/Geyer Rn. 15).

III. Verurteilung in einem rechtsstaatlichen Verfahren

Die im Einbürgerungsverfahren relevante ausländische Verurteilung des Einbürgerungsbewer- 35
bers muss in einem rechtsstaatlichen Verfahren ausgesprochen worden sein. Die zur Beurteilung
dieser Frage zugrunde zulegenden Standards richten sich nach den **rechtsstaatlichen Grundsätzen** der Bundesrepublik Deutschland und der EMRK. Die Wahrung der folgenden Mindestvoraussetzungen ist danach unabdingbar: Anspruch auf rechtliches Gehör (Art. 103 Abs. 1 GG),
Unschuldsvermutung (Art. 6 Abs. 2 EMRK), keine Strafe ohne Gesetz (Art. 101 Abs. 2 GG,
Art. 7 EMRK) sowie die Unabhängigkeit des Gerichts, einschließlich der Möglichkeit, befangene
Richter abzulehnen, Öffentlichkeit der Verhandlung, Recht auf effektive Verteidigung und Mög-
lichkeit der Überprüfung der Entscheidung (NK-AuslR/Geyer Rn. 15; GK-StAR Rn. 68.1).
Neben der Wahrung der durch Art. 6 EMRK zu gewährleistenden Verfahrensrechte dürfen der
Verurteilung zugrunde gelegte Beweismittel nicht durch rechtsstaatswidrige Ermittlungsverfahren,
insbesondere durch nach § 136a StPO verbotene Vernehmungsmethoden, gewonnen werden (VG
Stuttgart BeckRS 2013, 46918).

Hinsichtlich der weiteren Anforderung, dass auch die Auslandsverurteilung eine **hinreichende** 36
Gewähr für die **Richtigkeit** der getroffenen Feststellungen bieten muss (GK-StAR Rn. 69, krit.
HMHK/Hailbronner/Hecker Rn. 21), hat die Einbürgerungsbehörde jedenfalls **substantiellen
Einwendungen** des Einbürgerungsbewerbers gegen die Rechtsstaatlichkeit des Verfahrens **nach-
zugehen** und bei nicht ausräumbaren Zweifeln die ausländische Verurteilung außer Betracht zu
lassen.

IV. Verhältnismäßigkeit des Strafmaßes

Die Beurteilung der Verhältnismäßigkeit des Strafmaßes bestimmt sich nach deutschem Recht 37
(Nr. 12a.2 VAH-StAG). Bewegt sich die durch die ausländische Verurteilung verhängte Strafe
außerhalb des durch die §§ 46 ff. StGB bestimmten bundesdeutschen Sanktionensystems, ist das
Strafmaß unverhältnismäßig. In diesem Fall stellt die Verurteilung bereits kein Einbürgerungshindernis dar und bleibt schon bei der Prüfung der tatbestandlichen Voraussetzungen der §§ 8
Abs. 1 Nr. 2 und 10 Abs. 1 S. 1 Nr. 5 unberücksichtigt (zur Einbürgerungsfeindlichkeit einer
Entscheidung (Karar) eines türkischen Schwurgerichts aus dem Jahr 2012 wegen einer Verurteilung
zu einer Freiheitsstrafe von neun Jahren wegen fahrlässiger Tötung und fahrlässiger Körperverletzung im Straßenverkehr VGH BW BeckRS 2019, 17843).

Bewegt sich die Strafe innerhalb des bundesdeutschen Sanktionensystems, hat die Einbürge- 38
rungsbehörde gemäß Abs. 2 S. 3 zu prüfen, ob die Verurteilung in entsprechender Anwendung
des Abs. 1 außer Betracht bleiben kann (GK-StAR Rn. 73, 76 f.).

V. Tilgungsreife

39   Eine ausländische Verurteilung, die nach den Anforderungen des S. 1 einbürgerungsschädliche Wirkungen entfaltet, darf die Einbürgerungsbehörde dem Einbürgerungsbewerber **nicht entgegenhalten,** wenn sie nach dem BZRG **zu tilgen** wäre. Die Formulierung „kann" eröffnet kein Berücksichtigungsermessen (GK-StAR Rn. 74; NK-AuslR/Geyer Rn. 15). Maßgeblich sind allein die **Tilgungsregelungen** des Vierten Abschnitts des BZRG (zu den Einzelheiten → § 8 Rn. 77 ff.).

E. Ermittlung wegen des Verdachts einer Straftat (Abs. 3)

I. Allgemeines

40   Wird gegen den Einbürgerungsbewerber wegen des **Verdachts** einer Straftat **ermittelt,** besteht für die Einbürgerungsbehörde die **Rechtspflicht,** die **Entscheidung** über den Einbürgerungsantrag **auszusetzen;** dies gilt auch für im Ausland geführte Ermittlungsverfahren (Nr. 12a.3 VAH-StAG). Die Aussetzungspflicht des Abs. 3 hindert die Einbürgerungsbehörde jedoch nur an einer Einbürgerungsentscheidung, soweit die sonstigen Einbürgerungsvoraussetzungen vorliegen, die positive Entscheidung über den Einbürgerungsantrag also nur von der offenen Frage nach der Unbescholtenheit des Antragstellers abhängt. Ist der Antrag wegen des Fehlens anderer Einbürgerungsvoraussetzungen **entscheidungsreif,** ist die Einbürgerungsbehörde durch Abs. 3 nicht gehindert, den Antrag abzulehnen (GK-StAR Rn. 84).

41   Abs. 3 hindert die Einbürgerungsbehörde im Übrigen jedoch nicht, anderweitige weitere **Sachaufklärung** zu betreiben und ggf. eine Einbürgerungszusicherung für den Fall zu erteilen, dass keine einbürgerungshindernde Verurteilung erfolgt (GK-StAR Rn. 81).

42   Die Aussetzung der Entscheidung ist nicht formgebunden, der Einbürgerungsbewerber sollte jedoch darüber in **Kenntnis** gesetzt werden.

II. Aussetzung der Einbürgerung

43   Wird gegen den Einbürgerungsbewerber wegen des Verdachts einer Straftat ermittelt, ist die Entscheidung bis zum **Abschluss** des Verfahrens, im Fall der Verurteilung bis zum Eintritt der **Rechtskraft** des Urteils **auszusetzen.**

44   Von Ermittlungen wegen des Verdacht einer Straftat gegen den Einbürgerungsbewerber ist dann auszugehen, wenn er in einem polizeilichen oder staatsanwaltschaftlichen **Ermittlungsverfahren** Beschuldigter iSv § 160 ff. StPO ist. Nicht ausreichend ist, dass im Sinne des **Gefahrenabwehrrechts** die Gefahr besteht, dass der Einbürgerungsbewerber künftig Straftaten begehen kann (Nr. 12a.3 VAH-StAG; NK-AuslR/Geyer Rn. 17).

45   Wird das **Verfahren** nach § 170 StPO, den §§ 153, 153b–153e, 154b, 154c StPO oder §§ 45, 47 JGG **eingestellt,** ist das Verfahren abgeschlossen. Werden in den Fällen des § 153a StPO oder des § 47 JGG Auflagen, Weisungen oder erzieherische Maßnahmen auferlegt, so erfolgt die Einstellung des Verfahren bzw. das Absehen von der Verfolgung (§ 45 Abs. 3 S. 2 JGG) erst nach deren Erfüllung. Wird das Verfahren nach § 153a StPO vorläufig eingestellt, ist das Verfahren erst nach der Erfüllung der Auflagen und Weisungen abgeschlossen. Nicht abgeschlossen ist das Verfahren bei einer vorläufigen Einstellung nach § 205 StPO (Nr. 12a.3 VAH-StAG).

46   Führt das Ermittlungsverfahren nach Anklageerhebung zur Eröffnung des Hauptverfahrens durch das Strafgericht oder wird auf einen entsprechenden Antrag der Staatsanwaltschaft ein Strafbefehl erlassen, ist der **rechtskräftige Abschluss** des Verfahrens abzuwarten. Dies gilt auch, soweit das Strafgericht die Eröffnung des **Hauptverfahrens** ablehnt und die Staatsanwaltschaft dagegen sofortige Beschwerde nach § 210 Abs. 2 StPO einlegt (NK-AuslR/Geyer Rn. 17) oder im Fall des § 170 StPO ein **Klageerzwingungsverfahren** durchgeführt wird (GK-StAR § 12a Rn. 93).

47   Die Entscheidung über die Einbürgerung ist gem. Abs. 3 S. 2 auch auszusetzen, wenn die Verhängung einer Jugendstrafe nach § 27 JGG ausgesetzt ist.

F. Offenbarungspflichten im Einbürgerungsantrag (Abs. 4)

I. Allgemeines

48   Nach Abs. 4 trifft den Einbürgerungsbewerber die **Obliegenheit,** ausländische Verurteilungen (Abs. 2), sowie strafrechtliche Ermittlungsverfahren und anhängige Strafverfahren (Abs. 3), die

im Ausland gegen ihn geführt werden, im Einbürgerungsantrag aufzuführen. **Verschweigt** der Einbürgerungsbewerber solche für die Unbescholtensheitsprüfung **relevanten Umstände,** kommt eine Rücknahme der Einbürgerung gem. § 48 LVwVfG in Betracht (BVerwGE 118, 216 (220 ff.) = BeckRS 2003, 24319 = NVwZ 2004, 489).

Ob sich die Offenbarungsobliegenheit auch auf Verurteilungen bezieht, die aufgrund des Strafmaßes **48.1** nach Abs. 1 außer Betracht bleiben (so für § 42, KG BeckRS 2011, 26229 = InfAuslR 2012, 114), erscheint zweifelhaft, jedenfalls kommt eine Rücknahme der Einbürgerung mangels Entscheidungserheblichkeit der verschwiegenen Umstände nicht in Betracht (GK-StAR Rn. 103).

II. Umfang der Offenbarung

Der Einbürgerungsbewerber hat im **Ausland** erfolgte **Verurteilungen** wegen einer Straftat **49** und im Ausland anhängige **Ermittlungs- und Strafverfahren,** soweit sie ihm mitgeteilt worden sind oder ihm bekannt sind, in seinem Einbürgerungsantrag anzugeben (Nr. 12a.4 VAH-StAG; NK-AuslR/Geyer Rn. 16; zur Frage, ob die **umfassende Offenbarungsobliegenheit** auch solche Verurteilungen, Ermittlungs- und Strafverfahren erfassen, von den der Einbürgerungsbewerber hätte Kenntnis erlangen müssen oder deren Anhängigkeit sich hätte aufdrängen müssen s. GK-StAR Rn. 107; OVG Bln-Bbg BeckRS 2014, 48072).

III. Zeitpunkt der Offenbarung

Die Offenbarungsobliegenheit zu ausländischen Verurteilungen und im Ausland anhängigen **50** Ermittlungs- und Strafverfahren trifft den Einbürgerungsbewerber nach dem klaren Wortlaut des Abs. 4 nur im **Einbürgerungsantrag** (Nr. 12a.4 VAH-StAG). Später – nach der Einreichung des Antrags – erlangte Kenntnis des Einbürgerungsbewerber oder nach diesem Zeitpunkt eingeleitete Ermittlungs- und Strafverfahren sich nicht nachträglich zu offenbaren (GK-StAR Rn. 106; NK-AuslR/Geyer Rn. 16).

§ 12b [Auslandsaufenthalte]

(1) ¹**Der gewöhnliche Aufenthalt im Inland wird durch Aufenthalte bis zu sechs Monaten im Ausland nicht unterbrochen.** ²**Bei längeren Auslandsaufenthalten besteht er fort, wenn der Ausländer innerhalb der von der Ausländerbehörde bestimmten Frist wieder einreist.** ³**Gleiches gilt, wenn die Frist lediglich wegen Erfüllung der gesetzlichen Wehrpflicht im Herkunftsstaat überschritten wird und der Ausländer innerhalb von drei Monaten nach der Entlassung aus dem Wehr- oder Ersatzdienst wieder einreist.**

(2) Hat der Ausländer sich aus einem seiner Natur nach nicht vorübergehenden Grund länger als sechs Monate im Ausland aufgehalten, kann die frühere Aufenthaltszeit im Inland bis zu fünf Jahren auf die für die Einbürgerung erforderliche Aufenthaltsdauer angerechnet werden.

(3) Unterbrechungen der Rechtmäßigkeit des Aufenthalts bleiben außer Betracht, wenn sie darauf beruhen, dass der Ausländer nicht rechtzeitig die erstmals erforderliche Erteilung oder die Verlängerung des Aufenthaltstitels beantragt hat.

Überblick

Die Vorschrift regelt – über die in den einzelnen Einbürgerungsnormen der §§ 8, 9, 10 und 13 enthaltenen Erleichterungen hinaus – weitere, für alle Einbürgerungsgrundlagen geltenden Ausnahmen hinsichtlich der Tatbestandsmerkmale des gewöhnlichen Aufenthalts und dessen Rechtmäßigkeit (→ Rn. 3 f.). Abs. 1 regelt die Unschädlichkeit von zeitlich bestimmbaren Unterbrechungen des gewöhnlichen Aufenthalts (→ Rn. 5 ff.), während Abs. 2 allein für das Einbürgerungsverfahren die Möglichkeit der Anrechnung früherer Aufenthaltszeiten im Inland nach einem längeren Auslandsaufenthalt eröffnet, die im Ermessen der Behörde steht (→ Rn. 22 ff.). Abs. 3 normiert eine Ausnahmeregelung hinsichtlich der Rechtmäßigkeit des Inlandsaufenthalts (→ Rn. 39 ff.).

Übersicht

A. Vorbemerkung

I. Gesetzeshistorie

1 § 12b wurde mWv 1.1.2005 durch das Gesetz v. 30.7.2004 (BGBl. I 1950) eingefügt.

2 Die Vorgängerregelung des § 89 AuslG war im Siebten Abschnitt des AuslG unter der Überschrift **„Erleichterte Einbürgerung"** verortet und enthielt einen im Wesentlichen wortgleichen
Inhalt. Geringfügig divergierende Regelungsinhalte ergeben sich hinsichtlich der Ermächtigung
der Ausländerbehörde zur Bestimmung einer längeren Frist gem. Abs. 1 S. 2 und der Klarstellung
in S. 3 sowie hinsichtlich der Beseitigung der Regelung des § 89 Abs. 3 Alt. 3 AuslG (Nichtbesitz
eines gültigen Passes), nachdem ab dem 1.1.1991 der Nichtbesitz eines gültigen Passes nicht mehr
zum Erlöschen des Aufenthaltstitels kraft Gesetzes führt, sondern lediglich einen Widerrufsgrund
darstellt.

II. Geltungsbereich

3 Die in Abs. 1–3 geregelten Ausnahmen hinsichtlich des gewöhnlichen Aufenthalts und dessen
Rechtmäßigkeit finden Anwendung auf **alle** staatsangehörigkeitsrechtlichen **Erwerbstatbestände.**

4 Eine **Ermessensanrechnung** früherer Inlandsaufenthalte eines maßgeblichen ausländischen
Elternteils nach Abs. 2 auf den Geburtsorterwerb nach § 4 Abs. 3 kommt dagegen nicht in
Betracht, denn nach dem eindeutigen Wortlaut findet die Ermessensanrechnung ausdrücklich
nur auf die **„für die Einbürgerung"** erforderliche Aufenthaltsdauer Anwendung. Mit dieser
einschränkenden Formulierung hat der Gesetzgeber zum Ausdruck gebracht, eine Anwendung
des § 12b auf den Geburtsorterwerb nach § 4 Abs. 3 nur teilweise zu ermöglichen, und zwar nur
hinsichtlich der zwingenden Regelungen in Abs. 1 und Abs. 3. Mit dieser einschränkenden
Formulierung ist der Gesetzgeber der Empfehlung des Innenausschusses des Deutschen Bundestages nur teilweise gefolgt, der die Anwendbarkeit des § 12b auf den Geburtsorterwerb vollständig
ausschließen wollte (OVG NRW BeckRS 2011, 52517 mit Hinweis auf BT-Drs. 15/955, 43;
VGH BW BeckRS 2008, 38174).

B. Unschädlichkeit der Unterbrechung des gewöhnlichen Aufenthalts (Abs. 1)

I. Gewöhnlicher Aufenthalt im Inland

5 Die Anwendbarkeit der Ausnahmeregelung setzt voraus, dass der Ausländer einen gewöhnlichen
Aufenthalt im Inland bereits begründet hat. Das Merkmal gewöhnlicher Aufenthalt bestimmt
sich allein nach tatsächlichen Gesichtspunkten; von einem gewöhnlichen Aufenthalt ist danach
auszugehen, wenn sich eine Person nicht nur vorübergehend, sondern auf **unabsehbare Zeit im
Inland** aufhält (→ § 8 Rn. 40). Soweit nach Nr. 12b.1 S. 1 VAH-StAG von einem gewöhnlichen
Aufenthalt im Inland regelmäßig dann nicht mehr ausgegangen werden kann, wenn mehr als die

Hälfte der geforderten Aufenthaltszeit im Ausland verbracht worden ist, kann diese Aussage allenfalls als grobe Faustregel Anerkennung finden. Der Begriff des gewöhnlichen Aufenthalts ist ein unbestimmter Rechtsbegriff, der der vollständigen verwaltungsgerichtlichen Kontrolle unterliegt. Die Frage, ob bei häufiger wiederkehrenden Auslandsaufenthalten ein gewöhnlicher Aufenthalt im Inland begründet wird, beurteilt sich deshalb unter Einbeziehung aller maßgeblichen privaten und beruflichen Beweggründe nach den tatsächlichen Verhältnissen des Einzelfalles (→ § 8 Rn. 40.1).

Ist unter Würdigung dieser Gesichtspunkte ein gewöhnlicher Aufenthalt im Inland begründet, **6** sind auch wiederholte Auslandsaufenthalte von bis zu sechs Monaten nicht als **Unterbrechung** des gewöhnlichen Aufenthalts im Inland zu berücksichtigen (Nr. 12b.1.1 VAH-StAG) und insbesondere bedarf es nicht jeweils sechs-monatiger Inlandsaufenthalte zwischen derartigen Auslandsaufenthalten (BVerwG BeckRS 9998, 50167 = NVwZ 1996, 717).

II. Unschädliche Unterbrechungen

1. Während der gesetzlichen Frist von sechs Monaten

Ein Auslandsaufenthalt eines Ausländers von **mehr als sechs Monaten** beendet grundsätzlich **7** den gewöhnlichen Aufenthalt im Inland, während der Auslandsaufenthalt von bis zu sechs Monaten als unschädliche Unterbrechung des gewöhnlichen Aufenthalts gewertet wird. Dies gilt **unabhängig** vom **Grund** des Auslandsaufenthalts, ob er also aus einem seiner Natur nach **vorübergehenden** oder **nicht vorübergehenden Grund** erfolgt. Dementsprechend kann sich ein Ausländer, der sich zur endgültigen Ausreise entschlossen hat, innerhalb der Sechs-Monats-Frist umorientieren und zurückkehren, ohne dass die Kontinuität des bisherigen gewöhnlichen Aufenthalts beeinträchtigt wird (GK-StAR Rn. 15 f.).

Ein seiner Natur nach nicht vorübergehender Grund für den Auslandsaufenthalt hat im Hinblick **8** auf das Erfordernis der **Deckungsgleichheit** von **gewöhnlichen Aufenthalt** und dessen **Rechtmäßigkeit** (→ § 8 Rn. 50 ff.) gleichwohl Einfluss auf die Erfüllung der gesetzlichen Voraussetzungen, denn ein solcher Grund führt unmittelbar gem. § 51 Abs. 1 Nr. 6 AufenthG mit der Ausreise zum Erlöschen des Aufenthaltstitels und beseitigt die Rechtmäßigkeit des bisherigen Aufenthalts.

Ob allerdings zwischenzeitliche Inlandsaufenthalte bei der Beurteilung der Fortdauer des **9** gewöhnlichen Aufenthalts unberücksichtigt bleiben, die zwar innerhalb der Sechs-Monats-Frist liegen, aber nach **Art und Dauer** eindeutig **nicht als Rückkehr** zum Ort des gewöhnlichen Aufenthalts und als Bestätigung, dass dort der Lebensmittelpunkt liegt, zu werten sind GK-StAR Rn. 22), erscheint zweifelhaft. Denn nach S. 2 besteht selbst bei einer von der **Ausländerbehörde** **verlängerten Frist** der gewöhnliche Aufenthalt fort, wenn der Ausländer innerhalb dieser Frist wieder eingereist ist. Die Frage, ob eine Wiedereinreise erfolgt ist, kann jedoch nicht nach dem Zweck bzw. den Motiven der Reise bewertet werden, sondern ist auch im vorliegenden Zusammenhang nach § 13 AufenthG zu beurteilen. Danach ist eine **Wiedereinreise** erfolgt, wenn der Ausländer die Grenze überschritten und die Grenzübergangsstelle passiert hat (VGH BW BeckRS 2016, 40012 = NVwZ-RR 2016, 319 Ls.; Bergmann/Dienelt/Bauer/Dollinger AufenthG § 51 Rn. 17). Gleichwohl kann die Konstellation Relevanz für die Voraussetzung des gewöhnlichen rechtmäßigen Aufenthalt haben, soweit der Auslandsaufenthalt letztlich den Schluss zulässt, dass der Aufenthalt seiner **Natur** nach **nicht vorübergehend** war, so dass bereits die Ausreise zum Erlöschen des Aufenthaltstitels und der Beseitigung der Rechtmäßigkeit des bisherigen Aufenthalt geführt hat.

2. Für die Dauer einer durch die Ausländerbehörde bestimmten Frist

Einbürgerungsrechtlich **unschädlich** sind des Weiteren Auslandsaufenthalte, soweit der Auslän- **10** der innerhalb einer von der Ausländerbehörde über die **Sechs-Monats-Frist** hinausgehende Frist wieder eingereist ist. Unter Beachtung dieser Voraussetzungen ist die **Einbürgerungsbehörde** bei der Würdigung der Unterbrechung des gewöhnlichen Aufenthalts an die Entscheidung der Ausländerbehörde **gebunden**.

Für die Einbürgerungsbehörde ist der Zweck des Auslandsaufenthalts letztlich ohne Belang, **11** auch wenn der Gesetzgeber des StAG grundsätzlich von einem seiner Natur nach vorübergehenden Grund für einen die Sechs-Monats-Frist überschreitenden Aufenthalt ausgeht, der ausnahmsweise nicht zur Aufgabe des gewöhnlichen Inlandsaufenthalts führt. Die Gewährung der verlängerten **Wiedereinreisefrist** steht allein im **Ermessen** der **Ausländerbehörde** (Nr. 51.4.3 VwV-AufenthG). Eine über die Sechs-Monats-Frist hinausgehende, längere Frist gem. § 51 Abs. 4 AufenthG

wird jedoch in der Regel bestimmt, wenn der Ausländer aus einem seiner Natur nach vorübergehenden Grunde ausreisen will und eine Niederlassungserlaubnis besitzt oder wenn der Aufenthalt
außerhalb des Bundesgebietes Interessen der Bundesrepublik Deutschland dient.

12   Erstreckt sich der Auslandsaufenthalt seinem Grunde nach auf **mehr als sechs Monate** oder
tritt während eines kurzfristigeren Aufenthalts eine **Änderung des Zwecks** ein, der einen längeren Aufenthalt erfordert, muss – ggf. vom Ausland aus – eine längere Wiedereinreisefrist bei der
Ausländerbehörde **beantragt** werden, und vor Ablauf der Sechs-Monats-Frist von dieser auch
bestimmt worden sein (HessVGH BeckRS 1999, 21434 = InfAuslR 1999, 454 zu dem mit § 51
Abs. 1 Nr. 7 AufenthG wortgleichen § 44 Abs. 1 Nr. 3 AuslG; HMHK/Hailbronner/Hecker
Rn. 4; GK-StAR Rn. 38; aA VG Stuttgart BeckRS 1997, 31327244).

13   Ist eine Verlängerung der Frist durch die Ausländerbehörde **vor Ablauf** der Sechs-Monats-
Frist **nicht erfolgt**, gilt der bisherige gewöhnliche Aufenthalt nach Überschreitung der Sechs-
Monats-Frist als **unterbrochen**. Im Übrigen erlischt der Aufenthaltstitel in diesem Fall gem. § 51
Abs. 1 Nr. 7 AufenthG kraft Gesetzes, so dass auch die Rechtmäßigkeit des bisherigen Aufenthalts
endet, ohne dass es im Fall einer verspäteten Fristverlängerung zu einer Wiederherstellung des
erloschenen Titels kommen kann (VGH BW BeckRS 2016, 40012 = NVwZ-RR 2016, 319 Ls.;
BayVGH BeckRS 2005, 16414).

14   Ungeachtet der Motive des Auslandsaufenthalts sollte – soweit eine Überschreitung der Sechs-
Monats-Frist in Betracht kommt – zeitnah eine Verlängerung der Wiedereinreisefrist bei der
Ausländerbehörde beantragt werden (→ Rn. 30 f.).

15   Neben der von der Ausländerbehörde tatsächlich verlängerten Frist muss der Ausländer innerhalb dieser bestimmten Frist auch wieder **eingereist** sein. Bestehen daran Zweifel, ist der Ausländer für seine rechtzeitige Wiedereinreise **darlegungs-** und materiell **beweispflichtig** (GK-StAR
Rn. 39).

16   Besonderheiten bestehen hinsichtlich der Regelung des S. 2 für Personen, die für die Einreise
und den Aufenthalt keinen Aufenthaltstitel benötigen, insbesondere für **freizügigkeitsberechtigte Unionsbürger** und ihre Familienangehörigen (§§ 2 und 3 FreizügG/EU). Für diesen Personenkreis scheidet die Privilegierung nach S. 2 aus, weil insoweit das AufenthG keine Anwendung
findet (§ 11 FreizügG/EU).

17   Zur Vermeidung der dadurch zutage tretenden **gleichheitswidrigen Schlechtstellung** von
EU-Freizügigkeitsberechtigten (GK-StAR Rn. 41, zweifelnd HMHK/Hailbronner/Hecker
Rn. 6), soll diese Regelung durch eine **analoge Anwendung** des S. 2 in der Weise geschlossen
werden, dass die Unterbrechung des gewöhnlichen Aufenthalts des EU-Freizügigkeitsberechtigten
dann als unbeachtlich angesehen wird, wenn einem Ausländer unter Anwendung des AufenthG
eine verlängerte Wiedereinreisefrist gewährt worden wäre.

3. Durch Erfüllung der gesetzlichen Wehrpflicht im Heimatland

18   Unschädlich für die Fortdauer des gewöhnlichen Aufenthalts ist schließlich, und zwar unabhängig von einer durch die Ausländerbehörde bewilligten längeren Wiedereinreisfrist, wenn die Sechs-
Monats-Frist des S. 1 lediglich wegen der **Erfüllung** der gesetzlichen **Wehrpflicht** im **Herkunftsstaat** überschritten wird und der Ausländer innerhalb von drei Monaten nach der Entlassung aus
dem Wehr- oder Ersatzdienst wieder in das Bundesgebiet einreist.

19   In Übereinstimmung mit der aufenthaltsrechtlichen Regelung des § 51 Abs. 3 AufenthG geht
Abs. 1 S. 3 hinsichtlich der Erfüllung der gesetzlichen Wehrpflicht auch bei einer relativ langen
Abwesenheitsdauer von einem seiner Natur nach vorübergehenden Auslandsaufenthalt aus
(HmbOVG NJW 1985, 2910 Ls. = InfAuslR 1985, 258 (259); GK-StAR Rn. 50), der die
Fortdauer des gewöhnlichen Aufenthalt unberührt lässt.

20   Der Gesetzeswortlaut beschränkt die Unschädlichkeit der Fristüberschreitung jedoch ausdrücklich auf die Erfüllung der gesetzlichen Wehrpflicht, so dass **freiwillige Wehrdienstleistungen**
oder **Verlängerungen** des Wehrdienstes nicht erfasst werden (HMHK/Hailbronner/Hecker
Rn. 5).

21   Die Drei-Monats-Frist des Abs. 1 S. 3 **beginnt** mit dem Tag der Entlassung aus dem Wehr-
oder Ersatzdienst. Im Zweifelsfall hat der Ausländer dieses Datum durch eine entsprechende
Bescheinigung der Wehrdienstbehörde seines Herkunftsstaates zu belegen.

C. Anrechnung früherer Aufenthaltszeiten im Inland (Abs. 2)

I. Allgemeines

Abs. 2 enthält eine **Anrechnungsregelung** für **frühere Zeiten** des gewöhnlichen Aufenthalts **22** im Inland. Der Anwendungsbereich der Regelung ist eröffnet, wenn ein Ausländer, der seinen gewöhnlichen Aufenthalt im Inland begründet hatte, ausreist und sich über einen Zeitraum im Ausland aufhält, dass dieser Aufenthalt zur **Unterbrechung** des inländischen gewöhnlichen Aufenthalts führt. Eine solche Unterbrechung liegt bei einem die Sechs-Monats-Frist des Abs. 1 überschreitenden Auslandsaufenthalt vor, der keine nach Abs. 1 S. 2 oder S. 3 unschädliche Unterbrechung darstellt.

Eine **Wiedereinreise** und die Begründung eines neuen gewöhnlichen rechtmäßigen Aufent- **23** halts führt zum **Neubeginn** der nach den einbürgerungsrechtlichen Tatbeständen erforderlichen Zeiten des gewöhnlichen Aufenthalts, auf den die früheren inländischen Aufenthaltszeiten angerechnet werden können.

Abs. 2 sieht diese **Ermessensanrechnung** jedoch nach dem eindeutigen Wortlaut der Rege- **24** lung **nur** auf die für die **Einbürgerung** erforderliche Aufenthaltsdauer vor. Mit dieser einschränkenden Formulierung hat sich der Gesetzgeber bewusst gegen eine Anwendung dieser Regelung auf den Staatsangehörigkeitserwerb durch Geburt (§ 4 Abs. 3) entschieden (OVG NRW BeckRS 2011, 52517).

II. Tatbestandliche Voraussetzungen

1. Dauer des Auslandsaufenthalts

Ein Ausländer, der aus dem Inland mit dem Willen ausreist, das Land dauerhaft – also **nicht** **25** aus einem seiner Natur nach **vorübergehenden Grund** – zu verlassen, beendet grundsätzlich seinen gewöhnlichen Aufenthalt im Inland bereits mit der **Ausreise.** Einbürgerungsrechtlich relevant sind ununterbrochene Auslandsaufenthalte – unabhängig von Charakter des Aufenthalts – jedoch erst nach dem Überschreiten der Sechs-Monats-Frist (Abs. 1 S. 1). Ausgehend von der Unschädlichkeit der Unterbrechung des gewöhnlichen Aufenthalts durch Auslandsaufenthalte bis zu sechs Monaten, kommen für die Anwendung des Abs. 2 erst Aufenthalte von mehr als sechs Monaten in Betracht (GK-StAR Rn. 52).

Nicht erforderlich ist, dass die Dauer des Auslandsaufenthalts bereits bei der Ausreise feststand. **26** Für die Eröffnung des Anwendungsbereichs des Abs. 2 ist allein die tatsächliche Überschreitung der Sechs-Monats-Frist maßgeblich.

Kommt es bei einem beabsichtigten längeren Auslandsaufenthalt vor Ablauf der Sechs-Monats- **27** Frist zu einem **Sinneswandel** und zur **Wiedereinreise** vor Ablauf der Frist, führt dies – für den Fortbestand des gewöhnlichen Aufenthalts – zur Unschädlichkeit der Unterbrechung nach Abs. 1 S. 1 (zur Problematik hinsichtlich der Rechtmäßigkeit des Aufenthalts → Rn. 9). Andererseits ist für die Feststellung der tatsächlichen Überschreitung der Frist im Regelfall ohne Bedeutung, welche **Gründe** einer Wiedereinreise vor Ablauf der Frist entgegenstanden (→ Rn. 13 f.; GK-StAR Rn. 54).

2. Charakter des Aufenthalts

Der die Überschreitung der Sechs-Monats-Frist verursachende Auslandsaufenthalt muss auf **28** einem seiner Natur nicht vorübergehenden Grund beruhen. Der Charakter des Auslandsaufenthalts ist nicht allein nach dem Willen des Ausländers, sondern auch anhand der gesamten **Umstände des Einzelfalls** zu beurteilen. Die Gründe, die Auslandsaufenthalt zu einem seiner Natur nach nicht vorübergehenden machen, kommen auch auf Umständen beruhen, die nach der Ausreise eingetreten sind. Ist der Aufenthalt im Ausland nicht nach **Zweck und Dauer** bestimmt, beruht er regelmäßig nicht auf einem seiner Natur nach vorübergehenden Grund (BVerwG BeckRS 9998, 44610 = NVwZ 1982, 683; HmbOVG NJW 1985, 2910 Ls. = InfAuslR 1985, 258 (259)).

Seiner Natur nach **vorübergehend** ist der Grund für einen Auslandsaufenthalt regelmäßig, **29** wenn er nach seinem Zweck typischerweise **zeitlich begrenzt** ist und keine wesentliche Änderung der gewöhnlichen Lebensumstände in Deutschland mit sich bringt (BVerwG BeckRS 2013, 46725 = NVwZ-RR 2013, 338). Beispielsweise gilt das für Besuchs- und Urlaubsreisen oder für Aufenthalte, die durch familiäre, erbrechtliche oder behördliche Angelegenheiten veranlasst sind (GK-StAR Rn. 43).

29.1   Zur Beurteilung von **Hochschulstudien** s. BVerwG BeckRS 2013, 46725 = NVwZ-RR 2013, 338; für einen familiären Pflegefall s. BVerwG BeckRS 1988, 31277091.

30   Nach den aufenthaltsrechtlichen Regelungen (früher § 44 Abs. 1 Nr. 3 AuslG, jetzt § 51 Abs. 1 Nr. 7 AufenthG) soll für den Fall, dass sich ein Ausländer länger als sechs Monate im Ausland aufhält **unwiderruflich** feststehen, dass er aus einem seiner Natur nach nicht vorübergehenden Grund ausgereist und sein **Aufenthaltstitel** erloschen ist (§ 44 Abs. 1 Nr. 2 AuslG; § 51 Abs. 1 Nr. 6 AufenthG). Die der Ausländerbehörde eröffnete Möglichkeit, eine längere, für den Bestand des Aufenthaltstitels unschädliche Frist zu bestimmen, soll allein unbeabsichtigte **Härten** vermeiden (BT-Drs. 11/3621, 71; 15/420; HessVGH BeckRS 1999, 21434).

31   Für den Erhalt des bisherigen gewöhnlichen rechtmäßigen Aufenthalts im Inland bei Auslandsaufenthalten, die eventuell die Sechs-Monats-Frist überschreiten, bedarf es der **Verlängerung** der **Wiedereinreisefrist** durch die Ausländerbehörde (vgl. zu unterschiedlichen Konstellationen: BVerwG BeckRS 2013, 46725 = NVwZ-RR 2013, 338; VGH BW BeckRS 2016, 40012 = NVwZ-RR 2016, 319 Ls.; BayVGH BeckRS 2005, 16414).

3. Anrechenbare Zeiten

32   Von der vor der Unterbrechung des gewöhnlichen Aufenthalts im Inland verbrachten Aufenthaltszeit kann der Zeitraum von **bis zu fünf Jahren** auf die für die Einbürgerung erforderliche Aufenthaltsdauer angerechnet werden. Angesichts der in den Einbürgerungsnormen der §§ 8–10 formulierten Anforderungen an die geforderte Aufenthaltsdauer kommt wegen des Erfordernisses der Deckungsgleichheit (BVerwGE 155, 47 Rn. 20 = BeckRS 2016, 46279 = NVwZ 2016, 1811) als anrechenbare frühere Aufenthaltszeit nur die Zeit eines **gewöhnlichen rechtmäßigen Aufenthalts** in Betracht. Dabei sind jedoch auch die Zeiten zu berücksichtigen, während der sich der Ausländer unterbrechungsunschädlich iSd Abs. 1 im Ausland aufgehalten hat (GK-StAR Rn. 62; HMHK/Hailbronner/Hecker Rn. 9).

III. Ermessen

1. Allgemeines

33   Die Ermessensentscheidung über die **Anrechnung** früherer Aufenthaltszeiten im Inland erfolgt von Amts wegen im Rahmen des vom Einbürgerungsbewerber zur Entscheidung gestellten Einbürgerungsantrages. Eines gesonderten Antrages auf Anrechnung bestimmter Aufenthaltszeiten bedarf es nicht (GK-StAR Rn. 71).

2. Ermessenserwägungen

34   Die Ermessenserwägungen, ob und ggf. in welchem Umfang einer früherer gewöhnlicher rechtmäßiger Aufenthalt im Inland anrechenbar ist, soll sich im Wesentlichen daran orientieren, ob dem **früheren Inlandsaufenthalt** trotz der Unterbrechung **integrierende Wirkung** zuerkannt werden kann (Nr. 89.2 StAR-VwV; Nr. 12.b.2 VAH-StAG).

35   Als **Ermessensgesichtspunkte** kommen dabei in Betracht:
- Dauer des als Anrechnungszeit in Betracht kommenden Inlandsaufenthalts und die in diesem Zeitraum erbrachten Integrationsleistungen, insbesondere durch Erwerb von Sprachkenntnissen und wirtschaftliche Integration, Aufbau sozialer Bindungen und Teilhabe am gesellschaftlichen Leben.
- Art und Umfang von unterbrechungsunschädlichen Auslandsaufenthalten während des für die Anrechnung in Betracht kommenden Inlandsaufenthalts.
- Ort und Dauer des Auslandsaufenthalts, der zur Unterbrechung des Inlandaufenthalts geführt hat und das Maß der Bindungen zum Inland, die der Ausländer während des Auslandsaufenthalts aufrechterhalten hat.
- Die Motive des Auslandsaufenthalts, insbesondere die Frage, ob der Aufenthalts auf einer eigenen Entscheidung oder ohne bzw. gegen den Willen der Person erfolgt (zu den Erwägungen vgl. auch HMHK/Hailbronner/Hecker Rn. 11; GK-StAR Rn. 68 ff.).

3. Umfang der Anrechnung

36   Der **gesamte** rechtmäßige frühere Inlandsaufenthalt bis zur gesetzlichen Höchstdauer von fünf Jahren ist einer Person anzurechnen, der eine Aufenthaltserlaubnis nach § 37 AufenthG erteilt worden ist (Nr. 89.2 StAR-VwV; Nr. 12.b.2 VAH-StAG).

Die Anrechnung der gesetzlichen Höchstdauer kommt des Weiteren unter besonderen Voraus- 37
setzungen in Betracht, etwa wenn ein Ausländer die Voraussetzungen einer **Anspruchseinbürge-**
rung erfüllt, sich zu einem unterbrechungsrelevanten Auslandsaufenthalt entschließt, dann jedoch
innerhalb eines überschaubaren Zeitraums zurückkehrt (GK-StAR Rn. 67).

Im Übrigen hat eine **Bewertung** aller **relevanten,** die Integration beeinflussenden **Umstände** 38
danach zu erfolgen, ob und in welchem Umfang trotz des Auslandsaufenthalts die Integration
fortwirkt und quasi als dauerhafter Bestandteil einer bereits entwickelten Bindung zu Deutschland
und der Eingewöhnung in die hiesigen Lebensverhältnisse angesehen werden kann (HMHK/
Hailbronner/Hecker Rn. 12).

D. Unterbrechung der Rechtmäßigkeit des Aufenthalts im Inland (Abs. 3)

I. Allgemeines

Abs. 3 bezieht sich – anders als Abs. 1 und Abs. 2 – auf die **Rechtmäßigkeit** des Aufenthalts. 39
Für den Zeitraum vor dem 1.1.2005 richtet sich die Unschädlichkeit der Unterbrechung der 40
Rechtmäßigkeit des Aufenthalts nach § 89 Abs. 3 AuslG, der – im Verhältnis zur aktuellen Fassung
des § 12b Abs. 3 – auch die Unterbrechung außer Betracht lässt, die darauf beruht, dass der
Ausländer nicht im Besitz eines **gültigen Passes** war. Diese Unbeachlichkeitsregelung wurde
entbehrlich, nachdem der fehlende Besitz eines gültigen Passes oder Passersatzes in § 43 Abs. 1
Nr. 1 AuslG und später nach § 52 Abs. 1 Nr. 1 AufenthG als Widerrufsgrund ausgestaltet worden
war (zum Stand des Meinungsstreits über die Anwendungsreichweite des § 97 AuslG, nach dem
Unterbrechungen der Rechtmäßigkeit des Aufenthalts bis zu einem Jahr im Ermessenswege außer
Betracht bleiben konnten, vgl. GK-StAR Rn. 78).

II. Tatbestandliche Voraussetzungen

Abs. 3 enthält zwei Alternativen, nach denen die **Unterbrechung** der Rechtmäßigkeit des 41
Aufenthalts als **unschädlich** betrachtet wird. Außer Betracht bleibt die Unterbrechung, die darauf
beruht, dass der Ausländer **nicht rechtzeitig** die **erstmals** erforderliche Erteilung des **Aufent-**
haltstitels beantragt hat (Alt. 1). Diese Alternative erfasst alle Fälle eines vorangegangenen **genehm-**
migungsfreien Aufenthalts. Da das AufenthG – anders als das AuslG – keine weitere
aufenthaltsrechtliche Verfestigung hindernde Sperrwirkung kennt (BVerwGE 155, 47 Rn. 18 =
BeckRS 2016, 46279 = NVwZ 2016, 1811), kann die Alt. 1 unter Umständen auch bei einer
Änderung des Aufenthaltszwecks nach visumsfreier Einreise in das Bundesgebiet zur Anwendung kommen. Gleiches gilt für Fälle, in denen nach genehmigungsfrei erfolgter Einreise der
exterritoriale Status endet (GK-StAR Rn. 80).

Nach der Alt. 2 bleiben Unterbrechungen außer Betracht, die darauf beruhen, dass der Auslän- 42
der **nicht rechtzeitig** die **Verlängerung** des Aufenthaltstitels beantragt hat. Maßgeblich ist
zunächst der vorangegangene Besitz eines auf Antrag (§ 81 Abs. 1 AufenthG) oder von Amts
wegen (etwa § 33 S. 2 AufenthG) erteilten Aufenthaltstitels. Sie erfasst sowohl Unterbrechungen
bei der Beantragung der erstmaligen Verlängerung als auch die Beantragung weiterer Folgeverlän-
gerungen, und zwar unabhängig von dem verfolgten Aufenthaltszweck (GK-StAR Rn. 81).

Erforderlich für beide Alternativen ist jedoch, dass – wenn auch verspätet – eine **Antragstellung** 43
erfolgt ist und der Ausländer während des gesamten fraglichen Zeitraums materiell einen
Anspruch auf einen Aufenthaltstitel hatte (VG Oldenburg BeckRS 2012, 60211; GK-StAR
Rn. 77).

Hinsichtlich der **Höchstdauer** einer einbürgerungsrechtlich unschädlichen Unterbrechung 44
enthält das Gesetz **keine Grenze.** Es enthält – anders als Abs. 1 S. 1 bezogen auf den gewöhnlichen
Aufenthalt – weder eine starre zeitliche Begrenzung noch die Unterbrechung zeitlich näher
beschreibende Adjektive. Als zeitliche Grenze kann aus dem Begriff der Unterbrechung jedoch
abgeleitet werden, dass die Zeiten des rechtmäßigen Aufenthalts insgesamt länger sein müssen als
die Zeiten des (formell) rechtswidrigen Aufenthalts (VG Oldenburg BeckRS 2012, 60211; GK-
StAR Rn. 81.1).

Über die Fälle des formell rechtswidrigen Aufenthalts infolge verspäteter Antragstellung kommt 45
eine Anwendung des Abs. 3 auf sonstige Fälle der Unterbrechung der Rechtmäßigkeit des Aufenthalts nicht in Betracht (GK-StAR Rn. 82).

§ 13 [Einbürgerung eines ehemaligen Deutschen]

Ein ehemaliger Deutscher und seine minderjährigen Kinder, die ihren gewöhnlichen Aufenthalt im Ausland haben, können auf Antrag eingebürgert werden, wenn ihre Identität und Staatsangehörigkeit geklärt sind und sie die Voraussetzungen des § 8 Absatz 1 Nummer 1 und 2 erfüllen.

Überblick

Die Vorschrift privilegiert ehemalige Deutsche (→ Rn. 2 ff.) und ihre minderjährigen Kinder (→ Rn. 8 ff.). Sie können im Ermessenswege ausnahmsweise eingebürgert werden, wenn sie ihren gewöhnlichen Aufenthalt im Ausland haben (→ Rn. 12 ff.) und ihre Identität und Staatsangehörigkeit geklärt sind. § 13 reduziert die tatbestandlichen Voraussetzungen im Übrigen auf das Erfüllen der Erfordernisse des § 8 Abs. 1 Nr. 1 und Nr. 2 (→ Rn. 15 f.). Neben den allgemeinen Ermessensgesichtspunkten (→ Rn. 18 ff.) hat die Einbürgerungsbehörde auch die durch ermessenslenkende Verwaltungsvorschriften (BMI-Erlasse) vorgesehenen Einbürgerungserleichterungen (→ Rn. 23 ff.) angemessen zu berücksichtigen. Verfahrensrechtlich bestehen die Besonderheiten der Zuständigkeit des Bundesverwaltungsamts und der Beteiligung des Auswärtigen Amtes (→ Rn. 28 ff.).

Übersicht

A. Gesetzeshistorie

1 § 13 wurde neu gefasst mWv 28.8.2007 durch Gesetz v. 19.8.2007 (BGBl. I 1970). Die Vorschrift wurde mWv 9.8.2019 ergänzt um das Merkmal der Klärung der Identität und der Staatsangehörigkeit und im Übrigen neu gefasst durch Gesetz v. 4.8.2019 (BGBl. I 1124).

B. Tatbestandliche Voraussetzungen

I. Privilegierter Personenkreis

1. Ehemalige Deutsche

2 **Ehemalige Deutsche** sind nur ehemalige deutsche Staatsangehörige. Statusdeutsche oder ehemalige Statusdeutsche werden von der Vorschrift nicht privilegiert (HessVGH BeckRS 2005, 23409 = NJW 1998, 472 = NVwZ 1998, 535 Ls.; Nr. 13.1.1 BMI-Erlass v. 25.6.2001 – V 6 124 460/1; GK-StAR Rn. 12).

3 Der Einbürgerungsbewerber muss im **Zeitpunkt** der Einbürgerung Ausländer sein, vormals selbst die deutsche Staatsangehörigkeit besessen und diese verloren oder aufgegeben haben (Nr. 13.1.1 BMI-Erlass v. 25.6.2001 – V 6 124 460/1; GK-StAR Rn. 12).

3.1 Vor diesem Hintergrund dürfte die Diskussion, ob Abkömmlinge von Personen, die ihre Staatsangehörigkeit vor dem Inkrafttreten des Gesetzes über die Erwerbung und den Verlust der Bundesangehörigkeit vom 1.7.1870 verloren haben (HessVGH BeckRS 2005, 23409 = NJW 1998, 472 = NVwZ 1998, 535

Ls.; Nr. 13.1.1 BMI-Erlass v. 25.6.2001 – V 6 124 460/1; GK-StAR Rn. 15; NK-AuslR/Geyer Rn. 9), keine praktische Relevanz mehr besitzen.

Ohne Bedeutung ist, auf welchem **Erwerbsgrund** die deutsche Staatsangehörigkeit beruht, 4 warum der ehemalige Deutsche sie verloren oder aufgegeben hat und ob er dies zu vertreten hat (GK-StAR Rn. 13).

Der **Verlust** der deutschen Staatsangehörigkeit kommt gem. § 25 mit dem Erwerb einer auslän- 5 dischen Staatsangehörigkeit in Betracht, wenn der Erwerb auf Antrag erfolgt und keine erforderli-che Beibehaltungsgenehmigung vorliegt (§ 25 Abs. 3). Der Verlust kann des Weiteren auf der Ausübung des Optionsrechts bei Mehrstaatern beruhen (§ 29) oder darauf, dass Frauen durch ihre Eheschließung mit einem ausländischen Mann vor dem 1.4.1953 die deutsche Staatsangehörigkeit verloren haben.

Nicht privilegiert ist der Verlust einer **erschlichenen Einbürgerung,** die mit Wirkung auf 6 den Einbürgerungszeitpunkt zurückgenommen worden ist (GK-StAR Rn. 14).

Nicht von § 13 erfasst werden die Ehepartner der ehemaligen deutschen Staatsangehörigen. 7

2. Minderjährige Kinder

Privilegiert sind auch die **minderjährigen** Kinder des ehemaligen deutschen Staatsangehöri- 8 gen, der seine Staatsangehörigkeit verloren oder aufgegeben hat, gleichgültig, ob es sich um eheliche oder uneheliche Kinder handelt (BVerwGE 68, 220 (238) = BeckRS 1983, 30427635 = StAZ 1984, 160; NK-AuslR/Geyer Rn. 10).

Von der Privilegierung erfasst sind auch **wirksam adoptierten** minderjährigen Kinder des 9 ehemaligen Deutschen, und zwar unabhängig davon, ob die Adoption zu einem Zeitpunkt erfolgte, als der annehmende Elternteil noch im Besitz der deutschen Staatsangehörigkeit war (GK-StAR Rn. 22 f.). Eine Einbürgerung nach § 13 kommt aber dann nicht mehr in Betracht, wenn der Adoptierte die deutsche Staatsangehörigkeit nach § 6 schon kraft Gesetzes erworben hat.

Maßgeblich für die Beurteilung der Minderjährigkeit ist das **Heimatrecht** des ehemaligen 10 deutschen Staatsangehörigen (HMHK/Hailbronner/Hecker Rn. 3; NK-AuslR/Geyer Rn. 10). Das tatbestandliche Erfordernis der Minderjährigkeit muss das Kind des ehemaligen Deutschen im **Zeitpunkt** der **Einbürgerungsantragsstellung** erfüllen. Zwar könnte der Wortlaut der Vor-schrift auf das Vorliegen der Voraussetzung der Minderjährigkeit im Zeitpunkt der Einbürgerung hindeuten, gerade angesichts längerer Dauer der Bearbeitung von Auslandsverfahren kann eine dahingehende Intention des Gesetzgebers nicht unterstellt werden. Im Übrigen käme es zu einer von § 6 abweichenden Rechtslage, die auf den Annahmeantrag vor Vollendung des achtzehnten Lebensjahrs abstellt, und würde die **Bearbeitungsrisiken** ausnahmslos dem minderjährigen Ein-bürgerungsbewerber auflasten (GK-StAR Rn. 42; NK-AuslR/Geyer Rn. 10).

Der Einbürgerung eines minderjährigen Kindes nach § 13 steht auch nicht entgegen, dass 11 das Elternteil, von dem der Minderjährige sein Einbürgerungsbegehren ableitet, die deutsche Staatsangehörigkeit bereits wiedererlangt hat (HMHK/Hailbronner/Hecker Rn. 4).

II. Gewöhnlicher Aufenthalt im Ausland

§ 13 setzt – anders als die Regelungen der §§ 8–10 – des Weiteren voraus, dass der ehemalige 12 Deutsche seinen **gewöhnlichen Aufenthalt** im Ausland hat, sich also nicht im Inland niedergelas-sen hat. Nach der Rechtsprechung des BVerwG (BVerwGE 109, 142 = BeckRS 1999, 30063889 = NVwZ 1999, 1345 = InfAuslR 1999, 501) kommt auch eine entsprechende Anwendung der Vorschriften für den Fall der **Niederlassung im Inland** nicht in Betracht, da das Staatsangehörig-keitsrecht insoweit keine unbeabsichtigte Lücke aufweise. Die gegenteilige Auffassung, § 13 müsse auf **ehemalige Deutsche** erst Recht nach ihrer Niederlassung in Deutschland Anwendung finden, weil sie infolge der Einbürgerung vom Ausland aus ohne Weiteres in das Bundesgebiet verziehen könnten, verkenne die Bedeutung des Einbürgerungsermessens nach § 13. Denn das die Einbürge-rung rechtfertigende staatliche Interesse ergebe sich gerade oder zumindest auch aus den Umstän-den, unter denen der Bewerber im Ausland lebe. Die Motive des Gesetzgebers enthielten keine Hinweise darauf, dass die Einbürgerung ehemaliger Deutscher unabhängig vom Ort ihrer Nieder-lassung habe privilegiert werden sollen.

Diese Rechtsprechung des BVerwG wird in der Literatur (HMHK/Hailbronner/Hecker 13 Rn. 14; NK-AuslR/Geyer Rn. 12; Silagi ZAR 2001, 104 (109) mwN) und teilweise auch in der Rechtsprechung (VGH BW EZAR 271 Nr. 28; HessVGH BeckRS 2005, 23409 = NJW 1998, 472 = InfAuslR 1998, 66) kritisiert. Die Vorschrift privilegiere ehemalige Deutsche, die über

Bindungen an Deutschland verfügten. Nach der Rechtsprechung des BVerwG finde § 13 für den Fall der stärksten Hinwendung zu Deutschland, nämlich im Fall der Niederlassung im Bundesgebiet, keine Anwendung. Der **Erst-Recht-Schluss** gebiete deshalb die Anwendung des § 13 auch für den Fall einer Niederlassung im Inland. Auch die vormalige Verwaltungspraxis habe trotz entgegenstehenden Wortlauts in der Niederlassung im Inland kein Hindernis bei der Anwendung des § 13 gesehen.

14   Die derzeitige Verwaltungspraxis scheint sich am Wortlaut des § 13 zu orientieren und die Norm nur auf Personen im Ausland anzuwenden (GK-StAR Rn. 51; zu den Ermessenserwägungen insbesondere im Hinblick auf die nach § 13 nicht geforderten tatbestandlichen Voraussetzungen des § 8 Nr. 3 und Nr. 4 → Rn. 16).

III. Geklärte Identität und Staatsangehörigkeit

14a   Auch bei ehemaligen Deutschen, wie bei allen anderen Personen, die derzeit nicht im Besitz der deutschen Staatsangehörigkeit sind, muss im Zeitpunkt der Einbürgerung die Identität und die Staatsangehörigkeit geklärt sein (→ § 8 Rn. 19 ff.).

IV. Tatbestandliche Voraussetzungen des § 8 Abs. 1 Nr. 1 und Nr. 2

1. Handlungsfähigkeit und Unbescholtenheit (§ 8 Abs. 1 Nr. 1 und Nr. 2)

15   Nach der Tatbestandsvoraussetzung des § 8 Abs. 1 Nr. 1 muss der Einbürgerungsbewerber **handlungsfähig** iSd § 37 Abs. 1 sein (→ § 8 Rn. 59 ff.). Des Weiteren darf ihm gegenüber keine einbürgerungsschädliche **Verurteilung** oder Maßregel der Besserung und Sicherung vorliegen. Auch im Anwendungsbereich des § 13 bleiben jedoch Verurteilungen und Maßregeln nach Maßgabe des § 12a außer Betracht (→ § 8 Rn. 65 ff.).

2. Entbehrlichkeit der weiterer Voraussetzungen des § 8 Abs. 1

16   Angesichts des tatbestandlichen Erfordernisses des gewöhnlichen Aufenthalts im Ausland verzichtet § 13 auf die Voraussetzungen des § 8 Abs. 1 Nr. 3 – im Inland eine eigene **Wohnung** oder ein **Unterkommen** gefunden zu haben – und Nr. 4 – sich und seine Angehörigen zu ernähren im Stande zu sein (zu den Ermessenserwägungen hinsichtlich der **Unterhaltsfähigkeit** → Rn. 24).

V. Nichtvorliegen eines Ausschlussgrundes nach § 11

17   Liegen die tatbestandlichen Voraussetzungen eines Ausschlussgrundes nach § 11 S. 1 Nr. 1 oder Nr. 2 vor, bleibt eine Einbürgerung zwingend außer Betracht (→ § 11 Rn. 2 ff.).

C. Rechtsfolgen

I. Allgemeine Ermessensgesichtspunkte

18   Im Rahmen des der Behörde eröffneten **Ermessens** prüft sie unter Berücksichtigung aller Umstände, ob ein **staatliches Interesse** an der Einbürgerung des ehemaligen deutschen Einbürgerungsbewerbers besteht (GK-StAR Rn. 65; noch enger, OVG NRW BeckRS 2012, 45085, das maßgeblich allein darauf abstellt, ob ein staatliches Interesse an der beantragten Einbürgerung besteht). Bei dieser Prüfung findet wegen der ehemaligen deutschen Staatsangehörigkeit jedoch keine Einengung des Ermessensspielraums aufgrund des **Wohlwollensgebots** statt, denn es fehlt an einem staatlichen Interesse an der Einbürgerung wegen eines besonderen gruppenspezifischen Schicksals der Personen (BVerwGE 75, 86 = BeckRS 9998, 46213 = NJW 1987, 856).

19   Im Einzelnen ist von Bedeutung, ob aufgrund der Stellungnahme der **Auslandsvertretung** (→ Rn. 29 f.) und den sonstigen Erkenntnissen den Anforderungen nach Nr. 13.1.2.1 BMI-Erlass v. 25.6.2001 – V 6 124 460/1 genügt wird. In erster Linie ist dabei zu berücksichtigen, ob **ausreichende Kenntnisse** der deutschen Sprache (→ § 10 Rn. 84 ff. und → § 10 Rn. 100 ff.) und die Erfüllung der **staatsbürgerlicher** Voraussetzungen (→ § 10 Rn. 92 ff. und → § 10 Rn. 100 ff.) vorliegen. Auch der Grundsatz der **Vermeidung der Mehrstaatigkeit** ist in die Beurteilung einzustellen (→ § 8 Rn. 117 ff. und → § 12 Rn. 1 ff.). Darüber hinaus kann die Mehrstaatigkeit auch hingenommen werden, wenn ein Ausscheiden aus der Staatsangehörigkeit

des Aufenthaltsstaats voraussetzt, dass der gewöhnliche Aufenthalt dort beendet wird und dies nicht zumutbar ist (Nr. 13.1.2.1 aE BMI-Erlass v. 25.6.2001 – V 6 124 460/1).

Als Ermessensgesichtspunkt einzustellen ist auch das grundsätzliche Erfordernis der **Unterhalts-** 20
fähigkeit (→ § 8 Rn. 88 ff.), das auch im Fall einer Übersiedlung ins Inland erfüllt sein soll (Nr. 13.1.2.1 BMI-Erlass v. 25.6.2001 – V 6 124 460/1; BVerwGE 109, 142 = BeckRS 1999, 30063889 = NVwZ 1999, 960).

Beruht der **Verlust** der deutschen Staatsangehörigkeit auf der Ausübung der **Optionspflicht** 21
nach § 29, so ist insoweit die gesetzgeberische Intention der Vermeidung von Mehrstaatigkeit von Bedeutung, die nicht über die Anwendung des § 13 umgangen werden soll.

So soll bspw. regelmäßig das öffentliche Interesse an der Vermeidung der Mehrstaatigkeit einer Einbürge- **21.1**
rung nach § 13 entgegenstehen, wenn der Einbürgerungsbewerber seine nach § 4 Abs. 3 erworbene deutsche Staatsangehörigkeit durch Option für eine andere Staatsangehörigkeit verloren und seinen gewöhnlichen Aufenthalt ins Ausland verlegt hat (HMHK/Hailbronner/Hecker Rn. 11).

Des Weiteren kann im Rahmen des Ermessens hinsichtlich des Verlustes der deutschen Staatsan- 22
gehörigkeit durch Ausübung der **Optionspflicht** vor dem 20.12.2014 von Bedeutung sein, dass mit dem Zweiten Gesetz zur Änderung des Staatsangehörigkeitsgesetzes (v. 13.11.2014, BGBl. I 1714) die Optionspflicht stark **eingeschränkt** und insbesondere für in Deutschland geborene und aufgewachsene Kinder ausländischer Eltern (§ 4 Abs. 3) unter Hinnahme der Mehrstaatigkeit entfallen ist (NK-AuslR/Geyer Rn. 7).

II. Einbürgerungserleichterungen

1. Fälle mit staatsangehörigkeitsrechtlichen Wiedergutmachungsgehalts

Zu diesem Kreis gehören **Personen,** die in der Zeit vom 30.1.1933 bis zum 8.5.1945 von 23
Verfolgungsmaßnahmen aus politischen, ethnischen oder religiösen Gründen betroffen waren (→ § 8 Rn. 124), und **Frauen,** die ihre deutsche Staatsangehörigkeit durch die **Eheschließung** mit einem Ausländer verloren haben (→ Rn. 5).

Hinsichtlich dieses Personenkreises liegt **in der Regel** das öffentliche Interesse an der Einbürge- 24
rung – auch unter Hinnahme der **Mehrstaatigkeit** – vor. Es können ferner Ausnahmen vom Erfordernis der **Unterhaltsfähigkeit** in Betracht kommen. Den Anforderungen an die **Sprach-kompetenz** ist Genüge getan, wenn sich der Einbürgerungsbewerber ohne nennenswerte Probleme im Alltagsleben in deutscher Sprache mündlich verständigen kann (Nr. 13.1.2.2 BMI-Erlass v. 25.6.2001 – V 6 124 460/1).

2. Einbürgerung bei besonderem öffentlichen Interesse

Bei Einbürgerungsbewerbern, an deren Einbürgerung im Ausland ein besonderes öffentliches 25
Interesse besteht (→ § 8 Rn. 127), kann Mehrstaatigkeit hingenommen werden (Nr. 13.1.2.2 BMI-Erlass v. 25.6.2001 – V 6 124 460/1).

3. Einbürgerung minderjähriger Kinder

Ein minderjähriges Kind, das im Zeitpunkt der Einbürgerung das 16. Lebensjahr noch nicht 26
vollendet hat, **soll** nur dann selbstständig eingebürgert werden, wenn es mit einem deutschen Staatsangehörigen, der für das Kind sorgeberechtigt ist, in einer familiären Gemeinschaft lebt. Ansonsten **sollen** minderjährige Kinder zusammen mit dem Einbürgerungsbewerber eingebürgert werden, wenn er für das Kind sorgeberechtigt ist und mit ihm eine familiäre Gemeinschaft. Die Miteinbürgerung minderjähriger Kinder, die das 16. Lebensjahr vollendet haben, setzt **in der Regel** voraus, dass sie selbstständig eingebürgert werden könnten (Nr. 13.1.2.3 BMI-Erlass v. 25.6.2001 – V 6 124 460/1).

Den Anforderungen an die **Sprachkompetenz** ist Genüge getan, wenn sich das Kind ohne 27
nennenswerte Probleme im **Alltagsleben** in deutscher Sprache mündlich verständigen kann und der Erwerb ausreichender Kenntnisse der deutschen Sprache gewährleistet ist (Nr. 13.1.2.2 BMI-Erlass v. 25.6.2001 – V 6 124 460/1).

D. Verfahren

I. Zuständigkeit

28   Zuständig für die Entscheidung über Einbürgerungsanträge von Personen, die ihren gewöhnlichen Aufenthalt im Ausland haben, ist das **BVA** (Bundesverwaltungsamt; § 5 BVAmtsG idF des Gesetzes v. 8.12.2010, BGBl. I 1864). Der Einbürgerungsantrag kann auch bei der zuständigen Auslandsvertretung der Bundesrepublik gestellt werden, das den Antrag an das BVA in Köln weiterleitet.

II. Beteiligung

29   Unabhängig davon, wo der Einbürgerungsantrag gestellt worden ist, hat das BVA eine Stellung der für den Einbürgerungsbewerber zuständigen **Auslandsvertretung** einzuholen, der für die Entscheidung über den Antrag besondere Bedeutung zukommt. Diese Stellungnahme hat darzulegen, ob die tatbestandlichen Voraussetzungen der Norm – die Nr. 13.1.1 bis 13.1.2.3 BMI-Erlass v. 25.6.2001 – V 6 124 460/1 – vorliegen und ob aus außenpolitischer Sicht Bedenken gegen die Einbürgerung bestehen (Nr. 13.2 BMI-Erlass v. 25.6.2001 – V 6 124 460/1).

30   Erhebt das **Auswärtige Amt** Bedenken gegen die Einbürgerung, hat sie zu unterbleiben (Nr. 13.2 BMI-Erlass v. 25.6.2001 – V 6 124 460/1).

§ 14 [Einbürgerung eines nicht im Inland niedergelassenen Ausländers]

Ein Ausländer, der seinen gewöhnlichen Aufenthalt im Ausland hat, kann unter den sonstigen Voraussetzungen der §§ 8 und 9 eingebürgert werden, wenn Bindungen an Deutschland bestehen, die eine Einbürgerung rechtfertigen.

Überblick

§ 14 ermöglicht die Einbürgerung eines Ausländers im Ermessenswege ausnahmsweise vom Ausland aus. Die Vorschrift setzt tatbestandlich voraus, dass der Einbürgerungsbewerber seinen gewöhnlichen Aufenthalt im Ausland hat (→ Rn. 3 f.) und über Bindungen an Deutschland verfügt, die die Einbürgerung rechtfertigen (→ Rn. 6 ff.). Im Übrigen sind die tatbestandlichen Voraussetzungen des § 8 und ggf. § 9 zu erfüllen (→ Rn. 9 ff.). Das Ermessen der Einbürgerungsbehörde (→ Rn. 13 ff.) hat – wie bei § 13 – neben den allgemeinen Ermessensgesichtspunkten auch die durch ermessenslenkende Verwaltungsvorschriften (BMI-Erlasse) vorgesehenen Einbürgerungserleichterungen angemessen zu berücksichtigen. Verfahrensrechtlich gelten – in Übereinstimmung mit § 13 – die Besonderheiten der Zuständigkeit des Bundesverwaltungsamts und der Beteiligung des Auswärtigen Amtes (→ Rn. 22 ff.).

Übersicht

A. Vorbemerkung

§ 14 wurde mWv 1.1.2000 durch das Gesetz v. 15.7.1999 (BGBl. I 1618) eingefügt; geändert **1** mWv 1.1.2005 durch Gesetz v. 30.7.2004 (BGBl. I 1950).

B. Tatbestandliche Voraussetzungen

I. Allgemeines

Neben § 13 ermöglicht auch diese Vorschrift für den hier angesprochenen Personenkreis eine **2** **Einbürgerung vom Ausland** aus. Auch hier prüft die Einbürgerungsbehörde im Rahmen des ihr eröffneten Ermessens unter Berücksichtigung aller Umstände, ob ein **staatliches Interesse** an der Einbürgerung besteht(→ § 13 Rn. 18). Mit der Neufassung durch das StAngRG im Jahre 1999 sollte die StAG-VwV ursprünglich auch Regelungen zur einheitlichen Anwendung dieser Vorschrift enthalten (BR-Drs. 749/99, 35), ohne jedoch letztlich Eingang in die Verwaltungsvorschrift gefunden zu haben. Inhaltlich entsprechen die vorgesehenen Regelungen dem Erlass des BMI v. 25.6.2001 – V 6 124 460/1 (ergänzt durch den Erlass des BMI v. 30.8.2019 – V II 5 – 20102/62#7) an das Bundesverwaltungsamt. Für die Auslegung der Vorschrift ist des Weiteren der Erlass des BMI v. 28.3.2012 – V II 5 124 460/1 (geändert und ergänzt durch den Erlass des BMI v. 30.8.2019 – V II 5 – 20102/62#3) an das Bundesverwaltungsamt von Bedeutung, der sich auf die Einbürgerung ehelicher Kinder deutscher Mütter und ausländischer Väter bezieht, die vor dem 1.1.1975 geboren sind und ihren gewöhnlichen Aufenthalt im Ausland haben, sowie auf vor dem 1.4.1953 geborene eheliche Kinder ausländischer Väter und deutscher Mütter, denen während der NS-Zeit die Staatsangehörigkeit entzogen wurde.

II. Ausländer mit gewöhnlichem Aufenthalt im Ausland

1. Ausländer

Anders als die weitere Ausnahmeregelung des § 13, nach der eine Einbürgerung vom Ausland **3** aus für ehemalige Deutsche und deren Abkömmlinge in Betracht kommt, darf der Einbürgerungsbewerber nach den Voraussetzungen des § 14 zu keinem Zeitpunkt bereits die deutsche Staatsangehörigkeit besessen haben. Der Begriff „Ausländer" ist im StAG nicht bestimmt. In Nr. 8.1.1 VAH-StAG ist der Begriff durch eine Negativbestimmung definiert, wonach derjenige Ausländer ist, der nicht Deutscher iSd Art. 116 Abs. 1 GG ist (zu Einzelheiten der Begriffsbestimmung → § 8 Rn. 8 ff.).

2. Gewöhnlicher Aufenthalt im Ausland

Die Vorschrift fordert des Weiteren, dass der Einbürgerungsbewerber seinen gewöhnlichen **4** Aufenthalt im **Ausland** hat. Erforderlich ist danach ein dauernder Aufenthalt außerhalb des Bundesgebietes (zur Begriffsbestimmung „gewöhnlicher Aufenthalt" → § 8 Rn. 38 ff.).

Die Anforderung „gewöhnlicher Aufenthalts im Ausland" ersetzt die Anforderung der Vorgängervor- **4.1** schrift, die ein „Nichtvorliegen einer Niederlassung im Inland" forderte (zu der dadurch entstandenen Regelungslücke für Personen, die zwar in Deutschland leben, sich dort aber nicht niedergelassen haben, vgl. NK-AuslR/Oberhäuser Rn. 3; aA HMHK/Hailbronner/Hecker § 13 Rn. 14).

Mit der Einbürgerung vom Ausland aus ist nicht die Forderung oder Erwartung einer späteren **5** **Übersiedlung** in das Inland verbunden (Nr. 14.2.1 BMI-Erlass v. 25.6.2001 – V 6 124 460/1; GK-StAR Rn. 13 mit Hinweis auf BR-Drs. 749/99).

III. Besondere Bindungen an Deutschland

Grundlegende Voraussetzung dieser Vorschrift ist das Bestehen einer (besonderen) Bindung an **6** Deutschland, die das staatliche Interesse begründet und die eine Einbürgerung rechtfertigt. Aus der Entstehungsgeschichte der Norm wird hergeleitet, dass mit dieser Voraussetzung der völkerrechtlich erforderliche **„genuine link"** gemeint ist (Nr. 2.1. BMI-Erlass v. 28.3.2012 – V II 5 124 460/1). Eine solche Bindung tritt in zwei Erscheinungsformen zutage. Dies sind zum einen Bindungen eines Ausländers an Deutschland, die sich als Beziehungen bzw. eine **Hinwendung zu Deutschland** bezeichnen lassen. Derartige Bindungen des Einbürgerungsbewerbers können etwa auf seiner deutschen Volkszugehörigkeit beruhen, dem Beherrschen der deutschen Sprache, der Geburt in Deutschland einer bestehenden oder früheren Ehe oder in der Regel mehrjährigen familiären Lebensgemeinschaft mit einem deutschen Staatsangehörigen, einem früheren längeren Aufenthalt oder Eigentum an Immobilien oder das Unterhalten einer Wohnung zur Eigennutzung im Inland, Ansprüchen und Anwartschaften auf Renten- oder Versicherungsleistungen bei deutschen Versicherungsträgern, dem Besuch deutscher Schulen oder andere Ausbildungsstätten, der Zugehörigkeit zu deutschen Vereinigungen, einer Tätigkeit im deutschen öffentlichen Dienst oder in deutschen Unternehmen und auf besonderen Verdiensten für Deutschland (Nr. 14.1.2 BMI-Erlass v. 25.6.2001 – V 6 124 460/1; Nr. 3.1. BMI-Erlass v. 28.3.2012 – V II 5 124 460/1). Der Einbürgerungsbewerber muss danach in diesem Sinne in **mehrfacher Hinsicht** nähere **Bindungen** zu Deutschland unterhalten, die in der Zusammenschau diese Rechtfertigung begründet. Zum anderen tritt die Bindung zwischen den Einbürgerungsbewerber und Deutschland bei **ehemaligen Deutschen** und ihren Abkömmlingen in Erscheinung, bei denen regelmäßig von einer Bindung im oben dargestellten Sinne ausgegangen wird. Zu dieser zweiten Gruppe zählen die in der folgenden Kommentierung dargestellten Personenkreise bzw. stehen diesen gleich.

7   Dazu gehört der Personenkreis, dem staatsangehörigkeitsrechtlich Wiedergutmachung für NS-Unrecht zu teil werden soll. Nach Nr. 14.2.2.2 des BMI-Erlass v. 25.6.2001 – V 6 124 460/1 iVm Nr. 8.1.3.2 StAR–VwV sind dies Personen **(Erlebensgeneration),** die trotz der in der Zeit v. 30.1.1933 bis zum 8.5.1945 erlittenen Verfolgungsmaßnahmen aus politischen, rassischen oder religiösen Gründen keinen Anspruch auf Wiedereinbürgerung nach Art. 116 Abs. 2 GG oder §§ 12, 12 Abs. 1 StAngRegG aF (Gesetz zur Regelung von Fragen der Staatsangehörigkeit v. 22.2.1955, BGBl. I 65) haben. Ergänzt wird dieser Personenkreis durch den Erlass des BMI v. 30.08.2019 – V II 5 – 20102/62#7 zu Nr. 14.2.2.2 des BMI-Erlass v. 25.6.2001 – V 6 124 460/1, wonach **Abkömmlinge** eines **wiedergutmachungsberechtigten früheren deutschen Staatsangehörigen** iSd § 12 Abs. 1 StAngRegG aF, der im Zusammenhang mit Verfolgungsmaßnahmen aus politischen, rassischen oder religiösen Gründen in der Zeit v. 30.1.1933 bis zum 8.5.1945 vor dem 26.2.1955 (Inkrafttreten des StAngRegG aF) eine **fremde Staatsangehörigkeit erw**orben hat, bis zum Generationenschnitt nach § 4 Abs. 4 eingebürgert werden kann.

8   Zu den Personenkreisen gehören auch vor dem 1.4.1953 Geborene, die aufgrund der Fortgeltungsregelung des Art. 117 Abs. 1 GG vom Gesetzgeber nicht in die Möglichkeit des Erklärungserwerbs nach Art. 3 Abs. 1 RuStAÄndG 1974 einbezogen worden waren. Nach dieser Vorschrift konnte ein nach dem 31.3.1953 und vor dem 1.1.1975 ehelich geborenes Kind einer Mutter, die im Zeitpunkt der Geburt des Kindes Deutsche war, durch Erklärung gegenüber der Einbürgerungsbehörde die deutsche Staatsangehörigkeit erwerben, wenn es diese nicht durch Geburt erworben hatte. Personen, die aus selbst zu verantwortenden Gründen während der Erklärungsfrist des Art. 3 Abs. 6 RuStAÄndG 1974 von dieser Erwerbsmöglichkeit keinen Gebrauch gemacht hat, gehören ebenfalls zu diesem Personenkreis. Gleiches gilt für Kinder von Müttern, die nach der bis zum 31.3.1953 geltenden Regelung des § 17 Nr. 6 RuStAG durch ihre Eheschließung mit einem ausländischen Mann die deutsche Staatsangehörigkeit verloren haben (Nr. 3.1.1. BMI-Erlass v. 28.3.2012 – V II 5 124 460/1). Durch Änderungs- und Ergänzungserlass des BMI v. 30.8.2019 – V II 5 – 20102/62#3 (zu Nr. 3.1.1.) wurde dieser Personenkreis **erweitert** um **vor Inkrafttreten des GG** am 24.5.1949 geborene eheliche Kinder deutscher Mütter und ausländischer Väter einschließlich der Kinder, deren Mütter nach § 17 Nr. 6 RuStAG aF durch ihre Eheschließung mit einem ausländischen Mann die deutsche Staatsangehörigkeit verloren haben, und nichteheliche Kinder deutscher Väter und ausländischer Mütter, bei denen die Anerkennung oder Feststellung der Vaterschaft nach deutschen Gesetzen vor Vollendung des 23. Lebensjahres erfolgt ist. Diese Erweiterung des Personenkreises gilt auch für die Abkömmlinge dieser Personen bis zum Generationenschnitt nach § 4 Abs. 4. Ebenfalls zu diesem Personenkreis gehören vor dem 1.4.1953 geborene eheliche Kinder ausländischer Väter und deutscher Mütter, denen während der NS-Zeit die **Staatsangehörigkeit entzogen** wurde. Zwar haben **Abkömmlinge ehemaliger Deutscher,** deren Vorfahren die deutsche Staatsangehörigkeit aus politischen, ethnischen oder religiösen Gründen entzogen worden ist, einen Wiedereinbürgerungsanspruch nach Art. 116 Abs. 2 GG, wenn sie ohne die Entziehungsmaßnahme nach den allgemeinen Regeln des Staatsangehörigkeitsrechts Deutsche geworden wären, habe (BVerwGE 85, 108 (119 f.) = BeckRS 9998, 165242 = NJW 1990, 2213). Jedoch konnten Kinder, die zwischen dem 1.4.1953 und dem 31.12.1974 geboren wurden, nach der damaligen Rechtslage die deutsche Staatsangehörigkeit grundsätzlich nicht über ihre Mütter erwerben. Da das unbefristete Angebot der Wiedergutmachung nach Art. 116 Abs. 2 GG jedoch nicht von einer Erwerbserklärung nach Art. 3 RuStAÄndG 1974 abhängig sein soll, wird auch für diese Personengruppe ein **Wiedereinbürgerungsanspruch** angenommen (OVG Bln Urt. v. 25.3.1993 – 5 B 65.90). Vor dem 1.4.1953 Geborene sind dagegen aufgrund der Fortgeltungsregelung des Art. 117 Abs. 1 GG von einem Erwerb nach

Art. 116 Abs. 2 GG ausgeschlossen, im Rahmen des § 14 besteht deshalb ein staatliches Interesse, die Folgen der Unrechtsmaßnahmen abzumildern (Nr. 3.1.2. BMI-Erlass v. 28.3.2012 – V II 5 124 460/1). Auch Nr. 3.1.2. BMI-Erlass v. 28.3.2012 – V II 5 124 460/1 wurde durch den BMI-Erlass v. 30.8.2019 – V II 5 – 20102/62#3 erweitert um eheliche Kinder, deren Mütter frühere deutsche Staatsangehörige iSd § 12 Abs. 1 StAngRegG aF und deren Väter Ausländer sind, unabhängig von ihrem Geburtsdatum, einschließlich der Kinder, deren Mütter im Zusammenhang mit anderen NS-Verfolgungsmaßnahmen nach § 17 Nr. 6 RuStAG aF durch ihre Eheschließung mit einem ausländischen Mann die deutsche Staatsangehörigkeit verloren haben, und nichteheliche Kinder, deren Väter frühere deutsche Staatsangehörige iSd § 12 Abs. 1 StAngRegG aF und deren Mütter Ausländerinnen sind, unabhängig von ihrem Geburtsdatum. Auch diese Erweiterung des Personenkreises gilt für die Abkömmlinge dieser Personen bis zum Generationenschnitt nach § 4 Abs. 4.

IV. Voraussetzungen der §§ 8 und 9

1. Voraussetzungen des § 8

Mit dem Merkmal „unter den sonstigen Voraussetzungen der §§ 8 und 9" wird verdeutlicht, **9** dass eine Einbürgerung nur beim Vorliegen all derjenigen (Mindest-) Voraussetzungen der §§ 8 und 9 erfolgen kann, die nicht durch den gewöhnlichen Aufenthalt im Ausland außer Betracht zu bleiben haben.

Erforderlich ist danach, dass der Einbürgerungsbewerber **handlungsfähig** (→ § 8 Rn. 59 ff.) **10** und **unbescholten** iSv § 8 Abs. 1 S. 1 Nr. 2 ist (→ § 8 Rn. 65 ff.). Dem Erfordernis einer **eigenen Wohnung** kommt angesichts des gewöhnlichen Aufenthalts des Einbürgerungsbewerbers im Ausland keine eigenständige Bedeutung zu (Nr. 2.2. BMI-Erlass v. 28.3.2012 – V II 5 124 460/1; NK-AuslR/Geyer § 12 Rn. 4; aA GK-StAR Rn. 15), jedoch muss er **sich** und seine **Angehörigen ernähren** können (→ § 8 Rn. 88 ff.). Die Voraussetzungen in Bezug auf die Unterhaltsfähigkeit sollen auch im Falle einer Übersiedlung ins Inland gegeben sein (Nr. 14.2.1 BMI-Erlass v. 25.6.2001 – V 6 124 460/1). Liegt ein **Ausschlussgrund** nach § 11 vor, ist die Einbürgerung ausgeschlossen (Nr. 2.3. BMI-Erlass v. 28.3.2012 – V II 5 124 460/1).

Mit dem Dritten Gesetz zur Änderung des Staatsangehörigkeitsgesetzes v. 4.8.2019 **10a** (BGBl. I 1124) wurde das Tatbestandsmerkmal der Gewährleistung der Einordnung in die deutschen Lebensverhältnisse, das bislang allein gem. § 9 Abs. 1 Nr. 2 aF Voraussetzung der Einbürgerung von Ehegatten und Lebenspartnern Deutscher war, sowohl für die Anspruchseinbürgerung in § 10 Abs. 1 Nr. 7, als auch in die Ermessenseinbürgerungsnormen eingefügt, und zwar hier durch Ergänzung des § 8 Abs. 1 aE (→ § 8 Rn. 88a, Rn. 98a ff.) und durch die Verweisungen in die §§ 9 und 14.

Zwar ist grundsätzlich von einem gewöhnlichen Aufenthalt des Einbürgerungsbewerbers im **10b** Ausland auszugehen, so dass sich die eigenständige Bedeutung des Erfordernisses der Gewährleistung der Einordnung in die deutschen Lebensverhältnisse nicht unmittelbar aufdrängt. Angesichts der eröffneten Möglichkeit einer Übersiedlung ins Inland findet § 8 einschließlich der Erleichterungen unter den dort genannten Ermessensgesichtspunkten auch insoweit zu Recht Anwendung.

2. Voraussetzungen des § 9

Mit der Bezugnahme auch auf § 9 privilegiert § 14 diejenigen **Ehegatten** oder **Lebenspartner 11** deutscher Staatsangehöriger, die sich nicht im Inland niedergelassen haben. Es muss also eine wirksame Eheschließung bzw. eingetragene Lebenspartnerschaft mit einem deutschen Staatsangehörigen bestehen (→ § 9 Rn. 4 ff.).

Über die (Mindest-) Anforderung des § 9 Abs. 1 S. 1 Nr. 1 – **Verlust** oder **Aufgabe** der **12** **bisherigen Staatsangehörigkeit** oder Hinnahme von **Mehrstaatigkeit** nach § 12 (→ § 9 Rn. 16 ff.) – wird zwar von dem für die Einordnung in die **deutschen Lebensverhältnisse** grundsätzlich vorausgesetzten Inlandsaufenthalt abgesehen; dies gilt jedoch nicht hinsichtlich des Erfordernisses **ausreichender Kenntnisse** der deutschen Sprache und der Erfüllung der **staatsbürgerlichen** Voraussetzungen (GK-StAR Rn. 19). Vorausgesetzt werden ausreichende Sprachkenntnisse nach § 10 Abs. 1 S. 1 Nr. 6, Abs. 4 (→ § 10 Rn. 84 ff.), von denen beim Vorliegen von Ausnahmen nach § 10 Abs. 6 (→ § 10 Rn. 100 ff.) abzusehen sind. Die Anforderungen an die staatsbürgerlichen Voraussetzungen folgen aus § 10 Abs. 1 Nr. 7, Abs. 5 (→ § 10 Rn. 92 ff.), von denen ebenfalls unter den Voraussetzungen des § 10 Abs. 6 (→ § 10 Rn. 100 ff.) abzusehen ist (Nr. 14.2.1 BMI-Erlass v. 25.6.2001 – V 6 124 460/1).

C. Ermessen

I. Allgemeine Ermessenserwägungen

1. Allgemeines

13   Liegen die tatbestandlichen Voraussetzungen des § 14 vor, wird das behördliche Ermessen eröffnet. Bei der Ausübung dieses Ermessens ist von dem **Regel-Ausnahme-Verhältnis** auszugehen, dass der Regelfall eine Einbürgerung vom Inland und nur ausnahmsweise vom Ausland erfolgen soll, und zwar, wenn dies im staatlichen Interesse liegt (OVG NRW BeckRS 2012, 45104) und positiv festgestellt wird (NK-AuslR/Oberhäuser Rn. 7).

14   Eine Einbürgerung kommt dementsprechend nicht in Betracht, wenn ihr überwiegende öffentliche Belange entgegenstehen (Nr. 14.2.1 BMI-Erlass v. 25.6.2001 – V 6 124 460/1).

2. Regelmäßige Einbürgerung

15   Der in → Rn. 8 in Nr. 3.1.1. BMI-Erlass v. 28.3.2012 – V II 5 124 460/1 beschriebene **Personenkreis** soll in der **Regel** eingebürgert werden, wenn er das **Sprachniveau C1** GER beherrscht, nahe Familienangehörige mit deutscher Staatsangehörigkeit besitzt, sich häufiger oder länger in Deutschland aufhält und über Kenntnisse der deutschen Rechts- und Gesellschaftsordnung und der Lebensverhältnisse in Deutschland verfügt. Mit dem Änderungs- und Ergänzungserlass des BMI v. 30.08.2019 – V II 5 – 20102/62#3 werden die Anforderungen an das Sprachniveau auf B 1 GER, dem allgemein für eine Einbürgerung erforderlichen Niveau der Deutschkenntnisse, festgesetzt.

16   Der in → Rn. 8 in Nr. 3.1.2. BMI-Erlass v. 28.3.2012 – V II 5 124 460/1 beschriebene **Personenkreis** soll in der Regel eingebürgert werden, wenn er das **Sprachniveau B1** GER beherrscht, nahe Familienangehörige mit deutscher Staatsangehörigkeit besitzt und über Kenntnisse der deutschen Rechts- und Gesellschaftsordnung und der Lebensverhältnisse in Deutschland verfügt. Durch den Erlass des BMI v. 30.08.2019 – V II 5 – 20102/62#3 wird über die in Nr. 3.1.2 des Bezugserlasses hinaus aus Gründen des öffentlichen Interesses vom Nachweis der Unterhaltsfähigkeit abgesehen.

II. Einbürgerungserleichterungen

1. Staatsangehörigkeitsrechtlich Schutzbedürftige

17   Staatsangehörigkeitsrechtlich **Schutzbedürftige** (→ § 8 Rn. 123) sind auch im Verfahren nach § 14 privilegiert. Es wird deshalb als ausreichend angesehen, wenn die Unterhaltsfähigkeit im Aufenthaltsstaat gegeben ist (Nr. 14.2.2.1 BMI-Erlass v. 25.6.2001 – V 6 124 460/1).

2. Fälle mit staatsangehörigkeitsrechtlichen Wiedergutmachungsgehalt

18   Bei Personen, die **nationalsozialistisches Unrecht** erlitten haben, die also in der Zeit vom 30.1.1933 bis zum 8.5.1945 aus politischen, ethnischen oder religiösen Gründen von Verfolgungsmaßnahmen betroffen waren und keinen Anspruch nach Art. 116 Abs. 2 GG oder §§ 11, 12 Abs. 1 StAngRegG haben (→ § 8 Rn. 124), kann es als ausreichend angesehen werden, wenn die Unterhaltsfähigkeit im Aufenthaltsstaat gegeben ist. Hinsichtlich der erforderlichen Sprachkenntnisse kann es ausreichen, wenn sich der Einbürgerungsbewerber ohne nennenswerte Probleme im Alltagsleben in der deutschen Sprache mündlich verständigen kann. Ferner kann Mehrstaatigkeit hingenommen werden (Nr. 14.2.2.2 BMI-Erlass v. 25.6.2001 – V 6 124 460/1). **Abkömmlinge** dieser Personen können unter Hinnahme der Mehrstaatigkeit eingebürgert werden, wenn sie über einfache deutsche Sprachkenntnisse und Grundkenntnisse der Rechts- und Gesellschaftsordnung und der Lebensverhältnisse in Deutschland verfügen; vom Erfordernis der Unterhaltsfähigkeit wird aus Gründen des öffentlichen Interesses abgesehen. Die Möglichkeit zur Miteinbürgerung minderjähriger Kinder besteht nicht bei Abkömmlingen, die aufgrund des Generationenschnitts nach § 4 Abs. 4 letztlich die Möglichkeit zur erleichterten Einbürgerung haben, da ansonsten die Grenze, die der Generationenschnitt für den Abstammungserwerb im Ausland und damit auch für die staatsangehörigkeitsrechtliche Wiedergutmachung setzt, überschritten würde (Ergänzung zu Nr. 14.2.2.5 des BMI-Erlasses v. 25.6.2001 – V 6 124 460/1 durch den Erlass des BMI v. 30.08.2019 – V II 5 – 20102/62#7).

3. Einbürgerung bei besonderem öffentlichen Interesse

Bei Einbürgerungsbewerbern, an deren Einbürgerung im Ausland ein **besonderes öffentliches** 19 **Interesse** (→ § 8 Rn. 127) besteht, kann **Mehrstaatigkeit** hingenommen werden.

4. Auslandsaufenthalt im deutschen öffentlichen Interesse

Eine Einbürgerung kann erfolgen, wenn der Auslandsaufenthalt eines mit einem deutschen 20 Staatsangehörigen verheirateten Einbürgerungsbewerbers oder seines deutschen Ehegatten im deutschen öffentlichen Interesse liegt und die eheliche Lebensgemeinschaft seit drei Jahren besteht. Ein deutsches öffentliches Interesse am Auslandsaufenthalt kann vorliegen bei
• Angehörigen international tätiger, auch ausländischer Unternehmen oder Institutionen oder anderen Personen, die aus beruflichen oder geschäftlichen Gründen ihren Aufenthalt im Ausland haben, und
• Angehörigen des Auswärtigen Amtes, der Bundeswehr und anderer öffentlicher oder öffentlich geförderter Einrichtungen, die ins Ausland entsandt worden sind (Nr. 14.2.2.4 BMI-Erlass v. 25.6.2001 – V 6 124 460/1).
Der vorgenannte Erlass des BMI stellt in diesem Zusammenhang eine **ermessenslenkende** Ver- 21 waltungsvorschrift dar, die grundsätzlich **Bindungswirkung** für die Verwaltungspraxis entfaltet. Sie ist im Wege der Selbstbindung iVm Art. 3 GG als vom Erlassgeber gebilligte Verwaltungspraxis dahingehend eingeschränkt worden, dass auch für die erstgenannte Personengruppe das Erfordernis der Entsendung maßgeblich sein soll (OVG NRW BeckRS 2012, 55485 = DÖV 2013, 39 Ls.). Von einer Entsendung in diesem Sinne kann nach der Verwaltungspraxis des BVA (Bundesverwaltungsamt) dann ausgegangen werden, wenn der berufsbedingte Auslandsaufenthalt des Einbürgerungsbewerbers oder seines Ehegatten nach der Vertragsgestaltung zwischen ihm und seinem Arbeit- oder Auftraggeber von vornherein auf einen vorübergehenden Zeitraum begrenzt und eine Rückkehrabsicht anhand konkreter Umstände belegbar ist (OVG NRW BeckRS 2012, 55485 = DÖV 2013, 39 Ls.).

D. Verfahren

I. Zuständigkeit

Zuständig für die Entscheidung über Einbürgerungsanträge von Personen, die ihren gewöhnli- 22 chen Aufenthalt im Ausland haben, ist das **BVA** (Bundesverwaltungsamt; § 5 BVAmtsG idF des Gesetzes v. 8.12.2010, BGBl. I 1864). Der Einbürgerungsantrag kann auch bei der zuständigen Auslandsvertretung der Bundesrepublik gestellt werden, der an das BVA in Köln weitergeleitet wird.

II. Beteiligung

Unabhängig davon, wo der Einbürgerungsantrag gestellt worden ist, hat das BVA eine Stellung- 23 nahme der für den Einbürgerungsbewerber zuständigen **Auslandsvertretung** einzuholen, der für die Entscheidung über den Antrag besondere Bedeutung zukommt. Diese Stellungnahme hat darzulegen, ob die tatbestandlichen Voraussetzungen der Norm – die Nr. 13.1.1–13.1.2.3 BMI-Erlass v. 25.6.2001 – V 6 124 460/1– vorliegen und ob aus außenpolitischer Sicht Bedenken gegen die Einbürgerung bestehen (Nr. 13.2 BMI-Erlass v. 25.6.2001 – V 6 124 460/1).

Erhebt das **Auswärtige Amt** Bedenken gegen die Einbürgerung, hat sie zu unterbleiben 24 (Nr. 13.2 BMI-Erlass v. 25.6.2001 – V 6 124 460/1).

§ 15 [aufgehoben]

§ 16 [Einbürgerungsurkunde]

¹**Die Einbürgerung wird wirksam mit der Aushändigung der von der zuständigen Verwaltungsbehörde ausgefertigten Einbürgerungsurkunde.** ²**Vor der Aushändigung ist folgendes feierliches Bekenntnis abzugeben: „Ich erkläre feierlich, dass ich das Grundgesetz und die Gesetze der Bundesrepublik Deutschland achte und alles unterlassen werde, was ihr schaden könnte.";** § 10 Abs. 1 Satz 2 gilt entsprechend.

Überblick

Die Vorschrift regelt formelle Voraussetzungen für das Wirksamwerden der Einbürgerung (→ Rn. 2 ff.). Fehlt es an Wirksamkeitsvoraussetzungen, stellt sich die Frage nach den Folgen von Wirksamkeitsmängeln (→ Rn. 10 ff.). Des Weiteren regelt die Vorschrift, dass vor der Aushändigung der Einbürgerungsurkunde ein feierliches Bekenntnis abzugeben ist (→ Rn. 16 f.), und welcher Personenkreis von dieser Anforderung befreit ist (→ Rn. 20). Schließlich sind der Rechtscharakter dieser Anforderung und die Folgen einer Weigerung zu behandeln (→ Rn. 18 f.).

Übersicht

A. Vorbemerkung

1   § 16 neu gefasst mWv 28.8.2007 durch Gesetz v. 19.8.2007 (BGBl. I 1970).

B. Tatbestandliche Voraussetzungen

I. Einbürgerung

2   Die Einbürgerung erfolgt durch einen **mitwirkungsbedürftigen rechtsgestaltenden Verwaltungsakt.** Mit der am Ende des individuellen Einbürgerungsverfahrens stehenden **Aushändigung der Einbürgerungsurkunde** wird dem Einbürgerungsbewerber **konstitutiv** eine neue Staatsangehörigkeit verliehen (BVerwGE 140, 311 Rn. 13 = BeckRS 2011, 55936 = NVwZ 2012, 707). Wegen der Bedeutung dieses staatsangehörigkeitsrechtlichen Verleihungsakts hat der Gesetzgeber **strenge Formvorschriften** für das Wirksamwerden der Einbürgerung geschaffen, mit denen gewährleistet werden soll, dass die Person, der die neue Staatsangehörigkeit verliehen wird, und der Ort und der Zeitpunkt der Einbürgerung eindeutig und zweifelsfrei bestimmbar sind (GK-StAR Rn. 6).

II. Wirksamkeitsvoraussetzungen

1. Einbürgerungsurkunde

3   Die **Einbürgerung** hat der Gesetzgeber aufgrund der weitreichenden statusrechtlichen Folgen an einen förmlichen **urkundlich verkörperten Akt,** einer ausgefertigten Einbürgerungsurkunde geknüpft (BGHSt 5, 317 (323) = BeckRS 9998, 123104 = NJW 1954, 651; HMHK/Hailbronner/Hecker Rn. 4), die den begünstigenden rechtsgestaltenden Verwaltungsakt verkörpert.

2. Form

4   Die Form der Einbürgerungsurkunde folgt aus § 1 Abs. 1 Nr. 1 StAUrkVwV iVm Anlage 1 bzw. Anlage 1a, soweit eine Miteinbürgerung von Kindern stattfindet. Die Urkunde hat die persönlichen Daten des /der Einzubürgernden, die Rechtsfolge, dass mit dem Zeitpunkt der Aushändigung der Urkunde die deutsche Staatsangehörigkeit durch Einbürgerung erworben wurde, Ort und Datum der Ausfertigung mit **Dienstsiegel** und den Zeitpunkt der **Aushändigung** zu enthalten.

4.1   In der bis zum 27.8.2007 geltenden Fassung des § 16 erstreckte sich die Einbürgerung nach Abs. 2, sofern nicht in der Urkunde ein Vorbehalt gemacht wurde, auf diejenigen Kinder, deren gesetzliche Vertretung dem Eingebürgerten kraft elterlicher Sorge zusteht. Ausgenommen waren Töchter, die verheiratet waren oder gewesen waren.

3. Aushändigung

Die wirksame Einbürgerung setzt die Aushändigung der von der zuständigen Verwaltungsbe- **5** hörde ausgefertigten Einbürgerungsurkunde voraus. Unter Aushändigung ist die **förmliche Übergabe** unter Mitwirkung der Behörde in den Besitz des Einzubürgernden zu verstehen (HessVGH BeckRS 2006, 23727 = NVwZ-RR 2007, 208; HMHK/Hailbronner/Hecker Rn. 4). Inhaltsadressat der durch die Urkunde verkörperten Einbürgerung ist die Person, für die sie bestimmt ist, also diejenige Person, die im Rahmen des Verwaltungsverfahren an die Behörde herangetreten ist und im eigenen Namen einen Einbürgerungsantrag gestellt hat (BVerwG BeckRS 2014, 56980 Rn. 13 = NVwZ 2014, 1679; OVG NRW BeckRS 2017, 127892 Rn. 2; VGH BW BeckRS 2013, 59832).

Wegen des in S. 2 geforderten **feierlichen Bekenntnisses** ist unter Aushändigung regelmäßig **6** die persönliche Übergabe der Urkunde an den Einzubürgernden zu verstehen; dieses Bekenntnis und der Tag der Aushändigung müssen in der Urkunde vermerkt sein.

Nach Nr. 16.1.1.1 StAR-VwV und Nr. 16.1 VAH-StAG sind die Zustellungsvorschriften des **7** Bundes und der Länder allerdings ergänzend anwendbar, so dass in dem Fall, in dem eine persönliche Übergabe der Urkunde an den Einzubürgernden nicht möglich ist, eine **Zustellung der Urkunde** möglich sein soll. Auch in diesem Fall hat die Übergabe in einer Weise zu erfolgen, dass der Zeitpunkt der Aushändigung rechtssicher festgestellt werden kann.

Die Einbürgerungsurkunde für einen noch nicht 16 Jahre alten Einbürgerungsbewerber ist dem **8** gesetzlichen Vertreter auszuhändigen (Nr. 16.1.1.1 StAR-VwV und Nr. 16.1 VAH-StAG).

Die Aushändigung der ausgefertigten Einbürgerungsurkunde darf nicht unter den Vorbehalt **9** der Erfüllung der Pflicht zur Herausgabe des asylrechtlichen Statusbescheides und des Reisepasses (Art. 28 GFK) nach § 72 Abs. 2 AsylG gestellt werden (GK-StAR Rn. 24).

4. Wirksamkeitsmängel

Für eine konstitutive Aushändigung der Urkunde mit Wissen und Wollen der Behörde genügt **10** es nicht, wenn die Einbürgerungsbehörde dem Einzubürgernden die für ihn bestimmte Einbürgerungsurkunde in einem verschlossenen Umschlag mit der Maßgabe übergibt, diesen Umschlag der zuständigen Stelle der Wohnsitzgemeinde zu übergeben (HessVGH BeckRS 2006, 23727 = NVwZ-RR 2007, 208).

Von einer konstitutiven Aushändigung der Urkunde ist auch dann nicht auszugehen, wenn der **11** Einzubürgernde den ihm als Boten in eigener Sache übergebenen Umschlag öffnet und vom Inhalt der Einbürgerungsurkunde Kenntnis erlangt (HessVGH BeckRS 2006, 23727 = NVwZ-RR 2007, 208).

Unzureichend für eine konstitutive Aushändigung ist schließlich auch der Umstand, dass die **12** Einbürgerungsurkunde durch ein behördliches Versehen in den Besitz des Einzubürgernden gelangt. Gleiches gilt für eine formlose mündliche oder schriftliche Eröffnung an den Einbürgerungsbewerber, er sei als deutscher Staatsangehöriger anerkannt bzw. seinem Antrag sei entsprochen worden (GK-StAR Rn. 25 f.). Der Aushändigungsakt kann schließlich auch nicht durch die Ausstellung eines Personalausweises oder eines Reisepasses ersetzt werden (OVG NRW BeckRS 9998, 90905 = NVwZ 1986, 936).

Nichtig ist die Einbürgerung, wenn einer Person einer Einbürgerungsurkunde ausgestellt und **13** ausgehändigt wird, für die es an einem **Einbürgerungsantrag fehlt** (→ § 8 Rn. 57).

Die Wirksamkeit der Einbürgerung bleibt dagegen grundsätzlich unberührt, wenn dem Einbür- **14** gerungsantragsteller, der diesen Antrag unter Angabe **falscher Personalien** einschließlich der Staatsangehörigkeit gestellt hat, eine diesen Angaben entsprechend ausgefertigte Einbürgerungsurkunde ausgehändigt wird. Eine solche Einbürgerung ist nicht nichtig iSv § 44 LVwVfG, jedoch aufgrund der Identitätstäuschung rücknehmbar nach § 48 Abs. 2 S. 3 Nr. 1 LVwVfG (BVerwG BeckRS 2014, 56980 Rn. 18 = NVwZ 2014, 1679; VGH BW BeckRS 2013, 59832).

Für die Wirksamkeit der Einbürgerung ist es auch unerheblich, ob die in der dem Einbürge- **15** rungsantragsteller ausgehändigten Einbürgerungsurkunde gewählte **Namensschreibweise** namensrechtlich zutreffend ist (OVG NRW BeckRS 2017, 127892 Rn. 5).

III. Feierliches Bekenntnis

1. Bedeutung

S. 2 fordert, dass der Einzubürgernde vor der Aushändigung der Einbürgerungsurkunde das **16** **feierliche Bekenntnis** abgibt, das Grundgesetz und die Gesetze der Bundesrepublik Deutschland zu achten und alles zu unterlassen, was ihr schaden könnte.

17   Das **mündliche** feierliche Bekenntnis bekräftigt in würdigem Rahmen das bereits schriftlich geleistete Bekenntnis zur freiheitlichen demokratischen Grundordnung und die **Loyalitätserklärung** nach § 10 Abs. 1 Nr. 1. In Ausnahmefällen, in denen eine persönliche Entgegennahme der Einbürgerungsurkunde nicht erfolgen kann, kann das feierliche Bekenntnis auch schriftlich durch eigenhändige Unterschrift unter das Bekenntnis geleistet werden (Nr. 16.2 VAH-StAG; GK-StAR Rn. 34).

17.1   Zur Divergenz zwischen dem Wortlaut der Loyalitätserklärung und dem Bekenntnistext s. Berlit InfAuslR 2007, 457; GK-StAR Rn. 38 ff.

2. Rechtscharakter des feierlichen Bekenntnisses

18   Da die Abgabe des feierlichen Bekenntnisses vor der Aushändigung der Einbürgerungsurkunde zu erfolgen hat, wird die Abgabe des Bekenntnisses teilweise als **Wirksamkeitsvoraussetzung** der Einbürgerung aufgefasst (HMHK/Hailbronner/Hecker Rn. 15; so auch die Gesetzesbegründung, BT-Drs. 16/5065, 461; dazu krit. Berlit InfAuslR 2007, 457 (467) und GK-StAR Rn. 48, nach denen sich dem Gesetzeswortlaut eine Wirksamkeitsvoraussetzung für die Abgabe des feierlichen Bekenntnisses nicht entnehmen lässt).

19   Nach Nr. 16.2 Abs. 1 VAH-StAG unterbleibt bei der **Verweigerung** des Bekenntnisses allerdings die Aushändigung der Einbürgerungsurkunde.

3. Freistellung vom feierlichen Bekenntnis

20   Nach der gem. S. 2 Hs. 2 entsprechend anwendbaren Vorschrift des § 10 Abs. 1 S. 2 entfällt für Einzubürgernde, die **handlungsunfähig** iSv § 37 Abs. 1 sind (→ § 8 Rn. 59), die Abgabe eines feierlichen Bekenntnisses (Nr. 16.2 Abs. 3 VAH-StAG). Wegen des höchstpersönlichen Charakters der Erklärung bedarf es auch nicht der Abgabe des Bekenntnisses durch den Personensorgeberechtigten (Berlit InfAuslR 2007, 457 (467); GK-StAR Rn. 51).

§ 17 [Verlust der Staatsangehörigkeit]

(1) Die Staatsangehörigkeit geht verloren
1. **durch Entlassung (§§ 18 bis 24),**
2. **durch den Erwerb einer ausländischen Staatsangehörigkeit (§ 25),**
3. **durch Verzicht (§ 26),**
4. **durch Annahme als Kind durch einen Ausländer (§ 27),**
5. **durch Eintritt in die Streitkräfte oder einen vergleichbaren bewaffneten Verband eines ausländischen Staates oder durch konkrete Beteiligung an Kampfhandlungen einer terroristischen Vereinigung im Ausland (§ 28),**
6. **durch Erklärung (§ 29) oder**
7. **durch Rücknahme eines rechtswidrigen Verwaltungsaktes (§ 35).**

(2) Der Verlust nach Absatz 1 Nr. 7 berührt nicht die kraft Gesetzes erworbene deutsche Staatsangehörigkeit Dritter, sofern diese das fünfte Lebensjahr vollendet haben.

(3) [1]**Absatz 2 gilt entsprechend bei Entscheidungen nach anderen Gesetzen, die den rückwirkenden Verlust der deutschen Staatsangehörigkeit Dritter zur Folge hätten, insbesondere bei der Rücknahme der Niederlassungserlaubnis nach § 51 Abs. 1 Nr. 3 des Aufenthaltsgesetzes, bei der Rücknahme einer Bescheinigung nach § 15 des Bundesvertriebenengesetzes und bei der Feststellung des Nichtbestehens der Vaterschaft nach § 1599 des Bürgerlichen Gesetzbuches.** [2]**Satz 1 findet keine Anwendung bei Anfechtung der Vaterschaft nach § 1600 Abs. 1 Nr. 5 und Abs. 3 des Bürgerlichen Gesetzbuches.**

Überblick

Die Vorschrift regelt die Voraussetzungen, unter denen die deutsche Staatsangehörigkeit verloren gehen kann. Sie ist stets im Zusammenhang mit Art. 16 Abs. 1 GG zu sehen, wonach ein Verlust der deutschen Staatsangehörigkeit verfassungsrechtlich grundsätzlich nur dann möglich ist, wenn der Betreffende dadurch nicht staatenlos wird. Weiter sind zur Auslegung der Vorschrift das GG (→ Rn. 3) das allgemeine Völkerrecht sowie das EUStAÜb (Europäisches Übereinkommen über die Staatsangehörigkeit v. 6.11.1997, BGBl. 2004 II 578; → Rn. 4) heranzuziehen. Abs. 1

ist eine reine Verweisungsnorm. Sie regelt die Verlustgründe nach dem StAG abschließend (zu den aktuellen Verlustgründen → Rn. 8 ff.; zu Verlustgründen nach früherem Recht → Rn. 18; zu Widerruf und Rücknahme → Rn. 35). Abs. 2 (→ Rn. 40) regelt die staatsangehörigkeitsrechtlichen Folgen des Verlustes der Staatsangehörigkeit des Stammberechtigten für Dritte nach § 35, insbesondere für Abkömmlinge, und setzt eine Altersgrenze (→ Rn. 43). Abs. 3 S. 1 (→ Rn. 46) regelt die entsprechende Anwendung des Abs. 2 auf außerhalb des StAG liegende Entscheidungen des Stammberechtigten, welche den Verlust der deutschen Staatsangehörigkeit eines Dritten, insbesondere eines Abkömmlings, zur Folge hat und setzt auch hier eine Altersgrenze (→ Rn. 56). Zu den aufenthaltsrechtlichen Wirkungen der Vorschrift (→ Rn. 60). Zur Frage der Vereinbarkeit von Abs. 2 und Abs. 3 mit Unionsrecht (→ Rn. 67). Zur Frage der Verfassungsmäßigkeit von Abs. 2 und Abs. 3 S. 1 im Hinblick auf das Zitiergebot (→ Rn. 70) und im Hinblick auf den Gesetzesvorbehalt (→ Rn. 71a).

Übersicht

A. Allgemeines

Die **Voraussetzungen, unter denen die deutsche Staatsangehörigkeit nach dem StAG** **1** **verloren gehen kann,** sind in dieser Vorschrift **abschließend geregelt.** Diese Frage war lange Zeit sehr umstritten. Insbesondere stellte sich die Frage, ob der Verlust bei einer erschlichenen Einbürgerung durch Rücknahme des Verwaltungsaktes erfolgen kann. Dies führte zur grundlegenden Entscheidung des BVerfG BeckRS 2006, 23181, wo diese Möglichkeit bejaht wurde. Aufgrund des Urteils wurden § 35 sowie § 17 Abs. 1 Nr. 7 eingeführt. Seither ist von einer abschließenden Regelung auszugehen.

Andere Ansicht NK-AuslR/Oberhäuser Rn. 1 unter Bezugnahme auf BVerfG BeckRS 2006, 23181. **1.1** Nach hiesiger Auffassung ist dieses Urteil aber mit dem Gesetz zur Änderung des Staatsangehörigkeitsgesetzes v. 5.2.2009 (BGBl. I 158) durch Wiedereinführung des § 35 umgesetzt worden.

Eine wesentliche Änderung erfuhr die Vorschrift in Nr. 5 durch das Dritte Gesetz zur Änderung **1a** des Staatsangehörigkeitsgesetzes v. 4.8.2019 (BGBl. I 1124) mWv 9.8.2019. Aufgrund der Tätigkeit diverser deutscher Staatsangehöriger in terroristischen Vereinigungen im Rahmen insbesondere des Islamischen Staates, wurde auch die **Beteiligung an Kampfhandlungen einer terroristischen Vereinigung im Ausland** als Verlusttatbestand aufgenommen.

Verlust der deutschen Staatsangehörigkeit ist der auf einem **selbstverantworteten und freien** **2** **Willensentschluss beruhende Akt des Wegfalls der deutschen Staatsangehörigkeit** (BVerfG BeckRS 2001, 22441).

3   Die einzelnen Verlustgründe bedürfen stets der **Vereinbarkeit mit Art. 16 Abs. 1 GG.** Art. 16 Abs. 1 S. 1 GG verbietet ausnahmslos den Entzug der deutschen Staatsangehörigkeit. Dies ist der massiven Ausbürgerung aus rassistischen, politischen und religiösen Gründen durch das nationalsozialistische Regime geschuldet. Die Auslegung dieses Grundrechts und die Abgrenzung zu Art. 16 Abs. 1 S. 2 GG war lange Zeit sehr umstritten. Seit BVerfG BeckRS 2006, 23181 kann als geklärt angesehen werden, dass unter einer **Entziehung der Staatsangehörigkeit** zu verstehen ist jede Verlustzufügung, welche die – für den Einzelnen und für die Gesellschaft gleichermaßen bedeutsame – Funktion der Staatsangehörigkeit als verlässliche Grundlage gleichberechtigter Zugehörigkeit beeinträchtigt. Dabei wird die Entziehung als Verlustzufügung umschrieben, welche der Betroffene nicht oder nicht zumutbar beeinflussen kann (BVerfG BeckRS 2001, 22441).

4   Weiter ist das EUStAÜb (Europäisches Übereinkommen über die Staatsangehörigkeit v. 6.11.1997; BGBl. 2004 II 578), für die Bundesrepublik am 1.9.2005 in Kraft getreten, zur Auslegung heranzuziehen. In **Art. 7 und 8 EUStAÜb** werden Verlustgründe der Staatsangehörigkeit geregelt. Nach Art. 7 EUStAÜb ist der Verlust der Staatsangehörigkeit kraft Gesetzes oder auf Veranlassung des Staates grundsätzlich nicht möglich. Ausnahmen sind nach Art. 7 Abs. 1 EUStAÜb:

- der **freiwillige Erwerb einer anderen Staatsangehörigkeit** (Art. 7 Abs. 1 lit. a EUStAÜb);
- der Erwerb der Staatsangehörigkeit durch **arglistiges Verhalten, falsche Angaben oder die Verschleierung einer erheblichen Tatsache,** soweit dies dem Antragsteller zuzurechnen ist (Art. 7 Abs. 1 lit. b EUStAÜb);
- freiwilliger **Dienst in ausländischen Streitkräften** (Art. 7 Abs. 1 lit. c EUStAÜb);
- ein **Verhalten, das den wesentlichen Interessen des Vertragsstaats in schwerwiegender Weise abträglich** ist (Art. 7 Abs. 1 lit. d EUStAÜb);
- **Fehlen einer echten Bindung** zwischen dem Vertragsstaat und einem Staatsangehörigen mit gewöhnlichem Aufenthalt im Ausland (Art. 7 Abs. 1 lit. e EUStAÜb);
- Feststellung während der Minderjährigkeit eines Kindes, dass die durch innerstaatliches Recht bestimmten **Voraussetzungen,** die zum Erwerb der Staatsangehörigkeit kraft Gesetzes geführt haben, **nicht mehr erfüllt** sind (Art. 7 Abs. 1 lit. f EUStAÜb);
- **Adoption** eines Kindes, wenn dieses die ausländische Staatsangehörigkeit eines oder beider adoptierender Elternteile erwirbt oder besitzt (Art. 7 Abs. 1 lit. g EUStAÜb).

Nur im Falle des Art. 7 Abs. 1 lit. b EUStAÜb ist der Verlust unter Hinnahme der Staatenlosigkeit möglich. Daraus folgt auch die Vorschrift des § 35 Abs. 2 (→ § 35 Rn. 60; zur Staatenlosigkeit → Rn. 72).

5   Hinsichtlich des im EUStAÜb nicht vorgesehenen **Verlusttatbestandes durch Erklärung nach § 29** sowie hinsichtlich der Anwendbarkeit des Art. 7 Abs. 1 lit. f und lit. g EUStAÜb auf volljährige Personen, hat die Bundesrepublik einen **völkervertragsrechtlichen Vorbehalt** nach Art. 29 EUStAÜb angebracht.

6   Art. 8 EUStAÜb regelt den Verlust durch **Aufgabe der Staatsangehörigkeit,** was dem Betroffenen zu gestatten ist, wenn er nicht staatenlos wird, wobei es den Vertragsstaaten möglich ist, die Möglichkeit der Aufgabe der Staatsangehörigkeit auf im Ausland lebende Staatsangehörige zu beschränken.

7   § 17 sieht insbesondere keinen Verlust gem. Art. 7 Abs. 1 lit. d EUStAÜb vor, was aufgrund der Entziehungen der Staatsangehörigkeit während des Dritten Reichs historisch bedingt ist.

B. Erläuterungen Im Einzelnen

I. Verlustgründe nach geltendem Recht (Abs. 1)

8   Im Folgenden wird lediglich ein Überblick über die in Abs. 1 geregelten Tatbestände dargestellt. Zu den Einzelheiten wird auf die jeweilige Kommentierung der im Gesetzestext genannten Verweisungen hingewiesen.

9   Die **Verlustgründe des Abs. 1** sind grundsätzlich **auf alle Erwerbstatbestände anzuwenden** (HMHK/Hailbronner Rn. 11a). Verlustgründe nach aktuell gültigem Recht sind:

1. Entlassung (§§ 18–24; Abs. 1 Nr. 1)

10   Hat ein Deutscher den Erwerb einer ausländischen Staatsangehörigkeit beantragt und wird ihm von der zuständigen ausländischen Stelle die Verleihung dieser Staatsangehörigkeit zugesichert, besteht unter Beachtung des § 22 ein **Anspruch auf Entlassung** aus der deutschen Staatsangehörigkeit.

Eine **Entlassung aus der Staatsbürgerschaft der DDR** führte nicht zum Verlust der deut- 11
schen Staatsangehörigkeit im Sinne des GG und des StAG (VGH BW Urt. v. 13.7.1987 – 1 S
771/87).

2. Erwerb einer ausländischen Staatsangehörigkeit (§ 25; Abs. 1 Nr. 2)

Beantragt ein Deutscher den **Erwerb einer ausländischen Staatsangehörigkeit,** verliert er 12
in der Regel die deutsche Staatsangehörigkeit (§ 25 Abs. 1 S. 1). Eine Ausnahme liegt vor, wenn
er die Staatsangehörigkeit eines anderen Mitgliedsstaates der EU, der Schweiz oder eines anderen
Staates, mit dem die Bundesrepublik einen Vertrag nach § 12 Abs. 3 abgeschlossen hat, annehmen
möchte (§ 25 Abs. 1 S. 2).

Nach § 1 **BrexitÜG** (Brexit-Übergangsgesetz v. 27.3.2019, BGBl. I 402; zuletzt geändert 12a
durch Art. 9 des Gesetzes v. 21.12.2019, BGBl. I 2875) galt das Vereinigte Königreich Großbritannien und Nordirland während des Übergangszeitraums bis zum 31.12.2020 als zur EU zugehörig.
Deutsche, die vor 1.1.2021 einen Antrag auf **Einbürgerung im Vereinigten Königreich Großbritannien und Nordirland** gestellt haben, verlieren die deutsche Staatsangehörigkeit nach § 25
Abs. 1 S. 1 nicht, auch wenn der Erwerb der britischen Staatsangehörigkeit erst nach dem
31.12.2020 erfolgte (§ 3 BrexitÜG).

Auch verliert er die deutsche Staatsangehörigkeit nicht, wenn er zuvor die **schriftliche Geneh-** 12b
migung der Staatsangehörigkeitsbehörde zur Beibehaltung der deutschen Staatsangehörigkeit erhalten hat (§ 25 Abs. 2 S. 1).

3. Verzicht (§ 26; Abs. 1 Nr. 3)

Wenn ein Deutscher mehrere Staatsangehörigkeiten besitzt, kann er nach Maßgabe des § 26 13
auf seine deutsche Staatsangehörigkeit verzichten.

4. Durch Annahme (§ 27; Abs. 1 Nr. 4)

Ein minderjähriger Deutscher verliert gem. § 27 die deutsche Staatsangehörigkeit, wenn er 14
durch die **Annahme als Kind eines Ausländers** dessen Staatsangehörigkeit erwirbt, sofern er
nicht mit einem deutschen Elternteil verwandt bleibt. Der Verlust trifft auch seine Abkömmlinge.

5. Freiwilliger Eintritt in fremde Streitkräfte oder Beteiligung an Kampfhandlungen ausländischer terroristischer Vereinigungen (§ 28; Abs. 1 Nr. 5)

Tritt ein Deutscher in die **Streitkräfte** eines Staates ein, dessen Staatsangehörigkeit er neben 15
der deutschen Staatsangehörigkeit hat, verliert er nach § 28 die deutsche Staatsangehörigkeit,
sofern er nicht zum Eintritt aufgrund eines zwischenstaatlichen Vertrags berechtigt ist.

Deutsche, die sich ins Ausland begeben und dort an **Kampfhandlungen für eine Terrormiliz** 15a
konkret beteiligt waren, und welche hierdurch zum Ausdruck bringen, dass sie sich von Deutschland und seinen grundlegenden Werten abgewendet und einer anderen ausländischen Macht in
Gestalt einer Terrormiliz zugewendet haben, verlieren ebenfalls nach § 28 die deutsche Staatsangehörigkeit.

6. Durch Erklärung (§ 29; Abs. 1 Nr. 6)

Diese Regelung betrifft die Fälle, in denen gem. § 29 Abs. 1 S. 2 **Optionspflichtige** sich für 16
eine der beiden bestehenden Staatsangehörigkeiten entscheiden müssen.

7. Rücknahme eines rechtswidrigen Verwaltungsaktes (§ 35; Abs. 1 Nr. 7)

Hat ein Eingebürgerter seine Einbürgerung durch **arglistige Täuschung, Drohung, Beste-** 17
chung oder durch vorsätzlich unrichtige oder unvollständige Angaben, die wesentlich für
die Einbürgerungsentscheidung waren, erwirkt, kann die **Einbürgerung** unter der Maßgabe des
§ 35 auch unter Hinnahme der daraus resultierenden Staatenlosigkeit **zurückgenommen** werden.
Die Entscheidung ist für jeden Betroffenen unter Berücksichtigung der jeweiligen Umstände
gesondert zu treffen.

II. Weitere Verlustgründe

Aufgrund des Abstammungsprinzips haben **Verlustgründe aus früheren Vorschriften teil-** 18
weise noch heute Bedeutung. Erfolgte der Verlust rechtmäßig, besteht möglicherweise die
Möglichkeit der erleichterten Einbürgerung nach § 13.

1. Legitimation durch einen Ausländer (§ 17 Nr. 5 RuStAG 1913)

19   Bis 31.12.1974 führte nach dem damaligen § 17 Nr. 5 die **Legitimation eines unehelichen Kindes durch einen ausländischen Vater** kraft Gesetzes zum Verlust der deutschen Staatsangehörigkeit.

20   Unter Legitimation war die Eheschließung des ausländischen Vaters mit der deutschen Mutter oder die Ehelicherklärung des Kindes zu verstehen. Maßgeblich für die Frage, ob eine wirksame Legitimation vorlag, war das damalige deutsche internationale Privatrecht. Danach war gem. Art. 22 Abs. 1 EGBGB aF das Heimatrecht des Vaters maßgeblich. Weiter musste nach Art. 22 Abs. 2 EGBGB aF die Einwilligung des Kindes oder eines Dritten, der mit dem Kind in einer familienrechtlichen Beziehung stand, vorliegen. Die Ehelichkeit bzw. Unehelichkeit des Kindes richtete sich nach Art. 18 EGBGB aF nach dem Heimatrecht des Ehemannes der Kindesmutter. Mit Inkrafttreten des GG musste die Vorschrift dahingehend verfassungskonform ausgelegt werden, dass das Kind durch Verlust der deutschen Staatsangehörigkeit nicht staatenlos werden durfte.

21   Die **Vorschrift verstieß gegen Art. 3 Abs. 2 GG.** Aus diesem Grund ist davon auszugehen, dass sie gem. Art. 117 Abs. 1 GG mit Ablauf des 31.3.1953 außer Kraft getreten ist. Die Gegenauffassung überzeugt nicht (wie hier: BVerwG BeckRS 2007, 20716; HMHK/Hailbronner Rn. 7; NK-AuslR/Oberhäuser Rn. 18; aA OVG NRW BeckRS 2005, 25702; VG Karlsruhe BeckRS 2004, 23147).

2. Eheschließung mit einem Ausländer (§ 17 Nr. 6 RuStAG 1913)

22   § 17 Nr. 6 RuStAG 1913 regelte, dass eine **deutsche Staatsangehörige durch Eheschließung mit einem Ausländer ihre deutsche Staatsangehörigkeit verlor.**

23   Diese Regelung musste bereits mit Inkrafttreten des Art. 16 Abs. 1 GG verfassungskonform dahingehend ausgelegt werden, dass durch den Verlust der deutschen Staatsangehörigkeit keine Staatenlosigkeit eintreten durfte, da dies nach der damaligen Regelung ohne Bedeutung war. Außerdem trat diese Vorschrift gem. Art. 117 Abs. 1 GG mit Ablauf des 31.3.1953 außer Kraft (OVG NRW BeckRS 2003, 22824; NK-AuslR/Oberhäuser Rn. 19; HMHK/Hailbronner Rn. 10).

24   Zudem **verstieß** die Regelung seit Inkrafttreten des GG auch **gegen Art. 6 Abs. 1 GG,** weil sie die Eheschließungsfreiheit einschränkte (VG Osnabrück BeckRS 9998, 82714; NK-AuslR/Oberhäuser Rn. 20).

3. Auswanderung (§ 21 RuStAG 1870)

25   Nach § 21 RuStAG 1870 verlor ein Ausgewanderter die preußische Staatsangehörigkeit, wenn er sich ununterbrochen zehn Jahre außerhalb des Bundesgebietes befand und nicht innerhalb von zehn Jahren in das Matrikel des zuständigen Reichskonsulats eingetragen wurde oder nach § 25 Nr. 1 des preußischen Gesetzes von 1842 mit Zustimmung der Heimatregierung bei einer fremden Macht diente (näher GK-StAR/Marx Rn. 26). Für die rechtzeitige Eintragung in die Matrikel des zuständigen Reichskonsulats nach § 21 Abs. 1 S. 3 RuStAG 1870 trägt derjenige die Beweislast, der sich auf den Erhalt der deutschen Staatsangehörigkeit seines maßgebenden Vorfahren beruft (NRW OVG BeckRS 2012, 53978). Die Eintragung bewirkte, dass die zehnjährige Frist erneut zu laufen begann, wenn die Löschung in der Matrikel erfolgte (§ 21 Abs. 1 S. 4 RuStAG 1870; missverständlich GK-StAR/Marx Rn. 19, wonach die Frist mit Eintragung, nicht mit Löschung neu zu laufen begann). Sehr umstritten war in der damaligen Rechtsprechung, ob ein kurzzeitiger Aufenthalt während des zehnjährigen Zeitraums das Tatbestandsmerkmal „ununterbrochen" beseitigte. Das RG hatte dies regelmäßig so gesehen (Nachweise bei GK-StAR/Marx Rn. 22). Die Beweislast hinsichtlich eines solchen Unterbrechenstatbestands trägt derjenige, der sich begünstigend darauf beruft. Die Vorschrift wurde nicht in das RuStAG 1913 übernommen.

25.1   Entgegen der Auffassung GK-StAR/Marx Rn. 19 ist die Auffassung des OVG NRW (BeckRS 2012, 53978) hinsichtlich der Beweislastregelung zur Eintragung in die Matrikel des Reichskonsulats zutreffend. Der Verlusttatbestand ist die Auswanderung, nicht die fehlende Eintragung. Die Staatsangehörigkeitsbehörde wird also den Tatbestand der Auswanderung über einen Zeitraum von Jahren Jahren beweisen müssen, der Betroffene die Eintragung in die Matrikel. Wie GK-StAR/Marx Rn. 19 selbst sagt, ist das Risiko von Beweisproblemen nach so langer Zeit immanenter Teil der Beweislast. Dies führt aber nicht dazu, dass dieses Risiko dann auf die Staatsangehörigkeitsbehörde übertragen werden kann.

25a   Der **Verlust der deutschen Staatsangehörigkeit bezog sich auch auf** im Ausland geborene Kinder eines deutschen Reichsangehörigen, die das Staatsgebiet nie betreten hatten (OVG NRW

BeckRS 2012, 53978; BeckOK AuslR/Müller Rn. 5). Ebenso verloren nach § 21 Abs. 2 RuStAG 1870 die Ehefrau des Ausgewanderten sowie die unter väterlicher Gewalt stehenden minderjährigen Kinder, die sich beim Vater bzw. Ehemann befanden, die Staatsangehörigkeit.

Der **Zehnjahreszeitraum verkürzte sich nach § 21 Abs. 3 RuStAG 1870 auf fünf Jahre,** 25b wenn aufgrund einer staatsvertraglichen Regelung (zB Bancroftverträge) der Ausgewanderte im Zielstaat die dortige Staatsangehörigkeit spätestens in diesem Fünfjahreszeitraum erhielt.

4. Nichterfüllung der Wehrpflicht (§§ 17 Nr. 3, 26, 29 RuStAG 1913)

Nach **§§ 17 Nr. 3, 26, 29 RuStAG 1913** verlor ein Wehrpflichtiger bei Nichterfüllung der 25c Wehrpflicht sowie ein Fahnenflüchtiger unter den näher bestimmten Voraussetzungen die deutsche Staatsangehörigkeit. Dies erstreckte sich auch auf die Ehefrau und Kinder (im Einzelnen GK-StAR/Marx Rn. 56 ff.).

5. Verlustnormen außerhalb des RuStAG

Nach dem **Steuerfluchtgesetz v. 26.7.1918** (RGBl. I 951) konnte bei rechtskräftiger Verurtei- 26 lung wegen Steuerflucht dem Verurteilten die deutsche Staatsangehörigkeit aberkannt werden. Das Gesetz trat am 31.12.1924 außer Kraft (GK-StAR/Marx Rn. 32).

Nach dem **Gesetz über den Widerruf von Einbürgerungen und Aberkennung der deut-** 27 **schen Staatsangehörigkeit v. 14.7.1933** konnten unerwünschte Einbürgerungen widerrufen werden. Alle derartigen Entziehungen sind ex tunc nichtig (BVerfG BeckRS 9998, 104502).

Idem gilt nach BVerfG BeckRS 9998, 160183 für **§ 5 des Gesetzes über die Meldepflicht** 28 **der deutschen Staatsangehörigen im Ausland v. 3.2.1938** (RGBl. I 113).

§ 1 der Elften Verordnung zum Reichsbürgergesetz v. 25.11.1941 (RGBl. I 722) 29 bestimmte, dass im Ausland lebende Juden keine Deutschen sind. Die Vorschrift ist von Anfang an nichtig (BVerfG BeckRS 9998, 160183).

§ 4 StAVO 1942 (Verordnung zur Regelung von Staatsangehörigkeitsfragen v. 20.1.1942, 30 RGBl. I 40, aufgehoben zum 1.1.2000 durch Art. 4 Gesetz zur Reform des Staatsangehörigkeitsrechts v. 15.7.1999, BGBl. I 1618) bestimmte den Staatsangehörigkeitsverlust für in ein anderes Land umgesiedelte Deutsche fremder Volkszugehörigkeit.

§ 1 der Zwölften Verordnung zum Reichsbürgergesetz v. 25.4.1943 (RGBl. I 268), 31 aufgehoben durch Art. I 1. l) Kontrollratsgesetz Nr. 1 v. 20.9.1945, ermöglichte den Widerruf der deutschen Staatsangehörigkeit, soweit diese widerruflich erteilt wurde. Erfolgte der Widerruf nicht bis zum 8.5.1945, wurde die deutsche Staatsangehörigkeit unwiderruflich.

Die **zwangsweise Übertragung der deutschen Staatsangehörigkeit auf französische** 32 **und luxemburgische Staatsangehörigkeit** nach Reichsverordnung v. 23.8.1942 (RGBl. I 533) und der **Erlass des Führers v. 19.5.1943** (RGBl. I 315) sind gemäß Gesetz Nr. 12 der Alliierten Hohen Kommission über die Nichtigkeit von nationalsozialistischen Rechtsvorschriften über Staatsangehörigkeit v. 17.11.1949 von Anfang an nichtig und rechtsunwirksam.

Die **Zwangseinbürgerung der österreichischen Staatsangehörigen** wurde durch § 1 2. 33 StAngRegG für erloschen erklärt.

Diverse bilaterale Abkommen (→ Rn. 34.1) sahen den Verlust der deutschen Staatsangehö- 34 rigkeit durch Option für eine fremde Staatsangehörigkeit vor.

Bilaterale Abkommen: 34.1
- Deutsch-tschechoslowakischer Vertrag v. 20.11.1938 (RGBl. II 869);
- deutsch-litauischer Vertrag v. 8.7.1939 (RGBl. II 999);
- deutsch-französischer Vertrag v. 27.10.1956 (BGBl. II 1589);
- deutsch-niederländischer Vertrag v. 8.4.1960 (BGBl. II 458);
- Art. 1 und 2 MehrStaatÜbk v. 6.5.1963 (BGBl. II 1954);
- Versailler Friedensvertrag (zum Ganzen ausf. GK-StAR/Marx Rn. 31 ff.).

III. Rücknahme, Widerruf und Anfechtung

Nach nahezu unbestrittener Auffassung ist ein **Widerruf einer rechtmäßigen Einbürgerung** 35 durch Verwaltungsakt nach § 49 VwVfG mit Art. 16 Abs. 1 GG nicht vereinbar.

Die **Rücknahme einer rechtswidrigen Einbürgerung** durch Verwaltungsakt richtet sich 36 seit der Einführung des § 35 zum 12.2.2009 nach den dortigen Vorschriften. Ein Rückgriff auf § 48 VwVfG ist damit aufgrund der spezialgesetzlichen Regelung ausgeschlossen. Davor war diese allerdings möglich und nach Auffassung des BVerfG BeckRS 2006, 23181 verfassungsgemäß (→

§ 35 Rn. 3). Diese Auffassung war aber keineswegs einhellig und selbst innerhalb des Senats erheblich umstritten.

37   Denkbar ist eine **Anfechtung des Einbürgerungsantrags** wegen Irrtums, Drohung oder Zwangs mit Wirkung ex tunc. Erklärungen, die mit Willensmängeln behaftet sind und deswegen angefochten werden, sollen keine Grundlage für die Rechtsfolgen bilden, die das Gesetz an die Erklärungen knüpft (BVerwG BeckRS 1961, 103598).

38   Eine **Antragsrücknahme** ist hingegen nur bis zum Zeitpunkt der Einbürgerung möglich (HMHK/Hailbronner Rn. 11).

IV. Drittwirkung des § 35 (Abs. 2)

1. Allgemeines

39   Abs. 2 regelt die **Auswirkung des rückwirkenden Verlustes der Staatsangehörigkeit gem. § 17 Abs. 1 Nr. 7 iVm § 35 auf Dritte,** insbesondere auf das Kind des Stammberechtigten, welches seine deutsche Staatsangehörigkeit von diesem kraft Gesetzes ableitet.

40   Nach dieser Vorschrift hat der **Verlust der deutschen Staatsangehörigkeit des Stammberechtigten nach § 35 dann keine Auswirkungen** auf Dritte, die von diesem kraft Gesetzes die deutsche Staatsangehörigkeit erworben haben, **wenn der Dritte das fünfte Lebensjahr zum Zeitpunkt des Verlustes vollendet hat.**

41   Abs. 2 ist ausschließlich auf diejenigen Fälle bezogen, bei denen der **Dritte die deutsche Staatsangehörigkeit kraft Gesetzes erworben** hat. Das ist unzweifelhaft dann der Fall, wenn es sich um das **leibliche** (§ 4 Abs. 1) oder das **adoptierte Kind** (§ 6) handelt. Entgegen Müller (BeckOK AuslR/Müller Rn. 25) und Hailbronner (HMHK/Hailbronner Rn. 13a) fällt **auch der Erwerb nach § 4 Abs. 3** unter diese Vorschrift (so auch NK-AuslR/Oberhäuser Rn. 22). Eindeutig handelt es sich bei § 4 Abs. 3 und einen Erwerb der deutschen Staatsangehörigkeit kraft Gesetzes. Eine andere Auffassung ist deshalb mit dem eindeutigen Wortlaut der Vorschrift nicht in Einklang zu bringen.

42   Sie **schützt den Betroffenen ohne jegliche Ermessensmöglichkeit** ab Vollendung des fünften Lebensjahrs zum maßgeblichen Zeitpunkt.

2. Altersgrenze

43   Geschützt werden nur die Kinder, die im Zeitpunkt der Rücknahme der Einbürgerung des Stammberechtigten das fünfte Lebensjahr vollendet haben. Die Altersgrenze geht auf BVerfG BeckRS 2007, 20388 zurück, wonach der Wegfall der Staatsangehörigkeit für das Kind sich dann nicht als Entziehung nach Art. 16 Abs. 1 S. 1 GG darstellt, wenn das Kind sich in einem Alter befindet, in welchem Kinder normalerweise noch kein eigenes Vertrauen in den Bestand der Staatsangehörigkeit entwickelt haben. Allerdings hat sich das Gericht nicht auf ein bestimmtes Alter festgelegt (im zu entscheidenden Fall war das Kind eineinhalb Jahre alt). Der Gesetzgeber hatte aufgrund der damals gleichlautenden Rücknahmezeit im § 35 Abs. 3 diese Altersgrenze entschieden (BT-Drs 16/10528). Allerdings passt diese Begründung nicht mehr, da in § 35 Abs. 3 mittlerweile die Frist auf zehn Jahre erhöht wurde (→ § 35 Rn. 65a).

44   **Maßgeblicher Zeitpunkt für die Altersgrenze** ist **der Zeitpunkt der Rücknahme der Einbürgerung des Stammberechtigten.** Die Rücknahme muss bestandskräftig sein, da ansonsten nicht vom Verlust der deutschen Staatsangehörigkeit, wie ihn § 17 Abs. 1 Nr. 7 iVm § 35 fordert, ausgegangen werden kann (aA BeckOK AuslR/Müller Rn. 24; HMHK/Hailbronner Rn. 14; wie hier NK-AuslR/Oberhäuser Rn. 30). Für den Stammberechtigten wird der Verlust der deutschen Staatsangehörigkeit erst mit Bestandskraft der Entscheidung endgültig. Bis zur Bestandskraft kann er davon ausgehen, noch die deutsche Staatsangehörigkeit innezuhaben (BVerwG BeckRS 2011, 52110). Damit aber gilt die gleiche Situation für das Kind. Auch das Kind kann bis zur Bestandskraft der Entscheidung, den Stammberechtigten betreffend, davon ausgehen, deutscher Staatsangehöriger zu sein. Da das Gesetz davon ausgeht, dass ein Kind, welches das fünfte Lebensjahr vollendet hat, ein Bewusstsein hinsichtlich seiner deutschen Staatsangehörigkeit hat und genau dieses Bewusstsein ja durch Abs. 2 geschützt werden soll, muss bei einem über diesen Zeitpunkt hinausreichenden Verfahren das Bewusstsein des Kindes geschützt werden. Deshalb muss als **maßgeblicher Zeitpunkt die Bestandskraft des den Stammberechtigten betreffenden Verwaltungsaktes** angenommen werden. Hat das Kind bis dahin das fünfte Lebensjahr vollendet, ist es durch Abs. 2 geschützt.

Um in den Genuss des Fortbestands der deutschen Staatsangehörigkeit im Widerrufsfall zu gelangen, **44.1** kann es deshalb angebracht sein, Rechtsmittel gegen die Entscheidung, den Stammberechtigten betreffend, einzulegen, um für den Abkömmling die zeitliche Grenze der Rücknahme zu erreichen.

3. § 35 Abs. 5

Von Abs. 2 ist § 35 Abs. 5 abzugrenzen (→ § 35 Rn. 89).   **45**

V. Entsprechende Anwendung (Abs. 3)

1. Allgemeines

Nach Abs. 3 wird **Abs. 2 entsprechend angewandt auf Fälle des rückwirkenden Verlustes** **46** **der deutschen Staatsangehörigkeit außerhalb des StAG.** Auch in diesen Fällen gilt die Altersgrenze des Abs. 2 (→ Rn. 43) für Personen, welche die deutsche Staatsangehörigkeit vom Stammberechtigten ableiten (zum Streitstand → Rn. 56).

Die Vorschrift beschränkt die Anwendbarkeit des Abs. 2 nicht auf die kraft Gesetzes erworbene **47** Staatsangehörigkeit, wie dies in Abs. 2 vorgesehen ist, sondern geht darüber hinaus (GK-StAR/ Marx Rn. 145; aA NK-AuslR/Oberhäuser Rn. 33). Auch ist der Anwendungsbereich nicht auf die beispielhaft aufgezählten Fälle beschränkt (BT-Drs. 16/10528).

Abs. 3 S. 2 ist gegenstandslos geworden. § 1600 Abs. 1 Nr. 5 BGB wurde durch Art. 4 des **48** Gesetzes zur besseren Durchsetzung der Ausreisepflicht v. 20.7.2017 (BGBl. I 2780) aufgehoben. Auch wurde der damalige Abs. 3 aufgehoben und der frühere Abs. 4 trat an die Stelle des Abs. 3. § 1600 Abs. 1 Nr. 5 war verfassungswidrig (BVerfG BeckRS 2014, 46474). Deshalb ist auch eine Anwendung in Altfällen ausgeschlossen.

Dies zeigt wieder einmal, wie ungenau der Gesetzgeber heutzutage arbeitet. Weshalb Abs. 3 S. 2 nicht **48.1** durch das Gesetz zur besseren Durchsetzung der Ausreisepflicht aufgehoben wurde, ist nicht nachvollziehbar.

2. Kein Verlust der Staatsangehörigkeit nach Abs. 3 S. 1

Unklar ist, ob Abs. 3 S. 1 neben dem absoluten Schutz des Staatsangehörigkeitsverlustes für **49** Drittbetroffene, die das fünfte Lebensjahr zum Zeitpunkt des Verlustes des Stammrechts bereits vollendet haben, auch **einen Verlusttatbestand darstellt.** Abs. 3 S. 1 verweist ausschließlich auf Abs. 2, der aber keinen Verlusttatbestand regelt. Es fehlt der Verweis auf Abs. 1.

Eine Norm hat in ihren Voraussetzungen und ihrer Rechtsfolge so formuliert zu sein, dass die **50** von ihr Betroffenen die Rechtslage erkennen und ihr Verhalten danach einrichten können. Dies gilt umso mehr, wenn – wie hier – Grundrechte betroffen sind (BVerfG BeckRS 2005, 25520; NK-AuslR/Oberhäuser Rn. 33). Diese Voraussetzungen erfüllt der Wortlaut des Abs. 3 S. 1 nicht (GK-StAR/Marx Rn. 157).

Diesbezüglich ist auch zu beachten, dass Abs. 1 die Verlustgründe nach dem StAG abschließend **51** regelt. Aus Abs. 3 kann deshalb kein weiterer Verlustgrund herausgelesen werden (aA VG Hannover BeckRS 2011, 53845; HMHK/Hailbronner Rn. 15).

Eine Verlustregelung kann aus Abs. 3 auch nicht etwa deshalb entnommen werden, weil nach **52** BVerwG BeckRS 2006, 27329 die Ausländerbehörde im Falle der Rücknahme einer aufenthalts-rechtlichen Entscheidung die staatsangehörigkeitsrechtlichen Folgen für Dritte zu berücksichtigen hat. Ein solcher indirekter Verlust der Staatsangehörigkeit ist nicht mit Art. 16 Abs. 1 S. 2 GG in Einklang zu bringen.

Auch kann die Auffassung des OVG NRW (BeckRS 2011, 55757) nicht geteilt werden, wonach **53** als Verlustgrund § 4 Abs. 3 S. 1 herangezogen wird. Danach soll der gesetzliche Erwerbstatbestand nach § 17 Abs. 3 S. 1 als Verlustgrund wirken. Der Gesetzgeber gehe ausdrücklich und wie selbstverständlich davon aus, dass der rückwirkende Wegfall gesetzlicher Erwerbsvoraussetzungen in § 4 Abs. 3 einen Staatsangehörigkeitsverlust nach Art. 16 Abs. 1 S. 2 GG bewirke. Nach der hier vertretenen Auffassung verkennt die Entscheidung, dass § 4 Abs. 3 ausschließlich einen Erwerbstatbestand, keinesfalls aber einen Verlusttatbestand des abschließenden § 17 Abs. 1 darstellt.

Diesbezüglich ist auch auf die neueste Rechtsprechung zu verweisen, die in der Kommentierung **53a** zu § 4 ausführlich dargelegt ist (→ § 4 Rn. 18a–18c). Danach ist der **Verlust der deutschen Staatsangehörigkeit eines Kindes aufgrund erfolgter Vaterschaftsanfechtung ausge-schlossen.**

Lediglich wenn feststeht, dass **aufgrund eines anderen Gesetzes eine Entscheidung** **54** **direkt zum Verlust der Staatsangehörigkeit eines Dritten führt,** also letztendlich unmittelbar zur Anwendung des Abs. 1 führt, **kann Abs. 3 S. 1** dahingehend **angewandt werden,** dass diejenigen, welche das fünfte Lebensjahr vollendet haben, geschützt sind. Die Vorschrift kann aber nicht zum Verlust der deutschen Staatsangehörigkeit des Dritten führen.

55   **Die in Abs. 3 S. 1 genannten Fälle sind ausschließlich Beispielsfälle.** Die Vorschrift umfasst alle Entscheidungen nach anderen Gesetzen als dem StAG, welche den rückwirkenden Verlust der deutschen Staatsangehörigkeit eines Dritten vorsehen (NK-AuslR/Oberhäuser Rn. 36). Weitere derartige Fälle können die Rücknahme des Daueraufenthaltsrechts-EU nach § 51 Abs. 9 Nr. 1 AufenthG sein oder auch die Nichtigkeit einer Adoption (NK-AuslR/Oberhäuser Rn. 36).

3. Maßgeblicher Zeitpunkt für die Vollendung des fünften Lebensjahrs

56   **Welcher Zeitpunkt maßgeblich ist,** um zu prüfen, ob der Schutz vor Verlust der deutschen Staatsangehörigkeit aufgrund der Vollendung des fünften Lebensjahrs eintritt, ist **umstritten.**

57   HMHK/Hailbronner Rn. 15 nimmt unter Verweis auf VG Hannover BeckRS 2011, 53845 als maßgeblichen Zeitpunkt denjenigen der behördlichen Entscheidung an. Nach der Entscheidung des VG Hannover ist damit die Entscheidung gemeint, welche anschließend den Verlust der deutschen Staatsangehörigkeit des Dritten zu Folge hat.

58   Dem kann allerdings nicht uneingeschränkt zugestimmt werden. Jedenfalls in den Fällen, in welchen der Stammberechtigte mit **aufschiebender Wirkung** gegen den Verwaltungsakt vorgeht, kann die Wirkung erst mit Rechtskraft eintreten. Dann aber ist der **maßgebliche Zeitpunkt derjenige der rechtskräftigen Entscheidung.**

4. Scheindeutsche

59   Keine Anwendung findet Abs. 3 S. 1 auf **Scheindeutsche.** War der Stammberechtigte oder Annehmende, von welchem der Dritte seine deutsche Staatsangehörigkeit ableitete, in Wahrheit nie deutscher Staatsangehöriger, so war auch der Dritte zu keinem Zeitpunkt deutscher Staatsangehöriger. Dies ist mit dem Verlust der deutschen Staatsangehörigkeit nicht gleichzusetzen. In diesem Fall nämlich war der Betroffene nämlich tatsächlich deutscher Staatsangehöriger. Diese Fälle sind nach § 3 Abs. 2 zu lösen (NK-AuslR/Oberhäuser Rn. 37).

VI. Aufenthaltsrechtliche und unionsrechtliche Wirkungen

1. Aufenthaltsrechtliche Wirkungen

60   Der ehemalige deutsche Staatsangehörige wird mit dem Verlust der deutschen Staatsangehörigkeit **Ausländer iSd § 2 Abs. 1 AufenthG.**

61   Er ist verpflichtet, alle **Dokumente,** welche an als Deutscher in seinem Besitz hat, somit insbesondere Personalausweis, deutscher Reisepass, Staatsangehörigkeitsurkunde, **herauszugeben.** Der Pass oder ein Passersatzdokument können sichergestellt werden (§ 13 Abs. 1 Nr. 1 PaßG).

62   Er **verliert alle Rechte, die deutschen Staatsangehörigen vorbehalten sind.** So darf er an deutschen Staatsangehörigen vorbehaltenen Wahlen nicht mehr teilnehmen. Ist er Beamter oder Richter, ist er zu entlassen (§ 22 Abs. 1 Nr. 1 BeamtStG iVm § 7 Abs. 1 Nr. 1 BeamtStG; § 21 Abs. 1 Nr. 1 DRiG).

63   Er **unterliegt den aufenthaltsrechtlichen Bestimmungen** und hat, wenn er sich in Deutschland aufhalten will, die **Passpflicht** zu erfüllen (§ 3 AufenthG). Außerdem benötigt er einen **Aufenthaltstitel** (§ 4 AufenthG). Ist er weiterhin Unionsbürger oder drittstaatsangehöriger Familienangehöriger eines Unionsbürgers, kann er von den Freizügigkeitsregelungen profitieren (§ 2 FreizügG/EU). Dasselbe gilt im Falle eines Aufenthaltsrechts nach dem Assoziationsrecht EWG/Türkei (Art. 6, 7 ARB 1/80).

64   Hatte der Betroffene vor dem Erwerb der deutschen Staatsangehörigkeit bereits einen Aufenthaltstitel, ist dieser nach Auffassung des BVerwG (BeckRS 2011, 52110) durch die Einbürgerung erledigt (HMHK/Hailbronner Rn. 19; zum diesbezüglichen Streitstand und der hier vertretenen Auffassung → § 35 Rn. 79).

65   Der Betroffene hat in den Fällen des **Abs. 1 Nr. 1–6** den sich aus **§ 38 AufenthG** ergebenden **Anspruch auf Erteilung einer Niederlassungserlaubnis.** Zu den Einzelheiten wird auf die dortige Kommentierung verwiesen.

66   Im Fall des **Abs. 1 Nr. 7** hingegen besteht aufgrund des rückwirkenden Verlustes der deutschen Staatsangehörigkeit nach BVerwG BeckRS 2011, 52110 nur ein **Anspruch auf eine Ermessens-**

entscheidung entsprechend § 38 AufenthG (zum diesbezüglichen Streitstand und der hier vertretenen Auffassung → § 35 Rn. 79).

2. Unionsrechtliche Wirkungen

Hat der Betroffene keine weitere EU-Staatsangehörigkeit, verliert er mit dem Verlust der deut-   **67** schen Staatsangehörigkeit auch die **Unionsbürgerschaft** nach Art. 20 AEUV. Dieser Gesichtspunkt ist nach EuGH v. 2.3.2010 (BeckEuRS 2010, 513113 − Rottmann) zwingend bei der Entscheidung der Behörde zu berücksichtigen. In dieser Entscheidung führt das Gericht aus, dass es zwar grundsätzlich keine Bedenken hat, wenn das nationale Recht die Rücknahme der Einbürgerung vorsieht, zumal dies auch Art. 8 Abs. 2 EUVerStaloUeb ausdrücklich bestimmt. Auch Art. 7 Abs. 1 und Abs. 3 EUStAÜb verbieten, wie der EuGH ausführt, den Verlust der Staatsangehörigkeit aus den genannten Gründen nicht. Allerdings gelte das Recht des Staates, die Einbürgerung zurückzunehmen, nicht grenzenlos. Vielmehr sei der **Grundsatz der Verhältnismäßigkeit** bezüglich der Auswirkungen auf die unionsrechtliche Stellung des Betroffenen zu beachten. Es sind die möglichen Folgen zu berücksichtigen, welche die Entscheidung für den Betroffenen und gegebenenfalls für seine Familienangehörigen in Bezug auf die Rechte, die jeder Unionsbürger genießt (EuGH BeckEuRS 2019, 604565 − Tjebbes), hat. Der Verlust der Staatsangehörigkeit eines Mitgliedsstaates kraft Gesetzes verstößt danach gegen den Grundsatz der Verhältnismäßigkeit, wenn die relevanten innerstaatlichen Rechtsvorschriften zu keinem Zeitpunkt eine **Einzelfallprüfung** der Folgen dieses Verlustes für die Situation der Betroffenen aus unionsrechtlicher Sicht erlauben (EuGH BeckEuRS 2019, 604565 − Tjebbes). Würde demnach der Verlust der Staatsangehörigkeit auch zum Verlust der Unionsbürgerschaft nach Art. 20 AEUV führen, müssen die nationalen Behörden und Gerichte in der Lage sein, bei der Beantragung eines die nationale Staatsangehörigkeit voraussetzenden Dokuments inzident die Folgen des Verlustes der Staatsangehörigkeit zu prüfen und gegebenenfalls die Staatsangehörigkeit rückwirkend wiederherzustellen (EuGH BeckEuRS 2019, 604565 − Tjebbes). Eine solche Prüfung erfordert eine **Beurteilung der individuellen Situation** der betroffenen Personen inklusiv derer Familien, ob der Verlust des Unionsbürgerstatus Folgen hat, welche die normale Entwicklung des Familien- und Berufslebens im Verhältnis zum nationalen Ziel aus unionsrechtlicher Sicht unverhältnismäßig beeinträchtigen würde (EuGH BeckEuRS 2019, 604565 − Tjebbes). Die **Einschränkungen müssen** dabei **mit** den Grundrechten der GRCh, insbesondere **Art. 7 und 24 Abs. 2 GRCh in Einklang stehen** (EuGH BeckEuRS 2019, 604565 − Tjebbes). Auch ist zu prüfen, ob der Verlust gerechtfertigt ist im Verhältnis zur Schwere des vom Betroffenen begangenen Verstoßes, zur Zeit, die zwischen der Einbürgerung und der Rücknahmeentscheidung vergangen ist und zur Möglichkeit für den Betroffenen, seine ursprüngliche Staatsangehörigkeit wieder zu erlangen. Siehe zum Vereinigten Königreich und Großbritannien (→ Rn. 12a).

In der Entscheidung des EuGH v. 12.3.2019 (BeckEuRS 2019, 604565 − Tjebbes) führt das Gericht   **67.1** beispielhaft als Kriterien auf, ob sich die betroffene Person weiterhin in den Mitgliedstaaten aufhalten kann, um tatsächliche oder regelmäßige Bindungen mit Familienmitgliedern aufrecht zu erhalten, ob sie die berufliche Tätigkeit weiter ausüben kann und ob ein Verzicht auf eine die Aufrechterhaltung der Unionsbürgerschaft hindernde Drittstaatsangehörigkeit möglich wäre. Weitere Kriterien sind eine wesentliche Verschlechterung der Sicherheit und Freiheit, weil im Drittstaat kein konsularischer Schutz nach Art. 20 Abs. 2 lit. c AEUV möglich wäre. Bei Minderjährigen ist das Kindeswohl nach Art. 24 GRCh in besonderem Maße zu würdigen.

Diesbezüglich bestehen **erhebliche Bedenken an der Unionsrechtmäßigkeit von Abs. 2**   **68** **und Abs. 3,** die für Dritte den Verlust der deutschen Staatsangehörigkeit regeln, die unmittelbar als Folge einer Entscheidung gegenüber einem anderen eintritt. Die **Behörde hat nach dem Wortlaut keine Möglichkeit, Ermessen auszuüben und die Verhältnismäßigkeit des Unionsbürgerschaftsverlusts, welche der EuGH zwingend fordert, zu berücksichtigen.** Soweit bereits in der Entscheidung des Gesetzgebers selbst die Wahrung des Verhältnismäßigkeitsgrundsatzes gesehen wird (so wohl HMHK/Hailbronner Rn. 20a), steht dies nicht im Einklang mit EuGH BeckEuRS 2010, 513113 − Rottmann; BeckEuRS 2019, 604565 − Tjebbes, wo eine Einzelfallprüfung gefordert wird, wo das Verhalten des Betroffenen zu berücksichtigen ist. Immer dann, wenn der Stammberechtigte seine Niederlassungserlaubnis aufgrund der Einbürgerung verliert und der spätere Verlust der Einbürgerung dazu führt, dass er nur noch eine Aufenthaltserlaubnis beantragen kann (BVerwG BeckRS 2011, 52110), fällt für den Abkömmling automatisch die nach § 4 Abs. 3 erworbene deutsche Staatsangehörigkeit − und damit auch die Unionsbürgerschaft − weg, ohne dass es zu irgendeiner Prüfung der Verhältnismäßigkeit, wie vom

EuGH (BeckEuRS 2010, 513113 – Rottmann; BeckEuRS 2019, 604565 – Tjebbes) gefordert, gekommen ist (so auch NK-AuslR/Oberhäuser Rn. 43 ff.).

68a Auch hinsichtlich der Verlusttatbestände nach **§§ 25, 27 und 28** bestehen nach EuGH v. 12.3.2019 (BeckEuRS 2019, 604565 – Tjebbes) ganz erhebliche **Bedenken an der Unionsrechtmäßigkeit** (zweifelnd auch Dörig MigrationsR-HdB § 2 Rn. 193a).

69 Nach der hier vertretenen Auffassung sind deshalb **Abs. 2 und Abs. 3 mit Unionsrecht nicht vereinbar** (ebenso NK-AuslR/Oberhäuser Rn. 47; aA HMHK/Hailbronner Rn. 20a).

VII. Verfassungsrechtliche Bedenken zu Abs. 2 und Abs. 3

1. Verstoß gegen das Zitiergebot des Art. 19 Abs. 1 S. 2 GG

70 Das StAG enthält **keinen ausdrücklichen Hinweis auf eine Einschränkung des Art. 16 Abs. 1 GG** durch die mit dem Gesetz zur Änderung des Staatsangehörigkeitsgesetzes v. 5.2.2009 (BGBl. I 158) eingefügten Abs. 2 und Abs. 3, wie auch zu Abs. 1 Nr. 7 und zu § 35. Dies führt nach hier vertretener Auffassung zu einer Nichtigkeit von Abs. 2 und Abs. 3 S. 1 (→ § 35 Rn. 8).

71 Soweit Abs. 2 regelt, dass der Verlust ab einem bestimmten Alter nicht mehr eintritt, regelt die Vorschrift konkludent auch, dass der Verlust vor dieser Altersgrenze eintritt. Die Vorschriften gehen auf die Entscheidung BVerfG BeckRS 2006, 23181 zurück, in welchem das Gericht unter anderem die Auffassung vertreten hat, dass bei kleinen Kindern das Bewusstsein für die Staatsangehörigkeit, der sie angehören, nicht so ausgeprägt sei, dass ein Eingriff in den Kernbereich des Art. 16 Abs. 1 GG gegeben sei. Nach hier vertretener Auffassung stellt der Verlust der Staatsangehörigkeit stets einen Eingriff in das Grundrecht nach Art. 16 Abs. 1 GG dar, weshalb auch gem. Art. 16 Abs. 1 S. 2 GG eine gesetzliche Grundlage nötig ist. Aus diesem Grund hätte der Gesetzgeber das Zitiergebot beachten müssen. Soweit das BVerfG in der genannten Entscheidung ausführt, dass nur „wohlerworbene" Einbürgerungen vom Grundrecht des Art. 16 Abs. 1 GG geschützt seien, so ist doch fraglich, ob es sich beim Erwerb der deutschen Staatsangehörigkeit durch Abstammung um eine nicht wohlerworbene Einbürgerung handelt.

2. Art. 16 Abs. 1 S. 2 GG - Gesetzesvorbehalt

71a **Abs. 2 und Abs. 3 sind nicht mit den verfassungsrechtlichen Anforderungen des Art. 16 Abs. 1 S. 2 GG zu vereinbaren,** was seitens der Rechtsprechung in jüngster Zeit mehrfach festgestellt wurde (BremOVG BeckRS 2020, 4983; VG Hamburg BeckRS 2020, 13874). Der Verlust der deutschen Staatsangehörigkeit stellt grundsätzlich, so auch nach dieser Vorschrift, einen gravierenden Grundrechtseingriff für das betroffene Kind dar (BVerfG BeckRS 2019, 16179). Zurecht führt diesbezüglich BeckOK AuslR/Müller Rn. 31a aus, dass es hinsichtlich der Schutzbedürftigkeit des Kindes im Hinblick auf den drohenden Verlust der deutschen Staatsangehörigkeit keinen Unterschied macht, ob eine Vaterschaftsanfechtung staatlicherseits oder auf sonstigem Wege erfolgt. Dabei ist es auch unerheblich, wie alt das Kind ist. Es sind hier dieselben strengen Anforderungen an den **Gesetzesvorbehalt** zu stellen, wie in der Entscheidung des BVerfG BeckRS 2014, 46474 zu § 1600 BGB aF. Dabei kommen der Rechtsklarheit und der Rechtssicherheit eine besondere Bedeutung zu. Danach ist eine ausdrückliche gesetzliche Regelung notwendig, wonach die deutsche Staatsangehörigkeit auch beim Dritten wegfällt. In Abs. 2 und Abs. 3 S. 1 hat der Gesetzgeber keine derartige klare Regelung geschaffen, sondern lediglich eine Altersgrenze festgelegt. Der Verlust der Staatsangehörigkeit wird darin aber nicht ausdrücklich geregelt, sondern lediglich implizit vorausgesetzt (BeckOK AuslR/Müller Rn. 31a). Laut der Gesetzesbegründung (BT-Drs. 549/08) war es auch nicht Ziel der Neuregelung durch das Art. 1 StAngÄndG v. 5.2.2009 (BGBl. I 158) einen expliziten Verlusttatbestand zu schaffen. Vielmehr sollte durch das Gesetz lediglich der Rechtsprechung des BVerfG zur altersmäßigen Beschränkung des Verlusttatbestands für betroffene Abkömmlinge Genüge getan werden. Der Gesetzgeber ging ohne Weiteres davon aus, dass der Verlusttatbestand an sich nicht näher geregelt werden müsse. Auch die in Abs. 2 und Abs. 3 S. 1 in Bezug genommenen Vorschriften, § 35, § 51 Abs. 1 Nr. 3 AufenthG, § 15 BVFG sowie § 1599 BGB stellen keine Verlusttatbestände dar. Die dem entgegenstehenden Auffassungen des NdsOVG BeckRS 2019, 22915 sowie VG München BeckRS 2020, 10669 sind nicht zutreffend (so auch BeckOK AuslR/Müller Rn. 31a).

VIII. Staatenlosigkeit

72 Der mögliche Eintritt der Staatenlosigkeit bei Verlust der Staatsangehörigkeit ist eine Folge, deren Eintritt und Bestand man auf internationaler Ebene seit langem versucht zu verhindern.

Diverse Regelungen zur Vermeidung der Staatenlosigkeit enthielt bereits Art. 7–9, 13–17 der Haager **72.1**
Konvention v. 12.4.1930. Wichtige Fälle wurden aber von der Haager Konvention nicht geregelt.

Am 30.8.1961 trat das Übereinkommen zur Verminderung der Staatenlosigkeit in Kraft, welches insbe- **72.2**
sondere Regelungen zum erleichterten Erwerb einer Staatsangehörigkeit im Falle der Staatenlosigkeit
vorsieht und zudem Regelungen enthält, welche Staatenlosigkeit aufgrund familienrechtlicher Statusände-
rungen, Verzicht und Erwerb einer anderen Staatsangehörigkeit vermeiden soll.

Die Rechte der Kinder im Hinblick auf deren Staatsangehörigkeit wurde durch Art. 7 des Übereinkom- **72.3**
mens über die Rechte des Kindes v. 20.11.1989 gestärkt.

Das Übereinkommen über die Rechtsstellung der Staatenlosen v. 28.9.1954 zielt auf die Milderung **72.4**
der Folgen der Staatenlosigkeit.

Staatenlos ist eine **Person, welche kein Staat aufgrund seines Rechtes als Staatsangehö-** **73**
rigen ansieht, die also de iure staatenlos sind (Art. 1 Abs. 1 Staatenlosenübereinkommen; BVerwG
BeckRS 1993, 31237651). Nicht staatenlos in diesem Sinne sind de-facto-Staatenlose, die formell
noch eine Staatsangehörigkeit besitzen, deren Heimatstaat aber diplomatischen Schutz nicht
gewährt (HMHK/Hailbronner Grdl. F Rn. 1).

Die **Staatenlosigkeit ist** dann **nachgewiesen,** wenn kein vernünftiger Zweifel daran besteht, **74**
dass diejenigen Staaten, deren Staatsangehörigkeit der Betroffene besitzen könnte, ihn nicht als
Staatsangehörigen ansehen (VGH BW BeckRS 2004, 21204). Im Rahmen der diesbezüglichen
Ermittlungen trifft den Betroffenen eine Mitwirkungspflicht (OVG Saarl BeckRS 2009, 30560).

Es gibt **keine „ungeklärte Staatsangehörigkeit",** auch wenn dieser Begriff von den Auslän- **75**
derbehörden ständig benutzt wird. Entweder ist eine Person Angehöriger eines bestimmten Staates
oder sie ist staatenlos (ebenso HMHK/Hailbronner Grdl. F Rn. 2).

Staatenlosigkeit ist kein generell völkerrechtswidriger oder polizeiwidriger Zustand. **76**
Dem Betroffenen obliegen deshalb auch keine Obliegenheiten, die Staatenlosigkeit durch zumutbare
Handlungen zu beseitigen. Entsprechendes lässt sich auch nicht aus dem Staatenlosenübereinkommen
entnehmen. Auch können dem Betroffenen Rechte, die sich aus seiner Staatenlosigkeit ergeben, nicht
vor dem Hintergrund verwehrt werden, dass er keine zumutbaren Handlungen unternimmt, um die
Staatenlosigkeit zu beenden (BVerwG BeckRS 9998, 170934). Ein Verwaltungsakt, welcher einen
Staatenlosen verpflichtet, seine Staatenlosigkeit durch Wiedereinbürgerung zu beseitigen, ist deshalb
nichtig (VGH BW BeckRS 9998, 49164; HMHK/Hailbronner Grdl. F Rn. 5).

Die Anwendung des Art. 1 Abs. 2 Ziff. i Staatenlosenübereinkommen (Übereinkommen über die **77**
Rechtsstellung der Staatenlosen v. 28.9.1954, BGBl. 1976 II 473), wonach Personen, denen gegenwärtig ein Organ oder eine Organisation der Vereinten Nationen mit Ausnahme des Hohen Flüchtlingskommissars der Vereinten Nationen Schutz oder Beistand gewährt, die Anwendung des Staaten-
losenübereinkommens entfällt, bedeutet nicht, dass de facto keine Staatenlosigkeit bestehen würde.

§ 18 [Entlassung aus der Staatsangehörigkeit]

Ein Deutscher wird auf seinen Antrag aus der Staatsangehörigkeit entlassen, wenn
er den Erwerb einer ausländischen Staatsangehörigkeit beantragt und ihm die zuständige
Stelle die Verleihung zugesichert hat.

Überblick

Die Entlassung erfolgt auf Antrag (→ Rn. 17) eines Deutschen (→ Rn. 4), der beantragt hat
(→ Rn. 6) eine ausländische Staatsangehörigkeit (→ Rn. 9) zu erwerben. Voraussetzung ist, dass
für den Erwerb der ausländischen Staatsangehörigkeit eine Zusicherung vorliegt (→ Rn. 11; zum
Verfahren → Rn. 17).

Übersicht

A. Allgemeines

I. Entstehungsgeschichte

1   Die Vorschrift wurde durch das Gesetz zur Verminderung der Staatenlosigkeit (v. 29.6.1977, BGBl. I 1101) in Umsetzung des Übereinkommens v. 30.6.1961 zur Verminderung der Staatenlosigkeit sowie des Übereinkommens v. 13.9.1973 zur Verringerung der Fälle von Staatenlosigkeit mWv 6.7.1977 eingefügt, um Deutschen den Erwerb einer fremden Staatsangehörigkeit unter vorheriger Aufgabe der deutschen Staatsangehörigkeit und unter Vermeidung von Staatenlosigkeit im Falle der Entlassung zu ermöglichen. Seither ist die Vorschrift unverändert.

1a   Auch zuvor gab es die Möglichkeit, die deutsche Staatsangehörigkeit durch Entlassung zu verlieren, so nach Art. 14 ff. des Preußischen Gesetzes über die Erwerbung und den Verlust der Eigenschaft als preußischer Untertan, sowie über den Eintritt in fremde Staatsdienste v. 31.12.1842 (Preußische Gesetzessammlung 1843, 15) und Art. 14 ff. des Gesetzes über den Erwerb und den Verlust der Bundes- und Staatsangehörigkeit v. 1.6.1870 (BGBl. des Norddeutschen Bundes 355). Im RuStAG war die Entlassung seit Inkrafttreten am 22.7.1913 in §§ 18 ff. vorgesehen (RGBl. 583).

1b   § 18 RuStAG 1913 war mit Art. 3 Abs. 2 GG nicht vereinbar und trat mit Ablauf des 31.3.1953 außer Kraft.

1b.1   Soweit Müller (BeckOK AuslR/Müller Rn. 1) ausführt, § 18 RuStAG 1913 sei durch Art. 1 Nr. 3 lit. b des Gesetzes zur Änderung des Reichs- und Staatsangehörigkeitsgesetzes v. 20.12.1974 (BGBl. I 3714) aufgehoben worden, ist dies nicht zutreffend. Dort ist § 17 Nr. 5 RuStAG 1913 aufgehoben worden. Darauf bezieht sich auch das BVerwG in seiner Entscheidung v. 29.11.2006 (BeckRS 2007, 20716).

II. Funktion der Vorschrift

2   Das Recht eines deutschen Staatsangehörigen, seine Staatsangehörigkeit aufzugeben, besteht nicht schrankenlos (OVG NRW BeckRS 9998, 102343). Vielmehr kann der **Verlust der Staatsangehörigkeit nur aufgrund eines Gesetzes** eintreten (Art. 16 Abs. 1 GG).

3   Da ein **öffentliches Interesse** aufgrund völkerrechtlicher Grundsätze der Zuordnung und Verantwortung der Staaten **an der Vermeidung von Staatenlosigkeit** besteht, ist diese zu vermeiden. So sieht Art. 8 EUStAÜb vor, dass jeder Vertragsstaat die Aufgabe seiner Staatsangehörigkeit gestatten kann, sofern der Betroffene dadurch nicht staatenlos wird. In Abgrenzung zu § 26 (Verzicht auf Staatsangehörigkeit), welcher voraussetzt, dass der Verzichtende bereits mehrere Staatsangehörigkeiten besitzt, sind von § 18 Fälle umfasst, in denen der Antragsteller noch keine weitere Staatsangehörigkeit besitzt, sondern diese erst erlangen soll. Das dadurch entstehende Risiko der Staatenlosigkeit soll durch diese Vorschrift eingeschränkt werden, wobei stets ein Restrisiko besteht. Diesem Risiko ist durch eine **restriktive Handhabung** der Vorschrift entgegenzuwirken (Nr. 18 VAH-StAG), zumal § 25 einen automatischen Verlust der deutschen Staatsangehörigkeit im Falle des erfolgten Erwerbs einer ausländischen Staatsangehörigkeit vorsieht.

B. Erläuterungen im Einzelnen

I. Deutscher

4   Deutscher im Sinne dieser Vorschrift ist nicht der Statusdeutsche, sondern der **Deutsche iSd § 1 Abs. 1** (BeckOK AuslR/Müller Rn. 9; HMHK/Hailbronner Rn. 5; Nr. 18 Abs. 2 VAH-StAG; BT-Drs. 7/2175, 9). Dies ergibt sich bereits begrifflich daraus, dass der Statusdeutsche die deutsche Staatsangehörigkeit nicht besitzt, sie also auch nicht durch Entlassung verlieren kann (GK-StAR/Marx Rn. 24). Auch kommt eine analoge Anwendung der Vorschrift, wie etwa bei § 25 (→ Rn. 5), nicht in Betracht (VGH BW BeckRS 2003, 25451; BeckOK AuslR/Müller Rn. 9; HMHK/Hailbronner Rn. 6).

5   **Statusdeutsche** verlieren ihre Rechtsstellung bei freiwilligem Erwerb einer anderen Staatsangehörigkeit analog § 25 (→ § 25 Rn. 14). Der frühere § 7 Abs. 1 StAngRegG, nach dem ein Statusdeutscher, der in den Vertreiberstaat zurückgekehrt ist, seinen Status verloren hat, wurde durch Art. 3 des Gesetzes über die weitere Bereinigung von Bundesrecht (v. 8.12.2010, BGBl. I 1864) aufgehoben.

II. Ausländische Staatsangehörigkeit

1. Antrag

Die **ausländische Staatsangehörigkeit muss beantragt worden sein.** Es handelt sich dabei　6 um das Pendent zum Einbürgerungsantrag eines Ausländers, von dem die Entlassung aus seiner bisherigen Staatsangehörigkeit gem. § 10 Abs. 1 S. 1 Nr. 4 gefordert wird. Die Entlassung nach dieser Vorschrift kommt nicht in Betracht, soweit die ausländische Staatsangehörigkeit kraft Gesetzes erworben wird (BayVGH BeckRS 2009, 32612; BeckOK AuslR/Müller Rn. 11; HMHK/ Hailbronner Rn. 8). Hintergrund ist, dass einer Entlassung eine bewusste Abkehr von der deutschen Staatsangehörigkeit durch den Antragsteller zugrunde liegt, die bei einem Erwerb einer anderen Staatsangehörigkeit kraft Gesetzes nicht vorausgesetzt werden kann. Erforderlich ist deshalb eine **freie Willensentscheidung, die auf den Erwerb der fremden Staatsangehörigkeit gerichtet sein muss.** Möglich sind dabei ein konkretes Einbürgerungsgesuch, die Ausübung einer bestehenden Option oder ein Antrag auf Widerruf einer erfolgten Ausbürgerung aus der fremden Staatsangehörigkeit. Die Abgabe einer Erklärung bzw. die Vornahme einer Handlung, die zwingend und erkennbar den Erwerb der fremden Staatsangehörigkeit zur Folge hat, ist ausreichend (HMHK/Hailbronner Rn. 8). So ist in der Beantragung der Ausstellung eines **fremden Reisepasses** in der Regel ein solcher Antrag zu sehen.

Der Antrag muss auf einem freien Willensschluss beruhen. Kein zu berücksichtigender　7 Antrag im Sinne dieser Vorschrift liegt deshalb vor, wenn der Antrag auf Erwerb der fremden Staatsangehörigkeit auf **unausweichlichen Druck** hin erfolgt ist, wie der Bedrohung von Leib oder Leben sowie unmittelbarem Zwang (zu § 25 NdsOVG BeckRS 2014, 55193; VG Würzburg BeckRS 2018, 47309; BeckOK AuslR/Müller Rn. 13; NK-AuslR/Geyer § 25 Rn. 14). Der Druck muss bei Stellung des Antrags auf Entlassung allerdings noch anhalten (GK-StAR/Marx Rn. 32, der dies für unrealistisch hält). Diesbezüglich ist schwer vorstellbar, dass der Druck, der zur Antragstellung hinsichtlich des Erwerbs der ausländischen Staatsangehörigkeit geführt hat, auch ausreicht, den Antrag auf Entlassung (→ Rn. 17) zu stellen. Hiervon wird der Betroffene regelmäßig absehen können (BeckOK AuslR/Müller Rn. 13). Ebenfalls kein auf dem freien Willensentschluss beruhender Antrag liegt vor, wenn die ausländische Staatsangehörigkeit unmittelbar kraft Gesetzes erworben wird (BayVGH BeckRS 2009, 32612 zu § 25; BeckOK AuslR/ Müller Rn. 11; HMHK/Hailbronner Rn. 8; NK-AuslR/Geyer § 25 Rn. 15; offen gelassen BVerwG BeckRS 2008, 37086).

Bloße **Willensmängel** hingegen sind unbeachtlich, insbesondere dann, wenn eine Zusicherung　7a über den Erwerb der fremden Staatangehörigkeit vorliegt. Wenn der Betroffene geltend macht, er habe im Rahmen seines Antrags auf Entlassung aus der ausländischen Staatsangehörigkeit **irrtümlich und ohne Kenntnis hiervon einen Antrag auf Wiedereinbürgerung unterschrieben,** muss geprüft werden, ob es für den Betroffenen möglich gewesen wäre, sich Klarheit über den Inhalt der abgegebenen Erklärung zu verschaffen, wobei vom Betroffenen im Rahmen seiner Sorgfaltspflichten grundsätzlich verlangt werden kann, ein vorgelegtes Formular vor der Unterschrift durchzulesen und den Inhalt zu überprüfen (zu § 25 NdsOVG BeckRS 2015, 53387; VG Würzburg BeckRS 2018, 47309; VG Hamburg BeckRS 2015, 40566; BeckOK AuslR/Müller Rn. 14).

Wird der Erwerb der fremden Staatsangehörigkeit aufgrund eines Willensmangels angefochten　8 und rückgängig gemacht, lebt die deutsche Staatsangehörigkeit nicht wieder auf, sofern nicht die Voraussetzungen des § 24 vorliegen.

2. Anforderungen an die ausländische Staatsangehörigkeit

Es muss sich bei der ausländischen Staatsangehörigkeit um eine solche handeln, die sich staats-　9 rechtlich und völkerrechtlich von der deutschen Staatsangehörigkeit unterscheidet (so auch BeckOK AuslR/Müller Rn. 10). Keine ausländische Staatsangehörigkeit stellte die Staatsbürgerschaft der **DDR** dar (BVerfG BeckRS 9998, 107713).

Die fremde Staatsangehörigkeit muss auch effektiv sein (GK-StAR/Marx Rn. 26). Sie muss　10 der deutschen Staatsangehörigkeit in ihren Wirkungen vergleichbar sein, also die deutsche Staatsangehörigkeit verdrängen können (BeckOK AuslR/Müller Rn. 10). Dies ist dann nicht der Fall, wenn die Staatsangehörigkeit nicht auf einen **anerkannten Staat** bezogen ist (BVerwG BeckRS 9998, 170404 zu Palästina).

3. Zusicherung

11   Um das Risiko der Staatenlosigkeit zu verringern, muss die **Verleihung der fremden Staatsangehörigkeit durch Zusicherung fest zugesagt** sein. Es muss also eine verbindliche und vorbehaltlose Verleihungszusage als der Einbürgerung vorangehende Vorwegentscheidung vorliegen (GK–StAR/Marx Rn. 33). Der Bindungswille muss unmissverständlich zum Ausdruck kommen. Nicht ausreichend sind unverbindliche Absichtserklärungen (BeckOK AuslR/Müller Rn. 15).

11a   Ist der Erwerb der ausländischen Staatsangehörigkeit hingegen bereits erfolgt, bleibt kein Raum für die Anwendung dieser Vorschrift (BeckOK AuslR/Müller Rn. 16).

12   Ob dies der Fall ist, ergibt sich aus dem **Recht des zusichernden Staates.** Dementsprechend muss die Zusicherung durch die nach dem dortigen Recht zuständigen Stelle erfolgt sein. Den Nachweis muss der Antragsteller erbringen (Nr. 18 Abs. 1 VAH–StAG).

13   Ein **Vorbehalt,** sofern dieser nicht ausschließlich die Entlassung aus der deutschen Staatsangehörigkeit ist, **schließt die Entlassung aus** der deutschen Staatsangehörigkeit aus (so auch BeckOK AuslR/Müller Rn. 15), sofern die Gefahr besteht, dass der Betroffene staatenlos werden könnte.

13a   Ein **verbleibendes Restrisiko** der drohenden Staatenlosigkeit kann aufgrund § 24 aber in Kauf genommen werden, so zB beim Vorbehalt der Entlassung aus der deutschen Staatsangehörigkeit (GK–StAR/Marx Rn. 34). Zurecht weist BeckOK AuslR/Müller Rn. 15 darauf hin, dass die Entlassung Deutschen den Erwerb einer fremden Staatsangehörigkeit schließlich ermöglichen und nicht verhindern soll.

III. Anspruch auf Entlassung; Rechtsfolge; Heilung

14   Liegen die Voraussetzungen vor, besteht ein **Anspruch auf Entlassung,** sofern der Entlassung nicht § 22 entgegensteht (Nr. 18 Abs. 1 S. 5 VAH–StAG).

15   **Rechtsfolge** ist der **Verlust der deutschen Staatsangehörigkeit.**

16   Die Rechtsfolge entfällt ex tunc, sofern die Voraussetzungen des § 24 vorliegen. Dabei handelt es sich um eine gesetzesunmittelbare Fiktion des Nichtverlustes, also nicht um eine Wiedereinbürgerung (Dörig MigrationsR–HdB § 2 Rn. 195).

IV. Verfahren

17   Die Entlassung nach dieser Vorschrift erfolgt nur auf einen wirksamen Antrag hin, erfordert also den Entlassungswillen. Zuständige Stelle ist die nach Landesrecht zuständige **Staatsangehörigkeitsbehörde.** Diese **prüft von Amts wegen** (§ 24 VwVfG) die deutsche Staatsangehörigkeit des Antragstellers, den Antrag auf Erwerb der ausländischen Staatsangehörigkeit, die Zusicherung der zuständigen ausländischen Stelle auf Erwerb der fremden Staatsangehörigkeit sowie das Nichtvorliegen der Ausschlussgründe nach § 22. Zur Prüfung kann sie die **Vorlage geeigneter Urkunden und Dokumente** fordern. Auch kann sie Stellungnahmen, wie bspw. von der deutschen Auslandsvertretung, einholen (BeckOK AuslR/Müller Rn. 8; HMHK/Hailbronner Rn. 12; GK–StAR/Marx Rn. 19 ff.).

17a   Die **Entlassung** erfolgt **nur für die Person, welche den Antrag auf Entlassung gestellt hat** und erstreckt sich nicht automatisch bspw. auf die Kinder des Antragstellers. Der Entlassungsantrag einer unter **elterlicher Sorge oder Vormundschaft** stehenden Person bedarf der familiengerichtlichen Genehmigung, es sei denn, die Entlassung des Minderjährigen aus der deutschen Staatsangehörigkeit wurde nach § 19 gleichzeitig mit der Entlassung des personensorgeberechtigten Elternteils beantragt (→ § 19 Rn. 7). Die Genehmigung hinsichtlich eines Kindes muss sich am Kindeswohl orientieren (OLG Stuttgart BeckRS 2003, 7633; NK–AuslR/Oberhäuser § 17 Rn. 8; Dörig MigrationsR–HdB § 2 Rn. 196). Staatliche Interessen sind nicht maßgeblich (NK–AuslR/Oberhäuser § 17 Rn. 8). Fehlt die familiengerichtliche Genehmigung, ist die Entlassung nichtig (NK–AuslR/Oberhäuser § 17 Rn. 8; Dörig MigrationsR–HdB § 2 Rn. 196).

18   Nach Ablauf des in § 24 genannten Zeitraums von einem Jahr prüft die zuständige Stelle den Nichteintritt der auflösenden Bedingung.

19   Mit Aushändigung der **Entlassungsurkunde** nach § 23 wird die Entlassung wirksam.

20   Gegen die Ablehnung der Entlassung sind (je nach Landesrecht) **Widerspruch und Verpflichtungsklage** zulässig. Sofern die Entlassung aufgrund einer nach Auffassung der Behörde nicht oder nicht mehr bestehenden deutschen Staatsangehörigkeit verweigert wird, ohne dass dies bereits in einem anderen Verfahren bestandskräftig geklärt worden wäre, ist auch diese Frage im Rahmen des Widerspruchsverfahrens sowie der Verpflichtungsklage aufzuklären (so auch HMHK/Hailbronner Rn. 13).

Bei **Beamten, Richtern, Bundeswehrsoldaten oder sonstigen Personen,** welche in **21** **einem öffentlich-rechtlichen Dienst- oder Amtsverhältnis** (→ § 22 Rn. 2) stehen, ist die Entlassung während der Dauer des Dienst- oder Amtsverhältnisses nach § 22 ausgeschlossen (→ § 22 Rn. 1). Bei Wehrpflichtigen (→ § 22 Rn. 10a) ist vor der Entlassung die Erteilung einer Unbedenklichkeitserklärung (→ § 22 Rn. 12) durch das Bundesministerium der Verteidigung nötig (§ 22 Nr. 2).

§ 19 [Entlassung eines unter elterlicher Gewalt oder Vormundschaft Stehenden]

(1) Die Entlassung einer Person, die unter elterlicher Sorge oder unter Vormundschaft steht, kann nur von dem gesetzlichen Vertreter und nur mit Genehmigung des deutschen Familiengerichts beantragt werden.

(2) Die Genehmigung des Familiengerichts ist nicht erforderlich, wenn der Vater oder die Mutter die Entlassung für sich und zugleich kraft elterlicher Sorge für ein Kind beantragt und dem Antragsteller die Sorge für die Person dieses Kindes zusteht.

Überblick

Die Vorschrift regelt die Entlassung (→ Rn. 2) einer minderjährigen (→ Rn. 3) oder unter Vormundschaft (→ Rn. 3) stehenden Person auf Antrag (→ Rn. 7) aus der deutschen Staatsangehörigkeit. Das Verfahren richtet sich nach dem FamFG (→ Rn. 9). Ebenso die Rechtsschutzmöglichkeiten (→ Rn. 11). Abs. 2 regelt die Entbehrlichkeit des familiengerichtlichen Verfahrens bei gleichzeitigem (→ Rn. 13) Entlassungsantrag eines Elternteils (→ Rn. 15) für sich und das Kind. Zweck der Vorschrift ist der Schutz einer minderjährigen Person vor nachteiligen Verfügungen über ihre Staatsangehörigkeit (BayVGH BeckRS 2009, 32612).

Übersicht

A. Allgemeines und Entwicklungsgeschichte

I. Allgemeines

Die Vorschrift schließt die Anwendung der allgemeinen Bestimmungen über die Geschäftsfä- **1** higkeit (§§ 104 ff. BGB) sowie über die Handlungsfähigkeit (§§ 12, 16 VwVfG) aus. Sie geht auch der Regelung der Handlungsfähigkeit in § 37 vor (GK-StAR/Marx Rn. 2). Während also der über 16 Jahre alte Minderjährige zwar die Einbürgerung beantragen kann, kann er doch nicht eine Verfügung vornehmen, die zum Verlust der deutschen Staatsangehörigkeit führt, ohne dass die Voraussetzungen dieser Vorschrift vorliegen.

Entgegen dem Wortlaut ist die Vorschrift **nicht auf die Entlassung nach § 18 beschränkt,** **2** sondern regelt auch die Antrags- und Erklärungsmündigkeit in den Fällen des **Verlustes** der Staatsangehörigkeit durch Erwerb einer fremden Staatsangehörigkeit (§ 25 Abs. 1 S. 1 Hs. 2) sowie durch **Verzicht** (§ 26 Abs. 4).

Der Wortlaut in Abs. 1 stellt klar, dass **Betroffene nur Minderjährige** sein können, da es für **3** Volljährige seit Inkrafttreten des BtG (Betreuungsgesetz v. 12.9.1990, BGBl. I 2002) zum 1.1.1992 keine Vormundschaft mehr gibt, sondern Betreuungen. Eine analoge Anwendung ist ausgeschlossen, da der Anwendungsbereich spätestens bei der Änderung der Vorschrift durch Art. 3 FGG-RG (FGG-Reformgesetz v. 17.12.2008, BGBl. I 2586) hätte korrigiert werden können.

Durch Art. 3 Nr. 1 lit. b FGG-RG ist auch der frühere Abs. 1 S. 2, wonach die Staatsanwaltschaft **4** Beschwerde gegen die Entlassung erheben konnte, entfallen. Die Rechte des Kindes können durch

Bestellung eines Verfahrensbeistands oder eines Ergänzungspflegers durch das Familiengericht gewahrt werden.

5   Ob es sich beim Betroffenen um eine unter elterlicher Sorge bzw. Vormundschaft stehende Person handelt, ist nach deutschem Recht zu beurteilen (Art. 7 Abs. 1 EGBGB, Art. 24 Abs. 1 EGBGB), auch wenn er zusätzlich eine weitere Staatsangehörigkeit hat (Art. 5 Abs. 1 S. 2 EGBGB).

6   Wer gesetzlicher Vertreter des unter elterlicher Sorge bzw. Vormundschaft Stehenden ist, richtet sich ebenfalls nach deutschem Recht (Art. 24 Abs. 1 EGBGB iVm Art. 5 Abs. 1 S. 2 EGBGB).

II. Entwicklungsgeschichte

6a   § 19 Abs. 1 S. 2 Hs. 1 RuStAG 1913 sah vor, dass die Staatsanwaltschaft bei der Entscheidung mitwirkte und ein Beschwerderecht gegen die Entscheidung des Vormundschaftsgerichts hatte. Nach § 24 Abs. 1 RuStAG galt die Entlassung aber als nicht erfolgt, wenn der Entlassene beim Ablauf eines Jahres nach Aushändigung der Entlassungsurkunde seinen Wohnsitz oder dauernden Aufenthalt weiterhin im Inland hatte.

6b   Mit Art. 3 Nr. 1 lit. b FGG-Reformgesetz v. 17.12.2008 (BGBl. I 2586) wurde das Beschwerderecht der Staatsanwaltschaft durch Streichung des Abs. 1 S. 2 aus der Vorschrift genommen. Hintergrund war laut Gesetzesbegründung (BT-Drs. 309/07, 719), dass das Beschwerderecht der Staatsanwaltschaft gegen Entscheidungen des Vormundschaftsgerichts keine praktische Bedeutung erlangt habe. Zum Schutz der Rechte der Kinder (→ Rn. 4).

6c   Weiter erfolgte durch Art. 3 Nr. 1 lit. a und Art. 3 Nr. 2 FGG-Reformgesetz v. 17.12.2008 (BGBl. I 2586) die redaktionelle Änderung des Abs. 1 S. 1 und Abs. 2, indem der Verweis auf das Vormundschaftsgericht durch den Verweis auf das Familiengericht entsprechend der Neustrukturierung der Zuständigkeiten durch das FGG-Reformgesetz geändert wurde.

6d   Mit Art. 4 FGG-Reformgesetz v. 17.12.2008 (BGBl. I 2586) wurden des Weiteren auch § 15 Abs. 2 S. 3 und § 21 S. 3 StARegG redaktionell an die neuen gerichtlichen und prozessualen Zuständigkeiten angepasst, indem nunmehr auf das Familiengericht und das FamFG verwiesen wird.

B. Erläuterungen im Einzelnen

I. Familiengerichtliche Genehmigung (Abs. 1)

7   Der **Antrag auf Entlassung, nicht erst die Entlassung selbst,** bedarf der Genehmigung des deutschen Familiengerichts (GK-StAR/Marx Rn. 12). Die Genehmigung des Familiengerichts ist dem Antrag auf Entlassung beizufügen (Nr. 19.1.1 S. 3 VAH-StAG). Sie kann aber nach richtiger Auffassung auch nachgereicht werden (HMHK/Hailbronner Rn. 5).

7.1   Andere Ansicht GK-StAR/Marx Rn. 12 unter Berufung auf den Wortlaut der Vorschrift. Es ist indes nicht ersichtlich, weshalb ein Nachreichen der Genehmigung nicht möglich sein sollte. Bereits der Wortlaut „Genehmigung" spricht nach allgemeinem Gebrauch (vgl. § 184 Abs. 1 BGB) gerade dafür, dass im Gegensatz zur Zustimmung oder Einwilligung eine nachträgliche Vorlage möglich ist. Außerdem könnte problemlos ein neuer Antrag mit der Genehmigung des Familiengerichts vorgelegt werden.

7a   Der **Antrag auf Entlassung** ist im Gegensatz zum Antrag auf Einbürgerung (§ 37 Abs. 1) **zwingend vom gesetzlichen Vertreter** zu stellen. § 37 Abs. 1 ist deshalb auch nicht anwendbar (BeckOK AuslR/Müller Rn. 4; HMHK/Hailbronner Rn. 3; Nr. 19.1.1 S. 1 StARVwV).

8   **Örtlich zuständig** ist das Familiengericht am Wohnsitz bzw. dem Aufenthaltsort des Mündels (§ 152 Abs. 2 FamFG). Hat der Mündel weder einen Wohnsitz, noch einen Aufenthaltsort im Inland, ist das Familiengericht örtlich zuständig, in dessen Bezirk das Bedürfnis der Fürsorge bekannt geworden ist (§ 152 Abs. 3 FamFG).

9   Das Kind ist vor der Entscheidung über die Genehmigung des Antrags persönlich zwingend **anzuhören,** wenn es das 14. Lebensjahr vollendet hat (§ 159 Abs. 1 S. 1 FamFG). Das Kind wird in der Regel aber auch vor Erreichen dieses Alters gem. § 159 Abs. 2 FamFG anzuhören sein, da für die Entscheidung die Neigungen, Bindungen oder der Wille des Kindes von Bedeutung sind (so auch BeckOK AuslR/Müller Rn. 7).

10   Materiell-rechtlich ist der Vorschrift nicht explizit zu entnehmen, welche **Gesichtspunkte** das Familiengericht zu beachten hat. Unter Berücksichtigung der Tatsache, dass die Vorschrift in erster Linie dem Schutz des Kindes vor einer nicht interessengerechten Verfügung über die Staatsangehörigkeit dient, werden die Interessen des Kindes im Vordergrund stehen. Allerdings wird das Famili-

engericht auch zu beachten haben, dass grundsätzlich das StAG einen Anspruch auf Entlassung aus der Staatsangehörigkeit kennt. Zu berücksichtigen sein wird deshalb in erster Linie der Grundgedanke des § 18, Staatenlosigkeit zu vermeiden. Zu berücksichtigen ist aber auch, dass das Kind einen Entlassungsanspruch in den Grenzen des § 22 hat (GK-StAR/Marx Rn. 20; aA wohl BeckOK AuslR/Müller Rn. 8; OLG Stuttgart BeckRS 2003, 7633). Im Hinblick auf staatliche Interessen ist insbesondere ein Umgehen der allgemeinen Wehrpflicht derzeit kein Grund, der gegen eine Entlassung sprechen würde, da die Wehrpflicht derzeit ausgesetzt ist (§§ 2, 5 WPflG). Zurecht weist GK-StAR/Marx Rn. 23 darauf hin, dass die in § 22 genannten Versagungsgründe eine begrenzende Wirkung gegen das Eindringen weiterer öffentlicher Interessen in das Verfahren der Entlassungsgenehmigung haben.

Gegen die Entscheidung des Familiengerichts sind die **Beschwerde** und die **Rechtsbe-** 11 **schwerde** gem. §§ 58 ff. FamFG zulässig. Beschwerdeberechtigt sind die Eltern und das Kind als rechtlich Betroffene (§ 59 Abs. 1 FamFG). Das Kind hat nach Vollendung des 14. Lebensjahrs ein eigenes Beschwerderecht nach § 60 FamFG. Nicht beschwerdeberechtigt ist die für das Entlassungsverfahren zuständige Behörde, da sie am Genehmigungsverfahren nicht beteiligt ist.

Wird die **Entlassung ohne Genehmigung** des Familiengerichts erteilt, ist diese unter Berück- 12 sichtigung des Art. 16 Abs. 1 S. 1 GG aufgrund eines besonders schwerwiegenden Fehlers nichtig (§ 44 VwVfG). Nicht einschlägig ist § 44 Abs. 3 Nr. 4 VwVfG, da es sich beim Familiengericht nicht um eine lediglich mitwirkende Behörde handelt. Entsprechendes gilt für die Verfahren nach §§ 25, 26.

II. Entbehrlichkeit der familiengerichtlichen Genehmigung (Abs. 2)

Stellt der personensorgeberechtigte Elternteil den Entlassungsantrag zugleich für sich und das 13 Kind, ist eine familiengerichtliche Genehmigung nicht erforderlich. Zugleich bedeutet, dass die Anträge in einem solch **engen zeitlichen Zusammenhang** gestellt werden müssen, dass eine Entlassung des Kindes aus der deutschen Staatsangehörigkeit nur zusammen mit der Entlassung des personensorgeberechtigten Elternteils erfolgen kann. Diese gemeinsame Entlassung muss auch beantragt sein, da Grundlage für das Entfallen der Notwendigkeit einer familiengerichtlichen Genehmigung der Entschluss zum gemeinsamen Ausscheiden aus der deutschen Staatsangehörigkeit ist. Nicht ausreichend sind zwei zu unterschiedlichen Zeiten gestellte unabhängige Anträge, die zur gleichen Zeit bei der Behörde zur Entscheidung anstehen.

Sowohl das Kind als auch der antragstellende, personensorgeberechtigte Elternteil müssen (auch) 14 die **deutsche Staatsangehörigkeit** besitzen.

Nach Art. 21 EGBGB unterliegt die elterliche Sorge dem Recht am Ort des gewöhnlichen 15 Aufenthalts des Kindes. Ist dieser im Inland, richtet sich die elterliche Sorge nach §§ 1626 ff. BGB. Nach § 1629 Abs. 1 S. 2 BGB vertreten die Eltern das Kind gemeinschaftlich. Der **Antrag ist** deshalb, **wenn beide Elternteile personensorgeberechtigt sind,** auch von beiden für das Kind zu stellen (Nr. 19.2 S. 5 StAR-VwV). Eine bloße Zustimmung eines Elternteils zur Entlassung ist nicht ausreichend (NK-AuslR/Geyer § 25 Rn. 16; BeckOK AuslR/Müller Rn. 9). Dabei ist es gleichgültig, ob nur ein Elternteil für sich zusammen mit dem Kind die Entlassung aus der deutschen Staatsangehörigkeit beantragt, weil etwa der andere Elternteil die deutsche Staatsangehörigkeit nicht besitzt (unklar insofern HMHK/Hailbronner Rn. 10, der die Auffassung zu vertreten scheint, dass nur die deutschen Elternteile den Antrag stellen müssen).

Marx (GK-StAR/Marx Rn. 26) und Müller (BeckOK AuslR/Müller Rn. 9) vertreten demge- 15a genüber die Auffassung, dass die Entbehrlichkeit nur dann gegeben ist, wenn beide Elternteile für sich die Entlassung aus der deutschen Staatsangehörigkeit beantragen. Danach müsste eine familiengerichtliche Genehmigung zwingend eingeholt werden, wenn ein Elternteil nicht Deutscher ist. Diese Auffassung ist aber eindeutig mit dem Wortlaut der Vorschrift nicht vereinbar. Dort ist klar geregelt, dass der Vater „oder" die Mutter die Entlassung gemeinsam mit dem Kind beantragen muss. Daran ändert auch der Hinweis auf § 1629 Abs. 1 S. 2 BGB nichts.

Keine Einbürgerung auf Antrag in die andere Staatsangehörigkeit für das Kind liegt vor, wenn 16 aufgrund des ausländischen Einbürgerungsrechts das Kind im Fall eines Antrags nur für den Elternteil die **automatische Miteinbürgerung kraft Gesetzes** vorsieht (so zB das türkische Staatsangehörigkeitsrecht). Es ist gerade ein Antrag auf Einbürgerung in die fremde Staatsangehörigkeit auch für das Kind nötig (BayVGH BeckRS 2009, 32612).

Kein Fall des Abs. 2 liegt außerdem vor, wenn nach dem ausländischen Staatsangehörigkeitsrecht 17 die Einbürgerung des Kindes erst nach vollzogener Einbürgerung der Eltern möglich ist (so das kanadische Recht). GK-StAR/Marx Rn. 31 f. weist zurecht darauf hin, dass dies mit dem Wortlaut nicht mehr vereinbar ist. Außerdem besteht auch keine Notwendigkeit für eine derart weite

Auslegung des Abs. 2, da ja für die Beantragung der Entlassung die Genehmigung nach Abs. 1 eingeholt werden kann.

§ 20 [aufgehoben]

§ 21 [aufgehoben]

§ 22 [Versagung der Entlassung]

Die Entlassung darf nicht erteilt werden
1. **Beamten, Richtern, Soldaten der Bundeswehr und sonstigen Personen, die in einem öffentlich-rechtlichen Dienst- oder Amtsverhältnis stehen, solange ihr Dienst- oder Amtsverhältnis nicht beendet ist, mit Ausnahme der ehrenamtlich tätigen Personen,**
2. **Wehrpflichtigen, solange nicht das Bundesministerium der Verteidigung oder die von ihm bezeichnete Stelle erklärt hat, daß gegen die Entlassung Bedenken nicht bestehen.**

Überblick

Die Vorschrift schließt die Entlassung aus der deutschen Staatsangehörigkeit für Personen aus, die in einem öffentlich-rechtlichen Dienst- oder Amtsverhältnis (→ Rn. 2) zum Staat stehen. Betroffen sind Beamte (→ Rn. 3), Richter (→ Rn. 4), Soldaten (→ Rn. 5) und sonstige Personen, die in einem öffentlich-rechtlichen Beschäftigungsverhältnis stehen (→ Rn. 6). Sie regelt außerdem die Frage der Entlassung für nicht im aktiven Dienst stehende Wehrpflichtige (→ Rn. 9), für deren Entlassung die Erteilung einer Unbedenklichkeitsbescheinigung (→ Rn. 12) Voraussetzung (→ Rn. 14) ist.

Zur Dienst- oder Amtsverhältnissen, welche die deutsche Staatsangehörigkeit nicht voraussetzen → Rn. 6a.

Zur derzeitigen Aussetzung der Wehrdienstpflicht → Rn. 10a.

Zum Verfahren → Rn. 18.

Übersicht

	Rn.		Rn.
A. Allgemeines	1	II. Entlassung bei Wehrpflichtigen	9
B. Erläuterungen im Einzelnen	2	1. Wehrpflichtige	9
I. Öffentlich-rechtliches Dienst- oder Amts-		2. Unbedenklichkeitsbescheinigung	12
verhältnis	2	III. Verfahren	18

A. Allgemeines

1   Die Vorschrift basiert auf dem **Grundsatz der Entlassungsfreiheit,** wonach jeder Deutsche Anspruch auf Entlassung aus der deutschen Staatsangehörigkeit hat (GK-StAR/Marx Rn. 1). Im schützenswerten Interesse der **Funktionsfähigkeit des Staates und der Wehrpflicht** sowie dem **besonderen Treueverhältnis** der betroffenen Personen erfährt dieser Grundsatz mit dieser Vorschrift jedoch eine wesentliche Einschränkung, wobei den in Nr. 1 genannten Personen die Entlassung ausnahmslos nicht erteilt werden darf, während Wehrpflichtigen die Entlassung durch Erteilung einer Unbedenklichkeitsbescheinigung erlaubt werden kann.

B. Erläuterungen im Einzelnen

I. Öffentlich-rechtliches Dienst- oder Amtsverhältnis

2   In einem **öffentlich-rechtlichen Dienst- oder Amtsverhältnis** können Personen stehen, die bei Gebietskörperschaften, anderen Körperschaften des öffentlichen Rechts, bei öffentlich-rechtlichen Anstalten sowie Stiftungen beschäftigt sind. Unter einem **Amtsverhältnis** ist eine

Tätigkeit mit einer besonderen Stellung und Aufgabe innerhalb der öffentlich-rechtlichen Körperschaft bzw. Anstalt zu verstehen. Unter einem **Dienstverhältnis** ist jedes Angestelltenverhältnis zu verstehen, das auf öffentlichem Recht beruht. Dieser Bezug besteht nicht bei allen Beschäftigungsverhältnissen im öffentlichen Dienst. Abzugrenzen sind Dienstverhältnisse, die auf rein privatrechtlicher Grundlage basieren (Nr. 22.1 VAH-StAG).

Beamte sind förmlich durch Überreichung einer entsprechenden Urkunde mit den Worten 3 „unter Berufung in das Beamtenverhältnis" in das Beamtenverhältnis berufene Personen nach §§ 2, 6 Abs. 2 BBG, § 8 Abs. 2 BeamtStG in Verbindung mit den Beamtengesetzen der Bundesländer (GK-StAR/Marx Rn. 11). Dazu gehören auch **Ehrenbeamte** nach § 5 BeamtStG und **Honorarkonsuln** nach §§ 20, 21 KonsularG. Letztere müssen den Erwerb einer anderen Staatsangehörigkeit gem. § 22 Abs. 2 S. 2 KonsularG anzeigen. Auch Beamte auf Probe (§ 6 Abs. 3 BBG) fallen unter diese Vorschrift. Ebenso der Beamte auf Widerruf nach § 6 Abs. 4 BBG. Ehrenbeamte (§ 6 Abs. 5 BBG) sind von ehrenamtlich tätigen Personen (→ Rn. 7) nach dieser Vorschrift zu unterscheiden.

Richter sind förmlich in das Richterverhältnis kraft Auftrags, auf Probe oder auf Lebenszeit 4 durch Ernennungsurkunde (§ 17 Abs. 1 DRiG) mit den Worten „unter Berufung in das Richterverhältnis" (§ 17 Abs. 3 S. 1 DRiG) ernannte Personen. Dazu gehören alle in § 17 Abs. 3 DRiG genannten Formen des Richterverhältnisses. Nicht unter den Begriff „Richter" fallen Schöffen und ehrenamtliche Richter (→ Rn. 7).

Soldaten der Bundeswehr sind **Zeitsoldaten** und **Berufssoldaten** während des Dienstver- 5 hältnisses sowie Reservisten während des Dienstes (§ 1 Abs. 1 SG, § 2 SG, § 1 WPflG). Auch **dienstleistende Wehrpflichtige** fallen unter diesen Begriff. Sie sind zu unterscheiden von den nicht dienstleistenden Wehrpflichtigen, die unter Nr. 2 fallen (→ Rn. 9; GK-StAR/Marx Rn. 14).

Sonstige Personen, die in einem **öffentlich-rechtlichen Dienst- oder Amtsverhältnis** 6 stehen, sind aufgrund öffentlichen Rechts berufene oder angestellte Mitglieder oder Bedienstete von Körperschaften, Anstalten oder Stiftungen öffentlichen Rechts. Die Vorschrift schränkt den Personenkreis nicht auf solche Personen ein, die in einem beamtenähnlichen Treue- und Fürsorgeverhältnis stehen. Das Dienstverhältnis muss öffentlich-rechtlich ausgestaltet sein. Ein **privatrechtliches Beschäftigungsverhältnis** fällt nicht unter diese Vorschrift.

Fraglich ist, ob der Ausschluss auf öffentlich-rechtliche Dienst- und Amtsverhältnisse 6a **beschränkt ist, welche nur mit der deutschen Staatsangehörigkeit eingegangen werden können** (so BeckOK AuslR/Kluth/Pettersson Rn. 3; aA GK-StAG/Marx Rn. 15; HMHK/Hailbronner Rn. 3a unter Bezug auf den Wortlaut der Vorschrift). So ist für Beamte die deutsche Staatsangehörigkeit nur dann erforderlich, wenn sich dies aus den besonderen Aufgaben rechtfertigt (§ 7 Abs. 2 BBG). Nach hiesiger Auffassung lässt sich die Einschränkung, wie dies HMHK/Hailbronner Rn. 3a vertritt, in der Tat nicht dem Wortlaut der Vorschrift entnehmen. Allerdings lässt es sich nicht erklären, dass einem Ausländer der Zugang zum Dienst- und Amtsverhältnis eröffnet ist, dem Deutschen aber die Entlassung aus der deutschen Staatsangehörigkeit verwehrt wird, wenn er ein solches Dienst- oder Amtsverhältnis bekleidet. Der Ausschluss der Entlassung wird mit der besonderen Bindung der Staatsangehörigkeit an das betroffene Amt begründet. Gibt es eine solche Bindung aber nicht, ist der absolute Ausschluss nicht gerechtfertigt. Die **absolute Regelung der Nr. 1** ist deshalb nach hiesiger Auffassung in diesem Fall **unverhältnismäßig** und widerspricht dem Grundsatz der Entlassungsfreiheit. Eine verfassungsmäßige Auslegung ist deshalb angebracht.

Ehrenamtlich tätig sind in erster Linie Mitglieder von Ausschüssen oder anderen Gremien, 7 sofern kein Dienstverhältnis, sondern ein Auftrag besteht. Ebenfalls hierzu zählen ehrenamtliche Richter und Schöffen. **Nicht ehrenamtlich** tätig sind Ehrenbeamte (§ 5 BeamtStG; → Rn. 3).

Beendet ist das Dienst- oder Amtsverhältnis bei Entlassung, Kündigung, Abwahl, Pensionie- 8 rung, Erreichen der Altersgrenze oder Zeitablauf. Etwaige fortbestehende Geheimhaltungspflichten hindern die Entlassung aus der deutschen Staatsangehörigkeit nicht (HMHK/Hailbronner Rn. 5). Vor der Entlassung aus der deutschen Staatsangehörigkeit muss das öffentlich-rechtliche Verhältnis rechtskräftig beendet sein (GK-StAR/Marx Rn. 17). Mit Beendigung entfällt die Entlassungssperre. Daran ändern auch eventuell noch bestehende Pflichten aus dem öffentlich-rechtlichen Verhältnis wie Geheimhaltungspflichten nichts (GK-StAR/Marx Rn. 18).

II. Entlassung bei Wehrpflichtigen

1. Wehrpflichtige

Bei Wehrpflichtigen hat das Bundesministerium für Verteidigung bzw. die von diesem benannte 9 zuständige Stelle die Möglichkeit, **Bedenkenfreiheit** hinsichtlich der Entlassung aus der deutschen

Staatsangehörigkeit zu erklären, sofern diese **nicht aktiven Wehrdienst** leisten. Solange aktiv Wehrdienst geleistet wird, ist Nr. 1 der Vorschrift einschlägig und eine Entlassung ist ausgeschlossen (→ Rn. 5).

10   Ohne Bedeutung für die Notwendigkeit der Genehmigung ist, ob überhaupt ein aktiver Dienst in Betracht kommt. Es kommt lediglich auf die rechtliche **Verpflichtung zum Wehrdienst** an. Deshalb ist es ebenfalls ohne Bedeutung, ob und wie der Betroffene gemustert ist. Auch ist es ohne Bedeutung, ob der zum Wehrdienst Verpflichtete seinen **gewöhnlichen Aufenthalt im Ausland** hat, sodass die Wehrpflicht ruht (§ 1 Abs. 2 WPflG). Allerdings ist hier § 26 Abs. 2 S. 2 Hs. 2 Nr. 1 zu beachten.

10a   Die Wehrpflicht nach § 1 WPflG gilt ungeachtet der **Beschränkung der Wehrdienstpflicht** nach § 2 WPflG, wonach seit dem 1.7.2011 der Wehrdienst nur im Spannungs- und Verteidigungsfall zu leisten ist, weiter. Männer ab Vollendung des 18. Lebensjahrs bis zum Ablauf des Jahres, in welchem sie das 60. Lebensjahr vollendet haben (§ 3 Abs. 5 WPflG) sind deshalb weiterhin von der Norm umfasst. § 2 WPflG bezieht sich aufgrund des eindeutigen Wortlauts nicht auf § 1 WPflG. Maßgeblich für den Zeitpunkt der Volljährigkeit als Voraussetzung für die Wehrpflicht ist nach den allgemeinen Grundsätzen derjenige der letzten mündlichen Verhandlung (OVG NRW BeckRS 9998, 45918; BeckOK AuslR/Kluth/Pettersson Rn. 4; aA VG Ansbach BeckRS 2002, 29582). Zur Unbedenklichkeitsbescheinigung in diesen Fällen (→ Rn. 17a). Ebenso gilt die Vorschrift für aktuell Wehrdienstleistende.

11   Auch im Falle des **Ruhens der Wehrpflicht** nach § 1 Abs. 2 WPflG bei aktuellem Lebensmittelpunkt im Ausland ist die Vorschrift anzuwenden, da die Wehrpflicht wiederaufleben kann, die Entlassung aber endgültig wirkt (BeckOK AuslR/Kluth/Pettersson Rn. 4).

2. Unbedenklichkeitsbescheinigung

12   Die Entlassung des Wehrpflichtigen ist erst dann möglich, wenn die in Nr. 2 geregelte Unbedenklichkeitsbescheinigung erteilt wurde.

13   **Zuständig** für die Erteilung der Unbedenklichkeitsbescheinigung ist das Bundeswehrverwaltungsamt, welches diese Aufgabe an die Kreiswehrersatzämter delegiert hat (GK-StAR/Marx Rn. 23).

14   Die erteilte oder verweigerte Unbedenklichkeitsbescheinigung **bindet die Staatsangehörigkeitsbehörde** (BVerwG BeckRS 9998, 45918).

15   Die Unbedenklichkeitsbescheinigung ist **keine Ermessenentscheidung** der zuständigen Behörde. Vielmehr handelt es sich bei dem Begriff „Bedenken" um einen **unbestimmten Rechtsbegriff** (so wohl OVG NRW BeckRS 9998, 90333; wie hier GK-StAR/Marx Rn. 25 ff.; BeckOK AuslR/Kluth/Pettersson Rn. 5). Hierfür spricht bereits der Wortlaut der Vorschrift, welcher nicht, wie sonst üblich, Ermessen durch die Nutzung des Hilfsverbs „können" kennzeichnet. Vielmehr stützt sich die Beurteilung auf militärische Tatsachen, in welcher zwar gegenwärtige und künftige Entwicklungen sowie militärischer Sachverstand zu berücksichtigen sind (GK-StAR/Marx Rn. 27). Den Charakter einer Ermessensentscheidung hat die Beurteilung aber nicht.

16   Unabhängig von der derzeitigen Aussetzung der Wehrpflicht darf die Unbedenklichkeitsbescheinigung nur verweigert werden, wenn ein **öffentliches Interesse** daran besteht, dass der Betroffene weiterhin als Wehrpflichtiger für die Bundeswehr zur Verfügung steht, wobei dieses öffentliche Interesse **mit dem privaten Interesse des Betroffenen in Beziehung zu setzen** ist (HMHK/Hailbronner Rn. 9; GK-StAR/Marx Rn. 30).

17   Das staatliche Interesse ist regelmäßig die konkrete und personenbezogene **Erhaltung der Wehrfähigkeit** im Spannungs- und Verteidigungsfall. Zu beachten sind bei der Abwägung die **Grundrechte** sowie die Grundsätze der **Verhältnismäßigkeit** und des Vertrauensschutzes (HmbOVG BeckRS 2006, 24901). Dabei sind der Wert der militärischen Verwendbarkeit unter Berücksichtigung zwingender Wehrdienstausnahmen nach §§ 9 ff. WPflG, eines eventuellen gewöhnlichen Auslandsaufenthalts nach § 42 Abs. 1 S. 1 WPflG, der Ausbildung, des Alters, des konkreten Bedarfs am Betroffenen sowie seiner Ersetzbarkeit zu bewerten (HMHK/Hailbronner Rn. 9). Bei Betroffenen, die dauerhaft im Ausland leben und kaum Bindungen zum Inland haben, wird ein großzügiger Maßstab zugunsten des Entlassungsbewerbers anzusetzen sein.

17a   Nach Nr. 22.2 VAH-StAG wird die **Unbedenklichkeitsbescheinigung außerhalb des Spannungs- und Verteidigungsfalls sowie solange die Wehrdienstpflicht ausgesetzt ist, regelmäßig erteilt.** Dem ist die Wertung zu entnehmen, dass die Verteidigungsbereitschaft auch ohne die Heranziehung Wehrdienstpflichtiger hinreichend gesichert ist und dies aus der staatsbürgerlichen Bindung entlassen werden können (BeckOK AuslR/Kluth/Pettersson Rn. 6).

III. Verfahren

Zuständig für das Verwaltungsverfahren sind die nach den Landesgesetzen zuständigen Behör- **18** den. Im Fall der Nr. 2 handelt es sich dabei um ein **mehrstufiges Verwaltungsverfahren,** wobei die Staatsangehörigkeitsbehörde im Falle der Verweigerung der Unbedenklichkeitserklärung durch die Wehrbehörde an diese Entscheidung gebunden ist. Die Entlassung darf in diesem Fall nicht erfolgen.

Gegen die Ablehnung der Entlassung ist, je nach Landesrecht, Widerspruch oder Klage mit **19** dem Ziel der Aushändigung der Entlassungsurkunde nach § 23 statthaft (Anfechtungs- und Verpflichtungsklage).

Im Fall der Nr. 2 ist Widerspruchs- bzw. Klagegegner die für die Aushändigung der Entlassungs- **20** urkunde zuständige Behörde. Die Richtigkeit der Entscheidung der Wehrbehörde wird als verwaltungsinterne Entscheidung im Rahmen dieses Verfahrens mit überprüft. Deswegen ist die Bundesrepublik Deutschland nach § 65 VwGO im Klageverfahren beizuladen (BVerwG BeckRS 9998, 45918; HMHK/Hailbronner Rn. 12; GK-StAR/Marx Rn. 34).

§ 23 [Entlassungsurkunde]

Die Entlassung wird wirksam mit der Aushändigung der von der zuständigen Verwaltungsbehörde ausgefertigten Entlassungsurkunde.

Überblick

Aufgrund der besonderen Bedeutung der Entlassung (→ Rn. 1) aus der Staatsbürgerschaft, wird die Wirksamkeit durch diese Vorschrift an das formale Erfordernis der Aushändigung (→ Rn. 5) einer Urkunde (→ Rn. 3) gebunden. Fehler können dabei zur Rechtswidrigkeit oder Nichtigkeit des Verwaltungsaktes führen (→ Rn. 9). Zum Verfahren → Rn. 18.

Übersicht

A. Allgemeines und Entstehungsgeschichte

Wie die Einbürgerung in die deutsche Staatsangehörigkeit nach § 16 ist auch die Entlassung **1** aus der deutschen Staatsangehörigkeit nach § 18 im Hinblick auf Art. 16 Abs. 1 GG ein **besonders bedeutender rechtsgestaltender Verwaltungsakt** (GK-StAR/Marx Rn. 5) mit zahlreichen und schwerwiegenden Rechtsfolgen. Er wird deshalb erst mit der Aushändigung der Entlassungsurkunde als besonderes Formerfordernis wirksam.

Die Regelung ist das Gegenstück zu § 16, bei dem es zur Wirksamkeit der Einbürgerung der **2** Aushändigung der Einbürgerungsurkunde bedarf (§ 16 Abs. 1).

Ursprünglich regelte die Vorschrift seit dem **RuStAG 1913** neben der Wirksamkeit der Entlas- **2a** sung aus der deutschen Staatsangehörigkeit durch Aushändigung der Entlassungsurkunde va die Zuständigkeit der Behörden zur Ausstellung der Entlassungsurkunde sowie die Einbeziehung der Ehefrau und der Kinder in die Entlassungsurkunde des Ehemannes (§ 23 Abs. 2 RuStAG 1913). In Abs. 1 S. 2 war zudem geregelt, dass die Entlassungsurkunde an verhaftete Personen bzw. an hierzu ausgeschriebene Personen nicht erfolgte.

Neu gefasst mit dem heutigen Inhalt wurde die Vorschrift durch **Art. 5 Nr. 14 des Gesetzes** **2b** **zur Umsetzung aufenthalts- und asylrechtlicher Richtlinien der Europäischen Union v.** **19.8.2007** (BGBl. I 1970). Die zuvor normierten Zuständigkeitsregelungen wurden nicht mehr beibehalten, da dies aufgrund Art. 84 GG nicht mehr nötig war (BR-Drs. 224/07, 437). Auch die Einbeziehung der Ehefrau und der Kinder in die Entlassungsurkunde wurde selbstredend nicht beibehalten. Jeder Betroffene hat seine eigene Entlassungsurkunde zu erhalten. Die Regelung hinsichtlich verhafteter Personen war in der Praxis wenig relevant und wurde aufgehoben (BR-Drs 224/07, 437).

B. Erläuterungen im Einzelnen

I. Entlassungsurkunde

3   Die Entlassungsurkunde ist eine der in § 1 StAUrkVwV aufgeführten Staatsangehörigkeitsurkunden (§ 1 Abs. 1 Nr. 3 StAUrkVwV). **Form und Inhalt** sind in Anlage 3 StAUrkVwV durch das Bundesministerium des Innern, für Bau und Heimat mit Zustimmung des Bundesrats nach § 39 Abs. 1 vorgeschrieben.

4   Die Entlassungsurkunde wird von der zuständigen Verwaltungsbehörde ausgestellt. Welche dies ist, richtet sich nach Landesrecht.

4.1   Entgegen HMHK/Hailbronner Rn. 3 ist die zuständige Verwaltungsbehörde nicht notwendigerweise auch die höhere Verwaltungsbehörde. Durch Art. 5 des Gesetzes zur Umsetzung aufenthalts- und asylrechtlicher Richtlinien der Europäischen Union (v. 19.8.2007, BGBl. I 1970) wurde der Wortlaut entsprechend mWz 28.8.2007 geändert.

II. Aushändigung

5   Aushändigung ist, wie in § 16 (→ § 16 Rn. 5) die **förmliche Übergabe** der Entlassungsurkunde. Die Aushändigung ist von der zuständigen Behörde vorzunehmen (HessVGH BeckRS 2006, 23727 zur Einbürgerungsurkunde). Die Urkunde geht durch die Aushändigung in den Besitz des Betroffenen über. Die **Übergabe** sollte nach Möglichkeit **persönlich** vorgenommen werden (Nr. 23.1.1 Abs. 1 S. 2 StAR–VwV; strenger HMHK/Hailbronner Rn. 4, der immer eine persönliche Übergabe fordert). Entgegen der Praxis der Verwaltungsbehörden sind die Zustellungsvorschriften der ZPO, des VwVfG sowie des VwZG nicht anwendbar (so auch HMHK/Hailbronner Rn. 4; aA BeckOK AuslR/Kluth/Pettersson Rn. 3). Die **Zustellung an einen Bevollmächtigten** ist aber zulässig (so auch HMHK/Hailbronner Rn. 4; BeckOK AuslR/Kluth/Pettersson Rn. 3). Dies ist va dann von Bedeutung, wenn der Empfänger sich im Ausland aufhält.

5.1   Widersprüchlich erscheint die Auffassung von HMHK/Hailbronner Rn. 4, der einerseits eine persönliche Übergabe als zwingend ansieht, andererseits aber unter derselben Randnummer die Auffassung vertritt, dass eine Übergabe durch Vertreter möglich sei. Konkret benannt ist die Post. Auch wird die Übergabe an einen Bevollmächtigten für zulässig erachtet.

6   Die Aushändigung der Urkunde wirkt **konstitutiv.** Ohne diese ist keine Wirksamkeit der Ausbürgerung gegeben. Erforderlich ist die Übergabe des Originals. Eine rückwirkende Entlassung ist nicht möglich (VG Saarlouis BeckRS 2010, 56132 zum insofern gleichgelagerten Verzicht auf Staatsangehörigkeit § 26).

7   Das **Datum der Aushändigung der Urkunde** ist nach Maßgabe von Anlage 3 StAUrkVwV in der Urkunde selbst sowie in der Verwaltungsakte zu vermerken (GK-StAR/Marx Rn. 13; HMHK/Hailbronner Rn. 4).

8   Je nach Bundesland wird vor der Aushändigung der Entlassungsurkunde die Herausgabe der Einbürgerungsurkunde, des Reisepasses sowie des Personalausweises gefordert (GK-StAR/Marx Rn. 13). Während der Einzug des Reisepasses und des Personalausweises notwendig ist, da kein Interesse am Besitz dieser Dokumente mehr besteht und Missbrauch vorzubeugen ist, ist der **Einzug der Einbürgerungsurkunde allerdings bedenklich** und wird nach hiesiger Auffassung abgelehnt, da diese durchaus für den Nachweis des zeitweisen Bestehens der deutschen Staatsangehörigkeit benötigt werden kann (aA GK-StAR/Marx Rn. 14; BeckOK AuslR/Kluth/Pettersson Rn. 7). Sie ist auch nicht gerechtfertigt, da die Entlassung nicht ex tunc, sondern ex nunc wirkt. Daran ändert auch ein gewisses Missbrauchsrisiko nichts. Soweit BeckOK AuslR/Kluth/Pettersson Rn. 7 darauf hinweist, der Betroffene könne sich das frühere Bestehen der deutschen Staatsangehörigkeit von der Behörde bestätigen lassen, ist fraglich, ob eine solche Bescheinigung hinreichenden Beweiswert hat. Auch besteht hierauf kein Rechtsanspruch.

III. Fehlerhafte Entlassung

9   Fehler bei der Entlassung können zur **Rechtswidrigkeit oder Nichtigkeit** der Entlassung führen.

1. Fehlender Antrag

Ein fehlender Antrag führt zur **Nichtigkeit** der Entlassung (§ 44 Abs. 1 VwVfG), da die Entlassung **10** ein mitwirkungsbedürftiger Verwaltungsakt ist, dessen offensichtliche Grundlage das Einverständnis des Betroffenen ist, das durch den entsprechenden Antrag nach §§ 18, 19 bekundet wird (GK-StAR/ Marx Rn. 17; BeckOK AuslR/Kluth/Pettersson Rn. 5; HMHK/Hailbronner Rn. 6).

Eine **Heilung** durch nachträgliche Antragstellung iSd § 45 Abs. 1 Nr. 1 VwVfG ist **ausge- 11 schlossen** (so auch HMHK/Hailbronner Rn. 6). Eine andere Auffassung würde aufgrund des absoluten Verbots der Entziehung der deutschen Staatsangehörigkeit gegen den Willen des Betroffenen gem. Art. 16 Abs. 1 S. 1 GG verstoßen und wäre deshalb verfassungswidrig.

Ein **Antrag kann** auch **nicht in der Entgegennahme der Entlassungsurkunde gesehen 12 werden.** Der Antrag erfordert eine klare Äußerung dahingehend, aus der deutschen Staatsangehörigkeit entlassen zu werden. Dies ist in einer bloßen Entgegennahme der Urkunde jedenfalls nicht zweifelsfrei enthalten.

2. Fehlende familiengerichtliche Genehmigung – Geschäftsunfähigkeit

Das Fehlen der familiengerichtlichen Genehmigung nach § 19 sowie die fehlende Geschäftsfä- **13** higkeit des Betroffenen machen die Entlassung nichtig. Voraussetzung ist aber, dass der **Mangel offensichtlich** ist (§ 44 Abs. 1 VwVfG). Dies wird bei der fehlenden familiengerichtlichen Genehmigung bei einem Minderjährigen stets der Fall sein. Bei der fehlenden Geschäftsfähigkeit ist dies eine Einzelfallfrage (aA GK-StAR/Marx Rn. 18, der bei fehlender Geschäftsfähigkeit einen Fall des fehlenden Antrags sieht und deshalb stets von Nichtigkeit ausgeht).

3. Fehlerhafte Entlassungsurkunde

Entspricht die Entlassungsurkunde nicht den Vorgaben der StAUrkVwV, führt dies entgegen **14** HMHK/Hailbronner Rn. 7 nicht ohne Weiteres zur Nichtigkeit nach § 44 Abs. 2 Nr. 2 VwVfG (so auch BeckOK AuslR/Kluth/Pettersson Rn. 6). Bei der StAUrkVwV handelt es sich lediglich um eine Verwaltungsvorschrift, die den Begriff der Urkunde nur als innerdienstliche Weisung definieren kann. Den Begriff der Urkunde sowohl iSd § 23, als auch iSd § 44 Abs. 2 Nr. 2 VwVfG kann die StAUrkVwV gegenüber den Verwaltungsgerichten und den Antragstellern nicht abschließend bestimmen. Nur wenn **wesentliche Elemente in der Urkunde** fehlen, ist die Entlassung wegen Formmängeln unwirksam. Allerdings sind aufgrund der rechtsgestaltenden Wirkung der Urkunde besonders strenge Maßstäbe für die Auslegung zu beachten (GK-StAR/Marx Rn. 9).

4. Unzuständige Behörde

Die **örtliche Unzuständigkeit** nach §§ 17, 27 StAngRegG führt nicht zur Nichtigkeit der **15** Entlassung (§ 44 Abs. 3 Nr. 1 VwVfG), wohl aber zur Rechtswidrigkeit. Bei einer **offensichtlich sachlichen Unzuständigkeit** ist die Entlassung aber nichtig, da der Fehler besonders schwer wiegt (HMHK/Hailbronner Rn. 8).

5. Sonstige Fehler

Andere Formfehler führen nur zur Rechtswidrigkeit. Diese Fehler führen zum einen zur **16** Anfechtbarkeit durch Widerspruch und Klage, zum anderen auch zur Aufhebbarkeit nach § 48 VwVfG. § 35 ist lex specialis nur im Hinblick auf Einbürgerungen, nicht auf Entlassungen.

Bei einer Aufhebung nach § 48 VwVfG der Länder ist im Rahmen der vorzunehmenden **17 Interessenabwägung** zu berücksichtigen sein, welche Vor- und Nachteile die Entlassung für den Betroffenen mit sich bringt, aus welchen Gründen die Entlassung rechtswidrig ist, wen eventuell ein Verschulden hieran trifft, ob der Entlassene die einmal erworbene andere Staatsangehörigkeit noch besitzt oder inzwischen staatenlos geworden ist und ob er auf den Fortbestand oder den Verlust der deutschen Staatsangehörigkeit vertrauen durfte (ebenso im Wesentlichen HMHK/ Hailbronner Rn. 9; GK-StAR/Marx Rn. 18).

IV. Verfahren

Erforderlich für die Entlassung ist ein entsprechender Antrag nach § 18. Das Verfahren ist **18** gebührenpflichtig gem. § 1 Abs. 1 S. 1 Nr. 2 StAGebV.

Wird die Entlassung verweigert sowie die Entlassungsurkunde nicht ausgehändigt, sind je nach **19** Landesrecht **Widerspruch und/oder Klage** zulässig. Die Klage richtet sich neben der Anfechtung auf Verpflichtung zur Aushändigung der Entlassungsurkunde (zur Genehmigung des Familiengerichts → § 19 Rn. 7; zur Verweigerung der Unbedenklichkeitsbescheinigung → § 22 Rn. 20).

20   Eine fehlerhafte, aber nicht nichtige Entlassung kann nach den allgemeinen Grundsätzen (§ 48 VwVfG) auch zurückgenommen werden.

§ 24 [Bestehenbleiben der deutschen Staatsangehörigkeit]

Die Entlassung gilt als nicht erfolgt, wenn der Entlassene die ihm zugesicherte ausländische Staatsangehörigkeit nicht innerhalb eines Jahres nach der Aushändigung der Entlassungsurkunde erworben hat.

Überblick

Diese Vorschrift dient der Vermeidung von Staatenlosigkeit und trat am 6.7.1977 aufgrund Art. 4 Nr. 4 StlVermG, Art. 6 StlVermG in Kraft (BT-Drs. 08/12). Die frühere Rechtslage (→ Rn. 1) kann in Altfällen von Bedeutung sein. Sowohl die frühere wie auch die aktuelle Rechtslage führen während des Jahreszeitraums zu einem Schwebezustand, während welcher der Entlassene als Ausländer behandelt wird (→ Rn. 11). Tritt die auflösende Bedingung ein, entfällt die nach § 18 erfolgte Entlassung ex tunc (→ Rn. 8). Zu den Auswirkungen auf Angehörige (→ Rn. 17).

Übersicht

A. Entstehungsgeschichte und frühere Rechtslage

1   Nach der **ursprünglichen Fassung der Vorschrift** (RGBl. 1913, 588), die am 5.7.1977 außer Kraft getreten ist, wurde die Entlassung aus der deutschen Staatsangehörigkeit entsprechend der damaligen Rechtslage an die Voraussetzung geknüpft, dass der Entlassene binnen eines Jahres nach der Aushändigung der Entlassungsurkunde seinen Wohnsitz oder dauernden Aufenthalt ins Ausland verlegte. Sinn war, den Auswanderer vor einer unüberlegten Handlung zu bewahren und ihm eine Art **Reuefrist** zu gewähren (HMHK/Hailbronner Rn. 1). Zudem sollten Scheinauswanderungen verhindert werden (GK-StAR/Marx Rn. 6 mwN). Die auflösende Bedingung trat ex tunc kraft Gesetzes ein. Ein Antrag war nicht nötig.

2   Die dadurch entstehende Schwebezeit hatte zur Folge, dass weitere zwischenzeitlich eintretende Verlusttatbestände zu berücksichtigen waren. So führte zB der antragsgemäße Erwerb einer anderen Staatsangehörigkeit in diesem Jahreszeitraum zum Verlust der deutschen Staatsangehörigkeit (GK-StAR/Marx Rn. 8 mwN).

3   Maßgeblich war der dauernde Wohnsitz oder Aufenthalt im Inland am Tag des Ablaufs der Jahresfrist seit Aushändigung der Entlassungsurkunde. Wo der Entlassene während der Schwebezeit gelebt oder seinen Wohnsitz hatte, war ohne Bedeutung (GK-StAR/Marx Rn. 9 mwN).

4   Trat die auflösende Bedingung ein, war der Entlassene so zu behandeln, als hätte die Entlassung nie stattgefunden. Abkömmlinge, die während der Schwebezeit zunächst die Staatsangehörigkeit nicht erwerben konnten, wurden rückwirkend zum ansonsten gegebenen Erwerbszeitpunkt deutsche Staatsangehörigkeit (GK-StAR/Marx Rn. 10). Dasselbe galt für den Fall, dass der Entlassene während der Schwebezeit verstarb, ohne seinen dauernden Wohnsitz oder Aufenthalt ins Ausland verlegt zu haben (GK-StAR/Marx Rn. 11). Auch im Fall der Eheschließung während dieser Schwebezeit erfolgte der Erwerb der deutschen Staatsangehörigkeit im Falle des Eintritts der auflösenden Bedingung (GK-StAR/Marx Rn. 12).

5   Auch für kraft Gesetzes mitentlassene Angehörige bewirkte der Eintritt der auflösenden Bedingung die rückwirkende Aufhebung der Entlassung aus der deutschen Staatsangehörigkeit. Die

auflösende Bedingung konnte auch nur für die Angehörigen, die im Inland verblieben, eintreten, so zB wenn der entlassene Ehemann zum Stichtag im Ausland lebte, die Ehefrau aber nicht (GK-StAR/Marx Rn. 13).

Hatten minderjährige Kinder keinen Wohnsitz im Inland, die entlassenen Eltern aber schon, **6** so wirkte sich die auflösende Bedingung auch auf die minderjährigen Kinder aus. Waren hingegen die entlassenen Eltern im Ausland, die minderjährigen Kinder hingegen nicht, trat für das Kind, nicht aber für die Eltern die auflösende Bedingung ein und die Entlassung der Kinder aus der deutschen Staatsangehörigkeit war ex tunc unwirksam (GK-StAR/Marx Rn. 13 f. mwN).

B. Erläuterungen im Einzelnen, heutige Rechtslage

I. Inkrafttreten und Zweck der Vorschrift

Die heutige Fassung ist seit dem 6.7.1977 (Art. 4 Nr. 2 Gesetz zur Verminderung der Staatenlo- **7** sigkeit – BGBl. 1977 I 1101) unverändert in Kraft. **Zweck der Vorschrift ist die Vermeidung von Staatenlosigkeit** für den Fall, dass der Betroffene nach der Entlassung aus der deutschen Staatsangehörigkeit die ausländische Staatsangehörigkeit nicht innerhalb eines Jahres erhält.

II. Gesetzliche Fiktion

Wie schon bei der Vorgängervorschrift **gilt die Entlassung aus der deutschen Staatsange-** **8** **hörigkeit als nicht erfolgt,** wenn der Erwerb der ausländischen Staatsangehörigkeit nicht binnen Jahresfrist eintritt. Die Folge ist, dass der Entlassene vollumfänglich ex tunc so zu behandeln ist, als wäre er nicht entlassen worden. Der Betroffene wird also so zu behandeln, als hätte er die deutsche Staatsangehörigkeit nie verloren.

Die Wirkung tritt **kraft Gesetzes** ein. Es bedarf keiner behördlichen Entscheidung. Soweit **9** dennoch ein Verwaltungsakt erlassen wird, ist dieser rein deklaratorischer Natur. Allerdings ist die Einbürgerungsbehörde verpflichtet, den rechtswirksamen Erwerb der ausländischen Staatsangehörigkeit nach Ablauf der Jahresfrist zu prüfen (GK-StAR/Marx Rn. 16).

Hat die **Behörde fälschlicherweise die auflösende Bedingung festgestellt,** wird in der **10** Regel ein Fall des § 25 anzunehmen sein, wonach der Betroffene aufgrund des Erwerbs einer ausländischen Staatsangehörigkeit die deutsche Staatsangehörigkeit verliert. Ob im Fall der fälschlichen Behandlung als Deutscher über einen längeren Zeitraum der weitere Besitz der deutschen Staatsangehörigkeit kraft Vertrauensschutzes anzunehmen ist, wie dies GK-StAR/Marx Rn. 17 annimmt, muss bezweifelt werden. Dem steht der Rechtsgedanke des § 3 Abs. 2 entgegen.

III. Schwebezeit

1. Status des Entlassenen

Während der Schwebezeit ist der Entlassene uneingeschränkt **als Ausländer anzusehen.** § 24 **11** bewirkt nicht etwa eine Art Entlassung unter Vorbehalt (HMHK/Hailbronner Rn. 4). Allerdings wird im Bereich des Ausländerrechts der Schwebezustand in bestimmten Fällen im Rahmen von Ermessensausübungen, zB beim Ausweisungsrecht, zu berücksichtigen sein. Ob allerdings, wie dies GK-StAR/Marx Rn. 18 darstellt, eine **Ausweisung** während des Schwebezustands regelmäßig ermessensfehlerhaft sein wird, erscheint fraglich (so wohl auch HMHK/Hailbronner Rn. 7). Allerdings würde eine Ausweisung im Fall des Eintritts der auflösenden Bedingung ex tunc entfallen.

Die **Schwebezeit endet,** wenn der Entlassene binnen Jahresfrist ab Aushändigung der Entlas- **12** sungsurkunde die zuvor zugesicherte ausländische Staatsangehörigkeit wirksam erhält. Die Berechnung richtet sich nach § 188 Abs. 2 BGB (zu den Voraussetzungen der zugesicherten Einbürgerung → § 18 Rn. 11). Die Frist endet danach mit dem Ablauf des Tages, der ein Jahr nach der Aushändigung der Entlassungsurkunde liegt (BeckOK AuslR/Kluth/Pettersson Rn. 1).

Ob die ausländische Staatsangehörigkeit wirksam erworben wurde, richtet sich nach dem Recht **13** des Staates, dessen Staatsangehörigkeit erworben werden soll. Für den Eintritt der auflösenden Bedingungen genügen selbst kurze Verzögerungen. **Ist die Jahresfrist beendet, tritt die Folge kraft Gesetzes unweigerlich ein.** Allerdings wird in diesen Fällen regelmäßig § 25 anzuwenden sein, sofern dessen Voraussetzungen gegeben sind (HMHK/Hailbronner Rn. 9).

Stirbt der Entlassene vor dem wirksamen Erwerb der Staatsangehörigkeit, ist er so zu behandeln, **14** als wäre die auflösende Bedingung zum Zeitpunkt des Todes eingetreten, da der Zweck der Entlassung, den Erwerb der anderen Staatsangehörigkeit zu erleichtern, nicht mehr eintreten kann und das Risiko der Staatenlosigkeit nicht zumutbar ist (BeckOK AuslR/Kluth/Pettersson Rn. 3; HMHK/Hailbronner Rn. 7; GK-StAR/Marx Rn. 20). Zu einem zwischenzeitlich geborenen Kind (→ Rn. 19b).

15   Nicht ausreichend für den Erwerb der zugesicherten Staatsangehörigkeit im Sinne dieser Vorschrift ist der **Erwerb einer anderen Staatsangehörigkeit** vor Ablauf der Jahresfrist (BeckOK AuslR/Kluth/Pettersson Rn. 1; HMHK/Hailbronner Rn. 9; GK-StAR/Marx Rn. 21). § 24 ist im Zusammenhang mit § 18 zu sehen. Die zugesicherte ausländische Staatsangehörigkeit muss deshalb diejenige sein, die zur Entlassung nach § 18 geführt hat. In diesem Fall wird also die Entlassung rückwirkend wegfallen. Allerdings ist dann zu prüfen, ob die Voraussetzungen des § 25 vorliegen (HMHK/Hailbronner Rn. 9; GK-StAR/Marx Rn. 22).

16   Wird die andere Staatsangehörigkeit rechtzeitig wirksam erworben, wird auch die Entlassung aus der deutschen Staatsangehörigkeit endgültig. Wie sich die erworbene Staatsangehörigkeit weiterentwickelt, ist dann ohne Bedeutung. Sollte der Betroffene die ausländische Staatsangehörigkeit wieder verlieren, lebt die deutsche Staatsangehörigkeit nicht wieder auf (BeckOK AuslR/Kluth/Pettersson Rn. 1; HMHK/Hailbronner Rn. 9; GK-StAR/Marx Rn. 23). Allerdings kommt in diesem Fall die erleichterte Wiedereinbürgerung nach § 13 als ehemaliger deutscher Staatsangehöriger in Betracht (BeckOK AuslR/Kluth/Pettersson Rn. 1; GK-StAR/Marx Rn. 23).

2. Status der Familienangehörigen

17   Die endgültige Entlassung des Betroffenen führt nicht auch automatisch zur definitiven Entlassung der Angehörigen. **Für jeden Familienangehörigen läuft die Jahresfrist gesondert** und ist die Prüfung, ob die zugesicherte ausländische Staatsangehörigkeit wirksam erworben wurde, auch gesondert vorzunehmen. Es können also **unterschiedliche staatsangehörigkeitsrechtliche Folgen** eintreten (HMHK/Hailbronner Rn. 10; GK-StAR/Marx Rn. 24).

17a   Wird die **Entlassung eines minderjährigen Kindes zusammen mit der Entlassung eines Elternteils** von diesem beantragt und steht diesem Elternteil die Sorge für dieses Kind zu, ist nach § 19 Abs. 2 **keine familiengerichtliche Genehmigung erforderlich.**

18   Die **Entlassung eines minderjährigen Kindes ist im Fall des § 19 Abs. 2 abhängig von der Entlassung der sorgeberechtigten Eltern** (HMHK/Hailbronner Rn. 10; GK-StAR/Marx Rn. 25). Es ist deshalb für die endgültige Entlassung des minderjährigen Kindes auch die wirksame Entlassung aus der deutschen Staatsangehörigkeit und somit der wirksame Erwerb der zugesicherten ausländischen Staatsangehörigkeit notwendig. Fehlt dies auch nur bei einem sorgeberechtigten Elternteil, tritt die auflösende Bedingung bei beiden ein und die Entlassung ist rückwirkend entfallen (BeckOK AuslR/Kluth/Pettersson Rn. 2). Dabei ist es ohne Bedeutung, ob das minderjährige Kind die zugesicherte ausländische Staatsangehörigkeit erwirbt. Eine Ausnahme besteht allerdings, wenn ein Elternteil bereits nicht deutscher Staatsangehöriger zum Zeitpunkt der Antragstellung war (→ § 19 Rn. 15). Kinder und Elternteil sind mit Wirkung ex tunc deutsche Staatsangehörige (GK-StAR/Marx Rn. 26).

19   Wenn hingegen nur das Kind die zugesicherte ausländische Staatsangehörigkeit nicht binnen Jahresfrist erhalten hat, die Eltern hingegen wirksam die ausländische Staatsangehörigkeit erworben haben, tritt nur für das minderjährige Kind die auflösende Bedingung ein. Es ist ex tunc Deutscher (GK-StAR/Marx Rn. 26).

19a   Tritt die auflösende Bedingung ein und **wurde zwischen der Entlassung und dem Wegfall der Entlassung ein Kind des Betroffenen geboren,** erwirbt dieses Kind rückwirkend die deutsche Staatsangehörigkeit gemäß § 4 Abs. 1 (Nr. 24 VAH-StAG; BeckOK AuslR/Kluth/Pettersson Rn. 3).

19b   Stirbt der Entlassene vor dem Erwerb der ausländischen Staatsangehörigkeit und tritt die auflösende Bedingung deshalb ein (→ Rn. 14), erwirbt ein zwischenzeitlich geborenes Kind des Betroffenen auch in diesem Fall rückwirkend die deutsche Staatsangehörigkeit gemäß § 4 Abs. 1.

IV. Verfahren

20   Die Staatsangehörigkeitsbehörde prüft im Interesse der Rechtssicherheit, ob die zugesicherte ausländische Staatsangehörigkeit rechtzeitig eingetreten ist. Ist dies der Fall, wird ein Aktenvermerk über das endgültige Wirksamwerden der Entlassung gefertigt. Tritt die auflösende Bedingung ein, erlässt die Behörde in der Regel einen feststellenden Verwaltungsakt nach § 30, mit welchem auch die Entlassungsurkunde zurückgefordert wird (HMHK/Hailbronner Rn. 11; GK-StAR/Marx Rn. 27 f.).

21   Hiergegen sind je nach Landesrecht Widerspruch und/oder Anfechtungsklage zulässig.

§ 25 [Erwerb ausländischer Staatsangehörigkeit]

(1) [1]Ein Deutscher verliert seine Staatsangehörigkeit mit dem Erwerb einer ausländischen Staatsangehörigkeit, wenn dieser Erwerb auf seinen Antrag oder auf den Antrag des gesetzlichen Vertreters erfolgt, der Vertretene jedoch nur, wenn die Voraussetzungen vorliegen, unter denen nach § 19 die Entlassung beantragt werden könnte. [2]Der Verlust nach Satz 1 tritt nicht ein, wenn ein Deutscher die Staatsangehörigkeit eines anderen Mitgliedstaates der Europäischen Union, der Schweiz oder eines Staates erwirbt, mit dem die Bundesrepublik Deutschland einen völkerrechtlichen Vertrag nach § 12 Abs. 3 abgeschlossen hat.

(2) [1]Die Staatsangehörigkeit verliert nicht, wer vor dem Erwerb der ausländischen Staatsangehörigkeit auf seinen Antrag die schriftliche Genehmigung der zuständigen Behörde zur Beibehaltung seiner Staatsangehörigkeit erhalten hat. [2]Hat ein Antragsteller seinen gewöhnlichen Aufenthalt im Ausland, ist die deutsche Auslandsvertretung zu hören. [3]Bei der Entscheidung über einen Antrag nach Satz 1 sind die öffentlichen und privaten Belange abzuwägen. [4]Bei einem Antragsteller, der seinen gewöhnlichen Aufenthalt im Ausland hat, ist insbesondere zu berücksichtigen, ob er fortbestehende Bindungen an Deutschland glaubhaft machen kann.

Überblick

§ 25 kodifiziert den Grundsatz, dass grundsätzlich Mehrstaatigkeit aufgrund des freiwilligen Erwerbs einer fremden Staatsangehörigkeit nach dem StAG vermieden werden soll. In dieser Vorschrift ist geregelt, unter welchen Umständen ein deutscher Staatsangehöriger bei Erwerb einer weiteren Staatsangehörigkeit die deutsche Staatsangehörigkeit verliert und wann nicht. Die Voraussetzungen, die zum Verlust der deutschen Staatsangehörigkeit führen, sind in Abs. 1 S. 1 genannt. Danach verliert ein Deutscher (→ Rn. 14), der eine ausländische Staatangehörigkeit (→ Rn. 18) freiwillig (→ Rn. 25) auf seinen Antrag hin (→ Rn. 36) oder auf Antrag der gesetzlichen Vertreter (→ Rn. 41) erwirbt, die deutsche Staatsangehörigkeit. Zur Beweislast hinsichtlich des Verlusttatbestands (→ Rn. 24a). Zur früheren Rechtslage (→ Rn. 48). Abs. 1 S. 2 nennt Ausnahmen von dieser Regel für die dort genannten Staaten (→ Rn. 64). Der Verlust kann durch Einholung einer Beibehaltungsgenehmigung nach Abs. 2 (→ Rn. 71) vermieden werden. Diese unterliegt dem Ermessen (→ Rn. 75) der zuständigen Behörde (→ Rn. 96), wobei die Vorschrift für Auslandsfälle ermessenslenkend ist (→ Rn. 89). Zum Verfahren der Beibehaltungsgenehmigung (→ Rn. 96). Zur Frage der Verfassungsmäßigkeit (→ Rn. 10) und Unionsrechtsmäßigkeit (→ Rn. 12) der Vorschrift.

Übersicht

A. Allgemeines

I. Entstehungsgeschichte

1   Nach dem Reichsgesetz über die Erwerbung und den Verlust der Bundes- und Staatsangehörigkeit v. 1.6.1870 führte der Erwerb einer anderen Staatsangehörigkeit nicht zum Verlust der deutschen Staatsangehörigkeit. Damals war der wichtigste Verlusttatbestand die Auswanderung.

2   Erstmals mit dem RuStAG v. 22.7.1913 (RGBl. 583) wurde der Verlusttatbestand in das deutsche Staatsangehörigkeitsrecht eingeführt, wie er damals in anderen Staaten ebenfalls üblich war. Damals war allerdings Voraussetzung für den Verlust der deutschen Staatsangehörigkeit, dass der Betroffene im Inland weder seinen Wohnsitz noch seinen dauernden Aufenthalt hatte (§ 25 Abs. 1 RuStAG 1913). Behielt er also seinen Aufenthalt oder Wohnsitz im deutschen Staatsgebiet bei, verlor er die deutsche Staatsangehörigkeit nicht. Zur nach wie vor gegebenen Bedeutung der Regelung (→ Rn. 4a). Die Regelung beinhaltete erhebliches Missbrauchspotential. Insbesondere hatte vor Änderung der Vorschrift (→ Rn. 4) eine beachtliche Anzahl eingebürgerter türkischer Staatsangehöriger ihre frühere Staatsangehörigkeit vor diesem Hintergrund erneut angenommen (BVerfG BeckRS 2006, 21930).

3   In der Folge erfuhr die Vorschrift diverse Änderungen, die zum einen auf der Rechtsprechung des BVerfG zur Gleichberechtigung von Mann und Frau, sowie auf dem für die Bundesrepublik Deutschland bis zum 21.12.2002 geltenden MehrStaatÜbk (Übereinkommen über die Verringerung der Mehrstaatigkeit und über die Wehrpflicht von Mehrstaatern v. 6.5.1963) beruhten.

4   Mit Wirkung zum 1.1.2000 wurde die zuvor bestehende Inlandsklausel, wonach der Eintritt des Verlustes der deutschen Staatsangehörigkeit vorausgesetzt hat, dass der deutsche Staatsangehörige im Inland weder seinen Wohnsitz noch seinen dauernden Aufenthalt hatte, aufgehoben. Die Vorschrift war nach Auffassung des Gesetzgebers genutzt worden, um nach der Aufgabe der ausländischen Staatsangehörigkeit im Rahmen der Einbürgerung sanktionslos wieder die ausländische Staatsangehörigkeit zu erwerben (→ Rn. 48). Weiter wurden in Abs. 2 S. 4 die privaten Belange in die erforderliche Abwägung einer Beibehaltungsentscheidung mit aufgenommen. Damit endete die sehr restriktive Handhabung der Beibehaltungsgenehmigungen.

4a   **Auch heute noch hat die Vorschrift idF des StlVermG** (Gesetz zur Verminderung der Staatenlosigkeit v. 29.6.1977, BGBl. I 1101) **Bedeutung** in Fällen, in welchen Personen nach dem Erwerb der deutschen Staatsangehörigkeit eine ausländische Staatsangehörigkeit erworben haben, wenn streitig ist, ob der Erwerb der ausländischen Staatsangehörigkeit zu einem Zeitpunkt erfolgte, zu dem ein Wohnsitz oder dauernder Aufenthalt im Bundesrepublik Deutschland bestand (→ Rn. 51 ff.). Bestand danach ein Wohnsitz nach § 7 BGB in der Bundesrepublik Deutschland zum Zeitpunkt des Erwerbs der ausländischen Staatsangehörigkeit, verlor die betreffende Person die deutsche Staatsangehörigkeit durch den Erwerb der ausländischen Staatsangehörigkeit nicht. Hierfür ist die betroffene Person darlegungs- und beweispflichtig (VG Köln BeckRS 2020, 34260).

5   Mit dem ZuwG (Zuwanderungsgesetz v. 30.7.2004, BGBl. I 1950) sind keine wesentlichen Änderungen aufgenommen worden.

6   Das Gesetz zur Umsetzung aufenthalts- und asylrechtlicher Richtlinien der Europäischen Union (v. 19.8.2007, BGBl. I 1970) hat dazu geführt, dass im Hinblick auf den Erwerb der Staatsangehörigkeit eines Mitgliedsstaates der Europäischen Union sowie der Schweiz das ursprünglich vorausgesetzte Erfordernis der Gegenseitigkeit, wonach die Beibehaltung der anderen Staatsangehörigkeit nur dann möglich war, wenn dies auch im Fall der Einbürgerung in den anderen Staat vorgesehen war, aufgegeben wurde. Gleichzeitig wurde die generelle Beibehaltung der deutschen Staatsangehörigkeit in den Gesetzestext aufgenommen. Außerdem wurde die verfassungswidrige Ungleichbehandlung von Mann und Frau, wie sie noch in Abs. 1 S. 1 aF vorgesehen war, aufgehoben.

II. Europäisches und internationales Recht

7   Art. 1 Abs. 1 **MehrStaatÜbk** (Übereinkommen über die Verringerung der Mehrstaatigkeit und über die Wehrpflicht von Mehrstaatern v. 6.5.1963, BGBl. 1969 II 1954) sah vor, dass volljährige Staatsangehörige, die aufgrund einer ausdrücklichen Willenserklärung durch Einbürgerung, Option oder Wiedereinbürgerung die Staatsangehörigkeit eines Vertragsstaats erwarben, die bisherige Staatsangehörigkeit zwingend verloren. Diese umstrittene Regelung, die insbesondere auch keine Möglichkeit einer Beibehaltungsgenehmigung vorsah, ist aufgrund Kündigung durch die Bundesrepublik Deutschland am 12.12.2002 außer Kraft getreten.

8   Art. 7 Abs. 2 **EUVerStaloUeb** (Übereinkommen zur Verminderung der Staatenlosigkeit v. 30.8.1961, BGBl. 1977 II 597) regelt, dass ein Staatsangehöriger einer Vertragspartei seine Staatsan-

gehörigkeit verliert, der die Einbürgerung in einem ausländischen Staat anstrebt und entweder die Einbürgerung auch erlangt oder eine entsprechende Zusicherung erhält.

Gemäß Art. 7 Abs. 1 lit. a **EUStAÜb** (Europäisches Übereinkommen über die Staatsangehörig- 9
keit v. 6.11.1997, BGBl. 1998 II 577) kann ein Vertragsstaat regeln, dass die Staatsangehörigkeit durch Erwerb einer anderen Staatsangehörigkeit in den dort näher genannten Fällen verloren geht. Der Vertragsstaat kann außerdem regeln, dass in den nach Art. 7 Abs. 2 EUStAÜb genannten Fällen auch die Kinder die Staatsangehörigkeit verlieren, sofern beide Elternteile die Staatsangehörigkeit verloren haben. Voraussetzung ist in jedem Fall, dass keine Staatenlosigkeit eintritt.

Nach § 3 Abs. 2 **BrexitÜG** (Gesetz für den Übergangszeitraum nach dem Austritt des Vereinig- 9a
ten Königreichs Großbritannien und Nordirland aus der Europäischen Union v. 27.3.2019, BGBl. I 402) verlieren deutsche Staatsangehörige, die vor Ablauf des Übergangszeitraums, somit bis zum 31.12.2020, einen Antrag auf Einbürgerung im Vereinigten Königreich Großbritannien und Nordirland gestellt haben, die deutsche Staatsangehörigkeit nicht nach Abs. 1, auch wenn erst nach diesem Stichtag über den Einbürgerungsantrag entschieden wurde (→ Rn. 69a).

III. Zweck der Vorschrift

Die Vorschrift soll verhindern, dass durch freiwilligen Erwerb einer anderen Staatsangehörigkeit 10
die **doppelte Staatsangehörigkeit** eintritt. Durch die Anknüpfung an den freiwilligen Erwerb soll verhindert werden, dass Staatenlosigkeit eintritt, wie es ursprünglich durch Auswanderung entstehen konnte.

In der freien **Entscheidung für eine fremde Staatsangehörigkeit** sieht das Gesetz **zugleich** 11
eine Entscheidung gegen die deutsche Staatsangehörigkeit. Die zugrunde liegende individuelle Motivation ist dabei unbeachtlich (zurecht krit. GK-StAR/Marx Rn. 11 f., der darauf verweist, dass nicht zu erkennen sei, aufgrund welcher empirisch gesicherten Tatsachen im Neu- oder Wiedererwerb einer aus Sicht der deutschen Staatsangehörigkeit fremden Staatsangehörigkeit zugleich eine Entscheidung gegen die bisherige Staatsangehörigkeit zum Ausdruck kommen soll).

IV. Verfassungskonformität

Nach der Rechtsprechung des BVerfG verletzt die Vorschrift weder **Art. 16 Abs. 1 GG** noch 12
Art. 19 Abs. 1 S. 2 GG. Eine nach Art. 16 Abs. 1 GG verbotene Entziehung der deutschen Staatsangehörigkeit ist nach Auffassung des BVerfG der Verlust der deutschen Staatsangehörigkeit, den der Betroffene nicht oder nicht in zumutbarer Weise beeinflussen kann (BVerfG BeckRS 2006, 23181). Danach erfolgt zwar der Verlust im Falle dieser Vorschrift automatisch kraft Gesetzes, wenn der Tatbestand verwirklicht und keine Ausnahme nach Abs. 2 gegeben ist. Der Verlust ist aber nicht Folge eines allein auf dem Willen des Staates zur Wegnahme der deutschen Staatsangehörigkeit beruhenden Aktes, sondern er tritt aufgrund von Handlungen des Betroffenen ein, die auf einem selbstverantwortlichen und freien Willensentschluss basieren. Der Betroffene hat es selbst in der Hand, den Verlust zu vermeiden, indem er entweder auf den Erwerb der ausländischen Staatsangehörigkeit verzichtet oder eine Beibehaltensgenehmigung nach Abs. 2 S. 1 einholt.

Eine Verletzung des **Art. 19 Abs. 1 S. 2 GG** ist nach Auffassung des BVerfG BeckRS 9998, 13
47402 nicht gegeben, da § 25 Abs. 1 das Grundrecht aus Art. 16 Abs. 1 GG nicht einschränkt.

V. Fragliche Vereinbarkeit mit Unionsrecht

Hat der Betroffene keine weitere EU-Staatsangehörigkeit, verliert er mit dem Verlust der deut- 13a
schen Staatsangehörigkeit auch die **Unionsbürgerschaft** nach Art. 20 AEUV. Dieser Gesichtspunkt ist nach EuGH v. 2.3.2010 (BeckEuRS 2010, 513113 – Rottmann) zwingend bei der Entscheidung der Behörde zu berücksichtigen. In dieser Entscheidung führt das Gericht aus, dass es zwar grundsätzlich keine Bedenken hat, wenn das nationale Recht die Rücknahme der Einbürgerung vorsieht, zumal dies auch Art. 8 Abs. 2 EUVerStaloUeb ausdrücklich bestimmt. Auch Art. 7 Abs. 1 und Abs. 3 EUStAÜb verbieten, wie der EuGH ausführt, den Verlust der Staatsangehörigkeit aus den genannten Gründen nicht. Allerdings gelte das Recht des Staates, die Einbürgerung zurückzunehmen, nicht grenzenlos. Vielmehr sei der **Grundsatz der Verhältnismäßigkeit** bezüglich der Auswirkungen auf die unionsrechtliche Stellung des Betroffenen zu beachten. Es sind die möglichen Folgen zu berücksichtigen, welche die Entscheidung für den Betroffenen und ggf. für seine Familienangehörigen in Bezug auf die Rechte, die jeder Unionsbürger genießt (EuGH BeckEuRS 2019, 604565 – Tjebbes). Der Verlust der Staatsangehörigkeit eines Mitgliedstaates kraft Gesetzes verstößt danach gegen den Grundsatz der Verhältnismäßigkeit, wenn die relevanten innerstaatlichen Rechtsvorschriften zu keinem Zeitpunkt eine **Einzelfallprü-**

fung der Folgen dieses Verlustes für die Situation der Betroffenen aus unionsrechtlicher Sicht erlauben (EuGH BeckEuRS 2019, 604565 – Tjebbes). Würde demnach der Verlust der Staatsangehörigkeit auch zum Verlust der Unionsbürgerschaft nach Art. 20 AEUV führen, müssen die nationalen Behörden und Gerichte in der Lage sein, bei der Beantragung eines die nationale Staatsangehörigkeit voraussetzenden Dokuments inzident die Folgen des Verlustes der Staatsangehörigkeit zu prüfen und ggf. die Staatsangehörigkeit rückwirkend wiederherzustellen erlauben (EuGH BeckEuRS 2019, 604565 – Tjebbes). Eine solche Prüfung erfordert eine **Beurteilung der individuellen Situation** der betroffenen Personen inklusiv derer Familien, ob der Verlust des Unionsbürgerstatus Folgen hat, welche die normale Entwicklung des Familien- und Berufslebens im Verhältnis zum nationalen Ziel aus unionsrechtlicher Sicht unverhältnismäßig beeinträchtigen würde erlauben (EuGH BeckEuRS 2019, 604565 – Tjebbes). Die **Einschränkungen müssen** dabei **mit** den Grundrechten der GRCh, insbesondere **Art. 7 und 24 Abs. 2 GRCh in Einklang stehen** (EuGH BeckEuRS 2019, 604565 – Tjebbes). Auch ist zu prüfen, ob der Verlust gerechtfertigt ist im Verhältnis zur Schwere des vom Betroffenen begangenen Verstoßes, zur Zeit, die zwischen der Einbürgerung und der Rücknahmeentscheidung vergangen ist und zur Möglichkeit für den Betroffenen, seine ursprüngliche Staatsangehörigkeit wieder zu erlangen. Siehe zum Vereinigten Königreich und Großbritannien (→ Rn. 69a).

13b   In der Entscheidung des EuGH v. 12.2.2019 (BeckEuRS 2019, 604565 – Tjebbes) führt das Gericht beispielhaft als Kriterien auf, ob sich die betroffene Person weiterhin in den Mitgliedstaaten aufhalten kann, um tatsächliche oder regelmäßige Bindungen mit Familienmitgliedern aufrecht zu erhalten, ob sie die berufliche Tätigkeit weiter ausüben kann und ob ein Verzicht auf eine die Aufrechterhaltung der Unionsbürgerschaft hindernde Drittstaatsangehörigkeit möglich wäre. Weitere Kriterien sind eine wesentliche Verschlechterung der Sicherheit und Freiheit, weil im Drittstaat kein konsularischer Schutz nach Art. 20 Abs. 2 lit. c AEUV möglich wäre. Bei Minderjährigen ist das Kindeswohl nach Art. 24 GRCh in besonderem Maße zu würdigen.

13c   Diesbezüglich bestehen **erhebliche Bedenken an der Unionsrechtmäßigkeit von Abs. 1 S. 1**, zumindest, soweit dies den Verlust der Unionsbürgerschaft für vertretene Dritte anbelangt (zum nicht gesetzlich Vertretenen → Rn. 13d). Die **Behörde hat nach dem Wortlaut keine Möglichkeit, Ermessen auszuüben und die Verhältnismäßigkeit des Unionsbürgerschaftsverlusts, welche der EuGH zwingend fordert, zu berücksichtigen.** Daran ändert nach hiesiger Auffassung auch Abs. 2, die Möglichkeit der Stellung eines Antrags auf Erteilung einer Beibehaltungsgenehmigung (→ Rn. 71). nichts, da jedenfalls beim gesetzlich Vertretenen, dessen Vertreter keinen Antrag auf Erteilung einer Beibehaltungsgenehmigung stellt, die Behörde keinerlei Möglichkeit hat, das oben genannte Ermessen auszuüben. Soweit bereits in der Entscheidung des Gesetzgebers selbst die Wahrung des Verhältnismäßigkeitsgrundsatzes gesehen wird (so wohl HMHK/Hailbronner § 17 Rn. 20a), steht dies nicht im Einklang mit EuGH BeckEuRS 2010, 513113 – Rottmann; BeckEuRS 2019, 604565 – Tjebbes, wo eine Einzelfallprüfung gefordert wird, in der auch das Verhalten des Betroffenen zu berücksichtigen ist. Immer dann, wenn der gesetzliche Vertreter ohne Beantragung einer Beibehaltungsgenehmigung die Entlassung des gesetzlich Vertretenen durch Antragserwerb einer andere Staatsangehörigkeit veranlasst, fällt für den gesetzlich Vertretenen automatisch die deutsche Staatsangehörigkeit – und damit auch die Unionsbürgerschaft – weg, ohne dass es zu irgendeiner Prüfung der Verhältnismäßigkeit, wie von EuGH BeckEuRS 2010, 513113 – Rottmann; BeckEuRS 2019, 604565 – Tjebbes gefordert, gekommen ist (so auch NK-AuslR/Oberhäuser § 17 Rn. 43 ff.).

13d   Aber **auch beim nicht gesetzlich Vertretenen bestehen Bedenken an der Unionsrechtmäßigkeit des Abs. 1 S. 1.** Wird kein Antrag auf Erteilung einer Beibehaltungsgenehmigung gestellt, fällt nun einmal die Unionsbürgerschaft ohne jede Prüfung durch eine Behörde kraft Gesetzes weg. Das erscheint nach hiesiger Auffassung nicht mit der oben genannten Rechtsprechung des EuGH vereinbar, die zwingend eine Prüfung der Verhältnismäßigkeit des Unionsrechtsverlustes fordert, welche eben gerade nicht daran scheitern darf, dass der Betroffene keinen entsprechenden Antrag stellt. Aber selbst, wenn der Antrag auf Beibehaltungsgenehmigung gestellt wird, überprüft die Behörde lediglich die Folgen des Verlustes der deutschen Staatsangehörigkeit, wie sich insbesondere aus Abs. 2 S. 3 ergibt, wo lediglich auf die fortbestehenden Bindungen an Deutschland, nicht aber an die EU abgestellt wird. Eine Überprüfung der Folgen des Unionsrechtsverlustes ist nicht vorgesehen.

B. Erläuterungen im Einzelnen

I. Verlust der deutschen Staatsangehörigkeit (Abs. 1 S. 1)

1. Deutscher

Die Vorschrift findet in direkter Anwendung nur auf **deutsche Staatsangehörige** gem. § 1 **14** Anwendung. Analog wird die Vorschrift einhellig auch auf **Statusdeutsche** nach Art. 116 Abs. 1 GG angewandt (VGH BW BeckRS 2003, 25451; NK-AuslR/Geyer Rn. 6; BeckOK AuslR/ Weber Rn. 6). Grund für die analoge Anwendung ist der Gedanke, dass Statusdeutsche nicht weitergehende Rechte beanspruchen können sollen als deutsche Staatsangehörige (VGH BW BeckRS 2003, 25451).

Bedenken zur analogen Anwendung ergeben sich aber durchaus: Zwar ist die analoge Anwendung vom **14.1** Ergebnis her nachvollziehbar. Allerdings bestehen durchaus Zweifel dahingehend, ob von einer planwidrigen Lücke des Gesetzes als Voraussetzung einer analogen Anwendung noch ausgegangen werden kann, nachdem der Gesetzgeber trotz mehrfacher Änderungen der Vorschrift in den vergangenen Jahrzehnten keine klarstellende Regelung diesbezüglich getroffen hat. Auch ergeben sich so Widersprüchlichkeiten, da im Hinblick auf den Anwendungsbereich des § 13 unter Verweis auf den eindeutigen Wortlaut des § 1 eine analoge Anwendung auf Statusdeutsche abgelehnt wird (so auch NK-AuslR/Geyer Rn. 6; aA BeckOK AuslR/Weber Rn. 6).

Die Vorschrift ist weder direkt noch analog auf **Ansprüche auf Wiedereinbürgerung** nach **15** **Art. 116 Abs. 2 S. 1 GG** (→ § 3 Rn. 3) anwendbar (BVerwG BeckRS 1983, 30427635). Begründet wird dies damit, dass das GG davon ausgeht, dass der zwischenzeitliche Erwerb einer fremden Staatsangehörigkeit im Interesse einer sachgerechten Verwirklichung der Wiedergutmachung unberücksichtigt bleiben muss, da dieser in der Regel verfolgungsbedingt eingetreten ist. Außerdem steht Art. 116 Abs. 2 S. 1 GG nicht unter Gesetzesvorbehalt, weshalb § 25 den sich unmittelbar aus der Verfassung ergebenden Anspruch nicht einschränken kann (GK-StAR/Marx Rn. 23 f.).

Auch auf diejenigen **Verfolgten,** die **nach Art. 116 Abs. 2 S. 2 GG** als nicht ausgebürgert **16** gelten (→ § 3 Rn. 4) und die vor Inkrafttreten des GG eine andere Staatsangehörigkeit erworben haben, ist Abs. 1 S. 1 nicht anwendbar. Voraussetzung der Anwendbarkeit dieser Vorschrift ist, dass der Betroffene im Zeitpunkt des Erwerbs der ausländischen Staatsangehörigkeit effektiv die deutsche Staatsangehörigkeit besitzt. Dies wiederum erfordert, dass die deutsche Staatsangehörigkeit mit Erfolg gegenüber deutschen Behörden geltend gemacht und erwartet werden kann, dass der Betroffene faktisch in den Schutz der staatlichen Gemeinschaft aufgenommen wird (BVerfG BeckRS 9998, 118617). Auf Personen, die nach Art. 116 Abs. 2 S. 2 GG als nicht ausgebürgert gelten und die noch vor Inkrafttreten des GG auf Antrag eine andere ausländische Staatsangehörigkeit erworben haben, ist deshalb § 25 nicht anwendbar (BVerfG BeckRS 9998, 118617; NK-AuslR Rn. 8; BeckOK AuslR/Weber Rn. 6). Anderenfalls würde der mit Art. 116 Abs. 2 S. 2 GG vorgesehene Wiedergutmachungszweck vereitelt (HMHK/Hailbronner Rn. 9). Wurde hingegen die ausländische Staatsangehörigkeit nach Inkrafttreten des GG erworben, ist eine Einzelfallprüfung nötig (GK-StAR/Marx Rn. 27 f.). Dabei wird auf die Kenntnis der Regelungen in Art. 116 Abs. 2 GG abzustellen sein (BeckOK AuslR/Weber Rn. 6).

Die Frage, ob der **Erwerb einer ausländischen Staatsangehörigkeit durch einen Bürger** **17** **der DDR** zum Verlust dieser Staatsangehörigkeit führen konnte, war umstritten. Das Staatsangehörigkeitsrecht der DDR kannte die Verlustwirkung nicht. Nach VG Stuttgart BeckRS 9998, 105421 trat die Verlustwirkung nicht ein, da für DDR-Bürger die DDR-Staatsbürgerschaft die maßgebliche deutsche Staatsangehörigkeit war. Eine Gleichsetzung seines Antrags auf Erwerb einer anderen Staatsangehörigkeit konnte deshalb nicht angenommen werden, da er den Verlust seiner Staatsangehörigkeit nicht in Kauf genommen habe. Dem wurde entgegengehalten, dass dies systemwidrig sei, weil es nicht auf die subjektive Vorstellung des Antragstellers ankommt. Letztendlich stand der Verlustwirkung auch die Einheit der deutschen Staatsangehörigkeit entgegen. Die deutsche Staatsangehörigkeit umfasst danach im Sinne des GG auch die Staatsbürgerschaft der DDR, und zwar in der Weise, dass der damit gegebene Status immer erst dann aktualisiert wird, wenn der Staatsbürger der DDR in den Hoheitsbereich der Bundesrepublik Deutschland gelangt und die Aktualisierung hingenommen oder begehrt wird (OVG NRW DtZ 1990, 90).

2. Erwerb einer ausländischen Staatsangehörigkeit

18   Die **ausländische Staatsangehörigkeit** muss **wirksam erworben** worden sein (BVerwG BeckRS 1985, 31240060; Nr. 25.1.2 VAH-StAG). Ob dies der Fall ist, richtet sich nach dem Recht des Staates, dessen Staatsangehörigkeit in Frage steht (OVG NRW BeckRS 2016, 44707). Keinesfalls genügt der bloße Antrag auf Erwerb der ausländischen Staatsangehörigkeit oder eine irgendwie geäußerte Erklärung, die ausländische Staatsangehörigkeit erwerben zu wollen (NK-AuslR/Geyer Rn. 9). Auch ein Antrag auf **Erteilung von Ausweispapieren** ist nicht ausreichend, da dieser nicht auf den Erwerb der Staatsangehörigkeit gerichtet ist (VGH BW BeckRS 2003, 25451; NK-AuslR/Geyer Rn. 12). Dementsprechend ist Abs. 1 nicht anzuwenden, wenn der **Antrag** auf Erwerb der ausländischen Staatsangehörigkeit rechtzeitig vor dem Erwerb **zurückgenommen** wird.

19   Die **Nichtigkeit** des Erwerbs der anderen Staatsangehörigkeit führt nicht zu dessen Erwerb und deshalb auch nicht zum Verlust der deutschen Staatsangehörigkeit (GK-StAR/Marx Rn. 40).

20   Den **Zeitpunkt des Erwerbs** der ausländischen Staatsangehörigkeit bestimmt das jeweilige ausländische Recht. Dabei ist es ohne Bedeutung, ob der Erwerb auf einen früheren Zeitpunkt zurückwirkt. Maßgeblich ist der Zeitpunkt der Vollendung des Erwerbsvorgangs (GK-StAR/Marx Rn. 41 f.; NK-AuslR/Geyer Rn. 9). Zu diesem Zeitpunkt geht die deutsche Staatsangehörigkeit ex nunc verloren. Anderenfalls würde in einem solchen Fall auch Abs. 2 gegenstandslos werden, da eine Beibehaltungsgenehmigung einen rückwirkenden Verlust nicht verhindern könnte (NK-AuslR/Geyer Rn. 9).

21   Ebenso wird die **Form des Erwerbs** durch das ausländische Recht bestimmt. Dabei ist es für die Anwendbarkeit des Abs. 1 ohne Bedeutung, ob der Erwerb durch Aushändigung einer Urkunde, durch Ausstellung einer Urkunde (so in Südafrika, BVerwG BeckRS 2000, 31349377) oder aber durch eine verwaltungsinterne Entscheidung (wie in der Türkei durch den Ministerrat) erfolgt (GK-StAR/Marx Rn. 39).

22   Der **rückwirkende Verlust der wirksam erworbenen ausländischen Staatsangehörigkeit** hat nicht das Wiederaufleben der deutschen Staatsangehörigkeit zur Folge (BVerwG BeckRS 165 30437779; HMHK/Hailbronner Rn. 10; GK-StAR/Marx Rn. 43; NK-AuslR/Geyer Rn. 11). Zurecht weist das BVerwG darauf hin, dass § 25 den Verlust und nicht den Wiedererwerb der deutschen Staatsangehörigkeit regelt. Auch handelt es sich nicht um den Entzug der deutschen Staatsangehörigkeit, da der Verlust auf den freiwilligen Erwerb der anderen Staatsangehörigkeit hin erfolgt ist. Es ist aber zu unterscheiden zwischen einem rückwirkenden Verlust der ausländischen Staatsangehörigkeit und der Nichtigkeit des Erwerbs (→ Rn. 19), da letzteres nie zu einem Erwerb geführt hat. In Betracht kommt aber im Falle des rückwirkenden Verlustes der ausländischen Staatsangehörigkeit die erleichterte Einbürgerung nach § 13.

22.1   Soweit in GK-StAR/Marx Rn. 43 die Auffassung vertreten wird, NK-AuslG/Geyer Rn. 9 vertrete die gegenteilige Auffassung, wird die dortige Kommentierung hier nicht so verstanden.

23   Die Rechtsbeziehung zum anderen Staat muss der deutschen Staatsangehörigkeit in ihren **Wirkungen** entsprechen (BVerwG BeckRS 9998, 170404 zum Erwerb der palästinensischen Mandatszugehörigkeit im Jahre 1938). Dazu gehört, dass die ausländische Staatsangehörigkeit in vollem Umfang in dem zu ihr gehörenden Staatsgebiet anerkannt wird, was dann nicht der Fall ist, wenn eine Exilregierung die Staatsangehörigkeit vermittelt (BVerwG Urt. v. 7.7.1959 – 1 C 119.57 zum Erwerb der litauischen Staatsangehörigkeit im Jahre 1951). Ein der Autorität eines fremden Staates unterworfenes Gemeinwesen kann daher grundsätzlich nicht den von Abs. 1 geforderten effektiven, gesicherten und dauerhaften Status vermitteln (HMHK/Hailbronner Rn. 17). Nur der Erwerb der Staatsangehörigkeit eines **souveränen Staates** kann somit zur Anwendbarkeit dieser Vorschrift führen (BVerwG NVwZ 1994, 387; NK-AuslR/Geyer Rn. 10).

23.1   Ob die Rechtsprechung des BVerwG (NVwZ 1994, 387) hinsichtlich Palästinas auf heutige Verhältnisse noch zutrifft, dürfte fraglich sein, nachdem Palästina von 136 Nationen als Staat anerkannt wurde. Ob die Bundesrepublik Deutschland Palästina als Staat anerkennt, kann für die rechtliche Beurteilung, ob Palästina ein Staat im Sinne dieser Vorschrift ist, nicht ausschlaggebend sein, wobei hier die Auffassung vertreten wird, dass die autonomen palästinensischen Gebiete keinen souveränen Staat darstellen.

24   Keine Anwendung findet § 25 im Fall des **Erwerbs der Staatsbürgerschaft der DDR,** da diese staatsangehörigkeitsrechtlich nicht als ausländische Staatsangehörigkeit galt, sondern ihr Erwerb den Erwerb der deutschen Staatsangehörigkeit iSd § 1 bewirkte (so auch BeckOK AuslR/ Weber Rn. 10).

24a   Die materielle **Beweislast** für den den Verlust der deutschen Staatsangehörigkeit begründenden Tatbestand trägt die Staatsangehörigkeitsbehörde (BVerwG BeckRS 9998, 28117; VGH BW

BeckRS 2003, 25451; NK-AuslR/Geyer Rn. 14; GK-StAR/Marx Rn. 57). Dem steht die Entscheidung des BVerwG BeckRS 9998, 166949 nicht entgegen, da es dort um den Wiedererwerb der deutschen Staatsangehörigkeit geht. Nach VG Gießen BeckRS 2016, 43369 hat der Betroffene, wenn der **Beweis des ersten Anscheins** für den Antragserwerb der ausländischen Staatsangehörigkeit spricht, konkret und substantiiert Gegenargumente vorzutragen, welche einen abweichenden Geschehensablauf als hinreichend wahrscheinlich ansehen lassen (VG Köln BeckRS 2015, 54061; VG Karlsruhe BeckRS 2015, 55766).

3. Freiwilligkeit

Um zu gewährleisten, dass keine verbotene Entziehung der Staatsangehörigkeit iSv Art. 16 **25** Abs. 1 GG vorliegt, muss der Erwerb der ausländischen Staatsangehörigkeit **freiwillig** erfolgen. Er muss deshalb auf einem **selbstverantwortlichen, auf den Erwerb einer ausländischen Staatsangehörigkeit bezogenen freien Willensentschluss** beruhen (BVerfG BeckRS 9998, 47402; GK-StAR/Marx Rn. 50).

Ein **Antrag unter Druck** einer unmittelbaren Gefahr für Leib, Leben oder Freiheit ist keine **26** freie Willenserklärung isd Abs. 1 (Nr. 25.1.3 Abs. 2 StAR-VwV). Ebenso liegt keine freie Willenserklärung vor, wenn der Antrag auf Erwerb der ausländischen Staatsangehörigkeit aufgrund **arglistiger Täuschung oder Drohung** gestellt wurde. Dies folgt aus dem Rechtsgedanken der § 123 BGB, § 48 Abs. 2 S. 3 VwVfG (GK-StAR/Marx Rn. 51). So mangelt es am Erfordernis der Freiwilligkeit im Falle des Erwerbs einer anderen Staatsangehörigkeit aufgrund der durch die nationalsozialistische Judenverfolgung bedingten Zwangslage (OVG NRW BeckRS 1999, 22686; VG Berlin BeckRS 1993, 10326; HMHK/Hailbronner Rn. 11; BeckOK AuslR/Weber Rn. 11.1).

Erfolgt der **Erwerb der ausländischen Staatsangehörigkeit trotz vorheriger Rücknahme 26a des Antrags,** liegt jedenfalls keine Freiwilligkeit vor (VG Karlsruhe BeckRS 2015, 55766).

Nach OVG NRW BeckRS 1999, 22686, erfordert der freiwillige Erwerb einer ausländischen **27** Staatsangehörigkeit auch die **freiwillige Abwendung von der deutschen Staatsangehörigkeit.** Dies ist dann nicht gegeben, wenn – wie im entschiedenen Fall – die Aufnahme in die staatliche Schutzgemeinschaft faktisch aufgrund rassischer Gesetze nicht gegeben war, sodass der Betroffene sich notgedrungen einem fremden Staat zuwenden musste, um nicht ohne Schutz einer staatlichen Gemeinschaft zu sein (HMHK/Hailbronner Rn. 10).

Nicht jeder Druck allerdings verhindert die Freiwilligkeit und damit die Anwendung des Abs. 1. **28** **Nicht ausreichend** ist, dass eine Zwangslage es lediglich vernünftig erscheinen lässt, eine ausländische Staatsangehörigkeit anzunehmen. Dies würde dem Zweck der Vorschrift, die Mehrstaatigkeit zu vermeiden, zuwiderlaufen, da in zahlreichen Fällen der Erwerb einer anderen Staatsangehörigkeit mit Vorteilen behaftet ist, die für den Betroffenen durchaus existenzielle Ausmaße haben können (OVG NRW BeckRS 1998, 20210). Vielmehr muss sich der Betroffene in einer echten Notlage befinden (GK-StAR/Marx Rn. 53). Erst wenn dem Betroffenen im Blick auf den Erwerb einer ausländischen Staatsangehörigkeit keine Entscheidungsalternative mehr bleibt, tritt die Rechtsfolge des Verlustes der deutschen Staatsangehörigkeit nicht ein (BayVGH BeckRS 1999, 100015; GK-StAR/Marx Rn. 56).

Der Erwerb einer ausländischen Staatsangehörigkeit in den deutschen Ostgebieten hat wegen **29** eines fehlenden ausdrücklichen und freiwilligen Antrags nicht zum Verlust der deutschen Staatsangehörigkeit geführt (GK-StAR/Marx Rn. 58).

Der Betroffene muss nicht die deutsche Staatsangehörigkeit aufgeben wollen. Maßgeblich ist **30** der Wille des Erwerbs der ausländischen Staatsangehörigkeit. Der Verlust der deutschen Staatsangehörigkeit tritt deshalb auch ohne Aufgabewillen ein (BVerwG BeckRS 2008, 37090; BeckOK AuslR/Weber Rn. 14).

Ohne Bedeutung sind die **subjektiven Vorstellungen** des Betroffenen. Es ist nicht von Bedeu- **31** tung, ob und welche Vorstellungen sich der Betroffene über die Folgen der Willensbetätigung macht. Entscheidend ist ausschließlich, dass er den Willen äußert, die ausländische Staatsangehörigkeit zu erwerben. Nach BVerwG BeckRS 2000, 31349377 ist unerheblich, ob er auch mit Stellung des Antrags auf Erhalt der ausländischen Staatsangehörigkeit die deutsche Staatsangehörigkeit aufgeben will oder nicht (so auch Dörig MigrationsR-HdB § 2 Rn. 201).

Diese Auffassung ist nicht frei von Bedenken. § 25 geht davon aus, dass jemand, der eine ausländische **31.1** Staatsangehörigkeit anstrebt, damit zum Ausdruck bringt, keine Bindungen mehr zur deutschen Staatsangehörigkeit mehr zu haben. Es gibt aber keinerlei empirisch gesicherte Basis für diese Annahme. Wenn überhaupt, könnte hierin eine Regelvermutung gesehen werden, die aber widerlegt werden könnte. Auch im Hinblick auf Abs. 1 S. 2 erscheint diese Rigidität nicht nachvollziehbar, da nicht ersichtlich ist, weshalb bei Erwerb der Staatsangehörigkeit bestimmter Länder ein anderer Wille angenommen werden sollte (krit. auch GK-StAR/Marx Rn. 59).

32 Mindestvoraussetzung in subjektiver Hinsicht ist jedoch, dass der **Betroffene** im Zeitpunkt des Erwerbs der ausländischen Staatsangehörigkeit **wusste** oder – in engen Grenzen – hätte wissen müssen, **dass er die deutsche Staatsangehörigkeit besitzt** (BVerwG BeckRS 2008, 37090). Dies erfordert eine verfassungskonforme Auslegung der Vorschrift (BVerwG BeckRS 2010, 49813). An das **Kennenmüssen** sind nach Auffassung des BVerwG hohe Anforderungen zu stellen. Nicht gemeint ist hiermit die grob fahrlässige Unkenntnis, sondern vielmehr ein normativer Zurechnungszusammenhang, der der positiven Kenntnis nach Art und Gewicht objektiv gleichkommt. Der Betroffene muss nach BVerwG BeckRS 2008, 37090 **auf der Grundlage eines freien Willensentschlusses selbstverantwortlich darüber bestimmen** können, dass er mit der Entscheidung für eine ausländische Staatsangehörigkeit auch eine **Entscheidung über die deutsche Staatsangehörigkeit** trifft. Dies erfordert grundsätzlich die positive Kenntnis der deutschen Staatsangehörigkeit. Nur dann bringt der Antrag auf Erwerb der ausländischen Staatsangehörigkeit die den Verlust der deutschen Staatsangehörigkeit legitimierende selbstverantwortliche Entscheidung für die Hinwendung zur ausländischen Staatsangehörigkeit zum Ausdruck. Das BVerwG (BeckRS 2008, 37090) führt aus, dass Art. 16 Abs. 1 GG zwar nicht ausschließt, dass der Verlust der deutschen Staatsangehörigkeit auch bei Unkenntnis derselben eintritt. Dies erfordere dann aber eine eindeutige, die öffentlichen und privaten Interessen ausgleichende gesetzliche Regelung, welche § 25 nicht enthalte. Dies folgt auch daraus, dass anderenfalls der Betroffene keine Möglichkeit hätte, eine Beibehaltungsgenehmigung zu beantragen (BVerwG BeckRS 2010, 49813). Daraus folgt letztendlich, dass in der Regel nur die positive Kenntnis einen hinreichenden Zurechnungszusammenhang herstellen kann.

33 **Ausnahmsweise** kann auch ein **Kennenmüssen** der positiven Kenntnis gleichstehen, wenn der Besitz der deutschen Staatsangehörigkeit bei einer bewertenden Gesamtbetrachtung des konkreten Lebenssachverhalts im Zeitpunkt des Erwerbs der ausländischen Staatsangehörigkeit aufgrund tatsächlicher und rechtlicher Anhaltspunkte von hinreichendem Gewicht und Dichte offensichtlich und ihre Anerkennung ohne Weiteres zu erwarten ist (BVerwG BeckRS 2010, 49813). Bei Fehlen konkreter Anhaltspunkte für ein Verneinen der deutschen Staatsangehörigkeit durch die Bundesrepublik Deutschland ist nach Auffassung des BVerwG BeckRS 2010, 49813 die gesetzliche Folge des Verlustes der deutschen Staatsangehörigkeit hinreichend erkennbar, um eine selbstverantwortliche Entscheidung annehmen zu können. Für die Frage des entscheidenden Begriffs der **Offensichtlichkeit** ist auf das Erkenntnisvermögen und die Erkenntnismöglichkeiten eines unvoreingenommenen, mit den in Betracht kommenden Umständen des konkreten Falls vertrauten und verständigen Beobachters in der Lebenssituation des Betroffenen abzustellen. Kann danach in der konkreten Situation ohne Weiteres angenommen werden, dass die deutsche Staatsangehörigkeit besteht, ist die tatsächliche Unkenntnis unerheblich und der Betroffene ist so zu behandeln, als hätte er positive Kenntnis vom Besitz der deutschen Staatsangehörigkeit gehabt (BVerwG BeckRS 2010, 49813). Nach hiesiger Auffassung ist dies aber im Hinblick auf Art. 16 Abs. 1 GG sehr restriktiv zu handhaben, wie sich auch aus BVerwG BeckRS 2008, 37090 ergibt (→ Rn. 32).

34 Offengelassen hat das BVerwG bisher die Frage, ob **Erklärungsirrtümer** den Verlust der deutschen Staatsangehörigkeit ausschließen. Als unerheblich hat die Rechtsprechung angesehen, dass eine ursprünglich türkische, eingebürgerte deutsche Staatsangehörige einen ihr vom Ehemann vorgelegten türkischen Wiedereinbürgerungsantrag unterschreibt, ohne diesen zu lesen oder zu verstehen (NdsOVG BeckRS 2014, 55193). Allerdings wird mit GK-StAR/Marx Rn. 62 ff. davon auszugehen sein, dass ein wesentlicher Irrtum vorliegen dürfte, wenn, wie bis 2004 geschehen, dem Entlassungsformular seitens der türkischen Behörden zugleich ein Wiedereinbürgerungsformular untergeschoben wird, ohne über den doppelten Antragsinhalt zu informieren. Hier wird es am nach § 119 Abs. 1 BGB notwendigen Erklärungsbewusstsein fehlen. Voraussetzung ist aber, dass der Irrtum noch im Zeitpunkt des wirksamen Erwerbs der ausländischen Staatsangehörigkeit vorliegt. Wer also rechtzeitig vor Wirksamwerden des ausländischen Staatsangehörigkeitserwerbs Kenntnis vom Antrag erhält, zB durch Aushändigung einer Einbürgerungsurkunde, muss alles tun, um den Erwerb zu verhindern (so auch GK-StAR/Marx Rn. 63 ff.; BeckOK AuslR Rn. 14).

35 **Rechtsirrtümer** sind grundsätzlich unbeachtlich (BVerwG BeckRS 2008, 37090; VG Köln BeckRS 2014, 55988). Glaubt jemand fälschlicherweise, neben der deutschen Staatsangehörigkeit unter bestimmten Voraussetzungen auch eine andere Staatsangehörigkeit erwerben zu können, so ist dieser Irrtum unbeachtlich (VG Darmstadt BeckRS 2014, 53392; zu den sonstigen Willensmängeln → Rn. 26).

4. Antrag

Der Erwerb der ausländischen Staatsangehörigkeit muss nach dem Wortlaut des Abs. 1 S. 1 auf **36** einem **Antrag** beruhen, wobei dies nach Nr. 25.1.3 StAR-VwV jede freie Willensbetätigung, die unmittelbar auf den Erwerb einer ausländischen Staatsangehörigkeit gerichtet ist, sein kann. Schriftform ist nicht notwendig (BeckOK AuslR/Weber Rn. 8).

Voraussetzung ist, dass die **Willenserklärung auf den Erwerb der anderen Staatsangehö- 37 rigkeit gerichtet** ist. Eine rein deklaratorische Bestätigung eines kraft Gesetzes eingetretenen Staatsangehörigkeitserwerbs ist nicht ausreichend (GK-StAR/Marx Rn. 69 mwN). Nach OVG NRW BeckRS 2013, 46255 hat ein Antrag, der keine ursächliche Wirkung auf den Erwerb der anderen Staatsangehörigkeit hat, weil diese bereits kraft Gesetzes erworben wurde, nicht den Verlust der deutschen Staatsangehörigkeit zur Folge.

Ausreichend ist der wirksame Erwerb der anderen Staatsangehörigkeit nach Ausübung eines **38 Optionsrechts** (OVG NRW BeckRS 1994, 07989 zum schweizerischen Recht). Auch ein erfolgreicher **Antrag auf Wiederherstellung** der anderen Staatsangehörigkeit ist ausreichend (VGH BW BeckRS 2003, 25451 zum sowjetischen Recht). Weiter ist der erfolgreiche Widerruf der Ausbürgerung ausreichend (BeckOK AuslR/Weber Rn. 7). Ebenso eine die **Erwerbswirkung entfaltende Registrierung** (BeckOK AuslR/Weber Rn. 7). Auch ein erfolgreicher Antrag auf **Wiedereinbürgerung** genügt (VG Köln BeckRS 2014, 55988 zum mexikanischen Recht). Die **Annahme der ausländischen Staatsangehörigkeit des Ehegatten** aufgrund eines Antrags ist ebenfalls ausreichend (HMHK/Hailbronner Rn. 14a; BeckOK AuslR/Weber Rn. 7). VG Gießen BeckRS 2016, 43369 genügt die Erklärung eines deutschen Sportlers armenischer Herkunft, der für Armenien an Wettbewerben teilnehmen möchte und dafür zwingend die ausländische Staatsangehörigkeit annehmen muss, der Erwerb der Staatsangehörigkeit durch **Ableistung eines Treueides** für Armenien.

Kein Antrag liegt hingegen vor, **wenn die ausländische Staatsangehörigkeit kraft Geset- 39 zes** (zB durch Geburt, Eheschließung oder Einwanderung) **erworben** wird. Daran ändert auch ein nicht ausgeübtes Ausschlagungs- oder Verzichtsrecht nichts (Nr. 25.1.1 Abs. 6 StAR-VwV; OVG NRW BeckRS 1999, 22686 zum Erwerb der israelischen Staatsangehörigkeit durch Bewohner des palästinensischen Mandatsgebiets mit Gründung des Staates Israel).

Ebenso liegt kein Antrag vor, wenn lediglich ein **Antrag auf Erteilung von Ausweispapieren 40** gestellt wird, da dieser nicht auf den Erwerb der Staatsangehörigkeit gerichtet ist, sondern dessen Besitz voraussetzt (VGH BW BeckRS 2003, 25451). **Nicht ausreichend** ist weiter der Erwerb der türkischen Staatsangehörigkeit eines Kindes als unmittelbare **Folge des** Erwerbs der türkischen Staatsangehörigkeit aufgrund **Antrags der Eltern** (BayVGH BeckRS 2008, 28410). Ebenso genügt die kraft Gesetzes erfolgte **Miteinbürgerung der Ehefrau** des die österreichische Staatsangehörigkeit beantragenden Ehemannes nicht, selbst wenn diese ihr Einverständnis erklärt hat (BeckOK AuslR/Weber Rn. 7.1). **Streitig** ist die Rechtslage hinsichtlich der **Niederlassung in Israel** (ablehnend OVG NRW BeckRS 2013, 46255, wonach der Erwerb der israelischen Staatsangehörigkeit kraft Gesetzes eintritt; bejahend BayVGH BeckRS 2001, 26691, da die Einbürgerung aufgrund eines Einwanderungsantrags, der die Einbürgerung zur Folge hat, erfolgt ist).

Ob ein Antrag auf Erwerb der ausländischen Staatsangehörigkeit vorliegt, muss anhand der **40a** Umstände des Einzelfalls ermittelt werden. Dabei sind sämtliche Erkenntnismittel heranzuziehen, was nicht nur staatsangehörigkeitsrechtliche Dokumente sein müssen. Letztendlich haben die Behörden bzw. das Gericht sich Überzeugung vom Antragserwerb der ausländischen Staatsangehörigkeit zu verschaffen.

5. Antrag durch den gesetzlichen Vertreter

Der Verlust der deutschen Staatsangehörigkeit für den gesetzlich Vertretenen kann nur dann **41** eintreten, wenn für diesen auch ein Antrag auf Erwerb der ausländischen Staatsangehörigkeit vom gesetzlichen Vertreter gestellt wurde. Bei minderjährigen Kindern ist der **Antrag von beiden sorgeberechtigten Elternteilen** zu stellen. § 37 Abs. 1 S. 1 ist somit nicht anzuwenden (→ § 37 Rn. 5).

Ein Antrag für das Kind ist auch dann Voraussetzung, wenn den Eltern bewusst ist, dass der **42** eigene Antrag kraft Gesetzes zum Erwerb der ausländischen Staatsangehörigkeit auch für die minderjährigen Kinder führt. **Fehlt der Antrag für die Kinder, tritt kein Verlust der deutschen Staatsangehörigkeit für diese ein.** Hierzu führt BVerwG BeckRS 9998, 46267 aus: „Wollen die Eltern vermeiden, dass ihr Kind die deutsche Staatsangehörigkeit verliert, müssen sie davon absehen, den Erwerb einer fremden Staatsangehörigkeit für das Kind zu beantragen. Sie brauchen aber nicht von ihrer eigenen Einbürgerung in einen fremden Staat Abstand zu nehmen, und zwar auch dann nicht, wenn diese die gesetzliche Wirkung hat, dass ihr Kind ebenfalls die fremde Staatsangehörigkeit erlangt. Sie sind ferner nicht gehalten, ihren Einbürgerungsanträgen einen Vorbehalt für das Kind beizufügen. Nach dem Ausgeführten lässt das Gesetz ein Untätigbleiben genügen, wenn die Eltern den Verlust der deutschen Staatsangehörigkeit des Kindes vermeiden wollen. Es verlangt nicht kein positives Handeln, das sich gegen den Erwerb einer fremden Staatsangehörigkeit wendet." Ein ganz bewusstes Handeln zugunsten des Kindes in dem Sinne, dass dieses sowohl die ausländische Staatsangehörigkeit erwirbt als auch die deutsche Staatsangehörigkeit behält, wird somit seitens des Gesetzgebers hingenommen.

42.1   Zurecht führt HMHK/Hailbronner Rn. 19–26 kritisch aus, dass es bei einem Staatsangehörigkeitserwerb kraft Gesetzes für das Kind keinen Unterschied machen dürfe, ob ein wirkungsloser Antrag für das Kind gestellt wurde oder nicht. Der Erwerb erfolgt in jedem Fall nicht freiwillig und kann deshalb vor dem Hintergrund von Art. 16 Abs. 1 GG nicht zum Verlust der deutschen Staatsangehörigkeit führen.

43   Die Eltern eines betroffenen Minderjährigen müssen **beide gemeinsam für sich und zeitgleich für das Kind** den Antrag auf Erwerb der ausländischen Staatsangehörigkeit stellen und aufgrund des Erwerbs der ausländischen Staatsangehörigkeit die deutsche Staatsangehörigkeit auch verlieren. Nur dann ist der Verlust der deutschen Staatsangehörigkeit für das minderjährige Kind nach Art. 7 Abs. 2 EUStAÜb zulässig. Behält einer der Eltern – und zwar unabhängig vom Sorgerecht – die deutsche Staatsangehörigkeit, behält auch das Kind diese (so auch NK–AuslR/ Geyer Rn. 15; GK–StAR/Marx Rn. 90 ff.).

44   Nicht ausreichend für einen Antrag ist die **Aufführung des Kindes im Formantrag der Eltern** auf Erwerb der ausländischen Staatsangehörigkeit, da dies keine Willensäußerung für das Kind, sondern nur die Darlegung der familiären Verhältnisse darstellt, welche wahrheitsgemäß erfolgen muss (BVerwG BeckRS 9998, 46267; NK–AuslR/Geyer Rn. 15).

45   Kein Antrag ist ebenfalls die Beantragung von Dokumenten für das Kind, welche einen zuvor erfolgten Erwerb der ausländischen Staatsangehörigkeit voraussetzen. Das bloße **Gebrauchmachen von einer kraft Gesetzes erworbenen Staatsangehörigkeit** stellt keinen antragsgemäßen Erwerb derselben dar (BVerwG BeckRS 9998, 46267; NK–AuslR/Geyer Rn. 15).

45a   **Zu weitgehend** ist nach hiesiger Auffassung BVerwG BeckRS 1985, 31240060, wonach für einen Antrag jede Willensbetätigung des Elternteils ausreichend ist, die erkennen lässt, dass er mit seiner eigenen Einbürgerung auch diejenige des Kindes herbeiführen will (aA BeckOK AuslR/ Weber Rn. 16). Zwar ist korrekt, dass es auf die Form des Antrags nicht ankommt. Es ist aber jedenfalls ein Antrag zu stellen. Darunter fällt nach hiesiger Auffassung eine etwaige bloße Zustimmung nicht.

46   Weiter müssen nach Abs. 1 S. 1 für den Verlust der deutschen Staatsangehörigkeit die **Voraussetzungen des § 19** vorliegen. Erforderlich ist somit die **Genehmigung durch das Familiengericht.** Wird der Antrag auf Erwerb der anderen Staatsangehörigkeit aber vom allein sorgeberechtigten Elternteil gleichzeitig für sich und für das Kind gestellt, ist nach Abs. 1 S. 1 iVm § 19 Abs. 2 die familiengerichtliche Genehmigung nicht erforderlich, um den Verlust der deutschen Staatsangehörigkeit hervorzurufen. Gleiches gilt, wenn das elterliche Sorgerecht beiden Elternteilen zusteht und beide Elternteile gleichzeitig für sich und für das Kind den Erwerb der ausländischen Staatsangehörigkeit beantragen (BVerfG BeckRS 2012, 55229; ebenso BeckOK AuslR/ Weber Rn. 15). Zu den Einzelheiten wird auf die diesbezügliche Kommentierung verwiesen (→ § 19 Rn. 7 ff.).

47   Maßgeblicher **Zeitpunkt für das Vorliegen der familiengerichtlichen Genehmigung** ist derjenige des Erwerbs der ausländischen Staatsangehörigkeit. Eine nachträgliche Genehmigung ist nicht möglich. Liegen zu diesem Zeitpunkt die Voraussetzungen des § 19 nicht vor, führt der Erwerb der ausländischen Staatsangehörigkeit für das Kind nicht zum Verlust der deutschen Staatsangehörigkeit (OLG Hamm BeckRS 9998, 30039; NK–AuslR/Geyer Rn. 16; GK–StAR/Marx Rn. 84). Die Genehmigung wird erteilt, wenn der Wechsel der Staatsangehörigkeit dem Kindeswohl entspricht.

II. Wegfall des Inlandsprivilegs

1. Rechtslage

48   Bis zum 31.12.1999 galt nach § 25 Abs. 1 aF, dass derjenige, der im Inland seinen Wohnsitz oder dauernden Aufenthalt hatte, die deutsche Staatsangehörigkeit trotz Erwerbs einer ausländischen Staatsangehörigkeit auf Antrag nicht verlor, sofern der Verlust nicht bereits aufgrund von Art. 1 MehrStaatÜbk eingetreten ist. Diese Privilegierung wurde mit dem Staatsangehörigkeitsreformgesetz (v. 15.7.1999, BGBl. I 1618) aufgehoben. Diese Regelung ist in Altfällen nach wie vor relevant und zu beachten (§ 4).

Grund für die Aufhebung der Regelung war die häufige Praxis, nach erfolgter Einbürgerung **49** die zuvor erforderliche Ausbürgerung sanktionslos rückgängig zu machen. Dieser Praxis sollte im Hinblick auf die gewünschte Vermeidung von Mehrstaatigkeit durch die Gesetzesänderung der Boden entzogen werden.

Maßgeblicher Zeitpunkt für die Frage, ob das Privileg anzuwenden ist, ist der Zeitpunkt des **50** Erwerbs der ausländischen Staatsangehörigkeit (VG Köln BeckRS 2020, 34260). War diese bis zum 31.12.1999 erfolgt, führte dies unter den genannten Voraussetzungen nicht zum Verlust der deutschen Staatsangehörigkeit. Erfolgte der Erwerb danach, führte dies unabhängig von der Frage, wann der Antrag auf Erwerb der ausländischen Staatsangehörigkeit erfolgte und ob der Erwerb noch zu verhindern war, zum Verlust der deutschen Staatsangehörigkeit. Die Übergangsfrist zwischen der Verkündung und dem Inkrafttreten war nach Auffassung des BVerfG (BeckRS 2007, 20177) ausreichend, um sich auf die neue Rechtslage einzustellen. Dabei ist es **unerheblich, ob der Antrag auf Erwerb der ausländischen Staatsangehörigkeit vor Inkrafttreten der Neuregelung erfolgt ist.** Dies ergibt sich aus dem klaren Wortlaut der Vorschrift. Insbesondere ist hierin keine Entziehung der deutschen Staatsangehörigkeit nach Art. 16 Abs. 1 GG zu sehen. Den Erwerb der anderen Staatsangehörigkeit hatte der Betroffene in der Hand, da hierfür ein Antrag erforderlich ist (BVerfG BeckRS 2007, 20177; BeckOK AuslR/Weber Rn. 4).

2. Wohnsitz

Die Frage, ob ein deutscher Wohnsitz bestand, richtet sich dabei nach § 7 Abs. 1 BGB (BVerfG **51** BeckRS 9998, 47402). Danach begründet derjenige, der sich an einem Ort niederlässt, an diesem Ort seinen Wohnsitz. Dieser kann nach § 7 Abs. 2 BGB auch an mehreren Orten gleichzeitig bestehen. Nach § 7 Abs. 3 BGB wird der Wohnsitz aufgehoben, wenn die Niederlassung mit dem Willen aufgehoben wird, sie aufzugeben. Die **Wohnsitzbegründung** setzt deshalb **in objektiver Hinsicht** eine Niederlassung in dem Sinne voraus, dass der Schwerpunkt der Lebensverhältnisse am Ort der Aufenthaltnahme gebildet wird. **Subjektiv** ist der Wille erforderlich, den Schwerpunkt der Lebensverhältnisse dort dauernd beizubehalten. Eine eigene Wohnung oder ein eigenes Zimmer ist nicht erforderlich. Ausreichend ist ein Hotelzimmer.

Bei **mehreren Wohnsitzen** gem. § 7 Abs. 2 BGB muss die betreffende Person an mehreren **52** Orten gleichmäßig Schwerpunkte ihrer Lebensbeziehungen haben (BVerwG BeckRS 9998, 164144; OVG NRW BeckRS 2018, 4446).

Die **Aufgabe des Wohnsitzes** nach § 7 Abs. 3 BGB ist gegeben, wenn die Niederlassung **53** tatsächlich aufgegeben wird und der Betroffene den Ort nicht mehr als Schwerpunkt der Lebensverhältnisse beibehalten will, was nach den konkreten Umständen des Einzelfalls zu ermitteln ist. Eine meldebehördliche Abmeldung allein begründet keine Rechtsvermutung nach § 7 Abs. 3 BGB, ist aber ein Indiz hierfür.

Ein Studierender begründet nach Auffassung des BVerfG (BeckRS 9998, 47402) regelmäßig **54** **keinen Wohnsitz am Studienort**, da es am Willen mangelt, sich dort ständig niederzulassen.

3. Dauernder Aufenthalt

Der **dauernde Aufenthalt** ist in der Regel mit dem Wohnsitz (→ Rn. 51) identisch, erfordert **55** aber **keinen rechtserheblichen Niederlassungswillen,** sondern ist allein nach den tatsächlichen Verhältnissen zu beurteilen und stellt somit auf den natürlichen Willen ab (NK-AuslR/Geyer Rn. 18). Damit waren auch **Geschäftsunfähige und beschränkt Geschäftsfähige** geschützt, da diesen der Niederlassungswille fehlen kann.

Der Begriff des dauernden Aufenthalts ist nicht identisch mit dem Begriff des gewöhnlichen **56** Aufenthalts iSd § 4 Abs. 3 S. 1 (s. hierzu → § 4 Rn. 49). Der dauernde Aufenthalt beinhaltet einen natürlichen Willen zum Aufenthalt auf unbestimmte Dauer (GK-StAR/Marx Rn. 156 f.).

4. Inland

Was als Inland iSd Abs. 1 aF galt, war nicht bestimmt und unterlag dem Wandel. **57**

Bis zum Inkrafttreten des Warschauer Vertrags v. 7.12.1970 am 3.6.1972 ging die überwie- **58** gende Ansicht davon aus, dass sich der Inlandsbegriff des § 25 Abs. 1 RuStAG 1913 auf das Gebiet des Deutschen Reichs in den Grenzen v. 31.12.1937 bezog (BVerwG BeckRS 1999, 30058151; GK-StAR/Marx Rn. 173). Damit ist bei Erwerb einer ausländischen Staatsangehörigkeit bis zum 2.6.1972 von diesem Inlandsbegriff auszugehen.

59   Umstritten war der Begriff für Erwerbsfälle **zwischen dem 3.6.1972 und dem 2.10.1990.**
Einerseits wurde seitens der Bundesregierung die Auffassung vertreten, dass die Gebiete außerhalb
des Staatsgebiets der Bundesrepublik und der DDR nicht mehr als Inland iSd Abs. 1 aF angesehen
werden konnten. Andererseits vertrat das BVerfG die Auffassung, die Warschauer Verträge hätten
nicht zu einer Änderung der Staatsangehörigkeit der in den Gebieten östlich von Oder und
Neiße lebenden Deutschen geführt, da diese keine auf Fragen der Staatsangehörigkeit abzielende
Bestimmungen enthalten hätten (BVerfG NJW 1975, 2287). Auszugehen war aber wohl von einem
funktionalen Inlandsbegriff, wonach die Verknüpfung mit den deutschen Lebensverhältnissen in
einem Gebiet, das als fortbestehender Teil des politischen Gesamtverbands Deutschland angesehen
werden konnte, maßgeblich war. Seit der Anerkennung der Gebietshoheit Polens und der Sowjetunion sowie der Aufgabe der Gebietsansprüche seitens der Bundesrepublik fehlte es bezüglich der
ehemaligen Ostgebiete an dieser Voraussetzung (so auch GK-StAR/Marx Rn. 174 ff.; NK-AuslR/
Geyer Rn. 19). Das Staatsgebiet der DDR war aber stets Inland iSd Abs. 1 aF (NK-AuslR/Geyer
Rn. 19).

60   Ab **Inkrafttreten des Einigungsvertrags am 3.10.1990** galt als Inland unzweifelhaft das
Gebiet der Bundesrepublik Deutschland.

5. MehrStaatÜbk

61   Ohne Bedeutung war die Inlandsklausel in den Fällen, in welchen der Verlust der deutschen
Staatsangehörigkeit bereits aufgrund von Art. 1 MehrStaatÜbk eingetreten war. Das Übereinkommen wurde zum 21.12.2002 seitens der Bundesrepublik gekündigt.

62   Danach verloren volljährige Staatsangehörige ohne Berücksichtigung der Inlandsklausel bei
Erwerb der Staatsangehörigkeit eines der Vertragsstaaten unweigerlich die deutsche Staatsange-
rigkeit. Auch eine **Beibehaltungsgenehmigung war ausgeschlossen** (Art. 1 Abs. 1 MehrStaatÜbk). Dasselbe galt für Minderjährige bei ordnungsgemäßer Vertretung. Zudem verloren Minderjährige, die aufgrund des Erwerbs einer ausländischen Staatsangehörigkeit durch die Eltern kraft
Gesetzes ebenfalls diese Staatsangehörigkeit erworben haben, ebenfalls die deutsche Staatsange-
rigkeit.

63   Der Verlust trat aber bei einem Wohnsitz oder dauernden Aufenthalt im Inland nur bei Erwerb
der ausländischen Staatsangehörigkeit **ab dem 1.1.1975** ein, da zuvor die Bundesrepublik einen
Vorbehalt nach Art. 8 Abs. 1 MehrStaatÜbk geltend gemacht hatte, wonach die Inlandsklausel
galt. Dieser wurde zum oben genannten Datum zurückgenommen.

III. Ausnahmen (Abs. 1 S. 2)

64   Die Vorschrift wurde durch das Gesetz zur Umsetzung aufenthalts- und asylrechtlicher Richtlinien der Europäischen Union (v. 19.8.2007, BGBl. I 1970) eingefügt. Danach tritt der Verlust
der deutschen Staatsangehörigkeit nicht ein, wenn der Betroffene die **Staatsangehörigkeit eines
anderen Mitgliedstaats der Europäischen Union, der Schweiz oder eines Staates erwirbt,
mit dem die Bundesrepublik Deutschland einen völkerrechtlichen Vertrag nach § 12
Abs. 3** abgeschlossen hat. Laut Gesetzesbegründung wird damit eine Regelung getroffen, mit der
Deutsche bei Erwerb der Staatsangehörigkeit eines EU-Mitgliedstaates, der Staatsangehörigkeit der
Schweiz oder eines aufgrund völkerrechtlichen Vertrages gleichgestellten Staates vom bisherigen
Erfordernis einer kostenpflichtigen Beibehaltungsgenehmigung befreit werden. Dies ist eine zu
§ 12 Abs. 2 und Abs. 4 spiegelbildliche Regelung für Deutsche. Damit wird eine Regelungslücke
geschlossen, die durch die Einräumung eines gesetzlichen Anspruchs auf Einbürgerung von Unionsbürgern und Gleichgestellten unter generellem Fortbestehen ihrer bisherigen Staatsangehörigkeit entstanden ist (BT-Drs. 16/5065).

65   Der Vorschrift vorausgegangen war die Rechtsprechung des BVerwG, wonach bei Erwerb der
Staatsangehörigkeit eines anderen Mitgliedstaates der EU dann Mehrstaatigkeit hinzunehmen war,
wenn dies auf Gegenseitigkeit beruhte, also auch der andere Mitgliedstaat bei Einbürgerung in
die deutsche Staatsangehörigkeit Mehrstaatigkeit hingenommen hat (BVerwG BeckRS 2004,
23952 zu § 87 Abs. 2 AuslG aF).

66   Nach der nunmehr geltenden Rechtslage kommt es auf die Gegenseitigkeit nicht mehr an.
Auch wenn nach der Gesetzeslage des anderen Mitgliedsstaates der Europäischen Union bei Einbürgerung in die deutsche Staatsangehörigkeit der Verlust der anderen Staatsangehörigkeit erfolgen
sollte, tritt diese Rechtsfolge im umgekehrten Fall nach Abs. 1 S. 2 nicht ein.

67   Die Vorschrift findet sowohl auf Deutsche als auch auf **Statusdeutsche** Anwendung. Wenn
der belastende Teil der Vorschrift nach Abs. 1 S. 1 Anwendung auf Statusdeutsche findet, ist nach

dieser Systematik auch die privilegierende Ausnahmevorschrift des Abs. 1 S. 2 auf sie anzuwenden (so auch GK-StAR/Marx Rn. 210).

Entsprechend Abs. 1 S. 1 betrifft S. 2 nur den Antragserwerb. Anderenfalls ist bereits der **68** Anwendungsbereich der Norm nicht eröffnet.

Maßgeblicher Zeitpunkt für die Frage, ob der andere Staat Mitgliedstaat der Europäischen **69** Union oder ein sonstiger Vertragsstaat ist, ist derjenige des Erwerbs der anderen Staatsangehörigkeit.

Das **Vereinigte Königreich Großbritannien und Nordirland** ist seit dem 1.2.2020 nicht **69a** mehr Mitglied der EU. Damit endete die Privilegierung nach Abs. 1 S. 2, welche zuvor gegolten hat, zu diesem Zeitpunkt. Allerdings sah Art. 126 BrexitAbk (Abkommen über den Austritt des Vereinigten Königreichs Großbritannien und Nordirland aus der Europäischen Union und der Europäischen Atomgemeinschaft v. 24.1.2020, ABl. 2020 L 29, 7) einen Übergangszeitraum bis zum 31.12.2020 vor, in welchem das Vereinigte Königreich einem Mitglied der EU weitgehend gleichgestellt ist. Das auf diesem Abkommen beruhende BrexitÜG (Gesetz für den Übergangszeitraum nach dem Austritt des Vereinigten Königreichs Großbritannien und Nordirland aus der Europäischen Union v. 27.3.2019, BGBl. I 402) sieht in § 3 Abs. 2 BrexitÜG vor, dass Deutsche, die vor Ablauf des Übergangszeitraums, somit bis spätestens 31.12.2020 einen Antrag auf Einbürgerung im Vereinigten Königreich Großbritannien und Nordirland gestellt haben, die deutsche Staatsangehörigkeit nicht nach Abs. 1 verlieren, auch wenn sie die britische Staatsangehörigkeit erst nach dem Übergangszeitraum, somit nach dem 31.12.2020 erhalten.

Was dabei **unter Antragstellung zu verstehen ist,** erläutert die Vorschrift nicht. Allerdings **69b** ergibt sich aus der Zusammenschau mit § 3 Abs. 1 BrexitÜG, dass nicht zu fordern ist, dass sämtliche Voraussetzungen für die Einbürgerung vor Ablauf des Übergangszeitraums erfüllt sein mussten, da dies im umgekehrten Fall des Erwerbs der deutschen Staatsangehörigkeit ausdrücklich so geregelt ist. Auch aus der Gesetzesbegründung (BR-Drs 424/18; BT-Drs 19/5313) ergibt sich nichts Gegenteiliges. Die einfache Antragstellung auch ohne für die Einbürgerung notwendigen Unterlagen muss deshalb nach hiesiger Auffassung ausreichen. Die strengeren Voraussetzungen des § 3 Abs. 1 BrexitÜG können nicht gefordert werden.

Sicher ist den Betroffenen **in jedem Fall die Beantragung einer Beibehaltungsgenehmi- 69c gung** nach Abs. 2 (→ Rn. 71) anzuraten, um den ungewollten Verlust der deutschen Staatsangehörigkeit und der Unionsbürgerschaft zu vermeiden. Eine nachträgliche Beibehaltungsgenehmigung nach erfolgter Einbürgerung in das Vereinigte Königreich ist ausgeschlossen (→ Rn. 75).

Kaum nachvollziehbar ist der **Ausschluss der EWR-Staaten** Norwegen, Island und Lichten- **70** stein in Abs. 1 S. 2, zumal diese der Europäischen Union in vielem näher stehen als die Schweiz (NK-AuslR/Geyer Rn. 20). Dennoch ist eine analoge Anwendung angesichts des eindeutigen Wortlauts ausgeschlossen, da dies eine autonome Entscheidung des Gesetzgebers ist und der Bundesrepublik Deutschland nach Abs. 1 S. 2 explizit über § 12 Abs. 3 offen steht. Der einzige Weg führt somit über die Erteilung einer Beibehaltungsgenehmigung. Es ist kaum ein Fall denkbar, der gegen ein öffentliches Interesse der Bundesrepublik Deutschland an der Beibehaltung sprechen könnte (GK-StAR/Marx Rn. 217).

Weitergehend NK-AuslR/Geyer Rn. 20, der die Konstruktion einer Genehmigungsfiktion nach Abs. 2 **70.1** vorschlägt, wonach eine Beibehaltungsgenehmigung als erteilt zu gelten hätte. Nach hiesiger Auffassung gibt dies der Wortlaut der Vorschrift aber nicht her.

Maßgeblicher Zeitpunkt für die Frage der Privilegierung ist der Zeitpunkt des Beitritts **70a** des jeweiligen Staates zur EU. Dies ist den Bekanntmachungen im BGBl. II zu entnehmen (Bsp. für die Tschechische Republik, die Republik Estland, die Republik Zypern, die Republik Lettland, die Republik Litauen, die Republik Ungarn, die Republik Malta, die Republik Polen, die Republik Slowenien und die Slowakische Republik BGBl. II 2009, 1223).

Die **Kritik an dieser Privilegierung,** welche BeckOK AuslR/Weber Rn. 22 und § 12 **70b** Rn. 31 ff. **äußert, wird hier nicht geteilt.** Bei allen zugegebenermaßen möglicherweise entstehenden Problemen, welche eine mehrfache Staatsangehörigkeit in einigen Fällen mit sich bringen kann, überwiegt doch bei Weitem der grundlegende Gedanke, dass die verschiedenen Nationalitäten innerhalb der EU zusammenwachsen sollen. Gerade die in vergangener Zeit zu beobachtenden Tendenzen des erneuten Auflebens des Nationalismus auch innerhalb der EU zeigt, wie wichtig eine europäische Identität ist, die gerade dadurch, dass sich EU-Bürger nicht für eine Nationalität entscheiden müssen, gestärkt wird.

IV. Beibehaltungsgenehmigung (Abs. 2)

1. Allgemeines

71   Wer vor der Einbürgerung in eine andere Staatsangehörigkeit die Genehmigung zur Beibehaltung der deutschen Staatsangehörigkeit erhalten hat, verliert entgegen Abs. 1 S. 1 die deutsche Staatsangehörigkeit nicht. **Zweck der Vorschrift** ist, den deutschen Staatsangehörigen vor dem Verlust der deutschen Staatsangehörigkeit zu schützen (BVerwG BeckRS 2008, 37090).

72   Vor der Änderung der Vorschrift durch das Gesetz zur Reform des Staatsangehörigkeitsrechts v. 15.7.1999 (BGBl. I 1618) wurde die Vorschrift extrem restriktiv angewandt, da der damals anerkannte Zweck der Norm die Verhinderung der Mehrstaatigkeit war. Berücksichtigung fanden ausschließlich öffentliche Interessen. Die Interessen des Betroffenen waren nicht zu prüfen. Nur ganz ausnahmsweise wurde vom Grundsatz der Vermeidung der Mehrstaatigkeit abgewichen, wenn schwerwiegende Gründe in der Person des Antragstellers für die Beibehaltung der deutschen Staatsangehörigkeit vorlagen.

73   Wie sich aus der Gesetzesbegründung (BT-Drs. 14/533) ergibt, hatte man erkannt, dass diese Regelung zu restriktiv war. Es sollte nicht mehr vorrangig auf die öffentlichen Interessen an der Beibehaltung der deutschen Staatsangehörigkeit abgestellt werden, sondern der individuelle Aspekt der fortbestehenden Bindung des Antragstellers an Deutschland sollte in den Vordergrund gerückt werden. Während also bisher nur bei Erwerb einer ausländischen Staatsangehörigkeit im Rahmen einer Zwangslage eine Beibehaltungsgenehmigung erteilt wurde, wird nunmehr eine **Abwägung zwischen den öffentlichen und den privaten Interessen** vorgenommen (→ Rn. 78 ff.), wobei bei im Ausland lebenden Deutschen die individuellen Aspekte Vorrang haben sollen.

74   Weiter sollte laut Gesetzesbegründung (BT-Drs. 14/533) mit der Neuregelung auch die **Situation von im islamischen Rechtskreis lebenden deutschen Frauen** verbessert werden, um ihnen einerseits zu ermöglichen, die Staatsangehörigkeit des Aufenthaltsstaates zur Vermeidung von Nachteilen zu erwerben, andererseits aber die Möglichkeit aufrecht zu erhalten, nach Deutschland zurückkehren zu können (GK-StAR/Marx Rn. 229).

2. Maßgeblicher Zeitpunkt

75   Die Beibehaltungsgenehmigung muss **vor der Wirksamkeit des Erwerbs der anderen Staatsangehörigkeit zugestellt** sein (insofern ungenau Dörig MigrationsR-HdB § 2 Rn. 205, der den Erhalt der Beibehaltungsgenehmigung zum Zeitpunkt der Einbürgerung als ausreichend ansieht). **Nicht ausreichend** ist eine vorherige Antragstellung auf Erteilung der Beibehaltungsgenehmigung. Die Antragstellung bedarf keiner Form (Nr. 25.2.1 VAH-StAG).

76   Nicht maßgeblich ist der Zeitpunkt des Antrags auf Erwerb der ausländischen Staatsangehörigkeit (GK-StAR/Marx Rn. 245; NK-AuslR/Geyer Rn. 22).

77   Eine **spätere Zustellung** verhindert den Verlust der deutschen Staatsangehörigkeit nicht. Dabei kommt es hinsichtlich des Erwerbs der ausländischen Staatsangehörigkeit ausschließlich auf das ausländische Recht an. So ist zB nach südafrikanischem Recht nicht der Zeitpunkt der Aushändigung der Einbürgerungsurkunde, sondern derjenige der Ausstellung derselben maßgeblich. Wird die Beibehaltungsgenehmigung in diesem Fall erst nach der Ausstellung, aber vor der Aushändigung der Einbürgerungsurkunde zugestellt, verliert der Antragsteller die deutsche Staatsangehörigkeit (OVG NRW BeckRS 2000, 22792).

3. Ermessensausübung

78   Erforderlich ist nunmehr eine **Ermessensentscheidung** der zuständigen Behörde (S. 3). Abzuwägen sind die öffentlichen und privaten Belange. Das Gesetz führt in S. 4 als einzige Abwägungsvorgabe auf, dass bei einem Antragsteller, der seinen gewöhnlichen Aufenthalt im Ausland hat, insbesondere fortbestehende Bindungen an Deutschland zu berücksichtigen sind.

79   **Öffentliche und private Belange sind grundsätzlich gleichwertig.** Seitens des Staates liegt das Primärinteresse nach wie vor in der Vermeidung von Mehrstaatigkeit, aufseiten des Betroffenen ist das vorrangige Interesse die Beibehaltung der deutschen Staatsangehörigkeit trotz eintretender Mehrstaatigkeit (BVerwG BeckRS 2008, 37090). Dem **Prinzip der Vermeidung von Mehrstaatigkeit** kommt also **kein höheres Gewicht** zu (OVG NRW BeckRS 2010, 53902).

80   Nach Nr. 25.2.3.0 StAR-VwV sind die gesetzlichen **Wertungen des § 12** angemessen zu berücksichtigen, soweit sie auf die konkrete Situation der **Beibehaltungsgenehmigung** übertragbar sind. Im Allgemeinen **kann** diese **erteilt werden, wenn öffentliche und private Belange** den Erwerb der ausländischen und den **Fortbestand** der deutschen Staatsangehörigkeit **rechtfer-**

tigen und der Erteilung **keine überwiegenden Belange entgegenstehen** (Nr. 25.2.3.1 Abs. 1 StAR-VwV; OVG NRW BeckRS 2010, 53902; BeckOK AuslR/Weber Rn. 26; GK-StAR/ Marx Rn. 250).

Gründe, die bei einer Einbürgerung die Annahme von Mehrstaatigkeit rechtfertigen würden, **81** werden auch im Rahmen der Beibehaltungsgenehmigung ausreichend sein, um diese zu erteilen. Diese werden vorliegen, wenn **erhebliche Nachteile wirtschaftlicher oder vermögensrechtlicher Art** drohen, die über den Verlust der staatsbürgerlichen Rechte hinausgehen. Dabei muss es sich aber um konkret eintretende Belastungen handeln. Möglicherweise in der Zukunft eintretende Nachteile sind nicht ausreichend (OVG NRW BeckRS 2012, 50009). Allgemeine Schwierigkeiten im Geschäftsverkehr, beim Aufbau von Geschäftsbeziehungen und bei Personenkontrollen reichen nicht an die Erheblichkeitsschwelle heran, welche die Hinnahme der doppelten Staatsbürgerschaft rechtfertigen würde (OVG NRW BeckRS 2010, 53902). Der Antragsteller hat aber die **Obliegenheit**, die Entstehung und den Umfang drohender Nachteile zu vermeiden oder zu vermindern, soweit er dies beeinflussen kann (OVG NRW BeckRS 2010, 53902). Schafft der Antragsteller erst in Ansehung des Verfahrens über die Beibehaltungsgenehmigung die Voraussetzungen für erhebliche wirtschaftliche Nachteile, verletzt er diese Obliegenheitspflicht (VG Stuttgart BeckRS 2012, 45769; HMHK/Hailbronner Rn. 39b). **Bloße emotionale Gründe, allgemeine Erschwernisse** und Belastungen aufgrund des Verlustes der staatsbürgerlichen Rechte sowie **Einschränkungen** wie der Verlust der Visafreiheit für andere Staaten **sind nicht ausreichend** für die Beibehaltungsgenehmigung. Dies sind normale vorhersehbare Folgen eines jeden Staatsangehörigkeitswechsels und hinzunehmen (so auch BeckOK AuslR/Weber Rn. 27).

Es sind aber auch **öffentliche Belange** denkbar, die **für eine Beibehaltungsgenehmigung 82** sprechen, so zB wenn der Betroffene im Bereich Wissenschaft, Forschung, Wirtschaft, Kunst, Kultur, Medien oder Sport tätig ist und der Erhalt seiner Staatsangehörigkeit im deutschen Interesse liegt (NK-AuslR/Geyer Rn. 24; GK-StAR/Marx Rn. 233; BeckOK AuslR/Weber Rn. 29). Auch bei Angehörigen international tätiger, auch ausländischer Unternehmen und Institutionen oder Personen, die aus beruflichen oder geschäftlichen Gründen ihren Aufenthalt häufig vorübergehend ins Ausland verlegen oder häufig dorthin reisen müssen, können öffentliche Belange für die Erteilung einer Beibehaltungsgenehmigung sprechen (GK-StAR/Marx Rn. 233).

Bei **Grenzgängern**, die ihren gewöhnlichen Aufenthalt in der Bundesrepublik Deutschland **83** haben und die zB zur Vermeidung erheblicher beruflicher Nachteile auf den Erwerb der Staatsangehörigkeit des Nachbarstaates angewiesen sind, kann die Beibehaltungsgenehmigung erteilt werden (Nr. 25.2.3.4 StAR-VwV). Dabei genügt es, wenn der Erwerb der ausländischen Staatsangehörigkeit das berufliche Fortkommen erleichtert (GK-StAR/Marx Rn. 238).

Kein erheblicher Nachteil, der eine Beibehaltungsgenehmigung rechtfertigen würde, ist die **84** **Vorenthaltung der Möglichkeit, eine Rentenanwartschaft** durch Zahlung eines Geldbetrags in ein ausländisches Rentensystem **künftig zu erwerben** (OVG NRW BeckRS 2012, 50009; VG München BeckRS 2009, 48561; BeckOK AuslR/Weber Rn. 27.1; HMHK/Hailbronner Rn. 39b).

Verbleibt der Antragsteller im Inland, müssen erhebliche Gründe bei ihm vorliegen, wes- **84a** halb er neben der deutschen Staatsangehörigkeit auch eine weitere Staatsangehörigkeit erwerben möchte, obwohl er dort nicht lebt (HMHK/Hailbronner Rn. 37b; BeckOK AuslR/Weber Rn. 27.3).

Bloße Karrierechancen oder künftige Geschäftsbeziehungen, die zukunftsbezogen und unge- **85** wiss sind, brauchen nicht berücksichtigt zu werden (BayVGH BeckRS 2014, 54456; HMHK/ Hailbronner Rn. 39b).

In Fällen, in welchen die **Optionspflicht nach § 29** greift und keine Beibehaltungsgenehmi- **85a** gung nach § 29 Abs. 4 erteilt werden kann, wird auch eine Beibehaltungsgenehmigung im Falle einer Wiedereinbürgerungsabsicht im früheren Heimatstaat nicht in Betracht kommen, da so § 29 Abs. 4 unterlaufen würde, es sei denn, es handelt sich um einen Fall, der noch unter die strengeren Regelungen nach der Gesetzeslage vor dem 20.12.2014 (BeckOK AuslR/Weber Rn. 27.4).

Die Beibehaltungsgenehmigung kann mit einer **Nebenbestimmung** verbunden sein. Dies ist **86** im Antrag auf Erteilung der Beibehaltungsgenehmigung als Minus enthalten (OVG NRW BeckRS 2010, 53902; GK-StAR/Marx Rn. 231; BeckOK AuslR/Weber Rn. 29). So kann nach Auffassung des OVG NRW BeckRS 2010, 53902 die Beibehaltungsgenehmigung mit einer Nebenbestimmung in Betracht kommen, wenn der Antragsteller die ausländische Staatsangehörigkeit nicht dauerhaft, sondern nur für einen begrenzten Zeitraum erwerben möchte, etwa um Nachteile zu beseitigen, die für sich genommen die Erheblichkeitsschwelle nach § 12 Abs. 1 und Abs. 2 Nr. 5 nicht erreichen, aber gleichwohl nicht belanglos sind. Eine solche Nebenbestimmung kann als Auflage dergestalt erteilt werden, dass der Antragsteller sich nach einer zu setzenden Frist um die

Entlassung aus der ausländischen Staatsangehörigkeit bemühen muss (GK-StAR/Marx Rn. 231; BeckOK AuslR/Weber Rn. 29; abl. HMHK/Hailbronner Rn. 39c unter Berufung auf die Unvereinbarkeit eines befristeten Staatsangehörigkeitserwerbs mit der Konzeption des deutschen Staatsangehörigkeitsrechts: Der Erwerb der ausländischen Staatsangehörigkeit sei als grundlegende staats- und völkerrechtlich bedeutsame Statusentscheidung auf Dauer angelegt).

87 Umstritten ist, ob die Beibehaltungsgenehmigung gem. Nr. 25.2.3.1 VAH-StAG zwingend zu versagen ist, **wenn der ausländische Staat die Beibehaltung der deutschen Staatsangehörigkeit nicht zulässt** (so HMHK/Hailbronner Rn. 40; offen gelassen GK-StAR/Marx Rn. 234). Zurecht wird dagegen eingewandt, dass die Frage, ob der Einbürgerungswillige trotz Erwerbs einer ausländischen Staatsangehörigkeit Teil des deutschen Staatsvolks bleibt, vorrangig das Band zwischen ihm und der Bundesrepublik Deutschland betrifft (NK-AuslR/Geyer Rn. 24).

88 Ebenso wird ein Eid, mit dem der Antragsteller beim Erwerb der ausländischen Staatsangehörigkeit der Loyalität gegenüber dem deutschen Staat abschwören muss, als entgegenstehender Belang angesehen, es sei denn, der ausländische Staat hat eine der Bundesrepublik Deutschland vergleichbare staatliche und gesellschaftliche Ordnung (Nr. 25.2.3.1 Abs. 2 StAR-VwV; GK-StAR/Marx Rn. 235; HMHK/Hailbronner Rn. 40; BeckOK AuslR/Weber Rn. 25). Der in den USA zu leistende **Loyalitätseid** steht aufgrund der vergleichbaren Rechtsordnung einer Beibehaltungsgenehmigung nicht entgegen (BT-Drs. 14/533; Nr. 25.2.3.1 Abs. 2 StAR-VwV; zum **Unionsrecht** → Rn. 13d).

88.1 Zurecht sieht Weber (BeckOK AuslR/Weber Rn. 25) diese Einschränkung kritisch. Die Beibehaltungsgenehmigung stellt auf die privaten Interessen des Antragstellers ab, was so aber unter einen ihm nicht zuzurechnenden Vorbehalt aufgrund der Vorschriften des anderen Staates gestellt wird.

4. Antragsteller im Ausland

89 Der im Ausland lebende Antragsteller muss zum Erhalt der Beibehaltungsgenehmigung **fortbestehende Bindungen** an Deutschland glaubhaft machen. Diese allein rechtfertigen allerdings die Beibehaltungsgenehmigung nicht. Es handelt sich lediglich um **einen Gesichtspunkt der Ermessensausübung,** der aber aufgrund der in Abs. 2 S. 4 hervorgehobenen Erwähnung bei sonstigem Gleichgewicht der Belange **regelmäßig** zu einem **Übergewicht der privaten Belange** führen muss (BeckOK AuslR/Weber Rn. 32). Öffentliche Interessen an der Beibehaltungsgenehmigung müssen dann nicht mehr vorliegen, um diese zu erteilen (HMHK/Hailbronner Rn. 37b; BeckOK AuslR/Weber Rn. 32).

90 Vorausgesetzt werden dabei in der Regel auch für den Alltagsgebrauch ausreichende deutsche **Sprachkenntnisse** (GK-StAR/Marx Rn. 241; HMHK/Hailbronner Rn. 41; BeckOK AuslR/Weber Rn. 32.1).

91 Fortbestehende Bindungen werden in der Verwaltungspraxis insbesondere dann angenommen, wenn Beziehungen zu **im Inland lebenden nahen Verwandte** unterhalten werden oder **Besitz von Immobilien** vorhanden ist (BT-Drs. 14/533; so auch BeckOK AuslR/Weber Rn. 32.1). Auch Ehegatten und Abkömmlinge eines ins Ausland entsandten Angehörigen des öffentlichen Dienstes oder ähnlicher Einrichtungen haben diesbezüglich zu berücksichtigende Interessen (BeckOK AuslR/Weber Rn. 32.1).

91.1 Besitz ist nicht mit Eigentum gleichzusetzen. Ein Mietverhältnis ist ausreichend (NK-AuslR/Geyer Rn. 25; wohl auch BeckOK AuslR/Weber Rn. 32.1).

92 Weiter sind zu berücksichtigen laufende oder zu erwartende **Renten-** oder **Versicherungsleistungen** (HMHK/Hailbronner Rn. 42; GK-StAR/Marx Rn. 242; BeckOK AuslR/Weber Rn. 32.1).

92a Wer im **Grenzgebiet zur Bundesrepublik Deutschland** lebt und einer beruflichen Tätigkeit im Inland nachgeht, dürfte regelmäßig erhebliche Belange für die Erteilung einer Beibehaltungsgenehmigung haben (ähnlich BeckOK AuslR/Weber Rn. 32.1).

92b **Ehemalige, im Ausland ansässige Optionspflichtige,** welche für die deutsche Staatsangehörigkeit optiert haben und nun ihre frühere Staatsangehörigkeit wiedererwerben möchten, wird zu Gunsten zu halten sein, dass § 29 Abs. 4 nicht zu Ihrem Vorteil zur Anwendung kam. Allerdings sind aufgrund der Wertung des § 29 Abs. 4 gesteigerte Anforderungen an das private Beibehaltungsinteresse, dsewie zB eine glaubhaft dargelegte und schutzwürdige Rückkehrabsicht nach Deutschland, zu fordern. Eine allgemeine Erhaltung der Rückkehroption genügt dabei ebenso wenig, wie reine passrechtliche Vorteile (BeckOK AuslR/Weber Rn. 33, HMHK/Hailbronner Rn. 43c).

Glaubhaftmachung erfordert keinen Vollbeweis. Eine überwiegende Wahrscheinlichkeit 93 genügt (Kopp/Schenke VwGO § 60 Rn. 30). Glaubhaftmachung kann durch Vorlage einer eidesstattlichen Versicherung erfolgen (§ 294 Abs. 1 ZPO; zum **Unionsrecht** → Rn. 13d).

5. Verstoß gegen ordre public

Verletzt ein Einbürgerungsverfahren eines anderen Landes in eklatanter und untragbarer Weise 94 die Grundprinzipien deutschen Staatsangehörigkeitsrechts dergestalt, dass eine Beibehaltungsgenehmigung nicht rechtzeitig eingeholt werden kann, kann dies zu einem Verstoß gegen den ordre public führen und damit zu einer Beibehaltung der deutschen Staatsangehörigkeit trotz **verspäteter Beibehaltungsgenehmigung.** Nicht ausreichend dafür ist aber, wenn, wie im südafrikanischen Recht, die Einbürgerung durch Ausstellung und nicht durch Aushändigung der Einbürgerungsurkunde erfolgt und die Beibehaltungsgenehmigung im Zeitraum zwischen diesen beiden Ereignissen dem Antragsteller zugestellt wird (OVG NRW BeckRS 2000, 22792).

6. Rechtsfolgen der Beibehaltungsgenehmigung

Wird die Beibehaltungsgenehmigung rechtzeitig erteilt, bleibt die deutsche Staatsangehörigkeit 95 trotz Antragserwerbs einer anderen Staatsangehörigkeit bestehen.

7. Verfahren

Zuständige Behörde ist bei Inlandsfällen die nach Landesrecht örtlich und sachlich (→ § 1 96 Rn. 5a.1) zuständige Behörde. Lebt der Antragsteller im Ausland, ist das Bundesverwaltungsamt nach § 5 BVwAG zuständig. In diesem Fall soll der Antrag bei der zuständigen Auslandsvertretung gestellt werden (Nr. 25.2.1 Abs. 1 StAR-VwV). Diese leitet den Antrag nach Prüfung der Vollständigkeit an das Bundesverwaltungsamt weiter.

Vor der Erteilung der Beibehaltungsgenehmigung ist nach Abs. 2 S. 2 die örtlich zuständige 97 **Auslandsvertretung zu hören,** wenn der Antragsteller im Ausland seinen gewöhnlichen Aufenthalt (→ § 4 Rn. 50) hat. Grund ist die Abklärung abwägungsrelevanter Gesichtspunkte sowie eine möglicherweise notwendige weitere Sachverhaltsaufklärung (BeckOK AuslR/Weber Rn. 30).

Die Beibehaltungsgenehmigung ist ein Verwaltungsakt. **Wirksamkeit** erlangt er mit der 98 Bekanntgabe an den Antragsteller.

Die **Beibehaltungsgenehmigung ist befristet** auf maximal zwei Jahre, berechnet vom Aus- 99 stellungsdatum an (§ 3 StAUrkVwV). Eine **Verlängerungsmöglichkeit** sieht das Gesetz nicht vor. Sie ist auch mit dem Wortlaut („längstens") nicht vereinbar. Die Beibehaltungsgenehmigung kann aber erneut beantragt werden.

Andere Ansicht NK-AuslR/Geyer Rn. 22, der eine Verlängerung für möglich erachtet. Allerdings stellt 99.1 dies aufgrund der gängigen Verwaltungspraxis ein Risiko dar, welches durch die Neubeantragung vermieden werden kann (so auch GK-StAR/Marx Rn. 248).

Einem **erneuten Antrag** wird in aller Regel stattgegeben werden müssen, wenn sich nichts 100 Wesentliches am Sachverhalt geändert hat. Verzögerungen im Einbürgerungsverfahren sind regelmäßig kein Hinweis auf einen Wegfall des bereits festgestellten Interesses des Antragstellers (GK-StAR/Marx Rn. 249).

Für die zu berücksichtigenden Belange im Rahmen des Ermessens ist der **Antragsteller darle-** 100a **gungs- und beweisbelastet** (OVG NRW BeckRS 2010, 53902).

Gegen die ablehnende Entscheidung sind je nach Landesrecht **Widerspruch und Verpflich-** 101 **tungsklage** zulässig, gerichtet auf Bescheidung. Die örtliche Zuständigkeit für im Ausland lebende Antragsteller ist das Verwaltungsgericht Köln aufgrund des Sitzes des Bundesverwaltungsamts.

Weiter besteht die Möglichkeit des **Feststellungsantrags** nach § 30. Dieses Verfahren kann 102 die Behörde auch von Amts wegen einleiten (§ 30 Abs. 1 S. 3). Letzteres erfolgt insbesondere dann, wenn die Behörde aufgrund von Meldevorschriften (→ Rn. 103) Kenntnis vom Erwerb einer anderen Staatsangehörigkeit erlangt.

§ 72a AufenthV verpflichtet Pass- und Ausweisbehörden dazu, die **Ausländerbehörde zu** 103 **informieren,** wenn der Pass oder der Personalausweis eines Deutschen wegen Verlustes der deutschen Staatsangehörigkeit einbehalten wird. Außerdem ist ein Deutscher nach § 15 Nr. 4 PaßG verpflichtet, den deutschen Passbehörden unverzüglich den Erwerb einer ausländischen Staatsangehörigkeit anzuzeigen. Dieselbe Verpflichtung ergibt sich hinsichtlich des Personalausweises in § 27 Abs. 1 Nr. 4 PAuswG gegenüber der Personalausweisbehörde. Verstöße hiergegen sind bußgeldbewehrt (§ 25 Abs. 2 Nr. 4 PaßG; § 32 Abs. 1 Nr. 11 PAuswG).

104   Die Beibehaltungsgenehmigung wird als **Staatsangehörigkeitsurkunde** erteilt (§ 1 Abs. 1 Nr. 5 StAUrkVwV).

8. Kosten

105   Die Erteilung der Beibehaltungsgenehmigung ist eine **gebührenpflichtige Amtshandlung** nach § 1 Abs. 1 Nr. 3 StAGebV. Sie beläuft sich auf derzeit 255 EUR (§ 3 Abs. 1 Nr. 2 StAGebV, § 38 Abs. 3 S. 2).

106   Der **Streitwert** in gerichtlichen Verfahren ist in der Streitwertkatalog der Verwaltungsgerichtsbarkeit nicht ausdrücklich aufgeführt. Das Verfahren entspricht aber in ihrer Bedeutung und Wirkung einer Einbürgerung. Dies wird durch die identische amtliche Gebühr bestätigt. Es ist deshalb von einem Streitwert iHv 10.000 EUR (doppelter Auffangwert gem. Nr. 42.1 Streitwertkatalog der Verwaltungsgerichtsbarkeit) auszugehen (NK-AuslR/Geyer Rn. 28).

V. Verfahren

107   Bestehen Zweifel, ob eine ausländische Staatsangehörigkeit erworben wurde, ist ein **Feststellungsverfahren nach § 30** durchzuführen, in dem der fragliche Erwerb einer ausländischen Staatsangehörigkeit geprüft werden kann (→ § 30 Rn. 1 ff.).

108   **Erlangt die Passbehörde Kenntnis von einer Kopie eines ausländischen Reisepasses,** der nach der Einbürgerung ausgestellt wurde, begründet dies den Verdacht, dass der Kläger eine andere Staatsangehörigkeit erworben hat, sodass sie die Ausstellung eines deutschen Reisepasses aufgrund von Zweifeln am Vorliegen der Voraussetzungen des § 1 PaßG (deutsche Staatsangehörigkeit) verweigern kann (VG Frankfurt a. M. BeckRS 2020, 25846).

§ 26 [Verzicht auf Staatsangehörigkeit]

(1) ¹**Ein Deutscher kann auf seine Staatsangehörigkeit verzichten, wenn er mehrere Staatsangehörigkeiten besitzt.** ²**Der Verzicht ist schriftlich zu erklären.**

(2) ¹**Die Verzichtserklärung bedarf der Genehmigung der nach § 23 für die Ausfertigung der Entlassungsurkunde zuständigen Behörde.** ²**Die Genehmigung ist zu versagen, wenn eine Entlassung nach § 22 nicht erteilt werden dürfte; dies gilt jedoch nicht, wenn der Verzichtende**
1. **seit mindestens zehn Jahren seinen dauernden Aufenthalt im Ausland hat oder**
2. **als Wehrpflichtiger im Sinne des § 22 Nr. 2 in einem der Staaten, deren Staatsangehörigkeit er besitzt, Wehrdienst geleistet hat.**

(3) Der Verlust der Staatsangehörigkeit tritt ein mit der Aushändigung der von der Genehmigungsbehörde ausgefertigten Verzichtsurkunde.

(4) Für Minderjährige gilt § 19 entsprechend.

Überblick

Die Vorschrift regelt die Voraussetzungen, unter denen ein deutscher Staatsangehöriger (→ Rn. 9), der noch mindestens eine weitere Staatsangehörigkeit (→ Rn. 12) besitzt, auf die deutsche Staatsangehörigkeit verzichten (→ Rn. 16) kann. Sie regelt die Form (→ Rn. 19) des Verzichts und die Genehmigungspflichtigkeit (→ Rn. 21). Hinsichtlich der Versagungsgründe (→ Rn. 24) verweist die Vorschrift auf § 22, schafft aber Ausnahmen (→ Rn. 25, → Rn. 28) hiervon. Für Minderjährige verweist die Vorschrift auf § 19 (→ Rn. 31). Der Verlust der deutschen Staatsangehörigkeit tritt ein mit Aushändigung der Verzichtsurkunde (→ Rn. 39). Die frühere Rechtslage (→ Rn. 1) ist in Altfällen zu beachten.

Übersicht

A. Entstehungsgeschichte und Zweck

I. Frühere Rechtslage

Nach der **ursprünglichen Regelung** im RuStAG 1913 verlor ein Deutscher seine Staatsange- **1** hörigkeit, wenn er sich dauernd im Ausland aufhielt und bis zum 31. Lebensjahr keine Entscheidung über seine Militärpflichtigkeit hergestellt hatte. Dem Betroffenen sollte auf diese Weise ein Zeitraum von elf Jahren ab Beginn der Militärpflichtigkeit bis zum oben genannten Zeitpunkt gegeben werden (GK-StAR/Marx Rn. 1 ff.).

Außerdem enthielt die Vorschrift einen Verlusttatbestand für Fahnenflüchtige. Der Fahnen- **2** flüchtige, der aktiv Wehrdienst zu leisten hatte, verlor seine deutsche Staatsangehörigkeit nach Ablauf von zwei Jahren seit feststellendem Beschluss über die Fahnenflüchtigkeit. Für nicht aktive Wehrdienstleistende fand die Vorschrift nur im Fall der Mobilmachung Anwendung. Solche Beschlüsse gab es ab 1916 im Ersten Weltkrieg nicht mehr (GK-StAR/Marx Rn. 6 ff.).

Zwischen dem 12.3.1919 und dem 20.5.1935 war die Vorschrift mangels Wehrpflicht gegen- **3** standslos, sofern es sich nicht um fahnenflüchtige Reichswehrangehörige handelte (GK-StAR/Marx Rn. 10).

Ab dem 21.5.1935 fand die Vorschrift für im Ausland lebende Militärdienstverpflichtete wieder **4** Anwendung. Allerdings wurde ein § 5 Abs. 2 StAVO 1942 (Verordnung zur Regelung von Staatsangehörigkeitsfragen v. 20.1.1942, RGBl. I 40) der dadurch eingetretene Verlust der deutschen Staatsangehörigkeit für Fälle ab Wiedereinführung der Wehrpflicht zum 21.5.1935 als nicht erfolgt erklärt. Damit konnte im Ergebnis ein Auslandsdeutscher seine deutsche Staatsangehörigkeit nach dieser Regelung nicht verlieren, wenn er das 31. Lebensjahr nach dem 12.3.1919 vollendet hatte. Betroffene, welche die deutsche Staatangehörigkeit aufgrund dieser Vorschrift zwischen 1935 und 1942 verloren hatten, wurden rückwirkend wieder zu deutschen Staatsangehörigen erklärt (GK-StAR/Marx Rn. 11 f.).

Mit Wirkung zum 24.1.1942 war § 26 aF vollständig beseitigt. **5**

Eine entsprechende Regelung war seit Inkrafttreten des GG aufgrund Art. 16 Abs. 1 S. 1 GG **5a** ausgeschlossen.

II. Heutige Rechtslage

Die **heutige Fassung** trat aufgrund Art. 1 Nr. 4 RuStAÄndG 1974 (Gesetz zur Änderung **6** des Reichs- und Staatsangehörigkeitsgesetzes v. 20.12.1974, BGBl. I 3714) zum 1.1.1975 in Kraft. Hintergrund war die Umsetzung des am 18.12.1969 in Kraft getretenen Art. 2 MehrStaatÜbk. Eine redaktionelle Anpassung erfuhr die Vorschrift durch Art. 5 Nr. 16 EUAsylUmsG (Gesetz zur Umsetzung aufenthalts- und asylrechtlicher Richtlinien der Europäischen Union v. 19.8.2007, BGBl. I 1970; HMHK/Hailbronner/Maaßen Rn. 3 f.).

III. Zweck

Zweck der Vorschrift in der heutigen Version ist die Einschränkung der Aufgabe der deutschen **7** Staatsangehörigkeit zur **Vermeidung von Staatenlosigkeit** (HMHK/Hailbronner/Maaßen Rn. 3).

B. Erläuterungen im Einzelnen

I. Rechtscharakter

Die Vorschrift regelt den Verzicht als einer der Verlusttatbestände nach § 17 Abs. 1 Nr. 3. Der **8** **Unterschied zur Entlassung** aus der deutschen Staatsangehörigkeit nach § 18 besteht darin, dass die Entlassung den Erwerb einer ausländischen Staatsangehörigkeit ermöglichen soll, während der Verzicht den Verlust bei einer bereits bestehenden Staatsangehörigkeit ermöglicht. Aufgrund der bereits bestehenden anderen Staatsangehörigkeit ist die Gefahr der Staatenlosigkeit durch Ausscheiden aus der deutschen Staatsangehörigkeit nicht gegeben (GK-StAR/Marx Rn. 15 f.).

8a   Die Erklärung sog. **Reichsbürger,** nicht die Staatsangehörigkeit der Bundesrepublik Deutschland zu besitzen, weil es keinen solchen Staat gebe, ist keine Verzichtserklärung, weil man nicht auf eine Staatsangehörigkeit verzichten kann, die man angeblich nicht innehat (auch → Rn. 14a).

II. Voraussetzungen

1. Deutscher Staatsangehöriger

9   Die Vorschrift ist, wie auch §§ 18 und 22, **nicht auf Statusdeutsche** nach Art. 116 Abs. 1 GG **anwendbar.** Eine direkte Anwendung ist nur bei Deutschen nach § 1 möglich. Eine analoge Anwendung staatsangehörigkeitsrechtlicher Regelungen auf Statusdeutsche kommt nur bei automatischen Erwerbs- und Verlustgründen in Betracht (HMHK/Hailbronner Rn. 6; GK-StAR/Marx Rn. 22 f.).

10   **Statusdeutsche** konnten allerdings auf ihre Rechtsstellung aufgrund **Art. 2 MehrStaatÜbk** bis zur Kündigung des Übereinkommens durch die Bundesrepublik zum 21.12.2002 verzichten, da Statusdeutsche für die Anwendung dieses Übereinkommens als deutsche Staatsangehörige gelten (BT-Drs. 7/2175). Voraussetzung war, dass der Statusdeutsche eine weitere Staatsangehörigkeit eines der Mitgliedsstaaten des MehrStaatÜbk besaß (HMHK/Hailbronner/Maaßen Rn. 6; GK-StAR/Marx Rn. 23 f.). Das Verfahren richtete sich für Statusdeutsche nach § 26 (GK-StAR/Marx Rn. 25 f.).

11   Wie die deutsche Staatsangehörigkeit erworben wurde, ist ohne Bedeutung. Sie kann auch iure soli entstanden sein (HMHK/Hailbronner/Maaßen Rn. 5).

2. Ausländische Staatsangehörigkeit

12   Der Verlust durch Verzicht kann nur eintreten, wenn der Betroffen außer der deutschen Staatsangehörigkeit **mindestens eine weitere Staatsangehörigkeit** besitzt. Dabei ist es ohne Bedeutung, wie es zur mehrfachen Staatsangehörigkeit kam (HMHK/Hailbronner/Maaßen Rn. 5; GK-StAR/Marx Rn. 17).

13   Die ausländische Staatsangehörigkeit muss den Anforderungen wie in § 25 genügen (→ § 25 Rn. 18; GK-StAR/Marx Rn. 17). Es muss sich also um eine **effektive Staatsangehörigkeit** handeln (HMHK/Hailbronner/Maaßen Rn. 5; GK-StAR/Marx Rn. 18) und sie muss bestehen.

14   Es muss sich um eine ausländische Staatsangehörigkeit handeln. Die **Staatsbürgerschaft der DDR** stellte keine ausländische Staatsangehörigkeit dar (HMHK/Hailbronner/Maaßen Rn. 5; GK-StAR/Marx Rn. 18).

14.1   Es gibt derzeit auch keine anerkannte palästinensische Staatsangehörigkeit, da Palästinenser De-Jure-Staatenlose iSd Art. 1 Abs. 1 StlÜbk sind (VG München BeckRS 2016, 132391). Taiwan ist nach deutscher Rechtsauffassung Teil der Volksrepublik China (OLG Frankfurt a. M. BeckRS 2015, 15366). Es gibt demnach keine taiwanesische Staatsangehörigkeit. Die Republik Kosovo wird von Deutschland seit 2008 anerkannt (zB VG München BeckRS 2012, 53235).

14a   Immer wieder kommen Verfahren der so genannten **Reichsbürger** zu den Gerichten, in welchen behauptet wird, der Antragsteller habe auch die Staatsangehörigkeit eines der ehemaligen deutschen Länder und könne deshalb auf die deutsche Staatsangehörigkeit verzichten. Dies scheitert bereits daran, dass es keine derartige anderweitige Staatsangehörigkeit gibt (ausführlich VG Stuttgart BeckRS 2015, 51617; BeckOK AuslR/Kluth/Pettersson Rn. 3).

15   Die ausländische Staatsangehörigkeit muss zum **Zeitpunkt** der Aushändigung der Verzichtsurkunde nach Abs. 3 noch bestehen, da ansonsten der Zweck der Vermeidung von Mehrstaatigkeit verfehlt würde (HMHK/Hailbronner/Maaßen Rn. 5; GK-StAR/Marx Rn. 19).

3. Verzichtserklärung

16   Der Verzicht ist eine **einseitige empfangsbedürftige Willenserklärung** (HMHK/Hailbronner/Maaßen Rn. 7). Sie ist darauf gerichtet, **die deutsche Staatsangehörigkeit aufgeben zu wollen.** Sie muss freiwillig erfolgen (GK-StAR/Marx Rn. 27).

17   Unnötigerweise ist der **Wortlaut** des Abs. 1 S. 1 **ungenau.** Wenn ein Deutscher auf „seine Staatangehörigkeit" verzichten kann und Voraussetzung ist, dass er mehrere Staatsangehörigkeiten besitzt, so hätte der Wortlaut präzise auf die deutsche Staatsangehörigkeit bezogen sein müssen. Die völkerrechtliche Befugnis der Bundesrepublik Deutschland ermächtigt allerdings lediglich zu einer Verfügung über die deutsche Staatsangehörigkeit, sodass in dieser Vorschrift auch nur diese gemeint sein kann (GK-StAR/Marx Rn. 31 f.).

Innere Vorbehalte sind unwirksam (HMHK/Hailbronner/Maaßen Rn. 7). Allerdings stellt die **18** Verzichtserklärung verbunden mit einem expliziten **Vorbehalt** oder einer **Bedingung** keinen Verzicht im Sinne der Vorschrift dar. So stellt die Erklärung der Aufgabe der deutschen Staatsangehörigkeit verbunden mit der Erklärung, die Unionsbürgerschaft beibehalten zu wollen, keine Verzichtserklärung dar, wenn nicht eindeutig ist, dass die deutsche Staatsangehörigkeit definitiv aufgegeben werden soll (HMHK/Hailbronner/Maaßen Rn. 7). Dies wäre zB dann der Fall, wenn der Betroffene eine weitere Staatsangehörigkeit eines Mitgliedsstaates der EU hat.

Die Verzichtserklärung muss **schriftlich** erfolgen (Abs. 1 S. 2). Die Erklärung muss demnach **19** eigenhändig unterzeichnet sein, auch wenn sie zur Niederschrift bei einer deutschen Behörde nach § 64 VwVfG abgegeben wurde (GK-StAR/Marx Rn. 33). Die Erklärung kann auch analog § 126 BGB mittels notariell beglaubigten Handzeichens abgegeben werden (GK-StAR/Marx Rn. 33). Es besteht kein Vordruckszwang (GK-StAR/Marx Rn. 34).

Ist der Erklärung nicht eindeutig zu entnehmen, ob eine Verzichtserklärung oder ein Antrag **20** auf Entlassung nach § 18 vorliegt, muss die Staatsangehörigkeitsbehörde aus den Umständen des Einzelfalls ermitteln, was beabsichtigt ist. Die formelle Bezeichnung ist nicht allein maßgebend (HMHK/Hailbronner/Maaßen Rn. 7).

4. Genehmigung

Die Verzichtserklärung bedarf zur Wirksamkeit zwingend der **Genehmigung der zuständi-** **21** **gen Staatsangehörigkeitsbehörde** (Abs. 2 S. 1).

Auf die Genehmigung besteht, wenn die Voraussetzungen für die Verzichtserklärung gegeben **22** sind, ein **Rechtsanspruch**. Die Behörde hat **kein Ermessen** (BeckOK AuslR/Kluth/Pettersson Rn. 7; HMHK/Hailbronner/Maaßen Rn. 8; GK-StAR/Marx Rn. 35 f.). Sie darf bei Fehlen der Voraussetzungen auch nicht die Genehmigung erteilen (GK-StAR/Marx Rn. 36).

Die Behörde hat sowohl die formellen und materiellen Tatbestandsvoraussetzungen als auch **23** das Vorliegen von Versagungsgründen vor Erteilung der Genehmigung zu prüfen. Diese **Prüfung** ist nicht auf den Zeitpunkt der Ausstellung der Entlassungsurkunde zu verschieben. Fehlt es an einem Tatbestandsmerkmal, darf bereits die Genehmigung nicht erteilt werden (HMHK/ Hailbronner/Maaßen Rn. 9; GK-StAR/Marx Rn. 41).

Die Genehmigung darf nach Abs. 2 S. 2 nicht erteilt werden, wenn die **Voraussetzungen** **24** **des § 22** (→ § 22 Rn. 2 ff.) vorliegen. Damit werden Verzicht und Entlassung grundsätzlich gleichbehandelt, mit Ausnahme der Fälle des Abs. 2 S. 2 Hs. 2.

Bei Personen, die in einem **öffentlich-rechtlichen Dienst- oder Arbeitsverhältnis** stehen **25** (→ § 22 Rn. 2), darf demnach die Verzichtserklärung grundsätzlich nicht genehmigt werden. Ein Anspruch auf Genehmigung besteht allerdings dann, wenn der Erklärende seinen **dauernden** **Aufenthalt seit mindestens zehn Jahren im Ausland** hat (Abs. 2 S. 2 Hs. 2 Nr. 1). Ein dauernder Aufenthalt ist gleichbedeutend mit einem gewöhnlichen Aufenthalt (→ § 4 Rn. 50; HMHK/Hailbronner/Maaßen Rn. 10). Der Aufenthalt muss nicht dauernd in einem Staat erfolgt sein, sondern kann wechseln (HMHK/Hailbronner/Maaßen Rn. 10; GK-StAR/Marx Rn. 48). Mit Ausland sind alle Gebiete außerhalb Deutschlands gemeint (→ § 25 Rn. 57).

Maßgeblich für die **Zehn-Jahres-Frist** ist der Zeitpunkt der Genehmigung, nicht derjenige **26** der Verzichtserklärung bzw. im Fall eines Klageverfahrens der Zeitpunkt der letzten gerichtlichen Entscheidung.

Auch bei einem **Wehrpflichtigen** wird Bezug genommen auf § 22 (→ § 22 Rn. 9). Liegt **27** demnach eine **Unbedenklichkeitsbescheinigung** nach § 22 Nr. 2 vor, ist die Verzichtserklärung zu genehmigen. Die Staatsangehörigkeitsbehörde ist dabei an die Versagung der Unbedenklichkeitsbescheinigung gebunden (BVerwG BeckRS 9998, 45918). Aufgrund des Rechtsanspruchs auf Genehmigung ist die Staatsangehörigkeitsbehörde auch an die Erteilung der Unbedenklichkeitsbescheinigung gebunden.

Außerdem ist die Genehmigung alternativ zu erteilen, wenn der Verzichtende die Voraussetzun- **28** gen des Abs. 2 S. 2 Hs. 2 Nr. 1, nämlich den **zehnjährigen Auslandsaufenthalt** (→ Rn. 25), erfüllt. In diesem Fall bedarf es keiner Unbedenklichkeitsbescheinigung nach § 22 Nr. 2 (BeckOK AuslR/Kluth/Pettersson Rn. 8; HMHK/Hailbronner/Maaßen Rn. 11; GK-StAR/Marx Rn. 51).

Ebenfalls alternativ ist die Genehmigung ohne Vorliegen einer Unbedenklichkeitsbescheinigung **29** zu erteilen, wenn der Verzichtende als Wehrpflichtiger in einem der Staaten, deren Staatsangehörigkeit er besitzt, Wehrdienst geleistet hat (Abs. 2 S. 1 Hs. 2 Nr. 2). Die Begriff der Wehrpflicht bezieht sich dabei auf die Wehrpflicht in Deutschland, nicht im Ausland (s. zum Begriff der Wehrpflicht in Deutschland → § 22 Rn. 10a). Der **im Ausland geleistete Wehrdienst** kann als Wehrpflichtiger, als Freiwilliger oder im Rahmen eines Ersatzdienstes erfolgt sein (HMHK/

Hailbronner/Maaßen Rn. 11; GK-StAR/Marx Rn. 55). Nicht ausreichend ist eine **Zurückstellung oder Befreiung** vom Wehrdienst im Ausland (BVerwG BeckRS 9998, 49267; HMHK/Hailbronner/Maaßen Rn. 11; GK-StAR/Marx Rn. 55).

29.1   Sinn der Ausnahmevorschrift ist es nach Auffassung des BVerwG (BeckRS 9998, 49267) zu vermeiden, dass Mehrstaater den Wehrdienst mehrfach leisten müssen. Daran fehlt es aber bei einer Befreiung oder Zurückstellung vom Wehrdienst im Ausland.

30   Art. 2 MehrStaatÜbk findet keine Anwendung mehr, da es mWz 21.12.2002 seitens der Bundesrepublik gekündigt wurde.

5. Minderjährige

31   Für minderjährige Erklärende ist § 19 entsprechend anzuwenden (Abs. 4). Die Anwendung des § 37 Abs. 1 S. 1 (→ § 37 Rn. 5) ist damit ausgeschlossen. Umstritten ist, ob die Anwendung nur für **Minderjährige** oder auch für nicht voll Geschäftsfähige erfolgen muss. Zwar ist der Wortlaut durchaus eindeutig. Allerdings ist aufgrund des Zwecks der Vorschrift, Staatenlosigkeit zu vermeiden, nicht nachvollziehbar, weshalb **nicht voll Geschäftsfähige** vom diesem Schutz ausgenommen sein sollten. Es liegt deshalb nach hiesiger Auffassung ein Versehen des Gesetzgebers vor, das eine Ausdehnung der Anwendung auch auf Personen rechtfertigt, die in der Geschäftsfähigkeit beschränkt sind (wie hier: GK-StAR/Marx Rn. 68 mwN; aA unter Bezug auf den Wortlaut der Vorschrift HMHK/Hailbronner/Maaßen Rn. 12; BeckOK AuslR/Kluth/Pettersson Rn. 6).

III. Verfahren

32   Zuständig ist die **Einbürgerungsbehörde** (§§ 17, 27 StARegG).
33   Die Behörde hat **von Amts wegen alle für die Genehmigung notwendigen Tatbestandsvoraussetzungen zu prüfen,** also das Vorliegen der deutschen Staatsangehörigkeit, den Besitz der ausländischen Staatsangehörigkeit, die Verzichtserklärung sowie das Nichtvorliegen von Versagungsgründen (HMHK/Hailbronner Rn. 21; GK-StAR Rn. 63).
34   Der **Nachweis der deutschen Staatsangehörigkeit** wird in der Regel durch Vorlage eines deutschen Reisepasses geführt. Hinsichtlich der ausländischen Staatsangehörigkeit ist eine amtliche Bescheinigung des anderen Heimatstaates nötig (HMHK/Hailbronner/Maaßen Rn. 21; GK-StAR/Marx Rn. 65). Sofern erforderlich fordert die Behörde eine Unbedenklichkeitsbescheinigung an.
35   Das Verfahren ist **gebührenfrei** (§ 1 Abs. 2 Nr. 3 lit. a StAGebV).
36   Gegen die Verweigerung der Genehmigung sowie die Aushändigung der Urkunde sind je nach Landesrecht **Widerspruch und Verpflichtungsklage** statthaft. Die Erteilung der Genehmigung ist kein verwaltungsinterner Vorgang, sondern kann gesondert geltend gemacht werden (HMHK/Hailbronner/Maaßen Rn. 23). Da bei Vorliegen der Tatbestandsvoraussetzungen ein Rechtsanspruch auf Erteilung der Genehmigung und Aushändigung der Verzichtsurkunde besteht, ist die Klage auf ein **Verpflichtungsurteil,** nicht lediglich auf Bescheidung zu richten (einschränkend GK-StAR/Marx Rn. 71, der wohl nur eine gemeinsame Geltendmachung mit der Erteilung der Urkunde als statthaft ansieht).
37   Allein gegen die **Ablehnung der Unbedenklichkeitsbescheinigung** ist kein gesondertes Rechtsmittel gegeben. Diese ist mit dem Rechtsmittel gegen die Einbürgerungsbehörde zu prüfen (HMHK/Hailbronner/Maaßen Rn. 23; GK-StAR/Marx Rn. 73). In diesem Fall ist im Klagefall die Bundesrepublik als zuständige Körperschaft für die Unbedenklichkeitsbescheinigung notwendig beizuladen (BVerwG BeckRS 9998, 45918).
38   Der **Streitwert** in gerichtlichen Verfahren ist im Streitwertkatalog der Verwaltungsgerichtsbarkeit nicht ausdrücklich aufgeführt. Das Verfahren entspricht aber in ihrer Bedeutung und Wirkung einer Einbürgerung. Es ist deshalb von einem Streitwert iHv 10.000 EUR (doppelter Auffangwert gem. Nr. 42.1 Streitwertkatalog der Verwaltungsgerichtsbarkeit) auszugehen.

IV. Rechtsfolgen

1. Verlust der deutschen Staatsangehörigkeit

39   Mit der **Aushändigung der Verzichtsurkunde** nach § 1 Abs. 1 Nr. 4 StAUrkVwV tritt der Verlust der deutschen Staatsangehörigkeit nach Abs. 3 ein. Fehlt diese Aushändigung, so tritt kein Verlust ein, da die als Einheit anzusehende staatliche Mitwirkung am Verzicht, nämlich die

Genehmigung und die Aushändigung der Urkunde, nicht ist (HMHK/Maaßen Rn. 17). Dabei sind die Schwere und Erkennbarkeit des Mangels unbedeutend (§ 44 Abs. 2 Nr. 2 VwVfG).

Unter **Aushändigung der Verzichtsurkunde** ist dasselbe zu verstehen, wie bei § 23 (→ § 23 **39a** Rn. 5).

Die Verzichtsurkunde ist eine der in § 1 StAUrkVwV aufgeführten Staatsangehörigkeitsurkun- **39b** den (§ 1 Abs. 1 Nr. 4 StAUrkVwV). Form und Inhalt sind in Anlage 4 StAUrkVwV durch das Bundesministerium des Innern, für Bau und Heimat mit Zustimmung des Bunderats nach § 39 Abs. 1 vorgeschrieben.

2. Fehler

Während des Verwaltungsverfahrens kann es zu Fehlern kommen, welche die Verzichtsgenehmi- **40** gung bzw. die Urkundenaushändigung fehlerhaft machen können.

Liegt **keine Verzichtserklärung** vor, fehlt es an einer wesentlichen Grundlage für den Verlust **41** der Staatsangehörigkeit und die Genehmigung ist aufgrund des damit gegebenen besonders schwe- ren Fehlers als nichtig anzusehen (§ 44 Abs. 1 VwVfG). Der Verlust der deutschen Staatsangehörig- keit tritt damit nicht ein (HMHK/Hailbronner/Maaßen Rn. 14).

Auch eine **nicht wirksame Verzichtserklärung,** wie zB bei Geschäftsunfähigkeit des Erklä- **42** renden oder bei Fehlen der familiengerichtlichen Genehmigung, führt zur Nichtigkeit nach § 44 Abs. 1 VwVfG und damit zum Verbleiben der deutschen Staatsangehörigkeit (HMHK/Hailbron- ner/Maaßen Rn. 14).

Ein solch schwerwiegender Fehler ist jedoch nicht bereits in der fehlerhaften Annahme oder **43** Bewertung der Voraussetzungen für den Verzicht oder die Genehmigung durch die Behörde zu sehen (HMHK/Hailbronner/Maaßen Rn. 23). Nach Prüfung der Voraussetzungen des Abs. 1 und Abs. 2 durch die Behörde kann eine **tatsächlich oder rechtlich fehlerhafte Feststellung des Tatbestands** des Abs. 1 S. 1 nur bei einem besonders schweren Fehler zur Nichtigkeit führen. Die Verzichtserklärung selbst wird aber nicht dadurch unwirksam, dass der Sachverhalt den Voraussetzungen der Vorschrift nicht entspricht (HMHK/Hailbronner/Maaßen Rn. 15; aA GK-StAR/Marx Rn. 80 mwN, der darauf verweist, dass die Verzichtserklärung nicht den Rege- lungen über die Fehlerfolgen eines Verwaltungsaktes nach §§ 44 ff. VwVfG unterliege. Sie könne deshalb nur dann als rechtlich wirksam angesehen werden, wenn die gesetzlichen Erklärungsvo- raussetzungen erfüllt seien).

Die Annahme einer **schwebenden Unwirksamkeit** mit der Nachholung eines wirksamen **44** Verzichts gem. § 45 Abs. 1 Nr. 1 VwVfG ist bedenklich im Hinblick auf die rechtsstaatlich gebotene Klarheit über das Bestehen der deutschen Staatsangehörigkeit (HMHK/Hailbronner/ Maaßen Rn. 14). Die Entgegennahme der Verzichtsurkunde kann eine wirksame Verzichtserklä- rung nicht ersetzen. Die schriftliche Erklärung ist zwingende und wesentliche Voraussetzung für den Verlust der deutschen Staatsangehörigkeit (aA wohl HMHK/Hailbronner/Maaßen Rn. 14, wonach dies eine Frage des Einzelfalls sei, wobei das Fehlen einer schriftlichen Erklärung zwingend den Verlust der deutschen Staatsangehörigkeit ausschließe; aA auch BeckOK AuslR/Kluth/Pet- tersson Rn. 15).

Die **örtliche Unzuständigkeit** führt nach § 44 Abs. 1, Abs. 3 Nr. 1 VwVfG nicht zur **45** Nichtigkeit. Die **sachliche Unzuständigkeit** freilich schon.

Wird nur die Genehmigung des Verzichts mitgeteilt, **nicht** aber die **Urkunde ausgehändigt, 46** führt dies nach § 44 Abs. 2 Nr. 2 VwVfG zur **Nichtigkeit** des Verwaltungsaktes, da die Genehmi- gung und die Aushändigung der Urkunde als einheitliche staatliche Mitwirkung am Verzicht anzusehen sind. Es kommt deshalb weder auf die Schwere noch die Erkennbarkeit des Mangels an (HMHK/Hailbronner/Maaßen Rn. 17).

Unterläuft bei der Genehmigung des Verzichts oder der Urkundenaushändigung ein weniger **47** gewichtiger Fehler, der nur zur Rechtswidrigkeit der Genehmigung führt, diese aber nicht nichtig macht, sind die allgemeinen Bestimmungen über die Rücknahme eines rechtswidrigen Verwal- tungsaktes anwendbar (HMHK/Hailbronner/Maaßen Rn. 18).

Zum Fall, dass die Verzichtsurkunde nicht den Vorgaben der StAUrkVwV entspricht (→ § 23 **48** Rn. 14).

§ 27 [Annahme als Kind durch einen Ausländer]

[1]Ein minderjähriger Deutscher verliert mit der nach den deutschen Gesetzen wirksa- men Annahme als Kind durch einen Ausländer die Staatsangehörigkeit, wenn er dadurch

die Staatsangehörigkeit des Annehmenden erwirbt. ²Der Verlust erstreckt sich auf seine Abkömmlinge, wenn auch der Erwerb der Staatsangehörigkeit durch den Angenommenen nach Satz 1 sich auf seine Abkömmlinge erstreckt. ³Der Verlust nach Satz 1 oder Satz 2 tritt nicht ein, wenn der Angenommene oder seine Abkömmlinge mit einem deutschen Elternteil verwandt bleiben.

Überblick

Die Vorschrift regelt die Voraussetzungen, unter denen ein von einem Ausländer (→ Rn. 12) adoptiertes (→ Rn. 15) deutsches (→ Rn. 8) Kind die deutsche Staatsangehörigkeit verliert oder beibehält. Für den Verlust muss ein unmittelbarer Zusammenhang (→ Rn. 16) bestehen zwischen Adoption, Erwerb der ausländischen Staatsangehörigkeit (→ Rn. 16) und Verlust der deutschen Staatsangehörigkeit (→ Rn. 21). Die Vorschrift regelt auch die Verlustfolge auf Abkömmlinge (→ Rn. 23) des Angenommenen (zu den erheblichen Bedenken an der Vereinbarkeit mit Unionsrecht → Rn. 7a).

Übersicht

A. Entstehungsgeschichte und Zweck

I. Entstehungsgeschichte

1. Aktuelle Fassung

1   Die **aktuelle Fassung** der Vorschrift geht auf Art. 9 Nr. 5 AdoptG (Adoptionsgesetz v. 2.7.1976, BGBl. I 1749) zurück und trat am 1.1.1977 in Kraft. Geändert wurde die Vorschrift zuletzt mWz 28.8.2007 durch Art. 5 Nr. 17 EUAsylUmsG (Gesetz zur Umsetzung aufenthalts- und asylrechtlicher Richtlinien der Europäischen Union v. 19.8.2007, BGBl. I 1970).

2   Durch die letzte Änderung wurde die Anwendung der Vorschrift auf minderjährige Deutsche beschränkt, während zuvor die Vorschrift – entgegen Art. 7 Abs. 1 lit. g EUStAÜb (Europäisches Übereinkommen über die Staatsangehörigkeit v. 6.11.1997, BGBl. 2004 II 578) – auch auf die Erwachsenenadoption anzuwenden war. Zuvor hatte die Bundesrepublik Deutschland eine Erklärung dahingehend abgegeben, dass der Verlust der Staatsangehörigkeit auch bei Adoption eines volljährigen Deutschen eintreten konnte (GK-StAR/Marx Rn. 13).

2. RuStAG 1913

3   Im **RuStAG 1913** (RGBl. 589) gab es keine vergleichbare Vorschrift für den Verlust der Staatsangehörigkeit eines minderjährigen Deutschen bei Adoption. Nach der ursprünglichen Fassung, die in Altfällen für Abkömmlinge auch heute noch zu berücksichtigen sein kann, verlor ein Deutscher, der sich im Ausland aufhielt, durch Beschluss der Zentralbehörde seines Heimatbundesstaats die Staatsangehörigkeit, wenn er im Fall eines Krieges oder einer Kriegsgefahr einer vom Kaiser bzw. Reichspräsidenten angeordneten Aufforderung zur Rückkehr keine Folge leistete.

Voraussetzung war danach eine vom Kaiser bzw. ab 1919 vom Reichspräsidenten angeordnete **4** allgemeine oder auf bestimmte Länder, Personen oder Personengruppen beschränkte Aufforderung zur Rückkehr (GK-StAR/Marx Rn. 3). Unterließ oder verzögerte der davon Betroffene die Rückkehr, wurde der angedrohte Verlust mit der rechtsgültigen Unterzeichnung des Beschlusses wirksam. Eine Benachrichtigung des Betroffenen war nicht nötig (GK-StAR/Marx Rn. 4 mwN).

Der Verlust erstreckte sich nach § 29 RuStAG 1913 auch auf die Ehefrau und diejenigen **5** Kinder, deren gesetzlicher Vertreter der Betroffene war, sofern sie mit diesem in häuslicher Gemeinschaft lebten. Bereits verheiratete Töchter waren nicht betroffen (GK-StAR/Marx Rn. 5). Die alte Fassung verlor mit dem 8.5.1945 seine Wirkung. Zuvor erfolgte Ausbürgerungen **6** blieben aber wirksam (GK-StAR/Marx Rn. 9).

II. Regelungszweck

Die Vorschrift dient in erster Linie dazu, mehrfache Staatsangehörigkeiten zu vermeiden, soll **7** aber auch Staatenlosigkeit verhindern (BT-Drs. 7/3061, 66). Die Vorschrift soll dem Grundsatz Rechnung tragen, dass das Kind durch die Adoption die rechtliche Stellung eines gemeinschaftlichen Kindes der Ehegatten erlangen soll (GK-StAR/Marx Rn. 10). Deshalb soll ein Kind, welches wirksam von einem Ausländer adoptiert wird, die deutsche Staatsangehörigkeit kraft Gesetzes verlieren, sofern er aufgrund der Adoption unmittelbar die ausländische Staatsangehörigkeit erwirbt.

III. Unionsrechtliche Bedenken

Die Vorschrift trifft auf **erhebliche unionsrechtliche Bedenken** und dürfte mit Unionsrecht **7a** nicht vereinbar sein.

Hat der Betroffene keine weitere EU-Staatsangehörigkeit, verliert er mit dem Verlust der deut- **7b** schen Staatsangehörigkeit auch die **Unionsbürgerschaft** nach Art. 20 AEUV. Dieser Gesichtspunkt ist nach EuGH v. 2.32010 (BeckEuRS 2010, 513113 – Rottmann) zwingend bei der Entscheidung der Behörde zu berücksichtigen. In dieser Entscheidung führt das Gericht aus, dass es zwar grundsätzlich keine Bedenken hat, wenn das nationale Recht die Rücknahme der Einbürgerung und damit auch den Verlust einer Staatsangehörigkeit vorsieht, zumal dies auch Art. 8 Abs. 2 EUVerStaloUeb ausdrücklich bestimmt. Auch Art. 7 Abs. 1 und Abs. 3 EUStAÜb verbieten, wie der EuGH ausführt, den Verlust der Staatsangehörigkeit aus den genannten Gründen nicht. Allerdings gelte das Recht des Staates, die Einbürgerung zurückzunehmen, nicht grenzenlos. Vielmehr sei der **Grundsatz der Verhältnismäßigkeit** bezüglich der Auswirkungen auf die unionsrechtliche Stellung des Betroffenen zu beachten. Es sind die möglichen Folgen zu berücksichtigen, welche die Entscheidung für den Betroffenen und gegebenenfalls für seine Familienangehörigen in Bezug auf die Rechte, die jeder Unionsbürger genießt (EuGH BeckEuRS 2019, 604565 – Tjebbes). Der Verlust der Staatsangehörigkeit eines Mitgliedsstaates kraft Gesetzes verstößt danach gegen den Grundsatz der Verhältnismäßigkeit, wenn die relevanten innerstaatlichen Rechtsvorschriften zu keinem Zeitpunkt eine **Einzelfallprüfung** der Folgen dieses Verlustes für die Situation der Betroffenen aus unionsrechtlicher Sicht erlauben (EuGH BeckEuRS 2019, 604565 – Tjebbes). Würde demnach der Verlust der Staatsangehörigkeit auch zum Verlust der Unionsbürgerschaft nach Art. 20 AEUV führen, müssen die nationalen Behörden und Gerichte in der Lage sein, bei der Beantragung eines die nationale Staatsangehörigkeit voraussetzenden Dokuments inzident die Folgen des Verlustes der Staatsangehörigkeit zu prüfen und gegebenenfalls die Staatsangehörigkeit rückwirkend wiederherzustellen erlauben (EuGH BeckEuRS 2019, 604565 – Tjebbes). Eine solche Prüfung erfordert eine **Beurteilung der individuellen Situation** der betroffenen Personen inklusiv derer Familien, ob der Verlust des Unionsbürgerstatus Folgen hat, welche die normale Entwicklung des Familien- und Berufslebens im Verhältnis zum nationalen Ziel aus unionsrechtlicher Sicht unverhältnismäßig beeinträchtigen würde (EuGH BeckEuRS 2019, 604565 – Tjebbes). Die **Einschränkungen müssen** dabei **mit** den Grundrechten der GRCh, insbesondere **Art. 7 und 24 Abs. 2 GRCh in Einklang stehen** (EuGH BeckEuRS 2019, 604565 – Tjebbes; zum Vereinigten Königreich und Großbritannien → § 17 Rn. 12a).

In der Entscheidung des EuGH v. 12.3.2019 (BeckEuRS 2019, 604565 – Tjebbes) führt das **7c** Gericht beispielhaft als Kriterien auf, ob sich die betroffene Person weiterhin in den Mitgliedstaaten aufhalten kann, um tatsächliche oder regelmäßige Bindungen mit Familienmitgliedern aufrecht zu erhalten, ob sie die berufliche Tätigkeit weiter ausüben kann und ob ein Verzicht auf eine die Aufrechterhaltung der Unionsbürgerschaft hindernde Drittstaatsangehörigkeit möglich wäre. Weitere Kriterien sind eine wesentliche Verschlechterung der Sicherheit und Freiheit, weil im

Drittstaat kein konsularischer Schutz nach Art. 20 Abs. 2 lit. c AEUV möglich wäre. Bei Minderjährigen ist das Kindeswohl nach Art. 24 GRCh in besonderem Maße zu würdigen.

7d   Diesbezüglich bestehen **erhebliche Bedenken an der Unionsrechtmäßigkeit dieser Vorschrift,** die für den Betroffenen und für Dritte den Verlust der deutschen Staatsangehörigkeit regeln, welche unmittelbar eintritt. Die **Behörde hat nach dem Wortlaut keine Möglichkeit, Ermessen auszuüben und die Verhältnismäßigkeit des Unionsbürgerschaftsverlusts, welche der EuGH zwingend fordert, zu berücksichtigen.** Soweit bereits in der Entscheidung des Gesetzgebers selbst die Wahrung des Verhältnismäßigkeitsgrundsatzes gesehen wird (so wohl HMHK/Hailbronner Rn. 20a), steht dies nicht im Einklang mit EuGH BeckEuRS 2010, 513113 – Rottmann; BeckEuRS 2019, 604565 – Tjebbes, wo eine Einzelfallprüfung gefordert wird, in der auch das Verhalten des Betroffenen zu berücksichtigen ist.

7e   Nach der hier vertretenen Auffassung ist die Vorschrift deshalb **mit Unionsrecht nicht vereinbar.**

B. Erläuterungen im Einzelnen

I. Adoption eines minderjährigen Deutschen

8   Die deutsche Staatsangehörigkeit muss zum **Zeitpunkt des Wirksamwerdens der Adoption** bestehen.

9   Ob der deutsche Staatsangehörige daneben noch **weitere Staatsangehörigkeiten** besitzt, ist unerheblich.

10   **Besitzt der Anzunehmende aber zum Zeitpunkt des Wirksamwerdens der Adoption bereits neben der deutschen Staatsangehörigkeit auch die Staatsangehörigkeit des Annehmenden,** kommt ein Verlust der deutschen Staatsangehörigkeit durch die Adoption nicht in Betracht (HMHK/Hailbronner/Maaßen Rn. 12; GK-StAR/Marx Rn. 65), da es an der nach dem Gesetzestext erforderlichen Kausalität zwischen Adoption und Erwerb der ausländischen Staatsangehörigkeit fehlt.

10a   **Der Deutsche muss minderjährig sein.** Die Frage, ob der Deutsche minderjährig ist, richtet sich gemäß Art. 7 Abs. 1 EGBGB nach deutschem Recht. Der Begriff der Minderjährigkeit ist im deutschen Recht nicht geregelt. Allerdings ergibt sich als argumentum e contrario aus § 2 BGB, wonach die Volljährigkeit mit der Vollendung des 18. Lebensjahrs eintritt, dass zuvor Minderjährigkeit besteht. Diese Berechnung wiederum richtet sich nach §§ 187 ff. BGB.

11   Auf **Statusdeutsche** ist die Vorschrift nicht unmittelbar anzuwenden. Ob jemand Deutscher im Sinne der Vorschrift ist, ist nach § 1 zu beurteilen. Allerdings wird in der Literatur die Vorschrift analog auch auf Statusdeutsche angewandt (HMHK/Hailbronner/Maaßen Rn. 3; GK-StAR/Marx Rn. 15). In der Tat ist nicht einzusehen, weshalb Statusdeutsche bei einer Adoption bessergestellt sein sollten als Deutsche iSd § 1.

II. Adoption durch einen Ausländer

12   Die Adoption muss durch einen **Ausländer** erfolgen. Besitzt der Anzunehmende neben der ausländischen Staatsangehörigkeit auch die deutsche, ist er als Deutscher und nicht als Ausländer anzusehen, weshalb kein Verlust der deutschen Staatsangehörigkeit beim Anzunehmenden eintritt (HMHK/Hailbronner/Maaßen Rn. 5; GK-StAR/Marx Rn. 21; NK-AuslR/Fränkel Rn. 3).

13   Ausländer im Sinne der Vorschrift ist nicht jeder, der nicht Deutscher gem. Art. 116 Abs. 1 GG ist (s. aber BT-Drs. 7/3061, 67). Der Annehmende muss vielmehr dem Angenommenen durch die Adoption seine eigene effektive Staatsangehörigkeit vermitteln können. Der Annehmende darf also **nicht staatenlos** sein. Dabei ist es gleichgültig, ob es sich um eine de-iure-Staatenlosigkeit handelt, oder ob diese de facto vorliegt (HMHK/Hailbronner/Maaßen Rn. 5; GK-StAR/Marx Rn. 23 f.). In beiden Fällen kann keine effektive Staatsangehörigkeit vermittelt werden.

14   Die Eigenschaft als Ausländer muss zum **Zeitpunkt** des Wirksamwerdens der Adoption bestehen (HMHK/Hailbronner/Maaßen Rn. 5).

III. Wirksame Adoption

15   Die Annahme muss nach deutschen Gesetzen wirksam sein. Hierzu kann auf die ausführlichen Ausführungen in der Kommentierung zu § 6 verwiesen werden (zur **Inlandsadoption** → § 6 Rn. 10; zur **Adoption im Ausland** → § 6 Rn. 25).

IV. Erwerb der Staatsangehörigkeit des Annehmenden

Der Erwerb der Staatsangehörigkeit des Annehmenden durch den Angenommenen muss **16** **unmittelbare Folge der Adoption** sein (Nr. 27.1 S. 2 StAR-VwV). Bestehen weitere Voraussetzungen für den Erwerb der anderen Staatsangehörigkeit, ist die Vorschrift nicht anwendbar (HMHK/Hailbronner/Maaßen Rn. 12). Es muss eine **Kausalitätskette** bestehen zwischen dem Wirksamwerden der Adoption, dem unmittelbar daraus folgenden Erwerb der ausländischen Staatsangehörigkeit und dem wiederum darauf beruhenden gleichzeitigen Verlust der deutschen Staatsangehörigkeit.

Aufgrund dieser unmittelbaren Kausalitätskette ist die Vorschrift auch dann nicht anwendbar, **17** wenn der Erwerb der ausländischen Staatsangehörigkeit erst später eintritt, also nicht **gleichzeitig mit dem Wirksamwerden der Adoption** (GK-StAR/Marx Rn. 61 mwN).

Ist ein Antrag für den Erwerb der ausländischen Staatsangehörigkeit nötig, kommt möglicher **18** weise die Anwendung des § 25 in Betracht (Nr. 27.1 S. 3 StAR-VwV).

Erwirbt der Angenommene aufgrund der im Heimatstaat wirksamen Adoption die ausländische **19** Staatsangehörigkeit, ist aber die Adoption in Deutschland wegen **fehlender Einwilligung oder gerichtlicher Genehmigung** nach deutschem Recht zu diesem Zeitpunkt unwirksam, besteht keine kausale Verbindung zwischen Adoption und Erwerb der ausländischen Staatsangehörigkeit mit der Folge, dass auch kein Verlust der deutschen Staatsangehörigkeit eintreten kann (HMHK/ Hailbronner/Maaßen Rn. 12; GK-StAR/Marx Rn. 66). Daran ändert auch eine spätere Wirksam keit der Adoption nach deutschem Recht nichts mehr, weil es an der unmittelbaren Wechselwir kung zwischen Adoption und Staatsangehörigkeitserwerb fehlt (GK-StAR/Marx Rn. 67).

Haben die annehmenden Ehegatten **unterschiedliche ausländische Staatsangehörigkei** **20** **ten,** genügt der unmittelbare Erwerb der Staatsangehörigkeit eines der beiden Annehmenden, um die Verlustfolge hervorzurufen (HMHK/Hailbronner/Maaßen Rn. 12; GK-StAR/Marx Rn. 68).

V. Verlust der deutschen Staatsangehörigkeit

Liegen die Voraussetzungen des S. 1 vor, tritt der Verlust – vorbehaltlich der Ausnahmen nach **21** S. 3 – unmittelbar kraft Gesetzes ein. Eine staatliche Maßnahme, wie bspw. ein Feststellungsverfah ren, ist nicht erforderlich. Auch bedarf es keines familiengerichtlichen Verfahrens, wie in §§ 25, 26 Abs. 4, da dieses bereits im Adoptionsverfahren erfolgt und das Familiengericht dabei auch die staatsangehörigkeitsrechtlichen Folgen zu berücksichtigen hat (GK-StAR/Marx Rn. 69).

Diese Folge bleibt auch bestehen, wenn zu einem späteren Zeitpunkt die **Adoption aufgeho** **22** **ben** wird (HMHK/Hailbronner/Maaßen Rn. 15). Zurecht stellt aber GK-StAR/Marx Rn. 72 f. in Frage, ob dies auch für die Aufhebung der Adoption ex tunc auf den Zeitpunkt der Vornahme der Adoption gilt (so HMHK/Hailbronner/Maaßen Rn. 15). Voraussetzung für den Verlust der deutschen Staatsangehörigkeit ist eine nach deutschen Gesetzen wirksame Adoption und ein hierauf unmittelbar basierender Erwerb der ausländischen Staatsangehörigkeit. Fehlt es rückwir kend an der wirksamen Adoption, kann kein kausaler Erwerb der ausländischen Staatsangehörigkeit mehr angenommen werden. Ohne den kausalen Erwerb der ausländischen Staatsangehörigkeit ist aber ein Verlust der deutschen Staatsangehörigkeit nicht möglich. Dabei wird die dieser Auffas sung entgegenstehende Gesetzesbegründung (BT-Drs. 7/3061, 67) nicht verkannt.

Soweit GK-StAR/Marx Rn. 72 f. dies auf den fehlenden Erwerb einer effektiven ausländischen Staatsan **22.1** gehörigkeit zurückführt, überzeugt dies in der Begründung nicht. Es fehlt bereits an der nach deutschem Recht wirksamen Adoption.

VI. Erstreckung der Verlustfolge auf Abkömmlinge

1. Alte und neue Regelung

Der Staatsangehörigkeitsverlust des Angenommenen nach S. 1 erstreckt sich nach S. 2 auch auf **23** dessen **Abkömmlinge,** sofern sich der Erwerb der ausländischen Staatsangehörigkeit ebenfalls auf diese erstreckt.

In der bis zum 27.8.2007 gültigen Fassung (damals S. 3) war Voraussetzung für die Erstreckung **24** des Verlusts der deutschen Staatsangehörigkeit auf Abkömmlinge des Angenommenen, dass dieser das alleinige Personensorgerecht über die Abkömmlinge hatte. Für Altfälle ist dies zu berücksichti gen (GK-StAR/Marx Rn. 76). Soweit HMHK/Hailbronner/Maaßen Rn. 16 dies auch für die aktuelle Fassung der Vorschrift zur Voraussetzung macht, ist dies jedoch nicht mit dem geänderten Wortlaut der Vorschrift in Einklang zu bringen.

25   **Sinn der Regelung** ist es, die staatsangehörigkeitsrechtliche Stellung der Abkömmlinge mit der familienrechtlichen Zuordnung zur neuen Familie in Einklang zu bringen (HMHK/Hailbronner/Maaßen Rn. 16; GK-StAR/Marx Rn. 77).

2. Abstammung

26   Die Norm erfasst nicht nur die biologischen Abkömmlinge, sondern alle **rechtlichen Verwandten in gerader absteigender Linie,** also auch Adoptivkinder des Angenommenen (HMHK/Hailbronner/Maaßen Rn. 17; GK-StAR/Marx Rn. 78).

27   Die Verwandtschaft zum Angenommenen, die Minderjährigkeit und das nach S. 3 aF geforderte Sorgerecht sind unter Einbeziehung der **deutschen Kollisionsnormen** zu prüfen.

28   Zur Frage des Kollisionsrechts hinsichtlich der Abstammung kann auf die Ausführungen in der Kommentierung zu § 4 verwiesen werden (→ § 4 Rn. 5).

3. Sorgerecht

29   Auch die Frage des **Sorgerechts** in Altfällen nach S. 3 aF richtet sich nicht ausschließlich nach deutschem Recht, sondern nach der sich aus Art. 19 Abs. 1 S. 2, 20 S. 2, 24 Abs. 1 S. 1 EGBGB ergebenden Rechtsordnung. Danach ist grundsätzlich der **gewöhnliche Aufenthalt des Kindes** maßgebend (HMHK/Hailbronner/Maaßen Rn. 18; GK-StAR/Marx Rn. 79).

30   Eine bereits ergangene ausländische Entscheidung über das alleinige Sorgerecht ist nach allgemeinen Regeln zu berücksichtigen (HMHK/Hailbronner/Maaßen Rn. 18; GK-StAR/Marx Rn. 80). Mit GK-StAR/Marx Rn. 80 ist zu fordern, dass sich in Altfällen das notwendige alleinige Sorgerecht auch nach der Rechtsordnung ergeben kann, welche nach der Adoption für den Angenommenen maßgeblich war. Entgegen HMHK/Hailbronner/Maaßen Rn. 18 ist es nicht hinnehmbar, dass ansonsten ein Staatsangehörigkeitswechsel erfolgen konnte, ohne dass das alleinige Personensorgerecht weiterhin bestand.

4. Minderjährigkeit

31   Nach der heutigen Fassung des S. 2 muss der Abkömmling nicht minderjährig sein. Allerdings sind kaum Fälle denkbar, in denen ein minderjähriger Angenommener einen nicht minderjährigen Abkömmling hat, da dies auch durch Adoption nicht in Betracht kommen dürfte.

32   Nach der alten Fassung des S. 3 musste der Abkömmling zum Zeitpunkt der Annahme minderjährig sein. Die Frage der Minderjährigkeit richtet sich gem. Art. 7 Abs. 1 EGBGB nach deutschem Recht als dem Heimatrecht des Betroffenen. Danach ist gem. § 2 BGB die Altersgrenze die Vollendung des 18. Lebensjahrs (HMHK/Hailbronner/Maaßen Rn. 18).

5. Unmittelbarer Erwerb der ausländischen Staatsangehörigkeit

33   Der Verlust der deutschen Staatsangehörigkeit erstreckt sich nur dann auch auf die Abkömmlinge des Angenommenen, wenn der **Erwerb** der ausländischen Staatsangehörigkeit durch den Abkömmling **unmittelbare Folge der Adoption** des Angenommenen ist.

34   Erfordert der Staatsangehörigkeitserwerb hingegen weitere Schritte, ist S. 2 nicht anzuwenden (HMHK/Hailbronner/Maaßen Rn. 19; GK-StAR/Marx Rn. 85).

35   Ebenso scheidet eine Anwendung aus, wenn der Abkömmling die konkrete ausländische Staatsangehörigkeit bereits besitzt.

36   Es muss gerade die Staatsangehörigkeit erworben werden, welche auch der Angenommene aufgrund der Adoption erwirbt und die er so dem Abkömmling vermittelt (GK-StAR/Marx Rn. 84).

6. Verlust der deutschen Staatsangehörigkeit

37   Auch hinsichtlich des Abkömmlings tritt der Verlust der deutschen Staatsangehörigkeit **kraft Gesetzes** mit dem Wirksamwerden der Adoption des Angenommenen ein, ohne dass es hierzu eines weiteren staatlichen Aktes bedarf.

VII. Fortbestehende Verwandtschaft zu deutschem Elternteil

38   Nach S. 3 (bzw. in Altfällen nach S. 2 aF) tritt der Verlust der deutschen Staatsangehörigkeit beim Angenommenen nicht ein, wenn er mit einem deutschen Elternteil nach der wirksamen Adoption verwandt bleibt.

Nach BT-Drs. 7/3061, 67 hatte der Gesetzgeber dabei zwei Fallkonstellationen bedacht: Die 39
alleinige Adoption des Kindes eines deutschen Ehegatten durch den ausländischen Ehegatten
(Stiefkindadoption); die **gemeinschaftliche Adoption eines Kindes** durch einen ausländischen
und einen deutschen Ehegatten.

Die Frage, ob ein Verwandtschaftsverhältnis mit einem deutschen Elternteil besteht, richtet sich 40
beim unverheirateten Annehmenden gem. Art. 22 Abs. 1 S. 1 EGBGB nach dessen Heimatrecht
und bei Eheleuten gem. Art. 22 Abs. 1 S. 2 EGBGB nach dem allgemeinen Ehewirkungsstatut
(Art. 14 Abs. 1 EGBGB), da das Adoptionsstatut auch die statuslösenden und statusbegründenden
Adoptionswirkungen beherrscht (HMHK/Hailbronner/Maaßen Rn. 13; GK-StAR/Marx
Rn. 87 f.). Für das Eltern-Kind-Verhältnis kommt es gem. Art. 21 EGBGB sowohl bei alleinstehenden als auch bei verheirateten Annehmenden auf das Recht des Aufenthaltsstaates des Kindes
an (HMHK/Hailbronner/Maaßen Rn. 13; GK-StAR/Marx Rn. 88).

Die Verlustfolge des S. 1 tritt nicht ein, wenn der Annehmende das **Kind seines deutschen** 41
Ehegatten als gemeinschaftliches Kind annimmt (Nr. 27.2 StAR-VwV).

Wird das Kind **von einem ausländischen und einem deutschen Annehmenden gemein-** 42
sam adoptiert, entsteht also die Verwandtschaft zum deutschen Annehmenden erst durch die
Adoption, ist S. 3 nach dem Wortlaut nicht anwendbar. Dennoch wird aufgrund des Gesetzeszwecks (→ Rn. 39) S. 3 entsprechend angewandt (HMHK/Hailbronner/Maaßen Rn. 14; GK-
StAR/Marx Rn. 92). Anderenfalls würde der Verlust der deutschen Staatsangehörigkeit direkt
wieder zum Erwerb nach § 6 führen. Dem ununterbrochenen Fortbestand der deutschen Staatsangehörigkeit ist deshalb der Vorzug zu geben (GK-StAR/Marx Rn. 94).

Erfolgt die **Annahme nur durch den ausländischen Ehepartner eines deutschen Ehe-** 43
partners und ist deutsches Sachrecht anwendbar, wird der Angenommene gemeinschaftliches
Kind der Ehegatten (§ 1754 Abs. 1 BGB), sodass S. 3 den Verlust der deutschen Staatsangehörigkeit
ausschließt (HMHK/Hailbronner/Maaßen Rn. 14; GK-StAR/Marx Rn. 90). Ist hingegen in
diesem Fall ein ausländisches Sachrecht anzuwenden, welches die Herstellung einer verwandtschaftlichen Beziehung zum Ehegatten des Annehmenden nicht kennt, ist der Tatbestand des S. 3
nicht erfüllt und es tritt der Verlust der deutschen Staatsangehörigkeit nach S. 1 beim Angenommenen ein (HMHK/Hailbronner/Maaßen Rn. 14; GK-StAR/Marx Rn. 92).

In Altfällen (S. 2 aF) gelten für volljährige Angenommene die gleichen Grundsätze. 44

Da S. 1 analog auch auf **Statusdeutsche** anzuwenden ist (→ Rn. 11), gilt dies auch für S. 3 45
sowie in Altfällen für S. 2 aF. Verbleibt also nach der erfolgten Adoption eine Verwandtschaft
zu einem Statusdeutschen, so tritt die Verlustfolge nicht ein. Ebenso verhält es sich, wenn der
angenommene Statusdeutsche nach der Annahme mit einem Statusdeutschen oder einem Deutschen verwandt ist (GK-StAR/Marx Rn. 98). Es werden somit die gleichen Grundsätze wie bei
Deutschen nach § 1 angewandt.

VIII. Verfahren und Praxishinweis

1. Verfahren

Der Verlust tritt kraft Gesetzes ein, ohne dass es eines behördlichen Verfahrens bedarf. 46

Auf Antrag kann aber der Verlust bzw. die Beibehaltung der deutschen Staatsangehörigkeit 47
festgestellt werden (§ 30). Ein Rechtsschutzinteresse wird stets bestehen, da von der Staatsangehörigkeit zahlreiche Wirkungen ausgehen.

Auch kann eine deutsche Behörde im Wege der **Amtshilfe** um eine **Bescheinigung des** 48
Bestehens oder Nichtbestehens ersuchen (HMHK/Hailbronner/Maaßen Rn. 20; zur Möglichkeit der Überprüfung, ob die ausländische Adoption wirksam ist, → § 6 Rn. 25).

2. Praxishinweis

Im Fall des Verlusts richten sich aufenthaltsrechtliche Ansprüche nach § 38 AufenthG, wonach 49
sich ein Anspruch auf Erteilung einer Niederlassungserlaubnis ergeben kann. Die Frist des § 38
Abs. 1 S. 2 AufenthG ist dabei zu beachten. Der diesbezügliche Antrag sollte zur Fristwahrung
auch gestellt werden, wenn die Verlustfrage noch nicht abschließend geklärt ist (NK-AuslR/
Fränkel Rn. 8).

§ 13 bietet die Möglichkeit der erleichterten Wiedereinbürgerung. 50

Aufgrund der nach hiesiger Auffassung gegebenen Unionsrechtswidrigkeit (→ Rn. 7a) sollte 51
ein Feststellungsverfahren nach § 30 durchgeführt werden.

§ 28 [Verlust der Staatsangehörigkeit bei Wehrdienst in fremden Streitkräften]

(1) Ein Deutscher, der
1. auf Grund freiwilliger Verpflichtung ohne eine Zustimmung des Bundesministeriums der Verteidigung oder der von ihm bezeichneten Stelle in die Streitkräfte oder einen vergleichbaren bewaffneten Verband eines ausländischen Staates, dessen Staatsangehörigkeit er besitzt, eintritt oder
2. sich an Kampfhandlungen einer terroristischen Vereinigung im Ausland konkret beteiligt,

verliert die deutsche Staatsangehörigkeit, es sei denn, er würde sonst staatenlos.

(2) Der Verlust nach Absatz 1 tritt nicht ein,
1. wenn der Deutsche noch minderjährig ist oder,
2. im Falle des Absatzes 1 Nummer 1, wenn der Deutsche auf Grund eines zwischenstaatlichen Vertrages zum Eintritt in die Streitkräfte oder in den bewaffneten Verband berechtigt ist.

(3) ¹Der Verlust ist im Falle des Absatzes 1 Nummer 2 nach § 30 Absatz 1 Satz 3 von Amts wegen festzustellen. ²Die Feststellung trifft bei gewöhnlichem Aufenthalt des Betroffenen im Inland die oberste Landesbehörde oder die von ihr nach Landesrecht bestimmte Behörde. ³Befindet sich der Betroffene noch im Ausland, findet gegen die Verlustfeststellung kein Widerspruch statt; die Klage hat keine aufschiebende Wirkung.

Überblick

Die Vorschrift enthält zwei Verlusttatbestände: Einmal den Verlust aufgrund des Beitritts in einen bewaffneten Verband, zum anderen die Teilnahme an Kampfhandlungen terroristischer Vereinigungen. Der erste Verlusttatbestand (→ Rn. 4) basiert auf dem Grundgedanken, dass der unerlaubte (→ Rn. 19) freiwillige (→ Rn. 14) Eintritt in den Militärdienst (→ Rn. 9) oder einen vergleichbaren Verband (→ Rn. 10) eines anderen Staates (→ Rn. 4), dessen Staatsangehörigkeit der Betroffene zu diesem Zeitpunkt (→ Rn. 6) besitzt (→ Rn. 4), als eindeutige Abwendung von Deutschland angesehen wird. Die hierin gesehene Illoyalität zur Bundesrepublik Deutschland wird als Anlass genommen, eine gesetzliche Aberkennung der deutschen Staatsangehörigkeit (→ Rn. 25) festzulegen. Der zweite Verlusttatbestand (→ Rn. 28) bringt zum Ausdruck, dass Deutsche, die sich von Deutschland und seinen grundlegenden Werten ab- und einer anderen ausländischen Macht in Gestalt einer terroristischen Vereinigung (→ Rn. 28) zugewandt haben und sich in diesem Zusammenhang an Kampfhandlungen (→ Rn. 29) im Ausland (→ Rn. 30) nach dem 9.8.2019 (→ Rn. 36) beteiligen, die deutsche Staatsangehörigkeit verlieren sollen (zum Verfahren hinsichtlich des zweiten Verlusttatbestands → Rn. 37). Voraussetzung für beide Verlusttatbestände ist die Volljährigkeit des Betroffenen (→ Rn. 27b; → Rn. 30a). Die Regelung des zweiten Verlusttatbestands stößt auf erhebliche verfassungsrechtliche (→ Rn. 43) und unionsrechtliche (→ Rn. 3c, → Rn. 48) Bedenken (zu völkerrechtlichen Bedenken → Rn. 51).

Übersicht

A. Allgemeines

I. Entwicklungsgeschichte

Die Vorschrift enthielt in ihrer ursprünglichen, bis zum 31.12.1999 gültigen Fassung hinsichtlich **1** des ersten Verlustgrundes nicht den Zusatz der freiwilligen Verpflichtung. Damit war die Regelung seit Inkrafttreten des GG nicht mit Art. 16 Abs. 1 GG vereinbar und somit verfassungswidrig. Nach Art. 16 Abs. 1 GG ist die Entziehung der deutschen Staatsangehörigkeit grundsätzlich verboten. Unter Entziehung versteht das BVerfG den Verlust der deutschen Staatsangehörigkeit, den der Betroffene nicht beeinflussen kann (BVerfG BeckRS 2001, 22441). Eine Entscheidung des BVerfG zur Verfassungswidrigkeit der alten Fassung ist allerdings nicht ersichtlich.

Angeknüpft wird der Verlust der Staatsangehörigkeit in der seit 1.1.2000 gültigen Fassung an **2** eine **freiwillige Abwendung von Deutschland** aufgrund eines selbstbestimmten Verhaltens des Betroffenen.

Auch Art. 7 Abs. 1 lit. c EUStAÜb erlaubt explizit den Verlust der Staatsangehörigkeit im Falle **3** des freiwilligen Dienstes in ausländischen Streitkräften unter der Bedingung der Vermeidung von Staatenlosigkeit (Art. 7 Abs. 3 EUStAÜb). Auch hinsichtlich der Verfassungsmäßigkeit sind hinsichtlich des ersten Verlusttatbestandes dadurch, dass die Vorschrift explizit voraussetzt, dass der Betroffene die Staatsangehörigkeit eines anderen Landes besitzt, keine Bedenken gegeben (Art. 16 Abs. 1 S. 2 GG).

Durch das Dritte Gesetz zur Änderung des Staatsangehörigkeitsgesetzes (v. 4.8.2019, **3a** BGBl. I 1124) wurde der **zweite Verlusttatbestand zum 9.8.2019 in Abs. 1 Nr. 2** eingeführt. Hintergrund war, dass von der Alt. 1 die Teilnahme an bewaffneten Aktionen von Terrororganisationen, Milizen oder sonstigen entsprechenden Organisationen nicht umfasst war. Diese Lücke soll die Gesetzesänderung schließen. Die Vorschrift gilt nicht rückwirkend (→ Rn. 36). Die ursprünglich im Gesetzgebungsverfahren vorgesehene Bezeichnung „Terrormiliz" wurde im weiteren Verfahren (BT-Drs. 19/11083) aufgegeben und der strafrechtlich bekannte Begriff terroristische Vereinigung (§§ 129a, 129b, 139 Abs. 3 Nr. 3, 261 Abs. 1 S. 2 Nr. 5 StGB) übernommen.

II. Verfassungsrechtliche Bedenken

Hinsichtlich der **zweiten Tatbestandsalternative des Abs. 1** bestehen im Gegensatz zum **3b** ersten Verlusttatbestand **erhebliche Bedenken hinsichtlich der Verfassungsmäßigkeit**. So fordert der Tatbestand keine Freiwilligkeit hinsichtlich der Teilnahme an Kampfhandlungen. Nach dem Wortlaut der Vorschrift, welcher zudem keinerlei Ermessen zulässt, verliert zwingend auch derjenige, der zu Kampfhandlungen gezwungen wird, die deutsche Staatsangehörigkeit. Das ist nach der hier vertretenen Auffassung mit Art. 16 Abs. 1 GG nicht in Einklang zu bringen (aA Dörig MigrationsR-HdB § 2 Rn. 227; näher → Rn. 43).

III. Unionsrechtliche Bedenken

1. Art. 20 AEUV

Hat der Betroffene keine weitere EU-Staatsangehörigkeit, verliert er mit dem Verlust der deut- **3c** schen Staatsangehörigkeit auch die **Unionsbürgerschaft** nach Art. 20 AEUV. Dieser Gesichtspunkt ist nach EuGH v. 2.3.2010 (BeckEuRS 2010, 513113 – Rottmann) zwingend bei der Entscheidung der Behörde zu berücksichtigen. In dieser Entscheidung führt das Gericht aus, dass es zwar grundsätzlich keine Bedenken hat, wenn das nationale Recht die Rücknahme der Einbürgerung oder auch den Verlust der Staatsangehörigkeit vorsieht, zumal dies auch Art. 8 Abs. 2 EUVerStaloUeb ausdrücklich bestimmt. Auch Art. 7 Abs. 1 und Abs. 3 EUStAÜb verbieten, wie der EuGH ausführt, den Verlust der Staatsangehörigkeit aus den genannten Gründen nicht. Allerdings gelte das Recht des Staates, die Einbürgerung zurückzunehmen oder den Verlust derselben festzustellen, nicht grenzenlos. Vielmehr sei der **Grundsatz der Verhältnismäßigkeit** bezüglich der Auswirkungen auf die unionsrechtliche Stellung des Betroffenen zu beachten. Es sind die möglichen Folgen zu berücksichtigen, welche die Entscheidung für den Betroffenen und ggf. für seine Familienangehörigen in Bezug auf die Rechte, die jeder Unionsbürger genießt (EuGH BeckEuRS 2019, 604565 – Tjebbes), hat. Der Verlust der Staatsangehörigkeit eines Mitgliedstaates kraft Gesetzes verstößt danach gegen den Grundsatz der Verhältnismäßigkeit, wenn die relevanten innerstaatlichen Rechtsvorschriften zu keinem Zeitpunkt eine **Einzelfallprüfung** der Folgen dieses Verlustes für die Situation der Betroffenen aus unionsrechtlicher Sicht erlauben (EuGH BeckEuRS 2019, 604565 – Tjebbes). Würde demnach der Verlust der Staatsangehörigkeit auch zum Verlust der Unionsbürgerschaft nach Art. 20 AEUV führen, müssen die nationalen Behörden und Gerichte in der Lage sein, bei der Beantragung eines die nationale Staatsangehörigkeit voraussetzenden Dokuments inzident die Folgen des Verlustes der Staatsangehörigkeit zu prüfen und ggf. die Staatsangehörigkeit rückwirkend wiederherzustellen (EuGH BeckEuRS 2019, 604565 – Tjebbes). Eine solche Prüfung erfordert eine **Beurteilung der individuellen Situation** der betroffenen Personen inklusive derer Familien, ob der Verlust des Unionsbürgerstatus Folgen hat, welche die normale Entwicklung des Familien- und Berufslebens im Verhältnis zum nationalen Ziel aus unionsrechtlicher Sicht unverhältnismäßig beeinträchtigen würde (EuGH BeckEuRS 2019, 604565 – Tjebbes). Die **Einschränkungen müssen** dabei **mit** den Grundrechten der GRCh, insbesondere **Art. 7 und 24 Abs. 2 GRCh in Einklang stehen** (EuGH BeckEuRS 2019, 604565 – Tjebbes). Auch ist zu prüfen, ob der Verlust gerechtfertigt ist im Verhältnis zur Schwere des vom Betroffenen begangenen Verstoßes, zur Zeit, die zwischen der Einbürgerung und der Rücknahmeentscheidung vergangen ist und zur Möglichkeit für den Betroffenen, seine ursprüngliche Staatsangehörigkeit wieder zu erlangen (zum Vereinigten Königreich und Großbritannien → § 17 Rn. 12a).

3d   In der Entscheidung EuGH v. 12.3.2019 (BeckEuRS 2019, 604565 – Tjebbes) führt das Gericht beispielhaft als Kriterien auf, ob sich die betroffene Person weiterhin in den Mitgliedstaaten aufhalten kann, um tatsächliche oder regelmäßige Bindungen mit Familienmitgliedern aufrecht zu erhalten, ob sie die berufliche Tätigkeit weiter ausüben kann und ob ein Verzicht auf eine die Aufrechterhaltung der Unionsbürgerschaft hindernde Drittstaatsangehörigkeit möglich wäre. Weitere Kriterien sind eine wesentliche Verschlechterung der Sicherheit und Freiheit, weil im Drittstaat kein konsularischer Schutz nach Art. 20 Abs. 2 lit. c AEUV möglich wäre. Bei Minderjährigen ist das Kindeswohl nach Art. 24 GRCh in besonderem Maße zu würdigen.

3e   Diesbezüglich bestehen **erhebliche Bedenken an der Unionsrechtmäßigkeit von Abs. 1. Die Behörde hat nach dem Wortlaut keine Möglichkeit, Ermessen auszuüben und die Verhältnismäßigkeit des Unionsbürgerschaftsverlusts, welche der EuGH zwingend fordert, zu berücksichtigen.** Soweit bereits in der Entscheidung des Gesetzgebers selbst die Wahrung des Verhältnismäßigkeitsgrundsatzes gesehen wird (so wohl HMHK/Hailbronner § 17 Rn. 20a), steht dies nicht im Einklang mit EuGH BeckEuRS 2010, 513113; 2019, 604565, wo eine Einzelfallprüfung gefordert wird, in der auch das Verhalten des Betroffenen zu berücksichtigen ist (zu unionsrechtlichen Bedenken aufgrund des Verwaltungsverfahrens → Rn. 50).

2. EUStAÜb

3f   **Abs. 1 Alt. 2 dürfte gegen EUStAÜb** (Europäisches Übereinkommen über die Staatsangehörigkeit v. 6.11.1997, BGBl. 2004 II 578) **verstoßen.**

3g   Die Vorschrift ist **kein Fall des Art. 7 Abs. 1 lit. c EUStAÜb.** Danach kann ein Vertragsstaat den Verlust der Staatsangehörigkeit bestimmen, wenn der Betroffene freiwillig Dienst in ausländischen Streitkräften leistet. Die Auslegung dieser Vorschrift erfordert aber die Leistung eines Dienstes in ausländischen staatlichen Streitkräften, nicht in terroristischen Milizen, auch wenn diese sich selbst als Staat (s. Islamischer Staat) sehen (ausf. Zimmermann/Eiken NVwZ 2019, 1313).

3h   Art. 7 Abs. 1 lit. c EUStAÜb hat darüber hinaus auch zur Folge, dass hinsichtlich Art. 7 Abs. 1 lit. d EUStAÜb eine Sperrwirkung dahingehend eintritt, als die Vertragsstaaten die Teilnahme an nichtstaatlichen Streitkräften eben gerade nicht als Grund für den Verlust der Staatsangehörigkeit ansehen wollten (Zimmermann/Eiken NVwZ 2019, 1313). Deshalb ist **auch Art. 7 Abs. 1 lit. d EUStAÜb nicht anwendbar.** Die Vorschrift kann aber auch aus anderen Gründen den Verlust nach Abs. 1 Alt. 2 nicht rechtfertigen. Voraussetzung wäre ein Verhalten, das den wesentlichen Interessen des Vertragsstaates in schwerwiegender Weise abträglich ist. Dazu schweigt sich Abs. 1 aber aus. Eine solche Folge der Beteiligung an Kampfhandlungen der genannten Organisationen ist keine Tatbestandsvoraussetzung für den Verlust der deutschen Staatsangehörigkeit. Es genügt die Beteiligung an Kampfhandlungen dieser Organisationen, gleich, ob dies irgendwelche Auswirkungen auf die Interessen der Bundesrepublik Deutschland hat, oder nicht. **Nach hiesiger Auffassung verstößt Abs. 1 Alt. 2 somit gegen das EUStAÜb** (aA Dörig MigrationsR-HdB § 2 Rn. 227).

B. Erläuterungen im Einzelnen

I. Eintritt in fremde Streitkräfte oder entsprechenden Verband (Abs. 1 Nr. 1)

1. Dienst in einem anderen Heimatstaat

Voraussetzung ist, dass der Betroffene in den Dienst von Streitkräften eines anderen Staates 4 eintritt, dessen Staatsangehörigkeit er besitzt. Der Eintritt in den Militärdienst eines dritten Staates ist hingegen unschädlich. Dies mag widersprüchlich erscheinen. Es wäre sicherlich auch mit Art. 16 Abs. 1 GG zu vereinbaren, wenn ein Söldner in Diensten eines Drittstaates die deutsche Staatsangehörigkeit verlieren würde, sofern er nicht staatenlos würde. Der Gesetzgeber hat sich aber im Rahmen seiner Kompetenz für diese eingeschränkte Regelung entschieden.

2. Besitz der fremden Staatsangehörigkeit

Der Betroffene muss die Staatsangehörigkeit des anderen Staates bei Eintritt in dessen 5 **Dienst besitzen.** Auf welche Weise die Staatsangehörigkeit erlangt wurde und ob der Betroffene noch weitere Staatsangehörigkeiten hat, ist unbedeutend.

Was unter einer **anderen Staatsangehörigkeit** zu verstehen ist, muss wie bei § 25 Abs. 1 S. 1 **5a** beurteilt werden. Die Rechtsbeziehung zum anderen Staat muss der deutschen Staatsangehörigkeit in ihren Wirkungen entsprechen (BVerwG BeckRS 9998, 170404 zum Erwerb der palästinensischen Mandatszugehörigkeit im Jahre 1938). Dazu gehört, dass die ausländische Staatsangehörigkeit in vollem Umfang in dem zu ihr gehörenden Staatsgebiet anerkannt wird, was dann nicht der Fall ist, wenn eine Exilregierung die Staatsangehörigkeit vermittelt (BVerwG 7.7.1959 – 1 C 119.57 zum Erwerb der litauischen Staatsangehörigkeit im Jahre 1951). Ein der Autorität eines fremden Staates unterworfenes Gemeinwesen kann daher grundsätzlich nicht den von Abs. 1 geforderten effektiven, gesicherten und dauerhaften Status vermitteln (HMHK/Hailbronner § 25 Rn. 17). Nur der Erwerb der Staatsangehörigkeit eines souveränen Staates kann somit zur Anwendbarkeit dieser Vorschrift führen (BVerwG NVwZ 1994, 387; NK-AuslR/Geyer Rn. 10).

Ob die Rechtsprechung des BVerwG (NVwZ 1994, 387) hinsichtlich Palästinas auf heutige Verhältnisse **5a.1** noch zutrifft, dürfte fraglich sein, nachdem Palästina von 136 Nationen als Staat anerkannt wurde. Ob die Bundesrepublik Deutschland Palästina als Staat anerkennt, kann für die rechtliche Beurteilung, ob Palästina ein Staat im Sinne dieser Vorschrift ist, nicht ausschlaggebend sein, wobei hier die Auffassung vertreten wird, dass die autonomen palästinensischen Gebiete keinen souveränen Staat darstellen.

Ein **Erwerb der Staatsangehörigkeit nach Eintritt in den Dienst** ist mit dem Wortlaut 6 der Vorschrift, die im Präsens formuliert ist, nicht zu vereinbaren. Angesichts Art. 16 Abs. 1 GG ist eine über den Wortlaut hinausgehende Auslegung ausgeschlossen (aA HMHK/Hailbronner/Maaßen Rn. 8).

Fraglich ist aber, ob es auch ausreicht, **wenn die andere Staatsangehörigkeit zusammen** 7 **mit dem Eintritt in die fremden Streitkräfte erworben wird.** Nach der hier vertretenen Auffassung ist auch dies mit dem Wortlaut der Vorschrift nicht in Einklang zu bringen. Die Vorschrift setzt den Besitz der Staatsangehörigkeit bei Eintritt in die Streitkräfte voraus. Hätte der Gesetzgeber den gleichzeitigen Erwerb der Staatsangehörigkeit ausreichen lassen wollen, hätte er dies auch regeln können. Der Gesetzgeber hat die Vorschrift damit begründet, dass durch den Eintritt in die Streitkräfte des anderen Staates eine Zuwendung zum anderen Heimatstaat manifestiert wird (BT-Drs. 14/533, 15). Der Gesetzgeber geht also davon aus, dass bereits vor Eintritt in die anderen Streitkräfte eine heimatliche Beziehung zum anderen Staat bestand. Dies verdeutlicht, dass die Staatsangehörigkeit bereits bestanden haben muss, wenn der Betroffene in die fremden Streitkräfte eintritt (aA BeckOK AuslR/Weber Rn. 17, der eine Hinwendung zum neuen Heimatstaat als ausreichend ansieht). Umso weniger genügt eine bloße Option auf den Erwerb der fremden Staatsangehörigkeit. Unberührt davon bleibt natürlich der Verlust der deutschen Staatsangehörigkeit nach § 25.

3. Streitkräfte

Das Gesetz fordert den Eintritt in fremde **Streitkräfte oder einen vergleichbaren bewaffne-** 8 **ten Verband.**

Streitkräfte sind gegenüber Polizei- und Sicherheitskräften dadurch charakterisiert, dass sie 9 sich auf die Verteidigung nach außen richten (GK-StAR/Marx Rn. 7). Des Weiteren verfügen sie über eine militärische Organisationsstruktur und Ausrüstung. Allerdings muss die Tatsache, dass andere Staaten möglicherweise nicht streng unter den Einsatzpflichten deren Streitkräfte unterscheiden, wie dies nach den Vorschriften des GG geregelt ist, berücksichtigt werden. Wenn Einsätze neben der Verteidigung nach außen auch Aufgaben im Innern umfassen, schließt dies die Qualifizierung als Streitkräfte keineswegs aus. Hier ist der Einzelfall zu überprüfen.

9.1   So gehören beispielsweise in Italien die Carabinieri den Streitkräften an, auch wenn sie in erster Linie polizeirechtliche Aufgaben übernehmen. Sie unterstehen dem Verteidigungsministerium und stellen eine der Teilstreitkräfte dar. Ebenso ist die niederländische Koninklijke Marechaussee organisiert. Demgegenüber untersteht die französische Gendarmerie nationale nicht dem Verteidigungsministerium, sondern dem Innenministerium, und übernimmt ausschließlich polizeiliche Aufgaben (aA wohl BeckOK AuslR/Weber Rn. 17). Die spanische Guardia Civil hingegen übernimmt sowohl polizeiliche als auch militärische Aufgaben und untersteht auch dem Verteidigungsministerium.

10   Dem steht ein **vergleichbarer bewaffneter Verband** nur gleich, wenn er auch ähnlich zielgerichtet, organisiert und ausgerüstet ist. Seine Aufgaben müssen militärischer Natur sein (HMHK/Hailbronner/Maaßen Rn. 9; GK-StAR/Marx Rn. 7; aA BeckOK AuslR/Weber Rn. 17). Hierzu zählt auch die Légion étrangère, die Fremdenlegion, welche der französischen Armee unterstellt ist (BeckOK AuslR/Weber Rn. 15).

11   **Polizeikräfte** sind nur vergleichbar, wenn es sich um Sondertruppen (BT-Drs. 14/533, 15) oder paramilitärische Organisationen (Nr. 28.1 Abs. 2 VAH-StAG) handelt, sofern diese vergleichbaren Zwecken dienen, wie Militärstreitkräfte, und ähnlich strukturiert und ausgestattet sind. Dabei ist es nicht entscheidend, wem diese Kräfte unterstehen. So können diese auch dem Innenministerium unterstehen. Auch kann es sich um einen bewaffneten und militärisch organisierten Verband einer Bürgerkriegspartei handeln (so auch HMHK/Hailbronner/Maaßen Rn. 9; aA wohl GK-StAR/Marx Rn. 7, der Polizeikräfte mangels einer nach außen gerichteten Aufgabe der Verteidigung nicht als einen mit Streitkräften vergleichbaren Verband ansieht).

12   Zu beachten ist aber, dass die Organisation dem Staat, welchem der Betroffene angehört, zuzuordnen sein muss, da Zweck der Vorschrift die Hinwendung zum Heimatstaat ist. **Terrororganisationen** fallen nicht hierunter, da diese regelmäßig gegen die staatliche Macht gerichtet ist. Dies gilt jedenfalls so lange, wie die Organisation im zerfallenden Staat neben der territorialen Herrschaft keine Fähigkeit besitzt, für die Zugehörigen zur Organisation grundlegende Schutzpflichten im Sinne einer Staatsangehörigkeit wahrzunehmen (HMHK/Hailbronner/Maaßen Rn. 9). Eine **private Armee** ist deshalb kein Verband im Sinne dieser Vorschrift (GK-StAR/Marx Rn. 8). Diese Lücke wollte der Gesetzgeber mit dem Dritten Gesetz zur Änderung des Staatsangehörigkeitsgesetzes (v. 4.8.2019, BGBl. I 1124) schließen.

13   Welche **Funktion oder Position** der Betroffene in den Streitkräften oder dem Verband hat, ist unwesentlich. Maßgeblich ist allein die organisatorische Zugehörigkeit. Es ist auch unbedeutend, ob der Betroffene selbst bewaffnet ist. Auch die Zugehörigkeit zur Verwaltung oder dem Sanitätsdienst ist ausreichend. Hintergrund der Vorschrift ist die Hinwendung zum anderen Heimatstaat. Dafür ist eine bewaffnete Funktion nicht notwendig. Stabspersonal und sonstige Organisatoren, Nachschub- oder Kommunikationseinheiten gehören ebenfalls zu den Streitkräften (zutr. HMHK/Hailbronner/Maaßen Rn. 10).

13.1   Anderer Auffassung ist GK-StAR/Marx Rn. 9, der die Wahrnehmung von Aufgaben in der Wehrverwaltung als Grenzfall ansieht. Nach seiner Auffassung knüpft der Gesetzgeber aufgrund der Benennung von „bewaffneten Verbänden" an den Waffendienst an.

4. Freiwilliger Eintritt

14   Der **Eintritt in die fremden Streitkräfte muss freiwillig erfolgen.** Dies erfordert die Rechtsprechung des BVerfG zu Art. 16 Abs. 1 GG (BVerfG BeckRS 2001, 22441), da der Verlust der deutschen Staatsangehörigkeit letztendlich in den Händen des Betroffenen liegen muss.

15   Freiwilligkeit ist danach ausgeschlossen, wenn ein Zwang oder eine Verpflichtung aufgrund allgemeiner **Wehrpflicht** besteht (BT-Drs. 14/533; HMHK/Hailbronner/Maaßen Rn. 11; GK-StAR/Marx Rn. 13; BeckOK AuslR/Weber Rn. 19). Dies ergibt sich auch aus § 8 Abs. 1 S. 2 WPflG, wonach bei einer gesetzlichen Verpflichtung zur Leistung des Wehrdienstes eine Genehmigung des Bundesministeriums der Verteidigung nicht nötig ist.

16   Eine Pflicht besteht auch dann, wenn eine **Wahlmöglichkeit zwischen Wehrdienst und zivilem Ersatzdienst** gegeben ist, sodass es auch an der Freiwilligkeit fehlt, wenn der Betroffene sich nicht für den zivilen Ersatzdienst entscheidet, sondern der allgemeinen Wehrpflicht im fremden Staat nachkommt (so auch HMHK/Hailbronner/Maaßen Rn. 11; GK-StAR/Marx Rn. 13;

BeckOK AuslR/Weber Rn. 19). Denn der Betroffene muss nicht aus Gewissensgründen gegen den Wehrdienst eingestellt sein. Eine andere Auffassung dürfte verfassungswidrig sein (GK-StAR/ Marx Rn. 14).

Beruht die Teilnahme auf einer **zwangsweisen Rekrutierung,** die auf physischer oder psychi- **17** scher Gewalt sowie auf Drohungen beruht, die dem gleichstehen, liegt ebenfalls keine Freiwillig-keit vor (HMHK/Hailbronner/Maaßen Rn. 11; GK-StAR/Marx Rn. 13). Es kommt somit auf die tatsächlichen Umstände, nicht auf eine formelle Verpflichtungs- oder Bereitschaftserklärung sowie auf Art und Höhe eines Entgelts an (HMHK/Hailbronner/Maaßen Rn. 11).

Die **Beweislast** für das Vorliegen der Freiwilligkeit liegt bei der Behörde, da die Frage eines **18** Verlustgrundes zu beurteilen ist (BVerwG BeckRS 9998, 28117; GK-StAR/Marx Rn. 12).

5. Fehlende Genehmigung

Ist der Eintritt in die fremden Streitkräfte vom Bundesministerium für Verteidigung oder der **19** von diesem benannten Stelle nach **§ 8 WPflG** genehmigt, führt er nicht zum Verlust der deutschen Staatsangehörigkeit.

Dasselbe gilt für einen aufgrund eines **zwischenstaatlichen Vertrags** gestatteten Eintritts in **20** die fremden Streitkräfte. Der Vertrag muss den Betroffenen zum Eintritt in die fremden Streitkräfte berechtigen, wobei eine bestehende Wehrpflicht vorauszusetzen ist. Eine solche vertragliche Grundlage stellte Art. 5 Abs. 1 MehrStaatÜbk dar, wonach bis zur Kündigung des Übereinkom-mens durch die Bundesrepublik zum 21.12.2002 ein Mehrfachstaater den Wehrdienst nur in einem der Staaten, dessen Staatsangehörigkeit er besaß, leisten musste.

Dem Betroffenen wird auch heute nach Kündigung des MehrStaatÜbk (Übereinkommen über **21** die Verringerung der Mehrstaatigkeit und über die Wehrpflicht von Mehrstaatern v. 6.5.1963) nicht vorgehalten werden können, dass er bei einem bestehenden Wahlrecht zwischen der Wehr-pflicht im fremden Staat und der Wehrpflicht in der Bundesrepublik sich für den Dienst in den fremden Streitkräften entscheidet, da in diesem Fall von einer echten Freiwilligkeit nicht ausgegan-gen werden kann.

Der zwischenstaatliche Vertrag muss den Betroffenen explizit zum Eintritt in den fremden **22** Dienst berechtigen.

Besteht keine Wehrpflicht mehr, zB aufgrund des Alters, kann eine Genehmigung nicht erteilt **23** werden (HMHK/Hailbronner/Maaßen Rn. 12; GK-StAR/Marx Rn. 16).

In der Regel wird die Zustimmung zum Eintritt in die fremden Streitkräfte nur deutschen **24** Mehrstaatern erteilt, die sich ständig im Ausland aufhalten und dorthin auswandern wollen. Die Zustimmung wird im Übrigen deutschen Staatsangehörigen erteilt, die zugleich die Staatsange-hörigkeit von Mitgliedstaaten der EU, der EFTA (Europäische Freihandelsassoziation), der NATO (Nordatlantikvertrags-Organisation) oder der Staaten der Länderliste nach § 41 Abs. 1 AufenthV besitzen und in einem dieser Staaten den Wehrdienst leisten.

6. Verlust der deutschen Staatsangehörigkeit

Der **Verlust tritt kraft Gesetzes mit dem Eintritt in die fremden Streitkräfte bzw. den** **25** **entsprechenden Verband ein.** Es ist hierfür kein Verwaltungsakt notwendig. Nicht ausreichend ist aber die Verpflichtung zum Eintritt (HMHK/Hailbronner/Maaßen Rn. 13; GK-StAR/Marx Rn. 19).

Würde der Deutsche allerdings in diesem Fall **staatenlos,** ist der Verlust der deutschen Staatsan- **25a** gehörigkeit nach Abs. 1 explizit ausgeschlossen.

Eine **Wiederaufnahme in die Staatsangehörigkeit,** zB bei Beenden des fremden Dienstes, **26** **kommt nicht in Betracht.** Es besteht nur die Möglichkeit einer Wiedereinbürgerung nach §§ 8, 13, 14.

Der Betroffene kann sich gegen den angenommenen Verlust der deutschen Staatsangehörigkeit **27** durch ein **Feststellungsverfahren** oder durch **Beantragung eines Staatsangehörigkeitsaus-weises** (§ 30) zur Wehr setzen.

Die Vorschrift betrifft **sowohl Deutsche iSd § 1, als auch Statusdeutsche.** Siehe hierzu → **27a** § 25 Rn. 14.

7. Minderjährigkeit

Seit dem 9.8.2019 ist zudem gemäß Abs. 2 Nr. 1 Voraussetzung für den Verlust der deutschen **27b** Staatsangehörigkeit, dass der **Betroffene nicht minderjährig** ist. Die Minderjährigkeit richtet sich nach § 2 BGB, wonach die Volljährigkeit mit Vollendung des 18. Lebensjahrs eintritt. Zum

maßgeblichen Zeitpunkt schweigt sich das Gesetz aus. Auch der Gesetzesbegründung ist nichts diesbezüglich zu entnehmen. Richtigerweise muss aber als maßgeblicher Zeitpunkt der Eintritt in die Streitkräfte nach Abs. 1 angesehen werden, da der Verlusttatbestand ipso iure mit dieser Handlung und zu diesem Zeitpunkt eintritt. Wird der Betroffene zu einem späteren Zeitpunkt volljährig, führt dies nicht mehr zum Verlust der deutschen Staatsangehörigkeit.

II. Teilnahme an Kampfhandlungen terroristischer Vereinigungen (Abs. 1 Nr. 2)

1. Terroristische Vereinigung

28   Der Begriff der **terroristischen Vereinigung** wird weder in Abs. 1 Nr. 2 noch in der Gesetzesbegründung klar definiert. Da der Wortlaut der gesetzlichen Vorschrift von einer terroristischen Vereinigung spricht, wird wohl die Legaldefinition aus **§ 129a StGB** heranzuziehen sein (so auch Dörig MigrationsR-HdB § 2 Rn. 228). Gefordert ist damit ein auf gewisse Dauer angelegter, freiwilliger organisatorischer Zusammenschluss von mindestens drei Personen mit einer Festlegung von Rollen der Mitglieder, die bei Unterordnung des Willens des Einzelnen unter den Willen der Gesamtheit gemeinsame Zwecke verfolgen und unter sich derart in Beziehung stehen, dass sie sich als einheitlicher Verband fühlen (stRspr, BGH NJW 2009, 3448). Ob eine terroristische Vereinigung vorliegt, lässt sich auch der **entsprechenden Einordnung durch die EU** entnehmen (s. B (GASP) 2019/25 v. 8.1.2019, ABl. 2019 L 6, 6).

28.1   Im ursprünglichen Entwurf war der Betriff der Terrormiliz verwendet worden, welcher dann eine Legaldefinition im geplanten Abs. 3 erhalten sollte. Diese Regelung wurde zugunsten des Begriffs Terroristische Vereinigung verworfen, was dafürspricht, dass Bezug auf § 129a StGB genommen werden sollte.

28a   Gefordert ist **nicht eine Mitgliedschaft in der terroristischen Vereinigung,** sondern eine konkrete Beteiligung an Kampfhandlungen (→ Rn. 29). Es ist somit keine formale Eingliederung in die Organisation nötig, wie dies in § 129 StGB gefordert wird (BeckOK AuslR/Weber Rn. 37).

2. Konkrete Beteilung an Kampfhandlungen

29   Der Wortlaut der Vorschrift erfordert die konkrete Teilnahme an Kampfhandlungen der Vereinigung. Nach der Gesetzesbegründung (BT-Drs. 154/19) sind **Kampfhandlungen** im Sinne der Regelung Auseinandersetzungen, die zwischen staatlichen und / oder nichtstaatlichen Gruppierungen mit Gewalt oder Waffengewalt ausgetragen werden. Dazu zählen auch terroristische Anschläge gegen Staaten oder deren Zivilbevölkerung. Dabei ist unter einer konkreten Beteiligung zu verstehen, dass der Betroffene in Kampfhandlungen eingebunden ist, wobei es nicht auf die Schwere der Beteiligung oder die Funktion innerhalb der gewaltsamen Auseinandersetzung ankommt. Eine **eigene Ausübung von Gewalt** bzw. Waffengewalt ist **nicht notwendig.** Vielmehr genügt jeder aktive Beitrag im Rahmen der Auseinandersetzung. Eine bloße Anwesenheit am Ort der Auseinandersetzung ist aber nicht ausreichend. Auch die Finanzierung der terroristischen Vereinigung ist keine konkrete Beteiligung an Kampfhandlungen (BeckOK AuslR/Weber Rn. 35). Die Beschaffung von Waffen, Munition und sonstiger Ausrüstung sowie die Durchführung von Transporten und Fahrertätigkeiten vor Ort, werden als konkrete Teilnahme in der Regel anzusehen sein. Ebenso die Organisation sowie vorbereitende Ausspähung im konkreten Zusammenhang mit den Kampfhandlungen (so auch BeckOK AuslR/Weber Rn. 35, der korrekterweise darauf hinweist, dass keine eigenhändige Ausübung von Gewalt gefordert wird). Der Begriff „konkret" ist ein unbestimmter Rechtsbegriff, dessen Auslegung letztendlich der Rechtsprechung überlassen werden muss. Allerdings ist der Begriff nach hiesiger Auffassung nicht in einem solchen Maße unbestimmt, dass verfassungsrechtliche Zweifel angebracht wären.

29.1   Zum Begriff Kampfhandlungen kann auf ICRC, Interpretive Guidance on the Notion of Direct Participation in Hostilities des Internationalen Roten Kreuzes verwiesen werden (abrufbar unter https://casebook.icrc.org/case-study/icrc-interpretive-guidance-notion-direct-participation-hostilities).

29a   Soweit in BeckOK AuslR/Weber Rn. 32 eine **freiwillige Beteiligung** gefordert wird, um eine verfassungskonforme Vorschrift zu konstruieren, ist dies **mit dem Wortlaut der Vorschrift nicht in Einklang zu bringen.** Es ist davon auszugehen, dass dem Gesetzgeber Art. 16 Abs. 1 GG zur Genüge bekannt ist und ihm bewusst war, dass im Falle fehlender Freiwilligkeit die Verfassungsmäßigkeit der Norm in Frage steht. Der Gesetzgeber hat in zahlreichen Vorschriften des StAG die Freiwilligkeit hervorgehoben. Es ist deshalb schwer denkbar, dass hier eine Gesetzeslücke besteht, welche durch die Einführung eines ungeschriebenen Tatbestandsmerkmals ergänzt werden müsste. Dies gilt umso mehr, als in derselben Vorschrift, nämlich in Abs. 1 Nr. 1 hinsichtlich der Verpflichtung zum Eintritt in die Streitkräfte eines anderen Landes, das Wort „freiwillig" explizit aufgenommen wurde. Auch der Verweis auf die Motive (BT-Drs. 19/9736, 1, 9; BT-Drs. 19/11083, 1) hilft nicht weiter, da dort mit keinem Wort auf eine geforderte Freiwilligkeit verwiesen wird, während dies in der Begründung zu Abs. 1 Nr. 1 mehrfach Erwähnung findet (aA BeckOK AuslR/Weber Rn. 32).

3. Ausland

Die vorgeworfene **Tathandlung** muss sich **im Ausland** ereignen. Unter Ausland ist der Bereich **30** außerhalb des Geltungsbereichs des GG gemäß der Präambel des GG zu verstehen. Dies ist das gesamte deutsche Staatsgebiet. Dazu gehören auch nach dem Seerechtsübereinkommen das deutsche Küstenmeer innerhalb einer Zone von 12 sm sowie der deutsche Luftraum. Ebenso gehören hierzu Schiffe, welche unter deutscher Bundesflagge fahren, sowie Flugzeuge, welche das Staatszugehörigkeitszeichen der Bundesrepublik Deutschland führen, auch wenn die Geburt außerhalb des deutschen Küstenmeers bzw. Luftraums erfolgt. Nicht zum deutschen Staatsgebiet und damit zum Ausland gehören die Auslandsvertretungen der Bundesrepublik Deutschland. Im Hinblick auf die Teilnahme an Kampfhandlungen durch Beschaffung von Waffen (→ Rn. 29) ist dies zu beachten.

4. Minderjährigkeit

Nach Abs. 2 Nr. 1 tritt der Verlust der deutschen Staatsangehörigkeit nicht ein, wenn der **30a** Betroffene noch minderjährig ist. Zum maßgeblichen Zeitpunkt schweigen sich Gesetz und Gesetzesbegründung aus. **Maßgeblicher Zeitpunkt** ist nach hiesiger Auffassung derjenige der **konkreten Beteiligung an Kampfhandlungen** einer terroristischen Vereinigung, nicht etwa die Ausreise oä, da ersteres sanktioniert ist. Dies bedeutet aber, dass jede Beteilung für sich gesondert zu bewerten ist. Die Minderjährigkeit richtet sich nach § 2 BGB, wonach die Volljährigkeit mit Vollendung des 18. Lebensjahrs eintritt.

5. Verlust der deutschen Staatsangehörigkeit

Die Regelung ist widersprüchlich. Während der Wortlaut regelt, dass der Verlust der deutschen **31** Staatsangehörigkeit kraft Gesetzes eintritt, hat der Gesetzgeber weitere Verfahrensregelungen in Abs. 3 eingeführt, welche explizit nur für den Tatbestand des Abs. 1 Nr. 2 gelten. Danach muss der Verlust durch ein **Feststellungsverfahren** erst bestätigt werden.

Die Gesetzesbegründung (BT-Drs. 154/19) führt dazu aus, dass das Feststellungsverfahren **32** **deklaratorischer Art** ist. Das gesonderte Feststellungsverfahren sei aus Gründen der Rechtssicherheit notwendig, da anders als beim Eintritt in den Wehrdienst eines anderen Staates Tatsachenfeststellungen darüber, dass und zu welchem Zeitpunkt jemand tatsächlich an Kampfhandlungen im Ausland beteiligt war, schwieriger zu belegen seien.

Damit wird davon auszugehen sein, dass die deklaratorische Feststellung im Verwaltungsakt auf **33** den Zeitpunkt zurückwirkt, in welchem die Tathandlungen nach Abs. 1 S. 2 vorgelegen haben.

Aus der Gesetzesbegründung (BT-Drs. 154/19) ergibt sich auch, dass der Gesetzgeber von **34** einer **vollumfänglichen Beweislast der Behörde** hinsichtlich der Verlustvoraussetzungen ausgeht. Dies bezieht auch den Verlustzeitpunkt mit ein (BeckOK AuslR/Weber Rn. 40).

Weiter ist der Gesetzesbegründung (BT-Drs. 154/19) zu entnehmen, dass **aufenthaltsrechtli-** **35** **che und grenzpolizeiliche Maßnahmen,** die an den Verlust der deutschen Staatsangehörigkeit anknüpfen, eine vorherige Verlustfeststellung voraussetzen.

Die Vorschrift betrifft **sowohl Deutsche iSd § 1, als auch Statusdeutsche.** Siehe hierzu → **35a** § 25 Rn. 14.

6. Keine Rückwirkung

Wie sich auch aus der Gesetzesbegründung (BT-Drs. 154/19) ergibt, kann die Vorschrift nur **36** diejenigen Fälle erfassen, in welchen die Betroffenen nach Inkrafttreten des Gesetzes zum 9.8.2019 sich an den in Abs. 1 Nr. 2 genannten Handlungen beteiligt haben. Eine **Rückwirkung** auf frühere Zeiträume ist aufgrund der nicht gegebenen Vorhersehbarkeit der staatsangehörigkeitsrechtlichen Konsequenzen für den Betroffenen ausgeschlossen. Es läge sonst eine mit Art. 16 Abs. 1 GG nicht zu vereinbarende Entziehung der deutschen Staatsangehörigkeit vor.

7. Verfahren

37   Zuständig für das von Amts wegen nach § 30 Abs. 1 S. 3 durchzuführende Feststellungsverfahren nach Abs. 3 ist bei gewöhnlichem Aufenthalt im Inland die **oberste Landesbehörde** bzw. die von ihr nach dem jeweiligen Landesrecht bestimmte Behörde (Abs. 3 S. 2). Zu den landesrechtlichen Zuständigkeiten (→ § 1 Rn. 5a.1).

38   Hat der Betroffene seinen **gewöhnlichen Aufenthalt im Ausland** ist das Bundesverwaltungsamt gem. § 5 BVAG zuständig.

39   Bei Inlandsfällen richtet sich die Frage der Zulässigkeit eines **Vorverfahrens** nach Landesrecht, in Auslandsfällen ist ein solches ausgeschlossen (Abs. 3 S. 3 Hs. 1). Maßgeblicher Zeitpunkt für die Frage des Auslandsaufenthalts ist derjenige der Zustellung der Entscheidung (so auch BeckOK AuslR/Weber Rn. 41).

40   Die Klage hat in Inlandsfällen **aufschiebende Wirkung,** in Auslandsfällen nicht (Abs. 3 S. 3 Hs. 2; zu den diesbezüglichen Bedenken → Rn. 45). Maßgeblicher Zeitpunkt für die Frage des Auslandsaufenthalts ist derjenige der Zustellung der Entscheidung (so auch BeckOK AuslR/Weber Rn. 41). Dies bedeutet, dass der sich im Ausland aufhältige Betroffene mit der Zustellung der Entscheidung Ausländer iSd § 2 Abs. 1 AufenthG ist.

40a   Der sich im Ausland befindliche Betroffene hat im Falle einer Zustellung nach § 10 VwZG und der damit gegebenen Zustellfiktion nach § 10 Abs. 2 S. 6 VwZG nach § 74 Abs. 1 S. 2 VwGO sechs Wochen Zeit für den Eilrechtsantrag nach § 80 Abs. 5 VwGO sowie für die Anfechtungsklage.

41   Die **örtliche Zuständigkeit** richtet sich nach § 52 VwGO. In Auslandsfällen ist somit zuständig das VG Köln (§ 52 Nr. 2 S. 1 VwGO).

42   Wie die Zustellung des Feststellungsbescheids in Auslandsfällen erfolgen soll, klärt das Gesetz nicht. Es ist deshalb davon auszugehen, dass eine **öffentliche Zustellung** nach § 10 VwZG erfolgen wird.

42a   Die Beweislast für die den Verlusttatbestand tragenden Tatbestandsmerkmale liegt bei der zuständigen Staatsangehörigkeitsbehörde.

8. Verfassungsrechtliche Bedenken

43   Abs. 1 Nr. 2 verstößt nach hiesiger Auffassung gegen **Art. 16 Abs. 1 GG.**

44   Das BVerfG hat in seiner Entscheidung v. 10.8.2001 (BeckRS 2001, 22441) festgehalten, dass der Verlust der deutschen Staatsangehörigkeit, welchen der Betroffene nicht beeinflussen kann, einen unzulässigen und verfassungswidrigen Entzug darstellt. Es ist nicht nachvollziehbar, weshalb der Gesetzgeber die Anwendung der Vorschrift nicht durch das Wort freiwillig begrenzt hat. Der Gesetzgeber begründet die Vorschrift damit, dass das bewusste Ausreisen in den Wirkungsbereich einer terroristischen Vereinigung und die aktive Unterstützung derselben durch konkrete Beteiligung an Kampfhandlungen sowie die dadurch gegebene Hinwendung zur terroristischen Vereinigung ein grundlegendes Abwenden von Deutschland und seiner freiheitlichen demokratischen Grundordnung darstellt. Dies ist sicherlich auch so zu bejahen. Allerdings sind zahlreiche Fälle denkbar, in denen die Ausreise nicht erfolgt ist, um sich an Kampfhandlungen zu beteiligen. Wenn dann aber später der oder die Betroffene aufgrund **physischen oder psychischen Zwangs** sich an Kampfhandlungen beteiligt, kommt es zwangsweise zum Verlust der deutschen Staatsangehörigkeit. Dies ist nach hiesiger Auffassung mit Art. 16 Abs. 1 GG nicht vereinbar.

45   Weiter stößt es auf verfassungsrechtliche Bedenken, dass bei im Ausland aufhältigen Betroffenen die Erhebung der Klage im Gegensatz zu im Inland lebenden Betroffenen **keine aufschiebende Wirkung** hat (Abs. 3 S. 3 Hs. 2). Nach hiesiger Auffassung stößt dies auf Bedenken hinsichtlich eines Verstoßes gegen den **Verhältnismäßigkeitsgrundsatz.** Hintergrund ist, zu vermeiden, dass Betroffene die Möglichkeit haben, aufgrund der Erhebung einer Klage ihren Aufenthalt in die Bundesrepublik zu verlegen, um das Klageverfahren hier durchzuführen. Nach der hier vertretenen Auffassung kann aber einem möglicherweise deutschen Staatsangehörigen es nicht auf diese Weise unmöglich gemacht werden, seine verfassungsrechtlich geschützten Rechte auf effektiven Rechtsschutz und rechtliches Gehör dadurch einzuschränken, dass seine Klage – im Gegensatz zu einem im Inland lebenden und identisch betroffenen – keine aufschiebende Wirkung hat (aA ohne nähere Begründung BeckOK AuslR/Weber Rn. 42, der auf die Rechtsschutzmöglichkeiten verweist, die aber aufgrund der öffentlichen Zustellung nach § 10 VwZG meist verfristet sein werden). Diesbezüglich ist zu bedenken, dass die Bundesrepublik Deutschland eine **rechtliche Verpflichtung** hat, deutschen Staatsangehörigen, die sich im Gebiet des sog. Islamischen Staates aufgehalten hatten, die **Rückkehr nach Deutschland zu ermöglichen.** Diese Schutzpflicht ergibt sich unmittelbar aus Art. 2 Abs. 1 S. 1 GG (VG Berlin BeckRS 2019, 14705).

In diesem Zusammenhang wird auch zu bedenken sein, dass gerade denjenigen, die sich dem 46 Einfluss der terroristischen Vereinigung entziehen und sich wieder dem Schutz der Bundesrepublik unterwerfen wollen, die Rückkehr verweigert wird. Der dadurch erzwungene weitere Aufenthalt im Einflussbereich der terroristischen Vereinigung führt dann möglicherweise zu weiteren erzwungenen Handlungen iSd Abs. 1 Nr. 2.

Streng zu prüfen sein wird, ob dem Betroffenen hinreichend Gelegenheit gegeben wurde, sein 47 **Grundrecht auf rechtliches Gehör** wahrzunehmen. Immerhin geht es um den Verlust eines der wesentlichsten Rechte, welche sich aus dem GG ergeben.

9. Unionsrechtliche Bedenken

Hat der Betroffene außer der deutschen Staatsangehörigkeit keine andere Staatsangehörigkeit 48 der Europäischen Union, verliert er durch den **Verlust** der deutschen Staatsangehörigkeit auch seine **Unionsbürgerschaft.**

Der EuGH hat in der Rottmann-Entscheidung (NVwZ 2010, 509) entschieden, dass der Verlust 49 der Unionsbürgerschaft durch Entzug oder Verlust einer Staatsangehörigkeit einer Verhältnismäßigkeitsprüfung unterliegt, wobei sich diese in erster Linie auf das Verfahren bezieht (GK-StAR/ Berlit Rn. 41; näher → Rn. 3c).

Bedenken in unionsrechtlicher Hinsicht ergeben sich dahingehend, dass in den Fällen, in wel- 50 chen sich der Betroffene im Ausland aufhält, die wohl einzig mögliche Zustellung die **öffentliche Zustellung** sowohl der Gelegenheit zur Wahrnehmung des rechtlichen Gehörs als auch des Feststellungsbescheides ist. Dies könnte unverhältnismäßig sein, soweit dadurch der Verlust der Unionsbürgerschaft eintritt, da diese Folge eintreten kann, ohne dass der Betroffene dieses Risiko zur Kenntnis genommen haben muss. Zudem hat der Betroffene damit keine Veranlassung, dem möglichen Verlust entgegenzuwirken, insbesondere Klage zu erheben.

10. Völkerrechtliche Bedenken

Art. 13 Abs. 2 AEMR (Allgemeinen Erklärung der Menschenrechte v. 10.12.1948) bestimmt, 51 dass jeder das Recht hat, jedes Land zu verlassen und in sein Heimatland zurückzukehren. Nach Art. 12 Abs. 4 Zivilpakt (Internationaler Pakt über bürgerliche und politische Rechte v. 19.12.1966, BGBl. 1973 II 1533) darf niemandem willkürlich das Recht entzogen werden, in sein eigenes Land einzureisen. Hier bestehen jedenfalls im Hinblick auf Fälle, in denen die Teilnahme an Kampfhandlungen erzwungen worden waren (→ Rn. 44), sowie im Hinblick auf die fehlende aufschiebende Wirkung eines Rechtsmittels (→ Rn. 45) erhebliche Bedenken.

§ 29 [Wahl zwischen deutscher und ausländischer Staatsangehörigkeit bei Volljährigkeit]

(1) ¹Optionspflichtig ist, wer
1. die deutsche Staatsangehörigkeit nach § 4 Absatz 3 oder § 40b erworben hat,
2. nicht nach Absatz 1a im Inland aufgewachsen ist,
3. eine andere ausländische Staatsangehörigkeit als die eines anderen Mitgliedstaates der Europäischen Union oder der Schweiz besitzt und
4. innerhalb eines Jahres nach Vollendung seines 21. Lebensjahres einen Hinweis nach Absatz 5 Satz 5 über seine Erklärungspflicht erhalten hat.
²Der Optionspflichtige hat nach Vollendung des 21. Lebensjahres zu erklären, ob er die deutsche oder die ausländische Staatsangehörigkeit behalten will. ³Die Erklärung bedarf der Schriftform.

(1a) ¹Ein Deutscher nach Absatz 1 ist im Inland aufgewachsen, wenn er bis zur Vollendung seines 21. Lebensjahres
1. sich acht Jahre gewöhnlich im Inland aufgehalten hat,
2. sechs Jahre im Inland eine Schule besucht hat oder
3. über einen im Inland erworbenen Schulabschluss oder eine im Inland abgeschlossene Berufsausbildung verfügt.
²Als im Inland aufgewachsen nach Satz 1 gilt auch, wer im Einzelfall einen vergleichbar engen Bezug zu Deutschland hat und für den die Optionspflicht nach den Umständen des Falles eine besondere Härte bedeuten würde.

(2) Erklärt der Deutsche nach Absatz 1, dass er die ausländische Staatsangehörigkeit behalten will, so geht die deutsche Staatsangehörigkeit mit dem Zugang der Erklärung bei der zuständigen Behörde verloren.

(3) [1]Will der Deutsche nach Absatz 1 die deutsche Staatsangehörigkeit behalten, so ist er verpflichtet, die Aufgabe oder den Verlust der ausländischen Staatsangehörigkeit nachzuweisen. [2]Tritt dieser Verlust nicht bis zwei Jahre nach Zustellung des Hinweises auf die Erklärungspflicht nach Absatz 5 ein, so geht die deutsche Staatsangehörigkeit verloren, es sei denn, dass dem Deutschen nach Absatz 1 vorher die schriftliche Genehmigung der zuständigen Behörde zur Beibehaltung der deutschen Staatsangehörigkeit (Beibehaltungsgenehmigung) erteilt wurde. [3]Ein Antrag auf Erteilung der Beibehaltungsgenehmigung kann, auch vorsorglich, nur bis ein Jahr nach Zustellung des Hinweises auf die Erklärungspflicht nach Absatz 5 gestellt werden (Ausschlussfrist). [4]Der Verlust der deutschen Staatsangehörigkeit tritt erst ein, wenn der Antrag bestandskräftig abgelehnt wird. [5]Einstweiliger Rechtsschutz nach § 123 der Verwaltungsgerichtsordnung bleibt unberührt.

(4) Die Beibehaltungsgenehmigung nach Absatz 3 ist zu erteilen, wenn die Aufgabe oder der Verlust der ausländischen Staatsangehörigkeit nicht möglich oder nicht zumutbar ist oder bei einer Einbürgerung nach Maßgabe von § 12 Mehrstaatigkeit hinzunehmen wäre.

(5) [1]Auf Antrag eines Deutschen, der die Staatsangehörigkeit nach § 4 Absatz 3 oder § 40b erworben hat, stellt die zuständige Behörde bei Vorliegen der Voraussetzungen den Fortbestand der deutschen Staatsangehörigkeit nach Absatz 6 fest. [2]Ist eine solche Feststellung nicht bis zur Vollendung seines 21. Lebensjahres erfolgt, prüft die zuständige Behörde anhand der Meldedaten, ob die Voraussetzungen nach Absatz 1a Satz 1 Nummer 1 vorliegen. [3]Ist dies danach nicht feststellbar, weist sie den Betroffenen auf die Möglichkeit hin, die Erfüllung der Voraussetzungen des Absatzes 1a nachzuweisen. [4]Wird ein solcher Nachweis erbracht, stellt die zuständige Behörde den Fortbestand der deutschen Staatsangehörigkeit nach Absatz 6 fest. [5]Liegt kein Nachweis vor, hat sie den Betroffenen auf seine Verpflichtungen und die nach den Absätzen 2 bis 4 möglichen Rechtsfolgen hinzuweisen. [6]Der Hinweis ist zuzustellen. [7]Die Vorschriften des Verwaltungszustellungsgesetzes finden Anwendung.

(6) [1]Der Fortbestand oder Verlust der deutschen Staatsangehörigkeit nach dieser Vorschrift wird von Amts wegen festgestellt. [2]Das Bundesministerium des Innern, für Bau und Heimat kann durch Rechtsverordnung mit Zustimmung des Bundesrates Vorschriften über das Verfahren zur Feststellung des Fortbestands oder Verlusts der deutschen Staatsangehörigkeit erlassen.

Überblick

Die Vorschrift fordert, dass Erwachsene, welche nach § 4 Abs. 3 oder § 40b die deutsche Staatsangehörigkeit nach dem ius-soli-Prinzip erlangt und eine weitere Staatsangehörigkeit haben, sich nach Erreichen der Volljährigkeit zwischen der deutschen und einer fortbestehenden anderweitigen Staatsangehörigkeit entscheiden müssen, sofern es sich bei der anderen Staatsangehörigkeit nicht um eine Staatsangehörigkeit der EU oder der Schweiz handelt (→ Rn. 35) oder sie nicht in der Bundesrepublik aufgewachsen (→ Rn. 45 ff.) sind. Die Vorschrift normiert zunächst in Abs. 1 die Voraussetzungen, unter denen der Betroffene erklärungspflichtig zur Frage ist, welche der Staatsangehörigkeiten er beibehalten will. Dabei ist Voraussetzung nach Abs. 1 S. 1 Nr. 1 der Erwerb der deutschen Staatsangehörigkeit nach § 4 Abs. 3 oder § 40b (→ Rn. 27). Aufwachsen im Inland schließt nach Abs. 1 S. 1 Nr. 2 die Optionspflicht aus. Was darunter zu verstehen ist, regelt Abs. 1a, wonach unterschieden wird zwischen Aufwachsen im Inland durch Inlandsaufenthalt (Abs. 1a S. 1 Nr. 1, → Rn. 45), durch Schulbesuch (Abs. 1a S. 1 Nr. 2, → Rn. 55) oder durch Schul- oder Berufsschulabschluss (Abs. 1a S. 1 Nr. 3, → Rn. 63). Außerdem kann der Inlandsaufenthalt auch aufgrund eines Härtefalls fingiert werden (Abs. 1a S. 2, → Rn. 70). Der Betroffene muss gem. Abs. 1 S. 1 Nr. 3 eine weitere Staatsangehörigkeit, die nicht die eines Staates der EU oder der Schweiz sein darf, besitzen (→ Rn. 35). Der Betroffene muss außerdem gem. Abs. 1 S. 1 Nr. 4 durch einen in Abs. 5 näher definierten Hinweis auf seine Optionspflichtigkeit rechtzeitig hingewiesen worden sein (→ Rn. 78). Abs. 1 S. 2 und S. 3 regeln die Einzelheiten der Erklärung, so die Pflicht an sich (→ Rn. 88), den Erklärungszeitpunkt (→ Rn. 89), die Form (→ Rn. 94) sowie den Inhalt (→ Rn. 96). Abs. 2 regelt den Verlust der deutschen Staatsangehörigkeit für den Fall, dass der Betroffene für die ausländische Staatsangehörigkeit optiert (→ Rn. 98). Abs. 3 regelt, unter welchen Voraussetzungen die deutsche Staatsangehörigkeit beibehalten werden kann, nämlich nach S. 1 durch Nachweis des Verlustes der ausländischen Staatsangehörigkeit (→ Rn. 108), oder nach S. 2 durch Erhalt einer Beibehaltungsgenehmigung nach Abs. 4 (→ Rn. 116). Zur Situation des Nichterklärens (→ Rn. 115). Die Beibehaltungsgenehmigung ist in Abs. 4 näher geregelt (→ Rn. 116). Deren fristgerechter Zugang (→ Rn. 125) ermöglicht das Beibehalten beider Staatsangehörigkeiten (→ Rn. 139). Zum Antragsverfahren (→ Rn. 119). Die Beibehaltungsgenehmigung ist bei Unmöglichkeit oder Unzumutbarkeit der Aufgabe der ausländischen Staatsangehörigkeit sowie bei Vorliegen der Voraussetzungen für die Hinnahme der Mehrstaatigkeit nach § 12 zu erteilen (→ Rn. 130). Sie kann auch von Amts wegen erteilt werden (→ Rn. 137). Abs. 5 regelt das Verfahren näher, im Einzelnen den Antrag auf Feststellung des Fortbestands der deutschen Staatsangehörigkeit schon vor Entstehen der Optionspflicht (→ Rn. 147), das verwaltungsinterne Vorprüfungsverfahren (→ Rn. 154) sowie die Überleitung in das Optionsverfahren (→ Rn. 164). Nach Abs. 6 wird die Beibehaltung bzw. der Verlust der deutschen Staatsangehörigkeit durch die Behörde von Amts wegen festgestellt (→ Rn. 165). Zu den Rechtsschutzmöglichkeiten in den diversen Verfahrenssituationen (→ Rn. 175). Zu den Fragen, die sich aufgrund der wesentlichen Änderung der Vorschrift zum 20.12.2014 ergeben (→ Rn. 5). Zu den Fragen der Vereinbarkeit der Vorschrift mit dem GG (→ Rn. 12), dem Völkerrecht (→ Rn. 10) sowie dem Unionsrecht (→ Rn. 12).

Übersicht

A. Allgemeines

I. Regelungszweck und Entstehungsgeschichte

Die Vorschrift ist Ausdruck des Grundsatzes, dass **Mehrstaatigkeit deutscher Staatsangehö-** 1
riger vermieden werden soll. Sie versucht heute den Wunsch nach Integration dadurch zu fördern, dass bei im Bundesgebiet aufgewachsenen jungen Menschen der Optionszwang entfällt.

2   Mit § 4 Abs. 3 und § 40b wurde durch das Staatsangehörigkeitsreformgesetz v. 15.7.1999 (BGBl. I 1618) erstmals neugeborenen Kindern nichtdeutscher Eltern die Möglichkeit des Erwerbs der deutschen Staatsangehörigkeit nach dem **ius-soli-Prinzip** ermöglicht. Diese Regelung war aufgrund der dadurch entstehenden Mehrstaatigkeit der Kinder damals höchst umstritten, weshalb als – ebenfalls umstrittenes – Korrektiv mit § 29 eine **Optionspflicht** eingeführt wurde (Art. 1 Nr. 8 Staatsangehörigkeitsreformgesetz v. 15.7.1999, BGBl. I 1618), wonach sich das Kind mit Eintritt der Volljährigkeit zwischen der deutschen und der ausländischen Staatsangehörigkeit entscheiden musste. Als Kompromiss wurde die doppelte Staatsangehörigkeit bis zum Erreichen der Volljährigkeit hingenommen.

2.1   **§ 29 aF,** der von 1.1.2000 bis 19.12.2014 im Wesentlichen galt, **lautete:**

„(1) Ein Deutscher, der nach dem 31.12.1999 die Staatsangehörigkeit nach § 4 Abs. 3 oder durch Einbürgerung nach § 40b erworben hat und eine ausländische Staatsangehörigkeit besitzt, hat nach Erreichen der Volljährigkeit und nach Hinweis gemäß Abs. 5 zu erklären, ob er die deutsche oder die ausländische Staatsangehörigkeit behalten will. Die Erklärung bedarf der Schriftform.

(2) Erklärt der nach Abs. 1 Erklärungspflichtige, dass er die ausländische Staatsangehörigkeit behalten will, so geht die deutsche Staatsangehörigkeit mit dem Zugang der Erklärung bei der zuständigen Behörde verloren. Sie geht ferner verloren, wenn bis zur Vollendung des 23. Lebensjahres keine Erklärung abgegeben wird.

(3) Erklärt der nach Abs. 1 Erklärungspflichtige, dass er die deutsche Staatsangehörigkeit behalten will, so ist er verpflichtet, die Aufgabe oder den Verlust der ausländischen Staatsangehörigkeit nachzuweisen. Wird dieser Nachweis nicht bis zur Vollendung des 23. Lebensjahres geführt, so geht die deutsche Staatsangehörigkeit verloren, es sei denn, dass der Deutsche vorher auf Antrag die schriftliche Genehmigung der zuständigen Behörde zur Beibehaltung der deutschen Staatsangehörigkeit (Beibehaltungsgenehmigung) erhalten hat. Der Antrag auf Erteilung der Beibehaltungsgenehmigung kann, auch vorsorglich, nur bis zur Vollendung des 21. Lebensjahres gestellt werden (Ausschlussfrist). Der Verlust der deutschen Staatsangehörigkeit tritt erst ein, wenn der Antrag bestandskräftig abgelehnt wird. Einstweiliger Rechtsschutz nach § 123 der Verwaltungsgerichtsordnung bleibt unberührt.

(4) Die Beibehaltungsgenehmigung nach Abs. 3 ist zu erteilen, wenn die Aufgabe oder der Verlust der ausländischen Staatsangehörigkeit nicht möglich oder nicht zumutbar ist oder bei einer Einbürgerung nach Maßgabe von § 12 Mehrstaatigkeit hinzunehmen wäre.

(5) Die zuständige Behörde hat den nach Abs. 1 Erklärungspflichtigen auf seine Verpflichtungen und die nach den Absätzen 2 bis 4 möglichen Rechtsfolgen hinzuweisen. Der Hinweis ist zuzustellen. Die Zustellung hat unverzüglich nach Vollendung des 18. Lebensjahres des nach Abs. 1 Erklärungspflichtigen zu erfolgen. Die Vorschriften des Verwaltungszustellungsgesetzes finden Anwendung.

(6) Der Fortbestand oder Verlust der deutschen Staatsangehörigkeit nach dieser Vorschrift wird von Amts wegen festgestellt. Das Bundesministerium des Innern kann durch Rechtsverordnung mit Zustimmung des Bundesrates Vorschriften über das Verfahren zur Feststellung des Fortbestandes oder Verlusts der deutschen Staatsangehörigkeit erlassen."

2a   **Zweifel an der Verfassungsmäßigkeit** der damaligen Fassung werden bis heute geäußert (HessVGH BeckRS 2020, 3248, wonach die Tatsache, dass die deutsche Staatsangehörigkeit trotz Verlustes der anderen Staatsangehörigkeit allein deshalb entfallen konnte, weil der Nachweis des Verlustes nicht rechtzeitig erbracht wurde, mit der Vermeidung von Mehrstaatigkeit nichts mehr zu tun habe).

3   Aus integrationspolitischen Gründen wurde diese zunächst für alle von § 4 Abs. 3 und § 40b Betroffenen geltende Regelung mWz 20.12.2014 durch das Zweite Gesetz zur Änderung des Staatsangehörigkeitsgesetzes v. 13.11.2014 (BGBl. I 1714) erheblich eingeschränkt, allerdings nicht gänzlich abgeschafft. Prinzipiell aber besteht nach wie vor die Optionspflicht (so auch BeckOK/AuslR Griesbeck Rn. 10).

4   Während die zuvor geltende Fassung zum Ziel hatte, in Fällen des ius-soli-Erwerbs die Mehrstaatigkeit auszuschließen, wurde nunmehr, um die Integration der jungen Menschen nicht durch den ständig bestehenden Zwang, sich zwischen zwei Staatsangehörigkeiten zu entscheiden, zu belasten, die Vorschrift dahingehend geändert, dass bereits das Entstehen der Optionspflicht von weiteren Tatbestandsmerkmalen abhängig gemacht wird (GK-StAR/Berlit Rn. 18). Die Optionspflicht entsteht nunmehr vor allem nicht, wenn der Betroffene neben der deutschen Staatsangehörigkeit die Staatsangehörigkeit eines Staates der Europäischen Union oder der Schweiz besitzt oder im Inland aufgewachsen ist.

4a   Eine redaktionelle Änderung erfuhr die Vorschrift in Abs. 6 S. 2 durch Art. 4 11. ZustAnpVO (Elfte Zuständigkeitsanpassungsverordnung v. 19.6.2020, BGBl. I 1328) mWv 27.6.2020.

Nach **§ 1 BrexitÜG** (Brexit-Übergangsgesetz v. 27.3.2019 BGBl. I 402; zuletzt geändert durch **4b** Art. 9 des Gesetzes v. 21.12.2019, BGBl. I 2875) galten das Vereinigte Königreich Großbritannien und Nordirland während des Übergangszeitraums gemäß dem BrexitAbk (Abkommen über den Austritt des Vereinigten Königreichs Großbritannien und Nordirland aus der Europäischen Union und der Europäischen Atomgemeinschaft v. 24.1.2020, ABl. 2020 L 29, 7) noch als Mitglied derselben. Mit dem endgültigen Austritt aus der EU mWz 1.1.2021 gehört das Vereinigte Königreich Großbritannien und Nordirland definitiv nicht mehr zur EU, sodass die Privilegierung des Abs. 1 S. 1 Nr. 3 insofern nicht mehr anzuwenden ist.

II. Übergangsfälle

Aufgrund des **Fehlens einer Übergangsregelung** betrifft die aktuelle Fassung der Vorschrift **5** alle am Tag des Inkrafttretens noch potentiell Optionspflichtigen. Diese sind nach neuem Recht zu beurteilen.

Optionspflichtige, die zum Stichtag bereits das 23. Lebensjahr vollendet hatten, können sich **6** nicht auf das neue Recht berufen (OVG NRW BeckRS 2016, 48393; HMHK/Hailbronner/Maaßen Rn. 72; NK-AuslR/Hocks Rn. 2).

Problematisch ist die Rechtslage bei Personen, bei denen die Feststellung des Verlusts oder die **7** Versagung einer Beibehaltungsgenehmigung vor Inkrafttreten der Neuregelung erfolgt, aber noch nicht rechtskräftig abgeschlossen war.

Für die Anwendung des neuen Rechts spricht, dass der Verlust der deutschen Staatsangehörig- **8** keit nach Abs. 3 S. 4 aF erst mit Bestandskraft der Ablehnung des Beibehaltungsgenehmigungsantrags eintritt. Davor besteht die deutsche Staatsangehörigkeit vollumfänglich. Es ist deshalb zu prüfen, ob es nunmehr der Beibehaltungsgenehmigung überhaupt noch bedarf, oder ob nicht bereits die Optionspflicht aufgrund der nunmehr möglicherweise vorliegenden Voraussetzungen des Abs. 1a weggefallen ist. Dabei ist auch die unionsrechtliche Perspektive zu beachten, wonach es unverhältnismäßig ist, mit der nationalen Staatsangehörigkeit auch die Unionsbürgerschaft entfallen zu lassen, obwohl nach der Sach- und Rechtslage im Zeitpunkt des Wirksamwerdens des Verlustes dessen Voraussetzungen nicht mehr gegeben sind. Dieser Zeitpunkt ist auch sonst im Unionsrecht maßgeblich (GK-StAR/Berlit Rn. 264). Dies spricht für die Anwendung der neuen Fassung der Vorschrift.

Dem widerspricht allerdings OVG NRW BeckRS 2016, 48393 unter Hinweis auf Abs. 3 S. 2 aF, **9** wonach der Verlust mit der Vollendung des 23. Lebensjahrs eintritt (ebenso HMHK/Hailbronner/Maaßen Rn. 74; BeckOK AuslR/Griesbeck Rn. 38). Auf Abs. 3 S. 4 aF geht das Urteil aber nicht ein. Soweit das OVG NRW BeckRS 2016, 48393 auf VG Stuttgart BeckRS 2016, 41282 verweist, übersieht es, dass in diesem Fall kein Antrag auf Beibehaltungsgenehmigung gestellt worden war.

Nicht anders zu beurteilen, mit der entsprechenden entgegenstehenden Meinung in Rechtspre- **10** chung und Literatur, ist die Rechtslage, wenn der negative Feststellungsbescheid noch nicht bestandskräftig ist.

Die Stichtagsregelung ist mit Art. 3 Abs. 1 GG vereinbar. Jede Rechtsänderung bringt es mit **11** sich, dass nach der Änderung Sachverhalte anders behandelt werden als vergleichbare Sachverhalte davor (BVerfG NVwZ 2007, 441; OVG NRW BeckRS 2016, 48393).

III. Vereinbarkeit mit GG, Völkerrecht und Unionsrecht

1. Verfassungsrecht

Die Optionsregelung war integrationspolitisch, aber auch verfassungsrechtlich sehr umstritten **12** (zum Streitstand s. GK-StAR/Berlit Rn. 20).

Die Vorschrift ist bei aller berechtigten Kritik in integrationspolitischer Hinsicht verfassungs- **13** rechtlich nicht zu beanstanden.

Zurecht wird überwiegend die Auffassung vertreten, dass der Gesetzgeber durch Art. 16 Abs. 1 **14** S. 2 GG nicht gehindert ist, Verlusttatbestände bei Mehrstaatigkeit vorzusehen (HMHK/Hailbronner/Maaßen Rn. 10; NK-AuslR/Hocks Rn. 2; GK-StAR/Berlit Rn. 24 ff.). Es handelt sich **nicht** um eine **nach Art. 16 Abs. 1 S. 1 GG verbotene Entziehung der Staatsbürgerschaft.** Vielmehr folgt der Verlust einer Entscheidung durch den Betroffenen zugunsten der ausländischen Staatsbürgerschaft. Der Verlust ist somit nicht Folge eines allein auf dem Willen des Staates beruhenden Aktes (NK-AuslR/Hocks Rn. 2; GK-StAR/Berlit Rn. 25; zur Unterscheidung zwischen Entziehung und Verlust der deutschen Staatsbürgerschaft → § 17 Rn. 3).

15   Auch die Tatsache, dass der Verlust nicht nur aufgrund aktiven Handelns, sondern aufgrund Untätigkeit eintreten kann, ändert nichts an dieser Beurteilung. Mit GK-StAR/Berlit Rn. 27 ist davon auszugehen, dass die Notwendigkeit, sich entscheiden zu müssen, keine nach Art. 16 Abs. 1 GG unzumutbare, nicht erfüllbare Handlungsobliegenheit darstellt, zumal mit der Hinweispflicht sowie der Überlegungs- und Handlungsfrist hinreichende Vorkehrungen getroffen sind, einem ungewollten, vom Einzelnen nicht beeinflussbaren Staatsangehörigkeitsverlust vorzubeugen.

16   Bei der deutschen Staatsangehörigkeit eines optionspflichtigen Deutschen handelt es sich auch um eine **vollwertige Staatsangehörigkeit.** Anderenfalls wäre die Vorschrift mit Art. 16 Abs. 1 GG nicht zu vereinbaren. Bis zum Tag des eventuellen Verlustes nach § 29 stellt die nach § 4 Abs. 3 bzw. § 40b erworbene Staatsangehörigkeit eine in jeder Hinsicht vollwertige Staatsangehörigkeit dar, wie sie jedem deutschen Staatsangehörigen zuteilwird. Abkömmlinge eines Optionspflichtigen bspw. werden und bleiben unabhängig vom Ausgang des Optionsverfahrens deutsche Staatsangehörige (NK-AuslR/Hocks Rn. 2).

16.1   Eine andere Auffassung scheint allerdings VGH BW BeckRS 2016, 51163 zu vertreten, der den Erwerb nach § 40b als auflösend bedingt durch die unterlassene Abgabe einer entsprechenden Erklärung bis zur Vollendung des 23. Lebensjahrs bezeichnet. Die Verfassungsmäßigkeit indes stellt die in einem Verfahren auf Anordnung der aufschiebenden Wirkung ergangene Entscheidung nicht in Frage.

17   Die Vorschrift verstößt auch nicht gegen **Art. 3 Abs. 3 S. 1 GG,** weil sie an den Geburtserwerb und damit die Abstammung derjenigen anknüpft, welche nicht die deutsche Staatsangehörigkeit besitzen. Denn die Vorschrift knüpft nicht unmittelbar an die Abstammung, sondern an den Erwerbsgrund der Staatsangehörigkeit des Kindes an (OVG NRW BeckRS 2016, 48393; GK-StAR/Berlit Rn. 31).

18   Die Vorschrift verstößt auch nicht gegen **Art. 3 Abs. 1 GG,** weil sie einen Unterschied zwischen Mehrstaatern macht, die ihre deutsche Staatsangehörigkeit nach § 4 Abs. 3 erlangt haben, und solchen, die ihre Mehrstaatigkeit auf zB binationale Ehen zurückführen. Die Unterschiede zwischen diesen Personen gerade im Hinblick auf Integrationsannahmen und Bindungen an die Bundesrepublik Deutschland können für den Gesetzgeber eine differenzierte Regelung rechtfertigen (GK-StAR/Marx Rn. 32). Dies gilt umso mehr, als nach der Änderung der Vorschrift das Aufwachsen im Inland ein erhebliches Gewicht erhalten hat. Hierdurch wurde wesentlichen bestehenden Bedenken hinsichtlich Art. 3 Abs. 1 GG weitestgehend der Boden entzogen. Aber auch bereits bei der alten Fassung bestanden aufgrund der nach der dem Gesetzgeber zuzubilligenden, typisierenden Betrachtungsweise zwischen diesen Personengruppen hinsichtlich der oben genannten Kriterien Unterschiede von solcher Art und Gewicht, dass die unterschiedliche Handhabung zu rechtfertigen war (OVG NRW BeckRS 2016, 48393).

2. Völkerrecht

19   Hinsichtlich **Art. 7 EUStAÜb,** welcher die Gründe für den Verlust der Staatsangehörigkeit regelt, hat die Bundesrepublik Deutschland bei der Ratifikation zum 21.12.2006 erklärt, dass ein Verlust der deutschen Staatsangehörigkeit kraft Gesetzes im Rahmen der Optionsregelung eintreten kann (BGBl. 2006 II 1351). Art. 14 EUStAÜb, für den kein Vorbehalt erklärt wurde, verweist auf Art. 7 EUStAÜb zurück, sodass sich diesbezüglich keine Bedenken ergeben (GK-StAR/Berlit Rn. 40). Zudem bewirkt Art. 29 EUStAÜb, wonach das Festhalten an einem Vorbehalt zu prüfen ist, keinen Grund, am Vorbehalt nicht festzuhalten oder diesen empirisch prüfen zu lassen (GK-StAR/Berlit Rn. 40). Ein Verstoß gegen das EUStAÜb (Europäisches Übereinkommen über die Staatsangehörigkeit v. 6.11.1997) ist deshalb nicht anzunehmen (OVG NRW BeckRS 206, 48393; HMHK/Hailbronner/Maaßen Rn. 11).

3. Unionsrecht

20   Der EuGH hat in der Rottmann-Entscheidung (NVwZ 2010, 509) entschieden, dass der **Verlust der Unionsbürgerschaft** durch Entzug oder Verlust einer Staatsangehörigkeit einer **Verhältnismäßigkeitsprüfung** unterliegt, wobei sich diese in erster Linie auf das Verfahren bezieht (GK-StAR/Berlit Rn. 41).

21   Zwar wurde durch den Ausschluss der EU-Staatsangehörigen vom Optionszwang teilweise die Grundlage der Bedenken entzogen. Allerdings verlieren Personen, die außer der deutschen Staatsangehörigkeit nur eine Drittstaatsangehörigkeit haben, immer noch die Unionsbürgerschaft. Bedenkt man, dass diese Personen über einen Zeitraum von bis zu über zwei Jahrzehnten diese innehatten, sind Zweifel an der Verhältnismäßigkeit durchaus angebracht (GK-StAR/Berlit Rn. 43; aA OVG NRW BeckRS 2016, 48393; HMHK/Hailbronner/Maaßen Rn. 12 f.).

Die Verhältnismäßigkeit wird wohl anzunehmen sein, wenn die nach Abs. 1a erforderlichen **22** Inlandsaufenthaltszeiten wegen Ausreise in einen Drittstaat nicht erreicht werden und die Ausreise den Verlust der Rechte, die sich bei entsprechender Anwendung der Daueraufenthalts-RL (RL 2003/109/EG v. 25.11.2003, ABl. 2004 L 16, 44) ergeben hätten, zur Folge hat. Allerdings weist GK-StAR/Berlit Rn. 43 zurecht darauf hin, dass eine Prognose hinsichtlich einer Beurteilung dieser Frage durch den EuGH nicht möglich ist. Nach Auffassung von OVG NRW BeckRS 2016, 48393 bestehen jedenfalls auch nach der alten Rechtslage dann keine Bedenken hinsichtlich des Verlustes der Unionsbürgerschaft, wenn keine Angehörigen hiervon betroffen sind, da dem Grunde nach eine Wiedereinbürgerung nach §§ 8, 10 oder 13 besteht, auch wenn dies im Einzelfall zB wegen Straffälligkeit ausgeschlossen ist.

Bedenklich sind jedenfalls diejenigen Fälle, in denen der Betroffene von seinem Freizügigkeits- **23** recht Gebrauch gemacht hat und deshalb Auslandsaufenthaltszeiten hat, die jene des Abs. 1a übersteigen. Aus unionsrechtlicher Sicht ist die Nichtberücksichtigung von Aufenthalts- oder Ausbildungszeiten im nichtdeutschen Unionsgebiet geeignet, die Wahrnehmung des **unionsrechtlich verbürgten Freizügigkeitsrechts** zu beeinträchtigen (GK-StAR/Berlit Rn. 44). Abs. 1 S. 1 Nr. 2 und Abs. 1a sind deshalb unionsrechtskonform dahingehend auszulegen, dass Aufenthalts- und Ausbildungszeiten im Unionsgebiet jenen im Inland gleichzustellen sind (GK-StAR/Berlit Rn. 44).

Weitere Bedenken in unionsrechtlicher Hinsicht ergeben sich dahingehend, dass die zulässige **24** **öffentliche Zustellung des Hinweises nach Abs. 5 unverhältnismäßig sein könnte,** soweit dadurch der Verlust der Unionsbürgerschaft eintreten kann, da diese Folge eintreten kann, ohne dass der Betroffene dieses Risiko zur Kenntnis genommen haben muss. Zudem hat der Betroffene damit keine Veranlassung, dem möglichen Verlust entgegenzuwirken. Dabei ist zu berücksichtigen, dass die Optionspflicht nicht bereits bei der Geburt entsteht, sondern vom Erfüllen der weiteren Tatbestandsvoraussetzungen abhängt (GK-StAR/Berlit Rn. 45). Ob dies angesichts der Entscheidung des EuGH (NVwZ 2010, 509) als verhältnismäßig anzusehen ist, wird davon abhängen, wie der Einzelfall im Hinblick auf Abs. 1a S. 2 behandelt wird.

B. Erläuterungen im Einzelnen

I. Entstehen der Optionspflicht (Abs. 1 und Abs. 1a)

1. Übersicht

Die sich aus Abs. 1 ergebende **Erklärungspflicht ist der Kern der Optionsregelung** (GK- **25** StAR/Berlit Rn. 46). Der Erklärungszwang ist an den Besitz der nach § 4 Abs. 3 bzw. § 40b erworbenen deutschen Staatsangehörigkeit, das Aufwachsen im Ausland, den Besitz einer anderen Staatsangehörigkeit mit Ausnahme der in Abs. 1 S. 1 Nr. 3 genannten sowie des rechtzeitigen behördlichen Hinweises gebunden. Der Optionszwang besteht somit nicht kraft Gesetzes (GK-StAR/Berlit Rn. 46).

Die Erklärungspflicht ist auf die Entscheidung zwischen der deutschen und der ausländischen **26** Staatsangehörigkeit gerichtet.

2. Ius-soli-Deutscher

Der Betroffene muss die deutsche **Staatsangehörigkeit nach § 4 Abs. 3 oder § 40b wirksam** **27** **erworben** haben (Abs. 1 S. 1 Nr. 1). Damit muss es sich auch um einen **Deutschen nach § 1** handeln. Statusdeutsche sind hiervon nicht betroffen.

Die deutsche Staatsangehörigkeit muss zum **Zeitpunkt der Optionspflichtigkeit** auch noch **28** bestehen. Ist zweifelhaft, ob dies der Fall ist, muss dies im Rahmen des Optionsverfahrens geprüft und entschieden werden (GK-StAR/Berlit Rn. 50). Der Stichtag ergibt sich aus dem Inkrafttreten der § 4 Abs. 3, § 40b durch das Staatsangehörigkeitsreformgesetz v. 15.7.1999 (BGBl. I 1618).

Die deutsche Staatsangehörigkeit muss **nach dem 31.12.1999** aufgrund des ius-soli-Prinzips **29** nach § 4 Abs. 3 bzw. § 40b **erworben** worden sein. Der Stichtag ergibt sich aus dem Inkrafttreten der §§ 4 Abs. 3, 40b durch das Staatsangehörigkeitsreformgesetz v. 15.7.1999 (BGBl. I 1618).

Wohl versehentlich fehlerhaft HMHK/Hailbronner/Maaßen Rn. 14, der auf § 4 Abs. 2 verweist. **29.1**

Nach **§ 4 Abs. 3** erwirbt ein Kind ausländischer Eltern mit der Geburt im Inland die deutsche **30** Staatsangehörigkeit, wenn zumindest ein Elternteil seit acht Jahren seinen rechtmäßigen und gewöhnlichen Aufenthalt im Inland hat und über ein dort näher definiertes sicheres Aufenthaltsrecht verfügt (→ § 4 Rn. 38).

31   Nach § 40b hat ein Ausländer, der am 1.1.2000 rechtmäßig seinen gewöhnlichen Aufenthalt im Inland hatte und das zehnte Lebensjahr nicht vollendet hatte, die deutsche Staatsangehörigkeit auf Antrag erhalten, wenn die Voraussetzungen des § 4 Abs. 3 zum Zeitpunkt seiner Geburt vorhanden gewesen wären (→ § 40b Rn. 4).

32   **Andere Erwerbstatbestände führen nicht zur Optionspflicht,** auch wenn daraus Mehrstaatigkeit entsteht, wie zB Abkömmlinge aus binationalen Ehen, welche aufgrund Geburt nach § 4 Abs. 1 neben der deutschen auch die weitere Staatsangehörigkeit des anderen Elternteils erwerben, oder Kinder, die im Ausland geboren wurden und kraft dortigem ius-soli-Rechts die entsprechende Staatsangehörigkeit erworben haben (so zB in den USA nach dem 14. Zusatzartikel der Verfassung).

33   Der Erwerb der deutschen Staatsangehörigkeit nach **§ 4 Abs. 3 bzw. § 40b muss der einzige und entscheidende Grund für die bestehende deutsche Staatsangehörigkeit** bei Vollendung des 21. Lebensjahrs sein (GK-StAR/Berlit Rn. 54). Wenn die deutsche Staatsangehörigkeit in der Folgezeit im Rahmen eines anderen Erwerbsgrundes, insbesondere nach § 6 durch Annahme als Kind erworben wurde, liegen die Voraussetzungen des Abs. 1 nicht mehr vor. Ob allerdings ein mehrfacher Erwerb der deutschen Staatsangehörigkeit wie hier vertreten möglich ist (so auch GK-StAR/Berlit Rn. 54), ist bislang nicht geklärt (→ § 3 Rn. 24).

34   Die theoretische Möglichkeit, dass die deutsche Staatsangehörigkeit auch aus einem anderen Grund hätte erworben werden können, würde der ius-soli-Erwerb weggedacht, steht der Anwendung des Abs. 1 nicht entgegen (GK-StAR/Berlit Rn. 55). Denkbar ist allerdings eine Berücksichtigung iRd Abs. 4.

3. Besitz einer ausländischen Staatsangehörigkeit

35   Voraussetzung für das Entstehen der Erklärungspflicht ist, dass der Betroffene im **Besitz einer effektiven, wirksame ausländischen Staatsangehörigkeit ist,** welche nicht die eines anderen EU-Staates oder der Schweiz ist (Abs. 1 S. 1 Nr. 3).

36   Da Ziel der Regelung ist, Mehrstaatigkeit zu vermeiden, ist es **unerheblich, ob der Betroffene eine oder mehrere Drittstaatsangehörigkeiten** hat (GK-StAR/Berlit Rn. 57).

37   Allerdings muss die **ausländische Staatsangehörigkeit bereits zum Zeitpunkt des ius-soli-Erwerb** bestanden haben (Nr. 29.1.1.3 VAH-StAG; BT-Drs. 14/533, 11 f.). Wurde die bzw. eine Staatsangehörigkeit erst zu einem späteren Zeitpunkt erworben, löst dies die Optionspflicht nicht aus (HMHK/Hailbronner/Maaßen Rn. 16; GK-StAR/Berlit Rn. 58). Dies ergibt sich nicht aus dem Wortlaut der Vorschrift, aber aus dem Sinn derselben. **§ 29 verschiebt die Entscheidung über die Aufgabe der ausländischen Staatsangehörigkeit** auf einen späteren Zeitpunkt. Die Entscheidung muss deshalb nicht bereits zum Zeitpunkt des Erwerbs nach § 4 Abs. 3 bzw. § 40b getroffen werden. Damit kann auch Gegenstand der Erklärungspflicht nach Abs. 1 S. 1 Nr. 3 nur die damalige ausländische Staatsangehörigkeit sein (GK-StAR/Berlit Rn. 58).

38   Abs. 1 ist nicht anzuwenden, wenn die **Drittstaatsangehörigkeit,** welche zum Zeitpunkt des ius-soli-Erwerbs bestanden hat, **zu einem späteren Zeitpunkt verloren gegangen oder aufgegeben worden** ist **und anschließend wiedererworben** wurde (Nr. 29.1.1.3 VAH-StAG; HMHK/Hailbronner/Maaßen Rn. 16; GK-StAR/Berlit Rn. 58.1). Führte nämlich der spätere erneute Erwerb der Staatsangehörigkeit nicht zum Verlust der deutschen Staatsangehörigkeit nach § 25, so gibt es keine Veranlassung, den Verlust im Rahmen des Optionsrechts zu erzwingen (GK-StAR/Berlit Rn. 58.1).

39   Die **Drittstaatsangehörigkeit muss zum Zeitpunkt der Vollendung des 21. Lebensjahrs noch bestanden haben.** Dies ist Voraussetzung für den Hinweis nach Abs. 1 S. 1 Nr. 4. Weiter muss die Drittstaatsangehörigkeit auch zum Zeitpunkt des drohenden Verlustes der deutschen Staatsangehörigkeit bestehen, da ansonsten die Gefahr bestünde, dass der Betroffene staatenlos würde (HMHK/Hailbronner/Maaßen Rn. 17; GK-StAR/Berlit Rn. 58.2). Dies wird nunmehr auch durch den Wortlaut des Abs. 3 S. 2 deutlich. Dieser hat in der alten Fassung bis zum Zweiten Gesetz zur Änderung des Staatsangehörigkeitsgesetzes noch auf den Zeitpunkt des Nachweises des Verlustes der ausländischen Staatsangehörigkeit abgestellt, während es nun auf den Zeitpunkt des Verlustes selbst ankommt (GK-StAR/Berlit Rn. 58.2).

40   Fällt nur eine von mehreren bei Geburt bestehenden Drittstaatsangehörigkeiten später weg, ändert dies an der Optionspflicht nichts, da die Mehrstaatigkeit zum Zeitpunkt der Erklärungspflicht nach Abs. 1 noch besteht (HMHK/Hailbronner/Maaßen Rn. 17).

Als durch Geburt erworben gilt auch eine ausländische Staatsangehörigkeit, die im Fall einer **41** **Staatensukzession** eines Nachfolgestaates kraft Gesetzes an Stelle der ursprünglichen durch Geburt erworbenen Staatsangehörigkeit tritt (Nr. 29.1.1.3 VAH-StAG).

Bei **Staatsangehörigen eines Mitgliedsstaates der Europäischen Union und der** **42** **Schweiz** entsteht die Optionspflicht nicht, es sei denn, die Betroffenen hätten auch noch eine einschlägige Drittstaatsangehörigkeit. Nach der alten Fassung bis zum Zweiten Gesetz zur Änderung des Staatsangehörigkeitsgesetzes wurde diesem Personenkreis auf entsprechenden Antrag hin unter Berücksichtigung des § 12 Abs. 2, wonach die Einbürgerung unter Hinnahme der Mehrstaatigkeit erfolgt, eine Beibehaltungsgenehmigung nach Abs. 3 erteilt (GK-StAR/Berlit Rn. 59; zum Brexit → Rn. 4a).

Nicht jede Staatsangehörigkeit eines Mitgliedsstaates der Europäischen Union begründet auch **43** eine EU-Staatsangehörigkeit iSd Abs. 1 S. 1 Nr. 3. So waren etwa Bürger der british overseas territories Staatsangehörige des Vereinigten Königreichs, nicht aber EU-Bürger im Sinne der bis zum 31.12.2020 bestehenden Unionsbürgerschaft (NK-AuslR/Hocks Rn. 11; GK-StAR/Berlit Rn. 60). Liegt aber Unionsbürgerschaft iSd Art. 20 Abs. 1 AEUV vor, ist keine Optionspflicht gegeben (GK-StAR/Berlit Rn. 60).

Für den Fall des **Austritts eines Staates aus der EU** („Brexit") fehlt es nach hiesiger Auffas- **44** sung an den Voraussetzungen für die Optionspflicht, da jedenfalls zum Zeitpunkt der Geburt keine Drittstaatsangehörigkeit bestand. Im umgekehrten Fall, wenn also der **Staat, dessen Staatsangehörigkeit der Betroffene hat, vor Erreichen des für die Ausübung der Optionspflicht maßgeblichen Zeitpunkts der Europäischen Union beitritt,** fehlt es ebenfalls an der Voraussetzung des Abs. 1 S. 1 Nr. 3, da keine Drittstaatsangehörigkeit zu diesem Zeitpunkt mehr vorliegt.

4. Nicht im Inland aufgewachsen – Allgemeines (Abs. 1 S. 1 Nr. 2)

Von der Optionspflicht betroffen sind nach Abs. 1 S. 1 Nr. 2 nur diejenigen Personen, welche **45** vor Vollendung des 21. Lebensjahrs **nicht im Inland aufgewachsen** sind. Dieses negative Tatbestandsmerkmal stellt die wesentliche Änderung in der Reform der Vorschrift durch das Zweite Gesetz zur Änderung des Staatsangehörigkeitsgesetzes zum 20.12.2014 dar. Abs. 1 S. 1 Nr. 2 ist **Voraussetzung für die Optionspflicht,** nicht Ausschlusstatbestand einer bestehenden Optionspflicht (GK-StAR/Berlit Rn. 61). Hintergrund ist, dass in den genannten Fällen, wie sich aus Abs. 1 S. 2 ergibt, davon ausgegangen wird, dass der Betroffene einen engen Bezug zu Deutschland hat. Der **Grundsatz der Vermeidung von Mehrstaatigkeit tritt vor dem Hintergrund des Hineinwachsens dieser jungen Menschen in die deutschen Lebensverhältnisse zurück** (BT-Drs. 18/1312, 8; so auch BeckOK AuslR/Griesbeck Rn. 19).

Was unter dem Begriff des Aufwachsens im Inland zu verstehen ist, ist in **Abs. 1a** legaldefiniert, **46** um eine rechtssichere und einheitliche Anwendung sicherzustellen (HMHK/Hailbronner/Maaßen Rn. 18). Die **drei Haupttatbestände** des S. 1, **achtjähriger Aufenthalt in der Bundesrepublik Deutschland, sechsjähriger Schulbesuch** sowie **Schul- bzw. Ausbildungsabschluss im Inland,** müssen nicht kumulativ vorliegen, sondern stehen selbstständig nebeneinander, wie sich aus der Konjunktion „oder" ergibt (GK-StAR/Berlit Rn. 63). Maßgeblich für die drei Fälle ist stets die erfolgte Integration.

Maßgeblicher **Zeitpunkt** für die Beurteilung, ob eine Person im Inland iSd Abs. 1 S. 1 **47** Nr. 2 aufgewachsen ist, ist die **Vollendung des 21. Lebensjahrs** (GK-StAR/Berlit Rn. 66). Der Zeitpunkt der Vollendung des 21. Lebensjahrs errechnet sich nach § 187 Abs. 2 S. 2 BGB.

5. Aufwachsen im Inland durch Inlandsaufenthalt (Abs. 1a S. 1 Nr. 1)

Abs. 1a S. 1 Nr. 1 erfordert einen **achtjährigen gewöhnlichen Aufenthalt im Inland.** Dabei **48** ist **kein zusammenhängender Aufenthalt** von acht Jahren Voraussetzung. Vielmehr werden die Zeiten des gewöhnlichen Aufenthalts im Inland zusammengerechnet (HMHK/Hailbronner Rn. 19; NK-AuslR/Hocks Rn. 7; GK-StAR/Berlit Rn. 72).

Der Begriff des **gewöhnlichen Aufenthalts** ist in § 30 Abs. 3 S. 2 SGB I geregelt (Näheres **49** zum Begriff des gewöhnlichen Aufenthalts → § 4 Rn. 50). Der **Nachweis,** ob der gewöhnliche Aufenthalt im Inland in ausreichendem Maße gegeben war, wird **gem. Abs. 5 S. 2 anhand der Meldedaten** geführt, wobei nach Nr. 29.1a.1 VAH-StAG auch der Nachweis anhand von **Arbeitsverträgen** oder **Mietverträgen,** welche vom Arbeitgeber oder Vermieter bestätigt werden, möglich ist. Nach Abs. 5 S. 3 sind aber **auch anderweitige Nachweise** möglich.

Bei Personen, welche nach § 40b eingebürgert worden sind, sind **auch die Zeiten vor der** **50** **Einbürgerung** für die Beurteilung des achtjährigen gewöhnlichen Aufenthalts zu berücksichtigen (GK-StAR/Berlit Rn. 68).

51   **Aufenthalte im EU-Ausland** können **nicht angerechnet** werden. Dem steht der eindeutige Wortlaut der Vorschrift entgegen (HMHK/Hailbronner/Maaßen Rn. 19). Damit allerdings bestehen **erhebliche Bedenken hinsichtlich der Vereinbarkeit mit EU-Recht,** da dies für den Betroffenen eine erhebliche Einschränkung des Freizügigkeitsrechts bedeuten kann (auch → Rn. 76a).

52   Die **Zusammenrechnung** der Zeiten erfolgt ohne jede qualitative Gewichtung **rein quantitativ.** Unter Berücksichtigung von zwei Schaltjahren muss der gewöhnliche Aufenthalt somit mindestens 2.923 Tage betragen (GK-StAR/Berlit Rn. 72).

53   Hinsichtlich **Unterbrechungen** ist § 12b Abs. 1 S. 1 heranzuziehen (→ § 12b Rn. 7; HMHK/Hailbronner/Maaßen Rn. 20; GK-StAR/Berlit Rn. 74; BeckOK AuslR/Griesbeck Rn. 20). Danach sind Auslandsaufenthalte von bis zu sechs Monaten unschädlich. Auch bei regelmäßigen Auslandsaufenthalten zu einem vorübergehenden Zweck hängt die Berücksichtigungsfähigkeit nicht davon ab, dass die Dauer der Inlandsaufenthalte die der Auslandsaufenthalte in einem bestimmten Zeitintervall überschreitet (GK-StAR/Berlit Rn. 74). **Maßgeblich ist die Rückkehrabsicht,** sodass Phasen vorübergehender Auslandsausbildung anrechnungsfähig sein können, wenn der gewöhnliche Inlandsaufenthalt dabei nicht aufgegeben wird. Dabei ist eine **Einzelfallwürdigung** vorzunehmen (GK-StAR/Berlit Rn. 74).

54   Der **gewöhnliche Aufenthalt** muss nach dem Wortlaut des Abs. 1a **nicht genau zum Zeitpunkt der Vollendung des 21. Lebensjahrs im Inland** bestehen (so auch BeckOK/Griesbeck Rn. 20; NK-AuslR/Hocks Rn. 7). Maßgeblich ist die Betrachtung und Berechnung aus dem gesamten Zeitraum (krit. zum Sinn, aber zust. aufgrund des Wortlauts HMHK/Hailbronner/Maaßen Rn. 21).

6. Inlandsaufenthalt durch Schulbesuch (Abs. 1a S. 1 Nr. 2)

55   Auch nach **sechsjährigem Inlandsschulbesuch** besteht gem. Abs. 1a S. 1 Nr. 2 keine Optionspflicht. **Ausgeschlossen** ist nach dem eindeutigen Wortlaut damit der Besuch einer **deutschen Schule im Ausland.**

56   Eine nähere Definition, was unter Schulbesuch zu verstehen ist, bietet das Gesetz nicht. Berücksichtigungsfähig sind aber unproblematisch **Zeiten des tatsächlichen Schulbesuchs im Rahmen der gesetzlichen Schulpflicht,** wie sie sich aus den Schulgesetzen der Länder ergibt, somit also Grund- und Hauptschule, Realschule, Oberschule, Gymnasium, Gesamtschule, Förderschule, Fachschule, Fachgymnasium usw).

57   Auch **Berufsschulzeiten** sind, jedenfalls bei staatlich anerkannten Ausbildungsberufen, zu berücksichtigen. Dies gilt insbesondere für Zeiten, in denen die gesetzliche Schulpflicht erfüllt wird. Auch Zeiten des Berufsschulbesuchs im Rahmen einer dualen Ausbildung sind zu berücksichtigen. Dabei ist ein Vollzeitschulbesuch nicht erforderlich. Diese Auslegung ist durch die Bindungs- und Integrationswirkung einer solchen Ausbildung neben dem Schulbesuch gerechtfertigt (GK-StAR/Berlit Rn. 78).

58   Beim Besuch **privater Schulen zur Vorbereitung auf einen anerkannten Berufsabschluss** oder ein entsprechendes Zertifikat ist zu fordern, dass die Arbeitskraft des Betroffenen über einen längeren Zeitraum zu mehr als der Hälfte in Verbindung mit nach der jeweiligen Ausbildungsordnung vorgesehenen Praktika in Anspruch genommen wird. **Bloße Fortbildungsmaßnahmen** sind damit **nicht zu berücksichtigen** (GK-StAR/Berlit Rn. 79).

59   Mit GK-StAR/Berlit Rn. 77 ist die Art der Schule oder der angestrebte Abschluss aber unerheblich. Auch **außerhalb der gesetzlichen Schulpflicht** erfolgende Schulbesuche nichtstaatlicher Schulen sind zu berücksichtigen, da der Zeitraum bis zur Vollendung des 21. Lebensjahrs in den Blick zu nehmen ist (GK-StAR/Berlit Rn. 75; aA wohl HMHK/Hailbronner/Maaßen Rn. 23, wonach es sich bei der Schule um eine anerkannte allgemeinbildende Schule oder eine Berufsschule handeln muss).

60   **Nicht** zu berücksichtigen sind **Volkshochschulkurse, Fortbildungsmaßnahmen und sonstige vergleichbare Schulungen** (GK-StAR/Berlit Rn. 80). Ebenfalls nicht unter Abs. 1a S. 1 Nr. 2 fallen **Hochschulen** im Sinne der Hochschulgesetze der Länder (GK-StAR/Berlit Rn. 81).

61   Der Schulbesuch muss, wie der gewöhnliche Aufenthalt nach Nr. 2, nicht zusammenhängend sein. **Zeiten des inländischen Schulbesuchs sind zusammenzurechnen.** Erforderlich sind insgesamt 2.192 Tage (GK-StAR/Berlit Rn. 82). Auch Zeiten, in denen **Schuljahre wiederholt** werden, sind berücksichtigungsfähig. Ebenso sind **krankheitsbedingte Fehlzeiten und Ferienzeiten** mit einzubeziehen (GK-StAR/Berlit Rn. 76).

62   Ein **Schulabschluss ist für Abs. 1a S. 1 Nr. 2 nicht erforderlich** (HMHK/Hailbronner/Maaßen Rn. 23).

7. Inlandsaufenthalt durch Schul- oder Berufsabschluss (Abs. 1a S. 1 Nr. 3)

Im Inland aufgewachsen ist nach Abs. 1a S. 1 Nr. 3 auch, wer im Inland einen **Schulabschluss** 63
erworben oder eine Berufsausbildung abgeschlossen hat. Dabei sind die **Aufenthaltszeiten,**
welche Abs. 1a Nr. 1 und Nr. 2 fordern, **ohne Bedeutung** (HMHK/Hailbronner/Maaßen
Rn. 24; GK-StAR/Berlit Rn. 83). Es kommt allein darauf an, dass der Abschluss im Inland
erworben wurde. Das ist dann der Fall, wenn die Stelle, welche die für den jeweiligen Ausbildungsgang notwendige abschließende Prüfung abnimmt oder das Zertifikat für den Abschluss ausstellt,
im Inland gelegen ist (GK-StAR/Berlit Rn. 84). Unerheblich ist, ob es sich um eine **staatliche**
Stelle, eine **Stelle der mittelbaren Staatsverwaltung,** wie zB Industrie- und Handelskammer
oder Handwerkskammer, oder auch um eine **ermächtigte private Stelle** handelt (GK-StAR/
Berlit Rn. 84).

Unter **Schulabschluss ist jeder vorgesehene schulische Abschluss nach den Schulgeset-** 64
zen der Länder anzusehen, also die Abschlüsse der **Förderschulen, Hauptschulen, Mittel-**
schulen, Fach- und Oberschulabschlüsse und die **allgemeine Hochschulreife.** Der Besuch
berufsbildender Schulen, der nach den Schulgesetzen der Länder nicht mit einem gesonderten
Abschluss beendet wird, ist im dualen Berufsausbildungssystem in die Berufsausbildung integriert
(GK-StAR/Berlit Rn. 87). Der erfolgreiche Abschluss vorwiegend schulisch organisierter Ausbildungsgänge zur beruflichen Qualifikation ist als Berufsausbildungsabschluss anzusehen (GK-StAR/
Berlit Rn. 87).

Der **Nachweis** eines Schulabschlusses erfolgt durch ein entsprechendes **Schulabschlusszeug-** 65
nis (HMHK/Hailbronner/Maaßen Rn. 24). **Maßgebliches Datum** ist dasjenige des Abschlusses,
nicht des Zeugnisses (GK-StAR/Berlit Rn. 88). Abgangszeugnisse oder Schulbesuchsbescheini-
gungen bescheinigen keinen Abschluss (GK-StAR/Berlit Rn. 88).

Unter **Berufsausbildung** sind **alle im Inland anerkannten berufsqualifizierenden** 66
Abschlüsse zu verstehen. Das sind insbesondere Abschlüsse nach dem **BBiG, der HwO sowie**
landesrechtlich geregelte Ausbildungen (GK-StAR/Berlit Rn. 89). Neben staatlich anerkannten Ausbildungsberufen sind aber auch **vergleichbare private Ausbildungsgänge** ausreichend,
wie dies zB **§ 6 Abs. 1 S. 1 BeschV** ebenfalls vorsieht. Allerdings wird eine Mindestausbildungsdauer, wie sie in § 6 Abs. 1 S. 2 BeschV vorgesehen ist, nämlich zwei Jahre, wohl vorauszusetzen
sein, um einem staatlich anerkannten Ausbildungsberuf zu entsprechen. Insofern können die
Grundsätze für eine qualifizierte Berufsausbildung iSd § 6 Abs. 1 BeschV herangezogen werden.
Dabei handelt es sich um eine Berufsausbildung in einem staatlich anerkannten oder vergleichbar
geregelten Ausbildungsberuf mit einer bundes- oder landesrechtlich vorgeschriebenen Mindestaus-
bildungsdauer von zwei Jahren. Maßgeblich für die Ausbildungsdauer ist die in der jeweiligen
Ausbildungsordnung festgelegte Dauer der Ausbildung. Nicht maßgeblich ist die letztendliches in
Anspruch genommene Ausbildungszeit. Ebenfalls unschädlich sind Verkürzungen der Ausbildungsdauer aufgrund von individuellen Anrechnungen vorheriger Ausbildungen bzw. Leistungen
(VGH BW BeckRS 2016, 111609; NdsOVG BeckRS 2016, 111344). Umgekehrt führt eine
Regelausbildungsdauer von weniger als zwei Jahren nicht durch eine individuelle Verlängerung
zB aufgrund einer Teilzeitausbildung zu einer qualifizierten Berufsausbildung (BayVGH BeckRS
2017, 114609). **Nicht ausreichend** sind demnach **lediglich berufliche Qualifikationen,** wie
zB für Anlernberufe vorgesehen (so etwa Pflegehelfer).

Der **Nachweis** des Berufsausbildungsabschlusses erfolgt durch die entsprechende für den jewei- 67
ligen Beruf **vorgesehene Zeugnisse oder Zertifikate. Maßgeblicher Zeitpunkt** ist Ablauf
des Monats, in dem die Abschlussprüfung abgelegt wurde (§ 15b Abs. 3 S. 1 BAföG), es sei denn,
es wird ein Prüfungs- oder Abgangszeugnis erteilt. Dann ist das Datum desselben maßgeblich
(§ 15b Abs. 3 S. 2 BAföG).

Auch ein **Hochschulabschluss** ist der Abschluss einer Berufsausbildung iSd § 7 Abs. 1 BAföG, 68
wobei der Abschluss bis zum 21. Lebensjahr die Ausnahme sein dürfte. Allerdings ist dies bei
einem **Bachelorabschluss,** der ebenfalls als Berufsausbildungsabschluss in diesem Sinne anzusehen
ist, durchaus möglich (GK-StAR/Berlit Rn. 92). **Zeitpunkt** des Abschlusses ist nach § 15b
Abs. 3 S. 3 BAföG der Ablauf des Monats, in dem das Gesamtergebnis des abgeschlossenen
Ausbildungsabschnitts bekanntgegeben wird, spätestens jedoch mit dem Ablauf des zweiten Monats nach
dem Monat, in dem der letzte Prüfungsteil abgelegt wurde.

Eine **bloße Anerkennung von im Ausland erworbenen Qualifikationen** ist **nicht ausrei-** 69
chend. Der Abschluss muss nach dem Wortlaut im Inland erfolgt sein. Das gilt **auch** dann, wenn
im Inland zur Anerkennung eine **Gleichwertigkeitsprüfung** zu absolvieren ist. Wenn allerdings
wesentliche Teile der ausländischen Ausbildung im Inland im Rahmen einer Berufsqualifi-

kation wie zB nach § 11 BQFG durchgeführt und durch eine Prüfung im Inland abgeschlossen werden, kann eine andere Beurteilung in Betracht kommen (GK-StAR/Berlit Rn. 85).

8. Fiktiver Inlandsaufenthalt im Härtefall (Abs. 1a S. 2)

70   Für den Auffangtatbestand einer gesetzlichen Fiktion des Inlandsaufenthalts im Rahmen der Härtefallregelung des Abs. 1a S. 2 sind zwei Voraussetzungen nötig: Eine **vergleichbar enge Bindung an das Inland,** wie es die Fälle des S. 1 aufweisen **und** eine **besondere Härte der Optionspflicht.** Durch die Vorschrift soll eine Einzelfallgerechtigkeit gewährleistet werden (BT-Drs. 18/1312, 10).

71   Beide Begriffe sind **unbestimmte Rechtsbegriffe,** somit voll gerichtlich überprüfbar und stellen keinen Ermessens- oder Beurteilungsspielraum für die Behörde dar (NK-AuslR/Hocks Rn. 10; GK-StAR/Berlit Rn. 93). Maßgeblich ist die **Beurteilung im Einzelfall unter Berücksichtigung aller relevanter Umstände** (BT-Drs. 18/1369, 6).

72   Für die Annahme eines dem S. 1 vergleichbaren Bezugs zu Deutschland führt Nr. 29.1a.2 VAH-StAG beispielhaft auf, dass die **Fristen des S. 1 nur unwesentlich unterschritten** sind, aber **vergleichbare Integrationsleistungen** zB durch den Besuch einer **deutschen Schule im Ausland** erbracht wurden (Nr. 29.1a.2 VAH-StAG). Die **Wesentlichkeitsschwelle** dürfte dabei bei einem Jahr liegen (GK-StAR/Berlit Rn. 94). Nicht ausreichend dürfte sein, dass ein Abschluss iSd S. 1 Nr. 3 unmittelbar bevorsteht, da der Abschluss damit noch nicht sicher ist (aA GG-StAR/Berlit Rn. 94, der sich auf Nr. 29.1a.2 VAH-StAG beruft; dort ist dies aber nicht aufgeführt).

73   Anders wird dies zu bewerten sein, wenn der Abschlusszeitpunkt, zB wie beim Hochschulabschluss der maßgebliche Ablauf des Monats (→ Rn. 68), nach Vollendung des 21. Lebensjahres liegt, die Abschlussprüfung aber davor.

74   Die zusätzlichen Integrationsleistungen können entsprechend § 10 Abs. 3 auch in **überdurchschnittlichen Deutschkenntnissen, besonderen Ausbildungsergebnissen** oder **ehrenamtlichem Engagement** liegen. Auch **umfangreiche Besuchsaufenthalte,** die aber nicht für S. 1 Nr. 1 ausreichen, können hier berücksichtigt werden (GK-StAR/Berlit Rn. 94).

75   Hinzukommen muss nach zutreffender Auffassung eine besondere Härte (wie hier GK-StAR/Berlit Rn. 95).

75.1   Anderer Ansicht ist NK-AuslR/Hocks Rn. 10, der die besondere Härte bereits durch die Optionspflichtigkeit trotz der Beziehung zu Deutschland sieht. Deshalb sei nur ein einheitlicher Prüfungsschritt gegeben. Dies dürfte aber mit dem Wortlaut der Vorschrift nicht in Einklang zu bringen sein.

76   Die **besondere Härte muss über den Optionszwang** hinausgehen. Ob dies der Fall ist, ist nach den Umständen des **Einzelfalls** zu prüfen. Dies wird allerdings stets dann der Fall sein, wenn sich bereits bei Vollendung des 21. Lebensjahrs klar abzeichnet, dass eine **Beibehaltungsgenehmigung zu erteilen** sein wird. Auch wird eine besondere Härte gegeben sein, wenn der andere Staat der aktuelle Wohnsitzstaat ist, ohne dass sich dies auf die Nähe der Beziehungen zum Inland auswirken würde, so zB bei einer noch **abzuschließenden Berufsausbildung im Ausland** oder bei **Pflege naher Angehöriger im Ausland** (GK-StAR/Berlit Rn. 95). Wenn eine Vermeidbarkeit des Auslandsaufenthalts für den Betroffenen aufgrund der besonderen Umstände des Einzelfalls nicht gegeben war und die Aufgabe der ausländischen Staatsangehörigkeit eine besondere Belastung darstellen würde, ist von einer besonderen Härte auszugehen. Die **Nachteile, die sich aus dem Verlust der deutschen Staatsangehörigkeit ergeben, müssen** die üblicherweise sich hieraus **ergebenden Nachteile im Hinblick auf Einreise- und Aufenthaltsrechte übersteigen** (HMHK/Hailbronner/Maaßen Rn. 25).

76a   Berücksichtigung finden sollten hier im Hinblick auf eine Vereinbarkeit mit Unionsrecht **Aufenthaltszeiten im EU-Ausland,** um die Freizügigkeitsrechte nicht über Gebühr zu strapazieren (→ Rn. 51).

77   Normativ gebieten auch **Art. 6 GG, Art. 8 EMRK** die Annahme einer besonderen Härte, wenn zum maßgeblichen Zeitpunkt eine beabsichtigte Familienzusammenführung im Inland am Spracherfordernis des drittstaatsangehörigen Ehegatten scheitert und die Ehe daher vorübergehend im Drittstaat geführt wird (GK-StAR/Berlit Rn. 95).

9. Amtlicher Hinweis auf Optionspflicht (Abs. 1 S. 1 Nr. 4 und Abs. 5)

78   Der **Hinweis nach Abs. 5** auf die aus Sicht der Behörde bestehende Optionspflicht nach Abs. 1 ist eine **formelle Tatbestandsvoraussetzung** für das Bestehen der Optionspflicht. Ohne den rechtzeitigen Hinweis entsteht die Optionspflicht nicht. Der Hinweis hat somit **konstitutive**

Wirkung für das Entstehen der Optionspflicht (GK–StAR/Berlit Rn. 110). Zudem hat der Hinweis eine **Informations-, Warn- und Belehrungsfunktion.** Er hat den Betroffenen zuverlässig, zutreffend, umfassend und verständlich über die Gründe, aus denen er erklärungspflichtig ist, die verschiedenen Erklärungs- und Handlungsmöglichkeiten, die Voraussetzungen und Fristen für die Beibehaltungsgenehmigung sowie die jeweils möglicherweise eintretenden Folgen des Handelns oder Nichthandelns zu informieren (GK–StAR/Berlit Rn. 227).

Der **Hinweis** ist aber **kein Verwaltungsakt.** Es fehlt ihm die Regelungswirkung eines Verwaltungsaktes nach § 35 VwVfG, wie sich auch aus dem Begriff „Hinweis" ergibt. Daran ändert auch die durch den Hinweis in Gang gesetzte Frist nichts. Durch den Hinweis wird lediglich die nächste Stufe des Verwaltungsverfahrens eingeleitet. Es wird aber nicht über die Optionspflicht entschieden (so auch NK–AuslR/Berlit Rn. 24; Dörig MigrationsR-HdB § 3 Rn. 42). **78a**

Eine **bloße Wiederholung des Gesetzestextes genügt nicht.** Explizit hat der Hinweis darzulegen, unter welchen Voraussetzungen eine Optionspflicht nach Abs. 1 und Abs. 1a nicht entsteht und wie dies nachgewiesen werden kann, eine Unterrichtung dahingehend, weshalb die Behörde von einer bestehenden Optionspflicht nach Abs. 1 S. 2 ausgeht, weiter dass die Erklärung der Schriftform nach Abs. 1 S. 3 unterliegt, welche Möglichkeiten der Erklärung bzw. Nichterklärung nach Abs. 2, Abs. 3 S. 1 bestehen, welche Fristen nach Abs. 3 S. 2 bestehen, die Notwendigkeit, den Verlust der ausländischen Staatsangehörigkeit gem. Abs. 3 S. 1 nachzuweisen, welche Behörde für die Entgegennahme der Erklärungen zuständig ist und welche Rechtsschutzmöglichkeiten bestehen (GK–StAR/Berlit Rn. 230). Auch ist auf die Verschiebung des Verlustzeitpunktes bei Rechtsmitteln im Falle eines negativ beschiedenen Beibehaltungsantrag hinzuweisen (GK–StAR Rn. 231). **79**

Der Hinweis muss dem Betroffenen **zwischen Vollendung des 21. und des 22. Lebensjahres** zugegangen sein. Ein früherer oder späterer Zugang löst die Optionspflicht nicht aus (Nr. 29.1.1.4 VAH-StAG). Eine Verlängerung der Frist ist ausgeschlossen ohne Berücksichtigung eines irgendwie gearteten Verschuldens der Beteiligten (NK–AuslR/Hocks StAG Rn. 12; GK–StAR/Berlit Rn. 99; Nr. 29.1.1.4 VAH-StAG). Die Behörde erhält nach § 34 die Informationen hinsichtlich der Optionspflicht bis zum 10. des Monats, bevor der Erklärungspflichtige sein 21. Lebensjahr vollendet. Den Betroffenen trifft vor der wirksamen Begründung der Optionspflicht auch keine Mitwirkungspflicht dahingehend, dass er die Behörde ständig über seine Zustellungsadresse informieren müsste (GK–StAR/Berlit Rn. 109). **80**

HMHK/Hailbronner/Maaßen Rn. 29 stellt dies in Frage und beruft sich auf VG Hannover BeckRS 2014, 58081. Er macht die Frage, ob der verspätete Hinweis zu berücksichtigen ist, von der Frage abhängig, ob die Verspätung oder auch der verfrühte Hinweis den Betroffenen in seinen Möglichkeiten, den Verlust der deutschen Staatsangehörigkeit abzuwenden, behindert hat. **80.1**

Die Entscheidung des VG Hannover (BeckRS 2014, 58081) bezieht sich allerdings auf die alte Fassung der Vorschrift, wonach der Hinweis lediglich unverzüglich nach Vollendung des 18. Lebensjahrs zu erfolgen hat. Dieser Begriff war unbestimmt und somit auszulegen. Die aktuelle Fassung hingegen ist eindeutig und der Wortlaut lässt keinerlei Spielraum zu, sodass die Auffassung fehlgeht. **80.2**

Das für die Fristberechnung maßgebliche Geburtsdatum ergibt sich regelmäßig aus den Antragsunterlagen. Sollte der Betroffene ein für ihn günstigeres Geburtsdatum geltend machen wollen, ist er hierfür darlegungs- und beweispflichtig (GK–StAR/Berlit Rn. 100). Die Berechnung der Frist erfolgt gem. § 188 BGB. **81**

Fraglich ist, was unter dem Begriff des **Erhaltens des Hinweises** gem. Abs. 1 S. 1 Nr. 4 zu verstehen ist. Die Wortwahl steht in einem Spannungsverhältnis zu Abs. 5 S. 6 und S. 7, wonach der Hinweis nach den Vorschriften des VwZG zuzustellen ist (GK–StAR/Berlit Rn. 104). Danach wäre auch eine **öffentliche Zustellung nach § 10 VwZG** möglich, welche aber ein „Erhalten" im Sinne des tatsächlichen Zugehens nicht gewährleistet. Das Erfordernis des amtlichen Hinweises steht nicht im leeren Raum, sondern bezweckt, dem Betroffenen eindringlich die Folgen eines Nichttätigwerdens vor Augen zu führen (HMHK/Hailbronner/Maaßen Rn. 29). Dieser **Zweck kann nicht erfüllt werden, wenn dem Betroffenen aufgrund einer öffentlichen Zustellung der Hinweis nicht zur Kenntnis gelangt.** Hinzu kommt, dass der Staatsangehörigkeit eine hohe Bedeutung zukommt. Die beiden Vorschriften können deshalb nur so zusammen ausgelegt werden, dass der Zugang des Hinweises gewährleistet sein muss (NK–AuslR/Hocks Rn. 12; GK–StAR/Berlit Rn. 105; Berlit ZAR 2015, 90). **82**

Andere Ansicht HMHK/Hailbronner/Maaßen Rn. 28 und dem folgend BeckOK AuslR/Griesbeck Rn. 27 mit der Begründung, dass das Erfordernis des Zugangs die Optionspflicht weitgehend obsolet machen würde, da bei ordnungsgemäßer Zustellung kaum jemals ein Nachweis erbracht werden könnte, **82.1** dass der Hinweis tatsächlich erhalten wurde. Dies ist hingegen auch nicht gefordert. Der Betroffene hat es dann immerhin in der Hand, den Hinweis zur Kenntnis zu nehmen.

83   Ein Absehen von der öffentlichen Zustellung nach § 10 VwZG steht auch nicht im Gegensatz zu Abs. 5 S. 7, da § 10 VwZG Ermessen einräumt.

84   Der Hinweis ist bei einem nur **beschränkt Geschäftsfähigen oder Geschäftsunfähigen** dem Betreuer nach § 6 VwZG zuzustellen, auch wenn die Erklärungspflicht nicht an die Verfahrensfähigkeit gekoppelt ist (GK-StAR/Berlit Rn. 107). Das Risiko der nicht vollen Geschäftsfähigkeit trägt die Behörde (GK-StAR/Berlit Rn. 235).

85   Abs. 5 S. 7 verweist auf das VwZG des Bundes, um eine bundeseinheitliche Handhabung zu gewährleisten, wozu der Bund nach Art. 83, 84 GG aF befugt war.

II. Erklärungspflicht (Abs. 1 S. 2 und S. 3)

1. Allgemeines

86   Durch das mit dem Hinweis nach Abs. 1 S. 1 Nr. 4 eingeleitete Optionsverfahren gibt es für den Optionspflichtigen **drei Möglichkeiten des Handelns:** Der Optionspflichtige kann sich **für die ausländische Staatsangehörigkeit** entscheiden und verliert dadurch die deutsche Staatsangehörigkeit (Abs. 2). Er kann sich **für die deutsche Staatsangehörigkeit** entscheiden und gibt die ausländische Staatsangehörigkeit nachweislich und fristgerecht auf (Abs. 3 S. 1 und S. 2 Alt. 1). Er kann schließlich die **Beibehaltungsgenehmigung** fristgerecht beantragen, um beide Staatsangehörigkeiten beibehalten zu können (Abs. 3 S. 2 Alt. 2).

87   Handelt der Betroffene nicht (fristgerecht), verliert er automatisch die deutsche Staatsangehörigkeit.

2. Erklärungspflicht

88   Liegen alle Voraussetzungen des Abs. 1 S. 1 vor, ist die **Optionspflicht** entstanden und der Betroffene muss eine Erklärung über die Beibehaltung der deutschen oder der ausländischen Staatsangehörigkeit abgeben. Es handelt sich um eine **Obliegenheit,** die nicht mit den Mitteln des Verwaltungszwangs durchgesetzt werden kann (GK-StAR/Berlit Rn. 113). Die Erklärung stellt eine **Willenserklärung** dar, die den allgemeinen Regeln unterliegt, also auch wegen Irrtums bzw. Täuschung oder Drohung nach §§ 119 ff. BGB angefochten werden kann (HMHK/Hailbronner/Maaßen Rn. 36; GK-StAR/Berlit Rn. 115).

3. Erklärungszeitpunkt

89   Die **Erklärung** kann erst **nach Eintritt der Optionspflicht** (→ Rn. 88) abgegeben werden. Somit kann die Erklärung frühestens mit Vollendung des 21. Lebensjahres abgegeben werden. Eine zuvor abgegebene Erklärung ist ohne rechtliche Wirkung.

90   Die Erklärung muss **spätestens zwei Jahre nach Erhalt des Hinweises nach Abs. 1 S. 1 Nr. 4** abgegeben sein. Es gibt keine Verpflichtung, die Erklärung zu einem früheren Zeitpunkt, so etwa unverzüglich, abzugeben. Allerdings muss die Erklärung zugunsten der deutschen Staatsangehörigkeit mit dem Nachweis des Verlustes der ausländischen Staatsangehörigkeit abgegeben werden.

91   Beabsichtigt der Betroffene neben der deutschen auch die ausländische Staatsangehörigkeit zu behalten, muss der **Beibehaltungsantrag nach Abs. 3 S. 3 innerhalb eines Jahres nach Erhalt des Hinweises nach Abs. 1 S. 1 Nr. 4** gestellt sein (Abs. 3 S. 3).

92   Die Erklärung zugunsten der deutschen Staatsangehörigkeit kann solange zurückgenommen oder geändert werden, als sie noch keine staatsangehörigkeitsrechtlichen Rechtsfolgen bewirkt hat. Im Fall der **Rücknahme** ist er dann so gestellt, als hätte er keine Erklärung abgegeben.

93   Die **Rücknahme der Erklärung für die alleinige Beibehaltung der ausländischen Staatsangehörigkeit** ist nach Eingang bei der zuständigen Behörde aber **ausgeschlossen,** weil damit die Rechtsfolge des Verlustes der deutschen Staatsangehörigkeit kraft Gesetzes eintritt (Abs. 2).

4. Erklärungsform

94   Die Erklärung bedarf nach Abs. 1 S. 3 der **Schriftform.** Zweck ist zum einen, Streitigkeiten über den Erklärungsinhalt vorzubeugen und zum anderen die Regelung einer Warnfunktion. Die

Erklärung muss eigenhändig unterzeichnet sein, wobei auch ein notariell beglaubigtes Handzeichen analog § 126 BGB zulässig ist (GK-StAR/Berlit Rn. 119). **Textform** nach § 126b BGB sowie die **Niederschrift** nach § 64 VwVfG analog sind **nicht zulässig.** Allerdings ist die elektronische Erklärung unter den Voraussetzungen des § 3a VwVfG zulässig. Es besteht kein Vordruckzwang.

NK-AuslR/Hocks Rn. 14 und BeckOK AuslR/Griesbeck Rn. 28 sehen trotz Abs. 1 S. 3, somit **94.1** entgegen dem klaren Wortlaut, keine gesetzlich vorgeschriebene Schriftform, kommen aber im Ergebnis dennoch zur Notwendigkeit derselben. Diese Auffassung ist angesichts der eindeutigen Regelung nicht haltbar.

Der **Erklärungsempfänger** ist nach dem Sachzusammenhang die örtlich zuständige Staatsan- **95** gehörigkeitsbehörde. Allerdings genügt nach allgemeinen Grundsätzen auch die Abgabe gegenüber einer unzuständigen Behörde, zum Beispiel der Ausländerbehörde, wenn erkennbar ist, dass es sich um eine Erklärung nach Abs. 1 S. 2 handelt und die Erklärung mit Wissen und Wollen des Betroffenen an die zuständige Behörde weitergeleitet wird (GK-StAR/Berlit Rn. 122).

5. Erklärungsinhalt

Die **Erklärung muss eindeutig sein** und darf nicht mit Bedingungen, Vorbehalten, Ein- **96** schränkungen oder ähnlichem verbunden sein (HMHK/Hailbronner/Maaßen Rn. 35; GK-StAR/ Berlit Rn. 120). Zweifel führen dazu, dass die Erklärung nicht wirksam abgegeben wurde. Die Behörde ist in solchen Fällen gehalten, den Erklärenden auf die Zweifel hinzuweisen und auf eine eindeutige Erklärung hinzuwirken (GK-StAR/Berlit Rn. 120).

Für die **Eindeutigkeit** des Erklärungsinhalts sind **auch die Rechtsfolgen der Erklärung** zu **97** berücksichtigen. So muss aus einer Erklärung zugunsten der ausländischen Staatsangehörigkeit auch hervorgehen, dass der Betroffene nur diese behalten möchte. Geht aus der Erklärung hervor, dass der Betroffene beide Staatsangehörigkeiten behalten will, ist hierin ein **konkludenter Beibehaltungsantrag** nach Abs. 3 S. 3 zu sehen (GK-StAR/Berlit Rn. 121; → Rn. 120). Dies wird angesichts der Schwere der Rechtsfolgen darüber hinaus auch bereits dann anzunehmen sein, wenn aus der Erklärung nicht klar hervorgeht, dass ausschließlich die ausländische Staatsangehörigkeit beibehalten werden soll.

6. Erklärung zugunsten der ausländischen Staatsangehörigkeit (Abs. 2)

Durch die **eindeutige Erklärung zugunsten der ausländischen Staatsangehörigkeit und** **98** **gegen die deutsche Staatsangehörigkeit** geht die deutsche Staatsangehörigkeit mit Zugang bei der zuständigen Behörde kraft Gesetzes verloren. Aus der Erklärung muss deshalb auch der Wille erkennbar sein, sich gegen die deutsche Staatsangehörigkeit zu entscheiden (→ Rn. 97).

Besitzt der Betroffene von Geburt an **mehrere ausländische Staatsangehörigkeiten,** genügt **99** für den Eintritt dieser Rechtsfolge die Erklärung, eine der ausländischen Staatsangehörigkeiten beibehalten zu wollen. Voraussetzung ist auch hier, dass aus der Erklärung eine Entscheidung gegen die deutsche Staatsangehörigkeit deutlich wird. Auch muss aus der Erklärung deutlich hervorgehen, für **welche ausländische Staatsangehörigkeit** er sich entschieden hat (GK-StAR/ Berlit Rn. 132). Dies entspricht dem Wortlaut des Gesetzes durch die Wahl des bestimmten Artikels.

Voraussetzung ist außerdem, dass der **Betroffene die ausländische Staatsangehörigkeit** **100** **zum Zeitpunkt des Eingangs der Erklärung bei der Behörde noch besitzt.** Sonst handelt es sich um eine unbeachtliche Erklärung, da mit Verlust der ausländischen Staatsangehörigkeit auch die Optionspflichtigkeit entfällt.

Die **Erklärung** nach Abs. 2 wird **mit Eingang bei der sachlich und örtlich zuständigen** **101** **Behörde wirksam.** Dafür ist es ausreichend, dass die Erklärung in die **Verfügungsgewalt** der Behörde, somit zu deren Poststelle gelangt. Nicht erforderlich ist, dass die Erklärung dem zuständigen Sachbearbeiter vorliegt (GK-StAR/Berlit Rn. 134).

Die Behörde hat den Zugang der Erklärung und den Zeitpunkt des Verlustes der deutschen **102** Staatsangehörigkeit nach § 33 Abs. 5 der zuständigen Meldebehörde mitzuteilen, die wiederum den damit zuständigen Ausländerbehörde mitteilt (§ 87 Abs. 2 S. 1 Nr. 1 AufenthG).

Der **Verlust der deutschen Staatsangehörigkeit tritt von selbst ein.** Die behördliche **103** Feststellung nach Abs. 6 (→ Rn. 168) ist nicht konstitutiv. Der Optionspflichtige wird somit mit Eingang der Erklärung bei der Behörde **wieder Ausländer.**

Der **Verlust der deutschen Staatsangehörigkeit** tritt **mit Wirkung für die Zukunft** ein **104** (Nr. 29.2 VAH-StAG). Bis zu diesem Zeitpunkt ist der Betroffene uneingeschränkt deutscher

Staatsangehöriger mit allen daran anknüpfenden staatsangehörigkeits- und familienrechtlichen Folgen. So behalten **Kinder des Betroffenen,** welche bis zu diesem Zeitpunkt geboren oder adoptiert wurden, die deutsche Staatsangehörigkeit (HMHK/Hailbronner/Maaßen Rn. 38; GK-StAR/Berlit Rn. 157; BeckOK AuslR/Griesbeck Rn. 28). **Familienrechtliche Entscheidungen,** die bis zu diesem Zeitpunkt an die deutsche Staatsangehörigkeit gem. Art. 5 EGBGB angeknüpft haben, werden nicht nachträglich unrichtig oder abänderbar (krit. HMHK/Hailbronner/Maaßen Rn. 38; Fuchs NJW 2000, 489).

104.1   Aufgrund der fehlenden Rückwirkung macht es in bestimmten Fällen Sinn, mit der Erklärung solange wie möglich zuzuwarten, so etwa bei bestehender Schwangerschaft mit rechtzeitig zu erwartender Geburt des Kindes.

105   Die **Rechtsfolgen des Verlustes der deutschen Staatsangehörigkeit richten sich nach dem jeweiligen Sachrecht.** Da der Betroffene durch die Erklärung Ausländer wird, unterfällt er kraft Gesetzes dem Ausländerrecht. Er verliert möglicherweise je nach spezialgesetzlicher Regelung sein aktives und passives Wahlrecht. Soweit die deutsche Staatsangehörigkeit vorgeschrieben ist, entfällt die Möglichkeit der Einstellung als Beamter oder Richter. Soweit staatliche Leistungen vom Besitz der deutschen Staatsangehörigkeit abhängig sind, entfallen diese.

106   Bestehende **Rechtspositionen, welche die Deutscheneigenschaft voraussetzen,** können nach Maßgabe des jeweiligen Sachrechts entzogen werden. So verliert ein **Bundestagsabgeordneter** sein Mandat (§ 15 Abs. 1 Nr. 1 BWG, § 46 Abs. 1 S. 1 Nr. 3 BWG), ein **Beamter** ist kraft Gesetzes zu entlassen, soweit keine Ausnahmen vorgesehen sind (§ 22 Abs. 1 Nr. 1 BeamtStG, § 7 Abs. 1 Nr. 1 BeamtStG). **Richter** sind stets zu entlassen (§ 21 Abs. 1 S. 1 Nr. 1 DRiG).

107   Der Betroffene benötigt fortan eine **Aufenthaltserlaubnis,** sofern er nicht **Angehöriger eines freizügigkeitsberechtigten Unionsbürgers** ist. Diese erhält er nach § 38 unter erleichterten Bedingungen, wenn der entsprechende Antrag innerhalb von sechs Monaten nach Kenntnis vom Verlust der deutschen Staatsangehörigkeit gestellt wird.

7. Entscheidung für die deutsche Staatsangehörigkeit (Abs. 3 S. 1 und S. 2 Alt. 1)

108   Entscheidet sich der Betroffene in seiner Erklärung nach Abs. 1 S. 2 zugunsten der deutschen Staatsangehörigkeit, muss er – vorbehaltlich einer **Beibehaltungsgenehmigung** nach Abs. 3 S. 2 Alt. 2 – innerhalb der Frist von zwei Jahren nach Erhalt des Hinweises gem. Abs. 1 S. 1 Nr. 4 die **ausländische Staatsangehörigkeit(en) verloren oder aufgegeben** haben. Ist dies nicht der Fall, geht die deutsche Staatsangehörigkeit kraft Gesetzes gem. Abs. 3 S. 2 Alt. 1 verloren.

109   Nach dem Wortlaut des Abs. 3 S. 1 entsteht mit der Erklärung zugunsten der deutschen Staatsangehörigkeit damit eine **Obliegenheit, den Nachweis über den Verlust oder die Aufgabe der ausländischen Staatsangehörigkeit zu führen.** Es handelt sich nicht um eine mit Verwaltungszwang durchzusetzende Pflicht.

110   Mit der Neufassung der Vorschrift wurde die Beibehaltung der deutschen Staatsangehörigkeit nicht mehr unmittelbar an den Nachweis des Verlustes der ausländischen Staatsangehörigkeit geknüpft, sondern an den Verlust bzw. die Aufgabe selbst. Damit wurde die nach der alten Fassung bestehende Gefahr der Staatenlosigkeit, die dadurch eintreten konnte, dass der Verlust der ausländischen Staatsangehörigkeit zwar eingetreten war, der Nachweis hierfür aber noch nicht geführt werden konnte, vermindert.

111   Vom notwendigen Verlust sind **nur** diejenigen Staatsangehörigkeiten umfasst, welche der Betroffene bereits **zum Zeitpunkt des Erwerbs der deutschen Staatsangehörigkeit nach § 4 Abs. 3 bzw. § 40b** hatte.

112   Hat der Betroffene **mehr als eine maßgebliche ausländische Drittstaatsangehörigkeit,** muss er den Verlust bzw. die Aufgabe aller dieser Staatsangehörigkeiten nachweisen.

113   Der **Verlust bzw. die Aufgabe der ausländischen Staatsangehörigkeit** muss **fristgerecht** eingetreten sein. Es **genügt nicht** die Stellung eines Entlassungsantrags (OLG Köln BeckRS 2015, 52213 zu § 29 aF; HMHK/Hailbronner/Maaßen Rn. 43; GK-StAR/Berlit Rn. 147). Soweit VG Köln BeckRS 2015, 52213 sowie die wohl hM (HMHK/Hailbronner/Maaßen Rn. 43; GK-StAR/Berlit Rn. 147) die Auffassung vertreten, dass es auch nicht ausreicht, dass seitens eines Mitarbeiters eines Konsulats mitgeteilt wird, über den Entlassungsantrag sei bereits entschieden worden und der Bescheid sei auf dem Postweg, wird hier die Auffassung vertreten, dass es nach dem Wortlaut nicht entscheidend auf den Nachweis, sondern auf den Verlusttatbestand innerhalb der Frist ankommt. Im Übrigen bestehen nach VGH Kassel BeckRS 2020, 3248 zurecht erhebliche **verfassungsrechtliche Bedenken** am Verlust der deutschen Staatsangehörigkeit, wenn der Optionspflichtige sich rechtzeitig für den Beibehalt der deutschen Staatsangehörigkeit entschieden, sich ebenfalls rechtzeitig und erfolgreich um die Entlassung aus der Drittstaatsangehörigkeit gekümmert hat und lediglich der Nachweis nicht fristgerecht vorgelegt wird (so auch BeckOK AuslR/Griesbeck Rn. 29).

Die Vorschrift ist insoweit nicht eindeutig und lässt eine ergänzende Auslegung zu. Die Frist bezieht **113.1** sich auf den Verlust. Der Wortlaut lässt nicht zwingend erscheinen, dass auch der Nachweis innerhalb der Frist erfolgt sein muss. Vor diesem Hintergrund erscheint es unverhältnismäßig, angesichts dieser verbleibenden Unklarheit eine derart rigide, zur Staatenlosigkeit führende Auslegung vorzunehmen.

In jedem Fall sollte der Betroffene, wenn Probleme mit der Entlassung aus der ausländischen **114** Staatsangehörigkeit möglich sind, **vorsichtshalber** einen **Antrag auf Beibehaltung der deutschen Staatsangehörigkeit** (→ Rn. 116) stellen, selbst wenn er die ausländische Staatsangehörigkeit nicht behalten will. Dabei ist auf die **Jahresfrist nach Abs. 3 S. 3** zu achten. Schwierigkeiten bei der Entlassung oder dem Nachweis derselben können dann im Verfahren über die Beibehaltungsgenehmigung berücksichtigt werden (NK-AuslR/Hocks Rn. 16).

8. Nichterklären

Gibt der Betroffene nach Erhalt des Hinweises gem. Abs. 1 S. 1 Nr. 4 **keine Erklärung** **115** ab, ist mangels anderer Regelung im Gesetz zunächst davon auszugehen, dass er die **deutsche Staatsangehörigkeit beibehalten** will (HMHK/Hailbronner/Maaßen Rn. 55; GK-StAR/Berlit Rn. 147). Dies führt dann zur **Verpflichtung nach Abs. 3 S. 1.** Damit tritt der Verlust der deutschen Staatsangehörigkeit gem. Abs. 3 S. 2 Alt. 1 zwei Jahre nach Zustellung des Hinweises ein, weil der Betroffene nicht innerhalb dieser Frist den Nachweis erbracht hat, die ausländische Staatsangehörigkeit verloren zu haben. Der Verlust tritt ex nunc ein.

III. Beibehaltungsgenehmigung (Abs. 3 S. 2 Alt. 2, Abs. 4)

1. Funktion der Beibehaltungsgenehmigung

Optiert der Betroffene zugunsten der deutschen Staatsangehörigkeit gem. Abs. 3 S. 1, möchte **116** er aber seine Drittstaatsangehörigkeit beibehalten, muss er dem Verlust der deutschen Staatsangehörigkeit durch Stellung eines Beibehaltungsantrags nach Abs. 3 S. 2 Alt. 2 begegnen.

Die Beibehaltungsgenehmigung ist die **schriftliche Genehmigung** der zuständigen Behörde **117** **zur Beibehaltung der deutschen Staatsangehörigkeit** trotz fehlenden Verlustes der ausländischen Staatsangehörigkeit. Sie eröffnet den Weg in die dauerhafte Mehrstaatigkeit (Hailbronner NVwZ 2013, 1311; GK-StAR/Berlit Rn. 153). Die Vorschrift berücksichtigt die teilweise gegebene Unmöglichkeit oder Unzumutbarkeit der Aufgabe der ausländischen Staatsangehörigkeit (GK-StAR/Berlit Rn. 153).

Mit der Beibehaltungsgenehmigung wird die Fortführung der deutschen, nicht der ausländi- **118** schen Staatsangehörigkeit genehmigt.

2. Verfahren

Die **Beibehaltungsgenehmigung** ist **in der Regel zu beantragen.** Die Formulierung des **119** Abs. 3 S. 2 lässt aber **auch** eine **Genehmigung von Amts wegen** zu (Nr. 29.3.2 VAH-StAG; Moosbacher NVwZ 2015, 268 (270); HMHK/Hailbronner/Maaßen Rn. 54; GK-StAR/Berlit Rn. 155).

Der **Antrag** kann mit der Erklärung nach Abs. 1 abgegeben werden. Er **kann** aber auch **120** **jederzeit** später **gestellt werden,** solange die Jahresfrist nach Abs. 3 S. 3 (→ Rn. 125) eingehalten wird. Auch ist eine **Rücknahme oder Änderung jederzeit möglich.** Der Antrag ist **nicht formgebunden** (so auch BeckOK AuslR/Griesbeck Rn. 32). Auch eine **konkludente Antragstellung** ist möglich (ebenso BeckOK AuslR/Griesbeck Rn. 32; → Rn. 97).

Abs. 3 S. 3 sieht ausdrücklich die **fürsorgliche Stellung eines Antrags auf Beibehaltungs-** **121** **genehmigung** vor. Dies macht insbesondere dann Sinn, wenn es fraglich ist, ob der **Verlust der ausländischen Staatsangehörigkeit fristgerecht nachgewiesen werden kann** (→ Rn. 114). Ebenso ist der fürsorgliche Antrag wichtig, wenn der Betroffene der **Auffassung** ist, **nicht zur Aufgabe der ausländischen Staatsangehörigkeit verpflichtet zu sein,** weil Gründe vorliegen, die gem. § 12 zur Hinnahme der Mehrstaatigkeit führen (Abs. 4). Auch kommt eine fürsorgliche Beantragung dann in Betracht, wenn sich der Betroffene die **Entscheidung,** ob er die Mehrstaatigkeit letztendlich möchte, noch **offenhalten** will.

122 Aufgrund der Regelung des Abs. 1 S. 1 Nr. 3 bedarf es keiner Beibehaltungsgenehmigung, wenn der Betroffene außer der deutschen Staatsangehörigkeit ausschließlich die Staatsangehörigkeit eines Staates der EU oder der Schweiz hat, da er nicht optionspflichtig ist. Nach der alten Fassung war dies noch nötig, Seit dem 1.1.2021 ist das Vereinigte Königreich Großbritannien und Nordirland nicht mehr Mitglied der EU (→ Rn. 4b).

123 Die **Beibehaltungsgenehmigung** ist **unverzüglich nach Antragstellung zu erteilen, wenn** die **Voraussetzungen des Abs. 4 gegeben** sind (Nr. 29.4 VAH-StAG). Der Zweijahreszeitraum darf nicht ohne Grund ausgeschöpft werden (GK-StAR/Berlit Rn. 180).

124 Bei der Beibehaltungsgenehmigung handelt es sich um einen **begünstigenden Verwaltungsakt.** Zuständig ist die sich nach Landesrecht ergebende Einbürgerungsbehörde (→ § 1 Rn. 5a.1). Die **Beibehaltungsgenehmigung** wird **als Staatsangehörigkeitsurkunde** nach § 1 Abs. 1 Nr. 5 StAUrkVwV erteilt. Schriftform ist vorgeschrieben. Die Ausstellung in elektronischer Form ist nach § 38a ausgeschlossen.

3. Ausschlussfrist

125 Nach dem eindeutigen Wortlaut des Abs. 3 S. 3 ist der **Antrag** auf Erteilung einer Beibehaltungsgenehmigung **spätestens ein Jahr nach Zustellung des Hinweises nach Abs. 1 S. 1 Nr. 4** zu stellen. Damit ist der spätestmögliche Zeitpunkt das Datum der Vollendung des 23. Lebensjahres.

125.1 Definitiv falsch GK-StAR/Berlit Rn. 159, der vermutlich versehentlich auf die Vollendung des 21. Lebensjahrs abstellt.

126 Eine **Fristverlängerung** durch die Behörde ist **ausgeschlossen,** da die Vorschrift die Frist als Ausschlussfrist bezeichnet.

127 Ob **Wiedereinsetzung in den vorigen Stand** bei unverschuldeter Versäumnis nach § 32 VwVfG der Länder möglich ist, ist fraglich. Dem steht einerseits der Zweck der Vorschrift, der Behörde genügend Zeit zu lassen, um über den Antrag vor Ablauf der Frist des Abs. 3 S. 2 zu entscheiden, wohl entgegen (HMHK/Hailbronner/Maaßen Rn. 49; GK-StAR/Berlit Rn. 159). Andererseits ist die Wiedereinsetzung nicht nach dem Wortlaut des Abs. 3 S. 3 ausgeschlossen (HMHK/Hailbronner/Maaßen Rn. 49; aA GK-StAR/Berlit Rn. 159). Allerdings werden aufgrund des Zwecks der Vorschrift und der langen Frist von einem Jahr für die Antragstellung sehr strenge Ansprüche an die Wiedereinsetzung zu stellen sein. Dabei ist auch zu berücksichtigen, dass der Betroffene im Hinweis nach Abs. 1 S. 1 Nr. 4 bereits auf den Fristlauf hingewiesen wurde (HMHK/Hailbronner/Maaßen Rn. 49). Wurde im Hinweis nach Abs. 1 S. 1 Nr. 4 nicht auf die Möglichkeit der Beantragung einer Beibehaltungsgenehmigung oder den Fristlauf hingewiesen, entfällt bereits die Optionspflicht (GK-StAR/Berlit Rn. 162).

128 Wiedereinsetzung ist zB dann denkbar und zu gewähren, wenn die spätere Erteilung oder der spätere Zugang nicht dem Betroffenen, sondern der Behörde anzulasten ist, weil diese die Angelegenheit zögerlich bearbeitet hat (so auch HMHK/Hailbronner/Maaßen Rn. 50).

128.1 Andere Ansicht GK-StAR/Berlit Rn. 181, der die Wiedereinsetzung kategorisch ablehnt und stattdessen für den Fall der rechtzeitig beantragten und verspätet erteilten Beibehaltungsgenehmigung die Vorschrift dahingehend auslegen will, dass Verlust der deutschen Staatsangehörigkeit bei verspätetem Zugang nicht eintritt.

129 Der **verspätete Antrag** wird als **Anregung** zu verstehen sein zu prüfen, ob die **Beibehaltungsgenehmigung von Amts wegen** (→ Rn. 137) erteilt werden kann.

4. Voraussetzung für die Beibehaltungsgenehmigung

130 Die **Beibehaltungsgenehmigung** ist nach Abs. 4 zu **erteilen,** wenn die **Aufgabe oder** der **Verlust der ausländischen Staatsangehörigkeit nicht möglich oder nicht zumutbar** ist oder bei einer **Einbürgerung nach § 12 Mehrstaatigkeit hinzunehmen** wäre (→ § 12 Rn. 5). In diesen Fällen hat die Behörde **kein Ermessen.**

131 Bei Vorliegen mehrerer ausländischer Staatsangehörigkeiten sind die Voraussetzungen jeweils gesondert zu prüfen. Die Erteilungsvoraussetzungen müssen dann für jede der erheblichen (→ Rn. 42) ausländischen Staatsangehörigkeiten vorliegen.

132 Soweit Abs. 4 auf § 12 verweist, sei auf die dortige Kommentierung hingewiesen (→ § 12 Rn. 5). Der in **Abs. 4 Alt. 1** genannte Grund der **rechtlichen oder tatsächlichen Unmöglichkeit** des Ausscheidens aus der ausländischen Staatsangehörigkeit **entspricht** dabei § 12 Abs. 1 S. 2 Nr. 1 (→ § 12 Rn. 14) und stellt insoweit keinen eigenständigen Grund für die Erteilung einer Beibehaltungsgenehmigung dar (GK-StAR/Berlit Rn. 171).

Anders verhält sich dies im Hinblick auf die **Unzumutbarkeit iSd Abs. 4 Alt. 2.** Zwar sieht   133
auch § 12 Abs. 1 S. 1 eine derartige Regelung vor. Diese erfordert aber, dass der ausländische
Staat die Unzumutbarkeit verursacht (§ 12 Abs. 1 S. 1 Nr. 3) oder dass kumulativ eine besondere
Härte vorliegt (§ 12 Abs. 1 S. 1 Nr. 4). **Abs. 4** hingegen geht über diese Fälle hinaus und
ermöglicht die Hinnahme von **Mehrstaatigkeit, wenn der Verlust der ausländischen Staatsangehörigkeit – aus welchen Gründen auch immer – unzumutbar** wäre.

Die weitergehende Formulierung ist dem Umstand geschuldet, dass es bei § 29 im Gegensatz   134
zu § 12 nicht um den Erwerb, sondern um den Verlust der deutschen Staatsangehörigkeit geht,
was an Art. 16 Abs. 1 GG zu messen ist (HMHK/Hailbronner/Maaßen Rn. 47; GK-StAR/Berlit
Rn. 173).

Unzumutbarkeit iSd Abs. 4 kann zB vorliegen bei einer **wesentlichen Beschränkung aner-**   135
kennenswerter familiärer, sozialer oder ökonomischer Entfaltungsmöglichkeiten im
Herkunftsstaat (GK-StAR/Berlit Rn. 175 mwN). Mit GK-StAR/Berlit Rn. 176 ist in die
Unzumutbarkeitsprüfung auch der Verlust der deutschen Staatsangehörigkeit einzubeziehen. So
wird die Beibehaltungsgenehmigung zu erteilen sein, wenn die **Eltern des Optionspflichtigen**
nachträglich eingebürgert worden sind. Auch wenn der Betroffene **Abkömmlinge mit deut-**
scher Staatsangehörigkeit hat, wird dies der Fall sein (GK-StAR/Berlit Rn. 176). Allerdings
könnte in diesen Fällen auch bereits ein Härtefall nach Abs. 1a S. 2 vorliegen (→ Rn. 70; GK-
StAR/Berlit Rn. 176).

Kein Grund für eine Unzumutbarkeit iSd Abs. 4 ist der – verständliche – Wunsch des   135a
Optionspflichtigen, weiterhin mit der Kultur oder Geschichte sowie dem politischen Schicksal
des Herkunftsstaats auf Dauer verbunden zu sein (BeckOK AuslR/Greisbeck Rn. 33).

Sämtliche maßgeblichen Begriffe in Abs. 4 sind **gerichtlich voll überprüfbar** und geben der   136
Behörde keinen Beurteilungsspielraum.

Die Beibehaltungsgenehmigung in den Fällen des Abs. 4 ist gebührenbefreit nach § 38 Abs. 2   136a
S. 4 (→ § 38 Rn. 25).

5. Beibehaltungsgenehmigung von Amts wegen

Aus Abs. 3 S. 2 ergibt sich, dass die **Beibehaltungsgenehmigung** nicht beantragt worden   137
sein muss, sondern auch **von Amts wegen** erteilt werden kann. Nach Nr. 29.3.2 VAH-StAG
kommt dies nur in besonders gelagerten Fällen in Betracht, wenn ein Ausscheiden aus der ausländischen Staatsangehörigkeit aus rechtlichen oder tatsächlichen Gründen nicht möglich ist. Eine
Ausweitung auf Fälle des Abs. 4 sei danach ausgeschlossen, da ansonsten die Ausschlussfrist praktisch leerliefe.

Dies ist so nicht hinnehmbar. Die Antragsfrist hat keinen Selbstzweck, was man aber angesichts   138
Nr. 29.3.2 VAH-StAG vermuten könnte. Wenn ein Anspruch auf Erteilung der Beibehaltungsgenehmigung nach Abs. 4 besteht, ist kein Grund ersichtlich, weshalb dies nicht von Amts wegen
erfolgen sollte. Der Wortlaut des Abs. 3 S. 3 lässt nicht auf eine derart restriktive Handhabung
schließen. Liegen die Voraussetzungen für die Erteilung einer Beibehaltungsgenehmigung nach
Abs. 4 unstreitig vor, zB weil bei der Einbürgerung nach Maßgabe von § 12 Mehrstaatigkeit
hinzunehmen wäre, ist die Beibehaltungsgenehmigung von Amts wegen zu erteilen, da in derartigen Fällen die Folgen der Versäumnis der Ausschlussfrist unverhältnismäßig sein könnten (GK-
StAR/Berlit Rn. 165). Schließlich wäre der Betroffene nach Verlust der deutschen Staatsbürgerschaft wieder unter Hinnahme der Mehrstaatigkeit einzubürgern.

6. Wirkungen des Beibehaltungsgenehmigungsverfahrens

Aufgrund der erteilten Beibehaltungsgenehmigung geht die deutsche Staatsangehörigkeit eines   139
Optionspflichtigen nicht nach Ablauf der Zweijahresfrist des Abs. 3 S. 2 verloren, da der Nachweis
des Verlustes der ausländischen Staatsangehörigkeit nicht mehr geführt werden muss. Das **Opti-**
onsverfahren endet damit und die **Mehrstaatigkeit wird auf Dauer hingenommen** (GK-
StAR/Berlit Rn. 179).

Die **Beibehaltungsgenehmigung** muss dem Betroffenen **innerhalb der Zwei-Jahres-Frist**   140
zugegangen sein. **Nicht ausreichend** ist die **Ausstellung der Genehmigung** (HMHK/Hail-
bronner/Maaßen Rn. 44; GK-StAR/Berlit Rn. 178).

Wurde der Beibehaltungsantrag fristgerecht innerhalb eines Jahres nach Erhalt des Hinweises   141
nach Abs. 1 S. 1 Nr. 4 gestellt, tritt der **Verlust der deutschen Staatsangehörigkeit erst** ein,
wenn die **Genehmigung bestandskräftig abgelehnt** wurde (Abs. 3 S. 4). Die **Wirkungen**
der deutschen Staatsangehörigkeit bleiben damit **bis zu diesem Zeitpunkt bestehen,** selbst
wenn ein eingelegtes Rechtsmittel offensichtlich unbegründet ist. Die **Ablehnung wirkt nicht**

142

143

144

auf den **Zeitpunkt des Ablaufs der Zwei-Jahres-Frist zurück.** Für eine Anordnung der sofortigen Vollziehbarkeit gibt es keine Rechtsgrundlage (GK-StAR/Berlit Rn. 183).

Wurde der Antrag bestandskräftig bzw. rechtskräftig abgelehnt, gibt es **keine Möglichkeit,** etwa durch einen **Wiederaufnahmeantrag** nach § 51 VwVfG wieder in den Schutz des Abs. 3 S. 4 zu gelangen (GK-StAR/Berlit Rn. 184).

Wird die **Beibehaltungsgenehmigung vor Ablauf der Zwei-Jahres-Frist nach Abs. 3 S. 2 bestandskräftig abgelehnt,** tritt der **Verlust der deutschen Staatsangehörigkeit** dennoch **erst mit Ablauf der Zweijahresfrist** ein. Bis dahin besteht noch immer die **Möglichkeit,** den **Verlust der ausländischen Staatsangehörigkeit nachzuweisen,** um den Verlust der deutschen Staatsangehörigkeit zu verhindern. Auch kann, sofern auch die Ein-Jahres-Frist des Abs. 3 S. 3 noch nicht abgelaufen ist, bei Vorliegen neuer Gesichtspunkte ein **erneuter Antrag auf** Erteilung einer **Beibehaltungsgenehmigung** gestellt werden. **Auch von Amts wegen** kann die Beibehaltungsgenehmigung in diesem Fall noch erteilt werden. Dies – nach hiesiger Auffassung (→ Rn. 138) – auch nach Ablauf der Antragsfrist. Bei fehlerhafter Ablehnung kommt auch die **Rücknahme des Bescheides** nach § 48 Abs. 1 S. 1 VwVfG in Betracht.

Weist der Optionspflichtige den **Verlust der ausländischen Staatsangehörigkeit nach** Ablauf der **Zwei-Jahres-Frist, aber vor Bestandskraft der Ablehnung des Beibehaltungsgenehmigungsantrags** nach, gilt das Beibehaltungsgenehmigungsverfahren. Aufgrund Abs. 3 S. 4 bleibt die deutsche Staatsangehörigkeit trotz des Fristablaufs bestehen, da diese Vorschrift den Zeitpunkt sowohl auf Rechtsfolgenseite als auch auf der Tatbestandsseite verschiebt. Anderenfalls würde dem Optionspflichtigen die Staatenlosigkeit drohen (GK-StAR/Berlit Rn. 189).

7. Einstweiliger Rechtsschutz (Abs. 3 S. 5)

145

146

Der Sinn dieser Regelung ist weder offensichtlich, noch ergibt er sich aus der Gesetzesbegründung (HMHK/Hailbronner/Maaßen Rn. 53; GK-StAR/Berlit Rn. 192). Angesichts der Tatsache, dass die Wirkung einer ablehnenden Entscheidung über den Antrag auf Erteilung einer Beibehaltungsgenehmigung ohnehin erst mit Bestandskraft eintritt (Abs. 3 S. 4), ist kein Raum für eine vorläufige Regelung im Wege des einstweiligen Rechtsschutzes. Denkbar wäre höchstens, dass die Einbürgerungsbehörde den Betroffenen in rechtswidriger Weise bereits so behandelt, als hätte er die deutsche Staatsbürgerschaft verloren. Allerdings rechtfertigt dies keine besondere Regelung.

Die Vorschrift stützt allerdings die Auffassung, dass bei einem verspätet gestellten Antrag auf Beibehaltungsgenehmigung bei Vorliegen der Voraussetzungen nach Abs. 4 eine Entscheidung von Amts wegen erfolgen muss (→ Rn. 138). In einem solchen Fall kann ein Antrag auf einstweiligen Rechtsschutz sehr wohl Sinn machen (GK-StAR/Berlit Rn. 195).

IV. Besondere Verfahrensvorschriften (Abs. 5)

1. Antrag des Betroffenen auf Feststellung (Abs. 5 S. 1)

147

148

149

150

151

152

Auf **Antrag** des ius-soli-Deutschen kann bereits **vor der Vollendung des 21. Lebensjahrs** die Feststellung des Fortbestehens der deutschen Staatsangehörigkeit durch Verwaltungsakt erfolgen.

Voraussetzung ist, dass der Antragsteller die **deutsche Staatsangehörigkeit nach § 4 Abs. 3 oder § 40b** erworben hat.

Weiter müssen nach dem Wortlaut der Vorschrift „die Voraussetzungen" gegeben sein. Gemeint ist hiermit, dass die **Voraussetzungen für den Wegfall der Optionspflicht** vorliegen müssen. Dies ist entweder der Fall, wenn der Antragsteller außer der deutschen Staatsangehörigkeit lediglich die **Staatsangehörigkeit eines Mitgliedstaates der EU oder der Schweiz** besitzt oder aber, wenn die Voraussetzungen des **Abs. 1a** vorliegen.

Der **Antrag kann** somit im Fall des Abs. 1 S. 1 Nr. 3 **unmittelbar nach Erwerb der deutschen Staatsangehörigkeit gestellt werden.** In den Fällen des Abs. 1a S. 1 Nr. 1 und Nr. 2 nach Ablauf der jeweiligen Zeiträums. Auf diese Art kann **schon weit vor Vollendung des 21. Lebensjahrs Rechtssicherheit** durch abschließende Klärung der staatsangehörigkeitsrechtlichen Verhältnisse geschaffen werden. Mit der Feststellung kann eine Optionspflicht nicht mehr entstehen.

Der Antrag ist nicht formgebunden, kann also auch mündlich oder auch konkludent gestellt sein. Bei Minderjährigen ist der Antrag seitens der gesetzlichen Vertreter zu stellen. Das Verfahren richtet sich nach allgemeinen verwaltungsverfahrensrechtlichen Grundsätzen, bei denen nach den üblichen Mitwirkungspflichten auch der Amtsermittlungsgrundsatz zu beachten ist.

Die **Ablehnung des Antrags hat keine Folgen für die deutsche Staatsangehörigkeit,** sondern beendet lediglich das Verwaltungsverfahren. Vor der Vollendung des 21. Lebensjahrs kann eine Optionspflicht aufgrund der Regelung des Abs. 1 S. 1 Nr. 4 nicht festgestellt werden. Abs. 5 S. 1 ermächtigt insofern lediglich zur Feststellung des Nichtbestehens der Optionspflicht (GK-StAR/Berlit Rn. 202).

Bei positiver Feststellung sind seitens der Einbürgerungsbehörde die Registerbehörde nach § 33 **153** Abs. 3 sowie die Meldebehörde nach § 33 Abs. 5 zu unterrichten.

2. Verwaltungsinternes Vorprüfungsverfahren (Abs. 5 S. 2)

Stellt der Betroffene vor Vollendung des 21. Lebensjahrs keinen Antrag nach S. 1, prüft die **154** Einbürgerungsbehörde in einem **verwaltungsinternen Verfahren von Amts wegen, ob eine Optionspflicht bestehen könnte.** Es handelt sich hierbei um eine Sachaufklärung durch die Behörde.

Die notwendigen Informationen über Personen, für die ein Optionsverfahren in Betracht kom- **155** men könnte, erhält die Einbürgerungsbehörde nach § 34 Abs. 1 seitens der Meldebehörde. Diese teilt bis zum 10. eines jeden Monats mit, wer von denjenigen Personen, welche die deutsche Staatsangehörigkeit nach § 4 Abs. 3 oder § 40b erworben haben, im Folgemonat das 21. Lebensjahr vollendet.

Bei Erhalt der entsprechenden Daten prüft die Behörde, ob der Feststellung des Fortbestehens **156** der deutschen Staatsangehörigkeit eine Optionspflicht entgegensteht. Ergibt sich dabei, dass eine Optionspflicht aufgrund des Vorliegens der Voraussetzungen des Abs. 1 S. 1 Nr. 3 bzw. Abs. 1a nicht gegeben sein kann, ist das behördeninterne Vorprüfungsverfahren beendet. Eine förmliche Entscheidung ist nicht erforderlich. Sie teilt der Meldebehörde aufgrund der Unrichtigkeit des Melderegisters gem. § 33 Abs. 5 mit, dass keine Optionspflicht besteht, damit das Optionsmerkmal gelöscht wird.

3. Anhörung im Vorprüfungsverfahren (Abs. 5 S. 3)

Kann das Fortbestehen der deutschen Staatsangehörigkeit nicht allein anhand der Akten nach **157** S. 2 festgestellt werden, **kommt die Behörde also zum Schluss, dass der Betroffene options-pflichtig sein könnte, muss sie diesen darauf hinweisen, dass er gegenüber der Behörde den Nachweis erbringen kann, dass er iSd Abs. 1a im Inland aufgewachsen ist und deshalb keine Optionspflicht besteht.** Es handelt sich hierbei um Sachaufklärung durch den Betroffenen. Der Hinweis nach Abs. 5 S. 3 ist nicht der Hinweis, welcher nach Abs. 1 S. 1 Nr. 4 gefordert wird.

Der Betroffene ist im Hinweis darüber zu informieren, dass er die Mindestinlandsaufenthalts- **158** dauer nach Abs. 1a S. 1 Nr. 1 anhand der Meldedaten nicht erreicht hat und daher optionspflichtig sein könnte. Die **Voraussetzungen des Abs. 1a** sind **verständlich darzulegen.** Lediglich die Wiedergabe des Gesetzestextes ist nicht ausreichend. Außerdem ist ihm zu erläutern, wie er den Nachweis für diese Voraussetzungen erbringen kann. Weiter ist ihm darzulegen, inwieweit die Voraussetzungen anhand der Meldedaten bereits nachgewiesen sind (GK-StAR/Berlit Rn. 213). Der Hinweis muss sich auch auf **Gründe** beziehen, **welche für die Härtefallentscheidung nach Abs. 1a S. 2 von Bedeutung sind.** Deshalb ist auch auf Aufenthalte bzw. Schulbesuche im EU-Ausland hinzuweisen (GK-StAR/Berlit Rn. 214).

Als **Nachweise** kommen vor allem **Meldebescheinigungen, Schulzeugnisse, Prüfungs- **159** zeugnisse** über den Abschluss einer Berufsausbildung sowie Nachweise über das **Nichtbestehen oder den Verlust der ausländischen Staatsangehörigkeit** in Betracht.

Die Behörde hat im Rahmen des allgemeinen Amtsermittlungsgrundsatzes den Betroffenen **160** bei der Vorlage von Nachweisen zu unterstützen (GK-StAR/Berlit Rn. 261).

Regelmäßig ist der Hinweis mit einer Frist zur Vorlage der Nachweise verbunden. **161**

Geht der Hinweis nicht zu, so hat das keine gesonderten rechtlichen Konsequenzen, da der **162** Betroffene im weiteren Verwaltungsverfahren noch Gelegenheit hat, die Nachweise vorzulegen. Auch stellt Abs. 5 S. 3 keine Obliegenheit für den Betroffenen dar. **Untätigkeit bleibt** insoweit **ohne Konsequenzen.**

Erbringt der Betroffene die notwendigen Nachweise, stellt die **Behörde** das **Fortbeste- **163** hen der deutschen Staatsangehörigkeit** nach Abs. 6 **fest** (Abs. 5 S. 4). Im Gegensatz zu Abs. 5 S. 2 muss hier aufgrund der Einbindung des Betroffenen in das Verwaltungsverfahren die Zustellung an diesen erfolgen. Diese **Feststellung beendet das Optionsverfahren endgültig und dauer-haft.** Die Behörde macht, wie bei Abs. 5 S. 2, die entsprechenden Mitteilungen an die Meldebehörde (→ Rn. 156).

4. Überleitung in das Optionsverfahren (Abs. 5 S. 5)

164   Wird im Vorprüfungsverfahren nicht festgestellt, dass keine Optionspflichtigkeit gegeben ist, leitet die zuständige Behörde das **Optionsverfahren durch Zustellung des Hinweises nach Abs. 1 S. 1 Nr. 4** förmlich ein. Diesbezüglich wird auf die oben gemachten Ausführungen verweisen (→ Rn. 78).

5. Feststellung des Fortbestehens oder des Verlustes der deutschen Staatsangehörigkeit (Abs. 6)

165   Nach Abs. 6 ist in jedem Fall, in welchem nach dieser Vorschrift eine Anwendung der Optionspflicht im Raum stand, eine **deklaratorische Feststellung des Fortbestehens oder des kraft Gesetzes eingetretenen Verlustes der deutschen Staatsangehörigkeit** zu erlassen.

166   Außerdem stellt die Behörde auf Antrag eines Deutschen, der die deutsche Staatsangehörigkeit nach § 4 Abs. 3 oder § 40b erworben hat, den Fortbestand nach Abs. 6 fest.

167   Die **Feststellung nach Abs. 6 S. 1** ist in allen Angelegenheiten **verbindlich,** in denen es einen Streit über das Bestehen der deutschen Staatsangehörigkeit gibt (§ 30 Abs. 1 S. 2). Die Feststellung nach Abs. 6 ist nichts anderes als die Feststellung nach § 30 Abs. 1 S. 1.

168   Die **Feststellung von Amts** wegen nach Abs. 6 S. 1 ist zu treffen, **sobald Klarheit über das Fortbestehen oder den Verlust der deutschen Staatsangehörigkeit** nach irgendeiner Alternative des § 29 besteht. In der Feststellung ist auch der **Zeitpunkt festzuhalten,** in dem der Verlust der deutschen Staatsangehörigkeit eingetreten ist (GK-StAR/Berlit Rn. 252).

169   Nach Nr. 29.6.2 VAH-StAG kommt bei **nachträglich vorliegenden Nachweisen** über das Fortbestehen der deutschen Staatsangehörigkeit auch noch Bestandskraft des negativen Feststellungsbescheids die **Rücknahme ex tunc** nach § 48 LVwVfG in Betracht.

170   **Ob** umgekehrt ein **positiver Feststellungsbescheid zurückgenommen oder aufgehoben werden kann,** ist **umstritten.** Nr. 29.6.2 VAH-StAG stellt dies ohne Begründung in den Raum. Da das StAG in § 35 eine ausdrückliche Regelung über die Rücknahme einer rechtswidrigen Einbürgerung vorsieht, aber keine Regelung für die rechtswidrige Feststellung trifft, wird die Rücknahme im Fall des Abs. 6 nicht auf allgemeines Verwaltungsverfahrensrecht (§ 48 VwVfG) gestützt werden können. Nicht zuletzt spricht die hohe Prüfungsintensität im Optionsverfahren gegen einen Rückgriff auf das allgemeine Verfahrensrecht (GK-StAR/Berlit Rn. 255). Wenn überhaupt, könnte lediglich § 35 entsprechend angewandt werden.

171   Bei positiver Feststellung wird keine gesonderte Staatsangehörigkeitsurkunde nach § 33 ausgestellt.

172   Bei negativem Ausgang des Verfahrens ist die Ausländerbehörde nach § 87 Abs. 2 Nr. 1 AufenthG durch die Einbürgerungsbehörde zu informieren.

173   Das Feststellungsverfahren ist nach § 38 Abs. 2 S. 4 gebührenfrei (→ § 38 Rn. 25).

174   Von der Verordnungsermächtigung des S. 2, welche sich ausschließlich auf das Feststellungsverfahren nach Abs. 6 S. 1 bezieht, wurde bisher kein Gebrauch gemacht.

V. Rechtsschutz

175   Der Hinweis nach Abs. 5 S. 5 ist kein Verwaltungsakt. Ihm fehlt es an der verbindlichen Regelungswirkung eines Verwaltungsaktes. Der Hinweis ist lediglich Teil des Verwaltungsverfahrens im Ganzen und eröffnet erst das Optionsverfahren mit der anschließenden Anhörung des Betroffenen.

176   Allerdings kann der Betroffene bereits zu diesem Zeitpunkt einen Feststellungsantrag dahingehend stellen, dass ihn keine Optionspflicht trifft (NK-AuslR/Hocks Rn. 24; GK-StAR/Berlit Rn. 271).

177   Das **Verfahren zur Beibehaltungsgenehmigung ist ein eigenständiges Verwaltungsverfahren.** Es handelt sich um einen begünstigenden Verwaltungsakt, der im Falle der Ablehnung mit der Anfechtungs- und Verpflichtungsklage erstritten werden kann. Je nach Landesrecht ist das Widerspruchsverfahren vorgeschaltet.

178   Gegen den **negativen feststellenden Verwaltungsakt nach Abs. 6** kann Anfechtungs- und Verpflichtungsklage erhoben werden, je nach Landesrecht nach Durchführung des Widerspruchsverfahrens. Der Verpflichtungsantrag geht auf Feststellung des Fortbestehens der deutschen Staatsangehörigkeit. Die Rechtsmittel haben aufschiebende Wirkung (§ 80 Abs. 1 VwGO). Diese aber berühren nicht den kraft Gesetzes zu einem bestimmten Zeitpunkt eintretenden Verlust der deutschen Staatsangehörigkeit selbst (GK-StAR/Berlit Rn. 273). Bis zur Rechtskraft ist das Bestehen oder Nichtbestehen der deutschen Staatsangehörigkeit damit nicht mit Bindungswirkung festgestellt. Soweit der Betroffene also Rechte aus der deutschen Staatsangehörigkeit geltend machen will, muss diese jeweils inzident geprüft werden (NK-AuslR/Hocks Rn. 26).

§ 30 [Bestehen der deutschen Staatsangehörigkeit]

(1) [1]Das Bestehen oder Nichtbestehen der deutschen Staatsangehörigkeit wird auf Antrag von der Staatsangehörigkeitsbehörde festgestellt. [2]Die Feststellung ist in allen Angelegenheiten verbindlich, für die das Bestehen oder Nichtbestehen der deutschen Staatsangehörigkeit rechterheblich ist. [3]Bei Vorliegen eines öffentlichen Interesses kann die Feststellung auch von Amts wegen erfolgen.

(2) [1]Für die Feststellung des Bestehens der deutschen Staatsangehörigkeit ist es erforderlich, aber auch ausreichend, wenn durch Urkunden, Auszüge aus den Melderegistern oder andere schriftliche Beweismittel mit hinreichender Wahrscheinlichkeit nachgewiesen ist, dass die deutsche Staatsangehörigkeit erworben worden und danach nicht wieder verloren gegangen ist. [2]§ 3 Abs. 2 bleibt unberührt.

(3) [1]Wird das Bestehen der deutschen Staatsangehörigkeit auf Antrag festgestellt, stellt die Staatsangehörigkeitsbehörde einen Staatsangehörigkeitsausweis aus. [2]Auf Antrag stellt die Staatsangehörigkeitsbehörde eine Bescheinigung über das Nichtbestehen der deutschen Staatsangehörigkeit aus.

Überblick

Die Vorschrift, die mit dem Gesetz zur Umsetzung aufenthalts- und asylrechtlicher Richtlinien der Europäischen Union (v. 19.8.2007, BGBl. I 1970) mWz 28.7.2007 eingefügt wurde, sieht ein eigenständiges Statusfeststellungsverfahren zur deutschen Staatsangehörigkeit vor. Das Verfahren wird auf Antrag (→ Rn. 6) oder von Amts wegen (→ Rn. 8) eingeleitet, wobei Letzteres ein öffentliches Interesse (→ Rn. 9), die Feststellung auf Antrag ein Sachbescheidungsinteresse erfordert (→ Rn. 6). Grundsätzlich ist die deutsche Staatsangehörigkeit in behördlichen oder gerichtlichen Verfahren inzident zu prüfen (→ Rn. 5a). Abs. 2 bietet dem Antragsteller Beweiserleichterungen (→ Rn. 15). Ausreichend ist eine anhand von Urkunden (→ Rn. 18) belegte hinreichende Wahrscheinlichkeit (→ Rn. 27) der deutschen Staatsangehörigkeit. Dabei besteht auch eine Amtsermittlungspflicht (→ Rn. 20). Der Erwerb der deutschen Staatsangehörigkeit nach § 3 Abs. 2 kann nicht im Rahmen dieses Verfahrens widerlegt werden (→ Rn. 28). Der Feststellungsbescheid bindet alle Behörden in den Angelegenheiten des Betroffenen (→ Rn. 30). Eine Aufhebung ist nur unter strengen Voraussetzungen nach §§ 48 und 49 LVwVfG (→ Rn. 37 f.) möglich. § 35 kann nicht angewendet werden (→ Rn. 36). Nach Abs. 3 stellt die Behörde nach Feststellung der deutschen Staatsangehörigkeit den Staatsangehörigkeitsausweis aus (→ Rn. 39), und zwar entgegen dem Wortlaut auch bei einem amtswegigen Verfahren (→ Rn. 40). Alte Staatsangehörigkeitsausweise haben keinen verbindlichen Charakter (→ Rn. 41). Auch besteht im Fall der Feststellung des Nichtbestehens der deutschen Staatsangehörigkeit ein Anspruch auf eine entsprechende Bescheinigung (→ Rn. 43). Zu den Rechtsbehelfsmöglichkeiten (→ Rn. 46). Zu den Kosten (→ Rn. 52). Zu den landesrechtlichen Vorschriften über die sachliche Zuständigkeit (→ Rn. 12).

Übersicht

A. Entstehungsgeschichte und Zweck

1   Die aktuelle Fassung der Vorschrift wurde mit dem Gesetz zur Umsetzung aufenthalts- und asylrechtlicher Richtlinien der Europäischen Union (v. 19.8.2007, BGBl. I 1970) mWz 28.7.2007 eingefügt. Die davor bestehende Fassung war seit langem gegenstandslos.

2   Nach der Gesetzesbegründung schließt die Vorschrift eine gravierende Lücke des StAG, indem sie erstmals die behördliche Entscheidung in einem Verfahren zur Feststellung der deutschen Staatsangehörigkeit als rechtsgestaltenden Verwaltungsakt ausgestaltet (BT-Drs. 16/5065, 230).

3   Dies indes ist nicht ganz korrekt, da die **Vorschrift nicht rechtsgestaltend** wirkt (HMHK/ Hailbronner Rn. 3; GK-StAR/Marx Rn. 29; NK-AuslR/Oberhäuser Rn. 5; BeckOK AuslR/ Kluth/Bohley Rn. 2). Im Gegensatz zu §§ 8 oder 10 regelt das Feststellungsverfahren nach dieser Vorschrift nicht den Akt der Verleihung der Staatsangehörigkeit, sondern stellt deren Bestehen oder Nichtbestehen fest. Es hat somit keine rechtsgestaltende, also keine konstitutive Wirkung. Allerdings geht die Wirkung durch die rechtsbindende Feststellung (→ Rn. 30) über eine rein deklaratorische Wirkung hinaus (NK-AuslR/Oberhäuser Rn. 5; aA GK-StAR/Marx Rn. 34).

3.1   Rein deklaratorische Wirkung hatten die Staatsangehörigkeitsausweise vor Inkrafttreten dieser Vorschrift. Diese hatten keine bindende Wirkung (HMHK/Hailbronner Rn. 3).

4   Bis zum Inkrafttreten der Vorschrift konnte lediglich ein Staatsangehörigkeitsausweis beantragt werden, der allerdings keine verbindliche Feststellung des Bestehens der Staatsangehörigkeit darstellte, da er lediglich eine widerlegbare Vermutung hierfür darstellte, da die Möglichkeit des Gegenbeweises nicht ausgeschlossen ist (BVerwG NJW 1986, 674; so auch BeckOK AuslR/ Kluth/Bohley Rn. 1). Eine Klage auf Feststellung des Bestehens der deutschen Staatsangehörigkeit war deshalb einem Antrag auf Ausstellung eines Staatsangehörigkeitsausweises gegenüber nicht subsidiär (BVerwG BeckRS 1985, 31240060).

4a   Die frühere Rechtsprechung ist heute überholt und hat seit Inkrafttreten der Neufassung keine Bedeutung mehr (BVerwG BeckRS 2015, 43765).

4b   **Ziel** des Feststellungsverfahrens ist der Erlass eines **feststellenden Verwaltungsaktes,** welcher das Bestehen oder Nichtbestehen **der deutschen Staatsangehörigkeit allgemeinverbindlich feststellt** und damit ein streitiges Rechtsverhältnis klärt.

4c   Derzeit ist das Vierte Gesetz zur Änderung des Staatsangehörigkeitsgesetzes in Planung (BR-Drs. 249/21), welches vorsieht, dass ein berechtigtes Interesse an der Feststellung glaubhaft gemacht werden muss. Dies zielt insbesondere auf die Problematik der unzähligen Fälle ab, in welchen so genannte „Reichsbürger" Feststellungsanträge stellen (hierzu im Einzelnen → Rn. 6a).

B. Erläuterungen im Einzelnen

I. Feststellungsverfahren

5   Das Feststellungsverfahren wird entweder **auf Antrag** (Abs. 1 S. 1) oder bei Bestehen eines öffentlichen Interesses **von Amts wegen** (Abs. 1 S. 3) eingeleitet.

5a   Das **Verfahren ist** keineswegs obligatorisch, sondern **fakultativ.** Es wird nur in den genannten Fällen eingeleitet. Die **deutsche Staatsangehörigkeit** ist auch in jedem behördlichen oder gerichtlichen Verfahren, für das sie entscheidungserheblich ist, **inzident zu klären** und setzt ein Verfahren nach Abs. 3 nicht voraus (OVG Brem BeckRS 2021, 1909).

5b   Ist als Voraussetzung des Staatsangehörigkeitserwerbs nur die nach bürgerlichem Recht zu beurteilende Abstammung zweifelhaft, darf das Standesamt die Eintragung nicht von der vorherigen Durchführung eines Feststellungsverfahrens nach Abs. 3 und der Vorlage eines Staatsangehörigkeitsausweises abhängig machen (BGH BeckRS 2016, 10844).

1. Antrag durch Antragsberechtigten (Abs. 1 S. 1)

6   **Antragsberechtigt** nach Abs. 1 S. 1 ist jeder, der nach den allgemeinen verwaltungsrechtlichen Grundsätzen ein irgendwie geartetes **Sachbescheidungsinteresse** hat (HMHK/Hailbronner Rn. 3a; Dörig MigrationsR-HdB § 3 Rn. 2; BeckOK AuslR/Kluth/Bohley Rn. 3; aA NK-AuslR/Oberhäuser Rn. 2, der kein Sachbescheidungsinteresse fordert). Das Sachbescheidungsinteresse ist Ausdruck des allgemeinen Verwaltungsrechts und keine spezielle Forderung im Hinblick auf Abs. 1 S. 1. Es stellt eine allgemeine verwaltungsverfahrensrechtliche Sachentscheidungsvoraussetzung dar (OVG NRW BeckRS 2020, 17999). Der Antrag insbesondere auf Feststellung des Nichtbestehens der deutschen Staatsangehörigkeit kann als unzulässig abgelehnt werden, wenn von niemandem das Bestehen der deutschen Staatsangehörigkeit im konkreten Fall in Zweifel gezogen wird und seitens des Antragstellers nichts vorgebracht wird, was eventuell gegen das Bestehen sprechen könnte. **Nicht erforderlich** ist aber ein **Feststellungsinteresse** iSd § 43 Abs. 1 VwGO (VG Potsdam BeckRS 2016, 44974; aA GK-StAR/Marx Rn. 17). Angesichts der Bedeutung der Staatsangehörigkeit für die demokratischen Teilhaberechte wie das passive und aktive Wahlrecht besteht das **Sachbescheidungsinteresse immer, wenn behördlicherseits das Bestehen der deutschen Staatsangehörigkeit in Frage gestellt wird** (Dörig MigrationsR-HdB § 3 Rn. 3). Für den Betroffenen genügt regelmäßig ein berechtigter Zweifel, der auch von einer Behörde geäußert worden sein kann. Auch besteht ein Sachbescheidungsinteresse, wenn ein Verwaltungsakt einer Behörde den Verlust der deutschen Staatsangehörigkeit zur Folge haben könnte, zB die Aufhebung einer Vaterschaftsanerkennung, die zum Erwerb der deutschen Staatsangehörigkeit nach § 4 Abs. 3 geführt hatte (Dörig MigrationsR-HdB § 3 Rn. 3).

Diesbezüglich häufen sich Verfahren, welche ein Sachbescheidungsinteresse des Antragstellers in Frage stellen. Dabei handelt es sich um Verfahren, welche sog. **Reichsbürger** einleiten. Dabei wird regelmäßig auch die Ausstellung eines Staatsangehörigkeitsausweises beantragt. Die Reichsbürger vertreten die Auffassung, dass Deutschland seit dem 8.5.1954 kein völkerrechtlich souveräner Staat und die Bundesrepublik Deutschland seit 1990 juristisch-völkerrechtlich nicht mehr existiere. Sie hätten deshalb auch nicht die Staatsangehörigkeit „Deutsch" eines nicht existierenden Staates. Deshalb seien die Angaben in den Personenstandspapieren und anderen amtlichen Dokumenten zu ändern und zu löschen. Sie fordern regelmäßig, dass der Status der „Staatsbürgerschaft der Bundesrepublik Deutschland" zu bestätigen sei und nicht der Eintrag „Deutsch". **6a**

Nach der völlig **einhelligen Rechtsprechung** (unter anderem OVG NRW BeckRS 2021, 2032; OVG NRW BeckRS 2021, 5561; VGH BW BeckRS 2020, 16606; OVG NRW BeckRS 2016, 55141; OVG MV BeckRS 2018, 29522; VG Potsdam BeckRS 2016, 44974) bietet ein solches Anliegen, eine frei erfundene Staatsangehörigkeit zu bescheinigen, selbstverständlich keine Grundlage, die Feststellung nach § 30 zu beantragen (so auch Dörig MigrationsR-HdB § 3 Rn. 2). Es besteht **kein Sachbescheidungsinteresse.** In der Regel fehlt es für eine Klage auch an der Klagebefugnis nach § 42 VwGO. Dies gilt ebenso für die gleichgelagerten Anliegen der sog. Germaniten, Selbstverwalter, Freeman und diverser anderer Organisationen. **6b**

Detaillierte Informationen zu den diversen Organisationen findet man unter anderem auf https://www.bige.bayern.de/infos_zu_extremismus/reichsbuerger_und_selbstverwalter/organisationen_und_szene/organisationen/index.html **6b.1**

Ein **nicht handlungsfähiger Antragsteller** (§ 37 Abs. 1) bedarf zur Antragstellung der Genehmigung des gesetzlichen Vertreters. **7**

2. Verfahren von Amts wegen (Abs. 1 S. 3)

Bei Vorliegen eines **öffentlichen Interesses** kann die zuständige Behörde die Feststellung des Bestehens oder Nichtbestehens der deutschen Staatsangehörigkeit von Amts wegen vornehmen. Dies ist nach den Ausführungen des Gesetzgebers (BT-Drs. 16/5065, 231) geboten, wenn Verlusttatbestände wie der Rückerwerb der früheren Staatsangehörigkeit ohne deutsche Beibehaltungsgenehmigung nach § 25 Abs. 2 verwirklicht sind. Siehe aber auch → Rn. 5a. **8**

Der Begriff des öffentlichen Interesses ist ein **unbestimmter Rechtsbegriff,** welcher der gerichtlichen Überprüfung unterliegt. Es liegt stets dann vor, wenn an das Bestehen der deutschen Staatsangehörigkeit weitere Rechtsfolgen geknüpft sind, die nicht allein für den Betroffenen und seine Abkömmlinge von Bedeutung sind (GK-StAR/Marx Rn. 24). Zudem unterliegt die Entscheidung über die Einleitung des Verfahrens von Amts wegen dem Ermessen (HMHK/Hailbronner Rn. 3b). Dieses wird in der Regel aber vorliegen, wenn gewichtige Gründe für die Annahme des Vorliegens eines öffentlichen Interesses gegeben sind (GK-StAR/Marx Rn. 26). So besteht nach NRW OVG BeckRS 2019, 31554 ein öffentliches Interesse an der Negativfeststellung der deutschen Staatsangehörigkeit eines Kindes, wenn die Mutter über ihren Personenstand getäuscht hat, weil sie entgegen ihrer Behauptung nicht ledig, sondern verheiratet war und ein deutscher Staatsangehöriger die Vaterschaft anerkannt hat. **9**

Das Ermessen hinsichtlich der Einleitung eines Feststellungsverfahrens unterliegt entgegen BeckOK AuslR/Kluth/Bohley nur im Rahmen der allgemeinen Vorschriften der gerichtlichen Überprüfung. Aus BT-Drs 16/5065, 231 ergibt sich entgegen BeckOK AuslR/Kluth/Bohley nach hiesiger Auffassung nicht, dass das Ermessen komplett der gerichtlichen Überprüfung unterliegt. **9.1**

Es handelt sich um ein den Betroffenen belastendes Verwaltungsverfahren, sodass dieser **anzuhören** ist (§ 28 Abs. 1 LVwVfG). Außerdem hat die Behörde **keine** rechtlichen Möglichkeiten, **10** den Betroffenen zur **Mitwirkung** zu zwingen, da dieser nur verpflichtet ist, für ihn günstige, nicht aber belastende Umstände offen zu legen (§ 37 Abs. 1 S. 2 iVm § 82 Abs. 1 S. 1 AufenthG).

11   Kann die Behörde in einem von Amts wegen eröffneten Verfahren den Nachweis des Fehlens der deutschen Staatsangehörigkeit nicht erbringen, steht dem Betroffenen stets ein **Interesse an der Feststellung des Bestehens der deutschen Staatsangehörigkeit** zur Seite, sodass er die positive Feststellung fordern kann (so auch BeckOK AuslR/Kluth/Bohley Rn. 10). Schließlich war der Besitz der deutschen Staatsangehörigkeit im Streit (GK-StAR/Marx Rn. 50).

3. Zuständige Behörde

12   Die **sachliche Zuständigkeit** für Angelegenheiten des Staatsangehörigkeitsrechts richtet sich nach Landesrecht (→ Rn. 12.1).

12.1   **Landesrechtliche Zuständigkeitsregelungen sind:**

- **Baden-Württemberg:** Zuständig sind Landratsämter und Stadtkreise (StAngZuVO – Verordnung des Innenministeriums über Zuständigkeiten im Staatsangehörigkeitsrecht v. 3.2.1976, BWGBl. 245; zuletzt geändert durch Art. 81 der Verordnung v. 23.2.2017, BWGBl. 99, 109),
- **Bayern:** Zuständig sind in der Regel die Kreisverwaltungsbehörden, im Falle von Einbürgerungen nach §§ 8, 9, 13 und 14 sowie Beibehaltungsgenehmigungen die Regierungen (StAZustV – Verordnung über die Zuständigkeit der Staatsangehörigkeitsbehörden v. 2.1.2000, BayGVBl. 6; zuletzt geändert durch § 1 Abs. 1 der Verordnung v. 26.3.2019, BayGVBl. 98),
- **Berlin:** Zuständig sind Hauptverwaltung und Senat (Nr. 3 Abs. 2 BlnAZG – Gesetz über die Zuständigkeiten in der Allgemeinen Berliner Verwaltung idF v. 22.7.1996, BlnGVBl. 302; zuletzt geändert durch Gesetz v. 12.10.2020, BlnGVBl. 807),
- **Brandenburg:** Zuständig sind Landkreise und kreisfreie Städte (StAngZustG – Gesetz über die Zuständigkeit in Staatsangehörigkeitsangelegenheiten v. 10.9.2013, BbgGVBl. I Nr. 25, 1),
- **Bremen:** Zuständig ist die Stadtgemeinde Bremen bzw. Bremerhaven (BremStAZBek. – Bekanntmachung über die Zuständigkeiten in Staatsangehörigkeits- und bestimmten Aufenthaltsangelegenheiten v. 29.11.2016, Brem. GBl. 858),
- **Hamburg:** Zuständig ist die Behörde für Inneres und Sport (Anordnung über Zuständigkeiten in Staatsangehörigkeitsangelegenheiten v. 18.12.1962, HmbGVBl. 1223; zuletzt geändert durch Art. 3 der Anordnung v. 26.10.2010, Amtl. Anz 2129),
- **Hessen:** Zuständig ist grundsätzlich das Regierungspräsidium, Antragsentgegennahme und Sonderfälle durch Gemeinden und Landkreise Sonderfälle zuständig sind; Zustimmungsvorbehalt des zuständigen Ministeriums bei Abweichung von allgemeinen Veraltungsvorschrift (StAZustG – Gesetz zur Bestimmung der zuständigen Behörden in Staatsangehörigkeitsangelegenheiten v. 21.3.2005, HessGVBl. I 229; zuletzt geändert durch Gesetz v. 13.12.2012, HessGVBl. 622),
- **Mecklenburg-Vorpommern:** Zuständig sind die Landkreise und kreisfreien Städte (StAZustLVO M-V – Landesverordnung zur Bestimmung der zuständigen Behörden in Staatsangehörigkeitsangelegenheiten v. 4.4.2001, GVOBl. M-V 139; zuletzt geändert durch Gesetz v. 9.8.2000, GVOBl. M-V 360),
- **Niedersachsen:** Zuständig sind Landkreise, kreisfreie Städte sowie große selbstständige Städte (§ 2 Nr. 2 NdsAllgZustVO-Kom – Allgemeine Zuständigkeitsverordnung für die Gemeinden und Landkreise zur Ausführung von Bundesrecht v. 14.12.2004, Nds. GVBl. 589; zuletzt geändert durch Verordnung v. 6.11.2020, Nds. GVBl. 379),
- **Nordrhein-Westfalen:** Zuständig sind in der Regel die Kreisordnungsbehörden, kreisfreien Städte und große kreisfreie Städte; die Bezirksregierungen unter anderem für Beibehaltungsgenehmigungen, Entlassungen und Verzichtsgenehmigungen (StAngZustVO – Verordnung über die Zuständigkeit in Staatsangehörigkeitsangelegenheiten v. 3.6.2008, GV. NRW. 468),
- **Rheinland-Pfalz:** Zuständig sind in der Regel die Kreisverwaltung und kreisfreien Städte; Zustimmungsvorbehalt der Aufsichts- und Dienstleistungsdirektion für Beibehaltungsgenehmigungen (StA-ZuVO – Landesverordnung über die Zuständigkeiten in Staatsangehörigkeitsangelegenheiten v. 10.12.1999, RhPfGVBl. 447; zuletzt geändert durch Art. 1 des Gesetzes v. 28.9.2010, RhPfGVBl. 280),
- **Saarland:** Zuständig sind in der Regel Ministerium für Inneres und Europaangelegenheiten, soweit nicht Landkreise, der Regionalverband Saarbrücken oder die Landeshauptstadt Saarbrücken für die Beratung und Antragsentgegennahme und die Feststellung der deutschen Staatsangehörigkeit zuständig sind (StaaARZustV – Gesetz über Zuständigkeiten nach dem Staatsangehörigkeitsrecht v. 18.5.2011, SaarlABl. I 214; zuletzt geändert durch das Gesetz zur organisationsrechtlichen Anpassung und Entfristung der Geltungsdauer von Landesvorschriften v. 13.10.2015, SaarlABl. I 790),
- **Sachsen:** Zuständig sind die Landkreise und kreisfreien Städte (StAZVO – Verordnung der Staatsregierung über Zuständigkeiten im Staatsangehörigkeitsrecht v. 21.5.1997, SächsGVBl. 435; zuletzt geändert durch Art. 4 der Verordnung v. 11.12.2012, SächsGVBl. 753),

- **Sachsen-Anhalt:** Zuständig sind die Landkreise und kreisfreien Städte, bei Einbürgerungen nur, soweit ein Rechtsanspruch besteht (§ 1 Nr. 1 LSAAllgZustVO-Kom – Allgemeine Zuständigkeitsverordnung für die Gemeinden und Landkreise zur Ausführung von Bundesrecht v. 7.5.1994, GVBl. LSA 568; zuletzt geändert durch Gesetz v. 25.9.2020, GVBl. LSA 560),
- **Schleswig-Holstein:** Zuständig sind die Landkreise und kreisfreien Städte (StAZustVO – Landesverordnung zur Bestimmung der zuständigen Behörden in Staatsangehörigkeitsangelegenheiten v. 15.12.1999, GVOBl. Schl.-H. 515; zuletzt geändert durch Art. 18 der Landesverordnung zur Anpassung von Rechtsvorschriften an geänderte Zuständigkeiten der obersten Landesbehörden und geänderte Ressortbezeichnungen v. 16.1.2019, GVOBl. Schl.-H. 30),
- **Thüringen:** Zuständig sind in der Regel die Landkreise, kreisfreien Städte und das Landesverwaltungsamt unter anderem für Einbürgerungen nach §§ 8, 13 und 14 und für Beibehaltungsgenehmigungen (GBerIMZustBestVO – Thüringer Verordnung zur Bestimmung von Zuständigkeiten im Geschäftsbereich des Innenministeriums v. 15.4.2008, ThürGVBl. 102; zuletzt geändert durch Art. 2 der Verordnung v. 14.8.2018, ThürGVBl. 376).

Örtlich zuständig ist nach §§ 27, 17 Abs. 1 StAngRegG die Staatsangehörigkeitsbehörde, in **13** deren Bereich der Betroffene seinen dauernden Aufenthalt hat. Maßgeblicher Zeitpunkt ist derjenige, in welchem die Behörde die Feststellung trifft, sodass sich die Zuständigkeit während des Verfahrens ändern kann (BVerwG BeckRS 9998, 46434). Die bisher zuständige Behörde kann mit Zustimmung der nach Änderung des dauernden Aufenthalts neu zuständigen Behörde sowie des Antragstellers nach § 17 Abs. 3 StAngRegG das Verfahren fortführen. Bei dauerndem Aufenthalt im Ausland ist das Bundesverwaltungsamt zuständig (§ 17 Abs. 2 StAngRegG).

Die Auffassung, dass sich die örtliche Zuständigkeit nach § 3 Abs. 1 Nr. 3 a) VwVfG richtet und eine **13.1** Fortführung bei Zuständigkeitswechsel sich nach § 3 Abs. 3 VwVfG richtet (so BeckOK AuslR/Kluth/ Bohley Rn. 4; Dörig MigrationsR-HdB/Berlit § 3 Rn. 10) wird hier nicht geteilt. Nach hiesiger Auffassung ist das StAngRegG lex specialis gegenüber dem VwVfG, welches dementsprechend zurücktritt.

Bei unter elterlicher Sorge stehenden **Minderjährigen** ist die Staatsangehörigkeitsbehörde des **14** vertretungsberechtigten Elternteils zuständig (§ 17 Abs. 4 StAngRegG).

II. Nachweis der deutschen Staatsangehörigkeit (Abs. 2)

1. Allgemeines

Abs. 2 S. 1 legt **beweisrechtliche Grundsätze für das Vorliegen und den nicht erfolgten** **15** **Verlust der deutschen Staatsangehörigkeit** fest, nicht aber für das Fehlen oder den Verlust der deutschen Staatsangehörigkeit. Für den **Nachweis des Fehlens und des Verlustes der deutschen Staatsangehörigkeit** sind deshalb die allgemeinen Grundsätze heranzuziehen, wonach derjenige, der sich auf etwas für ihn Günstiges beruft, den Beweis hierfür erbringen muss, wobei in der Regel das Beweismaß der **vollen richterlichen Überzeugung** gegeben sein muss (BVerwG BeckRS 2008, 38054). Dies gilt nicht nur für die Behörde, sondern auch für den betroffenen Antragsteller, der das Fehlen bzw. den Verlust der deutschen Staatsangehörigkeit festgestellt haben möchte (GK-StAR/Marx Rn. 51).

Abs. 2 S. 1 erleichtert somit die Nachweismöglichkeiten zugunsten der deutschen Staatsangehö- **16** rigkeit, indem es eine **hinreichende Wahrscheinlichkeit** des Vorliegens der Voraussetzungen ausreichen lässt (→ Rn. 26). Grund hierfür sind die häufig gegebenen praktischen Nachweisschwierigkeiten (BT-Drs. 16/5065, 231).

Nicht geändert ist hingegen die Beweislastverteilung. **17**

2. Umfang der Beweisführung

Vom Antragsteller kann nur die **Vorlage von Urkunden,** Auszügen aus Melderegistern sowie **18** anderen schriftlichen Beweismitteln gefordert werden. Darunter sind zB Personenstandsurkunden, Wehrpässe, beamtenrechtliche Ernennungsurkunde zu verstehen (Nr. 30.2 VAH-StAG). Letztendlich sind **sämtliche Dokumente,** welche geeignet sind, in irgendeiner Weise zur Aufklärung beizutragen, **zugelassen** (GK-StAR/Marx Rn. 72). Mündliche Angaben sind aber nicht ausreichend.

Angesichts des reduzierten Beweismaßes (→ Rn. 26) stellt sich die Frage, ob auch **eidesstattli-** **19** **che Versicherungen** zuzulassen sind (so NK-AuslR/Oberhäuser Rn. 9). Nach Nr. 30.2 VAH-StAG ist dies **nicht zulässig** (so auch HMHK/Hailbronner Rn. 5a; BeckOK AuslR/Kluth/ Bohley Rn. 11). Grundsätzlich sind eidesstattliche Versicherungen keine Beweismittel, sondern dienen der Glaubhaftmachung. Deshalb ist mit GK-StAR/Marx Rn. 64 davon auszugehen, dass eidesstattliche Versicherungen **nur ergänzend herangezogen** werden können.

20   Hat die Behörde weitergehende Möglichkeiten der Aufklärung, welche dem Betroffenen nicht zur Verfügung stehen, muss sie im Rahmen der **Amtsermittlungspflicht** dem nachkommen (GK-StAR/Marx Rn. 66). Sie hat alle vernünftigerweise zur Verfügung stehenden Möglichkeiten zur Aufklärung auszuschöpfen (GK-StAR/Marx Rn. 67). Ihre Grenze findet der Amtsermittlungs-grundsatz der Behörde und des Gerichts in den Mitwirkungspflichten des Antragstellers aus § 37 Abs. 1 S. 2 iVm § 82 Abs. 1 S. 1 AufenthG (NRW OVG BeckRS 2019, 5659).

21   Der Betroffene muss **keine lückenlose Nachweiskette** erbringen. Er genügt seiner Beweisfüh-rungspflicht, wenn die vorgelegten Beweismittel geeignet sind, die Schlussfolgerung zu tragen, dass für das Bestehen der deutschen Staatsangehörigkeit eine hinreichende Wahrscheinlichkeit besteht (GK-StAR/Marx Rn. 69). Die Behörde muss aber vom Bestehen der deutschen Staatsan-gehörigkeit aufgrund der Glaubhaftmachung überzeugt sein. Eine bloße Vermutung genügt nicht (BVerwG BeckRS 9998, 165719; HMHK/Hailbronner Rn. 5).

22   Kann der Betroffene keine Beweismittel vorlegen, ist es aber der Behörde möglich, an die notwendigen Beweismittel zu gelangen, so hat diese im Wege der **Amtsermittlungspflicht** die Beweismittel zu beschaffen bzw. die Aufklärungsmaßnahmen durchzuführen (so auch GK-StAR/Marx Rn. 66). Dies gilt unabhängig davon, ob der Betroffene die Behörde auf diese Möglichkeit hinweist, oder der Behörde dies bereits bekannt ist. Die Behörde hat sich dabei, soweit nötig, auch an andere Behörden und Stellen zu wenden, um an Unterlagen und Informationen zu gelangen, welche den Sachverhalt klären könnten. Die Datenübermittlungspflicht der anderen Behörden und Stellen ergibt sich dabei aus § 32 (→ § 32 Rn. 3). Die Mitwirkungspflicht des Betroffenen ergibt sich aus § 37 Abs. 1 S. 1 iVm § 82 AufenthG (→ § 37 Rn. 8).

23   Gerade im Bereich der Abstammung von Deutschen über mehrere Generationen hinweg erge-ben sich häufig **erhebliche Beweisprobleme,** sei es hinsichtlich der Abstammung, sei es hinsicht-lich der Staatsangehörigkeit der Vorfahren. Hier ist in bestimmtem Umfang eine **Schlüssigkeits-und Glaubhaftigkeitsprüfung zugelassen,** sofern Beweismittel vorgelegt werden, die geeignet sind, die Schlussfolgerung zu tragen, dass für das Bestehen der deutschen Staatsangehörigkeit eine hinreichende Wahrscheinlichkeit besteht (GK-StAR/Marx Rn. 69). Diese Grundsätze hat die Rechtsprechung bereits vor Inkrafttreten des Abs. 2 S. 1 anerkannt (OVG MV BeckRS 2000, 23062).

24   Auch kann eine **unverschuldete Beweisnot** dazu führen, dass den persönlichen Bekundungen ein höherer Beweiswert zuzuerkennen ist mit der Folge, dass ein Sachverhalt auch dann als festge-stellt angesehen werden kann, der nur vom Antragsteller vorgetragen wurde, sofern die Angaben in sich widerspruchsfrei sind und nicht mit sonstigen Erkenntnissen im Widerspruch stehen (OVG MV BeckRS 2000, 23062; GK-StAR/Marx Rn. 71; BeckOK AuslR/Kluth/Bohley Rn. 12).

25   Der **Gegenbeweis** zu einer durch den Antragsteller hinreichend dargelegten deutschen Staats-angehörigkeit **steht der Behörde offen.** Sie muss aber in diesem Fall den Vollbeweis des Gegen-teils erbringen.

3. Beweismaß

26   Aufgrund der häufig gegebenen Beweisschwierigkeiten lässt der Gesetzgeber **für das Bestehen der deutschen Staatsangehörigkeit** das Beweismaß der **hinreichenden Wahrscheinlichkeit** genügen (so auch HMHK/Hailbronner Rn. 5; NK-AuslR/Oberhäuser Rn. 8). **Gewissheit,** das ansonsten übliche Regelbeweismaß nach § 108 Abs. 1 S. 1 VwGO bzw. § 24 LVwVfG, ist **nicht erforderlich** (NRW OVG BeckRS 2019, 5659). Danach ist ausreichend, wenn die dafür spre-chenden Umstände gegenüber den dagegen sprechenden deutlich überwiegen und damit Zweifel ausräumen (BeckOK AuslR/Kluth/Bohley Rn. 13).

27   Im Verwaltungsverfahren sind somit sämtliche Umstände, Tatsachen, Anhaltspunkte, Beweis-mittel und Erklärungen festzustellen, auf ihren Aussagegehalt und ihr Gewicht zu prüfen und abzuwägen. Sprechen **mehr Umstände dafür,** dass der Sachverhalt feststeht, **als dagegen,** besteht eine hinreichende Wahrscheinlichkeit für diesen (GK-StAR/Marx Rn. 106). Überwiegen hinge-gen Zweifel, ist der Nachweis nicht erbracht (soweit NK-AuslR/Oberhäuser Rn. 8 von „überwie-gender Wahrscheinlichkeit" spricht, dürfte damit dasselbe gemeint sein). Eine bloße Vermutung hingegen ist nicht ausreichend (NRW OVG BeckRS 2019, 5659).

27a   Liegt ein **Beweisnotstand** auf Seiten des Betroffenen vor, können auch in großem Umfang Tatsachen herangezogen werden, welche nur vom Betroffenen selbst vorgetragen wurden, sofern man diesem glaubt. Dies ermöglicht der Behörde und dem Gericht, eigenen Erklärungen der beweisbelasteten Partei größere Bedeutung zukommen zu lassen, als dies sonst der Fall ist, und so den Beweiswert einer Aussage wohlwollend zu beurteilen. So **kann allein der Tatsachenvortrag des Betroffenen zur Zuerkennung des geltend gemachten Anspruchs führen,** sofern diese Behauptungen unter Berücksichtigung aller sonstigen Umstände glaubhaft sind, sodass sich die Behörde oder das Gericht von der Wahrheit überzeugen kann (OVG NRW BeckRS 2016, 48373).

4. Nachweisregeln beim Ersitzungserwerb (Abs. 2 S. 2)

Der einmal erfolgte Erwerb der deutschen Staatsangehörigkeit nach § 3 Abs. 2 kann nicht **28** durch Beweismittel widerlegt werden. Der Erwerb der deutschen Staatsangehörigkeit nach § 3 Abs. 2 dient der Rechtssicherheit (BT-Drs. 16/5056). Es kommt für den Erwerb ausschließlich auf den erzeugten Rechtsschein über einen Zeitraum von zwölf Jahren an. Deshalb würde es dem Sinn der Vorschrift widersprechen, wäre eine Widerlegungsmöglichkeit gegeben.

Tritt zu einem späteren Zeitpunkt ein Grund für den Verlust der deutschen Staatsangehörigkeit **29** ein, zB der Erwerb einer anderen Staatsangehörigkeit, so ist der Weg für eine Feststellung des Verlustes allerdings eröffnet.

III. Verbindlichkeit des Feststellungsbescheids (Abs. 1 S. 2)

1. Rechtscharakter

Beim Bescheid gem. Abs. 1 S. 1 handelt es sich um einen **Feststellungsbescheid.** Entgegen **30** der Gesetzesbegründung (→ Rn. 2) handelt es sich **nicht** um einen **gestaltenden Verwaltungsakt,** da lediglich die Feststellung eines bereits bestehenden Rechtsverhältnisses vorgesehen ist. Inhalt eines feststellenden Verwaltungsaktes ist die Entscheidung bzw. Feststellung über das Bestehen oder Nichtbestehen eines öffentlich-rechtlichen Rechtsverhältnisses (§ 43 Abs. 1 VwGO).

2. Reichweite der Verbindlichkeit

Die Feststellung des Bestehens oder Nichtbestehens der deutschen Staatsangehörigkeit entfaltet **31** **ex nunc Bindungswirkung in allen Angelegenheiten,** für welche diese Frage rechtserheblich ist. Anderen Behörden ist die Überprüfung der Staatsangehörigkeit, auch inzident, damit verwehrt. Wie stets bei Verpflichtungsurteilen entfaltet nicht bereits das verwaltungsgerichtliche Urteil, **32** sondern erst der daraufhin durch die Behörde erlassene Feststellungsbescheid iSd Abs. 1 S. 1 Verbindlichkeit nach Abs. 1 S. 2 (HMHK/Hailbronner Rn. 4).

Mit der bestandskräftigen Entscheidung des Nichtbestehens der deutschen Staatsangehörigkeit **33** steht verbindlich für alle Behörden fest, dass der Betroffene Ausländer nach § 2 Abs. 1 AufenthG ist.

Ein Feststellungsbescheid nach dieser Vorschrift **bindet unmittelbar nur die Person, auf die 34 sich die** in Abs. 1 S. 1 genannte **Feststellung bezieht, und deren eigene Angelegenheiten.** Stehen sich zwei Feststellungsbescheide zweier Personen entgegen, so ist jeder der beiden Bescheide für sich in der Bindungswirkung zu betrachten. So ist es hinzunehmen, wenn zB der Feststellungsbescheid eines Abkömmlings den Bestand der deutschen Staatsangehörigkeit feststellt und ein Feststellungsbescheid das Nichtbestehen der deutschen Staatsangehörigkeit des Vaters. Aus letzterem ergeben sich keine negativen Konsequenzen für das Kind (VG Neustadt a. d. Weinstraße BeckRS 2013, 53872).

3. Aufhebung des Feststellungsbescheids

Umstritten ist, ob ein bestandskräftiger Feststellungsbescheid nach Abs. 1 S. 1 aufgehoben **35** werden kann, wenn nachträgliche Erkenntnisse die Fehlerhaftigkeit belegen.

Eine Aufhebung nach § 35 ist nach richtiger Auffassung **ausgeschlossen.** § 35 betrifft aus- **36** schließlich eine fehlerhafte Einbürgerung. Abs. 1 S. 1 stellt aber keine Einbürgerung dar, da die Feststellung nicht konstitutiv wirkt, sondern nur rechtsbindende Kraft entfaltet (→ Rn. 3). Es liegt auch keine vergleichbare Interessenlage vor, sodass für eine Analogie kein Platz ist (so auch BeckOK AuslR/Kluth/Bohley Rn. 6).

Offengelassen, jedenfalls für eine analoge Anwendung, hat dies das VG Neustadt a. d. Weinstraße **36.1** BeckRS 2013, 53872; ausdr. für eine analoge Anwendung plädiert NK-AuslR/Oberhäuser Rn. 7.

Eine Rücknahme des Feststellungsbescheids nach **§ 48 LVwVfG ist jedoch grundsätzlich 37** **möglich.** Entgegen GK-StAR/Marx Rn. 40 handelt es sich dabei **nicht** um den **Entzug der deutschen Staatsangehörigkeit.** Abs. 1 S. 1 stellt nur das Bestehen der deutschen Staatsangehörigkeit fest, verleiht diese aber nicht. Die Aufhebung der Feststellung ist somit auch kein Entzug (HMHK/Hailbronner Rn. 4a). Auch ist die Rücknahme des Feststellungsbescheids keine negative Feststellung des Nichtbestehens der deutschen Staatsangehörigkeit. Es ist aber bereits **fraglich, ob überhaupt ein rechtswidriger Verwaltungsakt vorliegt.** Maßgeblicher Zeitpunkt für die Beurteilung ist der Zeitpunkt des Erlassens des Verwaltungsaktes. Dabei ist zu berücksichtigen, dass dem Feststellungsbescheid hinsichtlich Abs. 2 eine Unsicherheit geradezu immanent ist. Es war bereits bei der Feststellung nicht ausgeschlossen, dass diese möglicherweise nicht zutreffend sein könnte. Letztendlich müsste es sich um eine bewusste Täuschung der Einbürgerungsbehörde im Rahmen des Feststellungsverfahrens gehandelt haben. Im Rahmen des Ermessens kann der Rechtsgedanke des § 35 mit herangezogen werden.

38   Ein **Widerruf nach § 49 LVwVfG** wird höchstens nach § 49 Abs. 2 S. 1 Nr. 3 LVwVfG denkbar sein. So zB wenn ein deutscher Staatsangehöriger, der zuvor ein Feststellungsverfahren durchlaufen hat, seine deutsche Staatsangehörigkeit zu einem späteren Zeitpunkt verliert. Auch dabei ist aber, wie bei § 48 LVwVfG, zu berücksichtigen, dass Unsicherheiten dem Feststellungsverfahren nach Abs. 1 S. 1 immanent sind. Gerade diese Unsicherheiten sollen durch das Feststellungverfahren beseitigt werden. Eine Anwendung von § 49 LVwVfG wird deshalb **nur sehr restriktiv** anzuwenden sein. An das Ermessen werden entsprechend hohe Anforderungen zu stellen sein. Im Rahmen des Ermessens kann auch hier der Rechtsgedanke des § 35 mit herangezogen werden, ein grundsätzlicher Ausschluss der Rücknahme oder des Widerrufs, wie ihn GK-StAR/Marx Rn. 40 fordert, ist aber nicht zutreffend.

IV. Staatsangehörigkeitsausweis (Abs. 3)

1. Staatsangehörigkeitsausweis bei Bestehen der deutschen Staatsangehörigkeit (S. 1)

39   Nach Feststellung des Bestehens der deutschen Staatsangehörigkeit auf Antrag stellt die Behörde gem. Abs. 3 S. 1 von Amts wegen einen Staatsangehörigkeitsausweis nach § 1 Abs. 1 Nr. 6 StAUrkVwV aus. Ein Antrag ist hierfür nicht nötig. Die Verpflichtung ergibt sich aus dem Gesetz und ist gerichtlich durchsetzbar.

40   Entgegen dem Wortlaut des Abs. 3 S. 1 muss die Behörde **auch dann einen Staatsangehörigkeitsausweis** ausstellen, **wenn sie von Amts wegen das Bestehen der deutschen Staatsangehörigkeit festgestellt** hat. Es ist kein vernünftiger Grund ersichtlich, weshalb der Betroffene hierauf keinen Anspruch haben sollte (NK-AuslR/Oberhäuser Rn. 11; GK-StAR/Marx Rn. 153; BeckOK AuslR/Kluth/Bohley Rn. 19). Es handelt sich wohl um ein Versehen des Gesetzgebers.

41   **Alte Staatsangehörigkeitsausweise,** die vor Inkrafttreten des Abs. 3 nach § 39 aF in Verbindung mit der StAUrkVwV erlassen worden waren, können nicht in einen Staatsangehörigkeitsausweis nach Abs. 3 umgedeutet werden. Sie stellen ein Aliud dar (VG Stuttgart BeckRS 2008, 40361; so auch BeckOK AuslR/Kluth/Bohley Rn. 20). Für eine derart weitgehende Auslegung gibt der Gesetzeswortlaut nichts her. Die alten Staatsangehörigkeitsausweise wurden zu einem Zeitpunkt ausgestellt, als es noch keine Grundlage für eine Verbindlichkeitswirkung gab. Auch hat der Gesetzgeber keine diesbezügliche Übergangsregelung erlassen (GK-StAR/Marx Rn. 165; aA NK-AuslR/Oberhäuser Rn. 12; offengelassen HMHK/Hailbronner Rn. 6).

42   Um Rechtssicherheit zu gewinnen, ist Besitzern eines alten Staatsangehörigkeitsausweises anzuraten, die Ausstellung eines neuen zu beantragen.

2. Bescheinigung bei Nichtbestehen der deutschen Staatsangehörigkeit (S. 2)

43   Auf Antrag des Betroffenen hat die Behörde eine Bescheinigung über das Nichtbestehen der deutschen Staatsangehörigkeit auszustellen, wenn sie dies festgestellt hat. Es besteht kein Ermessen und der Anspruch ist gerichtlich durchsetzbar.

44   Eine solche Bescheinigung benötigen in Deutschland lebende Ausländer häufig, um ihren Reisepass bei der Botschaft verlängern lassen zu können (NK-AuslR/Oberhäuser Rn. 13).

45   Die Bescheinigung ist keine Urkunde nach StAUrkVwV.

V. Rechtsschutz

46   Je nach Landesrecht findet gegen die behördliche Entscheidung das **Widerspruchsverfahren** nach § 68 VwGO statt.

47   Die richtige Klageart ist die **Verpflichtungsklage,** soweit die Feststellung des Bestehens der deutschen Staatsangehörigkeit begehrt wird. Eine **Feststellungsklage ist nicht statthaft,** da

subsidiär (OVG NRW BeckRS 2014, 47799; HMHK/Hailbronner Rn. 6a; NK-AuslR/Oberhäuser Rn. 14; GK-StAR/Marx Rn. 139).

Gegen die Feststellung des Nichtbestehens der deutschen Staatsangehörigkeit ist die Anfechtungsklage statthaft. **48**

Wechselt die Zuständigkeit der beklagten Körperschaft aufgrund Umzugs des Klägers, **49** kann dieser auf eine **Fortsetzungsfeststellungsklage** umstellen und ist nicht auf Klagerücknahme beschränkt (BVerwG BeckRS 9998, 46434). Stimmen die neu zuständige Behörde und der Kläger zu, kann das Verfahren gem. § 27 iVm § 17 Abs. 3 S. 1 StARegG von der ursprünglich zuständigen Behörde fortgeführt werden (BVerwG BeckRS 9998, 46434).

Bei der Antragstellung sollte auf eine eventuelle Rückwirkung der Feststellung geachtet werden. **50**

Maßgeblicher Zeitpunkt für die Verpflichtungsklage ist derjenige der gerichtlichen Entschei- **51** dung.

VI. Kosten und Gebühren

Erfolgt die Ausstellung eines Staatsangehörigkeitsausweises oder die Bescheinigung des Nichtbe- **52** stehens der deutschen Staatsangehörigkeit von Amts wegen, ist das Verfahren kostenfrei (§ 38 Abs. 2 S. 4; → § 38 Rn. 25). Anderenfalls betragen die Gebühren 25 EUR (§ 3 Abs. 1 Nr. 3 StAGebV).

Der Gegenstands- bzw. Streitwert beträgt 10.000 EUR je Antragsteller. **53**

§ 31 [Datenerhebung]

[1]**Staatsangehörigkeitsbehörden und Auslandsvertretungen dürfen personenbezogene Daten verarbeiten, soweit dies zur Erfüllung ihrer Aufgaben nach diesem Gesetz oder nach staatsangehörigkeitsrechtlichen Bestimmungen in anderen Gesetzen erforderlich ist.** [2]**Personenbezogene Daten, deren Verarbeitung nach Artikel 9 Absatz 1 der Verordnung (EU) 2016/679 des Europäischen Parlaments und des Rates vom 27. April 2016 zum Schutz natürlicher Personen bei der Verarbeitung personenbezogener Daten, zum freien Datenverkehr und zur Aufhebung der Richtlinie 95/46/EG (Datenschutz-Grundverordnung) (ABl. L 119 vom 4.5.2016, S. 1; L 314 vom 22.11.2016, S. 72; L 127 vom 23.5.2018, S. 2) in der jeweils geltenden Fassung untersagt ist, dürfen verarbeitet werden, soweit die personenbezogenen Daten gemäß § 37 Absatz 2 Satz 2 zur Ermittlung von Ausschlussgründen nach § 11 von den Verfassungsschutzbehörden an die Einbürgerungsbehörden übermittelt worden sind oder die Verarbeitung sonst im Einzelfall zur Aufgabenerfüllung erforderlich ist.** [3]**Dies gilt im Rahmen der Entscheidung über die Staatsangehörigkeit nach Artikel 116 Absatz 2 des Grundgesetzes auch in Bezug auf Daten, die sich auf die politischen, rassischen oder religiösen Gründe beziehen, wegen derer zwischen dem 30. Januar 1933 und dem 8. Mai 1945 die deutsche Staatsangehörigkeit entzogen worden ist.**

Überblick

Die Vorschrift bietet die Rechtsgrundlage für die Verarbeitung sensibler personenbezogener Daten nach Art. 9 Abs. 1 DS-GVO. Diese Datenverarbeitung ist nur zu bestimmten Zwecken erlaubt (→ Rn. 5). Eine besondere Ermächtigung zur Verarbeitung besonders sensibler Daten enthalten S. 2 (→ Rn. 8) sowie S. 3, welcher der Wiedergutmachung nationalsozialistischen Unrechts dient (→ Rn. 9). Zum Wortlaut der Vorschrift nach dem noch nicht in Kraft getretenen Art. 10 Nr. 1 RegMoG (→ Rn. 1a).

A. Allgemeines

Die Vorschrift wurde durch Art. 5 Nr. 19 EUAsylUmsG (Gesetz zur Umsetzung aufenthalts- **1** und asylrechtlicher Richtlinien der Europäischen Union v. 19.8.2007, BGBl. I 1970) mWv 28.8.2007 in das StAG aufgenommen. Umfassend geändert wurde die Vorschrift durch das Zweite Datenschutz-Anpassungs- und Umsetzungsgesetz EU (v. 20.11.2019, BGBl. I 1626) zum 29.11.2019. S. 1 wurde sprachlich an die DS-GVO angepasst. Aus S. 2 aF wurden S. 2 und S. 3 nF. Diese enthalten umfangreiche Anpassungen an die Anforderungen nach Art. 9 Abs. 1 DS-GVO (→ DS-GVO Art. 9 Rn. 1).

1a Durch Art. 10 Nr. 1 Gesetz zur Einführung und Verwendung einer Identifikationsnummer in der öffentlichen Verwaltung und zur Änderung weiterer Gesetze (Registermodernisierungsgesetz) v. 28.3.2021 (BGBl. I 591) wurde die Vorschrift geändert. Die Änderung ist aber noch nicht in Kraft getreten. Die Änderung wird nach Art. 22 S. 3 RegMoG an dem Tag in Kraft treten, an dem das Bundesministerium des Innern, für Bau und Heimat im BGBl. bekannt geben wird, dass die technischen Voraussetzungen für die Verarbeitung der Identifikationsnummer nach § 139b der AO vorliegen. Durch die Änderung wird der bisherige § 31 zu § 31 Abs. 1. Danach wird der folgende Wortlaut als Abs. 2 eingefügt:

1b Die Verarbeitung der Identifikationsnummer nach dem Identifikationsnummerngesetz durch die Staatsangehörigkeitsbehörden ist nach diesem Gesetz zum Zwecke der Erbringung von Verwaltungsleistungen nach dem Onlinezugangsgesetz zulässig. Ergibt die Abfrage bei der Registermodernisierungsbehörde, dass noch keine Identifikationsnummer nach dem Identifikationsnummerngesetz besteht, ist diese auf Veranlassung der Staatsangehörigkeitsbehörde bei der Registermodernisierungsbehörde durch das Bundeszentralamt für Steuern zu vergeben; zu diesem Zweck darf die Staatsangehörigkeits-behörde die erforderlichen Daten übermitteln.

2 Sie **ermächtigt** die zuständigen **Staatsangehörigkeitsbehörden** der Länder und des Bundes sowie die **Auslandsvertretungen** zur Verarbeitung personenbezogener Daten zur Erfüllung staatsangehörigkeitsrechtlicher Aufgaben im Rahmen der DS-GVO.

3 Die **Übermittlung personenbezogener Daten** durch und an Staatsangehörigkeitsbehörden richtet sich nach §§ 32–34, 36, 37, sofern sich nicht Übermittlungspflichten aus anderen Gesetzen ergeben oder ausdrücklich auf das allgemeine Datenschutzrecht verwiesen ist (HMHK/Hailbronner Rn. 4).

4 Die weiteren Rechte der Betroffenen ergeben sich aus den **Vorschriften der DS-GVO,** so die Löschung aus Art. 17 DS-GVO (→ DS-GVO Art. 17 Rn. 1 ff.) oder die Auskunft aus Art. 15 DS-GVO (→ DS-GVO Art. 15 Rn. 1 ff.).

B. Erläuterungen im Einzelnen

I. Allgemeine personenbezogene Daten (S. 1)

5 S. 1 beschränkt die Möglichkeit der Verarbeitung personenbezogener Daten auf das **erforderliche Maß zur Erfüllung von Aufgaben nach dem Staatsangehörigkeitsrecht.** Erforderlich sind Daten, wenn ihre Kenntnis für eine beabsichtigte staatsangehörigkeitsrechtliche Entscheidung oder Feststellung benötigt wird (HMHK/Hailbronner Rn. 5).

5a Der Begriff der **Verarbeitung von Daten** richtet sich dabei nach Art. 4 Nr. 2 DS-GVO und bedeutet jeden Vorgang im Zusammenhang mit personenbezogenen Daten. Dabei dürfen die Daten nur verarbeitet werden, soweit dies erforderlich ist, um die behördlichen Aufgaben nach dem StAG und den weiteren staatsangehörigkeitsrechtlichen Bestimmungen anderer Gesetze zu erfüllen (BeckOK AuslR/Kluth/Bohley Rn. 2). **Erforderlich ist die Datenverarbeitung,** wenn ihre Kenntnis für eine bestimmte staatsangehörigkeitsrechtliche Entscheidung benötigt wird (BeckOK AuslR/Kluth/Bohley Rn. 2; HMHK/Hailbronner Rn. 5).

6 Die Erhebung von **Daten auf Vorrat** zu unbestimmten oder noch nicht bestimmbaren Zwecken ist unzulässig (BVerfG BeckRS 1999, 30066853; so auch BeckOK AuslR/Kluth/Bohley Rn. 2).

7 Erhoben werden dürfen die Daten von den Staatsangehörigkeitsbehörden und den Auslandsvertretungen. Dabei ist der **Aufgabenbereich der Auslandsvertretungen** geringer, sodass sich danach auch Zweck und Umfang der erhobenen Daten richten.

II. Besondere personenbezogen Daten (S. 2 und S. 3)

8 Die Erfüllung der im StAG sowie den Nebengesetzen bestimmten Aufgaben setzt in vielen Fällen voraus, auch personenbezogene Daten besonderer Kategorien zu verarbeiten. Dies betrifft insbesondere § 37 Abs. 2 S. 2, welcher die Übermittlung von Daten der Verfassungsschutzbehörden an die Einbürgerungsbehörden betrifft. Die Verarbeitung derartiger Daten ist jedoch nach Art. 9 Abs. 1 DS-GVO untersagt, soweit sie nicht aus Gründen eines **erheblichen öffentlichen Interesses** erforderlich ist und eine **Rechtsgrundlage nach nationalen Vorschriften** besteht (Art. 9 Abs. 1 lit. g DS-GVO). Diese Rechtsgrundlage schafft S. 2, der damit lediglich die bisherige Rechtslage aktualisiert, aber nicht erweitert (BT-Drs 19/4674, 197). Das erhebliche öffentliche Interesse ergibt sich dabei aus der notwendigen gesetzmäßigen Erfüllung staatsangehörigkeitsrechtlicher Aufgaben der Behörden, insbesondere der Ermittlung von Ausschlussgründen nach § 11

(BT-Drs. 19/4674, 197). Welche Daten gespeichert werden dürfen, regelt § 33 Abs. 2, wodurch auch die Übermittlung nach § 33 Abs. 3 an die Registerbehörde eingeschränkt wird.

Eine explizite Rechtsgrundlage für das Verarbeiten bestimmter **sensibler Daten** deutscher 9 Staatsangehöriger, denen während des **Nationalsozialismus** die deutsche Staatsangehörigkeit aus politischen, rassischen oder religiösen Gründen entzogen wurde, sowie von deren Abkömmlingen bietet S. 3, der jetzt unter dem Blick des Art. 9 Abs. 1 DS-GVO zu würdigen ist. Zuvor handelte es sich um einen Fall des § 22 Abs. 1 S. 1 Nr. 2 lit. a BDSG aF. Zweck ist es, staatsangehörigkeitsrechtliche Entscheidungen nach **Art. 116 Abs. 2 GG** zu ermöglichen. Die Daten betreffen insbesondere Gründe für unrechtmäßige Ausbürgerungen. Die Erforderlichkeit muss in Bezug auf konkrete in Vorbereitung stehende staatsangehörigkeitsrechtliche Entscheidungen vorliegen (GK-StAR/Marx Rn. 41). Auch bei **Ermessenseinbürgerungen nach §§ 8, 13 und 14** ist die Verarbeitung dieser sensiblen Daten erforderlich, soweit nationalsozialistische Vertreibungshandlungen aus anderen Gründen als einer Entziehung zum Verlust oder dem Nichtbesitz der deutschen Staatsangehörigkeit geführt haben (BT-Dr. 19/4674, 197; BeckOK AuslR/Kluth/Bohley Rn. 3).

§ 32 [Mitwirkungspflicht]

(1) ¹Öffentliche Stellen haben den in § 31 genannten Stellen auf Ersuchen personenbezogene Daten zu übermitteln, soweit diese Kenntnis dieser Daten zur Erfüllung der in § 31 genannten Aufgaben erforderlich ist. ²Öffentliche Stellen haben der zuständigen Staatsangehörigkeitsbehörde diese Daten auch ohne Ersuchen zu übermitteln, soweit die Übermittlung aus Sicht der öffentlichen Stelle für die Entscheidung der Staatsangehörigkeitsbehörde über ein anhängiges Einbürgerungsverfahren oder den Verlust oder Nichterwerb der deutschen Staatsangehörigkeit erforderlich ist. ³Dies gilt bei Einbürgerungsverfahren insbesondere für die den Ausländerbehörden nach § 87 Absatz 4 des Aufenthaltsgesetzes bekannt gewordenen Daten über die Einleitung von Straf- und Auslieferungsverfahren sowie die Erledigung von Straf-, Bußgeld- und Auslieferungsverfahren. ⁴Die Daten nach Satz 3 sind unverzüglich an die zuständige Staatsangehörigkeitsbehörde zu übermitteln.

(2) Die Übermittlung personenbezogener Daten nach Absatz 1 unterbleibt, soweit besondere gesetzliche Verarbeitungsregelungen entgegenstehen.

Überblick

Die Vorschrift, welche die Datenübermittlung an Staatsangehörigkeitsbehörden und Auslandsvertretungen durch öffentliche Stellen (→ Rn. 5) regelt, unterscheidet zwischen Datenübermittlung auf Ersuchen (→ Rn. 3) und der Verpflichtung zur Datenübermittlung ohne vorausgegangenes Ersuchen (→ Rn. 8). Beschränkungen der Übermittlungspflicht können sich aus Verarbeitungsregeln ergeben (→ Rn. 14).

A. Allgemeines

Die Vorschrift wurde – wie § 31 – mWz 28.8.2007 durch das Gesetz zur Umsetzung aufenthalts- 1 und asylrechtlicher Richtlinien der Europäischen Union (v. 19.8.2007, BGBl. I 1970) in das StAG aufgenommen. Eine rein redaktionelle Änderung erfuhr die Vorschrift durch Art. 2 AufenthRÄndG 2011 v. 22.11.2011 (BGBl. I 2258). Zuletzt wurde die Vorschrift durch das Zweite Datenschutz-Anpassungs- und Umsetzungsgesetz EU (v. 20.11.2019, BGBl. I 1626) mWv 29.11.2019 begrifflich an die DS-GVO angepasst.

Die Vorschrift ergänzt die Datenverarbeitungsermächtigung nach § 31 dadurch, dass eine **spezi-** 2 **fische Regelung zur Datenübermittlung** von öffentlichen Stellen an die Staatsangehörigkeitsbehörde und die Auslandsvertretungen eingeführt wurde. Ergänzend ist die DS-GVO zu beachten (so auch BeckOK AuslR/Kluth/Bohley Rn. 2; HMHK/Hailbronner Rn. 1), wobei auf die dortige Kommentierung verwiesen wird (→ DS-GVO Art. 1 Rn. 1 ff.).

B. Erläuterungen im Einzelnen

I. Übermittlung auf Ersuchen (Abs. 1 S. 1)

3   Auf Ersuchen der in § 31 genannten Behörden, also den Staatsangehörigkeitsbehörden der Länder und des Bundes sowie der Auslandsvertretungen, müssen öffentliche Stellen auf Anfrage diesen **Daten** übermitteln, **welche zur Erfüllung der in § 31 genannten Aufgaben erforderlich** sind und soweit diese nach Art. 6 DS-GVO, § 23 BDSG verarbeitet werden dürfen (BeckOK AuslR/Kluth/Bohley Rn. 6).

4   Unter diesen **Aufgaben** sind alle Entscheidungen, welche die genannten Behörden im Hinblick auf den staatsangehörigkeitsrechtlichen Status einer Person treffen, zu fassen. Diese richten sich nach dem StAG und den staatsangehörigkeitsrechtlichen Bestimmungen in anderen Gesetzen (BeckOK AuslR/Kluth/Bohley Rn. 6).

5   Was unter **öffentlichen Stellen** zu verstehen ist, ist in § 2 BDSG geregelt. § 2 Abs. 1 BDSG regelt die öffentlichen Stellen des Bundes, § 2 Abs. 2 BDSG diejenigen der Länder. Zu den öffentlichen Stellen gehören Behörden, Organe der Rechtspflege, andere öffentlich-rechtlich organisierte Einrichtungen des Bundes und der Länder, der Gemeinden, der bundesunmittelbaren Körperschaften, Anstalten und Stiftungen des öffentlichen Rechts, deren Vereinigungen oder sonstiger der Aufsicht eines Landes unterstehenden Personen des öffentlichen Rechts. **Insbesondere gehören zu den genannten Stellen** die Ausländerbehörden, Meldebehörden, Polizeibehörden, Pass- und Ausweisbehörden, Strafverfolgungsbehörden, Strafvollstreckungsbehörden, Strafvollzugsbehörden, das Bundesamt für Migration und Flüchtlinge, Standesämter, Finanzbehörden und Sozialbehörden, wie die Bundesagentur für Arbeit, die Jobcenter und die Sozialämter (Dörig MigrationsR-HdB § 3 Rn. 21; BeckOK AuslR/Kluth/Bohley Rn. 4). Auf die Kommentierungen des BDSG wird verwiesen (→ BDSG § 2 Rn. 1 ff.).

5a   Auch **nichtöffentliche Stellen** sind gem. § 2 Abs. 4 S. 2 BDSG als öffentliche Stellen anzusehen, sofern sie hoheitliche Aufgaben der öffentlichen Verwaltung wahrnehmen (so auch BeckOK AuslR/Kluth/Bohley Rn. 4; GK-StAR/Marx Rn. 8; aA ohne nähere Begründung im Hinblick auf § 2 Abs. 2 BDSG HMHK/Heilbronner Rn. 7).

5b   Übermittelt werden dürfen **nur Daten, über welche die ersuchte Stelle bereits verfügt**. Die Vorschrift stellt keine Ermächtigung dar, über den Wortlaut hinaus personenbezogene Daten zu erheben, um einem Ersuchen der Staatsangehörigkeitsbehörden oder Auslandsvertretungen nachzukommen (BeckOK AuslR/Kluth/Bohley Rn. 7; HMHK/Hailbronner Rn. 7). Eine **Datensammlung auf Vorrat** ist nicht zulässig (BeckOK AuslR/Kluth/Bohley Rn. 7; GK-StAR/Marx Rn. 4). Auch ist die **Übermittlung unzulässig verarbeiteter Daten** nicht erlaubt (BeckOK AuslR/Kluth/Bohley Rn. 7; HMHK/Hailbronner Rn. 7).

6   Die **Verantwortung** für die **rechtmäßige Anforderung** trägt die ersuchende Stelle als diejenige Stelle, die über die Zwecke und Mittel der Verarbeitung der personenbezogenen Daten entscheidet (Art. 4 Nr. 7 DS-GVO). Zulässig ist die Anforderung, wenn die Kenntnis der Daten zur Erfüllung der Aufgaben nach dem StAG und den staatsangehörigkeitsrechtlichen Vorschriften anderer Gesetze erforderlich ist und die Daten nach den Vorschriften der DS-GVO (→ DS-GVO Art. 1 Rn. 1 ff.) verarbeitet werden dürfen. Diese Zweckbindung haben die empfangenden Stellen zu berücksichtigen (Art. 5 Abs. 1 lit. b DS-GVO).

7   Die übermittelnde, ersuchte Behörde hat **bereichspezifische Verwendungsregeln und Übermittlungsverbote** (→ Rn. 14) zu beachten (HMHK/Hailbronner Rn. 4). Sie haben die Sicherheit der Verarbeitung gemäß Art. 32 DS-GVO, die Nachberichtspflicht bei Berichtigung, Sperrung oder Löschung von übermittelten Daten gem. Art. 19 DS-GVO, die Einhaltung des allgemeinen Datenverarbeitungsrechts, wie die Eingabekontrolle gem. § 64 Abs. 3 Nr. 7 BDSG, sowie die Regeln über die datenschutzrechtliche Verantwortung für die Übermittlung gemäß Art. 24 DS-GVO zu beachten (BeckOK AuslR/Kluth/Bohley Rn. 5, 8).

II. Übermittlungspflicht ohne Ersuchen (Abs. 1 S. 2 und S. 3)

8   Auch **ohne Ersuchen** der Staatsangehörigkeitsbehörde besteht eine **Übermittlungspflicht** seitens der öffentlichen Stelle (→ Rn. 5) über die in § 31 genannten personenbezogenen Daten, wenn und soweit aus Sicht der öffentlichen Stelle diese Daten für die Entscheidung der Staatsangehörigkeitsbehörde über ein anhängiges Einbürgerungsverfahren oder den Verlust bzw. Nichterwerb der deutschen Staatsangehörigkeit erforderlich sind.

8a   **Voraussetzung** ist, dass die übermittelnde öffentliche Stelle konkrete Kenntnis über ein anhängiges staatsangehörigkeitsrechtliches Verfahren bei der Staatsangehörigkeitsbehörde oder der Auslandsvertretung hat. Ohne konkreten Anlass vage und ungesicherte Erkenntnisse zu übermitteln, ist unzulässig (BeckOK AuslR/Kluth/Bohley Rn. 9; NK-AuslR/Hilbrans Rn. 3).

Die Übermittlungspflicht betrifft **alle öffentlichen Stellen** iSd § 2 BDSG (→ Rn. 5), auch 9 wenn sie keine staatsangehörigkeitsrechtlichen Aufgaben ausführen (HMHK/Hailbronner Rn. 7). Dies sind bspw. alle Polizeien, Ordnungsbehörden, Strafverfolgungs- und Strafvollstreckungsbehörden, Gerichte, Verfassungsschutzbehörden, Nachrichtendienste, Auslandsvertretungen, Ausländerbehörden, das Bundesamt für Migration und Flüchtlinge, Meldebehörden, Vertriebenenbehörden, Standesämter, Finanzämter, die Bundesagentur für Arbeit (HMHK/Hailbronner Rn. 7). Außerdem können auch Jugendämter übermittlungsverpflichtet sein.

Zu übermittelnde Daten können unter anderem sein: Erkenntnisse über Straftaten, Auswei- 10 sungsgründe nach § 54 Abs. 1 Nr. 5 AufenthG, Identitätstäuschungen, verfassungsfeindliche Bestrebungen, mögliche anderweitige Staatsangehörigkeit, Vaterschaftsanfechtungen, Aufenthaltsorte.

Die Datenübermittlungspflicht besteht nach Abs. 1 S. 4 unverzüglich.   10a

Die nach **Abs. 1 S. 3** aufgeführte Übermittlungspflicht ist als Beispielsfall des Abs. 1 S. 2 zu 11 verstehen, der allerdings die **Verpflichtung konkretisiert** und die Entscheidung der Behörde über die Zulässigkeit der Übermittlung einschränkt. Danach besteht die Übermittlungspflicht in einem Einbürgerungsverfahren für Ausländerbehörden, soweit Erkenntnisse über nach § 87 Abs. 4 AufenthG bekannt gewordene Daten über die Einleitung von Strafverfahren und Auslieferungsverfahren sowie über die Erledigung von Strafverfahren, Bußgeldverfahren und Auslieferungsverfahren vorliegen.

Bei einer Übermittlung von Daten ohne Ersuchen trägt die übermittelnde Stelle die **Verant-** 12 **wortung über die Zulässigkeit der Übermittlung**, da sie über die Übermittlung entscheiden. Für die **Zulässigkeit der weiteren Verarbeitung** der Daten nach § 31 tragen die Staatsangehörigkeitsbehörden die Verantwortung (BeckOK AuslR/Kluth/Bohley Rn. 11).

III. Beschränkungen der Zulässigkeit von Übermittlungen (Abs. 2)

Wie auch in § 88 Abs. 1 AufenthG enthält Abs. 2 die Pflicht zur Prüfung, ob der Übermittlung 13 besondere **gesetzliche Verarbeitungsregelungen** entgegenstehen. Würde die Datenübermittlung gegen derartige Normen verstoßen, ist sie unzulässig (NK-AuslR/Hilbrans Rn. 2).

Unter Verarbeitungsregelungen sind **gesetzlich geregelte Geheimhaltungspflichten** zu ver- 14 stehen. Dies sind bspw. § 203 StGB, § 30 AO, § 21 SÜG, § 23 BVerfSchG, § 7 G 10, § 16 BStatG, § 35 SGB I iVm §§ 67 ff. SGB X (Nr. 32.2 VAH-StAG; HMHK/Hailbronner Rn. 8).

§ 33 [Register]

(1) ¹Das Bundesverwaltungsamt (Registerbehörde) führt ein Register der Entscheidungen in Staatsangehörigkeitsangelegenheiten. ²In das Register werden eingetragen:
1. Entscheidungen zu Staatsangehörigkeitsurkunden,
2. Entscheidungen zum Bestand und gesetzlichen Verlust der deutschen Staatsangehörigkeit,
3. Entscheidungen zu Erwerb, Bestand und Verlust der deutschen Staatsangehörigkeit, die nach dem 31. Dezember 1960 und vor dem 28. August 2007 getroffen worden sind.

(2) Im Einzelnen dürfen in dem Register gespeichert werden:
1. die Grundpersonalien der betroffenen Person (Familienname, Geburtsname, frühere Namen, Vornamen, Tag und Ort der Geburt, Geschlecht sowie die Anschrift im Zeitpunkt der Entscheidung) und Auskunftssperren nach § 51 des Bundesmeldegesetzes,
2. Rechtsgrund und Datum der Urkunde oder der Entscheidung sowie Rechtsgrund und der Tag des Erwerbs oder Verlusts der Staatsangehörigkeit, im Fall des § 3 Absatz 2 auch der Zeitpunkt, auf den der Erwerb zurückwirkt,
3. Bezeichnung, Anschrift und Aktenzeichen der Behörde, die die Entscheidung getroffen hat.

(3) Die Staatsangehörigkeitsbehörden sind verpflichtet, die in Absatz 2 genannten personenbezogenen Daten zu den Entscheidungen nach Absatz 1 Satz 2 Nr. 1 und 2, die sie nach dem 28. August 2007 treffen, unverzüglich an die Registerbehörde zu übermitteln.

(4) ¹Die Registerbehörde übermittelt den Staatsangehörigkeitsbehörden und Auslandsvertretungen auf Ersuchen die in Absatz 2 genannten Daten, soweit die Kenntnis der Daten für die Erfüllung der staatsangehörigkeitsrechtlichen Aufgaben dieser Stellen erforderlich ist. ²Für die Übermittlung an andere öffentliche Stellen und für Forschungszwecke gelten die Bestimmungen des Bundesdatenschutzgesetzes. ³Die Übermittlung von Angaben nach Absatz 1 zu Forschungszwecken ist nur in anonymisierter Form oder dann zulässig, wenn das wissenschaftliche Interesse an der Durchführung des Forschungsvorhabens das Interesse der betroffenen Person an dem Ausschluss der Verarbeitung erheblich überwiegt.

(5) Die Staatsangehörigkeitsbehörde teilt nach ihrer Entscheidung, dass eine Person eingebürgert worden ist oder die deutsche Staatsangehörigkeit weiterhin besitzt, verloren, aufgegeben oder nicht erworben hat, der zuständigen Meldebehörde oder Auslandsvertretung die in Absatz 2 genannten Daten unverzüglich mit.

Überblick

Die Vorschrift regelt die Einrichtung und Führung eines Entscheidungsregisters über staatsangehörigkeitsrechtliche Entscheidungen der Staatsangehörigkeitsbehörden beim Bundesverwaltungsamt (→ Rn. 4). Abs. 1 S. 2 Nr. 1 und 2 benennt die eintragungspflichtigen Vorgänge (→ Rn. 7). Abs. 1 S. 2 Nr. 3 regelt die Verpflichtung zur Verarbeitung des alten Datenbestandes (→ Rn. 12). Die zu verarbeitenden Daten sind in Abs. 2 abschließend benannt (→ Rn. 13). Zu den Bedenken hinsichtlich des Umfangs der Datenerhebung (→ Rn. 15).

Abs. 3 und Abs. 4 regeln die Übermittlungspflicht an das Register beim Bundesverwaltungsamt (→ Rn. 16) und das Datenanforderungsrecht aus dem Register (→ Rn. 17). Dabei enthält Abs. 4 S. 3 eine eigenständige Rechtsgrundlage für die Übermittlung von Daten zu Forschungszwecken (→ Rn. 18a). Zum diesbezüglichen Rechtsschutz bei verweigerter Datenübermittlung (→ Rn. 18b). Abs. 5 regelt die Datenübermittlungsverpflichtung an die Meldebehörden (→ Rn. 19).

Übersicht

A. Allgemeines

1   Die Vorschrift wurde mWz 28.8.2007 durch das Gesetz zur Umsetzung aufenthalts- und asylrechtlicher Richtlinien der Europäischen Union (v. 19.8.2007, BGBl. I 1970) in das StAG aufgenommen und durch das Gesetz zur Änderung des Bundesmeldegesetzes und weiterer Vorschriften v. 11.10.2016 (BGBl. I 2218) geändert. Dabei wurde in Abs. 1 S. 1 Nr. 2 aufgenommen, dass auch Entscheidungen zum Bestand, nicht nur zum Verlust der deutschen Staatsangehörigkeit gespeichert werden. In Abs. 2 Nr. 1 wurde die Registrierung einer Auskunftssperre nach § 51 BMG aufgenommen. Die Regelungen zu § 29 wurden in Abs. 2 Nr. 2 verlegt, der neu gefasst wurde.

1a   Eine weitere Änderung erfuhr die Vorschrift durch Art. 1 des 2. DSAnpUG-EU v. 20.11.2019 (BGBl. I 1626) zum 26.11.2019. Während in Abs. 2 Nr. 1 lediglich redaktionelle Änderungen vorgenommen wurde, wurde in Abs. 4 S. 3 die Rechtsgrundlage für die Verarbeitung von Daten zu Forschungszwecken aufgrund einer Änderung des BDSG aufgenommen.

1b   Durch Art. 10 Nr. 1 Gesetz zur Einführung und Verwendung einer Identifikationsnummer in der öffentlichen Verwaltung und zur Änderung weiterer Gesetze (Registermodernisierungsgesetz) v. 28.3.2021 (BGBl. I 591) wurde die Vorschrift geändert. Die Änderung ist aber noch nicht in Kraft getreten. Die Änderung wird nach Art. 22 S. 3 RegMoG an dem Tag in Kraft treten, an dem das Bundesministerium des Innern, für Bau und Heimat im BGBl. bekannt geben wird, dass die technischen Voraussetzungen für die Verarbeitung der Identifikationsnummer nach § 139b der AO vorliegen. Durch die Änderung wird der Abs. 5 wie folgt erweitert:

„Die Staatsangehörigkeitsbehörde teilt nach ihrer Entscheidung, dass eine Person eingebürgert worden ist oder die deutsche Staatsangehörigkeit weiterhin besitzt, verloren, aufgegeben oder nicht erworben hat, der zuständigen Meldebehörde oder Auslandsvertretung die in Absatz 2 genannten Daten sowie in den Fällen des § 31 Absatz 2 die Identifikationsnummer nach dem Identifikationsnummerngesetz unverzüglich mit."

Die Vorschrift dient der Errichtung eines **Entscheidungsregisters** beim Bundesverwaltungsamt 2 zur Speicherung aller relevanten Entscheidungen **zu Erwerb, Bestand und Verlust der deutschen Staatsangehörigkeit.**

Die Vorschrift ist die **Rechtsgrundlage für die Einrichtung und Führung des Entscheidungsregisters beim Bundesverwaltungsamt** (GK-StAR/Marx Rn. 10). Sie regelt außerdem die rechtlichen Grundlagen für den Abruf der Daten durch andere Behörden beim Bundesverwaltungsamt. Zuvor fehlte es an einem zentralen Register für die staatsangehörigkeitsrechtlichen Daten.

Eine terminologische Anpassung der Vorschrift an die DS-GVO ist bisher nicht erfolgt (so 3a auch BeckOK AuslR/Kluth Rn. 10). Dies ist insofern nicht verständlich, als eine Änderung der Vorschrift aufgrund Art. 1 2. DSAnpUG-EU v. 20.11.2019 (BGBl. I 1626) erfolgt war.

B. Erläuterungen im Einzelnen

I. Registerbehörde (Abs. 1 S. 1)

Das **Bundesverwaltungsamt** führt **als Registerbehörde** ein Register der Entscheidungen 4 in Angelegenheiten, die Staatsangehörigkeit betreffend.

Es ist also anders als in § 1 Abs. 2 AZRG hinsichtlich des beim Bundesamt für Migration und 5 Flüchtlinge geführten Ausländerzentralregisters nicht nur ausführende Behörde.

Das Bundesverwaltungsamt ist eine selbstständige Bundesoberbehörde im Geschäftsbereich des 6 Bundesministeriums des Innern, für Bau und Heimat. Es ist zugleich die zuständige Staatsangehörigkeitsbehörde für im Ausland lebende Deutsche gem. § 5 BVwAG (GK-StAR/Marx Rn. 8).

Das Bundesverwaltungsamt als Bundesbehörde ist nicht rechtsfähig, weshalb sich alle Rechtsbe- 6a ziehungen aus der Registerführung auf die Bundesrepublik Deutschland beziehen (BeckOK AuslR/Kluth Rn. 5).

II. Eintragungspflichtige Vorgänge (Abs. 1 S. 2 und S. 3)

Nach Abs. 1 S. 2 werden **alle relevanten Entscheidungen zu Erwerb, Bestand und Verlust** 7 **der deutschen Staatsangehörigkeit** eingetragen. Dabei handelt es sich um Entscheidungen, für die entweder Urkunden nach § 1 StAUrkVwV ausgestellt werden oder aber um Feststellungen nach § 30 Abs. 1 S. 1. Diesen Entscheidungen liegen stets **Verwaltungsakte auf dem Gebiet des Staatsangehörigkeitsrechts** zugrunde.

Staatsangehörigkeitsurkunden sind 8
- die Einbürgerungsurkunde nach § 16 (§ 1 Abs. 1 Nr. 1 StAUrkVwV),
- die Staatsangehörigkeitserwerbsurkunde nach §§ 5, 8 – §§ 16, 40b, 40c (§ 1 Abs. 1 Nr. 2 StAUrkVwV),
- die Entlassungsurkunde nach § 23 (§ 1 Abs. 1 Nr. 3 StAUrkVwV),
- die Verzichtsurkunde nach § 26 (§ 1 Abs. 1 Nr. 4 StAUrkVwV),
- die Beibehaltungsgenehmigungsurkunde nach § 25 Abs. 2 S. 1, § 29 Abs. 4 (§ 1 Abs. 1 Nr. 5, Abs. 3 StAUrkVwV),
- der Staatsangehörigkeitsausweis nach § 30 Abs. 3 S. 1 (§ 1 Abs. 1 Nr. 6, Abs. 2 StAUrkVwV),
- der Ausweis über Rechtsstellung als Deutscher (§ 1 Abs. 1 Nr. 6, Abs. 2 StAUrkVwV),
- die Ausschlagungsurkunde (§ 1 Abs. 1 Nr. 7 StAUrkVwV),
- die Urkunde über den Erwerb und den Fortbestand der deutschen Staatsangehörigkeit aufgrund des 2. StAngRegG (Zweites Gesetz zur Regelung von Fragen der Staatsangehörigkeit v. 17.5.1956, BGBl. I 431).
- Bescheinigung zum Nachweis der Spätaussiedlereigenschaft (§ 15 Abs. 1 S. 1 BVFG).

Zu registrieren sind die diesen Urkunden als Verwaltungsakte zugrundeliegenden **Entschei-** 9 **dungen** (Abs. 1 S. 2 Nr. 1). Bei Erwerb der Staatsangehörigkeit wird nur der Erwerb, nicht aber der Rechtsgrund für den Erwerb registriert.

10   Weiter zu registrieren sind die **Entscheidungen zum Verlust der deutschen Staatsangehörigkeit** nach den §§ 25–29, auch wenn diese kraft Gesetzes eintreten, da sie jedenfalls der Feststellung des Verlustes durch Verwaltungsakt nach (§ 30 Abs. 1 S. 1) bedürfen.

11   Abs. 1 S. 2 Nr. 2 stellt klar, dass auch **Entscheidungen zum Bestand der deutschen Staatsangehörigkeit** in das Register einzutragen sind, für die keine Urkunde ausgestellt wird. Darunter fallen zunächst **Entscheidungen nach § 29 Abs. 6** hinsichtlich des Fortbestandes der deutschen Staatsangehörigkeit im Rahmen der Optionsregelung. Weiter betrifft diese Regelung **Entscheidungen nach § 30 Abs. 1 S. 3 über das Bestehen der deutschen Staatsangehörigkeit** von Amts wegen. Außerdem sind die **Entscheidungen über das Nichtbestehen der deutschen Staatsangehörigkeit nach § 30 Abs. 1 S. 1** hiervon umfasst, auch wenn diese von Amts wegen nach § 30 Abs. 1 S. 3 durch die Staatsangehörigkeitsbehörden ergehen.

12   Weiter sind nach Abs. 1 S. 2 Nr. 3 **bereits beim Bundesverwaltungsamt vorhandene Datenbestände** zu Entscheidungen zu registrieren, die nach dem 31.12.1960 und vor dem 28.8.2007, dem Inkrafttreten dieser Vorschrift, getroffen worden sind. So soll die Vollständigkeit des Datenbestandes gesichert werden.

12a   Der **Katalog** der nach Abs. 1 S. 2 einzutragenden Entscheidungen ist **abschließend** (BeckOK AuslR/Kluth Rn. 6).

12b   Die Regelung legitimiert zum einen im Hinblick auf das Datenschutzrecht die Übermittlung und Eintragung und verbindet zum anderen damit die datenschutzrechtlichen Pflichten der die Entscheidung treffenden Behörden und der Registerbehörde.

III. Verarbeitungsermächtigung (Abs. 2)

13   Welche **Daten zu den Vorgängen** nach Abs. 1 verarbeitet werden dürfen, ergibt sich aus Abs. 2. Die Vorschrift unterscheidet zwischen den personenbezogenen Daten (Abs. 2 Nr. 1), den verfahrensbezogenen Daten (Abs. 2 Nr. 2) und den behördenbezogenen Daten (Abs. 2 Nr. 3). Danach dürfen ausschließlich verarbeitet werden:
- die Grundpersonalien der betroffenen Person (Abs. 2 Nr. 1),
- der Rechtsgrund und das Datum der Urkunde oder der Entscheidung (Abs. 2 Nr. 2),
- der Rechtsgrund und der Tag des Erwerbs oder des Verlusts der deutschen Staatsangehörigkeit (Abs. 2 Nr. 2),
- der Zeitpunkt der Rückwirkung des Erwerbs im Fall des § 3 Abs. 2 (Abs. 2 Nr. 2),
- die Bezeichnung und Anschrift der Behörde (Abs. 2 Nr. 3),
- das Aktenzeichen der Entscheidung (Abs. 2 Nr. 3).

14   Der **Katalog** des Abs. 2 ist **abschließend** (Nr. 33.2 VAH-StAG).

15   **Bedenken** bestehen im Hinblick auf den sich aus Art. 5 Abs. 1 DS-GVO (→ DS-GVO Art. 5 Rn. 7) ergebenden Grundsatz der Datenminimierung hinsichtlich der Verarbeitung der Daten zu Geschlecht und Adresse des Betroffenen, da bei beiden Daten nicht nachzuvollziehen ist, inwiefern diese für zukünftige Entscheidungen oder Verwaltungsverfahren von Bedeutung sein sollten (so auch BeckOK AuslR/Kluth Rn. 12).

IV. Übermittlung der Daten an das Register (Abs. 3)

16   Die **Übermittlung** der nach Abs. 2 zu verarbeitenden Daten ist zur Sicherung eines aktuellen Datenbestands seitens der verpflichteten Staatsangehörigkeitsbehörden **unverzüglich** (§ 121 Abs. 1 S. 1 BGB) **vorzunehmen.** Andere Daten dürfen zu diesem Zweck nicht übermittelt werden.

V. Übermittlung von Daten aus dem Register (Abs. 4)

17   Die **Übermittlung von Daten aus dem Register an die Staatsangehörigkeitsbehörden und Auslandsvertretungen** erfolgt auf deren Ersuchen durch das Bundesverwaltungsamt nach Abs. 4 S. 1. Eine **Abfrage** darf **nur** erfolgen, **wenn und soweit** die Kenntnis der Daten für die Erfüllung der staatsangehörigkeitsrechtlichen Aufgaben **erforderlich** ist. Dabei trägt die ersuchende Stelle die Verantwortung für die Zulässigkeit der Datenübermittlung (HMHK/Hailbronner Rn. 5; GK-StAR/Marx Rn. 27; BeckOK AuslR/Kluth Rn. 14). Die Registerbehörde hat diesbezüglich keine Prüfungsmöglichkeiten (BeckOK AuslR/Kluth Rn. 14).

18   Für die **Übermittlung an andere öffentliche Stellen** gemäß Abs. 4 S. 2 sind die Grundsätze für die Verarbeitung personenbezogener Daten nach Art. 5 DS-GVO zu beachten. Auf die diesbezügliche Kommentierung wird verwiesen (→ DS-GVO Art. 5 Rn. 1).

Der bis zum Inkrafttreten des Zweiten Datenschutz-Anpassungs- und Umsetzungsgesetzes EU $\quad$ **18a**
(v. 20.11.2019, BGBl. I 1626) mWz 29.11.2019 geltende Verweis auf die Bestimmungen des
BDSG lief aufgrund der Änderungen des BDSG ins Leere, sodass nunmehr in **S. 3** eine **eigenständige Rechtsgrundlage für die Verarbeitung personenbezogener Daten zu Forschungszwecken** nötig wurde. S. 3 stellt dabei klar, dass weiterhin personenbezogene Daten zu Forschungszwecken ausschließlich anonymisiert übermittelt werden dürfen, da Entscheidungen in
Staatsangehörigkeitsangelegenheiten regelmäßig von besonderer datenschutzrechtlicher Sensibilität
sind und für Forschungszwecke anonymisierte Daten regelmäßig ausreichend sind. Sofern sich der
Forschungszweck mit einer anonymisierten Übermittlung nicht erreichen lässt, sind ausnahms-
weise nichtanonymisierte Übermittlungen zulässig, wenn das wissenschaftliche Interesse an der
Durchführung des Forschungsvorhabens das Interesse der betroffenen Person am Ausschluss der
Verarbeitung erheblich überwiegt. Dies ist regelmäßig nur dann der Fall, wenn der Forschungs-
zweck durch die Übermittlung anonymisierter Daten nicht oder nur mit unverhältnismäßigem
Aufwand erreicht werden kann. Die Abwägung muss das Interesse der betroffenen Person am
Schutz der nach der Vorschrift übermittelbaren sensiblen Daten berücksichtigen. Für die weitere
Verarbeitung beim Empfänger sind die allgemeinen datenschutzrechtlichen Vorschriften, insbeson-
dere § 27 BDSG, zu beachten (BT-Drs. 19/4674, 197 f.).

Wird die beantragte Bereitstellung von Daten zu Forschungszwecken abgelehnt, kann hiergegen $\quad$ **18b**
Widerspruch nach § 68 VwGO und im weiteren Verlauf **Anfechtungs- und Verpflichtungsklage** erhoben werden. Der Widerspruch ist zulässig, da es sich beim Bundesverwaltungsamt nicht
um eine oberste Bundesbehörde, sondern um eine obere Bundesbehörde handelt (§ 1 Abs. 1
BVwAG).

VI. Mitteilungsverpflichtung an Meldebehörden (Abs. 5)

Die Staatsangehörigkeitsbehörden haben den zuständigen Meldebehörden oder Auslandsvertre- $\quad$ **19**
tungen nach Einbürgerungsentscheidungen sowie Entscheidungen über das Bestehen oder Nichtbestehen sowie des Verlustes der deutschen Staatsangehörigkeit die Daten nach Abs. 2 mitzuteilen.

§ 34 [Optionsverfahren]

**(1) Für die Durchführung des Optionsverfahrens hat die Meldebehörde in Fällen des
Erwerbs der deutschen Staatsangehörigkeit nach § 4 Absatz 3 oder § 40b, in denen nach
§ 29 ein Verlust der deutschen Staatsangehörigkeit eintreten kann, bis zum zehnten Tag
jedes Kalendermonats der zuständigen Staatsangehörigkeitsbehörde für Personen, die
im darauf folgenden Monat das 21. Lebensjahr vollenden werden, folgende personenbezogenen Daten zu übermitteln:**
1. **Familienname,**
2. **frühere Namen,**
3. **Vornamen,**
4. **derzeitige und frühere Anschriften und bei Zuzug aus dem Ausland auch die letzte
frühere Anschrift im Inland,**
5. **Einzugsdatum, Auszugsdatum, Datum des letzten Wegzugs aus einer Wohnung im
Inland sowie Datum des letzten Zuzugs aus dem Ausland,**
6. **Geburtsdatum und Geburtsort,**
7. **Geschlecht,**
8. **derzeitige Staatsangehörigkeiten,**
9. **die Tatsache, dass nach § 29 ein Verlust der deutschen Staatsangehörigkeit eintreten
kann,**
10. **Auskunftssperren nach § 51 des Bundesmeldegesetzes.**

**(2) ¹Ist eine Person nach Absatz 1 ins Ausland verzogen, hat die zuständige Meldebe-
hörde dem Bundesverwaltungsamt innerhalb der in Absatz 1 genannten Frist die dort
genannten Daten, das Datum des Wegzugs ins Ausland und, soweit bekannt, die neue
Anschrift im Ausland zu übermitteln. ²Für den Fall des Zuzugs aus dem Ausland gilt
Satz 1 entsprechend.**

Überblick

Die Vorschrift regelt die für das Optionsverfahren nach § 29 unabdingbare (→ Rn. 5) Mitteilung der Meldebehörden über die bestehende Optionspflicht (→ Rn. 8) an die zuständige (→

Rn. 10) Staatsangehörigkeitsbehörde. Im Falle des Auslandsbezugs regeln sich die Meldepflichten nach Abs. 2 (→ Rn. 11).

A. Allgemeines

I. Entstehungsgeschichte

1   Die Vorschrift regelt die **Datenübermittlung für das Optionsverfahren nach § 29** und wurde durch das Gesetz zur Umsetzung aufenthalts- und asylrechtlicher Richtlinien der Europäischen Union v. 19.8.2007 (BGBl. I 1970) mWz 28.8.2007 eingeführt. Eine Vorgängervorschrift gab es nicht. Die Vorschrift war zuvor nicht besetzt.

2   Geändert wurde die Vorschrift durch das Zweite Gesetz zur Änderung des Staatsangehörigkeitsgesetzes v. 13.11.2014 (BGBl. I 1714) mWz 20.12.2014 (→ Rn. 3) und erneut durch das Erste Gesetz zur Änderung des Bundesmeldegesetzes und weiterer Vorschriften v. 11.10.2016 (BGBl. I 2218; → Rn. 4).

3   Die erste Änderung betraf das veränderte maßgebliche Alter der Optionsregelung auf das 21. Lebensjahr. Außerdem erweiterte die Änderung den Umfang der zu übermittelnden Daten, um den Staatsangehörigkeitsbehörden die für die Prüfung des § 29 Abs. 5 S. 2 nötigen Informationen zu bieten.

4   Die zweite Änderung war bedingt durch die Änderung des § 3 Abs. 2 Nr. 5 BMG zur Speicherung des Erwerbs der deutschen Staatsangehörigkeit nach § 4 Abs. 3 bzw. § 40b im Melderegister. Diese Änderung war lediglich aus datenschutzrechtlichen Gründen klarstellend. Außerdem wurde die frühere Abs. 1 Nr. 8 ohne inhaltliche Änderungen aufgeteilt in Abs. 1 Nr. 8 und 9. Hinzugefügt wurde die Mitteilungspflicht hinsichtlich einer Auskunftssperre nach § 51 BMG, wodurch sichergestellt werden soll, dass auch mittelbare Beeinträchtigungen schutzwürdiger Interessen der Betroffenen iSd § 41 BMG in allen denkbaren Konstellationen ausgeschlossen sind (BT-Drs. 18/8620, 22).

II. Zweck der Vorschrift

5   Die Vorschrift ist **wesentlicher Teil der Optionsregelung nach § 29.** Zweck der Vorschrift ist es sicherzustellen, dass die Meldebehörde rechtzeitig vor Eintritt der Optionspflicht der für den Wohnsitz des Optionspflichtigen zuständigen Staatsangehörigkeitsbehörde dessen personenbezogene Daten übermittelt (BT-Drs. 16/5065, 231). Ohne die sich aus der Vorschrift ergebende Verpflichtung könnte die Staatsangehörigkeitsbehörde die sich aus **§ 29 Abs. 1 S. 1 Nr. 4 ergebende Hinweispflicht** nicht erfüllen und die Erklärungspflicht nach § 29 Abs. 1 S. 2 würde nicht entstehen.

5a   Der im Melderegister gespeicherte Hinweis auf den ius-soli-Erwerb nach § 3 Abs. 2 Nr. 5 BMG ist nach § 14 Abs. 1 BMG **zu löschen, wenn der Zweck der Speicherung nicht mehr gegeben ist,** also spätestens, wenn die Staatsangehörigkeitsbehörde über den Verlust oder den Fortbestand der deutschen Staatsangehörigkeit nach § 29 Abs. 6 S. 1 entschieden hat (BT-Drs. 159/16, 12). Die hierfür nötigen Informationen hat die Staatsangehörigkeitsbehörde der Meldebehörde nach § 33 Abs. 5 zu übermitteln.

B. Erläuterungen im Einzelnen

I. Übermittlungspflichten der Meldebehörden (Abs. 1)

6   Die Meldebehörden sind nach Abs. 1 verpflichtet, bis zum 10. eines jeden Monats den Staatsangehörigkeitsbehörden die genannten Daten über diejenigen **Personen** zu übermitteln, **die im folgenden Monat das 21. Lebensjahr** vollenden werden. Die Meldebehörden haben somit einen sehr wesentlichen Anteil am Verfahren nach § 29.

7   Ein Verlust der deutschen Staatsangehörigkeit nach § 29 kann bei denjenigen Personen eintreten, welche nach dem 31.12.1999 die deutsche Staatsangehörigkeit nach § 4 Abs. 3 oder nach § 40b erworben haben und eine ausländische Staatsangehörigkeit besitzen, die nicht diejenige eines EU-Mitgliedsstaates oder der Schweiz ist, sofern sie ansonsten der Optionspflicht nach § 29 Abs. 1 unterliegen.

8   Die Meldebehörde hat **vor der Datenübermittlung zu prüfen, ob die Optionspflicht gem. § 29 Abs. 1a entfallen ist,** weil der Betroffene im Inland aufgewachsen ist. Diese Verpflichtung ergibt sich aus dem Wortlaut des Abs. 1, wonach die Datenübermittlung dann zu erfolgen

hat, wenn eine Optionspflicht entstehen kann. Dies ist aber ausgeschlossen, wenn sich bereits aus dem Melderegister ergibt, dass ein achtjähriger gewöhnlicher Aufenthalt in der Bundesrepublik bestanden hat (§ 29 Abs. 1a S. 1 Nr. 1). Ist die Optionspflicht danach ausgeschlossen, besteht auch keine Ermächtigung zur Datenübermittlung.

AA wohl BeckOK AuslR/Griesbeck Rn. 3, der die Verpflichtung zur Datenübermittlung nur dann als **8.1** entfallen ansieht, wenn der Antrag auf Feststellung nach § 29 Abs. 5 S. 1 schon vor dem in Abs. 1 genannten Zeitpunkt erfolgte, was sich aus § 33 Abs. 5 ergebe. Diese Auffassung wird hier nicht geteilt. Zum einen entsteht die Mitteilungspflicht der Staatsangehörigkeitsbehörde nach § 33 Abs. 5 erst nach deren Entscheidung gemäß § 29 Abs. 6 S. 1 und nicht mit der Antragstellung nach § 29 Abs. 5 S. 1. Zum anderen hat die Meldebehörde ohnehin die Daten zum Erwerb der deutschen Staatsangehörigkeit nach dem ius-soli-Prinzip nach der Mitteilung der Staatsangehörigkeitsbehörde gemäß § 33 Abs. 5 zu löschen (§ 14 Abs. 1 BMG).

Für Einbürgerungen nach § 4 Abs. 3 kam die Vorschrift frühestens zum 1.1.2021 zur Anwen- **9** dung. Personen, die nach § 40b eingebürgert worden sind, unterfielen bereits zuvor der Vorschrift, da sie das 21. Lebensjahr bereits zuvor vollendet haben konnten.

Besteht die Datenübermittlungspflicht, übermittelt die Meldebehörde des letzten Wohnsitzes **10** die in Abs. 1 Nr. 1–10 genannten Daten an diejenige Staatsangehörigkeitsbehörde, welche für den Wohnsitz des Optionspflichtigen zuständig ist. Ist der **Optionspflichtige nach unbekannt verzogen,** werden die Daten an die zuvor örtlich zuständige Staatsangehörigkeitsbehörde übermittelt (HMHK/Hailbronner Rn. 4; GK-StAR/Marx Rn. 7).

II. Übermittlungsverfahren bei ausländischem Wohnsitz (Abs. 2)

Verlegt der Optionspflichtige nach Übermittlung der Daten an die zuständige Staats- 11 angehörigkeitsbehörde seinen dauernden Aufenthalt ins Ausland, gibt diese das Verfahren an das damit nach § 5 BVwAG zuständige Bundesverwaltungsamt ab.

Die früher nach dem § 17 Abs. 3 StAngRegG (aufgehoben durch Art. 2 Gesetz v. 8.12.2010 BGBl. I **11.1** 1864) alternativ gegebene Zuständigkeit der lokalen Staatsangehörigkeitsbehörde, bei Zustimmung durch den Betroffenen und das Bundesverwaltungsamt, existiert nicht mehr. Fehlerhaft insoweit HMHK/Hailbronner Rn. 5. Auch BeckOK AuslR/Griesbeck Rn. 5 bezieht sich fälschlicherweise auf das StAngRegG.

Hatte der Betroffene hingegen **bereits vor Übermittlung der Daten den dauernden 12 Aufenthalt ins Ausland verlegt,** übermittelt die Meldebehörde gem. Abs. 2 S. 1 die Daten nach Abs. 1 sowie die weiteren Daten nach Abs. 2 S. 1 direkt an das Bundesverwaltungsamt, da dieses dann die nach § 5 BVwAG zuständige Staatsangehörigkeitsbehörde ist.

Ein **Wegzug nach unbekannt indiziert nicht den Wegzug ins Ausland** (Nr. 34.2 VAH- **13** StAG; HMHK/Hailbronner Rn. 5; BeckOK AuslR/Griesbeck Rn. 5). Vielmehr muss sich der Wegzug ins Ausland aus belegbaren Tatsachen ergeben (BeckOK AuslR/Griesbeck Rn. 5). Sonst ist die Zuständigkeit des Bundesverwaltungsamts nicht gegeben.

Zieht ein Optionspflichtiger **vom Ausland wieder in das Inland zu** (Abs. 2 S. 2) und **14** hat die Meldebehörde zu diesem Zeitpunkt die Daten bereits an das Bundesverwaltungsamt übermittelt, erfährt diese Meldebehörde durch das melderechtliche Rückmeldeverfahren, dass ein Erklärungspflichtiger nach § 29 wieder zugezogen ist. Sie informiert dann aufgrund ihrer Meldepflicht aus § 32 Abs. 1 S. 2 entweder die von ihr beteiligte Staatsangehörigkeitsbehörde des letzten gemeldeten Wohnsitzes oder das Bundesverwaltungsamt (BT-Drs. 16/5065, 231). Diese gibt dann das Verfahren an die für den neuen inländischen Wohnsitz zuständige Staatsangehörigkeitsbehörde ab, da die Zuständigkeit nach § 5 BVwAG entfallen ist.

§ 35 [Rücknahme einer rechtswidrigen Einbürgerung]

(1) Eine rechtswidrige Einbürgerung oder eine rechtswidrige Genehmigung zur Beibehaltung der deutschen Staatsangehörigkeit kann nur zurückgenommen werden, wenn der Verwaltungsakt durch arglistige Täuschung, Drohung oder Bestechung oder durch vorsätzlich unrichtige oder unvollständige Angaben, die wesentlich für seinen Erlass gewesen sind, erwirkt worden ist.

(2) Dieser Rücknahme steht in der Regel nicht entgegen, dass der Betroffene dadurch staatenlos wird.

(3) Die Rücknahme darf nur bis zum Ablauf von zehn Jahren nach der Bekanntgabe der Einbürgerung oder Beibehaltungsgenehmigung erfolgen.

(4) Die Rücknahme erfolgt mit Wirkung für die Vergangenheit.

(5) ¹Hat die Rücknahme Auswirkungen auf die Rechtmäßigkeit von Verwaltungsakten nach diesem Gesetz gegenüber Dritten, so ist für jede betroffene Person eine selbständige Ermessensentscheidung zu treffen. ²Dabei ist insbesondere eine Beteiligung des Dritten an der arglistigen Täuschung, Drohung oder Bestechung oder an den vorsätzlich unrichtigen oder unvollständigen Angaben gegen seine schutzwürdigen Belange, insbesondere auch unter Beachtung des Kindeswohls, abzuwägen.

Überblick

Die Vorschrift regelt die Rücknahme (→ Rn. 14a) einer kausal (→ Rn. 38) durch unlautere Handlungen (→ Rn. 21) vorsätzlich (→ Rn. 30) und final (→ Rn. 40) erschlichene (→ Rn. 21, → Rn. 29, → Rn. 30) oder erzwungene (→ Rn. 28) rechtswidrige (→ Rn. 19) Einbürgerung oder Beibehaltungsgenehmigung. Zur Zurechnung des Handelns Dritter (→ Rn. 43). Die Vorschrift schließt die Anwendung der §§ 48, 49 VwVfG im Rahmen der erfolgten Einbürgerung oder erteilen Beibehaltungsgenehmigung aus (→ Rn. 17), nicht aber hinsichtlich der Einbürgerungszusicherung (→ Rn. 17a). Die Rücknahme erfordert eine umfassende Ermessensausübung (→ Rn. 48). Dabei ist eine eintretende Staatenlosigkeit gem. Abs. 2 nur eingeschränkt zu berücksichtigen (→ Rn. 60). Die Rücknahme ist aus verfassungsrechtlichen Gründen nur innerhalb der in Abs. 3 genannten Frist möglich (→ Rn. 65). Die Rücknahme erfolgt nach Abs. 4 mit Wirkung ex tunc (→ Rn. 73). Umstritten ist, welche aufenthaltsrechtlichen Konsequenzen bestehen (→ Rn. 77). Zu den unionsrechtlichen Folgen (→ Rn. 84). Zu den assoziationsrechtlichen Folgen nach EWG-Türkei (→ Rn. 85). Aus verfassungsrechtlichen Gründen enthält die Vorschrift in Abs. 5 eine gesonderte, sehr unklare Regelung zu den Auswirkungen der Rücknahme auf Dritte (→ Rn. 87). Dabei ist insbesondere der Begriff der Auswirkungen völlig unklar (→ Rn. 98). Sind die Auswirkungen festgestellt, ist eine gesonderte Ermessensentscheidung nötig (→ Rn. 101). Eine Ermessensreduzierung auf Null ist nicht gegeben (→ Rn. 102). Auch die familiäre Situation (→ Rn. 105) und insbesondere das Kindeswohl (S. 2; → Rn. 108) sind zu berücksichtigen. Zu beachten ist, dass sich Abs. 5 S. 2 nur auf Abs. 1 bezieht. Bei Abs. 5 ist drohende Staatenlosigkeit also zu berücksichtigen (→ Rn. 109). Zur Verfassungsmäßigkeit der Norm (→ Rn. 3). Zur unionsrechtlichen Zulässigkeit (→ Rn. 9). Zur völkerrechtlichen Zulässigkeit (→ Rn. 14). Zu Verwaltungsverfahren, Rechtsschutz und Taktik (→ Rn. 112). Insbesondere zur Frage des Sofortvollzugs (→ Rn. 114).

Übersicht

A. Allgemeines

I. Entstehungsgeschichte

Die Vorschrift wurde **mWz 12.2.2009** durch das Gesetz zur Änderung des Staatsangehörig- 1
keitsgesetzes v. 5.2.2009 (BGBl. I 158) eingefügt. Die vorherige Fassung der Vorschrift war seit
Inkrafttreten des GG gegenstandslos und 2007 aufgehoben worden.

Grund für die Rücknahmeregelung war, dass nach der Rechtsprechung des BVerfG (BeckRS 2
2006, 23181) zwar die landesrechtlichen Rücknahmevorschriften nach § 48 LVwVfG eine ausreichende Ermächtigungsgrundlage für die Rücknahme einer Einbürgerungsentscheidung boten,
diese Entscheidung aber innerhalb des Senats erheblich umstritten war, was in einem entsprechenden Votum im Urteil auch deutlich wurde. Insbesondere im Hinblick auf eine zeitliche Begrenzung
der Rücknahmemöglichkeit wurde **durch das BVerfG eine gesetzliche Regelung ange-
mahnt.** Diese Kontroverse hat der Gesetzgeber zum Anlass genommen, die spezialgesetzliche
Regelung in das Gesetz aufzunehmen.

Mit dem **Dritten Gesetz zur Änderung des Staatsangehörigkeitsgesetzes** (v. 4.8.2019, 2a
BGBl. I 1124) wurde mWz 9.8.2019 die fünfjährige Rücknahmefrist des Abs. 3 auf zehn Jahre
verlängert.

II. Verfassungsrechtliche Zulässigkeit der Rücknahme

Das **BVerfG** hat in BeckRS 2006, 23181 entschieden, dass die **Rücknahme erschlichener** 3
oder auf vergleichbare vorwerfbare Weise, etwa durch Bestechung, Bedrohung oder bewusst
falschen Angaben erwirkten **Einbürgerung nicht gegen** das in **Art. 16 Abs. 1 S. 1 GG** verbürgte
Verbot der Entziehung der deutschen Staatsangehörigkeit verstößt.

Das BVerfG hat als wesentliche Kriterien der **Abgrenzung zwischen Entzug der deutschen** 4
Staatsangehörigkeit nach Art. 16 Abs. 1 S 1 GG und Verlust derselben nach Art. 16
Abs. 1 S. 2 GG die Beeinflussbarkeit, Vermeidbarkeit und Vorhersehbarkeit des Verlustes durch
das Handeln des Betroffenen ausgemacht. Damit unterscheide sich der Verlust von der Entziehung,
wie sie im Nationalsozialismus vorgenommen wurde (BVerfG BeckRS 2006, 23181).

Der Verlust der deutschen Staatsangehörigkeit nach Art. 16 Abs. 1 S. 2 GG darf nur aufgrund 5
eines Gesetzes erfolgen. Dem dient § 35.

Soweit Abs. 2 allerdings den Verlust der deutschen Staatsangehörigkeit auch dann zulässt, **wenn** 6
der Betroffene dadurch **staatenlos wird,** steht dies in **Konflikt zu Art. 16 Abs. 1 S. 2 Hs. 2**
GG, wonach der Verlust der Staatsangehörigkeit gegen den Willen des Betroffenen nur dann
eintreten darf, wenn dieser dadurch nicht staatenlos wird.

Dennoch wird die **Hinnahme der Staatenlosigkeit** unter den in Abs. 1 aufgeführten Voraus- 7
setzungen als **verfassungsgemäß** angesehen, weil nur so dem **ebenfalls verfassungsrechtlich**
geschützten Grundsatz der Gesetzesmäßigkeit des Handelns der Verwaltung nach
Art. 20 Abs. 3 GG entsprochen werden kann. Beide grundgesetzlich geschützten Güter sind
gleichwertig (BVerfG BeckRS 2006, 23181; NK-AuslR/Oberhäuser Rn. 7; zweifelnd GK-StAR/
Marx Rn. 19). Außerdem verweist das BVerfG auf den Zweck des Art. 16 Abs. 1 S. 1 Hs. 2
GG, wonach völkerrechtlichen Bestrebungen zur Vermeidung der Staatenlosigkeit Genüge getan
werden sollte. Die diesbezüglichen völkerrechtlichen Vereinbarungen sehen aber die Staatenlosig-
keit in Fällen der Rücknahme einer erschlichenen Staatsangehörigkeit gerade vor. Dieser allge-
meine Rechtsgedanke der Selbstbehauptung des Rechts sei auch für die Verfassungsauslegung von
Bedeutung. Die Rechtsordnung dürfe keine Prämien auf die Missachtung ihrer selbst setzen
(BVerfG BeckRS 2006, 23181; HMHK/Hailbronner/Hecker Rn. 11; zweifelnd Kämmerer
NVwZ 2006, 1015; GK-StAR/Marx Rn. 19).

Ernsthafte Bedenken bestehen bis zum Inkrafttreten des 3. StaGÄndG v. 4.8.2019 (BGBl. I 8
1124) zum 9.8.2019 aber **hinsichtlich des in Art. 19 Abs. 1 S. 2 GG normierten Zitiergebots,** wonach bei Eingriffen in Grundrechte durch ein Gesetz das Grundrecht zu benennen ist,
in welches eingegriffen wird (so auch NK-AuslR/Oberhäuser Rn. 8; aA BeckOK AuslR/Weber
Rn. 7). Da § 35 das Grundrecht nach Art. 16 Abs. 1 GG einschränkt, muss dieses Grundrecht
im Gesetz benannt werden. Dies geschah aber erst mit der og Gesetzesänderung in Art. 2 3.
StaGÄndG. Bis dahin wurde die Einschränkung des Grundrechts aus Art. 16 Abs. 1 GG weder
im StAG noch in dem § 35 zugrunde liegenden Gesetz zur Änderung des Staatsangehörigkeitsgesetzes v. 5.2.2009 (BGBl. I 158) erwähnt. Entgegen BeckOK AuslR/Weber Rn. 7 lässt die Zitie-
rung des Grundrechtseingriffs ab dem 9.8.2019 keine rückwirkende Heilung des Verstoßes zu.

8.1   Auch im vom Bundesministerium für Justiz 2008 herausgegebenen Handbuch der Rechtsförmlichkeit, welches auf der Homepage des Bundesjustizministeriums eingesehen werden kann, wurde unter Rn. 428 die Auffassung bestätigt, dass das Zitiergebot bei Einschränkungen des Art. 16 Abs. 1 GG durch ein Gesetz zu beachten ist.

III. Unionsrechtliche Zulässigkeit der Rücknahme

9   Die Mitgliedstaaten haben **bei der Regelung des Erwerbs und des Verlustes der Staatsangehörigkeit Gemeinschaftsrecht zu beachten** (EuGH BeckRS 2004, 76798 – Micheletti). Vor diesem Hintergrund ist § 35 zu betrachten. Maßgeblich zu berücksichtigen sind dabei die Grundsätze, welche in Art. 20 AEUV (zuvor Art. 17 EGV) geregelt sind.

10   Hat der Betroffene keine weitere EU-Staatsangehörigkeit, verliert er mit dem Verlust der deutschen Staatsangehörigkeit auch die **Unionsbürgerschaft** nach Art. 20 AEUV. Dieser Gesichtspunkt ist nach EuGH v. 2.3.2010 (BeckEuRS 2010, 513113 – Rottmann) zwingend bei der Entscheidung der Behörde zu berücksichtigen. In dieser Entscheidung führt das Gericht aus, dass es zwar grundsätzlich keine Bedenken hat, wenn das nationale Recht die Rücknahme der Einbürgerung vorsieht, zumal dies auch Art. 8 Abs. 2 EUVerStaloUeb ausdrücklich bestimmt. Auch Art. 7 Abs. 1 und Abs. 3 EUStAÜb verbieten, wie der EuGH ausführt, den Verlust der Staatsangehörigkeit aus den genannten Gründen nicht. Allerdings gelte das Recht des Staates, die Einbürgerung zurückzunehmen, nicht grenzenlos. Vielmehr sei der **Grundsatz der Verhältnismäßigkeit** bezüglich der Auswirkungen auf die unionsrechtliche Stellung des Betroffenen zu beachten. Es sind die möglichen Folgen zu berücksichtigen, welche die Entscheidung für den Betroffenen und ggf. für seine Familienangehörigen in Bezug auf die Rechte, die jeder Unionsbürger genießt (EuGH BeckEuRS 2019, 604565 – Tjebbes). Der Verlust der Staatsangehörigkeit eines Mitgliedsstaates kraft Gesetzes verstößt danach gegen den Grundsatz der Verhältnismäßigkeit, wenn die relevanten innerstaatlichen Rechtsvorschriften zu keinem Zeitpunkt eine **Einzelfallprüfung** der Folgen dieses Verlustes für die Situation der Betroffenen aus unionsrechtlicher Sicht erlauben (EuGH BeckEuRS 2019, 604565 – Tjebbes). Würde demnach der Verlust der Staatsangehörigkeit auch zum Verlust der Unionsbürgerschaft nach Art. 20 AEUV führen, müssen die nationalen Behörden und Gerichte in der Lage sein, bei der Beantragung eines die nationale Staatsangehörigkeit voraussetzenden Dokuments inzident die Folgen des Verlustes der Staatsangehörigkeit zu prüfen und ggf. die Staatsangehörigkeit rückwirkend wiederherzustellen erlauben (EuGH BeckEuRS 2019, 604565 – Tjebbes). Eine solche Prüfung erfordert eine **Beurteilung der individuellen Situation** der betroffenen Personen inklusiv derer Familien, ob der Verlust des Unionsbürgerstatus Folgen hat, welche die normale Entwicklung des Familien- und Berufslebens im Verhältnis zum nationalen Ziel aus unionsrechtlicher Sicht unverhältnismäßig beeinträchtigen würde erlauben (EuGH BeckEuRS 2019, 604565 – Tjebbes). Die **Einschränkungen müssen** dabei **mit** den Grundrechten der GRCh, insbesondere **Art. 7 und 24 Abs. 2 GRCh in Einklang stehen** (EuGH BeckEuRS 2019, 604565 – Tjebbes). Auch ist zu prüfen, ob der Verlust gerechtfertigt ist im Verhältnis zur Schwere des vom Betroffenen begangenen Verstoßes, zur Zeit, die zwischen der Einbürgerung und der Rücknahmeentscheidung vergangen ist und zur Möglichkeit für den Betroffenen, seine ursprüngliche Staatsangehörigkeit wieder zu erlangen.

11   Danach ist davon auszugehen, dass § 35 nicht per se gegen Unionsrecht verstößt, da es aufgrund der gebotenen **Ermessensentscheidung** gerade die Möglichkeit eröffnet, die Verhältnismäßigkeit zu prüfen und zu wahren. Dabei kann es geboten sein, dem Betroffenen die **Möglichkeit** zu geben, innerhalb einer angemessenen Frist die **Staatsangehörigkeit des früheren Heimatstaats wieder zu erlangen** (EuGH BeckRS 2010, 90235 – Rottman; BVerwG BeckRS 2011, 48119). Die Behörde hat in einem solchen Fall, wenn nötig, das Rücknahmeverfahren auszusetzen (BVerwG BeckRS 2011, 48119). Der Betroffene muss die Wiedereinbürgerung aber auch ernsthaft anstreben, Anträge möglichst frühzeitig, eventuell auch fürsorglich stellen, und diese mit Nachdruck verfolgen (BVerwG BeckRS 2011, 48119; GK-StAR/Marx Rn. 24). Außerdem darf der Antrag auf Wiedererlangung der früheren Staatsangehörigkeit nicht offensichtlich aussichtslos sein. An die offensichtliche Aussichtslosigkeit sind aber hohe Anforderungen zu stellen. Diese Unmöglichkeit muss dann auch mit besonderem Gewicht in die Prüfung der Verhältnismäßigkeit des Verlustes der Unionsbürgerschaft einfließen (GK-StAR/Marx Rn. 25).

11.1   Derzeit ist ein Vorabentscheidungsverfahren zu diesem Fragenkomplex beim EuGH anhängig unter dem Az. C-118/201.

12   Dem Erfordernis der Beachtung von **Auswirkungen auf Familienangehörige** des Betroffenen soll Abs. 5 Rechnung tragen. In diesem Zusammenhang ist aber im Rahmen der Verhältnismäßigkeitsprüfung auch für den Betroffenen zu berücksichtigen, ob Familienangehörige diesem ein Aufenthaltsrecht, möglicherweise sogar ein Freizügigkeitsrecht vermitteln (so zum Aufenthaltsrecht BVerwG BeckRS 2011, 48119).

Schließlich ist auch **Art. 8 EMRK** bei Rücknahmeentscheidungen zu beachten. Auch danach **13** muss der Verlust der Staatsangehörigkeit verhältnismäßig sein. Die Grenzen des Art. 8 Abs. 2 EMRK sind zu beachten (NK-AuslR/Oberhäuser Rn. 4).

Soweit BeckOK AuslR/Weber Rn. 10; NK-AuslR/Oberhäuser Rn. 4 kritisierend die Auffassung ver- **13.1** tritt, Art. 8 EMRK schütze keineswegs das private Interesse an der Beibehaltung einer bestehenden Staatsangehörigkeit, und sich dabei auf EGMR. Urt. v. 11.10.2011 (Genovese vs. Malta). Nr. 53124/09 beruft, ist dem nicht zuzustimmen. Im benannten Urteil führt der EMRK aus, dass der Gerichtshof festgestellt habe, dass eine willkürliche Verweigerung der Staatsangehörigkeit unter bestimmten Umständen Auswirkungen auf das Privatleben des Einzelnen iSd Art. 8 EMRK aufwerfen könne.

IV. Völkerrechtliche Zulässigkeit der Rücknahme

Die Bundesrepublik ist Vertragsstaat des EUVerStaloUeb (Übereinkommen zur Verminderung **14** der Staatenlosigkeit v. 30.8.1961). Nach **Art. 8 Abs. 1 EUVerStaloUeb** darf keiner Person die Staatsangehörigkeit entzogen werden, wenn diese dadurch staatenlos würde. Allerdings eröffnet **Art. 8 Abs. 2 lit. b EUVerStaloUeb** die Möglichkeit, im Falle des Erwerbs der Staatsangehörigkeit durch falsche Angaben oder betrügerische Handlungen diese zu entziehen. Dem trägt die hiesige Vorschrift Rechnung.

B. Erläuterungen im Einzelnen

I. Rücknahme (Abs. 1)

1. Allgemeines

Die **Rücknahmevorschrift** des Abs. 1 ist **auf Einbürgerungen und Beibehaltungsgeneh-** **14a** **migungen beschränkt.** Damit sind die Einbürgerungen nach §§ 8–10, 13 und 14, § 21 HeimatlAuslG und Art. 2 StaatenlMindÜbkAG betroffen. Weiter sind die Beibehaltungsgenehmigungen nach §§ 25 Abs. 2 und 29 Abs. 3 S. 2 Gegenstand der Regelung. Nicht betroffen ist der **Erwerb der Staatsangehörigkeit aufgrund Geburt nach § 4.** Deshalb ist auch weiterhin die Feststellung des Nichterwerbs nach § 30 in diesen Fällen möglich (NdsOVG BeckRS 2016, 43697; BeckOK AuslR/Weber Rn. 19). Auch ist die Rücknahme eines **Feststellungsbescheids nach § 30** nicht von Abs. 1 umfasst, da der Feststellungsbescheid nicht konstitutiv wirkt und deshalb keine Einbürgerung darstellt (VG Gelsenkirchen BeckRS 2018, 13766; BeckOK AuslR/Weber Rn. 19).

Die Rücknahme ist nur möglich, wenn die rechtswidrige Einbürgerung bzw. Beibehaltungsge- **15** nehmigung auf einer **von der betroffenen Person bewusst unredlich erwirkten Entscheidung, deren Fehlerhaftigkeit in ihre Sphäre fällt,** beruht (GK-StAR/Marx Rn. 29; NK-AuslR/Oberhäuser Rn. 10).

Die Vorschrift enthält also zwei Voraussetzungen: Einmal die Rechtswidrigkeit der staatsange- **16** hörigkeitsrechtlichen Entscheidung (→ Rn. 19), zum anderen das vorwerfbare, in Abs. 1 definierte Verhalten des Betroffenen (→ Rn. 21) als Rücknahmegrund, wobei letzteres kausal für ersteres sein muss.

Die Vorschrift ist **lex specialis** gegenüber den §§ 48, 49 VwVfG, deren Anwendung, die **17** ohnehin umstritten war (→ Rn. 2), damit ausgeschlossen ist. Somit richtet sich die Rücknahme nach den engeren Voraussetzungen des Abs. 1.

Weiterhin anwendbar bleiben aber die §§ 48, 49 VwVfG im Rahmen des Staatsangehörigkeits- **17a** rechts hinsichtlich einer **Einbürgerungszusicherung.** Die Einbürgerungszusicherung ist nicht vom Schutzbereich des Art. 16 Abs. 1 GG umfasst, da die Einbürgerungszusicherung nicht die deutsche Staatsangehörigkeit gewährt und die Rücknahme derselben auch nicht zum Verlust der deutschen Staatsangehörigkeit führen kann (VG Stuttgart BeckRS 2017, 134668; BeckOK AuslR/Weber Rn. 19).

Die Rückgabe von **staatsbürgerlichen Urkunden** richtet sich nach § 52 VwVfG. **17b**

Ebenfalls rechtswidrig und nicht nichtig ist eine Einbürgerung unter **Täuschung über die** **18** **Identität.** Gibt eine Person sich im Einbürgerungsverfahren als eine andere aus, ist die Einbürgerung nicht unwirksam, sondern rechtswidrig. Das gilt auch, wenn der Betroffene im Einbürgerungsverfahren echte Dokumente einer anderen Person vorgelegt hat und mit diesen Personalien eingebürgert wurde. Denn aus Sicht der Einbürgerungsbehörde ist die Einbürgerungsurkunde für genau den Betroffenen ausgestellt worden. Er war trotz Identitätstäuschung Antragsteller und damit Beteiligter des Verwaltungsverfahrens gem. § 13 Abs. 1 Nr. 1 VwVfG. Dementsprechend ist zwischen ihm und der Behörde ein Verfahrensrechtsverhältnis entstanden. Der Amtswalter hatte bei Aushändigung der Einbürgerungsurkunde die Absicht, dieser Person gegenüber eine Regelung zu treffen (BVerwG BeckRS 2014, 56980; aA GK-StAR/Marx Rn. 32).

2. Rechtswidrigkeit

19   Die Rechtswidrigkeit iSd Abs. 1 kann nur eine **von vornherein gegebene Rechtswidrigkeit** sein. Tritt die Rechtswidrigkeit zu einem späteren Zeitpunkt ein, ist eine Rücknahme ausgeschlossen (GK-StAR/Marx Rn. 36). Rechtswidrig ist die Einbürgerung bzw. Beibehaltungsgenehmigung, wenn sie mit dem objektiven Recht nicht in Übereinstimmung steht (GK-StAR/Marx Rn. 29). Dies erfordert noch kein dem Betroffenen zuzurechnendes Fehlverhalten. Auch eine der Staatsangehörigkeitsbehörde zuzurechnende fehlerhafte Ermessensausübung im Rahmen des § 8 führt zu einer rechtswidrigen Einbürgerung.

20   Voraussetzung ist, dass der streitige Verwaltungsakt **formell und materiell rechtswidrig** ist, wobei es kaum vorstellbar sein dürfte, dass eine auf einer Handlung iSd Abs. 1 beruhende Rechtswidrigkeit diese Voraussetzung nicht erfüllt.

3. Arglistige Täuschung durch den Betroffenen

21   Die ersten drei Handlungsformen des Abs. 1, arglistige Täuschung (→ Rn. 22), Drohung (→ Rn. 28) und Bestechung (→ Rn. 29) entsprechen § 48 Abs. 2 S. 3 Nr. 1 VwVfG. Die vorsätzlich unrichtigen oder unvollständigen Angaben (→ Rn. 30) sind § 48 Abs. 2 S. 3 Nr. 2 VwVfG nachgebildet, erfordern allerdings Vorsatz (NK-AuslR/Oberhäuser Rn. 13).

22   **Arglistiges Täuschen** liegt dann vor, wenn der Betroffene auf den Erklärungswillen der Behörde durch Herbeiführung oder Aufrechterhaltung eines Irrtums absichtlich eingewirkt hat (GK-StAR/Marx Rn. 41; BeckOK AuslR/Weber Rn. 26; HMHK/Hailbronner/Hecker Rn. 22). Täuschen kann der Betroffene auf unterschiedliche Arten, so durch falsche Angaben und Vorlage falscher oder missverständlicher Urkunden und Beweismittel, wie Sprachzeugnisse, Aufenthaltstitel, Arbeitsverträge, Einkommensnachweise usw.

22.1   So beispielsweise OVG BW BeckRS 2013, 59832: Vorlage einer gefälschten Geburtsurkunde (bestätigt durch BVerwG BeckRS 2014, 56980); OVG NRW BeckRS 2016, 53392: Manipuliertes Sprachzertifikat.

23   Für die arglistige Täuschung genügt nicht bereits die schlicht wahrheitswidrige Beantwortung einer ausdrücklich gestellten Frage (so aber wohl GK-StAR/Marx Rn. 41). Die **Täuschung muss vorsätzlich erfolgen.** Dolus eventualis genügt nicht (aber → Rn. 32a). Die Zielgerichtetheit der Täuschung ergibt sich aus dem Erfordernis des Vorliegens von Arglist (BeckOK AuslR/Weber Rn. 27). Nicht korrekt erscheint deshalb VG Sigmaringen BeckRS 2011, 53871, welches quasi eine Arglist als dolus eventualis genügen lässt. Dies ist widersinnig (so auch BeckOK AuslR/Weber Rn. 31). Bei der Beurteilung ist auf die Parallelwertung der Laiensphäre abzustellen, wonach es genügt in der Lage zu sein, auf die Rechtswidrigkeit des eigenen Handels aufgrund der konkreten Umstände schließen zu können (OVG NRW BeckRS 2016, 47476; BeckOK AuslR/Weber Rn. 27).

23.1   Soweit NK-AuslR/Oberhäuser Rn. 15 darauf verweist, dass eine wahrheitswidrig beantwortete Frage zulässig gewesen sein muss, so erscheint es fraglich, ob entscheidungserhebliche Fragen unzulässig sein können. Wird auf eine nicht entscheidungserhebliche und damit nach Auffassung Oberhäusers unzulässige Frage wahrheitswidrig geantwortet, hat dies keine Auswirkung auf die Entscheidung der Behörde. Selbst wenn, wie Oberhäuser durchaus zu Recht kritisiert, Fragen zu geklärten Tatbestandsvoraussetzungen gestellt werden, wird eine wahrheitswidrige, entscheidungserhebliche Antwort zur Anwendbarkeit des Abs. 1 führen.

24   Auch durch **arglistiges Verschweigen wahrer Tatsachen** ist die Erfüllung dieses Tatbestandsmerkmals möglich, wobei hier die Grenzen zu Abs. 1 Hs. 2 Alt. 2, den vorsätzlich unvollständigen Angaben, fließend sind. Bei der Annahme eines arglistigen Verschweigens ist aber Vorsicht geboten. In jedem Fall ist **vorsätzliches Verschweigen** nötig. Die **Kenntnis der Erforderlichkeit einer Angabe** muss positiv vorliegen. Ein Kennenmüssen genügt nicht. Der Betroffene muss mindestens billigend in Kauf nehmen, dass das Verschweigen einen für die Einbürgerung ursächlichen Irrtum bei der Behörde hervorruft oder aufrechterhält. Der Betroffene muss sich dabei auch im Klaren

sein, dass es sich um eine entscheidungserhebliche Tatsache handelt. Dabei ist eine – oft schwierige – Abgrenzung von der groben Fahrlässigkeit vorzunehmen (so im Ergebnis auch NK-AuslR/ Oberhäuser Rn. 19).

Wie NK-AuslR/Oberhäuser Rn. 21 zurecht ausführt, ist insbesondere praxisrelevant eine **ver- 25 schwiegene Mehrehe** bei der Einbürgerung nach § 9 Abs. 1. In der Regel wird dabei davon auszugehen sein, dass dem Betroffenen die diesbezügliche Offenbarungspflicht bekannt sein wird. Dennoch kann nicht ohne Weiteres davon ausgegangen werden, dass die Mehrehe stets eine die Einbürgerung ausschließende, und damit zwingend eine relevante Tatsache ist, die zur Rücknahme nach Abs. 1 führen muss (HessVGH BeckRS 2005, 23294). Auch soweit die Rechtsprechung in der Mehrehe meist eine fehlende Einordnung in die deutschen Lebensverhältnisse sieht (zB BayVGH BeckRS 2005, 16517), so ist dies keineswegs zwingend. So werden dem Betroffenen **Mehrehen, die bereits bei Einreise in die Bundesrepublik bestanden haben,** kaum vorzuwerfen sein. Diese sind zum einen in Übereinstimmung mit dem zum Zeitpunkt der Eheschließung aufgrund des Ehestatuts geltenden ausländischen Recht geschlossen worden. Zum anderen ist zu berücksichtigen, dass einer Ehescheidung zur Beseitigung der Mehrehe häufig religiöse Gründe entgegenstehen. Da dies auch nach römisch-katholischem Glauben der Fall ist, kann keineswegs zwingend davon ausgegangen werden, der Betroffene habe sich nicht genügend in die hiesigen Lebensverhältnisse integriert, indem er sich zB nicht von einer der Ehefrauen hat scheiden lassen. Deshalb muss eine verschwiegene Mehrehe nicht zwingend zu einer rechtswidrigen Einbürgerung führen, weshalb auch das Verschweigen nicht zwingend relevant sein muss.

Soweit bei einer Anspruchseinbürgerung nach § 10 eine verschwiegene Mehrehe als Rücknah- **26** megrund angenommen wird, weil die Mehrehe nicht mit der freiheitlich demokratischen Grundordnung, die mit der Loyalitätserklärung bestätigt wird, in Einklang zu bringen sei (so VG Gießen BeckRS 2005, 25604), geht dies fehl. Eine **Mehrehe ist nicht verfassungsfeindlich** (NK-AuslR/Oberhäuser Rn. 22). Sie ist lediglich als Vergehen nach § 172 StGB strafbar, sofern sie während des gewöhnlichen Aufenthalts in der Bundesrepublik geschlossen wurde.

Die diesbezügliche Rechtsprechung des BVerwG (BeckRS 2018, 15074), wonach eine Mehrehe per **26.1** se gegen eine Einordnung in die deutschen Lebensverhältnisse spricht, ist abzulehnen. Kam die Mehrehe vor der Einreise in die Bundesrepublik rechtmäßig zustande, würde die Auffassung des BVerwG dazu führen, dass der Einbürgerungsbewerber, der ansonsten alle Voraussetzungen für die Einbürgerung erfüllt, sich gegen seinen Willen scheiden lassen müsste. Dabei ist zum einen zu berücksichtigen, dass nach muslimischem Glauben eine Scheidung an Voraussetzungen geknüpft ist. Insbesondere aber ist darauf zu verweisen, dass auch nach dem römisch-katholischen Glauben eine Scheidung nicht möglich ist. Nach cann. 1151 ff. ist lediglich die Trennung der Ehegatten bei bleibendem Eheband möglich. Es würde also zur Einordnung in die deutschen Lebensverhältnisse vom Betroffenen etwas gefordert, was mit dem in den deutschen Lebensverhältnissen vorherrschenden Glauben nicht vereinbar ist.

Wenn teilweise in der Rechtsprechung die Auffassung vertreten wird, eine **Mehrehe verhin- 27 dere einen rechtmäßigen Aufenthalt in der Bundesrepublik,** der Tatbestandsvoraussetzung für eine Einbürgerung sei (VG Regensburg BeckRS 2009, 44921), so kann dies jedenfalls dann nicht zutreffend sein, wenn die Ehen rechtmäßig vor Einreise in die Bundesrepublik geschlossen worden waren (→ Rn. 25). Denn in diesem Fall fehlt es bereits an einer Strafbarkeit nach § 172 StGB. Auch kann nicht ohne Weiteres eine Sittenwidrigkeit im Falle der fehlenden Strafbarkeit angenommen werden (NK-AuslR/Oberhäuser Rn. 23). Im Übrigen muss die Täuschungshandlung auch in diesem Fall ursächlich sein. Auch muss sich der Vorsatz auf die Kausalität beziehen. Die Täuschungshandlung liegt aber, wenn überhaupt, lange vor der Einbürgerung im Bereich des Erhalts eines Aufenthaltstitels. Darauf bezog sich ein eventueller Vorsatz. Ob ein Aufenthaltstitel seit acht Jahren vorliegt, überprüft die Behörde von Amts wegen, ohne dass der Einbürgerungsbewerber sich hierzu äußert. Die Einbürgerungsbehörde hat die Rechtmäßigkeit des von der Ausländerbehörde gewährten Aufenthaltstitels nicht zu prüfen (OVG Saarl BeckRS 2011, 49000; HMHK/Hailbronner/Hecker Rn. 27).

Soweit BeckOK AuslR/Weber Rn. 32.1 die hier vertretene Auffassung kritisiert, wird verkannt, dass **27.1** es hier nicht um den Vorwurf von Falschangaben geht, sondern um den Vorwurf, dass hieraus ein unrechtmäßiger Aufenthalt in der Bundesrepublik resultiert, wie von VG Regensburg BeckRS 2009, 44921 angenommen.

Anders zu beurteilen ist das **Verschweigen einer bereits im Heimatland bestehenden Ehe, 27a wenn die Einkommenssituation des Einbürgerungsbewerbers ohnehin nur knapp die Lebensunterhaltssicherung nach § 10 Abs. 1 S. 1 Nr. 3 gewährleistet** und zudem noch verschwiegene unterhaltsberechtigte Kinder aus dieser Ehe hervorgegangen sind, sodass davon auszugehen ist, dass die Unterhaltssicherung für die Familie zum Zeitpunkt der Einbürgerung nicht gegeben war (SächsOVG BeckRS 2020, 26549; VGH NRW BeckRS 2019, 6607). In diesen Fällen liegt regelmäßig eine kausale Täuschungshandlung vor.

27b   Zumindest die Prüfung der Voraussetzungen wird eröffnet bei **Verschweigen einer Mitgliedschaft in oder Aktivitäten für verfassungsfeindliche Organisationen** iSd § 11 S. 1 Nr. 1 vorlagen (BVerwG BeckRS 2016, 48659; OVG NRW BeckRS 2016, 47476), einer **Inhaftierung, strafgerichtlichen Verurteilung oder dem Betroffenen bekanntermaßen laufenden strafrechtlichen Ermittlungsverfahrens** (BayVGH BeckRS 2017, 133301; SaarlOVG BeckRS 2016, 43344; OVG Bln-Bbg BeckRS 2014, 48072; VGH BW BeckRS 2007, 27394), der **fehlenden Absicht, die bisherige Staatsangehörigkeit aufzugeben** (VG Augsburg BeckRS 2017, 109592), **unterhaltsberechtigter Angehöriger im Ausland** (OVG NRW BeckRS 2019, 6607) sowie einer rückwirkend erfolgter **Rücknahme eines die Einbürgerung berechtigenden Aufenthaltstitels** (BayVGH BeckRS 2013, 48112). Auch die Vorlage eines **manipulierten Sprachzertifikats** rechtfertigt jedenfalls die Prüfung und nach hiesiger Auffassung grundsätzlich auch die Rücknahme (OVG NRW BeckRS 2016, 53392; Dörig MigrationsR-HdB § 2 Rn. 212; aA VG Wiesbaden BeckRS 2015, 49903 bei Bestehen der Sprachkenntnisse unter Hinweis auf eine bloße Nachweisfunktion des Sprachzertifikats). Ebenso rechtfertigt die **Vorlage falscher Identitätsdokumente** jedenfalls die Überprüfung einer Rücknahme (OVG NRW BeckRS 2019, 5661).

27c   Die **Täuschung muss sich auf Tatsachen beziehen.** Damit ist ausgeschlossen, dass Rechtsirrtümer der Behörde Berücksichtigung finden. Die Prüfung und korrekte Anwendung der staatsangehörigkeitsrechtlichen Vorschriften liegt im Verantwortungsbereich der Staatsangehörigkeitsbehörde (BeckOK AuslR/Weber Rn. 26).

4. Drohung oder Bestechung durch den Betroffenen

28   Unter **Drohung ist** die **Anwendung psychischen Zwangs durch Inaussichtstellen eines gegenwärtigen oder zukünftigen Nachteils oder Übels** zu verstehen. Hier kann auf die in der Rechtsprechung zur Nötigung nach § 240 StGB entwickelten Grundsätze verwiesen werden. Keine Drohung ist die Ankündigung von Rechtsmitteln oder Rechtsbehelfen, Beschwerden usw, selbst wenn dies in erregtem Zustand ausgedrückt wird. Die Drohung muss auch geeignet und ursächlich gewesen sein für die rechtswidrige staatsangehörigkeitsrechtliche Entscheidung.

28a   Die Drohung muss sich nicht unmittelbar auf den zur Entscheidung befugten Amtswalter beziehen, auf diesen aber eine kausale Wirkung haben (BeckOK AuslR/Weber Rn. 28).

29   Hinsichtlich der **Bestechung** ist auf §§ 333, 334 StGB hinzuweisen, wobei im Gegensatz zur strafrechtlichen Wertung der Erfolg für die Anwendbarkeit des Abs. 1 eingetreten sein muss. Trotz des Wortlauts ist auch eine Vorteilsgewährung nach § 333 StGB ausreichend (HMHK/Hailbronner/Hecker Rn. 26; NK-AuslR/Oberhäuser Rn. 27; GK-StAR/Marx Rn. 44). Die Handlung muss ursächlich für den Erlass der rechtswidrigen staatsangehörigkeitsrechtlichen Entscheidung gewesen sein.

5. Vorsätzlich unrichtige oder unvollständige Angaben

30   Beruht der Erlass des streitigen Bescheids wesentlich auf vorsätzlich unrichtigen oder unvollständigen Angaben des Betroffenen, ist die Rücknahme möglich.

31   Im Gegensatz zur arglistigen Täuschung kommt es zwar streng genommen nicht darauf an, dass beim Entscheidungsträger ein Irrtum erregt wurde. Allerdings wird bei einem fehlenden Irrtum wohl kaum eine auf der Handlung des Betroffenen beruhende rechtswidrige Entscheidung ergangen sein.

32   Die **unrichtigen oder unvollständigen Angaben** des Betroffenen müssen für die Entscheidung **wesentlich** gewesen sein und sich somit **auf die tragenden Gründe der Entscheidung beziehen** (OVG Saarl BeckRS 2011, 49000; HMHK/Hailbronner/Hecker Rn. 28; NK-AuslR/Oberhäuser Rn. 29; GK-StAR/Marx Rn. 87; BeckOK AuslR/Weber Rn. 30). Korrigiert der Betroffene seine unrichtigen oder unvollständigen Angaben vor Erlass des Verwaltungsaktes oder kennt die Behörde die wahre Sachlage, so beruht ein dennoch erlassener rechtswidriger Sachverhalt nicht auf den unrichtigen oder unvollständigen Angaben des Betroffenen. Wäre die Entscheidung bei Kenntnis der wahren Sachlage ebenso rechtswidrig ausgefallen, liegt eine wesentliche Bedeutung nicht vor (Nr. 35.1 VAH-StAG; BeckOK AuslR/Weber Rn. 30).

32a   Der geforderte Vorsatz muss sich als **unbedingter Vorsatz auf die unrichtigen oder unvollständigen Angaben** selbst beziehen. Der Betroffene muss also wissen, dass er unrichtige oder unvollständige Angaben macht, und er muss dies auch wollen. **Hinsichtlich der Auswirkungen** dieser unrichtigen oder unvollständigen Angaben auf die Entscheidung der Behörde genügt aber

dolus eventualis. Es genügt also, wenn der Betroffene billigend in Kauf genommen hat, dass aufgrund seiner unvollständigen oder unrichtigen Angaben eine rechtswidrige Entscheidung ergeht (OVG Bln-Bbg BeckRS 2014, 48072), was aber regelmäßig bei vorsätzlich falschen oder unvollständigen Angaben der Fall sein dürfte.

Unrichtig sind Angaben, die mit der wahren Tatsachengrundlage nicht im Einklang stehen. **32b** **Unvollständig** sind die Angaben, wenn diese nicht die seitens der Behörde geforderten Angaben umfassen.

Die **Auskunftspflicht des Betroffenen** wird in der Regel **auf die in den behördlicherseits 33 genutzten Formularen gestellten Fragen beschränkt** sein (HMHK/Hailbronner/Hecker Rn. 29). Es würde die Anforderungen an den Betroffenen überspannen, würde man Angaben von ihm fordern, welche die Behörde erkennbar für nicht wesentlich erachtet (GK-StAR/Marx Rn. 72). Ist es allerdings für den Betroffenen **offensichtlich,** dass er nach **wesentlichen Dingen** wie zB strafrechtlichen Verurteilungen nicht gefragt wurde, ist er zur Auskunft hierüber verpflichtet. Erteilt er die Auskunft in einem solchen Fall nicht, nimmt der Betroffene billigend in Kauf, dass die Behörde einen rechtwidrigen Verwaltungsakt erlässt.

In diesem Zusammenhang ist auch eine **unter Vorbehalt der Änderung der Sach- oder 34 Rechtslage erteilte Einbürgerungszusicherung** zu sehen. Die Rechtsprechung sieht den Vorbehalt als ausreichend an, wesentliche Änderungen der Behörde ungefragt mitzuteilen (VGH BW BeckRS 2007, 27394 bei Einleitung eines Ermittlungsverfahrens vor Aushändigung der Einbürgerungsurkunde). GK-StAR/Marx Rn. 78 sieht den Vorbehalt hingegen als zu unbestimmt an. Mit NK-AuslR/Oberhäuser Rn. 32 f. ist weder eine vollumfängliche noch eine fehlende Offenbarungspflicht zu sehen. Vielmehr ist davon auszugehen, dass eine Offenbarungspflicht insoweit besteht, als dem Betroffenen schon im Antragsverfahren bewusst war, dass es auf konkrete Voraussetzungen für die Einbürgerung ankommt und es ihm objektiv klar ist, dass es auch nach der Einbürgerungszusicherung bei Veränderungen gerade auf diese Voraussetzungen ankommt.

Besondere Vorsicht ist angebracht bei der **Offenbarungspflicht hinsichtlich der Unterstüt- 35 zung von bzw. Zugehörigkeit zu verfassungsfeindlichen Gruppierungen.** Die Frage, ob eine Gruppierung verfassungsfeindliche Ziele anstrebt, muss nicht vom Einbürgerungsbewerber selbst geprüft werden. Dies obliegt der zuständigen Behörde. Es ist somit **Aufgabe der Behörde, dem Einbürgerungsbewerber deutlich zu machen, welche Gruppierungen sie für bedenklich hält,** damit dieser dann weiß, ob er Angaben hierzu zu machen hat. HessVGH BeckRS 2007, 21262 weist zB hinsichtlich der Vereinigung Millî Görüş darauf hin, dass es selbst innerhalb der Rechtsprechung unterschiedliche Auffassung hinsichtlich des Vorliegens verfassungsfeindlicher Bestrebungen gibt. Dies trifft auch auf andere Vereinigungen zu. Selbstverständlich wird bei einer als **verfassungsfeindlich verbotenen Vereinigung** dem Einbürgerungsbewerber Kenntnis vorgeworfen werden können. Ausreichend ist aber nach OVG NRW BeckRS 2016, 47476 die Herstellung eines Vertrauensverhältnisses zu Anwerbern von eindeutigen terroristischen Netzwerken wie Al Quaida mit dem Ziel der Waffenausbildung zur Teilnahme am Jihad ohne eine spätere glaubhafte Abwendung, wenn danach die Loyalitätserklärung nach § 10 Abs. 1 S. 3 unterzeichnet wird (so auch BeckOK AuslR/Weber Rn. 32.1).

Strafrechtliche Ermittlungsverfahren sind in der Regel offenzulegen, wenn diese dem **36** Einbürgerungsbewerber bekannt sind (VGH BW 9.2.2012 – 1 S 2785/11; HMHK/Hailbronner/Hecker Rn. 31; BeckOK AuslR/Weber Rn. 32.1). Ob bei bestimmten Straftaten, welche aus subjektiver Sicht des Einbürgerungsbewerbers keine Bedeutung für die Einbürgerung haben, wie zB eine fahrlässige Körperverletzung bei einem Verkehrsunfall, eine andere Beurteilung angebracht ist, wird eine Einzelfallfrage sein. Gegebenenfalls wird dies auch im Rahmen des Ermessens nach Abs. 1 zu berücksichtigen sein.

Im Rahmen einer Einbürgerung nach § 9, bei der bei bestehender Ehe eine Miteinbürgerung **37** unter den dortigen Voraussetzungen erfolgen soll, müssen Sachverhalte offengelegt werden, welche einen ersichtlichen Missbrauch der Vorschrift darstellen und deshalb aufgrund ihrer Atypik nicht zur Regeleinbürgerung führen können. Dazu zählen zB **Scheinehen,** eine **gescheiterte Ehe** sowie auch eine **Mehrehe** (BVerwG BeckRS 2003, 25253; BayVGH BeckRS 2005, 29421; 2013, 52769; HMHK/Hailbronner/Hecker Rn. 32 f.). Ob ein Verschweigen solcher Tatsachen auch kausal für eine rechtswidrige Entscheidung war, ist gesondert zu prüfen, wie auch der diesbezügliche Vorsatz. Auch ist die Frage, inwieweit der Betroffene tatsächlich vom Scheitern der Ehe ausgehen musste, genau zu prüfen. Dabei genügt die Trennung nicht. Die Beweislast liegt bei der Staatsangehörigkeitsbehörde (NdsOVG BeckRS 2019, 38171).

Zu weit geht OVG Bln-Bbg BeckRS 2014, 48072, welches dolus eventualis bereits auf der **37a** Tatsachenebene genügen lässt, indem es eine Auskunft hinsichtlich einer möglichen Bestrafung im Ausland, über welche sich der Betroffene nicht sicher war, ausreichen lässt. Auf der Tatsachenebene ist ein unbedingter Vorsatz notwendig.

6. Kausalität und „Erwirken"

38   Die **Rechtswidrigkeit** der Einbürgerung bzw. der Beibehaltungsgenehmigung muss ursächlich, also **kausal auf dem unredlichen Verhalten** beruhen, wobei **Mitursächlichkeit** genügt (HMHK/Hailbronner/Hecker Rn. 16; NK–AuslR/Oberhäuser Rn. 34). So muss sich die Täuschung auf eine entscheidungserhebliche Tatsache beziehen.

39   Die entscheidende Frage ist, ob die Einbürgerung ohne das unredliche Verhalten unter Zugrundelegung des wahren Sachverhalts im Sinne einer **conditio sine qua non** erfolgt wäre. So ist zB bei Verschweigen eines Ermittlungsverfahrens, auch wenn dieses letztendlich sanktionslos eingestellt wurde, die Einbürgerung kausal rechtswidrig, da die Behörde das Verfahren gem. § 12a Abs. 3 S. 1 hätte aussetzen müssen und zum maßgeblichen Zeitpunkt keine Einbürgerung erfolgt wäre (BVerwG BeckRS 2003, 24319; VGH BW BeckRS 2007, 27394; VG Sigmaringen BeckRS 2011, 53871).

39a   Nach hiesiger Auffassung ist **das alleinige Verschweigen der bereits vor der Einreise in die Bundesrepublik bestehenden Mehrehe,** die zum damaligen Zeitpunkt rechtmäßig geschlossen worden war, **nicht zwingend kausal,** da diese nicht dazu führen kann, dass allein aufgrund des Bestehens einer solchen Mehrehe die Einordnung in die hiesige Gesellschaft ausgeschlossen ist. Soweit diesbezüglich eine Einbürgerungsbehörde einwendet, man hätte in diesem Fall auf Scheidung einer der Ehen vor der Einbürgerung bestanden, so verstößt dies nach hiesiger Sicht gegen verfassungsrechtliche Grundsätze wie Art. 6 Abs. 1 GG oder auch Art. 4 GG, da der religiöse Glauben einer Scheidung entgegenstehen kann, wie zB auch nach dem in der Bundesrepublik am meisten vertretenen römisch-katholischen Glauben.

40   Umstritten ist, was unter **„Erwirken"** zu verstehen ist. HMHK/Hailbronner/Hecker Rn. 16 scheint dies als ein rein objektives Tatbestandsmerkmal anzusehen, welches bereits dann erfüllt ist, wenn das inkriminierte Verhalten bei einer Ermessensentscheidung den Entscheidungsprozess zumindest mit beeinflusst hat. Erwirkung sei Einwirkung. Allerdings führt HMHK/Hailbronner/Hecker Rn. 34 aus, dass unter „Erwirken" die Absicht des Einbürgerungsbewerbers im Hinblick auf die Beeinflussung der Einbürgerungsbehörde durch die Unrichtigkeit oder Unvollständigkeit des entscheidungsrelevanten Sachverhalts zu verstehen sei.

41   Demgegenüber sehen VGH BW BeckRS 2007, 27135, NK–AuslR/Oberhäuser Rn. 35 und GK-StAR/Marx Rn. 87 zurecht ein **finales Element** im Begriff „Erwirken". Der Betroffene muss den Verwaltungsakt durch zweck- und zielgerichtetes Handeln erlangt haben. Es handelt sich somit um ein subjektives Element.

42   In der Tat beschreibt nach hiesiger Auffassung der **Begriff des Erwirkens** den Vorsatz im Hinblick auf die Kausalität des vorgeworfenen Handelns in Bezug auf die rechtswidrige Entscheidung. Dies entspricht auch den Anforderungen, welche BVerfG BeckRS 2006, 23181 an die Rücknahme einer Einbürgerung gestellt hat. Grundlage für die Rücknahme einer Einbürgerung ist eine Täuschung „oder vergleichbares Fehlverhalten". Die **Finalität** muss also in jedem Fall gegeben sein. Bei einer Täuschung liegt dies auf der Hand. Bei bloßen unrichtigen oder unvollständigen Angaben hingegen würde dies ansonsten nicht unbedingt gegeben sein.

42a   Hat der Betroffene in Antragsformularen ersichtlich Fragen nicht beantwortet und unterlässt es die Staatsangehörigkeitsbehörde, entsprechend nachzufragen, so liegt die Verantwortung für die fehlerhafte Entscheidung allein bei der Behörde und wurde nicht durch den Betroffenen erwirkt (BeckOK AuslR/Weber Rn. 35).

7. Handeln Dritter

43   **Täuschendes Verhalten der gesetzlichen Vertreter** ist dem Vertretenen, so zB dem miteingebürgerten Kind, **grundsätzlich zuzurechnen** (so auch BeckOK AuslR/Weber Rn. 40). Es sind die allgemeinen Zurechnungsregeln anzuwenden (HMHK/Hailbronner/Hecker Rn. 38; NK–AuslR/Oberhäuser Rn. 36). Auch in der **Rechtsprechung** wird dies für bewusste Täuschungen so vertreten (zu § 48 VwVfG BVerwG BeckRS 2003, 25253; NdsOVG BeckRS 2007, 27804). Es gibt diesbezüglich auch keine Anhaltspunkte dafür, dass der Gesetzgeber eine Zurechnung hätte ausschließen wollen (BeckOK AuslR/Weber Rn. 40).

43a   Die **Zurechnung** ist auch **nach völkerrechtlichen Grundsätzen möglich.** Zurecht weist BeckOK AuslR/Weber Rn. 41 darauf hin, dass Art. 6 StlMÜbk davon ausgeht, dass sich der Verlust der Staatsangehörigkeit auch auf Dritte erstrecken kann. Damit kann der Verlust ohne jegliches Zutun eintreten. Erst recht muss danach als völkerrechtlich zulässig angesehen werden, wenn ein Verlust aufgrund des zurechenbaren Verhaltens des Vertreters eintritt. Dies ergibt sich auch nach Art. 7 Abs. 2 iVm Art. 1 lit. b EuStAÜb (Europäisches Übereinkommen über die Staatsangehörigkeit v. 6.11.1997 (BGBl. II 2004, 578)), wobei aufgrund Art. 7 Abs. 2 EuStAÜb der **Verlust** dann **ausgeschlossen** ist, **wenn ein Elternteil die deutsche Staatsangehörigkeit besitzt und** weiter **behält.**

Allerdings ist **im Rahmen des Ermessens** angesichts BVerfG BeckRS 2006, 23181 **zu prü- 44 fen, ob und wieweit der Vertretene an der Täuschung beteiligt war** oder ihm gar eine eigenständige Täuschungshandlung vorzuwerfen ist. Bei einem verfahrensunfähigen Kind wird dies regelmäßig nicht der Fall sein (NK-AuslR/Oberhäuser Rn. 36). In die Ermessensentscheidung sind dabei auch die weiteren schutzwürdigen Belange des Kindes mit einzubeziehen. Dabei kommt es auch auf das Alter und die Integration des Kindes an (HMHK/Hailbronner/Hecker Rn. 38). Außerdem ist Art. 7 Abs. 2 EUStAÜb zu beachten, wonach eine Rücknahme der Einbürgerung eines Kindes im Falle eines unlauteren Verhaltens ausgeschlossen ist, wenn eines der Elternteile die deutsche Staatsangehörigkeit behält (HMHK/Hailbronner/Hecker Rn. 40). Ist dies aber nicht der Fall, ist der Verlust der deutschen Staatsangehörigkeit auch beim Kind unter Hinnahme der Staatenlosigkeit möglich (so wohl NdsOVG BeckRS 2007, 27804; HMHK/Hailbronner/Hecker Rn. 41). Allerdings muss dies in besonderem Maße im Rahmen des Ermessens nach Abs. 5 S. 2 berücksichtigt werden.

Auch bei Vertretung eines geschäfts- bzw. handlungsunfähigen Einbürgerungsbewerbers ist das **45** unlautere Verhalten des Betreuers bzw. Vertreters dem Vertretenen grundsätzlich zuzurechnen, wobei auch hier im Rahmen der Ermessensausübung eine fehlende Beteiligung des Vertretenen berücksichtigt werden muss (so wohl auch HMHK/Hailbronner/Hecker Rn. 39). Art. 7 EUStAÜb ist hier nicht anwendbar, da es sich nicht um ein Eltern-Kind-Verhältnis handelt.

Wird das Kind zusammen mit dem unlauter handelnden Elternteil eingebürgert, ist Abs. 5 zu **46** beachten.

8. Beweislast

Die **Beweislast** für das **Vorliegen der Voraussetzungen der Rücknahme** der Einbürgerung **47** bzw. Beibehaltensgenehmigung liegt **bei der Behörde.** Beruft sich der Betroffene darauf, dass die Behörde die Entscheidung auch bei Kenntnis des wahren Sachverhalts getroffen hätte, muss er dies beweisen (BVerwG BeckRS 9998, 44651). Für das vorwerfbare Verhalten trägt die Behörde die Beweislast. Dabei muss das Gericht volle Überzeugung vom fehlerhaften Verhalten des Betroffenen erlangen (VG Wiesbaden BeckRS 2015, 49903).

9. Ermessen

Liegen die Voraussetzungen für eine Rücknahme der Einbürgerung vor, muss eine **umfassende 48 Ermessenentscheidung** erfolgen (BeckOK AuslR/Weber Rn. 36; HMHK/Hailbronner/ Hecker Rn. 42).

Entgegen GK-StAR/Marx Rn. 103 gibt das Gesetz der Behörde durchaus Hinweise auf die **49** maßgeblichen Ermessensgrundsätze. Zum einen betrifft dies die Frage der Staatenlosigkeit, wo das Gesetz in Abs. 2 die Berücksichtigung des Eintritts der Staatenlosigkeit nur im Ausnahmefall vorsieht. Zum anderen ist nach Abs. 5 S. 2 bei betroffenen Kindern das Kindeswohl besonders zu beachten.

Nach einhelliger Auffassung besteht **kein intendiertes Ermessen** (OVG Saarl BeckRS 2011, **50** 49000; VG Hamburg BeckRS 2016, 45924; VG Saarlouis BeckRS 2016, 53102; BeckOK AuslR/ Weber Rn. 36; HMHK/Hailbronner/Hecker Rn. 42; NK-AuslR/Oberhäuser Rn. 51; GK-StAR/Marx Rn. 105; Dörig MigrationsR-HdB § 2 Rn. 214). Es gibt keine Anhaltspunkte, wonach sich aus dem Gesetz ergeben würde, dass eine Rücknahme etwa in der Regel vorgenommen werden muss. Schon gar nicht gibt es eine Ermessensreduzierung auf Null (BVerwG BeckRS 2003, 25253; so auch BeckOK AuslR/Weber Rn. 36). Vielmehr hat die Behörde **freies Ermessen, in welches sämtliche Belange des Staates und des bzw. der Betroffenen einfließen müssen.**

Die **Behörde hat** zur Ausübung des Ermessens den **Sachverhalt umfassend zu ermitteln, 51** um die Belange, welche das Für und Wider bestimmen, zu kennen.

Für die Rücknahme spricht stets das **Interesse des Staates an der Wiederherstellung des 52 rechtmäßigen Zustandes,** der insbesondere auch durch den verfassungsrechtlichen Grundsatz der Rechtmäßigkeit des Verwaltungshandelns gestützt wird. HMHK/Hailbronner/Hecker Rn. 42 ist diesbezüglich der Auffassung, dass jedenfalls dann, wenn sich die Fehlerhaftigkeit des Bescheides aus der Sphäre des Betroffenen ergibt, kein Vertrauensschutz besteht und deshalb in der Regel die Rücknahme zu erfolgen hat. Dies ist mit OVG Saarl BeckRS 2011, 49000, welches unabhängig von der Vertrauensschutzfrage eine weitere offene Ermessensprüfung unter Berücksichtigung aller Belange fordert, abzulehnen. Allerdings kommt dem Interesse des Staates an der Rechtmäßigkeit ein durchaus hohes Gewicht zu (VG Saarlouis BeckRS 2016, 53102; Dörig MigrationsR-HdB § 2 Rn. 214). Außerdem ist ein **Anreiz zu rechtswidrigem Verhalten zu vermeiden** (BVerfG BeckRS 2006, 23181; BeckOK AuslR/Weber Rn. 36). Zu weit geht aber nach hiesiger Auffassung NdsOVG BeckRS 2007, 27804 (zu § 48 VwVfG), wo den sehr gut integrierten Kindern, die kein Verschulden an der Täuschungshandlung der Eltern hatten, ua entgegengehalten wurde, dass das Beibehalten der deutschen Staatsangehörigkeit den Eltern, die über ihre Identität getäuscht hatten, ein Aufenthaltsrecht bieten würde (aA BeckOK AuslR/Weber Rn. 42). Das Ermessen dient nicht dazu, auf Kosten der Kinder, die ansonsten die deutsche Staatsangehörigkeit behalten würden, die Eltern zu sanktionieren.

53   Auf der Seite des Betroffenen sind dessen **Interessen an der Beibehaltung der deutschen Staatsangehörigkeit zu beachten.** Dies sind zB die Situation im Herkunftsstaat sowie die **Folgen einer Rückkehr in den Herkunftsstaat** (fragliche Reintegration, Sprachkenntnisse, Bindungen), die **soziale Einbindung in Deutschland,** die **Aufenthaltsdauer in Deutschland,** die **Dauer des Bestehens der deutschen Staatsangehörigkeit, Besitz oder Wiedererwerb der ausländischen Staatsangehörigkeit, aufenthaltsrechtliche Folgen des Verlustes der deutschen Staatsangehörigkeit.** Auch die **beruflichen Folgen** (insbesondere für Beamte oder Mandatsträger), sind zu berücksichtigen (HMHK/Hailbronner/Hecker Rn. 43; NK-AuslR/ Oberhäuser Rn. 52). Zu berücksichtigen ist auch, wenn ein Betroffener, der im Verdacht steht, ein manipuliertes Sprachzeugnis vorgelegt zu haben, noch **vor Rücknahme** der Einbürgerung ein **erneutes zweifelsfreies Sprachzeugnis** vorlegt, welches den Erfordernissen entspricht (VG Wiesbaden BeckRS 2015, 49903). Ein schützenswertes Interesse per se an der Beibehaltung der deutschen Staatsangehörigkeit ist aber in der Regel aufgrund des vorwerfbaren Verhaltens nicht gegeben.

54   Auch das **Gewicht des Verschuldens** des Betroffenen an der fehlerhaften Einbürgerung bzw. Beibehaltungsgenehmigung ist zu berücksichtigen (HessVGH BeckRS 2005, 23294; GK-StAR/ Marx Rn. 111). Dazu hat die Behörde das Fehlverhalten mit dem diesem zukommenden Gewicht zu ermitteln und zu werten (OVG Saarl BeckRS 2011, 49000; GK-StAR/Marx Rn. 111).

55   Selbst wenn die Wiedererlangung der früheren Staatsangehörigkeit nicht ausgeschlossen ist, kann im Rahmen des Ermessens zugunsten des Betroffenen vom Eintritt der Staatenlosigkeit und dem Verlust der Unionsbürgerschaft ausgegangen werden (BVerwG BeckRS 2011, 48119; GK-StAR/Marx Rn. 111).

56   Im Falle einer **Scheinehe** fehlen in der Regel Gesichtspunkte, die für eine für den Betroffenen positive Ermessensausübung sprechen. Das Ermessen ist aber nicht auf Null reduziert (BVerwG BeckRS 2003, 25253; GK-StAR/Marx Rn. 111).

57   **Umstritten** ist, **ob im Rahmen des Ermessens ein zum Zeitpunkt der Rücknahme ggf. bestehender Einbürgerungsanspruch aus anderen Gründen zu berücksichtigen ist.** Überwiegend wird dies in der Rechtsprechung so gesehen (BVerwG BeckRS 2018, 15074; NdsOVG BeckRS 1997, 20432; HessVGH BeckRS 2005, 23294; so auch GK-StAR/Marx Rn. 113; Dörig MigrationsR-HdB § 2 Rn. 214; zweifelnd BeckOK AuslR Weber Rn. 39). So hat das NdsOVG (BeckRS 1997, 20432) die Berücksichtigung einer möglichen Ermessenseinbürgerung für nötig erachtet (so wohl auch VGH BW LSK 2004, 010103). Der HessVGH (BeckRS 2005, 23294) sieht dies jedenfalls bei einer Anspruchseinbürgerung ebenso. Zurecht wendet allerdings HMHK/Hailbronner/Hecker Rn. 44 unter Bezug auf VG Berlin Urt. v. 18.3.2005 – 2 A 133.04 ein, dass jedenfalls bei einer nötigen umfassenden Prüfung der Voraussetzungen für eine anderweitige Einbürgerung erhebliche Bedenken anzubringen sind, ob auch in einem solchen Fall der möglicherweise bestehende alternative Einbürgerungsanspruch im Rahmen des Ermessens zu berücksichtigen ist. Nach hiesiger Auffassung wird ein Anspruch auf Einbürgerung zu berücksichtigen sein, eine mögliche Ermessenseinbürgerung in aller Regel nicht.

57a   Auch wenn im Zeitpunkt der Einbürgerung diese auf anderer Rechtsgrundlage als jener, welche von der Behörde herangezogen worden war, hätte erfolgen müssen, ist eine Rücknahme nicht möglich (BVerwG BeckRS 2018, 15074), nach hiesiger Auffassung allerdings nur, wenn das Fehlverhalten des Betroffenen sich nicht auf diese andere Einbürgerung ausgewirkt hätte.

57b   Die **Behörde hat bei der Ausübung des Ermessens auch die unionsrechtlichen Folgen zu prüfen,** wenn der Betroffene aufgrund des Verlustes der deutschen Staatsangehörigkeit auch die Unionsbürgerschaft nach Art. 20 AEUV verliert, was dann der Fall ist, wenn er nach Verlust der deutschen Staatsangehörigkeit keine andere Staatsangehörigkeit eines Staates der EU hat. Diesbezüglich ist hinsichtlich der britischen Staatsangehörigkeit zu beachten, dass das Vereinigte

Königreich Großbritannien und Nordirland während des Übergangszeitraums bis zum 31.12.2020 als zur EU zugehörig anzusehen war.

Hinsichtlich der **Berücksichtigung des Unionsrechts** führt der EuGH (BeckEuRS 2019, **57c** 604565 – Tjebbes) **beispielhaft als Kriterien** auf, ob sich die betroffene Person weiterhin in den Mitgliedstaaten aufhalten kann, um tatsächliche oder regelmäßige Bindungen mit Familienmitgliedern aufrecht zu erhalten, ob sie der berufliche Tätigkeit weiter ausüben kann und ob ein Verzicht auf eine die Aufrechterhaltung der Unionsbürgerschaft hindernde Drittstaatsangehörigkeit möglich wäre. Weitere Kriterien sind eine wesentliche Verschlechterung der Sicherheit und Freiheit, weil im Drittstaat kein konsularischer Schutz nach Art. 20 Abs. 2 lit. c AEUV möglich wäre. Bei Minderjährigen ist das Kindeswohl nach Art. 24 GRCh in besonderem Maße zu würdigen. Auch ist zu prüfen, ob der Verlust gerechtfertigt ist im Verhältnis zur Schwere des vom Betroffenen begangenen Verstoßes, zur Zeit, die zwischen der Einbürgerung und der Rücknahmeentscheidung vergangen ist und zur Möglichkeit für den Betroffenen, seine ursprüngliche Staatsangehörigkeit wieder zu erlangen.

Die Behörde muss im Rahmen der Anhörung auch darauf hinweisen, dass es sich bei der zu **58** ergreifenden Entscheidung um eine Ermessensentscheidung handelt (HessVGH BeckRS 2005, 23294).

Eine **Ergänzung der Ermessensbegründung** durch die Behörde ist während des gesamten **59** Verwaltungsstreitverfahrens noch möglich (§ 114 S. 2 VwGO). Die Nachholung einer unterlassenen Ermessensausübung hingegen ist nicht möglich (HessVGH BeckRS 2005, 23294).

II. Hinnahme von Staatenlosigkeit (Abs. 2)

Nach Abs. 2 soll in der Regel unberücksichtigt bleiben, wenn durch die Rücknahme der **60** Einbürgerung bzw. der Beibehaltungsgenehmigung bei Betroffenen Staatenlosigkeit eintritt.

Abs. 2 ist eine **ermessensleitende Regelung.** Nur in Ausnahmefällen soll die Staatenlosigkeit **61** ausschlaggebend gegen die Rücknahme der Einbürgerung bzw. der Staatenlosigkeit Berücksichtigung finden. Die Vorschrift wirkt dabei in zwei Richtungen. Sie schränkt sowohl das Interesse des Betroffenen als auch des Staates an der Vermeidung von Staatenlosigkeit ein.

Der Gesetzgeber stützt die Regelung auf die Entscheidung des BVerfG BeckRS 2006, 23181 **62** (BT-Drs. 16/10528, 8). Danach soll im Falle des Eintritts von Staatenlosigkeit ein diesbezüglich ein Ermessen nur in Ausnahmefällen angestellt werden, da das öffentliche Interesse an der Vermeidung der Staatenlosigkeit immer hinter dem Gebot der Gesetzmäßig der Verwaltung zurücktrete. Der Gesetzgeber hat aber diesbezüglich die Entscheidung des BVerfG BeckRS 2006, 23181 verkannt. Das BVerfG hat keineswegs die Auffassung vertreten, dass der Gesetzmäßigkeit der Verwaltung stets Vorrang einzuräumen sei, sondern vielmehr gerade ausgeführt, dass es im Einzelfall gute Gründe für das Beibehalten der deutschen Staatsangehörigkeit geben könne (so auch BeckOK AuslR/Weber Rn. 43).

Abs. 2 **entbindet die Verwaltung deshalb nicht von der Einbeziehung der Gefahr von 63 Staatenlosigkeit in das Ermessen.** Sie muss diesbezüglich ausführen, weshalb ein Regelfall vorliegt. Eine Entscheidung, welche sich auf die Feststellung beschränkt, der Eintritt von Staatenlosigkeit sei in der Regel unbeachtlich, ist ermessensfehlerhaft (so auch BeckOK AuslR/Weber Rn. 43). Was unter einem Ausnahmefall zu verstehen ist, ist weder der Gesetzesbegründung noch dem Wortlaut der Vorschrift und auch nicht verfassungs- oder völkerrechtlichen Normen zu entnehmen. Es ist deshalb auf die allgemeinen verwaltungsrechtlichen Regelungen Bezug zu nehmen. Eine Ausnahme liegt demnach dann vor, **wenn ein atypisches Geschehen eine andere Beurteilung zulässt.**

Zurecht ist der Bundesrat im Gesetzgebungsverfahren dafür eingetreten, Abs. 2 zu streichen (BT-Drs. **63.1** 16/10528, 11). Dort ist ausgeführt: Durch diese Bestimmung würde eine neue vom Ermessen losgelöste eigenständige Voraussetzung als Regel-/Ausnahmekriterium eingeführt. Das Regel-/Ausnahmeverhältnis wäre durch Verwaltungsgerichte in vollem Umfang überprüfbar. Die Entscheidung, ob hier kein Regel-, sondern ein atypischer Ausnahmefall vorliegt, kann jedoch letztlich nur durch eine umfassende Abwägung aller Umstände getroffen werden, wie sie üblicherweise im Rahmen der Ermessensentscheidung erfolgt. Die Frage der Staatenlosigkeit ist daher ohnehin im Rahmen des Ermessens nach § 35 Abs. 1 des Entwurfs zu prüfen. In diesem Rahmen wird das öffentliche Interesse, Staatenlosigkeit zu vermeiden, regelmäßig hinter dem Gebot der Gesetzmäßigkeit der Verwaltung zurücktreten können.

Eine solche Atypik kann zunächst darin zu sehen sein, dass es für den Betroffenen besondere **64** Umstände gab, die ihn zur Täuschung bzw. unvollständigen oder falschen Angaben veranlasst haben (HMHK/Hailbronner/Hecker Rn. 47). Auch wird das Verhalten der Verwaltungsbehörde zu beachten sein. Hat diese sich täuschen lassen, obwohl die Täuschung geradezu auf der Hand lag, wird dies ebenfalls zu beachten sein. Es wird letztlich zu prüfen sein, ob die gesetzliche Vorgabe des Abs. 2, wonach der Gesetzmäßigkeit der Verwaltung Vorrang vor dem Verbot der Staatenlosigkeit als Folge des Verlustes der deutschen Staatsangehörigkeit einzuräumen ist, im Einzelfall gerechtfertigt ist. Als Ausnahmefall wäre bspw. denkbar, dass ein nach wie vor politisch Verfolgter keine Möglichkeit hat, unter Annahme seiner früheren Staatsangehörigkeit wieder in seine Heimat zurückzukehren.

64.1   Andere Ansicht NK-AuslR/Oberhäuser Rn. 42, der ausschließlich auf das Interesse des Staates abstellt und einen atypischen Fall nur dann für gegeben erachtet, wenn das öffentliche Interesse an der Vermeidung der Staatenlosigkeit das öffentliche Interesse an der Wiederherstellung rechtmäßiger Zustände überwiegt. Persönliche Härten seien danach ohne Belang.

64a   Fraglich ist diese Regelung, welche das Ermessen erheblich einschränkt, im Hinblick auf den damit zwingend verbundenen **Verlust der Unionsbürgerschaft** (→ Rn. 57b).

III. Ausschlussfrist (Abs. 3)

65   Das BVerfG (BeckRS 2006, 23181) hat zur **Voraussetzung der Verfassungsmäßigkeit der Einbürgerungsrücknahme** eine **zeitnahe Rücknahme** gefordert. Dem ist der Gesetzgeber ursprünglich durch eine verfassungsrechtlich unbedenkliche fünfjährige Frist in Abs. 3 nachgekommen. Dabei hatte sich der Gesetzgeber an § 24 Abs. 2 StAngRegG sowie § 1600b Abs. 1a BGB aF orientiert.

65a   Im Rahmen des Dritten Gesetzes zur Änderung des Staatsangehörigkeitsgesetzes (v. 4.8.2019, BGBl. I 1124) wurde mWz 9.8.2019 nun eine **zehnjährige Frist** für die Rücknahme der Einbürgerung eingeführt. Der Gesetzgeber begründet die Verdoppelung der Frist damit, dass es Fälle gebe, in welchen allein aufgrund des Fristablaufs eine Rücknahme nicht mehr möglich gewesen sei. Damit allerdings könnte man auch die zehnjährige Frist in Frage stellen und verlängern.

65b   Eine **zehnjährige Frist dürfte** mit der Vorgabe des BVerfG (BeckRS 2006, 23181) nach einer zeitnahen Rücknahme nicht mehr zu vereinbaren und **verfassungswidrig sein** (aA BeckOK AuslR/Weber Rn. 47). Die Begründung des Gesetzgebers verkennt, dass es gerade typisch für eine Frist ist, dass es auch Fälle gibt, die eben nicht mehr unter diese Frist fallen (aA BeckOK AuslR/Weber Rn. 46, der die Begründung des Gesetzgebers teilt). Die zeitnahe Rücknahme ist erforderlich, um eine interessengerechte Abwägung der unterschiedlichen verfassungsrechtlich geschützten Güter vorzunehmen. Dabei hat die Frist auch das Interesse des Staates zu berücksichtigen, rechtsbeständige Zustände zu schaffen, um die Befriedungsfunktion zu erfüllen (NK-AuslR/Oberhäuser Rn. 43; HMHK/Hailbronner/Hecker Rn. 49). Die zehnjährige Frist für die Rücknahme der Einbürgerung dürfte diese Ansprüche nicht mehr erfüllen (aA wohl Dörig MigrationsR-HdB § 2 Rn. 218).

65c   Nach der Neuregelung darf die **Rücknahme** nunmehr **bis zum Ablauf von zehn Jahren nach der Bekanntgabe der Einbürgerung oder Beibehaltungsgenehmigung** erfolgen.

65d   Der Gesetzgeber hat keine Übergangsregelung von der fünfjährigen zur zehnjährigen Frist für laufende Rücknahmeverfahren vorgenommen. Es wird wohl davon auszugehen sein, dass die zehnjährige Frist für am 8.8.2019 nicht bestandskräftig abgeschlossene Rücknahmeverfahren anzuwenden sein wird.

66   Die Ausschlussfrist wird **nicht** auf **nichtige Einbürgerungen** angewandt.

67   Die **Berechnung** richtet sich nach § 31 VwVfG iVm §§ 187 ff. BGB (so auch BeckOK AuslR/Weber Rn. 48). Die Frist beginnt ausnahmslos mit der Bekanntgabe der Einbürgerung. **Kenntnis bzw. Unkenntnis** der Behörde von den Rücknahmegründen sind **bedeutungslos** (so auch Dörig MigrationsR-HdB § 2 Rn. 218; BeckOK AuslR/Weber Rn. 45). Die Frist beginnt damit mit der **Aushändigung der Einbürgerungsurkunde** (VG Mainz BeckRS 2019, 17096) bzw. der **Zustellung der Beibehaltungsgenehmigungsurkunde** (so auch BeckOK AuslR/Weber Rn. 48).

68   Bei der Einbürgerungsurkunde wird der Zeitpunkt der Aushändigung auf der Urkunde selbst sowie in der Einbürgerungsakte vermerkt (Nr. 16.1 Abs. 2 S. 2 und S. 3 VAH-StAG). Kann die Urkunde nicht persönlich übergeben werden, muss die Übergabe so erfolgen, dass der Zeitpunkt der Aushändigung sicher festgestellt werden kann (Nr. 16.1 Abs. 2 S. 3 VAH-StAG).

69   Die Zustellung der Beibehaltungsgenehmigung als Staatsangehörigkeitsurkunde nach § 1 Abs. 1 Nr. 5 StAUrkVwV erfolgt nach den allgemeinen Vorschriften (§ 43 VwVfG). Auch hier ist der Zeitpunkt der Zustellung in der Akte der Verwaltungsbehörde zu vermerken.

Die **Nichtnachweisbarkeit** des Zeitpunkts der Aushändigung bzw. Zustellung geht zu Lasten 70
der Behörde.

Abs. 3 lässt **keine auch nur geringfügige Überschreitung der Frist** aus welchen Gründen 71
auch immer zu (BVerwG BeckRS 2008, 37211 bereits zur Rücknahme nach § 48 VwVfG; GK-
StAR/Marx Rn. 133).

Die **Rücknahme** ist ein **Verwaltungsakt**, der zur Wirksamkeit bekanntgegeben sein muss 72
(§ 41 Abs. 1 VwVfG). Der **Rücknahmebescheid muss somit dem Betroffenen innerhalb
der Frist des Abs. 3 zugegangen sein.** Dies entspricht auch dem früheren § 24 Abs. 2 S. 2
Hs. 2 StAngRegG aF, wonach die Entscheidung über die Unwirksamkeit der Einbürgerung innerhalb von fünf Jahren zugestellt worden sein musste. Dabei sind die allgemeinen Zustellungsvorschriften zu beachten, wie zB § 41 Abs. 2 VwVfG. Nicht ausreichend zur Fristwahrung ist das
Ausfertigen oder Absenden des Bescheids.

IV. Wirkung ex tunc (Abs. 4)

1. Rückwirkung

Nach Abs. 4 erfolgt die **Wirkung der Rücknahme** der Einbürgerung bzw. der Beibehaltungs- 73
genehmigung **rückwirkend auf den Zeitpunkt der jeweiligen Erteilung.** Diesbezüglich hat
die Behörde kein Ermessen (Dörig MigrationsR-HdB § 2 Rn. 216). Damit entfällt die deutsche
Staatsangehörigkeit für den Betroffenen von Anfang an. Diese Wirkung wurde bereits einheitlich
bejaht, als die Rücknahmen noch auf § 48 VwVfG gestützt wurden. Sie entspricht auch einzig
dem Gesetzmäßigkeitsprinzip (so auch BeckOK AuslR/Weber Rn. 49).

Verfassungsrechtliche Bedenken werden im Hinblick auf die Einzelfallgerechtigkeit erhoben 74
(NK-AuslR/Oberhäuser Rn. 46). Allerdings hat das BVerfG BeckRS 2006, 23181 bereits im
Hinblick auf § 48 VwVfG die Auffassung geäußert, dass die rückwirkende Beseitigung der Rechtsposition die nächstliegende Möglichkeit sei, dem geltenden Recht Nachdruck zu verleihen und
eine Begünstigung von Rechtsverstößen zu vermeiden.

2. Verpflichtungen des Betroffenen

Der Betroffene hat sämtliche im Zusammenhang mit der Einbürgerung erhaltenen **Urkunden** 75
herauszugeben. Die Behörde kann deshalb nach § 52 VwVfG die Einbürgerungsurkunde sowie
die aus der Einbürgerung resultierenden Ausweisdokumente wie den Reisepass und den Personalausweis zurückfordern und die Herausgabe auch mit den Mitteln des Verwaltungszwangs durchsetzen (so auch BeckOK AuslR/Weber Rn. 50).

Die Anwendung des Verwaltungszwangsrechts ist insbesondere auch nicht dadurch ausgeschlos- 76
sen, dass § 35 eine spezialgesetzliche Regelung darstellt (BT-Drs. 549/08, 8; OVG NRW BeckRS
2016, 47476).

3. Aufenthaltsrechtliche Folgen für den Betroffenen

Die aufenthaltsrechtlichen Folgen der Rücknahme einer Einbürgerung waren lange Zeit inner- 77
halb der Rechtsprechung umstritten. Das BVerwG hat diese Frage zwischenzeitlich geklärt.

Nach BVerwG BeckRS 2011, 52110 erledigt sich eine vor der Einbürgerung erteilte **Aufent-** 78
haltserlaubnis bzw. Niederlassungserlaubnis mit dem Erwerb der deutschen Staatsangehörigkeit auf sonstige Weise nach § 43 Abs. 2 VwVfG. Sie **lebt** damit **mit der Rücknahme der
Einbürgerung nicht wieder auf** (hM in der Rechtsprechung: HessVGH BeckRS 2011,
51803; 2010, 46437; OVG NRW BeckRS 2008, 33409; VG München BeckRS 2016, 128065;
aA VG Gießen BeckRS 2011, 51804).

Zurecht wird diese Auffassung von NK-AuslR/Oberhäuser Rn. 55 und GK-StAR/Marx 79
Rn. 141 **kritisiert.** Da nach Abs. 4 die Einbürgerung rückwirkend entfällt, ist der Betroffene
so zu stellen, als hätte es die Einbürgerung nie gegeben. Dann hätte er nach wie vor seine
Niederlassungserlaubnis bzw. Aufenthaltserlaubnis. Die zurecht von BVerwG BeckRS 2011, 52110
angenommene Erledigung wäre nie eingetreten.

Nach der Rechtsprechung des BVerwG stellt sich damit die **Frage, welchen Aufenthaltstitel** 80
ein Betroffener erhalten kann. Das AufenthG bietet keine explizite Möglichkeit für einen
Aufenthaltstitel für den Fall, dass die Einbürgerung rückwirkend wegfällt. § 38 Abs. 1 AufenthG
ist nicht unmittelbar anwendbar, da Voraussetzung für den Aufenthaltstitel nach § 38 Abs. 1
AufenthG ist, dass der Betroffene die deutsche Staatsangehörigkeit hatte und diese ex nunc verloren
hat. Dies ist nicht der Fall, wenn wie Abs. 4 regelt, die deutsche Staatsangehörigkeit ex tunc

zurückgenommen wird. Das BVerwG (BeckRS 2011, 52110) löst diese Problematik gezwunge-
nermaßen durch eine **entsprechende Anwendung des § 38 Abs. 1 AufenthG.** Es bestehe eine
Regelungslücke, welche die analoge Anwendung rechtfertige, da der Gesetzgeber die Folgen des
§ 35 nicht im Blick gehabt habe. Die einzige Alternative sei sonst die Erteilung einer Aufenthaltserlaubnis nach § 25 Abs. 5 AufenthG, sofern die Voraussetzungen des Art. 8 Abs. 1 EMRK vorliegen.
Derartige Einschränkungen wären angesichts Art. 1 Abs. 1 GG mit dem Verhältnismäßigkeitsgrundsatz kaum in Einklang zu bringen, wie auch BVerwG BeckRS 2011, 52110 feststellt.

81   Die analoge Anwendung des § 38 Abs. 1 AufenthG kann nach dem BVerwG (BeckRS 2011,
52110) nicht zu einer Niederlassungserlaubnis führen, da Voraussetzung hierfür nach § 38 Abs. 1
S. 1 Nr. 1 AufenthG ein fünfjähriger Aufenthalt als Deutscher in Bundesgebiet Voraussetzung
wäre. Weiter ist nach der Rechtsprechung des BVerwG (BeckRS 2011, 52110) für die analoge
Anwendung des § 38 Abs. 1 AufenthG **Voraussetzung, dass der vor der Einbürgerung
bestehende Aufenthaltstitel nicht der Rücknahme unterlegen hätte.** Bei Erteilung einer
Aufenthaltserlaubnis analog § 38 Abs. 1 S. 1 Nr. 2 AufenthG sind die allgemeinen Erteilungsvoraussetzungen des § 5 AufenthG gem. § 38 Abs. 3 AufenthG zu beachten. Einer erneuten Erteilung
der Aufenthaltserlaubnis nach Rücknahme der deutschen Staatsangehörigkeit steht nach Auffassung des BVerwG (BeckRS 2011, 52110) im Falle der erschlichenen Aufenthaltserlaubnis ein
Ausweisungsgrund nach § 55 AufenthG aF (heute Ausweisungsinteresse nach § 54 Abs. 2 Nr. 8
lit. a AufenthG) entgegen. Bei erfolgreicher Integration könne ein besonderer Fall des § 38 Abs. 3
AufenthG vorliegen, der die Erteilung einer Aufenthaltserlaubnis nach Ermessen ermögliche.

82   Diese **unklare und verworrene Situation,** die mehr Fragen als Antworten bietet, könnte
durch eine konsequente Anwendung des Abs. 4 dahingehend, dass der frühere Aufenthaltstitel
wiederauflebt (→ Rn. 79), vermieden werden.

83   Wird der weitere Aufenthaltstitel auf § 38 Abs. 1 AufenthG gestützt, muss die **Frist des § 38
Abs. 1 S. 2 AufenthG** beachtet werden, wonach der Antrag auf Erteilung des Aufenthaltstitels
innerhalb von sechs Monaten ab Kenntnis vom Verlust der deutschen Staatsangehörigkeit zu stellen
ist. Diesbezüglich hat das BVerwG (BeckRS 2011, 52110) klargestellt, dass die Frist erst mit
Bestandskraft des Rücknahmebescheides zu laufen beginnt. Dies gelte allerdings dann nicht, wenn
die Behörde den Sofortvollzug angeordnet hat. Offen gelassen hat das BVerwG, wie es sich verhält,
wenn die aufschiebende Wirkung des Anfechtungsrechtsmittels angeordnet wird. Konsequenterweise kann dann die Frist des § 38 Abs. 1 S. 2 AufenthG nicht zu laufen beginnen (so auch GK-
StAR/Marx AufenthG § 38 Rn. 148).

4. Unionsrechtliche Folgen

84   Hat der **Betroffene** nicht zusätzlich zur deutschen Staatsangehörigkeit auch die Staatsangehörigkeit eines Mitgliedsstaates der EU, **verliert** er **bei Rücknahme der deutschen Staatsangehörigkeit auch die Unionsangehörigkeit** nach Art. 20 AEUV. Die Rücknahme der Einbürgerung
nach § 35 ist auf Einbürgerungen von Unionsbürgern auch anwendbar, wenn der Betroffene
dadurch staatenlos wird (EuGH BeckEuRS 2010, 513113 – Rottmann; näher → Rn. 9).

5. Assoziationsrechtliche Folgen

85   Sind assoziationsfreizügige türkische Arbeitnehmer nach EWG-Türkei (Beschluss Nr. 1/80 des
Assoziationsrates v. 19.9.1980 über die Entwicklung der Assoziation) **unter Hinnahme von
Mehrstaatigkeit eingebürgert** worden, ändert sich bei Rücknahme der deutschen Staatsangehö-
rigkeit im Hinblick auf die bestehende Rechtsstellung nach Art. 6 und 7 ARB 1/80 nichts. Für
die Familienangehörigen iSd Art. 7 ARB 1/80 ist die eigene Staatsangehörigkeit bedeutungslos
(EuGH BeckEuRS 2012, 689458; NK-AuslR/Oberhäuser Rn. 49).

86   Hat hingegen ein nach Art. 6 ARB 1/80 Assoziationsfreizügiger **bei der Einbürgerung die
türkische Staatsangehörigkeit verloren,** wurde die Auffassung vertreten, er verliere die Rechte
aus EWG-Türkei und könne diese auch nicht im Falle des Wiedererwerbs der türkischen Staatsangehörigkeit zurückerhalten (so VG Freiburg BeckRS 2010, 46414). Der EuGH hat aber in
BeckEuRS 2020, 658693 die hier bereits zuvor vertretene Auffassung bestätigt, wonach in diesen
Fällen der Status nach Art. 6 ARB 1/80 neu entsteht, sofern er die weiteren Tatbestandsvoraussetzungen wie Arbeitnehmerstatus und Aufenthaltszeiten erfüllt (NK-AuslR/Oberhäuser Rn. 50).
Waren diese Voraussetzungen sowohl während der gesamten Zeit seit Verlust der türkischen Staatsangehörigkeit als auch nach Wiedererwerb der türkischen Staatsangehörigkeit erfüllt, tritt der
Betroffene direkt wieder in den Status ein, den er vor Verlust der türkischen Staatsangehörigkeit
hatte. Der Wortlaut des Art. 6 Abs. 1 ARB 1/80 stellt für den Erwerb der Assoziationsfreizügigkeit
nicht darauf ab, dass der Arbeitnehmer durchgehend die türkische Staatsangehörigkeit hatte, son-

dern dass er sie in dem Zeitpunkt hat, in welchem er sich auf diese Rechtsposition beruft (NK-AuslR/Oberhäuser Rn. 50). Gemäß EuGH BeckEuRS 2008, 489402, bestätigt durch EuGH BeckEuRS 2020, 658693, kommen nur zwei Beschränkungen der Rechte aus Art. 6 und 7 ARB 1/80 in Betracht: Die gem. Art. 14 ARB 1/80 zulässige Ausweisung und das endgültige Verlassen des Arbeitsmarktes ohne berechtigte Gründe. Kein Grund ist der zwischenzeitliche Erwerb einer anderen Staatsangehörigkeit (NK-AuslR/Oberhäuser Rn. 50).

V. Auswirkungen auf Dritte (Abs. 5)

1. Allgemeines

Aufgrund der Vorgaben des BVerfG (BeckRS 2006, 23181) musste der Gesetzgeber eine **Rege-** 87 **lung der Auswirkungen der Rücknahme der deutschen Staatsangehörigkeit auf Dritte** ausarbeiten (so auch BeckOK AuslR/Weber Rn. 53). Das BVerfG hatte zurecht darauf hingewiesen, dass eventuelle Auswirkungen einer Einbürgerungsrücknahme auf die Staatsangehörigkeit Dritter einen derart sensiblen Grundrechtsbereich beträfen, dass eine eigene, bewusste Entscheidung des Gesetzgebers zu den Folgen für Dritte nötig sei (NK-AuslR/Oberhäuser Rn. 68). Dies wurde mit Abs. 5 gemacht.

Hat danach die Rücknahme der Einbürgerung bzw. Beibehaltungsgenehmigung Auswirkungen 88 (→ Rn. 98) auf einen Verwaltungsakt nach dem StAG, der einem Dritten gegenüber ergangen ist, so muss für den Dritten eine **eigenständige Ermessensentscheidung** (→ Rn. 101) ergehen (S. 1). Es muss also jedenfalls eine **Verbindung der beiden Verwaltungsakte** dahingehend vorliegen, dass die Wirkung der erworbenen oder beibehaltenen deutschen Staatsangehörigkeit Voraussetzung für den Verwaltungsakt zugunsten des Dritten war. Stützt eine Behörde die Entscheidung der Drittwirkung somit ausschließlich auf den Verlust der Staatsangehörigkeit einer Person, ist dies ermessensfehlerhaft.

Die **Vorschrift ist von § 17 Abs. 2 abzugrenzen.** § 17 Abs. 2 (s. → § 17 Rn. 39) ist auf 89 den gesetzlichen Erwerb der deutschen Staatsangehörigkeit nach § 4–7 bezogen, während Abs. 5 ausschließlich den Erwerb aufgrund eines Antrags nach dem StAG betrifft.

Betroffen von Abs. 5 sind somit **Einbürgerungen nach § 8** sofern eine Einbürgerungsvoraus- 90 setzung auf die deutsche Staatsangehörigkeit eines anderen abstellt (NK-AuslR/Oberhäuser Rn. 71).

Dies ist nach Nr. 8.1.3.3 VAH-StAG (Abkömmlinge deutscher Staatsangehöriger), Nr. 8.1.3.6 91 VAH-StAG (minderjährige Kinder) und Nr. 8.1.3.9 VAH-StAG (Miteinbürgerung von Ehegatten bzw. Kindern) der Fall.

Weiter sind betroffen von Abs. 5 **Einbürgerungen nach § 9** (privilegierte Einbürgerung des 92 Ehegatten).

Ebenso betroffen von Abs. 5 sind **Einbürgerungen nach § 10 Abs. 2** (Miteinbürgerung des 93 Ehegatten bzw. der Kinder).

Abs. 5 ist auch anzuwenden bei **Einbürgerungen nach § 13** (Miteinbürgerung der Kinder 94 eines ehemaligen deutschen Staatsangehörigen).

Schließlich ist Abs. 5 auf **Einbürgerungen nach § 14** (Miteinbürgerung des Ehegatten bzw. 95 der Kinder eines wegen öffentlichen Interesses Eingebürgerten).

Zudem ist Abs. 5 auf **Beibehaltungsgenehmigungen nach § 25 Abs. 2 und § 29 Abs. 3** 96 **S. 2** anzuwenden (Beibehaltungsgenehmigung aufgrund der deutschen Staatsangehörigkeit des Stammberechtigten).

Nicht betroffen von Abs. 5 sondern ein Fall des § 17 Abs. 2 (hierzu → § 17 Rn. 39) 97 sind der Erwerb der deutschen Staatsangehörigkeit nach §§ 4–7, somit aufgrund Geburt, Erklärung oder Annahme als Kind (OVG NRW BeckRS 2019, 6607; BeckOK AuslR/Weber Rn. 52) sowie aufgrund einer Ausstellung einer Bescheinigung nach § 15 Abs. 1 oder Abs. 2 BVFG (NK-AuslR/Oberhäuser Rn. 72).

2. Auswirkungen

Soweit Abs. 5 S. 1 Auswirkungen der Rücknahme einer rechtswidrigen Einbürgerung auf 98 einen einem Dritten gegenüber nach dem StAG ergangenen Verwaltungsakt voraussetzt, geht es **nicht in erster Linie um die Auswirkungen bei der Einbürgerung, sondern bei der Rücknahme.** Die teilweise herangezogene Akzessorietät der betroffenen Einbürgerungsentscheidungen ist somit nicht ganz korrekt und wird auch vom BVerwG (BeckRS 2003, 25253) nicht aufgenommen (krit. NK-AuslR/Oberhäuser Rn. 73). Wäre allein die Akzessorietät bei der Einbürgerung maßgebend, würde bei rückwirkendem Wegfall der Einbürgerung automatisch auch die darauf basierende Einbürgerung des Dritten wegfallen. Die Akzessorietät hingegen endet mit der erfolgten Einbürgerung. Ab diesem Zeitpunkt haben die Staatsangehörigkeitsverhältnisse ein eigenständiges Schicksal.

99 Das **BVerwG** (BeckRS 2003, 25253) geht deshalb einen anderen Weg: Es **sieht die Täuschungshandlung des Stammberechtigten als Grund, weshalb die Einbürgerungsbehörde auch beim Dritten von einem unzutreffenden Sachverhalt ausgegangen ist.** Aus diesem Grund ist auch der Verwaltungsakt zugunsten des Dritten rechtswidrig (so auch GK-StAR/Marx Rn. 158). Dann aber muss gefragt werden, ob der Dritte an der Täuschungshandlung mitgewirkt hat. Ist dies nicht der Fall, kann eine Rücknahme der Staatsangehörigkeit nicht erfolgen (GK-StAR/Marx Rn. 158). Zurecht weist NK-AuslR/Oberhäuser Rn. 75 diesbezüglich auch auf den Wortlaut des S. 2 hin, wonach insbesondere eine Beteiligung des Dritten an der unlauteren Handlung des Stammberechtigten abzuwägen ist. Der Wortlaut nimmt direkten Bezug zur unlauteren Handlung des Stammberechtigten. Es geht also ausschließlich um eine Beteiligung an dieser Handlung. Ist eine solche nicht gegeben, ist der Weg zur Rücknahme der Entscheidung, den Dritten betreffend, nicht eröffnet (GK-StAR/Marx Rn. 158). Es geht nicht um eine Täuschungshandlung an der eigenen Einbürgerung. Dies wiederum steht dann auch im Einklang mit BVerwG BeckRS 2003, 25253, das ebenso auf die Täuschungshandlung des Stammberechtigten abstellt.

100 Nach dieser Sicht der Dinge erscheint eine **Tatbeteiligung eines Kindes** stets ausgeschlossen, da eine eigene Tatbeteiligung **kaum denkbar** ist und eine Anwendbarkeit des Abs. 5 auf Kinder somit nahezu unmöglich. Dies aber wäre mit dem Wortlaut des Abs. 5 S. 2, wonach auch bei einem Kind eine Ermessensentscheidung zu treffen ist, kaum in Einklang zu bringen. In der Tat ist zu berücksichtigen, dass **bei einem gesetzlich vertretenen Kind** das **Handeln des gesetzlichen Vertreters** bei der Frage, ob der Tatbestand des Abs. 5 gegeben ist, **zuzurechnen** ist. Hat demnach der gesetzliche Vertreter des Kindes oder auch des Geschäftsunfähigen sich an der Täuschungshandlung beteiligt, so dass die Einbürgerungsbehörde von einem unzutreffenden Sachverhalt ausgegangen ist, ist der Anwendungsbereich des Abs. 5 eröffnet. Das **Korrektiv erfolgt auf der Ermessensebene.**

3. Ermessensgrundsätze

101 Liegen die Voraussetzungen der Auswirkungen der Rücknahmeentscheidung vor, hat die Behörde **für jeden der Betroffenen Dritten eine eigenständige Ermessensentscheidung** zu treffen. Das heißt aber nicht, dass der familiäre Kontext dabei außer Acht gelassen werden dürfte (GK-StAR/Marx Rn. 168).

102 Das **BVerwG** (BeckRS 2003, 25253) **lehnt eine Ermessensreduzierung auf Null** im Fall der Beteiligung des Dritten an der vorgeworfenen Handlung **ab.** Auch wenn dem Betroffenen der Vertrauensschutz zu versagen ist, obliegt der Behörde weiterhin pflichtgemäßes Ermessen (ebenso GK-StAR/Marx Rn. 170).

103 Nach dem Wortlaut der Vorschrift ist insbesondere eine **Beteiligung des Dritten an der vorwerfbaren Handlung als belastendes Gewicht** in die Ermessensabwägung einzustellen. Zurecht weist NK-AuslR/Oberhäuser Rn. 76 darauf hin, dass der Gesetzgeber durch den unbestimmten Artikel („eine" Beteiligung) deutlich macht, dass eine eigene Beteiligung nicht unbedingt gegeben sein muss. Hier liegt das Korrektiv bei der Betroffenheit von gesetzlich vertretenen Kindern (→ Rn. 100). Die Handlung des gesetzlichen Vertreters ist zwar im Rahmen der Auswirkung iSd S. 1 zuzurechnen. Von einer Beteiligung des Kindes selbst iSd S. 2 ist damit noch nicht auszugehen.

104 Wie NK-AuslR/Oberhäuser Rn. 78 ausführt, ist von einem „eigenen Zutun" im Sinne der Ermessensabwägung nicht auszugehen, wenn die Handlung dem gesetzlichen oder auch gewillkürten Vertreter allein zuzurechnen ist. Denn würde dies anders betrachtet, träte der Verlust der Staatsangehörigkeit nie ohne Zutun des vertretenen Dritten ein und wäre die Rücknahme der Einbürgerung trotz fehlender unmittelbarer Beteiligung des Dritten niemals ein Verstoß gegen Art. 16 Abs. 1 GG und der grundrechtliche Schutz damit in unzulässiger Weise aufgehoben.

105 Insofern ist **bei einem Kind das Fehlen der eigenen Täuschungshandlung in besonderem Maße zu berücksichtigen.** Das wird in der Regel dazu führen, dass eine Rücknahme ausscheidet. Allerdings gilt dies nicht uneingeschränkt. Dem Rechtsgedanken des § 17 Abs. 2 wird zu entnehmen sein, dass die schutzwürdigen Belange eines **Kindes, welches das fünfte Lebensjahr noch nicht vollendet** hat, gering wirken, sofern kein Elternteil die deutsche Staatsangehörigkeit besitzt. Stets ist dabei aber auch die **Situation der Familie zu beachten.** Hat sich bspw. die miteingebürgerte Kindesmutter nicht an der Täuschung beteiligt, die der Kindesvater auch als gesetzlicher Vertreter des Kindes begangen hat, wird die Kindesmutter die deutsche Staatsangehörigkeit nicht verlieren. Dann ist es auch ohne Bedeutung, wenn das Kind unter fünf Jahren ist. Ihm wird die deutsche Staatsangehörigkeit nicht genommen werden können.

Liegt allerdings eine **eigenständige Täuschungshandlung des Dritten** vor, welche zum **105a** Erlangen der deutschen Staatsangehörigkeit oder der Beibehaltungsentscheidung kausal geführt hat, wird, wie bei Abs. 1 diese Tathandlung in besonderem Maße zu berücksichtigen sein (→ Rn. 54). Die Auffassung von Weber (BeckOK AuslR/Weber Rn. 55), wonach sich aus Abs. 5 S. 2 ergeben würde, dass bei Kenntnis des Dritten von Täuschungshandlungen des primär Betroffenen kein schutzwürdiges Vertrauen des Dritten in den Bestand der deutschen Staatsangehörigkeit bestehen soll, wird hier nicht geteilt. Dies geht aus dem Wortlaut der Vorschrift keineswegs hervor. Auch ist nicht korrekt, dass aus dem Wortlaut des Abs. 5 S. 2 hervorginge, dass das öffentliche Interesse das private Interesse bei einer eigenen Täuschungshandlung des Dritten regelmäßig überwiegen würde (so auch BeckOK AuslR/Weber Rn. 55 unter Berufung auf Nr. 35.5 VAH-StAG). Ein solches Regel-Ausnahme-Verhältnis ist der Vorschrift ebenfalls nicht zu entnehmen. Abs. 5 S. 2 fordert lediglich die Einbeziehung dieser Tatsachen in die Abwägung. Selbstredend ist dann nicht auszuschließen, dass die Staatsangehörigkeitsbehörde zurecht zum Schluss kommt, dass kein diesbezügliches Vertrauen in den Bestand gegeben sein kann. Vorgegeben im Sinne eines intendierten Ermessens ist dies aber nicht.

Dem **Rechtsgedanken des § 17 Abs. 2** ist bei Kindern, die das fünfte Lebensjahr vollendet **105b** haben, in besonderem Maße Rechnung zu tragen (Dörig MigrationsR-HdB § 2 Rn. 217).

Bei einem **verfahrensfähigen Kind** (nach § 37 Abs. 1 S. 1 16 Jahre) wird die eigene Tathand- **106** lung in erheblichem Maße zu berücksichtigen sein, wobei auch hier zu prüfen sein wird, inwieweit das Handeln auf eigener Entscheidung beruht.

Ebenso ist **zu berücksichtigen, inwieweit seitens des Stammberechtigten Druck auf** **107** **die beteiligten Dritten ausgeübt wurde** (so auch GK-StAR/Marx Rn. 171). Die Beteiligungen sind stets zu gewichten. Je stärker der Familienangehörige an der vorgeworfenen Handlung beteiligt war, desto schwerer wiegt dies und umso mehr treten die schutzwürdigen Belange zurück. Je geringer die Tathandlung ist, umso mehr wiegen die schutzwürdigen Belange.

Hinsichtlich der schutzwürdigen Belange hat der Gesetzgeber Kriterien in die Vorschrift mit **108** aufgenommen, die seitens der Behörde zu berücksichtigen sind. Bei Kindern ist das **Kindeswohl danach in besonderer Weise zu berücksichtigen.** Die Berücksichtigung des Kindeswohls wirkt sich auch auf die Frage der Rücknahme der Staatsangehörigkeit bei weiteren Dritten aus. Zum Kindeswohl zählt auch der Grundsatz der einheitlichen Staatsangehörigkeit der Familie (so auch NK-AuslR/Oberhäuser Rn. 80). Dabei ist auch das Schicksal der diversen Kinder einer Familie zu beachten. Kommt auch nur für ein Kind die Rücknahme nicht in Betracht, ist in aller Regel bei allen Kindern die Rücknahme ausgeschlossen (GK-StAR/Marx Rn. 176).

Zu berücksichtigen sein wird dabei auch der **Rechtsgedanke des § 17 Abs. 2,** wonach der **108a** Verlust der Staatsangehörigkeit nach § 35 die kraft Gesetzes erworbene deutsche Staatsangehörigkeit Dritter nicht berührt, sofern diese das **fünfte Lebensjahr vollendet** haben. Dabei ist mit Weber (BeckOK AuslR/Weber Rn. 57) davon auszugehen, dass im Rahmen des Abs. 5 S. 2 diese Altersgrenze nicht strikt gilt. Mit steigendem Alter ist aber das zunehmende Vertrauen in den Bestand der deutschen Staatsangehörigkeit im Zusammenspiel mit der erfolgten Integration zu berücksichtigen (Nr. 35.5 VAG-StAG). Außerdem besteht bis zur Vollendung des fünften Lebensjahrs nur ein erheblich geringerer Schutz des Dritten.

Bei den nach Abs. 5 Betroffenen ist zu berücksichtigen, ob sie staatenlos werden. **109** Abs. 2 ist aufgrund des Wortlautes „dieser Rücknahme", der sich nur auf Abs. 1 beziehen kann, auf Abs. 5 nicht anzuwenden. Dem Wortlaut kommt aufgrund Art. 16 Abs. 1 S. 2 GG hier besonderes Gewicht zu. Dabei ist insbesondere im Falle der unverschuldeten Rücknahme nach Abs. 5 im Fall der Staatenlosigkeit eine Rücknahme stets unverhältnismäßig (so und noch weitergehend für alle Fälle der Staatenlosigkeit GK-StAR/Marx Rn. 180; einschränkend BeckOK AuslR/Weber Rn. 54, der lediglich ein verstärktes privates Beibehaltungsinteresse sieht).

Auch der **Verlust der Unionsbürgerschaft ist im Rahmen des Ermessens eigenständig** **109a** **zu würdigen,** wenn der Betroffene aufgrund des Verlustes der deutschen Staatsangehörigkeit auch die Unionsbürgerschaft nach Art. 20 AEUV verlieren würde (→ Rn. 57c).

Besteht im Fall der Rücknahme für Betroffene ein **eigener Einbürgerungsanspruch,** soll **110** nach der Gesetzesbegründung (BT-Drs. 16/10528) die Rücknahme nicht erfolgen. Dies ist Ausdruck auch der öffentlichen Belange, nämlich der Verfahrensökonomie (GK-StAR/Marx Rn. 182).

Weiter ist der Grad der **Integration** in Deutschland als wesentlicher Ermessensgesichtspunkt **111** zu berücksichtigen. Ebenso sind **berufsrechtliche Folgen** in das Ermessen einzubeziehen. Auch die **aufenthaltsrechtlichen Folgen** sind, wie auch im Fall des Abs. 1 (→ Rn. 53), im Rahmen des Ermessens zu berücksichtigen. Dabei ist nicht von Bedeutung, dass die aufenthaltsrechtlichen Folgen letztendlich Sache der Ausländerbehörde und nicht der Staatsangehörigkeitsbehörde sind (aA BeckOK AuslR/Weber Rn. 54). Die Staatsangehörigkeitsbehörde soll auch nicht über die aufenthaltsrechtlichen Folgen entscheiden. Sie hat sie aber in ihre notwendige umfangreiche Ermessensprüfung einzubeziehen, insbesondere, wenn bereits eine weitgehende Integration und eine entsprechende Abkehr vom Heimatstaat erfolgt sind.

111a   Weiter dürfte die **Verlängerung der Rücknahmefrist** nach Abs. 3 (→ Rn. 65a) im Rahmen der Ermessensabwägung zu berücksichtigen sein, da dies sich auch auf die betroffenen Dritten in erheblichem Maße auswirkt.

VI. Verwaltungsverfahren und Rechtsschutz

112   **Zuständig** für das Verwaltungsverfahren sind die nach Landesrecht zuständigen Staatsangehörigkeitsbehörden (→ § 1 Rn. 5a.1), bzw. das Bundesverwaltungsamt, sofern der Betroffene seinen dauernden Aufenthalt im Ausland hat (§ 5 BVwAG).

113   Die Rücknahme ist ein belastender Verwaltungsakt und als solcher je nach Landesrecht mit **Widerspruch und Anfechtungsklage** angreifbar.

114   Die Rücknahmeentscheidung ist **kein sofort vollziehbarer Verwaltungsakt.** Widerspruch und Anfechtungsklage haben aufschiebende Wirkung (§ 80 Abs. 1 S. 1 VwGO). Die sofortige Vollziehbarkeit kann aber gem. § 80 Abs. 2 S. 1 Nr. 4 VwGO von der Behörde angeordnet werden, wogegen wiederum nach **§ 80 Abs. 5 VwGO** die Wiederherstellung der aufschiebenden Wirkung gerichtlich beantragt werden kann.

115   Gegen die zur Begründung des Vollzugsinteresses angeführte Vermeidung des Ausnutzens einer rechtswidrig erteilten Staatsangehörigkeit bestehen jedenfalls dann erhebliche **verfassungsrechtliche Bedenken,** wenn der Ausgang des Verfahrens auch nur geringe Zweifel hat, da durch den Verlust der deutschen Staatsangehörigkeit verfassungsrechtliche geschützte Güter betroffen sind. Die Auffassung des HmbOVG (BeckRS 9998, 44263), wonach der Sofortvollzug in diesen Fällen grundsätzlich gerechtfertigt ist, kann hier nicht geteilt werden (aA BeckOK AuslR/Weber Rn. 59, der den Sofortvollzug nur in Ausnahmefällen als nicht angemessen erachtet). Für die hiesige Auffassung spricht auch, dass es der Gesetzgeber in der Hand gehabt hätte, die aufschiebende Wirkung auszuschließen. Nach VG Münster BeckRS 2005, 26696 ist jedenfalls bei Zweifeln an der Rechtmäßigkeit die aufschiebende Wirkung der Klage wiederherzustellen. Nach VG Saarlouis BeckRS 2016, 53102 besteht jedenfalls dann, wenn die Rücknahme auf einer arglistigen Täuschung beruht, an der keine ernsthaften Zweifel bestehen, ein erhebliches öffentliches Interesse an der Herstellung rechtmäßiger Verhältnisse, weshalb die Anordnung der sofortigen Vollziehbarkeit nach § 80 Abs. 4 VwGO gerechtfertigt sein kann (so auch Dörig MigrationsR-HdB § 3 Rn. 44). Bestehen aber begründete **Zweifel an der offensichtlichen Rechtmäßigkeit** der Rücknahme bei einem nicht vollständig aufgeklärten Sachverhalt, kommt eine sofortige Vollziehbarkeit nicht in Betracht (VG Mainz BeckRS 2018, 7838; Dörig MigrationsR-HdB § 3 Rn. 44). Für die grundsätzliche Anordnung des Sofortvollzugs bei Täuschungshandlungen HmbOVG BeckRS 9998, 44263.

116   **Maßgeblicher Zeitpunkt für die Beurteilung der Sach- und Rechtslage** ist zwar üblicherweise in Anfechtungsklagen derjenige der behördlichen Entscheidung. Mit GK-StAR/Marx Rn. 199 ist aber davon auszugehen, dass aufgrund der verfassungsrechtlichen Relevanz auf den Zeitpunkt der gerichtlichen Entscheidung abgestellt werden muss. Dies entspricht auch der Rechtsprechung zur Anfechtung einer Ausweisungsverfügung (BVerwG BeckRS 2008, 32046).

117   Die **Behörde** ist für die Rücknahmevoraussetzungen **beweisbelastet.**

118   Sofern der Verwaltungsakt nicht sofort vollziehbar ist, kann der Betroffene während des Klageverfahrens, sofern der hier vertretenen Auffassung gefolgt wird, dass maßgeblich für die Beurteilung die Sach- und Rechtslage der Zeitpunkt der gerichtlichen Entscheidung ist, noch Einfluss auf den Verlust nehmen, indem zB die Voraussetzungen für einen Anspruch auf Erteilung der deutschen Staatsangehörigkeit zumindest für einzelne Familienmitglieder geschaffen werden.

119   **Aufenthaltsrechtlich ist dringend anzuraten,** mit der Rücknahme der Einbürgerung sofort einen Antrag auf Erteilung einer Aufenthaltserlaubnis zu stellen, um zu verhindern, dass der Aufenthalt unerlaubt wird. Dieser Antrag sollte bereits fürsorglich für den Fall der Bestandskraft der Rücknahmeentscheidung gestellt werden (NK-AuslR/Oberhäuser Rn. 82). Zu beachten ist diesbezüglich die Ausschlussfrist des § 38 Abs. 1 AufenthG.

120   Wichtig ist, die **strafrechtliche Problematik** zu berücksichtigen, da sich dies auf die aufenthaltsrechtliche Situation auswirkt. Wenn die Täuschungshandlung nicht vorhergehende Aufenthaltstitel betroffen hat, kann ein neuer Titel nach § 38 Abs. 3 AufenthG im Wege des Ermessens unter Verzicht auf die Voraussetzungen des § 5 AufenthG erteilt werden (NK-AuslR/Oberhäuser Rn. 82).

§ 36 [Einbürgerungsstatistik]

(1) Über die Einbürgerungen werden jährliche Erhebungen, jeweils für das vorausgegangene Kalenderjahr, beginnend 2000, als Bundesstatistik durchgeführt.

(2) Die Erhebungen erfassen für jede eingebürgerte Person folgende Erhebungsmerkmale:
1. Geburtsjahr,
2. Geschlecht,
3. Familienstand,
4. Wohnort zum Zeitpunkt der Einbürgerung,
5. Aufenthaltsdauer im Bundesgebiet nach Jahren,
6. Rechtsgrundlage der Einbürgerung,
7. bisherige Staatsangehörigkeiten und
8. Fortbestand der bisherigen Staatsangehörigkeiten.

(3) Hilfsmerkmale der Erhebungen sind:
1. Bezeichnung und Anschrift der nach Absatz 4 Auskunftspflichtigen,
2. Name und Telekommunikationsnummern der für Rückfragen zur Verfügung stehenden Person und
3. Registriernummer der eingebürgerten Person bei der Einbürgerungsbehörde.

(4) ¹Für die Erhebungen besteht Auskunftspflicht. ²Auskunftspflichtig sind die Einbürgerungsbehörden. ³Die Einbürgerungsbehörden haben die Auskünfte den zuständigen statistischen Ämtern der Länder jeweils zum 1. März zu erteilen. ⁴Die Angaben zu Absatz 3 Nr. 2 sind freiwillig.

(5) An die fachlich zuständigen obersten Bundes- und Landesbehörden dürfen für die Verwendung gegenüber den gesetzgebenden Körperschaften und für Zwecke der Planung, nicht jedoch für die Regelung von Einzelfällen, vom Statistischen Bundesamt und den statistischen Ämtern der Länder Tabellen mit statistischen Ergebnissen übermittelt werden, auch soweit Tabellenfelder nur einen einzigen Fall ausweisen.

Überblick

Die Vorschrift schafft die gesetzliche Rechtsgrundlage für eine Einbürgerungsstatistik ab dem Erfassungsjahr 1999. Erfasst werden nur Einbürgerungen, nicht der Erwerb der deutschen Staatsangehörigkeit kraft Gesetzes und auch nicht der Verlust der deutschen Staatsangehörigkeit. Abs. 1 regelt den Gegenstand der Statistik (→ Rn. 4). Den Umfang der Erhebung regeln Abs. 2 und Abs. 3 (→ Rn. 7). Den Umfang der Auskunftspflicht regelt Abs. 4 (→ Rn. 9). Die Datenverarbeitung ist in Abs. 5 geregelt (→ Rn. 11). Die Regelungen zur Löschung finden sich im BStatG (→ Rn. 12).

A. Allgemeines

Bis 31.12.1999 war die Vorschrift, welche Staatsverträge der früheren Bundesstaaten mit ausländischen Staaten betraf, gegenstandslos. **1**

Zum 1.1.2000 wurde dann die Vorschrift neu gefasst und erstmalig eine bundesweite Statistik über die Einbürgerungen eingeführt. Davor gab es keine länderübergreifende Erfassung der Einbürgerungsdaten. Teilweise gab es Erfassungen der Länder. **2**

Zweck der Vorschrift ist es demnach, laufende Erkenntnisse über die Anzahl der in der Bundesrepublik eingebürgerten Personen zu erhalten, um die weitere **Einbürgerungspolitik planen** zu können und die **Integration** der dauerhaft in der Bundesrepublik lebenden Ausländer zu **verbessern** (BT-Drs. 14/533, 1). Umfasst werden dabei alle Einbürgerungstatbestände des deutschen Staatsangehörigkeitsrechts, also auch die außerhalb des StAG geregelten einbürgerungsrechtlichen Grundlagen (GK-StAR/Marx Rn. 4). **3**

B. Erläuterungen im Einzelnen

I. Gegenstand der Statistik (Abs. 1)

4　　Erfasst werden ausschließlich **Einbürgerungen,** nicht aber der Erwerb der deutschen Staatsangehörigkeit kraft Gesetzes, wie zB aufgrund der Geburt gemäß § 4 Abs. 1 und Abs. 3). Auch werden nicht erfasst Verlusttatbestände zB nach § 29 durch Erklärung oder § 25 aufgrund Erwerbs einer anderen Staatsangehörigkeit.

5　　Erhoben werden **Einbürgerungen aller Art,** unabhängig von der jeweiligen Rechtsgrundlage und nicht begrenzt auf das StAG.

6　　Die Statistik wird jeweils für das vorausgegangene Kalenderjahr erstellt. Die ersten Daten betreffen somit das Kalenderjahr 1999.

6.1　　Im Jahr 1999 wurden nach der Statistik 248.206 Personen eingebürgert. Danach sank die Zahl der Einbürgerungen kontinuierlich bis zum Jahr 2005 auf 117.241 auf rund 47 % des Vergleichsjahres 1999. Nach einem einmaligen leichten Anstieg im Jahr 2006 auf 124.566 Einbürgerungen, fiel die Anzahl der Einbürgerungen in den Jahren 2007 und 2008 auf nur noch 94.474, dem bisherigen Tiefstand. Danach stieg die Anzahl im Jahr 2013 auf 112.3535 und stagnierte bis 2018 in diesem Bereich. Einen wesentlichen Anstieg auf 128.905 (14,7 % zum Vorjahr) gab es 2019. Dabei entfiel ein wesentlicher Teil der zusätzlichen Einbürgerungen auf britische Staatsangehörige aufgrund des drohenden Brexits.

II. Umfang der Erhebung (Abs. 2, Abs. 3)

6a　　In § 9 Abs. 1 BStatG ist geregelt, welchen **Regelungsumfang** eine Vorschrift haben muss, welche eine Bundesstatistik anordnet. Eine solche Vorschrift muss die Erhebungsmerkmale (→ Rn. 7), Hilfsmerkmale (→ Rn. 8), Art der Erhebung (→ Rn. 9), den Berichtszeitraum bzw. den Berichtszeitpunkt (→ Rn. 10), die Periodizität (→ Rn. 10) und den Kreis der zu Befragenden (→ Rn. 10) definieren (BeckOK AuslR/Kluth/Bohley Rn. 6).

1. Erhebungsmerkmale (Abs. 2)

7　　Welche Daten erhoben werden, ist in Abs. 2 aufgeführt. Danach werden zum einen Daten über **persönliche Verhältnisse** erhoben, nämlich Geburtsjahr, Geschlecht, Familienstand und Wohnort. Zum anderen werden Daten zu **sachlichen Verhältnissen** erhoben, die sich auf den Einbürgerungsvorgang beziehen, nämlich Aufenthaltsdauer, Rechtsgrundlage, bisherige Staatsangehörigkeit und Fortbestand dieser Staatsangehörigkeit. Dies entspricht § 10 Abs. 1 S. 1 BstatG, wonach Erhebungsmerkmale Angaben über persönliche (Abs. 2 Nr. 1–4) und sachliche (Abs. 2 Nr. 5–8) Verhältnisse sind. Die genannten Daten sind abschließend.

2. Hilfsmerkmale (Abs. 3)

8　　Die Erhebung der **Hilfsmerkmale** iSd § 10 Abs. 1 S. 3 BStatG gem. Abs. 3 dienen der technischen Durchführung (Nr. 36.3 StAR–VwV). Dabei erfolgen die Angaben zu Name und Telekommunikationsnummer gem. Abs. 4 S. 4 auf freiwilliger Basis. Die Daten ermöglichen Rückfragen bei den auskunftspflichtigen Behörden. Sie sollen aber keine Rückschlüsse auf die eingebürgerte Person zulassen (BeckOK AuslR Kluth/Bohley Rn. 8). Gemäß § 12 Abs. 1 S. 2 BStatG sind deshalb die Hilfsmerkmale zum frühestmöglichen Zeitpunkt von den Erhebungsmerkmalen zu trennen und gesondert zu speichern. Ist die Überprüfung der Erhebungsmerkmale und der Hilfsmerkmale auf Schlüssigkeit und Vollständigkeit bei den statistischen Ämtern abgeschlossen, sind die Hilfsmerkmale nach § 12 Abs. 1 S. 1 BStatG zu löschen (BeckOK AuslR/Kluth/Heusch Rn. 9).

III. Umfang der Auskunftspflicht (Abs. 4)

9　　Mit Ausnahme des Namens und der Telekommunikationsnummer besteht eine **Pflicht zur Auskunftserteilung** über die Daten nach Abs. 2 und Abs. 3. Die Verpflichtung betrifft die Einbürgerungsbehörden. Die Auskünfte werden ausschließlich an die zuständigen Statistischen Landesämter, also nicht an das Statistische Bundesamt, nach Abs. 4 S. 3 erteilt. Eine **Weitergabe** an andere Behörden ist nicht erlaubt. Mit GK-StAR/Marx Rn. 11 ist davon auszugehen, dass zum einen keine entsprechende spezialgesetzliche Norm ersichtlich ist. Zum anderen ist § 36 bewusst deutlich restriktiver gehalten als vergleichbare Normen wie zB § 86 AufenthG. Die

Datenübermittlung ist somit nur zwischen den Einbürgerungsbehörden und dem jeweiligen statistischen Landesamt zulässig (anders HMHK/Hailbronner/Maaßen Rn. 10). Die Daten sind bis zum 1.3. des Folgejahres zu übermitteln. Die statistischen Landesämter **10** übermitteln die erhobenen Daten dem Statistischen Bundesamt, das die Bundesstatistik führt. Das Statistische Bundesamt kann von den Einbürgerungsbehörden keine Angaben einfordern. Dieses Recht steht nur den Statistischen Landesämtern zu (GK-StAR/Marx Rn. 14; HMHK/Hailbronner/Maaßen Rn. 11; BeckOK AuslR/Kluth/Bohley Rn. 11).

IV. Datenverarbeitung (Abs. 5)

Die ermittelten Erhebungsmerkmale werden zu einer **jährlichen Statistik** verarbeitet. **Sonsti-** **11** **ger Gebrauch** ist nicht erlaubt, weder seitens des Bundes- noch der Landesstatistikämter. Es dürfen aber Tabellen mit statistischen Ergebnissen an die zuständigen obersten Bundes- und Landesbehörden übermittelt werden für die Verwendung gegenüber den gesetzgebenden Körperschaften und zum Zweck der Planung (§ 3 BStatG). Eine Verwendung zur Regelung von Einzelfällen ist nicht gestattet. Die Tabellen dürfen aber Felder enthalten, die nur mit einem einzigen Fall besetzt sind (Nr. 36.5 StAR-VwV).

V. Datenlöschung

Hinsichtlich der **Datenlöschung** finden die allgemeinen Regeln des BStatG Anwendung, da **12** das StAG keine spezialgesetzliche Norm enthält. Nach § 12 Abs. 2 S. 2 BStatG sind die Hilfsmerkmale zum frühestmöglichen Zeitpunkt von den Erhebungsmerkmalen zu trennen. Sie sind zu löschen, sobald die Überprüfung der Erhebungs- und Hilfsmerkmale auf ihre Schlüssigkeit abgeschlossen ist (§ 12 Abs. 1 S. 1 BStatG).

Bei periodischen Erhebungen für Zwecke der Bundesstatistik dürfen die zur Bestimmung des **13** Kreises der zu Befragenden erforderlichen Hilfsmerkmale gesondert aufbewahrt werden, soweit sie für nachfolgende Erhebungen benötigt werden (§ 12 Abs. 2 S. 1 BStatG). Nach Beendigung des Zeitraums der wiederkehrenden Erhebungen sind sie zu löschen (§ 12 Abs. 2 S. 2 BStatG).

§ 37 [Ermittlung der Einbürgerungsvoraussetzungen]

(1) [1]**Fähig zur Vornahme von Verfahrenshandlungen nach diesem Gesetz ist, wer das 16. Lebensjahr vollendet hat, sofern er nicht nach Maßgabe des Bürgerlichen Gesetzbuchs geschäftsunfähig oder im Falle seiner Volljährigkeit in dieser Angelegenheit zu betreuen und einem Einwilligungsvorbehalt zu unterstellen wäre.** [2]**§ 80 Absatz 3 und § 82 des Aufenthaltsgesetzes gelten entsprechend.**

(2) [1]**Die Einbürgerungsbehörden übermitteln den Verfassungsschutzbehörden zur Ermittlung von Ausschlussgründen nach § 11 die bei ihnen gespeicherten personenbezogenen Daten der Antragsteller, die das 16. Lebensjahr vollendet haben.** [2]**Die Verfassungsschutzbehörden unterrichten die anfragende Stelle unverzüglich nach Maßgabe der insoweit bestehenden besonderen gesetzlichen Verarbeitungsregelungen.**

Überblick

Abs. 1 S. 1 regelt die Antrags- und Handlungsfähigkeit (→ Rn. 5) im StAG. Ab Vollendung des 16. Lebensjahres (→ Rn. 6a) stehen diese Rechte dem Betroffenen zu, sofern nicht Geschäftsunfähigkeit vorliegt (→ Rn. 7). Andererseits gehen damit auch die Mitwirkungspflichten (→ Rn. 9) des § 82 AufenthG einher. Diese beinhalten neben der Vorlage von für den Betroffenen günstigen (→ Rn. 10) Dokumenten (→ Rn. 9) auch unter Umständen die Vorsprache bei der Behörde oder einer Auslandsvertretung (→ Rn. 18). Mit dieser Verpflichtung für den Betroffenen geht auch eine Hinweispflicht der Behörde einher (→ Rn. 15). Abs. 2 dient der Terrorismusabwehr (→ Rn. 22) und regelt nunmehr die Anfrageverpflichtung der Staatsangehörigkeitsbehörden sowie die Auskunftspflichten der Landesverfassungsschutzbehörden.

A. Allgemeines

1   Die Vorschrift wurde durch das Staatsangehörigkeitsreformgesetz (v. 15.7.1999, BGBl. I 1618) mWv 1.1.2000 neu gefasst und verwies damals schlicht auf die Vorschriften über die Handlungsfähigkeit nach §§ 68 Abs. 1 und Abs. 3, 70 Abs. 1, Abs. 2 und Abs. 4 S. 1 AuslG 1990. Sie hatte zum damaligen Zeitpunkt nur einen Absatz. Mit der Neufassung wurden Minderjährige mit dem Erreichen des 16. Lebensjahres fähig zur Vornahme von Verfahrenshandlungen (BT-Drs. 14/533, 17).

2   Mit dem ZuwG (Zuwanderungsgesetz v. 30.7.2004, BGBl. I 1950) erfolgte eine Anpassung an das AufenthG, indem der heutige Abs. 1 S. 2 den Abs. 1 darstellte, der sich nunmehr auf die Vorschriften der §§ 80 Abs. 1 und Abs. 3, 82 AufenthG bezog. Außerdem wurde Abs. 2 erstmals eingeführt, der allerdings damals nicht nur zur Ermittlung von Ausschlussgründen nach § 11, sondern grundsätzlich zur Ermittlung der Einbürgerungsvoraussetzungen diente.

3   Mit dem Gesetz zur Umsetzung aufenthalts- und asylrechtlicher Richtlinien der Europäischen Union v. 19.8.2007 (BGBl. I 1970) wurden redaktionelle Änderungen vorgenommen.

4   Die letzte Veränderung erhielt Abs. 1 durch das Gesetz zur Verbesserung der Unterbringung, Versorgung und Betreuung ausländischer Kinder und Jugendlicher v. 28.10.2015 (BGBl. I 1802). Mit dieser Änderung wurde die parallele Handlungsfähigkeit im StAG und dem AufenthG wieder aufgegeben. Während nach § 80 Abs. 1 AufenthG nunmehr auf die Volljährigkeit abgestellt wird, verblieb es aufgrund Abs. 1 S. 1 im Staatsangehörigkeitsrecht zugunsten des Minderjährigen bei der Handlungsfähigkeit ab der Vollendung des 16. Lebensjahrs, um ihn weiterhin zur Vornahme von Verfahrenshandlungen in Angelegenheiten, die Staatsangehörigkeit und die Einbürgerung betreffend, zu befähigen (BT-Drs. 18/5921, 31). Der Verweis auf § 80 Abs. 1 AufenthG entfiel dementsprechend.

B. Erläuterungen im Einzelnen

I. Handlungsfähigkeit (Abs. 1 S. 1 und S. 2 Alt. 1)

5   Abs. 1 S. 1 regelt, dass grundsätzlich jeder, der das 16. Lebensjahr vollendet hat, **Verfahrenshandlungen nach dem StAG** vornehmen kann. Dies betrifft **alle Erklärungen und Handlungen im gesamten Bereich des StAG,** sofern nicht spezielle Regelungen getroffen sind, wie für die Entlassung nach § 19 Abs. 1 (→ § 19 Rn. 1), den Verlust aufgrund Erwerbs einer anderen Staatsangehörigkeit nach § 25 Abs. 1 (→ § 25 Rn. 41) sowie den Verzicht nach § 26 Abs. 4 (→ § 26 Rn. 31). Umfasst sind somit nicht nur Handlungen im Bereich der Einbürgerung, sondern auch andere.

6   Des Weiteren regelt Abs. 1 S. 2, dass sich die Frage der **Minderjährigkeit bzw. Volljährigkeit** entsprechend § 80 Abs. 3 S. 1 AufenthG **nach den Vorschriften des BGB** richtet. Danach tritt die Volljährigkeit mit der Vollendung des 18. Lebensjahrs ein (§ 2 BGB). Die Berechnung richtet sich nach §§ 187 Abs. 2 S. 2, 188 Abs. 3 BGB. Die Frage der Geschäftsfähigkeit und die rechtliche Handlungsfähigkeit eines nach dem Recht des Heimatstaates volljährigen Ausländers bleiben durch den Verweis auf § 80 Abs. 3 S. 2 AufenthG unberührt.

6a   Die Frage der **Vollendung des 16. Lebensjahrs richtet sich** aufgrund der Verweisungsnorm in § 37 Abs. 1 S. 2 Alt. 1 iVm § 80 Abs. 3 S. 1 AufenthG **nach** den allgemeinen Vorschriften des **BGB** (§§ 187 Abs. 2 S. 2, 188 Abs. 3 BGB).

7   Einschränkungen erfährt die Fähigkeit zur Vornahme von Verfahrenshandlungen selbstredend im Falle der **Geschäftsunfähigkeit** nach § 104 Nr. 2 BGB sowie im Falle eines notwendigen **Einwilligungsvorbehalts** eines Betreuten nach § 1903 BGB. Die Betreuung und der Einwilligungsvorbehalt müssen nach dem Wortlaut des Abs. 1 S. 1 Hs. 2 (noch) nicht angeordnet, sondern nur notwendig sein. Auch bleibt die sonstige rechtliche **Handlungsfähigkeit** eines **nach dem**

Recht des Heimatstaates volljährigen Ausländers unberührt gem. Art. 7 Abs. 1 EGBGB, Art. 4 Abs. 1 EGBGB (BeckOK AuslR/Kluth/Bohley Rn. 5).

II. Mitwirkungspflichten nach § 82 AufenthG (Abs. 1 S. 2 Alt. 2)

Der Verweis in Abs. 1 S. 2 Alt. 2 auf § 82 AufenthG dient der **Verringerung der Amtsaufklä-** 8 **rungspflicht sowie der Vereinfachung und Beschleunigung der Verfahren.** Die zuvor nach allgemeinen Grundsätzen bestehenden Mitwirkungspflichten wurden damit durch das Staatsange-hörigkeitsreformgesetz (→ Rn. 1) konkretisiert und letztlich auch erweitert. Dem Beschleunigungsgrundsatz verleiht die Vorschrift durch das Wort „unverzüglich" (→ Rn. 14) in § 82 Abs. 1 AufenthG Gewicht.

Danach besteht eine **Verpflichtung zur Beibringung der erforderlichen Nachweise zu** 9 **den persönlichen Verhältnissen,** wozu insbesondere Dokumente zur Klärung der Identität und ausländischen Staatsangehörigkeit gehören (BVerwG BeckRS 2011, 55936; VG Ansbach BeckRS 2014, 52002). Weiter gehört hierzu der Vortrag zur Erfüllung sozialrechtlicher Obliegenheits-pflichten hinsichtlich der Inanspruchnahme von Sozialleistungen im Hinblick auf § 10 Abs. 1 S. 1 Nr. 3 (OVG NRW BeckRS 2020, 18002). Allerdings weist das BVerwG (BeckRS 2011, 55936) auch darauf hin, dass damit die Amtsermittlungspflicht keineswegs entfällt. Allerdings begrenzt diese erweiterte Mitwirkungspflicht den Amtsermittlungsgrundsatz (Dörig MigrationsR-HdB § 3 Rn. 18). Eine **Verweigerung der Mitwirkung** ist im Rahmen der **Beweiswürdigung** nach § 108 Abs. 1 VwGO zu berücksichtigen.

Beruft sich ein Staatsangehörigkeitsbewerber auf ein krankheitsbedingtes Unvermögen, ausreichende 9.1 Kenntnisse der deutschen Sprache zu erwerben, muss er regelmäßig diese Tatsache durch Vorlage eines, gewissen Mindestanforderungen genügenden, fachärztlichen Attests nachweisen (VGH BW BeckRS 2018, 10450).

Die **Darlegung der persönlichen Verhältnisse** ist in staatsangehörigkeitsrechtlichen Verfah- 9a ren **oftmals von besonderer Bedeutung.** Da häufig nur der Betroffene von diesen Umständen Kenntnis und Zugriff auf die entsprechenden Nachweise hat, ist es anzuraten, dass er die für ihn günstigen diesbezüglichen Angaben selbst auch vornimmt (BeckOK AuslR/Kluth/Bohley Rn. 6). Auch kann der Betroffene über die Vorlage von Dokumenten hinaus aufgefordert werden, **Stellung zu** seinen **Einkommensverhältnissen zu nehmen,** wenn die Lebensunterhaltssicherung nicht gewährleistet erscheint (VG München BeckRS 2021, 6310).

Der Betroffene ist aber lediglich verpflichtet, für ihn **günstige Umstände** offenzulegen (§ 82 10 Abs. 1 S. 1 AufenthG). Keineswegs kann sich die Behörde, was aber zu beobachten ist, bei fehlenden Aufklärungsmöglichkeiten belastender Umstände auf eine fehlende Mitwirkungspflicht des Betroffenen berufen (NK-AuslR/Hofmann/Hilbrans Rn. 9).

Der Betroffene ist **nicht verpflichtet, unnötige Fragen** der Behörde in vermeintlichen 11 Formanträgen **zu beantworten,** zB pauschal nach einer Scheidung oder nach früheren Wohnsit-zen im Ausland (NK-AuslR/Hofmann/Hilbrans Rn. 9).

Ebenso besteht **keine Verpflichtung,** der Behörde **immer wieder neue Einkommensun-** 12 **terlagen vorzulegen,** weil sich das Verfahren auf Seiten der Behörde ständig verzögert (NK-AuslR/Hofmann/Hilbrans Rn. 10).

Diesbezüglich besteht häufig der Eindruck, die Behörde hoffe, dass sich das Einkommen negativ entwi- 12.1 ckelt. Insbesondere bei neuen Arbeitsverhältnissen wird regelmäßig auf die Probezeit verwiesen, während dieser angeblich keine Einkommenssicherung bestehe. Dies ist abzulehnen.

Auch besteht keine Verpflichtung, **offenkundige oder der Behörde bekannte Umstände** 12a darzulegen und entsprechende Belege vorzulegen (VG Würzburg BeckRS 2016, 42859; Dörig MigrationsR-HdB § 3 Rn. 18).

Die seitens des Antragstellers gemachten Angaben müssen wahrheitsgemäß sein. Dies ergibt 12b sich aus §§ 35 und 42.

Geht es um den Bestand der deutschen Staatsbürgerschaft, kommt der Amtsermittlung eine 13 deutlich höhere Bedeutung zu, da der besondere Rechtsstatus des Deutschen angemessen zu berücksichtigen ist (HMHK/Hailbronner Rn. 6). Eine **keine Mitwirkungspflicht im Fall** eines **Feststellungsverfahrens von Amts wegen** nach § 30 Abs. 1 S. 3 StAG (GK-StAR/Marx Rn. 18, der sich wohl versehentlich auf § 30 AufenthG bezieht; → § 30 Rn. 10).

Der Betroffene hat die für ihn günstigen Umstände **unverzüglich** unter Beibringung der 14 entsprechenden Nachweise vorzutragen (§ 82 Abs. 1 S. 1 AufenthG). Unverzüglich bedeutet ohne schuldhaftes Verzögern (§ 121 Abs. 1 S. 1 BGB). Dabei ist auf die **individuellen Kenntnisse,**

Einsichten und Fähigkeiten des Betroffenen Rücksicht zu nehmen (GK-StAR/Marx Rn. 22; BeckOK AuslR/Kluth/Bohley Rn. 9). Den Betroffenen trifft dabei aus § 82 AufenthG auch eine **Initiativpflicht,** um nach Möglichkeiten zu suchen, die zwingenden Voraussetzungen für seinen Antrag zu erfüllen. Der Betroffene darf nicht untätig und passiv bleiben sowie darauf warten, dass von ihm konkrete Handlungen verlangt werden (BayVGH BeckRS 2018, 32466; Dörig MigrationsR-HdB § 3 Rn. 18). Diese Initiativpflicht gilt **auch im Feststellungsverfahren nach § 30** im Rahmen der Klärung des Erwerbs einer ausländischen Staatsangehörigkeit (BayVGH BeckRS 2019, 21180; Dörig MigrationsR-HdB § 3 Rn. 18). Dabei hat der Betroffene bis zur **Grenze der objektiven Möglichkeiten und subjektiven Zumutbarkeit** mitzuwirken (BVerwG BeckRS 2020, 38039 zur Identitätsklärung). Da im Rahmen der Identitätsklärung bei fehlenden Dokumenten nach der Entscheidung des BVerwG vom 23.9.2020 (BeckRS 2020, 38039) auch der persönliche Vortrag des Betroffenen ausschlaggebend und ausreichend sein kann, gehört diesbezüglich die ausführliche und lückenlose Darstellung unter Bezugnahme auf die möglicherweise vorgelegten nichtamtlichen Dokumente zur Mitwirkungspflicht.

14a   Zu den Nachweisen gehören bspw. Dokumente zur **Klärung der Identität** und zur **ausländischen Staatsangehörigkeit** (VG München BeckRS 2016, 41372; VG Würzburg BeckRS 2016, 42859), Atteste zB zum Nachweis eines **krankheitsbedingten Unvermögens,** die nach § 10 Abs. 1 Nr. 6 vorausgesetzten **ausreichenden Kenntnisse der deutschen Sprache** zu erlangen (VGH BW BeckRS 2018, 10450; → § 10 Rn. 100), Nachweise zum **unverschuldeten Bezug von Sozialleistungen** gem. § 10 Abs. 1 Nr. 3 (→ § 10 Rn. 59; OVG NRW BeckRS 2020, 18002).

15   Um dies zu gewährleisten, bestehen entsprechende **Hinweispflichten für die Behörde,** die sich aus Abs. 1 S. 2 Alt. 2 iVm § 82 Abs. 3 S. 1 AufenthG ergeben. Dabei hat die Behörde im Hinblick auf § 82 Abs. 1 S. 1 AufenthG darauf zu achten, dass die Belehrung auf für den Betroffenen günstige Belange zu beschränken ist.

15.1   Leider wird die Hinweispflicht seitens der Behörden häufig missachtet. So wird so gut wie nie auf die Ermessenseinbürgerung hingewiesen, wenn die Voraussetzungen für eine Anspruchseinbürgerung nicht vorliegen. Auch wird kaum auf die selbstständige Einbürgerung eines Kindes hingewiesen. Zu diesen Hinweisen ist die Behörde aber verpflichtet (Anstoßpflicht → AufenthG § 82 Rn. 21.1). Die Vorschrift ist sanktionslos, was sich regelmäßig zeigt.

16   Die Behörde kann dem Betroffenen zur Geltendmachung seiner Belange und für ihn günstigen Umstände eine Frist nach Abs. 1 S. 2 Alt. 2 iVm § 82 Abs. 1 S. 2 AufenthG setzen. Diese **Frist ist keine absolute Frist** (GK-StAR/Marx Rn. 22). Unter Berücksichtigung der persönlichen Umstände des Betroffenen ist sie gegebenenfalls unproblematisch zu verlängern. Allerdings kann die Behörde die weitere Bearbeitung des Antrags aufgrund fehlender oder unzureichender Angaben nach § 82 Abs. 1 S. 3 AufenthG vorerst aussetzen (Dörig MigrationsR-HdB § 3 Rn. 18). Auf die Folgen der Fristversäumnis hat die Staatsangehörigkeitsbehörde den Betroffenen gem. Abs. 1 S. 2 Alt. 2 iVm § 82 Abs. 3 S. 2 AufenthG hinzuweisen. Tut sie dies nicht, kann sie sich, auch wenn die Vorschrift nur als Soll-Vorschrift formuliert ist, nicht auf die nicht rechtzeitige bzw. fehlende Mitwirkung des Betroffenen berufen (BeckOK AuslR/Kluth AufenthG § 82 Rn. 34).

17   Nach § 82 Abs. 1 S. 4 AufenthG können Umstände und beigebrachte Nachweise, sofern eine Frist nach § 82 Abs. 1 S. 3 AufenthG verstrichen ist, auch **präkludiert** sein, sofern auf diese Wirkung mit der Fristsetzung hingewiesen worden war. Dabei hat die Behörde angesichts des eindeutigen Wortlauts Ermessen auszuüben. In diesem Zusammenhang hat sie die **persönliche Situation des Betroffenen zu berücksichtigen.** Auch hat sie die Schwere der Folgen der Präklusion zu würdigen. Sie muss außerdem die Gründe für die Verspätung berücksichtigen. Eine Präklusion kann außerdem nur dann gegeben sein, wenn sich das **Verfahren** aufgrund des verspäteten Vorbringens **kausal verzögert** (so auch BeckOK AuslR/Kluth/Bohley Rn. 10).

18   Der Betroffene kann nach § 82 Abs. 4 S. 1 AufenthG zur **persönlichen Vorsprache** bei der Behörde geladen werden. Dies erfolgt in der Regel zur Überprüfung der Sprachkenntnisse. Außerdem soll bei dieser Gelegenheit die Loyalitätserklärung abgegeben werden.

19   Allerdings besteht per se **keine Verpflichtung zum persönlichen Erscheinen** (NK-AuslR/Hofmann/Hilbrans Rn. 10; aA wohl BeckOK AuslR/Kluth/Bohley Rn. 12, der sich fälschlicherweise auf die hiesige Kommentierung beruft). Die Anordnung des persönlichen Erscheinens bedarf eines **nachvollziehbaren Grundes.** Eine gesetzliche Verpflichtung lässt sich § 82 Abs. 4 S. 1 AufenthG nicht entnehmen. Soweit Nr. 10.1.1.1 VAH-StAG ausführt, dass der Einbürgerungsbewerber unter anderem zur Loyalitätserklärung mündlich belehrt und befragt werden soll, ist dies zum einen keine gesetzliche Vorschrift, zum anderen lediglich eine Soll-Vorschrift des Erlassgebers, woraus sich keine strikte Verpflichtung zum persönlichen Erscheinen entnehmen lässt (VG Aachen

BeckRS 2008, 34407). Insbesondere hat die Behörde auch eine anwaltliche Vertretung zu berücksichtigen. Ist diese gegeben, gibt es auch keine Veranlassung, den Betroffenen persönlich zu laden, um ihm die Voraussetzungen der Einbürgerung zu erläutern. Dafür ist dieser anwaltlich vertreten (NK-AuslR/Hofmann/Hilbrans Rn. 10).

Weiter kann nach § 82 Abs. 4 S. 1 AufenthG auch eine **Vorsprache bei der Auslandsvertre-** 20 **tung** seines Heimatstaates gefordert werden, zB zur Identitätsklärung (Dörig MigrationsR-HdB § 3 Rn. 18). Dies gilt für jede Auslandsvertretung, sofern Anhaltspunkte bestehen, dass der Betroffene möglicherweise die Staatsangehörigkeit des betreffenden Staates besitzt. Eine solche Anordnung darf aber nur ergehen, soweit es zur Vorbereitung und Durchführung von Maßnahmen nach staatsangehörigkeitsrechtlichen Bestimmungen erforderlich ist (VG Aachen BeckRS 2008, 34407; BeckOK AuslR/Kluth/Bohley Rn. 12). Auch kann vom Einbürgerungsbewerber gem. § 82 Abs. 1 S. 1 AufenthG gefordert werden, **das ansonsten Erforderliche zu tun, um das Fehlen oder Bestehen einer anderen Staatsangehörigkeit zu klären** (VG Würzburg BeckRS 2016, 42859; Dörig MigrationsR-HdB § 3 Rn. 18).

Die sich aus Abs. 1 S. 2 Alt. 2 iVm § 82 Abs. 1 AufenthG ergebenden Verpflichtungen gelten 21 auch im Widerspruchsverfahren (Abs. 1 S. 2 Alt. 2 iVm § 82 Abs. 2 AufenthG), sofern ein solches nach Landesrecht durchzuführen ist.

III. Regelanfrage (Abs. 2)

Abs. 2 wurde aufgrund der Terroranschläge in den USA am 11.9.2001 zur **Terrorismusab-** 22 **wehr** eingefügt. Es sollten alle Möglichkeiten ausgeschöpft werden, um Terroristen vom Erwerb der deutschen Staatsangehörigkeit auszuschließen (BT-Drs. 15/955, 44).

Zuvor wurde in verfassungsrechtlich bedenklicher Weise auf allgemeine Übermittlungsregelun- 23 gen im Recht der Verfassungsschutzbehörden zurückgegriffen (NK-AuslR/Hilbrans Rn. 14).

Die Anfrage erfolgt an das jeweilige Landesamt für Verfassungsschutz (NK-AuslR/Hilbrans 23a Rn. 14).

Die Regelanfrage durch Übermittlung der personenbezogenen Daten des Betroffenen an den 24 zuständigen Landesverfassungsschutz ist **zwingend vorgeschrieben, allerdings nur zur Ermittlung von Ausschlussgründen nach § 11.** Eine routinemäßige Anfrage ist damit nicht zulässig. Es muss ein **konkreter Anlass** für das Vorliegen der Voraussetzungen des § 11 vorliegen (HMHK/Hailbronner Rn. 10; Dörig MigrationsR-HdB § 3 Rn. 19; aA wohl NK-AuslR/Hilbrans Rn. 14). Etwas anderes ergibt sich auch nicht aus dem Vergleich mit §§ 31, 32 (aA BeckOK AuslR/Kluth/Bohley Rn. 16). § 31 regelt lediglich die Verarbeitung von bereits nach Abs. 2 an die Staatsangehörigkeitsbehörde übermittelten Daten. § 32 S. 2 betrifft nicht die Anforderung, sondern die Übermittlung der sensiblen Daten durch öffentliche Stellen ohne Anforderung durch die Staatsangehörigkeitsbehörde. Soweit Kluth/Bohley (BeckOK AuslR/Kluth/Bohley Rn. 16) die Auffassung vertreten, dass die Staatsangehörigkeitsbehörde ohne eine Regelanfrage keine Kenntnis von terroristischen Aktivitäten erlangen würde, ist darauf hinzuweisen, dass die Staatsangehörigkeitsbehörden über § 32 Abs. 1 S. 2–4 sehr wohl über entsprechende Bedenken Kenntnis erlangen.

Dementsprechend darf auch die **Übermittlung der Erkenntnisse** der Verfassungsschutzbe- 25 hörden nur solche Informationen enthalten, welche **zur Feststellung von Einbürgerungshindernissen nach § 11 Abs. 1 S. 1 Nr. 1** führen können (NK-AuslR/Hilbrans Rn. 16). Andere Daten sind nicht erforderlich und damit nicht zulässig (so auch BeckOK AuslR/Kluth/Bohley Rn. 20).

Die **Altersgrenze** von 16 Jahren ist zu beachten. 26

Für die Regelanfrage ist die **Übermittlung der Personalien des Betroffenen ausreichend.** 26a Weitere Daten benötigt der Verfassungsschutz nicht (BeckOK AuslR/Kluth/Bohley Rn. 19; NK-AuslR/Hilbrans Rn. 15; aA HMHK/Hailbronner Rn. 10).

IV. Rechtsschutz

Bei übersteigerten Mitwirkungsforderungen durch die Behörde kommt die Erhebung einer 27 **Untätigkeitsklage** in Betracht, wenn die Staatsangehörigkeitsbehörde nicht über den Antrag entscheidet (VG Aachen BeckRS 2008, 34407; BeckOK AuslR/Kluth/Bohley Rn. 13). Bei einem ablehnenden Bescheid ist die Frage, ob die Mitwirkungsanforderungen zu hochgesteckt waren, inzident zu prüfen.

Mitwirkungspflichten, welche die Staatsangehörigkeitsbehörde dem Betroffenen auferlegt, zB 28 die Verpflichtung zur Vorsprache bei einer Auslandsvertretung, sind keine eigenständigen Verwaltungsakte und somit nicht über die Anfechtungsklage angreifbar.

§ 38 [Gebührenvorschriften]

(1) Für Amtshandlungen in Staatsangehörigkeitsangelegenheiten werden, soweit gesetzlich nichts anderes bestimmt ist, Kosten (Gebühren und Auslagen) erhoben.

(2) [1]Die Gebühr für die Einbürgerung nach diesem Gesetz beträgt 255 Euro. [2]Sie ermäßigt sich für ein minderjähriges Kind, das miteingebürgert wird und keine eigenen Einkünfte im Sinne des Einkommensteuergesetzes hat, auf 51 Euro. [3]Der Erwerb der deutschen Staatsangehörigkeit nach § 5 und die Einbürgerung von ehemaligen Deutschen, die durch Eheschließung mit einem Ausländer die deutsche Staatsangehörigkeit verloren haben, ist gebührenfrei. [4]Die Feststellung des Bestehens oder Nichtbestehens der deutschen Staatsangehörigkeit nach § 29 Abs. 6 und nach § 30 Abs. 1 Satz 3 sowie die Erteilung der Beibehaltungsgenehmigung nach § 29 Abs. 4 sind gebührenfrei. [5]Von der Gebühr nach Satz 1 kann aus Gründen der Billigkeit oder des öffentlichen Interesses Gebührenermäßigung oder –befreiung gewährt werden.

(3) [1]Das Bundesministerium des Innern, für Bau und Heimat wird ermächtigt, durch Rechtsverordnung mit Zustimmung des Bundesrates die weiteren gebührenpflichtigen Tatbestände zu bestimmen und die Gebührensätze sowie die Auslagenerstattung zu regeln. [2]Die Gebühr darf für die Entlassung 51 Euro, für die Beibehaltungsgenehmigung 255 Euro, für die Staatsangehörigkeitsurkunde und für sonstige Bescheinigungen 51 Euro nicht übersteigen.

Überblick

Die Vorschrift regelt die Kosten (→ Rn. 9) für Amtshandlungen (→ Rn. 7) in staatsangehörigkeitsrechtlichen Angelegenheiten (→ Rn. 6). Einzelne Gebührenhöhen sind in Abs. 2 geregelt (→ Rn. 14). Außerdem regelt Abs. 2 in S. 3 und S. 4 Gebührenbefreiungen für einzelne Amtshandlungen (→ Rn. 24). Die Gebührenermäßigung bzw. Gebührenbefreiung aus Billigkeitsgründen (→ Rn. 16) sowie aus öffentlichem Interesse (→ Rn. 22) ist in Abs. 2 S. 5 geregelt. Einzelheiten regelt die aufgrund Abs. 3 S. 1 erlassene StAGebV (→ Rn. 30). Die Verfassungsmäßigkeit der Ermächtigung ist nicht unumstritten (→ Rn. 31). Zu verfahrensrechtlichen Problemen (→ Rn. 36), insbesondere zur aufschiebenden Wirkung (→ Rn. 38).

Übersicht

A. Allgemeines

1   Die **Verwaltungstätigkeit** der zuständigen Staatsangehörigkeitsbehörde ist **grundsätzlich kostenpflichtig** (Abs. 1). Dies ist seit der Änderung des RuStAG durch Gesetz v. 5.11.1923 (RGBl. I 1077) so. Zuvor waren in RuStAG 1913 nur die Kosten für die Ausstellung von staatsangehörigkeitsrechtlichen Urkunden geregelt, die größtenteils kostenfrei waren.

2   Geändert wurde die Vorschrift durch das Gesetz zur Umsetzung aufenthalts- und asylrechtlicher Richtlinien der Europäischen Union v. 19.8.2007 (BGBl. I 1970), wonach nun nach Abs. 2 S. 4 Bescheide von Amts wegen oder aufgrund eines Anspruchs auf Erteilung einer Beibehaltungsgenehmigung gebührenfrei sind. Eine redaktionelle Änderung erfuhr die Vorschrift in Abs. 3 durch Art. 4 11. ZustAnpVO (Elfte Zuständigkeitsanpassungsverordnung v. 19.6.2020, BGBl. I 1328) mWv 27.6.2020. Eine Anpassung an die neuen Begrifflichkeiten des § 3 BGebG ist noch nicht erfolgt.

3   Von der Verordnungsermächtigung des Abs. 3 hat der ermächtigte Verordnungsgeber mit der **StAGebV** Gebrauch gemacht (→ Rn. 30).

4   Ergänzend sind die Verwaltungskostengesetze der Länder und das BGebG subsidiär zu beachten (BVerwG BeckRS 9998, 27406).

4a   Derzeit ist das Vierte Gesetz zur Änderung des Staatsangehörigkeitsgesetzes in Vorbereitung (BR-Drs. 249/21), welches eine Neufassung der Vorschrift vorsieht, ohne aber die Gebühren im Wesentlichen zu ändern. Dabei ist auch vorgesehen, die Gebührenfreiheit einzelner individuell zurechenbarer öffentlicher Leistungen zu regeln.

B. Erläuterungen im Einzelnen

I. Kostenpflicht (Abs. 1)

Abs. 1 ist die **gesetzliche Ermächtigungsgrundlage für die Erhebung von Kosten in** 5
Angelegenheiten des Staatsangehörigkeitsrechts (BVerwG BeckRS 9998, 27406). Die Vorschrift regelt lediglich die grundsätzliche Verpflichtung der Behörden zur Erhebung von Kosten dem Grunde nach, nicht aber die Einzelheiten der Gebühren und Auslagen.

Der **Begriff der Staatsangehörigkeitsangelegenheiten** ist weit zu fassen und betrifft nicht 6
nur Amtshandlungen nach dem StAG (NK-AuslR/Geyer Rn. 3; BeckOK AuslR/Kluth/Bohley Rn. 3; GK-StAR/Marx Rn. 8). Die Vorschrift ist somit **auch Rechtsgrundlage für die Kostentragungspflicht in staatsangehörigkeitsrechtlichen Nebengesetzen** dem Grunde nach. So fällt die Gebühr auch bei Einbürgerungen nach Art. 2 StlVermG (Gesetz zur Verminderung der Staatenlosigkeit v. 29.6.1977, BGBl. I 1101) an (OVG Bln-Bbg BeckRS 2010, 45138; Dörig MigrationsR-HdB § 3 Rn. 31). Ebenso bei der Erteilung eines Ausweises über die Rechtsstellung als Statusdeutscher gemäß Art. 116 Abs. 1 GG (§ 1 Abs. 1 Nr. 4 StAGebV).

Auch der **Begriff der Amtshandlung** iSd Abs. 1 ist weit gefasst (BVerwG BeckRS 9998, 7
27406). Darunter fallen nach zutreffender Ansicht alle **Maßnahmen** der Staatsangehörigkeitsbehörden, die **auf Antrag oder im Interesse des Betroffenen** vorgenommen werden (NK-AuslR/Geyer Rn. 3) und die sich auf Fragen des Staatsangehörigkeitsrechts beziehen (GK-StAR/Marx Rn. 15). Soweit GK-StAR/Marx Rn. 17 den Begriff auf Amtshandlungen auf Antrag einschränken möchte, gibt dies der Wortlaut der Vorschrift nicht her. Vielmehr fallen darunter auch Tätigkeiten der Staatsangehörigkeitsbehörde, wenn der Betroffene Veranlassung zu Widerruf oder Rücknahme gegeben hat (BeckOK AuslR/Kluth/Bohley Rn. 4; der irrtümlicherweise in der hiesigen Kommentierung eine abweichende Meinung sieht). Auch ein Widerspruchsverfahren gehört hierzu (diesbezüglich ist BVerwG BeckRS 9998, 27406 aufgrund von § 3a Nr. 3 StAGebV überholt).

Umstritten ist, ob es sich dabei um einen Verwaltungsakt handeln muss. Zurecht 8
verweist GK-StAR/Marx Rn. 16 darauf, dass es sich bei dem Begriff der Amtshandlung um solche im staatsangehörigkeitsrechtlichen Sinn handelt. Die kostenpflichtigen Tatbestände werden abschließend in § 1 StAGebV geregelt und betreffen allesamt Verwaltungsakte. Kosten können somit nur für Verwaltungsakte erhoben werden (so auch BeckOK AuslR/Kluth/Bohley Rn. 4; GK-StAR/Marx Rn. 16; aA HMHK/Hailbronner/Maaßen Rn. 10).

Kosten sind nach der Legaldefinition des Abs. 1 Gebühren und Auslagen. 9

Die **Gebühren** sind öffentlich-rechtliche Geldleistungen, die der Gebührengläubiger vom 10
Gebührenschuldner für individuell zurechenbare öffentliche Leistungen erhebt (§ 3 Abs. 4 BGebG). Die Gebühren in staatsangehörigkeitsrechtlichen Angelegenheiten sind in der StAGebV abschließend geregelt.

Auslagen sind nicht von der Gebühr erfasste Kosten, welche die Behörde für individuell 11
zurechenbare öffentliche Leistungen im Einzelfall nach § 12 Abs. 1 oder Abs. 2 BGebG erhebt (§ 3 Abs. 5 BGebG). Darunter fallen Kosten für Zeugen, Sachverständige, Dolmetscher oder Übersetzer (§ 12 Abs. 1 S. 1 Nr. 1 BGebG), weiter Kosten für Leistungen anderer Behörden und Dritter (§ 12 Abs. 1 S. 1 Nr. 2 BGebG). Außerdem können Kosten für Dienstreisen, Zustellungen, öffentliche Bekanntmachungen und Papierkosten auf Antrag anfallen (§ 12 Abs. 1 S. 1 Nr. 3–5 BGebG). In der Staatsangehörigkeits-Gebührenverordnung ist § 4 StAGebV mit „Abrundung, Auslagen" überschrieben. Zu den Auslagen finden sich keine Ausführungen. Dies könnte so verstanden werden, dass Auslagen nicht zu erstatten sind. Dem steht aber die Historie entgegen. Ursprünglich enthielt § 4 Abs. 2 StAGebV aF die Regelung, dass Auslagen nicht erhoben werden. Dieser Absatz wurde mit der Neufassung v. 24.9.1991 (BGBl. I 1915) aufgehoben. In der Begründung zur Neufassung wird ausgeführt, dass die Befreiung von der Auslagenerhebung aufgehoben werden soll (BR–Drs. 297/91). Somit ist die Erhebung der Auslagen nach BGebG möglich. Soweit allerdings Festbeträge in Abs. 2 bzw. in der StAGebV vorgeschrieben sind, ist die Erhebung von Auslagen ausgeschlossen (NK-AuslR/Geyer Rn. 3; HMHK/Hailbronner/Maaßen Rn. 11).

Kosten können auch für **ablehnende Entscheidungen** erhoben werden. Die früher vertretene 12
gegenteilige Auffassung (BVerwG BeckRS 9998, 27406; noch immer GK-StAR/Marx Rn. 19) ist aufgrund der aktuellen Fassung des § 1 Abs. 1 S. 2 StAGebV überholt.

Erledigt sich ein Einbürgerungsverfahren dadurch, dass vor der Entscheidung der bearbei- 13
tenden Behörde eine Einbürgerung durch eine andere Behörde erfolgt, entsteht mangels gesetzlicher Grundlage für das erledigte Verfahren keine Gebühr (VG Köln Urt. v. 11.6.2004 – 25 K 517/03; NK-AuslR/Geyer Rn. 7).

II. Gebührenhöhe (Abs. 2)

14   Die **Gebühr für Einbürgerungen** beträgt 255 EUR (Abs. 2 S. 1). Es handelt sich dabei um einen Regelbetrag, der nach Abs. 2 S. 5 aus Gründen der Billigkeit oder des öffentlichen Interesses ermäßigt oder erlassen werden kann. Die Einbürgerung eines Kindes nach § 40b ist keine Miteinbürgerung iSd Abs. 2 S. 2. Folglich fallen die Gebühren nach Abs. 2 S. 1 an (VGH BW BeckRS 2003, 23854).

15   Die **Begriffe Billigkeit und öffentliches Interesse sind unbestimmte Rechtsbegriffe,** welche der vollen gerichtlichen Überprüfung unterliegen (NK-AuslR/Geyer Rn. 5; GK-StAR/Marx Rn. 28). Nach Feststellung des Vorliegens dieser Tatbestandsvoraussetzungen trifft die Behörde eine Ermessensentscheidung (wohl aA VGH BW Beschl. v. 21.2.2001 – 13 S 2667/00, wonach die Tatbestandsvoraussetzungen bereits zum Ermessen gehören).

16   **Unbilligkeit erfordert eine besondere individuelle Situation beim Gebührenschuldner,** welche die volle Erhebung der Gebühr als ungerecht erscheinen lässt (HMHK/Hailbronner/Maaßen Rn. 15a; BeckOK AuslR/Kluth/Bohley Rn. 9). Der Begriff der Billigkeit dient somit der Gerechtigkeit im Einzelfall (NK-AuslR/Geyer Rn. 5). Durch die Billigkeitsregelung dürfen allgemeine Regelungen des Gesetzes nicht korrigiert werden (VGH BW BeckRS 2003, 23854; aA Vorinstanz VG Stuttgart NVwZ-Beil. 2001, 126 zu § 40b).

17   Zurecht wird vertreten, dass aufgrund des **Wohlwollensgebots des Art. 34 S. 2 GFK** bei anerkannten Flüchtlingen in Einbürgerungsverfahren ein öffentliches Interesse an einer Gebührenermäßigung besteht (VG Aachen BeckRS 2006, 21028; NK-AuslR/Geyer Rn. 5). Dem steht allerdings BVerwG BeckRS 2007, 20404 entgegen, wonach die Einbürgerungsgebühr iHv 255 EUR bereits eine Einbürgerung nicht behindert und weder eine abschreckende noch prohibitive Wirkung entfaltet (so auch HMHK/Hailbronner/Maaßen Rn. 16). Allerdings sieht BVerwG BeckRS 2007, 20404 der Flüchtlingseigenschaft bei bestehender Mittellosigkeit als ein weiterer zu berücksichtigender Punkt bei der Ermessensentscheidung über die Gebührenermäßigung oder den Gebührenerlass nach Abs. 2 S. 5 (→ Rn. 18).

18   Bei nicht zuzurechnender, unverschuldeter **Mittellosigkeit** kann ebenfalls eine Gebührenermäßigung oder -befreiung geboten sein (BVerwG BeckRS 2007, 20404; OVG Brem BeckRS 2013, 45417; SächsOVG BeckRS 2011, 45235; VGH BW Beschl. v. 21.2.2001 – 13 S 2667/00). Dies gilt jedenfalls, wenn sich am Leistungsbezug in absehbarer Zeit nichts ändern wird. **Nicht zuzumuten** ist zurecht nach SächsOVG BeckRS 2011, 45235 (aA Dörig MigrationsR-HdB § 3 Rn. 33, der sich fälschlicherweise auf dieses Urteil bezieht), den **Gebührenbetrag aus den laufenden Leistungen zur Grundsicherung anzusparen,** da der Gedanke des Ansparens nicht für solche Ausgaben fruchtbar gemacht werden kann, die wie die hiesigen Gebühren ausnahmsweise oder einmalig anfallen, aber schon deshalb nicht zu den Bedürfnissen des täglichen Lebens zu zählen sind, weil sondergesetzliche Ermäßigungs- oder Befreiungsvorschriften bestehen. Allerdings ist bei **mittellosen Kindern** zu beachten, dass bereits Abs. 2 S. 2 in den Fällen der Miteinbürgerung hierauf Rücksicht nimmt (NK-AuslR/Geyer Rn. 5). Danach beträgt die Gebühr für die Miteinbürgerung eines mittellosen Kindes lediglich 51 EUR. Betreibt allerdings ein mittelloses Kind allein die Einbürgerung, ist S. 5 zu beachten (→ Rn. 14). Von **Unbilligkeit** wird jedenfalls wohl dann auszugehen sein, **wenn die Einbürgerung allein daran scheitern würde, weil der Antragsteller aufgrund unverschuldeter Mittellosigkeit nicht in der Lage wäre, die Gebühren zu tragen** (NK-AuslR/Geyer Rn. 5). Dabei ist mit SächsOVG BeckRS 2011, 45235 die Forderung **abzulehnen,** der mittellose Einbürgerungsbewerber möge **sich die Gebühren durch ein Privatdarlehen bezahlen lassen.**

19   Auch können **Krankheit** oder ein **hohes Alter** iRd S. 5 zu berücksichtigen sein (VG Minden BeckRS 2011, 46354; NK-AuslR/Geyer Rn. 5, der wohl versehentlich auf S. 4 verweist; BeckOK AuslR/Kluth/Bohley Rn. 9; GK-StAR/Marx Rn. 37).

20   Wird ein Kind, für das die **Miteinbürgerung** beantragt wurde, aus welchen Gründen auch immer vor den Eltern eingebürgert, kommt es nicht in den Genuss des S. 2 und muss den vollen Einbürgerungsbetrag von 255 EUR zahlen. Derselbe Betrag fällt dann erneut bei den Eltern an. In diesem Fall ist eine Gebührenreduktion nach S. 5 aus Billigkeitsgründen für das Kind zu prüfen. Mit NK-AuslR/Geyer Rn. 24 ist auch ein Antrag auf Gebührenerstattung in Erwägung zu ziehen.

21   Eine **Unbilligkeit aus sachlichen,** nicht aus persönlichen **Gründen** kann nicht dazu führen, das Gesetz zu korrigieren. Sie ist nur dann anzunehmen, wenn ein Überhang des gesetzlichen Tatbestandes über die Wertungen des Gesetzgebers feststellbar ist (VGH BW BeckRS 2003, 23854).

22   Im **öffentlichen Interesse** kann eine Ermäßigung oder eine Befreiung dann beispielsweise liegen, wenn **integrationspolitische Gründe** hierfür vorliegen (HMHK/Hailbronner/Maaßen Rn. 15a).

Ein diesbezügliches öffentliches Interesse ist grundsätzlich bei einer **Einbürgerung eines** 22a
Flüchtlings nach Art. 34 S. 2 GFK gegeben (so auch BeckOK AuslR/Kluth/Bohley Rn. 10),
wobei nach BVerwG BeckRS 2007, 20404 nicht allein vor diesem Hintergrund eine Gebührenermäßigung oder Gebührenfreiheit in Betracht kommt. Allerdings ist die Flüchtlingsanerkennung
in besonderem Maße bei bedürftigen Antragstellern zu berücksichtigen.

Ausweislich des eindeutigen Wortlauts bezieht sich S. 5 ausschließlich auf S. 1 und somit den 23
Einbürgerungstatbestand (aber →Rn. 26).

Gebührenfreiheit genießen nach Abs. 2 S. 3 die Einbürgerung nach § 5 sowie die **Wiederein-** 24
bürgerung von ehemaligen Deutschen, welche durch Eheschließung mit einem Ausländer
die deutsche Staatsangehörigkeit verloren haben.

Weiter genießen **Gebührenfreiheit** nach Abs. 2 S. 4 die **Feststellungsbescheide** nach § 29 25
Abs. 6 infolge der Optionspflicht (→ § 29 Rn. 165) und § 30 Abs. 1 S. 3 (→ § 30 Rn. 8) über
das Bestehen oder Nichtbestehen der deutschen Staatsangehörigkeit sowie die **Beibehaltungsge-**
nehmigungen aufgrund der Ausnahme von der Optionspflicht nach § 29 Abs. 4 (→ § 29
Rn. 130).

Weitere Amtshandlungen, die Gebührenfreiheit genießen, sind gem. § 1 Abs. 2 StAGebV die 26
Einbürgerungen nach Art. 116 Abs. 2 S. 1 GG, die **Staatsangehörigkeitsbescheinigung**
nach Art. 116 Abs. 2 S. 2 GG sowie der **Verzicht** auf die deutsche Staatsangehörigkeit **nach**
§ 26.

§ 5 StAGebV ermöglicht zudem die **Gebührenbefreiung bzw. –ermäßigung aus Billig-** 27
keitsgründen für alle Fälle des § 1 Abs. 1 StAGebV und geht damit über Abs. 2 S. 5 hinaus.

Nach dem Wortlaut des § 1 Abs. 2 Nr. 1 lit. b StAGebV sind auch die **Einbürgerungen nach** 28
§ 10 gebührenfrei. Dies wird freilich in der Praxis nie so gehandhabt. Es stellt sich die Frage, ob
sich die Vorschrift auf § 10 aF bezieht, welche die Einbürgerung eines nichtehelichen minderjährigen Kindes eines Deutschen nach wirksamer Feststellung der Vaterschaft betraf. Allerdings wurde
die StAGebV zuletzt durch Art. 2 GebRSRefG (Gesetz zur Strukturreform des Gebührenrechts
des Bundes v. 7.8.2013, BGBl. I 3154) geändert, ohne dass auch § 1 Abs. 2 Nr. 1 lit. b StAGebV
geändert worden wäre. Damit müssten deshalb die Einbürgerungen nach § 10 als gebührenfrei
angesehen werden. Schließlich wurde § 10 bereits mWv 1.1.2005 durch Gesetz v. 30.7.2004
(BGBl. I 1950) neu gefasst. Daran ändert auch die Bezeichnung als § 10 RuStAG nichts, wie sich
aus § 1 Abs. 2 Nr. 3 lit. a StAGebV ergibt, wo auf § 26 RuStAG Bezug genommen wird und
eindeutig der heutige § 26 gemeint ist. Es bestehen allerdings erhebliche Bedenken, ob ein derartiger Regelungsgehalt von der Verordnungsermächtigung nach Abs. 3 gedeckt wäre.

Wird ein Antrag allein wegen **Unzuständigkeit der Behörde** abgelehnt, wird keine Gebühr 29
erhoben (§ 10 Abs. 2 S. 2 BGebG).

III. Gebührenverordnung (Abs. 3)

Die **Verordnungsermächtigung** nach Abs. 3 erlaubt dem Bundesministerium des Innern, 30
für Bau und Heimat mit Zustimmung des Bundesrats weitere gebührenpflichtige Tatbestände (§ 1
StAGebV) zu bestimmen und die Gebührensätze sowie die Auslagen zu regeln. Dabei gibt die
Ermächtigung in Abs. 3 S. 2 dem Verordnungsgeber unterschiedliche Höchstsätze für einzelne
Amtshandlungen vor. Die dementsprechend in § 3 StAGebV geregelten Gebührensätze entspre-
chen diesen gesetzlichen Vorgaben.

Die StAGebV basiert auf der Neufassung v. 24.9.1991 (BGBl. I 1915) und wurde zuletzt durch 30a
Art. 2 Abs. 1 BGebGEG v. 7.8.2013 (BGBl. I 3154) geändert.

Erhebliche Bedenken bestehen allerdings dahingehend, ob die nach **Art. 80 Abs. 1 S. 2** 31
GG geforderte **hinreichende Bestimmtheit der Ermächtigung** gegeben ist, soweit Abs. 3
über S. 2 hinaus keinen Gebührenrahmen oder Höchstgrenzen für Gebühren vorgibt (NK-AuslR/
Geyer Rn. 6; aA HMHK/Hailbronner/Maaßen Rn. 19; BeckOK AuslR/Kluth/Bohley
Rn. 13 ff.). Soweit diesbezüglich BeckOK AuslR/Kluth/Bohley Rn. 21 die Auffassung vertritt,
dass alle Amtshandlungen, welche nicht unter die in Abs. 3 S. 2 gesondert genannten Tatbestände
fallen, nicht mehr als 51 EUR kosten dürfen. Diese Auffassung wird hier nicht geteilt, da Abs. 3
S. 2 hinsichtlich der vorbenannten Gebührengrenze von sonstigen Bescheinigungen spricht. Über
die Entlassung, die Beibehaltungsgenehmigung sowie die Staatsangehörigkeitsurkunde gibt es aber
nicht lediglich weitere Bescheinigungen als Amtshandlungen iSd Abs. 1, sondern auch anderweitige Verwaltungsakte, sodass keineswegs eine Obergrenze für sämtliche Amtshandlungen vorgehen ist. Dementsprechend bestehen durchaus **Bedenken hinsichtlich der Vorhersehbarkeits-**
formel, wonach der Bürger und damit das Parlament die Grenzen der übertragenen Kompetenzen

aus der Ermächtigung selbst erkennen kann und vorhersehen kann, was zulässig sein soll (BVerwG BeckRS 2000, 30109114).

31a   § 1 Abs. 1 StAGebV bestimmt, **für welche Amtshandlungen Gebühren erhoben werden.** In § 1 Abs. 1 S. 1 StAGebV werden die Amtshandlungen auf Antrag, in § 1 Abs. 1 S. 2 StAGebV Widerruf und Rücknahme, Ablehnung und Rücknahme eines Antrags sowie das Widerspruchsverfahren geregelt. In § 1 Abs. 2 StAGebV sind die gebührenbefreiten Amtshandlungen aufgeführt.

32   § 3 StAGebV regelt die **Höhe der Gebühren für Entlassung, Beibehaltungsgenehmigung, Staatsangehörigkeitsurkunde** und **Ausweis über die Rechtsstellung als Deutscher** sowie für **sonstige Bescheinigungen.**

33   § 3a StAGebV regelt die **Höhe der Gebühren für Widerruf, Rücknahme, Ablehnung und Widerspruch.** Auch diese berücksichtigen die Höchstgrenzen des Abs. 3 S. 3.

33a   § 4 StAGebV bestimmt, dass Gebühren auf volle EUR abgerundet werden.

34   § 5 StAGebV ermöglicht die **Gebührenbefreiung bzw. –ermäßigung aus Billigkeitsgründen** für alle Fälle des § 1 Abs. 1 StAGebV und geht damit über Abs. 2 S. 5 hinaus.

34a   Nach § 7 StAGebV regeln sich die Gebühren nach der Verordnung, wenn die Amtshandlung nach Inkrafttreten der Verordnung abgeschlossen wurde.

35   Ob mit HMHK/Hailbronner/Maaßen Rn. 24 davon ausgegangen werden kann, dass die mit der StAR-Reform 2000 eingeführten neuen Verfahren nach dem Ius-Soli-Erwerb nach § 4 Abs. 3, dem Erklärungsverfahren nach § 29 sowie der Geburtsanzeige nach § 4 Abs. 4 ohne Weiteres unter die weiteren Tatbestände nach dem StAGebV wie Beibehaltungsgenehmigungen und Ausstellung sonstiger Bescheinigungen subsumiert werden können, ist angesichts Art. 80 Abs. 1 S. 2 GG zumindest fraglich.

IV. Verfahren

36   **Gegen einen Gebührenbescheid** besteht je nach Landesrecht die Möglichkeit, **Widerspruch** oder direkt **Anfechtungsklage** zu erheben.

37   Wird der Gebührenbescheid wegen einer **unterlassenen Befreiung oder Ermäßigung** angegriffen, muss **Verpflichtungsklage** nach § 42 Abs. 2 VwGO erhoben werden (VG Minden BeckRS 2011, 46354; NK-AuslR/Geyer Rn. 7; BeckOK AuslR/Kluth/Bohley Rn. 5). Nach VGH BW BeckRS 2003, 23854 enthält die Festsetzung einer Gebühr als solche nicht gleichzeitig auch die Ablehnung einer Ermäßigung oder Befreiung. Diese stelle einen eigenen Verwaltungsakt dar. Der Widerspruch gegen einen solchen Gebührenbescheid enthalte somit auch noch keinen Antrag auf Befreiung oder Ermäßigung. Dieser Antrag müsse noch zusätzlich gestellt werden.

38   Widerspruch und Klage gegen den Gebührenbescheid haben **keine aufschiebende Wirkung** (§ 80 Abs. 2 Nr. 1 VwGO). Diesbezüglich kann bei der Behörde der **Antrag nach § 80 Abs. 4 S. 1 und S. 2 VwGO** auf Aussetzung der Vollziehung gestellt werden, der vor einem Antrag nach § 80 Abs. 5 VwGO auch zu stellen ist. Dem soll die Behörde bei ernstlichen Zweifeln an der Rechtmäßigkeit des Gebührenbescheids sowie bei einer unbilligen Härte für den Gebührenschuldner bei Fehlen eines überwiegenden öffentlichen Interesses stattgeben (§ 80 Abs. 4 S. 3 VwGO), eventuell nach Forderung einer Sicherheit gem. § 80 Abs. 4 S. 2 VwGO. Im Übrigen besteht die Möglichkeit des **Eilrechtsschutzes nach § 80 Abs. 5 VwGO** auf Anordnung der aufschiebenden Wirkung. Dabei ist das besondere **Zulässigkeitserfordernis des § 80 Abs. 6 VwGO zu beachten** und darzulegen, welches auch erfüllt ist, wenn die Behörde über den Antrag nach § 80 Abs. 4 S. 1 VwGO nicht in angemessener Frist entschieden oder die Vollstreckung angedroht hat.

§ 38a [Ausstellung von Urkunden]

Eine Ausstellung von Urkunden in Staatsangehörigkeitssachen in elektronischer Form ist ausgeschlossen.

Überblick

Diese Vorschrift wurde mWz 1.2.2003 aufgrund des Dritten Gesetzes zur Änderung verwaltungsverfahrensrechtlicher Vorschriften v. 21.8.2002 (BGBl. I 3322) eingeführt. Zu den einzelnen Urkunden (→ Rn. 1). Zum elektronischen Rechtsverkehr im staatsangehörigkeitsrechtlichen Verfahren (→ Rn. 4).

A. Keine elektronischen Urkunden

Urkunden in staatsangehörigkeitsrechtlichen Angelegenheiten dürfen aus Gründen der Fäl- 1
schungssicherheit **nicht in elektronischer Form** ausgestellt werden (BR-Drs. 343/02, 86). Was
unter solchen **Urkunden** zu verstehen ist, ist in **§ 1 Abs. 1 StAUrkVwV** geregelt. Danach
betrifft dies

• die **Einbürgerungsurkunde** (§ 1 Abs. 1 Nr. 1 StAUrkVwV),
• die **Urkunde über den Erwerb der deutschen Staatsangehörigkeit durch Erklärung** (§ 1
Abs. 1 Nr. 2 StAUrkVwV),
• die **Entlassungsurkunde** (§ 1 Abs. 1 Nr. 3 StAUrkVwV),
• die **Verzichtsurkunde** (§ 1 Abs. 1 Nr. 4 StAUrkVwV),
• die **Genehmigung zur Beibehaltung** der deutschen Staatsangehörigkeit (§ 1 Abs. 1 Nr. 5
StAUrkVwV),
• der **Staatsangehörigkeitsausweis** (§ 1 Abs. 1 Nr. 6 Alt. 1 StAUrkVwV),
• der **Ausweis über die Rechtsstellung als Deutscher** (§ 1 Abs. 1 Nr. 6 Alt. 2 StAUrkVwV),
• **weitere in Sonderfällen auszustellende Urkunden** gem. § 1 Abs. 1 Nr. 7 StAUrkVwV.
Die in § 1 Abs. 1 Nr. 7 StAUrkVwV benannten Urkunden sind Beispiele und nicht abschließend
zu verstehen.

Nach § 1 Abs. 2 StAUrkVwV sind besondere, von der Bundesdruckerei hergestellte Vordrucke 2
zu verwenden, welche sich aus den Anlagen 1–9 zu § 1 Abs. 2 S. 2 StAUrkVwV ergeben.

Die Reichweite der Ausschlusswirkung ist strikt auf die Ausstellung von Urkunden in Staatsan- 3
gehörigkeitsangelegenheiten begrenzt (GK-StAR/Marx Rn. 3), wobei hierunter auch solche aus
den Nebengesetzen ergeben (BeckOK AuslR/Kluth/Bohley Rn. 2; GK-StAR/Marx Rn. 1).

B. Elektronischer Schriftverkehr

Nicht ausgeschlossen ist der elektronische Schriftverkehr im Verwaltungsverfahren, soweit dies 4
nach den allgemeinen Vorschriften erlaubt ist (VAH-StAG Nr. 38a). So ist die Übermittlung
elektronischer Dokumente zulässig, soweit der Empfänger nach § 3a Abs. 1 LVwVfG hierfür einen
Zugang eröffnet.

Eine durch Rechtsvorschrift angeordnete Schriftform kann, soweit nicht durch Rechtsvorschrift 5
etwas anderes bestimmt ist, durch elektronische Form ersetzt werden (§ 3a Abs. 2 S. 1 LVwVfG),
wobei das elektronische Dokument mit einer qualifizierten elektronischen Signatur versehen sein
muss (§ 3a Abs. 2 S. 2 LVwVfG).

Weitere Möglichkeiten der Ersetzung der Schriftform regelt § 3a Abs. 2 S. 3 LVwVfG. 6

§ 39 [aufgehoben]

§ 40 [aufgehoben]

§ 40a [Erwerb der deutschen Staatsangehörigkeit]

**[1]Wer am 1. August 1999 Deutscher im Sinne des Artikels 116 Abs. 1 des Grundgeset-
zes ist, ohne die deutsche Staatsangehörigkeit zu besitzen, erwirbt an diesem Tag die
deutsche Staatsangehörigkeit. [2]Für einen Spätaussiedler, seinen nichtdeutschen Ehegatten und seine Abkömmlinge im Sinne von § 4 des Bundesvertriebenengesetzes gilt dies
nur dann, wenn ihnen vor diesem Zeitpunkt eine Bescheinigung gemäß § 15 Abs. 1 oder
2 des Bundesvertriebenengesetzes erteilt worden ist.**

Überblick

Die Vorschrift dient als Übergangsvorschrift für Altfälle im Hinblick auf § 7. Der Personenkreis
ist weiter (→ Rn. 5) als der des § 7.

A. Allgemeines

1   Die Vorschrift wurde durch Art. 1 Nr. 11 Staatsangehörigkeitsreformgesetz (v. 15.7.1999, BGBl. I 1618) mWz 1.8.1999 eingefügt und ist als Altfallregelung zu § 7 zu verstehen (BT-Drs. 14/533).

2   Die Vorschrift erfasst diejenigen **Personen, welche am 1.8.1999 bereits Statusdeutsche** waren und somit nicht von den zum selben Datum in Kraft getretenen § 7 profitieren konnten. Sie bietet damit Statusdeutschen, die am 1.8.1999 bereits aufgenommen waren, aber noch keine Spätaussiedlerbescheinigung hatten, den gesetzlichen Erwerb der deutschen Staatsangehörigkeit.

3   Die Vorschrift betrifft allerdings nicht diejenigen Statusdeutschen, die zwischen dem 26.2.1955 und dem 31.7.1999 gem. § 6 StAngRegG die deutsche Staatsangehörigkeit durch Einbürgerung erworben haben.

3a   Derzeit ist das Vierte Gesetz zur Änderung des Staatsangehörigkeitsgesetzes in Vorbereitung, welches die Aufhebung der Vorschrift wegen Gegenstandslosigkeit vorsieht (BR-Drs. 249/21).

B. Erläuterungen im Einzelnen

I. Voraussetzungen und Folgen

4   **Statusdeutscher** ist, wer die Voraussetzungen des Art. 116 Abs. 1 GG erfüllt. Dies kann ein deutscher Volkszugehöriger oder dessen Ehegatte bzw. Abkömmling sein. Im Einzelnen wird auf die Kommentierung zu § 7 und zum BVFG verwiesen (vgl. insbesondere → § 7 Rn. 7 ff.).

5   Im Gegensatz zu § 7, der nur Spätaussiedler nach § 4 BVFG umfasst, sind auch Personen von dieser Vorschrift betroffen, die bereits vor 1993 aufgenommen wurden. Dies sind **auch Heimatvertriebene und Aussiedler nach § 1 Abs. 2 Nr. 3 BVFG, § 2 BVFG.**

6   **Maßgeblicher Zeitpunkt** für das Vorliegen der Eigenschaft als Statusdeutscher ist der 1.8.1999. Die Betroffenen müssen eine zuvor ausgestellte Bescheinigung nach § 15 Abs. 1 oder Abs. 2 BVFG besitzen. Wird Ihnen die Bescheinigung erst zu einem späteren Zeitpunkt ausgestellt, richtet sich der Erwerb der deutschen Staatsangehörigkeit nach § 7 (BeckOK AuslR/Kluth Rn. 4).

7   Ausgeschlossen ist die Anwendung dieser Vorschrift, wenn die Betroffenen bereits zuvor die deutsche Staatsangehörigkeit erworben haben (→ Rn. 3).

8   Der Statusdeutsche musste seinen **gewöhnlichen Aufenthalt** (→ § 4 Rn. 49) zum Stichtag nicht in Deutschland haben.

9   **Kinder** werden von der Übergangsvorschrift nicht umfasst. Allerdings erwarben Kinder, die von § 7 S. 2 aF erfasst wurden, aber vor dem 1.8.1999 geboren sind, die Statusdeutscheneigenschaft durch Geburt kraft Abstammung und sind deshalb am 1.8.1999 selbst Statusdeutsche gewesen. Somit erwarben sie an diesem Tag aus eigenem Recht die deutsche Staatsangehörigkeit nach S. 1. Hatten sie hingegen einen Aufnahmebescheid als Abkömmlinge eines Spätaussiedlers erhalten, unterfallen sie S. 2 und wurden ebenfalls am 1.8.1999 deutsche Staatsangehörige (NK-AuslR/ Koch Rn. 5).

II. Problematik

10   Kritisch wird zurecht von NK-AuslR/Koch Rn. 7 gesehen, dass Ehegatten und Kindern, die nicht selbst deutsche Volkszugehörige sind, die **deutsche Staatsangehörigkeit aufgedrängt** wird.

III. Verfahren

11   Zum Verfahren → § 7 Rn. 12.

§ 40b [Einbürgerung ausländischer Kinder]

¹Ein Ausländer, der am 1. Januar 2000 rechtmäßig seinen gewöhnlichen Aufenthalt im Inland und das zehnte Lebensjahr noch nicht vollendet hat, ist auf Antrag einzubürgern, wenn bei seiner Geburt die Voraussetzungen des § 4 Abs. 3 Satz 1 vorgelegen haben und weiter vorliegen. ²Der Antrag kann bis zum 31. Dezember 2000 gestellt werden.

Überblick

Die Vorschrift ergänzt § 4 Abs. 3 S. 1 und ermöglichte den Anspruchserwerb (→ Rn. 3) der deutschen Staatsangehörigkeit nach dem ius-soli-Prinzip (→ Rn. 4) für eine Übergangszeit (→ Rn. 8). Die Vorschrift hat heute nur noch hinsichtlich des Optionszwangs nach § 29 (→ Rn. 10) Bedeutung, nicht mehr aber hinsichtlich des Erwerbs der Staatangehörigkeit.

A. Allgemeines

Die Vorschrift wurde nach Art. 1 Nr. 11 Staatsangehörigkeitsreformgesetz (v. 15.7.1999, **1** BGBl. I 1618) mWz 1.1.2000 eingefügt. Sie sieht eine **eingeschränkte Rückwirkung der Einbürgerungsmöglichkeit gem. § 4 Abs. 3** vor für Ausländer, die bei Inkrafttreten noch keine zehn Jahre alt waren. Diese wurden weitgehend so gestellt, als habe der Anspruch auf den ius-soli-Erwerb bereits zu deren Geburt bestanden.

Da die **Antragsfrist** zum 31.12.2000 auslief, hat die Vorschrift heute dahingehend keine **2** Bedeutung mehr, als die Verfahren alle abgearbeitet sein dürften. Lediglich hinsichtlich der eventuell bestehenden **Optionspflicht nach § 29** hat die Vorschrift heute noch Auswirkungen.

B. Erläuterungen im Einzelnen

Die Vorschrift führte im Gegensatz zu § 4 Abs. 3 nicht zu einem automatischen Staatsangehörig- **3** keitserwerb qua Gesetz bzw. durch Geburt, sondern erforderte einen Antrag, der allerdings zu einem **Einbürgerungsanspruch** führte.

Voraussetzung war, dass das **in der Bundesrepublik geborene** (→ § 4 Rn. 43) Kind am **4** **1.1.2000** seinen **gewöhnlichen** (→ § 4 Rn. 50) **und rechtmäßigen** (→ § 4 Rn. 57) **Aufenthalt im Bundesgebiet** hatte. Nicht nötig war, dass der gewöhnliche und rechtmäßige Aufenthalt in der Bundesrepublik noch zum Zeitpunkt der Antragstellung bestand. Auch musste das Kind **nicht ununterbrochen** im Gebiet der Bundesrepublik gelebt haben (BeckOK AuslR/Griesbeck Rn. 5; GK-StAG/Marx Rn. 51 ff.).

Zum Stichtag durfte das Kind das **zehnte Lebensjahr nicht vollendet** haben (kritisch hierzu **5** GK-StAG/Marx Rn. 57 ff.). Außerdem mussten die **Voraussetzungen des § 4 Abs. 3 S. 1 aF** (vor dem 1.1.2005) sowohl zum Stichtag als auch zum Zeitpunkt der Stellung des Antrags (VGH BW BeckRS 2004, 20194) vorgelegen haben. Dass die Voraussetzungen zum Zeitpunkt der Antragstellung noch vorliegen mussten, ergibt sich bereits aus dem eindeutigen Wortlaut der Vorschrift.

Nach VG München BeckRS 2002, 28453 (PKH) mussten die Voraussetzungen auch zum Zeitpunkt **5.1** der Entscheidung vorliegen, was hier abgelehnt wird. Wie das VG selbst sieht, hängt dies von der Entscheidungsgeschwindigkeit der Behörde ab. Der Verweis auf eine Untätigkeitsklage wird, wenn die Zeiten eng sind, nichts nutzen. Es ist auch sehr bedenklich, derart grundlegende Fragen im PKH-Verfahren zu entscheiden.

Danach musste ein Elternteil bei der Geburt des Kindes seit **acht Jahren** seinen **rechtmäßigen** **6** **und gewöhnlichen Aufenthalt im Bundesgebiet** gehabt haben. Außerdem musste er im Besitz einer **Aufenthaltsberechtigung** nach § 27 AuslG oder seit drei Jahren im Besitz einer **unbefristeten Aufenthaltserlaubnis** nach §§ 24 ff. AuslG aF gewesen sein. Entfiel der rechtmäßige Aufenthalt des Elternteils nach Stellung des Antrags, war dies ohne Bedeutung (näher VGH BW BeckRS 2004, 20194; anders VG München BeckRS 2002, 28453, → Rn. 5.1). Die Unterbrechung des rechtmäßigen Aufenthalts aufgrund einer vorübergehenden Passlosigkeit war dabei ohne Bedeutung (BVerwG BeckRS 2006, 23867).

Eine unbefristete Aufenthaltsberechtigung nach § 7a AufenthG/EWG aF entsprach einer Auf- **6a** enthaltsberechtigung nach § 27 AuslG aF (VG Stuttgart BeckRS 2005, 20001).

Hatte der Elternteil zwischenzeitlich selbst die deutsche Staatsangehörigkeit erworben, wurde **7** die Vorschrift analog angewandt, da dem Kind hierdurch kein Nachteil entstehen sollte (Nr. 40b VAH-StAG).

AA HMHK/Hailbronner/Maaßen Rn. 14, da es nach seiner Auffassung an einer unbewussten Gesetzes- **7.1** lücke fehle. Die entsprechenden Fälle seien im Rahmen des § 8 zu lösen.

Der **Antrag auf Einbürgerung** musste **bis zum 31.12.2000** gestellt worden sein (wohl **8** versehentlich falsch BeckOK AuslR/Griesbeck Rn. 7: 31.12.2001). Es handelte sich dabei um eine materiell-rechtliche Ausschlussfrist (GK-StAG/Marx Rn. 65; BeckOK AuslR/Griesbeck

Rn. 7). Der Antrag war nicht formgebunden (BayVGH BeckRS 2009, 33649; BeckOK AuslR/ Griesbeck Rn. 7). Die Frage, ob bei **Fristversäumnis** Wiedereinsetzung in den vorigen Stand gewährt werden kann, dürfte angesichts § 32 Abs. 3 VwVfG der Länder heute keine Praxisrelevanz mehr haben, wird aber wohl positiv zu beantworten sein. Nach dem 31.12.2000 verfiel der Rechtsanspruch auf Einbürgerung für die betroffenen Kinder. Die Möglichkeiten beschränkten sich danach auf eine normale Einbürgerung.

9   Ein vor dem 1.1.2000 gestellter Antrag auf Einbürgerung nach §§ 8 und 10 konnte gem. Nr. 40b VAH-StAG als Antrag nach dieser Vorschrift fortgeführt werden und umgekehrt. Nach StARVwV sollte hierzu ein Hinweis der Einbürgerungsbehörde ergehen, die nach GK-StAG/ Marx Rn. 63 f auf eine besondere verfahrensrechtliche Fürsorgepflicht mit umfassender Beratungspflicht der Einbürgerungsbehörde zurückgeht.

10   Bedeutung hat die Vorschrift heute noch im Hinblick auf § 29. Der Staatsangehörigkeitserwerb nach § 40b steht unter dem **Optionsvorbehalt,** sofern die entsprechenden Voraussetzungen gegeben sind (VG Aachen BeckRS 2015, 49995). § 29 Abs. 1 S. 1 erwähnt § 40b explizit. Zu den diesbezüglichen Voraussetzungen und Rechtsfolgen s. die Kommentierung zu § 29 (→ § 29 Rn. 1. ff.)

§ 40c [Übergangsvorschriften]

Auf Einbürgerungsanträge, die bis zum 30. März 2007 gestellt worden sind, sind die §§ 8 bis 14 und 40c weiter in ihrer vor dem 28. August 2007 (BGBl. I S. 1970) geltenden Fassung anzuwenden, soweit sie günstigere Bestimmungen enthalten.

Überblick

Die Vorschrift ist eine Übergangsregelung für bis zum 30.3.2007 (→ Rn. 5) gestellte Einbürgerungsanträge, wonach in diesen Fällen die für den Einbürgerungsbewerber günstigere Regelungen (→ Rn. 7) anzuwenden sind.

A. Allgemeines

1   Die Vorschrift wurde mit dem Gesetz zur Umsetzung aufenthalts- und asylrechtlicher Richtlinien der Europäischen Union (v. 19.8.2007, BGBl. 2007 I 1970) eingefügt.

1a   Die Vorschrift regelt, dass bei Anträgen, die vor dem 31.3.2007 gestellt wurden, das **Günstig-keitsprinzip** gilt und die günstigere Gesetzeslage anzuwenden ist. Antragsteller, welche bis zum jeweiligen Stichtag einen Einbürgerungsantrag gestellt haben, sollen nach dieser Vorschrift durch nachträgliche, nachteilige Gesetzesänderungen nicht schlechter gestellt werden, als wenn ihr Antrag rechtzeitig vor der Gesetzesänderung beschieden worden wäre. Nachteile durch die oft sehr langwierigen Einbürgerungsverfahren sollen so vermieden werden.

2   Die Vorschrift betrifft die Anwendung der **§§ 8–14 sowie 40c aF.** Sie gilt somit ausschließlich für Einbürgerungsanträge und kann nicht auf andere Anträge und Verfahren angewandt werden. Kein Günstigkeitsprinzip gilt für § 102a AuslG aF (VG Minden BeckRS 2012, 48039).

3   Die Vorschrift verstößt nicht gegen das verfassungsrechtliche Rückwirkungsverbot (näher NdsOVG BeckRS 2013, 47197).

4   Die Vorschrift verliert zunehmend an Bedeutung, da es kaum noch Verfahren geben dürfte, die vor dem 31.3.2007 eingeleitet und noch nicht bestandskräftig abgeschlossen sind (zur berechtigten Kritik am Stichtag NK-AuslR/Oberhäuser Rn. 8). Erst recht dürfte die Anwendung des § 40c aF auf Anträge vor dem 17.3.1999 heute keine Bedeutung mehr haben.

B. Erläuterungen im Einzelnen

5   Bis zum **Stichtag 30.3.2007** muss die auf die Einbürgerung gerichtete Willenserklärung abgegeben worden sein. Nicht Voraussetzung ist, was sich eindeutig aus dem Wortlaut der Vorschrift ergibt, dass bis zum Stichtag alle Erklärungen, Dokumente und Auskünfte für einen erfolgreichen Antrag vorgelegen haben.

6   Ist die Anwendung nach dem zeitlichen Rahmen eröffnet, sind die für den Antragsteller günstigeren Voraussetzungen der jeweiligen Vorschriften anzuwenden. Dabei ist der Günstigkeitsvergleich in Bezug auf jede einzelne Einbürgerungsvoraussetzung, die nicht nach beiden Gesetzesfassungen erfüllt ist, vorzunehmen und die jeweils dem Einbürgerungsbewerber günstigere Regelung anzuwenden. Ein Einbürgerungsbegehen kann sich so teils nach bisherigen, teils nach neuem Recht beurteilen (VGH BW BeckRS 2013, 51297).

Im Einzelnen gelten die folgenden Verschärfungen nicht: 7

- **§ 8:** Erweiterung der Ausschlussgründe auf jede strafrechtliche Verurteilung oder Anordnung einer Maßregel der Besserung und Sicherung. Jede für den Einbürgerungsbewerber nachteilige Veränderung der ermessenslenkenden Verwaltungsvorschriften.
- **§ 9:** Höhere Sprachanforderungen an die Ehegatten.
- **§ 10 Abs. 1 S. 1 Nr. 2:** Ausschluss der Einbürgerung bei einer Aufenthaltserlaubnis nach § 25 Abs. 5 AufenthG.
- **§ 10 Abs. 1 S. 1 Nr. 3:** Lebensunterhaltssicherung bei Ausländern, die das 23. Lebensjahr noch nicht vollendet haben.
- **§ 10 Abs. 1 S. 1 Nr. 5:** Ausschlusstatbestand der Maßregel zur Besserung und Sicherung.
- **§ 10 Abs. 1 S. 1 Nr. 6 iVm Abs. 4:** Geforderte Sprachkenntnisse B 1 gem. § 2 Abs. 11 AufenthG.
- **§ 10 Abs. 1 Nr. 7 iVm Abs. 5:** Nachweis der Kenntnisse der Rechts- und Gesellschaftsordnung sowie der Lebensverhältnisse in Deutschland.
- **§ 12 Abs. 1 S. 2 Nr. 6:** Ausschluss bei Niederlassungserlaubnis nach § 23 Abs. 2 AufenthG.
- **§ 12a Abs. 1 S. 1 Nr. 2 und 3:** Absenkung der Grenzen für Bagatellstraftaten auf 90 Tagessätze oder drei Monate Freiheitsstrafe.
- **§ 12a Abs. 1 S. 2:** Kumulation mehrerer Straftaten.
- **§ 12a Abs. 1 S. 3:** Begrenzung des Absehens einer Berücksichtigung von Straftaten auf geringfügige Überschreitungen des Strafrahmens.
- **§ 13:** Ausschlusstatbestand für erwachsene, im Ausland lebende Abkömmlinge eines ehemaligen Deutschen.

Folgende Vergünstigungen sind anzuwenden: 8

- **§ 8 Abs. 2, Abs. 1 Nr. 2 und Nr. 4:** Absehen von Straffreiheit und Lebensunterhaltssicherung bei besonderer Härte.
- **§ 10 Abs. 1 S. 2:** Begünstigung der handlungsunfähigen Menschen hinsichtlich der Bekenntniserklärung nach § 10 Abs. 1 S. 1 Nr. 1 und dem Nachweis von Gesellschaftskenntnissen nach § 10 Abs. 1 S. 1 Nr. 7.
- **§ 10 Abs. 3 S. 2:** Privilegierung besonders guter Deutschkenntnisse.
- **§ 10 Abs. 6:** Mögliches Absehen vom Erfordernis der Sprachkenntnisse und der Gesellschaftskenntnisse bei Alten, Kranken und Menschen mit entsprechender Behinderung.
- **§ 12 Abs. 1 S. 2 Nr. 2:** Hinnahme von Mehrstaatigkeit bei regelmäßiger Entlassungsverweigerung auch ohne Entlassungsantrag an den ausländischen Staat.
- **§ 12 Abs. 1 S. 2 Nr. 3:** Erweiterung der Fälle der Unzumutbarkeit von Entlassungsbedingungen.
- **§ 12 Abs. 2:** Hinnahme von Mehrstaatigkeit bei Unionsbürgern.

Durch die Aufnahme des § 40c aF ist klargestellt, dass auch die Günstigkeitsregelung der Vorgängervorschrift für **Anträge, die bis zum 16.3.1999 gestellt wurden,** fortgilt. So sind in diesen Fällen die §§ 85–91 AuslG aF möglicherweise anzuwenden. Dies ist beispielsweise für die Anforderungen an die Kenntnisse der deutschen Sprache von Bedeutung (OVG NRW BeckRS 2013, 53939).   9

Bei **Änderung der örtlichen Zuständigkeit** der Einbürgerungsbehörde im laufenden Verfahren kann das Verfahren von der bisherigen Behörde gemäß §§ 27, 17 Abs. 1 S. 1 1. StAngRegG (BGBl. 2008 I 2586) fortgesetzt oder vor der ersten Entscheidung an die nunmehr zuständige Einbürgerungsbehörde abgegeben werden (NK-AuslR/Oberhäuser Rn. 3).   10

Zur Frage der Antragstellung zwischen dem 30.3.2007 und dem 14.6.2007 NK-AuslR/Oberhäuser Rn. 8   11

§ 41 [Verwaltungsverfahren]

Von den in diesem Gesetz in den §§ 32, 33 und 37 Absatz 2 getroffenen Regelungen des Verwaltungsverfahrens der Länder kann nicht durch Landesrecht abgewichen werden.

Überblick

Diese Vorschrift regelt den Ausschluss von Abweichungen durch Landesrecht vom Bundesrecht.

A. Allgemeines

1   Die Vorschrift wurde in dieser Form durch Art. 5 Nr. 24 des Gesetzes zur Umsetzung aufent-
halts- und asylrechtlicher Richtlinien der Europäischen Union (v. 19.8.2007, BGBl. I 1970) zum
28.8.2007 eingeführt. Zuvor enthielt die Vorschrift die Regelungen zum Inkrafttreten des RuSt-
AG. Durch Art. 1 Nr. 3 des Zweiten Gesetzes zur Änderung des Staatsangehörigkeitsgesetzes (v.
13.11.2014, BGBl. I 1714) hat der Gesetzgeber den Anwendungsbereich eingeschränkt. Zuvor
waren auch § 31 (Datenerhebung) und § 34 (Optionsverfahren) von dieser Vorschrift umfasst.
Ausweislich der Gesetzesbegründung (BT-Drs. 18/1312, 10) bestand keine zwingende Notwendigkeit für einheitliche Verfahrensregeln hinsichtlich dieser Vorschriften.

B. Erläuterungen im Einzelnen

2   Aufgrund der Föderalismusreform führte der Gesetzgeber die Nichtabweichungsregelung ein.
Nach Art. 73 Abs. 1 Nr. 2 GG hat der Bund die ausschließliche Gesetzgebung über die Staatsangehörigkeit im Bunde, also in staatsangehörigkeitsrechtlichen Angelegenheiten. Aufgrund des besonderen Bedürfnisses nach einer bundeseinheitlichen Regelung (Art. 84 Abs. 1 S. 5 GG) sollte zur
einheitlichen Rechtsanwendung von den Verfahrensregelungen dieses Gesetzes durch Landesrecht
nach dem Wunsch des Gesetzgebers nicht abgewichen werden (BT-Drs. 16/5065, 232). Der
Gesetzgeber hob in seiner damaligen Begründung dabei insbesondere die datenschutzrechtlichen
Regelungen (§§ 31 ff.), das Optionsverfahren (§ 34), die Einbürgerungsstatistik (§ 36), die Regel-
abfrage (§ 37 Abs. 2) sowie die Regelungen zum Wirksamwerden von Erwerb, Verlust und
Feststellung der Staatsangehörigkeit hervor.

3   In der nunmehr geltenden Fassung beschränkt sich der Anwendungsbereich auf §§ 32, 33 und § 37
Abs. 2. Von den Regelungen in §§ 30, 31 und 34 kann durch Landesrecht abgewichen werden.

4   Von den materiell-rechtlichen Regelungen kann aufgrund der ausschließlichen Gesetzgebungskompetenz des Bundes (Art. 73 Abs. 1 Nr. 2 GG) nicht abgewichen werden.

§ 42 [Strafvorschrift]

**Mit Freiheitsstrafe bis zu fünf Jahren oder mit Geldstrafe wird bestraft, wer unrichtige
oder unvollständige Angaben zu wesentlichen Voraussetzungen der Einbürgerung macht
oder benutzt, um für sich oder einen anderen eine Einbürgerung zu erschleichen.**

Überblick

Die Vorschrift sieht eine Bestrafung für vorsätzlich (→ Rn. 18) unrichtige (→ Rn. 12) oder
unvollständige (→ Rn. 13) Angaben zu wesentlichen (→ Rn. 15) Voraussetzungen der Einbürge-
rung (→ Rn. 10) vor.
Zum Zweck der Vorschrift → Rn. 7.
Zum Versuch → Rn. 5.
Zur Abgrenzung Täterschaft/Teilnahme → Rn. 9a.

Übersicht

A. Allgemeines

I. Entstehungsgeschichte

1   Die Vorschrift wurde durch das Gesetz zur Änderung des Staatsangehörigkeitsgesetzes v.
5.2.2009 (BGBl. I 158) eingefügt. Davor gab es im StAG keine spezialgesetzliche Strafvorschrift.

Auch im ursprünglichen Gesetzesentwurf (BT-Drs. 16/10528) war keine Strafvorschrift vorgesehen. Diese wurde erst auf Vorschlag des Bundesrats in das Gesetz mit aufgenommen.
Der ursprünglich vom Bundesrat vorgesehene Strafrahmen bis zu drei Jahren wurde im Gesetz- 2
gebungsverfahren auf fünf Jahre erhöht. Dies entspricht dem Strafrahmen des § 98 BFVG.
Die Vorschrift trat **zum 12.2.2009 in Kraft.** 3

Bei GK-StAR/Marx Rn. 8 wird wohl versehentlich der 12.2.2010 als Tag des Inkrafttretens aufgeführt. **3.1**

II. Zweck und Allgemeines

Die Vorschrift pönalisiert nicht alle Fälle des missbräuchlichen Erwerbs der deutschen Staatsan- 4
gehörigkeit. So werden Einbürgerungen, die auf Drohung oder Bestechung basieren, nicht
umfasst. Ebenso nicht nach dieser Vorschrift bestraft werden Fälle einer missbräuchlichen Vaterschaftsanerkennung, Adoption oder Scheinehe (HMHK/Hailbronner Rn. 3).
Der **Versuch** ist **nicht strafbar** (§ 23 Abs. 1 StGB). 5
Die Strafvorschrift ist ein **abstraktes Gefährdungsdelikt** und orientiert sich an § 98 BVFG 6
sowie § 95 Abs. 2 Nr. 2 AufenthG (KG BeckRS 2011, 26229).
Zweck der Vorschrift, die zusammen mit § 35 eingeführt wurde, ist das Verwaltungsverfahren 7
gegenüber Falschangaben abzusichern und das Vertrauen des Rechtsverkehrs in die materielle
Richtigkeit der Verwaltungsentscheidung zu schützen (KG BeckRS 2011, 26229). Das Interesse
des Staates, einen unredlichen Erwerb der deutschen Staatsangehörigkeit zu verhindern, soll strafrechtlich geschützt werden (BT-Drs. 16/10528, 12).
Im Gegensatz zu den meisten Straftatbeständen des § 95 AufenthG, ist § 42 nicht verwaltungsak- 7a
zessorisch, verweist also nicht auf Vorschriften des materiellen Verwaltungsrechts. Die Erfüllung
des Tatbestandes kann ohne Rückgriff auf eine verwaltungsrechtliche Vorschrift oder einen Verwaltungsakt geprüft werden.
Zurecht wird **kritisch zur Verhältnismäßigkeit** angeführt, dass bereits § 35 eine erhebliche 8
Sanktion zu Falschangaben im Einbürgerungsverfahren darstellt, da der Verlust der deutschen
Staatsangehörigkeit auch unter der Regelhinnahme von Staatenlosigkeit droht. Außerdem kommt
es extrem selten zum von § 42 sanktionierten Verhalten (NK-AuslR/Fahlbusch Rn. 3; GK-StAR/
Marx Rn. 5).

B. Erläuterungen im Einzelnen

I. Objektiver Tatbestand

1. Allgemeines

Strafbar macht sich, wer unrichtige oder unvollständige Angaben zu wesentlichen Voraussetzun- 9
gen der Einbürgerung macht oder benutzt, um für sich oder einen anderen eine Einbürgerung
zu erschleichen.
Täter oder Mittäter kann jedermann sein, da unrichtige oder unvollständige Angaben auch 9a
dann strafbar sind, wenn sie der Einbürgerung eines anderen dienen. Die Rechtslage ist derjenigen
einer mittelbaren Falschbeurkundung vergleichbar, weshalb Mittäter regelmäßig selbst gegenüber
der zuständigen Behörde tätig werden müssen (BGH BeckRS 1990, 31081822 zu § 98 BVFG;
MüKoStGB/Gericke Rn. 3).
Die **Abgrenzung der Täterschaft von der Teilnahme** erfolgt nach den allgemeinen Grund- 9b
sätzen. **Täterschaftliche Verwirklichung** ist aufgrund der klaren Tatbestandsformulierung auch
durch denjenigen möglich, der mit Täterwillen einem anderen bei der Erschleichung der Einbürgerung behilflich ist. Voraussetzung ist aber, dass er durch seine vorsätzlich unrichtigen oder
unvollständigen Angaben die Behörde zu einer fehlerhaften Entscheidung veranlasst und dafür
selbst gegenüber der zuständigen Behörde tätig wird (BGH BeckRS 1990, 31081822 zu § 98
BVFG; MüKoStGB/Gericke Rn. 9). **Beihilfe** ist demnach va dann möglich, wenn sich die Hilfeleistung etwa in der Aufbereitung unrichtiger Informationen erschöpft, welche der Haupttäter
dann im Einbürgerungsverfahren selbst verwendet (MüKoStGB/Gericke Rn. 9).
Alleiniges **Tatobjekt** ist die Einbürgerung. Andere Schutzgüter sieht die Vorschrift nicht vor. 10
Die **Tatbestandsvollendung** liegt vor, wenn die Angaben gegenüber der zuständigen Behörde 11
gemacht oder genutzt wurden. Ein Erfolg ist nicht Voraussetzung für die Tatbestandsvollendung.

2. Vorbringen oder Nutzen unrichtiger oder unvollständiger Angaben

12   **Unrichtig sind Angaben,** die mit der Wirklichkeit nicht übereinstimmen (NK-AuslR/Fahlbusch Rn. 5; GK-StAR/Marx Rn. 11).

13   **Unvollständige Angaben** macht der Betroffene, wenn er trotz Mitwirkungspflicht wesentliche Tatsachen verschweigt und somit im relevanten Umfang von den verlangten Angaben abweichen (GK-StAR/Marx Rn. 11). Die an sich richtigen Angaben müssen den Eindruck erwecken, sie seien vollständig, während bewusst Ungünstiges übergangen wird, insbesondere weitere, in der Regel die Entscheidung potentiell nachteilig beeinflussende Tatsachen verschwiegen werden (MüKoStGB/Gericke Rn. 5).

13a   „Machen" oder „Benutzen" setzt voraus, dass die Angaben der Behörde bekannt werden (BGH BeckRS 2015, 18192 zu § 95 Abs. 2 Nr. 2 AufenthG; MüKoStGB/Gericke Rn. 5).

14   **Benutzen** unvollständiger oder unrichtiger Angaben liegt vor, wenn auf solche zuvor gemachten Angaben im Einbürgerungsverfahren Bezug genommen wird (NK-AuslR/Fahlbusch Rn. 5; GK-StAR/Marx Rn. 11).

3. Wesentliche Voraussetzung für die Einbürgerung

15   Strafbar macht sich nur, wer unrichtige oder unvollständige Angaben zu **wesentlichen Voraussetzungen der Einbürgerung** macht oder nutzt. Nach BGH BeckRS 2016, 112258, bedeutet wesentlich, dass es sich um Angaben handeln muss, die sich auf das Einbürgerungsverfahren auch auswirken können. Dies ergebe sich bereits aus dem Bestimmtheitsgebot und dem Wortlaut der Vorschrift, aber auch aus der Entstehungsgeschichte und dem Zweck der Vorschrift. Die Vorschrift will nicht generell Falschangaben bestrafen. Damit müssen die Falschangaben im Einzelfall objektiv gesehen auch konkret geeignet sein, Einfluss auf die Entscheidung der Behörde zu haben. Dies ist nach Auffassung des BGH dann **nicht der Fall, wenn Straftaten, die unterhalb der Bagatellgrenze des § 12a liegen, verschwiegen wurden** (HMHK/Hailbronner Rn. 7; NK-AuslR/Fahlbusch Rn. 7; MüKoStGB/Gericke Rn. 7; aA noch vor der Entscheidung des BGH KG BeckRS 2011, 26229).

15a   Dies ist aber nur bei der Anspruchseinbürgerung nach § 10 so zu sehen. Bei der **Ermessensoder Regeleinbürgerung** nach den §§ 8 und 9 kann dies nicht so gesehen werden (OLG Nürnberg BeckRS 2016, 20646; MüKoStGB/Gericke Rn. 7).

16   Tatbestandstauglich sind auch **Angaben zu den familiären Verhältnissen,** soweit es um die Einbürgerung nach § 9 geht und es sich um wesentliche Angaben handelt.

17   Unvollständige oder unrichtige Angaben in diesem Sinne macht auch, wer falsche Angaben zum Bestehen einer **anderen Staatsangehörigkeit** macht. Gesetzliche Voraussetzung für die Einbürgerung ist die Aufgabe der bisherigen Staatsangehörigkeit (§ 10 Abs. 1 Nr. 4). Die Möglichkeit des Absehens von dieser Voraussetzung ändert nichts an der grundsätzlichen Notwendigkeit der Erfüllung dieser gesetzlichen Voraussetzung (HMHK/Hailbronner Rn. 8).

II. Subjektiver Tatbestand

18   Die Tat ist nur als **Vorsatztat** strafbar. Der Betroffene muss also wissen, dass er unrichtige oder unvollständige Angaben macht oder nutzt. Er muss auch wissen, dass die Angaben entscheidungserheblich sind, was häufig Zweifeln unterliegen dürfte. Außerdem muss die Tathandlung dem Zweck dienen, die Einbürgerung zu erschleichen. Geht es also im staatsangehörigkeitsrechtlichen Verfahren nicht um die Einbürgerung, sind fehlerhafte Angaben nicht strafbar nach dieser Vorschrift. Der bedingte Vorsatz ist allerdings ausreichend.

III. Tauglicher Täter

19   Tauglicher Täter muss kein Ausländer sein, sondern kann aufgrund der möglichen Begehungsweise zugunsten eines Dritten **auch ein Deutscher** sein.

IV. Auslandsbezug

20   Unrichtige oder unvollständige Angaben, die im Einbürgerungsverfahren vor einer deutschen **Auslandsvertretung** abgegeben werden, sind nicht strafbar, da das deutsche Strafrecht im Ausland nicht gilt (OLG Köln BeckRS 9998, 36136).

V. Strafrahmen

21   Die Vorschrift sieht einen Strafrahmen von Freiheitsstrafe bis zu fünf Jahren oder Geldstrafe vor.

Gesetz über den Aufenthalt, die Erwerbstätigkeit und und die Integration von Ausländern im Bundesgebiet (Aufenthaltsgesetz – AufenthG)

In der Fassung der Bekanntmachung vom 25. Februar 2008
(BGBl. I S. 162)
FNA 26-12

Kapitel 1. Allgemeine Bestimmungen

§ 1 Zweck des Gesetzes; Anwendungsbereich

(1) ¹Das Gesetz dient der Steuerung und Begrenzung des Zuzugs von Ausländern in die Bundesrepublik Deutschland. ²Es ermöglicht und gestaltet Zuwanderung unter Berücksichtigung der Aufnahme- und Integrationsfähigkeit sowie der wirtschaftlichen und arbeitsmarktpolitischen Interessen der Bundesrepublik Deutschland. ³Das Gesetz dient zugleich der Erfüllung der humanitären Verpflichtungen der Bundesrepublik Deutschland. ⁴Es regelt hierzu die Einreise, den Aufenthalt, die Erwerbstätigkeit und die Integration von Ausländern. ⁵Die Regelungen in anderen Gesetzen bleiben unberührt.

(2) Dieses Gesetz findet keine Anwendung auf Ausländer,
1. **deren Rechtsstellung von dem Gesetz über die allgemeine Freizügigkeit von Unionsbürgern geregelt ist, soweit nicht durch Gesetz etwas anderes bestimmt ist,**
2. **die nach Maßgabe der §§ 18 bis 20 des Gerichtsverfassungsgesetzes nicht der deutschen Gerichtsbarkeit unterliegen,**
3. **soweit sie nach Maßgabe völkerrechtlicher Verträge für den diplomatischen und konsularischen Verkehr und für die Tätigkeit internationaler Organisationen und Einrichtungen von Einwanderungsbeschränkungen, von der Verpflichtung, ihren Aufenthalt der Ausländerbehörde anzuzeigen und dem Erfordernis eines Aufenthaltstitels befreit sind und wenn Gegenseitigkeit besteht, sofern die Befreiungen davon abhängig gemacht werden können.**

Überblick

§ 1 definiert die Zielsetzungen des AufenthG (Abs. 1 S. 1–3, → Rn. 1 ff.) und bestimmt dessen sachlichen (Abs. 1 S. 4 und S. 5, → Rn. 6 f.) und persönlichen Anwendungsbereich (Abs. 2, → Rn. 8 ff.).

A. Zwecke des AufenthG (Abs. 1)

I. Entstehungsgeschichte

§ 1 geht in seiner heutigen Form auf das ZuwG (Zuwanderungsgesetz v. 30.7.2004, **1** BGBl. I 1950) zurück. Die erweiterte Zielsetzung des Aufenthaltsgesetzes ist Ausdruck eines Paradigmenwechsels (vgl. BT-Drs. 15/420, 59 ff.). Der Gesetzgeber versteht das Ausländerrecht nicht mehr nur nach seinem historischen Ursprung als besonderes Polizeirecht, sondern zugleich als Instrument zur Verwirklichung wirtschaftlicher Interessen und zur Umsetzung der völker- und unionsrechtlich gewährleisteten Rechte von Ausländern (vgl. BeckOK AuslR/Eichenhofer Rn. 1 f.).

Das AufenthG ist seit seinem Inkrafttreten mehrfach und in jüngster Vergangenheit immer häufiger **1.1** geändert worden. So hat es Änderungen insbesondere durch das Gesetz zur Neubestimmung des Bleiberechts und der Aufenthaltsbeendigung v. 27.7.2015 (BGBl. I 1386), das Asylverfahrensbeschleunigungsgesetz v. 20.10.2015 (BGBl. I 1722), das Gesetz zur Einführung beschleunigter Asylverfahren v. 11.3.2016 (BGBl. I 390), das Gesetz zur erleichterten Ausweisung von straffälligen Ausländern und zum erweiterten

Ausschluss der Flüchtlingsanerkennung bei straffälligen Asylbewerbern v. 1.3.2016 (BGBl. I 394), das Integrationsgesetz v. 31.7.2016 (BGBl. I 1939) und das Gesetz zur Umsetzung aufenthaltsrechtlicher Richtlinien der Europäischen Union zur Arbeitsmigration v. 12.5.2017 (BGBl. I 1106) erfahren. Zuletzt wurde das AufenthG unter anderem durch das Gesetz zur Verlängerung der Aussetzung des Familiennachzugs zu subsidiär Schutzberechtigten v. 8.3.2018 (BGBl. I 342), das Gesetz zur Neuregelung des Familiennachzugs zu subsidiär Schutzberechtigten v. 12.7.2018 (BGBl. I 1147), das Gesetz zur Entfristung des Integrationsgesetzes v. 4.7.2019 (BGBl. I 914), das Gesetz über Duldung bei Ausbildung und Beschäftigung v. 8.7.2019 (BGBl. I 1021), das Gesetz zur Förderung der Ausbildung und Beschäftigung von Ausländerinnen und Ausländern v. 8.7.2019 (BGBl. I 1029), das Gesetz gegen illegale Beschäftigung und Sozialleistungsmissbrauch v. 11.7.2019 (BGBl. I 1066), das Zweite Gesetz zur Verbesserung der Registrierung und des Datenaustausches zu aufenthalts- und asylrechtlichen Zwecken v. 4.8.2019 (BGBl. I 1131), das Zweite Gesetz zur besseren Durchsetzung der Ausreisepflicht v. 15.8.2019 (BGBl. I 1294) und das FachkEinwG (Fachkräfteeinwanderungsgesetz v. 15.8.2019, BGBl. I 1307) geändert.

II. Gesetzliche Zielsetzungen

1. Begrenzung und Gestaltung der Zuwanderung (S. 1 und S. 2)

2 Vorrangiges Ziel des AufenthG ist die Steuerung und Begrenzung des Zuzugs von Ausländern in die Bundesrepublik Deutschland (S. 1). Instrument ist der in § 4 Abs. 1 S. 1 geregelte Erlaubnisvorbehalt, der für die Einreise und den Aufenthalt im Bundesgebiet das Erfordernis eines Aufenthaltstitels regelt. Für die Gestaltung der so gesteuerten Zuwanderung sollen nach dem Willen des Gesetzgebers die Aufnahme- und Integrationsfähigkeit sowie die wirtschaftlichen und arbeitsmarktpolitischen Interessen der Bundesrepublik Deutschland maßgeblich sein (S. 2).

2. Erfüllung humanitärer Verpflichtungen (S. 3)

3 S. 3 bekräftigt deklaratorisch die Umsetzung verbindlicher Vorgaben des höherrangigen Völker-, Unions- und Verfassungsrechts.

3.1 Hierzu zählen etwa die Gewährleistungen der GFK (Genfer Flüchtlingskonvention v. 28.7.1951), der EMRK (Europäische Menschenrechtskonvention v. 22.10.2010) und der grundrechtlich garantierte Schutz der Familieneinheit (Art. 6 Abs. 1 GG).

III. Umsetzung unionsrechtlicher Vorgaben

4 Das AufenthG setzt zahlreiche Anforderungen des Unionsrechts um. Hierzu zählen unter anderem die Familienzusammenführungs-RL (RL 2003/86/EG v. 22.9.2003, ABl. 2003 L 251, 12), die Daueraufenthalts-RL (RL 2003/109/EG v. 25.11.2003, ABl. 2004 L 16, 44), die Studenten-RL (RL 2004/114/EG v. 13.12.2004, ABl. 2004 L 375, 12), die Rückführungs-RL (RL 2008/115/EG v. 16.12.2008, ABl. 2008 L 348, 98) und die Qualifikations-RL (RL 2011/95/EU v. 13.12.2011, ABl. 2011 L 337, 9). Maßgebliche Vorgaben für die Erteilung sog. Schengen-Visa regelt der Visakodex (VO (EG) 810/2009 v. 13.7.2009, ABl. 2009 L 243, 1).

IV. Maßstab für Auslegung und Anwendung des AufenthG

5 Die abstrakten gesetzlichen Zweckbestimmungen des § 1 gewinnen bei der konkreten Auslegung und Anwendung der Vorschriften des AufenthG als leitender Gesichtspunkt – insbesondere bei der Ermessensausübung – Bedeutung (vgl. Nr. 1.1.1 AufenthGAVwV; VG Schleswig BeckRS 2018, 254; VG München BeckRS 2012, 58517).

B. Sachlicher Anwendungsbereich

I. Einreise, Aufenthalt, Erwerbstätigkeit und Integration von Ausländern (Abs. 1 S. 4)

6 Regelungsgegenstand des AufenthG sind die Einreise, der Aufenthalt, die Erwerbstätigkeit und die Integration von Ausländern. Die Einreise regeln die §§ 13–15a; daneben treten die unionsrechtliche Regelung der Visumpflicht für Drittstaatsangehörige durch die EU-Visum-VO 2001 (VO (EG) 539/2001 v. 15.3.2001, ABl. 2001 L 81, 1) sowie die Anforderungen des Schengener Grenzkodex 2006 (VO (EG) 562/2006 v. 15.3.2006, ABl. 2006 L 105, 1). Für den Aufenthalt werden dem Ausländer die in § 4 Abs. 1 S. 1 genannten Aufenthaltstitel erteilt; die Erteilung eines kurzfristigen Schengen-Visums (§ 6 Abs. 1) richtet sich dabei nach dem Visakodex (VO

(EG) 810/2009 v. 13.7.2009, ABl. 2009 L 243, 1). Erstmalig regelt das AufenthG auch die – in § 2 Abs. 2 definierte – Erwerbstätigkeit des Ausländers. Aufenthalt und Erwerbstätigkeit werden durch den Aufenthaltstitel als einheitliche Erlaubnis geregelt (§ 4a Abs. 1 und 3), wobei dessen Erteilung bei Berechtigung zu einer Erwerbstätigkeit unter bestimmten Voraussetzungen der Zustimmung der Bundesagentur für Arbeit bedarf (§ 39 Abs. 1); weitergehende Anforderungen regelt hierbei die BeschV (Beschäftigungsverordnung v. 6.6.2013, BGBl. I 1499). Neuer Regelungsgegenstand des AufenthG ist die Integration von Ausländern; von dieser gesetzlichen Zielsetzung sind insbesondere die Vorschriften der §§ 43–45a getragen.

II. Vorrangige Regelungen (S. 5)

Regelungen, die der Anwendung des AufenthG gem. § 1 Abs. 1 S. 5 vorangehen, sind unter **7** anderem das FreizügG/EU (Freizügigkeitsgesetz/EU v. 30.7.2004, BGBl. I 1950), das AsylG (Asylgesetz v. 2.9.2008, BGBl. I 1798), das HeimatlAuslG (Gesetz über die Rechtsstellung heimatloser Ausländer v. 25.4.1951, BGBl. I 269) und das SkAufG (Streitkräfteaufenthaltsgesetz v. 20.7.1995, BGBl. I 554; vgl. Nr. 1.1.5 AufenthGAVwV). Gesetze iSd S. 5 können auch völkerrechtliche Verträge sein, soweit sie nach Art. 59 Abs. 2 S. 1 GG ratifiziert worden sind und subjektive Rechte und Pflichten des Einzelnen regeln (vgl. Nr. 1.1.5.2 AufenthGAVwV). Dies trifft unter anderem auf die GFK und das StaatenlosenÜ (Übereinkommen über die Rechtsstellung von Staatenlosen v. 28.9.1954, BGBl. 1976 II 473) zu. Die EMRK erfüllt die Voraussetzungen des S. 5 dagegen nicht, da sie gleichermaßen für Inländer gilt und damit keine spezifischen Regelungen für Ausländer trifft (so Bergmann/Dienelt/Dienelt Rn. 62; NdsOVG BeckRS 2012, 53483; aA BeckOK AuslR/Eichenhofer Rn. 20).

C. Persönlicher Anwendungsbereich

I. Ausländer

Das AufenthG gilt grundsätzlich für alle Ausländer. Ausländer ist gem. § 2 Abs. 1 jeder Nicht- **8** deutsche; hierzu zählen sowohl Drittstaatsangehörige als auch Staatenlose.

II. Ausnahmen (Abs. 2)

§ 1 Abs. 2 nimmt von der Anwendung des AufenthG bestimmte Personengruppen aus: **9**

1. FreizügG/EU (Nr. 1)

Nicht anwendbar ist das AufenthG auf Staatsangehörige der EU-Mitgliedstaaten und ihre Fami- **10** lienangehörigen. Deren Rechtsstellung regelt das FreizügG/EU (Gesetz über die allgemeine Freizügigkeit von Unionsbürgern v. 30.7.2004, BGBl. I 1950). § 11 FreizügG/EU sieht hiervon allerdings Ausnahmen vor. So findet das AufenthG Anwendung, wenn die Ausländerbehörde das Nichtbestehen oder den Verlust des Freizügigkeitsrechts nach § 2 Abs. 1 FreizügG/EU festgestellt hat (§ 11 Abs. 2 FreizügG/EU). Bis zu einer derartigen Entscheidung (vgl. § 2 Abs. 7 FreizügG/ EU, § 5 Abs. 4 FreizügG/EU, § 6 Abs. 1 FreizügG/EU) ist das FreizügG/EU indes auch auf Unionsbürger und ihre Familienangehörigen anwendbar, die nicht (mehr) die Voraussetzungen eines Freizügigkeitsrechts erfüllen (BayVGH BeckRS 2016, 45081 Rn. 20; OVG NRW BeckRS 2015, 55489; Bergmann/Dienelt/Dienelt Rn. 45 mwN; aA BeckOK AuslR/Eichenhofer Rn. 22).

Entsprechendes gilt nach § 12 FreizügG/EU für die Staatsangehörigen der EWR-Staaten Norwegen, **10.1** Island und Liechtenstein.

Familienangehörige eines deutschen Staatsangehörigen werden von § 1 Abs. 2 Nr. 1 nicht **11** erfasst. Sie unterliegen dem AufenthG. Anderes soll gelten, wenn der Deutsche in Begleitung des Familienangehörigen nachhaltig von seinem Freizügigkeitsrecht Gebrauch gemacht hat und in das Bundesgebiet zurückkehrt (vgl. BVerwGE 138, 122 = BeckRS 2011, 47344; BVerwGE 138, 353 = BeckRS 2011, 48919).

2. §§ 18–20 GVG (Nr. 2)

Abs. 2 Nr. 2 nimmt Personen aus, die nach Maßgabe der §§ 18–20 GVG nicht der deutschen **12** Gerichtsbarkeit unterliegen. Die Vorschriften setzen völkervertragliche Verpflichtungen aus dem

Wiener Übereinkommen über diplomatische Beziehungen v. 8.4.1961 (BGBl. 1964 II 957) und dem Wiener Übereinkommen über konsularische Beziehungen v. 24.4.1963 (BGBl. 1969 II 1585 ff.) um. Zu dem erfassten Personenkreis gehören unter anderem die Mitglieder diplomatischer Missionen (§ 18 GVG) und konsularischer Vertretungen (§ 19 GVG) und Repräsentanten anderer Staaten und deren Begleitung, die sich auf amtliche Einladung der Bundesrepublik im Bundesgebiet aufhalten (§ 20 Abs. 1 GVG).

12.1   Die rechtliche Behandlung von Personen, auf die das AufenthG gem. § 1 Abs. 2 Nr. 2 keine Anwendung findet, regelt ein Rundschreiben des Auswärtigen Amtes v. 15.9.2015 (GMBl. 1206; vgl. Nr. 1.2.2.1, 1.2.2.2 AufenthGAVwV).

3. Völkerrechtliche Verträge (Nr. 3)

13   Abs. 2 Nr. 3 regelt schließlich eine Ausnahme für Ausländer, die nach Maßgabe völkerrechtlicher Verträge für den diplomatischen und konsularischen Verkehr und für die Tätigkeit internationaler Organisationen und Einrichtungen von Einwanderungsbeschränkungen, von der Verpflichtung, ihren Aufenthalt der Ausländerbehörde anzuzeigen und dem Erfordernis eines Aufenthaltstitels befreit sind und wenn Gegenseitigkeit besteht, sofern die Befreiungen davon abhängig gemacht werden können.

13.1   Das Bundesministerium der Justiz veröffentlicht jährlich im Bundesgesetzblatt ein Verzeichnis der völkerrechtlichen Vereinbarungen und sonstigen Rechtsvorschriften, die Drittstaatsangehörigen besondere Vorrechte einräumen (vgl. Nr. 1.2.2.4 AufenthGAVwV).

13.2   Von dem Erfordernis eines Aufenthaltstitels befreit sind etwa die Angehörigen der NATO-Streitkräfte (Soldaten, zivile Bedienstete und jeweilige Ehegatten und unterhaltsberechtigte Kinder) nach dem NATO-Truppenstatut (Abkommen zwischen den Parteien des Nordatlantikvertrags über die Rechtsstellung ihrer Truppen v. 19.6.1951, BGBl. 1961 II 1190) und dem NTS-ZA (Zusatzabkommen zum Abkommen zwischen den Parteien des Nordatlantikvertrags über die Rechtsstellung ihrer Truppen hinsichtlich der in der Bundesrepublik Deutschland stationierten ausländischen Truppen v. 3.8.1959, BGBl. 1961 II 1218; vgl. beispielhaft VG Frankfurt a. M. BeckRS 2005, 35201).

14   Die Beschäftigten der Vertretungen ausländischer Staaten unterliegen – vorbehaltlich entgegenstehender völkerrechtlicher Vereinbarungen – grundsätzlich den Regelungen des AufenthG, sind allerdings gem. § 27 AufenthV von dem Erfordernis eines Aufenthaltstitels befreit.

§ 2 Begriffsbestimmungen

(1) Ausländer ist jeder, der nicht Deutscher im Sinne des Artikels 116 Abs. 1 des Grundgesetzes ist.

(2) Erwerbstätigkeit ist die selbständige Tätigkeit, die Beschäftigung im Sinne von § 7 des Vierten Buches Sozialgesetzbuch und die Tätigkeit als Beamter.

(3) [1]Der Lebensunterhalt eines Ausländers ist gesichert, wenn er ihn einschließlich ausreichenden Krankenversicherungsschutzes ohne Inanspruchnahme öffentlicher Mittel bestreiten kann. [2]Nicht als Inanspruchnahme öffentlicher Mittel gilt der Bezug von:
1. Kindergeld,
2. Kinderzuschlag,
3. Erziehungsgeld,
4. Elterngeld,
5. Leistungen der Ausbildungsförderung nach dem Dritten Buch Sozialgesetzbuch, dem Bundesausbildungsförderungsgesetz und dem Aufstiegsfortbildungsförderungsgesetz,
6. öffentlichen Mitteln, die auf Beitragsleistungen beruhen oder die gewährt werden, um den Aufenthalt im Bundesgebiet zu ermöglichen und
7. Leistungen nach dem Unterhaltsvorschussgesetz.
[3]Ist der Ausländer in einer gesetzlichen Krankenversicherung krankenversichert, hat er ausreichenden Krankenversicherungsschutz. [4]Bei der Erteilung oder Verlängerung einer Aufenthaltserlaubnis zum Familiennachzug werden Beiträge der Familienangehörigen zum Haushaltseinkommen berücksichtigt. [5]Der Lebensunterhalt gilt für die Erteilung einer Aufenthaltserlaubnis nach den §§ 16a bis 16c, 16e sowie 16f mit Ausnahme der Teilnehmer an Sprachkursen, die nicht der Studienvorbereitung dienen, als gesichert,

wenn der Ausländer über monatliche Mittel in Höhe des monatlichen Bedarfs, der nach den §§ 13 und 13a Abs. 1 des Bundesausbildungsförderungsgesetzes bestimmt wird, verfügt. [6]Der Lebensunterhalt gilt für die Erteilung einer Aufenthaltserlaubnis nach den §§ 16d, 16f Absatz 1 für Teilnehmer an Sprachkursen, die nicht der Studienvorbereitung dienen, sowie § 17 als gesichert, wenn Mittel entsprechend Satz 5 zuzüglich eines Aufschlages um 10 Prozent zur Verfügung stehen. [7]Das Bundesministerium des Innern, für Bau und Heimat gibt die Mindestbeträge nach Satz 5 für jedes Kalenderjahr jeweils bis zum 31. August des Vorjahres im Bundesanzeiger bekannt.

(4) [1]Als ausreichender Wohnraum wird nicht mehr gefordert, als für die Unterbringung eines Wohnungssuchenden in einer öffentlich geförderten Sozialmietwohnung genügt. [2]Der Wohnraum ist nicht ausreichend, wenn er den auch für Deutsche geltenden Rechtsvorschriften hinsichtlich Beschaffenheit und Belegung nicht genügt. [3]Kinder bis zur Vollendung des zweiten Lebensjahres werden bei der Berechnung des für die Familienunterbringung ausreichenden Wohnraumes nicht mitgezählt.

(5) Schengen-Staaten sind die Staaten, in denen folgende Rechtsakte in vollem Umfang Anwendung finden:
1. Übereinkommen zur Durchführung des Übereinkommens von Schengen vom 14. Juni 1985 zwischen den Regierungen der Staaten der Benelux-Wirtschaftsunion, der Bundesrepublik Deutschland und der Französischen Republik betreffend den schrittweisen Abbau der Kontrollen an den gemeinsamen Grenzen (ABl. L 239 vom 22.9.2000, S. 19),
2. die Verordnung (EU) 2016/399 des Europäischen Parlaments und des Rates vom 9. März 2016 über einen Gemeinschaftskodex für das Überschreiten der Grenzen durch Personen (Schengener Grenzkodex) (ABl. L 77 vom 23.3.2016, S. 1) und
3. die Verordnung (EG) Nr. 810/2009 des Europäischen Parlaments und des Rates vom 13. Juli 2009 über einen Visakodex der Gemeinschaft (ABl. L 243 vom 15.9.2009, S. 1).

(6) Vorübergehender Schutz im Sinne dieses Gesetzes ist die Aufenthaltsgewährung in Anwendung der Richtlinie 2001/55/EG des Rates vom 20. Juli 2001 über Mindestnormen für die Gewährung vorübergehenden Schutzes im Falle eines Massenzustroms von Vertriebenen und Maßnahmen zur Förderung einer ausgewogenen Verteilung der Belastungen, die mit der Aufnahme dieser Personen und den Folgen dieser Aufnahme verbunden sind, auf die Mitgliedstaaten (ABl. EG Nr. L 212 S. 12).

(7) Langfristig Aufenthaltsberechtigter ist ein Ausländer, dem in einem Mitgliedstaat der Europäischen Union die Rechtsstellung nach Artikel 2 Buchstabe b der Richtlinie 2003/109/EG des Rates vom 25. November 2003 betreffend die Rechtsstellung der langfristig aufenthaltsberechtigten Drittstaatsangehörigen (ABl. EU 2004 Nr. L 16 S. 44), die zuletzt durch die Richtlinie 2011/51/EU (ABl. L 132 vom 19.5.2011, S. 1) geändert worden ist, verliehen und nicht entzogen wurde.

(8) Langfristige Aufenthaltsberechtigung – EU ist der einem langfristig Aufenthaltsberechtigten durch einen anderen Mitgliedstaat der Europäischen Union ausgestellte Aufenthaltstitel nach Artikel 8 der Richtlinie 2003/109/EG.

(9) Einfache deutsche Sprachkenntnisse entsprechen dem Niveau A 1 des Gemeinsamen Europäischen Referenzrahmens für Sprachen (Empfehlungen des Ministerkomitees des Europarates an die Mitgliedstaaten Nr. R (98) 6 vom 17. März 1998 zum Gemeinsamen Europäischen Referenzrahmen für Sprachen – GER).

(10) Hinreichende deutsche Sprachkenntnisse entsprechen dem Niveau A 2 des Gemeinsamen Europäischen Referenzrahmens für Sprachen.

(11) Ausreichende deutsche Sprachkenntnisse entsprechen dem Niveau B 1 des Gemeinsamen Europäischen Referenzrahmens für Sprachen.

(11a) Gute deutsche Sprachkenntnisse entsprechen dem Niveau B2 des Gemeinsamen Europäischen Referenzrahmens für Sprachen.

(12) Die deutsche Sprache beherrscht ein Ausländer, wenn seine Sprachkenntnisse dem Niveau C 1 des Gemeinsamen Europäischen Referenzrahmens für Sprachen entsprechen.

(12a) Eine qualifizierte Berufsausbildung im Sinne dieses Gesetzes liegt vor, wenn es sich um eine Berufsausbildung in einem staatlich anerkannten oder vergleichbar geregelten Ausbildungsberuf handelt, für den nach bundes- oder landesrechtlichen Vorschriften eine Ausbildungsdauer von mindestens zwei Jahren festgelegt ist.

(12b) Eine qualifizierte Beschäftigung im Sinne dieses Gesetzes liegt vor, wenn zu ihrer Ausübung Fertigkeiten, Kenntnisse und Fähigkeiten erforderlich sind, die in einem Studium oder einer qualifizierten Berufsausbildung erworben werden.

(12c) Bildungseinrichtungen im Sinne dieses Gesetzes sind
1. Ausbildungsbetriebe bei einer betrieblichen Berufsaus- oder Weiterbildung,
2. Schulen, Hochschulen sowie Einrichtungen der Berufsbildung oder der sonstigen Aus- und Weiterbildung.

(13) International Schutzberechtigter ist ein Ausländer, der internationalen Schutz genießt im Sinne der
1. Richtlinie 2004/83/EG des Rates vom 29. April 2004 über Mindestnormen für die Anerkennung und den Status von Drittstaatsangehörigen oder Staatenlosen als Flüchtlinge oder als Personen, die anderweitig internationalen Schutz benötigen, und über den Inhalt des zu gewährenden Schutzes (ABl. L 304 vom 30.9.2004, S. 12) oder
2. Richtlinie 2011/95/EU des Europäischen Parlaments und des Rates vom 13. Dezember 2011 über Normen für die Anerkennung von Drittstaatsangehörigen oder Staatenlosen als Personen mit Anspruch auf internationalen Schutz, für einen einheitlichen Status für Flüchtlinge oder für Personen mit Anrecht auf subsidiären Schutz und für den Inhalt des zu gewährenden Schutzes (ABl. L 337 vom 20.12.2011, S. 9).

(14) [1]Soweit Artikel 28 der Verordnung (EU) Nr. 604/2013 des Europäischen Parlaments und des Rates vom 26. Juni 2013 zur Festlegung der Kriterien und Verfahren zur Bestimmung des Mitgliedstaats, der für die Prüfung eines von einem Drittstaatsangehörigen oder Staatenlosen in einem Mitgliedstaat gestellten Antrags auf internationalen Schutz zuständig ist (ABl. L 180 vom 29.6.2013, S. 31), der die Inhaftnahme zum Zwecke der Überstellung betrifft, maßgeblich ist, gelten § 62 Absatz 3a für die widerlegliche Vermutung einer Fluchtgefahr im Sinne von Artikel 2 Buchstabe n der Verordnung (EU) Nr. 604/2013 und § 62 Absatz 3b Nummer 1 bis 5 als objektive Anhaltspunkte für die Annahme einer Fluchtgefahr im Sinne von Artikel 2 Buchstabe n der Verordnung (EU) Nr. 604/2013 entsprechend; im Anwendungsbereich der Verordnung (EU) Nr. 604/2013 bleibt Artikel 28 Absatz 2 im Übrigen maßgeblich. [2]Ferner kann ein Anhaltspunkt für Fluchtgefahr vorliegen, wenn
1. der Ausländer einen Mitgliedstaat vor Abschluss eines dort laufenden Verfahrens zur Zuständigkeitsbestimmung oder zur Prüfung eines Antrags auf internationalen Schutz verlassen hat und die Umstände der Feststellung im Bundesgebiet konkret darauf hindeuten, dass er den zuständigen Mitgliedstaat in absehbarer Zeit nicht aufsuchen will,
2. der Ausländer zuvor mehrfach einen Asylantrag in anderen Mitgliedstaaten als der Bundesrepublik Deutschland im Geltungsbereich der Verordnung (EU) Nr. 604/2013 gestellt und den jeweiligen anderen Mitgliedstaat der Asylantragstellung wieder verlassen hat, ohne den Ausgang des dort laufenden Verfahrens zur Zuständigkeitsbestimmung oder zur Prüfung eines Antrags auf internationalen Schutz abzuwarten.
[3]Die für den Antrag auf Inhaftnahme zum Zwecke der Überstellung zuständige Behörde kann einen Ausländer ohne vorherige richterliche Anordnung festhalten und vorläufig in Gewahrsam nehmen, wenn
a) der dringende Verdacht für das Vorliegen der Voraussetzungen nach Satz 1 oder 2 besteht,
b) die richterliche Entscheidung über die Anordnung der Überstellungshaft nicht vorher eingeholt werden kann und
c) der begründete Verdacht vorliegt, dass sich der Ausländer der Anordnung der Überstellungshaft entziehen will.
[4]Der Ausländer ist unverzüglich dem Richter zur Entscheidung über die Anordnung der Überstellungshaft vorzuführen. [5]Auf das Verfahren auf Anordnung von Haft zur Überstellung nach der Verordnung (EU) Nr. 604/2013 finden die Vorschriften des Gesetzes über das Verfahren in Familiensachen und in den Angelegenheiten der freiwilligen Gerichtsbarkeit entsprechend Anwendung, soweit das Verfahren in der Verordnung (EU) Nr. 604/2013 nicht abweichend geregelt ist.

Überblick

§ 2 definiert wichtige Begriffe des Aufenthaltsgesetzes im Interesse einer bundeseinheitlichen Anwendungspraxis (vgl. BT-Drs. 15/420, 68). Hierzu gehören die Begriffe des Ausländers (Abs. 1, → Rn. 1) und der Erwerbstätigkeit (Abs. 2, → Rn. 2 ff.), die Erfordernisse eines gesicherten Lebensunterhaltes (Abs. 3, → Rn. 6 ff.) und ausreichenden Wohnraums (Abs. 4, → Rn. 15 ff.), die Schengen-Staaten (Abs. 5, → Rn. 18), der vorübergehende Aufenthalt (Abs. 6, → Rn. 18) und die langfristige Aufenthaltsberechtigung (Abs. 7 und Abs. 8, → Rn. 19 ff.), die Anforderungen an die Sprachkenntnisse (Abs. 9–12, → Rn. 22), der qualifizierten Berufsausbildung, qualifizierten Beschäftigung und Bildungseinrichtung (Abs. 12a–12c, → Rn. 23 ff.), des international Schutzberechtigten (Abs. 13, → Rn. 27) sowie die Überstellungshaft nach Art. 28 Abs. 2 Dublin III-VO (Abs. 14, → Rn. 28 ff.).

Übersicht

A. Ausländer (Abs. 1)

§ 2 Abs. 1 definiert den für den persönlichen Anwendungsbereich des AufenthG maßgeblichen **1** Begriff des Ausländers. Nach der gesetzlichen Negativdefinition ist Ausländer, wer nicht Deutscher iSd Art. 116 Abs. 1 GG ist. Deutscher im verfassungsrechtlichen Sinne (vgl. BVerfG NJW 1994, 2016; BVerwGE 114, 332 = BeckRS 2001, 30187251) ist, wer nach den Vorschriften des StAG die deutsche Staatsangehörigkeit besitzt oder als Flüchtling oder Vertriebener deutscher Volkszugehörigkeit oder als dessen Ehegatte oder Abkömmling in dem Gebiete des Deutschen Reiches nach dem Stande v. 31.12.1937 Aufnahme gefunden hat (vgl. hierzu BVerwGE 143, 161 = BeckRS 2012, 55844). Wer sich auf die Eigenschaft als Deutscher beruft, hat dies nach § 82 Abs. 1 – in der Regel durch die Vorlage eines deutschen Personalausweises oder Reisepasses – nachzuweisen (Nr. 2.1.1 AufenthGAVwV); bis zu einer Klärung muss er sich als Ausländer im Sinne des AufenthG behandeln lassen (Bergmann/Dienelt/Dienelt Rn. 11; BeckOK AuslR/ Eichenhofer Rn. 5). Ausländer ist danach jede Person, die eine oder mehrere fremde Staatsangehörigkeiten hat, staatenlos ist oder deren Eigenschaft als Deutscher nicht sicher festgestellt werden kann. Eine Person mit deutscher und fremder Staatsangehörigkeit ist kein Ausländer iSd § 2 Abs. 1.

B. Erwerbstätigkeit (Abs. 2)

§ 2 Abs. 2 definiert die Erwerbstätigkeit als Oberbegriff der selbstständigen Tätigkeit, der **2** Beschäftigung iSv § 7 SGB IV und der Tätigkeit als Beamter. Eine Erwerbstätigkeit dürfen Ausländer gem. § 4a Abs. 3 S. 1 nur ausüben, wenn der Aufenthaltstitel sie hierzu berechtigt. Die Voraussetzungen für die Erteilung einer Aufenthaltserlaubnis zur Ausübung einer selbstständigen Tätigkeit bestimmt § 21; für die Ausübung einer Beschäftigung ist § 18 maßgeblich. Erwerbstätigkeit meint jede Tätigkeit, die gegen Entgelt erbracht wird und auf Gewinnerzielung gerichtet ist (BeckOK AuslR/Eichenhofer Rn. 6; NdsOVG BeckRS 2004, 22990 Rn. 6); Liebhabereien und Hobbies erfüllen diese Anforderungen nicht.

3   Beschäftigung iSd § 7 Abs. 1 SGB IV ist die nichtselbstständige Arbeit, insbesondere in einem
Arbeitsverhältnis (S. 1). Maßgebliches Kriterium ist die Weisungsgebundenheit der Tätigkeit und
die Eingliederung in die Arbeitsorganisation des Weisungsgebers (S. 2); erfasst ist auch die betriebliche Ausbildung (§ 7 Abs. 2 SGB IV). § 30 BeschV nimmt bestimmte Tätigkeiten von dem Begriff
der Beschäftigung im Sinne des AufenthG aus.

4   Die selbstständige Tätigkeit, die das AufenthG nicht weiter definiert, meint jede Erwerbstätigkeit, die keine Beschäftigung ist (vgl. BeckOK AuslR/Eichenhofer Rn. 6; Bergmann/Dienelt/
Dienelt Rn. 17). Die selbstständige Tätigkeit ist von der Beschäftigung im Wege einer wertenden
Gesamtbetrachtung der Tätigkeit abzugrenzen; hierbei kann auf die Kriterien des § 7 Abs. 1 S. 2
SGB IV zurückgegriffen werden (Nr. 2.2.3 AufenthGAVwV). Nach der ständigen Rechtsprechung des BAG kommt es maßgeblich darauf an, ob die Tätigkeit bei einer Würdigung sämtlicher
Umstände des Einzelfalls in persönlicher Abhängigkeit ausgeübt wird (BAG BeckRS 2017, 141064
mwN). Für eine selbstständige Tätigkeit sprechen unter anderem die Weisungsfreiheit, die fehlende
Eingliederung in einen Betrieb, eine fehlende Entgeltfortzahlung im Krankheitsfall und ein fehlender Urlaubsanspruch (vgl. Bergmann/Dienelt/Dienelt Rn. 18).

5   Mit Gesetz v. 12.5.2017 (BGBl. I 1106) hat der Gesetzgeber die Definition in § 2 Abs. 2 um
die Tätigkeit als Beamter ergänzt; hiermit will er dem Umstand Rechnung tragen, dass sowohl
§ 7 Abs. 3 BBG als auch § 7 Abs. 3 BeamtStG vorsehen, dass Personen ohne deutsche Staatsangehörigkeit in das Beamtenverhältnis berufen werden können (BR-Drs. 9/17, 40).

C. Sicherung des Lebensunterhaltes (Abs. 3)

I. Bedeutung und Maßstab

6   § 2 Abs. 3 definiert die Anforderungen an die Sicherung des Lebensunterhaltes, welche allgemeine Voraussetzung für die Erteilung eines Aufenthaltstitels gem. § 5 Abs. 1 Nr. 1 und besondere
Erteilungsvoraussetzung nach § 9 Abs. 2, § 21 Abs. 4, § 31 Abs. 3, § 35 Abs. 1 und Abs. 3, § 37
Abs. 1 und Abs. 4 ist. Das Erfordernis des gesicherten Lebensunterhaltes, das erst nach der Erteilung
des Aufenthaltstitels erfüllt sein muss (BVerwG NVwZ-RR 2012, 333 Rn. 15), ist nach dem
Willen des Gesetzgebers von zentraler Bedeutung; es soll sicherstellen, dass mit der Zuwanderung
des Antragstellers keine Kosten für die Allgemeinheit einhergehen (BT-Drs. 15/420, 70; vgl.
BVerwGE 138, 148 = BeckRS 2011, 47345).

7   Der Lebensunterhalt eines Ausländers ist gem. § 2 Abs. 3 S. 1 gesichert, wenn er ihn einschließlich ausreichenden Krankenversicherungsschutzes ohne Inanspruchnahme öffentlicher Mittel
bestreiten kann. Maßgeblich ist, ob ein Anspruch auf Sozialleistungen besteht; unerheblich ist, ob
diese tatsächlich in Anspruch genommen werden. Die Vorschrift gibt damit eine dreistufige Prüfung vor. Es bedarf eines Vergleiches, ob der festgestellte Lebensunterhalt (Bedarf, → Rn. 8)
durch die zur Verfügung stehenden und normativ zu berücksichtigenden Mittel (Einkommen, →
Rn. 9 ff.) bei prognostischer Betrachtung (→ Rn. 12) dauerhaft gedeckt werden kann (BVerwG
NVwZ 2011, 829 Rn. 15). Anknüpfend an den gesetzlichen Zweck richten sich im Grundsatz
sowohl die Ermittlung des maßgeblichen Bedarfes als auch des zu berücksichtigenden Einkommens
bei erwerbstätigen Ausländern nach den Bestimmungen des SGB II (BVerwG NVwZ 2011, 829
Rn. 15) und bei nicht erwerbsfähigen Ausländern nach den Bestimmungen des SGB XII (BVerwG
NVwZ 2013, 1339 Rn. 13). Die Familienzusammenführungs-RL (RL 2003/86/EG v. 22.9.2003,
ABl. 2003 L 251, 12) gebietet einzelne Modifizierungen dieses Maßstabes (BVerwG NVwZ 2013,
947 Rn. 31; NVwZ 2011, 829 Rn. 20; vgl. → Rn. 8.2 und → Rn. 11.2; sa Bergmann/Dienelt/
Dienelt Rn. 129 ff.); Gleiches gilt im Anwendungsbereich der Daueraufenthalts-RL (RL 2003/
109/EG v. 25.11.2003, ABl. 2004 L 16, 44; Bergmann/Dienelt/Dienelt Rn. 129 ff.; Huber/
Mantel AufenthG/Huber/Mantel Rn. 15). Ein gesicherter Lebensunterhalt setzt überdies einen
ausreichenden Krankenversicherungsschutz voraus (→ Rn. 13). § 2 Abs. 3 S. 5, S. 6 regelt Besonderheiten für die Erteilung einer Aufenthaltserlaubnis nach § 16 (→ Rn. 14).

II. Bedarf

8   Lebensunterhalt meint die Gesamtheit der Mittel, die erforderlich ist, um den Bedarf eines
Menschen zu decken (vgl. Nr. 2.3.1 AufenthGAVwV). Ausgangspunkt der Bedarfsermittlung ist
§ 19 Abs. 1 S. 3 SGB II. Hiernach umfasst der Bedarf den Regelbedarf (§ 20 SGB II), den Bedarf
für Unterkunft und Heizung (§ 22 SGB II) sowie mögliche Mehrbedarfe (vor allem § 21 SGB
II). Bei Personen, die in einer Bedarfsgemeinschaft leben (§ 9 Abs. 2 SGB II), ist der Bedarf für
sämtliche Mitglieder der Bedarfsgemeinschaft festzustellen.

In jedem Falle zu berücksichtigen sind der Mehrbedarf für Alleinerziehende (§ 21 Abs. 2 und 3 SGB **8.1**
II) und die Kosten der dezentralen Warmwasserversorgung (§ 21 Abs. 7 SGB II).

Im Anwendungsbereich der Familienzusammenführungs-RL (RL 2003/86/EG v. 22.9.2003, ABl. 2003 **8.2**
L 251, 12) sind nach der Rechtsprechung des BVerwG die Mehrbedarfe für werdende Mütter (§ 21
Abs. 2 SGB II), für erwerbsfähige Behinderte (§ 21 Abs. Abs. 4 SGB II), für eine medizinisch indizierte
kostenaufwändige Ernährung (§ 21 Abs. 6 SGB II) und die Erstausstattungsbedarfe nach § 24 Abs. 3 SGB
II nicht zu berücksichtigen (grdl. BVerwG NVwZ 2013, 947 Rn. 35).

III. Einkommen

Einkommen sind sämtliche Mittel, die für die Deckung des Lebensunterhaltes tatsächlich zur **9**
Verfügung stehen. Dies können auch Mittel Dritter – etwa aufgrund einer Verpflichtungserklärung
(BVerwG NVwZ 2013, 1339 Rn. 29) – sein. Bei der Erteilung oder Verlängerung einer Aufenthaltserlaubnis zum Familiennachzug werden Beiträge der Familienangehörigen zum Haushaltseinkommen berücksichtigt (§ 2 Abs. 3 S. 4).

Öffentliche Mittel sind bei der Ermittlung des Einkommens grundsätzlich nicht zu berücksichti- **10**
gen; dies betrifft insbesondere Leistungen nach dem SGB II, SGB XII und AsylbLG (vgl.
Nr. 2.3.1.2 AufenthGAVwV), aber auch das Wohngeld (BVerwG NVwZ 2013, 947 Rn. 29).
Hiervon ausgenommen sind gem. § 2 Abs. 3 S. 2 das Kindergeld (Nr. 1), der Kinderzuschlag
(Nr. 2), das Erziehungsgeld (Nr. 3), das Elterngeld (Nr. 4), Leistungen der Ausbildungsförderung
nach dem SGB III, BAföG und AFBG (Nr. 5), öffentliche Mittel, die auf Beitragsleistungen
beruhen (zB Kranken- oder Rentenversicherung, Alg I) oder die gewährt werden, um den Aufenthalt im Bundesgebiet zu ermöglichen (zB Stipendien; vgl. Nr. 16.0.8.2 AufenthGAVwV; Nr. 6)
sowie Leistungen nach dem UnterhVG (Nr. 7).

Von dem ermittelten Einkommen sind nach Maßgabe des § 11b SGB II Abzüge vorzunehmen. **11**
Zu den abzusetzenden Beträgen gehören unter anderem die Werbungskostenpauschale (§ 11b
Abs. 1 Nr. 3–5 SGB II iVm § 11b Abs. 2 SGB II) und die Erwerbstätigenfreibeträge (§ 11b Abs. 1
Nr. 6 SGB II iVm § 11b Abs. 3 SGB II; BVerwG NVwZ 2011, 829 Rn. 20; NVwZ 2013, 947
Rn. 27).

Abweichend von § 11b Abs. 1 S. 1 Nr. 7 SGB II sind gesetzliche Unterhaltsverpflichtungen unab- **11.1**
hängig von einer Titulierung einkommensmindernd zu berücksichtigen; dies gilt indes nur in einer Höhe,
in der eine Titulierung rechtlich möglich wäre, und nur solange Unterhaltsleistungen tatsächlich zu erwarten
sind (vgl. BVerwG NVwZ 2013, 947 Rn. 27; zur Berechnung von Unterhaltsverpflichtungen gegenüber
Familienangehörigen im Ausland vgl. OVG Bln-Bbg BeckRS 2015, 41213).

Im Anwendungsbereich der Familienzusammenführungs-RL (RL 2003/86/EG v. 22.9.2003, ABl. 2003 **11.2**
L 251, 12) sind die Erwerbstätigenfreibeträge gem. § 11b Abs. 3 SGB II nicht zum Abzug zu bringen; der
Abzug der Werbungskostenpauschale gem. § 11b Abs. 2 S. 1 SGB II erfolgt nicht, wenn der Ausländer
darlegt, dass seine tatsächlichen Aufwendungen den gesetzlichen Betrag von 100 EUR nicht erreichen
(BVerwG NVwZ 2013, 947 Rn. 32).

IV. Prognose

Schließlich ist eine prognostische Betrachtung vorzunehmen, ob das ermittelte Einkommen **12**
den festgestellten Bedarf dauerhaft erreicht (stRspr; vgl nur BayVGH BeckRS 2020, 14541).
Denn es genügt nicht, wenn der Lebensunterhalt im Zeitpunkt der Erteilung des Aufenthaltstitels
gesichert ist. Erforderlich ist vielmehr, dass der Bedarf auch perspektivisch ohne die Inanspruchnahme öffentlicher Mittel gedeckt werden kann (BVerwGE 145, 153 = BeckRS 2013, 45539
Rn. 6). Die anzustellende Einkommensprognose hat sämtliche Umstände des Einzelfalles zu würdigen. Maßgeblich in den Blick zu nehmen sind bei der Beurteilung der Belastbarkeit der Einkommenssituation neben der Dauer des beabsichtigten Aufenthalts und den Besonderheiten des aktuellen Beschäftigungsverhältnisses (unbefristet; (typischerweise) befristet; saisonale Beschäftigung /
Minijob; Regelmäßigkeit von lebensunterhaltssichernden Überstunden) auch die (zukünftige)
Erwerbsfähigkeit anderer Familienangehöriger und vor allem die bisherige Erwerbsbiographie des
Ausländers (vgl. OVG LSA BeckRS 2015, 40802).

V. Krankenversicherungsschutz

Ein gesicherter Lebensunterhalt setzt überdies einen ausreichenden Krankenversicherungsschutz **13**
voraus. Gemäß § 2 Abs. 3 S. 3 verfügt ein Ausländer, der in einer gesetzlichen Krankenversicherung
versichert ist, über einen ausreichenden Krankenversicherungsschutz. Entsprechendes gilt für die
private Krankenversicherung (vgl. BVerwG NVwZ 2013, 1339 Rn. 14 ff.). Denn § 193 VVG,

§ 152 VAG regeln einen Kontrahierungszwang der privaten Krankenversicherungen für den von ihnen verpflichtend vorzusehenden Basistarif, dessen vertragliche Leistungen nach Art, Umfang und Höhe mit den Leistungen gesetzlichen Krankenversicherungen vergleichbar sind.

VI. Besonderheiten für Aufenthaltserlaubnisse nach §§ 16a–17

14   S. 5–7, welche ua Art. 7 Abs. 1 lit. e und Abs. 3 RL (EU) 2016/801 (v. 11.5.2016, ABl. 2016 L 132, 21) umsetzen, legen Besonderheiten für die Erteilung einer Aufenthaltserlaubnis nach §§ 16a–17 fest. Mit einer Pauschalierung des Bedarfes für die Lebensunterhaltssicherung soll eine Vereinfachung der Verwaltungspraxis erreicht und zugleich sichergestellt werden, dass ein Zuzug in die sozialen Sicherungssysteme vermieden wird (vgl. BT-Drs. 19/8285, 85). Hiernach gilt der Lebensunterhalt für die Erteilung einer Aufenthaltserlaubnis nach § 16a–16c, 16e und 16f mit Ausnahme der Teilnehmer an Sprachkursen, die nicht der Studienvorbereitung dienen, als gesichert, wenn der Ausländer über monatliche Mittel in Höhe des monatlichen Bedarfs verfügt, der nach den §§ 13 und 13a Abs. 1 BAföG bestimmt wird (S. 5; vgl. NdsOVG BeckRS 2018, 7919 Rn. 17). Die Mindestbeträge nach S. 5 gibt das BMI für jedes Kalenderjahr jeweils bis zum 31.8. des Vorjahres im Bundesanzeiger bekannt (S. 7; vgl. zul. BAnz. AT 17.7.2019 B3). Der Lebensunterhalt für die Erteilung einer Aufenthaltserlaubnis nach den §§ 16d, 16f Abs. 1 für Teilnehmer an Sprachkursen, die nicht der Studienvorbereitung dienen, sowie § 17 gilt als gesichert, wenn Mittel entsprechend S. 5 zuzüglich eines Aufschlages um 10 % zur Verfügung stehen (S. 6). S. 5 und 6 lassen die Möglichkeit unberührt, bei Nichterreichen der geforderten Einkommensbeträge den Nachweis eines gesicherten Lebensunterhaltes im Rahmen einer individuellen Prüfung aufgrund eines geringeren Bedarfes zu erbringen.

D. Ausreichender Wohnraum (Abs. 4)

15   Abs. 4 definiert den ausreichenden Wohnraum, der besondere Erteilungsvoraussetzung ist für die Niederlassungserlaubnis (§ 9 Abs. 2 Nr. 9), die Erlaubnis zum Daueraufenthalt-EU (§ 9a Abs. 2 Nr. 6) und bestimmte Aufenthaltserlaubnisse (§ 18a Abs. 1 Nr. 2, § 29 Abs. 1 Nr. 2, § 104a Abs. 1 Nr. 1). Das Erfordernis dient der Sicherstellung einer menschenwürdigen Unterbringung.

16   Ausreichend ist der Wohnraum, wenn er sowohl hinsichtlich der Beschaffenheit als auch der Belegung den Anforderungen genügt. Das Gesetz regelt dabei eine Unter- und eine Obergrenze. Der Wohnraum ist nicht ausreichend, wenn er den auch für Deutsche geltenden Rechtsvorschriften hinsichtlich Beschaffenheit und Belegung nicht genügt (S. 2; vgl. OVG Bln-Bbg BeckRS 2018, 39348 Rn. 25); abzustellen ist auf die Wohnungsaufsichtsgesetze der Länder. Andererseits wird nicht mehr gefordert, als für die Unterbringung eines Wohnungssuchenden in einer öffentlich geförderten Sozialmietwohnung genügt (S. 1). Nr. 2.4.2 AufenthGAVwV geht hierbei – unbeschadet landesrechtlicher Regelungen – davon aus, dass ausreichender Wohnraum stets vorhanden ist, wenn für jedes Familienmitglied über sechs Jahren 12 m² und für jeden Familienangehörigen unter sechs Jahren 10 m² Wohnfläche zur Verfügung stehen und Nebenräume (Küche, Bad, WC) in angemessenen Umfang mitbenutzt werden können. Kinder, die das zweite Lebensjahr noch nicht vollendet haben, bleiben bei der Berechnung außer Betracht (§ 2 Abs. 4 S. 3).

17   Der Nachweis ausreichenden Wohnraumes – im maßgeblichen Zeitpunkt der Erteilung des Aufenthaltstitels (vgl. VG Berlin BeckRS 2017, 101251) – ist erbracht, wenn die Nutzung einer Wohnung zu Wohnzwecken rechtlich und tatsächlich gesichert ist; dies erfordert regelmäßig die Vorlage eines Mietvertrages. Nicht ausreichend ist die bloße Behauptung, dass eine entsprechende Wohnung jederzeit angemietet werden könne (OVG Bln-Bbg BeckRS 2018, 39348 Rn. 27).

E. Schengen-Staaten (Abs. 5)

18   § 2 Abs. 5 bestimmt den für die Erteilung und Wirkung eines Schengen-Visums nach § 6 Abs. 1 Nr. 1 (→ § 6 Rn. 3) und die Geltung eines längerfristigen Aufenthaltstitels eines anderen Mitgliedstaates zu Transitzwecken nach Art. 6 Abs. 5 lit. a Schengener Grenzkodex (→ § 4 Rn. 8.1) bedeutsamen Begriff der Schengen-Staaten. Hierunter fallen alle Staaten, in denen das SDÜ, der Schengener Grenzkodex und der Visakodex vollumfänglich Anwendung finden.

18.1   Schengen-Staaten sind hiernach Deutschland, Belgien, Dänemark, Estland, Finnland, Frankreich, Griechenland, Island, Italien, Lettland, Liechtenstein, Litauen, Luxemburg, Malta, Niederlande, Norwegen, Österreich, Polen, Portugal, Schweden, Schweiz, Slowakei, Slowenien, Spanien, Tschechische Republik und Ungarn.

F. Vorübergehender Schutz (Abs. 6)

Vorübergehender Schutz im Sinne des AufenthG ist (allein) die Aufenthaltsgewährung in **19** Anwendung der Schutzgewährungs-RL (RL 2001/55/EG v. 20.7.2001, ABl. 2001 L 212, 12). Die Einzelheiten einer Aufenthaltsgewährung zum vorübergehenden Schutz bestimmt § 24. § 29 Abs. 4 regelt Besonderheiten für den Familiennachzug. Das Bundesamt für Migration und Flüchtlinge führt gem. § 91a ein Register zum vorübergehenden Schutz.

G. Langfristig Aufenthaltsberechtigter (Abs. 7 und 8)

Langfristig Aufenthaltsberechtigter ist ein Ausländer, dem in einem Mitgliedstaat der Europä- **20** ischen Union die Rechtsstellung nach Art. 2 lit. b der Daueraufenthalts-RL (RL 2003/109/EG v. 25.11.2003, ABl. 2004 L 16, 44) idF der RL 2011/51/EU verliehen und nicht entzogen wurde (Abs. 7). Die Rechtstellung wird durch einen entsprechenden Aufenthaltstitel nachgewiesen, den das AufenthG in §§ 9a–9c regelt.

Die Aufenthaltsberechtigung-EU ist der einem langfristig Aufenthaltsberechtigten durch einen **21** anderen Mitgliedstaat der Europäischen Union ausgestellte Aufenthaltstitel nach Art. 8 der Daueraufenthalts-RL (Abs. 8). Die Erteilung einer Aufenthaltserlaubnis an einen Ausländer, der in einem anderen EU-Mitgliedstaat die Stellung eines langfristig Aufenthaltsberechtigten hat, richtet sich nach § 38a.

H. Sprachkenntnisse (Abs. 9–12)

Abs. 9–12 definieren die Anforderungen an die unterschiedlichen von den Vorschriften des **22** AufenthG geforderten Kenntnisse der deutschen Sprache. Die Regelung knüpft hierzu an die Niveaustufen des Gemeinsamen Europäischen Referenzrahmens für Sprachen (Empfehlungen des Ministerkomitees des Europarates an die Mitgliedstaaten Nr. R (98) 6 v. 17.3.1998 zum Gemeinsamen Europäischen Referenzrahmen für Sprachen – GER) an. Dabei entsprechen einfache deutsche Sprachkenntnisse dem Niveau A 1 (Abs. 9), hinreichende deutsche Sprachkenntnisse dem Niveau A 2 (Abs. 10), ausreichende deutsche Sprachkenntnisse dem Niveau B 1 (Abs. 11) und gute deutsche Sprachkenntnisse dem Niveau B2 (Abs. 11a); die deutsche Sprache beherrscht ein Ausländer, der über Sprachkenntnisse des Niveau C 1 verfügt (Abs. 12; zu den Anforderungen iE vgl. Bergmann/Dienelt/Dienelt Rn. 154 ff.).

Einfache deutsche Sprachkenntnisse (A 1) sind Voraussetzung für den Ehegattennachzug zu einem **22.1** Ausländer nach § 30 Abs. 1 S. 1 Nr. 2. Ein Ausländer, der nicht über einfache deutsche Sprachkenntnisse verfügt, kann zur Teilnahme an einem Integrationskurs verpflichtet sein (§ 44a Abs. 1 S. 1 Nr. 1 lit. a).

Hinreichende (mündliche) Deutschkenntnisse (A 2) sind gem. § 25b Abs. 1 S. 2 Nr. 4 und § 104a **22.2** Abs. 1 S. 1 Nr. 2 erforderlich.

Ausreichende Sprachkenntnisse (B 1) sind das Ziel des Integrationskurses (§ 43 Abs. 3 S. 1). Sie werden **22.3** für die Erteilung der Niederlassungserlaubnis (§ 9 Abs. 2 S. 1 Nr. 7, § 28 Abs. 2 S. 1, § 35 Abs. 1 S. 2 Nr. 2) und Erlaubnis zu Daueraufenthalt-EU (§ 9a Abs. 2 S. 1 Nr. 3) sowie den § 18a Abs. 1 Nr. 3 und § 38 Abs. 2 verlangt.

Gute deutsche Sprachkenntnisse (B 2) sind Voraussetzung für die Erteilung einer Aufenthaltserlaubnis **22.4** zum Zweck der Suche nach einem Ausbildungsplatz zur Durchführung einer qualifizierten Berufsausbildung (§ 17 Abs. 1 Satz 1 Nr. 4).

Das Beherrschen der deutschen Sprache (C 1) setzt der Nachzug eines Kindes gem. § 32 Abs. 2 S. 1 **22.5** und § 104b Nr. 3 voraus.

Zum Nachweis der geforderten Deutschkenntnisse vgl. Nr. 9.2.1.7 AufenthGAVwV; sa VG Münster **22.6** BeckRS 2019, 10213 Rn. 8.

I. Qualifizierte Berufsausbildung, qualifizierte Beschäftigung und Bildungseinrichtung (Abs. 12a–12c)

Mit dem FachkEinwG (Fachkräfteeinwanderungsgesetz v. 15.8.2019, BGBl. I 1307) hat der **23** Gesetzgeber weitere Begriffsdefinitionen im Zusammenhang mit der Ausbildung und Erwerbstätigkeit von Ausländern in § 2 aufgenommen (vgl. BT-Drs. 19/8285, 86).

Abs. 12a definiert die qualifizierte Berufsausbildung (bisher § 6 Abs. 1 S. 2 BeschV aF) als eine **24** Berufsausbildung in einem staatlich anerkannten oder vergleichbar geregelten Ausbildungsberuf, für den nach bundes- oder landesrechtlichen Vorschriften eine Ausbildungsdauer von mindestens zwei Jahren festgelegt ist.

25 Eine qualifizierte Beschäftigung liegt nach Abs. 12b vor, wenn zu ihrer Ausübung Fertigkeiten, Kenntnisse und Fähigkeiten erforderlich sind, die in einem Studium oder einer qualifizierten Berufsausbildung erworben werden. Dies umfasst sowohl berufsrechtlich reglementierte als auch nicht reglementierte Berufe (BT-Drs. 19/8285, 86)

26 Bildungseinrichtungen im Sinne des AufenthG sind nach Abs. 12c Ausbildungsbetriebe bei einer betrieblichen Berufsaus- oder Weiterbildung (Nr. 1) sowie, Schulen, Hochschulen sowie Einrichtungen der Berufsbildung oder der sonstigen Aus- und Weiterbildung (Nr. 2). Eine Bildungseinrichtung im Sinne des AufenthG kann damit auch ein Betrieb sein, in dem zum Beispiel betriebliche Aus- und Weiterbildungen oder rein betriebliche Maßnahmen zur Anerkennung ausländischer Berufsqualifikationen durchgeführt werden (BT-Drs. 19/8285, 86).

J. International Schutzberechtigter (Abs. 13)

27 International Schutzberechtigter ist ein Ausländer, der internationalen Schutz im Sinne der Qualifikations-RL (RL 2011/95/EU v. 13.12.2011, ABl. 2011 L 337, 9) genießt. Nach Art. 2 lit. a Qualifikations-RL umfasst der internationale Schutz die Flüchtlingseigenschaft (Art. 2 lit. e der Qualifikations-RL; → AsylG § 3 Rn. 1) und den subsidiären Schutz (Art. 2 lit. g der Qualifikations-RL; → AsylG § 4 Rn. 1). Der internationale Schutz ist von dem nationalen Schutz abzugrenzen, der auf der Grundlage des § 60 Abs. 5 und Abs. 7 S. 1 gewährt wird.

K. Überstellungshaft nach Art. 28 Abs. 2 Dublin III-VO (Abs. 14)

28 Abs. 14 konkretisiert die Anforderungen an die Überstellungshaft gem. Art. 28 Dublin III-VO (VO (EU) 604/2013 v. 26.6.2013, ABl. 2013 L 180, 31), die bis zum 20.8.2019 in Abs. 15 aF geregelt waren. Abs. 14 aF hat der Gesetzgeber mit Gesetz v. 15.8.2019 (BGBl. I 1294) aufgehoben; die Voraussetzungen für die Annahme einer Fluchtgefahr bei der Anordnung der Sicherungshaft sind jetzt in § 62 Abs. 3a und Abs. 3b geregelt (→ § 62 Rn. 1 ff.).

29 Nach Art. 28 Abs. 2 Dublin III-VO (VO (EU) 604/2013 v. 26.6.2013, ABl. 2013 L 180, 31) dürfen Drittstaatsangehörige zum Zwecke der Sicherstellung von Überstellungsverfahren bei einer erheblichen Fluchtgefahr nach einer Einzelfallprüfung in Haft genommen werden, wenn sich die Haft als verhältnismäßig darstellt.

I. Fluchtgefahr (S. 1 und S. 2)

30 Gemäß Art. 2 lit. n Dublin III-VO bezeichnet der Begriff der Fluchtgefahr das Vorliegen von Gründen im Einzelfall, die auf objektiv gesetzlich festgelegten Kriterien beruhen und zu der Annahme Anlass geben, dass sich ein Antragsteller, ein Drittstaatsangehöriger oder Staatenloser, gegen den ein Überstellungsverfahren läuft, diesem Verfahren möglicherweise durch Flucht entziehen könnte. Das nationale Recht hatte den Tatbestand der Fluchtgefahr für die Überstellungshaft zunächst nicht konkretisiert; § 2 Abs. 15 aF hatte diese Lücke geschlossen. Mit Gesetz v. 15.8.2019 (BGBl. I 1294) hat der Gesetzgeber die Voraussetzungen für die Annahme einer Fluchtgefahr neu geregelt (vgl. BT-Drs. 19/10047, 30). S. 1 Hs. 1 ordnet die entsprechende Anwendung des § 62 Abs. 3a für die widerlegliche Vermutung (→ § 62 Rn. 1 ff.) und des § 62 Abs. 3b Nr. 1–5 als objektive Anhaltspunkte (→ § 62 Rn. 1 ff.) für die Annahme einer Fluchtgefahr iSv Art. 2 lit. n Dublin III-VO an.

31 Überdies kann nach S. 2 ein Anhaltspunkt für eine Fluchtgefahr auch dann gegeben sein, wenn der Ausländer einen Mitgliedstaat vor Abschluss eines dort laufenden Verfahrens zur Zuständigkeitsbestimmung oder zur Prüfung eines Antrags auf internationalen Schutz verlassen hat und die Umstände der Feststellung im Bundesgebiet konkret darauf hindeuten, dass er den zuständigen Mitgliedstaat in absehbarer Zeit nicht aufsuchen will (Nr. 1; vgl. BGH EZAR NF 57 Nr. 66 S. 4 zu § 2 Abs. 15 S. 2 aF) oder wenn der Ausländer zuvor mehrfach einen Asylantrag in anderen Mitgliedstaaten als der Bundesrepublik Deutschland im Geltungsbereich der Dublin III-VO gestellt und den jeweiligen anderen Mitgliedstaat der Asylantragstellung wieder verlassen hat, ohne den Ausgang des dort laufenden Verfahrens zur Zuständigkeitsbestimmung oder zur Prüfung eines Antrags auf internationalen Schutz abzuwarten (Nr. 2; vgl. BT-Drs. 19/10047, 30).

II. Verhältnismäßigkeit (S. 1 Hs. 2)

32 Abs. 14 S. 1 Hs. 2 bekräftigt das Erfordernis einer dem Verhältnismäßigkeitsprinzip genügenden Einzelfallprüfung (vgl. BT-Drs. 9/10047, 30), das bereits unionsrechtlich aus Art. 28 Abs. 2 Dublin III-VO und verfassungsrechtlich aus Art. 2 Abs. 2 S. 2 GG folgt. Dabei sollen nach dem Willen des Gesetzgebers insbesondere Minderjährige und Familien mit Minderjährigen – entsprechend § 62 Abs. 1 S. 3 (vgl. → § 62 Rn. 31) – nur in besonderen Ausnahmefällen und nur so lange in Haft genommen werden, wie es unter Berücksichtigung des Kindeswohls angemessen ist; in der Regel soll eine Inhaftierung Minderjähriger danach unzulässig sein (BT-Drs. 19/10047, 30).

III. Vorläufige Ingewahrsamnahme (S. 3 und S. 4)

In S. 3 hat der Gesetzgeber mit Gesetz v. 15.8.2019 (BGBl. I 1294) erstmalig die Möglichkeit **33** einer vorläufigen Ingewahrsamnahme ohne vorherige richterliche Anordnung geschaffen. Hiernach kann die für den Antrag auf Inhaftnahme zum Zwecke der Überstellung zuständige Behörde einen Ausländer ohne vorherige richterliche Anordnung festhalten und vorläufig in Gewahrsam nehmen, wenn der dringende Verdacht für das Vorliegen der Voraussetzungen nach S. 1 oder S. 2 besteht (Abs. 14 S. 3 lit. a), die richterliche Entscheidung über die Anordnung der Überstellungshaft nicht vorher eingeholt werden kann (Abs. 14 S. 3 lit. b) und der begründete Verdacht vorliegt, dass sich der Ausländer der Anordnung der Überstellungshaft entziehen will (Abs. 14 S. 3 lit. c). Die Regelung ist an § 62 Abs. 5 angelehnt (vgl. BT-Drs. 19/10047, 30; → § 62 Rn. 23). Nach S. 4 ist der Ausländer unverzüglich dem Richter zur Entscheidung über die Anordnung der Überstellungshaft vorzuführen; dies folgt bereits aus Art. 104 Abs. 2 S. 2 GG.

IV. Verfahren

Auf das Verfahren auf Anordnung von Haft zur Überstellung nach der Dublin III-VO finden **34** nach S. 5 die Bestimmungen des FamFG entsprechend Anwendung, soweit das Verfahren in der Dublin III-VO nicht abweichend geregelt ist (s. hierzu Art. 28 Abs. 3 und Abs. 4 Dublin III-VO sowie Art. 9–11 EU-Aufnahme-RL – RL 2013/33/EU v. 26.6.2013, ABl. 2013 L 180, 96).

Kapitel 2. Einreise und Aufenthalt im Bundesgebiet

Abschnitt 1. Allgemeines

§ 3 Passpflicht

(1) ¹Ausländer dürfen nur in das Bundesgebiet einreisen oder sich darin aufhalten, wenn sie einen anerkannten und gültigen Pass oder Passersatz besitzen, sofern sie von der Passpflicht nicht durch Rechtsverordnung befreit sind. ²Für den Aufenthalt im Bundesgebiet erfüllen sie die Passpflicht auch durch den Besitz eines Ausweisersatzes (§ 48 Abs. 2).

(2) Das Bundesministerium des Innern, für Bau und Heimat oder die von ihm bestimmte Stelle kann in begründeten Einzelfällen vor der Einreise des Ausländers für den Grenzübertritt und einen anschließenden Aufenthalt von bis zu sechs Monaten Ausnahmen von der Passpflicht zulassen.

Überblick

§ 3 regelt die Passpflicht des Ausländers. Inhalt, Form und Rechtswirkungen des Passes sind durch die völkerrechtliche Praxis vorgeprägt (→ Rn. 1 ff.). Die Erfüllung der Passpflicht (→ Rn. 4 ff.), die für die Einreise und den Aufenthalt (auch minderjähriger) Drittstaatsangehöriger gilt (→ Rn. 5), setzt voraus, dass der Ausländer einen gültigen und anerkannten Pass (Abs. S. 1, → Rn. 7 f.) oder einen Ausweisersatz für den Aufenthalt im Bundesgebiet (Abs. 1 S. 2, → Rn. 12) besitzt (→ Rn. 13), es sei denn der Ausländer ist durch Rechtsverordnung von der Passpflicht befreit (→ Rn. 14). Das Bundesamt für Migration und Flüchtlinge kann in begründeten Einzelfällen Ausnahmen von der Passpflicht zulassen (Abs. 2, → Rn. 15). Die strafbewehrte Einreise unter Verletzung des § 3 Abs. 1 S. 1 ist unerlaubt und führt zur Zurückweisung des Ausländers, dem eine Aufenthaltserlaubnis nicht erteilt werden kann (→ Rn. 16 ff.).

Übersicht

A. Allgemeines

1   § 3 regelt die wichtigste Pflicht des Ausländers. Die völkergewohnheitsrechtlich geprägte Verpflichtung, einen Pass zu besitzen, geht dem Erfordernis eines Aufenthaltstitels (§ 4) voraus.

2   Ein (gültiger) Pass ist ein Ausweis- und Grenzübertrittsdokument, mit dem der ausstellende Staat in Ausübung seiner Personalhoheit die Identität und Staatsangehörigkeit des Inhabers bescheinigt, diesem die Ausreise aus dem Staatsgebiet gewährt, sich völkerrechtlich zu dessen Rückübernahme verpflichtet (vgl. BVerfG NVwZ 2006, 80 (81)) und erklärt, dass dieser seinen konsularischen Schutz genießt. Eigentümer des Passes ist regelmäßig der Ausstellerstaat. Die Beschlagnahme, die Einziehung und das Ungültigmachen des Passes greifen damit auch in dessen Hoheitsrechte ein und bedürfen einer Rechtsgrundlage; als zulässige Eintragungen sind gewohnheitsrechtlich der Einreisestempel, das Anbringen von Visum-Etiketten und Bedingungen eines Aufenthaltes anerkannt.

3   Als ausländischer öffentlicher Urkunde kann einem Pass nach Maßgabe der §§ 418, 438 ZPO Beweiskraft zukommen (vgl. zur Identitätsklärung OVG Bln-Bbg BeckRS 2014, 57928; VG Berlin BeckRS 2018, 32092 Rn. 15 mwN).

B. Passpflicht (Abs. 1)

4   Ausländer dürfen nur in das Bundesgebiet einreisen oder sich darin aufhalten, wenn sie einen anerkannten und gültigen Pass oder Passersatz besitzen, sofern sie von der Passpflicht nicht durch Rechtsverordnung befreit sind.

I. Reichweite

5   Die Passpflicht gilt für die Einreise und den Aufenthalt des – auch minderjährigen – Ausländers. Für Unionsbürger und ihre Familienangehörigen trifft § 8 Abs. 1 FreizügG/EU eine spezielle Regelung (→ FreizügG/EU § 8 Rn. 2 ff.). Art. 6 Abs. 1 lit. a Schengener Grenzkodex (VO (EU) 2016/399 v. 9.3.2016, ABl. 2016 L 77, 1) verlangt für die Einreise eines Drittstaatsangehörigen den Besitz eines gültigen Reisedokuments, das mindestens noch drei Monate nach der geplanten Ausreise gültig und innerhalb der vorangegangenen zehn Jahre ausgestellt worden ist.

5.1   Art. 6 Abs. 5 lit. a Schengener Grenzkodex regelt eine Ausnahme für die Durchreise in einen Mitgliedstaat, der einen Aufenthaltstitel oder ein längerfristiges Visum ausgestellt hat (vgl. Bergmann/Dienelt/Winkelmann/Kolber Rn. 27 f.).

6   Der im Bundesgebiet aufhältige Ausländer ist gem. § 56 Abs. 1 Nr. 1 und Nr. 2 AufenthV verpflichtet, rechtzeitig oder unverzüglich einen neuen Pass oder anerkannten Passersatz zu beantragen (vgl. VG Bayreuth BeckRS 2017, 142283).

II. Pass (S. 1)

1. Pass- und Passersatzpapier

7   Pässe iSd § 3 Abs. 1 S. 1 sind Nationalpässe (Reisepass, Diplomatenpass, Ministerial-, Dienst- oder Spezialpass) und Fremdenpässe. Grundsätzlich bedarf jede Person eines eigenen Passes. Für Minderjährige ist zu differenzieren: Bei Staatsangehörigen der Schengen-Staaten ist die Eintragung von Kindern in den Pässen der Eltern nach der VO (EG) 2252/2004 idF der VO (EG) 444/2009 nicht mehr zulässig. Drittstaatsangehörige, die das 16. Lebensjahr noch nicht vollendet haben, erfüllen die Passpflicht nach § 2 AufenthV dagegen auch durch Eintragung in den Pass eines

gesetzlichen Vertreters (S. 1); nach Vollendung des zehnten Lebensjahres setzt dies – ungeachtet der Regelungen des Ausstellerstaates (OVG Bln-Bbg BeckRS 2016, 46860 Rn. 30) – die Anbringung eines eigenen Lichtbildes voraus (S. 2).

Auf der Grundlage des § 99 Abs. 1 Nr. 5 und Nr. 6 hat der Verordnungsgeber die in § 4 **8** AufenthV genannten deutschen Passersatzpapiere eingeführt und die in § 3 Abs. 3 AufenthV aufgeführten nicht-deutschen Passersatzpapiere zugelassen. Deutsche Passersatzpapiere sind der (vorläufige) Reiseausweis für Ausländer (§ 5 AufenthV; → AufenthV § 5 Rn. 1 ff.), für Staatenlose (§ 1 Abs. 4 AufenthV) und für Flüchtlinge (§ 1 Abs. 3 AufenthV, Art. 25 Abs. 1 Qualifikations-RL und Art. 28 GFK), der Notreiseausweis (§ 13 Abs. 1 AufenthV), die Schülersammelliste (§ 1 Abs. 5 AufenthV), die Bescheinigung über Wohnsitzverlegung (§ 43 Abs. 2 AufenthV) und das Europäische Reisedokument für die Rückkehr (§ 1 Abs. 8 AufenthV, VO (EU) 2016/1953). Von nicht-deutschen Behörden ausgestellte Passersatzpapiere sind der Reiseausweis für Staatenlose und Flüchtlinge, Ausweise für Mitglieder und Bedienstete von EU-Organen, Ausweise für Abgeordnete der Parlamentarischen Versammlung des Europarats, amtliche Personalausweise der EU- und EWR-Mitgliedstaaten und der Schweiz, Schülersammellisten, Flugbesatzungsausweise und Binnenschifffahrtsausweise.

Personen, denen subsidiärer Schutz gewährt worden ist, kann zur Erfüllung der Verpflichtung aus Art. 25 **8.1** Abs. 2 Qualifikations-RL ein Reiseausweis für Ausländer ausgestellt werden (vgl. Bergmann/Dienelt/ Winkelmann/Kolber Rn. 25).

2. Gültigkeit

§ 3 Abs. 1 S. 1 verlangt den Besitz eines gültigen Passes. Die Gültigkeit eines Passes richtet sich **9** nach dem Recht des Ausstellerstaates. Für Form und Inhalt gilt ein in der internationalen Praxis allgemein anerkannter Mindeststandard (ICAO-Standard; vgl. Nr. 3.0.10 AufenthGAVwV); für die Mitgliedstaaten der Europäischen Union legt die VO (EG) 2252/2004 weitergehende Anforderungen fest. Zweifel allein an der Richtigkeit einzelner Eintragungen rechtfertigen indes für sich genommen noch nicht die Annahme der Ungültigkeit des Passes (vgl. BayVGH BeckRS 2011, 46036); bestehen Zweifel, liefert die erfolgreiche Einreise in der Vergangenheit ein Indiz, dass der Herkunftsstaat den verwendeten Pass als gültig anerkennt (vgl. VGH BW BeckRS 2014, 56397 Rn. 49).

Zur Ungültigkeit des Passes führt dagegen – bei schreibkundigen und -fähigen Inhabern – eine fehlende **9.1** Unterschrift (vgl. VG Frankfurt a. M. BeckRS 2007, 27234), die auch nicht bei der Einreise mit heilender Wirkung nachgeholt werden kann (OVG Bln-Bbg BeckRS 2016, 45750).

Pässe mit abgelaufener Gültigkeitsdauer können nach Maßgabe besonderer völkerrechtlicher Abkom- **9.2** men für eine begrenzte Zeit weiter genutzt werden. Entsprechende Regelungen finden sich im EuRPers-VerkÜ (Europäisches Übereinkommen über die Regelung des Personenverkehrs zwischen den Mitgliedstaaten des Europarates v. 13.12.1957, BGBl. 1959 II 390, 395) und in bilateralen Vereinbarungen mit Liechtenstein, Luxemburg, Monaco, den Niederlanden, der Schweiz und Österreich (vgl. Bergmann/Dienelt/Winkelmann/Kolber Rn. 19 mwN).

Besitzt der Ausländer einen gültigen und anerkannten Pass und ein gültiges Visum in einem ungültigen **9.3** Pass, ist die Passpflicht erfüllt und das Visum als gültig anzusehen (EuGH BeckRS 2014, 81738).

3. Anerkennung

Die Passpflicht kann nur durch einen anerkannten Pass oder Passersatz erfüllt werden. Gemäß **10** § 71 Abs. 6 Hs. 1 entscheidet das Bundesministerium des Innern im Benehmen mit dem Auswärtigen Amt über die Anerkennung von Pässen und Passersatzpapieren. Die Anerkennung eines konkreten Dokumentenmusters erfolgt durch Allgemeinverfügung und wird im Bundesanzeiger veröffentlicht (§ 71 Abs. 6 Hs. 2).

Vergleiche die konsolidierte Fassung der Allgemeinverfügung über die Anerkennung eines ausländischen **10.1** Passes oder Passersatzes v. 29.11.2019 (BAnz. AT 13.12.2019 B1); nicht anerkannt werden insbesondere sog. – ohne persönliches Erscheinen des Inhabers ausgestellte – Proxy-Pässe (vgl. zu einer Ausnahme OVG Brem BeckRS 2017, 104245).

Der Anerkennung eines Passersatzes bedarf es nach § 3 Abs. 1 AufenthV nicht, soweit die **11** Bundesrepublik Deutschland aufgrund völkerrechtlicher Vereinbarung oder des Unionsrechts verpflichtet ist, dem Inhaber den Grenzübertritt zu gestatten; dies ist insbesondere bei den in § 3 Abs. 3 AufenthV genannten Ausweisen der Fall (unter anderem amtliche Personalausweise der Mitgliedstaaten der EU, Reiseausweis für Flüchtlinge).

III. Ausweisersatz (S. 2)

12   Für den Aufenthalt im Bundesgebiet – nicht aber die Einreise – kann ein Ausländer nach Abs. 1
S. 2 die Passpflicht auch durch den Besitz eines Ausweisersatzes (§ 48 Abs. 2) erfüllen. Die Pflicht
zur Passbeschaffung gem. § 48 Abs. 3 bleibt hiervon unberührt (OVG Brem BeckRS 2013, 45416).

IV. Besitz

13   Der Ausländer muss den Pass oder Passersatz besitzen. Der Besitz, welcher von der nur eingeschränkt geregelten Mitführungspflicht (vgl. § 13 Abs. 1 S. 2, Art. 21 Abs. 1 SDÜ) zu unterscheiden
ist, meint die tatsächliche Verfügungsgewalt über das Dokument. Diese besteht auch dann fort,
wenn der Ausländer den Pass vorübergehend einer deutschen Behörde überlassen hat (Nr. 3.1.4
AufenthGAVwV).

13.1   Aufgrund des Eigentums des Ausstellerstaates am Pass ist - bei einer entsprechenden gesetzlichen Befugnis (zB § 94 StPO, §§ 48 Abs. 1 Nr. 1, 50 Abs. 5, § 15 Abs. 2 Nr. 4 AsylG) – nur dessen vorübergehende,
nicht aber dessen dauerhafte Einbehaltung zulässig.

V. Befreiung

14   Die einzige Befreiung von der Passpflicht iSd Abs. 1 S. 1 regelt § 14 S. 1 AufenthV für
grenzüberschreitende Rettungsfälle.

C. Ausnahmen (Abs. 2)

15   Das mit Erlass des BMI v. 20.1.2010 als zuständige Behörde bestimmte Bundesamt für Migration
und Flüchtlinge kann in begründeten Einzelfällen vor der Einreise des Ausländers für den Grenzübertritt und einen anschließenden Aufenthalt von bis zu sechs Monaten Ausnahmen von der
Passpflicht zulassen. Über den in der Praxis regelmäßig an die örtliche Auslandsvertretung gerichteten Antrag entscheidet die Behörde in einem von dem Visumverfahren zu unterscheidenden
eigenständigen Verwaltungsverfahren durch gesonderten Bescheid. Die Zulassung einer Ausnahme
steht dabei im behördlichen Ermessen. Sie setzt voraus, dass der Antragsteller einen Pass oder
Passersatz nicht erlangen kann und seine Identität glaubhaft gemacht hat (vgl. OVG Bln-Bbg
BeckRS 2020, 8442 Rn. 13; BeckOK AuslR/Maor Rn. 34). Für einen längerfristigen Aufenthalt
kommt eine Ausnahme regelmäßig nur in Betracht, wenn – etwa unter Berücksichtigung des
Art. 6 Abs. 1 GG – ein Anspruch auf die Erteilung des entsprechenden Aufenthaltstitels besteht
und eine zeitnahe Aufenthaltsbeendigung oder Verwirklichung von Ausweisungsinteressen iSd
§ 54 – wie etwa bei einer Beeinträchtigung erheblicher Interessen der Bundesrepublik – nicht zu
erwarten ist (vgl. OVG Bln-Bbg BeckRS 2013, 51741).

15.1   Bei Zulassung einer Ausnahme wird das Visum in Ermangelung eines anerkannten Reisedokuments
auf einem gesonderten, den Anforderungen der VO (EG) 333/2002 entsprechenden Formblatt angebracht.

D. Folgen eines Verstoßes

16   Die Einreise unter Verstoß gegen die Passpflicht ist nach nationalem Recht (§ 14 Abs. 1 Nr. 1)
wie nach Unionsrecht (Art. 6 Abs. 1 lit. a Schengener Grenzkodex) unerlaubt (→ § 14 Rn. 3 ff.).
Der Ausländer ist an der Grenze zurückzuweisen (§ 15 Abs. 1, Art. 14 Abs. 1 S. 1 Schengener
Grenzkodex; → § 15 Rn. 2 ff.). Der Aufenthalt und die Einreise entgegen § 3 Abs. 1 erfüllen
die Straftatbestände des § 95 Abs. 1 Nr. 1 und Nr. 3 (→ § 95 Rn. 3 ff.; → § 95 Rn. 17 ff.).

16.1   Sucht der Ausländer bei der Einreise um Asyl nach, soll der unerlaubte Aufenthalt bis zur Stellung des
Asylantrages nach umstrittener Rechtsprechung straflos sein (so OLG Bamberg NStZ 2015, 404).

16.2   Die Beförderung von Ausländern, deren mitgeführter Pass nicht wie vorgesehen unterschrieben ist,
stellt einen Verstoß gegen das Beförderungsverbot nach § 63 Abs. 1 dar (OVG Bln-Bbg BeckRS 2013,
48567).

17   Die Erfüllung der Passpflicht ist Regelerteilungsvoraussetzung für einen Aufenthaltstitel (§ 5
Abs. 1 Nr. 4; → § 5 Rn. 11). Der nachhaltige Verstoß gegen die Passpflicht kann ein schwerwie-
gendes Ausweisungsinteresse gem. § 54 Abs. 2 Nr. 8 lit. b oder Nr. 9 begründen (vgl. VG Aachen
BeckRS 2016, 53960).

§ 4 Erfordernis eines Aufenthaltstitels

(1) ¹Ausländer bedürfen für die Einreise und den Aufenthalt im Bundesgebiet eines Aufenthaltstitels, sofern nicht durch Recht der Europäischen Union oder durch Rechtsverordnung etwas anderes bestimmt ist oder auf Grund des Abkommens vom 12. September 1963 zur Gründung einer Assoziation zwischen der Europäischen Wirtschaftsgemeinschaft und der Türkei (BGBl. 1964 II S. 509) (Assoziationsabkommen EWG/Türkei) ein Aufenthaltsrecht besteht. ²Die Aufenthaltstitel werden erteilt als
1. Visum im Sinne des § 6 Absatz 1 Nummer 1 und Absatz 3,
2. Aufenthaltserlaubnis (§ 7),
2a. Blaue Karte EU (§ 18b Absatz 2),
2b. ICT-Karte (§ 19),
2c. Mobiler-ICT-Karte (§ 19b),
3. Niederlassungserlaubnis (§ 9) oder
4. Erlaubnis zum Daueraufenthalt – EU (§ 9a).
³Die für die Aufenthaltserlaubnis geltenden Rechtsvorschriften werden auch auf die Blaue Karte EU, die ICT-Karte und die Mobiler-ICT-Karte angewandt, sofern durch Gesetz oder Rechtsverordnung nichts anderes bestimmt ist.

(2) ¹Ein Ausländer, dem nach dem Assoziationsabkommen EWG/Türkei ein Aufenthaltsrecht zusteht, ist verpflichtet, das Bestehen des Aufenthaltsrechts durch den Besitz einer Aufenthaltserlaubnis nachzuweisen, sofern er weder eine Niederlassungserlaubnis noch eine Erlaubnis zum Daueraufenthalt – EU besitzt. ²Die Aufenthaltserlaubnis wird auf Antrag ausgestellt.

Überblick

Abs. 1 begründet das grundsätzliche Erfordernis eines Aufenthaltstitels für die Einreise und den Aufenthalt im Bundesgebiet (→ Rn. 1 ff.). Personen, die nach dem Assoziationsabkommen EWG/Türkei zum Aufenthalt berechtigt sind, sind nach Abs. 2 verpflichtet, eine (deklaratorische) Aufenthaltserlaubnis zu besitzen (→ Rn. 14).

Übersicht

A. Erfordernis eines Aufenthaltstitels (Abs. 1)

I. Grundsatz

Ausländer bedürfen für die Einreise und den Aufenthalt im Bundesgebiet eines Aufenthaltstitels. **1** Dieses in § 4 Abs. 1 S. 1 geregelte Verbot mit Erlaubnisvorbehalt ist das Instrument für die gem. § 1 Abs. 1 S. 1 beabsichtigte Steuerung der Zuwanderung. Ein Aufenthaltstitel ist die behördliche Erlaubnis zur Einreise und zum Aufenthalt im Bundesgebiet; er ist von der diese verkörpernden Urkunde zu unterscheiden. Der Aufenthalt im Bundesgebiet ohne die erforderliche Erlaubnis ist verboten. Er verwirklicht den Straftatbestand des § 95 Abs. 1 Nr. 2; der Ausländer ist verpflichtet, das Bundesgebiet unverzüglich zu verlassen (§ 50 Abs. 1 und Abs. 2).

II. Ausnahmen

Das Gesetz (→ Rn. 3 f.), das Recht der EU (→ Rn. 5 ff.) und die AufenthV (→ Rn. 9 f.) **2** sehen hiervon Ausnahmen vor (vgl. Nr. 4.1.3 AufenthGAVwV).

Für eine gerichtliche Klärung, ob ein Ausländer im konkreten Einzelfall das Recht hat, ohne Aufent- **2.1** haltstitel in das Bundesgebiet einzureisen und sich hier aufzuhalten, ist die Feststellungsklage der statthafte Rechtsbehelf (BayVGH BeckRS 2014, 55195 Rn. 19 ff.; OVG Bln-Bbg BeckRS 2013, 47157).

1. AufenthG und AsylG

3   Das AufenthG regelt Ausnahmen von dem Erfordernis des § 4 Abs. 1 S. 1, um die Mobilität bestimmter Personengruppen zu ermöglichen. So können sich Studenten, die im Besitz einer Aufenthaltserlaubnis zum Studium eines anderen Mitgliedstaates sind, aufgrund einer Mitteilung der sie aufnehmenden deutschen Bildungseinrichtung bis zu 360 Tage ohne Aufenthaltstitel im Bundesgebiet aufhalten (§ 16c Abs. 1 S. 1, → § 16c Rn. 1). Ein Ausländer, der eine ICT-Karte eines anderen Mitgliedstaates besitzt, bedarf für einen Aufenthalt zum Zweck eines unternehmensinternen Transfers, der eine Dauer von 90 Tagen nicht überschreitet, keines Aufenthaltstitels (§ 19a Abs. 1 S. 1). Forscher mit einer Aufenthaltserlaubnis zu Forschungszwecken eines anderen Mitgliedstaates werden für einen Aufenthalt von bis zu 180 Tagen von dem Erfordernis eines Aufenthaltstitels befreit (§ 18e Abs. 1 S. 1 → § 18e Rn. 1).

4   Ein Ausländer, der unverzüglich an der Grenze um Asyl nachsucht, bedarf für die Einreise keines Aufenthaltstitels nach § 4 Abs. 1 S. 2; er erhält mit der Stellung des Asylgesuches kraft Gesetzes eine Aufenthaltsgestattung (§ 55 AsylG). Dies gilt nicht für visumpflichtige Ausländer, die aus einem sicherer Drittstaat einreisen (Art. 16a Abs. 2 GG) oder nicht bereits an der Grenze um Asyl nachsuchen; diesen ist die Einreise zu verweigern (§ 18 Abs. 2 AsylG).

4.1   Das Unionsrecht begründet keinen Anspruch auf die Erteilung eines Visums aus humanitären Gründen zur Ermöglichung der legalen Einreise in das Hoheitsgebiet eines Mitgliedstaates zum Zwecke der Durchführung eines Asylverfahrens (EuGH NVwZ 2017, 611).

2. Unionsrecht

5   Das Unionsrecht regelt Ausnahmen von dem Erfordernis eines Aufenthaltstitels für die Einreise über die Außengrenzen der Mitgliedstaaten in der EU-Visum-VO (VO (EU) 2018/1806 v. 14.11.2018, ABl. 2018 L 303, 39) und für die Einreise über die Binnengrenzen des Schengenraums im SDÜ (Schengener Durchführungsübereinkommen v. 19.6.1990, ABl. 2000 L 238, 19) und dem Schengener Grenzkodex (VO (EU) 2016/399 v. 9.3.2016, ABl. 2016 L 77, 1) idF der VO (EU) 2017/2225; hierauf nimmt § 15 AufenthV deklaratorisch Bezug (sa Nr. 4.1.1.1 Aufenth-GAVwV).

5.1   Nicht unter die anderen Bestimmungen des Unionsrechts iSd § 4 Abs. 1 S. 1 fällt dagegen das Freizügigkeitsrecht der Unionsbürger und ihrer Familienangehörigen; für diese Personen ist das AufenthG schon nicht anwendbar (§ 1 Abs. 2 Nr. 1).

6   Gemäß Art. 4 Abs. 1 EU-Visum-VO, der nur Einreisen über die Außengrenzen der Anwenderstaaten erfasst, sind die Staatsangehörigen der Drittländer, die in Anhang II der EU-Visum-VO aufgeführt sind, für einen Aufenthalt, der insgesamt drei Monate nicht überschreitet, von der Visumspflicht befreit.

6.1   Hierzu zählen unter anderem Argentinien, Australien, Brasilien, Chile, Israel, Japan, Kanada, Mexiko, Neuseeland, Südkorea, Ukraine, Vatikanstadt und die USA; für Albanien, Bosnien und Herzegowina, Mazedonien, Montenegro, Serbien und die Ukraine gilt dies nur bei biometrischen Reisepässen.

6.2   Die Befreiung nach Art. 4 EU-Visum-VO gilt gem. § 17 Abs. 1 AufenthV nicht, wenn der Ausländer im Bundesgebiet eine Erwerbstätigkeit ausübt (vgl. Art. 6 Abs. 3 EU-Visum-VO). Auch hiervon sieht die AufenthV indes zwei Ausnahmen vor: Zum einen findet § 17 Abs. 1 AufenthV keine Anwendung, wenn die ausgeübte Tätigkeit gem. § 30 Nr. 2 und Nr. 3 BeschV nicht als Beschäftigung im Sinne des AufenthG gilt (§ 17 Abs. 2 AufenthV). Zum anderen können die Staatsangehörigen von Australien, Israel, Japan, Kanada, der Republik Korea, von Neuseeland und den USA auch für einen Aufenthalt, der kein Kurzaufenthalt ist, visumfrei einreisen, um den erforderlichen Aufenthaltstitel sodann im Bundesgebiet einzuholen (§ 41 Abs. 1 AufenthV).

7   Art. 4 Abs. 2 lit. a–c EU-Visum-VO regeln weitere Befreiungen für die Staatsangehörigen der im Anhang I EU-Visum-VO aufgeführten Drittstaaten, wenn diese Inhaber einer Grenzübertrittsgenehmigung für den kleinen Grenzverkehr, Schüler im Rahmen einer schulischen Veranstaltung oder Personen mit Flüchtlingsstatus und Staatenlose mit einem von einem Mitgliedstaat ausgestellten Reisedokuments sind.

8   Die Einreise sichtvermerkbefreiter Drittausländer über eine Binnengrenze des Schengenraums richtet sich nach Art. 20 Abs. 1 SDÜ; sie ist für bis zu 90 Tage je Zeitraum von 180 Tagen zulässig und setzt voraus, dass die Anforderungen des (Art. 44 UAbs. 2 Schengener Grenzkodex iVm Anhang X Schengener Grenzkodex iVm) Art. 6 Abs. 1 lit. a, lit. c und lit. e Schengener Grenzkodex erfüllt sind (vgl. Bergmann/Dienelt/Sußmann/Samel Rn. 21). Drittstaatsangehörige, die Inhaber eines gültigen von einer der Vertragsparteien ausgestellten Aufenthaltstitels sind, können sich gem. Art. 21 Abs. 1 SDÜ aufgrund dieses Dokuments und eines gültigen Reisedokuments höchstens bis zu 90 Tage je Zeitraum von 180 Tagen frei im Hoheitsgebiet der anderen Vertragsparteien bewegen, soweit sie die in Art. 6 Abs. 1 lit. a, lit. c und lit. e Schengener Grenzkodex geregelten Einreisevoraussetzungen erfüllen (vgl. VG Karlsruhe BeckRS 2018, 9165 Rn. 35 ff.; VG Hamburg v. 6.2.2017 – 2 E 8247/16).

Drittstaatsangehörigen, die nicht alle Voraussetzungen des Art. 6 Abs. 1 Schengener Grenzkodex erfül- **8.1** len, aber Inhaber eines Aufenthaltstitel oder eines Visums für einen längerfristigen Aufenthalt sind, wird nach Art. 6 Abs. 5 lit. a Schengener Grenzkodex die Einreise in das Hoheitsgebiet der anderen Mitgliedstaaten zum Zwecke der Durchreise zur Erreichung des Hoheitsgebietes des Mitgliedstaates gestattet, der den Aufenthaltstitel oder das Visum für einen längerfristigen Aufenthalt ausgestellt hat.

3. AufenthV

Weitere Ausnahmen bestimmen §§ 15–30 AufenthV (→ AufenthV § 15 Rn. 1 ff.; vgl. Nr. 4.1.3 **9** AufenthGAVwV). Von grundsätzlicher Bedeutung ist hierbei die Regelung des § 26 Abs. 1 AufenthV. Danach sind Ausländer, die sich im Bundesgebiet aufhalten, ohne iSd § 13 Abs. 2 einzureisen, von vornherein von dem Erfordernis eines Aufenthaltstitels befreit.

Drittstaatsangehörige, die sich auf Offshore-Windparks in deutschen Hoheitsgewässern aufhalten, benö- **9.1** tigen einen Aufenthaltstitel (BVerwG 27.4.2021 – 1 C 13.19, becklink 2019616; aA. VG Schleswig BeckRS 2019, 3153).

§ 16 AufenthV iVm Anlage A setzt ältere Sichtvermerksabkommen und sonstige völkerrechtli- **10** che Verpflichtungen um, die über die unionsrechtlichen Befreiungen von der Visumpflicht insbesondere hinsichtlich der zulässigen Aufenthaltsdauer hinausgehen. Gemäß § 17a AufenthV sind Ausländer, die in einem anderen EU-Mitgliedstaat die Rechtsstellung eines langfristig Aufenthaltsberechtigten innehaben, für Einreise und Aufenthalt im Bundesgebiet zum Zwecke der Ausübung einer Beschäftigung iSd § 30 Nr. 3 BeschV für einen Zeitraum von 90 Tagen innerhalb von zwölf Monaten von dem Erfordernis eines Aufenthaltstitels befreit. Befreiungen gelten weiter für die Inhaber bestimmter Ausweise (§§ 18–20 AufenthV); hierzu gehören unter den im Einzelnen geregelten Voraussetzungen die von einem EU-Mitgliedstaat ausgestellten Reiseausweise für Flüchtlinge (§ 18 AufenthV; → AufenthV § 18 Rn. 1 ff.), dienstlichen Pässe (§ 19 AufenthV), die Ausweise der EU und zwischenstaatlicher Organisationen (§ 20 AufenthV), Grenzgängerkarten (§ 21 AufenthV) und Sammellisten für Schüler (§ 22 AufenthV). In den §§ 23–26 AufenthV finden sich Befreiungstatbestände für bestimmte Personengruppen im grenzüberschreitenden Beförderungswesen wie etwa ziviles Flugpersonal (§ 23 AufenthV), Seeleute (§ 24 AufenthV) und die Beschäftigten in der internationalen zivilen Binnenschifffahrt (§ 25 AufenthV), denen jeweils sogenannte Passierscheine ausgestellt werden. § 26 Abs. 2 AufenthV regelt – in Übereinstimmung mit Art. 3 Abs. 1 Visakodex iVm Anhang IV Visakodex (VO (EG) 810/2009 v. 13.7.2009, ABl. 2009 L 243, 1) – das sog. Flughafentransitvisum. Sonstige Befreiungen sieht die AufenthV für Personen bei ausländischen Vertretungen (§ 27 AufenthV), freizügigkeitsberechtigte Schweizer Staatsangehörige (§ 28 AufenthV), in Rettungsfällen (§ 29 AufenthV) sowie bei Durchbeförderung und Durchreise (§ 30 AufenthV) vor.

III. Die verschiedenen Aufenthaltstitel

Die Aufenthaltstitel werden gem. § 4 Abs. 1 S. 2 erteilt als Visum (§ 6 Abs. 1 Nr. 1 und Abs. 3; **11** → § 6 Rn. 3 ff. und → § 6 Rn. 10 ff.), Aufenthaltserlaubnis (§ 7; → § 7 Rn. 1 ff.), Blaue Karte EU (§ 18b Abs. 2 → § 18b Rn. 20), ICT-Karte (§ 19), Mobile ICT-Karte (§ 19b), Niederlassungserlaubnis (§ 9; → § 9 Rn. 1 ff.) oder Erlaubnis zum Daueraufenthalt-EU (§ 9a; → § 9a Rn. 1 ff.).

Kein Aufenthaltstitel ist das Flughafentransitvisum; denn § 4 Abs. 1 S. 2 Nr. 1 nimmt auf § 6 **12** Abs. 1 Nr. 2 nicht Bezug.

Die Duldung (§ 60a) stellt keinen Aufenthaltstitel iSd § 4 Abs. 1 dar; sie setzt lediglich die zwangsweise **12.1** Durchsetzung der Ausreisepflicht eines Ausländers (Abschiebung) aus.

Auch die Aufenthaltsgestattung des Asylbewerbers (§§ 55, 63 AsylG) ist kein spezialgesetzlich normierter **12.2** Aufenthaltstitel.

Nach § 4 Abs. 1 S. 3 werden die für die Aufenthaltserlaubnis geltenden Rechtsvorschriften **13** auch auf die Blaue Karte EU, die ICT-Karte und die Mobile ICT-Karte angewandt, sofern durch Gesetz oder Rechtsverordnung nichts anderes bestimmt ist.

B. Aufenthaltserlaubnis für Assoziationsberechtigte (Abs. 2)

14 Ein türkischer Staatsangehöriger, der ein Aufenthaltsrecht nach dem Assoziationsabkommen EWG/Türkei hat, wird durch Abs. 2 verpflichtet, dessen Bestehen durch den Besitz einer Aufenthaltserlaubnis nachzuweisen. Die auf Antrag auszustellende Aufenthaltserlaubnis entfaltet nur deklaratorische Wirkung (vgl. BayVGH BeckRS 2018, 1325 Rn. 18). Ungeachtet dessen findet § 84 Abs. 1 S. 1 Nr. 1, wonach Widerspruch und Klage gegen die Ablehnung eines Antrags auf Erteilung oder Verlängerung des Aufenthaltstitels keine aufschiebende Wirkung entfalten, Anwendung (HmbOVG BeckRS 2019, 12249 Rn. 15 ff. mwN). Der Erlaubnis bedarf nicht, wer Inhaber einer Niederlassungserlaubnis oder Erlaubnis zum Daueraufenthalt-EU ist.

14.1 Zu den Anforderungen an eine solche Aufenthaltserlaubnis vgl. BVerwG ZAR 2013, 33 Rn. 27 ff.; BeckOK AuslR/Maor Rn. 32; diese soll auch in Gestalt eines Visums erteilt werden können (OVG Bln-Bbg BeckRS 2010, 54124).

14.2 Zu dem Anspruch eines nach Art. 20 AEUV aufenthaltsberechtigten Familienangehörigen eines Unionsbürgers auf die Erteilung einer deklaratorischen Aufenthaltserlaubnis entsprechend § 4 Abs. 2 vgl. VG Düsseldorf BeckRS 2020, 13753.

§ 4a Zugang zur Erwerbstätigkeit

(1) ¹Ausländer, die einen Aufenthaltstitel besitzen, dürfen eine Erwerbstätigkeit ausüben, es sei denn, ein Gesetz bestimmt ein Verbot. ²Die Erwerbstätigkeit kann durch Gesetz beschränkt sein. ³Die Ausübung einer über das Verbot oder die Beschränkung hinausgehenden Erwerbstätigkeit bedarf der Erlaubnis.

(2) ¹Sofern die Ausübung einer Beschäftigung gesetzlich verboten oder beschränkt ist, bedarf die Ausübung einer Beschäftigung oder einer über die Beschränkung hinausgehenden Beschäftigung der Erlaubnis; diese kann dem Vorbehalt der Zustimmung durch die Bundesagentur für Arbeit nach § 39 unterliegen. ²Die Zustimmung der Bundesagentur für Arbeit kann beschränkt erteilt werden. ³Bedarf die Erlaubnis nicht der Zustimmung der Bundesagentur für Arbeit, gilt § 40 Absatz 2 oder Absatz 3 für die Versagung der Erlaubnis entsprechend.

(3) ¹Jeder Aufenthaltstitel muss erkennen lassen, ob die Ausübung einer Erwerbstätigkeit erlaubt ist und ob sie Beschränkungen unterliegt. ²Zudem müssen Beschränkungen seitens der Bundesagentur für Arbeit für die Ausübung der Beschäftigung in den Aufenthaltstitel übernommen werden. ³Für die Änderung einer Beschränkung im Aufenthaltstitel ist eine Erlaubnis erforderlich. ⁴Wurde ein Aufenthaltstitel zum Zweck der Ausübung einer bestimmten Beschäftigung erteilt, ist die Ausübung einer anderen Erwerbstätigkeit verboten, solange und soweit die zuständige Behörde die Ausübung der anderen Erwerbstätigkeit nicht erlaubt hat. ⁵Die Sätze 2 und 3 gelten nicht, wenn sich der Arbeitgeber auf Grund eines Betriebsübergangs nach § 613a des Bürgerlichen Gesetzbuchs ändert oder auf Grund eines Formwechsels eine andere Rechtsform erhält.

(4) Ein Ausländer, der keinen Aufenthaltstitel besitzt, darf eine Saisonbeschäftigung nur ausüben, wenn er eine Arbeitserlaubnis zum Zweck der Saisonbeschäftigung besitzt, sowie eine andere Erwerbstätigkeit nur ausüben, wenn er auf Grund einer zwischenstaatlichen Vereinbarung, eines Gesetzes oder einer Rechtsverordnung ohne Aufenthaltstitel hierzu berechtigt ist oder deren Ausübung ihm durch die zuständige Behörde erlaubt wurde.

(5) ¹Ein Ausländer darf nur beschäftigt oder mit anderen entgeltlichen Dienst- oder Werkleistungen beauftragt werden, wenn er einen Aufenthaltstitel besitzt und kein diesbezügliches Verbot oder keine diesbezügliche Beschränkung besteht. ²Ein Ausländer, der keinen Aufenthaltstitel besitzt, darf nur unter den Voraussetzungen des Absatzes 4 beschäftigt werden. ³Wer im Bundesgebiet einen Ausländer beschäftigt, muss
1. prüfen, ob die Voraussetzungen nach Satz 1 oder Satz 2 vorliegen,
2. für die Dauer der Beschäftigung eine Kopie des Aufenthaltstitels, der Arbeitserlaubnis zum Zweck der Saisonbeschäftigung oder der Bescheinigung über die Aufenthaltsgestattung oder über die Aussetzung der Abschiebung des Ausländers in elektronischer Form oder in Papierform aufbewahren und

3. der zuständigen Ausländerbehörde innerhalb von vier Wochen ab Kenntnis mitteilen, dass die Beschäftigung, für die ein Aufenthaltstitel nach Kapitel 2 Abschnitt 4 erteilt wurde, vorzeitig beendet wurde.
⁴Satz 3 Nummer 1 gilt auch für denjenigen, der einen Ausländer mit nachhaltigen entgeltlichen Dienst- oder Werkleistungen beauftragt, die der Ausländer auf Gewinnerzielung gerichtet ausübt.

Überblick

§ 4a legt in Abs. 1 das **Grundprinzip** fest, wann eine **Erwerbstätigkeit** erlaubt ist (→ Rn. 2, → Rn. 8 ff.). Mit Abs. 2 wird eine Konkretisierung für **Beschäftigungen** getroffen (→ Rn. 19 ff.). Abs. 3 regelt, was aus einem Aufenthaltstitel erkennbar sein muss in Bezug darauf, ob und in welchem Umfang eine Erwerbstätigkeit erlaubt ist und welche allgemeinen Rechtswirkungen entsprechende Auflagen entfalten (→ Rn. 25 ff.). Die besondere Tätigkeit der **Saisonbeschäftigung** wird in Abs. 4 allgemein erfasst, ebenso wie die Möglichkeit einer Erwerbstätigkeit in sonstigen Fällen eines **Aufenthaltes ohne Aufenthaltstitel (Aufenthaltsgestattung, Duldung;** → Rn. 30 ff.). In Abs. 5 werden Regeln und **Pflichten** für **Arbeitgeber / Beschäftigungsbetriebe** sowie **Dienst- und Werkleistungsnehmer** aufgestellt (→ Rn. 38 ff.).

Übersicht

A. Allgemeines

§ 4a wurde mit dem Hintergrund neu geschaffen, einige allgemeine Regelungen zur Erwerbstä- **1** tigkeit, die vorher in § 4 Abs. 2 und Abs. 3 aF geregelt waren, zur besseren Transparenz in einer eigenen Vorschrift übersichtlich darzustellen (BT-Drs. 19/8285, 86).

Abs. 1 enthält wie § 4 Abs. 3 S. 1 aF die Kernaussage zum Prinzip, wann Ausländern eine **2** Erwerbstätigkeit erlaubt ist. Allerdings wurde die Norm inhaltlich völlig neu geordnet. Mit dem FachkEinwG (Fachkräfteeinwanderungsgesetz v. 15.8.2019, BGBl. I 1307) wurde zum 1.3.2020 ein Dogmenwechsel im Aufenthaltsrecht eingeleitet – weg vom doppelten Erlaubnisvorbehalt („grundsätzliches Verbot des Aufenthalts und grundsätzliches Verbot einer Arbeitstätigkeit [...] jeweils mit der Möglichkeit der Erteilung einer Erlaubnis") hin zu einer **Erlaubnis jeder Erwerbstätigkeit** (Definition in § 2 Abs. 2) als Regelfall, soweit ein Aufenthaltstitel ausgestellt wurde: eine **Erlaubnis mit Verbotsvorbehalt** (→ Rn. 8; Huber/Mantel AufenthG/Dippe 1, 2). Für den Aufenthalt selbst bleibt es weiterhin beim Verbot mit Erlaubnisvorbehalt.

Praktisch wird dieser Wechsel wohl weniger einschneidend sein, als es auf den ersten Blick **3** aussehen mag. Viele Aufenthaltstitel sind bereits im Laufe der vergangenen Jahre immer weiter begünstigend ausgestaltet wurden. Zuletzt war zB für den gesamten Abschnitt 6 „**Aufenthalt aus familiären Gründen**" in § 27 Abs. 5 aF geregelt, dass alle Aufenthaltstitel dieses Abschnitts Erwerbstätigkeit erlauben. Die neue Systematik knüpft diese Erlaubnis jetzt dogmatisch einfach „früher" an den neuen allgemeinen Grundsatz aus Abs. 1 an.

Während Abs. 1 für jede Erwerbstätigkeit gilt, enthält Abs. 2 weitere Regeln in Bezug nur **4** auf eine **Beschäftigung,** insbesondere hinsichtlich der erforderlichen Erlaubnis mit oder ohne Zustimmung der Bundesagentur für Arbeit, soweit der Grundsatz des Abs. 1 nicht gilt, sondern auf Grund spezialgesetzlicher Regelungen ein Verbot oder eine Beschränkung vorliegt (→ Rn. 11 ff.).

5   Abs. 3 regelt die Auflagen zur Erwerbstätigkeit in einem Aufenthaltstitel. Ausländer, deren
Aufenthaltstitel mit einer Beschränkung der Erwerbstätigkeit versehen sind, benötigen grundsätz-
lich für die Aufnahme einer anderen (oder zusätzlichen) Erwerbstätigkeit die entsprechende
Erlaubnis (Abs. 3 S. 3, → Rn. 27). Eine Ausnahme hiervon ist für die **Blaue Karte EU** in § 18b
Abs. 2 S. 4 geregelt – nach zwei Jahren mit der Blauen Karte EU (inkl. ggf. der Aufenthaltszeiten
mit einem entsprechenden nationalen Visum) ist automatisch jede Beschäftigung erlaubt
(→ Rn. 28). Diese Regelung erlaubt aber eben auch nicht jede Erwerbstätigkeit – mit der
Beschränkung auf Beschäftigung sind gerade nur Tätigkeiten nach § 2 Abs. 2 Alt. 2 erlaubt
(vorwiegend angestellte Arbeitnehmer), aber nicht eine selbstständige Tätigkeit. Aufgenommen
wurde mit S. 5 eine Regelung zur weiteren Ausübung der Beschäftigung in den Fällen von
Betriebsübergang und Rechtsformwechsel (→ Rn. 29).

6   Ohne Aufenthaltstitel (insbesondere **Saisonbeschäftigung, Aufenthaltsgestattung** im laufenden Asylverfahren und **Duldung** als Nachweis, dass die Abschiebung vorübergehend ausgesetzt
ist, BA Weisung 04/2020 4a.0.4) kann nur gem. § 4a Abs. 4 (→ Rn. 30 ff.) eine Erwerbstätigkeit
ausgeübt werden – es gilt **weiterhin** das **Beschäftigungsverbot mit Erlaubnisvorbehalt** (BA
Weisung 04/2020 4a.0.4).

7   Abs. 5 führt § 4 Abs. 3 S. 2–5 aF fort und normiert Pflichten des Beschäftigungsbetriebs
bzw. von Dienst- / Werksleistungsnehmern (→ Rn. 38 ff.). Die alte Vorschrift wird um eine
Benachrichtigungspflicht des Beschäftigungsbetriebs im Falle einer **vorzeitigen Beendigung der Tätigkeit** (→ Rn. 49 ff.) erweitert.

B. Einzelerläuterungen

I. Allgemeine Regeln Erwerbstätigkeit (Abs. 1)

1. Systematische Änderung

8   Obwohl Abs. 1 systematisch § 4 Abs. 3 S. 1 aF fortführt, ist die inhaltliche Anpassung quasi
eine Kehrtwende in den Prinzipien des Aufenthaltsrechts in Bezug auf die Ausübung einer
Erwerbstätigkeit. Mit dem FachkEinwG (Fachkräfteeinwanderungsgesetz v. 15.8.2019,
BGBl. I 1307) wurde zum 1.3.2020 ein Dogmenwechsel vollzogen – weg vom doppelten Erlaubnisvorbehalt („grundsätzliches Verbot des Aufenthaltes und grundsätzliches Verbot einer Arbeitstätigkeit [...] jeweils mit der Möglichkeit der Erteilung einer Erlaubnis") hin zu einer Erlaubnis
jeder Erwerbstätigkeit als Regelfall, soweit ein Aufenthaltstitel ausgestellt wurde. Die Regelung
hat sich damit in Bezug auf Erwerbstätigkeit in eine **Erlaubnis mit Verbotsvorbehalt** gewandelt –
das Regel-Ausnahme-Verhältnis wurde umgekehrt (BT-Drs. 19/08285, 86; Anwendungshinweise
des Bundesministeriums des Innern, für Bau und Heimat zum Fachkräfteeinwanderungsgesetz v.
30.1.2020 Rn. 4a.0.2). Für den Aufenthalt selbst bleibt es weiterhin beim Verbot mit Erlaubnisvorbehalt.

9   Entscheidend ist somit auch in Zukunft, dass vom AufenthG erfasste Ausländer – also zB nicht
Staatsbürger der EU und anderer EWR-Länder sowie deren Familienangehörige (§ 1 Abs. 2 Nr. 1)
sowie Drittstaatsangehörige (zB mit **SOFA-Status** (Status of Forces Agreement – Vertrag über den
Sonderstatus von bestimmten Streitkräften in der Bundesrepublik und deren Familienangehörigen;
insbesondere das NATO Truppenstatut und das NATO Truppenstatut Zusatzabkommen) oder
TESA-Status (Technical Expert Status Accreditation: ähnliche Regeln wie für Personen, die
unter SOFA-Status fallen, jedoch meist keine aktiven Militärangehörigen (mehr), aber Tätigwerden für ausländisches Militär in Deutschland; § 1 Abs. 2 Nr. 3) – die Erlaubnis zur Ausübung
einer Erwerbstätigkeit erst haben, wenn der entsprechende Aufenthaltstitel erteilt worden ist.

10   Auf eine besondere **Form der Erteilung des Aufenthaltstitels** kommt es als Grundsatz
rechtlich nicht an; insbesondere nicht auf eine Schriftform als Klebeetikett oder elektronischer
Aufenthaltstitel (Huber/Mantel AufenthG/Dippe Rn. 3). Die Schriftform ist gemäß § 77 Abs. 1
S. 1 Nr. 1 lit a Alt. 3 jedoch zB erforderlich, wenn ein Aufenthaltstitel mit Auflagen versehen wird.
Dies ist regelmäßig bei den Aufenthaltstiteln zum Zweck der Ausbildung bzw. der Erwerbstätigkeit
(Kapitel 2 Abschnitt 3 bzw. 4) der Fall. In der Praxis wird, insbesondere bei den Ausländerbehör-
den, wenn bei Vorsprache Fingerabdrücke genommen werden, regelmäßig unmittelbar über den
Aufenthaltstitel entschieden und der elektronische Aufenthaltstitel in Auftrag gegeben wird, diese
Entscheidung regelmäßig ausdrücklich oder konkludent an den Ausländer **bekannt gegeben.**
Damit ist der entsprechende Verwaltungsakt sofort in der Welt und wirksam: ab diesem Zeitpunkt
ist die Erwerbstätigkeit erlaubt. Relevant ist das vor allem bei der Ersterteilung von Aufenthaltstiteln
direkt in Deutschland, zB ohne vorherige Einholung eines nationalen Visums für Staatsangehörige

bestimmter Länder (§ 41 AufenthV) oder als Ausnahmefall nach § 5 Abs. 2 S. 2 oder bei Neuausstellung für Ausländer mit aktuellem Aufenthalt in Deutschland zu einem anderen Zwecke (zB Wechsel nach vollendetem Studium zur Arbeitsplatzsuche (§ 20 Abs. 3 Nr. 1) oder Arbeitsaufnahme nach §§ 18a ff.). Praktisch wird – soweit nicht unmittelbar ein Klebeetikett verwendet wird – in diesen Fällen mit Bekanntgabe des Verwaltungsakts bei Vorsprache zumindest eine **Bescheinigung in Form eines A4-Blattes** ausgehändigt, dass der Aufenthaltstitel erteilt und der elektronische Aufenthaltstitel als physischer Nachweis in Bearbeitung ist. In diesen Fällen wird üblicherweise in dem Schreiben auch das Entscheidungsdatum aufgeführt (nämlich die Bekanntgabe des Verwaltungsakts bei Vorsprache) und wie die vollständige Auflage zur Erwerbstätigkeit später in dem elektronischen Aufenthaltstitel aussehen wird. Faktisch gibt es aber immer noch eine zu große Anzahl von Ausländerbehörden bzw. Sachbearbeitern, die in diesen Fällen der unmittelbaren Bekanntgabe bis zur Ausstellung eines elektronischen Aufenthaltstitels für die Zwischenzeit entweder gar keinen Nachweis über die erfolgte Erteilung des Aufenthaltstitels ausstellen oder eine **Fiktionsbescheinigung**, wahlweise mit einem Kreuz bei § 81 Abs. 3 oder Abs. 4, und Benennung der Arbeitsauflage. Eine Fiktionsbescheinigung, auch wenn sie als Verschriftlichung besser ist als nichts, ist jedoch rechtlich nicht korrekt, wenn über den Aufenthaltstitel schon entschieden wurde. Dann ist eine Fiktionsbescheinigung obsolet. In der Praxis führt das bei Unternehmen – selbst mit dem Bestätigungsschreiben der Ausländerbehörde – immer wieder zu Verwirrungen (da die Personalabteilungen nicht immer jede Untiefe des Ausländerrechts kennen), ab wann denn nun eine Aufenthaltstitel erteilt und die Erwerbstätigkeit erlaubt ist. Richtigerweise sollte in allen diesen Fällen – vorübergehend bis zur voraussichtlichen Aushändigung des elektronischen Aufenthaltstitels – immer ein **Klebeetikett als Ausnahmefall** nach § 78a Abs. 1 Nr. 2 ausgestellt werden. Unsicherheiten in Bezug darauf, ob man eine Erwerbstätigkeit bereits ausüben darf und dass auch Dritten gegenüber, insbesondere dem deutschen Arbeitgeber / Beschäftigungsbetrieb, nachweisen kann, sollten immer als eine **außergewöhnliche Härte** anzusehen sein, die es zu vermeiden gilt.

Für die Fälle, in denen die Behörde den (behördenintern bereits positiv beschiedenen) Aufent- **10a** haltstitel noch nicht bekannt gibt, fehlt es an einem entsprechenden Verwaltungsakt mit Außenwirkung. Damit würde trotz der Beauftragung des eAT zB in den Fällen einer Ersterteilung ohne vorheriges Visumsverfahren eine Erwerbstätigkeit noch nicht erlaubt sein, da es an dem entsprechenden Aufenthaltstitel fehlt. Einige Behörden haben ihre Prozessabläufe so strukturiert, dass nach ihrer Ansicht die förmliche Bekanntgabe des Aufenthaltstitels erst mit der Aushändigung des eAT vorgenommen wird. Das würde dazu führen, dass sich eine erlaubte Arbeitsaufnahme deutlich um einige Wochen verzögern kann und insbesondere von der Kapazität und der Geschwindigkeit der Bundesdruckerei abhängt. Um in dieser Konstellation Nachteile zu vermeiden wurde § 81 Abs. 5a neu geschaffen, der festlegt, dass ab Beauftragung des eAT („Veranlassung der Ausstellung") die entsprechende Erwerbstätigkeit als erlaubt gilt. Unklar ist, warum dies auch für andere Abschnitte oder Vorschriften gelten soll (zB § 38a Aufenthaltserlaubnis für in anderen EU-Mitgliedsstaaten langfristig Aufenthaltsberechtigte oder Kapitel 2 Abschnitt 6 §§ 27 ff. Aufenthalt aus familiären Gründen).

Die Erlaubnisfiktion der Erwerbstätigkeit nach § 81 Abs. 5a S. 1 ist gemäß S. 2 in eine Fiktions- **10b** bescheinigung aufzunehmen. Hintergrund vieler Behörden, die eine Bekanntgabe nicht bei Vorsprache und Veranlassung des eAT vornehmen wollen, war aber, dass zusätzlicher behördlicher Aufwand notwendig ist, um den schriftlichen Verwaltungsakt vorzunehmen, sei es als Anschreiben, nicht förmliches A4-Blatt oder Klebeetikett. Im letzteren Fall gibt es häufig Engpässe in Bezug auf die vorhandenen Spezialdrucker, den Vorrat an Klebeetiketten oder die Zugangsrechte. Wenn allerdings die Vermeidung von Verwaltungsaufwand der Grund ist, dass eine Bekanntgabe erst zu einem späteren Zeitpunkt erfolgen soll, hat § 81 Abs. 5a diesen Punkt nicht beseitigt, denn mit der nunmehr erforderlichen Fiktionsbescheinigung stellen sich dieselben Herausforderungen. Wenn aber in jedem Fall Aufwand mit der Ausstellung und Aushändigung eines Dokuments entsteht, hätte auf § 81 Abs. 5a auch verzichtet werden können und länderübergreifend eine Abstimmung erfolgen können, dass die Bekanntgabe im Regelfall nicht erst mit Aushändigung des eAT erfolgen soll, sondern bereits bei Veranlassung.

In diesem Zusammenhang ergeben sich nämlich auch andere Folgethemen, wenn die Bekannt- **10c** gabe erst mit Aushändigung des eAT erfolgt. Zum einen wird der Gültigkeitszeitraum auf dem eAT mit dem Datum angegeben, an welchem der eAT zur Herstellung veranlasst wurde. Das würde aber heißen, dass mit Bekanntgabe des eAT dieser rückwirkend Gültigkeit entfaltet. Eine solche Rückwirkung ist dem Aufenthalts- und Arbeitsgenehmigungsrecht aber eigentlich fremd. Unklarheiten können sich dann zB ergeben bei der Frage, wann die 2 Jahre vorüber sind, nach denen bei einer Blauen Karte EU nach § 18b Abs. 2 S. 4 ein Wechsel des Arbeitgebers ohne

Zustimmung der ABH möglich ist. Fraglich kann bei postalischer Übersendung des eAT auch sein, wann Zugang erfolgt ist. Auch wenn hier die allgemeinen verwaltungsverfahrensrechtlichen Grundsätze greifen werden, schafft man sich mit einer Bekanntgabe erst durch Aushändigung/ Übersendung des eAT unnötige Probleme.

10d Besonders deutlich wird das jedoch am Beispiel von Aufenthalten im Schengen-Gebiet. Soweit ein Aufenthaltstitel noch nicht bekannt gegeben ist, laufen bei Erstantragstellern, welche ohne Visum eingereist sind, üblicherweise die Schengen-Tage und werden verbraucht. Wenn die erlaubten 90 Tage innerhalb von 180 Tagen überschritten werden, gilt der Aufenthalt in Deutschland bei rechtzeitiger Antragsstellung gemäß § 81 Abs. 3 weiter als erlaubt. Für Aufenthalte in anderen Schengen Ländern gilt dies jedoch nicht. Wenn nun die 90 Schengen-Tage nach Veranlassung des eAT ablaufen, wäre eine Reise ins Schengen-Gebiet außerhalb von Deutschland ab diesem Zeitpunkt nicht mehr möglich (ältere Sichtvermerkabkommen nach § 16 AufenthV bleiben bei dieser Betrachtung außen vor). Wird der eAT nun ausgehändigt, damit der Aufenthaltstitel bekannt gegeben und rückwirkend wirksam, hätte dies das bizarre Resultat, dass die Schengen-Tage gar nicht abgelaufen wären. Wenn man aber die Auffassung vertritt, dass keine Rückwirkung erfolgt, würde der eAT ein falsches Datum als Gültigkeitsbeginn anzeigen.

10e Diese Themen können vermieden werden, indem eine Bekanntgabe des Aufenthaltstitels mittels Schriftform im Zeitpunkt der Veranlassung des eAT erfolgt. Die Aushändigung des eAT ist dann ein reiner Realakt. Nicht nur unter Pandemie-Bedingungen, wie zB bei Covid-19, ist die Übermittlung der Bekanntgabe nicht zwingend bei persönlicher Vorsprache erforderlich, sondern auch per E-Mail oder an Bevollmächtigte möglich.

2. Verbot oder Beschränkung

11 Bei den Ausnahmen von der Erlaubnis zur Erwerbstätigkeit wird unterschieden zwischen einem **Verbot** (S. 1 Hs. 2, → Rn. 12 ff.) oder einer **Beschränkung** (S. 2, → Rn. 14 ff.). Diese müssen jeweils durch ein **Gesetz im materiellen Sinne** geregelt sein (Anwendungshinweise des Bundesministeriums des Innern, für Bau und Heimat zum Fachkräfteeinwanderungsgesetz v. 30.1.2020 Rn. 4a.1.1). Neben einem förmlichen Gesetz nach Art. 76–82 GG (zB das AufenthG selbst, BT-Drs. 19/08285, 87) reichen dabei andere materielle Gesetze, wie Rechtsverordnungen (zB BeschV oder AufenthV), aus. **Allgemeine Verwaltungsvorschriften** oder **Anwendungshinweise** sind **keine Gesetze** im materiellen Sinne und können daher keine entsprechenden Verbote oder Beschränkungen begründen.

12 **a) Verbot.** Ein Verbot liegt vor, wenn eine Erwerbstätigkeit in ihrer **Gesamtheit** grundsätzlich nicht erlaubt ist. Hierunter fallen auch die §§ 18 ff., deren primäres Ziel gerade der Aufenthalt zum Zweck der Erwerbstätigkeit ist.

13 Für die meisten Aufenthaltstitel, bei welchen vor dem 1.3.2020 erst durch eine konkrete Entscheidung im Hinblick auf den primären Aufenthaltszweck die Erlaubnis für eine Erwerbstätigkeit erteilt und damit die Arbeitsaufnahme ermöglicht wurde (in Abgrenzung zu Aufenthaltstiteln, die auch immer eine Erwerbstätigkeit erlaubt haben, zB alle Aufenthaltstitel nach §§ 27 ff., Aufenthalte aus familiären Gründen), ist auch weiterhin ein entsprechendes gesetzliches **Verbot** vorgesehen. § 6 Abs. 2a legt zB fest, dass, wie auch vor Inkrafttreten des FachkEinwG (Fachkräfteeinwanderungsgesetz v. 15.8.2019, BGBl. I 1307) zum 1.3.2020, Schengen-Visa (C-Visa) für **Kurzaufenthalte bis 90 Tage** keine Erwerbstätigkeit erlauben, es sei denn, sie enthalten eine entsprechende Auflage (BT-Drs. 19/08285, 86; Huber/Mantel AufenthG/Dippe Rn. 2).

13.1 Es wird in der Gesetzesbegründung ausdrücklich aufgeführt, dass für § 18b Abs. 2 (Blaue Karte EU), § 18d (Forschung), § 19 (ICT-Karte) und § 19b (Mobiler-ICT-Karte) keine Schengen-Visa erteilt werden können, da die europarechtlichen Vorgaben eine Mindestaufenthaltsdauer von 90 Tagen voraussetzen (Blaue Karte EU, Art. 1 lit. a RL 2009/50/EG; Forschung, Art. 1 lit. a RL (EU) 2016/801; ICT-Karte, § 19 Abs. 2 Nr. 3; Mobiler-ICT-Karte, § 19b Abs. 2 S. 3). Nach hier vertretener Ansicht greift diese Begründung zumindest in Bezug auf § 18b Abs. 2 und § 19 zu kurz. Auch wenn ein Mindestaufenthalt von 90 Tagen festgelegt ist, kann dieser nicht zusammenhängend als ein Zeitraum betrachtet werden. Ein ICT-Einsatz, welcher rotierend für einen Gesamtzeitraum von drei Jahren stattfindet, aber mit geplanten Aufenthaltszeiten in Deutschland von zB jeweils circa einem Monat innerhalb von drei Monaten (zB weil das Projekt global auch im Heimatland und einem weiteren Land mit jeweils einem Monat innerhalb von drei Monaten stattfindet), kann eine entsprechende Zustimmung der Bundesagentur für Arbeit für die vollen drei Jahre erhalten. Da der Aufenthalt in Deutschland aber voraussichtlich „nur" circa 60 Tage innerhalb von 180 Tagen betragen wird, muss ein Schengen-Visum Typ C für einen Kurzaufenthalt erteilt werden. Ein nationales Visum Typ D ist hier nicht möglich (das Schengen Visum könnte dann als Mehrjahresvisum mit einer Gültigkeitsdauer von zB einem Jahr oder drei Jahren ausgestellt werden; hier sollte in Betracht kommen, dass auf die sonst übliche Anforderung mehrerer früherer Schengen-Visa verzichtet wird). Anders wäre es, wenn aus anderen Gründen die Gesamtaufenthaltsdauer die Grenze der allgemeinen Schengen-Regeln von bis zu maximal 90 Tagen innerhalb eines Zeitraums von 180 Tagen überschreitet, zB weil der zweite Projekteinsatz von einem Monat innerhalb von drei Monaten in einem weiteren Schengen-Staat stattfindet. In diesen Fällen wird dann, wie üblich, ein nationales Visum ausgestellt. Dieses kann mit einer Dauer bis zu einem Jahr erteilt werden. Bei rotierenden Aufenthalten ergibt sich dann das Folgeproblem, dass zB bei einem Aufenthalt von circa einem Monat alle drei Monate argumentiert werden kann, dass gar kein deutscher Wohnsitz begründet wird – insbesondere wenn die Unterkunft in einem Hotel, einer Pension, oder Ähnlichem erfolgt. Dann könnte aber ggf. keine Aufenthaltserlaubnis für die Dauer von drei Jahren (Projektzeitraum) erteilt werden, sondern es müsste jedes Jahr ein neues C- oder D-Visum (je nach Gesamtaufenthaltsdauer im Schengen-Gebiet) eingeholt werden. Für ein D-Visum wäre das wegen der Vorgabe des SDÜ nicht anders möglich. Für ein Schengen-Visum wäre jedenfalls die Drei-Jahres-Variante in der Praxis von Vorteil.

Gleiches muss dann in entsprechender Anwendung für die Blaue Karte EU gelten. Wenn für die **13.2** Projektdauer ein deutscher Arbeitsvertrag zB für zwei Jahre abgeschlossen wird, der tatsächliche Aufenthalt aber immer unterhalb des Maximums der Schengen-Regeln für Kurzaufenthalte liegt, sollte ein Schengen-Visum ausgestellt werden können.

Soweit in praktischer Hinsicht, ein nationales Visum für den gesamten Projektzeitraum ausgestellt wird, **13.3** würden aber jedenfalls kaum Nachteile entstehen – außer ggf. der Neueinholung des nationalen Visums in einem jährlichen Rhythmus. Im Gegenteil würden mehr Freiräume für Aufenthalte in anderen Schengen-Staaten entstehen, da die Aufenthaltszeiten in Deutschland mit einem nationalen Visum nicht auf die Aufenthaltszeiten für das Schengen-Gebiet anzurechnen sind.

b) Beschränkung. Eine **Beschränkung** ist gegenüber einem vollständigen Verbot eine teil- **14** weise Limitierung einer Erwerbstätigkeit. Sie kann sich zB auf die **Stundenzahl** beziehen (Anwendungshinweise des Bundesministeriums des Innern, für Bau und Heimat zum Fachkräfteeinwanderungsgesetz v. 30.1.2020 Rn. 4a.1.2). So sind zB **studentische Aufenthaltstitel** gem. § 16b Abs. 3 auf insgesamt 120 ganze oder 240 halbe (maximal vier Zeitstunden) Tage innerhalb eines Kalenderjahres bzw., unabhängig von diesen Tagen, auf studentischen Nebentätigkeiten beschränkt. Bei einer **qualifizierten betrieblichen Ausbildung** ist nach § 16a Abs. 3 zusätzlich lediglich eine Beschäftigung bis zu maximal zehn Wochenstunden (bezogen auf eine Kalenderwoche) erlaubt (BA Fachliche Anweisungen 04/2020 Rn. 4a.0.3). Andere Beschränkungen können sich auf die **Art der nicht erlaubten Erwerbstätigkeit** beziehen (Anwendungshinweise des Bundesministeriums des Innern, für Bau und Heimat zum Fachkräfteeinwanderungsgesetz v. 30.1.2020 Rn. 4a.1.2). So erlauben die beiden oben genannten Normen für Studenten und bei einer qualifizierten Beschäftigung zeitlich eingeschränkte Tätigkeiten nur im Rahmen einer **Beschäftigung** (vgl. hierzu insgesamt: Huber/Mantel AufenthG/Dippe Rn. 4). Eine **selbständige Tätigkeit** ist durch die Beschränkung erst einmal vollumfänglich ausgeschlossen. Eine selbständige Tätigkeit oder die Erweiterung der maximal festgelegten Zeitdauer einer Beschäftigung müsste dann erst durch eine entsprechenden Verwaltungsakt erlaubt werden. Die zeitliche Beschränkung laut Gesetz ist regelmäßig so gewählt, dass der **hauptsächliche Aufenthaltszweck** nicht gefährdet wird (BA Fachliche Anweisungen 04/2020 Rn. 4a.0.3). Die entsprechende Prüfung der zuständigen Behörde, ob über die Beschränkung hinaus eine Erweiterung erlaubt wird, ist üblicherweise eine **Ermessensentscheidung.** Für zusätzliche selbständige Tätigkeit neben einem anderen Aufenthaltszweck gilt § 21 Abs. 6.

3. Erlaubnis

S. 3 ist als Klarstellung zu verstehen, dass in den Fällen, in welchen der Grundsatz der erlaubten **15** Erwerbstätigkeit durch ein gesetzliches Verbot oder eine gesetzliche Beschränkung keine Anwendung findet, durch eine aktive Entscheidung einer Behörde die entsprechende **Erlaubnis** als Verwaltungsakt erteilt und als **Auflage** (ggf. zusätzlich) in den Aufenthaltstitel aufgenommen werden kann (BT-Drs. 19/08285, 87). Diese Erlaubnis ist dann regelmäßig (vorerst) auf eine bestimmte Erwerbstätigkeit beschränkt, zB bei Beschäftigung auf **Beschäftigungsbetrieb** und **Position** bzw. bei **Selbstständigen** (§ 21) auf die entsprechende selbstständige Tätigkeit und bei **Beamten** (§ 19c Abs. 4) auf das jeweilige Beamtenverhältnis.

Je nach Konstellation ist nach einer einzelfallbezogenen Erlaubnis eine **uneingeschränkte 16** **Beschäftigung** oder **Erwerbstätigkeit** üblicherweise erst nach Ablauf einer bestimmten Zeit entweder automatisch von Gesetzes wegen – ohne Notwendigkeit einer weiteren Entscheidung durch eine Behörde – erlaubt (Blaue Karte EU nach zwei Jahren, § 18b Abs. 2 S. 4) oder sie kann auf Antrag nach einer bestimmten Zeit mit einer Auflagenänderung erlaubt werden (→ Rn. 16.1).

Bei selbstständigen Tätigkeiten ist regelmäßig nach drei Jahren eine Niederlassungserlaubnis möglich (§ 21 Abs. 4), welche dann jede Erwerbstätigkeit erlaubt. Die gleiche Zeitrahmen von drei Jahren gilt bei Beamten (§ 19c Abs. 4 S. 3). Bei Beschäftigung gibt es verschiedene Spezialregelungen zur Niederlassungserlaubnis, vor allem in § 18c.

16.1 Zum Beispiel für jede Beschäftigung
- nach zwei Jahren (§ 9 Abs. 1 Nr. 1 BeschV),
- nach drei Jahren (§ 9 Abs. 1 Nr. 2 BeschV; diese beiden Möglichkeiten gelten nur für Aufenthaltstitel, welche primär zum Zwecke einer Erwerbstätigkeit erteilt wurden, BVerwG NVwZ 2019, 417 Rn. 19 ff.) oder
- nach vier Jahren (§ 32 Abs. 2 Nr. 5 BeschV; diese Variante gilt neben jedem erlaubten Aufenthalt mit einem Aufenthaltstitel auch für die Duldung und Aufenthaltsgestattung).

17 Eine Ausnahme von dem Grundsatz bei Beschäftigung, dass üblicherweise erst ein befristeter Aufenthaltstitel mit einer Erlaubnis bezogen nur auf einen konkreten Beschäftigungsbetrieb und eine bestimmte Position erteilt wird, ist in § 18c Abs. 3 geregelt. Die **sofortige Niederlassungserlaubnis** für **hochqualifizierte Fachkräfte** erlaubt – wie jede andere Niederlassungserlaubnis auch – jede Erwerbstätigkeit. Leider wird diese Norm in der Praxis viel zu restriktiv gehandhabt. Außerhalb des nicht abschließenden Katalogs der zwei Regelbeispiele sind Sachbearbeiter sehr zurückhaltend, diese Vorschrift anzuwenden. Als Ausnahmetatbestand soll die Vorschrift natürlich nicht ausufernd und zu freizügig genutzt werden. Gerade bei Hochqualifizierten mit entsprechend hohen Einkommen sollte der Gedanke, welcher dieser Norm zugrunde liegt, angemessen berücksichtigt werden.

18 Soweit ein Aufenthaltstitel nicht für eine selbstständige Tätigkeit nach § 21 erteilt worden ist, kann gem. § 21 Abs. 6 zusätzlich zu dem bisherigen Aufenthaltszweck auch eine **selbstständige Tätigkeit** erlaubt werden. Üblicherweise wird das immer im Rahmen einer Einzelfallprüfung mit entsprechender Ermessensausübung erfolgen. Dabei wird insbesondere mit einbezogen werden, dass der **Hauptzweck** des Aufenthaltstitels **nicht beeinträchtigt** wird. In Berlin wird eine signifikante Anzahl von Aufenthaltstiteln zur Beschäftigung regelmäßig bereits bei Ersterteilung – ohne weiteren Antrag – mit der zusätzlichen Auflage versehen, dass eine selbstständige Tätigkeit erlaubt ist. Hier will man wohl aus praktischen Gründen den Aufwand für eine spätere Einzelfallentscheidung vermeiden, wenn zu erwarten ist, dass auf Grund der Tätigkeit, der Hauptzweck der Beschäftigung aller Wahrscheinlichkeit durch eine ergänzende selbstständige (auch in einem völlig anderen Bereich) Tätigkeit nicht gefährdet ist.

II. Erlaubnis bei Beschäftigung (Abs. 2)

19 Während § 4a Abs. 1 sich auf Erwerbstätigkeit allgemein bezieht, ist Abs. 2 ausschließlich auf **Beschäftigung** (als Unterfall der Erwerbstätigkeit, § 2 Abs. 2, der Regelfall der abhängigen Beschäftigung sind **Arbeitnehmer**) anzuwenden. S. 1 Hs. 1 ist allerdings eine Wiederholung der allgemeinen Regel zur Erwerbstätigkeit in Abs. 1 – wohl als Anknüpfungspunkt einer möglicherweise notwendigen Zustimmung der Bundesagentur für Arbeit.

1. Verbot bzw. Beschränkung und entsprechende

20 Hinsichtlich der in Abs. 2 S. 1 Hs. 1 festgehaltenen Möglichkeiten gesetzlicher Verbote und Beschränkungen und der Erlaubnis im Einzelfall für eine bestimmte Beschäftigung gilt das gleiche Grundprinzip wie in Abs. 1 (→ Rn. 11 ff.) für Erwerbstätigkeit allgemein.

2. Zustimmung der Bundesagentur für Arbeit

21 Mit Abs. 2 S. 1 Hs. 2 wird klargestellt, dass die für eine Beschäftigung erforderliche Erlaubnis dem Vorbehalt der Zustimmung der Bundesagentur für Arbeit unterliegen kann (Huber/Mantel AufenthG/Dippe Rn. 8). Die Vorschrift legt damit das Grundprinzip fest, dass, soweit dann in einer konkreten Norm, die Notwendigkeit der Zustimmung der Bundesagentur für Arbeit aufgenommen ist, diese nach den Regeln des § 39 zu erfolgen hat.

3. Beschränkung Zustimmung der Bundesagentur für Arbeit

22 Soweit eine **Zustimmung der Bundesagentur für Arbeit** erforderlich ist, kann diese Zustimmung gem. Abs. 2 S. 3 beschränkt erteilt werden. Die Norm ist damit die Grundlage der Konkretisierungen in § 34 BeschV. Die Beschränkung kann gem. § 34 BeschV insbesondere im Hinblick auf die **Geltungsdauer,** den Betrieb, die berufliche Tätigkeit (konkrete **Position** und Positionsbezeichnung), den **Arbeitgeber** (wohl untechnisch gemeint, da ja für einige zustimmungspflichtige Anspruchsgrundlagen auch Entsendungen ohne deutschen rechtlichen Arbeitgeber möglich sind, zB § 26 BeschV – daher ist regelmäßig der **Beschäftigungsbetrieb** in Deutschland angesprochen), die **Region zur Ausübung zur Beschäftigung** (während zB noch 2008 regelmäßig eine Einschränkung auf einen bestimmten Bezirk einer regionalen Arbeitsgemeinschaft für Arbeitnehmerfragen (AfA) erfolgte, wird diese Möglichkeit heute sehr selten verwendet – die Tätigkeit ist dann automatisch bundesweit möglich, was den praktischen Anforderungen der heutigen Zeit entspricht) oder die **Lage und Verteilung der Arbeitszeit** beschränkt werden (Huber/Mantel AufenthG/Dippe Rn. 9).

Seit dem 1.3.2020 kann die **Zustimmung der Bundesagentur für Arbeit,** anstelle wie bis **23** dahin für maximal drei Jahre, in vielen Fällen für **bis zu vier Jahre** erteilt werden (s. zB § 18 Abs. 4 S. 1 und § 34 Abs. 2 BeschV), es sei denn es liegen andere zeitliche Beschränkungen vor (zB § 10 Personalaustausch, § 10a ICT-Karte).

4. Entsprechende Anwendung Versagungstatbestände

Für Tatbestände, welche keiner Zustimmung der Bundesagentur für Arbeit bedürfen, wird in **24** Abs. 2 S. 4 festgelegt, dass die **Versagungstatbestände** des § 40 Abs. 2 und Abs. 3 immer entsprechend anzuwenden sind. Damit haben Auslandsvertretungen und Ausländerbehörden diese Versagungstatbestände von Amts wegen zu berücksichtigen. Zur Beurteilung eines entsprechenden Sachverhaltes kann die Bundesagentur für Arbeit nach § 72 Abs. 7 hinzugezogen werden (Anwendungshinweise des Bundesministeriums des Innern, für Bau und Heimat zum Fachkräfteeinwanderungsgesetz v. 30.1.2020 Rn. 4a.2).

III. Auflage im Aufenthaltstitel (Abs. 3)

In Abs. 3 S. 1 wird klargestellt, dass jeder Aufenthaltstitel **erkennen lassen** muss, ob und ggf. **25** mit welchen Einschränkungen eine Erwerbstätigkeit erlaubt ist. Damit wird § 4 Abs. 2 S. 2 aF fortgeführt. Gerade im Hinblick auf den Dogmenwechsel hin zur **Erlaubnis mit Verbotsvorbehalt** (→ Rn. 2, → Rn. 8) ist es elementar, dass auch Personen, welche mit den Details des Aufenthalts- und Arbeitsgenehmigungsrechts nicht im Detail vertraut sind, schnell erkennen können, ob jemand arbeiten darf oder nicht. In den Fällen, in welchen die Erwerbstätigkeit automatisch vollumfänglich gestattet und nicht verboten oder eingeschränkt ist, ist die entsprechende Auflage im Aufenthaltstitel (nicht aber bei Aufenthaltsgestattung oder Duldung) lediglich **deklaratorisch,** aber nicht konstitutiv (Anwendungshinweise des Bundesministeriums des Innern, für Bau und Heimat zum Fachkräfteeinwanderungsgesetz v. 30.1.2020 Rn. 4a.3.1; Huber/Mantel AufenthG/Dippe Rn. 10). Soweit ein **fehlerhafter Eintrag,** zB mit einer Beschränkung auf eine bestimmte Position erfolgt, entfaltet diese Auflage keine Rechtswirkung. In der Praxis sollte eine solche fehlerhafte Auflage schnellstmöglich korrigiert werden, um die Rechtswirklichkeit korrekt widerzuspiegeln und Unsicherheiten zu vermeiden.

Abs. 3 S. 2 führt auf, dass **Beschränkungen der Bundesagentur der Arbeit** nach Abs. 2 **26** S. 2 in dem Aufenthaltstitel aufzuführen sind. Wegen des geringen Platzes auf dem **elektronischen Aufenthaltstitel** wird hierzu regelmäßig ein separates **Zusatzblatt** verwendet. Dafür ist das amtliche Muster zu verwenden (Anwendungshinweise des Bundesministeriums des Innern, für Bau und Heimat zum Fachkräfteeinwanderungsgesetz v. 30.1.2020 Rn. 4a.3). Bei **Klebeetiketten –** insbesondere bei Visa – wird ein weiteres Klebeetikett im Pass eingefügt. Daher ist das Vorhandensein von mindestens **zwei leeren Seiten** (nicht zwingend nebeneinander) zu empfehlen. Rechtlich wäre auch hier ein separates Zusatzblatt möglich, wird aber in der Praxis nur in absoluten Ausnahmefällen verwendet.

Abs. 3 S. 3 führt den Gedanken aus Abs. 1 S. 3 und Abs. 2 S. 1 fort, dass für die Änderung **27** einer aktuellen Beschränkung eine **Erlaubnis** erforderlich ist. Dies betrifft bei Beschäftigung insbesondere einen **Arbeitgeberwechsel** bzw. einen **Wechsel des deutschen Beschäftigungsbetriebs** (bei **Entsendungen** ohne deutschen Arbeitsvertrag) oder den Wechsel in eine **andere Position** desselben Unternehmens. Soweit ein Aufenthaltstitel die Auflage „Beschäftigung erlaubt" enthält, ist jede Beschäftigung für jeden Arbeitgeber (auch mit Sitz außerhalb Deutschlands) erlaubt. In diesen Fällen ist keine weitere Erlaubnis in Bezug auf Beschäftigung erforderlich. Lediglich die Aufnahme einer zusätzlichen selbstständigen Tätigkeit bedarf dann der Erlaubnis (→ Rn. 14, → Rn. 18).

Klarstellend ist in Abs. 3 S. 4 festgehalten, dass die Ausübung einer Erwerbstätigkeit, welche **28** über die erteilte Erlaubnis hinausgeht, grundsätzlich nicht erlaubt ist und gerade eben auch einer neuen **Erlaubnis** bedarf. Nicht betroffen hiervon sind **fehlerhafte Einträge** in der Auflage, soweit eine Erwerbstätigkeit von Gesetzes wegen unmittelbar erlaubt ist. Eine Ausnahme von Abs. 3 S. 4 ist für die **Blaue Karte EU** in § 18b Abs. 2 S. 4 geregelt. Nach zwei Jahren der Beschäftigung mit einer Blauen Karte EU (inklusive Zeiten mit einem entsprechenden nationalen Visum) ist nach **Ablauf von zwei Jahren** eine **Beschäftigung ohne Beschränkungen** erlaubt. Zur Vermeidung von Unsicherheiten bei einem Arbeitgeberwechsel ist hier zu empfehlen, die Auflage der Rechtswirklichkeit anpassen zu lassen. In der Praxis ist es nicht unüblich, mit Erteilung der Blauen Karte EU eine Auflage mit aufzunehmen, die diesen Automatismus festhält. Leider wird das oft mit einem generischen Ausdruck umgesetzt (zB: „Beschäftigung nach zwei Jahren erlaubt"), ohne dass festgehalten ist, wann die zwei Jahre erreicht sind. Da der ausstellenden Ausländerbehörde das Einreisedatum (bzw. bei Voraufenthalten das Ausstellungsdatum) bekannt ist, wäre es zur Vermeidung von Unsicherheiten besser, immer ein konkretes Datum aufzunehmen (zB: „Ab [Datum]: Beschäftigung erlaubt").

29   Neu mit dem FachkEinwG (Fachkräfteeinwanderungsgesetz v. 15.8.2019, BGBl. I 1307) zum 1.3.2020 eingeführt ist Abs. 3 S. 5, welcher die Sätze 2 und 3 in den Fällen eines **arbeitsrechtlichen Betriebsübergangs** nach § 613a BGB oder eines **Rechtsformwechsels** für nicht anwendbar erklärt. In der Vergangenheit bestand bereits ein Konsens darüber, dass das zumindest bei einem Rechtsformwechsel (genau wie auch bei einer bloßen **Änderung des Firmennamens** ohne Rechtsformänderung) zutreffend war. Problematisch waren insoweit die Fälle von **Unternehmenskäufen** in Form der

- Übernahme eines ganzen Unternehmens oder Betriebsteils,
- Unternehmensteilen im Rahmen eines **Carve-out** oder
- Zusammenschlüssen/Fusion von Unternehmen.

29a   Im Falle eines „**Asset Deals**" wird regelmäßig auch ein arbeitsrechtlicher Betriebsübergang nach § 613a BGB stattfinden. Mit der Neuregelung wurde somit Rechtssicherheit für diese Konstellationen geschaffen. Dagegen wird bei einem „**Share Deal**" nicht ein Unternehmen / Unternehmensteil im Ganzen übertragen, sondern nur bestimmte Vermögenswerte einzeln. In einer solchen Konstellation liegt üblicherweise kein Betriebsübergang vor. Insofern ist dieser gesellschaftsrechtliche Ansatz aus arbeitsgenehmigungsrechtlicher Sicht nicht vorteilhaft, da regelmäßig erst eine Erlaubnis für jeden betroffenen Mitarbeiter (weder Auflage „Beschäftigung erlaubt" noch „Erwerbstätigkeit erlaubt") eingeholt werden muss, bevor die Tätigkeit fortgesetzt werden kann.

IV. Erwerbstätigkeit ohne Aufenthaltstitel (Abs. 4)

30   Trotz des allgemeinen Wechsels vom Verbot mit Erlaubnisvorbehalt zur Erlaubnis mit Verbotsvorbehalt in Bezug auf die Ausübung einer Erwerbstätigkeit nach § 4a Abs. 1 (→ Rn. 2, → Rn. 6) gilt weiterhin der Grundsatz, dass eine Erwerbstätigkeit erst ausgeübt werden darf, wenn ein entsprechender Aufenthaltstitel ausgestellt ist. Für Szenarien, in welchen überhaupt **kein Aufenthaltstitel** ausgestellt wird (**Saisonbeschäftigung**, → Rn. 31, **Aufenthaltsgestattung** und **Duldung**, → Rn. 32 ff.), gilt weiterhin das **Verbot mit Erlaubnisvorbehalt** (Huber/Mantel AufenthG/Dippe Rn. 13). In diesen Fällen normiert Abs. 4 entsprechende Ausnahmen und setzt damit § 4 Abs. 3 S. 3 aF ohne Änderung fort (Anwendungshinweise des Bundesministeriums des Innern, für Bau und Heimat zum Fachkräfteeinwanderungsgesetz v. 30.1.2020 Rn. 4a.4.0.). In diesen Fällen wird von der zuständigen Ausländerbehörde eine entsprechende **Arbeitserlaubnis** als eigenständiger Verwaltungsakt erteilt.

1. Saisonbeschäftigung

31   Ausländer, welche für Kurzaufenthalte nach Schengen-Recht (kumulativ bis zu 90 Tage innerhalb eines Zeitraums von 180 Tagen) visumsfrei einreisen dürfen, können ohne Aufenthaltstitel eine **Saisonbeschäftigung** aufnehmen, wenn sie eine **Arbeitserlaubnis** besitzen (Anwendungshinweise BA 04/2020, Rn. 4a.0.4). Die Einzelheiten zu den Voraussetzungen der Arbeitserlaubnis für die Saisonbeschäftigung sind in § 15a BeschV geregelt.

2. Aufenthaltsgestattung und Duldung

32   Weder die **Aufenthaltsgestattung** (§ 55 Abs. 1 AsylG) noch die **Duldung** (Bescheinigung der vorübergehenden Aussetzung der Abschiebung, § 60a) sind Aufenthaltstitel (Fachliche Weisungen BA 04/2020, Rn. 4a.0.4). Mit § 4a Abs. 4 iVm § 32 BeschV wird für die betroffenen Ausländer geregelt, unter welchen Voraussetzungen eine Erwerbstätigkeit erlaubt ist (Huber/Mantel AufenthG/Dippe Rn. 15).

Grundsätzlich gilt nach § 32 Abs. 1 BeschV, dass eine **Zustimmung der Bundesagentur für** 33
Arbeit zur Ausübung der Beschäftigung erteilt werden kann, wenn sich der Ausländer seit mindestens drei Monaten erlaubt, geduldet oder mit einer Aufenthaltsgestattung im Bundesgebiet aufhält. Im Falle einer Duldung sind die **Ausschlussgründe** des § 60a zu beachten. Zusätzlich sind bei der Duldung ggf. weitere **spezialgesetzliche Regelungen** in Betracht zu ziehen (zB **Wohnen in einer Aufnahmeeinrichtung,** § 61 Abs. 1 S. 2 Hs. 2 AsylG; **Ungeklärte Identität,** § 60b Abs. 5 S. 2; **Ausbildungsduldung,** § 60c; **Beschäftigungsduldung,** § 60d; Anwendungshinweise des Bundesministeriums des Innern, für Bau und Heimat zum Fachkräfteeinwanderungsgesetz v. 30.1.2020 Rn. 4a.4.2).

Für Aufenthaltsgestattung oder Duldung aus **sicheren Herkunftsstaaten** iSd § 29a AsylG 34 gelten besondere Vorschriften. Sichere Herkunftsstaaten sind (Stand 30.4.2020): Albanien, Bosnien und Herzegowina, Ghana, Kosovo, Mazedonien, Montenegro, Senegal und Serbien (Fachliche Weisungen BA 04/2020, Rn. 4a.0.5).

In § 32 Abs. 2 BeschV sind abschließende Konstellationen aufgelistet, in welchen eine **Zustim-** 35 **mung der Bundesagentur für Arbeit nicht notwendig** ist. Für die Beurteilung von **Praktika und betrieblichen Tätigkeiten** steht ein Leitfaden der Bundesagentur für Arbeit zur Verfügung (https://www.arbeitsagentur.de/datei/dok_ba014809.pdf; Stand: 30.4.2020)

Die Fachlichen Anweisungen der Bundesagentur für Arbeit enthalten ausführliche Informatio- 36 nen zu den Konstellationen Aufenthaltsgestattung und Duldung (Fachliche Weisungen BA 04/ 2020, Rn. 4a.61.1 ff., 4a.32.1 ff.).

„Für weitere Möglichkeiten der Erwerbstätigkeit ohne Aufenthaltstitel gilt Nummer 4.3.4 37 AVwV fort, wobei an die Stelle von § 16 BeschV nunmehr § 30 BeschV tritt." (Anwendungshinweise des Bundesministeriums des Innern, für Bau und Heimat zum Fachkräfteeinwanderungsgesetz v. 30.1.2020 Rn. 4a.4.3). In Bezug auf § 30 BeschV ist die Formulierung des Bundesministeriums des Innern, für Bau und Heimat etwas unglücklich, da mit § 30 BeschV entsprechende Tätigkeiten aus dem Begriff der Beschäftigung gerade herausdefiniert werden. Rechtlich gesehen liegt bei der **Nichtbeschäftigungsfiktion** nach § 30 BeschV nämlich überhaupt keine Beschäftigung und somit auch keine Erwerbstätigkeit vor.

V. Pflichten Arbeitgeber/Beschäftigungsbetrieb und Dienst- / Werkleistungsnehmer (Abs. 5)

Abs. 5 spiegelt die rechtlichen Voraussetzungen aus Abs. 1–4 als zu beachtende Verpflichtungen 38 für Arbeitgeber/Beschäftigungsbetriebe bzw. Dienstleistungs- / Werkvertragsnehmer.

1. Notwendige Erlaubnis (S. 1 und S. 2)

Mit S. 1 wird hervorgehoben, dass eine Beschäftigung oder eine (andere) Beauftragung entgeltli- 39 cher Dienst- oder Werksvertragsleistung nur erfolgen darf, wenn der Ausländer eine entsprechende Erlaubnis durch einen ausgestellten Aufenthaltstitel besitzt (hinsichtlich der einschlägigen Normen für Sanktionen bei Verstößen siehe Huber/Mantel AufenthG/Dippe Rn. 16). S. 2 stellt klar, dass S. 1 auch für die Konstellationen eines Aufenthaltes ohne Aufenthaltstitel gilt (→ Rn. 30 ff.).

2. Pflichten Arbeitgeber/Beschäftigungsbetrieb bzw. Dienstleistungs- / Werkvertragsnehmer

S. 3 Nr. 1 gilt sowohl für deutsche Arbeitgeber / Beschäftigungsbetriebe als auch Dienstleis- 40 tungs- / Werkvertragsnehmer. Nr. 2 und Nr. 3 gelten nur für deutsche Arbeitgeber / Beschäftigungsbetriebe.

a) Überprüfungspflicht. S. 3 Nr. 1 konstituiert die allgemeine **Pflicht zu überprüfen,** ob 41 und in welchem Umfang ein Aufenthaltstitel bzw. in den Fällen des Abs. 4 die Arbeitserlaubnis zur Erwerbstätigkeit berechtigt. Die Überprüfung muss stattfinden, bevor die Erwerbstätigkeit aufgenommen wird.

Außer deutschen Staatsangehörigen benötigen auch EU / EWR / Schweizer Staatsangehörige 42 (und bis 31.12.2020 auch Staatsbürger von Großbritannien) keinen Aufenthaltstitel für den Aufenthalt und die Ausübung einer Erwerbstätigkeit. Es werden regelmäßig keine entsprechenden Nachweise durch deutsche Behörden ausgestellt. Lediglich für Schweizer ist für Aufenthalte länger als drei Monate vorgesehen, dass eine **(deklaratorische) Aufenthaltserlaubnis** ausgestellt wird. Praktisch muss damit immer die Staatsbürgerschaft überprüft werden. Üblicherweise reicht hierzu die Vorlage des entsprechenden **Reisepasses** oder **Personalausweises** aus. Für Familienangehörige von EU- / EWR-Staatsbürgern wird eine **(deklaratorische) Aufenthaltskarte** ausgestellt, welche das Freizügigkeitsrecht nachweist. In Sonderkonstellationen (zB **SOFA** oder **TESA,** → Rn. 9, aber auch bei **Einvernehmen der Bundesagentur für Arbeit,** zB § 15 Nr. 6 BeschV, oder bei **Anzeigen,** zB § 19 Abs. 1 S. 2 BeschV) ist das entsprechende Nachweisdokument zu überprüfen.

43   Idealerweise sollte das zu überprüfende Dokument im Original vorgelegt werden. Grundsätzlich ist aber auch eine Übermittlung einer Kopie (elektronisch oder in Papierform) ausreichend – es sei denn, es ergeben sich ernsthafte Zweifel an der Echtheit. Es ist zu empfehlen, unabhängig davon, ob ggf. eine Kopie aufbewahrt wird (→ Rn. 44 ff.), schriftlich festzuhalten, dass diese Überprüfung stattgefunden hat und mit welchem Ergebnis.

44   **b) Aufbewahrungspflicht.** Mit S. 3 Nr. 2 wird für Konstellationen, welche dem AufenthG unterfallen, festgelegt, dass der Arbeitgeber / Beschäftigungsbetrieb eine Kopie in elektronischer (also eine Datei) oder Papierform aufzubewahren hat. Diese Pflicht muss durchgehend vom Beginn bis zum Ende der Beschäftigung erfüllt werden. Es besteht keine Pflicht, Unterlagen in Bezug auf zB EU- / EWR-Staatsbürger als Kopie aufzubewahren – es ist allerdings zu empfehlen.

45   Folgende Unterlagen werden explizit aufgeführt:
- Aufenthaltstitel,
- Arbeitserlaubnis zum Zwecke der Saisonbeschäftigung,
- Bescheinigung über die Aufenthaltsgestattung und
- Bescheinigung über die Aussetzung der Abschiebung (Duldung).

46   In ergänzender Auslegung wird die Pflicht der Aufbewahrung einer Kopie auch für folgende Unterlagen gelten:
- Fiktionsbescheinigungen nach § 81 Abs. 4 und
- Einvernehmen der Bundesagentur für Arbeit nach § 15 Nr. 4 oder Nr. 6 BeschV und § 22 Nr. 4 lit. c BeschV, da es sich hier regelmäßig um eigene Beschäftigungsverhältnisse des Arbeitgebers/ Beschäftigungsbetriebs handelt.

47   Keine Pflicht zur Aufbewahrung besteht regelmäßig für Anzeigen nach § 19 Abs. 1 S. 2 BeschV oder TOSA- bzw. TESA-Nachweise (→ Rn. 9), da es sich hier üblicherweise um Dienst- oder Werksleistungen handelt – die Überprüfung nach Nr. 1 ist ausreichend. Soweit eine originäre Beschäftigung basierend auf TOSA oder TESA erfolgt, ist eine Aufbewahrungspflicht gegeben.

48   **c) Mitteilungspflicht.** Mit dem FachkEinwG (Fachkräfteeinwanderungsgesetz v. 15.8.2019, BGBl. I 1307) wurde zum 1.3.2020 Abs. 5 Nr. 3 eingeführt. Er konstituiert eine neue Pflicht des Arbeitgebers / Beschäftigungsbetriebs als Äquivalent zur **Mitteilungspflicht des Ausländers** (§ 82 Abs. 6).

49   Es besteht eine **Mitteilungspflicht des Arbeitgebers,** soweit eine Beschäftigung (§§ 18 ff.) vorzeitig beendet wird.

50   Eine **vorzeitige Beendigung** liegt vor, wenn die Beendigung **früher als einen Monat** vor dem Ablaufdatum des aktuellen Aufenthaltstitels (unbefristeter deutscher Arbeitsvertrag) bzw. dem Ende der Befristung stattfindet (befristetes Beschäftigungsverhältnis, Anwendungshinweise des Bundesministeriums des Innern, für Bau und Heimat zum Fachkräfteeinwanderungsgesetz v. 30.1.2020 Rn. 4a.5.3.2). Gleiches gilt für die Äquivalente zu Aufenthaltstiteln nach Abs. 4. Ein Monat oder weniger wird als unwesentlich erachtet.

51   Eine vorzeitige Beendigung liegt auch vor, wenn die Position innerhalb des Konzerns gewechselt wird, indem der Arbeitsvertrag mit einer Gesellschaft des Konzerns beendet und mit einer anderen Gesellschaft des Konzerns neu begründet wird. Die Mitteilung soll allerdings entbehrlich sein, wenn sich das neue Arbeitsverhältnis unmittelbar an das alte anschließt (Anwendungshinweise des Bundesministeriums des Innern, für Bau und Heimat zum Fachkräfteeinwanderungsgesetz v. 30.1.2020 Rn. 4a.5.3.2).

52   Eine Mitteilungspflicht besteht dann nicht, wenn das neue Beschäftigungsverhältnis im Rahmen des bestehenden Aufenthaltstitels ausgeübt werden darf (Anwendungshinweise des Bundesministeriums des Innern, für Bau und Heimat zum Fachkräfteeinwanderungsgesetz v. 30.1.2020 Rn. 4a.5.3.2), zB wenn die Auflage „Beschäftigung erlaubt" oder „Erwerbstätigkeit erlaubt" ist.

53   Das Arbeitsverhältnis soll auch als beendet angesehen werden, wenn die Beschäftigung faktisch gestoppt wird, um eine Weiterbildungsmaßnahme aufzunehmen und dabei eine vertragliche Rückkehroption in das Beschäftigungsverhältnis besteht (Anwendungshinweise des Bundesministeriums des Innern, für Bau und Heimat zum Fachkräfteeinwanderungsgesetz v. 30.1.2020 Rn. 4a.5.3.2).

54   Entscheidend ist das **rechtliche Ende der Beschäftigung,** nicht das tatsächliche. Wenn eine Beschäftigung einen Monat früher endet als die ursprüngliche Befristung, also genau an der zeitlichen Schwelle, an welcher noch keine Mitteilung zu machen ist, wird die Mitteilungspflicht

nicht dadurch ausgelöst, dass der Mitarbeiter vor dem rechtlichen Ende noch zwei Wochen Resturlaub oder Freizeitausgleich nimmt.

Die **Beendigung** kann **einseitig** oder im **gegenseitigen Einvernehmen** stattfinden. Bei **55** Entsendungen wird es gar nicht auf das Verhältnis zwischen dem deutschen Beschäftigungsbetrieb und dem Ausländer ankommen, da zwischen den beiden ja gerade kein deutscher Arbeitsvertrag besteht. Hier kommt es dann allein auf die faktische Beendigung an (im Regelfall wird es ein Einvernehmen zwischen dem deutschen Beschäftigungsbetrieb in Deutschland und dem rechtlichen Arbeitgeber des Ausländers geben).

Die Mitteilung muss innerhalb von **vier Wochen ab Kenntnis** erfolgen. Somit ist die Mittei- **56** lung ggf. deutlich früher als die rechtliche Beendigung vorzunehmen. War ein Arbeitsvertrag bis zum 31.12. eines Kalenderjahres befristet und es wird nun bereits am 1.5. dieses Kalenderjahres eine Verkürzung auf den 31.10. desselben Kalenderjahres einvernehmlich vereinbart, muss die Mitteilung bis spätestens 29.5. erfolgen. Bei nicht einvernehmlicher Beendigung wird es auf die Wirksamkeit der Kündigung ankommen (Huber/Mantel AufenthG/Dippe Rn. 18; BeckOK AuslR/Maor Rn. 43).

Kenntnis liegt bei einem Unternehmen vor, wenn die dafür zuständige Stelle die entsprechende **57** Information erhalten hat (Anwendungshinweise des Bundesministeriums des Innern, für Bau und Heimat zum Fachkräfteeinwanderungsgesetz v. 30.1.2020 Rn. 4a.5.3.2) – typischerweise eine Abteilung im Personalwesen.

Adressat der Mitteilung ist die lokal zuständige Ausländerbehörde. **58**

Die Mitteilung ist **nicht formgebunden.** Grundsätzlich wäre damit auch eine mündliche **59** Mitteilung möglich. Um entsprechende Nachweise zu haben, sind jedoch E-Mail, postalischer Brief oder Fax zu empfehlen. Auch eine persönliche Vorsprache mit entsprechender Dokumentation wäre möglich. Diese Vorgehensweise wird aber schon aus praktischen Gründen (vor allem auf Unternehmensseite) bzw. Kapazitätsgrenzen bei den Behörden tendenziell kaum Verwendung finden.

Soweit die Mitteilung nicht, nicht vollständig oder nicht rechtzeitig erfolgt, kann ein solcher **60** Verstoß gem. § 404 Abs. 2 Nr. 5 SGB III iVm § 404 Abs. 3 SGB III mit einem **Bußgeld bis zu 30.000 EUR** geahndet werden.

§ 5 Allgemeine Erteilungsvoraussetzungen

(1) Die Erteilung eines Aufenthaltstitels setzt in der Regel voraus, dass
1. **der Lebensunterhalt gesichert ist,**
1a. **die Identität und, falls er nicht zur Rückkehr in einen anderen Staat berechtigt ist, die Staatsangehörigkeit des Ausländers geklärt ist,**
2. **kein Ausweisungsinteresse besteht,**
3. **soweit kein Anspruch auf Erteilung eines Aufenthaltstitels besteht, der Aufenthalt des Ausländers nicht aus einem sonstigen Grund Interessen der Bundesrepublik Deutschland beeinträchtigt oder gefährdet und**
4. **die Passpflicht nach § 3 erfüllt wird.**

(2) ¹Des Weiteren setzt die Erteilung einer Aufenthaltserlaubnis, einer Blauen Karte EU, einer ICT-Karte, einer Niederlassungserlaubnis oder einer Erlaubnis zum Daueraufenthalt – EU voraus, dass der Ausländer
1. **mit dem erforderlichen Visum eingereist ist und**
2. **die für die Erteilung maßgeblichen Angaben bereits im Visumantrag gemacht hat.**
²Hiervon kann abgesehen werden, wenn die Voraussetzungen eines Anspruchs auf Erteilung erfüllt sind oder es auf Grund besonderer Umstände des Einzelfalls nicht zumutbar ist, das Visumverfahren nachzuholen. ³Satz 2 gilt nicht für die Erteilung einer ICT-Karte.

(3) ¹In den Fällen der Erteilung eines Aufenthaltstitels nach § 24 oder § 25 Absatz 1 bis 3 ist von der Anwendung der Absätze 1 und 2, in den Fällen des § 25 Absatz 4a und 4b von der Anwendung des Absatzes 1 Nr. 1 bis 4 sowie des Absatzes 2 abzusehen. ²In den übrigen Fällen der Erteilung eines Aufenthaltstitels nach Kapitel 2 Abschnitt 5 kann von der Anwendung der Absätze 1 und 2 abgesehen werden. ³Wird von der Anwendung des Absatzes 1 Nr. 2 abgesehen, kann die Ausländerbehörde darauf hinweisen, dass eine Ausweisung wegen einzeln zu bezeichnender Ausweisungsinteressen, die Gegenstand eines noch nicht abgeschlossenen Straf- oder anderen Verfahrens sind, mög-

lich ist. ⁴In den Fällen der Erteilung eines Aufenthaltstitels nach § 26 Absatz 3 ist von der Anwendung des Absatzes 2 abzusehen.

(4) Die Erteilung eines Aufenthaltstitels ist zu versagen, wenn ein Ausweisungsinteresse im Sinne von § 54 Absatz 1 Nummer 2 oder 4 besteht oder eine Abschiebungsanordnung nach § 58a erlassen wurde.

Überblick

§ 5 regelt, soweit besondere Vorschriften nicht abschließend eine abweichende Regelung treffen, die allgemeinen Voraussetzungen für die Erteilung eines Aufenthaltstitels (→ Rn. 1). Abs. 1 (→ Rn. 2 ff.) verlangt in der Regel (→ Rn. 3 ff.) einen gesicherten Lebensunterhalt (Nr. 1), eine geklärte Identität (Nr. 1a), ein fehlendes Ausweisungsinteresse (Nr. 2), kein entgegenstehendes öffentliches Interesse (Nr. 3) und die Erfüllung der Passpflicht (Nr. 4); von diesen Anforderungen ist nur im atypischen Ausnahmefall abzusehen (→ Rn. 12). Bei den in Abs. 2 genannten Aufenthaltstiteln hat der Ausländer überdies grundsätzlich dem Visumerfordernis zu genügen (→ Rn. 13 ff.). Für bestimmte Aufenthaltserlaubnisse sieht Abs. 3 zwingende oder im behördlichen Ermessen stehende Ausnahmen von den Voraussetzungen aus Abs. 1 und aus Abs. 2 vor (→ Rn. 19 ff.). Schließlich regelt Abs. 4 die zwingende Versagung eines Aufenthaltstitels bei bestimmten schwerwiegenden Ausweisungsinteressen oder Erlass einer Abschiebungsanordnung nach § 58a (→ Rn. 23 ff.).

Übersicht

A. Systematische Stellung der Vorschrift

1   § 5 benennt die für die Erteilung aller Aufenthaltstitel maßgeblichen allgemeinen Voraussetzungen. Die Vorschrift wird durch besondere Regelungen für bestimmte Aufenthaltstitel ergänzt, modifiziert oder verdrängt. Diese speziellen Anforderungen sind in der Regel abschließend und gehen vor. So richtet sich die Erteilung eines Schengen-Visums ausschließlich nach dem Visakodex (§ 6 Abs. 1 Nr. 1; → § 6 Rn. 3 ff.). Allgemeine Anforderungen ergeben sich für das Visum aus § 6 (→ § 6 Rn. 1 ff.), für die Aufenthaltserlaubnis aus §§ 7 und 8 (→ § 7 Rn. 1 ff; → § 8 Rn. 1 ff.), für die Niederlassungserlaubnis aus § 9 (→ § 9 Rn. 6 ff.), für die Erlaubnis zum Daueraufenthalt–EU aus § 9a (→ § 9a Rn. 3 ff.) und für die ICT-Karte aus § 19 (→ § 19 Rn. 1 ff.). Zwingende oder im behördlichen Ermessen stehende Abweichungen von den allgemeinen Erteilungsvoraussetzungen sehen § 25a Abs. 1 S. 2, § 27 Abs. 3 S. 2, § 28 Abs. 1 S. 2–4, § 29 Abs. 2 S. 1 und Abs. 4 S. 1, § 30 Abs. 3, § 34 Abs. 1 und § 36 Abs. 1 vor. Der Gesetzgeber hat folglich die Fälle, in denen er von der Erfüllung bestimmter allgemeiner Erteilungsvoraussetzungen abweichen wollte, ausdrücklich im Wortlaut der jeweiligen Vorschrift kenntlich gemacht (BVerwG NVwZ-RR 2012, 330 Rn. 13).

B. Regelerteilungsvoraussetzungen (Abs. 1)

2   § 5 Abs. 1 legt die Voraussetzungen für die Erteilung eines Aufenthaltstitels im Regelfall fest (→ Rn. 3 ff.); von diesen ist nur im atypischen Ausnahmefall abzusehen (→ Rn. 12).

I. Regelfall

1. Sicherung des Lebensunterhalts (Nr. 1)

Die Erteilung eines Aufenthaltstitels setzt einen gesicherten Lebensunterhalt voraus (Nr. 1). **3** Dessen Feststellung richtet sich nach § 2 Abs. 3 (→ § 2 Rn. 6 ff.). Hiernach ist der Lebensunterhalt eines Ausländers gesichert, wenn er ihn einschließlich ausreichenden Krankenversicherungsschutzes ohne Inanspruchnahme öffentlicher Mittel bestreiten kann.

2. Klärung der Identität (Nr. 1a)

Nr. 1a verlangt, dass die Identität und, falls er nicht zur Rückkehr in einen anderen Staat **4** berechtigt ist, die Staatsangehörigkeit des Ausländers geklärt ist. Die Klärung der Identität, die in erster Linie durch den Namen und Vornamen sowie den Tag und Ort der Geburt bestimmt wird (OVG Bln-Bbg BeckRS 2012, 51105), setzt die Gewissheit voraus, dass der Ausländer die Person ist, für die er sich ausgibt (vgl. BVerwG NVwZ 2012, 707 Rn. 12); eine Verwechslungsgefahr muss ausgeschlossen sein (OVG Bln-Bbg BeckRS 2012, 51105). Verbleibende Zweifel gehen zu Lasten des Antragstellers. Nationale Reisepässe erbringen als ausländische öffentliche Urkunden (vgl. § 173 S. 1 VwGO iVm § 418 ZPO), denen nach internationaler Übung eine besondere Identifikationsfunktion zukommt, in der Regel den Nachweis, dass der Inhaber die in dem Pass genannte, beschriebene und abgebildete Person ist und die dort enthaltenen Angaben mit den tatsächlichen und rechtlichen Verhältnissen übereinstimmen (vgl. OVG Bln-Bbg BeckRS 2012, 51105; BVerwG NVwZ 2004, 1250 (1251)). Dies gilt allerdings grundsätzlich nur für Pässe, die gem. § 3 Abs. 1 S. 1 iVm § 71 Abs. 6 anerkannt sind (vgl. → § 3 Rn. 10 ff.); Proxy-Pässe, die in Abwesenheit des Passantragstellers ausgestellt werden, sind dagegen regelmäßig nicht geeignet, die Identität des Inhabers nachzuweisen (vgl. VGH BW BeckRS 2014, 56397 Rn. 33). Kann der Ausländer einen Pass nicht vorlegen oder bestehen – etwa wegen der Angabe abweichender Personalien in der Vergangenheit – begründete Zweifel an dessen inhaltlicher Richtigkeit, ist eine Würdigung der Gesamtumstände vorzunehmen. Hierbei können auch andere Unterlagen, wie etwa eine Geburtsurkunde, ein Wehrpass, ein Führerschein oder Schulzeugnisse (vgl. Nr. 5.1.1a AufenthGAVwV), geeignet sein, die Identität des Ausländers zu belegen.

3. Kein Ausweisungsinteresse (Nr. 2)

Der Erteilung des Aufenthaltstitels darf kein Ausweisungsinteresse entgegenstehen (Nr. 2). Ein **5** Ausweisungsinteresse ist gegeben, wenn einer der Tatbestände des § 54 (→ § 54 Rn. 1 ff.) erfüllt ist. Es reicht aus, dass ein Ausweisungsinteresse gleichsam abstrakt – dh nach seinen tatbestandlichen Voraussetzungen – vorliegt, wie es insbesondere im Katalog des § 54 AufenthG normiert ist. Nicht erforderlich ist, dass eine Ausweisung des Ausländers rechtmäßig angeordnet werden könnte (BVerwG NVwZ 2019, 486 Rn. 15). Zulässig ist auch ein generalpräventives Ausweisungsinteresse (BVerwG NVwZ 2019, 486 Rn. 16). Die Voraussetzung des § 5 Abs. 1 Nr. 2 ist gerichtlich voll überprüfbar.

Das Ausweisungsinteresse muss im Zeitpunkt der behördlichen bzw. gerichtlichen Entscheidung **6** (fort-) bestehen, dh aktuell sein. Ein Ausweisungsinteresse ist regelmäßig zu bejahen, wenn der Ausländer zeitnah ausgewiesen worden ist; eine zeitliche Schranke bildet der Ablauf der Befristung des Einreise- und Aufenthaltsverbots. Nicht berücksichtigt werden kann ein Ausweisungsinteresse, das sich auf Umstände stützt, die – wie etwa getilgte oder tilgungsreife Verurteilungen (§ 51 Abs. 1 BZRG; BVerwG NVwZ 2009, 979 Rn. 25) – nicht mehr verwertet werden können. In Anwendung des Grundsatzes des Vertrauensschutzes kann ein Ausweisungsinteresse nur solange angenommen werden als es noch nicht verbraucht ist und die Ausländerbehörde auf die Geltendmachung des Ausweisungsgrundes nicht ausdrücklich oder konkludent verzichtet hat. Die Ausländerbehörde muss insoweit einen ihr zurechenbaren Vertrauenstatbestand geschaffen haben, aufgrund dessen der Ausländer annehmen kann, ihm werde ein bestimmtes Verhalten im Rahmen einer Ausweisung nicht entgegengehalten. Das hierauf gegründete Vertrauen des Ausländers muss schützenswert sein (BVerwG NVwZ 2017, 1883 Rn. 39). Anlass für die Prüfung des Versagungsgrundes des § 5 Abs. 1 Nr. 2 kann auch die von einer deutschen Behörde erfolgte Ausschreibung zur Einreiseverweigerung im Schengener Informationssystem sein (vgl. OVG-Bln-Bbg BeckRS 2020, 652). Die falschen Angaben in einem ersten Visumantrag sollen dem Ausländer nach einer Ausreise zur Nachholung des Visumverfahrens nicht mehr als Ausweisungsinteresse entgegengehalten werden können (BVerwG NVwZ 2011, 495 Rn. 28). Gemäß § 5 Abs. 3 S. 3 kann sich die

Ausländerbehörde eine Ausweisung wegen einzeln zu bezeichnender Ausweisungsinteressen, die Gegenstand eines noch nicht abgeschlossenen Strafverfahrens sind, allerdings auch vorbehalten.

7 Die Anforderung des § 5 Abs. 1 Nr. 2 wird bei Einreise ohne das erforderliche Visum und Unterlassung maßgeblicher Angaben im Visumantrag nicht durch § 5 Abs. 2 S. 2 verdrängt (BVerwG NVwZ 2011, 495 Rn. 25).

4. Beeinträchtigung oder Gefährdung von Interessen der Bundesrepublik Deutschland (Nr. 3)

8 Der Aufenthalt des Ausländers darf auch nicht aus einem sonstigen Grund Interessen der Bundesrepublik Deutschland beeinträchtigen oder gefährden (Nr. 3). Dies gilt nicht, wenn der Ausländer einen Anspruch auf die Erteilung eines Aufenthaltstitels hat. Voraussetzung ist ein gebundener Rechtsanspruch, dessen zwingende und regelhafte Tatbestandsanforderungen vollständig erfüllt sein müssen. Es genügt weder eine Soll-Vorschrift noch eine Ermessensreduktion auf Null (vgl. BVerwG NVwZ-RR 2015, 313 Rn. 15 zu § 39 Nr. 3 und 5 AufenthV; BVerwG NVwZ 2016, 458 Rn. 20 zu § 10 Abs. 1).

9 Die von § 5 Abs. 2 S. 1 Nr. 3 geschützten Interessen sind weit zu verstehen (BT-Drs. 15/420, 70). Dem Erfordernis kommt eine Auffangfunktion zu, soweit das öffentliche Interesse nicht bereits durch andere Erteilungsvoraussetzungen – wie etwa die Sicherung des Lebensunterhalts nach § 5 Abs. 1 Nr. 1 oder die Ausweisungsinteressen nach § 5 Abs. 1 Nr. 2 (OVG Bln-Bbg BeckRS 2019, 5297 Rn. 33) – konkretisiert wird. Eine abschließende Aufzählung der in Betracht kommenden öffentlichen Interessen ist daher nicht möglich; gleichwohl ist der praktische Anwendungsbereich der Vorschrift aufgrund der weitreichenden Konkretisierung an anderer Stelle gering. Zu den zu berücksichtigenden öffentlichen Interessen gehören namentlich die in § 1 Abs. 1 genannten Belange (→ § 1 Rn. 2). Weiterhin besteht ein öffentliches Interesse an der Einhaltung aufenthaltsrechtlicher Vorschriften. Dies gilt insbesondere für die Möglichkeit und Bereitschaft, nach Ablauf einer befristeten Aufenthaltserlaubnis in den Heimatstaat zurückzukehren (NdsOVG BeckRS 2012, 53701; Bergmann/Dienelt/Samel Rn. 77 f.) sowie das Verbot und die Beschränkung der politischen Betätigung des Ausländers nach § 47. Schließlich erfasst § 5 Abs. 1 Nr. 3 die Wahrung völkerrechtlicher Vereinbarungen (BeckOK AuslR/Maor Rn. 15), die Verhinderung eines Daueraufenthaltes bei Inanspruchnahme von Rückkehrhilfen in der Vergangenheit sowie die Gefahren für die öffentliche Gesundheit durch meldepflichtige übertragbare Krankheiten im Sinne des IfSG (Infektionsschutzgesetz v. 20.7.2000, BGBl. I 1045; vgl. Bergmann/Dienelt/Samel Rn. 81; konkret für die Aussetzung der Visumerteilung zur Eindämmung der Pandemie COVID 19 bejaht von OVG Bln-Bbg BeckRS 2020, 6211 Rn. 5 ff.).

10 Gemäß § 5 Abs. 1 Nr. 3 genügt die Gefährdung des öffentlichen Interesses. Eine Gefährdung ist anzunehmen, wenn tatsächliche Anhaltspunkte dafür vorliegen, dass der Aufenthalt im Bundesgebiet bei prognostischer Betrachtung mit hinreichender Wahrscheinlichkeit zu einer Beeinträchtigung des öffentlichen Interesses führen wird (vgl. OVG Bln-Bbg BeckRS 2010, 45086).

5. Erfüllung der Passpflicht (Nr. 4)

11 Voraussetzung für die Erteilung eines Aufenthaltstitels ist schließlich, dass der Ausländer die Passpflicht erfüllt (Nr. 4). Nach § 3 Abs. 1 dürfen Ausländer nur in das Bundesgebiet einreisen oder sich darin aufhalten, wenn sie einen anerkannten und gültigen Pass oder Passersatz besitzen, sofern sie von der Passpflicht nicht durch Rechtsverordnung befreit sind (S. 1); für den Aufenthalt im Bundesgebiet erfüllen sie die Passpflicht auch durch den Besitz eines Ausweisersatzes (S. 2; → § 3 Rn. 1 ff.).

II. Atypischer Ausnahmefall

12 Die Anforderungen des § 5 Abs. 1 Nr. 1–4 gelten nur für den gesetzlichen Regelfall. Im atypischen Ausnahmefall ist von ihnen abzusehen. Eine Ausnahme rechtfertigen besondere Umstände, die so bedeutsam sind, dass sie im Einzelfall das sonst ausschlaggebende Gewicht der gesetzgeberischen Entscheidung für den Regelfall beseitigen (BVerwG NVwZ-RR 2012, 330 Rn. 18), sowie Gewährleistungen des Verfassungs-, Unions- und Völkerrechts (BVerwG NVwZ 2013, 1493 Rn. 16). Hierzu zählt der Schutz der familiären Lebensgemeinschaft durch Art. 6 Abs. 1 GG und Art. 8 EMRK. Mit Blick auf den Sinn und Zweck der gesetzlichen Erteilungsvoraussetzungen ist bei der Annahme einer Ausnahme grundsätzlich Zurückhaltung geboten (BVerwG NVwZ 2009, 1239 Rn. 11); der Verweis auf ihre Einhaltung muss sich als unmöglich oder unzumutbar erweisen. Ob hiernach im Einzelfall eine Ausnahme von § 5 Abs. 1 Nr. 1–4

geboten ist, unterliegt der uneingeschränkten gerichtlichen Kontrolle (BVerwG NVwZ 2013, 1493 Rn. 16; zu den Anforderungen vgl. jüngst BVerfG BeckRS 2020, 837); die Behörde verfügt weder über einen Einschätzungs- noch einen Ermessensspielraum.

Keinen Ausnahmefall begründen für sich genommen frühere Voraufenthalte im Bundesgebiet (OVG **12.1** Bln-Bbg BeckRS 2016, 43707). Gleiches gilt für die beabsichtigte Herstellung der familiären Lebensgemeinschaft, sofern es möglich und zumutbar ist, diese auch in einem anderen Land zu führen (BVerwG BeckRS 2009, 35507). Dies ist auch bei einem im Bundesgebiet lebenden deutschen Kind nicht grundsätzlich ausgeschlossen (OVG Bln-Bbg BeckRS 2018, 1543; 2019, 5297); die Frage, ob ein Verlassen des Bundesgebietes zumutbar ist, ist vielmehr in Abhängigkeit vom Alter und individuellen Schutz- und Betreuungsbedarf des Kindes zu beantworten (BVerwG BeckRS 2017, 110064).

C. Visumerfordernis (Abs. 2)

I. Einreise mit Visum und Angaben im Visumantrag (S. 1)

Die erstmalige Erteilung einer Aufenthaltserlaubnis, einer Blauen Karte EU, einer ICT-Karte, **13** einer Niederlassungserlaubnis oder einer Erlaubnis zum Daueraufenthalt-EU setzt nach § 5 Abs. 2 S. 1 des Weiteren voraus, dass der Ausländer mit dem erforderlichen Visum eingereist ist (Nr. 1) und die für die Erteilung maßgeblichen Angaben bereits im Visumantrag gemacht hat (Nr. 2). Das Visumerfordernis gilt auch für Asylbewerber (vgl. SächsOVG BeckRS 2019, 18267 mwN; → § 10 Rn. 10.2). Die Visumpflicht bestimmt sich nach § 4 Abs. 1 S. 1 iVm § 6 Abs. 1 Nr. 1 und Abs. 3 (→ § 4 Rn. 1 ff; → § 6 Rn. 2 ff.). Maßgeblich ist, ob der Ausländer mit dem für den konkreten Aufenthaltszweck erforderlichen Visum eingereist ist (BVerwG NVwZ 2011, 495 Rn. 19; 2011, 871 Rn. 20); bei Einreise mit einem Schengen-Visum bei beabsichtigtem Daueraufenthalt ist die Voraussetzung des § 5 Abs. 2 S. 1 Nr. 1 daher nicht erfüllt (OVG LSA BeckRS 2019, 33678; OVG Bln-Bbg BeckRS 2019, 2896; BayVGH BeckRS 2019, 3423).

Die Angaben, die für die Erteilung maßgeblich sind, muss der Ausländer in Erfüllung seiner **14** gesetzlichen Mitwirkungspflicht (§ 82 Abs. 1) bereits im Visumantrag gemacht haben. Maßgeblich sind Angaben, die für die Erteilung des konkreten Visums erforderlich sind; diese können sich auch aus den dem Visumantrag beigefügten Unterlagen ergeben. Die Angaben müssen zutreffend sein (OVG Bln-Bbg BeckRS 2017, 137310); falsche oder unvollständige Angaben können ein Ausweisungsinteresse iSd § 5 Abs. 1 Nr. 2 iVm § 54 Abs. 2 Nr. 8 lit. a (→ § 54 Rn. 82) begründen (vgl. BVerwG NVwZ 2011, 495 Rn. 23).

II. Ausnahmen (S. 2 und S. 3)

Die Nichterfüllung der Voraussetzungen des § 5 Abs. 2 S. 1 steht der Erteilung des Aufenthaltsti- **15** tels nicht ausnahmslos entgegen. Praktisch bedeutsam sind die in § 39 AufenthV geregelten Ausnahmetatbestände (vgl. → AufenthV § 39 Rn. 3 ff.), die § 5 Abs. 2 vorgehen (OVG LSA BeckRS 2018, 4313). Daneben kann gemäß § 5 Abs. 2 S. 2 von den Anforderungen abgesehen werden, wenn die Voraussetzungen eines Anspruchs auf Erteilung erfüllt sind oder es auf Grund besonderer Umstände des Einzelfalls nicht zumutbar ist, das Visumverfahren nachzuholen. Als Ausnahmeregelung ist die Vorschrift grundsätzlich eng auszulegen; auf die Erteilung einer ICT-Karte findet sie keine Anwendung (S. 3).

Die erste Alternative setzt einen gesetzlich gebundenen Anspruch voraus; eine Ermessensreduk- **16** tion genügt nicht (vgl. → Rn. 8).

Die Unzumutbarkeit iSd Alt. 2 muss aus besonderen Umständen folgen. Die mit der Durchfüh- **17** rung eines Visumverfahrens als solches verbundene Erschwernis ist hierzu nicht geeignet (vgl. HessVGH BeckRS 2020, 19426; OVG Saarl BeckRS 2017, 114315). Besondere Umstände können vorliegen, wenn dem Ausländer das Verlassen des Bundesgebietes – wegen der notwendigen Betreuung von im Inland lebenden minderjährigen Kindern oder pflegebedürftigen Familienangehörigen – oder die Reise in das Herkunftsland – wegen Krankheit, Behinderung oder aus rechtlichen Gründen – nicht möglich ist (vgl. Nr. 5.2.3 AufenthGAVwV). Art. 6 Abs. 1 GG und Art. 8 Abs. 1 EMRK begründen hierbei keine generelle Befreiung von der Visumpflicht (vgl. BVerwG BeckRS 2015, 4116). Vielmehr ist die durch die Nachholung des Visumverfahren herbeigeführte zeitweise Trennung von Eheleuten oder Kindern mit dem Schutz der familiären Lebensgemeinschaft grundsätzlich vereinbar (vgl. HessVGH BeckRS 2020, 19426; OVG Bln-Bbg BeckRS 2019, 4743; NdsOVG BeckRS 2015, 44784; BayVGH BeckRS 2020, 4494). Unzumutbar ist eine Trennung nur dann, wenn – regelmäßig durch fachärztliches Attest – glaubhaft gemacht ist, dass ein Familienmitglied zwingend auf die tatsächliche Lebenshilfe des Ausländers angewiesen ist (vgl. BVerfG BeckRS 2011, 50816; OVG LSA BeckRS 2019, 33678).

18   Liegen die tatbestandlichen Voraussetzungen des § 5 Abs. 2 S. 2 vor, steht die Entscheidung im Ermessen der Ausländerbehörde.

D. Ausnahmen (Abs. 3)

19   Abs. 3 sieht Ausnahmen von den Anforderungen aus Abs. 1 und Abs. 2 vor, die entweder zwingend sind (S. 1 und S. 4) oder im behördlichen Ermessen stehen (S. 2).

20   Nach S. 1 ist in den Fällen der Erteilung eines Aufenthaltstitels nach § 24 (Aufenthaltsgewährung zum vorübergehenden Schutz) oder § 25 Abs. 1–3 (humanitäre Aufenthaltserlaubnis für Asylberechtigte, Flüchtlinge, subsidiär Schutzberechtigte und bei Abschiebungsverbot nach § 60 Abs. 5 oder Abs. 7) von der Anwendung von Abs. 1 und Abs. 2 abzusehen; in den Fällen des § 25 Abs. 4a und Abs. 4b (Aufenthaltserlaubnis für Opfer bestimmter Straftaten) gelten Abs. 1 Nr. 1– 2 und Nr. 4 sowie Abs. 2 nicht. Nach S. 4 findet bei der Erteilung eines Aufenthaltstitels nach § 26 Abs. 3 (Niederlassungserlaubnis für Asylberechtigte und Flüchtlinge) Abs. 2 keine Anwendung.

21   In den übrigen Fällen der Erteilung eines Aufenthaltstitels nach Kapitel 2 Abschnitt 5 (Aufenthaltserlaubnisse aus völkerrechtlichen, humanitären oder politischen Gründen) steht es nach S. 2 im Ermessen der Ausländerbehörde, ob sie von den Voraussetzungen aus Abs. 1 und Abs. 2 absieht (vgl. zur Ermessensbetätigung NdsOVG BeckRS 2018, 2134). Ein Rückgriff auf § 5 Abs. 3 S. 2 ist ausgeschlossen, soweit eine besondere und abschließende Regelung dem entgegensteht; dies ist etwa bei der Erteilung einer Niederlassungserlaubnis gemäß § 9 Abs. 2 S. 1 Nr. 2 oder § 26 Abs. 4 S. 1 für das Erfordernis eines gesicherten Lebensunterhalts der Fall (vgl. → § 9 Rn. 11; → § 26 Rn. 31).

22   Wird von der Anwendung des Abs. 1 Nr. 2 abgesehen, kann die Ausländerbehörde nach S. 3 darauf hinweisen, dass eine Ausweisung wegen einzeln zu bezeichnender Ausweisungsinteressen, die Gegenstand eines noch nicht abgeschlossenen Straf- oder anderen Verfahrens sind, möglich ist. Die Vorschrift soll die Erteilung eines Aufenthaltstitels ermöglichen, ohne dass Ausweisungsgründe verbraucht werden (vgl. BT-Drs. 16/5065, 159; → Rn. 6).

E. Versagungsgründe (Abs. 4)

23   Abs. 4 regelt die zwingende Versagung eines Aufenthaltstitels bei Vorliegen besonders schwerwiegender Ausweisungsinteressen nach § 54 Abs. 1 Nr. 2 oder Nr. 4 oder nach Erlass einer Abschiebungsanordnung nach § 58a. Danach ist die Erteilung eines Aufenthaltstitels zu versagen, wenn der Ausländer die freiheitlich demokratische Grundordnung oder die Sicherheit der Bundesrepublik Deutschland – durch die Mitgliedschaft oder Unterstützung einer terroristischen Vereinigung oder eine schwere staatsgefährdende Gewalttat (§ 89a Abs. 2 StGB) – gefährdet (§ 54 Abs. 1 Nr. 2; → § 54 Rn. 15 ff.) oder sich zur Verfolgung politischer oder religiöser Ziele an Gewalttätigkeiten beteiligt, zu diesen aufruft oder mit diesen droht (§ 54 Abs. 1 Nr. 4; → § 54 Rn. 35 ff.). Dabei muss die von einem Ausländer ausgehende Gefahr entweder gegenwärtig bestehen oder für die Zukunft zu erwarten sein, abgeschlossene Sachverhalte aus der Vergangenheit ohne gegenwärtige oder künftige Relevanz bleiben außer Betracht (BT-Drs. 15/420, 70 f.). Eine Abschiebungsanordnung nach § 58a kann auf Grund einer auf Tatsachen gestützten Prognose zur Abwehr einer besonderen Gefahr für die Sicherheit der Bundesrepublik Deutschland oder einer terroristischen Gefahr erlassen werden (→ § 58a Rn. 1 ff.).

24   Als spezielle Regelung geht die Vorschrift § 5 Abs. 1 Nr. 2 vor; von ihr kann auch im atypischen Ausnahmefall nicht abgesehen werden. Der Versagungsgrund findet bei der Erteilung aller Aufenthaltstitel Anwendung. Auch die humanitären Aufenthaltserlaubnisse nach § 25 Abs. 1 S. 1 und Abs. 2 S. 1 sind nicht ausgenommen; sie stellen keine leges speciales dar (BVerwG NVwZ 2012, 1626 Rn. 14; Bergmann/Dienelt/Samel Rn. 167; BeckOK AuslR/Maor Rn. 45.1). Die Anforderungen des § 5 Abs. 4 S. 1 sind insoweit mit Art. 21 Qualifikations-RL 2004 (RL 2004/83/EG v. 29.4.2004, ABl. 2004 L 304, 12) vereinbar, wonach ein Mitgliedstaat einem Flüchtling den Aufenthaltstitel nur dann versagen darf, wenn dieser aus schwerwiegenden Gründen als eine Gefahr für die Sicherheit des Mitgliedstaates anzusehen ist (BVerwG NVwZ 2012, 1625 Rn. 19 ff.; Bergmann/Dienelt/Samel Rn. 168).

25   S. 2 und S. 3 aF, welche der Ausländerbehörde und dem Bundesministerium des Innern die Möglichkeit eröffneten, ausnahmsweise von der Versagung eines Aufenthaltstitels nach S. 1 abzusehen, wenn der Ausländer tätige Reue zeigte oder zwingende Gründe die Anwesenheit des Ausländers im Bundesgebiet erforderten, sind mit dem Familiennachzugsneuregelungsgesetz (v.

12.7.2018, BGBl. I 1147) mWv 1.8.2018 aufgehoben worden; der Gesetzgeber wollte die Einreise von Gefährdern ausnahmslos ausschließen (BT-Drs. 19/2740, 15).

§ 6 Visum

(1) Einem Ausländer können nach Maßgabe der Verordnung (EG) Nr. 810/2009 folgende Visa erteilt werden:
1. ein Visum für die Durchreise durch das Hoheitsgebiet der Schengen-Staaten oder für geplante Aufenthalte in diesem Gebiet von bis zu 90 Tagen je Zeitraum von 180 Tagen (Schengen-Visum),
2. ein Flughafentransitvisum für die Durchreise durch die internationalen Transitzonen der Flughäfen.

(2) ¹Schengen-Visa können nach Maßgabe der Verordnung (EG) Nr. 810/2009 bis zu einer Gesamtaufenthaltsdauer von 90 Tagen je Zeitraum von 180 Tagen verlängert werden. ²Für weitere 90 Tage innerhalb des betreffenden Zeitraums von 180 Tagen kann ein Schengen-Visum aus den in Artikel 33 der Verordnung (EG) Nr. 810/2009/EG genannten Gründen, zur Wahrung politischer Interessen der Bundesrepublik Deutschland oder aus völkerrechtlichen Gründen als nationales Visum verlängert werden.

(2a) Schengen-Visa berechtigen nicht zur Ausübung einer Erwerbstätigkeit, es sei denn, sie wurden zum Zweck der Erwerbstätigkeit erteilt.

(3) ¹Für längerfristige Aufenthalte ist ein Visum für das Bundesgebiet (nationales Visum) erforderlich, das vor der Einreise erteilt wird. ²Die Erteilung richtet sich nach den für die Aufenthaltserlaubnis, die Blaue Karte EU, die ICT-Karte, die Niederlassungserlaubnis und die Erlaubnis zum Daueraufenthalt – EU geltenden Vorschriften. ³Die Dauer des rechtmäßigen Aufenthalts mit einem nationalen Visum wird auf die Zeiten des Besitzes einer Aufenthaltserlaubnis, Blauen Karte EU, Niederlassungserlaubnis oder Erlaubnis zum Daueraufenthalt – EU angerechnet.

(4) Ein Ausnahme-Visum im Sinne des § 14 Absatz 2 wird als Visum im Sinne des Absatzes 1 Nummer 1 oder des Absatzes 3 erteilt.

Überblick

§ 6 regelt den Aufenthaltstitel des Visums. Das Visum ist eine Einreiseerlaubnis (→ Rn. 1 f.), die als Schengen-Visum (Abs. 1, Abs. 2 und Abs. 2a, → Rn. 3 ff.) oder als nationales Visum (Abs. 3, → Rn. 11 ff.) erteilt wird. Abs. 4 sieht ein sog. Ausnahme-Visum (→ Rn. 16) vor. Für den gerichtlichen Rechtsschutz im Visumverfahren sind einige Besonderheiten zu beachten (→ Rn. 18 ff.).

Übersicht

A. Allgemeines

Die in § 6 Abs. 1 Nr. 1 und Abs. 3 S. 1 geregelten Visa sind Aufenthaltstitel iSd § 4 Abs. 1 **1** S. 2; dies gilt nicht für das sog. Flughafentransitvisum (§ 6 Abs. 1 Nr. 2). Das Visum stellt eine Einreiseerlaubnis dar; es berechtigt zum befristeten Aufenthalt.

Hat der Ausländer zwischenzeitlich einen nicht nur kurzfristigen Aufenthalt im Bundesgebiet begrün- **1.1** det, entfällt das Rechtsschutzbedürfnis für eine auf die Erteilung eines Visums gerichtete Verpflichtungsklage (OVG Bln-Bbg BeckRS 2020, 20034 Rn. 16 mwN).

2 § 6 regelt zwei Typen von Visa. Das Schengen-Visum (auch: einheitliches Visum) und das nationale Visum unterscheiden sich durch ihre Geltungsdauer. Das in Abs. 1 Nr. 1 (deklaratorisch) geregelte Schengen-Visum erlaubt die Einreise für einen kurzfristigen Aufenthalt. Es gilt grundsätzlich für das Hoheitsgebiet aller Schengenstaaten. Seine Wirkungen und die Voraussetzungen für seine Erteilung ergeben sich aus dem Visakodex (VO (EG) 810/2009 v. 13.7.2009, ABl. 2009 L 243, 1). Das nationale Visum iSd Abs. 3 S. 1 erlaubt dagegen die Einreise für einen längerfristigen Aufenthalt. Sein Geltungsbereich ist grundsätzlich auf das Bundesgebiet beschränkt. Die Erteilung richtet sich nach den für den jeweiligen Aufenthaltstitel geltenden Anforderungen (Abs. 3 S. 2).

B. Schengen-Visum

I. Wirkungen und Voraussetzungen (Abs. 1)

3 Nach der Legaldefinition des § 6 Abs. 1 Nr. 1 ist das Schengen-Visum ein Visum für die Durchreise durch das Hoheitsgebiet der Schengen-Staaten oder für den zweckgebundenen Kurzaufenthalt in diesem Gebiet von bis zu 90 Tagen je Zeitraum von 180 Tagen. Sein Besitz berechtigt für sich noch nicht zur Einreise (Art. 30 Visakodex); der Drittstaatsangehörige hat darüber hinaus die Voraussetzungen des Art. 6 Schengener Grenzkodex (VO (EU) 2016/399 v. 9.3.2016, ABl. 2016 L 77, 1) zu erfüllen. Der Zweck des Aufenthalts kann unter anderem touristischer Natur, ein privater Besuch oder eine Geschäftsreise sein. Das Visum kann für ein, zwei oder mehrere Einreisen erteilt werden; seine Gültigkeitsdauer darf fünf Jahre nicht überschreiten (Art. 24 Abs. 1 UAbs. 2 Visakodex; vgl. zum „unechten Einjahres- und Mehrjahresvisum" Nr. 6.2 Aufenth-GAVwV). Für die Bestimmung der zulässigen Aufenthaltsdauer wird der Zeitraum von 180 Tagen berücksichtigt, der jedem Tag des Aufenthalts vorangeht (Art. 6 Abs. 1 Schengener Grenzkodex); der Tag der Ein- und Ausreise ist jeweils erfasst (Art. 6 Abs. 2 S. 1 Schengener Grenzkodex). Rechtmäßige Aufenthalte aufgrund eines nationalen Aufenthaltstitels bleiben unberücksichtigt.

4 Gemäß Art. 21 Abs. 1 Visakodex setzt die Erteilung eines Schengen-Visums voraus, dass die Einreisevoraussetzungen nach Art. 6 Abs. 1 lit. a, lit. c, lit. d und lit. e Schengener Grenzkodex erfüllt sind. Danach muss ein Drittstaatsangehöriger unter anderem den Zweck des beabsichtigten Aufenthalts belegen (Art. 6 Abs. 1 lit. c Schengener Grenzkodex) und darf keine Gefahr für die öffentliche Ordnung darstellen (Art. 6 Abs. 1 lit. e Schengener Grenzkodex). Die Auslandsvertretung hat insbesondere zu beurteilen, ob bei dem Ausländer das Risiko der rechtswidrigen Einwanderung besteht und dieser beabsichtigt, vor Ablauf der Gültigkeitsdauer des beantragten Visums das Hoheitsgebiet der Mitgliedstaaten wieder zu verlassen (Art. 21 Abs. 1 Hs. 2 Visakodex). Bei begründeten Zweifeln an einem Rückkehrwillen ist das Visum gem. Art. 32 Abs. 1 lit. b Visakodex zu versagen (BVerwG NVwZ 2016, 161 Rn. 17). Die Behörde hat bei der von ihr zu treffenden Prognose eine Würdigung der Gesamtumstände des Einzelfalles vorzunehmen (EuGH NVwZ 2014, 289 Rn. 57). Dabei sind die allgemeinen Verhältnisse im Wohnsitzstaat, die familiäre, soziale und wirtschaftliche Situation des Antragstellers sowie frühere Aufenthalte in den Mitgliedstaaten zu berücksichtigen. Beispielhafte Anhaltspunkte für eine Verwurzelung im Herkunftsstaat regelt Anhang II Visakodex (vgl. Bergmann/Dienelt/Winkelmann/Kolber Rn. 39). Bei der Prüfung kommt der Behörde ein weiter Beurteilungsspielraum zu (EuGH NVwZ 2014, 289 Rn. 60; BVerwG NVwZ 2016, 161 Rn. 18). Die Entscheidung unterliegt nur einer eingeschränkten gerichtlichen Kontrolle. Die Prüfung ist darauf beschränkt, ob die Behörde einen unzutreffenden Sachverhalt zugrunde gelegt hat, von einem fehlerhaften rechtlichen Maßstab ausgegangen ist, allgemeingültige Wertmaßstäbe nicht beachtet, sachfremde Erwägungen angestellt oder gegen Verfahrensvorschriften verstoßen hat (BVerwG NVwZ 2016, 161 Rn. 22). Schließlich besteht auch bei Erfüllung der Voraussetzungen des Art. 6 Abs. 1 Schengener Grenzkodex kein gebundener Anspruch auf die Erteilung des beantragten Visums (vgl. Bergmann/Dienelt/Winkelmann/Kolber Rn. 35 mwN).

5 Ausnahmsweise kann ein Mitgliedstaat gem. Art. 25 Abs. 1 lit. a Ziff. I Visakodex iVm Art. 6 Abs. 5 lit. c S. 1 Schengener Grenzkodex abweichend von den in Art. 6 Abs. 1 Visakodex geregelten Einreisevoraussetzungen ein – von dem Antrag auf Erteilung eines Schengen-Visum regelmäßig umfasstes – Visum mit beschränkter Gültigkeit für das nationale Hoheitsgebiet ausstellen, wenn er es aus humanitären Gründen, aus Gründen des nationalen Interesses oder aufgrund internationaler Verpflichtungen für erforderlich hält. Dies kann etwa mit Blick auf den besonderen Schutz familiärer Bindungen nach Art. 6 GG und Art. 8 EMRK geboten sein (vgl. OVG Bln-Bbg BeckRS 2019, 8062 Rn. 30). Bei begründeten Zweifeln an der Rückkehrwilligkeit des Ausländers kommt dies allerdings nur in Ausnahmefällen im Rahmen einer einzelfallbezogenen Abwägung in Betracht (vgl. BVerwG NVwZ 2011, 1201 Rn. 32).

II. Verlängerung (Abs. 2)

Schengen-Visa können nach § 6 Abs. 2 aus Gründen höherer Gewalt sowie aus humanitären **6** oder schwerwiegenden persönlichen Gründen (Art. 33 Abs. 1 und Abs. 2 Visakodex) bis zu einer Gesamtaufenthaltsdauer von 90 Tagen je Zeitraum von 180 Tagen verlängert werden (S. 1).

S. 2 ermöglicht eine Verlängerung des Schengen-Visums für weitere 90 Tage innerhalb des **7** betreffenden Zeitraums von 180 Tagen; hierbei verliert es allerdings seinen Status als Schengen-Visum und wird zu einem nationalen Visum (vgl. Nr. 6.3.2 AufenthGAVwV). Das Visum kann dabei neben den in Art. 33 Visakodex genannten Gründen auch zur Wahrung politischer Interessen der Bundesrepublik Deutschland oder aus völkerrechtlichen Gründen verlängert werden.

Die Beantragung einer Verlängerung des Schengen-Visums löst nach § 81 Abs. 4 S. 2 keine **8** Fortgeltungsfiktion aus (zu einem nach § 123 Abs. 1 VwGO statthaften Antrag auf Aussetzung der Abschiebung vgl. VG Aachen BeckRS 2020, 6673).

III. Aufhebung und Annullierung (Art. 34 Visakodex)

Die Annullierung und die Aufhebung eines Schengen-Visums richten sich nach Art. 34 Visako- **9** dex (vgl. hierzu Bergmann/Dienelt/Winkelmann/Kolber Rn. 71). Ein Schengen-Visum wird annulliert, wenn die Voraussetzungen für seine Erteilung bereits im Ausstellungszeitpunkt nicht vorlagen (Abs. 1 S. 1); es ist aufzuheben, wenn die Voraussetzungen für seine Erteilung nicht mehr vorliegen (Abs. 2 S. 1). Das Schengen-Visum kann auch durch einen anderen als den ausstellenden Mitgliedstaat aufgehoben und annulliert werden.

IV. Verbot der Erwerbstätigkeit (Abs. 2a)

Abweichend von dem Grundsatz des § 4a Abs. 1 S. 1 berechtigen Schengen-Visa gem. § 6 **10** Abs. 2a grundsätzlich nicht zur Ausübung einer Erwerbstätigkeit, es sei denn sie wurden zum Zweck der Erwerbstätigkeit erteilt. Hiervon nicht erfasst sind jene Tätigkeiten, die nach § 30 BeschV nicht als Beschäftigung im Sinne des AufenthG gelten.

C. Nationales Visum (Abs. 3)

Für längerfristige Aufenthalte ist ein nationales Visum iSd § 6 Abs. 3 S. 1 erforderlich. Sein **11** Geltungsbereich ist auf das Bundesgebiet beschränkt (vgl. § 12 Abs. 1 S. 1); es berechtigt nach Art. 6 Abs. 5 lit. a Schengener Grenzkodex überdies zur Einreise in das Hoheitsgebiet der anderen Mitgliedstaaten zum Zwecke der Durchreise in das Bundesgebiet. Ein nationales Visum wird regelmäßig für eine Dauer von drei Monaten ausgestellt (vgl. Nr. 6.4.2.1 AufenthGAVwV). Besondere Umstände des Einzelfalles können eine kürzere Befristung verlangen; dies ist der Fall, wenn absehbar ist, dass während des Dreimonatszeitraums die Voraussetzungen für die Erteilung des Visums – etwa wegen eintretender Volljährigkeit bei einem Kindernachzug nach § 32 – wegfallen werden.

Die Erteilung eines Visums nach § 6 Abs. 3 S. 1 bedarf grundsätzlich der vorherigen Zustim- **12** mung der Ausländerbehörde (§ 31 Abs. 1 S. 1 AufenthV, → AufenthV § 31 Rn. 1); örtlich zuständig ist die Ausländerbehörde des angestrebten Aufenthaltsortes. §§ 32–37 AufenthV sehen Ausnahmen von diesem Zustimmungserfordernis vor; überdies werden Visa zur Ausübung zahlreicher Beschäftigungen schon tatbestandlich nicht von § 31 AufenthV erfasst. Gemäß § 31 Abs. 3 AufenthV kann die Ausländerbehörde in bestimmten Fällen, insbesondere bei einem Anspruch auf die Erteilung eines Aufenthaltstitels, der Visumerteilung bereits vor der Beantragung des Visums bei der Auslandsvertretung zustimmen (Vorabzustimmung; → AufenthV § 31 Rn. 14).

Die Voraussetzungen für die Erteilung eines nationalen Visums richten sich nach den für die **13** Aufenthaltserlaubnis, die Blaue Karte EU, die ICT-Karte, die Niederlassungserlaubnis und die Erlaubnis zum Daueraufenthalt-EU geltenden Vorschriften.

Die Verlängerung eines Visums iSd § 6 Abs. 3 S. 1 ist nicht vorgesehen; regelmäßig hat der **14** Ausländer vor Ablauf der Geltungsdauer die Erteilung eines anderen der in § 4 Abs. 1 S. 2 genannten nationalen Aufenthaltstitel zu beantragen. Die Antragstellung entfaltet dabei keine Fiktionswirkung (§ 81 Abs. 4 S. 2).

Die Frage, ob § 81 Abs. 4 S. 2 auch Anwendung findet, wenn der Drittstaatsangehörige vor Ablauf **14.1** der Geltungsdauer des Schengen-Visums eines **anderen** Mitgliedstaates die Erteilung eines nationalen Aufenthaltstitels beantragt, wird in der Rechtsprechung unterschiedlich beantwortet (vgl. VGH BW BeckRS 2018, 6543 Rn. 23 mwN).

15   Gemäß § 6 Abs. 3 S. 3 wird die Dauer des rechtmäßigen Aufenthalts mit einem nationalen Visum auf die Zeiten des Besitzes einer Aufenthaltserlaubnis, Blauen Karte EU, Niederlassungserlaubnis oder Erlaubnis zum Daueraufenthalt–EU angerechnet.

D. Ausnahme-Visum (Abs. 4)

16   Ein Ausnahme–Visum, zu dessen Erteilung die mit der polizeilichen Kontrolle des grenzüberschreitenden Verkehrs beauftragten Behörden nach § 14 Abs. 2 befugt sind, wird als Schengen-Visum (Abs. 1 Nr. 1) oder als nationales Visum (Abs. 3 S. 1) erteilt.

16.1   Begünstigte der Regelung sind in der Praxis überwiegend Seeleute (vgl. zum Ganzen Bergmann/ Dienelt/Winkelmann/Kolber Rn. 50 ff.).

E. Flughafentransitvisum (Abs. 1 Nr. 2)

17   Das Erfordernis eines Flughafentransitvisums iSd Abs. 1 Nr. 2, bei dem es sich nicht um einen Aufenthaltstitel handelt, ergibt sich aus Art. 3 Abs. 1 Visakodex, auf den § 26 Abs. 2 AufenthV (deklaratorisch) verweist. Die Voraussetzungen für die Erteilung eines Flughafentransitvisums regelt Art. 21 Abs. 6 Visakodex.

F. Besonderheiten des Rechtsschutzes im Visumverfahren

18   Der Rechtsschutz im Visumverfahren weist praktisch bedeutsame Besonderheiten auf. Es entfällt ein Widerspruchsverfahren, da die Auslandsvertretungen als unselbstständige Geschäftsstellen des Auswärtigen Amtes eine oberste Bundesbehörde iSd § 68 Abs. 1 Nr. 1 VwGO sind (vgl. OVG Bln-Bbg BeckRS 2016, 42327 Rn. 3); in der Praxis ist ein – nicht verbindliches – Remonstrationsverfahren eröffnet.

19   Die Klagefrist beträgt bei zutreffender Rechtsbehelfsbelehrung (Art. 32 Abs. 3 S. 3 Visakodex, § 77 Abs. 1 S. 3 AufenthG) einen Monat; im Übrigen gilt die Jahresfrist (§ 58 Abs. 2 VwGO). Örtlich zuständig für die Klage ist das VG Berlin (§ 52 Nr. 2 S. 5 VwGO). Die Klage ist nur wirksam erhoben, wenn sie in deutscher Sprache verfasst ist (§ 55 VwGO iVm § 184 S. 1 GVG). Sie hat – auch bei anwaltlicher Vertretung – die ladungsfähige Anschrift des Klägers zu bezeichnen (§ 82 Abs. 1 VwGO); ist dies nicht der Fall, fordert das Gericht – gegebenenfalls unter Setzung einer Ausschlussfrist – zur Ergänzung der Klage auf (§ 82 Abs. 2 VwGO). Kläger, die nicht durch einen (inländischen) Rechtsanwalt oder Familienangehörigen (§ 67 Abs. 2 S. 2 Nr. 2 VwGO) vertreten sind, werden regelmäßig gebeten, einen Zustellungsbevollmächtigten im Inland (§ 56 Abs. 3 VwGO) zu benennen; kommen sie dem nicht nach, können Zustellungen durch einfache Aufgabe zur Post (§ 184 ZPO) erfolgen. Der zulässige Streitgegenstand der Klage ist durch den bei behördlicher Antragstellung geltend gemachten Aufenthaltszweck beschränkt (vgl. → § 4 Rn. 6). In dem auf die Erteilung eines Visums iSd § 6 Abs. 3 S. 1 gerichteten Klageverfahren ist die Ausländerbehörde, deren vorherige Zustimmung erforderlich ist, notwendig beizuladen (§ 65 Abs. 2 VwGO).

20   Da der Erlass einer einstweiligen Anordnung (§ 123 VwGO) im Visumverfahren regelmäßig zu einer Vorwegnahme der Hauptsache führt, hat der Antragsteller im vorläufigen Rechtsschutzverfahren glaubhaft zu machen, dass ein Anspruch auf die Erteilung des begehrten Visums mit hoher Wahrscheinlichkeit besteht und anderenfalls schwere und unzumutbare, anders nicht abwendbare Nachteile drohen (OVG Bln-Bbg BeckRS 2019, 1615 Rn. 6). Daneben ist es der besondere Eilbedürftigkeit (Anordnungsgrund) glaubhaft zu machen. Hierbei entspricht es der ständigen Rechtsprechung des VG Berlin und OVG Bln-Bbg, dass es angesichts der durchschnittlichen Dauer eines Visumverfahrens beim VG Berlin von weniger als einem Jahr regelmäßig zumutbar ist, den Antragsteller auf das Hauptsachverfahren zu verweisen (OVG Bln-Bbg BeckRS 2017, 130395 Rn. 3). Im Einzelfall gilt anderes, wenn eine Vereitelung des Anspruchs wegen zwischenzeitlichen Wegfalls der Voraussetzungen droht; dies kann etwa bei bevorstehendem Eintritt der Volljährigkeit der Fall sein, wenn das AufenthG – wie beim Kindernachzug gem. § 32 oder dem Elternnachzug gem. § 36 – an die Einhaltung bestimmter Altersgrenzen anknüpft.

§ 7 Aufenthaltserlaubnis

(1) ¹**Die Aufenthaltserlaubnis ist ein befristeter Aufenthaltstitel.** ²**Sie wird zu den in den nachfolgenden Abschnitten genannten Aufenthaltszwecken erteilt.** ³**In begründeten**

Fällen kann eine Aufenthaltserlaubnis auch für einen von diesem Gesetz nicht vorgesehenen Aufenthaltszweck erteilt werden. [4]**Die Aufenthaltserlaubnis nach Satz 3 berechtigt nicht zur Erwerbstätigkeit; sie kann nach § 4a Absatz 1 erlaubt werden.**

(2) [1]**Die Aufenthaltserlaubnis ist unter Berücksichtigung des beabsichtigten Aufenthaltszwecks zu befristen.** [2]**Ist eine für die Erteilung, die Verlängerung oder die Bestimmung der Geltungsdauer wesentliche Voraussetzung entfallen, so kann die Frist auch nachträglich verkürzt werden.**

Überblick

§ 7 definiert die Aufenthaltserlaubnis als befristeten Aufenthaltstitel zu einem gesetzlich geregelten Aufenthaltszweck (→ Rn. 1 ff.). In begründeten Fällen kann eine Aufenthaltserlaubnis auch für einen im AufenthG nicht vorgesehenen Aufenthaltszweck erteilt werden (→ Rn. 8 ff.). Fällt eine wesentliche Voraussetzung weg, kann die Befristung der Aufenthaltserlaubnis nachträglich verkürzt werden (→ Rn. 11 ff.).

A. Rechtsnatur der Aufenthaltserlaubnis (Abs. 1)

Die Aufenthaltserlaubnis ist nach § 7 Abs. 1 ein befristeter Aufenthaltstitel (S. 1, → Rn. 2), der **1** zu einem bestimmten im AufenthG geregelten Aufenthaltszweck erteilt wird (S. 2, → Rn. 3 ff.).

I. Befristung (S. 1)

Die Aufenthaltserlaubnis ist ein befristeter Aufenthaltstitel. Sie unterscheidet sich hierdurch von **2** den unbefristeten Aufenthaltstiteln; dazu zählen die Niederlassungserlaubnis (§ 9) und die Erlaubnis zum Daueraufenthalt-EU (§§ 9a–9c). Die gesetzlich zwingend erfolgende Befristung hat nach § 7 Abs. 2 S. 1 den beabsichtigten Aufenthaltszweck zu berücksichtigen. Sie ist per definitionem originärer Inhalt und nicht Nebenbestimmung der Aufenthaltserlaubnis. Die Befristung der Aufenthaltserlaubnis dient dem Zweck effektiver und zeitnaher Überwachung (vgl. BT-Dr 15/420, 71). Die Aufenthaltserlaubnis kann aufgrund des Antragserfordernisses (§ 81 Abs. 1) frühestens ab dem Zeitpunkt der Antragstellung und längstens für den beantragten Zeitraum erteilt werden. Ein schutzwürdiges Interesse an der Erteilung einer Aufenthaltserlaubnis für einen Zeitraum vor ihrer Beantragung besteht grundsätzlich nicht (BVerwG NVwZ 2011, 134 Rn. 14; BayVGH BeckRS 2017, 103788 Rn. 9).

II. Aufenthaltszweck (S. 2)

1. Zulässige Aufenthaltszwecke

Anders als die unbefristete Niederlassungserlaubnis wird die Aufenthaltserlaubnis (nur) zu einem **3** bestimmten Zweck erteilt. Die gesetzlich zulässigen Aufenthaltszwecke regelt das AufenthG in den Abschnitten 3–7 des 2. Kapitels. Hierzu zählen die Ausbildung (§§ 16 ff.), die Erwerbstätigkeit (§§ 18 ff.), völkerrechtliche, humanitäre oder politische Gründe (§§ 22 ff.), familiäre Gründe (§§ 27 ff.) und besondere Aufenthaltsrechte (§§ 37 ff.). Der Ausländer kann auch mehrere Aufenthaltszwecke gleichzeitig verfolgen, soweit das AufenthG dies nicht – wie etwa in § 16b Abs. 4 S. 1 – ausschließt (vgl. BVerwG EZAR NF 24 Nr. 15 S. 4 f.; HessVGH BeckRS 2014, 45829 Rn. 19).

Eine Übersicht mit den vom AufenthG anerkannten insgesamt über 50 verschiedenen Aufenthaltszwe- **3.1** cken findet sich in Nr. 7.1.1.1 AufenthGAVwV.

Anknüpfend an den jeweiligen Aufenthaltszweck regeln die Vorschriften die über die allgemei- **4** nen Erteilungsvoraussetzungen (§ 5) hinausgehenden besonderen Anforderungen an die Erteilung und Verlängerung der entsprechenden Aufenthaltserlaubnis. Die Aufenthaltserlaubnis begründet abhängig von ihrem konkreten Aufenthaltszweck unterschiedliche Rechte, die – wie etwa Art und Umfang der Berechtigung zur Erwerbstätigkeit – regelmäßig aus dem Aufenthaltstitel selbst ersichtlich sind.

2. Wechsel des Aufenthaltszwecks

Ein Wechsel des Aufenthaltszwecks, dh die Erteilung einer Aufenthaltserlaubnis auf anderer **5** Rechtsgrundlage, ist möglich, soweit das AufenthG dies nicht ausdrücklich ausschließt (Nr. 7.1.2

AufenthGAVwV). Einschränkungen regelt das Gesetz etwa während des Studiums (§ 16b Abs. 4 S. 1), der Teilnahme an Sprachkursen und einem Schulbesuch (§ 16f Abs. 3) oder einer beruflichen Aus- und Weiterbildung (§ 16a Abs. 1 S. 2). Anlass für einen Wechsel des Aufenthaltszwecks ist regelmäßig die Überwindung der Beschränkungen der bisherigen Aufenthaltserlaubnis; Ziel kann ein eigenständiges Aufenthaltsrecht, ein (umfassender) Zugang zum Arbeitsmarkt oder eine längere Befristung sein (vgl. hierzu die beispielhafte Übersicht bei BeckOK AuslR/Maor Rn. 21). Ein Wechsel des Aufenthaltszwecks erfordert einen Antrag auf die Erteilung einer Aufenthaltserlaubnis für den neuen Zweck, über den die Ausländerbehörde gesondert zu entscheiden hat; lehnt diese den Antrag ab, gilt die bisherige Aufenthaltserlaubnis bis auf Weiteres fort.

3. Bedeutung für den Gegenstand im Verwaltungs- und gerichtlichen Verfahren

6   Die strikte Unterscheidung der verschiedenen Aufenthaltszwecke durch das AufenthG (sog. Trennungsprinzip) besitzt Bedeutung für die Bestimmung des Verfahrens- und Streitgegenstandes. Der Antrag auf Erteilung oder Verlängerung einer Aufenthaltserlaubnis wird durch den Aufenthaltszweck, aus dem der Ausländer seinen Anspruch herleitet, bestimmt und begrenzt (BVerwG NVwZ 2008, 333 Rn. 12; NVwZ 2009, 979 Rn. 8). Seine Auslegung folgt dabei allgemeinen Grundsätzen (§ 133, 157 BGB; vgl. VGH BW EZAR NF 33 Nr. 46 S. 2 = BeckRS 2016, 43786 Rn. 3; OVG NRW BeckRS 2012, 59784). Maßgeblich für die Abgrenzung ist die gesetzliche Definition des Aufenthaltszweckes (zB „Kindernachzug"), nicht hingegen die zu dieser Rechtsfolge führenden einzelnen Absätze einer Vorschrift des AufenthG (vgl. BVerwG NVwZ 2013, 427 Rn. 11; BeckOK AuslR/Maor Rn. 6a; Bergmann/Dienelt/Samel § 4 Rn. 8). Die einzelnen innerhalb eines Abschnittes des zweiten Kapitels des AufenthG geregelten Aufenthaltserlaubnisse bilden nicht zwangsläufig einen einheitlichen, unteilbaren Streitgegenstand; insbesondere dann, wenn die Aufenthaltserlaubnis nach einer Anspruchsgrundlage weniger Rechte vermittelt als nach den übrigen Anspruchsgrundlagen, kann sie einen abtrennbaren eigenständigen Streitgegenstand darstellen (BVerwG NVwZ 2011, 939 Rn. 19).

6.1   Trägt der **Ausländer** einen Lebenssachverhalt vor, ohne den angestrebten Aufenthaltszweck weiter einzuschränken, ist der Antrag nach jeder bei verständiger Würdigung des Sachverhaltes in Betracht kommenden Vorschrift des AufenthG zu beurteilen (BVerwG EZAR NF 33 Nr. 13 S. 3; OVG NRW BeckRS 2012, 59784). Stützt sich **der anwaltlich vertretene Ausländer** dagegen auf eine einzelne Rechtsgrundlage, ist der Antrag entsprechend beschränkt (vgl. BVerwG NVwZ-RR 2014, 365 Rn. 10; VGH BW BeckRS 2009, 38779; Bergmann/Dienelt/Samel § 4 Rn. 48). Soweit von dem ursprünglichen Gegenstand des Antrages sachlich erfasst, kann auch ein erst nachträglich durch eine Gesetzesänderung während des gerichtlichen Verfahrens geschaffener Erteilungstatbestand zu berücksichtigen sein (vgl. für den Aufenthaltszweck aus „humanitären Gründen" VGH BW EZAR NF 33 Nr. 46 S. 2).

7   Die Behörde entscheidet über die Erlaubnis nur für den geltend gemachten Aufenthaltszweck; sie kann den Ausländer nicht auf einen Aufenthaltstitel verweisen, deren Voraussetzungen zwar gleichermaßen vorliegen, deren Erteilung dieser aber nicht beantragt hat (HessVGH BeckRS 2014, 45829 Rn. 18). Überdies ist es dem Ausländer verwehrt, einen neuen Aufenthaltszweck erstmalig im gerichtlichen Rechtsschutzverfahren geltend zu machen (vgl. OVG Bln-Bbg BeckRS 2018, 4776 Rn. 2; VGH BW BeckRS 2009, 38779). Dies meint nicht nur den Fall, dass das geänderte Begehren nach einer anderen Rechtsgrundlage zu beurteilen ist, sondern auch, dass sich der maßgebliche Lebenssachverhalt erheblich geändert hat.

B. Aufenthaltserlaubnis zu sonstigen Zwecken (Abs. 1 S. 3 und 4)

8   Gemäß § 7 Abs. 1 S. 3 kann in begründeten Einzelfällen eine Aufenthaltserlaubnis auch für einen von dem AufenthG nicht vorgesehenen Aufenthaltszweck erteilt werden. Die Vorschrift regelt keinen allgemeinen Auffangtatbestand, der bereits dann anwendbar ist, wenn die Voraussetzungen für die Erteilung einer Aufenthaltserlaubnis zu einem der von dem AufenthG ausdrücklich geregelten Zwecke im Einzelfall nicht erfüllt sind oder das AufenthG für den angestrebten Aufenthaltszweck bei dem gegenständlichen Sachverhalt ein Aufenthaltsrecht nicht vorsieht (Bsp.: „Familiennachzug" eines entfernten Verwandten außerhalb der Kernfamilie). Voraussetzung ist vielmehr, dass schon der angestrebte Aufenthaltszweck von den gesetzlich definierten Aufenthaltszwecken nicht erfasst wird (vgl. VGH München BeckRS 2019, 30490 Rn. 15). Die hierbei denkbaren Aufenthaltszwecke lassen sich nicht abschließend aufzählen.

8.1   Unter § 7 Abs. 1 S. 3 sollen nach Rechtsprechung, Verwaltungspraxis und Schrifttum etwa die Niederlassung eines vermögenden Pensionärs (vgl. Nr. 7.1.3 AufenthGAVwV; VG Stuttgart BeckRS 2010, 51425;

sa VG München BeckRS 2019, 16511 Rn. 31), die Einreise des Verlobten zu dem – von der Herstellung und Führung der ehelichen Lebensgemeinschaft zu unterscheidenden – Zweck der Eheschließung (vgl. OVG Bln-Bbg BeckRS 2016, 41486), die Durchführung eines Adoptionsverfahrens im Inland (BVerwGE 138, 77 = BeckRS 2011, 46021), eine längere Krankenhausbehandlung (vgl. Bergmann/Dienelt/Dienelt Rn. 34) oder die Anwesenheit des ausländischen Vaters bei der Geburt seines deutschen Kindes (BeckOK AuslR/Maor Rn. 10; aA überzeugend VG Berlin BeckRS 2019, 20077 Rn. 8 ff.; OVG Brem BeckRS 2015, 48610 Rn. 9 mwN) sein. Dagegen ermöglicht die Vorschrift nicht die Erteilung einer Aufenthaltserlaubnis zum Zwecke der Einbürgerung (NdsOVG BeckRS 2012, 49141) oder zur Durchsetzung eines vertriebenenrechtlichen Aufnahmeanspruchs (OVG Bln-Bbg BeckRS 2014, 52029).

Die Erteilung einer Aufenthaltserlaubnis nach § 7 Abs. 1 S. 3 setzt voraus, dass der Ausländer **9** den verfolgten Aufenthaltszweck glaubhaft macht und die allgemeinen Erteilungsvoraussetzungen gem. § 5 erfüllt sind (OVG Brem BeckRS 2015, 48610 Rn. 10). Liegen die tatbestandlichen Voraussetzungen vor, steht die Entscheidung über die Erteilung der Aufenthaltserlaubnis im behördlichen Ermessen. Die Behörde hat die für und gegen die Erteilung der Aufenthaltserlaubnis sprechenden individuellen Interessen des Antragstellers und öffentlichen Interessen zu würdigen und abzuwägen (vgl. Nr. 7.1.3 AufenthGAVwV). Sie hat zu berücksichtigen, dass eine Aufenthaltserlaubnis auf der Grundlage des § 7 Abs. 1 S. 3 nur ausnahmsweise „in begründeten Fällen" erteilt werden soll (so auch Bergmann/Dienelt/Dienelt Rn. 37). Für eine Erteilung können berührte Grundrechtspositionen und das Verhältnismäßigkeitsgebot sprechen; ein gebundener Anspruch wird regelmäßig nicht bestehen.

So verneint die verwaltungsgerichtliche Rechtsprechung einen Anspruch auf die Erteilung eines natio- **9.1** nalen Visums zum Zwecke der Eheschließung, wenn die Eheschließung auch im Herkunftsstaat des Drittstaatsangehörigen möglich wäre (OVG Bln-Bbg BeckRS 2016, 41486; 2018, 3020).

Gemäß § 7 Abs. 1 S. 4 berechtigt die Aufenthaltserlaubnis für einen von dem AufenthG nicht **10** vorgesehenen Aufenthaltszweck nicht zur Erwerbstätigkeit (Hs. 1); diese kann aber nach § 4a Abs. 1 erlaubt werden (Hs. 2).

C. Verkürzung der Geltungsdauer (Abs. 2 S. 2)

Ist eine für die Erteilung, die Verlängerung oder die Bestimmung der Geltungsdauer wesentliche **11** Voraussetzung entfallen, kann die Frist gem. § 7 Abs. 2 S. 2 auch nachträglich verkürzt werden. Eine nachträgliche Verkürzung der Geltungsdauer eines Aufenthaltstitels ist grundsätzlich auf der Grundlage der Sach- und Rechtslage zu überprüfen, wie sie sich im Zeitpunkt der letzten mündlichen Verhandlung in der Tatsacheninstanz darstellt. Einer Einbeziehung tatsächlicher Entwicklungen nach Erlass des angegriffenen Verwaltungsaktes bedarf es allerdings nicht, wenn die nachträglich eingetretenen Tatsachen sich auf den angegriffenen Verwaltungsakt nicht mehr auswirken können, insbesondere, wenn die Geltungsdauer einer Aufenthaltserlaubnis nachträglich auf den Zeitpunkt der Zustellung eines Befristungsbescheids verkürzt worden ist. Dann ist dieser Zeitpunkt für die Beurteilung der Sach- und Rechtslage maßgeblich, wenn er vor der letzten mündlichen Verhandlung des Tatsachengerichts bzw. der Entscheidung ohne mündliche Verhandlung liegt (BVerwG EZAR NF 48 Nr. 23 S. 2 f.)

I. Abgrenzung von Widerruf und Rücknahme

Die Vorschrift erlaubt eine Verkürzung der Geltungsdauer frühestens auf den Zeitpunkt ihrer **12** Bekanntgabe. Sie befugt dagegen nicht zu einer rückwirkenden Befristung der Aufenthaltserlaubnis (Bergmann/Dienelt/Dienelt Rn. 57 f.; offengelassen von BVerwG NVwZ 2013, 1336 Rn. 24); insoweit geht das spezielle Regelung des Widerrufs der Aufenthaltserlaubnis in § 52 vor. War die Aufenthaltserlaubnis von Beginn an rechtswidrig, weil die Voraussetzungen bereits bei ihrer Erteilung nicht vorlagen, richtet sich ihre Aufhebung nach den Anforderungen für die Rücknahme eines Verwaltungsaktes (§ 48 VwVfG; vgl. BVerwG NVwZ 1995, 1119 (1121)).

II. Wesentliche Voraussetzung

Wesentlich ist jede Voraussetzung, die für die Erteilung der Aufenthaltserlaubnis entscheidungs- **13** erheblich ist. Eine wesentliche Voraussetzung ist entfallen, wenn der Aufenthaltszweck nicht verfolgt, vorzeitig erfüllt oder unmöglich geworden ist (vgl. Nr. 7.2.2.1.1 AufenthGAVwV). Gleiches gilt, wenn die allgemeinen Erteilungsvoraussetzungen nicht mehr erfüllt sind. Hiervon sind indes jene Anforderungen des § 5 ausgenommen, deren späteren Wegfall das AufenthG speziell geregelt

hat. So erlaubt das Vorliegen eines Ausweisungsinteresses (vgl. § 5 Abs. 1 Nr. 2) keine Befristungsentscheidung, da anderenfalls die besonderen Regelungen des Ausweisungsverfahrens unterlaufen
werden könnten (Bergmann/Dienelt/Dienelt Rn. 63). Besitzt der Ausländer keinen gültigen Pass
(mehr), kann die Aufenthaltserlaubnis gem. § 52 Abs. 1 S. 1 Nr. 1 widerrufen werden (vgl.
Nr. 7.2.2.2 AufenthGAVwV).

III. Ermessen

14   Sind die tatbestandlichen Voraussetzungen des § 7 Abs. 2 S. 2 gegeben, steht die Entscheidung
über die nachträgliche Verkürzung der Aufenthaltserlaubnis im Ermessen der Behörde; dieser
kommt hierbei ein weiter Spielraum zu (vgl. Nr. 7.2.2.1 ff. AufenthGAVwV). Hierbei ist nach
dem sog. Trennungsprinzip unerheblich, ob der Ausländer einen Anspruch auf die Erteilung
einer Aufenthaltserlaubnis aufgrund einer anderen Rechtsgrundlage hat; ein hilfsweise hierauf
gerichtetes Begehren ist gesondert zu bescheiden (BVerwG NVwZ 2009, 1432 Rn. 14; VGH
BW EZAR NF 48 Nr. 18 S. 6).

IV. Anordnung der sofortigen Vollziehbarkeit

15   Widerspruch und Klage gegen eine Befristungsentscheidung gem. § 7 Abs. 2 S. 2 entfalten
mangels abweichender Regelung in § 84 Abs. 1 aufschiebende Wirkung; eine hiervon unberührt
bleibende Ausreisepflicht (vgl. § 84 Abs. 2 S. 1) ist nicht sofort vollziehbar (vgl. § 58 Abs. 2 S. 2).
Die sofortige Vollziehbarkeit einer Verkürzung der Geltungsdauer einer Aufenthaltserlaubnis setzt
daher ihre gesonderte Anordnung gem. § 80 Abs. 2 S. 1 Nr. 4 VwGO voraus. Das von der
Behörde zu begründende öffentliche Interesse an der sofortigen Vollziehbarkeit der Entscheidung
darf sich hierbei nicht in dem Ziel der Beendigung des Aufenthalts als solches erschöpfen; denn
diese ist regelmäßige Folge jeder verkürzten Befristung gem. § 7 Abs. 2 S. 2. Erforderlich ist
vielmehr ein besonderes öffentliches Interesse, welches dem weiteren Aufenthalt des Ausländers
im Bundesgebiet bis zu einer rechtskräftigen Entscheidung entgegensteht (vgl. OVG RhPf BeckRS
2017, 105580 Rn. 6; NdsOVG BeckRS 2014, 49116; VGH BW EZAR NF 48 Nr. 19 S. 2).

15.1   Verwaltungspraxis und Rechtsprechung bejahen ein derartiges öffentliches Interesse bei Wiederholungsgefahr von Straftaten, Ausschreibung zur Einreiseverweigerung in SIS (Schengener Informationssystem),
Täuschung über die Anspruchsvoraussetzungen (Nr. 7.2.2.6 AufenthGAVwV), absehbarer Inanspruchnahme von SGB II-/SGB XII-Leistungen bis zum Ablauf der Geltungsdauer (NdsOVG BeckRS 2015,
40883) sowie fehlenden Integrationsleistungen (VGH BW BeckRS 2008, 30073).

§ 8 Verlängerung der Aufenthaltserlaubnis

**(1) Auf die Verlängerung der Aufenthaltserlaubnis finden dieselben Vorschriften
Anwendung wie auf die Erteilung.**

**(2) Die Aufenthaltserlaubnis kann in der Regel nicht verlängert werden, wenn die
zuständige Behörde dies bei einem seiner Zweckbestimmung nach nur vorübergehenden Aufenthalt bei der Erteilung oder der zuletzt erfolgten Verlängerung der Aufenthaltserlaubnis ausgeschlossen hat.**

**(3) [1]Vor der Verlängerung der Aufenthaltserlaubnis ist festzustellen, ob der Ausländer
einer etwaigen Pflicht zur ordnungsgemäßen Teilnahme am Integrationskurs nachgekommen ist. [2]Verletzt ein Ausländer seine Verpflichtung nach § 44a Abs. 1 Satz 1 zur
ordnungsgemäßen Teilnahme an einem Integrationskurs, ist dies bei der Entscheidung
über die Verlängerung der Aufenthaltserlaubnis zu berücksichtigen. [3]Besteht kein
Anspruch auf Erteilung der Aufenthaltserlaubnis, soll bei wiederholter und gröblicher
Verletzung der Pflichten nach Satz 1 die Verlängerung der Aufenthaltserlaubnis abgelehnt werden. [4]Besteht ein Anspruch auf Verlängerung der Aufenthaltserlaubnis nur
nach diesem Gesetz, kann die Verlängerung abgelehnt werden, es sei denn, der Ausländer erbringt den Nachweis, dass seine Integration in das gesellschaftliche und soziale
Leben anderweitig erfolgt ist. [5]Bei der Entscheidung sind die Dauer des rechtmäßigen
Aufenthalts, schutzwürdige Bindung des Ausländers an das Bundesgebiet und die Folgen
einer Aufenthaltsbeendigung für seine rechtmäßig im Bundesgebiet lebenden Familienangehörigen zu berücksichtigen. [6]War oder ist ein Ausländer zur Teilnahme an einem
Integrationskurs nach § 44a Absatz 1 Satz 1 verpflichtet, soll die Verlängerung der Aufenthaltserlaubnis jeweils auf höchstens ein Jahr befristet werden, solange er den Integra-**

tionskurs noch nicht erfolgreich abgeschlossen oder noch nicht den Nachweis erbracht hat, dass seine Integration in das gesellschaftliche und soziale Leben anderweitig erfolgt ist.

(4) Absatz 3 ist nicht anzuwenden auf die Verlängerung einer nach § 25 Absatz 1, 2 oder Absatz 3 erteilten Aufenthaltserlaubnis.

Überblick

§ 8 legt allgemeine Grundsätze für die Verlängerung einer Aufenthaltserlaubnis fest (→ Rn. 1 ff.). Eine solche scheidet regelmäßig aus, wenn die zuständige Behörde dies für einen nach seinem Zweck nur vorübergehenden Aufenthalt bei der Erteilung der Aufenthaltserlaubnis ausgeschlossen hat (Abs. 2, → Rn. 7 ff.). Abs. 3 regelt die Folgen der pflichtwidrig unterlassenen Teilnahme an einem Integrationskurs (§ 44a Abs. 1 S. 1) für die behördliche Entscheidung über die Verlängerung einer Aufenthaltserlaubnis (→ Rn. 11 ff.).

Übersicht

A. Verlängerung der Aufenthaltserlaubnis (Abs. 1)

Für die Verlängerung der Aufenthaltserlaubnis sind nach Abs. 1 dieselben Vorschriften anzuwenden wie für deren Erteilung. **1**

I. Anwendungsbereich der Vorschrift

§ 8 Abs. 1 gilt nur für die Verlängerung eines Aufenthaltstitels als Aufenthaltserlaubnis. Die Regelung erfasst dagegen nicht die Erteilung eines Visums (§ 6), einer Blauen Karte EU (§ 18b Abs. 2), Niederlassungserlaubnis (§ 9) oder Erlaubnis zum Daueraufenthalt-EU (§ 9a). Insoweit sind die für deren (erstmalige) Erteilung jeweils maßgeblichen Voraussetzungen zu prüfen. **2**

Es liegt daher auch keine Verlängerung iSd § 8 Abs. 1 vor, wenn der Ausländer, dem ein nationales Visum für einen längerfristigen Aufenthalt (§ 6 Abs. 3) erteilt worden ist, nach der Einreise die Erteilung einer Aufenthaltserlaubnis (§ 7) für denselben Zweck beantragt (NdsOVG BeckRS 2006, 22617). **2.1**

Spezielle Regelungen, welche die Verlängerung einer Aufenthaltserlaubnis ausschließen, von weiteren Voraussetzungen abhängig machen oder erleichtern, gehen § 8 Abs. 1 vor. Hierzu gehören etwa § 16b Abs. 2 S. 4 (→ § 16b Rn. 10 ff.), § 18c Abs. 2 S. 1 (→ § 18c Rn. 7), § 26 Abs. 2 (→ § 26 Rn. 9 ff.), § 30 Abs. 3 (→ § 30 Rn. 36 ff.), § 31 Abs. 4 (→ § 31 Rn. 37 ff.), § 34 Abs. 1 (→ § 34 Rn. 1 ff.) und § 37 Abs. 4 (→ § 37 Rn. 37 ff.). **3**

II. Verlängerung

Eine Verlängerung der Aufenthaltserlaubnis iSd Abs. 1 wird nur begehrt, wenn mit dieser noch derselbe Zweck verfolgt wird, der ihrer erstmaligen Erteilung zugrunde lag (vgl. BVerwG NVwZ 2008, 333 Rn. 22). Beantragt der Ausländer dagegen die Erteilung einer Aufenthaltserlaubnis mit geändertem Aufenthaltszweck, sind die Voraussetzungen für die erstmalige Erteilung der neuen Aufenthaltserlaubnis zu prüfen (vgl. BVerwG NVwZ 2011, 1340 Rn. 14). **4**

Gleiches gilt, wenn die Aufenthaltserlaubnis bereits erloschen ist, bevor der Ausländer – mit der Wirkung des § 81 Abs. 4 (→ § 81 Rn. 26 ff.) – ihre Verlängerung beantragt (BVerwG NVwZ 2011, 1340 Rn. 14). **5**

III. Reduzierter Ermessensspielraum

6   Steht die Verlängerung einer Aufenthaltserlaubnis im Ermessen, wird der behördliche Spielraum regelmäßig geringer als bei deren erstmaliger Erteilung sein (vgl. BVerfG NJW 1978, 2446 (2447 f.)). Die zwischenzeitliche schützenswerte Rechtsposition des Ausländers ist zu berücksichtigen. Dies gebietet grundsätzlich eine Abwägung der Folgen, die für den Betroffenen mit einer Nichtverlängerung der Aufenthaltserlaubnis einhergehen, mit den öffentlichen Interessen, die für eine Versagung des weiteren Aufenthaltes streiten (vgl. BayVGH EZAR NF 28 Nr. 36 S. 4). Einer Verlängerung kann dabei auch entgegenstehen, dass die Aufenthaltserlaubnis – etwa wegen falscher Angaben – rechtswidrig erteilt worden ist (vgl. OVG NRW EZAR NF 33 Nr. 43 S. 1).

6.1   Allein der Umstand, dass sich ein Ausländer, der die Verlängerung seiner Aufenthaltserlaubnis beantragt, bereits rechtmäßig im Bundesgebiet aufgehalten hat, begründet für sich genommen keinen atypischen Fall, der ein Absehen von den Regelerteilungsvoraussetzungen des § 5 rechtfertigt; die Voraussetzungen hiervon hat der Gesetzgeber differenziert und abschließend geregelt (vgl. EZAR NF 28 Nr. 49 S. 2 f.).

B. Ausschluss der Verlängerung (Abs. 2)

7   Die Aufenthaltserlaubnis kann nach § 8 Abs. 2 in der Regel nicht verlängert werden, wenn die zuständige Behörde dies bei einem seiner Zweckbestimmung nach nur vorübergehendem Aufenthalt bei der Erteilung oder der zuletzt erfolgten Verlängerung der Aufenthaltserlaubnis ausgeschlossen hat.

8   Die von Abs. 2 vorausgesetzte behördliche Befugnis, die Verlängerung einer Aufenthaltserlaubnis auszuschließen, ist im AufenthG nicht näher geregelt. Sie findet ihre sachliche Rechtfertigung in dem nur kurzfristigen Aufenthaltszweck selbst. Dabei erlaubt allerdings nicht jeder nur vorübergehende Aufenthalt, eine Verlängerung der Aufenthaltserlaubnis auszuschließen. Voraussetzung ist vielmehr, dass sich der Zweck des Aufenthalts seiner Natur nach oder aufgrund gesetzlicher Vorgaben für eine Wiederholung oder Verlängerung nicht eignet. Die Rechtsnatur der Regelung eines derartigen Ausschlusses ist umstritten; richtigerweise handelt es sich um einen selbstständigen Verwaltungsakt (Bergmann/Dienelt/Samel Rn. 24 mwN).

8.1   Ein kurzfristiger Aufenthaltszweck iSd § 8 Abs. 2 sind die Saisonarbeit (§ 15a BeschV) und die Werkvertragsarbeit (§ 29 Abs. 1 BeschV; vgl. Nr. 8.2.1.1 AufenthGAVwV); hierunter fällt auch die Aufenthaltserlaubnis für einen weiteren vorübergehenden Aufenthalt aus dringenden humanitären Gründen gem. § 25 Abs. 4 S. 1.

8.2   Anderes gilt für Studenten, deren Aufenthaltszweck zwar ein zeitlich begrenzter ist, gegen deren längerfristigen Aufenthalt indes bei erfolgreichem Studienabschluss nach § 20 Abs. 3 Nr. 1 regelmäßig keine Bedenken bestehen (Nr. 8.2.1.2 AufenthGAVwV).

9   Eine Aufenthaltserlaubnis iSd § 8 Abs. 2 ist in der Regel nicht verlängerbar. Ein atypischer Sachverhalt, der eine Verlängerung ausnahmsweise rechtfertigen kann, ist gegeben, wenn die Versagung des weiteren Aufenthalts auf Grund der besonderen Umstände des Einzelfalls eine außergewöhnliche Härte darstellte. Dies ist der Fall, wenn sich die tatsächlichen Umstände, die dem Ausschluss der Verlängerung der Aufenthaltserlaubnis zugrunde lagen, nachträglich so wesentlich verändert haben, dass die Behörde eine solche Entscheidung in Kenntnis dessen nicht getroffen hätte (vgl. Nr. 8.2.3 AufenthGAVwV; BeckOK AuslR/Maor Rn. 15; Bergmann/Dienelt/Samel Rn. 25).

9.1   Eine ausdrückliche Ausnahme von § 8 Abs. 2 regelt § 25 Abs. 4 S. 2 für die Verlängerung der Aufenthaltserlaubnis eines nicht vollziehbar ausreisepflichtigen Ausländers, dessen vorübergehende weitere Anwesenheit im Bundesgebiet dringende humanitäre oder persönliche Gründe oder erhebliche öffentliche Interessen erfordert.

10   Liegt tatbestandlich ein atypischer Sachverhalt vor, steht die Entscheidung über eine Verlängerung der Aufenthaltserlaubnis im behördlichen Ermessen. Hierbei sind unter anderem der Grund für die bisher verfehlte Zweckerreichung und die voraussichtliche weitere Aufenthaltsdauer zu berücksichtigen (Bergmann/Dienelt/Samel Rn. 26).

C. Berücksichtigung der Integrationsleistungen (Abs. 3)

11   Abs. 3 verpflichtet die Behörde, bei der Entscheidung über die Verlängerung einer Aufenthaltserlaubnis die Integrationsleistungen des Ausländers zu berücksichtigen.

I. Ordnungsgemäße Teilnahme an einem Integrationskurs (S. 1)

Hierzu hat die Ausländerbehörde vor der Verlängerung der Aufenthaltserlaubnis in jedem Fall **12** festzustellen, ob der Ausländer einer etwaigen Pflicht zur ordnungsgemäßen Teilnahme an einem Integrationskurs gemäß § 44a Abs. 1 S. 1 (→ § 44a Rn. 3) nachgekommen ist. **Ordnungsgemäß** ist die Teilnahme nach § 14 Abs. 6 S. 2 IntV (Integrationskursverordnung v. 13.12.2004, BGBl. I 3370), wenn ein Teilnehmer so regelmäßig am Kurs teilnimmt, dass ein Kurserfolg möglich und der Lernerfolg insbesondere nicht durch Kursabbruch oder häufige Nichtteilnahme gefährdet ist, und er am Abschlusstest nach § 17 Abs. 1 IntV teilnimmt. Ist dies nicht der Fall, ist der Kursträger zu einer entsprechenden Mitteilung verpflichtet (§ 8 Abs. 3 S. 1 IntV).

II. Folgen für die Verlängerung der Aufenthaltserlaubnis

1. Berücksichtigung bei der Entscheidung (S. 2)

Verletzt ein Ausländer seine Verpflichtung zur ordnungsgemäßen – nicht auch erfolgreichen – **13** Teilnahme an einem Integrationskurs, ist dies bei der Entscheidung über die Verlängerung der Aufenthaltserlaubnis zwingend zu berücksichtigen. Eine Berücksichtigung zu Lasten des Ausländers wird regelmäßig nur bei der Erteilung einer Aufenthaltserlaubnis möglich sein, deren Erteilung im behördlichen Ermessen steht. Die (einfache) Pflichtverletzung erlaubt dabei – wie sich aus dem systematischen Zusammenhang des S. 3 und S. 6 ergibt – für sich genommen in der Regel noch nicht, eine Verlängerung der Aufenthaltserlaubnis zu versagen; allerdings ist die Verlängerung regelmäßig nach Abs. 3 S. 6 zu befristen.

2. Wiederholter und gröblicher Verstoß

Die Rechtsfolgen eines wiederholten und gröblichen Verstoßes gegen § 44a Abs. 1 S. 1 hat **14** der Gesetzgeber konkretisiert und – abhängig von der Rechtsgrundlage für die begehrte Verlängerung der Aufenthaltserlaubnis (Ermessenstatbestand oder gebundener Anspruch) – differenziert ausgestaltet. Aus einer Kann-Verlängerung wird eine Soll-Versagung (S. 3), aus einem Anspruch eine Kann-Versagung (S. 4 und S. 5). **Wiederholt** ist eine Verletzung der Teilnahmepflicht, die über die einfache Nichtteilnahme hinausgeht. **Gröblich** ist der Verstoß, wenn der Ausländer seine Teilnahmepflicht in besonders offenkundiger und damit schwerwiegender Weise verletzt.

Ein vorsätzliches wiederholtes Fernbleiben des Ausländers wird regelmäßig einen gröblichen Verstoß **14.1** indizieren (vgl. Nr. 8.3.2.2 AufenthGAVwV). Gröblich ist die Pflichtverletzung auch dann, wenn der Ausländer nicht oder nur unregelmäßig an einem Integrationskurs teilgenommen und dessen Ablauf erheblich gestört hat (vgl. OVG NRW BeckRS 2011, 50257; siehe auch VG München BeckRS 2020, 23322).

a) Kein Anspruch auf Aufenthaltserlaubnis (S. 3). Steht die Entscheidung über die Ertei **15** lung der Aufenthaltserlaubnis im behördlichen Ermessen, soll die Verlängerung der Aufenthaltserlaubnis abgelehnt werden; von dieser gesetzlichen Regelfolge darf die Ausländerbehörde nur in atypischen Einzelfällen abweichen.

b) Anspruch auf Aufenthaltserlaubnis nur nach AufenthG (S. 4 und S. 5). Hat der **16** Ausländer einen Anspruch auf die Verlängerung der Aufenthaltserlaubnis nur nach dem AufenthG, kann die Verlängerung abgelehnt werden, es sei denn, der Ausländer erbringt den Nachweis, dass seine Integration in das gesellschaftliche und soziale Leben anderweitig erfolgt ist (S. 4). Die Anwendbarkeit des S. 4 setzt hiernach tatbestandlich zweierlei voraus. Zum einen darf der Anspruch des Ausländers auf die Verlängerung der Aufenthaltserlaubnis nicht (auch) durch eine andere Rechtsgrundlage, insbesondere höherrangiges Recht, begründet sein.

Hierzu gehören etwa die völker- und unionsrechtlichen Gewährleistungen der GFK (Genfer Flücht **16.1** lingskonvention v. 28.7.1951) und der Qualifikations-RL (RL 2011/95/EU v. 13.12.2011, ABl. 2011 L 337, 9). Nicht gemeint sind dagegen die – als solches keinen subjektiven Anspruch auf einen Aufenthalt im Bundesgebiet vermittelnden - Schutzwirkungen des Art. 8 EMRK und Art. 6 GG, welche richtigerweise erst bei der Ausübung des durch S. 4 eingeräumten behördlichen Ermessens zu berücksichtigen sind (vgl. OVG NRW NVwZ 2011, 955 (958); Bergmann/Dienelt/Samel Rn. 32).

Zum anderen darf der Ausländer seine Integration nicht anderweitig nachgewiesen haben. Die **17** Anforderungen entsprechen dabei dem Niveau, welches bei erfolgreicher Teilnahme an einem Integrationskurs zu erreichen ist.

Ist der Tatbestand des S. 4 erfüllt, steht die Entscheidung über die Verlängerung der Aufenthalts- **18** erlaubnis im Ermessen der Behörde. Bei der hierbei vorzunehmenden Abwägung des öffentlichen

Interesses an einer Integration des Ausländers mit der subjektiven Rechtsposition des Ausländers sind nach S. 5 die Dauer des rechtmäßigen Aufenthalts, die schutzwürdige Bindung des Ausländers an das Bundesgebiet und die Folgen einer Aufenthaltsbeendigung für seine rechtmäßig im Bundesgebiet lebenden Familienangehörigen zu berücksichtigen.

III. Befristung (S. 6)

19   Hat ein Ausländer den Integrationskurs nach § 44a Abs. 1 S. 1 – sei es nach ordnungsgemäßer Teilnahme oder nach nicht ordnungsgemäßer Teilnahme, die nach S. 3–5 nicht zu einer Versagung der Verlängerung der Aufenthaltserlaubnis berechtigt – noch nicht erfolgreich abgeschlossen oder den Nachweis erbracht, dass seine Integration in das gesellschaftliche und soziale Leben anderweitig erfolgt ist, soll die Verlängerung der Aufenthaltserlaubnis jeweils **auf höchstens ein Jahr** befristet werden. Die Teilnahme am Integrationskurs ist erfolgreich iSd § 43 Abs. 2 S. 2, wenn im Sprachtest das Sprachniveau B1 des Gemeinsamen Europäischen Referenzrahmens für Sprachen nachgewiesen und im Test „Leben in Deutschland" die für das Bestehen des Orientierungskurses notwendige Punktzahl erreicht ist (§ 17 Abs. 2 IntV). Diesen Anforderungen hat auch ein anderweitiger Nachweis der Integration zu entsprechen.

20   Eine Verlängerung der Aufenthaltserlaubnis über die gesetzliche Regeldauer von einem Jahr hinaus kommt nur **ausnahmsweise** in Betracht. Ein atypischer Einzelfall soll nach der Vorstellung des Gesetzgebers vorliegen, wenn der Ausländer nicht nur vorübergehende, sondern fortdauernde berechtigte Gründe dafür vorträgt, dass er den Integrationskurs nicht erfolgreich abgeschlossen hat (vgl. BT-Drs. 17/5093); dies kann bei körperlichen oder geistigen Einschränkungen der Fall sein.

IV. Ausnahme (Abs. 4)

21   Abs. 4 nimmt die Verlängerung einer humanitären Aufenthaltserlaubnis gem. § 25 Abs. 1–3 von der Anwendung des Abs. 3 aus. Die Vorschrift trägt den Vorgaben des Art. 14 Abs. 4 der Qualifikations-RL (RL 2011/95/EU v. 13.12.2011, ABl. 2011 L 337, 9) Rechnung; hiernach darf den von § 25 Abs. 1–3 erfassten Personen die Verlängerung einer Aufenthaltserlaubnis nur aus zwingenden Gründen der öffentlichen Sicherheit und Ordnung versagt werden. Abs. 4 hat lediglich klarstellenden Charakter, soweit die tatbestandliche Voraussetzung für die Versagung einer Verlängerung nach § 8 Abs. 3 S. 4 ohnehin nicht erfüllt ist; denn der Anspruch auf eine Verlängerung der Aufenthaltserlaubnis besteht nicht „nur" nach dem AufenthG.

§ 9 Niederlassungserlaubnis

(1) ¹Die Niederlassungserlaubnis ist ein unbefristeter Aufenthaltstitel. ²Sie kann nur in den durch dieses Gesetz ausdrücklich zugelassenen Fällen mit einer Nebenbestimmung versehen werden. ³§ 47 bleibt unberührt.

(2) ¹Einem Ausländer ist die Niederlassungserlaubnis zu erteilen, wenn
1. er seit fünf Jahren die Aufenthaltserlaubnis besitzt,
2. sein Lebensunterhalt gesichert ist,
3. er mindestens 60 Monate Pflichtbeiträge oder freiwillige Beiträge zur gesetzlichen Rentenversicherung geleistet hat oder Aufwendungen für einen Anspruch auf vergleichbare Leistungen einer Versicherungs- oder Versorgungseinrichtung oder eines Versicherungsunternehmens nachweist; berufliche Ausfallzeiten auf Grund von Kinderbetreuung oder häuslicher Pflege werden entsprechend angerechnet,
4. Gründe der öffentlichen Sicherheit oder Ordnung unter Berücksichtigung der Schwere oder der Art des Verstoßes gegen die öffentliche Sicherheit oder Ordnung oder der vom Ausländer ausgehenden Gefahr unter Berücksichtigung der Dauer des bisherigen Aufenthalts und dem Bestehen von Bindungen im Bundesgebiet nicht entgegenstehen,
5. ihm die Beschäftigung erlaubt ist, sofern er Arbeitnehmer ist,
6. er im Besitz der sonstigen für eine dauernde Ausübung seiner Erwerbstätigkeit erforderlichen Erlaubnisse ist,
7. er über ausreichende Kenntnisse der deutschen Sprache verfügt,
8. er über Grundkenntnisse der Rechts- und Gesellschaftsordnung und der Lebensverhältnisse im Bundesgebiet verfügt und

9. er über ausreichenden Wohnraum für sich und seine mit ihm in häuslicher Gemeinschaft lebenden Familienangehörigen verfügt.
[2]Die Voraussetzungen des Satzes 1 Nr. 7 und 8 sind nachgewiesen, wenn ein Integrationskurs erfolgreich abgeschlossen wurde. [3]Von diesen Voraussetzungen wird abgesehen, wenn der Ausländer sie wegen einer körperlichen, geistigen oder seelischen Krankheit oder Behinderung nicht erfüllen kann. [4]Im Übrigen kann zur Vermeidung einer Härte von den Voraussetzungen des Satzes 1 Nr. 7 und 8 abgesehen werden. [5]Ferner wird davon abgesehen, wenn der Ausländer sich auf einfache Art in deutscher Sprache mündlich verständigen kann und er nach § 44 Abs. 3 Nr. 2 keinen Anspruch auf Teilnahme am Integrationskurs hatte oder er nach § 44a Abs. 2 Nr. 3 nicht zur Teilnahme am Integrationskurs verpflichtet war. [6]Darüber hinaus wird von den Voraussetzungen des Satzes 1 Nr. 2 und 3 abgesehen, wenn der Ausländer diese aus den in Satz 3 genannten Gründen nicht erfüllen kann.

(3) [1]Bei Ehegatten, die in ehelicher Lebensgemeinschaft leben, genügt es, wenn die Voraussetzungen nach Absatz 2 Satz 1 Nr. 3, 5 und 6 durch einen Ehegatten erfüllt werden. [2]Von der Voraussetzung nach Absatz 2 Satz 1 Nr. 3 wird abgesehen, wenn sich der Ausländer in einer Ausbildung befindet, die zu einem anerkannten schulischen oder beruflichen Bildungsabschluss oder einem Hochschulabschluss führt. [3]Satz 1 gilt in den Fällen des § 26 Abs. 4 entsprechend.

(4) Auf die für die Erteilung einer Niederlassungserlaubnis erforderlichen Zeiten des Besitzes einer Aufenthaltserlaubnis werden folgende Zeiten angerechnet:
1. die Zeit des früheren Besitzes einer Aufenthaltserlaubnis oder Niederlassungserlaubnis, wenn der Ausländer zum Zeitpunkt seiner Ausreise im Besitz einer Niederlassungserlaubnis war, abzüglich der Zeit der dazwischen liegenden Aufenthalte außerhalb des Bundesgebiets, die zum Erlöschen der Niederlassungserlaubnis führten; angerechnet werden höchstens vier Jahre,
2. höchstens sechs Monate für jeden Aufenthalt außerhalb des Bundesgebiets, der nicht zum Erlöschen der Aufenthaltserlaubnis führte,
3. die Zeit eines rechtmäßigen Aufenthalts zum Zweck des Studiums oder der Berufsausbildung im Bundesgebiet zur Hälfte.

Überblick

§ 9 regelt den unbefristeten Aufenthaltstitel der Niederlassungserlaubnis (Abs. 1, → Rn. 1 ff.). Die Voraussetzungen für die Erteilung der Niederlassungserlaubnis (→ Rn. 4 ff.) bestimmt, soweit besondere Vorschriften nicht Abweichendes festlegen (→ Rn. 5), § 9 Abs. 2 (→ Rn. 6 ff.). Hierzu gehören ein rechtmäßiger Voraufenthalt (→ Rn. 7 f.), ein gesicherter Lebensunterhalt (→ Rn. 9 ff.) und eine Altersvorsorge (→ Rn. 12 f.); überdies dürfen Gründe der öffentlichen Sicherheit oder Ordnung nicht entgegenstehen (→ Rn. 14), müssen Beschäftigung oder Erwerbstätigkeit erlaubt sein (→ Rn. 15) und der Ausländer Kenntnisse der deutschen Sprache und Rechts- und Gesellschaftsordnung (→ Rn. 16 f.) sowie ausreichenden Wohnraum (→ Rn. 18) nachweisen.

Übersicht

A. Rechtsnatur und Wirkungen (Abs. 1)

Die Niederlassungserlaubnis ist neben der Erlaubnis zum Daueraufenthalt-EU (§ 9a) der einzige **1** Aufenthaltstitel, der unbefristet erteilt wird (§ 9 Abs. 1 S. 1). Mangels abweichender gesetzlicher

Regelungen berechtigt sie zur Ausübung jeder Art von Erwerbstätigkeit, ohne dass der Ausländer hierzu einer gesonderten Erlaubnis iSd § 4a Abs. 1 S. 3 bedarf. Abweichend von § 12 Abs. 2 darf die Niederlassungserlaubnis nur mit einer Nebenbestimmung versehen werden, wenn das Gesetz dies ausdrücklich zulässt (§ 9 Abs. 1 S. 2); so sieht etwa § 23 Abs. 2 S. 4 die Möglichkeit einer wohnsitzbeschränkenden Auflage vor. Unberührt bleibt die Befugnis, die politische Betätigung des Ausländers gem. § 47 zu verbieten oder zu beschränken (§ 9 Abs. 1 S. 3).

2 Die Niederlassungserlaubnis gilt nach ihrer Erteilung voraussetzungslos fort. Sie erlischt mit der Ausreise aus dem Bundesgebiet auf Dauer oder für mindestens sechs Monate (§ 51 Abs. 1 Nr. 6 und Nr. 7; sa § 51 Abs. 2), durch Ausweisung (§ 53), bei Widerruf (§ 52) oder Rücknahme.

3 Niederlassungserlaubnis und Erlaubnis zum Daueraufenthalt-EU können gleichzeitig erteilt werden (BVerwG EZAR NF 24 Nr. 15 S. 3 f.).

B. Erteilungsvoraussetzungen

4 Die Anforderungen an die Erteilung einer Niederlassungserlaubnis ergeben sich, soweit nicht Abweichendes geregelt ist (→ Rn. 5), aus § 9 Abs. 2 (→ Rn. 6 ff.).

I. Spezielle Regelungen

5 Für bestimmte Personengruppen legen besondere Vorschriften abweichende Anforderungen an die Erteilung einer Niederlassungserlaubnis fest. Hierzu gehören Inhaber der Blauen Karte EU (§ 18b Abs. 2), Fachkräfte (§ 18c), Selbstständige (§ 21 Abs. 4), Aufnahmeprogramme (§ 23 Abs. 2), Asylberechtigte und international Schutzberechtigte (§ 26 Abs. 3 und Abs. 4), Familienangehörige Deutscher (§ 28 Abs. 2), ausländische Ehegatten (§ 31 Abs. 3), im Bundesgebiet aufgewachsene Ausländer (§ 35 Abs. 1) und ehemalige Deutsche (§ 38 Abs. 1 S. 1 Nr. 1). Die Modifizierungen betreffen sowohl die tatbestandlichen Voraussetzungen als auch die Rechtsfolge. Ob es sich im Einzelfall um eine abschließende Sonderregelung handelt oder im Übrigen ein Rückgriff auf § 9 Abs. 2 möglich bleibt, ist für jede Vorschrift gesondert zu beantworten (vgl. zu § 28 Abs. 2 S. 1 BVerwG NVwZ-RR 2012, 330 Rn. 11 ff.; zu § 26 Abs. 4 BayVGH BeckRS 2015, 48456 Rn. 12).

II. Anforderungen nach § 9 Abs. 2

6 Im Übrigen ist dem Ausländer eine Niederlassungserlaubnis zu erteilen, wenn die in § 9 Abs. 2 geregelten Voraussetzungen erfüllt sind; das Gesetz regelt dabei einen gebundenen Anspruch.

1. Fünfjähriger rechtmäßiger Aufenthalt (Nr. 1)

7 Die Erteilung einer Niederlassungserlaubnis setzt zunächst voraus, dass der Ausländer seit fünf Jahren die Aufenthaltserlaubnis besitzt (Nr. 1). Auf die Zeiten des Besitzes einer Aufenthaltserlaubnis wird die Dauer des rechtmäßigen Aufenthalts mit einem nationalen Visum angerechnet (§ 6 Abs. 3 S. 3), Zeiten einer fingierten Aufenthaltserlaubnis gem. § 81 Abs. 4 sind nur zu berücksichtigen, wenn dem Verlängerungsantrag später entsprochen worden ist (vgl. BVerwG NVwZ 2010, 1106 Rn. 19; OVG Bln-Bbg BeckRS 2018, 2878 Rn. 2). Sehr kurze Unterbrechungen des Besitzes einer Aufenthaltserlaubnis können nach § 85 unbeachtlich bleiben (vgl. BVerwG NVwZ 2010, 914 Rn. 17 ff.).

8 § 9 Abs. 4 regelt die Anrechnung weiterer Aufenthaltszeiten. Bei einem Ausländer, der bereits im Besitz einer Niederlassungserlaubnis war und das Bundesgebiet verlassen hat, werden bis zu vier Jahre des früheren Besitzes einer Aufenthaltserlaubnis oder Niederlassungserlaubnis berücksichtigt; ausgenommen sind dazwischen liegende Aufenthalte außerhalb des Bundesgebiets, die zum Erlöschen der Niederlassungserlaubnis führten (Nr. 1). Darüber hinaus werden höchstens sechs Monate für jeden Aufenthalt außerhalb des Bundesgebiets angerechnet, der nicht zum Erlöschen der Aufenthaltserlaubnis führte (Nr. 2). Schließlich ist bei der Berechnung der Aufenthaltszeit ein rechtmäßiger Aufenthalt zum Zweck des Studiums oder der Berufsausbildung im Bundesgebiet mit der Hälfte seiner Aufenthaltsdauer einzubeziehen (Nr. 3).

2. Gesicherter Lebensunterhalt (Nr. 2)

9 § 9 Abs. 2 S. 1 Nr. 2 verlangt einen gesicherten Lebensunterhalt. Für dessen Feststellung ist § 2 Abs. 3 maßgeblich (→ § 2 Rn. 6 ff.). Die Ermittlung von Bedarf und Einkommen richtet sich nach den Vorschriften des SGB II und SGB XII; hierbei sind sämtliche Mitglieder der Bedarfsgemeinschaft zu berücksichtigen. Soweit im Anwendungsbereich der Familienzusammenführungs-RL (RL 2003/86/EG v. 22.9.2003, ABl. 2003 L 251, 12) Modifizierungen des sozialrechtlichen Maßstabes vorgenommen werden, sind diese für die Erteilung einer Niederlassungserlaubnis unbeachtlich (BVerwG NVwZ 2011, 829 Rn. 20).

Von dem Erfordernis wird gem. §9 Abs. 2 S. 6 iVm S. 3 abgesehen, wenn der Ausländer diese **10** Voraussetzung wegen einer körperlichen, geistigen oder seelischen Krankheit oder Behinderung nicht erfüllen kann. Die Vorschrift ist eng auszulegen; für eine entsprechende Anwendung ist kein Raum (BVerwG BeckRS 2016, 55868 Rn. 5). Eine analoge Anwendung auf Ausländer, die eine pflegebedürftige Person betreuen, scheidet aus (BVerwG NVwZ 2009, 246 Rn. 15). Erforderlich ist eine Krankheit oder Behinderung, welche die Erzielung eines Einkommens in Höhe des Lebensunterhalts dauerhaft unmöglich macht (vgl. BVerwG NVwZ 2015, 1448 Rn. 17; → Rn. 17.1; OVG LSA BeckRS 2019, 5029 Rn. 19). Alterstypische Einschränkungen genügen nicht (BVerwG BeckRS 2016, 55868 Rn. 5; OVG NRW BeckRS 2018, 5886 Rn. 9). Eine behindertengerechte Weiterbildung soll hingegen nicht verlangt werden können (OVG Bln-Bbg BeckRS 2012, 45635; zu Recht krit. BeckOK AuslR/Maor Rn. 12).

Ein Rückgriff auf §5 Abs. 3 S. 2, wonach von der Regelerteilungsvoraussetzung eines gesicher- **11** ten Lebensunterhalts gem. §5 Abs. 1 Nr. 1 ausnahmsweise abgesehen werden kann, ist ausgeschlossen (BVerwG BeckRS 2016, 55868 Rn. 5; NVwZ 2009, 246 Rn. 19 ff.). §9 Abs. 2 trifft eine besondere und abschließende Regelung, die den gesicherten Lebensunterhalt zu einer zwingenden Erteilungsvoraussetzung macht (BVerwG NVwZ 2011, 829 Rn. 23).

3. Altersvorsorge (Nr. 3)

Weitere Voraussetzung für die Erteilung einer Niederlassungserlaubnis sind Mindestaufwendun- **12** gen für eine Altersvorsorge. §9 Abs. 2 S. 1 Nr. 3 verlangt, dass der Ausländer mindestens 60 Monate Pflichtbeiträge oder freiwillige Beiträge zur gesetzlichen Rentenversicherung geleistet hat oder Aufwendungen für einen Anspruch auf vergleichbare Leistungen einer Versicherungs- oder Versorgungseinrichtung oder eines Versicherungsunternehmens nachweist; berufliche Ausfallzeiten auf Grund von Kinderbetreuung oder häuslicher Pflege werden entsprechend angerechnet. Bei Ehegatten, die in ehelicher Lebensgemeinschaft leben, genügt es, wenn die Voraussetzung durch einen Ehegatten erfüllt wird (§9 Abs. 3 S. 1).

Beiträge, die aufgrund einer in der Vergangenheit zeitweise bestehenden Beitragspflicht für Bezieher **12.1** von Leistungen nach dem SGB II erbracht wurden, sind nicht zu berücksichtigen (BayVGH BeckRS 2016, 40331 Rn. 7; Bergmann/Dienelt/Dienelt Rn. 48 f.; aA BeckOK AuslR/Maor Rn. 11).

Das Gesetz sieht von dem Erfordernis der Altersvorsorge Ausnahmen vor. Ausgenommen sind **13** Ausländer, die sich in einer Ausbildung befinden, die zu einem anerkannten schulischen oder beruflichen Bildungsabschluss oder einem Hochschulabschluss führt (§9 Abs. 3 S. 2). Von dem Nachweis einer Altersvorsorge ist nach §9 Abs. 2 S. 6 iVm S. 3 überdies abzusehen, wenn der Ausländer diese Voraussetzung wegen einer körperlichen, geistigen oder seelischen Krankheit oder Behinderung nicht erfüllen kann (vgl. → Rn. 10).

4. Keine entgegenstehenden Gründe der öffentlichen Sicherheit oder Ordnung (Nr. 4)

Der Erteilung der Niederlassungserlaubnis dürfen Gründe der öffentlichen Sicherheit oder **14** Ordnung nicht entgegenstehen (§9 Abs. 2 S. 1 Nr. 4). Hierzu ist eine einzelfallbezogene Abwägung des öffentlichen Interesses der Gefahrenabwehr mit dem individuellen Interesse des Ausländers an einem (unbefristeten) Aufenthalt im Bundesgebiet vorzunehmen (vgl. VGH BW BeckRS 2009, 38006). Der Wortlaut der Vorschrift orientiert sich an Art. 6 Abs. 1 S. 2 der Daueraufenthalts-RL (RL 2003/109/EG v. 25.11.2003, ABl. 2004 L 16, 44; BT-Drs. 16/5065, 160) und entspricht §9a Abs. 2 S. 1 Nr. 5. Zu berücksichtigen sind die Art und die Schwere des Verstoßes gegen die öffentliche Sicherheit oder Ordnung und die von dem Ausländer ausgehende Gefahr einerseits sowie die Dauer des bisherigen Aufenthalts und das Bestehen von Bindungen im Bundesgebiet andererseits. Im Ergebnis setzt eine Versagung der Niederlassungserlaubnis eine fortbestehende konkrete Gefahr für die öffentliche Sicherheit oder Ordnung voraus. Soweit Straftaten eine Rolle spielen, verdrängt §9 Abs. 2 S. 1 Nr. 4 hierbei die allgemeine Erteilungsvoraussetzung eines fehlenden Ausweisungsinteresses nach §5 Abs. 1 Nr. 2 (BVerwG NVwZ 2011, 829 Rn. 12).

5. Erlaubte Beschäftigung und Erwerbstätigkeit (Nr. 5 und Nr. 6)

15 Dem Ausländer muss, sofern er Arbeitnehmer ist, die Beschäftigung erlaubt sein (§ 9 Abs. 2 S. 1 Nr. 5). Dies setzt einen entsprechenden Aufenthaltstitel voraus (§ 4a Abs. 3 S. 1); unerheblich ist, ob die Erlaubnis zur Beschäftigung bereits von Gesetzes wegen besteht (§ 4a Abs. 1 S. 1) oder im Einzelfall nach Zustimmung durch die Bundesagentur für Arbeit gem. § 39 BeschV erteilt worden ist (vgl. § 4a Abs. 2). § 9 Abs. 2 S. 1 Nr. 6 verlangt den Besitz der sonstigen für eine dauernde Ausübung seiner Erwerbstätigkeit erforderlichen Erlaubnisse; hierzu gehören etwa besondere Berufserlaubnisse wie bei Ärzten (§§ 2 ff. BÄO), Zahnärzten (§§ 1 ff. ZahnheilkG), Tierärzten (§§ 2 ff. BTÄO) und Apothekern (§§ 1 ff. ApoG). Bei Ehegatten, die in ehelicher Lebensgemeinschaft leben, genügt es, wenn die Voraussetzungen nach Nr. 5 und Nr. 6 durch einen Ehegatten erfüllt werden (§ 9 Abs. 3 S. 1).

6. Kenntnisse der deutschen Sprache und der Rechts- und Gesellschaftsordnung (Nr. 7 und Nr. 8)

16 Weitere Voraussetzung ist, dass der Ausländer über ausreichende Kenntnisse der deutschen Sprache verfügt (§ 9 Abs. 2 S. 1 Nr. 7); dies entspricht dem Niveau B 1 des Gemeinsamen Europäischen Referenzrahmens für Sprachen (§ 2 Abs. 11; → § 2 Rn. 22). § 9 Abs. 2 S. 1 Nr. 8 verlangt überdies Grundkenntnisse der Rechts- und Gesellschaftsordnung und der Lebensverhältnisse im Bundesgebiet. Die Voraussetzungen der Nr. 7 und Nr. 8 sind nachgewiesen, wenn ein Integrationskurs erfolgreich abgeschlossen wurde (§ 9 Abs. 2 S. 2). Der Nachweis kann auch auf andere Weise – wie etwa einen Schulabschluss – erbracht werden (BVerwG NVwZ 2015, 1448 Rn. 14; VG Augsburg BeckRS 2018, 11423 Rn. 25).

16.1 Art. 13 ARB 1/80 und Art. 41 EWGTRAssZusProt stehen der Anwendung der § 9 Abs. 2 S. 1 Nr. 7 und Nr. 8 nicht entgegen, da diese nicht das Aufenthaltsrecht als solches, sondern lediglich dessen Verfestigung regeln (BVerwG NVwZ 2015, 1448 Rn. 27 ff.).

17 § 9 Abs. 2 S. 3–5 regelt Ausnahmen von den Erfordernissen der Nr. 7 und Nr. 8. Zwingend ist von diesen abzusehen, wenn der Ausländer sie wegen einer körperlichen, geistigen oder seelischen Krankheit oder Behinderung nicht erfüllen kann (S. 3) oder wenn der Ausländer sich auf einfache Art in deutscher Sprache mündlich verständigen kann und er nach § 44 Abs. 3 Nr. 2 keinen Anspruch auf Teilnahme am Integrationskurs hatte oder er nach § 44a Abs. 2 Nr. 3 nicht zur Teilnahme am Integrationskurs verpflichtet war (S. 5). Im Übrigen kann die Ausländerbehörde zur Vermeidung einer Härte von den Voraussetzungen der Nr. 7 und Nr. 8 absehen (S. 4). Die Annahme einer Härte setzt regelmäßig ein dauerhaftes Hindernis voraus; dieses muss kausal sein für die Unmöglichkeit, die Anforderungen zu erfüllen.

17.1 Keine Ausnahme iSd § 9 Abs. 2 S. 3 oder S. 4 rechtfertigen nach der Rechtsprechung Komplikationen während einer Schwangerschaft, die Betreuung von Kleinkindern, eine ungünstige Verkehrsanbindung zum Ort des Integrationskurses (BVerwG NVwZ 2015, 1448 Rn. 17; sa VG Würzburg BeckRS 2017, 101884 Rn. 20) oder ein Lebensalter des Ausländers bei Einreise von über 50 Jahren (NdsOVG BeckRS 2020, 3476 Rn. 10); dagegen soll ein bis auf Weiteres nicht zu behebender Analphabetismus eine Härte iSd § 9 Abs. 2 S. 4 begründen (VG Saarlouis BeckRS 2017, 132009 Rn. 35; zu den Anforderungen an den Nachweis einer Erkrankung iSd § 9 Abs. 2 S. 3 durch ärztliches Attest vgl. VG Münster BeckRS 2018, 2656 Rn. 15 f.).

7. Ausreichender Wohnraum (Nr. 9)

18 Schließlich hat der Ausländer ausreichenden Wohnraum für sich und die mit ihm in häuslicher Gemeinschaft lebenden Familienangehörigen nachzuweisen (§ 9 Abs. 2 S. 1 Nr. 9). Der ausreichende Wohnraum bestimmt sich nach § 2 Abs. 4 (→ § 2 Rn. 15 ff.).

§ 9a Erlaubnis zum Daueraufenthalt – EU

(1) ¹Die Erlaubnis zum Daueraufenthalt – EU ist ein unbefristeter Aufenthaltstitel. ²§ 9 Abs. 1 Satz 2 und 3 gilt entsprechend. ³Soweit dieses Gesetz nichts anderes regelt, ist die Erlaubnis zum Daueraufenthalt – EU der Niederlassungserlaubnis gleichgestellt.

(2) ¹Einem Ausländer ist eine Erlaubnis zum Daueraufenthalt – EU nach Artikel 2 Buchstabe b der Richtlinie 2003/109/EG zu erteilen, wenn

1. er sich seit fünf Jahren mit Aufenthaltstitel im Bundesgebiet aufhält,
2. sein Lebensunterhalt und derjenige seiner Angehörigen, denen er Unterhalt zu leisten hat, durch feste und regelmäßige Einkünfte gesichert ist,
3. er über ausreichende Kenntnisse der deutschen Sprache verfügt,
4. er über Grundkenntnisse der Rechts- und Gesellschaftsordnung und der Lebensverhältnisse im Bundesgebiet verfügt,
5. Gründe der öffentlichen Sicherheit oder Ordnung unter Berücksichtigung der Schwere oder der Art des Verstoßes gegen die öffentliche Sicherheit oder Ordnung oder der vom Ausländer ausgehenden Gefahr unter Berücksichtigung der Dauer des bisherigen Aufenthalts und dem Bestehen von Bindungen im Bundesgebiet nicht entgegenstehen und
6. er über ausreichenden Wohnraum für sich und seine mit ihm in familiärer Gemeinschaft lebenden Familienangehörigen verfügt.

²Für Satz 1 Nr. 3 und 4 gilt § 9 Abs. 2 Satz 2 bis 5 entsprechend.

(3) Absatz 2 ist nicht anzuwenden, wenn der Ausländer

1. einen Aufenthaltstitel nach Abschnitt 5 besitzt, der nicht auf Grund des § 23 Abs. 2 erteilt wurde, oder eine vergleichbare Rechtsstellung in einem anderen Mitgliedstaat der Europäischen Union innehat und weder in der Bundesrepublik Deutschland noch in einem anderen Mitgliedstaat der Europäischen Union als international Schutzberechtigter anerkannt ist; Gleiches gilt, wenn er einen solchen Titel oder eine solche Rechtsstellung beantragt hat und über den Antrag noch nicht abschließend entschieden worden ist,
2. in einem Mitgliedstaat der Europäischen Union einen Antrag auf Anerkennung als international Schutzberechtigter gestellt oder vorübergehenden Schutz im Sinne des § 24 beantragt hat und über seinen Antrag noch nicht abschließend entschieden worden ist,
3. in einem anderen Mitgliedstaat der Europäischen Union eine Rechtsstellung besitzt, die der in § 1 Abs. 2 Nr. 2 beschriebenen entspricht,
4. sich mit einer Aufenthaltserlaubnis nach § 16a oder § 16b oder
5. sich zu einem sonstigen seiner Natur nach vorübergehenden Zweck im Bundesgebiet aufhält, insbesondere
   a) auf Grund einer Aufenthaltserlaubnis nach § 19c, wenn die Befristung der Zustimmung der Bundesagentur für Arbeit auf einer Verordnung nach § 42 Abs. 1 bestimmten Höchstbeschäftigungsdauer beruht,
   b) wenn die Verlängerung seiner Aufenthaltserlaubnis nach § 8 Abs. 2 ausgeschlossen wurde oder
   c) wenn seine Aufenthaltserlaubnis der Herstellung oder Wahrung der familiären Lebensgemeinschaft mit einem Ausländer dient, der sich selbst nur zu einem seiner Natur nach vorübergehenden Zweck im Bundesgebiet aufhält, und bei einer Aufhebung der Lebensgemeinschaft kein eigenständiges Aufenthaltsrecht entstehen würde.

Überblick

§ 9a regelt den Aufenthaltstitel der Erlaubnis zum Daueraufenthalt-EU (Abs. 1, → Rn. 1 f.). Die Voraussetzungen für deren Erteilung bestimmt Abs. 2 (→ Rn. 3 ff.). Personen, die sich nur zu einem vorübergehenden Zweck im Bundesgebiet aufhalten, werden von der Anwendung ausgenommen (Abs. 3, → Rn. 10).

A. Rechtsnatur und Wirkungen (Abs. 1)

1 Die Erlaubnis zum Daueraufenthalt-EU ist ein unbefristeter nationaler Aufenthaltstitel (Abs. 1 S. 1). Mit ihr setzt der Gesetzgeber den in Art. 2 lit. b Daueraufenthalts-RL (RL 2003/109/EG v. 25.11.2003, ABl. 2004 L 16, 44) geregelten Status eines langfristig Aufenthaltsberechtigten (vgl. § 2 Abs. 7) um. Eine – erteilte oder beantragte – Niederlassungserlaubnis steht ihrer Erteilung als selbstständiger Aufenthaltstitel nicht entgegen (vgl. BVerwG EZAR NF 24 Nr. 15 S. 3 f.). Die Erlaubnis zum Daueraufenthalt-EU vermittelt dem Ausländer eine privilegierte aufenthaltsrechtliche Stellung. Sie kann nicht mit Nebenbestimmungen versehen werden und berechtigt zur Ausübung einer Erwerbstätigkeit (Abs. 1 S. 2 iVm § 9 Abs. 1 S. 2 und S. 3). Sie erlischt nur unter den in § 51 Abs. 9 vorgesehenen Anforderungen. Der Inhaber genießt einen besonderen Ausweisungsschutz (§ 53 Abs. 3). Soweit andere Gesetze an den Besitz einer Niederlassungserlaubnis anknüpfen, werden Inhaber einer Erlaubnis zum Daueraufenthalt-EU gleichgestellt (Abs. 1 S. 3).

2   Der Aufenthaltstitel gem. § 9a Abs. 1 S. 1 berechtigt den Ausländer unter den in Art. 14 Daueraufenthalts-RL festgelegten Voraussetzungen zum Aufenthalt in einem anderen Mitgliedstaat (sog. „kleine Freizügigkeit"). Für Ausländer, die in einem anderen Mitgliedstaat die Rechtsstellung eines langfristig Aufenthaltsberechtigten innehaben, findet § 9a Abs. 1 S. 3 keine Anwendung; diesen wird nach Weiterwanderung in das Bundesgebiet eine Aufenthaltserlaubnis nach § 38a Abs. 1 (→ § 38a Rn. 1) erteilt.

B. Erteilungsvoraussetzungen (Abs. 2)

3   Der Ausländer hat einen Anspruch auf die Erteilung einer Erlaubnis zum Daueraufenthalt-EU, wenn die in § 9a Abs. 2 festgelegten Voraussetzungen erfüllt sind.

I. Fünfjähriger rechtmäßiger Aufenthalt (Nr. 1)

4   Der Ausländer muss sich seit fünf Jahren mit Aufenthaltstitel im Bundesgebiet aufhalten. Dass ein Familienangehöriger diese Voraussetzung erfüllt, ist unerheblich (EuGH NVwZ-RR 2014, 779). § 9b sieht eine Anrechnung von Aufenthaltszeiten vor (→ § 9b Rn. 1).

II. Sicherung des Lebensunterhalts (Nr. 2)

5   Weitere Voraussetzung ist, dass der Lebensunterhalt des Ausländers und seiner Angehörigen, denen er Unterhalt zu leisten hat, durch feste und regelmäßige Einkünfte gesichert ist. Wann dies der Fall ist, bestimmt sich nach der besonderen Regelung des § 9c (→ § 9c Rn. 1), die insoweit § 2 Abs. 3 verdrängt.

III. Ausreichende Kenntnisse der deutschen Sprache (Nr. 3)

6   Die Erteilung einer Erlaubnis zum Daueraufenthalt-EU setzt, gestützt auf Art. 5 Abs. 2 Daueraufenthalts-RL (vgl. EuGH NVwZ-RR 2015, 549), voraus, dass der Ausländer über ausreichende Kenntnisse der deutschen Sprache verfügt. Dies entspricht Niveau B 1 des Gemeinsamen Europäischen Referenzrahmens (§ 2 Abs. 11, → § 2 Rn. 22.3). Der Nachweis erfolgt in der Regel durch den erfolgreichen Abschluss eines Integrationskurses (§ 9a Abs. 2 S. 2 iVm § 9 Abs. 2 S. 2). Unter den in § 9 Abs. 2 S. 3–5 genannten Voraussetzungen, die entsprechende Anwendung finden (§ 9a Abs. 2 S. 2), kann von dem Erfordernis ausreichender Sprachkenntnisse abgesehen werden (→ § 9 Rn. 17).

IV. Grundkenntnisse der Rechts- und Gesellschaftsordnung und Lebensverhältnisse im Bundesgebiet (Nr. 4)

7   § 9a Abs. 2 S. 1 Nr. 4 verlangt, dass der Ausländer über Grundkenntnisse der Rechts- und Gesellschaftsordnung und der Lebensverhältnisse im Bundesgebiet verfügt. § 9 Abs. 2 S. 2–5 sind entsprechend anzuwenden (§ 9a Abs. 2 S. 2; → § 9 Rn. 16 ff.).

V. Keine entgegenstehenden Gründe der öffentlichen Sicherheit oder Ordnung (Nr. 5)

8   Der Erteilung einer Erlaubnis zum Daueraufenthalt-EU dürfen Gründe der öffentlichen Sicherheit oder Ordnung unter Berücksichtigung der Schwere oder der Art des Verstoßes gegen die öffentliche Sicherheit oder Ordnung oder der vom Ausländer ausgehenden Gefahr unter Berücksichtigung der Dauer des bisherigen Aufenthalts und dem Bestehen von Bindungen im Bundesgebiet nicht entgegenstehen. § 9a Abs. 2 S. 1 Nr. 5, der Art. 6 Abs. 1 Daueraufenthalts-RL umsetzt, gebietet eine Abwägung des öffentlichen Interesses der Gefahrenabwehr mit den Interessen des Ausländers (vgl. VGH BW BeckRS 2009, 38006); diese unterliegt der uneingeschränkten gerichtlichen Überprüfung. Nach dem Willen des Gesetzgebers soll die Vorschrift einen Rückgriff auf die allgemeine Erteilungsvoraussetzung eines fehlenden Ausweisungsinteresses (§ 5 Abs. 1 S. 1 Nr. 2) nicht ausschließen (BT-Drs. 16/5065, 161; aA OVG BW BeckRS 2009, 38006; Huber/Mantel AufenthG/Huber Rn. 10).

VI. Ausreichender Wohnraum (Nr. 6)

9   Schließlich muss der Ausländer für sich und seine mit ihm in familiärer Gemeinschaft lebenden Familienangehörigen über ausreichenden Wohnraum (§ 2 Abs. 4; → § 2 Rn. 15) verfügen. Das Erfordernis beruht auf Art. 7 Abs. 1 UAbs. 2 Daueraufenthalts-RL (vgl. BT-Drs. 16/5065, 161).

C. Ausgeschlossene Personen (Abs. 3)

§ 9a Abs. 3 schließt Personen, deren Aufenthalt nur vorübergehend ist (Art. 3 Abs. 2 lit. e **10** Daueraufenthalts-RL), von dem Anspruch auf die Erteilung einer Erlaubnis zum Daueraufenthalt-EU aus. Hierzu gehören Ausländer, die einen Aufenthaltstitel nach Abschnitt 5, der nicht auf Grund des § 23 Abs. 2 erteilt wird, oder eine vergleichbare Rechtsstellung in einem anderen Mitgliedstaat besitzen oder beantragt haben (Nr. 1), die in einem Mitgliedstaat die Zuerkennung internationalen Schutzes oder vorübergehenden Schutz iSd § 24 beantragt haben (Nr. 2), die – wie etwa Diplomaten – gem. §§ 18–20 GVG nicht der deutschen Gerichtsbarkeit unterliegen (Nr. 3) oder die eine Aufenthaltserlaubnis zur Berufsausbildung (§ 16a) oder zum Studium (§ 16b) besitzen (Nr. 4). Schließlich gilt der Ausschluss für alle Personen, die sich zu einem sonstigen seiner Natur nach vorübergehenden Zweck im Bundesgebiet aufhalten (Nr. 5); dies ist insbesondere der Fall, wenn die Befristung der Zustimmung der Bundesagentur für Arbeit für eine Aufenthaltserlaubnis nach § 19c auf einer durch Verordnung nach § 42 Abs. 1 bestimmten Höchstbeschäftigungsdauer beruht (lit. a), wenn die Verlängerung einer Aufenthaltserlaubnis nach § 8 Abs. 2 ausgeschlossen wurde (lit. b) oder wenn die Aufenthaltserlaubnis der Herstellung oder Wahrung der familiären Lebensgemeinschaft mit einem Ausländer dient, der sich selbst nur zu einem seiner Natur nach vorübergehenden Zweck im Bundesgebiet aufhält, und bei einer Aufhebung der Lebensgemeinschaft kein eigenständiges Aufenthaltsrecht entstehen würde (lit. c). Von § 9a Abs. 3 Nr. 5 erfasst ist auch der zeitlich begrenzte Aufenthalt mit ICT-Karte (§ 19 Abs. 4) und mobiler ICT-Karte (§ 19b Abs. 6 Nr. 1).

§ 9b Anrechnung von Aufenthaltszeiten

(1) ¹Auf die erforderlichen Zeiten nach § 9a Abs. 2 Satz 1 Nr. 1 werden folgende Zeiten angerechnet:
1. Zeiten eines Aufenthalts außerhalb des Bundesgebiets, in denen der Ausländer einen Aufenthaltstitel besaß und
   a) sich wegen einer Entsendung aus beruflichen Gründen im Ausland aufgehalten hat, soweit deren Dauer jeweils sechs Monate oder eine von der Ausländerbehörde nach § 51 Abs. 1 Nr. 7 bestimmte längere Frist nicht überschritten hat, oder
   b) die Zeiten sechs aufeinanderfolgende Monate und innerhalb des in § 9a Abs. 2 Satz 1 Nr. 1 genannten Zeitraums insgesamt zehn Monate nicht überschreiten,
2. Zeiten eines früheren Aufenthalts im Bundesgebiet mit Aufenthaltserlaubnis, Niederlassungserlaubnis oder Erlaubnis zum Daueraufenthalt – EU, wenn der Ausländer zum Zeitpunkt seiner Ausreise im Besitz einer Niederlassungserlaubnis oder einer Erlaubnis zum Daueraufenthalt – EU war und die Niederlassungserlaubnis oder die Erlaubnis zum Daueraufenthalt – EU allein wegen eines Aufenthalts außerhalb von Mitgliedstaaten der Europäischen Union oder wegen des Erwerbs der Rechtsstellung eines langfristig Aufenthaltsberechtigten in einem anderen Mitgliedstaat der Europäischen Union erloschen ist, bis zu höchstens vier Jahre,
3. Zeiten, in denen der Ausländer freizügigkeitsberechtigt war,
4. Zeiten eines rechtmäßigen Aufenthalts zum Zweck des Studiums oder der Berufsausbildung im Bundesgebiet zur Hälfte,
5. bei international Schutzberechtigten der Zeitraum zwischen dem Tag der Beantragung internationalen Schutzes und dem Tag der Erteilung eines aufgrund der Zuerkennung internationalen Schutzes gewährten Aufenthaltstitels.
²Nicht angerechnet werden Zeiten eines Aufenthalts nach § 9a Abs. 3 Nr. 5 und Zeiten des Aufenthalts, in denen der Ausländer auch die Voraussetzungen des § 9a Abs. 3 Nr. 3 erfüllte. ³Zeiten eines Aufenthalts außerhalb des Bundesgebiets unterbrechen den Aufenthalt nach § 9a Abs. 2 Satz 1 Nr. 1 nicht, wenn der Aufenthalt außerhalb des Bundesgebiets nicht zum Erlöschen des Aufenthaltstitels geführt hat; diese Zeiten werden bei der Bestimmung der Gesamtdauer des Aufenthalts nach § 9a Abs. 2 Satz 1 Nr. 1 nicht angerechnet. ⁴In allen übrigen Fällen unterbricht die Ausreise aus dem Bundesgebiet den Aufenthalt nach § 9a Abs. 2 Satz 1 Nr. 1.

(2) ¹Auf die erforderlichen Zeiten nach § 9a Absatz 2 Satz 1 Nummer 1 werden die Zeiten angerechnet, in denen der Ausländer eine Blaue Karte EU besitzt, die von einem anderen Mitgliedstaat der Europäischen Union erteilt wurde, wenn sich der Ausländer

1. in diesem anderen Mitgliedstaat der Europäischen Union mit einer Blauen Karte EU mindestens 18 Monate aufgehalten hat und
2. bei Antragstellung seit mindestens zwei Jahren als Inhaber der Blauen Karte EU im Bundesgebiet aufhält.

²Nicht angerechnet werden Zeiten, in denen sich der Ausländer nicht in der Europäischen Union aufgehalten hat. ³Diese Zeiten unterbrechen jedoch den Aufenthalt nach § 9a Absatz 2 Satz 1 Nummer 1 nicht, wenn sie zwölf aufeinanderfolgende Monate nicht überschreiten und innerhalb des Zeitraums nach § 9a Absatz 2 Satz 1 Nummer 1 insgesamt 18 Monate nicht überschreiten. ⁴Die Sätze 1 bis 3 sind entsprechend auf Familienangehörige des Ausländers anzuwenden, denen eine Aufenthaltserlaubnis nach den §§ 30 oder 32 erteilt wurde.

Überblick

§ 9b regelt die Anrechnung von Aufenthaltszeiten auf den für die Erteilung einer Erlaubnis zum Daueraufenthalt-EU nach § 9a Abs. 2 S. 1 Nr. 1 geforderten fünfjährigen rechtmäßigen Aufenthalt (→ § 9a Rn. 4); die Vorschrift setzt Art. 4 Abs. 2 und Abs. 3 Daueraufenthalts-RL (RL 2003/109/EG v. 25.11.2003, ABl. 2004 L 16, 44) um. Grundsätzlich können nur Zeiträume eines rechtmäßigen Aufenthalts im Bundesgebiet zu einem nicht nur vorübergehenden Zweck Berücksichtigung finden (→ Rn. 1 ff.). Die Ausreise führt in der Regel zu einer Unterbrechung des Aufenthalts iSd § 9a Abs. 2 S. 1 Nr. 1; ausnahmsweise sieht das Gesetz die Anrechnung auch von Zeiten eines Auslandsaufenthaltes vor (→ Rn. 6). Abs. 2 regelt Besonderheiten für die Inhaber einer Blauen Karte EU (→ Rn. 7 ff.).

A. Aufenthaltszeiten innerhalb des Bundesgebietes

I. Kein nur vorübergehender Aufenthalt (§ 9b Abs. 1 S. 2)

1   Aufenthaltszeiten im Bundesgebiet können – in Übereinstimmung mit Art. 4 Abs. 2 S. 1 Daueraufenthalts-RL (RL 2003/109/EG v. 25.11.2003, ABl. 2004 L 16, 44) – nur angerechnet werden, soweit sich der Ausländer zu einem nicht nur vorübergehenden Zweck im Bundesgebiet aufgehalten hat (§ 9b Abs. 1 S. 2 iVm § 9a Abs. 3 Nr. 3 und Nr. 5; Art. 3 Abs. 2 lit. e und lit. f Daueraufenthalts-RL). Eine Ausnahme sieht § 9b Abs. 1 S. 1 Nr. 4 für Studienzeiten vor (→ Rn. 4).

II. Frühere rechtmäßige Aufenthalte (§ 9b Abs. 1 S. 1 Nr. 2)

2   Zeiten eines früheren Aufenthalts im Bundesgebiet mit Aufenthaltserlaubnis, Niederlassungserlaubnis oder Erlaubnis zum Daueraufenthalt-EU sind bis zu höchstens vier Jahren zu berücksichtigen, wenn der Ausländer zum Zeitpunkt seiner Ausreise im Besitz einer Niederlassungserlaubnis oder einer Erlaubnis zum Daueraufenthalt-EU war und diese allein wegen eines Aufenthalts in einem Drittstaat oder wegen des Erwerbs der Rechtsstellung eines langfristig Aufenthaltsberechtigten in einem anderen EU-Mitgliedstaat erloschen ist (§ 9b Abs. 1 S. 1 Nr. 2; Art. 4 Abs. 3 UAbs. 1 Daueraufenthalts-RL).

III. Ehemals Freizügigkeitsberechtigte (§ 9b Abs. 1 S. 1 Nr. 3)

3   Anzurechnen sind nach § 9b Abs. 1 S. 1 Nr. 3 auch Zeiten, in denen ein Drittstaatsangehöriger freizügigkeitsberechtigt war. Die Wahrnehmung des Freizügigkeitsrechts begründet einen rechtmäßigen Aufenthalt iSd Art. 4 Abs. 1 Daueraufenthalts-RL (vgl. BT-Drs. 16/5065, 163). Wegen des möglichen Erwerbs eines eigenständigen Aufenthaltsrechts durch den Drittstaatsangehörigen – etwa nach Auflösung der Ehe (§ 3 Abs. 5 FreizügG/EU) oder nach dem Tod des Unionsbürgers (§ 3 Abs. 3 FreizügG/EU) – dürfte die Vorschrift indes von nur geringer praktischer Bedeutung sein.

IV. Studium und Berufsausbildung (§ 9b Abs. 1 S. 1 Nr. 4)

4   § 9b Abs. 1 S. 1 Nr. 4, welcher Art. 4 Abs. 2 UAbs. 2 Daueraufenthalts-RL entspricht, bestimmt abweichend von dem Grundsatz, dass bei der Ermittlung der Zeiten iSd § 9a Abs. 2 S. 1 Nr. 1 ein Aufenthalt zu einem nur vorübergehenden Zweck nicht berücksichtigt werden kann, dass einem Drittstaatsangehöriger, dem ursprünglich ein Aufenthaltstitel zwecks Studium oder Berufsausbildung erteilt wurde und der später ein langfristiges Aufenthaltsrecht erworben hat, die Hälfte der Studien- und Ausbildungszeiten angerechnet werden.

V. International Schutzberechtigte (§ 9b Abs. 1 S. 1 Nr. 5)

Bei international Schutzberechtigten, denen die Flüchtlingseigenschaft zuerkannt (§ 3 AsylG)   **5** oder der subsidiäre Schutz (§ 4 AsylG) gewährt worden ist, wird der Zeitraum zwischen dem Tag der Beantragung internationalen Schutzes und dem Tag der Erteilung eines aufgrund der Zuerkennung internationalen Schutzes gewährten Aufenthaltstitels angerechnet (§ 9b Abs. 1 S. 1 Nr. 5). Der nationale Gesetzgeber geht damit über die unionsrechtlichen Vorgaben hinaus. Denn Art. 4 Abs. 2 UAbs. 3 Daueraufenthalts-RL sieht nur eine hälftige Anrechnung dieses Zeitraumes vor, soweit dieser 18 Monate nicht überschreitet.

B. Aufenthaltszeiten außerhalb des Bundesgebietes

Für die Berücksichtigung von Aufenthaltszeiten außerhalb des Bundesgebietes gelten folgende   **6** Grundsätze: Die Ausreise aus dem Bundesgebiet unterbricht grundsätzlich den nach § 9a Abs. 2 S. 1 Nr. 1 erforderlichen Aufenthalt; die Fünf-Jahres-Frist beginnt bei Wiedereinreise erneut zu laufen (§ 9b Abs. 1 S. 4). Dies gilt nicht, wenn der Aufenthalt außerhalb des Bundesgebiets nicht zum Erlöschen des Aufenthaltstitels gemäß § 51 geführt hat (§ 9b Abs. 1 S. 3 Hs. 1). Auch dann werden die Zeiten des Auslandsaufenthaltes bei der Berechnung der Aufenthaltsdauer iSd § 9a Abs. 2 S. 1 Nr. 1 allerdings nicht berücksichtigt (§ 9b Abs. 1 S. 3 Hs. 2; Art. 4 Abs. 3 UAbs. 2 S. 2 Daueraufenthalts-RL). § 9b Abs. 1 S. 1 Nr. 1 sieht hiervon Ausnahmen vor (vgl. Art. 4 Abs. 3 UAbs. 3 Daueraufenthalts-RL). Danach sind Zeiten zu berücksichtigen, in denen der Ausländer einen Aufenthaltstitel besaß und sich wegen einer Entsendung aus beruflichen Gründen im Ausland aufgehalten hat, soweit deren Dauer jeweils sechs Monate oder eine von der Ausländerbehörde nach § 51 Abs. 1 Nr. 7 bestimmte längere Frist nicht überschritten hat (lit. a), oder die Zeiten sechs aufeinanderfolgende Monate und innerhalb des in § 9a Abs. 2 S. 1 Nr. 1 genannten Zeitraums insgesamt zehn Monate nicht überschreiten (lit. b).

C. Aufenthaltszeiten mit einer Blauen Karte EU

Abs. 2 regelt die Anrechnung von Zeiträumen, in denen sich der Ausländer rechtmäßig mit   **7** einer von einem anderen EU-Mitgliedstaat ausgestellten Blauen Karte EU im Hoheitsgebiet der Mitgliedstaaten aufgehalten hat. Die Vorschrift setzt Art. 16 Abs. 2 RL 2009/50/EG (BlueCard-RL v. 25.5.2009, ABl. 2009 L 155, 17) um. Ziel ist es, die Mobilität von hochqualifizierten Drittstaatsangehörigen innerhalb der Europäischen Union zu fördern. Hierzu wird es dem Inhaber einer Blauen Karte EU ermöglicht, die von § 9a Abs. 2 S. 1 Nr. 1 geforderte fünfjährige Aufenthaltsdauer durch Aufenthaltszeiten in verschiedenen Mitgliedstaaten nachzuweisen. Die Anrechnung knüpft nach § 9b Abs. 2 S. 1 an zwei Voraussetzungen an. Der Ausländer muss sich zum einen – die für das Recht auf Weiterwanderung nach Art. 18 Abs. 1 RL 2009/50/EG vorausgesetzten – 18 Monate rechtmäßig in dem anderen Mitgliedstaat (Nr. 1) und zum anderen – in Übereinstimmung mit Art. 16 Abs. 2 lit. b RL 2009/50/EG – unmittelbar vor Antragstellung seit mindestens zwei Jahren ununterbrochen als Inhaber der Blauen Karte EU im Bundesgebiet (Nr. 2) aufgehalten haben.

Nicht angerechnet werden Zeiten, in denen sich der Ausländer nicht in der Europäischen   **8** Union aufgehalten hat. Diese Zeiten unterbrechen den Aufenthalt nach § 9a Abs. 2 S. 1 Nr. 1 allerdings nicht, wenn sie zwölf aufeinanderfolgende Monate nicht überschreiten und innerhalb des Zeitraums nach § 9a Abs. 2 S. 1 Nr. 1 insgesamt 18 Monate nicht überschreiten (§ 9b Abs. 2 S. 3); dies gilt gemäß Art. 16 Abs. 3 S. 2 RL 2009/50/EG auch für Inhaber einer Blauen Karte, die von ihrem Recht auf Weiterwanderung keinen Gebrauch machen.

§ 9b Abs. 2 S. 4 erstreckt die Privilegierung auf die Familienangehörigen des Inhabers einer   **9** Blauen Karte EU; Grundlage ist Art. 15 Abs. 7 RL 2009/50/EG.

§ 9c Lebensunterhalt

¹Feste und regelmäßige Einkünfte im Sinne des § 9a Absatz 2 Satz 1 Nummer 2 liegen in der Regel vor, wenn

1. der Ausländer seine steuerlichen Verpflichtungen erfüllt hat,
2. der Ausländer oder sein mit ihm in familiärer Gemeinschaft lebender Ehegatte im In-
   oder Ausland Beiträge oder Aufwendungen für eine angemessene Altersversorgung
   geleistet hat, soweit er hieran nicht durch eine körperliche, geistige oder seelische
   Krankheit oder Behinderung gehindert war,
3. der Ausländer und seine mit ihm in familiärer Gemeinschaft lebenden Angehörigen
   gegen das Risiko der Krankheit und der Pflegebedürftigkeit durch die gesetzliche
   Krankenversicherung oder einen im Wesentlichen gleichwertigen, unbefristeten oder
   sich automatisch verlängernden Versicherungsschutz abgesichert sind und
4. der Ausländer, der seine regelmäßigen Einkünfte aus einer Erwerbstätigkeit bezieht,
   zu der Erwerbstätigkeit berechtigt ist und auch über die anderen dafür erforderlichen
   Erlaubnisse verfügt.

²Bei Ehegatten, die in ehelicher Lebensgemeinschaft leben, genügt es, wenn die Voraussetzung nach Satz 1 Nr. 4 durch einen Ehegatten erfüllt wird. ³Als Beiträge oder Aufwendungen, die nach Satz 1 Nr. 2 erforderlich sind, werden keine höheren Beiträge
oder Aufwendungen verlangt, als es in § 9 Abs. 2 Satz 1 Nr. 3 vorgesehen ist.

Überblick

§ 9c konkretisiert die nach § 9a Abs. 2 S. 1 Nr. 2 für die Erteilung einer Erlaubnis zum
Daueraufenthalt-EU geforderten festen und regelmäßigen Einkünfte. Die Vorschrift setzt Art. 5
Daueraufenthalts-RL (RL 2003/109/EG v. 25.11.2003, ABl. 2004 L 16, 44) um. Das Erfordernis
der Sicherung des Lebensunterhalts des Ausländers und seiner unterhaltsberechtigten Familienangehörigen ohne Inanspruchnahme von Sozialleistungen (vgl. Art. 5 Abs. 1 lit. a Daueraufenthalts-
RL) ergibt sich bereits aus § 9a Abs. 2 S. 1 Nr. 2; insoweit findet die allgemeine Definition in
§ 2 Abs. 3 Anwendung (vgl. Nr. 9c.01 AufenthGAVwV). Soweit § 9c weitergehende Anforderungen regelt, ist die Vorschrift lex specialis.

A. Allgemeines

1   S. 1 benennt Indizien für die Feststellung fester und regelmäßiger Einkünfte. Liegen diese ganz
oder teilweise nicht vor, ist § 9a Abs. 2 S. 1 Nr. 2 im Regelfall zu verneinen. Atypische Umstände
des Einzelfalles können es gebieten, dem Antragsteller ausnahmsweise den anderweitigen Nachweis
fester und regelmäßiger Einkünfte zu ermöglichen. Im Einzelnen verlangt S. 1, dass der Ausländer
seine steuerlichen Verpflichtungen erfüllt hat (Nr. 1), über eine angemessene Altersvorsorge (Nr. 2)
und einen Kranken- und Pflegeversicherungsschutz (Nr. 3) verfügt und die Einkünfte aus einer
erlaubten Erwerbstätigkeit erzielt (Nr. 4).

B. Erfüllung der steuerlichen Verpflichtungen (S. 1 Nr. 1)

2   Die Nichterfüllung der steuerlichen Verpflichtungen entgegen Nr. 1 stellt erfahrungsgemäß ein
frühzeitiges Indiz für eine mangelnde finanzielle Leistungsfähigkeit dar (vgl. BT-Drs. 16/5065,
163). Das Kriterium findet in der Daueraufenthalts-RL (RL 2003/109/EG v. 25.11.2003, ABl.
2004 L 16, 44) eine hinreichende Grundlage (vgl. Erwägungsgrund 7 Daueraufenthalts-RL). § 9c
geht insoweit über die Anforderungen für die Niederlassungserlaubnis hinaus. In der Praxis hat
der Ausländer die Erfüllung seiner steuerlichen Verpflichtungen durch eine Bescheinigung des für
den Wohnsitz des Ausländers zuständigen Finanzamtes („Auskunft in Steuersachen") nachzuweisen
(BT-Drs. 16/5065, 163; Nr. 9c.1.1 AufenthGAVwV). Von abhängig Beschäftigten dürfte eine
weitere Bescheinigung neben der Gehaltsabrechnung regelmäßig nicht zu fordern sein.

C. Angemessene Altersvorsorge (S. 1 Nr. 2 und S. 3)

3   Weitere Voraussetzung ist eine angemessene Altersvorsorge. Nr. 2 stellt darauf ab, ob der Ausländer oder sein mit ihm in familiärer Gemeinschaft lebender Ehegatte im In- oder Ausland Beiträge
oder Aufwendungen für eine angemessene Altersversorgung geleistet hat, soweit er hieran nicht
durch eine körperliche, geistige oder seelische Krankheit oder Behinderung gehindert war. Diese
Anforderung ist mit der Daueraufenthalts-RL (vgl. Erwägungsgrund 7 Daueraufenthalts-RL) vereinbar (VGH BW EZAR NF 25 Nr. 4 S. 5 f.). Die Angemessenheit der Altersvorsorge ist prognostisch zu ermitteln (vgl. VGH BW EZAR NF 25 Nr. 4 S. 4; sa Nr. 9c.1.2 AufenthGAVwV);
hierbei sind unter anderem das Lebensalter, die Aufenthaltsdauer im Bundesgebiet, der bisherige

Versicherungsverlauf und die berufliche Situation zu berücksichtigen (BT-Drs. 16/5065, 163). Maßgeblich ist, ob der Ausländer im Zeitpunkt seines Ausscheidens aus dem Erwerbsleben über eine angemessene Altersversorgung verfügt; es genügt, wenn er im maßgeblichen Zeitpunkt der Erteilung der begehrten Aufenthaltserlaubnis die hierfür erforderlichen Beitragszahlungen geleistet hat.

Die Anforderungen dürfen hierbei nach dem Willen des Gesetzgebers (BT-Drs. 16/5065, 164) **4** nicht über diejenigen hinausgehen, die gem. § 9 Abs. 2 S. 1 Nr. 3 für die Niederlassungserlaubnis gelten (vgl. Nr. 9c.3 AufenthGAVwV). Hiernach ist es ausreichend, wenn der Ausländer mindestens 60 Monate Beiträge zur gesetzlichen Rentenversicherung geleistet hat oder Aufwendungen für einen Anspruch auf vergleichbare Leistungen einer Versicherungs- oder Versorgungseinrichtung oder eines Versicherungsunternehmens nachweist.

D. Kranken- und Pflegeversicherung (S. 1 Nr. 3)

Nr. 3 verlangt, dass der Ausländer und seine mit ihm in familiärer Gemeinschaft lebenden **5** Angehörigen gegen das Risiko der Krankheit und der Pflegebedürftigkeit durch die gesetzliche Krankenversicherung oder einen im Wesentlichen gleichwertigen, unbefristeten oder sich automatisch verlängernden Versicherungsschutz abgesichert sind. Die Regelung konkretisiert Art. 5 Abs. 1 lit. b Daueraufenthalts-RL. Sie geht im Hinblick auf das eingeräumte Recht eines dauernden Aufenthalts über die Anforderungen des § 2 Abs. 3 hinaus. Qualitativ muss der Krankenversicherungsschutz im Wesentlichen der deutschen gesetzlichen Krankenversicherung entsprechen (vgl. Nr. 9c.1.3 AufenthGAVwV). Der Versicherungsschutz muss unbefristet sein oder sich automatisch verlängern. Hiermit will der Gesetzgeber Versicherungsprodukte verhindern, die gezielt an jüngere Zuwanderer mit der Erwartung eines Daueraufenthaltsrechts zu niedrigen Preisen veräußert werden und deren Vertragslaufzeit nach kurzer Zeit automatisch endet (BT-Drs. 16/5065, 164).

E. Erlaubte Erwerbstätigkeit (S. 1 Nr. 4 und S. 2)

Bei der Ermittlung fester und regelmäßiger Einkünfte iSd § 9a Abs. 2 S. 1 Nr. 2 sind nach **6** Nr. 4 nur rechtmäßige Einkünfte zu berücksichtigen. Der Ausländer, der seine regelmäßigen Einkünfte aus einer Erwerbstätigkeit iSd § 2 Abs. 2 bezieht, muss zu der Erwerbstätigkeit berechtigt sein und auch über die anderen dafür erforderlichen Erlaubnisse verfügen. Die Regelung entspricht § 9 Abs. 2 Nr. 5 und Nr. 6. Die Berechtigung zur Erwerbstätigkeit lässt sich regelmäßig dem Aufenthaltstitel entnehmen (→ § 4 Rn. 15). Andere für die konkrete berufliche Tätigkeit erforderliche Erlaubnisse können etwa eine standesrechtliche Zulassung oder eine gewerberechtliche Genehmigung sein.

Nach S. 2, der § 9 Abs. 3 S. 1 für die Niederlassungserlaubnis entspricht, genügt es bei Ehegatten, **7** die in ehelicher Lebensgemeinschaft leben, wenn ein Ehegatte die nach S. 1 Nr. 4 erforderlichen Erlaubnisse für die Erwerbstätigkeit besitzt. Die Vorschrift findet für lebenspartnerschaftliche Gemeinschaften entsprechende Anwendung (§ 27 Abs. 2).

§ 10 Aufenthaltstitel bei Asylantrag

(1) Einem Ausländer, der einen Asylantrag gestellt hat, kann vor dem bestandskräftigen Abschluss des Asylverfahrens ein Aufenthaltstitel außer in den Fällen eines gesetzlichen Anspruchs nur mit Zustimmung der obersten Landesbehörde und nur dann erteilt werden, wenn wichtige Interessen der Bundesrepublik Deutschland es erfordern.

(2) Ein nach der Einreise des Ausländers von der Ausländerbehörde erteilter oder verlängerter Aufenthaltstitel kann nach den Vorschriften dieses Gesetzes ungeachtet des Umstandes verlängert werden, dass der Ausländer einen Asylantrag gestellt hat.

(3) ¹Einem Ausländer, dessen Asylantrag unanfechtbar abgelehnt worden ist oder der seinen Asylantrag zurückgenommen hat, darf vor der Ausreise ein Aufenthaltstitel nur nach Maßgabe des Abschnitts 5 erteilt werden. ²Sofern der Asylantrag nach § 30 Abs. 3 Nummer 1 bis 6 des Asylgesetzes abgelehnt wurde, darf vor der Ausreise kein Aufenthaltstitel erteilt werden. ³Die Sätze 1 und 2 finden im Falle eines Anspruchs auf Erteilung eines Aufenthaltstitels keine Anwendung; Satz 2 ist ferner nicht anzuwenden, wenn der Ausländer die Voraussetzungen für die Erteilung einer Aufenthaltserlaubnis nach § 25 Abs. 3 erfüllt.

Überblick

§ 10 regelt die Sperrwirkungen eines Asylantrages für die Erteilung und Verlängerung eines Aufenthaltstitels. Zweck der Vorschrift ist die Vermeidung von Anreizen zur missbräuchlichen Asylantragstellung. Dem Asylbewerber, dessen Aufenthalt im Bundesgebiet zur Durchführung des Asylverfahrens gem. § 55 Abs. 1 S. 1 AsylG gestattet ist, kann vor dem bestandskräftigen Abschluss des Asylverfahrens ein Aufenthaltstitel grundsätzlich nicht erteilt werden; Ausnahmen sieht das Gesetz bei einem gebundenen Rechtsanspruch oder wichtigen Interessen der Bundesrepublik Deutschland vor (Abs. 1, → Rn. 1 ff.). Die Verlängerung eines nach Einreise in das Bundesgebiet erteilten Aufenthaltstitels richtet sich nach Abs. 2 (→ Rn. 5 f.). Wird der Asylantrag abgelehnt, ist die Erteilung eines Aufenthaltstitels ohne vorherige Ausreise grundsätzlich ausgeschlossen; hiervon ausgenommen sind der Fall eines gesetzlichen Anspruches sowie die Aufenthaltserlaubnisse aus völkerrechtlichen, humanitären oder politischen Gründen (Abs. 3, → Rn. 7 ff.).

A. Erteilung eines Aufenthaltstitels (Abs. 1)

I. Grundsätzlicher Ausschluss

1   Nach Stellung eines Asylantrages und vor dem bestands- oder rechtskräftigen Abschluss des Asylverfahrens ist dem Ausländer grundsätzlich kein Aufenthaltstitel zu erteilen. Asylantrag im Sinne der Vorschrift (vgl. § 13 Abs. 1 AsylG) sind auch der Folgeantrag (§ 71 Abs. 1 S. 1 AsylG) und der Zweitantrag (§ 71a AsylG) (BVerwG NVwZ 2016, 1498 Rn. 12 ff.), nicht dagegen der isolierte Antrag auf Feststellung eines zielstaatsbezogenen Abschiebungshindernisses gem. § 60 Abs. 7 S. 1 (vgl. NdsOVG BeckRS 2018, 8979 Rn. 22 ff.).

2   Die Sperrwirkung des § 10 Abs. 1 S. 1 entfällt erst mit dem vollständigen Abschluss des Asylverfahrens. Das Asylverfahren ist nicht bestandskräftig abgeschlossen, solange der Asylbewerber seinen Anspruch – etwa bei einer Teilstattgabe – auch nur teilweise im Klagewege weiterverfolgt (BVerwG NVwZ 2016, 458 Rn. 12). Nimmt der Antragsteller den Asylantrag zurück oder verzichtet er auf die Durchführung eines Asylverfahrens gem. § 14a Abs. 2 AsylG, ist das Asylverfahren erst mit der bestandskräftigen Einstellungsentscheidung des BAMF nach § 32 AsylG abgeschlossen.

2.1   Die Frage, ob die Sperrwirkung des § 10 Abs. 1 S. 1 auch schon dann entfällt, wenn der Antragsteller nur gegen die von dem BAMF bei der Einstellungsentscheidung nach § 32 AsylG zu treffende Feststellung von zielstaatsbezogenen Abschiebungsverboten Klage erhebt, ist streitig (vgl. hierzu OVG Brem BeckRS 2020, 11204 Rn. 33 ff. mwN).

II. Ausnahmen

1. Gesetzlicher Anspruch

3   Von der Sperrwirkung ausgenommen ist ein gesetzlicher Anspruch auf die Erteilung eines Aufenthaltstitels. Dies setzt einen gebundenen Rechtsanspruch voraus (BVerwG NVwZ 2016, 458 Rn. 18 ff.). Nicht ausreichend ist eine Soll-Vorschrift bei Nichtvorliegen eines atypischen Sachverhaltes (BVerwG NVwZ 2016, 458 Rn. 21) oder eine Ermessensreduktion auf Null (BVerwG NVwZ 2009, 789 Rn. 20). Die Sperrwirkung tritt nur dann nicht ein, wenn alle zwingenden und regelhaften Tatbestandsvoraussetzungen erfüllt sind (BVerwG NVwZ 2009, 789 Rn. 23). Danach ist es unbeachtlich, wenn von einer Regelerteilungsvoraussetzung im Einzelfall ausnahmsweise im Ermessenswege oder aufgrund eines atypischen Sachverhalts abgesehen werden kann (zur Vereinbarkeit im Einzelfall mit der Familienzusammenführungs-RL vgl. BayVGH BeckRS 2020, 4499 Rn. 7 mwN).

3.1   § 39 Nr. 4 AufenthV befreit allerdings Asylbewerber, denen nach § 10 Abs. 1 und Abs. 2 ausnahmsweise ein Aufenthaltstitel erteilt werden kann, von der Pflicht zum Durchlaufen eines Visumverfahrens gem. § 5 Abs. 2 S. 1 Nr. 1 (vgl. VG Cottbus BeckRS 2018, 25506 Rn. 25 mwN; sa BayVGH BeckRS 2020, 4499 Rn. 6); eine Ausreise in den Herkunftsstaat zum Zwecke der Durchführung eines Visumverfahrens wird vor der Entscheidung über Asylbegehren als unzumutbar angesehen.

2. Wichtiges öffentliches Interesse

4   Eine zweite Ausnahme sieht das Gesetz mit Zustimmung der obersten Landesbehörde bei wichtigen Interessen der Bundesrepublik Deutschland vor. Voraussetzung ist ein entsprechendes öffentliches Interesse; Nr. 10.1.4 AufenthGAVwV nennt beispielhaft das Interesse an dem Aufenthalt eines Wissenschaftlers von internationalem Rang oder einer international geachteten Persönlichkeit sowie erhebliche außenpolitische Interessen.

B. Verlängerung eines Aufenthaltstitels (Abs. 2)

Ein nach der Einreise des Ausländers von der Ausländerbehörde erteilter oder verlängerter **5** Aufenthaltstitel kann auch dann verlängert werden, wenn der Ausländer zwischenzeitlich einen Asylantrag gestellt hat. Eine Verlängerung kommt dabei nur für Aufenthaltstitel mit einer Gültigkeitsdauer von mehr als sechs Monaten in Betracht. Denn mit der Asylantragstellung erlöschen gem. § 55 Abs. 2 S. 1 AsylG sämtliche Aufenthaltstitel mit einer Geltungsdauer von bis zu sechs Monaten. Von der Vorschrift nicht erfasst ist überdies ein Visum; denn es handelt sich nicht um einen nach der Einreise erteilten Aufenthaltstitel. Die Verlängerung eines Aufenthaltstitels wird hierbei nur begehrt, wenn weiter derselbe Aufenthaltszweck verfolgt wird (→ § 8 Rn. 8). Die erstmalige Erteilung eines Aufenthaltstitels zu einem geänderten Aufenthaltszweck richtet sich dagegen nach § 10 Abs. 1 (vgl. Nr. 10.2.2 AufenthGAVwV).

Die Vorschrift findet weiter Anwendung, wenn der Asylantrag abgelehnt worden ist; für die **6** Verlängerung eines bereits vor der Asylantragstellung erteilten Aufenthaltstitels greift die in § 10 Abs. 3 S. 1 u. S. 2 geregelte Sperrwirkung nicht ein (vgl. OVG LSA EZAR NF 98 Nr. 108 S. 5 f. mwN; aA NdsOVG BeckRS 2007, 25187; sa OVG Bln-Bbg BeckRS 2020, 6417 Rn. 10). Hierfür spricht neben dem Wortlaut des § 10 Abs. 3, der allein die Erteilung, nicht aber die Verlängerung eines Aufenthaltstitels nennt, die selbstständige systematische Stellung des Abs. 2 innerhalb des § 10 sowie das bei einem erlaubten Aufenthalt geringere Interesse an dessen zeitnaher Beendigung aufgrund einer (vermuteten) missbräuchlichen Asylantragstellung.

C. Ablehnung des Asylantrages (Abs. 3)

I. Kein Aufenthaltstitel vor Ausreise (S. 1)

Einem Ausländer, dessen Asylantrag unanfechtbar abgelehnt worden ist oder der seinen Asylan- **7** trag zurückgenommen hat, darf vor der Ausreise ein Aufenthaltstitel grundsätzlich nicht erteilt werden; hiervon ausgenommen sind nach Abs. 3 S. 1 die Aufenthaltstitel aus völkerrechtlichen, humanitären oder politischen Gründen in 5. Abschnitt. Mangels einer entsprechenden gesetzlichen Regelung ist es dabei für den Eintritt der Sperrwirkung unerheblich, ob der Ausländer vor oder unverzüglich nach der Asylantragstellung ordnungsgemäß gem. § 14 Abs. 1 S. 3 und S. 4 AsylG über die Beschränkungen des § 10 Abs. 3 belehrt worden ist (OVG NRW BeckRS 2017, 133017 Rn. 12).

Die Sperrwirkung entfällt erst mit der Ausreise des Ausländers. Ausreise im Sinne der Vorschrift **8** ist die vollständige Erfüllung der Ausreisepflicht; dies setzt das Verlassen des Bundesgebietes voraus (§ 50 Abs. 2 S. 1). Ein einfacher Grenzübertritt zu einem vorübergehenden Zweck (wie etwa bei einer Besuchsreise) ist hierfür nicht ausreichend; erforderlich ist die Verlegung des dauerhaften Aufenthaltes (OVG Bln-Bbg BeckRS 2017, 108719 Rn. 5).

II. Offensichtlich unbegründeter Asylantrag (S. 2)

Wurde der Asylantrag gestützt auf § 30 Abs. 3 Nr. 1–6 AsylG (Falschangaben, Täuschung, **9** weiterer Asylantrag, Abwenden einer drohenden Aufenthaltsbeendigung, unterlassene Mitwirkung, Ausweisung) als offensichtlich unbegründet abgelehnt, ist die Erteilung eines Aufenthaltstitels vor der Ausreise nach Abs. 3 S. 2 vollständig ausgeschlossen. Die Ablehnung des Asylantrages aus den Gründen des § 30 Abs. 3 AsylG muss sich hierbei sowohl auf die Anerkennung als Asylberechtigter als auch die Zuerkennung der Flüchtlingseigenschaft beziehen (in diesem Sinne, letztlich aber offenlassend BVerwG NVwZ 2009, 789 Rn. 17). Sie muss sich dem Tenor oder den Gründen des Bescheides eindeutig entnehmen lassen (BVerwG NVwZ 2010, 386 Rn. 19). Unschädlich ist, wenn der Asylantrag darüber hinaus auch aus anderen Gründen abschlägig beschieden worden ist (BVerwG NVwZ 2009, 789 Rn. 16). Ausweislich des Wortlautes findet die Vorschrift – anders als S. 1 – bereits vor Eintritt der Unanfechtbarkeit der Entscheidung über den Asylantrag Anwendung (BVerwG NVwZ 2009, 789 Rn. 13; BeckOK AuslR/Maor Rn. 10; jüngst zweifelnd OVG Bln-Bbg BeckRS 2017, 113765 Rn. 3).

Die nachträgliche Rücknahme des Asylantrages lässt die eingetretene Sperrwirkung unberührt (BVerwG **9.1** NVwZ 2009, 789 Rn. 18).

9.2   Um die spezifische Sperrwirkung des § 10 Abs. 3 S. 2 zu beseitigen, kann der Ausländer im Asylverfahren im Wege einer isolierten Anfechtungsklage die Teilaufhebung des Asylbescheides begehren, soweit dieser den Asylantrag als offensichtlich unbegründet abgelehnt hat (vgl. BVerwG NVwZ 2007, 465 Rn. 11); die Sperrwirkung entfällt nicht bereits mit einem entsprechenden vorläufigen Rechtsschutzantrag (BVerwG NVwZ 2007, 465 Rn. 22).

III. Ausnahmen (S. 3)

10   S. 3 regelt Ausnahmen von der Sperrwirkung nach erfolglosem Abschluss des Asylverfahrens. Danach finden S. 1 und S. 2 keine Anwendung im Falle eines gesetzlichen Anspruchs auf Erteilung eines Aufenthaltstitels. Dies setzt einen gebundenen Rechtsanspruch voraus, dessen Voraussetzungen vollständig erfüllt sein müssen (BVerwG NVwZ 2019, 486 Rn. 27; SächsOVG BeckRS 2018, 1719 Rn. 9); insoweit gilt derselbe Maßstab wie für die parallele Regelung in Abs. 1 (→ Rn. 3).

10.1   Auch bei der Anwendung des § 10 Abs. 3 S. 3 ist es unbeachtlich, wenn von einer Regelerteilungsvoraussetzung im Einzelfall ausnahmsweise im Ermessenswege oder aufgrund eines atypischen Sachverhalts abgesehen werden kann.

10.2   § 10 Abs. 3 S. 3 begründet insbesondere keine Ausnahme von der Visumpflicht (NdsOVG BeckRS 2019, 8481 Rn. 16 mwN; OVG NRW BeckRS 2017, 133017 Rn. 5). Geduldete Ausländer, die aufgrund einer Eheschließung, Begründung einer Lebenspartnerschaft oder Geburt eines Kindes während des Aufenthalts im Bundesgebiet einen Anspruch auf die Erteilung einer Aufenthaltserlaubnis erworben haben, sind allerdings nach § 39 S. 1 Nr. 5 AufenthV von der Durchführung eines Visumverfahrens befreit. Kann von dem Visumerfordernis lediglich im Ermessenswege gem. § 5 Abs. 2 S. 2 abgesehen werden, fehlt es dagegen an dem von § 10 Abs. 3 S. 3 geforderten gesetzlichen Anspruch auf die Erteilung einer Aufenthaltserlaubnis (HmbOVG BeckRS 2019, 15987 Rn. 37; OVG NRW BeckRS 2017, 133017 Rn. 11; aA OVG LSA BeckRS 2017, 108664 Rn. 20). Ein danach wegen des nicht erfüllten Visumerfordernisses im Einzelfall zu versagender Familiennachzug verstößt nicht gegen Unionsrecht (vgl. NdsOVG BeckRS 2019, 8481 Rn. 23).

10.3   So auch für eine atypische Ausnahme bei bestehendem Ausweisungsinteresse (§ 5 Abs. 1 Nr. 2; NdsOVG BeckRS 2017, 124304 Rn. 17).

11   S. 2 ist ferner nicht anzuwenden, wenn der Ausländer die Voraussetzungen für die Erteilung einer Aufenthaltserlaubnis nach § 25 Abs. 3 erfüllt.

12   Weitere Ausnahmen regeln § 19d Abs. 3, § 25a Abs. 4 und § 25b Abs. 5 S. 2. Gemäß § 19d Abs. 3 kann einem geduldeten Ausländer abweichend von § 10 Abs. 3 S. 1 eine Aufenthaltserlaubnis zur Ausübung einer der beruflichen Qualifikation entsprechenden Beschäftigung erteilt werden (→ § 19d Rn. 25). Abweichend von § 10 Abs. 3 S. 2 kann eine Aufenthaltserlaubnis zur Ausübung einer Erwerbstätigkeit einem jugendlichen oder heranwachsenden Ausländer mit günstiger Sozialprognose (§ 25a Abs. 4, → § 25a Rn. 2) und einem nachhaltig integrierten geduldeten Ausländer (§ 25b Abs. 5 S. 2, → § 25b Rn. 3) erteilt werden.

§ 11 Einreise- und Aufenthaltsverbot

(1) ¹Gegen einen Ausländer, der ausgewiesen, zurückgeschoben oder abgeschoben worden ist, ist ein Einreise- und Aufenthaltsverbot zu erlassen. ²Infolge des Einreise- und Aufenthaltsverbots darf der Ausländer weder erneut in das Bundesgebiet einreisen noch sich darin aufhalten noch darf ihm, selbst im Falle eines Anspruchs nach diesem Gesetz, ein Aufenthaltstitel erteilt werden.

(2) ¹Im Falle der Ausweisung ist das Einreise- und Aufenthaltsverbot gemeinsam mit der Ausweisungsverfügung zu erlassen. ²Ansonsten soll das Einreise- und Aufenthaltsverbot mit der Abschiebungsandrohung oder Abschiebungsanordnung nach § 58a unter der aufschiebenden Bedingung der Ab- oder Zurückschiebung und spätestens mit der Ab- oder Zurückschiebung erlassen werden. ³Das Einreise- und Aufenthaltsverbot ist bei seinem Erlass von Amts wegen zu befristen. ⁴Die Frist beginnt mit der Ausreise. ⁵Die Befristung kann zur Abwehr einer Gefahr für die öffentliche Sicherheit und Ordnung mit einer Bedingung versehen werden, insbesondere einer nachweislichen Straf- oder Drogenfreiheit. ⁶Tritt die Bedingung bis zum Ablauf der Frist nicht ein, gilt eine von Amts wegen zusammen mit der Befristung nach Satz 5 angeordnete längere Befristung.

(3) [1]Über die Länge der Frist des Einreise- und Aufenthaltsverbots wird nach Ermessen entschieden. [2]Sie darf außer in den Fällen der Absätze 5 bis 5b fünf Jahre nicht überschreiten.

(4) [1]Das Einreise- und Aufenthaltsverbot kann zur Wahrung schutzwürdiger Belange des Ausländers oder, soweit es der Zweck des Einreise- und Aufenthaltsverbots nicht mehr erfordert, aufgehoben oder die Frist des Einreise- und Aufenthaltsverbots verkürzt werden. [2]Das Einreise- und Aufenthaltsverbot soll aufgehoben werden, wenn die Voraussetzungen für die Erteilung eines Aufenthaltstitels nach Kapitel 2 Abschnitt 5 vorliegen. [3]Bei der Entscheidung über die Verkürzung der Frist oder die Aufhebung des Einreise- und Aufenthaltsverbots, das zusammen mit einer Ausweisung erlassen wurde, ist zu berücksichtigen, ob der Ausländer seiner Ausreisepflicht innerhalb der ihm gesetzten Ausreisefrist nachgekommen ist, es sei denn, der Ausländer war unverschuldet an der Ausreise gehindert oder die Überschreitung der Ausreisefrist war nicht erheblich. [4]Die Frist des Einreise- und Aufenthaltsverbots kann aus Gründen der öffentlichen Sicherheit und Ordnung verlängert werden. [5]Absatz 3 gilt entsprechend.

(5) [1]Die Frist des Einreise- und Aufenthaltsverbots soll zehn Jahre nicht überschreiten, wenn der Ausländer auf Grund einer strafrechtlichen Verurteilung ausgewiesen worden ist oder wenn von ihm eine schwerwiegende Gefahr für die öffentliche Sicherheit und Ordnung ausgeht. [2]Absatz 4 gilt in diesen Fällen entsprechend.

(5a) [1]Die Frist des Einreise- und Aufenthaltsverbots soll 20 Jahre betragen, wenn der Ausländer wegen eines Verbrechens gegen den Frieden, eines Kriegsverbrechens oder eines Verbrechens gegen die Menschlichkeit oder zur Abwehr einer Gefahr für die Sicherheit der Bundesrepublik Deutschland oder einer terroristischen Gefahr ausgewiesen wurde. [2]Absatz 4 Satz 4 und 5 gilt in diesen Fällen entsprechend. [3]Eine Verkürzung der Frist oder Aufhebung des Einreise- und Aufenthaltsverbots ist grundsätzlich ausgeschlossen. [4]Die oberste Landesbehörde kann im Einzelfall Ausnahmen hiervon zulassen.

(5b) [1]Wird der Ausländer auf Grund einer Abschiebungsanordnung nach § 58a aus dem Bundesgebiet abgeschoben, soll ein unbefristetes Einreise- und Aufenthaltsverbot erlassen werden. [2]In den Fällen des Absatzes 5a oder wenn der Ausländer wegen eines in § 54 Absatz 1 Nummer 1 genannten Ausweisungsinteresses ausgewiesen worden ist, kann im Einzelfall ein unbefristetes Einreise- und Aufenthaltsverbot erlassen werden. [3]Absatz 5a Satz 3 und 4 gilt entsprechend.

(5c) Die Behörde, die die Ausweisung, die Abschiebungsandrohung oder die Abschiebungsanordnung nach § 58a erlässt, ist auch für den Erlass und die erstmalige Befristung des damit zusammenhängenden Einreise- und Aufenthaltsverbots zuständig.

(6) [1]Gegen einen Ausländer, der seiner Ausreisepflicht nicht innerhalb einer ihm gesetzten Ausreisefrist nachgekommen ist, kann ein Einreise- und Aufenthaltsverbot angeordnet werden, es sei denn, der Ausländer ist unverschuldet an der Ausreise gehindert oder die Überschreitung der Ausreisefrist ist nicht erheblich. [2]Absatz 1 Satz 2, Absatz 2 Satz 3 bis 6, Absatz 3 Satz 1 und Absatz 4 Satz 1, 2 und 4 gelten entsprechend. [3]Das Einreise- und Aufenthaltsverbot ist mit seiner Anordnung nach Satz 1 zu befristen. [4]Bei der ersten Anordnung des Einreise- und Aufenthaltsverbots nach Satz 1 soll die Frist ein Jahr nicht überschreiten. [5]Im Übrigen soll die Frist drei Jahre nicht überschreiten. [6]Ein Einreise- und Aufenthaltsverbot wird nicht angeordnet, wenn Gründe für eine vorübergehende Aussetzung der Abschiebung nach § 60a vorliegen, die der Ausländer nicht verschuldet hat.

(7) [1]Gegen einen Ausländer,

1. dessen Asylantrag nach § 29a Absatz 1 des Asylgesetzes als offensichtlich unbegründet abgelehnt wurde, dem kein subsidiärer Schutz zuerkannt wurde, das Vorliegen der Voraussetzungen für ein Abschiebungsverbot nach § 60 Absatz 5 oder 7 nicht festgestellt wurde und der keinen Aufenthaltstitel besitzt oder

2. dessen Antrag nach § 71 oder § 71a des Asylgesetzes wiederholt nicht zur Durchführung eines weiteren Asylverfahrens geführt hat,

kann das Bundesamt für Migration und Flüchtlinge ein Einreise- und Aufenthaltsverbot anordnen. [2]Das Einreise- und Aufenthaltsverbot wird mit Bestandskraft der Entscheidung über den Asylantrag wirksam. [3]Absatz 1 Satz 2, Absatz 2 Satz 3 bis 6, Absatz 3 Satz 1 und Absatz 4 Satz 1, 2 und 4 gelten entsprechend. [4]Das Einreise- und Aufenthaltsverbot ist mit seiner Anordnung nach Satz 1 zu befristen. [5]Bei der ersten Anordnung des Einreise- und Aufenthaltsverbots nach Satz 1 soll die Frist ein Jahr nicht überschreiten. [6]Im Übrigen soll die Frist drei Jahre nicht überschreiten. [7]Über die Aufhebung, Verlängerung oder Verkürzung entscheidet die zuständige Ausländerbehörde.

(8) [1]Vor Ablauf des Einreise- und Aufenthaltsverbots kann dem Ausländer ausnahmsweise erlaubt werden, das Bundesgebiet kurzfristig zu betreten, wenn zwingende Gründe seine Anwesenheit erfordern oder die Versagung der Erlaubnis eine unbillige Härte bedeuten würde. [2]Im Falle der Absätze 5a und 5b ist für die Entscheidung die oberste Landesbehörde zuständig.

(9) [1]Reist ein Ausländer entgegen einem Einreise- und Aufenthaltsverbot in das Bundesgebiet ein, wird der Ablauf einer festgesetzten Frist für die Dauer des Aufenthalts im Bundesgebiet gehemmt. [2]Die Frist kann in diesem Fall verlängert werden, längstens jedoch um die Dauer der ursprünglichen Befristung. [3]Der Ausländer ist auf diese Möglichkeit bei der erstmaligen Befristung hinzuweisen. [4]Für eine nach Satz 2 verlängerte Frist gelten die Absätze 3 und 4 Satz 1 entsprechend.

Überblick

Nach Abs. 1 ist gegen einen Ausländer, der ausgewiesen, zurückgeschoben oder abgeschoben worden ist, ein Einreise- und Aufenthaltsverbot zu erlassen. Der Ausländer darf damit grundsätzlich weder erneut in das Bundesgebiet einreisen, noch sich darin aufhalten, noch darf ihm ein Aufenthaltstitel erteilt werden (→ Rn. 1). Nach Abs. 2 ist im Fall einer Ausweisung das Einreise- und Aufenthaltsverbot gemeinsam mit der Ausweisungsverfügung zu erlassen. Ansonsten soll es mit der Abschiebungsandrohung oder -anordnung erlassen werden, spätestens mit der Abschiebung oder Zurückschiebung muss es erlassen werden. Das Einreise- und Aufenthaltsverbot ist von Amts wegen zu befristen; die Frist beginnt mit der Ausreise bzw. Abschiebung. Die Frist kann auch zur Abwehr einer Gefahr für die öffentliche Sicherheit und Ordnung mit einer Bedingung versehen werden, insbesondere einer nachweislichen Straf- oder Drogenfreiheit; tritt die festgesetzte Bedingung bis zum Ablauf der Frist nicht ein, gilt eine vom Amts wegen zusammen mit der bedingten Befristung anzuordnende längere Frist (→ Rn. 5). Nach Abs. 3 wird über die Länge der Frist nach Ermessen entschieden; höherrangiges Recht steht dem nicht entgegen. Bei der Entscheidung ist eine grundsätzliche Höchstfrist von fünf Jahren zu beachten. In die Ermessenserwägungen sind die öffentlichen Interessen an der Gefahrenabwehr und die persönlichen Interessen des Ausländers einzustellen und abzuwägen (→ Rn. 15). Gemäß Abs. 4 kann nach Ermessen das Einreise- und Aufenthaltsverbot aufgehoben oder die Frist verkürzt oder auch verlängert werden (→ Rn. 27). In bestimmten schwerwiegenden Fällen kann die Frist des Einreise- und Aufenthaltsverbots auf bis zu zehn Jahre (Abs. 5, → Rn. 36) oder bis zu 20 Jahre (Abs. 5a, → Rn. 40) bemessen werden oder kann ein unbefristetes Einreise- und Aufenthaltsverbots erlassen werden (Abs. 5b, → Rn. 44). Abs. 6 gestattet der Ausländerbehörde, nach Ermessen ein Einreise- und Aufenthaltsverbot anzuordnen, wenn ein Ausländer seiner Ausreisepflicht nicht innerhalb einer ihm gesetzten Ausreisefrist nachgekommen ist, außer wenn der Ausländer unverschuldet an der Ausreise gehindert oder die Überschreitung der Ausreisefrist unerheblich ist (→ Rn. 54). Abs. 7 ermöglicht es dem Bundesamt für Migration und Flüchtlinge, in bestimmten, vom Gesetzgeber als missbräuchliche Inanspruchnahme des Asylverfahrens angesehenen Fällen ein Einreise- und Aufenthaltsverbot anzuordnen (→ Rn. 61). Nach Abs. 8 regelt die sog. Betretenserlaubnis. Im Fall von zwingenden Gründen und Fällen unbilliger Härte kann dem Ausländer ausnahmsweise erlaubt werden, trotz eines bestehenden Einreise- und Aufenthaltsverbots das Bundesgebiet kurzfristig zu betreten (→ Rn. 69). Abs. 9 bestimmt die Folgen für den Fall, dass ein Ausländer entgegen einem bestehenden Einreise- und Aufenthaltsverbot einreist. Der Fristablauf ist gehemmt, und die Ausländerbehörde kann die Frist verlängern. (→ Rn. 74).

Übersicht

A. Einreise- und Aufenthaltsverbot (Abs. 1)

Nach Abs. 1 ist gegen einen Ausländer, der ausgewiesen, zurückgeschoben oder abgeschoben **1** worden ist, ein Einreise- und Aufenthaltsverbot zu erlassen. Infolge des Einreise- und Aufenthaltsverbots darf der Ausländer weder erneut in das Bundesgebiet einreisen, noch sich darin aufhalten, noch darf ihm, selbst im Falle eines gesetzlichen Anspruchs, ein Aufenthaltstitel erteilt werden. Die weiteren Absätze dieser Vorschrift enthalten umfangreiche Regelungen zu diesem Einreise- und Aufenthaltsverbot, vor allem hinsichtlich dessen Dauer (Befristung).

§ 11 wurde in den letzten Jahren mehrfach grundlegend geändert, um den Vorgaben des **2** europäischen Rechts Rechnung zu tragen (→ Rn. 2.1).

§ 11 wurde zunächst durch das Gesetz zur Neubestimmung des Bleiberechts und der Aufenthaltsbeendi- **2.1** gung v. 27.7.2015 (BGBl. I 1386) mWz 1.8.2015 grundlegend neu gefasst; es sollte vor allem die Rechtsprechung des BVerwG und des EuGH zu den sich insoweit aus Art. 11 Rückführungs-RL (RL 2008/115/ EG v. 16.12.2008, ABl. 2008 L 348, 98) ergebenden Änderungen nachvollzogen werden (BT-Drs. 18/ 4097, 35). Nach dem Wortlaut dieser Fassung entstand das Einreise- und Aufenthaltsverbot unmittelbar kraft Gesetzes aufgrund der Ausweisung, Zurückschiebung oder Abschiebung. Nach der Rechtsprechung des BVerwG konnte jedoch ein Einreise- und Aufenthaltsverbot, jedenfalls soweit es an eine Abschiebung anknüpft, nicht wirksam allein aufgrund einer gesetzgeberischen Entscheidung eintreten; vielmehr bedurfte es aufgrund der Vorgaben der Rückführungs-RL einer behördlichen Einzelfallentscheidung über die Verhängung eines Einreiseverbots von bestimmter Dauer. Eine solche wurde jedoch in unionsrechtskonformer Auslegung regelmäßig in einer behördlichen Befristungsentscheidung nach Abs. 2 S. 1 gesehen (BVerwG BeckRS 2017, 118023 Rn. 71 f.; 2017, 121803 Rn. 23; weitergehender allerdings VGH BW BeckRS 2018, 5147). Zumindest bei einer Rückkehrentscheidung iSd Art. 3 Nr. 4 Rückführungs-RL sei die Befristungsentscheidung als konstitutiv wirkende behördliche Entscheidung zu qualifizieren, weil Unionsrecht ein allein auf einer Anordnung des Gesetzgebers beruhendes Einreise- und Aufenthaltsverbot ausschließe (BVerwG BeckRS 2017, 125402 Rn. 34). Die erneute Neufassung des § 11 durch das Zweite Gesetz zur besseren Durchsetzung der Ausreisepflicht v. 15.8.2019 (BGBl. I 1294), das am 21.8.2019 in Kraft getreten ist, sollte wiederum dieser Rechtsprechung Rechnung tragen (BR-Drs. 179/19, 27).

In Abs. 1 S. 1 in der seit 21.8.2019 geltenden Fassung ist nunmehr vorgesehen, dass das Einreise- **3** und Aufenthaltsverbot nicht mehr von Gesetzes wegen eintritt, sondern einen Verwaltungsakt darstellt, den die zuständige Behörde verpflichtet ist zu erlassen. Es handelt sich um einen einheitlichen Verwaltungsakt, der nicht zwischen der Anordnung des Verbots und dessen Befristung aufgespalten werden kann. Die gesetzlichen Verbote des § 11 Abs. 1 S. 2 treten mit dem Wirksamwerden des Einreise- und Aufenthaltsverbots ein; es muss weder bestandskräftig noch sofort vollziehbar sein (VGH BW BeckRS 2020, 1992 Rn. 18, 23).

Das Einreise- und Aufenthaltsverbot wird zu seiner praktischen Wirksamkeit national auf der **4** Grundlage von § 50 Abs. 6 zum Zweck der Einreiseverweigerung, zur Zurückweisung und für den Fall des Antreffens im Bundesgebiet zur Festnahme im polizeilichen Informationssystem INPOL und schengenweit im SIS (= Schengener Informationssystem) ausgeschrieben; verfügt der betroffene Ausländer über einen Aufenthaltstitel in einem anderen Mitgliedstaat, erfolgt die Ausschreibung nur national (BT-Drs. 18/4097, 35).

B. Zeitpunkt des Erlasses sowie Befristung des Einreise- und Aufenthaltsverbots (Abs. 2)

I. Zeitpunkt des Erlasses

5 Gemäß Abs. 2 S. 1 ist im Fall der Ausweisung (zwingend) das Einreise- und Aufenthaltsverbot gemeinsam mit der Ausweisungsverfügung zu erlassen. Ist dies nicht der Fall, ist zwar die Ausweisung selbst grundsätzlich nicht angreifbar, weil es sich bei der Anordnung des Einreise- und Aufenthaltsverbots um einen eigenen Verwaltungsakt handelt, der unabhängig von der zugrunde liegenden ausländerrechtlichen Entscheidung oder Maßnahme existiert und mit eigenen Rechtsmitteln angegriffen werden kann (BT-Drs. 18/4097, 35). Widerspruch und Klage gegen ein Einreise- und Aufenthaltsverbot haben keine aufschiebende Wirkung, ein Antrag nach § 80 Abs. 5 VwGO ist statthaft (zu den Einzelheiten VGH BW BeckRS 2019, 29732). Im Rahmen der gerichtlichen Kontrolle eines Einreise- und Aufenthaltsverbots nach § 80 Abs. 5 S. 1 VwGO ist die Rechtmäßigkeit der Ausweisung (jedenfalls) inzident zu prüfen.

6 In den sonstigen Fällen der Abschiebung oder Zurückschiebung soll nach Abs. 2 S. 2 das Einreise- und Aufenthaltsverbot mit der Abschiebungsandrohung oder der Abschiebungsanordnung nach § 58a unter der aufschiebenden Bedingung der Ab- oder Zurückschiebung und spätestens mit der Ab- oder Zurückschiebung erlassen werden. Der Zeitpunkt des Erlasses der Abschiebungsandrohung bzw. -anordnung ist deswegen maßgeblich, weil dies nach den Vorstellungen des Gesetzgebers regelmäßig das vorerst letzte Schriftstück darstellen dürfte, das dem Ausländer von einer deutschen Behörde zugestellt wird; dadurch soll eine ordnungsgemäße Zustellung und damit Bekanntgabe an den Ausländer gewährleistet werden (BR-Drs. 179/19). Da die Zurück- oder Abschiebung zu diesem Zeitpunkt aber noch nicht durchgeführt worden ist, muss das mit der Zurück- oder Abschiebung verbundene Einreise- und Aufenthaltsverbot unter die aufschiebende Bedingung der Zurück- oder Abschiebung gestellt werden. Die Formulierung „soll" bringt zum Ausdruck, dass der Erlass des Einreise- und Aufenthaltsverbots im Regelfall mit der Abschiebungsandrohung zu erfolgen hat, sein Fehlen macht die Zurück- bzw. Abschiebungsandrohung jedoch nicht rechtswidrig. Spätestens bei der Abschiebung oder Zurückschiebung dann muss der Erlass jedoch erfolgen; möglich ist dies bis zum Abschluss der jeweiligen Maßnahme, wobei hiervon die gesamte Vollzugshandlung bis zu ihrem Abschluss erfasst ist (BT-Drs. 18/4097, 36).

II. Befristung von Amts wegen

7 Das Einreise- und Aufenthaltsverbot ist nach Abs. 2 S. 3 bei seinem Erlass von Amts wegen zugleich zu befristen (→ Rn. 7.1).

7.1 Nach der vor dem 1.8.2015 geltenden Rechtslage setzte die Befristungsentscheidung einen Antrag voraus, der allerdings nach der Rechtsprechung konkludent in dem rechtlichen Vorgehen gegen eine Ausweisung gesehen wurde. Die Neuregelung setzte die Rückführungs-RL (RL 2008/115/EG v. 16.12.2008, ABl. 2008 L 348, 98) um.

8 Der Ablauf der Frist führt nicht automatisch dazu, dass der Ausländer ohne Weiteres wieder einen Aufenthaltstitel erhalten kann oder muss. Soweit keine Genehmigungsfreiheit für den Aufenthalt im Bundesgebiet vorliegt und der Ausländer einen Aufenthaltstitel benötigt (§ 4 Abs. 1 S. 1), müssen die jeweiligen allgemeinen und besonderen Erteilungsvoraussetzungen vorliegen.

III. Beginn der Frist

9 Nach Abs. 2 S. 4 beginnt der Lauf der gem. Abs. 2 S. 3 bestimmten Frist mit der Ausreise, worunter auch eine Abschiebung zu verstehen ist. Dieser Fristbeginn ist durch europäisches Recht vorgegeben und nicht durch nationales Recht oder Verwaltungsakt abänderbar (BeckOK AuslR/ Maor Rn. 9 mwN). Die Ausreise in einen anderen Mitgliedstaat der EU genügt nur dann als Ausreise in diesem Sinn, wenn dem Ausländer dort Einreise und Aufenthalt erlaubt sind (§ 50 Abs. 3 S. 1).

10 Kann der Ausländer nicht ausreisen bzw. abgeschoben werden, beginnt die Frist nicht zu laufen. Um das Einreise- und Aufenthaltsverbot zu beenden, ist eine Entscheidung nach Abs. 4 (→ Rn. 28) zu treffen.

IV. Befristung unter einer Bedingung

Nach § 11 Abs. 2 S. 5 und S. 6 kann die Befristung zur Abwehr einer Gefahr für die öffentliche **11** Sicherheit und Ordnung mit einer Bedingung (§ 36 Abs. 2 Nr. 2 VwVfG und entsprechende Landes-VwVfG) versehen werden, insbesondere einer nachweislichen Straf- oder Drogenfreiheit; tritt die Bedingung bis zum Ablauf der Frist nicht ein, gilt eine von Amts wegen zusammen mit der „bedingten Befristung" anzuordnende längere Frist.

Durch diese durch das Gesetz zur Neubestimmung des Bleiberechts und der Aufenthaltsbeendi- **12** gung mWz 1.8.2015 eingeführte Vorschrift ist der zuvor bestehende Streit über die Zulässigkeit der Beifügung einer Bedingung (vgl. § 36 Abs. 1 VwVfG) zu einer Befristung des Einreise- und Aufenthaltsverbots durch den Gesetzgeber entschieden worden. Die Entscheidung darüber, ob eine Frist „unter einer Bedingung" verfügt wird, steht (anders als bei der „unbedingten" Frist, die von Amts wegen zwingend festzusetzen ist) im Ermessen der Ausländerbehörde, ebenso der Inhalt der Bedingung. Eine Bedingung darf ausschließlich zur Abwehr einer Gefahr für die öffentliche Sicherheit und Ordnung angeordnet werden; das Gesetz nennt hier – nicht abschließend – insbesondere den Nachweis von Straf- und Drogenfreiheit. Sie muss also zu diesem Zweck bestimmt und geeignet, für den Betroffenen zumutbar und erfüllbar und ihr Eintritt objektiv feststellbar sein (BayVGH BeckRS 2016, 51506 Rn. 72).

Auch die Gesetzesbegründung weist darauf hin, dass die Bedingung geeignet sein müsse, der **13** Gefahr zu begegnen, und dass es dem Ausländer möglich und zumutbar sein müsse, den entsprechenden Nachweis auch tatsächlich zu erbringen. Beispielsweise könne es sein, dass in einzelnen Ländern der Nachweis der Straffreiheit anhand eines Führungszeugnisses nicht möglich oder nicht zumutbar sei. Bei einer Gefahr für die öffentliche Sicherheit und Ordnung, die durch eine bestehende Drogenabhängigkeit begründet sei, könne bspw. der Nachweis der Drogenfreiheit zur Bedingung gemacht werden, der durch ein entsprechendes ärztliches Attest erbracht werden könnte. Bei straffällig gewordenen Ausländern könne die Bedingung den Nachweis der Straffreiheit zum Gegenstand haben, wenn das durch die Straftaten zum Ausdruck kommende Verhalten im Einzelfall eine Gefahr für die öffentliche Sicherheit und Ordnung darstelle. Hiermit werde dem Umstand Rechnung getragen, dass die Behörde den Lebenslauf des Ausländers im Ausland nach der Aufenthaltsbeendigung in der Regel nicht weiter verfolgen könne und es somit der Mitwirkungspflicht des Ausländers entspreche, die positive Persönlichkeitsentwicklung aktiv darzulegen (BT-Drs. 18/4097, 36).

Tritt die Bedingung nicht ein, gilt eine andere, längere Befristung, die die Behörde für diesen **14** Fall zeitgleich mit der vorgenannten Befristung festgesetzt hat. Diese Befristung kann ihrerseits nicht erneut mit einer Bedingung verknüpft werden; Abs. 4 bleibt indessen unberührt.

C. Bestimmung der Länge der Frist (Abs. 3)

I. Ermessensentscheidung

Gemäß Abs. 3 S. 1 wird über die Länge der Frist nach Ermessen entschieden (→ Rn. 15.1). **15**

Mit dieser durch das Gesetz zur Neubestimmung des Bleiberechts und der Aufenthaltsbeendigung **15.1** eingeführten ausdrücklichen Regelung hat der Gesetzgeber auf die Rechtsprechung des BVerwG reagiert, wonach die Bemessung der Frist nach Inkrafttreten des Richtlinienumsetzungsgesetzes 2011 nicht mehr im Ermessen der Ausländerbehörde stand, es sich vielmehr um eine gebundene Entscheidung handelte. Dies wurde vor dem Hintergrund des seinerzeit offenen Wortlauts der Vorschrift mit dessen unionsrechtlicher Prägung durch die Rückführungs-RL und der Bedeutung der Befristung für die Verhältnismäßigkeit der Aufenthaltsbeendigung mit Blick auf Art. 2 Abs. 1 GG und Art. 6 GG sowie Art. 8 EMRK begründet (BVerwG BeckRS 2012, 50796 Rn. 31 ff.). Mit der Änderung in § 11 Abs. 3 S. 1 wollte der Gesetzgeber den früheren Rechtszustand wieder herstellen, indem er den bisher offenen Wortlaut der Vorschrift konkretisiert und damit klargestellt hat, dass über die Dauer der Sperrfrist im pflichtgemäßen Ermessen der zuständigen Behörden zu entscheiden ist (BT-Drs. 18/4097, 36).

Diese gesetzgeberische Entscheidung ist mit höher- und vorrangigem Recht zu vereinbaren. **16** Die – jedenfalls in Bezug auf die Rechtsfolgen einer Ausweisung – gegenteilige Auffassung des VGH BW (BeckRS 2016, 40747) überzeugt im Ergebnis nicht (BVerwG BeckRS 2017, 107083 Rn. 20; BayVGH BeckRS 2016, 51506 Rn. 64).

Die Entscheidung des BVerwG v. 14.2.2012 (BeckRS 2012, 50796) zur damaligen Fassung des **17** § 11 erging ausdrücklich vor dem Hintergrund des seinerzeit offenen Wortlauts der Vorschrift. Ihr ist nicht zu entnehmen, dass die bei der Auslegung der damaligen Gesetzesfassung herangezogenen verfassungs-, unions- und menschenrechtlichen Vorgaben der gesetzlichen Einräumung eines behördlichen Ermessensspielraums zwingend entgegenstehen. Eine gebundene Entscheidung folgt zunächst nicht aus der Rückführungs-RL, und zwar ungeachtet der Frage, ob die Befristung der gesetzlichen Wirkungen der Ausweisung an den Bestimmungen dieser Richtlinie zu messen ist. Art. 11 Abs. 2 Rückführungs-RL enthält mit Ausnahme der grundsätzlich geltenden Fünf-Jahres-Frist keine weiteren inhaltlichen Vorgaben bezüglich der Dauer der Frist, sondern schreibt nur die Berücksichtigung der jeweiligen Umstände des Einzelfalls vor. Hierzu bedarf es nicht zwingend einer gebundenen Entscheidung. Auch dem Recht auf einen wirksamen Rechtsbehelf nach Art. 13 Rückführungs-RL ist nicht zu entnehmen, dass der Ausländerbehörde vom nationalen Gesetzgeber kein Ermessensspielraum eingeräumt werden darf. Denn die Wirksamkeit eines Rechtsbehelfs bezieht sich auf die umfassende gerichtliche Überprüfung der normativ vorgegebenen Grenzen behördlichen Handelns. Die vom VGH BW herangezogenen strukturellen Erwägungen stehen einer Ermessensregelung ebenfalls nicht zwingend entgegen. Der Umstand, dass es sich bei der Ausweisung nach § 53 Abs. 1 inzwischen um eine gebundene Entscheidung mit einer tatbestandsbezogenen Abwägung handelt, zwingt den Gesetzgeber von Verfassungs wegen nicht zu einer Regelung, nach der dies auch in Bezug auf die Dauer der mit der Ausweisung verbundenen gesetzlichen Rechtsfolgen der Fall sein muss. Die Ausgestaltung der Ausweisung als gerichtlich voll überprüfbare Abwägungsentscheidung ist auf das vom Gesetzgeber verfolgte Ziel zurückzuführen, eine „Beschleunigung des Verfahrens und schnellere Rechtssicherheit" zu erreichen (BT-Drs. 18/4097, 49 f.). Gleichzeitig wollte der Gesetzgeber, dass über die Dauer der Sperrfrist von der zuständigen Behörde nach pflichtgemäßem Ermessen zu entscheiden ist (BT-Drs. 18/4097, 36). Dieser gesetzgeberischen Entscheidung stehen auch die vom VGH BW herangezogenen verfassungs- und menschenrechtlichen Vorgaben nicht entgegen. Die Befristung der gesetzlichen Wirkungen einer Ausweisung wirkt sich zwar mit Blick auf Art. 2 Abs. 1 GG und Art. 6 GG sowie Art. 8 EMRK auf die Verhältnismäßigkeit der Aufenthaltsbeendigung aus. Die Verhältnismäßigkeit der Aufenthaltsbeendigung kann aber nicht nur durch eine gebundene Befristungsentscheidung sichergestellt werden. Denn auch bei einer Ermessensentscheidung ist die Frage der Verhältnismäßigkeit (auf der Rechtsfolgenseite) zu beachten. Das Erfordernis einer Ermessensentscheidung ändert auch nichts am behördlichen Prüfprogramm. Die Ausländerbehörde muss bei der allein unter präventiven Gesichtspunkten festzusetzenden Frist das Gewicht des Ausweisungsinteresses und den mit der Ausweisung verfolgten Zweck berücksichtigen. Die behördliche Befristungsentscheidung unterliegt auch als Ermessensentscheidung über § 114 Abs. 1 S. 1 VwGO einer wirksamen gerichtlichen Kontrolle. Bei der Ermessensausübung stellt der Grundsatz der Verhältnismäßigkeit für die Behörde eine gesetzliche Ermessensgrenze dar, ein Verstoß dagegen führt zu einer Ermessensüberschreitung und unterliegt der gerichtlichen Überprüfung nach § 114 Abs. 1 S. 1 VwGO. Nichts anderes gilt in Bezug auf unionsrechtlich zu beachtende Vorgaben. Die Entscheidung des Gesetzgebers, der Ausländerbehörde bei der Bestimmung der Frist einen gewissen Spielraum einzuräumen, führt daher im Ergebnis nicht zu einer Verschlechterung der Rechtsstellung des Betroffenen, da die Behörde bei der Ausübung ihres Ermessens von dem im Einzelfall zulässigen Höchstmaß der Frist nicht zulasten des Ausländers abweichen darf. Die Einhaltung dieser Obergrenze unterliegt der vollen gerichtlichen Kontrolle (zum Ganzen BVerwG BeckRS 2017, 107083; ebenso BayVGH BeckRS 2016, 51506).

18   Im Ergebnis konnte der Gesetzgeber der Behörde bei der Festsetzung der Dauer der Sperrfrist einen Ermessensspielraum einräumen. Denn die verfassungsrechtlich und unionsrechtlich geforderte Verhältnismäßigkeitsprüfung lässt sich regelmäßig nicht auf die Bestimmung einer taggenauen Frist reduzieren. Letztlich handelt es sich damit bei dem der Behörde eingeräumten Ermessen um einen – wenn auch geringen – Spielraum bei der Festsetzung der Dauer der Sperrfrist, die sich an den verfassungs-, unions- und völkerrechtlichen Wertentscheidungen messen lassen muss (BayVGH BeckRS 2016, 51506 Rn. 65).

II. Grundsätzliche Höchstdauer der Frist

19   Die Länge der festzusetzenden Frist darf nach Abs. 3 S. 2 fünf Jahre nicht überschreiten, wenn nicht die Voraussetzungen des Abs. 5, Abs. 5a oder Abs. 5b vorliegen.

20   Nach der Gesetzesbegründung sollte damit die in Art. 11 Abs. 2 S. 2 Rückführungs-RL vorgegebene Höchstdauer der Befristung von fünf Jahren abgebildet werden (BR-Drs. 179/19, 28). Nach dieser Vorschrift wird die Dauer des Einreiseverbots in Anbetracht der jeweiligen Umstände des Einzelfalls festgesetzt und überschreitet grundsätzlich nicht fünf Jahre. Sie kann jedoch fünf Jahre überschreiten, wenn der Drittstaatsangehörige eine schwerwiegende Gefahr für die öffentliche Ordnung, die öffentliche Sicherheit oder die nationale Sicherheit darstellt.

III. In die Ermessenserwägungen einzustellende Gesichtspunkte

Bei der Bestimmung der Länge der Frist sind in einem ersten Schritt das Gewicht des Auswei- **21** sungsgrundes und der mit der Ausweisung verfolgte Zweck zu berücksichtigen; es bedarf einer prognostischen Einschätzung im Einzelfall, wie lange das Verhalten des Betroffenen, das der zu spezialpräventiven Zwecken verfügten Ausweisung zugrunde liegt, das öffentliche Interesse an der Gefahrenabwehr zu tragen vermag, wie lange also die Gefahr besteht, dass der Ausländer weitere Straftaten oder andere Verstöße gegen die öffentliche Sicherheit und Ordnung begehen wird, wobei die Umstände des Einzelfalles anhand des Gewichts des Ausweisungsgrundes zu berücksichtigen sind. In einem zweiten Schritt ist die so ermittelte Frist an höherrangigem Recht, dh verfassungsrechtlichen Wertentscheidungen (Art. 2 Abs. 1 GG, Art. 6 GG) und den Vorgaben aus Art. 7 GRCh und Art. 8 EMRK, zu überprüfen und ggf. zu verkürzen; dieses normative Korrektiv bietet den Ausländerbehörden und den Gerichten ein rechtsstaatliches Mittel, um die fortwirkenden einschneidenden Folgen des Einreise- und Aufenthaltsverbots für die persönliche Lebensführung des Betroffenen zu begrenzen (BayVGH BeckRS 2016, 51506 Rn. 67).

Dabei sind von der Ausländerbehörde nicht nur die nach § 55 Abs. 1 und Abs. 2 schutzwürdigen **22** Bleibeinteressen des Ausländers in den Blick zu nehmen, sondern es bedarf nach Maßgabe des Grundsatzes der Verhältnismäßigkeit auf der Grundlage der Umstände des Einzelfalls einer umfassenden Abwägung der betroffenen Belange. Da für die gerichtliche Überprüfung der Befristungsentscheidung auf die Sach- und Rechtslage im Zeitpunkt der letzten mündlichen Verhandlung oder Entscheidung des Tatsachengerichts abzustellen ist, trifft die Ausländerbehörde auch während des gerichtlichen Verfahrens eine Pflicht zur ständigen verfahrensbegleitenden Kontrolle der Rechtmäßigkeit ihrer Befristungsentscheidung und ggf. zur Ergänzung ihrer Ermessenserwägungen (BVerwG BeckRS 2017, 107082 Rn. 23).

Ergibt sich das Einreise- und Aufenthaltsverbot nicht aus einer Ausweisung, sondern aus einer **23** Abschiebung oder Zurückschiebung, ist das öffentliche Interesse daran, den Ausländer für gewisse Zeit vom Bundesgebiet fernzuhalten, nicht so gewichtig wie nach einer Ausweisung aufgrund von Straftaten und einer fortdauernden Gefahr für die öffentliche Sicherheit und Ordnung. Aber auch wenn ausschließlich die Nichterfüllung aufenthaltsrechtlicher Bestimmungen Anlass zur Aufenthaltsbeendigung gibt, ist auch in diesen Fällen in der Regel eine mehrmonatige Wiedereinreisesperre nicht zu beanstanden, wenn sie zu dem Zweck verhängt wird, zu verdeutlichen, dass eine Nichtrespektierung aufenthaltsrechtlicher Regelungen nicht sanktionslos hingenommen wird und ein generell nicht kalkulierbares Risiko beinhaltet (BeckOK AuslR/Maor Rn. 19).

Bei der Bemessung der Frist können unter Wahrung der Verhältnismäßigkeit auch generalprä- **24** ventive Aspekte berücksichtigt werden.

Bei den zugunsten des Ausländers zu berücksichtigenden Umständen sind vor allem seine **25** familiären Belange zu berücksichtigen, also seine Beziehungen zu (weiterhin) im Bundesgebiet lebenden Familienangehörigen. Speziell ist hier das Kindeswohl zu würdigen, insoweit bedarf es sorgfältiger Ermessenserwägungen mit der Abwägung zwischen dem Kindeswohl und der Gefährlichkeit des Ausländers. Allerdings ist hier zu sehen, dass bereits im Rahmen der Ausweisung den Interessen von Minderjährigen bzw. Kindern ein sehr hohes Gewicht zukommt (s. nur die Bleibeinteressen nach § 55 Abs. 1 Nr. 4, Abs. 2 Nr. 3 und Nr. 5) und somit ein noch höheres Gewicht der Ausweisungsinteressen – dh in der Regel eine hohe Gefährlichkeit des Ausländers – für die Rechtmäßigkeit der Ausweisung vorliegen muss. Es würde einen Wertungswiderspruch bedeuten, in so einem Fall das Einreise- und Aufenthaltsverbot trotz fortdauernder hoher Gefährlichkeit des Ausländers nur auf eine kurze Zeit zu befristen. Beruht das Einreise- und Aufenthaltsverbot jedoch „nur" auf einer Abschiebung oder Zurückschiebung, wird die Berücksichtigung des Kindeswohls in vielen Fällen die Festsetzung einer nur kurzen Frist gebieten – vorausgesetzt, eine zwangsweise Aufenthaltsbeendigung ist überhaupt zulässig.

Zugunsten des Ausländers nach der Bestandskraft eintretende Umstände sind durch eine Ent- **26** scheidung nach Abs. 4 zu berücksichtigen.

D. Aufhebung des Einreise- und Aufenthaltsverbots, Änderung der Frist (Abs. 4)

Nach Abs. 4 S. 1 kann das Einreise- und Aufenthaltsverbot zur Wahrung schutzwürdiger **27** Belange des Ausländers oder, soweit es der Zweck des Einreise- und Aufenthaltsverbots nicht mehr erfordert, aufgehoben oder die Frist verkürzt werden; nach Abs. 4 S. 4 kann die Frist aus Gründen der öffentlichen Sicherheit und Ordnung verlängert werden.

28   Durch den Abs. 4 wurde eine spezielle Rechtsgrundlage zur nachträglichen Verlängerung oder Verkürzung der Frist sowie zur Aufhebung des Einreise- und Aufenthaltsverbots geschaffen. Damit sollte für Änderungen der Frist der Rückgriff auf die allgemeinen Regelungen der VwVfG der Länder überflüssig und das Verfahren für die Behörden vereinfacht werden (BT-Drs. 18/4097, 36).

29   Die Maßnahmen können von Amts wegen oder auf Antrag des Ausländers getroffen werden.

30   Die Regelung umfasst sowohl „Auslandsfälle", wenn der Ausländer sich im Ausland befindet, wie auch „Inlandsfälle", in denen etwa nach einer Ausweisung die Aufenthaltsbeendigung nicht vollzogen werden konnte.

31   Eine Verkürzung der Frist oder die Aufhebung des Einreise- und Aufenthaltsverbots nach S. 1 kann nach der gesetzgeberischen Intention angezeigt sein, wenn Umstände eintreten, die das Gewicht des öffentlichen Interesses, den Ausländer aus dem Bundesgebiet fernzuhalten oder ihm die Erteilung eines Aufenthaltstitels im Bundesgebiet vorzuenthalten, verringern. Eine Fristverkürzung oder Aufhebung kam danach schon bisher in Auslandsfällen in Betracht, wenn der Ausländer seiner Ausreisepflicht innerhalb einer ihm gesetzten Ausreisefrist freiwillig nachgekommen war (BT-Drs. 18/4097, 36). Der durch das Zweite Gesetz zur besseren Durchsetzung der Ausreisepflicht v. 15.8.2019 (BGBl. I 1294), das am 21.8.2019 in Kraft getreten ist, eingeführte S. 3 setzt nunmehr ausdrücklich fest, dass bei der Entscheidung über die Verkürzung der Frist oder die Aufhebung des Einreise- und Aufenthaltsverbots, das zusammen mit einer Ausweisung erlassen wurde, zu berücksichtigen ist, ob der Ausländer seiner Ausreisepflicht innerhalb der ihm gesetzten Ausreisefrist nachgekommen ist; eine Überschreitung der Ausreisefrist kann aber dann nicht zu seinem Nachteil gewertet werden, wenn der Ausländer unverschuldet an der Ausreise gehindert oder die Überschreitung der Ausreisefrist nicht erheblich war. Nach der Gesetzesbegründung sollte damit Art. 11 Abs. 3 Rückführungs-RL umgesetzt werden; für den Ausländer sollte ein Anreiz entstehen, der Verpflichtung zur Ausreise freiwillig nachzukommen (BR Drs. 179/19, 28).

31a   Abs. 4 S. 1 normiert Reaktionsmöglichkeiten auf tatsächliche Umstände, die nach Bestandskraft des verfügten Einreise- und Aufenthaltsverbots eintreten. Maßgeblich ist dabei der Zeitpunkt der Entscheidung der Behörde bzw. – im Falle eines gerichtlichen Verfahrens – der Zeitpunkt der letzten mündlichen Verhandlung bzw. Entscheidung des Tatsachengerichts. Bei der Prüfung, ob das Einreise- und Aufenthaltsverbot aufzuheben oder zu verkürzen ist, gelten spiegelbildlich die gleichen Grundsätze wie bei der Festsetzung der ursprünglichen Frist, also ein zweistufiges Prüfprogramm (→ Rn. 21). Das Einreise- und Aufenthaltsverbot ist damit aufzuheben, wenn der spezialpräventive Zweck der Ausweisung erreicht ist, also die zum Ausweisungszeitpunkt bestehende Wiederholungsgefahr mittlerweile entfallen ist, oder wenn trotz einer noch bestehenden Rest-Wiederholungsgefahr schützenswerte familiäre Belange dies aus dem Grundsatz der Verhältnismäßigkeit gebieten. Entsprechendes gilt, wenn ein mit der Ausweisung verfolgter generalpräventiver Zweck erreicht ist bzw. nunmehr Gründe der Verhältnismäßigkeit eine Aufhebung gebieten. Die vollständige Beseitigung der Sperrwirkungen im Rahmen des Abs. 4 S. 1 tritt an die Stelle der früheren „Befristung auf Null". Eine Verkürzung der Geltungsdauer des Einreise- und Aufenthaltsverbot kommt in Betracht, wenn die genannten Erwägungen zwar noch nicht zu einem Wegfall der Sperrwirkung führen, aber schutzwürdige Belange des Betroffenen eine Verkürzung nahelegen (zum ganzen VGH BW BeckRS 2021, 1746 Rn. 7 ff.; NdsOVG BeckRS 2021, 3017 Rn. 31 ff.).

31b   Abs. 4 ist eine Spezialvorschrift hinsichtlich tatsächlicher Umstände, die nach Bestandskraft der Ausweisung und des verfügten Einreise- und Aufenthaltsverbots eintreten. Ein Rückgriff auf die Vorschriften des Wiederaufgreifens des Verfahrens (§ 51 Abs. 1 Nr. 1 VwVfG bzw. jeweilige landesrechtliche Regelung) ist insoweit ausgeschlossen (BayVGH BeckRS 2021, 4154 Rn. 7).

32   Liegen die Voraussetzungen für die Erteilung eines Aufenthaltstitels nach Abschnitt 5 von Kapitel 2 des AufenthG, insbesondere nach § 25 Abs. 4a–5, § 25a und § 25b, vor, „soll" nach S. 2 das Einreise- und Aufenthaltsverbot aufgehoben werden. Anders als nach der vor dem 1.8.2015 geltenden Rechtslage, wo bei den vorstehend genannten Tatbeständen teilweise ausdrücklich geregelt war, dass eine entsprechende aufenthaltsrechtliche Entscheidung „abweichend von § 11 Abs. 1" getroffen werden konnte, soll den Belangen der betroffenen Ausländer nunmehr iRv Abs. 4 Rechnung getragen werden. Die Dauer des Einreise- und Aufenthaltsverbots soll dann entsprechend verkürzt oder aufgehoben werden, um die Erteilung der Aufenthaltserlaubnis zu ermöglichen. Die Neuregelung setzt insoweit eine entsprechende Entscheidung der zuständigen Behörde voraus. Abgesehen davon ist mit der Änderung keine Erhöhung der Anforderungen an die Erteilung einer Aufenthaltserlaubnis nach § 25 Abs. 4a–5, § 25a und § 25b gegenüber der bisher geltenden Rechtslage verbunden (BT-Drs. 18/4097, 36 f.).

Die „soll"-Regelung in S. 2 bringt allerdings zum Ausdruck, dass es durchaus Einzelfälle geben **33** kann, in denen gewichtige Belange ausnahmsweise die Fortdauer des Einreise- und Aufenthaltsverbots erfordern (so auch BeckOK AuslR/Maor Rn. 31).

Wenn einem Ausländer nach früherer Rechtslage eine Aufenthaltserlaubnis nach § 25 Abs. 4a– **34** 5 „abweichend von § 11 Abs. 1" erteilt worden ist (sog. Übergangsfälle), wurde damit die Sperrwirkung des Einreise- und Aufenthaltsverbots jedenfalls für aufenthaltsrechtliche Ansprüche nach den Vorschriften von Kapitel 2 Abschnitt 5 aufgehoben (BVerwG BeckRS 2007, 28140 Rn. 34). Daher bedarf es in diesen Fällen bei einer möglichen Verlängerung des Aufenthaltstitels oder der Erteilung eines anderen Aufenthaltstitels nach Abschnitt 5 von Kapitel 2 keiner Entscheidung nach Abs. 4 über die Verkürzung oder Aufhebung des Einreise- und Aufenthaltsverbots; das ursprüngliche Einreise- und Aufenthaltsverbot steht jedenfalls der Verlängerung oder Erteilung eines solchen Titels nicht mehr entgegen. Auch bei Beantragung eines anderen Aufenthaltstitels dürfte der Zweck des Einreise- und Aufenthaltsverbots einer Erteilung des Aufenthaltstitels regelmäßig nicht mehr entgegenstehen, es sei denn, die Behörde stellt bei diesen Übergangsfällen im Rahmen der Prüfung der Erteilungsvoraussetzungen fest, dass dies doch der Fall ist (BT-Drs. 18/ 4097, 37).

Eine Verlängerung nach S. 4 kann zB dann angezeigt sein, wenn der Ausländer nachträglich **35** weitere Tatbestände eines Ausweisungsinteresses erfüllt hat. Art. 11 Abs. 2 Rückführungs-RL steht der Verlängerung der Frist nicht entgegen; er bestimmt insoweit nur, dass die Dauer des Einreise- und Aufenthaltsverbots festgesetzt wird. Die Regelung schließt eine spätere Änderung der Dauer des Einreise- und Aufenthaltsverbots nicht aus. Hinsichtlich der Dauer eines verlängerten Einreise- und Aufenthaltsverbots ordnet S. 5 die entsprechende Anwendung von Abs. 3 an; die dort genannte Höchstfrist ist daher auch bei einer Verlängerung zu beachten. Die Verlängerung ergeht ebenfalls als Ermessensentscheidung.

E. Höchstfrist von zehn Jahren (Abs. 5)

Als Abweichung von dem Grundsatz des Abs. 3 S. 2 sieht Abs. 5 S. 1 vor, dass die Frist des **36** Einreise- und Aufenthaltsverbots auf mehr als fünf Jahre festgesetzt werden kann, wiederum aber zehn Jahre nicht überschreiten soll, wenn der Ausländer aufgrund einer strafrechtlichen Verurteilung ausgewiesen worden ist oder wenn von ihm eine schwerwiegende Gefahr für die öffentliche Sicherheit und Ordnung ausgeht.

Diese Vorschrift setzt Art. 11 Abs. 2 S. 2 Rückführungs-RL um, wonach die Höchstdauer der **37** Befristung von grundsätzlich fünf Jahren überschritten werden kann, wenn der Drittstaatsangehörige eine schwerwiegende Gefahr für die öffentliche Ordnung, die öffentliche Sicherheit oder die nationale Sicherheit darstellt. Die Höchstdauer von zehn Jahren geht auf die Annahme zurück, dass in der Regel ein Zeitraum von maximal zehn Jahren den Zeithorizont darstellt, für den eine Gefahrenprognose realistischerweise noch gestellt werden kann (vgl. BVerwG BeckRS 2013, 46726 Rn. 40).

Die „soll"-Regelung bringt zum Ausdruck, dass in außergewöhnlichen Fällen die Höchstfrist **38** von zehn Jahren überschritten werden kann, etwa wenn von dem betreffenden Ausländer eine außergewöhnlich hohe Gefahr ausgeht und bereits bei Erlass des Einreise- und Aufenthaltsverbots bzw. bei seiner Befristung mit hinreichender Deutlichkeit erkennbar ist, dass diese Gefahr auch in zehn Jahren noch fortbesteht. Abs. 4 ist entsprechend anzuwenden.

F. Regelfrist von 20 Jahren (Abs. 5a)

Abs. 5a sieht eine Regelfrist von 20 Jahren für das Einreise- und Aufenthaltsverbot vor, wenn **39** der Ausländer wegen eine Verbrechens gegen den Frieden, eines Kriegsverbrechens oder eines Verbrechens gegen die Menschlichkeit oder zur Abwehr einer Gefahr für die Sicherheit der Bundesrepublik Deutschland oder einer terroristischen Gefahr ausgewiesen wurde.

Die Vorschrift wurde durch das Zweite Gesetz zur besseren Durchsetzung der Ausreisepflicht **40** v. 15.8.2019 (BGBl. I 1294), das am 21.8.2019 in Kraft getreten ist, neu gefasst. Nach der vorherigen Fassung in Abs. 5 war eine Befristung oder eine Aufhebung des Einreise- und Aufenthaltsverbots ausgeschlossen, wenn der Ausländer wegen eines Verbrechens gegen die Menschlichkeit ausgewiesen oder aufgrund einer Abschiebungsanordnung nach § 58a aus dem Bundesgebiet abgeschoben worden war; die oberste Landesbehörde konnte im Einzelfall hiervon Ausnahmen zulassen. Ob die – im Ergebnis – lebenslange Einreisesperre mit der Rückführungs-RL vereinbar war, hatte das BVerwG ausdrücklich offen gelassen (BVerwG BeckRS 2017, 118023 Rn. 71 f.; ebenso BeckRS 2017, 127383 Rn. 6).

41   Der Gesetzgeber hält die Regelfrist von 20 Jahren bei den genannten Fallgruppen in Anbetracht deren Gewichts für angemessen, da schwerwiegende Sicherheitsinteressen betroffen seien. Allerdings seien auch nach der Neuregelung die Umstände im Einzelfall zu berücksichtigen (BR-Drs. 179/19, 28). Diese Erwägungen sowie die „soll"-Regelung bringen zum Ausdruck, dass in außergewöhnlichen Einzelfällen von der 20-Jahres-Frist abgewichen werden kann.

42   Abs. 5a S. 2 verweist auf Abs. 4 S. 4 und S. 5 und stellt damit klar, dass auch hier eine Verlängerung der Frist aus Gründen der öffentlichen Sicherheit und Ordnung nach Ermessen möglich ist.

43   Nach Abs. 5b S. 2 kann im Einzelfall auch in den Fällen des Abs. 5a ein unbefristetes Einreise- und Aufenthaltsverbot ausgesprochen werden.

44   Nach Abs. 5a S. 3 und S. 4 ist eine Verkürzung der festgesetzten Frist oder eine Aufhebung des Einreise- und Aufenthaltsverbots grundsätzlich ausgeschlossen; die oberste Landesbehörde kann hiervon jedoch im Einzelfall Ausnahmen zulassen. Nach Meinung des Gesetzgebers muss wegen der regelmäßig besonderen sicherheitspolitischen Bedeutung einer entsprechenden Ausnahmeentscheidung diese von einer politisch besonders verantwortlichen Stelle getragen werden (BR-Drs. 179/19, 28).

G. Unbefristetes Einreise- und Aufenthaltsverbot (Abs. 5b)

45   Nach Abs. 5b S. 1 soll ein unbefristetes Einreise- und Aufenthaltsverbot erlassen werden, wenn der Ausländer aufgrund einer Abschiebungsanordnung nach § 58a abgeschoben wird.

46   Die Vorschrift wurde durch das Zweite Gesetz zur besseren Durchsetzung der Ausreisepflicht v. 15.8.2019 (BGBl. I 1294), das am 21.8.2019 in Kraft getreten ist, neu gefasst, jedoch wurde der vorher in Abs. 5 vorgesehene Ausschluss von einer Befristung beibehalten. Die Abschiebungsanordnung nach § 58a diene der Abwehr einer besonderen Gefahr für die Sicherheit der Bundesrepublik Deutschland oder einer terroristischen Gefahr; dies gelte auch für das mit dieser Anordnung verbundene Einreise- und Aufenthaltsverbot (BR-Drs. 179/19, 28).

47   Weiter kann nach Abs. 5b S. 2 im Einzelfall ein unbefristetes Einreise- und Aufenthaltsverbot in den Fällen des Abs. 5a erlassen werden, wenn dies unter ‚Berücksichtigung aller Umstände erforderlich und verhältnismäßig ist. Ebenso kann nach dieser Vorschrift im Einzelfall ein unbefristetes Einreise- und Aufenthaltsverbot erlassen werden, wenn der Ausländer wegen eines in § 54 Abs. 1 Nr. 1 genannten (besonders schwerwiegenden) Ausweisungsinteresses ausgewiesen worden ist. In Anbetracht dieser Verurteilungen bzw. der zugrundeliegenden Straftaten können nach Ansicht des Gesetzgebers diese Fälle im Einzelfall denjenigen nach Abs. 5a in ihrer Schwere gleichstehen; die Schwere der Gefährdung ist in dem jeweiligen Einzelfall zu berücksichtigen (BR-Drs. 179/19, 28 f.).

48   Abs. 5b S. 3 sieht durch die Verweisung auf Abs. 5a S. 3 und S. 4 vor, dass eine Befristung oder eine Aufhebung des Einreise- und Aufenthaltsverbots grundsätzlich ausgeschlossen ist; die oberste Landesbehörde kann hiervon jedoch im Einzelfall Ausnahmen zulassen. Hieraus ergibt sich, dass es sich nicht zwingend um ein lebenslanges Verbot handelt; jedoch muss nach Meinung des Gesetzgebers wegen der hohen sicherheitspolitischen Bedeutung einer entsprechenden Ausnahmeentscheidung diese von der obersten Landesbehörde als einer politisch besonders verantwortlichen Stelle getragen werden (BR-Drs. 179/19, 29).

H. Zuständigkeit (Abs. 5c)

49   Abs. 5c regelt allgemein, dass die Behörde, die den zugrunde liegenden Verwaltungsakt (Ausweisung, Abschiebungsandrohung, Abschiebungsanordnung nach § 58a) erlässt, auch für den Erlass und die erstmalige Befristung des damit zusammenhängenden Einreise- und Aufenthaltsverbots zuständig ist.

50   Durch diese, durch das Zweite Gesetz zur besseren Durchsetzung der Ausreisepflicht v. 15.8.2019 (BGBl. I 1294), das am 21.8.2019 in Kraft getreten ist, neu eingeführte Vorschrift wurde nunmehr auch festgelegt, dass im Fall des § 58a Abs. 1 auch insoweit die Zuständigkeit bei der obersten Landesbehörde, im Fall des § 58a Abs. 2 beim Bundesministerium des Innern liegt. Nach zuvor geltender Rechtslage war für die Anordnung des Einreise- und Aufenthaltsverbots nicht die oberste Landesbehörde zuständig, sondern die jeweils zuständige Ausländerbehörde (BVerwG BeckRS 2017, 127383 Rn. 4).

51   Für Folgeentscheidungen ist nach § 71 Abs. 1 die Ausländerbehörde bzw. im Anwendungsbereich des Abs. 5a S. 4, ggf. iVm Abs. 5b S. 3, die oberste Landesbehörde zuständig (BR-Drs. 179/19, 29).

Nach § 72 Abs. 3 S. 1 dürfen Befristungen nach § 11 Abs. 2 S. 1 in Bezug auf einen Ausländer, **52** der nicht im Besitz eines erforderlichen Aufenthaltstitels ist, von einer anderen Behörde nur im Einvernehmen mit der Behörde geändert oder aufgehoben werden, die die Maßnahme angeordnet hat.

I. Anordnung eines Einreise- und Aufenthaltsverbots bei Nichteinhaltung der Ausreisefrist (Abs. 6)

Abs. 6 ermöglicht im Einzelfall die Verhängung eines Einreise- und Aufenthaltsverbots, wenn **53** ein Ausländer seiner Ausreisepflicht nicht innerhalb einer ihm gesetzten Ausreisefrist nachkommt, es sei denn der Ausländer ist unverschuldet an der Ausreise gehindert oder die Überschreitung der Ausreisefrist ist nicht erheblich. Die Ausreisefrist selbst richtet sich nach § 59, dh die gesetzte Ausreisefrist muss angemessen sein und zwischen sieben und 30 Tagen betragen (§ 59 Abs. 1 S. 1), es sei denn eine der in § 59 geregelten Ausnahmen greift ein. Wird die Ausreisefrist nach § 59 Abs. 1 S. 6 unterbrochen, beginnt sie nach Wiedereintritt der Vollziehbarkeit erneut zu laufen.

Mit der Regelung in Abs. 6 kann im pflichtgemäßen Ermessen der zuständigen Behörde die **54** Überschreitung der Ausreisefrist sanktioniert werden. Diese Regelung steht in Übereinstimmung mit Art. 11 Abs. 1 lit. b Rückführungs-RL, wonach die Rückkehrentscheidung mit einem Einreiseverbot einhergeht, falls der Rückkehrverpflichtung nicht nachgekommen wurde (BT-Drs. 18/4097, 37).

Sofern der Ausländer aufgrund von nicht von ihm zu vertretenden Umständen an der Ausreise **55** innerhalb der Ausreisefrist gehindert war, zB wenn über einen Antrag auf einstweiligen Rechtsschutz noch nicht entschieden ist, kann ein Einreise- und Aufenthaltsverbot nicht angeordnet werden. Gleiches gilt, wenn der Ausländer durch Krankheit an der Einhaltung der Ausreisefrist gehindert ist. Der Ausländer muss insoweit gegenüber der Ausländerbehörde Tatsachen vorbringen, die ihm das Einhalten der Frist unmöglich oder unzumutbar gemacht haben und diese Tatsachen belegen. Abs. 6 S. 6 konkretisiert die vom Ausländer unverschuldete Überschreitung der Ausreisefrist mit einer Verweisung auf § 60a; ein Einreise- und Aufenthaltsverbot darf nicht angeordnet werden, wenn Gründe für eine vorübergehende Aussetzung der Abschiebung nach § 60a vorliegen, die der Ausländer nicht verschuldet hat.

Das Einreise- und Aufenthaltsverbot kann zudem nur angeordnet werden, wenn die Überschrei- **56** tung der Ausreisefrist erheblich ist. Dies ist im Verhältnis zu der im Einzelfall gesetzten Ausreisefrist zu beurteilen. Bei einer gesetzten Ausreisefrist von zB 30 Tagen dürfte eine Überschreitung von zehn Tagen erheblich sein (so BT-Drs. 18/4097, 37). Die Dauer der Fristüberschreitung ist allerdings nicht nur – wie die Gesetzesbegründung meint – ein Ermessensgesichtspunkt bei der Anordnung des Einreise- und Aufenthaltsverbots, sondern bereits bei der Frage zu prüfen, ob der Tatbestand für eine Anordnung eines Einreise- und Aufenthaltsverbots vorliegt (so zu Recht BeckOK AuslR/Maor Rn. 58).

Nach Abs. 6 S. 2 gilt Abs. 1 S. 1, Abs. 2 S. 3–6, Abs. 3 S. 1 und Abs. 4 S. 1, S. 2 und S. 4 **57** entsprechend. Das Einreise- und Aufenthaltsverbot ist also nicht nur anzuordnen, es muss gleichzeitig auch befristet werden. Beide Entscheidungen (das „Ob" der Anordnung und die Bestimmung der Frist) stehen im Ermessen.

Abweichend von Abs. 3 S. 2 gelten für das Einreise- und Aufenthaltsverbot nach Abs. 6 **58** verkürzte Höchstfristen. So soll die Frist bei der ersten Anordnung des Einreise- und Aufenthaltsverbots nach S. 1 ein Jahr nicht überschreiten. Im Übrigen soll die Frist drei Jahre nicht überschreiten.

Das Einreise- und Aufenthaltsverbot nach Abs. 6 wird national auf Grundlage von § 50 Abs. 6 **59** im INPOL und schengenweit im SIS ausgeschrieben. Insoweit gebietet es der Grundsatz der praktischen Wirksamkeit von Art. 11 Abs. 1 Rückführungs-RL, Rückkehrentscheidungen, die mit einem Einreiseverbot einhergehen, zu ihrer Wirksamkeit grundsätzlich schengenweit auszuschreiben.

J. Anordnung eines Einreise- und Aufenthaltsverbots durch das BAMF (Abs. 7)

Gemäß Abs. 7 kann das Bundesamt für Migration und Flüchtlinge ein Einreise- und Aufent- **60** haltsverbot anordnen.

Ein Einreise- und Aufenthaltsverbot auf dieser Grundlage knüpft nicht an eine Abschiebung **61** an, ist also von der (ggf. aufschiebend bedingten) Entscheidung nach Abs. 2 S. 2 zu unterscheiden. Anknüpfungspunkt ist vielmehr ein vom Gesetzgeber als missbräuchliche Inanspruchnahme des Asylverfahrens missbilligtes Verhalten. Durch den mit der Möglichkeit, ein solches Einreise- und

Aufenthaltsverbot anzuordnen, verbundenen generalpräventiven Effekt soll zugleich einer Überlastung des Asylverfahrens durch offensichtlich nicht schutzbedürftige Personen entgegengewirkt werden; die entsprechenden Kapazitäten sollen vielmehr für die Prüfung tatsächlich schutzbedürftiger Personen eingesetzt werden (BT-Drs. 18/4097, 38).

62 Ein solches Einreise- und Aufenthaltsverbot kann nach Abs. 7 S. 1 Nr. 1 angeordnet werden gegen einen Ausländer aus einem sicheren Herkunftsstaat (§ 29a Abs. 2 AsylG iVm Anlage II AsylG; Art. 16a Abs. 3 S. 1 GG), dessen Asylantrag nach § 29a Abs. 1 AsylG als offensichtlich unbegründet abgelehnt wurde, dem kein subsidiärer Schutz zuerkannt wurde, für den das Vorliegen der Voraussetzungen für ein (nationales) Abschiebungsverbot nach § 60 Abs. 5 oder Abs. 7 nicht festgestellt wurde und der keinen Aufenthaltstitel besitzt.

63 Nach Abs. 7 S. 1 Nr. 2 kann das Einreise- und Aufenthaltsverbot ferner angeordnet werden gegen einen Ausländer, dessen Antrag nach § 71 AsylG (Folgeantrag nach Rücknahme oder unanfechtbarer Ablehnung eines früheren Asylantrags) oder § 71a AsylG (Zweitantrag nach erfolglosem Abschluss eines Asylverfahrens in einem sicheren Drittstaat) wiederholt nicht zur Durchführung eines weiteren Asylverfahrens geführt hat. „Wiederholt" bedeutet, dass mindestens zwei Ablehnungen vorangegangen sein müssen.

64 Gemäß Abs. 5 S. 2 – der durch das Asylverfahrensbeschleunigungsgesetz (v. 20.10.2015, BGBl. I 1722) mWv 24.10.2015 eingefügt worden ist – wird das verfügte Einreise- und Aufenthaltsverbot mit Bestandskraft der Entscheidung über den Asylantrag wirksam; es kann daher in den den Asylantrag ablehnenden Bescheid aufgenommen werden.

65 Die Entscheidung ergeht nach Ermessen. Dabei darf das BAMF im Hinblick auf den vom Gesetzgeber verfolgen Zweck, die für die Durchführung von Asylverfahren vorhandenen Kapazitäten zugunsten wirklich schutzbedürftiger Personen zu nutzen, durchaus auch mit Blick auf die aktuelle Antragssituation und auch generalpräventiv ausüben, sodass es aus solchen Erwägungen auch sämtliche Ausländer, die einen der Tatbestände des Abs. 7 S. 1 erfüllen, mit einem Einreise- und Aufenthaltsverbot belegen darf (BeckOK AuslR/Maor Rn. 67).

66 Das Einreise- und Aufenthaltsverbot ist gem. Abs. 7 S. 4 mit seiner Anordnung zu befristen. Aufgrund der Verweisung des Abs. 7 S. 3 auf Abs. 1 S. 1, Abs. 2 S. 3–6, Abs. 3 S. 1 und Abs. 4 S. 1, S. 2 und S. 4 ergibt sich die Bestimmung der Frist nach Ermessen. Für diese Ermessensentscheidung geben S. 5 und S. 6 Leitlinien vor: Wird erstmals ein Einreise- und Aufenthaltsverbot nach S. 1 angeordnet, soll die Frist ein Jahr nicht überschreiten, in den übrigen Fällen soll die Frist drei Jahre nicht überschreiten. Eine längere Befristung ist danach in Ausnahmefällen bei entsprechender Begründung möglich.

67 Die Zuständigkeit des BAMF erstreckt sich jedoch nur auf die Anordnung und erstmalige Befristung des Einreise- und Aufenthaltsverbots nach Abs. 7. Über die (nachträgliche) Aufhebung des Einreise- und Aufenthaltsverbots sowie die Änderung der Befristung entscheidet gem. Abs. 7 S. 7 die zuständige Ausländerbehörde.

K. Betretenserlaubnis (Abs. 8)

68 Nach Abs. 8 S. 1 kann einem Ausländer, für den das Einreise- und Aufenthaltsverbot noch besteht, weil die Befristung noch nicht abgelaufen ist, ausnahmsweise erlaubt werden, das Bundesgebiet kurzfristig zu betreten (sog. Betretenserlaubnis), wenn zwingende Gründe seine Anwesenheit erfordern oder die Versagung der Erlaubnis eine unbillige Härte bedeuten würde.

69 Eine Betretenserlaubnis ist kein Aufenthaltstitel, da sie in § 4 Abs. 1 S. 2 nicht genannt ist. Sie ersetzt auch keinen Aufenthaltstitel, sodass ein Ausländer, dem eine Betretenserlaubnis erteilt wird, daneben nach Maßgabe des § 4 Abs. 1 S. 1 ggf. noch einen Aufenthaltstitel (zB ein Visum) benötigt (BeckOK AuslR/Maor Rn. 79 ff.).

70 Der Ausnahmecharakter wird durch die Formulierungen „ausnahmsweise" und „kurzfristig" im Gesetz ausdrücklich betont. Eine Betretenserlaubnis darf erteilt werden, wenn entweder zwingende Gründe die Anwesenheit des Ausländers im Bundesgebiet erfordern oder die Versagung der Betretenserlaubnis eine unbillige Härte bedeuten würde – in der Praxis verschränken sich häufig beide Gesichtspunkte. Zwingende Gründe können vorliegen bei Gerichts- oder Behördenterminen, an denen der Ausländer teilnehmen will oder soll. Jedoch ist hier stets zu prüfen, ob das persönliche Erscheinen des Ausländers wirklich unverzichtbar ist oder ob nicht die Wahrnehmung (allein) durch einen Bevollmächtigten möglich ist. Insbesondere bei Gerichtsterminen wird hier in der Regel eine entsprechende Anfrage an das Gericht – ggf. unter Darlegung der evtl. noch von dem Ausländer ausgehenden Gefahr – geboten sein. Eine unbillige Härte kann auftreten bei schweren Erkrankungen oder Todesfällen von Angehörigen oder vergleichbar gewichtigen Anlässen vor allem im Familienkreis. Nicht darunter fällt jedoch das bloße Interesse, an Familienfeiern teilzunehmen oder an Feiertagen mit der Familie zusammen sein zu wollen. Ebenso ist die Betretenserlaubnis wegen ihres ausdrücklichen Ausnahmecharakters kein Instrument, um die familiären Bindungen während der Dauer des Einreise- und Aufenthaltsverbots aufrechtzuerhalten oder zu pflegen (ebenso BeckOK AuslR/Maor Rn. 85). In der Praxis kommt es jedoch vor, dass einem Ausländer zugesichert wird, ihm nach einer bestimmten Zeit – etwa nach Ablauf der Hälfte der Befristungsdauer – bei Erfüllung bestimmter Bedingungen einmal jährlich eine Betretenserlaubnis zum Familienbesuch zu erteilen, um einerseits besonderen familiären Bindungen etwa zu Kindern Rechnung zu tragen und andererseits dem Ausländer einen weiteren Anreiz zu Wohlverhalten auch während des Auslandsaufenthalts zu geben.

Nach § 72 Abs. 1 darf eine Betretenserlaubnis nur mit Zustimmung der für den vorgesehenen **71** Aufenthaltsort zuständigen Ausländerbehörde erteilt werden; die Behörde, die den Ausländer ausgewiesen, abgeschoben oder zurückgeschoben hat, ist in der Regel zu beteiligen.

Eine Sonderregelung gilt für Fälle nach Abs. 5a und Abs. 5b; hier ist (allein) die oberste **72** Landesbehörde für die Entscheidung über die Erteilung einer Betretenserlaubnis zuständig.

L. Folgen bei Einreise trotz Verbot (Abs. 9)

Abs. 9 regelt – unbeschadet der strafrechtlichen Folgen (s. § 95 Abs. 2 Nr. 1, Abs. 3) – die **73** Folgen im Hinblick auf die Befristung des Einreise- und Aufenthaltsverbots, wenn es einem Ausländer, für den ein solches Verbot besteht, gelingt, in das Bundesgebiet einzureisen. Voraussetzung ist eine Einreise nach einer vorangegangenen Ausreise (bzw. Abschiebung) und vor Ablauf der bestehenden Frist des Einreise- und Aufenthaltsverbots. Kein Verstoß liegt vor, wenn der Ausländer eine Betretenserlaubnis (Abs. 8) besitzt.

Nach Abs. 9 S. 1 ist in einem solchen Fall der Ablauf der Frist gehemmt, dh der Zeitraum des **74** Aufenthalts im Bundesgebiet wird nicht in die Frist eingerechnet (§ 209 BGB).

Ferner kann die Ausländerbehörde in diesem Fall die Frist verlängern. Die Entscheidung darü- **75** ber ist nach Ermessen zu treffen. Nach dem Willen des Gesetzgebers soll bei der Entscheidung über eine mögliche Verlängerung zu berücksichtigen sein, ob dem Ausländer die Beantragung einer Betretenserlaubnis nach Abs. 8 zumutbar war; dies sei etwa dann nicht der Fall, wenn der Ausländer einen im Sterben liegenden Angehörigen besuchen möchte und mit einer ausreichend schnellen Erteilung einer Betretenserlaubnis nicht gerechnet werden konnte (BT-Drs. 18/4097, 38).

Für die verlängerte Frist gelten gem. Abs. 9 S. 4 Abs. 3 und Abs. 4 S. 1 entsprechend. Somit **76** ist der Zeitraum der Verlängerung nach Ermessen zu bestimmen, die Höchstfrist des Abs. 3 S. 2 ist zu beachten. Die verlängerte Frist darf nach Abs. 9 S. 2 längstens die Frist der ursprünglichen Befristung betragen.

Gemäß Abs. 9 S. 3 ist der Ausländer bei der erstmaligen Befristung auf die Möglichkeit der **77** Verlängerung der Frist hinzuweisen.

§ 12 Geltungsbereich; Nebenbestimmungen

(1) ¹Der Aufenthaltstitel wird für das Bundesgebiet erteilt. ²Seine Gültigkeit nach den Vorschriften des Schengener Durchführungsübereinkommens für den Aufenthalt im Hoheitsgebiet der Vertragsparteien bleibt unberührt.

(2) ¹Das Visum und die Aufenthaltserlaubnis können mit Bedingungen erteilt und verlängert werden. ²Sie können, auch nachträglich, mit Auflagen, insbesondere einer räumlichen Beschränkung, verbunden werden. ³Insbesondere kann die Aufenthaltserlaubnis mit einer räumlichen Beschränkung versehen werden, wenn ein Ausweisungsinteresse nach § 54 Absatz 1 Nummer 1 oder 1a besteht und dies erforderlich ist, um den Ausländer aus einem Umfeld zu lösen, welches die wiederholte Begehung erheblicher Straftaten begünstigt.

(3) Ein Ausländer hat den Teil des Bundesgebiets, in dem er sich ohne Erlaubnis der Ausländerbehörde einer räumlichen Beschränkung zuwider aufhält, unverzüglich zu verlassen.

(4) Der Aufenthalt eines Ausländers, der keines Aufenthaltstitels bedarf, kann zeitlich und räumlich beschränkt sowie von Bedingungen und Auflagen abhängig gemacht werden.

(5) ¹Die Ausländerbehörde kann dem Ausländer das Verlassen des auf der Grundlage dieses Gesetzes beschränkten Aufenthaltsbereichs erlauben. ²Die Erlaubnis ist zu ertei-

len, wenn hieran ein dringendes öffentliches Interesse besteht, zwingende Gründe es erfordern oder die Versagung der Erlaubnis eine unbillige Härte bedeuten würde. ³Der Ausländer kann Termine bei Behörden und Gerichten, bei denen sein persönliches Erscheinen erforderlich ist, ohne Erlaubnis wahrnehmen.

Überblick

§ 12 bestimmt den räumlichen Geltungsbereich eines Aufenthaltstitels (Abs. 1, → Rn. 1) und regelt die behördliche Befugnis, den Aufenthaltstitel (Abs. 2) und den erlaubnisfreien Aufenthalt (Abs. 4) mit Beschränkungen, Bedingungen und Auflagen zu versehen (→ Rn. 2 ff.). Der Ausländer hat den Teil des Bundesgebietes, in dem er sich einer räumlichen Beschränkung zuwider aufhält, zu verlassen (Abs. 3); ihm kann eine Erlaubnis zum Verlassen des beschränkten Aufenthaltsbereiches erteilt werden (Abs. 5, → Rn. 10 ff.).

A. Räumlicher Geltungsbereich (Abs. 1)

1   Ein Aufenthaltstitel wird nach § 12 Abs. 1 S. 1 für das Bundesgebiet erteilt; der räumliche Geltungsbereich kann durch Gesetz oder Regelung im Einzelfall gem. § 12 Abs. 2 S. 2 beschränkt sein (→ Rn. 6). Weitergehende Wirkungen eines deutschen Aufenthaltstitels für das Hoheitsgebiet der Schengen-Staaten regelt das Unionsrecht.

1.1   Das Schengen-Visum (§ 6 Abs. 1 Nr. 1 in Verbindung mit dem Visakodex – VO (EG) 810/2009 v. 13.7.2009, ABl. 2009 L 243, 1) gilt grundsätzlich für das Hoheitsgebiet sämtlicher Schengen-Staaten (→ § 6 Rn. 2 f.); in den Ausnahmefällen des Art. 25 Visakodex kann es mit beschränkter Gültigkeit nur für einen oder mehrere Mitgliedstaaten erteilt werden.

1.2   Ein nationaler Aufenthaltstitel berechtigt gem. Art. 6 Abs. 5 lit. a Schengener Grenzkodex (VO (EU) 2016/399 v. 9.3.2016, ABl. 2016 L 77, 1) zur Einreise in das Hoheitsgebiet der anderen Mitgliedstaaten zum Zwecke der Durchreise in das Bundesgebiet.

B. Beschränkungen, Bedingungen und Auflagen

I. Aufenthaltstitel (Abs. 2)

2   Abs. 2 regelt die Zulässigkeit von Nebenbestimmungen zu einem Aufenthaltstitel. Eine Nebenbestimmung darf dem Zweck des Aufenthaltstitels nicht zuwiderlaufen (vgl. § 36 Abs. 3 VwVfG). Ein Aufenthaltstitel, auf dessen Erteilung ein Rechtsanspruch besteht, darf mit einer Nebenbestimmung nur versehen werden, wenn die einschlägige Vorschrift des AufenthG dies vorsieht oder diese sicherstellen soll, dass die gesetzlichen Voraussetzungen erfüllt werden (vgl. § 36 Abs. 1 VwVfG).

1. Bedingungen

3   Das Visum und die Aufenthaltserlaubnis können mit Bedingungen erteilt und verlängert werden (S. 1; zur Frage der Zulässigkeit der nachträglichen Einfügung einer (auflösenden) Bedingung, vgl. VG München BeckRS 2015, 42795 Rn. 29 ff.). Die Erteilung einer Aufenthaltserlaubnis unter einer Bedingung steht im behördlichen Ermessen. Sie bedarf der Rechtfertigung durch ein öffentliches Interesse; ein zulässiges öffentliches Interesse stellt insbesondere die Sicherstellung der tatbestandlichen Voraussetzungen für die Erteilung des Aufenthaltstitels dar.

4   Die Anordnung einer auflösenden Bedingung bedarf einer besonderen Rechtfertigung (VGH BW EZAR NF 27 Nr. 8 S. 5 f.). Denn ihr Eintritt führt – abweichend von Widerruf (§ 52) oder Rücknahme (§ 48 VwVfG) – zum Erlöschen des Aufenthaltstitels von Gesetzes wegen (§ 51 Abs. 1 Nr. 2); die Ausreisepflicht ist in entsprechender Anwendung des § 58 Abs. 2 S. 1 Nr. 2 sofort vollziehbar (OVG Saarl BeckRS 2017, 100583 Rn. 6). Die Entscheidung für eine auflösende Bedingung muss daher den Grundsatz der Verhältnismäßigkeit wahren. Insbesondere die nachträgliche Verkürzung der Geltungsdauer (§ 7 Abs. 2 S. 2) oder der Widerruf der Aufenthaltserlaubnis können sich bei Ausübung des behördlichen Ermessens als mildere Maßnahmen darstellen; auch kann mit Blick auf die sofortige Vollziehbarkeit der Ausreisepflicht eine Übergangsfrist geboten sein (vgl. VGH BW BeckRS EZAR NF 27 Nr. 8 S. 6). Besondere Anforderungen ergeben sich überdies aus dem Bestimmtheitsgrundsatz; denn das Aufenthaltsrecht muss unverzüglich und eindeutig festgestellt werden können. In der Anwendungspraxis wird deshalb bis zu einer abweichenden Feststellung und Ungültigstempelung durch die Ausländerbehörde von einer Fortgeltung des Aufenthaltstitels ausgegangen (vgl. BeckOK AuslR/Maor Rn. 4).

Nicht beanstandet hat die Rechtsprechung die Bestimmtheit einer auflösenden Bedingung, die an das **4.1** „Erlöschen des Krankenversicherungsschutzes" anknüpft (vgl. OVG Saarl BeckRS 2017, 100583); verneint wurde die Zulässigkeit einer auflösenden Bedingung dagegen für den Fall der „Beendigung der ehelichen Lebensgemeinschaft" (VG Darmstadt BeckRS 2011, 56063). Die Rechtmäßigkeit der Nebenbestimmung „Erlischt mit dem Bezug von Leistungen nach dem SGB II oder SGB XII" wurde offengelassen, jedenfalls aber als nicht nichtig angesehen (BVerwG NVwZ 2011, 825 Rn. 14 f.).

Unzulässig ist die Bedingung eines Aufenthaltstitels durch die Erfüllung eines Ausweisungstatbestandes; **4.2** das besondere Regelungsregime der Ausweisung, namentlich das Gebot einer Interessenabwägung im Einzelfall (§ 53 Abs. 1 und Abs. 2) und der besondere Ausweisungsschutz (§ 53 Abs. 3), drohte auf diese Weise umgangen zu werden (BeckOK AuslR/Maor Rn. 8; Bergmann/Dienelt/Dienelt Rn. 25).

2. Auflagen

Visum und Aufenthaltserlaubnis können des Weiteren mit Auflagen verbunden werden; ihre **5** Anordnung ist auch nach der Erteilung des Aufenthaltstitels zulässig (S. 2). Die Auflage muss durch ein öffentliches Interesse gerechtfertigt sein. Das Verbot und die Beschränkung der politischen Betätigung eines Ausländers sind in § 47 besonders geregelt; sie sind durch selbstständigen Verwaltungsakt anzuordnen (→ § 47 Rn. 7 ff. und → § 47 Rn. 18).

3. Räumliche Beschränkungen und Wohnsitzauflagen

Als besondere Auflage erlaubt § 12 Abs. 2 S. 2 Beschränkungen des Geltungsbereiches eines **6** Visums oder einer Aufenthaltserlaubnis auf bestimmte Teile des Bundesgebietes (vgl. Nr. 12.1.1.1 AufenthGAVwV). Die Befugnis tritt neben die gesetzlich geregelten räumlichen Beschränkungen (vgl. § 56, § 71a Abs. 3 S. 2 AsylG, § 61). Sie steht im pflichtgemäßen Ermessen der Behörde. Räumliche Beschränkungen dürfen nur in begründeten Ausnahmefällen erfolgen. Sie müssen durch ein besonderes öffentliches Interesse gerechtfertigt sein (vgl. Nr. 12.1.1.1 AufenthGAVwV) und den Grundsatz der Verhältnismäßigkeit wahren.

In S. 3 hat der Gesetzgeber mit dem Zweiten Gesetz zur besseren Durchsetzung der Ausreise- **6a** pflicht (v. 15.8.2019, BGBl. I 1294) die Anordnung einer räumlichen Beschränkung als milderes Mittel gegenüber einer Ausweisung besonders geregelt; rechtfertigendes öffentliches Interesse ist die Verhinderung (weiterer) erheblicher Straftaten. Hiernach kann die Aufenthaltserlaubnis mit einer räumlichen Beschränkung versehen werden, wenn ein Ausweisungsinteresse nach § 54 Abs. 1 Nr. 1 oder Nr. 1a besteht und dies erforderlich ist, um den Ausländer aus einem Umfeld zu lösen, welches die wiederholte Begehung erheblicher Straftaten begünstigt. Die tatbestandlichen Voraussetzungen der Vorschrift, die das Gesetz nicht weiter konkretisiert, unterliegen einer uneingeschränkten gerichtlichen Überprüfung. Neben einer **strafgerichtlichen Verurteilung im Sinne von § 54 Abs. 1 Nr. 1 oder Nr. 1a** bedarf es einer einzelfallbezogenen und tatsachengestützten **Prognose,** dass ein bestimmbares konkretes räumliches Umfeld nachvollziehbar die Wahrscheinlichkeit erhöht, dass der Ausländer wiederholt erhebliche Straftaten begehen wird. Denn die räumliche Beschränkung der Aufenthaltserlaubnis ist nur dann geeignet, den Ausländer davon abzuhalten, erneut straffällig zu werden, wenn sich dessen Gefährlichkeit spezifisch räumlich begründen lässt. Lässt sich ein solcher Zusammenhang nicht feststellen oder sind vergleichbare Voraussetzungen auch anderorts gegeben, wird eine Anordnung nach § 12 Abs. 2 S. 3 regelmäßig ausscheiden. **Erhebliche Straftaten** sind solche, auf die sich das besonders schwerwiegende Ausweisungsinteresse iSd § 54 Abs. 1 Nr. 1 oder Nr. 1a stützt. An die Annahme einer **Wiederholungsgefahr** sind nach dem Wortlaut der Regelung („begünstigt") keine hohen Anforderungen zu stellen; es genügt, wenn das konkrete Umfeld die Wahrscheinlichkeit einer erneuten Begehung erheblicher Straftaten zumindest erhöht. Sind die tatbestandlichen Voraussetzungen erfüllt, hat die behördliche **Ermessensausübung** nach dem Willen des Gesetzgebers auch die Belange Dritter zu berücksichtigen; so soll eine räumliche Beschränkung nicht zur Folge haben, dass verurteilte Straftäter und Opfer gezwungen sind, sich am selben Ort aufzuhalten (BT-Drs. 19/10047, 33).

Von der räumlichen Beschränkung zu unterscheiden ist die Wohnsitzauflage, welche den Aus- **7** länder verpflichtet, den Wohnsitz an einem bestimmten Ort zu nehmen, die Freizügigkeit darüber hinaus aber unberührt lässt. Die Wohnsitzauflage ist für bestimmte Personengruppen in § 12a speziell geregelt (→ § 12a Rn. 4); im Übrigen findet sie in § 12 Abs. 2 S. 2 eine Rechtsgrundlage (BVerwG NVwZ 2008, 796 Rn. 13).

7.1 Das in der Praxis wichtigste öffentliche Interesse, das eine wohnsitzbeschränkende Auflage rechtfertigt, ist die gleichmäßige Verteilung der Lasten durch Sozialleistungen (vgl. NdsOVG BeckRS 2017, 136031 Rn. 17); hierbei können allerdings völkerrechtliche Schranken (vgl. BVerwG ZAR 2008, 270 (271 f.)) und der Verhältnismäßigkeitsgrundsatz (vgl. BeckOK AuslR/Maor Rn. 15; sa VG Freiburg BeckRS 2019, 29410) zu beachten sein. Für sich genommen soll das öffentliche Interesse an einer gleichmäßigen fiskalischen Belastung der Kommunen die sofortige Vollziehung einer Wohnsitzauflage nicht rechtfertigen (NdsOVG EZAR NF 27 Nr. 9 S. 2).

8 Die räumliche Beschränkung und die Wohnsitzauflage eines Aufenthaltstitels können im Wege einer isolierten Anfechtungsklage angefochten werden; vorläufiger Rechtsschutz ist bei Anordnung der sofortigen Vollziehung mit einem Antrag gem. § 80 Abs. 5 S. 1 Alt. 2 VwGO zu suchen (vgl. BVerwG NVwZ-RR 1997, 317).

II. Erlaubnisfreier Aufenthalt (Abs. 4)

9 Gemäß § 12 Abs. 4 kann auch der Aufenthalt eines Ausländers, der keines Aufenthaltstitels bedarf (→ § 4 Rn. 2 ff.), zeitlich und räumlich beschränkt sowie von Bedingungen und Auflagen abhängig gemacht werden.

C. Beschränkter Aufenthaltsbereich

I. Verlassenspflicht (Abs. 3)

10 Abs. 3 verpflichtet einen Ausländer, den Teil des Bundesgebiets, in dem er sich ohne Erlaubnis der Ausländerbehörde einer räumlichen Beschränkung zuwider aufhält, unverzüglich zu verlassen. Die Vorschrift findet auch auf Ausländer Anwendung, die keines Aufenthaltstitels bedürfen, jedoch einer Beschränkung nach § 12 Abs. 4 unterliegen. Räumliche Beschränkungen können sich aus dem Gesetz (vgl. § 56, § 71a Abs. 3 S. 2 AsylG, § 61) oder einer Anordnung im Einzelfall nach § 12 Abs. 2 S. 2 ergeben. Sie bleiben gemäß § 51 Abs. 6 auch nach Wegfall des Aufenthaltstitels oder der Aussetzung der Abschiebung in Kraft, bis sie aufgehoben werden oder der Ausländer seiner Ausreisepflicht nachkommt. Die Verlassenspflicht ist unverzüglich und soweit erforderlich im Wege unmittelbaren Zwanges nach Maßgabe des § 59 AsylG und der landesrechtlichen Vorschriften durchzusetzen; die hier anfallenden Kosten trägt der Ausländer (§ 66 Abs. 1).

II. Verlassenserlaubnis (Abs. 5)

11 Abs. 5 regelt die Erlaubnis für das Verlassen eines nach dem AufenthG beschränkten Aufenthaltsbereichs. Gegenstand der Erlaubnis kann nur ein vorübergehendes Verlassen sein (vgl. HmbOVG NVwZ-RR 2006, 827 (828)). Die Entscheidung, ob dem Ausländer das Verlassen des beschränkten Aufenthaltsbereichs erlaubt wird, steht grundsätzlich im Ermessen der Ausländerbehörde (S. 1).

11.1 Das Recht eines vollziehbar ausreisepflichtigen Ausländers, das Gebiet seines beschränkten Aufenthaltes zu verlassen, richtet sich nach § 61 (vgl. HmbOVG NVwZ-RR 2006, 827 (828 f.)). Unter welchen Voraussetzungen ein Asylbewerber den Geltungsbereich seiner Aufenthaltsgestattung vorübergehend verlassen darf, bestimmen §§ 57, 58 AsylG.

12 Einen Anspruch auf die Erteilung einer Erlaubnis sieht das Gesetz nur für drei Fälle vor. Die Erlaubnis ist zu erteilen, wenn hieran ein dringendes öffentliches Interesse besteht, zwingende Gründe es erfordern oder die Versagung der Erlaubnis eine unbillige Härte bedeuten würde (S. 2). Die Alternative des dringenden öffentlichen Interesses dürfte von nur geringer praktischer Bedeutung sein; denn ihr Anwendungsbereich wird bereits weitreichend von der Erlaubnisbefreiung in S. 3 abgedeckt. Zwingend sind nur Gründe von erheblichem Gewicht. Sie können familiärer, gesundheitlicher, religiöser oder politischer Natur sein. In Betracht kommt etwa der notwendige Besuch eines spezialisierten Facharztes oder eines schwer erkrankten Familienangehörigen (vgl. Nr. 12.5.2.2 AufenthGAVwV). Eine unbillige Härte liegt vor, wenn sich die Versagung einer Erlaubnis unter Berücksichtigung des mit der Aufenthaltsbeschränkung verfolgten Zwecks im Einzelfall aufgrund der schwerwiegenden Folgen für den Betroffenen ausnahmsweise als unangemessen darstellt (vgl. Nr. 12.5.3 AufenthGAVwV).

13 S. 3 befreit den Ausländer von dem Erfordernis einer Erlaubnis, soweit er Termine bei Behörden und Gerichten wahrnimmt, bei denen sein persönliches Erscheinen erforderlich ist. Hierzu ist es nicht erforderlich, dass die Behörde oder das Gericht das persönliche Erscheinen des Ausländers angeordnet haben; es genügt, wenn die Anwesenheit des – auch anwaltlich vertretenen – Ausländers bei objektiver Betrachtung geboten erscheint.

§ 12a Wohnsitzregelung

(1) ¹Zur Förderung seiner nachhaltigen Integration in die Lebensverhältnisse der Bundesrepublik Deutschland ist ein Ausländer, der als Asylberechtigter, Flüchtling im Sinne von § 3 Absatz 1 des Asylgesetzes oder subsidiär Schutzberechtigter im Sinne von § 4 Absatz 1 des Asylgesetzes anerkannt worden ist oder dem nach § 22, § 23 oder § 25 Absatz 3 erstmalig eine Aufenthaltserlaubnis erteilt worden ist, verpflichtet, für den Zeitraum von drei Jahren ab Anerkennung oder Erteilung der Aufenthaltserlaubnis in dem Land seinen gewöhnlichen Aufenthalt (Wohnsitz) zu nehmen, in das er zur Durchführung seines Asylverfahrens oder im Rahmen seines Aufnahmeverfahrens zugewiesen worden ist. ²Satz 1 findet keine Anwendung, wenn der Ausländer, sein Ehegatte, eingetragener Lebenspartner oder ein minderjähriges lediges Kind, mit dem er verwandt ist und in familiärer Lebensgemeinschaft lebt, eine sozialversicherungspflichtige Beschäftigung mit einem Umfang von mindestens 15 Stunden wöchentlich aufnimmt oder aufgenommen hat, durch die diese Person mindestens über ein Einkommen in Höhe des monatlichen durchschnittlichen Bedarfs nach den §§ 20 und 22 des Zweiten Buches Sozialgesetzbuch für eine Einzelperson verfügt, oder eine Berufsausbildung aufnimmt oder aufgenommen hat oder in einem Studien- oder Ausbildungsverhältnis steht. ³Die Frist nach Satz 1 kann um den Zeitraum verlängert werden, für den der Ausländer seiner nach Satz 1 bestehenden Verpflichtung nicht nachkommt. ⁴Fallen die Gründe nach Satz 2 innerhalb von drei Monaten weg, wirkt die Verpflichtung zur Wohnsitznahme nach Satz 1 in dem Land fort, in das der Ausländer seinen Wohnsitz verlegt hat.

(1a) ¹Wird ein Ausländer, dessen gewöhnlicher Aufenthalt durch eine Verteilungs- oder Zuweisungsentscheidung nach dem Achten Buch Sozialgesetzbuch bestimmt wird, volljährig, findet ab Eintritt der Volljährigkeit Absatz 1 Anwendung; die Wohnsitzverpflichtung erwächst in dem Land, in das er zuletzt durch Verteilungs- oder Zuweisungsentscheidung zugewiesen wurde. ²Die bis zur Volljährigkeit verbrachte Aufenthaltszeit ab Anerkennung als Asylberechtigter, Flüchtling im Sinne von § 3 Absatz 1 des Asylgesetzes oder subsidiär Schutzberechtigter im Sinne von § 4 Absatz 1 des Asylgesetzes oder nach erstmaliger Erteilung eines Aufenthaltstitels nach den §§ 22, 23 oder 25 Absatz 3 wird auf die Frist nach Absatz 1 Satz 1 angerechnet.

(2) ¹Ein Ausländer, der der Verpflichtung nach Absatz 1 unterliegt und der in einer Aufnahmeeinrichtung oder anderen vorübergehenden Unterkunft wohnt, kann innerhalb von sechs Monaten nach Anerkennung oder Aufnahme längstens bis zum Ablauf der nach Absatz 1 geltenden Frist zu seiner Versorgung mit angemessenem Wohnraum verpflichtet werden, seinen Wohnsitz an einem bestimmten Ort zu nehmen, wenn dies der Förderung seiner nachhaltigen Integration in die Lebensverhältnisse der Bundesrepublik Deutschland nicht entgegensteht. ²Soweit im Einzelfall eine Zuweisung angemessenen Wohnraums innerhalb von sechs Monaten nicht möglich war, kann eine Zuweisung nach Satz 1 innerhalb von einmalig weiteren sechs Monaten erfolgen.

(3) ¹Zur Förderung seiner nachhaltigen Integration in die Lebensverhältnisse der Bundesrepublik Deutschland kann ein Ausländer, der der Verpflichtung nach Absatz 1 unterliegt, innerhalb von sechs Monaten nach Anerkennung oder erstmaliger Erteilung der Aufenthaltserlaubnis verpflichtet werden, längstens bis zum Ablauf der nach Absatz 1 geltenden Frist seinen Wohnsitz an einem bestimmten Ort zu nehmen, wenn dadurch

1. seine Versorgung mit angemessenem Wohnraum,
2. sein Erwerb hinreichender mündlicher Deutschkenntnisse im Sinne des Niveaus A2 des Gemeinsamen Europäischen Referenzrahmens für Sprachen und
3. unter Berücksichtigung der örtlichen Lage am Ausbildungs- und Arbeitsmarkt die Aufnahme einer Erwerbstätigkeit

erleichtert werden kann. ²Bei der Entscheidung nach Satz 1 können zudem besondere örtliche, die Integration fördernde Umstände berücksichtigt werden, insbesondere die Verfügbarkeit von Bildungs- und Betreuungsangeboten für minderjährige Kinder und Jugendliche.

(4) ¹Ein Ausländer, der der Verpflichtung nach Absatz 1 unterliegt, kann zur Vermeidung von sozialer und gesellschaftlicher Ausgrenzung bis zum Ablauf der nach Absatz 1 geltenden Frist auch verpflichtet werden, seinen Wohnsitz nicht an einem bestimmten Ort zu nehmen, insbesondere wenn zu erwarten ist, dass der Ausländer Deutsch dort nicht als wesentliche Verkehrssprache nutzen wird. ²Die Situation des dortigen Ausbildungs- und Arbeitsmarktes ist bei der Entscheidung zu berücksichtigen.

(5) ¹Eine Verpflichtung oder Zuweisung nach den Absätzen 1 bis 4 ist auf Antrag des Ausländers aufzuheben,
1. wenn der Ausländer nachweist, dass in den Fällen einer Verpflichtung oder Zuweisung nach den Absätzen 1 bis 3 an einem anderen Ort, oder im Falle einer Verpflichtung nach Absatz 4 an dem Ort, an dem er seinen Wohnsitz nicht nehmen darf,
   a) ihm oder seinem Ehegatten, eingetragenen Lebenspartner oder einem minderjährigen ledigen Kind, mit dem er verwandt ist und in familiärer Lebensgemeinschaft lebt, eine sozialversicherungspflichtige Beschäftigung im Sinne von Absatz 1 Satz 2, ein den Lebensunterhalt sicherndes Einkommen oder ein Ausbildungs- oder Studienplatz zur Verfügung steht oder
   b) der Ehegatte, eingetragene Lebenspartner oder ein minderjähriges lediges Kind, mit dem er verwandt ist und mit dem er zuvor in familiärer Lebensgemeinschaft gelebt hat, an einem anderen Wohnort leben,
2. zur Vermeidung einer Härte; eine Härte liegt insbesondere vor, wenn
   a) nach Einschätzung des zuständigen Jugendamtes Leistungen und Maßnahmen der Kinder- und Jugendhilfe nach dem Achten Buch Sozialgesetzbuch mit Ortsbezug beeinträchtigt würden,
   b) aus anderen dringenden persönlichen Gründen die Übernahme durch ein anderes Land zugesagt wurde oder
   c) für den Betroffenen aus sonstigen Gründen vergleichbare unzumutbare Einschränkungen entstehen.
²Fallen die Aufhebungsgründe nach Satz 1 Nummer 1 Buchstabe a innerhalb von drei Monaten ab Bekanntgabe der Aufhebung weg, wirkt die Verpflichtung zur Wohnsitznahme nach Absatz 1 Satz 1 in dem Land fort, in das der Ausländer seinen Wohnsitz verlegt hat. ³Im Fall einer Aufhebung nach Satz 1 Nummer 2 ist dem Ausländer, längstens bis zum Ablauf der nach Absatz 1 geltenden Frist, eine Verpflichtung nach Absatz 3 oder 4 aufzuerlegen, die seinem Interesse Rechnung trägt.

(6) ¹Bei einem Familiennachzug zu einem Ausländer, der einer Verpflichtung oder Zuweisung nach den Absätzen 1 bis 4 unterliegt, gilt die Verpflichtung oder Zuweisung längstens bis zum Ablauf der nach Absatz 1 für den Ausländer geltenden Frist auch für den nachziehenden Familienangehörigen, soweit die zuständige Behörde nichts anderes angeordnet hat. ²Absatz 5 gilt für die nachziehenden Familienangehörigen entsprechend.

(7) Die Absätze 1 bis 6 gelten nicht für Ausländer, deren Anerkennung oder erstmalige Erteilung der Aufenthaltserlaubnis im Sinne des Absatzes 1 vor dem 1. Januar 2016 erfolgte.

(8) Widerspruch und Klage gegen Verpflichtungen nach den Absätzen 2 bis 4 haben keine aufschiebende Wirkung.

(9) Die Länder können im Hinblick auf Ausländer, die der Verpflichtung nach Absatz 1 unterliegen, hinsichtlich Organisation, Verfahren und angemessenen Wohnraums durch Rechtsverordnung der Landesregierung oder andere landesrechtliche Regelungen Näheres bestimmen zu
1. der Verteilung innerhalb des Landes nach Absatz 2,
2. dem Verfahren für Zuweisungen und Verpflichtungen nach den Absätzen 2 bis 4,
3. den Anforderungen an den angemessenen Wohnraum im Sinne der Absätze 2, 3 Nummer 1 und von Absatz 5 Satz 1 Nummer 1 Buchstabe a sowie der Form seines Nachweises,
4. der Art und Weise des Belegs einer sozialversicherungspflichtigen Beschäftigung nach Absatz 1 Satz 2, eines den Lebensunterhalt sichernden Einkommens sowie eines Ausbildungs- oder Studienplatzes im Sinne der Absätze 1 und 5 Satz 1 Nummer 1 Buchstabe a,
5. der Verpflichtung zur Aufnahme durch die zum Wohnort bestimmte Gemeinde und zu dem Aufnahmeverfahren.

(10) **§ 12 Absatz 2 Satz 2 bleibt für wohnsitzbeschränkende Auflagen in besonders begründeten Einzelfällen unberührt.**

Überblick

§ 12a trifft eine besondere Regelung zur Wohnsitznahme durch Personen, die als Schutzberechtigte anerkannt worden sind (→ Rn. 1 ff.). Der Ausländer ist grundsätzlich gesetzlich verpflichtet, den Wohnsitz für drei Jahre in dem Land zu nehmen, in das er zur Durchführung des Asylverfahrens zugewiesen worden ist (Abs. 1; → Rn. 7 f.). Abs. 2–4 ermöglichen weitergehende Regelungen des Wohnsitzes im Einzelfall (→ Rn. 9 ff.). Unter bestimmten Voraussetzungen hat der Ausländer einen Anspruch auf Aufhebung der Verpflichtung (Abs. 5; → Rn. 14 ff.). Abs. 9 ermächtigt die Länder, Näheres durch Rechtsverordnung zu regeln (→ Rn. 20).

Übersicht

A. Allgemeines

I. Entstehungsgeschichte und Regelungszweck

Die Vorschrift des § 12a wurde durch das Integrationsgesetz (v. 31.7.2016, BGBl. I 1939) mWz **1** 6.8.2016 eingefügt. Mit ihr wollte der Gesetzgeber auf die massive Zuwanderung seit dem Jahr 2015 reagieren und zur Vermeidung von integrationshemmender Segregation ein vorübergehendes Instrument für eine verbesserte Steuerung der Wohnsitznahme von Schutzberechtigten schaffen (BT-Drs. 18/8615, 42). Die Regelung war zunächst bis zum 6.8.2019 befristet (Art. 8 Abs. 5 Integrationsgesetz); mit dem Gesetz zur Entfristung des Integrationsgesetzes (v. 4.7.2019, BGBl. I 914) gilt sie unbefristet fort.

II. Persönlicher und zeitlicher Anwendungsbereich

Die Vorschrift gilt für Ausländer, die als Asylberechtigter, Flüchtling (§ 3 Abs. 1 AsylG) oder **2** subsidiär Schutzberechtigter (§ 4 Abs. 1 AsylG) anerkannt worden sind oder denen nach § 22, § 23 oder § 25 Abs. 3 erstmalig eine Aufenthaltserlaubnis erteilt worden ist. Für unbegleitete Minderjährige bestimmt sich der Aufenthaltsort nach §§ 42a ff. und 88a SGB VIII (vgl. BT-Drs. 18/8615, 44).

§ 12a findet nur Anwendung, wenn die Anerkennung oder erstmalige Erteilung eines Aufent- **3** haltstitels nach dem 31.12.2015 erfolgte (Abs. 7).

III. Verhältnis zu anderen Vorschriften

§ 12a, der von der Residenzpflicht des Asylbewerbers gem. § 56 AsylG zu unterscheiden ist, **4** ist in seinem persönlichen, zeitlichen und sachlichen Anwendungsbereich eine abschließende Regelung für die Anordnung von Wohnsitzverpflichtungen; insoweit scheidet ein Rückgriff auf die Befugnis, eine Wohnsitzauflage nach § 12 Abs. 2 S. 2 zu erteilen (→ § 12 Rn. 6 ff.), aus. Abs. 10 stellt klar, dass § 12 Abs. 2 S. 2 daneben für wohnsitzbeschränkende Auflagen anwendbar

bleibt, wenn eine Wohnsitzverpflichtung nach § 12a weggefallen ist oder eine wohnsitzbeschränkende Auflage aus anderen als den in § 12a angeführten Gründen erteilt werden soll (vgl. BT-
Drs. 19/8692, 11).

IV. Vereinbarkeit mit höherrangigem Recht

5   Die Regelung des § 12a ist mit Art. 33 Qualifikations-RL (RL 2011/95/EU v. 13.12.2011,
ABl. 2011 L 337, 9) vereinbar (SächsOVG BeckRS 2020, 18473 Rn. 11; OVG NRW ZAR 2019,
71 (73); BayVGH BeckRS 2018, 6972 Rn. 6; NdsOVG BeckRS 2017, 120579 Rn. 33 ff.;
BeckOK AuslR/Maor Rn. 3; Bergmann/Dienelt/Röcker Rn. 74). Anders als bei einer Wohnsitzauflage, die mit dem fiskalischen Ziel einer gleichmäßigen Verteilung der Sozialhilfelasten begründet wird und damit gegen Art. 29 Qualifikations-RL verstößt, steht das Unionsrecht einer Wohnsitzauflage, die den Zweck verfolgt, die Integration von Drittstaatsangehörigen zu fördern, nicht
entgegen (EuGH NVwZ 2016, 445 Rn. 57 ff.).

6   Gegen die Vorschrift bestehen schließlich auch keine verfassungs- und völkerrechtlichen Bedenken (vgl. OVG NRW ZAR 2019, 71 (73 f.)).

B. Gesetzliche Verpflichtung zur Wohnsitznahme (Abs. 1)

I. Grundsatz

7   Ein Ausländer, der als Asylberechtigter, Flüchtling (§ 3 Abs. 1 AsylG) oder subsidiär Schutzberechtigter (§ 4 Abs. 1 AsylG) anerkannt worden ist oder dem nach § 22, § 23 oder § 25 Abs. 3
erstmalig eine Aufenthaltserlaubnis erteilt worden ist, ist gem. § 12a Abs. 1 S. 1 verpflichtet, für
den Zeitraum von drei Jahren in dem Land seinen Wohnsitz zu nehmen, in das er zur Durchführung seines Asylverfahrens oder im Rahmen seines Aufnahmeverfahrens zugewiesen worden ist.
Die Vorschrift begründet eine gesetzliche Verpflichtung des Ausländers, die keiner behördlichen
Anordnung bedarf und gerichtlich nicht anfechtbar ist. Diese tritt mit der Anerkennung oder
Erteilung der Aufenthaltserlaubnis – nicht dagegen eines Visums – ein. **Wohnsitz** ist nach der
gesetzlichen Definition der gewöhnliche Aufenthalt. **Gewöhnlicher Aufenthalt** ist der Ort, an
dem der Ausländer nach den tatsächlichen Verhältnissen nicht nur vorübergehend seinen Lebensmittelpunkt hat (vgl. BVerwG NVwZ 2017, 1312 Rn. 12). Das zuständige Land bestimmt sich
bei Ausländern, die ein Asylverfahren durchlaufen haben, nach der Aufnahmeeinrichtung gem.
§ 46 AsylG oder dem Ergebnis der länderübergreifenden Verteilung gem. § 51 AsylG, im Übrigen
danach, welches Land die Aufenthaltserlaubnis nach § 22, § 23 oder § 25 Abs. 3 erteilt hat. Um
dem Anreiz entgegenzuwirken, den Wohnsitz rechtswidrig in einem anderen Land zu nehmen,
kann die Dreijahresfrist um jenen Zeitraum verlängert werden, in dem der Ausländer seiner
Wohnsitzverpflichtung nicht nachkommt (Abs. 1 S. 3).

7a   Nach Abs. 1a beansprucht die Wohnsitzverpflichtung ab Eintritt der Volljährigkeit auch für
einen Ausländer Geltung, dessen **gewöhnlicher Aufenthalt durch eine Verteilungs- oder
Zuweisungsentscheidung nach dem SGB VIII bestimmt** wurde; sie erwächst in dem Land,
in das er zuletzt durch Verteilungs- oder Zuweisungsentscheidung zugewiesen wurde. Die bis zur
Volljährigkeit verbrachte Aufenthaltszeit ab Anerkennung als Asylberechtigter, Flüchtling (§ 3
Abs. 1 AsylG) oder subsidiär Schutzberechtigter (§ 4 Abs. 1 AsylG) oder nach erstmaliger Erteilung
eines Aufenthaltstitels nach den §§ 22, 23 oder 25 Abs. 3 wird auf die Frist nach Abs. 1 S. 1
angerechnet. War der Ausländer vor Eintritt der Volljährigkeit aus pädagogischen Gründen in
einer Einrichtung untergebracht, die in einem anderen Land liegt als das aufgrund der Verteilungs-
und Zuweisungsentscheidung örtlich zuständige Jugendamt, soll die Wohnsitzverpflichtung nach
dem Willen des Gesetzgebers zur Vermeidung einer Härte nach § 12a Abs. 5 S. 1 Nr. 2 lit. a
(→ Rn. 17) auf Antrag aufgehoben werden, wenn dies geboten erscheint, damit die Hilfe für
den jungen Volljährigen in der Einrichtung fortgesetzt werden kann (BT-Drs. 19/8692, 10).

7b   Die Verpflichtung nach § 12a Abs. 1 S. 1 gilt schließlich auch für nachziehende Familienangehörige (§ 12a Abs. 6 S. 1).

II. Ausnahmen

8   Von der verpflichtenden Wohnsitznahme sind nach § 12a Abs. 1 S. 2 drei Personengruppen
ausgenommen. Diese findet keine Anwendung, wenn der Ausländer, sein Ehegatte, eingetragener
Lebenspartner oder ein minderjähriges lediges Kind, mit dem er verwandt ist und in familiärer
Lebensgemeinschaft lebt, eine sozialversicherungspflichtige Beschäftigung (§ 2 Abs. 2; → § 2
Rn. 2) oder eine Berufsausbildung (§ 10 BBiG) aufnimmt oder aufgenommen hat oder in einem

Studien- oder Ausbildungsverhältnis steht. Der Ausländer muss für das Kind nicht sorgeberechtigt sein; aus Gründen des Kindeswohls sollen neben der Kernfamilie auch fluchtbedingte familiäre Lebensgemeinschaften von Verwandten geschützt werden (BT-Drs. 19/8692, 9). Das Beschäftigungsverhältnis muss mindestens eine wöchentliche Arbeitszeit von 15 Stunden und ein Einkommen in Höhe des monatlichen durchschnittlichen Bedarfs nach §§ 20 und 22 SGB II für eine Einzelperson aufweisen; beide Anforderungen müssen kumulativ erfüllt sein. Das berücksichtigungsfähige Einkommen bestimmt sich nach den Vorschriften des SGB II; insbesondere sind die Abzüge nach § 11b SGB II vorzunehmen. Eine **selbstständige Tätigkeit** erfüllt die Voraussetzungen des § 12a Abs. 1 S. 2 nicht; sie kann indes im Einzelfall zu einer Aufhebung der Wohnsitzauflage nach § 12a Abs. 5 S. 1 lit. a (→ Rn. 15) führen. Die **Berufsausbildung und das Studien- und Ausbildungsverhältnis** dürfen nicht nur rechtlich begründet sein; sie müssen auch tatsächlich durchgeführt werden. Nach dem Willen des Gesetzgebers sollen hierbei auch berufsorientierende oder berufsvorbereitende Maßnahmen, die dem Übergang in eine entsprechende betriebliche Ausbildung dienen, und studienvorbereitende Maßnahmen iSd § 16 Abs. 1 S. 2 (studienvorbereitende Sprachkurse, Besuche eines Studienkollegs) sowie Maßnahmen zur Anerkennung ausländischer Berufsqualifikationen erfasst sein (BT-Drs. 19/8692, 9).

Fallen die Gründe nach S. 2 innerhalb von drei Monaten weg, wirkt die Verpflichtung zur **8a** Wohnsitznahme nach S. 1 in dem Land fort, in das der Ausländer seinen Wohnsitz verlegt hat (Abs. 1 S. 4). Mit der mWz 11.7.2019 eingeführten Regelung trägt der Gesetzgeber kurzfristigen Arbeitsverhältnissen Rechnung, die keine dauerhafte integrationsfördernde Wirkung entfalten, bisher aber gleichwohl eine dauerhafte Befreiung von der Wohnsitzverpflichtung zur Folge hatten (BT-Drs. 19/8692, 9). Die Gesamtdauer der Wohnsitzverpflichtung von drei Jahren verlängert sich dadurch nicht. Maßgeblich für den Beginn der Dreimonatsfrist ist die Aufnahme des Beschäftigungsverhältnisses, der Berufsausbildung oder des Studien- oder Ausbildungsverhältnisses.

C. Regelung des Wohnsitzes im Einzelfall

§ 12a ermächtigt die Behörde im Rahmen der gesetzlichen Verpflichtung des Ausländers nach **9** Abs. 1 zu einer weitergehenden Regelung des Wohnsitzes im Einzelfall mit dem Ziel der Versorgung mit angemessenem Wohnraum (Abs. 2), der Förderung einer nachhaltigen Integration (Abs. 3) und der Vermeidung von sozialer und gesellschaftlicher Ausgrenzung (Abs. 4). Die Bestimmungen gelten auch für nachziehende Familienangehörige (Abs. 6 S. 1).

I. Versorgung mit angemessenem Wohnraum (Abs. 2)

Ein Ausländer, der in einer Aufnahmeeinrichtung (§ 44 AsylG) oder anderen vorübergehenden **10** Unterkunft wohnt, kann zu seiner Versorgung mit angemessenem Wohnraum verpflichtet werden, seinen Wohnsitz an einem bestimmten Ort zu nehmen, wenn dies seiner nachhaltigen Integration nicht entgegensteht (S. 1; vgl. zu den Anforderungen an die behördliche Ermessensausübung VG Sigmaringen BeckRS 2018, 2582 Rn. 24 ff.). Die Anordnung kann nur innerhalb von sechs Monaten nach Anerkennung oder Aufnahme iSd Abs. 1 ergehen; im begründeten Einzelfall ist eine Verlängerung der Frist nach Maßgabe des S. 2 um weitere sechs Monate möglich. Der angemessene Wohnraum bestimmt sich nicht nach § 2 Abs. 4, sondern nach der landesrechtlichen Regelung gem. § 12a Abs. 9 Nr. 3.

II. Förderung der Integration (Abs. 3)

Abs. 3 ermöglicht eine Wohnsitzregelung zur Förderung der nachhaltigen Integration des **11** Ausländers auf der Grundlage einer Prognose, dass dadurch die Versorgung mit angemessenem Wohnraum (Nr. 1), der Erwerbs hinreichender mündlicher Deutschkenntnisse (Niveau A2; Nr. 2) und die Möglichkeit der Aufnahme einer Erwerbstätigkeit (Nr. 3) erleichtert werden (S. 1). Die tatbestandlichen Voraussetzungen des S. 1 müssen kumulativ erfüllt sein (vgl. BT-Drs. 19/9764, 3; VG Stuttgart BeckRS 2019, 16771 Rn. 11 mwN). Im Rahmen der sodann eröffneten Ermessensentscheidung können nach S. 2 zudem besondere örtliche, die Integration fördernde Umstände berücksichtigt werden, insbesondere die Verfügbarkeit von Bildungs- und Betreuungsangeboten für minderjährige Kinder und Jugendliche berücksichtigt werden.

III. Vermeidung von Ausgrenzung (Abs. 4)

Mit Abs. 4 wollte der Gesetzgeber ein gegenüber den Festlegungen des konkreten Wohnsitzes **12** nach Abs. 2 und Abs. 3 milderes Instrument schaffen. Hiernach kann der Ausländer zur Vermeidung von sozialer und gesellschaftlicher Ausgrenzung negativ verpflichtet werden, seinen Wohnsitz jedenfalls nicht an einem bestimmten Ort zu nehmen. Maßgebliches Kriterium für die von der Ausländerbehörde zu treffende Prognose ist die Möglichkeit des Betroffenen, an einem bestimmten Ort weitgehend ohne Kontakt mit der Aufnahmegesellschaft zu leben. Ein Indiz hierfür ist, wenn zu erwarten ist, dass der Ausländer Deutsch nicht als wesentliche Verkehrssprache nutzen wird (S. 1). Des Weiteren ist die Situation des dortigen Ausbildungs- und Arbeitsmarktes bei der Entscheidung zu berücksichtigen (S. 2).

IV. Keine aufschiebende Wirkung von Rechtsbehelfen (Abs. 8)

13   Widerspruch und Klage gegen Verpflichtungen nach Abs. 2–4 haben keine aufschiebende Wirkung. Statthafter Rechtsbehelf ist der Antrag auf Anordnung der aufschiebenden Wirkung gem. § 80 Abs. 5 S. 1 Alt. 1 VwGO.

D. Aufhebung der Verpflichtung (Abs. 5)

14   Eine Verpflichtung nach Abs. 1–4 ist auf Antrag des Ausländers aufzuheben, wenn die Voraussetzungen der in Abs. 5 geregelten Fallgruppen erfüllt sind. Die Vorschrift regelt eine gebundene Entscheidung (OVG Bln-Bbg BeckRS 2018, 8746 Rn. 4); diese unterliegt einem in § 72 Abs. 3a geregelten Zustimmungserfordernis der Ausländerbehörde des Zuzugsortes. Sie findet auf nachziehende Familienangehörige entsprechende Anwendung (Abs. 6 S. 2).

I. Sicherung des Lebensunterhaltes (Nr. 1 lit. a)

15   Der Gesetzgeber sieht wesentliche Voraussetzungen für eine erfolgreiche Integration als geschaffen und eine Wohnsitzregelung damit als entbehrlich an, wenn der Ausländer nachweist, dass ihm oder seinem Ehegatten, eingetragenen Lebenspartner oder einem minderjährigen ledigen Kind, mit dem er verwandt ist und in familiärer Lebensgemeinschaft lebt, eine sozialversicherungspflichtige Beschäftigung iSv § 12a Abs. 1 S. 2, ein den Lebensunterhalt sicherndes Einkommen oder ein Ausbildungs- oder Studienplatz zur Verfügung steht (Nr. 1 lit. a). Die Vorschrift erfasst, anders als § 12a Abs. 1 S. 2, auch die selbstständige Tätigkeit. Nach dem Willen des Gesetzgebers ist der Begriff des Ausbildungs- oder Studienplatzes – wie in Abs. 1 S. 2 (→ Rn. 8) – weit zu verstehen (BT-Drs. 19/8692, 10). Die Feststellung eines gesicherten Lebensunterhaltes richtet sich nach § 2 Abs. 3 (→ § 2 Rn. 6). Die Länder können nähere Anforderungen an die zu erbringenden Belege festlegen (Abs. 9 Nr. 4).

15a   Die Aufhebung der Wohnsitzverpflichtung nach Nr. 1 lit. a entfaltet nur dann dauerhafte Wirkung, wenn die Aufhebungsgründe mindestens drei Monate ab Bekanntgabe der Aufhebung fortbestehen; fallen sie während dieser Frist weg, wirkt die Verpflichtung zur Wohnsitznahme nach Abs. 1 S. 1 – in Übereinstimmung mit Abs. 1 S. 4 (→ Rn. 8a) – in dem Land fort, in das der Ausländer seinen Wohnsitz verlegt hat (S. 2).

II. Familieneinheit (Nr. 1 lit. b)

16   Nach Nr. 1 lit. b hat der Ausländer einen Anspruch auf die Aufhebung einer Wohnsitzregelung, wenn der Ehegatte, eingetragene Lebenspartner oder ein minderjähriges lediges Kind, mit dem er verwandt ist und mit dem er zuvor in familiärer Lebensgemeinschaft gelebt hat, an einem anderen Wohnort leben. Voraussetzung ist, dass die Herstellung einer familiären Lebensgemeinschaft ernstlich beabsichtigt ist. Die Vorschrift regelt nicht den Zuzug des minderjährigen Kindes an den Wohnort der Eltern; § 12a findet insoweit keine Anwendung (→ Rn. 2).

III. Härtefälle (Nr. 2)

17   Schließlich ist eine Wohnsitzregelung aufzuheben, wenn dies zur Vermeidung einer Härte geboten ist (Nr. 2). Die Härte muss über das Maß hinausgehen, das mit jeder Beschränkung der Wohnsitzwahl verbunden ist (NdsOVG BeckRS 2017, 120579 Rn. 23; BayVGH BeckRS 2018, 187 Rn. 9). Dies ist der Fall, wenn die Beeinträchtigung persönlicher Belange im Hinblick auf das mit der Aufenthaltsbeschränkung verfolgte öffentliche Interesse als unzumutbar anzusehen ist (vgl. Nr. 2 Hs. 2 lit. c). Es handelt sich um einen unbestimmten Rechtsbegriff, welcher der vollen gerichtlichen Kontrolle unterliegt (vgl. BT-Drs. 18/8615, 46).

18   Nr. 2 Hs. 2 benennt beispielhaft als Härte, wenn nach Einschätzung des zuständigen Jugendamtes Leistungen und Maßnahmen der Kinder- und Jugendhilfe nach dem SGB VIII mit Ortsbezug

beeinträchtigt würden (lit. a) oder aus anderen dringenden persönlichen Gründen die Übernahme durch ein anderes Land zugesagt wurde (lit. b). Eine unzumutbare Einschränkung iSd lit. c ist nach dem Willen des Gesetzgebers zu bejahen, wenn die Wohnsitzverpflichtung einer gewalttätigen oder gewaltbetroffenen Person einer Schutzanordnung nach dem Gewaltschutzgesetz oder sonstigen zum Schutz insbesondere vor häuslicher oder geschlechtsspezifischer Gewalt erforderlichen Maßnahmen entgegensteht (BT-Drs. 19/8692, 10). Die Verwaltungspraxis bejaht eine Härte iSd lit. c, wenn der Ausländer den Wohnsitz nach dem 31.12.2015 und vor dem rückwirkenden Inkrafttreten des § 12a am 6.8.2016 rechtmäßig in ein anders Land verlegt hat (vgl. BT-Drs. 18/8615, 46; NdsOVG BeckRS 2017, 120579 Rn. 30). Eine Erkrankung oder Pflegebedürftigkeit rechtfertigt für sich genommen regelmäßig noch nicht die Annahme einer Härte (vgl. BayVGH BeckRS 2018, 187 Rn. 10; SächsOVG BeckRS 2017, 129946 Rn. 12); Gleiches gilt für die mit jedem Umzug und Schulwechsel einhergehenden Schwierigkeiten (SächsOVG BeckRS 2020, 18473 Rn. 15).

Bei einer Aufhebung nach Nr. 2 ist dem Ausländer, längstens bis zum Ablauf der nach § 12a **19** Abs. 1 geltenden Frist, eine Verpflichtung nach § 12a Abs. 3 oder Abs. 4 aufzuerlegen, die seinem Interesse Rechnung trägt (Abs. 5 S. 2).

E. Verordnungsermächtigung (Abs. 9)

Abs. 9 ermächtigt die Länder, im Hinblick auf Ausländer, die der Verpflichtung nach § 12a **20** Abs. 1 unterliegen, Näheres iSd Nr. 1–5 zu Organisation, Verfahren und angemessenem Wohnraum zu bestimmen.

Für eine Übersicht der Regelungen der Länder vgl. BeckOK AuslR/Maor Rn. 55.1; zu einer unzulässi- **20.1** gen materiell-rechtlichen Regelung durch Landesverordnung vgl. OVG NRW EZAR NF 27 Nr. 16 S. 4 ff.

Abschnitt 2. Einreise

§ 13 Grenzübertritt

(1) ¹Die Einreise in das Bundesgebiet und die Ausreise aus dem Bundesgebiet sind nur an den zugelassenen Grenzübergangsstellen und innerhalb der festgesetzten Verkehrsstunden zulässig, soweit nicht auf Grund anderer Rechtsvorschriften oder zwischenstaatlicher Vereinbarungen Ausnahmen zugelassen sind. ²Ausländer sind verpflichtet, bei der Einreise und der Ausreise einen anerkannten und gültigen Pass oder Passersatz gemäß § 3 Abs. 1 mitzuführen und sich der polizeilichen Kontrolle des grenzüberschreitenden Verkehrs zu unterziehen.

(2) ¹An einer zugelassenen Grenzübergangsstelle ist ein Ausländer erst eingereist, wenn er die Grenze überschritten und die Grenzübergangsstelle passiert hat. ²Lassen die mit der polizeilichen Kontrolle des grenzüberschreitenden Verkehrs beauftragten Behörden einen Ausländer vor der Entscheidung über die Zurückweisung (§ 15 dieses Gesetzes), §§ 18, 18a des Asylgesetzes) oder während der Vorbereitung, Sicherung oder Durchführung dieser Maßnahme die Grenzübergangsstelle zu einem bestimmten vorübergehenden Zweck passieren, so liegt keine Einreise im Sinne des Satzes 1 vor, solange ihnen eine Kontrolle des Aufenthalts des Ausländers möglich bleibt. ³Im Übrigen ist ein Ausländer eingereist, wenn er die Grenze überschritten hat.

Überblick

Die Vorschrift regelt die Einreise (→ Rn. 2 ff.) in und die Ausreise (→ Rn. 10) aus dem Bundesgebiet.

A. Entstehungsgeschichte der Norm

Die Norm entspricht inhaltlich § 59 AuslG. Die bisher im fünften Abschnitt des AuslG enthal- **1** tene Regelung wurde aus systematischen Gründen an den Anfang des Gesetzes gestellt (BT-Drs. 15/420, 73).

B. Einreise in das Bundesgebiet

2   Der Begriff der Einreise ist im Sinne eines tatsächlichen Vorgangs (Grenzübertritt, Betreten des Hoheitsgebietes der Bundesrepublik Deutschland) zu verstehen (Nr. 13.1.1 AufenthGAVwV). Welche Voraussetzungen für eine Einreise erfüllt sein müssen, hängt maßgeblich davon ab, ob der Ausländer an einer Schengenbinnengrenze oder einer Schengenaußengrenze in das Bundesgebiet einreisen will, da gem. § 13 Abs. 1 S. 1 insbesondere zwischenstaatliche Vereinbarungen vorgehen und die Bundesrepublik Deutschland am 14.6.1985 das Abkommen von Schengen unterzeichnet hat.

I. Einreise an einer Schengenbinnengrenze

3   Gemäß Art. 22 Schengener Grenzkodex (VO (EU) 2016/399 v. 9.3.2016, ABl. 2016 L 77, 1) dürfen die Binnengrenzen unabhängig von der Staatsangehörigkeit der betreffenden Personen **an jeder Stelle ohne Personenkontrollen** überschritten werden. Zugelassene Grenzübergangsstellen gibt es daher an den Binnengrenzen nicht mehr. Binnengrenzen im Sinne dieser Verordnung sind die gemeinsamen Landgrenzen der Mitgliedstaaten, einschließlich der Fluss- und Binnensee-grenzen, die Flughäfen der Mitgliedstaaten für Binnenflüge, die See-, Flussschifffahrts- und Bin-nenseehäfen der Mitgliedstaaten für regelmäßige interne Fährverbindungen (Art. 2 Nr. 1 Schenge-ner Grenzkodex). Daraus folgt, dass ein Ausländer in diesen Fällen allein durch das Überschreiten der Landesgrenze einreist.

4   Die Mitgliedstaaten können unter den Voraussetzungen der Art. 23 ff. Schengener Grenzkodex **vorübergehend wieder Grenzkontrollen einführen,** insbesondere wenn außergewöhnliche Umstände vorliegen, unter denen das Funktionieren des Binnenraums insgesamt gefährdet ist (Art. 29 Schengener Grenzkodex), oder bei einer ernsthaften Bedrohung der öffentlichen Ordnung oder der inneren Sicherheit in einem Mitgliedstaat (Art. 28 Abs. 1 Schengener Grenzkodex). In diesen Fällen ist die Benutzung von Grenzübergangsstellen wieder vorgeschrieben (Nr. 13.1.3.1 AufenthGAVwV). Bei Wiedereinführung von Grenzkontrollen an den Binnengrenzen finden die einschlägigen Bestimmungen des Schengener Grenzkodex für die Außengrenzen Anwendung (Art. 32 Schengener Grenzkodex). Binnengrenzen, an denen Grenzkontrollen wiedereingeführt worden sind, werden Außengrenzen nicht gleichgesetzt (vgl. im Zusammenhang mit der Wieder-einführung der Grenzkontrollen nach Art. 25 Schengener Grenzkodex EuGH ZAR 2019, 382 Rn. 61). Werden nach Art. 25 Schengener Grenzkodex vorübergehend wieder Grenzkontrollen eingeführt, besteht aber im Zeitpunkt und am Ort der Kontrolle des Ausländers keine nach Art. 27 Abs. 1 S. 2 lit. c Schengener Grenzkodex und § 13 iVm § 61 Abs. 1 BPolG zugelassene Grenzübergangsstelle, ist der Ausländer (bereits) mit Überschreiten der Grenze nach Art. 22 Schen-gener Grenzkodex, § 13 Abs. 2 S. 3 eingereist (BGH BeckRS 2020, 14098 Rn. 12).

II. Einreise an einer Schengenaußengrenze

5   **„Außengrenzen"** sind gem. Art. 2 Nr. 2 Schengener Grenzkodex die Grenzen, soweit sie nicht Binnengrenzen sind. Da die Bundesrepublik Deutschland nur von Schengen-Staaten umge-ben ist, hat sie Außengrenzen nur noch an Flug- und Seehäfen. In solchen Fällen kommt § 13 Abs. 1 S. 1 Hs. 1 zur Anwendung (der mit Art. 5 Abs. 1 S. 1 Schengener Grenzkodex überein-stimmt).

6   Die Einreise muss an einer **zugelassenen Grenzübergangsstelle** erfolgen. Das Bundesminis-terium des Innern entscheidet im Benehmen mit dem Bundesministerium der Finanzen über die Zulassung und Schließung von Grenzübergangsstellen und gibt diese Entscheidungen im Bundesanzeiger bekannt (§ 61 Abs. 1 BPolG). Wenn ein besonderes Bedürfnis dafür besteht und öffentliche Belange nicht entgegenstehen, kann die Bundespolizei Personen oder Personengruppen die Erlaubnis erteilen, die Grenzen außerhalb der zugelassenen Grenzübergangsstellen zu über-schreiten (§ 61 Abs. 3 S. 1 BPolG).

7   Die Einreise an zugelassenen Grenzübergangsstellen ist nur zulässig, wenn sie innerhalb der **festgesetzten Verkehrsstunden** erfolgt. Die Festsetzung erfolgt durch die Bundespolizei mit dem Hauptzollamt für die einzelnen Grenzübergangsstellen entsprechend dem Verkehrsbedürfnis, wobei diese durch Aushang an der Grenzübergangsstelle bekannt gemacht wird (§ 61 Abs. 2 BPolG). Im Ausnahmefall kann die Bundespolizei Personen oder Personengruppen die Erlaubnis erteilen, die Grenzen außerhalb der festgesetzten Verkehrsstunden zu überschreiten, wenn ein besonderes Bedürfnis dafür besteht und öffentliche Belange nicht entgegenstehen (§ 61 Abs. 3 S. 1 BPolG).

An einer zugelassenen Grenzübergangsstelle ist ein Ausländer grundsätzlich erst **eingereist**, **8** wenn er die Grenze überschritten und die Grenzübergangsstelle passiert hat (§ 13 Abs. 2 S. 1). Liegen an einem Grenzübergang die Kontrollstellen von Grenzschutz und Zoll räumlich auseinander, so sind sie zusammen als „Grenzübergangsstelle" anzusehen, sodass die Einreise erst vollendet ist, wenn der Einreisende die letzte Kontrollstelle passiert hat (OVG Bln-Bbg BeckRS 2004, 05263 bereits zum inhaltsgleichen § 59 Abs. 2 S. 1 AuslG 1990).

Lassen die mit der polizeilichen Kontrolle des grenzüberschreitenden Verkehrs beauftragten **8a** Behörden den Ausländer vor der Entscheidung über die Zurückweisung (§ 15, §§ 18, 18a AsylG) oder während der Vorbereitung, Sicherung oder Durchführung dieser Maßnahme die Grenzübergangsstelle **zu einem bestimmten vorübergehenden Zweck passieren,** liegt keine Einreise vor, wenn eine Kontrolle des Aufenthalts des Ausländers möglich bleibt (teilweise wird diese Konstruktion als Fiktion der Nichteinreise bezeichnet, vgl. zB HessVGH BeckRS 2017, 129418 Rn. 3; BT-Drs. 19/13857, 17). Dabei kann die tatsächliche Kontrolle durch andere Behörden (zB Jugendamt, geschlossene psychiatrische Einrichtung, Justizvollzugsanstalt, Militärbehörden der in Deutschland stationierten NATO-Streitkräfte) im Auftrag der mit der polizeilichen Kontrolle des grenzüberschreitenden Verkehrs beauftragten Behörden im Wege der Amtshilfe wahrgenommen werden (Nr. 13.2.1.2 AufenthGAVwV; HessVGH BeckRS 2014, 48104). Dem vorübergehenden Charakter, der mit der Verbringung in die Justizvollzugsanstalt zur Durchführung der Zurückweisungshaft verbundenen Grenzüberschreitung, steht nicht entgegen, dass der Haftaufenthalt mehrere Monate dauert. Ab welchem Zeitpunkt ein durch eine Zurückweisungshaft ausgelöster Grenzübertritt nicht mehr nur vorübergehend sein kann, richtet sich nach §§ 15 Abs. 5 S. 2, 62 Abs. 4 (HessVGH BeckRS 2014, 48104).

Lässt die Bundespolizei einen Ausländer die Grenzübergangsstelle zur Durchführung der **8b** **Zurückweisungshaft** passieren, ist eine Einreise erst in der Entlassung aus der Justizvollzugsanstalt zu sehen (HessVGH BeckRS 2014, 48104). Mit der Ablehnung der weiteren Kontrolle des Aufenthalts des Ausländers erledigt sich die Zurückweisung. Dies führt kraft Gesetzes zur Einreise (Sächs-OVG BeckRS 2009, 40040).

III. Einreise mit dem Zug

Wann eine Einreise in die Bundesrepublik Deutschland mit dem Zug erfolgt ist, hängt **maßgeb- 9** **lich** davon ab, **ob Kontrollen im fahrenden Zug** durchgeführt werden. Finden in einem fahrenden Zug Grenzkontrollen statt, ist eine Einreise erst dann erfolgt, wenn sich der Zug auf deutschem Hoheitsgebiet befindet, die grenzpolizeiliche Kontrolle im Zug beendet wurde und die Kontrollbeamten den Zug verlassen haben. Wird im Zug keine Grenzkontrolle durchgeführt, reist der Ausländer mit dem Überfahren der Grenzlinie ein (OVG RhPf BeckRS 2016, 47529 Rn. 34).

C. Ausreise

An einer zugelassenen Grenzübergangsstelle ist ein Ausländer erst ausgereist, wenn er die Grenze **10** überschritten hat und die Grenzübergangsstelle passiert hat. Im Übrigen ist eine Person ausgereist, sobald sie die Grenzlinie überschritten hat (Nr. 13.1.1 AufenthGAVwV).

D. Pass(mitführungs)pflicht (Abs. 1 S. 2)

Soweit Ausländer von der Passpflicht gem. § 3 nicht befreit sind, besteht für sie eine Passmitführ- **11** ungspflicht auch bei einem Grenzübertritt an den Schengen-Binnengrenzen (Nr. 13.1.4.2 AufenthGAVwV). Die Pflicht, sich auszuweisen und der Grenzkontrolle zu unterziehen, besteht nur im Rahmen einer Grenzkontrolle. Sie umfasst die Pflicht, die entsprechenden grenzpolizeilichen Anordnungen zu befolgen (Nr. 13.1.4.3 AufenthGAVwV).

§ 14 Unerlaubte Einreise; Ausnahme-Visum

(1) Die Einreise eines Ausländers in das Bundesgebiet ist unerlaubt, wenn er
1. **einen erforderlichen Pass oder Passersatz gemäß § 3 Abs. 1 nicht besitzt,**
2. **den nach § 4 erforderlichen Aufenthaltstitel nicht besitzt,**
2a. **zwar ein nach § 4 erforderliches Visum bei Einreise besitzt, dieses aber durch Drohung, Bestechung oder Kollusion erwirkt oder durch unrichtige oder unvollständige**

Angaben erschlichen wurde und deshalb mit Wirkung für die Vergangenheit zurück-genommen oder annulliert wird, oder
3. **nach § 11 Absatz 1, 6 oder 7 nicht einreisen darf, es sei denn, er besitzt eine Betreten-serlaubnis nach § 11 Absatz 8.**

(2) **Die mit der polizeilichen Kontrolle des grenzüberschreitenden Verkehrs beauf-tragten Behörden können Ausnahme-Visa und Passersatzpapiere ausstellen.**

Überblick

Die Vorschrift legt abschließend legal fest, wann eine Einreise eines Ausländers unerlaubt erfolgt (Abs. 1, → Rn. 2 ff.) und eröffnet den mit der polizeilichen Kontrolle des grenzüberschreitenden Verkehrs beauftragten Behörden die Möglichkeit, Ausnahme-Visa und Passersatzpapiere auszustellen (Abs. 2, → Rn. 20 ff.)

Übersicht

A. Entstehungsgeschichte der Norm

1   Die Norm entspricht inhaltlich im Wesentlichen § 58 AuslG. Die bisher im fünften Abschnitt des AuslG enthaltene Regelung wurde aus systematischen Gründen an den Anfang des Gesetzes gestellt (BT-Drs. 15/420, 73). Die Einfügung der Nr. 2a in Abs. 1 der Norm erfolgte durch Art. 1 Nr. 8 lit. b des Gesetzes zur Verbesserung der Rechte von international Schutzberechtigten und ausländischen Arbeitnehmern v. 29.8.2013 (BGBl. I 3484 f.).

B. Unerlaubte Einreise (Abs. 1)

2   Die Vorschrift legt in Abs. 1 abschließend legal fest, wann eine Einreise eines Ausländers unerlaubt erfolgt. Sie findet insbesondere keine Anwendung auf Ausländer, deren Rechtsstellung von dem Gesetz über die allgemeine Freizügigkeit von Unionsbürgern geregelt ist, soweit nicht durch Gesetz etwas anderes bestimmt ist (§ 1 Abs. 2 Nr. 1).

I. Einreise ohne Pass oder Passersatz (§ 14 Abs. 1 Nr. 1)

3   Eine Einreise eines Ausländers ist dann unerlaubt, wenn er einen erforderlichen Pass oder Passersatz gem. § 3 Abs. 1 nicht besitzt.

4   Eine unerlaubte Einreise iSd § 14 Abs. 1 Nr. 1 liegt jedoch insbesondere dann nicht vor, wenn ein Pass oder Passersatz nicht **erforderlich** ist. Dies ist insbesondere der Fall, sofern der Ausländer **von der Passpflicht** durch Rechtsverordnung **befreit** ist (§ 3 Abs. 1 S. 1, § 14 AufenthV).

5   Der Ausländer besitzt insbesondere dann keinen Pass oder Passersatz, wenn er zwar grundsätzlich ein solches Dokument besessen hat, dessen **Gültigkeit** aber **entfallen** ist, insbesondere, wenn die zeitliche Geltungsdauer abgelaufen ist oder dies nach einer Entscheidung des Ausstellerstaates oder durch dessen Recht vorgesehen ist. Außerdem besitzt der Ausländer keinen Pass mehr, wenn er ihn **verloren** oder **unauffindbar** verlegt hat, wenn das Dokument **entwendet** oder **in wesentlichen Teilen vernichtet** wurde oder **unleserlich** ist (Nr. 14.1.1.3.3 AufenthGAVwV).

6   Als **von deutschen Behörden ausgestellte Passersatzpapiere** für Ausländer kommen gem. § 4 Abs. 1 S. 1 AufenthV der Reiseausweis für Ausländer (§ 5 Abs. 1 AufenthV), der Notreiseausweis (§ 13 Abs. 1 AufenthV), der Reiseausweis für Flüchtlinge (§ 1 Abs. 3 AufenthV), der Reiseausweis für Staatenlose (§ 1 Abs. 4 AufenthV), die Schülersammelliste (§ 1 Abs. 5 AufenthV), die Bescheinigung über die Wohnsitzverlegung (§ 43 Abs. 2 AufenthV) und das Europäische Reisedokument für die Rückkehr (§ 1 Abs. 8 AufenthV) in Betracht.

7   Ein von einer **anderen als von einer deutschen Behörden ausgestellter amtlicher Aus-weis** ist als Passersatz zugelassen, soweit die Bundesrepublik Deutschland aufgrund zwischenstaatli-

cher Vereinbarungen oder aufgrund des Rechts der Europäischen Union verpflichtet ist, dem Inhaber unter den dort festgelegten Voraussetzungen den Grenzübertritt zu gestatten (§ 3 Abs. 1 S. 1 AufenthV). Zu den Ausweisen zählen insbesondere Reiseausweise für Flüchtlinge (§ 1 Abs. 3 AufenthV), Reiseausweise für Staatenlose (§ 1 Abs. 4 AufenthV), Ausweise für Mitglieder und Bedienstete der Organe der Europäischen Gemeinschaften, Ausweise für Abgeordnete der Parlamentarischen Versammlung des Europarates und amtliche Personalausweise der Mitgliedstaaten der EU, der anderen Vertragsstaaten des Abkommens über den Europäischen Wirtschaftsraum und der Schweiz für deren Staatsangehörige (§ 3 Abs. 3 AufenthV). Besteht eine solche Verpflichtung nicht, entscheidet das Bundesministerium des Innern oder die von ihm bestimmte Stelle im Benehmen mit dem Auswärtigen Amt über die Anerkennung. Die Entscheidungen ergehen als Allgemeinverfügung und können im Bundesanzeiger bekannt gegeben werden (§ 71 Abs. 6).

Der Ausländer muss den Pass oder Passersatz **besitzen.** Der Begriff des Besitzes im Sinne **8** der Vorschrift **umfasst auch das Mitführen** des entsprechenden Passes oder Passersatzes. Die Passmitführungspflicht gilt auch bei Überschreiten einer deutschen Binnengrenze im Schengenraum. Ein Ausländer besitzt einen Pass bzw. Passersatz im Sinne der Norm aber auch, wenn er ihn einer inländischen Behörde oder Behörde eines anderen Schengen-Staates überlassen hat, um Eintragungen vornehmen zu lassen oder ein Visum zu beantragen, und dies nachweisen kann (Nr. 14.1.1.3.1 AufenthGAVwV) oder wenn er ihn einer im Inland oder in einem anderen Schengen-Staat gelegenen Vertretung eines auswärtigen Staates zur Durchführung eines Visumverfahrens vorübergehend überlassen hat. In diesen Fällen hat der Ausländer einen Ausweisersatz zu beantragen, um damit gem. § 3 Abs. 1 S. 2 die Passpflicht zu erfüllen (Nr. 14.1.1.3.2. AufenthGAVwV).

II. Einreise ohne erforderlichen Aufenthaltstitel (§ 14 Abs. 1 Nr. 2)

Nach § 14 Abs. 1 Nr. 2 ist die Einreise eines Ausländers in das Bundesgebiet unerlaubt, wenn **9** er den nach § 4 erforderlichen Aufenthaltstitel nicht besitzt. Ausländer bedürfen für die Einreise und den Aufenthalt im Bundesgebiet eines Aufenthaltstitels, sofern nicht durch Recht der EU oder durch Rechtsverordnung etwas anderes bestimmt ist oder aufgrund des Abkommens v. 12.9.1963 zur Gründung einer Assoziation zwischen der Europäischen Wirtschaftsgemeinschaft und der Türkei ein Aufenthaltsrecht besteht (§ 4 Abs. 1 S. 1). Es ist insoweit **unerheblich,** ob sich der Ausländer bei der Einreise des Umstands, dass die Einreise unerlaubt ist, **bewusst** ist oder nicht (BVerwG BeckRS 2012, 60250 Rn. 16; NVwZ 2015, 1617 Rn. 26; BayVGH BeckRS 2020, 24613 Rn. 30).

Aufenthaltstitel werden gem. § 4 Abs. 1 S. 2 als Visum iSd § 6 Abs. 1 Nr. 1 und Abs. 3, **10** Aufenthaltserlaubnis (§ 7), Blaue Karte EU (§ 19a), ICT-Karte (§ 19b), Mobiler-ICT-Karte (§ 19d), Niederlassungserlaubnis (§ 9) oder Erlaubnis zum Daueraufenthalt-EU (§ 9a) erteilt.

Der Aufenthaltstitel muss auch **erforderlich** sein. Keines Aufenthaltstitels bedürfen solche **11** Ausländer, auf die das AufenthG nicht anwendbar ist (§ 1 Abs. 2) und solche, die von dem Erfordernis eines Aufenthaltstitels befreit sind (§§ 15 ff. AufenthV). Zudem sind gem. Art. 4 Abs. 1 EU-Visum-VO (VO (EU) 2018/1806 v. 14.11.2018, ABl. 2018 L 303, 39) Staatsangehörige der in der Liste in Anhang II EU-Visum-VO aufgeführten Drittländer von der Visumpflicht für einen Aufenthalt, der 90 Tage je Zeitraum von 180 Tagen nicht überschreitet, befreit. Man betrachtet den Zeitraum ausgehend vom jeweiligen Aufenthaltstag. Die Europäische Kommission stellt auf ihrer Website einen Aufenthaltskalkulator zur Verfügung, der als Hilfestellung dienen kann. Vorangegangene Aufenthalte, die aufgrund einer Aufenthaltserlaubnis oder eines Visums, welches zum Daueraufenthalt berechtigt, erfolgten, werden für den visumfreien Aufenthalt nicht mitgezählt.

Durch den Verweis auf die Erforderlichkeit des Aufenthaltstitels nach § 4 sollte angesichts der **12** unterschiedlichen Auffassung in Rechtsprechung und Lehre klargestellt werden, dass sich die **Erforderlichkeit** des Aufenthaltstitels **nach objektiven Kriterien** und nicht nach dem beabsichtigten Aufenthaltszweck bemisst (BT-Drs. 15/420, 73).

Reist ein Ausländer **mit einem Schengen-Visum für einen Kurzaufenthalt** mit der Absicht **12a** in das Bundesgebiet **ein,** einen Daueraufenthalt zu begründen, liegt eine unerlaubte Einreise vor, obwohl er bereits bei der Einreise einen Aufenthaltszweck beabsichtigt, für den er ein Visum benötigt, das nur mit Zustimmung der Ausländerbehörde erteilt werden darf (BVerwG NVwZ 2011, 871 Rn. 20; Nr. 14.1.2.2 AufenthGAVwV). Daher ist iSd § 14 Abs. 1 Nr. 2 ausreichend, wenn der Ausländer mit irgendeinem Aufenthaltstitel einreist. Insoweit unterscheidet sich die Erforderlichkeit iSd § 14 Abs. 1 Nr. 2 von der Erforderlichkeit iSd § 5 Abs. 2 Nr. 1. Welches Visum iSv § 5 Abs. 2 Nr. 1 als das erforderliche Visum anzusehen ist, bestimmt sich nach dem

Aufenthaltszweck, der mit der im Bundesgebiet beantragten Aufenthaltserlaubnis verfolgt wird (BVerwG NVwZ 2011, 495 Rn. 19; 2011, 871 Rn. 20).

12b   Die Einreise von Staatsangehörigen der in der Liste in Anhang II EU-Visum-VO aufgeführten Drittländer (sog. „**Positivstaater**") ist unerlaubt iSd § 14 Abs. 1 Nr. 2, wenn bereits zum Zeitpunkt der Einreise die **Absicht** besteht, einen **Daueraufenthalt zu begründen** (Nr. 14.1.2.1.1.7.1 AufenthGAVwV; VGH BW BeckRS 2011, 54725 mwN; HmbOVG BeckRS 2019, 21058 Rn. 16; NVwZ-RR 2014, 490; SchlHOVG BeckRS 2020, 4381 Rn. 7; OVG NRW NVwZ-RR 2016, 354 Rn. 3; NdsOVG BeckRS 2012, 53608; BayVGH BeckRS 2013, 53428; OVG LSA BeckRS 2016, 40783; OVG Brem BeckRS 2021, 4779 Rn. 12; Bergmann/Dienelt/Winkelmann/ Kolber Rn. 13 mwN; aA BGH NJW 2005, 2095 (2099) für die Beurteilung strafrechtlich relevanter Verhaltensweisen; Hailbronner AuslR, Stand: 11/2015, Rn. 17 ff.; offenlassend OVG Bln-Bbg BeckRS 2020, 15761 Rn. 5). Ein Positivstaater reist auch dann unerlaubt ein, wenn er schon **bei der Einreise die Aufnahme einer Erwerbstätigkeit beabsichtigt** und diese Tätigkeit nicht unter § 17 Abs. 2 AufenthV fällt. Objektive Kriterien (zB Mitführen von Werkzeugen oder der Adresse eines Arbeitgebers) sind zum Nachweis dieser Absicht beim Grenzübertritt erforderlich (Nr. 14.1.2.1.1.7.1 AufenthGAVwV). Eine unerlaubte Einreise (sowie ein unerlaubter Aufenthalt) liegt auch dann vor, wenn die Absicht zum Zeitpunkt des Grenzübertritts später anhand objektiver Kriterien nachgewiesen werden kann (Nr. 14.1.2.1.1.7.2 AufenthGAVwV). Kann der Nachweis nicht geführt werden oder erfolgte der Entschluss zur Aufnahme einer Erwerbstätigkeit erst im Inland, führt dies nicht zu einer rückwirkend unerlaubten Einreise (Nr. 14.1.2.1.1.7.2 AufenthGAVwV).

12c   Auch die **Einreise** eines Drittausländers **aufgrund eines von einem Mitgliedstaat ausgestellten Aufenthaltstitels** ist unerlaubt, wenn sie mit der Absicht der Begründung eines **Daueraufenthalts** erfolgt (BayVGH BeckRS 2018, 2985 Rn. 26; 2019, 3423 Rn. 12; OVG Brem BeckRS 2020, 3969 Rn. 9; HmbOVG ZAR 2019, 80; OVG LSA BeckRS 2014, 55105; HessVGH BeckRS 2014, 55611 Rn. 6 f.; OVG Bln-Bbg BeckRS 2019, 2896 Rn. 8).

III. Einreise mit einem erschlichenen Visum (§ 14 Abs. 1 Nr. 2a)

13   Die Einreise eines Ausländers in das Bundesgebiet ist gem. § 14 Abs. 1 Nr. 2a ebenfalls unerlaubt, wenn er zwar ein nach § 4 erforderliches Visum bei Einreise besitzt, dieses aber durch Drohung, Bestechung oder Kollusion erwirkt oder durch unrichtige oder unvollständige Angaben erschlichen wurde und deshalb mit Wirkung für die Vergangenheit zurückgenommen oder annulliert wird.

14   § 14 Abs. 1 Nr. 2a ist jedoch nur dann einschlägig, wenn das Visum für die Vergangenheit **zurückgenommen** wurde. Die Rücknahme von nationalen Visa richtet sich nach § 48 VwVfG.

15   Die **Annullierung** von Visa für die Durchreise durch das Hoheitsgebiet der Mitgliedstaaten oder für geplante Aufenthalte in diesem Gebiet von höchstens 90 Tagen je Zeitraum von unter 180 Tagen und die Durchreise durch die internationalen Transitzonen der Flughäfen von Mitgliedstaaten (Art. 1 Abs. 1 Visakodex, Art. 2 Nr. 1 Visakodex) findet ihre Rechtsgrundlage in Art. 34 Abs. 1 S. 1 Visakodex (VO (EG) 810/2009 v. 13.7.2009, ABl. 2009 L 243, 1). Ein Visum wird annulliert, wenn sich herausstellt, dass die Voraussetzungen für seine Erteilung zum Ausstellungszeitpunkt nicht erfüllt waren, insbesondere wenn es ernsthafte Gründe zu der Annahme gibt, dass das Visum durch arglistige Täuschung erlangt wurde. Das Visum wird grundsätzlich von den zuständigen Behörden des Mitgliedstaats, der es erteilt hat, annulliert. Es kann aber auch eine Annullierung von den zuständigen Behörden eines anderen Mitgliedstaats erfolgen.

16   Durch die Norm werden die mit der polizeilichen Kontrolle des grenzüberschreitenden Verkehrs beauftragten Behörden auch **für die Aufenthaltsbeendigung in Form der Zurückschiebung** in Fällen **zuständig,** in denen der Ausländer mit einem erschlichenen Visum eingereist ist, was mit einer Entlastung der örtlichen Ausländerbehörden und einer Verkürzung der Freiheitsentziehung bis zur Aufenthaltsbeendigung verbunden ist. Die Zuständigkeit der mit der polizeilichen Kontrolle des grenzüberschreitenden Verkehrs beauftragten Behörden für die Rücknahme und die Annullierung des erschlichenen Visums ergibt sich für diese Fallkonstellation bereits aus § 71 Abs. 3 Nr. 3 lit. a. Die Formulierung „im Fall" in § 71 bedeutet lediglich, dass ein Zusammenhang mit der Zurückweisung, Zurückschiebung oder Abschiebung bestehen muss. Es ist nicht erforderlich, dass diese Maßnahmen bereits getroffen wurden (BT-Drs. 17/13022, 19).

17   Ein Visuminhaber, dessen Visum annulliert wurde, kann **Rechtsmittel** gegen den Mitgliedstaat, der über die Annullierung befunden hat, und in Übereinstimmung mit dem innerstaatlichen Recht dieses Mitgliedstaats führen (Art. 34 Abs. 7 Visakodex). Gegen die Rücknahme eines Visums können ebenfalls Rechtsmittel nach der VwGO eingelegt werden.

IV. Einreiseverbot (§ 14 Abs. 1 Nr. 3)

Eine unerlaubte Einreise liegt auch dann vor, wenn gegenüber dem Ausländer ein wirksames **18** Einreiseverbot gem. § 11 Abs. 1, Abs. 6 oder Abs. 7 besteht. Etwas anderes gilt nur dann, wenn der Ausländer bei Einreise eine Betretenserlaubnis nach § 11 Abs. 8 besitzt. Diese kann auf Antrag erteilt werden, wenn zwingende Gründe die Anwesenheit des Ausländers im Bundesgebiet erfordern oder die Versagung der Erlaubnis eine unbillige Härte bedeuten würde.

V. Rechtsfolgen einer unerlaubten Einreise

Reist ein Ausländer unerlaubt in das Bundesgebiet ein, ist er gem. § 50 Abs. 1 ausreisepflichtig. **19** Die Ausreisepflicht ist gem. § 58 Abs. 2 S. 1 Nr. 1 vollziehbar. Die unerlaubte Einreise ist insbesondere Voraussetzung der Zurückweisung (§ 15 Abs. 1) und der Zurückschiebung (§ 57 Abs. 1 und Abs. 2).

C. Ausstellung von Ausnahme-Visa und Passersatzpapieren (Abs. 2)

Die mit der polizeilichen Kontrolle des grenzüberschreitenden Verkehrs beauftragten Behörden **20** können gem. § 14 Abs. 2 Ausnahme-Visa und Passersatzpapiere ausstellen.

Ein **Ausnahme-Visum** wird als Visum für die Durchreise durch das Hoheitsgebiet der Schen- **21** gen-Staaten oder für geplante Aufenthalte in diesem Gebiet von bis zu 90 Tagen je Zeitraum von 180 Tagen (Schengen-Visum; § 6 Abs. 2 Nr. 1) oder als Visum für längerfristige Aufenthalte für das Bundesgebiet (§ 6 Abs. 3) erteilt (§ 6 Abs. 4). Somit kann ein Flughafentransitvisum für die Durchreise durch die internationalen Transitzonen der Flughäfen gem. § 6 Abs. 1 Nr. 2 nicht als Ausnahme-Visum erteilt werden.

Anträge an der Außengrenze der Mitgliedstaaten können von den für Personenkontrollen **22** zuständigen Behörden nach den Art. 35 und 36 Visakodex geprüft werden (Art. 4 Abs. 2 Visako- dex). Die Drittstaatsangehörigen müssen dabei grundsätzlich die Einreisevoraussetzungen des Art. 6 Abs. 1 Schengener Grenzkodex (bis auf Art. 6 Abs. 1 lit. b Schengener Grenzkodex) erfüllen (Art. 6 Abs. 5 lit. b Schengener Grenzkodex).

Die durch deutsche Behörden ausgestellten **Passersatzpapiere** für Ausländer ergeben sich aus **23** § 4 Abs. 1 S. 1 AufenthV. Diese sind der Reiseausweis für Ausländer (§ 5 Abs. 1 AufenthV), der Notreiseausweis (§ 13 Abs. 1 AufenthV), der Reiseausweis für Flüchtlinge (§ 1 Abs. 3 AufenthV), der Reiseausweis für Staatenlose (§ 1 Abs. 4 AufenthV), die Schülersammelliste (§ 1 Abs. 5 AufenthV), die Bescheinigung über die Wohnsitzverlegung (§ 43 Abs. 2 AufenthV) und das Europäische Reisedokument für die Rückkehr (§ 1 Abs. 8 AufenthV).

§ 15 Zurückweisung

(1) Ein Ausländer, der unerlaubt einreisen will, wird an der Grenze zurückgewiesen.

(2) Ein Ausländer kann an der Grenze zurückgewiesen werden, wenn
1. ein Ausweisungsinteresse besteht,
2. der begründete Verdacht besteht, dass der Aufenthalt nicht dem angegebenen Zweck dient,
2a. er nur über ein Schengen-Visum verfügt oder für einen kurzfristigen Aufenthalt von der Visumpflicht befreit ist und beabsichtigt, entgegen § 4a Absatz 1 und 2 eine Erwerbstätigkeit auszuüben oder
3. er die Voraussetzungen für die Einreise in das Hoheitsgebiet der Vertragsparteien nach Artikel 6 des Schengener Grenzkodex nicht erfüllt.

(3) Ein Ausländer, der für einen vorübergehenden Aufenthalt im Bundesgebiet vom Erfordernis eines Aufenthaltstitels befreit ist, kann zurückgewiesen werden, wenn er nicht die Voraussetzungen des § 3 Abs. 1 und des § 5 Abs. 1 erfüllt.

(4) ¹§ 60 Abs. 1 bis 3, 5 und 7 bis 9 ist entsprechend anzuwenden. ²Ein Ausländer, der einen Asylantrag gestellt hat, darf nicht zurückgewiesen werden, solange ihm der Aufenthalt im Bundesgebiet nach den Vorschriften des Asylgesetzes gestattet ist.

(5) ¹Ein Ausländer soll zur Sicherung der Zurückweisung auf richterliche Anordnung in Haft (Zurückweisungshaft) genommen werden, wenn eine Zurückweisungsentschei- dung ergangen ist und diese nicht unmittelbar vollzogen werden kann. ²Im Übrigen

ist § 62 Absatz 4 entsprechend anzuwenden. ³In den Fällen, in denen der Richter die Anordnung oder die Verlängerung der Haft ablehnt, findet Absatz 1 keine Anwendung.

(6) ¹Ist der Ausländer auf dem Luftweg in das Bundesgebiet gelangt und nicht nach § 13 Abs. 2 eingereist, sondern zurückgewiesen worden, ist er in den Transitbereich eines Flughafens oder in eine Unterkunft zu verbringen, von wo aus seine Abreise aus dem Bundesgebiet möglich ist, wenn Zurückweisungshaft nicht beantragt wird. ²Der Aufenthalt des Ausländers im Transitbereich eines Flughafens oder in einer Unterkunft nach Satz 1 bedarf spätestens 30 Tage nach Ankunft am Flughafen oder, sollte deren Zeitpunkt nicht feststellbar sein, nach Kenntnis der zuständigen Behörden von der Ankunft, der richterlichen Anordnung. ³Die Anordnung ergeht zur Sicherung der Abreise. ⁴Sie ist nur zulässig, wenn die Abreise innerhalb der Anordnungsdauer zu erwarten ist. ⁵Absatz 5 ist entsprechend anzuwenden.

Überblick

Die Norm enthält Tatbestände, wann ein Ausländer an der Grenze zwingend zurückzuweisen ist (Abs. 1, → Rn. 2) bzw. zurückgewiesen werden kann (Abs. 2, → Rn. 3 ff.; Abs. 3, → Rn. 15 ff.). Sie regelt, wann eine Zurückweisung nicht erfolgen darf (Abs. 4, → Rn. 20 ff.) und wie zu verfahren ist, wenn eine Zurückweisungsentscheidung ergangen ist, diese aber nicht unmittelbar vollzogen werden kann (Abs. 5, → Rn. 23 ff.). Schließlich enthält die Norm eine Regelung für Fälle, in denen der Ausländer auf dem Luftweg in das Bundesgebiet gelangt ist und nicht nach § 13 Abs. 2 eingereist, sondern zurückgewiesen worden ist (Abs. 6, → Rn. 30 ff.).

Übersicht

A. Entstehungsgeschichte der Norm

1   Die Norm entspricht inhaltlich § 60 AuslG. Sie wurde klarstellend durch einen Hinweis auf das SDÜ (Schengener Durchführungsübereinkommen v. 19.6.1990, ABl. 2000 L 239, 19) ergänzt. Die bisher im fünften Abschnitt des AuslG enthaltene Regelung wurde aus systematischen Gründen an den Anfang des Gesetzes gestellt (BT-Drs. 15/420, 73 f.).

B. Inhalt der Norm

I. Zwingende Zurückweisung (Abs. 1)

2   Die Vorschrift legt fest, dass ein Ausländer, der unerlaubt einreisen will, an der Grenze zurückgewiesen wird (§ 15 Abs. 1 S. 1). Wann eine unerlaubte Einreise vorliegt, ist in § 14 Abs. 1 geregelt (→ § 14 Rn. 2 ff.). § 15 Abs. 1 setzt bei dem Ausländer voraus, unerlaubt nach Deutschland einreisen zu wollen.

II. Ermessensabhängige Zurückweisung (Abs. 2)

3   § 15 Abs. 2 enthält vier Zurückweisungstatbestände, die im Ermessen der Grenzbehörde stehen.

1. Bestehendes Ausweisungsinteresse (Abs. 2 Nr. 1)

Gemäß Abs. 2 Nr. 1 kann ein Ausländer an der Grenze zurückgewiesen werden, wenn ein **4** Ausweisungsinteresse besteht. Wann ein (besonders schwerwiegendes oder schwerwiegendes) **Ausweisungsinteresse** gegeben ist, ergibt sich aus § 54. Es genügt insoweit, dass ein Ausweisungsgrund vorliegt. Es kommt nicht darauf an, ob die Ausländerbehörde im Einzelfall eine Ausweisung verfügen könnte (Nr. 15.2.1.0 AufenthGAVwV).

Will ein **Ausländer, der bereits ausgewiesen, zurückgeschoben oder abgeschoben** wurde **5** und dessen festgesetztes Einreiseverbot gem. § 11 Abs. 1 abgelaufen ist, **einreisen,** können die für die zuvor ergangene behördliche Entscheidung maßgebenden Gründe grundsätzlich nicht mehr herangezogen werden. Auch solche Gründe, die vor der behördlichen Entscheidung entstanden sind, können grundsätzlich nicht mehr im Rahmen der Zurückweisung herangezogen werden. Eine Ausnahme gilt jedoch dann, wenn sie der Ausländerbehörde bzw. der Grenzbehörde bei der Ausweisung, Abschiebung oder Zurückweisung nicht bekannt waren oder wenn sie in der Gesamtschau mit weiteren Anhaltspunkten Anlass zu der Prognose geben, dass die von dem Ausländer ausgehende Gefährdung fortbesteht (Nr. 15.2.1.1 AufenthGAVwV).

Wurde einem Ausländer ein **Visum** zur Einreise durch die Auslandsvertretung **in Kenntnis 6 des Fehlens einer Regelerteilungsvoraussetzung** (kein bestehendes Ausweisungsinteresse, § 5 Abs. 1 Nr. 2) **erteilt,** ist die Grenzbehörde grundsätzlich an diese Entscheidung gebunden, sofern ihr dies bekannt ist. Im Zweifel soll sich die Grenzbehörde mit der zuständigen Auslandsvertretung in Verbindung setzen (Nr. 15.2.1.1 AufenthGAVwV).

2. Verdacht auf Angabe eines unrichtigen Aufenthaltszwecks (Abs. 2 Nr. 2)

Die Norm ermöglicht die Zurückweisung des Ausländers an der Grenze, wenn der begründete **7** Verdacht besteht, dass der Aufenthalt nicht dem angegebenen Zweck dient. Sie zielt folglich auf Ausländer, die ein Visum besitzen. Aus der Art des Visums und aus den Eintragungen ist der Aufenthaltszweck ersichtlich. Es müssen konkrete Anhaltspunkte bestehen, die einen Verdacht begründen, dass der Aufenthalt nicht dem angegebenen Zweck dient.

Die Zurückweisung ist insoweit nur geboten, wenn es sich um einen ausländerrechtlich erhebli- **8** chen Zweckwechsel handelt. Das ist zB der Fall, wenn das Visum wegen des beabsichtigten Aufenthaltszwecks der Zustimmung der Ausländerbehörde bedurft hätte, das Visum aber ohne deren Zustimmung erteilt worden ist (Nr. 15.2.2.1 AufenthGAVwV).

Der Tatbestand ist jedoch auch dann erfüllt, wenn konkrete Anhaltspunkte darauf hindeuten, **9** dass der Aufenthalt länger dauern soll als im Visum vorgesehen, oder ein Verstoß gegen Auflagen, Bedingungen oder eine räumliche Beschränkung des Visums zu befürchten ist. Auch der Missbrauch eines Transitvisums für einen Inlandsaufenthalt erfüllt den Tatbestand (Nr. 15.2.2.2 AufenthGAVwV).

3. Beabsichtigte, unerlaubte Aufnahme einer Erwerbstätigkeit (Abs. 2 Nr. 2a)

Ein Ausländer kann auch dann an der Grenze zurückgewiesen werden, wenn er nur über ein **10** Schengen-Visum verfügt oder für einen kurzfristigen Aufenthalt von der Visumpflicht befreit ist und beabsichtigt, entgegen § 4a Abs. 1 und 2 eine Erwerbstätigkeit auszuüben (§ 15 Abs. 2 Nr. 2a). Die Norm ist in Anbetracht des § 15 Abs. 2 Nr. 2 deshalb erforderlich, weil die unerlaubte Erwerbstätigkeit auch „Nebenzweck" des Aufenthalts sein kann.

Der Ausländer muss **beabsichtigen, eine Erwerbstätigkeit auszuüben,** obwohl ihn der **11** Aufenthaltstitel nicht dazu berechtigt.

Die Norm erfasst nur Ausländer, die über ein Schengen-Visum verfügen (§ 6 Abs. 1 Nr. 1) **12** oder für einen kurzfristigen Aufenthalt von der Visumpflicht befreit sind. So sind insbesondere die Staatsangehörigen der Drittländer, die in der Liste in Anhang II EU-Visum-VO (VO (EU) 2018/1806 v. 14.11.2018, ABl. 2018 L 303, 39) aufgeführt sind, von der Visumpflicht für einen Aufenthalt, der 90 Tage je Zeitraum von 180 Tagen nicht überschreitet, befreit (Art. 4 Abs. 1 EU-Visum-VO). Jedoch sind die Personen nach Art. 4 Abs. 1 EU-Visum-VO für die Einreise und den Kurzaufenthalt vom Erfordernis eines Aufenthaltstitels nicht befreit, sofern sie im Bundesgebiet eine Erwerbstätigkeit ausüben (§ 17 Abs. 1 AufenthV, Art. 6 Abs. 3 EU-Visum-VO). Dies ist jedoch dann nicht der Fall, soweit der Ausländer im Bundesgebiet bis zu 90 Tage innerhalb von zwölf Monaten lediglich Tätigkeiten ausübt, die nach § 30 Nr. 2 und Nr. 3 BeschV nicht als Beschäftigung gelten, oder diesen entsprechende selbstständige Tätigkeiten ausübt (§ 17 Abs. 2 S. 1 AufenthV).

4. Nichterfüllen der Einreisevoraussetzungen des Schengener Grenzkodex (Abs. 2 Nr. 3)

13 Ein Ausländer kann an der Grenze auch dann zurückgewiesen werden, wenn er die Voraussetzungen für die Einreise in das Hoheitsgebiet der Vertragsparteien nach Art. 6 Schengener Grenzkodex (VO (EU) 2016/399 v. 9.3.2016, ABl. 2016 L 77, 1) nicht erfüllt (§ 15 Abs. 2 Nr. 3).

14 Ob die Norm aus systematisch-teleologischen Gründen als **gebundene Entscheidung** zu sehen sein muss, weil gem. Art. 14 Schengener Grenzkodex einem Drittstaatsangehörigen, der nicht alle Einreisevoraussetzungen des Art. 6 Abs. 1 Schengener Grenzkodex erfüllt und der nicht zu dem in Art. 6 Abs. 5 Schengener Grenzkodex genannten Personenkreis gehört, die Einreise in das Bundesgebiet der Mitgliedstaaten verweigert wird, ist **umstritten** (dafür: BeckOK AuslR/ Dollinger Rn. 23; Bergmann/Dienelt/Winkelmann/Kolber Rn. 29; dagegen: HessVGH BeckRS 2015, 53214).

III. Ermessensabhängige Zurückweisung (Abs. 3)

15 Die Norm ermöglicht die Zurückweisung eines Ausländers, der für einen vorübergehenden Aufenthalt im Bundesgebiet vom Erfordernis eines Aufenthaltstitels befreit ist, wenn er die Voraussetzungen des § 3 Abs. 1 und des § 5 Abs. 1 nicht erfüllt.

16 Ausländer im Sinne der Norm, die für einen vorübergehenden Aufenthalt im Bundesgebiet vom Erfordernis eines Aufenthaltstitels befreit sind, sind solche, die aufgrund der EU-Visum-VO (VO (EU) 2018/1806 v. 14.11.2018, ABl. 2018 L 303, 39) oder gem. §§ 15–31 AufenthV keinen Aufenthaltstitel benötigen (Nr. 15.3.1 AufenthGAVwV). Letztere können nach § 15 Abs. 3 zurückgewiesen werden, wenn erkennbar die Absicht besteht, einen anderen als den in den §§ 15–31 AufenthV zur Befreiung führenden Aufenthaltszweck anstreben, sodass die Befreiung aus materiellen Gründen nicht eingreift (Nr. 15.3.2 AufenthGAVwV).

17 Aus der Norm wird ersichtlich, dass der Ausländer die Erteilungsvoraussetzungen nach § 3 Abs. 1 und § 5 Abs. 1 erfüllen muss. Bei Nichterfüllung der Passpflicht nach § 3 Abs. 1 ist allerdings bereits der zwingende Zurückweisungsgrund des § 15 Abs. 1 (iVm § 14 Abs. 1 Nr. 1) erfüllt.

18 Durch § 15 Abs. 3 wird die Anwendung des § 15 Abs. 2 nicht ausgeschlossen (Nr. 15.3.3 AufenthGAVwV).

19 Die Zurückweisung nach § 15 Abs. 3 steht im pflichtgemäßen Ermessen der Grenzbehörde.

IV. Zurückweisungsverbote und -hindernisse (Abs. 4)

20 Eine Zurückweisung eines Ausländers an der Grenze darf nicht erfolgen, wenn Zurückweisungsverbote und -hindernisse bestehen. Der Ausländer darf nicht in einem Staat zurückgewiesen werden, in dem ihm die in § 60 Abs. 1–3, Abs. 5, Abs. 7–9 genannten Gefahren konkretindividuell drohen (§ 15 Abs. 4 S. 1). Besteht eine solche Gefahr, hat die Grenzbehörde zu prüfen, ob die Zurückweisungshindernisse in absehbarer Zeit entfallen oder beseitigt werden können (Nr. 15.4.1.1 AufenthGAVwV). Sollte die Grenzbehörde dies bejahen, soll sie zur Sicherung der Zurückweisung und bei Vorliegen der übrigen Voraussetzungen Zurückweisungshaft gem. § 15 Abs. 5 beantragen.

21 Können die Zurückweisungshindernisse in absehbarer Zeit nicht entfallen und kann daher eine Zurückweisung nicht erfolgen, sollte über den aufenthaltsrechtlichen Status von der zuständigen Ausländerbehörde bereits zu dem Zeitpunkt entschieden sein, in dem der Ausländer aus der Obhut der Grenzbehörde entlassen wird (Nr. 15.4.2.1 AufenthGAVwV). Eine Einreise unter diesen Umständen bleibt aufenthaltsrechtlich unerlaubt. Entfallen Hindernisse und ist die Frist für die Zurückstellung gem. § 57 Abs. 1 noch nicht überschritten oder sonst noch möglich, soll der Ausländer aufgrund der unerlaubten Einreise zurückgeschoben werden (Nr. 15.4.2.2 AufenthGAVwV).

22 Ein Ausländer, der einen Asylantrag gestellt hat, darf gem. § 15 Abs. 4 S. 2 nicht zurückgewiesen werden, solange ihm der Aufenthalt im Bundesgebiet nach den Vorschriften des AsylG gestattet ist. Einem Ausländer, der um Asyl nachsucht, ist gem. § 55 Abs. 1 S. 1 AsylG zur Durchführung des Asylverfahrens der Aufenthalt im Bundesgebiet ab Ausstellung des Ankunftsnachweises gem. § 63 Abs. 1 AsylG gestattet. Die Aufenthaltsgestattung erlischt in den Fällen des § 67 Abs. 1 AsylG. Wird einem Ausländer die Einreise aufgrund eines Falles des § 18 Abs. 2 AsylG verweigert, erlischt die Aufenthaltsgestattung durch diese Zurückweisung (§ 67 Abs. 1 S. 1 Nr. 1 AsylG).

V. Folge bei Unmöglichkeit der unmittelbaren Vollziehung der Zurückweisungsentscheidung (Abs. 5)

Ist eine die materiell-rechtliche Grundlage für die anzuordnende Sicherungshaft bildende und – **23** abgesehen von Fällen offensichtlicher Unrichtigkeit – allein von den Verwaltungsgerichten auf ihre Rechtmäßigkeit zu überprüfende Zurückweisungsentscheidung nach § 15 Abs. 1 bis 4 AufenthG (oder eine Einreiseverweigerung nach § 18 Abs. 2 AsylG, vgl. BGH BeckRS 2020, 41382 Rn. 8) ergangen und kann diese nicht unmittelbar vollzogen werden, soll ein Ausländer zur Sicherung der Zurückweisung auf richterliche Anordnung in Haft (Zurückweisungshaft) genommen werden (§ 15 Abs. 5 S. 1). Die Anordnung von Zurückweisungshaft ist nach § 15 Abs. 5 S. 1, § 106 Abs. 2 nur zulässig, wenn der **Haftantrag** der beteiligten Behörde den in § 417 Abs. 2 S. 2 FamFG bestimmten gesetzlichen Anforderungen an die Begründung entspricht. Die Begründung des Haftantrags darf grundsätzlich knappgehalten sein, muss aber die für die richterliche Prüfung des Falls wesentlichen Gesichtspunkte ansprechen (BGH NVwZ 2018, 349 Rn. 6). **Erforderlich** sind Darlegungen dazu, dass dem Betroffenen die Einreise verweigert worden ist und dass und aus welchen Gründen er nicht unmittelbar an der Grenze zurückgewiesen werden kann, sowie Darlegungen zur Durchführbarkeit der Zurückweisung in den beabsichtigten Zielstaat und zur notwendigen Haftdauer (BGH NVwZ 2018, 349 Rn. 6). Wird von der beteiligten Behörde für die Organisation der Rückführung des Betroffenen mit Sicherheitsbegleitung ein längerer Zeitraum als sechs Wochen für erforderlich gehalten, bedarf es einer auf den konkreten Fall bezogenen Begründung, die den benötigten Zeitraum und die daraus folgende notwendige Haftdauer erklärt, etwa durch Angaben zu Terminen und zur Frequenz nutzbarer Flugverbindungen und zur Buchungslage sowie zur Anzahl erforderlicher Begleitpersonen und zur insoweit bestehenden Personalsituation (BGH BeckRS 2020, 7083 Rn. 6 mwN). Pauschale Angaben, die den erforderlichen Bezug zum konkreten Fall nicht erkennen lassen, reichen insoweit nicht (BGH BeckRS 2020, 6740 Rn. 7). Besteht mit dem Zielstaat, in den der Betroffene abgeschoben werden soll, ein Rückübernahmeabkommen, sind die nach diesem durchzuführenden entscheidenden Schritte im Haftantrag darzustellen (BGH BeckRS 2020, 3069 Rn. 10; 2017, 130256 Rn. 6). Dabei ist auch die Verwaltungspraxis der Behörden des um die Aufnahme- oder Wiederaufnahme ersuchten Staats zu berücksichtigen, selbst wenn diese den Vorgaben des Rückübernahmeabkommens widerspricht (BGH FGPrax 2013, 130 Rn. 21; BeckRS 2020, 3069 Rn. 10). Liegen Mängel des Haftantrags vor, wirken sich diese – im Gegensatz zu Prognosefehlern des Gerichts – auch aus, wenn es in der angeordneten Haftzeit zu der Zurückweisung kommt (BGH BeckRS 2020, 3069 Rn. 15 mwN). **Mängel** des Haftantrags können **geheilt** werden, indem die Behörde von sich aus oder auf richterlichen Hinweis ihre Darlegungen ergänzt und dadurch die Lücken in ihrem Haftantrag schließt oder indem der Haftrichter selbst die Voraussetzungen zur Durchführbarkeit der Zurückweisung des Ausländers und zu der dafür erforderlichen Haftdauer in seiner Entscheidung feststellt und der Betroffene zu den ergänzenden Angaben persönlich angehört wird (BGH BeckRS 2020, 3069 Rn. 13 mwN). Erfährt oder weiß das Gericht, dass der Betroffene einen Rechtsanwalt hat, muss es dafür Sorge tragen, dass dieser von dem Termin in Kenntnis gesetzt und ihm die Teilnahme an der **Anhörung** ermöglicht wird. Vereitelt das Gericht durch seine Verfahrensgestaltung eine Teilnahme des Bevollmächtigten an der Anhörung, führt dies ohne Weiteres – unabhängig davon, ob die Haftanordnung auf diesem Fehler beruht – wegen Verstoßes gegen den Grundsatz des fairen Verfahrens zur Rechtswidrigkeit der Haft (BGH BeckRS 2020, 37407 Rn. 8 mwN).

Die vom Gerichtshof der Europäischen Union vorgenommene Auslegung von Art. 2 Abs. 2 **24** lit. a Rückführungs-RL (RL 2008/115/EG) und von Art. 32 Schengener Grenzkodex (vgl. EuGH NVwZ 2019, 947) schließt eine Anwendung von Art. 2 Abs. 2 lit. a Rückführungs-RL und damit die Anwendung der in § 15 Abs. 5 bestimmten verkürzten Voraussetzungen für die **Haft zur Sicherung einer Zurückweisung an einer Binnengrenze der Europäischen Union** (bei einer Wiederaufnahme der Kontrollen an Binnengrenzen der EU) aus (BGH BeckRS 2020, 41382 Rn. 6; 2020, 26044 Rn. 11). Haft zur Sicherung einer Zurückweisung an einer Binnengrenze der Europäischen Union nach § 15 Abs. 5 S. 1 kann aber dennoch angeordnet werden (BGH BeckRS 2020, 41382 Rn. 7). Die Voraussetzungen für die Anordnung von Haft zur Sicherung des Vollzugs einer Zurückweisung hängen vom dem Staat ab, in welchen der Betroffene zurückgewiesen werden soll (BGH BeckRS 2020, 26044 Rn. 14). Beim **Vollzug einer Zurückweisung in den Heimatstaat** des Betroffenen ist § 15 Abs. 5 S. 1 im Hinblick auf Art. 15 Abs. 1 Rückführungs-RL unionsrechtskonform einschränkend dahingehend auszulegen, dass Haft zur Sicherung einer Zurückweisung an einer Binnengrenze der Europäischen Union nur angeordnet werden darf, wenn zusätzlich zu den in § 15 Abs. 5 S. 1 genannten Voraussetzungen einer der in § 62

Abs. 3 S. 1 Nr. 1 und 3 bzw. in Altfällen einer der in § 62 Abs. 3 S. 1 Nr. 1a–5 in der bis zum 20.8.2019 gültigen Fassung genannten Haftgründe vorliegt (BGH BeckRS 2020, 41382 Rn. 10 ff., 2020, 41239 Rn. 6; 2020, 42144 Rn. 10; 2020, 14098 Rn. 9). Beim **Vollzug einer Zurückweisung in den für die Prüfung des Antrags auf internationalen Schutz zuständigen Mitgliedstaat der Europäischen Union** (vgl. dazu Art. 3 Abs. 2 UAbs. 1 Dublin III-VO, Art. 7 ff. Dublin III-VO (VO (EU) 604/2013) ist § 15 Abs. 5 S. 1 im Hinblick auf Art. 28 Dublin III-VO unionsrechtskonform einschränkend dahingehend auszulegen, dass Haft zur Sicherung einer Zurückweisung an einer Binnengrenze der Europäischen Union nur angeordnet werden darf, wenn zusätzlich zu den in § 15 Abs. 5 S. 1 genannten Voraussetzungen erhebliche Fluchtgefahr nach Art. 28 Abs. 2 Dublin III-VO iVm § 2 Abs. 14, § 62 Abs. 3a und b bzw. (in Altfällen) iVm § 2 Abs. 15 S. 1 und 2, § 2 Abs. 14 AufenthG aF vorliegt (BGH BeckRS 2020, 41382 Rn. 14; 2020, 41471 Rn. 7; 2020, 14098 Rn. 10). An die Bestimmung des Zielstaats der Zurückweisung durch die Behörde sind die Haftgerichte gebunden; auch deren Rechtmäßigkeit haben allein die Verwaltungsgerichte zu überprüfen (BGH BeckRS 2020, 26044 Rn. 14).

25   Die Zurückweisungshaft ist **ultima ratio;** daher muss eine konkrete Gefahr bestehen, dass der Ausländer entgegen der Zurückweisung den Versuch unternehmen wird, (unerlaubt) einzureisen (Nr. 15.5.1 AufenthGAVwV).

26   Bei § 15 Abs. 5 S. 1 handelt es sich um eine **Soll-Regelung.** Bei Vorliegen der tatbestandlichen Voraussetzungen ist der Ausländer daher in der Regel in Haft zu nehmen (Nr. 15.5.2 AufenthGAVwV). Lediglich in einem atypischen Sonderfall ist von der Zurückweisungshaft abzusehen.

27   **Lehnt** der **Richter** die Anordnung oder die Verlängerung der Haft ab, wird der Ausländer aus der Haft bzw. dem Gewahrsam entlassen. Die Zurückweisungsentscheidung bleibt weiterhin bestehen, ist aber nunmehr außer Vollzug gesetzt. Die Einreise ist zu ermöglichen.

28   Die **Einreise ist unerlaubt** und eröffnet ggf. die Möglichkeit der Zurückschiebung nach § 57 Abs. 1.

29   Hinsichtlich der **Dauer** und der **Verlängerung** der Haft gilt § 62 Abs. 4 entsprechend (§ 15 Abs. 5 S. 2).

VI. Flughafentransitaufenthalt (Abs. 6)

30   § 15 Abs. 6 S. 1 regelt die Fälle, in denen der Ausländer auf dem Luftweg in das Bundesgebiet gelangt ist und noch nicht nach § 13 Abs. 2 eingereist ist. Zudem muss eine Zurückweisungsentscheidung gegenüber dem Ausländer ergangen sein und Zurückweisungshaft darf nicht beantragt sein. Die Abreise des Klägers aus dem Bundesgebiet muss möglich sein. Der Betroffene muss daher in einer Einrichtung untergebracht werden, deren luftseitiges Verlassen ihm jederzeit eigenständig möglich ist (BGH NVwZ-RR 2020, 1092 Rn. 9). Unter diesen Umständen ist der Aufenthalt im Transbereich nicht ohne Weiteres mit einer Sicherungs- oder Zurückweisungshaft gleichzusetzen (BGH BeckRS 2020, 31762 Rn. 14). Bei Unmöglichkeit der Abreise ist unverzüglich Zurückweisungshaft zu beantragen oder die Einreise zu gestatten (Nr. 15.6.2 AufenthGAVwV). Liegen die Voraussetzungen vor, ist der Ausländer in den Transitbereich eines Flughafens oder in eine Unterkunft zu verbringen, von wo aus seine Abreise aus dem Bundesgebiet möglich ist. Der Unternehmer eines Verkehrsflughafens ist insoweit gem. § 65 verpflichtet, auf dem Flughafengelände geeignete Unterkünfte zur Unterbringung von Ausländern, die nicht im Besitz eines erforderlichen Passes oder eines erforderlichen Visums sind, bis zum Vollzug der grenzpolizeilichen Entscheidung über die Einreise bereitzustellen.

31   Gemäß § 15 Abs. 6 S. 2 ist eine richterliche Anordnung für die Verbringung spätestens 30 Tage nach Ankunft am Flughafen oder, sollte dieser Zeitpunkt nicht feststellbar sein, nach Kenntnis der zuständigen Behörde über die Ankunft einzuholen. Die Anordnung ergeht zur Sicherung der Abreise (§ 15 Abs. 6 S. 3). Sie ist nur zulässig, wenn die Abreise innerhalb der Anordnungsdauer zu erwarten ist (§ 15 Abs. 6 S. 4). § 15 Abs. 5 gilt (insbesondere hinsichtlich der Anordnungsdauer und der Folge der Ablehnung der Anordnung) gem. § 15 Abs. 6 S. 5 entsprechend.

31a   Der Aufenthalt eines Ausländers im Transitbereich eines Flughafens ohne richterliche Anordnung stellt keine Freiheitsentziehung dar, wenn weder die Frist des § 15 Abs. 6 S. 2 AufenthG abgelaufen ist noch (im Verfahren nach § 18a AsylG) über den Asylantrag des Betroffenen entschieden worden ist (BGH FGPrax 2017, 136 Rn. 4; BeckRS 2018, 18303 Rn. 5; BVerfG NVwZ 1996, 678 (681)). Ein solcher Aufenthalt ist vor Ablauf der in § 15 Abs. 6 AufenthG bestimmten Frist von 30 Tagen als Freiheitsentziehung anzusehen, wenn das zuständige Bundesamt den Asylantrag des Betroffenen abgelehnt oder ihm die Einreise verweigert hat, das Verwaltungsgericht Gewährung einstweiligen Rechtsschutzes abgelehnt und seine Entscheidung der Grenzbehörde bekannt gemacht hat und wenn eine Überlegungsfrist von drei Kalendertagen seit der Bekanntgabe an den Betroffenen verstrichen ist (BGH BeckRS 2018, 18303 Rn. 4; offenlassend BVerfG BeckRS 2014, 59300 Rn. 16; vgl. OLG Frankfurt a. M. BeckRS 2016, 6412 Rn. 22, 25–26: Freiheitsentziehung bereits ab Beendigung des Flughafenasylverfahrens; vor der mit Wirkung vom 28.8.2007 erfolgten Einfügung des § 15 Abs. 6 AufenthG bereits OLG München NVwZ-RR 2006, 728).

Ein generelles Verbot des erzwungenen Aufenthalts von **Familien** mit Kindern im Transitbe- 32
reich eines Flughafens besteht nicht (BGH FGPrax 2013, 38 Rn. 12; BeckRS 2020, 31762 Rn. 9).
Die für die Abschiebungshaft von Familien mit Minderjährigen geltenden Grundsätze sind unter
dem Gesichtspunkt der Verhältnismäßigkeit auch bei einer Anordnung der Unterbringung in einer
Transitunterkunft gem. § 15 Abs. 6 zu beachten. Den Anforderungen des Art. 17 Rückführungs-
RL (RL 2008/115/EG v. 16.12.2008, ABl. 2008 L 348, 98) an die Haftbedingungen ist Rechnung
zu tragen (BGH BeckRS 2020, 31762 Rn. 11). Bei Anordnung eines Transitaufenthalts nach § 15
Abs. 6 hat das zuständige Gericht die Angemessenheit der Unterbringung minderjähriger Kinder
zu überprüfen. Entscheidend ist, ob im Zeitpunkt der Anordnung strukturelle Defizite bestehen
oder absehbar sind. Die Rechtmäßigkeit der richterlichen Aufenthaltsanordnung wird nicht
dadurch berührt, dass es während des Vollzugs der Anordnung des Transitaufenthalts im Einzelfall
zu einem rechtswidrigen Grundrechtseingriff kommt. Gegen die konkrete Einzelmaßnahme steht
dem Betroffenen der Rechtsweg zu den Gerichten der Verwaltungsgerichtsbarkeit offen (BGH
BeckRS 2020, 31762 Rn. 12 mwN).

§ 15a Verteilung unerlaubt eingereister Ausländer

(1) ¹**Unerlaubt eingereiste Ausländer, die weder um Asyl nachsuchen noch unmittelbar nach der Feststellung der unerlaubten Einreise in Abschiebungshaft genommen und aus der Haft abgeschoben oder zurückgeschoben werden können, werden vor der Entscheidung über die Aussetzung der Abschiebung oder die Erteilung eines Aufenthaltstitels auf die Länder verteilt.** ²**Sie haben keinen Anspruch darauf, in ein bestimmtes Land oder an einen bestimmten Ort verteilt zu werden.** ³**Die Verteilung auf die Länder erfolgt durch eine vom Bundesministerium des Innern, für Bau und Heimat bestimmte zentrale Verteilungsstelle.** ⁴**Solange die Länder für die Verteilung keinen abweichenden Schlüssel vereinbart haben, gilt der für die Verteilung von Asylbewerbern festgelegte Schlüssel.** ⁵**Jedes Land bestimmt bis zu sieben Behörden, die die Verteilung durch die nach Satz 3 bestimmte Stelle veranlassen und verteilte Ausländer aufnehmen.** ⁶**Weist der Ausländer vor Veranlassung der Verteilung nach, dass eine Haushaltsgemeinschaft zwischen Ehegatten oder Eltern und ihren minderjährigen Kindern oder sonstige zwingende Gründe bestehen, die der Verteilung an einen bestimmten Ort entgegenstehen, ist dem bei der Verteilung Rechnung zu tragen.**

(2) ¹**Die Ausländerbehörden können die Ausländer verpflichten, sich zu der Behörde zu begeben, die die Verteilung veranlasst.** ²**Dies gilt nicht, wenn dem Vorbringen nach Absatz 1 Satz 6 Rechnung zu tragen ist.** ³**Gegen eine nach Satz 1 getroffene Verpflichtung findet kein Widerspruch statt.** ⁴**Die Klage hat keine aufschiebende Wirkung.**

(3) ¹**Die zentrale Verteilungsstelle benennt die Behörde, die die Verteilung veranlasst hat, die nach den Sätzen 2 und 3 zur Aufnahme verpflichtete Aufnahmeeinrichtung.** ²**Hat das Land, dessen Behörde die Verteilung veranlasst hat, seine Aufnahmequote nicht erfüllt, ist die dieser Behörde nächstgelegene aufnahmefähige Aufnahmeeinrichtung des Landes aufnahmepflichtig.** ³**Andernfalls ist die von der zentralen Verteilungsstelle auf Grund der Aufnahmequote nach § 45 des Asylgesetzes und der vorhandenen freien Unterbringungsmöglichkeiten bestimmte Aufnahmeeinrichtung zur Aufnahme verpflichtet.** ⁴**§ 46 Abs. 4 und 5 des Asylgesetzes sind entsprechend anzuwenden.**

(4) ¹**Die Behörde, die die Verteilung nach Absatz 3 veranlasst hat, ordnet in den Fällen des Absatzes 3 Satz 3 an, dass der Ausländer sich zu der durch die Verteilung festgelegten Aufnahmeeinrichtung zu begeben hat; in den Fällen des Absatzes 3 Satz 2 darf sie dies anordnen.** ²**Die Ausländerbehörde übermittelt das Ergebnis der Anhörung an die die Verteilung veranlassende Stelle, die die Zahl der Ausländer unter Angabe der Herkunftsländer und das Ergebnis der Anhörung der zentralen Verteilungsstelle mitteilt.** ³**Ehegatten sowie Eltern und ihre minderjährigen ledigen Kinder sind als Gruppe zu melden und zu verteilen.** ⁴**Der Ausländer hat in dieser Aufnahmeeinrichtung zu wohnen, bis er innerhalb des Landes weiterverteilt wird, längstens jedoch bis zur Aussetzung der**

Abschiebung oder bis zur Erteilung eines Aufenthaltstitels; die §§ 12 und 61 Abs. 1 bleiben unberührt. [5]Die Landesregierungen werden ermächtigt, durch Rechtsverordnung die Verteilung innerhalb des Landes zu regeln, soweit dies nicht auf der Grundlage dieses Gesetzes durch Landesgesetz geregelt wird; § 50 Abs. 4 des Asylgesetzes findet entsprechende Anwendung. [6]Die Landesregierungen können die Ermächtigung auf andere Stellen des Landes übertragen. [7]Gegen eine nach Satz 1 getroffene Anordnung findet kein Widerspruch statt. [8]Die Klage hat keine aufschiebende Wirkung. [9]Die Sätze 7 und 8 gelten entsprechend, wenn eine Verteilungsanordnung auf Grund eines Landesgesetzes oder einer Rechtsverordnung nach Satz 5 ergeht.

(5) [1]Die zuständigen Behörden können dem Ausländer nach der Verteilung erlauben, seine Wohnung in einem anderen Land zu nehmen. [2]Nach erlaubtem Wohnungswechsel wird der Ausländer von der Quote des abgebenden Landes abgezogen und der des aufnehmenden Landes angerechnet.

(6) Die Regelungen der Absätze 1 bis 5 gelten nicht für Personen, die nachweislich vor dem 1. Januar 2005 eingereist sind.

Überblick

Die Norm regelt die Verteilung unerlaubt eingereister Ausländer, die weder um Asyl nachsuchen noch unmittelbar nach der Feststellung der unerlaubten Einreise in Abschiebungshaft genommen und aus der Haft abgeschoben oder zurückgeschoben werden können (→ Rn. 2 ff.). Die Ausländer haben grundsätzlich keinen Anspruch darauf, in ein bestimmtes Land oder an einen bestimmten Ort verteilt zu werden (→ Rn. 6). Jedes Land bestimmt bis zu sieben Behörden, die die Verteilung veranlassen. Die Verteilung auf die Länder erfolgt durch das Bundesamt für Migration und Flüchtlinge als zentrale Verteilungsstelle (→ Rn. 8).

A. Entstehungsgeschichte der Norm

1   Eine § 15a entsprechende Regelung war im AuslG (Ausländergesetz v. 9.7.1990, BGBl. I 1354) nicht enthalten. Sie wurde mit dem ZuwG (Zuwanderungsgesetz v. 30.7.2004, BGBl. I 1950) eingeführt. Im Gesetzesentwurf war sie nicht vorgesehen (BT-Drs. 15/420). Sie wurde erst während des Vermittlungsverfahrens eingefügt (BT-Drs. 15/3479, 3).

B. Inhalt der Norm

2   § 15a regelt die Verteilung unerlaubt eingereister Ausländer, die weder um Asyl nachsuchen noch unmittelbar nach der Feststellung der unerlaubten Einreise in Abschiebungshaft genommen und aus der Haft abgeschoben oder zurückgeschoben werden können.

I. Allgemeines

3   Die Ausländer müssen **unerlaubt eingereist** sein. Wann eine unerlaubte Einreise vorliegt, ergibt sich aus § 14 (→ § 14 Rn. 2 ff.). Dass der **Lebensunterhalt** der Ausländer nicht gesichert ist, zählt nicht zu den Tatbestandsvoraussetzungen des § 15a AufenthG (OVG Brem BeckRS 2021, 520 Rn. 7; 2021, 521 Rn. 7).

4   Zudem dürfen sie nicht um Asyl nachgesucht haben und nicht unmittelbar nach der Feststellung der unerlaubten Einreise in Abschiebungshaft genommen und aus der Haft abgeschoben oder zurückgeschoben werden können. Mit den Wörtern **„um Asyl nachsuchen"** nimmt § 15a auf das Asylgesuch iSd § 13 AsylG Bezug und nicht auf den förmlichen Asylantrag iSd § 14 AsylG, mit der Folge, dass der Ausländer auch dann nicht zum Personenkreis des § 15a gehört, wenn ein förmlicher Asylantrag iSd § 14 AsylG in der Folge nicht gestellt wird (OVG Brem BeckRS 2020, 23393 Rn. 6 mwN). Eine analoge Anwendung des § 15a in den Fällen, in denen ein Ausländer sein Asylgesuch wieder zurücknimmt, bevor er in ein Verteilungsverfahren nach Abschnitt 5 des AsylG einbezogen wurde, kann erwogen werden (OVG Brem BeckRS 2020, 23393 Rn. 8). Zudem dürfen die Ausländer nicht nachweislich vor dem 1.1.2005 eingereist sein (§ 15a Abs. 6). Eine Verteilung findet auch nicht statt, wenn ein abgelehnter Asylbewerber, der nach dem 31.12.2004 wieder einreist, einen Asylfolgeantrag stellt und der Aufenthalt räumlich beschränkt war. Denn in einem solchen Fall gilt nach § 71 Abs. 7 AsylG die letzte räumliche Beschränkung fort. Ebenfalls von der Verteilung ausgenommen sind minderjährige Ausländer vor Vollendung des 16. Lebensjahres (Nr. 15a.1.1.1 AufenthGAVwV). § 15a ist nicht anwendbar, wenn das Jugendamt

entschieden hat, dass eine (vorläufige) Inobhutnahme des unbegleitet eingereisten Minderjährigen nicht erfolge, weil dieser bereits von einem Familienangehörigen betreut wird (OVG Bln-Bbg BeckRS 2020, 11236 Rn. 8 ff.; 2020, 5307 Rn. 4 ff.).

Liegen die tatbestandlichen Voraussetzungen der Norm vor, werden die dem Verteilungsverfah- **5** ren unterliegenden Ausländer (die folglich noch nicht an einem bestimmten Ort ihren gewöhnlichen Aufenthalt begründet haben, vgl. OVG Brem BeckRS 2021, 1924 Rn. 22) auf die Länder verteilt, noch bevor eine Entscheidung über die Aussetzung der Abschiebung oder die Erteilung eines Aufenthaltstitels erfolgt (§ 15a Abs. 1 S. 1), da § 15a AufenthG gerade der Bestimmung der zuständigen Ausländerbehörde dient (OVG Brem BeckRS 2021, 1924 Rn. 22; 2018, 16959 Rn. 13). Anhaltspunkte dafür, dass mit § 85a AufenthG eine gegenüber dem Verteilungsverfahren des § 15a AufenthG vorgehende Sonderregelung der örtlichen Zuständigkeit geregelt werden sollte, sind nicht ersichtlich (OVG Brem BeckRS 2021, 1924 Rn. 22).

Die Ausländer haben keinen Anspruch darauf, in ein bestimmtes Land oder an einen bestimmten **6** Ort verteilt zu werden (§ 15a Abs. 1 S. 2). Weist der Ausländer jedoch vor Veranlassung der Verteilung nach, dass eine Haushaltsgemeinschaft zwischen Ehegatten oder Eltern und ihren minderjährigen Kindern oder sonstige **zwingende Gründe** bestehen, die der Verteilung an einen bestimmten Ort entgegenstehen, ist dem bei der Verteilung Rechnung zu tragen (§ 15a Abs. 1 S. 6). „**Nachweisen**" verlangt mehr als „geltend machen". Der Betroffene muss den maßgeblichen Sachverhalt so unterbreiten, dass die zuständige Behörde in aller Regel keine eigenen Ermittlungen mehr anzustellen braucht (OVG NRW BeckRS 2014, 119398; OVG Brem BeckRS 2020, 31136 Rn. 14; 2017, 138964 Rn. 4). Der gebotene Nachweis wird im Allgemeinen nicht allein durch eigene Behauptungen zu führen sein, solange diese nicht durch objektive Umstände (zB Belege) bestätigt werden (OVG NRW BeckRS 2020, 15789 Rn. 3). Für die Anforderungen an den „Nachweis" des Vorliegens zwingender gesundheitlicher Gründe kann nicht auf § 60a Abs. 2c zurückgegriffen werden (OVG NRW BeckRS 2020, 30314 Rn. 13). Diese ergeben sich vielmehr aus der in § 86 Abs. 1 S. 1 Hs. 2 VwGO normierten Pflicht des jeweiligen Beteiligten, an der Erforschung des Sachverhalts – insbesondere mit Blick auf Umstände, die in dessen Sphäre fallen – mitzuwirken (OVG NRW BeckRS 2020, 30314 Rn. 14). Die Ermöglichung des gegenseitigen Umgangs von Vater und Sohn stellt keinen dem Bestehen einer Haushaltsgemeinschaft gleichwertigen zwingenden Grund dar (OVG Brem BeckRS 2021, 4784 Rn. 9). **Sonstige zwingende Gründe** müssen von ihrem Gewicht mit dem gesetzlich genannten Grund vergleichbar sein (OVG Brem BeckRS 2017, 138964 Rn. 4). Derartige Gründe sind immer dann gegeben, wenn höherrangiges Recht der Verteilung entgegensteht (OVG NRW BeckRS 2020, 30314 Rn. 7 mwN). Solche können zB sein: Sicherstellung der Betreuung von pflegebedürftigen Verwandten in gerader Linie und von Geschwistern, Sicherstellung von Behandlungsmöglichkeiten für schwer erkrankte Personen und Schutz von Personen, die als Zeugen in einem Strafverfahren benötigt werden und zur Aussage bereit sind (Nr. 15a.1.5.1 AufenthGAVwV). Von einem zwingenden Grund ist grundsätzlich nicht auszugehen, wenn eine illegal eingereiste ausländische Staatsangehörige mit einem minderjährigen, die deutsche Staatsangehörigkeit besitzenden Kind zusammenlebt und zwischen dem Vater und dem Kind kein nennenswerter Kontakt besteht (OVG NRW BeckRS 2017, 108276 Rn. 5 ff.; HmbOVG NVwZ-RR 2016, 196 Rn. 10; aA OVG Brem BeckRS 2013, 49068; 2020, 32344 Rn. 12; 2021, 1924 Rn. 22). Das Verhältnis zwischen Eltern und volljährigen Kindern stellt nur dann einen zwingenden Grund dar, wenn das volljährige Kind oder die Eltern auf die Lebenshilfe des jeweils anderen Familienteils an einem bestimmten Ort angewiesen sind (OVG NRW BeckRS 2014, 119398; OVG Brem BeckRS 2020, 23388 Rn. 5; 2017, 138964 Rn. 4). Dem Umgang von nicht sorgeberechtigten Eltern mit ihren minderjährigen Kindern kommt – jedenfalls im Grundsatz – kein vergleichbares rechtliches Gewicht zu (OVG Brem BeckRS 2021, 4784 Rn. 9). Der bloße Umstand der Lebensunterhaltssicherung als solcher stellt ebenso wenig einen zwingenden Grund iSd § 15a Abs. 1 S. 6 dar (OVG Brem BeckRS 2021, 521 Rn. 7) wie die beabsichtigte Aufnahme einer Erwerbstätigkeit am Ort des tatsächlichen Aufenthalts (OVG Brem BeckRS 2021, 4779 Rn. 17). Die Gründe müssen **vor der Veranlassung der Verteilung,** dh dem verwaltungsinternen Verfahrensschritt, mit dem die die Verteilung veranlassende Behörde den Ausländer zur Verteilung an das Bundesamt für Migration und Flüchtlinge meldet (OVG NRW BeckRS 2020, 15789 Rn. 5 mwN; 2020, 10474 Rn. 7; aA OVG Bln-Bbg BeckRS 2013, 45879, das auf den Zeitpunkt der Aushändigung des Verteilungsbescheids abstellt), nachgewiesen werden. Die maßgebliche **Prüfung der Voraussetzungen des § 15a Abs. 1 S. 6** erfolgt jedenfalls nicht durch die Ausländerbehörde (OVG NRW BeckRS 2018, 365 Rn. 4, 7; aA OVG Brem BeckRS 2014, 56167 Rn. 13; 2020, 32344 Rn. 10; ob an der bisherigen Auffassung zukünftig festgehalten wird, ist nunmehr ausdrücklich offengelassen worden, vgl. OVG Brem BeckRS 2021, 1909 Rn. 28; vgl. auch zu der letztlich offengelassenen Frage, ob bei Erlass des

Verteilungsbescheides zu prüfen ist, ob der Betroffene überhaupt zum Kreis der nach § 15a zu verteilenden Personen gehört, OVG Brem BeckRS 2020, 32344 Rn. 11). Werden zwingende Gründe erst **nach der Veranlassung der Verteilung** geltend gemacht, sind diese von den beteiligten Behörden (und von den Gerichten) im weiteren Verfahren zu berücksichtigen (OVG Brem BeckRS 2014, 51222). Aus ihnen kann sich ein Hindernis für die Vollstreckung des Verteilungsbescheides ergeben, das sich auf die Rechtmäßigkeit der Zwangsandrohung auswirkt. Allerdings sind die Anforderungen an ein solches Vollstreckungshindernis höher als die Anforderungen an einen „zwingenden Grund" iSd § 15a Abs. 1 S. 6 AufenthG (OVG Brem BeckRS 2021, 7977 Rn. 10). Macht ein Ausländer erst nach Veranlassung der Verteilung geltend, dass er mit seinem Ehepartner an dessen Wohnort zusammenleben will, kommt es für die Frage, ob ein Vollstreckungshindernis vorliegt, darauf an, ob den Ehegatten eine Trennung bis zur Entscheidung über eine Rückverteilung (§ 15a Abs. 5) zumutbar ist (OVG Brem BeckRS 2021, 7977 Rn. 11). Bezüglich der Frage, ob eine Person überhaupt zu dem nach § 15a zu verteilenden Personenkreis gehört, gelten hingegen weder spezielle Präklusionsregelungen noch besondere Geltendmachungserfordernisse (OVG Brem BeckRS 2020, 31620 Rn. 9).

II. Verteilungsverfahren

7   Die Ausländerbehörden leiten grundsätzlich das Verteilungsverfahren ein. Sie hören die Ausländer hierzu an und leiten das Ergebnis der Anhörung in jedem Fall (dh auch, wenn bereits zwingende Gründe gem. § 15a Abs. 1 S. 6 geltend gemacht worden sind, vgl. OVG NRW BeckRS 2018, 365 Rn. 6) an die die Verteilung veranlassende Stelle weiter (§ 15a Abs. 4 S. 2). Jedes Land bestimmt bis zu sieben **Behörden, die die Verteilung veranlassen** (§ 15a Abs. 1 S. 5). Die Ausländerbehörden können die Ausländer verpflichten, sich zu der Behörde zu begeben, die die Verteilung veranlasst (§ 15 Abs. 2 S. 1). Dies gilt nicht, wenn dem Vorbringen nach Abs. 1 S. 6 Rechnung zu tragen ist (§ 15a Abs. 2 S. 2). Aus dieser Regelung folgt nicht, dass die Ausländerbehörde für das weitere Verteilungsverfahren abschließend über das Vorliegen zwingender Gründe zu entscheiden hätte mit der Folge, dass – bei Vorliegen von Gründen, die einer Verteilung an einen anderen als den bisherigen Aufenthaltsort dauerhaft entgegenstehen – kein (weiteres) Verteilungsverfahren mehr durchzuführen wäre (OVG NRW BeckRS 2018, 365 Rn. 4, 7; aA OVG Brem BeckRS 2014, 56167 Rn. 13; 2020, 32344 Rn. 10: diesem Verfahrensabschnitt komme eine Filterfunktion zu; ob an der bisherigen Auffassung zukünftig festgehalten wird, ist nunmehr ausdrücklich offengelassen worden, vgl. OVG Brem BeckRS 2021, 1909 Rn. 28). Das Vorliegen zwingender Gründe ist für die Ausländerbehörde nur insoweit von Bedeutung, als dies deren Befugnis nicht ausschließt, gegenüber eine Vorspracheverpflichtung zu erlassen (OVG NRW BeckRS 2018, 365 Rn. 4). Die Vorspracheverpflichtung gem. § 15a Abs. 2 S. 1 steht im Ermessen (BVerwG BeckRS 2016, 51144 Rn. 7).

8   Die **Verteilung auf die Länder** erfolgt durch eine vom Bundesministerium des Innern, für Bau und Heimat bestimmte **zentrale Verteilungsstelle** (§ 15a Abs. 1 S. 3; Bundesamt für Migration und Flüchtlinge, Nr. 15a.1.3 AufenthGAVwV). Die veranlassende Stelle teilt dem Bundesamt für Migration und Flüchtlinge die Zahl der Ausländer unter Angabe der Herkunftsländer und das Ergebnis der Anhörung mit (§ 15a Abs. 4 S. 2). Solange die Länder für die Verteilung keinen abweichenden Schlüssel vereinbart haben, gilt der für die Verteilung von Asylbewerbern festgelegte Schlüssel (§ 15a Abs. 1 S. 4). Die Aufnahmequote richtet sich für das jeweilige Kalenderjahr nach dem von dem Büro der gemeinsamen Wissenschaftskonferenz im Bundesanzeiger veröffentlichten Schlüssel, der für das vorangegangene Kalenderjahr entsprechend Steuereinnahmen und Bevölkerungszahl der Länder errechnet worden ist (Königsteiner Schlüssel; § 45 Abs. 1 S. 2 AsylG).

9   Das **Bundesamt für Migration und Flüchtlinge benennt** als zentrale Verteilungsstelle der Behörde, die die Verteilung veranlasst hat, **die zur Aufnahme verpflichtete Aufnahmeeinrichtung** (§ 15a Abs. 2 S. 1). Diese „Benennung" ist ein intrabehördlicher Vorgang, der die adressierte Behörde bindet, jedoch als reines Verwaltungsinternum keine unmittelbare Außenwirkung gegenüber dem Ausländer entfaltet (HmbOVG BeckRS 2019, 21058 Rn. 12). Die zur Aufnahme verpflichtete Aufnahmeeinrichtung ist, für den Fall, dass das **Land, dessen Behörde die Verteilung veranlasst hat, seine Aufnahmequote noch nicht erfüllt** hat, die dieser Behörde nächstgelegene aufnahmefähige Aufnahmeeinrichtung des Landes (§ 15a Abs. 3 S. 2). Hat das **Land bereits seine Aufnahmequote erfüllt,** ist die von der zentralen Verteilungsstelle aufgrund der Aufnahmequote nach § 45 AsylG und der vorhandenen freien Unterbringungsmöglichkeiten bestimmte Aufnahmeeinrichtung zur Aufnahme verpflichtet (§ 15a Abs. 3 S. 3). **Hat der Ausländer zwingende Gründe iSv § 15a Abs. 1 S. 6 nachgewiesen** und hat er daher im Bezirk der meldenden Ausländerbehörde zu verbleiben, teilt die die Verteilung veranlassende Stelle dem

Bundesamt für Migration und Flüchtlinge die Zahl der Personen mit, um sie auf die Quote des aufzunehmenden Bundeslandes anrechnen zu lassen (OVG NRW BeckRS 2018, 365 Rn. 6 mwN).

Der Ausländer erhält eine **Bescheinigung** über die zur Aufnahme verpflichtete Aufnahmeein- **10** richtung (Nr. 15a.1.1.2 AufenthGAVwV).

Neben dieser Bescheinigung erhält der Ausländer einen **Verteilungsbescheid.** In den Fällen, **11** in denen das Land, dessen Behörde die Verteilung veranlasst hat, seine Aufnahmequote bereits erfüllt hat, ist ein solcher Bescheid zu erlassen (§ 15a Abs. 4 S. 1 Hs. 1). In den Fällen, in denen das Land, dessen Behörde die Verteilung veranlasst hat, seine Aufnahmequote noch nicht erfüllt hat, darf sie anordnen, dass der Ausländer sich zu der durch die Verteilung festgelegten Aufnahmeeinrichtung zu begeben hat (§ 15a Abs. 4 S. 1 Hs. 2). Der Bescheid wird von der Behörde erlassen, die die Verteilung veranlasst hat (§ 15a Abs. 4 S. 1).

Aufgrund des Zuteilungsbescheides ist der Ausländer **verpflichtet,** in der Aufnahmeeinrich- **12** tung zu wohnen, bis er innerhalb des Landes weiter verteilt wird, längstens jedoch bis zur Aussetzung der Abschiebung oder bis zur Erteilung eines Aufenthaltstitels (§ 15a Abs. 4 S. 4). Bezüglich der Verteilung innerhalb eines Landes werden die Landesregierungen gem. § 15a Abs. 4 S. 5 ermächtigt, durch Rechtsverordnung die Verteilung zu regeln, soweit dies nicht auf der Grundlage des Aufenthaltsgesetzes durch Landesgesetz geregelt wird. Hinsichtlich Verfahren und Form der Zuweisungsentscheidung findet § 50 Abs. 4 AsylG entsprechende Anwendung (§ 15a Abs. 4 S. 5 Hs. 2). Gehen mit der Verteilung ernsthafte Gefahren für die Gesundheit des Betroffenen einher, gebietet es Art. 2 Abs. 2 GG, von ihr abzusehen (OVG Brem BeckRS 2020, 31132 Rn. 10).

Ein Ausländer gilt als verteilt, sobald ihm der Bescheid über die Verteilungsentscheidung ausge- **13** händigt wurde (Nr. 15a.1.1.3 AufenthGAVwV).

III. Länderübergreifender Wohnungswechsel (Abs. 5)

Die zuständigen Behörden können gem. § 15a Abs. 5 dem Ausländer nach der Verteilung **14** erlauben, seine Wohnung in einem anderen Land zu nehmen. Die Zustimmung des anderen Landes ist hierfür Voraussetzung. Nach erlaubtem Wohnungswechsel wird der Ausländer von der Quote des abgebenden Landes abgezogen und der des aufnehmenden Landes angerechnet.

IV. Rechtsschutz

Gegen eine **Verpflichtung nach § 15a Abs. 2 S. 1** findet kein Widerspruch statt (§ 15a **15** Abs. 2 S. 3). Die Klage hat keine aufschiebende Wirkung (§ 15a Abs. 2 S. 4). Ein Rechtsschutzbedürfnis für die Anordnung der aufschiebenden Wirkung der Klage gegen den Vorsprachebescheid besteht auch dann noch, wenn der Antrag auf Anordnung der aufschiebenden Wirkung der Klage gegen den Verteilungsbescheid bereits rechtskräftig abgelehnt worden ist (OVG Brem BeckRS 2020, 23388 Rn. 3).

Bei der dem Ausländer ausgehändigten **Bescheinigung** über die zur Aufnahme verpflichtete **16** Aufnahmeeinrichtung handelt es sich nicht um einen Verwaltungsakt. Sie dient lediglich der Weiterreise an den Verteilungsort.

Ein Widerspruch gegen den **Zuteilungsbescheid** ist nicht statthaft (§ 15a Abs. 4 S. 7). Die **17** Klage hat keine aufschiebende Wirkung (§ 15a Abs. 4 S. 8). Der Streitwert in Verfahren des vorläufigen Rechtsschutzes gegen eine Androhung unmittelbaren Zwanges hinsichtlich einer Zuweisungsentscheidung beträgt 1/16 des Auffangwertes, dh 312,50 EUR in Bezug auf jeden Antragsteller (OVG NRW BeckRS 2020, 15728).

Abschnitt 3. Aufenthalt zum Zweck der Ausbildung

§ 16 Grundsatz des Aufenthalts zum Zweck der Ausbildung

[1]**Der Zugang von Ausländern zur Ausbildung dient der allgemeinen Bildung und der internationalen Verständigung ebenso wie der Sicherung des Bedarfs des deutschen Arbeitsmarktes an Fachkräften.** [2]**Neben der Stärkung der wissenschaftlichen Beziehungen Deutschlands in der Welt trägt er auch zu internationaler Entwicklung bei.** [3]**Die Ausgestaltung erfolgt so, dass die Interessen der öffentlichen Sicherheit beachtet werden.**

Überblick

Die Vorschrift regelt als Programmvorschrift den Grundsatz des Aufenthalts zum Zweck der beruflichen Ausbildung und bestimmt die intendierten Ziele (→ Rn. 7) entsprechend dem FachkEinwG (Fachkräfteeinwanderungsgesetz v. 15.8.2019, BGBl. I 1307; → Rn. 2), welches wiederum diverse europäische Richtlinien umsetzt (→ Rn. 2, → Rn. 12b). Die Vorschrift hat ermessenslenkende Wirkung im Hinblick auf Aufenthaltserlaubnisse zum Zweck der beruflichen Ausbildung (→ Rn. 11). Die öffentlichen Interessen sind zu beachten (→ Rn. 16). Außerdem sind die Einschränkungen des § 19f zu beachten (→ Rn. 13).

Übersicht

A. Allgemeines

1 Diese Vorschrift regelte bis zum 28.2.2020 die Voraussetzungen des Erwerbs einer Aufenthaltserlaubnis zum Zweck des Studiums in der Bundesrepublik. Mit Art. 1 Nr. 11 FachkEinwG (Fachkräfteeinwanderungsgesetz v. 15.8.2019, BGBl. I 1307) wurde dieser Zweck in § 16b übernommen.

2 Das **FachkEinwG** dient der Umsetzung der Drittstaatsangehörigenbeschäftigungs-RL (RL 2009/50/EG v. 25.5.2009, ABl. 2009 L 155, 17), der Saisonarbeiter-RL (RL 2014/36/EU v. 26.2.2014, ABl. 2014 L 94, 375), der ICT-RL (RL 2014/66/EU v. 15.5.2014, ABl. 2014 L 157, 1) und der REST-RL (RL (EU) 2016/801 v. 11.5.2016, ABl. 2016 L 132, 21).

2a Ziel des FachkEinwG ist zum einen, einen rechtlichen Rahmen für die Einreise und den Aufenthalt von Drittstaatsangehörigen zur Beschäftigung zielgerichtet so zu erweitern, dass die erwünschten Fachkräfte nach Deutschland kommen können, und andererseits einen Zuzug in die Sozialsysteme und somit einen Fehlanreiz zur Migration sowie Missbrauchsmöglichkeiten auszuschließen (KHK ZuwanderungsR-HdB Rn. 238). Das Hauptgewicht der Regelungen liegt dabei auf den Ausbildungsberufen. Dabei wurde sowohl der Bedarfszuwanderung, also die Einreise und der Aufenthalt bei bereits vorliegendem Arbeitsvertrag, als auch der Potentialzuwanderung, also die Einreise und der Aufenthalt zum Zweck der Suche eines Ausbildungs- oder Arbeitsplatzes ausgebaut (KHK ZuwanderungsR-HdB Rn. 238).

2b Die Zuwanderung wird dabei regelmäßig von einer Kombination dreier Kriterien abhängig gemacht, von denen zwei zu erfüllen sind, Vorliegen einer anerkannten Qualifikation, Vorliegen eines Arbeitsvertrags, Vorliegen deutscher Sprachkenntnisse (KHK ZuwanderungsR-HdB Rn. 240).

2c Eine anerkannte Qualifikation und ein Arbeitsvertrag ermöglichen in der Regel die Beschäftigung als Fachkraft (§§ 18a, 18b). Sprachkenntnisse müssen in der Regel nicht nachgewiesen sein. Eine anerkannte Qualifikation und Sprachkenntnisse ermöglichen den Aufenthalt zur Suche eines Ausbildungsplatzes oder Arbeitsplatzes (§§ 17, 20). Eine teilweise anerkannte Qualifikation und Sprachkenntnisse ermöglichen den Aufenthalt für weitere Qualifizierungsmaßnahmen, um eine vollständige Anerkennung der ausländischen Qualifikation zu erzielen (§ 16d). Ein Arbeitsvertrag und Sprachkenntnisse schließlich ermöglichen unter engeren Voraussetzungen die qualifizierte Beschäftigung nach § 19c Abs. 2 (KHK ZuwanderungsR-HdB Rn. 240).

3 Die **gesetzliche Definition für den Begriff „Fachkraft"** befindet sich in § 18 Abs. 3. Danach wird zwischen **Fachkräften mit einer qualifizierten Berufsausbildung** (§ 18 Abs. 3 Nr. 1) und **Fachkräften mit einer akademischen Ausbildung** (§ 18 Abs. 3 Nr. 2) unterschieden. Damit wird deutlich, dass sich § 16 nicht nur auf die Berufsausbildung iSd § 18 Abs. 3 Nr. 1, sondern auch auf die akademische Ausbildung nach § 18 Abs. 3 Nr. 2 bezieht und auch hierfür die Ziele bestimmt.

4 Den Bereich der Berufsausbildung und somit die Regelungen für Fachkräfte mit einer qualifizierten Berufsausbildung normieren dabei §§ 16a und 17 Abs. 1, wobei **§ 16a den Zugang zur**

Berufsausbildung und der beruflichen Weiterbildung und **§ 17 Abs. 1 den Aufenthalt zum Zweck der Suche eines Ausbildungsplatzes** reguliert.

Den Zugang zur akademischen Berufsausbildung regelt zunächst **§ 17 Abs. 2** mit der Ermögli- 5 chung der Erteilung einer Aufenthaltserlaubnis zum Zweck der **Studienbewerbung.** Die **§§ 16b, 16c und 16e** regeln den **Aufenthalt während der akademischen Berufsausbildung.**

Ebenfalls in diesem Zusammenhang ist der Aufenthalt zum Zweck der **Anerkennung einer** 6 **ausländischen Berufsqualifikation** nach § 16d zu sehen.

Ziel der Regelungen ist es, die **Zuwanderung derjenigen Fachkräfte, welche die deutsche** 7 **Wirtschaft benötigt, gezielt, gesteuert und nachhaltig zu steigern** und so einen Beitrag zur **Sicherung ihrer Fachkräftebasis** zu leisten (BR-Drs. 7/19, 75). Hintergrund war der zunehmende Fachkräftemangel in der Bundesrepublik. Diesem Fachkräftemangel soll durch eine gezielte und gesteuerte Zuwanderung von Fachkräften aus Drittstaaten entgegengewirkt werden (BT-Drs. 19/8285, 71).

Die aus der beruflichen qualifizierten Ausbildung (§ 2 Abs. 12a; → § 16a Rn. 23a) entstehende 8 Möglichkeit einer Aufenthaltserlaubnis zur **Suche einer anschließenden Beschäftigung** in der Bundesrepublik ist nunmehr in § 20 Abs. 3 geregelt, für Ausländer mit einer in der Bundesrepublik erworbenen akademischen Berufsausbildung nach § 20 Abs. 3 Nr. 1, für diejenigen mit einer qualifizierten Berufsausbildung nach § 20 Abs. 3 Nr. 3 (näher → § 16a Rn. 45).

Die anschließende **Aufenthaltserlaubnis zur Beschäftigung oder Erwerbstätigkeit** regeln 9 die §§ 18 ff.

Die **Regelungen zur Ausbildungssuche** werden für die Dauer von fünf Jahren ab Inkrafttre- 10 ten des Gesetzes, somit **bis zum 1.3.2025 befristet,** um in dieser Zeit eine Evaluierung vornehmen zu können (Art. 54 Abs. 2 FachKEinwG – Fachkräfteeinwanderungsgesetz v. 15.8.2019, BGBl. I 1307).

B. Erläuterungen im Einzelnen

I. Allgemeines

Die Vorschrift verdeutlicht, warum Aufenthalte zum Zweck der Ausbildung in der Bundesre- 11 publik zugelassen werden, und enthält mit den genannten Aspekten **ermessenslenkende Anhaltspunkte für die zuständigen Ausländerbehörden und Auslandsvertretungen** (BT-Drs. 19/8285, 89).

Wie der Gesetzeswortlaut erkennen lässt, sind neben dem **Erwerb von Wissen und Kompe-** 12 **tenzen** auch die **Beförderung des gegenseitigen Verständnisses** über Länder- und Kulturgrenzen hinweg sowie die **Stärkung des Wissenschaftsstandortes Deutschland** von ermessenslenkender Bedeutung (BT-Drs. 19/8285, 89).

II. Zweck des Zugangs von Ausländern zur Ausbildung (S. 1)

Nach S. 1 ist **Zweck des Zugangs von Ausländern zur Ausbildung** die Förderung der 12a allgemeinen Bildung und der internationalen Verständigung. Der weiter gesetzlich geregelte Zweck ist die Sicherung des Bedarfs des deutschen Arbeitsmarktes an Fachkräften.

Diese Zweckbestimmungen gehen zurück auf Erwägungsgrund 7 und 8 RL (EU) 2016/801 12b (v. 11.5.2016, ABl. 2016 L 132, 21, sog. REST-RL). Diese Richtlinie regelt die Bedingungen für die Einreise und den Aufenthalt von Drittstaatsangehörigen zu Forschungs- und Studienzwecken, zur Absolvierung eines Praktikums, zur Teilnahme an einem Freiwilligendienst, Schüleraustauschprogramm oder Bildungsvorhaben und zur Ausübung einer Au-pair-Tätigkeit.

Nach Erwägungsgrund 7 RL (EU) 2016/801 soll die Richtlinie der Erzeugung und dem 12c Erwerb von Wissen und Kompetenzen dienen. Die Zuwanderung soll für die betreffenden Migranten, ihren Herkunftsstaat und den betreffenden Mitgliedstaat eine Bereicherung darstellen und der Stärkung der kulturellen Bindungen und Bereicherung der kulturellen Vielfalt dienen.

Erwägungsgrund 8 RL (EU) 2016/801 weist darauf hin, dass der Ruf der Union im weltweiten 12d Talentwettbewerb als attraktiver Standort für Wissenschaft und Innovation gefestigt wird. Dadurch soll die Richtlinie zu einer Stärkung der allgemeinen Wettbewerbsfähigkeit und des Wachstums sowie zur Schaffung neuer Arbeitsplätze führen, die einen größeren Beitrag zum Wachstum des BIP leisten (so auch BeckOK AuslR/Fleuß Rn. 2).

III. Förderung der internationalen Entwicklung (S. 2)

12e   Nach S. 2 trägt der Zugang von Ausländern zur **Ausbildung der Stärkung der wissenschaftlichen Beziehungen Deutschlands in der Welt** bei. Ebenso dient er der **internationalen Entwicklung.** Diese Grundsätze entspringen dem Erwägungsgrund 8 RL (EU) 2016/801.

12f   Die Vorschrift soll der Förderung der internationalen Entwicklung mit dem Ziel, die **wirtschaftliche Entwicklung der ärmeren Länder,** insbesondere Entwicklungsländer dahingehend dienen, dass Ausländer, die in der Bundesrepublik ausgebildet wurden, ihre Fähigkeiten und Fertigkeiten auch in den Heimatländern nutzen und so der dortigen Entwicklung dienen können. Während in AuslG 1965 und 1990 die entwicklungspolitischen Zielsetzungen im Vordergrund standen und nach Abschluss der Ausbildung ein weiterer Aufenthalt des Ausländers im Bundesgebiet nicht erwünscht war, wird nunmehr der weitere Zweck der **Deckung des Fachkräftebedarfs in der deutschen Wirtschaft** mit Personen, welche in der Bundesrepublik ausgebildet wurden, in den Vordergrund gerückt (so auch BeckOK AuslR/Fleuß Rn. 6).

IV. Einschränkungen

13   Eine ganz erhebliche **Einschränkung** erfährt dieser Grundsatz durch **§ 19f Abs. 1** für Drittstaatsangehörige, die sich in einem Mitgliedstaat der Europäischen Union aufhalten, um internationalen Schutz zu suchen oder weil sie diesen dort erhalten haben. Diesen ist nach § 19f Abs. 1 Nr. 1 die Aufenthaltserlaubnis zur Studienplatzbewerbung nach § 17 Abs. 2, zum Studium nach § 16b und für ein studienbezogenes Praktikum nach § 16e ausnahmslos verwehrt.

13a   Nach hiesiger Auffassung widerspricht dies eklatant dem in § 16 gesetzlich geregelten Grundsatz. Man mag dies noch im Hinblick auf Schutzsuchende verstehen können, da hier auch die Regeln der Dublin III-VO zu berücksichtigen sind. In einem anderen Mitgliedstaat der EU anerkannte Schutzberechtigte aber von der Möglichkeit eines Studiums in der Bundesrepublik auszuschließen, ist – gelinde gesagt – nur schwer nachvollziehbar. Hier sollte der Gesetzgeber dringend nachbessern.

13a.1   Auch der Gesetzesbegründung ist nichts Entsprechendes zu entnehmen. Sie bezieht sich auf die Vorgängerregelung des § 20 Abs. 6 Nr. 4 und Nr. 8 aF, berücksichtigt aber die gesetzlich geregelte Intention des § 16 nicht.

13a.2   Soweit BeckOK AuslR/Fleuß Rn. 8 die Auffassung vertritt, § 19f spiegele im Hinblick auf S. 3 den Grundsatz der Wahrung der öffentlichen Sicherheit wider, gibt es hierfür überhaupt keinen Anhaltspunkt. Es ist nicht ersichtlich, inwiefern pauschal und ausnahmslos asylrechtlich in anderen Mitgliedstaaten der EU Geschützte eine Gefahr für die Bundesrepublik Deutschland darstellen sollten.

14   Eine Aufenthaltserlaubnis zur Ausbildungsplatzsuche nach § 17 Abs. 1 oder zur Aufnahme einer qualifizierten Berufsausbildung ist nach § 19f Abs. 1 nicht ausgeschlossen.

V. Beachtung der Interessen der öffentlichen Sicherheit (S. 3)

15   Die **Interessen der öffentlichen Sicherheit** sollen bei der Ausgestaltung der Vorschriften beachtet werden. Dies ist insbesondere durch § 5 gewährleistet (BT-Drs. 19/8285, 89).

16   Die Auffassung in BeckOK AuslR/Fleuß Rn. 8, auch die Ablehnungsgründe des § 19f dienten dem S. 3, wird hier nicht geteilt (→ Rn. 13a; → Rn. 13a.2).

VI. Perspektiven für Ausländer

17   Die Vorschrift ebnet darüber hinaus den **Weg in die Erwerbstätigkeit in der Bundesrepublik nach erfolgreichem Ausbildungsabschluss.** Somit bietet das FachkEinwG (Fachkräfteeinwanderungsgesetz v. 15.8.2019, BGBl. I 1307) Fachkräften eine dauerhafte Perspektive für eine Zukunft in der Bundesrepublik. Dies dient der Fachkräftesicherung durch Personen, die über einen deutschen Berufsausbildungsabschluss, gute Deutschkenntnisse und gesellschaftliche Integration verfügen. Zudem soll der in der Bundesrepublik erworbene Berufsausbildungsabschluss auch bei einer Rückkehr in das Herkunftsland zur dortigen wirtschaftlichen und gesellschaftlichen Entwicklung beitragen (BT-Drs. 19/8285, 89).

18   **Nach erfolgreichem Abschluss der Ausbildung** wird dem Ausländer eine Aufenthaltserlaubnis zur Suche eines Arbeitsplatzes nach § 20 Abs. 1 Nr. 3 ausgestellt. Dieser Arbeitsplatz muss der erworbenen Qualifikation entsprechen. Der Begriff Arbeitsplatz umfasst dabei sowohl eine Beschäftigung nach § 18a, als auch eine selbstständige Tätigkeit nach § 21 (Dörig MigrationsR-HdB § 5 Rn. 184).

§ 16a Berufsausbildung; berufliche Weiterbildung

(1) ¹Eine Aufenthaltserlaubnis zum Zweck der betrieblichen Aus- und Weiterbildung kann erteilt werden, wenn die Bundesagentur für Arbeit nach § 39 zugestimmt hat oder durch die Beschäftigungsverordnung oder zwischenstaatliche Vereinbarung bestimmt ist, dass die Aus- und Weiterbildung ohne Zustimmung der Bundesagentur für Arbeit zulässig ist. ²Während des Aufenthalts nach Satz 1 darf eine Aufenthaltserlaubnis zu einem anderen Aufenthaltszweck nur zum Zweck einer qualifizierten Berufsausbildung, der Ausübung einer Beschäftigung als Fachkraft, der Ausübung einer Beschäftigung mit ausgeprägten berufspraktischen Kenntnissen nach § 19c Absatz 2 oder in Fällen eines gesetzlichen Anspruchs erteilt werden. ³Der Aufenthaltszweck der betrieblichen qualifizierten Berufsausbildung nach Satz 1 umfasst auch den Besuch eines Deutschsprachkurses zur Vorbereitung auf die Berufsausbildung, insbesondere den Besuch eines berufsbezogenen Deutschsprachkurses nach der Deutschsprachförderverordnung.

(2) ¹Eine Aufenthaltserlaubnis zum Zweck der schulischen Berufsausbildung kann erteilt werden, wenn sie nach bundes- oder landesrechtlichen Regelungen zu einem staatlich anerkannten Berufsabschluss führt und sich der Bildungsgang nicht überwiegend an Staatsangehörige eines Staates richtet. ²Bilaterale oder multilaterale Vereinbarungen der Länder mit öffentlichen Stellen in einem anderen Staat über den Besuch inländischer Schulen durch ausländische Schüler bleiben unberührt. ³Aufenthaltserlaubnisse zur Teilnahme am Schulbesuch können auf Grund solcher Vereinbarungen nur erteilt werden, wenn die für das Aufenthaltsrecht zuständige oberste Landesbehörde der Vereinbarung zugestimmt hat.

(3) ¹Handelt es sich um eine qualifizierte Berufsausbildung, berechtigt die Aufenthaltserlaubnis nur zur Ausübung einer von der Berufsausbildung unabhängigen Beschäftigung bis zu zehn Stunden je Woche; handelt es sich nicht um eine qualifizierte Berufsausbildung, ist eine Erwerbstätigkeit neben der Berufsausbildung oder beruflichen Weiterbildung nicht erlaubt. ²Bei einer qualifizierten Berufsausbildung wird ein Nachweis über ausreichende deutsche Sprachkenntnisse verlangt, wenn die für die konkrete qualifizierte Berufsausbildung erforderlichen Sprachkenntnisse weder durch die Bildungseinrichtung geprüft worden sind noch durch einen vorbereitenden Deutschsprachkurs erworben werden sollen.

(4) Bevor die Aufenthaltserlaubnis zum Zweck einer qualifizierten Berufsausbildung aus Gründen, die der Ausländer nicht zu vertreten hat, zurückgenommen, widerrufen oder gemäß § 7 Absatz 2 Satz 2 nachträglich verkürzt wird, ist dem Ausländer für die Dauer von bis zu sechs Monaten die Möglichkeit zu geben, einen anderen Ausbildungsplatz zu suchen.

Überblick

Die Vorschrift enthält zusammengefasst die Regelungen zur Berufsausbildung (bislang in §§ 16b und 17 aF enthalten). Abs. 1 S. 1 (→ Rn. 5) entspricht mit redaktionellen Änderungen dem bisherigen § 17 Abs. 1 S. 1 aF und ist Anspruchsgrundlage für die Erteilung der Aufenthaltserlaubnis zur Berufsausbildung (→ Rn. 7) und zur beruflichen Weiterbildung (→ Rn. 9). Diese bedarf in der Regel der Zustimmung der Bundesagentur für Arbeit (→ Rn. 10), deren Dauer beschränkt ist (→ Rn. 12) und dem Ermessen unterliegt (→ Rn. 17). Abs. 1 S. 2 schränkt die Möglichkeit der Zweckänderung des begonnenen Aufenthalts auf konkrete Erwerbs- und Ausbildungszwecke ein, sofern nicht anderweitige gesetzliche Erteilungsansprüche bestehen (→ Rn. 22). Abs. 1 S. 3 erweitert die Möglichkeit des Erwerbs einer Aufenthaltserlaubnis auch auf sprachbezogene Vorbereitungskurse (→ Rn. 24). Abs. 2 erweitert die Möglichkeit, eine Aufenthaltserlaubnis zur Ausbildung zu erhalten, über die Ausbildungen im dualen System auch auf schulische Berufsausbildungen (→ Rn. 29). Dabei werden auch Vereinbarungen mit anderen Staaten berücksichtigt (→ Rn. 32). Von der Aufenthaltserlaubnis sind auch Praktika umfasst (→ Rn. 34). Abs. 3 S. 1 bietet denjenigen, welche an einer qualifizierten Berufsausbildung (→ Rn. 23a) teilnehmen, die Möglichkeit eines Nebenverdienstes (→ Rn. 37). Abs. 3 S. 2 regelt die Sprachanforderungen für den Erwerb einer Aufenthaltserlaubnis zur qualifizierten Berufsausbildung (→ Rn. 40). Abs. 4 bietet demjenigen Ausländer, der eine qualifizierte Berufsausbildung (→ Rn. 23a) wahrnimmt, für den Zeitraum von sechs Monaten die Möglichkeit zur Suche eines anderen Ausbildungsplatzes im Falle einer drohenden, nicht von ihm zu vertretenden Verkürzung oder Beendigung der

Aufenthaltserlaubnis (→ Rn. 42). Dem qualifiziert Ausgebildeten Ausländer wird die Möglichkeit der qualifizierten Arbeitsplatzsuche für zwölf Monate gegeben (→ Rn. 45). Zum Verwaltungsverfahren und Rechtsschutz (→ Rn. 46).

Übersicht

A. Allgemeines

1   Die Vorschrift wurde durch Art. 1 Nr. 11 FachkEinwG (Fachkräfteeinwanderungsgesetz v. 15.8.2019, BGBl. I 1307) mWz 1.3.2020 neu gefasst. Die Vorschrift regelte zuvor die Mobilität im Rahmen des Studiums, welche jetzt von § 16c geregelt wird.

1a   Zuletzt geändert wurde die Vorschrift mWv 1.7.2020 durch Art. 26a des Siebten Gesetzes zur Änderung des Vierten Buches Sozialgesetzbuch und anderer Gesetze (v. 12.6.2020, BGBl. I 1248). Dabei wurde in Abs. 3 S. 1 lediglich klargestellt, dass die Beschäftigungsmöglichkeit außerhalb der Ausbildung nur im Falle einer qualifizierten Berufsausbildung möglich und ansonsten ausgeschlossen ist. Letztendlich war dies auch vor der Gesetzesänderung eindeutig geregelt (→ Rn. 37).

2   Der Ursprung der Vorschrift (vormals § 17 aF) wurzelt im ZuwG (Zuwanderungsgesetz v. 30.7.2004, BGBl. I 1950) und hat eine wesentliche Erweiterung durch das Gesetz zur Umsetzung der Hochqualifizierten-Richtlinie der Europäischen Union v. 1.6.2012 (BGBl. I 1224) erfahren, wodurch die Aufnahme einer Berufsausbildung in der Bundesrepublik für Angehörige von Drittstaaten attraktiver gestaltet und der Wirtschaftsstandort Deutschland gestärkt werden sollte. Diese Gesamtregelung wurde nun in § 16a im Wesentlichen übernommen.

3   Die Voranstellung der Regelungen zur Berufsausbildung vor denen zum Studium entspricht der Neuorientierung im Abschnitt 4 und soll verdeutlichen, dass ein Schwerpunkt der Fachkräfteeinwanderung auf den beruflich qualifizierten bzw. zu qualifizierenden Ausländern liegen soll.

4   Für die Auslegung der Vorschrift und für die nach Abs. 1 S. 1 vorzunehmende Ermessensausübung ist vor allem auch das in § 16 genannte Ziel, die Ermöglichung und Gestaltung der Zuwanderung unter Berücksichtigung der wirtschaftlichen und arbeitsmarktpolitischen Interessen der Bundesrepublik und anderer Länder, zu beachten. Dabei sind auch die jeweilige Konjunkturlage und der Bedarf an Fachkräften im Blickfeld zu halten.

B. Erläuterungen im Einzelnen

I. Aufenthaltserlaubnis zur betrieblichen Aus- und Weiterbildung (Abs. 1)

1. Grundsatz (Abs. 1 S. 1)

5   Abs. 1 S. 1 vermittelt einen **im Ermessen der** für die Erteilung der Aufenthaltserlaubnis zuständigen **Behörde stehenden Anspruch auf Erteilung einer Aufenthaltserlaubnis zum Zweck der betrieblichen Aus- und Weiterbildung,** der wiederum unter dem Vorbehalt der Zustimmung der Bundesagentur für Arbeit nach § 39 steht, sofern nicht durch die BeschV oder zwischenstaatliche Vereinbarungen bestimmt ist, dass die Zustimmung der Bundesagentur für Arbeit entbehrlich ist.

6   **Wesentliches Tatbestandsmerkmal** der Vorschrift ist die **beabsichtigte Aufnahme einer betrieblichen Aus- oder Weiterbildung** durch den Ausländer.

7   Eine **betriebliche Ausbildung** ist das klassische Ausbildungssystem der Bundesrepublik Deutschland **im dualen System,** also die Ausbildung im Ausbildungsbetrieb und an der Berufsschule. Sie ist dadurch gekennzeichnet, dass sie durchgeführt wird in Betrieben der Wirtschaft oder in vergleichbaren Einrichtungen außerhalb der Wirtschaft, insbesondere des öffentlichen Dienstes, der Angehörigen freier Berufe und in Haushalten (§ 2 Abs. 1 Nr. 1 BBiG). Weiter fällt unter betriebliche Ausbildung die Berufsbildung in Berufen nach der Handwerksordnung (§ 3 Abs. 3 BBiG, §§ 21 ff. HwO). Weiter sind unter einer betrieblichen Ausbildung Ausbildungsgänge in berufsbildenden Schulen zu verstehen, soweit sie durch die Bezahlung einer Ausbildungsvergütung den Charakter eines solchen haben (VG Sigmaringen BeckRS 2021, 1786). Im Rahmen eines Berufsausbildungsverhältnisses im hiesigen Sinne besteht ein vertragliches Beschäftigungsverhältnis zum Zweck der Ausbildung mit dem Ausbildungsbetrieb nach § 10 BBiG. Der Vertrag stellt ein Beschäftigungsverhältnis iSd § 2 Abs. 2 dar (§ 7 Abs. 2 SGB IV). § 7 Abs. 2 SGB IV regelt diesbezüglich, dass auch der Erwerb beruflicher Kenntnisse, Fertigkeiten oder Erfahrungen im Rahmen einer betrieblichen Berufsbildung eine nichtselbständige Arbeit darstellt.

Ziel der Berufsausbildung in diesem Sinne ist die für die Ausübung einer qualifizierten **7a** beruflichen Tätigkeit in einer sich wandelnden Arbeitswelt notwendigen **beruflichen Fertigkeiten, Kenntnisse und Fähigkeiten** (berufliche Handlungsfähigkeit) in einem geordneten Ausbildungsgang zu vermitteln (§ 1 Abs. 3 S. 1 BBiG). Zudem hat die Berufsausbildung den Erwerb der erforderlichen **Berufserfahrungen** zu ermöglichen (§ 1 Abs. 3 S. 2 BBiG). Letzteres unterscheidet die betriebliche Ausbildung von der schulischen Ausbildung nach § 16 Abs. 2, von der akademischen Ausbildung nach § 16b sowie von der Ausübung einer Erwerbstätigkeit nach §§ 18 ff.

Die **Berufsausbildungsvorbereitung** nach § 1 Abs. 2 BBiG ist keine betriebliche Berufsaus- **7b** bildung, sondern dient der Vorbereitung auf diese. Die Berufsausbildungsvorbereitung soll durch Vermittlung der Grundlagen für den Erwerb beruflicher Handlungsfähigkeit an die Berufsausbildung in einem anerkannten Ausbildungsberuf heranführen. Sie richtet sich an lernbeeinträchtigte oder sozial benachteiligte Personen, deren Entwicklungsstand eine erfolgreiche Ausbildung in einem anerkannten Ausbildungsberuf noch nicht erwarten lässt (§ 68 Abs. 1 S. 1 BBiG). Auch die **Einstiegsqualifizierung** nach § 54a SGB III ist keine Berufsausbildung im Sinne der hier kommentierten Vorschrift (VGH BW BeckRS 2020, 4583). Sie dient der Vermittlung und Vertiefung von Grundlagen für den Erwerb beruflicher Handlungsfähigkeit (§ 54a Abs. 1 S. 3 SGB III) und kann als Berufsausbildungsvorbereitung nach § 1 Abs. 2 BBiG durchgeführt werden (§ 54a Abs. 1 S. 4 SGB III). Nach Auffassung des VGH BW (BeckRS 2020, 4583) ergibt sich der Ausschluss der Einstiegsqualifizierung als Berufsausbildung auch daraus, dass die einzige Vorbereitungsmaßnahme für eine Berufsausbildung, welche nach dieser Vorschrift zu einem Aufenthaltsrecht führt, die sprachliche Vorbereitung nach Abs. 1 S. 3 (→ Rn. 24) ist.

Ausbildungsgänge in berufsbildenden Schulen fallen nur dann unter Abs. 1 S. 1, wenn **8** sie einem Beschäftigungsverhältnis gleichzusetzen sind, weil sie durch die Bezahlung einer Ausbildungsvergütung, Gewährung von Urlaub und Kündigungsschutz den Charakter eines Beschäftigungsverhältnisses haben (VGH BW BeckRS 2020, 4583; VG Sigmaringen BeckRS 2021, 1786). Hierzu zählen unter anderem Ausbildungsgänge im Bereich der Kranken-, Entbindungs- und Altenpflege (VG Düsseldorf BeckRS 2013, 46447). Sonstige schulische Berufsausbildungen ohne Ausbildungsvergütung fallen unter Abs. 2.

Eine **betriebliche Weiterbildung** ist eine berufliche Fortbildung nach § 1 Abs. 4 BBiG, die **9** aber, wie der Wortlaut der hier kommentierten Vorschrift klarstellt, (auch) in einem Betrieb durchgeführt werden muss. Ziel ist nach § 1 Abs. 4 BBiG, die berufliche Handlungsfähigkeit zu erhalten oder anzupassen sowie dieselbe durch eine Fortbildung der höherqualifizierenden Berufsbildung zu erweitern und beruflich aufzusteigen. **Voraussetzung** ist, dass der Ausländer bereits über eine **abgeschlossene Berufsausbildung** verfügt (VGH BW BeckRS 2020, 4583). Eine abgeschlossene Berufsausbildung ist die mindestens zweijährige, meist dreijährige betriebliche oder schulische Berufsausbildung, eine gehobene schulische Berufsausbildung (zB nach dem Abitur), die Fachhochschulausbildung oder die Hochschulausbildung. In Einzelfällen kann auch als vergleichbare Qualifikation eine mindestens dreijährige aktuelle Berufserfahrung in dem Beruf, auf welchem aufbauend die Weiterbildung in der Bundesrepublik erfolgen soll, gelten (VG Düsseldorf BeckRS 2013, 46447; so auch BeckOK AuslR/Fleuß Rn. 8). **Beispiele** für eine betriebliche Weiterbildung sind Praktika, Anerkennungsjahre, Qualifizierungen, Volontariate, Trainee-Programme, Referendariate, bezahlte Doktorate, Praxisphase nach abgeschlossenem Studium aber auch Einarbeitungen und Einweisungen im Betrieb (so auch BeckOK AuslR/Fleuß Rn. 8). Dabei muss die Vermittlung von beruflichen Kenntnissen und Fähigkeiten im Vordergrund stehen. Dies macht den Unterschied zu einer reinen Erwerbstätigkeit aus, deren Aufenthaltserlaubnis sich nach den §§ 18 ff. richten würde. So ist die Weiterbildung zum Facharzt nach den Weiterbildungsordnungen der Landesärztekammern eine Weiterbildungsmaßnahme, nicht eine reine Erwerbstätigkeit (VG Hannover BeckRS 2010, 50672).

Voraussetzung für die Erteilung der Aufenthaltserlaubnis für die Ausbildung oder Weiterbil- **10** dung ist entweder die **Zustimmung durch die Bundesagentur für Arbeit nach § 39 Abs. 1**

S. 1 oder die Entbehrlichkeit der Zustimmung nach § 39 Abs. 1 S. 2 durch die nach § 42 Abs. 1 Nr. 1 erlassene BeschV (Beschäftigungsverordnung v. 6.6.2013, BGBl. I 1499) bzw. aufgrund zwischenstaatlicher Vereinbarungen. Dies entspricht der Voraussetzung für die Erteilung einer Aufenthaltserlaubnis zum Zweck der Ausübung einer Beschäftigung gem. § 39 Abs. 1.

10.1   Bei der Zustimmung hat die Bundesagentur für Arbeit auch spezielle Programme für die Gewinnung von Fachkräften aus Drittstaaten zu beachten, so zB das **Projekt Triple Win,** das sich der nachhaltigen Gewinnung von Pflegefachkräften aus Drittstaaten für die deutsche Gesundheits- und Pflegebranche widmet (Näheres unter https://www.arbeitsagentur.de/vor-ort/zav/content/1533715565324). Dabei werden zum einen ausgebildete Pflegefachkräfte aus Serbien, Bosnien-Herzegowina, Philippinen und Tunesien für eine Anerkennungsqualifizierung zugelassen. Zum anderen werden junge Menschen (§ 7 Abs. 1 Nr. 4 SGB VIII) aus Vietnam mit Vorerfahrungen in der Pflege für eine dreijährige Pflegeausbildung zugelassen.

10a   Die Prüfung der Voraussetzungen für die Aufenthaltserlaubnis wird somit durch drei Instanzen geprüft: Während der Ausbildungsbetrieb die Eignung des Auszubildenden vor Abschluss des Ausbildungsvertrages prüft, gegebenenfalls zusammen mit der Innung oder Kammer, überprüft die für die Erteilung der Aufenthaltserlaubnis zuständige Behörde, in der Regel die Auslandsvertretung, die allgemeinen Erteilungsvoraussetzungen. Die Bundesagentur für Arbeit überprüft die beschäftigungsrechtlichen Voraussetzungen für die Ausbildung bzw. Weiterbildung. Die örtliche Ausländerbehörde wird in aller Regel nicht beteiligt (§ 31 AufenthV).

11   Nach § 8 Abs. 1 BeschV kann die Zustimmung durch die Bundesagentur für Arbeit mit Vorrangprüfung (→ Rn. 16.1) erteilt werden.

12   Die Zustimmung kann zudem gem. § 34 Abs. 1 BeschV hinsichtlich des Betriebs, der beruflichen Tätigkeit, des Arbeitgebers, der Region sowie der Lage und Verteilung der Arbeitszeit beschränkt werden. Die weitere Beschränkungsmöglichkeit nach § 34 Abs. 1 Nr. 1 BeschV (Geltungsdauer) wird durch § 34 Abs. 3 BeschV für die Fälle des § 16a Abs. 1 und § 16d Abs. 1 S. 2 Nr. 3 konkretisiert: Danach ist die **Dauer der Zustimmung** der Bundesagentur für Arbeit und damit auch die **Dauer der Aufenthaltserlaubnis wie folgt beschränkt:** Die zeitliche Dauer der Zustimmung entspricht nach § 34 Abs. 3 Nr. 1 BeschV bei Ausbildungen der Dauer der Ausbildung nach der jeweiligen Ausbildungsordnung, nach § 34 Abs. 3 Nr. 2 BeschV bei Weiterbildung der Dauer, welche ausweislich eines von der Bundesagentur für Arbeit geprüften Weiterbildungsplanes zur Erreichung des Weiterbildungsziels erforderlich ist. Die frühere Regelung nach § 17 Abs. 1 S. 2 aF, wonach die zeitliche Beschränkung in die Aufenthaltserlaubnis mit aufzunehmen ist, wurde nicht übernommen.

12a   Die **Zustimmung der Bundesagentur für Arbeit gilt als erteilt,** wenn sie der zuständigen Stelle nicht innerhalb von zwei Wochen nach Übermittlung der Zustimmungsanfrage mitteilt, dass die übermittelten Informationen für die Entscheidung über die Zustimmung nicht ausreichen oder dass der Arbeitgeber die erforderlichen Auskünfte nicht oder nicht rechtzeitig erteilt hat. Diese Frist ist auf eine Woche verkürzt, wenn der Arbeitgeber das **beschleunigte Fachkräfteverfahren nach § 81a** beantragt hat (§ 36 Abs. 2 S. 2 BeschV).

12b   Im Bereich der Weiterbildung kommen für die **Zustimmungsfreiheit** §§ 15 und 17 BeschV in Betracht. Kein Fall der Zustimmungsfreiheit in diesem Zusammenhang ist § 32 Abs. 2 BeschV, da dieser Personenkreis für die Aus- und Weiterbildung keine Aufenthaltserlaubnis erhält, sondern weiterhin die Duldung oder Aufenthaltsgestattung behält.

13   **Zwischenstaatliche Vereinbarungen,** welche eine Zustimmung entbehrlich machen, können zwischen der Bundesrepublik und anderen Staaten geschlossene Freundschafts-, Handels-, Niederlassungs- oder Schifffahrtsabkommen sein. Zu beachten ist, dass derartige Vereinbarungen nur dann berücksichtigungsfähig sind, wenn sie das jeweils geltende nationale Aufenthaltsrecht durch vertragliche Einräumung besonderer Aufenthaltsrechte unmittelbar modifizieren (HessVGH BeckRS 2009, 42059). Die erwähnten Abkommen räumen Ausländern aber in der Regel keine derartigen subjektiven Rechte hinsichtlich des Aufenthalts oder des Zugangs zum Arbeitsmarkt in der Bundesrepublik ein. Insofern muss die vertragliche Vereinbarung eine klare Regelung dahingehend enthalten, dass die Zustimmung der Bundesagentur für Arbeit entbehrlich ist. Sonstige vertragliche Vereinbarungen, wie zB Meistbegünstigungsklauseln, sind aber im Rahmen des Ermessens zu berücksichtigen.

13.1   Nach OVG RhPf BeckRS 2007, 24206 ergibt sich aus dem FrHSchV D–USA (Freundschafts-, Handels- und Schifffahrtsvertrag zwischen der Bundesrepublik Deutschland und den Vereinigten Staaten von Amerika v. 29.10.1954, BGBl. 1956 II 487) kein subjektives Recht, zu einer zustimmungspflichtigen Beschäftigung im Bundesgebiet ohne Arbeitsmarkt- und Vorrangprüfung zugelassen zu werden (sa Schamberg ZAR 2007, 368).

Für vertragliche Vereinbarungen, welche vor Inkrafttreten des AufenthG abgeschlossen wurden 14
und welche eine veraltete Terminologie enthält, ist § 29 Abs. 3 BeschV als Auslegungsmaxime
zu beachten.

Zustimmungsfrei sind nach § 15 Abs. 1 Nr. 2–4 BeschV Ausbildungs- bzw. Weiterbildungszwe- 15
cke in Fällen von EU-Programmen (zB Socrates, Phare, Tacis, Leonardo, Marie Curie), Austausch-
programmen (zB DAAD, ZAV, Deutscher Bauernverband), Stipendien (zB Weltbank), Austausch-
programmen für Fach- und Führungskräfte und Regierungspraktikanten (Bergmann/Dienelt/
Samen Rn. 13).

Die **Vorgaben für die Prüfung der Zustimmungsfähigkeit** durch die Bundesagentur für 16
Arbeit ergeben sich aus §§ 39 Abs. 3, 40 sowie § 8 Abs. 1 BeschV. Letztere schreibt eine Vorrangprüfung vor.

Die Durchführung der Vorrangprüfung ist in der Weisung 201606018 v. 20.6.2016 der Bundesagentur 16.1
für Arbeit geregelt.

Die **Zustimmung der Bundesagentur für Arbeit steht in deren Ermessen** (§ 8 Abs. 1 17
BeschV). Dies ist nicht zu verwechseln mit der Ermessensentscheidung nach Abs. 1 S. 1 durch
die für die Erteilung der Aufenthaltserlaubnis zuständigen Behörde (→ Rn. 5), die dann erfolgt,
wenn die Entscheidung der Bundesagentur für Arbeit erfolgt ist. Nach hiesiger Auffassung haben
beide Behörden die Grundgedanken des § 16 S. 1 und S. 2 (→ § 16 Rn. 12) bei der Ermessensausübung zu beachten.

Auch für die Aufenthaltserlaubnis nach Abs. 1 S. 1 ist erforderlich, dass die **allgemeinen** 18
Erteilungsvoraussetzungen nach § 5 erfüllt sind. Die **Lebensunterhaltssicherung** nach § 5
Abs. 1 Nr. 1 gilt nach § 2 Abs. 3 S. 5 als erfüllt, wenn Mittel **in Höhe des BAföG-Bedarfs** zur
Verfügung stehen. Durch diese pauschalierte Regelung soll die Ermittlung des Unterhaltsbedarfs
im Einzelfall vermieden werden (BT-Drs. 19/8285, 81). Dennoch ist zugunsten des Ausländers zu
berücksichtigen, ob zB eine vom nach § 13 Abs. 2 Nr. 2 BAföG vorgesehenen Betrag abweichende
günstigere oder kostenlose Unterbringung zur Verfügung steht. Der Lebensunterhaltssicherungs-
betrag mindert sich dann entsprechend, höchstens jedoch um den in § 13 Abs. 3 BAföG genannten
Betrag (Nr. 16.0.8 AVwV zur Aufenthaltserlaubnis für Studienzwecke). Die Einschränkung nach
§ 2 Abs. 3 S. 5 hinsichtlich der Sprachkursteilnehmer bezieht sich nicht auf die hiesige Vorschrift,
sondern auf Aufenthaltserlaubnisse nach § 16 f.

Zur Deckung des Lebensbedarfs gehört auch ein eventuell zu zahlendes **Schulgeld** (Dörig 18a
MigrationsR-HdB § 5 Rn. 180a).

Deckt die Ausbildungsvergütung nicht den Lebensbedarf, ist zu beachten, dass im Fall einer 19
qualifizierten Berufsausbildung (§ 2 Abs. 12a) nach Abs. 3 S. 1 eine **Nebenbeschäftigung** im
Umfang von bis zu zehn Stunden je Woche erlaubt ist. Eine selbständige Tätigkeit ist aufgrund
des eindeutigen Wortlauts ausgeschlossen.

Genügt dennoch das Einkommen nicht zur Sicherung des Lebensunterhalts, müssen die not- 19a
wendigen Mittel anderweit, zB durch eine **Verpflichtungserklärung** nach § 68, nachgewiesen
werden (Dörig MigrationsR-HdB § 5 Rn. 180a).

Ausländer, welche das 18. Lebensjahr noch nicht vollendet haben und somit **minderjährig** 19b
sind, benötigen für den Aufenthalt in der Bundesrepublik nach Abs. 1 S. 1 der Zustimmung der
zur Personensorge berechtigten Personen (§ 80 Abs. 5).

Die **Dauer der Aufenthaltserlaubnis** ist nicht gesetzlich geregelt. Die im Rahmen des Studi- 20
ums nach Nr. 17.1.1.2 AVwV angewandte Begrenzung auf zwei Jahre sollte im Rahmen der
Aus- und Weiterbildung nicht anzuwenden sein (aA Bergmann/Dienelt/Samel Rn. 15; BeckOK
AuslR/Fleuß Rn. 15; Dörig MigrationsR-HdB § 5 Rn. 183). Dies stünde im Widerspruch zum
Zweck des Gesetzes. Auch bei der Duldung nach § 60c wird diese direkt für den gesamten
Zeitraum der vorgesehenen Ausbildung erteilt (§ 60c Abs. 3 S. 4). Es gibt keinen nachvollziehbaren
Grund, weshalb die dort für den als höherwertig einzustufenden Aufenthaltserlaubnis nicht der Fall
sein sollte, zumal Abs. 4 Regelungen für den Fall der vorzeitigen Ausbildungsbeendigung trifft.
Zudem widerspräche eine zweijährige Begrenzung auch § 34 Abs. 3 BeschV (→ Rn. 12).

Die **Verlängerung der Aufenthaltserlaubnis** nach Abs. 1 richtet sich nach § 8 Abs. 1. Die 20a
Aufenthaltserlaubnis kann deshalb bei Fortbestehen des Ausbildungs- oder Weiterbildungsverhält-
nisses und der sonstigen Voraussetzungen bis zum voraussichtlichen Abschluss desselben verlängert
werden. Dies kommt zB in Betracht, wenn die Abschlussprüfung nicht bestanden wurde und
wiederholt werden soll. Im Rahmen des Ermessens wird die Ausländerbehörde in diesem Fall
auch prüfen, ob der angestrebte Zweck des Aufenthalts erzielt werden kann.

Für die **Ausbildungsplatzsuche,** die der Aufnahme der Ausbildung vorgelagert ist, kommt 21
die Erteilung einer Aufenthaltserlaubnis nach § 17 Abs. 1 in Betracht, sofern nicht ein Kurzaufenthalt mit einem Schengenvisum hierfür ausreichend ist.

2. Änderung des Aufenthaltszwecks (Abs. 1 S. 2)

22   Eine **Änderung des Aufenthaltszwecks nach erteilter Aufenthaltserlaubnis zum Zweck einer Aus- oder Weiterbildung** nach Abs. 1 S. 1 ist nur in den in Abs. 1 S. 2 genannten Fällen zulässig (beschränktes Zweckwechselverbot). Somit muss entweder der neue Zweck eine **qualifizierte Berufsausbildung** nach § 2 Abs. 12a (→ Rn. 23a), die Ausübung einer **Beschäftigung als Fachkraft** nach § 18 Abs. 3 (→ Rn. 23b), die Ausübung einer **Beschäftigung mit ausgeprägten berufspraktischen Kenntnissen** nach § 19c Abs. 2 (→ Rn. 23c) sein oder ein sonstiger Zweck, der einen Anspruch auf Erteilung einer Aufenthaltserlaubnis vermittelt. Sonstige Zweckänderungen sind ausgeschlossen. Dabei ist von einem Zweckwechsel auszugehen, wenn der vom Ausländer nunmehr angestrebte Aufenthaltszweck von demjenigen abweicht, welcher der zuvor erteilten Aufenthaltserlaubnis zugrunde lag. Liegen die Voraussetzungen für einen Zweckwechsel nach Abs. 1 S. 2 nicht vor, ist eine Neuerteilung der Aufenthaltserlaubnis nötig.

23   Abs. 1 S. 2 betrifft **nur Zweckwechsel, die vor Abschluss der Berufsausbildung** anstehen. Das sind Fälle des Abbruchs oder die erfolglose Beendigung der Ausbildung (BT-Drs. 19/8285, 90). Dabei entfällt die Sperrwirkung des Abs. 1 S. 2 nicht etwa durch bloßen zeitlichen Ablauf der Aufenthaltserlaubnis oder durch Erlöschen derselben. Nach erfolgreichem Abschluss der Berufsausbildung hingegen ist der Wechsel in eine Aufenthaltserlaubnis, zB nach § 18a, ohne Weiteres möglich.

23a   Erlaubt ist der Wechsel des Aufenthaltszwecks nach Abs. 1 S. 2 Alt. 1, wenn der **neue Aufenthaltszweck** in einer **qualifizierten Berufsausbildung nach § 2 Abs. 12a** besteht. Dabei handelt es sich um eine Berufsausbildung in einem staatlich anerkannten oder vergleichbar geregelten Ausbildungsberuf mit einer bundes- oder landesrechtlich vorgeschriebenen Mindestausbildungsdauer von zwei Jahren. Maßgeblich für die Ausbildungsdauer ist die in der jeweiligen Ausbildungsordnung festgelegte Dauer der Ausbildung. Nicht maßgeblich ist die letztendendes in Anspruch genommene Ausbildungszeit. Ebenfalls unschädlich sind Verkürzungen der Ausbildungsdauer aufgrund von individuellen Anrechnungen vorheriger Ausbildungen bzw. Leistungen (VGH BW BeckRS 2016, 111609; NdsOVG BeckRS 2016, 111344; BeckOK AuslR/Fleuß Rn. 19; Bergmann/Dienelt/Dienelt § 2 Rn. 208; so auch bereits DA BeschV 2013 Ziff. 2.06.101). Umgekehrt führt eine Regelausbildungsdauer von weniger als zwei Jahren nicht durch eine individuelle Verlängerung zB aufgrund einer Teilzeitausbildung zu einer qualifizierten Berufsausbildung (BayVGH BeckRS 2017, 114609; BeckOK AuslR/Fleuß Rn. 19).

23b   Ebenfalls erlaubt ist der Wechsel des Aufenthaltszwecks nach Abs. 1 S. 2 Alt. 2, wenn der **neue Aufenthaltszweck** in einer **Beschäftigung als Fachkraft nach § 18 Abs. 3** besteht. Nach § 18 Abs. 3 Nr. 1 ist eine Fachkraft im Sinne des AufenthG eine Person, die eine inländische qualifizierte Berufsausbildung nach § 2 Abs. 12a oder eine dieser gleichwertigen ausländischen Berufsqualifikation besitzt (Fachkraft mit Berufsausbildung). Nach § 18 Abs. 3 Nr. 2 ist ebenfalls eine Fachkraft im Sinne des AufenthG eine Person, die einen deutschen, einen anerkannten ausländischen oder einen einem deutschen Hochschulabschluss vergleichbaren ausländischen Hochschulabschluss besitzt (Fachkraft mit akademischer Ausbildung). Bei diesem Zweckwechsel sind weiter die Voraussetzungen der §§ 18a und 18b für die neue Aufenthaltserlaubnis zu erfüllen. Entgegen Fleuß (BeckOK AuslR/Fleuß Rn. 20) ist nicht Voraussetzung, dass der Ausländer aus einem Hochschulstudium in eine Beschäftigung als Fachkraft wechselt. Abs. 1 bezieht sich aufgrund des eindeutigen Wortlauts auf Ausländer, welche eine Aufenthaltserlaubnis zum Zweck der betrieblichen Aus- und Weiterbildung haben. Sie bezieht sich nicht auf Ausländer, die sich in einem Hochschulstudium befinden. Auch fordern die §§ 18a und 18b nicht den direkten Wechsel aus einem Hochschulstudium. Die für eine Fachkraft iSd § 18 Abs. 3 erforderlichen Qualifikationen können auch bereits zu einem früheren Zeitpunkt erworben worden sein. Deshalb ist die zitierte Auffassung nicht nachvollziehbar.

23c   Nach Abs. 1 S. 2 Alt. 3 ist auch der **Zweckwechsel zur Ausübung einer Beschäftigung mit ausgeprägten berufspraktischen Kenntnissen nach § 19c Abs. 2** möglich. Dabei ist über die Qualifikation hinaus nach § 19c Abs. 2 nötig, dass der Ausländer zur Ausübung dieser Beschäftigung zugelassen werden kann. Maßgeblich hierfür sind die Regelungen der BeschV nach § 42 Abs. 1 Nr. 2. Diesbezüglich regelt § 6 S. 1 BeschV, dass die Zustimmung einem Ausländer für eine qualifizierte Beschäftigung in Berufen auf dem Gebiet der Informations- und Kommunikationstechnologie erteilt werden kann, wenn er eine durch in den letzten sieben Jahren erworbene, mindestens dreijährige Berufserfahrung nachgewiesene vergleichbare Qualifikation besitzt, die Höhe des Gehalts mindestens 60 % der Beitragsbemessungsgrenze in der allgemeinen Rentenversicherung (§ 159 SGB IV; Anlage 2 und 2a SGB VI) beträgt und er über ausreichende deutsche Sprachkenntnisse nach § 2 Abs. 11 besitzt.

Weiter ist ein Zweckwechsel nach Abs. 1 S. 2 Alt. 4 dann möglich, wenn der Ausländer auf **23d** die angestrebte neue Aufenthaltserlaubnis einen **strikten Rechtsanspruch** hat. Der Rechtsanspruch muss sich unmittelbar und abschließend aus dem Gesetz ergeben. Hat die Ausländerbehörde Ermessen oder liegt nur ein Regelanspruch vor, ist nicht von einem Rechtsanspruch auszugehen, auch wenn das Ermessen auf Null reduziert sein sollte. Nicht entgegengehalten werden kann dem Ausländer nach hiesiger Auffassung dabei, dass der Ausländer nicht mit dem Visum für den konkreten (neuen) Aufenthaltszweck (§ 5 Abs. 2) eingereist ist, da dies Abs. 1 S. 2 Alt. 4 faktisch außer Kraft setzen würde.

Liegen die Voraussetzungen für den angestrebten **Zweckwechsel** nach Abs. 1 S. 2 vor, besteht **23e** ein **Anspruch** auf diesen. Die Vorschrift lässt weder einen Beurteilungsspielraum noch Ermessen zu (so auch BeckOK AuslR/Fleuß Rn. 23). Insbesondere lässt sich aus dem Wort „darf" in Abs. 1 S. 2 kein Ermessen herleiten (BeckOK AuslR/Fleuß Rn. 23). Sind die Voraussetzungen für die Erteilung einer der benannten Ausnahmevorschriften für den Zweckwechsel erfüllt, muss dieser erlaubt und die entsprechende Aufenthaltserlaubnis auch erteilt werden.

3. Sprachkurs (Abs. 1 S. 3)

Wie bei Studierenden (§ 16b Abs. 1 S. 3 Nr. 1) soll auch Auszubildenden die Möglichkeit **24** erteilt werden, einen **ausbildungsvorbereitenden Sprachkurs** zu absolvieren. Ein solcher der Ausbildung vorgelagerter Deutschsprachkurs zählt deshalb zum Aufenthaltszweck der Berufsausbildung und ist somit von der Aufenthaltserlaubnis nach Abs. 1 S. 1 umfasst.

Ausweislich des Gesetzeswortlauts („insbesondere") zählt dazu **nicht nur ein Vorbereitungs-** **25** **kurs nach der DeuFöV** (Verordnung über die berufsbezogene Deutschsprachförderung v. 4.5.2016 (BAnz AT 04.05.2016 V01), zuletzt geändert durch Art. 17 Gesetz v. 20.5.2020 (BGBl. I 1044)). Nach § 4 Abs. 1 S. 1 Nr. 4 DeuFöV können die von § 2 DeuFöV Betroffenen (insbesondere Ausländer nach § 2 Abs. 1) eine Teilnahmeberechtigung für die berufsbezogene Deutschsprachförderung erhalten, wenn die berufsbezogene Deutschsprachförderung notwendig ist, um sie bei der Vorbereitung auf eine Berufsausbildung zu unterstützen, und wenn sie einen Ausbildungsvertrag abgeschlossen haben. Voraussetzung für die Teilnahme an einem Deutschsprachförderungskurs nach § 4 Abs. 1 S. 1 Nr. 4 DeuFöV ist gem. § 4 Abs. 3 S. 1 DeuFöV das Vorliegen ausreichender deutscher Sprachkenntnisse entsprechend dem Niveau B 1 des Gemeinsamen Europäischen Referenzrahmens nach § 2 Abs. 11. Diese Sprachkenntnisse muss der Ausländer demnach bei Beantragung der Aufenthaltserlaubnis nachweisen, will er an einem Deutschsprachförderungskurs im oben genannten Sinn teilnehmen.

Zu den Sprachkursen können auch beispielsweise Kurse in Unternehmen mit angeschlossenen **25a** Bildungseinrichtungen oder auch andere Bildungseinrichtungen zählen, sofern diese nachweislich den Erwerb der für die Berufsausbildung notwendigen Sprachkenntnisse ermöglichen (BeckOK AuslR/Fleuß Rn. 24).

Für diesen Sprachkurs wird in der Regel die Aufenthaltserlaubnis zu erteilen sein. Dies **26** ergibt sich aus dem Wort „insbesondere" in Abs. 1 S. 3. Ob für andere die Berufsausbildung vorbereitenden Sprachkurse auch geringere Sprachkenntnisse ausreichen, ist nicht klar geregelt. Auch aus den Motiven (BT-Drs. 19/8285, 90) ergibt sich nichts. Es wird aber wohl davon auszugehen sein, dass die für die Erteilung der Aufenthaltserlaubnisse zuständigen Behörden sowie die Bundesagentur für Arbeit diese Auffassung nicht vertreten werden, sondern auch in diesen Fällen Sprachkenntnisse des Niveaus B1 des Gemeinsamen Europäischen Referenzrahmens nach § 2 Abs. 11 als Voraussetzung für die Erteilung einer Aufenthaltserlaubnis zum Zweck der Teilnahme an einem ausbildungsvorbereitenden Sprachkurs fordern werden. Dabei wird aber im Rahmen deren Ermessens der effektive Zugang zu Sprachkursen im Ausland zu berücksichtigen sein. Nach hiesiger Auffassung wird, wenn der Ausländer in seinem Heimatland keinen effektiven Zugang zu einem Sprachkurs hat, welcher ihn auf das vorbenannte Sprachniveau bringen kann, unter Berücksichtigung des in § 16 geregelten Gesetzeszwecks auch für niedrigere Sprachniveaus die Aufenthaltserlaubnis zum Zweck des ausbildungsvorbereitenden Sprachkurses zu erteilen sein.

Nach § 4 Abs. 1 S. 1 Nr. 4 DeuFöV ist **Voraussetzung für die Teilnahme an einem** **27** **derartigen Sprachkurs das Vorliegen eines Ausbildungsvertrags.** Dies ist nach der Gesetzesbegründung (BT-Drs. 19/8285, 90) auch bei Teilnahme an einem anderen Sprachkurs Voraussetzung. Der Ausbildungsvertrag muss danach auch bereits **in das Verzeichnis der Berufsausbildungsverhältnisse bei der zuständigen Stelle eingetragen** worden sein oder die Zustimmung einer staatlichen oder staatlich anerkannten Bildungseinrichtung zum Ausbildungsvertrag vorliegen. Zudem ist Voraussetzung für die Teilnahme an einem Deutschsprachförderungskurs, dass die Bundesagentur für Arbeit die **Zustimmung nach § 39 zur Erteilung des Aufenthaltstitels** nach Abs. 1 S. 1 bereits erteilt hat (§ 4 Abs. 1 S. 6 DeuFöV). Diese Zustimmung muss somit **als Vorabzustimmung** nach § 36 Abs. 3 BeschV erteilt werden. Diese Vorabzustimmung und die Teilnahmeberechtigung am Deutschsprachförderungskurs sind somit bei der Beantragung des Einreisevisums bei der Auslandsvertretung vorzulegen. Die anschließende Aufenthaltserlaubnis wird dann über den Sprachvorbereitungskurs auch direkt für die Berufsausbildung erteilt. Ein Zweckwechsel erübrigt sich somit.

28   Nach der Gesetzesbegründung (BT-Drs. 19/8285, 90) sollten die Berufssprachkurse in **Vollzeit mit mindestens 18 Unterrichtsstunden pro Woche** durchgeführt werden und grundsätzlich die Dauer von einem halben Jahr nicht überschreiten (strikter wohl BeckOK AuslR/Fleuß Rn. 24). Gesetzlich normiert im Sinne eines Ausschlusskriteriums für die Aufenthaltserlaubnis nach Abs. 1 S. 1 ist dies nicht. Auch insofern sind Ausnahmen im Rahmen des Ermessens zu prüfen (so zB bei Alleinerziehenden, die eine Teilzeitausbildung planen). Es wird aber davon auszugehen sein, dass die beteiligten Behörden die Begründung als Anlass nehmen werden, sechs Monate als Grenze anzunehmen.

28.1   Die Teilzeitausbildung entspricht dem erklärten Willen der Bundesregierung (https://www.bmbf.de/ upload_filestore/pub/Ausbildung_in_Teilzeit.pdf). Dies wird im Rahmen des Ermessens zu berücksichtigen sein.

II. Schulische Berufsausbildung (Abs. 2)

29   Abs. 2 S. 1 vermittelt einen **im Ermessen der** für die Erteilung der Aufenthaltserlaubnis zuständigen **Behörde stehenden Anspruch auf Erteilung einer Aufenthaltserlaubnis zum Zweck der schulischen Berufsausbildung.**

30   Was unter einer schulischen Berufsausbildung zu verstehen ist, regelt das Gesetz. **Ausbildungsziel muss ein** nach bundes- oder landesrechtlichen Vorschriften **staatlich anerkannter Berufsabschluss sein.** Auch wenn dies im Gesetz nicht ausdrücklich so genannt wird, ist eine qualifizierte Berufsausbildung gem. § 2 Abs. 12a gemeint (so im Ergebnis auch Bergmann/Dienelt/ Samel Rn. 17). Voraussetzung ist somit eine mindestens zweijährige Berufsausbildung. Dies ergibt sich aus der Gesetzesbegründung (BT-Drs. 19/8285, 90), die auf die frühere Regelung des § 16b aF verweist. Die damalige restriktivere Regelung, die eine schulische Ausbildung nur in Ausnahmefällen zuließ, ermöglichte eine Aufenthaltserlaubnis nur für die qualifizierte Berufsausbildung. Dies wurde insbesondere im Hinblick auf den Fachkräftemangel gerade im pflegerischen Bereich aufgegeben und eine Ermessensentscheidung eingeführt.

31   Die schulische Berufsausbildung unterscheidet sich von der Berufsausbildung nach Abs. 1 S. 1 sowie § 2 Abs. 12a dadurch, dass die **Ausbildung in Fachschulen** stattfindet, welche Ausbildungsgänge nach bundes- oder landesrechtlichen Regelungen anbieten. Dies betrifft unter anderem die Ausbildung in nichtakademischen Heilberufen oder in Sozialberufen. Weiter gehören hierher auch Weiterbildungen, welche nach dem BBiG oder der HwO als schulische Ausbildungen angeboten werden, wobei es nicht entscheidend ist, ob die Schulen in öffentlich-rechtlicher oder privater Trägerschaft stehen (Bergmann/Dienelt/Samel Rn. 17). Der Unterricht ist dabei fachtheoretisch.

32   Der **Bildungsgang der Schule darf sich nicht überwiegend an Angehörige eines einzelnen Staates richten,** sondern muss Schülern verschiedener Staatsangehörigkeiten offenstehen. Damit wurde die bisherige Regelung nach Nr. 16.5.2.5 AVwV übernommen. Die anhand von Nr. 16.5.2.5 AVwV vorgesehene Möglichkeit, **landesrechtliche Ausnahmen zuzulassen,** wurde nunmehr in Abs. 2 S. 2 und S. 3 übernommen. Nach Abs. 2 S. 2 sind bilaterale oder multilaterale Vereinbarungen der Länder mit öffentlichen Stellen in einem anderen Staat über den Schulbesuch in der Bundesrepublik durch ausländische Schüler möglich. Voraussetzung für eine darauf basierende Aufenthaltserlaubnis ist nach Abs. 2 S. 3, dass die für das Aufenthaltsrecht nach den jeweiligen Landesvorschriften zuständige oberste Landesbehörde, somit in der Regel das jeweilige Landesinnenministerium, zustimmt.

33   Beim **Ermessen** wird zu berücksichtigen sein, dass **Intention des Gesetzes** ist, dem Fachkräftemangel in der Bundesrepublik insbesondere im pflegerischen Bereich entgegenzuwirken. Insbesondere dann, wenn eine realistische Erwartung dahingehend besteht, dass der Beruf nach abgeschlossener Ausbildung in der Bundesrepublik ausgeübt werden soll, ist eine wohlwollende Handhabung des Ermessens zu erwarten (Bergmann/Dienelt/Samel Rn. 18). Dies stellt ein Interesse des Staates dar.

34   Für die üblicherweise notwendigen **Praktika** im Rahmen der schulischen Ausbildung ist die Aufenthaltserlaubnis nach Abs. 2 ausreichend und bedarf gem. § 15 Nr. 2 BeschV keiner Zustimmung durch die Bundesagentur für Arbeit, wenn das Praktikum vorgeschriebener Bestandteil der Ausbildung oder zur Erreichung des Ausbildungsziels nachweislich erforderlich ist.

Entgegen der Auffassung in BeckOK AuslR/Fleuß Rn. 25 muss die schulische Berufsausbil- **34a** dung keineswegs eine Vollzeitausbildung sein. Diese restriktive Auslegung lässt sich dem Gesetzestext nicht entnehmen. So wird zB bei Alleinerziehenden im Rahmen des Ermessens die Möglichkeit einer **Teilzeitausbildung,** sofern diese grundsätzlich angeboten wird, abzuwägen sein (hierzu auch → Rn. 28.1).

Auch im Rahmen der Aufenthaltserlaubnis nach Abs. 2 sind die **allgemeinen Erteilungsvo-** **35** **raussetzungen des § 5** zu prüfen, insbesondere die Sicherung des Lebensunterhalts und die Krankenversicherung sowie ein eventuell zu zahlendes Schulgeld.

Die Finanzierung des Aufenthalts kann wie bei Studierenden durch Zahlungen Dritter (Eltern, **36** Stipendium, Verpflichtungserklärung nach § 68) sichergestellt werden. Es ist zu erwarten, dass die Ausländerbehörden, wie bei Studierenden üblich, eine Sicherung durch Zahlung auf ein Sperrkonto fordern werden (zur Höhe der **Lebensunterhaltssicherung** → Rn. 18). Zudem regelt Abs. 3 S. 1 (→ Rn. 37), dass der Ausländer einer Beschäftigung bis zu zehn Stunden wöchentlich nachgehen kann. Selbstständige Tätigkeit ist ausgeschlossen.

Auch im Rahmen der schulischen Ausbildung nach Abs. 2 S. 1 bedürfen **minderjährige Aus-** **36a** **länder,** welche das 18. Lebensjahr noch nicht vollendet haben, gemäß § 80 Abs. 5 der Zustimmung der zur Personensorge berechtigten Personen für den geplanten Aufenthalt in der Bundesrepublik.

III. Nebentätigkeit (Abs. 3 S. 1)

Die Aufenthaltserlaubnis nach dieser Vorschrift berechtigt Ausländer, die eine qualifizierte **37** betriebliche oder schulische Berufsausbildung nach § 2 Abs. 12a (→ Rn. 23a) durchlaufen, eine **von der Berufsausbildung unabhängige Beschäftigung bis zu zehn Stunden pro Woche** aufzunehmen.

Handelt es sich nicht um eine qualifizierte Berufsausbildung, ist eine Nebentätigkeit aufgrund **37a** des klaren Wortlauts der Vorschrift nicht möglich (BT-Drs. 19/19037, 62; so auch BeckOK AuslR/Fleuß Rn. 32). Darunter fallen Ausbildungen, die nicht den Anforderungen des § 2 Abs. 12a entsprechen (→ Rn. 23a) oder lediglich eine berufliche Weiterbildung darstellen (→ Rn. 9). Das Verbot der Erwerbstätigkeit schließt eine Beschäftigung nach § 7 Abs. 1 SGB IV und eine selbstständige Tätigkeit aus.

Die Vorschrift wurde bereits durch Art. 1 Nr. 6 lit. c des Gesetzes zur Umsetzung der Hochqua- **38** lifizierten-Richtlinie der Europäischen Union (v. 1.6.2012, BGBl. I 1224) in § 16 Abs. 5a aF aufgenommen, um Ausländern erleichtert die Möglichkeit zu bieten, Fachschulen, die zu einem Abschluss einer qualifizierten Berufsausbildung führt, zu besuchen. Konsequenterweise wurde diese Regelung nunmehr in § 16a übernommen.

Mit der Regelung in Abs. 3 S. 1 Hs. 1, im Rahmen einer qualifizierten Berufsausbildung oder **38a** einer schulischen Berufsausbildung eine Nebenbeschäftigung zu erlauben, verfolgte der Gesetzgeber zum einen das **Ziel, die Attraktivität des Wirtschaftsstandortes Deutschland zu steigern** (BT-Drs. 17/9436, 2). Des Weiteren war bezweckt, dass den ausländischen Auszubildenden wie den Studierenden die **Lebensunterhaltssicherung erleichtert** werden soll (BT-Drs. 17/8682, 32). Wie sich aus den Gesetzgebungsunterlagen weiter ergibt, beruht die zeitliche Beschränkung der Arbeitstätigkeit, welche strenger ist, als bei Studierenden, auf dem Gedanken, dass Studierende in ihrer Zeitgestaltung flexibler sind, als Auszubildende (BT-Drs. 17/8682, 36).

Was unter einer qualifizierten Berufsausbildung zu verstehen ist, regelt § 2 Abs. 12a **38b** (→ Rn. 23a). Was unter einer schulischen Berufsausbildung zu verstehen ist, regelt Abs. 1 S. 1 (→ Rn. 30).

Aufgrund des eindeutigen Wortlauts („Beschäftigung") ist die Aufnahme einer **selbständigen** **39** **Tätigkeit ausgeschlossen** (BT-Drs. 19/19037, 62). Erlaubt ist somit nur eine Beschäftigung iSd § 7 Abs. 1 SGB IV.

Der Umfang von zehn Stunden pro Woche kann innerhalb einer Woche frei verteilt sein. Nicht **39a** möglich ist aber die Übernahme der nicht genutzten Stunden in einen späteren Zeitraum. Praktika, die zur Ausbildung gehören, werden nicht angerechnet. Dies ergibt der eindeutige Wortlaut der Vorschrift, wonach eine „von der Berufsausbildung unabhängige Beschäftigung" erlaubt ist.

Vorsicht ist geboten, wenn die Aufenthaltserlaubnis nicht direkt für den gesamten Ausbildungs- **39b** zeitraum erteilt wurde. **Gefährdet der Umfang der Nebentätigkeit** das Erreichen des Zwecks der Aufenthaltserlaubnis, nämlich **das Erreichen des erfolgreichen Abschlusses der Berufs-** **ausbildung,** könnte die Verlängerung der Aufenthaltserlaubnis in Frage stehen, wenn die Ausländerbehörde die Auffassung vertritt, die Erwartung, der Aufenthaltszweck könne in einem angemessenen Zeitraum erreicht werden, sei nicht mehr gerechtfertigt. Einen Vorbehalt dahingehend allerdings, dass eine Erwerbstätigkeit dann nicht gestattet wäre, wenn die oben genannte Gefahr besteht, sieht das Gesetz nicht vor und ist deshalb auch nicht anzunehmen (aA BeckOK AuslR/ Fleuß Rn. 37).

39c Die **Bundesagentur für Arbeit muss nicht** gesondert **zustimmen.** Die Erlaubnis ergibt sich aus dem Gesetz. Die entsprechende Aufenthaltserlaubnis beinhaltet die Beschäftigungserlaubnis.

39d Eine besondere Rechtsfolge ergibt sich aus der Nebentätigkeit für **türkische Auszubildende.** Ist die Nebentätigkeit nicht gänzlich unerheblich, gelten sie als ordnungsgemäß beschäftigt iSd Art. 6 Abs. 1 ARB 1/80 und erwerben nach einem Jahr Tätigkeit einen unionsrechtlichen Anspruch auf Verlängerung der Aufenthaltserlaubnis nach **Art. 6 Abs. 1 erster Gedankenstrich EGW-Türkei** (BeckOK AuslR/Fleuß Rn. 39).

IV. Sprachkenntnisse (Abs. 3 S. 2)

40 Der Ausländer muss **für eine qualifizierte Berufsausbildung nach § 2 Abs. 12a** (→ Rn. 23a) **ausreichende deutsche Sprachkenntnisse** nachweisen. Nach § 2 Abs. 11 entsprechen ausreichende deutsche Sprachkenntnisse dem Niveau B 1 des Gemeinsamen Europäischen Referenzrahmens für Sprachen.

40a Der **Nachweis** kann durch Vorlage einer Bescheinigung der Bildungseinrichtung erfolgen, wonach die für die konkrete qualifizierte Berufsausbildung erforderlichen Sprachkenntnisse vorliegen. Die für die Erteilung der Aufenthaltserlaubnis zuständige Behörde ist in diesem Fall nicht befugt, die Sprachkenntnisse weiter zu prüfen. Nach hiesiger Auffassung fehlt es der Ausländerbehörde hierfür an einer Ermächtigungsgrundlage (aA BeckOK AuslR/Fleuß Rn. 43, der eine Befugnis der Ausländerbehörden zur Überprüfung in Einzelfällen annimmt).

40b Weiter kann der Nachweis durch ein Sprachzertifikat nach § 2 Abs. 11 geführt werden.

41 Sofern der Ausländer noch einen **vorbereitenden Deutschsprachkurs** in der Bundesrepublik absolviert (→ Rn. 24), erübrigt sich der vorbenannte Sprachnachweis, wobei für einen Sprachkurs nach der DeuFöV (Verordnung über die berufsbezogene Deutschsprachförderung v. 4.5.2016 (BAnz AT 04.05.2016 V01), zuletzt geändert durch Art. 17 Gesetz v. 20.5.2020 (BGBl. I 1044)) gemäß § 4 Abs. 1 S. 1 Nr. 4 DeuFöV iVm § 4 Abs. 3 S. 1 DeuFöV ohnehin das Vorliegen ausreichender deutscher Sprachkenntnisse entsprechend dem Niveau B 1 des Gemeinsamen Europäischen Referenzrahmens nach § 2 Abs. 11 Voraussetzung ist. Es gibt aber qualifizierte Berufsausbildungen, welche ein höheres Sprachniveau erfordern und möglicherweise einen vorbereitenden Deutschsprachkurs notwendig machen.

41a **Kein Sprachnachweis** ist **für** die Aufnahme einer **Berufsausbildung, die keine qualifizierte Berufsausbildung** nach § 2 Abs. 12a (→ Rn. 23a) **ist,** gesetzlich vorgeschrieben. Allerdings kann die Behörde im Rahmen des Ermessens, welches sie auszuüben hat, prüfen, ob Sprachkenntnisse zur Erfüllung des Aufenthaltszwecks, nämlich der erfolgreichen Berufsausbildung notwendig sind. Dabei werden regelmäßig hinreichende Sprachkenntnisse entsprechend dem Niveau A 2 des Gemeinsamen Europäischen Referenzrahmens für Sprachen (§ 2 Abs. 10) vorauszusetzen sein. Allerdings kann in Ausnahmefällen auch dies nicht gefordert werden, wenn zB die Ausbildung in einer Fremdsprache durchgeführt wird.

41b Aufgrund der Schwierigkeiten, die wegen der **coronapandemiebedingten Situation** gegeben sind, ist vorübergehend die Erteilung eines Einreisevisums nach dieser Vorschrift möglich, wenn nachgewiesen wird, dass keiner der vor Ort ansässigen zertifizierten Prüfungsanbieter am Ende eines bereits absolvierten Sprachkurses auch tatsächlich Prüfungen anbieten kann und die Sprachkenntnisse im Visumverfahren glaubhaft gemacht wurden (Hinweis des Bundesministeriums des Innern, für Heimat und Bau v. 24.11.2020 (http://ggua.de/fileadmin/downloads/Corona/ BMI-Laenderrundschreiben_24.11.2020__002_.pdf).

V. Ausbildungsabbruch (Abs. 4)

42 Bricht der Ausländer allein aus Gründen, die nicht er, sondern vor allem der Ausbildungsbetrieb bzw. die schulische Einrichtung zu vertreten hat, die qualifizierte Berufsausbildung vor deren erfolgreichem Abschluss ab, erhält er für bis zu sechs Monate die Gelegenheit, sich einen anderen Ausbildungsplatz zu suchen. Der Ausländerbehörde ist es dann nach Abs. 4 verwehrt, die Aufenthaltserlaubnis zurückzunehmen (§ 48 LVwVfG), was ohnehin praktisch kaum in Betracht kommen dürfte, zu widerrufen (§ 52 Abs. 1) oder nachträglich zu verkürzen (§ 7 Abs. 2 S. 2).

42a Abs. 4 betrifft ausschließlich Ausländer, welche die Aufenthaltserlaubnis erhalten haben, um eine qualifizierte Berufsausbildung nach § 2 Abs. 12a (→ Rn. 23a) durchzuführen. In anderen Fällen wird die Ausländerbehörde im Rahmen des Ermessens zu prüfen haben, ob dem Ausländer eine weitere Chance zu erteilen ist oder die Aufenthaltserlaubnis zurückgenommen, widerrufen oder nachträglich verkürzt wird.

Die Vorschrift soll den Verlust der Aufenthaltserlaubnis verhindern, wenn den Auszubildenden **43** **keine Verantwortung am Verlust der Ausbildungsstelle** trifft.

In den Fällen, in denen den Ausländer die Verantwortung für den Ausbildungsplatzverlust trifft, **44** gelten die allgemeinen Vorschriften über die Rücknahme (§ 48 LVwVfG), den Widerruf (§ 52 Abs. 1) oder die nachträgliche Verkürzung der Aufenthaltserlaubnis (§ 7 Abs. 2 S. 2). Nach der Gesetzesbegründung (BT-Drs. 19/8285, 86) soll auch dann, wenn den Ausländer lediglich eine Mitverantwortlichkeit trifft, keine Gelegenheit zur anderweitigen Ausbildungsplatzsuche gegeben werden (so auch Bergmann/Dienelt/Samel Rn. 20; BeckOK AuslR/Fleuß Rn. 47). Hier stellt sich die Frage der Verhältnismäßigkeit. Wäre die Ausbildung auch ohne die Verantwortlichkeit des Ausländers abgebrochen worden, ist dieses nicht kausal. Jedenfalls ist zu prüfen, ob eine Lösung über Abs. 1 S. 2 (→ Rn. 22) gefunden werden kann. In jedem Fall aber entbindet die Gesetzesbegründung die Ausländerbehörde nicht, das in § 48 LVwVfG, § 52 Abs. 1 und § 7 Abs. 2 S. 2 durchweg genannte Ermessen auszuüben, bevor eine Rücknahme, ein Widerruf oder eine nachträgliche Befristung erfolgt.

Die **Darlegungs- und Beweislast** für das Fehlen der Verantwortlichkeit des Ausländers für **44a** den Ausbildungsplatzverlust trägt regelmäßig dieser selbst (so auch BeckOK AuslR/Fleuß Rn. 47).

Die **Frist von „bis zu" sechs Monaten** ist ausweislich des Wortlauts nicht verlängerbar. **44b** Auch wenn der Wortlaut es möglicherweise annehmen ließe, kann die Ausländerbehörde diesen Zeitraum aber auch nicht verkürzen, da die Behörde kein Ermessen hat. Der Ausländer hat Anspruch auf den Zeitraum bis zu sechs Monaten. Die Frist bezieht sich ausschließlich auf die längstmögliche Zeit. Nach hiesiger Auffassung ist dem Ausländer der genannte Zeitraum auch zu gewähren, wenn die **Restgültigkeit der Aufenthaltserlaubnis geringer** ist **als sechs Monate**. Zweck ist, dem Ausländer den Abschluss der qualifizierten Ausbildung zu ermöglichen, wenn der Abbruch nicht in seinem Verantwortungsbereich liegt. Mit diesem Zweck wäre es nicht zu vereinbaren, wenn die Restzeit, weil der Abbruch möglicherweise wenige Tage oder Wochen vor den Abschlussprüfungen eingetreten ist, zu kurz bemessen ist, um noch eine andere Ausbildungsstelle zu finden. Nach dem Gesetzeszweck und unter Berücksichtigung der Grundsätze des § 16 muss dann in Kauf genommen werden, dass der Ausländer über den ursprünglich vorgesehenen Zeitraum hinaus Zeit erhält, die qualifizierte Berufsausbildung abzuschließen.

Nach erfolgreichem Abschluss der qualifizierten Berufsausbildung gem. § 2 Abs. 12a **45** (→ Rn. 23a) kann dem Ausländer gem. § 20 Abs. 3 Nr. 3 eine **Aufenthaltserlaubnis** für bis zu zwölf Monate erteilt werden, **um einen Arbeitsplatz zu suchen,** für dessen Ausübung seine Qualifikation befähigt, wobei Voraussetzung ist, dass der denkbare Arbeitsplatz auch nach §§ 18, 21 von ihm als Ausländer besetzt werden darf. Diesbezüglich hat die Ausländerbehörde Ermessen. Nach hiesiger Auffassung werden auch bei der Aufenthaltserlaubnis nach § 20 Abs. 3 Nr. 3 der sich aus § 16 S. 1 und S. 2 ergebende gesetzlich festgeschriebenen Grundgedanken (→ § 16 Rn. 7) in der Ermessensausübung Berücksichtigung finden müssen.

Keine entsprechende Regelung zur Arbeitsplatzsuche enthält das Gesetz für **nicht qualifizierte** **45a** **Berufsausbildungen.** In diesem Fall aber wird die Ausländerbehörde im Rahmen der § 48 LVwVfG, § 52 Abs. 1 und § 7 Abs. 2 S. 2 unter Berücksichtigung der Grundsätze des § 16 Ermessen auszuüben haben, bevor eine Rücknahme, ein Widerruf oder eine nachträgliche Befristung erfolgt.

VI. Verwaltungsverfahren und Rechtsschutz

Das Verwaltungsverfahren richtet sich nach den allgemeinen Vorschriften über die Erteilung **46** eines Aufenthaltstitels.

Hinzuweisen ist aber auf die Möglichkeit des Arbeitgebers, bei der zuständigen Ausländerbe- **47** hörde in Vollmacht des Ausländers, der zum Zweck der Berufsausbildung einreisen will, ein **beschleunigtes Fachkräfteverfahren nach § 81a** zu beantragen. Diesbezüglich wird auf die dortige Kommentierung verwiesen.

Hat der Ausländer seinen **gewöhnlichen Aufenthalt im Ausland,** ist für die Einreise in die **48** Bundesrepublik die Erteilung eines nationalen Visums nach § 6 Abs. 3 nötig. Dieses wird von der zuständigen Auslandsvertretung erteilt, welche das Visum nach Ermessen und ggf. unter Mitwirkung der Bundesagentur für Arbeit erteilt. Die örtliche Ausländerbehörde wird in aller Regel nicht beteiligt (§ 31 AufenthV).

Hat der Ausländer bereits seinen **gewöhnlichen Aufenthalt in der Bundesrepublik,** ist die **49** örtlich zuständige Ausländerbehörde für die Erteilung der Aufenthaltserlaubnis zuständig. Eines

Visums bedarf es in diesem Fall nicht, es sei denn, die Nachholung des Visumverfahrens ist gem. § 5 Abs. 2 notwendig.

49a   Sofern der Ausländer das 18. Lebensjahr noch nicht vollendet hat, bedarf der geplante Aufenthalt in der Bundesrepublik der **Zustimmung der Sorgeberechtigten** nach § 80 Abs. 5.

50   **Bei der Ausübung des Ermessens sind die in § 16 genannten Grundsätze zu beachten** (→ § 16 Rn. 7). Das Ermessen ist deshalb wohlwollend auszuüben. Gleichwohl besteht kein Regelanspruch oder gar eine Ermessensreduzierung auf Null hinsichtlich der Erteilung des Visums. So kann die Auslandsvertretung bzw. die zuständige Ausländerbehörde die Aufenthaltserlaubnis versagen, wenn etwa die schulischen Leistungen keine Aussicht auf erfolgreichen Abschluss der Ausbildung bieten, wobei bei entgegenstehender Auffassung des Ausbildungsbetriebs bzw. der schulischen Einrichtung schon sehr gravierende Argumente entgegenstehen müssen. Ebenso hat die Behörde auch erhebliche Zweifel am tatsächlichen Aufenthaltszweck zu berücksichtigen (Bergmann/Dienelt/Samel Rn. 22). Des Weiteren hat die Ausländerbehörde auch die in § 16 S. 3 benannten Interessen der öffentlichen Sicherheit zu berücksichtigen (→ § 16 Rn. 15).

51   **Gegen die Entscheidung der Auslandsvertretung** sind alternativ **Remonstration bzw. Klage zum Verwaltungsgericht Berlin** möglich. Ablehnungsbescheide der Auslandsvertretungen sind häufig nur sehr knapp begründet. Oftmals fehlt die Rechtsbehelfsbelehrung, sodass die Jahresfrist nach § 58 VwGO gilt. Eine fehlerhafte Übersetzung der Rechtsbehelfsbelehrung führt nach Auffassung des BVerwG BeckRS 2018, 23637, die hier nicht geteilt wird, nicht zur Unrichtigkeit nach § 58 Abs. 2 VwGO.

52   Hat die **örtliche Ausländerbehörde** über den Antrag **entschieden,** ist, je nach Landesrecht, der Widerspruch statthaft. Ansonsten oder nach ablehnendem Widerspruchsbescheid ist die Anfechtungs- und Verpflichtungsklage statthaft.

52a   Die Mitwirkungsakte der Bundesagentur für Arbeit oder sonstiger Behörden sind nicht gesondert anfechtbar.

53   Überlange Verfahrenszeiten, insbesondere der Auslandsvertretungen, sollten nicht mehr hingenommen werden. Die Auslandsvertretungen verweisen gerne auf Personalmangel. Dies ist (die Flüchtlingswelle begann im Jahr 2015) nicht mehr hinzunehmen. In derartigen Fällen sollte Untätigkeitsklage nach Androhung erhoben werden.

§ 16b Studium

(1) [1]Einem Ausländer wird zum Zweck des Vollzeitstudiums an einer staatlichen Hochschule, an einer staatlich anerkannten Hochschule oder an einer vergleichbaren Bildungseinrichtung eine Aufenthaltserlaubnis erteilt, wenn er von der Bildungseinrichtung zugelassen worden ist. [2]Der Aufenthaltszweck des Studiums umfasst auch studienvorbereitende Maßnahmen und das Absolvieren eines Pflichtpraktikums. [3]Studienvorbereitende Maßnahmen sind
1. der Besuch eines studienvorbereitenden Sprachkurses, wenn der Ausländer zu einem Vollzeitstudium zugelassen worden ist und die Zulassung an den Besuch eines studienvorbereitenden Sprachkurses gebunden ist, und
2. der Besuch eines Studienkollegs oder einer vergleichbaren Einrichtung, wenn die Annahme zu einem Studienkolleg oder einer vergleichbaren Einrichtung nachgewiesen ist.

[4]Ein Nachweis über die für den konkreten Studiengang erforderlichen Kenntnisse der Ausbildungssprache wird nur verlangt, wenn diese Sprachkenntnisse weder bei der Zulassungsentscheidung geprüft worden sind noch durch die studienvorbereitende Maßnahme erworben werden sollen.

(2) [1]Die Geltungsdauer der Aufenthaltserlaubnis beträgt bei der Ersterteilung und bei der Verlängerung mindestens ein Jahr und soll zwei Jahre nicht überschreiten. [2]Sie beträgt mindestens zwei Jahre, wenn der Ausländer an einem Unions- oder multilateralen Programm mit Mobilitätsmaßnahmen teilnimmt oder wenn für ihn eine Vereinbarung zwischen zwei oder mehr Hochschuleinrichtungen gilt. [3]Dauert das Studium weniger als zwei Jahre, so wird die Aufenthaltserlaubnis nur für die Dauer des Studiums erteilt. [4]Die Aufenthaltserlaubnis wird verlängert, wenn der Aufenthaltszweck noch nicht erreicht ist und in einem angemessenen Zeitraum noch erreicht werden kann. [5]Zur Beurteilung der Frage, ob der Aufenthaltszweck noch erreicht werden kann, kann die aufnehmende Bildungseinrichtung beteiligt werden.

(3) [1]Die Aufenthaltserlaubnis berechtigt nur zur Ausübung einer Beschäftigung, die insgesamt 120 Tage oder 240 halbe Tage im Jahr nicht überschreiten darf, sowie zur Ausübung studentischer Nebentätigkeiten. [2]Während des Aufenthalts zu studienvorbereitenden Maßnahmen im ersten Jahr des Aufenthalts berechtigt die Aufenthaltserlaubnis nur zur Beschäftigung in der Ferienzeit.

(4) [1]Während eines Aufenthalts nach Absatz 1 darf eine Aufenthaltserlaubnis für einen anderen Aufenthaltszweck nur zum Zweck einer qualifizierten Berufsausbildung, der Ausübung einer Beschäftigung als Fachkraft, der Ausübung einer Beschäftigung mit ausgeprägten berufspraktischen Kenntnissen nach § 19c Absatz 2 oder in Fällen eines gesetzlichen Anspruchs erteilt werden. [2]§ 9 findet keine Anwendung.

(5) [1]Einem Ausländer kann eine Aufenthaltserlaubnis erteilt werden, wenn
1. er von einer staatlichen Hochschule, einer staatlich anerkannten Hochschule oder einer vergleichbaren Bildungseinrichtung
   a) zum Zweck des Vollzeitstudiums zugelassen worden ist und die Zulassung mit einer Bedingung verbunden ist, die nicht auf den Besuch einer studienvorbereitenden Maßnahme gerichtet ist,
   b) zum Zweck des Vollzeitstudiums zugelassen worden ist und die Zulassung mit der Bedingung des Besuchs eines Studienkollegs oder einer vergleichbaren Einrichtung verbunden ist, der Ausländer aber den Nachweis über die Annahme zu einem Studienkolleg oder einer vergleichbaren Einrichtung nach Absatz 1 Satz 3 Nummer 2 nicht erbringen kann oder
   c) zum Zweck des Teilzeitstudiums zugelassen worden ist,
2. er zur Teilnahme an einem studienvorbereitenden Sprachkurs angenommen worden ist, ohne dass eine Zulassung zum Zweck eines Studiums an einer staatlichen Hochschule, einer staatlich anerkannten Hochschule oder einer vergleichbaren Bildungseinrichtung vorliegt, oder
3. ihm die Zusage eines Betriebs für das Absolvieren eines studienvorbereitenden Praktikums vorliegt.
[2]In den Fällen des Satzes 1 Nummer 1 sind Absatz 1 Satz 2 bis 4 und die Absätze 2 bis 4 entsprechend anzuwenden. [3]In den Fällen des Satzes 1 Nummer 2 und 3 sind die Absätze 2 und 4 entsprechend anzuwenden; die Aufenthaltserlaubnis berechtigt zur Beschäftigung nur in der Ferienzeit sowie zur Ausübung des Praktikums.

(6) Bevor die Aufenthaltserlaubnis nach Absatz 1 oder Absatz 5 aus Gründen, die der Ausländer nicht zu vertreten hat, zurückgenommen, widerrufen oder gemäß § 7 Absatz 2 Satz 2 nachträglich verkürzt wird, ist dem Ausländer für bis zu neun Monate die Möglichkeit zu geben, die Zulassung bei einer anderen Bildungseinrichtung zu beantragen.

(7) [1]Einem Ausländer, der in einem anderen Mitgliedstaat der Europäischen Union international Schutzberechtigter ist, kann eine Aufenthaltserlaubnis zum Zweck des Studiums erteilt werden, wenn der Ausländer in einem anderen Mitgliedstaat der Europäischen Union seit mindestens zwei Jahren ein Studium betrieben hat und die Voraussetzungen des § 16c Absatz 1 Satz 1 Nummer 2 und 3 vorliegen. [2]Die Aufenthaltserlaubnis wird für die Dauer des Studienteils, der in Deutschland durchgeführt wird, erteilt. [3]Absatz 3 gilt entsprechend. [4]§ 9 findet keine Anwendung.

(8) Die Absätze 1 bis 4 und 6 dienen der Umsetzung der Richtlinie (EU) 2016/801 des Europäischen Parlaments und des Rates vom 11. Mai 2016 über die Bedingungen für die Einreise und den Aufenthalt von Drittstaatsangehörigen zu Forschungs- oder Studienzwecken, zur Absolvierung eines Praktikums, zur Teilnahme an einem Freiwilligendienst, Schüleraustauschprogrammen oder Bildungsvorhaben und zur Ausübung einer Au-pair-Tätigkeit (ABl. L 132 vom 21.5.2016, S. 21).

Überblick

Die Norm regelt die Erteilung und damit zusammenhängende Fragen einer Aufenthaltserlaubnis zum Zwecke des Studiums. Dabei wird zwischen einem gebundenen Anspruch zu Zwecken des Vollzeitstudiums (Abs. 1, → Rn. 2) und weiteren im Ermessen liegenden Ansprüchen unterschieden. Letztere betreffen Aufenthaltserlaubnisse zu sonstigen Studienzwecken (Abs. 5, → Rn. 24) und zu Studienzwecken für anerkannte international Schutzberechtigte (Abs. 7, → Rn. 34). In diesem Zusammenhang werden die Fragen der Geltungsdauer und Verlängerung (Abs. 2,

→ Rn. 10), der Erwerbstätigkeit (Abs. 3, → Rn. 14), der Zweckänderung (Abs. 4, → Rn. 17) sowie die Aufhebung und Befristung (Abs. 6, → Rn. 32) geregelt. Abs. 8 (→ Rn. 39) stellt klar, dass die Norm Unionsrecht umsetzt.

Übersicht

A. Allgemeines

1 § 16b wurde durch das FachkEinwG (Fachkräfteeinwanderungsgesetz v.15.8.2019, BGBl. I 1307; BT-Drs. 19/8285, 13 f., 90 f.) ins AufenthG eingefügt. Abgesehen von sprachlichen Neufassungen und Straffungen entspricht die Norm im Wesentlichen seiner Vorgängernorm § 16 aF. Wie § 16b Abs. 8 klarstellt, dient § 16b – wie schon seine Vorgängernorm – der Umsetzung der RL (EU) 2016/801, die Bedingungen für die Einreise und den Aufenthalt von Drittstaatsangehörigen zu Forschungs- oder Studienzwecken, zur Absolvierung eines Praktikums, zur Teilnahme an einem Freiwilligendienst, Schüleraustauschprogrammen oder Bildungsvorhaben und zur Ausübung einer Au-pair-Tätigkeit regelt. Daraus folgt für die Auslegung des § 16b, dass Zweifelsfragen bei der Auslegung unter Heranziehung der RL (EU) 2016/801 (insbesondere Art. 3 Nr. 3 RL (EU) 2016/801, Art. 7, 11 und 18 Abs. 2 RL (EU) 2016/801) zu klären sind (richtlinienkonforme Auslegung). Soweit § 16b Bestimmungen enthält, die nicht der Umsetzung dieser Richtlinie dienen (insbesondere die Ermessensansprüche nach Abs. 5 und Abs. 7), gilt dies zwar nicht. Allerdings ist im Rahmen einer binnensystematischen Auslegung dennoch insofern eine einheitliche Rechtsanwendung des § 16b sicherzustellen.

1a § 16b Abs. 3 S. 1 und S. 2 wurden durch das Gesetz v. 12.6.2020 (BGBl. I 1248) geändert bzw. neu gefasst (BT-Drs. 19/19037, 30, 62).

B. Erläuterungen im Einzelnen

I. Aufenthaltserlaubnis zum Vollzeitstudium (Abs. 1)

2 § 16b Abs. 1 vermittelt – wie aus dem Wortlaut („…wird… erteilt…") folgt – einen gebundenen Anspruch auf die Erteilung einer Aufenthaltserlaubnis zum Zwecke des Vollzeitstudiums an einer staatlichen bzw. staatlich anerkannten Hochschule oder einer vergleichbaren Bildungseinrichtung. Der Begriff der **Bildungseinrichtung** wurde durch das FachkEinwG (Fachkräfteeinwanderungsgesetz v. 15.8.2019, BGBl. I 1307) in § 2 Abs. 12c (erstmals) legal definiert (vgl. BT-Drs. 19/8285, 86). Diese Legaldefinition ist jedenfalls für § 16b zu weit geraten, da sie zB mit Schulen und Ausbildungsbetrieben Einrichtungen umfasst, die offensichtlich nicht mit Hochschulen „vergleichbar" sind und auch kein „Vollzeitstudium" anbieten. Auch im Übrigen hilft die neue Legaldefinition für die Auslegung des § 16b nicht weiter. Notwendig ist vielmehr eine teleologische, systematische und unionsrechtliche Auslegung:

3 Unter die **Hochschulen und vergleichbaren Bildungseinrichtungen** fallen alle Einrichtungen, bei denen anerkannte akademische Grade oder andere anerkannte Qualifikationen der Tertiärstufe erworben werden können, bzw. die Einrichtungen, die berufliche Aus- oder Weiterbildung der Tertiärstufe anbieten (vgl. Art. 3 Nr. 13 RL (EU) 2016/801). Das heißt, erfasst sind: Universitäten, (Fach-) Hochschulen, Theologische Hochschulen, Pädagogische Hochschulen, Kunsthochschulen, Berufsakademien. Auch die Fachschulen oder (in Bayern) die Fachakademien dürfen als solche Bildungseinrichtungen angesehen werden, da sie in Deutschland zum tertiären Bildungsbereich gezählt werden und eine staatliche Berufsbezeichnung verleihen (vgl. zB § 2 Abs. 2 FakO). Auch die Erwähnung der „technischen Fachschulen" in Erwägungsgrund 14 RL (EU) 2016/801 spricht hierfür.

Ein Studium ist ein Bildungsprogramm an diesen Einrichtungen, das auf einen anerkannten **4**
höheren Abschluss der Tertiärstufe gerichtet ist. Darunter fallen nicht nur Abschlüsse wie etwa
Diplom, Bachelor oder Master, sondern auch die Promotion (vgl. Art. 3 Nr. 3 RL (EU) 2016/
801). Das Studium muss auf ein Vollzeitprogramm ausgerichtet sein und damit die Haupttätigkeit
des Studenten darstellen. Das Gegenstück bildet das Teilzeitstudium, für das ein Ermessensanspruch
nach Abs. 5 S. 1 Nr. 1 lit. c vorgesehen ist. Vom Studienzweck sind auch studienvorbereitende
Maßnahmen und das Absolvieren eines Pflichtpraktikums umfasst. § 16b Abs. 1 S. 3 definiert die
studienvorbereitenden Maßnahmen abschließend. Das dabei erfasste Studienkolleg (§ 16b Abs. 1
S. 3 Nr. 2) ist eine Einrichtung, in der Studienbewerber mit einer ausländischen Hochschulzugangsberechtigung, die nicht als dem deutschen Abitur gleichwertig anerkannt ist, auf ein Studium
an einer deutschen Hochschule vorbereitet werden.

Zentrales Tatbestandsmerkmal dieses Anspruchs ist die Zulassung des Ausländers zu einem **5**
Vollzeitstudium durch die Bildungseinrichtung (§ 16b Abs. 1 S. 1). Die Zulassung muss grundsätzlich ohne eine Bedingung erfolgt sein. Die insoweit einzig zulässige Ausnahme liegt vor, wenn
die Bedingung im Besuch eines studienvorbereitenden Sprachkurses (bezüglich der Ausbildungssprache) besteht (§ 16b Abs. 1 S. 3 Nr. 1). Bei anderen Zulassungsbedingungen kommt nur ein
Ermessensanspruch nach § 16 Abs. 5 S. 1 Nr. 1 lit. a in Betracht. Allgemeine, dh nicht der
Studienvorbereitung dienende Sprachkurse fallen unter § 16f AufenthG.

Die für den konkreten Studiengang erforderlichen Kenntnisse der Ausbildungssprache werden **6**
gem. Abs. 1 S. 4 nur verlangt, wenn die Bildungseinrichtung nicht bereits zum Zeitpunkt der
Zulassungsentscheidung die Sprachkenntnisse entsprechend den Erfordernissen des beabsichtigten
Studiums geprüft und bestätigt hat bzw. bei geringeren Sprachkenntnissen den Besuch eines
Sprachkurses zur Bedingung gemacht hat. Die Ausländerbehörde bzw. die Auslandsvertretung hat
dies (quasi als ein bedingtes Tatbestandsmerkmal), wie aus dem systematischen Zusammenhang
folgt, vor Erteilung der Aufenthaltserlaubnis zu prüfen und ggf. den Nachweis einzuholen. Der
Nachweis der erforderlichen Sprachkenntnisse kann durch einschlägige Sprachtests wie TestDAF,
DSH, TOEFL, IELTS erbracht werden. Es dürften in der Regel mindestens Sprachkenntnisse auf
dem Niveau B 2 des Gemeinsamen Europäischen Referenzrahmens für Sprachen erforderlich sein
(BT-Drs. 19/8285). Die Ausbildungssprache dürfte in der Regel Deutsch sein; jedoch gibt es in
zunehmendem Maße auch englischsprachige Studiengänge.

Des Weiteren müssen die **allgemeinen Erteilungsvoraussetzungen** des § 5 Abs. 1, Abs. 2 **7**
vorliegen und dürfen **keine Versagungsgründe** nach § 5 Abs. 4 entgegenstehen. In diesem
Zusammenhang ist bezüglich des Erfordernisses, dass der Lebensunterhalt gesichert sein muss (§ 5
Abs. 1 Nr. 1), die Vorschrift des § 2 Abs. 3 S. 5 und S. 7 zu beachten. Sind mit dem Studium
Studiengebühren verbunden, so ist ein Nachweis darüber zu erbringen, dass ausreichend Mittel
zur Verfügung stehen, den Lebensunterhalt auch insoweit zu begleichen. Da es sich bei § 16b
Abs. 1 um einen gebundenen Anspruch handelt, kann die Beeinträchtigung oder Gefährdung von
Interessen der Bundesrepublik Deutschland nach § 5 Abs. 1 Nr. 3 nicht entgegengehalten werden,
sondern nur ein Ausweisungsinteresse nach § 5 Abs. 1 Nr. 1, § 53 Abs. 1, § 54.

Nach einer Entscheidung des EuGH zu einer der RL (EU) 2016/801 vorhergehenden Richtlinie, **7.1**
Studenten-RL (RL 2004/114/EG v. 13.12.2004, ABl. 2004 L 375, 12), soll der Ausländerbehörde des
Mitgliedstaates bei der Prüfung der Frage, ob eine Bedrohung für die öffentliche Ordnung und Sicherheit
der Erteilung einer Aufenthaltserlaubnis zum Zwecke des Studiums entgegenstehe, ein Beurteilungsspielraum zustehen, der nur eingeschränkt gerichtlich überprüfbar sei (EuGH NVwZ 2017, 1193 Rn. 32, 37,
45 f.). Die Aussage wurde zu Art. 6 Abs. 1 lit. d Studenten-RL getroffen, der in der Sache Art. 7 Abs. 6
RL (EU) 2016/801 entspricht, wonach die Zulassung zu verweigern ist, wenn der Drittstaatsangehörige
als Bedrohung für die öffentliche Ordnung, Sicherheit oder Gesundheit angesehen wird. Art. 7 Abs. 6 RL
(EU) 2016/801 ist in der Sache − jedenfalls soweit es um die Bedrohung der öffentlichen Ordnung und
Sicherheit geht (für die Gesundheit gilt dies wohl nur sehr eingeschränkt) − in Deutschland durch die
allgemeine Erteilungsvoraussetzung des § 5 Abs. 1 Nr. 2 (kein Ausweisungsinteresse) umgesetzt. Vor diesem
Hintergrund könnte man die erwähnte Rechtsprechung des EuGH auf die Erteilung der Aufenthaltserlaub-
nis nach § 16b Abs. 1 anwenden. Dies hätte zur Folge, dass der Ausländerbehörde bei Prüfung der
allgemeinen Erteilungsvoraussetzung des § 5 Abs. 1 Nr. 2 iRd § 16b Abs. 1 ein unionsrechtlich radizierter
Beurteilungsspielraum zustünde.

Ferner setzt die Erteilung voraus, dass der „personelle Anwendungsbereich" nicht **ausgeschlos- 8**
sen ist. So darf keine der in § 19f Abs. 1 und Abs. 3 genannten Voraussetzungen vorliegen. In
den verwiesenen Bestimmungen des § 19f Abs. 1 und Abs. 3 wird eine Reihe von Personen
ausgeschlossen. Schließlich ist auch zu prüfen, ob ein Ablehnungsgrund nach § 20c Abs. 1 (zwingend) und Abs. 2 (Ermessensablehnung) bzw. § 19f Abs. 4 (Ermessensablehnung) vorliegt. Hierbei

handelt es sich um Missbrauchstatbestände und um Insolvenztatbestände bzw. insolvenzähnliche Tatbestände.

8.1   Die Tatbestände der § 19f Abs. 4 und § 20c Abs. 1 und Abs. 2 überschneiden sich.

9   Bei **minderjährigen** Ausländern müssen die zur Personensorge berechtigten Personen dem geplanten Aufenthalt zugestimmt haben (§ 80 Abs. 5).

9.1   Diese materiell–rechtliche Regelung in § 80 Abs. 5 wurde durch das FachkEinwG (Fachkräfteeinwanderungsgesetz v. 15.8.2019, BGBl. I 1307) aufgenommen (BT-Drs. 8285, 37, 91, 112). Zuvor enthielt § 16 Abs. 10 aF dieses Zustimmungserfordernis. § 80 Abs. 5 (bzw. § 16 Abs. 10 aF) dient(e) der Umsetzung der RL (EU) 2016/801, da allein eine verfahrensrechtliche Regelung in § 80 Abs. 4 in Verbindung mit den Vorschriften des BGB für die Umsetzung nicht ausgereicht hätte.

II. Geltungsdauer und Verlängerung während des Studiums (Abs. 2)

10   Die § 16b Abs. 2 S. 1–3 regeln die Geltungsdauer der Aufenthaltserlaubnis zum Zwecke des Vollzeitstudiums. Die Regelung einer maximalen Geltungsdauer von zwei Jahren soll dazu dienen, im Einzelfall und bei besonderen Fallgruppen auch eine kürzere Geltungsdauer vorsehen zu können. Damit wird eine größere Flexibilität ermöglicht und die Möglichkeit einer besseren Kontrolle und Begleitung durch die Ausländerbehörden gewährleistet. Diese Einschränkung ist (auch) sicherheitspolitisch motiviert (BT-Drs. 16/5065, 165). Für die Ersterteilung und Verlängerung gilt grundsätzlich eine Mindestdauer von einem Jahr; Erstere ist unionsrechtlich vorgegeben (Art. 18 Abs. 2 RL (EU) 2016/801).

10.1   Da § 16b Abs. 2 durch das FachkEinwG (Fachkräfteeinwanderungsgesetz v. 15.8.2019, BGBl. I 1307) nicht geändert wurde (vgl. BT-Drs. 19/8285, 91), kann die Rechtsprechung zur Vorgängerbestimmung weiter für die Auslegung verwendet werden.

11   Die § 16b Abs. 2 S. 4 und S. 5 machen Vorgaben für die Verlängerung der Aufenthaltserlaubnis. Das Gesetz sieht eine gebundene Entscheidung vor. **Zentrales Tatbestandsmerkmal** ist, dass der (noch nicht erreichte) Aufenthaltszweck, also ein erfolgreicher Abschluss des Vollzeitstudiums, noch in einem angemessenen Zeitraum erreicht werden kann. Dies macht eine umfassende, in die Zukunft ausgerichtete **Einzelfallprüfung (Prognose)** notwendig. Anhaltspunkte für die Beurteilung der Angemessenheit ergeben sich aus der für den jeweiligen Studiengang vorgesehenen Regelstudienzeit sowie – soweit objektiv ermittelbar – der durchschnittlichen Studiendauer (soweit diese die Regelstudienzeit zeitlich überschreitet; vgl. BayVGH BeckRS 2018, 35627 Rn. 10). Spezifischen, vor allem sprachlichen Schwierigkeiten ausländischer Studierender ist angemessen Rechnung zu tragen (BayVGH BeckRS 2019, 13683 Rn. 6). Bisher erbrachte Studienleistungen können als Indizien in die Prognose einbezogen werden. Sachgerecht wird es auch sein, die aufnehmende Bildungseinrichtung bei der Prognose einzubinden, wie § 16b Abs. 2 S. 5 ermöglicht. Wie aus dem Wortlaut folgt („kann"), besteht hierzu jedoch keine Pflicht.

12   Starre Fristen, etwa dass die durch den Aufenthaltszweck zum Studium ermöglichte Aufenthaltszeit im Bundesgebiet maximal eine **Gesamtaufenthaltsdauer von zehn Jahren** betragen soll, sieht das Gesetz **nicht** vor (so aber Nr. 16.1.1.7, 16.2.5, 16.2.7 AufenthGAVwV – Allgemeine Verwaltungsvorschrift zum Aufenthaltsgesetz v. 26.10.2009, GMBl. 878, und die Rechtsprechung, zB ThürOVG BeckRS 2021, 7116 Rn. 46; VG Köln BeckRS 2020, 39726 Rn. 29; sa Bergmann/ Dienelt Rn. 14). Zugunsten der ausländischen Studenten sind **besondere persönliche Umstände** wie Schwangerschaft oder (attestierte, das Betreiben des Studiums beeinträchtigende) Krankheit zu berücksichtigen. Auch wird man bei ausländischen Studenten alleine aufgrund der Sprachschwierigkeiten typischerweise eine gewisse Überschreitung der Regelstudienzeit bzw. der durchschnittlichen Studiendauer zubilligen müssen, so dass eine erwartete längere Studiendauer von drei Semestern einer Verlängerung nicht entgegensteht (vgl. Nr. 16.1.1.6.2 AufenthGAVwV).

13   Des Weiteren müssen für die Verlängerung der Aufenthaltserlaubnis nach § 8 Abs. 1 auch die allgemeinen Erteilungsvoraussetzungen (§ 5 Abs. 1, Abs. 2) weiterhin vorliegen und dürfen Versagens- (§ 5 Abs. 4), Ausschluss- (§ 19f Abs. 1) oder Ablehnungsgründe (§ 20c Abs. 1, Abs. 2) nicht entgegenstehen (vgl. BayVGH BeckRS 2009, 40863).

III. Erwerbstätigkeit (Abs. 3)

14   § 16b Abs. 3 regelt die Frage, ob, wie und in welchem Umfang eine Erwerbstätigkeit ausgeübt werden darf. **Zweck** des § 16b Abs. 3 ist es, Inhabern einer Aufenthaltserlaubnis zu Studienzwecken eine Erwerbstätigkeit nur in solchem Umfang zu gestatten, der die erfolgreiche Durchführung des Studiums als Aufenthaltszweck nicht gefährdet (VGH BW BeckRS 2020, 31765 Rn. 35). Nur die in § 16b Abs. 3 aufgeführten Erwerbstätigkeiten in dem im Normtext genannten Umfang sind erlaubt. Für jede andere Erwerbstätigkeit folgt aus dieser Bestimmung ein grundsätzliches Verbot iSd § 4a Abs. 1 S. 1 (VGH Mannheim BeckRS 2020, 31765 Rn. 36). Eine **Zustimmung** der Bundesagentur für Arbeit ist für die von dieser Bestimmung umfassten Erwerbstätigkeiten **nicht** nötig. Kraft Gesetzes sind nur eine **unselbstständige Beschäftigung** (eine selbstständige Tätigkeit kann nur nach § 21 Abs. 6 gesondert erlaubt werden) in dem begrenzten zeitlichen Umfang von insgesamt 120 Tagen oder 240 halben Tagen im Jahr sowie – ohne zeitliche Begrenzung – studentische Nebentätigkeiten erlaubt (§ 16b Abs. 3 S. 1). Maßstab für die Frage, ob die tatsächlich geleistete Arbeitszeit als ganzer oder halber Tag zu werten ist, ist die tarifliche oder betriebsübliche Tagesarbeitszeit (vgl. Nr. 16.3.2. AufenthGAVwV; OVG NRW BeckRS 2009, 35825).

Da § 16b Abs. 3 durch das FachkEinwG (Fachkräfteeinwanderungsgesetz v. 15.8.2019, BGBl. I 1307) **14.1** nicht geändert wurde, kann die Rechtsprechung zur Vorgängerbestimmung weiter für die Auslegung verwendet werden. Die Änderung bzw. Neufassung des Abs. 3 durch das Gesetz v. 12.6.2020 (BGBl. I 1248; → Rn. 1a) soll die Aussage des Normtextes nur verdeutlichen.

Studentische Nebentätigkeiten sind die typischerweise im Umfeld der Hochschule an Studenten **15** vergebenen Beschäftigungen (zB studentische Hilfskräfte am Lehrstuhl, Bibliotheksaufsichten, Tutoren, Hilfskräfte im Dekanat usw). Darunter fallen aber auch (Hilfs-) Tätigkeiten bei anderen Arbeitgebern, soweit diese Tätigkeit einen (auch weit gefassten) fachlichen Bezug zum Studium hat (zB bei Medizinstudenten Tätigkeit als Stationshilfe oder Sitzwache in der Klinik; bei Jurastudenten Recherchetätigkeit in einer Anwaltskanzlei).

Während des Aufenthalts zu studienvorbereitenden Maßnahmen ist im ersten Jahr des Aufent- **16** halts eine Erwerbstätigkeit untersagt. Eine Ausnahme gilt nur für die Ferienzeit. In der Ferienzeit berechtigt die Aufenthaltserlaubnis zur unselbstständigen Beschäftigung (§ 16b Abs. 3 S. 2). Diese Regelung verstößt nicht gegen Art. 24 RL (EU) 2016/801, da den Studenten dort ein Recht zur angestellten Erwerbstätigkeit nur außerhalb ihrer Studienzeiten eingeräumt wird.

IV. Zweckänderung (Abs. 4)

In § 16b Abs. 4 ist die Regelung zur Änderung des Aufenthaltszwecks enthalten. Die Norm **17** vermittelt selbst keinen Anspruch auf eine Aufenthaltserlaubnis zu einem anderen Zweck (vgl. zur Vorgängerbestimmung BT-Drs. 18/11136, 41). Vielmehr regelt sie, wann während des Studiums die Erteilung einer Aufenthaltserlaubnis zu einem anderen Zweck (überhaupt) möglich ist. Der Konzeption des Abs. 4 S. 1 (mittels e-contrario-Schlusses) ist ein grundsätzliches Verbot („Sperre" bzw. Verbot mit Erlaubnisvorbehalt) der Erteilung zu einem anderen Zweck zu entnehmen, von dem nur unter den im Normtext des Abs. 4 S. 1 genannten Voraussetzungen befreit ist. Dies soll verhindern, dass die Aufenthaltserlaubnis zu Studienzwecken als Instrument für eine Zuwanderung aus anderen Zwecken genutzt wird (vgl. NdsOVG BeckRS 2020, 10902 Rn. 6; zur Vorgängerbestimmung § 16 Abs. 2 aF: OVG Brem BeckRS 2011, 48006; BT-Drs. 15/420, 74). Diese Sperre gilt bis zu einem erfolgreichen Abschluss des Studiums (→ Rn. 21) oder bis zur Ausreise (ThürOVG BeckRS 2021, 7116 Rn. 24, 25). Sie entfällt auch nicht dadurch, dass der Aufenthaltstitel zum Zweck des Studiums durch Fristablauf ungültig geworden ist (siehe VG Karlsruhe BeckRS 2020, 29567 Rn. 35).

Die Vorschrift des Abs. 4 wurde durch das FachkEinwG (Fachkräfteeinwanderungsgesetz v. 15.8.2019, **17.1** BGBl. I 1307) gegenüber der vorhergehenden Regelung § 16 Abs. 4 aF verkürzt und klarer formuliert (vgl. BT-Drs. 19/8285, 91). Hervorzuheben ist, dass die in der alten Regelung enthaltene Verkomplizierung durch die Verknüpfung der Zweckwechselsperre mit einem normativen Regelfallmechanismus („soll in der Regel […] nur erteilt werden") weggefallen ist.

Zentrale Weichenstellung für die Anwendung des Abs. 4 S. 1 ist die Annahme einer Zweckände- **18** rung. Bezugspunkt hierfür ist der in Abs. 1 genannte Aufenthaltszweck, also der Zweck des Vollzeitstudiums an den dort genannten Institutionen. Vor dem Hintergrund des Art. 3 Nr. 3 und Nr. 13 RL (EU) 2016/801 ist als Vollzeitstudium das Studienprogramm anzusehen, das zu einem anerkannten höheren Abschluss, nämlich einem anerkannten akademischen Grad oder einer anderen anerkannten Qualifikation der Tertiärstufe, führt. Im deutschen Hochschulrecht entspricht dem der Studiengang (§ 10 Abs. 1 S. 1 HRG). Solche anerkannte akademische Grade sind zB das Diplom (§ 18 HRG), der Bachelorgrad (§ 19 Abs. 1, Abs. 2 HRG), der Mastergrad (§ 19 Abs. 1, Abs. 3 HRG), der Doktorgrad (zB Art. 66 Abs. 2 BayHSchG).

18.1   Zwar dient § 16 Abs. 4 nicht der Umsetzung der RL (EU) 2016/801. Allerdings nimmt er auf § 16 Abs. 1 Bezug, der eine Umsetzung dieser Richtlinie darstellt. Deswegen und aufgrund einer binnensystematisch stringenten Auslegung ist daher auch im Rahmen der Auslegung des Abs. 4 der Art. 3 Nr. 3 und Nr. 13 RL (EU) 2016/801 heranzuziehen.

18.2   Ein Studiengang bezieht sich auf ein oder mehrere Studienfächer.

18.3   Die Rechtsprechung stellt für die Beurteilung, ob ein Zweckwechsel vorliegt, – vereinfachend – auf „das konkret betriebene Studium" ab (ThürOVG BeckRS 2021, 7116 Rn. 17; VG Karlsruhe BeckRS 2020, 29567 Rn. 29).

19   Vor diesem Hintergrund liegt eine Änderung des Zwecks dann vor, wenn der Studiengang oder (innerhalb desselben Studiengangs) das Studienfach gewechselt wird. Eine Verlagerung des Studienschwerpunkts ist dagegen unerheblich. Ein Wechsel zwischen den Hochschularten (zB Universität zur Fachhochschule) stellt auch eine Zweckänderung dar. Nach den Anwendungshinweisen des Bundesministeriums des Innern v. 30.1.2020 zum Fachkräfteeinwanderungsgesetz Rn. 16b.4.1 soll auch der Studienortwechsel – gemeint ist damit der Wechsel der Hochschule – eine Änderung des Zwecks darstellen. Dagegen spricht, dass hierdurch nicht (zwangsläufig) das Studienprogramm geändert wird, sondern nur der Ort und damit die Hochschule; der akademische Abschluss bleibt derselbe. Allerdings richtet Abs. 1 S. 1 Hs. 1 den Zweck auf **eine** konkrete Hochschule bzw. Bildungseinrichtung aus. Auch Abs. 1 S. 1 Hs. 2 verknüpft den Zweck mit der Zulassung durch eine konkrete Hochschule. Dies spricht dafür, dass der Aufenthaltszweck des Abs. 1 sich stets auf ein Vollzeitstudium an einer (sich an einem bestimmten Ort befindlichen) Hochschule beschränkt und ein Wechsel des Orts bzw. der Hochschule zu einer Zweckänderung führt.

19.1   Bei der Frage, ob der Wechsel des Studiengangs bzw. -fachs zu einem an § 16b Abs. 4 zu messenden Zweckwechsel führt, billigt die Rechtsprechung dem Ausländer eine Orientierungsphase von 18 Monaten ab Aufnahme des Studiums zu (ThürOVG BeckRS 2021, 7116 Rn. 17, 22; VG Karlsruhe BeckRS 2020, 29567 Rn. 29). Das heißt, findet der Wechsel innerhalb dieses Zeitraums statt, so soll die Sperre des § 16b Abs. 4 nicht greifen. Der Studienwechsel werde dann noch als Fortführung des ursprünglichen Aufenthaltszwecks verstanden. Diese – im Normtext nicht angelegte – Rechtsprechung beruht auf Nr. 16.2.5 AufenthGAVwV. Die Rechtsprechung versteht diese VwV so, dass in der Orientierungsphase ein Wechsel des Aufenthaltszwecks begrifflich nicht vorliege, mit der Folge, dass dem ausländischen Studenten auch die Sperrwirkung des § 16b Abs. 4 nicht entgegengehalten werden dürfe (VG Bayreuth BeckRS 2016, 129890 Rn. 29).

19.2   Für die zuweilen in diesem Zusammenhang ebenfalls in der Rechtsprechung zu findende Auffassung, dass auch dann kein Zweckwechsel vorliege, wenn die Gesamtstudiendauer sich nicht um mehr als 18 Monate verlängere (ThürOVG BeckRS 2021, 7116 Rn. 17; VG Karlsruhe Beschl. v.10.4.2019 – 7 K 4692/18, juris Rn. 32), findet sich jedoch keine Stütze in Nr. 16.2.5 AufenthGAVwV. Auch die für diese Auffassung als Beleg angeführte Entscheidung des VGH BW Beschl. v. 3.4.1989 – 11 S 348/89, juris Rn. 7, trägt nicht.

20   Des Weiteren stellt nicht nur die Aufnahme eines anderen, grundständigen Studiums, sondern auch die Aufnahme eines anderen Masterstudiums oder eines anderen sog. postgraduierten Studiengangs (Zusatz-, Ergänzungs- und Aufbaustudium, vgl. § 12 HRG) eine Änderung des Zwecks dar. Gleiches gilt für die Aufnahme eines anderen Promotionsstudiums. Allerdings kann in genannten Fällen der Zweckänderung ein Anspruch nach Abs. 1 S. 1 bestehen, so dass die Änderung gem. Abs. 4 S. 1 Var. 4 möglich ist (→ Rn. 22, → Rn. 22.2 f.).

21   **Nach erfolgreichem Abschluss des Studiums,** dh nach Erwerb eines berufsqualifizierenden Hochschulabschlusses, besteht weder für die Neuerteilung noch für die Verlängerung der Aufenthaltserlaubnis zu einem anderen Zweck eine Sperre. Dies war explizit in der Vorgängerregelung § 16 Abs. 4 S. 1 aF hervorgehoben. Es ergibt sich aber auch aus § 39 S. 1 Nr. 1 AufenthV (vgl. BT-Drs. 19/8285). Somit ist zB die Aufnahme eines Masterstudiums nach erfolgreichem Erwerb des Bachelorabschlusses oder die Aufnahme eines Promotionsstudiums nach Erwerb des Mastergrades und damit ein (neuer) Aufenthaltstitel nach § 16b Abs. 1 möglich. Ferner besteht auch ein Anspruch auf eine Aufenthaltserlaubnis zur Arbeitsplatzsuche für bis zu 18 Monaten gem. § 20 Abs. 3 Nr. 1.

22   Soll **vor dem (erfolgreichen) Abschluss des Studiums** der Aufenthaltszweck gewechselt werden – also etwa bei einem **Studienabbruch** oder einer **-unterbrechung** –,sieht die Sperre (→ Rn. 17) nur **vier Ausnahmen** vor: So darf eine Aufenthaltserlaubnis für einen anderen Aufenthaltszweck nur – erstens – zum Zweck einer qualifizierten Berufsausbildung nach § 16a, – zweitens – der Ausübung einer Beschäftigung als Fachkraft nach §§ 18a und 18b, – drittens – der Ausübung einer Beschäftigung mit ausgeprägten berufspraktischen Kenntnissen nach § 19c

Absatz 2 oder – viertens – in Fällen eines gesetzlichen Anspruchs erteilt werden. Ein gesetzlicher Anspruch, wie ihn Abs. 4 S. 1 Var 4 voraussetzt, ist dabei nur gegeben, wenn das Gesetz die Behörde unmittelbar zur Erteilung der beantragten Aufenthaltserlaubnis verpflichtet. Alle zwingenden und regelhaften Tatbestandsvoraussetzungen müssen erfüllt sein (NdsOVG BeckRS 2020, 10902 Rn. 6). Ermessensansprüche, Regelansprüche und Ansprüche aufgrund von Sollvorschriften scheiden aus (NdsOVG BeckRS 2020, 10902 Rn. 6). Selbst eine Ermessensreduzierung auf Null begründet keinen „gesetzlichen" Anspruch (vgl. BVerwG NVwZ 1997, 1114 (1115); NdsOVG BeckRS 2020, 10902 Rn. 6). Bei der Suche nach einem gesetzlichen Anspruch iSv Abs. 4 S. 1 Var. 4 ist insbesondere an den gebundenen Anspruch nach § 16b Abs. 1 zu denken. Die Rechtsprechung ist insoweit jedoch kritisch (→ Rn. 22.2 f.).

22.1 Aus welchem Grund vor dem (erfolgreichen) Abschluss des Studiums der Aufenthaltszweck gewechselt wird, ist an sich für die Anwendung der Norm unerheblich. Denkbar ist, dass das Studium abgebrochen wird (dokumentiert durch die Exmatrikulation) oder nur unterbrochen werden soll oder, dass die Prüfungen endgültig nicht bestanden wurden.

22.2 Die Rechtsprechung (ThürOVG BeckRS 2021, 7116 Rn. 28 ff.; VG Karlsruhe BeckRS 2020, 29567 Rn. 37 ff.; VG Braunschweig BeckRS 2018, 3904 Rn. 24 ff.; aA VG Köln BeckRS 2020, 39726 Rn. 27 f.; offen VG Münster BeckRS 2020, 3397 Rn. 6) wendet sich **dagegen,** im Fall des Zweckwechsels zur **Aufnahme eines anderen Studiengangs § 16b Abs. 1 als Anspruch iSv § 16b Abs. 4 S. 1 Var. 4** anzusehen. Als Argument wird angeführt, dass bei Anwendung des § 16b Abs. 1 auf den Fall des Studienwechsels der Studienabbrecher bessergestellt würde als derjenige, der sein Studium fortsetzen, dh verlängern, will, dies aber nur unter der Voraussetzung des Abs. 2 S. 4 könne. Zudem gebiete die RL (EU) 2016/801 nicht, bei einem freiwilligen bzw. selbst zu verantwortenden Studienwechsel einen Anspruch auf einen Aufenthaltstitel zu gewähren, der alleine von der Zulassung durch die Bildungseinrichtung abhänge. Für die Anwendung des § 16b Abs. 1 als gebundenen Anspruch iSv § 16b Abs. 4 S. 1 Var. 4 spricht freilich – als Gegenargument – die grammatikalische (→ Rn. 2) und historische (BT-Drs. 19/8285, 91) Auslegung.

22.3 Gleichwohl spricht das Telos der Zweckänderungssperre des § 16b Abs. 4 S. 1 Var. 4 (sa BT-Drs. 18/11136, 41), den Aufenthaltstitel zwecks Studiums nicht für eine dem § 1 Abs. 1 S. 1 widersprechende ungesteuerte Zuwanderung instrumentalisierbar zu machen, für eine Korrektur. Ein Tor für einen weitgehend in die Entscheidung des Ausländers gestellten Daueraufenthalt wäre aber geöffnet, wenn der ausländische Student durch den Wechsel des Studiengangs bzw. -fachs seinen Aufenthalt zwecks Studiums faktisch beliebig verlängern könnte. Die Korrektur ist aber nicht wie die Rechtsprechung annimmt in einer (bloßen) analogen Anwendung des § 16b Abs. 2 S. 4 zu suchen. Vielmehr muss § 16b Abs. 4 S. 1 Var. 4 iVm Abs. 1 für den Fall des Studiengangwechsels bzw. des selbstverantworteten Wechsels der Hochschule **teleologisch reduziert** werden, sodass dieser Zweckwechsel nur erlaubt wird, wenn der neue Studiengang – in entsprechender Anwendung des § 16b Abs. 2 S. 4 – in angemessener Zeit absolviert werden kann. Für diese teleologische Reduktion streitet auch das normativ in § 16b Abs. 2 S. 4 verankerte Ziel, dass der Aufenthalt zwecks Studiums nicht endlos verlängert werden kann, sondern zeitlich begrenzt ist. Für die dabei anzustellende Prognose kann von Bedeutung sein, ob sich der Ausländer für den anderen Studiengang bereits erbrachte Leistungen aus seinem alten Studiengang anrechnen lassen kann, oder ob der neue Studiengang im Vergleich zum bisherigen „leichter" ist (etwa Wechsel von Universität zu Fachhochschule oder Wechsel von Medizinstudium zum Studium Angewandte Pflegewissenschaft).

23 § 16b Abs. 4 S. 2 schließt die Erteilung einer Niederlassungserlaubnis nach § 9 über einen Anspruch während der Dauer des Aufenthalts zum Zweck des Studiums aus. Wie aus § 9 Abs. 4 Nr. 3 zu entnehmen ist, bedeutet dies aber nicht, dass die Zeiten eines Aufenthaltstitels zum Zwecke des Studiums nicht auf die zur Erteilung einer Niederlassungserlaubnis notwendigen Zeiten iSv § 9 Abs. 2 Nr. 1 angerechnet werden können; vielmehr werden sie zur Hälfte angerechnet.

V. Aufenthaltserlaubnis zu sonstigen Studienzwecken (Abs. 5)

24 § 16b Abs. 5 normiert weitere im Ermessen der Behörde stehende Ansprüche auf Erteilung einer Aufenthaltserlaubnis zu sonstigen Studienzwecken. Bei der Ermessensentscheidung ist insbesondere zu berücksichtigen, ob offensichtliche Zweifel daran bestehen, dass der Ausländer das angestrebte Studium erfolgreich aufnehmen und abschließen wird (Studierfähigkeit). Maßgeblich hierfür sind vor allem die bisherigen Leistungen. In der Ermessensabwägung in den Fällen des Abs. 5 Nr. 1 lit. a und lit. b wird – nach der Gesetzesbegründung zur identischen Vorgängerbestimmung – insbesondere berücksichtigt, ob konkrete Anhaltspunkte dafür bestehen, dass die bedingt zulassende Bildungseinrichtung das individuelle Leistungsvermögen des Studienbewerbers für die Durchführung des von ihr angebotenen Bildungsprogramms nicht hinreichend geprüft hat. Die Auslandsvertretung kann in diesem Fall die Studierfähigkeit des Ausländers prüfen. Eine Aufenthaltserlaubnis wird insbesondere nicht erteilt, wenn begründete erhebliche Zweifel an der Studier-fähigkeit des Ausländers bestehen. Die Auslandsvertretung stützt sich bei ihrer Prüfung vorrangig auf Unterlagen, die Hinweise auf das Leistungsvermögen des Studienbewerbers zulassen (vgl. zur Vorgängerbestimmung BT-Drs. 18/11136, 41).

24.1   Der § 16b Abs. 5 entspricht vollständig seiner Vorgängerbestimmung § 16 Abs. 6 aF. Zur Auslegung kann mithin auf die alte Gesetzesbegründung und alte Rechtsprechung zurückgegriffen werden.

25   Nach **Abs. 5 S. 1 Nr. 1 lit. a** besteht die Möglichkeit, eine Aufenthaltserlaubnis zu erhalten, wenn die Zulassung zum Vollzeitstudium unter einer Bedingung steht, die nicht auf die Teilnahme an einer studienvorbereitenden Maßnahme gerichtet ist. Hiervon sind insbesondere Fälle erfasst, in denen die Zulassung zu einem Masterstudium unter der Bedingung steht, dass die Urkunde über den Bachelorabschluss nachgereicht wird, weil sich die Bachelorarbeit noch in der Korrektur befindet. Kein Fall der bedingten Zulassung nach Abs. 5 liegt vor, wenn für die Aufnahme des Studiums allein noch ausreichende Sprachkenntnisse nachgewiesen werden müssen. Diese Fälle sind von § 16b Abs. 1 S. 2 iVm S. 3 Nr. 1 erfasst, wenn Sprachkenntnisse noch erworben werden sollen, aber eine Zulassungsentscheidung bereits ergangen ist (vgl. zur Vorgängerbestimmung BT-Drs. 18/11136, 41).

26   **Abs. 5 S. 1 Nr. 1 lit. b** betrifft die Fälle, in denen die Bildungseinrichtung einen Studienbewer-ber bedingt zulässt und auf eine Annahme durch Dritte verweist (insbesondere Studienkolleg oder vergleichbare Einrichtung), ohne dass eine entsprechende Zusage des Dritten vorliegt (vgl. zur Vorgängerbestimmung BT-Drs. 18/11136, 41).

27   Die Zulassung zu einem Teilzeitstudium ist von **Abs. 5 S. 1 Nr. 1 lit. c** erfasst. Die Ausgestal-tung von Teilzeitstudiengängen richtet sich nach dem jeweiligen Landeshochschulrecht.

28   **Abs. 5 S. 1 Nr. 2** regelt den Fall, dass noch keine Zulassung durch die Hochschule vorliegt und zunächst ein studienvorbereitender Sprachkurs besucht werden soll.

29   Schließlich sieht **Abs. 5 S. 1 Nr. 3** die Erteilung einer Aufenthaltserlaubnis vor, wenn die Zusage eines Betriebs für das Absolvieren eines studienvorbereitenden Praktikums vorliegt.

30   **Abs. 5 S. 2** und **S. 3 Hs. 1** ordnen die entsprechende Anwendung der jeweils sachlich passenden übrigen Absätze des § 16b an.

31   Freilich müssen für die Erteilung der Aufenthaltserlaubnis die allgemeinen Erteilungsvorausset-zungen (§ 5 Abs. 1, Abs. 2) vorliegen und dürfen Versagens- (§ 5 Abs. 4), Ausschluss- (§ 19f Abs. 1, Abs. 3) oder Ablehnungsgründe (§ 19f Abs. 4, § 20c Abs. 1, Abs. 2) nicht entgegenstehen.

VI. Aufhebung und Befristung (Abs. 6)

32   § 16b Abs. 6 enthält Sonderregelungen für die Aufhebung und Befristung eines Aufenthaltstitels zum Zweck des Vollzeitstudiums (Abs. 1) bzw. zu sonstigen von Abs. 5 erfassten Studienzwecken. Vor Zurücknahme, Widerruf oder nachträglicher Verkürzung (Befristung) aus Gründen, die der Ausländer nicht zu vertreten hat, ist diesem für den Zeitraum von bis zu neun Monaten die Möglichkeit zu gewähren, die Zulassung bei einer anderen Bildungseinrichtung zu beantragen. Innerhalb der Frist der neun Monate muss der Ausländer den Antrag auf Zulassung bei der Bildungseinrichtung vollständig gestellt haben und die Antragstellung nachweisen können (Anwendungshinweise des Bundesministeriums des Innern v. 30.1.2020 zum Fachkräfteeinwande-rungsgesetz Rn. 16b.6).

32.1   § 16b Abs. 6 entspricht im Wesentlichen seiner Vorgängerbestimmung § 16 Abs. 8 aF. Neu ist insbeson-dere die zeitliche Grenze von bis zu neun Monaten.

33   Als solche Gründe kommen insbesondere in Betracht (vgl. zur Vorgängerbestimmung BT-Drs. 18/11136, 42):
- die Ausbildungseinrichtung kommt ihren Verpflichtungen in Bezug auf Sozialversicherung, Steuern, Arbeitsrecht oder Arbeitsbedingungen nicht nach;
- gegen die Ausbildungseinrichtung wurden Sanktionen wegen nicht angemeldeter Erwerbstätig-keit oder illegaler Beschäftigung verhängt;
- die Ausbildungseinrichtung wurde zu dem Zweck gegründet oder betrieben, die Einreise von Ausländern zu erleichtern;
- die Ausbildungseinrichtung befindet sich in Abwicklung oder wurde bereits abgewickelt.

VII. Aufenthaltserlaubnis zu Studienzwecken für anerkannte international Schutzberechtigte (Abs. 7)

§ 16b Abs. 7 sieht die Möglichkeit vor, international Schutzberechtigten in bestimmten Fällen **34** eine Aufenthaltserlaubnis zum Zweck des Studiums in Deutschland zu erteilen. Der Anspruch steht im Ermessen der Behörde. Die Schutzberechtigten müssen bereits in einem anderen Mitgliedstaat der Europäischen Union seit mindestens zwei Jahren ein Studium betrieben haben (Abs. 1 S. 1) und in Deutschland die Zulassung einer Bildungseinrichtung vorweisen können (Abs. 1 S. 1 iVm § 16c Abs. 1 S. 1 Nr. 3). Weitere Voraussetzung ist, dass der Ausländer nachweisen kann, dass er einen Teil seines Studiums an einer Bildungseinrichtung im Bundesgebiet durchführen möchte, weil er an einem Unions- oder multilateralen Programm mit Mobilitätsmaßnahmen (zB ERASMUS+-Programm der EU) teilnimmt oder für ihn eine Vereinbarung zwischen zwei oder mehr Hochschulen gilt (§ 16b Abs. 1 S. 1 iVm § 16c Abs. 1 S. 1 Nr. 2).

Da der tatbestandliche Verweis in Abs. 7 S. 1 auf § 16c Abs. 1 S. 1 nicht nur dessen Nummern, **35** sondern auch die weiteren Tatbestandsmerkmale in § 16c Abs. 1 S. 1 Hs. 1 umfasst, ist der Aufenthalt auf 360 Tage begrenzt. Durch diese Auslegung wird inhaltlich die Vorgängernorm § 16 Abs. 9 S. 1 Nr. 3 lit. c aF weitergeführt. Die ebenfalls eigentlich durch die Verweisung miterfasste Pflicht zur Mitteilung bestimmter Umstände unter anderem gegenüber dem BAMF ist im Zusammenhang mit § 16b Abs. 7 nicht sachgerecht und daher teleologisch zu reduzieren.

Die Vorschrift wurde gegenüber ihrer Vorgängerbestimmung § 16 Abs. 9 deutlich kürzer gefasst und **35.1** der Tatbestand verändert. Insbesondere verweist die Norm nun auf die Voraussetzungen für die Mobilität von Studenten in § 16c Abs. 1 S. 1, da es sich nach der Gesetzesbegründung in tatsächlicher Hinsicht um Fälle handle, die denen der Mobilität vergleichbar seien (BT-Drs. 19/8285, 91).

Die allgemeinen Erteilungsvoraussetzungen (§ 5 Abs. 1 und Abs. 2) müssen vorliegen; Versa- **36** gungs- (§ 5 Abs. 4) oder Ablehnungsgründe (§ 19f Abs. 3 und Abs. 4 sowie § 20c Abs. 1, Abs. 2) dürfen nicht entgegenstehen.

Die Erteilungsdauer ist auf die Dauer des Studienteils, der in Deutschland durchgeführt wird, **37** begrenzt (Abs. 7 S. 2). Die Regelungen des Abs. 3 zur gesetzlichen Berechtigung einer zeitlich begrenzten Ausübung einer Beschäftigung sowie zur (zeitlich unbegrenzten) Ausübung einer studentischen Nebentätigkeit finden Anwendung (Abs. 7 S. 3). Die Erteilung einer Niederlassungserlaubnis ist ausgeschlossen (Abs. 7 S. 4).

Nicht unter Abs. 7 fällt die Gruppe der in Deutschland als international Schutzberechtigte **38** anerkannten Drittstaatsangehörigen. Für sie besteht – soweit sie im Zusammenhang mit der Zuerkennung des internationalen Schutzes eine Aufenthaltserlaubnis nach dem AufenthG besitzen – grundsätzlich aufgrund des Aufenthaltstitels und nach Maßgabe der allgemeinen Studienvoraussetzungen die Möglichkeit zu einem Studium (zum hochschulrechtlichen Zugang von Flüchtlingen in Deutschland s. Bode ZAR 2018, 46).

VIII. Umsetzung der RL (EU) 2016/801 (Abs. 8)

§ 16b Abs. 8 stellt deklaratorisch klar, dass Abs. 1–4 und Abs. 6 der Umsetzung der RL (EU) **39** 2016/801 dienen (→ Rn. 1).

§ 16c Mobilität im Rahmen des Studiums

(1) ¹Für einen Aufenthalt zum Zweck des Studiums, der 360 Tage nicht überschreitet, bedarf ein Ausländer abweichend von § 4 Absatz 1 keines Aufenthaltstitels, wenn die aufnehmende Bildungseinrichtung im Bundesgebiet dem Bundesamt für Migration und Flüchtlinge und der zuständigen Behörde des anderen Mitgliedstaates mitgeteilt hat, dass der Ausländer beabsichtigt, einen Teil seines Studiums im Bundesgebiet durchzuführen, und dem Bundesamt für Migration und Flüchtlinge mit der Mitteilung vorlegt:
1. den Nachweis, dass der Ausländer einen von einem anderen Mitgliedstaat der Europäischen Union für die Dauer des geplanten Aufenthalts gültigen Aufenthaltstitel zum Zweck des Studiums besitzt, der in den Anwendungsbereich der Richtlinie (EU) 2016/801 fällt,
2. den Nachweis, dass der Ausländer einen Teil seines Studiums an einer Bildungseinrichtung im Bundesgebiet durchführen möchte, weil er an einem Unions- oder multilateralen Programm mit Mobilitätsmaßnahmen teilnimmt oder für ihn eine Vereinbarung zwischen zwei oder mehr Hochschulen gilt,

Hänsle/Ewald 995

3. den Nachweis, dass der Ausländer von der aufnehmenden Bildungseinrichtung zugelassen wurde,
4. die Kopie eines anerkannten und gültigen Passes oder Passersatzes des Ausländers und
5. den Nachweis, dass der Lebensunterhalt des Ausländers gesichert ist.

²Die aufnehmende Bildungseinrichtung hat die Mitteilung zu dem Zeitpunkt zu machen, zu dem der Ausländer in einem anderen Mitgliedstaat der Europäischen Union den Antrag auf Erteilung eines Aufenthaltstitels im Anwendungsbereich der Richtlinie (EU) 2016/801 stellt. ³Ist der aufnehmenden Bildungseinrichtung zu diesem Zeitpunkt die Absicht des Ausländers, einen Teil des Studiums im Bundesgebiet durchzuführen, noch nicht bekannt, so hat sie die Mitteilung zu dem Zeitpunkt zu machen, zu dem ihr die Absicht bekannt wird. ⁴Bei der Erteilung des Aufenthaltstitels nach Satz 1 Nummer 1 durch einen Staat, der nicht Schengen-Staat ist, und bei der Einreise über einen Staat, der nicht Schengen-Staat ist, hat der Ausländer eine Kopie der Mitteilung mitzuführen und den zuständigen Behörden auf deren Verlangen vorzulegen.

(2) ¹Erfolgt die Mitteilung zu dem in Absatz 1 Satz 2 genannten Zeitpunkt und wurden die Einreise und der Aufenthalt nicht nach § 19f Absatz 5 abgelehnt, so darf der Ausländer jederzeit innerhalb der Gültigkeitsdauer des in Absatz 1 Satz 1 Nummer 1 genannten Aufenthaltstitels des anderen Mitgliedstaates in das Bundesgebiet einreisen und sich dort zum Zweck des Studiums aufhalten. ²Erfolgt die Mitteilung zu dem in Absatz 1 Satz 3 genannten Zeitpunkt und wurden die Einreise und der Aufenthalt nicht nach § 19f Absatz 5 abgelehnt, so darf der Ausländer in das Bundesgebiet einreisen und sich dort zum Zweck des Studiums aufhalten. ³Der Ausländer ist nur zur Ausübung einer Beschäftigung, die insgesamt ein Drittel der Aufenthaltsdauer nicht überschreiten darf, sowie zur Ausübung studentischer Nebentätigkeiten berechtigt.

(3) ¹Werden die Einreise und der Aufenthalt nach § 19f Absatz 5 abgelehnt, so hat der Ausländer das Studium unverzüglich einzustellen. ²Die bis dahin nach Absatz 1 Satz 1 bestehende Befreiung vom Erfordernis eines Aufenthaltstitels entfällt.

(4) Sofern innerhalb von 30 Tagen nach Zugang der in Absatz 1 Satz 1 genannten Mitteilung keine Ablehnung der Einreise und des Aufenthalts des Ausländers nach § 19f Absatz 5 erfolgt, ist dem Ausländer durch das Bundesamt für Migration und Flüchtlinge eine Bescheinigung über die Berechtigung zur Einreise und zum Aufenthalt zum Zweck des Studiums im Rahmen der kurzfristigen Mobilität auszustellen.

(5) ¹Nach der Ablehnung gemäß § 19f Absatz 5 oder der Ausstellung der Bescheinigung im Sinne von Absatz 4 durch das Bundesamt für Migration und Flüchtlinge ist die Ausländerbehörde gemäß § 71 Absatz 1 für weitere aufenthaltsrechtliche Maßnahmen und Entscheidungen zuständig. ²Der Ausländer und die aufnehmende Bildungseinrichtung sind verpflichtet, der Ausländerbehörde Änderungen in Bezug auf die in Absatz 1 genannten Voraussetzungen anzuzeigen.

Überblick

Die Vorschrift des § 16c wurde mit dem FachkEinwG (Fachkräfteeinwanderungsgesetz v. 15.8.2019, BGBl. I 1307) neu eingefügt. Der bisherige § 16a aF wird nunmehr durch § 16c ersetzt und regelt weiterhin die Mobilität von Studenten, die einen von einem anderen EU-Mitgliedstaat ausgestellten Aufenthaltstitel zum Zweck des Studiums nach der REST-RL (RL (EU) 2016/801 v. 11.5.2016, ABl. 2016 L 132, 21) besitzen. Wesentliche Neuerung des FachkEinwG ist hier, dass das Mitteilungsverfahren zur Mobilität nunmehr vollständig durch die Bildungseinrichtung und das BAMF durchgeführt werden, ohne Beteiligung der Ausländerbehörde. Diese Änderung soll die Handhabung des Verfahrens innerhalb der kurzen Ablehnungsfrist (30 Tage) gewährleisten. Grundlage der Vorschrift des § 16a aF war das Gesetz zur Umsetzung aufenthaltsrechtlicher Richtlinien der Europäischen Union zur Arbeitsmigration v. 12.5.2017 (BGBl. I 1106). Umgesetzt wurde die REST-RL (RL (EU) 2016/801 v. 11.5.2016, ABl. 2016 L 132, 21) in Bezug auf einen Wechsel des Studienortes innerhalb der EU. Die Frist zur EU-weiten Umsetzung lief am 23.5.2018 ab (ausgenommen hiervon sind **Dänemark, Irland** und **Großbritannien**). Grundlage für § 16a war Art. 31 RL (EU) 2016/801, welcher sich auf die Mobilität von Studenten konzentriert: Ausländer, die bereits einen Aufenthaltstitel zum Zweck des Studiums, der in den Anwendungsbereich der REST-RL fällt, besitzen, benötigen für die Einreise und den Studienaufenthalt im Bundesgebiet bis zu 360 Tage keinen Aufenthaltstitel iSd § 4. Trotz Befreiung vom

Erfordernis des Aufenthaltstitels ist jedoch laut Richtlinie ein **Mitteilungsverfahren** vorzusehen, welches im Rahmen des § 16a umgesetzt wurde und sich nunmehr im § 16c wiederfindet. Zweck des Mitteilungsverfahrens ist die Erhebung der Informationen dahingehend, durch wen die Möglichkeit des Kurzaufenthaltes genutzt wird. Das Mitteilungsverfahren dient in erster Linie der Prüfung etwaiger Ablehnungsgründe sowie der Möglichkeit der Erhebung eventueller Einwendungen, wie zB Sicherheitsbedenken. Die Neuregelung des § 16a ersetzte den vorab geltenden § 16 Abs. 6 und wird nunmehr im § 16c fortgeführt. Die Voraussetzungen für die Mobilität der Studenten ist in § 16c geregelt. Die Ablehnungsmöglichkeiten finden sich hingegen in § 20c Abs. 3. Diese beiden Vorschriften sind insofern im Zusammenhang zu betrachten. Aufgrund der Umsetzung der EU-Direktive in das AufenthG ergibt sich eine Anspruchsnorm.

Übersicht

A. Mitteilung über die Absicht zur kurzfristigen Mobilität nach Deutschland (Abs. 1)

Das **Anzeigeverfahren** ergibt sich aus § 16c iVm § 91d Abs. 1 und den Vorschriften des **1** VwVfG.

I. Inhalt der Mitteilungsanzeige (Abs. 1 S. 1)

Abs. 1 S. 1 enthält mit dem FachkEinwG (Fachkräfteeinwanderungsgesetz v. 15.8.2019, **2** BGBl. I 1307) eine Ergänzung in Bezug auf die Mitteilung, die an die Behörden zu richten ist, wenn Mobilität geplant ist. Die Vorschrift sieht nunmehr neben der Mitteilung an den zweiten Mitgliedstaat, in welchen die Mobilität erfolgt, auch die Mitteilung an den ersten Mitgliedstaat, der den Aufenthaltstitel ausgestellt hat, vor. Die Pflicht, auch den ersten Mitgliedstaat über die Mobilität zu informieren, fehlte im bisherigen § 16a Abs. 1 aF. So hatte der jeweils erste Mitgliedstaat keine Möglichkeit, von der Mobilität des Ausländers Kenntnis zu erlangen. Diese Änderung dient der vollständigen Umsetzung des Art. 31 Abs. 2 S. 1 RL (EU) 2016/801.

Das Anzeige- bzw. Mitteilungsverfahren (§ 91d Abs. 1) wird durch **Mitteilung der aufneh-** **3** **menden Bildungseinrichtung** im Bundesgebiet an das BAMF als nationale Kontaktstelle Deutschlands durchgeführt. Die Anzeigepflicht liegt mithin bei der Bildungseinrichtung, nicht beim Studenten selbst.

Das **BAMF** prüft die Mitteilung lediglich auf **Vollständigkeit**, eine inhaltliche Prüfung erfolgt **4** an dieser Stelle nicht. Vorzulegende Unterlagen sind:
- Adresse und Kontaktdaten des Ausländers,
- Nachweis über den durch den anderen Mitgliedstaat ausgestellten Aufenthaltstitel zum Zweck des Studiums (Nr. 1),
- Nachweis über Teilnahme an Unions- oder multilateralem Programm mit Mobilitätsmaßnahmen oder Vereinbarung zwischen zwei oder mehr Hochschulen, die für ihn gilt (Nr. 2),
- Zulassungsbescheid bzw. Nachweis über die Zulassung durch die aufnehmende Ausbildungseinrichtung in Deutschland (Nr. 3),
- Pass oder Passersatzkopie (Nr. 4),
- Nachweis über die Lebensunterhaltssicherung (Nr. 5). Für die Frage der **Lebensunterhaltssi-** **cherung** ist die Legaldefinition des § 2 Abs. 3 maßgeblich. Darüber hinaus gilt die Spezialregelung des § 2 Abs. 3 S. 5 im Wege der analogen Anwendung (Anwendungshinweise des Bundes-

ministeriums des Innern zu Gesetz und Verordnung zur Umsetzung aufenthaltsrechtlicher Richtlinien der Europäischen Union zur Arbeitsmigration v. 14.7.2017 Rn. 3.2.3.7).
• geplanter Aufenthaltsort.

5   Die Vorlage der Unterlagen muss nach § 23 VwVfG iVm Art. 5 Abs. 2 RL (EU) 2016/801 in **deutscher Sprache** erfolgen.

6   Sofern die Mitteilung an das BAMF vollständig ist, erfolgt eine Weiterleitung an die zuständige Ausländerbehörde im Bundesgebiet unter Mitteilung des Datums des Eingangs der vollständigen Unterlagen. Die Zuständigkeit der Ausländerbehörde richtet sich nach den jeweiligen landesrechtlichen Regelungen (Anwendungshinweise des Bundesministeriums des Innern zu Gesetz und Verordnung zur Umsetzung aufenthaltsrechtlicher Richtlinien der Europäischen Union zur Arbeitsmigration v. 14.7.2017 Rn. 3.2.2.6). In Betracht kommen die Ausländerbehörde am Sitz der aufnehmenden Bildungseinrichtung, sofern der Ausländer sich noch nicht im Bundesgebiet befindet, oder die Ausländerbehörde am geplanten Aufenthaltsort des Studierenden. Die inhaltliche Prüfung der vorbezeichneten Unterlagen obliegt sodann der Ausländerbehörde.

7   Der **Ausländerbehörde** ist zur **inhaltlichen Prüfung** der Unterlagen eine Frist von 30 Tagen eingeräumt. Innerhalb dieser Frist prüft die Ausländerbehörde die Ablehnungsgründe des § 19f Abs. 5. Im Rahmen der Mitteilung besteht ausreichend Gelegenheit, alle entscheidungserheblichen Tatsachen vorzutragen. Eine gesonderte Anhörung sei mithin nicht mehr erforderlich (Anwendungshinweise des Bundesministeriums des Innern zu Gesetz und Verordnung zur Umsetzung aufenthaltsrechtlicher Richtlinien der Europäischen Union zur Arbeitsmigration v. 14.7.2017 Rn. 3.2.2.7).

8   Erfolgt innerhalb dieser **30–Tage–Frist** seitens der Ausländerbehörde keine Ablehnung nach den in § 19f Abs. 5 S. 1 geregelten Gründen, ist dem Studierenden die Einreise und der Aufenthalt im Bundesgebiet kraft Gesetztes gestattet. Die Frist beginnt ab dem Datum des Zugangs der vollständigen Mitteilung in deutscher Sprache beim BAMF zu laufen. Die Frist für die Ablehnung wird durch Rückfragen oder Nachforderungen von Dokumenten nicht gehemmt (Anwendungshinweise des Bundesministeriums des Innern zu Gesetz und Verordnung zur Umsetzung aufenthaltsrechtlicher Richtlinien der Europäischen Union zur Arbeitsmigration v. 14.7.2017 Rn. 3.2.2.7).

9   Kommt die Ausländerbehörde zu dem Ergebnis, dass Ablehnungsgründe gem. § 19f Abs. 5 vorliegen, ist dem Ausländer die **Ablehnung** durch die Ausländerbehörde bekannt zu geben – Der Ablehnung ist mit einer Rechtsbehelfsbelehrung nach § 37 Abs. 6 VwVfG zu versehen (Anwendungshinweise des Bundesministeriums des Innern zu Gesetz und Verordnung zur Umsetzung aufenthaltsrechtlicher Richtlinien der Europäischen Union zur Arbeitsmigration v. 14.7.2017 Rn. 3.2.2.7).

10   Des Weiteren muss die Ablehnung an folgende Institutionen **bekannt gegeben werden:**
• der mitteilenden Bildungseinrichtung (§ 19f),
• BAMF (nationale Kontaktstelle, § 91d Abs. 5),
• Registrierbehörde (Nr. 9 lit. n Anlage AZRG-DV).

11   Das BAMF teilt sodann die Ablehnung der Behörde des anderen Mitgliedstaates gem. § 19f iVm § 91d Abs. 5 mit.

II. Zeitpunkt der Mitteilung (Abs. 1 S. 2 und S. 3)

12   Die Mitteilung der aufnehmenden Bildungseinrichtung im Bundesgebiet hat nach § 16a Abs. 1 S. 2 bereits zu dem **Zeitpunkt** zu erfolgen, zu dem der Aufenthaltstitel gemäß der REST-RL (RL (EU) 2016/801 v. 11.5.2016, ABl. 2016 L 132, 21) für den anderen Mitgliedsstaat beantragt wird. Hier muss der Bildungseinrichtung in Deutschland also schon mit Beantragung des Titels im Anwendungsbereich der REST-RL in einem anderen Mitgliedstaat der EU bekannt sein, dass der Ausländer beabsichtigt einen Teil des Studiums im Bundesgebiet durchzuführen.

13   Sofern der aufnehmenden Bildungseinrichtung im Bundesgebiet die Absicht des Ausländers, einen Teil des Studiums im Bundesgebiet zu absolvieren, zum vorbezeichneten Antragszeitpunkt im anderen Mitgliedstaat der EU noch nicht bekannt ist, hat die Mitteilung nach § 16a Abs. 1 S. 3 zu dem Zeitpunkt zu erfolgen, in dem die Absicht bekannt wird.

III. Verfahren bei nicht Schengen-(Vollanwender)-Staaten (Abs. 1 S. 4)

14   Erfolgt die Beantragung des Titels im Anwendungsbereich der REST-RL (RL (EU) 2016/801 v. 11.5.2016, ABl. 2016 L 132, 21) in einem anderen Mitgliedstaat der Europäischen Union, der **kein Schengen-(Vollanwender)-Staat** ist oder erfolgt die Einreise über eine Staat, der nicht Schengen-Staat ist, hat der ausländische Student eine Kopie der Mitteilung der aufnehmenden

Bildungseinrichtung an die nationale Kontaktstelle, das BAMF, bei der Einreise ins und während des Aufenthaltes im Bundesgebiet mitzuführen und den zuständigen Behörden auf deren Verlangen vorzulegen. Die Bildungseinrichtung muss mithin sicherstellen, dem ausländischen Studenten eine Kopie der Mitteilung zur Verfügung zu stellen.

Maßgeblich für die Frage, ob sich bei einem EU-Staat um einen Schengen-Vollanwenderstaat 15 handelt, ist die die **Legaldefinition** des § 2 Abs. 5 (Anwendungshinweise des Bundesministeriums des Innern zu Gesetz und Verordnung zur Umsetzung aufenthaltsrechtlicher Richtlinien der Europäischen Union zur Arbeitsmigration v. 14.7.2017 Rn. 3.2.3.8.3).

Zur Anwendung kommt diese Vorschrift derzeit bei Drittstaatsangehörigen, die in Bulgarien, 16 Kroatien, Rumänien und Zypern studieren oder über diese Staaten einreisen. Diese Staaten sind dem Schengener Abkommen bisher nicht vollständig beigetreten und zählen mithin nicht zu den Schengener Vollanwenderstaaten.

Trotz Vollmitgliedschaft in der EU, wenden Rumänien, Bulgarien und Kroatien den Schengen- 17 Besitzstand (Schengen-Acquis) nur teilweise in Abhängigkeit vom Vorliegen der infrastrukturellen Voraussetzungen an. Der Schengen-Besitzstand wird nach und nach in Kraft gesetzt. Diese Staaten erteilen bspw. bisher noch keine einheitlichen Schengen-Visa.

In diesen Fällen ist es mithin auch möglich, dass der Mitgliedstaat noch keine Aufenthaltserlaub- 18 nis entsprechend der REST-RL (RL (EU) 2016/801 v. 11.5.2016, ABl. 2016 L 132, 21) ausstellt, so dass die Studierenden das Visumverfahrens nach § 16 durchlaufen müssen (Auswärtiges Amt, Visumhandbuch, 68. EL 7/2018, Studierende S. 23). Für dieses Verfahren wird die Kopie der Mitteilung sodann zwingend benötigt.

Keine uneingeschränkte Anwendung hat der Schengen-Besitzstand wegen des ungelösten 19 Zypernkonfliktes auch in Zypern.

B. Voraussetzungen für Einreise und Aufenthalt nach Abs. 1 S. 2 (Abs. 2 S. 1)

Erfolgt die Mitteilung zu dem in Abs. 1 S. 2 genannten Zeitpunkt und wurden die Einreise 20 und der Aufenthalt nicht nach § 19f Abs. 5 abgelehnt, so darf der Ausländer jederzeit innerhalb der Gültigkeitsdauer des in Abs. 1 S. 1 Nr. 1 genannten Aufenthaltstitels des anderen Mitgliedstaates in das Bundesgebiet einreisen und sich dort zum Zweck des Studiums aufhalten. Die Einreise und der Aufenthalt ins Bundesgebiet zum Zweck des Studiums dürfen erst erfolgen, wenn der Aufenthaltstitel des anderen EU-Mitgliedstaates erteilt wurde und gültig ist und die 30-Tage-Ablehnungsfrist abgelaufen ist (Anwendungshinweise des Bundesministeriums des Innern zu Gesetz und Verordnung zur Umsetzung aufenthaltsrechtlicher Richtlinien der Europäischen Union zur Arbeitsmigration v. 14.7.2017 Rn. 3.2.3.8.1, 3.2.3.8.2).

C. Voraussetzungen für Einreise und Aufenthalt nach Abs. 1 S. 3 (Abs. 2 S. 2)

Erfolgt die Mitteilung zu dem in Abs. 1 S. 3 genannten Zeitpunkt und wurden die Einreise 21 und der Aufenthalt nicht nach § 19f Abs. 5 abgelehnt, so darf der Ausländer in das Bundesgebiet einreisen und sich dort zum Zweck des Studiums aufhalten. In diesem Fall ist davon auszugehen, dass der Aufenthaltstitel des anderen EU-Mitgliedstaates bereits erteilt wurde und gültig ist. Mithin ist hier nur die 30-Tage-Ablehnungsfrist abzuwarten, bevor eine Einreise erfolgen kann. Zu achten ist auf das Ablaufdatum des Aufenthaltstitels des anderen EU-Mitgliedstaates. Die Grundlage für den Aufenthalt im Bundesgebiet ist der Aufenthaltstitel des anderen EU-Mitgliedsstaates (v. Planta ANA-ZAR 2017, 53 (54)). Läuft dieser ab, gilt die Befreiung vom Erfordernis des Aufenthaltstitels nicht mehr.

D. Beschäftigung während des Studiums im Bundesgebiet (Abs. 2 S. 3)

Während des Aufenthalts im Bundesgebiet ist dem Ausländer die Ausübung einer Beschäftigung, 22 welche zeitlich ein Drittel der Aufenthaltsdauer im Bundesgebiet nicht überschreiten darf, sowie die Ausübung studentischer Nebentätigkeiten gestattet. Bei einem Maximalaufenthalt von 360 Tagen beläuft sich eine zeitliche Gestattung auf 120 Tage. Insofern wurde sich hier an § 16 Abs. 3 orientiert (BR-Drs. 9/17, 46). Allerdings ist iRd § 16a nicht auf das Kalenderjahr abzustellen, sondern auf den konkreten Aufenthaltszeitraum im Bundesgebiet. Bei einer kürzeren Aufenthaltsdauer verkürzt sich die Anzahl der gestatteten Tage entsprechend. Das Recht zur **Beschäftigung** kann der Ausländer anhand der **Bescheinigung** gem. § 16 Abs. 6 nachweisen.

E. Wirkung der Versagung (Abs. 3)

23   Sofern innerhalb der 30-Tage-Frist seitens der Ausländerbehörde eine Ablehnung nach den in § 20a Abs. 3 S. 1 geregelten Gründen erfolgt, ist der Ausländer zur Ausreise aus dem Bundesgebiet verpflichtet. Der Ausländer muss das Studium im Bundesgebiet unverzüglich einstellen. Die Befreiung vom Erfordernis des Aufenthaltstitels gilt nicht mehr (BR-Drs. 9/17, 46). Mithin hält sich der Ausländer ohne Titel im Bundesgebiet auf, Rechtsfolge ist Ausweisung.

F. Bescheinigung über kurzfristige Mobilität (Abs. 4)

24   Erfolgt innerhalb dieser 30-Tage-Frist seitens der Ausländerbehörde keine Ablehnung nach den in § 20a Abs. 3 S. 1 geregelten Gründen, ist dem Studierenden die Einreise und der Aufenthalt im Bundesgebiet kraft Gesetzes gestattet. Es handelt sich hier mithin um eine **deklaratorische Bescheinigung** zur Einreise und zum Aufenthalt zu Studienzwecken im Bundesgebiet sowie das Recht zur Erwerbstätigkeit (BR-Drs. 9/17, 46).

25   Diese Bescheinigung erhält keine Gleichstellung mit einem Aufenthaltstitel, eine Aufzählung in § 4 erfolgt nicht. Die Grundlage für den weiteren Aufenthalt im Bundesgebiet ist nach wie vor der Aufenthaltstitel des anderen EU-Mitgliedsstaates (v. Planta ANA-ZAR 2017, 53 (54)). Die Bescheinigung muss den Umfang der gestatteten Beschäftigung erkennen lassen. Zuständige Stelle für die Ausstellung der Bescheinigung (auch bei Verlust der Bescheinigung) ist die nationale Kontaktstelle des BAMF.

G. Zuständigkeit nach Ablehnung der Mobilität oder Ausstellung der Bescheinigung durch das BAMF (Abs. 5 S. 1)

26   Der neue Abs. 6 S. 1 regelt nunmehr, dass nach Ablehnung der Mobilität oder Ausstellung der Bescheinigung durch das BAMF die **Zuständigkeit** vom BAMF **auf die Ausländerbehörde übergeht**. Es handelt es sich hier um eine deklaratorische Regelung, welche die Zuständigkeitsverteilung nach geltendem Recht (§ 71) aus Klarstellungsgründen erwähnt; eine neue Aufgabenzuweisung an die Ausländerbehörden ist damit nicht verbunden. Die Ausländerbehörde ist nach Durchführung des Mitteilungsverfahrens für alle weiteren aufenthaltsrechtlichen Maßnahmen und Entscheidungen in Bezug auf den Ausländer zuständig.

27   Allerdings ist hier zu beachten, dass für den Sachverhalt der Verlängerung der Mobilität das BAMF zuständig ist (Anwendungshinweise des Bundesministeriums des Innern, für Bau und Heimat zum Fachkräfteeinwanderungsgesetz v. 30.1.2020 Rn. 16c.0.3).

H. Nachträgliche Änderungen bzw. Voraussetzungen (Abs. 5 S. 2)

28   In dieser Vorschrift findet sich der bisherige § 16a Abs. 3 aF.

29   Der Ausländer und die Bildungseinrichtung sind dazu verpflichtet, **Änderungen** in Bezug auf die in Abs. 1 genannten Voraussetzungen der Mobilität der nunmehr zuständigen Ausländerbehörde mitzuteilen (s. Abs. 1 S. 1).

30   Die Vorschrift des Abs. 5 normiert die **Pflichten** des Ausländers **und** der aufnehmenden Bildungseinrichtung im Bundesgebiet, Änderungen in Bezug auf die in Abs. 1 getätigten Angaben und Voraussetzungen der Mobilität **anzuzeigen**. Die Anzeige hat nach den allgemeinen Bestimmungen gegenüber der zuständigen **Ausländerbehörde** zu erfolgen (BR-Drs. 9/17, 46).

I. Familiennachzug

31   Der Familiennachzug zu mobilen Studenten, die nicht über einen deutschen Aufenthaltstitel verfügen, ist ein Familiennachzug grundsätzlich nicht vorgesehen (Anwendungshinweise des Bundesministeriums des Innern, für Bau und Heimat zum Fachkräfteeinwanderungsgesetz v. 30.1.2020 Rn. 16c.0.4).

§ 16d Maßnahmen zur Anerkennung ausländischer Berufsqualifikationen

(1) ¹Einem Ausländer soll zum Zweck der Anerkennung seiner im Ausland erworbenen Berufsqualifikation eine Aufenthaltserlaubnis für die Durchführung einer Qualifizierungsmaßnahme einschließlich sich daran anschließender Prüfungen erteilt werden, wenn von einer nach den Regelungen des Bundes oder der Länder für die berufliche

Anerkennung zuständigen Stelle festgestellt wurde, dass Anpassungs- oder Ausgleichsmaßnahmen oder weitere Qualifikationen
1. für die Feststellung der Gleichwertigkeit der Berufsqualifikation mit einer inländischen Berufsqualifikation oder
2. in einem im Inland reglementierten Beruf für die Erteilung der Berufsausübungserlaubnis

erforderlich sind. ²Die Erteilung der Aufenthaltserlaubnis setzt voraus, dass
1. der Ausländer über der Qualifizierungsmaßnahme entsprechende deutsche Sprachkenntnisse, in der Regel mindestens über hinreichende deutsche Sprachkenntnisse, verfügt,
2. die Qualifizierungsmaßnahme geeignet ist, dem Ausländer die Anerkennung der Berufsqualifikation oder den Berufszugang zu ermöglichen, und
3. bei einer überwiegend betrieblichen Qualifizierungsmaßnahme die Bundesagentur für Arbeit nach § 39 zugestimmt hat oder durch die Beschäftigungsverordnung oder zwischenstaatliche Vereinbarung bestimmt ist, dass die Teilnahme an der Qualifizierungsmaßnahme ohne Zustimmung der Bundesagentur für Arbeit zulässig ist.

³Die Aufenthaltserlaubnis wird für bis zu 18 Monate erteilt und um längstens sechs Monate bis zu einer Höchstaufenthaltsdauer von zwei Jahren verlängert. ⁴Sie berechtigt nur zur Ausübung einer von der Qualifizierungsmaßnahme unabhängigen Beschäftigung bis zu zehn Stunden je Woche.

(2) ¹Die Aufenthaltserlaubnis nach Absatz 1 berechtigt zusätzlich zur Ausübung einer zeitlich nicht eingeschränkten Beschäftigung, deren Anforderungen in einem Zusammenhang mit den in der späteren Beschäftigung verlangten berufsfachlichen Kenntnissen stehen, wenn ein konkretes Arbeitsplatzangebot für eine spätere Beschäftigung in dem anzuerkennenden oder von der beantragten Berufsausübungserlaubnis erfassten Beruf vorliegt und die Bundesagentur für Arbeit nach § 39 zugestimmt hat oder durch die Beschäftigungsverordnung bestimmt ist, dass die Beschäftigung ohne Zustimmung der Bundesagentur für Arbeit zulässig ist. ²§ 18 Absatz 2 Nummer 3 gilt entsprechend.

(3) ¹Einem Ausländer soll zum Zweck der Anerkennung seiner im Ausland erworbenen Berufsqualifikation eine Aufenthaltserlaubnis für zwei Jahre erteilt und die Ausübung einer qualifizierten Beschäftigung in einem im Inland nicht reglementierten Beruf, zu dem seine Qualifikation befähigt, erlaubt werden, wenn
1. der Ausländer über der Tätigkeit entsprechende deutsche Sprachkenntnisse, in der Regel mindestens über hinreichende deutsche Sprachkenntnisse, verfügt,
2. von einer nach den Regelungen des Bundes oder der Länder für die berufliche Anerkennung zuständigen Stelle festgestellt wurde, dass schwerpunktmäßig Fertigkeiten, Kenntnisse und Fähigkeiten in der betrieblichen Praxis fehlen,
3. ein konkretes Arbeitsplatzangebot vorliegt,
4. sich der Arbeitgeber verpflichtet hat, den Ausgleich der von der zuständigen Stelle festgestellten Unterschiede innerhalb dieser Zeit zu ermöglichen und
5. die Bundesagentur für Arbeit nach § 39 zugestimmt hat oder durch die Beschäftigungsverordnung oder zwischenstaatliche Vereinbarung bestimmt ist, dass die Beschäftigung ohne Zustimmung der Bundesagentur für Arbeit zulässig ist.

²Der Aufenthaltstitel berechtigt nicht zu einer darüber hinausgehenden Erwerbstätigkeit.

(4) ¹Einem Ausländer kann zum Zweck der Anerkennung seiner im Ausland erworbenen Berufsqualifikation eine Aufenthaltserlaubnis für ein Jahr erteilt und um jeweils ein Jahr bis zu einer Höchstaufenthaltsdauer von drei Jahren verlängert werden, wenn der Ausländer auf Grund einer Absprache der Bundesagentur für Arbeit mit der Arbeitsverwaltung des Herkunftslandes
1. über das Verfahren, die Auswahl, die Vermittlung und die Durchführung des Verfahrens zur Feststellung der Gleichwertigkeit der ausländischen Berufsqualifikation und zur Erteilung der Berufsausübungserlaubnis bei durch Bundes- oder Landesgesetz reglementierten Berufen im Gesundheits- und Pflegebereich oder
2. über das Verfahren, die Auswahl, die Vermittlung und die Durchführung des Verfahrens zur Feststellung der Gleichwertigkeit der ausländischen Berufsqualifikation und, soweit erforderlich, zur Erteilung der Berufsausübungserlaubnis für sonstige ausgewählte Berufsqualifikationen unter Berücksichtigung der Angemessenheit der Ausbildungsstrukturen des Herkunftslandes

in eine Beschäftigung vermittelt worden ist und die Bundesagentur für Arbeit nach § 39 zugestimmt hat oder durch die Beschäftigungsverordnung oder zwischenstaatliche Vereinbarung bestimmt ist, dass die Erteilung der Aufenthaltserlaubnis ohne Zustimmung der Bundesagentur für Arbeit zulässig ist. [2]Voraussetzung ist zudem, dass der Ausländer über die in der Absprache festgelegten deutschen Sprachkenntnisse, in der Regel mindestens hinreichende deutsche Sprachkenntnisse, verfügt. [3]Die Aufenthaltserlaubnis berechtigt nur zur Ausübung einer von der anzuerkennenden Berufsqualifikation unabhängigen Beschäftigung bis zu zehn Stunden je Woche.

(5) [1]Einem Ausländer kann zum Ablegen von Prüfungen zur Anerkennung seiner ausländischen Berufsqualifikation eine Aufenthaltserlaubnis erteilt werden, wenn er über deutsche Sprachkenntnisse, die der abzulegenden Prüfung entsprechen, in der Regel jedoch mindestens über hinreichende deutsche Sprachkenntnisse, verfügt, sofern diese nicht durch die Prüfung nachgewiesen werden sollen. [2]Absatz 1 Satz 4 findet keine Anwendung.

(6) [1]Nach zeitlichem Ablauf des Höchstzeitraumes der Aufenthaltserlaubnis nach den Absätzen 1, 3 und 4 darf eine Aufenthaltserlaubnis für einen anderen Aufenthaltszweck nur nach den §§ 16a, 16b, 18a, 18b oder 19c oder in Fällen eines gesetzlichen Anspruchs erteilt werden. [2]§ 20 Absatz 3 Nummer 4 bleibt unberührt.

Überblick

Die Vorschrift regelt die Erteilung einer Aufenthaltserlaubnis zum Zweck der Anerkennung einer ausländischen Berufsqualifikation und die damit im Zusammenhang stehenden Fragen der Erwerbstätigkeit (Abs. 2, → Rn. 21) und der Verlängerung (→ Rn. 18). Dabei sind drei Fallgruppen zu unterscheiden:

- Durchführung einer Qualifizierungsmaßnahme (Abs. 1, → Rn. 8),
- Ausgleich der praktischen Defizite durch Beschäftigung im anzuerkennenden Beruf (Abs. 3, → Rn. 24) und
- Anerkennung der Berufsqualifikation im Rahmen von Vermittlungsabsprachen (Abs. 4, → Rn. 33).

Ferner normiert die Vorschrift noch die Erteilung einer Aufenthaltserlaubnis zur Ablegung einer Anerkennungsprüfung (Abs. 5, → Rn. 43) und eine Zweckänderungssperre (Abs. 6, → Rn. 46).

Übersicht

A. Allgemeines

1   Das FachkEinwG (Fachkräfteeinwanderungsgesetz v. 15.8.2019, BGBl. I 1307; BT-Drs. 19/8285) hat mit § 16d den § 17a aF fortgeschrieben und erweitert. Es handelt sich hierbei um einen relativ jungen Aufenthaltstitel (Geltung des § 17a aF erst seit 1.8.2018; BGBl. I 1386; BT-Drs. 18/4097, 27 f., 39 f.). Erklärtes Motiv für die Schaffung des neuen Aufenthaltstitels in § 17a aF bzw. § 16b ist, die Zuwanderung von (potentiellen) Fachkräften in Ausbildungsberufen, und zwar in den Engpassberufen, insbesondere in der Krankenpflege, zu erleichtern. Die Feststellung der Gleichwertigkeit der ausländischen Berufsqualifikation bzw. die Erteilung der Berufsausübungserlaubnis in einem reglementierten Beruf sind jedoch für die Erteilung eines Aufenthaltstitels zum Zwecke der Beschäftigung für Fachkräfte mit Berufsausbildung (§ 18a) und Fachkräfte mit akademischer Ausbildung (§ 18b) erforderlich (vgl. § 18 Abs. 2 Nr. 3, Nr. 4, Abs. 3; Anwendungshinweise des Bundesministeriums des Innern, für Bau und Heimat zum Fachkräfteeinwanderungsgesetz v. 30.1.2020 Rn. 16d.0.1). Da jedoch ausländische Ausbildungsabschlüsse häufig nicht die für

eine Anerkennung erforderlichen Anforderungen erfüllen und daher im Anerkennungsverfahren dann Defizite festgestellt werden, soll der neue § 16d insoweit Abhilfe schaffen, indem er Ausländern den Aufenthalt in Deutschland ermöglicht, um die festgestellten Defizite ihrer ausländischen Berufsqualifikation in Deutschland auszugleichen und anschließend eine Anerkennung zu erreichen.

§ 16d unterscheidet beim Zweck der Anerkennung der Berufsqualifikation drei Fallgruppen: **2**
- Durchführung einer Qualifizierungsmaßnahme (Abs. 1),
- Ausgleich der praktischen Defizite durch Beschäftigung im anzuerkennenden Beruf (Abs. 3) und
- Anerkennung der Berufsqualifikation im Rahmen von Vermittlerabsprachen (Abs. 4).

Bei dem Aufenthaltstitel nach Abs. 1 soll das im Anerkennungsverfahren festgestellte Defizit der **3** ausländischen Berufsqualifikation mittels der Durchführung einer Qualifizierungsmaßnahme und ggf. sich daran anschließenden Prüfungen erreicht werden. Dem Aufenthaltstitel nach Abs. 3 liegt dagegen die Situation zugrunde, dass vor allem Qualifikations-Defizite in der betrieblichen Praxis des Ausländers im Anerkennungsverfahren festgestellt wurden und diese durch dessen „Training-on-the-Job" im angestrebten Beruf ausgeglichen werden. Der Anwendungsbereich dieses Titels nach Abs. 3 ist auf nicht reglementierte Berufe beschränkt. Dagegen hat Abs. 1 einen weiteren Anwendungsbereich. Wie aus dem Wortlaut folgt, erfasst Abs. 1 S. 1 Nr. 2 reglementierte Berufe, wohingegen Abs. 1 S. 1 Nr. 1 tatbestandlich darauf nicht abhebt und mithin auch auf nicht reglementierte Berufe anwendbar ist.

Gemeinsam ist den Fallgruppen des Abs. 1 und Abs. 3, dass in beiden Fällen ein Anerkennungs- **4** verfahren bei einer in Deutschland für die Anerkennung der beruflichen Qualifikationen zuständigen Stelle durchgeführt worden sein muss. In der Situation, die einem Aufenthalt nach § 16d zugrunde liegt, hat dieses Anerkennungsverfahren dann dazu geführt, dass Defizite festgestellt wurden.

Bei der dritten Fallgruppe nach Abs. 4 ist anders als bei Abs. 1 und Abs. 3 für einen Aufenthalts- **5** titel kein vorhergehendes individuelles Verfahren auf Anerkennung der vorliegenden beruflichen Qualifikation Voraussetzung; vielmehr obliegt der Bundesagentur für Arbeit in Kooperation mit den Anerkennungsstellen pauschal die Bewertung der vorliegenden Ausbildungsstandards der ausgewählten Berufsgruppen im Herkunftsland im Rahmen der Vermittlungsabsprache (Anwendungshinweise des Bundesministeriums des Innern, für Bau und Heimat zum Fachkräfteeinwanderungsgesetz v. 30.1.2020 Rn. 16d.4.0). Während sich Abs. 4 S. 1 Nr. 1 auf reglementierte Berufe im Gesundheits- und Pflegebereich bezieht, erfasst Abs. 4 S. 1 Nr. 2 sonstige ausgewählte reglementierte sowie nicht reglementierte Berufe.

Entsprechend dem oben dargelegten Telos der Erleichterung der Zuwanderung von Fachkräften **6** (→ Rn. 1) ist für die Auslegung des § 16d und die (bei Abs. 1 und Abs. 3 bei Vorliegen eines atypischen Falls) zu treffenden Ermessensentscheidungen vor allem mit dem Ziel des § 1 Abs. 1 S. 2, Ermöglichung und Gestaltung der Zuwanderung unter Berücksichtigung der wirtschaftlichen und arbeitsmarktpolitischen Interessen, zu berücksichtigen. Dabei sind auch eine ggf. vorliegende positive Konjunkturlage und der Bedarf an Fachkräften in den Blick zu nehmen.

Die neu eingeführte Regelung des § 16d Abs. 4 Nr. 2 tritt gem. Art. 54 Abs. 2 FachkEinwG **7** mit Ablauf des 1.3.2025 außer Kraft. Das Gesetz v. 12.6.2020 (BGBl. I 1248; BT-Drs. 19/19037, 30, 62 f.) brachte kleine Änderungen in Abs. 1 S. 4 sowie Abs. 2 S. 1 und fügte in Abs. 3 den S. 2 hinzu.

B. Erläuterungen im Einzelnen

I. Aufenthaltserlaubnis zur Qualifikationsanerkennung durch Qualifizierungsmaßnahme (Abs. 1)

§ 16d Abs. 1 vermittelt einen Regel-Anspruch auf Erteilung einer Aufenthaltserlaubnis zum **8** Zweck der Anerkennung einer im Ausland erworbenen Berufsqualifikation für die Durchführung einer Qualifizierungsmaßnahme. Bei genauer Betrachtung zeigt sich, dass bei dem Aufenthaltstitel in Abs. 1 ein doppelter Zweck verfolgt wird. Fernzweck ist die Anerkennung der ausländischen Berufsqualifikation, Nahzweck ist die Durchführung einer Bildungsmaßnahme und die sich daran anschließende Prüfung.

Der Anspruch setzt voraus, dass ein **Anerkennungsverfahren** bei einer nach den Regelungen **9** des Bundes oder der Länder für die berufliche Anerkennung in Deutschland zuständigen Stelle durchgeführt wurde und ein (Zwischen-)**Bescheid** (vgl. § 7 Abs. 1, § 10 BQFG) dieser Stelle vorliegt, in dem durch Anpassungs- oder Ausgleichsmaßnahmen oder durch weitere Qualifikation ausgleichbare **Defizite** der ausländischen Qualifikation im Vergleich zur deutschen Ausbildung festgestellt werden (Anwendungshinweise des Bundesministeriums des Innern, für Bau und Heimat zum Fachkräfteeinwanderungsgesetz v. 30.1.2020 Rn. 16d.1.1.0).

9.1   Nach dem VG Schleswig BeckRS 2020, 31681 Rn. 38 ff., 42 ff. sei beim reglementierten Beruf des Arztes kein Defizitbescheid iSv § 16d Abs. 1 S. 1 nötig. Hintergrund sei, dass das Berufsrecht für Ärzte für die Approbation neben der Gleichwertigkeitsprüfung auch die Möglichkeit der Erteilung einer Erlaubnis zur vorübergehenden (ggf. beschränkten) Ausübung des ärztlichen Berufs gemäß § 10 BÄO mit anschließender Kenntnisprüfung kenne. Auch nach den Anwendungshinweisen des Bundesministeriums des Innern, für Bau und Heimat zum Fachkräfteeinwanderungsgesetz v. 30.1.2020 Rn. 16d.1.1.2 sei es im Bereich der Gesundheitsberufe in einigen Ländern Verwaltungspraxis, dass auf die Durchführung der Gleichwertigkeitsprüfung verzichtet werden könne. In diesem Fall reiche auch die schriftliche Nachricht (Zwischenbescheid) der zuständigen Stelle, dass für die Berufszulassung eine Kenntnisprüfung, eine Eignungsprüfung oder ein Anpassungslehrgang abzulegen und bzw. oder Sprachkenntnisse nachzuweisen seien. Zwischenbescheide würden von den zuständigen Stellen zur Verfahrensbeschleunigung angeboten. Sie würden keine Auflistung der festgestellten Unterschiede enthalten.

9.2   Soweit die für die berufliche Anerkennung zuständige Stelle die beschränkte Berufsausübungserlaubnis erteilt habe, bestehe dem VG Schleswig BeckRS 2020, 31681 Rn. 41 keine Prüfungskompetenz der Ausländerbehörde, ob diese zurecht ergangen sei. Denn die Prüfung der Voraussetzungen des § 16d Abs. 1 S. 1 habe bei reglementierten Berufen stets im Zusammenhang mit dem jeweiligen Berufsrecht zu erfolgen. Diese Anwendungshinweise und diese Entscheidung des VG Schleswig fügen sich nur schwer in die gesetzliche Systematik des § 16d Abs. 1 S. 1 Hs. 2 und S. 2 ein.

10   Bei der deutschen Ausbildung als Bezugspunkt sind zwei Varianten zu unterscheiden: Abs. 1 S. 1 Nr. 2 bezieht sich nur auf reglementierte Berufe, während Abs. 1 S. 1 Nr. 1 auch nicht reglementierte Berufe betrifft. **Reglementierte Berufe** sind berufliche Tätigkeiten, deren Aufnahme oder Ausübung durch Rechts- oder Verwaltungsvorschriften an den Besitz bestimmter Berufsqualifikationen gebunden ist; eine Art der Ausübung ist insbesondere die Führung einer Berufsbezeichnung, die durch Rechts- oder Verwaltungsvorschriften auf Personen beschränkt ist, die über bestimmte Berufsqualifikationen verfügen (§ 3 Abs. 5 BQFG; sa Art. 3 Abs. 1 lit. b Diplomanerkennungs-RL). Bei reglementierten Berufen ist mithin eine Berufsausübungserlaubnis nach dem jeweiligen (Berufs-) Fachrecht nötig (vgl. § 9 Abs. 1, § 13 Abs. 1 BQFG). Die **Berufsausübungserlaubnis** umfasst nach der Gesetzesentwurfsbegründung die berufsrechtliche Befugnis zur Berufsausübung sowie die Erteilung der Erlaubnis zum Führen der Berufsbezeichnung (BT-Drs. 19/8285, 92).

10.1   Als **reglementierte Berufe** in Deutschland nennt die Verwaltungsvorschrift zB Arzt (dazu auch VG Schleswig BeckRS 2020, 31681 Rn. 37), Krankenpfleger, Rechtsanwalt, Lehrer, Erzieher oder Ingenieur, wobei sich die Reglementierung beim Ingenieurberuf nur auf das Führen der Berufsbezeichnung bezieht. Bezieht sich die Reglementierung nur auf die Führung der Berufsbezeichnung (vgl. § 3 Abs. 5 Hs. 2 BQFG), so bedeutet dies, dass die Tätigkeit an sich nicht geschützt ist. Vielmehr dürfen diese Personen, denen die Erlaubnis zur Führung des Berufs fehlt, die Tätigkeit zwar ausüben; sie dürfen dabei nur nicht die „geschützte" Berufsbezeichnung (zB „Ingenieur") führen. Daher können Personen ohne Anerkennung zB als Angestellte in einem Ingenieurbüro arbeiten, dürfen sich aber nicht „Ingenieur" nennen. Erforderlich ist dann nur – wie bei ausländischen Abschlüssen in nicht reglementierten Berufen insgesamt – die Bestätigung der Vergleichbarkeit des Abschlusses (s. § 18 Abs. 2 Nr. 4). Die Berufsbezeichnung zB des Ingenieurs (vgl. zB Art. 2 Abs. 1 BayIngG) ist vom akademischen Grad (zB früher: Diplom-Ingenieur – Dipl.-Ing. – , jetzt: Master of Science/Engineering, vgl. §§ 18 f. HRG, Art. 66 Abs. 1 BayHSchG, Art. 67 BayHSchG) zu unterscheiden.

10.2   Zu den **nicht reglementierten Berufen** – also Berufen ohne bestimmte staatliche Vorgaben zu deren Ausübung – sollen laut der Verwaltungsvorschrift in Deutschland zB alle Berufe auf Grundlage einer dualen Berufsausbildung zählen (Anwendungshinweise des Bundesministeriums des Innern, für Bau und Heimat zum Fachkräfteeinwanderungsgesetz v. 30.1.2020 Rn. 16d.1.0, 16d.3.0). Diese Aussage scheint in dieser Pauschalität jedoch nicht richtig, wie zB der berufliche Ausbildungsberuf „Pflegefachfrau" oder „Pflegefachmann" zeigt, dem gem. § 4 Abs. 1 PflBG bestimmte Tätigkeiten des Ausbildungskanons vorbehalten sind.

10.3   Der Begriff **„Berufsausübungserlaubnis"** ist mit dem FachkEinwG (Fachkräfteeinwanderungsgesetz v. 15.8.2019, BGBl. I 1307) neu eingefügt worden. In der Vorgängerbestimmung § 17a Abs. 1 S. 1 Nr. 2 aF wurde demgegenüber noch unterschieden zwischen der „Befugnis zur Berufsausübung" und der „Erlaubnis zum Führen der Berufsbezeichnung".

11   Das **Anerkennungsverfahren** ist im BQFG (Berufsqualifikationsfeststellungsgesetz v. 6.12.2011, BGBl. I 2515) bzw. den entsprechenden Landesgesetzen (zB BayBQFG – Bayerisches

Berufsqualifikationsfeststellungsgesetz v. 24.7.2013, BayGVBl. 439) geregelt. Im Anerkennungs-verfahren führt die zuständige Stelle in einem formalen Bewertungsverfahren einen Vergleich zwischen dem ausländischen Berufsabschluss und dem entsprechenden deutschen Abschluss des Referenzberufs durch. Die örtliche Zuständigkeit richtet sich nach dem voraussichtlichen Ort der angestrebten Tätigkeit (Anwendungshinweise des Bundesministeriums des Innern, für Bau und Heimat zum Fachkräfteeinwanderungsgesetz v. 30.1.2020 Rn. 16d.1.1.0). Nötig ist, dass die zuständige Anerkennungsbehörde im Bescheid (iSv § 16d Abs. 1 S. 1 Hs. 2), in dem die Defizite benannt wurden, auch festgestellt hat, dass und welche Qualifizierungsmaßnamen erforderlich sind.

Im nicht reglementierten Bereich muss die zuständige Stelle festgestellt haben, dass zur Erlangung der **11.1** vollen Gleichwertigkeit berufspraktische oder theoretische Fertigkeiten, Kenntnisse oder Fähigkeiten fehlen und Anpassungs- oder Ausgleichsmaßnahmen oder weitere Qualifikationen für die Feststellung der Gleich-wertigkeit der Berufsqualifikation mit einer inländischen Berufsqualifikation erforderlich sind. Die festge-stellten wesentlichen Unterschiede müssen im Bescheid aufgelistet sein (vgl. § 7 Abs. 2 BQFG; Anwen-dungshinweise des Bundesministeriums des Innern, für Bau und Heimat zum Fachkräfteeinwanderungsge-setz v. 30.1.2020 Rn. 16d.1.1.1).

Bei reglementierten Berufen muss (aber beim Arztberuf → Rn. 9.1) die zuständige Stelle festgestellt **11.2** haben, dass Anpassungs- oder Ausgleichsmaßnahmen oder weitere Qualifikationen für die Erteilung der Berufsausübungserlaubnis erforderlich sind. Die festgestellten wesentlichen Unterschiede werden den gesetzlichen Vorgaben im Bescheid aufgelistet. Der Bescheid wird mit der Auflage einer Ausgleichsmaß-nahme ausgestellt. Die Erforderlichkeit einer Anpassungs- oder Ausgleichsmaßnahme oder einer weiteren Qualifikation im reglementierten Bereich liegt vor, wenn laut Bescheid ein Anpassungslehrgang oder eine Prüfung abzulegen oder Sprachkenntnisse nachzuweisen sind (vgl. §§ 10 f. BQFG; Anwendungshinweise des Bundesministeriums des Innern, für Bau und Heimat zum Fachkräfteeinwanderungsgesetz v. 30.1.2020 Rn. 16d.1.1.2; BT-Drs. 18/4097, 39).

Bei reglementierten Berufen haben die Antragsteller nach den jeweiligen gesetzlichen Vorgaben die **11.3** Wahl zwischen einem sog. Anpassungslehrgang (dies gilt nicht für Ärzte, Apotheker, Zahnärzte, Tierärzte) und / oder einer abzulegenden Prüfung (Kenntnisprüfung oder Eignungsprüfung), um die volle Anerken-nung zu erlangen (vgl. § 11 Abs. 3 BQFG). In Vorbereitung der Prüfung können zudem Vorbereitungskurse absolviert werden. Fehlen für die Erteilung einer Berufsausübungserlaubnis erforderliche Sprachkenntnisse, kann die Teilnahme an einem Sprachkurs oder Fachsprachkurs erfolgen (Anwendungshinweise des Bundes-ministeriums des Innern, für Bau und Heimat zum Fachkräfteeinwanderungsgesetz v. 30.1.2020 Rn. 16d.0.2).

Bei nicht reglementierten Ausbildungsberufen besteht die Möglichkeit, die festgestellten Defizite durch **11.4** sog. Anpassungsqualifizierungen auszugleichen. Hier gibt es keine gesetzlichen Vorgaben. Solche Qualifi-zierungsmaßnahmen können dabei (s. Abs. 3) auch rein betrieblich durchgeführt werden, wenn bspw. nur noch bestimmte praktische Fertigkeiten, Kenntnisse und Fähigkeiten nachgewiesen werden müssen. Qualifizierungsmaßnahmen schließen das Ablegen sich daran ggf. anschließender Prüfungen ein (Anwen-dungshinweise des Bundesministeriums des Innern, für Bau und Heimat zum Fachkräfteeinwanderungsge-setz v. 30.1.2020 Rn. 16d.0.2).

§ 16d Abs. 1 S. 2 hebt – deutlicher als die Vorgängerbestimmung (§ 17a Abs. 1 S. 2 und S. 3 **12** aF) – hervor, welche weiteren Voraussetzungen zur Titelerteilung vorliegen müssen. Im Zentrum steht dabei die **Qualifizierungsmaßnahme,** die die Anerkennungsbehörde bestimmt hat. Der Begriff Qualifizierungsmaßnahme iSv Abs. 2 S. 2 ist der Oberbegriff für die in Abs. 1 S. 1 erwähnten „Anpassungs- oder Ausgleichsmaßnahmen oder weitere[n] Qualifikationen". Als Qua-lifizierungsmaßnahme kommen theoretische und praktische Bildungsangebote (Praktika im Betrieb, theoretische Lehrgänge, Mischformen), Vorbereitungskurse auf Prüfungen und Sprach-kurse in Betracht. Anbieter können sowohl private oder öffentliche Bildungsträger als auch Betriebe sein (vgl. Anwendungshinweise des Bundesministeriums des Innern, für Bau und Heimat zum Fachkräfteeinwanderungsgesetz v. 30.1.2020 Rn. 16d.0.2, 16d.1.2.2.1).

Die **Qualifizierungsmaßnahme** muss nach **Abs. 1 S. 2 Nr. 2 geeignet sein,** dem Ausländer **13** die Anerkennung der Berufsqualifikation oder den Berufszugang zu ermöglichen. Die Überprü-fung erfolgt anhand des Defizit-Bescheids (→ Rn. 9), der Unterlagen über die Qualifizierungs-maßnahme des Bildungsträgers und ggf. des vorgelegten Weiterbildungsplans. Handelt es sich um eine überwiegend (→ Rn. 14) betriebliche Maßnahme, hat die BA die Prüfung und inhaltliche Entscheidung zu treffen, die die Ausländerbehörde dann übernimmt (vgl. § 34 Abs. 3 BeschV; BT-Drs. 18/4097, 39; Anwendungshinweise des Bundesministeriums des Innern, für Bau und Heimat zum Fachkräfteeinwanderungsgesetz v. 30.1.2020 Rn. 16d.1.2.2.2, 16d.1.V). Von einer Eignung einer Qualifikationsmaßnahme ist in der Regel auszugehen, wenn es sich beim Bildungsanbieter um einen staatlichen oder staatlich anerkannten Bildungsträger handelt oder dieser nach der AZAV (Akkreditierungs- und Zulassungsverordnung Arbeitsförderung v. 2.4.2012, BGBl. I 504) zertifiziert ist oder die Qualifikationsmaßnahme im Rahmen von Förderprogrammen des Bundes oder der Länder gefördert wird (vgl. Anwendungshinweise des Bundesministeriums des Innern, für Bau und Heimat zum Fachkräfteeinwanderungsgesetz v. 30.1.2020 Rn. 16d.1.2.2.2 f.).

14   Wird die Qualifizierungsmaßnahme überwiegend **betrieblich** durchgeführt − davon ist auszugehen, wenn die Maßnahme zu mindestens 51 % nicht theoretisch in einem (Schul-) Kurs, sondern in einem Betrieb der Wirtschaft oder in vergleichbaren Einrichtungen außerhalb der Wirtschaft, insbesondere des öffentlichen Dienstes, der Angehörigen freier Berufe und in Haushalten, absolviert wird −, setzt die Erteilung gem. **Abs. 1 S. 2 Nr. 3** voraus, dass die Bundesagentur für Arbeit nach § 39 zugestimmt hat oder durch die Beschäftigungsverordnung oder zwischenstaatliche Vereinbarung bestimmt ist, dass die Teilnahme an der Qualifizierungsmaßnahme ohne Zustimmung der Bundesagentur für Arbeit zulässig ist. In diesem Zusammenhang ist auf § 8 Abs. 2, § 34 Abs. 3 BeschV zu verweisen.

15   Weiter muss der Ausländer nach **Abs. 1 S. 2 Nr. 1** über der Qualifizierungsmaßnahme entsprechende **deutsche Sprachkenntnisse,** in der Regel mindestens über hinreichende deutsche Sprachkenntnisse (§ 2 Abs. 10), verfügen. Maßgeblich sind die Mindestvoraussetzungen, die der Bildungsanbieter der geplanten Maßnahme voraussetzt. Im Einzelfall können niedrigere Sprachkenntnisse ausreichend sein, wenn der weitere Spracherwerb Bestandteil der geplanten Qualifizierungsmaßnahme ist. Freilich sollten die für die Teilnahme an Qualifizierungsmaßnahmen erforderlichen Sprachkenntnisse grundsätzlich vor der Einreise erworben werden (Anwendungshinweise des Bundesministeriums des Innern, für Bau und Heimat zum Fachkräfteeinwanderungsgesetz v. 30.1.2020 Rn. 16d.0.4, 16d.1.2.1).

16   Die an die Qualifikationsmaßnahme sich ggf. anschließende Prüfung iSv Abs. 1 S. 1 ist keine zwingende Voraussetzung. Vielmehr bedeutet die Erwähnung im Normtext nur, dass die Aufenthaltserlaubnis bei einer Qualifikationsmaßnahme, die in Form eines Prüfungsvorbereitungskurses stattfindet, zeitlich auch das Ablegen der an den Vorbereitungskurs anschließenden Prüfung bis zur Bekanntgabe des Prüfungsergebnisses umfasst (vgl. zur Vorgängerbestimmung BT-Drs. 18/4097, 39).

17   Selbstverständlich müssen auch die **allgemeinen Erteilungsvoraussetzungen** (§ 5 Abs. 1, Abs. 2) erfüllt sein und es dürfen **keine Versagungsgründe** (§ 5 Abs. 4) entgegenstehen. Im Hinblick auf den Nachweis der Lebensunterhaltssicherung enthält § 2 Abs. 3 S. 6 eine pauschalisierende Regelung.

18   Der Aufenthaltstitel kann bei seiner Ersterteilung mit einer **Aufenthaltsdauer** bis zu 18 Monaten versehen werden. Die Dauer umfasst auch die Zeit zur Durchführung einer Prüfung (→ Rn. 16). Eine **Verlängerung** um „längstens sechs Monate" ist möglich. Die gesetzlich festgelegte **Höchstaufenthaltsdauer** nach dem Aufenthaltstitel beträgt jedoch zwei Jahre. Verlängerungen kommen insbesondere in Betracht, wenn den Prüfungen lange Wartezeiten vorausgehen und sich diese dadurch verzögern. Durch die Verlängerungsmöglichkeit soll auch ermöglicht werden, dass eine nicht bestandene Prüfung wiederholt werden kann (BT-Drs. 19/8285, 92 f.). Nach dem Wortlaut („bis zu") ist es möglich, zunächst den Aufenthaltstitel nur für zwölf Monate zu erteilen und dann zweimal um jeweils sechs Monate zu verlängern. Die gesetzlich vorgesehenen Maximalfristen − Verlängerung maximal sechs Monate, Aufenthalt maximal zwei Jahre − werden hierdurch nicht überschritten. Auch der Zweck der Höchstgrenze von zwei Jahren, die sicherstellen soll, dass die Dauer der Qualifizierungsmaßnahmen insgesamt kürzer oder jedenfalls nicht länger als die Dauer einer Ausbildung im Inland in Vollzeit dauert (Anwendungshinweise des Bundesministeriums des Innern, für Bau und Heimat zum Fachkräfteeinwanderungsgesetz v. 30.1.2020 Rn. 16d.1.3), steht dem nicht entgegen.

18.1   Der Zweck des Aufenthaltstitels ist erreicht, wenn der Ausländer nach Durchführung der Qualifizierungsmaßnahme und ggf. erfolgreicher Prüfung seine ausländische Berufsqualifikation durch die Anerkennungsbehörde mittels Bescheids anerkannt bekommen hat bzw. die Berufsausübungserlaubnis erhalten hat. Sollte dies zeitlich vor Ablauf der erteilten Aufenthaltsdauer geschehen sein, so verliert der Titel jedoch nicht seine Gültigkeit. Auch kann der Ausländer nach Abs. 3 S. 1 weiterarbeiten (aA wohl die Anwendungshinweise des Bundesministeriums des Innern, für Bau und Heimat zum Fachkräfteeinwanderungsgesetz v. 30.1.2020 Rn. 16d.1.3, 16d.2.0). Allerdings kommt in diesem Fall der vorzeitigen Zweckerreichung eine nachträgliche Befristung gem. § 7 Abs. 2 S. 2 in Betracht.

19   Die Erteilung der Aufenthaltserlaubnis steht grundsätzlich nicht im Ermessen der Behörde, sondern wird **in der Regel** erteilt. Mit der Ausgestaltung als Soll-Vorschrift wird die Erteilung eines Aufenthaltstitels erleichtert. Die Soll-Regelung bedeutet, dass die Aufenthaltserlaubnis in der

Regel erteilt werden muss und nur bei Vorliegen von atypischen Umständen nach pflichtgemäßem Ermessen zu entscheiden ist. Ob ein atypischer Fall vorliegt, der ausnahmsweise eine Ermessensentscheidung der Ausländerbehörde erfordert, ist als Rechtsvoraussetzung von den Gerichten zu überprüfen (vgl. BVerwG NVwZ 2006, 711 Rn. 14; ZAR 2016, 147 Rn. 21).

Der Aufenthaltstitel kann im **beschleunigten Fachkräfteverfahren** nach § 81a erteilt werden. 20

II. Erwerbstätigkeit (Abs. 1 S. 4, Abs. 2)

Abs. 1 S. 4 ermöglicht dem Ausländer, während der Zeit der Qualifizierungsmaßnahme in 21 eingeschränktem Umfang von maximal zehn Stunden in der Woche eine von der Qualifizierungsmaßnahme unabhängige Beschäftigung auszuüben. Das Wort „nur" in Abs. 1 S. 4 soll verdeutlichen, dass keine über die in § 16d Abs. 1 S. 4 genannten Beschäftigungen hinausgehenden Erwerbstätigkeiten erlaubt sind (BT-Drs. 19/19037, 62 f.). **Abs. 2 S. 1** gestattet dem Ausländer – zusätzlich zu der quantitativ eingeschränkten Beschäftigungsmöglichkeit nach Abs. 1 S. 4 – die Ausübung einer zeitlich unbeschränkten Tätigkeit, die in einem **berufsfachlichen Zusammenhang** mit dem Beruf steht, für den die Berufszulassung bzw. Anerkennung der Gleichwertigkeit beantragt worden ist. Die Beschäftigung im berufsfachlichen Zusammenhang nach Abs. 2 stellt indes keine Qualifizierungsmaßnahme nach Abs. 1 dar, sondern kann nur ergänzend zur Durchführung einer Qualifizierungsmaßnahme nach Abs. 1 ausgeübt werden (BT-Drs. 19/8285, 93). Ein Ausgleich der (praktischen) Defizite durch die Beschäftigung kommt nur im Rahmen des Aufenthaltstitels nach Abs. 3 in Betracht.

Das Erfordernis des berufsfachlichen Zusammenhangs nach Abs. 2 S. 1 ist bei nicht reglemen- 22 tierten Berufen auch gegeben, wenn bereits eine qualifizierte Beschäftigung in dem Beruf, für den die Gleichwertigkeit festgestellt werden soll, neben der Qualifizierungsmaßnahme ausgeübt wird (BT-Drs. 19/8285, 93). Fehlen dem Ausländer zum Beispiel Deutschkenntnisse, so kann er während des Besuchs eines Sprachkurses als Qualifizierungsmaßnahme zum Maurer bereits als Maurer arbeiten. Bei reglementierten Berufen kommt dagegen nur eine Tätigkeit auf einer geringeren Ausbildungsstufe in Frage. Wird zum Beispiel die Anerkennung als Arzt beantragt, kann der Ausländer als Pflegehelfer arbeiten (vgl. Anwendungshinweise des Bundesministeriums des Innern, für Bau und Heimat zum Fachkräfteeinwanderungsgesetz v. 30.1.2020 Rn. 16d.2.1.1). Ist für die Beschäftigung nach Abs. 2 S. 1 ebenfalls eine Berufszulassungserlaubnis erforderlich, so muss diese erteilt oder zugesagt sein (§ 16d Abs. 2 S. 1 iVm § 18 Abs. 2 Nr. 3).

Voraussetzung für die Erwerbsberechtigung nach Abs. 2 S. 1 ist, dass ein **konkretes Arbeits-** 23 **platzangebot für eine spätere Beschäftigung** in dem anzuerkennenden oder von dem beantragten Berufsausübungserlaubnis erfassten Beruf vorliegt, und die Bundesagentur für Arbeit nach § 39 **zugestimmt** hat oder durch die BeschV bestimmt ist, dass die Beschäftigung ohne Zustimmung der Bundesagentur für Arbeit zulässig ist. Das Erfordernis des konkreten Arbeitsplatzangebots für den künftigen der Qualifikation entsprechenden Beruf soll Missbrauch – etwa, dass Ausländer unter dem Vorwand der Durchführung eines Anerkennungsverfahrens in Helfertätigkeiten beschäftigt werden – vorbeugen (BT-Drs. 18/4097, 40). Die Zustimmung der Bundesagentur für Arbeit kann gem. § 8 Abs. 2 BeschV ohne Vorrangprüfung erteilt werden.

III. Aufenthaltserlaubnis zur Qualifikationsanerkennung durch qualifizierte Beschäftigung (Abs. 3)

Der Abs. 3 ermöglicht für **nicht reglementierte Berufe** (→ Rn. 10.2) einen Aufenthalt 24 zur Feststellung der Gleichwertigkeit der ausländischen Berufsqualifikation mit bereits paralleler Beschäftigung im anzuerkennenden Beruf, wenn die zuständige Stelle als Ergebnis des Anerkennungsverfahrens festgestellt hat, dass schwerpunktmäßig Fertigkeiten, Kenntnisse und Fähigkeiten in der betrieblichen Praxis fehlen, gleichzeitig aber die Befähigung zu einer vergleichbaren beruflichen Tätigkeit wie bei der entsprechenden inländischen Berufsausbildung gegeben ist (BT-Drs. 19/8285, 93). Damit hat der Titel zwar einen eingeschränkten Anwendungsbereich (→ Rn. 2), ermöglicht aber dem Ausländer bereits in der eigenen Profession zu arbeiten. Davon profitiert nicht nur der Ausländer, sondern auch der Arbeitgeber, der auf diese Weise sogleich eine weitgehend qualifizierte Arbeitskraft hat. Freilich muss der Arbeitgeber dem Ausländer ermöglichen, während der Beschäftigung die noch vorhandenen Defizite im praktischen Bereich auszugleichen. Eine über die nach S. 1 erlaubte Beschäftigung hinausgehende Erwerbstätigkeit ist den Inhabern eines Aufenthaltstitels nach § 16d Abs. 3 jedoch nicht gestattet (§ 16d Abs. 3 S. 2; BT-Drs. 19/19037, 63).

Der Anspruch setzt gem. **Abs. 3 S. 1 Nr. 2** voraus, dass ein **Anerkennungsverfahren** bei 25 einer nach den Regelungen des Bundes oder der Länder für die berufliche Anerkennung in

Deutschland zuständigen Stelle durchgeführt wurde und ein (Zwischen-) **Bescheid** (vgl. § 7 Abs. 1, § 10 BQFG) dieser Stelle vorliegt, in dem festgestellt wurde, dass schwerpunktmäßig Fertigkeiten, Kenntnisse und Fähigkeiten in der betrieblichen Praxis fehlen. Daraus folgt umgekehrt, dass der Ausländer über weitgehend alle theoretischen Kenntnisse, die für den Beruf erforderlich sind, bereits verfügen muss. Voraussetzung ist, dass eine abgeschlossene ausländische Berufsbildung mit einer Ausbildungsdauer von üblicherweise mindestens zwei Jahren vorliegt (BT-Drs. 19/8285, 93).

26   Weiter muss der Ausländer nach **Abs. 3 S. 1 Nr. 1** über der Tätigkeit entsprechende deutsche Sprachkenntnisse, in der Regel mindestens über hinreichende deutsche Sprachkenntnisse (§ 2 Abs. 10), verfügen. Außerdem muss ein konkretes Arbeitsplatzangebot nachgewiesen werden (**Abs. 3 S. 1 Nr. 3**).

27   Zentrales Tatbestandsmerkmal ist die **Zusicherung des Arbeitgebers,** den Ausgleich der von der zuständigen Stelle festgestellten Unterschiede innerhalb dieser Zeit zu ermöglichen (**Abs. 3 S. 1 Nr. 4**). Denn dies dient der Sicherung der Zweckerfüllung. Die Zusicherung des Arbeitgebers sollte im Arbeitsvertrag erfolgen. Neben der eigentlichen Zusicherung des Arbeitgebers ist auch plausibel darzulegen, wie innerhalb des Zeitraums des Aufenthalts (von bis zu zwei Jahren) das praktische Defizit während der Beschäftigung ausgeglichen werden soll. Dies kann etwa anhand der Vorlage eines zeitlich und sachlich gegliederten Weiterbildungsplans geschehen, der die einzelnen Schritte, durch die die wesentlichen Unterschiede ausgeglichen werden sollen, enthält und jeweils die für den Weiterbildungsabschnitt verantwortliche Bildungseinrichtung bzw. den Betrieb ausweist. Es genügt jedoch auch, wenn dargelegt wird, dass das Vorhandensein weiterer maßgeblicher beruflicher Fertigkeiten, Kenntnisse und Fähigkeiten im Laufe des Aufenthalts im Rahmen sonstiger Verfahren nach § 14 BQFG – zB in Form eines Fachgesprächs oder einer Arbeitsprobe – nachgewiesen werden wird (vgl. BT-Drs. 19/8285, 93; Anwendungshinweise des Bundesministeriums des Innern, für Bau und Heimat zum Fachkräfteeinwanderungsgesetz v. 30.1.2020 Rn. 16d.3.4).

28   Außerdem sieht **Abs. 3 S. 1 Nr. 5** vor, dass die Bundesagentur für Arbeit nach § 39 zugestimmt haben muss oder dass durch die BeschV oder zwischenstaatliche Vereinbarung bestimmt ist, dass die Beschäftigung ohne Zustimmung der Bundesagentur für Arbeit zulässig ist. Eine Vorrangprüfung ist nicht erforderlich (§ 8 Abs. 2 BeschV).

29   Schließlich müssen die **allgemeinen Erteilungsvoraussetzungen** vorliegen und es dürfen keine Versagungsgründe entgegenstehen (→ Rn. 17).

30   Der Aufenthaltstitel kann für die **Dauer** von zwei Jahren erteilt werden. Nach dem Wortlaut und dem binnensystematischen Vergleich zu Abs. 1 S. 2 kommt eine kürzere Dauer nicht in Betracht. Eine Verlängerung ist nicht möglich. Dies folgt aus dem Wortlaut und dem systematischen Vergleich zu Abs. 1 S. 3 und Abs. 4 S. 1.

31   Die Erteilung der Aufenthaltserlaubnis steht grundsätzlich nicht im Ermessen der Behörde, sondern wird in **der Regel erteilt** (Soll-Vorschrift, → Rn. 19).

32   Der Aufenthaltstitel kann im **beschleunigten Fachkräfteverfahren** nach § 81a erteilt werden.

IV. Anerkennung der Berufsqualifikation im Rahmen von Vermittlungsabsprachen (Abs. 4)

33   Abs. 4 ermöglicht einen Aufenthalt zur Anerkennung von im Ausland erworbenen Berufsqualifikationen im Rahmen von sog. Vermittlungsabsprachen zwischen der Bundesagentur für Arbeit und der Arbeitsverwaltung des Herkunftslandes. Abs. 1 Nr. 1 bezieht sich auf reglementierte Berufe im Gesundheits- und Pflegebereich. Damit soll dem aktuell in diesem Sektor konstatierten großen Fachkräftebedarf entgegengewirkt werden (BT-Drs. 19/8285, 93). Abs. 4 Nr. 2 bezieht sich dagegen auf sonstige ausgewählte Berufe. Dies kann, muss aber kein reglementierter Beruf sein. Abs. 4 Nr. 2 soll ergänzend zu den bereits bestehenden Möglichkeiten der Gleichstellung von Prüfungszeugnissen durch Rechtsverordnung aufgrund von § 40 Abs. 2 HwO bzw. § 50 Abs. 2 BBiG insbesondere im Bereich des Handwerks dazu beitragen, Anerkennungsverfahren zu erleichtern und zu beschleunigen (BT-Drs. 19/8285, 94).

34   Anders als bei Abs. 1 und Abs. 3 setzt die Aufenthaltserlaubnis nach Abs. 4 **nicht** voraus, dass zuvor ein Anerkennungsverfahren bzgl. der ausländischen Berufserfahrung durchgeführt wurde. Vielmehr stellt Abs. 4 als Voraussetzung darauf ab, dass eine sog. **Vermittlungsabsprache** zwischen der Bundesagentur für Arbeit mit der Arbeitsverwaltung des Herkunftslandes vorliegt. Abs. 4 S. 1 Nr. 1 und Nr. 2 regeln für zwei Varianten (→ Rn. 33) den Inhalt dieser Vermittlungsabsprachen. Die Bundesagentur für Arbeit hat dabei in Abstimmung mit einer für die berufliche Anerkennung zuständigen Stelle oder den Fachverbänden die Berufsqualifikationen des Herkunftslandes

auszuwählen, die sie unter Bewertung der vorliegenden Ausbildungsstandards der ausgewählten Berufsgruppen im Herkunftsland für geeignet hält, dass Personen aus dieser Berufsgruppe in Deutschland nach Absolvieren von Qualifikationsmaßnahmen ihre ausländische Berufsqualifikation erlangen. Dies bedingt, dass zumindest eine „teilweise" Gleichwertigkeit mit der deutschen Ausbildung im entsprechenden Referenzberuf feststellbar ist (vgl. BT-Drs. 19/8285, 93; Anwendungshinweise des Bundesministeriums des Innern, für Bau und Heimat zum Fachkräfteeinwanderungsgesetz v. 30.1.2020 Rn. 16d.4.0). Der Ausländer muss im Rahmen einer solchen Vermittlungsabsprache in eine Beschäftigung im angestrebten Berufsfeld vermittelt worden sein.

Weiter ist erforderlich, dass die **Bundesagentur für Arbeit** gem. § 39 **zugestimmt** hat 35 oder durch die BeschV oder zwischenstaatliche Vereinbarung bestimmt ist, dass die Erteilung der Aufenthaltserlaubnis ohne Zustimmung der Bundesagentur für Arbeit zulässig ist. § 2 Abs. 1 S. 1 BeschV normiert, wann die Bundesagentur für Arbeit bei einer Absprache nach Abs. 4 S. 1 Nr. 1 zustimmen kann. Dabei werden weitere Voraussetzungen aufgestellt. So müssen die Anforderungen der Beschäftigung in einem engen Zusammenhang mit den berufsfachlichen Kenntnissen stehen, die in dem nach der Anerkennung ausgeübten Beruf im Gesundheits- und Pflegebereich verlangt werden (§ 2 Abs. 1 S. 1 Hs. 1 BeschV). Bei einem Anerkennungsverfahren als Gesundheits- und Kinderkrankenpfleger kann dies zB eine Beschäftigung im Pflegehelferbereich sein (Anwendungshinweise des Bundesministeriums des Innern, für Bau und Heimat zum Fachkräfteeinwanderungsgesetz v. 30.1.2020 Rn. 16d.4.1.1.1).

Außerdem hängt die Zustimmung davon ab, dass dem Ausländer ein konkretes Arbeitsplatzangebot 36 für eine qualifizierte Beschäftigung in dem nach der Einreise anzuerkennenden Beruf im Gesundheits- und Pflegebereich vermittelt worden ist (§ 2 Abs. 1 S. 1 Nr. 1 BeschV). Falls für diese Beschäftigung eine Berufsausübungserlaubnis nötig ist, muss auch diese erteilt worden sein (§ 2 Abs. 1 S. 1 Nr. 2 BeschV). Schließlich muss der Ausländer noch versichern, dass er nach der Einreise das Anerkennungsverfahren zur Anerkennung seiner ausländischen Berufsqualifikation (→ Rn. 11) durchführt (§ 2 Abs. 1 S. 1 Nr. 3 BeschV).

Bei der Zustimmung der Bundesagentur für Arbeit bei einer Vermittlungsabsprache bezüglich 37 sonstiger Berufe nach Abs. 4 S. 1 Nr. 2 muss § 2 Abs. 1 S. 2 BeschV (bei reglementierten Berufe) und § 2 Abs. 2 BeschV (bei nicht reglementierten Berufen) beachtet werden.

Ferner muss der Ausländer über die in der Absprache festgelegten deutschen Sprachkenntnisse, 38 in der Regel mindestens hinreichende deutsche Sprachkenntnisse (§ 2 Abs. 10), verfügen (Abs. 4 S. 2).

Schließlich müssen die **allgemeinen Erteilungsvoraussetzungen** vorliegen und es dürfen 39 keine Versagungsgründe entgegenstehen (→ Rn. 17).

Die Aufenthaltserlaubnis nach Abs. 4 steht im **Ermessen** der Behörde (→ Rn. 6). 40

Die Aufenthaltserlaubnis wird nach Abs. 4 S. 1 für ein Jahr erteilt. Gleiches gilt für die Zustim- 41 mung der Bundesagentur für Arbeit (§ 2 Abs. 2 BeschV). Eine Verlängerung um jeweils ein Jahr bis zu einer Höchstaufenthaltsdauer von drei Jahren ist möglich. Eine erneute Zustimmung durch die Bundesagentur für Arbeit kann indes nur erteilt werden, wenn das Verfahren zur Anerkennung der ausländischen Berufsqualifikation weiterhin betrieben wird (§ 2 Abs. 3 S. 2 BeschV). Der Nachweis hierfür kann zB dadurch erbracht werden, dass der Antrag zum Anerkennungsverfahren oder der Erstbescheid der anerkennenden Stelle oder die Teilnahmebescheinigung für eine Qualifizierungsmaßnahme vorgelegt wird (Anwendungshinweise des Bundesministeriums des Innern, für Bau und Heimat zum Fachkräfteeinwanderungsgesetz v. 30.1.2020 Rn. 16d.4.1.1.2).

Der Aufenthaltstitel kann im **beschleunigten Fachkräfteverfahren** nach § 81a erteilt werden. 42 **§ 16d Abs. 4 S. 3** ermöglicht dem Ausländer, während der Zeit der Anerkennung in eingeschränktem Umfang von maximal zehn Stunden in der Woche eine von der anzuerkennenden Berufsqualifikation unabhängige Beschäftigung auszuüben. Das Wort „nur" in § 16d Abs. 4 S. 3 soll verdeutlichen, dass keine über die in Abs. 4 S. 3 genannten Beschäftigungen hinausgehenden Erwerbstätigkeiten erlaubt sind (BT-Drs. 19/19037, 62 f.).

V. Aufenthaltserlaubnis zur Ablegung einer Anerkennungsprüfung (Abs. 5)

Abs. 5 S. 1 vermittelt einen im Ermessen (→ Rn. 6) der Behörde stehenden Anspruch auf 43 Erteilung einer Aufenthaltserlaubnis für das Ablegen einer für die Anerkennung seiner ausländischen Berufsqualifikation **erforderlichen Prüfung.** Hiervon umfasst sind Prüfungen, die zur Feststellung der Gleichwertigkeit der ausländischen Berufsqualifikation mit einer inländischen Berufsqualifikation sowie in einem im Inland reglementierten Beruf für die Erteilung einer Berufsausübungserlaubnis (→ Rn. 10) erforderlich sind. Dies schließt sprachliche und fachsprachliche Prüfungen ein und ermöglicht das Ablegen mehrerer Prüfungen (Anwendungshinweise des Bundesministeriums des Innern, für Bau und Heimat zum Fachkräfteeinwanderungsgesetz v. 30.1.2020 Rn. 16d.5.0). Implizit setzt Abs. 5 S. 1 damit voraus, dass ein Anerkennungsverfahren (→ Rn. 10) durchgeführt wurde und dabei die Notwendigkeit des Absolvierens einer erforderlichen Prüfung festgestellt worden ist.

43.1   Anders als seine Vorgängerbestimmung Abs. 5 aF, wird nun nicht mehr tatbestandlich vorausgesetzt, dass ein konkretes Arbeitsplatzangebot vorhanden ist.

43.2   Ein Aufenthaltstitel nach Abs. 5 wird nach nationalem Recht, nicht nach Schengen-Recht, erteilt, wenn perspektivisch ein Aufenthalt im Inland angestrebt wird, der eine Dauer von 90 Tagen übersteigt (BT-Drs. 19/8285, 94).

43.3   Soll vor dem Ablegen der Prüfung ein Prüfungsvorbereitungskurs besucht werden, ist ein Aufenthaltstitel für die Teilnahme an einer Qualifizierungsmaßnahme nach § 16d Abs. 1 einschlägig (Anwendungshinweise des Bundesministeriums des Innern, für Bau und Heimat zum Fachkräfteeinwanderungsgesetz v. 30.1.2020 Rn. 16d.5.0).

44   Die Erteilung der Aufenthaltserlaubnis setzt voraus, dass der Ausländer über **deutsche Sprachkenntnisse** verfügt, die der abzulegenden Prüfung entsprechen, in der Regel jedoch mindestens hinreichende deutsche Sprachkenntnisse (§ 2 Abs. 10). Dieses Erfordernis von bestimmten Sprachkenntnissen gilt jedoch nicht, sofern diese durch die Prüfung gerade nachgewiesen werden sollen. Weiter müssen die **allgemeinen Erteilungsvoraussetzungen** vorliegen und es dürfen keine Versagungsgründe entgegenstehen (→ Rn. 17).

45   Der Aufenthaltstitel kann im **beschleunigten Fachkräfteverfahren** nach § 81a erteilt werden.

VI. Zweckänderung (Abs. 6)

46   Abs. 6 S. 1 enthält eine Regelung zur Zweckänderung für die Aufenthaltstitel nach Abs. 1, Abs. 3 und Abs. 4. Die Regelung gilt mithin nicht für Aufenthaltstitel zum Zweck der Ablegung einer Anerkennungsprüfung nach Abs. 5. Nach der Zweckänderungsregelung ist nach zeitlichem Ablauf des Höchstzeitraums der Aufenthaltserlaubnis ein Wechsel nur in eine qualifizierte Berufsausbildung, in ein Studium, in eine Beschäftigung als Fachkraft mit Berufsausbildung oder akademischer Ausbildung, in sonstige Beschäftigungszwecke nach § 19c sowie in den Fällen eines gesetzlichen Anspruchs möglich. Abs. 6 S. 2 weist auf § 20 Abs. 3 Nr. 4 hin. Danach kann einem Ausländer nach Feststellung der Gleichwertigkeit der Berufsqualifikation oder der Erteilung der Berufsausübungserlaubnis eine Aufenthaltserlaubnis zur Arbeitsplatzsuche erteilt werden.

47   Aus dem Umkehrschluss von Abs. 6 S. 1 folgt, dass in den anderen, von der Vorschrift nicht erfassten Fällen ein Zweckwechsel untersagt ist. Diese Zweckänderungssperre gilt nach dem Wortlaut jedoch nur nach Ablauf des Höchstzeitraums des Titels. Während des Zeitraums des Aufenthaltstitels fehlt indes eine entsprechende Regelung zur Zweckänderungssperre, etwa vergleichbar zu § 16b Abs. 4 S. 1. Somit ist in dieser Zeit ein Wechsel nicht eingeschränkt.

§ 16e Studienbezogenes Praktikum EU

(1) Einem Ausländer wird eine Aufenthaltserlaubnis zum Zweck eines Praktikums nach der Richtlinie (EU) 2016/801 erteilt, wenn die Bundesagentur für Arbeit nach § 39 zugestimmt hat oder durch die Beschäftigungsverordnung oder durch zwischenstaatliche Vereinbarung bestimmt ist, dass das Praktikum ohne Zustimmung der Bundesagentur für Arbeit zulässig ist, und

1. das Praktikum dazu dient, dass sich der Ausländer Wissen, praktische Kenntnisse und Erfahrungen in einem beruflichen Umfeld aneignet,

2. der Ausländer eine Vereinbarung mit einer aufnehmenden Einrichtung über die Teilnahme an einem Praktikum vorlegt, die theoretische und praktische Schulungsmaßnahmen vorsieht, und Folgendes enthält:

     a) eine Beschreibung des Programms für das Praktikum einschließlich des Bildungsziels oder der Lernkomponenten,

     b) die Angabe der Dauer des Praktikums,

     c) die Bedingungen der Tätigkeit und der Betreuung des Ausländers,

     d) die Arbeitszeiten des Ausländers und

     e) das Rechtsverhältnis zwischen dem Ausländer und der aufnehmenden Einrichtung,

3. der Ausländer nachweist, dass er in den letzten zwei Jahren vor der Antragstellung einen Hochschulabschluss erlangt hat, oder nachweist, dass er ein Studium absolviert, das zu einem Hochschulabschluss führt,
4. das Praktikum fachlich und im Niveau dem in Nummer 3 genannten Hochschulabschluss oder Studium entspricht und
5. die aufnehmende Einrichtung sich schriftlich zur Übernahme der Kosten verpflichtet hat, die öffentlichen Stellen bis zu sechs Monate nach der Beendigung der Praktikumsvereinbarung entstehen für
   a) den Lebensunterhalt des Ausländers während eines unerlaubten Aufenthalts im Bundesgebiet und
   b) eine Abschiebung des Ausländers.

(2) Die Aufenthaltserlaubnis wird für die vereinbarte Dauer des Praktikums, höchstens jedoch für sechs Monate erteilt.

Überblick

Die Vorschrift des bisherigen § 17b aF wird nunmehr § 16e. Die Regelung des § 17b aF wird im Wesentlichen unverändert übernommen. Der bisherige Abs. 3 wird in § 80 Abs. 5 aufgenommen: Bei Minderjährigen ist die Zustimmung der Personenberechtigten zu dem Antrag erforderlich. Die Ablehnungsgründe sind in § 19f zusammengefasst. Die Vorschrift des § 17b beruhte auf dem Gesetz zur Umsetzung aufenthaltsrechtlicher Richtlinien der Europäischen Union zur Arbeitsmigration v. 12.5.2017 (BGBl. I 1106). Umgesetzt wurde die REST-RL (RL (EU) 2016/801 v. 11.5.2016, ABl. 2016 L 132, 21) in Bezug auf die Durchführung eines studienbezogenen Praktikums innerhalb der EU. Konkrete Grundlage sind die besonderen Bedingungen für Praktikanten aus Art. 13 RL (EU) 2016/801. **§ 16e vermittelt dem Ausländer einen gebundenen Anspruch** aus der Umsetzung der REST-RL.

Übersicht

A. Aufenthaltserlaubnis zum Zweck des Praktikums (Abs. 1)

Drittstaatsangehörige, die derzeit ein Hochschulstudium in einem Drittstaat absolvieren oder **1** ein solches vor höchstens zwei Jahren abgeschlossen haben, erhalten nach dieser Vorschrift den **Anspruch auf Erteilung einer Aufenthaltserlaubnis**, um ein ergänzendes, fachlich mit dem Studium zusammenhängendes, Praktikum durchzuführen.

I. Einreise und Aufenthalt

Die Beantragung des entsprechenden D-Visums erfolgt über die deutsche Auslandsvertretung **2** am Wohnort (derzeitigen Aufenthalts) des Ausländers. Das D-Visum kann nach § 6 Abs. 3 iVm Art. 18 Abs. 2 SDÜ für den gesamten Praktikumszeitraum (maximal sechs Monate) ausgestellt werden.

Vergünstigungen gelten für Angehörige bestimmter Staaten (Positivstaatler). Nach § 41 Auf- **3** enthV ist ihnen eine visafreie Einreise ins und der Aufenthalt im Bundesgebiet möglich. Der Aufenthaltstitel gem. § 16e kann im Bundesgebiet eingeholt werden.

Gleiches gilt für Inhaber eines Schengen-Visums gem. § 39 S. 1 Nr. 3 AufenthV. In der **4** Fallgruppe des § 16e kommt es hier nicht darauf an, wann der Anspruch entstanden ist. Der

Anspruchstatbestand des § 16e ist hier ausdrücklich erwähnt und somit ist der Ausländer nicht auf eine Anspruchsentstehung nach Einreise ins Bundesgebiet beschränkt.

5   Eine visafreie Einreise ins und der Aufenthalt im Bundesgebiet ist des Weiteren Inhabern einer Aufenthaltserlaubnis eines anderen Schengen Staates gem. § 39 S. 1 Nr. 6 AufenthV in Verbindung mit dem Anspruchstatbestand des § 16e ermöglicht.

6   In allen einschlägigen Tatbeständen der vorbezeichneten Vergünstigungen ist des den Antragsteller möglich, die Aufenthaltserlaubnis im Bundesgebiet einzuholen. Eine Zustimmung der Bundesagentur für Arbeit ist gem. § 15 Nr. 1 BeschV nicht erforderlich.

7   Sofern sich die Praktikumsdauer auf weniger als 90 Tagen beläuft, ist der Aufenthalt gem. §§ 15 Nr. 1, 30 Nr. 2 BeschV ohne gesonderte Aufenthaltserlaubnis möglich.

II. Erteilungsvoraussetzungen

8   Die Tatbestandsvoraussetzungen der Nr. 1–5 müssen **kumulativ** erfüllt sein. Darüber hinaus müssen die allgemeinen Erteilungsvoraussetzungen gem. § 5 AufenthG vorliegen. Die Rückkehrbereitschaft ist nach § 5 Abs. 1 Nr. 3 nicht zu prüfen, da es sich um einen Anspruchstatbestand handelt.

III. Ziel und Zweck des Praktikums (Nr. 1)

9   Ziel und Zweck des Praktikums ist ein fachlich mit dem Studium zusammenhängendes Praktikum, um sich Wissen, praktische Kenntnisse und Erfahrungen im beruflichen Umfeld anzueignen. Praktika sollen Einblicke in den Berufsalltag geben und dienen somit dem Erwerb der Berufserfahrung und weiterführend der Berufswahlvorbereitung.

IV. Schriftliche Vereinbarung mit dem Praktikumsbetrieb (Nr. 2)

10   Vorzulegen ist eine schriftliche Vereinbarung mit der aufnehmenden Einrichtung – dem Praktikumsbetrieb, welche theoretische und praktische Schulungsmaßnahmen vorsieht sowie die unter lit. a–e aufgeführten Angaben enthält. In der Regel empfiehlt sich, hier sowohl einen Praktikumsvertrag und einen detaillierten Praktikumsplan vorzulegen.

1. Praktikumsbeschreibung

11   Im Praktikumsvertrag muss eine Beschreibung des Praktikums, unter Aufführung der theoretischen und praktischen Schulungsmaßnahmen, einschließlich Praktikumsziel und Lernkomponenten festgehalten sein. Im Rahmen eines Praktikumsplans können zusätzlich die einzelnen Stationen der Ausbildung mit den entsprechenden Inhalten beschrieben und Zeitangaben sowie die jeweiligen Ausbilder benannt werden.

2. Praktikumsdauer

12   Die Gesamtdauer des Praktikums darf iRd § 16e sechs Monate nicht überschreiten. Bei einer längeren Praktikumsdauer bietet sich unter Umständen § 16a Abs. 1 an. Eine Zustimmung der Bundesagentur für Arbeit wäre hier gegebenenfalls erforderlich.

3. Bedingungen der Tätigkeit und der Betreuung des Ausländers

13   Die **Bedingungen der Tätigkeit** mit den Angaben zum Praktikumsbetrieb, zur Ausbildungsdauer und Entlohnung sowie Urlaubsanspruch sind im Praktikumsvertrag zu vermerken.

14   Der **Praktikumsbetrieb** ist im Sinne der Rechtsklarheit mit der vollständigen Unternehmensangabe und Adresse zu hinterlegen.

15   Die **Ausbildungsdauer** darf gem. Abs. 2 den Zeitraum von sechs Monaten nicht überschreiten.

16   Die **Entlohnung** muss mindestens 861 EUR zur Deckung der Lebensverhältnisse betragen (**BAföG**-Höchstsatz ab Wintersemester 2019/2020). Dies entspricht dem derzeitigen Höchstförderbetrag nach dem BAföG zum Lebensunterhalt.

16.1   Hingegen muss im Rahmen der Vorschrift des § 16a Abs. 1 der Mindestlohn gezahlt werden. Seit dem 1.1.2020 beträgt der allgemeine gesetzliche Mindestlohn 9,35 EUR pro Stunde. Für Praktika gilt grundsätzlich der Mindestlohn, soweit kein gesetzlich geregelter Ausnahmetatbestand nach § 22 MiLoG vorliegt:
• Pflichtpraktika (§ 22 Abs. 1 S. 2 Nr. 1 MiLoG)
• dreimonatige Orientierungspraktika,

• dreimonatige begleitende Praktika.

Auch das BUrlG (Bundesurlaubsgesetz v. 8.1.1963, BGBl. I 2) ist im Rahmen von Praktikums- **17**
verhältnissen gültig. Nach § 3 Abs. 1 BUrlG beträgt der **Erholungsurlaub** jährlich mindestens
24 Werktage. Im Rahmen eines sechsmonatigen Praktikums ist dem Praktikanten mithin zwölf
Werktage Urlaub zu gewähren.

Die **Betreuer** des Praktikums bzw. der jeweiligen Stationen in der Ausbildung können im **18**
Praktikumsplan festgehalten werden und sollten namentlich und mit Nennung der Position im
Unternehmen vermerkt werden. Der Praktikumsvertrag bezieht sollte sich idealerweise auf den
Praktikumsplan beziehen, so dass dieser Vertragsbestandteil wird.

4. Arbeitszeit

Auch die Arbeitszeit zählt zu den Bedingungen der Tätigkeit und ist entsprechend mit im **19**
Praktikumsvertrag zu regeln. Die Arbeitszeit darf iSd § 3 S. 1 ArbZG (Arbeitszeitgesetz v. 6.6.1994,
BGBl. I 1170) in der Regel 40 Stunden pro Woche nicht überschreiten. Arbeitsschutzgesetze sind
vollumfänglich und ausnahmslos auf Beschäftigungen im Bundesgebiet anzuwenden.

5. Rechtsverhältnis

Praktika erfüllen im Rahmen einer Tätigkeit nach Weisung und durch Eingliederung in die **20**
Arbeitsorganisation des Weisungsgebers im Allgemeinen die Voraussetzungen der Beschäftigung
gem. § 2 Abs. 2 iVm § 7 SGB IV. Praktikanten sind folglich Arbeitnehmern gleichgestellt. Die
für Arbeitnehmer geltenden Schutzgesetzte sind entsprechend auf Beschäftigungsverhältnisse im
Bundesgebiet anzuwenden.

V. Nachweis eines Hochschulabschlusses oder eines zu einem solchen führenden Studiums (Nr. 3)

Der Ausländer muss nachweisen, dass er innerhalb der letzten zwei Jahre einen Hochschulab- **21**
schluss erlangt hat (Alt. 1), oder dass er derzeit ein Studium absolviert, welches zu einem Hochschulabschluss führt (Alt. 2).

Der Nachweis über den Hochschulabschluss ist durch Vorlage des Hochschulzeugnisses zu **22**
erbringen. Der Nachweis über ein Studium, welches zu einem Hochschulabschluss führt, wird
entsprechend durch Immatrikulationsbescheinigung der Hochschule erbracht. Die Nachweise sind
in der Regel mit Übersetzung in die deutsche Sprache (§ 23 VwVfG) vorzulegen.

Als Hochschule gilt jede Bildungseinrichtung, die einen Studienabschluss ermöglicht, der mit **23**
einem Hochschulabschluss, wie er in Deutschland erworben werden kann, vergleichbar ist. Die
Vergleichbarkeitsprüfung erfolgt über die ANABIN-Datenbank. Auf die Bewertungsvorschläge
der Zentralstelle für ausländisches Bildungswesen (ZAB) darf hier abgestellt werden. Für beide
Alternativen muss die Hochschule im ANABIN mit (H+) verzeichnet sein.

Im Rahmen der **Vergleichbarkeitsprüfung** stellt sich nun die Frage, ob auch die Vergleichbar- **24**
keitsprüfung des Studienabschlusses über die Bewertungsvorschläge der ZAB erfolgt.

Grundsätzlich sollte der Nachweis eines Studiengangs in Vollzeit, angelegt auf zwei bis drei **25**
Jahre anhand einer Bescheinigung der Hochschule ausreichend sein. Ein Nachweis des konkreten
Abschlusses über die ANABIN Datenbank erscheint zumindest für Alt. 2 nicht praktikabel, da
sich der Student noch in der Ausbildung befindet. Der konkrete Studiengang ist unter Umständen
noch nicht in der Datenbank erfasst.

VI. Fachliche Entsprechung (Nr. 4)

Es muss sich um ein studienfachbezogenes Praktikum handeln. Das Praktikum muss dem Wort- **26**
laut nach fachlich und im Niveau dem unter Nr. 3 genannten Hochschulabschluss oder Studium
entsprechen.

Ein Nachweis über die fachliche Entsprechung kann im Rahmen des Studiums durch eine **27**
Bescheinigung der Hochschule erbracht werden. Im Übrigen und sofern der Hochschulabschluss
bereits erworben wurde, können als Orientierung die Grundsätze des § 20 Abs. 3 – Suche nach
einem Arbeitsplatz, zu dessen Ausübung die vorhandene Qualifikation befähigt – dienen.

VII. Kostenübernahmeerklärung des Praktikumsbetriebes (Nr. 5)

Hinsichtlich der Kostendeckung ist in zeitlicher Hinsicht eine Unterscheidung zwischen der **28**
Sicherung der allgemeinen Lebenshaltungskosten und Kostenübernahmeerklärung des Prakti-
kumsbetriebes zu treffen.

29 Der Nachweis der allgemeinen Lebensunterhaltssicherung **während** des Praktikums nach § 5 obliegt dem Studenten. Dieser kann zB anhand der Praktikumsvergütung erbracht werden. Ausreichende finanzielle Mittel können auch anhand eines Sperrkontos oder anhand einer Verpflichtungserklärung eines Dritten erbracht werden.

30 Für die Zeit **nach** dem Ablauf des Praktikums ist die Abgabe einer begrenzten Verpflichtungserklärung zur Kostenübernahme für den unerlaubten Aufenthalt im Anschluss an das Praktikum und ggf. die Abschiebung des ehemaligen Praktikanten durch den Praktikumsbetrieb bzw. die Bildungseinrichtung zwingende Voraussetzung. Die Erklärung ist ausschließlich durch eine Verpflichtungserklärung gem. §§ 66–68 zu erbringen, da nur diese die Möglichkeit der Vollstreckung innehaben. Die zeitliche Befristung der Verpflichtungserklärung auf sechs Monate entspricht Art. 13 Abs. 4 RL (EU) 2016/801.

B. Dauer des Aufenthalts (Abs. 2)

31 Dem Wortlaut entsprechend ist die Aufenthaltserlaubnis für die Dauer des beabsichtigten Praktikums, höchstens jedoch sechs Monate, zu erteilen.

32 Sofern das Praktikum für länger als sechs Monate jedoch maximal zwölf Monate geplant ist, kann § 15 Nr. 6 BeschV in Betracht gezogen werden. Hier ist während eines Studiums an einer ausländischen Hochschule ein Aufenthaltstitel mit Einvernehmen der Bundesagentur für Arbeit bis zu zwölf Monaten möglich. Im Übrigen ist § 16a Abs. 1 anzudenken.

§ 16f Sprachkurse und Schulbesuch

(1) ¹Einem Ausländer kann eine Aufenthaltserlaubnis zur Teilnahme an Sprachkursen, die nicht der Studienvorbereitung dienen, oder zur Teilnahme an einem Schüleraustausch erteilt werden. ²Eine Aufenthaltserlaubnis zur Teilnahme an einem Schüleraustausch kann auch erteilt werden, wenn kein unmittelbarer Austausch erfolgt.

(2) Einem Ausländer kann eine Aufenthaltserlaubnis zum Zweck des Schulbesuchs in der Regel ab der neunten Klassenstufe erteilt werden, wenn in der Schulklasse eine Zusammensetzung aus Schülern verschiedener Staatsangehörigkeiten gewährleistet ist und es sich handelt
1. um eine öffentliche oder staatlich anerkannte Schule mit internationaler Ausrichtung oder
2. um eine Schule, die nicht oder nicht überwiegend aus öffentlichen Mitteln finanziert wird und die Schüler auf internationale Abschlüsse, Abschlüsse anderer Staaten oder staatlich anerkannte Abschlüsse vorbereitet.

(3) ¹Während eines Aufenthalts zur Teilnahme an einem Sprachkurs nach Absatz 1 oder zum Schulbesuch nach Absatz 2 soll in der Regel eine Aufenthaltserlaubnis zu einem anderen Aufenthaltszweck nur in Fällen eines gesetzlichen Anspruchs erteilt werden. ²Im Anschluss an einen Aufenthalt zur Teilnahme an einem Schüleraustausch darf eine Aufenthaltserlaubnis für einen anderen Zweck nur in den Fällen eines gesetzlichen Anspruchs erteilt werden. ³§ 9 findet keine Anwendung. ⁴Die Aufenthaltserlaubnis nach den Absätzen 1 und 2 berechtigt nicht zur Ausübung einer Erwerbstätigkeit.

(4) ¹Bilaterale oder multilaterale Vereinbarungen der Länder mit öffentlichen Stellen in einem anderen Staat über den Besuch inländischer Schulen durch ausländische Schüler bleiben unberührt. ²Aufenthaltserlaubnisse zur Teilnahme am Schulbesuch können auf Grund solcher Vereinbarungen nur erteilt werden, wenn die für das Aufenthaltsrecht zuständige oberste Landesbehörde der Vereinbarung zugestimmt hat.

Überblick

In der Vorschrift des § 16f werden im Gegensatz zur Vorgängerregelung des § 16b aF nur noch Sachverhalte des Besuchs von Sprachkursen und des Besuchs allgemeinbildender Schulen geregelt. Die bisher unter § 16b Abs. 1 aF subsumierten schulischen Berufsausbildungen sowie die dazu in § 16b Abs. 2 und Abs. 3 aF getroffenen weiteren Regelungen zur schulischen Berufsausbildung wurden nunmehr systematisch in § 16a, Regelungen zur betrieblichen Berufsausbildung, zusammengefasst. Die Regelung des § 16b war seit dem 1.8.2017 manifestiert und übernahm den Regelungsgehalt des § 16 Abs. 5, Abs. 5a und Abs. 5b in seiner bis dahin geltenden Fassung.

Übersicht

A. Teilnahme an Sprachkursen, internationaler Schüleraustausch (Abs. 1)

Abs. 1 übernimmt die bisher in § 16b Abs. 1 aF geregelten Fallgestaltungen der Teilnahme an **1** Sprachkursen und für den internationalen Schüleraustausch.

Die bisher in § 16b Abs. 1 S. 3 aF enthaltene Regelung für Minderjährige wird für diesen und **2** andere Aufenthaltssachverhalte nunmehr zentral in § 80 Abs. 5 verankert.

Die Vorschrift des § 16b Abs. 1 entspricht § 16 Abs. 5 aF in der seit dem 6.9.2013 geltenden **3** Fassung, zuletzt geändert durch Art. 1 des Gesetzes zur Verbesserung der Rechte von international Schutzberechtigten und ausländischen Arbeitnehmern (v. 29.8.2013, BGBl. I 3483). Im Zuge vorbezeichneter Änderung wurde die Teilnahme an einem Schüleraustausch neu hinzugefügt (BR-Drs. 97/13).

Die Vorschrift des Abs. 1 S. 1 regelt die Voraussetzungen zur Erteilung einer Aufenthaltserlaub- **4** nis zur Teilnahme an **Sprachkursen,** die nicht der Studienvorbereitung dienen, oder zur Teilnahme an einem **Schüleraustausch** (konkretisiert in Abs. 1 S. 2).

I. Sprachkurse (Abs. 1 S. 1)

Die Vorschrift bezieht sich ausschließlich auf Sprachkurse, die nicht der Studienvorbereitung **5** diene. Die Erteilung einer Aufenthaltserlaubnis erfolgt in der Regel nur für einen **Intensivsprachkurs** von begrenzter zeitlicher Dauer. Voraussetzung ist ein täglicher Unterricht von mindestens 18 Wochenstunden. Abend- und Wochenendkurse erfüllen diese Anforderungen nicht (Nr. 16.5.1.1 AufenthGAVwV). Die Entscheidung steht im Ermessen der Behörde.

Andere Auffassung Huber AufenthG/Huber, 2. Aufl. 2016, § 16 Rn. 19: Huber führt hierzu nachvoll- **5.1** ziehbar und vertretbar aus, dass eine solche Interpretation mit dem Gesetzeswortlaut nicht überein zu bringen sei. Es ist durchaus auch im Rahmen eines Abendkurses oder einer Kompaktveranstaltung am Wochenende möglich, die geforderten 18 Wochenstunden Intensivkurs zu absolvieren. Mithin ist nach dieser Auffassung rein auf die Wochenstundenzahl abzustellen.

Die Vergabe erfolgt nur an Ausländer, die lediglich den Erwerb von deutschen Sprachkenntnis- **6** sen anstreben. Der **Sprachkurs** muss mithin den **Hauptzweck** des Aufenthaltes bilden. In der regelmäßigen Praxis erfolgt die Vergabe an Ausländer, die die deutsche Sprache zu Ausbildungs- und Berufszwecken erlernen wollen (BeckOK AuslR/Christ, 15. Ed. 1.5.2017, § 16 Rn. 13). Daneben können sonstige private Gründe eine positive Entscheidung herbeiführen. Zur Vermeidung einer unverhältnismäßigen Trennung von Eheleuten (Härtefallregelung) ist auch der Erwerb einfacher deutscher Sprachkenntnisse der Ehegatten iSd § 30 Abs. 1 S. 1 Nr. 2 für die Erteilung iRd § 16b in Betracht zu ziehen (Dörig MigrationsR-HdB/Samel § 5 Rn. 202). Ein Härtefall kann ggf. angenommen werden, wenn es dem nachzugswilligen Ehegatten aus ihm nicht zu vertretenden Gründen unmöglich ist, den Nachweis der erforderlichen Sprachkenntnisse innerhalb einer angemessenen Zeit beizubringen und die eheliche Gemeinschaft nicht anderenorts hergestellt werden kann (BVerwG NVwZ 2010, 964). Im Rahmen der Ermessensabwägung ist hier das Interesse an der Vermeidung von Umgehungen von § 30 dem grundrechtlich geschützten Interesse der Ehepartner, in die Lage versetzt zu werden die Nachzugsvoraussetzungen herzustellen, gegenüberzustellen (Bergmann/Dienelt/Samel, 11. Aufl. 2016, § 16 Rn. 38). Jedoch soll in der vorbezeichneten Fallgruppe des Ehegattennachzug zur Vermeidung der Umgehung der Voraussetzungen von § 30 im Regelfall von einer Erteilung nach § 16b abgesehen werden (BeckOK AuslR/Christ, 15. Ed. 1.5.2017, § 16 Rn. 13).

7   Nach § 5 muss der Ausländer darüber hinaus über ausreichende Mittel für den **Lebensunterhalt** einschließlich Krankenversicherung verfügen. Eine Verpflichtungserklärung im Rahmen des § 68 ist ausreichend (Nr. 16.5.1.2 AufenthGAVwV).

8   Sofern das Ausbildungsziel nach Abschluss des Intensivkurses noch nicht erreicht ist, nach Einschätzung der Bildungseinrichtung jedoch Aussicht auf Erfolgt besteht, dass das Ausbildungsziel in Kürze erreicht werden kann, soll die Aufenthaltserlaubnis längstens bis zu einer Aufenthaltsdauer von maximal einem Jahr **verlängert** werden (Nr. 16.5.1.3 AufenthGAVwV). Dem Gesetzeswortlaut ist eine solche definitive zeitliche Beschränkung nicht zu entnehmen. Vielmehr ist die Entscheidung über die zeitliche Befristung der zuständigen Ausländerbehörde ins Ermessen gestellt. Somit kann durchaus für atypische Fallkonstellationen eine darüberhinausgehende Verlängerung in Betracht gezogen werden (NK-AuslR/Hoffmann § 16 Rn. 31).

II. Schüleraustausch (Abs. 1 S. 2)

9   Mit Änderung des § 16 aF durch Art. 1 Nr. 9 des Gesetzes zur Verbesserung der Rechte von international Schutzberechtigten und ausländischen Arbeitnehmern (v. 29.8.2013, BGBl. I 3483) mWv 6.9.2013 erfolgte die Klarstellung, dass die Aufenthaltserlaubnis zur Teilnahme an einem Schüleraustausch nicht nur in Ausnahmefällen erteilt werden kann, sondern einen **Regelfall** darstellt (BR-Drs. 97/13, 26, BT-Drs. 17/13022, 20).

10   Von dem Begriff des Schüleraustausches sind nunmehr **auch Gastschüler** erfasst, die in Deutschland ein Gastschuljahr absolvieren, ohne dass dabei ein unmittelbarer Austausch erfolgt. Erfasst ist davon sowohl ein privat wie auch ein kommerziell organisiertes Austauschjahr. Eine Rechtsänderung in Bezug auf die für die Erteilung der Aufenthaltserlaubnis bzw. des Visums maßgeblichen Erteilungsvoraussetzungen (insbesondere Motivation zur Absolvierung des Sprachkurses und Rückkehrbereitschaft) ergibt sich hierdurch nicht (Anwendungshinweise des Bundesministeriums des Innern, für Bau und Heimat zum Fachkräfteeinwanderungsgesetz v. 30.1.2020 Rn. 16 f.1.3.1).

11   Der Schüleraustausch wurde neben den Sprachkursen als **Regelfall** in den Gesetzestext aufgenommen. Bis dahin wurde der zeitlich begrenzte Schüleraustausch als Ausnahmefall des Schulbesuchs definiert (Nr. 16.5.2.2.2 AufenthGAVwV). Ein zeitlich begrenzter Schüleraustausch, der in der Regel ein Jahr nicht überschreitet, soll dann ermöglicht werden können, wenn der Austausch mit eine deutschen Schule oder einer sonstigen öffentlichen Stelle oder einer anerkannten Schüleraustauschorganisation vereinbart worden ist (NK-AuslR/Hoffmann § 16 Rn. 32; Nr. 16.5.2.2.2 AufenthGAVwV).

12   Bereits mit Aufnahme von § 16b Abs. 1 S. 2 aF wurde ausdrücklich klargestellt, dass es auf einen unmittelbaren „Eins zu Eins" Austausch nicht ankommt. Vielmehr steht im Vordergrund, dass ein Austausch langfristig und global erfolgt. Mithin ist unerheblich, ob zeitweise zahlenmäßig mehr ausländische Schüler in Deutschland an einem Schüleraustausch teilnehmen als deutsche Schüler im Ausland einen Schüleraustausch absolvieren (BR-Drs. 9/17, 47; Anwendungshinweise des Bundesministeriums des Innern, für Bau und Heimat zum Fachkräfteeinwanderungsgesetz v. 30.1.2020 Rn. 16 f.1.3.3). Gleichwohl muss ein tatsächlicher Austausch, wenn auch nicht zwingend zeitgleich, konkret beabsichtigt und angestrebt sein.

B. Besondere Regelungen zum Schulbesuch (Abs. 2)

13   Abs. 2 regelt den Besuch allgemeinbildendender Schulen. Der wesentliche Unterschied zur bisherigen Regelung besteht darin, dass der Schulbesuch nicht mehr wie bisher nur auf Ausnahmefälle beschränkt ist, die in der AufenthGAVwV (Allgemeine Verwaltungsvorschrift zum Aufenthaltsgesetz v. 26.10.2009, GMBl. 878) näher konkretisiert werden. Durch die **Streichung der Beschränkung auf Ausnahmefälle** wird generell mehr Schülern der Besuch deutscher Schulen ermöglicht. Das gilt auch für die in Nr. 16.5.2.2.1 AufenthGAVwV genannten Staatsangehörigen, denen bislang der Schulbesuch ermöglicht werden konnte, wenn eine Aufnahmezusage der Schule – ohne dass diese näher eingeschränkt war – vorlag. Wenige grundlegende, bislang in der AufenthGAVwV vorgenommene Konkretisierungen des gesetzlichen Ausnahmefalls werden in Nr. 1 und Nr. 2 der gesetzlichen Regelung übernommen, um Klarheit über die Voraussetzungen zum Schulbesuch direkt aus dem Gesetz zu erhalten.

Die Vorschrift des § 16b Abs. 2 aF entsprach § 16 Abs. 5a aF in der seit dem 1.8.2012 geltenden **14** Fassung, geändert durch Art. 1 des Gesetzes zur Umsetzung der Hochqualifizierten-Richtlinie der Europäischen Union (v. 1.6.2012, BGBl. I 1224; BR-Drs. 848/11; konkret zu § 16 Abs. 5a aF BT-Drs. 17/9436).

Abs. 2 regelt den **Besuch allgemeinbildender Schulen.** Durch die Streichung der Beschrän- **15** kung auf Ausnahmefälle wird ein genereller Tatbestand geschaffen, der mehr Schülern den Besuch deutscher Schulen ermöglicht.

Die Generalisierung gilt auch für die ursprünglichen Ausnahmetatbestände für besondere Perso- **16** nengruppen (Privilegierte Staatsangehörige nach § 41 AufenthV oder deutsche Volkszugehörige), denen der Schulbesuche ermöglicht werden konnte, wenn eine Aufnahmezusage der Schule vorlag (Nr. 16.5.2.2.1 AufenthGAVwV; Anwendungshinweise des Bundesministeriums des Innern, für Bau und Heimat zum Fachkräfteeinwanderungsgesetz v. 30.1.2020 Rn. 16 f.2.3.).

I. Zusammensetzung der Schülerschaft

Nach dem Gesetzeswortlaut kann einem Ausländer eine Aufenthaltserlaubnis zum Zweck des **17** Schulbesuchs in der Regel ab der **neunten Klassenstufe** / Sekundarstufe 2 erteilt werden, wenn in der Schulklasse eine Zusammensetzung aus Schülern verschiedener Staatsangehörigkeiten gewährleistet ist.

Die Beschränkung, dass eine Zusammensetzung aus Schülern verschiedener Staatsangehörigkei- **18** ten gefordert wird, besteht somit fort. Allerdings wird kein prozentualer Höchstanteil von Auslän- dern einer Staatsangehörigkeit mehr vorgegeben. Weiterhin ausgeschlossen bleibt, dass komplette Schulklassen oder Klassenzüge für Staatsangehörige eines Staates gebildet werden.

II. Ausrichtung der Schule

Einige der bisher in der AufenthGAVwV vorgenommenen Konkretisierungen des gesetzlichen **19** Ausnahmefalles wurden nunmehr in den Wortlaut der gesetzlichen Regelung aufgenommen. Hiermit wird mehr Klarheit und Transparenz aus dem Gesetzestext selbst geschaffen.

Aufgenommen wurde die Voraussetzung, dass es sich um eine öffentliche oder staatlich aner- **20** kannte Schule mit internationaler Ausrichtung (Nr. 16.5.2.2.3 AufenthGAVwV) oder um eine Schule, die nicht oder nicht überwiegend aus öffentlichen Mitteln finanziert wird handeln soll und die Schüler auf internationale Abschlüsse, Abschlüsse anderer Staaten oder staatlich anerkannte Abschlüsse vorbereitet.

1. Öffentliche oder staatlich anerkannte Schule mit internationaler Ausrichtung (Nr. 16.5.2.2.3 AufenthGAVwV)

Zu dieser Kategorie Schulen zählen insbesondere öffentliche oder staatlich anerkannte **Ersatz-** **21** **schulen** in privater Trägerschaft, welche bilinguale Bildungsgänge bzw. Bildungsgänge mit einem deutschen und einem ausländischen Abschluss anbieten (Nr. 16.5.2.4 AufenthGAVwV). Genehmi- gungspflichtige Ersatzschulen entsprechen den Schulformen des öffentlichen Schulwesens. Wer eine Ersatzschule besucht, erfüllt die Schulpflicht. Die Rechtsaufsicht über die Ersatzschulen wird von der Schulaufsichtsbehörde ausgeübt (§ 170 HessSchG).

2. Schulen, die nicht oder nicht überwiegend aus öffentlichen Mitteln finanziert werden und die Schüler auf internationale Abschlüsse, Abschlüsse anderer Staaten oder staatliche anerkannte Abschlüsse vorbereitet

Hierzu zählen bspw. die **Internatsschulen** (Nr. 16.5.2.2.4 AufenthGAVwV). **22**

Zu diesen Schulen zählen des Weiteren die in verschiedenen Formen ausgestalteten **Ergän-** **23** **zungsschulen** in freier Trägerschaft. Ergänzungsschulen bieten Unterrichtsinhalte an, welche die öffentlichen Schulen oder Ersatzschulen so nicht kennen. Zu unterscheiden sind allgemeinbildende Ergänzungsschulen, berufsbildende Ergänzungsschulen, ausländische und internationale Ergän- zungsschulen. Diese Schulen unterliegen in der Regel keiner staatlichen Schulaufsicht, staatlich anerkannte Abschlüsse können an Ergänzungsschulen mithin erworben werden. Der Unter- richt an ausländischen Ergänzungsschulen entspricht bspw. den schulrechtlichen Bestimmungen des ausländischen Staates und führt mithin zu den dort zu vergebenden Abschlüssen, wie zB landespezifische High-School-Diploma (**A**dvanced **P**lacement Diploma – **AP** Diploma). Interna- tionale Ergänzungsschulen bereiten entsprechend auf internationale Abschlüsse vor, wie zB das „International **G**eneral Certificate of **S**econdary Education – **IGCSE,** welches wiederum die

Grundlage für die weiterführende akademische Laufbahn für das International Baccalaurat Diploma – **IB** bilden (Nr. 16.5.2.5 AufenthGAVwV).

24   Die Deckung der **Lebenshaltungskosten** (einschließlich Krankenversicherung) nach § 5 und der Ausbildungskosten (Schulgeld) müssen für alle vorbezeichneten Ausnahmetatbestände nachgewiesen werden. Es bleibt hier bei dem Grundsatz, dass die Ausbildungskosten der Schüler unabhängig von ihrer Staatsangehörigkeit durch die Eltern zumindest überwiegend getragen werden müssen (Anwendungshinweise des Bundesministeriums des Innern, für Bau und Heimat zum Fachkräfteeinwanderungsgesetz v. 30.1.2020 Rn. 16 f.2.4, Nr. 16.5.2.2, 16.5.2.2.4 AufenthGAVwV).

C. Aufenthaltszweckwechselregelung (Abs. 3)

25   Abs. 3 übernimmt die Aufenthaltszweckwechselregelung von § 16b Abs. 4 aF. Danach ist während des Aufenthalts gem. Abs. 1 oder Abs. 2 ein Aufenthaltszweckwechsel nur in den Fällen eines Anspruchs auf Erteilung eines anderen Aufenthaltstitels möglich. Mit dem verwendeten Wort „während" wird die Zeit bis zum erfolgreichen Abschluss der Bildungsmaßnahme und Aushändigung des entsprechenden Abschlusszeugnisses erfasst.

26   Die Vorschrift des § 16b Abs. 2 aF entsprach § 16 Abs. 5b aF in der seit dem 1.8.2012 geltenden Fassung, geändert durch Art. 1 des Gesetzes zur Umsetzung der Hochqualifizierten-Richtlinie der Europäischen Union (v. 1.6.2012, BGBl. I 1224; BR-Drs. 848/11; konkret zu § 16 Abs. 5b aF BT-Drs. 17/9436).

27   Nach der alten Rechtslage gem. § 16 Abs. 5 S. 2 aF iVm § 16 Abs. 2 aF war in der Regel kein Zweckwechsel vorgesehen, die Ausnahme stellte der Fall des gesetzlichen Anspruchs dar. Diese Einschränkung entfiel mit der Neufassung der Vorschrift zum 1.8.2017 beschränkt auf den Fall des erfolgreichen Abschlusses des Sprachkurses bzw. des Schulbesuchs (Art. 1 des Gesetzes zur Umsetzung aufenthaltsrechtlicher Richtlinien der Europäischen Union zur Arbeitsmigration v. 12.5.2017, BGBl. I 1106; BR-Drs. 9/17).

28   Aufgrund der Regelungen in § 39 AufenthV kann nach erfolgreicher Beendigung von Sprachkursen, die für die Aufnahme einer Beschäftigung oder einer Ausbildung erforderlich sind, die zweckentsprechende Aufenthaltserlaubnis auch weiterhin ohne vorherige Ausreise erteilt werden.

I. Zweckwechsel nach Sprachkurs / Schulbesuch (Abs. 3 S. 1)

29   Nur **nach erfolgreichem Abschluss** des Sprachkurses oder Schulbesuchs, der zu einem anerkannten schulischen Abschluss geführt hat, kann ein Zweckwechsel erfolgen. **Während** des Kursbesuchs oder solange der Kurs nicht erfolgreich abgeschlossen wurde (Abbruch), soll in der Regel ein Zweckwechsel nur dann möglich sein, sofern ein gesetzlicher Anspruch besteht. Die Behörde entscheidet im Rahmen des ihr eingeräumten Ermessens (BR-Drs. 9/17, 47).

II. Zweckwechsel nach Schüleraustausch (Abs. 3 S. 2)

30   Ein Zweckwechsel im Rahmen des Schüleraustauschs ist nur bei Bestehen eines **Anspruchs**, auch nach erfolgreicher Beendigung (Wortlaut: „im Anschluss"), möglich. In Bezug auf die Teilnahme am Schüleraustausch bleibt es mithin bei der bisher geltenden Rechtslage vor dem Gesetz zur Umsetzung aufenthaltsrechtlicher Richtlinien der Europäischen Union zur Arbeitsmigration (v. 12.5.2017, BGBl. I 1106; BR-Drs. 9/17, 47).

III. § 9 findet keine Anwendung (Abs 3 S. 3)

31   Mit Verweis darauf, dass § 9 keine Anwendung findet, wird ausdrücklich klargestellt, dass während der Dauer der Aufenthaltserlaubnis nach § 16f die Erteilung einer Niederlassungserlaubnis nicht in Betracht kommt.

IV. Erwerbstätigkeit (Abs. 3 S. 4)

32   Eine gleichzeitige **Erwerbstätigkeit** neben der Teilnahme an einem Sprachkurs oder neben sonstigen Schulbesuchen bzw. Schüleraustausch ist **nicht** explizit gestattet und bedarf daher einer Zustimmung der Bundesagentur für Arbeit (Dörig MigrationsR-HdB/Samel § 5 Rn. 203). Eine Ausnahme besteht unter Umständen für die Zeit der Ferien unter der Voraussetzung, dass die Bundesagentur für Arbeit die Erwerbstätigkeit gestattet (Nr. 16.5.1.4 AufenthGAVwV; BeckOK AuslR/Christ, 15. Ed. 1.5.2017, § 16 Rn. 13).

D. Bilaterale oder multilaterale Vereinbarungen (Abs. 4)

Um Abweichungen von Abs. 1 und Abs. 2 zugunsten des Schulbesuchs ausländischer Schüler 33
aufgrund von bilateralen oder multilaterale Vereinbarungen der Länder mit öffentlichen Stellen
in anderen Staaten zu ermöglichen, wurde der Vorbehalt (bislang Nr. 16.5.2.7 AufenthGAVwV)
in den Gesetzestext übernommen. Die Erteilung einer Aufenthaltserlaubnis zur Teilnahme am
Schulbesuch können aufgrund solcher Vereinbarungen nur dann erteilt werden, wenn die für das
Aufenthaltsrecht zuständige oberste Landesbehörde der Vereinbarung zugestimmt hat (Anwendungshinweise des Bundesministeriums des Innern, für Bau und Heimat zum Fachkräfteeinwanderungsgesetz v. 30.1.2020 Rn. 16 f.4.1).

§ 17 Suche eines Ausbildungs- oder Studienplatzes

(1) ¹Einem Ausländer kann zum Zweck der Suche nach einem Ausbildungsplatz zur
Durchführung einer qualifizierten Berufsausbildung eine Aufenthaltserlaubnis erteilt
werden, wenn
1. er das 25. Lebensjahr noch nicht vollendet hat,
2. der Lebensunterhalt gesichert ist,
3. er über einen Abschluss einer deutschen Auslandsschule oder über einen Schulabschluss verfügt, der zum Hochschulzugang im Bundesgebiet oder in dem Staat
   berechtigt, in dem der Schulabschluss erworben wurde, und
4. er über gute deutsche Sprachkenntnisse verfügt.
²Die Aufenthaltserlaubnis wird für bis zu sechs Monate erteilt. ³Sie kann erneut nur
erteilt werden, wenn sich der Ausländer nach seiner Ausreise mindestens so lange im
Ausland aufgehalten hat, wie er sich zuvor auf der Grundlage einer Aufenthaltserlaubnis
nach Satz 1 im Bundesgebiet aufgehalten hat.
(2) ¹Einem Ausländer kann zum Zweck der Studienbewerbung eine Aufenthaltserlaubnis erteilt werden, wenn
1. er über die schulischen und sprachlichen Voraussetzungen zur Aufnahme eines Studiums verfügt oder diese innerhalb der Aufenthaltsdauer nach Satz 2 erworben werden
   sollen und
2. der Lebensunterhalt gesichert ist.
²Die Aufenthaltserlaubnis wird für bis zu neun Monate erteilt.
(3) ¹Die Aufenthaltserlaubnis nach den Absätzen 1 und 2 berechtigt nicht zur
Erwerbstätigkeit und nicht zur Ausübung studentischer Nebentätigkeiten. ²Während des
Aufenthalts nach Absatz 1 soll in der Regel eine Aufenthaltserlaubnis zu einem anderen
Aufenthaltszweck nur nach den §§ 18a oder 18b oder in Fällen eines gesetzlichen
Anspruchs erteilt werden. ³Während des Aufenthalts nach Absatz 2 soll in der Regel eine
Aufenthaltserlaubnis zu einem anderen Aufenthaltszweck nur nach den §§ 16a, 16b, 18a
oder 18b oder in Fällen eines gesetzlichen Anspruchs erteilt werden.

Überblick

Die Vorschrift regelt die Erteilung einer Aufenthaltserlaubnis, um einem Ausländer die Suche
nach einem Ausbildungsplatz (Abs. 1, → Rn. 4) oder die Studienbewerbung (Abs. 2, → Rn. 29)
vom Inland aus zu ermöglichen. Beide Arten der Aufenthaltserlaubnis stehen im Ermessen (→
Rn. 4) (→ Rn. 33) der Behörde. Die allgemeinen Erteilungsvoraussetzungen nach § 5 müssen
erfüllt sein.
Die Erteilung zum Zweck der Suche eines Ausbildungsplatzes zur Durchführung einer qualifi-
zierten Berufsausbildung ist an diverse, recht hohe persönliche Voraussetzungen geknüpft (→
Rn. 5), wie eine Altersgrenze (→ Rn. 6), absolute Lebensunterhaltsicherung (→ Rn. 9), Schul-
abschluss einer deutschen Auslandsschule (→ Rn. 12) oder Hochschulzugangsberechtigung (→
Rn. 14) sowie Sprachniveau B2 (→ Rn. 16). Neben den allgemeinen Erteilungsvoraussetzungen
(→ Rn. 18) sind Ausschlussgründe nach § 19f (→ Rn. 20) zu beachten. Die Dauer ist beschränkt
(→ Rn. 23), eine Verlängerung ausgeschlossen (→ Rn. 27). Eine wiederholte Erteilung nach
Ausreise ist möglich (→ Rn. 27).
Die Aufenthaltserlaubnis zur Studienbewerbung (→ Rn. 29) ist ebenfalls an persönliche Voraus-
setzungen geknüpft, so den Nachweis der schulischen (→ Rn. 36) und sprachlichen (→ Rn. 38)
Voraussetzungen für das Studium sowie die zwingende Lebensunterhaltsicherung (→ Rn. 40).

Die Ablehnungsgründe nach § 19f sind zu beachten (→ Rn. 42). Die Dauer ist begrenzt (→ Rn. 50) und kann nicht verlängert (→ Rn. 51), sondern nur neu erteilt werden (→ Rn. 52).

Nach Abs. 3 sind während der Gültigkeit der Aufenthaltserlaubnis weder Erwerbstätigkeiten, noch studentische Nebentätigkeiten erlaubt (→ Rn. 54).

Der Zweckwechsel ist in der Regel gemäß Abs. 3 (→ Rn. 57) beschränkt (→ Rn. 55), wobei für die Aufenthaltserlaubnis zur Ausbildungsplatzsuche (→ Rn. 55) und zur Studienbewerbung (→ Rn. 59) unterschiedliche Regelungen gelten.

Zu Verwaltungsverfahren und Rechtsmittel siehe (→ Rn. 63).

Übersicht

A. Allgemeines

1   Die Vorschrift regelte bis zum 29.2.2020 die Voraussetzungen, unter denen eine Aufenthaltserlaubnis zum Zweck der Aus- und Weiterbildung erteilt werden konnte. Diese Regelungen wurden nun neu in § 16a gefasst.

2   Mit dem **FachkEinwG** (Fachkräfteeinwanderungsgesetz v. 15.8.2019, BGBl. I 1307) wurde zum einen in Abs. 2 die zuvor in § 16 Abs. 7 aF geregelte Studienplatzsuche übernommen, zum anderen erstmals eine Aufenthaltserlaubnis zur Suche eines Ausbildungsplatzes in das Aufenthaltsgesetz aufgenommen (Abs. 1). **Abs. 1 ist zeitlich befristet bis zum 28.2.2025** (Art. 54 Abs. 2 FachkEinwG). Dieser Punkt war umstritten und wurde letztendlich entgegen dem Willen des Bundesrates in das Gesetz aufgenommen. Allerdings ergibt sich aus der Gesetzesbegründung (BT-Drs. 19/8285, 176), dass eine **Evaluierung vor Ablauf der Gültigkeit** über die Erfahrungen mit Abs. 1 durchgeführt werden soll.

3   Durch die Normierung der Aufenthaltserlaubnis zum Zweck der Ausbildungsplatzsuche wird das Problem gelöst, dass der Erteilung eines Schengen-Visums zu diesem Zweck häufig eine fehlende Rückkehrbereitschaft im Erfolgsfall entgegengehalten wurde, was letztendlich den Sinn konterkariert hat.

B. Erläuterungen im Einzelnen

I. Aufenthaltserlaubnis zum Zweck der Suche eines Ausbildungsplatzes (Abs. 1)

1. Allgemeines (Abs. 1 S. 1)

4   Zum **Zweck** der **Suche eines Ausbildungsplatzes zur Durchführung einer qualifizierten Berufsausbildung** gemäß § 2 Abs. 12a (→ § 16a Rn. 23a) kann dem Ausländer eine Aufenthaltserlaubnis erteilt werden. Die Erteilung steht zunächst im **Ermessen** der zuständigen Behörde. Dabei sind die **Ermessensgrundsätze des § 16** (→ § 16 Rn. 11) zu berücksichtigen. Danach liegt es im Interesse der Bundesrepublik, Ausländern den Zugang zur Ausbildung zu verschaffen. Dieses in § 16 näher dargelegte Interesse hat die zuständige Behörde zu berücksichtigen.

4.1   Anders aber BeckOK AuslR/Fleuß Rn. 4, der keinen Raum für einen an entwicklungshilfepolitischen oder humanitären Zielen orientierten Zugang zum Bundesgebiet sieht und dies aus dem Wortlaut der

Vorschrift schließen will. Nach hiesiger Auffassung ist dies mit § 16 nicht in Einklang zu bringen, der sich explizit auf den Zugang von Ausländern zur Ausbildung bezieht. Unter Zugang zur Ausbildung ist auch die Suche nach einem Ausbildungsplatz, nicht nur die Aufnahme einer Ausbildung selbst zu verstehen. § 16 gilt als Grundsatznorm für den gesamten Abschnitt 3 (BT-Drs. 7/19, 97).

Sinn dieser Aufenthaltserlaubnis ist auch, es kleineren und mittleren Unternehmen zu erleich- **4a** tern, Auszubildende aus Drittstaaten für ihre Betriebe zu finden (BT-Drs. 7/19, 104).

Eine Aufenthaltserlaubnis zum Zweck der Suche einer Stelle zur beruflichen **Weiterbildung 5** iSd § 16a Abs. 1 S. 1 (→ § 16a Rn. 9) ist nicht vorgesehen. Hier wird auf die Erteilung eines Schengen-Visums mit der Problematik der fraglichen Rückkehrbereitschaft im Erfolgsfalle (→ Rn. 3) zu verweisen sein. Dasselbe gilt für Ausbildungen, die keine qualifizierte Berufsausbildung darstellen.

2. Besondere Erteilungsvoraussetzungen (Abs. 1 S. 1)

Die Erteilung ist an eine Reihe persönlicher Voraussetzungen geknüpft. **6**

Die Erteilung der Aufenthaltserlaubnis kann **nur für eine qualifizierte Berufsausbildung 6a** erfolgen. Was unter einer qualifizierten Berufsausbildung zu verstehen ist, regelt § 2 Abs. 12a. S. hierzu näher (→ § 16a Rn. 23a).

Der Ausländer darf das **25. Lebensjahr noch nicht vollendet** haben (S. 1 Nr. 1). Sinn dieser **7** Regelung ist es, den Kreis der potenziellen Bewerber auf junge Drittstaatsangehörige zu beschränken, deren Schulausbildung noch nicht lange zurückliegt (BT-Drs. 19/8285, 95). Entgegen Marx (Das neue Fachkräfteeinwanderungsgesetz, 2019, 29 Rn. 8) bleibt den Bewerbern dabei keineswegs viel Zeit, um zu prüfen, ob sie im eigenen Land Ausbildungsperspektiven haben. Marx geht von einem Alter von 14–16 Jahren zum Zeitpunkt des Schulabschlusses aus, verkennt dabei aber offensichtlich die Voraussetzungen des Abs. 1 S. 1 Nr. 3, wonach der Bewerber in der Regel über eine Hochschulzugangsberechtigung verfügen muss, die er mit 14 sicher noch nicht haben wird.

Maßgeblicher Zeitpunkt der Altersgrenze ist die Antragstellung, nicht der Zeitpunkt der **8** Erteilung des Visums (so auch BeckOK/Fleuß Rn. 6). Die Berechnung der Altersgrenze richtet sich nach § 187 Abs. 2 BGB.

Die früher hier vertretene Auffassung, maßgeblicher Zeitpunkt sei derjenige der Erteilung des Visums, **8.1** wird nicht aufrechterhalten.

Der **Lebensunterhalt** muss ausnahmslos (BT-Drs. 19/8285, 95) gesichert sein (S. 1 Nr. 2). S. 1 **9** Nr. 2 verdrängt als lex specialis § 5 Abs. 1 Nr. 1. Während der Ausbildungsplatzsuche kann der Nachweis der Lebensunterhaltssicherung nur durch **Nachweis entsprechenden Vermögens oder weiterlaufenden heimatlichen Einkommens** erfolgen. Weiter kommen auch Stipendien in Frage. Sofern es um Zuwendungen von Familienangehörigen geht, muss dies nach den Grundsätzen einer **Verpflichtungserklärung** nach § 68 Abs. 1 geprüft werden, wobei die erklärende Person ihren regelmäßigen Aufenthalt im Bundesgebiet haben sollte. Verpflichtungserklärungen von Personen, die im Ausland leben, werden wohl im Rahmen des Ermessens nicht akzeptiert werden. Ansonsten wird der Nachweis ausreichenden Vermögens über ein **Sperrkonto,** wie für die Aufenthaltserlaubnis zum Zweck eines Studiums, zu erbringen sein. Auch die Hinterlegung einer Bankbürgschaft nach § 765 BGB kommt in Betracht (BeckOK AuslR/Fleuß Rn. 7).

Maßgeblich für die **Sicherung des Lebensunterhalts der Höhe nach** ist § 2 Abs. 3 S. 6 iVm **10** § 2 Abs. 3 S. 5. Danach gilt der Lebensunterhalt im Rahmen des § 17 als gesichert, wenn der Antragsteller über monatliche Mittel verfügt, die dem Bedarf nach **§§ 13, 13a Abs. 1 BAföG zuzüglich eines Aufschlags von zehn Prozent** entsprechen, wobei eine Inanspruchnahme öffentlicher Mittel iSd § 2 Abs. 3 S. 1 unter Beachtung von § 2 Abs. 3 S. 2 ausgeschlossen ist. Die Mindestbeträge nach § 2 Abs. 3 S. 5 werden gem. § 2 Abs. 3 S. 7 vom Bundesministerium des Innern, Bau und Heimat für jedes Kalenderjahr bis zum 31.8. des Vorjahres festgelegt und im Bundesanzeiger bekannt gegeben.

Der Antragsteller muss über einen **hinreichenden Schulabschluss** verfügen (Abs. 1 S. 1 **11** Nr. 3).

Dies kann zunächst ein **Schulabschluss einer deutschen Auslandsschule** sein. Die Gesetzes- **12** begründung verweist auf das ASchulG vom 26.8.2013 (BGBl. I 3306). Nach § 2 Abs. 2 ASchulG sind Abschlüsse danach die deutsche allgemeine Hochschulzugangsberechtigung (Abitur), von der Kultusministerkonferenz anerkannte binationale Abschlüsse zur Erlangung der deutschen allgemeinen Hochschulzugangsberechtigung, deutsche Abschlüsse zur Erlangung der Fachhochschulreife, deutsche mittlere Abschlüsse einschließlich Hauptschul- und Realschulabschlüsse sowie deutsche berufsbildende Abschlüsse gemäß der Anerkennung durch die Kultusministerkonferenz. Weiter sind derartige Abschlüsse das Gemischtsprachige International Baccalaureate an ausländischen Schulen mit Deutschunterricht sowie das Deutsche Sprachdiplom der Kultusministerkonferenz der Stufen I und II. Die Auslandsschule muss dabei nicht in einem Drittstaat liegen, insbesondere nicht im Herkunftsstaat des Bewerbers.

13 Zu den deutschen Auslandsschulen werden auch diejenigen der Bundeswehr zu zählen sein, auch wenn dies in der Gesetzesbegründung (BT-Drs. 19/8285, 95) so nicht aufgeführt ist. Auch in diesen Schulen werden in Deutschland anerkannte Schulabschlüsse erworben.

14 **Ausländische Schulabschlüsse hingegen müssen zum Besuch einer Hochschule berechtigen.** Die ursprünglich vorgesehene Regelung, dass lediglich ausländische Schulabschlüsse berücksichtigt werden, die in der Bundesrepublik zum Hochschulzugang berechtigen, wurde nicht aufrechterhalten. Vielmehr genügt es, wenn der Schulabschluss im Herkunftsland zum Hochschulbesuch berechtigt. Unter Hochschule sind dabei Universitäten, Pädagogische Hochschulen, Kunsthochschulen, Fachhochschulen und sonstige Bildungseinrichtungen, die nach Landesrecht staatliche Hochschulen sind, zu verstehen (BeckOK AuslR/Fleuß Rn. 8).

14.1 Die Zentralstelle für ausländisches Bildungswesen im Sekretariat der Kultusministerkonferenz der Länder ist sachverständig für die Klärung der Frage, ob ein ausländischer Sekundarschulabschluss die Aufnahme eines Studiums in der Bundesrepublik ermöglicht (BT-Drs. 19/8285, 94).

15 Diese **Anforderungen sind nachdrücklich zu kritisieren.** Sie stehen im Widerspruch zu § 16. Es ist überhaupt nicht zu verstehen und lässt sich auch der Gesetzesbegründung (BT-Drs. 19/8285, 95) nicht entnehmen, weshalb für eine Ausbildungsplatzsuche etwa für das Bäckerhandwerk oder die Ausbildung zum Maler und Maurer eine Hochschulzugangsberechtigung gefordert werden muss. Wer eine solche hat, wird sich um ein Studium in der Bundesrepublik bemühen. Zurecht weist deshalb Marx (Das neue Fachkräfteeinwanderungsgesetz, 2019, 30 Rn. 10) darauf hin, dass Abs. 1 wohl ins Leere laufen wird. Außerdem ist nicht nachzuvollziehen, weshalb an die Aufenthaltserlaubnis zur Suche eines Ausbildungsplatzes höhere Anforderungen gestellt werden, als an die Aufenthaltserlaubnis zur Aufnahme der Ausbildung selbst!

16 Idem gilt für die Sprachanforderungen: Der Antragsteller benötigt **gute Sprachkenntnisse** (Abs. 1 S. 1 Nr. 4). Diese entsprechen dem **Sprachniveau B 2** des Gemeinsamen Europäischen Referenzrahmens für Sprachen (§ 2 Abs. 11a). Diese Anforderungen sind höher, als sie für die Aufenthaltserlaubnis zum Zweck der Aufnahme einer qualifizierten Berufsausbildung selbst gefordert werden (§ 16a Abs. 3 S. 2)! Dies ist völlig unverständlich, zumal die Gesetzesbegründung (BT-Drs. 19/8285, 95) davon ausgeht, dass – entgegen § 16a Abs. 3 S. 2 – für die Berufsausbildung Sprachkenntnisse B 2 notwendig seien. Hier ist der Gesetzgeber nachdrücklich aufgefordert, nachzubessern.

17 Der Schulabschluss an einer deutschen Auslandsschule impliziert nicht ohne Weiteres gute Sprachkenntnisse (aA wohl Marx, Das neue Fachkräfteeinwanderungsgesetz, 2019, 31 Rn. 11), da auch der Hauptschulabschluss an einer deutschen Auslandsschule nach Abs. 1 S. 1 Nr. 3 ausreichend ist, dieser aber lediglich Sprachkenntnisse des Niveaus B1 bescheinigen dürfte (Nr. 9.2.1.7 VwV AufenthG).

3. Allgemeine Erteilungsvoraussetzungen nach § 5

18 Die allgemeinen Erteilungsvoraussetzungen für eine Aufenthaltserlaubnis nach § 5 sind zu beachten. Dabei ist **Abs. 1 Nr. 2 lex specialis gegenüber § 5 Abs. 1 Nr. 1** (→ Rn. 9). Es ist deshalb nicht möglich, aufgrund der Formulierung als Regelerteilungsvoraussetzung in § 5 Abs. 1 Nr. 1 das Fehlen der Lebensunterhaltssicherung im Rahmen eines atypischen Ausnahmegeschehens hinzunehmen.

19 Der Antrag muss im Rahmen eines **Visumverfahrens** gestellt werden (§ 5 Abs. 2; → Rn. 64). Hiervon können die im Rahmen dieser Vorschrift zu prüfenden Ausnahmen berücksichtigt werden. Hält sich der **Ausländer** in der Bundesrepublik **geduldet** auf, wird er auf die Ausbildungsduldung nach § 60c zu verweisen sein (Marx, Das neue Fachkräfteeinwanderungsgesetz, 2019, 31 Rn. 13).

4. Ablehnungsgründe nach § 19f Abs. 4

20 Nach § 19f Abs. 4 kann die Aufenthaltserlaubnis nach Abs. 1 abgelehnt werden, wenn
• die aufnehmende Einrichtung hauptsächlich zu dem Zweck gegründet wurde, die Einreise und den Aufenthalt von Ausländern zum Zweck der Ausbildungsplatzsuche zu erleichtern – § 19 Abs. 4 Nr. 1 (→ § 19f Rn. 46),

- über das Vermögen der aufnehmenden Einrichtung ein Insolvenzverfahren eröffnet wurde, das auf Auflösung der Einrichtung und Abwicklung des Geschäftsbetriebs gerichtet ist – § 19 Abs. 4 Nr. 2 (→ § 19f Rn. 51),
- die aufnehmende Einrichtung im Rahmen der Durchführung eines Insolvenzverfahrens aufgelöst wurde und der Geschäftsbetrieb abgewickelt wurde – § 19 Abs. 4 Nr. 3 (→ § 19f Rn. 51),
- die Eröffnung eines Insolvenzverfahrens über das Vermögen der aufnehmenden Einrichtung mangels Masse abgelehnt wurde und der Geschäftsbetrieb eingestellt wurde – § 19 Abs. 4 Nr. 4 (→ § 19f Rn. 51),
- die aufnehmende Einrichtung keine Geschäftstätigkeit ausübt – § 19 Abs. 4 Nr. 5 (→ § 19f Rn. 56) oder
- Beweise oder konkrete Anhaltspunkte dafür bestehen, dass der Ausländer den Aufenthalt zu anderen Zwecken nutzen wird als zu jenen, für die er die Erteilung der Aufenthaltserlaubnis beantragt hat – § 19 Abs. 4 Nr. 6 (→ § 19f Rn. 57).

Diese Vorschrift entspricht § 20c Abs. 2 aF.

Für die Ausschlussgründe trägt die Behörde die **Darlegungs- und Beweislast.** Dies wird **21** insbesondere bei § 19f Abs. 4 Nr. 6 von Bedeutung sein, wonach die Aufenthaltserlaubnis abgelehnt werden kann, wenn Beweise oder konkrete Anhaltspunkte dafür bestehen, dass der Ausländer den Aufenthalt nicht zum angegebenen Zweck der Ausbildungsplatzsuche nutzen wird. **Problematisch** könnten dabei diejenigen Fälle sein, in denen **neben dem Zweck der Ausbildungsplatzsuche auch andere Interessen des Ausländers** vorliegen. Dabei ist zB denkbar, dass sich nahe Angehörige bereits in der Bundesrepublik befinden, sodass auch ein Familiennachzugsinteresse gegeben sein könnte, für welches die Voraussetzungen nicht erfüllt sind. Dieses Nebeninteresse kann dann nicht ausschlaggebend sein, wenn der Ausländer glaubhaft die Ausbildungsplatzsuche darlegt. Je mehr sich der Ausländer mit der Ausbildung befasst hat und hierzu detaillierte Angaben machen kann, desto schwieriger wird es der Behörde fallen, konkrete Anhaltspunkte dafür zu finden, dass der Ausländer den Zweck der Ausbildungssuche nicht verfolgen wird.

Liegen die Voraussetzungen des § 19f Abs. 4 vor, muss die Behörde **Ermessen** ausüben. Dabei **22** wird allerdings das Interesse des Staates, die Erteilung unter den Voraussetzungen des § 19f Abs. 4 zu vermeiden, meist schwer wiegen.

5. Dauer der Aufenthaltserlaubnis (Abs. 1 S. 2 und 3)

Die Aufenthaltserlaubnis wird nach Abs. 1 S. 2 für die **Dauer** von **bis zu sechs Monaten 23** erteilt.

Ein **kürzerer Zeitraum** kommt wohl in erster Linie in Betracht, **wenn keine hinreichenden 24 finanziellen Mittel vorhanden** sind, um den Lebensunterhalt nach Abs. 1 S. 1 Nr. 2 für den gesamten Zeitraum von sechs Monaten zu sichern.

Nach hiesiger Auffassung ist die **Vollendung des 25. Lebensjahres** (Abs. 1 S. 1 Nr. 1) vor **25** Ablauf der sechs Monate **kein Grund,** die Dauer der Aufenthaltserlaubnis **zu verkürzen.** Maßgeblich ist die Altersgrenze für den Zeitpunkt der Beantragung der Aufenthaltserlaubnis (→ Rn. 8), nicht für die Dauer derselben. Dies ergibt sich aus dem Wortlaut der Vorschrift.

Andere Gründe, die Dauer der Aufenthaltserlaubnis zu verkürzen, sind schwerlich vorstellbar. **26**

Die **Aufenthaltserlaubnis kann nicht verlängert werden** (Abs. 1 S. 3). Sie kann nur **neu 27 erteilt** werden, was aber erfordert, dass der Ausländer sich mindestens so lange wieder nach seiner Ausreise im Ausland befunden hat, wie er sich zuvor in der Bundesrepublik aufgehalten hat. Zudem ist ein neues Visumverfahren durchzuführen mit den genannten Voraussetzungen. Hintergrund der Karenzzeit ist, einem Missbrauch des Aufenthaltsrechts nach Abs. 1 S. 1 vorzubeugen (BT-Drs. 19/10714, 22).

Eine Begrenzung auf eine bestimmte **Anzahl an Aufenthaltserlaubnissen** nach Abs. 1 S. 1 **28** ergibt sich nicht aus dem Gesetz. Insofern wird lediglich die Altersgrenze beschränkend wirken, soweit die weiteren besonderen Erteilungsvoraussetzungen gegeben sind. Allerdings werden spätestens mit der dritten Erteilung die Zweifel im Rahmen des § 19f Abs. 4 Nr. 6 (→ Rn. 21) zunehmen.

II. Aufenthaltserlaubnis zum Zweck der Studienbewerbung (Abs. 2)

1. Allgemeines

Abs. 2 ergänzt § 16b, welcher eine Aufenthaltserlaubnis zur Aufnahme eines Studiums sowie **29** für studienvorbereitende Maßnahmen regelt, um den davorliegenden Zeitraum und ermöglicht den **Aufenthalt in der Bundesrepublik, um sich für ein Studium im Inland zu bewerben.** Bis zum Inkrafttreten des FachkEinwG (→ Rn. 2) war dies in § 16 Abs. 7 S. 1 und 2 aF geregelt.

30   In der neuen Vorschrift sind allerdings die Voraussetzungen, unter denen eine Aufenthaltserlaubnis zur Studienbewerbung erteilt werden dürfen, konkreter geregelt, um den direkten Zweckwechsel in die Aufenthaltserlaubnis zum Zweck des Studiums nach § 16b klarer zu gestalten.

31   Die Begriffe „Suche eines Studienplatzes" aus der amtlichen Überschrift und „Studienbewerbung" in Abs. 2 S. 1 sind synonym zu verstehen (Marx, Das neue Fachkräfteeinwanderungsgesetz, 2019, 32 Rn. 14).

32   **Voraussetzung** für die Erteilung der Aufenthaltserlaubnis ist **nicht,** dass der Antragsteller bereits einen **konkreten Studienplatz** in Aussicht hat. Dies würde dem Zweck der Vorschrift zuwiderlaufen. Wurde dem Ausländer bereits ein Studienplatz zugeteilt oder steht ihm ein solcher definitiv zur Verfügung, ist der Anwendungsbereich dieser Vorschrift nicht eröffnet.

33   Die Behörde hat **Ermessen.** Dabei werden die **Erwägungsgründe der RL 2004/114/EG** (ABl. L 375, 12) zu berücksichtigen sein, insbesondere der Erwägungsgrund 6 RL 2004/114/EG, wonach ein Ziel der bildungspolitischen Maßnahmen der Gemeinschaft ist, darauf hinzuwirken, dass ganz Europa im Bereich von Studium und beruflicher Bildung weltweit Maßstäbe setzt. Die Förderung der Bereitschaft von Drittstaatsangehörigen, sich zu Studienzwecken in die Gemeinschaft zu begeben, ist nach diesem Erwägungsgrund ein wesentliches Element dieser Strategie. Vor diesem Hintergrund ist es schwerlich vorstellbar, dass bei Vorliegen der gesetzlichen Voraussetzungen nach Abs. 2 S. 1 Ermessensgründe gegen die Erteilung einer Aufenthaltserlaubnis zum Zweck der Studienbewerbung sprechen können.

2. Besondere Erteilungsvoraussetzungen (Abs. 2 S. 1)

34   Abs. 2 S. 1 Nr. 1 fordert, dass der Ausländer über die **schulischen und sprachlichen Voraussetzungen zur Aufnahme eines Studiums** bereits verfügt. Die alternative Möglichkeit, dass der Ausländer diese Voraussetzungen innerhalb der Gültigkeitsdauer der Aufenthaltserlaubnis von neun Monaten erwirbt, ist sicherlich nicht sehr realistisch.

34.1   Soweit die Auffassung vertreten wird (so BeckOK AuslR/Fleuß Rn 19), dass in dieser Zeit der Besuch eines Studienkollegs ermöglicht werden soll, ist darauf hinzuweisen, dass die Teilnahme an einem Studienkolleg in der Regel bereits die Immatrikulation an einer Hochschule erfordert. Im Übrigen sind Studienkollegs meist auf zwei Semester angelegt, sodass der Zeitraum von neun Monaten denkbar knapp ist. In Betracht käme ein freiwilliges Propädeutikum, welches aber jedenfalls den Hochschulzugang eigentlich voraussetzt.

35   Zweifelsohne ist davon auszugehen, dass die zuständige Auslandsvertretung den Antrag ohne Nachweis der Hochschulzugangsberechtigung ablehnen wird. Mit Marx (Das neue Fachkräfteeinwanderungsgesetz, 2019, 27 Rn. 15) ist anzuraten, sich eventuell fehlende Voraussetzungen während der sicher mehrmonatigen Bearbeitungszeit durch die zuständigen Behörden anzuzeigen.

36   Im Gegensatz zur Aufenthaltserlaubnis zur Aufnahme eines Studiums, bei dem bereits die Zulassung einer Hochschule vorliegt, welche die Hochschulzugangsberechtigung selbständig überprüft, wird im Bereich der hiesigen Vorschrift die **Hochschulzugangsberechtigung durch die Auslandsvertretung geprüft.** Dies wird regelmäßig über das Datenportal anabin erfolgen. Der Ausländer ist deshalb gut beraten, sich vor der Beantragung des Visums selbst zu erkundigen, ob sein Schulabschluss zu einem Hochschulstudium in der Bundesrepublik berechtigt.

37   Unter **Hochschulen** sind dabei va Universitäten, Fachhochschulen, Theologische Hochschulen, Pädagogische Hochschulen, Kunsthochschulen, Musikhochschulen sowie Berufsakademien zu verstehen.

38   Die **sprachlichen Voraussetzungen** variieren. § 2 Abs. 9–12 ist nicht anwendbar. Grundsätzlich ist für ein Hochschulstudium eine Sprachprüfung wie TestDaF oder DSH abzulegen. Allerdings gibt es in der Bundesrepublik auch Studiengänge, für welche Deutsch keine Voraussetzung ist. Dies ist bei der Entscheidung über die Aufenthaltserlaubnis zu berücksichtigen. Begründet der Ausländer nachvollziehbar, sich für einen derartigen internationalen Studiengang bewerben zu wollen, ist unter „sprachlichen Voraussetzungen" eben nicht „Deutschkenntnisse" zu subsumieren. Wichtig ist, dass der Ausländer diejenigen sprachlichen Voraussetzungen hat, die für den konkreten Studiengang erforderlich sind (von Dienst ZAR 2017, 251; BeckOK AuslR/Fleuß Rn. 20).

39   Die **Sprachkenntnisse müssen** zumindest **innerhalb** des zulässigen **Aufenthaltszeitraums von neun Monaten zu erreichen sein** (Abs. 2 S. 1 Nr. 1 Hs. 2). Wenn es sich dabei um deutsche Sprachkenntnisse handelt, werden bei der Visumerteilung wohl Sprachkenntnisse B2 nach § 2 Abs. 11a gefordert werden, um innerhalb dieses Zeitraums eine Sprachprüfung wie TestDaF oder

DSH erfolgreich ablegen zu können. Als Nachweis für die Ernsthaftigkeit dieser Absicht bietet es sich an, einen studienvorbereitenden Sprachkurs oä zu buchen, um dies im Visumverfahren nachweisen zu können.

Nach Abs. 2 S. 1 Nr. 2 muss zwingend der **Lebensunterhalt** für den gesamten gewünschten **40** Aufenthaltszeitraum gesichert sein. **Hiervon kann nicht** iSd § 5 Abs. 1 Nr. 1 in besonderen Ausnahmesituationen **abgesehen werden,** da Abs. 2 S. 1 Nr. 2 lex specialis gegenüber § 5 Abs. 1 Nr. 1 ist (→ Rn. 9). Hinsichtlich der Höhe der Lebensunterhaltssicherung ist auf § 2 Abs. 3 S. 6 zu verweisen (→ Rn. 10).

3. Allgemeine Erteilungsvoraussetzungen nach § 5

Auch nach Abs. 2 S. 1 müssen die allgemeinen Erteilungsvoraussetzungen erfüllt sein (→ **41** Rn. 18). Die Sicherung des Lebensunterhalts richtet sich aber nach Abs. 2 S. 1 Nr. 2 und nicht nach § 5 Abs. 1 Nr. 1 (→ Rn. 9).

4. Ablehnungsgründe nach § 19f

Ein Aufenthaltstitel nach Abs. 2 S. 1 wird gem. § 19f Abs. 1 Nr. 1 nicht erteilt, wenn sich **42** der antragstellende Ausländer in einem Mitgliedstaat der EU aufhält, weil er einen Antrag auf **internationalen Schutz** (§ 1 Abs. 1 Nr. 2 AsylG) gestellt hat oder dort internationalen Schutz nach der RL 2011/95/EU genießt. **Zur diesbezüglichen Kritik** (→ § 16 Rn. 13a).

Weiter ist die Erteilung des Aufenthaltstitels nach § 19f Abs. 1 Nr. 2 ausgeschlossen, wenn sich **43** der Ausländer im Rahmen einer Regelung zum **vorübergehenden Schutz** iSd RL 2001/55/ EG in einem Mitgliedstaat der EU aufhält, wobei gleichgültig ist, ob der Schutz erteilt wurde oder nur der Antrag gestellt wurde. Aufgrund der nicht erfolgten Anwendung dieser RL hat dieser Ausschlussgrund keine praktische Bedeutung.

Die Erteilung der Aufenthaltserlaubnis nach Abs. 2 S. 1 ist außerdem nach § 19f Abs. 1 Nr. 3 **44** ausgeschlossen, wenn die **Abschiebung** in einem Mitgliedstaat der EU aus tatsächlichen oder rechtlichen Gründen **ausgesetzt** wurde.

Keine Aufenthaltserlaubnis nach Abs. 2 S. 1 erhalten gem. § 19f Abs. 1 Nr. 4 außerdem Auslän- **45** der, die eine **Daueraufenthaltserlaubnis/EU** haben oder welche einen **Aufenthaltstitel** haben, der durch einen anderen Mitgliedstaat der EU **auf der Grundlage der RL 2003/109/EG** erteilt wurde.

Keine wesentliche Bedeutung hat § 19f Abs. 1 Nr. 5, wonach **freizügigkeitsberechtigte** **46** **Drittstaater,** also insbesondere Staatsangehörige der Schweiz sowie der EWR-Staaten Island, Lichtenstein und Norwegen, keine Aufenthaltserlaubnis nach Abs. 2 S. 1 erhalten. Dieser Personenkreis benötigt zur Studienplatzsuche ohnehin nicht eine Aufenthaltserlaubnis nach dieser Vorschrift. Seit dem 1.1.2021 benötigen auch Staatsangehörige des Königreichs Großbritannien und Nordirland eine Aufenthaltserlaubnis zum Aufenthalt in der Bundesrepublik Deutschland.

Ebenfalls erhalten Ausländer, die eine **Blaue Karte EU** nach § 18b Abs. 2 oder einen **Aufent-** **47** **haltstitel nach § 18c Abs. 3** zur Ausübung einer hochqualifizierten Beschäftigung besitzen (§ 19f Abs. 3 S. 1).

Die Ausschlussgründe nach § 19 Abs. 1 und Abs. 3 S. 1 sind zwingend und erlauben keine **48** Ausnahmen.

Weiter kann die Aufenthaltserlaubnis abgelehnt werden, wenn die **Voraussetzungen des § 19f** **49** **Abs. 4** vorliegen (→ Rn. 20).

5. Dauer der Aufenthaltserlaubnis (Abs. 2 S. 2)

Die **Aufenthaltserlaubnis** wird für **längstens neun Monate** erteilt, wobei eine kürzere **50** Dauer, sofern nicht vom Antragsteller gewünscht, eigentlich nur bei fehlender Lebensunterhaltssicherung für den gesamten Zeitraum denkbar ist.

Eine **Verlängerung** ist **ausgeschlossen.** **51**

Im Gegensatz zur Aufenthaltserlaubnis zur Ausbildungsplatzsuche kann die Aufenthaltserlaubnis **52** zur Studienplatzsuche **sofort nach Rückkehr in den Heimatstaat erneut beantragt** werden. Eine Karenzzeit wie in Abs. 1 S. 3 (→ Rn. 27) ist nicht vorgesehen. Eine analoge Anwendung scheidet aus, da keine entsprechende Lücke zu erkennen ist.

Allerdings wird **bei** einer **Neuerteilung** dem **Ermessen** nach Abs. 2 S. 1 besondere Bedeutung **53** zukommen. Dieses aber wird angesichts der Tatsache, dass der Zugang zum Studium für Drittstaater im öffentlichen Interesse liegt (→ Rn. 33), großzügig zu handhaben sein. Dabei ist auch zu berücksichtigen, dass der Zeitraum von neun Monaten durchaus knapp bemessen ist. Weiter sind die individuellen Umstände, welche zu einer erneuten Beantragung führen, zu berücksichtigen, wie etwa, ob der Ausländer auf ein familiäres Umfeld in der Bundesrepublik zurückgreifen kann oder sich die Studienbewerbung aufgrund der Tatsache, dass der Ausländer auf sich allein gestellt war, schwieriger und langwieriger dargestellt hat (so auch Marx, Das neue Fachkräfteeinwanderungsgesetz, 2019, 34 Rn. 19). Auch wird aktuell aufgrund der coronapandemiebedingten Situation großzügig auf entsprechende Probleme für den Betroffenen zu reagieren sein.

III. Erwerbstätigkeit und Zweckwechsel (Abs. 3)

1. Erwerbstätigkeit (Abs. 3 S. 1)

54   Die **Aufenthaltstitel** nach Abs. 1 S. 1 und Abs. 2 S. 1 **schließen jede Erwerbstätigkeit aus**. Auch studentische Nebentätigkeiten sind ausgeschlossen. Hintergrund dieser Regelung ist die Vermeidung der missbräuchlichen Ausnutzung des Aufenthalts zur Aufnahme einer Erwerbstätigkeit.

2. Zweckwechsel bei Aufenthaltserlaubnis zur Ausbildungsplatzsuche (Abs. 3 S. 2)

54a   Abs. 3 S. 2 enthält ein **eingeschränktes Zweckwechselverbot,** welches verhindern soll, dass Ausländer andere Aufenthaltszwecke verfolgen als denjenigen der zuerkannten Aufenthaltserlaubnis. Dabei ist unter einem Zweckwechsel zu verstehen, dass der vom Ausländer angestrebte Aufenthaltszweck von demjenigen abweicht, welcher der bewilligten Aufenthaltserlaubnis zugrunde liegt.

55   **Während des Aufenthalts zur Suche eines Ausbildungsplatzes** ist ein **Wechsel zu einer anderen Aufenthaltserlaubnis** in der Regel nur möglich, wenn es sich um eine solche nach § 18a (Beschäftigung als Fachkraft mit qualifizierter Berufsausbildung) oder nach § 18b (Beschäftigung als Fachkraft mit akademischer Ausbildung) handelt. Dabei ist unter einer Fachkraft gemäß § 18 Abs. 3 ein Ausländer zu verstehen, der eine inländische qualifizierte Berufsausbildung oder eine mit einer inländischen qualifizierten Berufsausbildung gleichwertige ausländische Berufsqualifikation besitzt (**Fachkraft mit Berufsausbildung**) oder der einen deutschen, einen anerkannten ausländischen oder einen einem deutschen Hochschulabschluss vergleichbaren ausländischen Hochschulabschluss besitzt (**Fachkraft mit akademischer Ausbildung**). Dass derartige Zweckwechsel Ausnahmefälle sein werden, liegt auf der Hand, da Ausländer, welche die Qualifikationen nach §§ 18a und 18b haben, nur in Ausnahmefällen eine Aufenthaltserlaubnis zur Ausbildungsplatzsuche in Anspruch nehmen werden.

56   Weiter ist ein **Zweckwechsel** möglich, wenn ein **gesetzlicher Anspruch** auf Erteilung des anderen Aufenthaltstitels besteht. Ein gesetzlicher Anspruch ist nur im Fall eines strikten Rechtsanspruchs anzunehmen, welcher sich unmittelbar aus dem Gesetz ergibt und die Ausländerbehörde direkt zur Erteilung der Aufenthaltserlaubnis zwingt. Alle zwingenden und regelhaften Tatbestandsvoraussetzungen müssen erfüllt sein, da nur dann der Gesetzgeber selbst eine Entscheidung über das zu erteilende Aufenthaltsrecht getroffen hat (BVerwG BeckRS 2016, 49760). Darunter fallen **weder Regelansprüche** (BVerwG BeckRS 2016, 41159; NdsOVG BeckRS 2018, 3152), **noch Ermessensvorschriften, wenn das Ermessen auf Null reduziert ist** (BVerwG BeckRS 2015, 41164; BVerwG BeckRS 9998, 170767; BVerwG BeckRS 2009, 32297). Siehe aber → Rn. 57. Vorschriften, welche einen strikten Rechtsanspruch auf Erteilung einer Aufenthaltserlaubnis vermitteln, sind zB §§ 28, 30 und 32.

57   Fraglich ist, was unter der Formulierung des **Regelfalls** zu verstehen ist. Nach Marx (Das neue Fachkräfteeinwanderungsgesetz, 2019, 35 Rn. 20) ist dies so zu verstehen, dass der Zweckwechsel in der Regel zu ermöglichen ist (so wohl auch BeckOK AuslR/Fleuß Rn. 36). Nach hiesiger Auffassung ist dies nicht zutreffend. Es handelt sich vielmehr um einen Regelausschluss mit Ausnahme der genannten Fälle. Ansonsten würde sich die Formulierung des Regelfalls auch auf gesetzliche Ansprüche auf eine Aufenthaltserlaubnis beziehen, was sinnwidrig wäre. Vielmehr ist die **Vorschrift so zu verstehen, dass** andere Aufenthaltserlaubnisse, somit **andere Zweckwechsel, lediglich in der Regel ausgeschlossen sind** und nur in atypischen Ausnahmesituationen genehmigt werden können. Ein Zweckwechsel, wie ihn Abs. 3 S. 2 erlaubt, ist hingegen immer zulässig. Für die Erteilung der anderen Aufenthaltserlaubnis gelten die allgemeinen und besonderen Erteilungsvoraussetzungen, wie ein eventuelles Ermessen oder § 5.

58   Der **Zweckwechsel nach erfolgreicher Ausbildungsplatzsuche** zur Aufenthaltserlaubnis für die Durchführung der Ausbildung (§ 16a) ist von Abs. 3 S. 2 nicht eingeschränkt, da dies dem Sinn der Vorschrift widersprechen würde (BT-Drs. 19/8285, 96; BeckOK AuslR/Fleuß Rn. 37).

3. Zweckwechsel bei Aufenthaltserlaubnis zur Studienbewerbung (Abs. 3 S. 3)

Während des **Aufenthalts zur Studienbewerbung** ist ein **Wechsel zu einer anderen Auf-** 59 **enthaltserlaubnis** in der Regel nur möglich, wenn es sich um eine solche nach § 16a (Aufnahme einer Berufsausbildung oder beruflichen Weiterbildung), **§ 16b** (Studium), **§ 18a** (Beschäftigung als Fachkraft mit qualifizierter Berufsausbildung) oder **§ 18b** (Beschäftigung als Fachkraft mit akademischer Ausbildung) handelt. Dabei ist unter einem Zweckwechsel zu verstehen, dass der vom Ausländer angestrebte Aufenthaltszweck von demjenigen abweicht, welcher der bewilligten Aufenthaltserlaubnis zugrunde liegt.

Entgegen BeckOK AuslR/Fleusch Rn. 42 muss es sich beim Zweckwechsel in eine Aufenthaltserlaubnis 59.1 nach § 16a nicht um die Aufnahme einer qualifizierten Berufsausbildung handeln. Diese Einschränkung trifft das Gesetz nicht.

Hintergrund der Ermöglichung des Zweckwechsels ist, dass ein volkswirtschaftliches 59a Bedürfnis und somit ein Interesse der Bundesrepublik Deutschland besteht, Studierenden, welche das Studium ohne Abschluss beenden, den Wechsel in eine betriebliche oder schulische Berufsausbildung oder eine höherqualifizierte Tätigkeit zu ermöglichen. Dies soll auch für Ausländer gelten, die während der Zeit der Studienbewerbung zum entsprechenden Ergebnis gelangen. **Sinn der Beschränkung der Möglichkeiten zum Zweckwechsel** ist es sicherzustellen, dass die Erteilung einer Aufenthaltserlaubnis zum Zweck der Studienbewerbung nicht für andere Aufenthaltszwecke und somit für eine unkontrollierte Zuwanderung missbraucht wird (BT-Drs. 15/420, 74).

Weiter ist ein Zweckwechsel möglich, wenn ein **gesetzlicher Anspruch** auf Erteilung des 60 anderen Aufenthaltstitels besteht (→ Rn. 56).

Zur Frage, wie die Formulierung des **Regelfalls** zu verstehen ist, siehe → Rn. 57. 61

Abs. 3 S. 3 stellt keine eigene Anspruchsgrundlage für den neuen Aufenthaltszweck dar. Viel- 61a mehr müssen die besonderen Voraussetzungen für die Erteilung einer Aufenthaltserlaubnis nach den §§ 16a, 16b, 18a oder 18b vorliegen. Zu diesen wird auf die jeweilige Kommentierung verwiesen.

Der **Wechsel nach erfolgreicher Studienplatzbewerbung** zur Aufenthaltserlaubnis für die 62 Durchführung des Studiums (§ 16b) ist von Abs. 3 S. 3 nicht eingeschränkt, da dies dem Sinn der Vorschrift widersprechen würde (BT-Drs. 19/8285, 96). Im Übrigen ist ein solcher Wechsel von Abs. 3 S. 3 Alt. 2 (gesetzlicher Anspruch) umfasst (so auch BeckOK AuslR/Fleuß Rn. 43).

IV. Verwaltungsverfahren und Rechtsmittel

Das Verwaltungsverfahren richtet sich nach den allgemeinen Vorschriften über die Erteilung 63 eines Aufenthaltstitels.

Hat der Ausländer seinen **gewöhnlichen Aufenthalt im Ausland,** ist für die Einreise in die 64 Bundesrepublik die Erteilung eines nationalen Visums nach § 6 Abs. 3 nötig. Dieses wird von der zuständigen Auslandsvertretung erteilt, welche das Visum nach Ermessen und ggf. unter Mitwirkung der Bundesagentur für Arbeit erteilt.

Hat der Ausländer bereits seinen **gewöhnlichen Aufenthalt in der Bundesrepublik,** ist die 65 örtlich zuständige Ausländerbehörde für die Erteilung der Aufenthaltserlaubnis zuständig. Eines Visums bedarf es in diesem Fall nicht, es sei denn, die Nachholung des Visumverfahrens ist gem. § 5 Abs. 2 notwendig.

Hat der Ausländer das **18. Lebensjahr noch nicht vollendet,** müssen gem. § 80 Abs. 5 die 65a personensorgeberechtigten Personen dem geplanten Aufenthalt in der Bundesrepublik zustimmen.

Gegen die Entscheidung der Auslandsvertretung sind alternativ **Remonstration** bzw. **Klage** 66 **zum Verwaltungsgericht Berlin** möglich. Ablehnungsbescheide der Auslandsvertretungen sind häufig nur sehr knapp begründet. Oftmals fehlt die Rechtsbehelfsbelehrung, sodass die Jahresfrist nach § 58 VwGO gilt.

Hat die örtliche Ausländerbehörde über den Antrag entschieden, ist, je nach Landesrecht, der 67 Widerspruch statthaft. Ansonsten oder nach ablehnendem Widerspruchsbescheid ist die Anfechtungs- und Verpflichtungsklage statthaft.

Überlange Verfahrenszeiten insbesondere der Auslandsvertretungen sollten nicht mehr hinge- 68 nommen werden. Die Auslandsvertretungen verweisen gerne auf Personalmangel. Dies ist (die Flüchtlingswelle begann im Jahr 2015) nicht mehr hinzunehmen. In derartigen Fällen sollte Untätigkeitsklage nach Androhung erhoben werden.

Abschnitt 4. Aufenthalt zum Zweck der Erwerbstätigkeit

§ 18 Grundsatz der Fachkräfteeinwanderung; allgemeine Bestimmungen

(1) [1]Die Zulassung ausländischer Beschäftigter orientiert sich an den Erfordernissen des Wirtschafts- und Wissenschaftsstandortes Deutschland unter Berücksichtigung der Verhältnisse auf dem Arbeitsmarkt. [2]Die besonderen Möglichkeiten für ausländische Fachkräfte dienen der Sicherung der Fachkräftebasis und der Stärkung der sozialen Sicherungssysteme. [3]Sie sind ausgerichtet auf die nachhaltige Integration von Fachkräften in den Arbeitsmarkt und die Gesellschaft unter Beachtung der Interessen der öffentlichen Sicherheit.

(2) Die Erteilung eines Aufenthaltstitels zur Ausübung einer Beschäftigung nach diesem Abschnitt setzt voraus, dass
1. ein konkretes Arbeitsplatzangebot vorliegt,
2. die Bundesagentur für Arbeit nach § 39 zugestimmt hat; dies gilt nicht, wenn durch Gesetz, zwischenstaatliche Vereinbarung oder durch die Beschäftigungsverordnung bestimmt ist, dass die Ausübung der Beschäftigung ohne Zustimmung der Bundesagentur für Arbeit zulässig ist; in diesem Fall kann die Erteilung des Aufenthaltstitels auch versagt werden, wenn einer der Tatbestände des § 40 Absatz 2 oder 3 vorliegt,
3. eine Berufsausübungserlaubnis erteilt wurde oder zugesagt ist, soweit diese erforderlich ist,
4. die Gleichwertigkeit der Qualifikation festgestellt wurde oder ein anerkannter ausländischer oder ein einem deutschen Hochschulabschluss vergleichbarer ausländischer Hochschulabschluss vorliegt, soweit dies eine Voraussetzung für die Erteilung des Aufenthaltstitels ist, und
5. in den Fällen der erstmaligen Erteilung eines Aufenthaltstitels nach § 18a oder § 18b Absatz 1 nach Vollendung des 45. Lebensjahres des Ausländers die Höhe des Gehalts mindestens 55 Prozent der jährlichen Beitragsbemessungsgrenze in der allgemeinen Rentenversicherung entspricht, es sei denn, der Ausländer kann den Nachweis über eine angemessene Altersversorgung erbringen. Von den Voraussetzungen nach Satz 1 kann nur in begründeten Ausnahmefällen, in denen ein öffentliches, insbesondere ein regionales, wirtschaftliches oder arbeitsmarktpolitisches Interesse an der Beschäftigung des Ausländers besteht, abgesehen werden. Das Bundesministerium des Innern, für Bau und Heimat gibt das Mindestgehalt für jedes Kalenderjahr jeweils bis zum 31. Dezember des Vorjahres im Bundesanzeiger bekannt.

(3) Fachkraft im Sinne dieses Gesetzes ist ein Ausländer, der
1. eine inländische qualifizierte Berufsausbildung oder eine mit einer inländischen qualifizierten Berufsausbildung gleichwertige ausländische Berufsqualifikation besitzt (Fachkraft mit Berufsausbildung) oder
2. einen deutschen, einen anerkannten ausländischen oder einen einem deutschen Hochschulabschluss vergleichbaren ausländischen Hochschulabschluss besitzt (Fachkraft mit akademischer Ausbildung).

(4) [1]Aufenthaltstitel für Fachkräfte gemäß den §§ 18a und 18b werden für die Dauer von vier Jahren oder, wenn das Arbeitsverhältnis oder die Zustimmung der Bundesagentur für Arbeit auf einen kürzeren Zeitraum befristet sind, für diesen kürzeren Zeitraum erteilt. [2]Die Blaue Karte EU wird für die Dauer des Arbeitsvertrages zuzüglich dreier Monate ausgestellt oder verlängert, wenn die Dauer des Arbeitsvertrages weniger als vier Jahre beträgt.

Überblick

§ 18 ist die zentrale Grundsatznorm zur Erteilung von Aufenthaltstiteln zum Zweck der Ausübung einer Beschäftigung. Sie enthält grundlegende Direktiven, Definitionen sowie „vor die Klammer gezogene" Erteilungsvoraussetzungen für die in den folgenden Paragraphen normierten Aufenthaltstitel zum Zweck der Beschäftigung. Während Abs. 1 (→ Rn. 14) programmatische Leitlinien (insbesondere für die Ermessensausübung) beschreibt, bildet Abs. 2 (→ Rn. 17) den Grundtatbestand für die Erteilung aller Aufenthaltstitel zum Zweck der Ausübung einer Beschäftigung. Abs. 3 definiert den Begriff der Fachkraft (→ Rn. 38). Abs. 4 regelt die Erteilungsdauer für bestimmte Aufenthaltstitel von Fachkräften (→ Rn. 43).

Übersicht

A. Allgemeines

I. Gesetzgebungsgeschichte

§ 18 wurde als zentrale Grundsatznorm zur Erteilung von Aufenthaltstiteln zum Zweck der **1** Ausübung einer Beschäftigung durch das FachkEinwG (Fachkräfteeinwanderungsgesetz v. 15.8.2019, BGBl. I 1307; BT-Drs. 19/8285, 19, 96) neu geschaffen. Abs. 2 Nr. 5 beruht auf einer Beschlussempfehlung des Ausschusses für Inneres und Heimat (BT-Drs. 19/10714, 9, 22). Mit seiner Vorgängernorm § 18 aF, der mit Erlass des AufenthG durch das ZuwG (Zuwanderungsgesetz v. 30.7.2004, BGBl. I 1950) eingeführt wurde, hat § 18 wenig gemein. Das FachkEinwG hat den Abschnitt 4 des AufenthG gänzlich neu strukturiert und umfassend neu gefasst. Dem aufgrund des mit dem wirtschaftlichen Prosperierens Deutschlands in den 2010er Jahren zunehmend konstatierten Fachkräftemangel soll, so das zentrale Anliegen des FachkEinwG, damit entgegengewirkt werden. Die Neustrukturierung und -fassung der §§ 18 ff. soll den rechtlichen Rahmen für eine gezielte, an den Bedarfen orientierte Steuerung von qualifizierten Fachkräften aus Drittstaaten schaffen (vgl. BT-Drs. 19/8285, 1 f.).

Allerdings hat sich der Gesetzgeber beim FachkEinwG entschieden, das grundsätzliche System **2** der Bedarfszuwanderung beizubehalten. Auch der im Vorfeld diskutierten Idee eines separaten Einwanderungsgesetzes (nach dem System der Potenzialzuwanderung) ist der Gesetzgeber nicht gefolgt. Zudem sind viele der im Abschnitt 4 geregelten Aufenthaltstitel zum Zwecke der Beschäftigung unionsrechtlich durch Richtlinien vorgezeichnet, so dass insoweit der nationale Spielraum für Änderungen beschränkt war.

Das FachkEinwG brachte aber insbesondere folgende Neuerungen: Die Vorrangprüfung entfällt **3** grundsätzlich bei Fachkräften. Das bedeutet, dass Fachkräfte in allen Berufen, zu denen sie ihre Qualifikation befähigt, arbeiten können, wenn ein Arbeitsvertrag und eine anerkannte Qualifikation vorliegen. Freilich bleibt die Möglichkeit bestehen, eine Vorrangprüfung kurzfristig wieder einzuführen, wenn (negative) Veränderungen auf dem Arbeitsmarkt auftreten. Ferner werden die Möglichkeiten des Aufenthalts zur Arbeitsplatzsuche für Fachkräfte in einer Norm zusammengefasst und für Fachkräfte mit Berufsausbildung die Möglichkeit zur befristeten Einreise zur Arbeitsplatzsuche geschaffen (und für fünf Jahre befristet erprobt). Außerdem erweitert das Gesetz den Aufenthalt zu ergänzenden Qualifizierungsmaßnahmen für Drittstaatsangehörige mit im Ausland abgeschlossener Berufsbildung im Rahmen der Anerkennung ausländischer Berufsqualifikationen (BT-Drs. 19/8285, 2).

Mit dieser auf die Erweiterung der Zuwanderung von Fachkräften justierten Stoßrichtung **4** fügt sich das FachkEinwG in den seit geraumer Zeit zu beobachtendem Trend des Rechts der Erwerbsmigration ein. War das Aufenthaltsrecht zum Zweck der Beschäftigung im AufenthG in der ursprünglichen Fassung durch das ZuwG (Zuwanderungsgesetz v. 30.7.2004, BGBl. I 1950) noch durch eine restriktive Linie gekennzeichnet (vgl. BT-Drs. 15/3479, 4), die in der Sache den seit 1973 geltenden Anwerbestopp in Gesetzesform aufrechthielt, wurde es mit der Zeit stetig liberaler (im Sinne der Förderung der Zuwanderung zwecks Erwerbstätigkeit) ausgestaltet.

II. Grundprinzipien

Das deutsche Aufenthaltsrecht zum Zwecke der Erwerbstätigkeit ist seit jeher geprägt durch **5** das Konzept der „Bedarfszuwanderung". Dieses Konzept ist von der Idee der „Potenzialzuwanderung" zu unterscheiden (s. Dörig NVwZ 2016, 1033 (1034)). Das erstere richtet sich nach dem wirtschaftlichen Bedarf, den die Ökonomie des aufnehmenden Staats hat. Die zweite Idee folgt mehr dem (wirtschaftlichen) Potential, das der Zuwanderer in die aufnehmende Gesellschaft einbringt. Bei der Bedarfszuwanderung wird der wirtschaftliche Bedarf durch das konkrete Arbeitsplatzangebot an den individuellen Zuwanderer konkretisiert. Abs. 2 Nr. 1 verwirklicht dies als Tatbestandsvoraussetzung. Bei der Potenzialzuwanderung ist dagegen ein solches konkretes Arbeitsangebot nicht zwingend notwendig. Vielmehr geht man dabei davon aus, dass der Zuwanderer aufgrund seiner mitgebrachten Kenntnisse und Fähigkeiten in der aufnehmenden Gesellschaft (bald) selbst einen Arbeitsplatz finden wird.

6   Während das Steuerungselement der Notwendigkeit eines konkreten Arbeitsplatzangebots alleine gesellschaftlich, nämlich durch die Arbeitgeber, bzw. aus volkswirtschaftlicher Perspektive formuliert ist, dh durch die faktische Nachfragesituation am Markt bestimmt wird, sichert ein zweiter, für das deutsche Beschäftigungsaufenthaltsrecht kennzeichnender normativ-administrativer Mechanismus die staatliche Lenkungsfunktion, insbesondere im Hinblick auf die Leitlinien des § 18 Abs. 1, ab: die Einschaltung der Bundesagentur für Arbeit in das aufenthaltsrechtliche Verwaltungsverfahren. Dies geschieht normativ-konstruktiv, indem die Erteilung der Aufenthaltserlaubnis zum Zwecke der Beschäftigung unter das grundsätzliche Erfordernis der Zustimmung dieser für die „Verwaltung" des Arbeitsmarktes zuständigen Behörde gestellt wird (Abs. 2 Nr. 2). Die Zustimmung richtet sich dabei nach arbeitsmarktlichen Parametern (§ 39 Abs. 2, Abs. 3), die auch ordnungsrechtliche Aspekte einbeziehen (§ 40). Zentrale exekutive Entscheidungen wurden normativ in der BeschV typisiert. Sie lassen in den geregelten Fällen in Hinblick auf bestimmte Beschäftigungsarten oder Zuwandergruppen die konkrete Zustimmungspflicht der Bundesagentur für Arbeit entfallen. Schließlich ist noch als weiteres Steuerungselement das Ermessen der Ausländerbehörde bezüglich der Erteilung der Aufenthaltserlaubnis (etwa §§ 18a, 19d oder 20) zu erwähnen.

6.1   Die erwähnte Einschaltung der Bundesagentur für Arbeit in die Erteilung der Aufenthaltserlaubnis zum Zwecke der Beschäftigung beruht auf einem deutlich umfassenderen Systemwechsel, der im Zuge des ZuwG (Zuwanderungsgesetz v. 30.7.2004, BGBl. I 1950) in das deutsche Ausländerrecht eingeführt wurde und alle Aufenthaltstitel (nicht nur die zum Zweck der Erwerbstätigkeit) erfasst: der Implementierung des sog. One-Stop-Governments. Vor dem ZuwG (also vor Inkrafttreten des AufenthG am 1.1.2005) galt ein doppeltes Genehmigungsverfahren, wonach jeweils eine gesonderte Genehmigung für das Aufenthaltsrecht (nach dem bis zu diesem Zeitpunkt geltenden AuslG) durch die Innenbehörde und für den Arbeitsmarktzugang (nach dem SGB III) durch die Arbeitsbehörde erforderlich war. Im AufenthG sind dagegen die zugrunde liegenden Vorschriften in einem Gesetz zusammengefasst. Es gibt ein einheitliches, mehrstufiges Verwaltungsverfahren, in dem Aufenthalts- und Arbeitsberechtigung in einem einzigen (Verwaltungs-) Akt als einheitlicher Aufenthaltstitel von den zuständigen Ausländerbehörden ausgestellt werden (vgl. § 4a Abs. 3). Für den Ausländer hat dies den Vorteil, dass er nur ein Verwaltungsverfahren bei der Ausländerbehörde zu durchlaufen hat. Zwar dürfen Ausländer, die einen Aufenthaltstitel besitzen, nach der in § 4a Abs. 1 normierten Erlaubnis mit Verbotsvorbehalt eine Erwerbstätigkeit grundsätzlich ausüben. Ist die Ausübung einer Beschäftigung gesetzlich verboten oder beschränkt und daher eine Erlaubnis nötig (§ 4a Abs. 2), ist grundsätzlich im innerstaatlichen Behördenbereich nicht die Ausländerverwaltung, sondern die Arbeitsverwaltung zur Beurteilung der Erwerbsberechtigung zuständig. Hierzu hat die Ausländerbehörde in einem behördeninternen Verfahren die Zustimmung der Bundesagentur für Arbeit einzuholen, wenn nicht in der BeschV die Zustimmungsfreiheit angeordnet ist (§ 4a Abs. 2 und § 39 Abs. 1; sa Feldgen ZAR 2006, 168 (172)).

III. Verhältnis zu den nachfolgen Normen

7   Der Abschnitt 4 des AufenthG (§§ 18–21) betrifft ausweislich seiner Überschrift Aufenthaltstitel, deren Zweck in der Ausübung einer Erwerbstätigkeit (§ 2 Abs. 2) liegt oder jedenfalls thematisch mehr oder weniger im Umfeld der Erwerbstätigkeit oder zumindest der Arbeit im Sinne von zweckgerichteter, bewusster, schöpferischer Tätigkeit wie Forschung (§§ 18d ff.) oder Freiwilligendienst (§ 19e) angesiedelt ist sowie damit im Zusammenhang stehende Regelungen, wie insbesondere Befreiungen von der Aufenthaltstitelpflicht (§ 4 Abs. 1) für kurzfristige Aufenthalte (§§ 18e, 19a). Erwerbsarbeit hebt sich vom Oberbegriff Arbeit insoweit ab, dass der Zweck der Tätigkeit speziell in der Schaffung einer wirtschaftlichen Existenzgrundlage (Einkommen) liegt.

8   Während die §§ 18 ff. thematisch die Tätigkeiten im Rahmen einer unselbstständigen (Erwerbs-) Arbeit umfassen, betrifft § 21 dagegen die selbstständige (Erwerbs-) Tätigkeit. Die jeweiligen Anwendungsbereiche schließen sich mithin tatbestandlich aus. Aus der Legaldefinition der Erwerbstätigkeit in § 2 Abs. 2 lässt sich dies begrifflich und systematisch herleiten. Während

„Erwerbstätigkeit" den Oberbegriff darstellt, steht der Terminus „Beschäftigung" innerhalb des AufenthG und insbesondere in dessen Abschnitt 4 für unselbstständige (Erwerbs-) Arbeit. Davon zu unterscheiden ist die „selbständige Tätigkeit".

Die Abgrenzung §§ 18 ff. und § 21 erfolgt danach, ob die in Aussicht genommene Erwerbsarbeit **9** unselbstständig oder selbstständig ausgeführt werden soll. Dies ist mittels der klassischen arbeitsrechtlichen Kriterien zu bestimmen. Für die Unselbstständigkeit spricht eine Tätigkeit nach Weisungen und eine Eingliederung in die Arbeitsorganisation des Weisungsgebers (§ 2 Abs. 2 iVm § 7 Abs. 1 SGB IV).

Nach der gesetzgeberischen Intention bildet § 18 den Grundtatbestand für die im Abschnitt 4 **10** in den nachfolgenden Paragraphen geregelten Ansprüchen auf Aufenthaltstitel zwecks Ausübung einer Beschäftigung bzw. einer anderen Form von unselbstständiger (Erwerbs-) Arbeit (BT-Drs. 19/8285, 96 f.). Das heißt, die in § 18 enthaltenen (Ermessens-) Vorgaben (Abs. 1) bzw. (tatbestandlichen) Voraussetzungen (Abs. 2) und Definitionen (Abs. 3) sollen, so die gesetzgeberische Intention und der Wortlaut des Abs. 2, für alle nachfolgenden Bestimmungen innerhalb des Abschnitts 4 gelten. Hierbei tun sich jedoch logische Brüche auf. Dies folgt daraus, dass § 18 auf den Begriff Beschäftigter bzw. Beschäftigung abhebt. Dieser Begriff iSv § 2 Abs. 2 (→ Rn. 8) meint jedoch die **un**selbstständige **Erwerb**sarbeit. Wie oben dargelegt (→ Rn. 8), kann sich § 18 nicht auf § 21 beziehen. Vielmehr schließen sie sich tatbestandlich aus.

Weiter sind nicht alle im Abschnitt 4 enthaltenen Titel zwingend auf eine Beschäftigung im **11** Sinne von Erwerbsarbeit ausgerichtet. Dies gilt für die Titel, die auf Forschung oder Freiwilligendienst abstellen. Zum Beispiel mag ein (emeritierter) Gelehrter – vielleicht aufgrund eines Stipendiums – nur in Deutschland forschen, ohne zugleich hierdurch im Rahmen eines Arbeitsvertrags Einkommen zu verdienen. Diese Brüche manifestieren sich zudem darin, dass insbesondere das Tatbestandsmerkmal des konkreten Arbeitsplatzangebots (Abs. 2 Nr. 1) in diesem Zusammenhang (Forschung, Freiwilligendienst) nicht sachgerecht ist. Teilweise finden sich auch Doppelregelungen, etwa im Hinblick auf das Gebot der Zustimmung der Bundesagentur für Arbeit in § 19e Abs. 1 und § 18 Abs. 2 Nr. 2. Diese normative Inkonsistenz mag ihre Ursache darin haben, dass viele der im Abschnitt 4 enthaltenen Titel auf unionsrechtlichen Vorgaben beruhen und sich somit nicht bruchlos in das (neue) System des nationalen Rechts einfügen.

Für die Auslegung hat dies zur Konsequenz, dass § 18 zwar als „vor die Klammer gezogene" **12** Grundnorm bei den einzelnen Titeln des vierten Abschnitts (§ 21 ausgenommen) grundsätzlich mit zu prüfen ist. Soweit Voraussetzungen des § 18 Abs. 2 bei bestimmten Titeln des Abschnitts 4 nicht sachgerecht sind, ist eine teleologische Reduktion zu erwägen. Denkbar wäre auch eine enge Auslegung des Begriffs Beschäftigung, so dass etwa die Arbeitsplatzsuche nach § 20 nicht von § 18 Abs. 2 erfasst wird (→ § 20 Rn. 9).

Die im Abschnitt 4 enthaltenen Titel gelten für die (Neu-) Erteilung einer Aufenthaltserlaubnis **13** zum Zweck der Erwerbstätigkeit. Sie sind nicht – es sei denn, es wird ein Zweckwechsel hin zu einer Aufenthaltserlaubnis nach §§ 18 ff. angestrebt – anwendbar, wenn ein Ausländer bereits einen Aufenthaltstitel zu einem anderen Zweck innehat und in diesem Rahmen eine Beschäftigung aufnehmen will (nach § 4a Abs. 1 S. 1 ist die Erwerbstätigkeit grundsätzlich erlaubt). Dies richtet sich nach den Normen, die dem anderen Aufenthaltstitel zugrunde liegen. Nach § 4a Abs. 3 muss jeder Aufenthaltstitel erkennen lassen, ob die Erwerbstätigkeit erlaubt ist.

B. Im Einzelnen

I. Leitlinien (Abs. 1)

Abs. 1 S. 1 stellt einen Programmsatz dar, aus welchen Gründen Aufenthalte zum Zweck der **14** Beschäftigung zugelassen werden. In den nachfolgenden S. 2 und S. 3 werden diese Ziele noch näher konkretisiert. Abs. 1 enthält ermessenslenkende Aspekte für die jeweils zuständigen Behörden. Zum Tragen kommen diese Leitlinien primär bei der Ausübung des Ermessens, soweit Normen des Abschnitts 4 solches vorsehen. Sekundär können die Leitlinien Impulse für die Auslegung der einzelnen Tatbestandsmerkmale innerhalb des Abschnitts 4 liefern.

Gegenüber der Vorgängerbestimmung § 18 Abs. 1 aF, die noch dem damaligen Zeitkontext **15** geschuldet zusätzlich das Ziel, Arbeitslosigkeit zu bekämpfen, beinhaltete, betont § 18 Abs. 1 entsprechend der Stoßrichtung des FachkEinwG (Fachkräfteeinwanderungsgesetz v. 15.8.2019, BGBl. I 1307) den Aspekt der Gewinnung von qualifizierten Arbeitskräften. Besonders deutlich wird dies in Abs. 1 S. 2, der die besonderen Aufenthaltstitel für ausländische Fachkräfte im Abschnitt 4 in den Dienst der Sicherung der Fachkräftebasis und der Stärkung der sozialen Sicherungssysteme stellt. Da Deutschland mit seiner hochentwickelten Industrie, insbesondere in Zeiten der Wissensgesellschaft, auf Talente im Bereich Forschung, Wissenschaft und Erfindung / Innovation angewiesen ist, ist auch deren Zuwanderung ein wesentlicher zu berücksichtigender Parameter. Dies wird in Abs. 1 S. 1 mit den Erfordernissen des Wissenschaftsstandorts unterstrichen.

16 Im Zusammenhang mit dem Aspekt der Stärkung der sozialen Sicherungssysteme nach Abs. 1 S. 2 soll nach der Gesetzesbegründung bei der Einreise im Rahmen einer Gesamtbetrachtung beachtet werden, ob trotz der angestrebten sozialversicherungspflichtigen Beschäftigung offensichtlich eine den erarbeiteten Rentenanspruch übersteigende Belastung der Alterssicherungssysteme zu befürchten sei. Dabei sei zu prüfen, ob ein Ausländer bei Einreise durch seine Beschäftigung, seine bisherigen in- und ausländischen Alterssicherungsansprüche sowie sein Vermögen eine Alterssicherung oberhalb des Grundsicherungsniveaus erwerben könne. Weiterhin sei in der Gesamtbetrachtung zu berücksichtigen, ob der Aufenthalt des Ausländers voraussichtlich bis zum Erreichen des Renteneintrittsalters andauern werde (BT-Drs. 19/8285, 97). Da jener Aspekt gem. Abs. 2 Nr. 5 bei Titeln nach § 18a oder § 18b Abs. 1 bereits tatbestandlich geprüft wird, kann bei diesen auf ihn im Rahmen der Ermessensentscheidung nicht mehr abgehoben werden. Das heißt, nur bei anderen Aufenthaltstiteln ist bei der Ermessenentscheidung Raum für jenen die sozialen Sicherungssysteme in den Blick nehmenden Aspekt.

II. Grundvoraussetzungen zur Erteilung (Abs. 2)

17 Abs. 2 enthält „vor die Klammer gezogene" Voraussetzungen für die in den nachfolgenden Paragraphen geregelten Ansprüche auf einen Aufenthaltstitel zur Ausübung einer Beschäftigung. Wie die allgemeinen Erteilungsvoraussetzungen des § 5 treten sie zu den in den jeweiligen speziellen Anspruchsnormen enthaltenen Tatbestandsvoraussetzungen hinzu. Wie oben dargelegt, gibt es insoweit jedoch gewisse Friktionen, denen durch eine teleologische Reduktion bzw. enge Auslegung des Begriffs Beschäftigung zu begegnen ist (→ Rn. 10 ff.).

1. Konkretes Arbeitsplatzangebot

18 Abs. 2 Nr. 1 stellt die Voraussetzung auf, dass ein konkretes Arbeitsplatzangebot vorliegen muss. In diesem Tatbestandsmerkmal manifestiert sich das Konzept der Bedarfszuwanderung (vgl. Dörig NVwZ 2016, 1033 (1034)).

19 Die Voraussetzung des **Vorliegens eines konkreten Arbeitsplatzangebots** erfordert zunächst die Feststellung, dass der Ausländer tatsächlich eine Beschäftigungsmöglichkeit hat. Insbesondere sollen hierdurch nicht ernst gemeinte, fingierte oder sonst nicht wirklich bestehende Arbeitsplatzangebote als Grundlage für die Erteilung einer Aufenthaltserlaubnis nach §§ 18 ff. ausgeschlossen werden. Neben dieser Funktion soll durch das Erfordernis der Konkretheit des Arbeitsplatzangebots die gebotene Prüfung ermöglicht werden, ob die beabsichtigte Erwerbstätigkeit die gesetzlichen Voraussetzungen für die Erteilung einer Aufenthaltserlaubnis zur Ausübung einer Beschäftigung erfüllt (vgl. zur Vorgängerbestimmung § 18 Abs. 5 aF VG Leipzig BeckRS 2016, 124050 Rn. 10). Insoweit ist der Ausländer darlegungs- und nachweispflichtig (§ 82 Abs. 1; VG Bayreuth BeckRS 2015, 124216 Rn. 33).

20 Ein konkretes Arbeitsplatzangebot ist anzunehmen, wenn entweder bereits ein abgeschlossener (Arbeits-) Vertrag oder eine den Arbeitgeber bindende Einstellungszusage vorliegt oder der Arbeitgeber auf sonstige nachvollziehbare Weise zumindest seinen verbindlichen Willen erkennen lässt, die Stelle mit dem Ausländer besetzen zu wollen – ggf. unter der (aufschiebenden) Bedingung der Erteilung einer Aufenthaltserlaubnis (vgl. BT-Drs. 19/8285, 97). Im Angebot (oder den zugehörigen Unterlagen) muss zudem die zukünftige Tätigkeit so genau („konkret") beschrieben sein, dass die Ausländerbehörde und die Bundesagentur für Arbeit beurteilen kann, ob und welche Tatbestandsmerkmale der §§ 18 ff. bzw. der BeschV einschlägig sind.

21 Wenn kein konkretes Arbeitsplatzangebot vorliegt, kann eventuell die Erteilung einer Aufenthaltserlaubnis zum Zweck der Arbeitsplatzsuche (§ 20) in Betracht kommen. Von dem Erfordernis des konkreten Arbeitsplatzangebots kann nicht gem. § 18 Abs. 2 Nr. 5 S. 2 abgesehen werden (BayVGH BeckRS 2021, 6074 Rn. 5; 2020, 14527 Rn. 5; ausführlich → Rn. 37.1).

2. Zustimmung der Bundesagentur für Arbeit

22 Abs. 2 Nr. 2 Hs. 1 und Hs. 2 bestimmt, dass eine Zustimmung der Bundesagentur für Arbeit nach § 39 vorliegen muss, wenn nicht durch Gesetz, zwischenstaatliche Vereinbarung oder durch die BeschV bestimmt ist, dass die Ausübung der Beschäftigung ohne Zustimmung der Bundesagentur für Arbeit zulässig ist. Gesetz iSv Abs. 2 Nr. 2 Hs. 2 meint auch das AufenthG. So regeln einige der nachfolgenden Titel des Abschnitt 4 (§ 18b Abs. 2, § 18c Abs. 1 und Abs. 3, § 18d

Abs. 1, § 18f Abs. 1, § 19c Abs. 4), dass die Erteilung ohne Zustimmung der Bundesagentur für Arbeit erfolgt. Abgesehen von dem Merkmal der zwischenstaatlichen Vereinbarung ist die arbeitsverwaltungsrechtliche „Freigabe" damit ein zentrales Kriterium des Abs. 2, sei es in Form der Zustimmung der Bundesagentur für Arbeit, sei es typisiert durch eine Befreiung (von der Zustimmungspflicht) durch die BeschV.

Als **zwischenstaatliche Vereinbarungen** kommen etwa die von Deutschland mit anderen   **23** Staaten geschlossenen Freundschafts-, Handels-, Niederlassungs- oder Schifffahrtsabkommen in Betracht. Allerdings sind solche Vereinbarungen für § 18 Abs. 2 Nr. 2 nur dann tatbestandlich einschlägig, wenn sie das jeweils geltende nationale Aufenthaltsrecht durch vertragliche Einräumung besonderer Aufenthaltsrechte (unmittelbar) modifizieren (vgl. HessVGH BeckRS 2009, 42059). Freilich räumen die erwähnten geschlossenen Abkommen typischerweise Ausländern gerade keine subjektiven Rechte im Hinblick auf Aufenthalt oder Zugang zum Arbeitsmarkt ein. Die in den Abkommen vorgesehenen Meistbegünstigungsklauseln und Ähnliches können jedoch im Rahmen der Ermessensausübung berücksichtigt werden. Gleichbehandlungsklauseln in den Abkommen werden nur bereichsspezifisch gewährt (OVG RhPf ZAR 2007, 368 mAnm Schamberg). § 29 Abs. 3 BeschV betrifft eine Auslegungsregelung zu völkerrechtlichen Abkommen, die die Zulassung von Ausländern zu bestimmten Beschäftigungen im Bundesgebiet regeln (zB Luftverkehrsabkommen oder Konsularabkommen). Wurden diese Abkommen vor dem Inkrafttreten des AufenthG abgeschlossen, enthalten sie eine veraltete Wortwahl, für die § 29 Abs. 3 BeschV terminologische Klarstellungen trifft.

Wenn keine Zustimmungsfreiheit vorliegt, ist die Titelerteilung erst zulässig, wenn die Bundes-   **24** agentur für Arbeit zugestimmt hat. **Inhaltliche Vorgaben für die Zustimmung** ergeben sich aus § 39 Abs. 1 S. 2, Abs. 2, Abs. 3 und § 40 und den für die jeweilige Beschäftigungsart einschlägigen Bestimmungen der **BeschV**. Die BeschV regelt in verschiedenen Bestimmungen (§§ 2 ff. BeschV) im Einzelnen, für **welche Berufe und Erwerbstätigkeiten unter welchen Umständen** eine Zustimmung erteilt werden kann. **Verfahrensrechtliche Vorgaben zur Zustimmung** finden sich in den §§ 34 ff. BeschV. Zu beachten ist dabei besonders die Zustimmungsfiktion des § 36 Abs. 2 BeschV bei Überschreiten der Zwei-Wochen-Frist.

Wenn keine Zustimmung der Bundesagentur für Arbeit erforderlich ist, kann – wie Abs. 2 Nr. 2   **25** Hs. 3 klarstellt – die Ausländerbehörde den Aufenthaltstitel auch versagen, wenn Anhaltspunkte vorliegen, dass einer der Tatbestände des § 40 Abs. 2 oder Abs. 3 erfüllt ist. Diese Ablehnung steht im Ermessen der Behörde (Versagensermessen).

3. Berufsausübungserlaubnis

Abs. 2 Nr. 3 verlangt, dass eine Berufsausübungserlaubnis erteilt wurde oder zugesagt ist, soweit   **26** diese erforderlich ist. Die Berufsausübungserlaubnis umfasst nach der Gesetzesbegründung die berufsrechtliche Befugnis zur Berufsausübung sowie die Erteilung der Erlaubnis zum Führen der Berufsbezeichnung (BT-Drs. 19/8285, 97; Anwendungshinweise des Bundesministeriums des Innern, für Bau und Heimat zum Fachkräfteeinwanderungsgesetz v. 30.1.2020 Rn. 18.2.3). Abs. 2 Nr. 3 bezieht sich damit nur auf die sog. reglementierten Berufe (→ § 16d Rn. 10 ff.).

In der Vorgängervorschrift § 18 Abs. 5 aF wurde die tatbestandliche Voraussetzung des Vorliegenmüssens   **26.1** der Berufsausübungserlaubnis durch das Gesetz zur Umsetzung der Hochqualifizierten-Richtlinie der Europäischen Union v. 1.6.2012 (BGBl. I 1224; BT-Drs. 17/8682, 7, 18 f.) eingefügt. Das Kriterium geht mithin auf Unionsrecht zurück (vgl. Art. 5 Abs. 1 lit. b RL 2009/50/EG). Dies kann bei der Auslegung des Kriteriums als Hilfe berücksichtigt werden.

Dabei gilt es zu unterscheiden: Will der Ausländer in einem reglementierten Beruf arbeiten,   **27** dessen Ausübung mit einem staatlichen Verbot mit Erlaubnisvorbehalt belegt ist, so bedarf es einer Berufsausübungserlaubnis in Form der beruflichen Befugnis zur Berufsausübung. Dies trifft zB auf die Ausübung des ärztlichen Berufs zu, die einer Approbation bedarf (§ 2 Abs. 1 BÄO). Beabsichtigt der Ausländer dagegen, in einem reglementierten Beruf zu arbeiten, dessen Ausübung nur insoweit durch Rechts- oder Verwaltungsvorschriften geregelt ist, dass das Führen einer Berufsbezeichnung auf Personen beschränkt ist, die über bestimmte Berufsqualifikationen verfügen (§ 3 Abs. 5 Hs. 2 BQFG; Art. 3 Abs. 1 lit. b Diplomanerkennungs-RL), so gilt Folgendes: In diesem Fall ist die berufliche Tätigkeit an sich nicht geschützt ist. Vielmehr dürfen die Personen, denen die Erlaubnis zur Führung des Berufs fehlt, diese Tätigkeit zwar ausüben; sie dürfen dabei nur nicht die „geschützte" Berufsbezeichnung (zB „Ingenieur", vgl. zB Art. 2 Abs. 1 BayIngG) führen. Daher können solche Personen zB als Angestellte in einem Ingenieurbüro arbeiten, dürfen sich aber nicht „Ingenieur" nennen. Erforderlich für den Ausländer ist dann nur – wie bei ausländischen

Berufsqualifikation in nicht reglementierten Berufen – die Bestätigung der Vergleichbarkeit der Berufsqualifikation (§ 18 Abs. 2 Nr. 4; im vorstehenden Sinne wohl auch BayVGH BeckRS 2014, 47091 Rn. 11).

27.1   Die Berufsbezeichnung zB des Ingenieurs (vgl. zB Art. 2 Abs. 1 BayIngG) ist vom akademischen Grad (zB früher: Diplom-Ingenieur – Dipl.-Ing. –, jetzt: Master of Science/Engineering, vgl. §§ 18 f. HRG, Art. 66 Abs. 1 BayHSchG, Art. 67 BayHSchG) zu unterscheiden.

4. Gleichwertigkeit der nötigen Qualifikation

28   Abs. 2 Nr. 4 regelt, dass die Gleichwertigkeit einer Berufsausbildung festgestellt worden sein muss bzw. ein anerkannter ausländischer oder ein einem deutschen vergleichbarer ausländischer Hochschulabschluss vorliegen muss, wenn dies für die Erteilung des Aufenthaltstitels erforderlich ist. Mit dem letztgenannten Hs. wird auf die nachfolgenden Aufenthaltstitel des Abschnitts 4 verwiesen. Betroffen sind insbesondere die Titel, die das Tatbestandsmerkmal „Fachkraft" enthalten wie zB § 18a, § 18b Abs. 1 Abs. 2, § 18c Abs. 1, Abs. 3 oder Titel, die wie § 19d Abs. 1 Nr. 1 lit. b einen solchen Hochschulabschluss explizit im Normtext fordern. Nicht erforderlich ist dies bspw. bei einer inländischen Berufsqualifikation bzw. einem deutschen Hochschulabschluss oder soweit für einen Aufenthaltstitel spezifische Regelungen gelten (vgl. § 19c). Soweit im Rahmen der Prüfung der Voraussetzungen eines Aufenthaltstitels das Tatbestandsmerkmal „Fachkraft" iSv § 18 Abs. 3 geprüft wird, hat Abs. 2 Nr. 4 freilich keine eigenständige Bedeutung mehr (→ Rn. 39). Auch im Fall des § 19d Abs. 1 Nr. 1 lit. b enthält bereits diese Norm die eigentliche Anforderung. Daher kommt § 18 Abs. 2 Nr. 4 kein eigener normativer Prüfungsgehalt zu. Mithin ist Abs. 2 Nr. 4 nur eine **deklaratorische, feststellende Bestimmung** (so auch BT-Drs. 19/8285, 97; Anwendungshinweise des Bundesministeriums des Innern, für Bau und Heimat zum Fachkräfteeinwanderungsgesetz v. 30.1.2020 Rn. 18.2.4).

29   Abs. 2 Nr. 4 bezieht sich sowohl auf reglementierte als auch nicht reglementierte Berufe. Die Norm unterscheidet drei Varianten:
- Feststellung der Gleichwertigkeit der Qualifikation sowie
- Vorliegen eines anerkannten ausländischen Hochschulabschlusses oder
- eines einem deutschen Hochschulabschluss vergleichbaren ausländischen Hochschulabschlusses.

30   Die Gleichwertigkeit der Qualifikation gem. Abs. 2 Nr. 4 Var. 1 wird im Anerkennungsverfahren (dazu → § 16d Rn. 11) durch die nach den Regelungen des Bundes oder der Länder für berufliche Anerkennung zuständige Stelle festgestellt.

31   Die Prüfung des ausländischen Hochschulabschlusses (Var. 2 und Var. 3) gestaltet sich wie folgt: Handelt es sich bei der angestrebten Beschäftigung um einen reglementierten Beruf, so ist das Anerkennungsverfahren bei der für die Ankerkennung zuständigen Behörde durchzuführen. Bei reglementierten Berufen ist ohnehin die Erteilung einer Berufsausübungserlaubnis (→ Rn. 26) erforderlich (Anwendungshinweise des Bundesministeriums des Innern, für Bau und Heimat zum Fachkräfteeinwanderungsgesetz v. 30.1.2020 Rn. 18.3.2.1). Die Feststellung der Gleichwertigkeit ist von der Erteilung einer Berufsausübungserlaubnis umfasst (§ 13 Abs. 1 BQFG; Anwendungshinweise des Bundesministeriums des Innern, für Bau und Heimat zum Fachkräfteeinwanderungsgesetz v. 30.1.2020 Rn. 18.2.4.2.1).

32   Soll die Beschäftigung dagegen in einem nicht reglementierten Beruf aufgenommen werden, so hat die für die Titelerteilung zuständige Behörde (Auslandsvertretung bzw. Ausländerbehörde) zu prüfen, ob ein anerkannter ausländischer Hochschulabschluss oder ein einem deutschen Hochschulabschluss vergleichbarer ausländischer Hochschulabschluss vorliegt. Hierzu kann auf die Bewertungsempfehlungen der Zentralstelle für ausländisches Bildungswesen (ZAB) abgestellt werden, die in der Datenbank anabin veröffentlicht sind. Ist eine ausländische Hochschule bzw. ein ausländischer Hochschulabschluss nicht in der Datenbank anabin veröffentlicht oder nicht so bewertet, dass dies für die Titelerteilung ausreichend ist, ist eine individuelle Zeugnisbewertung durch die Zentralstelle für ausländisches Bildungswesen erforderlich (Anwendungshinweise des Bundesministeriums des Innern, für Bau und Heimat zum Fachkräfteeinwanderungsgesetz v. 30.1.2020 Rn. 18.2.4.2.2, 18.3.2.2).

5. Mindestgehaltsgrenze

33   Abs. 2 Nr. 5 S. 1 enthält eine Mindestgehaltsgrenze für die erstmalige Erteilung eines Aufenthaltstitels nach § 18a (Fachkräfte mit qualifizierter Berufsausbildung) oder § 18b Abs. 1 (Fachkräfte mit akademischem Abschluss). Sie trifft Ausländer nach Vollendung des 45. Lebensjahres. In Bezug auf die Altersgrenze von 45 Jahren ist auf den Zeitpunkt abzustellen, in dem der Antrag auf

erstmalige Erteilung eines Aufenthaltstitels gestellt wird (Anwendungshinweise des Bundesministeriums des Innern, für Bau und Heimat zum Fachkräfteeinwanderungsgesetz v. 30.1.2020 Rn. 18.2.5.1). Mit der Mindestgehaltsgrenze für ältere Ausländer wird bezweckt, dass Ausländer, die das 45. Lebensjahr vollendet haben und zum Zweck der Beschäftigung einreisen, eine auskömmliche Lebensunterhaltssicherung erreichen können, wenn sie aus dem Arbeitsleben bei Erreichen der Altersgrenze ausscheiden (Anwendungshinweise des Bundesministeriums des Innern, für Bau und Heimat zum Fachkräfteeinwanderungsgesetz v. 30.1.2020 Rn. 18.2.5). Dies folgt der Leitlinie iSv Abs. 1 S. 2.

Die Höhe des Mindestgehalts beträgt mindestens 55 % der jährlichen Beitragsbemessungsgrenze   **34** in der allgemeinen Rentenversicherung. Das Bundesministerium des Innern gibt das Mindestgehalt für jedes Kalenderjahr jeweils bis zum 31.12. des Vorjahres im Bundesanzeiger bekannt (Abs. 2 Nr. 5 S. 2).

Erreicht das Gehalt nicht diese Mindestgehaltsgrenze, so bleibt dem Ausländer die Alternative   **35** gem. Abs. 2 Nr. 5 S. 1 Hs. 2, eine angemessene Altersversorgung nachzuweisen. Als Nachweis zusätzlicher Altersvorsorge kommen Ansprüche in einer gesetzlichen Rentenversicherung des Herkunftslandes, also des Staates, dem der Ausländer angehört oder in dem er zuletzt seinen gewöhnlichen Aufenthalt hatte, oder anderer Länder, private Renten oder Lebensversicherungen oder Immobilien oder sonstiges Vermögen in Betracht. Dabei ist von aktuellen Wertverhältnissen auszugehen. Es ist auch zu berücksichtigen, ob nach ausländischem Recht eine ausländische Rentenzahlung bei Wohnsitz in Deutschland möglich ist oder der Zahlungsverkehr nach Deutschland insgesamt Beschränkungen unterliegt. Zudem sind bestehende Unterhaltsverpflichtungen des Ausländers zu berücksichtigen (Anwendungshinweise des Bundesministeriums des Innern, für Bau und Heimat zum Fachkräfteeinwanderungsgesetz v. 30.1.2020 Rn. 18.2.5.5).

Die Altersversorgung ist angemessen iSv Abs. 2 Nr. 5 S. 1 Hs. 2, wenn mindestens die aktuelle   **36** Grundsicherung erreicht wird (vgl. Anwendungshinweise des Bundesministeriums des Innern, für Bau und Heimat zum Fachkräfteeinwanderungsgesetz v. 30.1.2020 Rn. 18.2.5.3). Wenn die Mindestgehaltsgrenze nicht erreicht wird, ist zu prüfen, wie hoch der voraussichtliche zusätzliche Bedarf zur Sicherung des Lebensunterhalts nach Renteneintritt ist. Hierzu werden die aus der angestrebten sozialversicherungspflichtigen Beschäftigung bis zum Renteneintritt voraussichtlich erworbenen Ansprüche in der gesetzlichen Rentenversicherung den jeweils aktuellen Grundsicherungsleistungen gegenübergestellt. Danach ist festzustellen, ob der Ausländer bei Einreise durch seine angestrebte Beschäftigung, seine bisherigen Ansprüche in in- und ausländischen Alterssicherungssystemen sowie sein Vermögen eine Alterssicherung mindestens entsprechend der Grundsicherung erreichen kann (Anwendungshinweise des Bundesministeriums des Innern, für Bau und Heimat zum Fachkräfteeinwanderungsgesetz v. 30.1.2020 Rn. 18.2.5.3). Beispielsrechnungen finden sich in Rn. 18.2.5.5 der Anwendungshinweisen des Bundesministeriums des Innern, für Bau und Heimat zum Fachkräfteeinwanderungsgesetz v. 30.1.2020.

Wird weder die Mindestgehaltsgrenze erreicht noch eine angemessene Altersversorgung nach-   **37** gewiesen, kommt nur noch das Absehen von dieser Voraussetzung gem. **Abs. 2 Nr. 5 S. 2** in Betracht. Nach dieser Bestimmung kann von den Voraussetzungen nach Abs. 2 Nr. 5 S. 1 in begründeten Ausnahmefällen, in denen ein öffentliches, insbesondere ein regionales, wirtschaftliches oder arbeitsmarktpolitisches Interesse an der Beschäftigung des Ausländers besteht, abgesehen werden. Die Vorschrift billigt der Behörde ausweislich des Wortlauts („kann") ein Ermessen zu. Das Tatbestandsmerkmal des begründeten öffentlichen Interesses unterliegt der vollen gerichtlichen Überprüfung (vgl. OVG LSA BeckRS 2010, 48745). Das private wirtschaftliche Interesse eines Unternehmens (an der Einstellung) ist allein grundsätzlich kein öffentliches Interesse (vgl. BVerwG NVwZ 1992, 268 (269); VG Berlin BeckRS 2018, 4954 Rn. 30). Ein öffentliches Interesse für die Zustimmung kann zB vorliegen, wenn durch die Beschäftigung eines Ausländers (weitere) Arbeitsplätze erhalten oder geschaffen werden. Die Bundesagentur für Arbeit ist für die Beurteilung des arbeitsmarktpolitischen Interesses zuständig (Anwendungshinweise des Bundesministeriums des Innern, für Bau und Heimat zum Fachkräfteeinwanderungsgesetz v. 30.1.2020 Rn. 18.2.5.7).

Die Möglichkeit des § 18 Abs. 2 Nr. 5 S. 2, von den Tatbestandserfordernis in begründeten Ausnahme-   **37.1** fällen abzusehen (Ausnahmeklausel), ist nicht auf die anderen Tatbestandsvoraussetzungen des § 18 Abs. 2 Nr. 1–4 anwendbar (vgl. BayVGH BeckRS 2021, 6074 Rn. 5; BayVGH BeckRS 2020, 14527 Rn. 5; aA Bergmann/Dienelt Rn. 18). Zwar ist die Satznummerierung in § 18 Abs. 2, insbesondere in dessen Nr. 5, insoweit „unglücklich", da § 18 Abs. 2 Nr. 5 S. 2 nur von „Satz 1" und nicht von „Satz 1 Nr. 5" spricht (man wird dies als Redaktionsversehen des Gesetzgebers ansehen müssen). Allerdings geht aus der historischen Auslegung hervor, dass sich die Ausnahmemöglichkeit nur auf die „Erfüllung der Gehaltsgrenze", also auf die Voraussetzung des Abs. 2 Nr. 5, beziehen soll (BT-Drs. 19/10714, 9, 22; so auch BayVGH BeckRS 2020, 14527

Rn. 5). Auch die optische Gestaltung des Normtextes des Abs. 2 – siehe die Typografie im BGBl. – spricht für diese Auslegung. Die Ausnahmeklausel steht nämlich innerhalb des Textblocks des Abs. 2 Nr. 5 und nicht optisch getrennt nach Nr. 5. Der Abs. 2 Nr. 5 (einschließlich der Ausnahmeklausel) war im ursprünglichen Gesetzentwurf (BT-Drs. 19/8285, 19) noch nicht enthalten.

III. Definition der Fachkraft (Abs. 3)

38   Entsprechend der Leitlinie des Abs. 1 sind die Aufenthaltstitel zur Beschäftigung des Abschnitts 4 darauf ausgerichtet, dass Fachkräfte nach Deutschland zur Ausübung einer Erwerbstätigkeit kommen. Zentrale Bedeutung hat daher auch der Begriff der Fachkraft. Die Qualifikation als Fachkraft ist für die wichtigen Aufenthaltstitel § 18a (Fachkräfte mit Berufsausbildung), § 18b (Fachkräfte mit akademischer Ausbildung) und § 18c (Niederlassungserlaubnis für Fachkräfte) wesentliches Tatbestandsmerkmal, für die § 18 Abs. 3 die Legaldefinition liefert. Für unqualifizierte Ausländer kommt ein Aufenthalt zur Beschäftigung nur gem. § 19c Abs. 1 als „sonstiger Beschäftigungszweck" in Betracht. Die Qualifikation als Fachkraft ist dort keine Voraussetzung.

39   Bei Abs. 3 handelt es sich, wie eben erwähnt, zunächst um eine Legaldefinition des Begriffs der Fachkraft im Sinne des AufenthG. Da dieser Terminus „Fachkraft" in vielen Vorschriften des Abschnitt 4 als Voraussetzung für die Titelerteilung enthalten ist, wird § 18 Abs. 3 in diesen Fällen zum Tatbestandsmerkmal der Titelerteilung und ist dann insoweit stets mitzulesen. Hieraus ergibt sich für die Prüfung des Abs. 2 Nr. 4 Folgendes: Enthält eine Norm das Tatbestandsmerkmal „Fachkraft" (zB § 18a), so ist § 18 Abs. 2 Nr. 4 zwar eigentlich anzuwenden, da dann dessen letzter Hs. einschlägig wird. Indes ist er dennoch nicht mehr eigenständig zu prüfen (→ Rn. 28 aE), da dessen Voraussetzungen in der Definition des Abs. 3 bereits (mit-) enthalten sind (→ Rn. 41 f.).

40   Der Begriff der Fachkraft umfasst sowohl Fachkräfte mit Berufsausbildung als auch Fachkräfte mit akademischer Ausbildung. Bei **Fachkräften mit Berufsausbildung** (Abs. 3 Nr. 1) muss eine qualifizierte Berufsausbildung im Inland oder eine mit einer inländischen qualifizierten Berufsausbildung gleichwertige ausländische Berufsqualifikation erworben worden sein. Die qualifizierte Berufsausbildung ist in § 2 Abs. 12a definiert. Eine qualifizierte Berufsausbildung liegt danach vor, wenn es sich um eine Berufsausbildung in einem staatlich anerkannten oder vergleichbar geregelten Ausbildungsberuf handelt, für den nach bundes- oder landesrechtlichen Vorschriften eine Ausbildungsdauer von mindestens zwei Jahren festgelegt ist.

41   Die von Abs. 3 Nr. 1 geforderte Gleichwertigkeit (vgl. Abs. 2 Nr. 4) der ausländischen Berufsqualifikation wird im Anerkennungsverfahren (→ § 16d Rn. 11) von der nach den Regelungen des Bundes oder der Länder für berufliche Anerkennung zuständigen Stelle geprüft und festgestellt. Eine allein auf praktischem Wege erlangte Qualifikation reicht nicht aus (BT-Drs. 19/8285, 97).

42   Eine **Fachkraft mit akademischer Ausbildung** (Abs. 3 Nr. 2) muss einen deutschen, einen anerkannten (vgl. Abs. 2 Nr. 4) ausländischen oder einen einem deutschen Hochschulabschluss vergleichbaren (vgl. Abs. 2 Nr. 4) ausländischen Hochschulabschluss besitzen. Ob ein anerkannter ausländischer oder ein einem deutschen Hochschulabschluss vergleichbarer ausländischer Hochschulabschluss vorliegt, wird in dem Fall, in dem die Beschäftigung in einem reglementierten Beruf erfolgen soll, im Rahmen des dann ohnehin nötigen Anerkennungsverfahrens (dazu → § 16d Rn. 11) von der für die Anerkennung zuständigen Behörde geprüft. Soll die Beschäftigung dagegen in einen nicht reglementierten Beruf aufgenommen werden, so hat die für die Titelerteilung zuständige Behörde (Auslandsvertretung bzw. Ausländerbehörde) zu prüfen, ob ein anerkannter ausländischer Hochschulabschluss oder ein einem deutschen Hochschulabschluss vergleichbarer ausländischer Hochschulabschluss vorliegt (Näheres → Rn. 32).

IV. Erteilungsdauer bei Aufenthaltstiteln für Fachkräfte (Abs. 4)

43   Abs. 4 enthält eine Regelung zur Erteilungsdauer bei Aufenthaltstiteln für Fachkräfte. Die Aufenthaltserlaubnis nach den §§ 18a und 18b Abs. 1 sowie die Blaue Karte EU gem. § 18b Abs. 2 wird grundsätzlich für vier Jahre erteilt, es sei denn, das Arbeitsverhältnis oder die Zustimmung der Bundesagentur für Arbeit ist auf eine kürzere Dauer befristet (Abs. 4 S. 1). Für die Blaue Karte EU enthält Abs. 4 S. 2 noch eine Sonderregelung für den Fall, dass der Arbeitsvertrag weniger als vier Jahre beträgt. In diesem Fall wird die Baue Karte EU für die Dauer des Arbeitsvertrages zuzüglich dreier Monate ausgestellt oder verlängert. Während Abs. 4 S. 2 somit sowohl die Dauer bei der Ersterteilung als auch die Verlängerung der Blauen Karte EU (§ 18b Abs. 2) betrifft, fehlt es für die Verlängerung der Aufenthaltstitel nach § 18a und § 18b Abs. 1 insoweit an einer zeitlichen Vorgabe. Allerdings füllt § 8 Abs. 1 diese Lücke. Danach finden auf die Verlängerung der Aufenthaltserlaubnis dieselben Vorschriften Anwendung wie auf die Erteilung. Mithin gilt Abs. 4 S. 1 auch für die Dauer der Verlängerung dieser Titel.

Ob eine vereinbarte Probezeit als kürzere Dauer des Arbeitsvertrags iSv Abs. 4 anzusehen ist, **44** hängt davon ab, wie die Probezeit arbeitsvertraglich ausgestaltet ist. Wird nur eine – in der Regel sechsmonatige – Probezeit iSv § 622 Abs. 3 BGB (vgl. § 1 Abs. 1 KSchG) vereinbart, die sich in der Sache nur auf eine erleichterte Kündigung in diesem Zeitraum bezieht, so ist dies nicht als kürzere Arbeitsvertragsdauer nach Abs. 4 einzuordnen. Anders ist es jedoch zu beurteilen, wenn die Probezeit aus einer Befristung des Arbeitsverhältnisses auf den Zeitraum der vereinbarten Probezeit besteht. Die Erprobung ist dann ein Sachgrund gem. § 14 Abs. 1 Nr. 5 TzBfG. In diesem Fall endet das Arbeitsverhältnis mit Ablauf der Erprobungsbefristung, wenn es nicht durch einen neuen Vertragsschluss verlängert wird.

Nicht als kürzere Dauer eines Arbeitsvertrags iSv Abs. 4 ist eine Probezeit zu werten, wenn **45** bei einem befristeten Arbeitsverhältnis als „Probezeit" entgegen der Regelung des § 15 Abs. 3 TzBfG eine ordentliche Kündigungsmöglichkeit innerhalb eines bestimmten (Probe-) Zeitraums vereinbart wird.

§ 18a Fachkräfte mit Berufsausbildung

Einer Fachkraft mit Berufsausbildung kann eine Aufenthaltserlaubnis zur Ausübung einer qualifizierten Beschäftigung erteilt werden, zu der ihre erworbene Qualifikation sie befähigt.

Überblick

§ 18a regelt die Erteilung einer Aufenthaltserlaubnis zur Ausübung einer Beschäftigung an eine Fachkraft mit Berufsausbildung.

A. Allgemeines

Die sehr kurze Vorschrift wurde mit dem FachkEinwG (Fachkräfteeinwanderungsgesetz v. **1** 15.8.2019, BGBl. I 1307; BT-Drs. 19/8285, 20, 98) ins AufenthG eingefügt. Eine direkte Vorläufernorm gibt es nicht. Mit Abstrichen kann § 18 Abs. 4 aF iVm § 6 BeschV aF als solche angesehen werden.

Für die Auslegung und Anwendung des § 18a ist die Grundnorm § 18 zu beachten, die weitere **2** Titelerteilungsvoraussetzungen aufstellt und den in § 18a als Tatbestandsmerkmal enthaltenen Begriff der Fachkraft mit Berufsausbildung definiert.

B. Im Einzelnen

I. Fachkraft mit Berufsausbildung

Die Vorschrift setzt voraus, dass der Ausländer eine Fachkraft mit Berufsausbildung ist. Die **3** Fachkraft mit Berufsausbildung wird in § 18 Abs. 3 Nr. 1 legaldefiniert (→ § 18 Rn. 39). Bei einer Berufsausbildung aus dem Ausland ist insbesondere Voraussetzung, dass die Gleichwertigkeit der Qualifikation im Anerkennungsverfahren (→ § 16d Rn. 11) von der hierfür zuständigen Behörde festgestellt wurde.

II. Qualifizierte Beschäftigung, zu der die erworbene Qualifikation befähigt

Der Ausländer muss die Ausübung einer qualifizierten Beschäftigung, zu der seine erworbene **4** Qualifikation ihn befähigt, anstreben. Eine qualifizierte Beschäftigung liegt gem. § 2 Abs. 12b vor, wenn zu ihrer Ausübung Fertigkeiten, Kenntnisse und Fähigkeiten erforderlich sind, die in einem Studium oder einer qualifizierten Berufsausbildung erworben werden. Die qualifizierte Berufsausbildung ist in § 2 Abs. 12a definiert. Eine qualifizierte Berufsausbildung liegt danach vor, wenn es sich um eine Berufsausbildung in einem staatlich anerkannten oder vergleichbar geregelten Ausbildungsberuf handelt, für den nach bundes- oder landesrechtlichen Vorschriften eine Ausbildungsdauer von mindestens zwei Jahren festgelegt ist.

Maßgeblich ist, dass die Qualifikation zur Ausübung der angestrebten Beschäftigung befähigt, **5** also dass die Fachkraft durch ihre Qualifikation in der Lage ist, den Beruf auszuüben. Da sich die

Befähigung aus der Qualifikation und somit aus der Berufsausbildung ergeben muss, muss ein – wenn auch nunmehr weit gefasster – Zusammenhang zwischen erfolgter Ausbildung und beabsichtigter Tätigkeit bestehen (Anwendungshinweise des Bundesministeriums des Innern, für Bau und Heimat zum Fachkräfteeinwanderungsgesetz v. 30.1.2020 Rn. 18a.1.3). Ein solcher Zusammenhang besteht typischerweise auch, wenn der Ausländer in einem Beruf arbeitet, der eine Verwandtschaft zu dem Beruf, der seiner Qualifikation entspricht, aufweist. So könnte zB eine Bäckerin auch als Konditorin arbeiten (vgl. Anwendungshinweise des Bundesministeriums des Innern, für Bau und Heimat zum Fachkräfteeinwanderungsgesetz v. 30.1.2020 Rn. 18a.1.2).

5.1 Das Kriterium, dass nur ein weiter Zusammenhang nötig ist, folgt aus der historischen Auslegung. Im Vergleich zur Vorgängerbestimmung § 6 BeschV aF hat der Gesetzgeber durch die Wahl der Formulierung, dass die Fachkraft durch ihre Qualifikation zur Ausübung der angestrebten Beschäftigung befähigt sein muss, den Anwendungsbereich erweitern wollen. In § 6 BeschV aF war demgegenüber eine „der beruflichen Qualifikation entsprechende[n] Beschäftigung" verlangt (vgl. BT-Drs. 19/8285, 98).

6 Das Tatbestandsmerkmal kann auch erfüllt sein, wenn der Ausländer eine Beschäftigung unterhalb seiner Qualifikation ausübt (BT-Drs. 19/8285, 108). Allerdings muss es sich bei der ausgeübten Beschäftigung (noch) um eine qualifizierte Beschäftigung iSd § 2 Abs. 12b handeln.

7 Ob der Ausländer eine Beschäftigung ausüben wird, zu der seine Qualifikation befähigt, wird von der Bundesagentur für Arbeit gem. § 18 Abs. 2 Nr. 2, § 39 Abs. 2 Nr. 2 lit. a im Rahmen der Zustimmung geprüft.

III. Weitere allgemeine Voraussetzungen

8 Die weiteren allgemeinen Voraussetzungen ergeben sich aus den „vor die Klammer gezogenen" Normen. Für den Abschnitt 4 ist daher § 18 Abs. 2 (→ § 18 Rn. 17) zu prüfen. Des Weiteren müssen die allgemeinen Erteilungsvoraussetzungen des § 5 Abs. 1, Abs. 2 vorliegen und dürfen keine Versagungsgründe nach § 5 Abs. 4 entgegenstehen.

9 § 18a setzt **nicht** voraus, dass der Ausländer Sprachkenntnisse eines bestimmten Niveaus vorweisen können muss. Bei nicht reglementierten Berufen (→ § 16d Rn. 10.2) obliegt es damit dem Arbeitgeber zu beurteilen, ob die Sprachkenntnisse seines ausländischen Arbeitnehmers hinreichend für die Beschäftigung sind. Sollte es sich dagegen um einen reglementierten Beruf (→ § 16d Rn. 10.1) handeln, prüft freilich die für die Feststellung der Gleichwertigkeit zuständige Behörde im Anerkennungsverfahren die vorhandenen Sprachkenntnisse, wenn dies Voraussetzung für die Feststellung der Geleeichwertigkeit sein sollte.

IV. Ermessen

10 Ausweislich des Wortlauts („kann") steht die Erteilung des Aufenthaltstitels im Ermessen der Behörde. Dabei sind auch die Leitlinien des § 18 Abs. 1 (→ § 18 Rn. 14 ff.) zu berücksichtigen.

V. Dauer

11 Vorgaben zur Dauer des Aufenthaltstitels ergeben sich aus § 18 Abs. 4 (→ § 18 Rn. 43).

§ 18b Fachkräfte mit akademischer Ausbildung

(1) Einer Fachkraft mit akademischer Ausbildung kann eine Aufenthaltserlaubnis zur Ausübung einer qualifizierten Beschäftigung erteilt werden, zu der ihre Qualifikation sie befähigt.

(2) ¹Einer Fachkraft mit akademischer Ausbildung wird ohne Zustimmung der Bundesagentur für Arbeit eine Blaue Karte EU zum Zweck einer ihrer Qualifikation angemessenen Beschäftigung erteilt, wenn sie ein Gehalt in Höhe von mindestens zwei Dritteln der jährlichen Bemessungsgrenze in der allgemeinen Rentenversicherung erhält und keiner der in § 19f Absatz 1 und 2 geregelten Ablehnungsgründe vorliegt. ²Fachkräften mit akademischer Ausbildung, die einen Beruf ausüben, der zu den Gruppen 21, 221 oder 25 nach der Empfehlung der Kommission vom 29. Oktober 2009 über die Verwendung der Internationalen Standardklassifikation der Berufe (ISCO-08) (ABl. L 292 vom 10.11.2009, S. 31) gehört, wird die Blaue Karte EU abweichend von Satz 1 mit Zustimmung der Bundesagentur für Arbeit erteilt, wenn die Höhe des Gehalts mindestens 52 Prozent der jährlichen Beitragsbemessungsgrenze in der allgemeinen Rentenver-

sicherung beträgt. [3]Das Bundesministerium des Innern gibt die Mindestgehälter für jedes Kalenderjahr jeweils bis zum 31. Dezember des Vorjahres im Bundesanzeiger bekannt. [4]Abweichend von § 4a Absatz 3 Satz 3 ist bei einem Arbeitsplatzwechsel eines Inhabers einer Blauen Karte EU nur in den ersten zwei Jahren der Beschäftigung die Erlaubnis durch die Ausländerbehörde erforderlich; sie wird erteilt, wenn die Voraussetzungen der Erteilung einer Blauen Karte EU vorliegen.

Überblick

Kern des § 18b ist dessen Abs. 2 mit der Blauen Karte EU (→ Rn. 20 ff.). Mit Abs. 1 kann eine Aufenthaltserlaubnis für Hochschulabsolventen erteilt werden, welche die Voraussetzungen für die Blaue Karte EU nicht erfüllen (→ Rn. 3 ff.).

Übersicht

A. Allgemein – Systematik

Neben § 18a für Fachkräfte mit anerkannter Berufsausbildung sind in § 18b Möglichkeiten der **1** Erteilung von Aufenthaltstiteln an **Fachkräfte mit akademischer Ausbildung** geregelt. Mit dem FachkEinwG (Fachkräfteeinwanderungsgesetz v. 15.8.2019, BGBl. I 1307) ist zum 1.3.2020 die Vorschrift des § 2 BeschV aF entfallen und in § 18b aufgegangen. § 18b Abs. 1 ist der Auffangtatbestand für Fachkräfte mit akademischem Abschluss, welche die Anforderungen einer Blauen Karte EU nicht erfüllen. Er ist damit das Äquivalent zu § 2 Abs. 1 Nr. 3 und Abs. 3 BeschV aF. § 18b Abs. 2 enthält die Regelungen zur Blauen Karte EU und ist Nachfolgenorm für § 19a aF in Verbindung mit den verschiedenen Varianten von § 2 Abs. 1 Nr. 2, Abs. 2 BeschV aF.

Der Begriff der „Fachkraft mit akademischer Ausbildung" ist in § 18 Abs. 3 Nr. 2 (→ § 18 **2** Rn. 42) legaldefiniert. Insbesondere ist Voraussetzung, dass ein deutscher Hochschulabschluss vorliegt oder bei ausländischen Hochschulabschlüssen dieser anerkannt oder einem deutschen Hochschulabschluss vergleichbar ist.

B. Aufenthaltserlaubnis (Abs. 1)

I. Allgemeines

§ 18b Abs. 1 führt die Aufenthaltserlaubnis für Arbeitnehmer mit inländischem Hochschulab- **3** schluss (§ 18 Abs. 4 S. 1 aF iVm § 2 Abs. 1 Nr. 3 BeschV aF) sowie die Aufenthaltserlaubnis für Arbeitnehmer mit ausländischem Hochschulabschluss (§ 18 Abs. 4 S. 1 aF, § 2 Abs. 3 BeschV aF) fort.

§ 2 Abs. 1 Nr. 3 BeschV aF (bis zum 29.2.2020) entsprach § 3b BeschV aF (2012) bzw. § 27 **4** S. 1 Nr. 3 und S. 2 BeschV aF (2008).

Die Regelung des § 2 Abs. 3 BeschV aF (bis zum 29.2.2020) entsprach § 27 Abs. 1 Nr. 1 **5** BeschV aF in der bis zum 30.6.2013 geltenden Fassung.

Während mit § 2 Abs. 1 Nr. 3 BeschV aF die Erteilung der Aufenthaltserlaubnis zuletzt zustim- **6** mungsfrei war, erforderte § 2 Abs. 3 BeschV aF neben einer Prüfung der allgemeinen Vergleichbarkeit der Arbeitsbedingungen (Gehalt, Arbeitszeit usw) ebenfalls eine Vorrangprüfung. Der neue

§ 18b Abs. 1 ist nunmehr so ausgestaltet, dass zwar eine Zustimmung der Bundesagentur für Arbeit erforderlich ist (wegen § 18 Abs. 2 S. 2), und damit eine allgemeine Vergleichbarkeitsprüfung, aber keine Vorrangprüfung durchgeführt wird. Für inländische Hochschulabschlüsse ist das eine Verschlechterung seit dem 1.3.2020, für ausländische jedoch eine Verbesserung.

II. Allgemeine Erteilungsvoraussetzungen

1. Fachkraft mit akademischer Ausbildung

7   Die Erteilung einer Aufenthaltserlaubnis nach § 18b Abs. 1 setzt eine **Fachkraft mit einem akademischen Abschluss** voraus (§ 18 Abs. 3 Nr. 2, → § 18 Rn. 42, → Rn. 1 f., 23). Soweit die Voraussetzung des § 18 Abs. 3 Nr. 2 (deutscher, anerkannter ausländischer oder einem deutschen Hochschulabschluss vergleichbarer ausländischer Hochschulabschluss) nicht erfüllt sind, kommt die Erteilung eines Aufenthaltstitels nach § 19c Abs. 1 in Verbindung mit einer entsprechenden Vorschrift der BeschV in Betracht (zB lokal in Deutschland angestellter Spezialist, § 3 Nr. 3 BeschV, oder bestimmte Staatsangehörige, § 26 BeschV).

8   Soweit ein ausländischer Hochschulabschluss nicht in der Anabin-Datenbank der Kultusministerkonferenz als vergleichbar aufgelistet ist, muss eine individuelle Bewertung des Abschusses über die Zentralstelle für ausländisches Bildungswesen (ZAB – nicht zu verwechseln mit „Zentraler Ausländerbehörde" im Beschleunigten Fachkräfteverfahren, für welche teilweise dasselbe Akronym verwendet wird) erfolgen (→ § 18 Rn. 32), um einen Aufenthaltstitel nach § 18b Abs. 1 zu erhalten.

8a   Ein ausländischer Hochschulabschluss ist vergleichbar, wenn
(i) die Hochschule in anabin mit H+ anerkannt ist und
(ii) der einzelne Hochschulabschluss vergleichbar ist, dh der Abschluss muss entweder als „entspricht" oder „gleichwertig" gekennzeichnet sein (Huber/Mantel AufenthG/Dippe § 18 Rn. 10).

8b   Nicht ausreichend ist eine Einstufung als „bedingt vergleichbar" (Anwendungshinweise des Bundesministeriums des Innern, für Bau und Heimat BK 2015, 6). Die Bewertung als „entspricht" oder „gleichwertig" muss im Übrigen in Anabin in Referenz zu einem deutschen Universitätsabschluss bestehen. In einzelnen Fällen (öfters zB bei Universitätsabschlüssen von den Philippinen) ist ein Eintrag mit „entspricht" angegeben, gibt aber als Referenz zB „Fachschule" an. In diesen Fällen wird im Ergebnis dann eine Vergleichbarkeit des ausländischen Hochschulabschlusses oft nicht gegeben sein. Im Übrigen ist eine Tendenz, insbesondere bei den deutschen Auslandsvertretungen, zu beobachten, welche in der Praxis vermehrt auch zusätzlich auf das Kriterium der Studienrichtung abstellen. Soweit die Studienrichtung des zu prüfenden Abschlusses nicht mit dem Eintrag in Anabin identisch ist, wird dann häufiger eine individuelle Bewertung eingefordert. Die ZAB verweist in diesem Zusammenhang lediglich auf das weite Ermessen, welches die Auslandsvertretung hat, wenn es um die Vergleichbarkeitsprüfung geht (vgl. allgemein hierzu auch Auswärtiges Amt, Visumshandbuch, 73. EL 2021, 30 ff, insbesondere Abschnitt 2.2 „Prüfung des Abschlusses in Anabin").

2. Qualifizierte Beschäftigung

9   Die auszuübende Position muss eine **qualifizierte Beschäftigung** sein. Die qualifizierte Beschäftigung ist neu in § 2 Abs. 12b definiert. Sie „liegt vor, wenn zu ihrer Ausübung Fertigkeiten, Kenntnisse und Fähigkeiten erforderlich sind, die in einem Studium oder einer qualifizierten Berufsausbildung erworben werden."

10   In Verbindung mit dem Kriterium der Befähigung setzt die qualifizierte Beschäftigung den Rahmen für die inhaltliche Anforderung an das zu besetzende Positionsprofil.

3. Befähigung für Tätigkeit

11   Für die vergleichbaren Alt-Regelungen war es erforderlich, dass die Beschäftigung der Qualifikation angemessen ist. Während auch dort schon ein weiter Auslegungsspielraum bestand, was letztendlich angemessen ist, hat sich der Gesetzgeber bewusst dafür entschieden, mit dem neuen § 18 Abs. 1 die Anforderungen, wie in § 18a, abzusenken. Es reicht nunmehr aus, dass die akademische Ausbildung zur Ausübung der Tätigkeit **befähigt.** In Zeiten des Fachkräftemangels wollte der Gesetzgeber hier ein deutliches Zeichen setzen und die Möglichkeiten für Fachkräfte erweitern, in Bereichen tätig zu werden, die ggf. nur am Rande mit der Ausbildung zu tun hatten, aber gerade nicht zu den Kerninhalten der Ausbildung gehört haben. Somit können zB auch vergleichbare Berufe ausgeübt werden. Es muss jedoch nicht zwingend ein ähnliches Berufsbild wie in der Ausbildung sein. Vielmehr ist es ausreichend, dass die Fachkraft mit ihren Kenntnissen und Fähigkeiten aus dem Studium die Inhalte der vorgesehen Tätigkeit ausfüllen kann. Ausbildungen im sozialen oder psychologischen Bereich können zB für Positionen im Personalwesen oder Management befähigen (Anwendungshinweise des Bundesministeriums des Innern, für Bau und Heimat zum Fachkräfteeinwanderungsgesetz v. 30.1.2020 Rn. 18b.1.2).

Insbesondere ist auch ein Berufseinstieg unterhalb der Qualifikation möglich – praktisch auch **12** für Quereinsteiger. Berufe in Bereichen von Hilfstätigkeiten oder sonstigen ungelernten Beschäftigungen sind nicht möglich, da in jedem Fall die Voraussetzung einer qualifizierten Beschäftigung zu beachten ist.

4. Zustimmung der Bundesagentur für Arbeit

Durch die allgemeine Vorgabe des § 18 Abs. 2 Nr. 2 und da, anders als bei § 18b Abs. 2 **13** S. 1, keine Zustimmungsfreiheit festgelegt ist, **muss** für § 18b Abs. 1 die **Zustimmung der Bundesagentur für Arbeit** nach § 39 Abs. 2 immer **eingeholt werden.** Eine Vorrangprüfung ist jedoch nicht vorgesehen.

Damit findet man sich quasi in der Mitte der vorherigen Regelungen wieder. § 2 Abs. 1 Nr. 3 **14** BeschV aF für inländische Hochschulabschlüsse war zustimmungsfrei und erfährt insofern eine Verschärfung. § 2 Abs. 3 BeschV aF hatte im Rahmen der Zustimmung der Bundesagentur für Arbeit neben der allgemeinen Vergleichbarkeitsprüfung auch eine Vorrangprüfung verlangt – diese entfällt nunmehr.

Für die Zustimmung der Bundesagentur für Arbeit müssen die Voraussetzungen nach § 39 **15** Abs. 2 erfüllt sein. In der Praxis wird es wohl weiterhin vorwiegend auf die **Vergleichbarkeit der Arbeitsbedingungen** (Gehalt, Arbeitszeit usw) als auch auf die Anerkennung/Vergleichbarkeit des Hochschabschlusses ankommen. Wegen der Hintergründe des Fachkräftemangels ist davon auszugehen bzw. ist es zumindest wünschenswert, dass das Kriterium der Befähigung großzügig ausgelegt wird. Die Anwendungshinweise des Bundesministeriums des Innern, für Bau und Heimat zum Fachkräfteeinwanderungsgesetz (v. 30.1.2020 Rn. 18b.1.2) legen das jedenfalls nahe.

Zur allgemeinen Vergleichbarkeitsprüfung gehört insbesondere auch das **Gehalt** (→ § 39 **16** Rn. 13). Es gibt weiterhin keine generellen Untergrenzen für vergleichbare Gehälter – anders als bei der Blauen Karte EU nach § 18b Abs. 2. Seit 1.3.2020 ist jedoch nach Vollendung des 45. Lebensjahres bei Ersterteilung eines Aufenthaltstitels zu beachten, dass die Höhe des Gehalts mindestens 55 % der jährlichen Beitragsbemessungsgrenze in der allgemeinen Rentenversicherung entspricht.

Die Zustimmung der Bundesagentur für Arbeit erfordert unter anderem für § 18b Abs. 1 und **17** § 18b Abs. 2 S. 2 gemäß § 39 Abs. 2 S. 1 Nr. 3 seit dem Inkrafttreten des FEG am 1.3.2020 auch, dass ein „**Inländisches Beschäftigungsverhältnis**" vorliegt: „Wie bislang, mit dem Fachkräfteeinwanderungsgesetz jedoch erstmals gesetzlich geregelt, muss ein inländisches Beschäftigungsverhältnis vorliegen; Entsendungen sind ausgeschlossen." (Anwendungshinweise des Bundesministeriums des Innern, für Bau und Heimat zum Fachkräfteeinwanderungsgesetz v. 30.1.2020 Rn. 18a.1.2). Unglücklicherweise wird hier der Begriff des inländischen Beschäftigungsverhältnisses mit einem weiteren unscharfen Begriff („Entsendung") in Verbindung gebracht (→ § 19c Rn. 8 ff.).

Herausfordernd in diesem Zusammenhang ist, dass weder im AufenthG noch in der BeschV **17a** Definitionen von „Entsendung" bzw. „Inländisches Beschäftigungsverhältnis" enthalten sind (Offer/Mävers/Offer/Mastmann BeschV § 39 Rn. 13). Vor dem 1.3.2020 (dem Inkrafttreten des FEG) gab es insbesondere keine gesetzliche Definition von „**Entsendung**" als Einsatz **ohne zivilrechtlichen deutschen Arbeitgeber** – dies wurde lediglich in den Fachlichen Weisungen der Bundesagentur für Arbeit so beschrieben (FA BA 2020/07 ausdrücklich in Rn. 16a.0.16 für betriebliche Weiterbildung, Rn. 19a.10a.3 für ICT, Rn. 19c.19.11 Werklieferungsverträge iVm dem Wortlaut der Norm „Arbeitgeber mit Sitz im Ausland", Rn. 19c.26.3 Bestimmte Staatsangehörige iVm dem Wortlaut der Norm „unabhängig vom Sitz des Arbeitgebers). Entsprechend gab es keine abschließende Festlegung in AufenthG und BeschV, welche Rechtsgrundlagen einen zivilrechtlichen deutschen Arbeitgeber voraussetzen. Es gab lediglich für **zustimmungspflichtige Sachverhalte** entsprechende Hinweise in den FW der BA mit dem Prinzip, dass grundsätzlich immer ein deutscher zivilrechtlicher Arbeitgeber erforderlich ist und Ausnahmen nur bestehen, wenn eine Rechtsvorschrift oder eine zwischenstaatliche Vereinbarung dies ausdrücklich zulassen oder eine Entsendung nach den Vorgaben der Fachlichen Weisungen der Bundesagentur für Arbeit möglich ist (FW BA 2020/07 Rn. 39.0.16; Offer/Mävers/Offer/Mastmann BeschV § 39 Rn. 15.

Allerdings ohne Einschränkung auf zustimmungspflichtige Tatbestände, sondern mit dem Hinweis, dass dieser Grundsatz für das gesamte Ausländerbeschäftigungsrecht gilt, insbesondere weil ein ausländischer Arbeitgeber für die deutschen Behörden als Ansprechpartner für die ordnungsgemäße Durchführung des Beschäftigungsverhältnisses bzw. als Adressat von Ordnungswidrigkeiten eine Herausforderung wäre. Im Übrigen würde in einer Gesamtschau insbesondere § 40 vermitteln, dass es dem Gesetzgeber als Grundsatz auf einen deutschen Arbeitgeber ankomme. Als Beispiele für Ausnahmen von diesem Grundsatz werden ua §§ 10, 10a, 19 und 26 Abs. 1 genannt – dies sind jedoch alles zustimmungsbedürftige Tatbestände. Der Verfasser hat auch eine Tendenz, diesen allgemeineren Grundsatz zu befürworten. Allerdings fehlt es eben an einer ausdrücklichen Festschreibung für das gesamte Ausländerbeschäftigungsrecht. Trotzdem sollte bei nicht zustimmungspflichtigen Tatbeständen eine entsprechende Auslegung möglich sein. Auch hier wäre jedoch eine Klarstellung des Gesetzgebers wünschenswert.).

17b   Im Gesetzgebungsverfahren zum FEG sind in § 2 AufenthG viele Definitionen zum besseren Verständnis ergänzend aufgenommen worden – allerdings gerade nicht „Entsendung" und „inländisches Beschäftigungsverhältnis".

17c   Die einzige inhaltliche Erläuterung in den aktuellen Materialien zu „**inländisches Beschäftigungsverhältnis**" findet sich in den FW BA 2020/07 in Rn. 39.0.6: „Ist die ausländische Fachkraft in Deutschland **sozialversicherungspflichtig**, handelt es sich um ein inländisches Beschäftigungsverhältnis. Es ist unschädlich, wenn im Einzelfall nicht in allen Versicherungszweigen tatsächlich Sozialversicherungspflicht eintritt. So ist es zB unschädlich, wenn in einem oder mehreren Versicherungszweigen die Beitragsbemessungsgrenze überschritten ist.". Für einen im Aufenthaltsrecht neu eingeführten Rechtsbegriff ist das beachtlich wenig.

17d   Vor dem 1.3.2020 (dem Inkrafttreten des FEG) gab es nämlich keine Anforderung als Tatbestandsvoraussetzung in AufenthG oder BeschV und auch nicht in den entsprechenden Allgemeinen Verwaltungsvorschriften des BMI (AVV BMI 2009) oder den jeweiligen Fachlichen Weisungen der Bundesagentur, die irgendeinen Bezug zu einer sozialversicherungsrechtlichen Komponente hergestellt haben. Die entsprechende Aussage des BMI „wie bislang" (→ Rn. 17) ist insofern nicht nachvollziehbar. Lediglich in den BMI-Hinweisen zur Blauen Karte von 2015 wird auf S. 2 unten bzw. S. 4 oben auf „deutsche Beschäftigungsverhältnisse" Bezug genommen. Insofern ist unklar, wie das BMI zu dem Schluss kommt, dass das inländische Beschäftigungsverhältnis unter rein sozialversicherungsrechtlichen Aspekten schon vor dem Inkrafttreten des FEG ein ungeschriebenes Tatbestandmerkmal war. Bei dem Verfasser hatte sich auf Grund der Anmerkung des BMI zuerst die Überzeugung gebildet, dass das inländische Beschäftigungsverhältnis daher nichts anders sein könne als eine abschließende gesetzliche Vorgabe in Bezug auf den zivilrechtlichen Arbeitgeber im Bereich des Aufenthaltsrechts (dies auch vor dem Hintergrund, als dass das FEG zum 1.3.2020 in Kraft getreten ist und die Anwendungshinweise des BMI zum FEG am 30.1.2020 verfügbar waren, während die Bezugnahmen in den neuen Fachlichen Weisungen der Bundesagentur erst im April 2020 veröffentlicht wurden). Der Bezug des BMI auf „Entsendung" konnte eigentlich nur so verstanden werden, dass man damit die in den Fachlichen Weisungen der Bundesagentur (vor und auch nach dem 1.3.2020 weiter) verwendete Definition eines vorübergehenden Arbeitseinsatzes in Deutschland ohne deutschen zivilrechtlichen Arbeitgeber meint (→ Rn. 17; so auch BeckOK AuslR/Klaus BeschV § 1 Rn 7m, der die Frage Nr. 13 im Formblatt „Erklärung zum Beschäftigungsverhältnis" nach sozialrechtlichen Kriterien als fehlerhafte Formulierung ansieht). Kurioserweise stellt die Bundesagentur für Arbeit in ihren Fachlichen Weisungen an mehreren Stellen zwar selbst dar, dass Entsendung und inländisches Arbeitsverhältnis zwei Seiten derselben Medaille sein sollen (zB FW BA Rn. 18b.0.14, 19c.3.4, 19c.10.2). Dann wiederum verbindet die Bundesagentur für Arbeit das inländische Beschäftigungsverhältnis in FW BA 2020/07 Rn. 39.0.6 aber ausschließlich mit der Sozialversicherungspflicht in Deutschland, die jedoch ihrerseits aus sich selbst heraus keinerlei Bezug zu einer abschließenden Definition des zivilrechtlichen Arbeitgebers hat.

17e   Die Bundesagentur für Arbeit hat mit den neuen Formblättern („Erklärung zum Beschäftigungsverhältnis", Stand: 1.7.2020) in Punkt 13 unter der Überschrift „Inländisches Beschäftigungsverhältnis" eine Abfrage eingeführt, ob **Sozialversicherungspflicht** in Deutschland besteht. Zu Recht wird darauf hingewiesen, dass eine solche Abfrage einer rechtlichen Einschätzung anstelle von Fakten höchst problematisch ist (BeckOK AuslR/Klaus BeschV § 1 Rn. 7n). Im Übrigen ist der Aufbau der Frage nach der Sozialversicherungspflicht (ursprünglich ab 1.3.2020 „dem Grunde nach" – erst einige Monate später wurde dieser Zusatz gestrichen) nicht zielführend. Denn eine Sozialversicherungspflicht dem Grunde nach besteht zB auch ohne deutschen Arbeitgeber, wenn eine **Entsendung** ohne deutschen zivilrechtlichen Arbeitsgeber so gestaltet ist, dass der Mitarbeiter für den Zeitraum eines befristeten Einsatzes in den deutschen Beschäftigungsbetrieb eingegliedert wird und daher wegen dieser **Eingliederung** bzw. **Integration** keine **Einstrahlung** nach § 5 Abs. 1 SGB IV vorliegt. Selbst mit Einstrahlung würde dem Grunde nach Sozialversicherungspflicht bestehen, da die Einstrahlung ja selbst auch schon eine Ausnahmeregelung von dem allgemeinen Grundsatz ist, dass jede beruflich veranlasste Tätigkeit als Arbeitnehmer, die physisch in den geographischen Grenzen von Deutschland stattfindet, in Deutschland sozialversicherungspflichtig ist (§ 3 SGB IV). Damit ist aber eine Beschäftigung als Arbeitnehmer in Deutschland erstmal grundsätzlich immer sozialversicherungspflichtig. Lediglich bei einer Einstrahlung nach § 5 Abs. 1 SGB IV oder wenn auf Grund einer **Ausnahmevereinbarung** nach einem internationalen **Sozialversicherungsabkommen** eine Befreiung von allen Zweigen der deutschen Sozialversicherung besteht (relativ selten, die wenigsten Abkommen erlauben die Befreiung in allen Zweigen, → Rn. 17j) oder falls ein Sachverhalt ggf. Befreiungen auf Grund europäischer Vorgaben auslöst, wird faktisch keine (vollständige) Sozialversicherungspflicht in Deutschland bestehen. Soweit zB trotz einer Ausnahmevereinbarung in Deutschland Versicherungspflicht in der gesetzlichen Krankenversicherung besteht (oder diese lediglich entfällt, weil die Beitragsbemessungsgrenze überschritten ist), besteht in einer Gesamtschau in Bezug auf alle fünf Zweige der deutschen Sozialversicherung meist zumindest eine teilweise Versicherungspflicht. Da eine solche teilweise Versicherungspflicht in dem Formblatt **„Erklärung zum Beschäftigungsverhältnis"** nicht erfasst werden kann, besteht lediglich die Möglichkeit „ja" anzukreuzen, ggf. mit einer extra verbunden Mitteilung. Bei teilweiser Sozialversicherungspflicht wäre eine Beantwortung der Frage 13 mit „nein" nach hier vertretener Auffassung nicht richtig.

Des Weiteren ist die Formulierung in Punkt 13 der „Erklärung zum Beschäftigungsverhältnis" **17f** insoweit unglücklich, als dass ausgesagt wird, dass bei Sozialversicherungspflicht in Deutschland ein inländisches Beschäftigungsverhältnis vorliegt. Nicht abschließend kann aus diesem Wortlaut abgelesen werden, ob dies die einzige Möglichkeit sein soll, um das inländische Beschäftigungsverhältnis zu begründen − gemeint ist es wohl.

In weiteren Passagen der Fachlichen Weisungen der Bundesagentur wird mitgeteilt, dass, soweit **17g** **kein inländisches Beschäftigungsverhältnis** gegeben ist, eine **Entsendung** in Betracht käme (FW BA 2020/07 Rn. 18b.0.14, 19c.3.4, 19c.10.2, 19c.26.3, 39.0.8, 81a.0.3). Diese Gegenüberstellung verwundert schon daher, da das inländische Beschäftigungsverhältnis gemäß der Bundesagentur ja ausschließlich über die **Sozialversicherungspflicht** definiert sein soll, der Begriff der Entsendung in den Fachlichen Weisungen jedoch über den **Sitz des zivilrechtlichen Arbeitgebers** außerhalb von Deutschland. Diese beiden Themen sind erst einmal völlig verschiedene rechtliche Gesichtspunkte (→ Rn. 17 ff.). Es kann lediglich vermutet werden, dass das BMAS und die BA hier bei „Entsendung" die sozialversicherungsrechtliche Definition im Hinterkopf hatten. Dann sollte es aber dringend eine Klarstellung geben, da ja „Entsendung" im Rahmen der BeschV schon eine arbeitsgenehmigungsrechtliche Definition hat, die lediglich auf den Sitz des zivilrechtlichen Arbeitgebers abstellt. Der Sitz des zivilrechtlichen Arbeitgebers ist jedoch für die sozialversicherungsrechtliche Definition von „Entsendung" und „inländisches Beschäftigungsverhältnis" kein eindeutiges Abgrenzungsmerkmal und von diesen gesondert zu betrachten. Allerdings liegt bei einem zivilrechtlichen deutschen Arbeitgeber regelmäßig aus sozialversicherungsrechtlichen Gesichtspunkten ein inländisches Beschäftigungsverhältnis vor. Demgegenüber kann aus **sozialversicherungsrechtlicher Sicht** ein inländisches Beschäftigungsverhältnis auch dann gegeben sein, wenn es keinen zivilrechtlichen deutschen Arbeitgeber gibt, aber im Rahmen der Beschäftigung in Deutschland eine **Eingliederung** in den deutschen Beschäftigungsbetrieb erfolgt (so grundsätzlich auch Offer/Mävers/Offer/Mastmann BeschV § 39 Rn. 15 ff., die in Rn. 17 wegen des Verweises aus § 2 Abs. 2 AufenthG nach § 7 SGB IV − als Definition von „Beschäftigung" − den Begriff „inländisches Beschäftigungsverhältnis" grundsätzlich sozialversicherungsrechtlich geprägt sehen).

Die sich teilweise widersprechende Verwendung des Begriffs „Entsendung" aus arbeitsgenehmi- **17h** gungsrechtlicher Sicht in Gegenüberstellung zu „inländisches Beschäftigungsverhältnis" kann letztendlich nur in einem Dialog mit bzw. zwischen den Ministerien (BMI und BMAS) geklärt werden. Ohne entsprechende Klarstellung ist es weder rechtstheoretisch noch praktisch abschließend möglich, die rechtlichen Voraussetzungen der ausländerbeschäftigungsrechtlichen Tatbestände mit dem Merkmal „inländisches Beschäftigungsverhältnis" zufriedenstellend zu erklären bzw. in Anträgen nachzuweisen, da schlicht und ergreifend nicht klar ist, was genau gemeint ist − insbesondere in Abgrenzung zu „Entsendung" bzw. dem zivilrechtlichen Arbeitgeber. Hier sollte dann auch noch einmal geklärt werden, in welchem Umfang und bei welchen Rechtsgrundlagen das „inländische Beschäftigungsverhältnis" relevant sein soll. Zum Beispiel für § 26 Abs. 2 BeschV wird in den Fachlichen Weisungen der BA in Rn. 19c.26.3 darauf verwiesen, dass ein inländisches Beschäftigungsverhältnis erforderlich sei. Abgesehen davon, dass ein solches Tatbestandsmerkmal nicht allein in den Fachlichen Weisungen aufgestellt werden kann, ist hier wohl eher der Sitz des zivilrechtlichen Arbeitgebers in Deutschland gemeint (gerade auch in Abgrenzung zu § 26 Abs. 1 BeschV).

17i   „Entsendung" wird in der Beschreibung des BMI (Anwendungshinweise des Bundesministeriums des Innern, für Bau und Heimat zum Fachkräfteeinwanderungsgesetz v. 30.1.2020 Rn. 18a.1.2) als Negativabgrenzung verwendet. Eine **„Entsendung"** kann aber zB aus arbeitsrechtlicher, sozialversicherungsrechtlicher oder steuerrechtlicher Sicht völlig unterschiedlich gesehen werden – erst recht aus aufenthalts- und arbeitsgenehmigungsrechtlichem Blickwinkel. Hinzu kommen weitere Begrifflichkeiten zB aus der Arbeitnehmerentsende-RL (RL 96/71/EG v. 16.12.1996, ABl. 1997 L 18, 1) bzw. in praktischer Hinsicht aus den Konzernen. In vielen Unternehmen gibt es sehr unterschiedliche Definitionen von „Entsendung". Faktisch wird in vielen Entsendungsrichtlinien globaler Konzerne allein auf die Dauer eines Einsatzes abgestellt. Auf diese Auslegungen kann es natürlich nicht ankommen. Vor diesem Hintergrund wäre es aber umso wünschenswerter gewesen, eine insgesamt klare Definition für „Entsendung" sowohl in der BeschV als auch im AufenthG zu finden – basierend auf der bereits existierenden Beschreibung in den Fachlichen Weisungen der BA und nicht nur für zustimmungspflichtige Tatbestände – und somit gesetzlich zu verankern (→ Rn. 17a).

17j   Letztendlich ist diese systematische Frage der Auslegung und Interpretation keine reine rechtstheoretische, sondern hat handfeste praktische Hintergründe. Dies betrifft insbesondere die drei folgenden Konstellationen: (i) drei Jahre ICT genutzt, aber weiterer längerer Aufenthalt in Deutschland unmittelbar für ein weiteres Jahr erforderlich (zB wegen Projektverzögerung), daher Umstellung auf einen deutschen zivilrechtlichen Arbeitgeber mit einem deutschen Arbeitsvertrag für ein Jahr unmittelbar im Anschluss an ICT (ii) neuer, zeitlich befristeter Einsatz im Konzern, wobei für den Aufenthalt in Deutschland (zB zwei Jahre) der Heimatarbeitsvertrag ruhend gestellt und ein Arbeitsvertrag mit dem deutschen Beschäftigungsbetrieb als zivilrechtlicher Arbeitgeber abgeschlossen wird (iii) Verlängerungsantrag für einen Aufenthaltstitel, welcher der Zustimmung der BA bedarf, wobei der Aufenthaltstitel vor dem Inkrafttreten des FEG am 1.3.2020 erteilt wurde. In allen drei Fällen ist der Arbeitsvertrag mit dem Heimatarbeitgeber ruhend gestellt (in Variante (i) erst nach den drei Jahren ICT). Zur Vereinfachung des Sachverhalts wird angenommen, dass für die Dauer des Aufenthalts in Deutschland eine Eingliederung bzw. Integration in den deutschen Beschäftigungsbetrieb gegeben ist, so dass eine Einstrahlung nach § 5 Abs. 1 SGB IV nicht gegeben ist. Für Länderkonstellationen, mit welchen ein internationales Sozialversicherungsabkommen besteht, kann daher in vielen Konstellationen im Rahmen einer Ausnahmevereinbarung die Befreiung von einzelnen Säulen der deutschen Sozialversicherungspflicht beantragt werden (zB China und Indien: Rentenversicherung und Arbeitslosenversicherung) – teilweise, aber relativ selten, sogar in fast allen Zweigen (zB Türkei, Marokko). Für Länder, mit denen keine Sozialversicherungsabkommen bestehen (zB Sri Lanka), kann eine Ausnahmevereinbarung nicht geschlossen werden – hier besteht dann eine vollständige Sozialversicherungspflicht in Deutschland.

17k   Auf Grund einer internen Weisung des BMAS an die BA und weiter der BA an die regionalen Stellen der Arbeitsmarktzulassung soll eine, das inländische Beschäftigungsverhältnis begründende, Versicherungspflicht nur vorliegen, wenn während des Aufenthaltes in Deutschland Sozialversicherungsbeiträge in allen Zweigen der deutschen Sozialversicherung gezahlt werden (Stand: 27.6.2021). Damit werden die internationalen Sozialversicherungsabkommen – soweit die Anspruchsgrundlage nach §§ 18a und 18b iVm § 39 Abs. 2 S. 1 Nr. 3 AufenthG Anwendung finden soll – faktisch ausgehebelt. Ein Mitarbeiter steht quasi vor der Wahl, eine Ausnahmevereinbarung nicht zu beantragen – dann stimmt die AMZ zu, soweit alle anderen Voraussetzungen vorliegen – oder bei genehmigter Ausnahmevereinbarung und entsprechender Befreiung von (Teilen) der deutschen Sozialversicherung keine Zustimmung der AMZ und damit letztendlich keinen Aufenthaltstitel für die entsprechende Beschäftigung zu erhalten. Den og Konstellationen ist gemeinsam, dass es für die meisten qualifizierten Mitarbeiter kaum Alternativen gibt – mit Ausnahme des § 26 BeschV, der aber nur einige wenige Staatsbürgerschaften erfasst. Unabhängig von dem Vorliegen alternativer Anspruchsgrundlagen ist nicht nachvollziehbar, warum ein einfaches deutsches Gesetz internationale Sozialversicherungsabkommen als bilaterale Verträge mit andere Staaten, welche Deutschland bindend abgeschlossen hat, faktisch außer Kraft setzen können soll. Vor diesem Hintergrund sollte es in Bezug auf die Voraussetzung „inländisches Beschäftigungsverhältnis" neben der bereits bestehenden Ausnahme des Überschreitens der Beitragsbemessungsgrenze (FW BA 2020/07 Rn. 39.0.6) mindestens eine weitere Ausnahme geben, nämlich Befreiungen von der deutschen Sozialversicherungspflicht auf Grund von Ausnahmevereinbarungen im Rahmen internationaler Sozialversicherungsabkommen. Soweit trotz dieser Befreiungen (zumindest teilweise) Sozialversicherungsbeiträge in Deutschland gezahlt werden, sollte auch das

Merkmal „inländisches Beschäftigungsverhältnis erfüllt sein. Im Übrigen wurde in den BMI Hinweisen 2015 in Bezug auf die Blaue Karte EU auf S. 4 in Abs. 2 festgehalten: „Unerheblich ist dabei, ob aus dem in Deutschland bestehenden Beschäftigungsverhältnis Sozialversicherungsbeiträge in Deutschland gezahlt werden."

Laut BA FW 2020/07 Rn. 39.0.8 soll eine (für § 18b Abs. 1 und Abs. 2 nicht relevante) **17l** Zustimmung nach § 39 Abs. 3 auch nur erteilt werden können, wenn „entweder ein inländisches Beschäftigungsverhältnis zustande kommt oder, sofern die entsprechende Rechtsgrundlage dies vorsieht, auch in Fällen der Entsendung.". Zum einen ergibt sich auch hier der Widerspruch zwischen dem „inländischen Beschäftigungsverhältnis" mit sozialversicherungsrechtlichen Anknüpfungspunkten und einer „Entsendung" bezogen auf den zivilrechtlichen Arbeitgeber (→ Rn. 17 ff.). Darüber hinaus ist nicht nachvollziehbar, dass in § 39 Abs. 2 das inländische Beschäftigungsverhältnis als Voraussetzung explizit aufgeführt ist, in § 39 Abs. 3 dagegen nicht, aber laut BA soll es dann doch auch in § 39 Abs. 3 grundsätzlich eine Anforderung sein (wohl auch gegen dieses Auffassung der BA Huber/Mantel AufenthG/Dippe § 39 Rn. 43, der als Beispiele allerdings nur Entsendungen aufzählt). Es kann nur vermutet werden, dass die BA hier mit „inländisches Beschäftigungsverhältnis" evtl. einen zivilrechtlichen deutschen Arbeitgeber gemeint hat (aA Huber/Mantel AufenthG/Dippe § 39 Rn. 41 f., für den vorrangig entscheidend ist, dass ein Arbeitsvertrag bestimmt, dass die Beschäftigung in Deutschland ausgeübt wird. Auf den Sitz des zivilrechtlichen Arbeitgebers käme es dann gar nicht an: nach Dippe wäre dann aus Deutschland heraus (→ Rn. 44a) im Rahmen des „Home Office" immer auch eine Tätigkeit für einen nicht-deutschen zivilrechtlichen Arbeitgeber möglich. Solch ein „remote working", von Dippe als „Telearbeit" bezeichnet, wäre jedoch kaum in Einklang zu bringen mit dem aktuellen Prinzip, dass für zustimmungspflichtige Tätigkeiten grundsätzlich ein deutscher zivilrechtlicher Arbeitgeber erforderlich ist. Etwas anderes würde nur gelten, wenn man das inländische Beschäftigungsverhältnis gerade so versteht, dass es keine parallele Voraussetzung neben dem zivilrechtlichen Arbeitgeber ist, sondern ggf. eine flexible Kombination des zivilrechtlichen Arbeitgebers mit sozialversicherungsrechtlichen Anforderungen. Diese Abgrenzung als ausdrückliche Ausnahme vom Prinzip des deutschen zivilrechtlichen Arbeitgebers bei zustimmungspflichtigen Sachverhalten fehlt aber gerade noch).

Mit dem Inkrafttreten des FEG zum 1.3.2020 war der Verfasser der Meinung, dass unter **18** einem inländischen Beschäftigungsverhältnis zu verstehen sei, ob es einen Arbeitsvertrag mit einem deutschen Beschäftigungsbetrieb gibt, also ein zivilrechtlicher deutscher Arbeitgeber vorliegt (→ Rn. 17c). Im Rahmen der bestehenden Unklarheiten (→ Rn. 17 ff.) ist das jedoch eventuell anders zu bewerten. Möglich wäre, dass der zivilrechtliche Arbeitgeber und das inländische Beschäftigungsverhältnis getrennt zu betrachten sind (oder maximal in einem Zusammenspiel) – nicht jedoch als zwei Begriffe die sich auf dieselbe Erteilungsvoraussetzung beziehen (Offer/Mävers/Offer/Mastmann BeschV § 39 Rn. 15; aA Klaus in BeckOK AuslR BeschV § 1 Rn 7m, der die sozialversicherungsrechtliche Komponente nach Vorgaben des BMAS als eine missverständliche Formulierung sieht und daher den Begriff „inländisches Beschäftigungsverhältnis" als ein Synonym und damit eine reine Abgrenzung zwischen einem zivilrechtlichen deutschen oder nicht-deutschen Arbeitgeber einordnet; aA Huber/Mantel AufenthG/Dippe § 39 Rn. 41 f., der allein auf eine arbeitsvertragliche Vereinbarung abstellt, dass die Beschäftigung in Deutschland ausgeübt wird).

5. Ermessensausübung

Die Erteilung eines Aufenthaltstitels nach § 18b Abs. 1 erfolgt, wie die meisten anderen Aufent- **19** haltstitel, die nicht auf europarechtlichen Vorgaben beruhen, im Rahmen einer **Ermessensausübung.** Insbesondere sind die Intentionen des § 18 zu berücksichtigen. In den Anwendungshinweisen des Bundesministeriums des Innern, für Bau und Heimat ist ausdrücklich von den „ermessenslenkenden Gesichtspunkte aus § 18 Abs. 1" die Rede (Anwendungshinweise des Bundesministeriums des Innern, für Bau und Heimat zum Fachkräfteeinwanderungsgesetz v. 30.1.2020 Rn. 18b.1.1).

C. Blaue Karte EU (Abs. 2)

I. Allgemeines / Hintergründe

Die Einführung der Blauen Karte EU im Jahr 2012 basiert auf der **BlueCard-RL** (RL 2009/ **20** 50/EG v. 25.5.2009, ABl. 2009 L 155, 17) mit dem Ziel der Harmonisierung der Einwanderung von Hochqualifizierten in die EU und insbesondere mit dem Ziel Anreize zu schaffen, eine Tätigkeit in der EU aufzunehmen und so dem prognostizieren Fachkräftemangel entgegenzuwirken. Ein in der Praxis immer noch häufig anzutreffendes Missverständnis resultiert aus dem Namen der Blauen Karte EU. Oft wird der Zusatz „EU" so verstanden, dass Arbeitstätigkeiten innerhalb der ganzen EU erlaubt sind. Eine von einem Mitgliedsstaat ausgestellte Blaue Karte EU erlaubt jedoch grundsätzlich nur die Tätigkeit in diesem Land – auch wenn Reisen im Schengen-Gebiet bis zu insgesamt 90 Tagen innerhalb eines Zeitraums von 180 Tagen möglich sind. Es kommt dann auf das jeweilige andere Land an, ob eine bestimmte Tätigkeit dort ggf. arbeitserlaubnisfrei ist, zB aufgrund von Befreiungen im Rahmen von Geschäftsreisetätigkeiten, Dienstleistungserbringung (Vander Elst-Rspr. des EuGH BeckRS 2004, 77206) usw. Reguläre Arbeitstätigkeiten sind in dem anderen Land üblicherweise nicht erlaubt. Mobilitätsregeln, wie bei ICT, sind auf europäischer Ebene im Rahmen möglicher Anpassungen der BlueCard-RL im Gespräch, aber aufgrund von Abstimmungsschwierigkeiten in anderen Bereichen nicht zeitnah zu erwarten. Um hier fahrlässig Verstöße gegen arbeitsgenehmigungsrechtliche Vorschriften zu vermeiden, sollten Arbeitgeber und Dienstleister immer entsprechend informiert sein.

21   Anders als in anderen Ländern der EU hat die Blaue Karte EU in Deutschland hohen Zuspruch erfahren. Leider hat sich der Gesetzgeber auch im Rahmen des FachkEinwG (Fachkräfteeinwanderungsgesetz v. 15.8.2019, BGBl. I 1307) nicht dazu durchringen können, neben dem Kriterium des deutschen, anerkannten oder vergleichbaren ausländischen Hochschulabschlusses auch die Möglichkeit von **fünf Jahren relevanter Berufserfahrung** ausreichen zu lassen. Es besteht weiterhin lediglich die Möglichkeit, diese Alternative zukünftig einzuführen (§ 42 Abs. 1 Nr. 3; Anwendungshinweise des Bundesministeriums des Innern, für Bau und Heimat zum Fachkräfteeinwanderungsgesetz v. 30.1.2020 Rn. 18b.2.12). Es wird angeführt, dass es keinen geeigneten administrativen Prozess bei den deutschen Behörden gebe, um für jeden Einzelfall nachvollziehen zu können, dass fünf Jahre relevanter Berufserfahrung tatsächlich inhaltlich einen Hochschulabschluss ersetzen können. Gerade vor dem Hintergrund, dass man mit den Neuregelungen des FachkEinwG den Auswahlkriterien des Arbeitgebers mehr Gewicht einräumen möchte, zB in Bezug darauf, ob jemand befähigt ist, eine bestimmte Position zu besetzen, ist es nicht nachvollziehbar, dass man nicht darauf vertrauen kann, dass ein Arbeitgeber selbst am besten einschätzen kann, ob fünf Jahre Berufserfahrung für die vorgesehene Position eine anerkannte formelle Ausbildung ausgleichen. Insbesondere die Gehaltsschwelle der Blauen Karte EU lässt es als unwahrscheinlich erscheinen, dass es hier in größerem Umfang zu Missbrauchsfällen kommen könnte.

22   Mit der Neugestaltung der §§ 18 ff. ist die Blaue Karte EU, die vorher in § 19a verankert war, nunmehr in § 18b Abs. 2 geregelt. Durch die Umstrukturierung sind für die Blaue Karte EU **Verweise in die BeschV** entfallen. Alle relevanten Regelungen sind nunmehr ausschließlich im AufenthG enthalten – neben §§ 18, 18b ist das vor allem § 39 Abs. 2.

23   Inhaltlich hat sich allerdings kaum etwas geändert. Die erforderliche akademische Ausbildung ist jetzt an den Begriff der „Fachkraft" nach § 18 Abs. 3 Nr. 2 (→ Rn. 7; → § 18 Rn. 42) angekoppelt. Lediglich für **inländische Hochschulabschlüsse** ist es eine **Schlechterstellung,** dass die Zustimmungsfreiheit jetzt nur noch für die höhere Gehaltsschwelle von zwei Dritteln der allgemeinen Beitragsbemessungsgrenze der Rentenversicherung besteht, nicht jedoch bei der niedrigeren Gehaltsgrenze der Mangelberufe.

24   Die **Ablehnungsgründe** aus § 19a Abs. 5 aF sind nun, zusammen auch für andere Aufenthaltstitel, in § 19f aufgenommen. Auch die Regeln zur Erteilung einer Niederlassungserlaubnis basierend auf einer Blauen Karte EU (§ 19a Abs. 6 aF) sind jetzt systematisch mit den übrigen Regeln für eine Niederlassungserlaubnis in § 18c erfasst.

II. Besonderheiten / Privilegierungen

25   Bei Vorliegen aller Voraussetzungen besteht ein **Rechtsanspruch** auf Erteilung der Blauen Karte EU – unabhängig davon, ob sie einer Zustimmung der Bundesagentur für Arbeit bedarf oder nicht. Eine **Niederlassungserlaubnis** kann bereits nach 33 Monaten, mit deutschen Sprachkenntnissen auf dem Niveau B1 sogar bereits nach 21 Monaten, eingeholt werden (§ 18c Abs. 2). Für Inhaber der Blauen Karte EU beträgt die **Wiedereinreisefrist** nach § 51 Abs. 10 zwölf Monate anstelle der sonst üblichen sechs Monate. Ein **Daueraufenthalt EU,** dem eine Blaue Karte EU vorausgegangen ist, erlischt gem. § 51 Abs. 9 Nr. 3 erst nach 24 anstatt nach sonst üblichen zwölf Monaten. Gemäß § 9b Abs. 2 können bestimmte **Voraufenthaltszeiten** aus in einem anderen Mitgliedstaat der EU mit einer Blauen Karte EU für den Erhalt einer Erlaubnis zum Daueraufenthalt EU angerechnet werden. Die Blaue Karte EU wird regelmäßig für **vier Jahre** ausgestellt, bzw., soweit der Arbeitsvertrag kürzer ist, für die entsprechende Dauer plus drei

Monate. **Ehegatten** müssen für die Ersterteilung einer Aufenthaltserlaubnis als Angehöriger den sonst regelmäßig notwendigen **Sprachnachweis A1 nicht erbringen** (§ 30 Abs. 1 S. 3 Nr. 5).

Wie bei allen anderen zustimmungsfreien Tatbeständen zur Erteilung eines Aufenthaltstitels, ist **26** bei § 18b Abs. 2 S. 1 die sonst grundsätzlich nicht erlaubte Beschäftigung als **Leiharbeiter** möglich (Anwendungshinweise des Bundesministeriums des Innern, für Bau und Heimat zum Fachkräfteeinwanderungsgesetz v. 30.1.2020 Rn. 18b.2.9).

III. Einzelerläuterungen

1. Fachkraft mit akademischer Ausbildung

Wie § 18b Abs. 1 setzt auch 18b Abs. 2 eine **Fachkraft mit einem akademischen Abschluss 27** nach § 18 Abs. 3 Nr. 2 voraus – insbesondere muss der ausländische Hochschulabschluss vergleichbar sein (→ Rn. 1 f., → Rn. 7 ff.).

2. Qualifikationsangemessene Beschäftigung

Schon § 19a aF hatte als Voraussetzung, dass die Beschäftigung **der Qualifikation angemessen 28** sein muss. Das wird in § 18b Abs. 2 beibehalten. Anders als in § 18a und § 18 Abs. 1 reicht es nicht aus, dass die Qualifikation zur Beschäftigung befähigt. Qualifikationsangemessene Beschäftigungen können auch solche Tätigkeiten seien, die üblicherweise einen akademischen Abschluss voraussetzen und bei denen die mit der Hochschulausbildung erworbenen Kenntnisse zumindest teilweise oder mittelbar benötigt werden (Anwendungshinweise des Bundesministeriums des Innern, für Bau und Heimat zum Fachkräfteeinwanderungsgesetz v. 30.1.2020 Rn. 18b.2.6; Huber/Mantel AufenthG/Dippe Rn. 7). Die Anforderungen können jedoch nicht so gering sein, dass die Tätigkeit auch ohne jegliche Ausbildung oder auch mit einer weniger qualifizierten ausgeübt werden kann. Eine Beschäftigung sollte aus praktischer Sicht immer dann qualifikationsangemessen sein, wenn ein zukünftiger Arbeitgeber davon ausgeht, dass die Qualifikation zu der beabsichtigten Beschäftigung und die mit der Hochschulausbildung erworbenen Kenntnisse zumindest teilweise oder mittelbar benötigt werden. Für reglementierte Berufe sind natürlich die erforderlichen zusätzlichen Voraussetzungen zu erfüllen.

3. Mangelberuf / Engpassberuf (Abs. 2 S. 2)

Art. 5 Abs. 5 S. 1 RL 2009/50/EG (BlueCard-RL) gestattet, dass die Gehaltsschwelle für eine **29** Beschäftigung in Berufen, in denen ein **besonderer Bedarf** an Drittstaatsangehörigen besteht (sog. **Mangelberuf**) und die zu den Hauptgruppen 1 und 2 der Internationen Standard-Klassifikation der Berufe (ISCO) gehören, weniger als das Regelgehalt für die Blaue Karte EU betragen darf – mindestens das 1,2-fache des durchschnittliche Bruttojahresgehalts in dem betreffenden Mitgliedstaat.

Anstelle des Regelgehalts der Blauen Karte EU von mindestens zwei Drittel der Beitragsbemes- **30** sungsgrenze der allgemeinen Rentenversicherung gilt für **Mangelberufe** (→ Rn. 38 ff.) eine Grenze von nur 52 %. Die zustimmungspflichtige Blaue Karte EU für Mangelberufe wird teilweise auch **„kleine" Blaue Karte EU** genannt (Huber/Mantel AufenthG/Dippe Rn. 9).

Deutschland hat für die Gruppen 21 (**Naturwissenschaftler, Mathematiker und Ingeni- 31 eure**), 221 (**Ärzte**) und 25 (**Fachkräfte in der Informations- und Kommunikationstechnologie**) der ISCO von der Möglichkeit der Absenkung der Gehaltsschwelle Gebrauch gemacht. Gemäß Art. 5 Abs. 5 S. 1 RL 2009/50/EG (BlueCard-RL) für die Berufe, für die eine Abweichung beschlossen wurde, durch den betreffenden Mitgliedstaat jährlich an die Kommission zu melden. Die Übermittlung erfolgt durch das BAMF gem. § 91f Abs. 2 Nr. 2 (BR-Drs. 848/11, 34).

Die **Mangelberufe** sind **im Einzelnen:** **32**
- Gruppe 21: Naturwissenschaftler, Mathematiker und Ingenieure
  - 211. Physiker, Chemiker, Geologen und verwandte Berufe
  - 2111 Physiker und Astronomen
  - 2112 Meteorologen
  - 2113 Chemiker
  - 2114 Geologen und Geophysiker
  - 212. Mathematiker, Versicherungsmathematiker und Statistiker
  - 2120 Mathematiker, Versicherungsmathematiker und Statistiker
  - 213. Biowissenschaftler

- 2131 Biologen, Botaniker, Zoologen und verwandte Berufe
- 2132 Agrar-, Forst- und Fischereiwissenschaftler und -berater
- 2133 Umweltwissenschaftler
- 214. Ingenieurwissenschaftler (ohne Elektrotechnik, Elektronik und Telekommunikation)
- 2141 Wirtschafts- und Produktionsingenieure
- 2142 Bauingenieure
- 2143 Umweltschutzingenieure
- 2144 Maschinenbauingenieure
- 2145 Chemieingenieure
- 2146 Bergbauingenieure, Metallurgen und verwandte Berufe
- 2149 Ingenieure, anderweitig nicht genannt
- 215. Ingenieure in den Bereichen Elektrotechnik, Elektronik und Telekommunikationstechnik
- 2151 Ingenieure im Bereich Elektrotechnik
- 2152 Ingenieure im Bereich Elektronik
- 2153 Ingenieure im Bereich Telekommunikationstechnik
- 216. Architekten, Raum-, Stadt- und Verkehrsplaner, Vermessungsingenieure und Designer
- 2161 Architekten
- 2162 Landschaftsarchitekten
- 2163 Produkt- und Textildesigner
- 2164 Raum-, Stadt- und Verkehrsplaner
- 2165 Kartografen und Vermessungsingenieure
- 2166 Grafik- und Multimediadesigner
- Gruppe 221: Ärzte
  - 2211 Allgemeinärzte
  - 2212 Fachärzte
- Gruppe 25: Akademische und vergleichbare Fachkräfte in der Informations- und Kommunikationstechnologie
  - 251. Entwickler und Analytiker von Software und Anwendungen
  - 2511 Systemanalytiker
  - 2512 Softwareentwickler
  - 2513 Web- und Multimediaentwickler
  - 2514 Anwendungsprogrammierer
  - 2519 Entwickler und Analytiker von Software und Anwendungen, anderweitig nicht genannt
  - 252. Akademische und vergleichbare Fachkräfte für Datenbanken und Netzwerke
  - 2521 Datenbankentwickler und -administratoren
  - 2522 Systemadministratoren
  - 2523 Akademische und vergleichbare Fachkräfte für Computernetzwerke
  - 2529 Akademische und vergleichbare Fachkräfte für Datenbanken und Netzwerke, anderweitig nicht genannt

4. Mindestgehalt

33 **a) Regelgehalt (Abs. 2 S. 1).** Grundsätzlich ist für den **Regelfall** einer zustimmungsfreien (→ Rn. 41) Blauen Karte EU (teilweise auch als **„große" Blaue Karte EU** bezeichnet, siehe Huber/Mantel AufenthG/Dippe Rn. 9) nach § 18b Abs. 2 S. 1 ein Gehalt in Höhe von mindestens **zwei Dritteln der jährlichen Beitragsbemessungsgrenze in der allgemeinen Rentenversicherung** erforderlich. Diese Regelung entspricht den Vorgängervorschriften (Anwendungshinweise des Bundesministeriums des Innern, für Bau und Heimat zum Fachkräfteeinwanderungsgesetz v. 30.1.2020 Rn. 18b2.7) in § 2 Abs. 1 Nr. 2a BeschV aF (bis 29.2.2020) bzw. § 3a Nr. 1 BeschV aF und § 41a Abs. 1 BeschV aF in der bis zum 30.6.2013 geltenden Fassung.

34 Mit Art. 5 Abs. 3 RL 2009/50/EG (BlueCard-RL) wurde die Mindestgehaltsgrenze einer Blauen Karte EU auf das Anderthalbfache des durchschnittlichen Bruttojahresgehalts in dem jeweiligen Mitgliedsstaat festgelegt. Günstigere Bedingungen sind erlaubt (Art. 4 Abs. 2 lit. a RL 2009/50/EG). Mit zwei Dritteln der Beitragsbemessungsgrenze in der allgemeinen Rentenversicherung liegt Deutschland deutlich unter dem empfohlenen Regelfall vom anderthalbfachen des durchschnittlichen Bruttojahresgehalts.

35 **2021** beträgt die Mindestgehaltsgrenze **56.800 EUR** brutto jährlich. Einbezogen werden alle **garantierten Zahlungen** – neben dem Grundgehalt, also zB auch ein 13. Monatsgehalt und

Weihnachtsgeld, wenn diese Voraussetzung erfüllt ist. Zahlungen, die widerruflich oder nicht garantiert, zB ein Zielbonus, können nicht einbezogen werden.

Durch die Anbindung an die Beitragsbemessungsgrenze, die jährlich zum 1.1. angepasst wird, **36** ist sichergestellt, dass die Gehaltsgrenze regelmäßig an die **Entwicklung der Gehälter** angeglichen wird (BR-Drs. 848/11, 34). Darüber hinaus wird unter Bezugnahme auf die „allgemeine" Rentenversicherung klargestellt, dass es sich um **bundeseinheitliche Gehaltsgrenzen** handelt und diese somit in allen Bundesländern einheitlich gelten (Offer/Mävers/Offer/Ewald BeschV § 2 Rn. 12; HTK-AuslR/Fehrenbacher BeschV § 2 Abs. 1 Nr. 2 Rn. 6). Es wird also nicht zwischen den alten und neuen Bundesländern unterschieden, wie das bei der Rente selbst gemacht wird. Ausschlaggebend ist mit „allgemein" die Bezugsgröße für die alten Bundesländer.

Die **Änderung der Gehaltsgrenzen** zu Beginn eines jeden Kalenderjahres (üblicherweise **37** eine Anhebung) hat **keine Auswirkung auf die weitere Gültigkeit** einer bereits erteilten Blauen Karte EU. Diese bleibt gültig, auch wenn die neuen Gehaltsgrenze das Jahresbruttogehalt übersteigt (Anwendungshinweise des Bundesministeriums des Innern, für Bau und Heimat zum Fachkräfteeinwanderungsgesetz v. 30.1.2020 Rn. 18b.2.8). Bei einer Verlängerung sind dann jedoch wieder die jeweils aktuellen Gehaltsgrenzen maßgeblich, soweit nicht direkt die Niederlassungserlaubnis nach § 18c Abs. 2 in Betracht (Huber/Mantel AufenthG/Dippe § 18 Rn. 12). In der Praxis sollten Arbeitgeber daher darauf vorbereitet sein, dass entsprechende Gehaltsanpassungen spätestens mit einer Verlängerung erforderlich werden können.

b) Mangelberufe (Abs. 2 S. 2). Für **Mangelberufe** (→ Rn. 29 ff.) gilt eine Mindestgehalts- **38** grenze von **52 % der Beitragsbemessungsgrenze der allgemeinen Rentenversicherung. 2021** beträgt dieser Wert **44.304 EUR** jährlich brutto. Die Vorschriften, welche Gehaltsbestandteile angerechnet werden können, sind die gleichen wie für das Regelgehalt.

Wird in einem Mangelberuf nur diese niedrigere Gehaltsschwelle erreicht, ist eine Zustimmung **39** der Bundesagentur für Arbeit erforderlich (→ Rn. 42). Soweit in einem **Mangelberuf** das **Regelgehalt** von zwei Dritteln der jährlichen Beitragsbemessungsgrenze in der allgemeinen Rentenversicherung erreicht wird, kommt es nicht mehr darauf an, dass es sich um einen Mangelberuf handelt. Durch das Erreichen der höheren Gehaltsschwelle ist der Antrag dann zustimmungsfrei nach § 18b Abs. 2 S 1 möglich.

Durch die Zustimmungspflicht für **Mangelberufe,** bei welchen das Regelgehalt nicht erreicht **40** wird, ist **Leiharbeit/Arbeitnehmerüberlassung nicht möglich** (Anwendungshinweise des Bundesministeriums des Innern, für Bau und Heimat zum Fachkräfteeinwanderungsgesetz v. 30.1.2020 Rn. 18b.2.9).

5. Zustimmung der Bundesagentur für Arbeit

Für die Blaue Karte EU nach § 18b Abs. 2 S. 1 ist eine **Zustimmung der Bundesagentur 41 für Arbeit nicht erforderlich.** Die Möglichkeit, die Bundesagentur für Arbeit dennoch einzuziehen, bleibt über § 72 Abs. 7 bestehen.

Zustimmungspflicht besteht nach **§ 18b Abs. 2 S. 2 für Mangelberufe** mit niedrigerer **42** Gehaltsschwelle. Das Zustimmungserfordernis soll ausgleichen, dass für Mangelberufe eine niedrigere Gehaltsschwelle gilt.

Die Bundesagentur für Arbeit prüft dabei das Vorliegen der Voraussetzungen nach § 18 Abs. 2 **43** (unter anderem erforderlicher Hochschulabschlusses, Arbeitsplatzangebot) sowie nach § 39 Abs. 2 (unter anderem **vergleichbare Arbeitsbedingungen,** qualifikationsangemessene Beschäftigung, inländisches Beschäftigungsverhältnis). Eine **Vorrangprüfung** findet **nicht** statt.

Bei der **zustimmungsfreien Variante** werden die Voraussetzungen des **§ 39 Abs. 2 nicht 44 geprüft,** also auch nicht das Merkmal **inländisches Beschäftigungsverhältnis.** Für die **zustimmungspflichtige Blaue Karte EU** ergeben sich bei Auslegung und Anwendung der Voraussetzung **„inländisches Beschäftigungsverhältnis"** die gleichen Herausforderungen wie bei der Aufenthaltserlaubnis nach § 18b Abs. 1 (→ Rn. 17 ff.) – insbesondere ist das Zusammenspiel zwischen „zivilrechtlicher Arbeitgeber", „Entsendung" und „inländisches Beschäftigungsverhältnis" nicht abschließend geklärt (→ Rn. 18).

Interessant ist, dass bei Betrachtungen zum zivilrechtlichen Arbeitgeber meist lediglich 3 Kon- **44a** stellationen betrachtet werden:
(i) Deutscher zivilrechtlicher Arbeitgeber (entweder vorübergehend zeitlich befristet – mit den 2 Hauptkonstellationen ruhender Arbeitsvertrag im Heimatland oder neue deutsche Anstellung ohne vorherige Konzernverbindung – oder dauerhafte Einstellung)
(ii) Entsendung ohne deutschen zivilrechtlichen Arbeitgeber innerhalb desselben Konzerns (bei ICT Sitz des zivilrechtlichen Arbeitgebers zwingend außerhalb der EU)

(iii) Direkteinsätze bei Dritten in Deutschland ohne deutschen zivilrechtlichen Arbeitgeber (zB Zulieferer, Kunden oder sonstige Vertragspartner; möglich zB über § 26 Abs. 1 oder § 29 Abs. 5 (in der Variante direkte Dienstleistungserbringung) BeschV.

Die folgende vierte Variante ist bis jetzt eher weniger diskutiert worden:

(iv) Arbeiten in Deutschland ohne deutschen zivilrechtlichen Arbeitgeber und ohne Entsendung, dh Arbeitgeber außerhalb von Deutschland, aber Erbringung der Arbeitsleistung primär aus Deutschland heraus. Während der Covid-19 Pandemie ist dieses Modell als „Remote working" bekannt geworden und wird teilweise auch als „Telearbeit" bezeichnet (Huber/Mantel AufenthG/Dippe § 39 Rn. 41; (→ Rn 17l).

44b Für die Blaue Karte EU gibt die **BlueCard-RL** (RL 2009/50/EG v. 25.5.2009, ABl. 2009 L 155, 17) vor, dass es Voraussetzungen ist, dass ein Arbeitsvertrag mit einem Arbeitgeber mit Sitz in einem Mitgliedsstaat besteht. Darüber hinaus ist bei der Blauen Karte EU allerdings nicht ganz klar, wie Art. 5 Abs. 1 lit. a **BlueCard-RL** vom Wortlaut her zu verstehen ist. Der Wortlaut „[...] Arbeitsvertrag [...] für eine hochqualifizierte Beschäftigung für mindestens ein Jahr in dem betreffenden Mitgliedstaat" könnte zweierlei bedeuten: (i) Der Arbeitsvertrag muss mit einem zivilrechtlichen Arbeitgeber in diesem Mitgliedstaat abgeschlossen worden sein oder (ii) der Arbeitsvertrag legt lediglich fest, dass nur die Beschäftigung selbst in dem Mitgliedstaat stattfinden soll – der zivilrechtliche Arbeitgeber könnte auch in einem anderen EU-Mitgliedstaat seinen Sitz haben. Letztere Variante würde sich gut in die Systematik in Abgrenzung zu ICT einordnen: Bei ICT gilt die Anforderung eines Arbeitsvertrages mit einem Arbeitgeber außerhalb der EU. Es passt insoweit gut zusammen, wenn bei der Blauen Karte EU der zivilrechtliche Arbeitgeber sich nicht zwingend in Deutschland befindet, sondern innerhalb der EU. Das würde widerspiegeln, dass die Idee der Blauen Karte EU ua die Attraktivität für Drittstaatsangehörige erhöhen und diese an den europäischen Arbeitsmarkt binden soll.

44c Dabei sind auch zeitlich befristete Einsätze möglich, zB unter Ruhendstellung eines ausländischen Arbeitsvertrages – entscheidend ist nach Vorgabe des BMI aber wohl allein, dass ein aktiver deutscher Arbeitsvertrag mit einem deutschen Arbeitgeber vereinbart ist bzw. gelebt wird („lokaler Arbeitsvertrag"; Anwendungshinweise des Bundesministeriums des Innern, für Bau und Heimat zum Fachkräfteeinwanderungsgesetz v. 30.1.2020 Rn. 18b.2.17).

44d Als Nachweis ist es anstelle des unterschriebenen Arbeitsvertrages auch möglich, ein verbindliches Vertragsangebot durch entsprechende Schreiben zu bestätigen. Für eine Entsendung kann eine Blaue Karte EU nicht erteilt werden.

45 Nach den Vorgaben der BlueCard-RL (RL 2009/50/EG) muss das Arbeitsverhältnis für die Tätigkeit in Deutschland mit einem Arbeitsvertrag für mindestens ein Jahr vorgesehen sein. In den deutschen Gesetzestext ist diese Anforderung nicht übernommen worden. Informell wird die Blaue Karte EU von deutschen Behörden teilweise aber auch schon bei Arbeitsverträgen mit einer Dauer von nur sechs Monaten erteilt. Man möchte hier die Vorteile der Regelungen der Blauen Karte EU einem weiteren Kreis zugänglich machen. Eine Verkürzung der Mindestvertragsdauer von einem Jahr ist auch auf EU-Ebene im Gespräch. Da die Verhandlungen zur Anpassung der BlueCard-RL aber auf europäischer Ebene stockten (Stand: 1.7.2020), war hier nicht mit einer Anpassung in Kürze zu rechnen. Am 17.5.2021 hat die Europäische Kommission in einer Pressemitteilung begrüßt, dass es eine Einigung zwischen Europäischem Parlament und dem Europäischem Rat gebe und man jetzt mit einem zügigen Fortgang des europäischen Gesetzgebungsprozesses zur Anpassung der BlueCard-RL rechne.

6. Ablehnungsgründe und Anwendbarkeit

46 Die **Ablehnungsgründe** sind – materiell unverändert – nunmehr in **§ 19f** geregelt.

47 **Keine Anwendung** findet § 18b Abs. 2 auf Asylbewerber, Ausländer mit anerkanntem Schutzstatus bzw. Duldungsstatus und Staatsangehörige von Staaten, die aufgrund von Übereinkommen ein Recht auf freien Personenverkehr genießen, das dem der Unionsbürger gleichwertig ist, zB Schweizerische Staatsangehörige und Staatsangehörige der EWR-Staaten (§ 19f Abs. 1 Nr. 1–3 und Nr. 5).

48 Ausdrücklich neu und zur Klarstellung aufgenommen wurde mit § 19f Abs. 1 Nr. 4 der nach Art. 3 Abs. 2 lit. f RL 2009/50/EG (BlueCard-RL) vom Anwendungsbereich ausgeschlossene Personenkreis derjenigen, die in einem anderen EU-Staat den Status eines langfristig Aufenthaltsberechtigten nach der Daueraufenthalts-RL (RL 2003/109/EG v. 25.11.2003, ABl. 2004 L 16, 44) besitzen und ihr Recht auf Aufenthalt in einem anderen EU-Mitgliedstaat zur Ausübung einer Beschäftigung ausüben. Für diese gilt ausschließlich § 38a.

IV. Bekanntmachung des Mindestgehalts

§ 18b Abs. 2 S. 3 legt fest, dass die **Bekanntgabe** des für die Erteilung der Blauen Karte EU **49** maßgeblichen Mindestjahresgehalts für Regelberufe sowie des abgesenkten Mindestjahresgehalts bei Mangelberufen für jedes Kalenderjahr jeweils bis zum 31.12. des Vorjahres durch das Bundesministerium des Innern im **Bundesanzeiger** veröffentlicht wird.

Diese Regelung entspricht § 2 Abs. 4 BeschV aF (bis 29.2.2020) sowie § 41a Abs. 1 S. 2 **50** BeschV aF in der bis zum 30.6.2013 geltenden Fassung. Die Pflicht zur Veröffentlichung ist durch Art. 5 Abs. 3 RL 2009/50/EG (BlueCard-RL) vorgegeben. Es ist aber davon auszugehen, dass die deutschen Behörden die entsprechenden Zahlen rechtzeitig veröffentlicht hätten.

V. Arbeitsplatzwechsel (Abs. 2 S. 4)

Eine Blaue Karte EU wird bei **erstmaliger Erteilung**, wie fast alle Aufenthaltstitel zur Beschäf- **51** tigung, auf einen bestimmten Arbeitgeber und eine bestimmte Position **beschränkt.** Grundsätzlich erfordert ein Wechsel des Arbeitgebers oder eine **wesentliche Änderung der Position** die **Erlaubnis der Ausländerbehörde** (§ 4a Abs. 3 S. 3). Von diesem Grundsatz wird mit § 18b Abs. 2 S. 4 eine Ausnahme getroffen. Für Inhaber einer Blaue Karte EU ist bei einem Arbeitsplatzwechsel nur in den **ersten zwei Jahren** der Beschäftigung mit der Blauen Karte EU die Erlaubnis durch die Ausländerbehörde erforderlich. Sie wird erteilt, wenn die Voraussetzungen der Erteilung einer Blauen Karte EU vorliegen. Nach zwei Jahren kann ein Wechsel jederzeit ohne Änderung der Arbeitsauflage und Zustimmung der Ausländerbehörde erfolgen. Dies gilt sowohl für Regel- als auch Mangelberufe.

In der **Praxis** wurde in der Vergangenheit oft bereits mit Ersterteilung die Auflage zum Arbeiten **52** um den Zusatz „Nach 2 Jahren: Beschäftigung erlaubt" erweitert. Die Intention ist begrüßenswert, da somit auch keine klarstellende Änderung der Auflage erfolgen muss. Allerdings wäre es hilfreich, anstelle „2 Jahre" das **konkrete Datum** zu benennen. Bei Einreisen mit einem nationalen Visum Typ-D zum Zwecke der Arbeitsaufnahme mit einer Blauen Karte EU, kommt es für die Berechnung der zwei Jahre auf das Datum der Ersteinreise an. Bei Personen, die sich bereits in Deutschland aufhalten, zB Studenten, die gerade ihren Abschluss an einer deutschen Hochschule erhalten haben, kommt es auf die Erteilung der Blauen Karte (Datum der Entscheidung – nicht Aushändigung des elektronischen Aufenthaltstitels) an. Hier könnten mit einer Berechnung der zwei Jahre und Übernahme des entsprechenden Datums durch die Ausländerbehörde direkt in die Auflage einige praktische Unsicherheiten, insbesondere bei einem Arbeitgeberwechsel, vermieden werden.

§ 18c Niederlassungserlaubnis für Fachkräfte

(1) [1]Einer Fachkraft ist ohne Zustimmung der Bundesagentur für Arbeit eine Niederlassungserlaubnis zu erteilen, wenn
1. sie seit vier Jahren im Besitz eines Aufenthaltstitels nach den §§ 18a, 18b oder 18d ist,
2. sie einen Arbeitsplatz innehat, der nach den Voraussetzungen der §§ 18a, 18b oder § 18d von ihr besetzt werden darf,
3. sie mindestens 48 Monate Pflichtbeiträge oder freiwillige Beiträge zur gesetzlichen Rentenversicherung geleistet hat oder Aufwendungen für einen Anspruch auf vergleichbare Leistungen einer Versicherungs- oder Versorgungseinrichtung oder eines Versicherungsunternehmens nachweist,
4. sie über ausreichende Kenntnisse der deutschen Sprache verfügt und
5. die Voraussetzungen des § 9 Absatz 2 Satz 1 Nummer 2 und 4 bis 6, 8 und 9 vorliegen; § 9 Absatz 2 Satz 2 bis 4 und 6 gilt entsprechend.
[2]Die Frist nach Satz 1 Nummer 1 verkürzt sich auf zwei Jahre und die Frist nach Satz 1 Nummer 3 verkürzt sich auf 24 Monate, wenn die Fachkraft eine inländische Berufsausbildung oder ein inländisches Studium erfolgreich abgeschlossen hat.

(2) [1]Abweichend von Absatz 1 ist dem Inhaber einer Blauen Karte EU eine Niederlassungserlaubnis zu erteilen, wenn er mindestens 33 Monate eine Beschäftigung nach § 18b Absatz 2 ausgeübt hat und für diesen Zeitraum Pflichtbeiträge oder freiwillige Beiträge zur gesetzlichen Rentenversicherung geleistet hat oder Aufwendungen für einen Anspruch auf vergleichbare Leistungen einer Versicherungs- oder Versorgungseinrichtung oder eines Versicherungsunternehmens nachweist und die Voraussetzungen

des § 9 Absatz 2 Satz 1 Nummer 2 und 4 bis 6, 8 und 9 vorliegen und er über einfache Kenntnisse der deutschen Sprache verfügt. [2]§ 9 Absatz 2 Satz 2 bis 4 und 6 gilt entsprechend. [3]Die Frist nach Satz 1 verkürzt sich auf 21 Monate, wenn der Ausländer über ausreichende Kenntnisse der deutschen Sprache verfügt.

(3) [1]Einer hoch qualifizierten Fachkraft mit akademischer Ausbildung kann ohne Zustimmung der Bundesagentur für Arbeit in besonderen Fällen eine Niederlassungserlaubnis erteilt werden, wenn die Annahme gerechtfertigt ist, dass die Integration in die Lebensverhältnisse der Bundesrepublik Deutschland und die Sicherung des Lebensunterhalts ohne staatliche Hilfe gewährleistet sind sowie die Voraussetzung des § 9 Absatz 2 Satz 1 Nummer 4 vorliegt. [2]Die Landesregierung kann bestimmen, dass die Erteilung der Niederlassungserlaubnis nach Satz 1 der Zustimmung der obersten Landesbehörde oder einer von ihr bestimmten Stelle bedarf. [3]Hoch qualifiziert nach Satz 1 sind bei mehrjähriger Berufserfahrung insbesondere
1. Wissenschaftler mit besonderen fachlichen Kenntnissen oder
2. Lehrpersonen in herausgehobener Funktion oder wissenschaftliche Mitarbeiter in herausgehobener Funktion.

Überblick

§ 18c regelt die privilegierte Erteilung der Niederlassungserlaubnis an Fachkräfte. Abs. 1 enthält die tatbestandlichen Voraussetzungen für die Erteilung der Niederlassungserlaubnis (→ Rn. 3). Abs. 2 modifiziert diese für die Inhaber einer Blauen Karte EU (→ Rn. 15). In Abs. 3 findet sich die Regelung zur Erteilung der Niederlassungserlaubnis an hochqualifizierte Fachkräfte mit akademischer Ausbildung (→ Rn. 23).

Übersicht

A. Allgemeines

1 Die Vorschrift wurde mit dem FachkEinwG (Fachkräfteeinwanderungsgesetz v. 15.8.2019, BGBl. I 1307; BT-Drs. 19/8285, 20 f., 99) als neue, zusammenfassende Regelung für die – gegenüber der Grundnorm für eine Niederlassungserlaubnis § 9 – privilegierte Erteilung einer Niederlassungserlaubnis (§ 4 Abs. 1 S. 2 Nr. 3) an Fachkräfte eingefügt. Zuvor gab es in mehreren Vorschriften für einzelne Gruppen ähnliche Regelungen. § 18c stellt aber eine deutliche Erweiterung dar. Für Fachkräfte mit Berufsausbildung besteht mit § 18c Abs. 1 erstmals die Möglichkeit, eine Niederlassungserlaubnis abweichend von § 9 zu erhalten. Bezüglich Ausländern mit akademischer Ausbildung bestand bisher in § 18b aF nur eine privilegierte Niederlassungsregelung, wenn diese Absolventen deutscher Hochschulen waren. Die neue Regelung kennt eine solche Beschränkung nicht.

2 Die Vorgängerbestimmung in Bezug auf eine Niederlassungserlaubnis für Inhaber einer Blauen Karte EU ist § 19a Abs. 6 aF. Inhaltlich wurde die alte Regelung übernommen. Die alte Regelung zur Niederlassungserteilung an Hochqualifizierte in § 19 aF findet sich nun – weitgehend unverändert – in § 18c Abs. 3. § 18c Abs. 3, der auf Spitzenkräfte der Wissenschaft zielt, soll den hoch qualifizierten Fachkräften die für ihre Aufenthaltsentscheidung notwendige Planungssicherheit bieten (vgl. BT-Drs. 15/420, 75).

B. Im Einzelnen

I. Niederlassungserlaubnis für Fachkräfte (Abs. 1)

Abs. 1 regelt die Erteilung einer Niederlassungserlaubnis an Fachkräfte. Abs. 1 S. 1 listet dabei **3** folgende Vorgaben auf:

Zunächst ist Voraussetzung, dass der Ausländer eine **Fachkraft** ist. Der Begriff der Fachkraft **4** wird in § 18 Abs. 3 definiert (→ § 18 Rn. 40). Hieraus ergeben sich insoweit die weiteren Vorgaben, die der Ausländer erfüllen muss, um eine Fachkraft entweder mit Berufsausbildung (§ 18 Abs. 3 Nr. 1) oder mit akademischer Ausbildung (§ 18 Abs. 3 Nr. 2) zu sein.

Weiter müssen grundsätzlich auch die Voraussetzungen des **§ 18 Abs. 2** vorliegen. Allerdings **5** werden diese durch die Vorgaben des § 18c Abs. 1 teilweise in der Sache modifiziert bzw. überschneiden sich zum Teil. Dies wird sogleich erläutert. § 18 Abs. 2 Nr. 5 ist ausweislich dessen Normtextes nicht auf § 18c anzuwenden. § 18 Abs. 2 Nr. 4 ist in der Sache bereits beim vorstehenden Tatbestandsmerkmal der Fachkraft zu berücksichtigen (→ § 18 Rn. 28).

Eine **Zustimmung der Bundesagentur für Arbeit** (§ 18 Abs. 2 Nr. 2) ist gem. Abs. 1 S. 1 **6** nicht erforderlich.

Der Ausländer muss seit vier Jahren im **Besitz eines Aufenthaltstitels** nach den § 18a (Fach- **7** kräfte mit Berufsausbildung), § 18b (Fachkräfte mit akademischer Ausbildung) oder § 18d (Forschung) sein. Die Frist verkürzt sich auf zwei Jahre, wenn die Fachkraft eine inländische Berufsausbildung oder ein inländisches Studium erfolgreich abgeschlossen hat (Abs. 1 S. 2).

Weiter ist erforderlich, dass der Ausländer einen **Arbeitsplatz innehat**, der nach den **Voraus-** **8** **setzungen** der **§ 18a** (Fachkräfte mit Berufsausbildung), **§ 18b** (Fachkräfte mit akademischer Ausbildung) oder **§ 18d** (Forschung) von ihm besetzt werden darf (Abs. 1 S. 1 Nr. 2). Dieses Tatbestandsmerkmal modifiziert bzw. überschneidet sich mit den Vorgaben des § 18 Abs. 2 Nr. 1 und Nr. 3. Das heißt, insoweit ist zu prüfen, ob der Ausländer im Rahmen eines Arbeitsverhältnisses eine qualifizierte Beschäftigung ausübt, zu der ihn seine Qualifikation als Fachkraft (→ Rn. 4) befähigt. Falls es sich um einen reglementierten Beruf handeln sollte, muss er auch eine Berufsausübungserlaubnis besitzen (§ 18 Abs. 2 Nr. 3, → § 18 Rn. 26).

Der Aufenthaltstitel zur **Forschung nach § 18d** setzt nach dem Normtext kein (arbeitsrechtli- **9** ches) Beschäftigungsverhältnis voraus. Zwar ist es denkbar, dass die Aufnahmevereinbarung gem. § 18d Abs. 1 S. 1 Nr. 1 einen Arbeitsvertrag enthält bzw. vorsieht. Gleichwohl ist die Forschung nach § 18d auch im Rahmen eines Stipendiums oder Fellowship denkbar. Aber auch, wenn ein Arbeitsverhältnis dem Aufenthalt des § 18d zugrunde liegen sollte, enthält § 18d selbst keine normativen Vorgaben an den Arbeitsplatz, wie es aber § 18c Abs. 1 S. 1 Nr. 2 nahelegt. Daher gibt es eine normative Friktion, wenn § 18c Abs. 1 S. 1 Nr. 2 auf einen Arbeitsplatz nach § 18d abstellt. Dieser muss durch eine teleologische Reduktion des § 18c Abs. 1 S. 1 Nr. 2 begegnet werden. Dies gilt auch in Bezug auf die Voraussetzungen nach § 18 Abs. 2 Nr. 1 und Nr. 3 (→ § 18 Rn. 11 f.).

Weiterhin muss der Ausländer nach **§ 18c Abs. 1 S. 1 Nr. 3** mindestens 48 Monate **Pflichtbei-** **10** **träge** oder **freiwillige Beiträge zur gesetzlichen Rentenversicherung** geleistet haben oder Aufwendungen für einen Anspruch auf vergleichbare Leistungen einer Versicherungs- oder Versorgungseinrichtung oder eines Versicherungsunternehmens nachweisen. Die Frist von 48 Monaten verkürzt sich auf 24 Monate, wenn der Ausländer eine inländische Berufsausbildung oder ein inländisches Studium erfolgreich abgeschlossen hat.

Die Erteilung der Niederlassungserlaubnis setzt überdies noch voraus, dass der Ausländer über **11** **ausreichende Kenntnisse der deutschen Sprache** verfügt. Ausreichende deutsche Sprachkenntnisse entsprechen dem Niveau B 1 des Gemeinsamen Europäischen Referenzrahmens für Sprachen (§ 2 Abs. 11). Diese Sprachvoraussetzung ist nötig, da im Rahmen der Erteilung der Aufenthaltserlaubnis nach §§ 18 ff. dies nicht zwingend geprüft wird (vgl. → § 18a Rn. 9). Da eine Niederlassungserlaubnis jedoch als unbefristetes Aufenthaltsrecht einen dauerhaften Aufenthalt im Bundesgebiet ermöglicht, sind im Sinne einer nachhaltigen Integration gem. § 18 Abs. 1 S. 3 Sprachkenntnisse unentbehrlich.

Ferner müssen die Voraussetzungen des **§ 9 Abs. 2 S. 1 Nr. 2 und Nr. 4–6, Nr. 8 und Nr. 9** **12** vorliegen. Dabei gilt § 9 Abs. 2 S. 2–4 und S. 6 entsprechend.

Es darf kein Versagensermessen nach § 18 Abs. 2 Nr. 2 Hs. 3 entgegenstehen. Bezüglich **13** letzterem muss man freilich berücksichtigen, dass viele der in § 40 Abs. 2 und Abs. 3 genannten Versagungsgründe im Fall des § 18d Abs. 1 nicht sachgerecht sein können (→ Rn. 9). Schließlich müssen die **allgemeinen Erteilungsvoraussetzungen** des § 5 Abs. 1, Abs. 2 vorliegen und keine Versagungsgründe nach § 5 Abs. 4 dürfen entgegenstehen.

14   Als Rechtsfolge sieht Abs. 1 S. 1 eine gebundene Entscheidung vor („ist […] zu erteilen").

II. Niederlassungserlaubnis für Inhaber einer Blauen Karte EU (Abs. 2)

15   Abs. 2 enthält eine Modifizierung der Voraussetzungen für eine Niederlassungserlaubnis an Inhaber einer Blauen Karte EU. Freilich sind grundsätzlich (→ Rn. 5) auch die in § 18 Abs. 2 enthaltenen, „vor die Klammer gezogenen" Tatbestandsmerkmale zu prüfen. § 18 Abs. 2 Nr. 5 ist ausweislich dessen Normtextes nicht auf § 18c anzuwenden.

16   Voraussetzung ist zunächst, dass der Ausländer Inhaber einer **Blauen Karte EU** ist. Als solcher muss er mindestens 33 Monate eine Beschäftigung nach § 18b Abs. 2 ausgeübt haben. Die Frist verkürzt sich auf 21 Monate, wenn der Ausländer über ausreichende Kenntnisse der deutschen Sprache iSv § 2 Abs. 11 verfügt (Abs. 2 S. 3). Dieses Tatbestandsmerkmal der Beschäftigungsausübung modifiziert bzw. überschneidet sich mit Vorgabe des § 18 Abs. 2 Nr. 1 und Nr. 3. Das heißt, insoweit ist zu prüfen, ob der Ausländer im Rahmen eines Arbeitsverhältnisses eine qualifizierte Beschäftigung in dem geforderten Zeitraum ausübt, zu der ihn seine Qualifikation als Fachkraft mit akademischer Ausbildung (→ Rn. 4; § 18b Abs. 2 S. 1) befähigt. Freilich muss auch die Gehaltsgrenze des § 18b Abs. 2 überschritten sein. Falls es sich um einen reglementierten Beruf handeln sollte, muss er auch eine Berufsausübungserlaubnis besitzen (§ 18 Abs. 2 Nr. 3, → § 18 Rn. 26). Da Abs. 2 tatbestandlich nicht unmittelbar an das Vorhandensein einer bestimmten Berufsqualifikation anknüpft, ist § 18 Abs. 2 Nr. 4 nicht zu prüfen (vgl. § 18 Abs. 2 Nr. 4 letzter Hs.) bzw. dessen Voraussetzungen werden bereits bei der Prüfung der Fachkrafteigenschaft mitgeprüft (→ § 18 Rn. 39).

17   Problematisch ist, ob die Erteilung der Niederlassungserlaubnis an Inhaber einer Blauen Karte EU die **Zustimmung der Bundesagentur für Arbeit** bedingt. Dafür spricht, dass § 18 Abs. 2 Nr. 2 die Zustimmung grundsätzlich vorsieht. Auch die binnensystematische Auslegung mit § 18c Abs. 1 S. 1 und Abs. 3 S. 1 deutet darauf hin, da in diesen Normen vom Zustimmungserfordernis ausdrücklich befreit wird. Allerdings war die Zustimmung für die Hochqualifizierten in der Vorgängernorm § 19 aF vorgesehen, wohingegen der Anspruch auf die Niederlassungserlaubnis für EU-Karten-Inhaber in der Vorgängernorm kein Zustimmungserfordernis vorsah (§ 19a Abs. 6 aF). Den Gesetzesmaterialien ist nicht zu entnehmen, dass der Gesetzgeber hieran etwas ändern wollte (BT-Drs. 19/8285, 99). Daher ist § 18c Abs. 2 als Modifizierung des § 18c Abs. 1 auszulegen. Hierfür spricht der Wortlaut („Abweichend von Absatz 1"). Dies hat zur Folge, dass man die Zustimmungsbefreiung des Abs. 1 S. 1 Hs. 1 auch auf Abs. 2 beziehen kann.

18   Abs. 2 setzt weiter voraus, dass der Ausländer für mindestens 33 Monate Pflichtbeiträge oder freiwillige **Beiträge zur gesetzlichen Rentenversicherung** geleistet hat oder Aufwendungen für einen Anspruch auf vergleichbare Leistungen einer Versicherungs- oder Versorgungseinrichtung oder eines Versicherungsunternehmens nachweist. Die Frist verkürzt sich auf 21 Monate, wenn der Ausländer über ausreichende Kenntnisse der deutschen Sprache iSv § 2 Abs. 11 verfügt (Abs. 2 S. 3).

19   Außerdem müssen die Voraussetzungen des **§ 9 Abs. 2 S. 1 Nr. 2, Nr. 4–6, Nr. 8 und Nr. 9** vorliegen. Abs. 2 S. 2 ist nur auf diese Voraussetzung zu beziehen. Abs. 2 S. 2 gibt vor, dass § 9 Abs. 2 S. 2–6 entsprechend gilt. Damit sind einige Erleichterungen aus § 9 Abs. 2 S. 2–6 anwendbar. Zwar wäre es aufgrund der systematischen Stellung in S. 2 hinter S. 1 auch denkbar, die entsprechende Geltungsanordnung des Abs. 2 S. 2 insgesamt auf alle Tatbestandsvoraussetzungen des Abs. 1 S. 1 anzuwenden. Indes ist nur ein Bezug auf § 9 Abs. 2 S. 1 Nr. 2, Nr. 4–6, Nr. 8 und Nr. 9 sachgerecht. Zudem wird auf diese Weise eine gleichförmige Auslegung mit Abs. 1 S. 1 Nr. 5 erreicht.

20   Ferner muss der Ausländer über einfache Kenntnisse der **deutschen Sprache** iSv § 2 Abs. 9 verfügen. Hat er bessere Sprachkenntnisse, so wird ihm eine Fristverkürzung gewährt (→ Rn. 16, → Rn. 18).

21   Schließich müssen auch die **allgemeinen Erteilungsvoraussetzungen** des § 5 Abs. 1 und Abs. 2 vorliegen und es dürfen **keine Versagungsgründe** nach § 5 Abs. 4 entgegenstehen. Da nach hiesiger Auslegung die Zustimmung der Bundesagentur für Arbeit nicht erforderlich ist (→ Rn. 17), ist gleichwohl zu prüfen, ob nicht Versagensermessen gem. § 18 Abs. 2 Nr. 2 Hs. 3 gegen die Erteilung spricht.

22   Rechtsfolge ist wie in Abs. 1 ein gebundener Anspruch („ist […] zu erteilen").

III. Niederlassungserlaubnis für hochqualifizierte Fachkraft (Abs. 3)

23   Nach § 18c Abs. 3 S. 1 kann einer hoch qualifizierten Fachkraft mit akademischer Ausbildung in besonderen Fällen eine Niederlassungserlaubnis erteilt werden. Das Besondere an diesem Ermes-

sensanspruch ist, dass er – anders als die sonstigen Anspruchsnormen bezüglich einer Niederlassungserlaubnis – keine zeitlichen Vorgaben im Hinblick auf einen in Deutschland bisher verbrachten (legalen) Aufenthalt macht. Mit anderen Worten: Die Erteilung ist also sofort möglich. Sie sieht folgende Voraussetzungen vor:

1. Hochqualifizierung

Erste Voraussetzung ist, dass es sich um eine hochqualifizierte Fachkraft mit akademischer **24** Ausbildung handelt. Wie aus dem Zweck der Norm (→ Rn. 2), den in Abs. 3 S. 3 aufgeführten Beispielen und dem Wortlaut von Abs. 3 S. 1 folgt, ist zunächst erforderlich, dass der Ausländer eine **Fachkraft** iSv § 18 Abs. 3 Nr. 2 ist. Dieses Tatbestandsmerkmal überschneidet sich mit der Vorgabe des § 18 Abs. 2 Nr. 4 (→ § 18 Rn. 28).

Darüber hinaus setzt Abs. 3 S. 1 eine **Hochqualifizierung** voraus, die zur bloßen Eigenschaft **25** einer Fachkraft mit akademischer Ausbildung hinzukommen muss. Abs. 3 S. 3 liefert zwei Regelbeispiele, die jedoch in Bezug auf die genannten Personengruppen nicht abschließend („insbesondere") sind. Zunächst ist jedoch Grundbedingung, dass eine mehrjährige Berufserfahrung vorliegt. Aus dem Begriff mehrjährig wird man fordern müssen, dass mindestens zwei Jahre Berufserfahrung vorliegen. Die sodann beispielhaft aufgeführten Gruppen sind Wissenschaftler mit besonderen fachlichen Kenntnissen (Nr. 1) oder Lehrpersonen in herausgehobener Funktion oder wissenschaftliche Mitarbeiter in herausgehobener Funktion (Nr. 2). Beide Personengruppen zeichnen sich durch eine überdurchschnittliche („besondere", „herausgehobene") Berufsqualifikation aus. Diese ist das relevante Merkmal, anhand dessen andere als die in den Regelbeispielen genannten Arten von Hochqualifikation bestimmt werden können.

Auffallend ist zudem, dass die in den Regelbeispielen genannten Gruppen eine typische Verbin- **26** dung zur Hochschule bzw. Forschung aufweisen. Auch vor dem Hintergrund des Zwecks der Norm (→ Rn. 2) zeigt dies, dass die Verbindung der Tätigkeit zu diesen zwei Feldern, **Forschung / Wissenschaft und Hochschule,** wesentliches Element der Hochqualifizierung iSv Abs. 3 ist. Berufserfahrung und berufliche Stellung in der Wirtschaft, die sich auch in einem bezogenen hohen Gehalt abbildet, sind dagegen seit der Streichung des § 19 Abs. 2 Nr. 3 aF (→ Rn. 2) keine geeigneten Kriterien zur Bestimmung weiterer Fälle der Hochqualifikation (vgl. BT-Drs. 17/9436, 6, 15). Die Zuwanderung dieser Personen (über Gehaltsgrenzen) soll sich nach der gesetzgeberischen Intention im Rahmen der Blaue Karte EU nach § 18b Abs. 2 vollziehen.

Die besonderen fachlichen Kenntnisse von Wissenschaftlern nach Abs. 3 S. 3 Nr. 1 liegen vor, **27** wenn der Wissenschaftler über eine besondere Qualifikation oder über Kenntnisse von überdurchschnittlich hoher Bedeutung in einem speziellen Fachgebiet verfügt (Nr. 19.2.1 AufenthGAVwV iVm Anwendungshinweise des Bundesministeriums des Innern, für Bau und Heimat zum Fachkräfteeinwanderungsgesetz v. 30.1.2020 Rn. 18c.3). Mit Lehrpersonen in herausgehobener Funktion sind vor allem Lehrstuhlinhaber und Institutsleiter gemeint. Wissenschaftliche Mitarbeiter in herausgehobener Person sind solche, die eigenständig und verantwortlich Abteilungen, wissenschaftliche Projekt- oder Arbeitsgruppen leiten oder leiten sollen (Nr. 19.2.2 AufenthGAVwV iVm Anwendungshinweise des Bundesministeriums des Innern, für Bau und Heimat zum Fachkräfteeinwanderungsgesetz v. 30.1.2020 Rn. 18c.3).

Aufgrund der überdurchschnittlichen Berufsqualifikation ist zu vermuten, dass die von Abs. 3 **28** S. 1 erfasste Gruppe von Ausländern bei einem Verlust der Arbeitsstelle ohne weiteres eine neue Arbeitsstelle finden wird (vgl. BT-Drs. 15/420, 75).

2. In besonderen Fällen

Den Ausnahmecharakter der (sofortigen) Erteilung einer Niederlassungserlaubnis hebt das Tat- **29** bestandsmerkmal „in besonderen Fällen" hervor. Dieses unbestimmte Tatbestandsmerkmal ist voll gerichtlich überprüfbar und muss unabhängig von der Hochqualifizierung nach Abs. 3 S. 1 vorliegen. Das heißt, die Hochqualifizierung nach Abs. 1 S. 1 und S. 3 indiziert nicht etwa das Vorliegen eines besonderen Falles. Allerdings ist dieses unbestimmte Tatbestandsmerkmal vor dem Hintergrund des Zwecks dieser Norm (→ Rn. 2) zugunsten des Ausländers großzügig auszulegen. Für die Bejahung des besonderen Falls spricht, wenn an der Beschäftigung bzw. an dem Aufenthalt des Ausländers ein besonderes wirtschaftliches Interesse (zB Schaffung weiterer Arbeitsplätze) oder gesellschaftliches Interesse (zB Stärkung Deutschlands als Forschungsstandort, Entwicklung neuer Technologien usw) besteht (vgl. VGH BW ZAR 2007, 329 mAnm Pfersich; VG Stuttgart BeckRS 2006, 27378).

3. Annahme der Integration in die Lebensverhältnisse Deutschlands

30   Weiter bedarf es einer positiven Prognose durch die Ausländerbehörde, dass die Integration in die (rechtlichen und gesellschaftlichen) Lebensverhältnisse der Bundesrepublik Deutschlands gewährleistet ist. Hierdurch sollen von Anfang an erkennbare Schwierigkeiten bei der Eingliederung in die Gesellschaftsordnung vermieden werden. Die gerichtlich voll überprüfbare Prognose muss sich auf zum Zeitpunkt der Antragstellung vorliegende Tatsachen stützen. Solche können zB sein: Abschluss einer Berufsausbildung in Deutschland, (vorstrafenfreier) Voraufenthalt in Deutschland, Beherrschung der deutschen Sprache (vgl. VG Stuttgart BeckRS 2007, 26134).

4. Annahme der Sicherung des Lebensunterhalts

31   Zudem muss eine positive Prognose durch die Ausländerbehörde vorliegen, dass die Sicherung des Lebensunterhalts (§ 2 Abs. 3) ohne staatliche Hilfe gewährleistet ist. Dieser Voraussetzung dürfte wenig Gewicht zukommen (vgl. VG Stuttgart BeckRS 2007, 26134), da bei der hier in Rede stehenden Personengruppe aufgrund ihrer herausgehobenen Berufsqualifikation typischerweise damit zu rechnen ist, dass sie auch bei Verlust ihres Arbeitsplatzes schnell eine neue Arbeitsstelle findet (→ Rn. 28). Tatsächliche Anhaltspunkte für die Prognose können zB sein: berufliche Qualifikation, Berufserfahrung, vorhandenes Vermögen.

5. Voraussetzungen des § 18 Abs. 2

32   Auch bei diesem Aufenthaltstitel des Abschnitts 4 sind grundsätzlich (→ Rn. 5) die in § 18 Abs. 2 enthaltenen, „vor die Klammer gezogenen" Tatbestandsmerkmale zu prüfen. § 18 Abs. 2 Nr. 5 ist ausweislich dessen Wortlauts nicht auf § 18c anzuwenden. Zudem ist der Zustimmung der Bundesagentur für Arbeit nach dem Wortlaut in Abs. 3 S. 1 nicht erforderlich (§ 18 Abs. 2 Nr. 2). Allerdings muss ein konkretes Arbeitsplatzangebot vorliegen (§ 18 Abs. 2 Nr. 1) und eine ggf. notwendige Berufsausübungserlaubnis muss erteilt bzw. ihre Erteilung zugesagt worden sein (§ 18 Abs. 2 Nr. 3). Angesichts der hohen Berufsqualifikation der betroffenen Ausländer sollte dies keine hohe Hürde sein (→ Rn. 28). § 18 Abs. 2 Nr. 4 wurde bereits oben angesprochen (→ Rn. 24).

6. Weitere Voraussetzungen

33   Ferner dürfen Gründe der öffentlichen Sicherheit und Ordnung der Erteilung des Titels nicht entgegenstehen (§ 18c Abs. 1 S. 1 iVm § 9 Abs. 2 S. 1 Nr. 4). Die allgemeinen Erteilungsvoraussetzungen des § 5 Abs. 1 und Abs. 2 müssen ebenfalls vorliegen. Weder dürfen Versagungsgründe nach § 5 Abs. 4 noch das Versagensermessen gem. § 18 Abs. 2 Nr. 2 Hs. 3 entgegenstehen.

7. Landesrechtliches Zustimmungserfordernis

34   Nach § 18c Abs. 3 S. 2 kann die Landesregierung bestimmen, dass die Erteilung der Niederlassungserlaubnis nach § 18 Abs. 3 S. 1 der Zustimmung der obersten Landesbehörde oder einer von ihr bestimmten Stelle bedarf.

§ 18d Forschung

(1) ¹Einem Ausländer wird ohne Zustimmung der Bundesagentur für Arbeit eine Aufenthaltserlaubnis nach der Richtlinie (EU) 2016/801 zum Zweck der Forschung erteilt, wenn
1. er
   a) eine wirksame Aufnahmevereinbarung oder einen entsprechenden Vertrag zur Durchführung eines Forschungsvorhabens mit einer Forschungseinrichtung abgeschlossen hat, die für die Durchführung des besonderen Zulassungsverfahrens für Forscher im Bundesgebiet anerkannt ist, oder
   b) eine wirksame Aufnahmevereinbarung oder einen entsprechenden Vertrag mit einer Forschungseinrichtung abgeschlossen hat, die Forschung betreibt, und
2. die Forschungseinrichtung sich schriftlich zur Übernahme der Kosten verpflichtet hat, die öffentlichen Stellen bis zu sechs Monate nach der Beendigung der Aufnahmevereinbarung entstehen für

a) den Lebensunterhalt des Ausländers während eines unerlaubten Aufenthalts in einem Mitgliedstaat der Europäischen Union und

b) eine Abschiebung des Ausländers.

[2]In den Fällen des Satzes 1 Nummer 1 Buchstabe a ist die Aufenthaltserlaubnis innerhalb von 60 Tagen nach Antragstellung zu erteilen.

(2) [1]Von dem Erfordernis des Absatzes 1 Satz 1 Nummer 2 soll abgesehen werden, wenn die Tätigkeit der Forschungseinrichtung überwiegend aus öffentlichen Mitteln finanziert wird. [2]Es kann davon abgesehen werden, wenn an dem Forschungsvorhaben ein besonderes öffentliches Interesse besteht. [3]Auf die nach Absatz 1 Satz 1 Nummer 2 abgegebenen Erklärungen sind § 66 Absatz 5, § 67 Absatz 3 sowie § 68 Absatz 2 Satz 2 und 3 und Absatz 4 entsprechend anzuwenden.

(3) Die Forschungseinrichtung kann die Erklärung nach Absatz 1 Satz 1 Nummer 2 auch gegenüber der für ihre Anerkennung zuständigen Stelle allgemein für sämtliche Ausländer abgeben, denen auf Grund einer mit ihr geschlossenen Aufnahmevereinbarung eine Aufenthaltserlaubnis erteilt wird.

(4) [1]Die Aufenthaltserlaubnis wird für mindestens ein Jahr erteilt. [2]Nimmt der Ausländer an einem Unions- oder multilateralen Programm mit Mobilitätsmaßnahmen teil, so wird die Aufenthaltserlaubnis für mindestens zwei Jahre erteilt. [3]Wenn das Forschungsvorhaben in einem kürzeren Zeitraum durchgeführt wird, wird die Aufenthaltserlaubnis abweichend von den Sätzen 1 und 2 auf die Dauer des Forschungsvorhabens befristet; die Frist beträgt in den Fällen des Satzes 2 mindestens ein Jahr.

(5) [1]Eine Aufenthaltserlaubnis nach Absatz 1 berechtigt zur Aufnahme der Forschungstätigkeit bei der in der Aufnahmevereinbarung bezeichneten Forschungseinrichtung und zur Aufnahme von Tätigkeiten in der Lehre. [2]Änderungen des Forschungsvorhabens während des Aufenthalts führen nicht zum Wegfall dieser Berechtigung.

(6) [1]Einem Ausländer, der in einem Mitgliedstaat der Europäischen Union international Schutzberechtigter ist, kann eine Aufenthaltserlaubnis zum Zweck der Forschung erteilt werden, wenn die Voraussetzungen des Absatzes 1 erfüllt sind und er sich mindestens zwei Jahre nach Erteilung der Schutzberechtigung in diesem Mitgliedstaat aufgehalten hat. [2]Absatz 5 gilt entsprechend.

Überblick

Die Vorschrift regelt die Erteilung einer Aufenthaltserlaubnis nach der REST-RL (RL (EU) 2016/801 v. 11.5.2016, ABl. 2016 L 132, 21) zum Zwecke der Forschung (Abs. 1–3, → Rn. 10), damit im Zusammenhang stehende Fragen, wie die Geltungsdauer (Abs. 4, → Rn. 27) und die erlaubte Erwerbstätigkeit (Abs. 5, → Rn. 28), sowie die Erteilung einer Aufenthaltserlaubnis zum Zweck der Forschung an anerkannte international Schutzberechtigte (Abs. 6, → Rn. 29).

Übersicht

A. Allgemeines

I. Gesetzeshistorie

§ 18d geht zurück auf § 20aF. Mit dem FachkEinwG (Fachkräfteeinwanderungsgesetz v. **1** 15.8.2019, BGBl. I 1307; BT-Drs. 19/8285, 21, 100; BT-Drs. 19/10714, 9, 23) wurde § 20 aF als § 18d neu beziffert und systematisch den Regelungen zu Fachkräften zugeordnet. § 18d übernimmt den Normtext von § 20 aF inhaltlich unverändert. Die Ausschlusstatbestände in § 20 Abs. 6 aF wurden in § 19f Abs. 1 ausgelagert. Die Regelung in § 20 Abs. 7 aF zur Erteilung eines Aufenthaltstitels zum Zwecke der Arbeitsplatzsuche nach Abschluss der Forschung wurde nach § 20 Abs. 3 Nr. 2 verschoben.

2   Aufgrund dieser unveränderten Übernahme der Regelungen des § 20 aF in § 18d ist für die historische Auslegung die historische Genese des § 20 aF relevant: § 20 aF wurde mit dem Gesetz zur Umsetzung aufenthalts- und asylrechtlicher Richtlinien der Europäischen Union v. 19.8.2007 (BGBl. I 1970; BT-Drs. 16/5065, 16, 166 ff.) ins AufenthG aufgenommen. Dies diente damals der Umsetzung der Forscher-RL (RL 2005/71/EG v. 12.10.2005, ABl. 2005 L 289, 15), die sich zum Ziel gesetzt hatte, durch Förderung der Zulassung und der Mobilität von Drittstaatsangehörigen zu Forschungszwecken, die Europäische Gemeinschaft für Forscher aus aller Welt attraktiver zu machen und ihre Position als internationaler Forschungsstandort zu stärken. Seitdem wurde die Norm mehrfach in Details geändert.

3   Die bedeutendste Änderung des § 20 aF ist durch das Gesetz zur Umsetzung aufenthaltsrechtlicher Richtlinien der Europäischen Union zur Arbeitsmigration v. 12.5.2017 (BGBl. I 1106; BT-Drs. 18/11136, 17 f., 50 ff.) geschehen, um die REST-RL (RL (EU) 2016/801 v. 11.5.2016, ABl. 2016 L 132, 21) umzusetzen. Infolgedessen wurde die Norm nicht nur inhaltlich geändert und ergänzt, sondern zum Teil neu gefasst. § 20 aF hatte seitdem einen anderen unionsrechtlichen Hintergrund, wie bereits im Normtext des Abs. 1 zum Ausdruck kommt, wenn er direkt auf die REST-RL Bezug nimmt. Dieser geänderte Hintergrund ist bei der (bei Zweifelsfragen gebotenen richtlinienkonformen) Auslegung des § 18d zu berücksichtigen.

4   Die REST-RL (RL (EU) 2016/801 v. 11.5.2016, ABl. 2016 L 132, 21) verfolgt insoweit das Ziel, den Ruf der Union als attraktiven Standort für Wissenschaft und Innovation im weltweiten Talentwettbewerb zu festigen und ihre Attraktivität gegenüber Drittstaatsangehörigen zu erhöhen, eine Forschungstätigkeit in der Union aufzunehmen. Durch diese Richtlinie will die Union mithin ihr Territorium Drittstaatsangehörigen zu Forschungszwecken (weiter) öffnen.

II. Besonderheiten

5   Eine verfahrenstechnische Besonderheit dieses Aufenthaltstitels ist, dass weder die Ausländerbehörde noch eine andere staatliche Behörde (zB die Bundesagentur für Arbeit) die Qualifikation des Ausländers bzw. seines Forschungsvorhabens prüft. Dieser Aspekt ist vielmehr ausgelagert an eine sachkundige gesellschaftliche Einrichtung, nämlich die Forschungseinrichtung, die ihn aufnimmt. Sie ist eher geeignet, die fachliche Qualifikation eines Forschers und den Bedarf an der Forschung festzustellen (vgl. BT-Drs. 16/5065, 166). Daher bildet die in § 18d Abs. 1 Nr. 1 vorgesehene Aufnahmevereinbarung zwischen dem Ausländer und der Forschungseinrichtung eine zentrale Voraussetzung für den Aufenthaltstitel.

III. Abgrenzung zu anderen Titeln

6   Nach dem Willen des Gesetzgebers soll ein Aufenthaltstitel zum Zwecke der Forschung nur noch nach § 18d erteilt werden können (vgl. BT-Drs. 18/11136, 51; v. Diest ZAR 2017, 251 (254)). Dementsprechend wurden § 5 Nr. 1 und Nr. 2 BeschV angepasst, so dass die Erteilung eines Aufenthaltstitels an wissenschaftliches Personal und Gastwissenschaftler nur zustimmungsfrei ist, wenn die betroffenen Personen nicht in den Anwendungsbereich des § 18d (oder § 18f) fallen. Von dieser Sperrwirkung des § 18d sind vor dem unionsrechtlichen Hintergrund nur Personen erfasst, die die Voraussetzungen des Art. 3 Nr. 2 RL (EU) 2016/801 (REST-RL) erfüllen. Dies betrifft ausländische mindestens promovierte bzw. promotionsberechtigte Akademiker, die von einer öffentlichen oder privaten Einrichtung, die Forschung betreibt (zB Hochschule, Forschungsinstitut, Unternehmen mit Forschungsabteilung), „ausgewählt" wurden. Ausgewählt in diesem Sinne meint, dass zwischen der Person und der Einrichtung eine Aufnahmevereinbarung oder ein Forschungsvertrag iSv § 18d Abs. 1 Nr. 1 geschlossen wurde.

7   §§ 18e und 18f enthalten weitere Regelungen zum Aufenthalt zum Zwecke der Forschung. Während § 18e die kurzfristige Mobilität von ausländischen Forschern normiert und für eine zeitlich beschränkte Dauer von 180 Tagen abweichend von § 4 Abs. 1 vom Erfordernis eines Aufenthaltstitels befreit, enthält § 18f (langfristige Mobilität von Forschern) einen Anspruch auf eine Aufenthaltserlaubnis für maximal ein Jahr. Voraussetzung in beiden Fällen ist, dass der ausländische Forscher bereits einen für Dauer des Verfahrens gültigen nach der REST-RL (→ Rn. 3) erteilten Aufenthaltstitel eines anderen Mitgliedstaates besitzt (§ 18e Abs. 1 Nr. 1, § 18f Abs. 1 Nr. 1). Die Abgrenzung von § 18d zu §§ 18e und 18f erfolgt mithin danach, ob der Ausländer

bereits über einen solchen Forschungs-Titel eines anderen Mitgliedstaats verfügt und ggf. nach der Zeit des beabsichtigten Aufenthalts in Deutschland.

Abgrenzungsprobleme des § 18d können sich insbesondere zum einen mit § 18b Abs. 2 (Blaue **8** Karte EU) und § 16b (Vollzeitstudium) auftun. Denn § 18d setzt zwar tatbestandlich nicht voraus, dass die Forschung im Rahmen eines Arbeitsverhältnisses ausgeübt wird. Indes ist freilich möglich, dass die Forschung als „Erwerbsberuf" ausgeübt wird. Die Aufnahmevereinbarung gem. § 18d Abs. 1 S. 1 Nr. 1 kann daher auch einen Arbeitsvertrag enthalten bzw. vorsehen. Wie erwähnt, können Promovierende in den Anwendungsbereich des § 18b fallen (→ Rn. 6). Allerdings ist es auch denkbar, dass die Promotion im Rahmen eines Promotionsstudiums durchgeführt wird (→ § 16b Rn. 4).

Die Abgrenzung dieser Fälle regelt der Ausschlusstatbestand des § 19f Abs. 3: Nach § 19f Abs. 3 **9** S. 1 darf Inhabern einer Blaue Karte EU nach § 18b Abs. 2 oder eines Aufenthaltstitels, der durch einen anderen Mitgliedstaat der EU auf Grundlage der BlueCard-RL (RL 2009/50/EG v. 25.5.2009, ABl. 2009 L 155, 17) erteilt wurde, kein Aufenthaltstitel nach § 18d erteilt werden. § 19f Abs. 3 S. 2 schließt die Titelerteilung an Ausländer aus, wenn die Forschungstätigkeit Bestandteil eines Promotionsstudiums als Vollzeitstudienprogramm ist. In diesem Fall ist vielmehr ein Titel nach § 16b einschlägig (→ § 16b Rn. 4).

Die Promotion ist dann als Bestandteil eines Promotionsstudiums als Vollzeitstudienprogramm anzuse- **9.1** hen, wenn die Doktoranden an einer deutschen Hochschule eingeschrieben sind, um als Haupttätigkeit ein Vollzeitstudienprogramm zu absolvieren, das zu einem Doktorgrad führt. Umgekehrt kommt § 18d zur Anwendung, wenn keine Einschreibung an einer deutschen Hochschule erfolgt oder die Forschung nicht ausschließlich zum Zweck der Erstellung einer Dissertation durchgeführt wird. Letzteres wäre etwa der Fall, wenn die Dissertation im Rahmen eines Arbeitsvertrags erstellt wird. Soweit für die Durchführung des Promotionsvorhabens ein Arbeitsvertrag zwischen dem Doktoranden und einer deutschen Hochschule oder Forschungseinrichtung abgeschlossen wird, hat § 18d Vorrang gegenüber dem Aufenthalt zu Zwecken des Studiums nach § 16b (zum Vorstehenden Anwendungshinweise des Bundesministeriums des Innern, für Bau und Heimat zum Fachkräfteeinwanderungsgesetz v. 30.1.2020 Rn. 18d.0.2).

B. Erläuterungen im Einzelnen

I. Anspruch auf Erteilung einer Aufenthaltserlaubnis (Abs. 1)

§ 18d Abs. 1 vermittelt Ausländern einen gebundenen Anspruch („wird") auf Erteilung einer **10** Aufenthaltserlaubnis nach der REST-RL (RL (EU) 2016/801 v. 11.5.2016, ABl. 2016 L 132, 21) zum Zweck der Forschung.

1. Aufnahmevereinbarung mit Forschungseinrichtung

Eine wesentliche Voraussetzung für die Erteilung des Titels ist, dass der Ausländer eine Aufnah- **11** mevereinbarung mit einer Forschungseinrichtung geschlossen hat. Abs. 1 S. 1 Nr. 1 sieht hierfür zwei Varianten vor:
- Abschluss einer wirksamen Aufnahmevereinbarung oder eines entsprechenden Vertrags zur Durchführung eines Forschungsvorhabens mit einer Forschungseinrichtung, die für die Durchführung des besonderen Zulassungsverfahrens für Forscher im Bundesgebiet anerkannt ist (Abs. 1 S. 1 Nr. 1 lit. a).
- Abschluss einer wirksamen Aufnahmevereinbarung oder eines entsprechenden Vertrags mit einer Forschungseinrichtung, die Forschung betreibt (Abs. 1 S. 1 Nr. 1 lit. b).
Nötig ist demnach eine Aufnahmevereinbarung, die in Deutschland rechtstechnisch als ein zwi- **12** schen dem Ausländer und der Forschungseinrichtung geschlossener privatrechtlicher **Vertrag** anzusehen ist (so auch Kluth ZAR 2017, 234 (236)). Dem in § 18d Abs. 1 daneben noch vorgesehenen „entsprechenden Vertrag (zur Durchführung eines Forschungsvorhabens)" als alternatives Tatbestandsmerkmal kommt mithin keine eigenständige inhaltliche Bedeutung zu. Die Aufnahmevereinbarung ist – zumindest rechtstechnisch – von dem Rechtsverhältnis, das zwischen der Forschungseinrichtung und dem Ausländer begründet wird (→ Rn. 13 dritter Aufzählungspunkt), wenn ihm eine Aufenthaltserlaubnis nach § 18d des Aufenthaltsgesetzes erteilt wird, zu unterscheiden. Dieses Rechtsverhältnis zwischen der Forschungseinrichtung und dem Ausländer kann zB ein Arbeitsvertrag sein. Denkbar ist jedoch auch, dass die Forschung im Rahmen eines Stipendiums oder Fellowships durchgeführt wird.

Die zugrunde liegende REST-RL (RL (EU) 2016/801 v. 11.5.2016, ABl. 2016 L 132, 21) führt in **12.1** Art. 10 Abs. 1 RL (EU) 2016/801 die Unterscheidung zwischen Aufnahmevereinbarung und Verträgen ein. Dabei sagt die Richtlinie nichts zur Rechtsnatur der Aufnahmevereinbarung aus. Die Unterscheidung zum Vertrag könnte nahelegen, dass sie etwas anderes als ein Vertrag ist. Indes ist diese Regelung so zu verstehen, dass sie den Mitgliedstaaten insoweit (absolute) Freiheit im Hinblick auf die im nationalen Recht vorgesehenen rechtstechnischen Instrumente belassen will. Da im deutschen Recht für die Aufnahmevereinbarung keine sachgerechte andere Rechtsfigur zur Verfügung steht, sondern im Rahmen des privatrechtlichen Vertrags die in Art. 10 Abs. 1 und Abs. 2 RL (EU) 2016/801 enthaltenen Vorgaben rechtstechnisch optimal umsetzbar sind, ist die Aufnahmevereinbarung dogmatisch als solcher anzusehen.

13   Eine Aufnahmevereinbarung iSv § 18d Abs. 1 Nr. 1 liegt nur dann vor, wenn der in § 38f AufenthV vorgegebene **Inhalt** enthalten ist (vgl. Art. 10 Abs. 2, Abs. 3 RL (EU) 2016/801):
- die Verpflichtung des Ausländers, sich darum zu bemühen, das Forschungsvorhaben abzuschließen (§ 38f Abs. 1 Nr. 1 AufenthV),
- die Verpflichtung der Forschungseinrichtung, den Ausländer zur Durchführung des Forschungsvorhabens aufzunehmen (§ 38f Abs. 1 Nr. 2 AufenthV),
- die Angaben zum wesentlichen Inhalt des Rechtsverhältnisses (→ Rn. 12 aE), das zwischen der Forschungseinrichtung und dem Ausländer begründet werden soll, wenn ihm eine Aufenthaltserlaubnis nach § 18d erteilt wird, insbesondere zum Umfang der Tätigkeit des Ausländers und zum Gehalt (§ 38f Abs. 1 Nr. 3 AufenthV),
- eine Bestimmung, wonach die Aufnahmevereinbarung oder der entsprechende Vertrag unwirksam wird, wenn dem Ausländer keine Aufenthaltserlaubnis nach § 18d erteilt wird (§ 38f Abs. 1 Nr. 4 AufenthV),
- Beginn und voraussichtlicher Abschluss des Forschungsvorhabens (§ 38f Abs. 1 Nr. 5 AufenthV),
- Angaben zum beabsichtigten Aufenthalt zum Zweck der Forschung in einem oder mehreren weiteren Mitgliedstaaten der Europäischen Union im Anwendungsbereich der REST-RL (RL (EU) 2016/801 v. 11.5.2016, ABl. 2016 L 132, 21), soweit diese Absicht bereits zum Zeitpunkt der Antragstellung besteht (§ 38f Abs. 1 Nr. 6 AufenthV).

14   Die Aufnahmevereinbarung muss entweder mit einer für die Durchführung des besonderen Zulassungsverfahrens für Forscher im Bundesgebiet anerkannten Forschungseinrichtung (Abs. 1 Nr. 1 lit. a) oder mit einer Forschungseinrichtung, die – tatsächlich – Forschung betreibt (Abs. 1 Nr. 1 lit. b) geschlossen worden sein.

15   Das **Anerkennungsverfahren** ist in § 38a AufenthV samt den dafür vorgesehenen Voraussetzungen geregelt. Das BAMF veröffentlicht im Internet eine aktuelle Liste der Bezeichnungen und Anschriften der anerkannten Forschungseinrichtungen. Die genaue Fundstelle der Liste gibt das Bundesamt für Migration und Flüchtlinge auf seiner Internetseite bekannt (§ 38e AufenthV). In § 38b AufenthV sind spezielle Tatbestände für die Aufhebung und Nichtverlängerung der Ankerkennung normiert.

16   Eine **Forschungseinrichtung** ist jede öffentliche oder private Einrichtung, die Forschung betreibt (vgl. Art. 3 Nr. 10 RL (EU) 2016/801). Darunter fallen zB neben staatlichen oder privaten Universitäten auch Unternehmen, die eine Forschungsabteilung betreiben.

17   Eine Einrichtung **betreibt Forschung** iSd § 18d Abs. 1 Nr. 1 lit. b, wenn es sich um systematisch betriebene, schöpferische Arbeit mit dem Zweck der Erweiterung des Wissensstands, einschließlich der Erkenntnisse über den Menschen, die Kultur und die Gesellschaft handelt, und dieses Wissen mit dem Ziel, neue Anwendungsmöglichkeiten zu finden, eingesetzt wird (BT-Drs. 18/11136, 51).

18   Weitere Voraussetzung ist, dass die Aufnahmevereinbarung **wirksam** ist. In § 38f Abs. 2 AufenthV sind spezielle Wirksamkeitsanforderungen genannt:
- Es muss feststehen, dass das Forschungsvorhaben durchgeführt wird, insbesondere, dass über seine Durchführung von den zuständigen Stellen innerhalb der Forschungseinrichtung nach Prüfung seines Zwecks, seiner Dauer und seiner Finanzierung abschließend entschieden worden ist (§ 38f Abs. 2 Nr. 1 AufenthV).
- Der Ausländer, der das Forschungsvorhaben durchführen soll, muss dafür geeignet und befähigt sein sowie über den in der Regel hierfür notwendigen Hochschulabschluss verfügen, der Zugang zu Doktoratsprogrammen ermöglicht (§ 38f Abs. 2 Nr. 2 AufenthV).
- Der Lebensunterhalt des Ausländers muss gesichert sein (§ 38f Abs. 2 Nr. 3 AufenthV).

2. Übernahmeerklärung der Forschungseinrichtung

19   Die Forschungseinrichtung muss zudem nach § 18d Abs. 1 Nr. 2 eine Kostenübernahmeerklärung abgegeben haben. Die Erklärung muss die Verpflichtung zur Übernahme der Kosten enthalten, die den öffentlichen Stellen in einem Zeitraum von bis zu sechs Monaten nach der Beendigung der Aufnahmevereinbarung für den Lebensunterhalt des Ausländers während eines unerlaubten

Aufenthalts in einem Mitgliedstaat der Europäischen Union entstehen (lit. a). Des Weiteren muss die Erklärung auch die Übernahme der Kosten für eine Abschiebung des Ausländers (lit. b) einschließen. Diese Voraussetzung soll letztlich auch einen Missbrauch des Aufenthaltstatbestands verhindern.

Abs. 2 sieht die Möglichkeit vor, dass von dem Erfordernis der Übernahmeerklärung abgesehen **20** wird. Abs. 2 S. 1 gibt eine Regelvorgabe vor („soll"). Das heißt, wenn die Tätigkeit der Forschungseinrichtung überwiegend aus öffentlichen Mitteln finanziert wird, ist nur bei besonderen Umständen eine Übernahmeerklärung zu fordern. Hintergrund ist, dass etwaigen Missbräuchen hier auch durch administrative Sanktionen bis hin zur Kürzung der zur Verfügung gestellten Mittel bei massiven Missbräuchen begegnet werden kann. Abs. 2 S. 2 eröffnet dagegen ein Ermessen bezüglich des Absehens von der Voraussetzung, wenn ein besonderes öffentliches Interesse an dem Forschungsvorhaben besteht. Ein solcher Verzicht kann vor allem bei privaten Forschungseinrichtungen sinnvoll sein, bei denen aufgrund langjähriger Erfahrungen ein Missbrauch ebenfalls nicht denkbar ist. Gerade bei „Start-up"- oder sonst unbekannten Unternehmen ist hingegen eher auf einer Übernahmeerklärung zu bestehen, um präventiv Missbrauch zu verhindern (BT-Drs. 16/5065, 167).

Abs. 2 S. 3 erklärt einige Bestimmungen aus dem Bereich der Haftungsregeln des 6. Kapitels **21** für entsprechend anwendbar.

Nach Abs. 3 kann die Forschungseinrichtung die Übernahmeerklärung auch gegenüber der **22** für ihre Anerkennung zuständigen Stelle allgemein für sämtliche Ausländer abgeben, denen auf Grund einer mit ihr geschlossenen Aufnahmevereinbarung eine Aufenthaltserlaubnis erteilt wird.

3. Kein Ausschluss nach § 19f Abs. 1 und Abs. 3

In § 19f Abs. 1 und Abs. 3 werden verschiedene Personengruppen vom personellen Anwen- **23** dungsbereich ausgeschlossen. Im Hinblick auf die in § 19f Abs. 1 Nr. 1 genannte Gruppe der anerkannten internationalen Schutzberechtigten ist zu beachten, dass ihnen gegenüber die Möglichkeit besteht, einen Aufenthaltstitel zum Zwecke der Forschung nach Abs. 6 (→ Rn. 29) zu erteilen.

4. § 18 Abs. 2

Nach der allgemeinen Systematik müssen für einen Aufenthaltstitel nach § 18d Abs. 1 auch **24** die allgemeinen Erteilungsvoraussetzungen des § 18 Abs. 2 erfüllt sein. § 18 Abs. 2 Nr. 5 ist jedoch ausweislich seines Wortlauts nicht auf § 18d anwendbar. § 18d Abs. 1 befreit von der Zustimmungspflicht der Bundesagentur für Arbeit gem. § 18 Abs. 2 Nr. 2 (BT-Drs. 19/8285, 100). § 18 Abs. 2 Nr. 4 kommt ebenfalls nicht zur Anwendung. Zwar richtet sich § 18d an Forscher, mithin an Fachkräfte mit akademischer Ausbildung. Indes ist dies nicht Tatbestandsmerkmal des Erteilungsanspruchs nach Abs. 1. Vielmehr wird Grunderwartung an die Qualifikation des Ausländers durch die Forschungseinrichtung geprüft (→ Rn. 5). Hält diese den Ausländer nämlich nicht für hinreichend qualifiziert, wird sie nicht mit ihm die Forschungsvereinbarung schließen. Die Befähigung und Eignung des Ausländers für das Forschungsvorhaben ist zudem Wirksamkeitsbedingung für die Aufnahmevereinbarung (§ 38f Abs. 2 Nr. 2 AufenthV).

Es verbleiben mithin die Voraussetzungen des § 18 Abs. 2 Nr. 1 und Nr. 3. Eine Berufsaus- **25** übungserlaubnis nach § 18 Abs. 2 Nr. 3 kann etwa im Bereich der ärztlichen Forschung eine Rolle spielen. Problematisch ist die Voraussetzung des § 18 Abs. 2 Nr. 1, wonach ein konkretes Arbeitsplatzangebot vorliegen muss, da der Anspruch nach § 18d Abs. 1 nicht zwingend ein Arbeitsverhältnis voraussetzt (→ Rn. 12 aE). Wird die Forschung etwa im Kontext eines Stipendiums betrieben, gibt es eine normative Friktion (→ § 18 Rn. 11). Dieser ist mit einer teleologischen Reduktion des § 18 Abs. 2 Nr. 1 zu begegnen (→ § 18 Rn. 12).

Demgegenüber will die Begründung des Entwurfs zum FachKEinwG (Fachkräfteeinwanderungsgesetz **25.1** v. 15.8.2019, BGBl. I 1307) dieses Problem dadurch lösen, dass der nach § 18 Abs. 2 Nr. 1 erforderliche Nachweis eines konkreten Arbeitsplatzangebots insbesondere durch die Aufnahmevereinbarung oder den entsprechenden Vertrag zur Durchführung des Forschungsvorhabens nach § 18d Abs. 11 Nr. 1 erbracht werden könne. Allerdings steht einer solchen Interpretation wohl die Wortlautgrenze entgegen. Eine Aufnahmevereinbarung ist kein Arbeitsplatz (-angebot).

5. Sonstige Voraussetzungen

Schließlich dürfen keine Ablehnungsgründe nach § 19f Abs. 4 sowie kein Versagensermessen **26** nach § 18 Abs. 2 Nr. 2 Hs. 3 entgegenstehen. Bezüglich Letzterem muss man freilich berücksichtigen, dass viele der in § 40 Abs. 2 und Abs. 3 genannten Versagungsgründe bzgl. diesem Aufenthaltstitel nicht sachgerecht sein können, wenn die Forschung nicht im Rahmen eines Beschäftigungsverhältnisses ausgeübt wird (→ Rn. 25). Ferner sind auch die allgemeinen Erteilungsvoraussetzungen nach § 5 Abs. 1, Abs. 2 und Abs. 4 zu beachten.

II. Geltungsdauer (Abs. 4)

27   § 18d Abs. 4 regelt die Geltungsdauer. Danach wird die Aufenthaltserlaubnis für mindestens ein Jahr erteilt (S. 1). Nimmt der Ausländer an einem Unions- oder multilateralen Programm mit Mobilitätsmaßnahmen teil, so wird die Aufenthaltserlaubnis für mindestens zwei Jahre erteilt (S. 2). Wenn das Forschungsvorhaben in einem kürzeren Zeitraum durchgeführt wird, wird die Aufenthaltserlaubnis jedoch auf die Dauer des Forschungsvorhabens befristet; die Frist beträgt in den Fällen des S. 2 mindestens ein Jahr.

27.1   Der ursprüngliche Entwurf des FachkEinwG (Fachkräfteeinwanderungsgesetz v. 15.8.2019, BGBl. I 1307) sah zur Geltungsdauer noch eine andere Regelung vor (BT-Drs. 19/8285, 21, 100). Der jetzige Normtext entspricht der Vorgängerregelung § 20 Abs. 4 aF und wurde nach der Beschlussempfehlung des Ausschusses für Inneres und Heimat eingefügt (BT-Drs. 19/10714, 9, 23). Dies, so der Ausschuss, ermögliche eine flexible Handhabung durch die zuständigen Behörden vor Ort. Im Vollzug solle jedoch für die Geltungsdauer eine Orientierung an zwei Jahren oder bei kürzerer Dauer des Forschungsvorhabens an dieser erfolgen, um dem Ziel des (ursprünglichen) Gesetzentwurfes nach größerer Klarheit und Transparenz auch ohne gesetzliche Änderung zu entsprechen sowie eine stärkere Vereinheitlichung der Erteilungsdauern zu erreichen.

III. Erwerbstätigkeit (Abs. 5)

28   § 18d Abs. 5 regelt die von der Aufenthaltserlaubnis umfasste Erwerbstätigkeit. Die Aufenthaltserlaubnis berechtigt (nur) zur Aufnahme der Forschungstätigkeit bei der in der Aufnahmevereinbarung bezeichneten Forschungseinrichtung und zur Aufnahme von Tätigkeiten in der Lehre. Änderungen des Forschungsvorhabens während des Aufenthalts führen nicht zum Wegfall dieser Berechtigung.

IV. Anspruch für anerkannte internationale Schutzberechtigte (Abs. 6)

29   Drittstaatsangehörige, die internationalen Schutz im Sinne der Qualifikations-RL (RL 2011/95/EU v. 13.12.2011, ABl. 2011 L 337, 9) genießen, sind nach § 19f Abs. 1 Nr. 1 letzte Var. von der Anspruchsgrundlage nach Abs. 1 ausgeschlossen. Abs. 6 gewährt diesen Personen einen im Ermessen der Ausländerbehörde liegenden Anspruch auf Erteilung einer Aufenthaltserlaubnis nach Abs. 1, wenn sie zusätzlich zu den Voraussetzungen des Abs. 1 die Bedingung erfüllen, dass sie sich mindestens zwei Jahre nach Erteilung der Schutzberechtigung in diesem Mitgliedstaat aufgehalten haben. Freilich müssen die allgemeinen Erteilungsvoraussetzungen des § 18 Abs. 2 Nr. 3, § 5 Abs. 1 und Abs. 2 erfüllt sein und es dürfen weder ein Versagensgrund des § 5 Abs. 4 noch das Versagensermessen des § 18 Abs. 2 Nr. 2 Hs. 3 entgegenstehen.

29.1   Die Verlagerung der Ausschlussgründe des § 20 Abs. 6 aF durch das FachkEinwG (Fachkräfteeinwanderungsgesetz v. 15.8.2019, BGBl. I 1307) in § 19f Abs. 1 ist insoweit gesetzestechnisch „unglücklich", da damit ein Zirkelschluss produziert wurde: Der Anspruch nach § 18d Abs. 6 (früher § 20 Abs. 8 aF) ist streng genommen stets nach § 19f Abs. 1 Nr. 1 Var. 4 ausgeschlossen, obwohl § 18d Abs. 6 für den Fall des Ausschlusses den Schutzberechtigten einen Ermessensanspruch verschaffen will. In § 20 aF stellte dessen Abs. 8 aufgrund seiner systematischen Stellung nach Abs. 6 eine Spezialregelung zum Ausschlusstatbestand dar. Dieses Argument lässt sich in Zusammenspiel zwischen § 18d Abs. 6 und § 19f Abs. 1 Nr. 1 jedoch nicht fruchtbar machen. Angezeigt wäre daher eine Klarstellung in § 18d Abs. 6 durch den Gesetzgeber, dass dieser Ermessensanspruch ungeachtet des § 19f Abs. 1 Nr. 1 Var. 4 gilt.

§ 18e Kurzfristige Mobilität für Forscher

(1) [1]**Für einen Aufenthalt zum Zweck der Forschung, der eine Dauer von 180 Tagen innerhalb eines Zeitraums von 360 Tagen nicht überschreitet, bedarf ein Ausländer abweichend von § 4 Absatz 1 keines Aufenthaltstitels, wenn die aufnehmende Forschungseinrichtung im Bundesgebiet dem Bundesamt für Migration und Flüchtlinge und der zuständigen Behörde des anderen Mitgliedstaates mitgeteilt hat, dass der Aus-**

länder beabsichtigt, einen Teil seiner Forschungstätigkeit im Bundesgebiet durchzuführen, und dem Bundesamt für Migration und Flüchtlinge mit der Mitteilung vorlegt

1. den Nachweis, dass der Ausländer einen gültigen nach der Richtlinie (EU) 2016/801 erteilten Aufenthaltstitel eines anderen Mitgliedstaates zum Zweck der Forschung besitzt,

2. die Aufnahmevereinbarung oder den entsprechenden Vertrag, die oder der mit der aufnehmenden Forschungseinrichtung im Bundesgebiet geschlossen wurde,

3. die Kopie eines anerkannten und gültigen Passes oder Passersatzes des Ausländers und

4. den Nachweis, dass der Lebensunterhalt des Ausländers gesichert ist.

[2]Die aufnehmende Forschungseinrichtung hat die Mitteilung zu dem Zeitpunkt zu machen, zu dem der Ausländer in einem anderen Mitgliedstaat der Europäischen Union den Antrag auf Erteilung eines Aufenthaltstitels im Anwendungsbereich der Richtlinie (EU) 2016/801 stellt. [3]Ist der aufnehmenden Forschungseinrichtung zu diesem Zeitpunkt die Absicht des Ausländers, einen Teil der Forschungstätigkeit im Bundesgebiet durchzuführen, noch nicht bekannt, so hat sie die Mitteilung zu dem Zeitpunkt zu machen, zu dem ihr die Absicht bekannt wird. [4]Bei der Erteilung des Aufenthaltstitels nach Satz 1 Nummer 1 durch einen Staat, der nicht Schengen-Staat ist, und bei der Einreise über einen Staat, der nicht Schengen-Staat ist, hat der Ausländer eine Kopie der Mitteilung mitzuführen und den zuständigen Behörden auf deren Verlangen vorzulegen.

(2) [1]Erfolgt die Mitteilung zu dem in Absatz 1 Satz 2 genannten Zeitpunkt und wurden die Einreise und der Aufenthalt nicht nach § 19f Absatz 5 abgelehnt, so darf der Ausländer jederzeit innerhalb der Gültigkeitsdauer des Aufenthaltstitels in das Bundesgebiet einreisen und sich dort zum Zweck der Forschung aufhalten. [2]Erfolgt die Mitteilung zu dem in Absatz 1 Satz 3 genannten Zeitpunkt, so darf der Ausländer nach Zugang der Mitteilung innerhalb der Gültigkeitsdauer des in Absatz 1 Satz 1 Nummer 1 genannten Aufenthaltstitels des anderen Mitgliedstaates in das Bundesgebiet einreisen und sich dort zum Zweck der Forschung aufhalten.

(3) Ein Ausländer, der die Voraussetzungen nach Absatz 1 erfüllt, ist berechtigt, in der aufnehmenden Forschungseinrichtung die Forschungstätigkeit aufzunehmen und Tätigkeiten in der Lehre aufzunehmen.

(4) [1]Werden die Einreise und der Aufenthalt nach § 19f Absatz 5 abgelehnt, so hat der Ausländer die Forschungstätigkeit unverzüglich einzustellen. [2]Die bis dahin nach Absatz 1 Satz 1 bestehende Befreiung vom Erfordernis eines Aufenthaltstitels entfällt.

(5) Sofern keine Ablehnung der Einreise und des Aufenthalts nach § 19f Absatz 5 erfolgt, wird dem Ausländer durch das Bundesamt für Migration und Flüchtlinge eine Bescheinigung über die Berechtigung zur Einreise und zum Aufenthalt zum Zweck der Forschung im Rahmen der kurzfristigen Mobilität ausgestellt.

(6) [1]Nach der Ablehnung gemäß § 19f Absatz 5 oder der Ausstellung der Bescheinigung im Sinne von Absatz 5 durch das Bundesamt für Migration und Flüchtlinge ist die Ausländerbehörde gemäß § 71 Absatz 1 für weitere aufenthaltsrechtliche Maßnahmen und Entscheidungen zuständig. [2]Der Ausländer und die aufnehmende Forschungseinrichtung sind verpflichtet, der Ausländerbehörde Änderungen in Bezug auf die in Absatz 1 genannten Voraussetzungen anzuzeigen.

Überblick

Die **kurzfristige Mobilität für Forscher** (→ Rn. 3 ff.) ist Teil der Umsetzung der REST-RL (RL (EU) 2016/801 v. 11.5.2016, ABl. 2016 L 132, 21) und ist seit 1.8.2017 in Kraft. Neben der Forschung (→ Rn. 2) werden in der REST-RL auch Studium, Praktika, Freiwilligendienst, Schüleraustauschprogramme und Au-Pair-Tätigkeiten geregelt. Die REST-RL hat als Neufassung unter anderem der Forscher-RL (RL 2005/71/EG v. 12.10.2005, ABl. 2005 L 289, 15) neben Anpassungen der ursprünglichen Normen vor allem auch das Ziel, mit der Mobilität für Forscher neue, geeignete Mittel und Wege zu schaffen, um diesen die Ausübung ihrer Forschertätigkeit nicht nur in einem EU-Mitgliedstaat zu ermöglichen, sondern auch in weiteren. Systematisch ist § 18e das Pendant zu § 19a (**Kurzfristige Mobilität ICT**, → Rn. 1). Im Bereich der Blauen Karte EU gibt es noch keine Vorschriften zur Mobilität und damit auch noch keine vergleichbare Regelung zu § 18e. Diese sind aber im Rahmen einer Anpassung der Richtlinie zur Blauen Karte EU in der Diskussion bei den Gesetzgebungsorganen der EU. § 18e ist zum 1.3.2020 mit dem

Inkrafttreten des FachkEinwG (Fachkräfteeinwanderungsgesetz v. 15.8.2019, BGBl. I 1307) aus dem § 20a aF mit wenigen Anpassungen hervorgegangen.

A. Kurzfristige Mobilität Forscher (Abs. 1)

1 Die Regelung des § 18e Abs. 1 übernimmt die wesentlichen Voraussetzungen für die **kurzfristige Mobilität von Forschern** aus der REST-RL (RL (EU) 2016/801 v. 11.5.2016, ABl. 2016 L 132, 21), insbesondere Art. 27 und 28 RL (EU) 2016/801. § 18e ist die Parallelvorschrift zu § 19a (Kurzfristige Mobilität ICT).

2 Die Begriffe des **Forschers** bzw. Forschung sind in Art. 3 Nr. 2, Nr. 9 RL (EU) 2016/801 legaldefiniert. Auch wenn sie nicht unmittelbar im AufenthG aufgeführt werden, gelten sie direkt und unmittelbar aus der Richtlinie. Im Übrigen ist der Forscherbegriff quasi identisch mit der Auslegung des – nunmehr für Forscher größtenteils verdrängten – § 5 BeschV (Offer/Mävers/Werner BeschV § 5 Rn. 9 ff.). **Forschungseinrichtung** ist „jede öffentliche oder private Einrichtung, die Forschung betreibt" (Art. 2 Nr. 10 RL (EU) 2016/801). Eine Unterscheidung in anerkannte und sonstige Forschungseinrichtungen gibt es bei § 18e nicht (anders als § 18d, bei welchem für die Ersterteilung einige Vereinfachungen für anerkannte Forschungseinrichtungen existieren).

I. Aufenthalt ohne Aufenthaltstitel (Abs. 1 S. 1)

1. Voraussetzungen

3 Die wesentlichen Voraussetzungen für die kurzfristige Mobilität als Forscher sind:
- Dauer nicht länger als 180 innerhalb von 360 Tagen
- Tätigkeit in Deutschland als Forscher bei einer Forschungseinrichtung und entsprechende Aufnahmevereinbarung
- Aufenthaltserlaubnis Forscher im ersten EU-Mitgliedstaat
- Mitteilung an das BAMF sowie die zuständige Behörde des anderen Mitgliedstaates

4 **a) Dauer.** Auf der Grundlage des Art. 28 Abs. 1 RL (EU) 2016/801 führt § 18e Abs. 1 S. 1 aus, dass die kurzfristige Mobilität nur für geplante Aufenthalte bis zu 180 Tage innerhalb von 360 Tagen möglich ist. Der Gesamtzeitraum ist rotierend über das Kalenderjahr hinaus. Insofern wird das gleiche Prinzip angewandt, wie für die Berechnung eines Aufenthalts nach Schengen-Recht. Entscheidend ist, dass für die kurzfristige Mobilität die 180 Aufenthaltstage innerhalb von 360 Tagen in jedem EU-Mitgliedsstaat separat zur Verfügung stehen, ausgenommen die nicht an der REST-RL (RL (EU) 2016/801 v. 11.5.2016, ABl. 2016 L 132, 21) teilnehmenden Dänemark, Irland und Großbritannien. Darüber hinaus stehen die Aufenthaltstage aufgrund der kurzfristigen Mobilität in direkter Konkurrenz zu Aufenthalten nach allgemeinem Schengen-Recht. Wer sich als Forscher berechtigt in einem EU-Mitgliedsstaat, der zum Schengen-Gebiet gehört, im Rahmen der kurzfristigen Mobilität Forscher aufhält, verbraucht in diesem Land keine Schengen-Tage. Aus praktischen Gründen sollte ein Reisekalender geführt werden. In der Praxis könnte es so aussehen, dass ein Forscher, der sich auf der Basis eines niederländischen Aufenthaltstitels als Forscher im Rahmen der kurzfristigen Mobilität Forscher in Deutschland aufhält, an einem Freitag für einen Wochenendaufenthalt von Deutschland über Belgien in die Niederlande fährt. Die Aufenthalte in den drei Ländern sind dann von drei unterschiedlichen Rechtsgrundlagen abgedeckt:
- Deutschland: Kurzfristige Mobilität Forscher,
- Belgien: Schengen-Recht auf der Basis des niederländischen Aufenthaltstitels,
- Niederlande: Aufenthaltstitel für Forscher.

Dieser Freitag zählt dann wegen der Zeit in Deutschland sowohl für das Maximum der 180 Tage kurzfristige Mobilität Forscher in Deutschland und wegen der Durchreise durch Belgien auch für die 90 Tage Maximum nach allgemeinem Schengen-Recht.

Abgestellt wird explizit auf die Aufenthaltstage in Deutschland während der kurzfristigen Mobi- **5** lität Forscher. Es kommt also nicht darauf an, ob man an einem bestimmten Tag als Forscher in Deutschland tatsächlich arbeitet oder nicht. Mitgezählt werden daher auch alle Wochenenden und Feiertage sowieso sonstige freie Tage.

Exkurs: Insofern stellt sich hier nicht das praktische Problem des § 30 BeschV. Bei § 30 BeschV **5.1** wird nämlich grundsätzlich auf die Ausübung einer bestimmten Tätigkeit abgestellt. In der deutschen Behördenpraxis werden jedoch aus Vereinfachungsgründen oft die tatsächlichen Aufenthaltstage herangezogen. Das wirft für viele Reisende dann eine Rechtsunsicherheit hinsichtlich der Berechnung verbleibender Tage auf (Offer/Mävers/Werner BeschV § 30 Rn. 21 ff.).

Ist der geplante Aufenthalt als Forscher in Deutschland länger als 180 Tage innerhalb von **6** 360 Tagen, ist die kurzfristige Mobilität Forscher nicht anwendbar. Vielmehr ist dann von der **Langfristigen Mobilität von Forschern** Gebrauch zu machen (→ § 18f Rn. 6 ff.).

Mit § 18e Abs. 1 S. 1 hat der deutsche Gesetzgeber von der Möglichkeit Gebrauch gemacht, **7** die kurzfristige Mobilität Forscher von einer **Mitteilungspflicht** abhängig zu machen. Gemäß Art. 28 Abs. 2 RL (EU) 2016/801 wäre das nicht zwingend erforderlich gewesen. Vielmehr hatte der deutsche Gesetzgeber ein Ermessen, ob er diese Mitteilungspflicht aufnimmt. Er hätte auch darauf verzichten können. Als Grund für die Mitteilungspflicht wird aufgeführt, dass man die Voraussetzungen der kurzfristigen Mobilität Forscher prüfen möchte, um ggf. von den Ablehnungsgründen Gebrauch zu machen (BR-Drs. 9/17, 57). Darüber hinaus wird die Mitteilung statistischen Zwecken dienen. Ähnlich wie bei § 19a, der kurzfristigen Mobilität ICT, ist es dem deutschen Gesetzgeber wichtig, hier im Detail zu prüfen, ob Ablehnungsgründe (§ 19f) vorliegen. Neben nachvollziehbaren Gründen (zB Arbeitsmarktschutz, Verhinderung von Umgehung von sonstigen Aufenthaltsregeln, Schutz des Arbeitnehmers) war es wohl vor allem eine politische Entscheidung, auf der Mitteilungspflicht zu bestehen. Demgegenüber stehen praktische Erwägungen, allen voran die derzeitige gute Arbeitsmarktsituation (die sich zugegebenermaßen auch wieder verschlechtern kann). Darüber hinaus ist entsprechendes zusätzliches Personal bei den Ausländerbehörden erforderlich. Die Vergangenheit hat jedoch gezeigt, dass es für viele Ausländerbehörden aufgrund von finanziellen Engpässen und fehlenden Stellen oft schon kaum möglich war, die sonstige Erwerbsmigration Hochqualifizierter mit Universitätsabschluss effizient umzusetzen, wobei das Gefälle hier zwischen verschiedenen Städten und Regionen sehr groß ist. Jetzt Prüfungen innerhalb einer Ausschlussfrist von 30 Kalendertagen zu erwarten, ist insofern eine Herausforderung. Insgesamt kann daher zu Recht gefragt werden, ob die umgesetzte Mitteilungspflicht mit ihrem administrativen Aufwand für die Forschungseinrichtungen und den Verwaltungsaufwand bei den Behörden tatsächlich gerechtfertigt ist.

Mit dem FachkEinwG (Fachkräfteeinwanderungsgesetz v. 15.8.2019, BGBl. I 1307) wurde **8** zum 1.3.2020 eine Ergänzung zu den Mitteilungspflichten vorgenommen. Es ist jetzt auch erforderlich, dass die Forschungseinrichtung in Deutschland zusätzlich eine Mitteilung an die zuständige Behörde des anderen Mitgliedstaates macht, welcher den Aufenthaltstitel für Forscher ausgestellt hat. Begründet wird dies damit, dass dies zu einer vollständigen Umsetzung der REST-RL (RL (EU) 2016/801 v. 11.5.2016, ABl. 2016 L 132, 21) erforderlich wäre. Die Mitteilungspflicht wäre durch Art. 28 Abs. 2 RL (EU) 2016/801 vorgegeben und es bestünde insoweit eine Verpflichtung (BR-Drs. 7/19, 111). Wie oben aufgeführt, war oben schon die Mitteilungspflicht an die zuständige Behörde im zweiten Mitgliedstaat (BAMF) nicht zwingend umzusetzen – vielmehr wurde lediglich die Möglichkeit für eine solche Mitteilungspflicht geschaffen. Das nun eine Mitteilungspflicht an die zuständige Behörde des ersten Mitgliedsstaates eingeführt wurde, ist grundsätzlich legitim, da die REST-RL hierzu optional ermächtigt. Dies aber damit zu begründen, dass es zwingend umgesetzt werden musste, ist im besten Falle unglücklich. In jedem Fall wurde ein zusätzlicher administrativer Aufwand geschaffen, der so nicht notwendig gewesen wäre.

b) Forschungseinrichtung, Aufnahmevereinbarung. Es muss sich um eine **Forschungs-** **9** **einrichtung** handeln. Neben öffentlichen Einrichtungen, die ausschließlich oder hauptsächlich der Forschung dienen, sind auch private Forschungseinrichtungen erfasst. Ob eine Forschungseinrichtung anerkannt ist oder nicht, ist, anders als bei § 18d, nicht relevant.

Es muss eine **Aufnahmevereinbarung** oder ein **entsprechender Vertrag** zwischen dem **10** Forscher und der aufnehmenden Forschungseinrichtungen geschlossen sein. Der notwendige Inhalt ist in § 38f AufenthV geregelt, basierend auf Art. 10 RL (EU) 2016/801. Das BAMF hat für die Aufnahmevereinbarung ein Muster bereitgestellt (→ Rn. 18).

11   **c) Aufenthaltstitel Forscher.** Vom ersten EU-Mitgliedsstaat muss ein Aufenthaltstitel für Forscher, äquivalent zum § 18d gemäß der jeweiligen nationalen Umsetzung der REST-RL, ausgestellt sein.

12   Grundsätzlich besteht ein Wahlrecht, ob im ersten EU-Mitgliedsstaat eine **Blaue Karte EU** oder eine **Aufenthaltserlaubnis als Forscher** beantragt wird, soweit die Voraussetzungen für beide Möglichkeiten vorliegen (Anwendungshinweise des Bundesministeriums des Innern zu Gesetz und Verordnung zur Umsetzung aufenthaltsrechtlicher Richtlinien der Europäischen Union zur Arbeitsmigration v. 14.7.2017 Rn. 2.0.2.1.3). Ein Vorteil der Aufenthaltserlaubnis Forschung ist die Mobilität, welche für die Blaue Karte EU noch nicht eingeführt wurde. Vorteile der Blauen Karte EU können eine schnellere Niederlassungserlaubnis und ein Daueraufenthalt-EU mit besonderer Auflage sein. Entscheidet sich ein Antragssteller im ersten Mitgliedstaat für die Blaue Karte EU, kann derzeit keine EU-Mobilitätsregel genutzt werden. In solchen Fällen ist der Forscher darauf angewiesen, eine eigene Aufenthaltserlaubnis als Forscher in Deutschland nach § 18d zu beantragen.

13   **d) Mitteilungsverfahren.** Die erforderliche **Mitteilung** hat von der aufnehmenden deutschen Forschungseinrichtung gegenüber dem **BAMF** zu erfolgen. Der deutsche Gesetzgeber hätte die Mitteilungspflicht auch der Forschungseinrichtung im ersten EU-Mitgliedsstaat oder dem Forscher selbst auferlegen können (Art. 28 Abs. 2 RL (EU) 2016/801).

14   Das Verfahren wird vom BAMF ausführlich in einer Broschüre dargestellt. (https:// www.bamf.de/SharedDocs/Anlagen/DE/MigrationAufenthalt/anleitung-mitteilung-kurzzeitmobilitaet-forscher.html?nn=284542).

15   Zuerst muss die aufnehmende Forschungseinrichtung sich einmalig bei der **Nationalen Kontaktstelle** REST mit einer formlosen E-Mail anmelden (rest@bamf.bund.de).

16   Die Mitteilung selbst kann dann ausschließlich auf elektronischem Weg über eine extra dafür bereit gestellte Internet-Plattform (Cloud-Lösung) über einen BSCW-Server (Basic Support for Cooperative Work – eine spezielle Software) erfolgen.

17   Das BAMF bittet um Benennung nur eines Ansprechpartners bei der aufnehmenden Forschungseinrichtung, um das Verfahren so einfach wie möglich zu halten. Hintergrund ist, dass nur diesem Ansprechpartner ein Zugang eingerichtet wird, um Mitteilungen zur kurzfristigen Mobilität Forscher zu versenden. Nicht berücksichtigt werden dabei die Notwendigkeit von Vertretungen für zB Urlaub, Krankheit oder Elternzeit bzw. die Vertretung durch einen Rechtsdienstleister.

18   Folgende Unterlagen müssen auf die Plattform hochgeladen werden:
* ausgefülltes Mitteilungsformular Forscher (https://www.bamf.de/SharedDocs/Anlagen/DE/ MigrationAufenthalt/formular-kurzfristige-mobilitaet-forscher.html?nn=284542). Das Formular muss nach Vorgabe des BAMF zwingend unmittelbar elektronisch ausgefüllt werden. Es soll nicht ausgedruckt und gescannt werden. Eine Unterschrift ist nicht erforderlich.
* eine Kopie des Passes des Forschers,
* eine Kopie des Aufenthaltstitels als Forscher, der durch den ersten EU-Mitgliedstaat ausgestellt wurde sowie
* eine Kopie der **Aufnahmevereinbarung** oder des entsprechenden Vertrages, die oder der mit der aufnehmenden Einrichtung geschlossen wurde (Muster: https://www.bamf.de/Shared-Docs/Anlagen/DE/Forschung/Forschungseinrichtungen/08muster-aufnahmevereinbarung-deutsch-englisch.html?nn=282388),
* Nachweis zur **Sicherung des Lebensunterhalts**, inklusive **Krankenversicherungsnachweis.**

19   Die Kopien des Passes des Forschers, des Aufenthaltstitels als Forscher sowie der Aufnahmevereinbarung (oder des entsprechenden Vertrages) sind im Mitteilungsformular explizit noch einmal aufgeführt als Unterlagen, die immer mit einzureichen sind. In der Broschüre des BAMF mit der ausführlichen Anleitung ist der Nachweis zur Sicherung des Lebensunterhalts, inklusive Krankenversicherungsnachweis leider immer noch nicht aufgenommen (Stand: 20.11.2018), wird aber im Mitteilungsformular mit aufgeführt.

20   Die Dokumente müssen einheitlich benannt sein nach dem Muster „Nachname_Dokument" (Bsp.: Mustermann_Pass.pdf).

21   Zusätzlich muss abschließend eine E-Mail an das BAMF (rest@bamf.bund.de) übersendet werden, in welcher darauf hingewiesen wird, dass eine Mitteilung mit entsprechenden Unterlagen neu eingestellt wurde.

2. Erlaubter Aufenthalt

22   Mit § 18e Abs. 1 S. 1 wird ausdrücklich festgehalten, dass als Rechtsfolge der Mitteilung an das BAMF der Ausländer keines deutschen **Aufenthaltstitels** bedarf. § 18e ist damit eine Ausnahme

zu der Regel des § 4 Abs. 1, dass grundsätzlich immer ein Aufenthaltstitel erforderlich ist. Hiermit wird dem Gedanken Rechnung getragen, dass der Ausländer ja schon einen Aufenthaltstitel als Forscher in einem anderen EU-Mitgliedsstaat hat und der Aufenthalt in Deutschland von relativ kurzer Dauer sein soll. Als Nachweis dieses Rechts wird durch das BAMF eine entsprechende **Bescheinigung** ausgestellt (→ Rn. 42). Die Bescheinigung ist deklaratorisch und für die Einreise nicht zwingend notwendig.

Um die Rechtsfolge auszulösen, ist es ausreichend, dass die Mitteilung mit den erforderlichen **23** Unterlagen eingereicht wurde und die entsprechende Benachrichtigung des BAMF per E-Mail erfolgt ist (→ Rn. 13 ff.). Um Rechtsunsicherheiten zu vermeiden, kann es nicht zwingend notwendig sein, dass alle Unterlagen abschließend inhaltlich vollständig sein müssen. Das würde dazu führen, dass ggf. schon wegen eines versehentlich nicht vollständig ausgefüllten Antragsformulars der Aufenthalt zur Ausübung der Beschäftigung als Forscher nicht nach § 18e rechtmäßig wäre. Insoweit ist es nur konsequent, dass das BAMF die Unterlagen nicht inhaltlich überprüft (Anwendungshinweise des Bundesministeriums des Innern zu Gesetz und Verordnung zur Umsetzung aufenthaltsrechtlicher Richtlinien der Europäischen Union zur Arbeitsmigration v. 14.7.2017 Rn. 2.3.2.4). Zu berücksichtigen sind nicht vollständige Unterlagen dann allerdings bei der Ausschlussfrist von 30 Tagen nach § 19f Abs. 5 S. 2.

II. Mitteilungspflicht Forschungseinrichtung (Abs. 1 S. 2 und S. 3)

Die Mitteilung an das BAMF durch die **aufnehmende Forschungseinrichtung** muss zum **24** jeweils frühestmöglichen Zeitpunkt gemacht werden.

Mit S. 2 wird der Grundsatz aufgestellt, dass die Mitteilung üblicherweise schon dann eingereicht **25** werden muss, wenn im ersten EU-Mitgliedsstaat der Antrag auf den Aufenthaltstitel als Forscher gestellt wird, soweit zu diesem Zeitpunkt auch schon der Aufenthalt im zweiten EU-Mitgliedsstaat geplant ist. Damit wäre die Mitteilung ggf. sogar schon parallel zum entsprechenden Visumsverfahren einzureichen. Relevant ist das insbesondere für Forschungsprojekte, die grenzübergreifend aufgestellt sind und bei welchen von vorneherein feststeht, dass zB aufgrund einer Kooperation oder teamübergreifender Forschungsprojekte, die Forschertätigkeit auch in dem zweiten EU-Mitgliedsstaat (hier: Deutschland) durchgeführt werden muss.

S. 3 stellt klar, dass die aufnehmende Forschungseinrichtung die Mitteilung erst stellen kann, **26** dann aber auch muss, sobald ihr die entsprechende Absicht des Forschers, auch in Deutschland tätig zu werden, bekannt wird. Hieran wird man keine allzu strengen Anforderungen stellen dürfen. Insbesondere kann es nicht allein darauf ankommen, dass der Forscher auch in Deutschland tätig werden will, die aufnehmende Forschungseinrichtung dies weiß, aber zB intern erforderliche Zustimmungen (zB Freigabe Forschungsbudget, Zustimmung Personalabteilung) noch gar nicht vorliegen. In jedem Fall müssen ja auch erst alle entsprechenden Unterlagen zusammengestellt werden. Im Übrigen kann die Aufnahmevereinbarung auch erst dann wirksam abgeschlossen werden, wenn für das Forschungsprojekt die Finanzierung abschließend geklärt und beschlossen ist (§ 38f Abs. 2 Nr. 1 AufenthV).

III. Einreise aus nicht Schengen-Staat (Abs. 1 S. 4)

S. 4 regelt besondere Vorschriften für EU-Mitgliedsstaaten, welche die REST-RL (RL (EU) **27** 2016/801 v. 11.5.2016, ABl. 2016 L 132, 21) umsetzen und anwenden, die aber nicht zum Schengen-Gebiet gehören. Nicht angewendet wird die Richtlinie durch die EU-Mitgliedsstaaten Dänemark und Irland. EU-Mitgliedsstaaten, welche die Richtlinie anwenden, aber nicht zum Schengen-Gebiet gehören, sind derzeit (Stand: 1.7.2020) Bulgarien, Rumänien und Zypern (vgl. § 2 Abs. 5).

Um bei einer Aufenthaltserlaubnis für Forscher, welche von einem Nicht-Schengen-Staat erteilt **28** wurde, praktisch ohne aufwändige Verfahren schnell und unkompliziert die Einreise ohne Visum aus einem Nicht-Schengen-Staat zu gewährleisten, muss der Forscher eine Kopie der Mitteilung an das BAMF mit sich führen. Relevant ist das für Deutschland nicht auf dem Landweg, sondern allein über internationale Flughäfen und Überseehäfen.

B. Aufenthalt als Forscher (Abs. 2)

§ 18e Abs. 2 führt aus, dass die Einreise nach und der Aufenthalt in Deutschland erlaubt sind, **29** soweit die Mitteilung nach Abs. 1 erfolgte. Rechtlich wird hier keine neue Regelung getroffen. Die Erlaubnis zu Einreise und Aufenthalt ergibt sich ja schon aus § 18e Abs. 1 iVm § 4 Abs. 1, mit welchen auf das Erfordernis eines Aufenthaltstitels verzichtet wird. Allerdings hilft die positive

Formulierung des Abs. 2 sicher dem Verständnis vieler Beteiligter, wie dem Forscher und der aufnehmenden Forschungseinrichtung.

30   Insbesondere wird mit S. 1, für die Variante der Mitteilung parallel zur Antragstellung zum Aufenthaltstitel Forscher im ersten EU-Mitgliedsstaat gem. § 18e Abs. 1 S. 2, klargestellt, dass die Einreise nur innerhalb der Gültigkeit des vom ersten Mitgliedsstaat ausgestellten Aufenthaltstitels erfolgen darf. Dieser Aufenthaltstitel muss also zwingend bereits ausgestellt worden sein. Erst dann kann bei bereits erfolgter Mitteilung die kurzfristige Mobilität Forscher genutzt werden.

31   S. 1 führt im Wortlaut aus, dass die Einreise „jederzeit innerhalb der Gültigkeitsdauer des Aufenthaltstitels" erfolgen kann. In S. 2, für eine Mitteilung zu einem späteren Zeitpunkt nach § 18e Abs. 1 S. 3, findet sich eine entsprechende Formulierung nicht. In der REST-RL heißt es jedoch in Art. 28 Abs. 4 RL (EU) 2016/801 „nach der Mitteilung an den zweiten Mitgliedsstaat unverzüglich oder jederzeit danach innerhalb der Gültigkeitsdauer des Aufenthaltstitels". Mit dem Wortlaut „unverzüglich oder jederzeit danach" sollte auch in der Richtlinie wohl allein abgegrenzt werden, dass bei Mitteilung parallel zur Antragstellung im ersten EU-Mitgliedsstaat, die Aufnahme der kurzfristigen Mobilität Forscher nicht sofort aufgenommen werden kann, sondern erst nach Ausstellung des Aufenthaltstitels durch den ersten EU-Mitgliedsstaat – eben nicht unverzüglich. Entscheidend ist somit nicht „jederzeit innerhalb der Gültigkeitsdauer des Aufenthaltstitels", sondern dass nur in der Variante der späteren Mitteilung nach § 18e Abs. 1 S. 3 die kurzfristige Mobilität für Forscher auch „unverzüglich" gestartet werden kann. Mit der Auslassung hat der deutsche Gesetzgeber eine sprachliche Unschärfe geschaffen, die nicht erforderlich gewesen wäre. Insbesondere der Wortlaut „nach Zugang der Mitteilung", der sich nur in S. 2 findet, soll wohl verdeutlichen, dass die kurzfristige Mobilität für Forscher sofort und damit „unverzüglich" gestartet werden kann. Allerdings ist ja auch für § 18e Abs. 1 S. 2 die Mitteilung bzw. ihr Zugang nach allgemeinen verwaltungsrechtlichen Grundsätzen erforderlich. Die explizite Hervorhebung des „Zugangs" nur in einer der beiden zeitlichen Varianten der Mitteilung ist daher etwas unglücklich und trägt insgesamt nicht zum Verständnis der Norm bei.

C. Beschäftigung als Forscher (Abs. 3)

32   § 18e Abs. 3 regelt, dass ein Forscher, der alle Voraussetzungen nach Abs. 1 erfüllt, in Deutschland seine Forschung ausüben und darüber hinaus auch in der Lehre tätig sein darf.

33   Mit dieser Vorschrift wird § 4a Abs. 1 S. 3 Rechnung getragen, welcher Ausnahmen von der grundsätzlichen Anforderung zulässt, dass durch Ausländer eine Erwerbstätigkeit nur ausgeübt werden kann, wenn ein Aufenthaltstitel ausgestellt wurde. Für die kurzfristige Mobilität für Forscher, wird aber gar kein Aufenthaltstitel ausgestellt (→ Rn. 22). Somit ist zusätzlich erforderlich, dass eine Erwerbstätigkeit entweder aufgrund einer zwischenstaatlichen Vereinbarung, eines Gesetzes oder einer Rechtsverordnung erlaubt ist. Denn die reine Erlaubnis sich aufzuhalten, erlaubt gerade noch nicht, auch eine Erwerbstätigkeit auszuüben.

34   Insbesondere für sehr kurze Aufenthalte (zB ein bis zehn Arbeitstage) wird es darauf ankommen, ob ein solcher Aufenthalt Tätigkeiten mit sich bringt, die schon als Forschungstätigkeit selbst einzustufen sind oder ggf. noch als allgemeine Geschäftsreisetätigkeiten eingeordnet werden können. Für letztere ergibt sich der Aufenthalt dann aus den allgemeinen Schengen-Regeln und nicht § 18e Abs. 2 in Verbindung mit der REST-RL (RL (EU) 2016/801 v. 11.5.2016, ABl. 2016 L 132, 21). Die Durchführung der Geschäftsreisetätigkeit wäre dann nach § 30 Nr. 1 Alt. 2 BeschV auch nicht als Beschäftigung anzusehen und eine Benachrichtigung nach § 18e Abs. 1 gar nicht erforderlich, weil es auf die Rechtsfolge des § 18e Abs. 3 nicht mehr ankommt. Hier wird es regelmäßig immer auf die Einzelfallbetrachtung ankommen. Unternehmen ist zu empfehlen, bei Sachverhalten, die sich nicht 100 % als Geschäftsreise einordnen lassen, vorab über die zuständige deutsche Auslandsvertretung eine Bestätigung einholen zu lassen. Präventiv eine Mitteilung nach Abs. 1 an das BAMF zu übermitteln, wird praktisch wohl kaum möglich sein, da für solche Geschäftsreisetätigkeiten ja üblicherweise gerade keine Aufnahmevereinbarung abgeschlossen werden wird. So wird ein Aufenthalt in Deutschland bei einer anderen Forschungseinrichtung zur Besprechung einer möglichen Zusammenarbeit und Vertragsanbahnung für eine zukünftige Projektarbeit meist eine allgemeine Geschäftsreise sein. Eine Mitteilung nach § 18e Abs. 1 ist somit nicht erforderlich. Die aktive Projektabwicklung, zB Abgleich und Besprechung von Forschungsergebnissen, wird üblicherweise nicht mehr als Geschäftsreise einzustufen sein – auch nicht für nur ein oder zwei Tage, und bedarf daher regelmäßig einer Mitteilung nach § 18e Abs. 1.

35   Mit § 18e Abs. 3 liegt eine entsprechende gesetzliche Normierung iSd § 4a Abs. 1 S. 3. Im Übrigen wäre die Forschertätigkeit auch direkt aus Art. 27 Abs. 1, Abs. 2 RL (EU) 2016/801 erlaubt. Zwar muss eine Richtlinie immer durch die Mitgliedsstaaten umgesetzt werden. Allerdings

wirkt eine Richtlinie auch direkt und unmittelbar, wenn sie hinreichend bestimmt ist und kein Ermessensspielraum in der Umsetzung besteht, was vorliegend gegeben ist. Der Wortlaut des § 18e Abs. 3 ist fast identisch mit dem der Richtlinie. Hier wäre es für die **36** Systematik, Transparenz und das Verständnis aus praktischer Sicht vorteilhafter gewesen, eine Formulierung zu wählen, die zu dem Vokabular des AufenthG passt. Der Wortlaut des § 18e Abs. 3 spricht davon, dass der Forscher die Forschung und die Lehrtätigkeit „aufnehmen" darf. Gemeint ist natürlich, dass er sie auch weiterführend ausüben darf, solange die Voraussetzungen vorliegen.

Im Übrigen ist der Wortlaut des § 18e Abs. 3 immer noch deutlich klarer als zB § 19a. In **37** dieser Vorschrift zur kurzfristigen Mobilität für unternehmsintern transferierte Arbeitnehmer heißt es, dass ein Ausländer „sich dort zum Zweck des unternehmensinternen Transfers aufhalten [darf]". Damit ist aber nichts anderes gemeint, als dass der Ausländer eine entsprechende Beschäftigung ausüben darf. Das allzu enge Festhalten an Formulierungen aus einer Richtlinie ist aber in solchen Konstellationen nicht unbedingt zielführend. Stellt man ausschließlich auf den Wortlaut des § 19a ab, ist hier nur von Aufenthalt die Rede. Gemeint ist aber die Ausübung der Beschäftigung. Solche Ungenauigkeiten sollten vermieden werden für ein stringentes allgemeines Verständnis und vor allem auch die angestrebte Transparenz.

Während im Abs. 1 ausdrücklich darauf hingewiesen wird, dass es sich um eine Ausnahme von **38** § 4 Abs. 1 handelt, ist ein solcher Verweis in Abs. 3 auf § 4 Abs. 1 S. 3 nicht aufgenommen.

Wegen der historisch engen Verzahnung von Forschung und Lehre ist in Art. 27 Abs. 2 **39** RL (EU) 2016/801 vorgesehen, dass neben Forschungstätigkeiten auch Lehrtätigkeiten ausgeübt werden können. Die REST-RL (RL (EU) 2016/801 v. 11.5.2016, ABl. 2016 L 132, 21) hatte den Mitgliedsstaaten hier Spielraum gegeben, die Lehrtätigkeit stundenmäßig zu begrenzen. Hiervon wurde in der deutschen Umsetzung keinen Gebrauch gemacht.

D. Ablehnung (Abs. 4)

Wird die kurzfristige Mobilität Forscher abgelehnt (§ 19f Abs. 5, zum Verfahren und den **40** Voraussetzungen siehe dort) darf die Beschäftigung als Forscher in Deutschland sofort nicht mehr ausgeübt werden. Der Aufenthalt ist dann nicht mehr von der kurzfristigen Mobilität Forscher nach § 18e Abs. 1, Abs. 2 abgedeckt, sondern ggf. von den allgemeinen **Schengen-Regeln.** Im Regelfall sollte dies ausreichen, um den Aufenthalt in Deutschland auch tatsächlich zu beenden und in den ersten Mitgliedstaat zurückzureisen. Allerdings kann es Konstellationen geben, in welchen ein Ausländer bereits vor Einreise nach Deutschland unter der kurzfristigen Mobilität für Forscher die Schengen-Tage von kumulativ 90 Tagen innerhalb eines Zeitraums von 180 Kalendertagen verbraucht hat und im Zeitpunkt der Ablehnung noch keine neuen Schengen-Tage zur Verfügung stehen. Für diese Konstellation sollte die zuständige Ausländerbehörde bei Ablehnung sicherheitshalber auch eine **Grenzübertrittsbescheinigung** ausstellen, die es dem Ausländer dann ermöglicht, Deutschland geordnet zu verlassen.

In der Praxis wird es vor allem auch darauf ankommen, ob die Ablehnung rechtzeitig innerhalb **41** der Ausschlussfrist der 30 Tage erfolgt ist.

E. Bescheinigung (Abs. 5)

Soweit keine Ablehnung nach § 19f erfolgt, hat der Ausländer alle Rechte aus der kurzfristigen **42** Mobilität als Forscher. Um einen Nachweis über seinen Aufenthaltsstatus zu haben, wird dem Ausländer vom BAMF eine entsprechende Bescheinigung ausgestellt. Diese ist rein deklaratorisch, nicht konstitutiv. Die REST-RL (RL (EU) 2016/801 v. 11.5.2016, ABl. 2016 L 132, 21) selbst spricht in Art. 28 Abs. 10 RL (EU) 2016/801 nur davon, dass eine solche Bescheinigung ausgestellt werden „kann". Die deutsche Regelung des § 18e Abs. 5 ist darüberhinausgehend so gestaltet, dass die Bescheinigung immer ausgestellt wird.

F. Zuständigkeit ABH und Mitteilungspflichten (Abs. 6)

Der mit dem FachkEinwG (Fachkräfteeinwanderungsgesetz v. 15.8.2019, BGBl. I 1307) zum **43** 1.3.2020 neu eingeführte Abs. 6 S. 1 ist als Klarstellung aufgenommen worden. Aus organisatorischen Gründen wird das Mitteilungsverfahren ab 1.3.2020 ausschließlich vom BAMF geführt. Insbesondere die Ablehnung nach § 19f Abs. 5, die vor dem 1.3.2020 in § 20c Abs. 3 geregelt war und der zuständigen Ausländerbehörde unterlag, wird jetzt auch vom BAMF vorgenommen. Die Klarstellung zeigt den Zuständigkeitswechsel von BAMF zu Ausländerbehörde nach Durchführung des Mitteilungsverfahrens, also nach Ablehnung gem. § 19f Abs. 5 oder der Ausstellung der Bescheinigung iSv Abs. 5.

44   Mit § 18e Abs. 6 S. 2 werden sowohl die aufnehmende Forschungseinrichtung als auch der Forscher selbst verpflichtet, jede Änderung der Voraussetzungen der kurzfristigen Mobilität für Forscher an die zuständige Ausländerbehörde mitzuteilen. Ursprünglich als Abs. 4 geregelt, wurde diese Mitteilungspflicht wegen der Nähe zur Klarstellung in Abs. 6 S. 1 nunmehr hier aufgenommen.

§ 18f Aufenthaltserlaubnis für mobile Forscher

(1) Für einen Aufenthalt zum Zweck der Forschung, der mehr als 180 Tage und höchstens ein Jahr dauert, wird einem Ausländer ohne Zustimmung der Bundesagentur für Arbeit eine Aufenthaltserlaubnis erteilt, wenn
1. er einen für die Dauer des Verfahrens gültigen nach der Richtlinie (EU) 2016/801 erteilten Aufenthaltstitel eines anderen Mitgliedstaates besitzt,
2. die Kopie eines anerkannten und gültigen Passes oder Passersatzes vorgelegt wird und
3. die Aufnahmevereinbarung oder der entsprechende Vertrag, die oder der mit der aufnehmenden Forschungseinrichtung im Bundesgebiet geschlossen wurde, vorgelegt wird.

(2) Wird der Antrag auf Erteilung der Aufenthaltserlaubnis mindestens 30 Tage vor Beginn des Aufenthalts im Bundesgebiet gestellt und ist der Aufenthaltstitel des anderen Mitgliedstaates weiterhin gültig, so gelten, bevor über den Antrag entschieden wird, der Aufenthalt und die Erwerbstätigkeit des Ausländers für bis zu 180 Tage innerhalb eines Zeitraums von 360 Tagen als erlaubt.

(3) Für die Berechtigung zur Ausübung der Forschungstätigkeit und einer Tätigkeit in der Lehre gilt § 18d Absatz 5 entsprechend.

(4) Der Ausländer und die aufnehmende Forschungseinrichtung sind verpflichtet, der Ausländerbehörde Änderungen in Bezug auf die in Absatz 1 genannten Voraussetzungen anzuzeigen.

(5) ¹Der Antrag wird abgelehnt, wenn er parallel zu einer Mitteilung nach § 18e Absatz 1 Satz 1 gestellt wurde. ²Abgelehnt wird ein Antrag auch, wenn er zwar während eines Aufenthalts nach § 18e Absatz 1, aber nicht mindestens 30 Tage vor Ablauf dieses Aufenthalts vollständig gestellt wurde.

Überblick

Die Aufenthaltserlaubnis für mobile Forscher vervollständigt die Regelungen zu Forschung (§ 18d) sowie der kurzfristigen Mobilität Forscher (§ 18e), basierend auf Art. 27, 29 RL (EU) 2016/801. Sie ist das Äquivalent zu § 19b, der Mobiler-ICT-Karte. Im Bereich der Blauen Karte EU gibt es noch keine Vorschriften zur Mobilität und damit auch noch keine vergleichbaren Regelungen zu § 18 f. Diese sind im Rahmen einer Anpassung der Richtlinie zur Blauen Karte EU in der Diskussion bei den Gesetzgebungsorganen der EU. Vor der Umstrukturierung des Abschnitt 4 (§§ 18 ff.) des AufenthG durch das FachkEinwG (Fachkräfteeinwanderungsgesetz v. 15.8.2019, BGBl. I 1307) zum 1.3.2020 war § 18f in § 20b aF geregelt.

Übersicht

A. Aufenthaltserlaubnis für mobile Forscher (Abs. 1)

Forscher, die in einem anderen EU-Mitgliedsstaat eine **Aufenthaltserlaubnis für Forscher** 1 besitzen, können nach § 18f unter vereinfachten Voraussetzungen in Deutschland eine **Aufenthaltserlaubnis für mobile Forscher** erhalten.

I. Zeitraum

Der Wortlaut des § 18f Abs. 1 könnte dazu verleiten von nur „einem" Aufenthalt auszugehen, 2 der länger als 180 Tage betragen wird, und dass damit mindestens 181 Tage am Stück gemeint sind. Im Umkehrschluss aus § 18e sowie Sinn und Zweck der Art. 27 ff. RL (EU) 2016/801 ist jedoch davon auszugehen, dass die voraussichtliche Dauer aller Aufenthalte zusammen mehr als 180 Tage innerhalb von 360 Tagen betragen muss. Auf einen Aufenthalt von 180 Tagen am Stück kommt es somit nicht an. Für Aufenthalte, welche insgesamt kumulativ 180 Tage innerhalb von 360 Tagen nicht überschreiten, ist die kurzfristige Mobilität für Forscher (→ § 18e Rn. 1 ff.) einschlägig. Abzustellen ist hierbei nicht auf das Kalenderjahr, sondern auf einen rollenden Zeitraum von 360 Kalendertagen, äquivalent zum 180-Tage-Zeitraum der allgemeinen Schengen-Regeln (s. hierzu auch kurzfristige Mobilität für Forscher, → § 18e Rn. 1 ff.).

Der Maximalaufenthalt darf ein Jahr nicht überschreiten. Vom Wortlaut her wird auf den 3 Aufenthalt selbst abgestellt. Zeiten, die der Forscher allein im ersten EU-Mitgliedstaat verbringt, wären damit nicht zu berücksichtigen. Wenn zB 2/3 Aufenthalte in Deutschland sind und 1/3 im ersten EU-Mitgliedstaat, würde das heißen, dass ein Jahr Aufenthalt in Deutschland erst nach insgesamt anderthalb Jahren erreicht werden und die Aufenthaltserlaubnis dann auch entsprechend länger als ein Jahr ausgestellt werden könnte. In der Praxis ist jedoch zu erwarten, dass die Auslegung durch die Ausländerbehörden eher restriktiv sein wird und die Aufenthaltserlaubnis für mobile Forscher für maximal ein Jahr ausgestellt werden wird. In der REST-RL (RL (EU) 2016/801 v. 11.5.2016, ABl. 2016 L 132, 21) ist als Vorgabe lediglich festgehalten, dass die grundsätzlich mögliche Höchstdauer für die Aufenthaltserlaubnis mobile Forscher 360 Tage nicht unterschreiten darf (Art. 29 Abs. 1 S. 2 RL (EU) 2016/801). Der deutsche Gesetzgeber hat seine Möglichkeiten hier nur minimal ausgeschöpft und sich auf ein Jahr festgelegt. Für die angestrebte Flexibilität von Forschern hätte aus praktischer Sicht nichts dagegengesprochen, hier auch eine Aufenthaltserlaubnis für mobile Forscher von zwei oder drei Jahren Gültigkeit zu erteilen. In der Praxis war es ja auch seit längerem üblich, dass sonstige Aufenthaltserlaubnisse, die zB gem. § 18 aF auf einer Zustimmung der Arbeitsagentur beruhten, die für drei Jahre erteilt wurde, auch für diese Gesamtdauer von drei Jahren ausgestellt werden. Seit dem 1.3.2020 ist mit dem FachkEinwG (Fachkräfteeinwanderungsgesetz v. 15.8.2019, BGBl. I 1307) insbesondere für Fachkräfte, §§ 18a, 18b, aber auch allgemein – wegen der auf bis zu vier Jahre erhöhten Gesamtdauer der Zustimmung der Bundesagentur für Arbeit (§ 34 Abs. 2 BeschV) – für viele sonstige Beschäftigungen, die Erteilung eines Aufenthaltstitels bis zu vier Jahre möglich. Die vor einigen Jahren noch vorherrschende Handhabung, eine Aufenthaltserlaubnis erst nur für ein Jahr zu erteilen und dann ggf. wieder nur für ein Jahr zu verlängern usw, liegt natürlich auch heute noch im Ermessen der Ausländerbehörde, wird aber faktisch bei vielen Ausländerbehörden regelmäßig nicht mehr so restriktiv umgesetzt. Hintergründe sind hier unter anderem der politische Wille Hochqualifizierte in Deutschland willkommen zu heißen und die administrativen und bürokratischen Hürden in ausgewogenem Maße einzusetzen, aber auch die Personalkapazitäten bei den Behörden, die so effektiver eingesetzt werden können. Warum jetzt ausgerechnet für die Aufenthaltserlaubnis für mobile Forscher eine Beschränkung auf ein Jahr eingeführt wird, ist nur schwer nachzuvollziehen. In der Gesetzesbegründung ist dazu jedenfalls leider nichts aufgeführt.

II. Anspruch

Wie alle anderen auf EU-Richtlinien beruhenden Aufenthaltstitel (unter anderem § 18d For- 4 scher, § 18b Abs. 2 Blaue Karte EU, § 19 ICT-Karte für unternehmensintern transferierte Arbeitnehmer, § 19b Mobiler ICT-Karte, § 16b Studium, § 16c Mobilität im Rahmen des Studiums, § 9a Erlaubnis zum Daueraufenthalt EU, § 38a Aufenthaltserlaubnis für in anderen Mitgliedstaaten der EU langfristig Aufenthaltsberechtigte) ist die Aufenthaltserlaubnis für mobile Forscher als **Anspruch** ausgestattet. Bei Vorliegen aller Voraussetzungen besteht somit kein Ermessen der Behörde, ob die Aufenthaltserlaubnis für mobile Forscher ausgestellt wird, sondern sie muss erteilt werden.

III. Keine Zustimmung der Bundesagentur für Arbeit

5   Mit der Umstrukturierung des AufenthG durch das FachkEinwG (Fachkräfteeinwanderungsgesetz v. 15.8.2019, BGBl. I 1307) wurde zum 1.3.2020 die Regelung, dass die Erteilung einer Mobiler-ICT-Karte nicht der Zustimmung bedarf, in Abs. 1 S. 1 aufgenommen.

IV. Voraussetzungen

1. Aufenthaltserlaubnis Forschung

6   Der Ausländer muss die in einem anderen EU-Mitgliedsstaat ausgestellte **Aufenthaltserlaubnis für Forscher** besitzen, also nach dem jeweiligen nationalen Äquivalent zu § 18d. Grundsätzlich gilt, dass, soweit im ersten Mitgliedsstaat auch die Voraussetzungen für eine Blaue Karte EU vorliegen, der Ausländer sich entscheiden kann, ob er dort die Aufenthaltserlaubnis als Forscher erhalten möchte oder die **Blaue Karte EU.** Die Aufenthaltserlaubnis für mobile Forscher kann in Deutschland allerdings nicht erteilt werden, wenn im ersten EU-Mitgliedsstaat eine Blaue Karte EU erteilt wurde. Ein Äquivalent zur **kurz- oder langfristigen Mobilität** gibt es bei der Blauen Karte EU nämlich noch nicht. Soweit dem Ausländer bewusst ist, dass Forschungseinsätze in anderen EU-Mitgliedsstaaten als dem ersten stattfinden sollen, könnte es zur Vermeidung von administrativem Aufwand vorteilhafter sein, im ersten EU-Mitgliedsstaat die Aufenthaltserlaubnis als Forscher zu beantragen. Allerdings wird damit regelmäßig auf bestimmte Vorteile, die einer Blauen Karte EU innewohnen, verzichtet – zB die Möglichkeit nach kürzeren Zeiträumen einer Niederlassungserlaubnis zu bekommen (in Deutschland wäre das schon nach 33 statt nach 60 Monaten möglich, bei entsprechenden Deutsch-Kenntnissen, sogar schon nach 21 Monaten, § 18c Abs. 2). Es kann also schon im Vorfeld der Beantragung des ersten Aufenthaltstitels von außerordentlichem Belang sein, dass dem Ausländer hier vollumfänglich Informationen, auch von Seiten der jeweiligen Auslandsvertretungen, zur Verfügung gestellt werden.

7   Die Aufenthaltserlaubnis aus dem ersten EU-Mitgliedsstaat muss für die Dauer des Verfahrens über den Antrag der Aufenthaltserlaubnis für mobile Forscher gültig sein.

2. Passkopie

8   Mit dem Antrag muss eine Kopie eines anerkannten und gültigen **Reisepasses** oder eines entsprechenden Passersatzes vorgelegt werden.

3. Aufnahmevereinbarung

9   Es muss eine **Aufnahmevereinbarung** oder ein entsprechender Vertrag mit der aufnehmenden **Forschungseinrichtung** (→ § 18e Rn. 10, Rn. 16) vorgelegt werden.

10   Der Begriff Aufnahmevereinbarung ist in § 38f Abs. 1 AufenthV definiert. Daneben kann unmittelbar auf Art. 10 RL (EU) 2016/801 zurückgegriffen werden. Die Aufnahmevereinbarung muss daher zumindest folgende Elemente enthalten:
- Bezeichnung oder Zweck der Forschungstätigkeit bzw. des Forschungsgebietes,
- die Zusage des Ausländers, dass er sich bemühen wird, die Forschungstätigkeit abzuschließen,
- die Zusage der Forschungseinrichtung, dass sie den Drittstaatsangehörigen aufnimmt, so dass dieser die Forschungstätigkeit abschließen kann und
- Start- und Abschlusstermin bzw. geplante Dauer.

11 Das BAMF hat auf seiner Web-Seite eine Vorlage für eine Aufnahmevereinbarung hinterlegt (https://www.bamf.de/SharedDocs/Anlagen/DE/Forschung/Forschungseinrichtungen/08muster-aufnahmevereinbarung-deutsch-englisch.html?nn=282388).

12   Die Aufnahmevereinbarung selbst ist unabhängig von der arbeitsrechtlichen vertraglichen Beziehung zwischen Forscher und Forschungseinrichtung. Für § 18d legt § 38f AufenthV ausdrücklich fest, dass auch das zu Grunde liegende Rechtsverhältnis in der Aufnahmevereinbarung selbst benannt werden muss. Für langfristig mobile Forscher ist das nicht zwingend erforderlich.

13   Die rechtliche Beziehung zwischen dem Forscher und der Forschungseinrichtung kann als zeitlich befristeter deutscher Arbeitsvertrag oder als Entsendungseinsatz ohne deutschen Arbeitsvertrag gestaltet werden.

4. Sonstige

14   Daneben gelten wie üblich die allgemeinen Erteilungsvoraussetzungen, zB dass der **Lebensunterhalt** gem. § 2 Abs. 3 gesichert ist.

In allen Verwaltungsverfahren gilt der Grundsatz, dass die **Amtssprache** deutsche ist und die 15 jeweilige Behörde für nicht deutschsprachige Unterlagen eine **Übersetzung** verlangen kann.

Zumindest für die Passkopie ist davon auszugehen, dass eine Übersetzung der Datenseite mit 16 dem Passbild keiner separaten Übersetzung bedarf.

B. Erlaubnisfiktion (Abs. 2)

Wird ein Antrag auf eine **Aufenthaltserlaubnis für mobile Forscher** mindestens 30 Tage vor 17 dem Beginn des geplanten Aufenthaltes gestellt, kann die Tätigkeit ab dem vorgesehen Startdatum aufgenommen werden, auch wenn noch keine Entscheidung getroffen worden ist. Mit dieser Regelung wird, ähnlich wie bei der kurzfristigen Mobilität (→ § 18e Rn. 29), eine **doppelte Erlaubnisfiktion** für den Aufenthalt und die Beschäftigung als Forscher geregelt.

Ein entsprechender Antrag muss rechtzeitig gestellt worden sein. Auf die inhaltliche Vollständig- 18 keit sollte es, wie bei § 18e (→ § 18e Rn. 23) nicht ankommen – entscheidend wird die Vollständigkeit erst bei der Frist für entsprechende Ablehnungsgründe.

Der Antrag ist gegenüber der zuständigen Ausländerbehörde oder dem BAMF zu stellen. Das 19 BAMF würde hier in seiner Funktion als nationale Kontaktstelle den Antrag an die zuständige Ausländerbehörde weiterleiten und das dem Antragsteller entsprechend mitteilen, § 91d Abs. 2. Darüber hinaus ist das BAMF regelmäßig nicht in die Anträge zu § 20b eingebunden.

Die 30-Tage-Frist beginnt mit der Antragsstellung zu laufen, unabhängig davon, ob der Antrag 20 bei der Ausländerbehörde oder dem BAMF eingereicht wurde.

Der Gesetzeswortlaut stellt darauf ab, dass der Antrag 30 Tage „vor Beginn des Aufenthaltes 21 im Bundesgebiet" gestellt werden muss. Faktisch kann sich das nur auf den Aufenthalt als mobiler Forscher beziehen, nicht aber auf jeden beliebigen anderen Aufenthalt, zB als Tourist oder Besucher basierend auf den Schengen-Regeln und dem im ersten Mitgliedsstaat ausgestellten Aufenthaltserlaubnis als Forscher. Ebenso können Aufenthalte, die vor Beginn der Tätigkeit als Forscher in Deutschland allein der Vorbereitung des Aufenthaltes als mobiler Forscher dienen, zB Wohnungssuche, nach hier vertretender Auffassung nicht zum Ausschluss der 30-Tage-Frist führen. Denn diese sind tatsächlich noch nicht Teil des Aufenthaltes als mobiler Forscher, sondern diesem vorgeschaltet. Eine andere Auslegung würde die 30-Tage-Frist zusätzlich künstlich verlängern oder ganz ausschalten, was zu zahlreichen Anwendungsschwierigkeiten und Rechtsunsicherheiten führen würde.

Allerdings stellen die Anwendungshinweise des Bundesministeriums des Innern v. 14.7.2017 22 ausdrücklich ausschließlich auf die Einreise ab (Anwendungshinweise des Bundesministeriums des Innern zu Gesetz und Verordnung zur Umsetzung aufenthaltsrechtlicher Richtlinien der Europäischen Union zur Arbeitsmigration v. 14.7.2017 Rn. 2.2.2.1) und nicht auf den tatsächlichen Beginn des Aufenthaltes als mobiler Forscher. Bei einer vorherigen Einreise wäre dann immer eine nochmalige Ausreise und Wiedereinreise in das Bundesgebiet erforderlich. Das wäre aber eine Förmelei, die nicht notwendig ist – insbesondere, da es bei Grenzüberschreitung im Schengen-Gebiet keine Ein- bzw. Ausreisestempel mehr gibt.

In der Richtlinie selbst heißt es, dass der „vollständige Antrag diesem Mitgliedstaat mindestens 23 30 Tage vor Beginn der langfristigen Mobilität des Forschers übermittelt worden ist". Auf sonstige Voraufenthalte kann es somit nicht ankommen, sondern allein auf den Zeitpunkt, ab dem der Aufenthalt der Ausübung der mobilen Forschertätigkeit dienen soll – die langfristige Mobilität also tatsächlich beginnt. Eine Aus- und Wiedereinreise ist nach hier vertretener Auffassung somit nicht immer zwingend erforderlich.

Entscheidend ist somit letztendlich nicht allein die Einreise oder der Aufenthalt als solcher, 24 sondern der erste Aufenthaltstag, an welchem die langfristige Mobilität als Forscher tatsächlich in Anspruch genommen wird. Im Umkehrschluss heißt das, dass vorherige Aufenthalte zu den Schengen-Tagen zu zählen sind. Ab dem Zeitpunkt der Erlaubnisfiktion für mobile Forscher zählen Aufenthaltstage dann als eigenständiges Aufenthaltsrecht. Hier ist, ebenso wie bei der kurzfristigen Mobilität, das Führen eines Reisekalenders zu empfehlen.

Für die Erlaubnisfiktion hatte der deutsche Gesetzgeber Umsetzungsspielraum, ob er die 30- 25 Tage-Frist einführt oder sie direkt ab Antragsstellung gelten lässt, vgl. Art. 29 Abs. 2 lit. d Ziff. ii RL (EU) 2016/801. Ein Verzicht auf die 30 Tage oder jedenfalls eine kürzere Frist wären in der Praxis sehr hilfreich gewesen. Insbesondere vor dem Hintergrund, dass eine Entscheidung der Ausländerbehörde über die Erteilung der Aufenthaltserlaubnis sehr wahrscheinlich nicht innerhalb der 30 Tage sattfinden wird, werden Antragsteller voraussichtlich sehr oft von der Erlaubnisfiktion Gebrauch machen. Der deutsche Gesetzgeber hat sich hier ohne weitere Begründung für die konservative Variante entschieden.

26   Ein Visumsverfahren bei einer deutschen Auslandsvertretung ist nicht erforderlich (§ 39 Nr. 10 lit. b AufenthV). Soweit der Antrag rechtzeitig mindestens 30 Tage vor Aufnahme der Forschertätigkeit gestellt wurde, ist der Vorteil, der sonst einem Visumsverfahren innewohnt, nämlich gleich nach Einreise anfangen können zu arbeiten, auch nicht mehr relevant, da dies ja durch die Erlaubnisfiktion positiv geregelt ist.

27   Für die Erlaubnisfiktion ist weiterhin Voraussetzung, dass der Aufenthaltstitel als Forscher im ersten EU-Mitgliedsstaat noch nicht abgelaufen ist.

28   Die Erlaubnisfiktion gilt für maximal 180 Tage innerhalb von 360 Tagen. Es kommt also nicht auf einen zusammenhängenden Aufenthalt an. Die Berechnung erfolgt genauso wie bei der kurzfristigen Mobilität (→ § 18e Rn. 5 ff.).

C. Beschäftigung als mobiler Forscher (Abs. 3)

29   Die Regelung verweist auf § 18d Abs. 5. Eine Aufenthaltserlaubnis als mobiler Forscher erlaubt somit die Beschäftigung als Forscher in der entsprechenden Forschungseinrichtung und zusätzlich auch Lehrtätigkeiten.

D. Änderungsmitteilung (Abs. 4)

30   Sowohl der Forscher als auch die Forschungseinrichtung sind verpflichtet, Änderungen in Bezug auf die Voraussetzungen des Abs. 1 der Ausländerbehörde mitzuteilen.

31   Praktisch wird das derzeit nur für Änderungen in der Aufnahmevereinbarung oder zB die Ausstellung einer verlängerten Aufenthaltserlaubnis als Forscher im ersten Mitgliedstaat relevant sein.

E. Ablehnung (Abs. 5)

32   Ein Antrag auf eine Aufenthaltserlaubnis für mobile Forscher nach § 18f kann nicht zum selben Zeitpunkt wie eine Mitteilung zur kurzfristigen Mobilität für Forscher nach § 18e gestellt werden. Soweit eine Mitteilung nach § 18e stattgefunden hat, ist ein Antrag nach § 18f frühestens 30 Tage vor Beendigung der geplanten kurzfristigen Mobilität möglich.

33   Mit dieser Norm soll verhindert werden, dass die 30-Tage-Frist des § 18f Abs. 2 umgangen wird.

§ 19 ICT-Karte für unternehmensintern transferierte Arbeitnehmer

(1) [1]Eine ICT-Karte ist ein Aufenthaltstitel zum Zweck eines unternehmensinternen Transfers eines Ausländers. [2]Ein unternehmensinterner Transfer ist die vorübergehende Abordnung eines Ausländers
1. in eine inländische Niederlassung des Unternehmens, dem der Ausländer angehört, wenn das Unternehmen seinen Sitz außerhalb der Europäischen Union hat, oder
2. in eine inländische Niederlassung eines anderen Unternehmens der Unternehmensgruppe, zu der auch dasjenige Unternehmen mit Sitz außerhalb der Europäischen Union gehört, dem der Ausländer angehört.

(2) [1]Einem Ausländer wird die ICT-Karte erteilt, wenn
1. er in der aufnehmenden Niederlassung als Führungskraft oder Spezialist tätig wird,
2. er dem Unternehmen oder der Unternehmensgruppe unmittelbar vor Beginn des unternehmensinternen Transfers seit mindestens sechs Monaten und für die Zeit des Transfers ununterbrochen angehört,
3. der unternehmensinterne Transfer mehr als 90 Tage dauert,
4. der Ausländer einen für die Dauer des unternehmensinternen Transfers gültigen Arbeitsvertrag und erforderlichenfalls ein Abordnungsschreiben vorweist, worin enthalten sind:
   a) Einzelheiten zu Ort, Art, Entgelt und zu sonstigen Arbeitsbedingungen für die Dauer des unternehmensinternen Transfers sowie
   b) der Nachweis, dass der Ausländer nach Beendigung des unternehmensinternen Transfers in eine außerhalb der Europäischen Union ansässige Niederlassung des

gleichen Unternehmens oder der gleichen Unternehmensgruppe zurückkehren kann, und
5. er seine berufliche Qualifikation nachweist.
[2]Führungskraft im Sinne dieses Gesetzes ist eine in einer Schlüsselposition beschäftigte Person, die in erster Linie die aufnehmende Niederlassung leitet und die hauptsächlich unter der allgemeinen Aufsicht des Leitungsorgans oder der Anteilseigner oder gleichwertiger Personen steht oder von ihnen allgemeine Weisungen erhält. [3]Diese Position schließt die Leitung der aufnehmenden Niederlassung oder einer Abteilung oder Unterabteilung der aufnehmenden Niederlassung, die Überwachung und Kontrolle der Arbeit des sonstigen Aufsicht führenden Personals und der Fach- und Führungskräfte sowie die Befugnis zur Empfehlung einer Anstellung, Entlassung oder sonstigen personellen Maßnahme ein. [4]Spezialist im Sinne dieses Gesetzes ist, wer über unerlässliche Spezialkenntnisse über die Tätigkeitsbereiche, die Verfahren oder die Verwaltung der aufnehmenden Niederlassung, ein hohes Qualifikationsniveau sowie angemessene Berufserfahrung verfügt.

(3) [1]Die ICT-Karte wird einem Ausländer auch erteilt, wenn
1. er als Trainee im Rahmen eines unternehmensinternen Transfers tätig wird und
2. die in Absatz 2 Satz 1 Nummer 2 bis 4 genannten Voraussetzungen vorliegen.
[2]Trainee im Sinne dieses Gesetzes ist, wer über einen Hochschulabschluss verfügt, ein Traineeprogramm absolviert, das der beruflichen Entwicklung oder der Fortbildung in Bezug auf Geschäftstechniken und -methoden dient, und entlohnt wird.

(4) [1]Die ICT-Karte wird erteilt
1. bei Führungskräften und bei Spezialisten für die Dauer des Transfers, höchstens jedoch drei Jahre und
2. bei Trainees für die Dauer des Transfers, höchstens jedoch für ein Jahr.
[2]Durch eine Verlängerung der ICT-Karte dürfen die in Satz 1 genannten Höchstfristen nicht überschritten werden.

(5) Die ICT-Karte wird nicht erteilt, wenn der Ausländer
1. auf Grund von Übereinkommen zwischen der Europäischen Union und ihren Mitgliedstaaten einerseits und Drittstaaten andererseits ein Recht auf freien Personenverkehr genießt, das dem der Unionsbürger gleichwertig ist,
2. in einem Unternehmen mit Sitz in einem dieser Drittstaaten beschäftigt ist oder
3. im Rahmen seines Studiums ein Praktikum absolviert.

(6) Die ICT-Karte wird darüber hinaus nicht erteilt, wenn
1. die aufnehmende Niederlassung hauptsächlich zu dem Zweck gegründet wurde, die Einreise von unternehmensintern transferierten Arbeitnehmern zu erleichtern,
2. sich der Ausländer im Rahmen der Möglichkeiten der Einreise und des Aufenthalts in mehreren Mitgliedstaaten der Europäischen Union zu Zwecken des unternehmensinternen Transfers im Rahmen des Transfers länger in einem anderen Mitgliedstaat aufhalten wird als im Bundesgebiet oder
3. der Antrag vor Ablauf von sechs Monaten seit dem Ende des letzten Aufenthalts des Ausländers zum Zweck des unternehmensinternen Transfers im Bundesgebiet gestellt wird.

(7) Diese Vorschrift dient der Umsetzung der Richtlinie 2014/66/EU des Europäischen Parlaments und des Rates vom 15. Mai 2014 über die Bedingungen für die Einreise und den Aufenthalt von Drittstaatsangehörigen im Rahmen eines unternehmensinternen Transfers (ABl. L 157 vom 27.5.2014, S. 1).

Übersicht

A. Allgemeines

1   Die EU hat im Rahmen der Verhandlungen der GATS Mode 4 Schedules ihre Mitgliedsstaaten verpflichtet, ausländischen Führungskräften, Spezialisten und Trainees sowohl die Einreise als auch die Erwerbstätigkeit zu erlauben, wenn diese von einem Arbeitgeber in einem ausländischen GATS-Vertragsstaat zu einer Betriebsstätte innerhalb der EU vorübergehend entsandt werden (GATS Schedule 31). Diese völkerrechtlichen Verpflichtungen sind durch die ICT-RL (RL 2014/66/EU v. 15.5.2014, ABl. 2014 L 157, 1) gefasst und von den EU-Mitgliedsstaaten entsprechend in nationales Recht umgesetzt worden. Allerdings sollte die ICT-RL die Verpflichtungen aus dem GATS auch gegenüber Nichtmitgliedsstaaten ausdehnen und sie inhaltlich ergänzen und erweitern (ICT-RL).

2   In Deutschland hat der Gesetzgeber die ICT-RL in §§ 4 Abs. 1 Nr. 2b, Nr. 2c, 19–19b AufenthG sowie § 10a BeschV umgesetzt. Ziel der Vorschriften ist die Schaffung der Aufenthaltstitel „ICT-Karte" und „Mobiler ICT-Karte" sowie die Einführung eines Mobilitätsregimes, dass es den Drittausländern erlaubt, während der Entsendung sowohl kurzzeitig in einem anderen EU-Staat direkt tätig zu werden, als auch mittels eines erleichterten Zulassungsverfahrens für einen längeren Zeitraum in einen anderen EU-Staat überzusiedeln. Die Regelungen fügen sich aufgrund ihrer besonderen, den völkerrechtlichen Verhandlungsergebnissen geschuldeten Komplexität nicht harmonisch in das deutsche Ausländerrecht ein. Durch die Änderungen, die das Ausländerrecht im März 2020 durch das FachkEinwG (Fachkräfteeinwanderungsgesetz v. 15.8.2019, BGBl. I 1307) erfahren hat, wurden einige der Unverträglichkeiten aufgelöst und die Normen zur ICT darüber hinaus auch sprachlich geglättet.

3   Mit der ICT-Karte hat die EU nunmehr EU-einheitliche migrationsrechtliche Vorschriften zur Erwerbsmigration für unternehmensintern transferierte Arbeitnehmer, Hochqualifizierte, Forscher und Studenten erlassen.

I. Unternehmensinterner Transfer (Abs. 1)

4   Die ICT-Karte wurde mit der Nr. 2b als Aufenthaltstitel 2017 neu in § 4 Abs. 1 aufgenommen. Sie wird an Drittausländer zum Zweck eines unternehmensinternen Transfers erteilt. Der unternehmensinterne Transfer ist in § 19 Abs. 1 legal definiert als die vorübergehende Abordnung eines Ausländers in eine inländische Niederlassung des im Drittausland belegenen Arbeitgebers bzw. in eine inländische Konzerngesellschaft der Unternehmensgruppe, zu der der im Drittausland belegene Arbeitgeber gehört. Der Begriff der Unternehmensgruppe entspricht inhaltlich dem der verbundenen Unternehmen in § 15 AktG, bezieht sich allerdings auch auf Nichtregierungsorganisationen mit entsprechender Struktur (Contact Group Legal Migration, Migrapol Mig-Dir-166, Questions for the Meeting of 18.2.2020, Art. 3 (l)).

5   Erfasst sind auch Personen, die bei einer ausländischen Tochtergesellschaft oder Niederlassung eines EU-Unternehmens beschäftigt sind und nach in die EU entsandt werden (Contact Group Legal Migration, Migrapol Mig-Dir-166, Questions for the Meeting of 18.2.2020, Art. 3 (b)).

6   Die vorübergehende Abordnung erfordert nach dem Verständnis sowohl der Contact Group „Legal Migration" der Europäischen Kommission (Contact Group Legal Migration, Migrapol Mig-Dir-166, Questions for the Meeting of 18.2.2020, Art. 3 (b)) als auch des Bundesministeriums der Inneren (Anwendungshinweise des Bundesministeriums der Inneren zu Gesetz und Verordnung zur Umsetzung aufenthaltsrechtlicher Richtlinien der Europäischen Union zur Arbeitsmigration, Stand: 14.7.2017, Nr. 1.0.5.3) ein aktives Vertragsverhältnis zwischen dem entsendenden Unternehmen und dem Übernehmer, dem sog. Transferee, sowohl vor als auch während der Entsendung. Eine vorübergehende Abordnung liegt demnach nur dann vor, wenn sich die arbeitsvertraglichen Rechte und Pflichten des Entsandten aus dem Vertragsverhältnis mit dem ausländischen Arbeitgeber ergeben. Ob diese vertragliche Anbindung auf Basis des ursprünglichen Arbeitsvertrages, eines ruhenden Arbeitsvertrages in Kombination mit einer Entsendevereinbarung oder als dreiseitiger Vertrag zwischen dem entsendendem, dem aufnehmenden Unternehmen und dem Transferee gestaltet ist, ist dabei unerheblich. Vorliegen muss aber in jedem Falle eine aktive Vertragsbeziehung zu dem im EU-Ausland belegenen Arbeitgeber.

7   Zu unterscheiden ist die Entsendung eines im Ausland Beschäftigten allerdings von der selbstständigen Dienstleistungserbringung, die nach Art. 2 Abs. 2 lit. d ICT-RL nicht zur Erteilung einer ICT-Karte berechtigt. Hier ist für die Abgrenzung darauf abzustellen, ob die entsandte Person bei einer ausländischen Kapitalgesellschaft beschäftigt ist, also ein gültiges Beschäftigungsverhältnis mit einer juristischen Person besteht. Unerheblich ist in diesem Zusammenhang, ob der entsandte Mitarbeiter selbst Anteile an der Kapitalgesellschaft hält (Contact Group Legal Migration, Migrapol Mig-Dir-166, Questions for the Meeting of 18.2.2020, Art. 2 Abs. 2 (d)).

II. Führungskräfte und Spezialisten (Abs. 2)

Wie auch bei der dem EU-Recht entstammenden Blauen Karte EU ist dem Ausländer die **8** ICT-Karte zu erteilen, wenn er die tatbestandlichen Voraussetzungen erfüllt. Anders als bei den rein nationalen Kategorien der Erwerbsmigration steht hier der Behörde kein Ermessen zu (Bergmann/ Dienelt/Dienelt Rn. 11). Vielmehr hat der Drittstaatsangehörige einen Anspruch auf die Erteilung des Aufenthaltstitels.

Die ICT-Karte wird für Aufenthalte von mehr als 90 Tagen erteilt, wenn der Antragsteller als **9** Führungskraft oder Spezialist tätig wird und dem Unternehmen bzw. der Unternehmensgruppe unmittelbar vor dem geplanten Startdatum sechs Monate ununterbrochen angehört hat.

Als Führungskräfte gelten Personen, die in einer Schlüsselposition beschäftigt sind und entweder **10** die aufnehmende Niederlassung leiten oder aber direkt unterhalb des Leitungsorgans einer Kapitalgesellschaft bzw. auf allgemeine Weisung der Anteilseigner hin eigenverantwortlich tätig werden. Schlüsselpositionen finden sich bspw. bei der Leitung von Abteilungen oder Unterabteilungen der aufnehmenden Niederlassung und in der Überwachung und Kontrolle des sonst Aufsicht führenden Personals. Eine Einbindung in das operative Geschäft ist erforderlich (Contact Group Legal Migration, Migrapol Mig-Dir-166, Questions for the Meeting of 18.2.2020, Art. 3 (e)). Führungskräfte sind gekennzeichnet durch die Befugnis zur Vornahme oder Empfehlung einer Anstellung oder Entlassung („Hire & Fire").

Als Spezialisten gelten Personen, die über unerlässliche Spezialkenntnisse über die Tätigkeitsbe- **11** reiche, die Verfahren oder die Verwaltung der aufnehmenden Niederlassung, ein hohes Qualifikationsniveau sowie angemessene Berufserfahrung verfügen. Diese Umsetzung der ICT-RL scheint für einen Spezialisten die kumulative Erfüllung von drei Tatbeständen zu fordern: Spezialkenntnisse, Qualifikationsniveau und Berufserfahrung. Damit schränkt sie allerdings das weitergehende Verständnis des Begriffes im GATS (Allgemeines Übereinkommen über den Handel mit Dienstleistungen v. 15.4.1994) als auch in der ICT-RL ein. Das GATS versteht unter dem Spezialisten eine Person, die über ein „uncommon knowledge essential to the establishment's service, research equipment, techniques or management" verfügt. Dabei sind unternehmensspezifische Kenntnisse, ein hohes Qualifikationsniveau und die Zugehörigkeit zu einem regulierten Beruf jeweils nur als eigenständige Indizien für das tatbestandlich erforderliche außerordentliche Wissen heranzuziehen, das für das inländische Unternehmen von wesentlicher Bedeutung ist (GATS Schedule 31, 9). Entsprechend definiert auch Art. 3 lit. f ICT-RL den Spezialisten als Person, die über unerlässliche Spezialkenntnisse verfügt, die die Tätigkeitsbereiche, Verfahren oder die Verwaltung der aufnehmenden Niederlassung betreffen. Zur Bewertung dieser Kenntnisse werden neben den unternehmensspezifischen Kenntnissen auch das Qualifikationsniveau, die Zugehörigkeit zu einem regulierten Beruf und die Berufserfahrung berücksichtigt. Entsprechend ist § 19b hier europa- bzw. völkerrechtskonform auszulegen, so dass auch ein Spezialist die ICT-Karte erhalten kann, der nachweislich über die unerlässlichen Spezialkenntnisse verfügt, aber nicht ebenfalls über eine entsprechend hohe formale Qualifikation (Contact Group Legal Migration, Migrapol Mig-Dir-166, Questions for the Meeting of 18.2.2020, Art. 3 (f)) oder Berufserfahrung verfügen müssen (vgl. Anwendungshinweise des Bundesministeriums der Inneren zu Gesetz und Verordnung zur Umsetzung aufenthaltsrechtlicher Richtlinien der Europäischen Union zur Arbeitsmigration, Stand: 14.7.2017, Nr. 1.0.4.2.3).

III. Trainees (Abs. 3)

Die ICT-Karte kann auch an Trainees erteilt werden, die im Rahmen eines unternehmensinter- **12** nen Transfers tätig werden, wenn sie seit mindestens sechs Monaten im Konzern tätig sind. Trainees qualifizieren sich für die ICT-Karte, wenn sie über einen Hochschulabschluss verfügen und an einem vergüteten Traineeprogramm teilnehmen, das ihrer beruflichen Entwicklung und Fortbildung dient.

Die Hochschulabschlüsse der Trainees müssen anders als bei den Vorschriften zur Blauen Karte **13** EU nicht vergleichbar oder anerkannt sein (Anwendungshinweise des Bundesministeriums der Inneren zu Gesetz und Verordnung zur Umsetzung aufenthaltsrechtlicher Richtlinien der Europäischen Union zur Arbeitsmigration, Stand: 14.7.2017, Nr. 1.0.4.4). Gefordert sind jedoch Hochschulabschlüsse, so dass der Nachweis vorliegen muss, dass die den Abschluss verleihende Institution entweder als staatliche oder staatlich anerkannte Hochschule geführt wird. Dies entspricht in Anabin der Bewertung H+.

Das Traineeprogramm muss auf die Vermittlung von Geschäftstechniken und -methoden abzie- **14** len und der beruflichen Entwicklung des Trainees zuträglich sein. Es kann neben der Förderung der beruflichen Entwicklung auch dazu dienen, sich branchenspezifisch, technisch oder methodisch fortzubilden (Anwendungshinweise des Bundesministeriums der Inneren zu Gesetz und Verordnung zur Umsetzung aufenthaltsrechtlicher Richtlinien der Europäischen Union zur Arbeitsmigration, Stand: 14.7.2017, Nr. 1.0.4.3.2). In der Regel dienen derartige Traineeprogramme dazu, Hochschulabsolventen in aufeinander abgestimmten Einsätzen in verschiedenen Abteilungen, durch Seminare und Netzwerkveranstaltungen systematisch als vielseitig einsetzbare Nachwuchskräfte aufzubauen (HessLAG BeckRS 2018, 22254 Rn. 5). Aus diesem Grund ist es auch nicht erforderlich, dass die nachgewiesene Hochschulausbildung in einem Zusammenhang mit der Tätigkeit des Antragstellers steht. Zwar muss ein Hochschulabschluss nachgewiesen sein, zur Bewertung, ob der Antragsteller sich für eine ICT-Karte qualifiziert, ist aber darüber hinaus allein auf die Beschreibung des Traineeprogramms abzustellen (Contact Group Legal Migration, Migrapol Mig-Dir-166, Questions for the Meeting of 18.2.2020, Art. 5 Abs. 1 (d)). Hierbei sollte die Vorlage eines detaillierten, auf die einzelnen Tage abstellenden Trainingsplans anders als in § 17 nicht erforderlich sein, wohl aber eine Beschreibung des Trainingsprogramms inklusiver der zu vermittelnden Inhalte und eines groben Überblicks über den zeitlichen Aufwand und der einzelnen Module. Gerade für internationale Traineeprogramme, die sich auf Stationen in mehreren EU-Ländern erstrecken, stellt die ICT-Karte aufgrund der Regelungen zur kurzfristigen und langfristigen Migration ein attraktives Angebot dar. Während in der Vergangenheit für derartige Fälle jeweils einzelne Aufenthaltstitel für jedes beteiligte EU-Land einzuholen waren, kann nunmehr für die erste Station bzw. der Station mit der längsten Aufenthaltsdauer die ICT-Karte beantragt werden, auf deren Basis ggf. eine Beschäftigung bis zu jeweils 90 Tage an den weiteren Standorten erfolgen kann.

IV. Erteilungsdauer (Abs. 4)

15   Die ICT-Karte ist jeweils für die maximale Dauer des geplanten Transfers zu erteilen. Diese darf jedoch für Spezialisten und Führungskräften drei Jahre und für Trainees die Dauer von einem Jahr nicht überschreiten. Sollte ein ursprünglich kürzer beabsichtigter Transfer verlängert werden, ist dies im Inland bis zur angegebenen Höchstdauer möglich. Zeiten, die der Inhaber der ICT-Karte im Rahmen der kurz- oder langfristigen Mobilität im EU-Ausland verbringt, werden auf die angegebene Höchstdauer angerechnet, so dass es nicht zu einem Aufenthalt von mehr als maximal ein bzw. drei Jahren auf Basis der ICT-Karte kommt. Allerdings ist es möglich, an den ICT-Aufenthalt einen Aufenthalt im Rahmen einer anderen Zuwanderungskategorie anzuschließen. Eine Fortsetzung des Einsatzes in der Gestaltung der Entsendung im Rahmen des Personalaustausches nach § 10 BeschV wird derzeit von der Bundesagentur für Arbeit abgelehnt. Dies überzeugt nicht, da bspw. Der niederländische staatliche Immigratie- en Naturalisatiedienst in seinen FAQ zum Thema ICT richtigerweise ausführt, dass nach Ablauf der maximalen Einsatzzeit von drei bzw. einem Jahr Personen, die sich in den Niederlanden aufhalten nicht mehr in den Anwendungsbereich der Richtlinie fallen, und daher der direkte Zugang in die nationalen Vorschriften zur Zuwanderung als hochqualifizierter Entsandter auch ohne Karenzzeit eröffnet ist (FAQ Directive Intra Corporate Transfer, 7.10.2020, 4). Da der Anwendungsbereich der Richtlinie europaweit einheitlich zu verstehen ist, sollte im Ergebnis auch nach Ablauf der Höchstbeschäftigungszeit von drei bzw. einem Jahr ein Wechsel von der ICT-Karte in einen Aufenthaltstitel zur Beschäftigung grundsätzlich stets möglich sein, und zwar nicht nur in inländische Beschäftigungsverhältnisse sondern auch bei Entsendesachverhalten bei dem Vorliegen der Tatbestandsvoraussetzungen von §§ 3, 10, 26 BeschV etc.

V. Ausgeschlossener Personenkreis (Abs. 5)

16   Die ICT-Karte wird nicht erteilt an Ausländer, die aufgrund von Übereinkommen zwischen der EU und einem Drittstaat freizügigkeitsberechtigt sind. Dies betrifft derzeit Staatsangehörige der Schweiz, von Norwegen, Liechtenstein und Island.

17   Ebenso fallen Drittausländer, die bei einem Unternehmen bzw. einer Niederlassung in einer dieser Staaten beschäftigt sind, nicht dem Anwendungsbereich der ICT-RL. Da sie ggf. von den der Richtlinie zugrunde liegenden Regelungen des GATS Mode 4 erfasst sind, besteht hier noch ein Restanwendungsbereich von § 29 Abs. 5 BeschV.

18   Schließlich sind Studierende, die ein Praktikum absolvieren, ebenfalls von dem Anwendungsbereich ausgenommen, da für sie die REST-RL (RL (EU) 2016/801 v. 11.5.2016, ABl. 2016 L 132, 21) über die Bedingungen für die Einreise und den Aufenthalt von Drittstaatsangehörigen zu Forschungs- oder Studienzwecken, zur Absolvierung eines Praktikums, zur Teilnahme an einem Freiwilligendienst, Schüleraustauschprogrammen oder Bildungsvorhaben und zur Ausübung einer Au-Pair-Tätigkeit einschlägig ist.

VI. Erteilungshindernisse (Abs. 6)

Zur Vermeidung von Missbrauch wird die ICT-Karte nicht erteilt, wenn die aufnehmende **19**
Niederlassung hauptsächlich zu dem Zweck gegründet wurde, die Einreise von unternehmensintern transferierten Arbeitnehmern zu erleichtern. Die Regelung fußt auf Art. 7 Abs. 1 lit. c
ICT-RL. Verhindert werden soll eine Entsendung zu Niederlassungen, die keine eigenständige
Geschäftstätigkeit haben, sondern lediglich als Vehikel für den Transfer von Fachkräften aus dem
Ausland dienen. Dies gilt auch dann, wenn die ICT-Kräfte anderen Konzerngesellschaften innerhalb der EU zur Verfügung gestellt werden (Contact Group Legal Migration, Migrapol Mig-Dir-166, Questions for the Meeting of 18.2.2020, Art. 7 Abs. 1 (c)).

Ebenso ist die Erteilung einer ICT-Karte in Deutschland mangels Zuständigkeit ausgeschlossen, **20**
wenn der Antragsteller beabsichtigt, sich in mehreren EU-Staaten aufzuhalten und ein Aufenthalt
in einem anderen EU-Staat geplant ist, dessen Dauer den beabsichtigten Aufenthalt in Deutschland
überschreitet. Dies dient dazu, dass die EU-Staaten, in denen der zeitliche Schwerpunkt der
Tätigkeit liegt, das Antragsverfahren federführend bearbeiten.

Schließlich erfordert die Erteilung der ICT-Karte in Deutschland, dass der Antragsteller inner- **21**
halb des Zeitraums von sechs Monaten vor der beantragten Gültigkeit bzw. Einreise nicht auf
Basis eines ICT-Aufenthaltstitels in der EU war. Anders als bei den Regelungen zum Personalaustausch (Offer/Mävers/Mastmann BeschV § 10 Rn. 3), bei denen eine Karenzzeit nur dann einzuhalten ist, wenn der Antragsteller innerhalb desselben Personalaustauschprogramms bei demselben
Arbeitgeber bereits in Deutschland war, ist die sogenannte Karenzzeit bei der ICT-Karte personenbezogen. Sie bezieht sich allerdings lediglich auf ICT-Voraufenthalte in Deutschland.

B. Besonderheiten im Antragsverfahren

I. Anwendungsbereich und Abgrenzung zu anderen Zuwanderungsoptionen

Angesichts der europarechtlichen Grundlagen der ICT-Karte stellt sich die Frage nach dem **22**
Anwendungsbereich der Norm und insbesondere nach dem Konkurrenzverhältnis zu nationalen
Vorschriften.

Die ICT-RL stellt keine ausdrückliche Exklusivität der Regelungen auf (BeckOK AuslR/Klaus **23**
Rn. 53). Die Bundesagentur für Arbeit geht aber in ihren Fachlichen Weisungen an verschiedenen
Stellen hinsichtlich der Erteilung nationaler Aufenthaltstitel darauf ein, dass der Anwendungsbereich der ICT-Karte zu beachten ist. Die Erteilung eines anderen Aufenthaltstitels sei demnach
nicht möglich, wenn ein Ausländer als Führungskraft, Spezialist oder Trainee durch die Antragstellung den Anwendungsbereich ICT eröffnet (Fachliche Hinweise der Bundesagentur für Arbeit,
Aufenthaltsgesetz und Beschäftigungsverordnung, Stand: 7/2020, Rn. 19.10a.1). Tatsächlich
erfolgt die Abgrenzung zu anderen Migrationstatbeständen hier richtigerweise nach der Definition
des Anwendungsbereiches in Art. 2 Abs. 1 ICT-RL vorrangig und schwerpunktmäßig über die
Antragstellung des Ausländers. Nur wenn eine Führungskraft, ein Spezialist oder ein Trainee mit
Aufenthalt im Ausland im Rahmen einer Entsendung in einen Mitgliedstaat einen Antrag auf
Erteilung einer ICT-Karte stellt oder eine Zulassung für eine ICT-Karte erhalten hat, ist der
Anwendungsbereich der speziellen ICT-Regelungen eröffnet mit der Folge, dass nationale Aufenthaltstitel verdrängt werden. Damit ist die Antragstellung selbst – also die Entscheidung des Ausländers für eine Bewerbung auf Erteilung einer ICT-Karte – das zentrale Kriterium für die Bestimmung des Anwendungsbereichs (so wohl auch: Contact Group Legal Migration, Migrapol Mig-Dir-166, Questions for the Meeting of 18.2.2020, Art. 2 (l)).

Die ICT-RL stellt in Art. 2 Abs. 3 ICT-RL zudem klar, dass jeder Mitgliedstaat andere – **24**
nationale – Aufenthaltstitel anstatt von ICT-Karten an unternehmensintern transferierte Arbeitnehmer zum Zwecke der Beschäftigung ausstellen darf. Dieser weiter bestehende Dualismus erklärt
sich angesichts der Rechtsetzungskompetenz aus Art. 79 Abs. 2 lit. a und lit. b AEUV, bei der keine
ausschließliche Gesetzgebungskompetenz der EU gegeben ist, sondern das Subsidiaritätsprinzip
Anwendung findet (Vorschlag für eine Richtlinie des Europäischen Parlaments und des Rates über
die Bedingungen für die Einreise und den Aufenthalt von Drittstaatsangehörigen im Rahmen
einer konzerninternen Entsendung, KOM(2010) 378, 8). Demnach begrenzt sich die Gesetzgebungskompetenz der EU darauf, einheitliche flexible Regelungen inklusive der Bestimmungen
für Einreiseverfahren und Befristungen von Aufenthaltstiteln zu schaffen, die geeignet und angemessen sind, die Behandlung von konzernintern entsandten Arbeitnehmern auf EU-Ebene zu
gestalten, um die Attraktivität der gesamten EU für diese Personengruppe zu erhöhen und damit
die einheitliche Umsetzung der WTO-Verpflichtungen der EU umzusetzen. Entsprechend war

die Einführung eines speziellen Aufenthaltstitels, der im Rahmen der Umsetzung der einer Richtlinie in der gesamten EU einzuführen und in gewissen Grundzügen einheitlich umzusetzen war, die geeignete und angemessene Maßnahme zum Erreichen dieser Ziele. Ein damit einsetzendes Verbot nationaler Regelungen dagegen wäre weder geeignet noch angemessen, die Attraktivität der EU als Wirtschaftsraum für die angesprochenen Fachkräfte zu erhöhen.

25   Während der Entwurf der Kommission in Art. 2 ICT-RL-E den Anwendungsbereich für alle unternehmensinternen Entsendungen von Spezialisten, Führungskräften und Trainees vorgesehen hatte, wurde dieser Ansatz vom Europäischen Parlament in der Lesung am 15.4.2014 im gemeinsamen Standpunkt als zu weit verworfen. Das Parlament fügte stattdessen Erwägungsgrund 9 ICT-RL hinzu in dem auf die verbleibenden Rechte der Nationalstaaten hingewiesen werden, und definierte den Anwendungsbereich in Art. 2 Abs. 1 ICT-RL vom Merkmal der Antragstellung heraus. Die ICT-RL zielt auf die Einführung eines EU-weit gültigen einheitlichen Aufenthaltstitels hin, der umfassende binneneuropäische Mobilitätsrechte gewährt. Dieses Mobilitätsschema ist der Kern der Gesetzgebungskompetenz ebenso wie der erlassenen Richtlinie und entsprechend definiert die ICT-RL den Anwendungsbereich in Hinblick auf ebendiese Mobilität. Entsprechend führte das Parlament in Art. 2 Abs. 3 ICT-RL parallel zu Erwägungsgrund 9 ICT-RL aus, dass die Mitgliedstaaten weiterhin berechtigt sind, andere Aufenthaltstitel als die von der Richtlinie geschaffene ICT-Karte an Drittstaatsangehörige zum Zwecke der Beschäftigung auszustellen. In der englischen Fassung wird diese vom Gesetzgeber bewusst gewählte Parallelität der nationalen Aufenthaltstitel mit dem neu geschaffenen Instrument der ICT-Karte deutlich, wenn in Art. 2 Abs. 3 ICT-RL festgehalten wird, dass nationale Aufenthaltstitel für „any purpose of employment" ausgestellt werden dürfen. Entsprechend sieht bspw. Art. 27 c. 1 lett. (a) des italienischen Einwanderungsrechts weiterhin eine nationale Option für entsandte Fachkräfte vor, die mit einer Entsendedauer von fünf Jahren und ohne Karenzzeit einerseits günstiger, mit Einschränkungen zum Familiennachzug und der Begrenzung allein auf Italien aber auch ungünstiger als die ICT-Karte ist.

26   Derartige Parallelvorschriften erscheinen auch sinnvoll angesichts von Erwägungsgrund 44 ICT-RL, der klarstellt, dass die erklärten Ziele der Richtlinie, nämlich die Einführung eines besonderen Zulassungsverfahrens und die Festlegung von Bedingungen für die Einreise und den Aufenthalt von unternehmensintern transferierten Drittstaatsangehörigen allein von den Mitgliedstaaten nicht zu verwirklichen waren. Allerdings sind diese Ziele durch die Einführung des gemeinsamen ICT-Aufenthaltstitels zu erreichen. Daher darf die Richtlinie aufgrund des Grundsatzes der Verhältnismäßigkeit nicht über die Einführung der gemeinsamen Regelungen zur ICT-Karte hinausgehen. Dies bedeutet in der Quintessenz, dass für die Abschaffung bestehender nationaler Regelungen kein Erfordernis und damit keine Gesetzgebungskompetenz zu identifizieren ist.

27   In Deutschland besteht letztlich eine Konkurrenz zwischen § 19 (ICT) einerseits und verschiedenen Normen der BeschV, die die Erteilung einer Aufenthaltserlaubnis als nationalen Aufenthaltstitel im Rahmen einer Entsendung aufgrund der Art der Tätigkeit (Journalistinnen und Journalisten, Fahrpersonal), der internationalen Ausrichtung des Arbeitgebers (Führungskraft, Weiterbildung, Personalaustausch, Auslandsprojekte, Werklieferungsverträge) oder der Nationalität des Antragstellers (§ 26 BeschV) erlauben. Dieses Konkurrenzverhältnis ist im Sinne der Richtlinie also allein durch den antragstellenden Ausländer aufzulösen, der in der Wahl des beantragten Aufenthaltstitels den Anwendungsbereich definiert.

28   Anders verhält es sich bei Anträgen nach § 29 Abs. 5 BeschV im Zusammenhang mit der Umsetzung der Verpflichtung der EU aus Mode 4 GATS. Durch die Einführung von § 19 treten die Völkerrechtlichen Verpflichtungen der EU/BRD hinter den Anspruch auf Erteilung einer ICT-Karte zurück, so dass § 19 als echtes lex speciales die Auffangnorm des § 29 Abs. 5 BeschV verdrängt.

II. Visumantragstellung im Ausland

29   In Umsetzung von Art. 11 Abs. 2 ICT-RL bestimmt § 41 Abs. 4 AufenthV, dass auch Personen, die für andere Einreisekategorien von der Visumpflicht befreit sind, für die Beantragung einer ICT-Karte mit dem erforderlichen Visum eingereist sein müssen. Dies bedeutet, dass die ICT-Karte ausschließlich aus dem Drittausland heraus beantragt werden kann.

30   Im Ergebnis führt dies zu einer Benachteiligung von Konzerngesellschaften im EU-Ausland gegenüber Konzerngesellschaften im außereuropäischen Drittland. Denn die Mitarbeiter einer EU-Konzerngesellschaft können nicht im Wege einer Entsendung über die ICT-Kategorie auf dem Binnenmarkt tätig werden. Hier bleibt es bei den bestehenden Regelungen für Entsendungen im Rahmen von Personalaustauschprogrammen nach § 10 BeschV bzw. für eine direkte Entsen-

dung zu einem Kunden nach den Vorschriften auf Basis der Vander Elst-Rechtsprechung des EuGH (BeckRS 2004, 77206), die in Deutschland in § 21 BeschV (Offer/Mävers/Mävers BeschV § 21 Rn. 1 ff.) umgesetzt sind. Beides ist aber gerade für grenzüberschreitende Tätigkeiten in mehreren EU Staaten erheblich umständlicher, da es hier keine innereuropäischen Mobilitätsregelungen gibt, die denen der ICT-Karte entsprechen.

III. Angaben zum Arbeitsverhältnis

Der Antragsteller muss zum Nachweis des ausländischen Arbeitsverhältnisses den Arbeitsvertrag **31** zusammen mit einem Abordnungsschreiben oder einen Entsendevertrag vorlegen, aus dem sich die Einzelheiten zu der Beschäftigung in Deutschland ergeben. Dies sind insbesondere Angaben über den Arbeitsort, die Entsendedauer, die Art der Arbeit, das vereinbarte Entgelt sowie sonstige Arbeitsbedingungen, aber auch eine Rückkehrvereinbarung zu einer Arbeitsstätte außerhalb der EU.

Für das Antragsverfahren gelten neben den Regelungen des AufenthG auch die Vorgaben des **32** allgemeinen Verwaltungsverfahrensrechts (vgl. Anwendungshinweise des Bundesministeriums der Inneren zu Gesetz und Verordnung zur Umsetzung aufenthaltsrechtlicher Richtlinien der Europäischen Union zur Arbeitsmigration, Stand: 14.7.2017, Nr. 1.1.2). Hier ist allerdings zu unterscheiden: Für das Vorabzustimmungsverfahren bei der Bundesagentur für Arbeit gelten die Vorschriften des SGB X – also bspw. § 13 SGB X, wonach Bevollmächtigte zurückzuweisen sind, die entgegen § 3 RDG Rechtsdienstleistungen erbringen (Krenzler BB 2018, 3023) – insbesondere § 19 SGB X, nach der eine Behörde bei Vorlage fremdsprachlicher Dokumente unverzüglich die Vorlage von Übersetzungen verlangen soll. Allerdings kann die Bundesagentur für Arbeit nach § 19 Abs. 2 SGB X dann fremdsprachliche Dokumente akzeptieren, wenn sie in der Lage ist, diese zu verstehen. Dies ist oftmals bei einfachen englischsprachigen Dokumenten der Fall. Komplizierte Arbeitsverträge könnten unter Umständen in einem deutschen Begleitschreiben inhaltlich zusammengefasst werden, um den Nachweisanforderungen von § 19b zu genügen. Dem steht auch die ICT-RL nicht entgegen, die in Art. 5 Abs. 2 ICT-RL den Mitgliedstaaten zwar erlaubt, die Vorlage der antragsbegründenden Dokumente in der jeweiligen Amtssprache zu verlangen, dies aber nicht als zwingend voraussetzt. Bei dem Verfahren vor der deutschen Auslandsvertretung findet dagegen das VwVfG keine Anwendung (§ 2 Abs. 3 Nr. 3 VwVfG). Auch diese können daher von der Forderung nach Übersetzungen absehen.

IV. Zustimmung der Bundesagentur für Arbeit (§ 10a BeschV)

Eine ICT-Karte bzw. ein Visum zur Einreise für eine ICT-Karte kann nach den in § 18 Abs. 2 **33** Nr. 2 für die in Abschnitt 4 gefassten Aufenthalte zum Zwecke der Erwerbstätigkeit nur erteilt werden, wenn die Bundesagentur für Arbeit zugestimmt hat. Der Rahmen für die Zustimmung der Bundesagentur ergibt sich aus § 10a BeschV. Die Bundesagentur für Arbeit prüft im Rahmen des Zustimmungsverfahrens die Beschäftigung als Führungskraft, Spezialist oder Trainee sowie ob das vereinbarte Arbeitsentgelt ungünstiger als das vergleichbarer deutscher Arbeitnehmer und die Arbeitsbedingungen ungünstiger als die vergleichbarer Entsandter sein werden.

Da Führungskräfte und Spezialisten im Regelfalle außertariflich entlohnt werden, und auch **34** die Arbeitszeiten von leitenden Angestellten erfahrungsgemäß häufig nicht den Vorgaben des ArbZG (Arbeitszeitgesetz v. 6.6.1994, BGBl. I 1170) entsprechen, dürfte sich die Vergleichbarkeitsprüfung für diese Berufsgruppe als schwierig gestalten. So erfasst der Entgeltatlas der Bundesagentur für Arbeit Gehälter nur bis zur Höhe der Beitragsbemessungsgrenze, so dass ggf. diese als indikativer Maßstab zugrunde zu legen ist, auf dessen Grundlage eine individuelle Vergleichbarkeitsprüfung erfolgt (Contact Group Legal Migration, Migrapol Mig-Dir-166, Questions for the Meeting of 18.2.2020, Art. 5 Abs. 4 (b)). Auch in Hinblick auf die Arbeitszeiten fallen bekanntermaßen der gesetzliche Anspruch und die Wirklichkeit in den Betrieben weit auseinander.

Hinsichtlich des Vergleichs der Gehaltsbedingungen stellt sich wie bei allen Entsendungen **35** zudem das Problem, dass Vergütungen bei Entsendungen aufgrund ihrer Komplexität nur schwer mit den Gehältern deutscher Arbeitnehmer zu vergleichen sind. Trotz dieser Schwierigkeiten hat sich der Gesetzgeber bei der Vergütung aber bewusst für den deutschen – also lokalen – Beschäftigten entschieden und setzt etwas wie bei den übrigen Arbeitsbedingungen für einen vergleichbaren Entsandten. Hieraus kann man die Intention des Gesetzgebers erkennen, sicher zu stellen, dass der Einsatz von Entsandten im ICT-Regime nicht zu einer Verdrängung inländischer Arbeitsverhältnisse führen soll, weil ICT-Kräfte aufgrund des internationalen Lohngefälles günstiger zu beschäftigen sind. Entsprechen sollte bei der Bewertung der vergleichbaren Gehälter im Rahmen der ICT anders als beim Personalaustausch nach § 10 BeschV auf den vom Arbeitgeber zu zahlenden Bruttobetrag abgestellt werden. Dieser setzt sich zusammen aus dem ggf. im Ausland zu zahlenden Grundgehalt, der im In- oder Ausland entrichteten Lohnsteuer und Sozialversicherungsabgaben sowie allen Entsendezulagen und Pauschalen, die zweckungebunden zur freien Verfügung als Gegenleistung für die Arbeitsleistung gezahlt werden sowie die Sachleistungen, soweit sie nach der SvEV (Sozialversicherungsentgeltverordnung v. 21.12.2006, BGBl. I 3385) als sozialversicherungspflichtige Vergütung anzusetzen sind. Nicht zur Vergütung gehören dagegen die Übernahme oder Erstattung von entsendebedingten Mehrkosten durch die Arbeitgeber (§ 2b AEntG). Soweit zwischen dem Arbeitgeber und dem Arbeitnehmer Pauschalbeträge für die Zeit der Entsendung vereinbart sind, ist eine ausdrückliche Ausweisung der Entsendekosten vonnöten, um die Pauschale von diesen abzugrenzen (§ 2b Abs. 2 AEntG).

§ 19a Kurzfristige Mobilität für unternehmensintern transferierte Arbeitnehmer

(1) ¹Für einen Aufenthalt zum Zweck eines unternehmensinternen Transfers, der eine Dauer von bis zu 90 Tagen innerhalb eines Zeitraums von 180 Tagen nicht überschreitet, bedarf ein Ausländer abweichend von § 4 Absatz 1 keines Aufenthaltstitels, wenn die ihn aufnehmende Niederlassung in dem anderen Mitgliedstaat dem Bundesamt für Migration und Flüchtlinge und der zuständigen Behörde des anderen Mitgliedstaates mitgeteilt hat, dass der Ausländer die Ausübung einer Beschäftigung im Bundesgebiet beabsichtigt, und dem Bundesamt für Migration und Flüchtlinge mit der Mitteilung vorlegt
1. den Nachweis, dass der Ausländer einen gültigen nach der Richtlinie (EU) 2014/66 erteilten Aufenthaltstitel eines anderen Mitgliedstaates der Europäischen Union besitzt,
2. den Nachweis, dass die inländische aufnehmende Niederlassung demselben Unternehmen oder derselben Unternehmensgruppe angehört wie dasjenige Unternehmen mit Sitz außerhalb der Europäischen Union, dem der Ausländer angehört,
3. einen Arbeitsvertrag und erforderlichenfalls ein Abordnungsschreiben gemäß den Vorgaben in § 19 Absatz 2 Satz 1 Nummer 4, der oder das bereits den zuständigen Behörden des anderen Mitgliedstaates vorgelegt wurde,
4. die Kopie eines anerkannten und gültigen Passes oder Passersatzes des Ausländers,
5. den Nachweis, dass eine Berufsausübungserlaubnis erteilt wurde oder ihre Erteilung zugesagt ist, soweit diese erforderlich ist.
²Die aufnehmende Niederlassung in dem anderen Mitgliedstaat hat die Mitteilung zu dem Zeitpunkt zu machen, zu dem der Ausländer in dem anderen Mitgliedstaat der Europäischen Union den Antrag auf Erteilung eines Aufenthaltstitels im Anwendungsbereich der Richtlinie (EU) 2014/66 stellt. ³Ist der aufnehmenden Niederlassung in dem anderen Mitgliedstaat zu diesem Zeitpunkt die Absicht des Transfers in eine Niederlassung im Bundesgebiet noch nicht bekannt, so hat sie die Mitteilung zu dem Zeitpunkt zu machen, zu dem ihr die Absicht bekannt wird. ⁴Bei der Erteilung des Aufenthaltstitels nach Satz 1 Nummer 1 durch einen Staat, der nicht Schengen-Staat ist, und bei der Einreise über einen Staat, der nicht Schengen-Staat ist, hat der Ausländer eine Kopie der Mitteilung mitzuführen und den zuständigen Behörden auf deren Verlangen vorzulegen.

(2) ¹Erfolgt die Mitteilung zu dem in Absatz 1 Satz 2 genannten Zeitpunkt und wurden die Einreise und der Aufenthalt nicht nach Absatz 4 abgelehnt, so darf der Ausländer jederzeit innerhalb der Gültigkeitsdauer des in Absatz 1 Satz 1 Nummer 1 genannten Aufenthaltstitels des anderen Mitgliedstaates in das Bundesgebiet einreisen und sich dort zum Zweck des unternehmensinternen Transfers aufhalten. ²Erfolgt die Mitteilung zu dem in Absatz 1 Satz 3 genannten Zeitpunkt, so darf der Ausländer nach Zugang der Mitteilung innerhalb der Gültigkeitsdauer des in Absatz 1 Satz 1 Nummer 1 genannten Aufenthaltstitels des anderen Mitgliedstaates in das Bundesgebiet einreisen und sich dort zum Zweck des unternehmensinternen Transfers aufhalten.

(3) ¹Die Einreise und der Aufenthalt werden durch das Bundesamt für Migration und Flüchtlinge abgelehnt, wenn
1. das Arbeitsentgelt, das dem Ausländer während des unternehmensinternen Transfers im Bundesgebiet gewährt wird, ungünstiger ist als das Arbeitsentgelt vergleichbarer deutscher Arbeitnehmer,
2. die Voraussetzungen des Absatzes 1 Satz 1 Nummer 1, 2, 4 und 5 nicht vorliegen,

3. die nach Absatz 1 vorgelegten Unterlagen in betrügerischer Weise erworben oder gefälscht oder manipuliert wurden,
4. der Ausländer sich schon länger als drei Jahre in der Europäischen Union aufhält oder, falls es sich um einen Trainee handelt, länger als ein Jahr in der Europäischen Union aufhält oder
5. ein Ausweisungsinteresse besteht.

[2]Eine Ablehnung hat in den Fällen des Satzes 1 Nummer 1 bis 4 spätestens 20 Tage nach Zugang der vollständigen Mitteilung nach Absatz 1 Satz 1 beim Bundesamt für Migration und Flüchtlinge zu erfolgen. [3]Im Fall des Satzes 1 Nummer 5 ist eine Ablehnung durch die Ausländerbehörde jederzeit während des Aufenthalts des Ausländers möglich; § 73 Absatz 3c ist entsprechend anwendbar. [4]Die Ablehnung ist neben dem Ausländer auch der zuständigen Behörde des anderen Mitgliedstaates sowie der aufnehmenden Niederlassung in dem anderen Mitgliedstaat bekannt zu geben. [5]Bei fristgerechter Ablehnung hat der Ausländer die Erwerbstätigkeit unverzüglich einzustellen; die bis dahin nach Absatz 1 Satz 1 bestehende Befreiung vom Erfordernis eines Aufenthaltstitels entfällt.

(4) Sofern innerhalb von 20 Tagen nach Zugang der in Absatz 1 Satz 1 genannten Mitteilung keine Ablehnung der Einreise und des Aufenthalts des Ausländers nach Absatz 3 erfolgt, ist dem Ausländer durch das Bundesamt für Migration und Flüchtlinge eine Bescheinigung über die Berechtigung zur Einreise und zum Aufenthalt zum Zweck des unternehmensinternen Transfers im Rahmen der kurzfristigen Mobilität auszustellen.

(5) [1]Nach der Ablehnung gemäß Absatz 3 oder der Ausstellung der Bescheinigung im Sinne von Absatz 4 durch das Bundesamt für Migration und Flüchtlinge ist die Ausländerbehörde gemäß § 71 Absatz 1 für weitere aufenthaltsrechtliche Maßnahmen und Entscheidungen zuständig. [2]Der Ausländer hat der Ausländerbehörde unverzüglich mitzuteilen, wenn der Aufenthaltstitel nach Absatz 1 Satz 1 Nummer 1 durch den anderen Mitgliedstaat verlängert wurde.

Überblick

Die ICT-Karte ist ein wichtiger Schritt zu einer gemeinsamen Zuwanderungspolitik der EU, da sie als erster nationaler Aufenthaltstitel eines EU-Staates für den begrenzten Zeitraum von 90 Tagen Aufenthalt und Beschäftigung in einem anderen EU-Staat erlaubt. Entsprechend ist die nach den Vorgaben der ICT-RL (RL 2014/66/EU v. 15.5.2014, ABl. 2014 L 157, 1) in Art. 20 ff. ICT-RL geschaffene ICT-Karte der erste europäische Aufenthaltstitel. Ein Rest Nationalstaatlichkeit verbleibt aber insoweit, als die Richtlinie es den Staaten erlaubt, Inhabern von ICT-Karten anderer Mitgliedstaaten nur dann zur Beschäftigung zuzulassen, wenn diese bei einer staatlichen Behörde – im Falle Deutschlands dem BAMF – ihre Reiseabsicht anmelden. Für Aufenthalte im zweiten Mitgliedstaat, die den Zeitraum von 90 Tagen in 180 Tagen überschreiten, stellen die Mitgliedstaaten einen von der ursprünglichen ICT-Karte abgeleiteten Aufenthaltstitel im zweiten Mitgliedstaat – die mobiler ICT Karte – zur Verfügung (→ § 19b Rn. 1). Dieses, in kurzfristige und langfristige Mobilität unterteilte, Mobilitätsregime aus den Vorgaben der Richtlinie wird in Deutschland in §§ 19a und 19b abgebildet.

A. Allgemeines

Die in § 19a abgebildete kurzfristige Mobilität basiert auf Art. 20 und 21 ICT-RL. Tatsächlich **1** entspricht die Norm in weiten Teilen auch sprachlich den Vorgaben von Art. 21 ICT-RL. Im Rahmen der kurzfristigen Mobilität können die in einem EU-Staat auf Basis der ICT-Karte tätigen Mitarbeiter auch für Konzerngesellschaften in einem weiteren EU-Staat tätig werden. Da sich Deutschland für eine Anwendung des Notifizierungsverfahrens entschieden hat, die in Art. 21 Abs. 2 ICT-RL als Option vorgesehen ist, müssen Inhaber eines ausländischen Aufenthaltstitels für unternehmensintern transferierte Arbeitnehmer auf Basis der Richtlinie innehaben, vor der geplanten Einreise nach Deutschland ihre Reiseabsicht anmelden.

B. Einzelerläuterungen

I. Kurzfristige Mobilität – Befreiungstatbestand und Verfahren (Abs. 1)

2   In § 19a findet sich der aufenthaltsrechtliche Befreiungstatbestand für Inhaber eines ICT-Titels eines anderen EU-Staates, die im Rahmen der kurzfristigen Mobilität nach Deutschland kommen. Hiernach ist der Aufenthalt eines Drittausländers, der
* über einen ICT-Aufenthaltstitel eines anderen EU-Staates verfügt, und
* seinen Aufenthalt in Deutschland form- und fristgerecht anmeldet, und
* für einen Zeitraum von maximal 90 Tagen innerhalb von 180 Tagen
* in Deutschland bei der Niederlassung eines internationalen Unternehmens bzw. Konzerns, bei dessen Niederlassung er bereits im anderen EU-Staat tätig ist,

genehmigungsfrei. Hierbei ist zu beachten, dass sowohl die ICT-RL als auch § 19a dies Befreiung unabhängig davon voraussetzen, ob es sich bei dem nach der ICT-RL erteilten Aufenthaltstitel um ein Visum oder einen langfristigeren Aufenthaltstitel handelt. In Art. 3 lit. i ICT-RL ist der Begriff „Aufenthaltstitel" definiert als „Genehmigung mit dem Eintrag der Abkürzung „ICT" […], die ihren Inhaber berechtigt, gemäß den Bestimmungen dieser Richtlinie im Hoheitsgebiet des ersten Mitgliedstaats, und gegebenenfalls in zweiten Mitgliedstaaten, seinen Wohnsitz zu neh-men und dort zu arbeiten." Entsprechend kann die kurzfristige Mobilität auch bereits auf Basis des ursprünglichen Einreisevisums vor der Umwandlung in einen längerfristigen ICT-Aufenthaltstitel ausgeübt werde (aA mit Einschränkungen BeckOK AuslR/Klaus Rn. 11e).

3   § 19a stellt eine Ergänzung zu den bisherigen Regelungen über visafreie Einreisen dar, nach denen bisher nur diejenigen Ausländer für eine Einreise keinen Aufenthaltstitel benötigen, die entweder aufgrund ihrer Staatsangehörigkeit von der Visumpflicht befreit sind oder über einen Aufenthaltstitel eines anderen Schengen Staates verfügen, der für maximal 90 Tage in 180 Tagen zu einem Aufenthalt in Deutschland aber nicht zur Erwerbstätigkeit berechtigt. Nun kommt über die ICT-Karte ein auf EU-Recht basierender Aufenthaltstitel hinzu, der auch bei Erteilung durch einen Nicht-Schengen-Staat zu einem Aufenthalt in Deutschland von maximal 90 Tagen berech-tigt und zudem eine Beschäftigung im inländischen Konzernunternehmen erlaubt (für die Abgren-zung der Nutzung der Nichtbeschäftigungsfiktion aus § 30 BeschV → Rn. 14). Für die Einreise eines grundsätzlich visumpflichtigen Drittausländers in das Schengengebiet gilt, dass der ursprüng-liche ICT-Aufenthaltstitel zusammen mit einer Kopie der gemachten Mitteilung nach § 19a Abs. 1 S. 4 zur Einreise berechtigt.

4   Für die formgerechte Notifizierung sind
* der von dem anderen EU-Staat erteilte ICT Aufenthaltstitel,
* der Nachweis der gesellschaftsrechtlichen Verbindung zwischen der Niederlassung im anderen EU-Staat und der deutschen aufnehmenden Niederlassung,
* ein Arbeitsvertrag bzw. das Entsendeschreiben, aus dem sich die Entsendebedingungen ergeben, sowie
* ggf. der Nachweis, dass bei reglementierten Berufen eine Berufsausübungserlaubnis vorliegt oder beantragt wurde, und
* das Ausweispapier vorzulegen.

5   Dagegen ist nicht zu prüfen, ob es sich bei dem Transferee um einen Spezialisten, eine Führungs-kraft oder einen Trainee handelt (BeckOK AuslR/Klaus Rn. 9).

6   Die für die Anmeldung erforderlichen Dokumente, also insbesondere der Arbeitsvertrag bzw. das Entsendeschreiben müssen in Deutsch oder zusammen mit einer Übersetzung in die deutsche Sprache eingereicht werden. Die Mitteilung erfolgt auf elektronischem Wege in der vom BAMF bereit gestellten Cloud-Lösung auf dem datensicheren BSCW-Server auf https://bscw.bund.de. Eine Beschreibung des Verfahrens ist auf der Webseite des BAMF als Merkblatt abrufbar.

7   Die Mitteilung hat durch die aufnehmende Niederlassung in dem EU-Staat, in dem der erste ICT-Aufenthaltstitel erteilt wurde, zu erfolgen. Dabei soll die Mitteilung so früh wie möglich, sogar vorzugsweise zusammen mit der Antragstellung für den ersten ICT-Titel erfolgen. So sich die Notwendigkeit der Reise in den zweiten Mitgliedstaat erst zu einem späteren Zeitpunkt ergibt, ist die Niederlassung im ersten Mitgliedstaat gehalten, bei Kenntnisnahme der Reiseabsicht die Meldung unverzüglich zu machen.

II. Wirkung der Mitteilung (Abs. 2)

8   Hinsichtlich der Wirkung der Mitteilung ist entsprechend des Zeitpunkts der Angaben zu unterscheiden: Bei einer Mitteilung, die zusammen mit der Beantragung des ICT-Titels im Dritt-

ausland erfolgt, kann der Ausländer nach Erhalt des ICT-Titels jederzeit für den Zeitraum von maximal 90 Tagen zum Zwecke der Tätigkeit für eine in Deutschland ansässige Niederlassung kommen. Bei einer Mitteilung, die erst nach dem Erhalt des ICT-Titels im ersten Mitgliedstaat erfolgt, muss für die Weiterreise nach Deutschland der Erhalt der Eingangsbestätigung der Mitteilung abgewartet werden. In jedem Fall erfordert eine Weiterreise nach Deutschland während des gesamten Aufenthalts den Fortbestand der Gültigkeitsdauer des ICT-Titels. Entsprechend muss der Ausländer die Ausländerbehörde unverzüglich informieren, wenn der ICT-Titel im Ersterteilungsstaat verlängert bzw. widerrufen wurde.

III. Gründe zur Ablehnung der kurzfristigen Mobilität (Abs. 3)

Das BAMF hat die Einreise und den Aufenthalt des Drittstaatenangehörigen abzulehnen, wenn **9** das Arbeitsentgelt, das dem Entsandten während des Aufenthalts in Deutschland gezahlt wird, ungünstiger ist als das eines vergleichbaren deutschen Arbeitnehmers, die vorgelegten Unterlagen in betrügerischer Weise erworben oder gefälscht worden sind, die für die ICT-Karte erlaubte Gesamtaufenthaltsdauer von drei Jahren für Führungskräfte und Spezialisten bzw. einem Jahr für Trainees überschritten werden soll, die Erteilungsvoraussetzungen nicht nachgewiesen werden konnten oder ein Ausweisungsinteresse besteht. Zum Abgleich, ob das Arbeitsentgelt während des Aufenthalts in Deutschland dem eines vergleichbaren deutschen Arbeitnehmer entspricht, kann das BAMF nach § 72 Abs. 7 die Bundesagentur für Arbeit beteiligen.

Das BAMF hat die Ablehnung nach Abs. 3 S. 2 so rechtzeitig zu erklären, dass sie innerhalb **10** von 20 Tagen nach Eingang der vollständigen Mitteilung zu erklären. Lediglich in Fällen, in denen eine Ablehnung aufgrund von einem Ausweisungsinteresse erfolgt, kann diese auch nach Ablauf der 20-Tages-Frist rechtswirksam erfolgen. Ablehnungen sind gegenüber dem Bundesamt, dem Ausländer, dem anderen Mitgliedstaat sowie der entsendenden Niederlassung in dem anderen EU-Staat zu erklären. Sie führen dazu, dass die Bescheinigung über die Berechtigung zur Einreise nicht ausgestellt wird und eine Einreise und Arbeitstätigkeit auf Basis des ICT-Titels des anderen EU-Staates nicht erfolgen darf, bzw. der auf Basis des bestehenden ICT-Titels des anderen EU-Staates bereits eingereiste Ausländer nicht weiter tätig sein darf und ggf. ausreisen muss. Im Umkehrschluss bedeutet dies, dass auch beim Vorliegen der Ablehnungsgründe aus Nr. 1–4 eine Einreise und Arbeitstätigkeit erlaubt ist, wenn die Ablehnung nicht rechtzeitig erklärt wurde. Dies kann zu dem unerwünschten Ergebnis führen, dass eine Beschäftigung auf Basis einer Entlohnung unterhalb der vergleichbarer deutscher Arbeitnehmer zumindest dann legal ist, wenn der Mindestlohn gezahlt wird.

IV. Bescheinigung und Zuständigkeitswechsel (Abs. 4, Abs. 5)

Nach Ablauf der Frist von 20 Tagen ist bei nicht erfolgter Ablehnung dem Ausländer durch **11** das BAMF eine Bescheinigung über die Berechtigung zur Einreise und zum Aufenthalt im Rahmen der kurzfristigen Mobilität auszustellen. Obwohl diese Bescheinigung lediglich deklaratorischen Charakter hat, ist sie gerade auch angesichts der Dokumentationspflichten für Arbeitgeber in § 4a Abs. 5 sinnvoll. Sie stellt zwar keinen Aufenthaltstitel dar, dient aber dazu, zusammen mit dem im anderen EU-Mitgliedstaat ausgestellten ICT-Titel die Berechtigung zur Erwerbstätigkeit in Deutschland ggf. nachzuweisen. Es besteht entsprechend ein Anspruch auf Erteilung der Bescheinigung.

Die Ausstellung der Bescheinigung markiert ebenso wie eine erfolgte Ablehnung den Übergang **12** der Zuständigkeit für weitere aufenthaltsrechtliche Maßnahmen vom BAMF auf die örtlich zuständige Ausländerbehörde. Dieser ist in der Folge durch den Ausländer auch mitzuteilen, wenn der ICT-Titel aus dem anderen Mitgliedstaat verlängert bzw. umgewandelt wird.

V. Kurzfristige Mobilität in anderen EU-Staaten

Nach derzeitigem Erkenntnisstand fordern folgende EU-Staaten ihrerseits ein Notifizierungs- **13** verfahren für die Ausübung der kurzfristigen Mobilität: Belgien, Estland, Finnland, Frankreich, Griechenland, Luxemburg, Malta, Niederlande, Polen, Rumänien, Slowenien, Slowakei, Spanien, Ungarn, Zypern (Contact Group Legal Migration, Migrapol Mig-Dir-166, 18.2.2020).

C. Abgrenzung zu nationalen Vorschriften

Wie auch bei der Ersterteilung der ICT-Karte in Deutschland (→ § 19 Rn. 22 ff.) stellt sich bei **14** der kurzfristigen Mobilität die Frage nach der Abgrenzung zu nationalen Vorschriften. Während

Spezialisten und Trainees auf Basis eines Aufenthaltstitels aus einem anderen Schengenstaat bzw. bei Visumbefreiung in der Regel nicht tätig werden dürfen, eröffnet § 3 BeschV iVm § 30 BeschV über die Nichtbeschäftigungsfiktion Führungskräften iSv § 3 Nr. 1 und Nr. 2 BeschV die Möglichkeit, für bis zu 90 Tage in 180 Tagen in Deutschland tätig zu werden. Hier ergeben sich also Überschneidungen bei Personen, die einen ICT-Titel eines anderen Schengenstaates haben. Hier wird argumentiert, dass die Regelungen zur kurzfristigen Mobilität aus § 19a den Anwendungsbereich der Nichtbeschäftigungsfiktion verdrängt (BeckOK AuslR/Klaus Rn. 26.1). Dieser Ansicht ist insbesondere in Hinblick auf Art. 4 ICT-RL zu folgen, der den Mitgliedstaaten im Anwendungsbereich der Richtlinie nur in engen Grenzen den Erlass günstigerer Bestimmungen erlaubt, wobei die in § 30 BeschV enthaltenen Nichtbeschäftigungsfiktion außerhalb des Erlaubten liegt. Entsprechend ist § 30 BeschV hier unionsrechtlich korrekt so auszulegen, dass die Nichtbeschäftigungsfiktion bei Personen, die ihren Aufenthalt in Deutschland auf den ICT-Titel eines anderen Mitgliedstaates stützen, nicht greift.

§ 19b Mobiler-ICT-Karte

(1) Eine Mobiler-ICT-Karte ist ein Aufenthaltstitel nach der Richtlinie (EU) 2014/66 zum Zweck eines unternehmensinternen Transfers im Sinne des § 19 Absatz 1 Satz 2, wenn der Ausländer einen für die Dauer des Antragsverfahrens gültigen nach der Richtlinie (EU) 2014/66 erteilten Aufenthaltstitel eines anderen Mitgliedstaates besitzt.

(2) Einem Ausländer wird die Mobiler-ICT-Karte erteilt, wenn
1. er als Führungskraft, Spezialist oder Trainee tätig wird,
2. der unternehmensinterne Transfer mehr als 90 Tage dauert und
3. er einen für die Dauer des Transfers gültigen Arbeitsvertrag und erforderlichenfalls ein Abordnungsschreiben vorweist, worin enthalten sind:
   a) Einzelheiten zu Ort, Art, Entgelt und zu sonstigen Arbeitsbedingungen für die Dauer des Transfers sowie
   b) der Nachweis, dass der Ausländer nach Beendigung des Transfers in eine außerhalb der Europäischen Union ansässige Niederlassung des gleichen Unternehmens oder der gleichen Unternehmensgruppe zurückkehren kann.

(3) Wird der Antrag auf Erteilung der Mobiler-ICT-Karte mindestens 20 Tage vor Beginn des Aufenthalts im Bundesgebiet gestellt und ist der Aufenthaltstitel des anderen Mitgliedstaates weiterhin gültig, so gelten bis zur Entscheidung der Ausländerbehörde der Aufenthalt und die Beschäftigung des Ausländers für bis zu 90 Tage innerhalb eines Zeitraums von 180 Tagen als erlaubt.

(4) [1]Der Antrag wird abgelehnt, wenn er parallel zu einer Mitteilung nach § 19a Absatz 1 Satz 1 gestellt wurde. [2]Abgelehnt wird ein Antrag auch, wenn er zwar während des Aufenthalts nach § 19a, aber nicht mindestens 20 Tage vor Ablauf dieses Aufenthalts vollständig gestellt wurde.

(5) Die Mobiler-ICT-Karte wird nicht erteilt, wenn sich der Ausländer im Rahmen des unternehmensinternen Transfers im Bundesgebiet länger aufhalten wird als in anderen Mitgliedstaaten.

(6) Der Antrag kann abgelehnt werden, wenn
1. die Höchstdauer des unternehmensinternen Transfers nach § 19 Absatz 4 erreicht wurde oder
2. der in § 19 Absatz 6 Nummer 3 genannte Ablehnungsgrund vorliegt.

(7) Die inländische aufnehmende Niederlassung ist verpflichtet, der zuständigen Ausländerbehörde Änderungen in Bezug auf die in Absatz 2 genannten Voraussetzungen unverzüglich, in der Regel innerhalb einer Woche, anzuzeigen.

Überblick

Die Vorschrift ist Teil des durch die ICT-Karte eingeführten Mobilitätsschemas für unternehmensintern transferierte Fachkräfte innerhalb der EU. Drittstaatsangehörige, die von einem anderen EU-Staat einen Aufenthaltstitel nach der ICT-RL (RL 2014/66/EU v. 15.5.2014, ABl. 2014 L 157, 1) mit dem Zusatz „ICT" erhalten haben, können für Aufenthalte in Deutschland, die mehr als 90 Tage andauern sollen, eine Mobiler-ICT-Karte erhalten.

A. Allgemeines

Die Vorschrift wurde ursprünglich zusammen als § 19d aufgrund der ICT-RL (RL 2014/66/ **1**
EU v. 15.5.2014, ABl. 2014 L 157, 1) in das AufenthG aufgenommen und durch das FachkEinwG
(Fachkräfteeinwanderungsgesetz v. 15.8.2019, BGBl. I 1307) mit der neuen Bezifferung als § 19b
gefasst. Sie rundet das Mobilitätsschema ICT ab, indem sie für langfristige unternehmensinterne
Transfers von Drittausländern, die von einem anderen EU-Staat bereits einen gültigen ICT-Auf-
enthaltstitel innehaben, den zusätzlichen Aufenthaltstitel Mobiler-ICT-Karte vorsehen.

Die ICT-RL zielt darauf ab, dass Drittausländer, die im Rahmen von konzerninternen Entsen- **2**
dungen in die EU kommen und eine ICT-Karte innehaben, ein möglichst hohes Maß an innereuropäischer Mobilität genießen. Hierfür wurde für Aufenthalte von bis zu 90 Tagen im Zweitstaat
die kurzfristige Mobilität (→ § 19a Rn. 1) eingerichtet, die keinen weiteren Aufenthaltstitel
erfordert. Für Aufenthalte in einem zweiten EU-Staat, die über diese zeitliche Grenze hinausgehen,
können EU-Staaten dagegen einen zusätzlichen Aufenthaltstitel vorsehen. Die Bundesrepublik
Deutschland hat dementsprechend die Mobiler-ICT-Karte in § 4 Abs. 1 Nr. 2c aufgenommen
und deren Erteilungsvoraussetzungen in § 19b definiert.

B. Im Einzelnen

I. Erteilungsvoraussetzungen (Abs. 1, Abs. 2)

Die Erteilung der Mobiler-ICT-Karte setzt voraus, dass der antragstellende Drittausländer wäh- **3**
rend des Antragsverfahrens einen gültigen ICT-Aufenthaltstitel eines anderen EU-Mitgliedstaates
innehat. Entsprechend kann die Mobiler-ICT-Karte auch nur an Führungskräfte (→ § 19
Rn. 8 ff.), Spezialisten (→ § 19 Rn. 11) oder Trainees (→ § 19 Rn. 12 ff.) erteilt werden. Die
Definitionen hierfür basieren auf der ICT-RL und entsprechen denen in § 19. Allerdings sind die
bisherige Berufserfahrung bzw. Vorbeschäftigung in der Unternehmensgruppe, die Qualifikatio-
nen für die Tätigkeit als Führungskraft / Spezialist oder Trainee sowie der Trainingsvertrag nicht
Gegenstand des Prüfungsverfahrens zur Erteilung der Mobiler-ICT-Karte (Contact Group Legal
Migration, MIGRAPOL Mig-Dir-171, Summary of discussions following the meeting of 18
February 2020, Art. 22 (1) (b)).

Da die Erteilung der Mobiler-ICT-Karte einen gültigen ICT-Aufenthaltstitel eines anderen **4**
Mitgliedstaats voraussetzt (Contact Group Legal Migration, MIGRAPOL Mig-Dir-171, Summary
of discussions following the meeting of 18 February 2020, Art 22 (1) b)), ist die Gültigkeitsdauer
der Mobiler-ICT-Karte abhängig von der Gültigkeitsdauer des ursprünglichen ICT-Aufenthaltstitels und sollte diese nicht überschreiten (Contact Group Legal Migration, MIGRAPOL Mig-Dir-
171, Summary of discussions following the meeting of 18 February 2020, Art. 22 (1) b)). Dies
gilt auch im Falle der Verlängerung der Mobiler-ICT-Karte (Contact Group Legal Migration,
MIGRAPOL Mig-Dir-171, Summary of discussions following the meeting of 18 February 2020,
Art. 22 (1) b)). In Abgrenzung zur kurzfristigen Mobilität, die in § 19a (→ § 19a Rn. 1) geregelt
ist, ist weitere Voraussetzung für die Erteilung der Mobiler-ICT-Karte, dass der Aufenthalt in
Deutschland mehr als 90 Tage andauern wird.

Für die Beantragung der Mobiler-ICT-Karte beim BAMF (§ 91g Abs. 1) hat der Antragsteller **5**
einen für die Dauer des Transfers gültigen Arbeitsvertrag seines außerhalb der EU belegenen
Arbeitgebers sowie ggf. ein Abordnungsschreiben vorzuweisen. In diesen Dokumenten müssen
die Einzelheiten zu den wesentlichen Arbeitsbedingungen während des Transfers und des Aufenthalts in Deutschland vereinbart sein. Darüber hinaus muss sich aus den Unterlagen ergeben, dass
der Antragsteller nach dem Ende des Einsatzes in der EU in eine Niederlassung der Unternehmensgruppe im Drittausland zurückkehren wird. Aufgrund der Anwendbarkeit des VwVfG im Verfahren sind die Dokumente grundsätzlich in deutscher Sprache vorzulegen (Anwendungshinweise des
Bundesministeriums der Inneren zu Gesetz und Verordnung zur Umsetzung aufenthaltsrechtlicher
Richtlinien der Europäischen Union zur Arbeitsmigration, Stand: 14.7.2017, Nr. 1.2.2). Die
Mobiler-ICT-Karte kann nur erteilt werden, wenn die Bundesagentur für Arbeit der Erteilung
nach § 39 zugestimmt hat, was sich aus § 18 Abs. 2 Nr. 2 ergibt. Entsprechend definiert § 10a
BeschV den Prüfungsumfang der Bundesagentur für Arbeit: Der Antragsteller sollte als Führungskraft, Spezialist oder Trainee in einer Konzerngesellschaft (aufnehmende Niederlassung) des
Arbeitgebers tätig sein, das Arbeitsentgelt während des Einsatzes in Deutschland nicht ungünstiger
als das Gehalt vergleichbarer deutscher Arbeitnehmer und die übrigen Arbeitsbedingungen nicht
ungünstiger als die vergleichbarer entsandter Arbeitnehmer sein. Eine Vorrangprüfung findet nicht
statt.

II. Erlaubnisfiktion (Abs. 3)

6   Das Gesetz beinhaltet in Abs. 3 eine Erlaubnisfiktion, nach der ein Antragsteller, der den Antrag auf Erteilung einer Mobiler-ICT-Karte mindestens 20 Tage vor der Einreise nach Deutschland gestellt hat, für bis zu 90 Tage in 180 Tagen auf Basis der gültigen ICT-Karte des anderen Mitgliedstaates nach Deutschland einreisen und in Deutschland beschäftigt sein darf.

7   Zwar gewährt die Erlaubnisfiktion jede Form der Beschäftigung ohne Einschränkung auf eine Tätigkeit im Konzern, dies ist jedoch angesichts der Richtlinie und der Zielrichtung der Mobiler-ICT-Karte wohl so zu verstehen, dass im Wege der gesetzlichen Fiktion lediglich die Beschäftigung als unternehmensintern Entsandter bei einer deutschen Niederlassung der Unternehmensgruppe erlaubt ist. Im Ergebnis wird also der Antragsteller bis zur Entscheidung der Behörde über den Antrag auf Mobiler-ICT-Karte so behandelt, als habe er eine Mitteilung über die kurzfristige Mobilität gemacht und keine Ablehnung erhalten. Diese Fiktionswirkung ist wichtig, da der Antrag auf Erteilung einer Mobiler-ICT-Karte nicht erfolgen kann, wenn parallel eine Mitteilung für die kurzfristige Mobilität gestellt wurde.

III. Ablehnungsgründe (Abs. 4–6)

1. Zwingende Ablehnungsgründe (Abs. 4, Abs. 5)

8   Da die ICT-RL in Art. 22 Abs. 2 lit. e ICT-RL eine Trennung von kurzer und langfristiger Mobilität vorsieht, muss sich der Antragsteller vor Abgabe der Mitteilung bzw. Antragstellung für eine Mobiler-ICT-Karte für eine der beiden Mobilitätsoptionen entscheiden. Eine parallele Beantragung beider Verfahren ist nicht möglich und führt zu einer Ablehnung des Antrags. Allerdings erlaubt es die Richtlinie, dass während eines Aufenthalts auf Basis der kurzfristigen Mobilität ein Antrag auf Erteilung einer Mobiler-ICT-Karte gestellt wird, wenn dieser mindestens 20 Tage vor Ablauf der kurzfristigen Mobilität eingeht.

9   Anträge, die erst innerhalb der letzten 20 Tage eingehen, sind dagegen ohne weitere Prüfung abzulehnen.

10   Auch Anträge von Antragstellern, die sich im Rahmen des gesamten, von der ICT-RL umfassten Transfers in der EU für einen Zeitraum in Deutschland aufhalten wollen, der länger ist als die jeweiligen Einzelzeiträume in anderen EU-Ländern, werden abgelehnt. Für derartige Aufenthalte ist die ICT-Karte einschlägig, so dass die Mobiler-ICT-Karte mangels Zuständigkeit nicht zu erteilen ist (Art. 11 Abs. 3 ICT-RL). Die Entscheidung erfolgt auf Basis der Angaben des Antragstellers. Sollte sich erst nach Erteilung der Mobiler-ICT-Karte ergeben, dass das Verhältnis der jeweiligen Aufenthaltszeiten in den jeweiligen EU-Staaten anders sein wird als ursprünglich geplant, ist eine Verlängerung der Mobiler-ICT-Karte bis zur gesetzlich erlaubten Höchstdauer des Transfers dennoch möglich (Anwendungshinweise des Bundesministeriums der Inneren zu Gesetz und Verordnung zur Umsetzung aufenthaltsrechtlicher Richtlinien der Europäischen Union zur Arbeitsmigration, Stand: 14.7.2017, Nr. 1.2.4.2; Art. 22 Abs. 5 ICT-RL). Dies ist nachvollziehbar, da es sich bei der Bestimmung in Art. 11 Abs. 3 ICT-RL um eine Regelung zur innereuropäischen Zuständigkeit handelt, die sinnvollerweise keine Auswirkung auf einen Verlängerungsantrag haben sollte.

2. Ablehnungsgründe im Ermessen der Ausländerbehörde (Abs. 6)

11   Die Erteilung einer Mobiler-ICT-Karte kann abgelehnt werden, wenn der Antragsteller durch die beantragte zusätzliche Aufenthaltszeit in Deutschland die erlaubte Gesamtdauer für einen Transfer auf Basis eines ICT von einem (Trainees) bzw. drei Jahren (Führungskräfte und Spezialisten) überschreiten würde oder der Antrag gestellt wird, obwohl der letzte Einsatz als ICT im Bundesgebiet weniger als sechs Monate zurückliegt. Obwohl sich diese Ablehnungsgründe auf einen Zeithorizont beziehen und das tatbestandliche Vorliegen daher rechnerisch exakt ermittelt werden kann, räumt die Vorschrift der Behörde bei den Ablehnungsgründen in Abs. 6 ein Ermessen ein. Dies entspricht dem Wortlaut der als Gestaltungsoption für die Umsetzung in den Mitgliedstaaten gewählten Formulierung der ICT-RL in Art. 7 Abs. 4 ICT-RL iVm Art. 22 Abs. 3 ICT-RL. Die Übertragung des Umsetzungsermessens als Entscheidungsermessen in die Sachbearbeitungsebene hinein mag ein redaktionelles Versehen sein. Hierfür spricht, dass die vorgesehenen Höchstfristen für den ICT Aufenthalt in der EU ausweislich von Erwägungsgrund 17 ICT-RL einschließlich der Mobilität auf drei bzw. ein Jahr begrenzt sein sollen und eine Karenzzeit von den Mitgliedsstaaten verlangt werden kann, um Missbrauch zu vermeiden. Die ICT-RL selbst lässt keinen Raum für Gründe, die im Rahmen einer Ermessensentscheidung im Einzelfall für

ein Absehen von diesen zeitlichen Grenzen sprechen. Tatsächlich erfordert der Wortlaut der ICT-RL nach Ansicht der Contact Group Legal Migration nur in den Fällen eine individuelle Ermessensprüfung, in denen die Mitgliedsstaaten „gegebenenfalls" (in Englisch: „shall, if appropriate") einen Antrag ablehnen können (Contact Group Legal Migration, MIGRAPOL Mig-Dir-171, Summary of discussions following the meeting of 18 February 2020, Art. 7 (2)). Entsprechend sieht auch das Bundesinnenministerium des Innern in seinen Anwendungshinweisen eine erhebliche Ermessensreduzierung bei den genannten Ablehnungsgründen vor (Anwendungshinweise des Bundesministeriums der Inneren zu Gesetz und Verordnung zur Umsetzung aufenthaltsrechtlicher Richtlinien der Europäischen Union zur Arbeitsmigration, Stand: 14.7.2017, Nr. 1.2.4.3.1).

IV. Informationspflichten (Abs. 7)

Im Rahmen der Umsetzung der ICT-RL wurden erstmals im deutschen Ausländerbeschäfti- **12** gungsrecht Mitteilungspflichten für Arbeitgeber eingeführt. In Art. 23 Abs. 3 ICT-RL setzt die ICT-RL voraus, dass jedwede nach der Erteilung erfolgende Änderung der Erteilungsvoraussetzung von der aufnehmenden Niederlassung im zweiten Mitgliedstaat an die dortigen Behörden zu melden ist. Derartige Meldepflichten entsprechen den Verpflichtungen, die Arbeitgeber in anderen EU-Staaten bereits seit längerem haben, in denen sie eine aktive Rolle als Sponsor bei der Beschäftigung von Ausländern spielen. Im deutschen Ausländerbeschäftigungsrecht wurde eine vergleichbare Verpflichtung erst mit der Umsetzung des FachkEinwG (Fachkräfteeinwanderungsgesetz v. 15.8.2019, BGBl. I 1307) im März 2020 in § 4a Abs. 5 S. 3 Nr. 3 (→ § 4a Rn. 48) geschaffen. Während die Mitteilungspflichten im Zusammenhang mit der erteilten ICT-Karte sich allein auf den Ausländer beziehen, erfolgt bei der Mobiler-ICT-Karte eine Durchbrechung des Systems, indem der aufnehmenden Niederlassung eine Rechtspflicht zur Mitteilung auferlegt wird. Diese Mitwirkungspflicht ist vor dem Hintergrund von Art. 23 Abs. 4 ICT-RL bzw. § 52 Abs. 2a (→ § 52 Rn. 10) zu verstehen, die eine Beendigung von Einsatz und Aufenthalt als ICT vorsehen, wenn die Bedingungen, auf deren Grundlage die Mobilität bewilligt wurde, nicht mehr vorliegen.

§ 19c Sonstige Beschäftigungszwecke; Beamte

(1) Einem Ausländer kann unabhängig von einer Qualifikation als Fachkraft eine Aufenthaltserlaubnis zur Ausübung einer Beschäftigung erteilt werden, wenn die Beschäftigungsverordnung oder eine zwischenstaatliche Vereinbarung bestimmt, dass der Ausländer zur Ausübung dieser Beschäftigung zugelassen werden kann.

(2) Einem Ausländer mit ausgeprägten berufspraktischen Kenntnissen kann eine Aufenthaltserlaubnis zur Ausübung einer qualifizierten Beschäftigung erteilt werden, wenn die Beschäftigungsverordnung bestimmt, dass der Ausländer zur Ausübung dieser Beschäftigung zugelassen werden kann.

(3) Einem Ausländer kann im begründeten Einzelfall eine Aufenthaltserlaubnis erteilt werden, wenn an seiner Beschäftigung ein öffentliches, insbesondere ein regionales, wirtschaftliches oder arbeitsmarktpolitisches Interesse besteht.

(4) ¹Einem Ausländer, der in einem Beamtenverhältnis zu einem deutschen Dienstherrn steht, wird ohne Zustimmung der Bundesagentur für Arbeit eine Aufenthaltserlaubnis zur Erfüllung seiner Dienstpflichten im Bundesgebiet erteilt. ²Die Aufenthaltserlaubnis wird für die Dauer von drei Jahren erteilt, wenn das Dienstverhältnis nicht auf einen kürzeren Zeitraum befristet ist. ³Nach drei Jahren wird eine Niederlassungserlaubnis abweichend von § 9 Absatz 2 Satz 1 Nummer 1 und 3 erteilt.

Überblick

§ 19c Abs. 1 (→ Rn. 3 ff.) ist die Anspruchsgrundlage für die meisten in der BeschV aufgeführten Möglichkeiten einer sonstigen Beschäftigung. Mit dem neuen § 19c Abs. 2 wird auf ausgeprägte berufspraktische Kenntnisse abgestellt (→ Rn. 18 ff.). Abs. 3 eröffnet als Ausnahmeregelung die Möglichkeit einer Aufenthaltserlaubnis zur Ausübung einer Beschäftigung, wenn ein öffentliches Interesse vorliegt (→ Rn. 21 ff.). In Abs. 4 sind die Erteilungsvoraussetzungen für eine Aufenthaltserlaubnis für Beamte geregelt (→ Rn. 28 ff.) – der dritten Möglichkeit einer Erwerbstätigkeit neben Beschäftigung und selbstständiger Tätigkeit (§ 2 Abs. 2 Alt. 3).

Übersicht

A. Allgemeines

1   Mit der Neustrukturierung durch das FachkEinwG (Fachkräfteeinwanderungsgesetz v. 15.8.2019, BGBl. I 1307) ist § 19c quasi als **Sammelbecken** für sonstige Beschäftigungen anzusehen, die weder eine Fachkraft nach § 18 Abs. 3, §§ 18a, 18b erfordern oder den besonderen Vorschriften der §§ 18c–19b unterfallen. Insgesamt ist § 19c systematisch ähnlich wie § 18 Abs. 2–4a aF einzuordnen (KMO Neues FachkräfteeinwanderungsR Rn. 897).

2   Auch für § 19c sind jedoch weiterhin bestimmte Anforderungen zu erfüllen – zB aus § 19c selbst, aus § 39 Abs. 3 S. 1 Nr. 1–3 oder der jeweiligen Norm der BeschV. Die Möglichkeit eines allgemeinen Zugangs zum deutschen Arbeitsmarkt für gering qualifizierte Arbeitnehmer wollte der Gesetzgeber ausdrücklich nicht schaffen. Es kommt daher immer darauf an, dass die entsprechenden Anforderungen – zB aus der BeschV – erfüllt sind.

B. Einzelerläuterungen

I. Sonstige Beschäftigung (Abs. 1)

1. Allgemein

3   Über § 19c Abs. 1 können iVm § 39 Abs. 3 für eine Vielzahl von Tätigkeiten nach den jeweiligen **Vorschriften in der BeschV oder zwischenstaatlicher Vereinbarungen** Aufenthaltstitel zur Ausübung einer Beschäftigung erteilt werden. Es sind in den verschiedenen Konstellationen dann die Voraussetzungen der jeweiligen Vorschrift in der BeschV ausschlaggebend. Soweit der Tatbestand aus der BeschV zustimmungsbedürftig ist, sind die Voraussetzungen des § 39 Abs. 3 zu beachten (→ Rn. 8). Insbesondere kann bestimmt sein, dass hierbei eine Vorrangprüfung erforderlich ist (detaillierte Aufzählung der entsprechenden Anspruchsgrundlagen bei Huber/ Mantel AufenthG/Dippe Rn. 4).

2. Qualifikation

4   Die Norm führt ausdrücklich aus, dass es **nicht** auf eine **Qualifikation als Fachkraft** (§ 18 Abs. 3) ankommt. Das kann dann zB Konstellationen betreffen, in welchen ein Ausländer eine Universitätsabschluss hat, dieser aber nicht anerkannt ist, ebenso wie die Möglichkeit, dass jemand überhaupt keinen formellen Abschluss hat, aber eine entsprechende **Spezialisierung** oder **Berufserfahrung**. In der BeschV gibt es hierzu eine Vielzahl von Tatbeständen. Sollte sich in der BeschV oder in zwischenstaatlichen Vereinbarungen keine Anspruchsgrundlage finden, ist es letztendlich möglich, dass ein Aufenthaltstitel zur Beschäftigung nicht erteilt werden kann.

5   In der **Praxis** sind häufige **Konstellationen** iVm § 3 Nr. 3 BeschV (in Deutschland angestellter **Spezialist**; (→ 7), § 26 BeschV (Bestimmte Staatsangehörige – **Privilegierte**), § 10 BeschV (**Personalaustausch**), § 3 Nr. 1 und Nr. 2 BeschV (**Leitende Angestellte** und **Führungskräfte**).

5.1   In Bezug auf § 26 BeschV hat das VG Berlin (BeckRS 2018, 4954) vor den Änderungen durch das FachkEinwG (Fachkräfteeinwanderungsgesetz v. 15.8.2019, BGBl. I 1307) entschieden, dass auch Normen, die grundsätzlich **keine Anforderungen** an eine bestimmte Qualifikation stellen, vor dem Hintergrund allgemeiner Vorgaben insoweit ausgelegt werden müssen, dass bestimmte **Mindestanforderungen** nicht unterschritten werden dürfen. Konkret sollte eine Position als „Vorarbeiter, Betonwerker, Eisenflechter" durch einen serbischen Staatsbürger besetzt werden. Nach § 26 BeschV kann grundsätzlich eine Zustimmung der Bundesagentur für Arbeit auch erteilt werden, wenn überhaupt keine Berufsausbildung oder sonstige Qualifikation vorliegt. Das VG Berlin hat hierzu jedoch ausgeführt, dass das genannte Berufsbild grundsätzlich eine dreijährige Berufsausbildung erfordert. Daher könne eine Zustimmung auch nur erfolgen, wenn eine solche Berufsausbildung vorliege. Begründet wurde dies damit, dass § 18 Abs. 4 S. 1 aF gerade an Berufsgruppen anknüpft, für deren Beschäftigung eine qualifizierte Berufsausbildung vorliegen muss. § 18 Abs. 3 aF käme dann nicht in Betracht, da hier nur auf Beschäftigungen abgezielt wäre, die grundsätzlich schon keine qualifizierte Berufsausbildung voraussetzen (VG Berlin BeckRS 2018, 4954 Rn. 23). Ähnlich hat sich das BVerwG (NVwZ 2019, 417) geäußert, dass § 18 Abs. 4 aF mit der qualifizierten Berufsausbildung eine kumulative Voraussetzung aufstelle.

Mit der **neuen Rechtslage** ist diese **Unterscheidung in § 18 Abs. 3 und Abs. 4 aF abgeschafft** **5.2** geworden (so auch Huber/Mantel AufenthG/Dippe Rn. 2, der das Urteil des VG Berlin (→ 5.1) ebenfalls als überholt ansieht). § 19c Abs. 1 knüpft ausdrücklich nicht an eine besondere Qualifikation an. Soweit eine Norm aus der BeschV zustimmungsbedürftig ist, sind die Voraussetzungen des § 39 Abs. 3 zu prüfen. Dort wird aber auch nicht allgemein an eine besondere Qualifikation angeknüpft, sondern darauf verwiesen, dass es auf die Voraussetzungen in der Norm der Beschäftigungsverordnung ankommt. Insofern ist die Neugestaltung in § 19c Abs. 1, der grundsätzlich eben **keine qualifizierte Beschäftigung** verlangt (Huber/Mantel AufenthG/Dippe Rn. 2), **eine wichtige praktische Vereinfachung** (KMO Neues FachkräfteeinwanderungsR Rn. 898).

Beim **Personalaustausch** nach **§ 10 BeschV** wäre die Qualifikation grundsätzlich ein Univer- **6** sitätsabschluss (nicht zwingend anerkannt oder vergleichbar – allerdings muss die Hochschule anerkannt sein; Dörig MigrationsR-HdB/Mastmann/Offer § 15 Rn. 75; Offer/Mävers/Mastmann BeschV § 10 Rn. 15; BeckOK AuslR/Klaus BeschV § 10 Rn. 12) oder eine vergleichbare Qualifikation (zB relevante langjährige Berufserfahrung). Der Personalaustausch ist grundsätzlich sowohl mit einem deutschen Arbeitgeber, aber auch in der Variante Entsendung ohne deutschen Arbeitgeber möglich (Offer/Mävers/Mastmann BeschV § 10 Rn. 4; BeckOK AuslR/Klaus BeschV § 10 Rn. 10).

Für **§ 26 BeschV** gibt es überhaupt keine besonderen Voraussetzungen an die Qualifikation **6a** (wohl aA KMO Neues FachkräfteeinwanderungsR Rn. 902) – daher ist für diese Norm das beschleunigte Fachkräfteverfahren auch nicht anwendbar. Für § 26 Abs. 1 BeschV ist im Wortlaut ausdrücklich festgehalten, dass es auf den Sitz des zivilrechtlichen Arbeitgebers nicht ankommt. Daher ist eine Zustimmung nach dieser Norm auch für Arbeitsverträge mit ausländischen Arbeitgebern möglich – ebenso wie ein Arbeitsvertrag mit einem deutschen Arbeitgeber.

Für den lokal angestellten **Spezialisten nach § 3 Nr. 3 BeschV** ist eine **qualifizierte** **7** **Beschäftigung erforderlich.** Die qualifizierte Beschäftigung ist neu in § 2 Abs. 12b aufgenommen und liegt vor, „wenn zu ihrer Ausübung Fertigkeiten, Kenntnisse und Fähigkeiten erforderlich sind, die in einem Studium oder einer qualifizierten Berufsausbildung erworben werden." Mit einer qualifizierten Beschäftigung kommt es jedoch nicht mehr darauf an, dass man eine entsprechende Ausbildung tatsächlich abgeschlossen hat, sondern lediglich, dass man die entsprechenden Kenntnisse und Fertigkeiten **tatsächlich besitzt.** Hier besteht dann ein entsprechendes Ermessen der zuständigen Behörde, zu überprüfen, ob diese Bedingung erfüllt ist. Insgesamt ist die Anforderung an eine qualifizierte Beschäftigung ähnlich dem aufgehobenen § 12b ArbGVO. Dieser hatte **objektiv** auf Beschäftigungen abgestellt, die üblicherweise eine qualifizierte Berufsausbildung erfordern, aber eben nicht, dass eine solche Berufsausbildung vorlag. Man ist davon ausgegangen, dass ein Arbeitgeber, der eine Position besetzt, die üblicherweise eine qualifizierte Berufsausbildung verlangt, faktisch am besten einschätzen kann, ob die Kenntnisse und Fertigkeiten des Ausländers ausreichen, um die Position auszufüllen und die Tätigkeit auszuüben. Insbesondere die Tatsache, dass der Arbeitgeber ein vergleichbares Gehalt zahlt, sollte regelmäßig dafürsprechen, dass der Mitarbeiter die notwendigen Kenntnisse und Fertigkeiten tatsächlich besitzt.

3. Inländisches Beschäftigungsverhältnis

Da die erforderliche Zustimmung der Bundesagentur für Arbeit nach § 39 Abs. 3 erteilt wird, **8** kommt es auf ein „**inländisches Beschäftigungsverhältnis**", anders als bei § 39 Abs. 2 S. 1 Nr. 3, grundsätzlich nicht an; es sei denn, es ist **in der jeweiligen Norm der BeschV eine eigene Voraussetzung.** Die gegenteilige Ausführung der BA ist nicht nachvollziehbar (FW BA 2020/07 39.0.8; → § 18b Rn. 17l). Bei Spezialisten nach § 3 Nr. 3 BeschV wird aber zB „eine inländische qualifizierte Beschäftigung" verlangt. Die Verordnungsbegründung stellt klar, dass damit ein inländisches Beschäftigungsverhältnis (→ § 18b Rn. 17 ff.) erforderlich ist. Warum das dann nicht direkt ausdrücklich in den Wortlaut des § 3 Nr. 3 BeschV übernommen wurde, ist nicht bekannt.

Herausfordernd in diesem Zusammenhang ist, dass weder im AufenthG noch in der BeschV **8a** eine Definition des „Inländisches Beschäftigungsverhältnis" aufgenommen ist und in einer Gesamtschau in Verbindung mit dem Begriff der **„Entsendung"** (und damit dem **zivilrechtlichen**

Arbeitgeber außerhalb von Deutschland), der von BMI und BMAS/BA immer wieder mit herangezogen wird, das Zusammenspiel eher verwirrend ist, als zu einer Lösung beizutragen (zu den Einzelheiten der damit einhergehenden Interpretations- und Abgrenzungsschwierigkeiten siehe im Detail → § 18b Rn. 17 ff.).

8b   Für § 3 Nr. 3 BeschV wird ausdrücklich ausgeführt, dass eine Entsendung nicht erlaubt ist (FW BA 2020/07 19c.3.4), während § 3 Nr. 1 und 2 BeschV eine Entsendung als möglich zulassen (FW BA 2020/07 19c.3.2, 19c.3.3). Mit dem Grundsatz, dass zustimmungspflichtige Sachverhalte, also auch § 3 Nr. 3 BeschV, grds. immer eines deutschen Arbeitgebers bedürfen, es sei denn eine Entsendung ist zB durch eine Rechtsnorm zugelassen (FW BA 2020/07 39.0.16; → § 18b Rn. 17a), ist bei § 3 Nr. 3 BeschV daher ein deutscher zivilrechtlicher Arbeitgeber immer zwingend erforderlich.

8c   Bei einem Arbeitsvertrag mit einem deutschen Arbeitgeber liegt regelmäßig ein deutsches, d.h. inländisches Beschäftigungsverhältnis aus sozialversicherungsrechtlicher Sicht vor. Derzeit (Stand: 27.6.2021) gibt es jedoch eine Weisung des BMAS und weiterführend der BA, dass **Befreiungen von der Sozialversicherungspflicht** in Deutschland auf Grund einer **Ausnahmevereinbarung nach internationalen Sozialversicherungsabkommen** dazu führen sollen, dass ein inländisches Beschäftigungsverhältnis nicht vorliege. Letztendlich bedeutet dies, dass ein Mitarbeiter, der eine solche Befreiung von der Sozialversicherungspflicht beantragt, derzeit keine Zustimmung der BA nach § 3 Nr. 3 BeschV erhalten wird. Damit würde aber ein bilateraler Vertrag durch AufenthG und BeschV faktisch ausgehebelt werden (das gleiche Problem stellt sich bei § 18b Abs. 2 S. 1 BeschV → § 18b Rn. 17k). Um diesen Konflikt zu lösen, kann wegen des Vorrangs der internationalen Sozialversicherungsabkommen die Voraussetzung inländisches Beschäftigungsverhältnis eigentlich nur so angewandt werden, dass Ausnahmevereinbarungen mit (teilweiser oder überwiegender) Befreiung von der deutschen Sozialversicherung nicht dazu führen, dass ein inländisches Beschäftigungsverhältnis nicht vorliegt.

4. Nettogehalt

9   Gemäß § 39 Abs. 3 Nr. 1 dürfen **keine ungünstigeren Arbeitsbedingungen** vorliegen. Dazu zählt auch ein **vergleichbares Gehalt.** Üblicherweise wird bei der Vergleichbarkeit des Gehalts von der BA auf den **Bruttolohn** abgestellt (Huber/Mantel AufenthG/Dippe § 39 Rn. 36; Dörig MigrationsR-HdB/Mastmann/Offer § 15 Rn. 78).

10   Bei **Entsendungen** ist es jedoch nicht unüblich, eine **Nettolohnvereinbarung** zu treffen. Ein Vergleich von Nettolöhnen ist jedoch derzeit faktisch nur bei Werkvertragsarbeitnehmern vorgesehen. In allen anderen Verfahren verlangt die Bundesagentur für Arbeit üblicherweise die Angabe eines Bruttolohnes. Das ist aus zwei Gründen herausfordernd. Zum einen muss dann auf der Basis des Nettolohnes vor Beginn des Einsatzes immer eine **Bruttohochrechnung** erfolgen. Das ist grundsätzlich zumutbar, kann im Einzelfall aber anspruchsvoll sein. Viel schwerwiegender ist jedoch, dass es **keine Vorgaben der Bundesagentur für Arbeit** dazu gibt, unter welchen Maßstäben die Bruttohochrechnung zu erfolgen hat. Wenn man jeweils vom selben Nettolohn ausgeht, hat ein Mitarbeiter, der sich alleine und unverheiratet in Deutschland aufhält aufgrund der höheren Steuern einen höheren Bruttolohn als ein Mitarbeiter, dessen Ehegatte mit in Deutschland lebt. Besteht ein **Sozialversicherungsabkommen,** dass es zulässt, das im Rahmen einer Ausnahmevereinbarung die Befreiung von bestimmten Bereichen der deutschen Sozialversicherung festgelegt werden kann (siehe hierzu auch Huber/Mantel AufenthG/Dippe § 39 Rn. 37), liegt aufgrund der geringeren deutschen Sozialabgaben (vorausgesetzt, dass das Äquivalent der dann im Heimatland zu zahlenden Sozialabgaben niedriger ist) ein geringerer Bruttolohn vor als bei einer Konstellation ohne Sozialversicherungsabkommen. Am deutlichsten wird die Diskrepanz aber, wenn man Entsendungen aus Ländern betrachtet, in welchen **keine Lohnsteuer** zu zahlen ist. Ein Mitarbeiter, der zB wegen eines Kurzeinsatzes von fünf Monaten ggf. nicht steuerpflichtig wird in Deutschland, hat (wenn man Sozialversicherung außen vorlässt) ein Nettogehalt, welches seinem Bruttogehalt entspricht. Wird der gleiche Mitarbeiter sieben Monate in Deutschland eingesetzt, ist er grundsätzlich in Deutschland steuerpflichtig und sein Bruttogehalt entsprechend deutlich höher. Entscheidend wird diese Differenz, wenn das geringere Bruttogehalt beim Kurzeinsatz nicht die Höhe des notwendigen vergleichbaren Gehalts erreicht, das Bruttogehalt bei einem längeren Einsatz dagegen schon.

11   Als **Lösung dieses Konflikts** bieten sich zwei Modelle an. Zum einen sollte es für jede relevante Anspruchsgrundlage möglich sein, die Vergleichbarkeit des Gehalts anstelle des Brutto- auch anhand des Nettolohnes durchzuführen (Dörig MigrationsR-HdB/Mastmann/Offer § 15 Rn. 78; so wohl auch Offer/Mävers/Mastmann BeschV § 10 Rn. 7). Alternativ müsste für eine

Bruttohochrechnung ein Standardmodell festgelegt werden. Hierbei kann es dann nicht auf den hochgerechneten Bruttolohn unter Einbeziehung aller persönlichen und entsendungsbedingten Umstände ankommen. Vielmehr kann nur eine **standardisierte Bruttohochrechnung** entscheidend sein, bei welcher fiktiv angenommen wird, dass während des Arbeitseinsatzes ein Maximum an Steuern und Sozialversicherungsbeiträgen in Deutschland gezahlt werden würde. Das ergibt sich aus dem Umkehrschluss bei der Betrachtung von vereinbarten Bruttolöhnen. Erhalten Mitarbeiter denselben Bruttolohn und ist dieser als vergleichbares Gehalt anzusehen, ist das entsprechende Kriterium für die Zustimmung der Bundesagentur für Arbeit erfüllt. Dass die Mitarbeiter aufgrund Ihrer persönlichen Verhältnisse (zB verheiratet, Kinder) oder entsendungsbedingt (Sozialversicherungsabkommen) unterschiedliche Nettolöhne haben können, spielt für die Bundesagentur für Arbeit keine Rolle (das Nettogehalt wäre dann erst bei der Erteilung des Aufenthaltstitels im Rahmen der Sicherung des Lebensunterhaltes relevant). Derselbe Bruttolohn wäre also vergleichbar, selbst wenn der Nettolohn im Einzelfall deutlich niedriger wäre. Dann kann aber von dem möglichen niedrigsten Nettolohn das vergleichbare Bruttogehalt nur ermittelt werden, wenn man die theoretisch größtmöglichen Abzüge umgekehrt zu einem Nettolohn dazurechnet. Ohne eine Klarstellung in diesem Bereich wird es vor allem bei Entsendungen auch zukünftig immer wieder Konstellationen geben, in denen eine maßgeschneiderte Bruttohochrechnung das notwendige vergleichbare Bruttogehalt nicht erreichen wird, obwohl es eigentlich bei einem Standardmodell gegeben wäre (zu den Herausforderungen der Anrechenbarkeit von Gehaltsbestandteilen s. Offer/Mävers/Mastmann, BeschV § 10 Rn. 5 ff.; Offer/Mävers/Offer BeschV § 10a Rn. 13 ff., Offer/Mävers/Werner BeschV § 19 Rn. 53).

Derzeit nicht belegt.   **12**

5. Beschleunigtes Fachkräfteverfahren

Über § 81a Abs. 5 kann das beschleunigte Fachkräfteverfahren **nicht für jeden Aufenthaltstitel** nach § 19c Abs. 1 angewendet werden. Es kommt darauf an, ob eine **qualifizierte Beschäftigung** vorliegt.   **13**

Anwendbar ist das beschleunigte Fachkräfteverfahren unter anderem für lokal in Deutschland angestellte Spezialisten (§ 3 Nr. 3 BeschV; ebenso auch die anderen Fälle des § 3 BeschV – zumindest soweit keine Entsendung vorliegt), Forscher (§ 18d BeschV), Wissenschaftler oder Lehrkräfte (§ 5 BeschV; Anwendungshinweise des Bundesministeriums des Innern, für Bau und Heimat zum Fachkräfteeinwanderungsgesetz v. 30.1.2020 Rn. 81a.1.3).   **14**

Auf § 19c Abs. 1 iVm zB § 10 BeschV (Personalaustausch), § 10a BeschV (ICT) oder § 26 BeschV (Bestimmte Staatsangehörige) findet das beschleunigte Fachkräfteverfahren derzeit **keine Anwendung.**   **15**

Während der Gesetzeswortlaut des § 81a Abs. 5 allein darauf abstellt, ob eine qualifizierte Beschäftigung erfolgen soll, wird die Anwendbarkeit durch die Anwendungshinweise des Bundesministeriums des Innern, für Bau und Heimat deutlich eingeschränkt: weder Personalaustausch (§ 39 Abs. 1 iVm § 10 BeschV) noch ICT (§ 19) sollen vorerst vom beschleunigten Fachkräfteverfahren profitieren. Begründet wird dies damit, dass es sich um **vorübergehende Beschäftigungen** handelt, die „nicht im Fokus des Fachkräfteeinwanderungsgesetzes [stehen] und [...] deshalb nicht Zielgruppe für das beschleunigte Fachkräfteverfahren [sind]" (Anwendungshinweise des Bundesministeriums des Innern, für Bau und Heimat zum Fachkräfteeinwanderungsgesetz v. 30.1.2020 Rn. 81a.1.3).   **16**

Diese **Einschränkung ist nicht nachvollziehbar,** da gerade im Entsendungsbereich eine Vielzahl hochqualifizierter Mitarbeiter von den Unternehmen benötigt wird. Fraglich ist daher, warum im Gesetzeswortlaut ausdrücklich auf die (regelmäßig nicht erforderliche) qualifizierte Beschäftigung abgestellt wird, von der vollziehenden Verwaltung dann zusätzlich auf das Kriterium einer langfristigen Einwanderung abgestellt wird. Praktisch relevant in diesem Zusammenhang ist nicht der Teil des beschleunigten Verfahrens der in Deutschland durchgeführt wird, sondern vielmehr die Möglichkeit mit der Vorabzustimmung einer Zentralen Ausländerbehörde einen Termin für die Stellung eines Visumsantrages innerhalb von drei Wochen zu bekommen. Mitarbeiter, die über den Personalaustausch oder ICT eingesetzt werden, auf das normale Verfahren zu verweisen mit teilweise monatelangen Wartezeiten für einen Termin, kann nicht im Sinne des Gesetzgebers sein. Um trotzdem in den Genuss des beschleunigten Fachkräfteverfahrens zu kommen, müssten Unternehmen ihre Mitarbeiter, die vorübergehend nach Deutschland kommen, mit deutschen Arbeitsverträgen versehen. Faktisch würde sich nichts daran ändern, dass der Einsatz vorübergehend ist – was laut den Anwendungshinweisen des Bundesministeriums des Innern, für Bau und Heimat ja gerade der entscheidende Ausschlussgrund sein soll. Praktisch würde aber eine   **17**

Verdrängung aus den Normen für Personalaustausch und ICT erfolgen. Gerade ICT ist aber ausdrücklich gewünscht. Vor diesem Hintergrund ist zu wünschen, dass Bundesministerium des Innern und Bundesagentur für Arbeit diese praktische Einschränkung des beschleunigten Verfahrens schnellstmöglich abschaffen und nicht erst nach einer Evaluierung nach dem ersten Jahr – also voraussichtlich deutlich nach dem 1.3.2021.

II. Ausgeprägte berufspraktische Kenntnisse (Abs. 2)

18   Diese neue Vorschrift eröffnet die Möglichkeit allein aufgrund von **Berufserfahrung** eine Zustimmung der Bundesagentur für Arbeit zu erhalten, soweit eine qualifizierte Beschäftigung ausgeübt werden soll und entsprechende Normen in der BeschV geregelt und deren Voraussetzungen erfüllt sind.

19   Derzeit (Stand 1.7.2020) ist der entsprechende § 6 BeschV die einzige Vorschrift, die für § 19c Abs. 2 geschaffen wurde. § 6 BeschV ist allein auf Tätigkeiten in der **Informations- und Kommunikationstechnologie** zugeschnitten. Wesentliche Voraussetzung neben mindestens **dreijähriger Berufserfahrung** in den letzten sieben Jahren sind ausreichende **deutsche Sprachkenntnisse (B1)**. Das ist dasselbe Sprachniveau, das eine Fachkraft mit einer Blauen Karte EU benötigt, um bereits nach 21 Monaten eine Niederlassungserlaubnis zu erhalten. Dieses Verhältnis erscheint nicht sehr ausgewogen, insbesondere wenn man berücksichtigt, dass Ausnahmen vom Spracherfordernis des § 6 BeschV nur im begründeten Einzelfall zugelassen werden sollen. In einer Branche, in der es absolut üblich ist, sich beruflich überwiegend auf Englisch zu verständigen, ist das nicht sehr praxisnah.

20   Es ist zudem davon auszugehen, dass § 6 BeschV in naher Zukunft **kaum praktische Relevanz** erfahren wird. Ausländer, welche eine einschlägige Berufserfahrung von drei Jahren aus den letzten sieben Jahren vorweisen können, werden im Regelfall auch als **Spezialist nach § 3 Nr. 3 BeschV** anzusehen sein, da sie – gerade im IT-Bereich – meist besondere Kenntnisse und Fertigkeiten haben, die für das deutsche Unternehmen unerlässlich sind. Da sowohl für § 6 BeschV als auch § 3 Nr. 3 BeschV das **beschleunigte Fachkräfteverfahren** möglich ist, ergibt sich hier auch kein Nachteil bei der Anwendung des § 3 Nr. 3 BeschV.

III. Öffentliches Interesse (Abs. 3)

21   § 19 Abs. 3 übernimmt die Regelung aus § 18 Abs. 4 S. 2 aF (BT-Drs 19/8285, 102). Die Norm ist als Ausnahmeregelung ausgestaltet. Vom Sinn und Zweck her ist sie in engen Grenzen für Sonderfälle gedacht, die sonst im AufenthG oder der BeschV nicht geregelt sind (OVG Bln-Bbg BeckRS 2017, 152328 Rn. 21). Die Vorschrift ist als Ausnahmevorschrift eng auszulegen (OVG Bln-Bbg BeckRS 2017, 152328 Rn. 22 f., VG Berlin BeckRS 2018, 4954 Rn. 32).

22   **Entscheidend** ist letztendlich das geforderte **öffentliche Interesse**. Als **Regelbeispiele** („insbesondere") werden regionale, wirtschaftliche oder arbeitsmarktpolitische Interessen aufgeführt. Als **unbestimmter Rechtsbegriff** kann das öffentliche Interesse **gerichtlich voll überprüft** werden (Bergmann/Dienelt/Bergmann Rn. 13).

23   Es wird explizit festgelegt, dass **nur begründete Einzelfälle** in Betracht kommen. Daher kann allein das Interesse eines potentiellen Arbeitgebers, einen bestimmten ausländischen Arbeitnehmer zu beschäftigen, nicht ausreichen. Lediglich der Nutzen, den der Arbeitnehmer für den Arbeitgeber haben würde, genügt somit nicht (OVG Bln-Bbg BeckRS 2017, 152328 Rn. 22 ff., VG Berlin BeckRS 2018, 4954 Rn. 32).

24   Nach § 18 Abs. 1 S. 1 orientiert sich die Zulassung ausländischer Beschäftigter an den Erfordernissen des Wirtschaftsstandorts Deutschlands unter Berücksichtigung der Verhältnisse auf dem Arbeitsmarkt. Das rein privatwirtschaftliche Interesse des Arbeitgebers begründet grundsätzlich kein öffentliches Interesse (VG Berlin BeckRS 2017, 152346 Rn. 13). Es müsste zB ausnahmsweise ein **übergeordnetes Allgemeininteresse** an der Beschäftigung des Arbeitnehmers bestehen, das über das Einzelinteresse des Arbeitgebers hinausgeht. Ein öffentliches Interesse für die Zustimmung kann auch vorliegen, wenn durch die Beschäftigung eine Ausländers **Arbeitsplätze erhalten oder geschaffen** werden (Nr. 18.4.3 AufenthGAVwV).

25   Anders als vor dem Inkrafttreten des FachkEinwG (Fachkräfteeinwanderungsgesetz v. 15.8.2019, BGBl. I 1307) ist es nicht mehr erforderlich, dass es sich um eine qualifizierte Beschäftigung handelt (Anwendungshinweise des Bundesministeriums des Innern, für Bau und Heimat zum Fachkräfteeinwanderungsgesetz v. 30.1.2020 Rn. 19c.3). Die Norm ist dennoch weiterhin nicht dafür gedacht, Einschränkungen der BeschV auf sonstige Berufe beliebig zu erweitern (s. dazu grundsätzlich Nr. 18.4.2 AufenthGAVwV und für die Fortgeltung dieses Grundsatzes

Anwendungshinweise des Bundesministeriums des Innern, für Bau und Heimat zum Fachkräfteeinwanderungsgesetz v. 30.1.2020 Rn. 19c.3).

Die Erteilung der Aufenthaltserlaubnis erfolgt im Rahmen eines **pflichtgemäßen Ermessens.** 26 Das Ermessen ist jedoch überhaupt erst eröffnet, wenn das öffentliche Interesse und die sonstigen Voraussetzungen vorliegen (OVG NRW BeckRS 2006, 27241).

Das **beschleunigte Fachkräfteverfahren** kann auf § 19c Abs. 3 angewendet werden (Anwen- 27 dungshinweise des Bundesministeriums des Innern, für Bau und Heimat zum Fachkräfteeinwanderungsgesetz v. 30.1.2020 Rn. 19c.3). Für die erforderliche Zustimmung der Bundesagentur für Arbeit sind neben § 18 Abs. 2 Nr. 1–3 die Anforderungen des § 39 Abs. 3 zu beachten. Im Visumsverfahren, soweit erforderlich, ist **zwingend die Ausländerbehörde zu beteiligen** (§ 31 Abs. 1 S. 1 Nr. 2 lit. b AufenthV).

IV. Beamte (Abs. 4)

Im Rahmen der Neustrukturierung des Abschnitt 4 des AufenthG durch das FachkEinwG 28 (Fachkräfteeinwanderungsgesetz v. 15.8.2019, BGBl. I 1307) mWz 1.3.2020 wurde die Regelung des § 18 Abs. 4a ohne Änderung als § 19c Abs. 4 übernommen.

Die Hintergründe der Norm werden in den aktuellen Anwendungshinweisen des Bundesminis- 29 teriums des Innern, für Bau und Heimat zum Fachkräfteeinwanderungsgesetz v. 30.1.2020 ausführlich dargelegt (→ Rn. 29.1)

Anwendungshinweisen des Bundesministeriums des Innern, für Bau und Heimat zum Fach- 29.1 **kräfteeinwanderungsgesetz v. 30.1.2020 Rn. 19c.4.0:** „Gemäß § 7 Absatz 1 Nummer 1 Buchstaben a bis c des Bundesbeamtengesetzes (BBG) und gemäß § 7 Absatz 1 Nummer 1 Buchstaben a bis c des Beamtenstatusgesetzes (BeamtStG) können neben deutschen Staatsangehörigen grundsätzlich auch Staatsangehörige eines anderen Mitgliedstaates der Europäischen Union, Staatsangehörige eines anderen Vertragsstaates des Abkommens über den Europäischen Wirtschaftsraum sowie Staatsangehörige eines Drittstaates, dem die Bundesrepublik Deutschland und die Europäische Union vertraglich einen entsprechenden Anspruch auf Anerkennung von Berufsqualifikationen eingeräumt haben, in das Beamtenverhältnis berufen werden. Darüber hinaus ermöglichen sowohl § 7 Absatz 3 BBG als auch § 7 Absatz 3 BeamtStG, dass auch Ausländer, die nicht die Voraussetzungen nach § 7 Absatz 1 Nummer 1 Buchstabe a, b oder c BBG oder § 7 Absatz 1 Nummer 1 Buchstabe a, b oder c BeamtStG erfüllen, grundsätzlich in das Beamtenverhältnis berufen werden können. Voraussetzung für die Berufung der Beamtin oder des Beamten ist gemäß § 7 Absatz 3 BBG ein dringendes dienstliches Bedürfnis. Nach § 7 Absatz 3 BeamtStG ist Voraussetzung, dass für die Gewinnung der Beamtin 122 oder des Beamten ein dringendes dienstliches Interesse besteht oder bei der Berufung von Hochschullehrerinnen und Hochschullehrern und anderen Mitarbeiterinnen und Mitarbeitern des wissenschaftlichen und künstlerischen Personals in das Beamtenverhältnis andere wichtige Gründe vorliegen. § 19c Absatz 4 enthält zu diesen beamtenrechtlichen Vorschriften die für den Anwendungsbereich des Aufenthaltsgesetzes korrespondierende aufenthaltsrechtliche Regelung. Auf Unionsbürger, die in einem Beamtenverhältnis zu einem deutschen Dienstherrn stehen, ist nicht das Aufenthaltsgesetz, sondern das Freizügigkeitsgesetz/EU anzuwenden."

§ 19c Abs. 4 ist, anders als die meisten Anspruchsgrundlagen im AufenthG und ebenso wie 30 die Aufenthaltstitel aufgrund europarechtlicher Vorgaben (zB Blaue Karte EU, ICT, Daueraufenthalt-EU), als gebundene Entscheidung („wird") und damit als **Anspruch** ausgestaltet.

Die Aufenthaltserlaubnis nach § 19c Abs. 4 wird im **Regelfall für drei Jahre erteilt,** es sei 31 denn, das Beamtenverhältnis ist kürzer vorgesehen. Eine **Zustimmung der Bundesagentur für Arbeit ist nicht erforderlich.** In der BeschV (§ 34 Abs. 2 BeschV) ist mit dem FachkEinwG (Fachkräfteeinwanderungsgesetz v. 15.8.2019, BGBl. I 1307) seit 1.3.2020 eine Zustimmung der Bundesagentur für Arbeit bis zu vier anstelle von drei Jahren möglich. Im AufenthG ist seit 1.3.2020 neu geregelt, dass Aufenthaltstitel für Fachkräfte ebenfalls bis zu vier Jahre erteilt werden können (§ 18 Abs. 4). Insofern scheint die Festlegung der Maximaldauer für eine Aufenthaltserlaubnis nach § 19c Abs. 4 auf „lediglich" drei Jahre etwas aus dem Rahmen gefallen. Hintergrund ist allerdings, dass bereits nach drei Jahren ein Anspruch auf eine Niederlassungserlaubnis besteht. Es gelten die allgemeinen Voraussetzungen für die Erteilung einer Niederlassungserlaubnis – lediglich die vorausgesetzte Dauer des Voraufenthalts und der korrespondierende Nachweis erbrachter Rentenversicherungsbeiträge sind entsprechend auf drei Jahre verkürzt.

Das **beschleunigte Fachkräfteverfahren** ist anwendbar (Anwendungshinweise des Bundesmi- 32 nisteriums des Innern, für Bau und Heimat zum Fachkräfteeinwanderungsgesetz v. 30.1.2020 Rn. 19.c.4.V – Anmerkung des Verfassers: die römische „V" ist wohl ein Redaktionsversehen in den Anwendungshinweisen und soll wohl eine „2" sein).

§ 19d Aufenthaltserlaubnis für qualifizierte Geduldete zum Zweck der Beschäftigung

(1) Einem geduldeten Ausländer kann eine Aufenthaltserlaubnis zur Ausübung einer der beruflichen Qualifikation entsprechenden Beschäftigung erteilt werden, wenn der Ausländer

1. im Bundesgebiet
   a) eine qualifizierte Berufsausbildung in einem staatlich anerkannten oder vergleichbar geregelten Ausbildungsberuf oder ein Hochschulstudium abgeschlossen hat, oder
   b) mit einem anerkannten oder einem deutschen Hochschulabschluss vergleichbaren ausländischen Hochschulabschluss seit zwei Jahren ununterbrochen eine dem Abschluss angemessene Beschäftigung ausgeübt hat, oder
   c) seit drei Jahren ununterbrochen eine qualifizierte Beschäftigung ausgeübt hat und innerhalb des letzten Jahres vor Beantragung der Aufenthaltserlaubnis für seinen Lebensunterhalt und den seiner Familienangehörigen oder anderen Haushaltsangehörigen nicht auf öffentliche Mittel mit Ausnahme von Leistungen zur Deckung der notwendigen Kosten für Unterkunft und Heizung angewiesen war, und
2. über ausreichenden Wohnraum verfügt,
3. über ausreichende Kenntnisse der deutschen Sprache verfügt,
4. die Ausländerbehörde nicht vorsätzlich über aufenthaltsrechtlich relevante Umstände getäuscht hat,
5. behördliche Maßnahmen zur Aufenthaltsbeendigung nicht vorsätzlich hinausgezögert oder behindert hat,
6. keine Bezüge zu extremistischen oder terroristischen Organisationen hat und diese auch nicht unterstützt und
7. nicht wegen einer im Bundesgebiet begangenen vorsätzlichen Straftat verurteilt wurde, wobei Geldstrafen von insgesamt bis zu 50 Tagessätzen oder bis zu 90 Tagessätzen wegen Straftaten, die nach dem Aufenthaltsgesetz oder dem Asylgesetz nur von Ausländern begangen werden können, grundsätzlich außer Betracht bleiben.

(1a) Wurde die Duldung nach § 60a Absatz 2 Satz 3 in Verbindung mit § 60c erteilt, ist nach erfolgreichem Abschluss dieser Berufsausbildung für eine der erworbenen beruflichen Qualifikation entsprechenden Beschäftigung eine Aufenthaltserlaubnis für die Dauer von zwei Jahren zu erteilen, wenn die Voraussetzungen des Absatzes 1 Nummer 2 bis 3 und 6 bis 7 vorliegen.

(1b) Eine Aufenthaltserlaubnis nach Absatz 1a wird widerrufen, wenn das der Erteilung dieser Aufenthaltserlaubnis zugrunde liegende Arbeitsverhältnis aus Gründen, die in der Person des Ausländers liegen, aufgelöst wird oder der Ausländer wegen einer im Bundesgebiet begangenen vorsätzlichen Straftat verurteilt wurde, wobei Geldstrafen von insgesamt bis zu 50 Tagessätzen oder bis zu 90 Tagessätzen wegen Straftaten, die nach dem Aufenthaltsgesetz oder dem Asylgesetz nur von Ausländern begangen werden können, grundsätzlich außer Betracht bleiben.

(2) Die Aufenthaltserlaubnis berechtigt nach Ausübung einer zweijährigen der beruflichen Qualifikation entsprechenden Beschäftigung zu jeder Beschäftigung.

(3) Die Aufenthaltserlaubnis kann abweichend von § 5 Absatz 2 und § 10 Absatz 3 Satz 1 erteilt werden.

Überblick

Die Vorschrift regelt die Erteilung einer Aufenthaltserlaubnis an beruflich qualifizierte Geduldete zum Zweck der Beschäftigung (Abs. 1, → Rn. 3), die Erteilung einer Aufenthaltserlaubnis bei einer erfolgreichen Ausbildungsduldung (Abs. 1a, → Rn. 26) sowie damit im Zusammenhang stehende Fragen wie die Widerrufsmöglichkeit (Abs. 1b, → Rn. 29) und Modifikationen der allgemeinen Erteilungsvoraussetzungen (Abs. 3, → Rn. 25).

Übersicht

A. Allgemeines

Die Vorschrift will das inländische Potenzial von beruflich qualifizierten Geduldeten, die **1** zugleich bereits eine gewisse „Integrationsleistung" erbracht haben (Berufsausbildung / Studium – Abs. 1 Nr. 1 lit. a – bzw. qualifizierte Erwerbstätigkeit – Abs. 1 Nr. 1 lit. b und lit. c, Abs. 1 Nr. 2–Nr. 7, § 5 Abs. 1), für den deutschen Arbeitsmarkt, der derzeit einen steigenden Bedarf an gut ausgebildeten Fachkräften aufweist, erschließen. Zugleich eröffnet er diesen Geduldeten eine aufenthaltsrechtliche Perspektive und Motivation zur (weiteren) Integration über eine Erwerbstätigkeit.

Die Vorgängernorm zu § 19d, nämlich § 18a aF, wurde durch das ArbMigSteurgG (Arbeitsmig- **2** rationssteuerungsgesetz v. 20.12.2008, BGBl. I 2846; BT-Drs. 16/10288, 5, 9 f.; 16/10914, 4, 7) ins AufenthG aufgenommen. Das Integrationsgesetz (v. 31.7.2016, BGBl. I 1939; BR-Drs. 266/16, 9, 47) ergänzte die Vorschrift um Abs. 1a und Abs. 1b. Das Gesetz über Duldung bei Ausbildung und Beschäftigung v. 8.7.2019 (BGBl. I 1021; BT-Drs. 19/8286, 5, 13) passte die Verweisung in Abs. 1a an den neuen Standort und normativen Inhalt der Ausbildungsduldung in § 60c an. Das FachkEinwG (Fachkräfteeinwanderungsgesetz v. 15.8.2019, BGBl. I 1307; BT-Drs. 19/8285, 27, 102; BT-Drs. 10714, 9, 23) übernahm die Vorschrift als § 19d. Die Vorschrift entspricht bis auf minimale Änderungen, die durch § 18 nötig wurden, seiner Vorgängervorschrift (§ 18a aF).

B. Im Einzelnen

I. Aufenthaltserlaubnis für beruflich qualifizierte Geduldete (Abs. 1)

§ 19a Abs. 1 verleiht beruflich qualifizierten Geduldeten einen **Ermessens**anspruch auf Ertei- **3** lung einer Aufenthaltserlaubnis zur Ausübung einer der beruflichen Qualifikation entsprechenden Beschäftigung unter den im Folgenden näher erläuterten Voraussetzungen.

1. Geduldeter

Der Ausländer muss über eine Duldung nach § 60a verfügen. Die verwaltungsgerichtliche **4** Rechtsprechung geht jedoch auch davon aus, dass die Regelung des § 19d auch für Personen gilt, die zunächst einen rechtmäßigen Aufenthalt im Bundesgebiet hatten, diesen Status aber aus welchen Gründen auch immer verloren haben und nun dem Grunde nach ausreisepflichtig sind (vgl. VG Frankfurt a. M. BeckRS 2011, 47779; VG Saarlouis BeckRS 2017, 101267).

Dies trifft zB auf Ausländer zu, denen in einem Ablehnungsbescheid der Ausländerbehörde eine **5** Ausreisefrist gesetzt wurde. Mit Ablauf dieser Frist ist dieser vollziehbar ausreisepflichtig. Der Status des Ausländers entspricht – nach der Rechtsprechung – jedoch jedenfalls bis zum Ablauf der Ausreisefrist einem geduldeten Ausländer. Entsprechendes gilt etwa auch für den Zeitraum ab Eingang eines verwaltungsgerichtlichen Eilantrags, den das angerufene Gericht zum Anlass genommen hat, die Ausländerbehörde zu bitten, vor Ergehen einer Entscheidung im vorliegenden Eilverfahren von der Durchsetzung aufenthaltsbeendender Maßnahmen abzusehen.

2. Voraussetzungen des § 18 Abs. 2

6   Die allgemeinen Erteilungsvoraussetzungen des § 18 Abs. 2 müssen vorliegen. Allerdings ist § 18 Abs. 2 Nr. 5 ausweislich dessen Wortlauts nicht auf § 19d anwendbar. § 18 Abs. 2 Nr. 4 ist in der Sache bei der Prüfung der Voraussetzungen des § 19d Abs. 1 Nr. 1 lit. b bereits berücksichtigt (→ § 18 Rn. 28).

7   Gemäß § 18 Abs. 2 Nr. 1 ist ein konkretes Arbeitsplatzangebot und nach § 18 Abs. 2 Nr. 3 ggf. eine Berufsausübungserlaubnis notwendig. Außerdem muss die Bundesagentur für Arbeit der Erteilung zugestimmt haben (§ 18 Abs. 2 Nr. 2).

7.1   Bewerbungsschreiben, Einladungen zu Vorstellungsgesprächen sowie Ablehnungsschreiben auf Bewerbungen genügen freilich nicht für den Nachweis eines konkreten Arbeitsplatzangebots (VG Aachen BeckRS 2014, 45078).

3. Abgeschlossene inländische Ausbildung oder Hochschulstudium

8   § 19d Abs. 1 Nr. 1 lit. a erfordert, dass der Ausländer im Bundesgebiet eine qualifizierte Berufsausbildung in einem staatlich anerkannten oder vergleichbar geregelten Ausbildungsberuf oder ein Hochschulstudium abgeschlossen hat.

9   Eine **qualifizierte Berufsausbildung** liegt nach § 2 Abs. 12a vor, wenn es sich um eine Berufsausbildung in einem staatlich anerkannten oder vergleichbar geregelten Ausbildungsberuf handelt, für den nach bundes- oder landesrechtlichen Vorschriften eine Ausbildungsdauer von mindestens zwei Jahren festgelegt ist. Die Ausbildungsberufe müssen staatlich anerkannt oder vergleichbar geregelt sein. Das Bundesinstitut für Berufsbildung gibt nach § 90 Abs. 3 Nr. 3 BBiG ein – auf der Webseite des Instituts abrufbares – Verzeichnis der anerkannten Ausbildungsberufe bekannt. Auch die Ausbildung in der Berufsfachschule ist vom Tatbestand des Abs. 1 Nr. 1 lit. a Var. 1 erfasst, soweit sie ein vollberufsqualifizierendes Bildungsprogramm vermittelt. Denn nur wenn in der Berufsfachschule ein berufsqualifizierender Abschluss erworben werden kann, handelt es sich um einen vergleichbar geregelten Ausbildungsberuf.

10   Ein **Hochschulstudium** ist ein Bildungsprogramm organisiert als Studiengang (§ 10 Abs. 1 HRG) an einer staatlichen oder staatlich anerkannten Hochschule iSv § 1 HRG. Darunter fallen Universitäten, Pädagogische Hochschulen, Kunsthochschulen, Fachhochschulen und sonstige Einrichtungen des Bildungswesens, die nach Landesrecht staatliche Hochschulen sind. Ein Hochschulstudiengang führt in der Regel zu einem berufsqualifizierenden Abschluss des tertiären Bildungsbereichs. Als Hochschulstudium gelten auch Ausbildungen, deren Abschluss durch das Landesrecht einem Hochschulabschluss gleichgestellt ist, wie in einzelnen Bundesländern ein Studium an einer Berufsakademie (BT-Drs. 16/10288, 9).

11   Ausbildung und Hochschulstudium sind erfolgreich abgeschlossen, wenn die im jeweiligen normativen Bildungsprogramm (Ausbildungsordnung, Studienordnung etc) vorgesehene Abschlussprüfung bestanden wurde und ein berufsqualifizierender Abschluss erworben wurde. Bei einem Hochschulstudium wird als berufsqualifizierender Abschluss in der Regel ein Hochschulgrad (zB Diplom, Bachelor, Master) verliehen (§§ 18 f. HRG).

4. Berufstätigkeit mit ausländischem Hochschulabschluss

12   § 19d Abs. 1 Nr. 1 lit. b verlangt, dass der Ausländer im Bundesgebiet mit einem anerkannten oder einem deutschen Hochschulabschluss vergleichbaren ausländischen Hochschulabschluss seit zwei Jahren ununterbrochen eine dem Abschluss angemessene Beschäftigung ausgeübt hat.

13   Studienabschlüsse, die Ausländer im Ausland erworben haben, müssen, um im Rahmen dieser Regelung Berücksichtigung zu finden, in Deutschland rechtlich oder faktisch anerkannt sein (→ § 18 Rn. 29 ff.). Die Anerkennung ausländischer Studienabschlüsse ist dabei für die Ausübung der Berufe erforderlich, in denen ein Anerkennungsverfahren für ausländische Hochschulabschlüsse durchgeführt werden muss. Soweit für einen im Ausland erworbenen Hochschulabschluss eine formale Anerkennung nicht vorgesehen oder nicht erforderlich ist, muss dieser Hochschulabschluss mit einem deutschen Hochschulabschluss vergleichbar sein. Vergleichbar ist ein ausländischer Hochschulabschluss mit einem deutschen Hochschulabschluss nur dann, wenn er nach den Bewertungsvorschlägen der Zentralstelle für ausländisches Bildungswesen bei der Kultusministerkonferenz (im Internet abrufbar unter www.anabin.de) als gleichwertig bewertet wird (BT-Drs. 16/10288, 10; BT-Drs. 16/10914, 7).

14   Des Weiteren muss der Ausländer bei Antragstellung bereits seit zwei Jahren ohne Unterbrechung eine dem Studienabschluss angemessene Beschäftigung ausgeübt haben. Angemessen ist die

Beschäftigung, wenn sie üblicherweise einen akademischen Abschluss voraussetzt und die mit der Hochschulausbildung erworbenen Kenntnisse zumindest teilweise oder mittelbar benötigt werden (Nr. 18a.1.1.2 AufenthGAVwV). Zum Zeitpunkt der Antragstellung muss dieses Beschäftigungsverhältnis fortbestehen oder ein Arbeitsplatzangebot für eine weitere entsprechende Beschäftigung vorliegen. Aus Gründen der Verhältnismäßigkeit zerstört eine kürzere (im Sinne von wenigen Monaten) Unterbrechung der Beschäftigungsdauer nicht den Beschäftigungszusammenhang; allerdings bleibt die Unterbrechung bei der Berechnung des Zwei-Jahres-Zeitraums außer Betracht.

5. Ausübung einer qualifizierten Beschäftigung

§ 19d Abs. 1 Nr. 1 lit. c erfordert, dass der Ausländer seit drei Jahren ununterbrochen eine **15** qualifizierte Beschäftigung ausgeübt hat, und innerhalb des letzten Jahres vor Beantragung der Aufenthaltserlaubnis für seinen Lebensunterhalt und den seiner Familienangehörigen oder anderen Haushaltsangehörigen nicht auf öffentliche Mittel mit Ausnahme von Leistungen zur Deckung der notwendigen Kosten für Unterkunft und Heizung angewiesen war.

Eine qualifizierte Beschäftigung liegt gem. § 2 Abs. 12b vor, wenn zu ihrer Ausübung Fertigkei **16** ten, Kenntnisse und Fähigkeiten erforderlich sind, die in einem Studium oder einer qualifizierten Berufsausbildung erworben werden.

Der Ausländer muss unmittelbar vor Erteilung der Aufenthaltserlaubnis mindestens drei Jahre **17** in einer seiner beruflichen Qualifikation entsprechenden qualifizierten Beschäftigung gearbeitet haben. Zum Zeitpunkt der Antragstellung muss dieses Beschäftigungsverhältnis fortbestehen oder ein Arbeitsplatzangebot für eine weitere entsprechende Beschäftigung vorliegen (BT-Drs. 16/ 10288, 10; BT-Drs. 16/10914, 7).

Der Ausländer darf in dem letzten Jahr vor Beantragung der Aufenthaltserlaubnis nicht auf das **18** Einkommen ergänzende Sozialleistungen angewiesen gewesen sein. Wie in anderen Bestimmungen hinsichtlich der Lebensunterhaltssicherung (zB § 27 Abs. 3) kommt es nur auf das Bestehen des Anspruchs auf Sozialleistungen, dh das Vorliegen der Voraussetzungen, nicht auf die tatsächliche Inanspruchnahme an. Für die Erteilung der Aufenthaltserlaubnis ist es jedoch unschädlich, wenn – neben den in § 2 Abs. 3 S. 2 aufgeführten Leistungen – auch Zuschüsse zur Bestreitung der Kosten der Unterkunft und Heizung bezogen wurden. Damit soll eine dauerhafte Zuwanderung in die Sozialsysteme verhindert werden (BT-Drs. 16/10914, 7).

6. Ausreichender Wohnraum

Der Ausländer muss über ausreichenden Wohnraum verfügen (Abs. 1 Nr. 2). Dieses Kriterium **19** wird in § 2 Abs. 4 näher konkretisiert. Allerdings wird in der Literatur dafür plädiert, dieses Erfordernis bei der erstmaligen Erteilung auf die typischen Lebensumstände des betroffenen Personenkreises anzupassen, um den Anwendungsbereich nicht leer laufen zu lassen, da dieser durch Wohnsitzauflagen nach § 61 Abs. 1 bei der freien Wohnungssuche eingeschränkt sei bzw. aufgrund gesetzlicher Bestimmungen zur in einer Gemeinschaftsunterkunft untergebracht sei (Bergmann/ Dienelt/Dollinger Rn. 17).

7. Ausreichende Deutschkenntnisse

Der Ausländer muss über ausreichende Kenntnisse der deutschen Sprache verfügen (Abs. 1 **20** Nr. 3). Ausreichende deutsche Sprachkenntnisse entsprechen dem Niveau B 1 des Gemeinsamen Europäischen Referenzrahmens für Sprachen (§ 2 Abs. 11). Der Nachweis muss nicht zwingend durch das entsprechende formale Zertifikat geführt werden, sondern kann sich auch aus anderen Umständen, wie zB dem erfolgreichen Absolvieren eines inländischen Hochschulstudiums (soweit die Ausbildungssprache Deutsch ist), ergeben (vgl. VG Saarlouis BeckRS 2017, 101267).

8. Keine Täuschung über aufenthaltsrechtliche Umstände

Der Ausländer darf die Ausländerbehörde nicht vorsätzlich über aufenthaltsrechtlich relevante **21** Umstände getäuscht haben (Abs. 1 Nr. 4).

9. Keine Verzögerung der Aufenthaltsbeendigung

Der Ausländer darf behördliche Maßnahmen zur Aufenthaltsbeendigung nicht vorsätzlich **22** hinausgezögert oder behindert haben (Abs. 1 Nr. 5). Nach dem Wortlaut der Vorschrift fällt jedwedes vorsätzliche Hinauszögern oder Behindern behördlicher Maßnahmen zur Aufenthaltsbeendigung hierunter, das neben einem aktiven Tun (zB Untertauchen, Vernichtung von Dokumenten) jedenfalls auch die Nichterfüllung von (gesetzlichen) (Mitwirkungs-) Pflichten (zB Nichtbeschaffung eines Passes oder Passersatzes, § 3, § 82), einschließt. Die Wahrnehmung von gesetzlichen Rechten, insbesondere Einlegung von Rechtsmitteln, erfüllt freilich nicht den Tatbestand (vgl. zu § 104a Abs. 1 S. 1 Nr. 4 HmbOVG BeckRS 2011, 45465; NdsOVG BeckRS 2008, 37465).

10. Keine Bezüge zu extremistischen Organisationen

23   Der Ausländer darf keine Bezüge zu extremistischen oder terroristischen Organisationen haben und diese auch nicht unterstützen (Abs. 1 Nr. 6).

11. Keine Verurteilung wegen vorsätzlicher Straftat

24   Der Ausländer darf nicht wegen einer im Bundesgebiet begangenen vorsätzlichen Straftat verurteilt worden sein, wobei Geldstrafen von insgesamt bis zu 50 Tagessätzen oder bis zu 90 Tagessätzen wegen Straftaten, die nach dem AufenthG oder dem AsylG nur von Ausländern begangen werden können, grundsätzlich außer Betracht bleiben (Abs. 1 Nr. 7).

12. Weitere Erteilungsvoraussetzungen

25   § 19d Abs. 3 suspendiert von einigen allgemeinen aufenthaltsrechtlichen Anforderungen. So kann die Aufenthaltserlaubnis abweichend von § 5 Abs. 2 und § 10 Abs. 3 S. 1 erteilt werden. Abs. 3 vermittelt der Behörde dabei ein Ermessen. Im Rahmen dieser Entscheidung ist nicht nur der Sinn und Zweck der Norm (→ Rn. 1), sondern auch die Dauer seines Aufenthalts sowie vorhandene bisherige Integrationsleistungen zu berücksichtigen (vgl. VG Saarlouis BeckRS 2017, 101267). Die nicht suspendierten allgemeinen Erteilungsvoraussetzungen (§ 5 Abs. 1) müssen freilich vorliegen, zudem dürfen keine Versagungsgründe (§ 5 Abs. 4) entgegenstehen.

II. Aufenthaltserlaubnis bei erfolgreicher Ausbildungsduldung (Abs. 1a)

26   Die Norm soll auf der einen Seite den Ausbildungsbetrieben Rechtssicherheit dahingehend verleihen, dass der von Ihnen ausgebildete Ausländer nach der (erfolgreichen) Ausbildung auch als Fachkraft zur Verfügung steht. Auf der anderen Seite prämiert sie den Ausländer für die erfolgreiche Absolvierung seiner Ausbildung mit einem weiteren gesicherten aufenthaltsrechtlichen Status (vgl. OVG RhPf BeckRS 2017, 119656 Rn. 10).

27   § 19d Abs. 1a vermittelt einen gebundenen Anspruch auf Erteilung einer Aufenthaltserlaubnis für eine der erworbenen beruflichen Qualifikation entsprechenden Beschäftigung. Tatbestandlich knüpft der Anspruch an eine sog. Ausbildungsduldung nach § 60c und an den Umstand an, dass die im Rahmen der Ausbildungsduldung durchgeführte qualifizierte Berufsausbildung in einem staatlich anerkannten oder vergleichbar geregelten Ausbildungsberuf abgeschlossen wurde (→ Rn. 9). Die sich anschließende Beschäftigung muss der in der Berufsausbildung erworbenen Qualifikation entsprechen. Weiter ist nötig, dass die Voraussetzungen des § 18 Abs. 2 erfüllt sind, dh dass die Bundesagentur für Arbeit zugestimmt hat sowie ggf. eine Berufsausübungserlaubnis erteilt wurde oder zugesagt wurde und ein konkretes Arbeitsplatzangebot vorliegt (→ Rn. 7).

28   Die Aufenthaltserlaubnis wird für zwei Jahre erteilt. Im Übrigen müssen auch die Voraussetzungen des Abs. 1 Nr. 2, Nr. 3 und Nr. 6, Nr. 7 sowie die allgemeinen Erteilungsvoraussetzungen erfüllt sein (→ Rn. 25). Die Voraussetzungen des Abs. 1 Nr. 4 und Nr. 5 sind nicht (mehr) zu prüfen, da diese Aspekte bereits iRd § 60c Abs. 2 Nr. 1 (iVm § 60a Abs. 6 S. 1 Nr. 2 und Nr. 3) in der Sache geprüft wurden (vgl. BT-Drs. 19/8286, 13). Versagungsgründe dürfen nicht entgegenstehen (§ 5 Abs. 4).

III. Widerrufsmöglichkeit (Abs. 1b)

29   § 19d Abs. 1b enthält spezielle Widerrufsmöglichkeiten, die an eine Auflösung des der Aufenthaltserlaubnis zugrunde liegenden Arbeitsverhältnisses aus Gründen, die in der Person des Ausländers liegen, und an ein vorsätzliches strafrechtliches Verhalten des Ausländers von einigem Gewicht anknüpfen.

IV. Arbeitserlaubnis (Abs. 2)

30   Nach Ausübung einer zweijährigen der beruflichen Qualifikation entsprechenden Beschäftigung berechtigt die Aufenthaltserlaubnis zu jeder Beschäftigung.

§ 19e Teilnahme am europäischen Freiwilligendienst

(1) Einem Ausländer wird eine Aufenthaltserlaubnis zum Zweck der Teilnahme an einem europäischen Freiwilligendienst nach der Richtlinie (EU) 2016/801 erteilt, wenn die Bundesagentur für Arbeit nach § 39 zugestimmt hat oder durch die Beschäftigungsverordnung oder durch zwischenstaatliche Vereinbarung bestimmt ist, dass die Teilnahme an einem europäischen Freiwilligendienst ohne Zustimmung der Bundesagentur für Arbeit zulässig ist und der Ausländer eine Vereinbarung mit der aufnehmenden Einrichtung vorlegt, die Folgendes enthält:
1. eine Beschreibung des Freiwilligendienstes,
2. Angaben über die Dauer des Freiwilligendienstes und über die Dienstzeiten des Ausländers,
3. Angaben über die Bedingungen der Tätigkeit und der Betreuung des Ausländers,
4. Angaben über die dem Ausländer zur Verfügung stehenden Mittel für Lebensunterhalt und Unterkunft sowie Angaben über Taschengeld, das ihm für die Dauer des Aufenthalts mindestens zur Verfügung steht, und
5. Angaben über die Ausbildung, die der Ausländer gegebenenfalls erhält, damit er die Aufgaben des Freiwilligendienstes ordnungsgemäß durchführen kann.

(2) Der Aufenthaltstitel für den Ausländer wird für die vereinbarte Dauer der Teilnahme am europäischen Freiwilligendienst, höchstens jedoch für ein Jahr erteilt.

Überblick

Die Norm regelt die Erteilung einer Aufenthaltserlaubnis zum Zweck der Teilnahme an einem europäischen Freiwilligendienst. Dabei enthält Abs. 1 die Voraussetzungen für die Erteilung (→ Rn. 4) und Abs. 2 bestimmt die Geltungsdauer (→ Rn. 10).

A. Allgemeines

§ 19e wurde durch das FachkEinwG (Fachkräfteeinwanderungsgesetz v. 15.8.2019, **1** BGBl. I 1307; BT-Drs. 19/8285, 28, 102) geschaffen. Er ist aber identisch mit seiner Vorgängerregelung § 18d aF. Allerdings wurde die Regelung zur Personensorge aus § 18d Abs. 2 aF in § 80 Abs. 5 überführt und der Ausschlusstatbestand aus § 18d Abs. 4 aF in § 19f Abs. 1 und Abs. 3 ausgelagert.

Die Vorgängerbestimmung des § 19d, also § 18d aF, wurde durch das Gesetz zur Umsetzung **2** aufenthaltsrechtlicher Richtlinien der Europäischen Union zur Arbeitsmigration (v. 12.5.2017, BGBl. I 1106; BT-Drs. 18/11136, 13 f., 45) ins AufenthG neu aufgenommen. Dies diente der Umsetzung des Art. 14 RL (EU) 2016/801, die Bedingungen für die Einreise und den Aufenthalt von Drittstaatsangehörigen zu Forschungs- oder Studienzwecken, zur Absolvierung eines Praktikums, zur Teilnahme an einem Freiwilligendienst, Schüleraustauschprogrammen oder Bildungsvorhaben und zur Ausübung einer Au-pair-Tätigkeit regelt. Daraus folgt für die Auslegung des § 19e, dass Zweifelsfragen bei der Auslegung unter Heranziehung der REST-RL (RL (EU) 2016/801 v. 11.5.2016, ABl. 2016 L 132, 21; insbesondere Art. 14 RL (EU) 2016/801) zu klären sind (richtlinienkonforme Auslegung).

Neben dem Anspruch, nach § 19e einen Aufenthaltstitel zu erlangen, besteht auch die Möglich- **3** keit, nach § 19c Abs. 1 im Wege einer Ermessensentscheidung einen Aufenthaltstitel zum Zweck einer sonstigen Beschäftigung, die auch die Teilnahme an einem Freiwilligendienst sein kann (vgl. BT-Drs. 18/11136, 45; Anwendungshinweise des Bundesministeriums des Innern, für Bau und Heimat zum Fachkräfteeinwanderungsgesetz v. 30.1.2020 Rn. 19e.1.1), zu erlangen. Denn § 14 Abs. 1 Nr. 1 BeschV befreit vom Zustimmungserfordernis der Bundesagentur für Arbeit.

B. Im Einzelnen

I. Aufenthaltserlaubnis zum Zweck der Teilnahme am Freiwilligendienst (Abs. 1)

§ 19e Abs. 1 vermittelt einen gebundenen („wird [...] erteilt") Anspruch auf den Aufenthaltstitel **4** zum Zweck der Teilnahme an einem europäischen Freiwilligendienst nach der REST-RL (RL (EU) 2016/801 v. 11.5.2016, ABl. 2016 L 132, 21). Ein Freiwilligendienst ist ein Programm praktischer solidarischer Tätigkeit, das sich auf eine von dem betreffenden Mitgliedstaat oder der Union anerkannte Regelung stützt, Ziele von allgemeinem Interesse ohne Gewinnabsicht verfolgt und bei dem die Tätigkeiten nicht vergütet werden, mit Ausnahme der Erstattung von Auslagen und / oder eines Taschengelds (Art. 3 Nr. 7 RL (EU) 2016/801).

4.1   Art. 14 RL (EU) 2016/801 unterscheidet zwischen einem Freiwilligendienst und dem sog. europäischen Freiwilligendienst. Letzterer ist ein von der EU-Kommission gefördertes spezielles Programm für Teilnehmer zwischen 18 und 30 Jahren. Art. 14 Abs. 1 RL (EU) 2016/801, der die zentralen Vorgaben für die Mitgliedstaaten bezüglich des Aufenthaltstitels vorgibt, stellt anders als Abs. 2 und Abs. 3 nur auf den Freiwilligendienst ab. Vor diesem Hintergrund wäre eine mitgliedstaatliche Beschränkung des Aufenthaltstitels nur auf den europäischen Freiwilligendienst keine richtlinienkonforme Umsetzung.

4.2   Daher ist § 19e immer, wenn diese Norm von „europäischen Freiwilligendienst" spricht, richtlinienkonform so auszulegen, dass damit nicht die Teilnahme an dem Freiwilligendienst des speziellen Programms der Kommission gemeint ist, sondern nur allgemein ein Freiwilligendienst, der die Vorgaben des Art. 3 Nr. 7 RL (EU) 2016/801 erfüllt. Hierfür spricht auch, dass § 19e Nr. 1, Nr. 2 und Nr. 5 – in Übereinstimmung mit Art. 14 Abs. 1 lit. a Ziff. i, Ziff. ii und Ziff. vi RL (EU) 2016/801– nur vom Freiwilligendienst spricht.

5   Zentrales Tatbestandsmerkmal ist eine **Vereinbarung des Ausländers mit der Aufnehmenden Einrichtung.** Der Ausländer hat diese vorzulegen. Abs. 1 regelt den zwingenden Inhalt, den diese Vereinbarung vorweisen muss, in fünf einzelnen Nummern. Sie entsprechen nahezu vollständig den Vorgaben aus Art. 14 Abs. 1 lit. a RL (EU) 2016/801.

6   Nach dem Wortlaut und der Systematik des § 18 Abs. 2 müssen für einen Aufenthaltstitel nach § 19e Abs. 1 auch die **allgemeinen Erteilungsvoraussetzungen des § 18 Abs. 2** erfüllt sein. Jedenfalls ist § 18 Abs. 2 Nr. 5 ausweislich seines Wortlauts nicht auf § 19d anwendbar. § 18 Abs. 2 Nr. 4 kommt ebenfalls schon deswegen nicht zur Anwendung, da die Norm tatbestandlich keine bestimmte Qualifikation des Ausländers voraussetzt. Problematisch ist, dass die Voraussetzungen des § 18 Abs. 2 Nr. 1 und Nr. 3 im Zusammenhang mit einem Freiwilligendienst nicht sachgerecht sind (→ § 18 Rn. 11). Diese normative Friktion ist mittels teleologischer Reduktion zu beheben (→ § 18 Rn. 12). Von der nach dem Normtext des Abs. 1 und nach § 18 Abs. 2 Nr. 2 an sich notwendigen Zustimmung der Bundesagentur für Arbeit befreit § 14 Abs. 1 Nr. 1 BeschV.

7   Bei **minderjährigen Ausländern** ist nach § 80 Abs. 5 die Zustimmung der zur Personensorge berechtigten Personen zum geplanten Aufenthalt nötig.

8   Des Weiteren müssen die **allgemeinen Erteilungsvoraussetzungen** des § 5 Abs. 1, Abs. 2 vorliegen und es dürfen keine Versagungsgründe nach § 5 Abs. 4 entgegenstehen. In diesem Zusammenhang ist bei der Prüfung des Erfordernisses, dass der Lebensunterhalt gesichert sein muss (§ 5 Abs. 1 Nr. 1), die Vereinbarung nach § 19e Abs. 1 Nr. 4 zu berücksichtigen. Falls kein begründeter Verdacht besteht, dass die Vereinbarung insoweit nur vorgeschoben ist, dürfte typischerweise dieses Erfordernis damit erfüllt sein. Auch das **Versagensermessen** des § 18 Abs. 2 Nr. 2 Alt. 3 darf nicht entgegenstehen. Freilich sind viele der in § 40 Abs. 2 und Abs. 3 gennannten Versagungsgründe im Zusammenhang mit einem Freiwilligendienst nicht sachgerecht.

9   Auch darf der Ausländer nicht zu dem nach § 19f Abs. 1 und Abs. 3 **ausgeschlossenen** Gruppen gehören und es dürfen keine **Ablehnungsgründe** nach § 19f Abs. 4 entgegenstehen.

II. Geltungsdauer (Abs. 2)

10   Die Geltungsdauer des Aufenthaltstitels ist nach § 19e Abs. 2 längstens auf ein Jahr befristet. Nach dem Grundsatz des § 8 Abs. 1 kann der Aufenthaltstitel grundsätzlich verlängert werden, da § 19e keine anderweitige Regelung, insbesondere keine Einschränkung, insoweit enthält (aA Bermann/Dienelt/Samel Rn. 5). Für die Verlängerbarkeit spricht auch Art. 21 RL (EU) 2016/801, der implizit die Verlängerung des Titels nach Art. 14 RL (EU) 2016/801 voraussetzt.

§ 19f Ablehnungsgründe bei Aufenthaltstiteln nach den §§ 16b, 16c, 16e, 16f, 17, 18b Absatz 2, den §§ 18d, 18e, 18f und 19e

(1) Ein Aufenthaltstitel nach § 16b Absatz 1 und 5, den §§ 16e, 17 Absatz 2, § 18b Absatz 2, den §§ 18d und 19e wird nicht erteilt an Ausländer,
1. die sich in einem Mitgliedstaat der Europäischen Union aufhalten, weil sie einen Antrag auf Zuerkennung der Flüchtlingseigenschaft oder auf Gewährung subsidiären Schutzes im Sinne der Richtlinie (EG) 2004/83 oder auf Zuerkennung internationalen Schutzes im Sinne der Richtlinie (EU) 2011/95 gestellt haben, oder die in einem Mitgliedstaat internationalen Schutz im Sinne der Richtlinie (EU) 2011/95 genießen,

2. die sich im Rahmen einer Regelung zum vorübergehenden Schutz in einem Mitgliedstaat der Europäischen Union aufhalten oder die in einem Mitgliedstaat einen Antrag auf Zuerkennung vorübergehenden Schutzes gestellt haben,
3. deren Abschiebung in einem Mitgliedstaat der Europäischen Union aus tatsächlichen oder rechtlichen Gründen ausgesetzt wurde,
4. die eine Erlaubnis zum Daueraufenthalt – EU oder einen Aufenthaltstitel, der durch einen anderen Mitgliedstaat der Europäischen Union auf der Grundlage der Richtlinie (EG) 2003/109 erteilt wurde, besitzen,
5. die auf Grund von Übereinkommen zwischen der Europäischen Union und ihren Mitgliedstaaten einerseits und Drittstaaten andererseits ein Recht auf freien Personenverkehr genießen, das dem der Unionsbürger gleichwertig ist.

(2) Eine Blaue Karte EU nach § 18b Absatz 2 wird über die in Absatz 1 genannten Ausschlussgründe hinaus nicht erteilt an Ausländer,
1. die einen Aufenthaltstitel nach Abschnitt 5 besitzen, der nicht auf Grund des § 23 Absatz 2 oder 4 erteilt wurde, oder eine vergleichbare Rechtsstellung in einem anderen Mitgliedstaat der Europäischen Union innehaben; Gleiches gilt, wenn sie einen solchen Titel oder eine solche Rechtsstellung beantragt haben und über den Antrag noch nicht abschließend entschieden worden ist,
2. deren Einreise in einen Mitgliedstaat der Europäischen Union Verpflichtungen unterliegt, die sich aus internationalen Abkommen zur Erleichterung der Einreise und des vorübergehenden Aufenthalts bestimmter Kategorien von natürlichen Personen, die handels- und investitionsbezogene Tätigkeiten ausüben, herleiten,
3. die in einem Mitgliedstaat der Europäischen Union als Saisonarbeitnehmer zugelassen wurden, oder
4. die unter die Richtlinie 96/71/EG des Europäischen Parlaments und des Rates vom 16. Dezember 1996 über die Entsendung von Arbeitnehmern im Rahmen der Erbringung von Dienstleistungen (ABl. L 18 vom 21.1.1997, S. 1) in der Fassung der Richtlinie (EU) 2018/957 des Europäischen Parlaments und des Rates vom 28. Juni 2018 zur Änderung der Richtlinie 96/71/EG über die Entsendung von Arbeitnehmern im Rahmen der Erbringung von Dienstleistungen (ABl. L 173 vom 9.7.2018, S. 16) fallen, für die Dauer ihrer Entsendung nach Deutschland.

(3) [1]Eine Aufenthaltserlaubnis nach den §§ 16b, 16e, 17 Absatz 2, den §§ 18d und 19e wird über die in Absatz 1 genannten Ausschlussgründe hinaus nicht erteilt an Ausländer, die eine Blaue Karte EU nach § 18b Absatz 2 oder einen Aufenthaltstitel, der durch einen anderen Mitgliedstaat der Europäischen Union auf Grundlage der Richtlinie 2009/50/EG des Rates vom 25. Mai 2009 über die Bedingungen für die Einreise und den Aufenthalt von Drittstaatsangehörigen zur Ausübung einer hochqualifizierten Beschäftigung (ABl. L 155 vom 18.6.2009, S. 17) erteilt wurde, besitzen. [2]Eine Aufenthaltserlaubnis nach § 18d wird darüber hinaus nicht erteilt, wenn die Forschungstätigkeit Bestandteil eines Promotionsstudiums als Vollzeitstudienprogramm ist.

(4) Der Antrag auf Erteilung einer Aufenthaltserlaubnis nach den §§ 16b, 16e, 16f, 17, 18d, 18f und 19e kann abgelehnt werden, wenn
1. die aufnehmende Einrichtung hauptsächlich zu dem Zweck gegründet wurde, die Einreise und den Aufenthalt von Ausländern zu dem in der jeweiligen Vorschrift genannten Zweck zu erleichtern,
2. über das Vermögen der aufnehmenden Einrichtung ein Insolvenzverfahren eröffnet wurde, das auf Auflösung der Einrichtung und Abwicklung des Geschäftsbetriebs gerichtet ist,
3. die aufnehmende Einrichtung im Rahmen der Durchführung eines Insolvenzverfahrens aufgelöst wurde und der Geschäftsbetrieb abgewickelt wurde,
4. die Eröffnung eines Insolvenzverfahrens über das Vermögen der aufnehmenden Einrichtung mangels Masse abgelehnt wurde und der Geschäftsbetrieb eingestellt wurde,
5. die aufnehmende Einrichtung keine Geschäftstätigkeit ausübt oder
6. Beweise oder konkrete Anhaltspunkte dafür bestehen, dass der Ausländer den Aufenthalt zu anderen Zwecken nutzen wird als zu jenen, für die er die Erteilung der Aufenthaltserlaubnis beantragt.

(5) [1]Die Einreise und der Aufenthalt nach § 16c oder § 18e werden durch das Bundesamt für Migration und Flüchtlinge abgelehnt, wenn

1. die jeweiligen Voraussetzungen von § 16c Absatz 1 oder § 18e Absatz 1 nicht vorliegen,
2. die nach § 16c Absatz 1 oder § 18e Absatz 1 vorgelegten Unterlagen in betrügerischer Weise erworben, gefälscht oder manipuliert wurden,
3. einer der Ablehnungsgründe des Absatzes 4 vorliegt oder
4. ein Ausweisungsinteresse besteht.

²Eine Ablehnung nach Satz 1 Nummer 1 und 2 hat innerhalb von 30 Tagen nach Zugang der vollständigen Mitteilung nach § 16c Absatz 1 Satz 1 oder § 18e Absatz 1 Satz 1 beim Bundesamt für Migration und Flüchtlinge zu erfolgen. ³Im Fall des Satzes 1 Nummer 4 ist eine Ablehnung durch die Ausländerbehörde jederzeit während des Aufenthalts des Ausländers möglich; § 73 Absatz 3c ist entsprechend anwendbar. ⁴Die Ablehnung ist neben dem Ausländer auch der zuständigen Behörde des anderen Mitgliedstaates und der mitteilenden Einrichtung schriftlich bekannt zu geben.

Überblick

In § 19f werden die Ablehnungsgründe (bzw. Regelungen zum Anwendungsbereich) aus der BlueCard-RL (RL 2009/50/EG v. 25.5.2009, ABl. 2009 L 155, 17) sowie der REST-RL (RL (EU) 2016/801 v. 11.5.2016, ABl. 2016 L 132, 21), welche die frühere Studenten-RL (RL 2004/114/EG v. 13.12.2004, ABl. 2004 L 375, 12) sowie die frühere Forscher-RL (RL 2005/71/EG v. 12.10.2005, ABl. 2005 L 289, 5) durch eine kombinierte Neufassung ersetzt hat, zusammengefasst. Die Ablehnungsgründe betreffen damit über die BlueCard-RL, die Blaue Karte EU und über die REST-RL Aufenthalte zum Zweck der Forschung, des Studiums, der Studienbewerbung, des studienbezogenen Praktikums EU, der Teilnahme am europäischen Freiwilligendienst, Schüleraustauschprogramme sowie Au-Pair-Tätigkeiten. Mit Einführung des ursprünglichen § 20 Abs. 7 (zuletzt vor dem 1.3.2020: § 20 Abs. 6 aF) wurden die in Art. 3 Abs. 2 Forscher-RL festgelegten Tatbestände erfasst, bei deren Erfüllung die Forscher-RL nicht anwendbar ist (BT-Drs. 16/5065). § 19f Abs. 1 enthält damit im Hinblick auf die Regelung des § 20 Abs. 6 von der Richtlinie zwingend vorgeschriebene bestimmte Personengruppen, denen der nationale Aufenthaltstitel nicht erteilt werden darf.

Übersicht

A. Ausschlussgründe für Aufenthalte zum Zweck des Studiums, des studienbezogenen Praktikums EU, der Studienbewerbung, Blaue Karte EU, der Forschung und der Teilnahme am europäischen Freiwilligendienst (Abs. 1)

Die Vorschrift des Abs. 1 gilt für die Aufenthaltstitel nach § 16b Abs. 1 und Abs. 5, §§ 16e, 17 **1** Abs. 2, § 18b Abs. 2, §§ 18d und 19e (Aufenthalte zum Zweck des Studiums, des studienbezogenen Praktikums EU, der Studienbewerbung, Blaue Karte EU, der Forschung und der Teilnahme am europäischen Freiwilligendienst) und fasst die vor Inkrafttreten des FachkEinwG (Fachkräfteeinwanderungsgesetz v. 15.8.2019, BGBl. I 1307) in den bisherigen § 19a Abs. 5 aF und § 20 Abs. 6 aF enthaltenen Ablehnungsgründe zusammen. Wesentliche inhaltliche Änderungen sind hiermit nicht verbunden (BT-Drs. 19/8285, 102).

§ 19f Abs. 1 Nr. 1–3 schließen die Erteilung eines Aufenthaltstitels an Ausländer, die einen **2** Aufenthaltsstatus aus humanitären Gründen haben, der noch nicht gesichert ist, aus (Bergmann/Dienelt/Sußmann, 11. Aufl. 2016, § 20 Rn. 16).

Im Umkehrschluss bedeutet dies, dass Ausländer mit einem gesicherten Aufenthaltsstatus nicht **3** von diesem Ausschluss erfasst sind.

I. Humanitäre Aufenthaltserlaubnis: Flüchtlingsstatus, subsidiärer Schutz, internationalen Schutz (Abs. 1 Nr. 1)

Die Vorschrift des Abs. 1 Nr. 1 fasst die vor Inkrafttreten des FachkEinwG (Fachkräfteeinwande- **4** rungsgesetz v. 15.8.2019, BGBl. I 1307) in § 20 Abs. 6 Nr. 1 aF enthaltenen Ablehnungsgründe zusammen.

Ein Aufenthaltstitel nach § 16b Abs. 1 und Abs. 5, §§ 16e, 17 Abs. 2, § 18b Abs. 2, §§ 18d **5** und 19e wird nicht erteilt an Ausländer, die sich in einem Mitgliedstaat der EU aufhalten, weil sie einen Antrag auf Zuerkennung der Flüchtlingseigenschaft oder auf Gewährung subsidiären Schutzes im Sinne der Qualifikations-RL 2004 (RL 2004/83/EG v. 29.4.2004, ABl. 2004 L 303, 12) oder auf Zuerkennung internationalen Schutzes im Sinne der Qualifikations-RL (RL 2011/95/EU v. 13.12.2011, ABl. 2011 L 337, 9; überarbeitete Fassung der Qualifikations-RL 2004) gestellt haben, oder die in einem Mitgliedstaat internationalen Schutz im Sinne der Qualifikations-RL genießen.

§ 19f Abs. 1 Nr. 1 schließt die Erteilung einer Aufenthaltserlaubnis an Ausländer, die einen **6** noch nicht gesicherten **Aufenthaltsstatus aus humanitären Gründen** in Bezug auf einen Flüchtlingsstatus, auf subsidiären Schutz oder internationalen Schutz haben, aus (Bergmann/Dienelt/Sußmann, 11. Aufl. 2016, § 20 Rn. 16).

Ausländer, denen jedoch nach der Qualifikations-RL 2004 die **Flüchtlingseigenschaft, § 25** **7** **AufenthG,** oder der **subsidiäre Schutz (§ 26 Abs. 1 S. 3 iVm § 4 Abs. 1 AsylG)** zuerkannt wurde, werden von dem Ausschluss nicht erfasst, sie unterliegen einem **gesicherten** Aufenthaltsstatus.

II. Vorübergehender Schutz (Abs. 1 Nr. 2)

Die Vorschrift des Abs. 1 Nr. 2 fasst die vor Inkrafttreten des FachkEinwG (Fachkräfteeinwande- **8** rungsgesetz v. 15.8.2019, BGBl. I 1307) in § 20 Abs. 6 Nr. 2 aF enthaltenen Ablehnungsgründe zusammen.

Ein Aufenthaltstitel nach den § 16b Abs. 1 und Abs. 5, §§ 16e, 17 Abs. 2, § 18b Abs. 2, §§ 18d **9** und 19e wird nicht erteilt an Ausländer, die sich im Rahmen einer Regelung zum vorübergehenden Schutz (vergleichbar der deutschen Regelung des § 24 Abs. 1) in einem Mitgliedstaat der EU aufhalten oder die in einem Mitgliedstaat einen **Antrag auf Zuerkennung vorübergehenden Schutzes** gestellt haben.

III. Aussetzung der Abschiebung (Duldung, Abs. 1 Nr. 3)

10 Die Vorschrift des Abs. 1 Nr. 2 fasst die vor Inkrafttreten des FachkEinwG (Fachkräfteeinwanderungsgesetz v. 15.8.2019, BGBl. I 1307) in § 20 Abs. 6 Nr. 3 aF enthaltenen Ablehnungsgründe zusammen.

11 Ein Aufenthaltstitel nach den § 16b Abs. 1 und Abs. 5, §§ 16e, 17 Abs. 2, § 18b Abs. 2, §§ 18d und 19e wird nicht erteilt an Ausländer, deren **Abschiebung** in einem Mitgliedstaat der Europäischen Union aus tatsächlichen oder rechtlichen Gründen **ausgesetzt** wurde (in Deutschland: Duldung, § 60a).

IV. Daueraufenthalt-EU (Abs. 1 Nr. 4)

12 Die Vorschrift des Abs. 1 Nr. 4 fasst die vor Inkrafttreten des FachkEinwG (Fachkräfteeinwanderungsgesetz v. 15.8.2019, BGBl. I 1307) in § 20 Abs. 6 Nr. 7 aF enthaltenen Ablehnungsgründe zusammen.

13 Ein Aufenthaltstitel nach den § 16b Abs. 1 und Abs. 5, §§ 16e, 17 Abs. 2, § 18b Abs. 2, §§ 18d und 19e wird nicht erteilt an Ausländer, die eine **Erlaubnis zum Daueraufenthalt-EU** oder einen Aufenthaltstitel, der durch einen anderen Mitgliedstaat der EU auf der Grundlage der Daueraufenthalts-RL (RL 2003/109/EG v. 25.11.2003, ABl. 2004 L 16, 44) erteilt wurde, besitzen.

14 Insoweit hat regelmäßig § 38a Vorrang, welcher für Inhaber einer Erlaubnis zum Daueraufenthalt-EU einen Anspruch auf Erteilung eines Aufenthaltstitels vorsieht, wenn sie sich länger als 90 Tage in Deutschland aufhalten wollen.

V. Recht auf freien Personenverkehr (Abs. 1 Nr. 5)

15 Die Vorschrift des Abs. 1 Nr. 5 fasst die vor Inkrafttreten des FachkEinwG (Fachkräfteeinwanderungsgesetz v. 15.8.2019, BGBl. I 1307) in den bisherigen § 19a Abs. 5 Nr. 7 aF und § 20 Abs. 6 Nr. 7 aF enthaltenen Ablehnungsgründe zusammen.

16 Es werden hier die Personengruppen benannt, die nach Art. 3 Abs. 2 RL 2009/50/EG (Blue-Card-RL) nicht in deren Anwendungsbereich fallen (BT-Drs. 17/8682; BR-Drs. 848/11).

17 Ein Aufenthaltstitel nach den § 16b Abs. 1 und Abs. 5, §§ 16e, 17 Abs. 2, § 18b Abs. 2, §§ 18d und 19e wird nicht erteilt an Ausländer, die aufgrund von **Übereinkommen zwischen der EU und ihren Mitgliedstaaten einerseits und Drittstaaten andererseits** ein **Recht auf freien Personenverkehr** genießen, das dem der Unionsbürger gleichwertig ist.

18 Für die Aufnahme dieser Personengruppen besteht auch kein Bedürfnis, da die Beschäftigung bereits aufgrund des jeweiligen Abkommens aufgenommen werden kann (BeckOK AuslR/Breidenbach, 24. Ed. 1.5.2018, § 19a Rn. 2). Von solchen Abkommen profitieren zB **Schweizer Staatsangehörige** und Staatsangehörige der Nicht-EU **EWR-Staaten** (Island, Liechtenstein und Norwegen).

B. Ausschlussgründe für die Blaue Karte EU – § 18b Abs. 2 (Abs. 2)

19 Die Vorschrift des Abs. 2 gilt ausschließlich für die Blaue Karte EU und enthält die vor Inkrafttreten in § 19a Abs. 5 Nr. 1, Nr. 3, Nr. 4 und Nr. 6 aF geregelten Ablehnungsgründe. Es werden hier die Personengruppen benannt, die nach Art. 3 Abs. 2 RL 2009/50/EG (BlueCard-RL) nicht in deren Anwendungsbereich fallen (BT-Drs. 17/8682). Die Ausschlussgründe für § 18b Abs. 2 nach § 19f Abs. 2 sind zusätzliche Ausschlussgründe neben § 19f Abs. 1.

I. Aufenthaltsrecht humanitären Gründen (Abs. 2 Nr. 1)

20 Die Vorschrift des § 19f Abs. 2 Nr. 1 entspricht § 19a Abs. 5 Nr. 1 aF. Darüber hinaus entspricht sie (weiterhin) § 9a Abs. 3 Nr. 1.

21 Eine **Blaue Karte EU** nach § 18b Abs. 2 wird über die in Abs. 1 genannten Ausschlussgründe hinaus nicht erteilt an Ausländer, die
- einen Aufenthaltstitel nach **Abschnitt 5** (§§ 22 ff., Aufenthalt aus völkerrechtlichen, humanitären oder politischen Gründen), also eine **humanitäre Aufenthaltserlaubnis,** besitzen, der nicht aufgrund des § 23 Abs. 2 oder Abs. 4 erteilt wurde, oder
- eine vergleichbare Rechtsstellung in einem anderen Mitgliedstaat der EU innehaben. Gleiches gilt, wenn sie einen solchen Titel oder eine solche Rechtsstellung beantragt haben und über den Antrag noch nicht abschließend entschieden worden ist. Hintergrund ist hier, dass Aufent

haltstitel nach Abschnitt 5 des AufenthG lediglich zu einem **vorübergehenden** Zweck und nicht ausdrücklich bzw. primär zum Zweck der Aufnahme einer Erwerbstätigkeit erteilt werden (BeckOK AuslR/Breidenbach, 24. Ed. 1.5.2018, § 19a Rn. 2).

II. Internationale Abkommen (Abs. 2 Nr. 2)

Die Vorschrift des § 19f Abs. 2 Nr. 2 entspricht § 19a Abs. 5 Nr. 3 aF. 22

Eine Blaue Karte EU nach § 18b Abs. 2 wird über die in Abs. 1 genannten Ausschlussgründe 23
hinaus nicht erteilt an Ausländer, deren Einreise in einen Mitgliedstaat der EU Verpflichtungen unterliegt, die sich aus **internationalen Abkommen** zur Erleichterung der Einreise und des vorübergehenden Aufenthalts **bestimmter Kategorien** von natürlichen Personen, die handels- und investitionsbezogene Tätigkeiten ausüben, herleiten.

Dieser Ausschlusstatbestand ist nahezu identisch mit der Bestimmung des Art. 3 Abs. 2 lit. g 24
RL 2009/50/EG (BlueCard-RL). Maßgeblich für den Ausschluss dieses Personenkreises dürfte nicht nur der Grundsatz der **Spezialität** sein, sondern auch die Tatsache, dass sie nicht als Teil des Arbeitsmarktes des Mitgliedstaates angesehen werden (NK-AuslR/Stiegeler § 19a Rn. 30).

III. Saisonarbeitnehmer (Abs. 2 Nr. 3)

Die Vorschrift des § 19f Abs. 2 Nr. 3 entspricht § 19a Abs. 5 Nr. 4 aF. 25

Der Ausschlussgrund nach Nr. 3 schließt diejenigen vom Erwerb der Blauen Karte EU aus, 26
die im Bundesgebiet oder einem anderen Mitgliedstaat der EU als **Saisonarbeitskräfte** zugelassen wurden.

Der Ausschluss von Saisonarbeitnehmern basiert auf Art. 3 Abs. 2 lit. h RL 2009/50/EG 27
(BlueCard-RL), dessen Wortlaut identisch ist. Maßgeblich ist, dass es sich um einen **speziellen Sektor des Arbeitsmarktes** handelt, in dem naturgemäß nur eine befristete Beschäftigung stattfindet (NK-AuslR/Stiegeler § 19a Rn. 31).

Diese Regelung entspricht dem Sinn und Zweck des erlaubten Aufenthalts von Saisonarbeit- 28
nehmern, der sich in dem saisonal bedingten, **vorübergehenden** Aufenthalt im Bundesgebiet oder einem anderen Mitgliedstaat der EU ausdrückt, ohne die Möglichkeit einer Aufenthaltsverfestigung (BeckOK AuslR/Breidenbach, 24. Ed. 1.5.2018, § 19a Rn. 2).

Diesem Ausschlussgrund steht jedoch nicht entgegen, dass in einem Mitgliedstaat der EU zur 29
Ausübung einer Saisonarbeitnehmerbeschäftigung beschäftigten Drittstaatsangehörigen für eine andere Beschäftigung in Deutschland bei Erfüllung der Voraussetzungen eine Blaue Karte EU erteilt werden kann (Anwendungshinweise des Bundesministeriums des Innern, für Bau und Heimat zum Fachkräfteeinwanderungsgesetz v. 30.1.2020 Rn. 19f.2).

IV. Entsendungstatbestände (Abs. 2 Nr. 4)

Die Vorschrift des § 19f Abs. 2 Nr. 4 entspricht § 19a Abs. 5 Nr. 6 aF. 30

Eine Blaue Karte EU nach § 18b Abs. 2 wird über die in Abs. 1 genannten Ausschlussgründe 31
hinaus nicht erteilt an Ausländer, die **für die Dauer ihrer Entsendung** nach Deutschland unter die Arbeitnehmerentsende-RL (RL 96/71/EG v. 16.12.1996, ABl. 1997 L 18, 1) idF der RL (EU) 2018/957 (v. 28.6.2018, ABl. 2018 L 173, 16) fallen.

Nach Nr. 4 gehören zu den Ausschlussgründen auch Fälle der Entsendung (zB **Personalaus-** 32
tausch). Mit dieser Norm wird der Tatbestand des Art. 3 Abs. 2 S. 2 RL 2009/50/EG (BlueCard-RL) innerstaatlich umgesetzt. Der Aufenthalt zum Zwecke der Entsendung ist **temporärer** Natur, eine Aufenthaltsverfestigung ist in der Regel nicht vorgesehen (BeckOK AuslR/Breidenbach, 24. Ed. 1.5.2018, § 19a Rn. 2). Der Ausschluss gilt aber nur für die Dauer der Entsendung selbst, eine **Lokalisierung** auf Basis der Blauen Karte EU mit einem **deutschen Arbeitsvertrag** nach Beendigung der Entsendung ist möglich.

Ein im Ausland **ruhend gestellter Arbeitsvertrag** steht der Anwendung der Regelungen zur 33
Blauen Karte EU bei Abschluss eines „lokalen" Arbeitsvertrages allerdings nicht entgegen, sofern in Deutschland ein **inländisches Beschäftigungsverhältnis**, also ein Arbeitsvertrag mit einem Unternehmen mit Sitz in Deutschland, begründet wird. Unerheblich ist dabei, ob aus dem in Deutschland bestehenden Beschäftigungsverhältnis Sozialversicherungsbeträge in Deutschland gezahlt werden (Anwendungshinweise des Bundesministeriums des Innern, für Bau und Heimat zum Fachkräfteeinwanderungsgesetz v. 30.1.2020 Rn. 19f.2).

C. Ausschlussgründe für Aufenthalte zum Zweck des Studiums, der Studienbewerbung, des studienbezogenen Praktikums EU, der Forschung und der Teilnahme am europäischen Freiwilligendienst (Abs. 3)

34   Abs. 3 gilt nur für Aufenthalte nach den §§ 16b, 16e, 17 Abs. 2, §§ 18d und 19e (Aufenthalte zum Zweck des Studiums, der Studienbewerbung, des studienbezogenen Praktikums EU, der Forschung und der Teilnahme am europäischen Freiwilligendienst) und enthält die bisher in § 20 Abs. 6 Nr. 4 und Nr. 8 enthaltenen Ablehnungsgründe (BT-Drs. 19/825, 103). Diese Ausschlussgründe gelten zusätzlich zu den in Abs. 1 normierten.

I. Blaue Karte EU (Abs. 3 S. 1)

35   Die Vorschrift des § 19f Abs. 3 S. 1 entspricht § 20 Abs. 6 Nr. 8 aF.

36   Eine Aufenthaltserlaubnis nach den §§ 16b, 16e, 17 Abs. 2, §§ 18d und 19e wird über die in Abs. 1 genannten Ausschlussgründe hinaus nicht erteilt an Ausländer, die eine **Blaue Karte EU** nach § 18b Abs. 2 oder einer Blauen Karte EU, erteilt durch einen anderen Mitgliedstaat der EU auf Grundlage der BlueCard-RL (RL 2009/50/EG v. 25.5.2009, ABl. 2009 L 155, 17) besitzen.

II. Promotionsstudium (Abs. 3 S. 2)

37   Die Vorschrift des § 19f Abs. 3 S. 2 entspricht § 20 Abs. 6 Nr. 4 aF.

38   Eine Aufenthaltserlaubnis nach § 18d wird nicht erteilt, wenn die **Forschungstätigkeit** Bestandteil eines **Promotionsstudiums** als **Vollzeitstudienprogramm** ist.

39   Der Ablehnungsgrund des Promotionsstudiums gilt nur für Aufenthalte nach § 18d und greift außerdem nur, wenn es sich dabei um ein Vollzeitstudienprogramm handelt. Damit dient er der **Abgrenzung zu § 16b.**

40   Maßgeblich für die **Abgrenzung** des Aufenthalts zum Zweck des Studiums einerseits und des Aufenthalts zum Zweck der Forschung andererseits ist im Falle einer Promotion mithin, ob der **Ausländer im Inland eingeschrieben ist** und ein **Vollzeitstudienprogramm** absolviert (dann Aufenthalt zum Zweck des Studiums) oder sich im Wesentlichen der **Forschung** im Rahmen des Promotionsvorhabens widmet (dann Aufenthalt zum Zweck der Forschung).

41   Letzteres ist etwa der Fall, wenn die **Dissertation** im Rahmen eines **Arbeitsvertrages** erstellt wird. Abs. 3 S. 2 steht damit der Erteilung eines Aufenthaltstitels zum Zweck der Forschung nicht entgegen, wenn der Schwerpunkt der Promotion auf der Forschung liegt oder keine Einschreibung als Student im Inland erfolgen soll (BT-Drs. 19/8285, 103).

42   § 19f Abs. 3 S. 2 steht einer späteren Verwendung der Forschungsergebnisse in einem erst später beginnenden Promotionsstudium nicht entgegen (BT-Drs. 16/5065).

43   Das Bundesministerium des Innern, für Bau und Heimat hat in seinen Anwendungshinweisen ausführlich die Abgrenzung zwischen § 16b und § 18d durch § 19f Abs. 3 S. 2 dargelegt (Anwendungshinweise des Bundesministeriums des Innern, für Bau und Heimat zum Fachkräfteeinwanderungsgesetz v. 30.1.2020 Rn. 18d.02).

D. Ausschlussgründe für Aufenthalte zum Zweck des Studiums, der Ausbildungsplatzsuche und Studienbewerbung, des studienbezogenen Praktikums EU, der Forschung (inklusive Mobilität) und der Teilnahme am europäischen Freiwilligendienst (Abs. 4)

44   Die Vorschrift des Abs. 4 gilt nur für Aufenthalte nach den §§ 16b, 16e, 16f, 17, 18d, 18f und 19e (Aufenthalte zum Zweck des Studiums, der Ausbildungsplatzsuche und Studienbewerbung, des studienbezogenen Praktikums EU, der Forschung (inklusive Mobilität) und der Teilnahme am europäischen Freiwilligendienst) und enthält die bisher in § 20c Abs. 1 und Abs. 2 aF geregelten Ablehnungsgründe. Die Regelung dient insbesondere der Umsetzung von Art. 20 Abs. 2 RL (EU) 2016/801 (REST-RL; BT-Drs. 18/11136). Die Ablehnungsgründe stehen weiterhin im Ermessen („kann abgelehnt werden") der zuständigen Behörden (BT-Drs. 19/8285, 103).

45   Die Ablehnungsgründe des § 19f Abs. 4 beinhalten sowohl Missbrauchstatbestände, die daran zweifeln lassen, ob der Aufenthalt zu dem angegebenen Zweck genutzt wird (§ 19f Abs. 4 Nr. 1 und Nr. 6) als auch bestimmte insolvenzrechtliche oder vergleichbare Tatbestände (§ 19f Abs. 4 Nr. 2–5).

I. Missbrauchstatbestand Gründung der Einrichtung zu einem anderen Zweck (Abs. 4 Nr. 1)

Die Vorschrift des § 19f Abs. 4 Nr. 1 entspricht als Ermessenstatbestand § 20c Abs. 1 aF. Mit **46** dem Verweis aus § 19f Abs. 5 S. 1 Nr. 3 auf Abs. 4 findet der Ablehnungsgrund der Nr. 1 dort als gebundene Entscheidung Anwendung und entspricht damit auch § 20c Abs. 3 Nr. 7 aF. Die Vorschrift hat ein Äquivalent in § 19 Abs. 6 Nr. 1 für die ICT-Karte.

Der Antrag auf Erteilung der Aufenthaltserlaubnis kann abgelehnt werden, wenn die aufneh- **47** mende Einrichtung **hauptsächlich** zu dem **Zweck** gegründet wurde, die **Einreise und den Aufenthalt von Ausländern zu erleichtern** (vgl. Art. 20 Abs. 1 lit. d RL (EU) 2016/801 (REST-RL)). Es handelt sich dabei um einen **Missbrauchstatbestand.** Dieser ist dann zu prüfen, wenn konkrete Anhaltspunkte für das Vorliegen eines Missbrauchs gegeben sind. Dies ist zB der Fall, wenn die aufnehmende Einrichtung keiner originären eigenen Ausbildungs-bzw. Forschungstätigkeit nachgeht.

Kriterien zur Feststellung des Missbrauchstatbestands können sein: **48**
• die **Dauer der Existenz** der aufnehmenden Einrichtung,
• die etwaige **Dauer der bisherigen Ausbildungs- bzw. Forschungstätigkeit,**
• die **Reichweite der Ausbildungs- bzw. Forschungstätigkeit** sowie
• ein **Vergleich der Zahl** der sich in der Forschungseinrichtung aufhaltenden Studenten, Schüler bzw. tätigen Forscher mit der Zahl der Anträge auf Erteilung von Aufenthaltstiteln nach §§ 16b, 16e, 16f, 17, 18d bzw. 18 f.

Ein **Anhaltspunkt** für einen Missbrauch kann somit etwa vorliegen, wenn in der aufnehmenden Einrichtung nahezu ausschließlich Drittstaatsangehörige tätig / angebunden sind, aber keine oder nur wenige EU-Bürger (Anwendungshinweise des Bundesministeriums des Innern, für Bau und Heimat zum Fachkräfteeinwanderungsgesetz v. 30.1.2020 Rn. 19 f.4.1.1).

Ausgenommen sind **Studienkollegs** der staatlichen Hochschulen und vergleichbare Einrich- **49** tungen (Anwendungshinweise des Bundesministeriums des Innern, für Bau und Heimat zum Fachkräfteeinwanderungsgesetz v. 30.1.2020 Rn. 19 f.4.1.2). Ein Studienkolleg ist eine besondere Bildungsmaßnahme, die fachlich und sprachlich auf ein Studium vorbereitet. Hier halten sich dann zwangsläufig üblicherweise vor allem Ausländer und dabei sehr viele Drittstaatsangehörige auf (zur Prüfung der **Seriosität der Forschungseinrichtung** vgl. Anwendungshinweise des Bundesministeriums des Innern, für Bau und Heimat zum Fachkräfteeinwanderungsgesetz v. 30.1.2020 Rn. 18d.1.1.1.6; Anwendungshinweise des Bundesministeriums des Innern, für Bau und Heimat zum Fachkräfteeinwanderungsgesetz v. 30.1.2020 Rn. 19 f.4.1.3).

II. Insolvenz- oder insolvenzähnlicher Tatbestände (Abs. 4 Nr. 2–5)

Die Vorschriften des Abs. 4 Nr. 2–5 entsprechen als Ermessenstatbestand § 20c Abs. 2 Nr. 1– **50** 4 aF. Mit dem Verweis aus § 19f Abs. 5 S. 1 Nr. 3 auf Abs. 4 finden die Ablehnungsgründe der Nr. 2–5 dort als gebundene Entscheidung Anwendung und entsprechen damit auch § 20c Abs. 3 Nr. 2–5 aF.

Als weiterer Ablehnungsgrund ist die Erfüllung bestimmter **Insolvenz- oder insolvenzähnli- 51 cher Tatbestände** (§ 19f Abs. 4 Nr. 2–5). Die Vorschrift beruht auf der Umsetzung von Art. 20 Abs. 2 lit. e und lit. f RL (EU) 2016/801 (REST-RL). Diese Tatbestände sind nur dann näher zu prüfen, wenn **konkrete Anhaltspunkte** für ihr Vorliegen bestehen. Dies dient der Verringerung des Verwaltungsaufwands (BT-Drs. 18/11136).

Sofern solche Anhaltspunkte vorliegen, können die **Bekanntmachungen** der **Insolvenzge- 52 richte** der Bundesrepublik Deutschland Informationen liefern. Diese sind einschlägig, wenn ein Insolvenzverfahren bei Gericht beantragt worden ist. In dem Justizportal https://www.insolvenz-bekanntmachungen.de/ können die Bekanntmachungen auch durchsucht werden, zB durch Eingabe der Firma (Anwendungshinweise des Bundesministeriums des Innern, für Bau und Heimat zum Fachkräfteeinwanderungsgesetz v. 30.1.2020 Rn. 19 f.4.2.0).

Bei **staatlich anerkannten (privaten) Schulen bzw. Hochschulen** (Bildungseinrichtungen **53** nach §§ 16b, 16e, 16f) kann ggf. zusätzlich eine durch die **Bildungseinrichtung unterschriebene Erklärung** verlangt werden (bei staatlichen Schulen bzw. Hochschulen ist hingegen eine Insolvenz aufgrund der staatlichen Finanzierung in der Regel praktisch ausgeschlossen).

Die Erklärung könnte wie folgt lauten: „Die Bildungseinrichtung versichert, dass **53.1**
1. über ihr Vermögen kein Insolvenzverfahren mit dem Ziel der Auflösung der Einrichtung und Abwicklung des Geschäftsbetriebs eröffnet wurde,

2. sie nicht im Rahmen der Durchführung eines Insolvenzverfahrens aufgelöst und der Geschäftsbetrieb abgewickelt wurde,

3. nicht die Eröffnung des Insolvenzverfahrens mangels Masse abgelehnt und der Geschäftsbetrieb eingestellt wurde, und

4. sie eine Geschäftstätigkeit ausübt."

54 Bei anderen als nach § 38a AufenthV anerkannten **Forschungseinrichtungen** (§§ 18d, 18f) kann ggf. eine durch die **Forschungseinrichtung unterschriebene Erklärung** verlangt werden.

54.1 Diese könnte wie folgt lauten: „Die Forschungseinrichtung versichert, dass

1. über ihr Vermögen kein Insolvenzverfahren mit dem Ziel der Auflösung der Forschungseinrichtung und Abwicklung des Geschäftsbetriebs eröffnet wurde,

2. sie nicht im Rahmen der Durchführung eines Insolvenzverfahrens aufgelöst und der Geschäftsbetrieb abgewickelt wurde,

3. nicht die Eröffnung des Insolvenzverfahrens mangels Masse abgelehnt und der Geschäftsbetrieb eingestellt wurde, und

4. sie eine Geschäftstätigkeit ausübt."

55 Liegt der Ablehnungsgrund vor, ist bei anerkannten Forschungseinrichtungen zusätzlich die **Aufhebung** der **Anerkennung** zu prüfen (§ 38b AufenthV; Anwendungshinweise des Bundesministeriums des Innern, für Bau und Heimat zum Fachkräfteeinwanderungsgesetz v. 30.1.2020 Rn. 19 f.4.2.2).

56 In § 19f Abs. 4 Nr. 5 deckt Fälle ab, in denen die aufnehmende Einrichtung **keine Geschäftstätigkeit** ausübt, mithin **lediglich die Verwaltung der eigenen Tätigkeit** erfolgt („Briefkastenfirmen"; BT-Drs. 19/825, 103). Nähere Überprüfungen der **Bonität** bei Anhaltspunkten dafür, dass zB **keine Geschäftstätigkeit** ausgeübt wird, können anhand der **Gewinn- und Verlustrechnung** und der **Bilanz** bzw. des **Jahresabschlusses** vorgenommen werden (Anwendungshinweise des Bundesministeriums des Innern, für Bau und Heimat zum Fachkräfteeinwanderungsgesetz v. 30.1.2020 Rn. 19 f. 4.2.1).

III. Missbrauchstatbestand – Fehlende Fähigkeiten/Qualifikation des Ausländers für den angestrebten Aufenthaltszweck (Abs. 4 Nr. 6)

57 Die Vorschrift des § 19f Abs. 4 Nr. 6 entspricht als Ermessenstatbestand § 20c Abs. 2 Nr. 5 aF. Mit dem Verweis aus § 19f Abs. 5 S. 1 Nr. 3 auf Abs. 4 findet der Ablehnungsgrund der Nr. 6 dort als gebundene Entscheidung Anwendung und entspricht damit auch § 20c Abs. 3 Nr. 8 aF.

58 Der Antrag auf **Erteilung einer Aufenthaltserlaubnis** kann abgelehnt werden, wenn Beweise oder konkrete Anhaltspunkte dafür bestehen, dass der Ausländer den Aufenthalt **zu anderen Zwecken nutzen wird** als zu jenen, für die er die Erteilung der Aufenthaltserlaubnis beantragt. Auch hier handelt es sich um einen **Missbrauchstatbestand.**

59 Der Antrag im Rahmen dieser Vorschrift kann abgelehnt werden, wenn zumindest **konkrete Anhaltspunkte** dafür bestehen, dass der Ausländer den Aufenthalt für andere als die in seinem Antrag angegebenen Zwecke nutzen wird. Für die Bewertung, ob der Ausländer statt des angegebenen Zwecks tatsächlich andere Zwecke verfolgt, ist die **Prognose** maßgeblich, ob der Ausländer den von ihm angegebenen **Zweck tatsächlich erfüllen** können wird (BT-Drs. 18/11136).

60 Eine Ablehnung kann in Fällen des **§§ 16b und 16e** etwa in Betracht kommen, wenn entgegen der Zulassung der Bildungseinrichtung erkennbar ist, dass der Ausländer nicht in der Lage sein wird, das Studium durchzuführen, weil ihm die **Studierfähigkeit** fehlt. Dies kann der Fall sein, wenn die entsprechende **Qualifikation für ein Hochschulstudium** fehlt oder der Ausländer nicht über Kenntnisse der **Ausbildungssprache** der Bildungseinrichtung verfügt und diese Sprachkenntnisse auch nicht im Rahmen einer studienvorbereitenden Maßnahme erworben werden sollen (s. Anwendungshinweise des Bundesministeriums des Innern, für Bau und Heimat zum Fachkräfteeinwanderungsgesetz v. 30.1.2020 Rn. 16b.1.1.2). Ein **Anhaltspunkt** hierfür kann sich aus den **bisherigen Leistungen** (bspw. Schul- oder Studienleistungen sowie abgeleisteten Sprachkursen) des Ausländers ergeben (Anwendungshinweise des Bundesministeriums des Innern, für Bau und Heimat zum Fachkräfteeinwanderungsgesetz v. 30.1.2020 Rn. 19 f.4.3.1).

61 Eine Ablehnung kann in Fällen des **§§ 18d und 18e** in Betracht kommen, wenn deutlich wird, dass der Ausländer nicht in der Lage sein wird, die angestrebte Forschungstätigkeit durchzuführen. Dies kann der Fall sein, wenn dem Ausländer die entsprechende **Qualifikation fehlt** oder der Ausländer nicht über **Kenntnisse der Arbeitssprache** (in der Regel dürften Kenntnisse auf dem Niveau B2 des europäischen Referenzrahmens erforderlich sein) der Forschungseinrichtung verfügt. Soweit weder deutsche noch englische Sprachkenntnisse auf diesem Niveau vorliegen, sollte die **Forschungseinrichtung** dazu um **Stellungnahme** gebeten werden (Anwendungshinweise des Bundesministeriums des Innern, für Bau und Heimat zum Fachkräfteeinwanderungsgesetz v. 30.1.2020 Rn. 19 f.4.6.2).

E. Ausschlussgründe für Aufenthalte im Rahmen der Mobilität von Studenten und der kurzfristigen Mobilität von Forschern (Abs. 5)

Die Vorschrift des Abs. 5 gilt für Aufenthalte im Rahmen der Mobilität von Studenten nach **62** § 16c und der kurzfristigen Mobilität von Forschern nach § 18e und enthält die bisher in § 20c Abs. 3 aF geregelten Ablehnungsgründe (BT-Drs. 19/8285, 103). Es besteht kein Ermessen, sondern es liegt eine gebundene Entscheidung („werden [...] abgelehnt") vor. Die Vorschrift beruht auf der Umsetzung von Art. 28 Abs. 7 und Abs. 8 RL (EU) 2016/801 sowie Art. 31 Abs. 7 und Abs. 8 RL (EU) 2016/801 (REST-RL; BT-Drs. 18/11136).

Zum einen werden Einreise und Aufenthalt abgelehnt, wenn ihre Voraussetzungen nicht vorlie- **63** gen (§ 19f Abs. 5 S. 1 Nr. 1). Auch wenn die vorgelegten Dokumente auf unlautere Weise erlangt wurden, ist die kurzfristige Mobilität abzulehnen (§ 19f Abs. 5 S. 1 Nr. 2).

§ 19f Abs. 5 S. 1 Nr. 3 verweist hinsichtlich der Ablehnungsgründe auf Abs. 4. Von den **64** Ablehnungsgründen sind sowohl Missbrauchstatbestände, die daran zweifeln lassen, ob der Aufenthalt zu dem angegebenen Zweck genutzt wird, erfasst (§ 19f Abs. 4 Nr. 1 und Nr. 6) sowie bestimmte insolvenzrechtliche oder vergleichbare Tatbestände (§ 19f Abs. 4 Nr. 2–5)

Das Ausweisungsinteresse ist in § 19f Abs. 5 S. 1 Nr. 4 geregelt. **65**

Abschließend befassen sich S. 2–4 mit dem Verfahren der Ablehnung, der hierfür geltenden **66** Frist und den einhergehenden Mitteilungspflichten.

I. Nichtvorliegen der Voraussetzungen der kurzfristigen Mobilität (Abs. 5 S. 1 Nr. 1)

Die Vorschrift des § 19f Abs. 5 S. 1 Nr. 1 entspricht § 20c Abs. 3 S. 1 Nr. 1 aF. **67**

Eine **Ablehnung erfolgt,** wenn die Voraussetzungen der kurzfristigen Mobilität nach § 16c **68** Abs. 1 oder § 18e Abs. 1 nicht vorliegen.

Eine Ablehnung muss **im Zweifel auch dann** erfolgen, wenn die Zeit nicht mehr ausreicht, **69** **nachgereichte Unterlagen** und Nachweise innerhalb der Frist zu erhalten und zu prüfen (Anwendungshinweise des Bundesministeriums des Innern, für Bau und Heimat zum Fachkräfteeinwanderungsgesetz v. 30.1.2020 Rn. 19 f.5.1.1).

II. Betrügerisches Vorgehen (Abs. 5 S. 1 Nr. 2)

Die Vorschrift des § 19f Abs. 5 S. 1 Nr. 2 entspricht § 20c Abs. 3 S. 1 Nr. 6 aF. **70**

Eine Ablehnung der Einreise und des Aufenthalts im Rahmen der kurzfristigen Mobilität **71** erfolgt, wenn die vorgelegten Dokumente auf betrügerische, unlautere Weise erworben, gefälscht oder manipuliert wurden. Eine **genauere Prüfung** sollte erfolgen, wenn sich zB aus den vorgelegten **Dokumenten selbst bereits Anhaltspunkte** für diesen Ablehnungsgrund ergeben (Anwendungshinweise des Bundesministeriums des Innern, für Bau und Heimat zum Fachkräfteeinwanderungsgesetz v. 30.1.2020 Rn. 19 f.5.1.2).

III. Ablehnungsgründe des § 19f Abs. 4 (Abs. 5 S. 1 Nr. 3)

Die Vorschrift des Abs. 5 S. 1 Nr. 3 **verweist** hinsichtlich der Ablehnung der Einreise und des **72** Aufenthalts im Rahmen der kurzfristigen Mobilität nach § 16c oder § 18e auf die **Ablehnungsgründe nach Abs. 4** (Anwendungshinweise des Bundesministeriums des Innern, für Bau und Heimat zum Fachkräfteeinwanderungsgesetz v. 30.1.2020 Rn. 19 f.5.1.3).

Für die bisher in § 20c Abs. 3 S. 1 Nr. 2–4, Nr. 7 und Nr. 8 aF geregelten Ablehnungsgründe **73** wird nunmehr in Abs. 5 Nr. 3 auf Abs. 4 verwiesen (BT-Drs. 19/825, 103).

Die Vorschrift des § 19f Abs. 4 Nr. 1 greift hier die bisherige Fassung des § 20c Abs. 3 S. 1 **74** Nr. 7 (Gründung oder Betreibung der Forschungseinrichtung hauptsächlich zum Zweck der Einreise- und Aufenthaltserleichterung von Ausländern) auf. Die Vorschrift des § 19f Abs. 4 Nr. 2–5 greifen die insolvenzrechtlichen Tatbestände der bisherigen Fassung des § 20c Abs. 3 S. 1 Nr. 2–5 für die Fälle der Einreise und des Aufenthaltes aus.

Die Vorschrift des § 19f Abs. 4 Nr. 6 greift hier die bisherige Fassung des § 20c Abs. 3 S. 1 **75** Nr. 8 (Anhaltspunkte, dass der Ausländer nicht zum Zweck der kurzfristigen Mobilität einreist) auf.

IV. Ausweisungsinteresse (Abs. 5 S. 1 Nr. 4)

76   Die Vorschrift des § 19f Abs. 5 S. 1 Nr. 4 entspricht § 20c Abs. 3 S. 1 Nr. 9 aF.

77   Die Ablehnung der Einreise und des Aufenthalts nach § 16c oder § 18e erfolgt bei Vorliegen eines **Ausweisungsinteresses.** Zur Prüfung dieses Ablehnungsgrundes ist eine Beteiligung der **Sicherheitsbehörden** nach § 73 Abs. 3c vorgesehen (Anwendungshinweise des Bundesministeriums des Innern, für Bau und Heimat zum Fachkräfteeinwanderungsgesetz v. 30.1.2020 Rn. 19 f.5.1.4). Zur Feststellung einer in diesem Sinne bestehenden **Gefahr für die öffentliche Sicherheit und Ordnung** wird auf das Verfahren des § 73 Abs. 2 und Abs. 3 verwiesen (BT-Drs. 18/11136).

V. Ablehnungsfrist (Abs. 5 S. 2)

78   Die Vorschrift des § 19f Abs. 5 S. 2 entspricht § 20c Abs. 3 S. 2 aF.

79   Eine Ablehnung der Einreise und des Aufenthalts im Rahmen der kurzfristigen Mobilität nach § 19f Abs. 5 S. 1 Nr. 1 und Nr. 2 hat **innerhalb von 30 Tagen** nach **Zugang** der **vollständigen** Mitteilung und Unterlagen nach § 16c Abs. 1 S. 1 oder § 18e Abs. 1 S. 1 beim BAMF zu erfolgen (Anwendungshinweise des Bundesministeriums des Innern, für Bau und Heimat zum Fachkräfteeinwanderungsgesetz v. 30.1.2020 Rn. 19 f.5.2).

VI. Keine Frist bei Ausweisungsinteresse (Abs. 5 S. 3)

80   Die Vorschrift des § 19f Abs. 5 S. 3 entspricht § 20c Abs. 3 S. 3 aF.

81   Es wird geregelt, dass im Fall des § 19f Abs. 5 S. 1 Nr. 4 (**Ausweisungsinteresse**) eine Ablehnung der Einreise und des Aufenthalts nach § 16c oder § 18e durch die Ausländerbehörde **jederzeit** während des Aufenthalts des Ausländers möglich ist; § 73 Abs. 3c ist entsprechend anwendbar. Mithin kann die Ablehnung wegen Vorliegen eines Ausweisungsinteresses **auch noch nach Ablauf der 30-Tages-Frist** durch die **Ausländerbehörde** erfolgen. In diesen Fällen ist die erfolgte Ablehnung durch die Ausländerbehörde **an die Registerbehörde** (Bundesamt für Migration und Flüchtlinge) zu übermitteln (Anwendungshinweise des Bundesministeriums des Innern, für Bau und Heimat zum Fachkräfteeinwanderungsgesetz v. 30.1.2020 Rn. 19 f.5.3).

VII. Bekanntgabe der Mitteilung (Abs. 5 S. 4)

82   Die Vorschrift des § 19f Abs. 5 S. 4 entspricht § 20c Abs. 3 S. 4 aF.

83   Die Ablehnung der Einreise und des Aufenthalts nach § 16c oder § 18e ist neben dem Ausländer auch der zuständigen **Behörde des anderen Mitgliedstaates** und der **mitteilenden Einrichtung schriftlich** bekannt zu geben. Die zuständige Behörde des anderen Mitgliedstaats ist die nach Art. 37 RL (EU) 2016/801 (REST-RL) benannte **Nationale Kontaktstelle** des anderen Mitgliedstaats (BT-Drs. 18/11136).

§ 20 Arbeitsplatzsuche für Fachkräfte

(1) ¹**Einer Fachkraft mit Berufsausbildung kann eine Aufenthaltserlaubnis für bis zu sechs Monate zur Suche nach einem Arbeitsplatz, zu dessen Ausübung ihre Qualifikation befähigt, erteilt werden, wenn die Fachkraft über der angestrebten Tätigkeit entsprechende deutsche Sprachkenntnisse verfügt. ²Auf Ausländer, die sich bereits im Bundesgebiet aufhalten, findet Satz 1 nur Anwendung, wenn diese unmittelbar vor der Erteilung der Aufenthaltserlaubnis nach Satz 1 im Besitz eines Aufenthaltstitels zum Zweck der Erwerbstätigkeit oder nach § 16e waren. ³Das Bundesministerium für Arbeit und Soziales kann durch Rechtsverordnung mit Zustimmung des Bundesrates Berufsgruppen bestimmen, in denen Fachkräften keine Aufenthaltserlaubnis nach Satz 1 erteilt werden darf. ⁴Die Aufenthaltserlaubnis berechtigt nur zur Ausübung von Probebeschäftigungen bis zu zehn Stunden je Woche, zu deren Ausübung die erworbene Qualifikation die Fachkraft befähigt.**

(2) ¹**Einer Fachkraft mit akademischer Ausbildung kann eine Aufenthaltserlaubnis für bis zu sechs Monate zur Suche nach einem Arbeitsplatz, zu dessen Ausübung ihre Qualifikation befähigt, erteilt werden. ²Absatz 1 Satz 2 und 4 gilt entsprechend.**

(3) **Zur Suche nach einem Arbeitsplatz, zu dessen Ausübung seine Qualifikation befähigt,**

1. wird einem Ausländer nach erfolgreichem Abschluss eines Studiums im Bundesgebiet im Rahmen eines Aufenthalts nach § 16b oder § 16c eine Aufenthaltserlaubnis für bis zu 18 Monate erteilt,

2. wird einem Ausländer nach Abschluss der Forschungstätigkeit im Rahmen eines Aufenthalts nach § 18d oder § 18f eine Aufenthaltserlaubnis für bis zu neun Monate erteilt,

3. kann einem Ausländer nach erfolgreichem Abschluss einer qualifizierten Berufsausbildung im Bundesgebiet im Rahmen eines Aufenthalts nach § 16a eine Aufenthaltserlaubnis für bis zu zwölf Monate erteilt werden, oder

4. kann einem Ausländer nach der Feststellung der Gleichwertigkeit der Berufsqualifikation oder der Erteilung der Berufsausübungserlaubnis im Bundesgebiet im Rahmen eines Aufenthalts nach § 16d eine Aufenthaltserlaubnis für bis zu zwölf Monate erteilt werden,

sofern der Arbeitsplatz nach den Bestimmungen der §§ 18a, 18b, 18d, 19c und 21 von Ausländern besetzt werden darf.

(4) ¹Die Erteilung der Aufenthaltserlaubnis nach den Absätzen 1 bis 3 setzt die Lebensunterhaltssicherung voraus. ²Die Verlängerung der Aufenthaltserlaubnis über die in den Absätzen 1 bis 3 genannten Höchstzeiträume hinaus ist ausgeschlossen. ³Eine Aufenthaltserlaubnis nach den Absätzen 1 und 2 kann erneut nur erteilt werden, wenn sich der Ausländer nach seiner Ausreise mindestens so lange im Ausland aufgehalten hat, wie er sich zuvor auf der Grundlage einer Aufenthaltserlaubnis nach Absatz 1 oder 2 im Bundesgebiet aufgehalten hat. ⁴§ 9 findet keine Anwendung.

Überblick

Die Vorschrift regelt die Erteilung einer Aufenthaltserlaubnis zur Arbeitsplatzsuche: Abs. 1 betrifft die Arbeitsplatzsuche von Fachkräften mit Berufsausbildung (→ Rn. 3), Abs. 2 die Arbeitsplatzsuche von Fachkräften mit akademischer Ausbildung (→ Rn. 21) und Abs. 3 die (Anschluss-)Arbeitsplatzsuche in Sonderfällen, in denen der Ausländer bereits einen bestimmen Aufenthaltstitel zuvor besessen hat (→ Rn. 27). Abs. 4 beinhaltet weitere Erteilungsvoraussetzungen sowie Vorgaben für die Verlängerung bzw. Neuerteilung (→ Rn. 11, → Rn. 18 ff.).

Übersicht

A. Allgemeines

§ 20 wurde durch das FachkEinwG (Fachkräfteeinwanderungsgesetz v. 15.8.2019, **1** BGBl. I 1307; BT-Drs. 19/8285, 30 f., 103) ins AufenthG eingefügt. § 20 fasst die bislang im AufenthG an verschiedenen Stellen geregelten Sachverhalte für die Erteilung einer Aufenthaltserlaubnis zur Suche nach einem Arbeitsplatz zusammen. Mit Abstrichen kann vor allem § 18c aF, der die Aufenthaltserlaubnis zur Arbeitsplatzsuche für qualifizierte Fachkräfte regelte, als eine Vorläufernorm zu § 20 Abs. 2 und Abs. 4 angesehen werden. Abs. 3 Nr. 1 geht auf § 16 Abs. 5 aF, Abs. 3 Nr. 2 auf § 20 Abs. 7 aF, Abs. 3 Nr. 4 auf § 17 Abs. 3 aF und Abs. 3 Nr. 4 auf § 17a Abs. 4

aF zurück. Als wesentliche Neuerung eröffnet Abs. 1 erstmals nichtakademischen Fachkräften mit Berufsausbildung die Suche nach einem Arbeitsplatz.

2   Die Norm bezweckt, den faktischen Problemen zu begegnen, mit denen drittstaatsangehörige Ausländer sowie inländische Arbeitgeber auf der Suche nach ausländischen Arbeitskräften konfrontiert sind. So ist es für erstere schwierig, aus dem Ausland heraus potenzielle inländische, insbesondere kleine und mittlere Arbeitgeber zu finden. Auch für letztere ist es unter Umständen schwierig, bei ausländischen Fachkräften „aus der Ferne" einzuschätzen, ob sie die notwendigen Qualifikationen bieten und für das Unternehmen als Fachkraft von Interesse sind. Hierzu ermöglicht die Norm die Einreise und den Aufenthalt von qualifizierten Fachkräften ins Bundesgebiet für eine überschaubare Zeit zum Zwecke der Arbeitsplatzsuche vor Ort in Deutschland (vgl. BT-Drs. 17/9436, 15). Damit gestattet diese Norm die Zuwanderung nach dem Prinzip der Potenzialeinwanderung (vgl. Dörig NVwZ 2016, 1033 (1035)).

B. Im Einzelnen

I. Anspruch für Fachkräfte mit Berufsausbildung (Abs. 1)

3   Der Anspruch nach Abs. 1 setzt Folgendes voraus und hat die nachgenannten Rechtsfolgen:

1. Fachkraft mit Berufsausbildung

4   Zunächst ist Voraussetzung, dass der Ausländer eine Fachkraft mit Berufsausbildung ist (Abs. 1 S. 1). Damit wird an die Legaldefinition des § 18 Abs. 3 Nr. 1 angeknüpft (→ § 18 Rn. 40). Bei Fachkräften mit Berufsausbildung (Abs. 3 Nr. 1) muss eine qualifizierte Berufsausbildung im Inland oder eine mit einer inländischen qualifizierten Berufsausbildung gleichwertige ausländische Berufsqualifikation erworben worden sein. Die qualifizierte Berufsausbildung ist in § 2 Abs. 12a definiert. Eine qualifizierte Berufsausbildung liegt danach vor, wenn es sich um eine Berufsausbildung in einem staatlich anerkannten oder vergleichbar geregelten Ausbildungsberuf handelt, für den nach bundes- oder landesrechtlichen Vorschriften eine Ausbildungsdauer von mindestens zwei Jahren festgelegt ist.

2. Zweck Arbeitsplatzsuche

5   Der Zweck des Aufenthalts muss in der Suche nach einem Arbeitsplatz liegen, zu dessen Ausübung die Qualifikation des Ausländers befähigt. Da der Ausländer nach Abs. 1 eine Fachkraft mit Berufsausbildung gem. § 18 Abs. 3 Nr. 1 sein muss, muss der angestrebte Arbeitsplatz eine solche Qualifikation erfordern. Mit anderen Worten: Gegenstand der Suche muss eine Beschäftigung als Fachkraft sein; der Ausländer muss das Anforderungsprofil aufgrund seiner Berufsqualifikation erfüllen (Anwendungshinweise des Bundesministeriums des Innern, für Bau und Heimat zum Fachkräfteeinwanderungsgesetz v. 30.1.2020 Rn. 20.1.1.2).

6   Die Aufenthaltserlaubnis zum Zweck der Suche eines Arbeitsplatzes nach Abs. 1 (und Abs. 2) umfasst nur die Suche nach einem unselbstständigen Beschäftigungsverhältnis. Die Aufnahme einer selbstständigen Tätigkeit iSv § 21 fällt nicht unter Abs. 1 (und Abs. 2). Hierfür spricht die teleologische Auslegung. So bestehen die faktischen Schwierigkeiten bei der Arbeitsplatzsuche, denen der Gesetzgeber mit § 20 begegnen wollte (→ Rn. 2), nur bei der abhängigen Beschäftigung. Vor allem aber zeigt der binnensystematische Vergleich des Abs. 1 (und Abs. 2) mit Abs. 3, dass **nur** bei letzterem auch die Suche nach einer selbstständigen Tätigkeit erfasst. Denn lediglich in Abs. 3 aE wird § 21 explizit im Normtext erwähnt.

3. Nötige Sprachkenntnisse

7   Weiter muss der Ausländer über der angestrebten Tätigkeit entsprechende deutsche Sprachkenntnisse verfügen. In der Regel werden hier deutsche Sprachkenntnisse mindestens auf dem Niveau B1 erforderlich sein; insbesondere in medizinischen Berufen können auch höhere Anforderungen gegeben sein (BT-Drs. 19/8285, 103; Anwendungshinweise des Bundesministeriums des Innern, für Bau und Heimat zum Fachkräfteeinwanderungsgesetz v. 30.1.2020 Rn. 20.1.1.3).

4. Voraussetzungen des § 18 Abs. 2

8   Nach dem Wortlaut und der Systematik des § 18 Abs. 2 müssen für einen Aufenthaltstitel nach § 20 Abs. 1 auch die **allgemeinen Erteilungsvoraussetzungen des § 18 Abs. 2** erfüllt sein.

Jedenfalls ist § 18 Abs. 2 Nr. 5 ausweislich seines Wortlauts nicht auf § 19d anwendbar. § 18 Abs. 2 Nr. 4 kommt ebenfalls schon deswegen nicht zur Anwendung, da diese Voraussetzung in der Sache bereits beim vorstehenden Tatbestandsmerkmal der Fachkraft zu berücksichtigen ist (→ § 18 Rn. 28, → § 18 Rn. 39).

Problematisch ist, dass die Voraussetzungen des § 18 Abs. 2 Nr. 1 und Nr. 2 im Zusammenhang **9** mit der Arbeitsplatzsuche nicht sachgerecht sind (→ § 18 Rn. 11 f.). So kann ein konkretes Arbeitsplatzangebot noch nicht vorliegen, wenn der Zweck des Titels gerade darin liegt, den Ausländer einen solchen vor Ort im Bundesgebiet erst suchen zu lassen. Auch der Prüfkatalog der Bundesagentur für Arbeit nach § 39 Abs. 2 bei einer Zustimmung passt nicht auf die Situation der Suche nach einem Arbeitsplatz. Um diese normative Friktion zu beheben, wäre denkbar und naheliegend, den Begriff „Beschäftigung" iSv § 18 eng auszulegen, so dass die Arbeitsplatzsuche hiervon nicht erfasst wird. Allerdings ist die ebenfalls in § 18 Abs. 2 Nr. 3 enthaltene Voraussetzung, wonach eine Berufsausübungserlaubnis erteilt wurde oder zugesagt sein muss, soweit diese erforderlich ist, durchaus für den Titel nach § 20 sachgerecht (→ Rn. 10). Mit diesem Befund ist die Lösung in einer teleologischen Reduktion der § 18 Abs. 2 Nr. 1 und Nr. 2 zu finden.

Wird eine Beschäftigung in einem reglementierten – beispielsweise medizinischen – Beruf **10** angestrebt (vgl. zu reglementierten Berufen → § 16d Rn. 10), muss die erforderliche Berufsausübungserlaubnis bei Erteilung des Aufenthaltstitels zur Arbeitsplatzsuche bereits erteilt oder zugesagt sein (§ 18 Abs. 2 Nr. 3). Verfügt der Ausländer zwar über eine ausländische Berufsausbildung für einen reglementierten Beruf, sucht aber einen Arbeitsplatz im nicht reglementierten Bereich (zB eine im medizinischen Bereich ausgebildete Fachkraft sucht eine Tätigkeit in der Gesundheitsverwaltung; zu den nicht reglementierten Berufen → § 16d Rn. 10.2), ist die Berufsausübungserlaubnis keine Voraussetzung für die Erteilung des Aufenthaltstitels zur Arbeitsplatzsuche (Anwendungshinweise des Bundesministeriums des Innern, für Bau und Heimat zum Fachkräfteeinwanderungsgesetz v. 30.1.2020 Rn. 20.1.1.1).

5. Sicherung des Lebensunterhalts (Abs. 4 S. 1)

Die Erteilung der Aufenthaltserlaubnis nach Abs. 1–3 setzt die Lebensunterhaltssicherung voraus **11** (Abs. 4 S. 1). Es gilt die Begriffsbestimmung des § 2 Abs. 3 S. 1, wonach der Lebensunterhalt eines Ausländers gesichert ist, wenn er ihn einschließlich ausreichenden Krankenversicherungsschutzes ohne Inanspruchnahme öffentlicher Mittel bestreiten kann. Die Hervorhebung des Erfordernisses der Sicherung des Lebensunterhalts in Abs. 4 S. 1 stuft diese allgemeine Erteilungsvoraussetzung (§ 5 Abs. 1 Nr. 1, → Rn. 13) zu einem zwingenden Erfordernis hoch, das – anders als bei § 5 Abs. 1 – auch bei atypischen Fällen ein Abweichen vom Regelfall ausschließt.

Weil eine eigene Erwerbstätigkeit gem. Abs. 1 S. 4 nur im beschränkten Rahmen von Probebe **12** schäftigung zu zehn Stunden die Woche erlaubt ist, muss der Lebensunterhalt in der Regel anderweitig, etwa durch eine Bürgschaft oder das Vorhandensein von ausreichenden Ersparnissen, nachgewiesen werden. Da der Ausländer nach erfolgloser Suche wieder ausreisen muss (vgl. Abs. 4 S. 2 und S. 3) umfasst der Lebensunterhalt auch die für die Ausreise erforderlichen finanziellen Mittel (vgl. Anwendungshinweise des Bundesministeriums des Innern, für Bau und Heimat zum Fachkräfteeinwanderungsgesetz v. 30.1.2020 Rn. 20.4.1 aE).

6. Sonstige Voraussetzungen

Im Übrigen müssen die allgemeinen Erteilungsvoraussetzungen des § 5 Abs. 1, Abs. 2 vorliegen **13** und es dürfen keine Versagungsgründe (§ 5 Abs. 4) entgegenstehen.

7. Gegebenenfalls Ausschluss nach Abs. 1 S. 2 und S. 3

Ausländer, die sich bereits im Bundesgebiet aufhalten, können eine Aufenthaltserlaubnis wegen **14** Abs. 1 S. 2 nur dann erhalten, wenn sie **unmittelbar davor** (→ Rn. 14.2) im Besitz eines Aufenthaltstitels zur Erwerbstätigkeit oder nach § 16e (Studienbezogenes Praktikum EU) waren (vgl. Anwendungshinweise des Bundesministeriums des Innern, für Bau und Heimat zum Fachkräfteeinwanderungsgesetz v. 30.1.2020 Rn. 20.1.2). Als **Aufenthaltstitel zur Erwerbstätigkeit** kommen die in § 18a ff. geregelten Titel in Betracht, die die Voraussetzungen des § 2 Abs. 2 erfüllen (sa → § 18 Rn. 7 ff.). Falls dies nicht der Fall ist, ist ein Anspruch nach Abs. 1 (und Abs. 2) bei einem Voraufenthalt in Deutschland ausgeschlossen. Freilich bleibt dann noch die Möglichkeit der Erteilung einer Aufenthaltserlaubnis zum Zweck der Arbeitsplatzsuche nach § 20 Abs. 3.

14.1 § 20 Abs. 1 S. 2 zeigt, dass der Gesetzgeber davon ausgeht, dass ein Aufenthaltstitel nach § 20 Abs. 1 S. 1 zur Arbeitsplatzsuche im Regelfall von Ausländern beantragt wird, die sich noch nicht im Bundesgebiet aufhalten (Anwendungshinweise des Bundesministeriums des Innern, für Bau und Heimat zum Fachkräfteeinwanderungsgesetz v. 30.1.2020 Rn. 20.1.2). Von dieser Grundannahme ausgehend ist Abs. 1 S. 2 restriktiv auszulegen.

14.2 Das Erfordernis zum **unmittelbaren Titelvorbesitzes** aus § 20 Abs. 1 S. 2 liegt jedenfalls dann vor, wenn der im Inland befindliche Ausländer bereits zum Zeitpunkt der Stellung des Antrags auf einen Titel nach § 20 Abs. 1 S. 1 (noch) über einen gültigen Titel iSv Abs. 1 S. 2 verfügt hat. Wurde beim vorausgehenden Titel die Verlängerung rechtzeitig beantragt, so ist die Fiktionswirkung des § 81 Abs. 4 bei der Beurteilung zu berücksichtigen, so lange die Verlängerung nicht abgelehnt wurde (vgl. SächsOVG BeckRS 2020, 26367 Rn. 13). Fraglich ist, ob ein unmittelbarer Titelvorbesitz auch dann noch anzunehmen ist, wenn der vorausgehende Titel zeitlich vor der Antragstellung bereits abgelaufen war, ob man also einen überschaubaren (Kulanz-) Zeitraum insoweit noch hinnehmen kann. Dagegen spricht die Vorgabe der engen Auslegung (→ Rn. 14.1). Nach dem SächsOVG BeckRS 2020, 26367 Rn. 13 ist jedenfalls ein Zeitraum von 5 Monaten zwischen Ablauf der Befristung und dem Antrag auf Erteilung einer Aufenthaltserlaubnis zur Arbeitsplatzsuche nicht mehr unmittelbar.

15 Nach Abs. 1 S. 3 kann das Bundesministerium für Arbeit und Soziales durch Rechtsverordnung (etwa in der BeschV) mit Zustimmung des Bundesrates Berufsgruppen bestimmen, in denen Fachkräften keine Aufenthaltserlaubnis nach Abs. 1 S. 1 erteilt werden darf. Damit kann auf konjunkturelle oder arbeitsmarktliche negative Lagen reagiert werden.

8. Ermessen

16 Als Rechtsfolge sieht Abs. 1 S. 1 Ermessen in Bezug auf die Titelerteilung vor. Bei der Ermessensausübung sollte gem. § 18 Abs. 1 berücksichtigt werden, dass der Leitgedanke des FachkEinwG (Fachkräfteeinwanderungsgesetz v. 15.8.2019, BGBl. I 1307) die Sicherung des Fachkräftebedarfs der deutschen Wirtschaft ist. Die Erwägung, dass für eine bestimmte Berufsgruppe vermeintlich kein oder nur ein geringerer Fachkräftebedarf besteht, scheidet grundsätzlich aus, da die Bestimmung über diese Frage nach § 20 Abs. 1 S. 3 dem Bundesministerium für Arbeit und Soziales obliegt, das ggf. mit Zustimmung des Bundesrates entsprechende Eingrenzungen vornimmt (Anwendungshinweise des Bundesministeriums des Innern, für Bau und Heimat zum Fachkräfteeinwanderungsgesetz v. 30.1.2020 Rn. 20.1.5).

9. Erwerbstätigkeit

17 Die Aufenthaltserlaubnis berechtigt nach Abs. 1 S. 4 nur zur Ausübung von Probebeschäftigungen bis zu zehn Stunden je Woche, zu deren Ausübung die erworbene Qualifikation den Ausländer befähigt. Damit ist zugleich ausgesagt, dass darüber hinaus jede andere Beschäftigung untersagt ist. Durch die Probebeschäftigung soll Arbeitgebern die Besetzung einer Stelle mit einer ausländischen Fachkraft erleichtert werden. Soll die Probebeschäftigung in reglementierten Berufen erfolgen, ist auch hier darauf zu achten, dass eine Berufsausübungserlaubnis bereits erteilt oder zumindest zugesagt sein muss (§ 18 Abs. 2 Nr. 3, → Rn. 10).

17.1 Der bisherige § 18c aF hatte jede Erwerbstätigkeit während des Suchaufenthalts verboten hat. Künftig kann ein interessierter Arbeitgeber die persönliche und fachliche Eignung des Kandidaten für eine künftige Beschäftigung als Fachkraft in dem Betrieb im Rahmen eines auf zehn Wochenstunden begrenzten Beschäftigungsverhältnisses nach § 7 SGB IV erproben (BT-Drs. 19/8285, 103).

10. Dauer, Verlängerung und Neuerteilung

18 Die Dauer des Titels darf nur für bis zu sechs Monate umfassen. Nach Abs. 4 S. 2 ist eine Verlängerung der Aufenthaltserlaubnis über die in Abs. 1–3 genannten Höchstzeiträume hinaus ausgeschlossen.

19 Ferner ist es ausgeschlossen, direkt nach der Ausreise wieder zum selben Zweck einzureisen. Vielmehr muss der Ausländer mindestens so lange wieder im Ausland verweilen, wie er sich zuvor mit dem Aufenthaltstitel zur Arbeitsplatzsuche in Deutschland aufgehalten hat (Abs. 4 S. 3). Hierbei wird nicht auf die durch eine Aufenthaltserlaubnis ermöglichte Aufenthaltszeit, sondern auf die tatsächliche Aufenthaltszeit im Bundesgebiet abgestellt. Im Zweifelsfall hat der Ausländer Nachweise über die maßgeblichen Aufenthaltszeiträume im Bundesgebiet und im Ausland zu erbringen (BT-Drs. 19/8285, 104; Anwendungshinweise des Bundesministeriums des Innern, für Bau und Heimat zum Fachkräfteeinwanderungsgesetz v. 30.1.2020 Rn. 20.4.3).

Mit Abs. 4 S. 4 wird die Erteilung einer Niederlassungserlaubnis nach § 9 während des Aufent- 20
halts zur Arbeitsplatzsuche ausgeschlossen.

II. Anspruch für Fachkräfte mit akademischer Ausbildung (Abs. 2)

Der Anspruch nach Abs. 2 setzt Folgendes voraus und hat die nachgenannten Rechtsfolgen: 21

1. Fachkraft mit akademischer Ausbildung

Zunächst ist Voraussetzung, dass der Ausländer eine Fachkraft mit akademischer Ausbildung ist 22
(Abs. 1 S. 1). Damit wird an die Legaldefinition des § 18 Abs. 3 Nr. 2 angeknüpft (→ § 18
Rn. 42). Eine Fachkraft mit akademischer Ausbildung (Abs. 3 Nr. 2) muss einen deutschen, einen
anerkannten (vgl. Abs. 2 Nr. 4) ausländischen oder einen einem deutschen Hochschulabschluss
vergleichbaren (vgl. Abs. 2 Nr. 4) ausländischen Hochschulabschluss besitzen (→ § 18 Rn. 42).

2. Zweck Arbeitsplatzsuche

Zweck des Aufenthalts muss in der Suche nach einem Arbeitsplatz liegen, zu dessen Ausübung 23
die Qualifikation des Ausländers befähigt. Da der Ausländer nach Abs. 1 eine Fachkraft mit
akademischer Ausbildung gem. § 18 Abs. 3 Nr. 2 sein muss, muss der angestrebte Arbeitsplatz
eine solche Qualifikation erfordern. Mit anderen Worten: Gegenstand der Suche muss eine
Beschäftigung als Fachkraft sein, dh der Ausländer muss das Anforderungsprofil aufgrund seiner
(akademischen) Qualifikation erfüllen. Dies kann auch bei einem Arbeitsplatz für eine beruflich
qualifizierte Fachkraft der Fall sein (Anwendungshinweise des Bundesministeriums des Innern,
für Bau und Heimat zum Fachkräfteeinwanderungsgesetz v. 30.1.2020 Rn. 20.2.1.2).

Umfasst vom Zweck ist nur die Suche nach einem unselbstständigen Beschäftigungsverhältnis 24
(→ Rn. 6).

3. Weitere Voraussetzungen und Rechtsfolgen

Im Übrigen müssen die erforderliche Berufsausübungserlaubnis bei Erteilung des Aufenthaltsti- 25
tels zur Arbeitsplatzsuche bereits erteilt oder zugesagt sein, falls ein solche erforderlich ist (§ 18
Abs. 2 Nr. 3; → Rn. 8 ff.), der Lebensunterhalt gesichert sein (Abs. 4 S. 1, → Rn. 11) und die
allgemeinen Erteilungsvoraussetzungen des § 5 Abs. 1, Abs. 2 vorliegen (→ Rn. 13). Ferner darf
die Erteilung nicht gem. Abs. 1 S. 2 iVm Abs. 2 S. 2 bei einem Voraufenthalt in Bundesgebiet
ausgeschlossen sein (→ Rn. 14). Versagungsgründe (§ 5 Abs. 4) dürfen ebenfalls nicht entgegenstehen. Anders als Abs. 1 stellt Abs. 2 keine Anforderungen in Bezug auf deutsche Sprachkenntnisse
des Ausländers.

In der Rechtsfolge und in Bezug auf die Vorgaben zur Dauer und Neuerteilung entspricht der 26
Anspruch nach Abs. 2 dem des Abs. 1. Es gelten die dort gemachten Ausführungen: zum Ermessen
(→ Rn. 16), zur Erwerbstätigkeit (→ Rn. 17), zur Dauer und Verlängerung (→ Rn. 18) sowie
zur Neuerteilung (→ Rn. 19).

III. Anspruch im Anschluss an bestimmte Aufenthaltstitel (Abs. 3)

Der Anspruch nach Abs. 3 setzt Folgendes voraus und hat die nachgenannten Rechtsfolgen: 27

1. Grundtatbestand nach Abs. 3 Nr. 1–4

Abs. 3 sieht für vier Gruppen einen Grundtatbestand vor. Die Gruppen betreffen Absolventen 28
deutscher Hochschulen (Nr. 1), Forscher im Anschluss an einen Forschungsaufenthalt (Nr. 2),
Absolventen einer qualifizierten Berufsausbildung im Bundesgebiet (Nr. 3) und Ausländer, die
sich zum Zweck der Anerkennung ihrer ausländischen Berufsqualifikation im Bundesgebiet aufhalten (Nr. 4). Gemeinsam ist ihnen, dass sie jeweils einen durch einen bestimmten Aufenthaltstitel
legitimierten Voraufenthalt im Bundesgebiet haben. Nachdem der jeweilige Zweck des Aufenthaltstitels (erfolgreich) erfüllt ist, soll nun im Anschluss der Aufenthalt zwecks Arbeitsplatzsuche
verlängert werden.

2. Zweck Arbeitsplatzsuche

Die gesuchte Erwerbstätigkeit muss eine solche sein, zu deren Ausübung die Qualifikation 29
des Ausländers befähigt. Zudem muss der gesuchte Arbeitsplatz ein solcher sein, der in einem

Aufenthaltstitel nach §§ 18a, 18b, 18d, 19c oder 21 münden kann (Abs. 3 aE). Im Unterschied zu § 20 Abs. 1 und Abs. 2 (→ Rn. 6) kann Gegenstand der Suche bei Aufenthaltstiteln nach § 20 Abs. 3 von vornherein auch eine selbstständige Tätigkeit nach § 21 sein, wie der Normtext explizit klarstellt (Anwendungshinweise des Bundesministeriums des Innern, für Bau und Heimat zum Fachkräfteeinwanderungsgesetz v. 30.1.2020 Rn. 20.3.2).

3. Weitere Voraussetzungen

30   Im Übrigen müssen die erforderliche Berufsausübungserlaubnis bei Erteilung des Aufenthaltstitels zur Arbeitsplatzsuche bereits erteilt oder zugesagt sein, falls ein solche erforderlich ist (§ 18 Abs. 2 Nr. 3, → Rn. 8 ff.), der Lebensunterhalt gesichert sein (Abs. 4 S. 1, → Rn. 11) und die allgemeinen Erteilungsvoraussetzungen des § 5 Abs. 1, Abs. 2 vorliegen (→ Rn. 13). Versagungsgründe (§ 5 Abs. 4) dürfen ebenfalls nicht entgegenstehen.

4. Rechtsfolge: Ermessen bzw. gebundener Anspruch

31   Abs. 3 Nr. 1 und Nr. 2 sehen einen gebundenen Anspruch vor. Bei Abs. 3 Nr. 3 und Nr. 4 steht die Erteilung des Aufenthaltstitels im Ermessen der Behörde.

5. Erwerbstätigkeit

32   Da Abs. 3 keine einschränkende Regelung enthält, gilt der Grundsatz des § 4a Abs. 1, dass eine Erwerbstätigkeit iSv § 2 Abs. 2 erlaubt ist.

6. Dauer und Verlängerung

33   Die Dauer des Titels ist auf einen Höchstzeitraum beschränkt. Dieser ist für die einzelnen Titel in Abs. 3 Nr. 1–4 jeweils separat geregelt. Eine Verlängerung ist nach Abs. 4 S. 2 ausgeschlossen.

34   Mit Abs. 4 S. 4 wird die Erteilung einer Niederlassungserlaubnis nach § 9 während des Aufenthalts zur Arbeitsplatzsuche ausgeschlossen.

§ 20a [aufgehoben]

1   § 20a befindet sich durch die Neuregelung im Rahmen des FachkEinwG (Fachkräfteeinwanderungsgesetz v. 15.8.2019, BGBl. I 1307) und der Umstrukturierung der §§ 18 ff. nunmehr seit 1.3.2020 in § 18e. Es wurde allerdings zunächst vergessen, § 20a formell aufzuheben (ebenso §§ 20b, 20c). Dies ist nunmehr durch Art 26a Abs. 1 des Siebten Gesetzes zur Änderung des Vierten Buches Sozialgesetzbuch und anderer Gesetze v. 12.6.2020 (BGBl. I 1248) mWz 24.6.2020 korrigiert und §§ 20a ff. wurden aufgehoben.

§ 20b [aufgehoben]

1   § 20b befindet sich durch die Neuregelung im Rahmen des FachkEinwG (Fachkräfteeinwanderungsgesetz v. 15.8.2019, BGBl. I 1307) und der Umstrukturierung der §§ 18 ff. nunmehr seit 1.3.2020 in § 18f. Es wurde allerdings zunächst vergessen, § 20b formell aufzuheben (ebenso §§ 20a, 20c). Dies ist nunmehr durch Art. 26a Abs. 1 des Siebten Gesetzes zur Änderung des Vierten Buches Sozialgesetzbuch und anderer Gesetze v. 12.6.2020 (BGBl. I 1248) mWz 24.6.2020 korrigiert und §§ 20a ff. wurden aufgehoben.

§ 20c [aufgehoben]

1   § 20c ist mit der Neuregelung im Rahmen des FachkEinwG (Fachkräfteeinwanderungsgesetz v. 15.8.2019, BGBl. I 1307) und der Umstrukturierung der §§ 18 ff. durch Zusammenfassung verschiedener Vorschriften zu Ablehnungsgründen nunmehr seit 1.3.2020 in § 19f aufgegangen. Es wurde allerdings zunächst vergessen, § 20c formell aufzuheben (ebenso §§ 20a, 20b). Dies ist

nunmehr durch Art. 26a Abs. 1 des Siebten Gesetzes zur Änderung des Vierten Buches Sozialgesetzbuch und anderer Gesetze v. 12.6.2020 (BGBl. I 1248) mWz 24.6.2020 korrigiert und §§ 20a ff. wurden aufgehoben.

§ 21 Selbständige Tätigkeit

(1) [1]Einem Ausländer kann eine Aufenthaltserlaubnis zur Ausübung einer selbständigen Tätigkeit erteilt werden, wenn
1. ein wirtschaftliches Interesse oder ein regionales Bedürfnis besteht,
2. die Tätigkeit positive Auswirkungen auf die Wirtschaft erwarten lässt und
3. die Finanzierung der Umsetzung durch Eigenkapital oder durch eine Kreditzusage gesichert ist.
[2]Die Beurteilung der Voraussetzungen nach Satz 1 richtet sich insbesondere nach der Tragfähigkeit der zu Grunde liegenden Geschäftsidee, den unternehmerischen Erfahrungen des Ausländers, der Höhe des Kapitaleinsatzes, den Auswirkungen auf die Beschäftigungs- und Ausbildungssituation und dem Beitrag für Innovation und Forschung. [3]Bei der Prüfung sind die für den Ort der geplanten Tätigkeit fachkundigen Körperschaften, die zuständigen Gewerbebehörden, die öffentlich-rechtlichen Berufsvertretungen und die für die Berufszulassung zuständigen Behörden zu beteiligen.

(2) Eine Aufenthaltserlaubnis zur Ausübung einer selbständigen Tätigkeit kann auch erteilt werden, wenn völkerrechtliche Vergünstigungen auf der Grundlage der Gegenseitigkeit bestehen.

(2a) [1]Einem Ausländer, der sein Studium an einer staatlichen oder staatlich anerkannten Hochschule oder vergleichbaren Ausbildungseinrichtung im Bundesgebiet erfolgreich abgeschlossen hat oder der als Forscher oder Wissenschaftler eine Aufenthaltserlaubnis nach den §§ 18b, 18d oder § 19c Absatz 1 besitzt, kann eine Aufenthaltserlaubnis zur Ausübung einer selbständigen Tätigkeit abweichend von Absatz 1 erteilt werden. [2]Die beabsichtigte selbständige Tätigkeit muss einen Zusammenhang mit den in der Hochschulausbildung erworbenen Kenntnissen oder der Tätigkeit als Forscher oder Wissenschaftler erkennen lassen.

(3) Ausländern, die älter sind als 45 Jahre, soll die Aufenthaltserlaubnis nur erteilt werden, wenn sie über eine angemessene Altersversorgung verfügen.

(4) [1]Die Aufenthaltserlaubnis wird auf längstens drei Jahre befristet. [2]Nach drei Jahren kann abweichend von § 9 Abs. 2 eine Niederlassungserlaubnis erteilt werden, wenn der Ausländer die geplante Tätigkeit erfolgreich verwirklicht hat und der Lebensunterhalt des Ausländers und seiner mit ihm in familiärer Gemeinschaft lebenden Angehörigen, denen er Unterhalt zu leisten hat, durch ausreichende Einkünfte gesichert ist und die Voraussetzung des § 9 Absatz 2 Satz 1 Nummer 4 vorliegt.

(5) [1]Einem Ausländer kann eine Aufenthaltserlaubnis zur Ausübung einer freiberuflichen Tätigkeit abweichend von Absatz 1 erteilt werden. [2]Eine erforderliche Erlaubnis zur Ausübung des freien Berufes muss erteilt worden oder ihre Erteilung zugesagt sein. [3]Absatz 1 Satz 3 ist entsprechend anzuwenden. [4]Absatz 4 ist nicht anzuwenden.

(6) Einem Ausländer, dem eine Aufenthaltserlaubnis zu einem anderen Zweck erteilt wird oder erteilt worden ist, kann unter Beibehaltung dieses Aufenthaltszwecks die Ausübung einer selbständigen Tätigkeit erlaubt werden, wenn die nach sonstigen Vorschriften erforderlichen Erlaubnisse erteilt wurden oder ihre Erteilung zugesagt ist.

Überblick

Die Vorschrift regelt die Erteilung einer Aufenthaltserlaubnis zum Zweck der Ausübung einer selbstständigen Tätigkeit (Abs. 1, Abs. 2, → Rn. 6) sowie zum Zweck der Ausübung einer freiberuflichen Tätigkeit (Abs. 5, → Rn. 28), die erleichterte Erteilung einer Aufenthaltserlaubnis an Hochschulabsolventen und Wissenschaftler (Abs. 2a, → Rn. 21) und die damit im Zusammenhang stehenden Fragen, wie die Erlaubnis selbstständiger Tätigkeit an sonstige Aufenthaltsberechtigte (Abs. 6, → Rn. 33), zusätzliche Erteilungsvoraussetzungen bei älteren Personen (Abs. 3, → Rn. 16) und die Geltungsdauer (Abs. 4, → Rn. 24).

A. Allgemeines

1   § 21 wurde im Rahmen der Schaffung des AufenthG durch das ZuwG (Zuwanderungsgesetz v. 30.7.2004, BGBl. I 1950) eingeführt, wobei der Regierungsentwurf diesbezüglich durch den Vermittlungsausschuss noch geändert wurde (BT-Drs. 15/420, 12, 76; BT-Drs. 15/3479, 4). Dabei bestand § 21 ursprünglich aus Abs. 1–4. Gegenüber dem zuvor geltenden AuslG (Ausländergesetz v. 9.7.1990, BGBl. I 1354) wurde somit erstmals eine eigene Rechtsgrundlage für die Zuwanderung von selbstständigen Unternehmern geschaffen. Durch diesen Aufenthaltstitel bezweckt der Gesetzgeber, die dauerhafte Investition ausländischer Unternehmer mit einer tragfähigen Geschäftsidee und gesicherter Finanzierung im Bundesgebiet zu erleichtern. Hintergrund ist die damit verbundene Annahme und Erwartung, dass gerade von Selbstständigen, also kleinen und mittleren Unternehmen, wichtige Impulse für die Volkswirtschaft ausgehen und es gerade diese Unternehmen sind, die neue Arbeitsplätze entstehen lassen (vgl. BT-Drs. 15/420, 76).

2   Durch das Gesetz zur Umsetzung aufenthalts- und asylrechtlicher Richtlinien der Europäischen Union v. 19.8.2007 (BGBl. I 1970; BT-Drs. 16/5065, 16 f., 168) wurden Abs. 1 und Abs. 4 leicht geändert und Abs. 3 neu gefasst. Zudem wurde im Abs. 5 und Abs. 6 ergänzt. Es folgten weitere kleinere Änderungen im Normtext durch das Gesetz zur arbeitsmarktadäquaten Steuerung der Zuwanderung Hochqualifizierter und zur Änderung weiterer aufenthaltsrechtlicher Regelungen v. 20.12.2008 (BGBl. I 2846; BT-Drs. 16/10288, 16/11390, 2) und das Gesetz zur Umsetzung der Hochqualifizierten-Richtlinie der Europäischen Union v. 1.6.2012 (BGBl. I 1224; BT-Drs. 17/8682; BT-Drs. 17/9436, 6 f., 16). Durch letzteres wurde zudem Abs. 2a neu eingefügt. Das Gesetz zur Verbesserung der Rechte von international Schutzberechtigten und ausländischen Arbeitnehmern v. 29.8.2013 (BGBl. I 3484; BT-Drs. 17/13022, 8, 20) brachte noch eine redaktionelle Korrektur. Ursprünglich enthielt § 21 Abs. 2 eine Regelvermutung, nach der das Vorliegen einiger unbestimmter Tatbestandsmerkale des Abs. 1 S. 1 unter bestimmten Voraussetzungen angenommen werden konnte. Diese Regelvermutung wurde sukzessive in ihren Voraussetzungen abgeschwächt und schließlich ganz aufgegeben.

3   Das FachkEinwG (Fachkräfteeinwanderungsgesetz v. 15.8.2019, BGBl. I 1307; BT-Drs. 19/8285, 31, 104) passte lediglich die Verweisungen in Abs. 2a auf andere, geänderte Normen an und ergänzte Abs. 4 S. 2 um den Verweis auf § 9 Abs. 2 S. 1 Nr. 4.

4   Nach dem Grundsatz des § 4a Abs. 1 dürfen Ausländer, die einen Aufenthaltstitel besitzen, eine Erwerbstätigkeit ausüben, es sei denn, ein Gesetz bestimmt ein Verbot. In diesen Fällen, in denen die Ausübung einer Erwerbstätigkeit und damit auch nach der Legaldefinition des § 2 Abs. 2 eine selbstständige Tätigkeit bereits von Gesetzes wegen gestattet ist, findet § 21 keine Anwendung. § 21 Abs. 1–5 sind also nicht auf Ausländer anzuwenden, die bereits eine Aufenthaltserlaubnis zu einem anderen Zweck innehaben und nun zusätzlich eine selbstständige Erwerbstätigkeit ausüben wollen. § 21 Abs. 6 regelt diesen Fall und stellt klar, dass die Voraussetzungen des § 21 Abs. 1–5 als solche nur Anwendung finden, wenn ein Ausländer gerade aus dem Grund einreist, um in Deutschland selbstständig tätig zu werden (BT-Drs. 16/5065, 168).

5   Die Abgrenzung des Anwendungsbereichs des § 21 zu §§ 18 ff. erfolgt anhand des Tatbestandsmerkmals des Abs. 1 „selbst[st]ändige Tätigkeit" (→ § 18 Rn. 8). Da sich die jeweiligen Anwendungsbereiche der §§ 18 ff. und § 21 tatbestandlich ausschließen, wie insbesondere aus der Begrifflichkeit folgt (→ § 18 Rn. 10) sind die Voraussetzungen des § 18 Abs. 2 nicht bei § 21 zu prüfen.

B. Erläuterungen im Einzelnen

I. Aufenthaltserlaubnis zur selbstständigen Tätigkeit (Abs. 1)

§ 21 Abs. 1 regelt die im **Ermessen** der Ausländerbehörde stehende Erteilung einer Aufent- **6**
haltserlaubnis zur Ausübung einer selbstständigen Tätigkeit. Die Ausgestaltung als Ermessensnorm
dient dazu, der Ausländerbehörde eine grundsätzliche Flexibilität und ausreichend Spielraum bei
der Handhabung zu gewähren (BT-Drs. 15/420, 76).

1. Selbstständige Tätigkeit

Der Zweck der Aufenthaltserlaubnis liegt in der Ausübung einer selbstständigen Tätigkeit. **7**
Dieses Tatbestandsmerkmal grenzt den Anwendungsbereich gegenüber den §§ 18 ff. ab (→ § 18
Rn. 8). Die Abgrenzung ist mithin anhand der komplementären, sich gegenseitig ausschließenden
Begriffe Beschäftigung iSv § 2 Abs. 2 iVm § 7 SGB IV, dh unselbstständige Erwerbsarbeit, und
selbstständige Tätigkeit vorzunehmen. Zentral kennzeichnend für eine unselbstständige Erwerbsarbeit sind eine Tätigkeit nach Weisungen und eine Eingliederung in die Arbeitsorganisation des
Weisungsgebers sowie, dass die Tätigkeit gegen ein Entgelt als Gegenleistung erbracht wird. Demgegenüber zeichnet sich eine selbstständige Tätigkeit vornehmlich dadurch aus, dass der Selbständige das Berufs- und Existenzrisiko (Unternehmerrisiko) trägt. Anhaltspunkte hierfür können
zudem das Vorhandensein einer eigenen Betriebsstätte, die Verfügungsmöglichkeit über die eigene
Arbeitskraft, die im Wesentlichen frei gestaltete Tätigkeit und Arbeitszeit und geschäftliche Beziehungen zu mehreren Vertragspartnern sein. Indizien für eine unselbstständige Arbeit sind zB feste
Arbeitszeiten und Bezüge, Anspruch auf Urlaub und auf sonstige Sozialleistungen, Überstunden-
vergütung sowie Fortzahlung der Bezüge im Krankheitsfall und Eingliederung in den Betrieb
(vgl. VG Augsburg BeckRS 2012, 52350 Rn. 29).

Nach der Gesetzesbegründung soll sich die Norm nicht nur an Unternehmensgründer oder **8**
Einzelunternehmer richten, sondern auch an Geschäftsführer und gesetzliche Vertreter von Perso-
nen- und Kapitalgesellschaften (BT-Drs. 15/420, 76). Insoweit stellt sich freilich die Abgrenzungs-
frage zu § 18a bzw. § 18b iVm § 3 BeschV, die anhand der vorstehend dargestellten Vorgaben zu
lösen ist.

2. Spezielle Erteilungsvoraussetzungen

Das Gesetz nennt drei spezielle Voraussetzungen für die Erteilung, die kumulativ vorliegen **9**
müssen: Es muss ein wirtschaftliches Interesse oder ein regionales Bedürfnis bestehen (Nr. 1), die
Tätigkeit muss positive Auswirkungen auf die Wirtschaft erwarten lassen (Nr. 2) und die Finanzierung der Umsetzung durch Eigenkapital oder durch eine Kreditzusage muss gesichert sein (Nr. 3).
Die Prüfung der Voraussetzungen des Abs. 1 S. 1 erfordert eine **Prognose,** da die Anforderungen
zukunftsbezogen sind und von der Entwicklung der selbstständigen Tätigkeit abhängen (vgl. VG
Augsburg BeckRS 2010, 55087). Die Prognose soll insbesondere anhand der in S. 2 angeführten
Kriterien erfolgen, wobei eine **Gesamtschau** durchzuführen ist (vgl. VGH BW BeckRS 2009,
33091 Rn. 10). Die in Abs. 1 S. 2 nicht abschließend („insbesondere") genannten Kriterien sind
die Tragfähigkeit der zu Grunde liegenden Geschäftsidee, die unternehmerischen Erfahrungen
des Ausländers, die Höhe des Kapitaleinsatzes, die Auswirkungen auf die Beschäftigungs- und
Ausbildungssituation und der Beitrag für Innovation und Forschung. Zur Beurteilung der Tatbestandsvoraussetzungen des Abs. 1 S. 1 und S. 2 sind die für den Ort der geplanten Tätigkeit
fachkundigen Körperschaften (zB Industrie- und Handelskammer, Handwerkskammer), die
zuständigen Gewerbebehörden, die öffentlich-rechtlichen Berufsvertretungen und die für die
Berufszulassung zuständigen Behörden zu beteiligen, dh deren Stellungnahmen bei der Subsumtion zu berücksichtigen (Abs. 1 S. 3).

Bei den in § 21 Abs. 1 S. 1 und S. 2 normierten Voraussetzungen für die Erteilung einer **10**
Aufenthaltserlaubnis zur Ausübung einer selbstständigen Tätigkeit handelt es sich um gerichtlich
vollständig überprüfbare unbestimmte Rechtsbegriffe auf der Tatbestandsseite der Vorschrift, die
ggf. das behördliche Ermessen für die Erteilung der Aufenthaltserlaubnis eröffnen (vgl. VGH BW
BeckRS 2009, 33091 Rn. 6; HmbOVG BeckRS 2008, 33588).

Im Hinblick auf das wirtschaftliche Interesse bzw. regionale Bedürfnis ist zu unterstreichen, **11**
dass nicht die eigenen unternehmerischen Interessen des Ausländers, sondern die inländischen
Interessen oder Bedürfnisse an der betreffenden Tätigkeit des Ausländers in Deutschland bzw. in
der jeweiligen Region maßgeblich sind (VGH BW BeckRS 2009, 33091 Rn. 9). Bei der Auslegung der Nr. 1 ist die Wertung des Gesetzgebers des Gesetzes zur Umsetzung der Hochqualifizier-

ten-Richtlinie der Europäischen Union zur Geltung zu bringen, wonach die Zuwanderung von ausländischen Unternehmern mit zukunftsfähigen Konzepten erleichtert werden soll. Hierzu hat er die in Nr. 1 zuvor enthaltenen Worte „übergeordnetes" (Interesse) und „besonderes" (Bedürfnis) gestrichen. Dadurch wollte der Gesetzgeber die Hürden für Unternehmensgründer für den Erhalt eines Aufenthaltstitels nach Abs. 1 absenken (BT-Drs. 17/9436, 6 f., 16). Aus der Systematik und dem Wortlaut folgt, dass das wirtschaftliche Interesse einen gesamtstaatlich-volkswirtschaftlichen Bezugspunkt hat, wohingegen das Bedürfnis regional ausgerichtet ist. Bzgl. Ersterem ist auf die wirtschaftlichen Verhältnisse und Bedürfnisse der Bundesrepublik Deutschland als hochentwickeltem Industrieland abzustellen, bezüglich Letzterem auf die lokalen Bedürfnisse in bestimmten (ggf. strukturschwachen) Gebiete Deutschlands.

12   Ein **wirtschaftliches Interesse** kann daher insbesondere dann vorliegen, wenn Investitionen und / oder eine (geringe) Zahl von Arbeitsplätzen geschaffen oder gesichert werden oder wenn das Unternehmen auf der Entwicklung oder dem Einsatz innovativer Techniken (zB Künstliche Intelligenz, „saubere" Energiegewinnung, Digitalwirtschaft usw) beruht oder wenn mit dem Unternehmen die Verbesserung der Absatz- oder Marktchancen inländischer Unternehmen verbunden ist.

13   Ein **regionales Bedürfnis** liegt zB vor, wenn durch das Unternehmen die Nachfrage am geplanten Standort nach bestimmten Gütern oder Dienstleistungen befriedigt wird, bezüglich derer bisher eine lokale Unterversorgung besteht.

14   Das Tatbestandsmerkmal der **positiven Auswirkungen auf die Wirtschaft** (Nr. 2) ist im Zusammenhang mit Nr. 1 zu sehen. Wenn ein Unternehmen dem in Nr. 1 genannten Interesse oder Bedürfnis dient, dürften auch positive Auswirkungen iSv Nr. 2 zu bejahen sein. Darüber hinaus verlangt diese Voraussetzung, dass das Unternehmen eine realistische Aussicht hat, sich auf dem Markt – nach einer Anlaufphase – zu etablieren. Bei einem Unternehmen, das aller Voraussicht nach in absehbarer Zeit insolvent wird, sind keine positiven Auswirkungen zu erwarten.

15   Die Sicherung der Finanzierung der Umsetzung (Nr. 3) verlangt, dass der Ausländer die finanziellen Mittel – durch Eigenkapital oder durch Kredite bzw. verbindliche Kreditzusagen – vorweisen kann, die nötig sind, um die Geschäftsidee real (Betriebsmittel) umzusetzen. Dies umfasst zB die Kosten für die Anmeldung und Einholung der benötigten Genehmigungen / Konzessionen, der Beschaffung der Grundstücke und Gebäude (Miete, Kauf), Maschinen, Betriebs- und Geschäftsausstattung (Fuhrpark, Büroeinrichtung usw) sowie das ggf. nötige Stammkapital für die Gesellschaft.

3. Erteilungsvoraussetzung bei älteren Personen (Abs. 3)

16   Ausländern, die älter als 45 Jahre sind, soll nach § 21 Abs. 3 die Aufenthaltserlaubnis nur erteilt werden, wenn sie über eine angemessene Altersversorgung verfügen. Dies Norm soll das deutsche Sozialsystem davor bewahren, dass der Ausländer nach dem Erreichen der (Regel-) Altersgrenze (Vollendung des 67. Lebensjahres, § 35 S. 2 SGB VI) über zu wenige Mittel verfügt, um seinen Ruhestand ohne Inanspruchnahme öffentlicher Transferleistungen zu finanzieren.

17   Die Beurteilung, ob eine angemessene Altersversorgung vorliegt, erfordert eine Prognoseentscheidung im Hinblick auf die Zeit des Ruhestands. Dafür können folgende Aspekt eine Grundlage bilden (Nr. 21.3 AufenthGAVwV):
- eigenes Vermögen in jeglicher Form,
- im Aus- und / oder Inland erworbene Rentenanwartschaften,
- Betriebsvermögen / Investitionssumme.

18 Da es sich bei Abs. 3 um den Typus einer Regelvoraussetzung („soll") handelt, kann die Aufenthaltserlaubnis bei Vorliegen eines atypischen Falls auch dann erteilt werden, wenn keine angemessene Altersversorgung prognostiziert werden kann.

4. Allgemeine Erteilungsvoraussetzungen

19   Die allgemeinen Erteilungsvoraussetzungen des § 5 Abs. 1 Abs. 2 müssen vorliegen, Versagungsgründe (§ 5 Abs. 4) dürfen nicht entgegenstehen.

II. Aufenthaltserlaubnis aufgrund völkerrechtlicher Vergünstigungen (Abs. 2)

20   Nach § 21 Abs. 2 kann eine Aufenthaltserlaubnis zur Ausübung einer selbstständigen Tätigkeit auch erteilt werden, wenn völkerrechtliche Vergünstigungen auf der Grundlage der Gegenseitigkeit bestehen. Solche völkerrechtlichen Vergünstigungen können sich insbesondere aus den bestehenden Freundschafts-, Handels- und Niederlassungsverträgen mit Meistbegünstigungs- oder Wohlwollensklauseln ergeben. In Nr. 21.2.1 AufenthGAVwV (Allgemeine Verwaltungsvorschrift zum Aufenthaltsgesetz v. 26.10.2009, GMBl. 878) sind die berücksichtigungsfähigen völkerrechtlichen Verträge genannt. Sie betreffen folgende Staaten: Dominikanische Republik, Indonesien, Iran, Japan, Philippinen, Sri Lanka, Türkei und Vereinigte Staaten von Amerika. Die aufgrund des völkerrechtlichen Vertrags begünstigen ausländischen Staatsangehörigen müssen für die Erteilung einer Aufenthaltserlaubnis zur Ausübung einer selbständigen Tätigkeit nicht die speziellen Voraussetzungen des Abs. 1 erfüllen (vgl. BT-Drs. 17/9436, 16), wohl aber die allgemeinen Erteilungsvoraussetzungen des § 5.

III. Aufenthaltserlaubnis für Hochschulabsolventen und Wissenschaftler (Abs. 2a)

Nach § 21 Abs. 2a kann einem Ausländer, der sein Studium an einer staatlichen oder staatlich **21** anerkannten Hochschule oder vergleichbaren Ausbildungseinrichtung (→ Rn. 21.1) im Bundesgebiet erfolgreich abgeschlossen hat oder der als Forscher oder Wissenschaftler eine Aufenthaltserlaubnis nach den §§ 18b, 18d oder § 19c Abs. 1 besitzt, eine Aufenthaltserlaubnis zur Ausübung einer selbstständigen Tätigkeit abweichend von Abs. 1 erteilt werden. Diese Norm verfolgt das Ziel, ausländischen Absolventen von deutschen Hochschulen die Aufnahme einer selbstständigen Tätigkeit sowie Forschern und Wissenschaftlern den Aufenthaltszweckwechsel zur selbstständigen Tätigkeit zu erleichtern (BT-Drs. 17/9436, 16).

Mit dem Begriff „Ausbildungseinrichtung" stellt § 21 Abs. 2a S. 1 auf einen mittlerweile überholten **21.1** Begriff ab. Seit dem FachkEinwG (Fachkräfteeinwanderungsgesetz v. 15.8.2019, BGBl. I 1307) verwendet das AufenthG – etwa in § 16b Abs. 1 S. 1 – den Terminus „Bildungseinrichtung", der in § 2 Abs. 12c legaldefiniert wird.

Die beabsichtigte selbstständige Tätigkeit muss einen Zusammenhang mit den in der Hoch- **22** schulausbildung erworbenen Kenntnissen oder der Tätigkeit als Forscher oder Wissenschaftler erkennen lassen (Abs. 2a S. 2).

Die nach Abs. 2a begünstigten Ausländer müssen für die Erteilung einer Aufenthaltserlaubnis **23** zur Ausübung einer selbstständigen Tätigkeit nicht die speziellen Voraussetzungen des Abs. 1 erfüllen, wohl aber die allgemeinen Erteilungsvoraussetzungen des § 5.

IV. Geltungsdauer und Niederlassungserlaubnis (Abs. 4)

§ 21 Abs. 4 S. 1 regelt die Geltungsdauer der Aufenthaltserlaubnis. Danach ist sie auf längstens **24** drei Jahre zu befristen. Anschließend, dh nach drei Jahren, erlaubt Abs. 4 S. 2, die im Ermessen der Ausländerbehörde stehende Erteilung einer Niederlassungserlaubnis abweichend von § 9 Abs. 2 – dh ohne die dort genannten Voraussetzungen erfüllen zu müssen –, wenn der Ausländer die geplante Tätigkeit erfolgreich verwirklicht hat und der Lebensunterhalt des Ausländers und seiner mit ihm in familiärer Gemeinschaft lebenden Angehörigen, denen er Unterhalt zu leisten hat, durch ausreichende Einkünfte gesichert ist.

Weiter haben die Voraussetzungen des § 9 Abs. 2 S. 1 Nr. 4 vorzuliegen. Dieser Verweis soll **25** klarstellen, dass die Niederlassungserlaubnis nach § 21 Abs. 4 S. 2 bei entgegenstehenden Gründen der öffentlichen Sicherheit und Ordnung nicht erteilt wird (BT-Drs. 19/8285, 104). Ferner müssen auch die allgemeinen Erteilungsvoraussetzungen des § 5 Abs. 1, Abs. 2 vorliegen, und es dürfen keine Versagensgründe (§ 5 Abs. 4) entgegenstehen.

Hinsichtlich des Erfordernisses der Lebensunterhaltssicherung für die Erteilung einer Niederlas- **26** sungserlaubnis an erfolgreiche Selbstständige wird auf die Regelmäßigkeit der Einkünfte abgestellt. Bei der Feststellung, ob Einkünfte regelmäßig sind, ist zu berücksichtigen, dass bei Selbstständigen aufgrund der Besonderheiten unternehmerischen Handelns größere Einkommensschwankungen denkbar sind als bei Arbeitnehmern. Der Kreis der Familienangehörigen, auf die abzustellen ist, wird durch das Merkmal der Verwandtschaft bzw. Schwägerschaft, die häusliche Gemeinschaft und die Unterhaltspflicht definiert (BT-Drs. 16/5065, 168).

Der Hintergrund dieser Regelung ist, dass zwar die Zuwanderung Selbstständiger auf Dauer **27** gewünscht ist, allerdings zuvor eine Bewährungszeit von drei Jahren zu überstehen ist, bevor das Daueraufenthaltsrecht erworben wird. In der Bewährungszeit soll der Ausländer unter Beweis stellen, dass er wirtschaftlich erfolgreich das Unternehmen betreiben kann (BT-Drs. 15/420, 77).

V. Aufenthaltserlaubnis für freiberufliche Tätigkeit (Abs. 5)

§ 21 Abs. 5 regelt die Erteilung einer im **Ermessen** der Ausländerbehörde stehenden Aufent- **28** haltserlaubnis zur Ausübung einer freiberuflichen Tätigkeit. Die gesetzgeberische Motivation besteht darin, die Zuwanderung von Freiberuflern durch diese Bestimmung zu ermöglichen (BT-Drs. 16/5065, 168). Für diese Personengruppe sind die engen Voraussetzungen des Abs. 1 nicht zugeschnitten (so werden zB Künstler, Schriftsteller ihre Tätigkeit zunächst in der Regel nicht mit Kapitalinvestitionen und der unmittelbaren Schaffung von Arbeitsplätzen verbinden). Daher erlaubt Abs. 5 die Erteilung der Aufenthaltserlaubnis an Freiberufler, ohne dass diese die Anforderungen des Abs. 1 erfüllen müssen.

29   Notwendig ist jedoch, dass die vom Ausländer beabsichtigte Erwerbstätigkeit eine **freiberufliche Tätigkeit** darstellt. Für den Typusbegriff des freien Berufs gibt es keine Legaldefinition, sondern nur legislative Umschreibungen freiberuflicher Tätigkeit in § 18 Abs. 1 Nr. 1 S. 2 EStG und § 1 Abs. 2 PartGG. Beispielhaft sind in diesen Normen folgende Berufe genannt: Ärzte, Zahnärzte, Tierärzte, Rechtsanwälte, Notare, Patentanwälte, Vermessungsingenieure, Ingenieure, Architekten, Handelschemiker, Wirtschaftsprüfer, Steuerberater, beratende Volks- und Betriebswirte, vereidigte Buchprüfer, Steuerbevollmächtigte, Heilpraktiker, Dentisten, Krankengymnasten, Journalisten, Bildberichterstatter, Dolmetscher, Übersetzer, Lotsen, Künstler, Schriftsteller, Lehrer und Erzieher. Folgende abstrakte Merkmale typisieren den freien Beruf: der persönliche Einsatz bei der Berufsausübung, die Erwartung altruistischer Berufseinstellung, das Verbot berufswidriger Werbung, das Erfordernis einer qualifizierten Ausbildung und / oder einer schöpferischen Befähigung für die Berufsausübung, ein besonderes Vertrauensverhältnis zum Auftraggeber, die Weisungsunabhängigkeit und Selbstverantwortung, die wirtschaftliche Selbstständigkeit und die Errichtung von Kammern mit den Befugnissen zur Rechtsetzung und zur Ausübung einer Berufsgerichtsbarkeit (Hänsle, Streik und Daseinsvorsorge, 2016, 141 Fn. 554 mwN).

30   Des Weiteren muss eine ggf. erforderliche Erlaubnis zur Ausübung des freien Berufs erteilt worden oder ihre Erteilung zugesagt sein (Abs. 5 S. 2). Auch die allgemeinen Erteilungsvoraussetzungen des § 5 Abs. 1 und Abs. 2 müssen vorliegen, Versagungsgründe (§ 5 Abs. 4) dürfen nicht entgegenstehen.

31   Durch die in Abs. 5 S. 3 angeordnete entsprechende Anwendbarkeit des Abs. 1 S. 3 ist die Beteiligung fachkundiger Stellen zwingend vorgeschrieben. Fachkundige Körperschaften können insofern auch die Agenturen für Arbeit sein, die beurteilen können, ob der Freiberufler in einem Bereich tätig wird, in dem vergleichbare Arbeitnehmer in größerem Umfang zur Vermittlung zur Verfügung stehen (BT-Drs. 16/5065, 168). Ist dies der Fall, so dass eine Überversorgung droht, ist dies von der Ausländerbehörde im Rahmen der Ausübung des Ermessens (negativ) zu berücksichtigen.

32   Die Anwendung der Befristungsregel des Abs. 4 ist gem. Abs. 5 S. 4 ausgeschlossen. Dies bedeutet, dass die allgemeinen Regeln (§ 7; § 9 Abs. 2) zur Anwendung kommen.

VI. Erlaubnis zur selbstständigen (Erwerbs)Tätigkeit (Abs. 6)

33   § 21 Abs. 6 regelt die Voraussetzungen, unter denen Ausländern, denen eine Aufenthaltserlaubnis zu einem anderen Zweck erteilt worden ist, die selbstständige Tätigkeit erlaubt werden kann. Die Norm stellt zum einen klar, dass hierfür nicht die Voraussetzungen aus Abs. 1–5 vorliegen müssen (→ Rn. 4), sondern nur die Anforderungen des Abs. 6, nämlich dass die nach sonstigen Vorschriften erforderlichen Erlaubnisse (zB Approbation) erteilt wurden oder ihre Erteilung zugesagt ist. Zum anderen wird unterstrichen, dass die Erlaubnis zur selbstständigen Erwerbstätigkeit nicht zu einem Zweckwechsel führt.

34   Nach dem Grundsatz des § 4a Abs. 1 dürfen Ausländer, die einen Aufenthaltstitel (zu einem anderen Zweck) besitzen, eine Erwerbstätigkeit, die nach § 2 Abs. 2 auch eine selbstständige Tätigkeit einschließt, ausüben, wenn nicht ein Gesetz ein Verbot bestimmt. Dies bedeutet, dass grundsätzlich auch alle Inhaber eines Titels iSv § 4 Abs. 1 S. 2 eine selbstständige Erwerbstätigkeit ausüben können. Damit kommt § 21 Abs. 6 nur noch dann Relevanz zu, wenn bei bestimmten Aufenthaltstiteln die Erwerbstätigkeit bzw. die selbstständige Tätigkeit gesetzlich verboten oder beschränkt ist.

35   In diesen Fällen privilegiert § 21 Abs. 6 dann über den Verbot betroffenen Ausländer, die unter Beibehaltung dieses Zwecks zusätzlich eine selbstständige Tätigkeit ausüben wollen. Dieser Personenkreis bedarf keines Aufenthaltstitels nach § 21 Abs. 1, vielmehr kann unter den erleichterten Voraussetzungen des Abs. 6 die Ausübung einer selbstständigen Tätigkeit erlaubt werden (vgl. VGH BW BeckRS 2009, 33091 Rn. 3).

36   Die Erteilung der Erlaubnis steht im Ermessen der Ausländerbehörde („kann").

Abschnitt 5. Aufenthalt aus völkerrechtlichen, humanitären oder politischen Gründen

§ 22 Aufnahme aus dem Ausland

[1]Einem Ausländer kann für die Aufnahme aus dem Ausland aus völkerrechtlichen oder dringenden humanitären Gründen eine Aufenthaltserlaubnis erteilt werden. [2]Eine Aufenthaltserlaubnis ist zu erteilen, wenn das Bundesministerium des Innern, für Bau und Heimat oder die von ihm bestimmte Stelle zur Wahrung politischer Interessen der Bundesrepublik Deutschland die Aufnahme erklärt hat.

Überblick

Die Vorschrift regelt die Aufnahme von Ausländern aus dem Ausland aus völkerrechtlichen (→ Rn. 4 f.) oder dringenden humanitären (→ Rn. 6 ff.) Gründen. Sie bildet eine allgemeine Härteklausel für Fälle der humanitären oder staatspolitischen (→ Rn. 9) Aufnahmen und fasst die früheren Aufnahmemöglichkeiten nach §§ 30, 33 AuslG zusammen. Im Gegensatz zu §§ 23 und 24 betrifft § 22 nur Einzelpersonen oder Familien (→ Rn. 1 ff.). S. 1 (→ Rn. 10 ff.) und S. 2 (→ Rn. 13 ff.) unterscheiden sich abgesehen von den tatbestandlichen Voraussetzungen vor allem im Aufnahmeverfahren.

A. Allgemeines

I. Regelungsgegenstand

Die Vorschrift lässt die Aufnahme einzelner Personen aus dem Ausland zu, es handelt sich aber 1 um **keine allgemeine Härtefallregelung,** die Ausländern, die die Voraussetzungen für eine Einreise nach anderen Vorschriften nicht erfüllen, die Einreise in die Bundesrepublik ermöglicht (NdsOVG BeckRs 2021, 3017; OVG Bln-Bbg BeckRS 2019, 39348; 2018, 39348; 2018, 12878; 2018, 10577; 2017, 127669).

Für die Erteilung einer Aufenthaltserlaubnis nach § 22 S. 2 ist ausschließlich die Wahrung 2 politischer Interessen der Bundesrepublik maßgeblich, über deren Vorliegen das Bundesministerium des Innern, für Bau und Heimat oder die von ihm bestimmte Stelle entscheidet. Die Vorschrift gewährt **keinen Rechtsanspruch** auf Aufenthaltsgewährung oder Entscheidung über die Aufnahme (Nr. 22.0.1.2 AufenthGAVwV). S. 3, wonach in den Fällen des S. 2 die Aufenthaltserlaubnis zur Ausübung einer Erwerbstätigkeit berechtigte, wurde durch das FachkEinwG (Fachkräfteeinwanderungsgesetz v. 15.8.2019, BGBl. I 1307) gestrichen, da die Erwerbstätigkeit gemäß des neu eingefügten § 4a Abs. 1 allen Inhabern einer Aufenthaltserlaubnis nach § 22 gestattet ist.

II. Verhältnis zu §§ 23–24

Die §§ 23, 23a und 24 gelten für Personengruppen, während § 22 auf Einzelpersonen Anwen- 3 dung findet (BT-Drs. 15/420, 77).

B. Aufnahmetatbestände

I. Völkerrechtliche Gründe

Solche Gründe können sich aus einer **völkerrechtlichen Aufnahmeverpflichtung** aus Völ- 4 kervertragsrecht oder Völkergewohnheitsrecht ergeben. Eine Aufnahme kommt allerdings nur in Betracht, wenn nach dem AufenthG oder anderen ausländerrechtlichen Spezialgesetzen die Erteilung einer Aufenthaltserlaubnis nicht möglich ist (Nr. 22.1.1.1 AufenthGAVwV).

Nicht zu solchen völkerrechtlichen Aufnahmeverpflichtungen gehört die **Rücknahme** von 5 aus Deutschland illegal in einen anderen Staat ausgereisten Personen. Die Rückübernahme dieser Personen richtet sich nach den Bestimmungen spezieller Rückübernahmeabkommen (BeckOK AuslR/Hecker Rn. 9; Bergmann/Dienelt/Bergmann Rn. 7).

II. Dringende humanitäre Gründe

6   Eine Aufnahme aus dringenden humanitären Gründen setzt voraus, dass der Betreffende sich in einer **besonders gelagerten Notsituation** befindet, die sich von der Situation anderer Ausländer unterscheidet, ein Eingreifen zwingend erfordert und es rechtfertigt, ihn im Bundesgebiet aufzunehmen (OVG Bln-Bbg BeckRS 2020, 34851; 2017, 127669). Die Aufnahme des Schutzsuchenden muss ein **Gebot der Menschlichkeit** sein (Nr. 22.1.1.2 AufenthGAVwV).

7   **Gründe**, die für eine Aufnahme sprechen, können sein: Bestehen einer erheblichen und unausweichlichen Gefahr für das Leben und die Gesundheit des Schutzsuchenden, ein enger Bezug zu Deutschland, Kontakte zu Personen oder Organisationen, die bereit sind, die Kosten des Aufenthalts zu übernehmen (→ Rn. 7.1). Da § 36a Abs. 1 S. 4 die Anwendung von § 22 unberührt lässt, erstreckt sich die Aufnahme im Einzelfall auch auf **Angehörige der Kernfamilie von subsidiär Schutzberechtigten** (→ § 36a Rn. 7). Dies ist etwa bei Bestehen einer erheblichen und unausweichlichen Gefahr für Leib und Leben der Familienangehörigen im Ausland der Fall oder wenn besondere Umstände des Einzelfalls eine Fortdauer der räumlichen Trennung der Angehörigen der Kernfamilie des subsidiär Schutzberechtigten mit Art. 6 GG nicht länger vereinbar erscheinen lassen (BVerwG BeckRS 2020, 42606).

7.1   Grundsätzlich können dringende humanitäre Gründe weder aus den allgemeinen Verhältnissen im Heimatstaat noch aus der Dauer eines früheren Aufenthalts des Ausländers oder seiner Familienangehörigen abgeleitet werden (OVG LSA BeckRS 2013, 46800). Auf die Lage des im Bundesgebiet lebenden Familienangehörigen, zu dem der Nachzug erstrebt wird, kommt es grundsätzlich nicht an (OVG Bln-Bbg BeckRS 2018, 39348 mwN).

8   S. 1 eröffnet einen weiten **Beurteilungsspielraum,** der allerdings nicht dazu führen darf, dass die Erteilungsvoraussetzungen für die Erteilung sonstiger humanitärer Aufenthaltstitel umgangen werden (BeckOK AuslR/Hecker Rn. 10; Hailbronner AuslR Rn. 8). Allerdings ist die Erteilung einer Aufenthaltserlaubnis nach S. 1 grundsätzlich auch dann möglich, wenn die Voraussetzungen für einen Familiennachzug nicht vorliegen. Dies belegt die Regelung zum Familiennachzug zu subsidiär Schutzberechtigten in § 36a, wonach das Nichtbestehen eines Anspruchs auf Familiennachzug die Anwendung der §§ 22, 23 nicht berührt (OVG Bln-Bbg BeckRS 2020, 34851).

III. Wahrung politischer Interessen der Bundesrepublik Deutschland

9   Die **Entscheidung** darüber, ob ein Ausländer zur Wahrung politischer Interessen der Bundesrepublik aufgenommen werden soll, obliegt allein dem **Bundesministerium des Innern, für Bau und Heimat** oder der von ihm benannten Stelle. Insoweit besteht ein weiter Beurteilungsspielraum (BeckOK AuslR/Hecker Rn. 12; Hailbronner AuslR Rn. 9). Die Entscheidung über das Vorliegen politischer Interessen dient der Wahrung des außen- und innenpolitischen Handlungsspielraums (Nr. 22.2.3.1 AufenthGAVwV).

C. Verfahren

I. S. 1

10   Zuständig für die **Erteilung des Visums zur Einreise** iRd S. 1 ist die Auslandsvertretung. Die für den vorgesehenen Aufenthaltsort zuständige Ausländerbehörde ist gem. **§ 31 AufenthV** zu beteiligen. Die Auslandsvertretung und die Ausländerbehörde prüfen das Vorliegen der **Aufnahmevoraussetzungen** (Nr. 22.1.3 AufenthGAVwV).

11   Liegen völkerrechtliche oder dringende humanitäre Gründe vor, so kann dem Betroffenen das Visum erteilt werden. Hierbei sind alle öffentlichen und privaten Interessen (BT-Drs. 15/420, 77), auch das gegenläufige öffentliche Interesse an einer Zuzugsbeschränkung (OVG LSA BeckRS 2013, 46800), gegeneinander abzuwägen.

12   Bei der **Ermessensentscheidung** über die Visumerteilung sind auch die nach den **Regelerteilungsvoraussetzungen** des § 5 Abs. 1 und Abs. 2 maßgeblichen Gesichtspunkte zu berücksichtigen (Nr. 22.1.4 AufenthGAVwV). Ein Absehen von den genannten Regelerteilungsvoraussetzungen ist möglich (§ 5 Abs. 3 S. 2). Zu beachten sind weiterhin § 5 Abs. 4 sowie §§ 10 und 11 (Bergmann/Dienelt/Bergmann Rn. 8).

II. S. 2

13   Liegt eine **Aufnahmeerklärung des Bundesinnenministeriums** vor, ist bei Vorliegen der weiteren Voraussetzungen eine Aufenthaltserlaubnis zu erteilen. Mit der Erklärung wird ein Vertrauenstatbestand geschaffen, dass ein politisches Interesse der Bundesrepublik besteht (OVG Brem BeckRS 2018, 3311).

Zunächst gibt das **Bundesministerium oder die von ihm bestimmte Stelle** eine Aufnah- 14 meerklärung ab. Bei der Erteilung des Visums für eine Aufnahme zur Wahrung der politischen Interessen des Bundes durch die Auslandsvertretung ersetzt diese Entscheidung des Bundesministeriums die Zustimmung der Ausländerbehörde nach § 31 Abs. 1 AufenthV.

Die **Ausländerbehörde** hat bei der Erteilung der Aufenthaltserlaubnis **nach erfolgter Ein-** 15 **reise** lediglich zu prüfen, ob der Ausländer aufgrund einer Aufnahmeerklärung des Bundesinnenministeriums eingereist ist, die **Passpflicht** erfüllt ist, die Erteilungsvoraussetzung des **§ 5 Abs. 1 Nr. 1a** vorliegt und Versagungsgründe nach **§ 5 Abs. 4** und ein Einreiseverbot nach **§ 11** nicht bestehen (Nr. 22.2.0.2 AufenthGAVwV), dagegen nicht das Vorliegen des Aufnahmetatbestands.

D. Rechtsschutz

Mit der Abgabe einer **Aufnahmeerklärung nach § 22 S.** 2 wird dem Adressaten ein 16 **Anspruch** auf Erteilung einer Aufenthaltserlaubnis eingeräumt. Gegen einen etwaigen ablehnenden Bescheid der Ausländerbehörde bzw. der Auslandsvertretung kann der Betroffene mit der Verpflichtungsklage vorgehen.

Strittig ist, ob die **Ablehnung der Abgabe einer Aufnahmeerklärung** seitens des Bundesin- 17 nenministeriums bzw. die **Verweigerung des Einreisevisums** nach S. 1 anfechtbar sind (grundsätzlich bejahend Bergmann/Dienelt/Bergmann Rn. 16; verneinend BeckOK AuslR/Hecker Rn. 5; Hailbronner AuslR Rn. 10).

§ 23 Aufenthaltsgewährung durch die obersten Landesbehörden; Aufnahme bei besonders gelagerten politischen Interessen; Neuansiedlung von Schutzsuchenden

(1) [1]Die oberste Landesbehörde kann aus völkerrechtlichen oder humanitären Gründen oder zur Wahrung politischer Interessen der Bundesrepublik Deutschland anordnen, dass Ausländern aus bestimmten Staaten oder in sonstiger Weise bestimmten Ausländergruppen eine Aufenthaltserlaubnis erteilt wird. [2]Die Anordnung kann unter der Maßgabe erfolgen, dass eine Verpflichtungserklärung nach § 68 abgegeben wird. [3]Zur Wahrung der Bundeseinheitlichkeit bedarf die Anordnung des Einvernehmens mit dem Bundesministerium des Innern, für Bau und Heimat. [4]Die Aufenthaltserlaubnis berechtigt nicht zur Erwerbstätigkeit; die Anordnung kann vorsehen, dass die zu erteilende Aufenthaltserlaubnis die Erwerbstätigkeit erlaubt oder diese nach § 4a Absatz 1 erlaubt werden kann.

(2) [1]Das Bundesministerium des Innern, für Bau und Heimat kann zur Wahrung besonders gelagerter politischer Interessen der Bundesrepublik Deutschland im Benehmen mit den obersten Landesbehörden anordnen, dass das Bundesamt für Migration und Flüchtlinge Ausländern aus bestimmten Staaten oder in sonstiger Weise bestimmten Ausländergruppen eine Aufnahmezusage erteilt. [2]Ein Vorverfahren nach § 68 der Verwaltungsgerichtsordnung findet nicht statt. [3]Den betroffenen Ausländern ist entsprechend der Aufnahmezusage eine Aufenthaltserlaubnis oder Niederlassungserlaubnis zu erteilen. [4]Die Niederlassungserlaubnis kann mit einer wohnsitzbeschränkenden Auflage versehen werden.

(3) Die Anordnung kann vorsehen, dass § 24 ganz oder teilweise entsprechende Anwendung findet.

(4) [1]Das Bundesministerium des Innern, für Bau und Heimat kann im Rahmen der Neuansiedlung von Schutzsuchenden im Benehmen mit den obersten Landesbehörden anordnen, dass das Bundesamt für Migration und Flüchtlinge bestimmten, für eine Neuansiedlung ausgewählten Schutzsuchenden (Resettlement-Flüchtlinge) eine Aufnahmezusage erteilt. [2]Absatz 2 Satz 2 bis 4 und § 24 Absatz 3 bis 5 gelten entsprechend.

Überblick

§ 23 gibt den obersten Landesbehörden bzw. der Bundesregierung im Benehmen mit den obersten Landesbehörden die Möglichkeit, aus völkerrechtlichen oder humanitären Gründen oder zur Wahrung politischer Interessen der Bundesrepublik Deutschland anzuordnen, bestimmten

Gruppen von Ausländern Aufenthaltserlaubnisse (Abs. 1, → Rn. 1 ff.) oder eine Aufnahmezusage (Abs. 2, → Rn. 9 ff.) zu erteilen. In der Anordnung können die Regelungen des § 24 ganz oder teilweise für entsprechend anwendbar erklärt werden (Abs. 3, → Rn. 16). In Abs. 4 ist das Resettlementprogramm der UN zur dauerhaften Neuansiedlung von Schutzsuchenden fest institutionalisiert (→ Rn. 17 f.).

Übersicht

A. Anordnung der obersten Landesbehörde (Abs. 1)

I. Rechtsnatur der Anordnung

1 Anordnungen nach Abs. 1 sind **Verwaltungsvorschriften oder Verwaltungsanweisungen,** die **unmittelbare Rechtswirkung nur gegenüber den Ausländerbehörden** entfalten (BeckOK AuslR/Maaßen/Kluth § 23a Rn. 7; GK-AufenthG/Funke-Kaiser Rn. 19; aA vgl. BeckOK AuslR/Hecker Rn. 9). Ob die oberste Landesbehörde eine solche Anordnung trifft steht in ihrem – gerichtlich nicht überprüfbaren – Ermessen (BVerwG NVwZ 2001, 210 zu § 32 AuslG).

2 Dem betroffenen **Ausländer** erwächst lediglich ein gerichtlich durchsetzbarer Anspruch auf Gleichbehandlung aus Art. 3 GG, jedoch **kein unmittelbarer Rechtsanspruch auf Erteilung einer Aufenthaltserlaubnis** (BVerwG NVwZ 2001, 210). Die gerichtliche Überprüfung beschränkt sich darauf, ob die Ausländerbehörde in dem jeweiligen Bundesland bei der Entscheidung über den Antrag auf Erteilung einer Aufenthaltserlaubnis der durch die Anordnung erzeugten Bindungswirkung Rechnung getragen hat. Allerdings kann sich der Ausländer nicht darauf berufen, dass die Behördenpraxis in anderen Bundesländern eine andere ist (BeckOK AuslR/Hecker Rn. 9).

II. Inhalt der Anordnung

3 Die Anordnung kann sich sowohl auf Personen beziehen, die sich **noch nicht im Bundesgebiet aufhalten,** als auch auf solche, die sich **bereits im Bundesgebiet aufhalten** (BT-Drs. 15/420, 77).

4 Die Anordnung nach Abs. 1 ist **für die Ausländerbehörde bindend.** Bei Unklarheiten hat die Ausländerbehörde den wirklichen Willen der obersten Landesbehörde – erforderlichenfalls durch Rückfrage – zu ermitteln (BVerwG NVwZ 2001, 210), da sie als Willenserklärung unter Berücksichtigung des wirklichen Willens und der vom Urheber gebilligten oder geduldeten tatsächlichen Verwaltungspraxis auszulegen und anzuwenden ist.

5 Auf Grundlage der Anordnung erteilen die Ausländerbehörden Aufenthaltserlaubnisse nach § 26 Abs. 1 S. 1 (→ § 26 Rn. 1). Mit dem FachEinwG (Fachkräfteeinwanderungsgesetz v. 15.8.2019, BGBl. I 1307) wurde S. 4 angefügt, hierbei handelt es sich um eine Regelung in Umsetzung des neueingefügten § 4a Abs. 1, wonach Ausländer, die eine Aufenthaltserlaubnis besitzen, eine Erwerbstätigkeit ausüben dürfen, es sei denn ein Gesetz bestimmt ein Verbot.

6 Die Anordnung kann unter der Maßgabe erfolgen, dass eine **Verpflichtungserklärung** nach § 68 abgegeben wird (Abs. 1 S. 3). Die zur Ermöglichung einer Einreise als Bürgerkriegsflüchtling nach § 23 Abs. 1 in Verbindung mit einer Landesaufnahmeanordnung abgegebene Verpflichtungserklärung erlischt nicht durch die nachfolgende Anerkennung des Begünstigten als Flüchtling und Erteilung einer Aufenthaltserlaubnis nach § 25 Abs. 2, denn beide Aufenthaltserlaubnisse sind solche aus völkerrechtlichen, humanitären oder politischen Gründen (BVerwG BeckRS 2017, 104359).

III. Verhältnis zu anderen gesetzliche Bleiberechtsregelungen

Die Bestimmungen des § 104a schließen die Erteilung eines Aufenthaltstitels nach Abs. **7** 1 nicht aus, solange die betreffenden Anordnungen der obersten Landesbehörde nicht aufgehoben worden sind (GK-AufenthG/Funke-Kaiser Rn. 4).

Mit dem Gesetz zur Bekämpfung der Zwangsheirat und zum besseren Schutz der Opfer von **8** Zwangsheirat sowie zur Änderung weiterer aufenthalts- und asylrechtlicher Vorschriften (v. 23.6.2011, BGBl. I 1266) wurde § 25a in das AufenthG aufgenommen, der eine stichtagsfreie Bleiberechtsregelung für in Deutschland aufgewachsene und gut integrierte Jugendliche und Heranwachsende darstellt. Mit § 25b gibt es seit 1.8.2015 erstmals eine permanente Bleiberechtsregelung (Gesetz zur Neubestimmung des Bleiberechts und der Aufenthaltsbeendigung v. 27.7.2015, BGBl. I 1386; → Rn. 8.1).

Die letzten Bleiberechtsregelungen wurden am 17.11.2006 (abgedr. in Hailbronner AuslR Anl. 1, GK- **8.1** AufenthG/Funke-Kaiser Rn. 5) und am 4.12. 2009 von der Innenministerkonferenz beschlossen.

B. Aufnahmezusage des Bundesinnenministeriums (Abs. 2)

I. Allgemeines

Diese Vorschrift ersetzt das Flüchtlingsmaßnahmengesetz (Gesetz über Maßnahmen für im **9** Rahmen humanitärer Hilfsaktionen aufgenommene Flüchtlinge v. 22.7.1980, BGBl. I 1057) und dient vorrangig der **Aufnahme jüdischer Immigranten aus der ehemaligen Sowjetunion** (BT-Drs. 15/420, 77). Hierzu erging die Anordnung des Bundesministeriums des Innern über die Aufnahme jüdischer Zuwanderer aus der ehemaligen Sowjetunion mit Ausnahme der Baltischen Staaten v. 24.5.2007, zuletzt geändert am 13.1.2015 idF v. 21.5.2015 (www.bamf.de/Shared-Docs/Anlagen/DE/).

II. Inhalt der Anordnung

Ebenso wie die Anordnung nach Abs. 1 begründet die Anordnung nach Abs. 2 für die begüns- **10** tigten Ausländer **keine unmittelbaren Ansprüche auf Erteilung einer Aufnahmezusage.** Es besteht lediglich ein Anspruch auf Gleichbehandlung nach Maßgabe der vom Bundesministerium des Innern gebilligten praktischen Anwendung der Anordnung durch das Bundesamt (BVerwG BeckRS 2012, 46165; BayVGH BeckRS 2018, 32940). Die Anordnung des Bundesinnenministeriums regelt nur **verwaltungsintern,** unter welchen Voraussetzungen das **Bundesamt im Ermessenswege eine Aufnahmezusage** erteilen darf, indem sie den begünstigen Personenkreis durch positive Erteilungsvoraussetzungen und negative Ausschlussgründe näher eingrenzt. Außenwirkung kommt der Anordnung nur mittelbar über die Verpflichtung der Behörden und Gerichte zur Beachtung von Art. 3 Abs. 1 GG zu, wenn und soweit sich eine entsprechende Behördenpraxis tatsächlich herausgebildet hat (BayVGH BeckRS 2018, 32940). Zu den konkreten, in der Anordnung genannten Aufnahmevoraussetzungen: VG Ansbach BeckRS 2020, 3952.

Das Ermessen des Bundesministeriums, ob es eine entsprechende Anordnung erlässt, unterliegt **11** grundsätzlich keiner gerichtlichen Überprüfung (GK-AufenthG/Funke-Kaiser Rn. 42; BVerwG BeckRS 2012, 46165).

III. Verfahren nach Erlass der Anordnung

Die Anordnung des Bundesministeriums des Innern, für Bau und Heimat bindet das Bundes- **12** amt. Auf Grundlage dieser Anordnung erteilt das Bundesamt noch nicht eingereisten Ausländern eine **konkret-individuelle Aufnahmezusage** oder lehnt eine solche ab.

Gegen die **Ablehnung** können die Betroffenen mit einer **Verpflichtungsklage** vorgehen, ein **13** Vorverfahren nach § 68 VwGO findet nicht statt (S. 2). Für Klagen gegen das Bundesamt ist nach § 52 Abs. 2 S. 1 VwGO das Verwaltungsgericht Ansbach zuständig.

Aufgrund der Aufnahmezusage erteilt die dann **örtlich zuständige Ausländerbehörde nach** **14** **der Einreise** den entsprechenden **Aufenthaltstitel** (S. 3). S. 5, wonach die Aufenthaltserlaubnis zur Ausübung einer Erwerbstätigkeit berechtigt, wurde wegen des mit dem FachkEinwG (Fachkräfteeinwanderungsgesetz v. 15.8.2019, BGBl. I 1307) neu eingefügten § 4a Abs. 1 gestrichen.

IV. Wohnsitzauflage

15   Die **Niederlassungserlaubnis** kann mit einer **wohnsitzbeschränkenden Auflage** versehen werden (S. 4). Aufenthaltsbeschränkende Auflagen in Niederlassungserlaubnissen für jüdische Zuwanderer aus der ehemaligen Sowjetunion gem. S. 4 sind grundsätzlich geeignet und erforderlich zur angemessenen **Verteilung der öffentlichen Finanzierungslasten für Sozialleistungen.** Sie können jedoch insbesondere dann im Einzelfall unverhältnismäßig sein, wenn die Adressaten das Rentenalter erreicht haben, sich schon längere Zeit im Bundesgebiet aufhalten und familiäre Bindungen außerhalb des beschränkten Aufenthaltsbereichs bestehen (BVerwG BeckRS 2013, 48417). Unter Umständen besteht ein Anspruch auf Widerruf einer Wohnsitzauflage (HessVGH BeckRS 2015, 118608; → Rn. 15.1 f.).

15.1   Fraglich ist, ob seit dem Urteil des EuGH (NJW 2016, 1077) unter anderem auch für Inhaber einer Niederlassungserlaubnis nach Abs. 2 S. 3 eine Wohnsitzauflage mit dem Ziel, eine angemessene Verteilung der Sozialasten zu erreichen, nicht mehr zulässig ist, weil „jüdische Zuwanderer aus der ehemaligen Sowjetunion nicht als Verfolgte oder durch ein Flüchtlingsschicksal gekennzeichnete Gruppe, sondern im Bewusstsein der historischen Verantwortung der Bundesrepublik Deutschland für die Verbrechen des Nationalsozialismus zur Erhaltung der Lebensfähigkeit jüdischer Gemeinden in Deutschland und zur Revitalisierung des jüdischen Elements im deutschen Kultur- und Geistesleben aufgenommen worden sind" (BVerwG BeckRS 2013, 48417). Der Gesetzgeber hat jedenfalls in § 12a (gültig von 6.8.2016 bis 5.8.2019) nunmehr ausdrücklich geregelt, dass ein Ausländer, dem eine Aufenthaltserlaubnis nach § 23 erteilt worden ist, zur Förderung einer nachhaltigen Integration verpflichtet ist, seinen gewöhnlichen Aufenthalt in dem Land zu nehmen, dem er im Rahmen seines Aufnahmeverfahrens zugewiesen worden ist (BT-Drs. 18/8615, 42).

15.2   Als jüdische Zuwanderer können nach der Anordnung des Bundesministeriums des Innern idF v. 21.5.2015 nur Personen aufgenommen werden, die nach staatlichen, vor 1990 ausgestellten Personenstandsurkunden selbst jüdischer Nationalität sind oder von mindestens einem jüdischen Elternteil oder mindestens einem jüdischen Großelternteil abstammen. Legt ein Zuwanderer eine vor 1990 ausgestellte Urkunde vor, mit der er weder seine jüdische Nationalität noch seine Abstammung von mindestens einem Elternteil nachweisen kann, so kann er sich nicht auf die Unrichtigkeit der Urkunde berufen (BayVGH BeckRS 2014, 54736). Der Fall, dass der Bewerber seine Abstammung durch eine vor 1990 ausgestellte Personenstandsurkunde beweist, aber ergänzend verfälschte Urkunden vorlegt ohne einen negativen Ausschlussgrund zu erfüllen, ist in der Verfahrensanordnung nicht geregelt. Eine Verwaltungspraxis des Bundesamtes, in solchen Fällen die Erteilung der Aufnahmezusage abzulehnen, existiert nicht (BayVGH BeckRS 2016, 49252).

C. Entsprechende Anwendung von § 24 (Abs. 3)

16   Abs. 3 stellt klar, dass die Anordnung eine entsprechende Anwendung von § 24 (→ § 24 Rn. 1 ff.) vorsehen kann. Dies betrifft diejenigen Fälle, in denen die Mitgliedstaaten der EU gem. Art. 7 Schutzgewährungs-RL (RL 2001/55/EG v. 20.7.2001, ABl. 2001 L 212, 12) auch **weiteren Gruppen von Vertriebenen ohne eine Aufnahmeaktion aufgrund eines Ratsbeschlusses** vorübergehenden Schutz gewähren (BT-Drs. 15/420, 78).

D. Resettlement-Flüchtlinge (Abs. 4)

I. Allgemeines

17   Mit dem durch das Gesetz zur Neubestimmung des Bleiberechts und der Aufenthaltsbeendigung (v. 27.7.2015, BGBl. I 1386) neu eingefügten Abs. 4 kann das Bundesministerium des Innern, für Bau und Heimat im Benehmen mit den obersten Landesbehörden gegenüber dem Bundesamt anordnen, dass eine bestimmte Zahl von **Resettlement-Flüchtlingen** im Rahmen der Kontingentaufnahme aus bestimmten Erstaufnahmeländern aufgenommen werden soll. In der jeweiligen Aufnahmeanordnung des Bundesministeriums werden zugleich weitere Details festgelegt, zB zur Staatsangehörigkeit der Aufzunehmenden und zu den weiteren Kriterien, die sie erfüllen müssen (humanitäre Kriterien, Einheit der Familie). Auf dieser Grundlage erteilt das **Bundesamt** anschließend in Fortführung der bisherigen, bewährten Praxis bestimmten Personen, die zB vom UNHCR als besonders schutzbedürftig befunden und für ein Resettlement ausgewählt wurden, im Anschluss an individuelle Interviews eine konkrete **Aufnahmezusage.**

II. Verfahren

Nach **Durchführung des Visumverfahrens** werden die Schutzsuchenden in die Bundesre- **18** publik gebracht. Die **Länder** vollziehen die Aufnahmeentscheidung des Bundesamts durch Erteilung des entsprechenden **Aufenthaltstitels**. Ein **Rechtsanspruch eines einzelnen Ausländers auf Aufnahme in das Resettlement-Programm besteht nicht** (BT-Drs. 18/4097, 41). Das Verteilungsverfahren nach § 24 Abs. 3–5 ist zwingend vorgeschrieben (→ § 24 Rn. 10 ff.; → Rn. 18.1).

Beispielhaft ist die Anordnung des Bundesministeriums des Innern nach § 23 Abs. 2 zur Aufnahme **18.1** bestimmter Flüchtlinge unterschiedlicher Staatsangehörigkeit oder Staatenlosen aus Syrien, Indonesien oder hilfsweise aus der Türkei v. 7.7.2014.

§ 23a Aufenthaltsgewährung in Härtefällen

(1) ¹Die oberste Landesbehörde darf anordnen, dass einem Ausländer, der vollziehbar ausreisepflichtig ist, abweichend von den in diesem Gesetz festgelegten Erteilungs- und Verlängerungsvoraussetzungen für einen Aufenthaltstitel sowie von den §§ 10 und 11 eine Aufenthaltserlaubnis erteilt wird, wenn eine von der Landesregierung durch Rechtsverordnung eingerichtete Härtefallkommission darum ersucht (Härtefallersuchen). ²Die Anordnung kann im Einzelfall unter Berücksichtigung des Umstandes erfolgen, ob der Lebensunterhalt des Ausländers gesichert ist oder eine Verpflichtungserklärung nach § 68 abgegeben wird. ³Die Annahme eines Härtefalls ist in der Regel ausgeschlossen, wenn der Ausländer Straftaten von erheblichem Gewicht begangen hat oder wenn ein Rückführungstermin bereits konkret feststeht. ⁴Die Befugnis zur Aufenthaltsgewährung steht ausschließlich im öffentlichen Interesse und begründet keine eigenen Rechte des Ausländers.

(2) ¹Die Landesregierungen werden ermächtigt, durch Rechtsverordnung eine Härtefallkommission nach Absatz 1 einzurichten, das Verfahren, Ausschlussgründe und qualifizierte Anforderungen an eine Verpflichtungserklärung nach Absatz 1 Satz 2 einschließlich vom Verpflichtungsgeber zu erfüllender Voraussetzungen zu bestimmen sowie die Anordnungsbefugnis nach Absatz 1 Satz 1 auf andere Stellen zu übertragen. ²Die Härtefallkommissionen werden ausschließlich im Wege der Selbstbefassung tätig. ³Dritte können nicht verlangen, dass eine Härtefallkommission sich mit einem bestimmten Einzelfall befasst oder eine bestimmte Entscheidung trifft. ⁴Die Entscheidung für ein Härtefallersuchen setzt voraus, dass nach den Feststellungen der Härtefallkommission dringende humanitäre oder persönliche Gründe die weitere Anwesenheit des Ausländers im Bundesgebiet rechtfertigen.

(3) ¹Verzieht ein sozialhilfebedürftiger Ausländer, dem eine Aufenthaltserlaubnis nach Absatz 1 erteilt wurde, in den Zuständigkeitsbereich eines anderen Leistungsträgers, ist der Träger der Sozialhilfe, in dessen Zuständigkeitsbereich eine Ausländerbehörde die Aufenthaltserlaubnis erteilt hat, längstens für die Dauer von drei Jahren ab Erteilung der Aufenthaltserlaubnis dem nunmehr zuständigen örtlichen Träger der Sozialhilfe zur Kostenerstattung verpflichtet. ²Dies gilt entsprechend für die in § 6 Abs. 1 Satz 1 Nr. 2 des Zweiten Buches Sozialgesetzbuch genannten Leistungen zur Sicherung des Lebensunterhalts.

Überblick

Die Vorschrift wurde mit dem ZuwandG (Gesetz zur Steuerung und Begrenzung der Zuwanderung und zur Regelung des Aufenthalts und der Integration von Unionsbürgern und Ausländern v. 20.6.2002, BGBl. I 1946) neu in das Ausländerrecht eingefügt und sollte ursprünglich zum 31.12.2009 außer Kraft treten. Die Vorschrift über das Außerkrafttreten wurde mWz 1.1.2009 aufgehoben, sodass § 23a nunmehr unbefristet gilt. § 23a ermöglicht die Erteilung von Aufenthaltstitel an Ausländer, die sich bereits im Bundesgebiet aufhalten, in besonders gelagerten Härtefällen (→ Rn. 4 ff.). Voraussetzung ist die Errichtung einer Härtefallkommission (→ Rn. 1). Zunächst richtet die Härtefallkommission ein Härtefallersuchen (→ Rn. 7) an die oberste Landesbehörde (→ Rn. 8). Diese ordnet dann gegenüber der zuständigen Ausländerbehörde an, dass dem betreffenden Ausländer eine Aufenthaltserlaubnis erteilt wird (Abs. 1).

A. Verfahren vor der Härtefallkommission

I. Härtefallkommission

1. Einrichtung einer Härtefallkommission

1   Abs. 2 ermächtigt die Landesregierungen, eine **Härtefallkommission** einzurichten und die näheren Voraussetzungen für das **Verfahren vor der Härtefallkommission** anzuordnen. Von der Ermächtigung haben inzwischen alle Bundesländer Gebrauch gemacht (Übersicht über die jeweiligen landesrechtlichen Verordnungen: BeckOK AuslR/Maaßen/Kluth Rn. 4; Bergmann/Dienelt/Bergmann Rn. 2) und Härtefallkommissionen eingerichtet.

2. Verfahren

2   Das Härtefallverfahren ist ein **gerichtlich nicht überprüfbares Entscheidungsverfahren,** vergleichbar einem Gnadenverfahren (BeckOK AuslR/Maaßen/Kluth Rn. 2). Die Härtefallkommission wird im Wege der **Selbstbefassung** tätig und prüft zunächst, ob der betreffende Ausländer **vollziehbar ausreisepflichtig** (Abs. 1 S. 1) ist und ein **Härtefall** (Abs. 2 S. 4) vorliegt. Es besteht kein formalisiertes Antragsverfahren.

3   **Dritte** können nicht verlangen, dass sich die Kommission mit einem bestimmten Einzelfall befasst (Abs. 2 S. 3). Dies schließt allerdings nicht aus, dass der betreffende ausreisepflichtige Ausländer sich mit einem Antrag an die Kommission wendet. Der Gesetzgeber wollte lediglich vermeiden, dass eine gerichtliche Überprüfung der Nichtbefassung stattfindet (Hailbronner AuslR Rn. 16).

II. Härtefall

4   Ein Härtefall liegt vor, wenn **dringende humanitäre oder Gründe** die weitere Anwesenheit des Ausländers im Bundesgebiet rechtfertigen. Es muss sich um **besonders gelagerte humanitäre Fallgestaltungen** handeln, die nicht mit den sonstigen Bleiberechts- oder Aufenthaltsrechtsbestimmungen sachgerecht gelöst werden können. Wegen des Ausnahmecharakters der Vorschrift ist ein **strenger Maßstab** anzulegen. Beispiele hierfür können sein: Suizidgefährdung oder Traumatisierung wegen schwerer häuslicher Gewalt oder Zwangsverheiratung (Nr. 23a.0.1 Aufenth-GAVwV; weitere Gesichtspunkte, die berücksichtigt werden können vgl. BeckOK AuslR/Maaßen/Kluth Rn. 7.1; Hailbronner AuslR Rn. 17 f.). Die Berücksichtigung **zielstaatsbezogener Abschiebungshindernisse** scheidet allerdings aus (BeckOK AuslR/Maaßen/Kluth Rn. 10).

5   Die Annahme eines Härtefalls ist in der Regel **ausgeschlossen,** wenn der Ausländer **Straftaten von erheblichem Gewicht** begangen hat oder wenn bereits ein **Rückführungstermin konkret feststeht** (Abs. 1 S. 3).

6   Strittig ist insoweit, ob nur **Straftaten** berücksichtigt werden dürfen, aufgrund deren der Ausländer **rechtskräftig verurteilt** ist (Bergmann/Dienelt/Bergmann Rn. 13; NK-AuslR/Keßler Rn. 12; für diese Auffassung spricht auch Nr. 23a 1.1.3 S. 3 zweiter Gedankenstrich Aufenth-GAVwV), oder ob es ausreicht, dass schwerwiegende Gründe die Annahme rechtfertigen, der Ausländer habe die Straftat begangen (BeckOK AuslR/Maaßen/Kluth Rn. 8). Eine **Straftat von erheblichen Gewicht** liegt sicher dann vor, wenn der Ausländer ein schwerwiegendes oder **besonders schwerwiegendes Ausweisungsinteresse** iSd § 54 verwirklicht oder eine **Abschiebungsanordnung nach § 58a** vorliegt (vgl. Nr. 23a 1.1.3 AufenthGAVwV; → Rn. 6.1).

6.1   Mit dem Asylverfahrensbeschleunigungsgesetz (v. 20.10.2015, BGBl. I 1722) wurden die Ausschlussgründe für das Vorliegen eines Härtefalls auf den Fall erweitert, dass bereits ein Rückführungstermin konkret feststeht. Da nach § 59 Abs. 1 S. 7 der Abschiebungstermin nicht mehr angekündigt werden darf, wird das mit der Neuregelung verbundene Ziel des Gesetzgebers, eine missbräuchliche Befassung der Härtefallkommission zu vermeiden (BT-Drs. 18/6185, 66), nicht zu erreichen sein.

III. Härtefallersuchen

7   Kommt die Härtefallkommission zu dem Ergebnis, dass ein Härtefall vorliegt, so richtet sie ein **Härtefallersuchen an die oberste Landesbehörde** (Abs. 1 S. 1). Die Entscheidung der Härtefallkommission ist ein Verwaltungsinternum und daher gerichtlich nicht anfechtbar (BeckOK AuslR/Maaßen/Kluth Rn. 12).

B. Verfahren vor der obersten Landesbehörde

I. Entscheidung der obersten Landesbehörde

Die oberste Landesbehörde entscheidet nach **Ermessen,** ob sie aufgrund des Härtefallersuchens **8** die **Erteilung einer Aufenthaltserlaubnis** anordnet. Ihr Ermessen ist rechtlich nicht gebunden. Die Anordnungsbehörde darf sich über die **allgemeinen Erteilungsvoraussetzungen** hinwegsetzen. Sie wird dem Ersuchen der Härtefallkommission in der Regel nicht folgen, wenn einer der in Abs. 1 S. 3 oder in der Rechtsverordnung der jeweiligen Landesregierung genannten **Ausschlussgründe** vorliegen. Nr. 23a.1.1.3 AufenthGAVwV benennt weitere Ausschlussgründe.

II. Rechtsnatur der Entscheidung

Bei der Anordnung der obersten Landesbehörde handelt es sich nicht um einen Verwaltungsakt, **9** sondern um einen Erlass gegenüber der Ausländerbehörde. Diese ist an die Anordnung und etwaige Bedingungen (Sicherung des Lebensunterhalts, Abgabe einer Verpflichtungserklärung, Abs. 1 S. 2) gebunden und hat die Aufenthaltserlaubnis entsprechend der Anordnung zu erteilen (Nr. 23a.1.2 AufenthGAVwV).

III. Rechtsschutz

Kommt die Ausländerbehörde der Anordnung der obersten Landesbehörde nicht nach, so **10** kann der Ausländer **Verpflichtungsklage auf Erteilung der Aufenthaltserlaubnis** erheben (Bergmann/Dienelt/Bergmann Rn. 26). Die Einschaltung der Härtefallkommission begründet **kein rechtliches Abschiebungshindernis** nach § 60a Abs. 2 S. 1 (Hailbronner AuslR Rn. 20; BeckOK AuslR/Maaßen/Kluth Rn. 12).

Es besteht **kein Anspruch auf Aussetzung eines anhängigen gerichtlichen Verfahrens** **11** **nach § 94 VwGO** auf Erteilung einer Aufenthaltserlaubnis wegen der Einschaltung der Härtefallkommission (NdsOVG DÖV 2016, 400).

C. Kostenerstattung bei Umzug (Abs. 3)

Abs. 3 regelt die **Kostenerstattungspflicht des Leistungsträgers,** in dessen Zuständigkeits- **12** bereich dem sozialhilfebedürftigen Ausländer die Aufenthaltserlaubnis gem. Abs. 1 erteilt worden ist, **an den Leistungsträger, in dessen Zuständigkeitsbereich der Leistungsempfänger verzogen ist.** Die **Dauer** der Kostenerstattungspflicht ist auf drei Jahre begrenzt. Mit dieser Regelung soll verhindert werden, dass ein anderes Bundesland als dasjenige, das im Härtefallverfahren die Aufenthaltserlaubnis erteilt hat, die finanziellen Folgen dafür zu tragen hat (Hailbronner AuslR Rn. 21).

§ 24 Aufenthaltsgewährung zum vorübergehenden Schutz

(1) Einem Ausländer, dem auf Grund eines Beschlusses des Rates der Europäischen Union gemäß der Richtlinie 2001/55/EG vorübergehender Schutz gewährt wird und der seine Bereitschaft erklärt hat, im Bundesgebiet aufgenommen zu werden, wird für die nach den Artikeln 4 und 6 der Richtlinie bemessene Dauer des vorübergehenden Schutzes eine Aufenthaltserlaubnis erteilt.

(2) Die Gewährung von vorübergehendem Schutz ist ausgeschlossen, wenn die Voraussetzungen des § 3 Abs. 2 des Asylgesetzes oder des § 60 Abs. 8 Satz 1 vorliegen; die Aufenthaltserlaubnis ist zu versagen.

(3) [1]Die Ausländer im Sinne des Absatzes 1 werden auf die Länder verteilt. [2]Die Länder können Kontingente für die Aufnahme zum vorübergehenden Schutz und die Verteilung vereinbaren. [3]Die Verteilung auf die Länder erfolgt durch das Bundesamt für Migration und Flüchtlinge. [4]Solange die Länder für die Verteilung keinen abweichenden Schlüssel vereinbart haben, gilt der für die Verteilung von Asylbewerbern festgelegte Schlüssel.

(4) [1]Die oberste Landesbehörde oder die von ihr bestimmte Stelle erlässt eine Zuweisungsentscheidung. [2]Die Landesregierungen werden ermächtigt, die Verteilung innerhalb der Länder durch Rechtsverordnung zu regeln, sie können die Ermächtigung durch

Rechtsverordnung auf andere Stellen übertragen; § 50 Abs. 4 des Asylgesetzes findet entsprechende Anwendung. ³Ein Widerspruch gegen die Zuweisungsentscheidung findet nicht statt. ⁴Die Klage hat keine aufschiebende Wirkung.

(5) ¹Der Ausländer hat keinen Anspruch darauf, sich in einem bestimmten Land oder an einem bestimmten Ort aufzuhalten. ²Er hat seine Wohnung und seinen gewöhnlichen Aufenthalt an dem Ort zu nehmen, dem er nach über die Absätzen 3 und 4 zugewiesen wurde.

(6) ¹Die Ausübung einer selbständigen Tätigkeit darf nicht ausgeschlossen werden. ²Die Aufenthaltserlaubnis berechtigt nicht zur Ausübung einer Beschäftigung; sie kann nach § 4a Absatz 2 erlaubt werden.

(7) Der Ausländer wird über die mit dem vorübergehenden Schutz verbundenen Rechte und Pflichten schriftlich in einer ihm verständlichen Sprache unterrichtet.

Überblick

§ 24 setzt die Schutzgewährungs-RL (RL 2001/55/EG v. 20.7.2001, ABl. 2001 L 212, 12) in nationales Recht um. Die Regelung ersetzt § 32a AuslG, setzt allerdings keine Kriegs- oder Bürgerkriegssituation voraus, sondern knüpft an eine vom Rat der EU festgestellte Situation eines Massenzustroms von Vertriebenen an. Die Vorschrift regelt die Erteilung der Aufenthaltserlaubnis (Abs. 1, → Rn. 1 ff.), die Ausschlussgründe für die Betroffenen (Abs. 2, → Rn. 5), das Verteilungsverfahren auf die Länder (Abs. 3, → Rn. 10) sowie die Zuweisung der Aufgenommenen (Abs. 4 und Abs. 5, → Rn. 11 ff.), deren Erwerbstätigkeit (Abs. 6, → Rn. 9) und Informationspflichten der Behörde (Abs. 7, → Rn. 15).

A. Erteilung einer Aufenthaltserlaubnis

I. Ratsbeschluss (Abs. 1)

1   Voraussetzung für die Erteilung einer Aufenthaltserlaubnis zum vorübergehenden Schutz ist ein mit qualifizierter Mehrheit gefasster **Ratsbeschluss der EU nach Art. 5 Abs. 1 Schutzgewährungs-RL** (RL 2001/55/EG v. 20.7.2001, ABl. 2001 L 212, 12). Der Beschluss beinhaltet die Feststellung eines Massenzustroms (Art. 2 lit. d Schutzgewährungs-RL), die Beschreibung der Personengruppen, denen vorübergehender Schutz gewährt wird (Art. 5 Abs. 3 lit. a Schutzgewährungs-RL), den Beginn des Schutzes (Art. 5 Abs. 3 lit. b Schutzgewährungs-RL) sowie die Angaben zur Aufnahmebereitschaft der Mitgliedstaaten.

2   Der Mitgliedstaat kann die Personengruppen eigenständig auf weitere Vertriebenengruppen erweitern (Art. 7 Abs. 1 Schutzgewährungs-RL).

II. Mitteilung der Aufnahmekapazität (Abs. 3)

3   Mit der Mitteilung der Aufnahmekapazität entscheidet die Bundesregierung über ihre Beteiligung an der Aufnahme. Die Festlegung der Aufnahmekapazität bleibt dem jeweiligen Mitgliedstaat vorbehalten (Art. 25 Abs. 1 Schutzgewährungs-RL).

III. Zustimmung des Betroffenen (Abs. 1)

4   Der Ausländer, der zum von dem Ratsbeschluss umfassten Personenkreis gehört, muss seine **Bereitschaft** erklärt haben, **im Bundesgebiet aufgenommen zu werden** (Art. 25 Abs. 2 Schutzgewährungs-RL).

IV. Fehlen von Ausschlussgründen (Abs. 2)

5   Nach Abs. 2 ist die Aufenthaltserlaubnis zu versagen, wenn die **Ausschlussgründe des § 60 Abs. 8 S. 1** (→ § 60 Rn. 1 ff.) **oder § 3 Abs. 2 AsylG** vorliegen. Diese Ausschlussgründe entsprechen im Wesentlichen Art. 28 Schutzgewährungs-RL. Damit ist eine **Gleichbehandlung von Asylberechtigten und Flüchtlingen nach der GFK** sichergestellt. Allerdings ist der Ausschlussgrund des § 60 Abs. 8 S. 3 (→ § 60 Rn. 1 ff. ff.) von der Verweisung nicht umfasst.

V. Allgemeine Erteilungsvoraussetzungen

Von den **allgemeinen Erteilungsvoraussetzungen des § 5 Abs. 1 und Abs. 2 ist nach** 6
§ 5 Abs. 3 S. 1 abzusehen. Nach § 5 Abs. 4 S. 1 ist die Aufenthaltserlaubnis zu versagen, wenn ein Ausweisungsinteresse nach § 54 Abs. 1 Nr. 2 oder Nr. 4 besteht. In begründeten Einzelfällen können hiervon Ausnahmen zugelassen werden.

VI. Dauer

Nach Art. 4 Abs. 1 S. 1 Schutzgewährungs-RL beträgt die Dauer des vorübergehenden Schutzes 7
grundsätzlich **zunächst ein Jahr,** er **verlängert sich automatisch, um jeweils sechs Monate,**
sofern der Rat keine vorzeitige Beendigung beschließt (Art. 4 Abs. 1 S. 2 Schutzgewährungs-RL). Durch weiteren Ratsbeschluss (Art. 4 Abs. 2 Schutzgewährungs-RL) kann die Dauer **um ein weiteres Jahr verlängert** werden.

Die **Höchstdauer beträgt damit drei Jahre.** Danach kommt die Erteilung einer Aufenthalts- 8
erlaubnis oder Duldung nach nationalen Vorschriften in Betracht.

VII. Erwerbstätigkeit (Abs. 6)

Abs. 6 regelt die Erwerbstätigkeit der Aufgenommenen. Er dient der Umsetzung von Art. 12 9
Schutzgewährungs-RL. Die Aufnahme einer selbstständigen Tätigkeit gestattet Abs. 6 ohne weitere Voraussetzungen. Durch das FachkEinwG (Fachkräfteeinwanderungsgesetz v. 15.8.2019,
BGBl. I 1307) wurde S. 2 neu gefasst und an den neu eingefügten § 4a Abs. 1 angepasst.

B. Verteilung und Zuweisung (Abs. 4, Abs. 5)

I. Verteilung

Das **Bundesamt** verteilt die Flüchtlinge auf die **Bundesländer.** Solange die Länder für die 10
Verteilung keinen anderen Schlüssel vereinbart haben, gilt der **Königsteiner Schlüssel** (Nr. 24.3
AufenthGAVwV).

II. Zuweisung

Für die **Zuweisung** des Aufgenommenen in den **Zuständigkeitsbereich einer Ausländer-** 11
behörde ist das jeweilige **Land zuständig.** Die landesinterne Verweisung können die Länder
durch Rechtsverordnung regeln.

Die **Zuweisungsentscheidung** besitzt **Verwaltungsaktqualität.** Das Verwaltungsverfahren 12
beim Erlass der Zuweisungsentscheidung richtet sich nach **§ 50 Abs. 4 AsylG.** Die Haushaltsgemeinschaft von Ehegatten und ihren Kindern oder sonstige humanitäre Gründe von vergleichbarem Gewicht sind zu berücksichtigen (§ 50 Abs. 4 S. 5 AsylG). Eine etwaige Klage gegen die
Zuweisungsentscheidung hat keine aufschiebende Wirkung, ein Widerspruchsverfahren findet
nicht statt (Abs. 4 S. 4). Dadurch soll eine zügige Verteilung sichergestellt werden (BT-Drs. 15/
420, 79).

Der Betroffene hat **keinen Anspruch** darauf, sich **in einem bestimmten Bundesland oder** 13
Ort aufzuhalten. Es gelten damit dieselben Regelungen wie für Asylbewerber (§ 55 Abs. 1
AsylG). Mit der **Wohnsitzauflage** ist allerdings **keine räumliche Beschränkung** verbunden
(NK-AuslR/Fränkel Rn. 13). Die Anordnung einer räumlichen Beschränkung nach § 12 Abs. 2
ist jedoch möglich (Hailbronner AuslR Rn. 23).

Der Ausländer kann die **nachträgliche Umverteilung** innerhalb eines Bundeslandes oder in 14
ein anderes Bundesland beantragen. Der Gesetzgeber geht davon aus, dass eine Umverteilung der
Zustimmung der aufnehmenden Ausländerbehörde bedarf (BT-Drs. 15/420, 79; aA NK-AuslR/
Fränkel Rn. 13).

C. Unterrichtungspflichten (Abs. 7)

Abs. 7 dient der **Umsetzung von Art. 9 Schutzgewährungs-RL.** Personen, die vorüberge- 15
henden Schutz genießen, sind über die Voraussetzungen für die **Ausübung einer abhängigen
oder selbstständigen Erwerbstätigkeit, ihr Recht auf Zugang zu Bildungsangeboten** für
Erwachsene, **berufliche Fortbildung** und praktische Erfahrungen am Arbeitsplatz, **angemessene Unterbringung, Sozialleistungen und finanzielle Unterstützung sowie medizinische**

Versorgung zu informieren. Kinder unter 18 Jahren haben außerdem dasselbe Recht auf Zugang zum Bildungssystem wie die Staatsangehörigen des EU-Aufnahmelandes. Personen, die vorübergehenden Schutz genießen, müssen die Möglichkeit haben, einen **Asylantrag** zu stellen. Die Länder können jedoch beschließen, dass eine Person, die vorübergehenden Schutz genießt, nicht gleichzeitig den Status eines Asylbewerbers haben kann (**§ 32a AsylG**).

§ 25 Aufenthalt aus humanitären Gründen

(1) ^{1}Einem Ausländer ist eine Aufenthaltserlaubnis zu erteilen, wenn er als Asylberechtigter anerkannt ist. ^{2}Dies gilt nicht, wenn der Ausländer auf Grund eines besonders schwerwiegenden Ausweisungsinteresses nach § 54 Absatz 1 ausgewiesen worden ist. ^{3}Bis zur Erteilung der Aufenthaltserlaubnis gilt der Aufenthalt als erlaubt.

(2) ^{1}Einem Ausländer ist eine Aufenthaltserlaubnis zu erteilen, wenn das Bundesamt für Migration und Flüchtlinge die Flüchtlingseigenschaft im Sinne des § 3 Absatz 1 des Asylgesetzes oder subsidiären Schutz im Sinne des § 4 Absatz 1 des Asylgesetzes zuerkannt hat. ^{2}Absatz 1 Satz 2 bis 3 gilt entsprechend.

(3) ^{1}Einem Ausländer soll eine Aufenthaltserlaubnis erteilt werden, wenn ein Abschiebungsverbot nach § 60 Absatz 5 oder 7 vorliegt. ^{2}Die Aufenthaltserlaubnis wird nicht erteilt, wenn die Ausreise in einen anderen Staat möglich und zumutbar ist oder der Ausländer wiederholt oder gröblich gegen entsprechende Mitwirkungspflichten verstößt. ^{3}Sie wird ferner nicht erteilt, wenn schwerwiegende Gründe die Annahme rechtfertigen, dass der Ausländer
1. ein Verbrechen gegen den Frieden, ein Kriegsverbrechen oder ein Verbrechen gegen die Menschlichkeit im Sinne der internationalen Vertragswerke begangen hat, die ausgearbeitet worden sind, um Bestimmungen bezüglich dieser Verbrechen festzulegen,
2. eine Straftat von erheblicher Bedeutung begangen hat,
3. sich Handlungen zuschulden kommen ließ, die den Zielen und Grundsätzen der Vereinten Nationen, wie sie in der Präambel und den Artikeln 1 und 2 der Charta der Vereinten Nationen verankert sind, zuwiderlaufen, oder
4. eine Gefahr für die Allgemeinheit oder eine Gefahr für die Sicherheit der Bundesrepublik Deutschland darstellt.

(4) ^{1}Einem nicht vollziehbar ausreisepflichtigen Ausländer kann für einen vorübergehenden Aufenthalt eine Aufenthaltserlaubnis erteilt werden, solange dringende humanitäre oder persönliche Gründe oder erhebliche öffentliche Interessen seine vorübergehende weitere Anwesenheit im Bundesgebiet erfordern. ^{2}Eine Aufenthaltserlaubnis kann abweichend von § 8 Abs. 1 und 2 verlängert werden, wenn auf Grund besonderer Umstände des Einzelfalls das Verlassen des Bundesgebiets für den Ausländer eine außergewöhnliche Härte bedeuten würde. ^{3}Die Aufenthaltserlaubnis berechtigt nicht zur Ausübung einer Erwerbstätigkeit; sie kann nach § 4a Absatz 1 erlaubt werden.

(4a) ^{1}Einem Ausländer, der Opfer einer Straftat nach den §§ 232 bis 233a des Strafgesetzbuches wurde, soll, auch wenn er vollziehbar ausreisepflichtig ist, für einen Aufenthalt eine Aufenthaltserlaubnis erteilt werden. ^{2}Die Aufenthaltserlaubnis darf nur erteilt werden, wenn
1. seine Anwesenheit im Bundesgebiet für ein Strafverfahren wegen dieser Straftat von der Staatsanwaltschaft oder dem Strafgericht für sachgerecht erachtet wird, weil ohne seine Angaben die Erforschung des Sachverhalts erschwert wäre,
2. er jede Verbindung zu den Personen, die beschuldigt werden, die Straftat begangen zu haben, abgebrochen hat und
3. er seine Bereitschaft erklärt hat, in dem Strafverfahren wegen der Straftat als Zeuge auszusagen.
^{3}Nach Beendigung des Strafverfahrens soll die Aufenthaltserlaubnis verlängert werden, wenn humanitäre oder persönliche Gründe oder öffentliche Interessen die weitere Anwesenheit des Ausländers im Bundesgebiet erfordern. ^{4}Die Aufenthaltserlaubnis berechtigt nicht zur Ausübung einer Erwerbstätigkeit; sie kann nach § 4a Absatz 1 erlaubt werden.

(4b) ^{1}Einem Ausländer, der Opfer einer Straftat nach § 10 Absatz 1 oder § 11 Absatz 1 Nummer 3 des Schwarzarbeitsbekämpfungsgesetzes oder nach § 15a des Arbeitnehmerüberlassungsgesetzes wurde, kann, auch wenn er vollziehbar ausreisepflichtig ist, für einen vorübergehenden Aufenthalt eine Aufenthaltserlaubnis erteilt werden. [2]Die Aufenthaltserlaubnis darf nur erteilt werden, wenn

1. die vorübergehende Anwesenheit des Ausländers im Bundesgebiet für ein Strafverfahren wegen dieser Straftat von der Staatsanwaltschaft oder dem Strafgericht für sachgerecht erachtet wird, weil ohne seine Angaben die Erforschung des Sachverhalts erschwert wäre, und

2. der Ausländer seine Bereitschaft erklärt hat, in dem Strafverfahren wegen der Straftat als Zeuge auszusagen.

[3]Die Aufenthaltserlaubnis kann verlängert werden, wenn dem Ausländer von Seiten des Arbeitgebers die zustehende Vergütung noch nicht vollständig geleistet wurde und es für den Ausländer eine besondere Härte darstellen würde, seinen Vergütungsanspruch aus dem Ausland zu verfolgen. [4]Die Aufenthaltserlaubnis berechtigt nicht zur Ausübung einer Erwerbstätigkeit; sie kann nach § 4a Absatz 1 erlaubt werden.

(5) [1]Einem Ausländer, der vollziehbar ausreisepflichtig ist, kann eine Aufenthaltserlaubnis erteilt werden, wenn seine Ausreise aus rechtlichen oder tatsächlichen Gründen unmöglich ist und mit dem Wegfall der Ausreisehindernisse in absehbarer Zeit nicht zu rechnen ist. [2]Die Aufenthaltserlaubnis soll erteilt werden, wenn die Abschiebung seit 18 Monaten ausgesetzt ist. [3]Eine Aufenthaltserlaubnis darf nur erteilt werden, wenn der Ausländer unverschuldet an der Ausreise gehindert ist. [4]Ein Verschulden des Ausländers liegt insbesondere vor, wenn er falsche Angaben macht oder über seine Identität oder Staatsangehörigkeit täuscht oder zumutbare Anforderungen zur Beseitigung der Ausreisehindernisse nicht erfüllt.

Überblick

Die Vorschrift stellt die zentrale Regelung der Aufenthaltsgewährung aus völkerrechtlichen, humanitären und politischen Gründen dar. Abs. 1 (→ Rn. 1 ff.) regelt den aufenthaltsrechtlichen Status von Asylberechtigten, Abs. 2 (→ Rn. 12 ff.) betrifft Personen, denen das Bundesamt die Flüchtlingseigenschaft iSd § 3 Abs. 1 AsylG oder subsidiären Schutz zuerkannt hat. Die Gleichstellung von subsidiär Schutzberechtigten mit Flüchtlingen im Sinne der GFK erfolgt durch das Gesetz zur Umsetzung der Richtlinie 2011/95/EU (v. 28.8.2013, BGBl. I 3474). Abs. 3 (→ Rn. 16 ff.) regelt das Aufenthaltsrecht von Personen, den nationalen Abschiebungsschutz nach § 60 Abs. 5 oder Abs. 7 genießen. Abs. 4 S. 1 (→ Rn. 46 ff.) ermöglicht die Erteilung einer Aufenthaltserlaubnis an nicht vollziehbar ausreisepflichtige Ausländer für einen vorübergehenden Zweck. Abs. 4 S. 2 (→ Rn. 48 ff.) stellt eine eigene Anspruchsgrundlage für die Verlängerung einer Aufenthaltserlaubnis dar, wenn die Voraussetzungen des § 8 Abs. 1 und Abs. 2 nicht vorliegen. Der mit dem Gesetz zur Umsetzung aufenthalts- und asylrechtlicher Richtlinien der Europäischen Union (v. 19.8.2007, BGBl. I 1970) neu eingefügte Abs. 4a (→ Rn. 68 ff.) dient der Umsetzung der Opferschutz-RL (RL 2004/81/EG v. 29.4.2004, ABl. 2004 L 261, 19) und ermöglicht die Erteilung eines Aufenthaltstitels an Ausländer, die Opfer von Menschenhandel wurden. Abs. 4b (→ Rn. 77 ff.) wurde in Umsetzung der Arbeitgeber-Sanktionen-RL (RL 2009/52/EG v. 18.6.2009, ABl. 2009 L 168, 24) mit dem Gesetz zur Umsetzung aufenthaltsrechtlicher Richtlinien der Europäischen Union und zur Anpassung nationaler Rechtsvorschriften an den EU-Visakodex (v. 22.11.2011, BGBl. I 2258) mWv 26.11.2011 eingefügt und regelt die Erteilung einer Aufenthaltserlaubnis an Opfer von Straftaten nach dem SchwarzArbG und AÜG (→ Rn. 78). Nach Abs. 5 S. 1 (→ Rn. 82 ff.) kann einem vollziehbar ausreisepflichtigen (→ Rn. 82) Ausländer eine Aufenthaltserlaubnis erteilt werden, wenn er vollziehbar ausreisepflichtig ist, seine Ausreise aus rechtlichen (→ Rn. 85 ff.) oder tatsächlichen (→ Rn. 84) Gründen unmöglich ist, mit dem Wegfall der Ausreisehindernisse in absehbarer Zeit nicht zu rechnen ist (→ Rn. 92) und der Ausländer unverschuldet (→ Rn. 93 ff.) an der Ausreise gehindert ist.

Übersicht

A. Aufenthaltserlaubnis für Asylberechtigte (Abs. 1)

I. Anerkennung als Asylberechtigter

1   Voraussetzung für die Erteilung der Aufenthaltserlaubnis ist, dass der Ausländer als **Asylberech-tigter** (§ 2 AsylG) anerkannt worden ist. Asylberechtigte sind ebenfalls die Ausländer, denen **Familienasyl** nach § 26 Abs. 1 und Abs. 2 AsylG gewährt worden ist.

2   Die Ausländerbehörden sind **an die Entscheidung des Bundesamtes gebunden (§ 6 AsylG)** und nicht berechtigt, im Rahmen der Entscheidung über die Erteilung der Aufenthaltserlaubnis die Anerkennungsentscheidung des Bundesamtes auf ihre Richtigkeit hin zu überprüfen.

II. Keine Ausweisung aufgrund eines besonders schwerwiegenden Ausweisungsinteresses

3   Nach § 5 Abs. 3 S. 1 iVm § 5 Abs. 1 Nr. 2 steht das **Vorliegen von Ausweisungsgründen** der Erteilung einer Aufenthaltserlaubnis an Asylberechtigte nicht entgegen. Nach der Neufassung des S. 2 durch das Zweite Gesetz zur besseren Durchsetzung der Ausreisepflicht (v. 15.8.2019, BGBl. I 1294) darf eine Aufenthaltserlaubnis im Falle einer **Ausweisung aufgrund eines beson-ders schwerwiegenden Ausweisungsinteresses nach § 54 Abs. 1** aber nicht erteilt werden.

4   Bis zur Neufassung regelte Abs. 1 S. 2, dass die Aufenthaltserlaubnis nicht erteilt werden darf, wenn der Ausländer aus schwerwiegenden Gründen der öffentlichen Sicherheit und Ordnung ausgewiesen worden war und knüpfte damit an die Formulierung in § 56 Abs. 1 S. 2 aF an. Mit der Änderung wird die Verweisung an das neu kodifizierte Ausweisungsrecht (Gesetz zur Neubestimmung des Bleiberechts und der Aufenthaltsbeendigung v. 27.7.2015, BGBl. I 1386) angepasst (BT-Drs. 19/10047, 33). Der Ausschlussgrund dürfte nur dann vorliegen, wenn die Ausweisung nach **§ 53 Abs. 3 nF iVm Art. 21 und 24 Abs. 1 Qualifikations-RL** erfolgt ist (BVerwG BeckRS 2017, 107747; NK-AuslR/Fränkel Rn. 6).

5   Die Ausweisung muss **verfügt** sein; sie braucht nicht bestandskräftig oder sofort vollziehbar zu sein (Bergmann/Dienelt/Bergmann/Röcker Rn. 19). Das Vorliegen des Ausschlussgrunds führt nicht automatisch zur Aufenthaltsbeendigung, wenn der Ausländer wegen des Vorliegens eines Abschiebungsverbots nach § 60 nicht abgeschoben werden darf. In diesen Fällen ist über die Aussetzung der Abschiebung eine Bescheinigung nach § 60a Abs. 4 auszustellen (Nr. 25.1.6 AufenthGAVwV).

III. Anspruch auf Erteilung, Befristung, Nebenbestimmungen und Erlöschen

Liegen die Voraussetzungen vor, hat der Ausländer einen **Rechtsanspruch** auf Erteilung einer **6**
Aufenthaltserlaubnis. Zunächst ist eine Aufenthaltserlaubnis für drei Jahre zu erteilen (§ 26 Abs. 1
S. 2, → § 26 Rn. 2).

Nach S. 3 tritt **bis zur Entscheidung über die Aufenthaltserlaubnis** eine **Erlaubnisfiktion 7**
ein. Der Aufenthalt gilt danach abweichend von der allgemeinen Fiktionsregelung des § 81 Abs. 3
S. 1 (→ § 81 Rn. 17 ff.) nicht ab der Beantragung einer Aufenthaltserlaubnis, sondern bereits
für die Zeit zwischen der Anerkennung als Asylberechtigter und der Entscheidung über die
Aufenthaltserlaubnis nach. 1 S. 1 als erlaubt (Nr. 25.1.7 AufenthGAVwV).

Vom Vorliegen der Erteilungsvoraussetzungen nach § 5 Abs. 1 und Abs. 2 ist abzusehen (§ 5 **8**
Abs. 3 S. 1); von § 5 Abs. 4 darf hingegen nicht abgewichen werden (BeckOK AuslR/Maaßen/
Kluth Rn. 10).

Die Aufenthaltserlaubnis kann grundsätzlich nach den allgemeinen Vorschriften mit **Nebenbe- 9
stimmungen** versehen werden, soweit sie **mit der Rechtsstellung des Asylberechtigten vereinbar** sind und nicht den garantierten Rechten des Asylberechtigten zuwiderlaufen (Nr. 25.1.10
AufenthGAVwV). Bei **wohnsitzbeschränkenden Auflagen** ist zu beachten, dass Wohnsitzauflagen gegenüber anerkannten Flüchtlingen, die Sozialleistungen beziehen, gegen Art. 23, 26
GFK verstoßen, wenn sie zum Zweck der angemessenen Verteilung öffentlicher Sozialhilfelasten
verfügt werden (BVerwG BeckRS 2008, 33980). Eine wohnsitzbeschränkende Auflage ist aber
zulässig, wenn sie aus integrationspolitischen Gesichtspunkten erfolgt (§ 12a Abs. 1; vgl. auch
EuGH BeckRS 2016, 80413; BeckOK AuslR/Maaßen/Kluth Rn. 13). S. 4, wonach die erteilte
Aufenthaltserlaubnis die uneingeschränkte Erwerbstätigkeit gestattete, wurde als Folge des durch
das FachkEinwG (Fachkräfteeinwanderungsgesetz v. 15.8.2019, BGBl. I 1307) neu eingefügten
§ 4a Abs. 1 aufgehoben.

Die Aufenthaltserlaubnis **erlischt** nach den allgemeinen Regelungen in **§ 51,** wobei die Beson- **10**
derheiten der Rechtsstellung als Asylberechtigter zu berücksichtigen sind. Ein Widerruf nach **§ 51
Abs. 1 Nr. 4** iVm § 52 Abs. 1 S. 1 Nr. 1 ist nicht möglich, weil dem Asylberechtigten über § 5
Abs. 3 S. 1 die Nichterfüllung der **Passpflicht** nicht entgegengehalten werden kann. Im Falle der
Ausreise eines Asylberechtigten erlischt der Aufenthaltstitel gem. **§ 51 Abs. 1 Nr. 6 oder Nr. 7**
nur, wenn er nicht mehr im Besitz eines Reiseausweises für Flüchtlinge ist (§ 51 Abs. 7).

Beim Widerruf nach § 52 Abs. 1 S. 1 Nr. 2 ist § 72 Abs. 1 Nr. 2 und Nr. 3 zu beachten. Ein **11**
Widerruf ist gem. **§ 52 Abs. 1 S. 1 Nr. 4** möglich, wenn die Anerkennung als Asylberechtigter
erlischt oder unwirksam wird. Ob die Voraussetzungen des **§ 72 AsylG** für das Erlöschen der
Asylberechtigung vorliegen, hat die **Ausländerbehörde** in eigener Zuständigkeit zu prüfen. Die
Rücknahme und der **Widerruf** erfolgen nach § 73 AsylG durch das **Bundesamt.**

B. Aufenthaltserlaubnis für GK-Flüchtlinge und subsidiär Schutzberechtigte (Abs. 2)

Unter Abs. 2 fallen Ausländer, denen das Bundesamt die Flüchtlingseigenschaft nach § 3 Abs. 1 **12**
AsylG oder subsidiären Schutz nach § 4 Abs. 1 AsylG zuerkannt hat. Die Ausländerbehörde ist
an die Entscheidung des Bundesamts gebunden (§ 6 AsylG).

Über S. 2 gelten Abs. 1 S. 2–3 entsprechend. Von den allgemeinen Erteilungsvoraussetzungen **13**
des § 5 Abs. 1 und Abs. 2 ist abzusehen (§ 5 Abs. 3 S. 1). § 5 Abs. 4 ist anzuwenden.

Es besteht ein Rechtsanspruch auf Erteilung einer Aufenthaltserlaubnis. Ebenso wie bei aner- **14**
kannten Asylberechtigten wird auch bei anerkannten Flüchtlingen die Aufenthaltserlaubnis auf
drei Jahre befristet erteilt (§ 26 Abs. 1 S. 2, → § 26 Rn. 2).

Zur Frage, ob von **Drittstaaten anerkannte Flüchtlinge** Anspruch auf Erteilung einer Auf- **15**
enthaltserlaubnis haben vgl. NK-AuslR/Fränkel Rn. 15. § 60 Abs. 1 S. 2 gewährt nur ein Abschiebungsverbot.

C. Abschiebungsverbot nach § 60 Abs. 3, Abs. 5 und Abs. 7

Nach Abs. 3 soll einem Ausländer eine Aufenthaltserlaubnis erteilt werden, wenn ein Abschie- **16**
bungsverbot nach § 60 Abs. 5 (→ § 60 Rn. 23 ff.) oder § 60 Abs. 7 (→ § 60 Rn. 31 ff.) vorliegt
(bei Feststellung eines Abschiebungsverbots hinsichtlich eines Dublin-Staates vgl. VGH BW
BeckRS 2020, 3155). Die Erteilung einer Aufenthaltserlaubnis nach Abs. 3 setzt weiter voraus,
dass keine schwerwiegenden Gründe die Annahme rechtfertigen, dass der Ausländer eine der
Voraussetzungen des Abs. 3 S. 2 lit. a–d verwirklicht. Sie wird auch nicht erteilt, wenn die Ausreise

in einen anderen Staat möglich und zumutbar ist oder ein wiederholter oder gröblicher Verstoß gegen entsprechende Mitwirkungspflichten vorliegt.

I. Vorliegen eines Abschiebungsverbots

17   Die **Feststellung des Abschiebungsverbots** nach § 60 Abs. 5 oder Abs. 7 obliegt dem **Bundesamt,** wenn der Ausländer einen **Asylantrag** gestellt hat (§ 24 Abs. 2, § 31 Abs. 3 AsylG). Die Ausländerbehörde ist an die Feststellung des Bundesamtes gebunden. Die Feststellung muss **nicht unanfechtbar sein** (Hailbronner AuslR Rn. 53). Widerruft das Bundesamt die Feststellung, entfällt die Bindungswirkung erst mit Bestandskraft der Widerrufsentscheidung (BeckOK AuslR/ Maaßen/Kluth Rn. 26).

18   Hat der Ausländer **keinen Asylantrag** gestellt, ist die **Ausländerbehörde** für die Feststellung des Abschiebungsverbots zuständig (NdsOVG BeckRS 2018, 8970). Das **Bundesamt** ist gem. **§ 72 Abs. 2** zu beteiligen (→ Rn. 18.1).

18.1   Nach § 72 Abs. 2 hat die Ausländerbehörde bei der Entscheidung über das Vorliegen von zielstaatsbezogenen Abschiebungsverboten eine Stellungnahme des Bundesamtes einzuholen, die vom Bundesamt erteilte Auskunft entfaltet jedoch keine Bindungswirkung (GK-AufenthG/Gutmann § 72 Rn. 12; NK-AuslR/ Hofmann Rn. 17). Der Zweck der Beteiligungsregelung in § 72 Abs. 2 liegt darin, vor einer Entscheidung über ein zielstaatsbezogenes Abschiebungsverbot durch die Ausländerbehörde die Sachkunde des Bundesamtes hinsichtlich der Verhältnisse in dem betreffenden Zielstaat einfließen zu lassen (Bergmann/Dienelt/ Samel § 72 Rn. 10). Das Bundesamt ist die zentrale sachverständige Stelle des Bundes. Daher wird sich die Ausländerbehörde, die das Bundesamt beteiligt hat, in der Regel bei Fehlen substantiierter gegenteiliger Anhaltspunkte an die Auskunft des Bundesamtes halten (BayVGH BeckRS 2016, 45987).

19   Ist die Ausländerbehörde der Auffassung, dass der Antrag des Ausländers als Asylantrag zu werten ist, hat sie den Ausländer an das Bundesamt zu verweisen. Der Betroffene hat **kein Wahlrecht** (Hailbronner AuslR Rn. 54).

19.1   Zuständig für die Feststellung der Abschiebungsverbote nach § 60 Abs. 5 oder Abs. 7 ist die Ausländerbehörde nur dann, wenn zuvor kein Asylverfahren durchgeführt wurde (§ 24 Abs. 2 AsylG). Der Ausländerbehörde bleibt eine selbstständige Entscheidung über die Gewährung von Abschiebungsschutz jedoch dann verwehrt, wenn die geltend gemachte zielstaatsbezogene Gefährdung die Flüchtlingseigenschaft iSd § 3 Abs. 1 AsylG und damit ggf. ein Abschiebungsverbot nach § 60 Abs. 1 begründen würde. Dabei kommt es nicht darauf an, ob der Ausländer einen förmlichen Asylantrag iSd § 14 AsylG gestellt hat, sondern nur darauf, ob materiell ein Asylgesuch iSd § 13 AsylG vorliegt. Der Betreffende ist mit seinem materiellen Asylbegehren gem. § 13 Abs. 1 AsylG hinsichtlich aller zielstaatsbezogener Schutzersuchen und Schutzformen auf das Asylverfahren vor dem Bundesamt zu verweisen und hat kein Wahlrecht zwischen einer Prüfung durch die Ausländerbehörde und einer Prüfung durch das Bundesamt (BayVGH BeckRS 2014, 46390).

20   Im Rahmen des **§ 60 Abs. 5** (→ § 60 Rn. 23 ff.) sind nur **zielstaatsbezogene Abschiebungsverbote** zu berücksichtigen.

II. Unmöglichkeit und Unzumutbarkeit der Ausreise

21   Abs. 3 S. 2 stellt sicher, dass kein Aufenthaltstitel erteilt wird, wenn die Ausreise in einen anderen Staat möglich und zumutbar ist. In diesen Fällen bleibt es bei der Duldung nach § 60a. Der Begriff der Ausreise umfasst sowohl die **zwangsweise Rückführung** als auch die **freiwillige Ausreise.** Es ist daher unerheblich, ob eine zwangsweise Rückführung unmöglich ist, zB weil eine Begleitung durch Sicherheitsbeamte nicht durchgeführt werden kann, wenn der Ausländer freiwillig in den Herkunftsstaat oder in einen anderen aufnahmebereiten Staat ausreisen könnte. Dabei ist **nicht auf das bloße Verlassen des Bundesgebiets** abzustellen, sondern auch darauf, ob es dem Ausländer **möglich ist, in einen anderen Staat einzureisen und sich dort aufzuhalten** (Nr. 25.3.5.2 AufenthGAVwV). Eine kurzfristige Möglichkeit zum Aufenthalt in einem anderen Staat genügt hierfür nicht. Ein anderer Staat ist ein Drittstaat, in dem der betroffenen Person die in § 60 Abs. 5 (→ § 60 Rn. 23 ff.) oder § 60 Abs. 7 S. 1 (→ § 60 Rn. 31 ff.) genannten Gefahren nicht drohen (Nr. 25.3.5.3 AufenthGAVwV).

22   Die Ausreise ist **zumutbar,** wenn die mit dem Aufenthalt im Drittstaat verbundenen Folgen die **betroffene Person nicht stärker treffen als die Bevölkerung des Drittstaates** oder die Bevölkerungsgruppe, der der Betroffene angehört. Dies ist zB bei gemischt nationalen Ehen der Fall, wenn dem Ehepartner die Einreise und der Aufenthalt im Heimatstaat des anderen Ehepartners erlaubt oder wenn der betroffenen Person aufgrund ihrer ethnischen Zugehörigkeit Einreise und Aufenthalt in einem Drittstaat gestattet werden (Nr. 25.3.5.4 AufenthGAVwV).

Die **Darlegung,** in welchen Staat eine Ausreise möglich ist, obliegt der **Ausländerbehörde.** 23 Sie hat sich dabei an konkreten Anhaltspunkten zu orientieren. Maßgeblich für die Auswahl ist die **Beziehung der betroffenen Person zum Drittstaat** (→ Rn. 23.1) und die **Aufnahmebereitschaft des Drittstaates** (OVG Saarl BeckRS 2014, 58448). Der Ausländer kann hiergegen Einwendungen geltend machen (Nr. 25.3.5.5 AufenthGAVwV).

Beispiele: 23.1
• Ausländer hat einen Aufenthaltstitel für einen Drittstaat oder hat lange dort gelebt,
• Ehepartner oder nahe Verwandte sind Drittstaatsangehörige,
• Ausländer gehört einer Volksgruppe an, der im Drittstaat regelmäßig Einreise und Aufenthalt ermöglicht wird.

Die **Zumutbarkeit** der Ausreise wird **vermutet,** sofern der Ausländerbehörde keine gegentei- 24 ligen Hinweise vorliegen. Unzumutbar ist die Ausreise in den Drittstaat insbesondere dann, wenn dem Ausländer dort die „**Kettenabschiebung**" in den Verfolgerstaat droht oder ihn dort ähnlich unzumutbare Lebensbedingungen erwarten. Demnach ist die Ausreise in einen Staat unzumutbar, wenn der Ausländer dort keine Lebensgrundlage nach Maßgabe der dort bestehenden Verhältnisse finden kann (Nr. 25.3.5.6 AufenthGAVwV).

III. Kein wiederholter oder gröblicher Verstoß gegen Mitwirkungspflichten

1. Mitwirkungspflichten

Umfasst sind nur **die Mitwirkungspflichten, die sich auf die Ausreise in den Drittstaat** 25 **beziehen** (Hailbronner AuslR Rn. 70; NK-AuslR/Fränkel Rn. 27). Der Ausländer muss gegen **gesetzliche Mitwirkungspflichten** verstoßen haben. Hierzu zählen insbesondere **ausweisrechtliche Mitwirkungspflichten** sowie die Pflichten, an der **Feststellung und Sicherung der Identität** und bei der **Beschaffung gültiger Heimreisepapiere** mitzuwirken (§§ 48 f., 82 Abs. 4, §§ 15 f. AsylG; vgl. Nr. 25.3.6.1 AufenthGAVwV; BeckOK AuslR/Maaßen/Kluth Rn. 44). Auch wenn nach § 5 Abs. 3 S. 1 bei Vorliegen der besonderen Erteilungsvoraussetzungen auf das Vorliegen von § 5 Abs. 1 Nr. 1a und Nr. 4 verzichtet wird, bedeutet dies nicht, dass den Ausländer keine Mitwirkungspflichten bei der Identitätsfeststellung und der Beschaffung von Reisedokumenten treffen. Ein Verstoß gegen andere gesetzliche Mitwirkungspflichten, die sich nicht auf das Ausländerrecht beziehen (zB AsylbLG oder SGB II), genügt dagegen nicht.

2. Gröblicher Verstoß

Der **einfache** Verstoß gegen die genannten Mitwirkungspflichten **reicht nicht** aus. Erforder- 26 lich ist, dass der Ausländer **mehr als einmal** gegen entsprechende Mitwirkungspflichten verstoßen hat, wobei der Verstoß gegen unterschiedliche Mitwirkungspflichten genügt. Ein wiederholter Verstoß setzt allerdings voraus, dass der Ausländer in unterschiedlichen Situationen und nicht im Rahmen eines einheitlichen Lebenssachverhalts gegen die Mitwirkungspflichten verstößt. Eine einmalige Verletzung der Mitwirkungspflichten ist jedoch dann ausreichend, wenn es sich um einen gröblichen Verstoß handelt.

Ein gröblicher Verstoß gegen eine Mitwirkungspflicht liegt dann vor, wenn der Ausländer 27 durch **aktives Tun** hiergegen verstößt. Die **Begehung strafbarer Handlungen,** wie zB die Vorlage gefälschter Unterlagen im Zusammenhang mit der Erfüllung von Mitwirkungspflichten begründet in jedem Fall einen gröblichen Verstoß (Nr. 25.3.6.2 AufenthGAVwV).

Die Formulierung „verstößt" bedeutet nicht, dass der Verstoß erst noch stattfinden muss oder 28 unmittelbar bevorsteht; es genügt, dass ein **bereits eingetretener Verstoß Auswirkungen auf die Gegenwart hat** und nicht gänzlich ohne Wirkung geblieben ist (Nr. 25.3.6.2 AufenthGAVwV). Der Verstoß muss zudem **ursächlich** für die Unmöglichkeit oder Unzumutbarkeit der Ausreise sein (BeckOK AuslR/Maaßen/Kluth Rn. 44).

IV. Nichtvorliegen von Ausschlussgründen

Eine Aufenthaltserlaubnis darf nach Abs. 3 S. 2 lit. a–d nicht erteilt werden, wenn **schwerwie-** 29 **gende Gründe die Annahme rechtfertigen,** dass der Ausländer **schwere Menschenrechtsverletzungen** oder **andere Straftaten von erheblicher Bedeutung** begangen hat oder er eine

Gefahr für die Allgemeinheit oder die Sicherheit des Landes darstellt. Die Vorschrift setzt Art. 17 Abs. 1 Qualifikations-RL in das deutsche Recht um.

30 Die Ausschlussgründe sind den Ausschlussklauseln im Flüchtlingsrecht (vgl. § 3 Abs. 2 AsylG; § 60 Abs. 8) ähnlich, aber weiter gefasst als diese. Mit der Vorschrift soll verhindert werden, dass schwere Straftäter und Gefährder, deren Aufenthalt nicht beendet werden kann, einen rechtmäßigen Aufenthalt in Deutschland erhalten. Bei Vorliegen der Voraussetzungen ist der Ausschluss der Aufenthaltserlaubnis zwingend (Nr. 25.3.7.2 AufenthGAVwV).

1. Menschenrechtsverletzungen und Straftaten

31 Es ist **unerheblich, wo die Taten begangen wurden.** Zum Ausschluss der Aufenthaltserlaubnis führt eine Tatbegehung im Herkunftsland, in einem Drittstaat oder in Deutschland (Nr. 25.3.7.3 AufenthGAVwV).

32 Für die Anwendung der Ausschlussklauseln ist eine **strafrechtliche Verurteilung des Ausländers nicht erforderlich.** Umgekehrt schließt die Verbüßung einer Strafe die Anwendung der Ausschlussklauseln nicht aus (Nr. 25.3.7.4 AufenthGAVwV).

33 Die Ausschlusstatbestände kommen nicht nur in Betracht, wenn die Tat **eigenhändig** begangen wurde, sondern auch dann, wenn ein Ausländer einen anderen **zu einer schweren Straftat anstiftet** oder diesen dabei **in irgendeiner Weise fördert oder unterstützt.** Der Tatbeitrag kann zB in Hilfeleistungen bei der Durchführung der Tat, in verbaler Ermutigung oder öffentlicher Befürwortung der Tat bestehen. Für die Beurteilung, ob ein Ausschlusstatbestand vorliegt, muss die konkrete Tat und der Tatbeitrag des Ausländers benannt werden können. Die bloße **Mitgliedschaft in einer Organisation,** die für Straftaten verantwortlich ist, reicht in der Regel noch nicht für einen Ausschluss aus. Besteht allerdings ein erheblicher Teil der Aktivitäten der Organisation in der Begehung von schweren Straftaten, steht die Mitgliedschaft einer aktiven Beteiligung an den Taten in der Regel gleich. In diesen Fällen ist die Aufenthaltserlaubnis zu versagen, sofern der Ausländer Kenntnis von den Aktivitäten hat und der Organisation freiwillig angehört (Nr. 25.3.7.5 AufenthGAVwV).

34 Es müssen **schwerwiegende Gründe** die Annahme rechtfertigen, dass Ausschlusstaten begangen wurden. Dafür sind **mehr als bloße Verdachtsmomente** erforderlich. Andererseits sind **die Beweisanforderungen geringer als die für eine strafrechtliche Verurteilung** geltenden Maßstäbe. Zum Nachweis können unter anderem Aussagen des Antragstellers in seiner Anhörung vor der Ausländerbehörde oder dem Bundesamt, Zeugenaussagen, Urkunden, Auskünfte des Auswärtigen Amts oder anderer Stellen, aber auch Zeitungsartikel, Urteile oder Anklageschriften herangezogen werden (Nr. 25.3.7.7 AufenthGAVwV).

35 Für die Anwendung der Ausschlussklauseln ist nur in den Fällen von Abs. 3 S. 2 lit. d erforderlich, dass der Ausländer eine Gefahr für die Sicherheit Deutschlands oder für die Allgemeinheit darstellt. In den anderen Tatbestandsvarianten kommt es hierauf nicht an. Hier ist die Schutzunwürdigkeit des Betroffenen maßgeblich für die Versagung der Aufenthaltserlaubnis (Nr. 25.3.7.6 AufenthGAVwV).

36 Eine Straftat iSd Abs. 3 S. 2 Nr. 2 erfordert ein Kapitalverbrechen oder eine sonstige Straftat, die in den meisten Rechtsordnungen als besonders schwerwiegend qualifiziert ist (BVerwG BeckRS 2015, 45353). Da der Tatbestand des Abs. 3 S. 2 lit. b an ein in der Vergangenheit liegendes Verhalten des Ausländers anknüpft, reicht für die Erfüllung des Ausschlusstatbestands die Begehung einer Straftat von erheblicher Bedeutung aus. Es bedarf nicht der Feststellung einer Wiederholungsgefahr (BVerwG BeckRS 2015, 45353; NdsOVG BeckRS 2013, 59729).

37 Zu den einzelnen Ausschlussgründen vgl. Nr. 25.3.8 AufenthGAVwV.

2. Gefährder

38 Abs. 3 S. 2 lit. d schließt Personen, die ein Sicherheitsrisiko darstellen, von der Gewährung einer Aufenthaltserlaubnis aus. Darunter fallen Personen, die die Allgemeinheit gefährden, insbesondere durch erhebliche Straftaten. Eine strafrechtliche Verurteilung ist nicht erforderlich. Allerdings ist im Falle einer Verurteilung zu einer mindestens dreijährigen Haftstrafe in Anlehnung an die entsprechenden flüchtlingsrechtlichen Regelungen des § 60 Abs. 8 die Aufenthaltserlaubnis regelmäßig zu versagen. In den übrigen Fällen kommt es auf den Einzelfall an.

39 Bei Personen, die die Sicherheit des Landes gefährden, ist erforderlich, dass die von ihnen ausgehende Gefahr sich gegen das Staatsgefüge richtet. Dies ist etwa bei terroristischen Aktivitäten der Fall. Im Unterschied zu den anderen Ausschlussgründen in Abs. 3 S. 2 lit. a–c reicht für die Anwendung des lit. d die bloße Feststellung einer in der Vergangenheit begangenen Straftat oder Gefährdung nicht aus. Vielmehr muss zusätzlich immer eine vom Betreffenden weiterhin

ausgehende Gefahr festgestellt werden. Bei Straftätern ist anhand der Gesamtumstände des Einzelfalles zu prüfen, ob die Gefahr besteht, dass auch in Zukunft Straftaten begangen werden. Die bloße Aussetzung einer Strafverbüßung zur Bewährung ist alleine noch nicht ausreichend für die Annahme, dass der Betreffende künftig ein straffreies Leben führen wird (Nr. 25.3.7.6 Aufenth-GAVwV).

3. Beteiligung des Bundesamtes

Die Ausländerbehörde darf eine Entscheidung über das Vorliegen von Ausschlussgründen nur **40** nach **vorheriger Beteiligung des Bundesamtes** treffen (vgl. § 72 Abs. 2). Es handelt sich jeweils um **nicht selbstständig anfechtbare verwaltungsinterne Stellungnahmen** (Nr. 25.3.7.8 AufenthGAVwV).

Aufgrund der Wortgleichheit der Vorschriften können Sachverhalte, die Ausschlussgründe nach **41** § 3 Abs. 2 AsylG begründen oder nach § 60 Abs. 8 (→ § 60 Rn. 41 ff.) zur Versagung der Flüchtlingsanerkennung oder der Asylberechtigung geführt haben, auch im Hinblick auf eine Versagung gem. Abs. 3 S. 2 lit. a–d von Relevanz sein. Das Bundesamt unterrichtet die Ausländerbehörde über die im Asylverfahren zu Tage getretenen Ausschlussgründe (§ 24 Abs. 3 Nr. 2 lit. b AsylG; Nr. 25.3.7.9 AufenthGAVwV).

4. Rechtsfolge

Wird die Erteilung der Aufenthaltserlaubnis nach Abs. 3 S. 3 ausgeschlossen, erhält der Auslän- **42** der nach § 60a Abs. 2 und Abs. 5 eine Bescheinigung über die **Aussetzung der Abschiebung** (Nr. 25.3.7.10 AufenthGAVwV).

Der Ausschluss der Aufenthaltserlaubnis nach Abs. 3 S. 3 lit. a–d schließt die Erteilung oder **43** Beibehaltung einer **Aufenthaltserlaubnis aus anderen Gründen** nicht aus (zB wenn die Voraussetzungen für den Familiennachzug vorliegen); allerdings dürften in diesen Fällen regelmäßig die Erteilungsvoraussetzung nach § 5 Abs. 1 Nr. 2 oder Nr. 3 nicht erfüllt sein oder ein Versagungsgrund nach § 5 Abs. 4 vorliegen. Bei abgelehnten Asylbewerbern ist allerdings zu beachten, dass Ausländern, deren Asylantrag als offensichtlich unbegründet abgelehnt worden ist, gem. § 10 Abs. 3 vor ihrer Ausreise eine Aufenthaltserlaubnis nur erteilt werden darf, wenn ein Anspruch besteht. Die Ausnahmeregelung in § 10 Abs. 3 Hs. 2 greift nicht, wenn ein Ausschlussgrund nach § 25 Abs. 3 S. 3 lit. a–d vorliegt (Nr. 25.3.7.11 AufenthGAVwV).

5. Allgemeine Erteilungsvoraussetzungen

Vom Vorliegen der allgemeinen Erteilungsvoraussetzungen nach § 5 Abs. 1 und Abs. 2 ist **44** abzusehen (§ 5 Abs. 3 S. 1); von § 5 Abs. 4 darf abgewichen werden. Zwar ist nach § 5 Abs. 3 S. 1 von der Erfüllung der Passpflicht abzusehen, wirkt der Ausländer jedoch an der Passbeschaffung nicht mit oder verstößt er gegen seine Pflichten bei der Feststellung und Sicherung der Identität und der Beschaffung gültiger Reisepapiere, kann dies einen gröblichen Verstoß gegen Mitwirkungspflichten iSd Abs. 3 S. 2 darstellen; in Bezug auf den Verfolgerstaat ist der Ausländer nicht zu Mitwirkungshandlungen verpflichtet. Die Ablehnung des Asylantrags als offensichtlich unbegründet steht nach § 10 Abs. 3 S. 3 Hs. 2 der Erteilung einer Aufenthaltserlaubnis nach Abs. 3 nicht entgegen (Nr. 25.3.2 AufenthGAVwV).

6. Regelanspruch

Liegen die Voraussetzungen für die Erteilung nach Abs. 3 vor, hat die Ausländerbehörde **grund- 45 sätzlich keinen Ermessensspielraum.** In **atypischen Fällen** kann die **Aufenthaltserlaubnis versagt** werden. Hat das Bundesamt in den Fällen des § 60 Abs. 5 oder Abs. 7 Widerrufsverfahren eingeleitet, ändert dies nichts an der Bindungswirkung nach § 42 AsylG, da für einen Widerruf der Aufenthaltserlaubnis notwendig ist, dass der Widerruf des Abschiebungsverbots unanfechtbar oder sofort vollziehbar ist (§ 52 Abs. 1 S. 1 Nr. 5 lit. c). Die Erteilung bzw. Verlängerung der Aufenthaltserlaubnis steht dann jedoch im Ermessen der Ausländerbehörde, da die **Einleitung eines Widerrufsverfahrens** durch das Bundesamt wegen einer Änderung der Verhältnisse im Zielstaat der Abschiebung einen **atypischen Ausnahmefall** begründet. Das gleiche gilt, wenn offenkundig ist, dass die **Gefährdungslage im Heimatstaat nicht mehr** besteht oder aus anderen Gründen mit dem Widerruf der anerkennenden Entscheidung des Bundesamtes zu rechnen ist. Die Ausländerbehörde hat in diesem Fall bei der Entscheidung über die Erteilung einer Aufenthaltserlaubnis nach Abs. 3 unter Berücksichtigung aller Umstände des Einzelfalles und nach

Würdigung des in Frage stehenden Widerrufgrundes eine Prognose darüber zu treffen, ob und wann ein Widerruf des Abschiebungsverbots zu erwarten ist. Die Aufenthaltserlaubnis ist für mindestens ein Jahr zu erteilen (§ 26 Abs. 1 S. 4, → § 26 Rn. 5).

D. Vorübergehender Aufenthalt und Verlängerung (Abs. 4)

I. Vorübergehender Aufenthalt

46 Die Regelung bietet die Möglichkeit der Erteilung einer **befristeten Aufenthaltserlaubnis für einen vorübergehenden Aufenthalt.** Der Ausländer muss sich bereits **im Bundesgebiet befinden** und darf **nicht vollziehbar ausreisepflichtig** sein. Für einen Daueraufenthalt oder einen zeitlich nicht absehbaren Aufenthalt im Bundesgebiet scheidet Abs. 4 S. 1 als Anspruchsgrundlage aus.

1. Dringende humanitäre oder persönliche Gründe

47 Bei der Prüfung, ob dringende humanitäre Gründe vorliegen, ist auf die **individuell-konkreten Umstände des Einzelfalls** abzustellen. Es kommen nur **inlandsbezogene Gründe** in Frage, nicht erheblich sind zielstaatsbezogene Gründe, insbesondere das Vorliegen von Abschiebungshindernissen oder Gefahren für den Ausländer, die im Falle seiner Rückkehr im Heimatstaat auftreten können. Der Ausländer muss sich aufgrund besonderer Umstände in einer auf seine Person bezogenen **Sondersituation befinden, die sich deutlich von der Lage vergleichbarer Ausländer unterscheidet.**

48 Das Verlassen des Bundesgebiets in einen Staat, in dem keine entsprechenden Ausbildungs- und Berufsmöglichkeiten bestehen, ist kein dringender humanitärer Grund iSd Abs. 4 S. 1 (Nr. 25.4.1.4 AufenthGAVwV). Dringende humanitäre oder persönliche Gründe können zB angenommen werden, wenn die **Durchführung einer medizinischen Operation** oder der Abschluss einer ärztlichen Behandlung im Herkunftsland nicht oder nicht in ausreichendem Maße gewährleistet ist, bei der **vorübergehenden Betreuung erkrankter Familienangehöriger,** für die **Regelung gewichtiger persönlicher Angelegenheiten,** wie zB die Teilnahme an einer Beisetzung oder dringende Regelungen im Zusammenhang mit dem Todesfall eines Angehörigen oder die **Teilnahme an einer Gerichtsverhandlung als Zeuge** (bei der Teilnahme an Gerichtsverhandlungen als Verfahrenspartei kommt es auf die Umstände des Einzelfalles an) oder für den Abschluss einer Schul- oder Berufsausbildung, sofern sich der Schüler oder Auszubildende bereits kurz vor dem angestrebten Abschluss, in der Regel also zumindest im letzten Schul- bzw. Ausbildungsjahr befindet.

49 Zur Frage, wann dringende humanitäre oder persönliche Gründe regelmäßig nicht angenommen können, s. Nr. 25.4.1.6.2 AufenthGAVwV.

2. Erhebliche öffentliche Interessen

50 Erhebliche öffentliche Interessen können vorliegen, wenn der Ausländer als **Zeuge in einem Gerichts- oder Verwaltungsverfahren** benötigt wird, der Ausländer mit deutschen Behörden bei der **Ermittlung von Straftaten** vorübergehend zusammenarbeitet, sich insbesondere in einem **Zeugenschutzprogramm** befindet (zu beachten ist insoweit auch **Abs. 4a,** der eine Sonderregelung für die Erteilung einer vorübergehenden Aufenthaltserlaubnis für Opfer von Menschenhandel enthält) oder der Aufenthalt des Ausländers zur Wahrung politischer Interessen der Bundesrepublik Deutschland fortgesetzt werden soll, wie zB aufgrund sicherheitspolitischer Interessen deutscher Sicherheitsbehörden, außenpolitischer oder auch sportpolitischer Interessen (Nr. 25.4.1.6.3 AufenthGAVwV).

51 Dringende humanitäre oder persönliche Gründe oder erhebliche öffentliche Interessen erfordern den weiteren Aufenthalt nur, wenn das mit dem weiteren Aufenthalt des Ausländers angestrebte Ziel nicht auch in zumutbarer Weise im Ausland erreicht werden kann (Nr. 25.4.1.7 AufenthGAVwV).

3. Allgemeine Erteilungsvoraussetzungen

52 Die allgemeinen Erteilungsvoraussetzungen nach § 5 müssen vorliegen; die Ausländerbehörde kann nach **Ermessen** von **§ 5 Abs. 1 und Abs. 2** abweichen (§ 5 Abs. 3 S. 2), von **§ 5 Abs. 4** darf nicht abgewichen werden. Im Rahmen des Ermessens sind insbesondere der geltend gemachte **Aufenthaltszweck,** die **Länge** des angestrebten vorübergehenden Aufenthalts, die **bisherigen**

rechtmäßigen Aufenthalte im Bundesgebiet und die **öffentlichen Interessen an der Anwesenheit** im Bundesgebiet zu berücksichtigen (Nr. 25.4.1.2 AufenthGAVwV).

4. Ermessensentscheidung

Die Ausländerbehörde entscheidet über die Erteilung der Aufenthaltserlaubnis nach pflichtge- 53 mäßem Ermessen; es besteht **kein Rechtsanspruch** auf Erteilung der Aufenthaltserlaubnis (Nr. 25.4.1.3 AufenthGAVwV).

Bei der Ermessensentscheidung sind nur solche **Umstände zu berücksichtigen, die ihrer** 54 **Natur nach einen vorübergehenden Aufenthalt notwendig machen;** Umstände, die auf einen Daueraufenthalt abzielen, sind grundsätzlich nicht berücksichtigungsfähig. Im Rahmen der Ermessensentscheidung sind die privaten Interessen des Ausländers und die öffentlichen Interessen abzuwägen. Als Gesichtspunkte können die **Dauer des Voraufenthalts,** der **Grund für die Ausreisepflicht** und die **Folgen einer alsbaldigen Abschiebung** für den Ausländer herangezogen werden (Nr. 25.4.1.6 AufenthGAVwV).

Die Aufenthaltserlaubnis wird grundsätzlich **für den Zeitraum erteilt, der für die Errei-** 55 **chung des Aufenthaltszwecks erforderlich ist** (§ 7 Abs. 2 S. 1), längstens für sechs Monate, solange sich der Ausländer noch nicht mindestens 18 Monate rechtmäßig im Bundesgebiet aufgehalten hat (§ 26 Abs. 1 S. 1, → § 26 Rn. 4). Eine Verlängerung der Aufenthaltserlaubnis kommt nur ausnahmsweise in Betracht, wenn wider Erwarten der Aufenthaltszweck noch nicht erreicht werden konnte.

Eine **Verfestigung des Aufenthalts** nach § 26 Abs. 4 S. 1 (→ § 26 Rn. 21 ff.) ist **nicht** 56 **zuzulassen** (§ 8 Abs. 2), da es sich nach der Zweckbestimmung um einen nur vorübergehenden Aufenthalt handelt. Wenn die Voraussetzungen vorliegen, ist die Verlängerung der Aufenthaltserlaubnis nach Abs. 4 S. 2 möglich, ebenso die Erteilung einer Aufenthaltserlaubnis zu einem anderen Aufenthaltszweck (Nr. 25.4.1.9 AufenthGAVwV).

Ein Familiennachzug zu Ausländern, die im Besitz einer Aufenthaltserlaubnis nach Abs. 4 S. 1 57 sind, wird nicht gewährt (§ 29 Abs. 3 S. 3), da sich der Ausländer nur vorübergehend im Bundesgebiet aufhalten wird.

II. Verlängerung

Abs. 4 S. 2 schafft eine Ausnahmemöglichkeit für die Verlängerung einer Aufenthaltserlaubnis 58 in Fällen, in denen **bereits ein rechtmäßiger Aufenthalt besteht** und das Verlassen des Bundesgebietes für den Ausländer **eine außergewöhnliche Härte** bedeuten würde. Es handelt sich hierbei um eine **eigenständige Möglichkeit der Verlängerung, unabhängig von den Voraussetzungen des Abs. 4 S. 1.** Die Verlängerung darf daher unabhängig von der Grundlage des ursprünglichen Aufenthaltstitels und abweichend von den Bestimmungen nach § 8 Abs. 1 und Abs. 2 erteilt werden.

1. Außergewöhnliche Härte

Eine außergewöhnliche Härte setzt voraus, dass der Ausländer sich in einer **individuellen** 59 **Sondersituation** befindet, aufgrund derer ihn **die Aufenthaltsbeendigung nach Art und Schwere des Eingriffs wesentlich härter treffen würde als andere Ausländer** (OVG Saarl BeckRS 2019, 14582), deren Aufenthalt ebenfalls zu beenden wäre (zB wenn den Ausländer im Falle der Ausreise ein außergewöhnlich schweres Schicksal treffen würde). Eine Aufenthaltserlaubnis kann nach Abs. 4 S. 2 nur verlängert werden, wenn die Aufenthaltsbeendigung als regelmäßige Folge des Ablaufs bisheriger anderer Aufenthaltstitel **unvertretbar** wäre und dadurch **konkret- individuelle Belange des Ausländers in erheblicher Weise beeinträchtigt** würden. Bedeutung kann auch dem Umstand zukommen, inwieweit der Ausländer in Deutschland verwurzelt ist. Eine außergewöhnliche Härte kann sich für den Ausländer auch aus besonderen Verpflichtungen ergeben, die für ihn im Verhältnis zu Dritten im Bundesgebiet lebenden Personen bestehen.

Die Annahme einer außergewöhnlichen Härte kann **nicht** darauf gestützt werden, dass der 60 Ausländer eine **Arbeitsstelle in Aussicht** hat. Ebenso wenig gehören **politische Verfolgungs- gründe** (§ 60 Abs. 1 S. 1, → § 60 Rn. 4 ff.) und **Abschiebungsverbote iSv § 60 Abs. 2–7** (→ § 60 Rn. 15 ff.) zum Prüfungsrahmen des Abs. 4 S. 2. Gleiches gilt für Gesichtspunkte, die zu Aufenthaltsrechten nach **anderen Härtefallklauseln** führen, wie § 31 Abs. 2 (→ § 31 Rn. 23 ff.).

Das **Nichtvorliegen der tatbestandlichen Voraussetzungen anderer aufenthaltsrechtli-** 61 **cher Vorschriften** rechtfertigt die Annahme einer außergewöhnlichen Härte nicht (BayVGH

BeckRS 2020, 20522). Beruft sich ein Ausländer auf **allgemeine Verhältnisse im Heimatstaat** (zB Katastrophen- oder Kriegssituation), ist nur auf die Lage vergleichbarer Fälle aus oder in diesem Staat abzustellen. Allgemeine Verhältnisse im Heimatstaat, die unter Umständen der Ausreise des Ausländers aus dem Bundesgebiet vorübergehend entgegenstehen, fallen in die Regelungsbereiche der §§ 23, 24 oder § 60a Abs. 1.

62   Sind die Voraussetzungen für das Vorliegen einer außergewöhnlichen Härte nicht gegeben, kann unter Umständen die Erteilung einer Aufenthaltserlaubnis nach Abs. 4 S. 1 für einen vorübergehenden Aufenthalt oder die Erteilung einer Duldung nach § 60a Abs. 2 S. 3 in Frage kommen.

2. Allgemeinen Erteilungsvoraussetzungen

63   Grundsätzlich müssen die allgemeinen Erteilungsvoraussetzungen nach § 5 erfüllt sein. Zwingende Versagungsgründe oder Erteilungsverbote sind grundsätzlich anzuwenden; die Ausländerbehörde kann **nach Ermessen von § 5 Abs. 1 und Abs. 2 abweichen**, von § 5 Abs. 4 darf nicht abgewichen werden.

3. Ermessensentscheidung

64   Es besteht kein Anspruch auf Verlängerung einer Aufenthaltserlaubnis; die Ausländerbehörde entscheidet nach **pflichtgemäßem Ermessen.** Dabei ist zu berücksichtigen, dass die Vorschrift für Ausnahmefälle reserviert ist. Bei Ausländern, deren Asylantrag als offensichtlich unbegründet abgelehnt worden ist, darf gem. **§ 10 Abs. 3** vor der Ausreise eine Aufenthaltserlaubnis grundsätzlich nicht erteilt werden; ebenso ist das Einreise- und Aufenthaltsverbot nach § 11 anwendbar.

65   Die Aufenthaltserlaubnis wird nur für den Zeitraum erteilt, der **für die Erreichung des Aufenthaltszwecks erforderlich** ist und längstens **für jeweils drei Jahre verlängert** (§ 26 Abs. 1 S. 1, → § 26 Rn. 4). Eine Aufenthaltsverfestigung ist unter den Voraussetzungen des § 26 Abs. 4 (→ § 26 Rn. 21 ff.) möglich.

66   Ein Familiennachzug zu Ausländern, die im Besitz einer Aufenthaltserlaubnis nach Abs. 4 S. 2 sind, wird nicht gewährt (§ 29 Abs. 3 S. 3). Familienangehörige, die bereits eine im Bundesgebiet bestehende familiäre Lebensgemeinschaft mit dem betreffenden Ausländer führen, können – sofern sie die Voraussetzungen des Abs. 4 S. 2 in eigener Person erfüllen – ebenfalls eine solche Aufenthaltserlaubnis erhalten.

67   Mit dem FachkEinwG (Fachkräfteeinwanderungsgesetz v. 15.8.2019, BGBl. I 1307) wurde S. 3 angefügt, wonach die Aufenthaltserlaubnis nach Abs. 4 S. 1 oder S. 2 nicht zur Ausübung einer Erwerbstätigkeit berechtigt. Hierbei handelt es sich um eine Folgeänderung zum neu eingefügten § 4a Abs. 1.

E. Aufenthaltserlaubnis für Opfer von Menschenhandel (Abs. 4a)

68   Nach dieser Regelung kann Opfern von Menschenhandel eine befristete Aufenthaltserlaubnis erteilt werden. Sie dient der Umsetzung der Opferschutz-RL (RL 2004/81/EG v. 29.4.2004, ABl. 2004 L 261, 19). Es handelt sich hierbei um eine **humanitäre Sonderregelung,** da sie wie § 23a und § 25 Abs. 5 auf vollziehbar ausreisepflichtige Ausländer Anwendung findet. Liegen der Ausländerbehörde konkrete Anhaltspunkte dafür vor, dass der Ausländer Opfer einer in Abs. 4a genannten Straftat wurde, setzt sie gem. **§ 59 Abs. 7 eine Ausreisefrist,** die so zu bemessen ist, dass er eine **Entscheidung über seine Aussagebereitschaft nach S. 2 Nr. 2** treffen kann. Die Ausreisefrist beträgt mindestens drei Monate.

69   Im Zuge der Anwendung des Abs. 4a sowie der damit zusammenhängenden weiteren Regelungen ist grundsätzlich darauf zu achten, dass Ausländer, die als potenzielle Zeugen anzusehen sind, **nicht** durch eine Offenlegung dieser Eigenschaft **zusätzlichen Gefährdungen oder Stigmatisierungen ausgesetzt werden.**

70   Nach Abs. 4a S. 1 muss der Ausländer **Opfer einer Straftat nach den §§ 232, 233 oder 233a StGB** sein. Opfer einer solchen Straftat ist nur die **„andere Person" iSv §§ 232 und 233 StGB.** Die Art der Begehung der Straftat ist unerheblich, Versuch und Teilnahme sind daher auch erfasst. Abs. 4a setzt **nicht voraus, dass der Täter bereits rechtskräftig verurteilt wurde.** Es reicht aus, dass die Staatsanwaltschaft wegen zureichender tatsächlicher Anhaltspunkte für eine solche Straftat **(Anfangsverdacht gem. § 152 Abs. 2 StPO)** ermittelt. Durch die Bezugnahme auf die konkrete Straftat und das konkrete Strafverfahren wird deutlich, dass eine Aufenthaltserlaubnis nach Abs. 4a nur aufgrund eines Strafverfahrens erteilt werden darf, das zumindest eine der aufgeführten Straftaten zum Gegenstand hat. Auf Strafverfahren mit ausschließlich anderem Verfahrensgegenstand gegen dieselben Täter ist Abs. 4a nicht anwendbar. Dabei ist die **Ausländerbe-**

hörde an die tatbestandlichen Feststellungen der Staatsanwaltschaft und des Gerichtes gebunden. Eventuell kann eine Duldung nach § 60a Abs. 2 S. 2 erteilt werden.

Abs. 4a S. 1 enthält eine Ausnahme von § 11 Abs. 1 S. 2, dh eine Aufenthaltserlaubnis nach Abs. 4a kann auch im Falle eines Einreise- und Aufenthaltsverbotes sowie dann erteilt werden, wenn der Ausländer vollziehbar ausreisepflichtig ist. **71**

Abs. 4a S. 2 Nr. 1–3 regeln die **Erteilungsvoraussetzungen für die Aufenthaltserlaubnis.** Nach **Nr.** 2 darf die Aufenthaltserlaubnis nur erteilt werden, wenn der Ausländer jede **Verbindung zu den Personen,** die beschuldigt werden, die Straftat begangen zu haben, **abgebrochen hat.** Wie aus § 52 Abs. 5 Nr. 3 deutlich wird, kommt es darauf an, dass das **Opfer den Kontakt** abgebrochen hat. Eine weiterhin bestehende Verbindung auf Veranlassung der Täter kann unerheblich sein. Bei der Beurteilung ist insbesondere zu beachten, ob das Opfer sich aufgrund bestehender Zwänge zur Aufrechterhaltung des Kontaktes genötigt sieht und dabei versucht, diesen auf ein Minimum zu beschränken. Ein Kontakt, der nur durch die Täter initiiert oder aufrechterhalten wird, zB durch Telefonanrufe, ist unerheblich. Zu berücksichtigen ist zudem, ob der Täter den Kontakt zum Opfer aufnimmt, um eine Einbeziehung des Opfers als Zeuge im Strafverfahren zu behindern, und ob nicht Personen des näheren sozialen Umfelds des Ausländers im Herkunftsland in die Tat involviert sind, von denen eine vollständige Distanzierung zB mit Rücksicht auf eventuelle Repressalien gegenüber Angehörigen des Opfers nur schwer möglich ist. **72**

Nach **Nr.** 3 darf die Aufenthaltserlaubnis nur erteilt werden, wenn der Ausländer seine **Bereitschaft erklärt hat, in dem Strafverfahren wegen der Straftat als Zeuge** auszusagen. Zu berücksichtigen ist aber, dass nach den Regeln des Strafprozessrechts ein Zeuge, wenn er von der Staatsanwaltschaft oder dem Gericht geladen wird, eine Erscheinens- und Aussagepflicht hat, die auch erzwungen werden kann (vgl. §§ 51, 70 und 161a StPO). Nur in den Fällen, in denen ein Zeuge die Aussage aufgrund einer gesetzlichen Regelung verweigern darf (zB §§ 52 und 55 StPO), kann er entscheiden, ob er von diesem Recht Gebrauch machen oder dennoch aussagen möchte. **73**

Die Prüfung der allgemeinen Erteilungsvoraussetzung nach § 5 Abs. 1 und Abs. 2 ist durch § 5 Abs. 3 S. 1 weitgehend eingeschränkt. Neben § 5 Abs. 4 findet nur die allgemeine Regelerteilungsvoraussetzung des § 5 Abs. 1 Nr. 1 Anwendung (Nr. 25.4a.3 AufenthGAVwV). **74**

Auf die Erteilung einer Aufenthaltserlaubnis nach Abs. 4a besteht **kein Anspruch.** Sie steht im Ermessen der Ausländerbehörde. In die Interessenabwägung ist einerseits das **Interesse der Strafverfolgungsbehörden** an dem für das Strafverfahren notwendigen Aufenthalt des Ausländers einzubeziehen. Andererseits ist dies mit der **Gefährdung der Interessen der Bundesrepublik nach § 5 Abs. 1 Nr. 3** abzuwägen. Überwiegen die Interessen der Strafverfolgungsbehörden am Aufenthalt des Ausländers, wird die Aufenthaltserlaubnis erteilt (Nr. 25.4a.4.1 AufenthGAVwV). Im Rahmen dieser Interessenabwägung **nur nachrangig zu berücksichtigen sind die persönlichen Interessen des Ausländers,** da es sich bei Abs. 4a um einen Spezialtatbestand handelt, der primär die Erleichterung der Durchführung des gegen den Täter gerichteten Strafverfahrens beinhaltet. Darüber hinausgehende **Fragen des Opferschutzes** werden nicht im Verfahren der Erteilung eines Aufenthaltstitels nach Abs. 4a abgehandelt, sondern im Rahmen der Prüfung der **Erteilung eines anderen Aufenthaltstitels** (zB Abs. 5 oder Abs. 3) bzw. einer **Duldung nach § 60a Abs. 2** berücksichtigt (Nr. 25.4a.4.2 AufenthGAVwV). Einer Rückkehr von Menschenhandelsopfern in das Herkunftsland stehen häufig erhebliche Gefährdungen für Leib, Leben oder Freiheit durch das im Herkunftsland verbliebene Umfeld der Täter oder eine schwerwiegende soziale Ausgrenzung und Stigmatisierung entgegen. Dieser Sondersituation, die sich im kausalen Zusammenhang mit der Kooperation mit den Strafverfolgungsbehörden ergibt, soll im Rahmen der Prüfung der sonstigen in Betracht kommenden Rechtsgrundlagen, soweit dies dort möglich ist, Rechnung getragen werden. **75**

Die Aufenthaltserlaubnis nach **Abs. 4a S. 1** wird nach § 26 Abs. 1 S. 5 (→ § 26 Rn. 6) **zunächst für ein Jahr,** diejenige nach **Abs. 4a S. 3 für zwei Jahre** (§ 26 Abs. 1 S. 5) erteilt und verlängert. In begründeten Fällen ist eine längere Geltungsdauer zulässig. Mit dem FachkEinwG (Fachkräfteeinwanderungsgesetz v. 15.8.2019, BGBl. I 1307) wurde S. 4 angefügt, wonach die Aufenthaltserlaubnis nach Abs. 4 S. 1 oder S. 2 nicht zur Ausübung einer Erwerbstätigkeit berechtigt. Hierbei handelt es sich um eine Folgeänderung zum neu eingefügten § 4a Abs. 1. **76**

F. Aufenthaltserlaubnis für Opfer eines Schwarzarbeitsdelikts (Abs. 4b)

Nach dieser Vorschrift kann derjenige eine Aufenthaltserlaubnis erhalten, der Opfer eines Schwarzarbeitsdelikts geworden ist. Abs. 4b S. 1 und S. 2 dient der Umsetzung von Art. 13 Abs. 4 Arbeitgeber-Sanktionen-RL. Danach ist **Opfern illegaler Beschäftigung unter vergleichba-** **77** ren **Bedingungen wie denen, die nach der Opferschutz-RL** (RL 2004/81/EG v. 29.4.2004, ABl. 2004 L 261, 19) **für die Erteilung von Aufenthaltserlaubnissen an Menschenhandels-opfer gelten,** ein Aufenthaltstitel zu erteilen. Abs. 4b ist deshalb Abs. 4a nachgebildet worden (BeckOK AuslR/Maaßen/Kluth Rn. 115). Eine Abs. 4a S. 2 Nr. 2 entsprechende Erteilungsvo-raussetzung fehlt, weil der Kontakt zu den Personen, die einer Straftat nach § 10 Abs. 1 Schwarz-ArbG oder § 11 Abs. 3 SchwarzArbG oder § 15a AÜG beschuldigt werden, in der Regel erforder-lich ist (BR-Drs. 210/11, 56, Huber AufenthG/Göbel-Zimmermann, 2. Aufl. 2016, Rn. 52).

78   Zum Opfer einer nach § 10 Abs. 1 SchwarzArbG unerlaubten Beschäftigung wird der Betrof-fene, wenn er zu **Arbeitsbedingungen** beschäftigt wurde, die **in einem auffälligen Missver-hältnis zu den Arbeitsbedingungen deutscher Arbeitnehmer** stehen, die die gleiche oder eine vergleichbare Tätigkeit ausüben. Nach § 11 Abs. 3 SchwarzArbG strafbewehrt ist die **Beschäf-tigung einer Person unter 18 Jahren, die** entgegen § 4 Abs. 3 S. 2 AufenthG **über keinen hierzu berechtigenden Aufenthaltstitel verfügt.** Auf besonders benachteiligende Arbeitsbe-dingungen kommt es hierbei nicht an (NK-AuslR/Fränkel Rn. 66). Nach **§ 15a AÜG** macht sich ein Entleiher strafbar, wenn er einen ihm überlassenen Ausländer, ohne dass diesem die Beschäftigung erlaubt ist, unter Arbeitsbedingungen, die in einem auffälligen Missverhältnis zu den Arbeitsbedingungen deutscher Arbeitnehmer stehen, die die gleiche oder eine vergleichbare Tätigkeit ausüben, beschäftigt, oder wenn er gleichzeitig mehr als fünf Ausländer, die nicht im Besitz der für die Beschäftigung erforderlichen Aufenthaltstitel sind, beschäftigt (BeckOK AuslR/ Maaßen/Kluth Rn. 117).

79   Wie bei den Opfern von Menschenhandelsdelikten ist für die Erteilung einer Aufenthaltserlaub-nis Voraussetzung, dass die Staatsanwaltschaft oder das Strafgericht die **vorübergehende Anwe-senheit des „Opfers" im Bundesgebiet für das Strafverfahren als förderlich** erachten und der Betroffene sich bereit erklärt hat, im **Strafverfahren als Zeuge auszusagen.**

80   Ebenso wie bei Abs. 4a besteht **kein Rechtsanspruch** auf Erteilung einer Aufenthaltserlaubnis nach Abs. 4b. Für die Ermessensausübung gelten dieselben Kriterien wie bei Abs. 4a. Die Interes-sen des Ausländers an der **Auszahlung des Vergütungsanspruchs werden lediglich im Rah-men des Abs. 4b S. 3** berücksichtigt.

81   Die Aufenthaltserlaubnis wird **befristet für ein Jahr** (§ 26 Abs. 1 S. 5, → § 26 Rn. 6) erteilt. Von den **allgemeinen Erteilungsvoraussetzungen** des § 5 Abs. 1 Nr. 1, 2, 4 sowie Abs. 2 kann nach § 5 Abs. 3 S. 1 abgesehen werden. Die Erteilung einer humanitären Aufenthaltserlaubnis nach Abs. 4b kann die Sperrwirkung einer Ausweisung seit dem Gesetz zur Neubestimmung des Bleiberechts und der Aufenthaltsbeendigung (v. 27.7.2015, BGBl. I 1386) nicht mehr beseitigen (Bergmann/Dienelt/Bergmann/Röcker Rn. 98). Mit dem FachkEinwG (Fachkräfteeinwande-rungsgesetz v. 15.8.2019, BGBl. I 1307) wurde S. 4 angefügt, wonach die Aufenthaltserlaubnis nach Abs. 4 S. 1 oder S. 2 nicht zur Ausübung einer Erwerbstätigkeit berechtigt. Hierbei handelt es sich um eine Folgeänderung zum neu eingefügten § 4a Abs. 1.

G. Aufenthaltserlaubnis in Fällen, in denen die Ausreise aus rechtlichen oder tatsächlichen Gründen unmöglich ist (Abs. 5)

I. Erteilungsvoraussetzungen

1. Vollziehbare Ausreisepflicht

82   Ob der Ausländer vollziehbar ausreisepflichtig ist, ergibt sich aus **§§ 58 Abs. 2, 50 Abs. 1.** Die Ausreisepflicht muss nicht unanfechtbar sein.

83   Der Begriff der **Ausreise** umfasst sowohl die **zwangsweise Rückführung** als auch die **freiwil-lige Rückkehr** (Huber AufenthG/Göbel-Zimmermann, 2. Aufl. 2016, Rn. 56; GK-AufenthG/ Burr Rn. 120; BT-Drs. 15/420, 79; NdsOVG BeckRS 2020, 1989). Von der Unmöglichkeit einer zwangsweisen Durchsetzung der Ausreisepflicht kann nicht auf die Unmöglichkeit der freiwilligen Ausreise geschlossen werden. Selbst wenn die oberste Landesbehörde einen allgemeinen Abschie-bestopp nach § 60a Abs. 1 verfügt hat, lässt dies noch keinen Schluss auf die Unmöglichkeit auch einer freiwilligen Ausreise zu. Allerdings muss die **freiwillige Ausreise** dem Ausländer auch **zumutbar** sein (BVerwG BeckRS 2006, 25765). **Unzumutbar** ist die freiwillige Ausreise nur dann, wenn ihr **rechtliche Abschiebungshindernisse** entgegenstehen.

2. Rechtliche oder tatsächliche Unmöglichkeit der Ausreise

84   Die Unmöglichkeit aus **tatsächlichen Gründen** betrifft zB Fälle der Reiseunfähigkeit, unver-schuldeter Passlosigkeit und unterbrochener oder fehlender Verkehrsverbindungen, sofern mit dem

Wegfall der Hindernisse in absehbarer Zeit nicht zu rechnen ist (Nr. 25.5.1.2 Aufenth-GAVwV). Von einer tatsächlichen Unmöglichkeit der freiwilligen Ausreise ist nur bei einem gescheiterten Ausreiseversuch auszugehen (GK-AufenthG/Burr Rn. 166).

Die Unmöglichkeit der Ausreise aus **rechtlichen Gründen** umfasst **inlandsbezogene Ausrei-** 85 **sehindernisse,** die sich aus Verfassungsrecht und Völkervertragsrecht ergeben und die nicht bereits von Abs. 3 abgedeckt werden (BeckOK AuslR/Maaßen/Kluth Rn. 131). In Betracht kommen Ausreisehindernisse aus **Art. 6 Abs. 1 und Abs. 2 GG** (Schutz von Ehe und Familie) sowie **Art. 8 EMRK** (Schutz des Familien- und Privatlebens) sowie **Art. 1 und 2 GG** (Schutz des Lebens und der Gesundheit).

Nicht in den Anwendungsbereich von Abs. 5 fallen **zielstaatsbezogene Abschiebungsver-** 86 **bote nach § 60 Abs. 2, Abs. 3, Abs. 5 oder Abs. 7** (Nr. 25.5.1.3.1 AufenthGAVwV), da diese bereits iRd Abs. 1–3 zu berücksichtigen sind (BeckOK AuslR/Maaßen/Kluth Rn. 138; aA BVerwG NVwZ 2006, 1418; BayVGH BeckRS 2017, 117022). Allerdings ist bei der Entscheidung über eine Aufenthaltserlaubnis nach Abs. 5 die Ausländerbehörde bei ehemaligen Asylbewerbern nicht zu einer eigenen inhaltlichen Prüfung von Abschiebungsverboten nach § 60 Abs. 2, Abs. 3, Abs. 5 und Abs. 7 berechtigt, sondern bleibt gem. § 42 S. 1 AsylG an die (positive oder negative) Feststellung des Bundesamts hierzu gebunden.

Im Rahmen des **Art. 2 GG** wird zwischen **Reiseunfähigkeit im engeren Sinn** (Transportun- 87 fähigkeit) und **im weiteren Sinn** (zB VGH BW BeckRS 2017, 123151) unterschieden. Hierbei kommt es darauf an, ob die ernsthafte Gefahr besteht, dass sich der Gesundheitszustand des Ausländers **durch die Ausreise als solche,** unabhängig von den spezifischen Verhältnissen im Abschiebestaat, **erheblich verschlechtert.** Da es iRd Abs. 5 auf die Unmöglichkeit nicht nur der Abschiebung, sondern auch der freiwilligen Ausreise ankommt, sind Gesundheitsverschlechterungen, die lediglich im Fall der zwangsweisen Rückführung drohen, nicht ausreichend (→ Rn. 87.1).

Trägt ein vollziehbar ausreisepflichtiger Ausländer substantiiert eine Suizidgefahr infolge einer psychi- 87.1 schen Erkrankung vor, so ist eine fach- oder amtsärztliche Untersuchung zur Abklärung, ob im Fall einer Abschiebung die Gefahr besteht, dass sich der Gesundheitszustand des Ausländers infolge ernsthafter suizidaler Handlungen wesentlich verschlechtert, in Hinblick auf eine mögliche Reiseunfähigkeit im weiteren Sinne nicht stets schon dann entbehrlich, wenn die Ausländerbehörde zusagt, den Ausländer in ärztlicher Begleitung abzuschieben und ihm im Zielland in ärztliche Obhut zu geben (HmbOVG NVwZ-RR 2015, 478). Die Abschiebung ist von der Ausländerbehörde dann so zu gestalten, dass einer Suizidgefahr wirksam begegnet werden kann (vgl. BVerfG BeckRS 2002, 30253183; BayVGH BeckRS 2016, 50741). Nach der Rechtsprechung des BVerfG (NVwZ 2014, 1511) kann es in Einzelfällen geboten sein, dass die deutschen Behörden mit den im Zielstaat zuständigen Behörden Kontakt aufnehmen, um ggf. zum Schutz des Ausländers Vorkehrungen zu treffen. Insbesondere besteht eine Verpflichtung der mit dem Vollzug betrauten Stelle, von Amts wegen aus dem Gesundheitszustand eines Ausländers folgende Gefährdungen in jedem Stadium der Durchführung der Abschiebung zu beachten und durch entsprechende tatsächliche Gestaltung der Abschiebung die notwendigen präventiven Vorkehrungen zu treffen (VGH BW BeckRS 2017, 123151; 2017, 114492; BayVGH BeckRS 2017, 111550; 2017, 119326).

Art. 6 GG gewährt unmittelbar keinen Anspruch auf Aufenthalt, enthält jedoch die wertent- 88 scheidende Grundsatznorm, nach der der Staat die Familie zu fördern und zu schützen hat, und verpflichtet die Ausländerbehörde, bei der Entscheidung über aufenthaltsbeendende Maßnahmen die familiären Beziehungen des den weiteren Aufenthalt begehrenden Ausländers zu Personen, die sich berechtigterweise im Bundesgebiet aufhalten, pflichtgemäß, dh entsprechend dem Gewicht dieser Bindungen, in ihren Erwägungen zur Geltung zu bringen. Es verstößt **nicht gegen** das Schutz- und Förderungsgebot des **Art. 6 Abs. 1, Abs. 2 S. 1 GG,** wenn den Betroffenen zugemutet wird, **in das jeweilige Heimatland zu übersiedeln,** sofern nicht außerordentliche Umstände eine Rückkehr in das gemeinsame Heimatland unzumutbar machen. Bei **ausländi-schen Ehen und Familien hat der aufenthaltsrechtliche Schutz ein geringeres Gewicht** als bei Ehen und Familien mit deutschen Ehegatten und deutschen Kindern. In diesem Fall ist es den Familienangehörigen des Ausländers eher zuzumuten, ihm ungeachtet der zwischenzeitlich vollzogenen Integration in der Bundesrepublik in den gemeinsamen Heimatstaat zu folgen (BVerwG BeckRS 2009, 35507; 1989, 31238380).

Eine lediglich formal-rechtliche Beziehung und die Übernahme der elterlichen Sorge allein sind nicht 88.1 geeignet, eine nach Art. 6 GG schützenswerte Vater-Kind-Beziehung zu begründen. Entscheidend ist die tatsächliche Verbundenheit zwischen Vater und Kind (OVG Bln-Bbg BeckRS 2018, 113). In der obergerichtlichen Rechtsprechung ist anerkannt, dass die Schutzpflichten aus Art. 6 GG prinzipiell erst ab der Geburt des Kindes einsetzen. In besonders gelagerten Einzelfällen können sie Vorwirkungen entfalten, so dass die beabsichtigte Abschiebung eines werdenden Vaters unzumutbar sein kann (OVG Saarl BeckRS 2019, 276).

89   Auch für die Frage, ob ein verhältnismäßiger Eingriff in den Schutzbereich von **Art. 8 EMRK** vorliegt, kommt es nach der Rechtsprechung des EGMR erheblich darauf an, ob **das Familienleben ohne Hindernisse auch im Herkunftsland möglich ist** oder ob der Nachzug das einzige adäquate Mittel darstellt, in familiärer Gemeinschaft zu leben. Allein aus dem Umstand, dass die anderen Familienmitglieder über befristete oder unbefristete Aufenthaltstitel verfügen, folgt noch nicht zwingend, dass eine gemeinsame Rückkehr von vornherein unzumutbar ist. Dies gilt erst recht, wenn es darum geht, **vorübergehend** zur **Nachholung des Visumverfahrens** in das gemeinsame Herkunftsland zurückzukehren (BayVGH BeckRS 2017, 117022; SächsOVG BeckRS 2017, 116002).

90   Nach **Art. 8 EMRK** hat jede Person das Recht auf Achtung ihres **Privat- und Familienlebens**. Wenngleich aus Art. 8 EMRK grundsätzlich kein Recht eines Ausländers folgt, in einen bestimmten Vertragsstaat einzureisen und sich dort aufzuhalten (EGMR NVwZ 2005, 1043 – Dragan; InfAuslR 2005, 349 – Sisojewa I; BVerwG NVwZ 1998, 189), kann einem Ausländer bei fortschreitender Aufenthaltsdauer aus dem Recht auf Achtung des Privatlebens gleichwohl eine von dem betreffenden Vertragsstaat zu beachtende **aufenthaltsrechtliche Rechtsposition** zukommen (**faktischer Inländer**). Strittig ist insoweit, ob ein **rechtlich gesicherter (rechtmäßiger) Voraufenthalt** erforderlich ist (vgl. GK-AufenthG/Burr Rn. 149; → Rn. 90.1).

90.1   Während ein Teil der obergerichtlichen Rechtsprechung die Ansicht vertritt, dass sich auch ein Ausländer auf Art. 8 Abs. 1 EMRK berufen könne, dessen bisheriger Aufenthalt nicht legal gewesen ist (HmbOVG BeckRS 2014, 52037; 2009, 33717; VGH BW BeckRS 2011, 46736; OVG Brem BeckRS 2011, 52982) ist das BVerwG der Auffassung, dass ein Privatleben iSd Art. 8 Abs. 1 EMRK, das den Schutzbereich der Vorschrift eröffnet und eine Verwurzelung im Sinne der Rechtsprechung des EGMR begründet, grundsätzlich nur auf der Grundlage eines rechtmäßigen Aufenthalts und eines schutzwürdigen Vertrauens auf den Fortbestand des Aufenthalts in Betracht kommt (BVerwG BeckRS 2010, 57020; BayVGH BeckRS 2014, 53977; OVG Bln-Bbg BeckRS 2012, 47279; OVG RhPf BeckRS 2012, 49022; NdsOVG BeckRS 2010, 51859).

91   Im Rahmen der nach **Art. 8 Abs. 2 EMRK** vorzunehmenden Prüfung der Notwendigkeit ist einerseits maßgeblich zu berücksichtigen, inwieweit der Ausländer unter Berücksichtigung seines Lebensalters und seiner persönlichen Befähigung **in die hiesigen Lebensverhältnisse integriert** ist. Gesichtspunkte sind insoweit insbesondere die Dauer und der Grund seines Aufenthalts in Deutschland sowie dessen rechtlicher Status, der Stand seiner Kenntnisse der deutschen Sprache in Wort und Schrift, seine berufliche Tätigkeit und seine wirtschaftliche Integration bzw. bei einem Kind, Jugendlichen oder jungen Erwachsenen seine Integration in eine Schul-, Hochschul- oder Berufsausbildung, seine Wohnverhältnisse, seine familiären und sozialen Beziehungen sowie die Beachtung gesetzlicher Pflichten und Verbote, insbesondere Art und Schwere begangener Straftaten. Zum zweiten ist insoweit maßgeblich, welche **Schwierigkeiten für den Ausländer und ggf. seinen Ehepartner und seine Kinder mit einer (Re-) Integration in den Staat verbunden sind, in den er ausreisen soll.** Gesichtspunkte sind diesbezüglich vor allem, inwieweit Kenntnisse der dort gesprochenen und geschriebenen Sprache bestehen bzw. erworben werden können, inwieweit der Ausländer mit den dortigen Verhältnissen vertraut ist und inwieweit er dort bei der (Wieder-) Eingliederung auf Hilfestellung durch Verwandte und sonstige Dritte rechnen kann, soweit diese erforderlich sein sollte (EGMR BeckRS 2014, 80511). Letztlich kommt es auf die Berücksichtigung und Würdigung aller Umstände des jeweiligen konkreten Einzelfalls an (BVerwG NVwZ 2010, 707; 2009, 979; OVG RhPf BeckRS 2012, 49022).

3. Kein Wegfall der Ausreisehindernisse in absehbarer Zeit

92   Ist in absehbarer Zeit mit dem Wegfall des Ausreisehindernisses zu rechnen, darf keine Aufenthaltserlaubnis erteilt werden. Bei der Entscheidung über die Erteilung eines Aufenthaltstitels ist zu prognostizieren, ob das Ausreisehindernis auch in absehbarer Zeit bestehen wird. Ist aufgrund der Umstände des Falles erkennbar, dass das Ausreisehindernis **für länger als sechs Monate** (vgl. § 26 Abs. 1) **bzw. für einen unbegrenzten Zeitraum** bestehen wird, kann eine Aufenthaltserlaubnis erteilt werden (Nr. 25.5.1.4 AufenthGAVwV).

4. Kein Verschulden am Vorliegen des Ausreisehindernisses

Abs. 5 S. 3 und S. 4 stellen sicher, dass eine Aufenthaltserlaubnis nur erteilt wird, wenn positiv **93** festgestellt ist, dass der Ausländer unverschuldet an der Ausreise gehindert ist. Verschulden erfordert ein **zurechenbares Verhalten des Ausländers.** Der Begriff des Verschuldens soll in einem umfassenden Sinn Personen von der Gewährung des Aufenthaltsrechts ausschließen, wenn diese die Gründe für den fortdauernden Aufenthalt selbst zu vertreten haben.

S. 4 nennt beispielhaft Fälle, in denen von einem Verschulden des Ausländers stets auszugehen **94** ist. Dies trifft bei **Täuschung über seine Identität oder Nationalität zu** oder wenn er **zumutbare Anforderungen zur Beseitigung der Ausreisehindernisse,** zB die Mitwirkung bei der Beschaffung von Heimreisedokumenten, **nicht erfüllt.** Hierfür trifft die **Behörde** grundsätzlich die **Feststellungslast** (BayVGH BeckRS 2012, 58235), allerdings muss der Betreffende an der Klärung **in zumutbarer Weise mitwirken.** Die Beurteilung, ob der Ausländer die ihm zumutbaren Anforderungen zur Beseitigung der Ausreisehindernisse erfüllt, ist eine **Frage des Einzelfalls.** Dabei ist zu beachten, dass **zwischen der Ausländerbehörde und dem Ausländer wechselseitige Pflichten** bestehen, deren Erfüllung im Einzelnen nachgewiesen werden muss (BayVGH BeckRS 2007, 20248; 2006, 20169). Den Ausländer treffen eine Mitwirkungs- sowie eine Initiativpflicht hinsichtlich ihm bekannter und zumutbarer Aufklärungsmöglichkeiten. Der Behörde obliegt die Erfüllung von Hinweis- und Anstoßpflichten. Sie muss den Ausländer auf diejenigen geeigneten Möglichkeiten zur Beseitigung von Ausreisehindernissen hinweisen, die ihm bei objektiver Sichtweise nicht bekannt sein können (→ Rn. 94.1).

Nach § 82 Abs. 1 S. 1 ist der Ausländer verpflichtet, seine Belange und für ihn günstige Umstände, soweit **94.1** sie nicht offenkundig oder bekannt sind, unter Angabe nachprüfbarer Umstände unverzüglich geltend zu machen und die erforderlichen Nachweise über seine persönlichen Verhältnisse, sonstige erforderliche Bescheinigungen und Erlaubnisse sowie sonstige erforderliche Nachweise, die er erbringen kann, unverzüglich beizubringen. Wie aus § 82 Abs. 1 S. 1 und dem subjektiven Begriff des „Verschuldens" folgt, ist der Ausländer von sich aus zur Mitwirkung verpflichtet. Dies bedeutet einerseits, dass er an allen Handlungen mitwirken muss, die die Behörden von ihm konkret verlangen, er aber auch eigenständig die Initiative ergreifen muss, um das Ausreisehindernis zu beseitigen, indem er sich etwa im Heimatland oder über Dritte um die Beschaffung von Dokumenten bemüht oder er Zeugen benennt. Eine Grenze der Mitwirkungspflicht bildet freilich die Frage, welche Möglichkeiten dem Ausländer bei objektiver Betrachtungsweise bekannt sein können. Diesen Mitwirkungspflichten des Ausländers stehen Aufklärungs- und Hinweispflichten der Ausländerbehörde gegenüber. Denn nach § 82 Abs. 3 S. 1 soll der Ausländer von der Ausländerbehörde auf seine Pflichten nach § 82 Abs. 1 sowie auf seine wesentlichen Rechte und Pflichten nach dem AufenthG hingewiesen werden (SächsOVG BeckRS 2015, 49953).

Der **Ausländer** kann sich nicht auf eine passive Rolle zurückziehen, sondern muss im Rahmen **95** des Zumutbaren aktiv tätig werden, um Ausreisehindernisse zu beseitigen. Zumutbar sind dem Ausländer grundsätzlich alle Handlungen, die zur Beschaffung von Heimreisepapieren erforderlich sind und von ihm persönlich vorgenommen werden können. Deshalb hat ein ausreisepflichtiger Ausländer alle zur Erfüllung seiner Ausreisepflicht erforderlichen Maßnahmen, und damit auch die zur Beschaffung eines gültigen Passes oder Passersatzpapiers, grundsätzlich ohne besondere Aufforderung durch die Ausländerbehörde unverzüglich einzuleiten. Dabei hat er sich ggf. unter **Einschaltung von Mittelspersonen in seinem Heimatland um erforderliche Dokumente und Auskünfte zu bemühen,** wobei es grundsätzlich auch zumutbar ist, einen **Rechtsanwalt im Herkunftsstaat** zu beauftragen (OVG MV BeckRS 2014, 56234; OVG NRW BeckRS 2008, 35933). **Offensichtlich aussichtslose Anstrengungen** zur Beschaffung von Heimreisepapieren sind hingegen unzumutbar (BVerwG BeckRS 2014, 53836). Ist unklar, ob eine vom Ausländer bislang unterlassene Mitwirkungshandlung zur Beseitigung eines Ausreisehindernisses Erfolg haben kann, ist sie nicht von vornherein erkennbar aussichtslos oder unzumutbar. Unklarheiten gehen zu Lasten des Ausländers (VGH BW BeckRS 2019, 2447). Die Abgabe einer **Freiwilligkeitserklärung gegenüber der Botschaft des Herkunftsstaats** ist zumutbar (BVerwG BeckRS 2010, 46633; OVG Bln-Bbg BeckRS 2017, 104237), ebenso die **Vorsprache bei der Botschaft** (BayVGH BeckRS 2015, 42412). Dem Ausländer darf die Verweigerung solcher Mitwirkungshandlungen nicht vorgehalten werden, die erkennbar ohne Einfluss auf die Möglichkeit zur Ausreise sind (BayVGH BeckRS 2018, 185). Beispielsfälle für ein Verschulden finden sich in Nr. 25.5.4.1 und 25.5.4.2 AufenthGAVwV.

Durch das dem Ausländer zurechenbare Handeln oder Unterlassen muss die Ausreise verhindert **96** oder wesentlich verzögert worden sein. Das Verhalten des Ausländers muss damit für die Schaffung oder Aufrechterhaltung eines aktuell bestehenden Ausreisehindernisses zumindest **mitursächlich** sein (Nr. 25.5.5 AufenthGAVwV).

5. Allgemeine Erteilungsvoraussetzungen

97   Die allgemeinen Erteilungsvoraussetzungen müssen grundsätzlich erfüllt sein (BayVGH BeckRS 2019, 3430). Die Ausländerbehörde kann nach Ermessen von § 5 Abs. 1 und Abs. 2 abweichen, nicht dagegen von § 5 Abs. 4.

6. Ermessensentscheidung

98   Der Ausländer hat keinen Rechtsanspruch auf Erteilung der Aufenthaltserlaubnis; die Ausländerbehörde entscheidet nach **pflichtgemäßem Ermessen**. Sie hat bei der Ausübung des Ermessens unter anderem folgende **Kriterien** heranzuziehen: Die **Dauer des Aufenthalts** in Deutschland, die **Integration des Ausländers in den Arbeitsmarkt** durch den Nachweis eines Beschäftigungsverhältnisses oder einer selbstständigen Arbeit, die **Integration in die Lebensverhältnisse** der Bundesrepublik, wobei abhängig von der Dauer des Aufenthalts in Deutschland zumindest einfache **Deutschkenntnisse** vorausgesetzt werden können (Nr. 25.5.6 Aufenth-GAVwV).

99   Bei Ausländern, deren Asylantrag gem. § 30 Abs. 3 Nr. 1–6 AsylG abgelehnt worden ist, darf gem. **§ 10 Abs. 3 S. 2** vor der Ausreise eine Aufenthaltserlaubnis nicht erteilt werden, es sei denn es liegen die Voraussetzungen des § 10 Abs. 3 S. 3 vor.

II. Sollanspruch

100   In der Regel soll bei Vorliegen der Voraussetzungen nach Abs. 5 S. 1 eine Aufenthaltserlaubnis erteilt werden, wenn die **Abschiebung seit 18 Monaten ausgesetzt** ist. Diese Regelung findet auch Anwendung auf Fälle, in denen nach dem AuslG die Abschiebung seit 18 Monaten ausgesetzt worden ist (vgl. § 102 Abs. 1). Die Aufenthaltserlaubnis ist allerdings nicht schon allein aufgrund Ablaufs der 18-Monats-Frist zu erteilen. **Zusätzlich** müssen vielmehr **die Voraussetzungen nach Abs. 5 S. 1** erfüllt sein, insbesondere darf mit dem Wegfall der Ausreisehindernisse in absehbarer Zeit nicht zu rechnen sein. Die Soll-Regelung bedeutet, dass grundsätzlich eine Aufenthaltserlaubnis zu erteilen ist, sofern nicht ein **atypischer Ausnahmefall** vorliegt (BayVGH BeckRS 2012, 25782; OVG NRW BeckRS 2011, 53296). Auf die 18-Monats-Frist sind nur Aufenthaltszeiten anzurechnen, in denen der Ausländer geduldet wurde, nicht aber Zeiten, in denen er über einen Aufenthaltstitel oder eine Aufenthaltsgestattung verfügte.

III. Rechtsfolgen

101   Die Aufenthaltserlaubnis wird nur für den Zeitraum, der **für die Erreichung des Aufenthaltszwecks erforderlich** ist (§ 7 Abs. 2 S. 1), erteilt. Auf § 26 Abs. 1 S. 1 (→ § 26 Rn. 4) wird hingewiesen. Eine Aufenthaltsverfestigung ist unter den Voraussetzungen des § 26 Abs. 4 (→ § 26 Rn. 21 ff.) möglich.

102   Der **Familiennachzug** zu einem Ausländer, der eine Aufenthaltserlaubnis nach Abs. 5 besitzt, wird nicht gewährt (§ 29 Abs. 3 S. 3).

IV. Verhältnis zu §§ 25a, 25b und §§ 27 ff.

103   Das AufenthG enthält in §§ 27 ff. spezielle Regelungen vor dem Hintergrund des Art. 6 GG, zu dessen Verwirklichung dort Aufenthaltsrechte für Ausländer begründet werden. Abs. 5 stellt – auch iVm Art. 8 EMRK – **keinen allgemeinen Auffangtatbestand** für Fälle dar, in denen die dort genannten Voraussetzungen nicht erfüllt werden. Dem steht grundsätzlich schon die Systematik des AufenthG entgegen (NdsOVG BeckRS 2018, 2132; aA OVG Brem BeckRS 2011, 52982; VGH BW BeckRS 2011, 46736; offenlassend BayVGH BeckRS 2019, 982). Die Annahme einer rechtlichen Unmöglichkeit der Ausreise im Sinne der Vorschrift setzt daher (deutlich) mehr voraus als üblicherweise mit der Aufenthaltsbeendigung und der Rückkehr in das Heimatland verbundene Schwierigkeiten (OVG Saarl BeckRS 2009, 30102). Der Antragsteller kann sich nicht darauf berufen, ihm sei aus Gründen des Art. 6 GG eine Aufenthaltserlaubnis zu erteilen, weil § 30 den Schutzwirkungen des Art. 6 GG auf der Ebene des einfachen Rechts Rechnung trägt (OVG Brem BeckRS 2017, 105559).

104   Teilweise geht die Rechtsprechung aber davon aus, dass zumindest dann, wenn die Erteilung einer Aufenthaltserlaubnis nach § 27 ff. lediglich an der **Titelerteilungssperre des § 10 Abs. 3 S. 2** scheitert, eine Aufenthaltserlaubnis nach Abs. 5 unter Berücksichtigung der in Art. 6 GG bzw. Art. 8 EMRK getroffenen Wertentscheidungen erteilt werden kann (OVG LSA BeckRS 2017, 108664; BayVGH BeckRS 2014, 50148; → Rn. 104.1).

Ein strikter Rechtsanspruch auf Erteilung eines Aufenthaltstitels iSd § 10 Abs. 3 S. 3, der sich unmittelbar **104.1** aus dem Gesetz ergibt und bei dem alle zwingenden und regelhaften Tatbestandsvoraussetzungen erfüllt sind, liegt nicht vor, wenn von der Erteilungsvoraussetzung nach § 5 Abs. 2 S. 1 nur nach Ermessensausübung abgesehen werden kann (BVerwG BeckRS 2016, 49760; 2013, 45173; BayVGH BeckRS 2016, 52295).

Die Erteilung einer Aufenthaltserlaubnis nach § 25 Abs. 5 iVm Art. 8 EMRK scheidet bereits **105** aus systematischen Gründen aus, wenn die Tatbestandsvoraussetzungen bzw. Regelerteilungsvoraussetzungen für eine Aufenthaltserlaubnis nach **§§ 25a oder 25b** nicht vorliegen (NdsOVG BeckRS 2018, 2132 mwN; aA VGH BW BeckRS 2019, 3839, wonach in Ausnahmefällen ein Rückgriff auf § 25 Abs. 5 iVm Art. 8 EMRK schon nicht aus systematischen Gründen ausgeschlossen ist, wenn im konkreten Einzelfall die fallprägenden Gesamtumstände mit Blick auf Art. 8 EMRK dies erfordern).

§ 25a Aufenthaltsgewährung bei gut integrierten Jugendlichen und Heranwachsenden

(1) ¹Einem jugendlichen oder heranwachsenden geduldeten Ausländer soll eine Aufenthaltserlaubnis erteilt werden, wenn
1. er sich seit vier Jahren ununterbrochen erlaubt, geduldet oder mit einer Aufenthaltsgestattung im Bundesgebiet aufhält,
2. er im Bundesgebiet in der Regel seit vier Jahren erfolgreich eine Schule besucht oder einen anerkannten Schul- oder Berufsabschluss erworben hat,
3. der Antrag auf Erteilung der Aufenthaltserlaubnis vor Vollendung des 21. Lebensjahres gestellt wird,
4. es gewährleistet erscheint, dass er sich auf Grund seiner bisherigen Ausbildung und Lebensverhältnisse in die Lebensverhältnisse der Bundesrepublik Deutschland einfügen kann und
5. keine konkreten Anhaltspunkte dafür bestehen, dass der Ausländer sich nicht zur freiheitlichen demokratischen Grundordnung der Bundesrepublik Deutschland bekennt.
²Solange sich der Jugendliche oder der Heranwachsende in einer schulischen oder beruflichen Ausbildung oder einem Hochschulstudium befindet, schließt die Inanspruchnahme öffentlicher Leistungen zur Sicherstellung des eigenen Lebensunterhalts die Erteilung der Aufenthaltserlaubnis nicht aus. ³Die Erteilung einer Aufenthaltserlaubnis ist zu versagen, wenn die Abschiebung aufgrund eigener falscher Angaben des Ausländers oder aufgrund seiner Täuschung über seine Identität oder Staatsangehörigkeit ausgesetzt ist.

(2) ¹Den Eltern oder einem personensorgeberechtigten Elternteil eines minderjährigen Ausländers, der eine Aufenthaltserlaubnis nach Absatz 1 besitzt, kann eine Aufenthaltserlaubnis erteilt werden, wenn
1. die Abschiebung nicht aufgrund falscher Angaben oder aufgrund von Täuschungen über die Identität oder Staatsangehörigkeit oder mangels Erfüllung zumutbarer Anforderungen an die Beseitigung von Ausreisehindernissen verhindert oder verzögert wird und
2. der Lebensunterhalt eigenständig durch Erwerbstätigkeit gesichert ist.
²Minderjährigen Kindern eines Ausländers, der eine Aufenthaltserlaubnis nach Satz 1 besitzt, kann eine Aufenthaltserlaubnis erteilt werden, wenn sie mit ihm in familiärer Lebensgemeinschaft leben. ³Dem Ehegatten oder Lebenspartner, der mit einem Begünstigten nach Satz 1 in familiärer Lebensgemeinschaft lebt, soll unter den Voraussetzungen nach Satz 1 eine Aufenthaltserlaubnis erteilt werden. ⁴§ 31 gilt entsprechend. ⁵Dem minderjährigen ledigen Kind, das mit einem Begünstigten nach Absatz 1 in familiärer Lebensgemeinschaft lebt, soll eine Aufenthaltserlaubnis erteilt werden.

(3) Die Erteilung einer Aufenthaltserlaubnis nach Absatz 2 ist ausgeschlossen, wenn der Ausländer wegen einer im Bundesgebiet begangenen vorsätzlichen Straftat verurteilt wurde, wobei Geldstrafen von insgesamt bis zu 50 Tagessätzen oder bis zu 90 Tagessätzen wegen Straftaten, die nach diesem Gesetz oder dem Asylgesetz nur von Ausländern begangen werden können, grundsätzlich außer Betracht bleiben.

(4) Die Aufenthaltserlaubnis kann abweichend von § 10 Absatz 3 Satz 2 erteilt werden.

Überblick

Die 2011 (BGBl. 2011 I 1266) eingeführte und 2015 durch das Gesetz zur Neubestimmung des Bleiberechts und der Aufenthaltsbeendigung (v. 27.7.2015, BGBl. I 1386, sog. „Bleiberechtsgesetz") reformierte Vorschrift sieht in Abs. 1 für gut integrierte geduldete Jugendliche und Heranwachsende einen stichtags- und elternunabhängigen „Soll-Anspruch" auf eine Aufenthaltserlaubnis vor (→ Rn. 4 ff.). Unter im Einzelnen unterschiedlichen Bedingungen besteht gemäß Abs. 2 für folgende Familienangehörige des Jugendlichen / Heranwachsenden die Möglichkeit einer Aufenthaltserlaubnis aus abgeleitetem Recht:
- Eltern (-teil) (→ Rn. 47 ff.),
- Geschwister (→ Rn. 59),
- Ehegatten / Lebenspartner des Jugendlichen / Heranwachsenden (→ Rn. 60 f.),
- Minderjährige ledige Kindern des Jugendlichen / Heranwachsenden (→ Rn. 62).

Übersicht

A. Allgemeines

1 § 25a soll jungen Menschen, die zumindest teilweise in Deutschland aufgewachsen sind und sich hier integriert haben, eine eigene Aufenthaltsperspektive eröffnen (BT-Drs. 17/5093, 15). Mit dem „Bleiberechtsgesetz" (Gesetz zur Neubestimmung des Bleiberechts und der Aufenthaltsbeendigung v. 27.7.2015, BGBl. I 1386) wurden die als zu eng empfundenen Voraussetzungen gelockert (BT-Drs. 18/4097, 23, 28). Insbesondere wurde die erforderliche Voraufenthalts- bzw. Schulbesuchszeit von sechs Jahren auf vier reduziert. In Kombination mit dem gleichzeitigen Verzicht auf das Erfordernis der Einreise vor Vollendung des 14. Lebensjahrs hat dies zu einer nicht unerheblichen Erweiterung des persönlichen Anwendungsbereichs geführt. Auf Rechtsfolgenseite wurde das Ermessen durch eine Soll-Vorgabe an die Ausländerbehörden ersetzt. Schließlich wurde der Kreis der Familienangehörigen, die ein abgeleitetes Aufenthaltsrecht erhalten können bzw. sollen, erweitert.

1.1 Am 31.12.2018 lebten 4.842 Personen mit einer Aufenthaltserlaubnis nach Abs. 1, 657 mit einer Aufenthaltserlaubnis nach Abs. 2 S. 1 und 379 mit einer Aufenthaltserlaubnis nach Abs. 2 S. 2 in Deutschland (BT-Drs. 19/8258, 30).

2 Aufgrund ihrer – systematisch nicht zwingenden – Verortung in Kapitel 2 Abschnitt 5 des AufenthG eröffnet die Vorschrift vollziehbar ausreisepflichtigen Personen einen der wenigen Wege für eine Aufenthaltslegalisierung ohne vorherige Ausreise (§§ 5 Abs. 3 S. 2, 10 Abs. 3 S. 1). Für abgelehnte (ehemalige) Asylbewerber wird die Möglichkeit des an sich rechtlich bissbilligten „Spurwechsels" auch für den Fall einer qualifizierten Asylantragsablehnung (§ 10 Abs. 3 S. 2, § 30 Abs. 3 Nr. 1–6 AsylG) zugelassen (Abs. 4).

3 § 25a sperrt einen Rückgriff auf § 25 Abs. 5 (iVm Art. 8 EMRK) nicht schon aus systematischen Gründen (VGH BW BeckRS 2019, 3839; OVG LSA BeckRS 2014, 59429; aA NdsOVG BeckRS 2018, 2132 Rn. 81), der bei konventionsrechtsfreundlicher Handhabung der Erteilungsvoraussetzungen des § 25a aber in der Regel ebenfalls kein Aufenthaltsrecht begründen wird (VGH BW BeckRS 2019, 3839). Prozessual liegen dabei unterschiedliche Streitgegenstände vor (vgl. VGH BW InfAuslR 2017, 417; BeckRS 2018, 13536 Rn. 46).

B. Jugendliche und Heranwachsende

I. Besondere Voraussetzungen

1. Persönlicher Anwendungsbereich

Der persönliche Anwendungsbereich wird durch die Begriffe des Jugendlichen und Heran- **4** wachsenden abgesteckt. Maßgeblich sind nach der Gesetzesbegründung (BT-Drs. 18/4097, 42) die Definitionen des JGG. Nach § 1 Abs. 2 JGG ist Jugendlicher, wer 14, aber noch nicht 18, Heranwachsender, wer 18, aber noch nicht 21 Jahre alt ist. Damit gilt § 25a Abs. 1 für Personen zwischen 14 und 20 Jahren, wobei für das Höchstalter gem. Abs. 1 S. 1 Nr. 3 der Zeitpunkt der Antragstellung maßgeblich ist (→ Rn. 28).

Auf gut integrierte Kinder (< 14 Jahren) ist die Vorschrift dagegen nicht anwendbar; sie teilen **5** grundsätzlich das aufenthaltsrechtliche Schicksal ihrer Eltern (OVG Saarl BeckRS 2018, 4634 Rn. 22). Ein Kind kann im Laufe eines gerichtlichen Verfahrens aber in den Jugendlichenstatus „hineinwachsen" (SächsOVG BeckRS 2018, 28059 Rn. 15).

Anspruchsberechtigt sind nur „geduldete" Ausländer. Damit dürften Personen mit Aufenthalts- **6** gestattung oder Aufenthaltserlaubnis vom persönlichen Anwendungsbereich ausgeschlossen sein (OVG Bln-Bbg BeckRS 2019, 4749 Rn. 8 ff.; BayVGH BeckRS 2017, 114415 Rn. 11 zum insoweit wortgleichen § 25b; offen gelassen von OVG LSA BeckRS 2016, 53878 Rn. 4).

Im Übrigen dürfte die vom BVerwG zu § 25b getroffene Entscheidung übertragbar sein **7** (BVerwG BeckRS 2019, 37836). In den Anwendungsbereich fallen deshalb zunächst Ausländer, die eine wirksame Duldung iSv § 60a besitzen (BVerwG BeckRS 2019, 37836 Rn. 23). Auch rechtswidrige Duldungen sind rechtswirksam, sofern sie nicht nichtig (§§ 43 Abs. 3, 44 VwVfG), zurückgenommen (§ 48 VwVfG) oder widerrufen (§ 60a Abs. 5 S. 2) sind (BVerwG BeckRS 2019, 37836 Rn. 24). **Maßgeblicher Beurteilungszeitpunkt ist derjenige der Entscheidung / mündlichen Verhandlung** (BayVGH BeckRS 2021, 6098 Rn. 5). Weder Normzweck bzw. -struktur noch materielles Recht erfordern, dass der Duldungsgrund zwingend schon bei Antragstellung vorliegen muss. Vielmehr sprechen prozessökonomische Gründe dafür, im Laufe eines gerichtlichen Verfahrens in den persönlichen Anwendungsbereich von § 25b „hineinwachsen" zu können (so im Anschluss an die hiesige Kommentierung zu § 25b BVerwG BeckRS 2019, 37836 Rn. 23). Zusätzlich muss die Duldung aber auch bei Vollendung des 21. Lebensjahres vorgelegen haben (vgl. dazu allgemein → Rn. 28).

Abs. 1 differenziert nicht nach dem Duldungsgrund und erfasst somit sämtliche in § 60a oder **8** an anderer Stelle (vgl. zB § 71a Abs. 3 S. 1 AsylG) genannten Duldungstatbestände, neben der „Anspruchsduldung" nach § 60a Abs. 2 S. 1 also insbesondere auch Fälle, in denen der Ausländer im Ermessenswege geduldet wird (§ 60a Abs. 2 S. 3); auf den Besitz einer Duldungsbescheinigung kommt es dabei nicht an (SchlHOVG BeckRS 2019, 468 Rn. 6 mwN). Ob auch gesetzliche Duldungsfiktionen (vgl. zB § 81 Abs. 3 S. 2, § 71a Abs. 3 S. 2 AsylG) den Zugang zu § 25a eröffnen, ist diskutabel, iErg aber zu bejahen, weil das Gesetz hier nur anordnet, was ansonsten regelmäßig auf Grundlage von § 60a Abs. 2 anzuordnen wäre.

Auch Inhaber einer Ausbildungsduldung (§ 60c), ein Spezialfall von § 60a Abs. 2 S. 3, sind **9** nach Abs. 1 titelberechtigt (wie hier VG Bayreuth BeckRS 2020, 40900 Rn. 19). Aus §§ 60c, 19d Abs. 1a lässt sich kein Spezialitätsverhältnis ableiten, da § 25a gerade auch in beruflicher Ausbildung befindliche geduldete Ausländer erfassen will, wie sich aus Abs. 1 S. 2 ergibt.

Im Vergleich zu § 19d Abs. 1a stellt § 25a Abs. 1 tendenziell geringere Voraussetzungen auf und **9.1** vermittelt partiell weitergehende Rechte. So ist zB nach Abs. 4 die Erwerbstätigkeit generell zugelassen. Zudem stellt sich die in Bezug auf § 19d Abs. 1a bislang unbeantwortete Frage der Verlängerbarkeit bei der Aufenthaltserlaubnis nach § 25a Abs. 1 nicht. Der Beratungspraxis ist deshalb zu empfehlen, bei Jugendlichen und Heranwachsenden, die im Besitz einer Ausbildungsbildung sind, die Möglichkeit einer Aufenthaltserlaubnis gem. § 25a schon während der Ausbildung zu prüfen.

Darüber hinaus ist es ausreichend, wenn eine Duldung zwar nicht erteilt wurde, aber hätte **10** erteilt werden müssen, weil materielle Duldungsgründe iSv § 60a Abs. 2 S. 1 vorliegen (VGH BW BeckRS 2020, 12426 Rn. 20; SchlHOVG BeckRS 2019, 468 Rn. 6 mwN; BVerwG BeckRS 2019, 37836 Rn. 24 zu § 25b). Dabei ist zu berücksichtigen, dass nach der Logik des AufenthG ein vollziehbar ausreisepflichtiger Ausländer, der nicht abgeschoben wird, grundsätzlich zu dulden ist (BVerwG NVwZ 1998, 297 (298)). Die Nichterfüllung dieses Duldungsanspruchs kann dem Ausländer nicht zum Nachteil gereichen. Die Ausländerbehörde verhielte sich auch widersprüchlich, da sie die von ihr postulierte Unanwendbarkeit der Norm auf ihr eigenes rechtswidriges

Verhalten stützen müsste. Auch der **faktisch Geduldete** fällt deshalb unter § 25a (SchlHOVG BeckRS 2019, 468 Rn. 6). Dass der Duldungsgrund noch auf absehbare Zeit fortbesteht, ist nicht erforderlich; eine Beschränkung auf „längerfristige Duldungsgründe" lässt sich dem Wortlaut nicht entnehmen (VGH BW BeckRS 2018, 13536 Rn. 63 zu § 25b).

10a In Fällen, in denen die Voraussetzungen für die Erteilung einer vom Ausländer beantragten Ausbildungs- (§ 60c Abs. 1), Ausbildungsplatzsuch- (§ 60c Abs. 6 S. 1) oder Arbeitsplatzsuchduldung (§ 60c Abs. 6 S. 2) vorliegen, ist der Ausländer ebenfalls als im Normsinne „geduldet" anzusehen, da es sich ebenfalls um einen gebundenen Anspruch handelt („ist zu erteilen"). Das gilt bereits während einer ggf. noch laufenden Ausreisefrist, die der Erteilung einer Duldung nach zutreffender Ansicht nicht entgegensteht (→ § 60a Rn. 1; iErg ebenso VG Bayreuth BeckRS 2020, 40900 Rn. 24). Für die Beschäftigungsduldung dürfte dasselbe gelten, da diese bei Vorliegen aller Voraussetzungen im Regelfall zu erteilen ist, sofern nicht ausnahmsweise ein atypischer Fall besteht.

11 Kein „geduldeter Ausländer" iSv Abs. 1 war nach der bislang dominierenden obergerichtlichen Rechtsprechung, wer nur eine sog. **Verfahrensduldung** besaß, dh nur zur Durchführung eines der Klärung eines Anspruchs auf eine Aufenthaltserlaubnis oder Duldung dienenden gerichtlichen Verfahrens geduldet wurde (vgl. NdsOVG BeckRS 2018, 12980 Rn. 4; OVG NRW BeckRS 2016, 50358 Rn. 3; OVG Bln-Bbg BeckRS 2018, 101 Rn. 7 f.; offengelassen von VGH BW BeckRS 2018, 13536 Rn. 60; OVG RhPf BeckRS 2015, 52685 Rn. 9). Für § 25b hat das BVerwG dieser Auffassung eine Absage erteilt (→ § 25b Rn. 10). Für § 25a gilt – ungeachtet des in Abs. 1 S. 3 anklingenden (materiellen) Duldungsgrunds – angesichts des auch hier einschränkungslos formulierten Wortlauts nichts anderes (ebenso VGH BW BeckRS 2020, 12426 Rn. 26). Auch das Argument des BVerwG, für eine teleologische Reduktion bestehe kein Bedürfnis, weil ein anhängiges Gerichtsverfahren keineswegs in jedem Fall die Erteilung einer Duldung erzwinge oder – bei richtiger Gesetzesanwendung – auch nur erlaube, ist übertragbar. Wo die **Verfahrensduldung** „grundlos" erteilt wird, ist sie ggf. rechtswidrig, **begründet** angesichts ihrer Tatbestands- und Bindungswirkung aber gleichwohl den **Status des „geduldeten Ausländers"** iSv Abs. 1 (BVerwG BeckRS 2019, 37836 Rn. 28 ff.).

12 Von der Eigenschaft des geduldeten Ausländers normsystematisch zu trennen ist die – ebenfalls zu bejahende – Frage, ob Zeiträume, in denen „nur" eine verfahrensbezogene Duldung bzw. materielle Duldungsgründe bestanden haben, auf die nach Abs. 1 S. 1 Nr. 1 erforderliche Mindestaufenthaltszeit angerechnet werden können (→ Rn. 16 f.).

2. Vierjähriger Voraufenthalt

13 Der Ausländer muss sich seit vier Jahren erlaubt, geduldet oder mit einer Aufenthaltsgestattung im Bundesgebiet aufhalten. Anders als § 25b lässt die strikte Formulierung des § 25a Abs. 1 keine Reduktionen der Mindestaufenthaltszeit zu. Aus der Formulierung **„seit […] aufhält"** – und nicht aus dem Wort „ununterbrochen", das sich nach seiner Satzstellung nicht auf den faktischen Aufenthalt bezieht – folgt, dass grundsätzlich nicht an frühere Aufenthaltszeiträume in der Bundesrepublik Deutschland angeknüpft werden kann. Allerdings führt nicht jede Ausreise dazu, dass die Uhr nach der Wiedereinreise von Neuem zu laufen beginnt.

14 Im Ausgangspunkt führen Abwesenheiten aus Deutschland zwar dazu, dass sich der Ausländer nicht seit vier Jahren im Bundesgebiet aufhält. Kurzfristige Unterbrechungen können allerdings unschädlich sein; im Anwendungsbereich von § 25b soll dies grundsätzlich für Absenzen von bis zu drei Monaten gelten (BT-Drs. 18/4097, 43). Maßgeblich ist letztlich, ob die Ausreise erkennbar auf die Aufgabe des Lebensmittelpunkts in Deutschland gerichtet ist (NdsOVG BeckRS 2018, 2243 Rn. 5). Entscheidend ist die Intention im Moment der Ausreise. Dabei ist auch zu berücksichtigen, in welchem Status die Ausreise erfolgt ist.

14.1 Ob die vom tatsächlichen Aufenthalt zu trennende Statuskette im Falle einer Ausreise unterbrochen wird, ist den jeweiligen gesetzlichen Wertungen zu entnehmen. Während die Duldung automatisch mit der Ausreise aus Deutschland erlischt (§ 60a Abs. 5 S. 1), erlischt die Aufenthaltsgestattung nur bei einer Rückreise in das Herkunftsland (§§ 33 Abs. 3, 67 Abs. 1 Nr. 3 AsylG), die Aufenthaltserlaubnis nur nach Maßgabe von § 51 Nr. 6 und Nr. 7, § 55 Abs. 2 AsylG. Auch bei einer Ausreise im Status der Duldung wird die Statuskette nicht zwingend unterbrochen, wenn die zuständige Ausländerbehörde dem Ausländer vor der Ausreise zusagt, dass die Aussetzung der Abschiebung nach der Wiedereinreise ausgesetzt wird (vgl. zB § 22 Abs. 2 S. 1 AufenthV). Insbesondere bei Ausreisen im Status der Aufenthaltsgestattung und Duldung kommt dabei dem Kriterium, ob die Aus- und Wiedereinreise mit der zuständigen Behörde abgestimmt war, Bedeutung zu (vgl. zur beinahe wortgleichen Formulierung in § 25b Abs. 1 S. 2 Nr. 1 BT-Drs. 4097, 43).

Bei einer Abschiebung (dazu NdsOVG BeckRS 2018, 2243 Rn. 5) ebenso wie bei einer **15** freiwilligen Ausreise in Erfüllung einer rechtmäßig begründeten Ausreisepflicht ist grundsätzlich von einer Aufgabe des Lebensmittelpunkts auszugehen.

Mit Duldung, Erlaubnis und Aufenthaltsgestattung genügt prinzipiell jeder aufenthaltsrechtliche **16** Status. Auch insoweit ist die Entscheidung des BVerwG zu §25b übertragbar. Wie dort sind alle Voraufenthaltszeiten anrechenbar, die von einem aufenthaltsregelnden Verwaltungsakt gedeckt waren oder in denen eine Abschiebung aus rechtlichen oder tatsächlichen Gründen unzulässig war (BVerwG BeckRS 2019, 37863 Rn. 41; VGH BW BeckRS 2020, 12426 Rn. 31). Auch §25a Abs. 1 Nr. 1 stellt die drei Status gleichwertig nebeneinander; auf die zeitliche Zusammensetzung kommt es folglich nicht an. Der Wortlaut bietet keinen Raum dafür, einen Mindestaufenthalt im Duldungsstatus zu verlangen (vgl. zu §25b BVerwG BeckRS 2019, 37863 Rn. 35 ff. mit ausführlicher übertragbarer Begründung; ebenso VG Stuttgart BeckRS 2019, 14373 Rn. 50). Die erforderliche Integration muss nicht unter den besonders widrigen Umständen einer Duldung erfolgt sein. §25a eröffnet Jugendlichen und Heranwachsenden die Aufenthaltsperspektive wegen ihrer „Verwurzelung" in Deutschland unabhängig davon, in welchem Status diese Wurzeln geschlagen wurden. Auch hat sich der Gesetzgeber gegen ein – etwa §9b vergleichbares – „Anrechnungsmodell" entschieden. Anders als bei §104a Abs. 1 ist die Anrechnungsfähigkeit auch nicht auf bestimmte Aufenthaltstitel beschränkt. Maßgeblich ist deshalb allein, dass der Ausländer im Zeitpunkt der Entscheidung über die beantragte Aufenthaltserlaubnis geduldet wird bzw. werden muss.

Nach bislang überwiegender Rechtsprechung sollen Zeiten, in denen der Ausländer **nur ver- 17 fahrensbezogen geduldet** wurde, nicht anrechenbar sein (OVG NRW BeckRS 2016, 50358 Rn. 3 = NVwZ-RR 2016; VG Stuttgart BeckRS 2019, 14373 Rn. 50; offen gelassen von SächsOVG BeckRS 2019, 19451 Rn. 16). Dem ist mit derselben Begründung wie iRv §25b zu widersprechen (→ §25b Rn. 27).

Auch Erlaubnis- und Duldungsfiktionen (vgl. zB §§25 Abs. 1 S. 3, 81 Abs. 3, Abs. 4 S. 1, **18** S. 3) sind anrechenbar. In den Fällen des §81 Abs. 3 und Abs. 4 gilt dies unabhängig vom Ausgang des Verfahrens (BVerwG BeckRS 2019, 37863 Rn. 42 f. zu §25b).

Zu berücksichtigen sind ferner Zeiten, in denen der Ausländer – nach Beendigung der Fortgel- **19** tungsfiktion – beim Verwaltungsgericht um die Verlängerung einer zuvor innegehabten Aufenthaltserlaubnis streitet, soweit ihm vorläufiger Rechtsschutz gewährt worden ist. Die dadurch bewirkte Hemmung der Vollziehbarkeit der Ausreisepflicht bewirkt jedenfalls, dass eine zwangsweise Beendigung des Aufenthalts unzulässig ist. Wegen Art. 19 Abs. 4 GG gilt dies für den Zeitraum von der Bekanntgabe des Ablehnungsbescheides bis zum Ablauf der Widerspruchs- bzw. Klagefrist sowie für die Dauer des gerichtlichen Eilverfahrens (BVerwG BeckRS 2019, 37863 Rn. 44 zu §25b).

Schließlich ist auch die Phase zwischen Asylgesuch und der kraft Gesetzes eintretenden Aufent- **20** haltsgestattung (§55 Abs. 1 S. 1 und S. 3), wenn sich der Eintritt der Gestattungswirkung aus vom Ausländer nicht zu vertretenden Gründen verzögert hat.

Die Frage der Berücksichtigungsfähigkeit dieser Zeiträume wird namentlich bei Personen virulent, die **20.1** in den Jahren 2015/2016 ein Asylgesuch gestellt haben, den Asylantrag aufgrund der zeitweisen Überlastung des Bundesamts aber erst sehr viel später – teilweise erst ein Jahr nach dem Asylgesuch – stellen konnten. Nach alter Rechtslage entstand die Aufenthaltsgestattung bei Einreise aus einem sicheren Drittstaat erst mit (förmlicher) Asylantragstellung. Der davor liegende Aufenthalt war, sofern er nicht von der Übergangsregelung des §87c AsylG erfasst wird, jedenfalls aus Rechtsgründen iSd §60a Abs. 2 S. 1 zu dulden (so etwa die Praxis in Baden-Württemberg in dieser Zeit; ausführlicher zu dieser Frage Röder ASYLMAGAZIN 2016, 110 f.)

Soweit es um die Anrechnung von Duldungszeiten geht, ist der durch das Zweite Gesetz zur **21** besseren Durchsetzung der Ausreisepflicht v. 15.8.2019 (BGBl. I 1294) eingefügte **§60b Abs. 5 S. 1 zu beachten:** Danach werden Zeiten, in denen der Ausländer eine Duldung mit dem Zusatz „für Person mit ungeklärter Identität" besessen hat, nicht als Vorduldungszeiten angerechnet. Die Inhaberschaft einer solchermaßen beschränkten Duldung führt allerdings nicht zum Abbruch der Statuskette; die Zeiten der Inhaberschaft einer „Duldung für Personen mit ungeklärter Identität" werden den bestehenden Vorduldungszeiten lediglich nicht – auch nicht im Fall einer Heilung – hinzugerechnet (§60b Abs. 4 S. 3, Abs. 5 S. 1).

Bei der Unterbrechung erlaubter Aufenthaltsphasen ist die „Heilungsvorschrift" des §85 Abs. 1 **22** zu beachten. Bei der Unterbrechung geduldeter Zeiträume kommt eine analoge Anwendung in Betracht. Anders als bei §25b (→ §25b Rn. 15) bestehen hierfür sowohl Raum als auch Bedarf, weil der Tatbestand von § 25a keinen Anknüpfungspunkt bietet, auch nur kleinste Lücken in der Duldungskette als unschädlich einzustufen.

3. Erfolgreicher Schulbesuch oder (Aus-) Bildungsabschluss

23   Abs. 1 S. 1 Nr. 2 enthält eine (aus-) bildungs- bzw. berufsbezogene Integrationsvoraussetzung, die der Ausländer auf zweierlei Weise erfüllen kann: Entweder er besucht im Bundesgebiet seit vier Jahren erfolgreich eine Schule. Unter den Begriff „Schule" fallen zunächst alle staatlichen oder staatlich anerkannten allgemein- oder berufsbildenden sowie sonstige berufsqualifizierende Bildungseinrichtungen (Bergmann/Dienelt/Wunderle/Röcker Rn. 12). Dazu zählt grundsätzlich auch der Besuch von Förderklassen und -schulen (vgl. bspw. Ziff. 2.4. der inzwischen außer Kraft getretenen VwV des IM BW zu § 25a; zur Förderklasse sa VGH BW BeckRS 2020, 12426 Rn. 33) und sog. VKL- oder VABO-Klassen (iErg ebenso Bergmann/Dienelt/Wunderle/Röcker Rn. 13). Die Schule muss nach dem eindeutigen Gesetzeswortlaut aber nicht „staatlich" oder „staatlich anerkannt" sein: Erfasst sind deshalb auch kommunale Schulen, genehmigte Schulen und Ergänzungsschulen (vgl. – allerdings in anderem Kontext – BT-Drs. 19/8286, 24 f.). Da die beiden Tatbestandsalternativen aufeinander bezogen sind, ist im Ergebnis jede Schule umfasst, an der unmittelbar ein Schul- oder Berufsabschluss erworben werden kann oder deren Besuch zumindest anschluss- bzw. – zB im Falle eines Schul(form-)wechsels – anrechnungsfähig ist (zu eng deshalb VG Stuttgart BeckRS 2017, 102150 Rn. 33). Schon der dem Erwerb eines anerkannten Schulabschlusses dienende Besuch von Abend- oder Volkshochschulen – und nicht erst der von der zweiten Alternative erfasste Erwerb des Abschlusses – fällt deshalb unter Nr. 2.

24   Der Schulbesuch muss im maßgeblichen Zeitpunkt der Entscheidung/mündlichen Verhandlung noch andauern. Ein in der Vergangenheit liegender, ohne Abschluss beendeter Schulbesuch genügt nicht (VG Saarlouis BeckRS 2017, 112278 Rn. 36). Das Wort „hat" kann sich mit Einfügung des Wortes „seit" durch das „Bleiberechtsgesetz" (Gesetz zur Neubestimmung des Bleiberechts und der Aufenthaltsbeendigung v. 27.7.2015, BGBl. I 1386) aus sprachlogischen Gründen nur noch auf die Alternative des „Schul- oder Berufsabschlusses" beziehen. Besucht der Antragsteller im maßgeblichen Beurteilungszeitpunkt keine Schule (mehr), kann die Aufenthaltserlaubnis nur erteilt werden, wenn er die alternative Tatbestandsvoraussetzung erfüllt, sprich er einen anerkannten Schul- oder Berufsabschluss im Bundesgebiet erworben hat (OVG LSA BeckRS 2017, 116079 Rn. 10). Nummer 2 lässt jeden anerkannten Berufsabschluss ausreichen, also auch einen solchen, dem keine qualifizierte Berufsausbildung (vgl. § 2 Abs. 12a) vorausgegangen ist.

25   Aus dem Wortlaut („**eine** Schule") folgt, dass der Antragsteller nicht dieselbe Schule seit vier Jahren besucht haben muss. Zudem muss der Schulbesuch nicht ununterbrochen gewesen sein, wie ein Vergleich mit Nr. 1 zeigt (offen gelassen von OVG LSA BeckRS 2016, 53878 Rn. 4). Schließlich ist nicht erforderlich, dass der Antragsteller die Schule vier Jahre als Jugendlicher oder Heranwachsender besucht hat, es sind also auch im Kindesalter gesammelte Schulbesuchszeiten anrechenbar.

26   Der Schulbesuch muss **erfolgreich** sein. Kriterien für die insoweit erforderliche Prognose sind nach der Gesetzesbegründung die Regelmäßigkeit des Schulbesuchs sowie die Versetzung in die nächste Klasse (BT-Drs. 80/4097, 42; angesichts der alterstypischen Entwicklungsschwankungen zu weit OVG LSA BeckRS 2016, 53878 Rn. 4, wonach mindestens ein Hauptschulabschluss prognostizierbar sein muss). Die Kriterien dürfen grundsätzlich nicht schematisch angewandt werden; stets bedarf es einer Betrachtung aller Umstände des Einzelfalls (VGH BW BeckRS 2020, 12426 Rn. 34 Ls. 5; VG Saarlouis BeckRS 2017, 112278 Rn. 41) inklusive der individuellen Situation und Entwicklung des Antragstellers. So rechtfertigt bspw. ein „Sitzenbleiben" im ersten Jahr des Aufenthalts angesichts der in dieser Zeit typischerweise bestehenden Anlaufschwierigkeiten regelmäßig nicht die Annahme eines erfolglosen Schulbesuchs, wenn der Antragsteller in den anschließenden drei Jahren versetzt wurde (sa VGH BW BeckRS 2020, 12426 Rn. 33 f., wonach auch die Wiederholung einer Klasse zu einem späteren Zeitpunkt der Annahme eines erfolgreichen Schulbesuchs nicht entgegensteht, sofern die Tendenz stimmt).

26.1   Speziell mit Blick auf die Voraussetzung des Abs. 1 Nr. 2 sollte die Beratungspraxis auf die Erfüllung und ggf. Durchsetzung (vgl. beispielhaft VG München BeckRS 2018, 9379) der nach Maßgabe landesrechtlicher Vorschriften bestehenden Schulpflicht achten sowie an Ansprüche nach dem „Bildungs- und Teilhabepaket" denken. Für Personen mit Aufenthaltsgestattung und Duldung ergeben sich diese in Umsetzung der Entscheidung des BVerfG zum AsylbLG (NVwZ 2012, 1024) aus § 3 Abs. 4 AsylbLG bzw. § 2 Abs. 1 S. 1 AsylbLG iVm §§ 34 ff. SGB XII.

Die im Vergleich zur Erstfassung mit dem Zusatz „in der Regel" versehene Formulierung 27 ermöglicht überdies Ausnahmen vom Erfordernis des „vierjährigen", ggf. auch „erfolgreichen" Schulbesuchs. Damit kann Härtefällen oder atypischen Konstellationen angemessen Rechnung getragen werden.

So kann etwa einem Heranwachsenden, der kurz vor dem erfolgreichen, jedoch erst nach Vollendung 27.1 seines 21. Lebensjahrs abzulegenden (Aus-) Bildungsabschluss steht, die Aufenthaltserlaubnis erteilt werden, wenn dieser erst seit dreieinhalb Jahren die (Berufs-) Schule besucht.

In Erwägung zu ziehen sind auch Fälle, in denen die vierjährige Schulbesuchszeit deshalb nicht erreicht 27.2 wurde, weil – wie dies insbesondere in Erstaufnahmeeinrichtungen (§ 47 AsylG) zu beobachten ist – behördlicherseits kein gesetzeskonformer Schulbesuch ermöglicht wird (dazu VG München BeckRS 2018, 9379), obwohl der Antragsteller nach dem einschlägigen Landesrecht schulpflichtig war (vgl. zB § 72 Abs. 1 BWSchG, wonach die Schulpflicht unabhängig vom Unterbringungsort und Herkunftsland sechs Monate nach dem Zuzug aus dem Ausland einsetzt).

Geht man davon aus, dass sich die Ausnahme auch auf den Erfolg des Schulbesuchs erstreckt, könnte 27.3 die krankheits- oder behinderungsbedingte (derzeitige) Erfolglosigkeit des Schulbesuchs ein Anwendungsfall hierfür sein. Die mit Blick auf Förderschüler diskutierte analoge Anwendung des § 9 Abs. 3 S. 2 dürfte – mangels planwidriger Regelungslücke – nämlich kein gangbarer Weg sein (VG Schleswig BeckRS 2019, 10266 Rn. 24 ff. auch zur Vereinbarkeit mit den Diskriminierungsverboten des Art. 5 Abs. 2 UN-BRK und Art. 3 Abs. 3 S. 2 GG; eine Analogie offen lassend VG Saarlouis BeckRS 2017, 112278 Rn. 45 ff.).

4. Zeitpunkt der Antragstellung

Der Antrag muss nach Nr. 3 vor Vollendung des 21. Lebensjahrs, also noch als Heranwachsender 28 gestellt werden. Das Gesetz knüpft damit an die Rechtsprechung des BVerwG (NVwZ-RR 1998, 517 (518)) zu Altersgrenzen an und verlagert den Beurteilungszeitpunkt (nur) insoweit abweichend vom im Übrigen für das Verpflichtungsbegehren maßgeblichen Zeitpunkt der Entscheidung / mündlichen Verhandlung vor. Auch einem über 20-jährigen kann danach die Aufenthaltserlaubnis nach Abs. 1 erstmals erteilt werden (zur Irrelevanz der Altersgrenze bei Verlängerung → Rn. 44). Im Übrigen dürfte die zu § 32 ergangene Rechtsprechung des BVerwG übertragbar sein, wonach die sonstigen Erteilungsvoraussetzungen sowohl bei Erreichen der Altersgrenze als auch bei der Entscheidung über den Antrag erfüllt sein müssen (BVerwG NVwZ 2009, 248 (249); VG Bayreuth BeckRS 2020, 40900 Rn. 19, 24).

5. Positive Integrationsprognose

Nr. 4 verlangt von den Entscheidungsträgern eine Prognose („gewährleistet erscheint"), dass 29 sich der Ausländer auf Grund seiner bisherigen Ausbildung und Lebensverhältnisse in die Lebensverhältnisse der Bundesrepublik Deutschland einfügen kann. Die Integrationsprognose, die mangels behördlichen Beurteilungsspielraums voller gerichtlicher Kontrolle unterliegt, fällt zu Gunsten des Ausländers aus, wenn die begründete Erwartung besteht, dass er sich in sozialer, wirtschaftlicher und rechtlicher Hinsicht in die Lebensverhältnisse der Bundesrepublik Deutschland einfügen kann. Geboten ist eine seine konkreten individuellen Lebensumstände berücksichtigende Gesamtbetrachtung, etwa der Kenntnisse der deutschen Sprache, des Vorhandenseins eines festen Wohnsitzes und enger persönlicher Beziehungen zu dritten Personen außerhalb der eigenen Familie, des Schulbesuchs und des Bemühens um eine Berufsausbildung und Erwerbstätigkeiten, des sozialen und bürgerschaftlichen Engagements sowie der Akzeptanz der hiesigen Rechts- und Gesellschaftsordnung (NdsOVG ZAR 2012, 399; VGH BW BeckRS 2020, 12426 Rn. 36). Bei der Ersterteilung im Jugendlichen- oder Heranwachsendenalter kann grundsätzlich eine größere Unsicherheit hinsichtlich des Integrationserfolgs in Kauf genommen werden (NdsOVG BeckRS 2020, 20309 Rn. 42; VG Göttingen BeckRS 2020, 36586 Rn. 13). Im Rahmen der Prognose ist auch die persönliche Leistungsfähigkeit des Ausländers zu berücksichtigen, dem es gem. § 82 Abs. 1 obliegt, die Tatsachen, die die Verwaltungsbehörde oder das Gericht benötigen, um seine Integrationsfähigkeit zu beurteilen, vorzutragen und nachzuweisen (BayVGH BeckRS 2019, 13684 Rn. 7). Das gilt namentlich für nicht von Amts wegen aufklärbare Umstände des persönlichen Lebensbereichs.

Strafrechtliche Verfehlungen sind ein – tendenziell überbetonter – integrationsrelevanter 30 Gesichtspunkt unter vielen. Sie rechtfertigen entgegen weit verbreiteter Ansicht für sich weder stets noch regelmäßig eine Negativprognose (so aber OVG LSA BeckRS 2016, 53878 Rn. 5 unter Verweis auf BT-Drs. 17/5093, 15). Aus dem Bundeszentralregister zu tilgende (vgl. § 46 BZRG) bzw. getilgte Straftaten dürfen dabei vornehrein nicht in die Gesamtbetrachtung eingestellt werden (§ 51 Abs. 1 BZRG; OVG LSA BeckRS 2016, 115329 Rn. 26).

31 Im Übrigen ist zu beachten, dass eine starre Abs. 3 vergleichbare Grenze für die nach Abs. 1 erteilte Aufenthaltserlaubnis gerade nicht existiert, was auch daran liegen dürfte, dass dem iRd Abs. 1 häufig einschlägigen Jugendstrafrecht die Geldstrafe grundsätzlich fremd ist. Mit Blick auf die anders geartete Zielsetzung des Jugendstrafrechts verbietet sich auch eine schlichte „Umrechnung" ins Erwachsenenstrafrecht. Ob eine Straftat als Zeichen auch zukünftiger Rechtsuntreue zu werten ist, bestimmt sich nach den objektiven und subjektiven Tatumständen, den bewirkten Rechtsgutbeeinträchtigungen, dem Alter bei Tatbegehung sowie der Bereitschaft, das verwirklichte Unrecht einzusehen und aufzuarbeiten und sein Leben insoweit entsprechend zu ändern (NdsOVG ZAR 2012, 399; BeckRS 2020, 20309 Rn. 42). Nach JGG verhängte Zuchtmittel und Erziehungsmaßregeln rechtfertigen angesichts des das Jugendstrafrecht leitenden Erziehungsgedankens (§ 2 Abs. 1 JGG) regelmäßig keine negative Integrationsprognose. Bei Jugendstrafen (§ 17 JGG) ist eine besonders gründliche Betrachtung der Tatgenese erforderlich, denn auch bei ihnen kommt dem Besserungszweck im Sinne einer erzieherischen Einwirkung besondere Bedeutung zu (vgl. § 18 Abs. 2 JGG).

6. Verfassungstreue

32 Nach Nr. 5 dürfen schließlich keine konkreten Anhaltspunkte dafür bestehen, dass der Ausländer sich nicht zur freiheitlichen demokratischen Grundordnung der Bundesrepublik Deutschland bekennt. Ein aktives Bekenntnis, etwa in Form der iRd § 10 Abs. 1 Nr. 1 StAG üblichen „Loyalitätserklärung", ist nicht erforderlich, wie ein Vergleich mit § 25b Abs. 1 Nr. 2 zeigt. Sollten der Ausländerbehörde ausnahmsweise einmal Indizien für eine fehlende Verfassungstreue vorliegen, hat sie den Ausländer zunächst damit zu konfrontieren, wenn sie beabsichtigt, die Aufenthaltserlaubnis deswegen zu verweigern.

II. Ausschlussgrund: Täuschung / Falschangaben

33 Trotz guter Integration des Ausländers ist die Erteilung der Aufenthaltserlaubnis nach Abs. 1 zwingend zu versagen, wenn die Abschiebung aufgrund eigener Falschangaben oder seiner Täuschung über seine Identität oder Staatsangehörigkeit ausgesetzt ist. Abs. 1 S. 3 ist abschließend und lässt – anders als bspw. § 60a Abs. 6 S. 2 – keinen Raum für die Annahme ungeschriebener Versagungsgründe. Allein die unterlassene bzw. unzureichende Mitwirkung bei der Beseitigung des Ausreishindernisses rechtfertigt die Versagung der Aufenthaltserlaubnis deshalb nicht (BVerwGE 146, 281 = ZAR 2013, 439 (440)). Die Ausländerbehörde darf sie grundsätzlich auch nicht (mehr) auf Rechtsfolgenseite berücksichtigen, nachdem die Erteilung der Aufenthaltserlaubnis inzwischen der gesetzliche Regelfall („soll") ist (anders noch zur alten „Kann-Regelung" BVerwGE 146, 281 = ZAR 2013, 439 (440)).

34 Nur die – Vorsatz voraussetzende – Täuschung muss hinsichtlich der Staatsangehörigkeit oder Identität erfolgen. Demgegenüber deckt der Begriff der Falschangabe auch sonstige abschiebungsrelevante Umstände, etwa die wahrheitswidrige Angabe, einen für die Abschiebung erforderlichen Pass nicht zu besitzen. Dass auch fahrlässige Falschangaben ausreichen sollen (so BVerwGE 146, 281 = ZAR 2013, 439 (440)), erscheint mit Blick auf die Täuschungsalternative und § 25b Abs. 2 Nr. 1 unter Wertungsgesichtspunkten zweifelhaft.

35 Die gesetzlichen Formulierungen („eigener", „seiner") schließen eine Zurechnung von Täuschungen und Falschangaben Dritter, insbesondere des gesetzlichen Vertreters des Jugendlichen (Eltern, Vormund) aus. **Mit Eintritt der Volljährigkeit** entsteht auch **keine automatische Aufklärungspflicht** des Heranwachsenden, das bloße Fortwirkenlassen genügt nicht (BVerwGE 146, 281 = ZAR 2013, 439 (440)). Angesichts des auch nach Eintritt der Volljährigkeit drohenden Loyalitätskonflikts (zu diesem Aspekt Huber/Mantel AufenthG/Göbel-Zimmermann/Hupke Rn. 17) ist der Versagungsgrund nur erfüllt, wenn der Ausländer die Täuschung oder Falschangabe ungefragt ausdrücklich bestätigt.

36 Die **Täuschung bzw. Falschangabe** des Ausländers muss kausal **(„aufgrund") für die aktuelle Aussetzung der Abschiebung** sein. An der Kausalität fehlt es, wenn die Abschiebung auch unabhängig von dem täuschungsbedingten etc. Duldungsgrund ausgesetzt ist oder werden müsste. Ist im Falle einer Petition oder eines Härtefallantrags nach dem maßgeblichen Landesrecht (vgl. zB § 5 HFKomVO) die Abschiebung für die Dauer des Verfahrens (objektiv-rechtlich) untersagt, ist die Kausalität zu verneinen (so in der Sache für eine Petition HessVGH BeckRS 2018, 3531 Rn. 10; aA für den Fall einer Härtefalleingabe nach § 23a NdsOVG BeckRS 2010, 52029, das die objektive Kausalitätsfrage allerdings nicht sauber vom Bestehen eines subjektiv durchsetzbaren Duldungsanspruchs trennt). Aus der Wahl des Präsens („ausgesetzt **ist**") folgt, dass die derzeitige Aussetzung der Abschiebung Folge einer Täuschung/Falschangabe sein muss.

Ausschließlich in der Vergangenheit liegende „erschlichene" Abschiebungsaussetzungen schließen die Erteilung der Aufenthaltserlaubnis daher nicht aus und sind – vorbehaltlich des Anrechnungsverbots in § 60b Abs. 5 S. 1 – iRv Abs. 1 S. 1 Nr. 1 voll anrechenbar, der nicht zwischen anerkennenswerten und rechtlich missbilligten Duldungsgründen differenziert.

III. Allgemeine Voraussetzungen

Für die Erteilung der Aufenthaltserlaubnis nach § 25a Abs. 1 gelten im Ausgangspunkt sowohl **37** die allgemeinen Erteilungsvoraussetzungen des § 5 Abs. 1 und Abs. 2 (vgl. BVerwGE 146, 281 zu § 5 Abs. 1 Nr. 1, Nr. 1a), von denen allerdings gem. § 5 Abs. 3 S. 2 nach Ermessen abgesehen werden kann (zum Absehen von § 5 Abs. 1 Nr. 4 vgl. etwa SächsOVG BeckRS 2018, 28059 Rn. 12; zum regelmäßig intendierten Absehen von § 5 Abs. 2 vgl. VGH BW BeckRS 2020, 12426 Rn. 41), als auch die Ausschlussgründe (§§ 10, 11), soweit sich aus § 25a nichts Abweichendes ergibt.

Eine solche (vorübergehende) Modifikation enthält zunächst Abs. 1 S. 2 bezüglich der Regelertei- **38** lungsvoraussetzung des § 5 Abs. 1 Nr. 1. Danach ist die – der Annahme des gesicherten Lebensunterhalts eigentlich entgegenstehende – Inanspruchnahme öffentlicher Leistungen (vgl. § 2 Abs. 3 S. 1) solange unschädlich, wie der Jugendliche bzw. Heranwachsende sich in einer schulischen bzw. beruflichen Ausbildung oder einem Hochschulstudium befindet. Dass mit dem Begriff der öffentlichen „Leistungen" die in § 2 Abs. 3 S. 1 enthaltene und den Begriff der öffentlichen „Mittel" verwendende Definition in der Sache modifiziert werden soll, ist nicht ersichtlich.

Leistungen der Ausbildungsförderung nach dem SGB III oder dem BAföG gelten gem. § 2 Abs. 3 S. 2 **38.1** von vornherein nicht als öffentliche Mittel und damit auch nicht als öffentliche Leistungen iSv § 25a Abs. 1 S. 2. Auf das „Privileg" ist der Ausländer aber immer dann angewiesen, wenn ihm alleine oder einer Bedarfsgemeinschaft, der er angehört, schädliche Mittel etwa nach dem AsylbLG, SGB II, SGB VIII oder SGB XII zufließen.

Die Vergünstigung des Abs. 1 S. 2 gilt dabei nur für den Jugendlichen bzw. Heranwachsenden **39** („zur Sicherstellung des **eigenen** Lebensunterhalts"). Hat sie einmal gegriffen, kann er sie für die gesamte Dauer der Ausbildung usw. beanspruchen, unabhängig davon, ob er noch Heranwachsender ist. Greift Abs. 1 S. 2 nicht bzw. nicht mehr, kann von der dann regelmäßig zu erfüllenden Voraussetzung des § 5 Abs. 1 Nr. 1 gem. § 5 Abs. 3 S. 2 nach Ermessen abgesehen werden (vgl. Huber/Mantel AufenthG/Göbel-Zimmermann/Hupke Rn. 16; aA offenbar OVG Bln-Bbg BeckRS 2018, 39943 Rn. 12, ohne dass der aus Abs. 1 S. 2 gezogene Umkehrschluss zwingend wäre). Die – zukunftsbezogen festzustellende – Lebensunterhaltssicherung kann auch Folge einer (beabsichtigten) selbstständigen Tätigkeit sein, die dem Ausländer mit Erteilung der Aufenthaltserlaubnis automatisch gestattet ist (Abs. 4, → Rn. 69). Die Erwerbstätigkeit muss auch in keinem Zusammenhang mit dem Berufsabschluss iSv Abs. 1 S. 1 Nr. 2 stehen.

Die Regelerteilungsvoraussetzung des § 5 Abs. 1 Nr. 2 (kein Ausweisungsinteresse) bleibt von **40** § 25a nur auf den ersten Blick unberührt. Soweit es um strafrechtliche Verfehlungen geht, ist zu berücksichtigen, dass diese bereits im Rahmen der Integrationsprognose (Abs. 1 S. 1 Nr. 4) zu würdigen sind. Fällt die Prognose trotz strafrechtlicher Verfehlungen zu Gunsten des Ausländers aus, ist dieser unter spezialpräventiven Gesichtspunkten als „unbedenklich" eingestuft mit der Folge, dass die Straftat insoweit „verbraucht" ist und zur Begründung eines Ausweisungsinteresses nicht mehr herangezogen werden kann. Hält man ein allein auf generalpräventive Erwägungen gestütztes Ausweisungsinteresse mit dem BVerwG (NVwZ 2019, 486 Rn. 16 ff. = BVerwGE 162, 349, anders die Vorinstanz, vgl. VGH BW BeckRS 2017, 109939) nach der Reform des Ausweisungsrechts weiterhin für zulässig, dürfte, sofern man nicht schon einen atypischen Fall bejaht, im Rahmen der dann nach § 5 Abs. 3 S. 2 zu treffenden Entscheidung mit Blick auf den andernfalls konterkarierten Zweck des § 25a regelmäßig nur ein Absehen von der Regelerteilungsvoraussetzung ermessensfehlerfrei sein.

Da nach der Rechtsprechung des BVerwG „Soll-Regelungen" keinen „Anspruch auf Erteilung" **41** eines Aufenthaltstitels iSv § 10 Abs. 3 S. 3 Hs. 1 begründen (BVerwG NVwZ 2019, 486 Rn. 27; BVerwGE 153, 353 = NVwZ 2016, 458; BVerwGE 132, 382 = NVwZ 2009, 789), ist bei den für ehemalige „erfolglose" Asylbewerber geltenden Titelerteilungsverboten nach § 10 Abs. 3 S. 1 bzw. S. 2 zu differenzieren. Wurde der Asylantrag gem. § 30 Abs. 3 Nr. 1–6 AsylG als offensichtlich unbegründet abgelehnt, ist das verschärfte Titelerteilungsverbot des § 10 Abs. 3 S. 2 einschlägig. § 25a Abs. 4 eröffnet der Ausländerbehörde jedoch das Ermessen, von § 10 Abs. 3 S. 2 abzusehen (vgl. VG Stuttgart BeckRS 2017, 102150 Rn. 24 f. zu einem Fall negativer Ermessensreduktion wegen missbräuchlicher sukzessiver Asylantragstellung). Die Titelerteilungssperre des § 10 Abs. 3 S. 1 greift dagegen nicht, da es sich bei § 25a um eine Aufenthaltserlaubnis nach Maßgabe des Abschnitts 5 handelt.

42   Unterliegt der Ausländer einer Titelerteilungssperre, die Folge eines Einreise- und Aufenthalts-verbots (§ 11 Abs. 1) ist, **soll** dieses gem. § 11 Abs. 4 S. 2 aufgehoben werden, wenn die Voraussetzungen für eine Titelerteilung nach § 25a vorliegen. Angesichts der durch das „Bleibe-rechtsgesetz" (Gesetz zur Neubestimmung des Bleiberechts und der Aufenthaltsbeendigung v. 27.7.2015, BGBl. 2015 I 1386) geschaffenen Möglichkeit, Einreise- und Aufenthaltsverbote – unabhängig von einer Ausweisung – bereits im Inland zur Entstehung (vgl. § 11 Abs. 6 S. 1 und Abs. 7 S. 1) zu bringen, bestand die Gefahr eines Leerlaufens der einen ununterbrochenen Aufent-halt in Deutschland voraussetzenden „Bleiberechtsregelungen" (vgl. § 11 Abs. 6 S. 2 bzw. § 11 Abs. 7 S. 3 iVm § 11 Abs. 2 S. 2). Zur Sicherstellung ihrer Wirksamkeit wurde die nach dem ursprünglichen Gesetzesentwurf (BT-Drs. 18/4097) noch ins freie Ermessen der Ausländerbehörde gestellte Aufhebung des Einreise- und Aufenthaltsverbots deshalb durch die schließlich Gesetz gewordene Soll-Vorgabe ersetzt (BT-Drs. 18/5420, 18 f., 25). Über die in § 11 Abs. 6 S. 2 bzw. Abs. 7 S. 3 enthaltenen Verweise ist dabei gewährleistet, dass die Aufhebung des Einreise- und Aufenthaltsverbots auch in den praxisrelevanten „Inlandsfällen" die Regel ist.

IV. Rechtsfolge

43   Nach Inkrafttreten des „Bleiberechtsgesetzes" (Gesetz zur Neubestimmung des Bleiberechts und der Aufenthaltsbeendigung v. 27.7.2015, BGBl. I 1386) ist die Erteilung der Aufenthaltser-laubnis der gesetzliche vorgesehene Regelfall („soll"). Ihre Versagung kommt allenfalls noch in besonders gelagerten atypischen Konstellationen in Betracht. Hierzu zählt die willentliche Herbei-führung des Duldungsstatus durch Rücknahme eines Asylantrags grundsätzlich nicht(VGH BW BeckRS 2020, 12426 Rn. 42). Die maximale Geltungsdauer der Aufenthaltserlaubnis beträgt drei Jahre (§ 26 Abs. 1 S. 1).

V. Verlängerung

44   Für die Verlängerung gelten grundsätzlich dieselben Vorschriften wie für die Erteilung (§ 8 Abs. 1). Aus dem Sinn und Zweck der Vorschrift (→ Rn. 1) und der durch Abs. 1 S. 1 Nr. 3 eröffneten Möglichkeit, bereits die erstmalige Aufenthaltserlaubnis nach Abs. 1 schon als Erwachse-ner zu erhalten, folgt, dass die Tatbestandsmerkmale „jugendlich" bzw. „heranwachsend" nach der Ersterteilung ihre Bedeutung verlieren (offen gelassen von NdsOVG BeckRS 2020, 20309 Rn. 42). Dasselbe gilt offenkundig für das Erfordernis des „geduldeten" Ausländers. Das in Nr. 4 beschriebene Tatbestandsmerkmal dürfte nach der Ersterteilung dagegen seine Bedeutung behal-ten, so dass im Verlängerungsfall eine erneute Prognose erforderlich ist. Dabei wird teilweise ein im Vergleich zu Ersterteilung verschärfter Maßstab angelegt (NdsOVG BeckRS 2020, 20309 Rn. 42). Besucht der Ausländer keine Schule mehr, kommt es für die Verlängerung darauf an, ob er einen anerkannten Schul- oder Berufsabschluss erworben hat.

C. (Abgeleitete) Aufenthaltsrechte Familienangehöriger

45   Bestimmte Familienangehörige können von dem nach Abs. 1 (bzw. Abs. 2 S. 1) Berechtigten ein Aufenthaltsrecht ableiten. Abs. 2 enthält nach dem „Bleiberechtsgesetz" (Gesetz zur Neube-stimmung des Bleiberechts und der Aufenthaltsbeendigung v. 27.7.2015, BGBl. I 1386) insgesamt **vier strikt voneinander zu trennende Anspruchsgrundlagen.** Nach Wortlaut und Systematik müssen sich die Familienangehörigen im Bundesgebiet aufhalten. Der erforderliche Titelbesitz des jeweiligen Stammberechtigten ist dabei auch gegeben, wenn ihm und dem Familienangehöri-gen die Aufenthaltserlaubnisse gleichzeitig erteilt werden (Bergmann/Dienelt/Wunderle/Röcker Rn. 22).

46   Nach Abs. 3 kann auch bei den abgeleiteten Aufenthaltstiteln von der Titelerteilungssperre des § 10 Abs. 3 S. 2 abgesehen werden. Vorbehaltlich der nachfolgend dargestellten Besonderheiten gelten im Übrigen die allgemeinen Erteilungsvoraussetzungen, Ausschlussgründe und Regeln zur Verlängerung (§ 8 Abs. 1).

I. Eltern (-teil)

47   Den Eltern oder dem allein personensorgeberechtigten Elternteil eines minderjährigen Auslän-ders – also eines Jugendlichen –, der eine Aufenthaltserlaubnis nach Abs. 1 besitzt, **kann** nach

Abs. 2 S. 1 eine Aufenthaltserlaubnis erteilt werden. **Eltern(-teile)** eines volljährigen Titelinhabers – also **eines Heranwachsenden** – **sind** von der Ableitungsmöglichkeit dagegen **ausgeschlossen**, was indiziert, dass die Aufenthaltserlaubnis jedenfalls auch im Interesse des Minderjährigen erteilt wird (ergänzend → Rn. 51). Die Minderjährigkeit bestimmt sich nach deutschem Recht (§ 80 Abs. 3 S. 1). Minderjährig ist danach, wer das 18. Lebensjahr noch nicht vollendet hat (§ 2 BGB). Im Unterschied zu Abs. 2 S. 5 (→ Rn. 62) muss der Minderjährige nicht ledig sein. Wird keine Aufenthaltserlaubnis nach Abs. 2 S. 1 erteilt, soll die Abschiebung der Eltern bis zur Volljährigkeit des im Besitz eines Titels nach Abs. 1 befindlichen Minderjährigen gem. § 60a Abs. 2b (→ § 60a Rn. 78 ff.) zumindest ausgesetzt werden.

Die **Minderjährigkeit** des „Stammberechtigten" muss **im Zeitpunkt der Antragstellung** **48** **der Eltern** bestehen (VG Stuttgart BeckRS 2019, 14373 Rn. 31; NK-AuslR/Fränkel Rn. 12). Die zu § 36 Abs. 1 ergangene – inzwischen überholte (vgl. EuGH BeckRS 2018, 5023 = InfAuslR 2018, 228) – Rechtsprechung des BVerwG (NVwZ 2013, 1344) ist nicht übertragbar, weil diese tragend auf der Überlegung beruht, dass das AufenthG den Inhabern eines Titels nach § 36 Abs. 1 nach Eintritt der Volljährigkeit keine Aufenthaltsperspektive eröffnet. Nach dem Willen des Gesetzgebers soll die nach Abs. 2 S. 1 erteilte Aufenthaltserlaubnis aber trotz inzwischen eingetretener Volljährigkeit des Stammberechtigten verlängerbar sein; das **Tatbestandsmerkmal der „Minderjährigkeit" verliert nach der Ersterteilung seine Bedeutung** (vgl. BT-Drs. 17/ 5093, 16). Das ist konsequent, weil den Eltern die Aufenthaltserlaubnis auch als „Belohnung" für eine eigene anerkennenswerte Integrationsleistung, nämlich die vollständige Lebensunterhaltssicherung aus eigener Kraft (→ Rn. 51), erteilt worden ist. Hinsichtlich der Frage des für die Minderjährigkeit maßgeblichen Zeitpunkts sind deshalb die Erwägungen des BVerwG zu § 32 einschlägig. Ein an sich bestehendes Recht soll danach nicht alleine wegen der Verfahrensdauer infolge Zeitablaufs verloren gehen, weshalb hinsichtlich des Alters der Zeitpunkt der Antragstellung maßgeblich ist (BVerwG NVwZ-RR 1998, 517 (518); NVwZ 2010, 262). Die übrigen Anspruchsvoraussetzungen müssen aber (auch) im Zeitpunkt der Vollendung des 18. Lebensjahres vorliegen (VG Stuttgart BeckRS 2019, 14373 Rn. 31).

Anders als Abs. 1 S. 1 verlangt Abs. 2 S. 1 nicht explizit, dass die Eltern geduldet sind. Allerdings **49** knüpft die (negative) Erteilungsvoraussetzung des Abs. 2 Nr. 1 mit der Formulierung („die Abschiebung") an eine bestehende Ausreisepflicht an. Gleichwohl erscheint es nicht ausgeschlossen, auch nicht vollziehbar ausreisepflichtige Eltern (-teile) in den Anwendungsbereich von Abs. 2 S. 1 miteinzubeziehen.

Das Tatbestandsmerkmal „Eltern" setzt voraus, dass **beide Elternteile im Bundesgebiet** **50** leben, begünstigt dabei aber auch den ggf. „nur" umgangsberechtigten Elternteil, da das Gesetz in der ersten Alternative keine Personensorgeberechtigung verlangt (NK-AuslR/Fränkel Rn. 12).

Die Eltern müssen weder miteinander verheiratet sein noch in familiärer Gemeinschaft mitei- **51** nander leben. **Zwischen den Eltern und dem Minderjährigen muss** nach hM allerdings eine durch Art. 6 GG geschützte **familiäre**, also von tatsächlicher Anteilnahme getragene **Lebensgemeinschaft bestehen** (Bergmann/Dienelt/Wunderle/Röcker Rn. 26 mwN). Von einer familiären Lebensgemeinschaft ist bei einem regelmäßigen Umgang mit dem Minderjährigen grundsätzlich auszugehen (BVerfG BeckRS 2008, 04197 = ZAR 2006, 28); einer häuslichen Gemeinschaft bedarf es nicht. Ob eine familiäre Lebensgemeinschaft mit dem Minderjährigen besteht, ist für beide Elternteile gesondert zu beurteilen. Richtigerweise ist hinsichtlich der Erfordernisse einer familiären Lebensgemeinschaft zu differenzieren. Das erklärt sich aus dem Umstand, dass nur der minderjährige Stammberechtigte den Eltern ein Aufenthaltsrecht vermitteln kann, woraus folgt, dass die Aufenthaltserlaubnis den Eltern jedenfalls auch im Interesse des Minderjährigen erteilt wird. Gleichzeitig zeigt das Erfordernis der eigenständigen Lebensunterhaltssicherung durch Erwerbstätigkeit aber, dass mit der Erteilung der Aufenthaltserlaubnis **auch eine eigene Integration der Eltern** anerkannt werden soll. Dieser Gesichtspunkt trägt mit Eintritt der Volljährigkeit des „Stammberechtigten" das elterliche Aufenthaltsrecht allein. Eine Lebensunterhaltssicherung durch Erwerbstätigkeit vorausgesetzt, erwerben die Eltern deshalb **mit Eintritt der Volljährigkeit** des Stammberechtigten **ein vom Fortbestand der familiären Lebensgemeinschaft mit dem „Stammberechtigten" unabhängiges Aufenthaltsrecht.** Die Möglichkeit der Verselbstständigung des elterlichen Aufenthaltsrechts folgt dabei unmittelbar aus dem Zweck des Abs. 2 S. 2 und nicht – was aufgrund der systematischen Stellung durchaus denkbar wäre – aus dem in Abs. 2 S. 4 enthaltenen Verweis auf § 31, der ausweislich der Gesetzesbegründung (wohl) nur für das in Abs. 2 S. 3 geregelte abgeleitete Aufenthaltsrecht des Ehegatten des nach Abs. 1 Berechtigten gelten soll (BT-Drs. 18/4097, 42; zur dementsprechenden Auslegung des Verweises in § 28 Abs. 3 S. 1 vgl. HmbOVG BeckRS 2019, 7073 Rn. 15 ff.).

52   Befindet sich **nur ein Elternteil** des bleibeberechtigten Minderjährigen **in Deutschland,** ist die **zweite Tatbestandsalternative einschlägig.** Nach altem Recht konnte der Elternteil eine Aufenthaltserlaubnis nur bei alleiniger Personensorge erhalten. Mit der Streichung des Wortes „allein" eröffnet Abs. 2 S. 1 diese Möglichkeit nun auch dem Elternteil, der das Sorgerecht bspw. gemeinsam mit dem im Herkunftsland lebenden anderen Elternteil besitzt.

53   Einzige (positive) Erteilungsvoraussetzung ist nach Abs. 2 Nr. 2 die eigenständige Lebensunterhaltssicherung der Eltern durch Erwerbstätigkeit. § 5 Abs. 1 Nr. 1 wird damit in zweierlei Hinsicht verschärft: Erstens wird aus der regelhaften eine zwingende Erteilungsvoraussetzung. Die Annahme eines atypischen Falls scheidet deshalb ebenso aus wie die Anwendung von § 5 Abs. 3 S. 2 (NdsOVG BeckRS 2012, 54137). Zweitens muss der Lebensunterhalt iSd § 2 Abs. 3 **eigenständig durch Erwerbstätigkeit** gesichert sein, eine Lebensunterhaltssicherung durch Dritte scheidet also aus. Das Merkmal der „Eigenständigkeit" hat zur Folge, dass die Eltern durch ihre Erwerbstätigkeit zwar den Lebensunterhalt des Stammberechtigten sichern können, dieser aber durch seine nicht den der Eltern. Im Verhältnis der Eltern zueinander genügt es, wenn ein Elternteil durch seine Erwerbstätigkeit den Lebensunterhalt beider sichert. Die Lebensunterhaltssicherung kann auch Folge einer (beabsichtigten) selbstständigen Tätigkeit sein, die den Eltern mit Erteilung der Aufenthaltserlaubnis automatisch gestattet ist (vgl. Abs. 4). Das Erfordernis „durch Erwerbstätigkeit" schließt die Berücksichtigung öffentlicher Mittel auf Einkommensseite aus (OVG LSA BeckRS 2016, 115329 Rn. 55 zum Kindergeld). Eine Ausnahme gilt, soweit sie Folge einer (früheren) Erwerbstätigkeit sind (zB ALG 1). Nach Abs. 1 S. 2 für unschädlich erklärte öffentliche Leistungen an den zur Bedarfsgemeinschaft gehörenden Stammberechtigten hindern die Erteilung einer Aufenthaltserlaubnis an die Eltern dabei nicht, soweit der Lebensunterhalt im Übrigen durch ihre Erwerbstätigkeit gesichert ist (Bergmann/Dienelt/Wunderle/Röcker Rn. 29; Huber/Mantel AufenthG/Göbel-Zimmermann/Hupke Rn. 20). Insoweit wirkt sich das Privileg des Abs. 1 S. 2 mittelbar auch zu Gunsten der Eltern aus, solange es greift. Soweit der Stammberechtigte bereits eine Aufenthaltserlaubnis nach § 25a Abs. 1 besitzt, soll dieser bei der Bedarfsberechnung außer Betracht bleiben (OVG LSA BeckRS 2016, 115329 Rn. 54).

54   Die Erteilung einer Aufenthaltserlaubnis an die Eltern scheidet zwingend aus, wenn die Abschiebung aufgrund von Täuschungen über die Identität oder Staatsangehörigkeit oder mangels Erfüllung zumutbarer Anforderungen an die Beseitigung von Ausreisehindernissen verhindert oder verzögert wird (Abs. 2 S. 1 Nr. 1). Greift der Versagungsgrund nicht, kann den Eltern ein etwaiges Fehlverhalten nicht über § 5 Abs. 1 Nr. 2 iVm § 54 Abs. 2 Nr. 8 vorgehalten werden (Bergmann/Dienelt/Wunderle/Röcker Rn. 23).

55   Hinsichtlich Täuschung und Falschangaben gilt grundsätzlich das oben Gesagte (→ Rn. 34). Vor dem Hintergrund, dass Abs. 2 S. 1 in seiner ersten Alternative grundsätzlich keinerlei Beziehung der Eltern zueinander voraussetzt, ist die Auffassung, wonach die Erteilung der Aufenthaltserlaubnis an beide Eltern ausscheiden soll, wenn nur einer die (negative) Erteilungsvoraussetzung nicht erfüllt, nicht überzeugend (so aber HTK-AuslR/Zühlcke zu Abs. 2, Stand: 8/2019, Rn. 36; ebenso Bergmann/Dienelt/Wunderle/Röcker Rn. 28). Neben der Pluralformulierung („Täuschungen") **spricht** auch der **Zweck des den Eltern in Aussicht gestellten Aufenthaltsrechts gegen eine allein durch die Elterneigenschaft begründete „Haftungseinheit",** sondern vielmehr dafür, die (auch) im Interesse des Minderjährigen liegende Aufenthaltserlaubnis nur dem Elternteil zu versagen, der sich aufenthaltsrechtlich missbilligenswert verhalten hat. Das aufenthaltsrechtliche Fehlverhalten des einen Elternteils kann dem anderen aber in Anwendung des in § 166 Abs. 2 BGB enthaltenen Rechtsgedankens zugerechnet werden, wenn es mit dessen Einverständnis erfolgt und auch bei ihm die Abschiebung verhindert bzw. verzögert.

56   Die Nichterfüllung zumutbarer Anforderungen an die Beseitigung von Ausreisehindernissen muss die Abschiebung verhindern oder verzögern. Allein das Unterlassen der freiwilligen Ausreise rechtfertigt die Versagung der Aufenthaltserlaubnis nicht. Da der Wortlaut dem des § 25b Abs. 2 S. 1 Nr. 1 (nahezu) entspricht, ist – wie dort (→ § 25b Rn. 67) und anders als iRv Abs. 1 S. 3 (→ Rn. 36) – eine aktuell andauernde Verhinderungs- oder Verzögerungshandlung zu fordern. Eine in der Vergangenheit unterbliebene Mitwirkung ist deshalb unschädlich, wenn der Ausländer nunmehr mitwirkt, auch wenn das frühere Fehlverhalten noch in die Gegenwart hineinwirkt und die Aufenthaltsbeendigung aktuell (noch) verzögert.

57   Der Begriff der „Erfüllung" knüpft an die Mitwirkungspflichten der §§ 82, 48 bzw. § 15 AsylG an. Mit Blick auf die gleichrangig genannte Täuschung bzw. Falschangabe muss der Mitwirkungsverstoß dabei ein gewisses Gewicht haben. Was dem Ausländer zumutbar ist, bestimmt sich nach den Umständen des Einzelfalls. Im Rahmen dieser Beurteilung ist auch die Wechselwirkung zwischen Initiativpflicht des Ausländers und ausländerbehördlicher Aufklärungs- und Hinweispflicht, insbesondere zur Konkretisierung und Aktualisierung der gesetzlichen Mitwirkungspflich-

ten, zu beachten. Im Übrigen kann auf die Kommentierung zu dem insoweit (nahezu) wortgleichen § 25 Abs. 5 S. 4 verwiesen werden (vgl. zB Huber/Mantel AufenthG/Göbel-Zimmermann/Hupke § 25 Rn. 78 ff.).

Das (zugerechnete) Fehlverhalten muss schließlich der (alleinige) Grund dafür sein, dass die **58** Abschiebung derzeit verhindert bzw. verzögert wird („aufgrund"). Auch die Kausalität ist für die Elternteile getrennt festzustellen.

II. Geschwister

Eltern (-teile), die eine (abgeleitete) Aufenthaltserlaubnis nach Abs. 2 S. 1 besitzen, können **59** ihren (weiteren) minderjährigen Kindern, also den (Stief- / Halb-) Geschwistern des nach Abs. 1 Begünstigten, ihrerseits ein Aufenthaltsrecht vermitteln. Voraussetzung ist gem. Abs. 2 S. 2, dass das Kind mit dem nach Abs. 2 S. 1 begünstigten Eltern/Elternteil in familiärer, nicht häuslicher, Lebensgemeinschaft lebt. Aus dem Wortlaut („wenn sie […] leben") folgt, dass die Kinder in Deutschland aufhältig sein, jedoch nicht, dass sie ledig oder geduldet sein müssen. Die Erteilung steht im pflichtgemäßen Ermessen der Ausländerbehörde („kann").

III. Ehegatten / Lebenspartner

Dem Ehegatten oder Lebenspartner des „Stammberechtigten" mit einer Aufenthaltserlaubnis **60** nach Abs. 1 soll gem. Abs. 2 S. 3 eine Aufenthaltserlaubnis erteilt werden, wenn sie in familiärer Lebensgemeinschaft leben und die Voraussetzungen des Abs. 2 S. 1 erfüllt sind. Der Ehegatter / Lebenspartner muss seinen Lebensunterhalt also eigenständig durch Erwerbstätigkeit sichern und seine Abschiebung darf nicht aufgrund von Falschangaben, der Nichterfüllung zumutbarer Mitwirkungspflichten oder täuschungsbedingt verhindert oder verzögert werden. Gemäß Abs. 2 S. 4 gilt § 31 entsprechend, so dass der Ehegatte / Lebenspartner unter den dort geregelten Voraussetzungen ein eheunabhängiges Aufenthaltsrecht erhalten kann (BT-Drs. 18/4097, 42).

Unter den Voraussetzungen von §§ 27 ff., insbesondere von § 29 Abs. 3 S. 1, kommt für den **61** Ehegatten / Lebenspartner auch ein Aufenthaltsrecht nach dem 6. Abschnitt in Betracht.

IV. Minderjährige ledige Kinder

Minderjährigen Kindern des nach Abs. 1 Begünstigten soll bei Bestehen einer familiären **62** Lebensgemeinschaft gem. Abs. 2 S. 5 eine Aufenthaltserlaubnis erteilt werden. Im Unterschied zu Abs. 2 S. 2 muss das Kind ledig sein. Der daneben anwendbare § 29 Abs. 3 S. 1 verlangt dies dagegen nicht.

V. Ausschlussgrund gem. Abs. 3

Die Erteilung jedweder Aufenthaltserlaubnis nach Abs. 2 scheidet aus, wenn der Ausländer **63** wegen einer **im Bundesgebiet** begangenen **vorsätzlichen** Straftat verurteilt wurde. Der – auch andernorts enthaltene (vgl. zB §§ 18a Abs. 1a Nr. 7, 60a Abs. 2 S. 6, 104a Abs. 1 Nr. 6) – Ausschlussgrund setzt eine rechtskräftige Verurteilung voraus; bis dahin gilt § 79 Abs. 2. Geldstrafen von **insgesamt** bis zu 50 Tagessätzen oder bis zu 90 Tagessätzen wegen (vorsätzlich begangener) Straftaten, die nach dem AufenthG oder dem AsylG nur von Ausländern begangen werden können, bleiben (ausnahmslos) außer Betracht. Bei Zusammenfallen von allgemeiner und ausländerrechtlicher Straftat spricht der Wortlaut („insgesamt…oder") dafür, dass beide zusammen die 90-Tagessatz-Grenze und letztere isoliert betrachtet auch die 50-Tagessatz-Grenze einhalten müssen (wie hier Huber/Mantel AufenthG/Göbel-Zimmermann/Hupke Rn. 26; aA NK-AuslR/Fränkel Rn. 18: bis zu 140 Tagessätze unschädlich (Fn. 38); ebenso Ziff. 60a.2.6. der Verfahrenshinweise der Ausländerbehörde Berlin, Stand:23.8.2019).

Nach Abs. 3 unbeachtliche Verurteilungen können auch nicht iRv § 5 Abs. 1 Nr. 2 „aktiviert" **64** werden (Bergmann/Dienelt/Wunderle/Röcker Rn. 23 mwN). Verurteilungen wegen Vorsatztaten zu Freiheitsstrafen zwingen stets zur Versagung des Aufenthaltstitels.

Verurteilungen wegen fahrlässiger Begehung unterfallen dem Ausschlussgrund nicht. Eine **65** Berücksichtigung iRv § 5 Abs. 1 Nr. 2 scheidet zwar nicht aus gesetzessystematischen Gründen, regelmäßig aber in der Sache aus.

Verurteilungen nach dem JGG sind dem Wortlaut nach per se vom Ausschlussgrund erfasst, **66** ohne dass das Gesetz insoweit einen (sinnvollen) unschädlichen Bagatellbereich definiert, da das Jugendstrafrecht die Sanktion „Geldstrafe" nicht kennt (vgl. GK-AufenthG/Funke-Kaiser § 104a Rn. 101). Da nicht erkennbar ist, warum der nach Jugendstrafrecht verurteilte schlechter als der

nach Erwachsenenstrafrecht verurteilte Familienangehörige stehen sollte, greift der Ausschlussgrund nur bei Sanktionen, die im Erwachsenenstrafrecht eine Entsprechung haben, also bei
Jugendstrafen (OVG RhPf InfAuslR 2008, 249 zu § 104a). Dafür spricht auch, dass Zuchtmittel
nicht die Rechtswirkungen einer Strafe haben (§ 13 Abs. 3 JGG; HTK-AuslR/Fehrenbacher
§ 104a zu Abs. 1, Stand: 11/2016, Rn. 49).

67   In Ermangelung einer § 104a Abs. 3 S. 1 vergleichbaren Zurechnungsnorm ist nur der Straftäter,
nicht aber mit ihm zusammenlebende Familienangehörige von der Erteilung der Aufenthaltserlaubnis ausgeschlossen (Huber/Mantel AufenthG/Göbel-Zimmermann/Hupke Rn. 27).

68   Getilgte oder zu tilgende Verurteilungen dürfen nicht mehr zu Lasten des Anspruchstellers
verwertet werden (§ 51 Abs. 1 BZRG; OVG LSA BeckRS 2016, 115329 Rn. 26).

D. Erwerbstätigkeit und Teilhaberechte

69   Die Erwerbstätigkeit, also auch die selbstständige Tätigkeit (vgl. § 2 Abs. 2), ist Inhabern einer
Aufenthaltserlaubnis nach § 25a kraft Gesetzes erlaubt (vgl. § 4a Abs. 4 S. 1).

70   Ein Anspruch auf Zugang zum Integrationskurs ist mit den Aufenthaltserlaubnissen nach § 25a
nicht verbunden. Es besteht aber die Möglichkeit einer Ermessenszulassung nach § 44 Abs. 4
S. 1. Ein entsprechender Bedarf ist insbesondere bei Inhabern abgeleiteter Aufenthaltserlaubnisse
denkbar.

71   Es besteht Zugang zu den Leistungen des SGB II und SGB XII. Die Ausschlussgründe in § 7
Abs. 1 S. 2 Nr. 1 SGB II bzw. § 23 Abs. 3 S. 1 Nr. 1 SGB XII greifen nicht (vgl. § 7 Abs. 1 S. 3
SGB II bzw. § 23 Abs. 3 S. 2 SGB XII).

E. Familiennachzug und Aufenthaltsverfestigung

72   Für Inhaber einer Aufenthaltserlaubnis nach Abs. 1 besteht in den engen Grenzen des § 29
Abs. 3 S. 1 die Möglichkeit des Familiennachzugs. Bei den abgeleiteten Aufenthaltserlaubnissen
nach Abs. 2 ist der Familiennachzug dagegen einfachgesetzlich ausgeschlossen (vgl. § 29 Abs. 3
S. 3).

73   Die Erteilung einer Niederlassungserlaubnis an Inhaber einer Aufenthaltserlaubnis nach § 25a
richtet sich nach § 26 Abs. 4, steht also im Ermessen der zuständigen Ausländerbehörde. Von der
Daueraufenthaltserlaubnis-EU (§ 9a) sind Inhaber einer Aufenthaltserlaubnis nach § 25a ausgeschlossen (§ 9a Abs. 3 Nr. 1).

§ 25b Aufenthaltsgewährung bei nachhaltiger Integration

(1) ¹Einem geduldeten Ausländer soll abweichend von § 5 Absatz 1 Nummer 1 und
Absatz 2 eine Aufenthaltserlaubnis erteilt werden, wenn er sich nachhaltig in die Lebensverhältnisse der Bundesrepublik Deutschland integriert hat. ²Dies setzt regelmäßig
voraus, dass der Ausländer
1. sich seit mindestens acht Jahren oder, falls er zusammen mit einem minderjährigen
   ledigen Kind in häuslicher Gemeinschaft lebt, seit mindestens sechs Jahren ununterbrochen geduldet, gestattet oder mit einer Aufenthaltserlaubnis im Bundesgebiet
   aufgehalten hat,
2. sich zur freiheitlichen demokratischen Grundordnung der Bundesrepublik Deutschland bekennt und über Grundkenntnisse der Rechts- und Gesellschaftsordnung und
   der Lebensverhältnisse im Bundesgebiet verfügt,
3. seinen Lebensunterhalt überwiegend durch Erwerbstätigkeit sichert oder bei der
   Betrachtung der bisherigen Schul-, Ausbildungs-, Einkommens- sowie der familiären
   Lebenssituation zu erwarten ist, dass er seinen Lebensunterhalt im Sinne von § 2
   Absatz 3 sichern wird, wobei der Bezug von Wohngeld unschädlich ist,
4. über hinreichende mündliche Deutschkenntnisse im Sinne des Niveaus A2 des
   Gemeinsamen Europäischen Referenzrahmens für Sprachen verfügt und
5. bei Kindern im schulpflichtigen Alter deren tatsächlichen Schulbesuch nachweist.
³Ein vorübergehender Bezug von Sozialleistungen ist für die Lebensunterhaltssicherung
in der Regel unschädlich bei
1. Studierenden an einer staatlichen oder staatlich anerkannten Hochschule sowie Auszubildenden in anerkannten Lehrberufen oder in staatlich geförderten Berufsvorbe-
   reitungsmaßnahmen,

2. Familien mit minderjährigen Kindern, die vorübergehend auf ergänzende Sozialleistungen angewiesen sind,
3. Alleinerziehenden mit minderjährigen Kindern, denen eine Arbeitsaufnahme nach § 10 Absatz 1 Nummer 3 des Zweiten Buches Sozialgesetzbuch nicht zumutbar ist oder
4. Ausländern, die pflegebedürftige nahe Angehörige pflegen.

(2) Die Erteilung einer Aufenthaltserlaubnis nach Absatz 1 ist zu versagen, wenn
1. der Ausländer die Aufenthaltsbeendigung durch vorsätzlich falsche Angaben, durch Täuschung über die Identität oder Staatsangehörigkeit oder Nichterfüllung zumutbarer Anforderungen an die Mitwirkung bei der Beseitigung von Ausreisehindernissen verhindert oder verzögert oder
2. ein Ausweisungsinteresse im Sinne von § 54 Absatz 1 oder Absatz 2 Nummer 1 und 2 besteht.

(3) Von den Voraussetzungen des Absatzes 1 Satz 2 Nummer 3 und 4 wird abgesehen, wenn der Ausländer sie wegen einer körperlichen, geistigen oder seelischen Krankheit oder Behinderung oder aus Altersgründen nicht erfüllen kann.

(4) ¹Dem Ehegatten, dem Lebenspartner und minderjährigen ledigen Kindern, die mit einem Begünstigten nach Absatz 1 in familiärer Lebensgemeinschaft leben, soll unter den Voraussetzungen des Absatzes 1 Satz 2 Nummer 2 bis 5 eine Aufenthaltserlaubnis erteilt werden. ²Die Absätze 2, 3 und 5 finden Anwendung. ³§ 31 gilt entsprechend.

(5) ¹Die Aufenthaltserlaubnis wird abweichend von § 26 Absatz 1 Satz 1 längstens für zwei Jahre erteilt und verlängert. ²Sie kann abweichend von § 10 Absatz 3 Satz 2 erteilt werden. ³§ 25a bleibt unberührt.

(6) Einem Ausländer, seinem Ehegatten oder seinem Lebenspartner und in familiärer Lebensgemeinschaft lebenden minderjährigen ledigen Kindern, die seit 30 Monaten im Besitz einer Duldung nach § 60d sind, soll eine Aufenthaltserlaubnis nach Absatz 1 abweichend von der in Absatz 1 Satz 2 Nummer 1 genannten Frist erteilt werden, wenn die Voraussetzungen nach § 60d erfüllt sind und der Ausländer über hinreichende mündliche deutsche Sprachkenntnisse verfügt; bestand die Möglichkeit des Besuchs eines Integrationskurses, setzt die Erteilung der Aufenthaltserlaubnis zudem voraus, dass der Ausländer, sein Ehegatte oder sein Lebenspartner über hinreichende schriftliche Kenntnisse der deutschen Sprache verfügt.

Überblick

§ 25b eröffnet geduldeten Ausländern, die sich nachhaltig in die Lebensverhältnisse in Deutschland integriert haben, die Aussicht auf einen dauerhaften rechtmäßigen Aufenthalt. Eine nachhaltige Integration setzt dabei regelmäßig voraus, dass die in Abs. 1 S. 2 genannten Bedingungen kumulativ erfüllt sind (→ Rn. 19 ff.). Während Abs. 2 Fälle benennt, in denen ein vorübergehender Sozialleistungsbezug der Annahme einer wirtschaftlichen Integration nicht entgegensteht (→ Rn. 46 ff.), wird nach Abs. 3 auf eine sprachliche und wirtschaftliche Integration dauerhaft verzichtet, wenn der Ausländer hierzu krankheits-, behinderungs- oder altersbedingt außerstande ist (→ Rn. 53 f., → Rn. 58). Auch wenn der Tatbestand des Abs. 1 vollständig erfüllt ist, scheidet die Erteilung einer Aufenthaltserlaubnis aus, wenn einer der in Abs. 2 genannten Versagungsgründe vorliegt (→ Rn. 63 ff.). Ehegatten, Lebenspartner und minderjährige ledige Kinder des nach Abs. 1 Berechtigten haben gem. Abs. 4 die Chance auf eine abgeleitete Aufenthaltserlaubnis, sofern auch sie nachhaltig integriert sind (→ Rn. 80 ff.). Sowohl dem Stammberechtigten als auch den Familienangehörigen soll die Aufenthaltserlaubnis bei Vorliegen der Voraussetzungen erteilt werden (→ Rn. 77, → Rn. 85). Abs. 6 ermöglicht die Erteilung einer Aufenthaltserlaubnis nach Abs. 1 für Inhaber einer Beschäftigungsduldung (§ 60d) unter Verkürzung der in Abs. 1 S. 2 Nr. 1 genannten Mindestvoraufenthaltszeiten (→ Rn. 93 ff.).

Übersicht

A. Allgemeines

1   Die durch das Gesetz zur Neubestimmung des Bleiberechts und der Aufenthaltsbeendigung (v. 27.7.2015, BGBl. I 1386, sog. „Bleiberechtsgesetz") im Jahr 2015 eingeführte, unionsrechtlich nicht vorgezeichnete Vorschrift sieht für Personen im Status der Duldung erstmals eine stichtags- und altersunabhängige Aufenthaltserlaubnis im Falle nachhaltiger Integration vor. Auch wenn der Gesetzgeber bei Schaffung von § 25b insbesondere den „Kettengeduldeten" vor Augen gehabt haben mag, findet sich im Gesetzestext kein Ansatz für eine Beschränkung auf langfristig Geduldete (→ Rn. 31).

2   § 25b greift vereinzelt auf Tatbestandsmerkmale des stichtagsabhängigen § 104a zurück, modifiziert diese allerdings teilweise und legt zusätzlich bislang vorbildlose Voraussetzungen fest, die grundsätzlich eine autonome Auslegung erfordern.

3   Aufgrund ihrer – systematisch nicht zwingenden – Verortung in Kapitel 2 Abschnitt 5 eröffnet die Vorschrift ausreisepflichtigen (ehemaligen) Asylbewerbern einen der wenigen Wege für eine Aufenthaltslegalisierung ohne vorherige Ausreise (§ 10 Abs. 3 S. 1), wobei Abs. 5 S. 2 die Möglichkeit des an sich rechtlich bissbilligten „Spurwechsels" auch für den Fall einer qualifizierten Asylantragsablehnung (§ 10 Abs. 3 S. 2, § 30 Abs. 3 Nr. 1–6 AsylG) zulässt.

4   §§ 25b und 25a sind nebeneinander anwendbar, wie Abs. 5 S. 3 ausdrücklich klarstellt. Gegenüber § 25 Abs. 5 entfaltet die Vorschrift nicht schon aus systematischen Gründen Sperrwirkung (VGH BW BeckRS 2019, 3839; Bergmann/Dienelt/Samel/Röcker Rn. 8; aA NdsOVG BeckRS 2018, 2132 Rn. 81). Prozessual liegen dabei unterschiedliche Streitgegenstände vor (vgl. VGH BW BeckRS 2016, 105866; 2018, 13536 Rn. 46).

5   Das Bundesministerium des Innern hat unter dem 27.7.2015 allgemeine Anwendungshinweise zur Einfügung des § 25b erlassen (im Folgenden AAH zu § 25b), welche den Gesetzesinhalt allerdings nicht verbindlich festlegen (können). Unter dem 20.12.2019 hat das Bundesministerium des Innern Anwendungshinweise zum Gesetz über Duldung bei Ausbildung und Beschäftigung (BGBl. 2019 I 1021) veröffentlicht, die auch Ausführungen zum neuen Abs. 6 enthalten, sich dabei aber im Wesentlichen auf die Wiedergabe der Gesetzesbegründung beschränken.

5.1   Bis zum 31.12.2018 wurden auf Grundlage von Abs. 1 2.625 und auf Grundlage der Abs. 4 1.054 Aufenthaltserlaubnisse erteilt, davon 261 an Ehe- / Lebenspartner und 793 an minderjährige Kinder (vgl. BT-Drs. 19/8258, 34). Dem standen zum Stichtag 18.582 Personen gegenüber, die sich seit mehr als acht Jahren im Bundesgebiet aufhielten und zum Stichtag eine Duldung besaßen (BT-Drs. 19/8258, 37). Einer von vielen Gründen für den bislang geringen „Erfolg" der Bleiberechtsregelung dürfte dabei in der – unter anderem durch die AAH zu § 25b bewirkten – restriktiven Interpretation der Vorschrift und dem teilweise fehlende Bewusstsein für die gesetzlich durchaus eingeräumten Spielräume liegen. Die Regelung mag systematisch „unerfreulich" sein, stellt jedoch ein längst überfälliges Realitätseingeständnis des Gesetzgebers dar, dem im Verwaltungsvollzug entsprechend Rechnung zu tragen ist.

B. Persönlicher Anwendungsbereich: „Geduldeter Ausländer"

6   § 25b begünstigt – wie § 25a – „geduldete" Ausländer. Angesichts des klaren Wortlauts dürften Personen mit Aufenthaltsgestattung oder Aufenthaltserlaubnis vom persönlichen Anwendungsbe-

reich ausgeschlossen sein, auch wenn der Normzweck, insbesondere bei Aufenthaltstiteln, die von einem materiellen Duldungsgrund getragen werden (vgl. § 25 Abs. 5), durchaus für ihre Einbeziehung sprechen würde (NdsOVG BeckRS 2018, 12980 Rn. 3; BayVGH BeckRS 2017, 114415 Rn. 11; tendenziell abl., im Ergebnis aber offengelassen von VGH BW BeckRS 2018, 13536 Rn. 58; OVG LSA BeckRS 2016, 53878 Rn. 4; aA BeckOK AuslR/Kluth Rn. 6).

In den Anwendungsbereich der Norm fallen zunächst Ausländer, die eine wirksame Duldung **7** iSv § 60a besitzen (BVerwG BeckRS 2019, 37836 Rn. 23). Auch rechtswidrige Duldungen sind rechtswirksam, sofern sie nicht nichtig (§§ 43 Abs. 3, 44 VwVfG), zurückgenommen (§ 48 VwVfG) oder widerrufen (§ 60a Abs. 5 S. 2) sind (BVerwG BeckRS 2019, 37836 Rn. 24). **Maßgeblicher Beurteilungszeitpunkt ist derjenige der Entscheidung / mündlichen Verhandlung.** Weder Normzweck bzw. -struktur noch materielles Recht erfordern, dass der Duldungsgrund zwingend schon bei Antragstellung vorliegen muss. Vielmehr sprechen prozessökonomische Gründe dafür, im Laufe eines gerichtlichen Verfahrens in den persönlichen Anwendungsbereich von § 25b „hineinwachsen" zu können (so jetzt auch BVerwG BeckRS 2019, 37836 Rn. 23; aA wohl OVG NRW BeckRS 2017, 129853 Rn. 2; OVG Bln-Bbg BeckRS 2018, 101 Rn. 7, 9: „Eingangsvoraussetzung" einer „gegenwärtigen" Duldung; offengelassen von NdsOVG BeckRS 2018, 12980 Rn. 2).

Abs. 1 differenziert nicht nach dem Duldungsgrund und erfasst somit sämtliche in § 60a **8** genannten Duldungstatbestände, neben der „Anspruchsduldung" nach § 60a Abs. 2 S. 1 also insbesondere auch Fälle, in denen der Ausländer im Ermessenswege geduldet wird (§ 60a Abs. 2 S. 3); auf den Besitz einer Duldungsbescheinigung kommt es dabei nicht an.

Auch Inhaber einer Ausbildungsduldung (§ 60c), ein Spezialfall von § 60a Abs. 2 S. 3, sind **9** nach Abs. 1 titelberechtigt (vgl. VG Bayreuth BeckRS 2020, 40900 Rn. 19 (zu § 25b)). Aus §§ 60c, 19d Abs. 1a lässt sich kein Spezialitätsverhältnis ableiten, da § 25b gerade auch in beruflicher Ausbildung befindliche geduldete Ausländer erfassen will, wie sich aus Abs. 1 S. 3 Nr. 1 ergibt.

Im Vergleich zu § 19d Abs. 1a stellt § 25b Abs. 1 teilweise geringere Voraussetzungen auf und vermittelt **9.1** gegenüber § 19d Abs. 1a partiell weitergehende Rechte. So ist zB nach Abs. 5 S. 2 die Erwerbstätigkeit generell zugelassen. Zudem stellt sich die in Bezug auf § 19d Abs. 1a Frage der Verlängerbarkeit bei der Aufenthaltserlaubnis nach § 25b Abs. 1 nicht. Der Beratungspraxis ist deshalb zu empfehlen, bei Personen, die im Besitz einer Ausbildungsduldung sind, die Möglich- und Zweckmäßigkeit einer Aufenthaltserlaubnis gem. § 25b während der Ausbildung zu prüfen.

Kein „geduldeter Ausländer" iSv Abs. 1 war nach der bislang dominierenden obergerichtlichen **10** Rechtsprechung, wer nur eine sog. **Verfahrensduldung** besaß, dh nur zur Durchführung eines der Klärung eines Anspruchs auf eine Aufenthaltserlaubnis oder Duldung dienenden gerichtlichen Verfahrens geduldet wurde (vgl. NdsOVG BeckRS 2018, 12980 Rn. 4; OVG NRW BeckRS 2016, 50358 Rn. 3; OVG Bln-Bbg BeckRS 2018, 101 Rn. 7 f.; offengelassen von VGH BW BeckRS 2018, 13536 Rn. 60; OVG RhPf BeckRS 2015, 52685 Rn. 9). Dieser Ansicht hat das BVerwG inzwischen eine Absage erteilt. Der in Abs. 2 Nr. 1 zumindest anklingende (materielle) Duldungsgrund reichte ihm dabei offenbar nicht, in den einschränkungslos formulierten Wortlaut von Abs. 1 das Erfordernis einer materiellen Duldung hineinzulesen. Dem zentralen Argument der Gegenauffassung, es könne nicht Sinn und Zweck eines behördlichen oder gerichtlichen Verfahrens sein, die Voraussetzungen für eine positive Entscheidung erst herbeizuführen, hält das BVerwG entgegen, dass ein anhängiges Gerichtsverfahren keineswegs in jedem Fall die Erteilung einer Duldung erzwinge oder – bei richtiger Gesetzesanwendung – auch nur erlaube. Da es damit häufig in der Hand der Ausländerbehörden läge, den Antragsteller nicht zum geduldeten Ausländer zu machen, bestehe für teleologische Korrekturen kein Bedürfnis. Wo die **Verfahrensduldung** „grundlos" erteilt wird, ist sie ggf. rechtswidrig, **begründet** angesichts ihrer Tatbestands- und Bindungswirkung aber gleichwohl den **Status des „geduldeten Ausländers"** iSv Abs. 1 (BVerwG BeckRS 2019, 37836 Rn. 28 ff.).

In derselben Entscheidung hat das BVerwG auch klargestellt, dass ein Ausländer **auch im Falle 11 eines unerfüllten Duldungsanspruchs** „geduldet" iSv Abs. 1 ist (BVerwG BeckRS 2019, 37836 Rn. 24). Ein derartiger Duldungsanspruch besteht immer, wenn Duldungsgründe iSv § 60a Abs. 2 S. 1 vorliegen, richtigerweise aber auch dann, wenn der Betroffene kraft Gesetzes als geduldet gilt (vgl. zB § 71a Abs. 3 S. 1 AsylG, § 81 Abs. 3 S. 2). Nach der Logik des AufenthG ist ein vollziehbar ausreisepflichtiger Ausländer, der nicht abgeschoben wird, grundsätzlich von Amts wegen zu dulden (BVerwG NVwZ 1998, 297 (298)). Die Nichterfüllung dieses Duldungsanspruchs kann dem Ausländer nicht zum Nachteil gereichen. Die Ausländerbehörde verhielte sich auch widersprüchlich, da sie die von ihr postulierte Unanwendbarkeit der Norm auf ihr eigenes rechtswidriges Verhalten stützen müsste. Dass der Duldungsgrund über den maßgeblichen Beurteilungszeitpunkt

hinaus noch auf absehbare Zeit fortbesteht, ist nicht erforderlich; eine Beschränkung auf „längerfristige Duldungsgründe" lässt sich dem Wortlaut nicht entnehmen (VGH BW BeckRS 2018,
13536 Rn. 63).

12   Von der Eigenschaft des geduldeten Ausländers normsystematisch zu trennen ist die – ebenfalls
zu bejahende – Frage, ob Zeiträume, in denen „nur" eine verfahrensbezogene Duldung bzw.
materielle Duldungsgründe bestanden haben, auf die nach Abs. 1 S. 1 Nr. 1 erforderliche Mindestaufenthaltszeit angerechnet werden können (→ Rn. 26 f.).

13   Nach Teilen der Rechtsprechung soll § 25b Abs. 1 nur volljährige Personen erfassen (NdsOVG
2018, 2132 Rn. 38; OVG NRW BeckRS 2016, 50358 Rn. 4). Das überzeugt nicht. Mit § 25b
hat der Gesetzgeber eine – dem Wortlaut nach in beide Richtungen – altersunabhängige Bleiberechtsregelung geschaffen. Ferner sprechen das Jugendlichen und Heranwachsenden durch Abs. 5
S. 3 eingeräumte Wahlrecht und die – auch minderjährigen Auszubildenden zugutekommende –
Vergünstigung in Abs. 1 S. 3 Nr. 1 gegen eine altersmäßige Beschränkung „nach unten".

C. Nachhaltige Integration

I. Systematik

14   **Einzige Tatbestandsvoraussetzung** ist die **nachhaltige Integration des Ausländers** in die
Lebensverhältnisse Deutschlands. Diese setzt regelmäßig – also nicht immer – voraus, dass der
Ausländer die in Nr. 1–5 genannten Kriterien kumulativ (vgl. Nr. 4: „und") erfüllt. Dabei beinhaltet Nr. 1 eine zeitlich-formale Anforderung, Nr. 2–5 echte materielle Integrationskriterien.
Genügt der Ausländer – insofern sind Wortlaut und Gesetzesbegründung eindeutig – einer, ggf.
auch mehrerer, der explizit genannten gesetzlichen Anforderungen noch nicht (vollständig), steht
dies der Annahme einer nachhaltigen Integration nicht zwingend entgegen. Das insoweit bestehende Integrationsdefizit muss allerdings durch besondere Integrationsleistungen ausgeglichen
werden. Neben dem in der Gesetzesbegründung (BT-Drs. 18/4097, 42) beispielhaft genannten
„herausgehobenen sozialen Engagement" kommen auch Aktivitäten im politischen oder kulturellen Bereich in Betracht. Diese sind insbesondere dann Ausdruck einer nachhaltigen Integration,
wenn der Ausländer sie kontinuierlich und losgelöst von der beantragten Aufenthaltserlaubnis
betreibt. Eine bloße Vereinsmitgliedschaft genügt nicht (VG Stuttgart BeckRS 2017, 102150
Rn. 30). Denkbar ist auch, dass die Kompensation durch Übererfüllung eines der anderen explizit
genannten Kriterien erfolgt (ebenso BVerwG BeckRS 2019, 37863 Rn. 49). Entscheidend ist
letztlich eine Gesamtschau der Umstände des Einzelfalls (BT-Drs. 18/4097, 42). § 25b ist im
Vergleich zu § 104a damit deutlich flexibler und erkennt an, dass sich gelungene Integration nicht
schablonenhaft erfassen lässt.

15   Das Regelerfordernis ermöglicht es auch, **Lücken in der Statuskette** außer Acht zu lassen,
die nach Abs. 1 S. 2 Nr. 1 grundsätzlich ununterbrochen sein muss. Bei Duldungslücken besteht
für eine Analogie zu § 85 mangels planwidriger Regelungslücke daher kein Raum (BVerwG
2019, 37863 Rn. 49; anders davor VGH BW BeckRS 2018, 13536); sie ist in der Sache aber
auch nicht erforderlich. Bei Unterbrechungen mit Bagatellcharakter und ansonsten zweifelsfreier
Integration wird der Grundsatz der Verhältnismäßigkeit regelmäßig eine Ausnahme von der Regel
erfordern (vgl. BVerwG BeckRS 2019, 37863 Rn. 51: zwei Duldungslücken von wenigen Tagen
bei insgesamt mehr als elfjährigem Inlandsaufenthalt). Die **Frage der nachhaltigen Integration**
und damit auch die zutreffende Anwendung der Regelvorgabe ist **gerichtlich voll überprüfbar**
(BVerwG BeckRS 2019, 37863 Rn. 49).

16   Umstritten ist, ob auch in die andere Richtung Spielraum besteht, eine nachhaltige Integration
also verneint werden kann, obwohl der Ausländer alle in Nr. 1–5 genannten Kriterien voll erfüllt.
Die überwiegende Rechtsprechung bejaht dies teilweise unter Hinweis auf die – zugegeben krypti-
sche – Gesetzesbegründung (BT-Drs. 18/4097, 44 zu Abs. 2 Nr. 1) insbesondere in Fällen,
in denen die von Nr. 1 geforderte Aufenthaltsdauer **allein** auf Falschangaben oder jahrelanger
Mitwirkungsverweigerung des Ausländers beruht (NdsOVG BeckRS 2020, 20309 Rn. 55;
HessVGH BeckRS 2019, 15215 Rn. 23; OVG NRW BeckRS 2015, 49235 Rn. 7 ff.; vgl. VGH
BW BeckRS 2018, 13536).

17   Dem steht sowohl die Aufzählung in Abs. 1 S. 2 Nr. 1, wonach Duldungszeiträume unterschiedslos anrechnungsfähig sind (aber → Rn. 18, → Rn. 32); als auch die Struktur der Norm
entgegen, die integrationsschädliches Verhalten erst auf der (nachgelagerten) Ebene der Versagungsgründe (Abs. 2) berücksichtigt. Dort stuft der Gesetzgeber in bewusster Abkehr von § 104a
Abs. 1 S. 1 Nr. 4 nur noch solches Fehlverhalten als der Annahme nachhaltiger Integration
zwingend entgegenstehenden Grund ein, durch welches die Aufenthaltsbeendigung aktuell „ver-

hindert oder verzögert wird". Greift Abs. 2 nicht, kann dem Ausländer – ohne dass seine nachhaltige Integration in Frage gestellt wird – die Aufenthaltserlaubnis iRv § 25b nur auf Rechtsfolgenseite bei Vorliegen eines atypischen Falls versagt werden (so wohl auch BVerwG BeckRS 2019, 37863 Rn. 56; so schon Röder ASYLMAGAZIN 2016, 108 (109); HmbOVG LSK 2017, 125033 Ls. 4, 5; VGH BW BeckRS 2019, 6224 Rn. 13; offengelassen von BayVGH BeckRS 2019, 25274 Rn. 10 mwN zum Streitstand). Dieser darf aber keinesfalls vorschnell unter Verweis auf vergangenes Fehlverhalten angenommen werden (vgl. VGH BW BeckRS 2018, 13536, wonach das vorwerfbare Fehlverhalten einen erheblichen Schweregrad erreichen muss). Das folgt auch daraus, dass der Gesetzgeber mit § 25b – wenngleich lesbar „zähneknirschend" – einen „Lösungsweg für langjährig anhaltende ineffektive Verfahren zwischen dem Ausländer einerseits und den staatlichen Stellen andererseits, die ansonsten weiterhin keiner Lösung zugeführt werden könnten" (BT-Drs. 18/4097, 44), schaffen wollte. Gerade auch langwieriges Fehlverhalten stand dem Gesetzgeber als typischer, jedenfalls nicht untypischer Anwendungsfall für § 25b also vor Augen.

Soweit es um Duldungszeiträume nach Inkrafttreten des Zweiten Gesetzes zur besseren Durch- **18** setzung der Ausreisepflicht v. 15.8.2019 (BGBl. I 1294) geht, dürfte sich der Streit aus systematischen Gründen erledigt haben, da der Gesetzgeber mit der **„Duldung light" (§ 60b)** ein Instrument geschaffen hat, das die Anrechnung jeglicher Zeiten, in denen eine Abschiebung (allein) aufgrund von identitätsbezogenen Täuschungen, Falschangaben oder der Nichterfüllung zumutbarer Passbeschaffungspflichten ausgesetzt war, ausschließt (vgl. § 60b Abs. 5 S. 1; ergänzend → Rn. 32).

II. Integrationsvoraussetzungen im Einzelnen

1. Voraufenthaltszeit

Um als nachhaltig integriert angesehen werden zu können, muss sich der Ausländer seit mindes- **19** tens acht Jahren ununterbrochen geduldet, gestattet oder mit einer Aufenthaltserlaubnis im Bundesgebiet aufhalten. Das rein formale Kriterium beruht offenbar auf der – keineswegs zwingenden – Annahme, dass eine verlässliche Integration eine gewisse Mindestaufenthaltszeit voraussetzt. Angesichts des Normzwecks, anerkennenswerte Integrations**leistungen** zu honorieren (BT-Drs. 18/4097, 1), sind bei Vorliegen zusätzlicher kompensierender Integrationsleistungen in Ausübung des eingeräumten Spielraums (→ Rn. 14) auch (deutlich) geringere Aufenthaltszeiten ausreichend.

Lebt der Antragsteller mit einem minderjährigen ledigen Kind in häuslicher Gemeinschaft **20** zusammen, gilt eine „Bewährungszeit" von sechs Jahren. Das Gesetz spricht von „einem", nicht von „seinem" oder – wie zB § 29 Abs. 2 – „dem" Kind, fordert also keine „Eltern-Kind-Beziehung", sondern lässt grundsätzlich jedes im Rahmen einer häuslichen Gemeinschaft bestehende familiäre Band ausreichen, etwa das zwischen dem volljährigen Antragsteller und seinem minderjährigen Geschwisterkind oder Neffen (ähnlich BeckOK AuslR/Kluth Rn. 16). Das Unterlassen einer Wortlautanpassung spricht dafür, dass der Gesetzgeber die vom BVerwG (NVwZ-RR 2010, 286) zu § 104a vertretene Beschränkung auf Eltern-Kind-Beziehungen nicht übernehmen wollte (NK-AuslR/Fränkel Rn. 8).

Der volljährige Antragsteller muss nicht die Personensorge / Erziehungsberechtigung innehaben **21** (aA VGH BW BeckRS 2020, 18998 Rn. 12). Nr. 5 verlangt zwar vom Antragsteller den Nachweis des tatsächlichen Schulbesuchs und richtet sich dabei an den für die Erfüllung der Schulpflicht Verantwortlichen, also typischerweise den Personensorgeberechtigten. Das lässt aber keinen zwingenden Rückschluss auf die Reichweite des in Nr. 1 enthaltenen Privilegs zu, das seinem (Schutz-) Zweck nach auch nicht personensorgeberechtigte Familienangehörige erfassen soll.

Erfüllt etwa ein volljähriger Antragsteller, der mit seinen Eltern und seiner 14-jährigen Schwester in **21.1** häuslicher Gemeinschaft lebt, sämtliche Voraussetzungen einer nachhaltigen Integration, so gilt für ihn die reduzierte sechsjährige Regelfrist und soll ihm die Aufenthaltserlaubnis erteilt werden und zwar richtigerweise unabhängig davon, ob seine Eltern den Schulbesuch seiner Schwester nachweisen, da die Fristverkürzung Folge der häuslich-familiären Beziehung zu seiner Schwester ist.

Schließlich muss die häusliche Gemeinschaft nicht schon seit sechs Jahren bestehen, so dass sich **22** allein infolge der Geburt eines Kindes in der häuslichen Gemeinschaft die regelmäßig erforderliche Aufenthaltszeit um zwei Jahre verkürzen kann. Für die Minderjährigkeit kommt es auf den Zeitpunkt der Antragstellung an (Bergmann/Dienelt/Samel/Röcker Rn. 10).

Aus der Formulierung **„seit [...] aufhält"** – und nicht aus dem Wort „ununterbrochen", das **23** sich nach seiner Satzstellung nicht auf den faktischen Aufenthalt bezieht – folgt, dass grundsätzlich nicht an frühere Aufenthaltszeiträume in der Bundesrepublik Deutschland angeknüpft werden kann. Allerdings führt nicht jede Ausreise dazu, dass die Uhr nach der Wiedereinreise von Neuem zu laufen beginnt.

24   Im Ausgangspunkt führen Abwesenheiten aus Deutschland zwar dazu, dass sich der Ausländer nicht seit acht/sechs Jahren im Bundesgebiet aufhält. Kurzfristige Unterbrechungen können allerdings unschädlich sein; nach der Gesetzesbegründung soll dies grundsätzlich für Absenzen von bis zu drei Monaten gelten (BT-Drs. 18/4097, 43; sa BVerwG BeckRS 2019, 37863 Rn. 50). Maßgeblich ist letztlich, ob die Ausreise erkennbar auf die Aufgabe des Lebensmittelpunkts in Deutschland gerichtet ist (NdsOVG BeckRS 2018, 2243 Rn. 5). Entscheidend ist die Intention im Moment der Ausreise. Dabei ist auch zu berücksichtigen, in welchem Status die Ausreise erfolgt ist.

25   Bei einer Abschiebung (s. NdsOVG BeckRS 2018, 2243 Rn. 5) ebenso wie bei einer freiwilligen Ausreise in Erfüllung einer rechtmäßig begründeten Ausreisepflicht ist grundsätzlich von einer Aufgabe des Lebensmittelpunkts auszugehen.

26   Mit Duldung, Erlaubnis und Aufenthaltsgestattung genügt prinzipiell jeder aufenthaltsrechtliche Status; aus der im Vergleich zu § 25a leicht abweichenden Formulierung folgt dabei kein Unterschied in der Sache. Die Frage, welche Voraufenthalte anrechenbar sind, ist anhand einer an die (potentielle) Integrationswirkung anknüpfenden Auslegung zu beantworten. Danach sind alle Voraufenthaltszeiten anrechenbar, die von einem aufenthaltsregelnden Verwaltungsakt gedeckt waren oder in denen eine Abschiebung aus rechtlichen oder tatsächlichen Gründen unzulässig war (BVerwG BeckRS 2019, 37863 Rn. 41).

27   Damit sind auch Zeiten, in denen der Ausländer nur verfahrensbezogen geduldet wurde, anrechenbar, denn auch mit dieser sog. Verfahrensduldung wird der Aufenthalt auf Grundlage von § 60a geregelt und Abs. 1 Nr. 1 unterscheidet nicht zwischen bestimmten Arten von Duldungen (BVerwG BeckRS 2019, 37863 Rn. 31; so schon HmbOVG ASYLMAGAZIN 2016, 394; aA OVG NRW BeckRS 2016, 50358 Rn. 3). Es besteht insoweit auch kein § 60b Abs. 5 S. 1 vergleichbares Anrechnungsverbot (BVerwG BeckRS 2019, 37863 Rn. 31). Teleologische Gründe zwingen ebenfalls nicht zu einer Ausklammerung von Verfahrensduldungen (ausf. HmbOVG ASYLMAGAZIN 2016, 394). Mit der Aufzählung der drei Status in Abs. 1 Nr. 1 (nur) klar, dass die Integration während eines Aufenthalts erfolgt, von dem die Behörde weiß und den sie in irgendeiner Art und Weise akzeptiert (hat). Das ist bei einer verfahrensbezogenen Duldung der Fall, trifft aber etwa auch auf den Zeitraum zu, der von einer mit Wirkung für die Vergangenheit erfolgten Rücknahme einer Aufenthaltserlaubnis betroffen ist (aA VG Stuttgart BeckRS 2019, 14373 Rn. 50 zu § 25a).

28   Auch Erlaubnis- und Duldungsfiktionen (vgl. zB §§ 25 Abs. 1 S. 3, 81 Abs. 3, Abs. 4 S. 1, S. 3) sind anrechenbar. In den Fällen des § 81 Abs. 3, Abs. 4 gilt dies trotz ihrer nur verfahrensrechtlichen Funktion unabhängig vom Ausgang des Verfahrens (BVerwG BeckRS 2019, 37863 Rn. 42 f.; so bereits die Vorinstanz VGH BW BeckRS 2018, 13536).

29   Zu berücksichtigen sind ferner Zeiten, in denen der Ausländer – nach Beendigung der Fortgeltungsfiktion – beim Verwaltungsgericht um die Verlängerung einer zuvor innegehabten Aufenthaltserlaubnis streitet, soweit ihm vorläufiger Rechtsschutz gewährt worden ist. Die dadurch bewirkte Hemmung der Vollziehbarkeit der Ausreisepflicht bewirkt jedenfalls, dass eine zwangsweise Beendigung des Aufenthalts unzulässig ist (BVerwG BeckRS 2019, 37863 Rn. 44). Wegen Art. 19 Abs. 4 GG gilt dies auch für den Zeitraum von der Bekanntgabe des Ablehnungsbescheides bis zum Ablauf der Widerspruchs- bzw. Klagefrist sowie für die Dauer des gerichtlichen Eilverfahrens. Aus vergleichbaren Erwägungen ist auch der **Zeitraum, in dem eine dem Ausländer gesetzte Ausreisefrist noch läuft,** anrechenbar, denn auch in dieser Phase ist eine Abschiebung aus Rechtsgründen im Sinne der Rechtsprechung des BVerwG unzulässig. Auf die umstrittene Frage, ob in dieser Phase strukturell die Erteilung einer Duldung möglich wäre, kommt es hinsichtlich der Anrechenbarkeit nicht an. Zu einer Unterbrechung der Statuskette kann es deshalb erst kommen, wenn der Aufenthalt des Ausländers nach Ablauf der Ausreisefrist nicht erlaubt oder geduldet wird bzw. werden müsste.

30   Anrechenbar ist schließlich die Phase zwischen Asylgesuch und der kraft Gesetzes eintretenden Aufenthaltsgestattung (§ 55 Abs. 1 S. 1, S. 3 AsylG), wenn sich der Eintritt der Gestattungswirkung aus vom Ausländer nicht zu vertretenden Gründen verzögert hat.

30.1   Die Frage der Berücksichtigungsfähigkeit dieser Zeiträume wird namentlich bei Personen virulent, die in den Jahren 2015/2016 ein Asylgesuch gestellt haben, den Asylantrag aufgrund der zeitweisen Überlastung des Bundesamts aber erst sehr viel später – teilweise erst ein Jahr nach dem Asylgesuch – stellen konnten. Nach alter Rechtslage entstand die Aufenthaltsgestattung bei Einreise aus einem sicheren Drittstaat erst mit (förmlicher) Asylantragstellung. Der davor liegende Aufenthalt war, sofern er nicht von der Übergangsregelung des § 87c AsylG erfasst wird, jedenfalls aus Rechtsgründen iSd § 60a Abs. 2 S. 1 zu dulden (so etwa die Praxis in Baden-Württemberg in dieser Zeit; ausf. zu dieser Frage Röder ASYLMAGAZIN 2016, 110 f.).

Nr. 1 stellt die drei Status gleichwertig („oder") nebeneinander und bietet **keinen Raum** dafür, **31** einen **Mindestaufenthalt im Duldungsstatus** zu verlangen (BVerwG BeckRS 2019, 37863 Rn. 35 ff.; so auch schon die Vorinstanz VGH BW BeckRS 2018, 13536; anders AAH zu § 25b unter B). Ein – etwa § 9b vergleichbares – „Anrechnungsmodell" existiert nicht. Bei der Schaffung von § 25b mag der Gesetzgeber auch Personen, die sich schon lange im Status der Duldung in Deutschland aufhalten, vor Augen gehabt haben. Der Gesetz gewordene Wortlaut ist auf diese Gruppe jedoch ganz bewusst nicht beschränkt, auch um es gar nicht erst zum Phänomen der „Kettenduldung" kommen zu lassen. Folgerichtig besteht die durch Abs. 1 S. 1 definierte „Zielgruppe" aus allen im maßgeblichen Beurteilungszeitpunkt „geduldeten Ausländern". Diese sollen für ihre durch eigene Leistung bewirkte objektiv bestehende Integration mit einer Aufenthaltsperspektive „belohnt" werden unabhängig davon, in welchem Status die Integration herbeigeführt wurde. Die Integration muss nicht unter den besonders widrigen Umständen einer Duldung erfolgt sein. Insofern eröffnet § 25b auch Personen, die schon einmal Inhaber eines Aufenthaltstitels waren, eine „zweite Chance" (VGH BW BeckRS 2018, 13536). Anders als bei § 104a Abs. 1 ist die Anrechnungsfähigkeit auch nicht auf bestimmte Aufenthaltstitel beschränkt. In systematischer Hinsicht wird diese Sichtweise auch durch die zumindest beschränkte Zulassung des Familiennachzugs (vgl. § 29 Abs. 3 S. 1) gestützt (BVerwG BeckRS 2019, 37863 Rn. 39).

Soweit es um die Anrechnung von Duldungszeiten geht, ist der durch das Zweite Gesetz zur **32** besseren Durchsetzung der Ausreisepflicht v. 15.8.2019 (BGBl. I 1294) eingefügte § 60b zu beachten: Nach § 60b Abs. 5 S. 1 werden Zeiten, in denen der Ausländer eine Duldung mit dem Zusatz „für Person mit ungeklärter Identität" besessen hat, nicht als Vorduldungszeiten angerechnet. Die Inhaberschaft einer solchermaßen beschränkten Duldung führt allerdings nicht zum Abbruch der Statuskette; die Zeiten der Inhaberschaft einer „Duldung für Personen mit ungeklärter Identität" werden den bestehenden Vorduldungszeiten lediglich nicht – auch nicht im Fall einer Heilung (§ 60b Abs. 4) – hinzugerechnet (vgl. BT-Drs. 19/10047, 39; ausf. zur „Duldung light" Wittmann/ Röder ZAR 2019, 362 ff.).

Von der Frage der Anrechenbarkeit zu trennen ist die Frage, ob auf Rechtsfolgenseite ein **33** „atypischer Fall" vorliegt oder Wertungen der den vormaligen Aufenthaltstitel tragenden Rechtsgrundlage eine Titelerteilung nach § 25b ausschließen (vgl. NdsOVG BeckRS 2018, 3152 Rn. 23 ff. zu § 16 Abs. 4 S. 3).

Ob die Statuskette im Falle einer Ausreise unterbrochen wird, ist zunächst den jeweiligen **34** gesetzlichen Wertungen zu entnehmen.

Während die Duldung automatisch mit der Ausreise aus Deutschland erlischt (§ 60a Abs. 5 S. 1), erlischt **34.1** die Aufenthaltsgestattung nur bei einer Rückkreise in das Herkunftsland (§§ 33 Abs. 3, 67 Abs. 1 Nr. 3 AsylG), die Aufenthaltserlaubnis nur nach Maßgabe von § 51 Abs. 1 Nr. 6, Nr. 7, § 55 Abs. 2 AsylG. Auch bei einer Ausreise im Status der Duldung wird die Statuskette nicht zwingend unterbrochen, wenn die zuständige Ausländerbehörde dem Ausländer vor der Ausreise zusagt, dass die Aussetzung der Abschiebung nach der Wiedereinreise ausgesetzt wird (vgl. zB § 22 Abs. 2 S. 1 AufenthV). Insbesondere bei Ausreisen im Status der Aufenthaltsgestattung und Duldung kommt dabei dem Kriterium, ob die Aus- und Wiedereinreise mit der zuständigen Behörde abgestimmt war Bedeutung zu (vgl. zur beinahe wortgleichen Formulierung in § 25b Abs. 1 S. 2 Nr. 1 BT-Drs. 4097, 43).

Bei der Unterbrechung erlaubter Aufenthaltsphasen ist die „Heilungsvorschrift" des § 85 Abs. 1 **35** zu beachten, über deren Anwendung die Ausländerbehörde nach pflichtgemäßem Ermessen zu entscheiden hat. Vorrangig ist allerdings zu prüfen, ob eine Rechtmäßigkeitslücke – zB aufgrund ihres Bagatellcharakters – nicht bereits im Rahmen der durch Abs. 1 S. 2 („regelmäßig") eröffneten Einschätzung als irrelevant oder kompensiert anzusehen ist. Nur wenn dies nicht der Fall ist, besteht Raum für eine Ermessensentscheidung nach § 85, die dann nur eingeschränkter gerichtlicher Kontrolle unterliegt. Bei der Unterbrechung geduldeter Zeiträume kommt eine analoge Anwendung von § 85 mangels Regelungslücke nicht in Betracht (→ Rn. 15).

2. Verfassungsbekenntnis und Grundkenntnisse

Nr. 2 enthält zwei unterschiedliche Voraussetzungen. Der Ausländer muss sich – erstens – zur **36** freiheitlich demokratischen Grundordnung bekennen. Das im Unterschied zu § 25a erforderliche aktive Bekenntnis beinhaltet eine materielle Voraussetzung und setzt inhaltlich voraus, dass der Betroffene dessen Inhalt und seine Kerninhalte kennt, was wenigstens einen Grundbestand an staatsbürgerlichem Wissen voraussetzt (OVG LSA BeckRS 2016, 115329 Rn. 29). Systematisch überzeugend ist das Bekenntniserfordernis dabei nicht, bedenkt man, dass das Gesetz ein solches ansonsten erst und nur für die Einbürgerung verlangt (vgl. § 10 Abs. 1 S. 1 Nr. 1 StAG). In der behördlichen Praxis wird zumeist die Abgabe einer – aus dem Einbürgerungsverfahren bekannten – formularmäßigen Bekenntnis- oder Loyalitätserklärung verlangt (so ausdrücklich AAH zu § 25b unter C). Denkbar – und in der Sache auch plausibler – ist aber auch eine persönliche Befragung (die Erforderlichkeit einer schriftlichen Loyalitätserklärung offenlassend VGH BW BeckRS 2018, 13536).

37   Zweitens muss der Antragsteller, wie bei der Niederlassungserlaubnis oder Daueraufenthaltser-laubnis–EU (vgl. § 9 Abs. 2 S. 1 Nr. 8, § 9a Abs. 2 S. 1 Nr. 4), über Grundkenntnisse der Rechts- und Gesellschaftsordnung und der Lebensverhältnisse im Bundesgebiet verfügen. Der Nachweis ist durch den bestandenen bundeseinheitlichen Test zum Orientierungskurs („Leben in Deutsch-land") erbracht (vgl. § 17 Abs. 1 Nr. 2 IntV). Der Besuch eines – Geduldeten ohnehin nur unter den Voraussetzungen § 44 Abs. 4 S. 2 Nr. 2 offenstehenden – Integrationskurses ist keine Voraussetzung. Der Antragsteller kann sich „privat", etwa mit Hilfe der einschlägigen Lehrmateria-lien oder des im Internet frei zugänglichen Fragen-Pools vorbereiten. Wie bei § 9 Abs. 2 S. 1 Nr. 8 ist der Nachweis auch geführt, wenn der Antragsteller (mindestens) über einen Hauptschul-abschluss an einer deutschen allgemeinbildenden Schule verfügt (vgl. AAH zu § 25b unter D). Zu beachten ist allerdings, dass gesetzlich keine bestimmte Nachweisform gefordert ist. Insbeson-dere wenn dem Antragsteller die zuvor genannten Nachweise – etwa aus Altersgründen oder wegen Analphabetismus – unmöglich oder unzumutbar sind, muss die Ausländerbehörde ihm den Nachweis auf andere Weise ermöglichen, etwa im Rahmen einer persönlichen Befragung (vgl. VG Stuttgart BeckRS 2017, 102150 Rn. 29). Kommt es im Rahmen eines gerichtlichen Verfahrens auf die Grundkenntnisse an, muss das Gericht diese grundsätzlich im Rahmen der mündlichen Verhandlung „abprüfen" und darf nicht auf das Fehlen formaler Nachweise oder einen nicht bestandenen Orientierungstest verweisen (so aber NdsOVG BeckRS 2018, 3132 Rn. 48).

38   Von den genannten Voraussetzungen ist der Antragsteller nicht befreit, wenn er sie krankheits- oder behinderungs**bedingt** nicht erfüllen kann, denn Abs. 3 ermöglicht nur ein Absehen von Nr. 3 und 4. Ein überzeugender sachlicher Grund, warum der Gesetzgeber den bei der Niederlassungserlaubnis zwingenden Dispens für das schwächere Aufenthaltsrecht nicht übernom-men hat, ist nicht ersichtlich. Da eine Analogie mangels planwidriger Regelungslücke ausscheidet (vgl. OVG NRW BeckRS 2020, 39050 Rn. 5; NdsOVG BeckRS 2018, 16096 Rn. 11; HTK-AuslR/Zühlcke, Stand: 6/2018, zu Abs. 3 Rn. 5), kann im Einzelfall eine Ausnahme von der Regel gemacht werden (so ausdrücklich BT-Drs. 18/4199, 4). Zusätzlicher kompensierender Integrationsleistungen bedarf es insoweit allerdings nicht.

3. Wirtschaftliche Integration

39   Nr. 3 beinhaltet eine wirtschaftliche Integrationsvoraussetzung, bei der es sich um die in Abs. 1 S. 1 angesprochene Abweichung von § 5 Abs. 1 Nr. 1 handelt, und die auf zweierlei Weise („oder") erfüllt werden kann.

40   Der Ausländer ist zum einen wirtschaftlich integriert, wenn er seinen Lebensunterhalt **überwie-gend durch Erwerbstätigkeit sichert.** Darin liegt zum einen eine Verschärfung gegenüber § 5 Abs. 1 Nr. 1, weil der Gesetzgeber – angesichts des Normzwecks ohne Weiteres nachvollziehbar – die bloße Unabhängigkeit von öffentlichen Mitteln iSd § 2 Abs. 3 S. 1 nicht genügen lässt, sondern eine Lebensunterhaltssicherung zumindest auch aus eigener Kraft verlangt. Dabei erkennt der Gesetzgeber aber an, „dass es für Geduldete aufgrund ihres ungesicherten aufenthaltsrechtlichen Status häufig schwieriger ist, einen Arbeitsplatz zu finden" (BT-Drs. 18/4097, 43). Mit dieser insoweit gegenüber § 5 Abs. 1 S. 1 Nr. 1 offenkundig beabsichtigten Privilegierung verträgt sich eine Lesart, wonach der Lebensunterhalt überwiegend „aus eigener Kraft" und auch im Übrigen unabhängig von schädlichen öffentlichen Mitteln iSd § 2 Abs. 3 S. 1 gesichert sein muss, nicht (BVerwG BeckRS 2019, 37863 Rn. 52; ebenso schon die Vorinstanz, vgl. VGH BW BeckRS 2018, 13536). **Kurzarbeitergeld** und **ALG I** sind nicht nur unschädliche öffentliche Mittel iSv § 2 Abs. 3 S. 2 Nr. 6, sondern auch Folge einer (früheren) Erwerbstätigkeit und tragen damit zur Lebensunterhaltssicherung iSd Nr. 3 bei (auch → § 60d Rn. 23).

41   Der Wortlaut („überwiegend") lässt keinen Raum für die Forderung, dass der Unterhalt „zum größten Teil" durch Erwerbstätigkeit gesichert sein muss (so aber die AAH zu § 25b unter E). Vielmehr ist die Alt. 1 immer dann erfüllt, wenn durch Erwerbstätigkeit, auch selbstständige (vgl. § 2 Abs. 2) ein Einkommen erwirtschaftet wird, das – unter Berücksichtigung der Maßgaben des § 2 Abs. 3 – einen gegebenenfalls hinzutretenden Sozialleistungsanspruch in der Höhe übersteigt

(BVerwG BeckRS 2019, 37863 Rn. 52); Bergmann/Dienelt/Röcker/Samel Rn. 16 unter Hinweis auf OVG Brem ZAR 2011, 38). Neben den in § 2 Abs. 3 S. 2 genannten Leistungen bleibt dabei kraft der auch für die Alt. 1 geltenden (BT-Drs. 18/4097, 43) ausdrücklichen Anordnung der Bezug von Wohngeld außer Betracht, was ebenfalls dafürspricht, dass Bezugspunkt der erforderlichen Vergleichsbetrachtung die schädlichen öffentlichen Mittel und nicht etwa der Bedarf ist.

In personeller Hinsicht ist ungeachtet des Wortlauts („seinen") nach der Gesetzesbegründung **42** die **Bedarfsgemeinschaft maßgeblicher Bezugspunkt** (BT-Drs. 18/4097, 43; ebenso OVG LSA BeckRS 2016, 115329 Rn. 35; zweifelnd offenbar VGH BW BeckRS 2018, 13536). Konsequenterweise kann der Lebensunterhalt des Antragstellers dann aber auch durch die Erwerbstätigkeit eines Mitglieds seiner Bedarfsgemeinschaft (überwiegend) gesichert werden, zumal das Gesetz nicht von „seiner" Erwerbstätigkeit spricht.

Aus der Wahl der unterschiedlichen Tempora („sichert" / „sichern wird") folgt, dass iRd Alt. 1 **43** keine Prognose unter Berücksichtigung der bisherigen (Erwerbs-) Biographie vorzunehmen ist (VGH BW BeckRS 2018, 13536). Der im Zeitpunkt der Titelerteilung tatsächlich überwiegend durch Erwerbstätigkeit gesicherte Lebensunterhalt scheint dem Gesetzgeber ausreichender Beleg für die erforderliche wirtschaftliche Integration zu sein. Bei der Prüfung des Tatbestandsmerkmals darf zwar – und insofern enthält auch die Alt. 1 ein zukunftsbezogenes Element – das aktuelle Arbeitsverhältnis und dessen Laufzeit in den Blick genommen und ein entsprechender Nachweis verlangt werden. Keinesfalls führt aber ein befristetes Arbeitsverhältnis für sich genommen zur Verneinung der (überwiegenden) Lebensunterhaltssicherung, selbst wenn es vor der gem. Abs. 5 S. 1 maximal zulässigen zweijährigen Erteilungsfrist endet (anders anscheinend VGH BW BeckRS 2018, 13536). Den für Geduldete auf dem Arbeitsmarkt in besonderer Weise bestehenden Schwierigkeiten ist auch insoweit unter Ausnutzung des durch Abs. 5 S. 1 eingeräumten Gestaltungsspielraums Rechnung zu tragen.

Sichert der Antragsteller seinen Lebensunterhalt im maßgeblichen Zeitpunkt der Behördenent- **44** scheidung nicht (überwiegend) durch Erwerbstätigkeit, ist im Wege einer Prognose („zu erwarten ist") festzustellen, ob er seinen Lebensunterhalt iSv § 2 Abs. 3 zukünftig sichern wird. Anders als bei der Alt. 1 lässt das Gesetz hier eine rückschauende Betrachtung zu, verlangt diese sogar, indem es die bisherige Schul-, Ausbildungs-, Einkommens- sowie die familiäre Lebenssituation des Antragstellers ausdrücklich zur Prognosegrundlage erklärt. Im Rahmen der Prognose ist auch zu berücksichtigen, dass sich mit Erteilung der Aufenthaltserlaubnis die Chancen auf dem Arbeitsmarkt deutlich verbessern werden (Bergmann/Dienelt/Samel/Röcker Rn. 18; NK-AuslR/Fränkel Rn. 13).

Aus dem Verweis auf § 2 Abs. 3 wird teilweise gefolgert, dass die Prognose einer nur überwie- **45** genden Lebensunterhaltssicherung nicht ausreichend, die Alt. 2 also nur dann erfüllt sein soll, wenn der Lebensunterhalt prognostisch ohne Inanspruchnahme jedweder öffentlicher Mittel gesichert wird (OVG LSA BeckRS 2016, 115329 Rn. 38). „Im Sinne von § 2 Absatz 3" könnte der Lebensunterhalt dann aber auch ohne jegliche Erwerbstätigkeit – etwa durch eine Verpflichtungserklärung (§ 68) eines Dritten – gesichert werden, was angesichts des Normzwecks nicht wirklich überzeugt. Hält man zudem im Verlängerungsfall (→ Rn. 79) die Alt. 1 weiterhin für anwendbar und einen Wechsel zwischen den beiden Tatbestandsalternativen für zulässig, spricht zur Vermeidung sachlich nicht gerechtfertigter Ungleichbehandlungen mehr dafür, iRd Alt. 2 die positive Prognose einer überwiegenden Lebensunterhaltssicherung durch Erwerbstätigkeit zu verlangen. Die aktuelle fehlende Lebensunterhaltssicherung wird bei der Alt. 2 durch die Zulässigkeit eines „kritischen" Blicks in die bisherige Erwerbsbiographie des Antragstellers kompensiert.

S. 3 erklärt den vorübergehenden Bezug von Sozialleistungen in den genannten Lebenslagen **46** in der Regel für unschädlich und **befreit den Antragsteller** damit in der Sache **vorläufig vom Nachweis (ausreichender) wirtschaftlicher Unabhängigkeit.** In den genannten Konfliktlagen sollen die vom Gesetzgeber als höherwertig bzw. integrationspolitisch erwünscht eingestuften Belange nicht durch den Zwang zur eigenständigen Lebensunterhaltssicherung beeinträchtigt werden.

Unter Sozialleistungen sind dabei nur die nach § 2 Abs. 3 S. 1 schädlichen öffentlichen Mittel **47** zu verstehen. Mit Ausnahme von Nr. 2, die nur den ergänzenden Sozialleistungsbezug erlaubt, ist in den übrigen Fällen auch die (vorübergehende) Lebensunterhaltssicherung ausschließlich durch Sozialleistungen unschädlich.

Vorübergehend ist nicht gleichbedeutend mit kurzzeitig. Das Leistungsende darf lediglich nicht **48** unabsehbar sein, ohne dass dieses bereits konkret feststehen müsste. Auch ein jahrelanger Sozialleistungsbezug ist zwanglos als vorübergehend anzusehen, wie ein Blick auf die genannten Lebenslagen, etwa ein Studium, zeigt. Da diese bei typisierender Betrachtung durch ihre „Endlichkeit" gekennzeichnet sind, schadet der Sozialleistungsbezug für die gesamte Dauer, über die sich der Antragsteller in der privilegierten Situation befindet, grundsätzlich nicht.

49 Im Falle der Nr. 1 entfällt die Vergünstigung regelmäßig erst mit dem Ausbildungs- / Hochschulabschluss inklusive einer angemessenen Frist zur Arbeitsplatzsuche (NK-AuslR/Fränkel Rn. 17). Unter den Begriff der „Berufsvorbereitungsmaßnahme" fallen auch Einstiegsqualifizierungen (vgl. § 54a SGB III), die als Berufsausbildungsvorbereitung durchgeführt werden.

50 Ein zeitliches Limit wird bei Nr. 2 durch das Erfordernis der Minderjährigkeit und bei Nr. 3 durch § 10 Abs. 1 Nr. 3 Hs. 2 SGB II gezogen, der Alleinerziehenden die Arbeitsaufnahme regelmäßig zumutet, wenn das Kind das dritte Lebensjahr vollendet hat und dessen Betreuung sichergestellt ist. Freilich kommt dann immer noch Nr. 2 in Betracht.

51 Im Falle der Nr. 4 entfällt das Privileg, wenn der – den Antragsteller an (ausreichender) Erwerbstätigkeit hindernde – Pflegebedarf des Angehörigen nicht mehr besteht oder die erforderliche Pflege auf andere zumutbare Weise gewährleistet ist. Die nahen Angehörigen müssen im Bundesgebiet leben. Infrage kommen nicht nur Mitglieder der „Kernfamilie", sondern nach der Gesetzesbegründung alle in § 7 PflegeZG Genannten, wie zB Schwieger-, Stief- oder Großeltern des Antragstellers oder auch dessen Geschwister. Entscheidend ist letztlich die konkrete familiäre Situation (BT-Drs. 18/4097, 43).

52 Allenfalls in atypisch gelagerten Einzelfällen („in der Regel") darf das Privileg versagt werden, obwohl sich der Antragsteller in einer der genannten Situationen befindet.

53 **Abs. 3 verzichtet** schließlich **dauerhaft auf eine „wirtschaftliche Integration" iSd Nr. 3,** wenn der Antragsteller hierzu krankheitsbedingt, aufgrund einer Behinderung oder aus Altersgründen – etwa bei Kindern oder Personen im Rentenalter – außerstande ist. Die zwingende („wird abgesehen") Befreiung setzt zumindest Mitursächlichkeit („wegen") voraus. Ärztliche Stellungnahmen sollten Aussagen zu Auswirkungen der Krankheit/Behinderung auf die Erwerbsfähigkeit enthalten (vgl. VGH BW BeckRS 2016, 43786 Rn. 7).

54 Das Alter ausgenommen ist die Vorschrift wortgleich § 9 Abs. 2 S. 3 nachempfunden. Wie dort darf die Kausalität zwischen dem Handicap bzw. Alter des Antragstellers und der Unfähigkeit, seinen Lebensunterhalt zu sichern, nicht mit dem Argument versagt werden, ein anderes – nicht unter Abs. 3 fallendes – Mitglied der Bedarfsgemeinschaft sei zur Lebensunterhaltssicherung in der Lage. Ansonsten würde der mit der Ausnahme bezweckte Schutz vor einer aufenthaltsrechtlichen Benachteiligung kranker oder behinderter Menschen ausgehöhlt (OVG NRW BeckRS 2015, 41365 zu § 9 Abs. 2 S. 6 iVm § 9 Abs. 2 S. 3).

4. Deutschkenntnisse

55 Nr. 4 verlangt eine gewisse sprachliche Integration des Antragstellers, der (nur) **mündliche** Deutschkenntnisse auf dem Niveau A2 (vgl. § 2 Abs. 10) besitzen muss. Das Gesetz verlangt auch hier keine bestimmte Nachweisform. Wird ein auf einer standardisierten – derzeit vom Goethe-Institut, TestDaF-Institut und der telcGmbH (DVV) angebotenen (vgl. BT-Drs. 18/4097, 44) – Sprachprüfung beruhendes Zeugnis vorgelegt, ist der Nachweis jedenfalls erbracht. Unabhängig davon sind nach der Gesetzesbegründung die Sprachkenntnisse nachgewiesen, wenn
- bislang einfache Gespräche bei der Ausländerbehörde ohne Zuhilfenahme eines Dolmetschers auf Deutsch geführt werden konnten,
- vier Jahre eine deutschsprachige Schule mit Erfolg (Versetzung in die nächsthöhere Klasse) besucht, ein Hauptschulabschluss oder wenigstens gleichwertiger deutscher Schulabschluss erworben wurde oder eine Versetzung in die zehnte Klasse einer weiterführenden deutschsprachigen Schule erfolgt, oder
- ein Studium an einer deutschsprachigen Hochschule oder Fachhochschule oder eine deutsche Berufsausbildung erfolgreich abgeschlossen wurde.

56 Bei Kindern und Jugendlichen bis zum vollendeten 16. Lebensjahr ist kein Nachweis der Deutschkenntnisse erforderlich. Hier genügt die Vorlage des letzten Zeugnisses oder der Nachweis des Kindertagesstättenbesuchs.

57 Die AAH zu § 25b übernehmen die Ausführungen aus der Gesetzesbegründung wortwörtlich (unter G).

58 Von der sprachlichen Integrationsvoraussetzung ist nach Abs. 3 zwingend abzusehen, wenn der Antragsteller sie **wegen** einer körperlichen, geistigen oder seelischen Krankheit oder Behinderung oder aus Altersgründen nicht erfüllen kann; die obigen Ausführungen gelten entsprechend (→ Rn. 53 f.).

5. Erfüllung der Schulpflicht

Nach Nr. 5 muss bei Kindern im schulpflichtigen Alter deren tatsächlicher Schulbesuch nachgewiesen werden. Adressat dieser Integrationsanforderung ist der Antragsteller, der nach Maßgabe der einschlägigen landesrechtlichen Vorschriften für die Erfüllung der Schulpflicht verantwortlich ist, regelmäßig also der Erziehungsberechtigte. Konsequenterweise ist deshalb auch nur der tatsächliche Schulbesuch nachzuweisen. Auf dessen – nur sehr bedingt in der Hand der Erziehungsberechtigten liegenden – Erfolg kommt es anders als iRv § 25a nicht an. Mehr als die Erfüllung bestehender (schul-) gesetzlicher Pflichten kann als Beleg eigener Integration iRd Nr. 5 nicht verlangt werden. **59**

Der Schulbesuch muss für den gesamten Zeitraum zwischen Beginn und Ende des schulpflichtigen Alters durch Zeugnisse oder Schulbescheinigungen nachgewiesen werden (NdsOVG BeckRS 2018, 2132 Rn. 43). Entschuldigte, auch längere, etwa krankheitsbedingte, Fehlzeiten sind grundsätzlich unschädlich. **60**

Unentschuldigte Fehlzeiten können unter Berücksichtigung der Einzelfallumstände unbeachtlich sein, wenn sie vereinzelt geblieben sind (NdsOVG BeckRS 2018, 2132 Rn. 45). **61**

Bei längeren (vermeintlich) unentschuldigten Fehlzeiten ist aufzuklären, ob diese tatsächlich in den Verantwortungsbereich des Antragstellers fallen oder Folge zB behördenorganisatorischer Maßnahmen sind. **62**

D. Versagungsgründe

Abs. 2 nennt zwei Gründe, in denen die Aufenthaltserlaubnis zwingend zu versagen ist, und verschärft dadurch partiell die Voraussetzungen in § 5 Abs. 1 Nr. 1a bzw. Nr. 2. Die materielle Beweislast hinsichtlich des Vorliegens der Versagensgründe liegt grundsätzlich bei der Ausländerbehörde (Huber/Mantel AufenthG/Göbel-Zimmermann/Hupke Rn. 13; hinsichtlich der Mitwirkung bei der Beseitigung eines Ausreisehindernisses differenzierend VGH BW BeckRS 2019, 6224 Rn. 9). **63**

Die Erteilung einer Aufenthaltserlaubnis scheidet zum einen aus, wenn der Ausländer die Aufenthaltsbeendigung durch vorsätzlich falsche Angaben durch Täuschung über die Identität oder Staatsangehörigkeit oder Nichterfüllung zumutbarer Anforderungen an die Mitwirkung bei der Beseitigung von Ausreisehindernissen verhindert oder verzögert. Unter Aufenthaltsbeendigung ist nur die Abschiebung, nicht die freiwillige Ausreise zu verstehen (HTK-AuslR/Zühlcke, Stand: 7/2018, zu Abs. 2 Rn. 9). **64**

Nur die – Vorsatz voraussetzende – Täuschung muss hinsichtlich der Staatsangehörigkeit oder Identität erfolgen. Demgegenüber deckt der Begriff der Falschangabe auch sonstige abschiebungsrelevante Umstände, etwa die wahrheitswidrige Aussage, einen für die Abschiebung erforderlichen Pass nicht zu besitzen. Im Unterschied zu § 25a Abs. 1 S. 3, Abs. 2 S. 1 Nr. 1 (→ § 25a Rn. 1 ff.) schaden nach dem eindeutigen Wortlaut nur vorsätzliche Falschangaben. **65**

Die Täuschung oder Falschangabe ist anders als zB in § 104a Abs. 1 Nr. 4 nicht explizit auf bestimmte Adressaten begrenzt (aA NK-AuslR/Fränkel Rn. 21). Der Ratio nach muss sie aber im Rahmen eines, wenigstens aber im Hinblick auf ein der Aufenthaltsbeendigung dienendes Verfahren erfolgen (ähnlich VGH BW BeckRS 2018, 13536). **66**

Der Ausschlussgrund setzt – abweichend von § 25a Abs. 1 S. 3 und parallel zu § 25a Abs. 2 S. 1 Nr. 1 – **ein aktuelles,** dh im Moment der potenziellen Titelerteilung noch andauerndes, **Fehlverhalten voraus** (BVerwG BeckRS 2019, 37863 Rn. 56; VGH BW BeckRS 2018, 13536; NK-AuslR/Fränkel Rn. 21). Eine in der Vergangenheit unterbliebene Mitwirkung des Ausländers ist insoweit unschädlich, wenn dieser sich inzwischen ausländerrechtlich korrekt verhält, auch wenn das frühere Fehlverhalten noch in die Gegenwart hineinwirkt und die Aufenthaltsbeendigung aktuell (noch) verzögert. Nicht mehr fortwirkende Mitwirkungspflichtverletzungen oder Täuschungshandlungen können aber ggf. ein Ausweisungsinteresse (§ 5 Abs. 1 Nr. 2) oder einen Ausnahmefall begründen, der die regelmäßig vorgegebene Rechtsfolge zu einer Ermessensregelung herabstuft (BVerwG BeckRS 2019, 37863 Rn. 56). **67**

Das aktuelle **Fehlverhalten** des Ausländers **muss** zudem **(allein) ursächlich („durch")** für die Verhinderung oder Verzögerung der Aufenthaltsbeendigung sein. An der Kausalität fehlt es, wenn die Abschiebung auch unabhängig vom täuschungsbedingten etc. Duldungsgrund ausgesetzt ist oder werden müsste. Ist im Falle einer Petition oder eines Härtefallantrags nach dem maßgeblichen Landesrecht (vgl. zB § 5 HFKomVO) die Abschiebung für die Dauer des Verfahrens (objektiv-rechtlich) untersagt, ist die Kausalität zu verneinen (so in der Sache für eine Petition HessVGH BeckRS 2018, 3531 Rn. 10; aA für den Fall einer Härtefalleingabe nach § 23a NdsOVG **68**

BeckRS 2010, 52029, das die objektive Kausalitätsfrage allerdings nicht sauber vom Bestehen eines subjektiv durchsetzbaren Duldungsanspruchs trennt).

69   Der Begriff der „Erfüllung" knüpft an die Mitwirkungspflichten der §§ 82, 48 bzw. § 15 AsylG an. Mit Blick auf die gleichrangig genannte Täuschung bzw. vorsätzliche Falschangabe muss der Mitwirkungsverstoß dabei ein gewisses Gewicht haben. Was dem Ausländer zumutbar ist, bestimmt sich nach den Umständen des Einzelfalls. Im Rahmen dieser Beurteilung ist auch die Wechselwirkung zwischen Initiativpflicht des Ausländers und ausländerbehördlicher Aufklärungs- und Hinweispflicht, insbesondere zur Konkretisierung und Aktualisierung der gesetzlichen Mitwirkungspflichten, zu beachten. Im Übrigen kann auf die Kommentierung zu dem insoweit (nahezu) wortgleichen § 25 Abs. 5 S. 4 verwiesen werden (→ § 25 Rn. 1 ff.; vgl. zB Huber/Mantel AufenthG/Göbel-Zimmermann/Hupke Rn. 78 ff.).

70   Nach Abs. 2 Nr. 2 ist die Erteilung der Aufenthaltserlaubnis zum anderen ausgeschlossen, wenn ein besonders schwerwiegendes Ausweisungsinteresse iSv § 54 Abs. 1 oder ein schwerwiegendes iSv Abs. 2 Nr. 1 und Nr. 2 besteht. Hierdurch wird § 5 Abs. 1 Nr. 2 partiell verschärft, weil die Versagung der Aufenthaltserlaubnis zwingend und nicht nur regelmäßig zu erfolgen hat; bei darunter liegenden strafrechtlichen Verurteilungen bleibt § 5 Abs. 1 Nr. 2 anwendbar (VGH BW BeckRS 2020, 35001 Rn. 16). Es überzeugt weder systematisch noch in der Sache, in diesen Fällen eine Atypik anzunehmen und bereits eine nachhaltige Integration zu verneinen (so aber NdsOVG BeckRS 2020, 20309 Rn. 56). Die (Präsens-) Formulierung („besteht") entspricht § 5 Abs. 1 Nr. 2 AufenthG. Wie dort muss das Ausweisungsinteresse also noch aktuell sein. Strafrechtliche Verurteilungen schließen die Erteilung der Aufenthaltserlaubnis also nicht „auf ewig" aus. Soweit sich das Ausweisungsinteresse nur (noch) generalpräventiv begründen lässt, sind die vom BVerwG zu § 5 Abs. 1 Nr. 2 entwickelten zeitlichen Grenzen (vgl. BVerwG NVwZ 2019, 486) auch iRv Abs. 2 Nr. 2 zu beachten.

70a   Nachdem mit dem Zweiten Gesetz zur besseren Durchsetzung der Ausreisepflicht v. 15.8.2019 (BGBl. I 1294) bereits Freiheitsstrafen ab sechs Monaten (vorher: ein Jahr) ein schwerwiegendes Ausweisungsinteresse iSd § 54 Abs. 2 Nr. 1 begründen, steht die – im Wege der Auslegung zu beantwortende – Frage im Raum, ob der in Abs. 2 Nr. 2 enthaltene **Verweis dynamischer oder statischer Natur** ist. Für letzteres spricht, dass der Gesetzgeber des § 25b auch Gesetzgeber des zeitgleich umfassend reformierten Ausweisungsrechts war und dieser die Grenze für zwingend integrationsschädliches strafbares Verhalten bei einem Jahr ziehen wollte und gezogen hat. Es fehlt jedweder Anhaltspunkt, dass der Gesetzgeber des – wie so oft in letzter Zeit mit heißer Nadel gestrickten – Zweiten Gesetzes zur besseren Durchsetzung der Ausreisepflicht diesen Integrationsmaßstab verändern wollte. Vielmehr war die punktuelle Änderung allein ausweisungsrechtlich motiviert, um das Gewicht entsprechender strafrechtlicher Verurteilungen bei ausweisungsrechtlichen Abwägungsentscheidungen klarer zu machen. § 25b hatte er dabei überhaupt nicht im Blick; insoweit spricht viel für ein Redaktionsversehen, dem durch Annahme eines statischen Verweises Rechnung zu tragen ist.

70b   Die in der Gesetzesbegründung getroffene Aussage, dass eine Integration in der Regel auch bei Vorliegen eines Ausweisungsinteresses nach § 54 Abs. 2 Nr. 3–6 nicht gegeben sein soll (BT-Drs. 18/4097, 45), hat im Gesetz keinerlei Niederschlag gefunden. Sofern ein entsprechender Sachverhalt gegeben ist, kann dieser „nur" iRv § 5 Abs. 1 S. 1 Nr. 2 berücksichtigt werden, der auch auf die Erteilung einer Aufenthaltserlaubnis nach § 25b Anwendung findet (vgl. BVerwG NVwZ 2020, 1044 Rn. 58).

71   Befindet sich im Falle einer Verurteilung zu einer Jugendeinheitsstrafe von zwei Jahren unter den abgeurteilten Straftaten auch ein Fahrlässigkeitsdelikt, so ist der ausnahmslos die vorsätzliche Begehungsform voraussetzende Tatbestand des § 54 Abs. 1 Nr. 1 und damit auch der zwingende Ausschlussgrund nicht erfüllt (NdsOVG BeckRS 2018, 12980 Rn. 5).

72   Getilgte oder zu tilgende Verurteilungen dürfen nicht mehr zu Lasten des Anspruchstellers verwertet werden (§ 51 Abs. 1 BZRG; OVG LSA BeckRS 2016, 115329 Rn. 26).

E. Allgemeine Voraussetzungen

73   Mit den bereits dargestellten Abweichungen und Modifikationen finden grundsätzlich die allgemeinen Voraussetzungen des § 5 Anwendung (BVerwG BeckRS 2019, 37863 Rn. 57 f.; VGH BW BeckRS 2018, 13536; BT-Drs. 18/4097, 45). Das gilt auch für § 5 Abs. 1 Nr. 2 (Ausweisungsinteresse), der durch § 25b Abs. 2 nicht gesperrt wird (vgl. VGH BW BeckRS 2020, 35001 Rn. 16) und weiterhin (nur) auf generalpräventive Gründe gestützt werden darf (BVerwG BeckRS 2019, 37863 Rn. 60, 62). Von § 5 Abs. 2 ist – im Unterschied zu § 25a (→ § 25a Rn. 1 ff.) – gem. Abs. 1 S. 1 allerdings zwingend abzusehen („abweichend von"). Mit dem Wort „soll" wird

der Ausländerbehörde (nur) die Rechtsfolge, kein (intendiertes) Absehen bezüglich § 5 Abs. 2 vorgegeben.

Von den Regelerteilungsvoraussetzungen des § 5 Abs. 1 kann gem. § 5 Abs. 3 S. 2 nach **74** Ermessen abgesehen werden. Anders als iRv § 25a (vgl. Abs. 3) hat der Gesetzgeber keinen generell unbeachtlichen strafrechtlichen Bagatellbereich normiert. Von dem damit grundsätzlich gem. § 5 Abs. 1 S. 1 Nr. 2 iVm § 54 Abs. 2 Nr. 9 bestehenden Ausweisungsinteresse dürfte aber regelmäßig unter Wertungsgesichtspunkten abzusehen sein, wenn sogar die nach § 25a Abs. 2 abgeleiteten Aufenthaltserlaubnisse nicht an entsprechenden Straftaten scheitern.

Da nach der Rechtsprechung des BVerwG „Soll-Regelungen" keinen „Anspruch auf Erteilung **75** eines Aufenthaltstitels" iSv § 10 Abs. 3 S. 3 Hs. 1 begründen (BVerwGE 153, 353 = NVwZ 2016, 458; BVerwGE 132, 382 = NVwZ 2009, 789), ist bei den für ehemalige „erfolglose" Asylbewerber geltenden Titelerteilungsverboten nach § 10 Abs. 3 S. 1 bzw. S. 2 zu differenzieren. Wurde der Asylantrag gem. § 30 Abs. 3 Nr. 1 – 6 AsylG als offensichtlich unbegründet abgelehnt, ist das verschärfte Titelerteilungsverbot des § 10 Abs. 3 S. 2 einschlägig. Abs. 5 S. 2 eröffnet der Ausländerbehörde jedoch das Ermessen, von § 10 Abs. 3 S. 2 abzusehen (vgl. VG Stuttgart BeckRS 2017, 102150 Rn. 26 f. zu einem Fall negativer Ermessensreduktion wegen missbräuchlicher sukzessiver Asylantragstellung). Die Titelerteilungssperre des § 10 Abs. 3 S. 1 greift dagegen nicht, da es sich bei § 25b um eine Aufenthaltserlaubnis nach Maßgabe des Abschnitts 5 handelt.

Unterliegt der Ausländer einer Titelerteilungssperre, die Folge eines Einreise- und Aufenthalts- **76** verbots (§ 11 Abs. 1) ist, **soll** dieses gem. § 11 Abs. 4 S. 2 aufgehoben werden, wenn die Voraussetzungen für eine Titelerteilung nach § 25b vorliegen. Angesichts der durch das „Bleiberechtsgesetz" (Gesetz zur Neubestimmung des Bleiberechts und der Aufenthaltsbeendigung v. 27.7.2015, BGBl. I 1386) geschaffenen Möglichkeit, Einreise- und Aufenthaltsverbote – unabhängig von einer Ausweisung – bereits im Inland zur Entstehung (vgl. § 11 Abs. 6 S. 1 und Abs. 7 S. 1) zu bringen, bestand die Gefahr eines Leerlaufens der einen ununterbrochenen Aufenthalt in Deutschland voraussetzenden „Bleiberechtsregelungen" (vgl. § 11 Abs. 6 S. 2 bzw. § 11 Abs. 7 S. 3 iVm § 11 Abs. 2 S. 2). Zur Sicherstellung ihrer Wirksamkeit wurde die nach dem ursprünglichen Gesetzesentwurf (BT-Drs. 18/4097) noch ins freie Ermessen der Ausländerbehörde gestellte Aufhebung des Einreise- und Aufenthaltsverbots deshalb durch die schließlich Gesetz gewordene Soll-Vorgabe ersetzt (BT-Drs. 18/5420, 18 f., 25). Über die in § 11 Abs. 6 S. 2 bzw. Abs. 7 S. 3 enthaltenen Verweise ist dabei gewährleistet, dass die Aufhebung des Einreise- und Aufenthaltsverbots auch in den praxisrelevanten „Inlandsfällen" die Regel ist.

F. Rechtsfolge

Ist der Antragsteller nach Maßgabe von Abs. 1–3 als nachhaltig integriert anzusehen, soll die **77** Aufenthaltserlaubnis erteilt werden. Deren Versagung kommt nur in atypischen Fällen in Betracht. Richtigerweise ist hier der Standort, an dem die Konstellation eines nicht mehr kausalen ausländerrechtlichen Fehlverhaltens zu diskutieren ist (ausf. → Rn. 16).

Die Aufenthaltserlaubnis darf abweichend von § 26 Abs. 1 S. 1 längstens für zwei Jahre erteilt **78** (und verlängert) werden.

G. Verlängerung

Für die Verlängerung gelten grundsätzlich dieselben Vorschriften wie für die Erteilung (§ 8 **79** Abs. 1). Wie bei § 25a verliert das Tatbestandsmerkmal des „geduldeten" Ausländers nach Erstteilung seine Bedeutung. Abs. 1 S. 2 Nr. 3 ist dagegen auch im Verlängerungsfall als Maßstab heranzuziehen. Zwar hat der Gesetzgeber das Privileg der „nur" überwiegenden Lebensunterhaltssicherung mit dem erschwerten Zugang geduldeter Personen zum Arbeitsmarkt begründet. Diese Prämisse entfällt nach erstmaliger Erteilung der Aufenthaltserlaubnis und dem damit automatisch eröffneten Zugang zum Arbeitsmarkt eigentlich (vgl. Abs. 5 S. 2). Die Frage der fortbestehenden wirtschaftlichen Integration würde durch die allgemeinen Vorschriften (§§ 5 Abs. 1 Nr. 1, 2 Abs. 3) aber nicht zutreffend beantwortet, da diese keine Lebensunterhaltssicherung gerade durch Erwerbstätigkeit verlangen. Dabei ist ein Wechsel zwischen den in Nr. 3 genannten Tatbestandsalternativen möglich. Die auf Grundlage einer Prognose erstmals erteilte Aufenthaltserlaubnis ist deshalb zu verlängern, wenn der Antragsteller im Beurteilungszeitpunkt zwar zur Lebensunterhaltssicherung auch auf öffentliche Mittel angewiesen ist, die Mittel aus Erwerbstätigkeit aber überwiegen.

H. Abgeleitete Aufenthaltsrechte Familienangehöriger

80   Ehegatten, Lebenspartner und minderjährige ledige Kinder, die mit dem Begünstigten nach Abs. 1 in familiärer – nicht häuslicher – Lebensgemeinschaft leben, können nach Abs. 4 von ihm eine Aufenthaltserlaubnis ableiten. Einen bestimmten Aufenthaltsstatus verlangt Abs. 4 nicht, wohl aber, dass sich die Familienangehörigen im Bundesgebiet aufhalten.

81   Mit Ausnahme der Voraufenthaltszeit muss der Familienangehörige sämtliche Integrationsvoraussetzungen nach Abs. 1 S. 2 erfüllen. Der Verweis auf S. 2 umfasst auch die Regelformulierung. Auch die Familienangehörigen können deshalb Defizite im Bereich der Nr. 2–4 durch besondere Integrationsleistungen (→ Rn. 14) kompensieren (aA HTK-AuslR/Zühlcke, Stand: 6/2018, zu Abs. 4 Rn. 1). Der Lebensunterhalt eines Familienangehörigen kann durch ein erwerbstätiges zur Bedarfsgemeinschaft zählendes Mitglied (mit-) gesichert werden (BT-Drs. 18/4097, 45).

82   Auch für die Familienangehörigen gelten gem. Abs. 4 S. 2 die Ausschlussgründe (Abs. 2), und Vergünstigungen (Abs. 3), wobei für minderjährige Kinder insbesondere die altersbedingten Ausnahmen relevant sind. Auf die Privilegierungen des Abs. 1 S. 3 verweist Abs. 4 hingegen nicht.

83   Gemäß Abs. 4 S. 3 gilt § 31 entsprechend. Die Gesetzesbegründung erwähnt insoweit nur den Ehegatten und Lebenspartner (sa BR-Drs. 642/14, 15). Der VGH BW scheint hingegen auch das abgeleitete Aufenthaltsrecht des Kindes für verselbständigungsfähig zu halten (NVwZ-RR 2016, 238 (239)). Dafür spricht nicht nur die – gerade im Vergleich zu § 25a Abs. 2 unterschiedliche – systematische Stellung, sondern auch der Umstand, dass mit den abgeleiteten Aufenthaltsrechten zumindest auch eine nachhaltige Integration der Familienangehörigen belohnt werden soll (Röder ASYLMAGAZIN 2016, 108 (114)).

84   Grundsätzlich sind auf die Familienangehörigen die allgemeinen Vorschriften (§§ 5, 10, 11) mit den für den Stammberechtigten beschriebenen Besonderheiten anzuwenden. Abs. 4 verweist allerdings nicht auf Abs. 1 S. 1, so dass die Familienangehörigen grundsätzlich die Voraussetzungen des § 5 Abs. 2 erfüllen müssen. Hier wird aber häufig ein Absehen gem. § 5 Abs. 3 S. 2 naheliegen.

85   Dem Familienangehörigen, der die Anforderungen des Abs. 4 erfüllt, soll die Aufenthaltserlaubnis erteilt werden, und zwar ebenfalls längstens für zwei Jahre (Abs. 4 S. 2 iVm Abs. 5 S. 1).

86   Die Verlängerung richtet sich nach § 8. Die Bundesregierung geht davon aus, dass das Tatbestandsmerkmal der Minderjährigkeit auch nach der Ersterteilung Bedeutung behält (vgl. die Antwort der Bundesregierung auf einen Änderungsvorschlag des Bundesrats, BT-Drs. 18/4199, 4 bzw. BR-Drs. 642/14, 15). Teilweise wird § 34 mit Eintritt der Volljährigkeit für anwendbar gehalten (so NK-AuslR/Fränkel Rn. 25; aA Bergmann/Dienelt/Dienelt § 34 Rn. 5).

87   Unter den Voraussetzungen von §§ 27 ff., insbesondere von § 29 Abs. 3 S. 1, kommt für die Familienangehörigen auch ein Aufenthaltsrecht nach dem Abschnitt 6 in Betracht.

I. Erwerbstätigkeit und Teilhaberechte

88   Die Erwerbstätigkeit, also auch die selbstständige Tätigkeit (vgl. § 2 Abs. 2), ist unmittelbar kraft Gesetzes gestattet (§ 4a Abs. 4 S. 1).

89   Im Unterschied zu § 25a besteht für alle Inhaber eines Titels nach § 25b ein Anspruch auf Integrationskursteilnahme (§ 44 Abs. 1 S. 1 Nr. 1 lit. b).

90   Es besteht Zugang zu den Leistungen des SGB II und SGB XII. Die Ausschlussgründe in § 7 Abs. 1 S. 2 Nr. 1 SGB II bzw. § 23 Abs. 3 S. 1 Nr. 1 SGB XII greifen nicht (vgl. § 7 Abs. 1 S. 3 SGB II bzw. § 23 Abs. 3 S. 2 SGB XII).

J. Familiennachzug und Aufenthaltsverfestigung

91   Für Inhaber einer Aufenthaltserlaubnis nach Abs. 1 besteht in den engen Grenzen des § 29 Abs. 3 S. 1 die Möglichkeit des Familiennachzugs. Bei den abgeleiteten Aufenthaltserlaubnissen nach Abs. 2 ist der Familiennachzug dagegen einfachgesetzlich ausgeschlossen (vgl. § 29 Abs. 3 S. 3).

92   Die Erteilung einer Niederlassungserlaubnis an Inhaber einer Aufenthaltserlaubnis nach § 25b richtet sich nach § 26 Abs. 4, steht also im Ermessen der zuständigen Ausländerbehörde. Von der Daueraufenthaltserlaubnis-EU (§ 9a) sind Inhaber einer Aufenthaltserlaubnis nach § 25b ausgeschlossen (§ 9a Abs. 3 Nr. 1).

K. Aufenthaltslegalisierung nach Beschäftigungsduldung

Mit dem Gesetz über Duldung bei Ausbildung und Beschäftigung v. 8.7.2019 (BGBl. I 1021) **93** wurde § 25b um Abs. 6 ergänzt (Inkrafttreten: 1.1.2020, vgl. Art. 3 des Gesetzes über Duldung bei Ausbildung und Beschäftigung). Dieser richtet sich an Inhaber einer Beschäftigungsduldung (§ 60d), die zeitgleich eingeführt wurde, grundsätzlich für einen Zeitraum von 30 Monaten erteilt wird (§ 60d Abs. 1 S. 1) und im Anschluss über Abs. 6 in eine Aufenthaltserlaubnis überführt werden kann. Die Möglichkeit einer Aufenthaltslegalisierung unmittelbar nach § 25b Abs. 1 wird dadurch aber ebenso wenig ausgeschlossen wie sonstige Anspruchsgrundlagen, die einen „geduldeten Ausländer" voraussetzen (zB §§ 19d, 25a). Abs. 6 privilegiert Personen mit einer Beschäftigungsduldung hinsichtlich der Voraufenthaltszeit, will aber nicht verhindern, dass sich nach Maßgabe von Abs. 1 S. 2 nachhaltig integrierte Personen, die sich seit acht bzw. sechs Jahren in Deutschland aufhalten, nicht mehr auf § 25b Abs. 1 berufen können.

In zeitlicher Hinsicht werden Inhaber einer Beschäftigungsduldung gegenüber sonstigen Dul- **94** dungsbesitzern dabei insofern **privilegiert,** als ihnen eine Aufenthaltserlaubnis nach Abs. 1 „abweichend von der in Abs. 1 Satz 2 Nummer 1 genannten Frist" (acht bzw. sechs Jahre) erteilt werden soll. Aufgrund der für die Erteilung einer Beschäftigungsduldung erforderlichen 18-monatigen Vorbeschäftigungszeit (§ 60d Abs. 1 Nr. 3) kommt die Erteilung einer Aufenthaltserlaubnis über Abs. 6 theoretisch deshalb nach vierjährigem Aufenthalt in Deutschland in Betracht. Angesichts häufig vorausgegangener Asylverfahren und der begrenzten Anrechenbarkeit im Gestattungsstatus ausgeübter Beschäftigungen (§ 60d Abs. 1 Nr. 3 und Nr. 4) wird eine Aufenthaltslegalisierung über Abs. 6 aber realistischerweise häufig nur zu einer geringfügigen Verkürzung der in Abs. 1 S. 2 Nr. 1 genannten Fristen führen. Aus Sicht des Ausländers liegt der Vorteil der Konstruktion vor allem in dem durch die Beschäftigungsduldung für 30 Monate vermittelten Abschiebungsschutz.

Materiell setzt die Erteilung der Aufenthaltserlaubnis jedenfalls voraus, dass **weiterhin alle** **95** **Voraussetzungen des § 60d erfüllt** sind. Vor diesem Hintergrund erscheint die ausdrückliche Forderung nach hinreichenden **mündlichen** Deutschkenntnissen überflüssig, weil diese schon Voraussetzung für die Erteilung der Beschäftigungsduldung waren (§ 60d Abs. 1 Nr. 6). Auch verlangen § 60d Abs. 1 Nr. 6 und § 25b Abs. 6 Hs. 1 die Sprachkenntnisse jeweils nur vom Ausländer, nicht von den in Abs. 6 Hs. 1 genannten Familienangehörigen, die nach dreißigmonatigem Besitz einer Beschäftigungsduldung gem. Abs. 6 Hs. 1 ebenfalls eine Aufenthaltserlaubnis erhalten sollen. In Bezug auf den Ausländer sind die **sprachlichen Anforderungen im Vergleich zu Abs. 1 S. 2 Nr. 4 damit etwas strenger,** weil sie dort „nur" regelmäßig nachgewiesen werden müssen. Inhabern einer „Familienbeschäftigungsduldung" (zu diesem Begriff vgl. Röder/ Wittmann ASYLMAGAZIN-Beil. 8-9/2919, 23 (31 f.)) wird der Schritt in die Legalität dagegen unter erleichterten Bedingungen ermöglicht, da sie – anders als im unmittelbaren Anwendungsbereich von § 25b (vgl. Abs. 4) – bei der Ersterteilung keine Sprachkenntnisse nachweisen müssen, was angesichts der regelmäßig kürzeren Voraufenthaltszeiten gerechtfertigt ist (Fleuß, BT-Drs. (A)19(4)287 A, 6).

Etwas anderes gilt nach Abs. 6 Hs. 2, wenn für den Ausländer bzw. seinen Ehe- oder Lebenspart- **96** ner die Möglichkeit zum Besuch eines Integrationskurses bestand. Dann bedarf es auch des Nachweises hinreichender **schriftlicher** Deutschkenntnisse (§ 2 Abs. 10). Dabei genügt es, wenn nur einer der Ehe- bzw. Lebenspartner den Nachweis führen kann. Das ergibt sich aus der Gesetzesbegründung (BT-Drs. 19/8286, 13), der Singularformulierung („verfügt") sowie dem Wortlaut („oder").

Die Möglichkeit zum Integrationskursbesuch bestand, **wenn** der Ausländer von der zuständigen **97** Behörde iRd § 44a Abs. 1 Nr. 4 **zur Teilnahme verpflichtet wurde** und der Besuch eines Integrationskurses im Rahmen verfügbarer Kursplätze (§ 44 Abs. 4 S. 2 Nr. 2) tatsächlich möglich war (BT-Drs. 19/8286, 13 f.). Die nach § 44 Abs. 4 S. 2 theoretisch bestehende Möglichkeit einer Integrationskurszulassung auf Antrag (vgl. § 5 Abs. 1 IntV) kann den Ehe-/Lebenspartnern daher nicht vorgehalten werden. Nach dem Wortlaut „verfügt" ist entscheidend, dass der Ausländer die verschärften Sprachanforderungen tatsächlich erfüllt. Ob er diese im Rahmen des Integrationskurses erworben hat, zu dem er verpflichtet wurde, ist irrelevant. Anders als § 60d Abs. 1 Nr. 11 stellt § 25b Abs. 6 Hs. 2 nicht darauf ab, dass der Betroffene am Integrationskurs teilgenommen hat, geschweige denn erfolgreich iSv § 17 Abs. 2 IntV.

Verfügt der Ausländer oder sein Ehe-/Lebenspartner noch nicht über die notwendigen schriftli- **98** chen Sprachkenntnisse, kann die Aufenthaltserlaubnis (noch) nicht erteilt werden. Bis zu einem entsprechenden Nachweis ist die **Beschäftigungserlaubnis zu verlängern.** § 79 Abs. 4 zeigt, dass eine solche Verlängerung möglich ist.

99 Aus der Formulierung („abweichend von") wird der naheliegende Schluss gezogen, dass es sich bei Abs. 6 um einen **Rechtsgrundverweis** handele (Fleuß, BT-Drs. (A)19(4)287 A, 6). Zusätzlich zu den in Abs. 6 genannten Erteilungsvoraussetzungen müsste der Ausländer danach regelmäßig auch die eine nachhaltige Integration indizierenden Bedingungen des Abs. 1 S. 2 erfüllen. Neben dem Bekenntnis zur freiheitlich demokratischen Grundordnung und den Grundkenntnissen über die Rechts- und Gesellschaftsordnung und die Lebensverhältnisse in Deutschland (Abs. 1 S. 2 Nr. 2) wäre auch die Voraussetzung des Abs. 1 S. 2 Nr. 3 zu erfüllen: Der Ausländer müsste – wegen § 25b Abs. 6 Hs. 1 iVm § 60d Abs. 1 Nr. 5 – durch seine Beschäftigung also zum einen seinen eigenen Lebensunterhalt vollständig sichern; gleichzeitig müsste im Wege der Beschäftigung aber auch der Lebensunterhalt einer ggf. vorhandenen Bedarfsgemeinschaft wenigstens überwiegend gesichert sein. Alternativ wäre gem. Abs. 1 S. 2 Nr. 3 auch eine positive Prognose ausreichend. Ob der Gesetzgeber die Erteilung der Aufenthaltserlaubnis tatsächlich von einer derartigen **doppelten Lebensunterhaltssicherungsprüfung** abhängig machen wollte, erscheint fraglich, zumal er auch ausdrückliche Anregungen (Fleuß, BT-Drs. (A)19(4)287 A, 22) zur Klarstellung im Sinne eines Rechtsgrundverweises nicht aufgegriffen hat. Mit dem Normzweck, eine nachhaltige Integration zu honorieren, wäre die Annahme eines **Rechtsfolgenverweises** durchaus vereinbar (aA Fleuß, BT-Drs. (A)19(4)287 A, 6): Der Verzicht auf die in Abs. 1 S. 2 genannten Integrationsleistungen bei der Ersterteilung wird durch die in Abs. 6 aufgestellten teilweise strengeren Bedingungen ohne Weiteres kompensiert. Da diese zudem seit mindestens 30 Monaten vorgelegen haben müssen, wird die Integration eines Beschäftigungsduldungsinhabers ggf. sogar nachhaltiger sein als bei sonstigen Duldungsinhabern, deren Aufenthalt unmittelbar nach Abs. 1 legalisiert werden soll. Nur bei letzteren kommt unter den Voraussetzungen des Abs. 3 außerdem ein Absehen von bestimmten Integrationsvoraussetzungen in Betracht. Allerdings kann angenommen werden, dass der Gesetzgeber auch in den Fällen des Abs. 6 zwingend auf die Erfüllung der Voraussetzungen des § 5 Abs. 2 verzichten wollte (vgl. Abs. 1 S. 1: „abweichend von § 5 Abs. 2") und das Absehen nicht in das Ermessen der Ausländerbehörde stellen wollte (vgl. § 5 Abs. 3 S. 2), was wiederum für einen Rechtsgrundverweis spricht. Bei Annahme eines Rechtsgrundverweises läge auch die Anwendung von Abs. 2 nahe, auch wenn Abs. 6 auf diesen nicht ausdrücklich Bezug nimmt. Praktische Bedeutung dürften dabei an nur die in Abs. 2 Nr. 2 genannten Ausweisungsinteressen erlangen, das aber auch nur insoweit, als sie nicht tatsächlich zu einer Ausweisung geführt haben und es nicht um strafrechtliche Verurteilungen geht, da diese bereits unter § 60d Abs. 2 Nr. 9 und Nr. 10 fallen, die bereits gem. Abs. 6 S. 1 Hs. 1 zum zwingenden Ausschluss von der Aufenthaltserlaubnis führen. Hält man Abs. 2 für unanwendbar, führt das Ausweisungsinteresse zwar nicht zwingend, über § 5 Abs. 1 Nr. 2 aber regelmäßig zur Versagung der Aufenthaltserlaubnis. Aus systematischen Gründen besteht für die Annahme eines atypischen Falls kein Raum und im Übrigen auch kein Bedarf (aA Bergmann/Dienelt/Röcker Rn. 41). Abs. 2 Nr. 1 wird bei Inhabern einer Beschäftigungsinhabern dagegen nicht einschlägig sein, da bei ihnen die Aufenthaltsbeendigung niemals nur an einem etwaigen Fehlverhalten, sondern jedenfalls auch an der Inhaberschaft der Beschäftigungsduldung scheitert.

99.1 Die Gesetzesbegründung liefert zu der Frage keine eindeutige Antwort. Die Aussage, dass mit der Erteilung einer Aufenthaltserlaubnis nach § 25b „nur noch" § 25b gilt, kann in beide Richtungen gewendet werden (BT-Drs. 19/8286, 13 f.).

100 Die **Verlängerung einer aufgrund von § 25b Abs. 6 erteilten Aufenthaltserlaubnis** soll sich nach der – insoweit einigermaßen eindeutigen – Vorstellung des Gesetzgebers nur noch nach den Voraussetzungen des § 25b – gemeint sein dürfte Abs. 1 – richten. Da § 25b Abs. 1 S. 2 die in Nr. 1 genannte Aufenthaltszeit nur regelmäßig verlangt, steht ihr etwaiges Nichterreichen der Verlängerung nicht entgegen, da kaum angenommen werden kann, dass der Ausländer samt seiner Familie wieder zurück in den Duldungsstatus geschickt werden soll, nachdem ihr Aufenthalt zuvor auf Grundlage von Abs. 6 legalisiert worden ist.

§ 26 Dauer des Aufenthalts

(1) **¹Die Aufenthaltserlaubnis nach diesem Abschnitt kann für jeweils längstens drei Jahre erteilt und verlängert werden, in den Fällen des § 25 Abs. 4 Satz 1 und Abs. 5 jedoch für längstens sechs Monate, solange sich der Ausländer noch nicht mindestens 18 Monate rechtmäßig im Bundesgebiet aufgehalten hat. ²Asylberechtigten und Ausländern, denen die Flüchtlingseigenschaft im Sinne des § 3 Absatz 1 des Asylgesetzes zuerkannt worden ist, wird die Aufenthaltserlaubnis für drei Jahre erteilt. ³Subsidiär Schutz-**

berechtigten im Sinne des § 4 Absatz 1 des Asylgesetzes wird die Aufenthaltserlaubnis für ein Jahr erteilt, bei Verlängerung für zwei weitere Jahre. ⁴Ausländern, die die Voraussetzungen des § 25 Absatz 3 erfüllen, wird die Aufenthaltserlaubnis für mindestens ein Jahr erteilt. ⁵Die Aufenthaltserlaubnisse nach § 25 Absatz 4a Satz 1 und Absatz 4b werden jeweils für ein Jahr, Aufenthaltserlaubnisse nach § 25 Absatz 4a Satz 3 jeweils für zwei Jahre erteilt und verlängert; in begründeten Einzelfällen ist eine längere Geltungsdauer zulässig.

(2) Die Aufenthaltserlaubnis darf nicht verlängert werden, wenn das Ausreisehindernis oder die sonstigen einer Aufenthaltsbeendigung entgegenstehenden Gründe entfallen sind.

(3) ¹Einem Ausländer, der eine Aufenthaltserlaubnis nach § 25 Absatz 1 oder 2 Satz 1 erste Alternative besitzt, ist eine Niederlassungserlaubnis zu erteilen, wenn
1. er die Aufenthaltserlaubnis seit fünf Jahren besitzt, wobei die Aufenthaltszeit des der Erteilung der Aufenthaltserlaubnis vorangegangenen Asylverfahrens abweichend von § 55 Absatz 3 des Asylgesetzes auf die für die Erteilung der Niederlassungserlaubnis erforderliche Zeit des Besitzes einer Aufenthaltserlaubnis angerechnet wird,
2. das Bundesamt für Migration und Flüchtlinge nicht nach § 73 Absatz 2a des Asylgesetzes mitgeteilt hat, dass die Voraussetzungen für den Widerruf oder die Rücknahme vorliegen; ist der Erteilung der Aufenthaltserlaubnis eine Entscheidung des Bundesamtes vorausgegangen, die im Jahr 2015, 2016 oder 2017 unanfechtbar geworden ist, muss das Bundesamt mitgeteilt haben, dass die Voraussetzungen für den Widerruf oder die Rücknahme nicht vorliegen,
3. sein Lebensunterhalt überwiegend gesichert ist,
4. er über hinreichende Kenntnisse der deutschen Sprache verfügt und
5. die Voraussetzungen des § 9 Absatz 2 Satz 1 Nummer 4 bis 6, 8 und 9 vorliegen.
²§ 9 Absatz 2 Satz 2 bis 6, § 9 Absatz 3 Satz 1 und § 9 Absatz 4 finden entsprechend Anwendung; von der Voraussetzung in Satz 1 Nummer 3 wird auch abgesehen, wenn der Ausländer die Regelaltersgrenze nach § 35 Satz 2 oder § 235 Absatz 2 des Sechsten Buches Sozialgesetzbuch erreicht hat. ³Abweichend von Satz 1 und 2 ist einem Ausländer, der eine Aufenthaltserlaubnis nach § 25 Absatz 1 oder 2 Satz 1 erste Alternative besitzt, eine Niederlassungserlaubnis zu erteilen, wenn
1. er die Aufenthaltserlaubnis seit drei Jahren besitzt, wobei die Aufenthaltszeit des der Erteilung der Aufenthaltserlaubnis vorangegangenen Asylverfahrens abweichend von § 55 Absatz 3 des Asylgesetzes auf die für die Erteilung der Niederlassungserlaubnis erforderliche Zeit des Besitzes einer Aufenthaltserlaubnis angerechnet wird,
2. das Bundesamt für Migration und Flüchtlinge nicht nach § 73 Absatz 2a des Asylgesetzes mitgeteilt hat, dass die Voraussetzungen für den Widerruf oder die Rücknahme vorliegen; ist der Erteilung der Aufenthaltserlaubnis eine Entscheidung des Bundesamtes vorausgegangen, die im Jahr 2015, 2016 oder 2017 unanfechtbar geworden ist, muss das Bundesamt mitgeteilt haben, dass die Voraussetzungen für den Widerruf oder die Rücknahme nicht vorliegen,
3. er die deutsche Sprache beherrscht,
4. sein Lebensunterhalt weit überwiegend gesichert ist und
5. die Voraussetzungen des § 9 Absatz 2 Satz 1 Nummer 4 bis 6, 8 und 9 vorliegen.
⁴In den Fällen des Satzes 3 finden § 9 Absatz 3 Satz 1 und § 9 Absatz 4 entsprechend Anwendung. ⁵Für Kinder, die vor Vollendung des 18. Lebensjahres nach Deutschland eingereist sind, kann § 35 entsprechend angewandt werden. ⁶Die Sätze 1 bis 5 gelten auch für einen Ausländer, der eine Aufenthaltserlaubnis nach § 23 Absatz 4 besitzt, es sei denn, es liegen die Voraussetzungen für eine Rücknahme vor.

(4) ¹Im Übrigen kann einem Ausländer, der eine Aufenthaltserlaubnis nach diesem Abschnitt besitzt, eine Niederlassungserlaubnis erteilt werden, wenn die in § 9 Abs. 2 Satz 1 bezeichneten Voraussetzungen vorliegen. ²§ 9 Abs. 2 Satz 2 bis 6 gilt entsprechend. ³Die Aufenthaltszeit des der Erteilung der Aufenthaltserlaubnis vorangegangenen Asylverfahrens wird abweichend von § 55 Abs. 3 des Asylgesetzes auf die Frist angerechnet. ⁴Für Kinder, die vor Vollendung des 18. Lebensjahres nach Deutschland eingereist sind, kann § 35 entsprechend angewandt werden.

Überblick

§ 26 enthält Sonderregelungen für die Verlängerung humanitärer Aufenthaltstitel und die Aufenthaltsverfestigung von Inhabern humanitärer Aufenthaltstitel. Abs. 1 (→ Rn. 2 ff.) enthält

Bestimmungen für die Dauer der Erteilung und Verlängerung von Aufenthaltserlaubnissen nach § 25. Nach Abs. 2 (→ Rn. 9 ff.) ist die Verlängerung der Aufenthaltserlaubnis ausgeschlossen, wenn das Ausreisehindernis oder die sonst der Aufenthaltsbeendigung entgegenstehenden Gründe entfallen sind. Abs. 3 (→ Rn. 12 ff.) und Abs. 4 (→ Rn. 21 ff.) regeln die Voraussetzungen für die Erteilung eine Niederlassungserlaubnis. Besitzt ein Ausländer eine Aufenthaltserlaubnis als Asylberechtigter oder subsidiär Schutzberechtigter, so ist ihm nach fünf (→ Rn. 13 ff.) bzw. drei (→ Rn. 16 ff.) Jahren eine Niederlassungserlaubnis zu erteilen, wenn zusätzlich die genannten Voraussetzungen vorliegen. In allen anderen Fällen kann eine Niederlassungserlaubnis erteilt werden, wenn der Ausländer die in § 9 Abs. 2 S. 1 bezeichneten Voraussetzungen erfüllt. Eine Privilegierung findet nur insoweit statt, als die Zeiten des der Erteilung des Aufenthaltstitels vorangegangenen Asylverfahrens auf die erforderliche Zeit des Besitzes einer Aufenthaltserlaubnis angerechnet werden. Die Übergangsregelung in § 104 Abs. 7 (→ Rn. 37) ist zu beachten.

Übersicht

A. Entstehungsgeschichte

1 Die Bestimmung ersetzt §§ 27 Abs. 3, 34 und 35 Abs. 1 AuslG. Eine wesentliche Änderung erfuhr die Vorschrift durch das Gesetz zur Neubestimmung des Bleiberechts und der Aufenthaltsbeendigung (v. 27.7.2015, BGBl. I 1386), mit dem die Geltungsdauer der Aufenthaltserlaubnisse nach § 25 Abs. 4a und Abs. 4b auf ein Jahr verlängert und die Regelung bezüglich § 25 Abs. 4a S. 3 aufgenommen wurde. In Abs. 4 S. 1 wurden die Wörter „seit sieben Jahren" gestrichen, sodass nunmehr die Frist des § 9 Abs. 2 S. 1 Nr. 1 (fünf Jahre) gilt. Zuletzt wurde durch Art. 5 Nr. 8 Integrationsgesetz (v. 31.7.2016, BGBl. I 1939) Abs. 3 grundlegend verändert, um auch gegenüber anerkannten Schutzberechtigten Integrationsforderungen besser durchsetzen zu können.

B. Gültigkeitsdauer (Abs. 1)

I. Asylberechtigte und GK-Flüchtlinge (Abs. 1 S. 2)

2 Bei der Bemessung der Dauer der Erteilung und Verlängerung der humanitären Aufenthaltserlaubnis sind die Vorgaben der Qualifikations-RL verbindlich. **Art. 24 Abs. 1 Qualifikations-RL** schreibt zwingend vor, dass bei zuerkannter Flüchtlingseigenschaft ein zunächst für **mindestens drei Jahre gültiger Aufenthaltstitel** zu erteilen ist. Eine nachträgliche Verkürzung der Geltungsdauer der Aufenthaltserlaubnis ist nur in den Fällen des Erlöschens oder des Widerrufs oder der Rücknahme der Asylberechtigung bzw. der Zuerkennung der Flüchtlingseigenschaft nach §§ 72, 73, 73a AsylG möglich (BeckOK AuslR/Maaßen/Kluth Rn. 3).

II. Subsidiär Schutzberechtigte (Abs. 1 S. 3)

3 Bei subsidiärem Schutzstatus ist ein für **mindestens ein Jahr und längstens für drei Jahre** gültiger Aufenthaltstitel zu erteilen. Die Befristungsdauer von drei Jahren erklärt sich aus der in

§ 73 Abs. 2a AsylG geregelten Frist zur Überprüfung der Voraussetzungen der Anerkennungsentscheidung.

III. Sonstige Inhaber humanitärer Aufenthaltstitel

In den Fällen des § 25 Abs. 4 S. 1 und Abs. 5 (Abs. 1 S. 1) darf die Aufenthaltserlaubnis nur **4** für **längstens sechs Monate** erteilt und verlängert werden, solange sich der Ausländer noch nicht mindestens 18 Monate rechtmäßig in Deutschland aufgehalten hat. Hat sich der Ausländer **länger als 18 Monate rechtmäßig in Deutschland aufgehalten, gilt die Höchstgültigkeitsdauer von drei Jahren.** Voraussetzung ist ein ununterbrochener rechtmäßiger Aufenthalt von mindestens 18 Monaten; Duldungszeiten können nicht angerechnet werden. Wenn absehbar ist, dass der Schutzzweck früher enden wird oder ein Abschiebungshindernis in nächster Zeit entfallen könnte, sollte die Frist entsprechend kürzer bemessen werden (Nr. 26.1.1 AufenthGAVwV).

Die Geltungsdauer der Aufenthaltserlaubnis nach § 25 Abs. 3 (Abs. 1 S. 4) beträgt **mindestens** **5** **ein Jahr.** Die Ausländerbehörde kann die Geltungsdauer der Aufenthaltserlaubnis für diesen Personenkreis im Rahmen ihrer Ermessensentscheidung danach jeweils auf einen Zeitraum zwischen einem Jahr und drei Jahren befristen (Nr. 26.1.2 AufenthGAVwV).

S. 5 regelt die Erteilungsdauer der Aufenthaltserlaubnis nach § 25 Abs. 4a S. 1 und Abs. 4b. **6** Diese beträgt **grundsätzlich ein Jahr.** Die Regelbefristung trägt dem Umstand Rechnung, dass die Aufenthaltserlaubnis nach § 25 Abs. 4a als Aufenthaltsrecht für einen nur **vorübergehenden Aufenthalt** ausgestaltet ist. In begründeten Fällen kann die Ausländerbehörde die Aufenthaltserlaubnis für eine längere Geltungsdauer erteilen. Ein solcher Fall liegt insbesondere dann vor, wenn von vornherein absehbar ist, dass die **Notwendigkeit der Anwesenheit des Ausländers als Zeuge** aufgrund der Ermittlungen der Strafverfolgungsbehörden oder / und der gerichtlichen Verhandlungen länger bestehen wird. Zur Realisierung des mit § 25 Abs. 4a verfolgten Zwecks – der Gewinnung von verwertbaren Aussagen der Opfer im Interesse der Strafverfolgung von Menschenhandelsdelikten – ist es in diesen Fällen zweckmäßig, die Aufenthaltserlaubnis von vornherein für einen längeren, im Hinblick auf den Abschluss des Strafverfahrens realistischen Zeitraum zu erteilen (Nr. 26.1.3 AufenthGAVwV). Bei **Opfern von illegaler Beschäftigung** kann die Aufenthaltserlaubnis verlängert werden, wenn dem Ausländer von Seiten des Arbeitgebers die zustehende Vergütung noch nicht vollständig geleistet wurde und es für den Ausländer eine besondere Härte darstellen würde, seinen Vergütungsanspruch aus dem Ausland zu verfolgen (§ 25 Abs. 4b S. 3).

Für Aufenthaltserlaubnisse nach § 25 Abs. 4a S. 3 beträgt die Geltungsdauer **zwei Jahre.** Sie **7** kann jedoch in begründeten Fällen auch länger erteilt werden. Hierbei handelt es nicht um eine Ausnahmeregelung im eigentlichen Sinn, da diese nicht auf atypische Sonderfälle beschränkt ist.

Hinsichtlich der aufgrund einer Bleiberechtsregelung nach § 23 Abs. 1 erteilten Aufenthaltserlaubnisse enthalten die **Anordnungen der obersten Landesbehörden** regelmäßig konkrete **8** Vorgaben (BeckOK AuslR/Maaßen/Kluth Rn. 4). Die Gültigkeitsdauer und Verlängerung einer nach § 24 erteilten Aufenthaltserlaubnis richtet sich nach § 24 Abs. 1 iVm **Art. 4 Schutzgewährungs-RL** (RL 2001/55/EG v. 20.7.2001, ABl. 2001 L 212, 12). **§ 26 findet grundsätzlich keine Anwendung** (BeckOK AuslR/Maaßen/Kluth Rn. 6).

C. Verlängerung und Ausschluss der Verlängerung (Abs. 2)

Abs. 2 enthält die Vorgaben für die Verlängerung der Aufenthaltserlaubnis. Bei der Zulässigkeit **9** der Verlängerung und der Gültigkeitsdauer ist Abs. 1 zu beachten. Bei der Entscheidung über die Verlängerung der Aufenthaltserlaubnis ist auf das **Fortbestehen der Erteilungsvoraussetzungen** zu achten (Nr. 26.2 AufenthGAVwV; BeckOK AuslR/Maaßen/Kluth. Rn. 8). Abs. 2 greift nicht ein, wenn der Ausländer einen Anspruch auf Erteilung einer Niederlassungserlaubnis hat.

Die Aufenthaltserlaubnis darf nicht verlängert werden, wenn das **Ausreisehinderis oder die** **10** **sonstigen einer Aufenthaltsbeendigung entgegenstehenden Gründe entfallen** sind. Dies ist auch dann zu bejahen, wenn bei Vorliegen unveränderter Umstände die Beurteilung der entgegenstehenden Gründe zu einem anderen Ergebnis führt.

In den Fällen des **§ 25 Abs. 1–3** ist die **Behörde an die Entscheidung des Bundesamtes** **11** **gebunden (§ 42 AsylG),** dh die Verlängerung der Aufenthaltserlaubnis darf nur abgelehnt werden, wenn das Bundesamt das förmlich festgestellte Abschiebungsverbot unanfechtbar zurückgenommen oder widerrufen hat (GK-AufenthG/Burr Rn. 12).

D. Erteilung einer Niederlassungserlaubnis an Inhaber einer Aufenthaltserlaubnis nach § 25 Abs. 1 oder Abs. 2 S. 1 Alt. 1 und § 23 Abs. 3 und Abs. 4

12   Abs. 3 privilegiert Asylberechtigte und Konventionsflüchtlinge bei der Aufenthaltsverfestigung, weil sie nicht die allgemeinen Erteilungsvoraussetzungen für eine Niederlassungserlaubnis erfüllen müssen.

I. Fünfjährige Aufenthaltszeit

13   Nach **S. 1** hat der Betreffende **Anspruch auf Erteilung einer Niederlassungserlaubnis,** wenn er seit **fünf Jahren** eine Aufenthaltserlaubnis nach § 25 Abs. 1 oder Abs. 2 S. 1 Alt. 1 besitzt, das Bundesamt nicht nach § 73 Abs. 2a AsylG mitgeteilt hat, dass die Voraussetzungen für den Widerruf und die Rücknahme der Asyl- oder Flüchtlingsanerkennung vorliegen, sein Lebensunterhalt überwiegend gesichert ist, er über hinreichende Kenntnisse der deutschen Sprache verfügt und die Voraussetzungen des § 9 Abs. 2 S. 1 Nr. 4–6, Nr. 8 und Nr. 9 erfüllt sind. Dies gilt nicht, wenn der über S. 2 anwendbare § 9 Abs. 2 S. 2–6 eingreifen.

14   Es reicht bei S. 1 Nr. 2 grundsätzlich aus, wenn das Bundesamt dazu schweigt, ob die Voraussetzungen für einen Widerruf und eine Rücknahme nach § 73 AsylG und für eine Rücknahme nach § 48 VwVfG vorliegen, lediglich eine ausdrückliche Mitteilung, dass Rücknahme oder Widerrufsvoraussetzungen vorliegen, hindert die Erteilung der Niederlassungserlaubnis. Mit dem Zweiten Gesetz zur besseren Durchsetzung der Ausreisepflicht (v. 15.8.2019, BGBl. I 1294) wurde Abs. 3 S. 1 Nr. 2 dahingehend ergänzt, dass bei Entscheidungen des Bundesamtes, die im Jahr 2015, 2016 oder 2017 unanfechtbar geworden sind, das Bundesamt mitgeteilt haben muss, dass die Voraussetzungen für den Widerruf und die Rücknahme nicht vorliegen. Dies hat seinen Grund darin, dass die Frist für die Regelüberprüfung nach § 73 Abs. 2a AsylG für die positiven Asylentscheidungen der Jahre 2015, 2016 und 2017 künftig auf mindestens vier Jahre erhöht wird und die Aufenthaltszeiten des der Erteilung der Aufenthaltserlaubnis vorangegangenen Asylverfahrens angerechnet werden, so dass eine Überprüfung der positiven Asylentscheidung durch das Bundesamt vor Erreichen des Fünfjahreszeitraums eventuell noch nicht stattgefunden hat. Daher ist für die Erteilung einer Niederlassungserlaubnis Voraussetzung, dass das Bundesamt ausdrücklich mitgeteilt hat, dass die Voraussetzungen für die Rücknahme oder einen Widerruf nicht vorliegen (BT-Drs. 19/10047, 33).

15   Privilegiert wird der Ausländer im Vergleich zu § 9 Abs. 2 S. 1 bezüglich der Pflichtbeiträge zur Rentenversicherung, der Sprachkenntnisse und dadurch, dass der **Lebensunterhalt nur überwiegend gesichert** sein muss. Von einer überwiegenden Sicherung des Lebensunterhalts ist auszugehen, wenn das Einkommen aus Erwerbstätigkeit insgesamt überwiegt, also nur **teilweise Sozialleistungen bezogen** werden. Das Erfordernis entspricht demjenigen in § 25b Abs. 1 S. 2 Nr. 3 (Bergmann/Dienelt/Dienelt/Röcker Rn. 27).

II. Dreijährige Aufenthaltszeit

16   Nach **S. 3** besteht der Anspruch auf Erteilung einer Niederlassungserlaubnis bereits **nach drei Jahren** des Besitzes der genannten Aufenthaltserlaubnisse, wenn der Ausländer die deutsche Sprache beherrscht, der **Lebensunterhalt weit überwiegend gesichert** ist und die übrigen in S. 1 aufgeführten Voraussetzungen vorliegen. Mit dem Zweiten Gesetz zur besseren Durchsetzung der Ausreisepflicht (v. 15.8.2019, BGBl. I 1294) wurde Abs. 3 S. 3 Nr. 2 angefügt, dass bei Entscheidungen des Bundesamtes, die im Jahr 2015, 2016 oder 2017 unanfechtbar geworden sind, das Bundesamt mitgeteilt haben muss, dass die Voraussetzungen für den Widerruf und die Rücknahme nicht vorliegen. Dies hat seinen Grund darin, dass die Frist für die Regelüberprüfung nach § 73 Abs. 2a AsylG für die positiven Asylentscheidungen der Jahre 2015, 2016 und 2017 künftig auf mindestens vier Jahre erhöht wird und eine Mitteilung des Bundesamtes regelmäßig nicht zu erwarten sein wird (BT-Drs. 19/10047, 33).

17   Im Gegensatz zu Abs. 3 S. 2 fehlt in Abs. 2 S. 4 der Verweis auf § 9 Abs. 2 S. 2–6, sodass die Voraussetzungen des § 9 Abs. 2 S. 1 Nr. 4–6, Nr. 8 und Nr. 9 vorliegen müssen. Da auf § 9 Abs. 3 S. 1 verwiesen wird, reicht es allerdings aus, wenn bei Ehegatten, die in ehelicher Lebensgemeinschaft leben, die Voraussetzungen des § 9 Abs. 2 S. 1 Nr. 3, Nr. 5 und Nr. 6 durch einen Ehegatten erfüllt werden.

III. Abs. 3 S. 6

Auch Resettlement-Flüchtlinge nach § 23 Abs. 4 haben nach fünf bzw. drei Jahren einen **18** Anspruch auf Erteilung einer Niederlassungserlaubnis, wenn sie die Voraussetzungen von Abs. 3 S. 1–5 erfüllen und nicht die Voraussetzungen für die Rücknahme der Aufenthaltserlaubnis vorliegen (Bergmann/Dienelt/Dienelt/Röcker Rn. 20).

IV. Fristberechnung

Für die Berechnung der Fünf- bzw. Drei-Jahres-Frist kommt es darauf an, dass der Ausländer **19** während des gesamten Zeitraums im Besitz einer Aufenthaltserlaubnis nach § 25 Abs. 1, Abs. 2 S. 1 Alt. 1 oder § 23 Abs. 4 war. Die Fiktion der Fortgeltung einer Aufenthaltserlaubnis nach § 81 Abs. 4 (→ § 81 Rn. 26 ff.) reicht aus, wenn dem Ausländer ein Anspruch auf Verlängerung der jeweiligen Aufenthaltserlaubnis zusteht. Bagatellunterbrechungen, die der Ausländer nicht zu vertreten hat, sollte die Ausländerbehörde im Rahmen der Ermessensentscheidung nach § 85 unberücksichtigt lassen; sie sind jedoch nicht anrechenbar.

Eine Anrechnung von Zeiten des Besitzes einer Aufenthaltsbefugnis nach dem AuslG ist im **20** Rahmen der Erteilung einer Niederlassungserlaubnis nach Abs. 3 nicht vorgesehen. Der Gesetzgeber hat in § 102 Abs. 2 eine Anrechnung nur im Fall der Erteilung einer Niederlassungserlaubnis nach Abs. 4 angeordnet (Nr. 26.3.3 AufenthGAVwV). Die Zeiten des der Erteilung der Aufenthaltserlaubnis vorangegangenen Asylverfahrens sind anrechenbar.

E. Erteilung einer Niederlassungserlaubnis an andere Inhaber einer Aufenthaltserlaubnis aus humanitären Gründen (Abs. 4)

I. Persönlicher Anwendungsbereich

Die Vorschrift ist auch auf **Asylberechtigte** und **anerkannte Flüchtlinge anwendbar,** für **21** die jedoch in der Regel Abs. 3 günstiger sein wird. Abs. 4 findet **keine Anwendung** auf Ausländer nach **§ 24,** da für diesen Personenkreis nach § 24 Abs. 1 die Verlängerungsregelung nach Art. 4 Schutzgewährungs-RL (RL 2001/55/EG v. 20.7.2001, ABl. 2001 L 212, 12) gilt.

Auch auf Ausländer, die im Besitz einer Aufenthaltserlaubnis nach **§ 25 Abs. 4 S. 1, Abs. 4a** **22** **oder Abs. 4b** sind, ist Abs. 4 nicht anwendbar, da diese Vorschriften ausdrücklich nur den vorübergehenden Aufenthalt in Deutschland regeln (Nr. 26.4.3 AufenthGAVwV; BeckOK AuslR/Maaßen/Kluth Rn. 22). Dies gilt auch für Ausländer, die eine **Aufenthaltserlaubnis auf Probe** (§ 104a Abs. 1 S. 1) besitzen (§ 104a Abs. 1 S. 3). Erst wenn sich der weitere Aufenthalt aufgrund der Verlängerung gem. **§ 104a Abs. 5 S. 2, S. 3** nach **§ 23 Abs. 1** richtet, ist Abs. 4 auch bei einer ursprünglichen Aufenthaltserlaubnis auf Probe anwendbar. Im Falle des **§ 104b** findet Abs. 4 durch den Verweis auf § 23 Abs. 1 Anwendung.

Nach Auffassung des VGH BW steht ein Anspruch auf Erteilung der beantragten Niederlassungserlaub- **22.1** nis, die der Ausländer im laufenden Verfahren erworben hat, dem Erfordernis des fortbestehenden Besitzes einer humanitären Aufenthaltserlaubnis bis zum maßgeblichen Zeitpunkt der gerichtlichen Entscheidung gleich (BeckRS 2018, 29309).

II. Konkurrenz zu anderen Vorschriften über die Aufenthaltsverfestigung

Ob Abs. 4 die speziellere Vorschrift zu **§ 9** ist und daher die Anwendung von § 9 für eine **23** Aufenthaltsverfestigung ausgeschlossen ist, wenn der Antragsteller in Besitz eines humanitären Aufenthaltstitels ist, umstritten (BayVGH BeckRS 2015, 48456; Hailbronner AuslR Rn. 17 mwN). Mit dem Gesetz zur Neuregelung des Bleiberechts (v. 27.7.2015, BGBl. I 1386) ist allerdings die erforderliche Aufenthaltsdauer an § 9 angeglichen (→ Rn. 1) und auch sonst auf die Erteilungsvoraussetzungen des § 9 Abs. 2 verwiesen worden, sodass sich dieses Problem in der Praxis nicht mehr stellen wird.

III. Fünfjähriger Titelbesitz

Der Antragsteller muss bei Beantragung der Aufenthaltserlaubnis noch im **Besitz eines Aufent-** **24** **haltstitels nach dem Abschnitt 5** sein. Nicht erforderlich ist, dass die materiell-rechtlichen Voraussetzungen für die Erteilung oder Verlängerung der Aufenthaltserlaubnis noch erfüllt sind (Nr. 26.4.5 AufenthGAVwV). Abs. 2 findet keine Anwendung.

25   Ausreichend ist, wenn im Zeitpunkt der Entscheidung über den Antrag auf Erteilung einer Niederlassungserlaubnis die Aufenthaltserlaubnis als fortbestehend nach § 81 Abs. 4 (→ § 81 Rn. 26 ff.) gilt und es tatsächlich **zu einer Verlängerung des Aufenthaltstitels kommt** (BVerwG BeckRS 2014, 49307 mwN).

26   Vorausgesetzt wird grundsätzlich ein **ununterbrochener Titelbesitz** von fünf Jahren. Allenfalls kurze Unterbrechungen können nach § 85 unberücksichtigt bleiben, werden aber auf die Zeit des Titelbesitzes nicht angerechnet (BVerwG BeckRS 2010, 46634). Angerechnet werden (Nr. 26.4.8 AufenthGAVwV) **Zeiten des Besitzes einer Aufenthaltserlaubnis nach den §§ 22–25, 104a und 104b**, Zeiten des **Besitzes einer Fiktionsbescheinigung nach § 81 Abs. 4 zu einer Aufenthaltserlaubnis aus humanitären Gründen bei Verlängerungsanspruch** (BVerwG BeckRS 2010, 50186), Zeiten des Besitzes einer **Aufenthaltsbefugnis oder Duldung vor dem 1.1.2005 (§ 102 Abs. 2)** sowie Zeiten einer Duldung nach altem Recht über den 1.1.2005 hinaus, wenn sie sich „nahtlos" an die Erteilung einer Aufenthaltserlaubnis aus humanitären Gründen nach neuem Recht angeschlossen hat (BVerwG BeckRS 2010, 46634) und Zeiten des Besitzes der **Aufenthaltsgestattung während des Asylverfahrens, das der Erteilung der Aufenthaltserlaubnis vorangegangen ist** (Abs. 4 S. 3; Hailbronner AuslR Rn. 19).

27   Aufenthaltszeiten von **früheren, erfolglos betriebenen Asylverfahren** können bei der Berechnung des anrechenbaren Zeitraums nicht berücksichtigt werden. **Zeiten eines Asylfolgeverfahrens** – unter Ausschluss der Zeiten des diesen vorangegangenen Asylverfahrens – sind anzurechnen, wenn der Aufenthalt wegen Vorliegens der Voraussetzungen nach § 71 Abs. 1 AsylVfG gestattet war (BeckOK AuslR/Maaßen/Kluth Rn. 27.1).

28   **Zeiten des Besitzes einer Duldung nach § 60a** sind nicht anrechenbar und führen darüber hinaus dazu, dass die vor der Erteilung dieser Duldung erreichten anrechenbaren Zeiten nicht mehr angerechnet werden können (BeckOK AuslR/Maaßen/Kluth Rn. 26).

29   Nicht berücksichtigungsfähig sind auch **Zeiten eines Titelbesitzes zu anderen Aufenthaltszwecken** (GK-AufenthG/Burr Rn. 26; diff. NK-AuslR/Fränkel Rn. 24).

IV. Erteilungsvoraussetzungen

30   Grundsätzlich muss der Ausländer **alle in § 9 Abs. 2 genannten Erteilungsvoraussetzungen** erfüllen. Mit S. 2 wird klargestellt, dass auch bei Ausländern mit einem humanitären Aufenthaltsrecht in Ausnahmefällen eine Aufenthaltsverfestigung möglich ist, wenn die für einen unbefristeten Aufenthaltstitel **erforderlichen Kenntnisse der deutschen Sprache und der Grundkenntnisse der Rechts- und Gesellschaftsordnung** unverschuldet nicht erreicht werden können (vgl. **§ 9 Abs. 2 S. 2–6;** Nr. 26.4.9 AufenthGAVwV). Bei Ausländern, die vor dem 1.1.2005 im Besitz einer Aufenthaltserlaubnis waren, ist zu beachten, dass hinsichtlich der Voraussetzungen des § 9 Abs. 2 S. 1 Nr. 3, Nr. 7 und Nr. 8 die **Übergangsregelung des § 104 Abs. 2** anwendbar ist.

31   Vom Erfordernis der Lebensunterhaltssicherung und der Pflichtbeiträge zur Rentenversicherung kann unter den Voraussetzungen des § 9 Abs. 2 S. 3 abgesehen werden (BVerwG BeckRS 2016, 55869). **Ein Rückgriff auf § 5 Abs. 3 S. 2 ist im Falle der Lebensunterhaltssicherung unzulässig** (BVerwG BeckRS 2008, 41338).

31.1   Die Anwendung des § 9 Abs. 2 S. 6 iVm § 9 Abs. 2 S. 3 setzt voraus, dass der Ausländer (nahezu) dauerhaft erwerbsgemindert ist, also aufgrund einer Krankheit nahezu dauerhaft nicht in der Lage ist, seinen Lebensunterhalt zu sichern (OVG LSA BeckRS 2019, 5029 mwN). Das nach § 37 SGB XI gezahlte Pflegegeld dient nicht zur Sicherung des allgemeinen Lebensunterhalts nach § 9 Abs. 2 Nr. 2 (OVG NRW BeckRS 2018, 5886).

32   Ansonsten müssen auch die **allgemeinen Erteilungsvoraussetzungen der § 5 und § 11** erfüllt sein, es sei denn in § 9 Abs. 2 findet sich eine speziellere Regelung (zu § 5 Abs. 1 Nr. 2 vgl. BayVGH BeckRS 2015, 48456).

V. Ermessensentscheidung

33   Die Niederlassungserlaubnis kann im **Ermessenswege** erteilt werden, wenn die Voraussetzungen des § 9 Abs. 2 S. 1 erfüllt sind. Die Ausländerbehörde kann bei der Ausübung des Ermessens unter anderem **folgende Kriterien** heranziehen: Dauer des Aufenthalts in Deutschland, Integration in die Lebensverhältnisse der Bundesrepublik, Fortdauer des Aufenthaltszwecks bzw. der Schutzgründe, die die Erteilung der Aufenthaltserlaubnis rechtfertigen (Nr. 26.4.7 AufenthGAVwV). Auch sind die migrationspolitischen Vorgaben des AufenthG (§ 1 Abs. 1) zu beachten. Das Interesse des Ausländers an einer Verfestigung seines Aufenthalts ist mit dem öffentlichen

Interesse an der Begrenzung eines Zuzugs abzuwägen (BeckOK AuslR/Maaßen/Kluth Rn. 34 mwN).

Für eine Integration in die hiesigen Lebensverhältnisse dürften gute Sprachkenntnisse, ehrenamtliche **33.1** oder gemeinnützige Tätigkeiten sowie politisches Engagement sprechen. Bei Personen, die unter § 9 Abs. 2 S. 6 iVm S. 3 fallen, ist auch das Bemühen, die verbliebene Erwerbstätigkeit zur Erzielung von Einkommen zu nutzen, zu berücksichtigen (OVG LSA BeckRS 2019, 5029).

VI. Aufenthaltsverfestigung bei Kindern

Nach Abs. 4 S. 4 iVm § 35 kann Kindern mit einem humanitären Aufenthaltsrecht, also meist **34** als unbegleitete Minderjährige Eingereiste, im Ermessenswege unter den gleichen Voraussetzungen die Aufenthaltsverfestigung ermöglicht werden, wie sie bei Kindern gelten, die eine zum Zwecke der Familienzusammenführung erteilte Aufenthaltserlaubnis besitzen. **Das Kind muss nicht die Voraussetzungen des § 9 Abs. 2 S. 1 erfüllen, sondern die des § 35** (je nach Alter die Voraussetzungen nach § 35 Abs. 1 S. 1 oder S. 2). S. 4 erfasst auch inzwischen Volljährige, die vor Vollendung des 18. Lebensjahres nach Deutschland eingereist sind. Für **in Deutschland geborene Kinder** ist S. 4 analog anzuwenden (GK-AufenthG/Burr Rn. 35; Nr. 26.4.10 Aufenth-GAVwV).

Für die Erteilung der Niederlassungserlaubnis ist der Besitz einer Aufenthaltserlaubnis zu huma- **35** nitären Zwecken ausreichend (GK-AufenthG/Burr Rn. 34.1). Die rechtliche Grundlage für den Eintritt der Aufenthaltsverfestigung muss **schon vor Eintritt der Volljährigkeit** geschaffen worden sein. Der Besitz einer Duldung reicht daher nicht aus (OVG LSA BeckRS 2015, 51054). Bei der **Berechnung der Zeiten des Besitzes einer Aufenthaltserlaubnis** ist **Abs. 4 S. 3** anzuwenden (NK-AuslR/Fränkel Rn. 30; zum Meinungsstand Hailbronner AuslR Rn. 26a).

S. 4 gewährt lediglich einen **Anspruch auf fehlerfreie Ermessensentscheidung,** während **36** § 35 einen Rechtsanspruch normiert (GK-AufenthG/Burr Rn. 35.1; NK-AuslR/Fränkel Rn. 29).

VII. § 104 Abs. 7

Nach § 104 Abs. 7 besteht iVm Abs. 4 für den Ehegatten, Lebenspartner und die minderjährigen **37** ledigen Kinder eines Ausländers, der im Besitz einer Aufenthaltsbefugnis war, die Möglichkeit, eine Niederlassungserlaubnis zu erhalten. Diesen Personen, die vor dem 1.1.2005 im Besitz einer Aufenthaltsbefugnis nach §§ 31 Abs. 1 oder 35 Abs. 2 AuslG waren und denen gem. § 35 Abs. 1 AuslG eine unbefristete Aufenthaltserlaubnis hätte erteilt werden können, kann unter Anrechnung der Aufenthaltsbefugniszeiten eine Niederlassungserlaubnis erteilt werden, wenn die Voraussetzungen des Abs. 4 vorliegen und der Rechtsgrund für die Erteilung der Aufenthaltsbefugnis weiterhin besteht. Zum Zeitpunkt der Erteilung der Niederlassungserlaubnis nach § 26 Abs. 4 iVm § 104 Abs. 7 und § 31 Abs. 1 AuslG muss das Kind noch minderjährig und ledig sein. Die Anrechnung der Aufenthaltsbefugniszeiten erfolgt nach § 102 Abs. 2 (Nr. 26.4.11 AufenthGAVwV).

Abschnitt 6. Aufenthalt aus familiären Gründen

§ 27 Grundsatz des Familiennachzugs

(1) Die Aufenthaltserlaubnis zur Herstellung und Wahrung der familiären Lebensgemeinschaft im Bundesgebiet für ausländische Familienangehörige (Familiennachzug) wird zum Schutz von Ehe und Familie gemäß Artikel 6 des Grundgesetzes erteilt und verlängert.

(1a) Ein Familiennachzug wird nicht zugelassen, wenn
1. feststeht, dass die Ehe oder das Verwandtschaftsverhältnis ausschließlich zu dem Zweck geschlossen oder begründet wurde, dem Nachziehenden die Einreise in das und den Aufenthalt im Bundesgebiet zu ermöglichen, oder
2. tatsächliche Anhaltspunkte die Annahme begründen, dass einer der Ehegatten zur Eingehung der Ehe genötigt wurde.

(2) Für die Herstellung und Wahrung einer lebenspartnerschaftlichen Gemeinschaft im Bundesgebiet finden die Absätze 1a und 3, § 9 Abs. 3, § 9c Satz 2, die die §§ 28 bis 31, 36a, 51 Absatz 2 und 10 Satz 2 entsprechende Anwendung.

(3) ¹Die Erteilung der Aufenthaltserlaubnis zum Zweck des Familiennachzugs kann versagt werden, wenn derjenige, zu dem der Familiennachzug stattfindet, für den Unterhalt von anderen Familienangehörigen oder anderen Haushaltsangehörigen auf Leistungen nach dem Zweiten oder Zwölften Buch Sozialgesetzbuch angewiesen ist. ²Von § 5 Abs. 1 Nr. 2 kann abgesehen werden.

(3a) Die Erteilung der Aufenthaltserlaubnis zum Zweck des Familiennachzugs ist zu versagen, wenn derjenige, zu dem der Familiennachzug stattfinden soll,

1. die freiheitliche demokratische Grundordnung oder die Sicherheit der Bundesrepublik Deutschland gefährdet; hiervon ist auszugehen, wenn Tatsachen die Schlussfolgerung rechtfertigen, dass er einer Vereinigung angehört oder angehört hat, die den Terrorismus unterstützt oder er eine derartige Vereinigung unterstützt oder unterstützt hat oder er eine in § 89a Absatz 1 des Strafgesetzbuches bezeichnete schwere staatsgefährdende Gewalttat nach § 89a Absatz 2 des Strafgesetzbuches vorbereitet oder vorbereitet hat,

2. zu den Leitern eines Vereins gehörte, der unanfechtbar verboten wurde, weil seine Zwecke oder seine Tätigkeit den Strafgesetzen zuwiderlaufen oder er sich gegen die verfassungsmäßige Ordnung oder den Gedanken der Völkerverständigung richtet,

3. sich zur Verfolgung politischer oder religiöser Ziele an Gewalttätigkeiten beteiligt oder öffentlich zur Gewaltanwendung aufruft oder mit Gewaltanwendung droht oder

4. zu Hass gegen Teile der Bevölkerung aufruft; hiervon ist auszugehen, wenn er auf eine andere Person gezielt und andauernd einwirkt, um Hass auf Angehörige bestimmter ethnischer Gruppen oder Religionen zu erzeugen oder zu verstärken oder öffentlich, in einer Versammlung oder durch Verbreiten von Schriften in einer Weise, die geeignet ist, die öffentliche Sicherheit und Ordnung zu stören,

    a) gegen Teile der Bevölkerung zu Willkürmaßnahmen aufstachelt,

    b) Teile der Bevölkerung böswillig verächtlich macht und dadurch die Menschenwürde anderer angreift oder

    c) Verbrechen gegen den Frieden, gegen die Menschlichkeit, ein Kriegsverbrechen oder terroristische Taten von vergleichbarem Gewicht billigt oder dafür wirbt.

(4) ¹Eine Aufenthaltserlaubnis zum Zweck des Familiennachzugs darf längstens für den Gültigkeitszeitraum der Aufenthaltserlaubnis des Ausländers erteilt werden, zu dem der Familiennachzug stattfindet. ²Sie ist für diesen Zeitraum zu erteilen, wenn der Ausländer, zu dem der Familiennachzug stattfindet, eine Aufenthaltserlaubnis nach den §§ 18d, 18f oder § 38a besitzt, eine Blaue Karte EU, eine ICT-Karte oder eine Mobiler-ICT-Karte besitzt oder sich gemäß § 18e berechtigt im Bundesgebiet aufhält. ³Im Übrigen ist die Aufenthaltserlaubnis erstmals für mindestens ein Jahr zu erteilen.

Überblick

Im Abschnitt 6 finden sich die Regelungen für den Familiennachzug zu Deutschen, zu Ausländern, zum Ehegattennachzug, zum Kindernachzug und zum Nachzug von Eltern und sonstiger Familienangehöriger. § 27 enthält allgemeine Regeln zum Familiennachzug von Ausländern zu Deutschen oder zu Ausländern. Mit Familiennachzug ist nicht nur der Zuzug eines Ausländers zu einem bereits hier lebenden stammberechtigten Familienmitglied gemeint. §§ 27 ff. regeln auch die Ansprüche auf Erteilung von Aufenthaltserlaubnissen für bereits im Inland befindliche, in den speziellen Anspruchsnormen näher bezeichnete Familienmitglieder und für die Zwecke der Eheschließung. Abs. 1 (→ Rn. 10 f.) definiert zunächst den Aufenthaltszweck für die Erteilung einer Aufenthaltserlaubnis, die Herstellung der familiären Lebensgemeinschaft. Darunter fällt sowohl die Ehe (→ Rn. 12 ff.) als auch die Beziehung von Eltern zu ihren Kindern (→ Rn. 21 ff.). Abs. 1a benennt einen Ausschlussgrund für Scheinehen (→ Rn. 26 ff.), Scheinverwandtschaftsverhältnisse (→ Rn. 29 f.) und Zwangsverheiratung (→ Rn. 31 ff.). Regelungen zur Herstellung und Wahrung einer Lebenspartnerschaft finden sich in Abs. 2 (→ Rn. 34 ff.). Der Versagungsgrund der Unterhaltsgefährdung bereits hier lebender Familienangehöriger (→ Rn. 37 ff.) ist in Abs. 3 geregelt, ebenso wie das Bestehen eines Ausweisungsinteresses (→ Rn. 40 ff.). Abs. 4 (→ Rn. 45 ff.) betrifft die Gültigkeitsdauer der Aufenthaltserlaubnisse für nachgezogene Familienmitglieder.

A. Entstehungsgeschichte und Anwendungsbereich

I. Entstehungsgeschichte

Die Vorschrift entsprach ursprünglich den §§ 17 und 27a AuslG. Durch das Gesetz zur Änderung des Aufenthaltsgesetzes und weiterer Gesetze v. 14.3.2005 (BGBl. I 721) wurde in Abs. 3 das Wort „Sozialhilfe" durch „Leistungen nach dem Zweiten oder Zwölften Sozialgesetzbuch" ersetzt. **1**

Durch das Gesetz zur Umsetzung aufenthalts- und asylrechtlicher Richtlinien der Europäischen Union (v. 19.8.2007, BGBl. I 1970), mit dem die Familienzusammenführungs-RL (RL 2003/86/EG v. 22.9.2003, ABl. 2003 L 251, 12) umgesetzt wurde, sind in Umsetzung von Art. 13 und 16 Familienzusammenführungs-RL Abs. 1a und Abs. 4 in die Vorschrift aufgenommen worden. Zugleich erfolgte die Anpassung von Abs. 2 an die aktuelle Rechtslage bezüglich Lebenspartnerschaften. **2**

Abs. 4 wurde durch das Gesetz zur Umsetzung der Hochqualifizierten-Richtlinie der Europäischen Union (v. 1.6.2012, BGBl. I 1224) angepasst, Abs. 5 durch das Gesetz zur Verbesserung der Rechte von international Schutzberechtigten und ausländischen Arbeitnehmern (v. 29.8.2013, BGBl. I 3484) eingefügt. Eine weitere Änderung des Abs. 4 erfolgte durch das Gesetz zur Umsetzung aufenthaltsrechtlicher Richtlinien der Europäischen Union zur Arbeitsmigration (v. 12.5.2017, BGBl. I 1106). Mit dem Gesetz zur Neuregelung des Familiennachzugs zu subsidiär Schutzberechtigten (v. 12.7.2018, BGBl. I 1147) wurde Abs. 3a neu eingefügt. Durch das FachkEinwG (Fachkräfteeinwanderungsgesetz v. 15.8.2019, BGBl. I 1307) wurde Abs. 5 im Hinblick auf den neu eingefügten § 4a Abs. 1 aufgehoben, Abs. 4 S. 2 wurde an die Änderungen im Bereich der Aufenthaltserlaubnisse zum Zweck der Erwerbstätigkeit angepasst und Abs. 4 S. 3 aufgehoben. **3**

II. Anwendungsbereich

1. Türkische Staatsangehörige

§§ 27 ff. gelten auch für türkische Staatsangehörige, weil der **EWG-Türkei** (Beschluss Nr. 1/80 des Assoziationsrates v. 19.9.1980 über die Entwicklung der Assoziation) **kein Zuzugsrecht für Familienangehörige türkischer Arbeitnehmer** gewährt. Die Rechtsposition aus **Art. 7 ARB 1/80** führt lediglich zu einem **Anspruch auf Verlängerung der Aufenthaltserlaubnis**. Die **Stillhalteklausel des Art. 13 ARB 1/80** kann aber die Folge haben, dass Vorschriften, die „eine neue Beschränkung der Bedingungen für den Zugang zum Arbeitsmarkt einführen", für türkische Staatsangehörige keine Anwendung finden, es sei denn, sie sind durch zwingende Gründe des Allgemeinwohls gerechtfertigt. Bedeutung erlangt dies bei der erstmaligen Aufnahme **4** türkischer Ehegatten (**Nachweis von Sprachkenntnissen** (§ 30 Abs. 1 Nr. 2, → § 30 Rn. 16), **Festlegung eines Mindestalters** (§ 30 Abs. 1 Nr. 1, → § 30 Rn. 12), der **Festsetzung der Ehebestandszeit beim eheunabhängigen Aufenthaltsrecht** (§ 31 Abs. 1 S. 1 Nr. 1, → § 31 Rn. 22), dem **Nachzug minderjähriger Kinder** und der Einführung einer **Aufenthaltserlaubnispflicht für Kinder unter 16 Jahren** (§ 32 Abs. 1, → § 32 Rn. 3 ff.)).

2. Unionsbürger

5   Die Rechtsstellung von Unionsbürgern und ihren Familienangehörigen ist im FreizügG/EU geregelt. Deutsche und ihre drittstaatsangehörigen Familienangehörigen können sich nur auf das FreizügG/EU berufen, wenn der **Deutsche von seinem Freizügigkeitsrecht Gebrauch gemacht hat** (BeckOK AuslR/Tewocht Rn. 8; Hailbronner AuslR Rn. 8; BayVGH BeckRS 2016, 41721; → Rn. 5.1).

5.1   Weder das FreizügG/EU noch § 1 Abs. 2 Nr. 1 schließen es aus, dass freizügigkeitsberechtigte Unionsbürger über die Günstigkeitsklausel des § 11 Abs. 1 S. 11 FreizügG/EU einen Anspruch auf Erteilung einer Aufenthaltserlaubnis zur Familienzusammenführung mit einem deutschen Staatsangehörigen erwerben können (HessVGH BeckRS 2016, 110643).

B. Gesetzessystematik

6   Die Vorschrift enthält keinen Anspruch auf Erteilung und **keine Ermächtigung zur Erteilung von Aufenthaltstiteln.** Die in § 27 geregelten Voraussetzungen und Ausschlussgründe gelten zusätzlich zu den Voraussetzungen der jeweiligen Ermächtigungsgrundlage für die Erteilung eines Aufenthaltstitels aus familiären Gründen. Soweit die §§ 27 ff. keine Sonderregelungen vorsehen, sind jeweils auch die **allgemeinen Erteilungsvoraussetzungen des § 5** zu berücksichtigen (BeckOK AuslR/Tewocht Rn. 11). Modifizierungen können sich insbesondere aus der Familienzusammenführungs-RL ergeben.

7   Aus **europa-** (zB Art. 7 und 24 Abs. 3 GRCh) **oder völkerrechtlichen Vorgaben** (zB Art. 8 EMRK) ergibt sich grundsätzlich **kein Anspruch** auf Einreise oder Aufenthalt zum Zwecke der Herstellung oder Aufrechterhaltung der familiären Lebensgemeinschaft (BVerwG BeckRS 2013, 54131), allerdings sind die die sich aus den entsprechenden Normen ergebenden Prinzipien bei der Prüfung von Anträgen auf Familienzusammenführung zu berücksichtigen.

8   Auch **Art. 6 GG** gewährt nach ständiger Rechtsprechung des BVerfG **keinen unmittelbaren (Leistungs-) Anspruch** auf Einreise und Aufenthalt (BVerfG BeckRS 9998, 164920; 9998, 99013). Schließlich ist zu berücksichtigen, dass der Gesetzgeber bei der Auswahl geeigneter Mittel und Wege zur Verwirklichung des verfassungsrechtlichen Schutz- und Förderungsauftrags für Ehe und Familie einen weiten Gestaltungsspielraum hat (BVerfG BeckRS 1987, 111198).

9   Strittig ist, inwieweit die §§ 27 ff. für die Erteilung von Aufenthaltserlaubnissen zum Zwecke des Familiennachzugs **abschließend** sind (abl. Hailbronner AuslR Rn. 11; zum Verhältnis zu § 25 Abs. 5 NdsOVG BeckRS 2013, 48289; VGH BW BeckRS 2009, 32462; BayVGH BeckRS 2009, 31172, → § 25 Rn. 103).

C. Herstellung und Wahrung der familiären Lebensgemeinschaft (Abs. 1)

I. Allgemeines

10   In Abs. 1 wird die **Herstellung und Wahrung der familiären Lebensgemeinschaft als Aufenthaltszweck** umschrieben. Die Zweckbindung entfällt erst, wenn der Ausländer ein eigenständiges Aufenthaltsrecht nach § 31, § 34 Abs. 2 oder § 35 erlangt hat. Bis dahin ist das Aufenthaltsrecht des Ausländers streng **akzessorisch zum Aufenthaltsrecht des Stammberechtigten** (GK-AufenthG/Marx Rn. 9 f.).

11   Voraussetzung für die Erteilung einer Aufenthaltserlaubnis zum Familiennachzug ist die Herstellung oder Wahrung einer vom Schutz des Art. 6 GG umfassten familiären Lebensgemeinschaft. **Art. 6 GG** verpflichtet als **wertentscheidende Grundsatznorm,** nach welcher der Staat die Familie zu schützen und zu fördern hat, die Ausländerbehörde bei aufenthaltsrechtlichen Entscheidungen die familiären Bindungen des Ausländers an Personen, die sich berechtigterweise im Bundesgebiet aufhalten, in einer Weise zu berücksichtigen, die der großen Bedeutung entspricht, welche das Grundgesetz dem Schutz von Ehe und Familie erkennbar beimisst, dh entsprechend dem Gewicht dieser Bindungen, in ihren Erwägungen zur Geltung zu bringen. Dieser verfassungsrechtlichen Pflicht des Staates zum Schutz der Familie entspricht ein Anspruch des Trägers des

Grundrechts aus Art. 6 GG, dass die zuständigen Behörden und Gerichte bei der Entscheidung über das Aufenthaltsbegehren seine familiären Bindungen an im Bundesgebiet lebende Personen angemessen berücksichtigen. Dabei ist grundsätzlich eine **Betrachtung des Einzelfalles geboten,** bei der auf der einen Seite die familiären Bindungen zu berücksichtigen sind, auf der anderen Seite aber auch die sonstigen Umstände des Einzelfalles (BVerfG BeckRS 2006, 21457; 9998, 104554; 1987, 111198).

II. Ehe

1. Wirksame Eheschließung und eheliche Lebensgemeinschaft

Der **aufenthaltsrechtliche Ehebegriff** setzt zunächst eine **wirksam geschlossene zivil-** **12** **rechtliche Ehe** voraus. Eine Ehe **im Inland** kann grundsätzlich nur in der hier vorgeschriebenen Form geschlossen werden (Art. 13 Abs. 3 S. 2 EGBGB). Ansonsten unterliegen die Voraussetzungen für die Wirksamkeit der Eheschließung für jeden Verlobten dem Recht des Staates, dem er angehört (Art. 11, 13 Abs. 1 EGBGB). Auf die Beweiswürdigung, ob im Ausland eine rechtswirksame Ehe geschlossen worden ist, findet nach den allgemeinen Regeln des internationalen Verfahrensrechts die lex fori Anwendung (VG Berlin BeckRS 2020, 2116, → Rn. 12.1).

Für die Frage, ob eine Heirat belegt werden kann, sind die Gegebenheiten im Herkunftsstaat des **12.1** Ausländers zu berücksichtigen (OVG Bln-Bbg BeckRS 2021, 2154).

Religiöse Trauungen zwischen Ausländern sind nicht vom Schutzbereich des Art. 6 GG **13** umfasst, wenn deren Heimatland diese Trauung nicht als wirksame Eheschließung ansieht (BVerwG NVwZ 2005, 1191). Daher wird auch die auch die sog. Imam-Ehe, die nach dem Recht des jeweiligen Heimatlands eine staatliche Anerkennung fordert, im Bundesgebiet nicht anerkannt, wenn die staatliche Anerkennung im Heimatland nicht erfolgt oder nicht nachgewiesen ist (GK-AufenthG/Marx Rn. 20; → Rn. 13.1).

Die im Bundesgebiet von einem katholischen Priester vorgenommene römisch-katholische Trauung **13.1** zweier ausländischer Staatsangehöriger ist von der Rechtsordnung der Bundesrepublik Deutschland nicht als Ehe im zivilrechtlichen Sinne anerkannt und vermittelt keinen Anspruch auf Ehegattennachzug. Eine erweiternde Auslegung ist weder im Hinblick auf Art. 8 EMRK noch auf Art. 6 GG geboten (OVG Bln-Bbg NVwZ 2014, 2665; zur Ehe nach syrischem Recht HessVGH BeckRS 2018, 30547).

Eine **Botenehe** ist rechtsgültig, wenn nach dem jeweiligen Ortsrecht eine Ehe durch Boten **14** zulässig ist. Eine Botenehe liegt vor, wenn einer oder beide Partner die Konsenserklärung vor dem Trauungsorgan durch eine Mittelsperson abgeben, die ohne eigene Entscheidungsfreiheit in der Trauungszeremonie für den abwesenden Verlobten auftritt (Nr. 28.1.1.2 AufenthGAVwV). Auch die sog. Handschuhehe verstößt nicht gegen den ordre public (Art. 6 EGBGB), wenn die Ehe unter Beteiligung des Stellvertreters gerade mit der Person geschlossen wird, die der / die vertretene Verlobte aufgrund eigenen Willensentschlusses tatsächlich zu diesem Zeitpunkt heiraten will (HmbOVG BeckRS 2019, 15987; VG Münster BeckRS 2018, 2657). Dagegen verstoßen **Stellvertreterehen,** bei denen die Auswahl des Partners und die Entscheidung über die Eheschließung im Rahmen der Vertretungsmacht liegt, gegen den deutschen ordre public.

Durch das Gesetz zur Bekämpfung von Kinderehen (v. 17.7.2017; BGBl. I 2429) ist Vorausset- **15** zung für eine Eheschließung die **Volljährigkeit.** Eine Ehe, bei der ein Ehepartner unter 16 Jahre alt ist, ist **unwirksam** (§ 1303 BGB). Eine Ehe, die mit einem Minderjährigen geschlossen wurde, der zum Zeitpunkt der Eheschließung das **16. Lebensjahr vollendet** hatte, ist **aufhebbar** (§ 1314 Abs. 1 BGB). Dies gilt auch dann, wenn die Ehemündigkeit der Verlobten ausländischem Recht unterliegt (Art. 13 Abs. 3 EGBGB; → Rn. 15.1). Ein echter ausländischer Reisepass erbringt nicht zwingend den materiellen Beweis für die Richtigkeit des in ihm angeführten Geburtsdatums, weil er als ausländische öffentliche Urkunde nur dann den vollen Beweis der darin bezeugten Tatsache, wenn diese von der Behörde oder der Urkundsperson selbst wahrgenommen wurde oder wenn eigene Handlungen der Behörde oder der Urkundsperson bezeugt werden (VG Berlin BeckRS 2018, 32092).

Unterliegt die Ehemündigkeit eines Verlobten ausländischem Recht, ist die Ehe nach deutschem Recht **15.1** unwirksam, wenn der Verlobte im Zeitpunkt der Eheschließung das 16. Lebensjahr nicht vollendet hatte (VG Berlin BeckRS 2018, 25786 für eine Ehe nach syrischem Recht).

Das formale Band der Ehe reicht für die Erteilung einer ehebezogenen Aufenthaltserlaubnis **16** nicht aus. Weitere Voraussetzung ist der **Wille beider Ehegatten, die eheliche Lebensgemein-**

schaft herzustellen oder fortzuführen (VGH BW BeckRS 2018, 23535). Die **Beweislast** für das Bestehen dieses Herstellungswillens als einer inneren Tatsache trägt der Ausländer (BVerwG BeckRS 2013, 52673; Hailbronner AuslR Rn. 56).

16.1   Der übereinstimmende Wille beider Ehegatten eine eheliche Lebensgemeinschaft führen zu wollen setzt in der Regel ein persönliches Kennenlernen der Ehepartner voraus (OVG Bln-Bbg BeckRS 2016, 46568).

17   Angesichts der Vielfalt der von Art. 6 Abs. 1 GG geschützten **Gestaltungsmöglichkeiten** der familiären Lebensgemeinschaft verbietet es sich, schematische oder allzu enge Mindestvoraussetzungen für das Vorliegen einer ehelichen Lebensgemeinschaft zu formulieren (Nr. 27.1.4 AufenthGAVwV; VGH BW BeckRS 2020, 33822). Das Bestehen einer häuslichen Gemeinschaft ist daher weder eine notwendige noch eine hinreichende Voraussetzung für die Feststellung einer ehelichen Lebensgemeinschaft (VGH BW BeckRS 2018, 33535 mwN). Selbst wenn Eheleute typischerweise ihren Lebensmittelpunkt in einer gemeinsamen Wohnung haben, kann eine eheliche Lebensgemeinschaft auch dann bestehen, wenn die Eheleute – etwa aus beruflichen Gründen – in **getrennten Wohnungen** leben (BVerwG BeckRS 9998, 50790; BayVGH BeckRS 2008, 27990) oder aus gewichtigen Gründen – **Berufstätigkeit, Inhaftierung** – wenig persönlichen Kontakt haben. In einem derartigen Fall ist allerdings erforderlich, dass das Bestehen einer über eine bloße Begegnungsgemeinschaft hinausreichenden **familiären Beistandsgemeinschaft auf andere Weise erkennbar** sichergestellt ist, etwa durch eine intensive Kommunikation zwischen den Eheleuten als Indiz für eine gemeinsame Lebensgestaltung, durch Beistandsleistungen oder Besuche im Rahmen des Möglichen (BeckOK AuslR/Tewocht Rn. 34 f.).

18   Die eheliche Lebensgemeinschaft **endet** mit der **dauerhaften Trennung** der Eheleute (Hailbronner AuslR Rn. 61). Hierfür ist ausreichend, wenn ein Ehepartner seinen **Trennungswillen nach außen erkennbar** macht (OVG NRW BeckRS 2006, 25479). Nicht maßgeblich ist in diesem Zusammenhang, ob die bürgerlich-rechtlichen Voraussetzungen für eine Ehescheidung erfüllt sind (OVG Saarl BeckRS 2018, 8447).

2. Mehrehe

19   Bei einer nach dem jeweiligen Heimatrecht gültigen **Mehrehe** wird dem weiteren Ehegatten **keine Aufenthaltserlaubnis zum Familiennachzug** erteilt (§ 30 Abs. 4; Nr. 27.1.6 AufenthGAVwV). Dies ist in Art. 4 Abs. 4 Familienzusammenführungs-RL so vorgesehen (GK-AufenthG/Marx Rn. 21). Bislang ist allerdings in der Rechtsprechung umstritten, ob und unter welchen Voraussetzungen die weitere Ehe dem Schutz des Art. 6 GG unterfällt (→ Rn. 19.1).

19.1   Nach Auffassung des BVerfG umfasst der Schutzbereich von Art. 6 GG grundsätzlich eheliche und familiäre Lebensgemeinschaften unabhängig davon, wo und nach welcher Rechtsordnung sie begründet wurden, solange die Gemeinschaft nicht dem das GG beherrschenden Bild von Ehe und Familie widerspricht (BVerfG BeckRS 9998, 99013). Das BVerwG hat entschieden, dass die Erteilung einer Aufenthaltserlaubnis nicht schon deswegen rechtlich ausgeschlossen sei, weil die betreffende Antragstellerin als Zweitehefrau mit ihrem im Bundesgebiet erwerbstätigen Ehemann und den gemeinsamen Kindern sowie der ersten Ehefrau des Mannes zusammenleben wolle. Die Entscheidung über die Aufenthaltserlaubnis stehe vielmehr auch in diesem Fall grundsätzlichen im pflichtgemäßen Ermessen der Behörde. Der Familienschutz des Art. 6 Abs. 1 GG erfasse das Verhältnis zwischen Eltern und Kindern auch dann, wenn die Eltern einander nicht in Einehe, sondern in Mehrehe verbunden seien (BVerwG BeckRS 9998, 163710). Laut VGH BW schützt Art. 6 Abs. 1 GG die Doppelehe grundsätzlich nicht, weil das Prinzip der Einehe zu den grundlegenden kulturellen Wertvorstellungen der Bundesrepublik gehört (VGH BW BeckRS 2007, 26203).

3. Hinkende Ehe

20   Eine nicht nach deutschem, aber nach ausländischem Recht wirksam zustande gekommene Ehe genießt als **hinkende Ehe** den Schutz des Art. 6 GG (GK-AufenthG/Marx Rn. 26).

III. Beziehungen zu Kindern

21   Art. 6 GG schützt auch die **Gemeinschaft von Eltern mit ihren Kindern.** Davon umfasst sind nicht nur die Beziehung zu **leiblichen Kindern,** sondern auch zu **Stief-, Pflege- oder Adoptivkindern** (NK-AuslR/Müller Rn. 19) und die Beziehung des **nichtsorgeberechtigten Elternteils** zu seinem Kind.

Formal-rechtliche familiäre Bindungen genügen nicht. Gefordert wird die **tatsächliche Verbundenheit** zwischen den Familienmitgliedern, wobei grundsätzlich eine **Betrachtung des Einzelfalls** geboten ist (BVerfG BeckRS 2002, 20891; 1999, 22630). Familie als verantwortliche Elternschaft wird von der prinzipiellen Schutzbedürftigkeit des heranwachsenden Kindes bestimmt. Eine verantwortungsvoll gelebte und dem Schutzzweck des Art. 6 GG entsprechende Eltern-Kind-Gemeinschaft lässt sich **nicht allein quantitativ** etwa nach Daten und Uhrzeiten des persönlichen Kontakts oder nach dem genauen Inhalt der einzelnen Betreuungshandlungen bestimmen. Die Entwicklung eines Kindes wird nicht nur durch quantifizierbare Betreuungsbeiträge der Eltern, sondern auch durch die **geistige und emotionale Auseinandersetzung** geprägt (BVerfG NVwZ 2002, 849). **22**

Bei der Bewertung der familiären Beziehungen verbietet sich eine schematische Einordnung als entweder **aufenthaltsrechtlich grundsätzlich schutzwürdige Lebens- und Erziehungsgemeinschaft oder Beistandsgemeinschaft** oder aber bloße **Begegnungsgemeinschaft ohne aufenthaltsrechtliche Schutzwirkungen,** zumal auch der persönliche Kontakt mit dem Kind in Ausübung eines **Umgangsrechts** unabhängig vom Sorgerecht Ausdruck und Folge des natürlichen Elternrechts und der damit verbundenen Elternverantwortung ist und daher unter dem Schutz des Art. 6 Abs. 2 S. 1 GG steht (BVerfG NVwZ 2002, 849). Es kommt in diesem Zusammenhang auch nicht darauf an, ob eine **Hausgemeinschaft** vorliegt und ob die von einem Familienmitglied **tatsächlich erbrachte Lebenshilfe auch von anderen Personen erbracht werden könnte.** Besteht eine solche Lebens- und Erziehungsgemeinschaft zwischen dem Ausländer und seinem Kind und kann diese Gemeinschaft nur in der Bundesrepublik Deutschland verwirklicht werden, etwa weil das Kind deutscher Staatsangehörigkeit und ihm wegen der Beziehungen zu seiner Mutter das Verlassen der Bundesrepublik nicht zumutbar ist, so drängt die Pflicht des Staates, die Familie zu schützen, einwanderungspolitische Belange regelmäßig zurück (BVerfG BeckRS 2008, 04197; 2006, 21457). **23**

Bei aufenthaltsrechtlichen Entscheidungen, die den Umgang mit einem Kind berühren, ist **maßgeblich auch auf die Sicht des Kindes abzustellen** und im Einzelfall zu untersuchen, ob tatsächlich eine **persönliche Verbundenheit** besteht, auf deren Aufrechterhaltung das Kind zu seinem Wohl angewiesen ist (vgl. BVerfG BeckRS 2013, 53078; 2011, 87023). Dabei ist auch in Rechnung zu stellen, dass der spezifische Erziehungsbeitrag des Vaters nicht durch die Betreuung des Kindes durch die Mutter entbehrlich wird (BVerfG BeckRS 1999, 22630). **24**

D. Zweckehe etc (Abs. 1a)

I. Tatbestandsvoraussetzungen

Abs. 1a normiert einen ausdrücklichen **Ausschlussgrund** bei **Zweckehen, Scheinverwandt-** **25** schaftsverhältnissen und **Zwangsheirat.**

1. Zweckehe

Eine **Zweckehe** iSd Abs. 1a Nr. 1 liegt nur dann vor, wenn die Ehe **ausschließlich** zu dem **26** Zweck geschlossen wurde, um dem nachziehenden Ehegatten die Einreise und den Aufenthalt im Bundesgebiet zu ermöglichen (vgl. Art. 16 Abs. 2 lit. b Familienzusammenführungs-RL). Ein **Motivbündel** ist unschädlich (Nr. 27.1a.1.1.0 AufenthGAVwV). Maßgeblich ist die **gemeinsame Zweckverfolgung** der Ehegatten (GK-AufenthG/Marx Rn. 108), die anhand objektiver Kriterien feststehen muss. Auch eine arrangierte Ehe unterliegt dem Schutz des Art. 6 GG, wenn sie tatsächlich gelebt wird (OVG Bln-Bbg BeckRS 2019, 1610).

Für die Beurteilung, ob eine Zweckehe vorliegt, kommt es ausschlaggebend darauf an, ob in **27** der Bundesrepublik eine **eheliche Lebensgemeinschaft** geführt werden soll bzw. wird. Die Ausländerbehörden sind bei der Feststellung des Missbrauchs der formal-wirksamen Eheschließung zum Zweck der Erlangung eines Aufenthaltstitels auf **Indizien** angewiesen. Als **Umstände, die vermuten lassen, dass trotz formal bestehender Ehe die Herstellung einer ehelichen Lebensgemeinschaft nicht beabsichtigt ist,** kommen in Betracht, dass die Ehegatten sich vor der Eheschließung nie oder nur auffallend kurz begegnet sind, dass die Ehepartner widersprüchliche Angaben über Personalien oder sonstige wichtige persönliche Informationen machen, die Ehepartner keine gemeinsame Sprache sprechen, keine gemeinsame Lebensplanung besteht oder es konkrete Anhaltspunkte dafür gibt, dass ein Ehepartner in der Vergangenheit bereits eine Scheinehe eingegangen ist (Nr. 27.1a.1.1.7 AufenthGAVwV; GK-AufenthG/Marx Rn. 116; OVG Bln-Bbg BeckRS 2015, 40485).

28   Die Behörde darf nur in **Ermittlungen** eintreten, wenn ein **begründeter Verdacht** (Art. 16 Abs. 4 Familienzusammenführungs-RL) besteht, dass eine Zweckehe vorliegt. Der bloße Verdacht auf das Nichtbestehen einer ehelichen Lebensgemeinschaft reicht nicht aus. Erforderlich ist das Vorliegen äußerer, außerhalb der Intimsphäre liegender **Anhaltspunkte,** die Anlass für die Aufnahme behördlicher Ermittlungen geben. Der Umfang der Ermittlungen ist auf das Bestehen der ehelichen Lebensgemeinschaft zu beschränken und hat sich am Verhältnismäßigkeitsgrundsatz zu orientieren (Hailbronner AuslR Rn. 57; GK-AufenthG/Marx Rn. 112 ff.; → Rn. 28.1).

28.1   Vor Abschluss eines Scheidungsverfahrens darf die Behörde aus den Angaben im Scheidungsverfahren keine verlässlichen Rückschlüsse auf das Bestehen einer ehelichen Lebensgemeinschaft ableiten (Hailbronner AuslR Rn. 62; GK-AufenthG/Marx Rn. 125).

2. Verwandtschaftsverhältnis

29   Mit der Einbeziehung von Verwandtschaftsverhältnissen zieht der Gesetzgeber auf den Ausschluss von **Zweckadoptionen.** Eine Zweckadoption liegt nicht vor, wenn Ziel der Adoption die Aufnahme einer Eltern-Kind-Beziehung ist, selbst wenn die Lebensverhältnisse im Bundesgebiet günstiger sind als im Heimatland (BT-Drs. 16/5065, 301). Als Vorfrage ist stets zu klären, ob eine **wirksame, in der Bundesrepublik Deutschland anerkennungsfähige Adoption vorliegt** (Nr. 27.1a.1.2 AufenthGAVwV).

30   Umstritten ist, ob sog. **Scheinvaterschaften** unter den Ausschlussgrund des Abs. 1a Nr. 1 fallen (→ Rn. 30.1). Das BVerwG erachtet es schon als fraglich, ob durch eine Vaterschaftsanerkennung, welche gerade zu den Zweck verfolgt wird, die rechtlichen Voraussetzungen für die erlaubte Einreise oder den erlaubten Aufenthalt zu schaffen (missbräuchliche Anerkennung der Vaterschaft ein Verwandtschaftsverhältnis iSd Abs. 1a Nr. 1 begründet wird (BVerwG BeckRS 2020, 11171).

30.1   Nr. 27.1a.1.3 AufenthGAVwV geht davon aus, dass Abs. 1a Nr. 1 auch auf missbräuchliche Vaterschaftsanerkennungen anwendbar ist, wobei allerdings auf die inzwischen vom BVerfG (BeckRS 2014, 46474, vgl. BGBl. 2014 I 110) für nichtig erklärte Möglichkeit der behördliche Anfechtung nach § 1600 Abs. 1 Nr. 5 BGB verwiesen wird. Literatur und Rechtsprechung gehen überwiegend davon aus, dass Scheinvaterschaftsanerkennungen nicht von Abs. 1a Nr. 1 erfasst sind (BayVGH BeckRS 2015, 55124; VG Göttingen BeckRS 2017, 116244; VG Magdeburg BeckRS 2016, 53782; GK-AufenthG/Marx Rn. 159). Mit dem Gesetz zur besseren Durchsetzung der Ausreisepflicht wurde die Regelung des § 85a in das AufenthG eingefügt, das bei konkreten Anhaltspunkten für die missbräuchliche Anerkennung einer Vaterschaft ein Prüfverfahren vorschreibt. Es ist daher davon auszugehen, dass Scheinvaterschaftsanerkennungen nicht unter den Ausschlussgrund des Abs. 1a Nr. 1 fallen (BeckOK AuslR/Tewocht Rn. 46). Der BayVGH differenziert danach, ob die Vaterschaft für ein deutsches Kind von einem Ausländer ohne gesicherten Aufenthalt anerkannt wird (dann Abs. 1a) oder ein Deutscher die Vaterschaft für das Kind einer unverheirateten Mutter ohne gesicherten Aufenthalt anerkennt (kein Fall des Abs. 1a; BayVGH BeckRS 2019, 7797; diese Entscheidung hat das BVerwG inzwischen bestätigt, BVerwG BeckRS 2020, 11171). Die Fallgestaltung, in der ein deutscher Staatsangehöriger seine Vaterschaft zu einem minderjährigen ledigen Kind anerkennt, das genetisch nicht von ihm abstammt, um der ausländischen Mutter ein Aufenthaltsrecht zur Wahrung der familiären Lebensgemeinschaft zu ermöglichen, fällt jedenfalls nicht unter den Ausschlussgrund des Abs. 1a Nr. 1.

3. Zwangsehe

31   Eine Zwangsehe liegt vor, wenn **mindestens einer der Ehegatten** durch eine **Drucksituation zur Ehe gezwungen** wird und mit seiner Weigerung kein Gehör findet oder es nicht wagt, sich der Eheschließung zu widersetzen (BeckOK AuslR/Tewocht Rn. 51). Der Druck muss dabei durch Gewalt oder durch Drohung mit einem empfindlichen Übel ausgeübt worden sein. Der Ausschlussgrund des Abs. 1a Nr. 2 greift ein, wenn **tatsächliche Anhaltspunkte** für eine Nötigung zur Ehe vorliegen, bloße Mutmaßungen reichen nicht aus (Nr. 27.1a.2.2 AufenthGAVwV). Insoweit wird die Eingriffsschwelle gegenüber den Versagungsgründen des Abs. 1a Nr. 1 abgesenkt (GK-AufenthG/Marx Rn. 125).

32   Die Abgrenzung zur **arrangierten Ehe,** die nicht von Abs. 1a Nr. 2 erfasst wird (BT-Drs. 16/5065, 303), bereitet Schwierigkeiten. Kennzeichnend für die arrangierte Ehe ist, dass die/der Betroffene trotz der familiären Absprache den vorgesehenen Ehepartner ablehnen kann, die Eheschließung also freiwillig erfolgt (Nr. 27.1a.2.1 AufenthGAVwV).

II. Beweislast

Nach **allgemeinen Grundsätzen** ist nicht die Ausländerbehörde, sondern der Ausländer für **33** seine Absicht, eine familiäre Lebensgemeinschaft aufnehmen zu wollen, materiell beweisbelastet (Nr. 27.1.8 AufenthGAVwV). Er ist daher nach § 82 Abs. 1 S. 1 auch in Bezug auf das Vorliegen einer familiären Lebensgemeinschaft verpflichtet, seine Belange geltend zu machen und ggf. die erforderlichen Nachweise zu erbringen. Eine **verbleibende Unerweislichkeit** geht **zulasten des Antragstellers** (BVerwG BeckRS 2005, 21933). **Abs. 1a** regelt die fehlende Absicht zur Führung einer familiären Lebensgemeinschaft jedoch als Versagungsgrund. Dennoch ist die Rechtsprechung (BVerwG NVwZ 2010, 1367; 2012, 52) der Auffassung, dass dadurch **keine Beweislastverschiebung** zulasten der Ausländerbehörde stattgefunden hat und der ausländische Ehegatte weiterhin die materielle Beweislast für die Absicht, eine eheliche Lebensgemeinschaft im Bundesgebiet führen zu wollen, trägt (BeckOK AuslR/Tewocht Rn. 50; GK-AufenthG/Marx Rn. 145 ff.; Hailbronner AuslR Rn. 59; NK-AuslR/Müller Rn. 29).

E. Lebenspartnerschaften (Abs. 2)

Unter dem Begriff der **lebenspartnerschaftlichen Gemeinschaft** sind Gemeinschaften zu **34** verstehen, die von zwei gleichgeschlechtlichen Partnern im Sinne des LPartG gebildet werden (Nr. 27.2.1 AufenthGAVwV). Auf diese Partnerschaften finden Abs. 1a und Abs. 3 sowie § 9 Abs. 3, § 9c S. 2, §§ 28–31, § 51 Abs. 2 und § 10 S. 2 entsprechende Anwendung und stellen sie insoweit der Ehe gleich.

Für das Vorliegen einer lebenspartnerschaftlichen Gemeinschaft gelten die gleichen Kriterien **35** wie für die eheliche Lebensgemeinschaft. **Nicht ausreichend** ist die **formale Registrierung der Gemeinschaft,** vielmehr muss auch eine tatsächliche Lebensgemeinschaft bestehen (Hailbronner AuslR Rn. 67).

Nach **ausländischem Recht geschlossene gleichgeschlechtliche Partnerschaften** fallen **36** unter den Begriff der „Lebenspartnerschaft", wenn die Partnerschaft staatlich anerkannt ist und sie in ihrer Ausgestaltung der deutschen Partnerschaft im Wesentlichen entspricht. Eine wesentliche Entsprechung liegt vor, wenn das ausländische Recht von einer Lebensgemeinschaft der Partner ausgeht und insbesondere wechselseitige Unterhaltspflichten und die Möglichkeit der Entstehung nachwirkender Pflichten vorsieht (Nr. 27.2.2 AufenthGAVwV).

F. Versagungsgründe (Abs. 3)

I. Versagung der Aufenthaltserlaubnis bei Bezug von Sozialleistungen nach dem SGB II oder SGB XII

Selbst wenn die Voraussetzungen für die Erteilung eines Aufenthaltstitels zum Familiennachzug **37** vorliegen, kann dieser **im Ermessenswege versagt werden,** wenn die Person, zu der der Nachzug stattfindet, für den **Unterhalt von einem ausländischen oder deutschen Familienangehörigen,** auch wenn er nicht im Haushalt lebt, oder einem anderen Haushaltsangehörigen auf **Leistungen nach dem SGB II oder SGB XII angewiesen** ist (Nr. 27.3.1 AufenthGAVwV).

Es kommt hierbei nur darauf an, ob ein **Anspruch auf Sozialleistungen** besteht, nicht erfor- **38** derlich ist, dass tatsächlich Sozialleistungen bezogen werden (BT-Drs. 15/420, 81). Für die **Bemessung des Unterhaltsbedarfs** kommt es nur auf die bereits in der Bundesrepublik Deutschland lebenden Angehörigen an, nicht entscheidend ist, ob erst durch den Zuzug des nachzugswilligen Familienangehörigen ein Bedarf nach öffentlichen Leistungen im Sinne des SGB II oder SGB XII eintritt. Bezüglich des **Lebensunterhalts der nachziehenden Person** ist § 5 Abs. 1 Nr. 1 zu beachten. Ein Absehen von dieser Regelerteilungsvoraussetzung ist nur in den im Gesetz ausdrücklich vorgesehenen Fällen möglich (BeckOK AuslR/Tewocht Rn. 59). Nach Auffassung des BVerwG (NVwZ 2011, 829) ist der Unterhaltsbedarf des Nachziehenden nach sozialrechtlichen Regelungen für die Bedarfsgemeinschaft zu bemessen, sodass Abs. 3 nur bezüglich des Unterhaltsbedarfs von Personen, die nicht zur Bedarfsgemeinschaft gehören, relevant wird (NK-AuslR/Müller Rn. 31; OVG Bln-Bbg BeckRS 2012, 48749; → Rn. 38.1).

Nach § 2 Abs. 3 ist der Lebensunterhalt des Ausländers gesichert, wenn er ihn einschließlich ausreichen- **38.1** den Krankenversicherungsschutzes ohne Inanspruchnahme öffentlicher Mittel bestreiten kann. Dabei bleiben die in § 2 Abs. 3 S. 2 aufgeführten öffentlichen Mittel außer Betracht. Es bedarf der positiven Prognose, dass der Lebensunterhalt in Zukunft auf Dauer ohne Inanspruchnahme anderer öffentlicher Mittel gesichert ist. Dies erfordert einen Vergleich des voraussichtlichen Unterhaltsbedarfs mit den voraussichtlich zur

Verfügung stehenden Mitteln. Dabei richtet sich die Ermittlung des Unterhaltsbedarfs seit dem 1.1.2005 bei erwerbsfähigen Ausländern nach den entsprechenden Bestimmungen des SGB II. Dies gilt grundsätzlich auch für die Ermittlung des zur Verfügung stehenden Einkommens (BVerwG BeckRS 2009, 33018).

39   Entsteht durch den Nachzug des Antragstellers in das Bundesgebiet ein Anspruch auf Sozialleistungen für die Familien- oder Haushaltsanagehörigen des Stammberechtigten oder bestand ein solcher bereits, steht es im Ermessen der Behörde, die Aufenthaltserlaubnis zu versagen. Bei den **Ermessenserwägungen** ist maßgeblich zu berücksichtigen, in welchem Umfang der Nachzug zu einer Erhöhung der öffentlichen Leistung führt, wobei die in § 2 Abs. 3 S. 2 genannten Leistungen außer Betracht bleiben (Nr. 27.3.3 AufenthGAVwV). Gesichtspunkte, die für die Erteilung einer Aufenthaltserlaubnis sprechen können, sind **eigenes Vermögen oder Einkommen des Nachziehenden,** ein bestehendes **Arbeitsplatzangebot** und die Möglichkeit, die eigenen Familienangehörigen ggf. finanziell zu unterstützen (GK-AufenthG/Marx Rn. 207).

II. Vorliegen eines Ausweisungsinteresses

40   Liegt in der Person des Nachziehenden ein Ausweisungsinteresse vor, ist sowohl in den Fällen eines Anspruchs auf Erteilung einer Aufenthaltserlaubnis als auch in den Ermessensfällen **über die Erteilung der Aufenthaltserlaubnis zum Nachzug nach Ermessen zu entscheiden.** Diese Vorschrift hat in all denjenigen Nachzugsfällen Bedeutung, in denen die spezielle Ermächtigungsgrundlage für die Erteilung der Aufenthaltserlaubnis keine Regelung dazu enthält, ob von der Anwendung des § 5 Abs. 1 Nr. 2 abgesehen werden kann (zB § 28 Abs. 1 S. 2).

41   Für die Anwendung des Abs. 3 S. 2 reicht es aus, dass ein Ausweisungsinteresse vorliegt. Ein Ausweisungsinteresse iSd § 5 Abs. 1 Nr. 2 besteht dann, wenn der Ausländer einen der in § 54 Abs. 1 oder Abs. 2 genannten Tatbestände verwirklicht (OVG NRW BeckRS 2016, 50359). Es kommt nicht darauf an, ob der Betreffende **tatsächlich ausgewiesen werden könnte.** Das Ausweisungsinteresse darf allerdings nicht verbraucht sein (GK-AufenthG/Marx Rn. 212).

42   Die Regelerteilungsvoraussetzung des § 5 Abs. 1 Nr. 2 ist tatbestandlich sehr weit gefasst. Diese Weite des Tatbestands erfährt durch die **Anerkennung von Ausnahmefällen,** in denen das Vorliegen eines Ausweisungsinteresses der Erteilung einer Aufenthaltserlaubnis nicht entgegensteht, eine **Korrektur.** Die familiären Bindungen des Ausländers im Bundesgebiet und die Wertentscheidung des Art. 6 GG in den Fällen des Familiennachzugs sowie Art. 8 EMRK sind nicht auf der Ebene des § 5 Abs. 1 Nr. 2 durch Einordnung als Regel- oder Ausnahmefall, sondern im Rahmen der Ermessensausübung nach § 27 Abs. 3 S. 2 zu berücksichtigen (OVG LSA BeckRS 2017, 105595; aA – Berücksichtigung im Rahmen der Atypik – OVG Brem BeckRS 2015, 56127; GK-AufenthG/Marx Rn. 209 f.; Bergmann/Dienelt/Dienelt Rn. 84).

43   Bei der nach Abs. 3 S. 2 zu treffenden Ermessensentscheidung kommen die persönlichen **Belange des Ausländers** und ggf. **besonders schwerwiegende Bleibeinteressen** des § 55 Abs. 1 für Ausländer, die mit einem deutschen Familienangehörigen in familiärer Gemeinschaft leben und ihr Personensorgerecht für einen minderjährigen ledigen Deutschen ausüben, zum Tragen. Es ist im Einzelfall zu prüfen, ob das Ausweisungsinteresse nach dessen Art, Aktualität und Gewicht die Versagung der Familienzusammenführung bzw. der weiteren Wahrung der familiären Lebensgemeinschaft zu rechtfertigen vermag. Dabei ist das durch das Ausweisungsinteresse hervorgerufene öffentliche Interesse an einer Aufenthaltsversagung mit dem individuellen, grundrechtlich geschützten Interesse des Ausländers und seiner Familienangehörigen abzuwägen (OVG LSA BeckRS 2020, 32469; 2017, 105595). Berücksichtigt werden kann bei der Ermessensausübung zudem, ob ein **Ausweisungsinteresse ausnahmsweise nicht das vom Gesetzgeber in § 5 Abs. 1 Nr. 2 für den Regelfall angenommene Gewicht** hat.

G. Besondere Versagungsgründe beim Nachzug zu Gefährdern (Abs. 3a)

44   S. 1 ermöglicht es, den **Familiennachzug zu terroristischen Gefährdern, Hasspredigern und Leitern verbotener Vereine** zu versagen. Abzustellen ist insoweit also auf den Stammberechtigten, nicht auf den nachziehenden Familienangehörigen. Betroffen ist damit auch der **Familiennachzug zu Deutschen.** Die Tatbestände orientieren sich an den Voraussetzungen für das **Vorliegen eines besonders schwerwiegenden Ausweisungsinteresses nach § 54 Abs. 1 Nr. 2–5.** Die individuelle Unterstützung einer terroristischen Vereinigung oder einer Vereinigung, die eine terroristische Vereinigung unterstützt, umfasst alle Verhaltensweisen, die sich in irgendeiner Weise positiv auf die Aktionsmöglichkeiten der Vereinigung auswirken. Anzuwenden ist dabei der vom BVerwG (BeckRS 2017, 124489) entwickelte Maßstab (NdsOVG BeckRS 2020, 27519).

H. Dauer (Abs. 4)

Abs. 4 schreibt den Grundsatz der Zweckbindung der Aufenthaltserlaubnis und der **akzessori- 45 schen Verbindung zum Aufenthaltsrecht des Stammberechtigten** fest (Nr. 27.4 Aufenth-GAVwV).

Bei der erstmaligen Erteilung muss die **Geltungsdauer mindestens ein Jahr** betragen (Abs. 4 46 S. 4; Art. 13 Abs. 2 Familienzusammenführungs-RL). Eine längere Regelbefristung ist jedoch möglich, weil S. 4 eine Mindestgeltungsdauer vorgibt (Nr. 27.4 AufenthGAVwV). Weist jedoch die Aufenthaltserlaubnis des Stammberechtigten, zu dem der Nachzug erfolgt, eine kürzere Geltungsdauer als ein Jahr auf, ist eine **kürzere Befristung** vorzusehen.

Nach Abs. 4 S. 2 ist die akzessorische Aufenthaltserlaubnis in den explizit aufgeführten Fällen 47 mit der gleichen Geltungsdauer zu erteilen wie die Aufenthaltserlaubnis des Stammberechtigten. S. 4 findet keine Anwendung. Mit S. 2 und S. 3 werden Art. 19 Abs. 3 Daueraufenthalts-RL (RL 2003/109/EG v. 25.11.2003, ABl. 2003 L 16, 44) und Art. 9 Abs. 1 Forscher-RL (RL 2005/71/EG v. 12.10.2005, ABl. 2005 L 289, 15) umgesetzt (Nr. 27.4 AufenthGAVwV). Allerdings wird durch die Aufhebung des S. 3 durch das FachkEinwG (Fachkräfteeinwanderungsgesetz v. 15.8.2019, BGBl. I 1307) die Verknüpfung der Gültigkeitsdauer der Aufenthaltserlaubnis mit der Gültigkeitsdauer des Passes oder Passersatzes zugunsten der Verfahrensökonomie der Ausländerbehörden aufgehoben.

I. Rechtsschutzfragen

Wird die Erteilung eines Aufenthaltstitels zum Familiennachzug abgelehnt, ist statthafte Klage 48 die Verpflichtungsklage. Im Visumverfahren ist die **Verpflichtungsklage** gegen die Bundesrepublik Deutschland zu richten, ein Vorverfahren findet nicht statt (§ 68 Abs. 1 Nr. 1 VwGO).

Neben dem Nachzugswilligen ist **auch der Ehepartner aus Art. 6 GG klagebefugt** (GK- 49 AufenthG/Marx Rn. 236). Die Klage ist auch dann nicht unzulässig, wenn der Ablehnungsbescheid gegenüber dem Betroffenen bestandskräftig geworden ist. Die Kinder sind nicht klagebefugt (Hailbronner AuslR Rn. 80).

§ 28 Familiennachzug zu Deutschen

(1) ¹Die Aufenthaltserlaubnis ist dem ausländischen
1. **Ehegatten eines Deutschen,**
2. **minderjährigen ledigen Kind eines Deutschen,**
3. **Elternteil eines minderjährigen ledigen Deutschen zur Ausübung der Personensorge zu erteilen, wenn der Deutsche seinen gewöhnlichen Aufenthalt im Bundesgebiet hat.** ²**Sie ist abweichend von § 5 Abs. 1 Nr. 1 in den Fällen des Satzes 1 Nr. 2 und 3 zu erteilen.** ³**Sie soll in der Regel abweichend von § 5 Abs. 1 Nr. 1 in den Fällen des Satzes 1 Nr. 1 erteilt werden.** ⁴**Sie kann abweichend von § 5 Abs. 1 Nr. 1 dem nicht personensorgeberechtigten Elternteil eines minderjährigen ledigen Deutschen erteilt werden, wenn die familiäre Gemeinschaft schon im Bundesgebiet gelebt wird.** ⁵**§ 30 Abs. 1 Satz 1 Nr. 1 und 2, Satz 3 und Abs. 2 Satz 1 ist in den Fällen des Satzes 1 Nr. 1 entsprechend anzuwenden.**

(2) ¹**Dem Ausländer ist in der Regel eine Niederlassungserlaubnis zu erteilen, wenn er drei Jahre im Besitz einer Aufenthaltserlaubnis ist, die familiäre Lebensgemeinschaft mit dem Deutschen im Bundesgebiet fortbesteht, kein Ausweisungsinteresse besteht und er über ausreichende Kenntnisse der deutschen Sprache verfügt.** ²**§ 9 Absatz 2 Satz 2 bis 5 gilt entsprechend.** ³**Im Übrigen wird die Aufenthaltserlaubnis verlängert, solange die familiäre Lebensgemeinschaft fortbesteht.**

(3) ¹**Die §§ 31 und 34 finden mit der Maßgabe Anwendung, dass an die Stelle des Aufenthaltstitels des Ausländers der gewöhnliche Aufenthalt des Deutschen im Bundesgebiet tritt.** ²**Die einem Elternteil eines minderjährigen ledigen Deutschen zur Ausübung der Personensorge erteilte Aufenthaltserlaubnis ist auch nach Eintritt der Volljährigkeit des Kindes zu verlängern, solange das Kind mit ihm in familiärer Lebensgemeinschaft lebt und das Kind sich in einer Ausbildung befindet, die zu einem anerkannten schulischen oder beruflichen Bildungsabschluss oder Hochschulabschluss führt.**

(4) **Auf sonstige Familienangehörige findet § 36 entsprechende Anwendung.**

Überblick

§ 28 enthält Regelungen für den Familiennachzug ausländischer Familienangehöriger zu deutschen Staatsangehörigen. Diese Vorschrift ist Spezialnorm zu den Vorschriften für den Nachzug zu Ausländern und privilegiert die Familienzusammenführung zu deutschen Staatsangehörigen, weil der deutsche Staatsangehörige in der Regel darauf angewiesen ist, die eheliche oder familiäre Lebensgemeinschaft im Inland zu führen. Daneben gelten jedoch auch stets die allgemeinen Erteilungsvoraussetzungen des § 5 und die besonderen des § 27, soweit § 28 diesbezüglich keine Sonderregelungen trifft. Abs. 1 (→ Rn. 2 ff.) regelt den Anspruch von ausländischen Familienangehörigen deutscher Staatsangehöriger auf Erteilung einer Aufenthaltserlaubnis mit etwaigen Ausnahmen vom Erfordernis der Sicherung des Lebensunterhalts (→ Rn. 9 f., → Rn. 14, → Rn. 19). Dies betrifft die Ansprüche von ausländischen Ehegatten (→ Rn. 4 f.), ausländischen Kindern (→ Rn. 10 ff.) und ausländischen Elternteilen (→ Rn. 15 ff., → Rn. 20 ff.) deutscher Staatsangehöriger. Die Erteilung einer Aufenthaltserlaubnis zum Ehegattennachzug wird mit Ausnahme von bestimmten in § 30 Abs. 1 S. 3 genannten Tatbeständen davon abhängig gemacht, dass der nachziehende Ehegatte sich zumindest auf einfache Art in deutscher Sprache verständigen kann (→ Rn. 6). Zudem müssen beide Ehepartner das 18. Lebensjahr vollendet haben, es sei denn es liegt eine besondere Härte vor (→ Rn. 7 f.). Die Erteilungsvoraussetzungen für eine Niederlassungserlaubnis sind in Abs. 2 (→ Rn. 30 ff.) geregelt. Regelungen für das Entstehen eines eigenständigen Aufenthaltsrechts der ausländischen Familienangehörigen finden sich in Abs. 3 (→ Rn. 40 ff.). Abs. 4 (→ Rn. 43 ff.) verweist für die nicht in § 28 genannten Familienangehörigen deutscher Staatsangehöriger auf § 36.

Übersicht

A. Allgemeines

I. Entstehungsgeschichte

1   Die Vorschrift entspricht in ihrer ursprünglichen Fassung § 23 AuslG. Sie hat durch das Gesetz zur Umsetzung aufenthalts- und asylrechtlicher Richtlinien der Europäischen Union (v. 19.8.2007, BGBl. I 1970) Änderungen bezüglich der Sicherung des Lebensunterhalts erfahren, der Ehegattennachzug kann im Ausnahmefall von der Sicherung des Lebensunterhalts abhängig gemacht werden. Durch den Verweis auf § 30 Abs. 1 Nr. 1 und Nr. 2, S. 3 und Abs. 2 S. 1 werden das Spracherfordernis und das Mindestalter für Ehegatten übernommen. In Abs. 2 S. 1 wurde bei den Sprachkenntnissen das Wort „mündlich" gestrichen. Durch das Gesetz zur Umsetzung aufenthaltsrechtlicher Richtlinien der Europäischen Union und zur Anpassung nationaler Rechtsvorschriften an den EU-Visakodex (v. 22.11.2011, BGBl. I 2258) wurde „nichtsorgeberechtigt" durch „nicht personensorgeberechtigten" ersetzt. Mit dem Gesetz zur Verbesserung der Rechte von international Schutzberechtigten und ausländischen Arbeitnehmern (v. 29.8.2013, BGBl. I 3484) wurden die Sprachanforderungen für die Erteilung einer Niederlassungserlaubnis verschärft und in Abs. 3 S. 2 das Bleiberecht von Eltern eines volljährig gewordenen Kindes aufgenommen. Zudem wurde die Regelung über den Arbeitsmarktzugang gestrichen, weil sich diese nunmehr allgemein in § 27 Abs. 5 findet. Eine weitere Änderung erfolgte durch das Gesetz zur Neubestimmung des Bleiberechts (v. 27.7.2015, BGBl. I 1386) mit der redaktionellen Anpassung an die Terminologie des neuen Ausweisungsrechts (Ausweisungsinteresse).

B. Aufenthaltserlaubnis (Abs. 1)

I. Gewöhnlicher Aufenthalt

Der deutsche Teil der Familie, zu dem der Nachzug stattfindet, muss seinen gewöhnlichen 2 Aufenthalt in der Bundesrepublik haben. Der gewöhnliche Aufenthalt ist anhand der **Legaldefinition in § 30 Abs. 3 S. 2 SGB I** zu bestimmen. Der gewöhnliche Aufenthaltsort ist danach der Ort, an dem sich der deutsche Staatsangehörige unter Umständen aufhält, die erkennen lassen, dass er sich dort **nicht nur vorübergehend** aufhält, sondern auf **unabsehbare Zeit** dort lebt, sodass eine **Beendigung des Aufenthalts ungewiss ist.** Dies ist der Fall, wenn er hier nach den **tatsächlichen Verhältnissen seinen Lebensmittelpunkt** hat. Hierfür bedarf es mehr als der bloßen Anwesenheit des Betroffenen während einer bestimmten Zeit. Es bedarf einer in die Zukunft gerichteten Prognose (BVerwG ZAR 2016, 350). Durch einen **vorübergehenden Aufenthalt im Ausland** wird der gewöhnliche Aufenthalt im Inland nicht beendet, wenn faktisch der Lebensmittelpunkt im Inland beibehalten wird. Indizien hierfür sind Aufrechterhaltung der Wohnung, familiäre Beziehungen, Bezahlung von Steuern.

II. Deutscher Staatsangehöriger

Deutscher ist, wer die deutsche Staatsangehörigkeit besitzt oder als Flüchtling oder Vertriebener 3 deutscher Volkszugehörigkeit oder als dessen Ehegatte oder Abkömmling im Gebiet des Deutschen Reiches Aufnahme gefunden hat (Art. 116 Abs. 1 GG). Der Erwerb der deutschen Staatsangehörigkeit richtet sich nach §§ 4–14 StAG (→ Rn. 3.1).

Durch den im Geburtsregister eingetragenen Hinweis zum Erwerb der deutschen Staatsangehörigkeit 3.1 erwirbt ein Ausländer weder konstitutiv die deutsche Staatsangehörigkeit noch kommt diesem Hinweis in anderer Weise Rechtsverbindlichkeit hinsichtlich des Erwerbs oder Bestehens der deutschen Staatsangehörigkeit zu (NdsOVG BeckRS 2016, 43697).

III. Ehegattennachzug

1. Bestehen einer Ehe

Die Ehe muss **wirksam geschlossen sein und noch bestehen** (→ § 27 Rn. 1 ff.). Für die 4 Wirksamkeit der Eheschließung kommt es auf die am Ort der Eheschließung vorgegebene Form und die dortigen Eheschließungsvoraussetzungen an (Art. 13 Abs. 1 EGBGB). Es genügt allerdings nicht, wenn die Ehe nur formal-rechtlich besteht. Die Eheleute müssen zudem auch eine familiäre Lebensgemeinschaft führen.

Die **Ehe besteht nicht mehr,** wenn sie durch ein **rechtskräftiges Urteil** eines deutschen 5 Gerichts **geschieden, aufgehoben oder für unwirksam erklärt** wurde oder wenn eine unanfechtbare Entscheidung eines **im Ausland zuständigen Organs** über die Beendigung der Ehe vorliegt (GK-AufenthG/Marx Rn. 53).

2. Spracherfordernis

Gemäß § 28 Abs. 1 S. 5 iVm § 30 Abs. 1 S. 1 Nr. 2 (→ § 30 Rn. 1 ff.) muss sich der 6 ausländische Ehegatte zumindest **auf einfache Art in deutscher Sprache verständigen können.** Das Erfordernis der Sprachkenntnisse auf Niveau A1 (§ 2 Abs. 9) besteht nicht in den in

§ 30 Abs. 1 S. 3 geregelten Fällen. Für den Nachzug zu einem deutschen Staatsangehörigen gelten damit grundsätzlich die gleichen Anforderungen wie für den Nachzug zu ausländischen Ehepartnern (BVerfG NVwZ 2011, 870). Aus verfassungsrechtlichen Gründen (Art. 6 Abs. 1 GG, Art. 11 GG) ist aber unter Umständen vom Erfordernis des Spracherwerbs vor der Einreise abzusehen (BVerwG BeckRS 2012, 58531). Sind zumutbare **Bemühungen zum Erwerb der Sprachkenntnisse ein Jahr lang erfolglos** geblieben, darf der Visumbegehren des Ehegatten eines Deutschen das Spracherfordernis nicht mehr entgegengehalten werden. Entsprechendes gilt, wenn dem ausländischen Ehepartner Bemühungen zum Spracherwerb von vornherein **nicht zumutbar** sind, etwa weil Sprachkurse in dem betreffenden Land nicht angeboten werden oder deren Besuch mit einem hohen Sicherheitsrisiko verbunden ist und auch sonstige erfolgversprechende Alternativen zum Spracherwerb nicht bestehen; in diesem Fall braucht die Jahresfrist nicht abgewartet zu werden. Bei der Zumutbarkeitsprüfung sind insbesondere die Verfügbarkeit von Lernangeboten, deren Kosten, ihre Erreichbarkeit sowie persönliche Umstände zu berücksichtigen, die der Wahrnehmung von Lernangeboten entgegenstehen können, etwa Krankheit oder Unabkömmlichkeit. Das erforderliche Bemühen zum Spracherwerb kann auch darin zum Ausdruck kommen, dass der Ausländer zwar die schriftlichen Anforderungen nicht erfüllt, wohl aber die mündlichen. Dies enthebt den ausländischen Ehepartner allerdings nicht von Bemühungen, die **gesetzlich geforderten Sprachkenntnisse nach der Einreise zu erwerben,** um eine Aufenthaltserlaubnis nach Abs. 1 Nr. 1 zu erhalten (→ Rn. 6.1).

6.1   Bemühungen zur Erfüllung des Spracherfordernisses, die nur viereinhalb Monate in Anspruch genommen haben, reichen nicht aus, um eine Unzumutbarkeit zu begründen (OVG Bln-Bbg BeckRS 2016, 46550).

3. Mindestalter

7   Gemäß § 28 Abs. 1 S. 5 iVm § 30 Abs. 1 S. 1 Nr. 1 (→ § 30 Rn. 1 ff.) müssen **beide Ehegatten das 18. Lebensjahr vollendet** haben. Zur **Vermeidung einer besonderen Härte** und in den in **§ 30 Abs. 1 S. 2** genannten Fällen kann die Aufenthaltserlaubnis abweichend davon erteilt werden. Zu beachten ist die **Neufassung von § 30 Abs. 1 S. 2 und S. 3** durch das Gesetz zur Vermeidung von Kinderehen (v. 17.7.2017, BGBl. I 2429), wonach das Erfordernis des Mindestalters von 18 Jahren nur unbeachtlich ist, wenn der Ehegatte eine Aufenthaltserlaubnis nach § 38a besitzt und die eheliche Lebensgemeinschaft bereits in dem Mitgliedstaat bestand, in dem der Ausländer die Rechtsstellung eines langfristig Aufenthaltsberechtigten innehatte. Diese Regelung entspricht Art. 16 Abs. 1 Daueraufenthalts-RL (BeckOK AuslR/Tewocht § 30 Rn. 16). Die anderen vormals in § 30 Abs. 1 S. 2 Nr. 1 und Nr. 2 geregelten Privilegierungen beim Nachzugsalter wurden abgeschafft und finden nur noch bei den Ausnahmen vom Spracherfordernis Berücksichtigung.

8   Eine **besondere Härte** liegt vor, wenn die eheliche Lebensgemeinschaft das geeignete und notwendige Mittel ist, um die besondere Härte zu vermeiden. Nach Art und Schwere müssen die vorgetragenen Umstände so **deutlich von sonstigen Fällen des Ehegattennachzugs abweichen,** dass das Festhalten am Mindestaltererfordernis im Hinblick auf das geltend gemachte Interesse an der Führung der Lebensgemeinschaft in Deutschland unverhältnismäßig wäre. Dabei ist auch zu berücksichtigen, wie weit das Alter des Betroffenen das Mindestalter im Zeitpunkt des Zuzugs unterschreitet (Nr. 30.2.1 AufenthGAVwV).

4. Sicherung des Lebensunterhalts

9   Gemäß Abs. 1 S. 3 soll die Aufenthaltserlaubnis abweichend von der Regelerteilungsvoraussetzung des § 5 Abs. 1 Nr. 1 erteilt werden, dh bei **Vorliegen besonderer Umstände** darf die **Erteilung der Aufenthaltserlaubnis von der Sicherung des Lebensunterhalts abhängig gemacht werden.** Dies wird angenommen, wenn die Begründung der ehelichen Lebensgemeinschaft im Ausland zumutbar ist, weil zB der deutsche Ehepartner schon längere Zeit im Herkunftsstaat des ausländischen Ehepartners gelebt hat und dessen Sprache spricht (BT-Drs. 16/5065, 171; krit. BeckOK AuslR/Tewocht Rn. 14 f.).

IV. Kindernachzug (S. 1 Nr. 2)

1. Minderjähriges und lediges Kind

10   Diese Vorschrift regelt den Nachzug des ausländischen Kindes zu seinem deutschen Elternteil. Vorrangig ist zu prüfen, ob das **Kind nicht aufgrund Abstammung die deutsche Staatsange-**

hörigkeit erworben hat. Ist nur der Vater deutscher Staatsangehöriger, erwirbt das Kind die deutsche Staatsangehörigkeit durch **Anerkennung der Vaterschaft** (§ 4 StAG; Nr. 28.1.2.3 AufenthGAVwV). Sind beide Eltern deutsche Staatsangehörige, erwirbt das Kind die deutsche Staatsangehörigkeit durch **Geburt,** auch wenn es im Ausland geboren wird (§ 5 StAG). Der Erwerb der deutschen Staatsangehörigkeit kann auch durch **Adoption** (§ 6 StAG) erfolgen. Bei Auslandsadoptionen wird die deutsche Staatsangehörigkeit durch einen **Staatsangehörigkeitsausweis** nachgewiesen (→ Rn. 10.1).

Für die Anerkennungsfähigkeit der Auslandsadoption kommt es darauf an, ob die rechtlichen Wirkungen der Auslandsadoption annähernd denen des deutschen Rechts gleichgestellt sind. Erforderlich ist insbesondere eine Kindeswohlprüfung (Nr. 28.1.2.1 AufenthGAVwV). **10.1**

Bei **Stief- und Pflegekindern** besteht kein Nachzugsanspruch nach Abs. 1 S. 1 Nr. 2. In Betracht kommt aber die Erteilung einer Aufenthaltserlaubnis nach § 36 S. 2 oder § 32 (Nr. 28.1.2.4 AufenthGAVwV). **11**

Minderjährig ist ein Kind, wenn es das 18. Lebensjahr noch nicht vollendet hat (§ 2 BGB). Für das Erfordernis der Minderjährigkeit ist der **Zeitpunkt der Antragstellung** maßgeblich (BVerwG BeckRS 1997, 30003041). Dies gilt unabhängig davon, ob es sich um eine visumfreie Einreise und die nachfolgende Antragstellung bei der Ausländerbehörde im Inland oder um eine Antragstellung im Visumverfahren bei der Auslandsvertretung handelt (GK-AufenthG/Marx Rn. 78). **12**

Ledig ist das Kind, wenn es unverheiratet ist und noch nicht verheiratet war. Die Ledigkeit bleibt erhalten, wenn eine Nichtehe (Verletzung zwingender Formvorschriften bei der Eheschließung) vorliegt oder die Ehe wegen Nichtigkeit mit Wirkung ex-tunc aufgehoben wird (GK-AufenthG/Marx Rn. 78). **13**

2. Lebensunterhalt

Gemäß Abs. 1 S. 2 ist die Aufenthaltserlaubnis zu erteilen, auch wenn die Regelerteilungsvoraussetzung des § 5 Abs. 1 Nr. 1 nicht vorliegt (→ Rn. 14.1). **14**

Den Regelungen zur Sicherung des Lebensunterhalts in Abs. 1 S. 2 und S. 3 kann kein allgemeiner Rechtsgedanke dahingehend entnommen werden, dass beim Nachzug in eine Familie, der ein deutscher Staatsangehöriger angehört, den fiskalischen Interessen geringeres Gewicht zukommt als beim Nachzug zu einer rein ausländischen Familie (OVG Bln-Bbg BeckRS 2017, 129824). **14.1**

V. Elternteil eines minderjährigen ledigen Deutschen zur Ausübung der Personensorge (S. 1 Nr. 3)

1. Ausübung der Personensorge

Der ausländische Elternteil (→ Rn. 15.1) eines minderjährigen deutschen Kindes hat den Nachzugsanspruch nur, wenn er **personensorgeberechtigt** ist, dh dem Ausländer die Personensorge für das minderjährige Kind tatsächlich zusteht (VGH BW BeckRS 2018, 16276), und **beabsichtigt, das Sorgerecht auch auszuüben.** Unter den Begriff des Sorgerechts (§ 1626 Abs. 1 BGB) fällt nach der Reform des Kindschaftsrechts auch das gemeinsame Sorgerecht. Das formale Bestehen des Sorgerechts reicht nicht aus. Erforderlich ist, dass der Sorgeberechtigte **nach außen erkennbar** in ausreichendem Maße **Verantwortung für die Betreuung und Erziehung seines Kindes übernimmt** (Nr. 28.1.3 AufenthGAVwV; OVG LSA BeckRS 2017, 108664) und die elterliche Verantwortung aktiv wahrnimmt (VGH BW BeckRS 2018, 25345). Besteht ein gemeinsames Sorgerecht (auch bei nicht verheirateten Eltern nach § 1626a BGB), reicht hierfür die Herstellung der familiären Lebensgemeinschaft in der Regel aus (Hailbronner AuslR Rn. 12). Bei **nicht in familiärer Lebensgemeinschaft lebenden Eltern** sind intensive persönliche Kontakte und ein erheblicher Anteil an der Betreuung und Erziehung des Kindes erforderlich, wobei es auf eine persönliche Verbundenheit ankommt, auf deren Aufrechterhaltung das Kind zu seinem Wohl angewiesen ist (BVerfG BeckRS 2008, 04197; falls keine persönliche Verbundenheit besteht vgl. OVG Bln-Bbg BeckRS 2017, 111204). **15**

Der biologische Vater, der aufgrund einer wirksamen, von einem anderen Mann abgegebenen Vaterschaftsanerkennung nicht zugleich rechtlicher Vater eines minderjährigen deutschen Staatsangehörigen ist, ist nicht Elternteil iSd § 28 Abs. 1 S. 1 Nr. 1, sondern sonstiger Familienangehöriger, auf den gem. § 27 Abs. 4 die Regelung des § 36 Abs. 2 (→ § 36 Rn. 1 ff.) Anwendung findet. **15.1**

15.2   Grundsätzlich ist anzuerkennen, dass auch das Anliegen, eine familiäre Gemeinschaft erstmals herzustellen, unter den Schutz des Art. 6 GG bzw. Art. 8 EMRK fallen kann. Dies setzt aber voraus, dass die noch fehlende tatsächliche Verbundenheit nicht am Umgangswillen des getrenntlebenden Elternteils scheitert, sondern an anderen, nicht von ihm zu vertretenden Gründen (zB Verhalten des anderen Elternteils; SchlHOVG BeckRS 2020, 31739 mwN).

2. Ausländische Sorgerechtsübertragung

16   Eine **ausländische Sorgerechtsübertragung** ist nach internationalen Regeln im Bundesgebiet anzuerkennen (BVerwG NVwZ 2013, 947). Die Anerkennung erfolgt nicht, wenn sich daraus ein **Verstoß gegen den ordre public** ergeben würde. Ein solcher Verstoß liegt vor, wenn die Sorgerechtsentscheidung im Ausland in einem Verfahren erfolgt ist, das von den **Grundprinzipien des deutschen Verfahrensrechts** in einem solchen Maße abweicht, dass sie nach der deutschen Rechtsordnung nicht als in einem geordneten, rechtsstaatlichen Verfahren ergangen angesehen werden kann (OVG Bln-Bbg BeckRS 2017, 108040).

3. Aufenthaltsrechtliche Vorwirkungen der Geburt

17   Der Umstand, dass das **ungeborene Kind die deutsche Staatsangehörigkeit erwerben wird,** eröffnet grundsätzlich noch **kein Zuzugsrecht** des ausländischen Elternteils. Wegen der aufenthaltsrechtlichen Vorwirkungen von Art. 6 Abs. 2 GG ist aber bei Bestehen einer **Risikoschwangerschaft, besonderer Hilfsbedürftigkeit** der werdenden Mutter oder, falls der Vater nicht rechtzeitig zum **Geburtstermin** zurückkehren kann, eine vorübergehende Aufenthaltsbeendigung unzulässig (GK-AufenthG/Marx Rn. 115 ff.). Ebenso kann in diesen Fällen ein Visum für die Einreise des werdenden ausländischen Vaters erteilt werden (Nr. 28.1.4 AufenthGAVwV). Voraussetzung ist neben der Vaterschaftsanerkennung oder Sorgerechtserklärung auch der tatsächliche Wille, die Elternrolle zu übernehmen. Zu beachten ist insoweit insbesondere § 27 Abs. 1a (→ § 27 Rn. 1 ff.).

18   Auch kann einer **werdenden ausländischen Mutter, deren Kind die deutsche Staatsangehörigkeit besitzen wird,** rechtzeitig vor der Geburt der Zuzug ins Bundesgebiet ermöglicht werden (Nr. 28.1.4 AufenthGAVwV). Hält sich die werdende Mutter bereits im Bundesgebiet auf, so hat sie zumindest Anspruch auf eine Duldung nach § 60a Abs. 2 (BayVGH BeckRS 2017, 128924).

4. Lebensunterhalt

19   Gemäß Abs. 1 S. 2 ist die Aufenthaltserlaubnis zu erteilen, auch wenn die Regelerteilungsvoraussetzung des § 5 Abs. 1 Nr. 1 nicht vorliegt.

VI. Nicht personensorgeberechtigter Elternteil (S. 4)

1. Anwendungsbereich

20   Dem **nicht sorgeberechtigten Elternteil** eines minderjährigen ledigen Deutschen kann eine Aufenthaltserlaubnis abweichend von § 5 Abs. 1 Nr. 1 erteilt werden, wenn die **familiäre Gemeinschaft schon im Bundesgebiet gelebt** wird. Dies bedeutet, dass nach dieser Vorschrift **kein Zuzug aus dem Ausland** erlaubt werden kann, sondern nur eine Aufenthaltserlaubnis erteilt werden kann, wenn sich der Nichtpersonensorgeberechtigte bereits im Bundesgebiet aufhält und eine familiäre Gemeinschaft mit dem Kind besteht. Ein **rechtmäßiger Aufenthalt** ist nicht Voraussetzung (GK-AufenthG/Marx Rn. 120). Der Nachzug aus dem Ausland richtet sich nach § 28 Abs. 4 iVm § 36 Abs. 2 (BeckOK AuslR/Tewocht Rn. 26).

2. Familiäre Gemeinschaft

21   Bei der Auslegung des tatbestandlichen Begriffs der familiären Lebensgemeinschaft ist die wertentscheidende Grundsatznorm des Art. 6 Abs. 1 und Abs. 2 S. 2 GG zu berücksichtigen. Dabei ist grundsätzlich eine **Betrachtung des Einzelfalles** geboten (BVerfG NVwZ 2009, 387; 2006, 682). Bei der Bewertung der familiären Beziehungen kommt es in diesem Zusammenhang nicht darauf an, ob eine Hausgemeinschaft vorliegt und ob die von einem Familienmitglied tatsächlich erbrachte Lebenshilfe auch von anderen Personen erbracht werden könnte. Die Entwicklung eines Kindes wird nicht nur durch quantifizierbare Betreuungsbeiträge der Eltern, sondern auch durch die **geistige und emotionale Auseinandersetzung** geprägt (BVerfG BeckRS 2008, 04197). Die familiäre (Lebens-) Gemeinschaft zwischen einem Elternteil und seinem minderjährigen Kind ist getragen von tatsächlicher **Anteilnahme am Leben und Aufwachsen des Kindes.** Im Falle eines **regelmäßigen Umgangs** des ausländischen Elternteils, der dem auch sonst Üblichen entspricht, wird in der Regel von einer familiären Gemeinschaft auszugehen sein (BVerfG BeckRS 2011, 87023). Es ist im Einzelfall zu würdigen, in welcher Form die Elternverantwortung ausgeübt wird und welche Folgen eine endgültige oder vorübergehende Trennung für die gelebte Eltern-Kind-Beziehung und das **Kindeswohl** hätte. **Anhaltspunkte** sind intensive Kontakte, gemeinsam verbrachte Urlaube, Betreuung und Versorgung des Kindes, Unterhaltsleistungen sowie Kontakte per Brief und Telefon (BayVGH BeckRS 2016, 53197). Auch ein **regelmäßiger begleiteter Umgang** führt dabei grundsätzlich zu einer familiären Lebensgemeinschaft iSd Abs. 1 S. 4 (VGH BW BeckRS 2017, 105067; zur Frage eines Aufenthaltsrechts für die **Prozessführung um ein Umgangsrecht** BVerwG BeckRS 2016, 54825; BayVGH BeckRS 2016, 53197; → Rn. 21.1).

Nach Auffassung des EGMR (BeckRS 2011, 04126) kann die Versagung des Umgangs des leiblichen **21.1** Vaters mit seinem Kind einen Eingriff in das gem. Art. 8 EMRK gewährleistete Recht auf Achtung des Familienlebens oder zumindest des Privatlebens darstellen, auch wenn der leibliche Vater noch keine sozialfamiliäre Beziehung zu seinem Kind aufbauen konnte. Zwar kann nach dieser Rechtsprechung der biologische Vater aus Art. 8 EMRK grundsätzlich ein Recht auf Umgang mit seinem Kind ableiten, selbst wenn noch kein Eltern-Kind-Verhältnis besteht, jedoch hat dies nicht zur Folge, dass dem durch die Erteilung einer Aufenthaltserlaubnis nach §28 Abs. 1 S. 4 Rechnung getragen werden muss, solange die familiäre Gemeinschaft noch nicht gelebt wird. Sicherzustellen ist aufenthaltsrechtlich allenfalls, dass der Vater die Möglichkeit erhält, eine solche geschützte familiäre Beziehung aufzubauen, wenn dies dem Kindeswohl dient. Macht der nicht sorgeberechtigte ausländische Elternteil glaubhaft, dass er sich gegenüber dem das Umgangsrecht vereitelnden anderen Elternteil nachhaltig und ernsthaft um die Ausübung des Umgangsrechts mit dem Kind, etwa durch Einschaltung des zuständigen Jugendamtes, bemüht hat, kann ein beabsichtigtes Familienleben ausnahmsweise unter den Schutz des Art. 8 EMRK fallen. Wird die Herstellung einer beabsichtigten familiären Gemeinschaft verhindert, weil die Ausländerbehörde den ausländischen Vater zur Ausreise auffordert, stellt dies eine Verletzung von Art. 8 EMRK dar, es sei denn, dieser Eingriff ist „gesetzlich vorgesehen", verfolgt ein oder mehrere Ziele, die nach Art. 8 Abs. 2 EMRK legitim sind, und kann als „in einer demokratischen Gesellschaft notwendig angesehen werden" (EGMR BeckRS 2011, 04126; BayVGH BeckRS 2016, 53197).

3. Ermessen

Besitzt der ausländische Elternteil kein Sorgerecht, steht die Erteilung der Aufenthaltserlaubnis **22** im **Ermessen** der Ausländerbehörde. Bei der Ermessensausübung ist insbesondere zu berücksichtigen, ob das deutsche Kind in seiner Entwicklung **auf den ausländischen Elternteil angewiesen** ist (Nr. 28.1.5.1 AufenthGAVwV), der nichtsorgeberechtigte Elternteil seit der Geburt des Kindes seiner **Unterhaltspflicht** nachgekommen ist (Nr. 28.1.5.2 AufenthGAVwV) und das **Kindeswohl** einen auf Dauer angelegten Aufenthalt des nichtsorgeberechtigten Elternteils erfordert (Nr. 28.1.5.3 AufenthGAVwV).

VII. Vorliegen der sonstigen allgemeinen Regelerteilungsvoraussetzungen

Unabhängig von den in Abs. 1 S. 1 Nr. 1–3 sowie Abs. 1 S. 5 geregelten spezifischen Vorausset- **23** zungen wie Mindestalter und Spracherfordernis gelten grundsätzlich die allgemeinen Regelerteilungsvoraussetzungen des §5 Abs. 1 und Abs. 2. Zudem ist §27 Abs. 3 zu beachten.

1. Ausweisungsinteresse

Abs. 1 S. 2 stellt insoweit gegenüber §5 Abs. 1 Nr. 2 eine **Spezialvorschrift** dar, dh selbst **24** bei Vorliegen eines Ausweisungsinteresses kann die Aufenthaltserlaubnis erteilt werden.

2. Einreise mit dem erforderlichen Visum

Der Antrag auf Erteilung einer Aufenthaltserlaubnis muss grundsätzlich **vor der Einreise** **25** gestellt werden. Der Antrag kann **nach der Einreise** gestellt werden, wenn die Voraussetzungen eines Rechtsanspruchs auf Erteilung eines Aufenthaltstitels vorliegen. Unter einem Anspruch iSv §5 Abs. 2 S. 2 Alt. 1, der ein Absehen vom Visumerfordernis ermöglicht, ist grundsätzlich nur ein **strikter Rechtsanspruch** zu verstehen. Ein solcher Rechtsanspruch liegt vor, wenn alle zwingenden und regelhaften Tatbestandsvoraussetzungen erfüllt sind (BVerwG BeckRS 2015, 41164).

26   Bei Vorliegen der in § 99 iVm § 39 AufenthV geregelten Voraussetzungen ist der Ausländer berechtigt, den Aufenthaltstitel erst im Inland einzuholen. Beim Ehegattennachzug kommt insbesondere § 39 Nr. 3 AufenthV Bedeutung zu, wenn die Ehe nach der Einreise ins Bundesgebiet geschlossen wird. Bei der von § 39 Nr. 5 AufenthV vorausgesetzten Aussetzung der Abschiebung muss es sich um eine solche handeln, die wegen anderer Abschiebungshindernisse als der bevorstehenden Eheschließung erteilt worden ist (NdsOVG BeckRS 2018, 1067; → Rn. 26.1).

26.1   Für die Beurteilung, wann die Voraussetzungen eines Anspruchs auf Erteilung einer Aufenthaltserlaubnis entstanden sind, ist auf den Zeitpunkt abzustellen, in dem das zentrale, den jeweiligen Aufenthaltszweck kennzeichnende Merkmal der jeweiligen Anspruchsnorm erfüllt worden ist (BVerwG BeckRS 2011, 48919; BayVGH BeckRS 2015, 47040; 2011, 34066), beim Ehegattennachzug also die Eheschließung. Einreise iSd § 39 Nr. 3 AufenthV ist die letzte Einreise in die Bundesrepublik (BVerwG BeckRS 2011, 48919). Dies hat Bedeutung bei den sog. Dänemarkehen. Reist der Drittstaatsangehörige nach der Eheschließung in Dänemark wieder in die Bundesrepublik Deutschland ein, so ist der Anspruch auf Erteilung einer Aufenthaltserlaubnis zum Ehegattennachzug nicht nach der Einreise entstanden (→ § 81 Rn. 10.1).

27   Von unerlaubt bzw. ohne das erforderliche Visum eingereisten Ausländern kann grundsätzlich die **Nachholung eines Visumverfahrens,** das verfahrensbedingt zu einer Trennung von ihren deutschen Angehörigen und damit zu einem nicht unerheblichen Eingriff in die durch Art. 6 Abs. 1 GG, Art. 8 EMRK geschützte eheliche Lebensgemeinschaft führt, verlangt werden, wenn diese Forderung sich im Einzelfall von der **zeitlichen Dimension** als verhältnismäßig darstellt. Im Rahmen der Ermessensentscheidung ist insbesondere dem **generalpräventiven Gesichtspunkt der Verhinderung von Missbräuchen und von Anreizen zur Umgehung des Visumerfordernisses** Rechnung zu tragen (OVG Saarl BeckRS 2016, 48431). Allein der Umstand, dass die Eheleute möglicherweise eine vorübergehende Trennung für die übliche Dauer des Visumverfahrens hinnehmen müssen, reicht hierfür auch unter Berücksichtigung des Schutzes der Ehe durch Art. 6 GG und Art. 8 EMRK nicht aus (BVerwG BeckRS 2011, 47344; OVG LSA BeckRS 2015, 51145). Eine auch **nur vorübergehende Trennung von dem Ehegatten ist nur dann unzumutbar,** wenn weitere besondere Umstände im Einzelfall vorliegen, wenn einer der Ehegatten aufgrund individueller Besonderheiten, etwa infolge einer Krankheit, mehr als im Regelfall auf **persönlichen Beistand angewiesen is**t (OVG LSA BeckRS 2015, 51145; BayVGH BeckRS 2015, 47043; → Rn. 27.1).

27.1   Die mit der Durchführung des Visumverfahrens verbundenen Kosten reichen zur Begründung der Unzumutbarkeit nicht aus (BayVGH BeckRS 2015, 503789). Die Vorschriften der Familienzusammenführungs-RL gebieten keine europarechtskonforme Auslegung von § 5 Abs. 2 dahingehend, dass das Visumerfordernis entfällt, wenn ein Drittstaatsangehöriger eine deutsche Staatsangehörige in einem anderen Mitgliedstaat heiratet und anschließend mit ihr wieder in die Bundesrepublik Deutschland einreist (SächsOVG BeckRS 2014, 52244).

VIII. Geltungsdauer

28   Abs. 1 enthält keine Regelung über die Geltungsdauer der zu erteilenden Aufenthaltserlaubnis. In der Regel ist sie **befristet auf drei Jahre** zu erteilen und zu verlängern (Nr. 28.1.6 Aufenth-GAVwV). Eine **kürzere Befristung** ist möglich, wenn gewichtige Anhaltspunkte dafür bestehen, dass das **Vorliegen der Erteilungsvoraussetzungen zweifelhaft** ist (GK-AufenthG/Marx Rn. 184 ff.; Hailbronner AuslR Rn. 32).

29   Solange keine Niederlassungserlaubnis erteilt wurde, ist die Aufenthaltserlaubnis zu verlängern, wenn die Erteilungsvoraussetzungen weiter vorliegen (§ 8 Abs. 1).

C. Niederlassungserlaubnis (Abs. 2)

I. Dreijähriger Besitz einer Aufenthaltserlaubnis

30   Für die Berechnung der Frist ist auf die **erstmalige Erteilung der Aufenthaltserlaubnis** zum Zwecke des Familiennachzugs abzustellen. Die **Zeit des Besitzes eines nationalen Visums** (§ 6 Abs. 3) zum Familiennachzug ist anzurechnen, sobald sich der Ausländer im Bundesgebiet aufhält (Nr. 28.2.3 AufenthGAVwV).

31   Bei der Aufenthaltserlaubnis muss es sich um eine **Aufenthaltserlaubnis nach Abs. 1** handeln (BayVGH BeckRS 2015, 50372). Die Frage, ob auch eine **Aufenthaltserlaubnis nach § 25**

Abs. 5 ausreicht, wenn der Ausländer mit seiner Ehefrau eine eheliche Lebensgemeinschaft geführt hat, hat das BVerwG offengelassen (BVerwG BeckRS 2016, 111718). Fraglich ist auch, ob eine **Aufenthaltserlaubnis nach Abs. 3 S. 2** Anknüpfungspunkt für eine Niederlassungserlaubnis nach Abs. 2 sein kann (BayVGH BeckRS 2020, 16877).

II. Fortbestehen der familiären Lebensgemeinschaft

Ob die familiäre Gemeinschaft fortbesteht, richtet sich nach den allgemeinen Grundsätzen **32** (Hailbronner AuslR Rn. 42). Besteht die Gemeinschaft nicht mehr, kommt nur die Erteilung einer Niederlassungserlaubnis nach § 9 in Betracht (Nr. 28.2.2 AufenthGAVwV)

III. Ausreichende Sprachkenntnisse

Der Ausländer muss Sprachkenntnisse auf dem Niveau B 1 (§ 2 Abs. 9) aufweisen. Abs. 2 S. 2 **33** verweist auf § 9 Abs. 2 S. 2–5. Danach sind die Sprachkenntnisse mit dem erfolgreichen Abschluss eines Integrationskurses nachgewiesen.

Ausnahmen vom Vorliegen ausreichender Sprachkenntnisse regelt § 9 Abs. 2 S. 3–5. Die Betreu- **34** ung von Kleinkindern und die Notwendigkeit der Fahrt zum nächsten Ort des Integrationskurses mit öffentlichen Verkehrsmitteln stellen für sich genommen keine Umstände dar, bei deren Vorhandensein ausnahmsweise vom Vorliegen ausreichender Kenntnisse der deutschen Sprache und Grundkenntnissen der Rechts- und Gesellschaftsordnung zur Erlangung einer Niederlassungserlaubnis nach Abs. 2 abgesehen werden kann (BVerwG BeckRS 2015, 48582).

IV. Nichtbestehen eines Ausweisungsinteresses

Die Niederlassungserlaubnis ist zu versagen, wenn die Voraussetzungen des § 5 Abs. 4 vorliegen **35** (Nr. 28.2.1 AufenthGAVwV). In Bezug auf § 5 Abs. 1 Nr. 2 ist Abs. 2 strenger gefasst (BeckOK AuslR/Tewocht Rn. 32), weil danach das Vorliegen eines Ausweisungsinteresses einen zwingenden Versagungsgrund darstellt, während § 5 Abs. 1 Nr. 2 auch bei Vorliegen eines Ausweisungsinteresses die Erteilung einer Aufenthaltserlaubnis zulässt, wenn ein Ausnahmefall vorliegt. Da Abs. 2 keine Regelung vom Abweichen von den Regelerteilungsvoraussetzungen enthält, wird überwiegend davon ausgegangen, dass § 5 Abs. 1 daneben Anwendung findet, sodass die Niederlassungserlaubnis in der Regel zu versagen ist, wenn ein Ausweisungsinteresse vorliegt (Nr. 28.2.1 AufenthGAVwV; Hailbronner AuslR Rn. 34; BeckOK AuslR/Tewocht Rn. 32).

§ 9 findet in den Fällen des Abs. 2 keine Anwendung (Nr. 28.2.1 AufenthGAVwV), sodass die **36** Regelung in § 9 Abs. 2 S. 1 Nr. 4 unbeachtlich ist.

Abs. 2 S. 1 setzt nicht voraus, dass eine Ausweisung rechtsfehlerfrei verfügt werden könnte **37** (VGH BW BeckRS 2015, 51619). Das tatbestandsmäßige Vorliegen eines Ausweisungsinteresses ist ausreichend. Wegen des unterschiedlichen Gewichts der in § 54 genannten Ausweisungsinteressen ist eine differenzierte Betrachtungsweise bei der Anwendung des Regel-Ausnahmesystems geboten (BayVGH BeckRS 2017, 114415).

V. Sicherung des Lebensunterhalts

Voraussetzung für die Erteilung einer Niederlassungserlaubnis ist, dass der Lebensunterhalt **38** gesichert ist (Hailbronner AuslR Rn. 35; GK-AufenthG/Marx Rn. 201). Zwar ergibt sich dies nicht aus dem Wortlaut des Abs. 2. Dieser greift vielmehr mit dem Tatbestandsmerkmal des Nichtbestehens eines Ausweisungsinteresses ausdrücklich nur eine der allgemeinen Regelerteilungsvoraussetzungen (§ 5 Abs. 1 Nr. 2) auf. Gesetzessystematik sowie Sinn und Zweck der Norm sprechen jedoch dafür, dass für die Erteilung einer Niederlassungserlaubnis nach Abs. 2 auch das in § 5 Abs. 1 Nr. 1 geregelte Erfordernis der Sicherung des Lebensunterhalts erfüllt sein muss (→ Rn. 38.1).

Der Gesetzgeber hat nach der Konzeption des AufenthG die Fälle, in denen er von der Erfüllung **38.1** bestimmter allgemeiner Erteilungsvoraussetzungen abweichen wollte, ausdrücklich im Wortlaut der jeweiligen Vorschrift kenntlich gemacht (zB in § 29 Abs. 4, § 30 Abs. 3, § 34 Abs. 1 und § 36 Abs. 1). Im Gegensatz dazu fehlt in Abs. 2 für den Anspruch auf Erteilung einer Niederlassungserlaubnis eine entsprechende Formulierung. Daraus folgt, dass neben den in Abs. 2 genannten Tatbestandsmerkmalen die allgemeinen Erteilungsvoraussetzungen des § 5 – insbesondere die Regelerteilungsvoraussetzung der Sicherung des Lebensunterhalts – erfüllt sein müssen (BVerwG BeckRS 2011, 55859). Für das Erfordernis der Sicherung des Lebensunterhalts als Voraussetzung für die Erteilung einer Niederlassungserlaubnis nach Abs. 2 spricht auch die Bedeutung, die der Gesetzgeber der Unterhaltssicherung generell beimisst. Er sieht hierin eine

Erteilungsvoraussetzung von grundlegendem staatlichem Interesse und zugleich die wichtigste Voraussetzung, um die Inanspruchnahme öffentlicher Mittel zu verhindern.

39   Abzustellen ist auf den Bedarf des Antragstellers und die familiäre Bedarfsgemeinschaft mit Ausnahme der deutschen Familienmitglieder. Der Lebensunterhalt eines Ausländers iSv § 2 Abs. 3 ist nämlich nicht schon dann gesichert, wenn der Ausländer mit seinem Erwerbseinkommen seinen eigenen Bedarf decken könnte, er für seinen Ehepartner und seine Kinder aber auf Leistungen nach dem SGB II angewiesen ist (BVerwG NVwZ 2011, 829). Vielmehr sind für die Berechnung, ob ein Anspruch auf öffentliche Leistungen besteht, grundsätzlich die sozialrechtlichen Regelungen über die Bedarfsgemeinschaft nach § 9 Abs. 2 SGB II maßgeblich.

D. Eigenständiges Aufenthaltsrecht der ausländischen Familienangehörigen (Abs. 3)

40   Durch die Vorschrift soll eine Gleichstellung, nicht aber eine Besserstellung, der Familienangehörigen von Deutschen gegenüber denen der im Bundesgebiet lebenden Ausländer hinsichtlich des eigenständigen Aufenthaltsrechts bewirkt werden (Nr. 28.3.1 AufenthGAVwV).

41   Für die **ausländischen Ehegatten** Deutscher gilt § 31 mit der in S. 1 genannten Maßgabe (gewöhnlicher Aufenthalt des Deutschen), für die **minderjährigen ledigen Kinder** § 35 (Nr. 28.3.2 AufenthGAVwV).

42   Strittig ist, ob auch für die **nachgezogenen Elternteile minderjähriger lediger Deutscher** nach Auflösung der familiären Gemeinschaft ein eigenständiges Aufenthaltsrecht entsteht (bejahend VGH BW BeckRS 2015, 56108; HessVGH BeckRS 2015, 49192; verneinend Nr. 28.3.3 AufenthGAVwV; BeckOK AuslR/Tewocht Rn. 37; HmbOVG BeckRS 2019, 7073 mwN; OVG NRW BeckRS 2018, 30449; OVG Bln–Bbg BeckRS 2017, 162818mwN; zur Verletzung von Art. 19 Abs. 4 GG, da das OVG Bln–Bgb die Berufung wegen grundsätzlicher Bedeutung dieser Rechtsfrage nicht zugelassen hat, BVerfG BeckRS 2020, 28739). Jedenfalls hat der Gesetzgeber für Elternteile, deren Kinder volljährig geworden sind, in **S. 2** eine Spezialregelung erlassen, wonach unter bestimmten Umständen ein **Verlängerungsanspruch der zur Ausübung der Personensorge erteilten Aufenthaltserlaubnis** besteht.

42.1   Eine Verlängerungsmöglichkeit kommt nur dann in Betracht, wenn sich das Kind tatsächlich in Ausbildung befindet. Ausgebildet wird nur, wer den entsprechenden Abschluss tatsächlich anstrebt und das Ausbildungsangebot ernsthaft und nachhaltig annimmt (BayVGH BeckRS 2020, 16877).

E. Sonstige Familienangehörige (Abs. 4)

43   Sonstigen Familienangehörigen kann nur bei Vorliegen einer **außergewöhnlichen Härte** eine Aufenthaltserlaubnis erteilt werden. Bei dem Verweis auf § 36 handelt es sich um eine **Rechtsgrundverweisung,** sodass die materiellen Voraussetzungen für eine außergewöhnliche Härte vorliegen müssen. Diese kann sich daraus ergeben, dass die **besonderen oder allgemeinen Erteilungsvoraussetzungen nicht vollständig erfüllt sind.**

44   Zu den sonstigen Familienangehörigen **gehören insbesondere** die ausländischen Elternteile minderjähriger Deutscher, die nicht personensorgeberechtigt sind, volljährige Ausländer, die von einem Deutschen adoptiert worden sind, der ausländische Elternteil eines volljährigen oder nicht mehr ledigen Deutschen (Nr. 28.4.1 AufenthGAVwV).

F. Europarechtliche Bezüge

I. Unionsbürger

45   Der Familiennachzug zu Unionsbürgern richtet sich nach der **Unionsbürger-RL. Deutsche Staatsangehörige** sind zwar auch Unionsbürger, die Unionsbürger-RL ist für sie allerdings nur anwendbar, wenn sie von ihrem **Freizügigkeitsrecht Gebrauch gemacht haben** (BeckOK AuslR/Tewocht Rn. 4).

46   Die Unionsbürger-RL enthält im Vergleich zu § 28 **günstigere Regelungen** bezüglich der Sprachkenntnisse und des Mindestalters für den Ehegattennachzug sowie für die Altersgrenze beim Kindernachzug.

47   In Ausnahmefällen ergibt sich, auch wenn die Voraussetzungen der Unionsbürger-RL nicht erfüllt sind, ein **Anspruch auf Erteilung einer Aufenthaltserlaubnis unmittelbar aus Unionsrecht,** und zwar dann, wenn den Unionsbürgern der tatsächliche Genuss des Kernbestands

der Rechte, die ihnen der Unionsbürgerstatus verleiht, verwehrt wird (EuGH BeckEuRS 2011, 571502 – Zambrano). Konkretisierungen dieser Rechtsprechung finden sich in den Entscheidungen des EuGH McCarthy (EuZW 2011, 522), Dereci (EuZW 2012, 79), Rendón Marín (NVwZ 2017, 218), Chavez-Vilchez (NVwZ 2017, 1445) und K. A. (NVwZ 2018, 1859), wonach es darauf ankommt, ob sich der Unionsbürger gezwungen sieht, nicht nur den Mitgliedstaat, in dem er sich aufhält, sondern die Union als Ganzes zu verlassen und ihm dadurch der tatsächliche Genuss seiner Rechte als Unionsbürger verwehrt wird. Bei drittstaatsangehörigen Eltern von minderjährigen ledigen Deutschen kann unter Umständen ein unionsrechtliches bedingtes Aufenthaltsrecht zu gewähren sein (BeckOK AuslR/Tewocht Rn. 6; OVG Bln-Bbg BeckRS 2019, 8336). Einem Recht aus Art. 20 AEUV ist durch Ausstellung einer Bescheinigung zum Nachweis dieses Rechts nach §4 Abs. 5 Rechnung zu tragen (BVerwG NVwZ 2019, 486).

Dem **drittstaatsangehörigen Ehegatten eines deutschen Staatsangehörigen** steht ein **48** unionsrechtliches Aufenthaltsrecht in sog. „**Rückkehrerfällen**" zu, wenn der deutsche Staatsangehörige von seinem unionsrechtlichen Freizügigkeitsrecht nachhaltig Gebrauch gemacht hat (BVerwG BeckRS 2011, 48919; 2011, 47344). Erforderlich ist hierfür, dass der Aufenthalt im Aufnahmemitgliedstaat von solcher Dauer ist, dass der Unionsbürger dort ein Familienleben entwickeln oder entfalten kann (BayVGH BeckRS 2016, 41721 mwN zur Rspr. des EuGH). Dies ist dann der Fall, wenn sich der Unionsbürger über einen **Zeitraum vom mehr als drei Monaten** (Art. 7 Abs. 1 Freizügigkeits-RL) im Aufnahmemitgliedstaat aufgehalten hat. Ein Kurzaufenthalt zum Zwecke der Eheschließung (sog. **Dänemarkehe**) reicht nicht aus, auch wenn der Unionsbürger dort Dienstleistungen in Anspruch genommen hat (BVerwG BeckRS 2011, 48919; 2011, 47344).

II. Türkische Staatsangehörige mit ARB-Berechtigung

Türkische Staatsangehörige, die bereits ein Aufenthaltsrecht nach Assoziationsrecht besitzen, **49** können **zusätzlich die Erteilung eines nationalen Aufenthaltstitels zum Familiennachzug beantragen** (zB Abs. 1 S. 1 Nr. 3). **Erhöhte Anforderungen für die Erteilung einer Niederlassungserlaubnis** nach §28 Abs. 2 (iVm §9 Abs. 2 S. 1 Nr. 7 und Nr. 8) stellen allerdings keine neuen Beschränkungen der Bedingungen für den Zugang zum Arbeitsmarkt nach **Art. 13 ARB 1/80** dar, wenn der Ausländer bereits über einen unbeschränkten Arbeitsmarktzugang aufgrund eines Daueraufenthaltsrechts nach Art. 7 Abs. 1 ARB 1/80 verfügt, das durch einen nationalen Aufenthaltstitel nach §4 Abs. 5 dokumentiert werden kann (BVerwG BeckRS 2015, 48582).

§29 Familiennachzug zu Ausländern

(1) Für den Familiennachzug zu einem Ausländer muss
1. der Ausländer eine Niederlassungserlaubnis, Erlaubnis zum Daueraufenthalt – EU, Aufenthaltserlaubnis, eine Blaue Karte EU, eine ICT-Karte oder eine Mobiler-ICT-Karte besitzen oder sich gemäß §18e berechtigt im Bundesgebiet aufhalten und
2. ausreichender Wohnraum zur Verfügung stehen.

(2) ¹Bei dem Ehegatten und dem minderjährigen ledigen Kind eines Ausländers, der eine Aufenthaltserlaubnis nach §23 Absatz 4, §25 Absatz 1 oder 2, eine Niederlassungserlaubnis nach §26 Absatz 3 oder nach Erteilung einer Aufenthaltserlaubnis nach §25 Absatz 2 Satz 1 zweite Alternative eine Niederlassungserlaubnis nach §26 Absatz 4 besitzt, kann von den Voraussetzungen des §5 Absatz 1 Nummer 1 und des Absatzes 1 Nummer 2 abgesehen werden. ²In den Fällen des Satzes 1 ist von diesen Voraussetzungen abzusehen, wenn
1. der im Zuge des Familiennachzugs erforderliche Antrag auf Erteilung eines Aufenthaltstitels innerhalb von drei Monaten nach unanfechtbarer Anerkennung als Asylberechtigter oder unanfechtbarer Zuerkennung der Flüchtlingseigenschaft oder subsidiären Schutzes oder nach Erteilung einer Aufenthaltserlaubnis nach §23 Absatz 4 gestellt wird und
2. die Herstellung der familiären Lebensgemeinschaft in einem Staat, der nicht Mitgliedstaat der Europäischen Union ist und zu dem der Ausländer oder seine Familienangehörigen eine besondere Bindung haben, nicht möglich ist.
³Die in Satz 2 Nr. 1 genannte Frist wird auch durch die rechtzeitige Antragstellung des Ausländers gewahrt.

(3) ¹Die Aufenthaltserlaubnis darf dem Ehegatten und dem minderjährigen Kind eines Ausländers, der eine Aufenthaltserlaubnis nach den §§ 22, 23 Absatz 1 oder Absatz 2 oder § 25 Absatz 3 oder Absatz 4a Satz 1, § 25a Absatz 1 oder § 25b Absatz 1 besitzt, nur aus völkerrechtlichen oder humanitären Gründen oder zur Wahrung politischer Interessen der Bundesrepublik Deutschland erteilt werden. ²§ 26 Abs. 4 gilt entsprechend. ³Ein Familiennachzug wird in den Fällen des § 25 Absatz 4, 4b und 5, § 25a Absatz 2, § 25b Absatz 4, § 104a Abs. 1 Satz 1 und § 104b nicht gewährt.

(4) ¹Die Aufenthaltserlaubnis wird dem Ehegatten und dem minderjährigen ledigen Kind eines Ausländers oder dem minderjährigen ledigen Kind seines Ehegatten abweichend von § 5 Abs. 1 und § 27 Abs. 3 erteilt, wenn dem Ausländer vorübergehender Schutz nach § 24 Abs. 1 gewährt wurde und

1. die familiäre Lebensgemeinschaft im Herkunftsland durch die Fluchtsituation aufgehoben wurde und

2. der Familienangehörige aus einem anderen Mitgliedstaat der Europäischen Union übernommen wird oder sich außerhalb der Europäischen Union befindet und schutzbedürftig ist.

²Die Erteilung einer Aufenthaltserlaubnis an sonstige Familienangehörige eines Ausländers, dem vorübergehender Schutz nach § 24 Abs. 1 gewährt wurde, richtet sich nach § 36. ³Auf die nach diesem Absatz aufgenommenen Familienangehörigen findet § 24 Anwendung.

Überblick

§ 29 gilt für den Zuzug von ausländischen Familienangehörigen zu bereits im Bundesgebiet lebenden ebenfalls drittstaatsangehörigen Familienangehörigen. Er benennt die allgemeinen Zuzugsvoraussetzungen für den Ehegattennachzug, den Zuzug von minderjährigen Kindern und sonstiger Familienangehöriger. Daneben sind die allgemeinen Regelerteilungsvoraussetzungen des § 5 und die Grundsätze des § 27 zu beachten. Abs. 1 enthält die Voraussetzungen bezüglich des Aufenthaltstitels des Stammberechtigten und des Wohnraums (→ Rn. 5 ff.), Abs. 2 (→ Rn. 8 ff.) die Regelungen für den Nachzug zu Asylberechtigten und Konventionsflüchtlingen. Abs. 3 (→ Rn. 15 ff.) betrifft den Nachzug zu Inhabern einer humanitären Aufenthaltserlaubnis, Abs. 4 (→ Rn. 22 ff.) den Nachzug zu Ausländern, denen vorübergehender Schutz nach § 24 Abs. 1 gewährt wird.

Übersicht

A. Entstehungsgeschichte

1   Die Vorschrift lehnt sich an § 17 AuslG an und entspricht im Wesentlichen dem Gesetzentwurf (BT-Drs. 15/420, 14). Mit dem Gesetz zur Umsetzung aufenthalts- und asylrechtlicher Richtlinien der Europäischen Union (v. 19.8.2007, BGBl. I 1970) hat der Gesetzgeber in Abs. 1 Nr. 1 die Daueraufenthaltserlaubnis-EU eingefügt und Abs. 2 an die Familienzusammenführungs-RL angepasst, indem Ausnahmen vom Wohnraumerfordernis und der Sicherung des Lebensunterhalts zugelassen werden. In Abs. 3 wurden die Bezugnahme auf § 26 Abs. 4, § 104a Abs. 1 S. 1 und § 104b (Bleiberechtsregelungen) eingefügt.

Mit dem Gesetz zur Bekämpfung der Zwangsheirat (v. 15.4.2011, BGBl. I 168) wurde die **2** Verweisung in Abs. 3 auf § 25 Abs. 4–5 um § 25a Abs. 1 und Abs. 2 erweitert. Das Gesetz zur Umsetzung aufenthalts- und asylrechtlicher Richtlinien der Europäischen Union (v. 1.6.2012, BGBl. I 1224) hat in Abs. 1 die Blaue Karte EU (§ 19a) aufgenommen.

Das Gesetz zur Neubestimmung des Bleiberechts und der Aufenthaltsbeendigung (v. 27.7.2015, **3** BGBl. I 1385) stellt Resettlement-Flüchtlinge (§ 23 Abs. 4) mit Asylberechtigten und anerkannten Flüchtlingen sowie subsidiär Schutzberechtigten gleich. Die Ausdehnung des Familiennachzugs für subsidiär Schutzberechtigte wurde durch § 104 Abs. 13 bis zum 18.3.2018 ausgesetzt (Gesetz zur Einführung beschleunigter Asylverfahren v. 11.3.2016, BGBl. I 390). Zudem ist der Familiennachzug zu Inhabern von Aufenthaltstiteln nach § 22, § 23 Abs. 1 und Abs. 2, § 25 Abs. 3 und Abs. 4a S. 1, § 25a Abs. 1, § 25b Abs. 1 (Erweiterung um § 25a Abs. 1 und § 25b Abs. 1 sowie § 25 Abs. 4a S. 1) beschränkt. Änderungen ergeben sich auch beim Ausschluss des Familiennachzugs nach Abs. 3 S. 3.

Änderungen in Abs. 1 Nr. 1 erfolgten durch das Gesetz zur Umsetzung aufenthaltsrechtlicher **4** Richtlinien der Europäischen Union zur Arbeitsmigration (v. 12.5.2017, BGBl. I 1106) und das FachkEinwG (Fachkräfteeinwanderungsgesetz v. 15.8.2019, BGBl. I 1307). § 104 Abs. 13 wurde durch das Gesetz zur Verlängerung der Aussetzung des Familiennachzugs zu subsidiär Schutzberechtigten (v. 8.3.2018, BGBl. I 342) neu gefasst. Der Familiennachzug blieb bis 31.7.2018 ausgesetzt. Jetzt kann bestimmten Familienangehörigen eine Aufenthaltserlaubnis aus humanitären Gründen erteilt werden.

B. Allgemeine Zuzugsvoraussetzungen (Abs. 1)

I. Aufenthaltstitel

Grundvoraussetzung für einen Familiennachzug ist, dass **der Stammberechtigte einen der** **5** **in Nr. 1 genannten Aufenthaltstitel besitzt.** Es genügt nicht, wenn der Stammberechtigte einen **Anspruch auf Erteilung** eines Titels hat. Allerdings ist ein Erst- oder Verlängerungsantrag ausreichend, wenn dieser die **Fiktionswirkung des § 81 Abs. 4** (→ § 81 Rn. 26 ff.) auslöst (GK-AufenthG/Marx Rn. 21; Hailbronner AuslR Rn. 4; Bergmann/Dienelt/Dienelt Rn. 10).

Kein Besitz liegt vor, wenn der **Aufenthaltstitel ungültig** geworden oder aus anderen Grün- **6** den **erloschen** ist. Bei einer **Rücknahme, Ausweisung** oder einem **Widerruf** erlischt der Aufenthaltstitel bereits mit dem **Wirksamwerden des Bescheids,** auch wenn dagegen Klage erhoben wird (§ 84 Abs. 2, → § 84 Rn. 20 ff.) und der Suspensiveffekt eintritt (GK-AufenthG/Marx Rn. 24; Hailbronner AuslR Rn. 3; Bergmann/Dienelt/Dienelt Rn. 11).

II. Ausreichender Wohnraum

Die Legaldefinition für ausreichenden Wohnraum findet sich in **§ 2 Abs. 4.** Das Wohnraumer- **7** fordernis entspricht Art. 7 Abs. 1 lit. a Familienzusammenführungs-RL. Der **Nachweis** ist in der Regel durch den **Mietvertrag** oder die **Vermieterbescheinigung** zu erbringen (GK-AufenthG/Marx Rn. 29). Ein Wohnraumberechtigungsschein stellt keinen ausreichenden Nachweis dar (OVG Bln-Bbg BeckRS 2015, 50195). **Ausnahmen** vom Wohnraumerfordernis finden sich in § 30 Abs. 3 (→ § 30 Rn. 36), § 33 S. 1 (→ § 33 Rn. 9) und § 34 Abs. 1 (→ § 34 Rn. 12).

C. Nachzug zu Asylberechtigten und Konventionsflüchtlingen (Abs. 2)

I. Absehen von § 5 Abs. 1 Nr. 1 und § 29 Abs. 1 Nr. 2 nach Ermessen

Nach Abs. 2 S. 1 kann beim Familiennachzug zu **Resettlement-Flüchtlingen** (§ 23 Abs. 4), **8** **Asylberechtigten** (§ 25 Abs. 1, → § 25 Rn. 1 ff.), **anerkannten Flüchtlingen, subsidiär** **Schutzberechtigten** (§ 25 Abs. 2, → § 25 Rn. 11 ff.), **Inhabern von Niederlassungserlaub-** **nissen** nach § 26 Abs. 3 (→ § 26 Rn. 12 ff.) oder § 26 Abs. 4 (subsidiär Schutzberechtigte; → § 26 Rn. 21 ff.) **nach pflichtgemäßem Ermessen vom Erfordernis der Unterhaltssicherung** und **des ausreichenden Wohnraums abgesehen** werden. Der Familiennachzug für subsidiär Schutzberechtigte ist allerdings nach **§ 104 Abs. 13** bis zum 31.7.2018 ausgesetzt und danach nur eingeschränkt zulässig.

Voraussetzung ist eine **unanfechtbare Statusentscheidung** (GK-AufenthG/Marx Rn. 109), **9** das Bestehen eines Rechtsanspruchs reicht nicht aus, auch nicht, dass der Zusammenführende einen Aufenthaltstitel nach seiner Einreise erhalten wird (OVG Bln-Bbg Beschl. v. 12.7.2017 – 3 S 47.17).

10   Eines Rückgriffs auf diese Ermessensregelung bedarf es nur, wenn die Erteilung der Aufenthaltserlaubnis zum Familiennachzug nach sonstigen Vorschriften nicht möglich ist (vgl. zB Abs. 2 S. 2).
Die **sonstigen Erteilungsvoraussetzungen** (Herstellung der familiären Lebensgemeinschaft,
§ 27 Abs. 3, → § 27 Rn. 37 ff.) sowie die **allgemeinen Regelerteilungsvoraussetzungen** mit
Ausnahme des § 5 Abs. 1 Nr. 1 müssen vorliegen.

11   Bei der Zulassung einer Ausnahme ist dem Umstand, dass dem anerkannten Flüchtling eine
Familienzusammenführung in einem Verfolgerstaat nicht zugemutet werden kann,
besondere Bedeutung beizumessen (Nr. 29.2.1 AufenthGAVwV). Zu berücksichtigen ist ferner,
ob sich der Betreffende nachhaltig um die **Aufnahme einer Erwerbstätigkeit** oder um die
Bereitstellung von **Wohnraum bemüht** hat. Leben die Nachzugswilligen mit einem Daueraufenthaltsrecht oder als Konventionsflüchtlinge in einem **Drittstaat,** ist zu prüfen, ob die Herstellung
der familiären Lebensgemeinschaft in dem Drittstaat möglich ist (Nr. 29.2.2.1 AufenthGAVwV).

II. Anspruch auf Absehen vom Erfordernis der Lebensunterhaltssicherung und des ausreichenden Wohnraums

12   Abs. 2 S. 2 setzt Art. 9–12 Familienzusammenführungs-RL um. Nach Art. 12 Familienzusam-
menführungs-RL verlangen die Mitgliedstaaten für die engen Familienangehörigen des Flüchtlings
(Art. 4 Familienzusammenführungs-RL) keinen Nachweis der Nachzugsvoraussetzungen nach
Art. 7 Familienzusammenführungs-RL. Auch wenn der Lebensunterhalt und der ausreichende
Wohnraum nicht nachgewiesen sind, besteht ein Nachzugsanspruch. Nach nationalem Recht
müssen die Voraussetzungen des Art. 12 Abs. 1 UAbs. 1 und UAbs. 2 Familienzusammenführungs-
RL kumulativ vorliegen.

13   Die **Dreimonatsfrist des Abs. 2 S. 2 Nr. 1,** binnen derer die Familienangehörigen eines
Flüchtlings einen Antrag auf Erteilung eines Aufenthaltstitels zum Familiennachzug stellen müssen,
beginnt im Fall eines stattgebenden Verpflichtungsurteils **nicht mit der Rechtskraft des Urteils
zu laufen, sondern erst mit der Bekanntgabe des entsprechenden Bundesamtsbescheids**
(OVG Bln-Bbg BeckRS 2015, 42149). Bei subsidiär **Schutzberechtigten** beginnt die Frist erst
ab dem 16.3.2018 bzw. 31.7.2018 zu laufen (BeckOK AuslR/Tewocht Rn. 6a).

14   Der Antrag kann sowohl vom Stammberechtigten als auch vom Familienangehörigen fristwahrend gestellt werden (Nr. 29.2.2.2 AufenthGAVwV). Bei Bestehen eines Rechtsanspruchs nach
Abs. 2 S. 2 greift die Sperrwirkung des § 10 Abs. 1 und Abs. 3 S. 1 nicht ein.

D. Nachzug zu Inhabern humanitärer Aufenthaltstitel (Abs. 3)

I. Aufenthaltserlaubnis

15   Den Ehegatten und Kindern eines Inhabers einer in Abs. 3 S. 1 genannten Aufenthaltserlaubnis
wird der Nachzug nur **aus völkerrechtlichen oder humanitären Gründen oder zur Wahrung
politischer Interessen der Bundesrepublik** erlaubt. Der Familiennachzug ist daher nur **Familienangehörigen** möglich, die **selbst die Voraussetzungen für die Aufnahme aus dem Ausland aus völkerrechtlichen oder humanitären Gründen erfüllen** (BT-Drs. 15/420, 81). Die
grundgesetzliche Wertentscheidung des Art. 6 GG erfordert es regelmäßig nicht, dem Begehren
eines Ausländers nach familiärem Zusammenleben im Bundesgebiet bereits dann zu entsprechen,
wenn der Aufenthalt des Stammberechtigten **nicht auf Dauer gesichert** ist. Im Hinblick auf
Art. 6 GG sind allerdings bei der Entscheidung über die Aufenthaltserlaubnis für den Ehegatten
oder die minderjährigen Kinder an das Vorliegen des humanitären Grundes **geringere Anforderungen** zu stellen (Nr. 29.3.1.1 AufenthGAVwV).

16   Der Begriff der völkerrechtlichen oder humanitären Gründe oder der politischen Interessen
der Bundesrepublik eröffnet einen **politisch auszufüllenden Beurteilungsspielraum,** der nur
beschränkt gerichtlich überprüfbar ist (Hailbronner AuslR Rn. 17). Sofern die Familieneinheit auf absehbare Zeit nur im Bundesgebiet hergestellt werden kann, ist ein humanitärer Grund
anzunehmen (BeckOK AuslR/Tewocht Rn. 9).

II. Niederlassungserlaubnis

17   Abs. 3 S. 2 sieht für die Erteilung der Niederlassungserlaubnis die **entsprechende Anwendung
von § 26 Abs. 4** (→ § 26 Rn. 21 ff.) vor. Diese Regelung beruht darauf, dass der Ehegatte eine
Niederlassungserlaubnis nach fünfjährigem Besitz einer Aufenthaltserlaubnis erhalten könnte (§ 9
Abs. 2 S. 1 Nr. 1), während der Stammberechtigte die damals strengeren Voraussetzungen des
§ 26 Abs. 4 (siebenjähriger Besitz einer Aufenthaltserlaubnis) erfüllen musste. § 26 Abs. 4 wurde

mWz 1.8.2015 dahingehend geändert, dass nunmehr auch für den Stammberechtigten ein fünfjähriger ununterbrochener Besitz einer Aufenthaltserlaubnis aus humanitären Gründen für die Erteilung einer Niederlassungserlaubnis ausreicht (BeckOK AuslR/Tewocht Rn. 10). Der **ursprünglich bestehende Wertungswiderspruch** (BT-Drs. 16/5065, 172) ist damit **beseitigt.**

Ansonsten gelten gem. § 26 Abs. 4 S. 2 für die Erteilung einer Niederlassungserlaubnis die **18** sonstigen Erteilungsvoraussetzungen des § 9 Abs. 2, allerdings wird nach § 26 Abs. 4 S. 3 die **Aufenthaltszeit** des der Erteilung der Aufenthaltserlaubnis vorangegangenen **Asylverfahrens** angerechnet.

III. Ausschluss des Familiennachzugs

Zu den Inhabern der in S. 3 genannten Aufenthaltstitel ist ein Familiennachzug ausgeschlossen. **19** Hierbei handelt es sich um **Aufenthaltstitel, die lediglich einen vorübergehenden Aufenthalt gewähren,** sodass ein Familiennachzug nicht stattfindet (BT-Drs. 15/420, 81). Strittig ist, ob diese Regelung mit **Art. 8 EMRK und Art. 6 GG vereinbar** ist (BeckOK AuslR/Tewocht Rn. 12; Hailbronner AuslR Rn. 22b; GK-AufenthG/Marx § 28 Rn. 181 ff.).

Die Ausschlussregelung des S. 3 findet nicht nur Anwendung für den Nachzug aus dem Ausland, **20** sondern **auch bei der Erteilung von Aufenthaltserlaubnissen für ein im Inland geborenes Kind** eines Inhabers eines in S. 3 genannten Aufenthaltstitels (OVG Bln-Bbg BeckRS 2017, 105097; zur Anwendbarkeit iRd § 34 Abs. 1 vgl. GK-AufenthG/Marx Rn. 137; → Rn. 20.1).

Dies erklärt sich aus der systematischen Stellung der Vorschrift im Abschnitt 6 des AufenthG. Kinder **20.1** von Inhabern der in S. 3 genannten Aufenthaltstitel sind auf die Aufenthaltsgewährung aus humanitären Gründen zu verweisen (Hailbronner AuslR Rn. 22a; OVG Bln-Bbg BeckRS 2014, 46969).

Entscheidend ist, welchen Aufenthaltstitel die Eltern im Zeitpunkt der Geburt des Kindes **21** besitzen (OVG Bln-Bbg BeckRS 2014, 46969).

E. Nachzug zu Ausländern, denen vorübergehender Schutz gewährt wurde (Abs. 4)

I. Rechtsanspruch für Ehegatten und minderjährige Kinder

Abs. 4 dient der Umsetzung der Schutzgewährungs-RL (RL 2001/55/EG v. 20.7.2001, ABl. **22** 2001 L 212, 12). Den Ehegatten und minderjährigen Kindern eines aufgrund eines Ratsbeschlusses aufgenommenen Ausländers wird abweichend von § 5 Abs. 1 und § 27 Abs. 3 (→ § 27 Rn. 37 ff.) ein Anspruch auf Erteilung einer Aufenthaltserlaubnis zum Familiennachzug gewährt.

Voraussetzung ist allerdings, dass die **familiäre Lebensgemeinschaft im Herkunftsland 23 durch die Fluchtsituation aufgehoben** wurde (BT-Drs. 15/420, 81) und der Familienangehörige entweder aus einem anderen Mitgliedstaat der EU übernommen wird oder sich außerhalb der EU befindet und schutzbedürftig ist (Art. 15 Schutzgewährungs-RL).

Es genügt, wenn die **Trennung auf der Flucht** erfolgte. Eine gewaltsame Trennung der **24** Familienmitglieder ist nicht erforderlich (Nr. 29.4.4 AufenthGAVwV). Die Familienangehörigen müssen sich bei Beantragung der Aufenthaltserlaubnis noch im Ausland befinden (Hailbronner AuslR Rn. 25). Eine **unerlaubte Einreise** schließt jedoch die Erteilung einer Aufenthaltserlaubnis nach S. 1 nicht aus, der Versagungsgrund des § 5 Abs. 2 darf aufgrund von § 5 Abs. 3, § 24, § 29 Abs. 4 S. 3 nicht berücksichtigt werden (GK-AufenthG/Marx Rn. 188). Bei der Übernahme aus einem Mitgliedstaat ist die Schutzbedürftigkeit nicht mehr gesondert zu prüfen (Nr. 29.4.5 AufenthGAVwV).

§§ 30 und 32 sind neben Abs. 4 S. 1 nicht anwendbar. Hingegen finden die §§ 31, 33, **25** 34 und 35 hinsichtlich der Verlängerung, der Entstehung eines eigenständigen Aufenthaltsrechts und der Erteilung einer Niederlassungserlaubnis Anwendung (Nr. 29.4.3 AufenthGAVwV).

II. Sonstige Familienangehörige

Auch die in S. 2 enthaltene Verweisung auf § 36 dient der Umsetzung der Schutzgewährungs- **26** RL (RL 2001/55/EG v. 20.7.2001, ABl. 2001 L 212, 12). Diese Regelung entspricht Art. 15 Abs. 1 lit. b, Abs. 2 und Abs. 3 Schutzgewährungs-RL, wonach die Mitgliedstaaten **andere enge Verwandte,** die zum Zeitpunkt der den Massenzustrom auslösenden Ereignisse **innerhalb des Familienverbands** lebten und zu diesem Zeitpunkt **für ihren Unterhalt vollständig und größtenteils auf den Stammberechtigten angewiesen waren,** zusammenführen können, wobei sie die außergewöhnliche Härte berücksichtigen, die eine unterbliebene Familienzusammenführung für den Betroffenen bedeuten würde.

27   Für die **Auslegung** des Begriffs der „außergewöhnlichen Härte" ist allerdings auf die **Regelungen der Richtlinie** abzustellen (GK-AufenthG/Marx Rn. 200). Zudem müssen die Voraussetzungen des Art. 15 Abs. 1 Schutzgewährungs-RL vorliegen (Hailbronner AuslR Rn. 26).

28   Die **allgemeinen Erteilungsvoraussetzungen** sowie die **Versagungsgründe** finden bei der Entscheidung über die Erteilung einer Aufenthaltserlaubnis nach S. 2 iVm § 36 Abs. 2 S. 1 (→ § 36 Rn. 15 ff.) Anwendung. Wegen der entsprechenden Anwendung des § 24 (S. 3) bleiben allerdings über § 5 Abs. 3 die **Versagungsgründe des § 5 Abs. 2 S. 1** unberücksichtigt (GK-AufenthG/Marx Rn. 201).

F. Unionsrecht

29   Für einen Drittstaatsangehörigen kann sich unabhängig vom nationalen Recht des Aufnahmemitgliedstaats aus Unionsrecht ein Anspruch auf ein Aufenthaltsrecht ergeben, wenn er mit einem Unionsbürger ein Familienleben im Aufnahmemitgliedstaat führt (EuGH BeckRS 2014, 80591; 2017, 109167; 2918, 13199). Beruft sich ein Drittstaatsangehöriger auf ein aus der Freizügigkeitsgarantie für Unionsbürger nach Art. 21 AEUV abgeleitetes Aufenthaltsrecht zur Führung eines Familienlebens in einem anderen Mitgliedstaat als dem, dessen Staatsangehörigkeit er (der Unionsbürger besitzt, muss die Referenzperson, von der er das Recht ableitet, im Aufnahmemitgliedstaat aus eigenem Recht freizügigkeitsberechtigt sein; ein lediglich vom anderen Elternteil abgeleitetes Freizügigkeitsrecht eines Unionsbürgerkindes reicht hierfür nicht aus (BVerwG BeckRS 2020, 33433). Dem unmittelbar aus Art. 21 AEUV abgeleiteten Aufenthaltsrecht eines drittstaatsangehörigen Familienangehörigen steht die Möglichkeit der Erteilung eines nationalen Aufenthaltstitels nicht entgegen.

30   Dem drittstaatsangehörigen Elternteil, der sich auf ein von seinem Kind abgeleitetes unionsrechtliches Aufenthaltsrecht aus Art. 21 AEUV beruft, kann ein fehlendes Erwerbseinkommen zur Sicherung der Existenzmittel der Referenzperson jedenfalls dann nicht entgegengehalten werden, wenn er sich tatsächlich und nachhaltig um die Aufnahme einer Erwerbstätigkeit zur Sicherung der Existenzmittel für das Unionsbürgerkind bemüht hat, ihm die Ausübung einer Erwerbstätigkeit von der Ausländerbehörde aber verwehrt worden ist. (EuGH BeckRS 2019, 22968).

§ 30 Ehegattennachzug

(1) ¹Dem Ehegatten eines Ausländers ist eine Aufenthaltserlaubnis zu erteilen, wenn
1. beide Ehegatten das 18. Lebensjahr vollendet haben,
2. der Ehegatte sich zumindest auf einfache Art in deutscher Sprache verständigen kann und
3. der Ausländer
   a) eine Niederlassungserlaubnis besitzt,
   b) eine Erlaubnis zum Daueraufenthalt – EU besitzt,
   c) eine Aufenthaltserlaubnis nach den §§ 18d, 18f oder § 25 Absatz 1 oder Absatz 2 Satz 1 erste Alternative besitzt,
   d) seit zwei Jahren eine Aufenthaltserlaubnis besitzt und die Aufenthaltserlaubnis nicht mit einer Nebenbestimmung nach § 8 Abs. 2 versehen oder die spätere Erteilung einer Niederlassungserlaubnis nicht auf Grund einer Rechtsnorm ausgeschlossen ist; dies gilt nicht für eine Aufenthaltserlaubnis nach § 25 Absatz 2 Satz 1 zweite Alternative,
   e) eine Aufenthaltserlaubnis nach § 7 Absatz 1 Satz 3 oder nach den Abschnitten 3, 4, 5 oder 6 oder § 37 oder § 38 besitzt, die Ehe bei deren Erteilung bereits bestand und die Dauer seines Aufenthalts im Bundesgebiet voraussichtlich über ein Jahr betragen wird; dies gilt nicht für eine Aufenthaltserlaubnis nach § 25 Absatz 2 Satz 1 zweite Alternative,
   f) eine Aufenthaltserlaubnis nach § 38a besitzt und die eheliche Lebensgemeinschaft bereits in dem Mitgliedstaat der Europäischen Union bestand, in dem der Ausländer die Rechtsstellung eines langfristig Aufenthaltsberechtigten innehat, oder
   g) eine Blaue Karte EU, eine ICT-Karte oder eine Mobiler-ICT-Karte besitzt.
²Satz 1 Nummer 1 und 2 ist für die Erteilung der Aufenthaltserlaubnis unbeachtlich, wenn die Voraussetzungen des Satzes 1 Nummer 3 Buchstabe f vorliegen. ³Satz 1 Nummer 2 ist für die Erteilung der Aufenthaltserlaubnis unbeachtlich, wenn

1. der Ausländer, der einen Aufenthaltstitel nach § 23 Absatz 4, § 25 Absatz 1 oder 2, § 26 Absatz 3 oder nach Erteilung einer Aufenthaltserlaubnis nach § 25 Absatz 2 Satz 1 zweite Alternative eine Niederlassungserlaubnis nach § 26 Absatz 4 besitzt und die Ehe bereits bestand, als der Ausländer seinen Lebensmittelpunkt in das Bundesgebiet verlegt hat,
2. der Ehegatte wegen einer körperlichen, geistigen oder seelischen Krankheit oder Behinderung nicht in der Lage ist, einfache Kenntnisse der deutschen Sprache nachzuweisen,
3. bei dem Ehegatten ein erkennbar geringer Integrationsbedarf im Sinne einer nach § 43 Absatz 4 erlassenen Rechtsverordnung besteht oder dieser aus anderen Gründen nach der Einreise keinen Anspruch nach § 44 auf Teilnahme am Integrationskurs hätte,
4. der Ausländer wegen seiner Staatsangehörigkeit auch für einen Aufenthalt, der kein Kurzaufenthalt ist, visumfrei in das Bundesgebiet einreisen und sich darin aufhalten darf,
5. der Ausländer im Besitz einer Blauen Karte EU, einer ICT-Karte oder einer Mobiler-ICT-Karte oder einer Aufenthaltserlaubnis nach § 18d oder § 18f ist,
6. es dem Ehegatten auf Grund besonderer Umstände des Einzelfalles nicht möglich oder nicht zumutbar ist, vor der Einreise Bemühungen zum Erwerb einfacher Kenntnisse der deutschen Sprache zu unternehmen,
7. der Ausländer einen Aufenthaltstitel nach den §§ 18c Absatz 3 und § 21 besitzt und die Ehe bereits bestand, als er seinen Lebensmittelpunkt in das Bundesgebiet verlegt hat, oder
8. der Ausländer unmittelbar vor der Erteilung einer Niederlassungserlaubnis oder einer Erlaubnis zum Daueraufenthalt – EU Inhaber einer Aufenthaltserlaubnis nach § 18d war.

(2) ¹Die Aufenthaltserlaubnis kann zur Vermeidung einer besonderen Härte abweichend von Absatz 1 Satz 1 Nr. 1 erteilt werden. ²Besitzt der Ausländer eine Aufenthaltserlaubnis, kann von den anderen Voraussetzungen des Absatzes 1 Satz 1 Nr. 3 Buchstabe e abgesehen werden; Gleiches gilt, wenn der Ausländer ein nationales Visum besitzt.

(3) Die Aufenthaltserlaubnis kann abweichend von § 5 Abs. 1 Nr. 1 und § 29 Abs. 1 Nr. 2 verlängert werden, solange die eheliche Lebensgemeinschaft fortbesteht.

(4) Ist ein Ausländer gleichzeitig mit mehreren Ehegatten verheiratet und lebt er gemeinsam mit einem Ehegatten im Bundesgebiet, wird keinem weiteren Ehegatten eine Aufenthaltserlaubnis nach Absatz 1 oder Absatz 3 erteilt.

(5) ¹Hält sich der Ausländer gemäß § 18e berechtigt im Bundesgebiet auf, so bedarf der Ehegatte keines Aufenthaltstitels, wenn nachgewiesen wird, dass sich der Ehegatte in dem anderen Mitgliedstaat der Europäischen Union rechtmäßig als Angehöriger des Ausländers aufgehalten hat. ²Die Voraussetzungen nach § 18e Absatz 1 Satz 1 Nummer 1, 3 und 4 und Absatz 6 Satz 1 und die Ablehnungsgründe nach § 19f gelten für den Ehegatten entsprechend.

Überblick

§ 30 regelt den Ehegattennachzug zu Ausländern. Neben den speziell angeführten Nachzugsvoraussetzungen sind zudem die in §§ 27 und 29 geregelten besonderen sowie die allgemeinen (Regel-) Erteilungsvoraussetzungen zu beachten, soweit § 30 nicht davon dispensiert. Die Anwendung des § 30 setzt voraus, dass eine Ehe besteht und der Nachzug zum Zwecke der Herstellung der ehelichen Lebensgemeinschaft erfolgt (Abs. 1, → Rn. 5 ff.). Das Nachzugsrecht des Ehegatten ist streng akzessorisch zum Aufenthaltsrecht des stammberechtigten ausländischen Ehegatten. Die speziellen in § 30 angeführten Erteilungsvoraussetzung sind neben dem Aufenthaltsrecht des Stammberechtigten (Abs. 1 S. 1 Nr. 3, → Rn. 32 f.) für den zuziehenden Ausländer die Volljährigkeit (Abs. 1 S. 1 Nr. 1, → Rn. 12 ff.) und ausreichenden Sprachkenntnisse (Abs. 1 S. 1 Nr. 2, → Rn. 16 ff.). Daneben enthält die Vorschrift zahlreiche Ausnahme- und Härtefallregelungen bezüglich des Spracherfordernisses (Abs. 1 S. 2 und S. 3) und des Mindestalters des Ehegatten (Abs. 1 S. 2, → Rn. 15; Abs. 2, → Rn. 34). Abs. 3 (→ Rn. 36 ff.) bestimmt Ausnahmen von den Erteilungsvoraussetzungen bei der Verlängerung der Aufenthaltserlaubnis. Abs. 4 (→ Rn. 39) trifft eine Ausschlussregelung für die Erteilung von Aufenthaltserlaubnissen bei Mehrehen. Abs. 5

(→ Rn. 40) enthält eine Sonderregelung für die Ehegatten von Inhabern einer Aufenthaltserlaubnis nach § 18e.

Übersicht

A. Entstehungsgeschichte

1   Die ursprüngliche Fassung des § 30 im Gesetzentwurf (BT-Drs. 15/420) hat durch die Umsetzung der Familienzusammenführungs-RL (RL 2003/86/EG v. 22.9.2003, ABl. 2003 L 251, 12), der Daueraufenthalts-RL (RL 2003/109/EG v. 25.11.2003, ABl. 2004 L 16, 44), der BlueCard-RL (RL 2009/50/EG v. 25.5.2009, ABl. 2009 L 155, 17) und der Forscher-RL (RL 2005/71/EG v. 12.10.2005, ABl. 2005 L 289, 15) zahlreiche Änderungen erfahren.

2   Durch das Gesetz zur Umsetzung aufenthalts- und asylrechtlicher Richtlinien der Europäischen Union (v. 19.8.2007, BGBl. I 1970) wurden die Regelungen über das Spracherfordernis und das Mindestalter des Ehegatten neu aufgenommen.

3   Mit dem Gesetz zur Umsetzung der Hochqualifizierten-Richtlinie der Europäischen Union (v. 1.6.2012, BGBl. I 1224) hat der Gesetzgeber die Anforderungen der BlueCard-RL umgesetzt und Ausnahmen vom Spracherfordernis des Abs. 1 S. 1 Nr. 2 geregelt. Weitere Ausnahmen hinsichtlich des Spracherfordernis (Abs. 1 S. 3 Nr. 6) erfolgten durch das Gesetz zur Neubestimmung des Bleiberechts und der Aufenthaltsbeendigung v. 27.7.2015 (BGBl. I 1386) im Hinblick auf die Rechtsprechung des EuGH und des BVerfG.

4   Zuletzt fügte der Gesetzgeber mit dem Gesetz zur Umsetzung aufenthaltsrechtlicher Richtlinien der Europäischen Union zur Arbeitsmigration (v. 12.5.2017, BGBl. I 1106) Abs. 5 ein und hat die Ausnahmen vom Spracherfordernis auf Ehegatten von Inhabern einer ICT-Karte oder einer Aufenthaltserlaubnis nach §§ 18d oder 18f erweitert (Abs. 1 S. 3 Nr. 5). Weitere Änderungen erfolgten durch das Gesetz zur Bekämpfung von Kinderehen (v. 17.7.2017, BGBl. I 2429) insbesondere bei den Ausnahmen vom Spracherfordernis in Abs. 1 S. 2 und S. 3. Mit dem Gesetz zur Neuregelung des Familiennachzugs zu subsidiär Schutzberechtigten (v. 12.7.2018, BGBl. I 1147) stellte der Gesetzgeber klar, dass ein Ehegattennachzug zu subsidiär Schutzberechtigten nicht stattfindet (Abs. 1 Nr. 3 lit. c–e). Weitreichende Anpassungen redaktioneller Art erfolgten durch das FachkEinwG (Fachkräfteeinwanderungsgesetz v. 15.8.2019, BGBl. I 1307) als Folgeänderung zur Änderung der Bestimmungen über den Aufenthalt zum Zweck der Erwerbstätigkeit.

B. Erteilungsvoraussetzungen (Abs. 1)

I. Allgemeines

5   Nach Abs. 1 S. 1 besteht ein **Rechtsanspruch** auf Erteilung einer Aufenthaltserlaubnis für den ausländischen Ehegatten eines hier lebenden Ausländers unter den in Abs. 1 näher geregelten und den allgemeinen Bedingungen der §§ 5, 27 und 29. Voraussetzung ist zunächst das **Bestehen einer wirksamen Ehe** (→ § 27 Rn. 12 ff.) und der **von beiden Ehegatten getragene Wille zur Herstellung einer ehelichen Lebensgemeinschaft** (→ § 27 Rn. 16 ff.). Dies ist nach den Umständen des Einzelfalls zu bewerten (BayVGH BeckRS 2017, 133202; 2017, 101012).

1. Einreise zur Eheschließung

Ein **Verlöbnis** begründet keinen Nachzugsanspruch. Allerdings kann zum **Zweck der Ehe-** **6** **schließung** ein **nationales Visum nach § 6 Abs.** 4 erteilt werden, wenn der Eheschließung keine rechtlichen oder tatsächlichen Hindernisse entgegenstehen, die Eheschließung unmittelbar bevorsteht und auf die anschließende Erteilung der Aufenthaltserlaubnis nach Abs. 1 während der Gültigkeit des Visums ein Anspruch besteht (Nr. 30.0.2 AufenthGAVwV). Nach der Eheschließung kann der Ehegatte die Erteilung der Aufenthaltserlaubnis **im Inland beantragen (§ 39 Nr. 3 AufenthV).**

Besteht **nach der Eheschließung** kein Anspruch auf **Erteilung einer Aufenthaltserlaubnis,** **7** sondern steht deren Erteilung im **Ermessen der zuständigen Behörde,** liegt **kein Anwendungsfall des § 39 Nr. 3 AufenthV** vor (Nr. 30.0.5 AufenthGAVwV), dh die Erteilung des Aufenthaltstitels muss vom Ausland aus beantragt werden.

Ist nur die Eheschließung im Bundesgebiet geplant, aber **kein längerfristiger Aufenthalt,** **8** kommt die **Erteilung eines Schengen-Visums für kurzfristige Aufenthalte** in Betracht (§ 6 Abs. 1 Nr. 1). Der Ausländer ist darauf hinzuweisen, dass die Erteilung einer Aufenthaltserlaubnis für einen längerfristigen Aufenthaltszweck ohne erneute Ausreise nur unter den in § 39 Nr. 3 AufenthV genannten Voraussetzungen möglich ist (Nr. 30.0.7 AufenthGAVwV). In geeigneten Fällen ist zu prüfen, ob in den Fällen, in denen kein Fall des § 39 Nr. 3 AufenthV und des § 5 Abs. 3 vorliegt, **gem. § 5 Abs. 2 S. 2 eine Ausnahme gestattet** werden kann (Nr. 30.0.8 AufenthGAVwV).

Ein Anspruch iSd **§ 39 Nr. 3 AufenthV** ist grundsätzlich nur ein **strikter Rechtsanspruch.** **9** Macht der Antragsteller bei der Ausstellung des Schengen-Visums für kurzfristige Aufenthalte **falsche Angaben zum Aufenthaltszweck,** verwirklicht er ein **Ausweisungsinteresse,** das der Annahme eines strikten Rechtsanspruchs entgegensteht, weil wegen § 27 Abs. 3 S. 2 (→ § 27 Rn. 41) über die Erteilung der Aufenthaltserlaubnis **nur noch im Ermessenswege** zu entscheiden ist (BVerwG BeckRS 2011, 47344; BayVGH BeckRS 2015, 47040; GK-AufenthG/Marx Rn. 17).

2. Dänemarkehen

In den Fällen sog. „Dänemarkehen" liegt **kein Fall des § 39 Nr. 3 AufenthV** vor, weil die **10** **Wiedereinreise nach der Eheschließung** in Dänemark eine **„Einreise" iSd § 39 Nr. 3 AufenthV** darstellt, dh die Erteilungsvoraussetzungen für eine Aufenthaltserlaubnis nach Abs. 1 nicht erst nach der Einreise entstanden sind. Einreise iSd § 39 Nr. 3 AufenthV ist die letzte Einreise in die Bundesrepublik Deutschland (BVerwG BeckRS 2011, 48919).

Dem drittstaatsangehörigen Ehegatten eines deutschen Staatsangehörigen steht ein **unions-** **11** **rechtliches Aufenthaltsrecht** in Anwendung der Rechtsprechung des EuGH in den sog. **Rückkehrerfällen** nur dann zu, wenn der **deutsche Staatsangehörige von seinem unionsrechtlichen Freizügigkeitsrecht nachhaltig Gebrauch gemacht hat.** Dafür reicht ein **Kurzaufenthalt zum Zweck der Eheschließung** in einem anderen Mitgliedstaat (hier: Dänemark) **nicht** aus (BVerwG BeckRS 2011, 47344).

II. Mindestalter

1. Allgemeines

Nach Abs. 1 S. 1 Nr. 1 müssen **beide Ehegatten das 18. Lebensjahr vollendet** haben. Diese **12** Regelung setzt Art. 4 Abs. 5 Familienzusammenführungs-RL um und soll der Förderung der Integration und der Vermeidung von Zwangsehen dienen (BT-Drs. 16/5065, 306). Beide Ehegatten müssen **im Zeitpunkt der Erteilung der Aufenthaltserlaubnis** das Mindestalter erreicht haben (BeckOK AuslR/Tewocht Rn. 15).

Der **Nachweis des Mindestalters** ist in der Regel durch Reise- oder Ausweisdokumente zu **13** führen. Soweit im Einzelfall **Zweifel an der Echtheit der Dokumente** bestehen, kommen unter Berücksichtigung des Verhältnismäßigkeitsgrundsatzes im Einzelfall ergänzende Sachverhaltsermittlungen oder die Beibringung eines medizinischen Sachverständigengutachtens durch den Antragsteller in Betracht (Nr. 30.1.1 AufenthGAVwV).

2. Ausnahmen

Nach Abs. 1 S. 2 braucht das Mindestalter im Fall des **S. 1 Nr. 3 lit. f** nicht vorliegen, dh **14** wenn der **Stammberechtigte eine Aufenthaltserlaubnis nach § 38a besitzt** und die **eheliche**

Lebensgemeinschaft bereits in dem Mitgliedstaat bestand, in dem der Ausländer die Rechts-stellung eines langfristig Aufenthaltsberechtigten innehat. Diese Regelung entspricht den Vorgaben der Daueraufenthalts-RL (Art. 16 Abs. 1 Daueraufenthalts-RL; BeckOK AuslR/Tewocht Rn. 16). Weitere ursprünglich vorgesehene Ausnahmen vom Mindestalter wurden durch das Gesetz zur Bekämpfung von Kinderehen (v. 21.7.2017, BGBl. I 2429) abgeschafft.

15   Nach Abs. 2 S. 1 kann zur **Vermeidung einer besonderen Härte** vom Mindestaltererforder-nis abgesehen werden. Dabei muss **die Erteilung der Aufenthaltserlaubnis das notwendige und geeignete Mittel** sein, um die Härte zu vermeiden (BT-Drs. 16/5065, 174). Bei der vorzu-nehmenden Einzelfallprüfung ist zu berücksichtigen, wie weit das Alter des Ehegatten beim Nach-zug das Mindestalter unterschreitet, ob die Ehegattin schwanger ist oder ob ein weiteres Zuwarten zumutbar ist (NK-AuslR/Müller Rn. 14).

III. Sprachanforderungen

1. Allgemeines

16   Abs. 1 S. 1 Nr. 2 macht von der Freistellungsklausel des Art. 7 Abs. 2 Familienzusammenfüh-rungs-RL Gebrauch. Der Familiennachzug von Drittstaatsangehörigen kann an die Voraussetzung geknüpft werden, dass sie Integrationsmaßnahmen nachkommen müssen. Durch das Spracherfor-dernis sollen die Betreffenden bereits vor ihrer Einreise Grundkenntnisse der deutschen Sprache erwerben und dadurch ihre Integration im Bundesgebiet erleichtern (BT-Drs. 16/5065, 308; → Rn. 16.1). Inzwischen ist durch die Rechtsprechung des EuGH bestätigt, dass ein Mitgliedstaat **bereits vor der Einreise in sein Hoheitsgebiet** die Ablegung einer Prüfung, bei der die Grund-kenntnisse der Sprache beurteilt werden, verlangen kann, sofern die **Ausübung des Rechts auf Familienzusammenführung nicht unmöglich gemacht oder übermäßig erschwert** wird (EuGH NVwZ 2015, 1359).

16.1   Grundsätzlich erfordern § 5 Abs. 2 iVm § 6 Abs. 3 S. 2 das Vorliegen der Sprachkenntnisse zum Einreisezeitpunkt. In den Fällen, in denen das Visum ausnahmsweise im Inland nachgeholt werden kann, kommt es darauf an, welche Voraussetzungen für das Nachholverfahren aufgestellt werden. Die Ausnahme-regelung des § 5 Abs. 2 S. 2 Alt. 2 schließt nach ihrem materiellen Regelungsgehalt nicht aus, dass die Sprachkenntnisse erst in Deutschland erworben werden (SächsOVG BeckRS 2020, 26213).

17   **Verfassungsrechtliche Bedenken** gegen das Spracherfordernis bestehen nicht, weil aus Art. 6 GG kein individuelles Aufenthaltsrecht hergeleitet werden kann. Eine unverhältnismäßig lange Trennung der Eheleute kann durch die **Härtefallregelung in Abs. 1 S. 3 Nr. 6** vermieden werden (Hailbronner AuslR Rn. 43 f.; BVerwG BeckRS 2010, 49673; SächsOVG BeckRS 2020, 26213; OVG Bln-Bbg BeckRS 2019, 14273).

2. Sprachniveau und Nachweis

18   Abs. 1 S. 1 Nr. 2 setzt voraus, dass der nachziehende Ehegatte sich zumindest **auf einfache Art in deutscher Sprache verständigen** kann. Einfache Sprachkenntnisse entsprechen dem **Niveau A1** des Gemeinsamen Europäischen Referenzrahmens für Sprachen (BVerwG BeckRS 2010, 49673; zu den erforderlichen sprachlichen Fähigkeiten vgl. Nr. 30.1.2.1 AufenthGAVwV). Das Sprachniveau GER 1 umfasst **alle vier Sprachfertigkeiten (Lesen, Hören, Sprechen, Schreiben),** sodass der Antragsteller auch schriftliche Kenntnisse nachweisen muss (Postkarten schreiben oder Formulare ausfüllen).

19   Die Sprachkenntnisse müssen in der Regel bereits **im Visumverfahren nachgewiesen** wer-den. Der Nachweis erfolgt in der Regel durch ein **geeignetes und zuverlässiges Sprachstands-zeugnis** (Nr. 30.1.2.3.1 AufenthGAVwV). Das Sprachstandszeugnis muss auf einer **standardisier-ten Sprachprüfung** beruhen.

20   Ein **Nachweis ist nicht erforderlich,** wenn der Antragsteller **offenkundig** über die entspre-chenden Deutschkenntnisse verfügt. Besteht die Möglichkeit zur Ablegung eines standardisierten Sprachtests in dem jeweiligen Land nicht, muss sich die zuständige **Auslandsvertretung** im Rahmen einer Vorsprache von den Sprachkenntnissen überzeugen (Nr. 30.1.2.3.1 Aufenth-GAVwV).

21   Die **Kosten für die Sprachprüfung** sind vom Antragsteller zu tragen. Die **Höhe der Kosten** darf allerdings nicht dazu führen, dass die **Familienzusammenführung unmöglich gemacht oder übermäßig erschwert wird** (EuGH NVwZ 2015, 1359).

3. Ausnahmen

Ausnahmen vom Spracherfordernis regelt Abs. 1 S. 3. Privilegiert werden Ehegatten von Inha- **22** bern bestimmter Aufenthaltstitel **(Nr. 7).** Grund für diese Ausnahmen ist ein besonderes **migrationspolitisches Interesse.** In diesen Fällen soll der Nachzug des Ehegatten aber nur möglich sein, wenn die **Ehe bereits im Ausland bestand** (BT-Drs. 16/5065, 311).

Besitzen die Stammberechtigten eine Blaue Karte EU, eine ICT-Karte, eine Mobiler-ICT- **23** Karte oder eine Aufenthaltserlaubnis nach §§ 18d oder 18f sind die Ehegatten vom Sprachnachweis befreit **(Nr. 5),** ohne dass es auf das Bestehen der Ehe im Ausland ankommt (zum Widerspruch zu Nr. 7 BeckOK AuslR/Tewocht Rn. 26c).

Bei den Inhabern von Aufenthaltserlaubnissen nach **Nr. 8** beruht die Privilegierung darauf, **24** dass sie mit der Verfestigung des Aufenthalts nicht die durch die **Forscher-RL vermittelte Besserstellung** verlieren sollen (BeckOK AuslR/Tewocht Rn. 26d).

Die **Ehegatten von Inhabern humanitärer Aufenthaltstitel** nach **Nr. 1** sind vom Nachweis **25** einfacher Sprachkenntnisse befreit, wenn die **Ehe bereits im Ausland bestand.** Diese Regelung ist auf die Familienzusammenführungs-RL zurückzuführen, wonach die besondere Lage von Flüchtlingen zu berücksichtigen ist.

Die Regelung in **Nr. 4** beruht auf den traditionell **engen wirtschaftlichen Verbindungen** **26** mit den betroffenen Staaten (BT-Drs. 16/5065, 15). Dies sind: Australien, Israel, Japan, Kanada, Republik Korea, Neuseeland, Vereinigte Staaten, Andorra, Honduras, Monaco und San Marino.

Nr. 3 nimmt Ausländer, bei denen ein **erkennbar geringer Integrationsbedarf** besteht, vom **27** Nachweis einfacher deutscher Sprachkenntnisse aus. Nach der Einschätzung des Gesetzgebers ist dies der Fall bei Personen, die eine **Hoch- oder Fachhochschulausbildung** oder eine **entsprechende Qualifikation** besitzen und bei denen darüber hinaus die Annahme gerechtfertigt erscheint, dass sie sich auch ohne staatliche Hilfe in das wirtschaftliche, gesellschaftliche und kulturelle Leben der Bundesrepublik Deutschland werden einfügen können.

Gemäß § 4 Abs. 2 Nr. 1 Hs. 2 IntV ist ein erkennbar geringer Integrationsbedarf nur dann **28** nicht anzunehmen, wenn der Ausländer wegen **mangelnder Sprachkenntnisse** innerhalb eines angemessenen Zeitraums nicht eine seiner Qualifikation entsprechende Erwerbstätigkeit im Bundesgebiet erlaubt aufnehmen kann. Hinsichtlich der Sprachkenntnisse ist nicht nur auf die deutsche Sprache, sondern auch auf die Verkehrs- und Wissenschaftssprache Englisch abzustellen (Nr. 30.1.4.2.3.1 AufenthGAVwV; BR-Drs. 669/09, 249 f.; BayVGH BeckRS 2011, 46238).

Die am 1.8.2015 in Kraft getretene Härtefallregelung in **Nr. 6** sieht vor, dass Sprachkenntnisse **29** für die Erteilung einer Aufenthaltserlaubnis unbeachtlich sind, wenn es dem Ehegatten aufgrund **besonderer Umstände des Einzelfalles nicht möglich oder nicht zumutbar** ist, **vor der Einreise** Bemühungen zum Erwerb einfacher Kenntnisse der deutschen Sprache zu unternehmen (BT-Drs. 18/5420, 26). Aufgrund dieser Neuregelung weist das Spracherfordernis beim Ehegattennachzug auch keinen unionsrechtlichen Klärungsbedarf mehr auf (OVG Bln-Bbg BeckRS 2018, 3619). Beim **Nachzug zum deutschen Ehepartner** wird Unzumutbarkeit dann angenommen, wenn die Bemühungen des Nachzugwilligen zum Spracherwerb binnen eines Jahres nicht erfolgreich waren (BVerwG NVwZ 2013, 515; → Rn. 29.1).

Der Verweis auf fehlende finanzielle Mittel zum Besuch eines Sprachkurses reicht für die Annahme **29.1** einer Unmöglichkeit nicht aus (BayVGH BeckRS 2015, 50378). Ebenso wenig stellt die Betreuung von Kleinkindern oder die Fahrt mit öffentlichen Verkehrsmitteln zum Sprachkurs einen Grund dar, um vom Spracherfordernis abzusehen (BVerwG BeckRS 2015, 48582). Abzustellen ist auf die Unzumutbarkeit für den nachziehenden Ehegatten, nicht aber für den den Nachzug vermittelnden Ausländer (OVG Bln-Bbg BeckRS 2016, 49842). Lehnt der Ausländer ohne jede tragfähige Begründungen vom Gesetzgeber zulässig geforderten Spracherwerb gänzlich ab und unternimmt keine Lernanstrengungen, gebietet es Art. 6 GG nicht, die berechtigte Erwartung an einer frühzeitigen Integration mitzuwirken, zurückzustellen (OVG Bln-Bbg BeckRS 2019, 14273). Bemühungen zum Erwerb einfacher schriftlicher und mündlicher Kenntnisse der deutschen Sprache sind allenfalls dann von vornherein unzumutbar, wenn ausgeschlossen werden kann, dass diese innerhalb eines Jahres zu einem irgendwie gearteten Fortschritt führen. Ein Bemühen um Spracherwerb ist auch von demjenigen zu verlangen, bei dem aufgrund seiner kognitiven Fähigkeiten nur der Erwerb mündlicher Sprachkenntnisse erfolgversprechend erscheint (OVG Bln-Bbg BeckRS 2021, 1465).

Ein Ausnahmefall liegt auch dann vor, wenn der Ehegatte wegen **einer körperlichen, geisti-** **30** **gen oder seelischen Erkrankung** nicht in der Lage ist, einfache Kenntnisse der deutschen Sprache nachzuweisen **(Nr. 2;** → Rn. 30.1).

30.1   Der Umstand, dass jemand nicht in der lateinischen Schriftsprache alphabetisiert worden ist und es für ihn mit erheblichen Mühen verbunden sein dürfte, einfache Kenntnisse der deutschen Schriftsprache nachzuweisen, genügt nicht für die Annahme eines Ausnahmefalls nach Nr. 2 (OVG NRW BeckRS 2019, 25494; OVG Bln-Bbg BeckRS 2013, 48565).

31   Vom Erfordernis der ausreichenden Sprachkenntnisse befreit ist zudem der nachziehende **Ehegatte des Inhabers einer Aufenthaltserlaubnis nach § 38a** unter den in Abs. 1 S. 1 Nr. 3 lit. f genannten Voraussetzungen. Diese Ausnahmevorschrift trägt dem Umstand Rechnung, dass Integrationsvoraussetzungen bei Ehegatten von langfristig Aufenthaltsberechtigten wegen Art. 16 Abs. 1 Daueraufenthalts–RL nicht aufgestellt werden können (BT-Drs. 16/5065, 311).

IV. Aufenthaltstitel

32   Ein Anspruch auf Erteilung einer Aufenthaltserlaubnis für den nachziehenden Ehegatten besteht nur, wenn der **Stammberechtigte in Besitz eines der in Abs. 1 S. 1 Nr. 3 genannten Aufenthaltstitel** ist. Ist der stammberechtigte nur in Besitz einer Fortgeltungsfiktion nach § 81 Abs. 4, ist er nicht mehr im Besitz eines nach Abs. 1 S. 1 Nr. 3 erforderlichen Aufenthaltstitels (SächsOVG BeckRS 2020, 18208; BayVGH BeckRS 2019, 3423). Ebenso wenig reicht ein lediglich möglicher Anspruch auf Erteilung einer Aufenthaltserlaubnis aus (OVG Saarl BeckRS 2018, 1619). Mit dem Gesetz zur Neuregelung des Familiennachzugs zu subsidiär Schutzberechtigten wurde durch die Änderungen in Nr. 3 lit. c und lit. d klargestellt, dass sich der Ehegattennachzug zu subsidiär Schutzberechtigten ausschließlich nach § 36a richtet. Die Änderungen in Nr. 3 lit. e waren notwendig, um eine getrennte Erfassung des Familiennachzugs im Ausländerzentralregister vornehmen zu können und auch insoweit klarzustellen, dass auch Nr. 3 lit. e nicht Grundlage für einen Anspruch auf Ehegattennachzug zu einem subsidiär Schutzberechtigten ist.

33   Für die in Nr. 3 lit. a–c und g genannten Aufenthaltstitel ist der Besitz des Titels ausreichend, in den übrigen Fällen **Nr. 3 lit. d–f** kommen zum Titelbesitz **noch weitere Anforderungen hinzu** (Nr. 30.1.3.2 und 30.1.3.2 AufenthGAVwV). Zu beachten ist, dass Nr. 3 lit. e auf das **Bestehen der Ehe** abstellt, während Nr. 3f auf das **Bestehen der ehelichen Lebensgemeinschaft** abstellt.

C. Aufenthaltserlaubnis nach Ermessen (Abs. 2, Abs. 3)

I. Abweichen vom Erfordernis der Volljährigkeit

34   Abs. 2 S. 1 ermöglicht die Erteilung einer Aufenthaltserlaubnis zur Vermeidung einer besonderen Härte, auch wenn das Mindestaltererfordernis des Abs. 1 S. 1 Nr. 1 nicht erfüllt ist.

II. Abs. 2 S. 2

35   Dem Ehegatten kann abweichend von dem Erfordernis des Ehebestands im Zeitpunkt der Erteilung der Aufenthaltserlaubnis an den Stammberechtigten und der Dauer des voraussichtlichen Aufenthalts nach pflichtgemäßem Ermessen eine Aufenthaltserlaubnis erteilt werden. Die Vorschrift dient der Klarstellung, dass unabhängig vom Vorliegen einer besonderen Härte dem Ehegatten eine Aufenthaltserlaubnis erteilt werden kann, wenn der Ausländer eine Aufenthaltserlaubnis besitzt (Hailbronner AuslR Rn. 61a). Durch das FachkEinwG (Fachkräfteeinwanderungsgesetz v. 15.8.2019, BGBl. I 1307) wurde klargestellt, dass dem Besitz einer Aufenthaltserlaubnis der Besitz eines nationalen Visums gleichsteht. Hintergrund dafür ist, dass aus verfahrensökonomischen Gründen bei Beschäftigungsaufenthalten, die voraussichtlich höchstens ein Jahr dauern, ein nationales Visum mit der beantragten Aufenthaltsdauer erteilt wird. Dies macht die Beantragung eines Aufenthaltstitels bei der nationalen Ausländerbehörde entbehrlich.

III. Verlängerung der Aufenthaltserlaubnis

36   Grundsätzlich sind für die **Verlängerung** der Aufenthaltserlaubnis die **allgemeinen und besonderen Ersterteilungsvoraussetzungen neu zu prüfen**. Nach Abs. 3 kann die Aufenthaltserlaubnis verlängert werden, auch wenn der **Lebensunterhalt nicht gesichert** ist (§ 5 Abs. 1 Nr. 1) und wenn **kein ausreichender Wohnraum** (§ 29 Abs. 1 Nr. 2, → § 29 Rn. 7) vorhanden ist, solange die eheliche Lebensgemeinschaft fortbesteht.

37   Bei der **Ermessensausübung** ist insbesondere zu berücksichtigen, aus welchen Gründen das Erfordernis der Lebensunterhaltsicherung oder des ausreichenden Wohnraums nicht vorliegt. Die wertentscheidende Grundsatznorm des **Art. 6 GG** ist zu beachten. Ein Überwiegen des öffentlichen Interesses wird nur in Ausnahmefällen anzunehmen sein, etwa dann, wenn keine Anstrengungen unternommen werden, um den Lebensunterhalt zu sichern (GK-AufenthG/Marx Rn. 150). Von den sonstigen Regelerteilungsvoraussetzungen und besonderen Voraussetzungen für die **38** Erteilung / Verlängerung der Aufenthaltserlaubnis darf nicht abgewichen werden.

D. Mehrehen (Abs. 4)

Ein Zweitehegatte hat keinen Anspruch auf Erteilung einer Aufenthaltserlaubnis zum Ehegat- **39** tennachzug. Unter Umständen ist aber die Erteilung einer Aufenthaltserlaubnis nach § 36 Abs. 2 denkbar (BeckOk AuslR/Tewocht Rn. 38).

E. Befreiung vom Erfordernis eines Aufenthaltstitels (Abs. 5)

Diese Vorschrift wurde durch das Gesetz zur Umsetzung aufenthaltsrechtlicher Richtlinien der **40** Europäischen Union zur Arbeitsmigration eingefügt und durch das FachkEinwG geändert. Der **Ehegatte eines Ausländers, der sich gem. § 18e im Bundesgebiet aufhält,** benötigt unter den in Abs. 5 genannten Voraussetzungen **keinen Aufenthaltstitel.** Dies beruht darauf, dass kurzfristig mobile Forscher nach § 18e keines Aufenthaltstitels bedürfen, wenn sie bereits in einem anderen Mitgliedstaat einen Aufenthaltstitel als Forscher nach der RL (EU) 2016/801 (v. 11.5.2016, ABl. 2016 L 312, 21) innehatten. Entsprechendes gilt daher für ihre Familienangehörigen (BT-Drs. 18/11136, 55). Die Vorschriften über die Höchstdauer des Aufenthalts, das Passerfordernis und die Lebensunterhaltssicherung (§ 18e Abs. 1 S. 1 Nr. 1, Nr. 3 und Nr. 4) sowie die Ablehnungsgründe nach § 19f gelten entsprechend.

F. Türkische Staatsangehörige

Nach der in **Art. 13 ARB 1/80** enthaltenen **Stillhalteklausel** ist es nicht zulässig, beim **41** Nachzug eines Ehegatten zu einem sich ordnungsgemäß im Bundesgebiet aufhaltenden türkischen Arbeitnehmer neue Beschränkungen für den Zugang zum Arbeitsmarkt einzuführen.

Die Erfüllung des durch das Gesetz zur Umsetzung aufenthalts- und asylrechtlicher Richtlinien **42** der Europäischen Union (v. 19.8.2007, BGBl. I 1970) **neu eingeführten Erfordernisses einfacher deutscher Sprachkenntnisse** stellt eine **neue Beschränkung** dar. In seiner Rechtsprechung hat der EuGH bezüglich der in der Art. 41 Abs. 1 EWGTRAssZusProt enthaltenen Stillhalteklausel klargestellt, dass diese nicht nur auf Regelungen anwendbar ist, die unmittelbar die Bedingungen für die Ausübung der Niederlassungsfreiheit durch einen türkischen Staatsangehörigen behandeln, sondern auch auf solche, die Rechte von Familienangehörigen auf dem Gebiet der Familienzusammenführung betreffen (EuGH BeckRS 2014, 81139 – Dogan). Dies gilt auch für die Stillhalteklausel in Art. 13 ARB 1/80 (EuGH NVwZ 2016, 833 – Genc). Allerdings ist das Spracherfordernis des Abs. 1 S. 1 Nr. 2 durch einen **zwingenden Grund des Allgemeinwohls gerechtfertigt** (BVerwG BeckRS 2019, 20727; 2017, 103281; aA OVG Bln-Bbg BeckRS 2015, 41260 allerdings zur Rechtslage vor Einfügung der Härtefallklausel in Abs. 1 S. 3 Nr. 6).

Zur Frage, ob das nach nationalem Recht bestehende **Visumerfordernis beim Ehegatten-** **43** **nachzug** zu einem türkischen Arbeitnehmer mit **Art. 7 ARB 2/76** vereinbar ist, hat das BVerwG ein **Vorabentscheidungsersuchen** an den EuGH gerichtet (BeckRS 2017, 103281). Mit Urteil v. 7.8.2018 (BeckRS 2018, 17481) hat der **EuGH** entschieden, dass die in der Zeit v. 20.12.1976 bis 30.11.1980 eingeführte Visumpflicht eine **neue Beschränkung** iSd Art. 2 ARB 2/76 darstellt, eine solche Maßnahme jedoch **aus Gründen der effektiven Einwanderungskontrolle** gerechtfertigt sein kann. Dies ist nach Auffassung des BVerwG (BeckRS 2019, 20727) der Fall (aA VGH BW BeckRS 2015, 52859).

§ 31 Eigenständiges Aufenthaltsrecht der Ehegatten

(1) ¹Die Aufenthaltserlaubnis des Ehegatten wird im Falle der Aufhebung der ehelichen Lebensgemeinschaft als eigenständiges, vom Zweck des Familiennachzugs unabhängiges Aufenthaltsrecht für ein Jahr verlängert, wenn
1. die eheliche Lebensgemeinschaft seit mindestens drei Jahren rechtmäßig im Bundesgebiet bestanden hat oder
2. der Ausländer gestorben ist, während die eheliche Lebensgemeinschaft im Bundesgebiet bestand

und der Ausländer bis dahin im Besitz einer Aufenthaltserlaubnis, Niederlassungserlaubnis oder Erlaubnis zum Daueraufenthalt – EU war, es sei denn, er konnte die Verlängerung aus von ihm nicht zu vertretenden Gründen nicht rechtzeitig beantragen. [2]Satz 1 ist nicht anzuwenden, wenn die Aufenthaltserlaubnis des Ausländers nicht verlängert oder dem Ausländer keine Niederlassungserlaubnis oder Erlaubnis zum Daueraufenthalt – EU erteilt werden darf, weil dies durch eine Rechtsnorm wegen des Zwecks des Aufenthalts oder durch eine Nebenbestimmung zur Aufenthaltserlaubnis nach § 8 Abs. 2 ausgeschlossen ist.

(2) [1]Von der Voraussetzung des dreijährigen rechtmäßigen Bestandes der ehelichen Lebensgemeinschaft im Bundesgebiet nach Absatz 1 Satz 1 Nr. 1 ist abzusehen, soweit es zur Vermeidung einer besonderen Härte erforderlich ist, dem Ehegatten den weiteren Aufenthalt zu ermöglichen, es sei denn, für den Ausländer ist die Verlängerung der Aufenthaltserlaubnis ausgeschlossen. [2]Eine besondere Härte liegt insbesondere vor, wenn die Ehe nach deutschem Recht wegen Minderjährigkeit des Ehegatten im Zeitpunkt der Eheschließung unwirksam ist oder aufgehoben worden ist, wenn dem Ehegatten wegen der aus der Auflösung der ehelichen Lebensgemeinschaft erwachsenden Rückkehrverpflichtung eine erhebliche Beeinträchtigung seiner schutzwürdigen Belange droht oder wenn dem Ehegatten wegen der Beeinträchtigung seiner schutzwürdigen Belange das weitere Festhalten an der ehelichen Lebensgemeinschaft unzumutbar ist; dies ist insbesondere anzunehmen, wenn der Ehegatte Opfer häuslicher Gewalt ist. [3]Zu den schutzwürdigen Belangen zählt auch das Wohl eines mit dem Ehegatten in familiärer Lebensgemeinschaft lebenden Kindes. [4]Zur Vermeidung von Missbrauch kann die Verlängerung der Aufenthaltserlaubnis versagt werden, wenn der Ehegatte aus einem von ihm zu vertretenden Grund auf Leistungen nach dem Zweiten oder Zwölften Buch Sozialgesetzbuch angewiesen ist.

(3) Wenn der Lebensunterhalt des Ehegatten nach Aufhebung der ehelichen Lebensgemeinschaft durch Unterhaltsleistungen aus eigenen Mitteln des Ausländers gesichert ist und dieser eine Niederlassungserlaubnis oder eine Erlaubnis zum Daueraufenthalt – EU besitzt, ist dem Ehegatten abweichend von § 9 Abs. 2 Satz 1 Nr. 3, 5 und 6 ebenfalls eine Niederlassungserlaubnis zu erteilen.

(4) [1]Die Inanspruchnahme von Leistungen nach dem Zweiten oder Zwölften Buch Sozialgesetzbuch steht der Verlängerung der Aufenthaltserlaubnis unbeschadet des Absatzes 2 Satz 4 nicht entgegen. [2]Danach kann die Aufenthaltserlaubnis verlängert werden, solange die Voraussetzungen für die Erteilung der Niederlassungserlaubnis oder Erlaubnis zum Daueraufenthalt – EU nicht vorliegen.

Überblick

Voraussetzungen für den Anspruch auf Erteilung einer vom Zweck des Familiennachzugs unabhängigen Aufenthaltserlaubnis, wobei der Erteilungsanspruch als Verlängerungsanspruch geregelt ist. Voraussetzung ist der Besitz einer Aufenthaltserlaubnis (→ Rn. 9 f.) und eine Ehebestandszeit von drei Jahren (→ Rn. 14). Abs. 2 (→ Rn. 23 ff.) regelt die Ausnahmen von Mindestbestandszeit der ehelichen Lebensgemeinschaft, wenn dem Ehegatten wegen der Rückkehrverpflichtung eine erhebliche Beeinträchtigung seiner schutzwürdigen Belange (→ Rn. 27 ff.) droht oder die Aufrechterhaltung der ehelichen Lebensgemeinschaft unzumutbar (→ Rn. 30 ff.) ist. In Abs. 3 (→ Rn. 33 ff.) und Abs. 4 (→ Rn. 37 ff.) finden sich die Regelungen über die Geltungsdauer, die Voraussetzungen für die Verlängerung und für die Erteilung einer Niederlassungserlaubnis.

Übersicht

A. Entstehungsgeschichte

Die Vorschrift orientiert sich an der vor Inkrafttreten des AufenthG geltenden Regelung in **1** § 19 AuslG. Durch das Gesetz zur Änderung des Aufenthaltsgesetzes und weiterer Gesetze (v. 18.2.2005, BGBl. I 721) wurde das Wort „Sozialhilfe" in Abs. 2 S. 3 und Abs. 4 S. 1 durch „Leistungen nach dem Zweiten oder Zwölften Sozialgesetzbuch" ersetzt.

Mit dem Gesetz zur Umsetzung aufenthalts- und asylrechtlicher Richtlinien der Europäischen **2** Union (v. 19.8.2007, BGBl. I 1970) wurde S. 2 eingefügt, wonach die Verlängerung der bisher akzessorischen Aufenthaltserlaubnis als eigenständige Aufenthaltserlaubnis ausgeschlossen ist, wenn die Verlängerung der Aufenthaltserlaubnis bzw. die Aufenthaltsverfestigung des Stammberechtigten ausgeschlossen ist.

Das Gesetz zur Bekämpfung der Zwangsheirat (v. 15.4.2011, BGBl. I 168) erhöhte die Mindest- **3** bestandszeit der Ehe, nach der im Fall des Scheiterns der Ehe ein Anspruch auf Erteilung einer Aufenthaltserlaubnis besteht von zwei auf drei Jahre. Die Härtefallregelung in Abs. 2 S. 2 erfuhr eine Klarstellung dahingehend, dass das weitere Festhalten an der ehelichen Lebensgemeinschaft insbesondere dann unzumutbar ist, wenn der Ehegatte Opfer häuslicher Gewalt ist.

Redaktionelle Anpassungen erfolgten durch das Gesetz zur Verbesserung der Rechte von inter- **4** national Schutzberechtigten und ausländischen Arbeitnehmern (v. 29.8.2013, BGBl. I 3484), indem das Wort „Daueraufenthalt-EG" durch „Daueraufenthalt-EU" ersetzt wurde. Ebenso entfiel die bislang in S. 3 enthaltene Regelung zum Arbeitsmarktzugang, die sich jetzt in § 27 Abs. 5 findet.

Mit dem Gesetz zur Bekämpfung von Kinderehen (v. 17.7.2017, BGBl. I 2429) wurde in **5** Abs. 2 S. 2 die Unwirksamkeit oder Aufhebbarkeit der Ehe als Beispielsfall für das Vorliegen einer besonderen Härte eingefügt.

B. Eigenständiges Aufenthaltsrecht (Abs. 1)

I. Titelbesitz des Stammberechtigten

Grundlegende Voraussetzung für die Verselbstständigung des Aufenthaltsrechts des Ehegatten **6** ist, dass der **stammberechtigte Ausländer im Zeitpunkt der Beendigung der ehelichen Lebensgemeinschaft** im **Besitz** eines **grundsätzlich zur Verfestigung geeigneten Aufenthaltstitels** (Aufenthaltserlaubnis, Niederlassungserlaubnis oder Erlaubnis zum Daueraufenthalt-EU) war (Nr. 31.1.4 AufenthGAVwV). Bei diesem Personenkreis kann angenommen werden, dass im Vertrauen auf die Perspektive eines fortdauernden Aufenthalts in der Bundesrepublik eine Eingliederung in die Gesellschaft erfolgt ist und daher eine Rückkehr in das Heimatland mit erheblichen Schwierigkeiten verbunden wäre.

Besitzt der **stammberechtigte Ausländer** selbst **keine Perspektive zur Aufenthaltsverfes- 7 tigung,** so ist auch das Entstehen eines ehuunabhängigen Aufenthaltsrechts für den Ehegatten ausgeschlossen. Als Fälle eines nur temporären Aufenthaltsrechts sind **befristete Aufenthaltserlaubnisse zum Zweck der Arbeitsaufnahme oder zum Studium** (Nr. 31.1.4 AufenthGAVwV; GK-AufenthG/Marx Rn. 21) anzusehen. Aufenthaltserlaubnisse aus humanitären Gründen sind in der Regel einer Aufenthaltsverfestigung zugänglich.

Ausreichend ist, wenn der Stammberechtigte **bei Beendigung der ehelichen Lebensge- 8 meinschaft** in **Besitz** des entsprechenden Aufenthaltstitels war oder aus von ihm **nicht zu vertretenden Gründen nicht rechtzeitig die Verlängerung** seiner Aufenthaltserlaubnis beantragen konnte.

II. Titelbesitz des Ausländers

Der **nachgezogene Ehegatte** muss im Zeitpunkt der Aufhebung der ehelichen Lebensge- **9** meinschaft (GK-AufenthG/Marx Rn. 43) im **Besitz einer nach § 28 oder § 30 erteilten Aufenthaltserlaubnis** sein. Ein Titelbesitz nach § 25 ist nicht ausreichend, auch wenn er nach

Art. 8 EMRK oder Art. 6 GG zur Führung der ehelichen Lebensgemeinschaft im Bundesgebiet erteilt worden ist (GK-AufenthG/Marx Rn. 28).

10   Der Gesetzgeber verlangt in Abs. 1 S. 1 eindeutig eine „Aufenthaltserlaubnis" als Anknüpfungspunkt für deren „Verlängerung" als (nunmehr) eheunabhängiger Aufenthaltstitel. Ein Visum zum Ehegattennachzug, auch das nationale Visum nach § 6 Abs. 3, ist folglich nicht ausreichend (HessVGH BeckRS 2019, 28149; NdsOVG BeckRS 2019, 13164; OVG NRW BeckRS 2019, 13164; OVG Saarl BeckRS 2014, 46855).

11   Ist die **Aufenthaltserlaubnis des Ehegatten** bei Aufhebung der ehelichen Lebensgemeinschaft bereits **erloschen,** kommt eine Verlängerung nach Abs. 1 nicht mehr in Betracht, weil die Verlängerung begrifflich einen Titelbesitz voraussetzt (BayVGH BeckRS 2017, 103788; 2016, 53464).

III. Aufhebung der ehelichen Lebensgemeinschaft

12   Die eheliche Lebensgemeinschaft (mit zahlreichen Beispielen aus der Rspr. VGH BW BeckRS 2020, 33822) ist **aufgehoben,** wenn die Eheleute **dauerhaft getrennt** sind. Die Aufhebung der häuslichen Lebensgemeinschaft führt nicht zwangsläufig zur Aufhebung der ehelichen Lebensgemeinschaft, wenn die Beistandsgemeinschaft weiter besteht. Auch **vorübergehende Trennungen** bleiben unberücksichtigt, wenn die Versöhnung und Wiederaufnahme der ehelichen Lebensgemeinschaft glaubhaft dargelegt sind (NdsOVG BeckRS 2017, 132585). Nicht ausreichend ist, dass ein Ehepartner die eheliche Lebensgemeinschaft aufrechterhalten will, weil es für das Führen der ehelichen Lebensgemeinschaft auf den **nachweisbar betätigten Willen beider Ehepartner,** mit dem jeweils anderen ein gemeinsames Leben führen zu wollen, ankommt (BVerwG BeckRS 2013, 52673).

13   Auch wenn das zivilrechtlich in § 1566 Abs. 1 BGB vorgesehene **Trennungsjahr** noch nicht abgelaufen ist, kann die eheliche Lebensgemeinschaft schon aufgehoben sein (BVerwG BeckRS 1992, 08151; OVG Saarl BeckRS 2018, 8447), wenn sich ein Ehepartner entschieden hat, keine eheliche Lebensgemeinschaft mehr führen zu wollen, weil Abs. 1 S. 1 Nr. 1 die Rechtsfolgen an das Bestehen der ehelichen Lebensgemeinschaft und nicht an die formal rechtliche Existenz der Ehe knüpft. Demgegenüber hängt das abgeleitete Aufenthaltsrecht eines drittstaatsangehörigen Ehegatten eines freizügigkeitsberechtigten Unionsbürgers nicht vom Fortbestehen der ehelichen Lebensgemeinschaft ab (BVerwG BeckRS 2019, 9296). In der Regel ist nach Ablauf des Trennungsjahres und Einreichung des Scheidungsantrags von einer endgültigen Trennung und Aufhebung der ehelichen Lebensgemeinschaft auszugehen (BeckOK AuslR/Tewocht Rn. 13).

IV. Dreijährige Ehebestandszeit

14   Das Erfordernis der dreijährigen Ehebestandszeit in Abs. 1 S. 1 Nr. 1 ist erfüllt, wenn die eheliche Lebensgemeinschaft bei Aufhebung mindestens drei Jahre **rechtmäßig ununterbrochen** im Bundesgebiet bestanden hat. Das Erfordernis des rechtmäßigen Bestands bezieht sich dabei nicht allein auf die **Rechtmäßigkeit der Eheschließung,** sondern auch auf den **rechtmäßigen Aufenthalt beider Ehegatten.**

15   Nicht erforderlich ist, dass während der gesamten Zeit der rechtmäßige Aufenthalt auf einer **Aufenthaltserlaubnis nach § 30** beruhte. Auch die Zeiten, in denen der nachziehende Ehegatte in Besitz eines **Visums zum Ehegattennachzug** oder einer **Fiktionsbescheinigung** war, werden berücksichtigt, wenn anschließend eine Aufenthaltserlaubnis nach § 30 erteilt wird (BVerwG BeckRS 2010, 47963). Auch die Dauer des Besitzes eines **Schengen-Visums** ist auf den nach Abs. 1 S. 1 Nr. 1 maßgeblichen Zeitraum anzurechnen (SächsOVG BeckRS 2020, 9184; OVG NRW BeckRS 2013, 47453). Dies gilt nicht für die Zeiten der Fiktionswirkung nach § 81 Abs. 3 S. 1 bei Asylbewerbern (→ Rn. 15.1).

15.1   Der Eintritt einer Fiktionswirkung nach § 81 Abs. 3 S. 1 bei Asylbewerbern wird durch die speziellen asylrechtlichen Bestimmungen der § 55 Abs. 2 und § 43 Abs. 2 S. 2 AsylG eingeschränkt bzw. verdrängt (BeckOK AuslR/Kluth § 81 Rn. 19; BayVGH BeckRS 2015, 54322). Nach § 55 Abs. 2 AsylG erlöschen mit der Stellung eines Asylantrags im Grundsatz alle aufenthaltsrechtlichen Positionen des Asylbewerbers (mit Ausnahme eines Aufenthaltstitels mit einer Geltungsdauer von mehr als sechs Monaten), unter anderem auch die in § 81 Abs. 3 bezeichneten Wirkungen eines Antrags auf Erteilung des Aufenthaltstitels. Beantragt ein erfolgloser Asylbewerber in einem ausländerrechtlichen Verfahren lediglich die Verlängerung eines Aufenthaltstitels mit einer Geltungsdauer bis zu sechs Monaten oder die Erteilung eines anderen Aufenthaltstitels, greift die Bestimmung des § 43 Abs. 2 S. 2 AsylG, wonach § 81 der Abschiebung nicht entgegensteht (BeckOK AuslR/Pietzsch AsylG § 43 Rn. 5). Diese Regelungen sollen wie auch § 55 Abs. 3 AsylG bei erfolglosen Asylbewerbern grundsätzlich die Ableitung eines aufenthaltsrechtlichen Vorteils aus einem

Verfahren auf Erteilung oder Verlängerung eines Aufenthaltstitels bzw. aus der (bloßen) Dauer aussichtsloser Asylverfahren verhindern (BVerwG BeckRS 2014, 49835). Wird der Antrag auf (erstmalige) Erteilung einer Aufenthaltserlaubnis nach dem eine Aufenthaltsgestattung auslösenden Asylantag gestellt, so muss aus den genannten Vorschriften vor allem unter Berücksichtigung dieses Regelungszwecks geschlossen werden, dass dann die mit einer Antragstellung ggf. verbundenen Fiktionen gleichfalls nicht eintreten sollen. Auch soweit in der Rechtsprechung angenommen wird, dass der Antrag auf erstmalige Erteilung einer Aufenthaltserlaubnis während des Asylverfahrens aufgrund der wirksamen Aufenthaltsgestattung die Fiktionswirkung des § 81 Abs. 3 S. 1 begründet (VGH BW BeckRS 2012, 57821) oder die Frage dieser Fiktionswirkung offengelassen wird (NdsOVG BeckRS 2009, 39657), wird eine Anrechnung der entsprechenden Aufenthaltsdauer auf die Ehebestandszeit des Abs. 1 S. 1 Nr. 1 verneint, weil dann § 55 Abs. 3 AsylG der Berücksichtigung entgegenstehe bzw. mit der Beantragung eines ehebezogenen Aufenthaltstitels gerade (noch) keine spezifische Legalisierungswirkung für das Führen einer ehelichen Lebensgemeinschaft im Bundesgebiet verbunden sei (OVG LSA BeckRS 2014, 55106).

Die Drei-Jahres-Frist beginnt mit der Aufnahme der ehelichen Lebensgemeinschaft und endet **16** mit der endgültigen Trennung der Ehegatten. **Kurzfristige vorübergehende Trennungen bleiben unberücksichtigt.** Lag aber bereits eine **endgültige Aufhebung** der ehelichen Lebensgemeinschaft vor und **versöhnen** sich die Eheleute danach wieder, so beginnt die Drei-Jahres-Frist **erneut zu laufen.** Der Zeitraum muss durch eine Ehe erreicht werden (NK-AuslR/Müller Rn. 13).

V. Tod des Stammberechtigten

Stirbt der Stammberechtigte, so hat der Ehegatte **unabhängig von der Ehebestandszeit 17** einen Anspruch auf Erteilung einer eheunabhängigen Aufenthaltserlaubnis, wenn die eheliche Lebensgemeinschaft im Zeitpunkt des Todes noch bestand, der verstorbene Ehegatte in Besitz eines der in Abs. 1 S. 1 genannten Aufenthaltstitel war (BeckOK AuslR/Tewocht Rn. 15) und der Ehegatte in Besitz eines nach Kapitel 2 Abschnitt 6 erteilten Aufenthaltstitels zum Ehegattennachzug war (BVerwG NVwZ 2008, 333).

VI. Allgemeine Erteilungsvoraussetzungen

Der Anspruch auf Erteilung einer eheunabhängigen Aufenthaltserlaubnis entsteht als Anspruch **18** auf Verlängerung der bestehenden Aufenthaltserlaubnis. Für die **Verlängerung der Aufenthaltserlaubnis für das erste Jahr nach Aufhebung der ehelichen Lebensgemeinschaft** gelten die allgemeinen Erteilungsvoraussetzungen mit Ausnahme des § 5 Abs. 1 Nr. 1, weil gem. Abs. 4 S. 1 die Inanspruchnahme von Sozialleistungen unbeschadet des Abs. 2 S. 4 einer Verlängerung nicht entgegensteht (HmbOVG BeckRS 2017, 13119). Für die Dauer eines Jahres soll die Gelegenheit der Existenzsicherung ohne Gefährdung des Aufenthaltsrechts gegeben werden.

Nach Abs. 2 S. 4 kann allerdings die Verlängerung der Aufenthaltserlaubnis als selbstständiges **19** Aufenthaltsrecht zur **Vermeidung von Missbrauch** auch für das erste Jahr versagt werden, wenn der Ehegatte aus einem von ihm zu vertretenden Grund auf Sozialleistungen angewiesen ist. Dieser **Ausschlussgrund** bezieht sich sowohl auf Härtefälle des Abs. 2 als **auch auf den Regelfall des Abs. 1 S. 1 Nr. 1** (GK-AuffenthG/Marx Rn. 90).

Unverschuldeter Bezug von Sozialleistungen steht der Verlängerung der Aufenthaltserlaub- **20** nis nicht entgegen. Hierbei ist insbesondere zu berücksichtigen, ob der Ehegatte **Kleinkinder** zu betreuen hat oder aufgrund der Tatbestände, die eine besondere Härte iSd Abs. 2 S. 1–3 begründet haben, **nicht zur Aufnahme einer Erwerbstätigkeit in der Lage ist** (Nr. 31.2.3 AufenthGAVwV). Hat der Ehegatte den Bezug von Sozialleistungen zu vertreten, so kann ein Missbrauch bestehen, wenn er sich nicht in zumutbarer Weise auf Arbeitssuche begeben hat oder ihm zumutbare Arbeit nicht leistet (Nr. 31.2.3 AufenthGAVwV).

Strittig ist, ob gem. § 27 Abs. 3 (→ § 27 Rn. 1 ff.) vom Vorliegen der **Regelerteilungsvoraus- 21 setzung** des § 5 Abs. 1 **Nr. 2** abgesehen werden kann (vgl. GK-AuffenthG/Marx Rn. 89), da die Aufenthaltserlaubnis als eigenständiger Titel unabhängig vom Familiennachzug verlängert wird und somit die speziellen Vorschriften zum Familiennachzug keine Anwendung mehr finden.

VII. Türkische Staatsangehörige

Wegen der **Stillhalteklauseln** in Art. 13 ARB 1/80 und Art. 41 EWGTRAssZusProt findet **22** § 31 keine Anwendung, soweit dies gegenüber dem Zeitpunkt des Inkrafttretens dieser Bestimmungen eine Schlechterstellung für dadurch begünstigte türkische Staatsangehörige mit sich bringen würde. Dies gilt in jedem Fall bei der **Verlängerung der Ehebestandszeit** in Abs. 1 S. 1

Nr. 1. Nach der Rechtsprechung des EuGH stellt auch die Verschärfung einer Bestimmung, die eine Erleichterung der bei Inkrafttreten des EWG-Türkei geltenden Regelung vorsah, eine neue Beschränkung iSd Art. 13 ARB 1/80 dar (EuGH NVwZ 2011, 348 – Toprak und Oguz).

C. Härtefälle (Abs. 2)

I. Allgemeines

23   Liegt eine **besondere Härte** vor, so besteht bei **Vorliegen der sonstigen Erteilungsvoraussetzungen** auch **vor Ablauf von drei Jahren nach Aufnahme der ehelichen Lebensgemeinschaft** ein Rechtsanspruch auf Verlängerung der Aufenthaltserlaubnis (Nr. 31.2.1.1 Aufenth-GAVwV).

24   Die **Verlängerung ist ausgeschlossen,** wenn der **stammberechtigte Ehegatte keinen Anspruch auf Verlängerung seiner Aufenthaltserlaubnis** hat (Abs. 2 S. 1 aE). Es kann allerdings die Erteilung einer Aufenthaltserlaubnis nach Kapitel 2 Abschnitt 5 in Betracht kommen. Der Ausschlussgrund des Abs. 2 S. 1 aE erfasst jedoch nicht die Fälle, in denen die Verlängerung der Aufenthaltserlaubnis nach § 8 Abs. 1, § 5 Abs. 1 Nr. 2 ausgeschlossen ist, weil der Stammberechtigte gegenüber seinem Ehegatten Straftaten begangen hat, die zugleich ein Ausweisungsinteresse begründen (Nr. 31.2.1.2 AufenthGAVwV).

25   Beim Begriff der „**besonderen Härte**" handelt es sich um einen **unbestimmten Rechtsbegriff.** Eine besondere Härte ist anzunehmen, wenn der Ehegatte durch die Rückkehr ins Herkunftsland ungleich stärker betroffen wird als andere Ausländer, die nach kurzen Aufenthaltszeiten die Bundesrepublik verlassen müssen (Hailbronner AuslR Rn. 18). **Abs. 2 S. 2 und S. 3** nennen **Beispiele** für das Vorliegen einer besonderen Härte. Darin ist **keine abschließende Regelung** zu sehen. Eine besondere Härte kommt auch dann in Betracht, wenn sich der Ausländer bei Erfüllung der Rückkehrverpflichtung in einer **vergleichbaren Lage** befindet wie sie in Abs. S. 2 und S. 3 beschrieben wird (Hailbronner AuslR Rn. 19).

II. Beispielsfälle

1. Unwirksamkeit der Ehe oder Aufhebung der Ehe

26   Diese Fallgruppe wurde erst durch das Gesetz zur Bekämpfung von Kinderehen (v. 17.7.2017, BGBl. I 2429) eingeführt. Gemäß Art. 13 Abs. 3 EGBGB ist die Ehe **unwirksam,** wenn ein Verlobter bei Eheschließung das **16. Lebensjahr noch nicht vollendet** hatte, und **aufhebbar,** wenn ein Verlobter zwar das 16., aber **nicht das 18. Lebensjahr vollendet** hatte.

2. Erhebliche Beeinträchtigung der schutzwürdigen Belange

27   Eine besondere Härte liegt in diesem Fall vor, wenn die Ausreisepflicht den Ehegatten **ungleich härter trifft als andere Ausländer in derselben Situation.** Zudem muss die **Beeinträchtigung der schutzwürdigen Belange wegen der Auflösung der Ehe** drohen, dh ein **Zusammenhang** zwischen den geltend gemachten persönlichen Umständen und dem ehebedingten Aufenthalt im Bundesgebiet bestehen (BayVGH BeckRS 2016, 47765). Der Gesetzgeber wollte nur solche erheblichen Beeinträchtigungen, die mit der ehelichen Lebensgemeinschaft oder ihrer Auflösung – einschließlich des Wohls eines mit dem Ehegatten in familiärer Lebensgemeinschaft lebenden Kindes – **zumindest im mittelbaren Zusammenhang** stehen, erfassen, **nicht aber sämtliche sonstigen, unabhängig davon bestehenden Rückkehrgefahren.** Schwierigkeiten der Wiedereingliederung in das Herkunftsland – etwa die Begründung eines neuen Wohnsitzes – und Nachteile, die sich aus den dortigen politischen und wirtschaftlichen Verhältnissen ergeben, reichen in aller Regel nicht aus, eine besondere Härte iSv Abs. 2 S. 1 zu begründen (BayVGH BeckRS 2020, 30393; 2016, 53464; 2016, 47765; 2014, 58907; → Rn. 27.1).

27.1   Hätte der Gesetzgeber für Ehegatten nach gescheiterter Ehe in Abweichung von der bisherigen Rechtslage eine sämtliche Rückkehrgefahren umfassende Sonderregelung treffen wollen, hätte es nahegelegen, dies in den Beispielsfällen oder sonst in der Begründung des Gesetzentwurfs zum Ausdruck zu bringen (BVerwG BeckRS 2009, 38019). Gegen eine Einbeziehung sämtlicher zielstaatsbezogener Gefahren in die Härteregelung des Abs. 2 S. 2 sprechen auch der Sinn und Zweck der Regelung sowie systematische Erwägungen. § 31 regelt im Rahmen der Familiennachzugsvorschriften die aufenthaltsrechtlichen Folgen einer gescheiterten Ehe. Das eigenständige Aufenthaltsrecht, das die Vorschrift vorsieht, wird mit Rücksicht darauf gewährt, dass in diesen Fällen die spezifische Erwartung enttäuscht wurde, die der Ausländer mit dem ehebezogenen Aufenthaltstitel verband (BVerwG NVwZ 2008, 333).

Als schutzwürdige Belange gelten unter anderem (vgl. BT-Drs. 14/2368, 4; Nr. 31.2.2.1.1 **28** AufenthGAVwV) das Interesse an einem weiteren Umgang mit einem eigenen Kind, das im Bundesgebiet verbleibt – insbesondere, wenn die Personensorge beiden Elternteilen zusteht –, die Tatsache, dass die Betreuung eines behinderten Kindes, das auf Beibehaltung des spezifischen sozialen Umfeldes existentiell angewiesen ist, im Herkunftsland nicht sichergestellt werden kann, Eigenarten des Rechts- oder Kulturkreises im Herkunftsstaat, die zu einer erheblichen rechtlichen oder gesellschaftlichen Diskriminierung des betroffenen Ehegatten wegen der Auflösung der ehelichen Lebensgemeinschaft oder Elternschaft führen können; hierbei sind auch tatsächliche Anhaltspunkte zu berücksichtigen, wonach eine Verfolgung durch im Herkunftsstaat lebende nahestehende Personen zu erwarten ist.

Macht der Ehegatten **Rückkehrgefahren** geltend, die zugleich unter **§§ 3a oder 4 Abs. 1** **29** **AsylG** fallen, kann die Ausländerbehörde nach Beteiligung des Bundesamtes gem. § 72 Abs. 2 diese Gefahren bei der Prüfung einer besonderen Härte iSd Abs. 2 S. 2 berücksichtigen (GK-AufenthG/Marx Rn. 62).

3. Unzumutbarkeit am weiteren Festhalten der ehelichen Lebensgemeinschaft

Unzumutbarkeit iSd Abs. 2 S. 2 Alt. 3 liegt insbesondere vor, wenn der **Ausländer oder** **30** **ein in der Familie lebendes Kind** (BayVGH BeckRS 2017, 131747) **Opfer von Übergriffen** geworden ist, die zu **Beeinträchtigungen seiner Gesundheit, körperlichen oder psychischen Integrität oder Bewegungsfreiheit** geführt haben. Die Eingriffe des stammberechtigten Partners müssen aufseiten des Opfers zu einer Situation geführt haben, die maßgeblich durch Angst vor physischer oder psychischer Gewalt geprägt ist. Insoweit kommt es nicht auf die subjektiv empfundene Unzumutbarkeit an, sondern die Beeinträchtigung der schutzwürdigen Belange muss **objektiv eine gewisse Intensität** erreicht haben (BayVGH BeckRS 2020, 30393; 2014, 58907). Gelegentliche Ehestreitigkeiten, Auseinandersetzungen, Meinungsverschiedenheiten, grundlose Kritik und Kränkungen, die in einer Vielzahl von Fällen trennungsbegründend wirken, können für sich genommen noch nicht dazu führen, dass das Festhalten an der ehelichen Lebensgemeinschaft unzumutbar ist (OVG LSA BeckRS 2018, 42222). Der ausländische Ehegatte muss die besondere Härte, dh die Unzumutbarkeit des weiteren Festhaltens an der ehelichen Lebensgemeinschaft belegen (OVG Bln-Bbg BeckRS 2018, 27865).

Die Unzumutbarkeit am Festhalten der Lebensgemeinschaft wird unter anderem angenommen **31** (vgl. Nr. 31.2.2.2.1 ff. AufenthGAVwV), wenn der nachgezogene Ehegatte sich in einer **Zwangs-ehe** befindet (dies gilt auch dann, wenn beide Ehegatten Opfer der Zwangssituation sind), der betroffene Ehegatte oder ein in der Ehe lebendes Kind durch den stammberechtigten Ausländer **physisch oder psychisch misshandelt** oder das Kind in seiner geistigen oder körperlichen Entwicklung erheblich gefährdet werden, der stammberechtigte Ausländer **gegen den betroffenen Ehegatten** oder gegen ein in der Ehe lebendes Kind sonstige **erhebliche Straftaten begangen** hat oder der stammberechtigte Ausländer vom betroffenen Ehegatten nachhaltig **die Teilnahme an strafbaren Handlungen verlangt** hat.

Geht die **Trennung** der Eheleute **vom Stammberechtigten** aus, so liegt darin jedenfalls ein **32** **Indiz**, dass dem Ausländer das Festhalten an der ehelichen Lebensgemeinschaft **nicht unzumutbar** ist (BayVGH BeckRS 2018, 14527; 2016, 53464; 2015, 50375; NdsOVG BeckRS 2018, 31731). Vielmehr ist es dem Ausländer unmöglich, die eheliche Lebensgemeinschaft fortzusetzen, wenn der andere Ehegatte nicht mehr an der Ehe festhalten will (Bergmann/Dienelt/Dienelt Rn. 63; aA BeckOK AuslR/Tewocht Rn. 23, HessVGH ASYLMAGAZIN 2015, 433).

D. Erteilung einer Niederlassungserlaubnis (Abs. 3)

Abs. 3 **dispensiert** bei der Erteilung der Niederlassungserlaubnis an den Ehegatten von den **33** Erteilungsvoraussetzungen des § 9 Abs. 2 S. 1 Nr. 3 (**Pflichtbeiträge zur Rentenversicherung**), § 9 Abs. 2 S. 1 Nr. 5 und Nr. 6 (**Besitz einer Erlaubnis zur Aufnahme einer Beschäftigung und sonstiger für die Ausübung einer Beschäftigung erforderlichen Erlaubnisse**), wenn die sonstigen Erteilungsvoraussetzungen vorliegen (GK-AufenthG/Marx Rn. 104).

Bezüglich der **Unterhaltssicherung** ist ausreichend, dass **stammberechtigte Ehegatte an** **34** **den anderen Ehegatten Unterhaltszahlungen** leistet. Eine bestehende Unterhaltsverpflichtung, die der Stammberechtigte nicht aus eigenen Mitteln erfüllen kann, genügt nicht (Nr. 31.3.3 AufenthGAVwV). **Eigene Mittel des Ehegatten,** die zusätzlich zur Unterhaltssicherung eingesetzt werden können, sind berücksichtigungsfähig (BeckOK AuslR/Tewocht Rn. 27; Hailbronner AuslR Rn. 43).

35   Weitere Voraussetzung ist, dass der stammberechtigte Ehegatte **in Besitz einer Niederlassungserlaubnis oder Erlaubnis zum Daueraufenthalt-EU** ist. Maßgeblich hierfür ist der **Zeitpunkt, zu dem dem Ehegatten die Niederlassungserlaubnis erteilt wird,** nicht der Zeitpunkt der Aufhebung der ehelichen Lebensgemeinschaft (Nr. 31.3.1 AufenthGAVwV).

36   Abs. 3 findet auch dann Anwendung, wenn dem betroffenen Ehegatten bereits nach Entstehung des eigenständigen Aufenthaltsrechts eine Aufenthaltserlaubnis nach Abs. 1 oder Abs. 2 erteilt worden war (Nr. 31.3.4 AufenthGAVwV). Liegen jedoch die Voraussetzungen für das Entstehen eines eigenständigen Aufenthaltsrechts nach Abs. 1 nicht vor, scheidet auch die Erteilung einer Niederlassungserlaubnis aus (Hailbronner AuslR Rn. 45; GK-AufenthG/Marx Rn. 105).

E. Verlängerung der Aufenthaltserlaubnis (Abs. 4 S. 2)

37   Ein **Rechtsanspruch auf Verlängerung** der Aufenthaltserlaubnis als eigenständiges Aufenthaltsrechts besteht nur für die **erstmalige befristete Verlängerung** nach Abs. 1. Nur für diese erstmalige Verlängerung ist die Inanspruchnahme von Sozialleistungen, soweit nicht der Missbrauchstatbestand des Abs. 2 S. 4 erfüllt ist, unschädlich.

38   **Nach Ablauf der Jahresfrist** wird die Aufenthaltserlaubnis **nach Ermessen** verlängert (Nr. 31.4.1 AufenthGAVwV; GK-AufenthG/Marx Rn. 101). Voraussetzung ist allerdings, dass die nach Abs. 1 **verlängerte Aufenthaltserlaubnis noch nicht erloschen** ist (OVG Bln-Bbg BeckRS 2019, 17130; 2016, 56004).

39   Die **Regelerteilungsvoraussetzungen** einschließlich der **Sicherung des Lebensunterhalts** sind nachzuweisen (SächsOVG BeckRS 2017, 119157; BayVGH BeckRS 2016, 40329). Die Umstände, die zur Bejahung einer **besonderen Härte** beigetragen haben, können weiterhin eine Ausnahme von § 5 Abs. 1 rechtfertigen (Nr. 31.4.2 AufenthGAVwV). Ein **Ausnahmefall** von der Regelerteilungsvoraussetzung der Sicherung des Lebensunterhalts kann auch darin liegen, dass der Ausländer wegen einer Erkrankung zur Sicherung des Lebensunterhalts nicht in der Lage ist (SächsOVG BeckRS 2016, 122242).

40   Da die Aufenthaltserlaubnis unabhängig vom ursprünglichen Aufenthaltszweck des Ehegattennachzugs als eigenständiges Aufenthaltsrecht verlängert wird, finden die in §§ 27–30 geregelten besonderen Erteilungsvoraussetzungen keine Anwendung (Nr. 31.4.1 AufenthGAVwV; Hailbronner AuslR Rn. 40).

§ 32 Kindernachzug

(1) Dem minderjährigen ledigen Kind eines Ausländers ist eine Aufenthaltserlaubnis zu erteilen, wenn beide Eltern oder der allein personensorgeberechtigte Elternteil einen der folgenden Aufenthaltstitel besitzt:
1. **Aufenthaltserlaubnis nach § 7 Absatz 1 Satz 3 oder nach Abschnitt 3 oder 4,**
2. **Aufenthaltserlaubnis nach § 25 Absatz 1 oder Absatz 2 Satz 1 erste Alternative,**
3. **Aufenthaltserlaubnis nach § 28, § 30, § 31, § 36 oder § 36a,**
4. **Aufenthaltserlaubnis nach den übrigen Vorschriften mit Ausnahme einer Aufenthaltserlaubnis nach § 25 Absatz 2 Satz 1 zweite Alternative,**
5. **Blaue Karte EU, ICT-Karte, Mobiler-ICT-Karte,**
6. **Niederlassungserlaubnis oder**
7. **Erlaubnis zum Daueraufenthalt – EU.**

(2) ¹Hat das minderjährige ledige Kind bereits das 16. Lebensjahr vollendet und verlegt es seinen Lebensmittelpunkt nicht zusammen mit seinen Eltern oder dem allein personensorgeberechtigten Elternteil in das Bundesgebiet, gilt Absatz 1 nur, wenn es die deutsche Sprache beherrscht oder gewährleistet erscheint, dass es sich auf Grund seiner bisherigen Ausbildung und Lebensverhältnisse in die Lebensverhältnisse in der Bundesrepublik Deutschland einfügen kann. ²Satz 1 gilt nicht, wenn
1. **der Ausländer eine Aufenthaltserlaubnis nach § 23 Absatz 4, § 25 Absatz 1 oder 2, eine Niederlassungserlaubnis nach § 26 Absatz 3 oder nach Erteilung einer Aufenthaltserlaubnis nach § 25 Absatz 2 Satz 1 zweite Alternative eine Niederlassungserlaubnis nach § 26 Absatz 4 besitzt oder**
2. **der Ausländer oder sein mit ihm in familiärer Lebensgemeinschaft lebender Ehegatte eine Niederlassungserlaubnis nach § 18c Absatz 3, eine Blaue Karte EU, eine ICT-**

Karte oder eine Mobiler-ICT-Karte oder eine Aufenthaltserlaubnis nach § 18d oder § 18f besitzt.

(3) Bei gemeinsamem Sorgerecht soll eine Aufenthaltserlaubnis nach den Absätzen 1 und 2 auch zum Nachzug zu nur einem sorgeberechtigten Elternteil erteilt werden, wenn der andere Elternteil sein Einverständnis mit dem Aufenthalt des Kindes im Bundesgebiet erklärt hat oder eine entsprechende rechtsverbindliche Entscheidung einer zuständigen Stelle vorliegt.

(4) ¹Im Übrigen kann dem minderjährigen ledigen Kind eines Ausländers eine Aufenthaltserlaubnis erteilt werden, wenn es auf Grund der Umstände des Einzelfalls zur Vermeidung einer besonderen Härte erforderlich ist. ²Hierbei sind das Kindeswohl und die familiäre Situation zu berücksichtigen. ³Für minderjährige ledige Kinder von Ausländern, die eine Aufenthaltserlaubnis nach § 25 Absatz 2 Satz 1 zweite Alternative besitzen, gilt § 36a.

(5) ¹Hält sich der Ausländer gemäß § 18e berechtigt im Bundesgebiet auf, so bedarf das minderjährige ledige Kind keines Aufenthaltstitels, wenn nachgewiesen wird, dass sich das Kind in dem anderen Mitgliedstaat der Europäischen Union rechtmäßig als Angehöriger des Ausländers aufgehalten hat. ²Die Voraussetzungen nach § 18e Absatz 1 Satz 1 Nummer 1, 3 und 4 und Absatz 6 Satz 1 und die Ablehnungsgründe nach § 19f gelten für das minderjährige Kind entsprechend.

Überblick

§ 32 regelt den Nachzug von Kindern zu ihren ausländischen Eltern und setzt Art. 4 Abs. 1 lit. b–d Familienzusammenführungs-RL um. Der Nachzug kommt nur in Betracht, wenn die Kinder noch nicht volljährig (→ Rn. 4) sind. Ein Rechtsanspruch auf Kindernachzug besteht nur unter den Voraussetzungen in Abs. 1–3. Kinder, die das 16. Lebensjahr bereits vollendet haben und nicht zusammen mit ihren Eltern in das Bundesgebiet einreisen (→ Rn. 13 f.), erhalten nur eine Aufenthaltserlaubnis, wenn sie die deutsche Sprache beherrschen (→ Rn. 15 ff.) oder gewährleistet erscheint, dass sie sich in die hiesigen Lebensverhältnisse einfügen (Abs. 2 S. 1, → Rn. 13 ff.). Ausnahmen bestehen, wenn die Eltern in Besitz bestimmter Aufenthaltstitel sind (Abs. 2 S. 2, → Rn. 22 ff.). Abs. 3 (→ Rn. 26 ff.) regelt den Nachzug zu nur einem sorgeberechtigten Elternteil. Besteht kein Anspruch auf Erteilung einer Aufenthaltserlaubnis, so kann dem Kind zur Vermeidung einer besonderen Härte ein Aufenthaltstitel erteilt werden (Abs. 4, → Rn. 31 ff.). Abs. 5 (→ Rn. 37) befreit die Kinder von Inhabern einer Aufenthaltserlaubnis nach § 18e vom Erfordernis des Aufenthaltstitels.

Übersicht

A. Entstehungsgeschichte

Die Vorschrift wurde durch das Gesetz zur Verbesserung der Rechte von international Schutz- **1** berechtigten und ausländischen Arbeitnehmern (v. 29.8.2013, BGBl. I 3484) neu gefasst. Inhaltlich erfolgte eine wesentliche Änderung durch die Ausweitung des Nachzugsrechts zu nur einem sorgeberechtigten Elternteil (→ Rn. 27).

Das Gesetz zur Neubestimmung des Bleiberechts und der Aufenthaltsbeendigung (v. 27.7.2015, **2** BGBl. I 1386) hat die Ausnahmevorschrift des Abs. 2 S. 2 Nr. 1 um die Inhaber von Aufenthaltserlaubnissen nach § 23 Abs. 4 und einer Niederlassungserlaubnis nach § 26 Abs. 4 (→ § 26 Rn. 21 ff.) erweitert. Mit dem Gesetz zur Umsetzung aufenthaltsrechtlicher Richtlinien der Europäischen Union zur Arbeitsmigration (v. 12.5.2017, BGBl. I 1106) ist die Vorschrift an die ICT-RL (RL 2014/66/EU v. 15.5.2014, ABl. 2014 L 157, 1) und die REST-RL (RL (EU) 2016/801 v. 11.5.2016, ABl. 2016 L 132, 21) angeglichen, Abs. 5 (→ Rn. 37) neu eingefügt sowie Abs. 2 S. 2 Nr. 2 angepasst worden. Abs. 1 und Abs. 4 wurden durch das Gesetz zur Neuregelung des Familiennachzugs zu subsidiär Schutzberechtigten (v. 12.7.2018, BGBl. I 1147) geändert. Der nach Abs. 1 erforderliche Besitz einer Aufenthaltserlaubnis der Eltern bzw. des allein personensorgeberechtigten Elternteils wurde nach den im AufenthG vorgesehenen Aufenthaltszwecken aufgeschlüsselt. Die Neuregelung dient der erforderlichen statistischen Erfassung des Kindernachzugs im Ausländerzentralregister, eine Änderung der bisherigen Rechtslage ergibt sich dadurch nicht (BT-Drs. 19/2438, 21). Redaktionelle Anpassungen bzw. Korrekturen erfolgten durch das FachkEinwG (Fachkräfteeinwanderungsgesetz v. 15.8.2019, BGBl. I 1307).

B. Anspruch auf Erteilung einer Aufenthaltserlaubnis

I. Abs. 1

1. Kind

3   Nachzugsberechtigt sind ausschließlich **ledige, minderjährige Kinder,** dh das Kind darf nicht verwitwet, geschieden oder verheiratet sein (Nr. 32.0.1 AufenthGAVwV).

4   Maßgeblich für die **Volljährigkeitsgrenze** ist das **deutsche Recht** (Vollendung des 18. Lebensjahres, § 80 Abs. 3 S. 1, § 2 BGB), andere Volljährigkeitsgrenzen im Heimatland sind unbeachtlich (Nr. 32.0.1 AufenthGAVwV). Für die Berechnung der Altersgrenze ist auf den **Zeitpunkt der Antragstellung** abzustellen.

5   Auch Adoptivkinder (GK-AufenthG/Marx Rn. 10) fallen unter den Begriff „Kind", jedoch nicht Pflegekinder.

6   Ist das Kind nicht minderjährig und / oder ledig, kommt die Erteilung einer Aufenthaltserlaubnis nach **§ 36 Abs. 2** (→ § 36 Rn. 15 ff.) in Betracht.

2. Titelbesitz der Eltern

7   **Beide Elternteile** oder der allein sorgeberechtigte Elternteil müssen / muss in Besitz eines der in Abs. 1 genannten Aufenthaltstitel sein. Der Titelbesitz muss im **Zeitpunkt der behördlichen Entscheidung über die Erteilung der Aufenthaltserlaubnis an das Kind** vorliegen. Insoweit genügt es, wenn den Eltern der entsprechende Aufenthaltstitel gleichzeitig mit dem Kind erteilt wird (Nr. 32.3.2 AufenthGAVwV) bzw. die Eltern lediglich ein nationales Visum für die genannten Aufenthaltstitel besitzen (Nr. 31.1.3.2 aE AufenthGAVwV iVm Nr. 29.1.2.2 AufenthGAVwV; OVG Bln-Bbg BeckRS 2019, 11653; 2018, 33732; 2016, 110825; NVwZ-RR 2017, 259). Ein lediglich möglicher Anspruch auf Erteilung eines Aufenthaltstitels reicht dagegen nicht aus (OVG Saarl BeckRS 2018, 1619).

3. Sorgerecht

8   Findet der Nachzug nur zu einem im Bundesgebiet lebenden Elternteil statt, muss dieser **allein personensorgeberechtigt** sein. Abs. 1 erfasst daher nicht den gemeinsam mit der nicht allein sorgeberechtigten Mutter beabsichtigten Nachzug eines über 16-jährigen Minderjährigen zum bereits im Bundesgebiet lebenden ebenfalls sorgeberechtigten Vater (OVG Bln-Bbg BeckRS 2018, 4755). Die Prüfung, ob ein Elternteil allein personensorgeberechtigt ist, erfolgt entsprechend Art. 4 Abs. 1 lit. c Familienzusammenführungs-RL nach **unionsrechtlichen Grundsätzen.** Danach ist ein Elternteil nicht allein personensorgeberechtigt, wenn dem anderen Elternteil bei der Ausübung der Personensorge **substanzielle Mitentscheidungsrechte und -pflichten** zustehen, etwa in Bezug auf Aufenthalt, Schule und Ausbildung oder Heilbehandlung des Kindes (BVerwG BeckRS 2009, 33018).

9   Wem das Sorgerecht zusteht, bestimmt sich nach dem nationalen Recht des Heimatstaats (Art. 21 EGBGB). **Ausländische Sorgerechtsentscheidungen** sind grundsätzlich anzuerkennen, es sei denn sie verstoßen gegen den ordre public in Art. 16 MSA (BVerwG BeckRS 2013, 45539; GK-AufenthG/Marx Rn. 29 ff.).

Ein Verstoß gegen den ordre public liegt vor, wenn die ausländische Sorgerechtsentscheidung aufgrund **9.1** eines Verfahrens ergangen ist, das von den Grundprinzipien des deutschen Verfahrensrechts in einem solchen Maße abweicht, dass sie nach der deutschen Rechtsordnung nicht als in einem geordneten, rechtsstaatlichen Verfahren ergangen angesehen werden kann. Eine am Kindeswohl orientierte Sorgerechtsentscheidung erfordert bei Jugendlichen grundsätzlich eine persönliche Anhörung und bei jüngeren Kindern ein funktionales Äquivalent (OVG Bln-Bbg BeckRS 2019, 28690).

4. Altersbegrenzung

Der **Rechtsanspruch nach Abs. 1** entsteht nur, wenn das Kind **das 16. Lebensjahr noch** **10** **nicht vollendet** hat oder es **nach Vollendung des 16. Lebensjahres** seinen Lebensmittelpunkt zusammen mit seinen Eltern oder dem allein personensorgeberechtigten Elternteil in das Bundesgebiet verlegt (Abs. 2 S. 1). Maßgeblich ist das Alter des Kindes im Zeitpunkt der Antragstellung bei der deutschen Auslandvertretung (OVG Bln-Bbg BeckRS 2020, 21381).

Sind die **Eltern in Besitz der in Abs. 2 S. 2 genannten Aufenthaltstitel,** so gilt die **11** Einschränkung des Abs. 2 S. 1 nicht, dh Kinder dieser Personen haben **bis zur Vollendung des** **18. Lebensjahres** einen Anspruch auf Erteilung einer Aufenthaltserlaubnis (GK-AufenthG/Marx Rn. 37).

II. Nachzug nach Vollendung des 16. Lebensjahres (Abs. 2)

Nach Vollendung des 16. Lebensjahres wird der Nachzug von Kindern **von besonderen** **12** **Integrationsvoraussetzungen** (zur Vereinbarkeit mit Art. 6 GG OVG Bln-Bbg BeckRS 2021, 2427) oder **dem Besitz eines bestimmten Aufenthaltstitels des Stammberechtigten** abhängig gemacht. **Verlegt** das Kind aber **seinen Lebensmittelpunkt zusammen mit seinen Eltern** oder dem allein personensorgeberechtigten Elternteil in das Bundesgebiet, müssen die besonderen Integrationsvoraussetzungen nicht erfüllt werden (Bergmann/Dienelt/Dienelt Rn. 18).

1. Verlegung des Lebensmittelpunkts

Als Verlegung des Lebensmittelpunkts ist die **Verlagerung des Schwerpunkts der Lebens-** **13** **und Arbeitsbeziehungen** und des damit verbundenen Aufenthalts anzusehen. Maßgeblich sind bei Erwachsenen insbesondere der Arbeitsort und für Kinder / Jugendliche / Studenten der Ort der Schul- oder Berufsausbildung. Es muss keine Niederlassung in Deutschland auf unabsehbare Zeit beabsichtigt werden. Aufenthalte, die ihrem Zweck nach auf einen **Aufenthalt von weniger** **als einem Jahr** hinauslaufen, führen in der Regel nicht zu einer Verlagerung des Lebensmittelpunkts (Nr. 32.1.3.2 AufenthGAVwV). Im Zweifel soll von einem Lebensmittelpunkt im Bundesgebiet auszugehen sein, wenn sich eine Person für mehr als 180 Tage im Jahr hier aufhält (Nr. 32.1.3.3 AufenthGAVwV).

Eine **gemeinsame Verlegung des Lebensmittelpunktes** liegt auch dann vor, wenn **einzelne** **14** **Familienmitglieder für einen kurzen Zeitraum** aus nachvollziehbaren Gründen **noch im** **Ausland verbleiben** (zB Beendigung des Schuljahres oder eines bestehenden Arbeitsverhältnisses), sofern das Gesamtbild eines Umzugs der gesamten Familie gewahrt bleibt (Nr. 32.1.3.7 AufenthGAVwV). Bei Verzögerungen, die sechs Monate überschreiten, ist nicht mehr von einer gemeinsamen Verlegung des Lebensmittelpunktes auszugehen (Nr. 32.1.3.7 AufenthGAVwV).

2. Sprache

Verlagert der Jugendliche nicht zusammen mit seinen Eltern den Lebensmittelpunkt, so muss **15** er die **deutsche Sprache beherrschen** oder es muss gewährleistet erscheinen, dass er sich aufgrund seiner bisherigen Ausbildung und Lebensverhältnisse **in die Lebensverhältnisse in der** **Bundesrepublik Deutschland einfügen** kann.

Hinsichtlich des Erfordernisses der Beherrschung der deutschen Sprache bedarf es gem. § 2 **16** Abs. 12 des Nachweises von Sprachkenntnissen, die dem **Niveau C 1 Gemeinsamer Europäischer Referenzrahmen für Sprachen** entsprechen. Das Spracherfordernis steht in Übereinstimmung mit den Bestimmungen der Familienzusammenführungs-RL (OVG Bln-Bbg BeckRS 2017, 129834; → Rn. 16.1).

Sprachkenntnisse des Niveaus C 1 werden in der sog. Globalskala des GER (Nr. 3.3. Tabelle 1) wie **16.1** folgt umschrieben: „Kann ein breites Spektrum anspruchsvoller, längerer Texte verstehen und auch implizite Bedeutungen erfassen. Kann sich spontan und fließend ausdrücken, ohne öfter deutlich erkennbar nach Worten suchen zu müssen. Kann die Sprache im gesellschaftlichen und beruflichen Leben oder in Ausbildung und Studium wirksam und flexibel gebrauchen. Kann sich klar, strukturiert und ausführlich zu komplexen Sachverhalten äußern und dabei verschiedene Mittel zur Textverknüpfung angemessen verwenden." Innerhalb der Globalskala untergliedert der GER die Sprachniveaus weiter bezüglich einzelner kommunikativer Aktivitäten und Strategien in solche produktiver Art (dh Sprechen und Schreiben, vgl. Nr. 4.4.1 GER), rezeptiver Art (dh Hören und Lesen, vgl. Nr. 4.4.2 GER), interaktiver Art (dh mündliche und schriftliche Interaktion, vgl. Nr. 4.4.3 GER) sowie sprachmittelnder Art (dh Übersetzen und Dolmetschen, vgl. Nr. 4.4.4 GER). Dementsprechend enthalten die Zertifikate etablierter Sprachprüfungen auf der Grundlage des GER nicht nur Angaben über das geprüfte Sprachniveau, sondern auch Angaben dazu, auf welche Sprachaktivitäten sich die Prüfung bezieht und mit welchen Einzelnoten bzw. welchem Gewicht diese in die Bewertung einfließen (OVG Bln-Bbg BeckRS 2017, 129834).

17   Inwieweit das Kind aufgrund von Intelligenz und Fleiß in der Lage ist, das erforderliche Sprachniveau C 1 **nach seiner Einreise** zu erreichen, ist rechtlich unerheblich (OVG Bln-Bbg BeckRS 2016, 42324).

18   Der **Nachweis** über das erreichte Sprachniveau wird durch die Bescheinigung einer geeigneten und zuverlässigen in- oder ausländischen Stelle erbracht, die auf Grund einer **Sprachstandsprüfung** ausgestellt wurde. Die Bescheinigung darf nicht älter als ein Jahr sein. Inländische Stellen, die eine derartige Bescheinigung ausstellen, sollen durch das Bundesamt für die Ausführung von Sprachkursen zertifizierte Träger sein (Nr. 32.2.2 AufenthGAVwV).

3. Positive Integrationsprognose

19   **Beherrscht der Jugendliche die deutsche Sprache nicht,** so besteht ein Anspruch auf Erteilung einer Aufenthaltserlaubnis, wenn er sich aufgrund seiner bisherigen Ausbildung und Lebensverhältnisse in die Lebensverhältnisse in der Bundesrepublik einfügen kann. Für die Erfüllung dieser Tatbestandsvoraussetzung genügt es nicht, dass eine erfolgreiche Integration möglich erscheint. Vielmehr muss aufgrund **konkreter Anhaltspunkte mit hoher Wahrscheinlichkeit** eine **positive Integrationsprognose** gerechtfertigt sein.

20   Wie die Gleichstellung dieses Erfordernisses mit der Tatbestandsalternative des Beherrschens der deutschen Sprache zeigt, bedarf es dafür ebenso gewichtiger Umstände wie solcher der Sprachbeherrschung. Diese müssen ein Kind, das in absehbarer Zeit die Volljährigkeit erreicht, in die Lage versetzen, sich unter den hiesigen Lebensverhältnissen ohne größere Schwierigkeiten so fortzuentwickeln, dass es als Erwachsener in das wirtschaftliche, kulturelle und gesellschaftliche Leben in der Bundesrepublik Deutschland eingegliedert sein wird und in den Angelegenheiten seines täglichen Lebens ohne die Hilfe oder Vermittlung Dritter selbstständig zu handeln vermag (OVG Bln-Bbg BeckRS 2017, 129834; → Rn. 20.1).

20.1   Dies ist im Allgemeinen bei Kindern anzunehmen, die in einem Mitgliedstaat der Europäischen Union oder des Abkommens über den Europäischen Wirtschaftsraum oder in einem sonstigen in § 41 Abs. 1 S. 1 AufenthV genannten Staat aufgewachsen sind (Nr. 32.2.4 AufenthGAVwV). Auch bei Kindern, die nachweislich aus einem deutschsprachigen Elternhaus stammen oder die im Ausland nicht nur kurzzeitig eine deutschsprachige Schule besucht haben, ist davon auszugehen, dass sie sich integrieren werden (Nr. 32.2.5 AufenthGAVwV). Generell gilt, dass einem Kind die Integration umso leichter fallen wird, je jünger es ist (Nr. 32.2.6 AufenthGAVwV).

21   Eine positive Integrationsprognose setzt zudem regelmäßig **wenigstens Grundkenntnisse der deutschen Sprache** voraus (Bergmann/Dienelt/Dienelt Rn. 37).

4. Ausnahmen nach Abs. 2 S. 2

22   Bei **Kindern von Inhabern in der in Abs. 2 S. 2 genannten Aufenthaltstitel** ist keine Differenzierung danach vorzunehmen, ob sie das 16. Lebensjahr vollendet haben oder zusammen mit den Eltern oder dem allein personensorgeberechtigten Elternteil ihren Lebensmittelpunkt verlagert haben. Der **Nachzug wird bis zur Vollendung des 18. Lebensjahres erlaubt.**

23   Die **Voraussetzungen des Abs. 1** sind jedoch zu erfüllen, sodass ein Nachzugsanspruch nur besteht, wenn der Nachzug zu beiden Elternteilen, zum allein personensorgeberechtigten Elternteil oder mit Zustimmung des im Ausland verbliebenen Elternteils stattfindet (BeckOK AuslR/ Tewocht Rn. 22; aA zur alleinigen Sorgeberechtigung des hier lebenden Elternteils GK-AufenthG/Marx Rn. 78).

24   Zu beachten ist insoweit, dass der **Familiennachzug zu subsidiär Schutzberechtigten,** die ihren Schutzstatus nach dem 16.3.2016 erhalten haben, gem. § 104 Abs. 13 bis zum 31.7.2018 (BGBl. I 342) ausgesetzt und danach nur eingeschränkt zulässig ist.

Abs. 2 S. 2 Nr. 2 lässt den Nachzug auch dann zu, wenn der Ehegatte des Ausländers einen   25
der genannten Aufenthaltstitel besitzt und ermöglicht damit den **Nachzug von Stiefkindern**
(zur richtlinienkonformen Auslegung BeckOK AuslR/Tewocht Rn. 27 f.).

C. Nachzug zu nur einem sorgeberechtigten Elternteil bei gemeinsamem Sorgerecht (Abs. 3)

Diese Regelung hat ihren Hintergrund darin, dass nach Abs. 1 ein Rechtsanspruch auf Erteilung   26
einer Aufenthaltserlaubnis zum Nachzug zu nur einem Elternteil lediglich dann besteht, wenn
dieser Elternteil allein personensorgeberechtigt ist, dh dem anderen Elternteil nach dem Recht
des jeweiligen Heimatlands keine substantiellen Mitwirkungsrechte verbleiben. Da in manchen
Staaten auch bei Sorgerechtsübertragungen dem anderen Elternteil weiterhin substantielle Mitentscheidungsrechte zukommen (zB Kosovo BVerwG BeckRS 2009, 33018; Mazedonien OVG Bln-
Bbg BeckRS 2011, 53278), war ein Kindernachzug zum im Bundesgebiet lebenden sorgeberechtigten Elternteil nur nach Ermessen möglich. Nach Auffassung des Gesetzgebers und des BVerwG
(BeckRS 2009, 33018) schied eine analoge Anwendung der Regelung über den Nachzug zum
allein Personensorgeberechtigten aus.

Daher wurde Abs. 3 neu gefasst (→ Rn. 1), der die Erteilung einer Aufenthaltserlaubnis für   27
den Nachzug zu einem Elternteil, der nicht das alleinige Personensorgerecht besitzt, ermöglicht,
wenn der **andere Elternteil sein Einverständnis** erklärt oder eine **Entscheidung der zuständigen Stelle** vorliegt. Voraussetzung ist das **gemeinsame Sorgerecht der Eltern** (OVG Bln-Bbg
BeckRS 2014, 56166).

Die Einverständniserklärung muss sich **ausdrücklich** auf die **Verlegung des Lebensmittel-**   28
punkts in das Bundesgebiet beziehen. Die **Form** ist grundsätzlich unerheblich, eine notarielle
Beurkundung empfiehlt sich aber, um Schwierigkeiten beim Nachweis des Vorliegens der Zustimmung aus dem Weg zu gehen. **Verweigert der andere Elternteil die Zustimmung** und widerspricht dies dem Kindeswohl, kommt eine Ersetzung des Einverständnisses in Betracht (GK-
AufenthG/Marx Rn. 90).

Bei **Altfällen**, bei denen der Antrag auf Erteilung der Aufenthaltserlaubnis bzw. der Visuman-   29
trag schon vor Eintritt der Rechtsänderung gestellt worden ist, ist Abs. 3 in der neuen Fassung
anzuwenden (OVG Bln-Bbg BeckRS 2014, 49397).

Abs. 3 begründet einen **Sollanspruch,** der Nachzug darf daher **nur bei Vorliegen atypischer**   30
Umstände verwehrt werden. Bejaht wird dies teilweise, wenn der Antrag zum Nachzug erst
kurz vor Vollendung des 16. Lebensjahres gestellt wird und das Kind bislang keine Beziehung
zum hier lebenden Elternteil hatte (BeckOK AuslR/Tewocht Rn. 35; Bergmann/Dienelt/Dienelt
Rn. 46; aA GK-AufenthG/Marx Rn. 92).

D. Härtefallregelung (Abs. 4)

Zur **Vermeidung einer besonderen Härte kann** dem Kind eine Aufenthaltserlaubnis erteilt   31
werden. Diese Vorschrift kommt nur dann zur Anwendung, wenn nach Abs. 1–3 kein Rechtsanspruch besteht. Der mit dem **Familiennachzugsneuregelungsgesetz angefügte S. 3** stellt klar,
dass sich der Familiennachzug von Kindern zu Ausländern, die **eine Aufenthaltserlaubnis als**
subsidiär Schutzberechtigte besitzen, ausschließlich nach § 36a richtet (BT-Drs. 19/2438, 21).

Beim Begriff der besonderen Härte handelt es sich um einen **gerichtlich voll überprüfbaren**   32
unbestimmten Rechtsbegriff. Die besondere Härte muss sich daraus ergeben, dass sich die
Lebensumstände wesentlich geändert haben, die das Verbleiben des Kindes im Heimatland
bisher ermöglicht haben, dem Elternteil eine Rückkehr in das Heimatland gegenwärtig nicht
zuzumuten ist (BVerwG BeckRS 1996, 31225191) und nur den im Bundesgebiet lebende Elternteil
zur Betreuung in der Lage ist. Neben dem Kindeswohl und dem elterlichen Aufenthaltsbestim-
mungs- und Erziehungsrecht sind die Integrationschancen des Kindes und die zuwanderungspoliti-
schen Interessen der Bundesrepublik zu berücksichtigen (Nr. 32.4.3.2 AufenthGAVwV;
→ Rn. 32.1).

Die Norm hat nicht zum Ziel, eine Betreuung hier lebender Eltern durch den Nachzug des Kindes   32.1
zu sichern (OVG Bln-Bgb BeckRS 2015, 42227). Eine besondere Härte kann aber dann vorliegen, wenn
das Kind über 16 Jahre alt ist und aufgrund eines unvorhersehbaren Ereignisses auf die Pflege der Eltern
angewiesen ist (Nr. 32.4.3.3 AufenthGAVwV). Fehlender Krankenversicherungsschutz für das Kind im
Heimatland stellt keine besondere Härte dar (OVG Bln-Bbg BeckRS 2015, 40487).

33   Liegt eine besondere Härte vor, entscheidet die zuständige Behörde nach **Ermessen**. Bedeutsam sind hier das Alter des Kindes und seine Lebenssituation im Heimatland. In die Ermessensentscheidung einzustellen ist, wer das Sorgerecht für das Kind hat, wer es bisher betreut hat, ob es im Heimatland weiter betreut werden kann und wo es seine soziale Prägung erfahren hat. Auch einwanderungspolitische Belange der Bundesrepublik Deutschland sind zu berücksichtigen.

34   Grundsätzlich müssen die allgemeinen Erteilungsvoraussetzungen des § 29 Abs. 1 (→ § 29 Rn. 5 ff.) vorliegen (Nr. 32.4.1 AufenthGAVwV). Ist das Kind nicht minderjährig und ledig, kommt nur die Erteilung einer Aufenthaltserlaubnis nach § 36 Abs. 2 (→ § 36 Rn. 15 ff.) in Betracht.

35   Das auf Erteilung eines Visums zum Kindernachzug gerichtete Begehren bildet einen einheitlichen Streitgegenstand. Die einzelnen Anspruchsgrundlagen des Abs. 1–4 stehen zueinander in Anspruchsnormenkonkurrenz (BVerwG NVwZ 2013, 427), sodass es keines eigenen Antrags für eine Aufenthaltserlaubnis nach Abs. 4 bedarf.

E. Allgemeine Erteilungsvoraussetzungen

36   Ein Kindernachzug ist nur zulässig, wenn neben den Voraussetzungen für einen Aufenthalt aus familiären Gründen auch die allgemeinen Erteilungsvoraussetzungen erfüllt sind (→ Rn. 36.1).

36.1   Ein Ausnahmefall von der Regelerteilungsvoraussetzung der Sicherung des Lebensunterhalts richtet sich in den Fällen des Geschwisternachzugs zu unbegleiteten Minderjährigen neben der Situation im Herkunftsland unter anderem nach dem Zweck der den Eltern erteilten Aufenthaltserlaubnis und ihrem weiteren, einen Kindernachzug vermittelnden Bleiberecht im Bundesgebiet (OVG Bln-Bbg BeckRS 2016, 111065).

F. Abs. 5

37   Diese Regelung wurde durch das Gesetz zur Umsetzung aufenthaltsrechtlicher Richtlinien der Europäischen Union zur Arbeitsmigration neu eingeführt. Sie setzt die REST-RL (RL (EU) 2016/801 v. 11.5.2016, ABl. 2016 L 132, 21) um. Kurzfristig mobile Forscher nach § 18e bedürfen keines Aufenthaltstitels, wenn sie bereits in einem anderen Mitgliedstaat einen Aufenthaltstitel als Forscher nach der RL (EU) 2016/801 innehatten. Entsprechendes gilt für nachziehende Familienangehörige, sofern sie sich in dem anderen Mitgliedstaat als Angehörige des Forschers rechtmäßig aufgehalten hatten (BT-Drs. 18/11136, 55).

G. Prozessuale Besonderheiten

38   Grundsätzlich gilt bei **Verpflichtungsklagen** als **maßgeblicher Zeitpunkt** für die Beurteilung, ob die Voraussetzungen für die Erteilung des Aufenthaltstitels vorliegen, die mündliche Verhandlung der letzten Tatsacheninstanz. Beim Kindernachzug ergeben sich insoweit Besonderheiten, als bei der **Altersgrenze für das Nachzugsalter** auf das Alter des Kindes zum **Zeitpunkt der Antragstellung** abzustellen ist (→ Rn. 38.1).

38.1   Die Entscheidung des EuGH v. 12.4.2018 (BeckRS 2018, 5023), wonach es für den Familiennachzug zu einem anerkannten minderjährigen Flüchtling auf dessen Minderjährigkeit zum Zeitpunkt der Stellung des Antrags auf internationalen Schutz ankommt, ist nicht auf den Nachzug eines bei Stellung des Visumantrags volljährigen Kindes zum als Flüchtling anerkannten Elternteil übertragbar (OVG Bln-Bbg BeckRS 2019, 7702). Das BVerwG hat mit Beschluss v. 23.4.2020 ein Vorabentscheidungsersuchen, ob die Erwägungen aus dem EuGH-Urteil v. 12.4.2018 dergestalt auf Art. 4 Abs. 1 Familienzusammenführungs-RL zu übertragen sind, dass der Familiennachzug eines Kindes zu einem anerkannten Flüchtling zu bewilligen ist, wenn das Kind im Zeitpunkt der Asylantragstellung des Flüchtlings minderjährig war, aber schon vor dessen Anerkennung als Flüchtling volljährig geworden ist, an den EuGH gerichtet (BVerwG BeckRS 2020, 13318). Mit Urteil v. 16.7.2020 (ZAR 2020, 423) hat der EuGH entschieden, dass Art. 4 Abs. 1 UAbs. 1 lit. c Familienzusammenführungs-RL dahin auszulegen ist, dass der Zeitpunkt zur Bestimmung, ob ein unverheirateter Drittstaatsangehöriger oder Staatenloser ein minderjähriges Kind ist, derjenige der Antragstellung, und nicht der derjenige der Entscheidung der Mitgliedstaaten über den Antrag ist. Mit Beschluss v. 8.9.2020 (BeckRS 2020, 24295) hat das BVerwG seinen Vorlagebeschluss v. 23.4.2020 aufrechterhalten, weil aus dem Urteil des EuGH v. 16.7.2020 nicht zu erkennen sei, ob der EuGH die darin aufgeworfene Frage, ob beim Kindernachzug zu einem als Flüchtling anerkannten Elternteil auf einen noch früheren Zeitpunkt, nämlich den der Asylantragstellung abzustellen sei, überhaupt erwogen habe.

39   Die tatbestandlichen Voraussetzungen müssen sowohl **im Zeitpunkt der Erreichung der jeweiligen Altersgrenze** als auch **im Zeitpunkt der letzten mündlichen Verhandlung** erfüllt

sein. Bei der Überprüfung der behördlichen Ermessensentscheidung ist auf den Zeitpunkt abzustellen, der für die gerichtliche Überprüfung der Anspruchsvoraussetzungen maßgeblich ist.

§ 33 Geburt eines Kindes im Bundesgebiet

[1]Einem Kind, das im Bundesgebiet geboren wird, kann abweichend von den §§ 5 und 29 Abs. 1 Nr. 2 von Amts wegen eine Aufenthaltserlaubnis erteilt werden, wenn ein Elternteil eine Aufenthaltserlaubnis, eine Niederlassungserlaubnis oder eine Erlaubnis zum Daueraufenthalt – EU besitzt. [2]Wenn zum Zeitpunkt der Geburt beide Elternteile oder der allein personensorgeberechtigte Elternteil eine Aufenthaltserlaubnis, eine Niederlassungserlaubnis oder eine Erlaubnis zum Daueraufenthalt – EU besitzen, dem im Bundesgebiet geborenen Kind die Aufenthaltserlaubnis von Amts wegen erteilt. [3]Der Aufenthalt eines im Bundesgebiet geborenen Kindes, dessen Mutter oder Vater zum Zeitpunkt der Geburt im Besitz eines Visums ist oder sich visumfrei aufhalten darf, gilt bis zum Ablauf des Visums oder des rechtmäßigen visumfreien Aufenthalts als erlaubt.

Überblick

§ 33 trägt dem besonderen Sachverhalt der Geburt im Bundesgebiet Rechnung und regelt die erstmalige Erteilung einer Aufenthaltserlaubnis an ein im Bundesgebiet geborenes Kind (→ Rn. 3 f.) ausländischer Eltern. Die Vorschrift kommt nur zum Tragen, wenn nicht die weitergehenden Voraussetzungen für den Erwerb der deutschen Staatsangehörigkeit nach § 4 StAG vorliegen. Die Besonderheit hierbei ist, dass die Aufenthaltserlaubnis bei Vorliegen der Voraussetzungen von Amts wegen erteilt wird (→ Rn. 7 f.). Besitzen beide Elternteile oder der allein personensorgeberechtigte Elternteil die in § 33 genannten Aufenthaltstitel, so besteht ein Rechtsanspruch auf Erteilung der Aufenthaltserlaubnis (→ Rn. 11 ff.). Ist nur ein Elternteil in Besitz des entsprechenden Aufenthaltstitels, steht die Erteilung im Ermessen der Behörde (→ Rn. 9 f.). Unter den in S. 3 (→ Rn. 16 ff.) genannten Bedingungen entsteht eine Erlaubnisfiktion iSd § 81 Abs. 3 S. 1 (→ § 81 Rn. 17 ff.) für das Kind ab dem Zeitpunkt der Geburt.

Übersicht

A. Entstehungsgeschichte

Die Vorschrift hat seit Inkrafttreten des ZuwG (Zuwanderungsgesetz v. 30.7.2004, **1** BGBl. I 1950) zum 1.1.2005 nur eine wesentliche Änderung erfahren. Diese beruht auf der Entscheidung des BVerfG v. 25.10.2005 (NVwZ 2006, 324). Das BVerfG hatte entschieden, dass der bisherige S. 1 mit Art. 3 Abs. 1 GG unvereinbar war, soweit danach ein Anspruch auf Erteilung einer Aufenthaltserlaubnis nach dem Vater ausgeschlossen wurde. Mit dem ab dem 28.8.2007 gültigen Gesetz zur Umsetzung aufenthalts- und asylrechtlicher Richtlinien der Europäischen Union (v. 19.8.2007, BGBl. I 1970) wurde S. 1 neu gefasst. Die Erteilung einer Aufenthaltserlaubnis steht im Ermessen der Behörde, wenn ein Elternteil einen der genannten Aufenthaltstitel besitzt, um der Behörde Steuerungsmöglichkeiten zu geben (BT-Drs. 16/5065, 176). Ein Anspruch auf Erteilung einer Aufenthaltserlaubnis besteht nur, wenn beide Elternteile im Besitz eines der genannten Aufenthaltstitel sind.

Zugleich wurde der Aufenthaltstitel „Daueraufenthalt-EG" in den Katalog der Aufenthaltstitel **2** aufgenommen. Zum 2.12.2013 erfolgte die Anpassung an die Terminologie des Vertrags von Lissabon, indem „Daueraufenthalt-EG" durch „Daueraufenthalt-EU" ersetzt wurde.

B. Einzelheiten

I. Geburt des Kindes in der Bundesrepublik Deutschland

3   § 33 kommt nur zur Anwendung, wenn das Kind **im Bundesgebiet geboren** wird. Besitzen die Eltern oder ein Elternteil einen der genannten Aufenthaltstitel, wird das Kind aber im Ausland geboren, ist § 33 nicht anwendbar.

4   Die Geburt auf einem deutschen Schiff oder in einem deutschen Flugzeug ist keine Geburt im Bundesgebiet (GK-AufenthG/Marx Rn. 10; aA NK-AuslR/Oberhäuser Rn. 4).

II. Aufenthaltstitel der Eltern bzw. eines Elternteils

5   Die Eltern bzw. der maßgebliche Elternteil müssen bei der Geburt des Kindes in Besitz des erforderlichen Aufenthaltstitels sein. Dem Besitz des Aufenthaltstitels steht der **Besitz einer Erlaubnis- oder Fortgeltungsfiktion** gleich, wenn der Aufenthaltstitel später erteilt wird, sofern im Zeitpunkt der Geburt des Kindes die Erteilungsvoraussetzungen vorlagen (GK-AufenthG/ Marx Rn. 16). War die Aufenthaltserlaubnis der Eltern im Zeitpunkt der Geburt nach § 51 **erloschen,** scheidet die Erteilung einer Aufenthaltserlaubnis für das Kind nach § 33 aus.

6   **§ 29 Abs. 3** (→ § 29 Rn. 15 ff.) **ist iRd § 33 anwendbar,** dh besitzen die Eltern oder der maßgebliche Elternteil einen der in § 29 Abs. 3 S. 3 genannten Aufenthaltstitel ist die Erteilung einer Aufenthaltserlaubnis an ein im Bundesgebiet geborenes Kind nach § 33 ausgeschlossen (Nr. 33.0 AufenthGAVwV). Sind die Eltern bzw. der maßgebliche Elternteil in Besitz eines der in **§ 29 Abs. 3 S. 1 genannten Aufenthaltstitel,** so sind bei einer Geburt im Bundesgebiet die in § 29 Abs. 3 S. 1 **genannten Voraussetzungen als erfüllt** anzusehen (Nr. 33.0 Aufenth-GAVwV; vgl. BeckOK AuslR/Tewocht Rn. 10 ff.), sodass die Erteilung einer Aufenthaltserlaubnis grundsätzlich in Betracht kommt.

III. Antrag

7   Die Erteilung der Aufenthaltserlaubnis setzt weder im Falle des S. 1 noch des S. 2 einen Antrag gem. § 81 Abs. 1 (→ § 81 Rn. 4 ff.) voraus. Aufgrund einer entsprechenden **Mitteilung durch die Meldebehörde** (§ 72 Abs. 1 Nr. 7 AufenthV) wird das Verfahren bei der Ausländerbehörde eingeleitet.

8   Stellt die Ausländerbehörde keine Aufenthaltserlaubnis nach S. 1 von Amts wegen aus, muss für das Kind **ein Aufenthaltstitel beantragt** werden (aA GK-AufenthG/Marx Rn. 24). Die Ausländerbehörde prüft dann die Erteilung einer Aufenthaltserlaubnis aufgrund anderer Rechts-grundlagen als § 33. Dabei ist die **Frist des § 81 Abs. 2 S. 2** (→ § 81 Rn. 15) zu beachten, wonach der Antrag auf Erteilung einer Aufenthaltserlaubnis innerhalb von sechs Monaten nach der Geburt zu stellen ist (Nr. 33.2 AufenthGAVwV).

IV. Aufenthaltserlaubnis nach Ermessen (S. 1)

9   Der Elternteil muss in Besitz eines der genannten Aufenthaltstitel sein. Handelt es sich bei diesem Elternteil um den **allein personensorgeberechtigten Elternteil,** kommt S. 2 zur **Anwendung.** Die Aufenthaltserlaubnis für das Kind kann **abweichend von § 5 und § 29 Abs. 1 Nr. 2** (→ § 29 Rn. 7) erteilt werden.

10   Bei der **Ermessensentscheidung** soll der besonderen Beziehung zwischen den Eltern und dem Kleinkind unmittelbar nach der Geburt im Interesse der Familieneinheit und zur Aufrechter-haltung der nach Art. 6 Abs. 1 GG besonders geschützten familiären Betreuungsgemeinschaft Rechnung getragen werden (Nr. 33.1 AufenthGAVwV). Hinsichtlich des Vaters eines nicht eheli-chen Kindes ist dabei insbesondere zu berücksichtigen, ob ihm ein Sorgerecht zusteht oder er mit dem Kind in familiärer Lebensgemeinschaft lebt. Zu den Umständen, die bei der Ermessensaus-übung zu berücksichtigen sind, gehört auch, ob die familiäre Lebensgemeinschaft dabei nicht im Bundesgebiet wird gelebt werden können, weil mit dem künftigen Wegfall des Aufenthalts-rechts des Elternteils zu rechnen ist (VGH BW BeckRS 2021, 7006). Ermessensfehlerhaft ist es allerdings, wenn dem öffentlichen Interesse an der Beendigung des Aufenthalts des Kindes allein deshalb höheres Gewicht beigemessen wird, weil ein Elternteil ausreisepflichtig ist, während der andere über ein Aufenthaltsrecht verfügt (NdsOVG BeckRS 2021, 1784).

V. Anspruch auf Aufenthaltserlaubnis (S. 2)

Ein Anspruch auf Erteilung einer Aufenthaltserlaubnis besteht, wenn **beide Elternteile** oder **11** der **allein personensorgeberechtigte Elternteil** die erforderlichen Aufenthaltstitel besitzen. Die Regelerteilungsvoraussetzungen des § 5 und § 29 Abs. 1 Nr. 2 müssen nicht vorliegen. **§ 29 Abs. 3** (→ § 29 Rn. 15 ff.) kommt zur Anwendung, allerdings werden die **Voraussetzungen des § 29 Abs. 3 S. 1 als erfüllt** angesehen (Nr. 33.0 AufenthGAVwV).

Vor Erteilung der Aufenthaltserlaubnis hat die Ausländerbehörde zu prüfen, ob **das Kind die 12 Passpflicht (§ 3) erfüllt** (Nr. 33.5 AufenthGAVwV). Der Passpflicht ist auch genügt, wenn ein ausländischer Kinderausweis vorliegt oder das Kind in den Pass (§ 2 AufenthV), den internationalen Reiseausweis oder den deutschen Ausweisersatz (§ 55 AufenthV) der Eltern eingetragen ist (GK-AufenthG/Marx Rn. 34).

Die Aufenthaltserlaubnis legalisiert den Aufenthalt des Kindes von Geburt an. Auch bei einer **13 Verlängerung der Aufenthaltserlaubnis** ist von den Erteilungsvoraussetzungen des § 5 und § 29 Abs. 1 Nr. 2 abzusehen, solange beide Eltern bzw. der allein personensorgeberechtigte Elternteil die entsprechenden Aufenthaltstitel besitzen.

VI. Herstellung oder Wahrung der familiären Lebensgemeinschaft

Voraussetzung für die Erteilung einer **Aufenthaltserlaubnis nach § 33 S. 1** ist nach OVG **14** NRW (BeckRS 2016, 47472) weiterhin, dass der Elternteil und das Kind **in familiärer Lebensgemeinschaft** leben. Begründet wird dies mit der systematischen Stellung des § 33 in Kapitel 2 Abschnitt 6. Die Zweckbestimmung des § 27 Abs. 1 – zur Herstellung und Wahrung der familiären Lebensgemeinschaft – beinhalte eine vor die Klammer gezogene allgemeine Erteilungsvoraussetzung.

Besteht ein **Rechtsanspruch auf Erteilung einer Aufenthaltserlaubnis nach S. 2**, so **15** kommt es auf die **Absicht, eine familiäre Lebensgemeinschaft herstellen zu wollen, nicht an.** Dies ergebe sich aus dem Wortlaut des S. 2, der im Gegensatz zu § 34 keine familiäre Lebensgemeinschaft voraussetze (NK-AuslR/Oberhäuser Rn. 18; GK-AufenthG/Marx Rn. 41).

VII. Erlaubnisfiktion (S. 3)

Bei S. 3 handelt es sich um eine **Erlaubnisfiktion** (GK-AufenthG/Marx Rn. 44). Besitzt die **16** Mutter oder der Vater ein Visum oder dürfen sie sich – wegen einer Befreiung vom Erfordernis eines Aufenthaltstitels gem. § 41 AufenthV oder aufgrund der Fiktion nach § 81 Abs. 3 S. 1 (→ § 81 Rn. 17) oder § 81 Abs. 4 S. 1 (→ § 81 Rn. 26 ff.) – ohne Visum im Bundesgebiet aufhalten, ist der Aufenthalt des Kindes nach S. 3 für den entsprechenden Zeitraum ebenfalls erlaubt (Nr. 33.6 AufenthGAVwV). Im Fall des § 81 Abs. 3 S. 2 findet S. 3 keine Anwendung.

In eine **Verlängerung eines Visums** der Mutter oder des Vaters nach der Geburt gem. § 40 **17** AufenthV ist das Kind automatisch einbezogen (Nr. 33.7 AufenthGAVwV).

Besitzen die Mutter oder der Vater bei der Geburt ein **nationales Visum,** wird das Kind so **18** behandelt, als besäße es selbst ein Visum. Die **Erteilung der Aufenthaltserlaubnis erfolgt** nach der Titelerteilung an die Eltern **nach § 33** (Nr. 33.8 AufenthGAVwV).

Besitzt der Vater oder die Mutter dagegen ein **Schengen-Visum** oder hält sich erlaubt visum- **19** frei im Bundesgebiet auf und wird ihm / ihr die entsprechende Aufenthaltserlaubnis erteilt, findet für das Kind § 32 Anwendung (Nr. 33.9 AufenthGAVwV). Diese Differenzierung ergibt sich daraus, dass ein Schengen-Visum einem nationalen Visum nicht gleichsteht (GK-AufenthG/Marx Rn. 45).

C. Türkische Staatsangehörige

Vor Inkrafttreten des EWG-Türkei (Beschluss Nr. 1/80 des Assoziationsrates v. 19.9.1980 über **20** die Entwicklung der Assoziation) bedurften Ausländer, die das 16. Lebensjahr noch nicht vollendet haben, nach § 2 AuslG 1965 keiner Aufenthaltserlaubnis.

§ 33 verschärft daher die Voraussetzungen für eine Familienzusammenführung im Vergleich zu **21** denjenigen, die zum Zeitpunkt des Inkrafttretens des Beschlusses Nr. 1/80 in Deutschland bestanden und stellt eine **neue Beschränkung iSd Art. 13 ARB 1/80** dar. Das Ziel einer wirksamen **Steuerung der Migrationsströme** kann einen **zwingenden Grund des Allgemeininteresses** darstellen, der eine nationale Maßnahme rechtfertigen kann, die nach dem Inkrafttreten dieses Beschlusses in dem betreffenden Mitgliedstaat erlassen wurde und den Drittstaatsangehörigen unter 16 Jahren für die Einreise in diesen Mitgliedstaat und den Aufenthalt dort das Erfordernis einer

Aufenthaltserlaubnis auferlegt. Eine solche Maßnahme ist jedoch gemessen an dem verfolgten Ziel **nicht verhältnismäßig,** sofern die Modalitäten ihrer Umsetzung, soweit es sich um **Kinder mit Drittstaatsangehörigkeit handelt, die in dem betreffenden Mitgliedstaat geboren wurden** und von denen – wie beim Kläger des Ausgangsverfahrens – **ein Elternteil ein sich rechtmäßig in diesem Mitgliedstaat aufhaltender türkischer Arbeitnehmer** ist, über das hinausgehen, was für die Erreichung dieses Ziels erforderlich ist (EuGH NJW 2017, 2398).

22   Im Ergebnis hat der EuGH festgestellt, dass im konkreten Fall die Forderung einer Aufenthaltserlaubnis für das im Bundesgebiet geborene Kind unverhältnismäßig war, weil das geforderte Visumverfahren **keine weiteren für die Erteilung einer Aufenthaltserlaubnis entscheidenden Erkenntnisse** erbringen würde.

§ 34 Aufenthaltsrecht der Kinder

    (1) Die einem Kind erteilte Aufenthaltserlaubnis ist abweichend von § 5 Abs. 1 Nr. 1 und § 29 Abs. 1 Nr. 2 zu verlängern, solange ein personensorgeberechtigter Elternteil eine Aufenthaltserlaubnis, Niederlassungserlaubnis oder eine Erlaubnis zum Daueraufenthalt – EU besitzt und das Kind mit ihm in familiärer Lebensgemeinschaft lebt oder das Kind im Falle seiner Ausreise ein Wiederkehrrecht gemäß § 37 hätte.

    (2) ¹**Mit Eintritt der Volljährigkeit wird die einem Kind erteilte Aufenthaltserlaubnis zu einem eigenständigen, vom Familiennachzug unabhängigen Aufenthaltsrecht.** ²**Das Gleiche gilt bei Erteilung einer Niederlassungserlaubnis und der Erlaubnis zum Daueraufenthalt – EU oder wenn die Aufenthaltserlaubnis in entsprechender Anwendung des § 37 verlängert wird.**

    (3) Die Aufenthaltserlaubnis kann verlängert werden, solange die Voraussetzungen für die Erteilung der Niederlassungserlaubnis und der Erlaubnis zum Daueraufenthalt – EU noch nicht vorliegen.

Überblick

    § 34 regelt die Verlängerung einer einem Kind erteilten Aufenthaltserlaubnis und die Aufenthaltsverfestigung. Die Vorschrift entspricht im Wesentlichen ihrer Fassung beim Inkrafttreten des AufenthG und wurde lediglich redaktionell verändert. Abs. 1 (→ Rn. 1 ff.) regelt den Anspruch auf Verlängerung der Aufenthaltserlaubnis, Abs. 2 (→ Rn. 13 ff.) das Entstehen eines vom Familiennachzug unabhängigen Aufenthaltsrecht bei Eintritt der Volljährigkeit. Abs. 3 (→ Rn. 16 ff.) ermöglicht die Verlängerung der Aufenthaltserlaubnis nach Ermessen.

A. Anspruch auf Verlängerung (Abs. 1)

I. Aufenthaltserlaubnis des Kindes

1   Das Kind muss in Besitz einer **verlängerungsfähigen Aufenthaltserlaubnis** sein. Umstritten ist, ob § 34 nur auf die Verlängerung von Aufenthaltserlaubnissen, die **zum Zweck des Familiennachzugs** erteilt worden sind (§ 28 Abs. 1 S. 1 Nr. 1, §§ 32 und 33), anwendbar ist (bejahend Bergmann/Dienelt/Dienelt Rn. 5; BeckOK AuslR/Tewocht Rn. 2; aA NK-AuslR/Oberhäuser Rn. 4).

2   Ein nationales **Visum** zur Einreise oder eine **Erlaubnisfiktion nach § 81 Abs. 3 S. 1** (→ § 81 Rn. 1) reichen nicht aus (Bergmann/Dienelt/Dienelt Rn. 6–9).

3   Die Verlängerung scheidet aus, wenn der Verlängerungsantrag erst **nach Ablauf der Geltungsdauer** des ursprünglichen Aufenthaltstitels gestellt wird, es sei denn die Behörde macht von § 81 Abs. 4 S. 3 (→ § 81 Rn. 1 ff.) Gebrauch.

4   Voraussetzung ist weiterhin, dass das Kind noch **nicht volljährig** (Nr. 34.1.1 AufenthGAVwV) und **ledig** ist (GK-AufenthG/Marx Rn. 12; aA NK-AuslR/Oberhäuser Rn. 5; BeckOK AuslR/ Tewocht Rn. 3).

II. Aufenthaltserlaubnis eines personensorgeberechtigten Elternteils

5   Ein Elternteil, der nicht allein personensorgeberechtigt zu sein braucht, muss in Besitz eines der genannten Aufenthaltstitel sein. Zu beachten ist **§ 29 Abs. 3** (→ § 29 Rn. 1), wonach ein Familiennachzug ausgeschlossen ist, wenn der Stammberechtigte lediglich in Besitz der dort genannten Aufenthaltstitel ist (NK-AuslR/Oberhäuser Rn. 6; OVG NRW BeckRS 2015, 41365). Die **Erlaubnisfiktion** des § 81 Abs. 3 (→ § 81 Rn. 1) begründet keinen Titelbesitz, die 6 **Fortgeltungsfiktion** des § 81 Abs. 4 (→ § 81 Rn. 1 ff.) steht einem Titelbesitz gleich (GK-AufenthG /Marx Rn. 9 f.).

III. Familiäre Lebensgemeinschaft oder Wiederkehrrecht

Das Kind muss im Zeitpunkt der Verlängerungsentscheidung mit dem personensorgeberechtig- 7 ten Elternteil in **familiärer Lebensgemeinschaft** leben oder im Falle einer Ausreise ein **Wiederkehrrecht nach § 37** (→ § 37 Rn. 1 ff.) haben.

Abzustellen ist somit auf ein **hypothetisches Wiederkehrrecht**. Der Verweis auf § 37 bezieht 8 sich auf auch auf die **Härtefallregelung des § 37 Abs. 2** (→ § 37 Rn. 14), sodass unter den dort genannten Voraussetzungen von den in § 37 Abs. 1 Nr. 1 und Nr. 3 (→ § 37 Rn. 7; → § 37 Rn. 13) genannten Voraussetzungen abgewichen werden kann. Umgekehrt finden auch § 37 Abs. 3 Nr. 2 und Nr. 3 (→ § 37 Rn. 35 f.) Anwendung, § 37 Abs. 3 Nr. 1 (→ § 37 Rn. 31) kann nicht herangezogen werden, da ein hiervon erfasster Fall in hiesigem Zusammenhang nicht vorliegen kann und das Vorhandensein von Ausweisungsgründen bereits durch § 37 Abs. 3 Nr. 2 abgedeckt ist (Nr. 34.1.4 AufenthGAVwV).

Für die Anwendung von **§ 37 Abs. 4** (→ § 37 Rn. 37) ist wegen des weitergehenden Ausschlus- 9 ses von § 5 Abs. 1 Nr. 1 durch § 34 Abs. 1 kein Raum (Nr. 34.1.5 AufenthGAVwV).

Unter Umständen kommt iRd Abs. 1 nur eine **Verlängerung nach Ermessen** in Betracht 10 (Bergmann/Dienelt/Dienelt Rn. 17), wenn § 37 eine Ermessensentscheidung vorsieht (aA GK-AufenthG/Marx Rn. 23).

Wenn ein Kind von einem Träger im Bundesgebiet Rente – etwa Waisenrente – bezieht und 11 sich das Kind acht Jahre lang rechtmäßig im Bundesgebiet aufgehalten hat, findet § 37 **Abs. 5** (→ § 37 Rn. 41) entsprechende Anwendung. Auch bei sehr geringen Renten ist die Entscheidung, ob eine Abweichung vom Regelfall des § 37 Abs. 5 vorliegt, unter Berücksichtigung des **gesetzlichen Ausschlusses des Merkmals der Lebensunterhaltssicherung** sowie des langjährigen Aufenthaltes des Ausländers zu treffen. Bei Waisenrenten ist zudem ein besonderes persönliches Schicksal des Betroffenen bei der Entscheidung zu berücksichtigen (Nr. 34.1.5 AufenthGAVwV).

IV. Allgemeine Erteilungsvoraussetzungen

Abs. 1 dispensiert lediglich vom Vorliegen der allgemeinen bzw. Regelerteilungsvoraussetzun- 12 gen des § 5 Abs. 1 Nr. 1 und § 29 Abs. 1 Nr. 2. Die **übrigen Regelerteilungsvoraussetzungen des § 5** müssen vorliegen. Ebenso ist **§ 27 Abs. 3** (→ § 27 Rn. 1 ff.) anwendbar, der der Ausländerbehörde ein Ermessen einräumt, ob sie von § 5 Abs. 1 Nr. 2 absehen will.

B. Eigenständiges Aufenthaltsrecht für Volljährige (Abs. 2)

Mit Vollendung des 18. Lebensjahres verwandelt sich die Aufenthaltserlaubnis **in ein vom** 13 **Familiennachzug unabhängiges Aufenthaltsrecht.** Es bedarf keines Antrags. Voraussetzung ist, dass der Betreffende noch **in Besitz der Aufenthaltserlaubnis ist, die ihm als Kind erteilt worden ist.**

Abs. 2 begründet allerdings **keinen Anspruch auf Verlängerung,** die erteilte Aufenthaltser- 14 laubnis gilt bis zu ihrem Anlauf, ohne dass §§ 27, 28 und 32 Anwendung finden (Nr. 34.2.1 AufenthGAVwV). Die Verlängerung der Aufenthaltserlaubnis erfolgt nach § 35.

Wird dem Minderjährigen eine Niederlassungserlaubnis oder eine Erlaubnis zum Daueraufent- 15 halt-EG erteilt oder wird die Aufenthaltserlaubnis in entsprechender Anwendung des § 37 verlängert, erlangt der betroffene Ausländer ebenfalls ein eigenständiges, vom Familiennachzug unabhängiges Aufenthaltsrecht. Der Gesetzgeber wollte mit dieser Regelung klarstellen, dass die Erteilung des unbefristeten Aufenthaltstitels **nicht mehr vom Fortbestehen der familiären Lebensgemeinschaft mit einem Elternteil abhängig ist** (Nr. 34.2.2 AufenthGAVwV).

C. Ermessen (Abs. 3)

Die Aufenthaltserlaubnis nach Abs. 2 kann nach Ermessen verlängert werden, solange die 16 Voraussetzungen für die genannten Daueraufenthaltsrechte noch nicht vorliegen (Nr. 34.3.1 AufenthGAVwV).

17   Es sind die **allgemeinen Erteilungsvoraussetzungen** zu beachten, allerdings sind die Bestimmungen der §§ 27–33 nicht anzuwenden, da mit Erreichen der Volljährigkeit die Akzessorietät aufgehoben wurde (Nr. 34.3.2 AufenthGAVwV; aA GK-AufenthG/Marx Rn. 34). Auch die **Privilegierung des Abs. 1** (Lebensunterhalt und Wohnraum) soll iRd Abs. 3 nicht mehr gelten (Bergmann/Dienelt/Dienelt Rn. 22; VGH BW BeckRS 2021, 5213; OVG Bln-Bbg BeckRS 2017, 100507).

18   Bei der **Ermessensausübung** sind insbesondere Art. 6 GG und Art. 8 EMRK zu beachten (zur Berücksichtigung integrations- und einwanderungspolitischer Belange der Bundesrepublik Deutschland SächsOVG Beschl. v. 15.5.2014 – 3 B 42/14; GK-AufenthG/Marx Rn. 37).

§ 35 Eigenständiges, unbefristetes Aufenthaltsrecht der Kinder

(1) [1]**Einem minderjährigen Ausländer, der eine Aufenthaltserlaubnis nach diesem Abschnitt besitzt, ist abweichend von § 9 Abs. 2 eine Niederlassungserlaubnis zu erteilen, wenn er im Zeitpunkt der Vollendung seines 16. Lebensjahres seit fünf Jahren im Besitz der Aufenthaltserlaubnis ist.** [2]**Das Gleiche gilt, wenn**
1. **der Ausländer volljährig und seit fünf Jahren im Besitz der Aufenthaltserlaubnis ist,**
2. **er über ausreichende Kenntnisse der deutschen Sprache verfügt und**
3. **sein Lebensunterhalt gesichert ist oder er sich in einer Ausbildung befindet, die zu einem anerkannten schulischen oder beruflichen Bildungsabschluss oder einem Hochschulabschluss führt.**

(2) **Auf die nach Absatz 1 erforderliche Dauer des Besitzes der Aufenthaltserlaubnis werden in der Regel nicht die Zeiten angerechnet, in denen der Ausländer außerhalb des Bundesgebiets die Schule besucht hat.**

(3) [1]**Ein Anspruch auf Erteilung einer Niederlassungserlaubnis nach Absatz 1 besteht nicht, wenn**
1. **ein auf dem persönlichen Verhalten des Ausländers beruhendes Ausweisungsinteresse besteht,**
2. **der Ausländer in den letzten drei Jahren wegen einer vorsätzlichen Straftat zu einer Jugendstrafe von mindestens sechs oder einer Freiheitsstrafe von mindestens drei Monaten oder einer Geldstrafe von mindestens 90 Tagessätzen verurteilt worden oder wenn die Verhängung einer Jugendstrafe ausgesetzt ist oder**
3. **der Lebensunterhalt nicht ohne Inanspruchnahme von Leistungen nach dem Zweiten oder Zwölften Buch Sozialgesetzbuch oder Jugendhilfe nach dem Achten Buch Sozialgesetzbuch gesichert ist, es sei denn, der Ausländer befindet sich in einer Ausbildung, die zu einem anerkannten schulischen oder beruflichen Bildungsabschluss führt.**
[2]**In den Fällen des Satzes 1 kann die Niederlassungserlaubnis erteilt oder die Aufenthaltserlaubnis verlängert werden.** [3]**Ist im Falle des Satzes 1 Nr. 2 die Jugend- oder Freiheitsstrafe zur Bewährung oder die Verhängung einer Jugendstrafe ausgesetzt, wird die Aufenthaltserlaubnis in der Regel bis zum Ablauf der Bewährungszeit verlängert.**

(4) **Von den in Absatz 1 Satz 2 Nr. 2 und 3 und Absatz 3 Satz 1 Nr. 3 bezeichneten Voraussetzungen ist abzusehen, wenn sie von dem Ausländer wegen einer körperlichen, geistigen oder seelischen Krankheit oder Behinderung nicht erfüllt werden können.**

Überblick

§ 35 ist eine begünstigende Sonderregelung für Ausländer, denen als Minderjährige eine Aufenthaltserlaubnis nach Kapitel 2 Abschnitt 6 erteilt worden ist. Sie entspricht im Wesentlichen der Vorgängerregelung in § 26 AuslG und hat seit ihrem Inkrafttreten überwiegend nur redaktionelle Änderungen erfahren. Abs. 1 (→ Rn. 1 ff.) regelt, unter welchen Voraussetzungen der Ausländer abweichend von § 9 Abs. 2 einen Anspruch auf Erteilung einer Niederlassungserlaubnis hat. In Abs. 2 (→ Rn. 6) findet sich eine Regel für die Nichtanrechnung von Zeiten, die der Ausländer außerhalb des Bundesgebiets verbracht hat, auf die Dauer des erforderlichen Besitzes der Aufenthaltserlaubnis. Abs. 3 (→ Rn. 13 ff.) enthält Versagungsgründe und die Befugnis, die Niederlassungserlaubnis nach Ermessen zu erteilen. Eine Ausnahmeregelung für körperlich, geistig oder seelisch erkrankte oder behinderte Ausländer findet sich in Abs. 4 (→ Rn. 27 f.).

Übersicht

A. Anspruch auf Erteilung einer Niederlassungserlaubnis

I. Allgemeine Voraussetzungen

1. Art der Aufenthaltserlaubnis

Der Betreffende muss eine **Aufenthaltserlaubnis nach Abschnitt 6 zum Aufenthalt aus** 1 **familiären Gründen** besitzen (vgl. GK-AufenthG/Marx Rn. 64 ff.; Hailbronner AuslR Rn. 9; BVerwG NVwZ-RR 2012, 41; BayVGH BeckRS 2013, 54574). Unschädlich ist, wenn eine ursprünglich zum Zweck des Familiennachzugs erteilte Aufenthaltserlaubnis **nach § 34 verlängert** worden ist, auch wenn dadurch ein vom Familiennachzug unabhängiges Aufenthaltsrecht entstanden ist (Hailbronner AuslR Rn. 8). Auf Ausländer, die einen **humanitären Aufenthaltstitel** besitzen, kann § 35 über § 26 Abs. 4 S. 4 entsprechend angewandt werden.

2. Besitz und Dauer

Der Ausländer muss **seit fünf Jahren in Besitz der Aufenthaltserlaubnis** sein. Ein Besitz 2 liegt nicht vor, wenn die zuletzt verlängerte Aufenthaltserlaubnis **ungültig** geworden ist und der **Verlängerungsantrag nicht rechtzeitig gestellt** worden ist. Erforderlich ist ein **ununterbrochener Besitz,** wobei Unterbrechungen des Besitzes der Aufenthaltserlaubnis von bis zu einem Jahr nach § 85 außer Betracht bleiben können (Nr. 35.1.1.7 AufenthGAVwV; BeckOK AuslR/ Tewocht Rn. 9; GK-AufenthG/Marx Rn. 12). Nachweispflichtig dafür ist der Ausländer (Nr. 35.1.1.5.0 AufenthGAVwV).

Als Zeiten des Besitzes der Aufenthaltserlaubnis anzurechnen sind (Nr. 35.1.1.3 ff. Aufenth- 3 GAVwV) die Geltungsdauer des **Visums, mit dem der Ausländer eingereist ist,** sofern im Anschluss an das Visum die Aufenthaltserlaubnis erteilt wurde (vgl. § 81 Abs. 3 S. 1, → § 81 Rn. 17 ff.), der fiktiv rechtmäßige Aufenthalt nach **§ 81 Abs. 4** (→ § 81 Rn. 26), in den Fällen des § 35 Abs. 2 auch die Zeiten eines vorherigen Besitzes einer Aufenthaltserlaubnis, nach **§ 84 Abs. 2 S. 3** (→ § 84 Rn. 1 ff.) die Zeit von der Versagung der Aufenthaltserlaubnis bis zu ihrer Erteilung oder Verlängerung aufgrund eines erfolgreichen Rechtsbehelfs, genehmigungsfreie Zeiten nach **§ 2 DVAuslG,** für als Minderjährige eingereiste Ausländer Zeiten des der Erteilung der Aufenthaltserlaubnis nach Kapitel 2 Abschnitt 5 vorangegangenen Asylverfahrens (**§ 26 Abs. 4 S. 3 iVm § 26 Abs. 4 S. 3 S. 4,** → § 26 Rn. 1 ff.) sowie die nach **§ 102 Abs. 2** anrechenbaren Zeiten.

Bei **Auslandsaufenthalten** ist zu prüfen, inwieweit sie anrechenbar sind oder zu einer Unter- 4 brechung des Aufenthalts geführt haben. Unterlag der Ausländer dem **Erfordernis eines Aufenthaltstitels,** sind **§ 51 Abs. 1 Nr. 6 und Nr. 7** sowie **§ 9 Abs. 2 Nr. 2** zu beachten (Nr. 35.1.1.5.1 AufenthGAVwV). War er vom **Erfordernis des Aufenthaltstitels befreit,** kommt es darauf an, ob durch den Auslandsaufenthalt der **gewöhnliche Aufenthalt** im Bundesgebiet unterbrochen wurde (Nr. 35.1.1.5.2 AufenthGAVwV).

Nicht anrechenbar sind Zeiten einer **Strafhaft,** auch wenn der Ausländer vor Antritt der 5 Strafhaft in Besitz einer Aufenthaltserlaubnis war, die auch noch während der Strafhaft fort galt (Nr. 35.1.1.6 AufenthGAVwV; aA BeckOK AuslR/Tewocht Rn. 12; GK-AufenthG/Marx Rn. 22).

Ebenfalls nicht anrechenbar sind regelmäßig Zeiten, in denen der Ausländer **außerhalb des** 6 **Bundesgebiets eine Schule besucht** hat (**Abs. 2**). Unschädlich ist der Besuch einer **deutschen Auslandsschule,** wenn diese Schule der Aufsicht einer deutschen Landesbehörde untersteht, der

Schüler am Unterricht teilnahm, der aufgrund eines deutschen Lehrplans abgehalten wurde und die Unterrichtssprache Deutsch war (Nr. 35.2.2 AufenthGAVwV). Auf die Aufenthaltszeit anzurechnen ist ferner ein Schulbesuch im Ausland, sofern dies nicht der Herkunftsstaat ist, wenn er in Zusammenhang mit einem **Programm** durchgeführt wird, **an dem auch deutsche Schüler in vergleichbarer Situation teilnehmen können** (Nr. 35.2.3 AufenthGAVwV). Die Frist zur Wiedereinreise muss nach § 51 Abs. 1 Nr. 7 verlängert worden sein.

II. Fallvarianten

1. Abs. 1 S. 1

7   Ein **Anspruch** auf Erteilung einer Niederlassungserlaubnis ohne weitere Voraussetzungen besteht nach dieser Regelung, wenn der Ausländer bei **Vollendung des 16. Lebensjahres** seit fünf Jahren im Besitz der Aufenthaltserlaubnis war (zur Frage, wie mit volljährigen Ausländern, die im Bundesgebiet geboren oder nachgezogen sind, und diese Voraussetzung bei Vollendung des 16. Lebensjahres erfüllten, zu verfahren ist → Rn. 7.1). Eine Antragsfrist enthält S. 1 nicht, der Antrag kann vor oder nach Vollendung des 16. Lebensjahres gestellt werden (GK-AufenthG/Marx Rn. 13; NK-AuslR/Oberhäuser Rn. 9).

7.1   Bei einem volljährigen Ausländer, der im Bundesgebiet geboren oder als Kind nachgezogen ist und bei Vollendung des 16. Lebensjahres fünf Jahre im Besitz einer Aufenthaltserlaubnis war, richtete sich bislang die Verlängerung der Aufenthaltserlaubnis solange nach Abs. 1 S. 1 und Abs. 3, bis eine Niederlassungserlaubnis zu erteilen war, die Verlängerung der Aufenthaltserlaubnis bestandskräftig abgelehnt oder der Aufenthaltstitel sonst erloschen war (OVG Bln-Bbg BeckRS 2018, 4939). Die persönlichen Anwendungsbereiche der Anspruchsgrundlagen nach Abs. 1 S. 1 und Abs. 1 S. 2 waren nicht anhand des Eintritts der Volljährigkeit, sondern anhand des Zeitpunkts, zu dem der Mindestzeitraum von fünf Jahren vervollständigt worden ist, abzugrenzen (VGH BW BeckRS 2019, 1609). Nach der **neuesten Rechtsprechung des BVerwG** (BeckRS 2019, 22298) können nachgezogene oder im Bundesgebiet geborene Kinder eine Niederlassungserlaubnis ab Eintritt der Volljährigkeit nur noch unter den gegenüber Abs. 1 S. 1 strengeren Voraussetzungen des Abs. 1 S. 2 erhalten, weil sich nach Wortlaut und Systematik die Abgrenzung der Anwendungsbereiche der beiden Sätze des Abs. 1 nach dem Alter des Kindes, und nicht danach richtet, ob sie bereits bei Vollendung des 16. Lebensjahres seit fünf Jahren im Besitz einer Aufenthaltserlaubnis waren.

2. Abs. 1 S. 2

8   Für alle Ausländer, die bei Vollendung des 16. Lebensjahres noch nicht fünf Jahre in Besitz der entsprechenden Aufenthaltserlaubnis waren, gilt S. 2. Der Anspruch setzt voraus, dass der Ausländer **volljährig** ist, **ausreichende Kenntnisse der deutschen Sprache** besitzt und sein **Lebensunterhalt gesichert** ist oder er sich in einer in S. 2 genannten **Ausbildung** befindet.

9   Maßgeblicher Zeitpunkt, in dem die Anspruchsvoraussetzungen erfüllt sein müssen, ist nicht die Vollendung des 18. Lebensjahres, sondern der **Zeitpunkt der Antragstellung** (NK-AuslR/Oberhäuser Rn. 10, BeckOK AuslR/Tewocht Rn. 14). Voraussetzung ist allerdings, dass der **entsprechende Aufenthaltstitel noch als Minderjähriger erteilt** worden ist und der Ausländer bei Erteilung der Niederlassungserlaubnis volljährig ist (→ Rn. 9.1).

9.1   Diese Bestimmung verlangt unter anderem, dass der Ausländer volljährig und seit fünf Jahren im Besitz einer Aufenthaltserlaubnis ist (Nr. 1). Sie sieht damit die privilegierte Erteilung einer Niederlassungserlaubnis auch an volljährig gewordene Kinder vor, erfasst aber, wie sich aus einer Zusammenschau mit S. 1 und der Gesamtregelung des Kindernachzugs in diesem Abschnitt ergibt, nach ihrem Sinn und Zweck nur die Fälle, in denen eine schon während der Minderjährigkeit erteilte Aufenthaltserlaubnis wegen Ablaufs des Fünf-Jahres-Zeitraums erst nach Eintritt der Volljährigkeit zu einem Anspruch auf Erteilung einer Niederlassungserlaubnis führt. Die Aufenthaltserlaubnis, die die Grundlage für die spätere Verfestigung des Aufenthalts bildet, muss also dem minderjährigen Kind erteilt worden sein; allenfalls der Ablauf des Fünf-Jahres-Zeitraums kann nach Eintritt der Volljährigkeit liegen (BVerwG NVwZ-RR 2012, 41).

10   Der Begriff der „**ausreichenden Kenntnisse der deutschen Sprache**" entspricht § 9 Abs. 2 S. 1 Nr. 7. Hat der Ausländer im Bundesgebiet länger als vier Jahre eine deutschsprachige Schule besucht, kann davon ausgegangen werden, dass er die erforderlichen Sprachkenntnisse besitzt, wenn im Fach Deutsch mindestens ein „Ausreichend" erzielt worden ist (Nr. 35.1.2.3 AufenthGAVwV).

11   Weitere Erteilungsvoraussetzung ist die Sicherung des Lebensunterhalts (§ 9 Abs. 2 S. 1 Nr. 2). Davon ist abzusehen, wenn sich der Ausländer in einer Ausbildung befindet, die zu einem **aner-**

kannten **Bildungsabschluss** führt. Dies ist nicht nur der Besuch einer allgemeinbildenden Schule, sondern auch der Besuch von Berufsfachschulen (zB Handelsschule) sowie sonstiger öffentlicher oder staatlich anerkannter berufsbildender Schulen. Die Berufsvorbereitung oder die berufliche Grundausbildung sowie die Tätigkeit als Praktikant führen nicht zu einem anerkannten beruflichen Bildungsabschluss (Nr. 35.1.2.4 AufenthGAVwV; → Rn. 11.1).

Die Absolvierung einer Qualifizierungsmaßnahme für Betreuungskräfte in stationären Pflegeeinrichtun- **11.1** gen nach § 4 Abs. 3 der Richtlinie nach § 87b Abs. 3 SGB XI zur Qualifizierung und zu den Aufgaben von zusätzlichen Betreuungskräften in stationären Pflegeeinrichtungen (Betreuungskräfte-RL) stellt keine Ausbildung iSv § 35 dar, die zu einem anerkannten schulischen oder beruflichen Bildungsabschluss führt (OVG Bln-Bbg BeckRS 2016, 48671).

Die **Anerkennung eines Fachhochschul- oder Universitätsstudiums als adäquater Bil-** **12** **dungsabschluss** wurde erst durch das Gesetz zur Umsetzung aufenthaltsrechtlicher Richtlinien der Europäischen Union und zur Anpassung nationaler Rechtsvorschriften an den EU-Visakodex (v. 22.11.2011, BGBl. I 2258) in den Wortlaut der Vorschrift aufgenommen.

B. Versagungsgründe

Liegen die Voraussetzungen des Abs. 1 vor, so besteht nur dann kein Anspruch auf Erteilung **13** einer Niederlassungserlaubnis, wenn einer der in Abs. 3 S. 1 genannten Ausschlussgründe vorliegt (Nr. 35.3.1 AufenthGAVwV). Liegt ein Versagungsgrund vor, so kann die **Niederlassungserlaubnis** dennoch **nach Ermessen** erteilt werden. Insoweit verdrängt Abs. 3 S. 1 als Spezialregelung § 5. **§ 5 Abs. 4** bleibt **allerdings anwendbar** (Nr. 35.3.8 AufenthGAVwV; NK-AuslR/ Oberhäuser Rn. 15). Ob daneben § 3, § 5 Abs. 1 Nr. 1a und Nr. 4 sowie § 11 anwendbar bleiben, ist umstritten (bejahend Hailbronner AuslR Rn. 28; GK-AufenthG/Marx Rn. 49; aA NK-AuslR/ Oberhäuser Rn. 15).

I. Bestehen eines Ausweisungsinteresses

Ausreichend ist das Bestehen eines **Ausweisungsinteresses iSv § 54.** Die Ausweisung braucht **14** nicht verfügt worden zu sein, etwaige Bleibeinteressen bleiben unberücksichtigt (GK-AufenthG/ Marx Rn. 51).

Das Ausweisungsinteresse muss auf dem **persönlichen Verhalten des Ausländers** beruhen, **15** sodass nur bei Vorliegen einer **Wiederholungsgefahr** ein Ausweisungsinteresse iSd Abs. 3 S. 1 Nr. 1 angenommen werden kann (Nr. 35.3.4 AufenthGAVwV; GK-AufenthG/Marx Rn. 51; Hailbronner AuslR Rn. 30; NK-AuslR/Oberhäuser Rn. 16).

Liegt eine **Verurteilung wegen einer vorsätzlichen Straftat** vor, so besteht in **S. 1 Nr. 2** **16** eine **Spezialregelung.** Im Rahmen der Nr. 1 sind daher lediglich nicht abgeurteilte Straftaten (Nr. 35.3.5 AufenthGAVwV) und die in § 54 Abs. 1 Nr. 2–5 und Abs. 2 Nr. 3–9 genannten Ausweisungsinteressen zu berücksichtigen (NK-AuslR/Oberhäuser Rn. 16; BeckOK AuslR/ Tewocht Rn. 19).

II. Verurteilung zu einer Straftat

Voraussetzung für das Vorliegen dieses Versagungsgrunds ist die **Verurteilung wegen einer** **17** **vorsätzlichen Straftat** in den **vergangenen drei Jahren,** die den genannten **Strafrahmen** überschreitet, oder dass die Verhängung einer Jugendstrafe ausgesetzt ist. Mit dem Gesetz zur Umsetzung aufenthalts- und asylrechtlicher Richtlinien der Europäischen Union (v. 19.8.2007, BGBl. I 1970) wurde der Strafrahmen von ursprünglich sechs Monaten Freiheitsstrafe oder einer Geldstrafe von mindestens 180 Tagessätzen jeweils halbiert.

Verurteilungen, die länger als drei Jahre zurückliegen, bleiben außer Betracht (Nr. 35.3.6 Auf- **18** enthGAVwV). Maßgeblich für den Beginn der Dreijahresfrist ist damit der **Zeitpunkt der letzten** **Verurteilung** (GK-AufenthG/Marx Rn. 58).

Die Verurteilung muss **rechtskräftig** sein (Nr. 35.3.6 AufenthGAVwV). **Mehrere Verurtei-** **19** **lungen,** die je für sich nicht das vorgesehene Strafmaß erreichen, können nicht zusammengerechnet werden. Soweit das Gericht eine **Gesamtstrafe** gebildet hat, ist deren Höhe maßgebend.

Bei **Bewährungsstrafen** ist in der Regel die Aufenthaltserlaubnis gem. **S. 3** bis zum Ablauf **20** der Bewährungszeit zu verlängern. Damit soll gewährleistet werden, dass Jugendverfehlungen und vereinzelte leichtere Straftaten nicht zu einer Aufenthaltsbeendigung führen (BT-Drs. 15/420, 84).

Liegen **mehrere strafgerichtliche Verurteilungen** vor, ist auch zu prüfen, ob der **Versa-** **21** **gungsgrund nach S. 1 Nr. 1** erfüllt ist (zB Wiederholungsgefahr, Nr. 35.3.7 AufenthGAVwV;

zur Frage, ob und wann auf S. 1 Nr. 1 zurückgegriffen werden darf, wenn die Verurteilung unter dem in S. 1 Nr. 2 genannten Strafmaß bleibt, s. Hailbronner AuslR Rn. 35).

III. Sicherung des Lebensunterhalts

22   Nimmt ein Jugendlicher Sozialleistungen oder Jugendhilfe in Anspruch, ohne sich in einer Ausbildung zu befinden, die zu einem anerkannten schulischen oder beruflichen Abschluss führt (Abs. 1 S. 2 Nr. 3), bestehen Zweifel, ob eine dauerhafte Integration gelingen wird. Dies kann es im Einzelfall erforderlich machen, die Aufenthaltsverfestigung zunächst zu sperren (BT-Drs. 11/6321, 64; BeckOK AuslR/Tewocht Rn. 21).

C. Ermessen (Abs. 3 S. 2)

23   Liegen die Versagungsgründe des Abs. 3 S. 1 vor, kann die Ausländerbehörde **nach Ermessen** eine **Niederlassungserlaubnis erteilen** oder die **Aufenthaltserlaubnis verlängern** (S. 2). Voraussetzung für eine Ermessensentscheidung ist jedoch, dass sämtliche Voraussetzungen für einen Anspruch auf Erteilung einer Niederlassungserlaubnis nach Abs. 1 vorliegen. Die durch Abs. 3 S. 2 bewirkte Rückstufung eines Anspruchs auf Erteilung einer Niederlassungserlaubnis zu einem Anspruch auf fehlerfreie Ermessensentscheidung über die Erteilung einer Niederlassungserlaubnis oder die Verlängerung der Aufenthaltserlaubnis setzt einen sonst gegebenen Anspruch auf Erteilung einer Niederlassungserlaubnis voraus, der in den Fällen des Abs. 1 S. 2 aber schon tatbestandlich entfällt, wenn der Lebensunterhalt nicht gesichert ist und der Ausländer sich auch nicht in einer Ausbildung befindet (BVerwG BeckRS 2019, 22298; OVG Hmb BeckRS 2021, 7857; VGH BW BeckRS 2020, 28844).

24   Die Vorschrift enthält selbst keine Kriterien für die Ermessensausübung. Zu berücksichtigen ist jedenfalls das **Gewicht und die Anzahl der vorliegenden Versagungsgründe**, die gesetzgeberische Intention, dem jugendlichen Ausländer eine **Aufenthaltsverfestigung zu ermöglichen**, sowie **Art. 8 EMRK** (GK-AufenthG/Marx Rn. 67; zur Frage, ob auch die **aufenthaltsrechtliche Stellung der Eltern** zu berücksichtigen ist, s. NK-AuslR/Oberhäuser Rn. 19).

25   Anstelle der Erteilung einer Niederlassungserlaubnis kann auch **die ursprüngliche Aufenthaltserlaubnis befristet verlängert** werden. Für die Ermessensausübung gilt das oben Gesagte.

26   Wenn das Gewicht der Versagungsgründe so erheblich ist, dass die Erteilung einer Niederlassungserlaubnis ausscheidet, kommt allenfalls eine befristete Verlängerung der Aufenthaltserlaubnis in Betracht (GK-AufenthG/Marx Rn. 73). **Verlängert** die Ausländerbehörde die Aufenthaltserlaubnis befristet, dient diese weiter dem **Zweck der Wahrung der familiären Lebensgemeinschaft** (BayVGH BeckRS 2014, 50154). Die Verlängerung der befristeten Aufenthaltserlaubnis scheidet nur dann aus, wenn mit einer Integration nicht mehr gerechnet werden kann. Zu beachten ist zudem S. 3, der in der Regel bei einer Bewährungsstrafe oder der Aussetzung einer Jugendstrafe eine befristete Verlängerung der Aufenthaltserlaubnis bis zum Ablauf der Bewährungsfrist vorsieht.

D. Härtefallklausel (Abs. 4)

27   Gemäß Abs. 4 ist vom Erfordernis der nach Abs. 1 S. 2 Nr. 2 notwendigen **Sprachkenntnisse** und / oder der **Sicherung seines Lebensunterhalts** abzusehen, wenn der betreffende Ausländer aufgrund einer körperlichen, geistigen oder seelischen Krankheit nicht dazu in der Lage ist, diese Voraussetzungen zu erfüllen. Dies ist der Fall, wenn für die gewöhnlichen und regelmäßig wiederkehrenden Verrichtungen im Ablauf des täglichen Lebens voraussichtlich auf Dauer in erheblichem Maße eine Hilfsbedürftigkeit besteht (BT-Drs. 15/420, 84). Ein **Ermessen besteht nicht.**

28   Der Ausländer muss gem. § 82 **Nachweise** über die Krankheit/Behinderung erbringen (Nr. 35.4 AufenthGAVwV). Der Gesetzgeber schließt von der Hilfsbedürftigkeit bei alltäglichen Verrichtungen auf die Unmöglichkeit der Erfüllung der Voraussetzungen in Abs. 1 S. 2 Nr. 2 und Nr. 3 (BT-Drs. 15/420, 84). Hindert die Hilfsbedürftigkeit die Sicherung des Lebensunterhalts, muss der Ausländer nicht mehr nachweisen, dass er auch die Voraussetzungen der Nr. 2 nicht erfüllt (GK-AufenthG/Marx Rn. 85).

E. Verhältnis zu anderen Vorschriften

29   § 35 schafft einen privilegierten Erwerbstatbestand für nachgezogene Kinder ohne deren Möglichkeiten, ein Daueraufenthaltsrecht nach § 9 zu erhalten, einzuschränken (BayVGH BeckRS 2015, 50372; OVG NRW BeckRS 2015, 41365; BeckOK AuslR/Tewocht Rn. 3).

Auf Kinder von Unionsbürgern ist § 35 trotz § 11 Abs. 1 S. 1 FreizügG/EU anwendbar, wenn   **30**
diese die Voraussetzungen des **FreizügG/EU** für das Entstehen eines Freizügigkeitsrecht nicht
erfüllen (Nr. 35.0.2.2 AufenthGAVwV; GK-AufenthG/Marx Rn. 4).

§ 36 Nachzug der Eltern und sonstiger Familienangehöriger

(1) **Den Eltern eines minderjährigen Ausländers, der eine Aufenthaltserlaubnis nach § 23 Absatz 4, § 25 Absatz 1 oder Absatz 2 Satz 1 erste Alternative, eine Niederlassungserlaubnis nach § 26 Absatz 3 oder nach Erteilung einer Aufenthaltserlaubnis nach § 25 Absatz 2 Satz 1 zweite Alternative eine Niederlassungserlaubnis nach § 26 Absatz 4 besitzt, ist abweichend von § 5 Absatz 1 Nummer 1 und § 29 Absatz 1 Nummer 2 eine Aufenthaltserlaubnis zu erteilen, wenn sich kein personensorgeberechtigter Elternteil im Bundesgebiet aufhält.**

(2) ¹**Sonstigen Familienangehörigen eines Ausländers kann zum Familiennachzug eine Aufenthaltserlaubnis erteilt werden, wenn es zur Vermeidung einer außergewöhnlichen Härte erforderlich ist.** ²**Auf volljährige Familienangehörige sind § 30 Abs. 3 und § 31, auf minderjährige Familienangehörige ist § 34 entsprechend anzuwenden.**

Überblick

Abs. 2 (→ Rn. 15 ff.) regelt den Nachzug von allen Familienangehörigen, die nicht von den
Vorschriften der §§ 28–33 erfasst werden, und hat daher den Charakter einer Auffangnorm.
Voraussetzung für einen Nachzug ist das Vorliegen einer außergewöhnlichen Härte (→ Rn. 17 ff.).
Abs. 1 (→ Rn. 4 ff.) gewährt einen Nachzugsanspruch zu einem Minderjährigen, wenn sich kein
personensorgeberechtigter Elternteil im Bundesgebiet aufhält (→ Rn. 6 ff.).

Übersicht

A. Entstehungsgeschichte

Abs. 2 entspricht § 22 AuslG und hat gegenüber dem Gesetzesentwurf keine Änderungen   **1**
erfahren.

Abs. 1 wurde durch das Gesetz zur Umsetzung aufenthalts- und asylrechtlicher Richtlinien der   **2**
Europäischen Union (v. 19.8.2007, BGBl. I 1970) eingefügt und dient der Umsetzung von Art. 10
Abs. 3 lit. a Familienzusammenführungs-RL (RL 2003/86/EG v. 22.9.2003, ABl. 2003 L 251,
12). Zunächst bestand ein Nachzugsanspruch nur zu einem Minderjährigen, der in Besitz einer
Aufenthaltserlaubnis nach § 25 Abs. 1 und Abs. 2 oder einer Niederlassungserlaubnis nach § 26
Abs. 3 war. Mit dem Gesetz zur Umsetzung aufenthaltsrechtlicher Richtlinien der Europäischen
Union und zur Anpassung nationaler Rechtsvorschriften an den EU-Visakodex (v. 22.11.2011,
BGBl. I 2258) wurde das Wort „sorgeberechtigt" durch das Wort „personensorgeberechtigt"
ersetzt.

Eine Erweiterung der zum Nachzug berechtigenden Aufenthaltstitel erfolgte durch das Gesetz   **3**
zur Neubestimmung des Bleiberechts und der Aufenthaltsbeendigung (v. 27.7.2015, BGBl. I 1386)
zur Neubestimmung des Bleiberechts und der Aufenthaltsbeendigung, wonach ein Nachzug zu
Minderjährigen stattfinden kann, die eine Aufenthaltserlaubnis nach § 23 Abs. 4 oder als subsidiär
Schutzberechtigte eine Niederlassungserlaubnis besitzen. Die Gleichstellung von subsidiär Schutzberechtigten mit Flüchtlingen erfolgte bereits durch das Gesetz zur Umsetzung der Richtlinie

2011/95/EU (v. 28.8.2013, BGBl. I 3474). Zu beachten ist, dass der Familiennachzug zu subsidiär Schutzberechtigten durch das Gesetz zur Einführung beschleunigter Asylverfahren (v. 11.3.2016, BGBl. I 390) bis zum 16.3.2018 ausgesetzt war (zur Verfassungskonformität BVerfG NVwZ 2017, 1699; OVG Bln–Bbg BeckRS 2017, 130395; 2017, 127669). Das Gesetz zur Verlängerung der Aussetzung des Familiennachzugs zu subsidiär Schutzberechtigten (v. 8.3.2018, BGBl. I 342) hat die Aussetzung bis 31.7.2018 verlängert. Nunmehr gilt der mit dem Gesetz zur Neuregelung des Familiennachzugs zu subsidiär Schutzberechtigten (v. 12.7.2018, BGBl. I 1147) neu eingefügte § 36a für den Familiennachzug von Eltern zu subsidiär Schutzberechtigten. Dies wurde durch eine Änderung des Abs. 1 klargestellt (BT-Drs. 19/2438, 21).

B. Nachzug zu minderjährigen Flüchtlingen (Abs. 1)

4   Abs. 1 gewährt den Eltern eines minderjährigen Ausländers, der einen der genannten Aufenthaltstitel besitzt, einen Nachzugsanspruch, wenn sich kein personensorgeberechtigter Elternteil im Bundesgebiet aufhält.

I. Minderjährig

5   Ein Nachzugsanspruch der Eltern besteht nur, solange der Flüchtling das **18. Lebensjahr noch nicht vollendet** hat. Für den Anspruch auf Erteilung einer Aufenthaltserlaubnis kommt es nicht auf das **Alter** des Unbegleiteten bei Antragstellung, sondern bei der ggf. gerichtlichen **Entscheidung über den Antrag** an (NK–AuslR/Oberhäuser Rn. 5; BeckOK AuslR/Tewocht Rn. 4). Das Nachzugsrecht dient alleine dem Schutz des Minderjährigen (BVerwG BeckRS 2019, 18155; OVG Bln–Bgb NVwZ-RR 2017, 259; BeckRS 2017, 104412). Um Verzögerungen bei der Entscheidung über den Visumantrag der Eltern zu vermeiden, sind die Antragsteller auf die Möglichkeit eines Verfahrens nach § 123 VwGO zu verweisen (BVerwG BeckRS 2013, 49802), ohne dass ihnen der Einwand der Vorwegnahme der Hauptsache entgegengehalten werden kann. Die entsprechenden **Bestimmungen der Familienzusammenführungs-RL** (Art. 2 lit. f Familienzusammenführungs-RL, Art. 10 Abs. 3 lit. a Familienzusammenführungs-RL) sind allerdings dahingehend auszulegen, dass ein Drittstaatsangehöriger, der zum **Zeitpunkt seiner Einreise** in das Hoheitsgebiet eines Mitgliedsstaats und der **Stellung seines Asylantrags** in diesem Land **unter 18 Jahre alt** war, aber während des Asylverfahrens volljährig wird und dem später die Flüchtlingseigenschaft zuerkannt wird, als „Minderjähriger" im Sinne der Bestimmung anzusehen ist (EuGH BeckRS 2018, 5023). Nach Auffassung des OVG Bln–Bbg lässt sich die Annahme des BVerwG im Urteil v. 18.4.2013 (BeckRS 2013, 49802), der Anspruch der Eltern auf Familienzusammenführung mit einem im Bundesgebiet lebenden unbegleiteten Minderjährigen gehe unter, wenn das Kind volljährig wird, im Hinblick auf das Urteil des EuGH nicht mehr aufrecht erhalten (OVG Bln–Bbg BeckRS 2019, 14272; VG Berlin BeckRS 2019, 10823; 2019, 3915). Die Revision ist zugelassen. Das BVerwG hat mit Beschluss vom 23.4.2020 ein Vorabentscheidungsersuchen zur Frage, ob ein unmittelbarer Anspruch eines Elternteils auf Erteilung einer Aufenthaltserlaubnis nach der Familienzusammenführungs-RL besteht, wenn das als Flüchtling anerkannte Kind inzwischen volljährig geworden ist, an den EuGH gerichtet (BVerwG BeckRS 2020, 13324; 2020, 16716).

II. Ohne sorgeberechtigten Elternteil

6   Die Einschränkung, dass ein Nachzugsanspruch nur besteht, wenn sich kein personensorgeberechtigter Elternteil im Bundesgebiet aufhält, findet eine Entsprechung in Art. 2 lit. f Familienzusammenführungs-RL, wonach eine Person nur so lange als „unbegleiteter" Minderjähriger anzusehen ist, als sie sich „nicht tatsächlich in der Obhut" eines für sie verantwortlichen Erwachsenen befindet. Die Regelung ist auch insoweit mit Unionsrecht vereinbar, als sie einem Elternteil den Nachzug zu einem minderjährigen Kind verwehrt, wenn sich bereits ein personensorgeberechtigter Elternteil im Bundesgebiet aufhält (BVerwG BeckRS 2019, 18155; OVG Bln–Bbg BeckRS 2018, 39348). Der Nachzugsanspruch greift unter anderem dann nicht, wenn ein Elternteil mit dem Minderjährigen nach Deutschland eingereist ist oder ihn dort in Empfang genommen hat. Die **Bestellung eines Vormunds** reicht nicht aus (NK-AuslR/Oberhäuser Rn. 10).

7   Bei richtlinienkonformer Auslegung hält sich der Minderjährige auch dann ohne personensorgeberechtigten Elternteil im Bundesgebiet auf, wenn der betreffende Elternteil zwar anwesend ist, aber **nicht mit dem Minderjährigen zusammenlebt** oder **sich um ihn kümmert** (BeckOK AuslR/Tewocht Rn. 5; NK-AuslR/Oberhäuser Rn. 8).

Die Voraussetzung, dass sich kein sorgeberechtigter Elternteil im Bundesgebiet aufhält, ist auch 8
dann erfüllt, wenn ein Elternteil zeitgleich oder in unmittelbarem zeitlichem Zusammenhang mit
dem anderen Elternteil den Lebensmittelpunkt ins Bundesgebiet verlagert (Nr. 36.1.2 Aufenth-
GAVwV; BT-Drs. 16/5065, 176). Die effektive Durchsetzung des Minderjährigenschutzes nach
Art. 10 Abs. 3 lit. a Familienzusammenführungs-RL erfordert, dass die für den Familiennachzug
und die Visumerteilung zuständigen Behörden **den grundsätzlich beiden Eltern zustehenden
Nachzugsanspruch** nicht durch eine rechtswidrige Verwaltungspraxis vereiteln können. Das
wäre aber der Fall, wenn die Behörden ein Visum zum Familiennachzug nur einem Elternteil –
trotz gleichzeitiger Antragstellung beider Eltern – erteilten und dem anderen dann entgegenhalten
könnten, das Kind sei jetzt nicht mehr ohne elterlichen Beistand (BVerwG BeckRS 2013, 49802).

III. Nachzugsberechtigte

Einen Anspruch auf Erteilung einer Aufenthaltserlaubnis nach Abs. 1 haben ausschließlich die 9
Eltern des unbegleiteten Minderjährigen. Eltern oder Elternteil sind nur die **leiblichen
Eltern** des betroffenen Minderjährigen. Unter Umständen besteht auch ein Nachzugsanspruch
der **Adoptiveltern,** wenn es sich um eine Volladoption handelt, die zwischen dem Kind und
den Adoptiveltern ein Verwandtschaftsverhältnis iSd §§ 1754, 1755 BGB entstehen lässt (Hailbronner AuslR Rn. 7). Ob dies der Fall ist, bestimmt sich nach dem Recht des Staates, dem die Person
angehört, die das Kind aufnehmen will (Art. 22 EGBGB).

Die **Verlängerung** einer nach Abs. 1 erteilten Aufenthaltserlaubnis ist nicht gesondert geregelt. 10
Die **Anwendung des § 8 Abs. 1** würde dazu führen, dass eine Verlängerung nicht mehr in
Betracht käme, weil der Minderjährige nach der Erteilung der Aufenthaltserlaubnis nicht mehr
unbegleitet ist und nach Vollendung des 18. Lebensjahres keine Verlängerung mehr möglich
wäre. Nach überwiegender Meinung dürfen daher die Tatbestandsmerkmale „unbegleitet" und
„minderjährig" nicht zur Voraussetzung für einen Verlängerungsanspruch gemacht
werden (NK-AuslR/Oberhäuser Rn. 13; GK-AufenthG/Marx Rn. 27).

Fraglich ist, ob den Eltern entgegengehalten werden kann, dass sie die **illegale Einreise des** 11
Minderjährigen veranlasst haben, um sich einen Nachzugsanspruch zu sichern (OVG Bln-Bgb
BeckRS 2013, 45981; Hailbronner AuslR Rn. 8b).

IV. Absehen von den allgemeinen Erteilungsvoraussetzungen

Für den Nachzug der Eltern sind die **Sicherung des Lebensunterhalts und ausreichender** 12
Wohnraum keine Erteilungsvoraussetzungen. Auf die Erteilung der Aufenthaltserlaubnis
besteht ein Anspruch, sodass auch von den **Voraussetzungen der § 5 Abs. 2 abgesehen** werden
kann. Die übrigen Erteilungsvoraussetzungen der § 5 Abs. 1 müssen erfüllt sein (Nr. 36.1.1
AufenthGAVwV). Zu beachten ist allerdings **§ 27 Abs. 3 S. 2** (→ § 27 Rn. 40), wonach vom
Vorliegen des § 5 Abs. 1 Nr. 2 abgesehen werden kann (GK-AufenthG/Marx Rn. 15).

V. Geschwisternachzug

Der **Nachzug von Geschwistern** folgt den allgemeinen Regeln des Familiennachzugs. 13
Anknüpfungspunkt für einen Nachzug der Geschwister nach **§ 32 Abs. 1** (→ § 32 Rn. 3 ff.) ist
die Aufenthaltserlaubnis der Eltern nach Abs. 1. Insoweit ist es bereits ausreichend, dass die Eltern
ein Visum für eine Aufenthaltserlaubnis nach Abs. 1 besitzen (OVG Bln-Bbg BeckRS 2016,
111065). Allerdings müssen für den Geschwisternachzug die **allgemeinen Erteilungsvoraussetzungen des § 5** erfüllt sein. Die Beantwortung der Frage, ob beim Kindernachzug **ausnahmsweise von dem Erfordernis der Lebensunterhaltssicherung abgesehen** werden kann, richtet
sich in Fällen des Geschwisternachzugs zu einem unbegleiteten Minderjährigen neben der **Situation im Herkunftsland** unter anderem nach dem **Zweck der den Eltern erteilten Aufenthaltserlaubnis** und ihrem weiteren, einen Kindernachzug vermittelnden (sicheren) **Bleiberecht
im Bundesgebiet** (OVG Bln-Bbg BeckRS 2016, 52927; 2016, 52489). Ist dieses Bleiberecht
zeitlich eng begrenzt, erscheint es auch unter Berücksichtigung von Art. 6 Abs. 1 GG bzw. Art. 8
Abs. 1 EMRK, Art. 24 Abs. 2 und Abs. 3 GRCh schon deshalb regelmäßig nicht unverhältnismäßig, keine Ausnahme von der gebotenen Sicherung des Lebensunterhaltes anzunehmen, sofern
nicht die Würdigung der Umstände des Einzelfalles etwas anderes ergibt (OVG Bln-Bbg BeckRS
2016, 111065). Ein Ausnahmefall scheidet dann aus, wenn das Aufenthaltsrecht der Eltern in
absehbarer Zeit endet, weil der **minderjährige Flüchtling das 18. Lebensjahr vollendet.** Die
Eltern können sich insbesondere nicht darauf berufen, dass sie nach der Einreise Familienflücht-

lingsschutz nach § 26 AsylG erlangen können. Diesem Ergebnis stehen unionsrechtliche Vorschriften nicht entgegen (OVG Bln-Bbg BeckRS 2016, 110825).

14   Scheidet ein Geschwisternachzug nach § 32 Abs. 1 aus, kommt ein Nachzug nach **Abs. 2** in Betracht. Stammberechtigter ist in diesem Fall der Minderjährige selbst. Die Tatbestandsvoraussetzungen des Abs. 2 müssen erfüllt sein. Für die **Berücksichtigung nicht familienbezogener, die allgemeine Lage im Herkunftsstaat betreffender Gesichtspunkte** ist im Rahmen des Tatbestandsmerkmals der außergewöhnlichen Härte grundsätzlich kein Raum (OVG Bln-Bbg BeckRS 2017, 104412).

C. Nachzug sonstiger Familienangehöriger (Abs. 2)

I. Sonstige Familienangehörige

15   Abs. 2 regelt die Erteilung einer Aufenthaltserlaubnis an Familienangehörige, die **nicht von §§ 29–33 erfasst** werden (Nr. 36.2.0 AufenthGAVwV). In Betracht kommen **volljährige ledige Kinder, Großeltern, Onkel, Tanten Neffen, Nichten, Schwägerinnen und Schwager sowie Pflegekinder** (zu den einzelnen Fallgruppen vgl. NK-AuslR/Oberhäuser Rn. 20 ff.; GK-AufenthG/Marx Rn. 51–66). Die familiäre Beziehung kann auch durch Adoption vermittelt sein (BeckOK AuslR/Tewocht Rn. 8). Die Anwendung des Abs. 2 S. 1 auf einen Elternteil scheitert nicht daran, dass die Kinder einen Aufenthaltstitel nach Abs. 1 besitzen und sich der andere personensorgeberechtigte Elternteil bereits mit den Kindern im Bundesgebiet aufhält, Abs. 1 hat insoweit keine Ausschließlichkeitsfunktion (OVG Bln-Bbg BeckRS 2018, 39348).

16   Strittig ist, ob auch **verheiratete Kinder** für den Nachzug nach Abs. 2 in Betracht kommen (abl. Nr. 36.2.1.4.2 AufenthGAVwV, GK-AufenthG/Marx Rn. 31). Ehegatten oder minderjährige Kinder, die nach §§ 28–35 kein Aufenthaltsrecht erhalten, fallen grundsätzlich nicht in den Anwendungsbereich des Abs. 2 (Bergmann/Dienelt/Dienelt Rn. 17; GK-AufenthG/Marx Rn. 31).

II. Außergewöhnliche Härte

17   Der Nachzug sonstiger Familiengehöriger ist auf Fälle einer **außergewöhnlichen Härte,** dh auf **seltene Ausnahmefälle** (OVG Bln-Bbg BeckRS 2020, 34851; 2019, 33029) beschränkt, in denen die Verweigerung des Aufenthaltsrechts und damit der Familieneinheit im Lichte des Art. 6 Abs. 1 und Abs. 2 GG, Art. 8 EMRK grundlegenden Gerechtigkeitsvorstellungen widerspräche, also schlechthin **unvertretbar** wäre (zur Auslegung des Tatbestandsmerkmals im Lichte von Art. 3 Abs. 2 Freizügigkeits-RL, wenn der Nachziehende nicht Familienangehöriger iSd § 2 Abs. 2 FreizügG/EU ist, s. HmbOVG BeckRS 2019, 21053).

18   Eine außergewöhnliche Härte in diesem Sinne setzt grundsätzlich voraus, dass der schutzbedürftige Familienangehörige **ein eigenständiges Leben nicht führen kann,** sondern auf **die Gewährung familiärer Lebenshilfe dringend angewiesen** ist (zB infolge einer besonderen Betreuungsbedürftigkeit), und dass diese **Hilfe in zumutbarer Weise nur in Deutschland erbracht werden** kann (HessVGH BeckRS 2021, 11286). Ob dies der Fall ist, kann nur unter Berücksichtigung aller im **Einzelfall** relevanten, auf die Notwendigkeit der Herstellung oder Erhaltung der Familiengemeinschaft bezogenen **konkreten Umstände** beantwortet werden. Die spezifische Angewiesenheit auf familiäre Hilfe in Deutschland als Voraussetzung für den Nachzug sonstiger Familienangehöriger stellt eine höhere Hürde dar als die in den §§ 28–30, 32, 33 und 36 Abs. 1 geregelten Voraussetzungen für den Nachzug von Kindern, Eltern oder Ehegatten, weil sie eine gesonderte Begründung dafür verlangt, dass die Herstellung der Familieneinheit außerhalb der Bundesrepublik Deutschland unzumutbar wäre (BVerwG BeckRS 2013, 51920). Dies folgt im Übrigen auch aus dem Umstand, dass bei dem Ehegatten- und Kindernachzug (§ 30 Abs. 2 und § 31 Abs. 2 bzw. § 32 Abs. 4) die Erteilung einer Aufenthaltserlaubnis in Fällen, in denen die Tatbestandsvoraussetzungen der jeweiligen Norm nicht erfüllt sind, schon zur Vermeidung einer besonderen Härte, also bei drohender erheblicher Beeinträchtigung schutzwürdiger Belange (vgl. § 31 Abs. 2 S. 2), in Betracht kommt (BVerwG BeckRS 2014, 45002).

19   Bei **Minderjährigen** sind das **Wohl des Kindes** und dessen **Lebensalter** vorrangig zu berücksichtigen. Auch Besonderheiten, die sich aus einer als „**Patchwork-Familie**" bezeichneten Konstellation ergeben, müssen sorgfältig ermittelt und mit ihrem zukommenden Gewicht berücksichtigt werden (HessVGH BeckRS 2021, 11286). Der Verlust eines Anspruchs auf Erteilung einer Aufenthaltserlaubnis zum Kindernachzug infolge einer **Überschreitung der Altersgrenze** für den Nachzug stellt grundsätzlich **keinen Härtefall** dar (Nr. 36.2.2.2 AufenthGAVwV).

20   Umstände, die sich aus den **allgemeinen Lebensverhältnissen im Herkunftsland** des nachziehenden Familienangehörigen ergeben, können **nicht berücksichtigt** werden. Keinen Härtefall

begründen zB **ungünstige schulische, wirtschaftliche, soziale und sonstige Verhältnisse im Heimatstaat.** Ebenso wenig sind **politische Verfolgungsgründe** maßgebend. Dringende humanitäre Gründe, die nicht auf der Trennung der Familienangehörigen beruhen, sind nur im Rahmen **humanitärer Aufenthaltsgewährung** zu berücksichtigen (§§ 22 ff.) und begründen keinen Härtefall (Nr. 36.2.2.3 AufenthGAVwV).

Die Herstellung der familiären Lebensgemeinschaft mit einem im Bundesgebiet lebenden Ange- **21** hörigen ist im Allgemeinen nicht zur Vermeidung einer außergewöhnlichen Härte erforderlich, wenn **im Ausland andere Familienangehörige leben,** die zur Betreuung und Erziehung in der Lage sind. Dies ist bei einem Nachzug volljähriger Kinder und volljähriger Adoptivkinder zu den Eltern, beim Nachzug von Eltern zu volljährigen Kindern, beim Enkelnachzug und dem Nachzug von Kindern zu Geschwistern besonders zu prüfen (Nr. 36.2.2.4 AufenthGAVwV).

Die **Betreuungsbedürftigkeit von minderjährigen Kindern** im Bundesgebiet stellt für sich **22** allein **keinen außergewöhnlichen Härtefall** dar. Ein Zuzug sonstiger Familienangehöriger zur Kinderbetreuung kommt danach grundsätzlich nicht in Betracht, wenn die Eltern die Kinderbetreuung nicht selbst übernehmen können, weil sie zB beide (ganztägig) erwerbstätig sind. Soweit eine außergewöhnliche Härte angenommen werden kann (zB ein Elternteil kann infolge einer schweren Erkrankung die Kinder nicht mehr betreuen, ein Elternteil ist verstorben), ist zu prüfen, ob der Zuzug sonstiger Verwandter zwingend erforderlich ist oder ob nicht, wenn sich der Ausländer bereits in Deutschland aufhält, eine **Aufenthaltserlaubnis für einen vorübergehenden Aufenthalt nach § 25 Abs. 4 S. 1 ausreichend** ist (Nr. 36.2.2.7 AufenthGAVwV).

Der Nachweis dafür, dass er ein eigenständiges Leben nicht führen kann und auf die Gewährung **23** familiärer Lebenshilfe dringend angewiesen ist, obliegt dem Antragsteller (OVG Bln-Bbg BeckRS 2017, 105090; → Rn. 23.1).

Überträgt ein deutsches Familiengericht aus Gründen des Kindeswohls für ein im Bundesgebiet gebore- **23.1** nes und aufwachsendes ausländisches Kind die elterliche Sorge auf den im Ausland lebenden nichtehelichen Vater, so ist eine außergewöhnliche Härte iSd Abs. 2 S. 1 und das Vorliegen einer familiären Lebensgemeinschaft nicht von vornherein zu verneinen, wenn sich das Kind vorübergehend in einer intensiven sozialpädagogischen Einzelbetreuung nach § 35 SGB VIII im Ausland befindet (VGH BW BeckRS 2016, 54428).

III. Allgemeine Erteilungsvoraussetzungen

Neben den Tatbestandsvoraussetzungen des S. 1 müssen auch die **allgemeinen Erteilungsvo- 24 raussetzungen des § 5** und die **besonderen Erteilungsvoraussetzungen der §§ 27 und 29** vorliegen, dh insbesondere, dass der Nachzug zur Herstellung einer familiären Lebensgemeinschaft erfolgt, der Lebensunterhalt gesichert sowie ausreichender Wohnraum vorhanden ist (BVerwG BeckRS 2019, 18155; OVG Bln-Bbg BeckRS 2018, 39348 mwN). Zu beachten ist, dass davon teilweise nach Ermessen (§ 27 Abs. 3 S. 2, → § 27 Rn. 37 ff.) oder in atypischen Fällen abgewichen werden kann.

IV. Ermessen

Sind die Tatbestandsvoraussetzungen des S. 1 und die allgemeinen Erteilungsvorsetzungen **25** erfüllt, entscheidet die Ausländerbehörde nach **Ermessen** (Bergmann/Dienelt/Dienelt Rn. 54; aA GK-AufenthG/Marx Rn. 69, wonach das Vorliegen der allgemeinen Erteilungsvoraussetzungen im Rahmen der Ermessensausübung zu prüfen sind).

Im Rahmen des Ermessens sind die widerstreitenden Interessen zu gewichten und gegeneinan- **26** der abzuwägen. Insoweit ist von einem **indizierten Ermessen** auszugehen, weil diese Prüfung bereits im Rahmen der außergewöhnlichen Härte vorgenommen wurde (GK-AufenthG/Marx Rn. 67). Zu berücksichtigen sind ferner **Art. 6 GG und Art. 8 EMRK** (BeckOK AuslR/ Tewocht Rn. 10).

V. Nachzug zu EU-Bürgern

Das FreizügG/EU enthält keine Regelung zum Nachzug von **drittstaatsangehörigen Famili- 27 enangehörigen, die nicht unter § 3 Abs. 2 FreizügG/EU fallen.** Die Mitgliedstaaten müssen daher eine Regelung vorsehen, die sicherstellt, dass Familienangehörige, die keinen Nachzugsanspruch nach EU-Recht haben, eine Entscheidung über ihren Antrag erhalten, die auf einer eingehenden Untersuchung ihrer persönlichen Umstände beruht und im Falle der Ablehnung begründet wird (EuGH NVwZ 2012, 1532; zur richtlinienkonformen Auslegung von Abs. 2 S. 1 Bergmann/ Dienelt/Dienelt Rn. 59; BeckOK AuslR/Tewocht Rn. 13; OVG Bln-Bbg BeckRS 2016, 55571).

28   Ein Nachzugsanspruch unmittelbar aus Art. 3 Abs. 2 S. 1 lit. a Freizügigkeits-RL besteht nicht.

D. Eigenständiges Aufenthaltsrecht

29   **Volljährige** erwerben ein vom Familiennachzug losgelöstes eigenständiges Aufenthaltsrecht nach **§ 30 Abs. 3** (→ § 30 Rn. 36), **§ 31 analog**, dh regelmäßig nach einem dreijährigen Aufenthalt oder dem Tod des Stammberechtigten. Auch die **Härtefallgründe des § 31 Abs. 2** (→ § 31 Rn. 23) sind anzuwenden (NK-AuslR/Oberhäuser Rn. 40). Das eigenständige Aufenthaltsrecht entsteht mit der Aufhebung der familiären Lebensgemeinschaft (Bergmann/Dienelt/Dienelt Rn. 67) bzw. dem Wegfall der außergewöhnlichen Härtesituation.

30   Der Verweis auf **§ 30 Abs. 3** bedeutet, dass eine nach Abs. 2 erteilte Aufenthaltserlaubnis abweichend vom Erfordernis der Sicherung des Lebensunterhalts und des Wohnraumnachweises verlängert werden kann, solange das die familiäre Lebensgemeinschaft besteht.

31   Der **Minderjährige** erwirbt das eigenständige Aufenthaltsrecht nach **§ 34 analog** mit dem Eintritt der Volljährigkeit, der Erteilung einer Niederlassungserlaubnis oder der Verlängerung einer Aufenthaltserlaubnis nach § 34 Abs. 2 iVm § 37.

32   Art. 15 Familienzusammenführungs-RL ist im Wege einer richtlinienkonformen Anwendung des Abs. 2 S. 2 zu berücksichtigen.

§ 36a Familiennachzug zu subsidiär Schutzberechtigten

(1) [1]Dem Ehegatten oder dem minderjährigen ledigen Kind eines Ausländers, der eine Aufenthaltserlaubnis nach § 25 Absatz 2 Satz 1 zweite Alternative besitzt, kann aus humanitären Gründen eine Aufenthaltserlaubnis erteilt werden. [2]Gleiches gilt für die Eltern eines minderjährigen Ausländers, der eine Aufenthaltserlaubnis nach § 25 Absatz 2 Satz 1 zweite Alternative besitzt, wenn sich kein personensorgeberechtigter Elternteil im Bundesgebiet aufhält; § 5 Absatz 1 Nummer 1 und § 29 Absatz 1 Nummer 2 finden keine Anwendung. [3]Ein Anspruch auf Familiennachzug besteht für den genannten Personenkreis nicht. [4]Die §§ 22, 23 bleiben unberührt.

(2) [1]Humanitäre Gründe im Sinne dieser Vorschrift liegen insbesondere vor, wenn
1. die Herstellung der familiären Lebensgemeinschaft seit langer Zeit nicht möglich ist,
2. ein minderjähriges lediges Kind betroffen ist,
3. Leib, Leben oder Freiheit des Ehegatten, des minderjährigen ledigen Kindes oder der Eltern eines minderjährigen Ausländers im Aufenthaltsstaat ernsthaft gefährdet sind oder
4. der Ausländer, der Ehegatte oder das minderjährige ledige Kind oder ein Elternteil eines minderjährigen Ausländers schwerwiegend erkrankt oder pflegebedürftig im Sinne schwerer Beeinträchtigungen der Selbstständigkeit oder der Fähigkeiten ist oder eine schwere Behinderung hat. Die Erkrankung, die Pflegebedürftigkeit oder die Behinderung sind durch eine qualifizierte Bescheinigung glaubhaft zu machen, es sei denn, beim Familienangehörigen im Ausland liegen anderweitige Anhaltspunkte für das Vorliegen der Erkrankung, der Pflegebedürftigkeit oder der Behinderung vor.
[2]Monatlich können 1 000 nationale Visa für die Aufenthaltserlaubnis nach Absatz 1 Satz 1 und 2 erteilt werden. Das Kindeswohl ist besonders zu berücksichtigen. [3]Bei Vorliegen von humanitären Gründen sind Integrationsaspekte besonders zu berücksichtigen.

(3) Die Erteilung einer Aufenthaltserlaubnis nach Absatz 1 Satz 1 oder Satz 2 ist in der Regel ausgeschlossen, wenn
1. im Fall einer Aufenthaltserlaubnis nach Absatz 1 Satz 1 erste Alternative die Ehe nicht bereits vor der Flucht geschlossen wurde,
2. der Ausländer, zu dem der Familiennachzug stattfinden soll,
    a) wegen einer oder mehrerer vorsätzlicher Straftaten rechtskräftig zu einer Freiheitsstrafe von mindestens einem Jahr verurteilt worden ist,
    b) wegen einer oder mehrerer vorsätzlicher Straftaten gegen das Leben, die körperliche Unversehrtheit, die sexuelle Selbstbestimmung, das Eigentum oder wegen Widerstands gegen Vollstreckungsbeamte rechtskräftig zu einer Freiheits- oder Jugendstrafe verurteilt worden ist, sofern die Straftat mit Gewalt, unter Anwendung von Drohung mit Gefahr für Leib oder Leben oder mit List begangen wor-

den ist oder eine Straftat nach § 177 des Strafgesetzbuches ist; bei serienmäßiger Begehung von Straftaten gegen das Eigentum gilt dies auch, wenn der Täter keine Gewalt, Drohung oder List angewendet hat,

c) wegen einer oder mehrerer vorsätzlicher Straftaten rechtskräftig zu einer Jugendstrafe von mindestens einem Jahr verurteilt und die Vollstreckung der Strafe nicht zur Bewährung ausgesetzt worden ist, oder

d) wegen einer oder mehrerer vorsätzlicher Straftaten nach § 29 Absatz 1 Satz 1 Nummer 1 des Betäubungsmittelgesetzes rechtskräftig verurteilt worden ist,

3. hinsichtlich des Ausländers, zu dem der Familiennachzug stattfinden soll, die Verlängerung der Aufenthaltserlaubnis und die Erteilung eines anderen Aufenthaltstitels nicht zu erwarten ist, oder

4. der Ausländer, zu dem der Familiennachzug stattfinden soll, eine Grenzübertrittsbescheinigung beantragt hat.

(4) § 30 Absatz 1 Satz 1 Nummer 1, Absatz 2 Satz 1 und Absatz 4 sowie § 32 Absatz 3 gelten entsprechend.

(5) § 27 Absatz 3 Satz 2 und § 29 Absatz 2 Satz 2 Nummer 1 finden keine Anwendung.

Überblick

§ 36a regelt, unter welchen Voraussetzungen ab dem 1.8.2018 ausländische Familienangehörige der Kernfamilie zu subsidiär Schutzberechtigten in das Bundesgebiet nachziehen können. Nachzugsberechtigt sind nur Ehepartner, Eltern minderjähriger Ausländer und minderjährige ledige Ausländer (Abs. 1, → Rn. 2 ff.). Die Aufenthaltserlaubnis kann aus humanitären Gründen erteilt werden. Beispiele für das Vorliegen humanitärer Gründe finden sich in Abs. 2 (→ Rn. 8 ff.). Die Zahl der erteilten Aufenthaltserlaubnisse wird auf monatlich 1.000 beschränkt (→ Rn. 16 f.). Bei der Auswahlentscheidung sind das Kindeswohl (→ Rn. 18) und Integrationsaspekte (→ Rn. 19) besonders zu berücksichtigen. Abs. 3 bestimmt Regelausschlussgründe für den Familiennachzug aus überwiegend schutzwürdigen Interessen der Bundesrepublik (→ Rn. 23 ff.). Abs. 4 und Abs. 5 treffen Regelungen für die entsprechende Anwendung bzw. die Nichtanwendung bestimmter Vorschriften aus dem 6. Abschnitt des AufenthG (→ Rn. 28 ff.).

Übersicht

A. Entstehungsgeschichte

Die Vorschrift wurde mit dem Gesetz zur Neuregelung des Familiennachzugs zu subsidiär **1** Schutzberechtigten (v. 12.7.2018, BGBl. I 1174) in das AufenthG eingefügt. Der Familiennachzug war mit dem Gesetz zur Einführung beschleunigter Asylverfahren (v. 11.3.2016, BGBl. I 390) zunächst bis 16.3.2018 ausgesetzt worden (§ 104 Abs. 13). Mit dem Gesetz zur Verlängerung der Aussetzung des Familiennachzugs (v. 8.3.2018, BGBl. I 342) blieb der Familiennachzug bis 31.7.2018 ausgesetzt. Zugleich wurde aber bestimmt, dass ab dem 1.8.2018 ein Familiennachzug zu subsidiär Schutzberechtigten aus humanitären Gründen für 1.000 Personen pro Monat gewährt wird. Das Nähere sollte durch ein Bundesgesetz geregelt werden. Das Gesetz zur Neuregelung des Familiennachzugs zu subsidiär Schutzberechtigten dient dieser Neuregelung. § 36a regelt, unter welchen Voraussetzungen ein Familiennachzug zu subsidiär Schutzberechtigten stattfinden kann.

B. Aufenthaltserlaubnis (Abs. 1)

I. Nachzugsberechtigte

2   Nachzugsberechtigt sind nur **Angehörige der Kernfamilie, dh Ehepartner, Eltern minderjähriger Ausländer und minderjährige ledige Ausländer.** Sonstige Familienangehörige, einschließlich Geschwister, fallen nicht in den Anwendungsbereich der Neuregelung. In der Rechtsprechung ist noch nicht geklärt, ob „kann" als Befugnisnorm oder als Ermessensreglung zu verstehen ist (Thym NVwZ 2018, 1340; VG Berlin BeckRS 2020, 3174; 2019, 35381).

2.1   Ausschlaggebend für die Minderjährigkeit des nachziehenden ledigen Kindes ist der Zeitpunkt der Antragstellung für die Erteilung der Aufenthaltserlaubnis (VG Berlin BeckRS 2019, 35381).

3   Dem Gesetzgeber steht ein Gestaltungsspielraum zu, in welchem Rahmen ein Familiennachzug stattfinden soll. Dies gilt auch für subsidiär Schutzberechtigte vor dem Hintergrund der zunächst befristet erteilten Aufenthaltserlaubnis (→ Rn. 3.1). Dabei hat der Gesetzgeber die verfassungsrechtlich geschützten Rechtsgüter von Ehe und Familie auf der einen Seite und die Integrations- und Aufnahmefähigkeit des Staates und der Gesellschaft und das daraus folgende legitime Interesse an einem gesteuerten und geordneten Zuzug von Ausländern auf der anderen Seite zu berücksichtigen (→ Rn. 3.2).

3.1   Eine Verlängerung der einem Elternteil eines minderjährigen subsidiären Schutzberechtigten erteilten Aufenthaltserlaubnis kommt nach Erreichen von dessen Volljährigkeit nicht in Betracht, weil ein Verweis wie in § 36 Abs. 2 S. 2 fehlt (VG Berlin BeckRS 2019, 10283). Ein Widerspruch zu Unionsrecht besteht insoweit nicht, weil die Familienzusammenführungs-RL (RL 2003/86/EG v. 22.9.2003, ABl. 2003 L 251, 12) nicht auf subsidiär Schutzberechtigte Anwendung findet, sondern nur für GFK-Flüchtlinge gilt (Thym NVwZ 2018, 1340; EuGH BeckRS 2018, 27514).

3.2   Die Aussetzung des Familiennachzugs zu subsidiär Schutzberechtigten bis 1.8.2018 verstößt weder gegen Art. 6 GG noch gegen Unionsrecht oder die UN-Kinderrechtskonvention (OVG Bln-Bbg BeckRS 2020, 34851 mwN). Die Familienzusammenführungs-RL betrifft allein den Elternnachzug zu minderjährigen Flüchtlingen.

II. Humanitäre Gründe

4   Für die Erteilung einer Aufenthaltserlaubnis zum Familiennachzug relevante humanitäre Aspekte können sowohl **in der Person des im Bundesgebiet aufhältigen subsidiär Schutzberechtigten** als auch in **der Person des im Ausland befindlichen Familienangehörigen** vorliegen. Näheres ergibt sich aus **Abs. 2.** Unklar bleibt allerdings, ob die humanitären Gründe **Tatbestandsvoraussetzung** für die Erteilung der Aufenthaltserlaubnis sein oder lediglich die **Ermessensausübung** leiten sollen. Bedeutung erlangt dies im Rahmen der gerichtlichen Überprüfung der getroffenen Auswahlentscheidung, weil eine Ermessensentscheidung nur in den Grenzen des § 114 VwGO überprüfbar ist, während die Tatbestandsvoraussetzungen einer Norm der vollen gerichtlichen Überprüfung unterliegen.

III. Kein individueller Anspruch subsidiär Schutzberechtigter auf Familienzusammenführung (S. 3)

5   Mit dieser Bestimmung stellt der Gesetzgeber klar, dass **ein individueller Anspruch subsidiär Schutzberechtigter auf Familienzusammenführung** in einen bestimmten Staat **nicht besteht.** Aus Art. 8 EMRK und anderen völkerrechtlichen Verträgen lässt sich kein Recht eines Drittstaatsangehörigen auf Einreise und Aufenthalt in einen bestimmten Staat ableiten, auch besteht keine Pflicht des Staates, einen solchen Aufenthalt zu legalisieren und eine entsprechende Aufenthaltserlaubnis zu erteilen. Das Recht auf Familienleben der Betroffenen und das Interesse des Staats an der Steuerung der Zuwanderung sind in Ausgleich zu bringen (BT-Drs. 19/2438, 2 f.). Gemeint ist damit wohl, dass ein gebundener Anspruch auf Erteilung einer Aufenthaltserlaubnis nicht besteht, jedoch ein Anspruch auf ermessensfehlerfreie Entscheidung aufgrund humanitärer Gründe und unter besonderer Würdigung der individuellen Integrationsbemühungen.

IV. Allgemeine Erteilungsvoraussetzungen

6   Die allgemein für den Familiennachzug geltenden Vorschriften (§§ 27, 29, 31, 33, 34, 35 und 36 Abs. 2) finden auch iRd § 36a Anwendung, sofern sie nicht ausdrücklich ausgeschlossen sind.

Die Nichtanwendbarkeit von § 5 Abs. 1 Nr. 1 und § 29 Abs. 1 Nr. 2 (S. 3) entspricht der Regelung in § 36 Abs. 1, nach der für den Elternnachzug weder der Lebensunterhalt zu sichern ist noch ausreichend Wohnraum zur Verfügung stehen muss. Für den Ehegatten- und Kindernachzug gilt dies bereits nach § 29 Abs. 2 S. 1, sodass insofern keine gesonderte Regelung erforderlich ist.

V. Anwendbarkeit von §§ 22 und 23

Insbesondere **aus dringenden humanitären Gründen** kann **darüber hinaus** im Einzelfall **7** auch **Angehörigen der Kernfamilie subsidiär Schutzberechtigter** eine Aufenthaltserlaubnis nach § 22 S. 1 erteilt werden. Dies ist anzunehmen, wenn die Aufnahme des Familienangehörigen sich aufgrund des Gebotes der Menschlichkeit aufdrängt und eine Situation vorliegt, die ein Eingreifen zwingend erforderlich macht (→ § 22 Rn. 7). Dies gilt zB beim Bestehen einer erheblichen und unausweichlichen Gefahr für Leib und Leben des Familienangehörigen im Ausland. Die dringenden humanitären Gründe iSd § 22 können sowohl beim bereits im Bundesgebiet befindlichen subsidiär Schutzberechtigten als auch beim im Ausland befindlichen Familienangehörigen vorliegen. Weiterhin bleibt die Möglichkeit einer Aufenthaltsgewährung aufgrund von Programmen des Bundes oder der Länder gem. § 23 bestehen.

C. Humanitäre Gründe (Abs. 2)

Humanitäre Gründe können aus unterschiedlichen Konstellationen resultieren, eine abschlie- **8** ßende Aufzählung ist nicht möglich. Für den Familiennachzug zu subsidiär Schutzberechtigten werden aus Gründen der Rechtssicherheit und Rechtsklarheit **beispielhaft die wichtigsten Fallgruppen im Gesetzestext** genannt. Die in § 36a vorgenommene Aufzählung stellt jedoch **keine Legaldefinition** für an anderen Stellen des AufenthG relevante „humanitäre Gründe" dar (insbesondere § 22, § 25 Abs. 4).

I. Fallgruppen „humanitärer Gründe"

Nr. 1: Ein humanitärer Grund resultiert aus der Dauer der Trennung. Anknüpfungspunkt für **9** die Bestimmung der **Dauer der Trennungszeit** ist in der Regel das **Stellen des Asylantrages durch den im Bundesgebiet lebenden des subsidiär Schutzberechtigten.** Die Herstellung der familiären Lebensgemeinschaft ist seit langer Zeit insbesondere dann nicht möglich, wenn die Familienzusammenführung in einem Drittstaat wegen der fehlenden Möglichkeit der legalen Einreise des subsidiär Schutzberechtigten in den Drittstaat nicht möglich oder aus anderen Gründen unzumutbar ist. Gründe für die Unzumutbarkeit liegen zB vor, wenn die Bleibeperspektive im Drittstaat unsicher ist, weil zu erwarten ist, dass der Ausländer keine Aufenthaltserlaubnis erhalten wird oder keine Möglichkeit der Erwerbstätigkeit besteht oder die Lebensumstände im Drittstaat einen weiteren Aufenthalt unzumutbar machen (BT-Drs. 19/2438, 23).

Nr. 2: Die Bestimmung der Minderjährigkeit richtet sich nach deutschem Recht, § 80 Abs. 1 **10** und Abs. 3 S. 1. Ein Ausländer ist minderjährig, solange er das 18. Lebensjahr nicht vollendet hat.

Nr. 3: Leib, Leben oder Freiheit des Familienangehörigen muss **im Aufenthaltsstaat ernst- 11 haft gefährdet** sein. Eine solche Gefährdung kann sich zB aus drohender Gewalt, drohender Rekrutierung als Kindersoldat, drohendem Menschen- oder Kinderhandel oder drohender Zwangsheirat ergeben.

Nr. 4: Ausgangspunkt für die Entscheidung über die Schwere einer Erkrankung oder Pflegebe- **12** dürftigkeit muss sein, dass sie jedenfalls **nicht nur vorübergehender Natur** und **nicht im Staat des gewöhnlichen Aufenthalts im Ausland behandelbar** sein darf. Es geht um die Fälle einer gesundheitlichen Einschränkung oder eines pflegerischen Hilfebedarfs, in denen es angesichts der Schwere des Falles geboten erscheint, die Familienangehörigen zusammenzuführen.

Eine **Krankheit ist schwerwiegend,** wenn sie **lebensbedrohlich** ist oder aufgrund der **13** Schwere der durch sie verursachten Gesundheitsstörung **die Lebensqualität auf Dauer nachhaltig beeinträchtigt.**

Pflegebedürftig im Sinne des deutschen Rechts sind Personen, die auf Dauer, voraussichtlich **14** für mindestens sechs Monate, **gesundheitlich bedingte Beeinträchtigungen der Selbstständigkeit oder der Fähigkeiten** aufweisen und deshalb der **Hilfe durch andere** bedürfen. Maßgeblich für das Vorliegen von gesundheitlich bedingten Beeinträchtigungen der Selbstständigkeit oder der Fähigkeiten sind die in den Bereichen Mobilität, kognitive und kommunikative Fähigkeiten, Verhaltensweisen und psychische Problemlagen, Selbstversorgung, Bewältigung von und selbstständiger Umgang mit krankheits- oder therapiebedingten Anforderungen und Belastungen und Gestaltung des Alltagslebens und sozialer Kontakte in § 14 Abs. 2 SGB XI genannten pflegefachlich begründeten Kriterien (BT-Drs. 19/2438, 23).

15   Der Gesetzgeber geht hier davon aus, dass mindestens schwere Beeinträchtigungen der Selbstständigkeit oder der Fähigkeiten in den genannten Bereichen (entsprechend dem Pflegegrad 3 oder höher) einen humanitären Grund darstellen, der den Familiennachzug rechtfertigen kann. Hinsichtlich der **Anforderungen an eine qualifizierte Bescheinigung wird die Regelung des § 60a Abs. 2c S. 3 entsprechend** herangezogen. Für die Einschätzung der Pflegebedürftigkeit sind die Beeinträchtigungen der Selbstständigkeit oder der Fähigkeiten mit Angabe der entsprechenden Schwere anzugeben. Für den **im Ausland** den Antrag auf Familiennachzug stellenden Familienangehörigen können anderweitige Anhaltspunkte für eine schwerwiegende Erkrankung, eine schwere Beeinträchtigung der Selbstständigkeit oder der Fähigkeiten oder eine schwere Behinderung ausreichen. In diesen Fällen ist durch die **Auslandsvertretung eine Bewertung dazu abzugeben,** ob aufgrund der Situation **vor Ort die Krankheit behandelt oder der notwendige Pflegebedarf gesichert werden kann.** Eine schwere Behinderung liegt vor, wenn aufgrund der Schwere der durch sie verursachten Teilhabestörung die Lebensqualität auf Dauer nachhaltig beeinträchtigt ist (BT-Drs. 19/2438, 23).

II. Begrenzung

16   Monatlich kann 1.000 Familienangehörigen von subsidiär Schutzberechtigten aus humanitären Gründen die legale Einreise zum Zwecke des Familiennachzugs in das Bundesgebiet ermöglicht werden. Für die Steuerung der monatlich 1.000 möglichen Einreisen wird auf die durch die Auslandsvertretungen ausgestellten Visa abgestellt. Problematisch ist diese Kontingentierung im Hinblick auf die zu erwartende deutlich höhere Anzahl von Visumanträgen als auch bezüglich der vom Bundesverwaltungsamt zu treffenden Auswahlentscheidung.

17   Ob humanitäre Gründe vorliegen, die zur Erteilung einer Aufenthaltserlaubnis nach § 36a führen können, stellt das Bundesverwaltungsamt im Rahmen des Visumverfahrens durch Prüfung aller relevanten Aspekte des jeweiligen Einzelfalls als intern rechtlich verbindlich fest.

III. Kindeswohl

18   Das Kindeswohl ist besonders zu berücksichtigen. Mit der Ratifizierung der UN-Kinderrechtskonvention (Übereinkommen über die Rechte des Kindes v. 20.11.1989) hat sich die Bundesrepublik Deutschland verpflichtet, in Anerkennung der dort geregelten Grundsätze zu handeln. Art. 3 Abs. 1 UN-Kinderrechtskonvention, Art. 10 UN-Kinderrechtskonvention sowie Art. 8 EMRK und Art. 24 Abs. 2 GRCh gebieten die besondere Beachtung des Kindeswohls. Aus diesen Regelungen leitet sich zwar für Minderjährige kein Anspruch auf Gewährung von Familiennachzug aus humanitären Gründen ab. Gleichwohl sind die Kindeswohlinteressen bei der Prüfung, ob Familiennachzug zu subsidiär Schutzberechtigten gewährt wird, von besonderer Relevanz. Bei der Prüfung schutzwürdiger Kindeswohlinteressen ist die **Unterkunfts-, Betreuungs- und Personensorgesituation des Minderjährigen zu berücksichtigen,** unabhängig davon, ob sich der Minderjährige im Bundesgebiet oder im Ausland aufhält. Dazu zählt, ob der Minderjährige ohne andere Familienangehörige in seiner räumlichen Nähe lebt, zu denen er ein vertrauensvolles Verhältnis hat und die ggf. bereits als Vormund bestellt sind. Hinsichtlich der **Dauer der Trennung des Minderjährigen von seinen Eltern** ist auch das kindliche Zeitempfinden zu berücksichtigen. Art. 9 UN-Kinderrechtskonvention findet Beachtung (BT-Drs. 19/2438). Nicht deutlich wird allerdings, auf welcher Entscheidungsebene das Kindeswohl besonders zu berücksichtigen ist: Verstärkt es das Gewicht der humanitären Gründe oder hat es erst Bedeutung bei der Auswahlentscheidung?

IV. Integrationsaspekte

19   Bei Vorliegen humanitärer Gründe sind Integrationsaspekte besonders zu berücksichtigen. Es kann sich hierbei um **Integrationsaspekte beim nachziehenden Familienangehörigen,** wie zB Kenntnisse der deutschen Sprache oder anderweitige Aspekte, die für eine positive Prognose einer gelingenden Integration sprechen, handeln. Zu den **Integrationsaspekten des subsidiär Schutzberechtigten** zählen insbesondere die **eigenständige Sicherung von Lebensunterhalt und Wohnraum** auch für den nachziehenden Familienangehörigen, besondere Fortschritte beim Erlernen der **deutschen Sprache, gesellschaftliches Engagement, ehrenamtliche Tätigkeit, das nachhaltige Bemühen um die Aufnahme einer Erwerbstätigkeit oder die Absolvie-**

rung einer Berufsausbildung. Zu berücksichtigen sind **Straftaten des subsidiär Schutzberechtigten unterhalb der in Abs. 3 Nr.** 2 **genannten Schwelle,** in besonderer Weise, wenn es sich um Intensiv- oder Mehrfachtäter handelt.

Ist bekannt, dass **die familiäre Lebensgemeinschaft im Bundesgebiet nicht fortgeführt** 20 werden soll, zB weil der subsidiär Schutzberechtigte den Nachzug des Familienangehörigen nicht befürwortet, kann dies insbesondere aus Kindeswohl- und Gewaltschutzgründen negativ berücksichtigt werden. Zudem kann berücksichtigt werden, ob die Unmöglichkeit der Familienzusammenführung im Drittstaat darauf zurückzuführen ist, dass eine gesicherte Erwerbstätigkeit und eine damit verbundene gesicherte Bleibeperspektive mit der Möglichkeit zur Familienzusammenführung aufgegeben wurden. Auch die Gründe der Trennung der Familie zu berücksichtigen.

V. Verfahren

Für die Erteilung des Visums ist die **Zustimmung der am vorgesehenen Aufenthaltsort** 21 **zuständigen Ausländerbehörde notwendig** (§ 31 Abs. 1 S. 1 Nr. 1 AufenthV). Von der Ausländerbehörde sind insbesondere die inlandsbezogenen Aspekte zu erheben. Eine Globalzustimmung nach § 32 AufenthV kann beim Familiennachzug zu subsidiär Schutzberechtigten nicht erteilt werden, da die Ausländerbehörden stets inlandsbezogene Aspekte der humanitären Gründe und Ausschlussgründe nach Abs. 3 zu prüfen haben.

Sofern Familiennachzug gewährt wird, erfolgt dieser **an den Wohnort des im Inland befind-** 22 **lichen subsidiär Schutzberechtigten.** Eine anderweitige örtliche Verteilung, ist aufgrund der Intention der Regelung – Herstellung der familiären Lebensgemeinschaft – nicht möglich.

D. Regelausschlussgründe (Abs. 3)

Abs. 3 bestimmt Regelausschlussgründe für den Familiennachzug aus überwiegenden schutz- 23 würdigen Interessen der Bundesrepublik Deutschland. Danach ist der Familiennachzug zu subsidiär Schutzberechtigten nach Abs. 1 in den nachfolgenden Fällen regelmäßig ausgeschlossen:

Nr. 1: Ehen, die nicht bereits vor der Flucht geschlossen wurden, berechtigen nicht 24 zum Ehegattennachzug zum subsidiär Schutzberechtigten. Anderes gilt für nach dem Verlassen des Herkunftslandes geborene Kinder. Eine Ehe ist nicht im Sinne des Regelausschlussgrundes „vor der Flucht geschlossen", wenn sie erst nach Verlassen des Herkunftslandes eingegangen wurde (BVerwG BeckRS 2020, 42606 → Rn. 24.1).

Eine Ausnahme von diesem Regelausschlussgrund liegt nicht nur in solchen Situationen vor, die ihren 24.1 Grund unmittelbar in der allgemeinen Lage im Herkunftsland des subsidiär Schutzberechtigten haben, sondern auch dann, wenn die für den Ausschluss der Erteilung einer Aufenthaltserlaubnis nach Abs. 1 herangezogenen Gründe einen Ausschluss nach Art und Reichweite nicht mehr rechtfertigen (BVerwG BeckRS 2020, 42606).

Nr. 2: Der Familiennachzug ist ausgeschlossen, wenn **derjenige, zu dem der Familiennach-** 25 **zug erfolgen soll, wegen einer schwerwiegenden Straftat verurteilt** worden ist. Die in dieser Vorschrift genannten Straftaten entsprechen weitgehend denjenigen, die ein **schwerwiegendes Ausweisungsinteresse** begründen (§ 54 Abs. 2 Nr. 1–3). Bei Nr. 2 lit. d kommt es darauf an, dass der Betroffene wegen einer oder mehrerer vorsätzlicher Straftaten nach § 29 Abs. 1 S. 1 Nr. 1 BtMG verurteilt worden ist. Für den Nachzug zu Gefährdern gilt zusätzlich **§ 27 Abs. 3a,** der den Familiennachzug zu solchen Personen umfassend, dh auch zu subsidiär Schutzberechtigten, ausschließt. Ist der nachzugsberechtigte Angehörige ein Gefährder, gilt **§ 5 Abs. 4.**

Nr. 3: Der Familiennachzug ist ausgeschlossen, wenn die **Ausreise des subsidiär Schutzbe-** 26 **rechtigten kurzfristig zu erwarten** ist. Dies wird zB der Fall sein, wenn das Bundesamt die Gewährung des subsidiären Schutzes widerrufen oder die Zuerkennung desselben zurückgenommen hat (vgl. § 73b AsylG), die Ausländerbehörde im Anschluss von einem Widerruf der Aufenthaltserlaubnis zwar absieht, aber zu erwarten ist, dass die Ausländerbehörde die Aufenthaltserlaubnis nach § 25 Abs. 2 S. 1 Alt. 2 nicht mehr verlängern wird. Kommt in diesem Fall auch die Erteilung eines anderen Aufenthaltstitels nicht in Betracht (zB die Erteilung einer Niederlassungserlaubnis), ist keine hinreichende Bleibeperspektive in Deutschland als Anknüpfungspunkt für den Familiennachzug gegeben.

Nr. 4: Mit dem Antrag auf **Grenzübertrittsbescheinigung** dokumentiert der Betroffene, 27 dass er beabsichtigt, das Bundesgebiet zu verlassen. Eine Grenzübertrittsbescheinigung ist zB erforderlich für die Teilnahme an einem nach REAG / GARP geförderten Programm zur freiwilligen Rückkehr.

E. Abs. 4 und Abs. 5

28   Die Regelungen der § 30 Abs. 1 S. 1 Nr. 1, Abs. 2 S. 1 und Abs. 4 sowie § 32 Abs. 3 sind auf die Regelung des § 36a entsprechend anzuwenden, da die Regelungsintention der Vorschriften gleichermaßen den nun in § 36a geregelten Familiennachzug zu subsidiär Schutzberechtigten betrifft.

29   **§ 27 Abs. 3 S. 2 wird ausdrücklich ausgeschlossen.** Die Regelerteilungsvoraussetzung des **§ 5 Abs. 1 Nr. 2 findet Anwendung.** Der Familiennachzug zu subsidiär Schutzberechtigten ist in der Regel ausgeschlossen, wenn ein Ausweisungsinteresse in der Person des nachziehenden Familienangehörigen besteht. Über die Prüfung iRd § 5 Abs. 1 Nr. 2 wird ermöglicht, den besonderen Belangen des Schutzes von Ehe und Familie aus Art. 6 Abs. 1 GG und Art. 8 EMRK gerecht zu werden.

30   **Die Frist des § 29 Abs. 2 S. 2 Nr. 1** ist für die Neuregelung des Familiennachzugs zu subsidiär Schutzberechtigten nicht angemessen, da humanitäre Gründe nicht an eine Frist gebunden werden können. Zudem erhalten subsidiär Schutzberechtigte zunächst eine auf ein Jahr befristete Aufenthaltserlaubnis, § 26 Abs. 1 S. 3. Subsidiär Schutzberechtigte sollen die Möglichkeit der Prüfung haben, ob sie eine über diesen Zeitraum hinausgehende Aufenthaltserlaubnis erhalten, um zu entscheiden, ob der Familiennachzug, der letztlich auch mit einer Aufgabe der bisherigen Lebensumstände für die im Drittstaat verbliebenen Familienangehörigen verbunden ist, beantragt werden soll. Für die **Härtefallregelung des § 32 Abs. 4** besteht neben § 36a kein Bedarf (BT-Drs. 19/2438, 25).

Abschnitt 7. Besondere Aufenthaltsrechte

§ 37 Recht auf Wiederkehr

(1) **Einem Ausländer, der als Minderjähriger rechtmäßig seinen gewöhnlichen Aufenthalt im Bundesgebiet hatte, ist eine Aufenthaltserlaubnis zu erteilen, wenn**
1. **der Ausländer sich vor seiner Ausreise acht Jahre rechtmäßig im Bundesgebiet aufgehalten und sechs Jahre im Bundesgebiet eine Schule besucht hat,**
2. **sein Lebensunterhalt aus eigener Erwerbstätigkeit oder durch eine Unterhaltsverpflichtung gesichert ist, die ein Dritter für die Dauer von fünf Jahren übernommen hat, und**
3. **der Antrag auf Erteilung der Aufenthaltserlaubnis nach Vollendung des 15. und vor Vollendung des 21. Lebensjahres sowie vor Ablauf von fünf Jahren seit der Ausreise gestellt wird.**

(2) [1]**Zur Vermeidung einer besonderen Härte kann von den in Absatz 1 Satz 1 Nr. 1 und 3 bezeichneten Voraussetzungen abgewichen werden.** [2]**Von den in Absatz 1 Satz 1 Nr. 1 bezeichneten Voraussetzungen kann abgesehen werden, wenn der Ausländer im Bundesgebiet einen anerkannten Schulabschluss erworben hat.**

(2a) [1]**Von den in Absatz 1 Satz 1 Nummer 1 bis 3 bezeichneten Voraussetzungen kann abgewichen werden, wenn der Ausländer rechtswidrig mit Gewalt oder Drohung mit einem empfindlichen Übel zur Eingehung der Ehe genötigt und von der Rückkehr nach Deutschland abgehalten wurde, er den Antrag auf Erteilung einer Aufenthaltserlaubnis innerhalb von drei Monaten nach Wegfall der Zwangslage, spätestens jedoch vor Ablauf von fünf Jahren seit der Ausreise, stellt, und gewährleistet erscheint, dass er sich aufgrund seiner bisherigen Ausbildung und Lebensverhältnisse in die Lebensverhältnisse der Bundesrepublik Deutschland einfügen kann.** [2]**Erfüllt der Ausländer die Voraussetzungen des Absatzes 1 Satz 1 Nummer 1, soll ihm eine Aufenthaltserlaubnis erteilt werden, wenn er rechtswidrig mit Gewalt oder Drohung mit einem empfindlichen Übel zur Eingehung der Ehe genötigt und von der Rückkehr nach Deutschland abgehalten wurde und er den Antrag auf Erteilung einer Aufenthaltserlaubnis innerhalb von drei Monaten nach Wegfall der Zwangslage, spätestens jedoch vor Ablauf von zehn Jahren seit der Ausreise, stellt.** [3]**Absatz 2 bleibt unberührt.**

(3) **Die Erteilung der Aufenthaltserlaubnis kann versagt werden,**
1. **wenn der Ausländer ausgewiesen worden war oder ausgewiesen werden konnte, als er das Bundesgebiet verließ,**

2. wenn ein Ausweisungsinteresse besteht oder

3. solange der Ausländer minderjährig und seine persönliche Betreuung im Bundesgebiet nicht gewährleistet ist.

(4) Der Verlängerung der Aufenthaltserlaubnis steht nicht entgegen, dass der Lebensunterhalt nicht mehr aus eigener Erwerbstätigkeit gesichert oder die Unterhaltsverpflichtung wegen Ablaufs der fünf Jahre entfallen ist.

(5) Einem Ausländer, der von einem Träger im Bundesgebiet Rente bezieht, wird in der Regel eine Aufenthaltserlaubnis erteilt, wenn er sich vor seiner Ausreise mindestens acht Jahre rechtmäßig im Bundesgebiet aufgehalten hat.

Überblick

§ 37 sieht für bestimmte Personengruppen, die sich rechtmäßig über einen längeren Zeitraum im Bundesgebiet aufgehalten hatten, ein Rückkehrrecht vor. Abs. 1 (→ Rn. 1 ff.) gewährt jungen Ausländern einen Anspruch auf Erteilung einer Aufenthaltserlaubnis, wenn sie im Bundesgebiet die Schule (→ Rn. 7 f.) besucht haben und ihr Lebensunterhalt gesichert (→ Rn. 9 ff.) ist. Nach Abs. 2 (→ Rn. 14 ff.) kann zur Vermeidung einer besonderen Härte von den einzelnen Erteilungsvoraussetzungen in Abs. 1 abgewichen werden. Abs. 2a (→ Rn. 21 ff.) enthält eine Sonderregelung für die Opfer einer Zwangsheirat. Besondere Versagungsgründe sind in Abs. 3 (→ Rn. 30 ff.) geregelt. Abs. 4 (→ Rn. 37 ff.) gewährleistet einen Verlängerungsanspruch, auch wenn der Lebensunterhalt nicht gesichert ist. Eine Wiederkehroption für Rentner findet sich in Abs. 5 (→ Rn. 41 ff.).

Übersicht

A. Rechtsanspruch für junge Ausländer

Voraussetzung für einen Wiederkehrrecht ist die **Ausreise**. Unerheblich ist, aus welchen Gründen der Ausländer das Bundesgebiet verlassen hat und weshalb er wieder zurückkehren will. War der Ausländer zur Ausreise verpflichtet, ist dies unschädlich (NK-AuslR/Müller Rn. 7; aA BVerwG NVwZ-RR 2012, 401), wenn sein Aufenthalt im Zeitpunkt der Ausreise noch rechtmäßig war. **1**

I. Rechtmäßiger gewöhnlicher Aufenthalt

Rechtmäßig ist der Aufenthalt, wenn der Ausländer im **Besitz eines Aufenthaltstitels**, einer **2 Fiktion nach § 81 Abs. 3 S. 1** (→ § 81 Rn. 17) **oder § 81 Abs. 4** (→ § 81 Rn. 26) ist oder der **Aufenthalt ohne Titel rechtmäßig** (Nr. 37.1.1.1.2 AufenthGAVwV) ist. Der Besitz einer **Duldung nach § 60a** führt **nicht** zu einem rechtmäßigen Aufenthalt (BeckOK AuslR/Dollinger Rn. 3).

3   **Nicht anrechenbar** auf den rechtmäßigen Aufenthalt sind die Zeiten einer **Aufenthaltsge-stattung** im Fall einer unanfechtbaren Ablehnung des Asylantrags (§ 55 Abs. 3 AsylG) und die **Zeit nach einer Ausweisung** bis zur Ausreise aus dem Bundesgebiet (Nr. 37.1.1.2 AufenthGAVwV).

4   **Unterbrechungen der Rechtmäßigkeit** des Aufenthalts können gem. § 85 für einen Zeit-raum bis zu einem Jahr außer Betracht bleiben. Erforderlich ist ein rechtmäßiger, jedoch nicht ein ununterbrochener Aufenthalt von acht Jahren (Nr. 37.1.1.3 AufenthGAVwV; Bergmann/Dienelt/Dienelt Rn. 10).

5   Mit dem Merkmal „**gewöhnlicher Aufenthalt**" verlangt der Gesetzgeber mehr als nur die Rechtmäßigkeit des Aufenthalts. (BVerwG NVwZ 2003, 104). Das folgt aus dem Gesetzeszweck dieser Bestimmung, wonach das Recht auf Wiederkehr nur dem Ausländer eingeräumt werden soll, der bereits die **rechtlich gesicherte Aussicht auf einen Daueraufenthalt** hatte, weil er schon vor seiner Rückkehr die zeitlichen Voraussetzungen für den Rechtsanspruch auf unbefristete Verlängerung seiner Aufenthaltserlaubnis erfüllt hat (BT-Drs. 11/632, 59). Gewöhnlicher Aufenthalt iSd Abs. 1 bedeutet daher, das der Wiederkehrer **vor seiner Ausreise** ein Aufenthaltsrecht besessen haben muss, das seiner Natur nach **zukunftsoffen** angelegt war und eine **geeignete Grundlage für die Verwirklichung eines dauerhaften Aufenthalts** geboten hat (NK-AuslR/Müller Rn. 6). Nach Nr. 37.1.0.2 AufenthGAVwV findet Abs. 1 keine Anwendung, wenn der Ausländer im Zeitpunkt seiner Ausreise lediglich im Besitz einer nach ihrer Zweckbestimmung begrenzten Aufenthaltserlaubnis war, deren Verlängerung ausgeschlossen war (zum Meinungsstand BeckOK AuslR/Dollinger Rn. 4; GK-AufenthG/Marx Rn. 10).

6   Ist der Aufenthalt eines Minderjährigen im Bundesgebiet ohne Aufenthaltserlaubnis zulässig, bestimmt sich für die Beantwortung der Frage nach dem gewöhnlichen Aufenthalt der Charakter seines Aufenthaltsrechts grundsätzlich nach dem der Eltern.

II. Schulbesuch

7   Als Schulbesuch iSd S. 1 Nr. 1 kommen sowohl der **Besuch allgemeinbildender Schulen** als auch der **Besuch von berufsbildenden Schulen oder vergleichbarer berufsqualifizierender Schulen** in Betracht. Angerechnet wird nur die **Zeit des tatsächlichen Schulbesuchs** ein-schließlich Ferien (NK-AuslR/Müller Rn. 8).

8   Auf den **Schultypus** oder die **Organisationsform** kommt es nicht an, deshalb wird auch der Besuch von **Privatschulen** anerkannt, wenn er dem Besuch staatlicher allgemeinbildender Schu-len vergleichbar ist (GK-AufenthG/Marx Rn. 10). Nicht vorausgesetzt wird der Abschluss einer Schulausbildung oder der erfolgreiche Schulbesuch. **Zweckgebundene Ausbildungsaufent-halte** (zB Sprachschule) sind nicht anrechenbar (Nr. 37.1.1.4 AufenthGAVwV).

III. Sicherung des Lebensunterhalts

9   Der Maßstab für die Lebensunterhaltssicherung ergibt sich aus § 2 Abs. 3. Dies setzt voraus, dass der Lebensunterhalt **nicht allein auf der Grundlage einer punktuellen Betrachtung** gesichert erscheinen muss; vielmehr ist erforderlich, dass unter Berücksichtigung der **Berufschan-cen** und der **bisherigen Erwerbsbiographie** des Ausländers eine gewisse **Verlässlichkeit des Mittelzuflusses** besteht, die eine unter dem Gesichtspunkt der **Dauerhaftigkeit** positive Prog-nose zulässt (BVerwG NVwZ 2009, 248 ff.).

10   Aus eigener Erwerbstätigkeit ist der Lebensunterhalt nur gesichert, wenn die **Erwerbstätigkeit erlaubt** ist (Nr. 37.1.2 AufenthGAVwV). Das Beschäftigungsverhältnis muss **nicht unbefristet** sein, aber eine dauerhafte berufliche Eingliederung erwarten lassen. Die Vereinbarung einer **Pro-bezeit** ist unschädlich (BeckOK AuslR/Dollinger Rn. 11).

11   Da es einem Ausländer, der lange nicht mehr in Deutschland gelebt hat, nicht möglich ist, eine prognostisch dauerhafte Lebensunterhaltssicherung aus eigenen Kräften durch eine bereits bestehende und voraussichtlich zukünftig fortdauernde Erwerbstätigkeit zu belegen, können für diesen Personenkreis im Einzelfall auch **Arbeitsplatzzusagen** genügen. Das setzt allerdings voraus, dass ihre (Schul- oder Berufs-) Ausbildung und die **bisherige Erwerbsbiographie** die **positive Prognose** zulassen, dass die Person den Anforderungen des ihr angebotenen Arbeitsplat-zes genügt und sie diese Erwerbstätigkeit voraussichtlich auch tatsächlich für längere Zeit ausüben wird (OVG Bln-Bbg BeckRS 2014, 49997).

12   Bestehen Zweifel, ob der Unterhalt durch eigene Erwerbstätigkeit gesichert werden kann, ist eine **Unterhaltsverpflichtung eines Dritten** vorzulegen (Nr. 37.1.2 AufenthGAVwV). Diese ist nach § 68 abzusichern. Der Dritte muss wirtschaftlich leistungsfähig sein, um die Unterhaltsver-pflichtung über die **Dauer von fünf Jahren** zu erfüllen. Der Unterhalt kann auch in Form von **Naturalleistungen** gewährt werden (Hailbronner AuslR Rn. 18).

IV. Antragsfrist

Nr. 3 enthält eine **Altersgrenze für die Stellung des Antrags** und eine **Antragsfrist.** Der 13
Rückkehrwillige muss die Aufenthaltserlaubnis nach Vollendung des 15. Lebensjahres und vor
Vollendung des 21. Lebensjahres beantragen. Seit der Ausreise dürfen längstens fünf Jahre verstri-
chen sein. Für den **Fristbeginn** ist auf die Ausreise, die sich auf die Rückkehr bezieht, abzustellen
(zB keine Ausreise nach einem Urlaubsaufenthalt; Bergmann/Dienelt/Dienelt Rn. 14). Für die
Einhaltung der Frist ist der Zeitpunkt der Antragstellung maßgeblich (Nr. 37.1.3 Aufenth-
GAVwV).

B. Ausnahmen nach Abs. 2

I. Besondere Härte (Abs. 2 S. 1)

Die Abweichung von den Erteilungsvoraussetzungen ist in Abs. 2 S. 1 abschließend geregelt. 14
Ob eine **besondere Härte** vorliegt, ist durch den **Vergleich des konkreten Einzelfalls mit
den in Abs. 1 genannten Anspruchsvoraussetzungen** (gesetzlicher Maßstab der Wiederkehr-
berechtigung) zu ermitteln. Für die besondere Härte genügt nicht schon jede Härte, die deshalb
entstehen kann, weil die Wiederkehrmöglichkeit nur für einen eingegrenzten Personenkreis
geschaffen worden ist. Es muss eine Besonderheit hinzukommen, durch die eine über die dem
Gesetz immanente allgemeine Härte hinausgehende Härte deswegen begründet wird, weil der
**Einzelfall vom gesetzlichen Regelungsziel her den ausdrücklich erfassten Fällen annä-
hernd gleicht.** Es ist darauf abzustellen, ob der Ausländer von den Lebensverhältnissen im Bundesgebiet so stark geprägt ist, dass es eine besondere Härte darstellen würde, wenn er keine Möglichkeit
hätte, dauerhaft in das Bundesgebiet zurückzukehren. Ein Absehen von dem Erfordernis der
Sicherung des Lebensunterhalts ist nicht möglich. Ob im Einzelfall eine besondere Härte gegeben
ist, unterliegt als unbestimmter Rechtsbegriff der vollen gerichtlichen Nachprüfung (BVerwG
BeckRS 2002, 22780).

Die Feststellung einer besonderen Härte erfordert den Vergleich des konkreten Einzelfalls mit 15
dem gesetzlichen Typus des Wiederkehrers, wie er in Abs. 1 gekennzeichnet ist. **Maßstabsbildend**
für den **gesetzlichen Typus des Wiederkehrers** ist zum einen eine während des Voraufenthalts
in Deutschland erreichte **Aufenthaltsverfestigung.** Kennzeichnend für den typischen Wiederkehrer sind zum anderen die in Nr. 1 und Nr. 3 enthaltenen Forderungen eines mindestens
sechsjährigen Schulbesuchs im Bundesgebiet, des auf höchstens **fünf Jahre begrenzten Zwischenaufenthalts** im Ausland und der **Rückkehr vor Vollendung des 21. Lebensjahres.**
Beiden Vorgaben – der **Aufenthaltsverfestigung** und der **Integration sowie Integrationsfähigkeit** – muss hinreichend genügt sein, um einen besonderen Härtefall iSd Abs. 2 S. 1 annehmen
zu können.

Bei der **Gesamtbetrachtung** aller hierfür erheblichen Umstände des Einzelfalls sind die **Defi-** 16
**zite bei der Erfüllung der Voraussetzungen des Abs. 1 Nr. 1 und Nr. 3 jeweils konkret
zu bestimmen** und im Rahmen der Gesamtbewertung unter Berücksichtigung des spezifischen
Regelungszwecks der jeweils nicht erfüllten Voraussetzung **ins Verhältnis zu anderen Umständen aus der Biographie des Ausländers zu setzen,** die in besonderer Weise für eine Aufenthaltsverfestigung, die erfolgte Integration oder die Integrationsfähigkeit sprechen. Dabei kann
der **Nichterfüllung gesetzlicher Tatbestandsvoraussetzungen die Übererfüllung anderer
Voraussetzungen** (zB längere Dauer von Aufenthalt und Schulbesuch sowie qualifizierter
Abschluss) gegenübergestellt werden. Die besondere Härte folgt regelmäßig bereits daraus, dass
ein Ausländer, der Defizite bei der Erfüllung einzelner Voraussetzungen nach Abs. 1 durch eine
anderweitige Form der Aufenthaltsverfestigung, Integration oder Integrationsfähigkeit bei der
gebotenen Gesamtbetrachtung ausgleichen oder übererfüllen kann, trotz der sich hieraus ergebenden „Gleichwertigkeit" mit dem Typus des Wiederkehrers dennoch von dem Anspruch auf Erteilung einer Wiederkehrerlaubnis ausgeschlossen wäre (grdl. BVerwG BeckRS 2002, 22780; →
Rn. 16.1).

Keine besondere Härte liegt vor, wenn der Ausländer bei der Rückkehr die Altersgrenze des **Abs. 1** 16.1
Nr. 3 erheblich überschritten oder sich wesentlich länger als fünf Jahre im Ausland aufgehalten hat (**zu
Abs. 1 aF** OVG Bln-Bbg BeckRS 2017, 105090; 2014, 49997; 2014, 45744). Auch wenn der Ausländer
noch sehr jung ist und wesentliche Teile seiner Kindheit im Heimatland verbracht hat, liegt bei Nichterfüllung der Voraussetzungen des **Abs. 1 Nr. 1** keine besondere Härte vor (**zu Abs. 1 aF:** BayVGH BeckRS
2014, 58987). Ist das Erfordernis des sechsjährigen Schulbesuchs nicht erfüllt, kann dies durch einen
Schulbesuch an einer deutschen Auslandsschule, an der in deutscher Sprache unterrichtet wird, ausgeglichen

werden (**zu Abs. 1 aF:** Nr. 37.2.1.3 AufenthGAVwV). Eine besondere Härte ist regelmäßig anzunehmen, wenn der Ausländer wegen der Ableistung des Wehrdiensts die Antragsfrist des **Abs. 1 Nr. 3** versäumt hat (**zu Abs. 1 aF:** Nr. 37.2.1.5 AufenthGAVwV). Ist die Voraufenthaltszeit im Bundesgebiet kürzer als die Aufenthaltszeit im Ausland, ist die Anwendung der Härteklausel grundsätzlich ausgeschlossen (**zu Abs. 1 aF:** Nr. 37.2.1.6 AufenthGAVwV).

II. Anerkannter Schulabschluss (Abs. 2 S. 2)

17   **Unabhängig vom Vorliegen einer besonderen Härte** kann vom Erfordernis des achtjährigen rechtmäßigen Voraufenthalts und des sechsjährigen Schulbesuchs abgesehen werden, wenn der Ausländer bei seinem Voraufenthalt einen **anerkannten Schulabschluss** erworben hat. Voraussetzung ist mindestens ein Hauptschulabschluss oder ein beruflicher Bildungsabschluss (Nr. 37.2.2 AufenthGAVwV).

18   Erreicht der Ausländer den Schulabschluss nach der Wiederkehr, fehlt es regelmäßig an der erforderlichen Vorintegration (BeckOK AuslR/Dollinger Rn. 22).

III. Entscheidung

19   Liegt eine besondere Härte vor, hat die zuständige Behörde nach **Ermessen** über den Antrag zu entscheiden. Die für **die besondere Härte sprechenden Gründe** sind in die Ermessensentscheidung mit einzubeziehen. In der Regel führt die Bejahung der Härtefallvoraussetzungen zu einer positiven Entscheidung für den Antragsteller.

20   Bei der Ermessensentscheidung nach S. 2 ist zu berücksichtigen, ob der Schulabschluss im Hinblick auf die Integrationserwartung den Voraussetzungen in Abs. 1 Nr. 1 entspricht (Hailbronner AuslR Rn. 32).

C. Zwangsheirat (Abs. 2a)

21   Diese Vorschrift wurde durch das Gesetz zur Bekämpfung der Zwangsheirat (v. 23.6.2011, BGBl. I 1266) eingefügt. Sie ermöglicht ein **Abweichen von allen Voraussetzungen für einen Anspruch auf Erteilung einer Aufenthaltserlaubnis nach Abs. 1**, also auch vom Erfordernis der Sicherung des Lebensunterhalts.

I. Positive Integrationsprognose

22   Da von der Voraussetzung der Sicherung des Lebensunterhalts abgesehen werden kann, verlangt der Gesetzgeber eine **positive Integrationsprognose.** Bei der Integrationsprognose sind die **Sprachkenntnisse,** die **Länge des Voraufenthalts** sowie die **Länge des Schulbesuchs** zu berücksichtigen (Bergmann/Dienelt/Dienelt Rn. 17). Insbesondere ist zu prüfen, ob der Rückkehrer in der Lage sein wird, **künftig seinen Lebensunterhalt zu bestreiten.** Für die Beurteilung der Integrationsprognose ist auf den Beginn der Zwangslage, also auf die Situation vor der Ausreise aus Bundesgebiet und die Eingehung der Zwangsehe, abzustellen (GK-AufenthG/Marx Rn. 69).

II. Zwangsheirat und Zwangslage

23   Eine Zwangsheirat liegt vor, wenn mindestens einer der Eheleute durch Gewalt oder Drohung mit einem empfindlichen Übel **zur Eingehung der Ehe genötigt** worden ist (§ 237 StGB). Dies kann durch **psychische oder physische Gewalt,** zB Einschränkung der Bewegungsfreiheit, geschehen. Die Eheschließung muss gegen den Willen des Betroffen erfolgt sein (NK-AuslR/Müller Rn. 14). Zudem muss der Ausländer **von einer Rückkehr nach Deutschland abgehalten** worden sein, dh die Nötigung darf nicht nach Eingehung der Ehe beendet sein (Bergmann/Dienelt/Dienelt Rn. 50).

III. Antragsfrist

24   Nach **Wegfall der Zwangslage** (Zwangsheirat und Verhinderung der Rückkehr) räumt der Gesetzgeber den Betroffenen eine **Frist von drei Monaten** für die **Beantragung der Aufenthaltserlaubnis** ein. Die eheliche Zwangslage ist beendet, wenn der Ausländer **ohne Gefährdung von Leib, Leben oder Freiheit** (auch eventueller Kinder) eine Entscheidung gegen die Fortführung der Ehe treffen kann (NK-AuslR/Müller Rn. 17). Anhaltspunkte dafür sind zB Urlaubsreisen in die Bundesrepublik oder die räumliche Trennung der Ehegatten. Abs. 2a enthält zudem eine

Ausschlussfrist. Im Fall des S. 1 beträgt diese fünf Jahre nach Auseise, S. 2 sieht eine Ausschlussfrist von zehn Jahren vor.

Die **Beweislast für die Zwangslage und deren Wegfall** trägt das Opfer der Zwangsverheira- 25 tung (NK-AuslR/Müller Rn. 14; Bergmann/Dienelt/Dienelt Rn. 53).

IV. Entscheidung

Abs. 2a befreit nur vom Vorliegen der Voraussetzungen des Abs. 1 Nr. 1–3, aber **nicht vom** 26 **Erfordernis des rechtmäßigen, gewöhnlichen Aufenthalts als Minderjähriger.**

Im Fall des **S. 1** entscheidet die zuständige Behörde nach **Ermessen.** Die Ermessensausübung 27 hat sich am Umfang der Vorintegration zu orientieren (GK-AufenthG/Marx Rn. 72).

S. 2 ist als Sollanspruch ausgestaltet. Hat sich der Ausländer acht Jahre rechtmäßig im 28 Bundesgebiet aufgehalten und sechs Jahre eine Schule besucht, müssen die Voraussetzungen des Abs. 1 Nr. 2 und Nr. 3 in der Regel nicht vorliegen. Die Rückkehr darf nur bei atypischen Umständen verweigert werden.

Die Härtefallklausel des Abs. 2 bleibt unberührt, dh **Abs. 2 und Abs. 2a sind nebeneinander** 29 **anwendbar.** Strittig ist, ob im Fall einer besonderen Härte auch von der **Ausschlussfrist für die Antragstellung in Abs. 2a** abgewichen werden kann (bejahend GK-AufenthG/Marx Rn. 72) oder ob die Voraussetzungen für ein Wiederkehrrecht nach Abs. 2a auch unter Härtefallge- sichtspunkten nicht disponibel sind (Hailbronner AuslR Rn. 32a).

D. Versagungsgründe

Auch wenn ein **Anspruch nach Abs. 1** vorliegt, müssen die Regelerteilungsvoraussetzungen 30 des § 5 Abs. 1 Nr. 1, Nr. 1a, Nr. 2, Abs. 2 vorliegen und finden die Versagungsgründe des § 5 Abs. 4 und § 11 Abs. 1 Anwendung. Wird nach **Ermessen** entschieden, sind zudem § 5 Abs. 1 Nr. 3 und § 10 Abs. 1 zu beachten (Nr. 37.3.0 AufenthGAVwV).

Die speziellen in **Abs. 3 geregelten Versagungsgründe** ermöglichen **auch bei Vorliegen** 31 **eines Anspruchs nach Abs. 1** eine Entscheidung über den Antrag auf Erteilung einer Aufent- haltserlaubnis nach **pflichtgemäßem Ermessen.**

I. Frühere Ausweisung bzw. Möglichkeit zur Ausweisung

Solange die **Sperrwirkung des § 11 Abs. 1 S. 2** gilt, steht der sich aus dieser Vorschrift 32 ergebende **zwingende Versagungsgrund** der Erteilung einer Aufenthaltserlaubnis nach § 37 entgegen. **Erst nach Wegfall der Sperrwirkung** ist der **Ermessensversagungsgrund in Nr. 1 Alt. 1** erheblich (aA GK-AufenthG/Marx Rn. 84, wonach Abs. 3 Nr. 1 die Sperrwirkung des § 11 Abs. 1 S. 2 verdrängt).

Bei der **Ermessensausübung** hat die Ausländerbehörde insbesondere zu prüfen, ob aufgrund 33 des bisherigen Verhaltens des Ausländers, das zu einer Ausweisung geführt hat, begründete Zweifel an einer Eingliederung in die sozialen und wirtschaftlichen Lebensverhältnisse der Bundesrepublik Deutschland bestehen (Nr. 37.3.1.1 AufenthGAVwV).

Alt. 2 setzt nicht nur das frühere **Vorliegen eines Ausweisungsinteresses,** sondern zudem 34 voraus, dass der Ausländer im Zeitpunkt seiner Ausreise **unter Beachtung des besonderen Ausweisungsschutzes in § 53 Abs. 3 hätte ausgewiesen werden können.** Völkervertragliche Beschränkungen der Ausweisung und Beschränkungen nach Art. 14 ARB 1/80 sowie sonstige Beschränkungen, die sich aus europäischem Recht ergeben, sind ebenfalls zu berücksichtigen (NK-AuslR/Müller Rn. 19; Nr. 37.3.1.2 AufenthGAVwV).

II. Bestehen eines Ausweisungsinteresses

Für den Versagungsgrund nach Nr. 2 genügt das objektive **Vorliegen eines Ausweisungsinte-** 35 **resses nach § 54.** Ausweisungsbeschränkungen sind unerheblich. Da Nr. 2 auf den Zeitpunkt der Wiederkehr abstellt, muss das Ausweisungsinteresse **aktuell** vorliegen (NK-AuslR/Müller Rn. 19).

III. Fehlende Betreuung eines minderjährigen Ausländers

Der Versagungsgrund der Nr. 3 ist gegeben, wenn die Betreuung des Minderjährigen durch 36 Privatpersonen **ohne öffentliche Mittel** nicht gewährleistet ist, dh die Betreuung muss insbeson- dere ohne Inanspruchnahme von Jugendhilfe sichergestellt sein (Nr. 37.3.3 AufenthGAVwV). Der Versagungsgrund entfällt mit Eintritt der Volljährigkeit.

E. Verlängerung (Abs. 4)

37   Bei der **Verlängerung** einer Aufenthaltserlaubnis sind grundsätzlich erneut die Erteilungsvoraussetzungen zu prüfen. Abs. 4 lässt insoweit **Ausnahmen** zu. Diese Vorschrift gilt auch, wenn die Aufenthaltserlaubnis in Anwendung von Abs. 2 im Wege des Ermessens oder in Anwendung von § 85 erteilt worden ist.

38   Die Aufenthaltserlaubnis kann auch verlängert werden, wenn der **Lebensunterhalt nicht mehr gesichert** oder die **Unterhaltsverpflichtung entfallen** ist. Die Unterhaltsverpflichtung des Dritten muss insgesamt nur fünf Jahre bestehen. War der Lebensunterhalt im Zeitpunkt der Erteilung der Aufenthaltserlaubnis aus eigener Erwerbstätigkeit des Ausländers gesichert, kann bei Entfallen dieser Voraussetzung bei der Verlängerung nicht die Unterhaltsverpflichtung eines Dritten verlangt werden (Nr. 37.4.2 AufenthGAVwV).

39   Die Verlängerung darf nur auf der Grundlage von § 5 Abs. 1 Nr. 1 oder Nr. 2, Abs. 4 und § 11 sowie nach § 37 Abs. 3 Nr. 2 und Nr. 3 versagt werden (Nr. 37.4.1 AufenthGAVwV). Die Voraussetzungen für die Verlängerung der Aufenthaltserlaubnis sind jedoch **im Hinblick auf die Sicherung des Lebensunterhalts in Abs. 4 abschließend** geregelt, sodass § 5 Abs. 1 Nr. 1 keine Anwendung finden soll (BeckOK AuslR/Dollinger Rn. 30). Zu beachten ist allerdings, dass durch die Novellierung des Ausweisungsrechts die Möglichkeit einer Ausweisung bei Sozialhilfebezug (§ 55 Abs. 2 Nr. 6 aF) entfallen ist.

40   Die weiteren Voraussetzungen für die Erteilung einer Aufenthaltserlaubnis nach Abs. 1 und Abs. 2a werden bei einer Verlängerung gegenstandslos.

F. Wiederkehrrecht für Rentner (Abs. 5)

41   Abs. 5 begünstigt Rentner, die sich vor ihrer Ausreise mindestens acht Jahre rechtmäßig im Bundesgebiet aufgehalten haben, indem ihnen ein **Regelanspruch** auf Erteilung einer Aufenthaltserlaubnis gewährt wird. In den Fällen des **§ 51 Abs. 2** erübrigt sich eine Entscheidung nach Abs. 5 (Nr. 37.5.4 AufenthGAVwV). Die Begünstigung entfällt, wenn der Ausländer wegen zuvor erfolgter Ausweisung aus der Bundesrepublik abgeschoben wurde (OVG Bln-Bbg BeckRS 2018, 7486).

I. Rechtmäßiger Aufenthalt

42   Das Recht auf Wiederkehr setzt voraus, dass der Ausländer sich **acht Jahre rechtmäßig** im Bundesgebiet aufgehalten hat und diesen Status auf Grund freier Entscheidung mit seiner Ausreise aufgegeben hat. Nach dem Wortlaut ist ein **ununterbrochener rechtmäßiger Voraufenthalt** ebenso wenig erforderlich wie ein **gewöhnlicher Aufenthalt** vor der Ausreise.

43   Strittig ist daher, ob auch ein Aufenthalt, der keine Aussicht auf einen dauernden Verbleib bot, genügt (Bergmann/Dienelt/Dienelt Rn. 60), oder es sich um einen Aufenthalt gehandelt haben muss, der die Voraussetzungen für die Entstehung eines Daueraufenthaltsrechts erfüllte (BeckOK AuslR/Dollinger Rn. 34; GK-AufenthG/Marx Rn. 36 f.). Aufenthalte, die **keinen Bezug zum Erwerb der Rentenberechtigung** aufweisen (zB Besuchsaufenthalte, spätere Aufenthalte aus humanitären Gründen), sind **nicht anrechenbar** (Nr. 37.5.1 AufenthGAVwV).

II. Rentenbezug

44   Voraussetzung ist, dass die Rente **von einem Rententräger im Bundesgebiet tatsächlich vor der Einreise in das Bundesgebiet bezogen** wird und der Rentenanspruch nicht erst nach der Wiederkehr entsteht (NK-AuslR/Müller Rn. 21; Nr. 37.5.2 AufenthGAVwV).

45   An die **Art der Rente** (Alter, Unfall, Erwerbsunfähigkeit, Witwen- und Waisenrenten) werden keine besonderen Anforderungen gestellt. Der **Rententräger** braucht nicht öffentlich-rechtlich organisiert sein. Es kann sich auch um eine private Versicherungsgesellschaft oder eine betriebliche Versorgungseinrichtung handeln, die vergleichbare Leistungen in Form einer regelmäßigen, wiederkehrenden Zahlung, die auf einem Rechtsanspruch beruhen und für einige Dauer geleistet werden, gewähren.

III. Regelfall

46   Der Regelfall eines Rentenbezuges ist dadurch gekennzeichnet, dass ein Ausländer, der einen nicht unerheblichen Teil seines Erwerbslebens in der Bundesrepublik Deutschland verbracht hat, in den Ruhestand tritt, also sein Erwerbsleben dauerhaft beendet, sodass er **seinen Lebensunter-**

halt im Wesentlichen **nicht mehr aus Erwerbseinkünften bestreitet**, sondern aus dem erworbenen Rentenanspruch (→ Rn. 46.1).

    Diese Maßgabe leitet sich aus der Entstehungsgeschichte der Vorschrift ab. Nach der Vorstellung des **46.1** Gesetzgebers sollen durch die Vorschrift Ausländer, die im Bundesgebiet Rentenansprüche erworben haben, begünstigt werden; sie sollen sich frei entscheiden können, wo sie die Zeit ihres Ruhestandes verbringen wollen und eine einmal getroffene Entscheidung auch wieder revidieren können (BT-Drs. 11/6321, 59 f.). Die Vorschrift ermöglicht dem Ausländer, sich nach dem Eintritt des Rentenbezuges nicht endgültig entscheiden zu müssen, ob er seine Rentnerzeit im Heimat- oder im Gastland verbringen will; er kann sich auch später noch ggf. umentscheiden.

    Der Vorstellung vom „Ruhestand" entspricht es nicht, dass ein Rentner noch in erheblichem **47** Umfange erwerbstätig ist. Zwar dürfte sich eine zeitlich eingeschränkte bezahlte Beschäftigung wie eine sozialversicherungsfreie Tätigkeit mit dem Ruhestand noch vereinbaren lassen. Die vom ausländischen Rentner ausgeübte Erwerbstätigkeit muss aber bei der Feststellung des Regelfalls berücksichtigt werden. Der Regelfall eines Ruhestandsaufenthaltes liegt nicht vor, wenn der ausländische Rentner weiterhin einer Erwerbstätigkeit nachgeht, mit der er seinen Lebensunterhalt überwiegend bestreiten will. Denn in diesem Falle begehrt er das Aufenthaltsrecht gerade nicht, um seinen Ruhestand im Bundesgebiet zu verbringen, sondern um hier erwerbstätig zu sein. Damit erfolgt jedoch statt einer durch das Wiederkehrrecht allein zu ermöglichenden Ruhestandseinwanderung eine Erwerbseinwanderung (OVG NRW BeckRS 2004, 22943).

    Ein **atypischer Ausnahmefall** liegt dann vor, wenn sich die individuellen Verhältnisse deutlich **48** vom Bild eines wiederkehrenden Rentners unterscheiden und die Einräumung eines Anspruchs auf Erteilung einer Aufenthaltserlaubnis als ungerechtfertigt erscheinen lassen (GK-AufenthG/Marx Rn. 102 f.).

    Im Gegensatz zur Aufenthaltserlaubnis nach Abs. 1 berechtigt die Aufenthaltserlaubnis nach **49** Abs. 5 nicht von sich aus zur Ausübung einer Erwerbstätigkeit, sodass die **Ausübung einer Beschäftigung nur mit Zustimmung der Bundesagentur für Arbeit erlaubt** werden kann. Die Ausübung einer selbstständigen Erwerbstätigkeit ist auszuschließen, es sei denn, es besteht ein besonderes öffentliches Interesse an der Ausübung der Erwerbstätigkeit durch den Rentner (Nr. 37.5.3 AufenthGAVwV).

IV. Versagungsgründe

    Anwendbar sind die **§§ 5, 10 und 11.** Reicht der Rentenbezug nicht zur Bestreitung des **50** Lebensunterhalts aus oder liegen die Voraussetzungen des § 5 Abs. 1 Nr. 1 nicht vor, ist von der Erteilung der Aufenthaltserlaubnis regelmäßig abzusehen (Nr. 37.5.3 AufenthGAVwV). Abs. 1 Nr. 2 findet keine Anwendung.

    Abs. 3 findet auf Rentner ebenfalls keine Anwendung, sodass bei Vorliegen eines **Ausweisungsinteresses iSd § 5 Abs. 1 Nr. 2** in der Regel keine Aufenthaltserlaubnis erteilt wird. **Abs. 4** **51** ist auf Rentner nicht anzuwenden, sodass sich die **Verlängerung der Aufenthaltserlaubnis nach den allgemeinen Vorschriften** (§ 8 Abs. 1) richtet (Bergmann/Dienelt/Dienelt Rn. 66).

§ 38 Aufenthaltstitel für ehemalige Deutsche

    (1) ¹Einem ehemaligen Deutschen ist
1. eine Niederlassungserlaubnis zu erteilen, wenn er bei Verlust der deutschen Staatsangehörigkeit seit fünf Jahren als Deutscher seinen gewöhnlichen Aufenthalt im Bundesgebiet hatte,
2. eine Aufenthaltserlaubnis zu erteilen, wenn er bei Verlust der deutschen Staatsangehörigkeit seit mindestens einem Jahr seinen gewöhnlichen Aufenthalt im Bundesgebiet hatte.

²Der Antrag auf Erteilung eines Aufenthaltstitels nach Satz 1 ist innerhalb von sechs Monaten nach Kenntnis vom Verlust der deutschen Staatsangehörigkeit zu stellen. ³§ 81 Abs. 3 gilt entsprechend.

    (2) Einem ehemaligen Deutschen, der seinen gewöhnlichen Aufenthalt im Ausland hat, kann eine Aufenthaltserlaubnis erteilt werden, wenn er über ausreichende Kenntnisse der deutschen Sprache verfügt.

    (3) In besonderen Fällen kann der Aufenthaltstitel nach Absatz 1 oder 2 abweichend von § 5 erteilt werden.

(4) Die Ausübung einer Erwerbstätigkeit ist innerhalb der Antragsfrist des Absatzes 1 Satz 2 und im Falle der Antragstellung bis zur Entscheidung der Ausländerbehörde über den Antrag erlaubt.

(5) Die Absätze 1 bis 4 finden entsprechende Anwendung auf einen Ausländer, der aus einem nicht von ihm zu vertretenden Grund bisher von deutschen Stellen als Deutscher behandelt wurde.

Überblick

Abweichend von den allgemeinen Voraussetzungen ermöglicht § 38 den erleichterten Erwerb von Niederlassungs- und Aufenthaltserlaubnis. Er soll unter anderem die Verschärfung von § 25 StAG abfangen, indem die Aufenthaltszeiten als Deutscher den Zeiten eines rechtmäßigen Aufenthalts als Ausländer gleichgestellt werden. Abs. 1 (→ Rn. 1 ff.) gewährt einen Rechtsanspruch auf Erteilung einer Aufenthalts- oder Niederlassungserlaubnis und enthält eine Antragsfrist (→ Rn. 6 ff.). Abs. 2 (→ Rn. 17 ff.) regelt die Erteilung einer Aufenthaltserlaubnis nach Ermessen für im Ausland lebende ehemalige Deutsche. Abs. 3 (→ Rn. 24 ff.) ermöglicht die Erteilung eines Aufenthaltstitels in Abweichung von den Regelerteilungsvoraussetzungen des § 5 nach Ermessen. Regelungen für die Ausübung einer Erwerbstätigkeit finden sich in Abs. 4 (→ Rn. 27). Abs. 5 (→ Rn. 28 ff.) erfasst diejenigen Fälle, in denen deutsche Stellen irrtümlich angenommen haben, dass es sich bei dem Ausländer um einen Deutschen handelt und daher einen Vertrauenstatbestand geschaffen haben.

Übersicht

A. Rechtsanspruch für ehemalige Deutsche mit Voraufenthalt in der Bundesrepublik (Abs. 1)

I. Ehemalige Deutsche

1. Deutscher

1   Abs. 1 erfasst nur **ehemalige Deutsche,** nicht deren Abkömmlinge, sofern diese niemals Deutsche waren (Nr. 38.0.3 AufenthGAVwV). Strittig ist, ob Deutsche nur solche Personen sind, die die deutsche Staatsangehörigkeit durch Geburt, Einbürgerung etc nach den Vorschriften des StAG erworben haben, oder ob darunter auch **sog. Statusdeutsche** (in Deutschland aufgenommene deutsche Staatsangehörige aus den Vertreibungsgebieten und deren Abkömmlinge) fallen (bejahend NK-AuslR/Geyer Rn. 5; Hailbronner AuslR Rn. 6; verneinend BeckOK AuslR/ Dollinger Rn. 2; GK-AufenthG/Berlit Rn. 8).

2   Fälle des **Erschleichens der deutschen Staatsangehörigkeit** und der **Vaterschaftsanerkennung** führen nicht zum Erwerb der Staatsangehörigkeit, wenn die Vaterschaftsanerkennung später erfolgreich angefochten wird bzw. die deutsche Staatsangehörigkeit mit ex-tunc-Wirkung aberkannt wird. Der ursprünglich dem Ausländer erteilte Aufenthaltstitel lebt auch nach **Rücknahme der Einbürgerung** mit ex-tunc-Wirkung nicht wieder auf (BVerwG BeckRS 2011, 52368).

2. Verlust der deutschen Staatsangehörigkeit

Ob und **zu welchem Zeitpunkt** der Verlust eingetreten ist, richtet sich nach §§ **17 ff. StAG.** 3
Die häufigsten Verlustgründe sind die **Entlassung** aus der deutschen Staatsangehörigkeit auf
Antrag (§§ 18 ff. StAG), der **Verzicht** (§ 26 StAG), die **Annahme einer ausländischen Staatsangehörigkeit** ohne zuvor antragsgemäß die schriftliche Genehmigung zur Beibehaltung der
deutschen Staatsangehörigkeit erhalten zu haben (§ 25 StAG; BVerfG NVwZ 2007, 441), der
Wiedererwerb einer ausländischen Staatsangehörigkeit nach zuvor erfolgter Einbürgerung
(§ 25 StAG), die **Annahme als Kind** durch einen Ausländer (§ 27 StAG), die **freiwillige Leistung von Wehrdienst in fremden Streitkräften** ohne Zustimmung der Bundesministeriums
der Verteidigung (§ 28 StAG), die **Verletzung der Optionspflicht** (§ 29 StAG), die **Rücknahme
der Einbürgerung** ex tunc (§ 35 StAG; BVerwG BeckRS 2011, 52110).

3. Darlegungs- und Beweislast

Anspruchsbegründende Tatsachen für einen Aufenthaltstitel nach Abs. 1 sind der **Besitz der** 4
deutschen Staatsangehörigkeit und deren **späterer Verlust,** sodass diese **Tatsachen vom
Antragsteller nachzuweisen** sind. Zum **Nachweis des Verlustes** kann der ehemalige Deutsche
die **Ausstellung eines Staatsangehörigkeitsausweises** beantragen, da mit der Ablehnung des
Ausweises zugleich feststeht, dass der Betreffende die einmal erworbene Staatsangehörigkeit verloren haben muss (BeckOK AuslR/Dollinger Rn. 8).

II. Antrag

1. Antragsfrist

Der Antrag auf Erteilung eines Aufenthaltstitels nach Abs. 1 ist **sechs Monate nach Kenntnis** 5
vom Verlust der deutschen Staatsangehörigkeit zu stellen. Die Frist nach S. 2 beginnt, wenn
der Antragsteller von der **Rechtsfolge des Verlustes** der deutschen Staatsangehörigkeit Kenntnis
erlangt, nicht aber bereits mit der Erlangung der Kenntnis von den tatsächlichen Umständen, die
zu diesem Verlust führten (VGH BW BeckRS 2020, 16950). Zudem setzt erst die **hinreichend
sichere Kenntnis** von dem Verlust der Staatsangehörigkeit die Frist in Gang.
Eine verbindliche Äußerung liegt im Fall einer **behördlichen Äußerung** erst bei deren **Unan-** 6
fechtbarkeit vor (BeckOK AuslR/Dollinger Rn. 11). Geringere Anforderungen an den Beweis
der Kenntnisnahme können gestellt werden, wenn der Ausländer rechtskundig oder rechtlich
beraten war (Nr. 38.1.9 AufenthGAVwV). Eine fahrlässige Unkenntnis steht der positiven Kenntnis
nicht gleich (GK-AufenthG/Berlit Rn. 30).
Die **Beweislast für die Wahrung der Antragsfrist** trägt der Antragsteller (BeckOK AuslR/ 7
Dollinger Rn. 12; für eine Beweislastumkehr: GK-AufenthG/Berlit Rn. 35)
Die Sechsmonatsfrist ist vom Gesetzgeber als **materielle Ausschlussfrist** angelegt (Nr. 38.1.10 8
AufenthGAVwV), sodass eine Wiedereinsetzung bei Fristversäumnis nicht möglich ist (GK-Auf-
enthG/Berlit Rn. 38; BeckOK AuslR/Dollinger Rn. 13).

2. Fiktionswirkung

Wird der Antrag innerhalb der Sechsmonatsfrist gestellt, gilt der **Aufenthalt** seit dem Eintritt 9
des Verlustes der deutschen Staatsangehörigkeit bis zur Entscheidung der Ausländerbehörde **als
erlaubt.** Der Verweis auf § 81 Abs. 3 (→ § 81 Rn. 1 ff. ff.) kann sich nicht auf den dortigen S. 2
beziehen, da es keine Fallgestaltungen gibt, in denen der Antrag zulässig verspätet gestellt wird
und die Rechtsfolgen von § 81 Abs. 3 S. 2 auslöst (Nr. 38.1.10 AufenthGAVwV).
Hinsichtlich der Aufnahme oder **Ausübung einer Erwerbstätigkeit** während des Rechtsmit- 10
telverfahrens findet § 84 Abs. 2 S. 2 (→ § 84 Rn. 1 ff. ff.) Anwendung.

III. Gewöhnlicher Aufenthalt

Der gewöhnliche Aufenthalt wird entsprechen der Regelungen des Steuer- und Sozialrechts 11
(§ 9 AO; § 30 Abs. 2 SGB I) definiert. Es handelt sich dabei um den Ort, am dem sich eine
Person unter Umständen aufhält, die erkennen lassen, dass sie dort **nicht nur vorübergehend,
sondern auf unbestimmte Zeit** weilt (GK-AufenthG/Berlit Rn. 18; BeckOK AuslR/Dollinger
Rn. 9). Die Beibehaltung des gewöhnlichen Aufenthalts in Deutschland ist bei **Unterbrechungen
des Aufenthaltes für einen Zeitraum von bis zu sechs Monaten** zu unterstellen; das Gleiche

gilt bei einem längeren Zeitraum, wenn der ehemalige deutsche Staatsangehörige zur **Ableistung der gesetzlichen Wehrpflicht** eines anderen Staates das Bundesgebiet verlassen hatte und innerhalb von drei Monaten nach Entlassung aus dem Wehr- oder Ersatzdienst wieder einreist (Nr. 38.1.6 AufenthGAVwV).

IV. Aufenthaltstitel

1. Niederlassungserlaubnis

12   Für die Erteilung der Niederlassungserlaubnis werden ausschließlich Zeiten des gewöhnlichen Aufenthalts als Deutscher im Bundesgebiet berücksichtigt (Nr. 38.1.1 AufenthGAVwV; GK-AufenthG/Berlit Rn. 24).

13   Voraussetzung ist ein **ununterbrochener gewöhnlicher Aufenthalt von fünf Jahren** im Zeitpunkt des Verlustes der deutschen Staatsangehörigkeit. Im Zeitpunkt des Verlustes muss sich der Betreffende im Bundesgebiet aufgehalten haben (GK-AufenthG/Berlit Rn. 25).

2. Aufenthaltserlaubnis

14   Für die Erteilung einer Aufenthaltserlaubnis ist lediglich ein **einjähriger gewöhnlicher Aufenthalt** Voraussetzung. Nicht vorausgesetzt wird, dass der Betreffende seinen gewöhnlichen Aufenthalt **als Deutscher** hatte (Nr. 38.1.1 AufenthGAVwV; NK-AuslR/Geyer Rn. 12). Er muss jedoch während seines Inlandsaufenthalts die deutsche Staatsangehörigkeit erworben haben.

V. Erteilungsvoraussetzungen

15   Abs. 1 S. 1 Nr. 1 ermöglicht einem ehemaligen deutschen Staatsangehörigen den Erwerb einer **Niederlassungserlaubnis unabhängig von den Voraussetzungen des § 9 Abs. 2** (Nr. 38.1.8 AufenthGAVwV).

16   Die **allgemeinen Erteilungsvoraussetzungen des § 5** sind zu beachten. Dies ergibt sich im Umkehrschluss aus Abs. 3 (GK-AufenthG/Berlit Rn. 45).

B. Aufenthaltstitel bei gewöhnlichem Aufenthalt im Ausland (Abs. 2)

I. Anwendungsbereich und Erteilungsvoraussetzungen

17   Abs. 2 betrifft nur **ehemalige Deutsche, die ihren gewöhnlichen Aufenthalt im Ausland haben.** Hatte der Ausländer bei Verlust der deutschen Staatsangehörigkeit seinen gewöhnlichen Aufenthalt im Bundesgebiet, findet Abs. 1 Anwendung (Nr. 38.2.1 AufenthGAVwV). Hatte der Ausländer bei Verlust der deutschen Staatsangehörigkeit den gewöhnlichen Aufenthalt im Ausland und hat er bei der Antragstellung seinen gewöhnlichen Aufenthalt im Inland, finden weder Abs. 1 noch Abs. 2 Anwendung (Nr. 38.2.2 AufenthGAVwV). Allerdings ist anzunehmen, dass der gewöhnliche Aufenthalt im Ausland fortbesteht, solange eine dauerhafte aufenthaltsrechtliche Position des Ausländers im Inland noch nicht gesichert ist.

18   Maßgeblich ist der gewöhnliche Aufenthalt im Ausland **zum Zeitpunkt der Antragstellung** (GK-AufenthG/Berlit Rn. 59 f.).

19   **Voraufenthaltszeiten** sind nicht erforderlich. Entbehrlich ist auch eine **Antragsfrist,** weil die Aufenthaltserlaubnis vom Ausland aus beantragt werden muss und eine Erlaubnisfiktion nicht eintritt (BeckOK AuslR/Dollinger Rn. 21).

20   Vorbehaltlich des Abs. 3 finden die **allgemeinen Erteilungsvoraussetzungen nach § 5 Abs. 1 und Abs. 2** sowie die Versagungsgründe nach **§ 5 Abs. 4 und § 11** Anwendung (Nr. 38.2.4 AufenthGAVwV)

II. Ausreichende deutsche Sprachkenntnisse

21   Hinsichtlich dieses Merkmals wird auf § 9 Abs. 2 S. 1 Nr. 7 und Nr. 9.2.1.7 AufenthGAVwV verwiesen.

III. Ermessen

22   Bei der Ermessensausübung sind unter anderem die Umstände, die zum **Verlust der deutschen Staatsangehörigkeit** geführt haben, das **Lebensalter,** der **Gesundheitszustand,** die **Lebens-**

umstände des Antragstellers **im Ausland** sowie die **Sicherung seines Lebensunterhaltes** und ggf. die Erwerbsaussichten in Deutschland angemessen zu berücksichtigen. Zu berücksichtigen ist auch, ob der Antragsteller fortbestehende Bindungen an Deutschland glaubhaft machen kann oder er, insbesondere im Zusammenhang mit nationalsozialistischen Verfolgungsmaßnahmen oder mit Kriegsfolgen, veranlasst war, eine andere Staatsangehörigkeit zu erwerben (Nr. 38.2.6–38.2.8 AufenthGAVwV).

Teilweise wird die Auffassung vertreten, dass in die Ermessensentscheidung nach Abs. 2 auch **23** einzubeziehen ist, ob die **Erteilungsvoraussetzungen des § 5** erfüllt sind (BeckOK AuslR/ Dollinger Rn. 24; aA Bergmann/Dienelt/Dienelt Rn. 27; GK-AufenthG/Berlit Rn. 66, wonach die Ermessensentscheidung nach Abs. 3 von der Ermessensentscheidung nach Abs. 2 zu trennen ist).

C. Ausnahmen von den Regelerteilungsvoraussetzungen (Abs. 3)

Für ehemalige Deutsche mit gewöhnlichem Aufenthalt im Inland oder Ausland kann der Auf- **24** enthaltstitel in **besonderen Fällen** abweichend von den Regelerteilungsvoraussetzungen des § 5 erteilt werden. Der Begriff „besondere Fälle" ist nicht definiert. Der **Nachweis einer besonderen Härte ist nicht erforderlich** (Nr. 38.3.1 AufenthGAVwV).

Bei entsprechenden Entscheidungen ist neben dem **Schutzweck der jeweiligen Erteilungs- 25 voraussetzung** insbesondere der **Regelungszweck von § 38** zu berücksichtigen, ehemaligen deutschen Staatsangehörigen einen gesicherten Aufenthaltsstatus im Bundesgebiet zu eröffnen. Bei einem mehrjährigen Inlandsaufenthalt als Deutscher und/oder als Ausländer ist ein besonderer Fall daher insbesondere dann gegeben, wenn an das Fehlen der entsprechenden allgemeinen Erteilungsvoraussetzung bei einem Ausländer (ohne zwischenzeitlichen Erwerb und Verlust der deutschen Staatsangehörigkeit) keine aufenthaltsrechtlichen Folgen (mehr) geknüpft werden könnten (Nr. 38.3.2 AufenthGAVwV). Ein besonderer Fall liegt auch vor bei ehemaligen deutschen Staatsangehörigen, die die deutsche Staatsangehörigkeit kraft Gesetzes nach § 29 StAG im Rahmen des Optionsverfahrens verloren haben und **keinen Aufenthaltstitel nach den allgemeinen Vorschriften erhalten** oder **unverschuldet ohne Kenntnis der gesetzlich vorgesehenen Folgen die deutsche Staatsangehörigkeit durch Erwerb einer ausländischen Staatsangehörigkeit verloren** haben.

Von § 5 Abs. 1 Nr. 1 kann abgewichen werden, wenn der Betroffene die fehlende Sicherung **26** des Lebensunterhalts **nicht zu vertreten** hat. Von der Anwendung des § 5 Abs. 4 S. 1 ist nur unter den Voraussetzungen des § 5 Abs. 4 S. 2 abzusehen (Nr. 38.3.7 AufenthGAVwV; aA NK-AuslR/Geyer Rn. 19; für weitere „besondere Fälle" s. Nr. 38.3.3–38.3.6 AufenthGAVwV).

D. Erwerbstätigkeit (Abs. 4)

Die **Aufenthaltserlaubnis nach Abs. 1 und Abs. 2** berechtigt zur Ausübung einer Erwerbstä- **27** tigkeit, dies gilt auch für die **Niederlassungserlaubnis** nach Abs. 1 S. 1 Nr. 1 (Nr. 38.4 Aufenth-GAVwV). Dies ergibt sich nach der Aufhebung des S. 1 durch das FachkEinwG (Fachkräfteein-wanderungsgesetz v. 15.8.2019, BGBl. I 1307) unmittelbar aus dem neu eingefügten § 4a Abs. 1. Der neue S. 1 (früher S. 2) bezieht sich ausschließlich auf die Antragsfrist des Abs. 1 S. 2, sodass eine **Erwerbstätigkeit während des Antragsverfahrens für eine Aufenthaltserlaubnis nach Abs. 2 nicht gestattet** ist (GK-AufenthG/Berlit Rn. 72).

E. Scheindeutsche (Abs. 5)

I. Anwendungsbereich

Die Vorschrift erfasst Fälle, in denen durch **deutsche Stellen** dadurch ein **Vertrauenstatbe- 28 stand** geschaffen wurde, dass sie irrtümlich angenommen haben, der Ausländer sei Deutscher, dieser die deutsche Staatsangehörigkeit aber tatsächlich nicht besitzt. Der Irrtum darf **nicht in den Verantwortungsbereich des Ausländers** fallen.

In den sog. Rücknahmefällen (Rücknahme einer Einbürgerung oder Vaterschaftsanfechtungs- **29** fälle) findet Abs. 5 analoge Anwendung (BVerwG BeckRS 2011, 52110; 2011, 52368; VGH BW BeckRS 2020, 16950).

Eine Person wurde von deutschen Stellen irrtümlich als Deutscher behandelt, wenn diese durch **30** Verwaltungshandeln – nicht notwendig in Form eines Verwaltungsaktes – zum Ausdruck gebracht haben, dass sie davon ausgehen, der Betreffende sei Deutscher (Nr. 38.5.1 AufenthGAVwV).

Dabei muss eine **Prüfung der Staatsangehörigkeit, wenn auch nur in summarischer Form,** vorgenommen worden sein. Nicht ausreichend ist eine rein formularmäßige Übernahme der Angabe, der Betroffene sei Deutscher, die mit keiner auch nur summarischen Prüfung verbunden ist oder die irrtümliche Annahme einer einzelnen Behörde (zB bei der Bewilligung von Sozialleistungen).

31   Ob es sich bei den deutschen Stellen um eine kommunale, eine Landes- oder eine Bundesbehörde handelt, ist unerheblich. Ebenso ist **nicht erforderlich, dass die deutschen Stellen zur Feststellung der Staatsangehörigkeit befugt** sind (Nr. 38.5.2 AufenthGAVwV).

32   Wenn eine Stelle, zu deren Kernaufgaben die Prüfung zählt, ob jemand Deutscher ist, dies nach – auch nur summarischer – Prüfung bejaht oder beurkundet, ist davon auszugehen, dass allgemein deutsche Stellen den Betroffenen als Deutschen behandelt haben. Dies gilt insbesondere für das **Handeln der Staatsangehörigkeitsbehörden, der Pass- und Personalausweisbehörden, der Auslandsvertretungen** im sonstigen konsularischen Aufgabenbereich, der **Meldebehörden,** der **Personenstandsbehörden,** insbesondere im Zusammenhang mit der Beurkundung von Personenstandsfällen, bei der **Ernennung von Beamten,** sofern diese Ernennung auf der Annahme beruhte, der Ernannte sei Deutscher und bei **Berufszulassungen,** sofern für sie erheblich ist, dass der Betreffende Deutscher ist, und die Zulassung auf dieser Annahme beruhte (Nr. 38.5.5.1–38.5.5.7 AufenthGAVwV).

33   Der Vertrauensschutz entsteht nicht, wenn es der **Ausländer zu vertreten** hat, dass er irrtümlich als Deutscher behandelt wurde. Die **bloße Veranlassung** genügt. Hinsichtlich des **Sorgfaltsmaßstabs** ist auf das Urteilsvermögen einer durchschnittlichen Person in der Situation des Betroffenen abzustellen. Kenntnisse des deutschen Staatsangehörigkeitsrechts sind in der Regel nicht zu erwarten. Zu vertreten hat der Betreffende **vorsätzlich oder grob fahrlässig unwahre, unvollständige oder im Fall der Erklärungspflicht unterlassene Angaben** (BeckOK AuslR/Dollinger Rn. 30). Eine beispielhafte Aufzählung findet sich in Nr. 38.5.7.1–38.5.7.4 AufenthGAVwV).

33.1   Zur Frage, ob bei Verlust der deutschen Staatsangehörigkeit durch Anfechtung der Vaterschaft ein Vertretenmüssen der Mutter in dem pflichtwidrigen Unterlassen einer Vaterschaftsanfechtung zu sehen ist: VGH BW BeckRS 2020, 16950.

34   Für den Anwendungsbereich des Abs. 5 ist es unerheblich, ob der Betreffende objektiv betrachtet niemals deutscher Staatsangehöriger war oder er die Staatsangehörigkeit objektiv verloren hatte (GK-AufenthG/Berlit Rn. 74), sodass Abs. 5 auch auf „ehemalige Deutsche" nach Abs. 1 oder Abs. 2 anwendbar ist.

II. Rechtsfolgen

35   Bei der entsprechenden Anwendung der Abs. 1–4 ist danach zu unterscheiden, ob der „Scheindeutsche" seinen **gewöhnlichen Aufenthalt im Inland oder im Ausland** hat. In den Fällen des **Abs. 1** kommt es bei der Dauer des gewöhnlichen Aufenthalts zugleich auf die **Behandlung als Deutscher** an. Auch die **Antragsfrist** gilt entsprechend. Erfüllt der Antragsteller diese Voraussetzungen, hat er einen Anspruch auf Erteilung eines Aufenthaltstitels nach Abs. 1.

36   Bei der analogen Anwendung des **Abs. 2** entscheidet die Ausländerbehörde nach **pflichtgemäßem Ermessen** (BeckOK AuslR/Dollinger Rn. 31 f.; GK-AufenthG/Berlit Rn. 90 f.).

§ 38a Aufenthaltserlaubnis für in anderen Mitgliedstaaten der Europäischen Union langfristig Aufenthaltsberechtigte

(1) ¹Einem Ausländer, der in einem anderen Mitgliedstaat der Europäischen Union die Rechtsstellung eines langfristig Aufenthaltsberechtigten innehat, wird eine Aufenthaltserlaubnis erteilt, wenn er sich länger als 90 Tage im Bundesgebiet aufhalten will. ²§ 8 Abs. 2 ist nicht anzuwenden.

(2) Absatz 1 ist nicht anzuwenden auf Ausländer, die
1. von einem Dienstleistungserbringer im Rahmen einer grenzüberschreitenden Dienstleistungserbringung entsandt werden,
2. sonst grenzüberschreitende Dienstleistungen erbringen wollen oder
3. sich zur Ausübung einer Beschäftigung als Saisonarbeitnehmer im Bundesgebiet aufhalten oder im Bundesgebiet eine Tätigkeit als Grenzarbeitnehmer aufnehmen wollen.

(3) ¹Die Aufenthaltserlaubnis berechtigt zur Ausübung einer Beschäftigung, wenn die Bundesagentur für Arbeit der Ausübung der Beschäftigung nach § 39 Absatz 3 zugestimmt hat; die Zustimmung wird mit Vorrangprüfung erteilt. ²Die Aufenthaltserlaubnis berechtigt zur Ausübung einer selbständigen Tätigkeit, wenn die in § 21 genannten Voraussetzungen erfüllt sind. ³Wird der Aufenthaltstitel nach Absatz 1 für ein Studium oder für sonstige Ausbildungszwecke erteilt, sind die §§ 16a und 16b entsprechend anzuwenden. ⁴In den Fällen des § 16a wird der Aufenthaltstitel ohne Zustimmung der Bundesagentur für Arbeit erteilt.

(4) ¹Eine nach Absatz 1 erteilte Aufenthaltserlaubnis darf nur für höchstens zwölf Monate mit einer Nebenbestimmung nach § 34 der Beschäftigungsverordnung versehen werden. ²Der in Satz 1 genannte Zeitraum beginnt mit der erstmaligen Erlaubnis einer Beschäftigung bei der Erteilung der Aufenthaltserlaubnis nach Absatz 1. ³Nach Ablauf dieses Zeitraums berechtigt die Aufenthaltserlaubnis zur Ausübung einer Erwerbstätigkeit.

Überblick

§ 38a regelt das Aufenthaltsrecht für langfristig aufenthaltsberechtigte Drittstaatsangehörige anderer Mitgliedstaaten in Deutschland. Die Norm setzt die gemeinschaftsrechtlichen Vorgaben der Mobilitätsregelungen in Kapitel III der Daueraufenthalts-RL (RL 2003/109/EG v. 25.11.2003, ABl. 2004 L 16, 44) um. Umfasst sind die Fälle der Weiterwanderung von Drittstaatsangehörigen, die in einem anderen Mitgliedstaat bereits den Status eines langfristig Aufenthaltsberechtigten erhalten hatten. Abs. 1 (→ Rn. 2 ff.) regelt den Anspruch auf Erteilung einer Aufenthaltserlaubnis für einen in der EU langfristig aufenthaltsberechtigten Drittstaatsangehörigen, wenn er sich länger als 90 Tage (→ Rn. 7 ff.) im Bundesgebiet aufhalten will. Abs. 2 (→ Rn. 18 ff.) schließt Erbringer von grenzüberschreitenden Dienstleistungen, Saisonarbeitnehmer und Grenzarbeitnehmer aus dem Anwendungsbereich des Abs. 1 aus. Die Bedingungen für den Zugang zum Arbeitsmarkt regeln Abs. 3 (→ Rn. 21 ff.) und Abs. 4 (→ Rn. 29 ff.).

Übersicht

A. Entstehungsgeschichte

Die Vorschrift wurde mit dem Gesetz zur Umsetzung aufenthalts- und asylrechtlicher Richtlinien der Europäischen Union (v. 19.8.2007, BGBl. I 1970) in das Gesetz aufgenommen. Mit dem Gesetz zur Umsetzung der Hochqualifizierten-Richtlinie der Europäischen Union (v. 1.6.2012, BGBl. I 1224), dem Gesetz zur Verbesserung der Rechte von international Schutzberechtigten und ausländischen Arbeitnehmern (v. 29.8.2013, BGBl. I 3484) und dem Gesetz zur Neubestimmung des Bleiberechts und der Aufenthaltsbeendigung (v. 27.7.2015, BGBl. I 1386) ist die Bestimmung geändert worden. Zum 6.9.2013 wurden in Abs. 3 die Regelungen betreffend den Arbeitsmarktzugang neu gefasst. Die Änderung zum 1.8.2015 wurde in Anpassung zur Novellierung des Schengener Grenzkodex erforderlich. Weitere Anpassungen erfolgten durch das FachkEinwG **1**

(Fachkräfteeinwanderungsgesetz v. 15.8.2019, BGBl. I 1307) aufgrund des neu eingefügten § 4a Abs. 1. Eine inhaltliche Änderung geht damit nicht einher.

B. Anspruch auf Erteilung einer Aufenthaltserlaubnis (Abs. 1)

I. Rechtsstellung eines langfristig Aufenthaltsberechtigten

2   § 38a findet nur Anwendung auf **Drittstaatsangehörige,** denen **in einem anderen Mitgliedstaat** die **Rechtsstellung eines langfristig Aufenthaltsberechtigten** verliehen wurde. In Umsetzung von Art. 8 Abs. 3 Daueraufenthalts-RL müssen die nationalen Aufenthaltstitel grundsätzlich die **Bezeichnung „Daueraufenthalt-EU"** in ihren jeweiligen Amtssprachen enthalten. Eine Sprachenliste, in der die Bezeichnung „Daueraufenthalt-EU" in den Amtssprachen der EU aufgeführt ist, findet sich unter Nr. 38a.1.1.1 AufenthGAVwV. Auf andere unbefristete Aufenthaltstitel der EU-Mitgliedstaaten findet § 38a keine Anwendung (Nr. 38a.1.1.2 AufenthGAVwV).

3   Der Betreffende kann seine Rechtsstellung als langfristig Aufenthaltsberechtigter grundsätzlich auch anderweitig nachweisen. Möglich ist dies durch eine **entsprechende schriftliche Bestätigung einer zuständigen Behörde des jeweiligen Mitgliedstaats oder dessen Auslandsvertretung** (BayVGH BeckRS 2017, 10244; 2014, 56705; 2014, 60031; 2012, 59852).

4   Maßgeblich ist alleine der **formale Besitz der Rechtsstellung** als langfristig Aufenthaltsberechtigter. Ob die Rechtsstellung im anderen Mitgliedstaat rechtmäßig erworben wurde, ist unerheblich (GK-AufenthG/Marx Rn. 10). Ist der Betreffende im Besitz eines entsprechenden Aufenthaltstitels kann er sich auf die Vermutungswirkung berufen, dass ihm diese Rechtsstellung bislang nicht entzogen wurde (BayVGH BeckRS 2019, 15916).

5   Die Erteilung bzw. Verlängerung einer Aufenthaltserlaubnis setzt voraus, dass der betreffende Ausländer die Rechtsstellung eines langfristig Aufenthaltsberechtigten (noch) **besitzt.** Ein Drittstaatsangehöriger, der sich **sechs Jahre lang nicht im Hoheitsgebiet des Mitgliedsstaats** aufgehalten hat, der ihm die Rechtsstellung eines langfristig Aufenthaltsberechtigten zuerkannt hat, verliert in diesem Mitgliedsstaat die Rechtsstellung eines langfristig Aufenthaltsberechtigten (**Art. 9 Abs. 4 Daueraufenthalts-RL;** HessVGH BeckRS 2016, 110638).

6   Im **Vereinigten Königreich, Irland und Dänemark** findet die Daueraufenthalts-RL keine Anwendung. Drittstaatsangehörige mit langfristigen britischen, irischen oder dänischen Aufenthaltstiteln können keine Aufenthaltsansprüche nach der Daueraufenthalts-RL in Deutschland und den übrigen EU-Mitgliedstaaten geltend machen, da die vorgenannten drei Staaten den zugrunde liegenden Aufenthaltstitel „Daueraufenthalt-EU" nicht ausstellen (Nr. 38a.1.1.3 AufenthGAVwV).

II. Absicht eines nicht nur vorübergehenden Aufenthalts

7   Nach Abs. 1 S. 1 Hs. 2 wird weiter vorausgesetzt, dass der Drittstaatsangehörige sich **länger als 90 Tage** im Bundesgebiet aufhalten will. Es kommt insoweit ausschließlich auf den **subjektiven Willen** des Drittstaatsangehörigen an. Der **Zweck des Aufenthalts** ist **unerheblich** (BT-Drs. 16/5065, 316; NK-AuslR/Müller Rn. 20).

8   Strittig ist, ob die **parallele Erteilung eines Aufenthaltstitels zu anderen Aufenthaltszwecken** neben einer Titelerteilung nach § 38a möglich ist (verneinend Nr. 38a.0.4 AufenthGAVwV, wonach der Aufenthaltsstatus des Betroffenen eindeutig definiert sein muss; bejahend GK-AufenthG/Marx Rn. 14).

9   Für Drittstaatsangehörige, die bereits einen Aufenthaltstitel aus einem Mitgliedstaat besitzen, bietet **Art. 21 SDÜ** die Möglichkeit, sich **kurzfristig** in einem anderen Mitgliedstaat aufzuhalten, wenn der betreffende Mitgliedstaat das SDÜ anwendet. Ansonsten kommt ein **Schengen-Visum nach § 6 Abs. 1 Nr. 2** in Betracht (Nr. 38a.1.2 AufenthGAVwV).

III. Allgemeine Erteilungsvoraussetzungen

10   Neben den genannten Erteilungsvoraussetzungen sind die allgemeinen Erteilungsvoraussetzungen des § 5 zu beachten.

1. Erfordernis der Sicherung des Lebensunterhalts (§ 5 Abs. 1 Nr. 1)

11   Nach **Art. 15 Daueraufenthalts-RL** können die Mitgliedstaaten den Nachweis fester und regelmäßiger Einkünfte und ausreichenden Krankenversicherungsschutzes verlangen (Nr. 38a.1.3.3 und 38a.1.3.4 AufenthGAVwV). Bei der Anwendung des § 2 Abs. 3 sind unionsrechtliche Grundsätze zu beachten. Art. 5 Abs. 1 lit. a Daueraufenthalts-RL ist dahingehend auszulegen, dass mit

dem in dieser Bestimmung verwendeten Begriff der Einkünfte nicht ausschließlich eigene Einkünfte desjenigen, der die Zuerkennung der Rechtsstellung eines langfristig Aufenthaltsberechtigten beantragt, gemeint sind, sondern dieser Begriff auch Mittel umfasst, die diesem Antragsteller von einem Dritten zur Verfügung gestellt werden, sofern diese unter Berücksichtigung der individuellen Person des betreffenden Antragstellers als fest, regelmäßig und ausreichend angesehen werden (EuGH BeckRS 2019, 23100). Der Freibetrag für Erwerbstätige ist nicht dem unionsrechtlichen Begriff der Sozialhilfe zuzuordnen und darf daher bei der Bedarfsberechnung nicht berücksichtigt werden (BVerwG BeckRS 2011, 46813; zur Sicherung des Lebensunterhalts BayVGH BeckRS 2012, 60052).

2. Bestehen eines Ausweisungsinteresses (§ 5 Abs. 1 Nr. 2)

Nach der Regelung des Art. 17 Abs. 1 Daueraufenthalts-RL kann dem langfristig Aufenthalts- **12** berechtigten oder seinen Familienangehörigen der Aufenthalt in einem anderen Mitgliedstaat versagt werden, wenn die betreffende Person eine **Gefahr für die öffentliche Ordnung oder Sicherheit** darstellt (Art. 17 Abs. 1 UAbs. 1 Daueraufenthalts-RL). Trifft ein Mitgliedstaat eine entsprechende Entscheidung, so berücksichtigt er die Schwere oder die Art des von dem langfristig Aufenthaltsberechtigten oder seinem bzw. seinen Familienangehörigen begangenen Verstoßes gegen die öffentliche Ordnung oder die öffentliche Sicherheit bzw. die von der betreffenden Person ausgehende Gefahr (Art. 17 Abs. 1 UAbs. 2 Daueraufenthalts-RL). § 5 Abs. 1 Nr. 2 ist insoweit richtlinienkonform auszulegen.

Zum Verständnis dieser Vorschriften kann auf die Regelungen über die Zuerkennung der **13** Rechtsstellung eines langfristig Aufenthaltsberechtigten zurückgegriffen werden (Art. 6 Daueraufenthalts-RL), die im Wesentlichen dieselben Anforderungen stellen wie die Regelungen über den Aufenthalt in einem anderen Mitgliedstaat als dem, in dem diese Rechtsstellung erworben wurde. Wegen der Abwägungsabhängigkeit des in Art. 6 und 17 Daueraufenthalts-RL genannten Versagungsgrundes und der Einbeziehung der Schwere und Art des Verstoßes und des Grades der Wiederholungsgefahr (→ Rn. 13.1) lässt sich eine feste Strafbarkeitsgrenze nicht benennen (vgl. Hailbronner AuslR Rn. 22; BayVGH BeckRS 2013, 47552). Einem Drittstaatsangehörigen darf nicht Rechtsstellung eines langfristig Aufenthaltsberechtigten nicht alleine wegen seiner Vorstrafen ohne konkrete Prüfung seines Falles im Hinblick auf die Art des von ihm begangenen Verstoßes, die Gefahr, die er möglicherweise für die öffentliche Sicherheit und Ordnung darstellt, die Dauer seines Aufenthalts im Mitgliedstaat und das Bestehen von Bindungen in diesem versagt werden (EuGH BeckRS 2020, 21411).

Die Regelerteilungsvoraussetzung des § 5 Abs. 1 Nr. 2 wird durch Art. 17 Daueraufenthalts-RL **13.1** europarechtlich überformt. Erforderlich sind gewichtige Gründe der öffentlichen Sicherheit oder Ordnung. Zudem sind Art und Schwere des Verstoßes oder die von dem Ausländer ausgehende Gefährdung und das Interesse des Ausländers an der Verwirklichung seines Rechts auf Aufenthalt gegeneinander abzuwägen (NdsOVG BeckRS 2019, 6861).

Nach Art. 18 Daueraufenthalts-RL können die Mitgliedstaaten die Aufnahme eines in einem **14** anderen Mitgliedstaat langfristig Aufenthaltsberechtigten auch verweigern, wenn von diesem eine Gefahr für die öffentliche Gesundheit ausgeht. Nach der Neuregelung des Ausweisungsrechts stellt die Gefährdung der öffentlichen Gesundheit (§ 55 Abs. 2 Nr. 6 aF) jedoch kein Ausweisungsinteresse mehr dar (NK-AuslR/Müller Rn. 14).

3. Passpflicht (§ 5 Abs. 1 Nr. 4)

Art. 15 Abs. 4 UAbs. 1 Daueraufenthalts-RL sieht bei der Antragstellung die Vorlage eines **15** gültigen Reisedokumentes oder einer **beglaubigten Kopie** vor. Dies ist auch iRd § 5 Abs. 1 Nr. 4 zu berücksichtigen (NK-AuslR/Müller Rn. 15).

4. Visum (§ 5 Abs. 2)

Antragsteller, die im Besitz eines Aufenthaltstitels eines anderen Mitgliedstaats sind, können **16** grundsätzlich visumfrei einreisen und die Aufenthaltserlaubnis nach Abs. 1 gem. **§ 39 Nr. 6 AufenthV** im Inland beantragen (SächsOVG BeckRS 2021, 3201 mwN). Strittig ist, ob dann, wenn der betreffende Mitgliedstaat Art. 21 SDÜ nicht anwendet, ein Visumverfahren durchzuführen ist. Überwiegend wird die Auffassung vertreten, dass ein Visumverfahren nicht erforderlich ist (vgl. GK-AufenthG/Marx Rn. 17 f. mwN).

5. Ausreichender Wohnraum

17   Nach Art. 15 Abs. 4 Daueraufenthalts-RL können die Mitgliedstaaten den Nachweis ausreichenden Wohnraums verlangen. Die Bundesrepublik Deutschland hat von dieser Möglichkeit keinen Gebrauch gemacht. Eine dem § 9a Abs. 2 Nr. 6 entsprechende Regelung findet sich in § 38a nicht.

C. Beschränkung des personellen Anwendungsbereichs (Abs. 2)

18   Abs. 2 setzt Art. 14 Abs. 5 Daueraufenthalts-RL um. Ausgeschlossen sind Ausländer, die von einem Dienstleistungserbringer im Rahmen einer grenzüberschreitenden Dienstleistungserbringung entsandt werden, sonst grenzüberschreitende Dienstleistungen erbringen wollen oder sich zur Ausübung einer Beschäftigung als Saisonarbeitnehmer im Bundesgebiet aufhalten oder im Bundesgebiet eine Tätigkeit als Grenzarbeitnehmer aufnehmen wollen.

19   Gemeinsames Merkmal der bezeichneten Personengruppen ist, dass sie sich nur für einen **vorübergehenden Zeitraum** im Bundesgebiet aufhalten wollen, für eine Aufenthaltserlaubnis nach Abs. 1 jedoch eine beabsichtigte Aufenthaltsdauer von über 90 Tagen erforderlich ist.

20   Den grenzüberschreitenden Dienstleistungsverkehr innerhalb der Union regelt die Dienstleistungs-RL (RL 2006/123/EG v. 12.12.2006, ABl. 2006 L 376, 36). Sowohl der Dienstleistungserbringer als auch der Eigenunternehmer (Nr. 2) sind im „Entsendemitgliedstaat" ansässig. **Saisonarbeitnehmer** verlegen zwar ihren Wohnsitz in den Aufnahmemitgliedstaat, ihre Tätigkeit ist jedoch vorübergehender Natur. **Grenzarbeitnehmer** behalten ihren Wohnsitz im Entsendemitgliedstaat.

D. Zusätzliche Voraussetzungen für bestimmte Aufenthaltszwecke (Abs. 3)

I. Aufnahme einer unselbstständigen Erwerbstätigkeit (Abs. 3)

21   Abs. 3 wurde neu gefasst (→ Rn. 1), um klarzustellen, dass den Drittstaatsangehörigen, die in einem anderen Mitgliedstaat der EU ein Daueraufenthaltsrecht haben, die Aufenthaltserlaubnis nach Abs. 1 zur Aufnahme jeder Beschäftigung in Deutschland unabhängig von der dafür benötigten Qualifikation erteilt werden kann (BeckOK AuslR/Dollinger Rn. 19).

22   Abs. 3 S. 1 knüpft die Aufnahme einer **unselbstständigen Erwerbstätigkeit** an eine Zustimmung nach § 39 Abs. 3 mit **Vorrangprüfung.** Damit hat die Bundesrepublik von der in Art. 14 Abs. 3 Daueraufenthalts-RL eingeräumten Möglichkeit Gebrauch gemacht.

23   Eine vorrangige Berücksichtigung von Daueraufenthaltsberechtigten bei der Arbeitsmarktprüfung ist nicht vorgesehen (BayVGH BeckRS 2013, 46122; 2013, 46114 zur aF). Ungeachtet der Frage, ob und inwieweit eine abstrakte bzw. globale Arbeitsmarktprüfung vereinbar mit Art. 14 Abs. 3 Daueraufenthalts-RL ist, handelt es sich bei der von der Bundesagentur durchgeführten Vorrangprüfung bereits tatbestandlich um eine Einzelfallprüfung (OVG NRW BeckRS 2016, 41087 zur aF).

24   Die Bundesagentur kann die Zustimmung zu Beschäftigung verweigern, wenn der Ausländer als Leiharbeitnehmer tätig werden will (zur Vereinbarkeit von § 40 Abs. 1 Nr. 2 mit Art. 14 Abs. 3 S. 1 Daueraufenthalt-RL OVG NRW BeckRS 2014, 45982).

II. Aufnahme einer selbstständigen Erwerbstätigkeit

25   Abs. 3 berechtigt zur Aufnahme einer **selbstständigen Erwerbstätigkeit,** wenn die Voraussetzungen des **§ 21** erfüllt sind. Art. 14 Abs. 3 UAbs. 1 Daueraufenthalts-RL gibt den Mitgliedstaaten insoweit die Möglichkeit, ihr nationales Verfahren bei der Aufnahme einer selbstständigen Tätigkeit anzuwenden. Teilweise wird die Auffassung vertreten, dass die Anwendung des § 21 Abs. 1 S. 1 Nr. 3 S. 2 und S. 3 sowie Abs. 3 nicht von Art. 14 Abs. 3 Daueraufenthalts-RL gedeckt ist (NK-AuslR/Müller Rn. 31).

III. Aufnahme eines Studiums oder einer sonstigen Ausbildung

26   Die Aufenthaltserlaubnis nach § 38a berechtigt unter entsprechender Anwendung von §§ 16a und 16b zur Aufnahme eines Studiums oder einer Ausbildung. Dabei richten sich die aufenthaltsrechtlichen Voraussetzungen nach § 38a, die studien- und ausbildungsspezifischen Voraussetzungen nach §§ 16a und 16b.

Eine Zustimmung der Bundesagentur für Arbeit ist für Aufenthalte zum Zwecke der betriebli- 27
chen Ausbildung nicht erforderlich. Die Absolvierung einer Berufsausbildung ist in Art. 14 Abs. 2
lit. b Daueraufenthalts-RL geregelt. Eine Arbeitsmarktprüfung ist nach Art. 14 Abs. 3 UAbs. 1
Daueraufenthalts-RL jedoch nur für Fälle der Erwerbstätigkeit vorgesehen (Nr. 38a.3.3 Aufenth-
GAVwV).

Die Beschränkung des Umfangs der Beschäftigung von Studenten (Gestattung einer Beschäfti- 28
gung für insgesamt 120 Tage bzw. 240 halbe Tage im Jahr oder im Rahmen studentischer Nebentätigkeiten) ist zulässig, da Art. 21 Abs. 2 UAbs. 3 Daueraufenthalts-RL dem nationalen Gesetzgeber
seinen Gestaltungsspielraum belässt (NK-AuslR/Müller Rn. 32).

E. Beschäftigungsrechtliche Nebenbestimmungen (Abs. 4)

Abs. 4 S. 1 begrenzt die in § 34 der BeschV vorgesehene Möglichkeit, die Aufenthaltserlaubnis 29
mit einer **beschränkenden Nebenbestimmung in Bezug auf die Dauer, die berufliche
Tätigkeit, auf bestimmte Betriebe oder Bezirke zu verbinden,** auf zwölf Monate. Die
Vorschrift dient der Umsetzung von Art. 21 Abs. 2 UAbs. 2 Daueraufenthalts-RL. Die Frist
beginnt mit der erstmaligen Erteilung der Aufenthaltserlaubnis zu laufen. Nach Ablauf der Zwölf-
Monats-Frist muss kein neuer Aufenthaltstitel erteilt werden (Nr. 38a.4.2 AufenthGAVwV;
BeckOK AuslR/Dollinger Rn. 23; zur Frage, ob nach Ablauf der Zwölf-Monats-Frist auch die
Arbeitsmarktprüfung entfällt s. GK-AufenthG/Marx Rn. 70).

F. Familienzusammenführung

Der **Ehegattennachzug** richtet sich nach **§ 30 Abs. 1 S. 1 Nr. 3 lit. f.** Voraussetzung 30
ist insoweit, dass die **Ehe bereits in dem Mitgliedstaat** bestand, in dem der Betreffende die
Rechtsstellung als langfristig Aufenthaltsberechtigter erworben hat. In diesen Fällen tritt die Privilegierung des § 30 Abs. 1 S. 2 (→ § 30 Rn. 31) ein, sodass der Ehegatte vom Spracherfordernis
und vom Mindestaltererfordernis befreit ist.

Der **Nachzug minderjähriger Kinder** richtet sich nach **§ 32 Abs. 1** (→ § 32 Rn. 3 ff.). 31
Auch beim Kindernachzug sind keine weiteren Nachzugsanforderungen zu erfüllen, wenn die
Kinder bereits im ersten Mitgliedstaat in **familiärer Lebensgemeinschaft** gelebt haben bzw.
gemeinsam mit dem Daueraufenthaltsberechtigten ins Bundesgebiet nachziehen. Dies ergibt sich
aus **Art. 16 Abs. 4 Daueraufenthalts-RL** (ausf. Bergmann/Dienelt/Dienelt Rn. 45 ff.).

Für Familienangehörige, die nicht bereits im ersten Mitgliedstaat mit dem Daueraufenthaltsbe- 32
rechtigten in familiärer Gemeinschaft gelebt haben, gilt Art. 16 Abs. 5 Daueraufenthalts-RL. Die
Voraussetzungen der Familienzusammenführungs-RL sind zu erfüllen.

G. Verfahren

Besondere Verfahrensgarantien bei der Beantragung einer Aufenthaltserlaubnis nach Abs. 1 33
ergeben sich aus **Art. 19 und 20 Daueraufenthalts-RL.** Art. 19 Daueraufenthalts-RL sieht
eine – verlängerbare – Bearbeitungsfrist von vier Monaten vor. Eine ablehnende Entscheidung ist
zu begründen (Art. 20 Daueraufenthalts-RL).

Bezüglich der **Geltungsdauer und des Erlöschens** der Aufenthaltserlaubnis sind die Vor- 34
schriften des AufenthG anzuwenden. Die Aufenthaltserlaubnis nach Abs. 1 wird als **befristete
Aufenthaltserlaubnis** erteilt (BeckOK AuslR/Dollinger Rn. 24). Sie erlischt mit Ablauf der
Geltungsdauer und soll **widerrufen** werden, wenn der Ausländer seine Stellung als langfristig
Aufenthaltsberechtigter in einem anderen Mitgliedstaat der EU verliert (§ 52 Abs. 6). Mit **§ 52
Abs. 6** wird Art. 22 Abs. 1 Daueraufenthalts-RL umgesetzt.

Abschnitt 8. Beteiligung der Bundesagentur für Arbeit

§ 39 Zustimmung zur Beschäftigung

(1) ¹Die Erteilung eines Aufenthaltstitels zur Ausübung einer Beschäftigung setzt die
Zustimmung der Bundesagentur für Arbeit voraus, es sei denn, die Zustimmung ist
kraft Gesetzes, auf Grund der Beschäftigungsverordnung oder Bestimmung in einer
zwischenstaatlichen Vereinbarung nicht erforderlich. ²Die Zustimmung kann erteilt

werden, wenn dies durch ein Gesetz, die Beschäftigungsverordnung oder zwischenstaatliche Vereinbarung bestimmt ist.

(2) ¹Die Bundesagentur für Arbeit kann der Ausübung einer Beschäftigung durch eine Fachkraft gemäß den §§ 18a oder 18b zustimmen, wenn
1. sie nicht zu ungünstigeren Arbeitsbedingungen als vergleichbare inländische Arbeitnehmer beschäftigt wird,
2. sie
   a) gemäß § 18a oder § 18b Absatz 1 eine Beschäftigung als Fachkraft ausüben wird, zu der ihre Qualifikation sie befähigt, oder
   b) gemäß § 18b Absatz 2 Satz 2 eine ihrer Qualifikation angemessene Beschäftigung ausüben wird,
3. ein inländisches Beschäftigungsverhältnis vorliegt und,
4. sofern die Beschäftigungsverordnung nähere Voraussetzungen in Bezug auf die Ausübung der Beschäftigung vorsieht, diese vorliegen.
²Die Zustimmung wird ohne Vorrangprüfung im Sinne des Absatzes 3 Nummer 3 erteilt, es sei denn, in der Beschäftigungsverordnung ist etwas anderes bestimmt.

(3) Die Bundesagentur für Arbeit kann der Ausübung einer Beschäftigung durch einen Ausländer unabhängig von einer Qualifikation als Fachkraft zustimmen, wenn
1. der Ausländer nicht zu ungünstigeren Arbeitsbedingungen als vergleichbare inländische Arbeitnehmer beschäftigt wird,
2. die in den §§ 19, 19b, 19c Absatz 3 oder § 19d Absatz 1 Nummer 1 oder durch die Beschäftigungsverordnung geregelten Voraussetzungen für die Zustimmung in Bezug auf die Ausübung der Beschäftigung vorliegen und
3. für die Beschäftigung deutsche Arbeitnehmer sowie Ausländer, die diesen hinsichtlich der Arbeitsaufnahme rechtlich gleichgestellt sind, oder andere Ausländer, die nach dem Recht der Europäischen Union einen Anspruch auf vorrangigen Zugang zum Arbeitsmarkt haben, nicht zur Verfügung stehen (Vorrangprüfung), soweit diese Prüfung durch die Beschäftigungsverordnung oder Gesetz vorgesehen ist.

(4) ¹Für die Erteilung der Zustimmung hat der Arbeitgeber der Bundesagentur für Arbeit Auskunft über Arbeitsentgelt, Arbeitszeiten und sonstige Arbeitsbedingungen zu erteilen. ²Auf Aufforderung durch die Bundesagentur für Arbeit hat ein Arbeitgeber, der einen Ausländer beschäftigt oder beschäftigt hat, eine Auskunft nach Satz 1 innerhalb eines Monats zu erteilen.

(5) Die Absätze 1, 3 und 4 gelten auch, wenn bei Aufenthalten zu anderen Zwecken nach den Abschnitten 3, 5 oder 7 eine Zustimmung der Bundesagentur für Arbeit zur Ausübung einer Beschäftigung erforderlich ist.

(6) ¹Absatz 3 gilt für die Erteilung einer Arbeitserlaubnis zum Zweck der Saisonbeschäftigung entsprechend. ²Im Übrigen sind die für die Zustimmung der Bundesagentur für Arbeit geltenden Rechtsvorschriften auf die Arbeitserlaubnis anzuwenden, soweit durch Gesetz oder Rechtsverordnung nichts anderes bestimmt ist. ³Die Bundesagentur für Arbeit kann für die Zustimmung zur Erteilung eines Aufenthaltstitels zum Zweck der Saisonbeschäftigung und für die Erteilung einer Arbeitserlaubnis zum Zweck der Saisonbeschäftigung am Bedarf orientierte Zulassungszahlen festlegen.

Überblick

Die Vorschrift regelt die Zustimmung der Bundesagentur für Arbeit zur Erteilung eines Aufenthaltstitels, der die Ausübung einer Beschäftigung erlaubt, und damit im Zusammenhang stehende Fragen. Abs. 1 (→ Rn. 7) stellt dabei den Grundsatz des Zustimmungserfordernisses auf. Abs. 2 S. 1 (→ Rn. 10) regelt die Voraussetzungen für die Erteilung der Zustimmung bei Fachkräften nach §§ 18a oder 18b, welche aus einer Arbeitsbedingungsprüfung (Nr. 1, → Rn. 12), einer Prüfung der qualifikationsgerechten Beschäftigung (Nr. 2), einer Prüfung des Vorliegens eines Beschäftigungsverhältnisses (Nr. 3) und ggf. Prüfung von Vorgaben der BeschV besteht. Abs. 3 (→ Rn. 33) regelt die Zustimmung bei der Beschäftigung unabhängig von einer Qualifikation als Fachkraft. Diese Prüfung schließt unter anderem auch eine Vorrangprüfung (Abs. 3 Nr. 3) ein. Abs. 4 (→ Rn. 29) enthält eine Auskunftspflicht des Arbeitgebers. Abs. 5 (→ Rn. 33) regelt die ggf. nötige Zustimmung zur Ausübung einer Beschäftigung bei Aufenthaltserlaubnissen zu anderen Zwecken als der Beschäftigung. Abs. 6 (→ Rn. 34) regelt die Erteilung einer Arbeitserlaubnis zum Zweck der Saisonbeschäftigung.

Übersicht

A. Allgemeines

I. Grundsätze

Die Vorschrift bildet ein wesentliches Element der aufenthaltsrechtlichen Regelungen der **1** Erwerbstätigkeit von Ausländern. Sie stellt die Verbindung der aufenthaltsrechtlichen und arbeitsrechtlichen Zulassung her. Hintergrund ist die Vereinigung des aufenthaltsrechtlichen und arbeitsrechtlichen Zulassungsverfahrens nach der Idee des One-Stop-Governments (→ §18 Rn. 6.1). Dies hat zur Folge, dass es nur ein einheitliches, mehrstufiges Verwaltungsverfahren gibt, in dem Aufenthalts- und Arbeitsberechtigung in einem einzigen (Verwaltungs-) Akt als einheitlicher Aufenthaltstitel von den zuständigen Ausländerbehörden ausgestellt werden, wobei grundsätzlich die Bundesagentur für Arbeit intern eingebunden ist.

Die Zustimmung der Bundesagentur für Arbeit ist in zwei Konstellation vorgesehen: zum **2** einen, wenn ein Aufenthaltstitel zum Zweck der Beschäftigung, also nach dem Abschnitt 4, erteilt werden soll (§18 Abs. 2 Nr. 2). Hierauf stellt Abs. 1 ab. Zum anderen, wenn ein Ausländer einen Aufenthaltstitel zu einem anderen Zweck (als der Erwerbstätigkeit) besitzt, dieser Titel jedoch entgegen dem Grundsatz des §4a Abs. 1 keine Beschäftigung erlaubt oder nur beschränkt erlaubt. Auf diese Situation hebt Abs. 5 ab. In beiden Fällen richtet sich das Zustimmungsverfahren nach §§39 ff.

Die Zustimmung der Bundesagentur nach §39 stellt keinen Verwaltungsakt nach §35 VwVfG **3** dar, sondern ist lediglich ein verwaltungsinterner Akt (ohne Außenwirkung; vgl. BT-Drs. 8285, 107). Prozessual hat dies zur Folge, dass in einem Rechtsstreit über die Erteilung einer Aufenthaltserlaubnis, die intern auch von der Erteilung der Zustimmung abhängt, die Bundesagentur nach §65 Abs. 2 VwGO notwendig beizuladen ist.

§39 Abs. 1 knüpft tatbestandlich an einen Aufenthaltstitel an. Für die ggf. nach §4a Abs. 2 **4** (iVm §39 Abs. 5) nötige Zustimmung gilt dies indes nicht. Dort geht es nur um die Ausübung einer Beschäftigung. Daher greift die Vorschrift auch, wenn es um die Erlaubnis der Ausübung einer Beschäftigung bei Personen mit Duldung (§60a) geht. §32 Abs. 1 S. 2 BeschV spricht hingegen noch von einer entsprechenden Anwendung des §39. Dies ist darauf zurückzuführen, dass §39 Abs. 1 aF idF vor dem FachkEinwG (Fachkräfteeinwanderungsgesetz v. 15.8.2019, BGBl. I 1307) in beiden Konstellationen (→ Rn. 2) auf einen Aufenthaltstitel abgestellt hatte.

Bei der Erlaubnis der Ausübung einer Beschäftigung bei Personen mit Duldung ist auch §60a Abs. 6 **4.1** zu beachten, der spezielle Ausschlussgründe normiert.

II. Gesetzeshistorie

§39 wurde im Rahmen der Schaffung des AufenthG durch das ZuwG (Zuwanderungsgesetz **5** v. 30.7.2004, BGBl. I 1950) eingeführt. Der Regierungsentwurf (BT-Drs. 15/420, 17, 85 ff.) hat durch die Beschlussempfehlung des Vermittlungsausschusses (BT-Drs. 15/3479, 6) zum Teil deutliche Veränderung erfahren. In der Folge hat die Norm einige kleinere Änderungen erhalten (s. Bergmann/Dienelt/Sußmann Rn. 1). Zuletzt wurde Abs. 6 durch das Gesetz zur Umsetzung aufenthaltsrechtlicher Richtlinien der Europäischen Union zur Arbeitsmigration (v. 12.5.2017, BGBl. I 1106; BT-Drs. 18/11136, 22, 55 f.) – erneut – eingefügt.

6 Das FachkEinwG (Fachkräfteeinwanderungsgesetz v. 15.8.2019, BGBl. I 1307; BT-Drs. 19/8285, 33 f., 107 f.) brachte einige Änderungen für § 39 mit sich. Diese waren notwendig, da §§ 18 ff. inhaltlich neu gefasst wurden. Entsprechend der Grundintention des FachkEinwG, die Zuwanderung von qualifizierten Fachkräften zu erleichtern und damit auf den in vielen Bereichen diagnostizierten Fachkräftemangel zu reagieren, ist die Engpassbetrachtung entfallen. Auch auf die Vorrangprüfung wird bei Fachkräften (Abs. 2) nun verzichtet (Abs. 2 S. 2 Hs. 1); verbunden wird dies jedoch mit der Möglichkeit, auf Veränderungen des Arbeitsmarktes unkompliziert reagieren zu können und die Vorrangprüfung kurzfristig wieder einzuführen (Abs. 2 S. 2 Hs. 2; BT-Drs. 19/8285, 72).

B. Erläuterungen im Einzelnen

I. Grundsatz des Zustimmungserfordernisses (Abs. 1)

7 § 39 Abs. 1 S. 1 bildet das Grundprinzip (vgl. § 18 Abs. 2 Nr. 2) ab, dass einem Ausländer ein Aufenthaltstitel zum Zweck der Ausübung einer Beschäftigung grundsätzlich nur mit Zustimmung der Bundesagentur für Arbeit erteilt werden kann. Die Ausnahmen hierzu, die zum Entfall des Zustimmungserfordernisses führen, sind in der BeschV geregelt. Abs. 1 S. 2 bestimmt die drei Fälle, in denen die Bundesagentur eine Zustimmung erteilen darf:
* wenn dies durch Gesetz bestimmt ist,
* wenn dies durch die BeschV bestimmt ist,
* wenn eine zwischenstaatliche Vereinbarung dies bestimmt (→ § 18 Rn. 23).

8 Die Erteilung der Zustimmung bedingt, dass die in dem Gesetz, der BeschV oder in der zwischenstaatlichen Vereinbarung genannten Voraussetzungen für die Zustimmung erfüllt sind (Abs. 1 S. 2). Mit Gesetz in diesem Sinn ist freilich auch das AufenthG, also auch § 39 Abs. 2 oder Abs. 3, gemeint. Abs. 2 bzw. Abs. 3 regeln dabei abschließend in ihrem jeweiligen **Anwendungsbereich** die Voraussetzungen. Der Anwendungsbereich des Abs. 2 bezieht sich nur auf Fachkräfte. Abs. 3 regelt die Zustimmung der Bundesagentur für Arbeit in allen anderen Fällen unabhängig von der Qualifikation als Fachkraft (BT-Drs. 19/8285, 108).

9 Die Formulierung „kann" in Abs. 1 S. 2 (und in Abs. 2 bzw. Abs. 3 sowie in den Bestimmungen der BeschV in diesem Zusammenhang) bedeutet, dass auch der Bundesagentur für Arbeit ein Ermessen im Rahmen der Zustimmungserteilung zukommt (aA Huber/Mantel AufenthG/Dippe Rn. 4; NK-AuslR/Stiegeler Rn. 8; Nr. 1.02 der Fachlichen Weisungen zur Beschäftigungsverordnung v. 20.6.2016). Hierfür spricht bereits der Wortlaut („kann"). Hätte der Gesetzgeber der Bundesagentur kein Ermessen einräumen wollen, so wäre es nahe gelegen, das Wort „darf" im Normtext zu verwenden. Des Weiteren zeigt die unterschiedliche Verwendung der Begriffe „ist" in § 40 Abs. 1 und „kann" in § 40 Abs. 2, dass der Begriff „kann" als Ermessenstatbestand im Rahmen der §§ 39 f. verwendet wird. Allerdings darf die Bundesagentur für Arbeit keine spezifischen aufenthaltsrechtlichen, sondern nur arbeitsmarktbezogene Belange in die Ermessensentscheidung einstellen.

II. Zustimmungsvoraussetzungen bei Fachkräften (Abs. 2)

10 § 39 Abs. 1 nennt die Voraussetzungen für die Zustimmung zur Ausübung einer Beschäftigung durch eine Fachkraft (iSv § 18 Abs. 3) gem. §§ 18a oder 18b. Die Prüfung erfolgt anhand des vom Ausländer nachzuweisenden konkreten Arbeitsplatzangebots (vgl. § 18 Abs. 2 Nr. 1, → § 18 Rn. 1 ff.; vgl. auch VG München BeckRS 2011, 31536). Grundvoraussetzung für Abs. 2 ist, dass der Ausländer eine Fachkraft nach § 18 Abs. 3 ist (→ § 18 Rn. 1 ff.).

11 Das Verfahren für die Zustimmung ist in den §§ 34 ff. BeschV geregelt. Eine gesetzliche Frist für die Erteilung ist explizit nicht vorgesehen. Allerdings wird über die Fiktionsregelung des § 36 Abs. 2 BeschV mittelbar eine zeitliche Frist von zwei Wochen etabliert, nach der die Zustimmung als erteilt gilt. Den Eintritt der Fiktion kann die Bundesagentur für Arbeit nur verhindern, wenn sie innerhalb der Frist der zuständigen Stelle mitgeteilt hat, dass die übermittelten Informationen für die Entscheidung über die Zustimmung nicht ausreichen oder dass der Arbeitgeber die erforderlichen Auskünfte nicht oder nicht rechtzeitig erteilt hat.

1. Prüfung der Arbeitsbedingungen (Nr. 1)

Als Erstes sieht § 39 Abs. 2 S. 1 Nr. 1 eine Prüfung der Arbeitsbedingungen vor, wonach **12** Ausländer nicht zu ungünstigeren Arbeitsbedingungen als vergleichbare inländische Arbeitnehmer beschäftigt werden dürfen. Sinn und Zweck dieser Bestimmung liegt zum einen darin, inländische Arbeitnehmer vor der Verdrängung durch ausländische Arbeitnehmer zu schützen, die schlechtere Vertragsbedingungen akzeptieren; zum anderen soll auch der Ausländer vor Ausbeutung bewahrt werden.

Maßstab für die Prüfung sind die gesetzlichen Regelungen zum Schutz der Arbeitnehmer. **13** Ferner sind auch die entsprechenden tariflichen Vereinbarungen (bei Tarifbindung des Arbeitgebers), betriebliche Vereinbarungen oder die branchenüblichen (insbesondere Branchenmindestlohn) oder ortsüblichen (insbesondere ortsüblicher Lohn) Beschäftigungsbedingungen heranzuziehen. Die Prüfung der Arbeitsbedingungen umfasst die für ein Arbeitsverhältnis geltenden wesentlichen Bedingungen. Dazu gehören insbesondere: Höhe und Fälligkeit des Arbeitsentgelts, Arbeitszeiten, Probezeit, Kündigungsfristen, Arbeitsort, Urlaubsansprüche oder Überstundenregelungen sowie Zusatzleitungen. Ein globaler Vergleich ist nicht erforderlich. Entscheidend sind die regionalen Verhältnisse (vgl. VG Augsburg BeckRS 2007, 37572). Der allgemeine gesetzliche Mindestlohn ist einzuhalten, er stellt aber nur die unterste Grenze der Entlohnung dar.

Die Bundesagentur für Arbeit kann nach § 41 ihre Zustimmung auch nachträglich widerrufen, wenn **13.1** sich später herausstellt, dass der Ausländer zu ungünstigeren Arbeitsbedingungen beschäftigt wird als vergleichbare inländische Arbeitnehmer.

2. Prüfung der qualifikationsgerechten Beschäftigung (Nr. 2)

Nach Abs. 2 Nr. 2 muss der Ausländer eine Beschäftigung als Fachkraft gem. § 18a oder § 18b **14** Abs. 1, zu den ihn seine Qualifikation befähigt, ausüben (lit. a) oder eine seiner Qualifikation angemessene Beschäftigung gem. § 18b Abs. 2 S. 2 ausüben (lit. b).

Wann die Qualifikation zu der Beschäftigung befähigt, muss im Einzelfall unter Berücksichti- **15** gung aller tatsächlichen und rechtlichen Umstände beurteilt werden. Maßgeblich ist, dass die Fachkraft durch ihre Qualifikation in der Lage ist, den Beruf auszuüben. Dies kann auch der Fall sein, wenn es sich um eine Tätigkeit handelt, die nicht exakt der Qualifikation entspricht. Zudem kann dies auch bei Beschäftigungen in einer anderen Branche oder unterhalb der Qualifikation möglich sein. Allerdings ist darauf zu achten, dass der Ausländer als Fachkraft für eine qualifizierte Beschäftigung iSd § 2 Abs. 12b eingesetzt wird; eine Tätigkeit in einer Beschäftigung, die auch ohne Qualifikation ausgeübt werden könnte (zB einfache Anlernberufe), ist nicht möglich (BT-Drs. 19/8285, 198). Die Einschätzung des Arbeitgebers, ob jemand für die Ausübung der Beschäftigung befähigt ist, soll in die Beurteilung mit einfließen (Anwendungshinweise des Bundesministeriums des Innern, für Bau und Heimat zum Fachkräfteeinwanderungsgesetz v. 30.1.2020 Rn. 39.2.2).

Der Erteilung einer Blauen Karte EU kann abweichend davon nur dann zugestimmt werden, **16** wenn der Ausländer eine seiner Qualifikation angemessene Beschäftigung ausübt (BT-Drs. 19/8285, 198).

3. Vorliegen eines Beschäftigungsverhältnisses (Nr. 3)

Abs. 2 Nr. 3 fordert, dass ein inländisches Beschäftigungsverhältnis vorliegen muss. Mit diesem **17** Erfordernis soll klargestellt werden, dass Aufenthaltserlaubnisse gem. §§ 18a und 18b nicht in den Fällen von Entsendungen erteilt werden können (Anwendungshinweise des Bundesministeriums des Innern, für Bau und Heimat zum Fachkräfteeinwanderungsgesetz v. 30.1.2020 Rn. 39.2.3).

4. Voraussetzungen der BeschV (Nr. 4)

Abs. 2 S. 1 Nr. 4 schreibt vor, dass auch die Voraussetzungen vorliegen müssen, wenn die **18** BeschV solche vorsieht. Damit korrespondierend gewährt § 42 Abs. 1 Nr. 3 die Ermächtigung, die Voraussetzungen in Bezug auf die Ausübung einer Beschäftigung als Fachkraft nach den §§ 18a und 18b in der BeschV zu regeln. Diese sind dann nach § 39 Abs. 2 S. 1 Nr. 4 zu prüfen. Derzeit wurde jedoch von dieser Verordnungsermächtigung kein Gebrauch gemacht.

5. Vorrangprüfung (Abs. 2 S. 2)

Abs. 2 S. 2 stellt klar, dass die Zustimmung ohne Vorrangprüfung erteilt wird, es sei denn, in **19** der BeschV ist etwas anderes bestimmt. In Abs. 3 Nr. 3 wird die Vorrangprüfung legaldefiniert.

Nach § 42 Abs. 2 Nr. 3 hat das Bundesministerium für Arbeit und Soziales die Ermächtigung, die Vorrangprüfung durch Rechtsverordnung wiedereinzuführen, um zB konjunkturellen Entwicklungen oder solchen auf dem Arbeitsmarkt zu begegnen. Derzeit ist dies jedoch nicht der Fall.

III. Zustimmungsvoraussetzung bei qualifikationsunabhängiger Beschäftigung (Abs. 3)

20   § 39 Abs. 3 regelt die Zustimmung zur Ausübung einer Beschäftigung unabhängig von einer Qualifikation als Fachkraft. Das heißt, Abs. 3 ist für allen anderen Fällen, die nicht von Abs. 2 erfasst werden, die relevante Norm zur Prüfung der Zustimmung (→ Rn. 8).

1. Prüfung der Arbeitsbedingungen (Nr. 1)

21   Wie Abs. 2 Nr. 1 sieht Abs. 3 Nr. 1 eine Prüfung der Arbeitsbedingungen vor, wonach der Ausländer nicht zu ungünstigeren Arbeitsbedingungen als vergleichbare inländische Arbeitnehmer beschäftigt werden darf (→ Rn. 12).

2. Voraussetzungen aus dem AufenthG bzw. BeschV (Nr. 2)

22   Abs. 2 Nr. 2 fordert, dass die in den §§ 19, 19b, 19c Abs. 3 oder § 19d Abs. 1 Nr. 1 oder durch die BeschV geregelten Voraussetzungen für die Zustimmung in Bezug auf die Ausübung der Beschäftigung vorliegen.

23   Dies bedeutet, dass die Voraussetzungen, die gem. §§ 19, 19b, 19c Abs. 3 oder 19d Abs. 1 Nr. 1 in Bezug auf die Ausübung der Beschäftigung erforderlich sind, vorliegen müssen. Hierzu zählt beispielsweise bei § 19d das Kriterium der qualifikationsentsprechenden Beschäftigung (BT-Drs. 19/8285, 108; Anwendungshinweise des Bundesministeriums des Innern, für Bau und Heimat zum Fachkräfteeinwanderungsgesetz v. 30.1.2020 Rn. 39.3.1).

24   Zudem gelten die Tatbestände der BeschV, sodass die dort enthaltenen Voraussetzungen für die einzelnen Beschäftigungssachverhalte zu berücksichtigen sind (BT-Drs. 19/8285, 108; Anwendungshinweise des Bundesministeriums des Innern, für Bau und Heimat zum Fachkräfteeinwanderungsgesetz v. 30.1.2020 Rn. 39.3.1).

3. Vorrangprüfung (Nr. 3)

25   § 39 Abs. 3 Nr. 3 schreibt vor, dass die Zustimmung nach Vorrangprüfung zu erteilen ist, wenn diese Prüfung durch die BeschV oder Gesetz vorgesehen ist. Zugleich wird in dieser Bestimmung die Vorrangprüfung legaldefiniert: Die Vorrangprüfung erfordert, dass für die Beschäftigung deutsche Arbeitnehmer sowie Ausländer, die diesen hinsichtlich der Arbeitsaufnahme rechtlich gleichgestellt sind, oder andere Ausländer, die nach dem Recht der Europäischen Union einen Anspruch auf vorrangigen Zugang zum Arbeitsmarkt haben, nicht zur Verfügung stehen.

26   Bevorrechtigte sind:
• Deutsche;
• Staatsangehörige eines Mitgliedstaates der EU und des EWR;
• Schweizer Bürger nach dem Freizügigkeitsabkommen EU-Schweiz;
• Drittstaatsangehörige mit uneingeschränktem Arbeitsmarktzugang.

26.1   Aus dem Freundschafts-, Handels- und Schiffahrtsvertrag D-USA (Freundschafts-, Handels- und Schiffahrtsvertrag zwischen der Bundesrepublik Deutschland und den Vereinigten Staaten von Amerika v. 29.10.1954, BGBl. 1956 II 487) ergibt sich kein Recht, zu einer zustimmungspflichtigen Beschäftigung im Bundesgebiet ohne Arbeitsmarkt- und Vorrangprüfung zugelassen zu werden (OVG RhPf ZAR 2007, 368).

26.2   Auch für Daueraufenthaltsberechtigte nach der Daueraufenthalts-RL (RL (EG) 2003/109 v. 25.11.2003, ABl. 2004 L 16, 44) ist keine vorrangige Berücksichtigung bei der Arbeitsmarktprüfung vorgesehen (BayVGH BeckRS 2013, 46122 Rn. 5).

27   Die Bundesagentur für Arbeit hat zu prüfen, ob in ihrem Bewerberpool für die anvisierte vakante Stelle bevorrechtigte Arbeitnehmer zur Verfügung stehen. Die bevorrechtigten Arbeitnehmer müssen freilich für die vakante Stelle im Hinblick auf die vom Arbeitgeber geforderte Qualifikation geeignet sein.

28   Eine Zustimmung für einen bestimmten ausländischen Arbeitnehmer kann nur im Ausnahmefall erteilt werden. Ein solcher Ausnahmefall liegt vor, wenn besondere, objektiv und sachlich gerechtfertigte Anforderungen an die Stelle bestehen, die in der Art der Tätigkeit und dem

konkreten Geschäftsinteresse des Arbeitgebers liegen (Nr. 39.07 der Fachlichen Weisungen zur Beschäftigungsverordnung v. 20.6.2016). Dabei trifft den Arbeitgeber – neben dem Ausländer (§ 82) – die Substantiierungslast (gem. § 39 Abs. 4 (analog)), dass die vakante Stelle trotz erheblicher Bemühungen nicht durch einen bevorrechtigten Arbeitnehmer habe besetzt werden können. Alleine der Umstand, dass die Stelle bislang noch nicht besetzt worden ist, belegt indes nicht, dass es keine geeigneten Bewerber gibt, sondern nur, dass – aus welchen Gründen auch immer – kein Arbeitsvertrag zustande gekommen ist (VG Darmstadt BeckRS 2012, 50398; vgl. VG Schleswig BeckRS 2006, 25450).

IV. Auskunftspflicht des Arbeitgebers (Abs. 4)

Um der Bundesagentur für Arbeit die Prüfung der notwendigen Informationen zukommen zu **29** lassen, belegt Abs. 4 S. 1 den (potentiellen) Arbeitgeber mit einer Auskunftspflicht über Arbeitsentgelt, Arbeitszeiten und sonstige Arbeitsbedingungen. Zu den Arbeitsbedingungen, über die der Arbeitgeber Auskunft erteilen muss, fallen auch detaillierte Informationen über die auszuübenden Tätigkeiten, damit die Bundesagentur für Arbeit prüfen kann, ob die Fachkraft zur Ausübung der Beschäftigung befähigt ist (BT-Drs. 19/8285, 108).

Die Auskunftspflicht besteht auch in den Fällen, in denen die Bundesagentur für Arbeit ihre **30** Zustimmung bereits erteilt hat, aber (mittlerweile) begründete Zweifel hat. Stellt sich dann nachträglich heraus, dass der Ausländer etwa zu ungünstigeren Arbeitsbedingungen als vergleichbare deutsche Arbeitnehmer beschäftigt wurde, kann die Bundesagentur für Arbeit die Zustimmung nach § 41 widerrufen. In der Vorgängervorschrift § 39 Abs. 2 S. 3 aF war diese zwar noch deutlicher im Wortlaut („Zustimmung erhalten hat") verankert. Allerdings wollte der Gesetzgeber mit der Neuregelung in Abs. 4 die Auskunftspflicht des Arbeitgebers erweitern (BT-Drs. 19/8285, 108) und nicht verengen. Zudem finden sich auch in Abs. 4 S. 2 mit der Formulierung „beschäftigt hat" eine hinreichende normative Anknüpfung im Normtext für die hier vertretene Ansicht. Weiter streitet für die Auffassung, dass ansonsten der Widerruf nach § 41 kaum oder nur schwer möglich wäre.

Abs. 4 S. 2 erweitert die nach S. 1 bestehende gesetzliche Auskunftspflicht zum einen um eine **31** gesetzliche Frist von einen Monat. Diese knüpft tatbestandlich an eine Auskunftsaufforderung der Bundesagentur für Arbeit gegenüber dem Arbeitgeber an. Die Sanktionsmöglichkeit bei Nichteinhaltung ist in § 404 Abs. 2 Nr. 5 SGB III geregelt.

Zum anderen erweitert Abs. 4 S. 2 die Auskunftspflicht nach S. 1 dahingehen, dass sie auch in **32** den Fällen gilt, in denen eine Zustimmung der Bundeagentur für Arbeit gar nicht erforderlich ist, also bei zustimmungsfreien Beschäftigungen (vgl. Anwendungshinweise des Bundesministeriums des Innern, für Bau und Heimat zum Fachkräfteeinwanderungsgesetz v. 30.1.2020 Rn. 39.4.1). Dies folgt daraus, dass Abs. 4 S. 2 tatbestandlich – neben der Abforderung der Bundesagentur für Arbeit – nur darauf abhebt, dass der Arbeitgeber einen Ausländer beschäftigt oder beschäftigt hat.

V. Zustimmung bei Aufenthaltserlaubnis zu anderen Zwecken (Abs. 5)

§ 39 Abs. 5 bestimmt, dass Abs. 1, Abs. 3 und Abs. 4 auch gelten, wenn bei Aufenthalten zu **33** anderen Zwecken nach den Abschnitten 3, 5 oder 7 eine Zustimmung der Bundesagentur für Arbeit zur Ausübung einer Beschäftigung erforderlich ist. Damit regelt diese Bestimmung die Konstellation, dass ein Ausländer einen Aufenthaltstitel zu einem anderen Zweck, nämlich einem in den genannten Abschnitten geregelten Zweck, hat und nun eine Beschäftigung aufnehmen will, hierzu aber nach den dort in den Abschnitten genannten Normen der Zustimmung der Bundesagentur für Arbeit bedarf. In diesen Fällen, so Abs. 3, kann die Erteilung der Zustimmung (nur) unter den in Abs. 1, Abs. 3 und Abs. 4 genannten Bedingungen erfolgen.

VI. Erteilung einer Arbeitserlaubnis zum Zwecke der Saisonbeschäftigung (Abs. 6)

§ 39 Abs. 6 dient der Umsetzung von Art. 12 Abs. 1 lit. c Saisonarbeiter-RL und Art. 7 **34** Saisonarbeiter-RL (RL 2014/36/EU v. 26.2.2014, ABl. 2014 L 94, 375). Die Vorschrift stellt klar, dass für eine Beschäftigung als Saisonarbeitnehmer die Zustimmung der Bundesagentur für Arbeit erforderlich ist. Sie ermächtigt die Bundesagentur für Arbeit, am Bedarf für Saisonarbeitnehmer orientierte Zahlen festzulegen (Abs. 6 S. 3). Hat die Bundesagentur für Arbeit eine am Bedarf orientierte Zulassungszahl festgelegt, erfolgt die Erteilung einer Arbeitserlaubnis bzw. die Zustimmung zur Erteilung eines Aufenthaltstitels zum Zweck der Saisonbeschäftigung nach § 15a Abs. 6 BeschV ohne Vorrangprüfung (BT-Drs. 18/11136, 56).

35 Die Arbeitserlaubnis ist eine Genehmigung, die von einem Mitgliedstaat nach den nationalen Rechtsvorschriften – also nach § 39 Abs. 6 AufenthG und § 15a BeschV – zum Zwecke der Beschäftigung im Hoheitsgebiet dieses Mitgliedstaats erteilt wird (Art. 3 lit. i Saisonarbeiter-RL). Sie kann von der Bundesagentur für Arbeit an Ausländer, die gemäß Anhang II EU-Visum-VO 2001 (VO (EG) 539/2001 v. 15.3.2001, ABl. 2001 L 81, 1) von der Visumpflicht befreit sind und deren Aufenthaltsdauer nicht mehr als 90 Tagen beträgt, erteilt werden (§ 15a Abs. 1 S. 1 Nr. 1 BeschV). Für nichtvisumsbefreite Ausländer bzw. Ausländer, die sich länger als den vorstehend genannten Zeitraum im Bundesgebiet aufhalten, ist eine Aufenthaltserlaubnis nach § 19c Abs. 1 zum Zweck der Saisonbeschäftigung notwendig. Die hierfür notwendige Zustimmung kann die Bundesagentur nach § 39 Abs. 6 S. 3 und § 15a Abs. 1 S. 1 Nr. 2, Abs. 2, Abs. 3 BeschV erteilen.

§ 40 Versagungsgründe

(1) Die Zustimmung nach § 39 ist zu versagen, wenn
1. das Arbeitsverhältnis auf Grund einer unerlaubten Arbeitsvermittlung oder Anwerbung zustande gekommen ist oder
2. der Ausländer als Leiharbeitnehmer (§ 1 Abs. 1 des Arbeitnehmerüberlassungsgesetzes) tätig werden will.

(2) Die Zustimmung kann versagt werden, wenn
1. der Ausländer gegen § 404 Abs. 1 oder 2 Nr. 2 bis 13 des Dritten Buches Sozialgesetzbuch, §§ 10, 10a oder § 11 des Schwarzarbeitsbekämpfungsgesetzes oder gegen die §§ 15, 15a oder § 16 Abs. 1 Nr. 2 des Arbeitnehmerüberlassungsgesetzes schuldhaft verstoßen hat,
2. wichtige Gründe in der Person des Ausländers vorliegen oder
3. die Beschäftigung bei einem Arbeitgeber erfolgen soll, der oder dessen nach Satzung oder Gesetz Vertretungsberechtigter innerhalb der letzten fünf Jahre wegen eines Verstoßes gegen § 404 Absatz 1 oder Absatz 2 Nummer 3 des Dritten Buches Sozialgesetzbuch rechtskräftig mit einer Geldbuße belegt oder wegen eines Verstoßes gegen die §§ 10, 10a oder 11 des Schwarzarbeitsbekämpfungsgesetzes oder gegen die §§ 15, 15a oder 16 Absatz 1 Nummer 2 des Arbeitnehmerüberlassungsgesetzes rechtskräftig zu einer Geld- oder Freiheitsstrafe verurteilt worden ist; dies gilt bei einem unternehmensinternen Transfer gemäß § 19 oder § 19b entsprechend für die aufnehmende Niederlassung.

(3) Die Zustimmung kann darüber hinaus versagt werden, wenn
1. der Arbeitgeber oder die aufnehmende Niederlassung seinen oder ihren sozialversicherungsrechtlichen, steuerrechtlichen oder arbeitsrechtlichen Pflichten nicht nachgekommen ist,
2. über das Vermögen des Arbeitgebers oder über das Vermögen der aufnehmenden Niederlassung ein Insolvenzverfahren eröffnet wurde, das auf Auflösung des Arbeitgebers oder der Niederlassung und Abwicklung des Geschäftsbetriebs gerichtet ist,
3. der Arbeitgeber oder die aufnehmende Niederlassung im Rahmen der Durchführung eines Insolvenzverfahrens aufgelöst wurde und der Geschäftsbetrieb abgewickelt wurde,
4. die Eröffnung eines Insolvenzverfahrens über das Vermögen des Arbeitgebers oder über das Vermögen der aufnehmenden Niederlassung mangels Masse abgelehnt wurde und der Geschäftsbetrieb eingestellt wurde,
5. der Arbeitgeber oder die aufnehmende Niederlassung keine Geschäftstätigkeit ausübt,
6. durch die Präsenz des Ausländers eine Einflussnahme auf arbeitsrechtliche oder betriebliche Auseinandersetzungen oder Verhandlungen bezweckt oder bewirkt wird oder
7. der Arbeitgeber oder die aufnehmende Niederlassung hauptsächlich zu dem Zweck gegründet wurde, die Einreise und den Aufenthalt von Ausländern zum Zweck der Beschäftigung zu erleichtern; das Gleiche gilt, wenn das Arbeitsverhältnis hauptsächlich zu diesem Zweck begründet wurde.

Überblick

Die Vorschrift regelt die Versagensgründe, die einer Erteilung der Zustimmung durch die Bundesagentur für Arbeit entgegenstehen können. Abs. 1 (→ Rn. 6) enthält zwingende Versagensgründe. Bei Abs. 2 (→ Rn. 9) steht die Versagung im Ermessen der Bundesagentur für Arbeit. Abs. 3 (→ Rn. 13) regelt weitere Versagensgründe, um Missbräuche im Bereich der Erwerbsmigration zu vermeiden.

A. Allgemeines

§ 40 ergänzt § 39 Abs. 2 und Abs. 3, indem er weitere materielle Prüfungsvorgaben aufstellt. **1** Dabei sind diese rechtstechnisch als Versagungstatbestände bezüglich der Erteilung der Zustimmung der Bundesagentur für Arbeit ausgestaltet. Über § 4a Abs. 2 S. 2 und § 18 Abs. 2 Nr. 2 letzter Hs. gelten die Versagungsgründe auch für Beschäftigungen, die nicht der Zustimmung der Bundesagentur für Arbeit bedürfen.

§ 40 Abs. 1 Nr. 1 knüpft an die (rechtlich missbilligten) Umstände des Zustandekommens des **2** Arbeitsverhältnisses an. § 40 Abs. 1 Nr. 2 stellt auf eine bestimmte Art der Beschäftigung, nämlich auf die Leiharbeitnehmerschaft, ab. Letztgenannte Beschäftigungsart steht bereits bei der Beschäftigung von inländischen (Leih-) Arbeitnehmern unter anderem wegen der Gefahr des Missbrauchs zu Lasten der Leiharbeitnehmer immer wieder in der Kritik. Andererseits wird die Leiharbeit unter anderem als Mittel gesehen, um (inländische) (Langzeit-) Arbeitslose wieder in den Arbeitsmarkt zu integrieren. Beide Aspekte erklären den Ausschluss von Ausländern aus der Leiharbeit.

§ 40 Abs. 2 dient letztlich der Einhaltung der dort mittelbar in Bezug genommenen Pflichten **3** und Arbeitsschutzbestimmungen.

§ 40 Abs. 3 wurde durch das Gesetz zur Umsetzung aufenthaltsrechtlicher Richtlinien der **4** Europäischen Union zur Arbeitsmigration (v. 12.5.2017, BGBl. I 1106; BT-Drs. 18/11136, 22 f., 56) neu angefügt. Dies diente der Umsetzung der ICT-RL (RL 2014/66/EU v. 15.5.2014, ABl. 2014 L 157, 1). Abs. 3 enthielt in seiner Fassung vor dem FachkEinwG (Fachkräfteeinwanderungsgesetz v. 15.8.2019, BGBl. I 1307; BT-Drs. 19/8285) spezielle Versagungsgründe nur für die Zustimmung zur Erteilung einer ICT-Karte nach § 19b aF oder einer Mobilen-ICT-Karte nach § 19d aF.

Durch das FachkEinwG wurde neben redaktionellen Anpassungen aus Gründen der Einheit- **5** lichkeit zudem geregelt, dass die Versagungsgründe für die Zustimmung aus § 40 Abs. 3 Nr. 1– 6 nicht nur für die Erteilung der ICT-Karte und Mobiler-ICT-Karte gelten, sondern allgemeine Versagungsgründe darstellen, um Missbräuche im Bereich der Erwerbsmigration zu vermeiden (BT-Drs. 19/8285, 34, 109). Ebenfalls aus Gründen der Einheitlichkeit und zur Missbrauchsvermeidung wurde in § 40 Abs. 3 Nr. 7 der bisher bereits unter anderem für Forscher geltende Ablehnungsgrund des § 20c Abs. 1 aF auf alle durch die Bundesagentur für Arbeit zustimmungspflichtigen Fälle übertragen. So soll vermieden werden, dass Aufenthaltstitel über Scheinarbeitgeber oder Scheinarbeitsverhältnisse erlangt werden können (Anwendungshinweise des Bundesministeriums des Innern, für Bau und Heimat zum Fachkräfteeinwanderungsgesetz v. 30.1.2020 Rn. 40.1).

B. Erläuterungen im Einzelnen

I. Zwingende Versagensgründe nach Abs. 1

Nach § 40 Abs. 1 ist die Zustimmung nach § 39 zu versagen (dh kein Ermessen), wenn **6** das Arbeitsverhältnis aufgrund einer unerlaubten Arbeitsvermittlung oder Anwerbung zustande gekommen ist (Nr. 1) oder der Ausländer als Leiharbeitnehmer (§ 1 Abs. 1 AÜG) tätig werden will (Nr. 2).

Die Bundesagentur für Arbeit hat kein gesetzliches Vermittlungsmonopol für ausländische **7** Arbeitskräfte (mehr). Allerdings kann das Bundesministerium für Arbeit und Soziales durch Rechtsverordnung bestimmen, dass die Vermittlung und die Anwerbung aus Drittstaaten für eine Beschäftigung im Inland (Auslandsvermittlung) für bestimmte Berufe und Tätigkeiten nur von der Bundesagentur durchgeführt werden dürfen (§ 292 SGB III). § 38 BeschV sieht vor, dass die Anwerbung in Staaten und die Arbeitsvermittlung aus Staaten, die in der Anlage zur BeschV aufgeführt sind, für eine Beschäftigung in Gesundheits- und Pflegeberufen nur von der Bundesagentur für Arbeit durchgeführt werden darf. In der Anlage sind die Staaten genannt, für die die WHO einen kritischen Personalmangel in diesen Berufen festgestellt hat. Die Bundesagentur für Arbeit sieht generell von einer Anwerbung und Arbeitsvermittlung aus diesen Staaten ab (vgl. BT-Drs. 19/2455, 9; Nr. 40.1 der Fachlichen Weisungen der Bundesagentur für Arbeit zum Aufenthaltsgesetz idF v. 1.8.2017).

8   Der Versagungsgrund des **Abs. 1 Nr.** 2 bedingt, dass der Ausländer als Leiharbeitnehmer iSv § 1 Abs. 1 AÜG einzuordnen ist. § 1 Abs. 1 S. 1 AÜG umschreibt das Leiharbeitsverhältnis wie folgt: Arbeitgeber überlassen im Rahmen ihrer wirtschaftlichen Tätigkeit ihre Arbeitnehmer (Leiharbeitnehmer) Dritten (Entleihern) zur Arbeitsleistung. Arbeitnehmer werden zur Arbeitsleistung überlassen, wenn sie in die Arbeitsorganisation des Entleihers eingegliedert sind und seinen Weisungen unterliegen (§ 1 Abs. 1 S. 2 AÜG). Die Anwendungsausnahme des § 1 Abs. 3 AÜG zum AÜG ist auch iRd § 40 Abs. 1 Nr. 2 zu beachten. Danach kann der Versagungsgrund des § 40 Abs. 1 Nr. 2 beim grenzüberschreitenden konzerninternen Verleih nach Deutschland (§ 1 Abs. 3 Nr. 2 AÜG) nicht zur Anwendung kommen. Die Überlassung an deutsche Konzernteile ist zB im Rahmen des Personalaustauschs oder im Rahmen von Auslandsprojekten (§ 10 BeschV) möglich. Auch der unternehmensinterne Transfer nach § 19 dürfte von der Anwendungsausnahme erfasst sein.

II. Ermessensversagungsgründe nach Abs. 2

9   § 40 Abs. 2 regelt im Ermessen der Bundesagentur für Arbeit stehende Versagungsgründe. Abs. 2 Nr. 1 und Nr. 3 knüpfen – rechtstechnisch betrachtet – in der Sache an eine vermutete Unzuverlässigkeit des Ausländers bzw. seines (potentiellen) Arbeitgebers an. Diese Vermutung resultiert daraus, dass der Ausländer gegen die im Normtext genannten Gesetze schuldhaft verstoßen hat (Nr. 1) bzw. sein (potentieller) Arbeitgeber bereits rechtskräftig einschlägig sanktioniert wurde (Nr. 3).

10   Auffällig ist freilich, dass die in Abs. 2 Nr. 1 genannten Normen § 404 Abs. 1 oder Abs. 2 Nr. 2–13 SGB III, §§ 10–11 SchwarzArbG und §§ 15, 15a oder 16 Abs. 1 Nr. 2 AÜG eigentlich – abgesehen von § 404 Abs. 2 Nr. 4 SGB III – keinen unmittelbaren Pflichtverstoß des Arbeitnehmers, sondern des Arbeitgebers bzw. des Auftraggebers sanktionieren. Allerdings sind der Wortlaut und der systematische Vergleich zu Abs. 2 bei der Auslegung zu beachten. Anders als bei Abs. 2 Nr. 3 wird keine rechtskräftige Verurteilung bzw. Bußsanktion verlangt (eine solche ist nach den Bestimmungen auch nicht beim Ausländer, sondern nur beim Arbeitgeber bzw. beim Auftraggeber möglich), sondern ein schuldhafter Verstoß durch den Ausländer. Es geht mithin darum, ob dem Ausländer selbst ebenfalls ein Schuldvorwurf zu machen ist, wenn der Arbeitgeber bzw. der Auftraggeber eine in den genannten Bestimmungen geregelte Pflichtverletzung begangen hat. Ein solcher Schuldvorwurf könnte zB vorliegen, wenn der Ausländer positive Kenntnis vom Verstoß des Arbeitgebers hatte, dies billigte oder sogar ebenfalls wollte und den Arbeitgeber beim Verstoß unterstützte (kollusives Zusammenwirken mit dem Arbeitgeber). Eine andere Auslegung des Abs. 2 Nr. 1 (dazu Bergmann/Dienelt/Sußmann Rn. 4 f.; BeckOK AuslR/Breidenbach Rn. 5) würde dazu führen, dass die Norm praktisch leerläuft.

11   In der Ermessensprüfung hat die Bundesagentur für Arbeit unter Beachtung aller Umstände des Einzelfalls (zB Schwere des Verstoßes, Zeit des Zurückliegens) und der Verhältnismäßigkeit zu prüfen, ob diese Umstände die Vermutung der Unzuverlässigkeit rechtfertigen (und daher die Zustimmung zu versagen ist) oder ob aufgrund besonderer Umstände insbesondere anzunehmen ist, dass sich der Ausländer bzw. sein (potentieller) Arbeitgeber in Zukunft bei der in Rede stehenden Beschäftigung rechtskonform verhalten werden.

12   § 40 Abs. 2 Nr. 2 ist durch die Verwendung des unbestimmten Rechtsbegriffs „wichtige Gründe" als Tatbestandsmerkmal insoweit eine Art „Generalklausel". Die Gründe, die in der Person des Ausländers liegen, müssen – in Anlehnung an Abs. 2 Nr. 1 – darauf hindeuten, dass der Ausländer eine „Unzuverlässigkeit" im Hinblick auf die zukünftige Einhaltung der ihn treffenden gesetzlichen Pflichten im Zusammenhang mit dem Arbeitsverhältnis an den Tag legen wird. Dies kann zB der Fall sein, wenn Anhaltspunkte für eine missbräuchliche Änderung der Personendaten durch den Ausländer vorliegen (Nr. 40.6 der Fachlichen Weisungen der Bundesagentur für Arbeit zum Aufenthaltsgesetz idF v. 1.8.2017).

III. Weitere Versagungsgründe (Abs. 3)

13   § 40 Abs. 3 stellen mittlerweile allgemeine weitere Versagungsgründe dar, die sich gegen Missbräuche im Bereich der Erwerbsmigration wenden (→ Rn. 5). Soweit man diese Versagensgründe auf die ICT-Karten (§ 19) oder Mobile-ICT-Karten (§ 19b) anwendet, kommt freilich eine richtlinienkonforme Auslegung in Betracht, da § 40 Abs. 3 Nr. 1–6 der Umsetzung von Art. 7 Abs. 3 lit. a–c ICT-RL dient(e) (→ Rn. 4).

14   Die weiteren Versagensgründe stehen im Ermessen der Bundesagentur für Arbeit. Die in Abs. 3 Nr. 1–6 aufgeführten Gründe in der Person des Arbeitgebers oder der aufnehmenden Niederlassung lassen eine ordnungsgemäße Beschäftigung als zweifelhaft erscheinen. Dies bezieht sich auf die

Einhaltung von sozialversicherungs-, steuer- und arbeitsrechtlichen Pflichten, das Nichtvorliegen bestimmter insolvenzrechtlicher Tatbestände sowie die Gefahr der Einflussnahme auf arbeitsrechtliche oder betriebliche Auseinandersetzungen oder Verhandlungen (vgl. BT-Drs. 18/11136, 56).

§ 40 Abs. 3 Nr. 7 will verhindern, dass Aufenthaltstitel über Scheinarbeitgeber oder Scheinarbeitsverhältnisse erlangt werden können (→ Rn. 5). **15**

§ 41 Widerruf der Zustimmung und Entzug der Arbeitserlaubnis

Die Zustimmung kann widerrufen und die Arbeitserlaubnis zum Zweck der Saisonbeschäftigung kann entzogen werden, wenn der Ausländer zu ungünstigeren Arbeitsbedingungen als vergleichbare inländische Arbeitnehmer beschäftigt wird oder der Tatbestand des § 40 erfüllt ist.

Überblick

Die Vorschrift regelt den Widerruf der Zustimmung und bei der Saisonbeschäftigung den Entzug der Arbeitserlaubnis.

A. Allgemeines

§ 41 ermächtigt die Arbeitsverwaltung, eine erteilte Zustimmung zur Beschäftigung gegenüber **1** der zuständigen Ausländerbehörde zu widerrufen. Des Weiteren ermächtigt die Vorschrift die Arbeitsverwaltung, die Arbeitserlaubnis zum Zweck der Saisonbeschäftigung zu entziehen. Letztgenannte Befugnis wurde durch Gesetz zur Umsetzung aufenthaltsrechtlicher Richtlinien der Europäischen Union zur Arbeitsmigration (v. 12.5.2017, BGBl. I 1106; BT-Drs. 18/11136, 23, 56) aufgenommen. Dies dient der Umsetzung von Art. 12 Abs. 1 lit. c ICT-RL, Art. 23 Abs. 1 lit. a ICT-RL (RL 2014/66/EU v. 15.5.2014, ABl. 2014 L 157, 1) und erstreckt die bereits bestehende Regelung zum Widerruf der Zustimmung auf die Arbeitserlaubnis zum Zweck der Saisonbeschäftigung.

Die Zuständigkeit für den Widerruf einer Zustimmung liegt wie bei deren Erteilung ausschließ- **2** lich bei der Bundesagentur für Arbeit. Der Widerruf der Zustimmung ist kein eigenständiger Verwaltungsakt, sondern ein verwaltungsinterner Mitwirkungsakt gegenüber der für die Entscheidung über den Aufenthaltstitel zuständigen Ausländerbehörde. Widerruft die Bundesagentur für Arbeit eine erteilte Zustimmung und teilt dies der Ausländerbehörde mit, so muss diese ein nationales Visum, eine Aufenthaltserlaubnis und eine Blaue Karte EU, die zum Zweck der Beschäftigung erteilt wurden, widerrufen (§ 52 Abs. 2 S. 1) bzw. ein nationales Visum und eine Aufenthaltserlaubnis, die nicht zum Zweck der Beschäftigung erteilt wurden, in dem Umfang zu widerrufen, in dem diese Titel die Beschäftigung gestatten (§ 52 Abs. 2 S. 2).

B. Erläuterungen im Einzelnen

Nach § 41 kann die Zustimmung widerrufen und die Arbeitserlaubnis zum Zweck der Saison- **3** beschäftigung entzogen werden, wenn der Ausländer zu ungünstigeren Arbeitsbedingungen als vergleichbare inländische Arbeitnehmer beschäftigt wird oder der Tatbestand des § 40 erfüllt ist. Damit knüpft der Tatbestand in Alt. 1 an die Prüfung der Arbeitsbedingungen des § 39 Abs. 2 S. 1 Nr. 1 bzw. § 39 Abs. 3 Nr. 1 an. In der Alt. 2 nimmt er auf die Versagungsgründe des § 40 Bezug. Wenn einer der dort genannten Versagungsgründe tatbestandlich erfüllt ist, ist zugleich der Tatbestand des § 41 gegeben.

Im Rahmen der Ermessensausübung hat die Bundesagentur für Arbeit auch die aufenthalts- **4** rechtlichen Folgen, die der Widerruf der Zustimmung für den Ausländer auslöst (ggf. zwingender Verlust seines Aufenthaltstitels, § 52 Abs. 2 S. 1), zu berücksichtigen (→ Rn. 2).

§ 42 Verordnungsermächtigung und Weisungsrecht

(1) Das Bundesministerium für Arbeit und Soziales kann durch Rechtsverordnung (Beschäftigungsverordnung) mit Zustimmung des Bundesrates Folgendes bestimmen:
1. Beschäftigungen, für die Ausländer nach § 4a Absatz 2 Satz 1, § 16a Absatz 1 Satz 1, den §§ 16d, 16e Absatz 1 Satz 1, den §§ 19, 19b, 19c Absatz 1 und 2 sowie § 19e mit

oder ohne Zustimmung der Bundesagentur für Arbeit zugelassen werden können, und ihre Voraussetzungen,

2. Beschäftigungen und Bedingungen, zu denen eine Zustimmung der Bundesagentur für Arbeit für eine qualifizierte Beschäftigung nach § 19c Absatz 2 unabhängig von der Qualifikation als Fachkraft erteilt werden kann und

3. nähere Voraussetzungen in Bezug auf die Ausübung einer Beschäftigung als Fachkraft nach den §§ 18a und 18b,

4. Ausnahmen für Angehörige bestimmter Staaten,

5. Tätigkeiten, die für die Durchführung dieses Gesetzes stets oder unter bestimmten Voraussetzungen nicht als Beschäftigung anzusehen sind.

(2) Das Bundesministerium für Arbeit und Soziales kann durch die Beschäftigungsverordnung ohne Zustimmung des Bundesrates Folgendes bestimmen:

1. die Voraussetzungen und das Verfahren zur Erteilung der Zustimmung der Bundesagentur für Arbeit; dabei kann auch ein alternatives Verfahren zur Vorrangprüfung geregelt werden,

2. Einzelheiten über die zeitliche, betriebliche, berufliche und regionale Beschränkung der Zustimmung,

3. Fälle nach § 39 Absatz 2 und 3, in denen für eine Zustimmung eine Vorrangprüfung durchgeführt wird, beispielsweise für die Beschäftigung von Fachkräften in zu bestimmenden Bezirken der Bundesagentur für Arbeit sowie in bestimmten Berufen,

4. Fälle, in denen Ausländern, die im Besitz einer Duldung sind, oder anderen Ausländern, die keinen Aufenthaltstitel besitzen, nach § 4a Absatz 4 eine Beschäftigung erlaubt werden kann,

5. die Voraussetzungen und das Verfahren zur Erteilung einer Arbeitserlaubnis zum Zweck der Saisonbeschäftigung an Staatsangehörige der in Anhang II zu der Verordnung (EG) Nr. 539/2001 des Rates vom 15. März 2001 zur Aufstellung der Liste der Drittländer, deren Staatsangehörige beim Überschreiten der Außengrenzen im Besitz eines Visums sein müssen, sowie der Liste der Drittländer, deren Staatsangehörige von dieser Visumpflicht befreit sind (ABl. L 81 vom 21.3.2001, S. 1), genannten Staaten,

6. Berufe, in denen für Angehörige bestimmter Staaten die Erteilung einer Blauen Karte EU zu versagen ist, weil im Herkunftsland ein Mangel an qualifizierten Arbeitnehmern in diesen Berufsgruppen besteht.

(3) Das Bundesministerium für Arbeit und Soziales kann der Bundesagentur für Arbeit zur Durchführung der Bestimmungen dieses Gesetzes und der hierzu erlassenen Rechtsverordnungen sowie der von der Europäischen Union erlassenen Bestimmungen über den Zugang zum Arbeitsmarkt und der zwischenstaatlichen Vereinbarungen über die Beschäftigung von Arbeitnehmern Weisungen erteilen.

Überblick

Die Vorschrift ermächtigt das Bundesministerium für Arbeit und Soziales zum Erlass von Rechtsverordnungen (Abs. 1 und Abs. 2, → Rn. 3) und von Weisungen an die Bundesagentur für Arbeit (Abs. 3, → Rn. 7).

A. Allgemeines

1   § 42 Abs. 1 und Abs. 2 bilden die Rechtsgrundlage für die **BeschV** (Beschäftigungsverordnung v. 6.6.2013, BGBl. I 1499). Die Bestimmungen des AufenthG, die die Erwerbstätigkeit von Ausländern betreffen (insbesondere §§ 16 ff., §§ 18 ff. und § 39), nehmen vielfach auf diese Verordnung Bezug.

2   Mit dem FachkEinwG (Fachkräfteeinwanderungsgesetz v. 15.8.2019, BGBl. I 1307; BT-Drs. 19/8285, 42 109 f.) wurde § 42 neu gefasst. Neben redaktionellen Änderungen aufgrund der Verschiebung verschiedener Regelungen wurden mit Abs. 1 Nr. 2 und Nr. 3 sowie Abs. 2 Nr. 3 auch neue Verordnungsermächtigungen eingeführt. Ferner wurde die bestehende Verordnungsermächtigung von § 19a Abs. 2 Nr. 3 aF unverändert in Abs. 2 Nr. 6 überführt.

B. Erläuterungen im Einzelnen

§ 39 **Abs. 1** erlaubt den Erlass einer Rechtsverordnung (BeschV) durch das Bundesministerium 3
für Arbeit und Soziales mit Zustimmung des Bundesrates, **Abs. 2** ohne dessen Zustimmung.

Mit der Verordnungsermächtigung von Abs. 1 Nr. 2 wird – entsprechend der Regelung in 4
§ 19c Abs. 2 – das Ziel verfolgt, beruflich qualifizierte Ausländer zur Beschäftigung zuzulassen,
wenn sie zwar eine qualifizierte Berufsausbildung oder ein Studium nicht abgeschlossen haben,
jedoch eine langjährige Berufspraxis in Berufen vorweisen können, die eine entsprechende Qualifikation erfordern. Als Beispiel sind IT-Spezialisten zu nennen, die oftmals auch ohne förmliche
Berufsausbildung oder Studium über ihre Tätigkeit eine vergleichbare Qualifikation erworben
haben (vgl. Regelung in § 6 BeschV). § 42 Abs. 1 Nr. 2 ist damit lex specialis zu § 42 Abs. 1
Nr. 1 (BT-Drs. 19/8285, 109).

Abs. 1 Nr. 3 enthält entsprechend der Regelung in § 39 Abs. 2 S. 1 Nr. 4 eine Verordnungser- 5
mächtigung in Bezug auf die Regelung von näheren Voraussetzungen für die Ausübung einer
Beschäftigung als Fachkraft gemäß den §§ 18a und 18b; von der Verordnungsermächtigung wird
derzeit kein Gebrauch gemacht (BT-Drs. 19/8285, 109).

Mit Abs. 2 Nr. 3 wird das Bundesministerium für Arbeit und Soziales ermächtigt, die Vorrang- 6
prüfung in zu bestimmenden Fällen (wieder) einzuführen. Dies bezieht sich auf § 39 Abs. 2 S. 2
(Fachkräfte) und § 39 Abs. 3 Nr. 3 (sonstige Fälle). Grundsätzlich ist nach der gesetzgeberischen
Intention nach dem FachkEinwG (Fachkräfteeinwanderungsgesetz v. 15.8.2019, BGBl. I 1307)
bei Fachkräften keine Vorrangprüfung vorgesehen (→ § 39 Rn. 6). Mittels dieser Verordnungsermächtigung kann jedoch zB in Arbeitsmarktregionen oder in Berufen mit überdurchschnittlich
hoher Arbeitslosigkeit die Vorrangprüfung beibehalten bzw. kurzfristig wieder eingeführt werden.
Die so bestimmten Berufe können sich dabei auf das gesamte Bundesgebiet beziehen oder auf
Bezirke der Bundesagentur für Arbeit beschränken (BT-Drs. 19/8285, 110).

§ 39 Abs. 3 bildet die Grundlage für den Erlass von Weisungen an die Bundesagentur für 7
Arbeit, die eine rechtsfähige bundesunmittelbare Körperschaft des öffentlichen Rechts mit Selbstverwaltung ist (§ 367 SGB III). Die Weisungen sind ein Instrument der Fach- und Rechtsaufsicht.
Sie binden freilich nur intern die Arbeitsverwaltung und keinesfalls die Gerichte. Allerdings können
sie als Auslegungshilfe herangezogen werden.

Kapitel 3. Integration

§ 43 Integrationskurs

**(1) Die Integration von rechtmäßig auf Dauer im Bundesgebiet lebenden Ausländern
in das wirtschaftliche, kulturelle und gesellschaftliche Leben in der Bundesrepublik
Deutschland wird gefördert und gefordert.**

**(2) [1]Eingliederungsbemühungen von Ausländern werden durch ein Grundangebot
zur Integration (Integrationskurs) unterstützt. [2]Ziel des Integrationskurses ist, den Ausländern die Sprache, die Rechtsordnung, die Kultur und die Geschichte in Deutschland
erfolgreich zu vermitteln. [3]Ausländer sollen dadurch mit den Lebensverhältnissen im
Bundesgebiet so weit vertraut werden, dass sie ohne die Hilfe oder Vermittlung Dritter
in allen Angelegenheiten des täglichen Lebens selbständig handeln können.**

**(3) [1]Der Integrationskurs umfasst einen Basis- und einen Aufbausprachkurs von
jeweils gleicher Dauer zur Erlangung ausreichender Sprachkenntnisse sowie einen Orientierungskurs zur Vermittlung von Kenntnissen der Rechtsordnung, der Kultur und
der Geschichte in Deutschland. [2]Der Integrationskurs wird vom Bundesamt für Migration und Flüchtlinge koordiniert und durchgeführt, das sich hierzu privater oder öffentlicher Träger bedienen kann. [3]Für die Teilnahme am Integrationskurs sollen Kosten in
angemessenem Umfang unter Berücksichtigung der Leistungsfähigkeit erhoben werden.
[4]Zur Zahlung ist auch derjenige verpflichtet, der dem Ausländer zur Gewährung des
Lebensunterhalts verpflichtet ist.**

**(4) [1]Die Bundesregierung wird ermächtigt, nähere Einzelheiten des Integrationskur-
ses, insbesondere die Grundstruktur, die Dauer, die Lerninhalte und die Durchführung
der Kurse, die Vorgaben bezüglich der Auswahl und Zulassung der Kursträger sowie
die Voraussetzungen und die Rahmenbedingungen für die ordnungsgemäße und erfolg-**

reiche Teilnahme und ihre Bescheinigung einschließlich der Kostentragung, sowie die Datenverarbeitung nach § 88a Absatz 1 und 1a durch eine Rechtsverordnung ohne Zustimmung des Bundesrates zu regeln. ²Hiervon ausgenommen sind die Prüfungs- und Nachweismodalitäten der Abschlusstests zu den Integrationskursen, die das Bundesministerium des Innern, für Bau und Heimat durch Rechtsverordnung ohne Zustimmung des Bundesrates regelt.

Überblick

Die Vorschrift führt den programmatischen Grundsatz der Integration der im Bundesgebiet lebenden Ausländer (Abs. 1, → Rn. 3) sowie ein hierfür vorgesehenes Instrument, den Integrationskurs (Abs. 2–4), ein. Abs. 2 formuliert die Ziele des Integrationskurses aus (→ Rn. 8), Abs. 3 regelt dessen zentrale inhaltliche Elemente (→ Rn. 10) und Abs. 4 enthält eine Ermächtigung zur näheren Ausgestaltung des Integrationskurses im Verordnungsweg (→ Rn. 14).

A. Allgemeines

I. Entstehungsgeschichte

1   § 43 wurde – wie auch die anderen Vorschriften des Kapitel 3 „Integration" (damals noch unter der Kapitelüberschrift „Förderung der Integration") im Rahmen der Schaffung des AufenthG durch das ZuwG (Zuwanderungsgesetz v. 30.7.2004, BGBl. I 1950; BT-Drs.15/420, 18, 86; BT-Drs. 15/3479, 7) eingeführt. Eine vergleichbare Bestimmung gab es in den Vorgängergesetzen nicht. Änderungen erfuhr die Vorschrift vor allem durch das Gesetz zur Umsetzung aufenthalts- und asylrechtlicher Richtlinien der Europäischen Union v. 19.8.2007 (BGBl. I 1970; BT-Drs. 16/5065, 20, 177). Diese bestanden insbesondere darin zu unterstreichen, dass die Integration neben der Förderung des Ausländers auch als Korrelat dessen Inpflichtnahme („fordern") umfasst. Hierzu wurde, wie erwähnt, die Kapitelüberschrift angepasst und allgemeiner formuliert sowie in Abs. 1 das fordernde Element der Integration betont. Des Weiteren wurde in Abs. 2 S. 2 das Ziel des Integrationskurses deutlich(er) hervorgehoben.

II. Konzept

2   Mit der erstmaligen Aufnahme des Konzepts der Integration ins Ausländerrecht, dh der gesetzlichen Implementierung im AufenthG durch das Zuwanderungsgesetz, vollzieht der Gesetzgeber einen ausländerpolitischen Paradigmenwechsel. Dieser besteht darin, die Bundesrepublik Deutschland als ein Einwanderungsland zu definieren. Damit wurde auf gesetzlicher Ebene nachvollzogen, was auf faktischer Ebene bereits längst im letzten Drittel des 20. Jahrhunderts eingesetzt hatte. Den besonderen Stellenwert, den der Gesetzgeber der Integration beimisst, zeigt sich nicht nur in der Aufnahme dieses Begriffs in den Titel des Gesetzes, sondern auch darin, dass ein wesentlicher Zweck des AufenthG darin besteht, die Integration von Ausländern zu regeln (§ 1 Abs. 1 S. 4). Kernelement hierfür ist das Kapitel 3 mit den §§ 43 ff.

B. Im Einzelnen

I. Grundsatz der Integration (Abs. 1)

3   § 43 Abs. 1 stellt den programmatischen Grundsatz der Integration auf. Der Begriff der Integration wird nicht legaldefiniert. Ursprünglich stammt er aus der Soziologie und wurde von dort in den ausländerrechtlichen und -politischen Diskurs rezipiert. Auch aufgrund ihres hohen Abstraktionsgrads und ihrer Offenheit wird die Idee der Integration als (normatives) Leitbild für das Migrationsrecht (Gusy/Müller ZAR 2013, 265 (269 ff.)) oder als Staatsaufgabe (Groß ZAR 2007, 315 (317)) angesehen. Dies ist jedoch nicht Thema des rechtlichen Konzepts der Integration, wie es in den §§ 43 ff. niedergelegt ist. Dieses begreift die Integration als einen konkreten gesetzlichen programmatischen Grundsatz. Dabei wird Integration in Abs. 1 – ausgehend von der grammatikalischen Bedeutung des Wortes Integration – als Einfügen in das wirtschaftliche, kulturelle und gesellschaftliche Leben in der Bundesrepublik Deutschland verstanden.

4   Die dazu relevante Folie bildet die reale Migrationssituation im Sinne einer dauerhaften Niederlassung der Ausländer, die ihren (neuen) Lebensmittelpunkt in Deutschland finden und sich dort eine wirtschaftliche Existenz aufbauen. Dabei beruht Integration auf dem Prinzip der Gegenseitig-

keit und des Austauschs zwischen dem zuziehenden Ausländer und der ihn aufnehmenden Gesellschaft. Der Zuzug aus dem Ausland führt nicht nur für den Ausländer zur Notwendigkeit, sich in einer neuen und ungewohnten Umgebung einzuleben, sondern fordert auch von der Gesellschaft zusätzliche Hilfen zur Orientierung (BT-Drs. 15/420, 86).

Das Programm besteht dementsprechend aus einem doppelten, nämlich einem fördernden und   5 einem fordernden Ansatz als zwei Seiten derselben Medaille. Diese Idee ist terminologisch angelehnt an die Reform des Arbeitsförderungsrechts (vgl. die Überschrift „Fördern und Fordern" des Kapitel 1 des SGB II) und fußt auf der Idee des aktivierenden Sozialstaats.

Der Integrationsgrundsatz kennt zwei Facetten: Zum einen den subjektiv-individuellen Ansatz,   6 der den Ausländer betrifft und ihm einerseits Ansprüche und Teilhaberechte („fördern") vermittelt. Andererseits verlangt er von ihm (Integrations-) Leistungen im Hinblick auf die aufnehmende Gesellschaft („fordern"). Zum anderen die Perspektive des aufnehmenden Landes. Der aufnehmende Staat hat die Integration des Ausländers zu fördern, insbesondere indem er die Eingliederungsbemühungen des Ausländers unterstützt (Abs. 2 S. 1), und zu fordern. Ersteres geschieht insbesondere durch das Anbieten eines Integrationskurses (Abs. 2, Abs. 3) und die Einräumung eines subjektiven Anspruchs hierauf (§ 44), durch weitere Integrationsangebote wie Beratungsangebote (§ 45 S. 1) sowie durch berufsbezogene Deutschsprachförderung (§ 45a). Letzteres, dh der fordernde Ansatz, wird durch die im Gesetz vorgesehene Möglichkeit zur Verpflichtung zur Teilnahme an einem Integrationskurs (§ 44a) oder zur Teilnahme an einer Maßnahme der berufsbezogenen Deutschsprachförderung (§ 45a Abs. 2) verwirklicht.

Abs. 1 begrenzt den Integrationsgrundsatz auf Ausländer, die rechtmäßig und auf Dauer im   7 Bundesgebiet leben. Der Aufenthalt ist rechtmäßig, wenn der Ausländer einen Aufenthaltstitel besitzt (§ 4 Abs. 1). Das Tatbestandsmerkmal „auf Dauer" ist im Hinblick auf § 44 Abs. 1 S. 2 auszulegen.

II. Integrationskurs und seine Ziele (Abs. 2)

§ 43 Abs. 2 S. 1 führt den Integrationskurs als ein Instrument der staatlichen Integrationsförde-   8 rung ein. Dabei wird der Integrationskurs definiert als ein Grundangebot zur Integration. Abs. 2 S. 2 und S. 3 nennen die Ziele, die durch diese Maßnahme erreicht werden sollen. Der Integrationskurs fördert danach vor allem den zur Kommunikation und zur täglichen Verständigung unverzichtbaren Erwerb deutscher Sprachkenntnisse und umfasst auch grundlegende Angebote zum Verständnis der Rechts- und Wirtschaftsordnung, der Kultur, der Geschichte und der Lebensverhältnisse in Deutschland. Wesentlich ist auch die Vermittlung von Grundkenntnissen über Rechte und Pflichten der Bürger, die den Umgang mit Behörden und anderen Verwaltungseinrichtungen erleichtern und jedem Ausländer die eigenständige Orientierung in allen Lebensbereichen ermöglichen sollen (BT-Drs. 15/420, 86).

Abs. 2 S. 2 unterstreicht zudem, dass das Ziel des Integrationskurses erfolgsorientiert ist. Hier-   9 durch soll erreicht werden, dass die Kursteilnehmer nicht nur am Integrationskurs selbst teilnehmen, sondern auch an dessen Abschluss, der in der aufgrund Abs. 4 erlassenen IntV (Integrationskursverordnung v. 13.12.2004, BGBl. I 3370) vorgesehen ist (§ 17 Abs. 1 IntV; BT-Drs. 16/5065, 178). Die Teilnahme am Integrationskurs ist nach § 17 Abs. 2 IntV erfolgreich iSv § 43 Abs. 2 S. 2, wenn im Sprachtest das Sprachniveau B 1 des Gemeinsamen Europäischen Referenzrahmens für Sprachen nachgewiesen und im Test „Leben in Deutschland" die für das Bestehen des Orientierungskurses notwendige Punktzahl erreicht ist. Das Bundesamt bescheinigt die erfolgreiche Teilnahme am Integrationskurs nach Abs. 2 mit dem „Zertifikat Integrationskurs" (§ 17 Abs. 4 S. 1 IntV).

III. Inhalt des Integrationskurses (Abs. 3)

§ 43 Abs. 3 regelt den Inhalt des Integrationskurses in groben Zügen. Die konkrete Ausgestal-   10 tung erfolgt durch die IntV (Abs. 4). Nach Abs. 3 S. 1 setzt sich der Integrationskurs zusammen aus einem Basis- und einem Aufbausprachkurs von jeweils gleicher Dauer sowie einem Orientierungskurs, der die wesentlichen Kenntnisse über die Lebensverhältnisse in Deutschland im Hinblick auf Rechtsordnung, Kultur und Geschichte vermitteln soll. Die Sprachkurse sollen ausreichende Sprachkenntnisse iSv § 2 Abs. 11 bzw. § 3 Abs. 2 IntV, dh Niveau B 1 des Gemeinsamen Europäischen Referenzrahmens für Sprachen, vermitteln.

In der IntV wird die Grundstruktur und der Inhalt der einzelnen Kurse weiter konkretisiert   11 (§§ 10 ff. IntV). Deutlicher Schwerpunkt liegt auf dem Sprachkurs. Von den 700 Unterrichtsstunden, die der gesamte Integrationskurs umfasst (§ 10 Abs. 1 IntV), entfallen 600 Unterrichtsstunden auf den Sprachkurs (§ 11 Abs. 1 IntV). Für besondere Zielgruppen, die eines besonderen Unterrichts bedürfen oder bei denen ein erhöhter Betreuungsaufwand erforderlich ist (zB Analphabeten), sind spezielle Integrationskurse mit einem erhöhten Umfang von bis zu 900 Unterrichtsstunden im Sprachkurs vorgesehen (§ 13 Abs. 1 IntV). Des Weiteren gibt es auch einen Intensivkurs, dessen Umfang auf 430 Unterrichtsstunden komprimiert ist (§ 13 Abs. 2 IntV). Der Integrationskurs wird in der Regel als ganztägiger Unterricht angeboten (§ 14 Abs. 1 S. 1 IntV). Die Kursgröße ist auf 25 Personen beschränkt (§ 14 Abs. 2 S. 1 IntV).

12   Das Bundesamt für Migration und Flüchtlinge hat den Integrationskurs zu koordinieren und durchzuführen (Abs. 3 S. 2; § 1 S. 1 IntV). Dazu kann es sich privater oder öffentlicher Träger bedienen (Abs. 3 S. 2; § 1 S. 2 IntV). Diese privaten oder öffentlichen Träger müssen jedoch zuvor vom Bundesamt zugelassen werden. Die Einzelheiten hierzu sind in den §§ 18 ff. IntV geregelt. Zugelassene Träger erhalten ein bis zu fünf Jahre gültiges Zertifikat (§ 20 Abs. 2 IntV).

13   Abs. 3 S. 3 und S. 4 regeln die Kostenbeteiligung der Ausländer beim Integrationskurs. Sie stellen den Grundsatz der Kostenbeteiligung für die Teilnahme an Integrationskursen klar und bilden die Rechtsgrundlage für die Kostenerhebung, wobei auch auf die Leistungsfähigkeit von unterhaltsverpflichteten Personen abgestellt werden kann. Eine solche Unterhaltsverpflichtung kann sich zB aus einer Verpflichtungserklärung nach § 68 ergeben (§ 9 Abs. 1 S. 2 IntV). Einzelheiten zum Kostenbeitrag sind in § 9 IntV geregelt. Dort ist auch die Möglichkeit der Befreiung vom Kostenbeitrag vorgesehen (§ 9 Abs. 2 IntV).

IV. Verordnungsermächtigung (Abs. 4)

14   § 43 Abs. 4 enthält eine Ermächtigung zum Erlass einer Rechtsverordnung, in der nähere Einzelheiten des Integrationskurses, insbesondere die Grundstruktur, die Dauer, die Lerninhalte und die Durchführung der Kurse, die Vorgaben bezüglich der Auswahl und Zulassung der Kursträger sowie die Voraussetzungen und die Rahmenbedingungen für die ordnungsgemäße und erfolgreiche Teilnahme und ihre Bescheinigung einschließlich der Kostentragung sowie die Datenübermittlung und -verarbeitung geregelt werden sollen. Die Rechtsverordnung ist durch die Bundesregierung zu erlassen, wodurch die Gesamtverantwortung aller Ressorts für die Fragen der Integration zum Ausdruck kommt. Die Bundesregierung hat von dieser Ermächtigung durch Erlass der IntV (Integrationskursverordnung v. 13.12.2004, BGBl. I 3370) Gebrauch gemacht.

§ 44 Berechtigung zur Teilnahme an einem Integrationskurs

(1) [1]Einen Anspruch auf die einmalige Teilnahme an einem Integrationskurs hat ein Ausländer, der sich dauerhaft im Bundesgebiet aufhält, wenn ihm
1. erstmals eine Aufenthaltserlaubnis
   a) zu Erwerbszwecken (§§ 18a bis 18d, 19c und 21),
   b) zum Zweck des Familiennachzugs (§§ 28, 29, 30, 32, 36, 36a),
   c) aus humanitären Gründen nach § 25 Absatz 1, 2, 4a Satz 3 oder § 25b,
   d) als langfristig Aufenthaltsberechtigter nach § 38a oder
2. ein Aufenthaltstitel nach § 23 Abs. 2 oder Absatz 4
erteilt wird. [2]Von einem dauerhaften Aufenthalt ist in der Regel auszugehen, wenn der Ausländer eine Aufenthaltserlaubnis von mindestens einem Jahr erhält oder seit über 18 Monaten eine Aufenthaltserlaubnis besitzt, es sei denn, der Aufenthalt ist vorübergehender Natur.

(2) [1]Der Teilnahmeanspruch nach Absatz 1 erlischt ein Jahr nach Erteilung des den Anspruch begründenden Aufenthaltstitels oder bei dessen Wegfall. [2]Dies gilt nicht, wenn sich der Ausländer bis zu diesem Zeitpunkt aus von ihm nicht zu vertretenden Gründen nicht zu einem Integrationskurs anmelden konnte.

(3) [1]Der Anspruch auf Teilnahme am Integrationskurs besteht nicht
1. bei Kindern, Jugendlichen und jungen Erwachsenen, die eine schulische Ausbildung aufnehmen oder ihre bisherige Schullaufbahn in der Bundesrepublik Deutschland fortsetzen,
2. bei erkennbar geringem Integrationsbedarf oder
3. wenn der Ausländer bereits über ausreichende Kenntnisse der deutschen Sprache verfügt.
[2]Die Berechtigung zur Teilnahme am Orientierungskurs bleibt im Falle des Satzes 1 Nr. 3 hiervon unberührt.

(4) [1]Ein Ausländer, der einen Teilnahmeanspruch nicht oder nicht mehr besitzt, kann im Rahmen verfügbarer Kursplätze zur Teilnahme zugelassen werden. [2]Diese Regelung findet entsprechend auf deutsche Staatsangehörige Anwendung, wenn sie nicht über ausreichende Kenntnisse der deutschen Sprache verfügen und in besonderer Weise integrationsbedürftig sind, sowie auf Ausländer, die
1. eine Aufenthaltsgestattung besitzen und
   a) bei denen ein rechtmäßiger und dauerhafter Aufenthalt zu erwarten ist oder
   b) die vor dem 1. August 2019 in das Bundesgebiet eingereist sind, sich seit mindestens drei Monaten gestattet im Bundesgebiet aufhalten, nicht aus einem sicheren Herkunftsstaat nach § 29a des Asylgesetzes stammen und bei der Agentur für Arbeit ausbildungsuchend, arbeitsuchend oder arbeitslos gemeldet sind oder beschäftigt sind oder in einer Berufsausbildung im Sinne von § 57 Absatz 1 des Dritten Buches Sozialgesetzbuch stehen oder in Maßnahmen nach dem Zweiten Unterabschnitt des Dritten Abschnitts des Dritten Kapitels oder § 74 Absatz 1 Satz 2 des Dritten Buches Sozialgesetzbuch gefördert werden oder bei denen die Voraussetzungen des § 11 Absatz 4 Satz 2 und 3 des Zwölften Buches Sozialgesetzbuch vorliegen oder
2. eine Duldung nach § 60a Absatz 2 Satz 3 besitzen oder
3. eine Aufenthaltserlaubnis nach § 25 Absatz 5 besitzen.
[3]Bei einem Asylbewerber, der aus einem sicheren Herkunftsstaat nach § 29a des Asylgesetzes stammt, wird vermutet, dass ein rechtmäßiger und dauerhafter Aufenthalt nicht zu erwarten ist.

Überblick

Die Vorschrift regelt die Berechtigung zur Teilnahme an einem Integrationskurs. Abs. 1 vermittelt einen gebundenen Anspruch (→ Rn. 4), Abs. 2 normiert einen zeitlichen Erlöschenstatbestand (→ Rn. 10), Abs. 3 enthält einen Ausschlussgrund für bestimmte Personengruppen (→ Rn. 13) und Abs. 4 enthält einen Ermessensanspruch (→ Rn. 16).

Übersicht

A. Allgemeines

§ 44 wurde im Rahmen der Schaffung des AufenthG durch das ZuwG (Zuwanderungsgesetz **1** v. 30.7.2004, BGBl. I 1950; BT-Drs.15/420, 18, 87; BT-Drs. 15/3479, 7) eingeführt. Eine vergleichbare Bestimmung gab es in den Vorgängergesetzen zum AufenthG nicht. Änderungen erfuhr die Vorschrift durch das Gesetz zur Umsetzung aufenthalts- und asylrechtlicher Richtlinien der Europäischen Union v. 19.8.2007 (BGBl. I 1970; BT-Drs. 16/5065, 20, 178), indem Abs. 1 neu gefasst wurde und der Ermessensanspruch des Abs. 4 S. 2 auch für integrationsbedürftige deutsche Staatsangehörige geöffnet wurde.

Das Asylverfahrensbeschleunigungsgesetz v. 20.10.2015 (BGBl. I 1722; BT-Drs. 18/6185, 14, **2** 48 f.) führte vor dem Hintergrund der sog. Flüchtlingskrise, die sich im Jahr 2015 abzeichnete und die durch einen extremen Anstieg der Migration und der gestellten Asylanträge geprägt war, darauf reagierende Änderungen ein. So wurde in Abs. 4 S. 2 der Kreis der anspruchsberechtigten Personen detaillierter geregelt. Die in Abs. 4 S. 2 Nr. 1 lit. a, Nr. 2 und Nr. 3 genannten und neu in den Normtext aufgenommenen Fälle zeichnen sich durch eine (gute) Bleibeperspektive aus. Der neue Abs. 4 S. 3 stellt die gesetzliche Vermutung auf, dass eine solche bei Asylbewerbern aus einen sicheren Herkunftsstaat nach § 29a AsylG nicht besteht.

3   Durch das Integrationsgesetz (v. 31.7.2016, BGBl. I 1939; BT-Drs. 18/8615, 15, 47) wurde die Frist für das Erlöschen des Anspruchs in Abs. 2 von zwei Jahren auf ein Jahr herabgesetzt, um die Integration zu beschleunigen. Durch das Ausländerbeschäftigungsförderungsgesetz v. 8.7.2019 (BGBl. I 1029; BT-Drs. 19/10053, 14, 29; BT-Drs. 19/10692, 5, 11 f.) wurde der Integrationskurs für eine weitere Gruppe von Gestatteten (im Sinne einer Altfallregelung für vor dem 1.8.2019 Eingereiste) geöffnet, soweit diese nicht aus einem sicheren Herkunftsstaat stammen. Hierzu wurde § 44 Abs. 4 S. 2 neu gefasst und Nr. 1 lit. b neu eingefügt. Eine kleine Änderung in § 44 Abs. 1 S. 1 Nr. 1 lit. b brachte das Familiennachzugsneuregelungsgesetz v. 12.7.2018 (BGBl. I 1147; BT-Drs. 19/2438, 12, 25). Hierdurch wurde durch die Einfügung des § 36a klargestellt, dass auch bei einem Familiennachzug zu subsidiär Schutzberechtigten die Berechtigung der nachziehenden Person zur Teilnahme an einem Integrationskurs besteht.

B. Im Einzelnen

I. Gebundener Anspruch auf Teilnahme (Abs. 1)

4   § 44 Abs. 1 S. 1 normiert einen gebundenen Anspruch auf die einmalige Teilnahme an einem Integrationskurs (§ 43 Abs. 2, Abs. 3) und dessen positive Anspruchsvoraussetzungen.

5   Hierzu muss sich der Ausländer dauerhaft im Bundesgebiet aufhalten. Die Frage, ob ein Aufenthalt von Dauer ist, ist zukunftsbezogen, da die Integration gerade bei demjenigen ansetzen will, der seinen Lebensmittelpunkt in Deutschland haben wird. Damit erfordert dieses Tatbestandsmerkmal eine Prognose, die sich auf diverse Tatsachen (zB familiäre Bindung im Bundesgebiet, Aufbau eines Unternehmens, Bewohnen einer eigenen Immobilie) stützen kann.

6   Freilich ist auch die bisher im Bundesgebiet verbrachte Zeit ein Indiz. Daran knüpft Abs. 4 S. 2 an. Von einem dauerhaften Aufenthalt ist danach in der Regel auszugehen, wenn der Ausländer eine Aufenthaltserlaubnis von mindestens einem Jahr erhält oder seit über 18 Monaten eine Aufenthaltserlaubnis besitzt, es sei denn, der Aufenthalt ist vorübergehender Natur (§ 44 Abs. 2 S. 2). Ein Aufenthalt von vorübergehender Natur ist zB anzunehmen bei Auszubildenden, Werksvertragsarbeitnehmern und Ähnlichem (BT-Drs. 15/420, 87).

7   Strittig ist, ob der Umstand, dass bei einem Ausländer, der eine Aufenthaltserlaubnis nach § 25 Abs. 1 oder Abs. 2 oder Abs. 3 besitzt, die Asylberechtigung bzw. die Flüchtlingseigenschaft entfällt (zB wegen Widerrufs) oder die Duldungsvoraussetzungen nicht mehr vorliegen, dazu führt, dass prognostisch kein dauerhafter Aufenthalt mehr anzunehmen ist. Dafür spricht, dass dies der Ausländerbehörde die Möglichkeit zum Widerruf nach § 52 Abs. 1 Nr. 4 bzw. Nr. 5 eröffnet. Dagegen spricht, dass der Widerruf nicht zwingend ist, sondern im Ermessen steht (zum Streit s. Bergmann/Dienelt/Sußmann/Röcker Rn. 4; BeckOK AuslR/Eichenhofer Rn. 5.1; BayVGH BeckRS 2009, 40218).

8   Des Weiteren setzt der Anspruch voraus, dass dem Ausländer erstmals – damit richtet sich der Anspruch nur an Neuzuwanderer – einer der im Gesetz genannten Aufenthaltstitel erteilt wird. Es handelt sich dabei um eine Aufenthaltserlaubnis zu Erwerbszwecken (§§ 18a–18d, 19c und 21), zum Zweck des Familiennachzugs (§§ 28, 29, 30, 32, 36, 36a), aus humanitären Gründen iSd § 25 Abs. 1, Abs. 2, Abs. 4a S. 3 oder § 25b, als langfristig Aufenthaltsberechtigter iSv § 2 Abs. 7 nach § 38a oder um einen Aufenthaltstitel nach § 23 Abs. 2 oder Abs. 4 (Abs. 1 S. 1 Nr. 1 bzw. Nr. 2).

9   Nicht anspruchsberechtigt sind Inhaber anderer Aufenthaltstitel. Sie können allenfalls einen im Ermessen des Bundesamts für Migration und Flüchtlinge (§ 5 Abs. 1 IntV) stehenden Teilnahmeanspruch nach Abs. 4 geltend machen. Zudem besteht die Möglichkeit, dass sie zur Teilnahme an einem Integrationskurs verpflichtet werden (§ 44a Abs. 1 Nr. 2–4). Die Begrenzung auf die genannten Titel ist teleologisch grundiert. So sind Aufenthaltstitel, die regelmäßig Sprachkenntnisse bedingen, wie etwa eine Aufenthaltserlaubnis nach § 16b, ebenso wenig erfasst wie Titel, die typischerweise nur auf einen vorübergehenden Aufenthalt ausgelegt sind (zB zum Zweck des Praktikums, § 16e).

II. Erlöschenstatbestand (Abs. 2)

10   Nach § 44 Abs. 2 S. 1 erlischt der Teilnahmeanspruch nach Abs. 1 ein Jahr nach Erteilung des den Anspruch begründenden Aufenthaltstitels oder bei dessen Wegfall. Nach dem Erlöschen kann der Betroffene wie andere Ausländer, die keinen Teilnahmeanspruch haben, einen Ermessensanspruch nach Abs. 4 S. 1 geltend machen. Die Begrenzung des Anspruchs auf den Zeitraum auf ein Jahr dient dazu, Druck auf den Ausländer auszuüben, möglichst schnell seinen Anspruch geltend zu machen und so eine schnelle Integration zu fördern (BT-Drs. 18/8615, 47).

11   Abs. 2 S. 2 enthält eine Ausnahmeregelung zum Erlöschenstatbestand. Danach erlischt der Teilnahmeanspruch nicht, wenn sich der Ausländer bis zu diesem Zeitpunkt aus von ihm nicht zu vertretenden Gründen nicht zu einem Integrationskurs anmelden konnte (Abs. 2 S. 2). Die Darlegungslast hierfür trägt der Berechtigte (BT-Drs. 18/8615, 47).

Mit Erlöschen des Teilnahmeanspruchs nach § 44 Abs. 2 entfällt auch die Möglichkeit zur **12** Teilnahmeverpflichtung nach § 44a Abs. 1 S. 1 Nr. 1. Die Teilnahmepflicht nach § 44a Abs. 1 S. 1 Nr. 2 und Nr. 3 bleibt hiervon unberührt (Nr. 44.2 AufenthGAVwV).

III. Ausgeschlossene Personengruppen (Abs. 3)

§ 44 Abs. 3 S. 1 schließt bestimmte Personengruppen von dem Teilnahmeanspruch aus. Bei **13** den erfassten Personen besteht kein Integrationsbedarf (Abs. 3 S. 2 Nr. 2, Nr. 3) bzw. es ist anzunehmen, dass diese in der schulischen Ausbildung in Deutschland (Abs. 3 S. 1 Nr. 1) die Kenntnisse und Fähigkeiten vermittelt bekommen, die auch Gegenstand des Integrationskurses sind.

Abs. 2 S. 1 Nr. 2 betrifft Ausländer mit erkennbar geringem Integrationsbedarf. § 4 Abs. 2 S. 2 **14** IntV enthält eine Regelung, wann ein solcher in der Regel anzunehmen ist.

Abs. 2 S. 1 Nr. 3 erfasst Ausländer die bereits über ausreichende Kenntnisse der deutschen **15** Sprache verfügen. Ausreichende Sprachkenntnisse werden in § 2 Abs. 11 definiert als Sprachkenntnisse entsprechend dem Niveau B 1 des Gemeinsamen Europäischen Referenzrahmens. Da der Integrationskurs jedoch nicht nur aus einem Deutschsprachkurs besteht, sondern auch einen Orientierungskurs enthält, ist dieser vom Ausschluss ausgeklammert. Das heißt, die Ausländer der Gruppe nach Abs. 3 S. 1 Nr. 3 haben einen Teilnahmeanspruch bezüglich des Orientierungskurses nach Abs. 1 iVm Abs. 3 S. 2.

IV. Ermessensanspruch auf Teilnahme (Abs. 4)

§ 44 Abs. 4 normiert einen Ermessensanspruch auf Teilnahme. Nach Abs. 4 S. 1 kann ein **16** Ausländer, der einen Teilnahmeanspruch nicht oder nicht mehr besitzt, im Rahmen verfügbarer Kursplätze zur Teilnahme zugelassen werden. Für die Zulassung der Teilnehmer zum Integrationskurs ist das Bundesamt für Migration und Flüchtlinge zuständig (§ 43 Abs. 3 S. 2, § 5 Abs. 1 S. 1 IntV; BT-Drs. 16/5065, 178).

1. Tatbestandsvoraussetzungen des Abs. 4 S. 1

Die Bestimmung der Voraussetzungen und die Auslegung des Abs. 4 ist schwieriger, als es auf **17** den ersten Blick scheint. Dies rührt daher, da Abs. 4 S. 1 im Normtext (scheinbar) wenige Tatbestandsmerkmale enthält. Jedoch ergeben sich aus dem systematischen Zusammenspiel mit § 43 Abs. 1 und Abs. 4 S. 2 und unter Berücksichtigung des Normzwecks weitere Impulse für die Auslegung.

Die erste tatbestandliche Voraussetzung des Abs. 4 S. 1 ist das Vorhandensein noch freier **18** Kursplätze. Der Anspruch ist mithin von vornherein nicht auf Schaffung weiterer Kursplätze gerichtet.

Darüber stellt der Normtext des Abs. 4 S. 1 nur darauf ab, dass ein Ausländer einen Teilnahme- **19** anspruch nicht oder nicht mehr besitzt. Damit wären an sich alle Ausländer, die nicht den Tatbestand von Abs. 1 erfüllen bzw. bei denen der Anspruch nach Abs. 2 S. 1 erloschen ist bzw. die nach Abs. 3 S. 1 ausgeschlossen sind, erfasst. Allerdings wäre dann Abs. 4 S. 2 Hs. 2, der bestimmten Gruppen von Ausländern – bei Nr. 1 unter weiteren Voraussetzungen – ebenfalls den Ermessensanspruch gewährt, ohne Relevanz, da diese bereits auch von Abs. 4 S. 1 erfasst wären.

Vor allem ist der Integrationskurs ein wesentliches Element für die Erfüllung der aus § 43 **20** Abs. 1 folgenden Förderpflicht des Staates. Diese bezieht sich jedoch nur auf rechtmäßig und auf Dauer im Bundesgebiet lebende Ausländer (§ 43 Abs. 1). Alleine bei Ausländern, die dauerhaft in Deutschland leben und ihren Lebensmittelpunkt haben, ist eine Integration unter dem Grundsatz des Förderns und Forderns sachgerecht. Daher ist auch iRd Abs. 4 S. 1 als ungeschriebenes Tatbestandsmerkmal zu verlangen, dass der Ausländer rechtmäßig und auf Dauer (→ Rn. 5) im Bundesgebiet lebt (vgl. VG Ansbach BeckRS 2007, 34244; Nr. 44.4 AufenthGAVwV; so auch nun BayVGH BeckRS 2019, 15370 Rn. 8 ff. unter Rekurs auf die historische Auslegung und unter Aufgabe seiner alten Rspr.).

Rechtmäßig in diesem Sinne ist der Aufenthalt jedenfalls dann, wenn der Ausländer über einen **21** Aufenthaltstitel verfügt (§ 4 Abs. 1). Eine Aufenthaltsgestattung (§ 55 AsylG) dürfte ebenfalls insoweit ausreichen, da sie den Aufenthalt gesetzlich legitimiert. Eine Duldung (§ 60a) genügt indes nicht, da sie nichts an der Ausreisepflicht ändert (§ 60a Abs. 3).

2. Ausländer mit Bleibeperspektive (Abs. 4 S. 2 Hs. 2)

22   Abs. 4 S. 2 Hs. 2 erweitert den Anspruch nach Abs. 4 S. 1 auf die in Nr. 1–3 aufgeführten Personen, indem diese Bestimmung von dem ungeschriebenen Tatbestandsmerkmal des prognostizierbaren Daueraufenthalts suspendiert. Die von Abs. 4 S. 2 Nr. 1–3 genannten Aufenthalte sind an sich nämlich auf einen nur vorübergehenden Aufenthalt, jedenfalls nicht auf eine Zuwanderung ausgerichtet (bei Nr. 1: nur zur Durchführung des Asylverfahrens bzw. bei einer Zuerkennung der Asyl- / Flüchtlingseigenschaft, nur solange der Asyl- / Fluchtgrund besteht; bei Nr. 2: nur soweit dringende humanitäre oder persönliche Gründe oder erhebliche öffentliche Interessen seine vorübergehende weitere Anwesenheit erfordern; bei Nr. 3: nur bis die Ausreisehindernisse wegfallen). Im Hinblick auf Abs. 4 S. 2 Hs. 2 Nr. 2 wird zudem von der ungeschriebenen Anforderung des rechtmäßigen Aufenthalts suspendiert.

23   Ihre **sachliche Rechtfertigung** findet die Suspendierung durch Abs. 4 S. 2 Hs. 2 in dem Umstand, dass die Inhaber einer Duldung nach § 60a Abs. 2 S. 3 bzw. einer Aufenthaltserlaubnis nach § 25 Abs. 5 bzw. die in Abs. 4 S. 2 Hs. 2 Nr. 1 lit. a genannten Asylbewerber faktisch eine gute Bleibeperspektive haben (vgl. BT-Drs. 18/6185, 48). Insoweit ist es durchaus sinnvoll, ihnen den Zugang zu einem Integrationskurs – im Rahmen von freien Kapazitäten – zu eröffnen. Abs. 4 S. 2 Hs. 2 Nr. 1 lit. b durchbricht insofern dieses System, als er Gestattete mit unklarer Bleibeperspektive erfasst. Diese Regelung soll die Chancen bestimmter Gruppen von Gestatteten auf dem Ausbildungs- und Arbeitsmarkt verbessern, indem ihnen mit dem Zugang zum Integrationskurs der frühzeitige Erwerb deutscher Sprachkenntnisse als eine zentrale faktische Bedingung für die Aufnahme einer Beschäftigung erleichtert bzw. ermöglicht wird. Die Beschränkung auf vor dem 1.8.2019 Eingereiste wird damit begründet, dass nur diese Altfälle eine solche (vorzeitige) Öffnung des Integrationskurses nötig hätten, da diese Asylverfahren lange Bearbeitungszeiten hätten. Aufgrund der schnellen Bearbeitung der neuen Asylanträge sei eine vergleichbare Öffnung für die Zukunft nicht erforderlich (vgl. BT-Drs. 19/10053, 29; BT-Drs. 19/10692, 12). Normtechnisch ist Abs. 4 S. 2 Hs. 2 eine (erweiternde) Regelung zu Abs. 4 S. 1, keine Spezialregelung (aA BayVGH BeckRS 2018, 3072 Rn. 13: Spezialitätsverhältnis). Hierfür spricht, dass Abs. 4 S. 2 nur eine entsprechende Anwendung vorsieht.

24   Bei **Abs. 4 S. 2 Hs. 2 Nr. 1 lit. a** ist die Suspendierungswirkung an das zusätzliche Tatbestandsmerkmal geknüpft, dass ein rechtmäßiger und dauerhafter Aufenthalt zu erwarten ist. Dies ist nach der Gesetzesbegründung anzunehmen bei Asylbewerbern, die aus einem Land mit einer hohen Anerkennungsquote kommen oder bei denen eine belastbare Prognose für einen erfolgreichen Asylantrag besteht (BT-Drs. 18/6185, 48). Daraus und aus dem systematischen Schluss zu Abs. 4 S. 3 folgt, dass die Bleibeperspektive iRd Abs. 4 S. 2 Hs. 2 Nr. 1 lit. a an das Asylverfahren, genauer an die diesbezüglichen Erfolgsaussichten, gekoppelt ist.

25   Dabei ist zu unterscheiden: In der Zeit zwischen Asylantragstellung und behördlicher Entscheidung über den Antrag kann die Bleibeperspektive nur anhand der Gesamtschutzquote des jeweiligen Landes beurteilt werden. Eine konkrete inzidente inhaltliche Prüfung der Erfolgsaussichten findet bei der Entscheidung über den Teilnahmeanspruch nicht statt (vgl. BayVGH BeckRS 2019, 15370 Rn. 6; 2018, 3071 Rn. 6). Stammt ein Asylbewerber aus einem sicheren Herkunftsstaat nach § 29a AsylG, so greift die gesetzliche Vermutung, dass ein rechtmäßiger und dauerhafter Aufenthalt nicht zu erwarten ist.

26   Liegt eine (ablehnende) behördliche Entscheidung über den Asylantrag vor, so ist diese die Grundlage für die – bei einer Ablehnung: negativen – Prognose nach Abs. 4 S. 2 Hs. 2 Nr. 1 lit. a. Dass der Ausländer die ablehnende Behördenentscheidung zum Asylantrag gerichtlich angegriffen hat, ändert daran nichts, da die Einlegung von Rechtsmitteln der aus dem ablehnenden Bescheid zu entnehmenden Prognose nicht ihre substantielle Grundlage entzieht (BayVGH BeckRS 2019, 15370 Rn. 6 f.; 2018, 3071 Rn. 6; 2017, 105226 Rn. 21 ff.). Ein Verzicht von Bundesländern auf Abschiebung ist kein Kriterium zur Beurteilung der Bleibeperspektive, denn ein solcher zeitlich unbestimmter Vollzugsverzicht unterliegt keiner rechtlichen Überprüfung und indiziert daher nicht die Rechtmäßigkeit des weiteren Aufenthalts (BayVGH BeckRS 2017, 105226 Rn. 17 ff.; 2018, 184 Rn. 18).

27   **Abs. 4 S. 2 Hs. 2 Nr. 1 lit. b** vermittelt für bestimmte Gruppen von Ausländern mit einer Aufenthaltsgestattung die Möglichkeit, am Integrationskurs teilzunehmen. Voraussetzung ist, dass die Ausländer zum Zeitpunkt der Zulassung zur Teilnahme bei der Agentur für Arbeit ausbildungssuchend, arbeitsuchend oder arbeitslos gemeldet oder beschäftigt sind oder in einer Berufsausbildung iSv § 57 Abs. 1 SGB III stehen oder in Maßnahmen nach dem Zweiten Unterabschnitt des Dritten Abschnitts des Dritten Kapitels oder § 74 Abs. 1 S. 2 SGB III gefördert werden oder bei denen die Voraussetzungen des § 11 Abs. 4 S. 2 und S. 3 SGB XII vorliegen. Durch letztgenannte

Variante wird den Ausländern, denen aus den in § 11 Abs. 4 S. 2 und S. 3 SGB XII vorliegenden Gründen der Kinderziehung die Ausübung einer Erwerbstätigkeit nicht zumutbar ist und die deswegen bei der Agentur für Arbeit nicht als arbeitsuchend gemeldet sind, die Teilnahme an einer Sprachfördermaßnahme ermöglicht (BT-Drs. 19/10692, 12). Die Regelung ist als Altfallregelung zu verstehen und auf vor dem 1.8.2019 eingereiste Gestattete beschränkt. Die Mindestaufenthaltszeit beträgt drei Monate. Wenn das Einreisedatum nicht dokumentiert ist, gilt der früheste Eintrag im Ausländerzentralregister, der regelmäßig dem Datum der Ausstellung des Ankunftsnachweises entspricht. Ist dazu kein Eintrag vorhanden, kann dies auch das Datum der Asylantragstellung sein (BT-Drs. 19/10692, 11).

3. Integrationsbedürftige deutsche Staatsangehörige

Abs. 4 S. 2 Hs. 1 erweitert den im Ermessen stehenden Teilnahmeanspruch aus Abs. 4 S. 1 auf **28** deutsche Staatsangehörige, wenn sie nicht über ausreichende Kenntnisse der deutschen Sprache verfügen und in besonderer Weise integrationsbedürftig sind. Auch insoweit stellt Abs. 4 S. 2 eine (erweiternde) Regelung zu Abs. 4 S. 1 dar.

Ausreichende Sprachkenntnisse werden in § 2 Abs. 11 definiert als Sprachkenntnisse entspre- **29** chend dem Niveau B 1 des Gemeinsamen Europäischen Referenzrahmens. Zur Auslegung der besonderen Integrationsbedürftigkeit ist die erläuternde Konkretisierung des § 4 Abs. 3 IntV heranzuziehen. Sie ist zwar nach deren Normtext nur auf die Auslegung des Tatbestandsmerkmals der besonderen Integrationsbedürftigkeit in § 44a Abs. 1 S. 1 Nr. 3 ausgelegt. Jedoch ist Abs. 4 S. 2 Hs. 1 gleichlaufend mit § 44a Abs. 1 S. 1 Nr. 3 zu interpretieren (Einheit der Rechtsordnung).

4. Ermessensentscheidung

Bei der Ermessensentscheidung ist zu differenzieren: Auch wenn ausreichend Kursplätze für **30** einen Integrationskurs frei sind (mehr freie Kursplätze als Antragsteller; Überkapazität), so hat der Ausländer, der den Tatbestand des Abs. 4 erfüllt, dennoch keinen Rechtsanspruch. Bei der vom Bundesamt für Migration und Flüchtlinge zu treffenden Ermessensentscheidung ist jedoch zu berücksichtigen, dass bei vorhandenen Kapazitäten die Teilnahme am Kurs regelmäßig anzustreben ist. Denn nach integrationspolitischen Gesichtspunkten ist es Ziel, dass alle Zuwanderer möglichst schnell unabhängig von Transferleistungen des Staates werden. Deutsche Sprachkenntnisse sind dazu unerlässlich (vgl. BT-Drs. 16/5065, 178).

Mithin ist bei einer Überkapazität die Ermessensentscheidung zur Zulassung intendiert. Freilich **31** bestimmt § 5 Abs. 4 S. 1 IntV, dass bei der Ermessensentscheidung auch die Integrationsbedürftigkeit des Antragstellers zu beachten ist. Folglich kann der Anspruch im Ermessensweg abgelehnt werden, wenn erkennbar keine Integrationsbedürftigkeit vorliegt.

Begehren mehr Ausländer eine Zulassung zum Integrationskurs als noch freie Plätze (am **32** gewünschten) Ort zur Verfügung stehen, so reduziert sich die zu treffende Ermessensentscheidung auf eine Auswahlentscheidung zwischen den Antragstellern. In diesem Zusammenhang gibt § 5 Abs. 4 S. 2 IntV relevante Ermessensbelange vor. Die Norm nennt Ausländer, die vorrangig bei der Zulassung zu berücksichtigen sind. Innerhalb der in § 5 Abs. 4 S. 2 IntV genannten Gruppen lässt sich indes aus der Reihenfolge der Aufzählung keine Vorgabe entnehmen.

Nach BayVGH (BeckRS 2017, 105226 Rn. 14 ff.; 2018, 3072 Rn. 13) könnte bei den in § 44 Abs. 4 **32.1** S. 2 Hs. 2 genannten Fällen keine reine Ermessensentscheidung, sondern eine Sollvorschrift vorliegen. Hierfür gibt es jedoch im Normtext keine Anhaltspunkte. Zudem lässt sich das Verhältnis zwischen Abs. 4 S. 1 und S. 2 anders erklären (→ Rn. 22 f.).

5. Sonstiges

Für EU-Bürger und ihre Angehörigen besteht nach § 11 FreizügG/EU iVm § 44 Abs. 4 im **33** Rahmen verfügbarer Kursplätze die Möglichkeit zur Teilnahme an Integrationskursen.

§ 44a Verpflichtung zur Teilnahme an einem Integrationskurs

(1) ¹Ein Ausländer ist zur Teilnahme an einem Integrationskurs verpflichtet, wenn
1. er nach § 44 einen Anspruch auf Teilnahme hat und
a) sich nicht zumindest auf einfache Art in deutscher Sprache verständigen kann oder

b) zum Zeitpunkt der Erteilung eines Aufenthaltstitels nach § 23 Abs. 2, § 28 Abs. 1 Satz 1 Nr. 1, § 30 oder § 36a Absatz 1 Satz 1 erste Alternative nicht über ausreichende Kenntnisse der deutschen Sprache verfügt oder

2. er Leistungen nach dem Zweiten Buch Sozialgesetzbuch bezieht und die Teilnahme am Integrationskurs in einer Eingliederungsvereinbarung nach dem Zweiten Buch Sozialgesetzbuch vorgesehen ist,

3. er in besonderer Weise integrationsbedürftig ist und die Ausländerbehörde ihn zur Teilnahme am Integrationskurs auffordert oder

4. er zu dem in § 44 Absatz 4 Satz 2 Nummer 1 bis 3 genannten Personenkreis gehört, Leistungen nach dem Asylbewerberleistungsgesetz bezieht und die zuständige Leistungsbehörde ihn zur Teilnahme an einem Integrationskurs auffordert. ²In den Fällen des Satzes 1 Nr. 1 stellt die Ausländerbehörde bei der Erteilung des Aufenthaltstitels fest, dass der Ausländer zur Teilnahme verpflichtet ist. ³In den Fällen des Satzes 1 Nr. 2 ist der Ausländer auch zur Teilnahme verpflichtet, wenn der Träger der Grundsicherung für Arbeitsuchende ihn zur Teilnahme auffordert. ⁴Der Träger der Grundsicherung für Arbeitsuchende soll in den Fällen des Satzes 1 Nr. 1 und 3 beim Bezug von Leistungen nach dem Zweiten Buch Sozialgesetzbuch für die Maßnahmen nach § 15 des Zweiten Buches Sozialgesetzbuch der Verpflichtung durch die Ausländerbehörde im Regelfall folgen. ⁵Sofern der Träger der Grundsicherung für Arbeitsuchende im Einzelfall eine abweichende Entscheidung trifft, hat er dies der Ausländerbehörde mitzuteilen, die die Verpflichtung widerruft. ⁶Die Verpflichtung ist zu widerrufen, wenn einem Ausländer neben seiner Erwerbstätigkeit eine Teilnahme auch an einem Teilzeitkurs nicht zuzumuten ist. ⁷Darüber hinaus können die Ausländerbehörden einen Ausländer bei der Erteilung eines Aufenthaltstitels nach § 25 Absatz 1 oder 2 zur Teilnahme an einem Integrationskurs verpflichten, wenn er sich lediglich auf einfache Art in deutscher Sprache verständigen kann.

(1a) Die Teilnahmeverpflichtung nach Absatz 1 Satz 1 Nummer 1 erlischt außer durch Rücknahme oder Widerruf nur, wenn der Ausländer ordnungsgemäß am Integrationskurs teilgenommen hat.

(2) Von der Teilnahmeverpflichtung ausgenommen sind Ausländer,

1. die sich im Bundesgebiet in einer beruflichen oder sonstigen Ausbildung befinden,

2. die die Teilnahme an vergleichbaren Bildungsangeboten im Bundesgebiet nachweisen oder

3. deren Teilnahme auf Dauer unmöglich oder unzumutbar ist.

(2a) Von der Verpflichtung zur Teilnahme am Orientierungskurs sind Ausländer ausgenommen, die eine Aufenthaltserlaubnis nach § 38a besitzen, wenn sie nachweisen, dass sie bereits in einem anderen Mitgliedstaat der Europäischen Union zur Erlangung ihrer Rechtsstellung als langfristig Aufenthaltsberechtigte an Integrationsmaßnahmen teilgenommen haben.

(3) ¹Kommt ein Ausländer seiner Teilnahmepflicht aus von ihm zu vertretenden Gründen nicht nach oder legt er den Abschlusstest nicht erfolgreich ab, weist ihn die zuständige Ausländerbehörde vor der Verlängerung seiner Aufenthaltserlaubnis auf die möglichen Auswirkungen seines Handelns (§ 8 Abs. 3, § 9 Abs. 2 Satz 1 Nr. 7 und 8, § 9a Absatz 2 Satz 1 Nummer 3 und 4 dieses Gesetzes, § 10 Abs. 3 des Staatsangehörigkeitsgesetzes) hin. ²Die Ausländerbehörde kann den Ausländer mit Mitteln des Verwaltungszwangs zur Erfüllung seiner Teilnahmepflicht anhalten. ³Bei Verletzung der Teilnahmepflicht kann der voraussichtliche Kostenbeitrag auch vorab in einer Summe durch Gebührenbescheid erhoben werden.

Überblick

Die Vorschrift regelt die Möglichkeit der Verpflichtung von Ausländern zur Teilnahme an einem Integrationskurs. Dabei normiert Abs. 1 die Voraussetzungen für die Teilnahmepflicht und die Zuständigkeiten der Behörden, wenn diese die Verpflichtung konkretisieren (→ Rn. 3). Abs. 1a bestimmt, wann die Teilnahmepflicht erlischt (→ Rn. 24). Abs. 2 benennt Gruppen, die von der Teilnahmeverpflichtung ausgenommen sind (→ Rn. 26). Abs. 2a enthält eine Ausnahme von der Teilnahmeverpflichtung im Hinblick auf den Orientierungskurs (→ Rn. 28). Abs. 3 regelt die Folgen, wenn der Ausländer der Teilnahmeverpflichtung nicht nachkommt (→ Rn. 29).

Übersicht

A. Allgemeines

§ 44a wurde – im Regierungsentwurf noch als § 45 firmierend – im Rahmen der Schaffung **1** des AufenthG durch das ZuwG (Zuwanderungsgesetz v. 30.7.2004, BGBl. I 1950; BT-Drs. 15/420, 18 f., 88) idF des Beschlusses des Vermittlungsausschusses (BT-Drs. 15/3479, 7) eingeführt. Das Gesetz zur Bekämpfung der Zwangsheirat und zum besseren Schutz der Opfer von Zwangsheirat sowie zur Änderung weiterer aufenthaltsrechts- und asylrechtlicher Vorschriften v. 23.6.2011 (BGBl. I 1266; BT-Drs. 17/4401, BT-Drs. 17/5093, 8, 16) schuf Abs. 1a.

Durch das Gesetz zur Umsetzung aufenthalts- und asylrechtlicher Richtlinien der Europäischen **2** Union v. 19.8.2007 (BGBl. I 1970; BT-Drs. 16/5065, 20 f., 178 f.) wurde § 44a erheblich verändert und Abs. 1 und Abs. 3 neu gefasst. Zudem wurde Abs. 2a eingefügt. Das Gesetz zur Verbesserung der Rechte von international Schutzberechtigten und ausländischen Arbeitnehmern v. 29.8.2013 (BGBl. I 3484; BT-Drs. 17/13022, 9, 22) führte zu einer kleinen Änderung in Abs. 3. Durch das Integrationsgesetz (v. 31.7.2016, BGBl. I 1939; BT-Drs. 18/8615, 15, 39 f., 47 f.) wurde – neben kleineren Änderungen in Abs. 1 Nr. 2 und Nr. 3 – Abs. 1 S. 1 Nr. 4 und Abs. 1 S. 7 geschaffen. Eine kleine Änderung in § 44a Abs. 1 Nr. 1 lit. b brachte das Familiennachzugsneuregelungsgesetz v. 12.7.2018 (BGBl. I 1147; BT-Drs. 19/2438, 12, 25). Hierdurch wurde durch die Einfügung des § 36a Abs. 1 S. 1 Alt. 1 geregelt, dass im Fall des Ehegattennachzugs zu subsidiär Schutzberechtigten die Verpflichtung zur Teilnahme an einem Integrationskurs in gleicher Weise wie für andere Ehegatten besteht.

B. Im Einzelnen

I. Teilnahmepflicht (Abs. 1)

§ 44a Abs. 1 regelt in S. 1–3 und S. 7 die Verpflichtungstatbestände bezüglich der Teilnahme **3** an einem Integrationskurs. Dabei ist die Rechtmäßigkeit der Verpflichtung des Ausländers zur Teilnahme am Integrationskurs nach der Sach- und Rechtslage im Zeitpunkt der letzten mündlichen Verhandlung oder Entscheidung des Tatsachengerichts zu beurteilen (VGH BW BeckRS 2013, 52667).

1. Zuständigkeiten

Die Verpflichtungstatbestände richten sich an unterschiedliche Behörden. Für die Verpflichtung **4** nach Abs. 1 S. 1 Nr. 1, Nr. 3 und S. 7 ist die Ausländerbehörde zuständig, für die Verpflichtung nach Abs. 1 S. 1 Nr. 2 (iVm S. 3) der Träger der Grundsicherung für Arbeitsuchende und für die Verpflichtung nach Abs. 1 S. 1 Nr. 4 die zuständige Leistungsbehörde nach § 10 AsylbLG. Aufgrund der unterschiedlichen Zuständigkeiten und Verpflichtungstatbestände ist eine Doppelverpflichtung an sich nicht ausgeschlossen.

Um dies normativ zu verhindern, strukturieren Abs. 1 S. 4–6 die Zuständigkeit bezüglich der **5** aufenthaltsrechtlichen und sozialrechtlichen Verpflichtungstatbestände. Dabei gilt der Grundsatz, dass die sozialrechtliche Verpflichtung aufgrund einer Eingliederungsvereinbarung grundsätzlich vorrangig ist. Ist jedoch bereits ein feststellender Verwaltungsakt der Ausländerbehörde nach S. 1 Nr. 1 und Nr. 3 ergangen, ist der Träger der Grundsicherung für Arbeitsuchende grundsätzlich an diese Regelung gebunden. Ausnahmsweise kann er jedoch davon abweichende Regelungen treffen.

6   Dies ist insbesondere dann der Fall, wenn der Ausländer unmittelbar in eine Erwerbstätigkeit vermittelt werden kann und eine Teilnahme an einem Integrationskurs (auch Teilzeitkurs) daneben nicht zumutbar ist (BT-Drs. 16/5056, 178). Im Fall einer abweichenden Entscheidung hat der Träger der Grundsicherung für Arbeitsuchende dies der Ausländerbehörde unverzüglich mitzuteilen, die die Verpflichtung widerruft (Abs. 1 S. 5, S. 6; Nr. 44a.1.5.2 AufenthGAVwV).

7   Um dies tatsächlich umzusetzen, muss zwischen den Behörden ein Informationsaustausch stattfinden. Die zum Kurs verpflichtende Behörde, dh die Ausländerbehörde bzw. der Träger der Grundsicherung bzw. die Leistungsbehörde nach dem AsylbLG, bestätigt dem Ausländer – als Korrelat zur Teilnahmepflicht – die Teilnahmeberechtigung nach § 6 Abs. 1 IntV und teilt dies dem Bundesamt mit (§ 8 Abs. 1 IntV). Dieses wiederum setzt eine nachfragende Behörde darüber in Kenntnis, ob eine andere Behörde bereits eine Berechtigung bzw. Verpflichtung ausgesprochen hat (§ 8 Abs. 1 IntV).

2. Teilnahmepflicht nach Nr. 1

8   Der Verpflichtungstatbestand nach Abs. 1 S. 1 Nr. 1 knüpft als erstes Tatbestandsmerkmal an den Personenkreis der Ausländer an, die nach § 44 Abs. 1 einen Anspruch auf Teilnahme an einem Integrationskurs haben. Das heißt, inzident ist insoweit die Berechtigung nach § 44 Abs. 1 zu prüfen. Dabei ist auch der Ausschluss nach § 44 Abs. 3 miteinzubeziehen, nicht jedoch der Erlöschenstatbestand nach § 44 Abs. 2, da dies nicht dem Sinn und Zweck entspricht. § 44 Abs. 2 soll durch den zeitlichen Druck den Ausländer motivieren, möglichst schnell den Kurs zu belegen (→ § 43 Rn. 1 ff.). Im Rahmen der Integrationsverpflichtung nach § 44 ist diese Druckfunktion nicht notwendig und daher in teleologischer Reduktion nicht in die Verweisung einzubeziehen.

9   Das zweite Tatbestandsmerkmal setzt an den fehlenden bzw. unzureichenden Sprachkenntnissen des Ausländers an. Voraussetzung nach Abs. 1 S. 1 Nr. 1 lit. a ist, dass der Ausländer sich nicht zumindest auf einfache Art in deutscher Sprache verständigen kann. In § 2 Abs. 9 wird dieses Sprachniveau als A 1 im Sinne des Gemeinsamen Europäischen Referenzrahmens definiert. Ausländer, die bei Erteilung der im Normtext genannten Aufenthaltstitel aus humanitären oder familiären Gründen nicht über ausreichend Kenntnisse der deutschen Sprache verfügen, was nach § 2 Abs. 11 dem Niveau B 2 entspricht, können ebenfalls verpflichtet werden (Abs. 1 S. 1 Nr. 1 lit. b). Der Ausländerbehörde obliegt es, den Sprachstand des Ausländers festzustellen. Hierzu kann sie den Ausländer persönlich einbestellen und sich ein Bild vom Sprachstand machen (Nr. 44a.1.2.3 AufenthGAVwV). Der Ausländer ist verpflichtet, mitzuwirken und ggf. die Sprachnachweise zu erbringen (§ 82 Abs. 1).

10   Die Verpflichtung des Ausländers zum Integrationskurs muss von der Ausländerbehörde durch einen feststellenden Verwaltungsakt aktualisiert und konkretisiert werden (BT-Drs. 16/5065, 178). Wie sich aus dem Wortlaut („ist verpflichtet", „stellt fest") und dem systematischen Vergleich zu Abs. 1 S. 1 Nr. 3 und Nr. 4 („und [...] auffordert") ergibt, hat die Behörde dabei – anders als in den Fällen des Abs. 1 S. 1 Nr. 3, Nr. 4, S. 3 und S. 7 – kein Entschließungsermessen. Der feststellende Verwaltungsakt nach Abs. 1 S. 2 schafft die Grundlage für die Verwaltungsvollstreckung und die Ordnungswidrigkeitsbewehrung nach § 98 Abs. 2 Nr. 4.

3. Teilnahmepflicht nach Nr. 2

11   Die Teilnahmepflicht nach Abs. 1 S. 1 Nr. 2 knüpft tatbestandlich an den Bezug von Leistungen nach dem SGB II (erstes Tatbestandsmerkmal) und an die Vereinbarung einer Teilnahme am Integrationskurs in einer Eingliederungsvereinbarung nach § 15 Abs. 2 SGB II (zweites Tatbestandsmerkmal) an. Als solche Leistungen kommen alle Leistungen nach §§ 16 ff. SGB II, insbesondere aber Arbeitslosengeld II gem. § 19 SGB II, in Betracht. Nach § 15 Abs. 2 SGB II soll die Agentur für Arbeit im Einvernehmen mit dem kommunalen Träger mit jeder erwerbsfähigen leistungsberechtigten Person unter Berücksichtigung der Feststellungen der Potenzialanalyse (§ 15 Abs. 1 SGB II) die für ihre Eingliederung erforderlichen Leistungen vereinbaren.

12   Bei der Eingliederungsvereinbarung handelt es sich um einen öffentlich-rechtlichen Vertrag. Dessen Inhalt wird durch § 15 Abs. 2 S. 2 und S. 3 SGB II näher konturiert. Die Bedeutung von § 44a Abs. 1 S. 1 Nr. 2 kann darin gesehen werden, dass sie das Spektrum an Pflichten, die in einer Eingliederungsvereinbarung geregelt werden können, um die Teilnahmepflicht bezüglich eines Integrationskurses erweitert.

13   Weigert sich der Ausländer, eine Eingliederungsvereinbarung zu unterzeichnen, kann ihn der Träger der Grundsicherung für Arbeitsuchende auch nach § 44a Abs. 1 S. 3 durch Verwaltungsakt verpflichten (Nr. 44a.1.3.1 AufenthGAVwV). Wie aus dem Wortlaut („wenn [...] auffordert")

und der Systematik folgt (vgl. → Rn. 10), ist dem Träger bei Erlass des Verwaltungsakts ein Entschließungsermessen eingeräumt.

Die Ermächtigung zum Erlass eines Verwaltungsakts nach Abs. 1 S. 3 ist eigentlich unnötig, da **14** § 15 Abs. 3 S. 3 SGB II bereits eine – speziellere und damit vorrangige – Möglichkeit für den Träger enthält, Regelungen, die Inhalt einer Eingliederungsvereinbarung sein können, durch Verwaltungsakt zu erlassen. Abs. 1 S. 3 ist mithin nur klarstellender Natur. Normative eigenständige Bedeutung erlangt Abs. 1 S. 3 allein insoweit, dass er die Basis für die Bußgeldbewehrung einer Anordnung des Integrationskurses durch den Träger nach § 98 Abs. 2 Nr. 4 schafft, da § 98 Abs. 2 Nr. 4 (nur) auf § 44 Abs. 1 S. 3 (und nicht auf § 15 Abs. 3 S. 3 SGB II) Bezug nimmt.

4. Teilnahmepflicht nach Nr. 3

Der Verpflichtungstatbestand des Abs. 1 S. 1 Nr. 3 setzt an der besonderen Integrationsbedürftig- **15** keit des Ausländers an. Liegt diese vor, so kann die Ausländerbehörde einen Verwaltungsakt erlassen, mit dem der Ausländer zum Integrationskurs verpflichtet wird („auffordert"). Insoweit steht der Ausländerbehörde Entschließungsermessen zu (vgl. → Rn. 10). Dieser Verwaltungsakt ist, soweit vollziehbar, bußgeldbewehrt (§ 98 Abs. 2 Nr. 4).

§ 4 Abs. 3 IntV nennt nicht abschließbare („insbesondere dann") Regelbeispiele zur Annahme **16** einer besonderen Integrationsbedürftigkeit. Für eine besondere Integrationsbedürftigkeit spricht es, wenn der Betroffene ein Leben führt, das dem öffentlichen Interesse an der Integration in die deutschen Lebensverhältnisse widerspricht. Dies kann etwa vorliegen beim persistierenden Erhalt von sozialen Transferleistungen oder weil aufgrund fehlender sprachlicher Kompetenzen keine Kontakte in das soziale Umfeld (Arbeit, Schule, Kindergarten) bestehen oder wenn eine Lebensführung praktiziert wird, die mit allgemeinen gesellschaftlichen Wertvorstellungen nicht in Einklang gebracht werden könnte (vgl. VGH BW BeckRS 2013, 52667). Insbesondere bezüglich letzterem Aspekt sind freilich die allgemeine Handlungsfreiheit und das allgemeine Persönlichkeitsrecht sowie die Religionsfreiheit bei der Auslegung und Subsumtion zu beachten.

Öffentliche Stellen sollen gem. § 87 Abs. 2 S. 2 die Ausländerbehörde unterrichten, wenn sie **17** im Zusammenhang mit der Erfüllung ihrer Aufgaben Kenntnis erlangen von einer besonderen Integrationsbedürftigkeit iSv § 4 Abs. 3 IntV.

5. Teilnahmepflicht nach Nr. 4

Der Verpflichtungstatbestand des Abs. 1 S. 1 Nr. 4 enthält drei Tatbestandsmerkmale. Das erste **18** Tatbestandsmerkmal beschreibt den verpflichtbaren Personenkreis: Ausländer, die die in § 44 Abs. 4 S. 2 Hs. 2 Nr. 1–3 genannten Voraussetzungen erfüllen. Als zweite Vorgabe fordert Abs. 1 S. 1 Nr. 4, dass der Betroffene Leistungen nach dem AsylbLG bezieht (§ 1 ff. AsylbLG). Schließlich muss die nach dem AsylbLG zuständige Leistungsbehörde den Ausländer zur Teilnahme aufgefordert haben. Insoweit knüpft Abs. 1 S. 1 Nr. 4 an die asylrechtliche Verpflichtungsmöglichkeit nach § 5b AsylbLG an (vgl. BT-Drs 18/8615, 39 f., 47).

§ 5b Abs. 1 AsylbLG sieht vor, dass die zuständige Leistungsbehörde bestimmte Leistungsberech- **19** tigte zur Wahrnehmung eines Integrationskurses verpflichten kann. Dies betrifft Leistungsberechtigte, die nach § 44 Abs. 4 S. 2 Nr. 1–3 Zugang zu den Integrationskursen des Bundesamts für Migration haben und die weiteren persönlichen Voraussetzungen nach § 5b Abs. 1 S. 1 AsylbLG erfüllen. Da § 44a Abs. 1 S. 2 Nr. 4 AufenthG und § 5b Abs. 1 AsylbLG damit letztlich tatbestandlich verwoben sind, löst die Aufforderung durch die zuständige Leistungsbehörde nach dem AsylbLG für den genannten Personenkreis zugleich die aufenthaltsrechtliche Verpflichtung zur Kursteilnahme aus (vgl. BT-Drs. 18/8615, 40). Nach § 5b Abs. 1 AsylbLG („kann") hat die Leistungsbehörde ein Ermessen. Das in § 44a Abs. 1 S. 1 Nr. 4 enthaltene Entschließungsermessen („auffordert" → Rn. 10) hat demgegenüber keine eigenständige Bedeutung.

Die Leistungsbehörde hat die Ausübung ihres Ermessens an den in § 43 AufenthG beschriebe- **20** nen Zielen des Integrationskurses auszurichten. Von Bedeutung ist somit insbesondere, ob eine Verpflichtung zur Kursteilnahme unter Beachtung des individuellen Sprachniveaus der betroffenen Person geeignet und erforderlich ist, ihre Integration in das wirtschaftliche, kulturelle und gesellschaftliche Leben in Deutschland zu befördern. Daran kann es etwa fehlen, wenn der Betroffene die deutsche Sprache bereits so gut beherrscht, dass eine Teilnahme nicht zweckmäßig erscheint (BT-Drs. 18/8615, 40).

6. Teilnahmepflicht nach S. 7

§ 44a Abs. 1 S. 7 enthält eine Verpflichtungsmöglichkeit von Asylberechtigten, anerkannten **21** Flüchtlingen oder subsidiär Schutzberechtigten (Inhaber eines Aufenthaltstitels nach § 25 Abs. 1

oder Abs. 2), die sich lediglich auf einfache Art in deutscher Sprache (→ Rn. 9) verständigen können.

22   Der Ausländerbehörde steht insoweit ein Ermessen zu („kann"). Bei der Ausübung des Ermessens sollte insbesondere beachtet werden, ob der Ausländer durch eigene Erwerbstätigkeit den Lebensunterhalt für sich und seine Familie sichert. Eine Verpflichtung dürfte dann nicht zumutbar sein, wenn die bestehende Erwerbstätigkeit so eingeschränkt würde, zum Beispiel weil keine berufsbegleitenden Kursangebote vorliegen oder lange Arbeitszeiten oder Fahrtwege eine Kursteilnahme erschweren, dass eine Lebensunterhaltssicherung nicht mehr möglich ist (BT-Drs. 18/8615, 40).

7. Rechtsfolgen der Teilnahmepflicht

23   Ausländer, die zur Teilnahme an einem Integrationskurs verpflichtet sind, haben sich unverzüglich zu einem Integrationskurs anzumelden und der Ausländerbehörde, dem Träger der Grundsicherung für Arbeitsuchende oder dem Träger der Leistungen nach dem Asylbewerberleistungsgesetz einen Nachweis über ihre Anmeldung zu übermitteln (§ 7 Abs. 2 IntV).

II. Erlöschen der Teilnahmepflicht (Abs. 1a)

24   § 44a Abs. 1a stellt klar, dass es sich bei der tatbestandlichen Anknüpfung des § 44a Abs. 1 S. 1 Nr. 1 an das Bestehen eines Teilnahmeanspruchs nach § 44 lediglich um eine Entstehungsakzessorietät handelt. Ist die Teilnahmeverpflichtung nach § 44a Abs. 1 S. 1 Nr. 1 entstanden, besteht sie unabhängig von dem Teilnahmeanspruch nach § 44 fort. Das bedeutet, dass das Erlöschen des Teilnahmeanspruchs nach § 44 Abs. 2 (ein Jahr nach Erteilung des den Anspruch begründenden Aufenthaltstitels) nicht auch zum Erlöschen der Teilnahmeverpflichtung führt. Vielmehr erlischt die Teilnahmeverpflichtung grundsätzlich erst dann, wenn der Ausländer nachweist, dass er ordnungsgemäß an dem Integrationskurs teilgenommen hat (BT-Drs. 17/5093, 16).

25   Ordnungsgemäß ist die Teilnahme nach § 14 Abs. 6 S. 2 IntV, wenn ein Teilnehmer so regelmäßig am Kurs teilnimmt, dass ein Kurserfolg möglich ist und der Lernerfolg insbesondere nicht durch Kursabbruch oder häufige Nichtteilnahme gefährdet ist, und er am Abschlusstest teilnimmt.

III. Ausnahmen von der Teilnahmepflicht (Abs. 2)

26   § 44a Abs. 2 regelt Ausnahmetatbestände von der Teilnahmepflicht. Während die Befreiungen nach Abs. 2 Nr. 1 und Nr. 2 aus teleologischen Erwägungen legitimiert sind – in diesen Fällen bedarf es keiner Verpflichtung zum Integrationskurs –, ist Nr. 3 Ausdruck der Verhältnismäßigkeit. Als vergleichbare Bildungsangebote iSv Abs. 2 Nr. 2 kommen etwa solche von öffentlichen oder privaten Schulen, Berufsschulen oder private Kursangebote der Arbeitgeber oder anderer Träger in Betracht (Nr. 44a.2 AufenthGAVwV).

27   Unmöglich iSv Abs. 2 Nr. 3 Var. 1 ist die Teilnahme zB bei entgegenstehenden körperlichen Gebrechen oder Behinderungen. Die Unzumutbarkeit ist als Ausprägung der Verhältnismäßigkeit im engeren Sinne durch Abwägung des Interesses an der Integration (§ 43 Abs. 1) und des einer Kursteilnahme entgegenstehenden Interesses persönlicher oder familiärer Art zu ermitteln (vgl. VGH BW BeckRS 2013, 52667). Die Erziehung eigener Kinder soll – insbesondere bei der Möglichkeit kursergänzender Kinderbetreuung – nicht ohne weiteres zur Unzumutbarkeit der Kursteilnahme führen (Nr. 44a.2 AufenthGAVwV). Der drohende Verlust der Arbeitsstelle wegen zeitlicher Inkompatibilität, auch bezüglich eines Teilzeitkurses, kann zur Unzumutbarkeit führen (vgl. Abs. 1 S. 6).

IV. Ausnahme von der Teilnahmepflicht bezüglich Orientierungskurs (Abs. 2a)

28   Abs. 2a dient der Umsetzung des Art. 15 Abs. 3 UAbs. 2 Daueraufenthalts-RL (RL (EG) 2003/109 v. 25.11.2003, ABl. 2004 L 16, 44). Langfristig Aufenthaltsberechtigte dürfen danach dann nicht zur Teilnahme an Integrationskursen verpflichtet werden, wenn der Ausländer bereits in einem anderen Mitgliedstaat an Integrationsmaßnahmen teilgenommen hat und dies der Erlangung der langfristigen Aufenthaltsberechtigung im Sinne der Daueraufenthalt-Richtlinie diente (BT-Drs. 18/8615, 179). Die Ausnahmeregelung betrifft nach dem Wortlaut nur den Teil des Orientierungskurses (§ 43 Abs. 3 S. 1 Var. 3).

V. Folgen der Nichterfüllung der Teilnahmepflicht (Abs. 3)

§ 44a Abs. 3 normiert einen Teil der Folgen, die den Ausländer treffen können, wenn er seiner **29** Teilnahmepflicht schuldhaft, dh aus von ihm zu vertretenden Gründen, nicht nachkommt oder den Abschlusstest nicht erfolgreich (s. § 17 IntV) besteht. Nur die wenigsten der Folgen sind in Abs. 3 selbst geregelt. Die meisten der Konsequenzen finden sich in anderen Bestimmungen im AufenthG, im StAG, im SGB II oder im AsylbLG.

Abs. 1 S. 1 beschränkt sich darauf, die Ausländerbehörde zu verpflichten, vor der Verlängerung **30** der Aufenthaltserlaubnis den Ausländer auf einige der möglichen aufenthaltsrechtlichen Folgen hinzuweisen (Warnfunktion). Insoweit wird an materielle Regelungen im AufenthG angeknüpft, die Sanktionen für die Nichtteilnahme oder Belohnungen als Anreize für die erfolgreiche Teilnahme am Kurs enthalten. Dies dient dazu, die Effektivität des Integrationskurses (vgl. „fördern und fordern" in § 43 Abs. 1) zu steigern.

Die Warnung der Ausländerbehörde nach Abs. 1 S. 1 umfasst folgende aufenthaltsrechtliche **31** Konsequenzen: gem. § 8 Abs. 3 negative Auswirkungen (Befristung, ggf. sogar Ablehnung des Antrags) bei der Verlängerung der Aufenthaltserlaubnis (→ § 8 Rn. 11 ff.), Nachteile durch Nichterfüllung zweier Tatbestandsvoraussetzungen (§ 9 Abs. 2 S. 1 Nr. 7 und Nr. 8) bei der Erteilung einer Niederlassungserlaubnis, Nachteile durch Nichterfüllung zweier Tatbestandsmerkmale (§ 9a Abs. 2 S. 1 Nr. 3 und Nr. 4) bei Erteilung einer Erlaubnis zum Daueraufenthalt-EU (→ § 9a Rn. 6) und Nachteile durch Nichtverkürzung der Wartefrist für die Einbürgerung (§ 10 Abs. 3 StAG, → StAG § 10 Rn. 10).

Als weitere aufenthaltsrechtliche Reaktionsmöglichkeit besteht die Option zur Verhängung **32** eines Bußgeldes nach § 98 Abs. 2 Nr. 4. Die Festsetzung eines Bußgeldes soll im Vergleich mit den aufenthaltsrechtlichen Konsequenzen nach § 8 Abs. 3 das mildere Mittel darstellen (BT-Drs. 16/5056, 200). Des Weiteren besteht die Möglichkeit, wie Abs. 3 S. 2 deklaratorisch feststellt (BT-Drs. 16/5056, 179), die Teilnahmepflicht mit den Mitteln des Verwaltungszwangs durchzusetzen – nach den allgemeinen Regeln für den Verwaltungszwang. Nach Abs. 3 S. 3 kann zudem – als monetäre Sanktion – der voraussichtliche Kostenbeitrag vorab in einer Summe durch Gebührenbescheid erhoben werden. Diese Regelung erlaubt mithin entgegen der Regel des § 43 Abs. 3 S. 3, S. 4, § 9 Abs. 3 IntV, wonach der Kostenbeitrag für einen Kursabschnitt zu Beginn des jeweiligen Kursabschnitts zu entrichten ist, eine vorzeitige komplette Einforderung.

Soweit die Teilnahmepflicht in einer Eingliederungsvereinbarung (→ Rn. 11) oder in einem **33** diese nach § 15 Abs. 3 S. 3 ersetzenden Verwaltungsakt (→ Rn. 13) enthalten ist und der Ausländer dieser Pflicht trotz schriftlicher Belehrung über die Rechtsfolgen oder deren Kenntnis nicht nachkommt, stellt dies eine Pflichtverletzung nach § 31 Abs. 1 S. 1 Nr. 1 SGB II dar, mit der Folge, dass sich das Arbeitslosengeld II nach § 31a SGB II mindert.

§ 5b Abs. 2 AsylbLG sieht für den in § 44a Abs. 1 S. 1 Nr. 4 genannten Personenkreis eine **34** Sanktion vor. So entfallen die Leistungen nach dem AsylbLG weitestgehend, wenn sie sich trotz schriftlicher Belehrung über die Rechtsfolgen weigern, einen für sie zumutbaren Integrationskurs aus von ihnen zu vertretenden Gründen aufzunehmen oder ordnungsgemäß (iSv § 14 Abs. 6 S. 2 IntV) am Integrationskurs teilzunehmen (→ AsylbLG § 5b Rn. 14).

§ 45 Integrationsprogramm

[1]Der Integrationskurs soll durch weitere Integrationsangebote des Bundes und der Länder, insbesondere sozialpädagogische und migrationsspezifische Beratungsangebote, ergänzt werden. [2]Das Bundesministerium des Innern, für Bau und Heimat oder die von ihm bestimmte Stelle entwickelt ein bundesweites Integrationsprogramm, in dem insbesondere die bestehenden Integrationsangebote von Bund, Ländern, Kommunen und privaten Trägern für Ausländer und Spätaussiedler festgestellt und Empfehlungen zur Weiterentwicklung der Integrationsangebote vorgelegt werden. [3]Bei der Entwicklung des bundesweiten Integrationsprogramms sowie der Erstellung von Informationsmaterialien über bestehende Integrationsangebote werden die Länder, die Kommunen und die Ausländerbeauftragten von Bund, Ländern und Kommunen sowie der Beauftragte der Bundesregierung für Aussiedlerfragen beteiligt. [4]Darüber hinaus sollen Religionsgemeinschaften, Gewerkschaften, Arbeitgeberverbände, die Träger der freien Wohlfahrtspflege sowie sonstige gesellschaftliche Interessenverbände beteiligt werden.

Überblick

Die Vorschrift regelt in S. 1 den Auftrag an Bund und Länder, weitere Integrationsangebote aufzustellen (→ Rn. 3). S. 2–4 befassen sich mit der Entwicklung eines bundesweiten Integrationsprogramms (→ Rn. 6).

A. Allgemeines

1   § 45 wurde im Rahmen der Schaffung des AufenthG durch das ZuwG (Zuwanderungsgesetz v. 30.7.2004, BGBl. I 1950; BT-Drs.15/420, 18, 87; BT-Drs. 15/3479, 8) eingeführt. Eine vergleichbare Bestimmung gab es in den Vorgängergesetzen nicht. Im ursprünglichen Entwurf des AufentG war die Regelung noch kein eigener Paragraph, sondern ein Absatz des § 43; erst im Vermittlungsausschuss wurde ein eigenständiger § 45 gebildet. Durch das Gesetz zur Umsetzung aufenthalts- und asylrechtlicher Richtlinien der Europäischen Union v. 19.8.2007 (BGBl. I 1970; BT-Drs. 16/5065, 21, 179) wurde § 45 S. 1 neu gefasst und zum einen die Mitwirkungspflicht der Länder eingefügt und zum anderen die Inpflichtnahme von Bund und Länder stärker betont („soll" statt „kann").

2   Der Auftrag des § 45 S. 2–4 zur Erarbeitung des bundesweiten Integrationsprogramms geht zurück auf die Empfehlungen der Unabhängigen Kommission Zuwanderung von 2001, die angesichts der Vielzahl paralleler Integrationsmaßnahmen von Bund, Ländern und Kommunen dringend geraten hatte, bestehende Programme und Initiativen zu erfassen und zu systematisieren.

B. Im Einzelnen

I. Weitere Integrationsangebote

3   § 45 S. 1 beinhaltet zweierlei normative Aussagen. Zum einen enthält es den verpflichtenden Auftrag („soll") an Bund und Länder, weitere Integrationsangebote zu schaffen. Zum anderen wird dadurch zugleich festgestellt, dass der Integrationskurs nicht das einzige Instrument zur Förderung der Integration sein soll. Dies deckt sich mit der Aussage des § 43 Abs. 2, wonach der Integrationskurs nur ein Grundangebot zur Integration ist. Beispielhaft hervorgehoben werden sozialpädagogische und migrationsspezifische Beratungsangebote. Nach § 75 Abs. 1 Nr. 9 ist das Bundesamt für Migration und Flüchtlinge für die Durchführung einer migrationsspezifischen Beratung nach § 45 S. 1 zuständig, soweit diese nicht durch andere Stellen wahrgenommen wird; das Bundesamt kann sich hierzu privater oder öffentlicher Träger bedienen.

4   Solche migrationsspezifischen Beratungsangebote sind derzeit die Migrationsberatung für erwachsene Zuwanderer (MBE; früher bezeichnet als den Migrationsberatungsstellen für Erwachsene) und die Jugendmigrationsdiensten (JMD). Während die MBE die erwachsenen Zuwanderer, vor allem diejenigen, die neu zugewandert sind, berät und begleitet, richten sich die JMD an junge Menschen mit Migrationshintergrund im Alter von 12–27 Jahre mittels individueller Angebote und professioneller Begleitung beim Integrationsprozess. Mit der Beratung sind die freien Träger der Wohlfahrtspflege bzw. der Jugendsozialarbeit betraut.

5   Ein weiteres Integrationsangebot stellt zB auch die berufsbezogene Deutschsprachförderung nach § 45a dar.

II. Integrationsprogramm

6   § 45 S. 2–4 enthalten Vorgaben für die Entwicklung eines bundesweiten Integrationsprogramms. Das Bundesamt für Migration und Flüchtlinge wurde beauftragt, dieses Programm zu entwickeln (§ 45 S. 2). Hierzu soll es die Vielfalt der existierenden Integrationsangebote erfassen, strukturieren und konkrete Vorschläge für ihre Weiterentwicklung formulieren. Auf der Webseite des Bundesamtes findet sich das von diesem unter Einbindung von Experten aus Politik, Verwaltung, Praxis der Integrationsförderung und Wissenschaft erstellte bundesweite Integrationsprogramm. Es wurde am 8.9.2010 vom Bundeskabinett verabschiedet und vom Bundesinnenminister der Öffentlichkeit vorgestellt.

§ 45a Berufsbezogene Deutschsprachförderung; Verordnungsermächtigung

(1) ¹Die Integration in den Arbeitsmarkt kann durch Maßnahmen der berufsbezogenen Deutschsprachförderung unterstützt werden. ²Diese Maßnahmen bauen in der

Regel auf der allgemeinen Sprachförderung der Integrationskurse auf. ³Die berufsbezogene Deutschsprachförderung wird vom Bundesamt für Migration und Flüchtlinge koordiniert und durchgeführt. ⁴Das Bundesamt für Migration und Flüchtlinge bedient sich zur Durchführung der Maßnahmen privater oder öffentlicher Träger.

(2) ¹Ein Ausländer ist zur Teilnahme an einer Maßnahme der berufsbezogenen Deutschsprachförderung verpflichtet, wenn er Leistungen nach dem Zweiten Buch Sozialgesetzbuch bezieht und die Teilnahme in einer Eingliederungs-vereinbarung nach dem Zweiten Buch Sozialgesetzbuch vorgesehen ist. ²Leistungen zur Eingliederung in Arbeit nach dem Zweiten Buch Sozialgesetzbuch und Leistungen der aktiven Arbeitsförderung nach dem Dritten Buch Sozialgesetzbuch bleiben unberührt. ³Die Teilnahme an der berufsbezogenen Deutschsprachförderung setzt für Ausländer mit einer Aufenthaltsgestattung nach dem Asylgesetz voraus, dass
1. bei dem Ausländer ein rechtmäßiger und dauerhafter Aufenthalt zu erwarten ist oder
2. der Ausländer vor dem 1. August 2019 in das Bundesgebiet eingereist ist, er sich seit mindestens drei Monaten gestattet im Bundesgebiet aufhält, nicht aus einem sicheren Herkunftsstaat nach § 29a des Asylgesetzes stammt und bei der Agentur für Arbeit ausbildungsuchend, arbeitsuchend oder arbeitslos gemeldet ist oder beschäftigt ist oder in einer Berufsausbildung im Sinne von § 57 Absatz 1 des Dritten Buches Sozial-gesetzbuch steht oder in Maßnahmen nach dem Zweiten Unterabschnitt des Dritten Abschnitts des Dritten Kapitels oder § 130 Absatz 1 Satz 2 des Dritten Buches Sozial-gesetzbuch gefördert wird oder bei dem die Voraussetzungen des § 11 Absatz 4 Satz 2 und 3 des Zwölften Buches Sozialgesetzbuch vorliegen.
⁴Bei einem Asylbewerber, der aus einem sicheren Herkunftsstaat nach § 29a des Asylge-setzes stammt, wird vermutet, dass ein rechtmäßiger und dauerhafter Aufenthalt nicht zu erwarten ist.

(3) Das Bundesministerium für Arbeit und Soziales wird ermächtigt, durch Rechts-verordnung ohne Zustimmung des Bundesrates im Einvernehmen mit dem Bundesmi-nisterium des Innern, für Bau und Heimat nähere Einzelheiten der berufsbezogenen Deutschsprachförderung, insbesondere die Grundstruktur, die Zielgruppen, die Dauer, die Lerninhalte und die Durchführung der Kurse, die Vorgaben bezüglich der Auswahl und Zulassung der Kursträger sowie die Voraussetzungen und die Rahmenbedingungen für den Zugang und die ordnungsgemäße und erfolgreiche Teilnahme einschließlich ihrer Abschlusszertifikate und der Kostentragung, sowie die Datenverarbeitung nach § 88a Absatz 3 zu regeln.

Überblick

Die Vorschrift regelt die berufsbezogene Deutschsprachförderung als weiteres Instrument der Integrationsförderung. Dabei führt Abs. 1 dieses Instrument ein und bestimmt die Zuständigkeit für die Koordination und Durchführung (→ Rn. 4). Abs. 2 enthält zum einen eine Teilnahme-pflicht für den Fall des Bezugs von Leistungen nach dem SGB II und zum anderen Vorgaben für die Teilnahme von bestimmten Gruppen von Ausländern mit einer Aufenthaltsgestattung nach dem AsylG (→ Rn. 11, → Rn. 7). Abs. 3 sieht eine Ermächtigung zum Erlass einer konkretisie-renden Rechtsverordnung vor (→ Rn. 13).

A. Allgemeines

§ 45a wurde durch das Asylverfahrensbeschleunigungsgesetz v. 20.10.2015 (BGBl. I 1722; BT-   **1**
Drs. 18/6185, 14, 49 f.) ins AufenthG aufgenommen. Die Norm ist somit auch im Kontext der sog. Flüchtlingskrise zu sehen, die sich im Jahr 2015 abzeichnete und die durch einen extremen Anstieg der Migration und der gestellten Asylanträge geprägt war. Eine weitere Reaktion auf die stark angewachsenen Migrationszahlen und die damit einhergehende lange Verfahrensdauer der Asylverfahren stellt die Neufassung des Abs. 2 S. 3 durch das Ausländerbeschäftigungsförderungsge-setz v. 8.7.2019 (BGBl. I 1029; BT-Drs. 19/10053, 14, 29; BT-Drs. 19/10692, 5, 11 f.) dar. Hierdurch wurde die berufsbezogene Deutschsprachförderung für eine Gruppe von Gestatteten (im Sinne einer Altfallregelung für vor dem 1.8.2019 Eingereiste) geöffnet, soweit diese nicht aus einem sicheren Herkunftsstaat stammen. Das 2. DSAnpUG-EU (Zweites Datenschutz-Anpas-sungs- und Umsetzungsgesetz EU v. 20.11.2019, BGBl. I 1626) fasste Abs. 3 aE neu.

Der Gesetzgeber wollte mit § 45a einen Nachfolger für das Ende 2017 auslaufende ESF-BAMF-   **2**
Programm schaffen, das bisher die berufsbezogene Sprachförderung abgedeckt hatte. ESF steht

für Europäischer Sozialfonds für Deutschland. Im Rahmen dieses Programms hatte das Bundesamt für Migration und Flüchtlinge ein Kursangebot eingeführt, das Deutschunterricht, berufliche Qualifizierung und die Möglichkeit, einen Beruf durch ein Praktikum näher kennenzulernen, verbunden hatte (vgl. BT-Drs. 18/6185, 49).

3   Da ein schneller und bedarfsgerechter Erwerb der deutschen (Berufs-) Sprache eine Grundvoraussetzung der Integration in den Arbeitsmarkt ist, ist Sinn und Zweck des § 45a ein weiteres Integrationsangebot iSv § 45 S. 1 ein Kursprogramm zu etablieren, in denen Ausländer aufbauend auf den Integrationskurs (→ § 43 Rn. 8) berufsbezogene Deutschsprachförderung erhalten.

B. Im Einzelnen

I. Berufsbezogene Deutschsprachförderung (Abs. 1)

4   § 45a Abs. 1 S. 1 und S. 2 etablieren das Instrument der berufsbezogenen Deutschsprachförderung zur Eingliederung in den Arbeitsmarkt als weiteres Angebot zur Integration. In der Regel baut diese besondere Form der Sprachförderung auf der allgemeinen Sprachförderung der Integrationskurse auf (→ § 43 Rn. 10 f.). In der Praxis bedeutet dies, dass der Ausländer zumindest das Sprachniveau B 1 nach dem Gemeinsamen Europäischen Referenzrahmen für Sprachen beherrschen muss. Das Bundesamt für Migration und Flüchtlinge ist zuständig für die Koordinierung und Durchführung der berufsbezogenen Deutschsprachförderung (S. 3), wobei es sich zur Durchführung privater und öffentlicher Träger bedienen kann (S. 4).

4.1   Zur Zulassung von Kursträgern zur Durchführung der berufsbezogenen Deutschsprachförderung durch das BAMF siehe BayVGH BeckRS 2021, 4206 Rn. 8 ff.

5   Das Bundesamt hat hierzu mittlerweile ein solches Kursprogramm ins Leben gerufen. Die berufsbezogene Deutschsprachförderung setzt sich aus verschiedenen Modulen zusammen, die sich baukastenähnlich individuell kombinieren lassen und den Deutschunterricht mit Maßnahmen der Bundesagentur für Arbeit verbinden. Die Basismodule sind inhaltlich allgemeinsprachlich mit berufsbezogenen Unterrichtseinheiten aufgebaut. Neben den Basismodulen sind verschiedene Spezialmodule vorgesehen, die unter anderem berufsbezogenes Deutsch im Kontext von bestimmten Berufen oder Berufsgruppen vermitteln. Weiter Informationen hierzu sind auf der Webseite des Bundesamts zu finden.

II. Verpflichtungs- und Ausschlusstatbestand (Abs. 2)

6   § 45a trifft wenige normative Aussagen bezüglich der Deutschsprachförderung. So regelt § 45a selbst nicht unmittelbar den Kreis der Personen, die für berufsbezogene Deutschsprachförderung in Frage kommen. Allerdings kann man aus dem Umstand, dass es sich um eine Integrationsmaßnahme zur Sprachförderung handelt und dass die Kurse auf die allgemeine Sprachförderung im Rahmen des Integrationskurses aufbauen (Abs. 1 S. 2), schließen, dass Adressat der Berufssprachkurse jedenfalls (→ Rn. 10) der Personenkreis ist, die grundsätzlich auch einen Anspruch auf Teilnahme an einem Integrationskurs nach § 44 haben.

7   Nur für eine Gruppe von Ausländern, nämlich bestimmte Ausländer mit einer Aufenthaltsgestattung nach dem AsylG, enthalten **Abs. 2 S. 3** und **S. 4** normative Aussagen zu den Teilnahmevoraussetzungen. Dabei entsprechen die Vorgaben denen des § 44 Abs. 4 S. 2 Hs. 2 Nr. 1. Daher kann für die Auslegung der Tatbestandsmerkmale auf die zu § 44 Abs. 4 S. 2 Hs. 2 Nr. 1 gewonnene Interpretation und ergangene Rechtsprechung zurückgegriffen werden (→ § 44 Rn. 24 ff.). Die von **Abs. 2 S. 3 Nr. 1** geforderte Erwartung im Hinblick auf einen rechtmäßigen und dauerhaften Aufenthalt ist anzunehmen bei Asylbewerbern, die aus einem Land mit einer hohen Anerkennungsquote kommen oder bei denen eine belastbare Prognose für einen erfolgreichen Asylantrag besteht (→ § 44 Rn. 24). Wenn Asylbewerber aus sicheren Herkunftsstaaten nach § 29a AsylG stammen, wird nach Abs. 2 S. 4 vermutet, dass kein rechtmäßiger und dauerhafter Aufenthalt im Bundesgebiet erfolgen wird.

7.1   Vor der Neufassung des Abs. 2 S. 3 durch das Ausländerbeschäftigungsförderungsgesetz v. 8.7.2019 (BGBl. I 1029) war in dieser Bestimmung nur **negativ** geregelt, wann für Ausländer mit einer Aufenthaltsgestattung die berufsbezogene Deutschsprachförderung **ausgeschlossen** war. Mit der Neufassung wird ein Gleichklang mit § 44 Abs. 4 S. 2 Hs. 2 Nr. 1 erreicht.

8   Voraussetzung nach **Abs. 2 S. 3 Nr. 2** ist, dass die Ausländer zum Zeitpunkt der Zulassung zur Teilnahme bei der Agentur für Arbeit ausbildungssuchend, arbeitsuchend oder arbeitslos

gemeldet oder beschäftigt sind oder in einer Berufsausbildung iSv § 57 Abs. 1 SGB III stehen oder in Maßnahmen nach dem Zweiten Unterabschnitt des Dritten Abschnitts des Dritten Kapitels oder § 130 Abs. 1 S. 2 SGB III gefördert werden oder bei denen die Voraussetzungen des § 11 Abs. 4 S. 2 und S. 3 SGB XII vorliegen. Durch letztgenannte Variante wird den Ausländern, den aus den in § 11 Abs. 4 S. 2 und S. 3 SGB XII vorliegenden Gründen der Kindererziehung die Ausübung einer Erwerbstätigkeit nicht zumutbar ist und die deswegen bei der Agentur für Arbeit nicht als arbeitsuchend gemeldet sind, die Teilnahme an einer Sprachfördermaßnahme ermöglicht (BT-Drs. 19/10692, 12). Die Regelung ist als Altfallregelung zu verstehen und auf vor dem 1.8.2019 eingereiste Gestattete beschränkt. Die Mindestaufenthaltszeit beträgt drei Monate. Wenn das Einreisedatum nicht dokumentiert ist, gilt der früheste Eintrag im Ausländerzentralregister, der regelmäßig dem Datum der Ausstellung des Ankunftsnachweises entspricht. Ist dazu kein Eintrag vorhanden, kann dies auch das Datum der Asylantragstellung sein (BT-Drs. 19/10692, 11).

§ 45a trifft keine Aussage dahingehend, **ob** und **unter welchen Umständen** ein Ausländer **9** **einen Anspruch** auf die berufsbezogene Deutschsprachförderung hat. Wie bereits erwähnt, enthält zwar Abs. 2 S. 3 einige tatbestandliche Vorgaben für bestimmte Gruppen von Ausländern. Indes trifft auch Abs. 2 S. 3 keine Aussage dahingehend, ob und wann Ausländer einen gebundenen oder im Ermessen stehenden Anspruch haben.

Dieses Defizit wird allerdings durch die weitreichende Verordnungsermächtigung in Abs. 3 **10** kompensiert. Durch diese kann das Bundesministerium für Arbeit und Soziales durch Rechtsverordnung im Einvernehmen mit dem Bundesministerium des Innern, für Bau und Heimat nähere Einzelheiten der berufsbezogenen Deutschsprachförderung, insbesondere die Zielgruppen, die Voraussetzungen und die Rahmenbedingungen für den Zugang und die ordnungsgemäße und erfolgreiche Teilnahme regeln. In der darauf gestützten DeuFöV (Verordnung über die berufsbezogene Deutschsprachförderung v. 4.5.2016, BAnz. AT 4.5.2016 V1) ist der Kreis der Adressaten für eine berufsbezogene Deutschsprachförderung sehr weit ausgedehnt worden: Ausländer iSv § 2 Abs. 1, Ausländer, deren Rechtsstellung sich nach dem FreizüG/EU bestimmt, und deutsche Staatsangehörige mit Migrationshintergrund (§ 2 DeuFöV).

Für die Gruppe von Ausländern, für die Abs. 2 S. 3 bereits die tatbestandlichen Voraussetzungen für **10.1** die Teilnahmemöglichkeit regelt, enthält § 4 Abs. 1 S. 3 DeuFöV eine deklaratorische Klarstellung bzw. einen Verweis.

Abs. 2 S. 1 enthält einen Verpflichtungstatbestand, der demjenigen des § 44a Abs. 1 S. 1 **11** Nr. 2 nachgebildet ist (→ § 44a Rn. 11). Damit erlaubt es diese Bestimmung dem Träger der Grundsicherung, in einer Eingliederungsvereinbarung nach § 15 Abs. 2 SGB II auch die Pflicht eines Leistungen nach dem SGB II beziehenden Ausländers zur Teilnahme an einer berufsbezogenen Deutschsprachförderung zu vereinbaren (vgl. BT-Drs. 18/6185, 49).

Abs. 2 S. 2 soll klarstellen, dass die Möglichkeit bestehen bleibt, im Rahmen der Leistungen **12** der aktiven Arbeitsförderung Maßnahmen zu erbringen, die auch Elemente der berufsbezogenen Sprachförderung enthalten, sofern die sonstigen gesetzlichen Voraussetzungen erfüllt sind, und Maßnahmen der berufsbezogenen Deutschsprachförderung nach § 45a nicht berührt sind (BT-Drs. 18/6185, 49).

III. Verordnungsermächtigung (Abs. 3)

§ 45a Abs. 3 enthält eine Verordnungsermächtigung, nach der das Bundesministerium für **13** Arbeit und Soziales die Einzelheiten der berufsbezogenen Sprachförderung ohne Zustimmung des Bundesrates durch Rechtsverordnung regeln kann. Dies geschieht im Einvernehmen mit dem Bundesministerium des Innern, für Bau und Heimat. Da, wie gezeigt, auf Gesetzesebene wenige Punkte geregelt sind (→ Rn. 6), verbleibt dem Verordnungsgeber ein weiter Spielraum bei der Ausgestaltung, den dieser durch Erlass der DeuFöV (→ Rn. 10) ausgenutzt hat.

Kapitel 4. Ordnungsrechtliche Vorschriften

§ 46 Ordnungsverfügungen

(1) Die Ausländerbehörde kann gegenüber einem vollziehbar ausreisepflichtigen Ausländer Maßnahmen zur Förderung der Ausreise treffen, insbesondere kann sie den Ausländer verpflichten, den Wohnsitz an einem von ihr bestimmten Ort zu nehmen.

(2) ¹Einem Ausländer kann die Ausreise in entsprechender Anwendung des § 10 Abs. 1 und 2 des Passgesetzes untersagt werden. ²Im Übrigen kann einem Ausländer die Ausreise aus dem Bundesgebiet nur untersagt werden, wenn er in einen anderen Staat einreisen will, ohne im Besitz der dafür erforderlichen Dokumente und Erlaubnisse zu sein. ³Das Ausreiseverbot ist aufzuheben, sobald der Grund seines Erlasses entfällt.

Überblick

§ 46 ermächtigt die jeweils zuständigen Behörden, Ordnungsverfügungen zur Förderung der Ausreise von vollziehbar ausreisepflichtigen Ausländern (Abs. 1, → Rn. 2 ff.) bzw. zur Verhinderung der Ausreise von Ausländern (Abs. 2, → Rn. 9 ff.) zu erlassen.

A. Entstehungsgeschichte der Norm

1   Die Norm wurde durch das ZuwG (Zuwanderungsgesetz v. 30.7.2004, BGBl. I 1950) eingeführt. Die Ermächtigung in § 46 Abs. 1 wurde durch den Wegfall der Duldung nach dem AuslG, mit der beschränkende Maßnahmen verbunden werden konnten (vgl. § 56 Abs. 3 AuslG), notwendig (BT-Drs. 15/420, 88). § 46 Abs. 2 war bereits im AuslG enthalten (§ 62 Abs. 2 und Abs. 3 AuslG). Die statische Verweisung im AuslG wurde durch eine dynamische Verweisung ersetzt, um keinen Anpassungsbedarf bei Änderungen des PaßG (Paßgesetz v. 19.4.1986, BGBl. I 537) hervorzurufen (BT-Drs. 15/420, 88).

B. Inhalt der Norm

I. Ordnungsverfügungen zur Förderung der Ausreise (Abs. 1)

2   § 46 Abs. 1 ermächtigt dazu, Maßnahmen zur Förderung der Ausreise gegenüber einem vollziehbar ausreisepflichtigen Ausländer zu treffen.

3   **Zuständig** für den Erlass einer Maßnahme nach § 46 Abs. 1 ist die Ausländerbehörde.

4   Es können nur **Maßnahmen** zur Förderung der freiwilligen oder erzwungenen (NdsOVG BeckRS 2019, 33219 Rn. 4 mwN) Ausreise getroffen werden. Beispielhaft ist in der Norm aufgeführt, dass der Ausländer verpflichtet werden kann, den Wohnsitz an einem von der Ausländerbehörde bestimmten Ort zu nehmen. Dadurch wird die Erreichbarkeit des Ausländers und die Einwirkungsmöglichkeit der Ausländerbehörde sichergestellt (BT-Drs. 15/420, 88). Eine entsprechende Anordnung muss einen sinnvollen Bezug zu diesem zulässigen Verfahrenszweck aufweisen und darf nicht in eine Schikane mit strafähnlichem Charakter ausarten, auf eine unzulässige Beugung des Willens hinauslaufen oder den Betreffenden im Einzelfall unverhältnismäßig treffen (OVG LSA BeckRS 2013, 50684). **Weitere Maßnahmen** können bspw. die Verpflichtung, sich zur Aufenthaltsüberwachung regelmäßig bei der Ausländerbehörde zu melden, die Verpflichtung, eine Rückkehrberatung in Anspruch zu nehmen, die Verpflichtung, betragsmäßig zu bezeichnende Mittel, die nicht für die Sicherung des absoluten Existenzminimums erforderlich sind, für die Finanzierung der Rückkehr anzusparen und hierzu auf ein von der Ausländerbehörde eingerichtetes Sperrkonto einzuzahlen, die Verpflichtung zur Wohnsitznahme an einem bestimmten Ort und in einer bestimmten Unterkunft, die Verpflichtung, einen bestimmten räumlichen Bereich nicht zu verlassen, die Verpflichtung, Papiere der Ausländerbehörde auszuhändigen, die bei Kontrollen zu dem falschen Eindruck führen können, der Ausländer sei zum Aufenthalt berechtigt bzw. nicht ausreisepflichtig (Nr. 46.1.4 AufenthGAVwV) und die Verpflichtung, sich bei der Botschaft ein Passersatzpapier bzw. ein Laissez-Passer ausstellen zu lassen (NdsOVG BeckRS 2020, 21879 Rn. 3), sein. Auch die Anordnung einer schlichten Anzeigepflicht bei nächtlicher Abwesenheit kann auf § 46 Abs. 1 gestützt werden (HessVGH BeckRS 2020, 27582 Rn. 6; OVG Bln-Bbg BeckRS 2020, 21117 Rn. 41; 2020, 4672 Rn. 28; 2020, 5291 Rn. 25; 2019, 29576 Rn. 6; NdsOVG BeckRS 2019, 33219 Rn. 2 f.; 2019, 598 Rn. 6). § 61 Abs. 1e steht insoweit nicht entgegen (NdsOVG BeckRS 2019, 33219 Rn. 8). Die Norm ermöglicht jedoch **keine Maßnahmen mit freiheitsbeschränkendem Charakter** (wie etwa die Verpflichtung zum nächtlichen Aufenthalt in der zugewiesenen Unterkunft; NdsOVG BeckRS 2019, 33219 Rn. 5; 2018, 600 Rn. 6).

5   Die Maßnahmen nach § 46 Abs. 1 können nur gegenüber einem **vollziehbar ausreisepflichtigen** Ausländer getroffen werden. Die Ausreisepflicht ergibt sich aus § 50 Abs. 1, die Vollziehbarkeit der Ausreisepflicht aus § 58 Abs. 2. Daraus folgt, dass sich grundsätzlich eine aufenthaltsrechtliche Ordnungsverfügung gegenüber einem Ausländer dann erledigt, wenn ein Dublin-Bescheid des

Bundesamtes für Migration und Flüchtlinge aufgehoben wird (NdsOVG BeckRS 2018, 3801 Rn. 5).

Die Maßnahme nach § 46 Abs. 1 steht im **Ermessen** der Ausländerbehörde. Bezweckt die **6** Anordnung von Maßnahmen gem. § 46 Abs. 1 die Förderung der Ausreise im Wege einer **angedrohten Abschiebung,** so ist für die Ausübung des eingeräumten Ermessens grundsätzlich von Bedeutung, ob und wann die Abschiebung durchgeführt werden kann (NdsOVG BeckRS 2019, 3052 Rn. 7). Eine auf § 46 Abs. 1 gestützte Anordnung, den Wohnsitz in einer Gemeinschaftsunterkunft zu nehmen, ist ermessensfehlerhaft, wenn absehbar ist, dass die vollziehbare Ausreisepflicht des Ausländers entfallen wird, weil er einen Anspruch auf Erteilung einer Aufenthaltserlaubnis hat (OVG LSA BeckRS 2013, 50684, das zudem bei einem Anspruch auf ermessensfehlerfreie Neubescheidung nach Ablehnung der Aufenthaltserlaubnis auch zu dieser Folge tendiert). Im vorliegenden Fall einer **angeordneten Abschiebung** hat die Ausländerbehörde hingegen im Rahmen der Ermessensausübung keine eigene Prüfung von Abschiebungshindernissen vorzunehmen (NdsOVG BeckRS 2019, 3052 Rn. 7).

Handelt der Adressat einer vollziehbaren Anordnung nach § 46 Abs. 1 zuwider, so handelt er **7 ordnungswidrig** gem. § 98 Abs. 3 Nr. 4.

Wird der Aufenthalt des vollziehbar ausreisepflichtigen Ausländers durch die Ordnungsverfü- **8** gungen beschränkt, ist der Inhalt **in den Pass oder Passersatz** des Ausländers **aufzunehmen.** Um eine entsprechende Eintragung vornehmen zu können, ist der Ausländer gem. § 56 Nr. 8 AufenthV verpflichtet, seinen Pass oder Passersatz vorzulegen und eine entsprechende Eintragung zu dulden.

Ergeht die **Maßnahme** nach § 46 Abs. 1 **in direktem Zusammenhang mit dem Asylver-** **8a fahren** des Ausländers, ist sie dem Asylgesetz zuzuordnen, mit der Folge des Beschwerdeausschlusses nach § 80 AsylG (HessVGH BeckRS 2020, 27582 Rn. 5).

II. Ordnungsverfügungen zur Verhinderung der Ausreise (Abs. 2)

Für den Erlass von Ordnungsverfügungen zur Verhinderung der Ausreise nach § 46 Abs. 2 sind **9** nicht nur die Ausländerbehörden **zuständig** (§ 71 Abs. 1), sondern auch die mit der polizeilichen Kontrolle des grenzüberschreitenden Verkehrs beauftragten Behörden, wenn das Ausreiseverbot an der Grenze ausgesprochen wird (§ 71 Abs. 3 Nr. 4).

Adressat der Ordnungsverfügungen gem. § 46 Abs. 2 kann grundsätzlich jeder Ausländer sein. **10**

Die **Gründe** für eine Ordnungsverfügungen gem. § 46 Abs. 2 S. 1 sind in der Norm nicht **11** selbst genannt. Vielmehr wird darin § 10 Abs. 1 und Abs. 2 PaßG für entsprechend anwendbar erklärt. Daraus folgt im Ergebnis, dass eine Ordnungsverfügung gem. § 46 Abs. 2 S. 1 erlassen werden kann, wenn bestimmte Tatsachen die Annahme begründen, dass der Ausländer die innere oder äußere Sicherheit oder sonstige erhebliche Belange der Bundesrepublik Deutschland gefährdet (§ 7 Abs. 1 Nr. 1 PaßG, s. OVG Bln-Bbg BeckRS 2018, 1624 Rn. 7 ff.; OVG Brem BeckRS 2017, 105576 Rn. 5), sich einer Strafverfolgung oder Strafvollstreckung oder der Anordnung oder der Vollstreckung einer mit Freiheitsentziehung verbundenen Maßregel der Besserung und Sicherung, die im Geltungsbereich dieses Gesetzes gegen ihn schweben, entziehen will (§ 7 Abs. 1 Nr. 2 PaßG), einer Vorschrift des Betäubungsmittelgesetzes über die Einfuhr, Ausfuhr, Durchfuhr oder das Inverkehrbringen von Betäubungsmitteln zuwiderhandeln will (§ 7 Abs. 1 Nr. 3 PaßG), sich seinen steuerlichen Verpflichtungen entziehen oder den Vorschriften des Zoll- und Monopolrechts oder des Außenwirtschaftsrechts zuwiderhandeln oder schwerwiegende Verstöße gegen Einfuhr-, Ausfuhr- oder Durchfuhrverbote oder -beschränkungen begehen will (§ 7 Abs. 1 Nr. 4 PaßG), sich einer gesetzlichen Unterhaltspflicht entziehen will (§ 7 Abs. 1 Nr. 5 PaßG), eine in § 89a StGB beschriebene Handlung vornehmen wird (§ 7 Abs. 1 Nr. 10 PaßG), eine in § 226a StGB beschriebene Handlung vornehmen oder die Vornahme dieser Handlung durch Dritte veranlassen wird (§ 7 Abs. 1 Nr. 11 PaßG).

Die übrigen Tatbestände des § 7 Abs. 1 PaßG (Nr. 6–9) sind auf Ausländer nicht anwendbar. **12** Darüber hinaus kann gem. § 46 Abs. 2 S. 1 iVm § 10 Abs. 1 S. 2 Alt. 2 PaßG die Ausreise dann versagt werden, wenn der Ausländer keinen zum Grenzübertritt gültigen Pass oder Passersatz mitführt. In Ausnahmefällen kann die Ausreise gestattet werden, wenn der Ausländer glaubhaft macht, dass er aus einem dringenden Grund in das Ausland reisen muss (§ 46 Abs. 2 S. 1 iVm § 10 Abs. 2 PaßG).

Eine Ordnungsverfügung nach § 46 Abs. 2 S. 2 kann dann ergehen, wenn der Ausländer in **13** einen anderen Staat einreisen will, **ohne im Besitz der dafür erforderlichen Dokumente** zu sein.

14   Ist der **Grund** des Erlasses der Ordnungsverfügungen **entfallen,** so ist das Ausreiseverbot aufzuheben (§ 46 Abs. 2 S. 2).

III. Rechtsnatur und Rechtsschutz

15   Ordnungsverfügungen nach § 46 sind selbstständige Verwaltungsakte. Dies gilt auch dann, wenn sie gleichzeitig mit einer anderen ausländerbehördlichen Entscheidung erlassen werden. Sie können daher selbstständig mit Rechtsbehelfen angegriffen werden. Widerspruch und Klage haben grundsätzlich aufschiebende Wirkung. Allerdings sind Ausreiseuntersagungen der Grenzbehörden als unaufschiebbare Anordnungen und Maßnahmen von Polizeivollzugsbeamten zu werten. Eine aufschiebende Wirkung entfällt insoweit nach § 80 Abs. 2 Nr. 2 VwGO.

§ 47 Verbot und Beschränkung der politischen Betätigung

(1) ¹**Ausländer dürfen sich im Rahmen der allgemeinen Rechtsvorschriften politisch betätigen.** ²**Die politische Betätigung eines Ausländers kann beschränkt oder untersagt werden, soweit sie**
1. **die politische Willensbildung in der Bundesrepublik Deutschland oder das friedliche Zusammenleben von Deutschen und Ausländern oder von verschiedenen Ausländergruppen im Bundesgebiet, die öffentliche Sicherheit und Ordnung oder sonstige erhebliche Interessen der Bundesrepublik Deutschland beeinträchtigt oder gefährdet,**
2. **den außenpolitischen Interessen oder den völkerrechtlichen Verpflichtungen der Bundesrepublik Deutschland zuwiderlaufen kann,**
3. **gegen die Rechtsordnung der Bundesrepublik Deutschland, insbesondere unter Anwendung von Gewalt, verstößt oder**
4. **bestimmt ist, Parteien, andere Vereinigungen, Einrichtungen oder Bestrebungen außerhalb des Bundesgebiets zu fördern, deren Ziele oder Mittel mit den Grundwerten einer die Würde des Menschen achtenden staatlichen Ordnung unvereinbar sind.**

(2) **Die politische Betätigung eines Ausländers wird untersagt, soweit sie**
1. **die freiheitliche demokratische Grundordnung oder die Sicherheit der Bundesrepublik Deutschland gefährdet oder den kodifizierten Normen des Völkerrechts widerspricht,**
2. **Gewaltanwendung als Mittel zur Durchsetzung politischer, religiöser oder sonstiger Belange öffentlich unterstützt, befürwortet oder hervorzurufen bezweckt oder geeignet ist oder**
3. **Vereinigungen, politische Bewegungen oder Gruppen innerhalb oder außerhalb des Bundesgebiets unterstützt, die im Bundesgebiet Anschläge gegen Personen oder Sachen oder außerhalb des Bundesgebiets Anschläge gegen Deutsche oder deutsche Einrichtungen veranlasst, befürwortet oder angedroht haben.**

Überblick

Die Norm stellt zunächst deklaratorisch klar, dass sich Ausländer im Rahmen der allgemeinen Rechtsvorschriften politisch betätigen dürfen (Abs. 1 S. 1, → Rn. 6). Sie ermöglicht jedoch die Beschränkung und Untersagung. Dabei ist zwischen den im Ermessen der zuständigen Behörde stehenden Tatbeständen in Abs. 1 S. 2 (→ Rn. 7 ff.) und den Tatbeständen des Abs. 2 (→ Rn. 18), die zu einer zwingenden Beschränkung oder Untersagung führen, zu unterscheiden. Die Norm erlaubt jedoch ausweislich ihres Wortlauts keine umfassende Beschränkung oder Untersagung jeder politischen Betätigung (→ Rn. 19).

A. Entstehungsgeschichte der Norm

1   Die Vorschrift entspricht § 37 AuslG. Daher ist diesbezüglich der Rückgriff auf Rechtsprechung und Literatur möglich.

B. Inhalt der Norm

I. Allgemeines

Die Norm hat den **Hintergrund,** dass durch die politische Betätigung der Ausländer, wenn 2
sie sich gegen andere Staaten oder fremde Regierungen richtet, die auswärtigen Beziehungen der
Bundesrepublik Deutschland empfindlich belastet werden können und außerdem auch der innere
Frieden gefährdet werden kann (BT-Drs. 11/6321, 49).

§ 47 ist grundsätzlich auf alle Ausländer **anwendbar,** nicht aber auf Unionsbürger und ihre 3
Familienangehörigen (da die Norm in § 11 Abs. 1 FreizügG/EU nicht genannt ist) und nicht auf
Staatsangehörige der EWR-Staaten und ihre Familienangehörigen (§ 12 FreizügG/EU).

Zuständig für die Beschränkung und die Untersagung der politischen Betätigung sind die 4
Ausländerbehörden (§ 71 Abs. 1).

Eine **Zuwiderhandlung** gegen eine vollziehbare Anordnung nach § 47 Abs. 1 S. 2 oder Abs. 2 5
stellt eine Straftat dar, die mit Freiheitsstrafe bis zu einem Jahr oder mit Geldstrafe bestraft wird
(§ 95 Abs. 1 Nr. 4).

II. Politische Betätigungsfreiheit (Abs. 1 S. 1)

§ 47 Abs. 1 S. 1 stellt ausdrücklich klar, dass sich Ausländer im Rahmen der allgemeinen 6
Rechtsvorschriften politisch betätigen dürfen. Das Recht ergibt sich aber nicht aus § 47 Abs. 1
S. 1, sondern beruht auf den auch Ausländern zustehenden Grundrechten, insbesondere Art. 5
Abs. 1 GG, und anderen gesetzlichen Vorschriften.

III. Ermessensabhängige Beschränkungs- und Untersagungstatbestände (Abs. 1 S. 2)

Die zuständigen Behörden können gem. § 47 Abs. 1 S. 2 die politische Betätigung beschränken 7
oder untersagen, soweit sie einen der in § 47 Abs. 1 S. 2 Nr. 1–4 geregelten Tatbestände erfüllt.
In Anbetracht des durch das Verbot der politischen Betätigung bewirkten Eingriffs in Grundrechte
des Betroffenen – wie insbesondere die in Art. 5 Abs. 1 S. 1 GG geschützte Meinungsfreiheit –
und der Strafbewehrung von Verstößen durch § 95 Abs. 1 Nr. 4 sind an die **Bestimmtheit** der
Regelung hohe Anforderungen zu stellen (VGH BW BeckRS 2013, 46089 mwN).

Die Entscheidung der zuständigen Behörde über die Beschränkung oder Untersagung steht im 8
Ermessen.

1. Beeinträchtigung oder Gefährdung erheblicher Interessen der Bundesrepublik Deutschland (Abs. 1 S. 2 Nr. 1)

§ 47 Abs. 1 S. 2 Nr. 1 enthält **vier Tatbestände,** die Grundlage für eine Beschränkungs- oder 9
Untersagungsverfügung sein können. Danach kann eine politische Betätigung beschränkt oder
untersagt werden, soweit sie die politische Willensbildung in der Bundesrepublik Deutschland
(Alt. 1) oder das friedliche Zusammenleben von Deutschen und Ausländern oder von verschiedenen Ausländergruppen im Bundesgebiet (Alt. 2), die öffentliche Sicherheit und Ordnung (Alt. 3)
oder sonstige erhebliche Interessen der Bundesrepublik Deutschland (Alt. 4) beeinträchtigt oder
gefährdet.

Eine Beeinträchtigung der **politischen Willensbildung in Deutschland** iSd Alt. 1 kann 10
insbesondere bei Einwirkung auf politische Parteien, politische Wahlen oder Abstimmungen,
Parlamente, Regierungen oder andere zur politischen Willensbildung berufene staatliche oder
kommunale Organe oder die in solchen Organen mitwirkenden Personen oder Gruppen mit
Mitteln oder in Formen, die nach allgemeiner Auffassung zur Verfolgung politischer Ziele unangemessen sind, in Betracht kommen (Nr. 47.1.2.1.1 AufenthGAVwV).

Das **friedliche Zusammenleben** iSd Alt. 2 kann durch aggressive Beeinflussung, insbesondere 11
unter Ausnutzung von bestehenden Fehlinformationen oder bei deren gleichzeitiger Verbreitung,
beeinträchtigt oder gefährdet werden (Nr. 47.1.2.1.2 AufenthGAVwV).

Der **Begriff der öffentlichen Sicherheit und Ordnung** (Alt. 3) ist im Sinne des allgemeinen 12
Polizei- und Ordnungsrechts zu verstehen. Mit einer herausgehobenen aktiven Unterstützung der
seit 1993 in Deutschland verbotenen kurdischen Arbeiterpartei PKK bzw. deren Nachfolgeorganisationen kann eine Gefährdung der öffentlichen Sicherheit einhergehen. (VGH BW BeckRS
2013, 46089).

Die in der Alt. 4 des § 47 Abs. 1 S. 2 Nr. 1 genannten **sonstigen erheblichen Interessen** 13
können nur solche erhebliche öffentliche Interessen sein, die ihrem Gewicht nach den vorgenannten Gütern vergleichbar sind (Nr. 47.1.2.1.3 AufenthGAVwV).

2. Beeinträchtigung der außenpolitischen Interessen oder den völkerrechtlichen Verpflichtungen der Bundesrepublik Deutschland (Abs. 1 S. 2 Nr. 2)

14   Die politische Betätigung eines Ausländers kann gem. § 47 Abs. 1 S. 2 Nr. 2 beschränkt und untersagt werden, soweit sie den außenpolitischen Interessen oder den völkerrechtlichen Verpflichtungen der Bundesrepublik Deutschland zuwiderlaufen kann. Die Norm ist Ausdruck der Auffassung des Gesetzgebers, dass die politische Betätigung von Ausländern für das Gastland erhebliche rechtliche und politische Probleme aufwerfen kann, vor allem, wenn sich die politische Betätigung gegen andere Staaten oder fremde Regierungen richtet (BT-Drs. 11/6321, 49). Eine herausgehobene aktive Unterstützung der seit 1993 in Deutschland verbotenen kurdischen Arbeiterpartei PKK bzw. deren Nachfolgeorganisationen kann außenpolitischen Interessen oder den völkerrechtlichen Verpflichtungen der Bundesrepublik Deutschland zuwiderlaufen (VGH BW BeckRS 2013, 46089).

3. Verstoß gegen die Rechtsordnung der Bundesrepublik Deutschland (Abs. 1 S. 2 Nr. 3)

15   § 47 Abs. 1 S. 2 Nr. 3 ermöglicht die Beschränkung oder Untersagung der politischen Betätigung eines Ausländers, soweit sie gegen die Rechtsordnung der Bundesrepublik Deutschland, insbesondere unter Anwendung von Gewalt, verstößt. Die Norm legt fest, dass eine gegen die Rechtsordnung verstoßende, insbesondere mit Gewaltanwendung verbundene politische Betätigung stets die öffentliche Sicherheit und Ordnung gefährdet (BT-Drs. 11/6321, 69).

4. Förderung von mit den Grundwerten der staatlichen Ordnung unvereinbaren Bestrebungen außerhalb des Bundesgebiets (Abs. 1 S. 2 Nr. 4)

16   Ausländern kann die politische Betätigung gem. Abs. 1 S. 2 Nr. 4 beschränkt oder untersagt werden, soweit sie bestimmt ist, Parteien, andere Vereinigungen, Einrichtungen oder Bestrebungen außerhalb des Bundesgebiets zu fördern, deren Ziele oder Mittel mit den Grundwerten einer die Würde des Menschen achtenden staatlichen Ordnung unvereinbar ist.

17   Die Norm war im Gesetzesentwurf ursprünglich als zwingender Untersagungsgrund in Abs. 2 vorgesehen. Sie wurde aber im Laufe des Gesetzgebungsverfahrens auf Abänderung des Innenausschusses als ein Beschränkungs- und Untersagungstatbestand iSd § 47 Abs. 1 eingestuft (BT-Drs. 11/6955, 28; BT-Drs. 11/6960, 24).

IV. Zwingende Beschränkungs- und Untersagungstatbestände (Abs. 2)

18   Soweit die politische Betätigung einen Tatbestand des § 47 Abs. 2 Nr. 1–3 erfüllt, untersagt die zuständige Behörde die politische Betätigung des Ausländers. Der Gesetzgeber legt durch die Norm fest, wann die politische Betätigung eines Ausländers die Gefahr einer Beeinträchtigung erheblicher Interessen der Bundesrepublik Deutschland begründet.

V. Inhalt des Verbots oder der Beschränkung

19   Die Norm erlaubt keine umfassende Beschränkung oder Untersagung jeder politischen Betätigung (Wortlaut: „soweit"). Dies hat zur Folge, dass die Beschränkungen oder Untersagungen der Behörde angeben müssen, welche konkrete politische Betätigung (Zielsetzung, Mittel, Erscheinungsform) in welcher Weise beschränkt oder untersagt wird. In Betracht kommen insbesondere das Verbot der Teilnahme an öffentlichen politischen Versammlungen und Aufzügen, die Untersagung politischer Reden, Pressekonferenzen und Veröffentlichungen sowie das Verbot der Übernahme und Ausübung von Ämtern (Nr. 47.0.2 AufenthGAVwV).

§ 47a Mitwirkungspflichten; Lichtbildabgleich

[1]Ein Ausländer ist verpflichtet, seinen Pass, seinen Passersatz oder seinen Ausweisersatz auf Verlangen einer zur Identitätsfeststellung befugten Behörde vorzulegen und es ihr zu ermöglichen, sein Gesicht mit dem Lichtbild im Dokument abzugleichen. [2]Dies gilt auch für die Bescheinigung über die Aufenthaltsgestattung nach § 63 Absatz 1 Satz 1 des Asylgesetzes. [3]Ein Ausländer, der im Besitz eines Ankunftsnachweises im Sinne des § 63a Absatz 1 Satz 1 des Asylgesetzes oder eines der in § 48 Absatz 1 Nummer 2 genannten Dokumente ist, ist verpflichtet, den Ankunftsnachweis oder das Dokument auf

Verlangen einer zur Überprüfung der darin enthaltenen Angaben befugten Behörde vorzulegen und es ihr zu ermöglichen, sein Gesicht mit dem Lichtbild im Dokument abzugleichen.

Die Norm wurde durch Art. 7 Nr. 2 des Gesetzes zu bereichsspezifischen Regelungen der 1 Gesichtsverhüllung und zur Änderung weiterer dienstrechtlicher Vorschriften v. 8.6.2017 (BGBl. I 1570 (1571)) eingefügt. Mit ihr wurde eine Vorlagepflicht eingeführt, die dem § 1 Abs. 1 S. 2 PAuswG entspricht. Die Regelung ist – auch wenn der Wortlaut etwas anderes vermuten lässt – keine eigene Ermächtigungsgrundlage (BT-Drs. 18/11180, 13). Sie soll lediglich der Klarstellung dienen, da eine Identifizierung einer Person seit jeher durch einen Abgleich des Lichtbilds mit ihrem Gesicht erfolgt. Eine Ermächtigungsgrundlage muss sich aus den jeweiligen Fachgesetzen ergeben.

Die Norm ordnet in S. 1 an, dass der Ausländer verpflichtet ist, seinen **Pass**, seinen **Passersatz** 2 oder seinen **Ausweisersatz** auf Verlangen einer zur Identitätsfeststellung befugten Behörde vorzulegen und es ihr zu ermöglichen, sein Gesicht mit dem Lichtbild im Dokument abzugleichen. Ausländer, die sich gestattet im Bundesgebiet aufhalten, trifft nach S. 2 die gleiche Verpflichtung hinsichtlich der **Bescheinigung über ihre Aufenthaltsgestattung** nach § 63 Abs. 1 S. 1 AsylG. Inhaber eines **Ankunftsnachweises** (§ 63a AsylG) und Ausländer, die im Besitz eines der in § 48 Abs. 1 Nr. 2 genannten Dokumente sind (**Aufenthaltstitel, Bescheinigung über die Aussetzung der Abschiebung**), sind gem. S. 3 verpflichtet, die jeweils genannten Dokumente auf Verlangen einer zur Überprüfung der darin enthaltenen Angaben befugten Behörde vorzulegen und es ihr zu ermöglichen, ihre Gesichter mit dem Lichtbild im Dokument abzugleichen.

§ 48 Ausweisrechtliche Pflichten

(1) ¹Ein Ausländer ist verpflichtet,
1. seinen Pass, seinen Passersatz oder seinen Ausweisersatz und
2. seinen Aufenthaltstitel oder eine Bescheinigung über die Aussetzung der Abschiebung

auf Verlangen den mit dem Vollzug des Ausländerrechts betrauten Behörden vorzulegen, auszuhändigen und vorübergehend zu überlassen, soweit dies zur Durchführung oder Sicherung von Maßnahmen nach diesem Gesetz erforderlich ist. ²Ein deutscher Staatsangehöriger, der zugleich eine ausländische Staatsangehörigkeit besitzt, ist verpflichtet, seinen ausländischen Pass oder Passersatz auf Verlangen den mit dem Vollzug des Ausländerrechts betrauten Behörden vorzulegen, auszuhändigen und vorübergehend zu überlassen,
1. ihm nach § 7 Absatz 1 des Passgesetzes der deutsche Pass versagt, nach § 8 des Passgesetzes der deutsche Pass entzogen worden ist oder gegen ihn eine Anordnung nach § 6 Absatz 7 des Personalausweisgesetzes ergangen ist, wenn Anhaltspunkte die Annahme rechtfertigen, dass der Ausländer beabsichtigt, das Bundesgebiet zu verlassen oder
2. die Voraussetzungen für eine Untersagung der Ausreise nach § 10 Absatz 1 des Passgesetzes vorliegen und die Vorlage, Aushändigung und vorübergehende Überlassung des ausländischen Passes oder Passersatzes zur Durchführung oder Sicherung des Ausreiseverbots erforderlich sind.

(2) Ein Ausländer, der einen Pass oder Passersatz weder besitzt noch in zumutbarer Weise erlangen kann, genügt der Ausweispflicht mit der Bescheinigung über einen Aufenthaltstitel oder die Aussetzung der Abschiebung, wenn sie mit den Angaben zur Person und einem Lichtbild versehen und als Ausweisersatz bezeichnet ist.

(3) ¹Besitzt der Ausländer keinen gültigen Pass oder Passersatz, ist er verpflichtet, an der Beschaffung des Identitätspapiers mitzuwirken sowie alle Urkunden, sonstigen Unterlagen und Datenträger, die für die Feststellung seiner Identität und Staatsangehörigkeit und für die Feststellung und Geltendmachung einer Rückführungsmöglichkeit in einen anderen Staat von Bedeutung sein können und in deren Besitz er ist, den mit der Ausführung dieses Gesetzes betrauten Behörden auf Verlangen vorzulegen, auszuhändigen und zu überlassen. ²Kommt der Ausländer seiner Verpflichtung nicht nach und bestehen tatsächliche Anhaltspunkte, dass er im Besitz solcher Unterlagen oder Datenträger ist, können er und die von ihm mitgeführten Sachen durchsucht werden. ³Der Ausländer hat die Maßnahme zu dulden.

(3a) [1]Die Auswertung von Datenträgern ist nur zulässig, soweit dies für die Feststellung der Identität und Staatsangehörigkeit des Ausländers und für die Feststellung und Geltendmachung einer Rückführungsmöglichkeit in einen anderen Staat nach Maßgabe von Absatz 3 erforderlich ist und der Zweck der Maßnahme nicht durch mildere Mittel erreicht werden kann. [2]Liegen tatsächliche Anhaltspunkte für die Annahme vor, dass durch die Auswertung von Datenträgern allein Erkenntnisse aus dem Kernbereich privater Lebensgestaltung erlangt würden, ist die Maßnahme unzulässig. [3]Der Ausländer hat die notwendigen Zugangsdaten für eine zulässige Auswertung von Datenträgern zur Verfügung zu stellen. [4]Die Datenträger dürfen nur von einem Bediensteten ausgewertet werden, der die Befähigung zum Richteramt hat. [5]Erkenntnisse aus dem Kernbereich privater Lebensgestaltung, die durch die Auswertung von Datenträgern erlangt werden, dürfen nicht verwertet werden. [6]Aufzeichnungen hierüber sind unverzüglich zu löschen. [7]Die Tatsache ihrer Erlangung und Löschung ist aktenkundig zu machen.

(4) [1]Wird nach § 5 Abs. 3 oder § 33 von der Erfüllung der Passpflicht (§ 3 Abs. 1) abgesehen, wird ein Ausweisersatz ausgestellt. [2]Absatz 3 bleibt hiervon unberührt.

Überblick

§ 48 regelt die ausweisrechtlichen Pflichten eines Ausländers. Abs. 1 normiert die Verpflichtung, die darin genannten Dokumente vorzulegen, auszuhändigen und vorübergehend zu überlassen, soweit dies zur Durchführung oder Sicherung von Maßnahmen nach diesem Gesetz erforderlich ist (→ Rn. 7 ff.). Die in Abs. 1 S. 1 und S. 2 enthaltenen Verpflichtungen unterscheiden sich bezüglich der Person des Verpflichteten. Abs. 2 regelt, wie ein Ausländer, der einen Pass oder Passersatz weder besitzt noch in zumutbarer Weise erlangen kann, seiner Ausweispflicht genügt (→ Rn. 18 ff.). Abs. 3 begründet eine Mitwirkungspflicht des Ausländers, ermächtigt die Behörde zu Durchsuchungen und verpflichtet den Ausländer zur Duldung solcher Maßnahmen (→ Rn. 21 ff.). Abs. 3a befasst sich mit der Zulässigkeit der Auswertung von Datenträgern und enthält Vorgaben für das Verfahren und den Umgang mit Erkenntnissen aus dem Kernbereich privater Lebensgestaltung (→ Rn. 33). Abs. 4 ordnet die Ausstellung eines Ausweisersatz an, wenn gem. § 5 Abs. 3 oder § 33 von der Erfüllung der Passpflicht abgesehen wird (→ Rn. 35).

Übersicht

A. Entstehungsgeschichte der Norm

1 In § 48 wurden die ausweisrechtlichen Pflichten nach § 39 Abs. 1 AuslG und § 40 Abs. 1 AuslG zusammengefasst und Abs. 3 neu aufgenommen (BT-Drs. 15/420, 88). Mit dem Gesetz zur Umsetzung aufenthalts- und asylrechtlicher Richtlinien der Europäischen Union v. 19.8.2007 (BGBl. I 1970, 1980) wurde Abs. 4 angefügt. Abs. 2 und Abs. 4 S. 1 wurden mit Gesetz v. 22.11.2011 (BGBl. I 2258, 2260) geändert. Mit dem Gesetz zur Neubestimmung des Bleiberechts und der Aufenthaltsbeendigung v. 27.7.2015 wurde Abs. 3 geändert und Abs. 3a neu eingefügt (BGBl. 2015 I 1386, 1391). Abs. 1 S. 2 wurde mWv 29.7.2017 eingefügt (BGBl. 2017 I 2780).

B. Inhalt der Norm

I. Allgemeines

2 Neben den ausweisrechtlichen Pflichten, die in § 48 normiert sind, bestehen gleichrangig ausweisrechtliche Verpflichtungen nach §§ 56 und 57 AufenthV (Nr. 48.0.1 AufenthGAVwV).

Die ausweisrechtlichen Vorschriften sind von der **Passpflicht** nach § 3 abzugrenzen. Danach 3
dürfen Ausländer in das Bundesgebiet nur einreisen oder sich darin aufhalten, wenn sie einen
anerkannten und gültigen Pass oder Passersatz **besitzen,** sofern sie von der Passpflicht nicht durch
Rechtsverordnung befreit sind (§ 3 Abs. 1 S. 1). Lediglich für den Aufenthalt erfüllen sie die
Passpflicht auch durch den Besitz eines Ausweisersatzes (§ 3 Abs. 1 S. 2). Erfolgt die Einreise in
das Bundesgebiet in den Fällen des § 13 Abs. 1 S. 1, so sind die Ausländer sogar verpflichtet, bei
der Einreise und Ausreise einen anerkannten und gültigen Pass oder Passersatz gem. § 3 Abs. 1
mitzuführen (§ 13 Abs. 1 S. 2).

Eine **allgemeine Mitführungspflicht** eines Passes, Passersatz, Ausweisersatzes oder Aufent- 4
haltstitels im Inland besteht jedoch nicht.

Die ausländerrechtlichen Pflichten von Personen, deren Rechtsstellung sich nach dem **Frei-** 5
zügG/EU (Freizügigkeitsgesetz/EU v. 30.7.2004, BGBl. I 1950) richtet, sind in § 8 FreizügG/
EU geregelt. Die in § 56 AufenthV enthaltene Regelung findet auf diesen Personenkreis gem.
§ 79 AufenthV Anwendung.

Ein **Ausländer, der dem Geltungsbereich des AsylG unterfällt** (§ 1 AsylG), ist gem. § 15 6
Abs. 2 Nr. 4 AsylG verpflichtet, seinen Pass oder Passersatz den mit der Ausführung des AsylG
betrauten Behörden vorzulegen, auszuhändigen und zu überlassen.

II. Vorlage-, Aushändigung- und vorübergehende Überlassungspflicht gem. Abs. 1

Die in § 48 Abs. 1 S. 1 und S. 2 enthaltenen **Verpflichtungen unterscheiden sich** bezüglich 7
der Person des Verpflichteten. Während Abs. 1 S. 1 die Verpflichtung von Ausländern regelt,
enthält S. 2 eine Regelung bezüglich deutscher Staatsangehöriger, die zugleich eine ausländische
Staatsangehörigkeit besitzen.

Die Verpflichtung aus Abs. 1 kann aufgrund einer Anordnung der mit der Ausführung des 8
AufenthG betrauten Behörde nach **Verwaltungsvollstreckungsrecht** durchgesetzt werden. Die
Anordnung, einen gültigen Pass oder Passersatz vorzulegen, hat für den Fall, dass der Ausländer
passlos ist, auch zu beinhalten, dass er Nachweise beibringen muss (§ 82 Abs. 1), ein entsprechendes
Dokument nicht in zumutbarer Weise erlangen zu können.

Wer entgegen Abs. 1 eine dort genannte Urkunde nicht oder nicht rechtzeitig vorliegt, nicht 9
oder nicht rechtzeitig aushändigt oder nicht oder nicht rechtzeitig überlässt, handelt **ordnungs-**
widrig (§ 98 Abs. 2 Nr. 3). **Rechtsmittel** gegen Anordnungen nach § 48 Abs. 1 begründen
mangels Erwähnung in § 84 Abs. 1 grundsätzlich den Suspensiveffekt (BayVGH BeckRS 2020,
24613 Rn. 25 mwN).

1. Verpflichtung nach Abs. 1 S. 1

Anordnungsberechtigte sind ausweislich des Wortlauts des Abs. 1 S. 1 alle mit dem Vollzug 10
des Ausländerrechts betrauten Behörden, folglich die Ausländerbehörden, die Auslandsvertretungen, die mit der polizeilichen Kontrolle des grenzüberschreitenden Verkehrs beauftragten Behörden und die Polizeien der Länder, soweit diese jeweils ausländerrechtliche und nicht andere Maßnahmen durchführen.

Die Norm beschränkt sich auf die darin genannten **Urkunden.** Eine Anordnung nach Abs. 1 11
S. 1 Nr. 1 kann sich nur auf den Pass, Passersatz (§ 4 Abs. 1 S. 1 AufenthV) oder Ausweisersatz
(§ 55 AufenthV) des Ausländers, die Anordnung nach Abs. 1 S. 1 Nr. 2 nur auf seinen Aufenthaltsti-
tel (§ 4 Abs. 1 S. 2) oder eine Bescheinigung über die Aussetzung der Abschiebung (§ 60a
Abs. 4) beziehen. Wann ein Ausweisersatz ausgestellt wird bzw. werden kann, ergibt sich aus § 55
AufenthV.

Die Beibringung **anderer Erlaubnisse, Bescheinigungen und Nachweise** richtet sich nach 12
§ 82.

Der Ausländer ist verpflichtet, das oder die Dokumente **vorzulegen, auszuhändigen bzw.** 13
vorübergehend zu überlassen.

Die Anordnung muss jedoch zur Durchführung oder Sicherung von Maßnahmen nach dem 14
AufenthG **erforderlich** sein. Solche Maßnahmen sind insbesondere die Erteilung, Verlängerung,
Versagung, Beschränkung und der Widerruf eines Aufenthaltstitels oder einer Bescheinigung über
die Aussetzung der Abschiebung, die Ausstellung, Entziehung oder Versagung von Passersatzpapieren sowie das Anbringen von Passvermerken (§ 56 Abs. 1 Nr. 8 AufenthV), die Anordnung
einer Bedingung oder Auflage, die Gestattung der Einreise, Zurückweisung, Zurückschiebung,
Abschiebung und Rückführung, die Untersagung der Ausreise und die Verwahrung von Pässen
oder Passersatzpapieren zur Sicherung der Ausreise (§ 50 Abs. 6; Nr. 48.1.3 AufenthGAVwV).

2. Verpflichtung nach Abs. 1 S. 2

15   Die Verpflichtung in Abs. 1 S. 2 unterscheidet sich von der Verpflichtung aus Abs. 1 S. 1 dahingehend, dass Verpflichteter hier ein deutscher Staatsangehöriger ist, der zugleich eine ausländische Staatsangehörigkeit besitzt und dem die Ausreise nach § 10 Abs. 1 PaßG untersagt worden ist.

16   Die Vorlage, Aushändigung und vorübergehende Überlassung des ausländischen Passes oder Passersatzes muss zur Durchführung der Sicherung des Ausreiseverbots **erforderlich** sein.

17   Die Verpflichtung wurde eingeführt, um die bereits bestehenden und national sowie international vereinbarten Maßnahmen zur Verhinderung der Ausreise von gewaltbereiten Personen aus dem Gebiet der Bundesrepublik Deutschland mit dem Ziel, sich an irregulären Kampfhandlungen auf ausländischen Staatsgebieten zu beteiligen, umzusetzen. Bei deutschen Staatsangehörigen, die zugleich eine oder mehrere andere Staatsangehörigkeiten besitzen, gab es bis zur Einführung eine Regelungslücke (BT-Drs. 18/11546).

III. Erfüllung der Ausweispflicht mit einem Ausweisersatz (Abs. 2)

18   Die Norm regelt, wie ein Ausländer, der einen Pass oder Passersatz weder besitzt noch in zumutbarer Weise erlangen kann, seiner Ausweispflicht genügt. Dafür ist die Bescheinigung über einen Aufenthaltstitel oder die Aussetzung der Abschiebung, wenn sie mit den Angaben zur Person und einem Lichtbild versehen und als Ausweisersatz bezeichnet ist, ausreichend. Wer sich ohne § 3 Abs. 1 iVm § 48 Abs. 2 im Bundesgebiet aufhält, macht sich strafbar (§ 95 Abs. 1 Nr. 1). Bereits ein Anspruch auf Erteilung eines Ausweisersatzes lässt die Strafbarkeit nach § 95 Abs. 1 Nr. 1 jedoch entfallen (OLG Düsseldorf BeckRS 2020, 11648 Rn. 15 mwN).

19   Wann ein Ausweisersatz ausgestellt wird bzw. werden kann, regeln § 55 Abs. 1 und Abs. 2 AufenthV. Sind die Ausstellungsvoraussetzungen nach § 55 Abs. 1 oder Abs. 2 AufenthV erfüllt und wurde kein deutscher Passersatz beantragt, ist ein Ausländer, der sich im Bundesgebiet aufhält, verpflichtet, unverzüglich einen Ausweisersatz zu beantragen (§ 56 Abs. 1 Nr. 4 AufenthV). Stellt der Ausländer einen Antrag vorsätzlich oder fahrlässig nicht oder nicht rechtzeitig, handelt er ordnungswidrig im Sinne des § 98 Abs. 3 Nr. 7 (§ 77 Nr. 2 AufenthV).

20   Personen, die dem AsylG unterfallen, erfüllen ihre Ausweispflicht mit der Bescheinigung über die Aufenthaltsgestattung.

IV. Verpflichtung zur Mitwirkung an der Beschaffung von Dokumenten (Abs. 3 S. 1)

21   Die Norm begründet eine Mitwirkungspflicht des Ausländers, die Behörde bei der Beschaffung eines Identitätspapiers und bei der Feststellung der Identität, Staatsangehörigkeit oder der Feststellung oder Geltendmachung einer Rückführungsmöglichkeit zu unterstützen.

22   **Identitätspapiere** sind auch sämtliche für die Rückreise benötigten Papiere (OVG NRW BeckRS 2005, 30070; SächsLSG BeckRS 2020, 8244 Rn. 31; 2020, 15708 Rn. 24). **Mitwirken** erfordert, alle nicht von vornherein aussichtslosen Rechts- und Tatsachenhandlungen vorzunehmen, die zur Beschaffung eines fehlenden Identitätspapieres erforderlich sind und nur vom Ausländer vorgenommen werden können (BVerwG BeckRS 2010, 57020 Rn. 20; OVG NRW NVwZ-RR 2004, 689 (690) zu § 15 Abs. 2 Nr. 6 AsylG aF). Der Ausländer ist auch gehalten, sich hierzu der Mithilfe geeigneter Dritter, insbesondere Angehöriger, zu bedienen (BayObLG BeckRS 2000, 30141297). Er kann sich nicht allein auf die Erfüllung derjenigen Pflichten stützen, die ihm konkret von der Ausländerbehörde vorgegeben werden. Er ist vielmehr daneben gehalten, eigenständig die Initiative zu ergreifen (BayVGH BeckRS 2011, 46561 Rn. 12 zu § 11 BeschVerfV; VGH BW BeckRS 2019, 6224 Rn. 8). Über den Umfang nicht ohne weiteres auf der Hand liegender Mitwirkungspflichten ist der Ausländer im Regelfall in einer ihm verständlichen Form zu belehren. Zudem sind ihm die bestehenden Möglichkeiten und die erforderlichen Schritte aufzuzeigen und ist er über die Folgen pflichtwidriger Untätigkeit zu unterrichten (BayObLG BeckRS 2000, 30141297). Zweifel in Bezug auf die Unmöglichkeit einer Passbeschaffung gehen zu Lasten des Ausländers, weil er für die ausschließlich seinem Einflussbereich unterliegenden, ihm günstigen Tatsachen darlegungs- und beweispflichtig ist und dies auch in Ansehung einer für ihn möglicherweise schwierigen Beweissituation gilt (OVG NRW BeckRS 2006, 26479; VGH BW BeckRS 2019, 6224 Rn. 8). Erst wenn ein Ausländer die aufgezeigten (üblichen) Mitwirkungshandlungen erfüllt hat, trägt die Ausländerbehörde die Darlegungs- und Beweislast dafür, welche konkreten weiteren und nicht von vornherein aussichtslosen Mitwirkungshandlungen der Betroffene zur Beseitigung des Ausreisehindernisses noch unternehmen kann (OVG NRW BeckRS 2006, 26479).

Die konkret eingeforderte Mitwirkungshandlung muss dem Betroffenen **zumutbar** sein 23
(BVerwG NVwZ-RR 2011, 210 Rn. 18; OVG LSA BeckRS 2020, 12626 Rn. 12). Der spezielle
Vorschrift des § 60b Abs. 2 S. 2, die lediglich eine Duldung für Personen mit ungeklärter Identität
betrifft, kann nicht entnommen werden, dass eine Anordnung zur **Mitwirkung an der Passbeschaffung** außerhalb dieses Regelungszusammenhangs **nach Stellung eines Asylantrags**, zumal
eines nach bestandskräftigem Abschluss eines Asylverfahrens gestellten Folgeantrags, generell unzulässig ist. Ob eine Kontaktaufnahme mit Bediensteten des Heimatstaats in diesen Fällen zumutbar
ist, muss vielmehr unter Berücksichtigung der jeweiligen Umstände des Einzelfalles beurteilt
werden (OVG Bln-Bbg BeckRS 2021, 8588 Rn. 3). Soweit im Rahmen der Beantragung eines
zur Heimreise berechtigenden Dokuments die Abgabe einer **„Freiwilligkeitserklärung"** (Ehrenerklärung) gegenüber den Behörden des Heimatstaates Voraussetzung ist, ist dem Ausländer die
Abgabe einer solchen Erklärung grundsätzlich zumutbar. Einem ausreisepflichtigen Ausländer
obliegt es, alles in seiner Kraft stehende und ihm unter Berücksichtigung aller Umstände und
Besonderheiten des Einzelfalls Zumutbare dazu beizutragen, damit etwaige Ausreisehindernisse
überwunden werden (BVerwG BeckRS 2016, 42760 Rn. 6). Die gesetzliche Pflicht zur Ausreise
bedeutet, dass der Ausländer freiwillig ausreisen oder sich zwangsweise abschieben lassen muss,
wobei das Aufenthaltsrecht dem Ausländer primär auflegt, seiner Ausreisepflicht freiwillig – und
unverzüglich – nachzukommen (§ 50 Abs. 2). Eine zwangsweise Abschiebung kommt erst in
Betracht, wenn der Ausländer seine Ausreisepflicht nicht freiwillig erfüllt bzw. die Überwachung
der Ausreise erforderlich ist (§ 58 Abs. 3). Die gesetzliche Ausreisepflicht schließt die Obliegenheit
für den Ausländer ein, sich auf seine Ausreise einzustellen, zur Ausreise bereit zu sein und einen
dahingehenden Willen zu bilden. In diesem Rahmen ist es für einen ausreisepflichtigen Ausländer
rechtlich grundsätzlich nicht unzumutbar, zur Ausreise nicht nur willens und bereit zu sein,
sondern diese Bereitschaft auch zu bekunden und eine „Freiwilligkeitserklärung" abzugeben.
Ein entgegenstehender innerer Wille des Ausländers, der die Erklärung mangels Bildung eines
entsprechenden Willens als unwahr empfindet, ist aufenthaltsrechtlich regelmäßig unbeachtlich
(BVerwG NVwZ 2010, 918 Rn. 14). Der unantastbare Kernbereich der Persönlichkeit wird durch
die gesetzlich auferlegte Verpflichtung, einer bestehenden Ausreisepflicht freiwillig nachzukommen und hierzu erforderliche Erklärungen auch gegenüber der Botschaft seines Heimatstaats
abzugeben, jedenfalls so lange nicht betroffen, wie ihm nicht über die Pflicht, sich rechtstreu zu
verhalten, hinaus die Bildung eines entsprechenden inneren Willens im Sinne eines Heimreisewun-
sches abverlangt wird (OVG Bln-Bbg BeckRS 2017, 104237 Rn. 28). Nach der Rechtsprechung
des Bundessozialgerichts (BSG NVwZ-RR 2014, 649 Rn. 26 ff.), das in seiner Entscheidung
ausdrücklich darauf hinweist, dass die Entscheidung des BVerwG v. 10.11.2009 (NVwZ 2010,
918) zu einem anderen aufenthaltsrechtlichen Kontext ergangen ist, könne eine Leistungsbeschränkung nach § 1a Nr. 2 AsylbLG aF nicht auf die Weigerung zur Abgabe einer Ehrenerklärung
gestützt werden (vgl. BayVGH Beschl. v. 6.5.2019 – 19 CS 19.165).

Eine behördliche Anordnung muss **hinreichend bestimmt** sein. Das Erfordernis der hinrei- 24
chenden Bestimmtheit ist von dem rechtlichen und tatsächlichen Kontext abhängig, in dem die
Regelung getroffen wird (NdsOVG NVwZ-RR 2020, 38 Rn. 18 ff.).

Eine auf § 82 Abs. 4 S. 1 gestützte und die gesetzliche Verpflichtung aus § 48 Abs. 3 S. 1 25
konkretisierende Anordnung, sich zu einem konkret bezeichneten Zeitpunkt bei der Auslandsvertretung seines Herkunftsstaates zur Herkunfts- und Identitätsfeststellung einzufinden (vgl. zur
Ausgestaltung der Vorsprachepflicht nach § 82 Abs. 4 BVerwG NVwZ-RR 2014, 781 Rn. 23 f.),
erledigt sich grundsätzlich nicht durch Zeitablauf. Eine entsprechende Anordnung ist regelmäßig
nicht so zu verstehen, dass sich die Erfüllung der dem Ausländer gegenüber konkretisierten Mitwirkungsverpflichtung mit Ablauf des Vorsprachetermins (wahrgenommen oder nicht) erübrigen
würde, sondern dahingehend, dass die konkretisierte Mitwirkungsverpflichtung notfalls mittels
Zwangsmittelanwendung (an einem anderen Tag) durchgesetzt werden soll. Die Beantwortung
der Frage, ob die Wahrnehmung des zuvor festgesetzten Termins zumutbar war, entscheidet lediglich darüber, ob dem jeweiligen Ausländer ein neuer Termin zur unbegleiteten Vorsprache eingeräumt werden muss (BayVGH Beschl. v. 15.10.2019 – 19 CS 19.1127).

Ausländer, die ihren Mitwirkungsverpflichtungen nicht nachkommen, haben die sich aus ihrem 26
Verhalten ergebenden Nachteile grundsätzlich hinzunehmen, erst recht, wenn sie ohne Reisedokumente nach Deutschland eingereist sind und damit gezielt die Umstände herbeigeführt haben,
die nun einer freiwilligen Ausreise und ihrer Abschiebung entgegenstehen (BVerwG BeckRS
1997, 31222339).

Der Ausländer handelt **ordnungswidrig,** wenn er entgegen § 48 Abs. 3 S. 1 eine dort genannte 27
Urkunde oder Unterlage nicht oder nicht rechtzeitig vorlegt, nicht oder nicht rechtzeitig aushändigt oder nicht oder nicht rechtzeitig überlässt (§ 98 Abs. 2 Nr. 3). Die fehlende Mitwirkung

stellt ein **leistungsmissbräuchliches Verhalten** iSd § 1a Nr. 2 AsylbLG aF dar (BT-Drs. 13/10155, 5 zu § 1a Nr. 2 AsylbLG; BSGE 123, 157 = BeckRS 2017, 124261 Rn. 15 ff.).

28   Von den Mitwirkungspflichten aus **§ 56 Abs. 1 Nr. 1–3 AufenthV** unterscheidet sich die Norm dahingehend, dass die dortigen Verpflichtungen darauf gerichtet sind, dass der Ausländer selbstständig für den Besitz eines gültigen Passes oder Passersatzes zu sorgen hat.

29   Die Mitwirkungspflicht aus § 48 Abs. 3 gilt weiterhin unberührt neben der besonderen Passbeschaffungspflicht des **§ 60b Abs. 2 S. 1** (BT-Drs. 19/10047, 38; NdsOVG BeckRS 2020, 21879 Rn. 8).

30   Es wird vertreten, dass für (unanfechtbar) abgelehnte Asylbewerber **§ 15 Abs. 2 Nr. 6 AsylG** gegenüber § 48 Abs. 3 vorrangig sei (VG Freiburg BeckRS 2020, 25752 Rn. 4 ff. unter Nennung der verschiedenen Auffassungen zu § 15 AsylG aF).

V. Durchsuchungsbefugnis und Duldung (Abs. 3 S. 2 und S. 3)

31   Kommt der Ausländer seiner Verpflichtung aus Abs. 3 S. 1 nicht nach und bestehen tatsächliche Anhaltspunkte, dass er im Besitz solcher Unterlagen oder Datenträger ist, eröffnet S. 2 die Möglichkeit, dass der Ausländer und die von ihm mitgeführten Sachen durchsucht werden. § 48 Abs. 3 S. 2, S. 3 bietet keine geeignete Rechtsgrundlage für eine Wohnungsdurchsuchung. Einer analogen Anwendung steht § 13 Abs. 2 GG entgegen (OLG Braunschweig BeckRS 2020, 6300 Rn. 24 mwN)

32   Der Ausländer hat die Maßnahme zu dulden (S. 3).

VI. Auswertung von Datenträgern (Abs. 3a)

33   Die Regelung befasst sich mit der Zulässigkeit der Auswertung von Datenträgern (S. 1). Außerdem enthält die Norm Vorgaben für das Verfahren und den Umgang mit Erkenntnissen aus dem Kernbereich privater Lebensgestaltung.

34   Es wird vertreten, dass für (unanfechtbar) abgelehnte Asylbewerber die **§ 15a Abs. 1 S. 1 AsylG** gegenüber § 48 Abs. 3a vorrangig sei (VG Freiburg BeckRS 2020, 25752 Rn. 4 ff. unter Nennung der verschiedenen Auffassungen zu § 15 AsylG aF).

VII. Ausstellung eines Ausweisersatzes bei Ausnahmen von der Passpflicht (Abs. 4)

35   Wird nach § 5 Abs. 3 oder § 33 von der Erfüllung der Passpflicht abgesehen, ordnet Abs. 4 an, dass ein Ausweisersatz ausgestellt wird. Die sich aus Abs. 3 ergebende Mitwirkungspflicht des Ausländers bleibt hiervon unberührt.

§ 48a Erhebung von Zugangsdaten

(1) Soweit der Ausländer die notwendigen Zugangsdaten für die Auswertung von Endgeräten, die er für telekommunikative Zwecke eingesetzt hat, nicht zur Verfügung stellt, darf von demjenigen, der geschäftsmäßig Telekommunikationsdienste erbringt oder daran mitwirkt, Auskunft über die Daten, mittels derer der Zugriff auf Endgeräte oder auf Speichereinrichtungen, die in diesen Endgeräten oder hiervon räumlich getrennt eingesetzt werden, geschützt wird (§ 113 Absatz 1 Satz 2 des Telekommunikationsgesetzes), verlangt werden, wenn die gesetzlichen Voraussetzungen für die Verarbeitung der Daten vorliegen.

(2) Der Ausländer ist von dem Auskunftsverlangen vorher in Kenntnis zu setzen.

(3) ¹Auf Grund eines Auskunftsverlangens nach Absatz 1 hat derjenige, der geschäftsmäßig Telekommunikationsdienste erbringt oder daran mitwirkt, die zur Auskunftserteilung erforderlichen Daten unverzüglich zu übermitteln. ²Für die Entschädigung der Diensteanbieter ist § 23 Absatz 1 des Justizvergütungs- und -entschädigungsgesetzes entsprechend anzuwenden.

1   § 48a ergänzt die Ermächtigung nach § 48 Abs. 3a im Hinblick auf technische Geräte, die für telekommunikative Zwecke eingesetzt werden. Wenn die gesetzlichen Voraussetzungen für die Verarbeitung der Daten vorliegen (der bis zum 25.11.2019 verwendete Begriff der „Nutzung der Daten" wurde durch Art. 49 Nr. 5 2. DSAnpUG-EU (Zweites Datenschutz-Anpassungs- und Umsetzungsgesetzes EU v. 20.11.2019, BGBl. I 1626) geändert und damit die Änderung der

Begrifflichkeit in der DS-GVO nachvollzogen) und der Ausländer seiner Verpflichtung aus § 48 Abs. 3a S. 3, die notwendigen Zugangsdaten für die zulässige Auswertung etwa seines Mobiltelefons oder seines Smartphones zur Verfügung zu stellen, nicht nachkommt, ist die Behörde berechtigt, diese Zugangsdaten bei dem zuständigen Telekommunikationsdienstleister zu erheben (BT-Drs. 18/4097, 48). Es wird vertreten, dass für (unanfechtbar) abgelehnte Asylbewerber **§ 15a Abs. 1 AsylG** gegenüber § 48a vorrangig sei (VG Freiburg BeckRS 2020, 25752 Rn. 4 ff. unter Nennung der verschiedenen Auffassungen zu § 15 AsylG aF).

Als **berechtigte Behörden** kommen nur die nach § 71 zuständigen Behörden in Betracht 2 (BT-Drs. 18/4262, 6).

Der **Ausländer** ist von der Behörde **vorab** über das Auskunftsverlangen **zu informieren.** 3 Daher wurde die Einführung eines Richtervorbehalts entsprechend der Wertung in der Parallelregelung in § 100j Abs. 3 StPO (dort S. 4) für nicht erforderlich gehalten (BT-Drs. 18/4262, 6).

Derjenige, der Telekommunikationsdienste für den Ausländer über das jeweilige technische 4 Gerät erbringt, ist verpflichtet, die Daten unverzüglich zu übermitteln (Abs. 3 S. 1). Die Diensteanbieter erhalten hierfür eine Entschädigung (Abs. 3 S. 2).

§ 49 Überprüfung, Feststellung und Sicherung der Identität

(1) ¹Die mit dem Vollzug dieses Gesetzes betrauten Behörden dürfen unter den Voraussetzungen des § 48 Abs. 1 die auf dem elektronischen Speicher- und Verarbeitungsmedium eines Dokuments nach § 48 Abs. 1 Nr. 1 und 2 gespeicherten biometrischen und sonstigen Daten auslesen, die benötigten biometrischen Daten beim Inhaber des Dokuments erheben und die biometrischen Daten miteinander vergleichen. ²Darüber hinaus sind auch alle anderen Behörden, an die Daten aus dem Ausländerzentralregister nach den §§ 15 bis 20 des AZR-Gesetzes übermittelt werden, und die Meldebehörden befugt, Maßnahmen nach Satz 1 zu treffen, soweit sie die Echtheit des Dokuments oder die Identität des Inhabers überprüfen dürfen. ³Biometrische Daten nach Satz 1 sind nur die Fingerabdrücke und das Lichtbild.

(2) Jeder Ausländer ist verpflichtet, gegenüber den mit dem Vollzug des Ausländerrechts betrauten Behörden auf Verlangen die erforderlichen Angaben zu seinem Alter, seiner Identität und Staatsangehörigkeit zu machen und die von der Vertretung des Staates, dessen Staatsangehörigkeit er besitzt oder vermutlich besitzt, geforderten und mit dem deutschen Recht in Einklang stehenden Erklärungen im Rahmen der Beschaffung von Heimreisedokumenten abzugeben.

(3) Bestehen Zweifel über die Person, das Lebensalter oder die Staatsangehörigkeit des Ausländers, so sind die zur Feststellung seiner Identität, seines Lebensalters oder seiner Staatsangehörigkeit erforderlichen Maßnahmen zu treffen, wenn
1. dem Ausländer die Einreise erlaubt, ein Aufenthaltstitel erteilt oder die Abschiebung ausgesetzt werden soll oder
2. es zur Durchführung anderer Maßnahmen nach diesem Gesetz erforderlich ist.

(4) Die Identität eines Ausländers ist durch erkennungsdienstliche Maßnahmen zu sichern, wenn eine Verteilung gemäß § 15a stattfindet.

(5) Zur Feststellung und Sicherung der Identität sollen die erforderlichen Maßnahmen durchgeführt werden,
1. wenn der Ausländer mit einem gefälschten oder verfälschten Pass oder Passersatz einreisen will oder eingereist ist;
2. wenn sonstige Anhaltspunkte den Verdacht begründen, dass der Ausländer nach einer Zurückweisung oder Beendigung des Aufenthalts erneut unerlaubt ins Bundesgebiet einreisen will;
3. bei Ausländern, die vollziehbar ausreisepflichtig sind, sofern die Zurückschiebung oder Abschiebung in Betracht kommt;
4. wenn der Ausländer in einen in § 26a Abs. 2 des Asylgesetzes genannten Drittstaat zurückgewiesen oder zurückgeschoben wird;
5. bei der Beantragung eines nationalen Visums;
6. bei Ausländern, die für ein Aufnahmeverfahren nach § 23, für die Gewährung von vorübergehendem Schutz nach § 24 oder für ein Umverteilungsverfahren auf Grund von Maßnahmen nach Artikel 78 Absatz 3 des Vertrags über die Arbeitsweise der Europäischen Union vorgeschlagen und vom Bundesamt für Migration und Flücht-

linge in die Prüfung über die Erteilung einer Aufnahmezusage einbezogen wurden, sowie in den Fällen des § 29 Absatz 3;

7. wenn ein Versagungsgrund nach § 5 Abs. 4 festgestellt worden ist.

(6) [1]Maßnahmen im Sinne der Absätze 3 bis 5 mit Ausnahme des Absatzes 5 Nr. 5 sind das Aufnehmen von Lichtbildern, das Abnehmen von Fingerabdrücken sowie Messungen und ähnliche Maßnahmen, einschließlich körperlicher Eingriffe, die von einem Arzt nach den Regeln der ärztlichen Kunst zum Zweck der Feststellung des Alters vorgenommen werden, wenn kein Nachteil für die Gesundheit des Ausländers zu befürchten ist. [2]Die Maßnahmen sind zulässig bei Ausländern, die das sechste Lebensjahr vollendet haben. [3]Zur Feststellung der Identität sind diese Maßnahmen nur zulässig, wenn die Identität in anderer Weise, insbesondere durch Anfragen bei anderen Behörden nicht oder nicht rechtzeitig oder nur unter erheblichen Schwierigkeiten festgestellt werden kann.

(6a) Maßnahmen im Sinne des Absatzes 5 Nr. 5 sind das Aufnehmen von Lichtbildern und das Abnehmen von Fingerabdrücken.

(7) [1]Zur Bestimmung des Herkunftsstaates oder der Herkunftsregion des Ausländers kann das gesprochene Wort des Ausländers auf Ton- oder Datenträger aufgezeichnet werden. [2]Diese Erhebung darf nur erfolgen, wenn der Ausländer vorher darüber in Kenntnis gesetzt wurde.

(8) [1]Die Identität eines Ausländers, der in Verbindung mit der unerlaubten Einreise aufgegriffen und nicht zurückgewiesen wird, ist durch erkennungsdienstliche Maßnahmen zu sichern. [2]Nach Satz 1 dürfen nur Lichtbilder und Abdrucke aller zehn Finger aufgenommen werden. [3]Die Identität eines Ausländers, der das sechste Lebensjahr noch nicht vollendet hat, ist unter den Voraussetzungen des Satzes 1 nur durch das Aufnehmen eines Lichtbildes zu sichern.

(9) [1]Die Identität eines Ausländers, der sich ohne erforderlichen Aufenthaltstitel im Bundesgebiet aufhält, ist durch erkennungsdienstliche Maßnahmen zu sichern. [2]Nach Satz 1 dürfen nur Lichtbilder und Abdrucke aller zehn Finger aufgenommen werden. [3]Die Identität eines Ausländers, der das sechste Lebensjahr noch nicht vollendet hat, ist unter den Voraussetzungen des Satzes 1 nur durch das Aufnehmen eines Lichtbildes zu sichern.

(10) Der Ausländer hat die Maßnahmen nach den Absätzen 1 und 3 bis 9 zu dulden.

Überblick

Die Vorschrift regelt die Sicherung und Feststellung der Identität von Ausländern. Abs. 1 verleiht den mit dem Vollzug dieses Gesetzes betrauten Behörden die Befugnis, anhand der aufgrund der Verpflichtung gem. § 48 Abs. 1 vorgelegten Dokumente eine Überprüfung des Ausländers durchzuführen (→ Rn. 2 ff.). Eine weitere Mitwirkungsverpflichtung des Ausländers ist in Abs. 2 geregelt (→ Rn. 6 ff.). Abs. 3–5 regeln, wann die Identität (bzw. das Lebensalter oder die Staatsangehörigkeit) des Ausländers festgestellt werden muss bzw. soll und wann eine Sicherung der Identität zu erfolgen hat (→ Rn. 10 ff.). Die erforderlichen Maßnahmen für die Feststellung bzw. Sicherung der Identität sind in Abs. 6 und Abs. 6a festgelegt. Die Vorschrift regelt zudem die Zulässigkeitsvoraussetzungen für die Aufzeichnung des gesprochenen Wortes des Ausländers (Abs. 7, → Rn. 20) und die erkennungsdienstliche Behandlung bei unerlaubter Einreise und Aufenthalt im Bundesgebiet ohne erforderlichen Aufenthaltstitel (Abs. 8 und Abs. 9, → Rn. 22 f.).

Übersicht

A. Entstehungsgeschichte der Norm

Die Vorschrift fasste die Bestimmungen zur Sicherung und Feststellung der Identität von Aus- **1** ländern zusammen (§§ 41, 41a AuslG). Bereits im Gesetzgebungsverfahren wurden einige Änderungen und Ergänzungen vorgenommen (BT-Drs. 15/420, 88 f.; BT-Drs. 15/3479, 8). Weitere Änderungen erfolgten durch das Gesetz zur Umsetzung aufenthalts- und asylrechtlicher Richtlinien der Europäischen Union v. 19.8.2007 (BGBl. I 1970), durch das Gesetz zur Änderung des Passgesetzes und weiterer Vorschriften v. 20.7.2007 (BGBl. I 1566), durch das Arbeitsmigrationssteuerungsgesetz v. 20.12.2008 (BGBl. I 2846), durch das Gesetz zur Anpassung des deutschen Rechts an die Verordnung (EG) Nr. 380/2008 des Rates v. 18.4.2008 zur Änderung der Verordnung (EG) Nr. 1030/2002 zur einheitlichen Gestaltung des Aufenthaltstitels für Drittstaatenangehörige v. 12.4.2011 (BGBl. I 610), durch das Gesetz zur Umsetzung aufenthaltsrechtlicher Richtlinien der Europäischen Union und zur Anpassung nationaler Rechtsvorschriften an den EU-Visakodex v. 22.11.2011 (BGBl. I 2258), durch das Asylverfahrensbeschleunigungsgesetz v. 20.10.2015 (BGBl. I 1722), das Datenaustauschverbesserungsgesetz v. 2.2.2016 (BGBl. I 130) und das Zweite Datenaustauschverbesserungsgesetz v. 4.8.2019 (BGBl. I 1131).

B. Inhalt der Norm

I. Befugnis zur Identitätsüberprüfung und Überprüfung der Echtheit von Identitätspapieren (Abs. 1)

§ 49 Abs. 1 verleiht den mit dem Vollzug dieses Gesetzes betrauten Behörden die Befugnis, **2** anhand der aufgrund der Verpflichtung gem. § 48 Abs. 1 vorgelegten Dokumente eine Überprüfung des Ausländers durchzuführen.

Hinsichtlich der mit dem Vollzug des AufenthG betrauten Behörden iSd § 49 Abs. 1 S. 1 gilt **3** die **Zuständigkeits**regelung des § 71 Abs. 4 entsprechend, weil Maßnahmen zur Überprüfung der Identität nach S. 1 an die Pflicht aus § 48 Abs. 1 (Vorlage, Aushändigung oder vorübergehendes Überlassen der dort genannten Dokumente) an die mit dem Vollzug des Ausländerrechts betrauten Behörden iSd § 71 Abs. 4 anknüpfen. Darüber hinaus eröffnet § 49 Abs. 1 S. 2 die Überprüfungsbefugnis auch Behörden, die nicht mit dem Vollzug des AufenthG betraut sind: So sind alle anderen Behörden, an die Daten aus dem Ausländerzentralregister nach den §§ 15–20 AZRG übermittelt werden, und die Meldebehörden zur Überprüfung befugt. Die Befugnis besteht aber nur dann und soweit die dort genannten Behörden die Echtheit des Dokuments oder die Identität des Inhabers überprüfen dürfen (§ 49 Abs. 1 S. 2). Ob sie im Einzelfall die Echtheit des Dokuments oder die Identität des Inhabers überprüfen dürfen, muss sich aus anderen gesetzlichen Normen ergeben.

Maßnahmen iSd § 49 Abs. 1 sind das Auslesen der auf dem elektronischen Speicher- und **4** Verarbeitungsmedium eines Dokuments nach § 48 Abs. 1 Nr. 1 und Nr. 2 gespeicherten biometrischen und sonstigen Daten, die Erhebung der benötigten biometrischen Daten beim Inhaber des Dokuments und der Vergleich der biometrischen Daten miteinander. Biometrische Daten im Sinne der Norm sind nur die Fingerabdrücke und das Lichtbild (§ 49 Abs. 1 S. 3).

Da die Maßnahmen nur unter den Voraussetzungen des § 48 Abs. 1 ergriffen werden dürfen, **5** ist erforderlich, dass eine **konkrete Verpflichtung** des Ausländers nach § 48 Abs. 1 bestehen muss (Nr. 49.1.1.1 AufenthGAVwV).

II. Verpflichtung zur Abgabe bestimmter Angaben und Erklärungen (Abs. 2)

Die Norm enthält eine weitere Mitwirkungsverpflichtung des Ausländers auf Verlangen der **6** mit dem Vollzug des Ausländerrechts betrauten **Behörden.** Diese sind Ausländerbehörden, die mit der polizeilichen Kontrolle des grenzüberschreitenden Verkehrs beauftragten Behörden und die Polizeien der Länder (§ 71 Abs. 4 S. 1). In den Fällen der Beantragung eines nationalen Visums (§ 49 Abs. 5 Nr. 5) sind die vom Auswärtigen Amt ermächtigten Auslandsvertretungen zuständig (§ 71 Abs. 4 S. 3).

Inhalt der Verpflichtung aus § 49 Abs. 2 sind die erforderlichen Angaben zu seiner Person **7** (Identität). Darunter fallen Name, Vornamen, Geburtsname, Geburtsdatum, Geburtsort und Wohnort (Nr. 49.2.4 AufenthGAVwV). Zudem ordnet § 49 Abs. 2 an, erforderliche Angaben zu seinem Alter zu machen. Zwar ist das Geburtsdatum bereits eine Angabe zur Person. Dieses kann aber insbesondere dann nicht ausreichend sein, wenn das Geburtsdatum nicht genau angegeben werden kann. Darüber hinaus ist der Ausländer auch verpflichtet, Angaben zu seiner Staatsangehörigkeit zu machen. Daneben besteht die Verpflichtung des Ausländers zur Abgabe der von der

Vertretung des Staates, dessen Staatsangehörigkeit er besitzt oder vermutlich besitzt, geforderten und mit dem deutschen Recht in Einklang stehenden Erklärungen im Rahmen der Beschaffung von Heimreisedokumenten.

8 Der Ausländer soll auf seine Verpflichtung aus § 49 Abs. 2 hingewiesen werden (§ 82 Abs. 3).

9 Macht der Ausländer eine Angabe entgegen § 49 Abs. 2 nicht, nicht richtig oder nicht vollständig, kann er sich **strafbar** machen (§ 95 Abs. 2 Nr. 2 sowie subsidiär § 95 Abs. 1 Nr. 5, vgl. OLG Celle BeckRS 2018, 14590 Rn. 18). Da die Verpflichtung zu wahrheitsgemäßen und vollständigen Angaben gem. § 49 Abs. 2 bei jedem neuen Antrag auf Erteilung einer Duldung (oder eines Aufenthaltstitels) uneingeschränkt gilt, setzt sich ein Ausländer, der zum Ablauf seiner befristeten Duldung (oder eines Aufenthaltstitels) jeweils eine neue Duldung (oder eine Aufenthaltserlaubnis) nach dem AufenthG unter wiederholter Angabe falscher Personalien beantragt, jeweils der Strafbarkeit gem. § 95 Abs. 2 Nr. 2 aus (OLG Celle BeckRS 2018, 14590 Rn. 14 ff.).

III. Feststellende Maßnahmen bei Zweifeln über Person, Lebensalter oder Staatsangehörigkeit (Abs. 3)

10 Ergeben sich bei den zuständigen Behörden Zweifel über die Person, das Lebensalter oder die Staatsangehörigkeit des Ausländers, sind sie verpflichtet, die zur Feststellung (nicht zur Sicherung) der Identität, seines Lebensalters oder seiner Staatsangehörigkeit erforderlichen Maßnahmen zu treffen.

11 Die Verpflichtung der Behörde zur Feststellung der Identität ergibt sich jedoch nur dann, wenn dem Ausländer die Einreise erlaubt, ein Aufenthaltstitel erteilt oder die Abschiebung ausgesetzt werden soll (§ 49 Abs. 3 Nr. 1) oder es zur Durchführung anderer Maßnahmen nach dem AufenthG erforderlich ist (§ 49 Abs. 3 Nr. 2).

12 **Maßnahmen** iSd § 49 Abs. 3 sind das Aufnehmen von Lichtbildern, das Abnehmen von Fingerabdrücken sowie Messungen und ähnliche Maßnahmen, einschließlich körperlicher Eingriffe, die von einem Arzt nach den Regeln der ärztlichen Kunst zum Zweck der Feststellung des Alters vorgenommen werden, wenn kein Nachteil für die Gesundheit des Ausländers zu befürchten ist (§ 49 Abs. 6 S. 1). Da § 49 Abs. 3 nur die Feststellung der Identität anordnet, sind diese Maßnahmen nur zulässig, wenn die Identität in anderer Weise, insbesondere durch Anfragen bei anderen Behörden nicht oder nicht rechtzeitig oder nur unter erheblichen Schwierigkeiten festgestellt werden kann (§ 49 Abs. 6 S. 3).

13 Die Maßnahmen können zudem nur **gegenüber** Ausländern ergriffen werden, die das 14. Lebensjahr vollendet haben. Zweifel an der Vollendung des 14. Lebensjahres gehen dabei zu Lasten des Ausländers (§ 49 Abs. 6 S. 2).

14 Die Maßnahmen müssen **erforderlich** sein.

IV. Identitätssicherung bei einer Verteilung gem. § 15a (Abs. 4)

15 § 49 Abs. 4 ordnet die Sicherung der Identität des Ausländers durch erkennungsdienstliche Maßnahmen an, wenn eine Verteilung des Ausländers gem. § 15a stattfindet.

16 **Maßnahmen** iSd § 49 Abs. 4 sind das Aufnehmen von Lichtbildern, das Abnehmen von Fingerabdrücken sowie Messungen und ähnliche Maßnahmen, einschließlich körperlicher Eingriffe, die von einem Arzt nach den Regeln der ärztlichen Kunst zum Zweck der Feststellung des Alters vorgenommen werden, wenn kein Nachteil für die Gesundheit des Ausländers zu befürchten ist (§ 49 Abs. 6 S. 1). Die Maßnahmen können jedoch nur gegenüber Ausländern ergriffen werden, die das 14. Lebensjahr vollendet haben. Zweifel an der Vollendung des 14. Lebensjahres gehen dabei zu Lasten des Ausländers (§ 49 Abs. 6 S. 2).

V. Feststellende und sichernde Maßnahmen in weiteren Fällen (Abs. 5)

17 Die Norm listet unter Nr. 1–7 weitere Sachverhalte auf, bei denen sowohl zur Feststellung als auch zur Sicherung der Identität des Ausländers die erforderlichen Maßnahmen durchgeführt werden sollen. Maßnahmen nach Abs. 5 dienen auch der Vorbereitung einer im Falle etwaiger Wiedereinreisen erforderlichen Identitätsfeststellung und weiteren Zwecken der polizeilichen Gefahrenabwehr.

18 **Maßnahmen** iSd § 49 Abs. 5 sind das Aufnehmen von Lichtbildern, das Abnehmen von Fingerabdrücken sowie Messungen und ähnliche Maßnahmen, einschließlich körperlicher Eingriffe, die von einem Arzt nach den Regeln der ärztlichen Kunst zum Zweck der Feststellung des Alters vorgenommen werden, wenn kein Nachteil für die Gesundheit des Ausländers zu befürchten ist (§ 49 Abs. 6 S. 1), iSd Abs. 5 Nr. 5 jedoch nur das Aufnehmen von Lichtbildern und das

Abnehmen von Fingerabdrücken (§ 49 Abs. 6a). Da § 49 Abs. 5 auch die Feststellung der Identität anordnet, sind insoweit diese Maßnahmen nur zulässig, wenn die Identität in anderer Weise, insbesondere durch Anfragen bei anderen Behörden nicht oder nicht rechtzeitig oder nur unter erheblichen Schwierigkeiten festgestellt werden kann (§ 49 Abs. 6 S. 3). Die Maßnahmen können zudem nur gegenüber Ausländern ergriffen werden, die das sechste Lebensjahr (zuvor 14. Lebensjahr) vollendet haben.

Die Maßnahmen müssen **erforderlich** sein.   **19**

VI. Aufzeichnung des gesprochenen Wortes (Abs. 7)

§ 49 Abs. 7 eröffnet die Befugnis, das gesprochene Wort des Ausländers auf Ton- oder Datenträ- **20** ger aufzuzeichnen. Sie darf jedoch **nur zur Bestimmung des Herkunftsstaates oder der Herkunftsregion des Ausländers** und nur zur Vorbereitung ausländerrechtlicher Maßnahmen (Nr. 49.7.1 AufenthGAVwV) erfolgen. Die Norm vermittelt keine Befugnis, das gesprochene Wort des Ausländers **aus anderen Gründen** aufzuzeichnen.

Der Ausländer muss vor der Aufzeichnung darüber in Kenntnis gesetzt werden (§ 49 Abs. 7 **21** S. 2).

VII. Identitätssicherung bei unerlaubter Einreise (Abs. 8) und bei Aufenthalt im Bundesgebiet ohne erforderlichen Aufenthaltstitel (Abs. 9)

Abs. 8 und Abs. 9 enthalten jeweils eine Befugnis zur Identitätssicherung, jedoch nur in den **22** Fällen, dass der Ausländer in Verbindung mit der unerlaubten Einreise aufgegriffen und nicht zurückgewiesen wird (Abs. 8) oder er sich ohne erforderlichen Aufenthaltstitel im Bundesgebiet aufhält (Abs. 9). Die Normen eröffnen **kein Ermessen** der Behörde.

Die **Maßnahmen** iSd Abs. 8 und Abs. 9 sind die Aufnahme von Lichtbildern und die Fertigung **23** von Abdrucken aller zehn Finger (Abs. 8 S. 2 und Abs. 9 S. 2). Bezüglich eines Ausländers, der das sechste Lebensjahr (zuvor 14. Lebensjahr) noch nicht vollendet hat, ist jedoch nur das Aufnehmen eines Lichtbildes zulässig (Abs. 8 S. 3 und Abs. 9 S. 3). Der Gesetzgeber verfolgte mit der Herabsetzung der Altersgrenze das Ziel, das Kindeswohl zu schützen, um eine eindeutige Identifizierung von Kindern zu gewährleisten und etwaigen Straftaten zu Lasten des Kindes entgegenzuwirken. Die Herabsetzung erfolgte vor dem Hintergrund der weit fortgeschrittenen Verhandlungen zur Reform der VO (EU) 603/2013, in deren Rahmen sich auf eine Herabsetzung des Alters zur Abnahme von Fingerabdrücken verständigt wurde. Die Maßnahmen sind nur dann zulässig, wenn das Kindeswohl dem nicht entgegensteht. Bei der erkennungsdienstlichen Behandlung von Minderjährigen muss die Anwesenheit einer vertretungsberechtigten Begleitperson sichergestellt sein. Die Fingerabdruckabnahme hat in einer kindgerechten Weise unter voller Achtung der Interessen des Kindes im Einklang mit der UN-Kinderrechtskonvention und damit mit den Regelungen des SGB VIII zu erfolgen. Dies bedeutet konkret, dass die Anwendung unmittelbaren Zwangs gegenüber Minderjährigen regelmäßig ausgeschlossen ist. Eine Verfügung zur Duldung des unmittelbaren Zwangs kann nach den Prinzipien des nationalen Verwaltungsvollstreckungsrechts nur gegenüber einem rechtlichen Vertreter des Minderjährigen bekannt gegeben werden. Der Verhältnismäßigkeitsgrundsatz und das Kindeswohlprinzip erfordern zudem die Durchführung durch entsprechend geschultes Personal mit den schonendsten Methoden (BT-Drs. 19/8752, 68).

VIII. Duldungspflicht (Abs. 10)

Der Ausländer hat die Maßnahmen nach Abs. 1 und Abs. 3–9 zu **dulden** (§ 49 Abs. 10), **24** ansonsten macht er sich strafbar (§ 95 Abs. 1 Nr. 6).

IX. Löschung der erhobenen Daten

Hinsichtlich der **Löschung** der erhobenen Daten gilt § 89 Abs. Abs. 3 und Abs. 4.   **25**

X. Rechtsschutz

Widerspruch und Klage gegen Maßnahmen nach § 49 haben keine aufschiebende Wirkung **26** (§ 84 Abs. 1 S. 1 Nr. 1a).

§ 49a [aufgehoben]

1 Die durch Art. 1 Nr. 8 des Gesetzes zur Änderung des Aufenthaltsgesetzes und weiterer Gesetze v. 14.3.2005 (BGBl. I 721) eingefügte Norm zur Fundpapier-Datenbank wurde durch Art. 3 Nr. 3 des Zweiten Datenaustauschverbesserungsgesetzes v. 4.8.2019 (BGBl. I 1131) aufgehoben.

2 Die **Fundpapier-Datenbank** war eine vom Bundesverwaltungsamt zentral geführte Datenbank, in der Angaben zu in Deutschland aufgefundenen, von ausländischen öffentlichen Stellen ausgestellten Identifikationspapieren von Staatsangehörigen der in Anhang I der EU-Visum-VO 2001 (VO (EG) 539/2001 v. 15.3.2001, ABl. 2001 L 81, 1) genannten Staaten gespeichert wurden.

3 **Zweck** der Speicherung war die Feststellung der Identität oder Staatsangehörigkeit eines Ausländers und die Ermöglichung der Durchführung einer späteren Rückführung (§ 49 Abs. 1 S. 2). Da regelmäßig keine Rückführungsprobleme mit solchen Ausländern bestehen, die visumfrei nach Deutschland einreisen können, wurden nur Fundpapiere gesammelt, die auf einen Inhaber ausgestellt waren, der zum Überschreiten der Außengrenze der EU-Mitgliedstaaten ein Visum benötigte (BT-Drs. 15/3784, 15).

4 Ein Identifikationspapier im Sinne der Norm war **aufgefunden,** wenn es im Bundesgebiet gefunden oder auf sonstige Weise in den Besitz von Behörden gekommen ist (zB Sicherstellungen durch Polizeibehörden; Nr. 49a.0.1 AufenthGAVwV).

5 Hatte die auffindende Stelle weder Kenntnis von der Verlustanzeige des Inhabers des Fundpapiers erhalten (§ 49a Abs. 2 S. 1 Nr. 1 aF) noch die Ermittlung des inländischen Aufenthaltsorts des Inhabers Erfolg gehabt (§ 49a Abs. 2 S. 1 Nr. 2 aF) und wurde das Fundpapier auch nicht für Zwecke des Strafverfahrens oder für Beweiszwecke in anderen Verfahren benötigt (§ 49a Abs. 2 S. 1 Nr. 3 aF), übersandte sie das Papier nach dem siebten Tag an das Bundesverwaltungsamt (§ 49a Abs. 2 aF). Im Falle des Abs. 2 S. 1 Nr. 3 aF übermittelte die öffentliche Stelle die im Fundpapier enthaltenen Angaben nach § 49b Nr. 1–3 aF an das Bundesverwaltungsamt zur Aufnahme in die Fundpapier-Datenbank.

6 Die Ständige Konferenz der Innenminister und -senatoren hat die **Auflösung der Fundpapier-Datenbank** im Dezember 2014 beschlossen, weil die angestrebte Zuordnung der Fundpapiere zu passlosen Ausländern in der 13-jährigen Betriebsdauer, insbesondere aufgrund der für einen gesichtsbiometrischen Abgleich mangelhaften Lichtbildqualität in den Identifikationspapieren, in keinem einzigen Fall erfolgen konnte und daher der Fortbetrieb der Datenbank unwirtschaftlich gewesen wäre. Die Einzelheiten des Verfahrens zur Rückgabe der Fundpapiere an den Ausstellerstaat (bis zum 12.10.2018 sind 78.647 Fundpapiere erfasst worden) richten sich nach der Richtlinie des Bundesministeriums des Innern v. 27.4.1999 über die Behandlung ausländischer Pässe, Passersatzpapiere, Personalausweise und Personenstandsurkunden (BT-Drs. 19/8752, 68).

§ 49b [aufgehoben]

1 Die durch Art. 1 Nr. 8 des Gesetzes zur Änderung des Aufenthaltsgesetzes und weiterer Gesetze v. 14.3.2005 (BGBl. I 721 (722)) eingefügte Norm wurde durch Art. 3 Nr. 3 des Zweiten Gesetzes zur Verbesserung der Registrierung und des Datenaustausches zu aufenthalts- und asylrechtlichen Zwecken v. 4.8.2019 (BGBl. I 1131) aufgehoben. Die Vorschrift regelte den Inhalt der Fundpapier-Datenbank (§ 49a).

Kapitel 5. Beendigung des Aufenthalts

Abschnitt 1. Begründung der Ausreisepflicht

§ 50 Ausreisepflicht

(1) Ein Ausländer ist zur Ausreise verpflichtet, wenn er einen erforderlichen Aufenthaltstitel nicht oder nicht mehr besitzt und ein Aufenthaltsrecht nach dem Assoziationsabkommen EWG/Türkei nicht oder nicht mehr besteht.

(2) Der Ausländer hat das Bundesgebiet unverzüglich oder, wenn ihm eine Ausreisefrist gesetzt ist, bis zum Ablauf der Frist zu verlassen.

(3) ¹Durch die Einreise in einen anderen Mitgliedstaat der Europäischen Union oder in einen anderen Schengen-Staat genügt der Ausländer seiner Ausreisepflicht nur, wenn ihm Einreise und Aufenthalt dort erlaubt sind. ²Liegen diese Voraussetzungen vor, ist der ausreisepflichtige Ausländer aufzufordern, sich unverzüglich in das Hoheitsgebiet dieses Staates zu begeben.

(4) Ein ausreisepflichtiger Ausländer, der seine Wohnung wechseln oder den Bezirk der Ausländerbehörde für mehr als drei Tage verlassen will, hat dies der Ausländerbehörde vorher anzuzeigen.

(5) Der Pass oder Passersatz eines ausreisepflichtigen Ausländers soll bis zu dessen Ausreise in Verwahrung genommen werden.

(6) ¹Ein Ausländer kann zum Zweck der Aufenthaltsbeendigung in den Fahndungshilfsmitteln der Polizei zur Aufenthaltsermittlung und Festnahme ausgeschrieben werden, wenn sein Aufenthalt unbekannt ist. ²Ein Ausländer, gegen den ein Einreise- und Aufenthaltsverbot nach § 11 besteht, kann zum Zweck der Einreiseverweigerung zur Zurückweisung und für den Fall des Antreffens im Bundesgebiet zur Festnahme ausgeschrieben werden. ³Für Ausländer, die gemäß § 15a verteilt worden sind, gilt § 66 des Asylgesetzes entsprechend.

Überblick

Der derzeitige Gesetzeswortlaut beruht im Wesentlichen auf dem Gesetz zur Umsetzung aufenthaltsrechtlicher Richtlinien der Europäischen Union und zur Anpassung nationaler Rechtsvorschriften an den EU-Visakodex (v. 22.11.2011, BGBl. I 2258; BT-Drs. 17/5470, 22) und ist vor allem den Vorgaben der Rückführungs-RL (RL 2008/115/EG v. 16.12.2008, ABl. 2008 L 348, 98) geschuldet. Mit der jüngsten Änderung in § 50 Abs. 6 S. 2 durch das Gesetz zur Neubestimmung des Bleiberechts und der Aufenthaltsbeendigung (v. 27.7.2015, BGBl. I 1386) sollte eine Anpassung an die Neufassung des § 11 erfolgen.

A. Die Voraussetzungen der Ausreisepflicht (Abs. 1)

Die Ausreisepflicht setzt voraus, dass der Aufenthalt des Ausländers unrechtmäßig ist. Sie entsteht, wenn der Ausländer einen erforderlichen Aufenthaltstitel (§ 4 Abs. 1) nicht oder nicht mehr besitzt oder ein Aufenthaltsrecht nach dem EWG-Türkei (Beschluss Nr. 1/80 des Assoziationsrates v. 19.9.1980 über die Entwicklung der Assoziation) nicht oder nicht mehr besteht. Umgekehrt besteht die Ausreisepflicht nicht, wenn der Aufenthalt ohne Aufenthaltstitel rechtmäßig ist. Das ist der Fall, wenn sich der Ausländer aufgrund von Vorschriften, die dem AufenthG vorgehen oder aufgrund von Spezialregelungen in Deutschland aufhält. Das gilt zB für Unionsbürger und nach dem Recht der Europäischen Union begünstigte Drittstaatsangehörige, für Personen, auf die das AufenthG § 1 Abs. 2 keine Anwendung findet, für Ausländer, die nach den Regelungen des SDÜ (Schengener Durchführungsübereinkommen v. 19.6.1990, ABl. 2000 L 239, 19) bzw. Schengener Grenzkodex (VO (EU) 2016/399 v. 9.3.2016, ABl. 2016 L 77, 1) zum Kurzaufenthalt oder zur Durchreise berechtigt sind (zB Art. 6 Abs. 1 Schengener Grenzkodex, Art. 19–21 SDÜ) sowie Ausländer, deren Aufenthalt im Bundesgebiet zur Durchführung des Asylverfahrens nach § 55 Abs. 1 AsylG gestattet ist. Ohne Aufenthaltstitel ist der Aufenthalt eines Ausländers auch dann rechtmäßig, wenn er vom Erfordernis eines Aufenthaltstitels nach §§ 15 ff. AufenthV befreit ist oder sein Aufenthalt nach dem AufenthG kraft Gesetzes nach der Fiktionswirkung des § 81 Abs. 3 S. 1 und Abs. 4 erlaubt ist. 1

I. Entstehen der Ausreisepflicht

Die Ausreisepflicht entsteht kraft Gesetzes oder durch Verwaltungsakt. Ihrer gesonderten behördlichen Feststellung bedarf es nicht, vielmehr wird sie inzident insbesondere im Rahmen der Abschiebungsandrohung (§ 59) geprüft. Soweit die Ausreisepflicht nicht auf einem Verwaltungsakt beruht, ist der Ausländer gesondert auf diese hinzuweisen, wobei der Hinweis in der Regel mit der Abschiebungsandrohung verbunden wird. 2

1. Entstehen kraft Gesetzes

3   Die Ausreisepflicht entsteht kraft Gesetzes durch unerlaubte Einreise ohne den erforderlichen Aufenthaltstitel iSv § 14 Abs. 1, durch das Erlöschen der Aufenthaltsgestattung nach § 67 Abs. 1 Nr. 2 AsylG, durch den Wegfall der Befreiung vom Erfordernis des Aufenthaltstitels nach erlaubter Einreise (zB nach Ablauf der Höchstdauer eines nach § 15 AufenthV ohne Aufenthaltstitel erlaubten Kurzaufenthalts) oder bei Aufnahme einer zum Wegfall der Befreiung führenden Erwerbstätigkeit nach § 17 Abs. 1 AufenthV, durch Ablauf der Geltungsdauer des Aufenthaltstitels nach § 51 Abs. 1 Nr. 1, sofern nicht rechtzeitig eine Verlängerung beantragt wurde, durch Eintritt einer auflösenden Bedingung nach § 51 Abs. 1 Nr. 2, durch Erlöschen nach § 51 Abs. 1 Nr. 6–8, durch Wegfall der Voraussetzungen für die Durchreise oder den Kurzaufenthalt nach den Regelungen des SDÜ bzw. des Schengener Grenzkodex (zB Art. 19–21 SDÜ, Art. 6 Abs. 1 Schengener Grenzkodex), außer wenn nach nationalem Recht, insbesondere nach der AufenthV, eine Befreiung vom Erfordernis eines Aufenthaltstitels besteht und durch Erlöschen des Aufenthaltsrechts nach dem Assoziationsrecht EWG/Türkei.

4   Bei der ausschließlich wegen Fehlens des erforderlichen Passes nach § 14 Abs. 1 Nr. 1 unerlaubten Einreise entsteht die Ausreisepflicht – außer bei den durch das SDÜ geregelten Aufenthalten – nicht schon im Zeitpunkt der Einreise. Ist dem Ausländer durch die deutsche Auslandsvertretung oder die Grenzbehörde ein Visum unter Vorlage eines nicht als Pass oder Passersatz anerkannten Reisedokuments entgegen § 5 Abs. 1 Nr. 4 iVm § 3 Abs. 1 erteilt worden oder ist das anerkannte Reisedokument, in dem das Visum eingetragen ist, vor der Einreise nach dem Recht des Ausstellerstaates ungültig geworden, entsteht die Ausreisepflicht bei Aufenthalten, die durch das nationale Recht geregelt sind, erst nach dem Widerruf gem. § 52 Abs. 1 Nr. 1 oder nach Ablauf der Geltungsdauer des Visums gem. § 50 Abs. 1 und § 58 Abs. 2 S. 1 Nr. 2. Da ein entgegen § 5 Abs. 1 Nr. 4 iVm § 3 Abs. 1 erteiltes Visum nicht von vornherein nichtig ist und ein Visum wegen Passablaufs oder Ungültigkeit des Passes nicht erlischt (vgl. § 52 Abs. 1 Nr. 1), wird der Ausländer erst mit Ablauf der Geltungsdauer des Visums ausreisepflichtig, es sei denn, dieses Visum wird vorher widerrufen oder zurückgenommen.

5   Im Falle der nach § 14 Abs. 1 Nr. 2 oder Nr. 3 unerlaubten Einreise entsteht die Ausreisepflicht zu dem Zeitpunkt, in dem die Einreise beendet ist. Die Vollziehbarkeit der Ausreisepflicht tritt unmittelbar kraft Gesetzes ein und ist daher nicht selbstständig anfechtbar.

2. Entstehen durch Verwaltungsakt

6   Die Ausreisepflicht entsteht aufgrund eines Verwaltungsaktes in den Fällen der Versagung eines Aufenthaltstitels, wenn zu diesem Zeitpunkt der Aufenthalt noch rechtmäßig war, der nachträglichen zeitlichen Beschränkung des rechtmäßigen Aufenthalts oder des Aufenthaltstitels, des Widerrufs nach § 52 oder der Rücknahme nach dem § 48 VwVfG (oder entsprechenden landesrechtlichen Vorschriften), der Ausweisung (vgl. § 53 ff.) oder der Abschiebungsanordnung nach § 58a und des § 67 Abs. 1 Nr. 3–6 AsylG bei Asylbewerbern.

7   In diesen Fällen muss der Ausländer der Ausreisepflicht nachkommen, wenn der die Ausreisepflicht begründende Verwaltungsakt wirksam geworden ist. Dessen Anfechtung lässt seine Wirksamkeit und damit die Wirksamkeit der Ausreisepflicht unberührt (vgl. § 84 Abs. 2 S. 1).

II. Ende der Ausreisepflicht

8   Die Ausreisepflicht endet durch die Erteilung eines (notwendigen) Aufenthaltstitels, einer Aufenthaltsgestattung nach dem AsylG, der Erfüllung der Ausreisepflicht durch Ausreise oder durch zwangsweise Durchsetzung der Ausreisepflicht in Form von Zurück- oder Abschiebung (§§ 57, 58). Diese gehen der freiwilligen Erfüllung der Ausreisepflicht vor, wenn die Voraussetzungen nach § 57 Abs. 1 bzw. § 58 Abs. 3 vorliegen.

B. Ausreisefrist (Abs. 2)

9   Zur Erfüllung der Ausreisepflicht kann dem Ausländer eine Ausreisefrist gesetzt werden, deren Einzelheiten in § 59 geregelt sind. Ohne eine solche Ausreisefrist muss der Ausländer der Ausreisepflicht unverzüglich nachkommen. Wird die Ausreisefrist nicht wie regelmäßig in der Abschiebungsandrohung bestimmt, weil eine solche nicht ergeht (vgl. § 59 Abs. 1 S. 2 und S. 3), kann die Ausländerbehörde nach § 50 Abs. 2 eine Ausreisefrist bestimmen. Bei der Bemessung der Länge der Ausreisefrist steht der Ausländerbehörde iRd § 59 Abs. 1 S. 1 grundsätzlich ein Ermessensspielraum zwischen sieben und 30 Tagen zu. Dabei sind als privates Interesse die Dauer des

bisherigen Aufenthalts – der Ausländer soll die Möglichkeit haben, seine persönlichen Angelegenheiten zu regeln – und öffentliche Interessen (zB Verfügbarkeit des Ausländers in einem Strafverfahren) zu berücksichtigen. Eine Verkürzung unter die Mindestfrist oder ein gänzliches Absehen von einer Fristsetzung ist in den Fällen des § 59 Abs. 1 S. 2 möglich. In der Regel wird eine Ausreisefrist von 30 Tagen nach Beendigung des rechtmäßigen Aufenthalts für ausreichend angesehen. Sie darf nach § 59 Abs. 1 S. 4 unter Berücksichtigung der besonderen Umstände des Einzelfalls angemessen verlängert oder für einen längeren Zeitraum festgesetzt werden. Eine Verlängerung der Ausreisefrist ist ausgeschlossen, wenn die Abschiebungsvoraussetzungen nach § 58 eingetreten sind. Die Ausreisefrist darf nicht so festgelegt werden, dass sie, auch nicht teilweise, in die Zeit vor Ablauf eines Aufenthaltstitels fällt oder in einen Zeitraum, in dem der Aufenthalt aus sonstigen Gründen rechtmäßig ist. Wenn die Vollziehbarkeit der Ausreisepflicht oder der Abschiebungsandrohung entfällt, wird die Ausreisefrist unterbrochen und beginnt nach Wiedereintritt der Vollziehbarkeit erneut zu laufen (§ 59 Abs. 1 S. 6), ohne dass es einer erneuten Fristsetzung bedarf (§ 59 Abs. 1 S. 7). Sinn der Regelung ist, dass dem Ausländer bei Wiedereintritt der Vollziehbarkeit die volle Frist zur freiwilligen Ausreise wieder zur Verfügung steht. Die Vollziehbarkeit hängt daher nicht vom erfolglosen Ablauf der Ausreisefrist ab. War die Frist nicht durch einen Zeitraum, sondern durch ein Datum, bis zu welchem die Ausreise zu erfolgen hat, bestimmt worden, so muss anhand des Zeitraums zwischen Wirksamwerden der Abschiebungsandrohung und dem ursprünglich festgesetzten Datum das neue Datum der spätesten Ausreise errechnet und der Ausländer darauf hingewiesen werden. Ist die Frist zur freiwilligen Ausreise abgelaufen, darf der Termin der Abschiebung dem Ausländer nicht angekündigt werden (§ 59 Abs. 1 S. 8).

Ergeht gegen einen Ausländer eine Ausreiseaufforderung unter Setzung einer Ausreisefrist, **10** ohne dass sein Pass oder Passersatz nach Abs. 5 in Verwahrung genommen wird, sind in seinem Pass, Passersatz, Ausweisersatz oder in die Aufenthaltstitel auf einem besonderen Blatt die Ausreisepflicht und -frist zu vermerken („Ausreisepflicht nach § 50 Absatz 1 AufenthG. Ausreisefrist bis zum ..."). Gleichzeitig soll dem Ausländer eine Bescheinigung über die Ausreisepflicht unter Angabe der Ausreisefrist, sog. Grenzübertrittsbescheinigung, mit der Aufforderung ausgehändigt werden, diese der mit der polizeilichen Kontrolle des grenzüberschreitenden Verkehrs beauftragten Behörde bzw. der deutschen Auslandsvertretung außerhalb der Schengen-Staaten zu übergeben, welche die Bescheinigung nach Grenzübertritt (§ 13) des Ausländers der zuständigen Ausländerbehörde zuleitet. Wurden Pass oder Passersatz des Ausländers in Verwahrung genommen, erhält er diese ebenfalls gegen Aushändigung der Grenzübertrittsbescheinigung zurück. Dieses Kontrollverfahren einschließlich der Grenzübertrittsbescheinigung ist lediglich in der AufenthGAVwV (Nr. 50.4.1.2 AufenthGAVwV) geregelt, eine ausdrückliche gesetzliche Grundlage fehlt.

C. Erfüllung der Ausreisepflicht (Abs. 3)

Die Ausreisepflicht wird durch Verlassen des Bundesgebiets erfüllt. Zwar muss der Ausländer **11** nicht in sein Heimatland zurückkehren, er muss aber seinen Aufenthalt im Ausland begründen und darf nicht nur zum Schein und in der Absicht der sofortigen Rückkehr die Grenze überschreiten (BVerwG NVwZ 1991, 273; OVG Bln-Bbg BeckRS 2017, 108719 Rn. 5). Nach Abs. 3 S. 1 erfüllt der Ausländer durch die Einreise in einen anderen Mitgliedstaat oder in einen anderen Schengen-Staat seine Ausreisepflicht nur, wenn ihm Einreise und Aufenthalt dort erlaubt sind. Die Regelung soll zur Harmonisierung des unionalen Aufenthaltsrechts beitragen, indem die Ausreisepflicht möglichst mit Wirkung für alle EU-Staaten durchgesetzt wird. Bei unerlaubter Einreise und unerlaubtem Aufenthalt in dem EU-Staat oder anderen Schengen-Staat bleibt die Ausreisepflicht bestehen und kann im Falle der Wiedereinreise weiterhin durch Abschiebung vollzogen werden.

D. Anzeigepflichten nach Abs. 4

Nach Abs. 4 ist ein ausreisepflichtiger Ausländer, der seine Wohnung wechseln oder den Bezirk **12** der Ausländerbehörde für mehr als drei Tage verlassen will, verpflichtet, dies der Ausländerbehörde vorher anzuzeigen. Die Anzeigepflicht entsteht bereits ausweislich des Wortlauts mit Beginn der Ausreisepflicht, ohne dass diese vollziehbar ist. Sie soll der Überwachung der Ausreise dienen (§ 58 Abs. 3 Nr. 6). Aufgrund dieser Zwecksetzung sind die Gründe für den Wohnungswechsel oder das Verlassen des Bezirks unerheblich. Unerheblich ist auch, ob ein Wechsel des Wohnsitzes erfolgte und / oder dieser melderechtlich nachvollzogen wurde. Auch wenn keine neue Wohnung bezogen und kein anderweitiger Aufenthalt begründet wird, ist dies – außer im Falle der endgültigen Ausreise aus dem Bundesgebiet – anzeigepflichtig.

E. Sicherung der Erfüllung der Ausreisepflicht durch Passverwahrung (Abs. 5)

13   Die Soll-Vorschrift des Abs. 5 über die Passverwahrung setzt ebenfalls nur die Ausreisepflicht des Ausländers, nicht aber deren Vollziehbarkeit voraus. Zweck ist die Sicherung und Kontrolle der Erfüllung der Ausreisepflicht, insbesondere soll die Ausreise nicht an der etwaigen Vernichtung des Passes oder Passersatzes scheitern. Die Regelung begegnet insoweit Bedenken, als der Ausländer ohne Pass oder Passersatz nicht mehr seiner Pass- und Ausweispflicht (§§ 3, 48) genügen kann. Teilweise wird vertreten, dass dem Problem durch die Aushändigung einer formlosen Bescheinigung über die Verwahrung begegnet werden könne (OVG MV LSK 2010, 480746). Jedenfalls dürfte es unter Verhältnismäßigkeitsgesichtspunkten für die Passverwahrung erforderlich sein, dass konkrete Anhaltspunkte für einen Missbrauch des Passes durch Vernichtung, Beseitigung oder Unbrauchbarmachung bestehen.

F. Sicherung der Erfüllung der Ausreisepflicht durch Ausschreibung in den Fahndungsmitteln der Polizei (Abs. 6)

14   Der Sicherung der Durchsetzung der Ausreisepflicht dient schließlich auch die Ausschreibung in den Fahndungshilfsmitteln der Polizei nach Abs. 6, die zu zweierlei Zwecken zugelassen ist: erstens nach S. 1 zur Aufenthaltsermittlung und Festnahme im Rahmen der Aufenthaltsbeendigung und zweitens nach S. 2 zur Zurückweisung und zur Festnahme aus Gründen der Einreiseverhinderung. In beiden Konstellationen geht es darum, einem Untertauchen des Ausreisepflichtigen vorzubeugen. Da es sich jeweils um Kann-Bestimmungen handelt, ist im Rahmen der Ermessensausübung Raum für Verhältnismäßigkeitserwägungen. Für Asylbewerber gilt § 66 AsylG, der für nach § 15a verteilte Ausländer nach S. 3 entsprechend anzuwenden ist. Zwar ist verfassungsrechtlich für die Ausschreibung zur Festnahme keine richterliche Anordnung erforderlich (BVerfG BeckRS 2009, 34072), aber als ungeschriebenes Tatbestandsmerkmal müssen Haftgründe nach § 62 vorliegen, da nur dann eine Ausschreibung erfolgen darf, wenn auch eine Inhaftierung möglich ist (BVerfG BeckRS 2009, 34072; NdsOVG BeckRS 2015, 41218). § 60 Abs. 5 bildet auch die Ermächtigungsgrundlage für die Freiheitsentziehung, während § 50 Abs. 6 lediglich die Nutzung der Fahndungshilfsmittel der Polizei ermöglicht (NdsOVG BeckRS 2015, 41218).

I. Ausschreibung zur Aufenthaltsermittlung (Abs. 6 S. 1)

15   Der Aufenthalt des Ausländers ist unbekannt, wenn die zuständigen Behörden seinen Aufenthaltsort nicht kennen, ohne dass es auf die Gründe der Unkenntnis ankäme. Diese sind vielmehr im Rahmen der Ermessensausübung und bei der Verhältnismäßigkeitsprüfung zu berücksichtigen, weshalb eine Ausschreibung regelmäßig ausscheidet, wenn der Behörde der Aufenthalt des Ausländers aufgrund eigenen Verschuldens unbekannt ist. Bevor die zuständige Behörde von einem unbekannten Aufenthalt des Ausländers ausgeht und diesen zur Aufenthaltsermittlung ausschreibt, muss sie zunächst alle ihr sonst zugänglichen Erkenntnisquellen nutzen (zB Ausländerzentralregister, BAMF, Meldebehörde, Arbeitgeber, Prozessbevollmächtigter, letzter Wohnungsgeber, letzte Haftanstalt) nutzen.

16   Im Falle eines Einreise- und Aufenthaltsverbot nach § 11 Abs. 1 S. 1 kann die präventive Aufnahme in die Fahndungslisten angeordnet werden, um Einreiseversuchen zu begegnen, sei es durch Zurückweisung, sei es durch Festnahme nach Einreise zum Zwecke der anschließenden Zurückschiebung oder Abschiebung. Die Ausschreibung im Schengener Informationssystem (SIS) im Einzelnen ist in Art. 24 SIS II-VO (VO (EG) 1987/2006 v. 20.12.2006, ABl. 2006 L 381, 4) in Verbindung mit SIS II-Beschluss (B 2007/533/JI v. 12.6.2007, ABl. 2007 L 205, 63) und Art. 1 SIS-II-Gesetz (Gesetz zum Schengener Informationssystem der zweiten Generation v. 6.6.2009, BGBl. I 1226) geregelt.

II. Ausschreibung zum Zweck der Einreiseverweigerung und zur Festnahme (Abs. 6 S. 2)

17   Erfolgt die Ausschreibung zum Zweck der Einreiseverweigerung und zur Festnahme im SIS, ist deren weitreichende Wirkung zu berücksichtigen: die Ausschreibung des Ausländers im SIS führt dazu, dass ihm im gesamten Schengen-Gebiet grundsätzlich die Einreise zu verweigern ist, weshalb der Betroffene vor deutschen Verwaltungsgerichten auf Löschung der von EU-Behörden eingestellten Ausschreibungsdaten im SIS klagen kann (HessVGH NVwZ-RR 2015, 712).

18   Beruht die Ausreisepflicht auf Gesetz, beginnt sie mit Erfüllung des Tatbestands. Wird sie durch einen Verwaltungsakt ausgelöst, tritt sie ohne Rücksicht auf dessen Unanfechtbarkeit sofort ein,

weil die Anfechtung des Verwaltungsakts unbeschadet ihrer möglichen aufschiebenden Wirkung die Unrechtmäßigkeit des Aufenthalts nicht berührt (§ 84 Abs. 2 S. 2). Beruht die Ausreisepflicht auf mehreren Grundlagen, berühren deren Vollziehbarkeit und Fortbestand das Bestehen der Ausreisepflicht nicht. Trotz § 84 Abs. 2 S. 1 ist aber die Ausweisung im vorläufigen Rechtsschutzverfahren zu überprüfen, wenn die Sperrwirkung des § 11 dem Antrag auf einen Aufenthaltstitel entgegengesetzt werden soll.

III. Rechtsschutz gegen die Ausschreibung

Die Ausschreibung zur Festnahme in den Fahndungshilfsmitteln der Polizei ist kein Verwal- **19** tungsakt (NdsOVG BeckRS 2015, 41218). Dasselbe gilt für die Speicherung im SIS und im INPOL (= Informationssystem Polizei), weil sie nicht auf Rechtswirkungen nach außen gerichtet ist. Die Ausschreibung dient den Behörden als Grundlage für eine mögliche, in der Zukunft liegende Entscheidung über ein Einreisebegehren. Ein Löschungsanspruch ist daher im Wege der allgemeinen Leistungsklage zu verfolgen. Für einstweiligen Rechtsschutz im Sinne einer vorläufigen Löschung der Ausschreibung im SIS (wie auch im polizeilichen Informationssystem) kommt ein Antrag nach § 123 VwGO in Betracht.

Der Löschungsanspruch setzt voraus, dass die Speicherung der Daten rechtswidrig ist. **20** Anspruchsgegner ist die ausschreibende Stelle, da diese auch für die Löschung und Berichtigung von Daten zuständig ist. Die datenschutzrechtliche Verantwortung für die bei der Zentralstelle gespeicherten Daten, namentlich die Rechtmäßigkeit der Erhebung, die Zulässigkeit der Eingabe sowie die Richtigkeit oder Aktualität der Daten, obliegt im Rahmen des polizeilichen Informationssystems gem. § 12 Abs. 2 BKAG der Stelle, welche die Daten unmittelbar eingegeben hat. Ein Antrag auf Löschung von Daten aus dem polizeilichen Informationssystem nach § 11 BKAG ist daher gegen die Stelle zu richten, die sie eingegeben hat. Die Voraussetzungen des Löschungsanspruchs beurteilen sich nach § 32 Abs. 2 S. 1 BKAG. Danach hat das Bundeskriminalamt die in Dateien gespeicherten personenbezogenen Daten zu löschen, wenn ihre Speicherung unzulässig ist oder ihre Kenntnis für die Aufgabenerfüllung nicht mehr erforderlich ist (BVerwG BeckRS 2010, 51017).

§ 51 Beendigung der Rechtmäßigkeit des Aufenthalts; Fortgeltung von Beschränkungen

(1) Der Aufenthaltstitel erlischt in folgenden Fällen:
1.   Ablauf seiner Geltungsdauer,
2.   Eintritt einer auflösenden Bedingung,
3.   Rücknahme des Aufenthaltstitels,
4.   Widerruf des Aufenthaltstitels,
5.   Ausweisung des Ausländers,
5a. Bekanntgabe einer Abschiebungsanordnung nach § 58a,
6.   wenn der Ausländer aus einem seiner Natur nach nicht vorübergehenden Grunde ausreist,
7.   wenn der Ausländer ausgereist und nicht innerhalb von sechs Monaten oder einer von der Ausländerbehörde bestimmten längeren Frist wieder eingereist ist,
8.   wenn ein Ausländer nach Erteilung eines Aufenthaltstitels gemäß der §§ 22, 23 oder § 25 Abs. 3 bis 5 einen Asylantrag stellt;
ein für mehrere Einreisen oder mit einer Geltungsdauer von mehr als 90 Tagen erteiltes Visum erlischt nicht nach den Nummern 6 und 7.

(1a) ¹Die Gültigkeit einer nach § 19 erteilten ICT-Karte erlischt nicht nach Absatz 1 Nummer 6 und 7, wenn der Ausländer von der in der Richtlinie 2014/66/EU vorgesehenen Möglichkeit Gebrauch macht, einen Teil des unternehmensinternen Transfers in einem anderen Mitgliedstaat der Europäischen Union durchzuführen. ²Die Gültigkeit einer nach § 16b oder § 18d erteilten Aufenthaltserlaubnis erlischt nicht nach Absatz 1 Nummer 6 und 7, wenn der Ausländer von der in der Richtlinie (EU) 2016/801 vorgesehenen Möglichkeit Gebrauch macht, einen Teil des Studiums oder des Forschungsvorhabens in einem anderen Mitgliedstaat der Europäischen Union durchzuführen.

(2) ¹Die Niederlassungserlaubnis eines Ausländers, der sich mindestens 15 Jahre rechtmäßig im Bundesgebiet aufgehalten hat sowie die Niederlassungserlaubnis seines mit ihm in ehelicher Lebensgemeinschaft lebenden Ehegatten erlöschen nicht nach Absatz 1 Nr. 6 und 7, wenn deren Lebensunterhalt gesichert ist und kein Ausweisungsinteresse nach § 54 Absatz 1 Nummer 2 bis 5 oder Absatz 2 Nummer 5 bis 7 besteht. ²Die Niederlassungserlaubnis eines mit einem Deutschen in ehelicher Lebensgemeinschaft lebenden Ausländers erlischt nicht nach Absatz 1 Nr. 6 und 7, wenn kein Ausweisungsinteresse nach § 54 Absatz 1 Nummer 2 bis 5 oder Absatz 2 Nummer 5 bis 7 besteht. ³Zum Nachweis des Fortbestandes der Niederlassungserlaubnis stellt die Ausländerbehörde am Ort des letzten gewöhnlichen Aufenthalts auf Antrag eine Bescheinigung aus.

(3) Der Aufenthaltstitel erlischt nicht nach Absatz 1 Nr. 7, wenn die Frist lediglich wegen Erfüllung der gesetzlichen Wehrpflicht im Heimatstaat überschritten wird und der Ausländer innerhalb von drei Monaten nach der Entlassung aus dem Wehrdienst wieder einreist.

(4) ¹Nach Absatz 1 Nr. 7 wird in der Regel eine längere Frist bestimmt, wenn der Ausländer aus einem seiner Natur nach vorübergehenden Grunde ausreisen will und eine Niederlassungserlaubnis besitzt oder wenn der Aufenthalt außerhalb des Bundesgebiets Interessen der Bundesrepublik Deutschland dient. ²Abweichend von Absatz 1 Nummer 6 und 7 erlischt der Aufenthaltstitel eines Ausländers nicht, wenn er die Voraussetzungen des § 37 Absatz 1 Satz 1 Nummer 1 erfüllt, rechtswidrig mit Gewalt oder Drohung mit einem empfindlichen Übel zur Eingehung der Ehe genötigt und von der Rückkehr nach Deutschland abgehalten wurde und innerhalb von drei Monaten nach Wegfall der Zwangslage, spätestens jedoch innerhalb von zehn Jahren seit der Ausreise, wieder einreist.

(5) Die Befreiung vom Erfordernis des Aufenthaltstitels entfällt, wenn der Ausländer ausgewiesen, zurückgeschoben oder abgeschoben wird; § 11 Absatz 2 bis 5 findet entsprechende Anwendung.

(6) Räumliche und sonstige Beschränkungen und Auflagen nach diesem und nach anderen Gesetzen bleiben auch nach Wegfall des Aufenthaltstitels oder der Aussetzung der Abschiebung in Kraft, bis sie aufgehoben werden oder der Ausländer seiner Ausreisepflicht nachgekommen ist.

(7) ¹Im Falle der Ausreise eines Asylberechtigten oder eines Ausländers, dem das Bundesamt für Migration und Flüchtlinge unanfechtbar die Flüchtlingseigenschaft zuerkannt hat, erlischt der Aufenthaltstitel nicht, solange er im Besitz eines gültigen, von einer deutschen Behörde ausgestellten Reiseausweises für Flüchtlinge ist. ²Der Ausländer hat auf Grund seiner Anerkennung als Asylberechtigter oder der unanfechtbaren Zuerkennung der Flüchtlingseigenschaft durch das Bundesamt für Migration und Flüchtlinge keinen Anspruch auf erneute Erteilung eines Aufenthaltstitels, wenn er das Bundesgebiet verlassen hat und die Zuständigkeit für die Ausstellung eines Reiseausweises für Flüchtlinge auf einen anderen Staat übergegangen ist.

(8) ¹Vor der Aufhebung einer Aufenthaltserlaubnis nach § 38a Abs. 1, vor einer Ausweisung eines Ausländers, der eine solche Aufenthaltserlaubnis besitzt und vor dem Erlass einer gegen ihn gerichteten Abschiebungsanordnung nach § 58a gibt die zuständige Behörde in dem Verfahren nach § 91c Absatz 2 über das Bundesamt für Migration und Flüchtlinge dem Mitgliedstaat der Europäischen Union, in dem der Ausländer die Rechtsstellung eines langfristig Aufenthaltsberechtigten besitzt, Gelegenheit zur Stellungnahme, wenn die Abschiebung in ein Gebiet erwogen wird, in dem diese Rechtsstellung nicht erworben werden kann. ²Geht die Stellungnahme des anderen Mitgliedstaates rechtzeitig ein, wird sie von der zuständigen Behörde berücksichtigt.

(8a) ¹Soweit die Behörden anderer Schengen-Staaten über Entscheidungen nach Artikel 34 der Verordnung (EG) Nr. 810/2009, die durch die Ausländerbehörden getroffen wurden, zu unterrichten sind, erfolgt dies über das Bundesamt für Migration und Flüchtlinge. ²Die mit der polizeilichen Kontrolle des grenzüberschreitenden Verkehrs beauftragten Behörden unterrichten die Behörden anderer Schengen-Staaten unmittelbar über ihre Entscheidungen nach Artikel 34 der Verordnung (EG) Nr. 810/2009.

(9) ¹Die Erlaubnis zum Daueraufenthalt – EU erlischt nur, wenn
1. ihre Erteilung wegen Täuschung, Drohung oder Bestechung zurückgenommen wird,
2. der Ausländer ausgewiesen oder ihm eine Abschiebungsanordnung nach § 58a bekannt gegeben wird,
3. sich der Ausländer für einen Zeitraum von zwölf aufeinander folgenden Monaten außerhalb des Gebiets aufhält, in dem die Rechtsstellung eines langfristig Aufenthaltsberechtigten erworben werden kann; der Zeitraum beträgt 24 aufeinanderfol-

gende Monate bei einem Ausländer, der zuvor im Besitz einer Blauen Karte EU war, und bei seinen Familienangehörigen, die zuvor im Besitz einer Aufenthaltserlaubnis nach den §§ 30, 32, 33 oder 36 waren,

4. sich der Ausländer für einen Zeitraum von sechs Jahren außerhalb des Bundesgebiets aufhält oder

5. der Ausländer die Rechtsstellung eines langfristig Aufenthaltsberechtigten in einem anderen Mitgliedstaat der Europäischen Union erwirbt.

²Auf die in Satz 1 Nr. 3 und 4 genannten Fälle sind die Absätze 2 bis 4 entsprechend anzuwenden.

(10) ¹Abweichend von Absatz 1 Nummer 7 beträgt die Frist für die Blaue Karte EU und die Aufenthaltserlaubnisse nach den §§ 30, 32, 33 oder 36, die den Familienangehörigen eines Inhabers einer Blauen Karte EU erteilt worden sind, zwölf Monate. ²Gleiches gilt für die Niederlassungserlaubnis eines Ausländers, der sich mindestens 15 Jahre rechtmäßig im Bundesgebiet aufgehalten hat sowie die Niederlassungserlaubnis eines mit ihm in ehelicher Lebensgemeinschaft lebenden Ehegatten, wenn sie das 60. Lebensjahr vollendet haben.

Überblick

Die Vorschrift hat seit ihrer ursprünglichen Fassung des ZuwG (Zuwanderungsgesetz v. 30.7.2004, BGBl. I 1950; BT-Drs 15/420, 20 f.; BT-Drs. 15/3479, 8) zahlreiche Änderungen erfahren, zuletzt durch das Gesetz zur Umsetzung aufenthaltsrechtlicher Richtlinien der Europäischen Union zur Arbeitsmigration (v. 12.5.2017, BGBl. I 1106), durch das der neue Abs. 1a eingefügt wurde.

Übersicht

A. Die Fälle des Erlöschens des Aufenthaltstitels (Abs. 1)

I. Allgemeines

Die Aufzählung der insgesamt neun Fälle in Abs. 1 Hs. 1, in denen der Aufenthaltstitel erlischt, **1** ist abschließend. Die Beurteilung der Sach- und Rechtslage richtet sich nach dem Zeitpunkt der letzten mündlichen Verhandlung oder Entscheidung des Tatsachengerichts, wenn die Rechtmäßigkeit des Aufenthalts durch eine ausländerbehördliche Verfügung beendet wird, zB im Falle des Widerrufs, der Rücknahme oder der nachträglichen Befristung (§ 7 Abs. 2) eines unbefristeten Aufenthaltstitels (BVerwG InfAuslR 2010, 346 = BeckRS 2010, 50184). Infolgedessen hat die Ausländerbehörde ihre Entscheidung verfahrensbegleitend zu kontrollieren und ggf. ihre Ermessenserwägungen zu aktualisieren. Bei befristeten Aufenthaltstiteln gilt es zu beachten, dass dann, wenn der Entscheidungszeitpunkt nach dem Ablauf der Geltungsdauer des Titels liegt, die Sach- und Rechtslage im Zeitpunkt des Ablaufs der Gültigkeitsdauer zugrunde zu legen ist, denn die danach eintretenden Umstände können für den allein bis zum Ablauf der Gültigkeitsdauer geregelten Lebenssachverhalt keine Bedeutung mehr haben (BayVGH BeckRS 2011, 53689; VGH BW NVwZ 2009, 1380).

Ist streitig, ob der Aufenthaltstitel erloschen ist, kann die Ausländerbehörde einen feststellenden **2** Verwaltungsakt erlassen, wobei aber in der Regel ein bloßer Ungültigkeitsstempel nicht genügt (BVerwG BeckRS 2010, 55160). Die erforderliche Verwaltungsaktbefugnis lässt sich im Wege der Auslegung dem Gesetz entnehmen (BVerwG NVwZ 1991, 267 f.; BVerwGE 72, 265 (266) = BeckRS 9998, 163900; VGH BW BeckRS 2016, 40012; InfAuslR 1990, 187 = BeckRS 9998, 27443).

II. Die Fälle im Einzelnen

Nach **Nr. 1** erlischt ein befristeter Aufenthaltstitel mit Ablauf seiner Geltungsdauer; eine nach- **3** trägliche Verkürzung nach § 7 Abs. 2 S. 2 ist zu berücksichtigen.

4   Nach **Nr. 2** führt der Eintritt einer auflösenden Bedingung (zB hinsichtlich der Erteilung oder Verlängerung einer Aufenthaltserlaubnis oder eines Visums nach § 12 Abs. 2 S. 1) zum Erlöschen, vorausgesetzt, die Bedingung ist aus der maßgeblichen Sicht des Empfängers (§§ 133, 157 BGB analog) ausreichend bestimmt (verneinend VG Berlin BeckRS 2014, 58811; bejahend OVG Saarl BeckRS 2017, 100583) und auch im Übrigen rechtmäßig ist. Insbesondere darf das Erlöschen nicht sofort und ohne angemessene Reaktionszeit zu einem – strafbaren – illegalen Aufenthalt führen (VGH BW BeckRS 2014, 46012).

5   Nach **Nr. 3** erlischt mit der Rücknahme nach § 48 LVwVfG der Aufenthaltstitel. Sie kann auch mit Rückwirkung auf den Zeitpunkt der Erteilung erfolgen, etwa aufgrund Verschuldens des Ausländers am Zustandekommen des rechtswidrigen Verwaltungsakts und bei fehlendem schutzwürdigen Vertrauen. Zur ordnungsgemäßen Ausübung des Rücknahmeermessens müssen alle Umstände des Einzelfalls berücksichtigt werden (zB das Alter des Ausländers bei der Einreise, die Dauer des Aufenthalts sowie wirtschaftliche und sonstige Bindungen).

6   Nach **Nr. 4** führt der Widerruf (§ 52) ebenfalls zum Erlöschen des Aufenthaltstitels.

7   Nach **Nr. 5** erlischt der Aufenthaltstitel im Falle der Ausweisung mit der ausländerbehördlichen Verfügung, ohne dass diese bereits in Bestandskraft erwachsen sein muss (§ 84 Abs. 2 S. 1). Wird sie allerdings später im Widerspruchs- oder Klageverfahren aufgehoben, führt dies nachträglich zum Nichterlöschen des Aufenthaltstitels (§ 84 Abs. 2 S. 3). Die Ausweisung eines Asylbewerbers führt nicht zum Erlöschen der Aufenthaltsgestattung, auch nicht bei aufschiebend bedingter Ausweisung (§ 53 Abs. 4 S. 1 iVm § 36 Abs. 2 Nr. 2 VwVfG). Diese entfaltet ihre Wirkung erst mit unanfechtbarem negativem Abschluss des Asylverfahrens, so dass erst dann die Aufenthaltsgestattung erlischt (§ 67 Abs. 1 Nr. 6 AsylG).

8   Nach **Nr. 5a** führt auch eine Abschiebungsanordnung nach § 58a zum Erlöschen des Aufenthaltstitels.

9   Die nicht nur vorübergehende Ausreise nach **Nr. 6** bildet nur dann einen Erlöschensgrund, wenn sie nicht staatlich erzwungen oder veranlasst ist (BVerwG InfAuslR 2012, 173 = BeckRS 2012, 48824 zur Auslieferung). Privat (durch Nötigung oder Entführung) erzwungene Ausreisen sind kaum unschädlich, wenn es sich um einen Fall des Abs. 4 S. 2 handelt, dh die Voraussetzungen des § 37 Abs. 1 S. 1 Nr. 1 erfüllt sind, der Ausländer rechtswidrig mit Gewalt oder Drohung mit einem empfindlichen Übel zur Eingehung der Ehe genötigt und von der Rückkehr nach Deutschland abgehalten wurde und innerhalb von drei Monaten nach Wegfall der Zwangslage, spätestens jedoch innerhalb von zehn Jahren seit der Ausreise, wieder einreist. Ob die Ausreise vorübergehend ist, richtet sich danach, ob der Auslandsaufenthalt nach seinem Zweck typischerweise zeitlich begrenzt ist und keine wesentliche Änderung der gewöhnlichen Lebensumstände in Deutschland mit sich bringt (BVerwG BeckRS 2013, 46725; SächsOVG Urt. v. 18.9.2014 – 3 A 554/13). Neben der Dauer dem Zweck des Auslandsaufenthalts sind alle sonstigen objektiven Umstände des Einzelfalles zu berücksichtigen, wie zB Aufgabe von Wohnung und Arbeitsplatz, Auszahlung von im Bundesgebiet erworbenen Rentenanwartschaften, polizeiliche Abmeldung, Mitnahme von Hausrat, Pflege eines dauernd pflegebedürftigen Angehörigen, aber auch der innere Wille des Ausländers wie Rückkehrpläne. Diese können sich auch ändern, weil sich der nicht nur vorübergehende Grund erst während des Auslandsaufenthalts ergibt (BVerwG NVwZ 1982, 683; SächsOVG Urt. v. 18.9.2014 – 3 A 554/13). Der Grund muss seiner Art nach objektiv und unter Berücksichtigung der gesamten Einzelfallumstände nicht nur eine vorübergehende Abwesenheit erfordern (BayVGH BeckRS 2011, 33384; VGH BW InfAuslR 2011, 297 = BeckRS 2011, 53275). Dass der Ausländer die Gründe, die ihn davon abhalten, in das Bundesgebiet zurückzukehren, nicht ausräumen oder beeinflussen kann, steht einem Erlöschen des Aufenthaltstitels nicht entgegen (BVerwGE 134, 27 = BeckRS 2009, 35951). Beispiele für eine nur vorübergehende Ausreise sind Urlaubsreisen, auch wenn sie zB durch die Inanspruchnahme von Sonderurlaub über die Dauer des gewöhnlichen Jahresurlaubs hinausgehen, oder beruflich veranlasste Aufenthalte von ähnlicher Dauer, Aufenthalte zur vorübergehenden Pflege von Angehörigen, zur Ableistung der Wehrpflicht oder Aufenthalte während der Schul- oder Berufsausbildung für zeitlich begrenzte Ausbildungsabschnitte (OVG MV BeckRS 2013, 49498; BVerwG BeckRS 2013, 46725; VG Düsseldorf BeckRS 2016, 48094). Je länger die Abwesenheit dauert, desto mehr spricht für einen nicht nur vorübergehenden Grund. Die Sechs-Monats-Frist des § 51 Abs. 1 Hs. 1 Nr. 7 kann hierbei als Orientierungskriterium dienen.

10   Nach **Nr. 7** führt die nicht rechtzeitige Wiedereinreise (vgl. § 13 Abs. 2) nach Ablauf einer ununterbrochenen (VGH BW BeckRS 2016, 40012; insoweit möglicherweise etwas missverständlich BVerwG InfAuslR 1989, 114 = BeckRS 1988, 31277091) Abwesenheitszeit von mehr als sechs Monaten oder einer von der Ausländerbehörde bestimmten längeren Frist ebenfalls zum Erlöschen des Aufenthaltstitels. Da es auf den Grund der Ausreise – vorübergehend oder dauerhaft – nicht ankommt, sollte bei einer mehr als sechsmonatigen Abwesenheit vorsichtshalber bei der Ausländerbehörde eine Fristverlängerung beantragt werden. Dies muss spätestens vom Ausland her vor Ablauf von sechs Monaten erfolgen (HessVGH BeckRS 1999, 21434), zumal eine Wiedereinsetzung in den vorigen Stand ausgeschlossen ist (OVG NRW BeckRS 2004, 24196), weil es für den Eintritt des gesetzlichen Erlöschenstatbestands unerheblich ist, ob eine unterbliebene Fristverlängerung oder eine nicht fristgerechte Rückkehr auf einem Verschulden des Ausländers beruht oder auf Gründen, die von seinem Willen unabhängig sind wie Erkrankung oder Inhaftierung (OVG Bln-Bbg BeckRS 2017, 108029; BayVGH BeckRS 2007, 28896; VG München BeckRS 2010, 37368).

Eine Sonderregelung für Inhaber einer Niederlassungserlaubnis enthält Abs. 4 S. 1, wonach in **11** der Regel eine längere Frist bestimmt wird, wenn der Ausländer aus einem seiner Natur nach vorübergehenden Grunde ausreisen will und eine Niederlassungserlaubnis besitzt oder wenn der Aufenthalt außerhalb des Bundesgebiets Interessen der Bundesrepublik Deutschland dient. Darunter fallen zB Entwicklungshelfer, die weder im Besitz einer Niederlassungserlaubnis sein noch sich nur aus einem vorübergehenden Grund im Ausland aufhalten müssen.

Ausnahmen vom Erlöschen für Inhaber einer Niederlassungserlaubnis regelt Abs. 2. Nach **12** Abs. 2 S. 1 erlöschen die Niederlassungserlaubnis eines Ausländers, der sich mindestens 15 Jahre rechtmäßig im Bundesgebiet aufgehalten hat sowie die Niederlassungserlaubnis seines mit ihm in ehelicher Lebensgemeinschaft lebenden Ehegatten, der keine Mindestaufenthaltszeit erfüllen muss, nicht, wenn deren Lebensunterhalt gesichert ist und kein Ausweisungsinteresse nach § 54 Abs. 1 Nr. 2–5 oder § 54 Abs. 2 Nr. 5–7 besteht. Hintergrund der Regelung – wie auch in Abs. 10 S. 2 – ist, dass nach einem rechtmäßigen Aufenthalt von mindestens 15 Jahren die soziale und wirtschaftliche Integration soweit fortgeschritten sind, dass bei Rückkehr im Regelfall keine Reintegrationsprobleme auftreten (HessVGH BeckRS 2016, 44401). Um dies zu sichern, bilden die genannten Ausweisungsinteressen (zB Unterstützung terroristischer und Vereinigungen, Aufstachelung zum Rassenhass, schwere Verstöße gegen Integrationsverpflichtungen) Gegenausnahmen. Ob die Voraussetzungen für den Erhalt der Niederlassungserlaubnis vorliegen, bestimmt sich nach dem Zeitpunkt des Eintritts der Erlöschungsvoraussetzungen (BVerwG BeckRS 2017, 110081). Nach Abs. 2 S. 2 erlischt auch nicht die Niederlassungserlaubnis eines Ausländers, der mit einem Deutschen verheiratet ist und mit ihm in ehelicher Lebensgemeinschaft zusammenlebt. Anders als bei Abs. 2 S. 1 ist weder die Sicherung des Lebensunterhalts noch ein bestimmter Mindestaufenthalt erforderlich. Ein Ausweisungsinteresse nach § 54 Abs. 1 Nr. 2–5 oder § 54 Abs. 2 Nr. 5–7 darf aber auch in diesem Fall selbstverständlich nicht vorliegen. Nach dem Schutzzweck der Norm muss die eheliche Lebensgemeinschaft mit dem Deutschen im Zeitpunkt, in dem die Niederlassungserlaubnis an sich erlöschen würde, und bei der erneuten Einreise noch bestehen (Bergmann/Dienelt/Bauer/Dollinger Rn. 25).

Bei dem Inhaber einer Niederlassungserlaubnis, der sich mindestens 15 Jahre rechtmäßig im **13** Bundesgebiet aufgehalten und das 60. Lebensjahr vollendet hat, gilt nach Abs. 10 S. 2 anstelle der Sechs-Monats-Frist eine solche von zwölf Monaten. Bei der Niederlassungserlaubnis des mit ihm in ehelicher Lebensgemeinschaft lebenden Ehegatten ist auch hier keine Mindestaufenthaltszeit erforderlich.

Zudem kann unionsrechtlichen Regelungen gegenüber Nr. 6 und Nr. 7 ein Anwendungsvor- **14** rang zukommen. So enthält Art. 21 RL (EU) 2016/801 (v. 11.5.2016, ABl. 2016 L 132, 21) besondere und abschließende Regelungen für die Entziehung oder die Nichtverlängerung des Aufenthaltstitels. Sonderregelungen ergeben sich auch aus Art. 9 Abs. 1 lit. c und Art. 4 Daueraufenthalts-RL sowie Art. 22 Abs. 1 Daueraufenthalts-RL (RL 2003/109/EG v. 25.11.2003, ABl. 2004 L 16, 44) für Inhaber einer Aufenthaltserlaubnis nach § 38a.

Die Erlöschensgründe der Nr. 6 und Nr. 7 finden auch auf türkische Staatsangehörige, die **15** eine Rechtsstellung nach Art. 6 Abs. 1 Alt. 3 ARB 1/80 oder Art. 7 ARB 1/80 innehaben, keine Anwendung. Deren assoziationsrechtliches Aufenthaltsrecht geht – außer in den Fällen des Art. 14 Abs. 1 ARB 1/80 – verloren, wenn der Betroffene den Aufnahmemitgliedstaat für einen nicht unerheblichen Zeitraum ohne berechtigte Gründe verlassen hat (EuGH InfAuslR 2007, 326 f. = BeckRS 2007, 70524 – Derin; NVwZ 2006, 556 – Torun; NVwZ 2005, 1292 – Aydinli; BVerwGE 134, 27 = BeckRS 2009, 35951; BVerwG InfAuslR 2007, 431 = BeckRS 2007, 26312).

Weitere Ausnahmen von den Rechtswirkungen der Nr. 6 und Nr. 7 finden sich in Abs. 1 **16** letzter Hs. für ein Visum, das für mehrere Einreisen oder mit einer Geltungsdauer von mehr als 90 Tagen erteilt wurde, und in Abs. 1a für den Inhaber einer ICT-Karte (§ 19), wenn dieser von der in der ICT-RL (RL 2014/66/EU v. 15.5.2014, ABl. 2014 L 157, 1) vorgesehenen Möglichkeit Gebrauch macht, einen Teil des unternehmensinternen Transfers in einem anderen Mitgliedstaat der Europäischen Union durchzuführen. Dasselbe gilt für eine nach § 16b oder § 18d erteilte Aufenthaltserlaubnis, wenn der Ausländer von der in der RL (EU) 2016/801 über Einreise- und Aufenthaltsbedingungen von Drittstaatsangehörigen zu bestimmten Zwecken (v. 11.5.2016, ABl. 2016 L 132, 21) vorgesehenen Möglichkeit Gebrauch macht, einen Teil des Studiums oder des Forschungsvorhabens in einem anderen Mitgliedstaat der Europäischen Union durchzuführen.

17   Ebenfalls begünstigt sind nach Abs. 3 Ausländer, welche die Sechs-Monats-Frist wegen der Erfüllung der gesetzlichen Wehrpflicht im Heimatstaat – freiwilliger Militärdienst reicht nicht – überschreiten und die innerhalb von drei Monaten nach der Entlassung aus dem Wehrdienst wieder einreisen.

18   Eine weitere Privilegierung enthält Abs. 4 S. 2 zugunsten von Opfern von Zwangsheirat, die sich acht Jahre rechtmäßig im Bundesgebiet aufgehalten und sechs Jahre die Schule besucht haben (vgl. § 37 Abs. 1 S. 1 Nr. 1), wenn sie innerhalb von drei Monaten nach Wegfall der Zwangslage, spätestens jedoch innerhalb von zehn Jahren nach der Ausreise wieder einreisen.

19   Eine gesetzliche Hinweispflicht der Ausländerbehörde auf die Rechtswirkungen der Nr. 6 und Nr. 7 besteht weder nach § 82 Abs. 3 (OVG NRW BeckRS 2011, 46707; Ausnahme: § 82 Abs. 6 S. 3) noch nach § 25 LVwVfG. Von einem Ausländer, der aufgrund eigenen Entschlusses aus dem Bundesgebiet ausreist, sich in einem anderen Staat längerfristig aufhält und damit die persönlich-räumliche Bindung zum Bundesgebiet erkennbar lockert, darf erwartet werden, dass er sich über den weiteren Fortbestand seines Aufenthaltsrechts im Bundesgebiet selbst informiert (VG Frankfurt a. M. BeckRS 2008, 30130; VG Ansbach BeckRS 2001, 18995). In besonderen Konstellationen kann einem Erlöschen aber der Grundsatz von Treu und Glauben (§ 242 BGB in analoger Anwendung) entgegenstehen (BayVGH BeckRS 2007, 28896; 2004, 29570; VG Hamburg BeckRS 2010, 48561), was, wie auch in sonstigen Konstellationen, bei einem Beratungsfehler der Ausländerbehörde der Fall sein kann.

20   Nach **Nr. 8** erlischt der Aufenthaltstitel gem. §§ 22, 23 oder 25 Abs. 3–5, wenn der Ausländer einen Asylantrag (§ 13 AsylG) stellt. Das gilt bei § 25 Abs. 3 jedoch nicht, wenn ein Abschiebungsverbot nach § 60 Abs. 2, Abs. 3 oder Abs. 7 S. 2 besteht. Diese Regelung dient der Umsetzung von Art. 24 Abs. 2 Qualifikations-RL 2004 (RL 2004/83/EG v. 29.4.2004, ABl. 2004 L 304, 12).

B. Die Regelungen der Abs. 5–9

21   **Abs. 5** regelt, dass die Befreiung vom Erfordernis eines Aufenthaltstitels mit Ausweisung, Zurückschiebung oder Abschiebung endet, so dass der Ausländer ausreise- und bei Wiedereinreise aufenthaltstitelpflichtig wird. In entsprechender Anwendung des § 11 Abs. 2–5 ist ein Befristungsverfahren durchzuführen. Mit Ablauf der Frist tritt wieder die Befreiung ein.

22   **Abs. 6** sorgt dafür, dass trotz Erlöschens des Aufenthaltstitels mit ihm verbundene räumliche und sonstige Beschränkungen und Auflagen fortbestehen. Sie werden also als selbstständige Nebenbestimmungen behandelt, deren Bestand nicht von dem des zugrundeliegenden Aufenthaltstitels abhängt. Sie erlöschen erst mit Aufhebung oder endgültiger, dh dauerhafter Ausreise.

23   Privilegiert ist nach **Abs. 7** auch, wer als Asylberechtigter oder als Flüchtling anerkannt ist. Sein Aufenthaltstitel erlischt nicht, solange er einen von einer deutschen Behörde ausgestellten Reiseausweis besitzt. Das gilt nicht, wenn er Deutschland verlassen hat und die Zuständigkeit für die Ausstellung eines GK-Reiseausweises auf einen anderen Staat übergegangen ist und andauert (s. § 11 GFK und das EU-Flüchtlings-Verantwortungsübereinkommen v. 16.10.1980, in Kraft seit dem 1.3.1995).

24   Die Erlaubnis zum Daueraufenthalt-EU (§ 9a) erlischt nur unter den besonderen Voraussetzungen des **Abs. 9,** nämlich wenn
*   ihre Erteilung wegen Täuschung, Drohung oder Bestechung zurückgenommen wird (Nr. 1),
*   der Ausländer ausgewiesen oder ihm eine Abschiebungsanordnung nach § 58a bekannt gegeben wird (Nr. 2),
*   der Ausländer sich für einen Zeitraum von zwölf aufeinander folgenden Monaten außerhalb des Gebiets aufhält, in dem die Rechtsstellung eines langfristig Aufenthaltsberechtigten erworben werden kann; der Zeitraum beträgt 24 aufeinanderfolgende Monate bei einem Ausländer, der zuvor im Besitz einer Blauen Karte EU war, und bei seinen Familienangehörigen, die zuvor im Besitz einer Aufenthaltserlaubnis nach den §§ 30, 32, 33 oder 36 waren (Nr. 3),
*   sich der Ausländer für einen Zeitraum von sechs Jahren außerhalb des Bundesgebiets aufhält (Nr. 4), oder
*   der Ausländer die Rechtsstellung eines langfristig Aufenthaltsberechtigten in einem anderen Mitgliedstaat der Europäischen Union erwirbt (Nr. 5).

Sonderregeln, nämlich eine verlängerte Zwölf-Monats-Frist, enthält Abs. 10 S. 1 für die Inhaber 25
einer Blauen Karte EU und die Aufenthaltserlaubnisse nach den §§ 30, 32, 33 oder 36, die den
Familienangehörigen eines Inhabers einer Blauen Karte EU erteilt worden sind.

Abs. 8 regelt das in Art. 22 Abs. 3 UAbs. 2 Daueraufenthalts-RL vorgesehene Konsultationsver- 26
fahren, das in § 91c Abs. 2 näher beschrieben wird. Vor der Aufhebung einer Aufenthaltserlaubnis
nach § 38a Abs. 1, vor einer Ausweisung eines Ausländers, der eine solche Aufenthaltserlaubnis
besitzt und vor dem Erlass einer gegen ihn gerichteten Abschiebungsanordnung nach § 58a gibt
die zuständige Behörde in diesem Konsultationsverfahren über das BAMF dem Mitgliedstaat der
Europäischen Union, in dem der Ausländer die Rechtsstellung eines langfristig Aufenthaltsberechtigten besitzt, Gelegenheit zur Stellungnahme, wenn die Abschiebung in ein Gebiet erwogen
wird, in dem diese Rechtsstellung nicht erworben werden kann. Geht die Stellungnahme des
anderen Mitgliedstaates rechtzeitig ein, wird sie von der zuständigen Behörde berücksichtigt. Das
bedeutet, dass eine Entscheidung nicht allein aus dem Grunde erheblich aufgeschoben werden
muss, weil die Stellungnahme des anderen Mitgliedstaates nicht erfolgt.

In **Abs. 8a** sind die Unterrichtungspflichten nach Art. 34 Abs. 1 und Abs. 2 Visakodex (VO 27
(EG) 810/2009 v. 13.7.2009, ABl. 2009 L 243, 1) umgesetzt, soweit Schengen-Visa annulliert
oder aufgehoben werden, die durch andere Mitgliedstaaten erteilt worden waren. Bei Maßnahmen,
die durch die Ausländerbehörden getroffen wurden, erfolgt dies über das BAMF. Die mit der
polizeilichen Kontrolle des grenzüberschreitenden Verkehrs beauftragten Behörden unterrichten
die Behörden anderer Schengen-Staaten unmittelbar über ihre Entscheidungen. Wird ein Visum
auf Ersuchen des Visuminhabers aufgehoben, ist die zuständige Behörde des Mitgliedstaats, der
das Visum erteilt hat, auch hier von der Aufhebung nach Art. 34 Abs. 3 Visakodex in Kenntnis
zu setzen.

§ 52 Widerruf

(1) ¹Der Aufenthaltstitel des Ausländers nach § 4 Absatz 1 Satz 2 Nummer 1 zweite
Alternative, Nummer 2, 2a, 2b, 2c, 3 und 4 kann außer in den Fällen der Absätze 2 bis
6 nur widerrufen werden, wenn
1. er keinen gültigen Pass oder Passersatz mehr besitzt,
2. er seine Staatsangehörigkeit wechselt oder verliert,
3. er noch nicht eingereist ist,
4. seine Anerkennung als Asylberechtigter oder seine Rechtsstellung als Flüchtling oder
   als subsidiär Schutzberechtigter erlischt oder unwirksam wird oder
5. die Ausländerbehörde nach Erteilung einer Aufenthaltserlaubnis nach § 25 Abs. 3
   Satz 1 feststellt, dass
   a) die Voraussetzungen des § 60 Absatz 5 oder 7 nicht oder nicht mehr vorliegen,
   b) der Ausländer einen der Ausschlussgründe nach § 25 Abs. 3 Satz 2 Nummer 1 bis
      4 erfüllt oder
   c) in den Fällen des § 42 Satz 1 des Asylgesetzes die Feststellung aufgehoben oder
      unwirksam wird.
²In den Fällen des Satzes 1 Nr. 4 und 5 kann auch der Aufenthaltstitel der mit dem
Ausländer in familiärer Gemeinschaft lebenden Familienangehörigen widerrufen werden, wenn diesen kein eigenständiger Anspruch auf den Aufenthaltstitel zusteht.

(2) ¹Ein nationales Visum, eine Aufenthaltserlaubnis und eine Blaue Karte EU, die
zum Zweck der Beschäftigung erteilt wurden, sind zu widerrufen, wenn die Bundesagentur für Arbeit nach § 41 die Zustimmung zur Ausübung der Beschäftigung widerrufen hat. ²Ein nationales Visum und eine Aufenthaltserlaubnis, die nicht zum Zweck der
Beschäftigung erteilt wurden, sind im Falle des Satzes 1 in dem Umfang zu widerrufen,
in dem sie die Beschäftigung gestatten.

(2a) ¹Eine nach § 19 erteilte ICT-Karte, eine nach § 19b erteilte Mobiler-ICT-Karte
oder ein Aufenthaltstitel zum Zweck des Familiennachzugs zu einem Inhaber einer
ICT-Karte oder Mobiler-ICT-Karte kann widerrufen werden, wenn der Ausländer
1. nicht mehr die Voraussetzungen der Erteilung erfüllt oder
2. gegen Vorschriften eines anderen Mitgliedstaates der Europäischen Union über die
   Mobilität von unternehmensintern transferierten Arbeitnehmern im Anwendungsbereich der Richtlinie 2014/66/EU verstoßen hat.

²Wird die ICT-Karte oder die Mobiler-ICT-Karte widerrufen, so ist zugleich der dem Familienangehörigen erteilte Aufenthaltstitel zu widerrufen, es sei denn, dem Familienangehörigen steht ein eigenständiger Anspruch auf einen Aufenthaltstitel zu.

(3) ¹Eine nach § 16b Absatz 1, 5 oder 7 zum Zweck des Studiums erteilte Aufenthaltserlaubnis kann widerrufen werden, wenn
1. der Ausländer ohne die erforderliche Erlaubnis eine Erwerbstätigkeit ausübt,
2. der Ausländer unter Berücksichtigung der durchschnittlichen Studiendauer an der betreffenden Hochschule im jeweiligen Studiengang und seiner individuellen Situation keine ausreichenden Studienfortschritte macht oder
3. der Ausländer nicht mehr die Voraussetzungen erfüllt, unter denen ihm eine Aufenthaltserlaubnis nach § 16b Absatz 1, 5 oder 7 erteilt werden könnte.
²Zur Prüfung der Voraussetzungen von Satz 1 Nummer 2 kann die Ausbildungseinrichtung beteiligt werden.

(4) Eine nach § 18d oder § 18f erteilte Aufenthaltserlaubnis kann widerrufen werden, wenn
1. die Forschungseinrichtung, mit welcher der Ausländer eine Aufnahmevereinbarung abgeschlossen hat, ihre Anerkennung verliert, sofern er an einer Handlung beteiligt war, die zum Verlust der Anerkennung geführt hat,
2. der Ausländer bei der Forschungseinrichtung keine Forschung mehr betreibt oder betreiben darf oder
3. der Ausländer nicht mehr die Voraussetzungen erfüllt, unter denen ihm eine Aufenthaltserlaubnis nach § 18d oder § 18f erteilt werden könnte oder eine Aufnahmevereinbarung mit ihm abgeschlossen werden dürfte.

(4a) Eine nach § 16e oder § 19e erteilte Aufenthaltserlaubnis kann widerrufen werden, wenn der Ausländer nicht mehr die Voraussetzungen erfüllt, unter denen ihm die Aufenthaltserlaubnis erteilt werden könnte.

(5) ¹Eine Aufenthaltserlaubnis nach § 25 Absatz 4a Satz 1 oder Absatz 4b Satz 1 soll widerrufen werden, wenn
1. der Ausländer nicht bereit war oder nicht mehr bereit ist, im Strafverfahren auszusagen,
2. die Angaben des Ausländers, auf die in § 25 Absatz 4a Satz 2 Nummer 1 oder Absatz 4b Satz 2 Nummer 1 Bezug genommen wird, nach Mitteilung der Staatsanwaltschaft oder des Strafgerichts mit hinreichender Wahrscheinlichkeit als falsch anzusehen sind oder
3. der Ausländer auf Grund sonstiger Umstände nicht mehr die Voraussetzungen für die Erteilung eines Aufenthaltstitels nach § 25 Absatz 4a oder Absatz 4b erfüllt.
²Eine Aufenthaltserlaubnis nach § 25 Absatz 4a Satz 1 soll auch dann widerrufen werden, wenn der Ausländer freiwillig wieder Verbindung zu den Personen nach § 25 Absatz 4a Satz 2 Nummer 2 aufgenommen hat.

(6) Eine Aufenthaltserlaubnis nach § 38a soll widerrufen werden, wenn der Ausländer seine Rechtsstellung als langfristig Aufenthaltsberechtigter in einem anderen Mitgliedstaat der Europäischen Union verliert.

Überblick

Die Norm hat seit ihrer ursprünglichen Fassung des Gesetzentwurfes zum ZuwG (Zuwanderungsgesetz v. 30.7.2004, BGBl. I 1950; BT-Drs 15/420), wie die aufgrund ihrer Bezeichnung unschwer als nachträglich eingefügt erkennbaren Absätze zeigen, zahlreiche Änderungen erfahren. Die meisten davon sind Folgeänderungen durch die in anderen Normen erfolgte Umsetzung von Unionsrecht, welche zur Einführung neuer Aufenthaltstitel führte. So diente die letzte Änderung in Abs. 2a–4a durch das Gesetz zur Umsetzung aufenthaltsrechtlicher Richtlinien der Europäischen Union zur Arbeitsmigration (v. 12.5.2017, BGBl. I 1106) der Umsetzung von Art. 8 Abs. 5 lit. a ICT-RL (RL 2014/66/EU v. 15.5.2014, ABl. 2014 L 157, 1) und von Art. 21 ff., 29 RL (EU) 2016/801 (v. 11.5.2016, ABl. 2016 L 132, 21).

A. Allgemeines

1   Die Vorschrift regelt die **Gründe für den Widerruf eines Aufenthaltstitels abschließend** („nur"). Insoweit sind die Vorschriften des allgemeinen Verwaltungsverfahrensrechts über den

Widerruf von Verwaltungsakten auf Aufenthaltstitel nicht ergänzend anwendbar. Ob dies auch für die Jahresfrist des §§ 49 Abs. 2 S. 2, 48 Abs. 4 LVwVfG gilt, ist streitig (bejahend Nr. 52.0.2 AufenthGAVwV; verneinend Bergmann/Dienelt/Bauer/Dollinger Rn. 4). Auf rechtswidrige Aufenthaltstitel findet § 48 LVwVfG Anwendung.

Der Widerruf steht im **behördlichen Ermessen** („kann") und erstreckt sich auf alle in Abs. 1 **2** genannten Aufenthaltstitel. Bei einem verfestigten Aufenthaltstitel wie der Niederlassungserlaubnis sind bei der Ermessensausübung persönliche Belange als gewichtiger anzusehen als bei einem nationalen Visum oder einer Aufenthaltserlaubnis mit kurzer Geltungsdauer. Die Aufenthaltsgestattung (§ 55 AsylG) ist kein Aufenthaltstitel, und ihr Wegfall wird durch die Erlöschensvorschriften in § 67 AsylG abschließend geregelt. Ein Widerruf mit ex tunc-Wirkung scheidet aus Gründen des Vertrauensschutzes aus (Bergmann/Dienelt/Bauer/Dollinger § 51 Rn. 5; aA VGH BW Urt. v. 6.4.2005 – 13 S 423/04; BeckRS 1998, 21220). Rechtsbehelfe gegen einen Widerruf des Aufenthaltstitels haben außer im Fall des § 52 Abs. 1 S. 1 Nr. 4 aufschiebende Wirkung (§ 84 Abs. 1 S. 1 Nr. 4), lassen aber nach § 84 Abs. 2 S. 1 die Wirksamkeit des Widerrufs unberührt (VGH BW EZAR NF 94 Nr. 2 = BeckRS 2005, 24236).

B. Die Widerrufsgründe des Abs. 1 im Einzelnen

Nach **Nr. 1** bildet der Nichtbesitz eines gültigen Passes oder Passersatzes einen Widerrufsgrund, **3** unter der Voraussetzung, dass Passpflicht nach § 3 besteht, also keine der zahlreichen Ausnahmen und Befreiungen eingreift. Auf die Gründe des Nichtbesitzes und damit ein Verschulden kommt es nicht an, sie sind aber im Rahmen des Ermessens zu berücksichtigen. Aufgrund der Bedeutung der Passpflicht ist bei Passlosigkeit im Zweifel der Widerruf geboten, von einem solchen hingegen abzusehen, wenn der Ausländer in zumutbarer Weise keinen gültigen Pass oder Passersatz zu erlangen in der Lage ist. Das gilt auch bei rechtzeitiger Beantragung der Passverlängerung, die sich dann aber verzögert. Das nur vorübergehende Fehlen eines gültigen Passdokuments steht einem Widerruf in der Regel ebenso entgegen wie eine rückwirkende Verlängerung.

Nach **Nr. 2** kann der Verlust oder Wechsel der Staatsangehörigkeit einen Widerruf rechtferti- **4** gen. Auch sie bildet eine wesentliche Grundlage für die Erteilung des Aufenthaltstitels, weshalb ihr Wechsel oder Verlust grundsätzlich den Widerruf rechtfertigt, anders als der Hinzuerwerb einer weiteren Staatsangehörigkeit. Ob sich die Chancen für einen Aufenthaltstitel durch den Wechsel oder Hinzuerwerb der Staatsangehörigkeit, zB einer solchen eines EU-Mitgliedstaats, verbessern oder zB einer solchen eines EU-Nichtmitgliedstaats verschlechtern, ist unerheblich. Vielmehr kommt es darauf an, ob der Besitz der bisherigen Staatsangehörigkeit für den Aufenthaltstitel zwingend (vgl. § 26 BeschV), wesentlich oder unerheblich ist. In den ersten beiden Fällen ist regelmäßig der Widerruf angezeigt. Jedoch sind bei der Ermessensausübung die Gründe für Verlust oder Wechsel der Staatsangehörigkeit und die möglicherweise damit verbundenen Wegfall früherer zielstaatsbezogener Abschiebungshindernisse zu berücksichtigen.

Wie **Nr. 3** zeigt, ist auch vor der Einreise der Widerruf insbesondere eines Visums zulässig, **5** zB bei einer geänderten Entscheidungsgrundlage wie dem nachträglichen Eintritt oder Bekanntwerden eines Ausweisungsgrunds (VG Berlin BeckRS 2016, 49813). Im Rahmen der Ermessensausübung können hier Gesichtspunkte des Vertrauensschutzes eine Rolle spielen (zB wenn der Ausländer bereits nicht oder nur schwer rückgängig zu machende Vermögensdispositionen getroffen hat wie die Kündigung des Arbeitsverhältnisses oder die Auflösung der Wohnung im Heimatstaat). Für die Aufhebung oder Annullierung eines Schengen-Visums enthält Art. 34 Visakodex eine vorrangige Spezialregelung.

Nr. 4 betrifft die aufenthaltsrechtlichen Auswirkungen von Änderungen des im asyl- und **6** flüchtlingsrechtlichen Verfahren erlangten Status, nämlich den Verlust der Asylberechtigung, der Stellung als Flüchtling, subsidiär Schutzberechtigter (für Altfälle vgl. § 104 Abs. 9) oder (von 1.11.1997 bis 31.12.2004: Übergangsregelung in § 101 S. 2) Kontingentflüchtling, über die das BAMF vorab befindet (§§ 72, 73, 73a Abs. 2, 73b AsylG; früher auch § 2b FlüchtlmG – Gesetz über Maßnahmen für im Rahmen humanitärer Hilfsaktionen aufgenommene Flüchtlinge v. 22.7.1980, BGBl. I 1057). Voraussetzung für einen Widerruf ist zunächst, dass die Entscheidung des BAMF unanfechtbar ist oder die aufschiebende Wirkung entfällt (vgl. § 75 Abs. 2 S. 1AsylG iVm § 84 Abs. 1 S. 1 Nr. 4). Ansonsten hat auch hier die Behörde im Widerrufsermessen, wobei es auf die Verlustgründe nicht ankommt. Ein Widerruf scheidet jedoch aus, wenn dem Ausländer sofort ein dem widerrufenen gleichwertiger Aufenthaltstitel aus asylunabhängigen Rechtsgründen zu erteilen wäre (vgl. dazu BVerwG InfAuslR 2010, 346 = BeckRS 2010, 50184; NVwZ 2003, 1275; VGH BW ZAR 2006, 414; BeckRS 2006, 22463). Steht dem Ausländer nach Widerruf des unbefristeten Aufenthaltstitels ein Anspruch auf einen befristeten zu, so besteht die Möglichkeit, ihm den unbefristeten Titel zu entziehen und zugleich den befristeten zu erteilen (VGH BW ZAR 2006, 414). Je geringer die Bedeutung des asyl- oder flüchtlingsrechtlichen Status für die Aufenthaltsverfestigung war, desto weniger ist ein Widerruf angezeigt. Er ist ausgeschlossen, wenn zwischen beiden kein Zusammenhang besteht, weil der Ausländer schon vor der Zuerkennung des Status als Asylberechtigter oder Flüchtling im Besitz eines unbefristeten Aufenthaltstitels war (Bergmann/Dienelt/Bauer/Dollinger Rn. 14). Außerdem sind bei der Ermessensausübung im Hinblick auf die existentielle Betroffenheit, insbesondere die drohende Aufenthaltsbeendigung, die privaten und öffentlichen Interessen besonders sorgfältig abzuwägen (vgl. dazu BVerwGE 117, 380 = BeckRS 2003, 30307908; VGH BW NVwZ 2009, 1380; ZAR 2006, 414; OVG NRW InfAuslR 2010, 468 = BeckRS 2010, 57046). Auch die Ermessensentscheidung des BAMF nach § 73 Abs. 2a S. 5 AsylG, wenn dieses nach der erstmaligen Prüfung nicht verfügten Widerrufs über einen späteren Widerruf nach Ermessen entscheidet, wobei jedoch zwischen BAMF und Ausländerbehörde keine Ermessenskongruenz besteht, zumal die Ausländerbehörde keine zielstaatsbezogenen Abschiebungsverbote prüft. Zudem ist bei Asylberechtigten oder Flüchtlingen besonders zu beachten, dass der Gesetzgeber deren Aufenthaltsrecht übergangslos durch Gewährung einer Niederlassungserlaubnis abgesichert und damit deutlich gemacht hat, deren Integration in die deutsche Gesellschaft zu fördern und beschleunigen zu wollen. Folglich muss auch den von dem Asylberechtigten oder Flüchtling in der dreijährigen „Bewährungszeit" erbrachten Integrationsleistungen ein erhöhtes Gewicht beigemessen werden (VGH BW ZAR 2006, 414 ff.).

7   **Nr. 5** ergänzt Nr. 4 und erlaubt der Ausländerbehörde den Widerruf der Aufenthaltserlaubnis nach § 25 Abs. 3 S. 1, wenn die außerhalb eines Asylverfahrens von der Ausländerbehörde in eigener Zuständigkeit festgestellten Voraussetzungen des § 60 Abs. 5 oder Abs. 7 nicht oder nicht mehr vorliegen. Dasselbe gilt bei Vorliegen eines der Ausschlussgründe nach § 25 Abs. 3 S. 2 Nr. 1–4. Hat das BAMF im Rahmen eines Asylverfahrens die Voraussetzungen des § 60 Abs. 5 oder Abs. 7 festgestellt und wurde dem Ausländer deshalb eine Aufenthaltserlaubnis nach § 25 Abs. 3 S. 1 erteilt, kann deren Widerruf nur dann erfolgen, wenn die nach § 42 S. 1 AsylG insoweit für die Ausländerbehörde bindende Feststellung aufgehoben oder unwirksam geworden ist, insbesondere wenn das BAMF die Feststellung nach § 73c Abs. 1 AsylG zurückgenommen oder nach § 73c Abs. 2 AsylG widerrufen hat.

8   **Abs. 1 S. 2** soll einen Gleichlauf des Aufenthaltsrechts der Asylberechtigten, anerkannten Flüchtlinge oder subsidiär Schutzberechtigten mit demjenigen ihrer Familienangehörigen durch Widerruf ihres Aufenthaltstitels ermöglichen. Betroffen sind nur zur familiären Gemeinschaft gehörige Familienmitglieder, die aber weder eine häusliche Lebensgemeinschaft mit dem Berechtigten bilden noch ihr Aufenthaltsrecht von diesem ableiten müssen. Ausgeschlossen ist aber ein Widerruf, wenn der Aufenthaltstitel auf einem Anspruch auf eigenem Recht, zB nach §§ 9, 26 Abs. 3, 31, beruht. Bei der Ermessensausübung zu berücksichtigen sind Art und Geltungsdauer des Aufenthaltstitels, Gesamtdauer des Aufenthalts, Integrationsleistungen und die mit der Rückkehr in den Heimatstaat bzw. den Verbleib im Bundesgebiet verbundenen Folgen, also insbesondere ob der Angehörige außerhalb der häuslichen Gemeinschaft seinen Aufenthalt ohne Weiteres fortsetzen kann.

C. Widerruf eines zu Beschäftigungszwecken erteilten Aufnahmetitels (Abs. 2)

9   Anders als nach Abs. 1 ist nach Abs. 2 der zu Beschäftigungszwecken erteilte Aufenthaltstitel – nationales Visum, Aufenthaltserlaubnis oder Blaue Karte EU – zwingend zu widerrufen, wenn die Bundesagentur für Arbeit ihre Zustimmung nach § 41 widerruft. Hat die Bundesagentur ihre Zustimmung zu einem Aufenthaltstitel erteilt, der nicht für Zwecke der Erwerbstätigkeit beschränkt war, ist der Widerruf auf die Zulassung der Beschäftigung reduziert.

D. Widerruf von ICT-Karte und Mobiler-ICT-Karte (Abs. 2a)

10   Abs. 2a S. 1 erlaubt den Widerruf von ICT-Karte (§ 19b) und Mobiler-ICT-Karte (§ 19c), wenn die Erteilungsvoraussetzungen nicht mehr vorliegen oder wenn der Ausländer gegen die Mobilitätsregelungen verstoßen hat. Das Gleiche gilt nach S. 2 für Aufenthaltstitel, die zum Zweck des Familiennachzugs zu einem Inhaber einer ICT-Karte oder einer Mobilien-ICT-Karte erteilt wurden, soweit der Angehörige keinen eigenständigen Anspruch auf einen Aufenthaltstitel hat.

E. Widerruf einer zu Studienzwecken erteilten Aufenthaltserlaubnis (Abs. 3)

11   Nach Abs. 3 S. 1 kann die nach § 16b Abs. 1, Abs. 5 oder Abs. 7 zu Studienzwecken erteilte Aufenthaltserlaubnis widerrufen werden, wenn der Ausländer die Beschränkungen seines Zugangs

zur Erwerbstätigkeit nicht einhält, zB ohne Erlaubnis eine Erwerbstätigkeit aufnimmt, keine ausreichenden Studienfortschritte gemäß dem einzelstaatlichen Recht oder der einzelstaatlichen Verwaltungspraxis macht oder die jeweiligen Erteilungsvoraussetzungen nicht mehr erfüllt. Bei der Frage der Studienfortschritte kann die Ausländerbehörde nach Abs. 3 S. 2 mit der aufnehmenden Ausbildungseinrichtung, die zur Auskunftserteilung verpflichtet ist, Rücksprache halten. Die Regelung trägt dem Umstand Rechnung, dass die Bildungseinrichtungen eine der für die Erteilung der Aufenthaltstitel zuständigen Behörde vorgelagerte Instanz darstellen, da ihre Entscheidung, einen Studenten nicht weiter einzuschreiben, diesem automatisch die Möglichkeit einer Verlängerung seines Aufenthaltstitels nimmt. Die unterschiedlichen Formen zur Bewertung von Studenten in den europäischen Bildungseinrichtungen räumen den Mitgliedstaaten ein weites Ermessen bei der Entscheidung über den Studienerfolg von Studenten ein, bei dessen Ausübung die Nachfrage bei der Ausbildungseinrichtung helfen soll. Deren für die Ausländerbehörde nicht bindende Stellungnahme erstreckt sich auf die einzelnen Ergebnisse des Studenten und die Gründe für sein Abschneiden. Gibt die Bildungseinrichtung innerhalb einer angemessenen Frist keine Stellungnahme ab, so kann die Ausländerbehörde auch ohne diese entscheiden.

F. Widerruf einer zu Forschungszwecken erteilten Aufenthaltserlaubnis (Abs. 4)

Abs. 4, der der Umsetzung des Art. 10 Forscher-RL (RL 2005/71/EG v. 12.10.2005, ABl. **12** 2005 L 289, 15) sowie des Art. 29 Abs. 4 RL (EU) 2016/801 dient, erlaubt den Widerruf der nach §§ 18d oder 18f erteilten Aufenthaltserlaubnis, wenn die Forschungseinrichtung, mit welcher der Ausländer eine Aufnahmevereinbarung abgeschlossen hat, ihre Anerkennung verliert, sofern er an einer Handlung beteiligt war, die zum Verlust der Anerkennung geführt hat (Nr. 1), der Ausländer bei der Forschungseinrichtung keine Forschung mehr betreibt oder betreiben darf (Nr. 2) oder der Ausländer nicht mehr die Voraussetzungen erfüllt, unter denen ihm eine Aufenthaltserlaubnis nach §§ 18d oder 18f erteilt werden könnte oder eine Aufnahmevereinbarung mit ihm abgeschlossen werden dürfte. Die Umsetzung der RL (EU) 2016/801 über Einreise- und Aufenthaltsbedingungen von Drittstaatsangehörigen zu bestimmten Zwecken erstreckt die Widerrufsmöglichkeit auf die Aufenthaltserlaubnis für mobile Forscher nach § 20b.

G. Widerrufsmöglichkeiten nach Abs. 4a und Abs. 5

Abs. 4a erweitert in Umsetzung von Art. 21 Abs. 1 RL (EU) 2016/801 die Widerrufsmöglich- **13** keit auf die Aufenthaltserlaubnis für Praktikanten nach § 16e und auf die Teilnehmer am Europäischen Freiwilligendienst nach § 19e.

Abs. 5 ist ebenfalls dem Unionsrecht geschuldet und setzt zum einen Art. 14 Opferschutz- **14** RL (RL 2004/81/EG v. 29.4.2004, ABl. 2004 L 261, 19) um. Zum anderen regelt Abs. 5 die Voraussetzungen, unter denen ein Aufenthaltstitel widerrufen wird, der einem Drittstaatsangehörigen als Opfer illegaler Beschäftigung erteilt worden ist, weil er mit den Behörden kooperiert hat. So soll der Opfern von Menschenhandel nach § 25 Abs. 4a S. 1 oder dem illegal Beschäftigten nach § 25 Abs. 4b S. 1 erteilte Aufenthaltstitel widerrufen werden, wenn die Voraussetzungen für die Erteilung nicht mehr erfüllt sind, also wenn der der Ausländer nicht bereit war oder nicht mehr bereit ist, im Strafverfahren auszusagen (Abs. 5 S. 1 Nr. 1), die Angaben des Ausländers, auf die in § 25 Abs. 4a S. 2 Nr. 1 oder § 25 Abs. 4b S. 2 Nr. 1 Bezug genommen wird, nach Mitteilung der Staatsanwaltschaft oder des Strafgerichts mit hinreichender Wahrscheinlichkeit als falsch anzusehen sind (Abs. 5 S. 1 Nr. 2) oder der Ausländer aufgrund sonstiger Umstände nicht mehr die Voraussetzungen für die Erteilung des Aufenthaltstitels erfüllt (Abs. 5 S. 1 Nr. 3). Nach Abs. 5 S. 2 soll eine Aufenthaltserlaubnis nach § 25 Abs. 4a S. 1 auch dann widerrufen werden, wenn der Ausländer freiwillig wieder Verbindung zu den Personen nach § 25 Abs. 4a S. 2 Nr. 2 aufgenommen hat. Ein von der Regel („soll") abweichendes und somit einen atypischen Fall bildendes Absehen vom Widerruf kommt dann in Frage, wenn der weitere Verbleib des Opfers von Menschenhandel trotz Vorliegens eines Widerrufsgrundes aus Sicht der zuständigen Ermittlungsbehörden im Interesse der Strafverfolgung sinnvoll erscheint, zB weil das Opfer möglicherweise doch noch seine Aussagebereitschaft erklären wird oder eine gewisse Wahrscheinlichkeit besteht, dass nach Abschluss oder Einstellung eines Strafverfahrens das Opfer im Zuge weiterer Ermittlungen zur Aufklärung weiterer Delikte beitragen könnte. Nach § 72 Abs. 6 S. 1 Hs. 1 ist die Staatsanwaltschaft oder das Strafgericht vor der Entscheidung über den Widerruf zu beteiligen, es sei denn, es liegt ein im Hs. 2 genannter Fall vor, dass nämlich nach § 87 Abs. 5 Nr. 1 die Ausländerbehörde durch eine amtswegige Mitteilung der zu beteiligenden Stelle vom Widerrufsgrund erfahren hat. Die Ausnahme ist ein Beleg dafür, dass das Beteiligungserfordernis nur im öffentlichen Interesse besteht und dem Ausländer folglich keine subjektiven Rechte vermittelt.

H. Widerruf der Aufenthaltserlaubnis für langfristig Aufenthaltsberechtigte (Abs. 6)

15   Abs. 6 betrifft langfristig Aufenthaltsberechtigte. Danach soll die Aufenthaltserlaubnis nach § 38a widerrufen werden, wenn der Ausländer seine Rechtsstellung als langfristig Aufenthaltsberechtigter (§ 2 Abs. 7) in einem anderen Mitgliedstaat der EU verliert. Wann das der Fall ist, ergibt sich aus den Erlöschensregelungen in § 52 Abs. 9 Nr. 1–5, die Art. 9 Daueraufenthalts-RL (RL 2003/109/EG v. 25.11.2003, ABl. 2004 L 16, 44) umsetzen, wobei der Erlöschenstatbestand, der an den Aufenthalt des Ausländers für einen Zeitraum von zwölf aufeinander folgenden Monaten außerhalb des Gebiets derjenigen Mitgliedstaaten der EU anknüpft, in denen die Rechtsstellung als langfristig Aufenthaltsberechtigter erworben werden kann, bei einem Aufenthalt im Bundesgebiet nicht in Betracht kommt. Der weitere denkbare Erlöschenstatbestand, dass sich der Ausländer außerhalb des betreffenden Mitgliedstaates für einen Zeitraum von sechs Jahren aufgehalten hat, führt ebenfalls nicht zu seiner Schutzbedürftigkeit, weil er in diesem Zeitraum die Voraussetzungen für die Erlangung eines langfristigen Aufenthaltsrechts in Deutschland erfüllen kann. Wenn der Ausländer die Rechtsstellung nach § 2 Abs. 7 in Deutschland erwirbt, fällt er nicht mehr unter § 38a. Ein atypischer Fall, der eine Ausnahme vom regelmäßigen Widerruf rechtfertigt, liegt vor, wenn der Ausländer ohne Verschulden eine Voraussetzung für die Erlangung der Rechtsstellung eines langfristig Aufenthaltsberechtigten in Deutschland nicht erfüllen konnte, weil die deutsche Praxis strenger ist als diejenige des Mitgliedstaates, der die Rechtsstellung ursprünglich verliehen hatte.

I. Besonderheiten bei der Anordnung des Softvollzugs des Widerrufs eines Aufenthaltstitels

16   In prozessualer Hinsicht zu beachten ist, dass die Anordnung des Sofortvollzugs des Widerrufs eines Aufenthaltstitels schon deshalb besonders sorgfältig (§ 80 Abs. 3 VwGO) zu begründen ist, weil die Widerrufsentscheidung ungeachtet der aufschiebenden Wirkung eines Rechtsbehelfs wirksam nach § 84 Abs. 2 S. 2 bleibt und schon dadurch ihren Zweck der Zuwanderungsbegrenzung durch Begrenzung weiterer rechtserheblicher Integration zu erfüllen vermag. Ein besonderes Vollzugsinteresse kann in einem dringenden Handlungsbedarf wegen Strafbarkeit des Ausländers liegen (VGH BW EZAR NF 48 Nr. 1 = BeckRS 2005, 31038; EZAR NF 94 Nr. 2 = BeckRS 2005, 24236). Der gerichtlichen Entscheidung ist die Sach- und Rechtslage im Zeitpunkt der letzten mündlichen Verhandlung oder Entscheidung in der Tatsacheninstanz zugrunde zu legen.

§ 53 Ausweisung

(1) Ein Ausländer, dessen Aufenthalt die öffentliche Sicherheit und Ordnung, die freiheitliche demokratische Grundordnung oder sonstige erhebliche Interessen der Bundesrepublik Deutschland gefährdet, wird ausgewiesen, wenn die unter Berücksichtigung aller Umstände des Einzelfalles vorzunehmende Abwägung der Interessen an der Ausreise mit den Interessen an einem weiteren Verbleib des Ausländers im Bundesgebiet ergibt, dass das öffentliche Interesse an der Ausreise überwiegt.

(2) Bei der Abwägung nach Absatz 1 sind nach den Umständen des Einzelfalles insbesondere die Dauer seines Aufenthalts, seine persönlichen, wirtschaftlichen und sonstigen Bindungen im Bundesgebiet und im Herkunftsstaat oder in einem anderen zur Aufnahme bereiten Staat, die Folgen der Ausweisung für Familienangehörige und Lebenspartner sowie die Tatsache, ob sich der Ausländer rechtstreu verhalten hat, zu berücksichtigen.

(3) Ein Ausländer, dem nach dem Assoziationsabkommen EWG/Türkei ein Aufenthaltsrecht zusteht oder der eine Erlaubnis zum Daueraufenthalt – EU besitzt, darf nur ausgewiesen werden, wenn das persönliche Verhalten des Betroffenen gegenwärtig eine schwerwiegende Gefahr für die öffentliche Sicherheit und Ordnung darstellt, die ein Grundinteresse der Gesellschaft berührt und die Ausweisung für die Wahrung dieses Interesses unerlässlich ist.

(3a) Ein Ausländer, der als Asylberechtigter anerkannt ist, der im Bundesgebiet die Rechtsstellung eines ausländischen Flüchtlings genießt oder der einen von einer Behörde der Bundesrepublik Deutschland ausgestellten Reiseausweis nach dem Abkommen vom 28. Juli 1951 über die Rechtsstellung der Flüchtlinge (BGBl. 1953 II S. 559) besitzt, darf nur ausgewiesen werden, wenn er aus schwerwiegenden Gründen als eine Gefahr für die Sicherheit der Bundesrepublik Deutschland oder eine terroristische Gefahr anzusehen ist oder er eine Gefahr für die Allgemeinheit darstellt, weil er wegen einer schweren Straftat rechtskräftig verurteilt wurde.

(3b) Ein Ausländer, der die Rechtsstellung eines subsidiär Schutzberechtigten im Sinne des § 4 Absatz 1 des Asylgesetzes genießt, darf nur ausgewiesen werden, wenn er eine schwere Straftat begangen hat oder er eine Gefahr für die Allgemeinheit oder die Sicherheit der Bundesrepublik Deutschland darstellt.

(4) ¹Ein Ausländer, der einen Asylantrag gestellt hat, kann nur unter der Bedingung ausgewiesen werden, dass das Asylverfahren unanfechtbar ohne Anerkennung als Asylberechtigter oder ohne die Zuerkennung internationalen Schutzes (§ 1 Absatz 1 Nummer 2 des Asylgesetzes) abgeschlossen wird. ²Von der Bedingung wird abgesehen, wenn
1. ein Sachverhalt vorliegt, der nach Absatz 3 eine Ausweisung rechtfertigt oder
2. eine nach den Vorschriften des Asylgesetzes erlassene Abschiebungsandrohung vollziehbar geworden ist.

Überblick

§ 53 ist die Grundnorm der Ausweisung, die in den §§ 53, 54 und 55 geregelt ist. Die Ausweisung ist eine Maßnahme, die ein bestehendes Aufenthaltsrecht zum Erlöschen bringt und weitere ausländerrechtliche Folgen nach sich zieht → Rn. 2). Das Recht der Ausweisung wurde durch das Gesetz zur Neubestimmung des Bleiberechts und der Aufenthaltsbeendigung v. 27.7.2015 (BGBl. I 1386) mWz 1.1.2016 grundlegend neu geregelt → Rn. 9). Sie ist nunmehr – im Gegensatz zur vorher geltenden Rechtslage – eine gebundene Entscheidung, die der vollen gerichtlichen Nachprüfung unterliegt. Die Entscheidung über eine Ausweisung ist gem. Abs. 1 zweistufig geregelt → Rn. 8). Sie setzt zunächst tatbestandlich voraus, dass der Aufenthalt eines Ausländers die öffentliche Sicherheit und Ordnung → Rn. 16), die freiheitliche demokratische Grundordnung → Rn. 36) oder sonstige erhebliche Interessen der Bundesrepublik Deutschland → Rn. 38) gefährdet. Liegt ein solcher Tatbestand vor, ist unter Berücksichtigung aller Umstände des Einzelfalles eine Abwägung der öffentlichen Interessen an der Ausreise des Ausländers (Ausweisungsinteresse) mit den Interessen des Ausländers an einem weiteren Verbleib im Bundesgebiet (Bleibeinteresse) vorzunehmen → Rn. 60). Eine Ausweisung darf nur erfolgen, wenn das Ausweisungsinteresse das Bleibeinteresse überwiegt. Abs. 2 enthält beispielhaft einige praktisch besonders bedeutsame Gesichtspunkte, die zugunsten des Ausländers sprechen können und die bei der Abwägung zu berücksichtigen sind → Rn. 50). Das Ausweisungsinteresse ist in § 54, das Bleibeinteresse in § 55 näher geregelt. Abs. 3–3b bestimmen einen besonderen Ausweisungsschutz für bestimmte Gruppen von Ausländern. Begünstigt sind hier insbesondere assoziationsberechtigte türkische Staatsangehörige → Rn. 64), Asylberechtigte → Rn. 75) und anerkannte Flüchtlinge → Rn. 77) sowie Inhaber einer Erlaubnis zum Daueraufenthalt-EU → Rn. 82), ferner sog. subsidiär Schutzberechtigte → Rn. 89). Für diese Personengruppen werden erhöhte Anforderungen für eine Ausweisung formuliert. Anknüpfungspunkt ist nur das persönliche Verhalten des Betroffenen. Abs. 4 stellt besondere Anforderungen an die Ausweisung eines Asylantragstellers → Rn. 94).

Übersicht

A. Grundlagen

I. Begriff und Bedeutung

1   Eine Ausweisung ist ein Verwaltungsakt, der ein bestehendes Aufenthaltsrecht zum Erlöschen bringt („aufenthaltsbeendende Maßnahme"). Sie stellt eine ordnungsrechtliche Maßnahme dar, die künftigen Störungen der öffentlichen Sicherheit und Ordnung und Beeinträchtigungen der freiheitlichen demokratischen Grundordnung sowie sonstiger erheblicher Belange der Bundesrepublik Deutschland aufgrund des Aufenthalts des Ausländers im Inland vorbeugen soll (BVerwG BeckRS 1998, 30011298).

2   Durch die Ausweisung erlischt ein (erteilter) Aufenthaltstitel (§ 51 Abs. 1 Nr. 5). Ebenso erlöschen ggf. ein genehmigungsfreier Aufenthalt sowie ein als erlaubt geltender Aufenthalt nach § 81 Abs. 3 und ein als fortbestehend geltender Aufenthaltstitel nach § 81 Abs. 4. Der Ausländer wird grundsätzlich ausreisepflichtig (§ 50 Abs. 1).

3   Die Ausweisung setzt jedoch keinen erlaubten Aufenthalt voraus. Sie kann daher auch gegen einen bereits aus anderen Gründen ausreisepflichtigen oder gegen einen bereits ausgereisten Ausländer angeordnet werden. Denn auch im Fall eines bereits ausgereisten Ausländers kann es geboten sein, diesen auch weiterhin für eine bestimmte Zeit vom Bundesgebiet fernzuhalten (BVerwG BeckRS 1998, 30011298).

4   Die Ausweisung wird ferner mit dem Erlass eines Einreise- und Aufenthaltsverbots verbunden, dh der ausgewiesene Ausländer darf weder erneut in das Bundesgebiet einreisen, noch sich darin aufhalten, noch darf ihm, selbst im Falle eines Anspruchs nach diesem Gesetz, ein Aufenthaltstitel erteilt werden (§ 11 Abs. 1). Dieses Einreise- und Aufenthaltsverbot ist von Amts wegen zu befristen (§ 11 Abs. 2 S. 3).

5   Von der Ausweisung zu unterscheiden ist das „Bestehen von Ausweisungsinteressen", das unter anderem bei der Entscheidung über die Erteilung eines Aufenthaltstitels Bedeutung hat (§ 5 Abs. 1 Nr. 2, ferner § 15 Abs. 2 Nr. 1, § 51 Abs. 2 S. 1 und S. 2).

II. Systematik

6   Die Ausweisung bedarf als eingreifender Verwaltungsakt einer ausreichend bestimmten Rechtsgrundlage, die in §§ 53–55 vorliegt.

7   Bei der Ausweisung handelt es sich in jedem Fall – obwohl eine Abwägung vorzunehmen ist – um eine gebundene Entscheidung, die der vollen gerichtlichen Nachprüfung unterliegt; Ermessensspielräume – wie unter der vor dem 1.1.2016 geltenden Rechtslage – bestehen nicht mehr. Ungeachtet dessen sind alle Umstände des Einzelfalles umfassend abzuwägen, gesetzgeberisches Ziel der Neubestimmung des Ausweisungsrechts war ersichtlich ein Höchstmaß an Einzelfallgerechtigkeit (krit. Hailbronner AuslR Rn. 7 f.).

8   Die Entscheidung über eine Ausweisung ist grundsätzlich zweistufig aufgebaut: Zunächst ist festzustellen, ob der Aufenthalt des betreffenden Ausländers die öffentliche Sicherheit und Ordnung, die freiheitliche demokratische Grundordnung oder sonstige erhebliche Interessen der Bundesrepublik Deutschland gefährdet. Ist dies der Fall, so ist unter Berücksichtigung aller Umstände des Einzelfalles eine Abwägung der Interessen an der Ausreise mit den Interessen an einem weiteren Verbleib des Ausländers im Bundesgebiet vorzunehmen. Ergibt sich aus dieser Abwägung, dass das öffentliche Interesse an der Ausreise überwiegt, kann und muss die Ausweisung verfügt werden.

III. Gesetzgebungsgeschichte

Das „neue" Ausweisungsrecht wurde durch das Gesetz zur Neubestimmung des Bleiberechts **9** und der Aufenthaltsbeendigung v. 27.7.2015 (BGBl. I 1386) eingeführt und ist zum 1.1.2016 in Kraft getreten. Es ersetzte das vorher geltende abgestufte System von zwingenden („Ist"-), Regel- und Ermessensausweisungsgründen, die in sich wiederum durch Tatbestände besonderen Ausweisungsschutzes modifiziert (herabgestuft) wurden. Nach der Gesetzesbegründung trug diese Änderung „der Entwicklung Rechnung, wonach das bisherige dreistufige Ausweisungsrecht durch die höchstrichterliche Rechtsprechung ohnehin mehr und mehr zu einer Ermessensausweisung mit umfassender Abwägung aller Umstände des Einzelfalls zur Wahrung der Verhältnismäßigkeit modifiziert worden ist: Die Rechtsprechung des Bundesverwaltungsgerichts (vgl. nur BVerwG, Urteil vom 14. Februar 2012, 1 C 7.11, Urteil vom 2. September 2009, 1 C 2/09, Urteil vom 23. Oktober 2007, 1 C 10/07 jeweils m. w. N.), die auf entsprechende Entscheidungen des Europäischen Gerichtshofs für Menschenrechte sowie des Bundesverfassungsgerichts zurückgeht, hatte die Rechtsfolge einer zwingenden oder regelmäßigen Ausweisung erheblichen Einschränkungen mit Blick auf das Recht auf Achtung des Privat- und Familienlebens nach Artikel 8 der Europäischen Menschenrechtskonvention unterworfen. Mit den vorgesehenen Änderungen soll die Ausweisung von Ausländern an diese Entwicklung in der Rechtsprechung angepasst werden. Die Beseitigung von Rechtsunsicherheiten im Ausweisungsrecht soll zudem die Arbeit der Ausländerbehörden erleichtern." (BT-Drs. 18/4097, 49). Erforderlich für eine Ausweisung ist nunmehr eine Gefährdung der öffentlichen Sicherheit und Ordnung und eine Verhältnismäßigkeitsprüfung, die für ein Ermessen der Ausländerbehörde keinen Raum mehr lässt (zur früheren Rechtslage und zur Rechtsentwicklung allg. vgl. Hailbronner AuslR Rn. 1 ff.; Bergmann/Dienelt/Bauer Rn. 1 ff.).

Durch Art. 13 des Asylverfahrensbeschleunigungsgesetzes v. 20.10.2015 (BGBl. I 1722) wurde **10** die Umbenennung des AsylVfG in AsylG in Abs. 4 nachvollzogen.

Das Gesetz zur erleichterten Ausweisung von straffälligen Ausländern und zum erweiterten **11** Ausschluss der Flüchtlingsanerkennung bei straffälligen Asylbewerbern v. 11.3.2016 (BGBl. I 394) fügte in § 53 Abs. 2 die „Tatsache, ob sich der Ausländer rechtstreu verhalten hat", in die dort genannten Abwägungsgesichtspunkte ein und verschärfte die in § 54 genannten Ausweisungsinteressen.

Das Zweite Gesetz zur besseren Durchsetzung der Ausreisepflicht v. 15.8.2019 (BGBl. I 1294) **12** fasste den besonderen Ausweisungsschutz bestimmter Gruppen von Ausländern in Abs. 3–3b neu; ferner wurden die in § 54 genannten Ausweisungsinteressen erneut verschärft.

B. Grundtatbestand des § 53 Abs. 1

I. Gefahrenabwehr

Die Ausweisung ist ein Mittel der Gefahrenabwehr; sie ist also ein ordnungsrechtliches Instru- **13** mentarium zum Schutz der genannten Rechtsgüter der öffentlichen Sicherheit und Ordnung, der freiheitlichen demokratischen Grundordnung und sonstiger erheblicher Interessen der Bundesrepublik Deutschland. Die Ausweisung ist kein Instrument zur Ahndung strafbaren Verhaltens, dient also nicht repressiven Zwecken.

Anknüpfungspunkt ist insoweit nicht „der Ausländer" oder ein konkretes Verhalten des Auslän- **14** ders, sondern „dessen Aufenthalt" in der Bundesrepublik Deutschland (anders jedoch in Abs. 3: persönliches Verhalten). Ziel einer Ausweisung ist damit, den Aufenthalt des betroffenen Ausländers in der Bundesrepublik Deutschland zu beenden und ihn für gewisse Zeit vom Bundesgebiet fernzuhalten (§ 11 Abs. 1), mindestens aber – falls eine Aufenthaltsbeendigung nicht möglich sein sollte – eine (weitere) Verfestigung seines Aufenthalts zu verhindern.

II. Funktion der in § 54 genannten Ausweisungsinteressen

Die in § 54 fixierten Tatbestände weisen diesen Ausweisungsinteressen ein besonderes Gewicht **15** zu („schwerwiegend" bzw. „besonders schwerwiegend"), sind aber auch gesetzliche Umschreibungen spezieller öffentlicher Interessen an einer Ausweisung iSv § 53 Abs. 1. Ist ein Tatbestand eines besonderen Ausweisungsinteresses nach § 54 verwirklicht, ist ein Rückgriff auf die allgemeine Formulierung eines öffentlichen Ausweisungsinteresses in § 53 Abs. 1 daher entbehrlich; vielmehr ist in diesem Fall gesetzlich bestimmt, dass eine Gefährdung der in Abs. 1 genannten Rechtsgüter vorliegt. Allerdings bedarf es auch dann stets der Feststellung, dass die von dem Ausländer ausgehende Gefahr im maßgeblichen Entscheidungszeitpunkt fortbesteht (BVerwG BeckRS 2017, 107747 Rn. 26).

III. Gefahr für die öffentliche Sicherheit und Ordnung

1. Spezialprävention, Gefahrenprognose

16   In der Praxis ist meist eine Straftat bzw. strafrechtliche Verurteilung des betreffenden Ausländers der Anlass für eine Ausweisung; in den meisten Fällen liegt dann ein gesetzlich bestimmtes Ausweisungsinteresse nach § 54 Abs. 1 oder Abs. 2 vor. Maßgeblich ist indes nicht die Begehung einer Straftat als solches, sondern die Frage, ob in Zukunft weitere Straftaten des Ausländers konkret zu befürchten sind, ob also der Aufenthalt des Ausländers zum maßgeblichen Entscheidungszeitpunkt weiterhin die in Abs. 1 genannten Rechtsgüter gefährdet.

17   Für die Gefahrenprognose gelten die allgemeinen ordnungsrechtlichen Maßstäbe, dh die erforderliche Wahrscheinlichkeit eines Schadenseintritts steht in einem umgekehrten Verhältnis zur Schwere eines möglichen Schadens. Es gilt ein differenzierender („gleitender") Wahrscheinlichkeitsmaßstab. An die Wahrscheinlichkeit eines Schadenseintritts sind im Rahmen der Gefahrenprognose umso geringere Anforderungen zu stellen, je größer und folgenschwerer der möglicherweise eintretende Schaden ist. Demgemäß gelten umso geringere Anforderungen an den Eintritt eines Schadens für ein bedrohtes Rechtsgut, je bedeutender dieses ist. Jedoch reicht auch bei hochrangigen Rechtsgütern nicht jede auch nur entfernte Möglichkeit eines Schadenseintritts für die Annahme einer gegenwärtigen Gefahr aus (vgl. BVerwG BeckRS 2012, 56736 Rn. 16; 2013, 47815 Rn. 16; BayVGH BeckRS 2016, 44269). Regelmäßig reicht das Bestehen einer ernsthaften Möglichkeit der Begehung weiterer Straftaten für eine Ausweisung aus (Hailbronner AuslR Rn. 116). Es kommt auf die Gefahr weiterer Straftaten an, nicht auf die Gefahr einer „Wiederholung" der anlassgebenden Straftat (problematisch daher BVerfG BeckRS 2020, 21094).

18   Die Ausländerbehörde ebenso wie in einem gerichtlichen Verfahren das Verwaltungsgericht hat hier eine eigenständige Gefahrenprognose zu treffen. Dabei ist die Begehung von Straftaten in der Vergangenheit zwar ein wesentlicher Gesichtspunkt, genügt für sich allein jedoch noch nicht für die Annahme einer Wiederholungsgefahr. Vielmehr sind alle relevanten Umstände des Einzelfalls in den Blick zu nehmen, insbesondere der Werdegang des Ausländers, die Schwere der konkreten Straftat, die Umstände ihrer Begehung, die Höhe der verhängten Strafe, frühere Straftaten und Verurteilungen, der Abstand zwischen begangenen Straftaten und Verurteilungen, ggf. eine sich steigernde Schwere der Straftaten, ferner das Gewicht der bei einem Rückfall bedrohten Rechtsgüter, sowie die weitere Entwicklung der Persönlichkeit und der Lebensumstände des Ausländers bis zum maßgeblichen Zeitpunkt (BayVGH BeckRS 2016, 50099).

19   Zu berücksichtigen ist, ob der Ausländer sich eine Strafaussetzung zur Bewährung hat zur Warnung dienen lassen oder Bewährungsversager ist. Insoweit sind in der Regel die Strafakten auszuwerten insbesondere im Hinblick auf eine Rückfallgefahr bzw. eine Sozialprognose und ggf. vorhandene psychiatrische / psychologische Sachverständigengutachten und ähnliche Äußerungen heranzuziehen. Befindet oder befand sich der Ausländer in Haft, ist häufig die Einholung einer Stellungnahme der Justizvollzugsanstalt zur Führung in der Haft und zur Sozialprognose angezeigt. Absolviert der Ausländer eine (Sucht-, Sozial- oder ähnliche) Therapie, ist eine Stellungnahme der entsprechenden Einrichtung einzuholen bzw., soweit bereits vorhanden, die Vorlage des Abschlussberichts zu verlangen. Verweigert der Ausländer eine erforderliche Mitwirkung (etwa eine erforderliche Entbindung von der ärztlichen Schweigepflicht), geht dies zu seinen Lasten.

20   Unter Umständen kann die Tatsache, dass der Ausländer erstmals eine längere Haftstrafe verbüßt, gegen das Vorliegen einer Wiederholungsgefahr sprechen. Zwar gehen die Straf- und Verwaltungsgerichte davon aus, dass die erstmalige Verbüßung einer Haftstrafe, insbesondere als erste massive Einwirkung auf einen jungen Menschen, unter Umständen seine Reifung fördern und die Gefahr eines neuen Straffälligwerdens mindern kann (BayVGH BeckRS 2008, 27740 Rn. 23 mwN), es müssen aber Anhaltspunkte dafür ersichtlich sein, dass ihn die Verbüßung der Freiheitsstrafe auch tatsächlich nachhaltig beeindruckt, er sich mit seiner kriminellen Vergangenheit auseinandersetzt und es zu einem nachhaltigen Einstellungswandel gekommen ist, dass also ein positiver Einfluss der Strafhaft auf die Persönlichkeitsentwicklung festzustellen ist (BayVGH BeckRS 2016, 44267). Insbesondere bei eingeschliffenen Verhaltensmustern kann verlangt werden, dass der Ausländer sich außerhalb des Justizvollzugs über einen längeren Zeitraum bewährt und durch gesetzeskonformes Verhalten gezeigt hat, dass er auch ohne den Druck des Strafvollzugs in Krisensituationen in der Lage ist, nicht erneut straffällig (zB gewalttätig) zu werden (BayVGH BeckRS 2016, 44267).

21   Bei der Prognose über die Wiederholungsgefahr sind die Ausländerbehörden und die Verwaltungsgerichte nicht an die Entscheidung der Straf- bzw. Strafvollstreckungsgerichte über die Strafaussetzung zur Bewährung gebunden. Allerdings sind derartige Entscheidungen der Strafgerichte und die darin getroffenen Feststellungen ein gewichtiges Indiz, die bei der Prognose zu berücksichtigen sind (BayVGH BeckRS 2012, 59963 Rn. 35; 2016, 44267). Insoweit ist allerdings auch die Meinung vertreten worden, dass angesichts der großzügigen Handhabung der Strafaussetzung zur Bewährung durch die Strafgerichte bereits zweifelhaft sei, dass dieser eine gewichtige Indizwirkung für die künftige Rechtstreue des Ausländers beizumessen ist (ehemals BeckOK AuslR/Tanneberger Rn. 26).

Ebenso besteht keine Bindungswirkung von Entscheidungen der Strafvollstreckungsgerichte **22** über die Aussetzung der Reststrafe zur Bewährung. Hier ist zu berücksichtigen, dass sich diese inhaltlich an den materiellen strafrechtlichen Voraussetzungen einer Aussetzungsentscheidung (vgl. zB BVerwG BeckRS 2013, 435 Rn. 18) orientiert. Bei Aussetzungsentscheidungen nach § 57 StGB geht es um die Frage, ob die Wiedereingliederung eines in Haft befindlichen Straftäters weiter im Vollzug stattfinden muss oder durch vorzeitige Entlassung für die Dauer der Bewährungszeit ggf. unter Auflagen „offen" inmitten der Gesellschaft verantwortet werden kann. Bei dieser Entscheidung stehen naturgemäß vor allem Resozialisierungsgesichtspunkte im Vordergrund; zu ermitteln ist, ob der Täter das Potenzial hat, sich während der Bewährungszeit straffrei zu führen. Demgegenüber geht es im ausländerrechtlichen Ausweisungsverfahren um die Frage, ob das Risiko eines Misslingens der Resozialisierung von der deutschen Gesellschaft oder von der Gesellschaft im Herkunftsstaat des Ausländers getragen werden muss. Die der Ausweisung zugrunde liegende Prognoseentscheidung bezieht sich folglich nicht nur auf die Dauer der Bewährungszeit, sondern hat einen längeren Zeithorizont in den Blick zu nehmen. Denn es geht hier um die Beurteilung, ob es dem Ausländer gelingen wird, über die Bewährungszeit hinaus ein straffreies Leben zu führen (BVerwG BeckRS 2013, 47815 Rn. 19 f.; BayVGH BeckRS 2016, 45476 Rn. 34; Hailbronner AuslR Rn. 122 f.).

Allerdings hat das BVerfG betont, dass einer Strafaussetzungsentscheidung erhebliche indizielle **23** Bedeutung zukommt und es einer substantiierten Begründung bedarf, wenn von der Einschätzung des Strafvollstreckungsgerichts abgewichen wird. Wiege das Bleibeinteresse des Ausländers besonders schwer, so werde sich nach einer Strafaussetzungsentscheidung der Strafvollstreckungskammer eine relevante Wiederholungsgefahr nur dann bejahen lassen, wenn die ausländerrechtliche Entscheidung auf einer breiteren Tatsachengrundlage als derjenigen der Strafvollstreckungskammer getroffen werde, etwa wenn Ausländerbehörde oder Gericht ein Sachverständigengutachten in Auftrag gegeben hätten, welches eine Abweichung zulasse, oder wenn die vom Ausländer in der Vergangenheit begangenen Straftaten fortbestehende konkrete Gefahren für höchste Rechtsgüter erkennen ließen (BVerfG BeckRS 2016, 53810 Rn. 21). Das BVerfG setzt sich allerdings unter Hinweis auf die „Einheit der Rechtsordnung" in keiner Weise mit den Erwägungen der Rechtsprechung zu den unterschiedlichen Bezugsrahmen der strafvollstreckungsrechtlichen und der ausländerrechtlichen Entscheidungen auseinander (daher zu Recht krit. hierzu BayVGH BeckRS 2017, 114334).

Bei Straftaten, die auf einer Suchterkrankung eines Ausländers beruhen oder dadurch (etwa **24** durch eine alkoholbedingte Enthemmung) gefördert wurden, kann von einem Wegfall der für die Ausweisung erforderlichen Wiederholungsgefahr nicht ausgegangen werden, solange der Ausländer nicht eine Drogen-, Alkohol- oder sonst einschlägige Therapie erfolgreich abgeschlossen und die damit verbundene Erwartung eines künftig drogen- und straffreien Verhaltens auch nach Therapieende glaubhaft gemacht hat, insbesondere indem er sich außerhalb des Straf- oder Maßregelvollzugs bewährt hat (BayVGH BeckRS 2015, 42408). Der Ausländer hat dabei auch keinen Anspruch darauf, dass über seine Ausweisung erst entschieden wird, wenn ihm zuvor Gelegenheit gegeben worden ist, seine (Drogen-)Therapie abzuschließen (OVG Bln-Bbg BeckRS 2020, 12583 Rn. 18).

Da sich die Ausländerbehörden und Verwaltungsgerichte bei der Prognose der Wiederholungs- **25** gefahr regelmäßig in Lebens- und Erkenntnisbereichen bewegen, die den Ausländerbehörden und Gerichten allgemein zugänglich sind, können sie diese in der Regel in eigener Kompetenz treffen. Über Inhalt, Art und Umfang entscheiden Ausländerbehörde und Verwaltungsgericht im Rahmen ihrer Amtsermittlungspflicht nach pflichtgemäßem Ermessen; im Zweifel haben sie ihre eigene Sachkunde plausibel und nachvollziehbar darzulegen. Der Einholung eines Sachverständigengutachtens bzw. der Hinzuziehung eines Sachverständigen bedarf es nur dann, wenn die Prognose aufgrund besonderer Umstände nicht ohne spezielle fachliche Kenntnisse erstellt werden kann, etwa wenn medizinische Umstände zu beurteilen sind und hierzu noch keine zeitnahen verwertbaren Erkenntnismittel vorliegen (BVerwG BeckRS 2019, 44262 Rn. 5; BayVGH BeckRS 2015, 47044 Rn. 41; Fleuß ZAR 2021, 156 (166)). Verwendete Sachverständigengutachten oder andere Erkenntnisquellen dürfen keine ungenügenden oder widersprüchlichen Aussagen zur Bewertung der aufgeworfenen Tatsachenfragen enthalten; jedenfalls müssen derartige Mängel eingehend erörtert werden. Zu beachten ist ferner, dass bei der Gefahrenprognose durch das Verwaltungsgericht auch noch nach der letzten Behördenentscheidung eingetretene Tatsachen zu berücksichtigen sind, die den Wegfall oder eine nicht unerhebliche Verminderung der gegenwärtigen Gefährdung mit sich bringen können.

2. Generalprävention

26   Das Ziel einer (ausschließlich) generalpräventiven Ausweisung besteht darin, mit der Ausweisung des straffälligen Ausländers, von dem selbst keine Gefahr mehr ausgeht, andere Ausländer davon abzuhalten, selbst Straftaten zu begehen (BVerwG BeckRS 2012, 50796 Rn. 17).

27   Schon nach der früheren höchstrichterlichen Rechtsprechung bestanden gegen generalpräventive Ausweisungen keine grundsätzlichen, auch keine verfassungsrechtlichen, Bedenken (BVerfG BeckRS 9998, 104675; 2007, 25958; BVerwG BeckRS 2012, 50796). Nach dem Inkrafttreten des seit 1.1.2016 geltenden „neuen Ausweisungsrechts" kamen vereinzelt Zweifel an der weiteren Zulässigkeit auf. Neben Einwänden grundsätzlicher Art (Huber/Mantel AufenthG/Bergmann/Putzar-Sattler Rn. 8) wurde vertreten, dass sich aus dem Wortlaut des Abs. 1 ergebe, dass eine generalpräventive Ausweisung nicht mehr zulässig sei (VGH BW BeckRS 2017, 109939; NK-AuslR/Cziersky-Reis Rn. 25).

28   Die neueste Rechtsprechung des BVerwG hat insoweit nunmehr eine Klärung gebracht (BVerwG BeckRS 2018, 18382; 2019, 16744). Es hat zur Begründung der Zulässigkeit einer generalpräventiven Ausweisung vor allem auf den Wortlaut des Abs. 1 abgestellt, wonach nicht von dem ordnungsrechtlich auffälligen Ausländer selbst eine Gefahr ausgehen muss, vielmehr muss dessen weiterer „Aufenthalt" eine Gefährdung bewirken. Vom Aufenthalt eines Ausländers, der Straftaten begangen hat, kann aber auch dann eine Gefahr für die öffentliche Sicherheit und Ordnung ausgehen, wenn von ihm selbst keine (Wiederholungs-) Gefahr mehr ausgeht, im Fall des Unterbleibens einer ausländerrechtlichen Reaktion auf sein Fehlverhalten andere Ausländer aber nicht wirksam davon abgehalten werden, vergleichbare Delikte zu begehen. Der Wortlaut des Abs. 1 unterscheidet sich insoweit ausdrücklich von dem des Abs. 3, der für bestimmte ausländerrechtlich privilegierte Personengruppen verlangt, dass das „persönliche Verhalten des Betroffenen" eine schwerwiegende Gefahr darstellt. Insofern findet der in der Gesetzesbegründung ausdrücklich formulierte gesetzgeberische Wille, eine Ausweisungsentscheidung grundsätzlich auch auf generalpräventive Erwägungen stützen zu können (BT-Drs. 18/4097, 49) im Gesetzeswortlaut seinen Niederschlag. Des Weiteren ergibt sich auch aus dem Gesetz selbst, dass es generalpräventive Ausweisungsinteressen berücksichtigt sehen will. Denn gerade das nach der Einstufung des Gesetzgebers schwer wiegende Ausweisungsinteresse wegen Falschangaben zur Verhinderung einer Abschiebung gemäß § 54 Abs. 2 Nr. 8 lit. a dient typischerweise generalpräventiven Interessen. Falschangaben – etwa in Gestalt der Identitätstäuschung – bergen nach Entdeckung in aller Regel nicht mehr die Gefahr der Wiederholung durch den betreffenden Ausländer. Dessen Identität ist nach Aufdeckung der Täuschung in aller Regel geklärt. Dieses Ausweisungsinteresse dient daher nicht – jedenfalls nicht vorrangig – spezialpräventiven Zwecken, sondern zielt maßgeblich darauf ab, verhaltenslenkend auf andere Ausländer einzuwirken, indem ihnen aufenthaltsrechtliche Nachteile im Falle eines pflichtwidrigen Verhaltens aufgezeigt werden (BVerwG BeckRS 2018, 18382 Rn. 16 ff.; ebenso OVG RhPf BeckRS 2017, 121502).

29   Voraussetzung für eine generalpräventive Ausweisung ist, dass von der Ausweisung eine mögliche und angemessene generalpräventive Wirkung tatsächlich zu erwarten ist; dies beurteilt sich nach der Lebenserfahrung. Nach der hM ist eine Ausweisung nur dann geeignet, eine generalpräventive Wirkung zu erzielen, wenn eine kontinuierliche Ausweisungspraxis besteht, wonach bei bestimmten Fallgruppen regelmäßig die Ausweisung verfügt wird (Hailbronner AuslR Rn. 109). Stehen dem aber gewichtige Bleibeinteressen gegenüber, ist ein sich aus der Schwere der Straftat ergebendes dringendes Bedürfnis erforderlich, durch die Ausweisung andere Ausländer von der Begehung vergleichbarer Straftaten abzuhalten (vgl. BVerwG BeckRS 2012, 50796).

30   Allerdings ist insoweit darauf hinzuweisen, dass aus dem Erfordernis einer „kontinuierlichen Ausweisungspraxis" keine schematische Praxis abgeleitet werden darf. Auch kann eine Anlasstat auch derart singuläre Züge aufweisen (etwa „Vorbildwirkung" der Tat oder des Täters), dass auch im Einzelfall eine erhebliche generalpräventive Wirkung für bestimmte Taten oder im Hinblick auf bestimmte Tätergruppen erzielt werden kann.

31   Auch eine generalpräventiv gestützte Ausweisung kann indes nur an ein Ausweisungsinteresse anknüpfen, das noch aktuell, also zum maßgeblichen Entscheidungszeitpunkt noch vorhanden ist; denn jedes generalpräventive Ausweisungsinteresse verliert mit zunehmendem Zeitabstand an Bedeutung und kann ab einem bestimmten Zeitpunkt nicht mehr herangezogen werden. Das AufenthG enthält allerdings keine festen Regeln, wie lange ein bestimmtes Ausweisungsinteresse

verhaltenslenkende Wirkung entfaltet und einem Ausländer generalpräventiv entgegengehalten werden kann. Eine Heranziehung der in § 11 festgelegten Kriterien für die Befristung eines Einreise- und Aufenthaltsverbots ist nicht möglich, da sie an die Ausreise des Ausländers anknüpfen. Für die zeitliche Begrenzung eines generalpräventiven Ausweisungsinteresses, das an strafrechtlich relevantes Handeln anknüpft, hält das BVerwG für die vorzunehmende gefahrenabwehrrechtliche Beurteilung allerdings eine Orientierung an den Fristen der §§ 78 ff. StGB zur Strafverfolgungsverjährung für angezeigt. Diese verfolgen zwar einen anderen Zweck, geben dem mit zunehmendem Zeitabstand eintretenden Bedeutungsverlust staatlicher Reaktionen (die an Straftaten anknüpfen) aber einen zeitlichen Rahmen, der nicht nur bei repressiven Strafverfolgungsmaßnahmen, sondern auch bei der Bewertung des generalpräventiven Ausweisungsinteresses herangezogen werden kann. Dabei bildet die einfache Verjährungsfrist des § 78 Abs. 3 StGB, deren Dauer sich nach der verwirklichten Tat richtet und die mit Beendigung der Tat zu laufen beginnt, eine untere Grenze. Die obere Grenze orientiert sich hingegen regelmäßig an der absoluten Verjährungsfrist des § 78c Abs. 3 S. 2 StGB, die regelmäßig das Doppelte der einfachen Verjährungsfrist beträgt. Innerhalb dieses Zeitrahmens ist der Fortbestand des Ausweisungsinteresses anhand generalpräventiver Erwägungen zu ermitteln. Bei abgeurteilten Straftaten bilden die Tilgungsfristen des § 46 BZRG zudem eine absolute Obergrenze, weil nach deren Ablauf die Tat und die Verurteilung dem Betroffenen im Rechtsverkehr gem. § 51 BZRG nicht mehr vorgehalten werden dürfen (BVerwG BeckRS 2018, 18382 Rn. 23; 2019, 16744 Rn. 19). Diese vom BVerwG für erforderlich gehaltene Anwendung durchaus recht komplizierter strafrechtlicher Normen dürfte die Praxis allerdings vor erhebliche Probleme stellen; es wird sich erst erweisen müssen, ob diese Methode für die Ausländerbehörden mit ausreichender Sicherheit handhabbar ist.

Bei der Gewichtung des öffentlichen Interesses an einer generalpräventiven Ausweisung können **32** jedenfalls dann auch die der absoluten Verfolgungsverjährung unterfallenden Taten, soweit sie nicht einem registerrechtlichen Verwertungsverbot unterliegen, berücksichtigt werden, wenn sie in einem zeitlichen und sachlichen Zusammenhang mit den noch nicht absolut verjährten Handlungen gestanden haben und daher geeignet sind, deren Gewicht mit zu bestimmen (BVerwG BeckRS 2019, 16744 Rn. 21).

Auch bei der generalpräventiven Ausweisung müssen die konkreten Umstände der Straftat **33** und die Lebensumstände des Ausländers konkret und individuell gewürdigt werden. Ein nur generalpräventiv begründetes öffentliches Interesse an einer Ausweisung besitzt im Allgemeinen ein geringeres Gewicht als die spezialpräventive Reaktion auf eine konkrete Wiederholungsgefahr. Demgemäß kommt ihm im Rahmen der Gesamtabwägung mit dem Bleibeinteresse ein geringeres Gewicht zu.

Im Rahmen der Gesamtabwägung ist die generalpräventive Wirkung immer zu berücksichtigen **34** (→ Rn. 63).

Zu beachten ist, dass bei den in Abs. 3–3b genannten Personengruppen generalpräventive **35** Erwägungen generell unzulässig sind.

IV. Gefahr für die freiheitliche demokratische Grundordnung

Der Begriff der freiheitlichen demokratischen Grundordnung wurde durch das BVerfG geprägt. **36** Sie ist als Schutzgut hier eigens aufgeführt, allerdings bereits vom Schutzgehalt der öffentlichen Sicherheit und Ordnung umfasst.

Nach der bis auf die Entscheidung des BVerfG v. 23.10.1952 (BeckRS 9998, 124517) zurückge- **37** henden Formel ist die freiheitliche demokratische Grundordnung iSd Art. 21 Abs. 2 GG eine Ordnung, die unter Ausschluss jeglicher Gewalt und Willkürherrschaft eine rechtsstaatliche Herrschaftsordnung auf der Grundlage der Selbstbestimmung des Volkes nach dem Willen der jeweiligen Mehrheit und der Freiheit und Gleichheit darstellt. Zu den grundlegenden Prinzipien dieser Ordnung sind mindestens zu rechnen: die Achtung vor den im GG konkretisierten Menschenrechten, vor allem vor dem Recht der Persönlichkeit auf Leben und freie Entfaltung, die Volkssouveränität, die Gewaltenteilung, die Verantwortlichkeit der Regierung, die Gesetzmäßigkeit der Verwaltung, die Unabhängigkeit der Gerichte, das Mehrparteiensystem und die Chancengleichheit für alle politischen Parteien mit dem Recht auf verfassungsmäßige Bildung und Ausübung einer Opposition.

V. Gefahr für sonstige erhebliche Interessen der Bundesrepublik Deutschland

Eine Ausweisung kann auch auf sonstige erhebliche Interessen der Bundesrepublik Deutschland **38** gestützt werden. Solche Interessen kommen auch in Betracht, wenn sie nicht bei den typisierten besonders schwerwiegenden oder schwerwiegenden Ausweisungsinteressen in § 54 Abs. 1 und

Abs. 2 aufgeführt sind, da der Grundtatbestand des Abs. 1 weiter reicht als die in § 54 genannten Tatbestände (BT-Drs. 18/4097, 49; BeckOK AuslR/Flueß Rn. 15; aA Bergmann/Dienelt/Bauer Rn. 28). Diese sonstigen Interessen müssen jedoch „erheblich" sein.

39   Genannt werden hier üblicherweise außenpolitische Belange oder die Wahrung des internationalen Ansehens der Bundesrepublik Deutschland und ihrer guten Beziehungen zu anderen Staaten; derartige Fälle dürften allerdings praktisch nur äußerst selten vorkommen. Weiter können wirtschafts-, einwanderungs- und sozialpolitische Belange solche erheblichen Interessen begründen (Bergmann/Dienelt/Bauer Rn. 29).

40   Eine Ausweisung zum Schutz der Leistungsfähigkeit des Systems der sozialen Sicherung bleibt grundsätzlich möglich, auch wenn dieser Tatbestand nicht mehr in § 54 Abs. 1 und Abs. 2 aufgeführt ist (BeckOK AuslR/Fleuß Rn. 18). Allerdings muss dann sorgfältig begründet werden, dass der Aufenthalt gerade des betroffenen Ausländers eine konkrete Gefahr für ein erhebliches Interesse der Bundesrepublik Deutschland darstellt.

VI. „Verbrauch" von Ausweisungsgründen

41   Ausweisungsgründe dürfen in Anwendung des Grundsatzes des Vertrauensschutzes einem Ausländer nur dann und so lange als Ausweisungsinteressen entgegengehalten werden, als sie noch aktuell und nicht verbraucht sind und die Ausländerbehörde auf ihre Geltendmachung nicht ausdrücklich oder konkludent verzichtet hat. Aus der Ableitung dieser Kriterien aus dem Grundsatz des Vertrauensschutzes folgt jedoch, dass die Ausländerbehörde einen ihr zurechenbaren Vertrauenstatbestand geschaffen haben muss, aufgrund dessen der Ausländer annehmen kann, ihm werde ein bestimmtes Verhalten im Rahmen einer Ausweisung nicht entgegengehalten. Zudem muss ein hierauf gegründetes Vertrauen des Ausländers schützenswert sein. Allein die Erteilung eines Aufenthaltstitels ist für sich genommen, dh ohne Berücksichtigung der näheren Umstände der Erteilung, nicht geeignet, einen solchen Vertrauenstatbestand zu begründen (BVerwG BeckRS 2017, 107747; VGH BW BeckRS 2017, 140682).

42   An einem Vertrauenstatbestand fehlt es etwa, wenn die Ausländerbehörde dem Ausländer auf dessen Anfrage zum Stand des Verfahrens auf Erteilung einer Niederlassungserlaubnis lediglich mitteilt, dass gegenwärtig noch eine Sicherheitsüberprüfung stattfinde, und dann zu einem späteren Zeitpunkt ohne jegliche Erläuterung zum Ausgang der Sicherheitsüberprüfung die begehrte Niederlassungserlaubnis erteilt. Auf dieser Grundlage kann der Betroffene nämlich weder wissen, welchen konkreten Umständen die Ausländerbehörde im Rahmen ihrer Sicherheitsüberprüfung nachgegangen ist, noch zu welchen konkreten Erkenntnissen sie hierbei nach Abschluss der Überprüfung gelangt ist. Daher kann der Betroffene aus der Erteilung der Niederlassungserlaubnis billigerweise auch nicht schließen, dass die Ausländerbehörde bei ihrer Sicherheitsüberprüfung alle als potentielle Versagungsgründe in Betracht kommenden Umstände tatsächlich ermittelt und sodann als für die Erteilung der begehrten Niederlassungserlaubnis unbeachtlich eingestuft hat (BVerwG BeckRS 2017, 107747).

43   Ein Vertrauenstatbestand liegt nicht (mehr) vor, wenn sich seit dem „Verzicht" seitens der Ausländerbehörde die Sach- und Rechtslage geändert hat; vor allem eine erneute Straftat des Ausländers lässt den Vertrauensschutz entfallen, sodass auch frühere Sachverhalte (wieder) in vollem Umfang berücksichtigt werden können.

44   Generell ist bei der Annahme eines vertrauensschutzbegründenden Verhaltens der Ausländerbehörde Zurückhaltung geboten, weil ihr insoweit kein Ermessen zusteht und die Entscheidung über eine Ausweisung eine gebundene Entscheidung darstellt. Kommt die Behörde nach der Prüfung der Sach- und Rechtslage zu dem Ergebnis, dass etwa angesichts des Gewichts des Bleibeinteresses des Ausländers eine Ausweisung (noch) nicht gerechtfertigt ist, kann sie den Ausländer verwarnen, indem sie ihn in geeigneter Form darauf hinweist, dass bei weiteren Straftaten eine Ausweisung konkret in Betracht kommt.

VII. Ausweisung trotz Undurchführbarkeit der Abschiebung

45   Grundsätzlich ist eine Ausweisung darauf gerichtet, dass der betroffene Ausländer die Bundesrepublik Deutschland verlässt, durch eigene Ausreise oder durch Abschiebung (vgl. § 58 Abs. 1, Abs. 3), weil der Ausländer durch die Ausweisung ausreisepflichtig wird. Gleichwohl gibt es Fälle, in denen bereits bei der Ausweisung erkennbar ist, dass eine Aufenthaltsbeendigung auf längere Zeit nicht möglich sein wird, sei es aufgrund eines fortgeltenden Abschiebungsverbots (zB nach § 60 Abs. 7 S. 1) oder aus auf absehbare Zeit nicht zu beseitigenden tatsächlichen Gründen.

46   Die Tatsache, dass ein Abschiebungsverbot weiterbesteht oder eine Abschiebung aus tatsächlichen Gründen auf absehbare Zeit nicht möglich sein wird, ist bei der Gewichtung des öffentlichen

Ausweisungsinteresses zu berücksichtigen und kann unter bestimmten Umständen auch zum Wegfall des Ausweisungsinteresses führen.

Gleichwohl ist auch in diesen Fällen eine Ausweisung möglich, deren Wirkungen sich dann **47** allerdings auf das Inland beschränken („inlandsbezogene Ausweisung", BeckOK AuslR/Fleuß Rn. 6).

Ein unter spezialpräventiven Gesichtspunkten zu berücksichtigendes öffentliches Ausweisungs- **48** interesse kann aber auch bei Bestehen von Duldungsgründen dann bejaht werden, wenn mit der Ausweisung ein Aufenthaltstitel zum Erlöschen gebracht oder einer weiteren Aufenthaltsverfestigung entgegengewirkt wird oder Aufenthaltsbeschränkungen ausgelöst werden. Ein vollziehbar ausreisepflichtiger bzw. aus bestimmten Gründen ausgewiesener Ausländer unterliegt den Einschränkungen bzw. kann bestimmten Anordnungen unterworfen werden, die sich aus §§ 61, 56, 56a ergeben. Gerade wenn nicht absehbar ist, wie lange etwa ein Abschiebungsverbot nach § 60 Abs. 7 S. 1 besteht, darf der Ausländer kein neues Ausweisungsinteresse begründen, dh keine neuen Straftaten begehen, um überhaupt wieder die Chance zu bekommen, einen Aufenthaltstitel nach § 25 Abs. 5 oder § 7 Abs. 1 S. 3 und damit einen gesicherten Aufenthalt zu erhalten. Insoweit kommt daher der Ausweisung trotz des bestehenden Abschiebungsverbots verhaltenssteuernde Wirkung zu. Auch wenn das auf spezialpräventiven Gesichtspunkten beruhende öffentliche Ausweisungsinteresse im Hinblick auf die einem Ausländer zu erteilenden Duldungen als nicht so gewichtig einzustufen ist, kann die zusätzliche Berücksichtigung generalpräventiver Erwägungen dazu führen, dass das öffentliche Ausweisungsinteresse das Bleibeinteresse überwiegt. Anderen Ausländern, die einen Aufenthaltstitel und unabhängig davon Abschiebungsschutz besitzen, wird deutlich vor Augen geführt, dass durch die Begehung von Straftaten mit dem durch die Ausweisung bedingten Erlöschen des Aufenthaltstitels gravierende Nachteile wie zB räumliche Beschränkungen oder der Verlust der mit einem Aufenthaltstitel verbundenen Sozialleistungen einhergehen, auch wenn der Aufenthalt im Bundesgebiet tatsächlich nicht beendet werden kann (BayVGH BeckRS 2016, 50099).

Allerdings ist der Umstand, dass eine Ausreise oder Abschiebung auf absehbare Zeit nicht zu **49** erwarten ist, bei der Bemessung der Befristung des Einreise- und Aufenthaltsverbots nach § 11 Abs. 3 S. 1 zu berücksichtigen, also in die Ermessenserwägungen einzustellen. Denn da die Frist erst mit der Ausreise zu laufen beginnt (§ 11 Abs. 2 S. 2), verlängert sich die Frist faktisch um die Dauer des Ausreisehindernisses. Bliebe das Abschiebungsverbot auf Dauer bestehen, hätte dies zur Folge, dass dem Ausländer kein neuer Aufenthaltstitel erteilt werden kann und das Titelerteilungsverbot unbefristet wirkt. Dieses Ergebnis ist jedoch mit dem Grundsatz, dass der betroffene Ausländer einen Anspruch auf Befristung der Wirkungen einer Ausweisung hat, nicht zu vereinbaren (BayVGH BeckRS 2016, 50099).

C. Abwägung mit den Bleibeinteressen

I. Eingriff in Bleibeinteressen

Bleibeinteressen sind alle rechtlich geschützten Belange des Ausländers, die für sein Verbleiben **50** im Bundesgebiet sprechen. Die Aufzählungen in Abs. 2 sowie in § 55 Abs. 1 und Abs. 2 sind dabei nicht abschließend.

Abs. 2 nennt als Bleibeinteressen, die bei der Abwägung zu berücksichtigen sind, „insbesondere" **51** die Dauer des Aufenthalts des Ausländers, seine persönlichen, wirtschaftlichen und sonstigen Bindungen im Bundesgebiet und im Herkunftsstaat oder in einem anderen zur Aufnahme bereiten Staat, die Folgen der Ausweisung für Familienangehörige und Lebenspartner sowie die Tatsache, ob sich der Ausländer rechtstreu verhalten hat. Das Kriterium des „rechtstreuen" Verhaltens wurde durch das Gesetz zur erleichterten Ausweisung von straffälligen Ausländern und zum erweiterten Ausschluss der Flüchtlingsanerkennung bei straffälligen Asylbewerbern v. 11.3.2016 (BGBl. I 394) eingefügt.

Eine Ausweisung bedeutet einen Eingriff in die allgemeine Handlungsfreiheit und das Recht **52** auf die freie Entfaltung der Persönlichkeit des sich im Bundesgebiet aufhaltenden Ausländers nach Art. 2 Abs. 1 GG. Denn die Beschränkung des Freizügigkeitsgrundrechts nach Art. 11 GG auf Deutsche schließt nicht aus, auf den Aufenthalt von Ausländern in der Bundesrepublik Deutschland Art. 2 Abs. 1 GG anzuwenden. Ein Eingriff ist nur nach Maßgabe des Verhältnismäßigkeitsgrundsatzes zulässig; es ist deshalb zu prüfen, ob die Ausweisung im konkreten Fall, bezogen auf den konkreten Ausweisungsgrund sowie die Lebenssituation des betroffenen Ausländers, als verhältnismäßig anzusehen ist (BVerfG BeckRS 2016, 53810 Rn. 18).

53   Die Schwere des Eingriffs nimmt zu, wenn der Ausländer hier geboren oder als Kleinkind nach Deutschland gekommen ist, den überwiegenden Teil seines Lebens in Deutschland verbracht und dementsprechend starke familiäre und soziale Bindungen im Inland und nur geringe Bindungen an das Herkunftsland hat (sog. faktischer Inländer oder verwurzelter Ausländer). Zwar besteht auch für solche Ausländer kein generelles Ausweisungsverbot, doch ist im Rahmen der Verhältnismäßigkeitsprüfung der besonderen Härte, die eine Ausweisung für diese Personengruppe darstellt, in angemessenem Umfang Rechnung zu tragen (BVerfG BeckRS 2016, 53810 Rn. 19).

54   In vielen Fällen berührt eine Ausweisung auch das Grundrecht des Ausländers auf Schutz von Ehe und Familie aus Art. 6 Abs. 1 und Abs. 2 GG. Dieses gewährt zwar keinen unmittelbaren Anspruch auf Aufenthalt, verpflichtet als wertentscheidende Grundsatznorm, wonach der Staat Ehe und Familie zu schützen und zu fördern hat, jedoch dazu, die bestehenden familiären Bindungen des Ausländers an Personen, die sich berechtigterweise im Bundesgebiet aufhalten, zu berücksichtigen und entsprechend dem Gewicht dieser Bindungen in ihren Erwägungen zur Geltung zu bringen.

55   Ebenso bedeutet eine Ausweisung einen Eingriff in das Recht auf Achtung des Privatlebens und häufig in das Recht auf Achtung des Familienlebens nach Art. 8 Abs. 1 EMRK, was nach Art. 8 Abs. 2 EMRK nur gerechtfertigt ist, soweit der Eingriff gesetzlich vorgesehen und in einer demokratischen Gesellschaft notwendig ist für die nationale oder öffentliche Sicherheit, für das wirtschaftliche Wohl des Landes, zur Aufrechterhaltung der Ordnung, zur Verhütung von Straftaten, zum Schutz der Gesundheit oder der Moral oder zum Schutz der Rechte und Freiheiten anderer.

56   Hierzu hat sich in den letzten Jahrzehnten eine umfangreiche, etwas kasuistische Rechtsprechung des EGMR entwickelt. Der EGMR erkennt an, dass die Ausweisungsvorschriften des deutschen Ausländerrechts eine hinreichende gesetzliche Grundlage im innerstaatlichen Recht darstellen und dass eine Ausweisung zum Zweck der Aufrechterhaltung der Ordnung und zur Verhütung von Straftaten ein legitimes Ziel nach Art. 8 Abs. 2 EMRK darstellt (vgl. zB EGMR BeckRS 2010, 91040 Rn. 52 f.). Die Prüfung, ob der Eingriff „in einer demokratischen Gesellschaft notwendig" ist, erfordert eine umfassende, auf den konkreten Einzelfall bezogene Verhältnismäßigkeitsprüfung, bei der folgende Kriterien zu berücksichtigen sind (sog. Boultif/Üner Kriterien, nach EGMR InfAuslR 2001, 476 – Boultif; BeckRS 2007, 10359 – Üner, jedoch in vielen weiteren Entscheidungen konkretisiert):

57   In einem Fall, in dem die auszuweisende Person ein junger Erwachsener ist, der noch keine eigene Familie gegründet hat, sind zu würdigen die Art und Schwere der von ihm begangenen Straftaten, die Dauer seines Aufenthalts in dem Land, aus dem er ausgewiesen werden soll, die zwischen der Tatbegehung verstrichene Zeit und sein Verhalten während dieser Zeit, die Stabilität der sozialen, kulturellen und familiären Bindungen zum Gastland und zum Zielstaat. Das Alter des Betroffenen kann eine Rolle spielen, so ist bei der Beurteilung der Art und Schwere der begangenen Straftat zu prüfen, ob er diese als Jugendlicher oder als Erwachsener begangen hat. Außerdem ist zu differenzieren, ob der Betroffene bereits als Kind oder in jugendlichem Alter in sein Gastland kam oder sogar hier geboren wurde oder erst als Erwachsener hierher kam. Wenn es sich um einen langjährigen Einwanderer handelt, der den größten – wenn nicht den gesamten – Teil seiner Kindheit und Jugend rechtmäßig im Aufnahmestaat verbracht hat, müssen zur Rechtfertigung der Ausweisung sehr gewichtige Gründe vorgebracht werden, umso mehr, wenn der Betroffene die für die Ausweisung maßgeblichen Straftaten als Jugendlicher begangen hat.

58   Wenn die Belange von Familienangehörigen zu berücksichtigen sind, sind zusätzlich folgende Kriterien zu würdigen: die Staatsangehörigkeit der betroffenen Personen, die Familiensituation des Ausländers (etwa die Dauer der Ehe und andere Faktoren, die die Effektivität des Familienlebens eines Paares zum Ausdruck bringen), das Wissen des Ehepartners um Straftaten, als er die familiäre Bindung einging, aus der Ehe hervorgegangene Kinder und deren Alter sowie die Schwierigkeiten, mit denen der Ehepartner und die Kinder voraussichtlich im Herkunftsland konfrontiert sein werden.

58a   Dem Schutz des Familienlebens iSd Art. 6 GG, des Art. 8 EMRK und der Art. 7 und 24 Abs. 2 und 3 GRCh ist im Rahmen der Würdigung des Bleibeinteresses Ausländers besondere Bedeutung beizumessen; bei der Abwägung mit dem öffentlichen Ausweisungsinteresse ist ein angemessener Ausgleich herbeizuführen. Hieraus folgt, dass ein unbedingter Vorrang des Kindeswohls, der einer Ausweisung von vornherein entgegensteht, nicht besteht. Auch nach der Grundrechte-Charta genießt das Familienleben besonderen Schutz. In Art. 7 GRCh, der Rechte enthält, die den in Art. 8 Abs. 1 EMRK garantierten Rechten entsprechen, wird das Recht auf Achtung des Privat- und Familienlebens anerkannt. Diese Vorschrift ist zudem in Verbindung mit der Verpflichtung zur Berücksichtigung des Kindeswohls nach Art. 24 Abs. 2 GRCh und unter Beachtung des in

Art. 24 Abs. 3 GRCh niedergelegten Erfordernisses zu lesen, dass das Kind regelmäßig persönliche Beziehungen zu beiden Eltern unterhält. Der EuGH hat in diesem Zusammenhang ausgeführt, dass ein angemessener Ausgleich zwischen den einander gegenüberstehenden Interessen des Einzelnen und der Gesellschaft herbeizuführen ist, aber sich hieraus ein das Ermessen auf Null reduzierender, grundsätzlicher Vorrang des Kindeswohls nicht ergibt. Inhaltlich entspricht das Recht nach Art. 7 und 24 GRCh den in Art. 8 Abs. 2 EMRK gewährleisteten Rechten in ihrer Auslegung durch den EGMR. Art. 7 und 24 GRCh ist somit die gleiche Bedeutung und Tragweite beizumessen wie Art. 8 Abs. 1 EMRK (BVerwG BeckRS 2020, 2748 Rn. 6 mit Nachweis der Rechtsprechung des EuGH im Einzelnen). Ein unbedingter Vorrang des Kindeswohls vor entgegenstehenden öffentlichen Interessen ergibt sich auch nicht aus der Rechtsprechung des EuGH zu Unionsbürgerkindern. Art. 20 AEUV steht zwar einer Regelung eines Mitgliedstaats entgegen, nach ein ein wegen einer Straftat verurteilter Drittstaatsangehöriger auch dann in den Drittstaat auszuweisen ist, wenn er tatsächlich für ein Kleinkind sorgt, das die Staatsangehörigkeit dieses Mitgliedstaats besitzt, im dem es sich seit seiner Geburt aufgehalten hat, ohne von seinem Recht auf Freizügigkeit Gebrauch gemacht zu haben, und das wegen der Ausweisung des Drittstaatsangehörigen das Unionsgebiet verlassen müsste, so dass ihm der tatsächliche Genuss des Kernbestands seiner Rechte verwehrt würde. Unter außergewöhnlichen Umständen darf ein Mitgliedstaat jedoch eine Ausweisungsverfügung erlassen, sofern sie auf dem persönlichen Verhalten des Drittstaatsangehörigen beruht, das eine tatsächliche, gegenwärtige und erhebliche Gefahr darstellen muss, die ein Grundinteresse der Gesellschaft des Mitgliedstaats berührt, und die verschiedenen einander gegenüberstehenden Interessen berücksichtigt werden. Ob zwischen dem Elternteil mit Drittstaatsangehörigkeit und dem Kind ein Abhängigkeitsverhältnis in der Weise besteht, dass sich das Kind zum Verlassen des Unionsgebiets gezwungen sähe, wenn dem Drittstaatsangehörigen ein Aufenthaltsrecht verweigert würde, ist unter Berücksichtigung sämtlicher Umstände des Einzelfalls im Interesse des Kindeswohls zu beantworten. Zu berücksichtigen sind – neben der Frage, ob der Elternteil, der Unionsbürger ist, wirklich in der Lage und bereit ist, die tägliche und tatsächliche Sorge für das Kind allein wahrzunehmen – insbesondere auch das Alter des Kindes, seine körperliche und emotionale Entwicklung, der Grad seine affektiven Bindung zu dem Elternteil, der Unionsbürger ist, als auch zu dem Elternteil mit Drittstaatsangehörigkeit, und das Risiko, das mit der Trennung von Letzterem für das innere Gleichgewicht des Kindes verbunden wäre (BVerwG BeckRS 2020, 2748 Rn. 7 und 10; vgl. Fleuß ZAR 2021, 156 (166 f.)).

Diskutiert wird auch das Bestehen „öffentlicher" Bleibeinteressen, etwa wenn der Ausländer **59** als Wissenschaftler oder Künstler besondere Leistungen für das Gemeinwesen erbringt; allerdings ist hierzu keine Rechtsprechung ersichtlich. Ein gesetzlich umschriebenes öffentliches Bleibeinteresse ist in § 55 Abs. 1 Nr. 6 (→ § 55 Rn. 31) gesehen worden, wenn eine Aufenthaltserlaubnis nach § 25 Abs. 4a S. 1 erteilt wurde, weil ein Opfer von Menschhandel in einem Strafverfahren an der Aufklärung der Tat mitwirkt. Allerdings soll sich ein Ausländer nicht auf ein öffentliches Bleibeinteresse berufen können (BeckOK AuslR/Fleuß Rn. 47). Richtigerweise dürfte das Bestehen eines öffentlichen Interesses am Verbleiben des Ausländers ein bestehendes Ausweisungsinteresse vermindern.

II. Abwägung

Im Rahmen der Ausweisungsentscheidung sind die abwägungserheblichen Interessen zutreffend **60** zu ermitteln und zu gewichten. Es ist ein Ausgleich zwischen den gegenläufigen Interessen herzustellen, der dem Grundsatz der Verhältnismäßigkeit entspricht.

Liegen in § 54 definierte („vertypte") Ausweisungsinteressen und / oder in § 55 vertypte **61** Bleibeinteressen vor, sind sie mit der dort festgelegten Gewichtung („schwerwiegend" bzw. „besonders schwerwiegend") in die Abwägung einzustellen. Gleichwohl darf in keinem Fall eine schematische oder gar „mathematische" Gewichtung erfolgen. Vielmehr sind alle in Betracht kommenden Ausweisungs- und Bleibeinteressen – auch die nicht in § 54 bzw. § 55 „vertypten" – einer Gesamtbetrachtung zu unterwerfen. Dabei kann sich in Ausnahmefällen auch eine „atypische" Rechtsfolge ergeben, nämlich im Vergleich zur gesetzlichen Regelfolge ein höheres oder niedrigeres Ausweisungs- oder Bleibeinteresse (BayVGH BeckRS 2017, 100322 Rn. 6; BeckOK AuslR/Fleuß Rn. 48; Bergmann/Dienelt/Bauer Rn. 81). Die Abwägung hat dabei „ergebnisoffen" zu erfolgen (BT-Drs. 18/4097, 49).

Liegt bei einem Ausländer wegen der Erfüllung eines Tatbestandes des § 54 Abs. 1 oder des **62** § 55 Abs. 1 sowohl ein besonders schwerwiegendes Ausweisungsinteresse wie auch ein besonders schwerwiegendes Bleibeinteresse vor, sind weitere Lebenssachverhalte, die noch weitere „vertypte" Ausweisungs- oder Bleibeinteressen erfüllen, erst bei der Abwägung mit dem ihnen zukommenden

Gewicht zu berücksichtigen; die Annahme eines durch Addition „doppelt" oder sogar mehrfach (besonders oder nur) schwerwiegenden Interesses ist weder systematisch geboten noch von seinem Sinngehalt her vorstellbar (BayVGH BeckRS 2016, 45476 Rn. 40).

63   Generalpräventive Aspekte sind Teil des öffentlichen Ausweisungsinteresses. Nach der Gesetzesbegründung kann eine Ausweisungsentscheidung grundsätzlich auch auf generalpräventive Erwägungen gestützt werden (BT-Drs. 18/4097, 49), doch sind generalpräventive Gründe in aller Regel von geringerem Gewicht als spezialpräventiv begründete Ausweisungsinteressen.

D. Besonders geschützte Personengruppen (Abs. 3–3b)

I. Assoziationsberechtigte Türken und Besitzer einer Erlaubnis zum Daueraufenthalt-EU

1. Assoziationsberechtigte Türken

64   Türkische Arbeitnehmer und ihre Familienangehörigen, denen ein Aufenthaltsrecht nach Art. 6 oder 7 ARB 1/80 (Beschluss Nr. 1/80 des Assoziationsrates v. 19.9.1980 über die Entwicklung der Assoziation) zusteht (s. § 4 Abs. 5), durften bereits nach der vor dem 1.1.2016 geltenden Rechtslage aufgrund von Art. 14 ARB 1/80 nur ausgewiesen werden, wenn die Ausweisung auf Gründe der öffentlichen Ordnung gestützt werden kann und wenn das persönliche Verhalten des Betroffenen gegenwärtig eine tatsächliche und hinreichend schwere Gefahr für ein Grundinteresse der Gesellschaft des Aufnahmemitgliedstaats darstellt und die Ausweisung für die Wahrung dieses Interesses unerlässlich ist (EuGH BeckRS 2011, 81925).

65   Die Neufassung von § 53 Abs. 3 seit dem 1.1.2016 gibt nunmehr exakt die Voraussetzungen wieder, die schon nach bisheriger ständiger Rechtsprechung für die Ausweisung eines assoziationsberechtigten türkischen Staatsangehörigen erfüllt sein mussten (BayVGH BeckRS 2017, 105527 Rn. 24; BeckOK AuslR/Fleuß Rn. 103).

66   Das in Art. 13 ARB 1/80 enthaltene Verschlechterungsverbot (sog. Stillhalteklausel) ist durch die Neufassung der §§ 53 ff. nicht berührt. Danach dürfen die Mitgliedstaaten keine neuen innerstaatlichen Maßnahmen einführen, die bezwecken oder bewirken, dass die Ausübung der Arbeitnehmerfreizügigkeit durch einen türkischen Staatsangehörigen oder einen Familienangehörigen in einem Mitgliedstaat strengeren Voraussetzungen unterworfen wird als denjenigen, die bei Inkrafttreten der Bestimmung am 1.12.1980 in dem Mitgliedstaat galten (vgl. BVerwG BeckRS 2015, 48582). Insoweit bestehen keine Bedenken gegen die Anwendung der ab 1.1.2016 geltenden neuen Ausweisungsvorschriften auf assoziationsberechtigte türkische Staatsangehörige. Geht man davon aus, dass Art. 13 ARB 1/80 auch im Zusammenhang mit der Änderung nationaler Ausweisungsvorschriften Gültigkeit beansprucht, obwohl diese keinen unmittelbaren Bezug zur Regelung des Arbeitsmarktzugangs aufweisen, geht mit der Einführung des zum 1.1.2016 anwendbaren Ausweisungsrechts keine grundsätzliche Verschlechterung der Rechtsposition eines unter dem Schutz von Art. 14 ARB 1/80 stehenden türkischen Staatsangehörigen einher. Denn er kann auch künftig ausschließlich aus spezialpräventiven Gründen und nur dann ausgewiesen werden, wenn sein Verhalten gegenwärtig eine schwerwiegende Gefahr für die öffentliche Sicherheit und Ordnung darstellt. Außerdem ist der Grundsatz der Verhältnismäßigkeit zu beachten; dabei sind unter Abwägung der gegenläufigen Interessen alle Umstände und Besonderheiten des konkreten Einzelfalls einzustellen, sodass sich die materiellen Anforderungen, unter denen ein assoziationsberechtigter türkischer Staatsangehöriger ausgewiesen werden darf, nicht zu seinen Lasten geändert haben. Dass nach dem neuen Recht eine Ausweisung nach Betätigung des ausländerbehördlichen Ermessens nicht mehr in Betracht kommt, ist für einen betroffenen Ausländer nicht ungünstiger (Bergmann/Dienelt/Bauer Rn. 86; aA NK-AuslR/Cziersky-Reis Rn. 42), denn es lässt sich schon nicht feststellen, dass es in der Vergangenheit tatsächlich Fälle gab, in denen die Ausländerbehörde von einer eigentlich möglichen Ausweisung aus Ermessensgründen Abstand genommen hat. Im Übrigen ermöglicht das neue Ausweisungsrecht eine volle gerichtliche Kontrolle der Ausweisungsentscheidung, sodass jedenfalls in der Gesamtschau eine Verschlechterung der Rechtspositionen eines durch Art. 13, 14 ARB 1/80 geschützten türkischen Staatsangehörigen nicht feststellbar ist (BayVGH BeckRS 2016, 45476 Rn. 28; BeckOK AuslR/Fleuß Rn. 103).

2. Besitzer einer Erlaubnis zum Daueraufenthalt-EU

67   Eine Erlaubnis zum Daueraufenthalt-EU wird nach Maßgabe des § 9a erteilt. Die Regelung beruht auf der Daueraufenthalts-RL (RL 2003/109/EG v. 25.11.2003, ABl. 2004 L 16, 44; geändert durch RL 2011/51/EU v. 11.5.2011, ABl. 2011 L 132, 1). Nach Art. 12 Daueraufenthalts-

RL darf gegen einen langfristig Aufenthaltsberechtigten eine Ausweisung nur verfügt werden, wenn er eine gegenwärtige, hinreichend schwere Gefahr für die öffentliche Ordnung oder die öffentliche Sicherheit darstellt; sie darf nicht auf wirtschaftlichen Überlegungen beruhen.

Die Rechtsstellung eines langfristig Aufenthaltsberechtigten wird grundsätzlich durch die **68** Bescheinigung nach Art. 8 Abs. 3 Daueraufenthalts-RL belegt, wobei die zentrale Bedeutung zu beachten ist, die das Unionsrecht ihrer Gestaltung und Fälschungssicherheit beimisst; sie kann aber auch durch eine schriftliche Bestätigung der Behörden des Mitgliedstaates, in dem das Recht zum Daueraufenthalt-EG entstanden sein soll, ggf. auch dessen Auslandsvertretung in Deutschland, geführt werden, wobei es einer sorgfältigen Vergewisserung durch die Ausländerbehörde bedarf, dass die Rechtsstellung als langfristig Aufenthaltsberechtigter auch tatsächlich verliehen worden ist (BayVGH BeckRS 2017, 102431 Rn. 10).

3. Sachlicher Schutzbereich

Die Ausweisung einer nach einem der Tatbestände des Abs. 3 geschützten Person darf nur **69** an sein persönliches Verhalten anknüpfen. Damit sind jegliche generalpräventive Erwägungen ausgeschlossen.

Weiter muss das persönliche Verhalten des Betroffenen gegenwärtig eine schwerwiegende **70** Gefahr für die öffentliche Sicherheit und Ordnung darstellen und ein Grundinteresse der Gesellschaft berühren.

Es steht dem nationalen Gesetzgeber im Wesentlichen frei, nach seinen nationalen Bedürfnissen **71** zu bestimmen, was die öffentliche Ordnung erfordert; die öffentliche Ordnung kann dabei den Schutz verschiedener Interessen umfassen, die der Mitgliedsstaat als grundlegend für sein eigenes Wertesystem ansieht (EuGH BeckRS 2015, 80750 Rn. 48).

Ein Grundinteresse der Gesellschaft ist jedenfalls berührt bei der Gefahr von erheblichen oder **72** schweren Straftaten, wie etwa von Gewalt- oder Sexualdelikten oder Eigentums- oder Vermögensdelikten von nicht nur unerheblichem Ausmaß. Auch Drogenhandel berührt ein Grundinteresse der Gesellschaft, auch wenn er sich nur auf weiche Drogen bezieht. Der Gesetzgeber geht nach wie vor davon aus, dass auch der Konsum weicher Drogen gesundheitsgefährdend und strafbar ist (BayVGH BeckRS 2018, 2985 Rn. 25).

Die Vorschrift, dass die Ausweisung für die Wahrung des Grundinteresses der Gesellschaft **73** „unerlässlich" sein muss, bedeutet nicht, dass sie gewissermaßen „ultima ratio" sein muss und dem Betroffenen bspw. zuerst eine Drogentherapie ermöglicht werden muss. Mit dieser Formel wird nur der in der Rechtsprechung des EuGH (BeckRS 2011, 81925) für die Ausweisung von Unionsbürgern entwickelte Grundsatz zum Ausdruck gebracht, wonach das nationale Gericht eine sorgfältige und umfassende Prüfung der Verhältnismäßigkeit vorzunehmen hat (BVerwG BeckRS 2012, 56736 Rn. 21; BayVGH BeckRS 2017, 105552 Rn. 6).

II. Asylberechtigte, Flüchtlinge und Inhaber eines Reiseausweises (Abs. 3a)

Die in Abs. 3a genannten Personengruppen waren in der vor dem 21.8.2019 geltenden Geset- **74** zesfassung in Abs. 3 enthalten, der nunmehr nur noch für assoziationsberechtigte türkische Staatsangehörige und Besitzer einer Erlaubnis zum Daueraufenthalt-EU gilt. Mit der Neufassung in Abs. 3a sollte nach der Gesetzesbegründung der Ausweisungsschutz für Asylberechtigte und anerkannten Flüchtlinge „auf den Kern der europa- und völkerrechtlichen Vorgaben zurückgeführt" und die Möglichkeiten, „bei schutzberechtigten Intensivstraftätern im Einzelfall ein Überwiegen des öffentlichen Ausreiseinteresses zu begründen", erleichtert werden (BR-Drs. 179/19, 31).

1. Asylberechtigte

Asylberechtigter (Art. 16a Abs. 1 GG) ist, wer vom Bundesamt für Migration und Flüchtlinge **75** als solcher anerkannt worden ist (vgl. § 31 AsylG; zu Erlöschen, Widerruf und Rücknahme der Asylberechtigung s. §§ 72 und 73 AsylG). Ihm ist nach Maßgabe des § 25 Abs. 1 eine Aufenthaltserlaubnis zu erteilen.

Asylberechtigte genießen nach § 2 Abs. 1 AsylG im Bundesgebiet die Rechtsstellung nach **76** dem Abkommen über die Rechtsstellung der Flüchtlinge. Insoweit sind beide Personengruppen rechtlich gleichgestellt (BVerwG BeckRS 2015, 52992 Rn. 5).

2. Flüchtlinge

Die Voraussetzungen für die Zuerkennung der Flüchtlingseigenschaft im Sinne der GFK **77** (Abkommen über die Rechtsstellung der Flüchtlinge v. 28.7.1951, BGBl. 1953 II 559) sind in

§ 3 AsylG (sowie in §§ 3a–3e AsylG) beschrieben. Die Zuerkennung erfolgt durch das Bundesamt für Migration und Flüchtlinge (vgl. § 31 AsylG; zu Erlöschen, Widerruf und Rücknahme der Zuerkennung der Flüchtlingseigenschaft s. §§ 72 und 73 AsylG). Einem Flüchtling ist nach Maßgabe des § 25 Abs. 2 eine Aufenthaltserlaubnis zu erteilen.

78   Abs. 3a ist unionsrechtskonform nach den Vorgaben der Qualifikations-RL (RL 2011/95/EU v. 13.12.2011, ABl. 2011 L 337, 9) auszulegen (hierzu ausf. das Grundsatzurteil des BVerwG BeckRS 2017, 107747).

79   Die Qualifikations-RL formuliert keine Vorgaben für eine Ausweisung im Sinne des deutschen Rechts, wohl aber für eine Zurückweisung in den Herkunftsstaat (Art. 21 Abs. 2 und Abs. 3 Qualifikations-RL) und für den Entzug des Aufenthaltstitels (Art. 24 Abs. 1 Qualifikations-RL).

80   Nach Art. 21 Abs. 3 Qualifikations-RL darf ein Mitgliedstaat den einem Flüchtling erteilten Aufenthaltstitel widerrufen, beenden oder seine Verlängerung bzw. Erteilung ablehnen, wenn die Voraussetzungen für eine Zurückweisung nach Art. 21 Abs. 2 Qualifikations-RL vorliegen. Eine Zurückweisung nach Art. 21 Abs. 2 Qualifikations-RL ist zulässig, wenn es stichhaltige Gründe für die Annahme gibt, dass der Flüchtling eine Gefahr für die Sicherheit des Mitgliedsstaats darstellt, in dem er sich aufhält, oder wenn er eine Gefahr für die Allgemeinheit diese Mitgliedsstaats darstellt, weil er wegen einer besonders schweren Straftat rechtskräftig verurteilt wurde. Die Zurückweisung ist jedoch nur dann zulässig, wenn sie dem Mitgliedsstaat nicht aufgrund seiner völkerrechtlichen Verpflichtungen im Hinblick auf den Grundsatz der Nichtzurückweisung untersagt ist. Eine Durchbrechung des Verbots der Zurückweisung in Art. 33 Abs. 1 GFK ist nur unter den engen Voraussetzungen des Art. 33 Abs. 2 GFK möglich; besteht ein Abschiebungsverbot nach Art. 3 EMRK (iVm § 60 Abs. 5) wirkt dieses absolut (BVerwG BeckRS 2017, 107747 Rn. 48). Insoweit wird eine Ausweisung, die auf die tatsächliche Rückführung in den Herkunftsstaat zielt, nur in Ausnahmefällen möglich sein (vgl. BeckOK AuslR/Fleuß Rn. 121 ff.; Bergmann/Dienelt/Bauer Rn. 97).

81   Unionsrechtliche Maßstäbe für eine lediglich zum Verlust des Aufenthaltstitels führende inlandsbezogene Ausweisung ergeben sich aus Art. 24 Abs. 1 Qualifikations-RL. Danach kann die Erteilung eines Aufenthaltstitels versagt und auch ein erteilter Aufenthaltstitel widerrufen werden, wenn zwingende Gründe der nationalen Sicherheit oder öffentlichen Ordnung entgegenstehen (BVerwG BeckRS 2017, 107747 Rn. 49 ff.). Diese Regelung stellt weniger strenge Anforderungen als Art. 21 Abs. 2 und Abs. 3 Qualifikations-RL. Sie richtet sich nur auf die Vernichtung des Aufenthaltstitels des Ausländers, seine Rechtsstellung als Flüchtling bleibt ihm jedoch erhalten, die Durchsetzung der Ausreisepflicht ist dann nicht möglich.

3. Inhaber eines Reiseausweises

82   Die Ausstellung von Reiseausweisen nach der GFK ist in Art. 28 GFK geregelt. In aller Regel handelt es sich bei den Inhabern von Reiseausweisen ohnehin um Flüchtlinge, so dass ihnen ohnehin bereits der erhöhte Ausweisungsschutz als Flüchtling zukommt.

83   Praktisch relevant wird diese Regelung daher nur in den seltenen Fällen, in denen Flüchtlinge in einem anderen Staat als solche anerkannt wurden, sich gleichwohl in Deutschland aufhalten und denen – in der Regel wie sie keinen Reiseausweis von dem Staat erhalten, in dem sie anerkannt wurden und in dem sie sich rechtmäßig aufhalten – ein Reiseausweis gem. Art. 28 Nr. 1 S. 2 GFK erteilt wurde (BeckOK AuslR/Fleuß Rn. 120).

4. Sachlicher Schutzbereich

84   Die Ausweisung eines Ausländers, der einer der in Abs. 3a genannten Personengruppen angehört, ist nur zulässig, wenn er aus schwerwiegenden Gründen als eine Gefahr für die Sicherheit der Bundesrepublik Deutschland oder eine terroristische Gefahr anzusehen ist oder er eine Gefahr für die Allgemeinheit darstellt, weil er wegen einer schweren Straftat rechtskräftig verurteilt wurde.

85   Die Gesetzesbegründung (BR-Drs. 179/19, 31) beruft sich insoweit auf die Vorgaben in Art. 14 Abs. 4 lit. b Qualifikations-RL und Art. 33 Abs. 2 GFK. Nach Art. 14 Abs. 4 Qualifikations-RL können die Mitgliedstaaten einem anerkannten Flüchtling diese Rechtsstellung aberkennen, diese beenden oder ihre Verlängerung ablehnen, wenn es stichhaltige Gründe für die Annahme gibt, dass er eine Gefahr für die Sicherheit des Mitgliedstaats darstellt, in dem er sich aufhält (Art. 14 Abs. 4 lit. a Qualifikations-RL), oder wenn er eine Gefahr für die Allgemeinheit dieses Mitgliedstaats darstellt, weil er wegen einer besonders schweren Straftat rechtskräftig verurteilt wurde (Art. 14 Abs. 4 lit. b Qualifikations-RL). Die gleichen Voraussetzungen gelten für die Möglichkeit der Mitgliedstaaten, einen Flüchtling zurückzuweisen (soweit sie damit nicht gegen völkerrechtliche Verpflichtungen, insbesondere der GFK, verstoßen) in Art. 21 Abs. 2 Qualifikations-RL,

sowie die Möglichkeit, den einem Flüchtling erteilten Aufenthaltstitel zu widerrufen, zu beenden oder seine Verlängerung bzw. Erteilung abzulehnen, in Art. 21 Abs. 3 Qualifikations-RL. Art. 33 Abs. 2 GFK sieht einen Ausschluss vom Verbot der Ausweisung und Zurückweisung in Art. 33 Abs. 1 GFK vor, wenn ein Flüchtling aus schwerwiegenden Gründen als eine Gefahr für die Sicherheit des Landes anzusehen ist, in dem er sich befindet, oder der eine Gefahr für die Allgemeinheit dieses Staates bedeutet, weil er wegen eines Verbrechens oder eines besonders schweren Vergehens verurteilt wurde. Die Gesetzesbegründung weist allerdings zu Recht darauf hin, dass diese Durchbrechung des Refoulement-Verbots als Ausnahmeregelung im Sinne einer ultima ratio eng auszulegen ist und dass, wenn der Ausweisung die Abschiebung folgt, völkerrechtliche Abschiebungsverbote, insbesondere Art. 3 EMRK zu beachten seien (BR-Drs. 179/19, 31).

Aus diesen Vorgaben hat die Neufassung der Vorschrift die Voraussetzungen einer Ausweisung **86** von Ausländern der genannten Personengruppen gewissermaßen „zusammengesetzt". Angesichts der vielen unbestimmten Rechtsbegriffe dürfte die Umsetzung der Vorschrift in Verwaltung und Rechtsprechung vorerst von Unsicherheiten geprägt sein.

Die Tatbestandsalternativen „er aus schwerwiegenden Gründen als eine Gefahr für die Sicher- **87** heit der Bundesrepublik Deutschland oder eine terroristische Gefahr anzusehen ist" soll nach der Absicht des Gesetzgebers den Regelungsbereich der Ausweisung von Gefährdern bzw. Terrorverdächtigen abbilden (BR-Drs. 179/19, 31).

Da nach dem Wortlaut der Vorschrift die Gefahr von dem Ausländer selbst ausgehen muss, ist **88** klargestellt, dass eine Ausweisung wie nach der vorherigen Rechtslage nur aus spezialpräventiven, nicht aber aus generalpräventiven Gründen möglich ist.

III. Subsidiär Schutzberechtigte (Abs. 3b)

Der Status als subsidiär Schutzberechtigter ergibt sich aus § 4 AsylG. Der subsidiäre Schutz ist **89** eine Form des internationalen Schutzes und richtet sich nach Art. 2 lit. a, lit. f und lit. g Qualifikations-RL sowie Art. 15 ff. Qualifikations-RL.

Bis zum Inkrafttreten der Neuregelung am 21.8.2019 war diese Personengruppe nicht unter **90** denjenigen des Abs. 3 genannt, für die besonderer Ausweisungsschutz bestand; vielmehr begründete die Rechtsstellung des subsidiär Schutzberechtigten ein besonders schwerwiegendes Bleibeinteresse (§ 55 Abs. 1 Nr. 5 aF). Mit der Neuregelung sollte die Möglichkeit, ein Überwiegen des öffentlichen Ausreiseinteresses zu begründen, erleichtert werden.

Ein subsidiär Schutzberechtigter darf nur ausgewiesen werden, wenn er eine schwere Straftat **91** begangen hat oder er eine Gefahr für die Allgemeinheit oder die Sicherheit der Bundesrepublik Deutschland darstellt. Die Vorschrift übernimmt damit die in Art. 19 Abs. 3 lit. a Qualifikations-RL iVm Art. 17 Abs. 1 lit. b und lit. d, Abs. 2 Qualifikations-RL vorgesehene Möglichkeit, den Status des subsidiär Schutzberechtigten abzuerkennen oder zu beenden, wenn schwerwiegende Gründe die Annahme rechtfertigen, dass der Ausländer eine schwere Straftat begangen hat oder eine Gefahr für die Allgemeinheit oder für die Sicherheit des Aufenthaltsstaats darstellt, oder zu den genannten Straftaten oder Handlungen anstiftet oder sich in sonstiger Weise daran beteiligt.

Mit dem Maßstab der „schwerwiegenden Gründe" gilt für subsidiär Schutzberechtigte ein **92** weniger strenger Maßstab als für Flüchtlinge, bei denen „stichhaltige" oder „zwingende Gründe" vorliegen müssen (Art. 21 Abs. 2 lit. a Qualifikations-RL bzw. Art. 24 Abs. 2 Qualifikations-RL). Nach der Gesetzesbegründung (BR-Drs. 179/19, 32) entspreche es der unionsrechtlich vorgesehenen Abstufung des Schutzniveaus zwischen Flüchtlingen und subsidiär Schutzberechtigten, bei letzteren einen niedrigeren Maßstab anzulegen.

Auch hier ist eine Ausweisung nur aus spezialpräventiven, nicht aber aus generalpräventiven **93** Gründen möglich.

E. Ausweisung eines Asylantragstellers (Abs. 4)

Ein Asylantrag liegt nach § 13 Abs. 1 AsylG vor, wenn sich dem schriftlich, mündlich oder auf **94** andere Weise geäußerten Willen des Ausländers entnehmen lässt, dass er im Bundesgebiet Schutz vor politischer Verfolgung sucht oder dass er Schutz vor Abschiebung oder einer sonstigen Rückführung in einen Staat begehrt, in dem ihm eine Verfolgung iSd § 3 Abs. 1 AsylG oder ein ernsthafter Schaden iSd § 4 Abs. 1 AsylG droht.

Aufgrund des besonderen Ausweisungsschutzes, den Asylberechtigte und anerkannte Flücht- **95** linge genießen, wäre es widersprüchlich, wenn eine Ausweisung während eines laufenden Asylverfahrens schon die Erlangung des angestrebten Status ausschließen könnte. Daher erlaubt Abs. 4 S. 1 bei Asylantragstellern die Ausweisung (nach Abs. 1) nur unter der Bedingung, dass das

Asylverfahren unanfechtbar ohne Anerkennung als Asylberechtigter oder ohne die Zuerkennung internationalen Schutzes (§ 1 Abs. 1 Nr. 2 AsylG) abgeschlossen wird. Der asylrechtliche Status und die Aufenthaltsgestattung werden dadurch nicht berührt. Erhält der Betroffene eine Form des internationalen Schutzes, tritt die Bedingung nicht ein, die Ausweisung wird gegenstandslos (Bergmann/Dienelt/Bauer/Dollinger Rn. 75).

96 Von der Bedingung wird gem. Abs. 4 S. 2 abgesehen, ein Sachverhalt vorliegt, der nach Abs. 3 eine Ausweisung rechtfertigt, oder wenn bereits vor unanfechtbarem Abschluss des Asylverfahrens eine nach den Vorschriften des AsylG erlassene Abschiebungsandrohung vollziehbar geworden ist (vgl. §§ 75 sowie 34–36 AsylG). Bei der Verweisung in Abs. 4 S. 2 Nr. 1 auf „Absatz 3" handelt es sich offensichtlich um ein gesetzgeberisches Versehen; die Verweisung müsste richtig „Absatz 3a" lauten, denn dort ist die Zulässigkeit einer Ausweisung von (anerkannten) Asylberechtigten und Flüchtlingen geregelt. Bei der Änderung des Abs. 3 aF und seine „Aufteilung" in die neuen Abs. 3–3b durch das Zweite Gesetz zur besseren Durchsetzung der Ausreisepflicht (v. 15.8.2019, BGBl. I 1294) wurde die Anpassung des Abs. 4 offensichtlich „vergessen".

F. Rechtsschutz

97 Gegen die Ausweisung kann der Betroffene Widerspruch (§§ 60 ff. VwGO) – soweit dieser nicht durch Landesrecht ausgeschlossen ist – und Anfechtungsklage (§ 42 VwGO) erheben. Die Klage hat aufschiebende Wirkung (§ 80 Abs. 1 S. 1 VwGO), da die Ausweisung nicht in dem Katalog des § 84 Abs. 1 aufgeführt ist.

98 Will die Ausländerbehörde die aufschiebende Wirkung ausschließen, muss sie gem. § 80 Abs. 2 S. 1 Nr. 4 VwGO die sofortige Vollziehung im öffentlichen Interesse anordnen; dieses besondere Vollzugsinteresse ist nach § 80 Abs. 3 S. 1 VwGO schriftlich besonders zu begründen. Für das Vorliegen des besonderen Vollzugsinteresses sind hohe Anforderungen zu stellen. Es muss die begründete Besorgnis bestehen, die von dem Betroffenen ausgehende und mit der Ausweisung bekämpfte Gefahr werde sich in dem Zeitraum bis zu einer rechtskräftigen gerichtlichen Entscheidung über die Rechtmäßigkeit der Ausweisungsverfügung realisieren. Diese „besondere" Gefahrenprognose muss auf Tatsachen beruhen, bloße Behauptungen oder Vermutungen genügen nicht. Die Anordnung wird in der Regel nur in Betracht kommen, wenn sich der Betroffene auf freiem Fuß befindet und zu befürchten ist, er werde sich während eines laufenden Gerichtsverfahrens nicht an der Begehung von Straftaten hindern lassen (etwa bei Rache- oder Beziehungsmotiven). Befindet sich der Betroffene in Haft und verhält sich dort beanstandungsfrei, bedarf es der Anordnung der sofortigen Vollziehung in der Regel nicht (vgl. BVerfG BeckRS 2005, 27486).

99 Ungeachtet einer aufschiebenden Wirkung lassen Widerspruch und Anfechtungsklage nach § 84 Abs. 2 die „innere" Wirksamkeit der Ausweisung, also ihre materielle Rechtswirkungen, unberührt. Die aufschiebende Wirkung schließt nur die Vollstreckbarkeit der gesetzlichen Ausreisepflicht aus, während die Ausreisepflicht als solche bestehen bleibt und der Aufenthalt daher unrechtmäßig ist (vgl. BeckOK AuslR/Kluth § 84 Rn. 25 ff.).

100 Hinsichtlich der mit der Ausweisung regelmäßig verbundenen Entscheidung über die Befristung des Einreise- und Aufenthaltsverbots (§ 11 Abs. 2) kann – hilfsweise – eine Verpflichtungsklage erhoben werden, wenn für den Fall der Bestätigung der Ausweisung zumindest eine Verkürzung der Befristung erreicht werden soll (BayVGH BeckRS 2016, 51506 Rn. 59). Notwendig ist dies jedoch nicht, denn das Befristungsbegehren ist nach der Rechtsprechung des BVerwG „als Minus notwendiger Bestandteil des Begehrens auf Aufhebung einer Ausweisung und kann daher von den Parteien nicht gesondert aus dem Verfahren ausgegliedert werden" (BVerwG BeckRS 2017, 107747 Rn. 17).

101 Häufig wird mit der Ausweisungsentscheidung zugleich auch die beantragte Verlängerung bzw. Erteilung eines Aufenthaltstitels abgelehnt. In diesem Fall ist – als gesonderter Streitgegenstand – auch entsprechende Verpflichtungsklage zu erheben. Zu beachten ist, dass die Klage insoweit gem. § 84 Abs. 1 S. 1 Nr. 1 keine aufschiebende Wirkung hat und daher die Ausreisepflicht – unabhängig von der aufschiebenden Wirkung der Klage gegen die Ausweisung – nach § 58 Abs. 2 S. 2 vollziehbar ist, weshalb insoweit ein Antrag auf Anordnung der aufschiebenden Wirkung nach § 80 Abs. 5 VwGO in Betracht kommt.

102 Klagebefugt (§ 42 Abs. 2 VwGO) sind außer dem von der Ausweisung betroffenen Ausländer auch sein Ehepartner und andere mit ihm familiär verbundene Familienangehörige. Denn jeder von ihnen ist in den persönlichen Schutzbereich des Art. 6 Abs. 1 GG einbezogen und hat einen eigenen Anspruch darauf, dass die bestehenden familiären Bindungen des Betroffenen an im Bundesgebiet lebende Personen in einer Weise berücksichtigt werden, die der großen Bedeutung

entspricht, die Art. 6 Abs. 1 GG dem Schutz von Ehe und Familie beimisst (BVerwG BeckRS 2013, 54132 Rn. 5; BayVGH BeckRS 2016, 41719).

Maßgeblicher Zeitpunkt für die rechtliche Beurteilung einer Ausweisung ist nach ständiger **103** Rechtsprechung grundsätzlich die Sach- und Rechtslage im Zeitpunkt der letzten mündlichen Verhandlung oder Entscheidung des Tatsachengerichts (vgl. die Nachweise bei Bergmann/Dienelt/Bauer Vor §§ 53–56 Rn. 161 ff.). Damit soll gewährleistet werden, dass bei der Prüfung der Gegenwärtigkeit der von dem Ausländer ausgehenden Gefahr und der Verhältnismäßigkeit der Ausweisung auf eine möglichst aktuelle Tatsachengrundlage abgestellt wird. Das hat zur Folge, dass alle seit der behördlichen Entscheidung eingetretenen rechtlichen und tatsächlichen Änderungen bei der gerichtlichen Entscheidung in vollem Umfang zu berücksichtigen sind. Das Tatsachengericht muss daher aufgrund seiner Amtsermittlungspflicht (§ 86 Abs. 1 VwGO) den aktuellen Sachverhalt aufklären; dem Betroffenen obliegt es dabei, an der Aufklärung der in seinem persönlichen und familiären Bereich liegenden Umstände mitzuwirken, also entsprechende Tatsachen substantiiert vorzutragen.

Kommt das Gericht zu dem Ergebnis, dass sich die Ausweisung als rechtswidrig erweist, ist **104** diese mit Wirkung „ex tunc" aufzuheben, und zwar auch dann, wenn die Ausweisung ursprünglich rechtmäßig war und erst aufgrund einer nachträglichen Änderung der Sach- und Rechtslage rechtswidrig geworden ist (BVerwG BeckRS 2012, 59367).

§ 54 Ausweisungsinteresse

(1) Das Ausweisungsinteresse im Sinne von § 53 Absatz 1 wiegt besonders schwer, wenn der Ausländer
1. wegen einer oder mehrerer vorsätzlicher Straftaten rechtskräftig zu einer Freiheits- oder Jugendstrafe von mindestens zwei Jahren verurteilt worden ist oder bei der letzten rechtskräftigen Verurteilung Sicherungsverwahrung angeordnet worden ist,
1a. rechtskräftig zu einer Freiheits- oder Jugendstrafe von mindestens einem Jahr verurteilt worden ist wegen einer oder mehrerer vorsätzlicher Straftaten
   a) gegen das Leben,
   b) gegen die körperliche Unversehrtheit,
   c) gegen die sexuelle Selbstbestimmung nach den §§ 174, 176 bis 178, 181a, 184b, 184d und 184e jeweils in Verbindung mit § 184b des Strafgesetzbuches,
   d) gegen das Eigentum, sofern das Gesetz für die Straftat eine im Mindestmaß erhöhte Freiheitsstrafe vorsieht oder die Straftaten serienmäßig begangen wurden oder
   e) wegen Widerstands gegen Vollstreckungsbeamte oder tätlichen Angriffs gegen Vollstreckungsbeamte,
1b. wegen einer oder mehrerer Straftaten nach § 263 des Strafgesetzbuchs zu Lasten eines Leistungsträgers oder Sozialversicherungsträgers nach dem Sozialgesetzbuch oder nach dem Gesetz über den Verkehr mit Betäubungsmitteln rechtskräftig zu einer Freiheits- oder Jugendstrafe von mindestens einem Jahr verurteilt worden ist,
2. die freiheitliche demokratische Grundordnung oder die Sicherheit der Bundesrepublik Deutschland gefährdet; hiervon ist auszugehen, wenn Tatsachen die Schlussfolgerung rechtfertigen, dass er einer Vereinigung angehört oder angehört hat, die den Terrorismus unterstützt oder er eine derartige Vereinigung unterstützt oder unterstützt hat oder er eine in § 89a Absatz 1 des Strafgesetzbuchs bezeichnete schwere staatsgefährdende Gewalttat nach § 89a Absatz 2 des Strafgesetzbuchs vorbereitet oder vorbereitet hat, es sei denn, der Ausländer nimmt erkennbar und glaubhaft von seinem sicherheitsgefährdenden Handeln Abstand,
3. zu den Leitern eines Vereins gehörte, der unanfechtbar verboten wurde, weil seine Zwecke oder seine Tätigkeit den Strafgesetzen zuwiderlaufen oder er sich gegen die verfassungsmäßige Ordnung oder den Gedanken der Völkerverständigung richtet,
4. sich zur Verfolgung politischer oder religiöser Ziele an Gewalttätigkeiten beteiligt oder öffentlich zur Gewaltanwendung aufruft oder mit Gewaltanwendung droht oder
5. zu Hass gegen Teile der Bevölkerung aufruft; hiervon ist auszugehen, wenn er auf eine andere Person gezielt und andauernd einwirkt, um Hass auf Angehörige bestimmter ethnischer Gruppen oder Religionen zu erzeugen oder zu verstärken

oder öffentlich, in einer Versammlung oder durch Verbreiten von Schriften in einer Weise, die geeignet ist, die öffentliche Sicherheit und Ordnung zu stören,

a) gegen Teile der Bevölkerung zu Willkürmaßnahmen aufstachelt,

b) Teile der Bevölkerung böswillig verächtlich macht und dadurch die Menschenwürde anderer angreift oder

c) Verbrechen gegen den Frieden, gegen die Menschlichkeit, ein Kriegsverbrechen oder terroristische Taten von vergleichbarem Gewicht billigt oder dafür wirbt, es sei denn, der Ausländer nimmt erkennbar und glaubhaft von seinem Handeln Abstand.

(2) Das Ausweisungsinteresse im Sinne von § 53 Absatz 1 wiegt schwer, wenn der Ausländer

1. wegen einer oder mehrerer vorsätzlicher Straftaten rechtskräftig zu einer Freiheitsstrafe von mindestens sechs Monaten verurteilt worden ist,

2. wegen einer oder mehrerer vorsätzlicher Straftaten rechtskräftig zu einer Jugendstrafe von mindestens einem Jahr verurteilt und die Vollstreckung der Strafe nicht zur Bewährung ausgesetzt worden ist,

3. als Täter oder Teilnehmer den Tatbestand des § 29 Absatz 1 Satz 1 Nummer 1 des Betäubungsmittelgesetzes verwirklicht oder dies versucht,

4. Heroin, Kokain oder ein vergleichbar gefährliches Betäubungsmittel verbraucht und nicht zu einer erforderlichen seiner Rehabilitation dienenden Behandlung bereit ist oder sich ihr entzieht,

5. eine andere Person in verwerflicher Weise, insbesondere unter Anwendung oder Androhung von Gewalt, davon abhält, am wirtschaftlichen, kulturellen oder gesellschaftlichen Leben in der Bundesrepublik Deutschland teilzuhaben,

6. eine andere Person zur Eingehung der Ehe nötigt oder dies versucht oder wiederholt eine Handlung entgegen § 11 Absatz 2 Satz 1 und 2 des Personenstandsgesetzes vornimmt, die einen schwerwiegenden Verstoß gegen diese Vorschrift darstellt; ein schwerwiegender Verstoß liegt vor, wenn eine Person, die das 16. Lebensjahr noch nicht vollendet hat, beteiligt ist,

7. in einer Befragung, die der Klärung von Bedenken gegen die Einreise oder den weiteren Aufenthalt dient, der deutschen Auslandsvertretung oder der Ausländerbehörde gegenüber frühere Aufenthalte in Deutschland oder anderen Staaten verheimlicht oder in wesentlichen Punkten vorsätzlich keine, falsche oder unvollständige Angaben über Verbindungen zu Personen oder Organisationen macht, die der Unterstützung des Terrorismus oder der Gefährdung der freiheitlichen demokratischen Grundordnung oder der Sicherheit der Bundesrepublik Deutschland verdächtig sind; die Ausweisung auf dieser Grundlage ist nur zulässig, wenn der Ausländer vor der Befragung ausdrücklich auf den sicherheitsrechtlichen Zweck der Befragung und die Rechtsfolgen verweigerter, falscher oder unvollständiger Angaben hingewiesen wurde,

8. in einem Verwaltungsverfahren, das von Behörden eines Schengen-Staates durchgeführt wurde, im In- oder Ausland

a) falsche oder unvollständige Angaben zur Erlangung eines deutschen Aufenthaltstitels, eines Schengen-Visums, eines Flughafentransitvisums, eines Passersatzes, der Zulassung einer Ausnahme von der Passpflicht oder der Aussetzung der Abschiebung gemacht hat oder

b) trotz bestehender Rechtspflicht nicht an Maßnahmen der für die Durchführung dieses Gesetzes oder des Schengener Durchführungsübereinkommens zuständigen Behörden mitgewirkt hat, soweit der Ausländer zuvor auf die Rechtsfolgen solcher Handlungen hingewiesen wurde oder

9. einen nicht nur vereinzelten oder geringfügigen Verstoß gegen Rechtsvorschriften oder gerichtliche oder behördliche Entscheidungen oder Verfügungen begangen oder außerhalb des Bundesgebiets eine Handlung begangen hat, die im Bundesgebiet als vorsätzliche schwere Straftat anzusehen ist.

Überblick

1   § 54 konkretisiert und gewichtet die Ausweisungsinteressen, die in die Abwägung nach § 53 Abs. 1 einzubeziehen sind (→ Rn. 2). Zum einen umschreiben sie Tatbestände öffentlicher Aus-

weisungsinteressen, bei deren Erfüllung grundsätzlich eine Gefährdung iSd § 53 Abs. 1 vorliegt
→ Rn. 2). Zum anderen legt § 54 den aufgeführten Ausweisungsinteressen in typisierter Form
besonders schwerwiegende (Abs. 1; → Rn. 4) und schwerwiegende (Abs. 2, → Rn. 59) Bedeutung bei. Jedoch muss im Rahmen der Gesamtabwägung nach § 53 Abs. 1 und Abs. 2 immer
geprüft werden, ob den in Abs. 1 und Abs. 2 typisierten Interessen im konkreten Einzelfall
tatsächlich das ihnen zugewiesene Gewicht zukommt oder ob ihnen weniger oder mehr Gewicht
beizumessen ist. Ein besonders schwerwiegendes Ausweisungsinteresse misst Abs. 1 in erster Linie
rechtskräftigen Verurteilungen in bestimmter Höhe bzw. bei bestimmten bedeutsamen Straftaten
(Nr. 1, → Rn. 5; Nr. 1a, → Rn. 11; Nr. 1b, → Rn. 17), der Gefährdung der freiheitlichen
demokratischen Grundordnung oder der Sicherheit der Bundesrepublik Deutschland (Nr. 2, →
Rn. 21) und sonstigen Sachverhalten mit terroristisch-extremistischen Bezügen (Nr. 3, → Rn. 37;
Nr. 4, → Rn. 41; Nr. 5, → Rn. 44) zu. Abs. 2 bestimmt ein schwerwiegendes Ausweisungsinteresse bei rechtskräftigen Verurteilungen in bestimmter Höhe bzw. bei bestimmten Straftaten (Nr. 1,
→ Rn. 59; Nr. 2, → Rn. 64; Nr. 3, → Rn. 67), bei Sachverhalten in Zusammenhang mit
Betäubungsmitteln (Nr. 3, → Rn. 67; Nr. 4 → Rn. 71) sowie bei weiteren Sachverhalten, die
bestimmte spezifische öffentliche Interessen in Bezug auf Integrations- und Sicherheitsfragen
schützen sollen (Nr. 5, → Rn. 74; Nr. 6, → Rn. 76; Nr. 7, → Rn. 81; Nr. 8, → Rn. 86). Er
enthält in Nr. 9 → Rn. 91) ferner eine Art Auffangvorschrift, die sicherstellen will, dass Verstößen
gegen Rechtsvorschriften generell ein schwerwiegendes Ausweisungsinteresse zukommt.

Übersicht

A. Funktion der Ausweisungsinteressen

§ 54 konkretisiert und gewichtet die Ausweisungsinteressen, die in die Abwägung nach § 53 **2**
Abs. 1 einzubeziehen sind. In § 54 werden in typisierter Form besonders schwerwiegende (Abs. 1)
und schwerwiegende (Abs. 2) Interessen an der Ausweisung beschrieben. Das Vorliegen eines
der in § 54 normierten („vertypten") Interessen führt indessen noch nicht zur Ausweisung des
Betroffenen. Erst die Abwägung nach § 53 Abs. 1 unter umfassender Würdigung aller Umstände
des Einzelfalles ergibt, ob das Interesse an der Ausreise letztendlich überwiegt. Die in Abs. 1 und
Abs. 2 typisierten Interessen können im Einzelfall bei Vorliegen besonderer Umstände auch weniger oder mehr Gewicht entfalten; bspw. ist es denkbar, dass die Verurteilung zu einer Freiheitsstrafe
von mindestens zwei Jahren wegen einer vorsätzlichen Straftat in atypischen Fällen insgesamt
weniger schwer erscheint. Maßgebend ist also letztlich die umfassende Würdigung des Einzelfalles
(BT-Drs. 18/4097, 50).

3   Damit weisen die in § 54 fixierten Tatbestände diesen Ausweisungsinteressen ein besonderes
     Gewicht zu, sind aber auch gesetzliche Umschreibungen spezieller öffentlicher Interessen an einer
     Ausweisung iSv § 53 Abs. 1. Ist ein Tatbestand eines besonderen Ausweisungsinteresses nach § 54
     verwirklicht, ist ein Rückgriff auf die allgemeine Formulierung eines öffentlichen Ausweisungsin-
     teresses in § 53 Abs. 1 daher entbehrlich; vielmehr ist in diesem Fall gesetzlich bestimmt, dass
     eine Gefährdung der in Abs. 1 genannten Rechtsgüter vorliegt. Allerdings bedarf es auch dann
     stets der Feststellung, dass die von dem Ausländer ausgehende Gefahr im maßgeblichen Entschei-
     dungszeitpunkt fortbesteht (BVerwG BeckRS 2017, 107747 Rn. 26).

B. Besonders schwerwiegendes Ausweisungsinteresse (Abs. 1)

4   Nach der gesetzgeberischen Absicht benennt Abs. 1 mit den besonders schwerwiegenden
     öffentlichen Interessen an der Ausweisung Umstände, die grundsätzlich ein erhebliches Fehlverhal-
     ten des Ausländers belegen (BT-Drs. 18/4097, 50).

I. Freiheits- oder Jugendstrafe von mindestens zwei Jahren oder Sicherungsverwahrung (Nr. 1)

5   Nr. 1 knüpft ein besonders schwerwiegendes Ausweisungsinteresse an eine rechtskräftige Verur-
     teilung wegen einer oder mehrerer vorsätzlicher Straftaten zu einer Freiheits- oder Jugendstrafe
     von mindestens zwei Jahren oder an die Anordnung von Sicherungsverwahrung bei der letzten
     rechtskräftigen Verurteilung.
6   In der ursprünglich durch das Gesetz zur Neubestimmung des Bleiberechts und der Aufenthalts-
     beendigung v. 27.7.2015 (BGBl. I 1386) mWz 1.1.2016 in Kraft getretenen Gesetzesfassung war
     das Strafmaß noch mit „mehr als" zwei Jahren umschrieben worden. Damit sollten (nur) rechtskräf-
     tige Verurteilungen zu Strafen, deren Vollstreckung nicht mehr zur Bewährung ausgesetzt werden
     können, erfasst werden (BT-Drs. 18/4097, 51).
7   In dem Gesetz zur erleichterten Ausweisung von straffälligen Ausländern und zum erweiterten
     Ausschluss der Flüchtlingsanerkennung bei straffälligen Asylbewerbern v. 11.3.2016 (BGBl. I 394),
     das zum 17.3.2016 in Kraft getreten ist, wurde diese Grenze wieder aufgegeben und eine Freiheits-
     oder Jugendstrafe von „mindestens" zwei Jahren festgelegt; diese gilt nunmehr unabhängig davon,
     ob die Freiheits- oder Jugendstrafe zur Bewährung ausgesetzt wurde (BT-Drs. 18/7537, 1 und 5).
8   Der Tatbestand knüpft an die Tatsache der Verurteilung an. Die Behauptung einer unrichtigen
     Verurteilung und das Bestreiten der Tat greift nicht durch, es sei denn die Verurteilung beruht
     auf einem offensichtlichen Irrtum oder die Ausländerbehörde oder das Verwaltungsgericht kann
     den Sachverhalt besser aufklären als die Strafverfolgungsorgane (BVerwG BeckRS 1998,
     30430905); derartige Konstellationen sind allerdings praktisch kaum vorstellbar.
9   Erfolgte eine Verurteilung – tateinheitlich oder tatmehrheitlich – sowohl wegen Vorsatz- wie
     auch wegen Fahrlässigkeitstaten, so kann nur auf die auf die Vorsatztat(en) entfallene Strafe abge-
     stellt werden. Hierzu ist das Strafurteil im Hinblick auf die Einzelstrafen bzw. Einsatzstrafen auszu-
     werten. Kann der Anteil der Vorsatztat nicht hinreichend genau ermittelt werden, kann Nr. 1
     nicht herangezogen werden; eine Schätzung ist insoweit unzulässig, es sei denn es ist aus den
     Urteilsgründen offensichtlich, dass das Strafgericht allein wegen der Vorsatztat(en) eine Gesamt-
     strafe von mindestens zwei Jahren ausgesprochen hätte (BeckOK AuslR/Fleuß Rn. 16; Bergmann/
     Dienelt/Bauer Rn. 14).
10   Bei im Bundeszentralregister getilgten oder zu tilgenden Verurteilungen ist das Verwertungsver-
     bot des § 51 Abs. 1 BZRG (mit der Ausnahme des § 52 Abs. 1 Nr. 1 BZRG) zu beachten
     (BeckOK AuslR/Fleuß Rn. 18).

II. Freiheits- oder Jugendstrafe von mindestens einem Jahr bei bestimmten Straftaten (Nr. 1a)

11   Nr. 1a lässt – abweichend von der Regelung in Nr. 1 – bei bestimmten Straftaten schon die
     rechtskräftige Verurteilung zu einer Freiheits- oder Jugendstrafe von einem Jahr für die Begrün-
     dung eines besonders schwerwiegenden Ausweisungsinteresses ausreichen. Dies gilt unabhängig
     davon, ob die Strafe zur Bewährung ausgesetzt worden ist.
12   Die Vorschrift der Nr. 1a wurde durch das Gesetz zur erleichterten Ausweisung von straffälligen
     Ausländern und zum erweiterten Ausschluss der Flüchtlingsanerkennung bei straffälligen Asylbe-
     werbern v. 11.3.2016 (BGBl. I 394), das zum 17.3.2016 in Kraft getreten ist, neu eingeführt.
     Dieses Gesetz war eine politische Reaktion auf die Ereignisse in der Silvesternacht 2015/16 in
     Köln (BT-Drs. 18/7537, 1 und 5), weshalb die Vorschrift der Nr. 1a als „Köln-Ausweisung"

bezeichnet worden ist (ehemals in Bergmann/Dienelt/Bauer/Dollinger Rn. 10). Voraussetzung war, dass die aufgeführten Straftaten „mit Gewalt, unter Anwendung von Drohung mit Gefahr für Leib oder Leben oder mit List" begangen worden waren; bei serienmäßig begangenen Straftaten gegen das Eigentum kam es hingegen nicht auf diese Tatmodalitäten an. Ratio dieser Regelung war es nach der Gesetzesbegründung, das Gewicht des Ausweisungsinteresses zu erhöhen, wenn Straftaten gegen höchstpersönliche Rechtsgüter vorliegen oder Vollstreckungsbeamte betroffen sind oder wenn serielle Straftaten gegen das Eigentum zu einer entsprechenden Verurteilung führen (BT-Drs. 18/7537, 8).

Mit der am 21.8.2019 in Kraft getretenen Neufassung der Vorschrift durch das Zweite Gesetz **13** zur besseren Durchsetzung der Ausreisepflicht v. 15.8.2019 (BGBl. I 1294) ist die Bezugnahme auf die Tatmittel Gewalt, Drohung mit Gefahr für Leib oder Leben oder List entfallen; an deren Stelle wurde ein abschließender Straftatenkatalog inkorporiert, „der den im Normcharakter angelegten, die Annahme eines besonders schwerwiegenden Ausweisungsinteresses rechtfertigenden Rechtsgüterschutz abbildet" (BR-Drs. 179/19, 32).

Das Ausweisungsinteresse wiegt danach besonders schwer, wenn der Ausländer wegen einer **14** oder mehrerer vorsätzlicher Straftaten gegen das Leben, die körperliche Unversehrtheit, die sexuelle Selbstbestimmung, das Eigentum oder wegen Widerstands gegen Vollstreckungsbeamte bzw. tätlichen Angriffs gegen Vollstreckungsbeamte rechtskräftig zu einer Freiheits- oder Jugendstrafe von mindestens einem Jahr verurteilt worden ist. Zur genauen Feststellung des Tatbestands des Ausweisungsinteresses bedarf es des Rückgriffs auf die einzelnen Regelungen des StGB: Die Straftaten gegen das Leben befinden sich im Sechzehnten Abschnitt des StGB (§§ 211–222 StGB), die Straftaten gegen die körperliche Unversehrtheit im Siebzehnten Abschnitt (§§ 223–231 StGB). Von den Straftaten gegen die sexuelle Selbstbestimmung (Dreizehnter Abschnitt des StGB) begründen nur die in lit. c aufgezählten Straftaten ein besonders schwerwiegendes Ausweisungsinteresse nach dieser Vorschrift. Widerstand gegen Vollstreckungsbeamte und tätlicher Angriff auf Vollstreckungsbeamte sind in § 113 StGB bzw. § 114 StGB geregelt.

Schwierigkeiten wirft weiterhin die Erfassung von Straftaten gegen das Eigentum in lit. d auf, **15** denn erforderlich ist hier, dass das Gesetz für eine solche Straftat eine im Mindestmaß erhöhte Freiheitsstrafe vorsieht oder die Straftaten serienmäßig begangen wurden. Das StGB enthält keinen Abschnitt, in dem „Straftaten gegen das Eigentum" zusammengefasst wären; es muss daher weiterhin die konkrete Straftat bzw. die konkrete Verurteilung daraufhin geprüft werden, ob sich die Straftat gegen das Eigentum gerichtet hat. Ebenso muss im Einzelfall geprüft werden, ob die gesetzliche Strafandrohung im konkreten Fall „im Mindestmaß erhöht" war. In erster Linie (aber nicht nur) dürfte sich die gesetzgeberische Intention auf die besonders schweren Fälle des Diebstahls in §§ 243 ff. StGB beziehen. Ebenso ist die „serienmäßige" Begehung von Straftaten gegen das Eigentum weiterhin unklar, denn das Strafrecht spricht von „gewerbsmäßiger" oder „fortgesetzter" Begehung (§ 243 Abs. 1 S. 2 Nr. 3 StGB bzw. § 244 Abs. 1 Nr. 2 StGB). Gemeint ist offensichtlich die serienmäßige Begehung von Raub- und Diebstahlsdelikten in einer Menschenmenge, wie sich aus der früheren gesetzgeberischen Bezugnahme auf die Silvesternacht 2015/16 ergibt (Bergmann/Dienelt/Bauer Rn. 19; Hailbronner AsylR/AuslR Rn. 1046 ff.).

Letztlich wird in derartigen Fällen das strafgerichtliche Urteil daraufhin ausgewertet werden **16** müssen, ob die abgeurteilten Straftaten unter die Vorschrift der Nr. 1a zu fassen sind. Die gesetzgeberische Absicht, die Ausländerbehörden davon zu entlasten, umfangreiche Strafurteile durchzusehen (BR-Drs. 179/19, 32), wird sich ohnehin nicht erfüllen, denn sowohl für die Beurteilung einer fortdauernden Gefahr (spezialpräventive Gefahrenprognose) wie auch für die Feststellung der in die Gesamtabwägung einzustellenden Umstände des Einzelfalles wird eine Auswertung jedenfalls des für eine Ausweisung Anlass gebenden Strafurteils unumgänglich bleiben.

III. Freiheits- oder Jugendstrafe von mindestens einem Jahr bei Sozialleistungsbetrug oder Verstößen gegen das Betäubungsmittelgesetz (Nr. 1b)

Die Vorschrift wurde durch das Zweite Gesetz zur besseren Durchsetzung der Ausreisepflicht **17** v. 15.8.2019 (BGBl. I 1294), das am 21.8.2019 in Kraft getreten ist, neu eingeführt.

Ein besonders schwerwiegendes Ausweisungsinteresse besteht danach, wenn ein Ausländer **18** wegen einer oder mehrerer Straftaten nach § 263 StGB (Betrug) zu Lasten eines Leistungsträgers oder Sozialversicherungsträgers nach dem Sozialgesetzbuch oder nach dem Betäubungsmittelgesetz rechtskräftig zu einer Freiheits- oder Jugendstrafe von mindestens einem Jahr verurteilt worden ist.

Um festzustellen, zu wessen Nachteil die Betrugs-Straftat begangen worden ist, wird weiterhin **19** die Auswertung des fraglichen Strafurteils notwendig sein. Die Straftaten nach dem Betäubungsmittelgesetz sind in §§ 29 ff. BtMG aufgeführt.

20 Nach Meinung des Gesetzgebers wohnt Sozialleistungsbetrug und Straftaten nach dem BtMG ein deutlich erhöhter sozialer Unrechtsgehalt inne, so dass bei derart schweren Verstößen, die zu einer Freiheits- oder Jugendstrafe von mindestens einem Jahr geführt haben, ein besonders schwerwiegendes Ausweisungsinteresse gegeben sei (BR-Drs. 179/19, 33).

IV. „Gefährder" / Terrorismus (Nr. 2)

21 Nr. 2 definiert ein besonders schwerwiegendes Ausweisungsinteresse, wenn der Ausländer die freiheitliche demokratische Grundordnung oder die Sicherheit der Bundesrepublik Deutschland gefährdet (Grundtatbestand). Hiervon ist jedenfalls dann auszugehen, wenn Tatsachen die Schluss-folgerung rechtfertigen, dass er – zum einen – einer Vereinigung angehört oder angehört hat, die den Terrorismus unterstützt oder er eine derartige Vereinigung unterstützt oder unterstützt hat oder – zum anderen – er eine in § 89a Abs. 1 StGB bezeichnete schwere staatsgefährdende Gewalttat nach § 89a Abs. 2 StGB vorbereitet oder vorbereitet hat („Untertatbestände"). Diese Definitionen greifen dann nicht ein („es sei denn"), wenn der Ausländer erkennbar und glaubhaft von seinem sicherheitsgefährdenden Handeln Abstand nimmt.

22 Der Grundtatbestand kann auch erfüllt sein, wenn keiner der beiden Untertatbestände erfüllt ist; der Ausländer kann auch durch ein anderes als die dort aufgeführte Verhalten die freiheitliche demokratische Grundordnung oder die Sicherheit der Bundesrepublik Deutschland gefährden (im Ergebnis ebenso Bergmann/Dienelt/Bauer Rn. 25; BeckOK AuslR/Fleuß Rn. 68).

23 Nach der bis auf die Entscheidung des BVerfG v. 23.10.1952 (BeckRS 9998, 124517) zurück-gehenden Formel ist die freiheitliche demokratische Grundordnung iSd Art. 21 Abs. 2 GG eine Ordnung, die unter Ausschluss jeglicher Gewalt und Willkürherrschaft eine rechtsstaatliche Herr-schaftsordnung auf der Grundlage der Selbstbestimmung des Volkes nach dem Willen der jeweili-gen Mehrheit und der Freiheit und Gleichheit darstellt. Zu den grundlegenden Prinzipien dieser Ordnung sind mindestens zu rechnen: die Achtung vor den im Grundgesetz konkretisierten Menschenrechten, vor allem vor dem Recht der Persönlichkeit auf Leben und freie Entfaltung, die Volkssouveränität, die Gewaltenteilung, die Verantwortlichkeit der Regierung, die Gesetzmä-ßigkeit der Verwaltung, die Unabhängigkeit der Gerichte, das Mehrparteiensystem und die Chan-cengleichheit für alle politischen Parteien mit dem Recht auf verfassungsmäßige Bildung und Ausübung einer Opposition.

24 Die Sicherheit der Bundesrepublik Deutschland ist enger zu verstehen als die öffentliche Sicher-heit nach allgemeinem Polizeirecht. Sie umfasst die innere und äußere Sicherheit und schützt nach innen den Bestand und die Funktionstüchtigkeit des Staates und seiner Einrichtungen. Das schließt den Schutz vor Einwirkungen durch Gewalt und Drohungen mit Gewalt auf die Wahrnehmung staatlicher Funktionen ein. Bereits die Anwesenheit möglicher ausländischer Helfer terroristischer Gewalttäter beeinträchtigt die Fähigkeit des Staates, sich nach innen und nach außen gegen Angriffe und Störungen zur Wehr zu setzen, und gefährdet damit seine Sicherheit. Der Ausweisungsgrund der Gefährdung der Sicherheit der Bundesrepublik Deutschland bezieht sich dabei auf alle Gefahren für die Sicherheit des Staates, die sich aus der Anwesenheit eines Ausländers ergeben (BVerwG BeckRS 2005, 27806).

25 Ob eine Gefahr vorliegt, bestimmt sich nach dem polizeirechtlichen Gefahrenbegriff. Erforder-lich ist eine auf Tatsachen gestützte Prognose, wonach ein Schadenseintritt nicht nur entfernt möglich erscheint; Vermutungen und bloße Verdachtsmomente allein ergeben noch keine rele-vante Gefahr. Bei dem Maßstab der Prognose ist die herausgehobene Bedeutung der geschützten Rechtsgüter zu berücksichtigen. Eine Gefährdung kann schon durch Vorbereitungshandlungen eintreten, Versuch und Vollendung brauchen nicht abgewartet zu werden; strafrechtliche Ermitt-lungsverfahren oder eine Verurteilung werden nicht vorausgesetzt (Bergmann/Dienelt/Bauer Rn. 30; BeckOK AuslR/Fleuß Rn. 63).

1. Unterstützung des Terrorismus

26 Die Rechtsfragen betreffend des Angehörens zu einer Vereinigung, die den Terrorismus unter-stützt oder des Unterstützens einer derartigen Vereinigung sind in der Rechtsprechung weitgehend geklärt, da die zu den früheren Fassungen der entsprechenden Ausweisungsvorschriften ergangene Rechtsprechung weitgehend übernommen werden kann (grundsätzlich hierzu BVerwG BeckRS 2017, 107747 Rn. 28 ff.):

27 Eine Vereinigung unterstützt den Terrorismus, wenn sie sich selbst terroristisch betätigt oder wenn sie die Begehung terroristischer Taten durch Dritte veranlasst, fördert oder befürwortet. Die Schwelle der Strafbarkeit muss dabei nicht überschritten sein, da die Vorschrift der präventiven Gefahrenabwehr dient und auch die Vorfeldunterstützung durch sog. Sympathiewerbung erfasst.

Der Tatbestand des Unterstützens des Terrorismus durch eine Vereinigung setzt allerdings voraus, dass die Zwecke oder die Tätigkeit der Vereinigung (auch) auf die Unterstützung des Terrorismus gerichtet sind; ein bloßes Ausnutzen der Strukturen einer Vereinigung durch Dritte in Einzelfällen reicht hierfür nicht aus (BVerwG BeckRS 2017, 107747 Rn. 29).

Für den im Gesetz verwandten Begriff des Terrorismus sind Versuche, auf völkerrechtlicher **28** Ebene eine allgemein anerkannte vertragliche Definition zu entwickeln, nicht in vollem Umfang erfolgreich gewesen. Jedoch können wesentliche Kriterien aus der Definition terroristischer Straftaten in Art. 2 Abs. 1 lit. b AntiTerrorFinÜ (Internationales Übereinkommen zur Bekämpfung der Finanzierung des Terrorismus v. 9.12.1999, BGBl. 2003 II 1923), aus der Definition terroristischer Straftaten auf der Ebene der Europäischen Gemeinschaft im RB 2002/475/JI v. 13.6.2002 (ABl. 2002 L 164, 3) sowie dem GS 2001/931/GASP v. 27.12.2001 (ABl. 2001 L 344, 93) gewonnen werden. Nach der Rechtsprechung des EuGH (BeckRS 2015, 80822 Rn. 83) ist die Aufnahme einer Organisation in die vom Rat der Europäischen Union angenommene Liste terroristischer Organisationen im Anhang zum GS 2001/931/GASP v. 27.12.2001 (ABl. 2001 L 344, 93 – vgl. auch ABl. 2002 L 116, 75) ein deutlicher Anhaltspunkt dafür, dass die Organisation terroristischer Art ist oder im Verdacht steht, eine solche zu sein. Hier sind von den Tatsachengerichten ergänzende Feststellungen zu treffen. Dabei ist trotz einer gewissen definitorischen Unschärfe des Terrorismusbegriffs anerkannt, dass als terroristisch jedenfalls der Einsatz gemeingefährlicher Waffen und Angriffe auf das Leben Unbeteiligter zur Durchsetzung politischer Ziele anzusehen sind (BVerwG BeckRS 2017, 107747 Rn. 30).

Die individuelle Unterstützung einer terroristischen Vereinigung oder einer Vereinigung, die **29** eine terroristische Vereinigung unterstützt, erfasst alle Verhaltensweisen, die sich in irgendeiner Weise positiv auf die Aktionsmöglichkeit der Vereinigung auswirken. Darunter kann die Mitgliedschaft in der terroristischen oder in der unterstützenden Vereinigung ebenso zu verstehen sein wie eine Tätigkeit für eine solche Vereinigung ohne gleichzeitige Mitgliedschaft. Auch die bloße Teilnahme an Demonstrationen oder anderen Veranstaltungen kann eine Unterstützung in diesem Sinne darstellen, wenn sie geeignet ist, eine positive Außenwirkung im Hinblick auf die durch das Gesetz missbilligten Ziele zu entfalten. Auf einen nachweisbaren oder messbaren Nutzen für diese Ziele kommt es nicht an, ebenso wenig auf die subjektive Vorwerfbarkeit der Unterstützungshandlungen. Im Hinblick auf den Schutz der Meinungsfreiheit und das Gebot der Verhältnismäßigkeit staatlicher Eingriffe in die grundrechtlich geschützte Betätigungsfreiheit des Einzelnen erfüllen allerdings solche Handlungen den Tatbestand der individuellen Unterstützung nicht, die erkennbar nur auf einzelne, mit terroristischen Zielen und Mitteln nicht im Zusammenhang stehende – etwa humanitäre oder politische – Ziele der Vereinigung gerichtet sind. Für den Ausländer muss schließlich die eine Unterstützung der Vereinigung, ihrer Bestrebungen oder ihrer Tätigkeit bezweckende Zielrichtung seines Handelns erkennbar und ihm deshalb zurechenbar sein. Auf eine darüber hinaus gehende innere Einstellung des Ausländers kommt es hingegen nicht an (BVerwG BeckRS 2017, 107747 Rn. 31).

Vorsatz wird im Hinblick auf die terroristische Betätigung der unterstützten Vereinigung nicht **30** verlangt. Es reicht somit auch für die Erfüllung des subjektiven Unterstützertatbestands die Erkennbarkeit einer terroristischen Betätigung der Vereinigung aus. Vorsatz ist hingegen erforderlich für das eigene Handeln des Ausländers, das von dem Ziel geleitet sein muss, die Vereinigung zu unterstützen (BVerwG BeckRS 2017, 107747 Rn. 33).

Das Gesetz sieht bereits die Unterstützung einer terroristischen Vereinigung im Bundesgebiet **31** als eine Gefahr für die freiheitliche demokratische Grundordnung oder die Sicherheit der Bundesrepublik Deutschland an, unabhängig davon ob die terroristische Vereinigung Gewaltakte auch auf dem Territorium der Bundesrepublik Deutschland oder gegen deutsche Einrichtungen im Ausland begeht. Weiterhin gilt jedenfalls für die Fälle des Unterstützens einer terroristischen Vereinigung ein abgesenkter Gefahrenmaßstab, der auch Vorfeldmaßnahmen erfasst und keine von der Person des Unterstützers ausgehende konkrete und gegenwärtige Gefahr erfordert (BVerwG BeckRS 2017, 107747 Rn. 34).

Der Unterstützungsbegriff ist weit auszulegen und anzuwenden, um damit der auch völker- **32** rechtlich begründeten Zielsetzung des Gesetzes gerecht zu werden, dem Terrorismus schon im Vorfeld die logistische Basis (auch zB in Form eines „Ruheraums") zu entziehen. Maßgeblich ist, inwieweit das festgestellte Verhalten des Einzelnen zu den latenten Gefahren der Vorfeldunterstützung des Terrorismus nicht nur ganz unwesentlich oder geringfügig beiträgt und deshalb selbst potenziell gefährlich erscheint. Wegen der tatbestandlichen Weite des Unterstützungsbegriffs ist allerdings bei der Anwendung der Vorschrift darauf zu achten, dass nicht unverhältnismäßig namentlich in das auch Ausländern zustehende Recht auf freie Meinungsäußerung jenseits der zumindest mittelbaren Billigung terroristischer Bestrebungen eingegriffen wird. Ein verfassungsrechtlicher Rechtssatz, der den so umschriebenen Ausgleich zwischen dem legitimen und schon wegen seiner völkerrechtlichen Vorgaben besonders gewichtigen gesetzgeberischen Ziel der Terrorismusbekämpfung und den geschützten Grundrechtspositionen eines Ausländers infrage stellen würde, ist nicht erkennbar. Insbesondere sprechen der Charakter der Ausweisung als Maßnahme der Gefahrenabwehr sowie die spezifische Zielsetzung der Terrorismusbekämpfung gegen eine Übertragung strafrechtlicher Rechtsprechungsgrundsätze, wie sie etwa für die Abgrenzung strafbarer und straffreier Meinungsäußerungen gelten (BVerwG BeckRS 2017, 107747 Rn. 35).

33   Die objektive Tatsache der Unterstützung einer terroristischen Vereinigung kann einem Betroffenen dann nicht mehr zugerechnet werden, wenn er erkennbar und glaubhaft davon Abstand genommen hat. Das „Abstandnehmen" entspricht dabei dem „Distanzieren" nach der früheren Terminologie der Rechtsprechung (BVerwG BeckRS 2017, 107747 Rn. 33). Das Abstandnehmen von sicherheitsgefährdenden Handlungen ist ein innerer Vorgang und erfordert daher das Vorliegen äußerlich feststellbarer Umstände, die eine Veränderung der bisher gezeigten Einstellung als wahrscheinlich erkennen lassen. Dabei genügt nicht das bloße Unterlassen weiterer Unterstützungshandlungen, vielmehr bedarf es hierzu eindeutiger Erklärungen und Verhaltensweisen des Ausländers, mit denen er glaubhaft zum Ausdruck bringt, dass er sich nunmehr von zurückliegenden Aktivitäten erkennbar aus innerer Überzeugung distanziert. Grundvoraussetzung für eine derartige Annahme ist jedenfalls eine Einsicht des Ausländers in die Unrichtigkeit des ihm vorgeworfenen Handelns, ohne die die Ankündigung einer Verhaltensänderung keine glaubwürdige Grundlage hat (BayVGH BeckRS 2020, 1182 Rn. 6; BayVGH BeckRS 2017, 138369 Rn. 53).

2. Vorbereitung einer schweren staatsgefährdenden Gewalttat

34   Diese Tatbestandsvariante der Nr. 2 knüpft an den Tatbestand des § 89a StGB (siehe hierzu BGH BeckRS 2014, 17995) an.

35   Auch hier genügt, dass Tatsachen eine entsprechende Schlussfolgerung rechtfertigen; ebenso gilt hier die Möglichkeit des Abstandnehmens.

36   Über den Tatbestand des § 89a Abs. 2a StGB ermöglicht diese Vorschrift unter anderem die Ausweisung in Fällen, in denen der Ausländer es unternimmt, in ein anderes Land (bspw. nach Syrien) auszureisen, um sich dort einer terroristischen Organisation anzuschließen oder von ihr ausbilden zu lassen (Bergmann/Dienelt/Bauer Rn. 50).

V. Leitung eines verbotenen Vereins (Nr. 3)

37   Die Einordnung als besonders schwerwiegendes Ausweisungsinteresse entspricht nach der gesetzgeberischen Einschätzung der besonderen strukturellen Gefährlichkeit, die von einem verbotenen Verein ausgehen kann; der Ausländer, der als Leiter eines zB verfassungsfeindlichen Vereins tätig war, stelle in besonderer Weise eine Gefahr für die öffentliche Sicherheit und Ordnung dar (BT-Drs. 18/4097, 51).

38   Zu den Leitern eines Vereins zählen die Mitglieder des Vorstands sowie alle Personen, die nach der Satzung oder nach den tatsächlichen Verhältnissen bestimmenden Einfluss auf die Betätigung des Vereins haben.

39   Das Verbot des Vereins muss unanfechtbar sein, und er muss deswegen verboten worden sein, weil seine Zwecke oder seine Tätigkeit den Strafgesetzen zuwiderliefen oder er sich gegen die verfassungsmäßige Ordnung oder den Gedanken der Völkerverständigung richtete.

40   Die Möglichkeit des „Abstandnehmens" wie in Nr. 2 ist hier nicht eingeräumt. Nach der Gesetzesbegründung kann aber eine andere Bewertung der Situation möglich sein, „wenn die Leitereigenschaft des Ausländers bereits weit in der Vergangenheit abgeschlossen wurde und der Ausländer seit langer Zeit keine Verbindung mehr zu dem (verbotenen) Verein und dessen Tätigkeit erkennen lässt" (BT-Drs. 18/4097, 51). Eine derartige Bewertung kann aber nach dem Gesetzeswortlaut erst in der Gesamtabwägung nach § 53 Abs. 1 und Abs. 2 erfolgen. Allerdings muss bei einer lange zurückliegenden Tätigkeit als Leiter des verbotenen Vereins geprüft werden, ob eine von dem Aufenthalt des Ausländers ausgehende Gefahr im maßgeblichen Zeitpunkt aktuell noch besteht.

VI. Verfolgung politischer oder religiöser Ziele mit Gewalt (Nr. 4)

41   Dass politische Ziele nur ohne Gewaltanwendung oder -androhung verfolgt werden, gehört zu den Grundlagen des demokratischen Rechtsstaats. Die Anwendung oder Androhung von Gewalt oder der Aufruf dazu ist daher als besonders schwerwiegendes Ausweisungsinteresse bestimmt worden.

Nach der gesetzgeberischen Vorstellung sind religiöse Ziele nur eine Untergruppe der politi- **42** schen Ziele; es handele sich dabei nur um eine Klarstellung, denn extremistische Netzwerke existierten nicht nur im politischen, sondern auch im religiös-politischen Spektrum, zB in der Szene der gewaltbereiten Salafisten (BT-Drs. 18/4097, 51).

Die Ansicht, die Tatbestandsvarianten der Nr. 4 – Beteiligung an, Aufruf zur oder Androhung **43** von Gewaltanwendung – seien schon von vornherein von unterschiedlichem Gewicht, ist nicht zwingend, denn zB das Aufrufen einer Vielzahl von Personen zur Gewaltanwendung kann für die Grundlagen des demokratischen Rechtsstaats genauso gefährlich sein wie etwa individuelle Gewaltanwendung, zumal wenn die Person über erheblichen Einfluss verfügt; eine umfassende Prüfung des Gewichts des Ausweisungsinteresses im Einzelfall ist im Rahmen der Gesamtabwägung des § 53 Abs. 1 und Abs. 2 auf jeden Fall vorzunehmen, auch im Hinblick etwa auf eine spätere Distanzierung von vorwerfbarem Verhalten.

VII. Aufruf zum Hass gegen Teile der Bevölkerung (Nr. 5)

Die Bewertung als besonders schwerwiegendes Ausweisungsinteresse sollte die gesetzgeberische **44** Wertung zum Ausdruck bringen, dass bei sog. „Hasspredigern" oder Personen, die gegen andere Bevölkerungsteile hetzen, ein erhebliches Interesse an der Ausreise der Person besteht. Der Gefährdung des friedlichen Zusammenlebens in Deutschland durch „geistige Brandstifter" solle dadurch möglichst frühzeitig und wirkungsvoll entgegengetreten werden können. Das „Hasspredigen" wiege mithin genauso schwer wie zB die möglicherweise durch eine solche Radikalisierung begründete Gewaltanwendung zur Durchsetzung politischer oder religiöser Ziele nach Nr. 4 (BT-Drs. 18/4097, 51).

Die schwer lesbare Vorschrift ist in ihrer Formulierung allerdings nicht gelungen. Nr. 5 enthält **45** zunächst einen Grundtatbestand, nämlich den Aufruf zu Hass gegen Teile der Bevölkerung. Dessen Erfüllung ist nach gesetzlicher Definition anzunehmen („hiervon ist auszugehen"), wenn einer von zwei nachfolgenden Untertatbeständen erfüllt ist, nämlich zum einen das Einwirken in bestimmter Weise auf eine andere Person und zum anderen das öffentliche Einwirken. Der letztere Untertatbestand enthält wiederum drei Handlungsvarianten, die mit lit. a–c benannt sind. In allen Fällen besteht die im letzten Satzteil genannte Möglichkeit des Abstandnehmens.

1. Aufruf zum Hass

Grundtatbestand ist der Aufruf zu Hass gegen Teile der Bevölkerung. Er ist immer dann erfüllt, **46** wenn (mindestens) einer der nachfolgenden Untertatbestände erfüllt ist. Er kann aber auch erfüllt sein, wenn keiner der beiden Untertatbestände vorliegt; der Ausländer kann auch durch ein anderes als das dort aufgeführte Verhalten zu Hass gegen Teile der Bevölkerung aufrufen.

In Anlehnung an den Straftatbestand des § 130 StGB (Volksverhetzung) ist als „Hass" anzusehen **47** eine gesteigerte, über die bloße Ablehnung oder Verachtung hinausgehende feindselige Haltung gegen die betroffenen Bevölkerungsteile, die zugleich den geistigen Nährboden für die Bereitschaft zu Exzessen gegen diese Bevölkerungsteile bereitet (Schönke/Schröder/Sternberg-Lieben StGB § 130 Rn. 5a).

Der „Aufruf" zum Hass bleibt hinter dem in § 130 Abs. 1 Nr. 1 StGB verwendeten Begriff **48** des „Aufstachelns" zurück, dürfte aber wie der dort ebenfalls verwendete Begriff „Auffordern" zu verstehen sein. Auffordern bedeutet ein über ein bloßes Befürworten hinausgehendes ausdrückliches oder konkludentes Einwirken auf andere mit dem Ziel, in ihnen den Entschluss zu bestimmten Handlungen hervorzurufen (Schönke/Schröder/Sternberg-Lieben StGB § 130 Rn. 5b).

Teile der Bevölkerung sind alle Teile der inländischen Bevölkerung, die sich nach politischen, **49** nationalen, ethnischen, rassischen, religiösen, weltanschaulichen, sozialen, wirtschaftlichen, beruflichen oder anderen Merkmalen unterscheiden lassen; eine abschließende Aufzählung wie in § 130 Abs. 1 Nr. 1 StGB findet sich hier nicht.

Kein Aufruf zum Hass liegt vor bei sachlicher, wahrheitsgemäßer Berichterstattung sowie bei **50** durch das Grundrecht der Meinungsfreiheit in Art. 5 Abs. 1 GG (und Art. 10 EMRK) gedeckten Meinungsäußerungen. Hier ist im Hinblick insbesondere auf die verfassungsgerichtliche Rechtsprechung eine sorgfältige Prüfung geboten.

2. Einwirken auf eine Person

Der erste Untertatbestand der Nr. 5, bei dem immer ein Aufruf zu Hass gegen Teile der **51** Bevölkerung vorliegt, ist erfüllt, wenn der Ausländer auf eine andere Person gezielt und andauernd einwirkt, um Hass auf Angehörige bestimmter ethnischer Gruppen oder Religionen zu erzeugen oder zu verstärken.

52   Unter das Einwirken fällt nicht jegliche Handlung zu den missbilligten Zielen; erforderlich sind objektiv zur Erzeugung von Hass geeignete, zielgerichtete und länger andauernde Handlungen. Das Einwirken ist nicht mehr wie nach früherer Gesetzeslage auf Kinder und Jugendliche beschränkt. Der Tatbestand erfasst jedoch nach wie vor auch das Einwirken von Eltern oder anderen Verwandten auf Kinder; das gesetzgeberische Ziel ist, gerade auch der generationenübergreifenden Verfestigung von Vorurteilen entgegenzuwirken (BeckOK AuslR/Fleuß Rn. 128). Insoweit dürften allerdings in der Praxis meist erhebliche Beweisschwierigkeiten bestehen.

3. Öffentliches Einwirken

53   Der zweite Untertatbestand enthält drei Varianten von Tathandlungen, die mit lit. a, lit. b und lit. c benannt sind.

54   Aufstacheln zu Willkürmaßnahmen gegen Teile der Bevölkerung (lit. a) ist eine gesteigerte Form des Aufreizens oder Aufforderns, eine Einwirkung auf Sinne und Leidenschaften, aber auch auf den Intellekt (Schönke/Schröder/Sternberg-Lieben StGB § 130 Rn. 5a). Der Begriff der Willkürmaßnahme umfasst diskriminierende und im Widerspruch zu elementaren Geboten der Menschlichkeit stehende Behandlungen aller Art, einschließlich solcher, die mit einer wirtschaftlichen oder beruflichen Beeinträchtigung verbunden sind (Schönke/Schröder/Sternberg-Lieben StGB § 130 Rn. 5b). Im Unterschied zu § 130 Abs. 1 Nr. 1 StGB sind „Gewaltmaßnahmen" hier nicht genannt; offenbar hat der Gesetzgeber diese bereits von Nr. 4 erfasst gesehen.

55   Das böswillige Verächtlichmachen von Teilen der Bevölkerung, wodurch die Menschenwürde anderer angegriffen wird (lit. b), ist ebenfalls an § 130 Abs. 1 Nr. 2 StGB angelehnt, ohne jedoch die Handlungsweisen des Beschimpfens oder Verleumdens zu übernehmen.

56   Das Billigen von und das Werben für Verbrechen gegen den Frieden, gegen die Menschlichkeit, ein Kriegsverbrechen oder terroristischen Taten von vergleichbarem Gewicht (lit. c) bezieht sich zunächst auf Straftaten nach §§ 6–13 VStGB. Was terroristische Taten von vergleichbarem Gewicht sind, ist nicht definiert; gemeint ist offenbar, dass die in §§ 6–13 VStGB genannten Taten durch terroristische Gruppen oder Personen begangen werden.

57   Alle drei Handlungsvarianten müssen in einer Weise begangen werden, die geeignet ist, die öffentliche Sicherheit und Ordnung zu stören, und zwar öffentlich, in einer Versammlung oder durch Verbreiten von Schriften.

58   Für die Möglichkeit des Abstandnehmens gilt das zu Nr. 2 ausgeführte (→ Rn. 32).

C. Schwerwiegendes Ausweisungsinteresse (Abs. 2)

I. Freiheitsstrafe von mindestens sechs Monaten (Nr. 1)

59   Nr. 1 knüpft ein schwerwiegendes Ausweisungsinteresse an eine rechtskräftige Verurteilung wegen einer oder mehrerer vorsätzlicher Straftaten zu einer Freiheitsstrafe von mindestens sechs Monaten.

60   In der seit 1.1.2016 gültigen Fassung erforderte die Vorschrift eine Freiheitsstrafe von mindestens einem Jahr. Durch das Zweite Gesetz zur besseren Durchsetzung der Ausreisepflicht v. 15.8.2019 (BGBl. I 1294), das am 21.8.2019 in Kraft getreten ist, wurde diese Schwelle auf sechs Monate abgesenkt; gleichzeitig wurde die durch das Gesetz zur erleichterten Ausweisung von straffälligen Ausländern und zum erweiterten Ausschluss der Flüchtlingsanerkennung bei straffälligen Asylbewerbern v. 11.3.2016 (BGBl. I 394), das zum 17.3.2016 in Kraft getreten war, neu eingeführte Nr. 1a wieder aufgehoben.

61   Die Vorschrift ist in ihrer Struktur an Abs. 1 Nr. 1 angelehnt, weshalb auf die dortige Kommentierung verwiesen wird.

62   Auch hier es unerheblich, ob die Freiheitsstrafe zur Bewährung ausgesetzt worden ist (→ Rn. 7).

63   Unklar ist das gesetzgeberisch beabsichtigte Verhältnis zu Nr. 9. Während in Nr. 1 eine Freiheitsstrafe von mindestens sechs Monaten vorausgesetzt wird, verlangt Nr. 9 weder eine Verurteilung noch eine bestimmte Höhe der Strafe, führt aber ebenfalls auf ein schwerwiegendes Ausweisungsinteresse.

II. Jugendstrafe von mindestens einem Jahr ohne Bewährung (Nr. 2)

Nr. 2 erfasst Jugendstrafen von mindestens einem Jahr, deren Vollstreckung nicht zur Bewährung **64** ausgesetzt worden ist.

Nach § 17 Abs. 2 JGG ist Jugendstrafe (nur) zu verhängen, wenn wegen der in der Tat **65** hervorgetretenen schädlichen Neigungen des Jugendlichen Erziehungsmaßregeln oder Zuchtmittel zur Erziehung nicht ausreichen oder wenn wegen der Schwere der Schuld Strafe erforderlich ist. Die Strafaussetzung zur Bewährung einer Jugendstrafe von nicht mehr als einem Jahr erfolgt gem. § 21 Abs. 1 JGG, wenn zu erwarten ist, dass der Jugendliche schon die Verurteilung zur Warnung dienen lassen und auch ohne die Einwirkung des Strafvollzugs unter der erzieherischen Einwirkung in der Bewährungszeit künftig einen rechtschaffenen Lebenswandel führen wird; unter diesen Voraussetzungen wird nach § 21 Abs. 2 JGG auch die Vollstreckung einer höheren Jugendstrafe, die zwei Jahre nicht übersteigt, zur Bewährung ausgesetzt, wenn nicht die Vollstreckung im Hinblick auf die Entwicklung des Jugendlichen geboten ist.

Jugendstrafen, die nicht von Nr. 2, sowie auch nicht von Abs. 1 Nr. 1, Nr. 1a oder Nr. 1b **66** erfasst werden, fallen allerdings unter Nr. 9, der ebenfalls auf ein schwerwiegendes Ausweisungsinteresse führt. Insoweit ist auch hier die vom Gesetzgeber beabsichtigte Systematik unklar. Jedenfalls muss das objektiv geringere Gewicht von „geringfügigen" Jugendstrafen in der Gesamtabwägung nach § 53 Abs. 1 und Abs. 2 entsprechend berücksichtigt werden.

III. Bestimmte Betäubungsmitteldelikte (Nr. 3)

Ein schwerwiegendes Ausweisungsinteresse verwirklicht, wer als Täter oder Teilnehmer – also **67** als Täter, Mittäter, Anstifter oder Gehilfe (§§ 25–27 StGB) – den Tatbestand des § 29 Abs. 1 S. 1 Nr. 1 BtMG verwirklicht oder dies versucht.

Nach § 29 Abs. 1 S. 1 Nr. 1 BtMG wird bestraft, wer Betäubungsmittel unerlaubt anbaut, **68** herstellt, mit ihnen Handel treibt, sie, ohne Handel zu treiben, einführt, ausführt, veräußert, abgibt, sonst in den Verkehr bringt, erwirbt oder sich in sonstiger Weise verschafft. Nicht erfasst sind somit die sonstigen in §§ 29 ff. BtMG definierten Straftaten, insbesondere nicht der bloße unerlaubte Besitz von Betäubungsmitteln zum Eigenverbrauch (§ 29 Abs. 1 S. 1 Nr. 3 BtMG). Der letztere Tatbestand kann indes unter das schwerwiegende Ausweisungsinteresse nach Nr. 4 fallen. Straftaten, die zu einer Verurteilung geführt haben, sind ohnehin bei den entsprechenden Tatbeständen nach Abs. 1 oder Abs. 2 zu prüfen.

Mangels Verweisung ist die fahrlässige Begehung der genannten Straftaten (§ 29 Abs. 4 BtGM) **69** nicht von der Nr. 3 erfasst.

Nr. 3 setzt keine (rechtskräftige) Verurteilung voraus, es genügt die Erfüllung des Tatbestands. **70** Damit ist zum einen eine Ausweisung schon vor Abschluss eines Strafverfahrens möglich, zum anderen aber auch dann, wenn es nicht zu einer Verurteilung kommt und das Verfahren etwa nach §§ 153, 153a StPO eingestellt wird. In jedem Fall ist das konkrete Gewicht der jeweiligen Straftat bei der Abwägung nach § 53 Abs. 1 und Abs. 2 zu würdigen.

IV. Verbrauch gefährlicher Betäubungsmittel (Nr. 4)

Nr. 4 knüpft an den Verbrauch von Heroin, Kokain oder vergleichbar gefährlicher Betäubungs- **71** mittel an. Was „vergleichbar gefährliche" Betäubungsmittel sind, ergibt sich aus Anlage I–III zum BtMG. Eine Ausnahme wird insoweit aufgrund neuer Rechtsentwicklungen für Cannabis (- produkte) erwogen (Bergmann/Dienelt/Bauer Rn. 74).

Voraussetzung ist ferner, dass der Ausländer nicht zu einer erforderlichen seiner Rehabilitation **72** dienenden Behandlung bereit ist oder sich ihr entzieht. Die Erforderlichkeit der Therapie muss ärztlich festgestellt, oder sie muss gerichtlich angeordnet sein. Mangelnde Therapiebereitschaft kann ausdrücklich erklärt oder durch konkludentes Verhalten zum Ausdruck gebracht werden. Mangelnde Therapiebereitschaft liegt jedoch nicht vor, wenn der Ausländer – etwa aus Kapazitäts- oder finanziellen Gründen – keine Zulassung zu einer Therapie erhält, obwohl er seine Bereitschaft bekundet oder sich sogar aktiv darum bemüht hat. Der Ausländer entzieht sich einer Therapie auch dann, wenn die Therapie durch den Maßnahmenträger aufgrund des Verhaltens des Ausländers beendet wird.

Nach der gesetzgeberischen Vorstellung ist von einer Ausweisung wegen Drogenkonsum regel- **73** mäßig abzusehen, wenn konkrete Anhaltspunkte dafür vorliegen, dass der Ausländer aufgrund einer erforderlichen, seiner Rehabilitation dienenden Behandlung keine Drogen mehr gebrauchen wird und sich dies etwa aus der Zurückstellung der Strafvollstreckung gem. § 35 BtMG ergibt. Der Ausländer habe die für seine Person günstigen Gesichtspunkte vorzutragen und hierbei die erforderlichen Gutachten vorzulegen (BT-Drs. 18/4097, 52). Damit umschreibt die Gesetzesbegründung allerdings lediglich einen Sachverhalt, bei dem der Tatbestand der Nr. 4 ohnehin nicht vorliegt, weil hieraus die Bereitschaft des Betroffenen zu einer Therapie hervorgeht.

V. Hinderung an der gesellschaftlichen Teilhabe (Nr. 5)

74   Der Tatbestand Nr. 5 hat eher politische Signalwirkung als praktische Relevanz und zielt auf Personen, die die Integration anderer Personen in die Gesellschaft der Bundesrepublik Deutschland verhindern.

75   Er knüpft an die Strafvorschrift der Nötigung (§ 240 StGB) an, setzt sie aber nicht voraus. Voraussetzung ist eine verwerfliche Begehungsweise, wie Anwendung oder Androhung von Gewalt oder ähnliche Druckmittel, mit der eine andere Person davon abgehalten wird, am wirtschaftlichen, kulturellen oder gesellschaftlichen Leben in der Bundesrepublik Deutschland teilzuhaben. Dabei geht es nicht um einzelne Handlungen wie die Verhinderung der Teilnahme an einzelnen Veranstaltungen, sondern um ein dauerhaftes Abhalten von der Teilnahme am gesellschaftlichen Leben, wie etwa das „Einsperren" in der Wohnung, Verbot der Aufnahme einer Erwerbstätigkeit, Unterbindung des Erlernens der deutschen Sprache oder Ähnliches.

VI. Zwangsehe (Nr. 6)

76   Auch von Nr. 6 geht eher eine politische Signalwirkung aus, da die praktische Relevanz in Fällen, die nicht zu einer strafrechtlichen Verurteilung geführt haben, zweifelhaft ist.

77   Erfasst ist zunächst die Nötigung zur Eingehung der Ehe oder der Versuch dazu; die Vorschrift nimmt insoweit Bezug auf die Strafvorschrift des § 237 StGB. Nicht erfasst ist die sog. „vermittelte" oder „arrangierte" Ehe; im konkreten Fall werden etwa bei der Frage, ob und inwieweit psychischer oder „moralischer" Druck eingesetzt wurde, erhebliche Beweisschwierigkeiten entstehen, wenn keine strafgerichtliche Verurteilung ergangen ist.

78   Das Gesetz zur Bekämpfung von Kinderehen v. 17.7.2017 (BGBl. I 2429) hat auch das wiederholte Vornehmen einer Handlung entgegen § 11 Abs. 2 S. 1 und S. 2 PStG in den Tatbestand der Nr. 6 einbezogen. Nach dem – mit diesem Gesetz ebenfalls geänderten – § 11 Abs. 2 S. 1 und S. 2 PStG ist eine religiöse oder traditionelle Handlung, die darauf gerichtet ist, eine der Ehe vergleichbare dauerhafte Bindung zweier Personen zu begründen, von denen eine das 18. Lebensjahr noch nicht vollendet hat, verboten („religiöse" bzw. „traditionelle Heirat"). Das Gleiche gilt für den Abschluss eines Vertrags, der nach dem traditionellen oder religiösen Vorstellungen der Partner an die Stelle der Eheschließung tritt. Ein Verstoß stellt nach § 70 Abs. 1 PStG eine Ordnungswidrigkeit dar.

79   Die Zuwiderhandlung gegen das Verbot des § 11 Abs. 2 S. 1 und S. 2 PStG wird im vorliegenden Zusammenhang nur relevant, wenn sie zum einen „wiederholt" vorgenommen wird, und wenn sie zum anderen einen schwerwiegenden Verstoß darstellt; ein schwerwiegender Verstoß liegt vor, wenn eine Person, die das 16. Lebensjahr noch nicht vollendet hat, beteiligt ist.

80   Da sich das Verbot nach § 11 Abs. 1 S. 1 und S. 2 PStG nicht an die „Eheschließenden", sondern gem. § 11 Abs. 1 S. 3 PStG an die dort genannten vornehmenden oder teilnehmenden Personen (Geistliche, Sorgeberechtigte und Ähnliche) richtet, kann sich auch nur bei ihnen das schwerwiegende Ausweisungsinteresse verwirklichen.

VII. Sicherheitsgespräch (Nr. 7)

81   Nr. 7 betrifft den Fall, dass der Ausländer in einer Befragung, die der Klärung von Bedenken gegen die Einreise oder den weiteren Aufenthalt dient, der deutschen Auslandsvertretung oder der Ausländerbehörde gegenüber frühere Aufenthalte in Deutschland oder anderen Staaten verheimlicht oder in wesentlichen Punkten vorsätzlich keine, falsche oder unvollständige Angaben über Verbindungen zu Personen oder Organisationen macht, die der Unterstützung des Terrorismus oder der Gefährdung der freiheitlichen demokratischen Grundordnung oder der Sicherheit der Bundesrepublik Deutschland verdächtig sind, wenn der Ausländer vor der Befragung ausdrücklich auf den sicherheitsrechtlichen Zweck der Befragung und die Rechtsfolgen verweigerter, falscher oder unvollständiger Angaben hingewiesen wurde.

82   Erfasst sind nur solche Angaben, die Sicherheitsbelange der Bundesrepublik Deutschland berühren, nicht aber andere Angaben wie etwa bloße familiäre Verhältnisse; auch die Gesetzesbegründung bezieht sich ausdrücklich auf eine „Sicherheitsbefragung" (BT-Drs. 18/4097, 52).

Der Vorsatz muss sich nicht nur auf das eigene Aussageverhalten beziehen, sondern auch auf **83** die Gefährlichkeit der Organisation oder die terroristischen Verbindungen der Person, zu denen der Ausländer befragt wurde (BT-Drs. 18/4097, 52).

Vorausgesetzt ist in jedem Fall eine umfassende, „ausdrückliche" Belehrung sowohl über den **84** sicherheitsrechtlichen Zweck der Befragung wie auch über die Rechtsfolgen verweigerter, falscher oder unvollständiger Angaben.

Problematisch ist die Tatbestandsvariante, dass der Ausländer gar keine Angaben macht, denn **85** eine Rechtspflicht zur Teilnahme und aktiven Mitwirkung an einem Sicherheitsgespräch ist im AufenthG nicht festgelegt. Ein solches Gespräch dient der Klärung von Bedenken gegen die Erteilung oder Verlängerung eines Visums bzw. einer Aufenthaltserlaubnis (s. die allgemeinen Erteilungsvoraussetzungen in § 5); dem Ausländer obliegt eine Mitwirkung nur iRd § 82 Abs. 1. Kann jedoch das Bestehen einer allgemeinen Erteilungsvoraussetzung nicht zweifelsfrei bejaht werden und ist eine (anderweitige) Klärung nicht möglich, besteht kein Anspruch auf die Erteilung des Aufenthaltstitels (vgl. hierzu BayVGH BeckRS 2016, 45083). An die Verweigerung einer Aussage darüber hinaus noch ein spezielles Ausweisungsinteresse zu knüpfen, erscheint im Hinblick auf den allgemeinen rechtsstaatlichen Grundsatz, schweigen zu dürfen, insbesondere sich nicht selbst belasten zu müssen, problematisch (näher Bergmann/Dienelt/Bauer Rn. 85).

VIII. Sonstige Falschangaben, Nichtmitwirkung (Nr. 8)

Nr. 8 enthält zwei Tatbestandsvarianten – die mit lit. a und lit. b benannt sind – von Fehlverhal- **86** ten in einem Verwaltungsverfahren, das von Behörden eines Schengen-Staats durchgeführt wurde, unabhängig ob im In- oder Ausland. Erfasst sind ohne Weiteres alle von deutschen (Ausländer-) Behörden geführten Verwaltungsverfahren, da auch Deutschland ein „Schengen-Staat" ist, aber auch der praktisch nicht seltene Fall, dass der Ausländer ein Visum bei der Auslandsvertretung eines anderen Schengen-Mitgliedsstaats eingeholt hat.

Tatbestandsmäßiges Fehlverhalten ist zum einen (lit. a), dass der Ausländer falsche oder unvoll- **87** ständige Angaben zur Erlangung eines deutschen Aufenthaltstitels, eines Schengen-Visums, eines Flughafentransitvisums, eines Passersatzes, der Zulassung einer Ausnahme von der Passpflicht oder der Aussetzung der Abschiebung gemacht hat. Maßgeblich ist, dass die Angaben zu einem der genannten Zwecke gemacht wurden, es kommt nicht darauf an, ob die erstrebte Maßnahme (Aufenthaltstitel, Visum, Duldung etc) dann auch erfolgt ist oder ob es auch ohne die falschen Angaben zu der erstrebten Maßnahme gekommen wäre.

Weiter (lit. b) erfasst die Nr. 8 Fälle, in denen der Ausländer trotz bestehender Rechtspflicht **88** nicht an Maßnahmen der für die Durchführung dieses Gesetzes oder des Schengener Durchfüh- rungsübereinkommens zuständigen Behörden mitgewirkt hat. Entscheidend ist hier das Bestehen einer konkreten Rechtspflicht; in Betracht kommen etwa ausweisrechtliche Mitwirkungspflichten (vgl. §§ 47a ff.).

Die Voraussetzung, dass der Ausländer zuvor auf die Rechtsfolgen solcher Handlungen hinge- **89** wiesen worden ist, gilt nach dem Gesetzeswortlaut nur für die Tatbestandsvariante lit. b. Doch ist hier wohl nach den Gesetzesmaterialien davon auszugehen, dass die Belehrungspflicht für beide Tatbestandsvarianten gelten sollte (s. die entsprechende Textgestaltung bei Abs. 1 Nr. 2 hinsichtlich des Abstandnehmens) und es sich somit um ein Redaktionsversehen handelt (Bergmann/Dienelt/ Bauer Rn. 87; NK-AuslR/Cziersky-Reis Rn. 59). Der Ausländer muss also auch im Fall von Falschangaben nach Tatbestandsvariante lit. a zuvor (!) auf die möglichen Rechtsfolgen hingewie- sen worden sein.

Zu den möglichen Rechtsfolgen von Falschangaben bzw. verweigerter Mitwirkung gehört auf **90** jeden Fall die Ausweisung. Ob auch über eine mögliche Abschiebung belehrt werden muss, ist umstritten (s. Bergmann/Dienelt/Bauer Rn. 90; NK-AuslR/Cziersky-Reis Rn. 61), aber zweifelhaft, weil sich diese Rechtsfolge nicht aus den Falschangaben bzw. verweigerter Mitwirkung ergibt, sondern erst aus der Notwendigkeit des zwangsweisen Vollzugs der Ausreisepflicht. In jedem Fall ist darauf zu achten, ob die Belehrung schriftlich dokumentiert und deren Kenntnis- nahme durch den Ausländer durch Unterschrift bestätigt ist.

IX. Sonstige Rechtsverstöße, Auslandstaten (Nr. 9)

Nr. 9 enthält zwei Untertatbestände: Zum einen den nicht nur vereinzelten oder geringfügigen **91** Verstoß gegen Rechtsvorschriften oder gerichtliche oder behördliche Entscheidungen oder Verfü- gungen; zum anderen eine außerhalb des Bundesgebiets begangene Handlung, die im Bundesge- biet als vorsätzliche schwere Straftat anzusehen ist.

Katzer 1365

1. Sonstige Rechtsverstöße

92   Angesichts der Weite des Tatbestandes des „Verstoßes gegen Rechtsvorschriften oder gerichtliche oder behördliche Entscheidungen oder Verfügungen" stellt sich die Frage des Verhältnisses zu den in den anderen in den einzelnen Nummern des Abs. 2 typisierten Ausweisungsinteressen, die ebenso wie Nr. 9 ein schwerwiegendes Ausweisungsinteresse nach sich ziehen, aber etwa ein bestimmtes Mindestmaß der Strafhöhe oder eine bestimmte Art und Weise der Begehung voraussetzen.

93   Die Gesetzesbegründung legt der Nr. 9 eine „Auffangfunktion" bei (BT-Drs. 18/4097, 52), will also sicherstellen, dass alle Rechtsverstöße auch dann, wenn sie nicht den Tatbestand eines „vertypten" Ausweisungsinteresses nach Abs. 2 oder Abs. 1 erfüllen, in jedem Fall mindestens ein schwerwiegendes Ausweisungsinteresse darstellen. Gleichwohl ist trotz dieser gesetzlich vorgesehenen Gewichtung in jedem Einzelfall im Rahmen der Gesamtabwägung nach § 53 Abs. 1, Abs. 2 zu prüfen und zu berücksichtigen, welche Bedeutung dem jeweiligen Rechtsverstoß objektiv zukommt und wie er im Ergebnis gegenüber dem Bleibeinteresse zu gewichten ist (zur Problematik vgl. VGH BW BeckRS 2021, 4045 Rn. 48 ff.).

94   Ein Verstoß gegen Rechtsvorschriften ist immer dann beachtlich, wenn er nicht nur vereinzelt oder geringfügig ist. Trotz der etwas missverständlichen sprachlichen Fassung ist die Vorschrift dahin zu verstehen, dass ein Rechtsverstoß nur dann unbeachtlich ist, wenn er sowohl vereinzelt als auch geringfügig ist, also andererseits immer beachtlich ist, wenn er vereinzelt, aber nicht geringfügig, oder geringfügig, aber nicht vereinzelt ist (BVerwG BeckRS 9998, 170769).

95   Die Frage, wann ein Rechtsverstoß (dh in der Regel eine Straftat) noch geringfügig ist, ist im Gesetz nicht festgelegt. Sie ist daher jeweils durch eine Gesamtbetrachtung des Einzelfalls zu beantworten.

96   Eine vorsätzlich begangene Straftat ist grundsätzlich kein geringfügiger Rechtsverstoß; dies kann nur dann in Betracht kommen, wenn ein strafrechtliches Verfahren wegen Geringfügigkeit eingestellt worden ist (BVerwG BeckRS 9998, 170769). Ebenso sind Verstöße gegen aufenthaltsrechtliche Rechtsvorschriften (wie unerlaubte Einreise, unerlaubter Aufenthalt) in aller Regel nicht geringfügig.

97   In der Praxis, die wohl auf die Allgemeine Verwaltungsvorschrift zur früher geltenden Gesetzesfassung (Nr. 55.2.2.2, 55.2.2.3 AufenthGVwV) zurückgeht, wird meist eine Straftat als noch geringfügig angesehen, wenn sie zu einer Verurteilung von bis zu 30 Tagessätzen geführt hat oder als geringfügig eingestellt worden ist und der wegen dieser Tat festgesetzte Geldbetrag nicht mehr als 500 EUR betragen hat oder wenn sie als Ordnungswidrigkeit mit einer Geldbuße von nicht mehr als 1.000 EUR geahndet worden ist. Bei diesen Grenzen handelt es sich zwar um plausible Anhaltspunkte, doch dürfen sie nicht schematisch angewandt werden. Maßgebend ist, ob es sich um Taten handelt, die darauf schließen lassen, dass der Ausländer die Erwartung, er werde die inländische Rechtsordnung grundsätzlich einhalten, nicht erfüllt (vgl. auch BeckOK AuslR/Fleuß Rn. 325).

98   Unerheblich ist, ob der Rechtsverstoß tatsächlich geahndet worden ist, es genügt allein die Begehung. Insoweit hat die Ausländerbehörde hier eigene Ermittlungen anzustellen und ist dafür darlegungs- und beweispflichtig. Hier sind – soweit vorhanden – die Unterlagen der strafrechtlichen (insbesondere polizeilichen) Ermittlungen heranzuziehen und auszuwerten.

99   Es kann sich ergeben, dass ein nach diesen Kriterien nicht mehr geringfügiger Rechtsverstoß und somit ein schwerwiegendes Ausweisungsinteresse vorliegt, gleichwohl aber der Rechtsverstoß objektiv ein eher geringes Gewicht hat. In einem solchen Fall ist besonders sorgfältig zu prüfen, ob zum maßgeblichen Entscheidungszeitpunkt aktuell noch eine relevante Gefahr für die öffentliche Sicherheit und Ordnung gem. § 53 Abs. 1 oder gar nach Abs. 3 vorliegt.

2. Auslandtaten

100   Die im Ausland begangene „Handlung" muss nach dortiger Rechtsordnung nicht unbedingt als Straftat angesehen werden. Der Gesetzgeber wollte ausdrücklich auch Handlungen erfassen, die zB aufgrund erheblicher kultureller Unterschiede im Ausland nicht als Straftaten gelten, aber nach der deutschen Rechtsordnung eine vorsätzliche Straftat begründen; als Beispiel genannt ist in der Gesetzesbegründung die in einem anderen Staat nicht strafbewehrte Züchtigung der Ehefrau (BT-Drs. 18/4097, 52).

101   Nach dem Zweck der Regelung soll einer Beeinträchtigung jedenfalls sonstiger erheblicher Interessen der Bundesrepublik Deutschland vorgebeugt werden, da bei demjenigen, der durch die deutsche Rechtsordnung geschützte elementare Rechtsgüter durch eine Handlung im Ausland

missachtet, die Gefahr besteht, dass er sich im Bundesgebiet entsprechend verhalten wird (Bergmann/Dienelt/Bauer Rn. 98).

Wann die Tat als „schwere Straftat" anzusehen ist, ist nicht definiert. Die Frage ist daher unter **102** Würdigung der Umstände des Einzelfalls zu beantworten. Als gewichtiges Kriterium kann dabei der Katalog des § 100a Abs. 2 StPO herangezogen werden, ferner die Abgrenzung des § 12 Abs. 1 StGB, wonach Verbrechen rechtswidrige Taten sind, die im Mindestmaß mit Freiheitsstrafe von einem Jahr oder darüber bedroht sind. Hinzuweisen ist hier auf den Straftatbestand des § 226a StGB, der die Verstümmelung weiblicher Genitalien mit Freiheitsstrafe nicht unter einem Jahr bedroht.

Bei einer Handlung im Ausland werden meist erhebliche Nachweisprobleme entstehen. Liegt **103** eine ausländische Verurteilung vor, ist sorgfältig zu prüfen, ob die darin enthaltenen Feststellungen verwertbar sind oder womöglich auf rechtsstaatswidrige Weise zustande gekommen sind. Es sind alle in Betracht kommenden Erkenntnisquellen heranzuziehen und auszuwerten. Bei in dem jeweiligen anderen Staat nicht verbotenen oder geduldeten Handlungen, wie etwa bei der weit verbreiteten Genitalverstümmelung von Mädchen, wird ein Tatnachweis generell schwierig sein; immerhin kann wohl verhindert werden, dass ein Täter oder eine Täterin sich mit der im Ausland begangenen Tat brüstet und für weitere derartige Taten Werbung macht.

§ 54a [aufgehoben]

§ 55 Bleibeinteresse

(1) Das Bleibeinteresse im Sinne von § 53 Absatz 1 wiegt besonders schwer, wenn der Ausländer
1. eine Niederlassungserlaubnis besitzt und sich seit mindestens fünf Jahren rechtmäßig im Bundesgebiet aufgehalten hat,
2. eine Aufenthaltserlaubnis besitzt und im Bundesgebiet geboren oder als Minderjähriger in das Bundesgebiet eingereist ist und sich seit mindestens fünf Jahren rechtmäßig im Bundesgebiet aufgehalten hat,
3. eine Aufenthaltserlaubnis besitzt, sich seit mindestens fünf Jahren rechtmäßig im Bundesgebiet aufgehalten hat und mit einem der in den Nummern 1 und 2 bezeichneten Ausländer in ehelicher oder lebenspartnerschaftlicher Lebensgemeinschaft lebt,
4. mit einem deutschen Familienangehörigen oder Lebenspartner in familiärer oder lebenspartnerschaftlicher Lebensgemeinschaft lebt, sein Personensorgerecht für einen minderjährigen ledigen Deutschen oder mit diesem sein Umgangsrecht ausübt oder
5. eine Aufenthaltserlaubnis nach § 23 Absatz 4, den §§ 24, 25 Absatz 4a Satz 3 oder nach § 29 Absatz 2 oder 4 besitzt.

(2) Das Bleibeinteresse im Sinne von § 53 Absatz 1 wiegt insbesondere schwer, wenn
1. der Ausländer minderjährig ist und eine Aufenthaltserlaubnis besitzt,
2. der Ausländer eine Aufenthaltserlaubnis besitzt und sich seit mindestens fünf Jahren im Bundesgebiet aufhält,
3. der Ausländer sein Personensorgerecht für einen im Bundesgebiet rechtmäßig sich aufhaltenden ledigen Minderjährigen oder mit diesem sein Umgangsrecht ausübt,
4. der Ausländer minderjährig ist und sich die Eltern oder ein personensorgeberechtigter Elternteil rechtmäßig im Bundesgebiet aufhalten beziehungsweise aufhält,
5. die Belange oder das Wohl eines Kindes zu berücksichtigen sind beziehungsweise ist oder
6. der Ausländer eine Aufenthaltserlaubnis nach § 25 Absatz 4a Satz 1 besitzt.

(3) Aufenthalte auf der Grundlage von § 81 Absatz 3 Satz 1 und Absatz 4 Satz 1 werden als rechtmäßiger Aufenthalt im Sinne der Absätze 1 und 2 nur berücksichtigt, wenn dem Antrag auf Erteilung oder Verlängerung des Aufenthaltstitels entsprochen wurde.

Überblick

§ 55 konkretisiert und gewichtet Bleibeinteressen, die in die Abwägung nach § 53 Abs. 1 einzubeziehen sind. Er legt den aufgeführten Bleibeinteressen in typisierter Form besonders schwerwiegende (Abs. 1) und schwerwiegende (Abs. 2) Bedeutung bei. Jedoch muss im Rahmen der Gesamtabwägung nach § 53 Abs. 1 und Abs. 2 immer geprüft werden, ob den in Abs. 1 und Abs. 2 typisierten Interessen im konkreten Einzelfall tatsächlich das ihnen zugewiesene Gewicht zukommt oder ob ihnen weniger oder mehr Gewicht beizumessen ist. Die aufgeführten „vertypten" Bleibeinteressen sind nicht abschließend. Den im konkreten Einzelfall bestehenden Bleibeinteressen kann im Rahmen der Abwägung nach § 53 Abs. 1 ein Gewicht beizumessen sein, das einem schwerwiegenden oder einem besonders schwerwiegenden Bleibeinteresse gleichkommt. Ein besonders schwerwiegendes Bleibeinteresse knüpft Abs. 1 an Tatbestände mit einem langdauernden, verfestigten Aufenthalt im Bundesgebiet (Nr. 1, Nr. 2), an schutzwürdige Beziehungen zu ausländischen oder deutschen Familienangehörigen (Nr. 3, Nr. 4) und an den Besitz bestimmter humanitärer Aufenthaltstitel (Nr. 5). Abs. 2 bestimmt – nicht abschließend – ein schwerwiegendes Bleibeinteresse bei bestimmten minderjährigen Ausländern (Nr. 1, Nr. 4), bei einem längeren rechtmäßigen Aufenthalt im Bundesgebiet (Nr. 2), bei Sachverhalten, in denen der Schutz Minderjähriger bzw. eines Kindes zu wahren ist (Nr. 3, Nr. 5) sowie bei einem bestimmten humanitären Aufenthaltstitel (Nr. 6). Abs. 3 stellt klar, wann als erlaubt geltende Aufenthalte (sog. Fiktionszeiten) als rechtmäßige Aufenthalte iSd Abs. 1 und Abs. 2 anzusehen sind.

Übersicht

A. Funktion der Bleibeinteressen

I. Allgemein

1   § 55 konkretisiert und gewichtet („vertypt") Bleibeinteressen, die allgemein in § 53 Abs. 2 angesprochen und in die Abwägung nach § 53 Abs. 1 einzubeziehen sind. In § 55 werden in typisierter Form besonders schwerwiegende (Abs. 1) und schwerwiegende (Abs. 2) Bleibeinteressen beschrieben. Erst die Abwägung nach § 53 Abs. 1 unter umfassender Würdigung aller Umstände des Einzelfalles ergibt, ob das Bleibeinteresse hinter das öffentliche Interesse an der Ausreise zurücktreten muss.

2   Die in Abs. 1 und Abs. 2 typisierten Interessen können im Einzelfall bei Vorliegen besonderer Umstände auch weniger oder mehr Gewicht entfalten.

3   Mehrere Lebenssachverhalte, die verschiedene Tatbestände eines besonders schwerwiegenden oder schwerwiegenden Ausweisungs- oder Bleibeinteresses erfüllen, sind nicht zu „addieren", sondern erst bei der nachfolgenden Abwägung der einzelfallbezogenen Umstände iRd § 53 Abs. 1 und Abs. 2 mit dem ihnen zukommenden Gewicht zu berücksichtigen (BayVGH BeckRS 2016, 45476 Rn. 40).

II. Nicht „vertypte" Bleibeinteressen

4   Während Abs. 1 als abschließende Aufzählung der besonders schwerwiegenden Bleibeinteressen formuliert ist, bringt Abs. 2 durch die Einfügung „insbesondere" zum Ausdruck, dass über die gesetzlich genannten hinaus noch weitere schwerwiegende Bleibeinteressen bestehen können, soweit sie den „vertypten" Fallgestaltungen vergleichbar sind. Die Gesetzesbegründung nennt hier als Beispiele Fallgestaltungen wie eine Betreuung eines sonstigen Verwandten durch den Ausländer als maßgebliche Betreuungsperson oder eine Betreuung des erwachsenen Kindes durch die Eltern, wenn das Kind auf die Hilfe und Betreuung angewiesen ist (BT-Drs. 18/4097, 53).

Jedoch sind in jedem Einzelfall die Bleibeinteressen des Ausländers zu ermitteln und mit dem **5** ihnen zukommenden Gewicht in die Abwägung einzustellen, unabhängig davon, ob sie den Tatbestand eines „vertypten" besonders schwerwiegenden oder (einfach) schwerwiegenden Bleibeinteresses erfüllen. So kann aufgrund der konkreten Umstände des Einzelfalls das Bleibeinteresse des Ausländers so gewichtig sein, dass es einem besonders schwerwiegenden gleichkommt.

Zu denken ist hier insbesondere an Fälle, in denen der Ausländer im Inland geboren oder als **6** Kleinkind eingereist ist und sein ganzes Leben hier verbracht, zuletzt aber keinen Aufenthaltstitel mehr besessen hat. Der Tatbestand des Abs. 1 Nr. 2 (→ Rn. 11) ist hier nicht erfüllt; trotzdem wird im Rahmen der Gesamtabwägung das Bleibeinteresse meist als ebenfalls besonders schwerwiegend anzusehen sein (BayVGH BeckRS 2017, 111540 Rn. 27).

Gleiches gilt für Fälle, in denen dem Ausländer ein Aufenthaltsrecht nach dem Assoziations- **7** Abkommen EWG-Türkei zustand, er jedoch seiner Pflicht, das Bestehen des Aufenthaltsrechts durch den Besitz einer Aufenthaltserlaubnis nachzuweisen (§ 4 Abs. 5), nicht nachgekommen ist. Da in diesen Fällen die Aufenthaltserlaubnis nur deklaratorisch ist und sich das Aufenthaltsrecht unmittelbar aus Assoziationsrecht ergibt (vgl. BeckOK AuslR/Maor § 4 Rn. 31 ff.), ist das Aufenthaltsrecht dem Besitz einer Aufenthaltserlaubnis gleichzustellen. Insoweit ist dann – als Beispiel – Abs. 1 Nr. 2 (→ Rn. 11) entsprechend anzuwenden (so BayVGH BeckRS 2017, 111539 Rn. 29; 2017, 108379 Rn. 41) oder jedenfalls dem Bleibeinteresse in der Gesamtabwägung nach § 53 Abs. 1 und Abs. 2 besonders schwerwiegende Bedeutung beizumessen.

B. Besonders schwerwiegendes Bleibeinteresse (Abs. 1)

I. Besitzer einer Niederlassungserlaubnis (Nr. 1)

Nr. 1 knüpft an den Besitz einer Niederlassungserlaubnis an, deren Erteilungsvoraussetzungen **8** typischerweise eine bereits weitgehende erfolgreiche Integration widerspiegeln (s. § 9 Abs. 2).

Das zusätzliche Erfordernis des mindestens fünfjährigen rechtmäßigen Aufenthalts im Bundes- **9** gebiet wird nur relevant, wenn die Niederlassungserlaubnis nicht aufgrund der allgemeinen Vorschrift des § 9, der ohnehin den Besitz einer Aufenthaltserlaubnis seit fünf Jahren voraussetzt, erteilt wurde, sondern aufgrund von Sondervorschriften wie zB § 18c, § 21 Abs. 4 S. 2, § 23 Abs. 2, § 26 Abs. 3 und Abs. 4.

Voraussetzung ist der tatsächliche Besitz einer Niederlassungserlaubnis zum maßgeblichen Zeit- **10** punkt der letzten Behörden- bzw. tatsachengerichtlichen Entscheidung. Die Antragstellung auf Erteilung einer Niederlassungserlaubnis genügt nicht, auch wenn die Erteilungsvoraussetzungen vorliegen. § 81 Abs. 4 ist insoweit ohnehin nicht einschlägig, da nach dieser Vorschrift nur der bisherige Aufenthaltstitel als fortbestehend gilt.

II. Im Bundesgebiet geborener oder als Minderjähriger eingereister Besitzer einer Aufenthaltserlaubnis (Nr. 2)

Die Vorschrift setzt voraus, dass der Ausländer im maßgeblichen Zeitpunkt der letzten Behör- **11** den- bzw. tatsachengerichtlichen Entscheidung eine Aufenthaltserlaubnis (tatsächlich) besitzt und sich seit mindestens fünf Jahren rechtmäßig im Bundesgebiet aufgehalten hat.

Mit der Begünstigung von Ausländern, die im Bundesgebiet geboren oder als Minderjährige **12** ins Bundesgebiet eingereist sind, wollte der Gesetzgeber ausdrücklich die sog. „faktischen Inländer" erfassen (BT-Drs. 18/4097, 53). Das ist durch die gesetzliche Formulierung allerdings nur unvollkommen gelungen. Nach dem Gesetzeswortlaut reicht es aus, wenn ein Ausländer erst kurz vor Erreichen der Volljährigkeit eingereist ist, also prägende Jahre der Jugend und der Schulzeit, eventuell auch der Ausbildungszeit, noch im Herkunftsland verbracht hat.

Ebenso könnte es nach dem Wortlaut ausreichen, wenn ein Ausländer nach seiner Geburt oder **13** nach seiner Einreise als Minderjähriger nur kurze Zeit im Bundesgebiet verbracht hat und unter Umständen viele Jahre später als längst Volljähriger wieder eingereist ist. Damit würde jedoch der gesetzliche Zweck der Vorschrift, im Inland besonders „verwurzelte" Ausländer zu schützen, verfehlt. Auch der Gesetzesbegründung lässt sich entnehmen, dass der Gesetzgeber Personen schützen wollte, die ihr Leben seit ihrer Geburt oder seit ihrer Einreise als Minderjährige im Bundesgebiet verbracht haben (vgl. BT-Drs. 18/4097, 53: „bereits als Minderjährige eingereist sind").

14 Daher ist die Vorschrift dahin auszulegen, dass nach der Geburt im Inland oder der Einreise als Minderjähriger ein kontinuierlicher Aufenthalt im Bundesgebiet vorliegen muss (ebenso BeckOK AuslR/Fleuß Rn. 23; Bergmann/Dienelt/Bauer Rn. 8; Hailbronner AsylR/AuslR Rn. 1080; jeweils unter Hinweis auf VGH BW BeckRS 9998, 31357; aA NK-AuslR/Czersky-Reis Rn. 14).

15 Unabhängig von der Gewichtung als besonders schwerwiegendes Bleibeinteresse ist in der Gesamtabwägung nach § 53 Abs. 1 und Abs. 2 in jedem Einzelfall zu prüfen und zu würdigen, welche Prägung der Ausländer im Bundesgebiet erfahren hat. Insoweit kann es einen Unterschied bedeuten, ob sich der Ausländer seit seiner Geburt im Bundesgebiet aufhält und sein Herkunftsland allenfalls von Kurzaufenthalten kennt oder ob er erst als Jugendlicher, womöglich erst nach Abschluss der Schulausbildung, eingereist ist.

III. Eheliche Lebensgemeinschaft mit Ausländern (Nr. 3)

16 Nr. 3 knüpft ein besonders schwerwiegendes Bleibeinteresse an die Konstellation, dass der Ausländer eine Aufenthaltserlaubnis besitzt, sich seit mindestens fünf Jahren rechtmäßig im Bundesgebiet aufgehalten hat und mit einem Ausländer, der seinerseits die Voraussetzungen der Nr. 1 (→ Rn. 8) oder Nr. 2 (→ Rn. 11) erfüllt, in ehelicher oder lebenspartnerschaftlicher Lebensgemeinschaft lebt.

17 Die Vorschrift bezweckt die Wahrung der sich aus Art. 6 GG ergebenden Rechte. Das Grundrecht auf Schutz von Ehe und Familie gewährt zwar keinen unmittelbaren Anspruch auf Aufenthalt im Bundesgebiet, verpflichtet aber als wertentscheidende Grundsatznorm dazu, die bestehenden familiären Bindungen des von einer Ausweisung betroffenen Ausländers an Personen, die sich berechtigterweise im Bundesgebiet aufhalten, zu berücksichtigen und entsprechend ihrem Gewicht zur Geltung zu bringen. Maßgeblich sind dabei nicht die formalen familiären Beziehungen, sondern die tatsächliche Verbundenheit unter den Familienmitgliedern, wobei grundsätzlich eine Einzelfallbetrachtung geboten ist (BVerfG BeckRS 2008, 35242).

18 Da aber Art. 6 GG hinsichtlich des Ortes, an dem eine Ehe geführt wird oder das Familienleben stattfindet, indifferent ist, entspricht es zunächst der familiären Verbundenheit, dass die übrigen Familienmitglieder dem ausgewiesenen Ausländer in das Heimatland folgen. Insbesondere eine Rückkehr in das gemeinsame Heimatland bzw. das Land der gemeinsamen Staatsangehörigkeit ist dem anderen Ehegatten / Lebenspartner oder einem Familienangehörigen grundsätzlich zuzumuten, wenn nicht außergewöhnliche Umstände vorliegen. Je intensiver jedoch die Bindungen des Ehegatten / Lebenspartners bzw. Familienangehörigen an das Bundesgebiet sind, desto mehr wirkt sich das auch auf das Interesse des von einer Ausweisung bedrohten Ausländers aus, die Lebensgemeinschaft im Bundesgebiet fortsetzen zu dürfen. Typischerweise liegen besonders enge Bindungen des Ehegatten / Lebenspartners oder Familienangehörigen vor, wenn in dessen Person die Voraussetzungen nach Nr. 1 oder Nr. 2 erfüllt sind. Der von einer Ausweisung bedrohte Ausländer muss allerdings die Mindestvoraussetzung erfüllen, eine Aufenthaltserlaubnis zu besitzen und sich seit mindestens fünf Jahren rechtmäßig im Bundesgebiet aufgehalten zu haben. Hier wird typisierend darauf abgestellt, dass im Falle einer familiären Beziehung mit einem Ausländer, dessen Aufenthalt noch wenig verfestigt ist, beide Ehepartner in erhöhtem Maße mit einer Aufenthaltsbeendigung rechnen müssen.

19 Es bedarf einer tatsächlich geführten Lebensgemeinschaft, die bloß formale familienrechtliche Beziehung genügt nicht. Befindet sich der Ausländer in Haft, kommt es darauf an, ob die eheliche Lebensgemeinschaft bis zur Inhaftierung bestanden hat und ob es Anhaltspunkte dafür gibt, dass die Lebensgemeinschaft nach Haftentlassung fortgesetzt wird.

20 Mit einer Lebenspartnerschaft ist nur die eingetragene Lebenspartnerschaft nach dem LPartG gemeint (BT-Drs. 18/4097, 53).

IV. Deutsche Familienangehörige (Nr. 4)

21 Deutschen Familienangehörigen kann (jedenfalls in aller Regel) nicht zugemutet werden, einem ausgewiesenen Ausländer ins Ausland zu folgen, um die Lebensgemeinschaft bzw. die familiären Beziehungen fortzusetzen. Daher ist das Bleibeinteresse eines von einer Ausweisung betroffenen Ausländers höher als bei Familienangehörigen mit ausländischer Staatsangehörigkeit. Nr. 4 bestimmt daher eine Lebensgemeinschaft bzw. familiäre Beziehungen mit deutschen Staatsangehörigen als besonders schwerwiegendes Bleibeinteresse, ohne für den Ausländer selbst Mindestanforderungen zu stellen.

22 Begünstigt ist zunächst eine familiäre bzw. lebenspartnerschaftliche Lebensgemeinschaft mit einen deutschen Familienangehörigen bzw. Lebenspartner. Der Begriff des Familienangehörigen ist dabei weit zu fassen; gemeint sind nicht nur Ehepartner und (minderjährige) Kinder. Umfasst

sein können auch die Beziehung zu Eltern oder einem Elternteil (bei einem volljährigen Ausländer) oder zwischen Großeltern und Enkeln oder auch zwischen Geschwistern. Maßgebend ist dabei immer, ob im konkreten Fall tatsächlich eine enge, auf familiärer Verbundenheit beruhende, von Verantwortlichkeit und gegenseitigem Beistand geprägte Beziehung besteht. Über die typisierende Wertung hinaus muss im Einzelfall die konkrete Schutzwürdigkeit im Rahmen der Gesamtabwägung gem. § 53 Abs. 1 und Abs. 2 bewertet werden. Insbesondere kann sich bei erwachsenen Personen die Beziehung zu den Eltern als weniger schutzwürdig darstellen, wenn nicht etwa durch deren Pflegebedürftigkeit und tatsächlich erbrachte Pflegeleistungen ihre Anwesenheit erforderlich ist. Ähnliches gilt für die Beziehung zu volljährigen Kindern, wenn diese bereits eine eigene Familie gegründet haben. Eine Rolle kann auch spielen, wenn die Ehe in Kenntnis einer bereits ergangenen oder drohenden Ausweisung geschlossen wurde, weil dann dem Vertrauen auf die Führung einer Ehe im Bundesgebiet von vornherein ein geringeres Gewicht beizumessen war.

Durch Nr. 4 erfasst ist auch die Beziehung zu einem minderjährigen ledigen Deutschen, wenn **23** keine familiäre Lebensgemeinschaft vorliegt, aber das Personensorgerecht oder das Umgangsrecht ausgeübt wird. Maßgeblich ist die tatsächliche Ausübung des Rechts, nicht dessen bloßes Bestehen; es geht um eine „tatsächlich gelebte Nähebeziehung, dh ein tatsächliches Kümmern um den deutschen Minderjährigen" (BT-Drs.18/4097, 53). In der Gesamtabwägung ist die tatsächliche Ausgestaltung der Beziehung im Hinblick auf die Intensität des Schutzes zu prüfen, wobei es maßgeblich auch auf die Sicht des Kindes ankommt; zu untersuchen ist, ob im Einzelfall eine persönliche Verbundenheit besteht, deren Aufrechterhaltung durch das Kindeswohl erfordert wird (vgl. BeckOK AuslR/Fleuß Rn. 52 ff.). Ein geringes Gewicht ist dem Umgang mit einem Kind beizumessen, wenn dieser gerade wegen des Kindeswohls – etwa wegen Gewalttätigkeiten oder -drohungen – nur in großen zeitlichen Abständen und nur begleitet stattfindet.

Nr. 4 schützt die tatsächlich wahrgenommene Personensorge und das tatsächlich ausgeübte **24** Umgangsrecht, nicht aber die Absicht, ein Sorge- oder Umgangsrecht erst herbeizuführen, ggf. einzuklagen.

V. Inhaber bestimmter humanitärer Aufenthaltstitel (Nr. 5)

Nr. 5 statuiert ein besonders schwerwiegendes Bleibeinteresse für Inhaber bestimmter humani- **25** tärer Aufenthaltstitel, die allerdings in der Praxis eher selten eine Rolle spielen.

Eine Aufenthaltserlaubnis nach § 23 Abs. 4 iVm § 23 Abs. 2 S. 3 erhalten bestimmte, für eine **26** Neuansiedlung ausgewählte Schutzsuchende (Resettlement-Flüchtlinge). Die Aufnahmezusage erfolgt durch das Bundesamt für Migration und Flüchtlinge aufgrund einer (im Benehmen mit den obersten Landesbehörden) vom BMI erteilten Anordnung.

Eine Aufenthaltserlaubnis zum vorübergehenden Schutz nach § 24 Abs. 1 wird einem Ausländer **27** erteilt, dem aufgrund eines Beschlusses des Rates der Europäischen Union gemäß der Schutzgewährungs-RL (RL 2001/55/EG v. 20.7.2001, ABl. 2001 L 212, 12) vorübergehender Schutz gewährt wird und der seine Bereitschaft erklärt hat, im Bundesgebiet aufgenommen zu werden. Hier ist zu beachten, dass gem. Art. 28 Abs. 1 lit. b und Abs. 2 Schutzgewährungs-RL der Ausschluss einer Person vom vorübergehenden Schutz nur möglich ist, wenn triftige Gründe die Annahme rechtfertigen, dass sie eine Gefahr für die Sicherheit des Aufnahmemitgliedstaates oder in Anbetracht der Tatsache, dass sie wegen eines besonders schweren Verbrechens rechtskräftig verurteilt wurde, eine Gefahr für die Allgemeinheit im Aufnahmemitgliedstaat darstellt; diese Ausschlussgründe beziehen sich nur auf das persönliche Verhalten der betreffenden Person, die Maßnahme muss dem Grundsatz der Verhältnismäßigkeit Rechnung tragen.

Eine Aufenthaltserlaubnis nach § 25 Abs. 4a S. 3 erhält ein Ausländer, der als Opfer von **28** Menschenhandel bereits eine Aufenthaltserlaubnis nach § 25 Abs. 4a S. 1 und S. 2 erhalten hat und dem diese nach Beendigung des Strafverfahrens verlängert worden ist, weil humanitäre oder persönliche Gründe oder öffentliche Interessen die weitere Anwesenheit des Ausländers im Bundesgebiet erfordert haben.

Ein besonders schwerwiegendes Bleibeinteresse besteht ferner bei Personen, die als Ehegatten **29** oder minderjährige ledige Kinder unter den erleichterten Voraussetzungen des § 29 Abs. 2 oder Abs. 4 eine Aufenthaltserlaubnis zum Familiennachzug (vgl. §§ 27, 29, 30, 32) erhalten haben.

C. Schwerwiegendes Bleibeinteresse (Abs. 2)

I. Minderjähriger Besitzer einer Aufenthaltserlaubnis (Nr. 1)

Nr. 1 knüpft nur an die Minderjährigkeit des Ausländers und an den Besitz einer Aufenthaltser- **30** laubnis an, ohne eine bestimmte Dauer des Aufenthalts im Bundesgebiet zu verlangen.

31   Hinsichtlich der Minderjährigkeit kommt es auf den maßgeblichen Zeitpunkt der letzten mündlichen Verhandlung vor dem Tatsachengericht an. Ist der Ausländer nach der Bekanntgabe der Ausweisung, aber vor diesem maßgeblichen Zeitpunkt volljährig geworden, entfällt der Tatbestand der Nr. 1. Veränderungen der Sach- und Rechtslage bis zum maßgeblichen Zeitpunkt wirken sowohl zugunsten wie auch zulasten des Ausländers (Bergmann/Dienelt/Bauer Rn. 20; BeckOK AuslR/Fleuß Rn. 81).

II. Besitzer einer Aufenthaltserlaubnis mit mindestens fünfjährigem Aufenthalt (Nr. 2)

32   Um den Tatbestand der Nr. 2 zu erfüllen, muss der Ausländer eine Aufenthaltserlaubnis besitzen und sich seit mindestens fünf Jahren im Bundesgebiet aufhalten. Nicht erforderlich ist, dass der Aufenthalt jederzeit rechtmäßig gewesen ist, es genügt auch der tatsächliche Aufenthalt. Erforderlich ist jedoch ein ununterbrochener, kontinuierlicher Aufenthalt („seit").

III. Ausübung der Personensorge oder des Umgangsrechts (Nr. 3)

33   Gemäß Nr. 3 besteht ein schwerwiegendes Bleibeinteresse, wenn der Ausländer sein Personensorgerecht für einen im Bundesgebiet rechtmäßig sich aufhaltenden ledigen Minderjährigen oder mit diesem sein Umgangsrecht ausübt.

34   Ob der Aufenthalt des Ausländers rechtmäßig ist oder war, ist nicht relevant; auch eine Mindestaufenthaltsdauer wird nicht verlangt.

35   Der Tatbestand knüpft maßgeblich an die Person des Minderjährigen an, auf dessen (Kindes-)Wohl diese Schutzbestimmung abzielt. Der Aufenthalt des (ausländischen) Minderjährigen muss rechtmäßig sein (bei deutschen Minderjährigen gilt insoweit Abs. 1 Nr. 4); ist die Rechtmäßigkeit noch nicht geklärt, etwa weil über einen Antrag auf Aufenthaltserlaubnis noch nicht entschieden worden ist, greift Nr. 3 nicht ein.

36   Das Sorgerecht bzw. das Umgangsrecht muss rechtlich bestehen, und es muss auch tatsächlich in nennenswerter Weise und nicht nur pro forma ausgeübt werden.

IV. Minderjähriger mit Eltern im Bundesgebiet (Nr. 4)

37   Nr. 4 betrifft die Ausweisung Minderjähriger, deren Eltern bzw. ein personensorgeberechtigter Elternteil sich rechtmäßig im Bundesgebiet aufhalten bzw. aufhält.

38   Ob der Aufenthalt des Minderjährigen rechtmäßig ist oder war, ist nicht relevant; auch eine Mindestaufenthaltsdauer wird nicht verlangt.

39   Der Tatbestand knüpft maßgeblich an den Aufenthalt der Eltern oder mindestens eines personensorgeberechtigten Elternteils im Bundesgebiet an. Deren bzw. dessen Aufenthalt muss rechtmäßig sein, wobei allerdings auch hier eine Mindestaufenthaltsdauer nicht verlangt ist. Das Personensorgerecht muss (bei mindestens einem Elternteil) rechtlich bestehen. Außerdem muss eine dem Schutz des Art. 6 GG unterfallende familiäre Beziehung tatsächlich bestehen; der bloße Aufenthalt der Eltern genügt nicht.

40   Die Ausübung eines Umgangsrechts mit einem nicht sorgeberechtigten Elternteil genügt für die Erfüllung des Tatbestands der Nr. 4 nicht.

V. Berücksichtigung des Kindeswohls (Nr. 5)

41   Nach Nr. 5 wiegt das Bleibeinteresse schwer, wenn die Belange oder das Wohl eines Kindes zu berücksichtigen sind.

42   Aufgrund seiner Formulierung erschließt sich der genaue Sinn dieser Vorschrift nicht ohne Weiteres. Erkennbar kommt der Nr. 5 eine Auffangfunktion zu: Dem Wohl eines Kindes soll in jedem Fall der Rang eines schwerwiegenden Bleibeinteresses zugeordnet werden, auch wenn kein anderer Tatbestand des Abs. 1 oder des Abs. 2 erfüllt ist insbesondere in sog. „Patchwork-Familien", so BeckOK AuslR/Fleuß Rn. 113). Unabhängig davon müssen aber die Belange und das Wohl eines Kindes in jedem Fall in die Gesamtabwägung nach § 53 Abs. 1 und Abs. 2 eingestellt und mit dem ihnen in dem jeweiligen Einzelfall zukommenden besonderen Gewicht berücksichtigt werden.

43   Die Vorschrift ist insoweit einschränkend auszulegen, dass kein schwerwiegendes Bleibeinteresse besteht, wenn von sachverständiger Seite festgestellt ist, dass der weitere Aufenthalt des Ausländers dem Kindeswohl nicht dienlich ist, etwa bei vorausgegangenen Gewalt- oder Missbrauchsfällen.

VI. Inhaber einer Aufenthaltserlaubnis nach § 25 Abs. 4a S. 1 (Nr. 6)

Eine Aufenthaltserlaubnis nach S. 25 Abs. 4a S. 1 (und S. 2) erhalten Opfer von Menschenhandel **44** unter den weiteren dort genannten Voraussetzungen für die Dauer des Strafverfahrens. Gemäß § 25 Abs. 4a S. 3 soll die nach S. 1 erteilte Aufenthaltserlaubnis verlängert werden, **45** wenn humanitäre oder persönliche Gründe oder öffentliche Interessen die weitere Anwesenheit des Ausländers im Bundesgebiet erfordern. Eine solche Aufenthaltserlaubnis begründet sodann ein besonders schwerwiegendes Bleibeinteresse nach Abs. 1 Nr. 6 (→ Rn. 28).

D. Rechtmäßiger Aufenthalt (Abs. 3)

Abs. 3 macht deutlich, dass „als erlaubt geltende" Aufenthalte iSv § 81 Abs. 3 S. 1 und Abs. 4 **46** S. 1 nur dann als rechtmäßige Aufenthalte iSd Abs. 1 und Abs. 2 anzusehen sind, wenn dem Antrag auf Erteilung oder Verlängerung des Aufenthaltstitels entsprochen wurde.

Eine Fortgeltungsfiktion aufgrund einer Anordnung der Ausländerbehörde nach § 81 Abs. 4 **47** S. 3 ist in Abs. 3 nicht erwähnt; er gilt jedoch entsprechend, da es sich bei dieser Härtefallregelung um eine Sonderbestimmung zu § 81 Abs. 4 S. 1 handelt.

§ 56 Überwachung ausreisepflichtiger Ausländer aus Gründen der inneren Sicherheit

(1) ¹Ein Ausländer, gegen den eine Ausweisungsverfügung auf Grund eines Ausweisungsinteresses nach § 54 Absatz 1 Nummer 2 bis 5 oder eine Abschiebungsanordnung nach § 58a besteht, unterliegt der Verpflichtung, sich mindestens einmal wöchentlich bei der für seinen Aufenthaltsort zuständigen polizeilichen Dienststelle zu melden, soweit die Ausländerbehörde nichts anderes bestimmt. ²Eine dem Satz 1 entsprechende Meldepflicht kann angeordnet werden, wenn der Ausländer
1. vollziehbar ausreisepflichtig ist und ein in Satz 1 genanntes Ausweisungsinteresse besteht oder
2. auf Grund anderer als der in Satz 1 genannten Ausweisungsinteressen vollziehbar ausreisepflichtig ist und die Anordnung der Meldepflicht zur Abwehr einer Gefahr für die öffentliche Sicherheit und Ordnung erforderlich ist.

(2) Sein Aufenthalt ist auf den Bezirk der Ausländerbehörde beschränkt, soweit die Ausländerbehörde keine abweichenden Festlegungen trifft.

(3) Er kann verpflichtet werden, in einem anderen Wohnort oder in bestimmten Unterkünften auch außerhalb des Bezirks der Ausländerbehörde zu wohnen, wenn dies geboten erscheint, um
1. die Fortführung von Bestrebungen, die zur Ausweisung geführt haben, zu erschweren oder zu unterbinden und die Einhaltung vereinsrechtlicher oder sonstiger gesetzlicher Auflagen und Verpflichtungen besser überwachen zu können oder
2. die wiederholte Begehung erheblicher Straftaten, die zu einer Ausweisung nach § 54 Absatz 1 Nummer 1 geführt haben, zu unterbinden.

(4) ¹Um die Fortführung von Bestrebungen, die zur Ausweisung nach § 54 Absatz 1 Nummer 2 bis 5, zu einer Anordnung nach Absatz 1 Satz 2 Nummer 1 oder zu einer Abschiebungsanordnung nach § 58a geführt haben, zu erschweren oder zu unterbinden, kann der Ausländer auch verpflichtet werden, zu bestimmten Personen oder Personen einer bestimmten Gruppe keinen Kontakt aufzunehmen, mit ihnen nicht zu verkehren, sie nicht zu beschäftigen, auszubilden oder zu beherbergen und bestimmte Kommunikationsmittel oder Dienste nicht zu nutzen, soweit ihm Kommunikationsmittel verbleiben und die Beschränkungen notwendig sind, um eine erhebliche Gefahr für die innere Sicherheit oder für Leib und Leben Dritter abzuwehren. ²Um die wiederholte Begehung erheblicher Straftaten, die zu einer Ausweisung nach § 54 Absatz 1 Nummer 1 geführt haben, zu unterbinden, können Beschränkungen nach Satz 1 angeordnet werden, soweit diese notwendig sind, um eine erhebliche Gefahr für die innere Sicherheit oder für Leib und Leben Dritter abzuwenden.

(5) ¹Die Verpflichtungen nach den Absätzen 1 bis 4 ruhen, wenn sich der Ausländer in Haft befindet. ²Eine Anordnung nach den Absätzen 3 und 4 ist sofort vollziehbar.

Überblick

§ 56 enthält Maßnahmen zur Überwachung eines ausgewiesenen bzw. ausreisepflichtigen Ausländers bis zur Durchführung der Abschiebung bzw. der Ausreise. Durch gesetzliche Anordnung treten eine Meldepflicht (Abs. 1 S. 1, → Rn. 5) und eine Aufenthaltsbeschränkung (Abs. 2, → Rn. 16) ein; die Ausländerbehörde kann diese Verpflichtungen abändern. Durch Verwaltungsakt kann die Ausländerbehörde in weiteren Fällen Meldepflichten (Abs. 1 S. 2, → Rn. 10), Wohnsitzauflagen (Abs. 3, → Rn. 22) sowie das Verbot sozialer Kontakte und der Nutzung bestimmter Kommunikationsmittel (Abs. 4, → Rn. 27) anordnen. Die Vorschrift zielt in erster Linie auf Personen, die aufgrund von terrorismus- oder extremismusbezogenen Ausweisungsinteressen ausgewiesen worden sind. Die Möglichkeit der Anordnung einer Meldepflicht wurde in Abs. 1 S. 2 auf andere ausreisepflichtige Personen erweitert; allerdings ist durch diese Gesetzesänderung die Struktur des § 56 inkohärent geworden.

Übersicht

A. Allgemeines

1   Die in § 56 vorgesehenen Maßnahmen zur Überwachung ausgewiesener Ausländer dienen der Gefahrenabwehr. Sie sollen Gefahren entgegenwirken, die von dem Ausländer auch nach seiner Ausweisung noch bis zu seiner tatsächlichen Aufenthaltsbeendigung (Ausreise oder Abschiebung) ausgehen können. Sie bezwecken jedoch nicht die Sicherung und Vorbereitung einer Abschiebung. Gerade wenn eine Abschiebung in absehbarer Zeit nicht möglich ist, sollen Maßnahmen nach § 56 insbesondere bei wegen Unterstützung des Terrorismus ausgewiesenen Personen die Gefahr einer Weiterführung der entsprechenden Handlungen eindämmen.

2   § 56 sieht Meldepflichten (Abs. 1, → Rn. 5), Aufenthaltsbeschränkungen (Abs. 2, → Rn. 16), Wohnsitzauflagen (Abs. 3, → Rn. 22) sowie das Verbot sozialer Kontakte und der Nutzung bestimmter Kommunikationsmittel (Abs. 4, → Rn. 27) vor. Sie treten teilweise unmittelbar durch Gesetz ein, können aber von der Ausländerbehörde abgeändert werden; im Übrigen ermächtigen sie die Ausländerbehörde zum Erlass der entsprechenden Anordnungen.

3   Die Meldepflicht und die Aufenthaltsbeschränkung sind im Falle von anerkannten Flüchtlingen mit Art. 33 Qualifikations-RL (RL 2011/95/EU v. 13.12.2011, ABl. 2011 L 337, 9) vereinbar (ausf. VGH BW BeckRS 2014, 53263 Rn. 128 ff.).

4   Die Möglichkeit der Anordnung von Meldepflichten wurde durch das Gesetz zur besseren Durchsetzung der Ausreisepflicht v. 20.7.2017 (BGBl. I 2780), das am 29.7.2017 in Kraft getreten ist, erweitert; durch die Einführung der Neuregelung in Abs. 1 S. 2 Nr. 1 → Rn. 10) wurde die Ermächtigungsgrundlage auch auf Personen ausgedehnt, die nicht ausgewiesen, sondern aus anderen Gründen vollziehbar ausreisepflichtig sind (zur Gesetzgebungsgeschichte allg. s. Bergmann/Dienelt/Bauer Rn. 1 ff.). Die Regelung des § 56 ist dadurch jedoch im Hinblick auf den Personenkreis, gegen den die Maßnahmen angeordnet werden können, systematisch inkohärent geworden.

B. Meldepflicht

5   Abs. 1 enthält drei Rechtsgrundlagen für eine Meldepflicht eines ausgewiesenen bzw. vollziehbar ausreisepflichtigen Ausländers.

I. Abs. 1 S. 1

6   Nach Abs. 1 S. 1 unterliegt ein Ausländer, gegen den eine Ausweisungsverfügung aufgrund eines Ausweisungsinteresses nach § 54 Abs. 1 Nr. 2–5 (→ § 54 Rn. 21) oder eine Abschiebungsanordnung nach § 58a besteht, der Verpflichtung, sich mindestens einmal wöchentlich bei der für

seinen Aufenthaltsort zuständigen polizeilichen Dienststelle zu melden, soweit die Ausländerbehörde nichts anderes bestimmt.

Die Meldepflicht knüpft allein an die Wirksamkeit der Ausweisung bzw. der Abschiebungsanordnung an. Diese müssen nicht vollziehbar sein. Nach der Absicht des Gesetzgebers sollten die Kontroll- und Überwachungsmaßnahmen gerade auch während der aufschiebenden Wirkung eines Rechtsbehelfs greifen bzw. angeordnet werden können (BT-Drs. 18/4097, 54). Die Ausweisung muss auf den terrorismus- bzw. extremismusbezogenen Ausweisungsinteressen nach § 54 Abs. 1 Nr. 2, Nr. 3, Nr. 4 oder Nr. 5 beruhen. Ob diese Ausweisungsinteressen tatsächlich vorliegen und ob die Ausweisung insgesamt rechtmäßig ist, ist insoweit nicht relevant (OVG NRW BeckRS 2018, 26736 Rn. 21 ff.).

Die Meldepflicht entsteht kraft Gesetzes, also unabhängig von einer Anordnung der Ausländerbehörde. Die Ausländerbehörde kann sie jedoch schriftlich bestätigen und hinsichtlich Zeitpunkt und Ort der Meldung konkretisieren (VGH BW BeckRS 2014, 53263, Rn. 127).

Die Ausländerbehörde kann die gesetzliche Meldepflicht, wie sich aus dem letzten Satzteil ergibt, auch im Rahmen einer Ermessensentscheidung (BayVGH BeckRS 2021, 4186 Rn. 15) inhaltlich modifizieren, etwa indem die Abstände zwischen den einzelnen Meldeterminen verkürzt oder verlängert werden oder der Ausländer von der Meldepflicht befreit wird. Richtschnur ist insoweit der Verhältnismäßigkeitsgrundsatz; die Behörde hat die von dem ausgewiesenen Ausländer ausgehende Gefahr mit den ihm auferlegten Einschränkungen abzuwägen. Vor allem dann, wenn die Ausreise bzw. Abschiebung auf längere Zeit nicht durchführbar ist, ist es geboten, die Meldepflichten „unter Kontrolle" zu halten und ggf. zu modifizieren. Der ausgewiesene Ausländer kann auch selbst eine Aufhebung oder Abänderung der Meldepflicht bei der Ausländerbehörde beantragen und gerichtlich weiterverfolgen (BT-Drs. 18/4097, 54).

II. Abs. 1 S. 2 Nr. 1

Nach Abs. 1 S. 2 Nr. 1 kann die Ausländerbehörde auch eine dem S. 1 entsprechende Meldepflicht anordnen, wenn der Ausländer vollziehbar ausreisepflichtig ist und ein in S. 1 genanntes Ausweisungsinteresse (→ Rn. 7) besteht. Die Vorschrift wurde durch das Gesetz zur besseren Durchsetzung der Ausreisepflicht v. 20.7.2017 (BGBl. I 2780), das am 29.7.2017 in Kraft getreten ist, eingeführt.

Voraussetzung ist hier keine Ausweisung; der Ausländer kann auch aufgrund eines anderen Rechtsgrundes ausreisepflichtig sein (etwa aufgrund der Ablehnung der Erteilung oder Verlängerung eines Aufenthaltstitels). Die Ausreisepflicht muss jedoch vollziehbar sein (§ 58 Abs. 2).

Es genügt das Vorliegen eines Ausweisungsinteresses nach § 54 Abs. 1 Nr. 2–4 oder Nr. 5; ob eine Ausweisung nach einer Abwägung nach § 53 Abs. 1 und Abs. 2 tatsächlich erfolgen könnte, ist unerheblich.

III. Abs. 1 S. 2 Nr. 2

Nach Abs. 1 S. 2 Nr. 2 kann die Ausländerbehörde eine dem S. 1 entsprechende Meldepflicht anordnen, wenn der Ausländer aufgrund anderer als der in S. 1 genannten Ausweisungsinteressen vollziehbar ausreisepflichtig ist und die Anordnung der Meldepflicht zur Abwehr einer Gefahr für die öffentliche Sicherheit und Ordnung erforderlich ist.

Die Anordnung der Meldepflicht kann anknüpfen an eine Ausweisungsverfügung, aber auch an eine wegen des Bestehens eines Ausweisungsinteresses (§ 5 Abs. 1 Nr. 2) erfolgte Ablehnung der Erteilung oder Verlängerung eines Aufenthaltstitels (BeckOK AuslR/Fleuß Rn. 32). Die Ausreisepflicht muss vollziehbar sein.

Die Meldepflicht muss zur Abwehr einer Gefahr für die öffentliche Sicherheit und Ordnung erforderlich sein. Dieser Schutzzweck ist umfassend zu verstehen. Da die Vorschrift ausdrücklich auf andere als die terrorismus- bzw. extremismusbezogenen Ausweisungsinteressen nach § 54 Abs. 1 Nr. 2–4 oder Nr. 5 Bezug nimmt, umfasst sie in erster Linie gerade die auf „sonstigen" Straftaten beruhenden Ausweisungsinteressen. Eine Meldepflicht kann daher zB angeordnet werden, wenn sie geeignet und erforderlich ist, der Gefahr der Begehung weiterer einschlägiger Straftaten bis zu einer Abschiebung oder Ausreise des Ausländers entgegenzuwirken.

C. Aufenthaltsbeschränkung (Abs. 2)

Nach Abs. 2 ist der Aufenthalt des Ausländers auf den Bezirk der Ausländerbehörde beschränkt, soweit die Ausländerbehörde keine abweichenden Festlegungen trifft.

17   An welche Person das Gesetz mit „sein Aufenthalt" anknüpft, ist nicht eindeutig. Der VGH BW (BeckRS 2014, 53263 Rn. 135) will „sein" nur auf den „Ausländer, gegen den eine Ausweisungsverfügung auf Grund eines Ausweisungsinteresses nach § 54 Abs. 1 Nr. 2 bis 5 oder eine Abschiebungsanordnung nach § 58a besteht" beziehen; damit bestünde eine Aufenthaltsbeschränkung nur für Ausländer iSd Abs. 1 S. 1 (ebenso BeckOK AuslR/Tanneberger Rn. 12). Nach dem Sinn und Zweck der Vorschrift, die Überwachung ausreisepflichtiger Ausländer zu erleichtern, erscheint es allerdings plausibel, den Wortlaut auf jeden Ausländer, für den eine Meldepflicht nach Abs. 1 besteht oder angeordnet ist, zu beziehen (so Hailbronner AuslR Rn. 19; ebenso BeckOK AuslR/Fleuß Rn. 38).

18   Die Aufenthaltsbeschränkung entsteht kraft Gesetzes mit dem Eintreten bzw. der Anordnung der Meldepflicht, also unabhängig von einer weiteren Anordnung der Ausländerbehörde. Die Ausländerbehörde kann sie jedoch schriftlich bestätigen und ggf. durch die Beschreibung des „Bezirks der Ausländerbehörde" konkretisieren.

19   Die Ausländerbehörde kann auch, wie sich aus dem letzten Satzteil ergibt, abweichende Festlegungen treffen. Richtschnur ist insoweit der Verhältnismäßigkeitsgrundsatz; die Behörde hat die von dem betroffenen Ausländer ausgehende Gefahr mit den ihm auferlegten Einschränkungen abzuwägen. Vor allem dann, wenn die Ausreise bzw. Abschiebung auf längere Zeit nicht durchführbar ist, ist es geboten, die Beschränkungen „unter Kontrolle" zu halten und ggf. zu modifizieren. Der Ausländer kann auch selbst eine Aufhebung oder Abänderung der Aufenthaltsbeschränkung bei der Ausländerbehörde beantragen und gerichtlich weiterverfolgen (BT-Drs. 18/4097, 54).

20   Weitere Vorschriften, die eine Aufenthaltsbeschränkung anordnen, wie etwa § 61 AufenthG oder § 56 AsylG, bleiben unberührt.

21   Ebenso unberührt bleiben Aufenthaltsbeschränkungen aufgrund von § 12 Abs. 2 S. 2 und Abs. 4. Hinzuweisen ist darauf, dass § 12 Abs. 5 umfassend für das „Verlassen des auf der Grundlage dieses Gesetzes beschränkten Aufenthaltsbereichs" gilt, also auch für § 56 Abs. 2. Der Ausländer kann daher gem. § 12 Abs. 5 S. 3 grundsätzlich Termine bei Behörden und Gerichten, bei denen sein persönliches Erscheinen erforderlich ist, ohne Erlaubnis wahrnehmen; dies betrifft jedoch nur das Erscheinen bei Gericht und bei Behörden selbst, hinsichtlich der Modalitäten der Reise kann die Ausländerbehörde iRd § 12 Abs. 2 S. 2, Abs. 5 S. 1 Vorgaben machen (unklar insoweit BayVGH BeckRS 2015, 46299 Rn. 6). Eine grundsätzliche Klärung des Verhältnisses von § 56 Abs. 2 und § 12 Abs. 5 durch den Gesetzgeber wäre geboten.

D. Wohnsitzverpflichtung (Abs. 3)

22   Nach Abs. 3 kann der Ausländer verpflichtet werden, in einem anderen Wohnort oder in bestimmten Unterkünften auch außerhalb des Bezirks der Ausländerbehörde zu wohnen. Voraussetzung für eine solche Anordnung ist, dass sie geboten erscheint, um die Fortführung von Bestrebungen, die zur Ausweisung geführt haben, zu erschweren oder zu unterbinden und die Einhaltung vereinsrechtlicher oder sonstiger gesetzlicher Auflagen und Verpflichtungen besser überwachen zu können (Nr. 1), oder um die wiederholte Begehung erheblicher Straftaten, die zu einer Ausweisung nach § 54 Abs. 1 Nr. 1 geführt haben, zu unterbinden (Nr. 2).

23   Auch hier ist nicht eindeutig, an welchen Personenkreis die Vorschrift mit dem Subjekt „er" anknüpft. Eine Meinung bezieht das Subjekt auf den „Ausländer, gegen den eine Ausweisungsverfügung auf Grund eines Ausweisungsinteresses nach § 54 Abs. 1 Nr. 2–5 oder eine Abschiebungsanordnung nach § 58a besteht" in Abs. 1 S. 1, während eine andere es auf jeden Ausländer anwendet, gegen den eine Meldepflicht nach Abs. 1 besteht (Hailbronner AuslR Rn. 23).

24   Problematisch ist hier, dass die gesetzliche Formulierung in Nr. 1 „Bestrebungen, die zur Ausweisung geführt haben", eine Ausweisung vorauszusetzen scheint. Eine Abschiebungsanordnung nach § 58a ist nicht erwähnt; es kann jedoch davon ausgegangen werden, dass sie von der Ermächtigung des Abs. 3 mit umfasst ist, da sie jedenfalls auch im „Grundtatbestand" des Abs. 1 S. 1 enthalten ist (BeckOK AuslR/Fleuß Rn. 54). Nach dem Wortlaut wären Ausländer nicht erfasst, die nicht aufgrund einer Ausweisung, sondern aus einer anderen Rechtsgrundlage vollziehbar ausreisepflichtig sind; andererseits ist der Begriff „Ausweisung" nicht Bestandteil des Tatbestandes der Ermächtigungsgrundlage des Abs. 3, sondern der Beschreibung des Zweckes, zu dem die Maßnahme angeordnet werden darf. Eine gerichtliche Klärung steht noch aus. Eine grundsätzliche Klärung durch den Gesetzgeber wäre geboten.

25   Deutlicher ist die Formulierung in Nr. 2, der erst durch das Zweite Gesetz zur besseren Durchsetzung der Ausreisepflicht v. 15.8.2019 (BGBl. I 1294; in Kraft getreten am 21.8.2019) eingeführt worden ist: Hier ist ausdrücklich die Unterbindung von Straftaten, „die zu einer Aus-

weisung nach § 54 Absatz 1 Nummer 1 geführt haben," als Zweckbestimmung genannt; eine tatsächlich erfolgte Ausweisung wird hier also vorausgesetzt.

Die Anordnung einer Wohnsitzverpflichtung nach Abs. 3 Nr. 1 ist an den bestimmten Zweck 26 gebunden, dem Ausländer die Fortführung von Bestrebungen, die zur Ausweisung geführt haben, zu erschweren oder diese zu unterbinden und die Einhaltung von vereinsrechtlichen oder sonstigen gesetzlichen Auflagen und Verpflichtungen besser überwachen zu können. Bestrebungen sind solche Handlungen oder Aktivitäten, die zu der Ausweisung geführt haben bzw. – wenn man der weiten Auslegung (Hailbronner AuslR Rn. 24) folgt – das Vorliegen eines Ausweisungsinteresses begründen und deren Fortsetzung unterbunden oder zumindest erschwert werden soll. Die räumliche Trennung des Betroffenen von seinem sozialen Umfeld kann hierzu ein geeignetes Mittel sein, wenn die „Bestrebungen" maßgeblich mit diesem Umfeld verbunden sind.

Abs. 3 Nr. 2 ermöglicht eine Wohnsitzverpflichtung zu dem Zweck, die wiederholte Begehung 27 erheblicher Straftaten zu unterbinden, etwa wenn der Ausländer aus einem kriminogenen Umfeld herausgelöst werden soll (BR-Drs. 179/19, 33). Bezüglich der Straftaten wird nur vorausgesetzt, dass sie erheblich sind und zu einer Ausweisung nach § 54 Abs. 1 Nr. 1 geführt haben. Anders als bei Abs. 4 S. 2 besteht keine Einschränkung dahingehend, dass die Straftaten eine Gefahr für bestimmte Rechtsgüter bedeuten.

Abs. 3 ermöglicht der Ausländerbehörde die ungewöhnliche Maßnahme, dem Ausländer auch 28 einen Wohnort oder eine Unterkunft vorzuschreiben, die außerhalb ihres Bezirkes liegen. In diesem Fall ist jedenfalls die für den Wohnort zuständige Ausländerbehörde zu informieren und das Zusammenwirken zu klären.

In der Ermessensentscheidung sind die sozialen Bindungen des Ausländers an seinen bisherigen 29 Wohnort abzuwägen mit den Gefahren, die mit dem Verbleiben am bisherigen Wohnort verbunden sind. Etwaige familiäre Bindungen sind zu berücksichtigen, etwa indem Angehörigen ermöglicht wird, mit umzuziehen, oder indem Besuche durch Familienangehörige in zumutbarer Weise tatsächlich möglich bleiben, vorausgesetzt die Sicherheitsinteressen sind nicht gerade dadurch beeinträchtigt.

E. Verbot sozialer Kontakte und der Nutzung von Kommunikationsmitteln (Abs. 4)

Abs. 4 ermöglicht es zum einen, den Ausländer zu verpflichten, zu bestimmten Personen oder 30 zu Personen einer bestimmten Gruppe keinen Kontakt aufzunehmen, mit ihnen nicht zu verkehren, sie nicht zu beschäftigen, auszubilden oder zu beherbergen. Zum anderen kann er verpflichtet werden, bestimmte Kommunikationsmittel oder Dienste nicht zu nutzen.

Der Personenkreis, dem diese Verpflichtungen auferlegt werden kann, ergibt sich aus der 31 Zweckbestimmung der möglichen Maßnahme: Im Fall des Abs. 4 S. 1 muss es sich um einen Ausländer handeln, gegen den eine Ausweisung nach § 54 Abs. 1 Nr. 2–5, eine Anordnung nach § 56 Abs. 1 S. 2 Nr. 1 oder eine Abschiebungsanordnung nach § 58a ergangen ist. Eine Anordnung nach Abs. 4 ist für diesen Personenkreis zu dem Zweck möglich, Bestrebungen, die zu der jeweiligen Maßnahme geführt haben, zu erschweren oder zu unterbinden. Der durch das Zweite Gesetz zur besseren Durchsetzung der Ausreisepflicht v. 15.8.2019 (BGBl. I 1294; in Kraft getreten am 21.8.2019) eingeführte Abs. 4 S. 2 setzt voraus, dass der Ausländer erhebliche Straftaten begangen hat, die zu einer Ausweisung nach § 54 Abs. 1 Nr. 1 geführt haben. Eine Anordnung nach Abs. 4 S. 1 kann für diesen Personenkreis erlassen werden, um die wiederholte Begehung solcher Straftaten zu unterbinden.

Zusätzlich wird in beiden Fallgruppen aber verlangt, dass die Maßnahme notwendig ist, um 32 eine erhebliche Gefahr für die innere Sicherheit oder für Leib und Leben Dritter abzuwehren. Aufgrund der Eingriffstiefe der Maßnahmen nach Abs. 4 sind sie auf diese Schutzgüter beschränkt (vgl. BR-Drs. 179/19, 34). Insbesondere bei der Anordnung eines Kontaktverbots zu Personen einer „bestimmten Gruppe" hat die Behörde darauf zu achten, die Merkmale der „Gruppe" so bestimmt zu benennen, dass der Betroffene eindeutig erkennen kann, von welchen Personen er sich unter welchen Umständen fernzuhalten hat. Ebenso ist zu beachten, dass derartige Kontaktverbote mitunter erhebliche Eingriffe in das Familienleben, die Berufsausübung, das Sozialleben usw. haben können; im Rahmen der Ermessensausübung ist daher der Frage der Verhältnismäßigkeit erhebliches Gewicht beizulegen.

Das Verbot der Nutzung bestimmter Kommunikationsmittel oder Dienste ist außerdem nur 33 soweit zulässig, dass dem Ausländer noch Kommunikationsmittel verbleiben; eine völlige „Kontaktsperre" ist nicht möglich.

34   Kommunikationsmittel und Dienste sind alle allgemein zugänglichen Möglichkeiten der technisch vermittelten Kommunikation wie Postdienstleistungen, Telefon einschließlich Mobil- und
Satellitentelefon, Telefax, Internet, sowie ihre diversen Anwendungen wie E-Mail, SMS, Face-
book, WhatsApp usw. (Hailbronner AuslR Rn. 28). Zweifelhaft erscheint allerdings, darunter
auch Medien wie Bücher, Zeitungen, Zeitschriften sowie Fernsehen und Rundfunk zu fassen (so
aber Hailbronner AuslR Rn. 28; im Hinblick auf Fernsehen und Radio auch Bergmann/Dienelt/
Bauer Rn. 17); eine Beschränkung wäre nur dann möglich, wenn über die passive Information
hinaus eine aktive Kontaktaufnahme durch den Ausländer möglich ist.

F. Verfahrensregelungen, Rechtsschutz

35   Nach Abs. 5 S. 1 ruhen die Verpflichtungen nach Abs. 1–4, wenn sich der Ausländer in Haft
befindet. Sie erlöschen dadurch jedoch nicht; mit Haftentlassung hat der Ausländer sie wieder zu
beachten.

36   Hinzuweisen ist auf die Übergangsvorschrift des § 105c: Maßnahmen und Verpflichtungen
nach § 54a Abs. 1–4 in der bis zum 31.12.2015 geltenden Fassung, die vor dem 1.1.2016 bestanden,
gelten nach dem 1.1.2016 als Maßnahmen und Verpflichtungen iSv § 56 in der ab dem 1.1.2016
geltenden Fassung.

37   Verstöße gegen Beschränkungen nach § 56 können nach Maßgabe von § 98 Abs. 3 Nr. 4–5a
eine Ordnungswidrigkeit darstellen, wiederholte Verstöße eine Straftat nach § 95 Abs. 1 Nr. 6a.

38   Richtiger Rechtsbehelf gegen Anordnungen der Ausländerbehörde nach Abs. 1 S. 2, Abs. 3
oder Abs. 4 ist die Anfechtungsklage.

39   Gegen eine Anordnung der Ausländerbehörde, mit der sie gem. Abs. 1 S. 1 etwas „anderes
bestimmt" oder gem. Abs. 2 eine „abweichende Festlegung" getroffen hat, ist eine Anfechtungsklage allenfalls dann sinnvoll, wenn die Anordnung strengere Verpflichtungen auferlegt als die
gesetzliche Anordnung. Im Erfolgsfall hat dann der Ausländer die Meldepflicht bzw. die Aufenthaltsbeschränkung im gesetzlich festgelegten Umfang zu beachten. Deswegen ist im Allgemeinen
eine Verpflichtungsklage zu erheben, mit dem Ziel, die Ausländerbehörde zu verpflichten, die
gesetzlich vorgesehenen Pflichten abzumildern oder gänzlich von ihnen zu befreien.

§ 56a Elektronische Aufenthaltsüberwachung; Verordnungsermächtigung

**(1) Um eine erhebliche Gefahr für die innere Sicherheit oder für Leib und Leben
Dritter abzuwehren, kann ein Ausländer, der einer räumlichen Beschränkung des Aufenthaltes nach § 56 Absatz 2 und 3 oder einem Kontaktverbot nach § 56 Absatz 4 unterliegt, auf richterliche Anordnung verpflichtet werden,**
**1. die für eine elektronische Überwachung seines Aufenthaltsortes erforderlichen tech-
nischen Mittel ständig in betriebsbereitem Zustand am Körper bei sich zu führen
und**
2. deren Funktionsfähigkeit nicht zu beeinträchtigen.

**(2) [1]Die Anordnung ergeht für längstens drei Monate. [2]Sie kann um jeweils höchstens
drei Monate verlängert werden, wenn die Voraussetzungen weiterhin vorliegen. [3]Liegen
die Voraussetzungen der Anordnung nicht mehr vor, ist die Maßnahme unverzüglich
zu beenden.**

**(3) [1]Die Ausländerbehörde erhebt und speichert mit Hilfe der vom Ausländer mitge-
führten technischen Mittel automatisiert Daten über**
1. dessen Aufenthaltsort sowie
2. über etwaige Beeinträchtigungen der Datenerhebung.
**[2]Soweit es technisch möglich ist, ist sicherzustellen, dass innerhalb der Wohnung des
Ausländers keine über den Umstand seiner Anwesenheit hinausgehenden Aufenthaltsdaten erhoben werden. [3]Die Landesregierungen können durch Rechtsverordnung bestimmen, dass eine andere Stelle als die Ausländerbehörde die in Satz 1 genannten Daten
erhebt und speichert. [4]Die Ermächtigung nach Satz 3 kann durch Rechtsverordnung
von den Landesregierungen auf die für den Vollzug dieses Gesetzes zuständigen obersten
Landesbehörden übertragen werden.**

**(4) Die Daten dürfen ohne Einwilligung der betroffenen Person nur verarbeitet wer-
den, soweit dies erforderlich ist**
**1. zur Feststellung von Verstößen gegen eine räumliche Beschränkung des Aufenthaltes
nach § 56 Absatz 2 und 3 oder ein Kontaktverbot nach § 56 Absatz 4,**

2. zur Verfolgung einer Ordnungswidrigkeit nach § 98 Absatz 3 Nummer 5a oder einer Straftat nach § 95 Absatz 1 Nummer 6a,
3. zur Feststellung eines Verstoßes gegen eine vollstreckbare gerichtliche Anordnung nach Absatz 1 und zur Verfolgung einer Straftat nach § 95 Absatz 2 Nummer 1a,
4. zur Abwehr einer erheblichen gegenwärtigen Gefahr für Leib, Leben oder Freiheit einer dritten Person,
5. zur Verfolgung von erheblichen Straftaten gegen Leib und Leben einer dritten Person oder von Straftaten nach § 89a oder § 129a des Strafgesetzbuches oder
6. zur Aufrechterhaltung der Funktionsfähigkeit der technischen Mittel.

(5) ¹Zur Einhaltung der Zweckbindung nach Absatz 4 hat die Verarbeitung der Daten automatisiert zu erfolgen und sind die Daten gegen unbefugte Kenntnisnahme besonders zu sichern unbeschadet der Artikel 24, 25 und 32 der Verordnung (EU) 2016/679 des Europäischen Parlaments und des Rates vom 27. April 2016 zum Schutz natürlicher Personen bei der Verarbeitung personenbezogener Daten, zum freien Datenverkehr und zur Aufhebung der Richtlinie 95/46/EG (Datenschutz-Grundverordnung) (ABl. L 119 vom 4.5.2016, S. 1; L 314 vom 22.11.2016, S. 72; L 127 vom 23.5.2018, S. 2) in der jeweils geltenden Fassung. ²Die in Absatz 3 Satz 1 genannten Daten sind spätestens zwei Monate nach ihrer Erhebung zu löschen, soweit sie nicht für die in Absatz 4 genannten Zwecke verarbeitet werden. ³Jeder Abruf der Daten ist zu protokollieren. ⁴Die Protokolldaten sind nach zwölf Monaten zu löschen. ⁵Werden innerhalb der Wohnung der betroffenen Person über den Umstand ihrer Anwesenheit hinausgehende Aufenthaltsdaten erhoben, dürfen diese nicht verarbeitet werden und sind unverzüglich nach Kenntnisnahme zu löschen. ⁶Die Tatsache ihrer Kenntnisnahme und Löschung ist zu dokumentieren. ⁷Die Dokumentation darf ausschließlich für Zwecke der Datenschutzkontrolle verwendet werden. ⁸Sie ist nach Abschluss der Datenschutzkontrolle zu löschen.

(6) Zur Durchführung der Maßnahme nach Absatz 1 hat die zuständige Stelle im Sinne des Absatzes 3:
1. eingehende Systemmeldungen über Verstöße nach Absatz 4 Nummer 1 entgegenzunehmen und zu bewerten,
2. Daten des Aufenthaltsortes der betroffenen Person an die zuständigen Behörden übermitteln, sofern dies zur Durchsetzung von Maßnahmen nach Absatz 4 Nummer 1 erforderlich ist,
3. Daten des Aufenthaltsortes der betroffenen Person an die zuständige Bußgeldbehörde zur Verfolgung einer Ordnungswidrigkeit nach § 98 Absatz 3 Nummer 5a oder an die zuständige Strafverfolgungsbehörde zur Verfolgung einer Straftat nach § 95 Absatz 1 Nummer 6a oder Absatz 2 Nummer 1a übermitteln,
4. Daten des Aufenthaltsortes der betroffenen Person an zuständige Polizeibehörden übermitteln, sofern dies zur Abwehr einer erheblichen gegenwärtigen Gefahr im Sinne von Absatz 4 Nummer 4 erforderlich ist,
5. Daten des Aufenthaltsortes der betroffenen Person an die zuständigen Polizei- und Strafverfolgungsbehörden übermitteln, wenn dies zur Verhütung oder zur Verfolgung einer in Absatz 4 Nummer 5 genannten Straftat erforderlich ist,
6. die Ursache einer Meldung zu ermitteln; hierzu kann die zuständige Stelle Kontakt mit der betroffenen Person aufnehmen, sie befragen, sie auf den Verstoß hinweisen und ihr mitteilen, wie sie dessen Beendigung bewirken kann,
7. eine Überprüfung der bei der betroffenen Person vorhandenen technischen Geräte auf ihre Funktionsfähigkeit oder Manipulation und die zu der Behebung einer Funktionsbeeinträchtigung erforderlichen Maßnahmen, insbesondere des Austausches der technischen Mittel oder von Teilen davon, einzuleiten,
8. Anfragen der betroffenen Person zum Umgang mit den technischen Mitteln zu beantworten.

(7) Im Antrag auf Anordnung einer Maßnahme nach Absatz 1 sind anzugeben
1. die Person, gegen die sich die Maßnahme richtet, mit Name und Anschrift,
2. Art, Umfang und Dauer der Maßnahme,
3. die Angabe, ob gegenüber der Person, gegen die sich die Maßnahme richtet, eine räumliche Beschränkung nach § 56 Absatz 2 und 3 oder ein Kontaktverbot nach § 56 Absatz 4 besteht,
4. der Sachverhalt sowie
5. eine Begründung.

(8) ¹Die Anordnung ergeht schriftlich. ²In ihr sind anzugeben
1. die Person, gegen die sich die Maßnahme richtet, mit Name und Anschrift,
2. Art, Umfang und Dauer der Maßnahme sowie
3. die wesentlichen Gründe.

(9) ¹Für richterliche Anordnungen nach Absatz 1 ist das Amtsgericht zuständig, in dessen Bezirk die zuständige Stelle im Sinne des Absatzes 3 ihren Sitz hat. ²Für das Verfahren gelten die Vorschriften des Gesetzes über das Verfahren in Familiensachen und in den Angelegenheiten der freiwilligen Gerichtsbarkeit entsprechend.

(10) § 56 Absatz 5 Satz 1 findet entsprechende Anwendung.

Überblick

§ 56a ist durch das Gesetz zur besseren Durchsetzung der Ausreisepflicht v. 20.7.2017 (BGBl. I 2780) mWz 29.7.2017 neu eingeführt worden (→ Rn. 2). Auf der Grundlage von Abs. 1 kann ein Ausländer, der einer räumlichen Beschränkung des Aufenthaltes nach § 56 Abs. 2 und Abs. 3 oder einem Kontaktverbot nach § 56 Abs. 4 unterliegt, auf richterliche Anordnung verpflichtet werden, die für eine elektronische Überwachung seines Aufenthaltsortes erforderlichen technischen Mittel (sog. elektronische Fußfessel) ständig in betriebsbereitem Zustand am Körper bei sich zu führen und deren Funktionsfähigkeit nicht zu beeinträchtigen (→ Rn. 7, → Rn. 10). Abs. 2 regelt die zeitliche Geltungsdauer der Maßnahme (→ Rn. 11). Abs. 3 stellt die Rechtsgrundlage dar für die automatisierte Erhebung und Speicherung der Daten über den Aufenthaltsort des Ausländers und über etwaige Beeinträchtigungen der Datenerhebung und regelt die Zuständigkeit der Ausländerbehörde, die durch Rechtsverordnung der Landesregierung auf eine andere Stelle übertragen werden kann (→ Rn. 12). Abs. 4 regelt die zulässigen Verarbeitungszwecke der erhobenen Daten (→ Rn. 19); Abs. 5 enthält Sicherungs-, Löschungs- und Protokollierungspflichten (→ Rn. 29). Abs. 6 regelt die Aufgaben und Befugnisse der zuständigen Stelle zur Durchführung der Maßnahme (→ Rn. 34). Abs. 7–9 enthalten die Regelungen zum gerichtlichen Verfahren; zuständig ist das Amtsgericht (→ Rn. 37). Durch die Verweisung auf § 56 Abs. 5 S. 1 legt Abs. 10 fest, dass die Verpflichtungen des Ausländers ruhen, wenn er sich in Haft befindet (→ Rn. 38).

Übersicht

A. Gesetzeszweck

1   Ziel der elektronischen Aufenthaltsüberwachung ist es, den Aufenthaltsort von Ausländern, von denen eine erhebliche Gefahr für die innere Sicherheit oder für Leib und Leben Dritter ausgeht, ständig zu überwachen und auf diese Weise die Begehung von Straftaten zu verhindern (BT-Drs. 18/11546, 19).

2   § 56a wurde durch das Gesetz zur besseren Durchsetzung der Ausreisepflicht v. 20.7.2017 (BGBl. I 2780) mWz 29.7.2017 neu eingeführt (zum Gesetz s. Hörich/Tewocht NVwZ 2017, 1153). Die Bestimmung korrespondiert mit dem nahezu zeitgleich geschaffenen § 20z BKAG 1997, jetzt § 56 BKAG 2018, und ermöglicht wie dieser die elektronische Aufenthaltsüberwachung aus Gründen der Gefahrenabwehr. Dabei dient § 56 BKAG der Abwehr terroristischer Gefährdungen, während § 56a in einem spezifisch ausländerrechtlichen Kontext steht.

B. Verfassungsrechtliche Einordnung

3   Die elektronische Aufenthaltsüberwachung stellt einen Eingriff in das Recht auf informationelle Selbstbestimmung (Art. 2 Abs. 1 GG iVm Art. 1 Abs. 1 GG) dar. Den verfassungsrechtlichen

Anforderungen an die Rechtfertigung eines solchen Eingriffs wird nach der Ansicht in der Literatur durch den Richtervorbehalt in Abs. 1 und die Verfahrensregelungen in Abs. 7–9 Rechnung getragen (Hörich/Tewocht NVwZ 2017, 1153 (1157)). Die Regelung entspricht den hohen Anforderungen an die Datenerhebung, -sicherung, -verwendung und -löschung, wie sie das BVerfG zuletzt im Urteil zum BKAG v. 20.4.2016 (BeckRS 2016, 44821) formuliert hat (Bergmann/Dienelt/Dollinger Rn. 6 ff.; Hörich/Tewocht NVwZ 2017, 1153 (1157)).

Allerdings wurden unter dem verfassungsmäßigen Aspekt der Verhältnismäßigkeit Bedenken **4** erhoben gegen die Ermächtigung (Abs. 4 Nr. 2, Abs. 6 Nr. 3), die auf der Grundlage von § 56a erhobenen Daten auch zur Verfolgung von bloßen Ordnungswidrigkeiten zu verwenden (Bergmann/Dienelt/Dollinger Rn. 8).

In Frage gestellt wurde auch die Gesetzgebungskompetenz des Bundes. Die Maßnahme sei als **5** Gefahrenabwehrmaßnahme zu charakterisieren, eine solche sei jedoch von der Gesetzgebungskompetenz des Art. 74 Abs. 1 Nr. 4, Nr. 6 und Nr. 7 GG nicht erfasst (Hörich/Tewocht NVwZ 2017, 1153 (1157)). Allerdings wird man wegen des engen Regelungszusammenhangs mit § 56 Abs. 2–4, also wegen des engen Bezugs zu aufenthaltsbeendenden Maßnahmen, insbesondere zur Ausweisung und zur Abschiebungsanordnung nach § 58a, wohl noch von einer aufenthaltsrechtlichen Regelung ausgehen können.

C. Die Regelung im Einzelnen

Rechtsprechung zu § 56a liegt noch nicht vor. Die Kommentierung folgt der Gesetzesbegrün- **6** dung (BT-Drs. 18/11546, 19 ff.).

I. Allgemein

Der neue § 56a regelt die Befugnis der Ausländerbehörde oder der sonst nach Landesrecht **7** zuständigen Stelle, den Aufenthaltsort von Ausländern, die einer räumlichen Beschränkung des Aufenthaltes nach § 56 Abs. 2 (→ § 56 Rn. 16) und § 56 Abs. 3 (→ § 56 Rn. 22) oder einem Kontaktverbot nach § 56 Abs. 4 (→ § 56 Rn. 27) unterliegen und von denen eine erhebliche Gefahr für die innere Sicherheit oder für Leib und Leben Dritter ausgeht, elektronisch zu überwachen. Die Vorschrift wurde im Wesentlichen dem damaligen § 56 BKAG-E (vgl. BR-Drs. 109/17) – dann § 20z BKAG 1997, jetzt § 56 BKAG 2018 – nachgebildet.

Mit der Einführung der elektronischen Überwachung des Aufenthaltsortes wurde ein weiteres **8** milderes Mittel zur Haft eingeführt. Ziel dieser offenen Maßnahme ist es, den Aufenthaltsort von Ausländern, von denen eine erhebliche Gefahr für die innere Sicherheit oder für Leib und Leben Dritter ausgeht, ständig zu überwachen und auf diese Weise die Begehung derartiger Straftaten zu verhindern. Die ständige Aufenthaltsüberwachung erhöht das Risiko, bei der Begehung von Straftaten entdeckt zu werden, und kann auf diese Weise zur Straftatenverhütung beitragen. Darüber hinaus ermöglicht die ständige Aufenthaltsüberwachung ein schnelles Eingreifen zur Straftatenverhütung.

Im Vergleich zur durchgehenden Observation des Betroffenen, die beträchtliche Personalres- **9** sourcen bindet, geht mit der elektronischen Aufenthaltsüberwachung als offene Maßnahme ein weniger schwerwiegender Eingriff in das Persönlichkeitsrecht des Betroffenen einher, da hierbei nur der Aufenthaltsort und nicht auch das Verhalten und die Gesprächspartner des Betroffenen beobachtet werden.

II. Zu Abs. 1

Abs. 1 regelt die die Voraussetzungen für eine gerichtliche Anordnung der elektronischen **10** Aufenthaltsüberwachung. Die aus einer solchen Anordnung resultierenden Verpflichtungen des Ausländers (Mitführen der technischen Mittel und Unterlassen der Beeinträchtigung von deren Funktionsfähigkeit) entspricht der Regelung in § 56 Abs. 1 BKAG (vgl. BR-Drs. 109/17) bzw. § 20z Abs. 1 BKAG 1997.

III. Zu Abs. 2

Abs. 2 trifft Vorgaben zur höchstmöglichen Dauer der einzelnen Anordnung und zu einer **11** möglichen Verlängerung der Maßnahme. Bei Wegfall der Voraussetzungen der Anordnung ist die Maßnahme unverzüglich zu beenden.

IV. Zu Abs. 3

12   Abs. 3 S. 1 enthält die Rechtsgrundlage für die Erhebung und Speicherung der für die elektronische Überwachung erforderlichen Daten durch die Aufsichtsstelle. Ohne besondere Zuständigkeitsregelung findet § 71 Abs. 1 Anwendung.

13   Die Erhebung und Speicherung umfasst grundsätzlich alle Aufenthaltsdaten einschließlich der Daten über eine Beeinträchtigung der Erhebung. Dieser umfassende Ansatz ist erforderlich, um sämtliche in Abs. 4 Nr. 1–6 vorgesehenen Verwendungszwecke erfüllen und die mit der Überwachung angestrebten Wirkungen erreichen zu können.

14   Der Befugnis zur Erhebung von Daten über etwaige Beeinträchtigungen bei der Datenerhebung (S. 1 Nr. 2) bedarf es auch, um Funktionsbeeinträchtigungen erkennen zu können, die zB eine Reparatur der vom Ausländer mitgeführten Geräte erfordern.

15   Die Datenerhebung und -speicherung hat automatisiert zu erfolgen (S. 1). Dies soll die Einhaltung der unterschiedlichen Verwendungszwecke sichern und gewährleisten, dass die Ausländerbehörde oder die sonst nach Landesrecht zuständige Stelle grundsätzlich nur die Daten zur Kenntnis nehmen kann, die für die Erfüllung der gesetzlich vorgesehenen Zwecke erforderlich sind.

16   S. 2 und Abs. 5 S. 5 schreiben vor, dass der Ausländer in seiner Wohnung keiner Datenerhebung und -verwertung ausgesetzt sein darf, aus der sich mehr Informationen ergeben als seine Anwesenheit. Eine genaue Ortung innerhalb der Wohnung ist damit untersagt. Die Doppelregelung in S. 2 und Abs. 5 S. 5 verfolgt dabei einen abgestuften Ansatz: Soweit dies technisch möglich ist, dürfen die genannten Aufenthaltsdaten gar nicht erst erhoben werden. Sollte technisch ein Ausschluss dieser Daten nicht umgesetzt werden können, darf jedenfalls eine Verwertung dieser Daten nicht erfolgen. Sie sind unverzüglich zu löschen, sobald eine Kenntnisnahme erfolgt ist, wobei die Tatsache ihrer Kenntnisnahme und Löschung zu protokollieren ist.

17   Die Regelung gewährleistet zugleich, dass die elektronische Aufenthaltsüberwachung nicht zu einem unzulässigen Eingriff in den Kernbereich privater Lebensführung führt.

18   Die Länder können bestimmen, ob die Ausländerbehörde oder eine andere Stelle für die Erhebung und Speicherung der Daten nach S. 1 zuständig sein soll (S. 3 und S. 4).

V. Zu Abs. 4

19   Abs. 4 regelt die einzelnen Verwendungs- bzw. Verarbeitungszwecke für die nach Abs. 3 erhobenen Daten.

20   Nach Nr. 1 dürfen die Daten zur Feststellung von Verstößen gegen eine räumliche Beschränkung des Aufenthaltes nach § 56 Abs. 2 und Abs. 3 oder ein Kontaktverbot nach § 56 Abs. 4 genutzt werden.

21   Durch Nr. 2 wird die Verfolgung von Ordnungswidrigkeiten oder Straftaten ermöglicht, die mit entsprechenden Verstößen in einem Zusammenhang stehen.

22   Durch Nr. 3 wird die Feststellung eines Verstoßes gegen die gerichtliche Anordnung nach Abs. 1 und die entsprechende Strafverfolgung ermöglicht.

23   Nach Nr. 4 dürfen die Daten auch zur Abwehr einer erheblichen gegenwärtigen Gefahr für Leib, Leben oder die persönliche Freiheit einer dritten Person verarbeitet werden.

24   Nr. 5 erlaubt die Verarbeitung zu Zwecken der Strafverfolgung wegen erheblicher Straftaten gegen Leib und Leben einer dritten Person oder wegen Straftaten nach § 89a AufenthG oder § 129a StGB. Könnten die Daten nicht für die in Nr. 4 und Nr. 5 genannten Zwecke genutzt werden, würde ein erheblicher Vertrauensverlust in die Funktionsfähigkeit der staatlichen Institutionen insgesamt drohen, wenn trotz einer elektronischen Aufenthaltsüberwachung die entsprechenden Daten nicht zur Verfolgung oder Verhinderung erheblicher Straftaten, insbesondere von schweren Gewaltstraftaten, genutzt werden dürften. Die wirksame Aufklärung gerade schwerer Straftaten ist ein wesentlicher Auftrag eines rechtsstaatlichen Gemeinwesens, ebenso wie die Abwehr erheblicher Gefahren für höchstpersönliche Rechtsgüter.

25   Nach Nr. 6 dürfen die Daten auch zur Aufrechterhaltung der Funktionsfähigkeit der technischen Mittel verarbeitet werden. Die Regelung gestattet die Verwendung von Daten, die auf eine nicht vom Betroffenen zu vertretende Funktionsbeeinträchtigung hinweisen, um diese – zB durch Austausch der vom Betroffenen mitgeführten Geräte – beseitigen zu können. Denn die Überprüfung der Funktionsfähigkeit der eingesetzten Geräte ist Grundvoraussetzung für eine Nutzung der Daten nach Nr. 1–5.

26   Die Verarbeitung der Daten für die vorgenannten Zwecke stellt einen Eingriff in das Recht auf informationelle Selbstbestimmung dar, der verhältnismäßig ist. Sie verfolgt allein den Zweck, Gefahren für hochrangige Rechtsgüter (Leib, Leben oder persönliche Freiheit Dritter) abzuwehren oder schwerwiegende Straftaten, die in diese Rechtsgüter eingreifen, zu verfolgen. Maßnahmen mit dieser Zweckbestimmung dienen einem überragenden Gemeinwohlinteresse (BVerfG BeckRS 2016, 44281 Rn. 100).

Diese Verarbeitung verletzt auch nicht den Kernbereich privater Lebensgestaltung. Allein das **27** Wissen um die unterschiedlichen Aufenthaltsorte ermöglicht keine umfassende Kenntnis von den Ausländer betreffenden Vorgängen höchstpersönlicher Art. Dies wäre nur dann der Fall, wenn mit der Ortskenntnis jeweils auch die Kenntnis verbunden wäre, womit sich der Ausländer an dem jeweiligen Ort beschäftigt.

Die Formulierung des Abs. 4 („ohne Einwilligung") stellt klar, dass die erhobenen Daten über **28** die in Nr. 1–6 genannten Fälle hinaus mit Einwilligung des Ausländers auch für sonstige Zwecke verarbeitet werden dürfen. In Betracht kommt etwa eine Verwendung zur Aufklärung anderer Straftaten.

VI. Zu Abs. 5

Die in Abs. 5 enthaltenen besonderen Datenverarbeitungs-, Löschungs- und Protokollierungsre- **29** gelungen entsprechen dem Vorbild des § 463a Abs. 4 StPO.

Nach S. 1 sind die erhobenen und gespeicherten Daten gegen unbefugte Kenntnisnahme **30** besonders zu sichern, um eine Einhaltung der Zweckbindung nach Abs. 4 zu gewährleisten. Dabei gibt die Regelung zudem vor, dass die Verarbeitung der Daten automatisiert zu erfolgen hat. Die Vorschrift wiederholt die in Abs. 3 S. 1 enthaltene Pflicht zur automatisierten Datenverarbeitung. Durch die automatisierte Verarbeitung kann sichergestellt werden, dass sie Ausländerbehörde oder die sonst nach Landesrecht zuständige Stelle nur in dem für die Erfüllung der Zwecke nach Abs. 4 Nr. 1–6 erforderlichen Umfang Kenntnis von den Daten erhält. Die besondere Sicherung der Daten hat nach den Vorgaben des BDSG zu erfolgen, unbeschadet der DS-GVO.

S. 2 enthält für die nach Abs. 1 erhobenen Daten eine grundsätzliche Löschungsfrist von zwei **31** Monaten. Die Frist ist notwendig, um klären zu können, ob die Daten für die in Abs. 4 genannten Zwecke noch benötigt werden. Eine über diese Frist hinausgehende Verarbeitung ist nur zulässig, wenn die Daten zu diesem Zeitpunkt bereits für einen der genannten Zwecke verwendet werden. Eine darüber hinausreichende Datenspeicherung lässt die Regelung nicht zu. Daten, die für die Zwecke nach Abs. 4 Nr. 1–6 benötigt werden, können über den Zeitraum von zwei Monaten hinaus gespeichert bleiben und für diese Zwecke (weiter) verwendet bzw. verarbeitet werden. Die weitere Verarbeitung richtet sich dann nach den allgemeinen Grundsätzen.

Nach S. 3 ist jeder Abruf der Daten zu protokollieren. Die Protokolle müssen es ermöglichen, **32** die Begründung, das Datum und die Uhrzeit dieser Vorgänge und so weit wie möglich die Identität der Person, die die personenbezogenen Daten abgefragt oder offengelegt hat, und die Identität des Empfängers der Daten festzustellen. Diese datenschutzrechtliche Vorgabe ermöglicht die nachträgliche Kontrolle, ob sich Kenntnisnahme und Verwendung der Daten im Rahmen der Zweckbindung nach Abs. 4 bewegt haben und durch eine berechtigte Person erfolgt sind. Ihr kommt insoweit auch eine präventive Wirkung zu. S. 4 bestimmt, dass die Protokolldaten nach zwölf Monaten zu löschen sind.

S. 5–8 enthalten Regelungen für den Fall, dass innerhalb der Wohnung der betroffenen Person **33** über den Umstand ihrer Anwesenheit hinausgehende Aufenthaltsdaten erhoben werden. Nach S. 5 dürfen diese nicht verarbeitet werden und sind unverzüglich nach Kenntnisnahme zu löschen. S. 6 bestimmt, dass die Tatsache ihrer Kenntnisnahme und Löschung zu dokumentieren ist. Diese Dokumentation darf nach S. 7 ausschließlich für Zwecke der Datenschutzkontrolle verwendet werden. Nach S. 8 ist sie nach Abschluss der Datenschutzkontrolle zu löschen.

VII. Zu Abs. 6

Nr. 1 stellt klar, dass die Ausländerbehörde oder die sonst nach Landesrecht zuständige Stelle **34** die im Rahmen der automatisierten Auswertung der Daten eingehenden Systemmeldungen über Verstöße nach Abs. 4 Nr. 1 entgegennimmt und bewertet.

Die Ausländerbehörde oder die sonst nach Landesrecht zuständige Stelle ist nicht in allen Fällen, **35** in denen Aktivitäten des überwachten Ausländers ein behördliches Eingreifen erfordern, für die Durchführung dieser Maßnahmen zuständig. Nach Nr. 2 übermittelt die Ausländerbehörde oder die sonst nach Landesrecht zuständige Stelle daher insbesondere an Polizeibehörden Daten des Aufenthaltsortes des Ausländers zur Durchsetzung einer räumlichen Beschränkung des Aufenthaltes nach § 56 Abs. 2 und Abs. 3 oder eines Kontaktverbotes nach § 56 Abs. 4. Nach Nr. 3 übermittelt sie entsprechend Daten an die zuständigen Bußgeld- oder Strafverfolgungsbehörde zur Verfolgung einer Ordnungswidrigkeit nach § 98 Abs. 3 Nr. 5a oder einer Straftat nach § 95 Abs. 1 Nr. 6a weiter. Nach Nr. 4 werden Daten des Aufenthaltsorts des Ausländers an die zuständigen Polizeibehörden übermittelt, sofern dies zur Abwehr einer erheblichen gegenwärtigen Gefahr für Leib, Leben oder Freiheit einer dritten Person erforderlich ist. Für die Verhütung und Verfolgung der in Abs. 4 Nr. 5 genannten Straftaten sind die Polizei- und Strafverfolgungsbehörden zuständig, weshalb Nr. 4 eine entsprechende Datenübermittlung vorsieht. Um die Funktionsfähigkeit der technischen Geräte gewährleisten zu können, enthalten Nr. 6–8 klarstellende Regelungen dazu, wie die Ausländerbehörde oder die sonst nach Landesrecht zuständige Stelle die Funktionsfähigkeit der Geräte aufrechterhalten kann.

VIII. Zu Abs. 7 und Abs. 8

36 Abs. 7 und Abs. 8 entsprechen den im Zusammenhang mit den anderen Gefahrenabwehrbefugnissen, die einer richterlichen Anordnung bedürfen, getroffenen Regelungen zum Inhalt des Antrags und zur gerichtlichen Anordnung.

IX. Zu Abs. 9

37 Abs. 9 regelt, dass die Amtsgerichte für die Anordnung einer elektronischen Aufenthaltsüberwachung nach Abs. 1 zuständig sind. Für das Verfahren gelten die Vorschriften des Gesetzes über das Verfahren in Familiensachen und in den Angelegenheiten der freiwilligen Gerichtsbarkeit entsprechend.

X. Zu Abs. 10

38 In Abs. 10 ist durch den Verweis auf § 56 Abs. 4 S. 1 geregelt, dass die Verpflichtungen nach Abs. 1 ruhen, wenn sich der Ausländer in Haft befindet.

D. Strafrechtliche Sanktion

39 Durch das Gesetz zur besseren Durchsetzung der Ausreisepflicht v. 20.7.2017 (BGBl. I 2780) wurde in § 95 Abs. 2 eine neue Nr. 1a eingefügt. Danach begeht eine Straftat, wer einer vollstreckbaren gerichtlichen Anordnung nach § 56a Abs. 1 zuwiderhandelt und dadurch die kontinuierliche Feststellung seines Aufenthaltsortes durch eine in § 56a Abs. 3 genannte zuständige Stelle verhindert. Nach dem gleichfalls neu eingeführten § 95 Abs. 7 wird die Tat nur auf Antrag einer dort genannten zuständigen Stelle verfolgt. Damit soll eine Einschränkung der Strafverfolgung auf bedeutsame Zuwiderhandlungen erreicht werden (BT-Drs. 18/11546, 22).

Abschnitt 2. Durchsetzung der Ausreisepflicht

§ 57 Zurückschiebung

(1) Ein Ausländer, der in Verbindung mit der unerlaubten Einreise über eine Grenze im Sinne des Artikels 2 Nummer 2 der Verordnung (EU) 2016/399 (Außengrenze) aufgegriffen wird, soll zurückgeschoben werden.

(2) Ein vollziehbar ausreisepflichtiger Ausländer, der durch einen anderen Mitgliedstaat der Europäischen Union, Norwegen oder die Schweiz auf Grund einer am 13. Januar 2009 geltenden zwischenstaatlichen Übernahmevereinbarung wieder aufgenommen wird, soll in diesen Staat zurückgeschoben werden; Gleiches gilt, wenn der Ausländer von der Grenzbehörde im grenznahen Raum in unmittelbarem zeitlichen Zusammenhang mit einer unerlaubten Einreise angetroffen wird und Anhaltspunkte dafür vorliegen, dass ein anderer Staat auf Grund von Rechtsvorschriften der Europäischen Union oder eines völkerrechtlichen Vertrages für die Durchführung des Asylverfahrens zuständig ist und ein Auf- oder Wiederaufnahmeverfahren eingeleitet wird.

(3) § 58 Absatz 1b, § 59 Absatz 8, § 60 Absatz 1 bis 5 und 7 bis 9, die §§ 62 und 62a sind entsprechend anzuwenden.

Überblick

Die Vorschrift hat ihre derzeitige Fassung in der Folge der Umsetzung der Rückführungs-RL (RL 2008/115/EG v. 16.12.2008, ABl. 2008 L 348, 98) durch das Gesetz zur Umsetzung aufenthaltsrechtlicher Richtlinien der Europäischen Union und zur Anpassung nationaler Rechtsvorschriften an den EU-Visakodex (v. 22.11.2011, BGBl. I 2258) erhalten. Die Zurückschiebung ist eine Maßnahme der Verwaltungsvollstreckung in Form des unmittelbaren Zwangs (→ Rn. 4). Abs. 1 (→ Rn. 7 ff.) regelt ausschließlich die Zurückschiebung nach unerlaubter Einreise über eine Schengengrenze. Abs. 2 (→ Rn. 12 ff.) betrifft die Zurückschiebung eines vollziehbar ausreisepflichtigen Ausländers, der von einem anderen Mitgliedstaat, Norwegen oder der Schweiz wieder aufzunehmen ist, in diese Staaten und die Zurückschiebung im Rahmen des Dublin-Verfahrens.

Übersicht

A. Allgemeines

I. Systematische Einordnung

Die Zurückschiebung stellt wie die Abschiebung eine **aufenthaltsbeendende Maßnahme** **1** dar, es handelt sich um eine im Verhältnis zur Abschiebung **speziellere Möglichkeit der Aufenthaltsbeendigung in einem verkürzten Verfahren** (Nr. 57.0.1 S. 2 AufenthGAVwV). Die Zurückschiebung kommt erst **nach erfolgter Einreise** in Betracht, während die Zurückweisung (§ 15) nur vor Beendigung der Einreise möglich ist.

II. Abgrenzung zum AsylG

Eine Zurückschiebung ist in den Fällen des **§ 18 AsylG** (Stellung eines Asylantrags bei der **2** Grenzbehörde) nur unter den Voraussetzungen des § 18 Abs. 2 AsylG zulässig, wenn der Ausländer von der Grenzbehörde im grenznahen Raum in unmittelbarem zeitlichen Zusammenhang mit einer unerlaubten Einreise angetroffen wird (§ 18 Abs. 3 AsylG). § 19 Abs. 3 AsylG verweist für Ausländer, die unerlaubt aus einem sicheren Drittstaat eingereist sind (§ 26a AsylG) und bei der Ausländerbehörde einen Asylantrag gestellt haben, auf § 57 Abs. 1 und Abs. 2 (zur Unanwendbarkeit von § 18 Abs. 2 AsylG und § 19 Abs. 3 AsylG vgl. Dörig MigrationsR-HdB § 8 Rn. 19).

An das **Vorliegen des Nachsuchens um Asyl** dürfen **keine hohen Anforderungen** gestellt **3** werden (BeckOK AuslR/Kluth Rn. 5; GK-AufenthG/Funke-Kaiser Rn. 14). Strittig ist, ob auch ein **Asylfolgeantrag** zur Unanwendbarkeit des § 57 führt (BeckOK AuslR/Kluth Rn. 5; GK-AufenthG/Funke-Kaiser Rn. 13).

III. Rechtsnatur und Verwaltungsverfahren

Die Zurückschiebung ist eine **Maßnahme der Verwaltungsvollstreckung in Form des** **4** **unmittelbaren Zwangs.** Voraussetzung ist lediglich, dass der Ausländer **vollziehbar ausreisepflichtig** ist (§ 50 Abs. 1, § 58 Abs. 2 S. 1 Nr. 1).

In der Regel erlässt die zuständige Behörde (§ 71 Abs. 1, § 71 Abs. 3 Nr. 1, § 71 Abs. 5), **5** also die Ausländerbehörde, die Grenzpolizei oder die Landesvollzugspolizei, eine entsprechende **Zurückschiebungsanordnung, die anschließend vollzogen wird.** Die **Vollzugshandlung** stellt dann einen **behördlichen Realakt** dar (GK-AufenthG/Funke-Kaiser Rn. 17; zur Befugnis für den Erlass eines Grundverwaltungsaktes vgl. BVerwG NVwZ 2015, 830; BayVGH ZAR 2019, 204).

6   Ergeht eine Zurückschiebungsanordnung, so bedarf sie grundsätzlich nicht der **Schriftform**
     (§ 77 Abs. 1). Das Schriftformerfordernis ergibt sich auch nicht aus Art. 12 Abs. 1 Rückführungs-
     RL, wonach eine Rückkehrentscheidung schriftlich zu ergehen hat und eine sachliche und rechtli-
     che Begründung sowie Informationen über mögliche Rechtsbehelfe enthalten muss, da es sich
     um **keine Rückkehrentscheidung** im Sinne der Rückführungs-RL handelt (Hailbronner AuslR
     Rn. 4; NK-AuslR/Fränkel Rn. 25; Dörig MigrationsR-HdB § 3 Rn. 7). Dies gilt auch für die
     Zurückschiebung nach § 57 Abs. 1 (aA GK-AufenthG/Funke-Kaiser Rn. 16.1).

B. Zurückschiebung nach § 57 Abs. 1

I. Unerlaubte Einreise über eine Außengrenze

7   Abs. 1 betrifft nur die Fälle einer **unerlaubten Einreise über die Schengen-Außengrenze**
     (Art. 2 Nr. 2 Schengener Grenzkodex). Da die Bundesrepublik Deutschland nur Binnengrenzen
     zu den anderen Mitgliedstaaten hat, beschränkt sich der Anwendungsbereich auf die Fälle einer
     unerlaubten Einreise auf dem Luft- oder Seeweg (GK-AufenthG/Funke-Kaiser Rn. 31).
8   Der Begriff der **Einreise** ist in § 13 Abs. 2 definiert und setzt ein Überschreiten der Grenze
     und ein Passieren der Grenzübergangsstelle voraus.
9   **Unerlaubt** ist die Einreise, wenn die Tatbestandsvoraussetzungen des **§ 14 Abs. 1** vorliegen.
     Eine lediglich formell unerlaubte Einreise reicht nicht aus (BeckOK AuslR/Kluth Rn. 10). Die
     Gestattung der Einreise durch die Grenzbehörden begründet kein schutzwürdiges Vertrauen
     darauf, dass die Einreise erlaubt war.

II. Aufgreifen in Verbindung mit der unerlaubten Einreise

10   Es muss ein **enger sachlicher, räumlicher und zeitlicher Zusammenhang** zwischen der
     unerlaubten Einreise und dem Aufgreifen bestehen (BeckOK AuslR/Kluth Rn. 14). Erforderlich
     ist ein direkter Bezug zur illegalen Überschreitung der Außengrenze (Hailbronner AuslR Rn. 20;
     Dörig MigrationsR-HdB § 8 Rn. 12 ff.).

III. Vollziehbare Ausreisepflicht

11   Die Zurückschiebung setzt voraus, dass im Zeitpunkt der Zurückschiebung eine **vollziehbare
     Ausreisepflicht** (§ 50 Abs. 1, § 58 Abs. 1 S. 1 Nr. 1; → § 58 Rn. 1 ff.) besteht. Unzulässig ist
     damit eine Zurückschiebung von Drittstaatsangehörigen, die nach der unerlaubten Einreise ihren
     Aufenthalt legalisiert haben oder deren Aufenthaltstitel erst nach der Einreise abgelaufen ist.

C. Zurückschiebung nach § 57 Abs. 2

I. Abs. 2 Hs. 2

12   Die Zurückschiebung setzt voraus, dass Norwegen, die Schweiz oder ein anderer Mitgliedstaat
     der EU **aufgrund einer am 13.1.2009 geltenden zwischenstaatlichen Vereinbarung die
     Wiederaufnahme verbindlich erklärt** haben.
13   Solche zwischenstaatlichen Vereinbarungen bestanden zum Stichtag mit folgenden Mitgliedstaa-
     ten: Belgien, Bulgarien, Luxemburg, Dänemark, Estland, Frankreich, Litauen, Lettland, den Nie-
     derlanden, Österreich, Polen, Rumänien, Schweden, Slowakei, Tschechien und Ungarn (BT-Drs.
     17/5740, 23). Die Zurückschiebung erfolgt in den Staat, mit dem die Vereinbarung besteht.
14   Voraussetzung für die Zurückschiebung ist, dass der Ausländer **vollziehbar ausreisepflichtig**
     ist, jedoch nicht die unerlaubte Einreise (GK-AufenthG/Funke-Kaiser Rn. 39).

II. Abs. 2 Hs. 2

1. Anwendungsbereich

15   Diese Vorschrift hat nur Bedeutung für diejenigen Ausländer, die **in einem anderen Dublin-
     Staat** bereits einen **Asylantrag gestellt** haben (Wiederaufnahmeverfahren) oder einen **Asylan-
     trag stellen wollen** (Aufnahmeverfahren). Der Aufgegriffene darf allerdings nicht in der Bundes-
     republik Deutschland einen Asylantrag stellen wollen (Dörig MigrationsR-HdB § 8 Rn. 18). In
     diesen Fällen greifen §§ 18, 18a AsylG.

2. Voraussetzungen

Die Zurückschiebung setzt zunächst das **Bestehen von Anhaltspunkten für die Zuständig-** 16
keit eines anderen Mitgliedstaates voraus. Solche Anhaltspunkte können sich aus Äußerungen
des Ausländers über seinen **Reiseweg** oder aus **Unterlagen iSd § 15 Abs. 2 Nr. 5 AsylG iVm**
§ 15 Abs. 3 AsylG ergeben (GK-AufenthG/Funke-Kaiser Rn. 45).

Zusätzlich muss ein **Aufnahme- bzw. Wiederaufnahmeverfahren** in Bezug auf den für 17
zuständig erachteten Staat eingeleitet werden. Die Zurückschiebung darf jedoch erst vollzogen
werden, wenn der **andere Mitgliedstaat** der Aufnahme bzw. Wiederaufnahme **zugestimmt hat**
(GK-AufenthG/Funke-Kaiser Rn. 44; NK-AuslR/Fränkel Rn. 18).

Ferner muss der Ausländer in **unmittelbarem zeitlichem Zusammenhang mit einer uner-** 18
laubten Einreise im grenznahen Raum angetroffen worden sein.

Der unbestimmte Rechtsbegriff des „grenznahen Raums" wird in § 14 Abs. 1 ZollVG und in 19
§ 2 Abs. 2 Nr. 3 BPolG als ein **Gebiet von 30 Kilometern Tiefe von der Grenze** bzw. **50**
Kilometern von der seewärtigen Begrenzung definiert (GK-AufenthG/Funke-Kaiser
Rn. 48).

Der „unmittelbare zeitliche Zusammenhang" setzt nicht voraus, dass der Ausländer beim illega- 20
len Grenzübertritt angetroffen wird, er muss aber nach der Einreise im grenznahen Bereich aufgegriffen werden (NK-AuslR/Fränkel Rn. 17).

D. Verhältnismäßigkeit

Liegen die Voraussetzungen des Abs. 1 oder Abs. 2 vor, so „soll" zurückgeschoben werden. **In** 21
der Regel erfolgt also eine **Zurückschiebung,** allerdings kann die zuständige Behörde **von der**
Zurückschiebung in Ausnahmefällen absehen und den besonderen Umständen des Einzelfalls
Rechnung tragen. Einschränkungen können sich aus dem **Grundsatz der Verhältnismäßigkeit,**
aus **humanitären Erwägungen** (§ 60a) oder in Fällen besonderen öffentlichen Interesses ergeben
(Nr. 57.1.7 AufenthGAVwV; NK-AuslR/Fränkel Rn. 11).

Die überwiegende Meinung in der Kommentarliteratur geht davon aus, dass in den Fällen, in 22
denen der Ausländer zu einer freiwilligen Ausreise bereit und in der Lage ist, aus Gründen der
Verhältnismäßigkeit zumindest von der zwangsweisen Durchsetzung einer Zurückschiebungsanordnung abzusehen ist (NK-AuslR/Fränkel Rn. 11; GK-AufenthG/Funke-Kaiser Rn. 57; Berg-
mann/Dienelt/Winkelmann Rn. 15). Denn nach § 11 Abs. 1 tritt ein Einreise- und Aufenthaltsverbot ein, wenn eine Zurückschiebungsanordnung vollstreckt wird.

E. § 57 Abs. 3

I. Abschiebungsverbote / Abschiebungsbeschränkungen

Die Verweisung auf die entsprechende Anwendung von § 60 Abs. 1–5 und Abs. 7–9 stellt klar, 23
dass die dort geregelten Abschiebungsverbote auch bei der Vollstreckung der Zurückschiebungs-
entscheidung zu beachten sind.

§ 58 Abs. 1b (→ § 58 Rn. 1 ff.) regelt die Abschiebung eines Ausländers, der eine Daueraufent- 24
haltserlaubnis-EU besitzt und der zugleich in einem anderen Mitgliedstaat als international Schutzberechtigter anerkannt ist. Dieser darf nur in den schutzgewährenden Mitgliedstaat abgeschoben
werden. § 59 Abs. 8 sieht eine Unterrichtungspflicht nach der Arbeitgeber-Sanktionen-RL
(RL 2009/52/EG v. 18.6.2009, ABl. 2009 L 168, 24) vor der Abschiebung vor.

II. Zurückschiebungshaft

Ein Ausländer kann zur Vorbereitung der Zurückschiebung in Vorbereitungshaft genommen 25
werden (§ 62 Abs. 2). Dies ist dann der Fall, wenn die Zurückschiebung noch nicht angeordnet
wurde, weil zB noch zu klären ist, in welches Land zurückgeschoben werden soll.

Ist die Zurückschiebungsanordnung ergangen und / oder steht fest, dass und wohin die Zurück- 26
schiebung erfolgen soll, kann unter den Voraussetzungen des § 62 Abs. 3 Sicherungshaft angeordnet
werden (zur Frage, ob auch § 62 Abs. 3 Nr. 1 als Haftgrund in Frage kommt s. GK-AufenthG/
Funke-Kaiser Rn. 62).

F. Rechtsschutzfragen

I. Klageverfahren

27   Bei der **Zurückschiebungsanordnung** handelt es sich um einen belastenden Verwaltungsakt, sodass dagegen eine **Anfechtungsklage** erhoben werden kann. Ob ein Widerspruchsverfahren erforderlich ist, hängt davon ab, welche Behörde die Zurückschiebungsanordnung erlässt und ob das Vorverfahren landesrechtlich abgeschafft ist.

28   Die **aufschiebende Wirkung** (§ 80 Abs. 1 VwGO) der Anfechtungsklage **entfällt,** wenn die **Zurückschiebung von der Grenzpolizei oder der Landesvollzugspolizei angeordnet** wird (§ 80 Abs. 2 Nr. 2 VwGO). Wird die **Ausländerbehörde** tätig, entfällt die aufschiebende Wirkung nach § 80 Abs. 2 S. 2 VwGO, weil es sich bei der **Zurückschiebung um eine Vollstreckungs- maßnahme** handelt (GK-AufenthG/Funke-Kaiser Rn. 22; NK-AuslR/Fränkel Rn. 26; aA bei der Anordnung seitens der Ausländerbehörde BeckOK AuslR/Kluth Rn. 31).

29   Eine **Erledigung der Zurückschiebungsanordnung** tritt durch deren Vollzug nicht ein, weil die Vollzugsfolgen (Einreise- und Aufenthaltsverbot nach § 11 Abs. 1) bestehen bleiben und ggf. der Vollzug im Wege des Folgenbeseitigungsanspruchs rückgängig gemacht werden kann (GK-AufenthG/Funke-Kaiser § 15 Rn. 148; aA BVerwG NVwZ-RR 2014, 781).

II. Vorläufiger bzw. einstweiliger Rechtsschutz

30   Als statthafter Rechtsbehelf im vorläufigen Rechtsschutzverfahren steht dem Ausländer der Antrag nach § 80 Abs. 5 VwGO auf Anordnung der aufschiebenden Wirkung der Anfechtungs- klage gegen die Zurückschiebungsanordnung zur Verfügung. Daneben besteht auch die Möglich- keit, einen Antrag nach § 123 Abs. 1 VwGO, der auf ein Absehen von aufenthaltsbeendenden Maßnahmen gerichtet ist, zu stellen, wenn der Ausländer in der Hauptsache die Verpflichtung der zuständigen Ausländerbehörde auf Erteilung einer Duldung begehrt. Antragsgegner ist in diesem Fall der Rechtsträger der Ausländerbehörde, die die Duldung zu erteilen hätte (GK- AufenthG/Funke-Kaiser Rn. 67). Vollstreckt allerdings die Bundespolizei eine in eigener Zustän- digkeit von ihr erlassene, bestandskräftige Zurückschiebungsanordnung ist richtiger Antragsgegner für einen Antrag nach § 123 VwGO die Bundesrepublik als Rechtsträger der Bundespolizei (BayVGH ZAR 2019, 204).

§ 58 Abschiebung

(1) ¹**Der Ausländer ist abzuschieben, wenn die Ausreisepflicht vollziehbar ist, eine Ausreisefrist nicht gewährt wurde oder diese abgelaufen ist, und die freiwillige Erfüllung der Ausreisepflicht nicht gesichert ist oder aus Gründen der öffentlichen Sicherheit und Ordnung eine Überwachung der Ausreise erforderlich erscheint. ²Bei Eintritt einer der in § 59 Absatz 1 Satz 2 genannten Voraussetzungen innerhalb der Ausreisefrist soll der Ausländer vor deren Ablauf abgeschoben werden.**

(1a) Vor der Abschiebung eines unbegleiteten minderjährigen Ausländers hat sich die Behörde zu vergewissern, dass dieser im Rückkehrstaat einem Mitglied seiner Familie, einer zur Personensorge berechtigten Person oder einer geeigneten Aufnahmeeinrich- tung übergeben wird.

(1b) ¹Ein Ausländer, der eine Erlaubnis zum Daueraufenthalt – EU besitzt oder eine entsprechende Rechtsstellung in einem anderen Mitgliedstaat der Europäischen Union innehat und in einem anderen Mitgliedstaat der Europäischen Union international Schutzberechtigter ist, darf außer in den Fällen des § 60 Absatz 8 Satz 1 nur in den schutzgewährenden Mitgliedstaat abgeschoben werden. ²§ 60 Absatz 2, 3, 5 und 7 bleibt unberührt.

(2) ¹Die Ausreisepflicht ist vollziehbar, wenn der Ausländer
1. unerlaubt eingereist ist,
2. noch nicht die erstmalige Erteilung des erforderlichen Aufenthaltstitels oder noch nicht die Verlängerung beantragt hat oder trotz erfolgter Antragstellung der Aufent- halt nicht nach § 81 Abs. 3 als erlaubt oder der Aufenthaltstitel nach § 81 Abs. 4 nicht als fortbestehend gilt oder
3. auf Grund einer Rückführungsentscheidung eines anderen Mitgliedstaates der Euro- päischen Union gemäß Artikel 3 der Richtlinie 2001/40/EG des Rates vom 28. Mai

2001 über die gegenseitige Anerkennung von Entscheidungen über die Rückführung von Drittstaatsangehörigen (ABl. EG Nr. L 149 S. 34) ausreisepflichtig wird, sofern diese von der zuständigen Behörde anerkannt wird. [2]Im Übrigen ist die Ausreisepflicht erst vollziehbar, wenn die Versagung des Aufenthaltstitels oder der sonstige Verwaltungsakt, durch den der Ausländer nach § 50 Abs. 1 ausreisepflichtig wird, vollziehbar ist.

(3) Die Überwachung der Ausreise ist insbesondere erforderlich, wenn der Ausländer
1. sich auf richterliche Anordnung in Haft oder in sonstigem öffentlichen Gewahrsam befindet,
2. innerhalb der ihm gesetzten Ausreisefrist nicht ausgereist ist,
3. auf Grund eines besonders schwerwiegenden Ausweisungsinteresses nach § 54 Absatz 1 in Verbindung mit § 53 ausgewiesen worden ist,
4. mittellos ist,
5. keinen Pass oder Passersatz besitzt,
6. gegenüber der Ausländerbehörde zum Zweck der Täuschung unrichtige Angaben gemacht oder die Angaben verweigert hat oder
7. zu erkennen gegeben hat, dass er seiner Ausreisepflicht nicht nachkommen wird.

(4) [1]Die die Abschiebung durchführende Behörde ist befugt, zum Zweck der Abschiebung den Ausländer zum Flughafen oder Grenzübergang zu verbringen und ihn zu diesem Zweck kurzzeitig festzuhalten. [2]Das Festhalten ist auf das zur Durchführung der Abschiebung unvermeidliche Maß zu beschränken.

(5) [1]Soweit der Zweck der Durchführung der Abschiebung es erfordert, kann die die Abschiebung durchführende Behörde die Wohnung des abzuschiebenden Ausländers zu dem Zweck seiner Ergreifung betreten, wenn Tatsachen vorliegen, aus denen zu schließen ist, dass sich der Ausländer dort befindet. [2]Die Wohnung umfasst die Wohn- und Nebenräume, Arbeits-, Betriebs- und Geschäftsräume sowie anderes befriedetes Besitztum.

(6) [1]Soweit der Zweck der Durchführung der Abschiebung es erfordert, kann die die Abschiebung durchführende Behörde eine Durchsuchung der Wohnung des abzuschiebenden Ausländers zu dem Zweck seiner Ergreifung vornehmen. [2]Bei anderen Personen sind Durchsuchungen nur zur Ergreifung des abzuschiebenden Ausländers zulässig, wenn Tatsachen vorliegen, aus denen zu schließen ist, dass der Ausländer sich in den zu durchsuchenden Räumen befindet. [3]Absatz 5 Satz 2 gilt entsprechend.

(7) [1]Zur Nachtzeit darf die Wohnung nur betreten oder durchsucht werden, wenn Tatsachen vorliegen, aus denen zu schließen ist, dass die Ergreifung des Ausländers zum Zweck seiner Abschiebung andernfalls vereitelt wird. [2]Die Organisation der Abschiebung ist keine Tatsache im Sinne von Satz 1.

(8) [1]Durchsuchungen nach Absatz 6 dürfen nur durch den Richter, bei Gefahr im Verzug auch durch die die Abschiebung durchführende Behörde angeordnet werden. [2]Die Annahme von Gefahr im Verzug kann nach Betreten der Wohnung nach Absatz 5 nicht darauf gestützt werden, dass der Ausländer nicht angetroffen wurde.

(9) [1]Der Inhaber der zu durchsuchenden Räume darf der Durchsuchung beiwohnen. [2]Ist er abwesend, so ist, wenn möglich, sein Vertreter oder ein erwachsener Angehöriger, Hausgenosse oder Nachbar hinzuzuziehen. [3]Dem Inhaber oder der in dessen Abwesenheit hinzugezogenen Person ist in den Fällen des Absatzes 6 Satz 2 der Zweck der Durchsuchung vor deren Beginn bekannt zu machen. [4]Über die Durchsuchung ist eine Niederschrift zu fertigen. [5]Sie muss die verantwortliche Dienststelle, Grund, Zeit und Ort der Durchsuchung und, falls keine gerichtliche Anordnung ergangen ist, auch Tatsachen, welche die Annahme einer Gefahr im Verzug begründet haben, enthalten. [6]Dem Wohnungsinhaber oder seinem Vertreter ist auf Verlangen eine Abschrift der Niederschrift auszuhändigen. [7]Ist die Anfertigung der Niederschrift oder die Aushändigung einer Abschrift nach den besonderen Umständen des Falles nicht möglich oder würde sie den Zweck der Durchsuchung gefährden, so sind dem Wohnungsinhaber oder der hinzugezogenen Person lediglich die Durchsuchung unter Angabe der verantwortlichen Dienststelle sowie Zeit und Ort der Durchsuchung schriftlich zu bestätigen.

(10) Weitergehende Regelungen der Länder, die den Regelungsgehalt der Absätze 5 bis 9 betreffen, bleiben unberührt.

Überblick

Bei der Abschiebung handelt es sich um eine Maßnahme der Verwaltungsvollstreckung (unmittelbarer Zwang). Vollstreckt wird nicht ein Verwaltungsakt, sondern eine gesetzliche Handlungspflicht. Die Abschiebung setzt voraus, dass die Ausreisepflicht vollziehbar (→ Rn. 2 ff.) ist (Abs. 2), und eine Ausreisefrist nicht gewährt wurde oder diese abgelaufen (→ Rn. 8 ff.) ist (Abs. 1) oder aus Gründen der öffentlichen Sicherheit und Ordnung eine Überwachung der Ausreise erforderlich erscheint (Abs. 3, → Rn. 11 ff.). Ein rechtliches Vollstreckungshindernis bei der Abschiebung Minderjähriger enthält Abs. 1a (→ Rn. 23 ff.). Mit dem Zweiten Gesetz zur besseren Durchsetzung der Ausreisepflicht v. 15.8.2019 (BGBl. I 1294) wurden Abs. 4–10 angefügt, die die Zuführung zur Abschiebung regeln (→ Rn. 33 ff.)

Übersicht

A. Voraussetzungen der Abschiebung

I. Ausreisepflicht

1 Das Entstehen der Ausreisepflicht ist in **§ 50 Abs. 1** geregelt. Die Ausreisepflicht bleibt **unberührt, wenn die Abschiebung des Ausländers ausgesetzt** ist (§ 60a Abs. 3; → Rn. 1.1).

1.1 Die Erklärung eines Ausländers, zur Abwendung der Abschiebung sei eine Ausreise in einen anderen Mitgliedstaat geplant (§ 50 Abs. 3) ist unbeachtlich, solange nicht der Nachweis vorliegt, dass insoweit eine entsprechende Erlaubnis des Mitgliedstaats vorliegt (BayVGH BeckRS 2017, 103921).

II. Vollziehbarkeit der Ausreisepflicht

1. Unerlaubte Einreise

2 Nach Abs. 2 Nr. 1 ist die Ausreisepflicht vollziehbar, wenn der Ausländer unerlaubt eingereist ist. Die unerlaubte Einreise ist in **§ 14 Abs. 1** definiert (→ Rn. 2.1). Die Vollziehbarkeit der Ausreisepflicht tritt unmittelbar kraft Gesetzes ein (OVG NRW BeckRS 2018, 33861).

2.1 Eine unerlaubte Einreise liegt auch dann vor, wenn ein Positivstaater (Art. 1 Abs. 2 EU-Visum-VO iVm Anhang II EU-Visum-VO − VO (EU) 2018/1806 v. 14.11.2018, ABl. 2018 L 303, 39) ohne Visum einreist, obwohl der Ausländer schon bei der Einreise einen Aufenthalt beabsichtigt, der wegen der Überschreitung des zeitlichen Rahmens eines Visums bedurft hätte (HessVGH BeckRS 2016, 55440 Rn. 26; OVG LSA BeckRS 2015, 40783; BayVGH BeckRS 2013, 53428 Rn. 13; aA VG Freiburg BeckRS 2016, 47809 Rn. 52).

2. Fehlender Antrag auf Erteilung bzw. Verlängerung des Aufenthaltstitels bzw. keine Erlaubnis- oder Fortgeltungsfiktion (Abs. 2 Nr. 2)

Die Ausreisepflicht ist auch dann vollziehbar, wenn der Ausländer noch **nicht die erstmalige** **3** **Erteilung oder die Verlängerung des erforderlichen Aufenthaltstitels beantragt hat** oder der Aufenthalt trotz erfolgter Antragstellung **nicht als erlaubt** (§ 81 Abs. 3 S. 1, → § 81 Rn. 1 ff.) oder **fortbestehend** (§ 81 Abs. 4, → § 81 Rn. 1 ff.) **gilt.** Diese Fassung hat die Vorschrift durch das Gesetz zur Umsetzung aufenthaltsrechtlicher Richtlinien der Europäischen Union und zur Anpassung nationaler Rechtsvorschriften an den EU-Visakodex (v. 22.11.2011, BGBl. I 2258) erhalten. Wird durch den Antrag auf Erteilung oder Verlängerung eines Aufenthaltstitels eine **Fortgeltungs- und Erlaubnisfiktion** ausgelöst, so besteht schon **keine Ausreisepflicht** (GK-AufenthG/Funke-Kaiser Rn. 21). Wird der Antrag auf Erteilung einer Aufenthaltsgenehmigung erstmalig gestellt, so entfällt die Vollziehbarkeit der Ausreisepflicht nur dann, wenn er **rechtzeitig gestellt** ist, weil sonst nur die Duldungsfiktion des § 81 Abs. 3 S. 2 eintritt. Genauso wenig löst ein **verspätet gestellter Verlängerungsantrag** die Erlaubnisfiktion des § 81 Abs. 4 S. 1 aus. Es bedarf insoweit einer **ausdrücklichen Anordnung der Ausländerbehörde** (§ 81 Abs. 4 S. 3, → § 81 Rn. 1 ff.). Die Vollziehbarkeit der Ausreisepflicht tritt unmittelbar kraft Gesetzes ein (OVG NRW BeckRS 2018, 33861).

3. Rückführungsentscheidung nach der RL 2001/40/EG

Abs. 2 S. 1 Nr. 3 dient der Umsetzung von Art. 3 Abs. 1 lit. a und lit. b RL 2001/40/EG. Es **4** handelt sich hierbei um einen Fall der **Vollstreckungshilfe** des Mitgliedstaats, in dem sich der ausreisepflichtige Ausländer aufhält, für einen Mitgliedstaat, der die Entscheidung getroffen hat, wonach der Ausländer aus dem Gebiet aller Mitgliedstaaten zu entfernen ist. Art. 3 Abs. 1 RL 2001/40/EG betrifft **Rückführungsentscheidungen,** die ergangen sind, weil ein Drittstaatsangehöriger aufgrund einer **Straftat verurteilt wurde, die mit mindestens einem Jahr Freiheitsstrafe bedroht ist,** oder **der begründete Verdacht besteht, dass der Drittstaatsangehörige schwere Straftaten begangen hat** oder **konkrete Hinweise** bestehen, dass er **solche Taten im Hoheitsgebiet eines Mitgliedstaats plant.**

4. Abs. 2 S. 2

Hierbei handelt es sich um einen **Auffangtatbestand,** der an die **Vollziehbarkeit eines** **5** **die Rechtmäßigkeit des Aufenthalts beendenden Verwaltungsakts** anknüpft (OVG NRW BeckRS 2018, 33861), während in den Fällen des Abs. 2 S. 1 Nr. 1 und Nr. 2 die Vollziehbarkeit der Ausreisepflicht unmittelbar kraft Gesetzes eintritt. Da bei der **Versagung einer Aufenthaltserlaubnis** der hiergegen erhobenen Klage keine aufschiebende Wirkung zukommt (§ 84 Abs. 1 S. 1 Nr. 1), ist die **Ausreisepflicht bereits mit der Bekanntgabe des Ablehnungsbescheids vollziehbar** (Dörig MigrationsR-HdB § 8 Rn. 30). In allen **anderen Fällen** (Ausweisung, Rücknahme, Widerruf) hat die Anfechtungsklage aufschiebende Wirkung, sodass die Ausreisepflicht erst eintritt, wenn die **Entscheidung unanfechtbar ist oder der Sofortvollzug angeordnet** wird (§ 80 Abs. 2 S. 1 Nr. 4 VwGO). Auch wenn der Betreffende bereits aufgrund des negativen Abschlusses seines Asylverfahrens ausreisepflichtig ist, ist die Durchsetzung der Ausreisepflicht aufgrund einer Ausweisung erst möglich, wenn der Suspensiveffekt der Klage gegen die Ausweisung entfällt, weil diese Ausreisepflicht nur aufgrund einer Abschiebungsandrohung nach dem AsylG durchgesetzt werden kann (OVG Bln-Bbg BeckRS 2019, 6744).

Eine **befristete Aufenthaltserlaubnis** ist kein sonstiger Verwaltungsakt iSd Abs. 2 S. 2, da **6** die Ausreisepflicht automatisch mit Ablauf der Geltungsdauer eintritt (GK-AufenthG/Funke-Kaiser Rn. 35). Die Vollziehbarkeit folgt hier aus Abs. 2 S. 1 Nr. 2 (zur Frage, ob es sich bei einem mit einer **auflösenden Bedingung** versehenen Aufenthaltstitel um einen „sonstigen Verwaltungsakt" handelt vgl. GK-AufenthG/Funke-Kaiser Rn. 22).

Auch bei **ablehnenden Entscheidungen des Bundesamtes,** die zum Erlöschen der Aufent- **7** haltsgestattung führen (§ 67 AsylG), handelt es sich um Verwaltungsakte, durch die der Ausländer ausreisepflichtig wird. Ob die Ausreisepflicht vollziehbar ist, ergibt sich aus §§ 75 und 43 AsylG. Im Falle eines Asylfolgeantrags ist die Bekanntgabe des förmlichen Ablehnungsbescheids an den Ausländer nicht Voraussetzung der Abschiebung (BayVGH BeckRS 2017, 131805).

III. Ablauf der Ausreisefrist oder Nichtgewährung einer Ausreisefrist

Die Abschiebung darf nicht durchgeführt werden, bevor die **gewährte Ausreisepflicht abge- 8 laufen** ist. Diese Bestimmung wurde in Umsetzung von Art. 7 Abs. 1 Rückführungs-RL

(RL 2008/115/EG v. 16.12.2008, ABl. 2008 L 348, 98) aufgenommen. Etwas anderes gilt nur dann, wenn innerhalb der Ausreisefrist die in § 59 Abs. 1 S. 2 genannten Voraussetzungen eintreten. Durch diese Regelung wird Art. 8 Abs. 2 Rückführungs-RL umgesetzt (BT-Drs. 17/5470, 24).

9   Nach Art. 7 Abs. 4 Rückführungs-RL können die Mitgliedstaaten in den dort aufgeführten Fällen von der **Gewährung einer Frist für die freiwillige Ausreise absehen.** Diese Richtlinienbestimmung wird durch § 59 Abs. 1 S. 2 (→ § 59 Rn. 1 ff.) in nationales Recht umgesetzt.

IV. Abschiebungsgrund

1. Nicht gesicherte freiwillige Erfüllung der Ausreisepflicht

10   Die freiwillige Ausreise ist dann nicht gesichert, wenn ein **hohes Maß an Wahrscheinlichkeit** besteht, dass der **Ausländer seiner Ausreisepflicht nicht freiwillig nachkommt.** Die Ausländerbehörde hat aufgrund des **vorangegangenen Verhaltens** des Ausländers und / oder sonstiger **konkreter nachprüfbarer Tatsachen und Anhaltspunkte** eine **Prognose** anzustellen, ob der Ausländer freiwillig ausreist (GK-AufenthG/Funke-Kaiser Rn. 52; NK-AuslR/Hocks Rn. 17). Seine (behauptete) **Bereitschaft zur freiwilligen Ausreise** muss der **Ausländer plausibel machen,** zB durch die Vorlage von Reisedokumenten, Kündigung der Wohnung oder des Arbeitsplatzes. Dies ergibt sich aus seiner Mitwirkungspflicht nach § 82 (Dörig MigrationsR-HdB § 8 Rn. 34).

2. Überwachungsbedürftige Ausreise (Abs. 3)

11   Abs. 3 benennt eine Reihe von **Regelbeispielen,** bei deren Erfüllung aus Gründen der öffentlichen Sicherheit und Ordnung eine Überwachung der Ausreise erforderlich erscheint.

12   Sind diese **Regelbeispiele nicht erfüllt,** kann sich die Überwachungsbedürftigkeit der Ausreise zB aus der **Hilfsbedürftigkeit** des Ausländers oder aus der **Gefährdung seiner Mitreisenden** durch ansteckende Krankheiten oder der Gefahr der Begehung von Straftaten ergeben (Bergmann/Dienelt/Bauer Rn. 22). **Generalpräventive Gesichtspunkte** führen nicht zur Überwachungsbedürftigkeit der Ausreise (GK-AufenthG/Funke-Kaiser Rn. 68).

13   **a) Haft (Abs. 3 Nr. 1).** Aus welchen Gründen sich der Ausländer in Haft oder sonstigem öffentlichen Gewahrsam befindet, ist unerheblich. Nicht umfasst ist der Aufenthalt in einer **Therapieeinrichtung.** Strittig, aber ohne praktische Bedeutung ist, ob auch **Abschiebungshaft** nach § 62 die Überwachung der Ausreise erforderlich macht (GK-AufenthG/Funke-Kaiser Rn. 54 mwN), weil in der Regel bei Vorliegen eines Haftgrundes nach § 62 auch ein Abschiebungsgrund iSd Abs. 1 S. 1 gegeben ist. Für die Haft oder den Gewahrsam muss eine **richterliche Anordnung** vorliegen. Polizeigewahrsam reicht nicht aus (Bergmann/Dienelt/Bauer Rn. 24).

14   **b) Ablauf der gesetzten Ausreisefrist (Abs. 3 Nr. 2).** Der bloße Fristablauf genügt, um eine Überwachungsbedürftigkeit der Ausreise anzunehmen. Besonderen Umständen des Einzelfalls kann durch die **Verlängerung der Ausreisefrist** Rechnung getragen werden (Art. 7 Abs. 2 Rückführungs-RL, § 59 Abs. 1 S. 4; → § 59 Rn. 1 ff.).

15   **c) Ausweisung aufgrund eines besonders schwerwiegenden Ausweisungsinteresses (Abs. 3 Nr. 3).** Die Überwachung der Ausreise setzt eine wirksame Ausweisungsverfügung nach § 54 Abs. 1 iVm § 53 aus. Nach überwiegender Auffassung in der Literatur greift Abs. 3 Nr. 3 nur dann ein, wenn die vollziehbare Ausreisepflicht deshalb eintritt, weil die Ausweisungsverfügung nicht nur wirksam, sondern auch vollziehbar ist und der Ausländer nicht bereits aufgrund der Ablehnung des Antrags auf Erteilung einer Aufenthaltserlaubnis vollziehbar ausreisepflichtig wird (GK-AufenthG/Funke-Kaiser Rn. 58; NK-AuslR/Hocks Rn. 20).

16   **d) Mittellosigkeit (Abs. 3 Nr. 4).** Als mittellos im Sinne dieser Vorschrift gilt, wer im Zeitpunkt des Entstehens der Verlassenspflicht aller Voraussicht nach die Kosten für die freiwillige Ausreise in das Heimatland oder einen anderen aufnahmebereiten Staat nicht besitzt und auch nicht von dritter Seite erlangen kann.

17   **e) Passlosigkeit (Abs. 3 Nr. 5).** Insoweit kommt es auf die **objektive Passlosigkeit** an. Die Gründe, weshalb der ausreisepflichtige Ausländer keinen Pass besitzt, sind irrelevant. Die Überwachungsbedürftigkeit der Ausreise entfällt, wenn der Ausländer einen Antrag auf Ausstellung eines Heimreisedokuments gestellt hat und mit dessen baldiger Ausstellung zu rechnen ist (GK-AufenthG/Funke-Kaiser Rn. 60)

18   **f) Unrichtige Angaben oder Verweigerung von Angaben (Abs. 3 Nr. 6).** Die falschen Angaben oder Täuschungshandlungen müssen **in Zusammenhang mit der aktuellen Ausreisepflicht** stehen, dürfen also nicht bereits Jahre zurückliegen. Hierunter fallen zB falsche Angaben

über die Bereitschaft zur freiwilligen Ausreise. Die Verweigerung von Angaben zieht nur dann die Überwachungsbedürftigkeit der Ausreise nach sich, wenn diese Angaben von der **Mitwirkungspflicht des Ausländers nach § 82 umfasst** sind (Bergmann/Dienelt/Bauer Rn. 29).

3. Erkennbarkeit der fehlenden Ausreiseabsicht

Die Absicht, nicht ausreisen zu wollen, muss aufgrund **konkreter Tatsachen** oder **ausdrücklicher oder stillschweigender Äußerungen** des Ausländers, nicht notwendig gegenüber der Ausländerbehörde, **nach außen erkennbar** geworden sein. Legt der Ausländer **Rechtsmittel** gegen die angekündigte Abschiebung ein, darf dies nicht als Indiz dafür gewertet werden, dass er nicht freiwillig ausreisen werde (NK-AuslR/Hocks Rn. 24; Bergmann/Dienelt/Bauer Rn. 30).   **19**

V. Fehlen von Abschiebungsverboten

Eine Abschiebung ist nur zulässig, wenn ihr keine Abschiebungsverbote entgegenstehen. Ist im Zeitpunkt einer Abschiebung in einen Drittstaat keine Entscheidung über ein Einreiseverbot oder dessen Befristung ergangen, bewirkt dies nicht die Rechtswidrigkeit der Abschiebung (BVerwG NVwZ 2019, 483 mwN).   **20**

In Betracht kommen die **zielstaatsbezogenen Abschiebungsverbote** des § 60, wobei insoweit die **ausschließliche Zuständigkeit des Bundesamtes** für die Feststellung der Abschiebungsverbote nach § 60 oder ggf. **das Beteiligungserfordernis des § 72** bei den Abschiebungsverboten nach § 60 Abs. 5 und Abs. 7 zu beachten ist, falls das Bundesamt noch nicht im Rahmen eines Antrags auf Gewährung von internationalem Schutz befasst war.   **21**

Abschiebungsverbote nach § 60 sind **zwingend zu berücksichtigen.** Liegt aber bereits eine **unanfechtbare Abschiebungsandrohung** vor, schränkt **§ 59 Abs. 4** (→ § 59 Rn. 1 ff.) die Möglichkeit ein, sich im **behördlichen Verfahren** auf **Umstände, die der Abschiebung in den in der Abschiebungsandrohung bezeichneten Staat entgegenstehen,** zu berufen. Die Möglichkeit, solche Umstände gerichtlich geltend zu machen, bleibt unberührt.   **22**

VI. Abs. 1a und Abs. 1b

1. Abs. 1a

Diese Regelung wurde durch das Gesetz zur Umsetzung aufenthaltsrechtlicher Richtlinien der Europäischen Union und zur Anpassung nationaler Rechtsvorschriften an den EU-Visakodex (v. 22.11.2011, BGBl. I 2258) in das Gesetz eingefügt und dient der Umsetzung von Art. 10 Abs. 2 Rückführungs-RL (BT-Drs. 17/5470, 24).   **23**

Abs. 1a wirkt, solange sich die Ausländerbehörde nicht von der konkreten Möglichkeit der Übergabe des minderjährigen Ausländers an eine in der Vorschrift genannte Person oder Einrichtung vergewissert hat, systematisch als **rechtliches Vollstreckungshindernis** iSd § 60a Abs. 2 S. 1 mit dilatorischer Wirkung (BVerwG NVwZ 2013, 1489; OVG Brem BeckRS 2018, 21580). Durch das Urteil des EuGH vom 21.1.2021 (NVwZ 2021, 550) ergibt sich im Anwendungsbereich der Rückführungs-RL allerdings eine Vorverlagerung der Prüfung des Abs. 1a, da die Prüfung, ob der unbegleitete Minderjährige im Rückkehrstaat einem Mitglied seiner Familie, einer zur Personensorge berechtigten Person oder einer geeigneten Aufnahmeeinrichtung übergeben wird, bereits vor Erlass der Rückkehrentscheidung, dh der Abschiebungsandrohung, erfolgen muss (vgl. Roß NVwZ 2021, 550). Damit dürfte sich die bisherige Rechtsprechung zum Vorliegen eines Vollstreckungshindernisses nicht mehr uneingeschränkt aufrechterhalten lassen.   **24**

Die Ausländerbehörden und Verwaltungsgerichte müssen sich in jedem Einzelfall die Überzeugungsgewissheit davon verschaffen, dass die **Übergabe des unbegleiteten Minderjährigen** an eine in der Vorschrift genannte Person oder Einrichtung nicht nur möglich ist, sondern auch **tatsächlich erfolgen wird** (VGH BW BeckRS 2017, 114474). Wenn sich die Ausländerbehörde von der konkreten Möglichkeit der Übergabe vergewissert hat, hat sie dem Minderjährigen über seinen gesetzlichen Vertreter das **Ergebnis ihrer Ermittlungen mitzuteilen.** Der unbegleitete Minderjährige hat dann die Möglichkeit, die Auffassung der Ausländerbehörde, dass kein Vollstreckungshindernis mehr besteht, überprüfen zu lassen.   **25**

Das in Abs. 1a enthaltene Vollstreckungshindernis vermittelt den Betroffenen **gleichwertigen Schutz vor Abschiebung wie nationaler Abschiebungsschutz** und steht daher einer Überwindung der Sperrwirkung des § 60 Abs. 7 S. 5 (→ § 60 Rn. 1 ff.) im Wege der verfassungskonformen Auslegung entgegen (BVerwG NVwZ 2013, 1489).   **26**

2. Abs. 1b

27   Mit dieser Regelung soll den Vorgaben (Art. 12 Abs. 3a–3c Daueraufenthalts-RL) der geänderten Daueraufenthalts-RL (idF der RL 2011/51/EU v. 11.5.2011, ABl. 2011 L 132, 1) Rechnung getragen werden (BT-Drs. 17/13022, 22). Sie wurde mit dem Gesetz zur Verbesserung der Rechte von international Schutzberechtigten und ausländischen Arbeitnehmern (v. 29.8.2013, BGBl. I 3484) in das Gesetz eingefügt.

28   Die **Abschiebung** eines Ausländers, der in einem anderen Mitgliedstaat **internationalen Schutz** genießt, **darf nur in diesen Staat erfolgen.** Voraussetzung ist, dass der **Schutzstatus noch besteht.** Wenn die Voraussetzungen des § 60 Abs. 8 (→ § 60 Rn. 1 ff.) vorliegen, darf er auch in einen anderen Staat als den schutzgewährenden Staat abgeschoben werden.

VII. Rechtsnatur der Abschiebung und Verfahren

1. Maßnahme der Verwaltungsvollstreckung

29   Die Abschiebung ist als Anwendung des unmittelbaren Zwangs zur Vollstreckung einer sich aus dem Gesetz ergebenden Handlungspflicht **kein Verwaltungsakt.** Sie kann daher durchgeführt werden, **ohne dass es einer vorherigen Abschiebungsanordnung** bedarf (GK-AufenthG/Funke-Kaiser Rn. 85; Bergmann/Dienelt/Bauer Rn. 31).

30   Der Erlass einer **Abschiebungsanordnung** ist **auch ohne ausdrückliche gesetzliche Ermächtigung zulässig,** als Zulässigkeitsvoraussetzung für eine Abschiebung aber dann notwendig, wenn die Abschiebung vorher nicht angedroht wurde oder der Zielstaat noch nicht bestimmt ist oder geändert wird (GK-AufenthG/Funke-Kaiser Rn. 82 f.).

2. Vollzug

31   Bei der Entscheidung, ob eine Abschiebung des Ausländers erfolgt, handelt es sich um eine **gebundene Entscheidung.** Liegen die Voraussetzungen des Abs. 1 S. 1 vor, so ist der Ausländer abzuschieben.

32   Die **Zuständigkeit der Ausländerbehörde** ergibt sich aus § 71 Abs. 1 S. 1, die der Landespolizei aus § 71 Abs. 5. Die gesetzlich vorgeschriebene Beteiligung der Staatsanwaltschaft nach § 72 Abs. 4 vor Vollzug einer Abschiebung stellt eine Verfahrensregelung dar, die kein subjektives Recht des Ausländers begründet (BVerwG BeckRS 2018, 2921; 2016, 1137539).

VIII. Zuführung zur Abschiebung

33   Mit den durch das Zweite Gesetz zur besseren Durchsetzung der Ausreisepflicht (v. 15.8.2019, BGBl. I 1294) neu eingefügten Abs. 4–10 werden bundeseinheitlich die Befugnisse zur Durchführung der Abschiebung festgelegt und eine spezialgesetzliche Ermächtigungsgrundlage im AufenthG geschaffen. Die Neuregelung übernimmt dabei die Regelungsgedanken des § 91 FamFG sowie der bestehenden landesrechtlichen Regelungen Bayerns (Art. 30 Abs. 1 S. 2 VwZVG) und Baden-Württembergs.

1. Abs. 4

34   Die Regelung dient der Klarstellung, dass der Transport des Ausländers zum Flughafen oder Grenzübergang, von dem aus er die Bundesrepublik verlässt, Teil der Abschiebung und keine Freiheitsentziehung ist (Thym ZAR 2019, 353/356). Das gilt auch, wenn ein kurzzeitiges Festhalten erforderlich ist (vgl. ausf. Dörig MigrationsR-HdB § 8 Rn. 63 ff.). Von einem kurzzeitigen Festhalten kann dann ausgegangen werden, wenn keine Übernachtung erforderlich ist (BT-Drs. 19/10047, 36; BR-Drs. 179/19, 34).

2. Abs. 5 ff.

35   In der Praxis einiger Länder bestand das Problem, dass mangels landesrechtlicher Rechtsgrundlage keine richterliche Durchsuchungsanordnung für Wohnungen (→ → Rn. 35.1) zum Zwecke des Auffindens des Abzuschiebenden erlassen werden konnten (vgl. Dörig MigrationsR-HdB § 8 Rn. 67 ff.; VG Berlin BeckRS 2018, 1555; KG BeckRS 2018, 4899; zur Abgrenzung zwischen Vollstreckung und Durchsuchung s. Herrmann ZAR 2017, 201). Die Behörden der Länder sahen sich im Fall von Direktabschiebungen gezwungen, den Betreffenden außerhalb der Wohnung anzutreffen. Direktabschiebungen wurden damit unnötig erschwert und scheiterten häufig. Die

Rechtswidrigkeit einer Wohnungsdurchsuchung schlägt auf die gesamte Maßnahme durch (VG Düsseldorf BeckRS 2020, 34880).

Bewohnen Asylbewerber in einer öffentlichen Gemeinschaftsunterkunft ihnen zur alleinigen Nutzung **35.1** zugewiesene, verschließbare Zimmer und benutzen sie ansonsten die Gemeinschaftseinrichtungen handelt es sich bei diesen Zimmern um eine Wohnung (HmbOVG BeckRS 2020, 20766).

Regelmäßig stellt das Betreten einer Wohnung durch Behördenmitarbeiter, um dort Personen **36** zum Zweck der Abschiebung aufzufinden und zu ergreifen, eine **Durchsuchung** iSv Art. 13 Abs. 2 GG dar. Muss die die Abschiebung durchführende Behörde bei der Vorbereitung der Maßnahme von der Notwendigkeit ausgehen, Suchhandlungen vorzunehmen oder ist zumindest mit solchen ernstlich zu rechnen, spricht dies dafür, dass die Maßnahme auf eine Durchsuchung abzielt, für die der Richtervorbehalt des Art. 13 Abs. 2 GG, § 58 Abs. 6 S. 1 greift (OVG Bln-Bbg BeckRS 2021, 5272). Maßgeblich ist die ex-ante-Sicht der Behördenmitarbeiter. Strittig ist, ob für Anträge auf Erlass einer **Durchsuchungsanordnung nach Abs. 8** der **Verwaltungsrechtsweg** eröffnet ist (contra: NdsOVG BeckRS 2021, 4763; SchlHOVG NVwZ-RR 2020, 900; VG Arnsberg BeckRS 2019, 31545; pro: OVG NRW BeckRS 2021, 177; VG Köln BeckRS 2021, 5042; VG Karlsruhe BeckRS 2019, 38204).

Bei Durchsuchungen zur Nachtzeit ist zu beachten, dass die **Organisation der Abschiebung** keine **36.1** Tatsache ist, aus der zu schließen ist, dass die Ergreifung des Ausländers zum Zweck seiner Abschiebung andernfalls vereitelt wird. Organisatorische Rahmenbedingungen, die weder durch die zuständige Behörde noch durch bei der Abschiebung beteiligte sonstige deutsche Behörden beeinflusst werden können und damit deren Organisationsspielraum begrenzen, sind jedoch keine organisatorischen Gründe iSd **Abs. 7 S. 2.** Der zeitliche Fixpunkt einer Abschiebung mittels Sammelcharter kann von deutschen Behörden nicht maßgeblich beeinflusst werden und rechtfertigt daher eine Durchsuchung der Wohnung zur Nachtzeit (OVG NRW BeckRS 2021, 5258, aA VG Köln BeckRS 2021, 5042).

3. Abs. 10

Durch den Satz „Weitergehende Regelungen der Länder, die den Regelungsgehalt der **37** Absätze 5 bis 9 betreffen, bleiben unberührt" wird geregelt, dass durch Abs. 5–9 bundeseinheitlich ein Mindestmaß für Betretungsrechte bei Abschiebungen vorgegeben wird. Bestehende Regelungen der Länder, die weitergehende Befugnisse geben, gelten fort (OVG Brem BeckRS 2019, 25708; VG Koblenz BeckRS 2019, 38204). Die Gesetzgebungskompetenz des Bundes ergibt sich aus Art. 74 Abs. 1 Nr. 4 GG iVm Art. 72 Abs. 2 GG (BT-Drs. 19/10706, 14).

B. Rechtsschutz

I. Rechtsschutz gegen die Abschiebungsanordnung

Ergeht eine **Abschiebungsanordnung,** so kann der Ausländer mit einer **Anfechtungsklage** **38** (§ 42 Abs. 1 VwGO) gegen die Anordnung vorgehen. Der vorläufige Rechtsschutz richtet sich nach § 80 Abs. 5 VwGO, wenn nach Landesrecht die Klage keine aufschiebende Wirkung hat (zB Art. 38 Abs. 4 BayVwZVG) bzw. die sofortige Vollziehung angeordnet wurde (§ 80 Abs. 2 S. 1 Nr. 4 VwGO).

Einwendungen, die den zu vollstreckenden Grundverwaltungsakt (Ausweisung, Ableh- **39** nung einer Aufenthaltserlaubnis) betreffen, können in diesem Verfahren **nicht erhoben werden** (GK-AufenthG/Funke-Kaiser Rn. 129). Berücksichtigungsfähig sind jedoch **Änderungen der Sach- und Rechtslage,** die nach Erlass der Abschiebungsanordnung eingetreten sind.

Ist die Abschiebung noch nicht vollzogen bzw. der Ausländer nicht freiwillig ausgereist, ist **40** grundsätzlich die Sach- und Rechtslage im Zeitpunkt der letzten mündlichen Verhandlung oder Entscheidung in der Tatsacheninstanz maßgeblich (BVerwG BeckRS 2017, 128737). Die gerichtliche Beurteilung einer bereits vollzogenen Abschiebungsanordnung richtet sich nach der Sach- und Rechtslage im Zeitpunkt der Abschiebung (BVerwG BeckRS 2018, 2921; 2017, 127231).

Wird die Abschiebung vollzogen, tritt keine **Erledigung** der Abschiebungsanordnung ein, weil **41** die Abschiebungsanordnung die Grundlage für die Geltendmachung der Abschiebungskosten (§ 67 Abs. 1) bildet (BVerwG NVwZ 2017, 1064). Die Klage bleibt als Anfechtungsklage zulässig (BVerwG BeckRS 2017, 128737). Die Berücksichtigung nach der Abschiebung eingetretener neuer Umstände widerspräche ihrem Charakter als Vollstreckungsmaßnahme. Abzustellen ist daher für die Beurteilung der Rechtmäßigkeit der Anordnung auf den Zeitpunkt der Abschiebung (BVerwG BeckRS 2017, 128737).

II. Rechtsschutz gegen die bevorstehende Abschiebung

42   Statthafte Klageart in der Hauptsache ist eine **allgemeine Leistungsklage in Form der vorbeugenden Unterlassungsklage.** Als einstweiliges Rechtsschutzverfahren kommt ein Antrag nach § 123 Abs. 1 VwGO auf vorläufige Aussetzung der Abschiebung in Betracht. Dies gilt auch in den Fällen, in denen vorher eine Abschiebungsanordnung ergangen ist, die inzwischen bestandskräftig ist, sodass etwaige Änderungen der Sach- und Rechtslage nicht mehr im Rahmen eines Verfahrens nach § 80 Abs. 5 VwGO geltend gemacht werden können.

43   **Eine vorläufige Aussetzung der Abschiebung erfolgt, wenn Duldungsgründe nach § 60a Abs. 2 vorliegen.** Zu nennen sind hier insbesondere ein unverhältnismäßiger Eingriff in das Recht aus **Art. 8 EMRK,** ein durch die Abschiebung verursachter Eingriff in Art. 6 Abs. 1 GG (unmittelbar bevorstehende Eheschließung, geschützte Eltern-Kind-Beziehung) oder eine nachgewiesene **Reiseunfähigkeit** (→ Rn. 43.1).

43.1   Erfolgt die Abschiebung während des laufenden gerichtlichen Verfahrens auf Erlass einer einstweiligen Anordnung, so erledigt sich das Eilverfahren, weil die Aussetzung der Abschiebung nach der Durchführung der Abschiebung nicht mehr erreicht werden kann (BayVGH BeckRS 2016, 42585).

III. Rechtsschutz gegen die erfolgte Abschiebung

44   Ist die **Abschiebung bereits erfolgt,** ist statthafte Klageart eine **Feststellungsklage** nach § 43 Abs. 1 VwGO. Die Feststellung der Rechtswidrigkeit erfolgt, wenn **die Voraussetzungen für die Abschiebung nicht vorlagen** oder / und **die Art und Weise der Durchführung der Abschiebung rechtswidrig** war. Dem Betroffenen steht dann ein **Folgenbeseitigungsanspruch** auf Rückführung in das Bundesgebiet zu (→ Rn. 44.1).

44.1   Der Antrag auf Erlass einer Regelungsanordnung mit dem Inhalt, dem Betroffenen vorläufig eine Rückkehr in das Bundesgebiet zu ermöglichen, dürfte nicht zulässig sein (BayVGH BeckRS 2016, 42585). Die Tendenz in der Rechtsprechung (NdsOVG BeckRS 2019, 5740 mwN) geht jedoch dahin, dass Gegenstand eines Antrags nach § 123 VwGO auch ein Folgenbeseitigungsanspruch sein kann, mit dem der Ausländer die Rückgängigmachung der Folgen seiner Abschiebung aus dem Bundesgebiet begehrt. Für die Folgenbeseitigung ist es ausreichend, der Ausländerbehörde solchen Maßnahmen aufzuerlegen, die es dem Ausländer tatsächlich oder rechtlich ermöglichen, wieder in das Bundesgebiet zurückzukehren (zB Betretenserlaubnis nach § 11 Abs. 8). Ist gegen eine behördliche Entscheidung über die Aufenthaltsbeendigung vorläufiger Rechtsschutz nach § 80 Abs. 5 VwGO eröffnet, ist ein Antrag nach § 123 Abs. 1 VwGO nicht statthaft (§ 123 Abs. 5 VwGO; BayVGH BeckRS 2018, 18317). Ist die Abschiebung nach einer rechtsschutzversagenden Eilentscheidung des Verwaltungsgerichts vor Ablauf der Beschwerdefrist erfolgt, ist strittig, ob im Beschwerdeverfahren in zulässigerweise ein Folgenbeseitigungsanspruch verfolgt werden kann (verneinend Dörig MigrationsR-HdB § 8 Rn. 98).

IV. Sonderfall § 34a AsylG

45   Nach gefestigter obergerichtlicher Rechtsprechung hat das Bundesamt bei Erlass einer Abschiebungsanordnung nach § 34a Abs. 1 AsylG die rechtliche und tatsächliche Durchführbarkeit der Abschiebung und damit sowohl zielstaatsbezogene als auch der Abschiebung entgegenstehende inlandsbezogene Vollzugshindernisse zu prüfen (vgl. BayVGH BeckRS 2019, 17575 mwN; OVG NRW BeckRS 2019, 38; NdsOVG BeckRS 2017, 114357, BVerfG BeckRS 2014, 56447). Dies gilt nicht nur hinsichtlich bereits bei Erlass der Abschiebungsanordnung vorliegender, sondern auch bei nachträglich auftretenden Abschiebungshindernissen und Duldungsgründen. Gegebenenfalls hat das Bundesamt die Abschiebungsanordnung aufzuheben oder die Ausländerbehörde anzuweisen, deren Vollzug auszusetzen. Rechtsstreitigkeiten sind gegen die Bundesrepublik Deutschland zu führen, die prozessualen Sonderregelungen des § 34a Abs. 2 AsylG und § 80 AsylG sind zu beachten. Nach Bestandskraft der Abschiebungsanordnung kommt auch ein Antrag nach § 123 VwGO zur vorläufigen Sicherung des Begehrens auf Wiederaufgreifen des Verfahrens bei Geltendmachung von Abschiebungsverboten in Betracht.

§ 58a Abschiebungsanordnung

(1) [1]**Die oberste Landesbehörde kann gegen einen Ausländer auf Grund einer auf Tatsachen gestützten Prognose zur Abwehr einer besonderen Gefahr für die Sicherheit der Bundesrepublik Deutschland oder einer terroristischen Gefahr ohne vorhergehende**

Ausweisung eine Abschiebungsanordnung erlassen. ²Die Abschiebungsanordnung ist sofort vollziehbar; einer Abschiebungsandrohung bedarf es nicht.

(2) ¹Das Bundesministerium des Innern, für Bau und Heimat kann die Übernahme der Zuständigkeit erklären, wenn ein besonderes Interesse des Bundes besteht. ²Die oberste Landesbehörde ist hierüber zu unterrichten. ³Abschiebungsanordnungen des Bundes werden von der Bundespolizei vollzogen.

(3) ¹Eine Abschiebungsanordnung darf nicht vollzogen werden, wenn die Voraussetzungen für ein Abschiebungsverbot nach § 60 Abs. 1 bis 8 gegeben sind. ²§ 59 Abs. 2 und 3 ist entsprechend anzuwenden. ³Die Prüfung obliegt der über die Abschiebungsanordnung entscheidenden Behörde, die nicht an hierzu getroffene Feststellungen aus anderen Verfahren gebunden ist.

(4) ¹Dem Ausländer ist nach Bekanntgabe der Abschiebungsanordnung unverzüglich Gelegenheit zu geben, mit einem Rechtsbeistand seiner Wahl Verbindung aufzunehmen, es sei denn, er hat sich zuvor anwaltlichen Beistands versichert; er ist hierauf, auf die Rechtsfolgen der Abschiebungsanordnung und die gegebenen Rechtsbehelfe hinzuweisen. ²Ein Antrag auf Gewährung vorläufigen Rechtsschutzes nach der Verwaltungsgerichtsordnung ist innerhalb von sieben Tagen nach Bekanntgabe der Abschiebungsanordnung zu stellen. ³Die Abschiebung darf bis zum Ablauf der Frist nach Satz 2 und im Falle der rechtzeitigen Antragstellung bis zur Entscheidung des Gerichts über den Antrag auf vorläufigen Rechtsschutz nicht vollzogen werden.

Überblick

Die Vorschrift wurde ohne eine Vorgängerregelung mit dem ZuwG (Zuwanderungsgesetz v. 30.7.2004, BGBl. I 1950) als Reaktion auf die terroristischen Bedrohungen seit September 2001 zum 1.1.2005 in das AufenthG aufgenommen. Sie unterscheidet sich hinsichtlich der Zuständigkeitsverlagerung (→ Rn. 3, → Rn. 12), der Gefahrenprognose (→ Rn. 8 ff.), der Feststellung und Berücksichtigung von Abschiebungshindernissen (→ Rn. 13 ff.) und der gerichtlichen Kontrolle (→ Rn. 18) von den anderen Vorschriften des AufenthG zur Aufenthaltsbeendigung.

Übersicht

A. Allgemeines

Die Abschiebungsanordnung nach § 58a ist gegenüber der Ausweisung eine **selbstständige** **1** **ausländerrechtliche Maßnahme der Gefahrenabwehr**. Sie bewirkt das **Entstehen der Ausreisepflicht** des Ausländers, weil sie die Rechtmäßigkeit des Aufenthalts beendet (§ 51 Abs. 1 Nr. 5a). Sie stellt daher eine **Rückkehrentscheidung** iSv Art. 3 Nr. 4 Rückführungs-RL dar. Demgegenüber setzt eine iRd § 58 (→ § 58 Rn. 1 ff.) ergehende Abschiebungsanordnung eine vollziehbare Ausreisepflicht voraus.

Die Regelung ist sowohl **formell als auch materiell verfassungsgemäß**. Insbesondere ist **2** es unschädlich, dass die Norm vom Vermittlungsausschuss in seinen Einigungsvorschlag eingefügt wurde (BT-Drs. 15/3479). Der Vermittlungsauftrag der Bundesregierung war nicht auf einzelne Teile des Gesetzesentwurfs beschränkt, sondern umfasste das ganze ZuwG (Zuwanderungsgesetz v. 30.7.2004, BGBl. I 1950), sodass dieser weite Vermittlungsrahmen durch die Beschlussempfehlung des Vermittlungsausschusses nicht überschritten worden ist (BVerfG NVwZ 2017, 1526; 2017, 1530; BVerwG BeckRS 2017, 104938).

B. Einzelne Tatbestandsvoraussetzungen

I. Abs. 1

1. Zuständigkeit der obersten Landesbehörde

3   Der Bundesgesetzgeber war befugt, die Zuständigkeit für den Erlass von Abschiebungsanordnungen den obersten Landesbehörden aufzuerlegen (Bergmann/Dienelt/Bauer Rn. 17; BVerwG
NVwZ 2017, 1057). Zwar führen die Länder die Bundesgesetze als eigene Angelegenheit aus und
regeln selbst die Einrichtung der Behörden und das Verwaltungsverfahren. Allerdings kann der
Bund mit Zustimmung des Bundesrates in Ausnahmefällen wegen eines besonderen Bedürfnisses
nach bundeseinheitlicher Regelung das Verwaltungsverfahren ohne Abweichungsmöglichkeit für
die Länder regeln (Art. 84 Abs. 1 S. 5 und S. 6 GG).

2. Besondere Gefahr für die Sicherheit der Bundesrepublik Deutschland

4   Das Erfordernis einer **„besonderen" Gefahr** bezieht sich allein auf das **Gewicht und die
Bedeutung der gefährdeten Rechtsgüter** sowie das **Gewicht der befürchteten Tathandlungen** des Betroffenen, nicht auf die zeitliche Eintrittswahrscheinlichkeit. In diesem Sinne muss die
besondere Gefahr für die innere Sicherheit aufgrund der gleichen Eingriffsvoraussetzungen **eine
mit der terroristischen Gefahr vergleichbare Gefahrendimension** erreichen (BVerwG
BeckRS 2018, 23003; 2017, 128751; 2017, 113651; GK-AufenthG/Funke-Kaiser Rn. 11; Berg-
mann/Dienelt/Bauer Rn. 27; allg. Schlichte/Austermann ZAR 2018, 63).

5   Der Begriff der **„Sicherheit der Bundesrepublik Deutschland"** ist – wie die wortgleiche
Formulierung in § 54 Abs. 1 Nr. 2 und § 60 Abs. 8 S. 1 (→ § 60 Rn. 41) – enger zu verstehen
als der Begriff der öffentlichen Sicherheit im Sinne des allgemeinem Polizeirechts (BVerwG
BeckRS 2018, 23003; 2017, 128751). Die Sicherheit der Bundesrepublik Deutschland umfasst
die innere und äußere Sicherheit und schützt nach innen den **Bestand und die Funktionstüchtigkeit des Staates und seiner Einrichtungen.** Das schließt den Schutz vor Einwirkungen
durch Gewalt und Drohungen mit Gewalt auf die Wahrnehmung staatlicher Funktionen ein
(BVerwG BeckRS 2017, 113651). In diesem Sinne richten sich auch Gewaltanschläge gegen
Unbeteiligte zum Zwecke der Verbreitung allgemeiner Unsicherheit gegen die innere Sicherheit
des Staates (BVerwG BeckRS 2017, 113651).

3. Terroristische Gefahr

6   Der Begriff der „terroristischen Gefahr" knüpft an die neuartigen Bedrohungen an, die sich
nach dem 11.9.2001 herausgebildet haben. Diese sind **in ihrem Aktionsradius nicht territorial
begrenzt** und gefährden die Sicherheitsinteressen auch anderer Staaten. Wesentliche Kriterien
können aus der **Definition terroristischer Straftaten in Art. 2 Abs. 1 lit. b AntiTerrorFinÜ**
(Internationales Übereinkommen zur Bekämpfung der Finanzierung des Terrorismus v. 9.12.1999,
BGBl. 2003 II 1923), aus der Definition terroristischer Straftaten auf der Ebene der Europäischen
Gemeinschaft im EG-Terrorismusbekämpfungs-Beschluss (RB 2002/475/JI v. 13.6.2002, ABl.
2002 L 164, 3) sowie dem Gemeinsamen Standpunkt des Rates 2001/931/GASP über die Anwendung besonderer Maßnahmen zur Bekämpfung des Terrorismus v. 27.12.2001 (ABl. 2001 L 344,
93) gewonnen werden (BVerwG BeckRS 2005, 27806). Voraussetzung ist in jedem Fall, dass die
eingesetzten Mittel nach völkerrechtlich anerkannten Rechtsgrundsätzen grundsätzlich missbilligt
werden und **politische oder ideologische Ziele unter Einsatz gemeingefährlicher Waffen
oder durch Angriffe auf das Leben Unbeteiligter verfolgt werden** (BVerwG BeckRS 2012,
45868).

7   Eine terroristische Gefahr kann nicht nur von **Organisationen,** sondern auch von **Einzelpersonen ausgehen,** die nicht als Mitglieder oder Unterstützer in eine terroristische Organisation
eingebunden sind oder in einer entsprechenden Beziehung zu einer solchen stehen. Erfasst sind
grundsätzlich auch Zwischenstufen lose verkoppelter Netzwerke, (virtueller oder realer) Kommu-
nikationszusammenhänge oder „Szeneeinbindungen", die auf die Realitätswahrnehmung einwirken, und die geeignet sind, die Bereitschaft im Einzelfall zu wecken oder zu fördern (BVerwG
BeckRS 2017; 128737; 2017, 118023; 2017, 104986).

4. Gefahrenprognose

8   Die besondere Gefahrenlage muss sich aufgrund einer **auf Tatsachen gestützten Prognose**
ergeben. Für diese „Gefahrenprognose" bedarf es zunächst einer hinreichend zuverlässigen Tatsa-

chengrundlage. Der Hinweis auf eine auf Tatsachen gestützte Prognose dient der Klarstellung, dass ein **bloßer (Gefahren-) Verdacht oder Vermutungen bzw. Spekulationen nicht ausreichen** (Hailbronner AuslR Rn. 15; GK-AufenthG/Funke-Kaiser Rn. 8; Bergmann/Dienelt/Bauer Rn. 31; BVerwG BeckRS 2017, 128737; 2017, 118023). Entscheidungen von Strafgerichten sind auch im Zusammenhang mit dem Erlass und der Überprüfung von Anordnungen nach § 58a von erheblichem Gewicht, eine Bindungswirkung geht von ihnen jedoch nicht aus (BVerwG BeckRS 2019, 5415).

Zugleich definiert dieser Hinweis einen **abgesenkten Gefahrenmaßstab** und **eigenen Wahr-** 9 **scheinlichkeitsmaßstab.** Ausreichend ist, dass aufgrund **konkreter Anhaltspunkte** ein **beachtliches Risiko** dafür besteht, dass sich eine terroristische Gefahr und / oder eine gleichzustellende Gefahr für die innere Sicherheit der Bundesrepublik in der Person des Ausländers **jederzeit realisieren kann,** sofern nicht eingeschritten wird (BVerwG BeckRS 2017, 118023). **Abweichend von dem sonst im Gefahrenabwehrrecht geltenden Prognosemaßstab** der hinreichenden Eintrittswahrscheinlichkeit mit seinem nach Art und Ausmaß des zu erwartenden Schadens differenzierenden Wahrscheinlichkeitsmaßstab muss für ein Einschreiten nach § 58a eine **bestimmte Entwicklung nicht wahrscheinlicher sein als eine andere.** Vielmehr genügt angesichts der besonderen Gefahrenlage, der § 58a durch die tatbestandliche Verselbstständigung begegnen soll, dass sich aus den festgestellten Tatsachen **ein beachtliches Risiko** dafür ergibt, dass die von einem Ausländer ausgehende Bedrohungssituation sich jederzeit aktualisieren und in eine konkrete terroristische Gefahr und / oder eine dem gleichzustellende Gefahr für die innere Sicherheit der Bundesrepublik umschlagen kann (BVerwG BeckRS 2017, 128737; 2017, 104986).

Die vom Ausländer ausgehende Bedrohung muss aber **nicht bereits die Schwelle einer** 10 **konkreten Gefahr im Sinne des polizeilichen Gefahrenabwehrrechts überschreiten** (Hailbronner AuslR Rn. 14 f.), bei der bei ungehindertem Ablauf des objektiv zu erwartenden Geschehens mit hinreichender Wahrscheinlichkeit eine Verletzung des geschützten Rechtsguts zu erwarten ist. Aus Sinn und Zweck der Regelung ergibt sich, dass **die Bedrohungssituation unmittelbar vom Ausländer ausgehen muss, in dessen Freiheitsrechte sie eingreift** (BVerwG BeckRS 2017, 113651; → Rn. 10.1).

In jedem Fall bedarf es einer umfassenden Würdigung der Persönlichkeit des Ausländers, seines bisheri- 10.1 gen Verhaltens, seiner nach außen erkennbaren oder geäußerten inneren Einstellung, seiner Verbindungen zu anderen Personen und Gruppierungen, von denen eine terroristische Gefahr und / oder eine Gefahr für die innere Sicherheit der Bundesrepublik ausgeht sowie sonstiger Umstände, die geeignet sind, den Ausländer in seinem gefahrträchtigen Denken oder Handeln zu belassen oder zu bekräftigen. Dabei kann sich – abhängig von den Umständen des Einzelfalls – in der Gesamtschau ein beachtliches Risiko, das ohne ein Einschreiten jederzeit in eine konkrete Gefahr umschlagen kann, auch schon daraus ergeben, dass sich ein im Grundsatz gewaltbereiter und auf Identitätssuche befindlicher Ausländer in besonderem Maße mit dem radikal-extremistischen Islamismus in seinen verschiedenen Ausprägungen bis hin zum ausschließlich auf Gewalt setzenden jihadistischen Islamismus identifiziert, über enge Kontakte zu gleichgesinnten, möglicherweise bereits anschlagsbereiten Personen verfügt und sich mit diesen in „religiösen" Fragen regelmäßig austauscht (BVerwG BeckRS 2017, 128751; 2017, 113651). Eine Gefahr kann auch dann vorliegen, wenn der Ausländer zwar nicht ideologisch radikalisiert ist, er sich jedoch von Dritten mit Wissen um deren ideologische Zwecke für entsprechende Gewalthandlungen instrumentalisieren lässt (BVerwG BeckRS 2020, 7074).

Der obersten Landesbehörde steht bei der für eine Abschiebungsanordnung nach § 58a erforder- 11 lichen Gefahrenprognose aber **keine Einschätzungsprärogative** zu. Als Teil der Exekutive ist sie beim Erlass einer Abschiebungsanordnung an Recht und Gesetz, insbesondere an die Grundrechte, gebunden. Ihr Handeln unterliegt nach Art. 19 Abs. 4 S. 1 GG der vollen gerichtlichen Kontrolle (BVerwG BeckRS 2019, 5415; 2017, 128751; 2017, 118023; Hailbronner AuslR Rn. 17; GK-AufenthG/Funke-Kaiser Rn. 12; Bergmann/Dienelt/Bauer Rn. 37 ff.).

II. Zuständigkeitsübernahme durch das Bundesministerium des Innern (Abs. 2)

Das BVerwG (BeckRS 2017, 104986) hat ausdrücklich offengelassen, ob die kompetenzrechtli- 12 che Ordnung des GG (Art. 84 Abs. 1 S. 5 und S. 6 GG, Art. 87 Abs. 3 GG) eine Eintrittsbefugnis des Bundesministeriums des Innern zulässt. In der Literatur wird die Regelung als verfassungsrechtlich problematisch angesehen (NK-AuslR/Möller Rn. 16; Bergmann/Dienelt/Bauer Rn. 44 ff.).

III. Abschiebungsverbote (Abs. 3)

13   Die **Prüfung von Abschiebungsverboten nach § 60 Abs. 1–7** (→ § 60 Rn. 4 ff.) obliegt der **anordnenden Behörde.** Eine **Bindung an eine Entscheidung des Bundesamtes** nach § 42 S. 1 AsylG besteht nicht (zur Vereinbarkeit mit den Vorgaben des Unionsrecht Dörig MigrationsR-HdB § 8 Rn. 112). Ebenso entfällt das **Beteiligungserfordernis des § 72 Abs. 2.**

14   Das Vorliegen eines Abschiebungsverbots steht dem **Erlass der Abschiebungsanordnung nicht entgegen** (BVerwG BeckRS 2017, 128751), führt aber dazu, dass der Betroffene nicht in diesen Staat abgeschoben werden darf (§ 58a Abs. 3 S. 2 iVm § 59 Abs. 3 S. 3). Liegt bezüglich des Zielstaats ein Abschiebungsverbot vor, so ist dieser als Staat zu bezeichnen, in den nicht abgeschoben werden darf (§ 59 Abs. 3 S. 2, → § 59 Rn. 19). Auch im Anwendungsbereich des § 58a ist es grundsätzlich zulässig, durch geeignete Zusicherungen die Befürchtung auszuräumen, dem betroffenen Ausländer drohe im Abschiebezielstaat möglicherweise eine gegen Art. 3 EMRK verstoßende Behandlung (BVerfG NVwZ 2017, 1526; BVerwG BeckRS 2017, 128751). Die Zusicherung muss die Gefahr eines Verstoßes wirksam ausschließen.

15   Die Rechtmäßigkeit der Abschiebungsanordnung wird nicht durch eine fehlerhafte Entscheidung zur Dauer eines (unbefristeten) Einreise- und Aufenthaltsverbots berührt, da unionsrechtlich ein Einreiseverbot zwar im Zusammenhang mit einer Rückkehrentscheidung angeordnet wird (Art. 11 Abs. 1 lit. a Rückführungs-RL), aber gleichwohl eine eigenständige Entscheidung darstellt, die gesondert anfechtbar ist (BVerwG BeckRS 2018, 23003; 2019, 5415).

C. Verfahrensrechtliche Besonderheiten

16   Zum Zwecke der Verfahrensbeschleunigung ist die Abschiebungsanordnung mit **Verkürzungen im Verfahren und beim Rechtsschutz** verbunden.

17   Insbesondere ist die Abschiebungsanordnung **kraft Gesetzes sofort vollziehbar** (Abs. 1 S. 2 Hs. 1). Da es keiner Abschiebungsandrohung bedarf (Abs. 1 S. 2 Hs. 2), erübrigt sich auch die Bestimmung einer **Frist zur freiwilligen Ausreise.** Zuständig ist die oberste Landesbehörde bzw. das Bundesministerium des Innern. Hat die zuständige Behörde über ein Abschiebungsverbot zu entscheiden, besteht keine Bindung an die Entscheidung des Bundesamtes.

18   Die **gerichtliche Kontrolle** einer Abschiebungsanordnung und ihrer Vollziehung unterliegt in erster und letzter Instanz dem **BVerwG** (§ 50 Abs. 1 Nr. 3 VwGO), ein **Antrag auf Gewährung vorläufigen Rechtsschutzes** muss innerhalb einer **Frist von sieben Tagen** gestellt werden (Abs. 4 S. 2). **Abs. 4 S. 3** steht nur dem Vollzug einer Abschiebungsanordnung nach § 58a entgegen, sie hindert nicht den Vollzug einer von einer anderen Behörde erlassenen Abschiebungsandrohung (BVerwG BeckRS 2019, 30936).

19   Die erstinstanzliche Zuständigkeit des BVerwG erstreckte sich bis zum Inkrafttreten des Zweiten Gesetzes zur besseren Durchsetzung der Ausreisepflicht (v. 15.8.2019, BGBl. I 1294) nicht auf ein von der obersten Landesbehörde zusammen mit einer Abschiebungsanordnung – unter Verstoß gegen die behördlichen Zuständigkeitsbestimmungen – verfügtes Einreise- und Aufenthaltsverbot (BVerwG BeckRS 2017, 127383). § 50 Abs. 1 Nr. 3 VwGO wurde durch das vorbezeichnete Gesetz entsprechend ergänzt und damit die Zuständigkeit des BVerwG für die Überprüfung der Rechtmäßigkeit regelmäßig unbefristeter Einreise- und Aufenthaltsverbote begründet.

20   Bei der Entscheidung nach § 58a handelt es sich um eine Rückkehrentscheidung im Sinne der Rückführungs-RL, die mit den Vorschriften der Richtlinie vereinbar ist. Insbesondere kann nach Art. 7 Abs. 4 Rückführungs-RL vom Erfordernis der Gewährung einer Frist für die freiwillige Ausreise abgewichen werden, wenn die betreffende Person eine Gefahr für die öffentliche Sicherheit oder Ordnung oder die nationale Sicherheit darstellt (BVerwG BeckRS 2018, 23003; 2017, 118023).

§ 59 Androhung der Abschiebung

(1) ¹Die Abschiebung ist unter Bestimmung einer angemessenen Frist zwischen sieben und 30 Tagen für die freiwillige Ausreise anzudrohen. ²Ausnahmsweise kann eine kürzere Frist gesetzt oder von einer Fristsetzung abgesehen werden, wenn dies im Einzelfall zur Wahrung überwiegender öffentlicher Belange zwingend erforderlich ist, insbesondere wenn
1. der begründete Verdacht besteht, dass der Ausländer sich der Abschiebung entziehen will, oder

2. von dem Ausländer eine erhebliche Gefahr für die öffentliche Sicherheit oder Ordnung ausgeht.
[3]Unter den in Satz 2 genannten Voraussetzungen kann darüber hinaus auch von einer Abschiebungsandrohung abgesehen werden, wenn
1. der Aufenthaltstitel nach § 51 Absatz 1 Nummer 3 bis 5 erloschen ist oder
2. der Ausländer bereits unter Wahrung der Erfordernisse des § 77 auf das Bestehen seiner Ausreisepflicht hingewiesen worden ist.
[4]Die Ausreisefrist kann unter Berücksichtigung der besonderen Umstände des Einzelfalls angemessen verlängert oder für einen längeren Zeitraum festgesetzt werden. [5]§ 60a Absatz 2 bleibt unberührt. [6]Wenn die Vollziehbarkeit der Ausreisepflicht oder der Abschiebungsandrohung entfällt, wird die Ausreisefrist unterbrochen und beginnt nach Wiedereintritt der Vollziehbarkeit erneut zu laufen. [7]Einer erneuten Fristsetzung bedarf es nicht. [8]Nach Ablauf der Frist zur freiwilligen Ausreise darf der Termin der Abschiebung dem Ausländer nicht angekündigt werden.

(2) [1]In der Androhung soll der Staat bezeichnet werden, in den der Ausländer abgeschoben werden soll, und der Ausländer darauf hingewiesen werden, dass er auch in einen anderen Staat abgeschoben werden kann, in den er einreisen darf oder der zu seiner Übernahme verpflichtet ist. [2]Gebietskörperschaften im Sinne der Anhänge I und II der Verordnung (EU) 2018/1806 des Europäischen Parlaments und des Rates vom 14. November 2018 zur Aufstellung der Liste der Drittländer, deren Staatsangehörige beim Überschreiten der Außengrenzen im Besitz eines Visums sein müssen, sowie der Liste der Drittländer, deren Staatsangehörige von dieser Visumpflicht befreit sind (ABl. L 303 vom 28.11.2018, S. 39), sind Staaten gleichgestellt.

(3) [1]Dem Erlass der Androhung steht das Vorliegen von Abschiebungsverboten und Gründen für die vorübergehende Aussetzung der Abschiebung nicht entgegen. [2]In der Androhung ist der Staat zu bezeichnen, in den der Ausländer nicht abgeschoben werden darf. [3]Stellt das Verwaltungsgericht das Vorliegen eines Abschiebungsverbots fest, so bleibt die Rechtmäßigkeit der Androhung im Übrigen unberührt.

(4) [1]Nach dem Eintritt der Unanfechtbarkeit der Abschiebungsandrohung bleiben für weitere Entscheidungen der Ausländerbehörde über die Abschiebung oder die Aussetzung der Abschiebung Umstände unberücksichtigt, die einer Abschiebung in den in der Abschiebungsandrohung bezeichneten Staat entgegenstehen und die vor dem Eintritt der Unanfechtbarkeit der Abschiebungsandrohung eingetreten sind; sonstige von dem Ausländer geltend gemachte Umstände, die der Abschiebung oder der Abschiebung in diesen Staat entgegenstehen, können unberücksichtigt bleiben. [2]Die Vorschriften, nach denen der Ausländer die im Satz 1 bezeichneten Umstände gerichtlich im Wege der Klage oder im Verfahren des vorläufigen Rechtsschutzes nach der Verwaltungsgerichtsordnung geltend machen kann, bleiben unberührt.

(5) [1]In den Fällen des § 58 Abs. 3 Nr. 1 bedarf es keiner Fristsetzung; der Ausländer wird aus der Haft oder dem öffentlichen Gewahrsam abgeschoben. [2]Die Abschiebung soll mindestens eine Woche vorher angekündigt werden.

(6) Über die Fristgewährung nach Absatz 1 wird dem Ausländer eine Bescheinigung ausgestellt.

(7) [1]Liegen der Ausländerbehörde konkrete Anhaltspunkte dafür vor, dass der Ausländer Opfer einer in § 25 Absatz 4a Satz 1 oder in § 25 Absatz 4b Satz 1 genannten Straftat wurde, setzt sie abweichend von Absatz 1 Satz 1 eine Ausreisefrist, die so zu bemessen ist, dass er eine Entscheidung über seine Aussagebereitschaft nach § 25 Absatz 4a Satz 2 Nummer 3 oder nach § 25 Absatz 4b Satz 2 Nummer 2 treffen kann. [2]Die Ausreisefrist beträgt mindestens drei Monate. [3]Die Ausländerbehörde kann von der Festsetzung einer Ausreisefrist nach Satz 1 absehen, diese aufheben oder verkürzen, wenn
1. der Aufenthalt des Ausländers die öffentliche Sicherheit und Ordnung oder sonstige erhebliche Interessen der Bundesrepublik Deutschland beeinträchtigt oder
2. der Ausländer freiwillig nach der Unterrichtung nach Satz 4 wieder Verbindung zu den Personen nach § 25 Absatz 4a Satz 2 Nummer 2 aufgenommen hat.
[4]Die Ausländerbehörde oder eine durch sie beauftragte Stelle unterrichtet den Ausländer über die geltenden Regelungen, Programme und Maßnahmen für Opfer von in § 25 Absatz 4a Satz 1 genannten Straftaten.

(8) Ausländer, die ohne die nach § 4a Absatz 5 erforderliche Berechtigung zur Erwerbstätigkeit beschäftigt waren, sind vor der Abschiebung über die Rechte nach Artikel 6 Absatz 2 und Artikel 13 der Richtlinie 2009/52/EG des Europäischen Parlaments und des Rates vom 18. Juni 2009 über Mindeststandards für Sanktionen und Maßnahmen gegen Arbeitgeber, die Drittstaatsangehörige ohne rechtmäßigen Aufenthalt beschäftigen (ABl. L 168 vom 30.6.2009, S. 24), zu unterrichten.

Überblick

Die Androhung der Abschiebung als Maßnahme der Vollstreckung geht der Abschiebung regelmäßig voraus. Voraussetzung für den Erlass einer Abschiebungsandrohung ist, dass der Ausländer ausreisepflichtig ist (→ Rn. 3). In der Regel ist dem Ausländer eine Ausreisefrist zu gewähren (→ Rn. 2, → Rn. 5 ff.). In die Abschiebungsandrohung ist nicht zwingend eine Zielstaatsbestimmung anzunehmen (→ Rn. 14 ff.). Dem Erlass der Abschiebungsandrohung stehen Abschiebungsverbote oder das Vorliegen von Gründen für eine vorübergehende Aussetzung der Abschiebung nicht entgegen (→ Rn. 18 ff.). Ist die Abschiebungsandrohung unanfechtbar, so finden Umstände, die einer Abschiebung (in den in der Abschiebungsandrohung bezeichneten Staat) entgegenstehen, nur noch eingeschränkt Berücksichtigung (→ Rn. 22 ff.).

Übersicht

A. Allgemeines

I. Entstehungsgeschichte

1   Eine umfassende Änderung der Norm erfolgte durch das Gesetz zur Umsetzung aufenthaltsrechtlicher Richtlinien der Europäischen Union und zur Anpassung nationaler Rechtsvorschriften an den EU-Visakodex (v. 22.11.2011, BGBl. I 2258). Abs. 1 wurde neu gefasst und Abs. 6–8 neu eingefügt. Das Gesetz zur Neubestimmung des Bleiberechts und der Aufenthaltsbeendigung (v. 27.7.2015, BGBl. I 1386) diente der Klarstellung der Bestimmungen in Abs. 1 über die Hemmung der Ausreisefrist bei Wegfall der Vollziehbarkeit der Ausreisepflicht und in Abs. 3 über das Vorliegen von Gründen für die vorübergehende Aussetzung der Abschiebung (BT-Drs. 18/4097, 40). Durch das Asylverfahrensbeschleunigungsgesetz (v. 20.10.2015, BGBl. I 1722) wurde das Verbot der Bekanntgabe des genauen Abschiebungstermins eingeführt (Abs. 1 S. 8). Das Zweite Gesetz zur besseren Durchsetzung der Ausreisepflicht (v. 15.8.2019, BGBl. I 1294) hat an Abs. 2 einen weiteren Satz zur Klarstellung angefügt, dass bestimmte Gebietskörperschaften Staaten gleichgestellt sind.

II. Funktion

2   Die Abschiebungsandrohung **verdeutlicht die bestehende Ausreiseverpflichtung** und räumt dem Betroffenen eine **Frist** ein, in der er seine **persönlichen Angelegenheiten regeln**

und **freiwillig ausreisen** kann. Bei einer überwachungsbedürftigen Ausreise (§ 58 Abs. 1 S. 1 Alt. 3 iVm § 58 Abs. 3) erschöpft sich die Funktion der Abschiebungsandrohung in der Ankündigung der Abschiebung, da in diesen Fällen eine freiwillige Ausreise nicht möglich ist.

B. Voraussetzungen der Abschiebungsandrohung

I. Ausreisepflicht

Die Androhung der Abschiebung setzt voraus, dass der Ausländer **ausreisepflichtig** ist (§ 50 **3** Abs. 1), die Ausreisepflicht muss aber **noch nicht vollziehbar** sein (GK-AufenthG/Funke-Kaiser Rn. 42 ff., 51; Bergmann/Dienelt/Bauer Rn. 13; NdsOVG BeckRS 2021, 807; OVG Bln-Bbg BeckRS 2018, 6815). Dies ergibt sich aus Art. 7 Abs. 1 Rückführungs-RL, da die Abschiebungsandrohung eine **Rückkehrentscheidung** (→ Rn. 3.1) im Sinne dieser Vorschrift darstellt (vgl. ausf. BeckOK AuslR/Kluth Rn. 7 ff.; Dörig MigrationsR-HdB § 8 Rn. 42).

Das Fehlen einer Entscheidung zum Einreiseverbot hat keine Auswirkungen auf die Abschiebungsandro- **3.1** hung als Rückkehrentscheidung (BVerwG BeckRS 2018, 13058; 2017, 127231; NVwZ 2019, 483).

Gegenüber Drittstaatsangehörigen, die über ihre Unionsbürgerschaft getäuscht haben, und ihren Famili- **3.2** enangehörigen bedarf es vor Erlass einer Abschiebungsandrohung keiner vorherigen Verlustfeststellung (NdsOVG BeckRS 2020, 18637).

Ist der Aufenthalt des Ausländers nach § 55 AsylG gestattet, so entfällt die Ausreisepflicht nach **4** § 50 Abs. 1. Dies ist nach Ausstellung des Auskunftsnachweises gem. § 63a Abs. 1 AsylG oder mit der Stellung des Asylantrags der Fall (§ 55 Abs. 1 S. 3 AsylG). Ob ein Schutzbegehren vorliegt, ist anhand des § 13 AsylG zu überprüfen (NdsOVG BeckRS 2019, 29982; OVG Brem BeckRS 2019, 14886).

II. Ausreisefrist

1. Bemessung der Ausreisefrist

Nach Abs. 1 S. 1, der Art. 7 Abs. 1 Rückführungs-RL umsetzt, beträgt die **Ausreisefrist 5** **zwischen sieben und 30 Tagen**. Die Behörde kann die Ausreisefrist aber auch **verlängern** (Abs. 1 S. 4) oder **verkürzen** (Abs. 1 S. 2 Alt. 1) oder ganz auf eine Ausreisefrist (Abs. 1 S. 2 Alt. 2, Abs. 5, → Rn. 25 f.) **verzichten**. Besonders zu beachten ist Abs. 7 S. 1–3 für Opfer einer Straftat nach § 25 Abs. 4a S. 1 (→ § 25 Rn. 68 ff.) oder § 25 Abs. 4b S. 1 (→ § 25 Rn. 77 ff.).

Bei einer Ausreiseaufforderung und **Abschiebungsandrohung nach § 34 Abs. 1 AsylG und 6** **§ 36 Abs. 1 AsylG** (Ablehnung des Asylantrags als offensichtlich unbegründet), ist die **Ausreise-** **frist von einer Woche objektiv rechtswidrig**. Dies folgt aus der Asylverfahrens-RL (RL 2013/ 32/EU v. 26.6.2013, ABl. 2013 L 180, 60) und der dazu ergangenen Rechtsprechung des EuGH (BeckRS 2018, 11637 – Gnandi). Da die einwöchige Ausreisefrist des § 36 Abs. 1 AsylG mit der Bekanntgabe des Bundesamtsbescheids zu laufen beginnt und der Vollstreckungsschutz bzw. die Vollzugshemmung des § 36 Abs. 3 S. 8 AsylG erst mit der Einlegung des Rechtsbehelfs eintritt, ist nicht sichergestellt, dass das Fristlaufverbot und Bleiberecht auch den Zeitraum erfassen, in dem ein Rechtsmittel noch nicht eingelegt ist, so dass die **Verfahrensgarantien des Art. 46 Abs. 6 und Abs. 8 Asylverfahrens-RL** nicht eingehalten sind. Dies führt zur Rechtswidrigkeit der Ausreisefrist (BVerwG BeckRS 2020, 8209; 2020, 12419; NVwZ-RR 2020, 846). Eine **unionsrechtskonforme Auslegung** des § 36 Abs. 3 S. 8 AsylG, wonach die Ausreisefrist erst nach Abschluss des gerichtlichen Verfahrens beginnen soll, ist nach Auffassung des BVerwG mit Bundesrecht nicht vereinbar. Der Mangel kann behoben werden, wenn die **Vollziehung der Abschiebungsandrohung nach § 80 Abs. 4 VwGO ausgesetzt** ist (BVerwG BeckRS 2020, 12419). Abs. 1 S. 6 und S. 7 sind auf den Lauf der einwöchigen Ausreisefrist nicht analog anwendbar (BVerwG BeckRS 2020, 8209; aA noch OVG NRW BeckRS 2019, 8955). Die Unterbrechung nach Abs. 1 S. 6 tritt erst nach der behördlichen Aussetzungsentscheidung ein (OVG Brem BeckRS 2020, 29074). Eine Abschiebungsandrohung, die das BAMF mit der **Ablehnung des Asylantrags als (einfach) unbegründet** erlässt, ist nicht wegen der Ausreisefrist des § 38 Abs. 1 S. 1 AsylG aufzuheben, da durch § 38 Abs. 1 S. 2 AsylG ein unionsrechtskonformer Zustand geschaffen wird (BVerwG BeckRS 2020, 8202).

Die Entscheidung über die **Bemessung der Ausreisefrist** ist zu **begründen** (BeckOK AuslR/ **7** Kluth Rn. 15; SchlHOVG BeckRS 2017, 105583). Sie hat sich an den **Umständen des Einzel-** **falls** zu orientieren und die **in Art. 7 Abs. 2 Rückführungs-RL genannten Kriterien** zu berücksichtigen (Bergmann/Dienelt/Bauer Rn. 21; NK–AuslR/Hocks Rn. 13; ausf. GK–AufenthG/Funke-Kaiser Rn. 100 ff.).

8   Dem Ausländer ist eine **Bescheinigung** über die Gewährung der Ausreisefrist auszustellen (Abs. 5). In der Praxis ist dies die Grenzübertrittsbescheinigung.

9   Die Ausreisefrist wird in der Regel **kalendermäßig** bestimmt. Abs. 1 S. 6, wonach die Ausreisefrist unterbrochen wird, die Vollziehbarkeit der Ausreisepflicht oder der Abschiebungsandrohung entfällt, seht der **datumsmäßigen Fixierung** einer nach Tagen zu bestimmenden Ausreisefrist nicht entgegen. Möglich ist auch die Angabe eines **abstrakten Zeitraums,** wobei der Bestimmtheitsgrundsatz zu beachten ist (→ Rn. 9.1).

9.1   Eine datumsmäßige Frist ist mit dem in Abs. 1 S. 1 enthaltenen Gebot einer nach Tagen zu bestimmenden Ausreisefrist jedenfalls dann zu vereinbaren, wenn die Ausreisepflicht kraft Gesetzes vollziehbar ist (BVerwG BeckRS 2018, 25969; NVwZ 2015, 1647).

10   Leidet die Bestimmung der Ausreisefrist an einem rechtserheblichen **Fehler,** so ist **nicht die gesamte Abschiebungsandrohung aufzuheben, sondern nur die Frist** (GK–AufenthG/Funke-Kaiser Rn. 121).

2. Unterbrechung der Ausreisefrist (Abs. 1 S. 6)

11   Wird die Ausreisefrist **unterbrochen,** beginnt die Frist **nach Wiedereintritt der Vollziehbarkeit neu zu laufen** (§ 212 BGB). Eine Unterbrechung der Ausreisefrist liegt vor, wenn die Vollziehbarkeit der Ausreisepflicht oder der Abschiebungsandrohung entfällt. Dies ist zB der Fall, wenn das Verwaltungsgericht die aufschiebende Wirkung der Klage anordnet bzw. wiederherstellt und im Beschwerdeverfahren der Antrag des Betroffenen auf Anordnung bzw. Wiederherstellung der aufschiebenden Wirkung abgelehnt wird.

12   **Keine Unterbrechung der Ausreisefrist** liegt vor, wenn die **Behörde zusichert,** während des vorläufigen Rechtsschutzbegehrens **die Abschiebungsandrohung nicht zu vollziehen** (GK–AufenthG/Funke-Kaiser Rn. 142).

13   War die Ausreisefrist nach Datum bestimmt worden, so ist für die Berechnung der Ausreisefrist nach der Unterbrechung zu berechnen, wie viele Tage der Zeitraum zwischen dem Wirksamwerden der Abschiebungsandrohung und dem zunächst bestimmten Ausreisedatum beträgt. Nach **Ablauf der Unterbrechung** bedarf es **keiner erneuten Fristsetzung** (Hailbronner AuslR Rn. 59; OVG Bln-Bbg BeckRS 2018, 20870).

III. Zielstaatsbestimmung (Abs. 2)

14   In der Abschiebungsandrohung soll der Staat, in den abgeschoben werden soll, bezeichnet werden, damit etwaige Abschiebungshindernisse rechtzeitig geprüft werden können. Die Regelung hat lediglich **Ordnungscharakter** (GK–AufenthG/Funke-Kaiser Rn. 66) und begründet kein subjektives Recht des Abzuschiebenden. Daher kommt der **Bezeichnung des Zielstaats in der Abschiebungsanordnung auch keine Bindungswirkung** zu (BayVGH BeckRS 2016, 55750). Der Staat, in den abgeschoben wird, ist nicht zwangsläufig der Herkunftsstaat oder der Staat, dessen Staatsangehörigkeit der Betreffende besitzt. Abweichend von Abs. 2 S. 1 kann die Bestimmung des Zielstaats zunächst ausnahmsweise unterbleiben, wenn die Staatsangehörigkeit des Ausländers ungeklärt und kein aufnahmebereiter Drittstaat erkennbar war (Hailbronner AuslR Rn. 32).

15   **Vor der Abschiebung** ist jedoch stets die **Zielstaatsbestimmung vorzunehmen.** Dies geschieht entweder durch die **Ergänzung der Abschiebungsandrohung** oder durch den **Erlass einer Abschiebungsanordnung** (ausf. GK–AufenthG/Funke-Kaiser Rn. 81 ff.). Durch das Zweite Gesetz zur besseren Durchsetzung der Ausreisepflicht (v. 15.8.2019, BGBl. I 1294) hat der Gesetzgeber in Abs. 2 S. 2 eine Klarstellung vorgenommen, wonach nicht nur eine Abschiebung in einen von der Bundesrepublik auf völkerrechtlicher Ebene anerkannten Staat zulässig ist, sondern auch in nicht anerkannte Gebietskörperschaften (BT-Drs. 19/10047, 37; so bereits zur alten Rechtslage NdsOVG BeckRS 2017, 138723 für **Palästinensische Autonomiegebiete**). Die Ergänzung der Abschiebungsandrohung ist durch diejenige Behörde vorzunehmen, die die Androhung erlassen hat.

16   Die **Notwendigkeit einer Zielstaatsbestimmung** ergibt sich aus Abs. 3. Denn der Ausländer darf nicht in einen Staat abgeschoben werden, für den **Abschiebungsverbote** bestehen, sodass durch die Bestimmung des Zielstaats festgelegt wird, in Bezug auf welchen Staat Abschiebungsverbote zu prüfen sind. Unterbleibt die Zielstaatsbestimmung, so kann der Betroffene auch bei

Rechtskraft der Abschiebungsandrohung Umstände geltend machen, die einer Abschiebung in einem bestimmten Staat entgegenstehen, die schon vor Unanfechtbarkeit der Abschiebungsandrohung vorlagen (Abs. 4 S. 1 Hs. 1, → Rn. 22).

Die Regelung, dass der Ausländer darauf hingewiesen werden soll, dass er auch in einen anderen **17** Staat abgeschoben werden kann, in den er einreisen darf oder der zu seiner Übernahme verpflichtet ist, hat lediglich **Hinweischarakter** (Hailbronner AuslR Rn. 37; OVG NRW BeckRS 2020, 136). Der Behörde wird dadurch ermöglicht, zu einem späteren Zeitpunkt eine Abschiebungsanordnung zu erlassen, in der der konkrete Zielstaat benannt wird. Einer erneuten Abschiebungsandrohung bedarf es nicht (GK-AufenthG/Funke-Kaiser Rn. 88 ff.).

C. Abschiebungsverbote und -hindernisse (Abs. 3)

Die **Abschiebungsandrohung** kann auch dann erlassen werden, wenn **Abschiebungsver- 18 bote** oder **Gründe für die vorübergehende Aussetzung der Abschiebung** bestehen (NdsOVG BeckRS 2019, 29982; BayVGH BeckRS 2018, 28765; OVG Brem BeckRS 2018, 7670). Damit wird die Prüfung von Abschiebungsverboten oder -hindernissen auf die **Ebene des Vollzugs** verlagert.

Sind der Behörde bereits bei **Erlass der Abschiebungsandrohung zielstaatsbezogene 19 Abschiebungshindernisse oder -verbote** bekannt, ist der **Staat zu bezeichnen, in den nicht abgeschoben werden darf** (Abs. 3 S. 2). Dabei ist die Ausländerbehörde an die Entscheidung des Bundesamtes gebunden, das bei Stellung eines Asylantrags über das Bestehen von Abschiebungsverboten nach § 60 Abs. 2–5 und Abs. 7 (→ § 60 Rn. 15 ff.) entscheidet (§ 24 Abs. 2 AsylG).

Wird die **Zielstaatsbestimmung aufgehoben,** so nimmt dies der Abschiebungsandrohung **20** nicht die Regelungswirkung, da sie **auch ohne Zielstaatsbestimmung Verwaltungsaktcharakter** besitzt (BVerwG NVwZ 2014, 1460). Aus Abs. 3 S. 3 folgt die Teilbarkeit der getroffenen Regelung in Abschiebungsandrohung und Zielstaatsbestimmung.

Die Möglichkeit, Abschiebungsandrohungen, ohne Rücksicht auf das Bestehen von Abschie- **21** bungsverboten zu erlassen, besteht nicht, wenn **bereits bei Erlass der Androhung feststeht, dass der Ausländer nicht abgeschoben werden kann.** Dies ist dann der Fall, wenn zwingende rechtliche Gründe einer Abschiebung entgegenstehen (§ 60a Abs. 2 in Verbindung mit rechtlicher Unmöglichkeit). Die Abschiebungsandrohung würde in diesem Fall ihren **Zweck verfehlen** (Hailbronner AuslR Rn. 29).

D. Präklusion (Abs. 4)

Abs. 4 S. 1 Hs. 1 betrifft die Geltendmachung von Umständen, die der Abschiebung in den **22** Staat entgegenstehen, der in der Androhung genannt ist (Abs. 2 S. 1), also **zielstaatsbezogene Gründe.** Diese Umstände darf die **Ausländerbehörde** nach Eintritt der Unanfechtbarkeit der Androhung nicht mehr berücksichtigen, wenn sie bereits vor Eintritt der Unanfechtbarkeit hätten vorgebracht werden können (Nr. 59.4.1 AufenthGAVwV). Teile der Kommentarliteratur halten das zwingende Berücksichtigungsverbot für verfassungswidrig (GK-AufenthG/Funke-Kaiser Rn. 196 ff.; NK-AuslR/Hocks Rn. 10; aA Hailbronner AuslR Rn. 99; zur Frage, ob diese Regelung auch ein Verbot des Wiederaufgreifens des Verfahrens nach § 51 VwVfG beinhaltet vgl. GK-AufenthG/Funke-Kaiser Rn. 216).

Abs. 4 S. 1 Hs. 2 betrifft **Umstände,** die einer Abschiebung in den Zielstaat entgegenstehen, **23** die **nach der Unanfechtbarkeit eingetreten** sind, und **sonstige Umstände,** aus denen sich Bedenken gegen die Abschiebung ergeben, **unabhängig von ihrem Entstehenszeitpunkt.** Dabei kann es sich zB um Abschiebungshindernisse handeln, die sich aus Art. 8 EMRK oder Art. 2 Abs. 1 GG ergeben. Diese Abschiebungshindernisse **kann die Behörde unberücksichtigt lassen.**

Der Ausländer kann die in Abs. 4 S. 1 genannten Umstände im Wege einer Klage oder **24** einstweiligen Anordnung geltend machen (Abs. 4 S. 2). Bringt er allerdings zielstaatsbezogene Gründe vor, die vor Eintritt der Unanfechtbarkeit der Abschiebungsandrohung entstanden sind (Abs. 4 S. 1 Hs. 1), so wird er auch im gerichtlichen Verfahren keinen Erfolg haben, weil bestandskräftig feststeht, dass für den in der Androhung genannten Zielstaat (Abs. 2 S. 1) keine Abschiebungshindernisse bestehen. In den Fällen des Abs. 4 S. 1 Hs. 2 stellt sich die Frage, ob der Ausländer, bevor er solche Umstände im gerichtlichen Verfahren geltend macht, zunächst der Ausländerbehörde Gelegenheit geben muss, über einen entsprechenden Antrag zu entscheiden.

E. Aufenthaltsbeendigung ohne Fristsetzung oder Androhung

I. Entbehrlichkeit einer Ausreisefrist

25   Eine Ausreisefrist ist nach **Abs. 1 S. 2** entbehrlich, wenn dies zur Wahrung überwiegender öffentlicher Belange zwingend erforderlich ist. Dies ist dann der Fall, wenn keine andere, vernünftige Möglichkeit ersichtlich ist, überwiegende öffentliche Belange zu wahren. In den angeführten Beispielfällen (Fluchtgefahr, erhebliche Gefahr für die öffentliche Sicherheit und Ordnung) ist stets von einem Überwiegen der öffentlichen Belange auszugehen. Zu berücksichtigen ist zudem Art. 7 Abs. 4 Rückführungs-RL. Aus der Begründung der Abschiebungsandrohung muss ersichtlich sein, weshalb keine Ausreisefrist gewährt wird, aber dennoch eine Abschiebungsandrohung erlassen wird (Bergmann/Dienelt/Bauer Rn. 29). Denkbar ist dies zB in Fällen, in denen der Ausländer unerlaubt einreist und der Pass in Kürze abläuft.

26   In den Fällen des **Abs. 5 S. 1** wird die Abschiebung aus der Haft ohne Setzung einer Frist zur freiwilligen Ausreise angedroht. Es handelt sich um einen gegenüber Abs. 1 S. 2 **spezielleren Fall**, in dem die Setzung einer Ausreisefrist entbehrlich ist, weil **bei einer Abschiebung aus der Haft ohnehin keine freiwillige Ausreise möglich ist** (BayVGH BeckRS 2016, 110053).

27   Ob die Androhung der Abschiebung aus der Haft ohne Setzen einer Frist zur freiwilligen Ausreise mit Art. 7 Abs. 4 Rückführungs-RL vereinbar ist, ist inzwischen in der Rechtsprechung dahingehend geklärt, dass zumindest dann, wenn sich bereits aus der Ausweisungsentscheidung ergibt, dass von dem Inhaftierten eine Gefahr für die öffentliche Sicherheit und Ordnung iSd Art. 7 Abs. 4 Rückführungs-RL ausgeht, die Gewährung einer Frist zur freiwilligen Ausreise entbehrlich ist (OVG Bln–Bbg BeckRS 2021, 8162; OVG NRW BeckRS 2019, 8245; VGH BW BeckRS 2017, 115876; BayVGH 2016, 110053). Nicht entschieden ist bislang, ob die Bundesrepublik mit der Regelung in Abs. 5 S. 1 mit der Folge des Unterbleibens einer Frist für die freiwillige Reise von der opt-out-Klausel des Art. 2 Abs. 2 lit. b Rückführungs-RL Gebrauch gemacht hat (vgl. VGH BW BeckRS 2017, 115876; Hailbronner AuslR Rn. 78 ff.).

II. Entbehrlichkeit der Abschiebungsandrohung

28   Eine Abschiebungsandrohung kann unterbleiben, wenn die Voraussetzungen des **Abs. 1 S. 2 und S. 3** kumulativ vorliegen.

III. Sonderregelung des § 60 Abs. 10

29   Liegen die **Voraussetzungen des § 60 Abs. 1** vor, so darf nach der Sonderregel des § 60 Abs. 10 (→ § 60 Rn. 52) **im Falle einer beabsichtigten Abschiebung nicht vom Erlass einer Abschiebungsandrohung und der Gewährung einer Ausreisefrist abgesehen werden**. In Anbetracht dessen, dass das Vorliegen der Voraussetzungen des § 60 Abs. 1 vom Bundesamt festgestellt wird und sich aus der Feststellung ein Anspruch auf Erteilung einer Aufenthaltserlaubnis nach § 25 Abs. 2 ergibt, kommt der Erlass einer Abschiebungsandrohung durch die Ausländerbehörde nur in den Fällen des **§ 25 Abs. 2 S. 2** (→ § 25 Rn. 11 ff.) in Betracht, dh wenn der Ausländer aus schwerwiegenden Gründen der öffentlichen Sicherheit und Ordnung ausgewiesen worden ist.

30   Einen weiteren Anwendungsfall stellt die **Beendigung des Aufenthalts des in § 60 Abs. 1 S. 2** (→ § 60 Rn. 9) **genannten Personenkreises** dar, weil in diesen Fällen das Bundesamt nicht für den Erlass der Abschiebungsandrohung zuständig ist.

F. Verfahrens- und Rechtsschutzfragen

I. Verbot der Ankündigung des Termins der Abschiebung (Abs. 1 S. 8)

31   Diese Regelung wurde mit dem Asylverfahrensbeschleunigungsgesetz (v. 20.10.2015, BGBl. I 1722) eingefügt (BT-Drs. 18/6185, 50). Sie wirft im Hinblick auf die **Erlangung effektiven Rechtsschutzes** Probleme auf, weil der Betroffene die Möglichkeit haben muss, Duldungsgründe, die erst nach Ablauf der Ausreisefrist aufgetreten sind, gerichtlich geltend zu machen. Jedenfalls wird einstweiliger Rechtsschutz nicht mit der Begründung versagt werden können, dass die Abschiebung noch nicht unmittelbar bevorsteht (BVerfG BeckRS 2017, 107545; zu Art. 19 Abs. 4 GG und der Möglichkeit der Kontaktaufnahme zum Anwalt während der Abschiebungshaft BVerfG BeckRS 2018, 24833). Offen ist, ob Abs. 1 S. 8 auch für Überstellungen aufgrund von

Abschiebungsanordnungen nach § 34a Abs. 1 S. 1 AsylG anzuwenden ist (NdsOVG BeckRS 2018, 3803).

II. Zuständigkeit des Bundesamtes

Die ausschließliche Zuständigkeit des Bundesamtes für den Erlass einer Abschiebungsdrohung 32 bei abgelehnten Asylbewerbern folgt aus § 34 Abs. 1 S. 1 AsylG. Zuständig bleibt die **Ausländerbehörde** auch in diesen Fällen für Entscheidungen nach **Abs. 1 S. 4 (Verlängerung der Ausreisefrist) und Abs. 6 (Ausstellung der Bescheinigung; § 34 Abs. 1 S. 3 AsylG).**

Ist dem Asylbewerber nach Abschluss des Asylverfahrens ein Aufenthaltstitel erteilt worden, 33 werden die Ausländerbehörden aufgrund einer ausländerrechtlichen Ausreisepflicht für die Abschiebungsandrohung zuständig.

III. Statthafte Klageart gegen die Androhung der Abschiebung

Gegen die **Androhung der Abschiebung** kann mit der **Anfechtungsklage** vorgegangen 34 werden, da es um einen **selbstständig anfechtbaren Verwaltungsakt** handelt. In der Regel werden aber der die Ausreisepflicht begründende Grundverwaltungsakt und die Abschiebungsandrohung zusammen angegriffen.

Maßgeblich für die gerichtliche Beurteilung der Sach- und Rechtslage ist auch für die Abschie- 35 bungsandrohung der Zeitpunkt der letzten mündlichen Verhandlung oder Entscheidung des Tatsachengerichts (GK-AufenthG/Funke-Kaiser Rn. 252), wenn sie noch nicht vollzogen ist (BVerwG BeckRS 2017, 13954).

Die **Abschiebung** führt nicht zur automatischen **Erledigung** (→ Rn. 36.1) **der Abschie-** 36 **bungsandrohung** (GK-AufenthG/Funke-Kaiser Rn. 242 ff.), weil sie die **Legitimation für die Abschiebung** und den daraus resultierenden **Kostenerstattungsanspruch** darstellt. Bei einer **freiwilligen Ausreise** ist danach zu differenzieren, ob sie nur erfolgt, um der Abschiebung zu entgehen oder der Ausländer seine vermeintliche Rechtsposition aufgibt.

Eine Abschiebungsandrohung erledigt sich auch nicht dadurch, dass der Ausländer einen Asylantrag 36.1 stellt, der eine Aufenthaltsgestattung entstehen lässt. Erlischt die Aufenthaltsgestattung gem. § 67 Abs. 1 Nr. 2 AsylG, kann die Ausländerbehörde die Ausreisepflicht aufgrund der früheren Abschiebungsandrohung wieder durchsetzen (OVG Brem BeckRS 2019, 14886).

Erledigung tritt dagegen ein, wenn die Ausländerbehörde einen **Aufenthaltstitel erteilt** oder 37 eine **neue Ausreiseaufforderung mit neuer Fristsetzung** erlässt. Die bloße Verlängerung der Ausreisefrist führt nicht zur Erledigung der Abschiebungsandrohung.

Nach **Unanfechtbarkeit der Abschiebungsandrohung** und der **erfolgten Abschiebung** 38 hat sich die Androhung erledigt (Bergmann/Dienelt/Bauer Rn. 61).

IV. Statthafte Klageart bei Geltendmachung eines Abschiebungsverbots

Da die Ausländerbehörde das Bestehen eines Abschiebungsverbots nicht feststellen kann, muss 39 der Ausländer die **Abschiebungsandrohung insoweit anfechten**, als **ein bestimmter Staat**, für den er das Bestehen eines Abschiebungsverbots geltend macht, **nicht von der Zielstaatsbestimmung ausgenommen worden ist** (GK-AufenthG/Funke-Kaiser Rn. 255 ff.).

V. Statthafte Klageart gegen die Festsetzung der Ausreisefrist

Die Bestimmung der Ausreisefrist kann **selbstständiger Gegenstand einer Anfechtungs-** 40 **klage** sein (Hailbronner AuslR Rn. 75).

VI. Vorläufiger / Einstweiliger Rechtsschutz

Bei der Abschiebungsandrohung handelt es um eine Maßnahme der **Verwaltungsvollstre-** 41 **ckung,** sodass sich die Frage, ob eine **Anfechtungsklage** gegen die Androhung **aufschiebende Wirkung** hat, nach den **landesrechtlichen Regelungen des Verwaltungsvollstreckungsrechts** beantwortet. Vorläufiger Rechtsschutz ist nur im Rahmen eines Antrags nach § 80 Abs. 5 VwGO auf Anordnung bzw. Wiederherstellung der aufschiebenden Wirkung hin zulässig.

Wenn Einwendungen geltend gemacht werden, die nicht die Rechtmäßigkeit der Androhung 42 der Abschiebung betreffen, kommt ein Antrag nach § 123 Abs. 1 VwGO mit dem Ziel der **vorläufigen Aussetzung der Abschiebung** in Betracht. Dies betrifft in erster Linie die **Gel-**

tendmachung von Abschiebungsverboten / -hindernissen, deren Vorliegen die Rechtmäßigkeit der Abschiebungsandrohung im Übrigen nicht berührt (Hailbronner AuslR
Rn. 123). Wird die Abschiebung noch während des laufenden Rechtsmittelverfahrens durchgeführt, so tritt Erledigung ein. Umstritten ist, ob und unter welchen Voraussetzungen die Umstellung des ursprünglichen Antrags auf Aussetzung der Abschiebung in einen Antrag auf Gestattung
der Wiedereinreise in das Bundesgebiet möglich ist (→ Rn. 42.1, → § 58 Rn. 43.1). Ein Antrag
auf Feststellung, dass die Abschiebung rechtswidrig war, ist jedenfalls unzulässig (BayVGH BeckRS
2017, 139195). Ein Antrag auf Erlass einer Regelungsanordnung im Verfahren nach § 123 VwGO
ist gem. § 123 Abs. 5 VwGO allerdings nicht statthaft, wenn gegen die behördliche Entscheidung
über die Aufenthaltsbeendigung vorläufiger Rechtsschutz nach § 80 Abs. 5 VwGO eröffnet ist
und die Abschiebung vollzogen wird, wenn ein Verfahren nach § 80 Abs. 5 VwGO eingeleitet
worden ist oder noch eingeleitet werden kann, weil der Betreffende den Vollzugsfolgenbeseitigungsanspruch im Verfahren nach § 80 Abs. 5 S. 3 VwGO geltend machen kann (NdsOVG
BeckRS 2019, 5740).

42.1   Die Vertreter der Auffassung, dass eine Antragsumstellung nach erfolgter Abschiebung nicht zulässig
ist, begründen dies damit, dass es sich hierbei um einen Vollzugsfolgenbeseitigungsanspruch handle und es
in § 123 VwGO an einer § 80 Abs. 5 S. 3 VwGO entsprechenden Regelung fehle (vgl. BayVGH BeckRS
2017, 139195 mwN). Nach aA ist die Zulässigkeit der Antragsänderung – auch noch in einem etwaigen
Beschwerdeverfahren – entsprechend § 91 VwGO zu beurteilen (HmbOVG BeckRS 2019, 18123).

§ 60 Verbot der Abschiebung

(1) ¹In Anwendung des Abkommens vom 28. Juli 1951 über die Rechtsstellung der
Flüchtlinge (BGBl. 1953 II S. 559) darf ein Ausländer nicht in einen Staat abgeschoben
werden, in dem sein Leben oder seine Freiheit wegen seiner Rasse, Religion, Nationalität, seiner Zugehörigkeit zu einer bestimmten sozialen Gruppe oder wegen seiner politischen Überzeugung bedroht ist. ²Dies gilt auch für Asylberechtigte und Ausländer,
denen die Flüchtlingseigenschaft unanfechtbar zuerkannt wurde oder die aus einem
anderen Grund im Bundesgebiet die Rechtsstellung ausländischer Flüchtlinge genießen
oder die außerhalb des Bundesgebiets als ausländische Flüchtlinge nach dem Abkommen
über die Rechtsstellung der Flüchtlinge anerkannt sind. ³Wenn der Ausländer sich auf
das Abschiebungsverbot nach diesem Absatz beruft, stellt das Bundesamt für Migration
und Flüchtlinge außer in den Fällen des Satzes 2 in einem Asylverfahren fest, ob die
Voraussetzungen des Satzes 1 vorliegen und dem Ausländer die Flüchtlingseigenschaft
zuzuerkennen ist. ⁴Die Entscheidung des Bundesamtes kann nur nach den Vorschriften
des Asylgesetzes angefochten werden.

(2) ¹Ein Ausländer darf nicht in einen Staat abgeschoben werden, in dem ihm der in
§ 4 Absatz 1 des Asylgesetzes bezeichnete ernsthafte Schaden droht. ²Absatz 1 Satz 3
und 4 gilt entsprechend.

(3) Darf ein Ausländer nicht in einen Staat abgeschoben werden, weil dieser Staat
den Ausländer wegen einer Straftat sucht und die Gefahr der Verhängung oder der
Vollstreckung der Todesstrafe besteht, finden die Vorschriften über die Auslieferung
entsprechende Anwendung.

(4) Liegt ein förmliches Auslieferungsersuchen oder ein mit der Ankündigung eines
Auslieferungsersuchens verbundenes Festnahmeersuchen eines anderen Staates vor, darf
der Ausländer bis zur Entscheidung über die Auslieferung nur mit Zustimmung der
Behörde, die nach § 74 des Gesetzes über die internationale Rechtshilfe in Strafsachen
für die Bewilligung der Auslieferung zuständig ist, in diesen Staat abgeschoben werden.

(5) Ein Ausländer darf nicht abgeschoben werden, soweit sich aus der Anwendung
der Konvention vom 4. November 1950 zum Schutze der Menschenrechte und Grundfreiheiten (BGBl. 1952 II S. 685) ergibt, dass die Abschiebung unzulässig ist.

(6) Die allgemeine Gefahr, dass einem Ausländer in einem anderen Staat Strafverfolgung und Bestrafung drohen können und, soweit sich aus den Absätzen 2 bis 5 nicht
etwas anderes ergibt, die konkrete Gefahr einer nach der Rechtsordnung eines anderen
Staates gesetzmäßigen Bestrafung stehen der Abschiebung nicht entgegen.

(7) ¹Von der Abschiebung eines Ausländers in einen anderen Staat soll abgesehen
werden, wenn dort für diesen Ausländer eine erhebliche konkrete Gefahr für Leib, Leben

oder Freiheit besteht. [2]§ 60a Absatz 2c Satz 2 und 3 gilt entsprechend. [3]Eine erhebliche konkrete Gefahr aus gesundheitlichen Gründen liegt nur vor bei lebensbedrohlichen oder schwerwiegenden Erkrankungen, die sich durch die Abschiebung wesentlich verschlechtern würden. [4]Es ist nicht erforderlich, dass die medizinische Versorgung im Zielstaat mit der Versorgung in der Bundesrepublik Deutschland gleichwertig ist. [5]Eine ausreichende medizinische Versorgung liegt in der Regel auch vor, wenn diese nur in einem Teil des Zielstaats gewährleistet ist. [6]Gefahren nach Satz 1, denen die Bevölkerung oder die Bevölkerungsgruppe, der der Ausländer angehört, allgemein ausgesetzt ist, sind bei Anordnungen nach § 60a Abs. 1 Satz 1 zu berücksichtigen.

(8) [1]Absatz 1 findet keine Anwendung, wenn der Ausländer aus schwerwiegenden Gründen als eine Gefahr für die Sicherheit der Bundesrepublik Deutschland anzusehen ist oder eine Gefahr für die Allgemeinheit bedeutet, weil er wegen eines Verbrechens oder besonders schweren Vergehens rechtskräftig zu einer Freiheitsstrafe von mindestens drei Jahren verurteilt worden ist. [2]Das Gleiche gilt, wenn der Ausländer die Voraussetzungen des § 3 Abs. 2 des Asylgesetzes erfüllt. [3]Von der Anwendung des Absatzes 1 kann abgesehen werden, wenn der Ausländer eine Gefahr für die Allgemeinheit bedeutet, weil er wegen einer oder mehrerer vorsätzlicher Straftaten gegen das Leben, die körperliche Unversehrtheit, die sexuelle Selbstbestimmung, das Eigentum oder wegen Widerstands gegen Vollstreckungsbeamte rechtskräftig zu einer Freiheits- oder Jugendstrafe von mindestens einem Jahr verurteilt worden ist, sofern die Straftat mit Gewalt, unter Anwendung von Drohung mit Gefahr für Leib oder Leben oder mit List begangen worden ist oder eine Straftat nach § 177 des Strafgesetzbuches ist.

(9) [1]In den Fällen des Absatzes 8 kann einem Ausländer, der einen Asylantrag gestellt hat, abweichend von den Vorschriften des Asylgesetzes die Abschiebung angedroht und diese durchgeführt werden. [2]Die Absätze 2 bis 7 bleiben unberührt.

(10) [1]Soll ein Ausländer abgeschoben werden, bei dem die Voraussetzungen des Absatzes 1 vorliegen, kann nicht davon abgesehen werden, die Abschiebung anzudrohen und eine angemessene Ausreisefrist zu setzen. [2]In der Androhung sind die Staaten zu bezeichnen, in die der Ausländer nicht abgeschoben werden darf.

Überblick

Die Vorschrift regelt in Abs. 1 (→ Rn. 4 ff.) und Abs. 2 (→ Rn. 15 ff.) Abschiebungsverbote für Flüchtlinge und subsidiär Schutzberechtigte. Die materiellen Regelungen für die Flüchtlingsanerkennung und die Gewährung subsidiären Schutzes enthalten allerdings §§ 3 und 4 AsylG. Der sich aus der EMRK ergebende Abschiebungsschutz findet sich in Abs. 5 (→ Rn. 23 ff.). Abschiebungsschutz bei erheblichen Gefahren für Leben, Leib und Freiheit gewährt Abs. 7 (→ Rn. 31 ff.). Abs. 4 (→ Rn. 20 ff.) trifft eine Regelung für diejenigen Fälle, in denen ein Auslieferungsersuchen oder ein Festnahmeersuchen eines anderen Staates vorliegt und ist zugleich entsprechend anwendbar, wenn ein Ausländer nicht in einen Staat abgeschoben werden darf, weil die Gefahr der Verhängung der Todesstrafe in diesem Staat besteht (Abs. 3, → Rn. 18 f.). Die in einem anderen Staat drohende Strafverfolgung oder Bestrafung hindert die Abschiebung nicht, wenn sich aus Abs. 2–5 nichts anderes ergibt (Abs. 6, → Rn. 28 ff.). Abs. 8 (→ Rn. 41 ff.) enthält eine Ausschlussregelung für die Flüchtlingsanerkennung. Abs. 9 (→ Rn. 48 ff.) und Abs. 10 (→ Rn. 52) beinhalten verfahrensrechtliche Regelungen für die Androhung und Durchführung der Abschiebung in den Fällen des Abs. 1 und Abs. 8.

Übersicht

A. Entstehungsgeschichte

1   Mit dem Gesetz zur Umsetzung aufenthalts- und asylrechtlicher Richtlinien der Europäischen Union (v. 19.8.2007, BGBl. I 1970) wurde Abs. 1 S. 2–6 (BT-Drs. 16/5065, 184) neu gefasst. Ebenso wurden Abs. 2 und Abs. 3 ergänzt. In Abs. 7 wurde mit dem neuen S. 2 ein zwingender Abschiebungsschutz für Zivilisten, denen individuelle Leibes- und Lebensgefahren im Rahmen eines Bürgerkriegs drohen, eingefügt und der Folgesatz geändert. Diese Änderungen erfolgten in Umsetzung von Art. 15 Qualifikations-RL (BT-Drs. 16/5065, 186). Die bisher in Abs. 8 S. 2 enthaltenen Ausschlussgründe für die Flüchtlingsanerkennung wurden in § 3 Abs. 2 AsylG aufgenommen. Der neue S. 2 verweist darauf (BT-Drs. 16/5065, 187).

2   Das Gesetz zur Umsetzung aufenthaltsrechtlicher Richtlinien der Europäischen Union und zur Anpassung nationaler Rechtsvorschriften an den EU-Visakodex (v. 22.11.2011, BGBl. I 2258) setzte die neugefasste Qualifikations-RL (RL 2011/95/EU v. 13.12.2001, ABl. 2011 L 337, 9) um. Abs. 1 wurde neu gefasst, weil wesentliche Regelungen in die neuen §§ 3a–3e AsylG übernommen wurden. Neugefasst wurde auch Abs. 2, der die bislang in Abs. 2, Abs. 3 und Abs. 7 enthaltenen Abschiebungsverbote zusammenfasst (BT-Drs. 17/13063, 25). Redaktionell geändert wurden Abs. 3, Abs. 7 und Abs. 9. Der erst mit dem Gesetz zur Umsetzung aufenthalts- und asylrechtlicher Richtlinien der Europäischen Union (v. 19.8.2007, BGBl. I 1970) eingeführte Abs. 11 entfiel, weil der Verweis auf die Richtlinienbestimmungen zum subsidiären Schutz in § 4 AsylG übernommen worden war.

3   Durch das Asylpaket II (Gesetz zur Einführung beschleunigter Asylverfahren v. 11.3.2016, BGBl. I 390) wurde Abs. 7 um die Regelungen zur erheblichen konkreten Gefahr bei lebensbedrohlichen oder schwerwiegenden Erkrankungen und deren Nachweis erweitert (BT-Drs. 18/7538, 18) und in Abs. 8 ein weiterer Ausschlussgrund eingefügt (BT-Drs. 18/7537, 8). Mit dem Gesetz zur Verbesserung des Schutzes der sexuellen Selbstbestimmung (v. 4.11.2016, BGBl. I 246) wurde Abs. 8 S. 3 geändert (BT-Drs. 18/9097, 35). In Abs. 7 wurde durch das Zweite Gesetz zur besseren Durchsetzung der Ausreisepflicht (v. 15.8.2019, BGBl. I 1294) die entsprechende Anwendung von § 60a Abs. 2c S. 2 und S. 3 angeordnet.

B. Flüchtlingsschutz (Abs. 1)

I. Flüchtlingseigenschaft

4   In Anwendung des Abkommens über die Rechtsstellung der Flüchtlinge darf ein Ausländer nicht in einen Staat abgeschoben werden, in dem sein Leben oder seine Freiheit wegen seiner Rasse, Religion, Staatsangehörigkeit, seiner Zugehörigkeit zu einer bestimmten sozialen Gruppe oder wegen seiner politischen Überzeugung bedroht ist. Die materiellen Voraussetzungen für das Vorliegen einer solchen Verfolgung waren ursprünglich in Abs. 1 bzw. durch ergänzende Anwendung von Art. 4 Abs. 4 Qualifikations-RL 2004 sowie Art. 7–10 Qualifikations-RL 2004 geregelt. Diese Regelungen finden sich inzwischen in §§ 3a–3e AsylG. Auf die Erläuterungen zu diesen Vorschriften wird verwiesen.

II. Verhältnis zu Art. 16a Abs. 1 GG

5   Die Asylberechtigung des Art. 16a Abs. 1 GG setzt eine asylerhebliche **staatliche Verfolgung im Herkunftsland,** einen **Kausalzusammenhang zwischen Verfolgung und Flucht** (Hailbronner AuslR Rn. 24) und eine **Asylantragstellung** in der Bundesrepublik voraus. Fehlt es an einem Element oder kommt der Ausländer aus einem sicheren Dritt- oder Herkunftsstaat (§§ 26a, 29a), scheidet die Asylgewährung grundsätzlich aus.

6   Die **Zuerkennung der Flüchtlingseigenschaft** ist wesentlich weitreichender und auch bei **Verfolgung durch nichtstaatliche Akteure** oder bei **Verlassen des Herkunftslandes ohne**

aktuelle persönliche Bedrohung oder bei Bestehen von sog. **Nachfluchtgründen** möglich. Selbstgeschaffene subjektive Nachfluchtgründe sind nach Art. 16a Abs. 1 GG grundsätzlich nicht zu berücksichtigen, werden von Art. 33 Abs. 1 GFK aber erfasst werden (Hailbronner AuslR Rn. 24). Strittig ist, ob iRd Art. 16a Abs. 1 GG auch die **Ausschlussgründe** des Art. 1 GFK bzw. Abs. 8 Anwendung finden (GK-AufenthG/Treiber Rn. 67).

Übereinstimmung besteht in der Bestimmung der Verfolgungsmaßnahmen, der geschützten 7 Rechtsgüter und des politischen Charakters der Verfolgung. Bei der **Asylgewährung** handelt es sich um ein **individuelles Grundrecht,** während **Abs. 1** nur **einfachgesetzlichen Schutz** gewährt.

In der Entscheidung über den Asylantrag hat das Bundesamt **unterschiedliche Feststellungen** 8 über die **Asylberechtigung** und die **Zuerkennung der Flüchtlingseigenschaft** zu treffen.

III. Weitere Begünstigte (S. 2)

Die Rechtsstellung eines ausländischen Flüchtlings genießt, wer als **Asylberechtigter nach** 9 **Art. 16a GG** oder **§ 26 AsylG** anerkannt ist; Familienasyl führt nach § 26 Abs. 1 und Abs. 2 AsylG zur Asylanerkennung. Voraussetzung ist eine bestandskräftige und verbindliche Entscheidung des Bundesamtes nach § 31 Abs. 2 AsylG.

Erfasst werden ferner Personen, die die Voraussetzungen des Abs. 1 S. 1 erfüllen und als solche 10 anerkannt sind sowie **Kontingentflüchtlinge** im Sinne des (seit 1.1.2005 nicht mehr geltenden) § 1 FlüchtlmG (Gesetz über Maßnahmen für im Rahmen humanitärer Hilfsaktionen aufgenommene Flüchtlinge v. 22.7.1980, BGBl. I 1057), **im Ausland anerkannte übernommene ausländische Flüchtlinge** iSd Art. 1 GFK, **statuarische Flüchtlinge** iSd Art. 1 A Nr. 1 GFK und **Flüchtlinge nach Art. 1 D Abs. 2 GFK, deren früherer Schutz entfallen ist** (Bergmann/ Dienelt/Bergmann Rn. 22; BeckOK AuslR/Koch Rn. 20; NK-AuslR/Stiegeler Rn. 7). Die Gleichstellung der im Ausland als GFK-Flüchtling anerkannten Personen wirkt **konstitutiv,** weil früher derartige im Ausland erfolgte Anerkennungen in Deutschland nicht akzeptiert wurden. Eine ausländische Flüchtlingsanerkennung entfaltet Bindungswirkung in der Bundesrepublik dahingehend, dass kraft Gesetzes ein Abschiebungsverbot iSv Abs. 1 S. 1 besteht, ein Anspruch auf eine erneute Anerkennungsentscheidung oder die Erteilung einer Aufenthaltserlaubnis ergibt sich daraus jedoch nicht (S. 3; BVerwG BeckRS 2014, 54339).

IV. Zuständigkeit und Verfahren (S. 3, S. 4)

Für die Durchführung des Anerkennungsverfahrens ist das **Bundesamt** zuständig. Eine Zustän- 11 digkeit der Ausländerbehörde besteht nicht. Das **Verfahren** unterliegt ausschließlich den Vorschriften des **AsylG** (BeckOK AuslR/Koch Rn. 21 mwN). Für das **gerichtliche Verfahren** gelten die Vorschriften der §§ 74–83b AsylG mit dem Ausschluss des Beschwerderechts (§ 80 AsylG) und den Einschränkungen beim Rechtsmittelrecht (§ 78 AsylG).

V. Rechtsfolge

Die Flüchtlingsanerkennung nach Abs. 1 verbietet nicht nur die **Abschiebung in den Verfol-** 12 **gerstaat,** sondern statuiert ein **umfassendes Verbot,** den Flüchtling gegen seinen Willen in den Verfolgerstaat zu schaffen (auf irgendeine Weise **auszuweisen oder zurückzuweisen**). Die **Abschiebung in einen Nichtverfolgerstaat** wird nicht ausgeschlossen (sicherer Drittstaat). Zu prüfen ist jedoch, ob von dort eine **Abschiebung in den Verfolgerstaat** droht (NK-AuslR/ Stiegeler Rn. 8).

Ist die Flüchtlingseigenschaft unanfechtbar zuerkannt, besteht Anspruch auf Erteilung einer 13 **Aufenthaltserlaubnis nach § 25 Abs. 2** (→ § 25 Rn. 11 ff.). Unter den Voraussetzungen des Art. 28 Abs. 1 GFK hat der anerkannte Flüchtling Anspruch auf **Ausstellung eines Reiseausweises** bzw. ermessensfehlerfreie Entscheidung darüber (BeckOK AuslR/Koch Rn. 23).

Bei einer **Ausweisung** ist § 53 Abs. 3 zu beachten. In einer Abschiebungsandrohung ist der 14 Staat zu bezeichnen, in den nicht abgeschoben werden darf (§ 59 Abs. 3 S. 2, → § 59 Rn. 14 ff.).

C. Abschiebungsverbot bei Gefahr eines ernsthaften Schadens (Abs. 2)

Mit dieser Vorschrift wird durch den Verweis auf **§ 4 Abs. 1 AsylG** Art. 15 Qualifikations-RL 15 umgesetzt. Insoweit wird auf die dortige Kommentierung verwiesen. Sie gewährt sog. **subsidiären Schutz unabhängig vom politischen Charakter einer Maßnahme.**

16   Der **Maßstab für die Gefahrenprognose** ist in Abs. 2 und § 4 Abs. 1 AsylG identisch, auch
wenn der Ausländer gem. § 4 Abs. 1 AsylG stichhaltige Gründe für die Annahme vorbringen
muss, dass ihm in seinem Herkunftsland ernsthafter Schaden droht (NK-AuslR/Stiegeler Rn. 11).

17   Durch den Verweis auf die entsprechende Anwendung von Abs. 1 S. 3 und S. 4 wird klargestellt,
dass auch der **Antrag auf Gewährung von subsidiärem Schutz als Asylantrag (§ 1 AsylG)
zu behandeln ist** und somit das Bundesamt über die Gewährung von subsidiärem Schutz entscheidet. Wird dem Ausländer der subsidiäre Schutzstatus zuerkannt, hat er **Anspruch auf Erteilung
einer Aufenthaltserlaubnis nach § 25 Abs. 2** (→ § 25 Rn. 11).

D. Gefahr der Verhängung oder Vollstreckung der Todesstrafe (Abs. 3)

18   Die **materiellen Voraussetzungen für ein Abschiebungsverbot bei drohender Todesstrafe** im Herkunftsland sind in **§ 4 Abs. 1 Nr. 1 AsylG** geregelt. Abs. 3 kommt lediglich
verfahrensrechtliche Bedeutung zu, indem die Vorschriften über das Auslieferungsverfahren
für entsprechend anwendbar erklärt werden, wenn dem Ausländer bei einer Abschiebung die
Verhängung oder Vollstreckung der Todesstrafe droht. Konkret betrifft dies § 8 IRG (Gesetz
über die internationale Rechtshilfe in Strafsachen v. 23.12.1982, BGBl. I 1537).

19   Eine Abschiebung ist nur zulässig, wenn der **Abschiebungszielstaat glaubhaft zusichert,
dass die Todesstrafe nicht verhängt oder vollstreckt** wird (BeckOK AuslR/Koch Rn. 30).
Die Zusicherung muss zuverlässig und verpflichtend für den Abschiebungszielstaat sein. Bleiben
begründete Zweifel, ist eine Abschiebung ausgeschlossen (Hailbronner AuslR Rn. 48).

E. Schutz vor Auslieferung (Abs. 4)

20   Abs. 4 begründet ein **zeitweiliges Abschiebungsverbot** während eines **laufenden Ausliefe-
rungsverfahrens** (VGH BW InfAuslR 1994, 27), vermittelt aber kein subjektives Recht auf
Abschiebungsschutz (BeckOK AuslR/Koch Rn. 31). Das Abschiebungsverbot **endet mit der
Entscheidung über die Auslieferung** (Hailbronner AuslR Rn. 50) oder mit der vorherigen
Zustimmung der für die Bewilligung der Auslieferung zuständigen Stelle (§ 74 IRG).

21   Eine **negative Auslieferungsentscheidung** entfaltet **keine formelle Bindungswirkung für
die Ausländerbehörde,** doch muss es auf die ausländerrechtliche Entscheidung durchschlagen,
wenn materielle Auslieferungshindernisse angenommen werden. Eine **Abschiebung** ist der Sache
nach **ausgeschlossen,** wenn im Auslieferungsverfahren **Tatsachen** festgestellt wurden, die ein
Abschiebungsverbot begründen und ausschließlich der Heimatstaat des Ausländers als Abschie-
bungsland in Frage kommt, der Abschiebung also eine auslieferungsgleiche Wirkung zukommt
(Hailbronner AuslR Rn. 51).

22   Eine Abschiebung in einen Staat ist unzulässig, wenn die dem Ausländer dort erwartende Strafe
unerträglich hart, mithin unter jedem denkbaren Gesichtspunkt unangemessen erscheint. In dieser
Situation wird der Grundsatz, dass die konkrete Gefahr einer nach der Rechtsordnung eines
anderen Staates gesetzmäßigen Bestrafung der Abschiebung nicht entgegensteht, durchbrochen
(VGH BW BeckRS 2007, 28218).

F. Schutz nach der EMRK (Abs. 5)

23   Ein Ausländer darf nach Abs. 5 nicht abgeschoben werden, soweit sich aus der Anwendung
der EMRK ergibt, dass die Abschiebung unzulässig ist. Der Verweis auf die EMRK umfasst
nur **zielstaatsbezogene Abschiebungshindernisse** (BVerwG BeckRS 2013, 49252). Für die
Annahme einer unmenschlichen oder erniedrigenden Behandlung iSd Art. 3 EMRK ist geklärt,
dass die einem Ausländer im Zielstaat drohende Gefahren **ein gewisses Mindestmaß an Schwere**
erreichen müssen, um ein Abschiebungsverbot zu begründen. Die Bestimmung dieses Mindestmaßes an Schwere ist relativ und hängt von allen Umständen des Falles ab. Es kann erreicht sein,
wenn der Ausländer seinen existentiellen Lebensunterhalt nicht sichern kann, kein Obdach findet
oder keinen Zugang zu einer medizinischen Basisbehandlung erhält (BVerwG NVwZ 2019, 61
mwN). Der **strengere Maßstab des Abs. 7,** der sog. Extremgefahr voraussetzt, lässt sich
auf § 60 Abs. 5 iVm Art. 3 EMRK nicht übertragen (BVerwG BeckRS 2018, 21103; 2018,
21080). Allerdings sind **schlechte humanitäre Bedingungen im Zielstaat,** die nicht auf eine
direkte oder indirekte Handlung oder Unterlassung staatlicher oder nicht staatlicher Akteure
zurückzuführen sind, **nur in ganz besonderen Ausnahmefällen,** in denen dringende humanitäre Gründe gegen eine Aufenthaltsbeendigung sprechen, iRv Art. 3 EMRK zu berücksichtigen.
Die Annahme einer unmenschlichen Behandlung allein durch die humanitäre Lage und die allge-

meinen Lebensbedingungen setzt ein **sehr hohes Gefährdungsniveau** voraus (BVerwG BeckRS 2019, 3604). Nach der neueren Rechtsprechung des EuGH kommt es darauf an, ob sich die betroffene Person unabhängig von ihrem Willen und ihren persönlichen Entscheidungen in einer Situation extremer materieller Not befindet, die es ihr nicht erlaubt, ihre elementarsten Grundbedürfnisse zu befriedigen, insb. sich zu ernähren, sich zu waschen und eine Unterkunft zu finden, und ihre physische und psychische Gesundheit beeinträchtigt oder sie in einen Zustand der Verelendung versetzt, der mit der Menschenwürde unvereinbar wäre (EuGH BeckRS 2019, 3000; 2019, 3603; VGH BW BeckRS 2019, 11243 zu einer Verletzung des Art. 3 EMRK wegen **unzureichender medizinischer Versorgung im Heimatland** vgl. EGMR NVwZ 2017, 1187; → Rn. 23.1). Dies gilt auch in den Fällen der **Sekundärmigration** bzw. von **Dublinrückführungen.** Nach Auffassung des VGH BW dürfte die Feststellung eines Abschiebungsverbots hinsichtlich eines Dublinstaates nicht zur Erteilung einer Aufenthaltserlaubnis nach § 25 Abs. 3 führen (VGH BW BeckRS 2020, 3155). Auch iRd Abs. 5 ist der Maßstab des § 60a Abs. 2s S. 2 und S. 3 für qualifizierte ärztliche Bescheinigungen anzuwenden, wenn sich der Ausländer auf eine Erkrankung beruft, aufgrund derer im Zielstaat seinen existentiellen Lebensunterhalt nicht sichern kann (NdsOVG BeckRS 2020, 4520).

Der EGMR hat bisher angenommen, dass die schlechtere medizinische Versorgung im Aufnahmeland **23.1** allein nicht ausreiche, einen Verstoß gegen Art. 3 EMRK anzunehmen. Das könne in besonderen Ausnahmefällen anders sein, in denen humanitäre Gründe zwingend gegen eine Ausweisung sprechen. Unter besonderen Ausnahmefällen in diesem Sinn, das Fragen nach Art. 3 EMRK aufwerfen können, müssen Fälle verstanden werden, in denen eine schwerkranke Person ausgewiesen werden soll und ernsthafte Gründe für die Annahme bestehen, dass sie, wenngleich keine unmittelbare Gefahr für ihr Leben besteht, wegen des Fehlens angemessener Behandlung im Aufnahmeland oder weil sie dazu keinen Zugang hat, tatsächlich der Gefahr ausgesetzt wird, dass sich ihr Gesundheitszustand erheblich, schnell und irreversibel verschlechtert (vgl. Dörig MigrationsR-HdB § 19 Rn. 284 ff.).

Hinsichtlich der **Gewährleistungen des Art. 3 EMRK** ist der **Schutzbereich** des Abs. 5 **24** **identisch mit dem des Abs. 2,** sodass Abs. 5 insoweit keine große Bedeutung mehr zukommt. Die Berufung auf Abs. 5 ist aber **nicht bereits dem Grunde nach ausgeschlossen** (BVerwG BeckRS 2015, 45353; 2013, 49252; → Rn. 24.1). Die Abgrenzung zwischen § 60 Abs. 5 iVm Art. 3 EMRK und § 4 Abs. 1 S. 2 Nr. 2 AsylG erfolgt danach, ob die unmenschliche Behandlung von einem Akteur iSd § 3c AsylG ausgeht (BVerwG BeckRS 2019, 3604; Broscheit/Gornik ZAR 2018, 302).

Auch wenn bei Anträgen auf internationalen Schutz der unionsrechtliche Abschiebungsschutz – und **24.1** damit auch das Vorliegen eines Abschiebungsverbots nach Abs. 2 – vor dem nationalen Abschiebungsschutz zu prüfen ist, folgt hieraus in Bezug auf eine Verletzung des Art. 3 EMRK keine (verdrängende) Spezialität des Abschiebungsverbots nach Abs. 2, die eine Prüfung des Abs. 5 bereits dem Grunde nach ausschließt. Die Gewährleistung nach nationalem Recht tritt vielmehr selbstständig neben die aus dem Unionsrecht. In Fällen, in denen gleichzeitig über die Gewährung unionsrechtlichen und nationalen Abschiebungsschutzes zu entscheiden ist, scheidet allerdings bei Verneinung der Voraussetzungen des Abs. 2 regelmäßig aus denselben tatsächlichen und rechtlichen Erwägungen auch ein Abschiebungsverbot nach Abs. 5 in Bezug auf Art. 3 EMRK aus.

Die **Gefahrenprognose** im Rahmen eines Abschiebungsverbots nach Abs. 5 kann sich im **25** Laufe eines Klageverfahrens durch die **Erklärungen von Vertretern des Zielstaats** bis zum Zeitpunkt der Abschiebung soweit verändern, dass kein reales Risiko einer Art. 3 EMRK widersprechenden Behandlung mehr besteht (BVerwG BeckRS 2017, 128737; zu den **Ermittlungspflichten bezüglich der Verhältnisse im Zielstaat** vgl. BVerfG NVwZ 2017, 1702; 2017, 1196; 2016, 1242). Für die Prognose der bei einer Rückkehr drohenden Gefahren ist bei realitätsnaher Betrachtung der Rückkehrsituation im Regelfall davon auszugehen, dass **eine im Bundesgebiet in familiärer Gemeinschaft lebende Kernfamilie im Familienverband in ihr Heimatland zurückkehrt** und zwar auch dann, wenn einzelnen Familienmitgliedern bereits bestandskräftig ein Schutzstatus zuerkannt oder für sie ein nationales Abschiebungsverbot festgestellt worden ist (BVerwG BeckRS 2019, 18363). Der **Schutz des Familienlebens nach Art. 8 EMRK** begründet grundsätzlich **kein Abschie- 26 bungsverbot iSd Abs. 5** (Hailbronner AuslR Rn. 56; Bergmann/Dienelt/Bergmann Rn. 47, 49).

Über das Bestehen eines Abschiebungsverbots nach Abs. 5 entscheidet in den Fällen des § 31 **27** **Abs. 3 S. 1 AsylG das Bundesamt.** Nur **außerhalb des Asylverfahrens** ist die **Ausländerbe-**

hörde unter Beteiligung des Bundesamts (§ 72) für die Feststellung zuständig (Bergmann/ Dienelt/Bergmann Rn. 33).

G. Allgemeine Gefahr der Strafverfolgung und Bestrafung (Abs. 6)

28   Mit dieser Vorschrift wird klargestellt, dass die allgemeine Gefahr, dass einem Ausländer in einem anderen Staat Strafverfolgung und Bestrafung drohen können, und die konkrete Gefahr **einer nach der Rechtsordnung eines anderen Staates gesetzmäßigen Bestrafung einer Abschiebung nicht entgegenstehen,** wenn der Betroffene keinen **Abschiebungsschutz nach Abs. 2–5** erhält.

29   Dies ist der Fall bei drohender Verhängung oder Vollstreckung der Todesstrafe (Abs. 3) oder wenn die Bestrafung als solche **Folter oder eine unmenschliche oder erniedrigende Bestrafung darstellt** (Abs. 2), zB wenn es sich um Körperstrafen – wie etwa die Amputation von Gliedmaßen nach der Scharia – handelt. Eine unmenschliche oder erniedrigende Bestrafung kann im Einzelfall auch vorliegen, wenn die **Strafe grob unverhältnismäßig** ist, weil zwischen begangener Tat und drohender Strafe ein drastisches Missverhältnis besteht. Erwartet den Ausländer im Zielstaat eine **wesentlich härtere Bestrafung als dies dort in vergleichbaren Fällen der Fall ist,** kann dies nach den Umständen des Einzelfalles ein **Indiz** dafür sein, dass die Bestrafung nicht oder nicht allein der Ahndung kriminellen Unrechts, sondern **politischen Zwecken** dient. In diesen Fällen ist zu prüfen, ob nicht eine **asyl- oder flüchtlingsrechtlich relevante Bestrafung** vorliegt (Nr. 60.6.2 AufenthGAVwV). Dies kann auch der Fall sein, wenn ein Ausländer sich dem Wehrdienst entzogen hat, um nicht an der Begehung von Kriegsverbrechen, Verbrechen gegen die Menschlichkeit im Sinne der internationalen Vertragswerke oder anderer in Art. 12 Abs. 2 Qualifikations-RL aufgeführten Handlungen teilnehmen zu müssen.

30   Umstritten ist, ob Gefährdungen, wenn sie auf die Strafrechtsordnung des jeweiligen Staats zurückgehen, iRd **Abs. 7** zu berücksichtigen sind (bejahend Bergmann/Dienelt/Bergmann Rn. 56; verneinend NK-AuslR/Stiegeler Rn. 30).

H. Existentielle Gefährdungen (Abs. 7)

I. Allgemeines

31   S. 1 gewährt **nationalen Abschiebungsschutz,** der sich auf drohende, erhebliche konkrete Gefahren bezieht, über die Qualifikations-RL hinausgeht und dem eine dem Asylberechtigtenstatus, Flüchtlingsstatus und subsidiären Schutzstatus **nachgelagerte Schutzfunktion** zukommt. S. 1 erfasst daher **zielstaatsbezogene Gefahren, die nicht bereits unter Abs. 2, Abs. 3 oder Abs. 5 fallen,** und die einzelne Ausländer **konkret und in individualisierbarer Weise** betreffen. Die Regelung setzt im Unterschied zu Abs. 2 und Abs. 3 keine Eingriffshandlungen voraus. In einem **Asylverfahren** wird vom **Bundesamt** festgestellt, ob die Voraussetzungen des Abs. 7 vorliegen. Beruft sich ein Ausländer erstmals im gerichtlichen Verfahren auf das Vorliegen eines Abschiebungsverbots nach Abs. 7 können die Verwaltungsgerichte ohne Beiladung des Bundesamtes direkt über das Vorliegen eines Abschiebungsverbots nach Abs. 7 entscheiden (SächsOVG BeckRS 2019, 18819).

II. Gefahrenmaßstab

32   Vorausgesetzt ist eine **erhebliche, konkrete Gefahr.** Erheblich bezeichnet die **Gefährdungsintensität.** Zudem muss es sich um eine **einzelfallbezogene und individuell bestimmte Gefährdungssituation** handeln, für die eine auf **bestimmte Tatsachen** gestützte **beachtliche Wahrscheinlichkeit** besteht (Huber AufenthG/Göbel-Zimmermann/Masuch/Hruschka, 2. Aufl. 2016, Rn. 71 mwN).

III. Geschützte Rechtsgüter

33   Geschützt sind Leib, Leben und Freiheit. Von einer Leibesgefahr ist bei drohendem Eingriff in die **körperliche Unversehrtheit,** aber auch bei **Gefährdungen der physischen und psychischen Gesundheit** auszugehen. Der Begriff der Lebensgefahr entspricht dem allgemeinen Sprachgebrauch. Unter **Freiheit** wird überwiegend die Freiheit der Person, also die **Bewegungsfreiheit** verstanden, die vor allem durch Inhaftierung, Entführung, Kindesentzug und ähnlichem bedroht ist. Unter Abs. 7 S. 1 fallen vor allem **existenzielle Gefahren** wie Folter, Tötung und unmenschliche oder erniedrigende Behandlung durch nichtstaatliche Gruppen oder Einzelpersonen (Blutra-

che), Verelendung, Verhungern, Erfrieren, Tod oder Siechtum durch fehlende Krankenversorgung (NK-AuslR/Möller/Stiegeler Rn. 33).

Die Gefahr, dass sich eine **Erkrankung als Folge fehlender Behandlungsmöglichkeiten** 34 **im Abschiebezielstaat verschlimmert,** ist in der Regel als **individuelle Gefahr** einzustufen (BayVGH BeckRS 2016, 53198). Gemäß S. 3 muss es sich um eine **lebensbedrohliche oder schwerwiegende Erkrankung** handeln, die sich durch die Abschiebung wesentlich oder sogar lebensbedrohlich verschlechtern würde (BVerwG BeckRS 2016, 50014). Grundsätzlich ist es aber **nicht erforderlich, dass die medizinische Versorgung im Zielstaat gleichwertig mit der deutschen ist.** Dem Betroffenen ist es zuzumuten, sich in einen **bestimmten Teil des Landes** zu begeben, um die dort vorhandene ausreichende Gesundheitsversorgung in Anspruch zu nehmen (S. 4 und S. 4; zur Erforderlichkeit der **Zusicherung des Zielstaats,** ob eine adäquate medizinische Behandlung bei schwer erkrankten Personen verfügbar und zugänglich ist, s. NdsOVG BeckRS 2017, 124874; 2017, 113012; VGH BW NVwZ 2017, 1229; zum Verhältnis von Abs. 5 zu Abs. 7 bei Erkrankungen vgl. Dörig MigrationsR-HdB § 19 Rn. 288, 294).

Ein zielstaatsbezogenes Abschiebungshindernis kann sich trotz grundsätzlich verfügbarer medi- 35 kamentöser und ärztlicher Behandlung aber auch daraus ergeben, dass der betroffene Ausländer diese medizinische Versorgung tatsächlich nicht erlangen kann. Daher besteht eine zielstaatsbezogene Gefahr für Leib und Leben auch dann, wenn die notwendige Behandlung oder Medikation dem betroffenen Ausländer individuell zB aus finanziellen oder sonstigen persönlichen Gründen nicht zugänglich ist (NdsOVG BeckRS 2016, 51039).

Durch das Zweite Gesetz zur besseren Durchsetzung der Ausreisepflicht (v.15.8.2019, 36 BGBl. I 1294) wurde § 60a Abs. 2c S. 2 und S. 3 iRd § 60 Abs. 7 für entsprechend anwendbar erklärt, so dass die **Anforderungen an ein ärztliches Attest** gem. § 60a Abs. 2c auf die Substantiierung der Voraussetzungen eines krankheitsbedingten Abschiebungsverbots nach Abs. 7 S. 1 zu übertragen sind (BR-Drs. 179/19, 35). Die gesetzliche Neuregelung greift damit die gefestigte Rechtsprechung mehrerer Oberverwaltungsgerichte (BayVGH BeckRS 2018, 489; OVG LSA BeckRS 2017, 131945; OVG NRW BeckRS 2017, 128101) auf. **Ohne Vorlage entsprechender Atteste** besteht grundsätzlich keine weitergehende **Ermittlungspflicht,** wenn nicht für die Behörde anderweitig tatsächliche Anhaltspunkte dafür bestehen, dass der Ausländer an einer schwerwiegenden Erkrankung leidet, die sich durch die Abschiebung wesentlich verschlechtern würde (OVG LSA BeckRS 2016, 50511).

Bei einer posttraumatischen Belastungsstörung ist zu beachten, dass die Feststellung eines behaupteten 36.1 traumatisierenden Ereignisses Gegenstand der gerichtlichen Sachverhaltswürdigung ist und damit der freien Beweiswürdigung nach § 108 Abs. 1 S. 1 VwGO unterliegt (Dörig MigrationsR-HdB § 19 Rn. 304).

IV. Sperrwirkung (S. 6)

Wer im Zielstaat der Abschiebung einer Gefahrenlage ausgesetzt ist, die **zugleich einer Viel-** 37 **zahl von Personen** dort droht (zB Seuchen, Hungersnot, Bürgerkrieg), kann sich **nicht auf individuellen Abschiebungsschutz nach S. 1** berufen, weil der Gesetzgeber davon ausgeht, dass derartige Gefahrenlagen durch einen Abschiebestopp-Erlass nach § 60a Abs. 1 bewältigt werden. Dies gilt auch für die Folgen der Corona-Pandemie (→ Rn. 37.1).

Die allgemein unsichere oder wirtschaftlich schlechte Lage im Zielstaat bei der Corona-Pandemie 37.1 begründet eine allgemeine Gefahr isv S. 6 (SächsOVG BeckRS 2020, 33255). Für Indien SächsOVG BeckRS 2021, 9955; für Äthiopien BayVGH BeckRS 2021, 9464; für den Iran BayVGH BeckRS 2021, 7424.

Nur ausnahmsweise kann in **verfassungskonformer Anwendung von S. 1** Abschiebungs- 38 schutz beanspruchen, wer bei einer Rückkehr aufgrund der Lebensbedingungen, die ihn im Abschiebezielstaat erwarten, **mit hoher Wahrscheinlichkeit einer extremen Gefahrenlage ausgesetzt** wäre. Denn nur dann gebieten es die Grundrechte aus Art. 1 Abs. 1 GG und Art. 2 Abs. 2 S. 1 GG, ihm trotz einer **fehlenden politischen Leitentscheidung nach § 60a Abs. 1 S. 1** Abschiebungsschutz nach S. 1 zu gewähren.

Wann danach allgemeine Gefahren zu einem Abschiebungsverbot führen, hängt wesentlich von 39 den **Umständen des Einzelfalls** ab und entzieht sich einer rein quantitativen oder statistischen Betrachtung. Die drohenden Gefahren müssen jedoch nach **Art, Ausmaß und Intensität** von einem solchen Gewicht sein, dass sich daraus bei objektiver Betrachtung für den Ausländer die begründete Furcht ableiten lässt, selbst in erheblicher Weise ein Opfer der extremen allgemeinen Gefahrenlage zu werden. Bezüglich der **Wahrscheinlichkeit** des Eintritts der drohenden Gefahren ist von einem im Vergleich zum Prognosemaßstab der beachtlichen Wahrscheinlichkeit **erhöhten**

Maßstab auszugehen. Diese Gefahren müssen dem Ausländer daher mit hoher Wahrscheinlichkeit drohen. Schließlich müssen sich diese Gefahren alsbald nach der Rückkehr realisieren (BVerwG NVwZ 2013, 1167).

40 Das in **§ 58 Abs. 1a** enthaltene **Vollstreckungshindernis für die Abschiebung unbegleiteter minderjähriger Ausländer** vermittelt den Betroffenen gleichwertigen Schutz vor Abschiebung wie nationaler Abschiebungsschutz oder ein Abschiebestopp-Erlass und **steht** daher der **Überwindung der Sperrwirkung des S. 6** im Wege der verfassungskonformen Auslegung **entgegen** (BVerwG NVwZ 2013, 1489).

I. Ausschlussgründe (Abs. 8)

I. S. 1

41 Die Anwendung von Abs. 1 wird ausgeschlossen, wenn der Ausländer **aus schwerwiegenden Gründen als eine Gefahr für die Sicherheit der Bundesrepublik Deutschland** anzusehen ist (Alt. 1) oder eine **Gefahr für die Allgemeinheit** bedeutet, weil er wegen eines Verbrechens oder besonders schweren Vergehens rechtskräftig zu einer **Freiheitsstrafe von mindestens drei Jahren verurteilt** worden ist (Alt. 2). Diese Formulierung ist an **Art. 33 GFK** angelehnt. Eine schwere Straftat kann nicht allein aufgrund des nationalen Strafmaßes angenommen werden. Jeder Entscheidung, eine Person von der Anerkennung als Flüchtling auszuschließen, muss vielmehr eine vollständige Prüfung sämtlicher besonderer Umstände des Einzelfalls vorausgehen (EuGH BeckRS 2018, 21392).

42 Unter **Sicherheit** iSd Alt. 1 ist die **innere und äußere Sicherheit** der Bundesrepublik Deutschland zu verstehen (NK-AuslR/Möller Rn. 41). Sie schützt nach innen den **Bestand und die Funktionstüchtigkeit des Staates und seiner Einrichtungen.** Das schließt den Schutz vor Einwirkungen durch Gewalt und Drohungen mit Gewalt auf die Wahrnehmung staatlicher Funktionen ein. In diesem Sinne richten sich auch **Gewaltanschläge gegen Unbeteiligte** zum Zwecke der Verbreitung allgemeiner Unsicherheit gegen die innere Sicherheit des Staates (BVerwG BeckRS 2018, 610).

43 Soll ein Widerruf auf **Alt. 2** gestützt werden, so muss zusätzlich zur rechtskräftigen Verurteilung zu einer Freiheitsstrafe von mindestens drei Jahren eine **konkrete Wiederholungsgefahr** bestehen. Diese liegt nur vor, wenn von dem Ausländer in Zukunft neue vergleichbare Straftaten ernsthaft drohen (vgl. BVerwG ZAR 2013, 301). Bei der Verurteilung zu einer **Gesamtfreiheitsstrafe** ist erforderlich, dass zumindest **eine der Einzelstrafen eine wenigstens dreijährige Freiheitsstrafe** ist (BeckOK AuslR/Koch Rn. 54 mwN; VGH BW BeckRS 2017, 140682).

II. S. 2

44 Mit dieser Vorschrift werden Art. 12 Abs. 2 und Abs. 3 Qualifikations-RL umgesetzt. Anders als bei den Ausschlussgründen nach S. 1 und S. 3 ist bei denen nach S. 2 **keine gegenwärtige Gefahr** durch den Ausländer für die Sicherheit der Bundesrepublik Deutschland oder die Allgemeinheit erforderlich und es muss, sofern die tatbestandlichen Voraussetzungen dieser Ausschlussgründe erfüllt sind, auch **keine auf den Einzelfall bezogene Verhältnismäßigkeitsprüfung** erfolgen (Bergmann/Dienelt/Bergmann Rn. 30). Bezüglich der in **§ 3 Abs. 2 AsylG** genannten Ausschlussgründe wird auf die Kommentierung zu § 3 Abs. 2 AsylG verwiesen (→ Rn. 44.1).

44.1 **Neuere Rechtsprechung:** EuGH NVwZ 2017, 457; BVerwG BeckRS 2014, 45800; OVG NRW BeckRS 2016, 47670; VGH BW BeckRS 2015, 42258; SächsOVG v. 16.10.2014 – A 3 A 253/13).

III. S. 3

45 Nach S. 3 (eingefügt zum 17.2.2016 durch das Asylpaket II) kann von der Anwendung des Abs. 1 abgesehen werden, wenn der Ausländer eine Gefahr für die Allgemeinheit bedeutet, weil er wegen einer oder mehrerer vorsätzlicher Straftaten gegen das Leben, die körperliche Unversehrtheit, die sexuelle Selbstbestimmung, das Eigentum oder wegen Widerstands gegen Vollstreckungsbeamte rechtskräftig zu einer Freiheits- oder Jugendstrafe von mindestens einem Jahr verurteilt worden ist, sofern die Straftat mit Gewalt, unter Anwendung von Drohung mit Gefahr für Leib oder Leben oder List begangen worden ist oder eine Straftat nach § 177 StGB ist. Aus dem Wortlaut des Gesetzes und den Gesetzesmaterialien (BT-Drs. 18/7538, 18 f.) ergibt sich, dass dieser Ausschlusstatbestand nur dann greift, wenn festgestellt wird, dass der Ausländer aufgrund

seines persönlichen Verhaltens eine Gefahr für die Allgemeinheit darstellt, die **bloße rechtskräftige Verurteilung** wegen einer Straftat **genügt nicht.**

Es kommt daher auf eine im Einzelfall zu treffende **Prognoseentscheidung** an und nicht auf 46 die Gestaltung eines abgeschlossenen Sachverhalts, sodass sich S. 3 **keine** (grundsätzlich unzulässige) **echte Rückwirkung** beimisst. Die Rechtsfolgen der Änderung der für das Absehen von der Anwendung des Flüchtlingsschutzes maßgeblichen Kriterien gelten erst nach dem Inkrafttreten des S. 3 und knüpfen lediglich tatbestandlich auch an Ereignisse vor diesem Zeitpunkt an (BayVGH BeckRS 2017, 128929).

Die Entscheidung ist in das **Ermessen** der zuständigen Behörde gestellt, die in jedem Einzelfall 47 zu prüfen hat, ob der betroffene Ausländer mit der abgeurteilten Straftat die Schwelle zur „Gefahr für die Allgemeinheit" überschritten hat (vgl. BT-Drs. 18/7537, 9; BeckOK AuslR/Koch Rn. 57).

J. Androhung und Durchführung der Abschiebung in den Fällen des Abs. 8 und Abs. 9

Das flüchtlingsrechtliche Abschiebungsverbot und die insoweit geltende Ausnahmeregelung 48 nach Abs. 8 gelten auch für Asylbewerber. Abs. 9 enthält daher eine **Ausnahme von dem Grundsatz,** dass ein Asylantragsteller, dessen Aufenthalt für die Dauer des Asylverfahrens gestattet ist (§ 55 Abs. 1 AsylG), nicht abgeschoben werden darf. Voraussetzung für eine Abschiebung ist allerdings, dass feststeht, dass die **Voraussetzungen des Abs. 8** und keine **Abschiebungsverbote nach Abs. 2–7** vorliegen (BeckOK AuslR/Koch Rn. 58; NK-AuslR/Möller Rn. 44). Dies ergibt sich aus S. 2, der im Zuge der Umsetzung der RL 2011/95/EU angefügt wurde und anordnet, dass **die absoluten Abschiebungsverbote auch dann Geltung haben, wenn Ausschlussgründe gem. Abs. 8 vorliegen** (Huber AufenthG/Göbel-Zimmermann/Masuch/Hruschka, 2. Aufl. 2016, Rn. 87).

Werden die Voraussetzungen des Abs. 8 bejaht, kommt grundsätzlich eine Abschiebung in den 49 Verfolgerstaat in Betracht. Besteht jedoch ein **Abschiebungsverbot nach Abs. 2–7,** ist in der **Abschiebungsandrohung der Staat zu bezeichnen, in den nicht abgeschoben werden darf (§ 59 Abs. 3,** → § 59 Rn. 14 ff.; Hailbronner AuslR Rn. 134).

Unklar ist, wer für den **Erlass der Abschiebungsandrohung zuständig** ist. Bei **Stellung** 50 **eines Asylantrags** ist das **Bundesamt** für die Entscheidung darüber zuständig, ob die Voraussetzungen des Abs. 8 vorliegen (§ 30 Abs. 4 AsylG). Zugleich entscheidet es, darüber, ob dem Ausländer der subsidiäre Schutz nach § 2 AsylG zuerkannt wird und stellt fest, ob die Voraussetzungen des Abs. 5 und Abs. 7 vorliegen (§ 31 Abs. 2 und Abs. 3 AsylG). Das **Bundesamt** erlässt die erforderliche **Abschiebungsandrohung (§ 34 Abs. 1 AsylG)** bei einer ablehnenden Entscheidung in den Fällen des Abs. 1, Abs. 2, Abs. 5 und Abs. 7. Teilweise wird die Auffassung vertreten, dass das Bundesamt auch dann für den Erlass der Abschiebungsandrohung zuständig ist, wenn das **Asylverfahren noch nicht negativ abgeschlossen** ist (Bergmann/Dienelt/Bergmann Rn. 59; Huber AufenthG/Göbel-Zimmermann/Masuch/Hruschka, 2. Aufl. 2016, Rn. 87; NK-AuslR/ Möller Rn. 44). Nach anderer Auffassung ist für den Erlass einer Abschiebungsandrohung vor Abschluss des Asylverfahrens die Ausländerbehörde zuständig, die allerdings das Bundesamt gem. § 72 Abs. 2 beteiligen sollte (GK-AufenthG/Treiber Rn. 291; BeckOK AuslR/Koch Rn. 58).

Die **Abschiebung selbst** wird von der jeweils **örtlich zuständigen Ausländerbehörde** nach 51 Maßgabe des § 58 vollzogen. Diese prüft dann, anders als bei einer Abschiebungsanordnung nach § 34a Abs. 1 AsylG, ob der Abschiebung **inlandsbezogene und sonstige tatsächliche Vollstreckungshindernisse,** wie zB das Fehlen von Ausweisen oder Ersatzpapieren, eine krankheitsbedingte Reiseunfähigkeit oder schutzwürdige Interessen an der Vermeidung der Trennung von Familienangehörigen, entgegenstehen (BVerwG BeckRS 2012, 58586).

K. Ausreisefrist (Abs. 10)

Bei Ausländern, die die Voraussetzungen des Abs. 1 erfüllen, aber dennoch abgeschoben werden 52 dürfen (weil zB die Voraussetzungen von Abs. 2–7 nicht vorliegen), muss die Abschiebung angedroht und eine angemessene Ausreisefrist gesetzt werden. Von der in § 59 Abs. 1 S. 2 und S. 3, Abs. 7 S. 3 (→ § 59 Rn. 5) eingeräumten Möglichkeit, der Verkürzung oder des Absehens von einer Ausreisefrist (→ § 59 Rn. 25 f.), darf kein Gebrauch gemacht werden. In der Abschiebungsandrohung muss der Staat bezeichnet werden, in den nicht abgeschoben werden darf (S. 2; § 59 Abs. 3 S. 2, → § 59 Rn. 14 ff.).

§ 60a Vorübergehende Aussetzung der Abschiebung (Duldung)

(1) [1]Die oberste Landesbehörde kann aus völkerrechtlichen oder humanitären Gründen oder zur Wahrung politischer Interessen der Bundesrepublik Deutschland anordnen, dass die Abschiebung von Ausländern aus bestimmten Staaten oder von in sonstiger Weise bestimmten Ausländergruppen allgemein oder in bestimmte Staaten für längstens drei Monate ausgesetzt wird. [2]Für einen Zeitraum von länger als sechs Monaten gilt § 23 Abs. 1.

(2) [1]Die Abschiebung eines Ausländers ist auszusetzen, solange die Abschiebung aus tatsächlichen oder rechtlichen Gründen unmöglich ist und keine Aufenthaltserlaubnis erteilt wird. [2]Die Abschiebung eines Ausländers ist auch auszusetzen, wenn seine vorübergehende Anwesenheit im Bundesgebiet für ein Strafverfahren wegen eines Verbrechens von der Staatsanwaltschaft oder dem Strafgericht für sachgerecht erachtet wird, weil ohne seine Angaben die Erforschung des Sachverhalts erschwert wäre. [3]Einem Ausländer kann eine Duldung erteilt werden, wenn dringende humanitäre oder persönliche Gründe oder erhebliche öffentliche Interessen seine vorübergehende weitere Anwesenheit im Bundesgebiet erfordern. [4]Soweit die Beurkundung der Anerkennung einer Vaterschaft oder der Zustimmung der Mutter für die Durchführung eines Verfahrens nach § 85a ausgesetzt wird, wird die Abschiebung des ausländischen Anerkennenden, der ausländischen Mutter oder des ausländischen Kindes ausgesetzt, solange das Verfahren nach § 85a nicht durch vollziehbare Entscheidung abgeschlossen ist.

(2a) [1]Die Abschiebung eines Ausländers wird für eine Woche ausgesetzt, wenn seine Zurückschiebung oder Abschiebung gescheitert ist, Abschiebungshaft nicht angeordnet wird und die Bundesrepublik Deutschland auf Grund einer Rechtsvorschrift, insbesondere des Artikels 6 Abs. 1 der Richtlinie 2003/110/EG des Rates vom 25. November 2003 über die Unterstützung bei der Durchbeförderung im Rahmen von Rückführungsmaßnahmen auf dem Luftweg (ABl. EU Nr. L 321 S. 26), zu seiner Rückübernahme verpflichtet ist. [2]Die Aussetzung darf nicht nach Satz 1 verlängert werden. [3]Die Einreise des Ausländers ist zuzulassen.

(2b) Solange ein Ausländer, der eine Aufenthaltserlaubnis nach § 25a Absatz 1 besitzt, minderjährig ist, soll die Abschiebung seiner Eltern oder eines allein personensorgeberechtigten Elternteils sowie der minderjährigen Kinder, die mit den Eltern oder dem allein personensorgeberechtigten Elternteil in familiärer Lebensgemeinschaft leben, ausgesetzt werden.

(2c) [1]Es wird vermutet, dass der Abschiebung gesundheitliche Gründe nicht entgegenstehen. [2]Der Ausländer muss eine Erkrankung, die die Abschiebung beeinträchtigen kann, durch eine qualifizierte ärztliche Bescheinigung glaubhaft machen. [3]Diese ärztliche Bescheinigung soll insbesondere die tatsächlichen Umstände, auf deren Grundlage eine fachliche Beurteilung erfolgt ist, die Methode der Tatsachenerhebung, die fachlichmedizinische Beurteilung des Krankheitsbildes (Diagnose), den Schweregrad der Erkrankung, den lateinischen Namen oder die Klassifizierung der Erkrankung nach ICD 10 sowie die Folgen, die sich nach ärztlicher Beurteilung aus der krankheitsbedingten Situation voraussichtlich ergeben, enthalten. [4]Zur Behandlung der Erkrankung erforderliche Medikamente müssen mit der Angabe ihrer Wirkstoffe und diese mit ihrer international gebräuchlichen Bezeichnung aufgeführt sein.

(2d) [1]Der Ausländer ist verpflichtet, der zuständigen Behörde die ärztliche Bescheinigung nach Absatz 2c unverzüglich vorzulegen. [2]Verletzt der Ausländer die Pflicht zur unverzüglichen Vorlage einer solchen ärztlichen Bescheinigung, darf die zuständige Behörde das Vorbringen des Ausländers zu seiner Erkrankung nicht berücksichtigen, es sei denn, der Ausländer war unverschuldet an der Einholung einer solchen Bescheinigung gehindert oder es liegen anderweitig tatsächliche Anhaltspunkte für das Vorliegen einer lebensbedrohlichen oder schwerwiegenden Erkrankung, die sich durch die Abschiebung wesentlich verschlechtern würde, vor. [3]Legt der Ausländer eine Bescheinigung vor und ordnet die Behörde daraufhin eine ärztliche Untersuchung an, ist die Behörde berechtigt, die vorgetragene Erkrankung nicht zu berücksichtigen, wenn der Ausländer der Anordnung ohne zureichenden Grund nicht Folge leistet. [4]Der Ausländer ist auf die Verpflichtungen und auf die Rechtsfolgen einer Verletzung dieser Verpflichtungen nach diesem Absatz hinzuweisen.

(3) Die Ausreisepflicht eines Ausländers, dessen Abschiebung ausgesetzt ist, bleibt unberührt.

(4) Über die Aussetzung der Abschiebung ist dem Ausländer eine Bescheinigung auszustellen.

(5) [1]Die Aussetzung der Abschiebung erlischt mit der Ausreise des Ausländers. [2]Sie wird widerrufen, wenn die der Abschiebung entgegenstehenden Gründe entfallen. [3]Der Ausländer wird unverzüglich nach dem Erlöschen ohne erneute Androhung und Fristsetzung abgeschoben, es sei denn, die Aussetzung wird erneuert. [4]Ist die Abschiebung länger als ein Jahr ausgesetzt, ist die durch Widerruf vorgesehene Abschiebung mindestens einen Monat vorher anzukündigen; die Ankündigung ist zu wiederholen, wenn die Aussetzung für mehr als ein Jahr erneuert wurde. [5]Satz 4 findet keine Anwendung, wenn der Ausländer die der Abschiebung entgegenstehenden Gründe durch vorsätzlich falsche Angaben oder durch eigene Täuschung über seine Identität oder Staatsangehörigkeit selbst herbeiführt oder zumutbare Anforderungen an die Mitwirkung bei der Beseitigung von Ausreisehindernissen nicht erfüllt.

(6) [1]Einem Ausländer, der eine Duldung besitzt, darf die Ausübung einer Erwerbstätigkeit nicht erlaubt werden, wenn
1. er sich in das Inland begeben hat, um Leistungen nach dem Asylbewerberleistungsgesetz zu erlangen,
2. aufenthaltsbeendende Maßnahmen bei ihm aus Gründen, die er selbst zu vertreten hat, nicht vollzogen werden können oder
3. er Staatsangehöriger eines sicheren Herkunftsstaates nach § 29a des Asylgesetzes ist und sein nach dem 31. August 2015 gestellter Asylantrag abgelehnt oder zurückgenommen wurde, es sei denn, die Rücknahme erfolgte auf Grund einer Beratung nach § 24 Absatz 1 des Asylgesetzes beim Bundesamt für Migration und Flüchtlinge, oder ein Asylantrag nicht gestellt wurde.

[2]Zu vertreten hat ein Ausländer die Gründe nach Satz 1 Nummer 2 insbesondere, wenn er das Abschiebungshindernis durch eigene Täuschung über seine Identität oder Staatsangehörigkeit oder durch eigene falsche Angaben selbst herbeiführt. [3]Satz 1 Nummer 3 gilt bei unbegleiteten minderjährigen Ausländern nicht für die Rücknahme des Asylantrags oder den Verzicht auf die Antragstellung, wenn die Rücknahme oder der Verzicht auf das Stellen eines Asylantrags im Interesse des Kindeswohls erfolgte.

Überblick

§ 60a regelt die vorübergehende Aussetzung der Abschiebung (= Duldung) in Fällen, in denen eine vollziehbare Ausreisepflicht nicht durchgesetzt werden kann, darf oder soll. Die Duldung ist ein zweckgebundener statusregelnder Akt, der unterschiedliche Rechtsfolgen zeitigt (→ Rn. 1 ff.). Abs. 1 enthält eine gruppenbezogene Aussetzungsbefugnis der obersten Landesbehörde, von der sie aus völkerrechtlichen oder humanitären Gründen oder zur Wahrung politischer Interessen der Bundesrepublik Deutschland Gebrauch machen kann (→ Rn. 6 ff.), Abs. 2 ermächtigt die nach Landesrecht zuständigen Ausländerbehörde zur Aussetzung der Abschiebung im Einzelfall. Zwingend auszusetzen ist die Abschiebung im Falle tatsächlicher (→ Rn. 23 ff.) bzw. rechtlicher (→ Rn. 32 ff.), etwa krankheits- (→ Rn. 33 ff.) oder familiär bedingter (→ Rn. 59 ff.) Unmöglichkeit der Abschiebung. Halten Staatsanwaltschaft oder Gericht die Anwesenheit des Ausländers im Rahmen eines Strafverfahrens zur Aufklärung eines Verbrechens für sachgerecht, ist dieser nach Abs. 2 S. 2 zu dulden (→ Rn. 75b). Abs. 2 S. 3 gestattet die Aussetzung der Abschiebung im Ermessenswege (→ Rn. 83 ff.), unter anderem wenn in der Person des Ausländers ein dringender persönlicher Grund vorliegt. Ein ausdrücklich genannter dringender persönlicher Grund ist seit dem Gesetz zur Neubestimmung des Bleiberechts und der Aufenthaltsbeendigung (v. 27.7.2015, BGBl. I 1386) die Aufnahme einer qualifizierten Berufsausbildung, die seit dem Integrationsgesetz (v. 31.7.2016, BGBl. I 1939) einen gebundenen Anspruch auf Aussetzung der Abschiebung zur Folge hat. Mit dem Gesetz über Duldung bei Ausbildung und Beschäftigung" (v. 8.7.2019, BGBl. I 1021) wurde Abs. 2 S. 4–12 aufgehoben und der dort geregelte Anspruch auf eine Ausbildungsduldung in modifizierter Form in § 60c überführt (zur bis zum 31.12.2019 geltenden Version der Ausbildungsduldung vgl. BeckOK MigR/Röder, 1. Ed. 1.3.2019, Rn. 95 ff.). Abs. 2 S. 4 sieht die Aussetzung der Abschiebung vor, solange in einem Verfahren nach § 85a ein (möglicher) Missbrauch einer beabsichtigten Vaterschaftsanerkennung geprüft wird (→ Rn. 76). Im Falle gescheiterter Abschiebung und einer Rückübernahmeverpflichtung der Bundesrepublik

Deutschland begründet Abs. 2a einen Anspruch auf einwöchige Duldung (→ Rn. 77 ff.). Für die Dauer der Minderjährigkeit eines im Besitz einer Aufenthaltserlaubnis nach § 25a Abs. 1 befindlichen Ausländers soll seinen Eltern und dessen weiteren minderjährigen Kindern eine Duldung nach Abs. 2b erteilt werden (→ Rn. 78 ff.). Abs. 2c und Abs. 2d beziehen sich auf krankheitsbedingte Abschiebungshindernisse (→ Rn. 33 ff.). Abs. 2c regelt formale und inhaltliche Anforderungen an (ärztliche) Bescheinigungen (→ Rn. 42 ff.) im Zusammenhang mit der gesetzlichen Gesundheitsvermutung (→ Rn. 41), Abs. 2d spezielle Mitwirkungspflichten des Ausländers im behördlichen Verfahren und die Rechtsfolgen im Falle ihrer Nichterfüllung (→ Rn. 46 ff.). Abs. 4 begründet einen Anspruch auf Ausstellung einer Bescheinigung über die Aussetzung der Abschiebung (→ Rn. 102 ff.), Abs. 5 regelt das Erlöschen der Duldung im Falle einer Ausreise (→ Rn. 115) und den Widerruf der Duldung (→ Rn. 107 ff.) sowie die in bestimmten Konstellationen bestehende Pflicht zur Ankündigung der Abschiebung (→ Rn. 108 ff.). Abs. 6 benennt Fälle, in denen für Personen mit einer Duldung ein zwingendes Erwerbstätigkeitsverbot besteht (→ Rn. 117 ff.), die für Personen aus sicheren Herkunftsstaaten durch das Gesetz über Duldung bei Ausbildung und Beschäftigung (v. 15.7.2019, BGBl. I 1021) reformiert wurden (→ Rn. 129 ff.). Die weitere Ausgestaltung der Duldung durch Befristung (→ Rn. 96) oder (auflösende) Bedingung (→ Rn. 97 f.), die Duldungsinhabern zustehenden Sozial- und Teilhaberechte (→ Rn. 145 ff.) sowie Zuständigkeits- (→ Rn. 148) und Rechtsschutzfragen (→ Rn. 152 ff.) sind im Wesentlichen außerhalb von § 60a geregelt.

Übersicht

A. Allgemeines

1   Die Aussetzung der Abschiebung nach § 60a ist ein auf **vollstreckungsrechtlicher Ebene** angesiedelter **begünstigender Verwaltungsakt,** dessen Erlass eine vollziehbare Ausreisepflicht (§ 50) voraussetzt, diese aber nicht berührt (Abs. 3). Auch führt sie nicht zur Erledigung einer Abschiebungsandrohung. Ist der Ausländer nicht ausreisepflichtig, etwa weil eine Aufenthaltsgestattung noch (vgl. §§ 55, 67 Abs. 1 AsylG) oder wieder (vgl. zB § 67 Abs. 2 AsylG) gilt, ist für eine Duldung kein Raum (mehr). Ob die Duldung erst nach Ablauf einer gesetzten Ausreisefrist erteilt werden kann, ist umstritten (bejahend OVG NRW BeckRS 2012, 52620; aA GK-AufenthG/Funke-Kaiser Rn. 121; offen gelassen von VG Bayreuth BeckRS 2020, 40900 Rn. 24). Dafür spricht, dass die Ausländerbehörde insbesondere in Fällen, in denen die Abschiebung absehbar auch nach Ablauf der Ausreisefrist nicht erfolgen wird, frühzeitig Rechtssicherheit schaffen kann, indem sie den Aufenthalt des Ausländers in leicht nachweisbarer Weise regelt, und ein mit Ablauf der Ausreisefrist entstehendes Strafverfolgungsrisiko (vgl. § 95 Abs. 1 Nr. 2 lit. b) vermieden wird. Freilich setzt die Duldungserteilung auch in dieser Phase einen Duldungsgrund voraus. Die **Duldung** ist **kein Aufenthaltstitel** (vgl. § 4 Abs. 1 S. 2), §§ 5, 10, 11 Abs. 1 sind daher nicht anwendbar. Der **nur geduldete Aufenthalt** ist **illegal,** jedoch nicht strafbar gem. § 95 Abs. 1

Nr. 2 (vgl. § 95 Abs. 1 Nr. 2 lit. c), ggf. aber gem. § 95 Abs. 1 Nr. 1 (BVerfG NVwZ 2006, 80 zu § 92 AuslG). Die Strafbarkeit gem. § 95 Abs. 1 Nr. 2 entfällt, wenn die Voraussetzungen eines Duldungsanspruch vorliegen, unabhängig davon, ob die Ausländerbehörde die Duldung auch erteilt (BVerfG NStZ 2003, 488 zu §§ 55 Abs. 2, 92 Abs. 1 Nr. 2 AuslG). Außerhalb des § 60a kann ein Ausländer den Duldungsstatus auch unmittelbar kraft Gesetzes erlangen (vgl. zB § 81 Abs. 3 S. 2, § 71a Abs. 3 S. 1 AsylG).

Die Duldung ist eine Eigentümlichkeit des deutschen Rechts mit im Bereich des Unionsrechts **2** teils umstrittenen Konsequenzen (vgl. zB NK–AuslR/Bruns Rn. 2 sowie GK-AufenthG/Funke-Kaiser Rn. 288.4 zur Frage, ob die Duldung ein Aufenthaltstitel iSv Art. 2 lit. 1 Dublin III-VO ist). Sie stellt jedenfalls eine „sonstige Aufenthaltsberechtigung" iSd Art. 6 Abs. 4 S. 3 Rückführungs-RL dar (Huber/Mantel AufenthG/Gordzielik/Huber Rn. 64).

Die Duldung ist der seit langem gewählte Ansatz des nationalen Gesetzgebers, den Aufenthalt **3** eines Ausländers, der aus unterschiedlichsten Gründen zwar nicht legalisiert werden soll, gleichzeitig aber nicht beendet werden kann, darf oder soll, statusrechtlich zu regeln (ausführlich zur Geschichte des Rechtsinstituts der Duldung vgl. Wittmann ZAR 2020, 183). Nach der Logik des AufenthG ist **für einen ungeregelten Aufenthalt** danach **kein Raum; wird der Aufenthalt nicht legalisiert oder beendet, ist er zu dulden.** Die faktische Hinnahme des Aufenthalts außerhalb förmlicher Duldung, ohne dass die Abschiebung betrieben wird, ist dem Gesetz fremd (BVerwG NVwZ 2000, 938 (939); BVerfG NVwZ 2003, 1250 (1251)), die immer wieder anzutreffende ausländerbehördliche Praxis, den Ausländer mit Grenzübertrittsbescheinigungen „abzuspeisen", dementsprechend unzulässig (OVG NRW BeckRS 2012, 52620). Auch darf die Erteilung der Duldung nicht an Bedingungen, insbesondere nicht die Erfüllung von Mitwirkungspflichten, geknüpft werden (VG Stuttgart BeckRS 2009, 37642 Rn. 24).

Auch wenn die Duldung **normativ** grundsätzlich **keine Aufenthaltsperspektive** vermitteln **4** soll, sind die hinter der Duldung stehenden Abschiebungshindernisse entgegen der gesetzlichen Konzeption nicht selten langfristiger Art mit der Folge, dass die **Duldung** für viele Ausländer ein **Dauerzustand** ist. In den vergangenen Jahren hat der Gesetzgeber vermehrt Auswege aus der „Duldungssackgasse" (vgl. §§ 18a, 23a, 25a, 25b, 60c, 60d) geschaffen und gleichzeitig Barrieren beim Zugang zu Sprache (→ Rn. 150) und Förderinstrumenten (→ Rn. 151) gesenkt, was zwar nicht als Systemwechsel, gleichwohl als deutlich wahrnehmbare Akzentverschiebung – wohl in Anerkennung unvermeidbarer Realitäten – zu verstehen ist. Dies dürfte auch der Grund sein, warum immer wieder unternommene Versuche nach statusrechtlicher Differenzierung, etwa zwischen rechtlich akzeptablen und missbilligten Duldungsgründen, bislang stets im Sande verlaufen sind (vgl. etwa den ersten Entwurf der Bundesregierung zum Gesetz zur besseren Durchsetzung der Ausreisepflicht v. 7.10.2016, zB abrufbar auf www.fluechtlingsrat-berlin.de). Daran hat auch das Zweite Gesetz zur besseren Durchsetzung der Ausreisepflicht (v. 15.8.2019, BGBl. I 1294) nichts geändert, das in Gestalt des § 60b zwar eine Duldung zweiter Klasse, gleichwohl keinen eigenständigen Status unterhalb der Duldung eingeführt hat (ausf. zu § 60b Wittmann/Röder ZAR 2019, 412).

Ohne Rechtsverbindlichkeit, für den Rechtsanwender gleichwohl von Interesse sind die „Allge- **5** meinen Anwendungshinweise des Bundesministeriums des Innern zur Duldungserteilung nach § 60a Aufenthaltsgesetz" v. 30.5.2017.

B. Gruppenbezogene Aussetzungsbefugnis

Abs. 1 eröffnet den obersten Landesbehörden, in der Regel den Innenministerien als oberste **6** Ausländerbehörden, die Möglichkeit anzuordnen, für bestimmte Ausländergruppen aus völkerrechtlichen oder humanitären Gründen oder zur Wahrung politischer Interessen der Bundesrepublik Deutschland die Abschiebung auszusetzen.

Die Anordnung – gemeinhin auch **„Abschiebestopp-Erlass"** genannt – ermöglicht es den **7** Ländern, die ihnen an sich obliegende Verpflichtung zur Abschiebung (vgl. § 58 Abs. 1 S. 1) vorläufig zu suspendieren, um bspw. kurzfristig und in größerem Stil auf humanitäre Bedarfslagen zu reagieren und einen **landeseinheitlichen Vollzug** vorzugeben. Sie ist außerdem **das zum Schutz vor „Allgemeingefahren" vorgesehene Mittel** und – vorbehaltlich der verfassungsrechtlich gebotenen Durchbrechung bei extremen Gefahrenlagen – „Legitimation" für die in § 60 Abs. 7 S. 5 beschriebene Sperrwirkung. Im Unterschied zu Abs. 2 regelt Abs. 1 eine **nicht delegierbare Befugnis zu einer gruppenbezogenen,** dh von einer (aufwändigen) Einzelfallprüfung, insbesondere der Messlatte des Abs. 2 S. 1 (→ Rn. 20 ff.) losgelösten **Aussetzung der Abschiebung.** In die Gruppe dürfen auch Personen einbezogen werden, die anderweitigen

Abschiebungsschutz genießen (würden). Wer nicht zur begünstigten Gruppe zählt, hat in jedem Fall Anspruch auf Prüfung der individuellen Abschiebungsverbote.

8   Mit Blick auf die im Vergleich zu Vorgängerregelungen (vgl. §§ 54, 55 Abs. 2 AuslG) abweichende Formulierung ist umstritten, ob die **Aussetzung der Abschiebung** bereits **unmittelbare Folge** der Anordnung ist (so zB das Sondervotum von Baldus in ThürVerfGH NVwZ 2016, 1320 (1323)) **oder** es hierfür noch eines **Umsetzungsakts** durch die nachgeordneten Behörden bedarf (so GK-AufenthG/Funke-Kaiser Rn. 16 f.). Allerdings besagt der Wortlaut weiterhin nicht, dass die Abschiebung als Folge der Anordnung ausgesetzt „ist", was für die zweitgenannte Ansicht spricht.

9   Eng damit verbunden ist die Frage nach der **Rechtsnatur der Anordnung.** Das BVerwG sah in der auf § 32 AuslG gestützten Anordnung **keine** unmittelbar aus sich selbst heraus wirkende **Rechtsnorm, sondern** etwas, das wie eine **Verwaltungsvorschrift** wirkt und auszulegen ist (BVerwG NVwZ 2001, 210; zu § 60a Abs. 1 GK-AufenthG/Funke-Kaiser Rn. 17 mwN zum Streitstand bei Rn. 14; ebenso ThürVerfGH NVwZ 2016, 1320: „bloßes Innenrecht der Verwaltung", aA das Sondervotum von Baldus NVwZ 2016, 1320 (1323) sowie HessVGH NVwZ-Beil. 1995, 67: „rechtssatzähnlich"). Folgt man dieser Einschätzung weiterhin, scheidet – mangels (unmittelbarer) Außenwirkung – auch die Annahme einer **personenbezogenen Allgemeinverfügung** aus.

10   Neben der ungeklärten Rechtsnatur erschwert es insbesondere das **Fehlen gesetzlicher Anforderungen an Verfahren und Form der Anordnung,** landespolitisches Handeln in der Praxis als Anwendungsfall des Abs. 1 zu identifizieren (zur Beschränkung der Abschiebungen nach Afghanistan auf Straftäter, Gefährder und „hartnäckige Identitätsverweigerer" in den Jahren 2016–2018 vgl. VG Bayreuth BeckRS 2017, 142255). Aus Gründen der Rechtssicherheit bedarf die Anordnung zu ihrer Wirksamkeit jedenfalls einer Veröffentlichung (HessVGH NVwZ-Beil. 1995, 67 (71); GK-AufenthG/Funke-Kaiser Rn. 18 mwN; aA OVG Brem NVwZ-Beil. 2000, 127 (128)).

11   Tatbestandlich **zugelassene Anordnungsmotive** sind völkerrechtliche oder humanitäre Gründe oder die Wahrung politischer Interessen der Bundesrepublik Deutschland. Politisch in diesem Sinne sind auch außenpolitische, wirtschaftliche oder arbeitsmarktpolitische Interessen, ohne dass ein Zusammenhang mit den völkerrechtlichen oder humanitären Gründen bestehen muss (BVerwG NVwZ 2001, 210).

12   Insbesondere aus der Weite des Begriffs der „politischen Interessen" folgt, dass der Abschiebestopp-Erlass eine im **landespolitischen Ermessen** liegende Entscheidung und als solche allenfalls eingeschränkt justiziabel ist (BVerwG NVwZ 2001, 210). Das bedeutet zum einen, dass der einzelne Ausländer keinen durchsetzbaren Anspruch auf Erlass einer Anordnung oder ihre Verlängerung hat (BVerwG BeckRS 2011, 45688), zum anderen, dass die oberste Landesbehörde **bis zur Grenze des Willkürverbots** Inhalt und personelle Reichweite der Anordnung frei bestimmen kann (BVerwG NVwZ 2001, 210; OVG Brem NVwZ-Beil. 2003, 42, beide zu § 32 AuslG), wobei zu berücksichtigen ist, dass der Anordnungsbefugnis ein gewisses „Beliebigkeitsmoment" immanent ist. So ist es grundsätzlich zulässig, aus einer durch Merkmale wie Religionszugehörigkeit, Ethnie, Herkunft oder Staatsangehörigkeit allgemein umgrenzten Gruppe durch Festlegung weiterer Voraussetzungen, etwa Einreisemotiv, Lebensunterhaltssicherung, Aufenthaltsdauer, Integrationsstand, Straffreiheit oder nicht begangener Identitätstäuschungen, Personen auszuschließen. Auch unter Berücksichtigung des **weiten politischen Gestaltungsspielraums** geht mit der Freiheit, eine Anordnung gar nicht erst zu erlassen, aber nicht automatisch die Freiheit einher, die begünstigte Gruppe völlig willkürlich festzulegen, weshalb in Extremfällen in Anspruch einer willkürlich außen vor gelassenen Personengruppe auf Behandlung entsprechend der Anordnung bestehen kann, sofern nicht ohnehin ein Duldungsanspruch gem. Abs. 2 S. 1 besteht.

13   Die **Anordnung** ist **uneingeschränkt nur zeitlich befristet zulässig** (→ Rn. 14). Nach Ablauf der gesetzlichen Höchstfrist bedarf es nach § 60a Abs. 2 S. 2 iVm § 23 Abs. 1 S. 3 im Interesse einer bundeseinheitlichen Vollzugspraxis des **Einvernehmens des Bundesministeriums des Innern.** Ob die Regelung dazu tatsächlich gewichtig beiträgt, darf mit Blick auf die alternativen Handlungsoptionen zur Durchsetzung der unterschiedlichen landespolitischen Haltungen im Bereich des Abschiebungsvollzugs bezweifelt werden (vgl. zur Praxis der „Schiebe-Erlasse" NK-AuslR/Bruns Rn. 10).

14   Durch das Asylverfahrensbeschleunigungsgesetz (v. 20.10.2015, BGBl. I 1722) wurde die **maximal zulässige Geltungsdauer** einer nach Abs. 1 erlassenen Anordnung von sechs auf **drei Monate** reduziert. Für einen darüber hinausgehenden Zeitraum soll nach der Gesetzesbegründung (BT-Drs. 18/6815, 50) das **Einvernehmen des Bundesministeriums des Innern** erforderlich sein, was im Gesetz aber keinen Niederschlag gefunden hat, denn der Verweis auf das in § 23

Abs. 1 S. 3 enthaltene Einvernehmen greift nach dem eindeutigen Wortlaut wie bisher erst bei einem Zeitraum von länger als sechs Monaten (Abs. 1 S. 2). Die **Drei-Monats-Frist** ist daher **als Höchstfrist für die erstmalige Erteilung** zu verstehen, welche die oberste Landesbehörde zu einer Überprüfung der Anordnung nach (spätestens) drei Monaten zwingt, sie aber nicht daran hindert, diese ohne Einvernehmen des Bundesministeriums des Innern zu verlängern bzw. neu zu erlassen, solange ein Gesamtzeitraum von sechs Monaten nicht überschritten wird (aA Allgemeine Anwendungshinweise des Bundesministeriums des Innern zur Duldungserteilung nach § 60a Aufenthaltsgesetz, 30.5.2017, 4).

Ob eine in Bezug auf dieselbe „Zielgruppe" verlängerte bzw. in zeitlichem Zusammenhang **15** nachfolgende Anordnung die zulässige Höchstfrist überschreitet, hängt davon ab, ob dem Abschiebestopp weiterhin ein **im Wesentlichen identischer Sachverhalt** zugrunde liegt (Bergmann/Dienelt/Dollinger Rn. 12). Die die Höchstfrist gesetzwidrig überschreitenden Anordnungen sind unwirksam (HessVGH NVwZ-Beil. 1995, 67 (71)), wobei in Anwendung des in § 139 BGB enthaltenen Rechtsgedankens eine **Teilwirksamkeit** der Anordnung in Betracht zu ziehen ist, soweit sich diese im Rahmen der Höchstfrist hält.

Den **Verweis auf** den tatbestandlich identischen **§ 23 Abs. 1** versteht das BVerwG nur dahin, **16** dass es für eine Anordnung von länger als sechs Monaten des Einvernehmens des Bundesministeriums des Innern bedarf (BVerwG BeckRS 2011, 45688). Auch für den über die sechs Monate hinausreichenden Zeitraum darf die oberste Landesbehörde also anordnen, den Aufenthalt der betroffenen Gruppe nur zu dulden. Dieses weder durch Wortlaut noch Telos zwingend vorgegebene Verständnis befördert den Erlass von „Kettenduldungen" in großem Stil. Ein vom Bundesministerium des Innern unmittelbar nach § 23 Abs. 1 S. 3 zur Aufenthaltslegalisierung erteiltes Einvernehmen beinhaltet allerdings nicht zugleich das (Wahl-) Recht, nur die Aussetzung der Abschiebung anzuordnen.

Für den begünstigten Personenkreis resultiert aus der Anordnung ein **gerichtlich durchsetz- 17 barer Anspruch auf Aussetzung der Abschiebung.** Bereits die Existenz dieses Anspruchs lässt die Strafbarkeit gem. § 95 Abs. 1 Nr. 2 entfallen (→ Rn. 1). Verneint man eine Außenwirkung der Anordnung, ist es konsequent, zur Anspruchsbegründung Art. 3 GG hinzuziehen (BVerwG NVwZ 2001, 210; ThürVerfGH NVwZ 2016, 1320 (1322); NK-AuslR/Bruns, Rn. 9; im Ansatz für einen unmittelbaren Anspruch Bergmann/Dienelt/Dollinger Rn. 8, 15). Eine **länderübergreifende Gleichbehandlung kann** dabei **nicht verlangt werden** (BVerwG NVwZ 2001, 210 (211); BayVGH NVwZ-RR 2018, 588 (591)).

Aufgrund der internen Bindung an die Anordnung beschränkt sich die Einzelfallumsetzung **18** durch die zuständigen Behörden in der Regel auf Subsumtionsarbeit. Damit die mit der Anordnung bezweckte Verwaltungsvereinfachung eintreten kann, sind sie freilich auf möglichst präzise Vorgaben durch die oberste Landesbehörde angewiesen.

C. Einzelfallbezogene Aussetzungsbefugnis (Duldung)

Abs. 2–2b normieren Gründe, aus denen die Abschiebung eines vollziehbar ausreisepflichtigen **19** Ausländers per begünstigendem Verwaltungsakt im Einzelfall ausgesetzt werden muss, soll oder kann. Dabei korrespondiert mit der behördlichen Aussetzungsbefugnis bzw. -pflicht nur dann ein durchsetzbarer Anspruch auf Aussetzung der Abschiebung, wenn diese zumindest auch im Interesse des Ausländers erfolgt.

I. Unmöglichkeit der Abschiebung

Solange die Abschiebung unmöglich ist, besteht gem. Abs. 2 S. 1 ein **Rechtsanspruch auf 20 Aussetzung der Abschiebung.** Das Gesetz knüpft den Anspruch allein an die Unmöglichkeit und differenziert nicht, ob der Ausländer die Undurchführbarkeit der Abschiebung zu vertreten oder rechtsmissbräuchlich bewirkt hat (BVerwG NVwZ 2000, 938 (939); BVerfG NVwZ 2003, 1250 (1251); für den Fall des Rechtsmissbrauchs aA GK-AufenthG/Funke-Kaiser Rn. 267). Entsprechende Differenzierungsansätze hat der Gesetzgeber bislang nicht weiterverfolgt (→ Rn. 4). Rechtsmissbrauch und „Verschulden" werden nach aktueller Gesetzessystematik erst auf Ebene des an den Status anknüpfenden „Begleitrechts" sanktioniert (vgl. zB §§ 60a Abs. 6, 61 Abs. 1c, S. 2, § 1a Abs. 3 AsylbLG, § 2 Abs. 1 AsylbLG). Auch die Möglichkeit einer freiwilligen Ausreise spielt angesichts des vollstreckungsrechtlichen Charakters der Duldung keine Rolle (OVG NRW BeckRS 2012, 52620; VG Stuttgart BeckRS 2009, 37642 Rn. 24). Der **Verweis auf „statusrechtliches Niemandsland"** ist als Druckmittel daher **unter keinen Umständen zulässig.**

Die Duldung nach S. 1 ist **von Amts wegen zu erteilen** (NdsOVG BeckRS 2021, 5910 **21** Rn. 6 f.), ein **vorheriger Antrag** bei der zuständigen Behörde aber grundsätzlich **zu empfehlen**

und als **Sachurteilsvoraussetzung** für eine auf Duldungserteilung gerichtete Verpflichtungsklage (→ Rn. 152 ff.) unverzichtbar (vgl. §§ 68 Abs. 2, 75 S. 1 VwGO).

22   Die Erteilung der Duldung ist subsidiär (vgl. Abs. 2 S. 1 aE). Vorrangig ist die Möglichkeit einer Aufenthaltserlaubnis, insbesondere nach § 25 zu prüfen. Gerade angesichts der Intention, (unnötige) Kettenduldungen zurückzudrängen, hat die Ausländerbehörde den Antragsteller aber auch auf andere realistisch in Frage kommende Legalisierungsmöglichkeiten (etwa §§ 18a, 25a, 25b) hinzuweisen (§ 25 VwVfG). Die Möglichkeit einer Aufenthaltslegalisierung ist dabei kontinuierlich, dh nicht nur bei Erstbeantragung der Duldung im Blick zu behalten.

1. Tatsächliche Unmöglichkeit

23   Tatsächlich unmöglich iSv Abs. 2 S. 1 Alt. 1 ist die Abschiebung, wenn sie aus objektiven oder in der Person des Ausländers liegenden Gründen (aktuell) nicht oder nur mit unverhältnismäßigem Aufwand durchführbar ist. Auch die tatsächliche Unmöglichkeit begründet einen **durchsetzbaren Duldungsanspruch,** auch wenn dieser – anders als in der Regel im Falle rechtlicher Unmöglichkeit – nicht unmittelbar den Schutz vor (Grund-) Rechtsbeeinträchtigungen bezweckt (VGH BW NVwZ-RR 1993, 52).

24   Wie die amtliche Paragraphenüberschrift zeigt, geht das Gesetz davon aus, dass (auch) die Unmöglichkeit nur ein vorübergehender Zustand ist (BVerwG NVwZ 1998, 297 (299)). Auch Verzögerungen einer an sich möglichen Abschiebung unterfallen deshalb grundsätzlich der Alt. 1 (BVerwG NVwZ 1998, 297 (299); OVG NRW BeckRS 2012, 52620). Die Ausländerbehörde muss insofern nicht nur das „Ob" sondern auch das „Wann" der Abschiebung beurteilen (BeckOK AuslR/Kluth/Breidenbach Rn. 9). **Ist die Abschiebung nicht zeitnah möglich, ist eine Duldung zu erteilen** (BVerfG NVwZ 2003, 1250 (1251); OVG Bln BeckRS 1998, 31167953: Duldungsanspruch, wenn Abschiebung erst in drei bis vier Monaten stattfinden soll). Das gilt grundsätzlich auch für Verzögerungen, die Folge der mit einer Abschiebung zwangsläufig verbundenen technischen Vorbereitungsmaßnahmen sind, denn auch während dieser Vorbereitungsphase ist die Abschiebung im Sinne einer tatsächlichen Aufenthaltsbeendigung objektiv nicht möglich. Allenfalls bei unerheblichen Verzögerungen einer konkret absehbaren Abschiebung ist dies anders (vgl. BVerwG NVwZ 1998, 297 (299); GK-AufenthG/Funke-Kaiser Rn. 258). Mit Blick auf einen in dieser Phase ansonsten ggf. ungeregelten – dem AufenthG aber fremden (→ Rn. 3) – Aufenthalt, das damit einhergehende Strafbarkeitsrisiko (→ Rn. 1) sowie ggf. im Nachhinein – etwa im Zusammenhang mit dem Erfordernis eines ununterbrochen geduldeten Aufenthalts (vgl. zB § 25b Abs. 1 S. 2 Nr. 1) – entstehende (Nachweis-) Probleme für den Fall, dass die Abschiebung wider Erwarten doch nicht durchgeführt werden konnte, ist eine unerhebliche Verzögerung allenfalls bei einem weit fortgeschrittenen Vorbereitungsstand, der eine Abschiebung in wenigen Wochen ermöglicht, anzunehmen.

25   Da die Abschiebung grundsätzlich der Kooperation des Zielstaats bedarf, begründet dessen fehlende bzw. nicht feststehende Übernahmebereitschaft in der Regel ein Vollstreckungshindernis iSv Abs. 2 S. 1 (OVG NRW Beschl. v. 3.3.2015 – 14 B 102/15.A).

26   Macht der Zielstaat die Aufnahme nach den Erfahrungen der für die Abschiebung zuständigen Behörden von der **Vorlage eines Passes** abhängig, ist die Abschiebung unmöglich, wenn der Ausländer keinen Pass besitzt bzw. die Ausländerbehörde ihm nicht zeitnah habhaft werden kann (Bergmann/Dienelt/Dollinger Rn. 37).

27   Ist der Zielstaat, von der von der für die Abschiebung zuständigen Behörde im Zweifel darzulegen ist (GK-AufenthG/Funke-Kaiser Rn. 264.1), unabhängig von einer Passvorlage, etwa aufgrund von Passersatzpapieren, einer persönlichen Vorsprache bei einer Expertendelegation oder gar bedingungslos zur Aufnahme bereit, kommt es entsprechend dem bereits Gesagten (→ Rn. 24) auf den zeitnahen Eintritt des jeweiligen Ereignisses und anschließenden Vollzug der Abschiebung an, andernfalls diese (vorübergehend) unmöglich ist.

28   Im Übrigen soll ein **Duldungsanspruch erst nach** einem – bis zur Grenze der Aussichtslosigkeit zulässigen – **erfolglosen Abschiebungsversuch** bestehen (BVerwG BeckRS 1996, 31222070; GK-AufenthG/Funke-Kaiser Rn. 266 mwN). Ist ein solcher – unter Verhältnismäßigkeitsgesichtspunkten im Lichte von Art. 1 Abs. 1 GG (s. NK-AuslR/Bruns Rn. 12) fragwürdiger – Abschiebungsversuch „ins Blaue hinein" bislang nicht unternommen worden, obwohl der Ausländer bereits geraume Zeit ausreisepflichtig ist, indiziert das Unterlassen der Abschiebung deren Unmöglichkeit, da die zuständigen Behörden zur Durchführung möglicher Abschiebungen grundsätzlich gesetzlich verpflichtet sind. Insofern liegt mehr als eine – zur Glaubhaftmachung eines Anordnungsanspruchs grundsätzlich nicht ausreichende (s. GK-AufenthG/Funke-Kaiser Rn. 266) – bloße Behauptung der Unmöglichkeit der Abschiebung vor.

Im Falle mit dem Zielstaat bestehender **Rückführungsabkommen** ist die Abschiebung jeden- 29 falls solange tatsächlich unmöglich, wie das Verfahren noch nicht betrieben, insbesondere ein erforderliches Übernahmeersuchen noch nicht gestellt wurde und deshalb eine Abschiebung noch nicht absehbar ist (BVerwG NVwZ 1998, 297 (299); weiterführend HTK–AuslR/Haedicke § 60a zu Abs. 2 S. 1 tatsächliche Unmöglichkeit Rn. 16 ff.).

Weitere Beispiele für eine tatsächliche Unmöglichkeit sind fehlende / unterbrochene Verkehrs- 30 wege in den Zielstaat, (vorübergehende) Grenzschließungen oder – ggf. auch die selbst herbeige- führte – **Staatenlosigkeit,** wenn es keinen aufnahmebereiten Staat gibt (GK–AufenthG/Funke- Kaiser Rn. 265).

Krankheitsbedingte Reiseunfähigkeit begründet keine „nur" tatsächliche, sondern eine 31 rechtliche Unmöglichkeit (→ Rn. 32 ff.), sofern durch die Abschiebung ein inakzeptabler Eingriff in Art. 2 Abs. 2 S. 1 GG bewirkt würde (vgl. Huber/Mantel AufenthG/Gordzielik/Huber Rn. 20, 24 ff.).

2. Rechtliche Unmöglichkeit

Rechtlich unmöglich iSv Abs. 2 S. 1 Alt. 2 ist die Abschiebung, wenn sich **im Verhältnis zum** 32 **Ausländer** für die Bundesrepublik Deutschland aus einfachem Gesetzesrecht oder aus Unions-, Verfassungs- bzw. Völkerrecht ein zwingendes Abschiebungsverbot ergibt (Bergmann/Dienelt/ Dollinger Rn. 24). Bei asyl(-verfahrens)rechtlichen Sachverhalten zentral ist dabei die **Unterschei-** **dung zwischen inlandsbezogenen (= vollstreckungsrechtlichen) und zielstaatsbezogenen** **Abschiebungsverboten** und der damit verbundenen Zuständigkeitsverteilung (BVerwG NVwZ 2006, 830) und Bindungswirkung (§ 42 AsylG). Allerdings lässt es die Rechtsprechung des EuGH äußerst **zweifelhaft** erscheinen, dass diese **Zuständigkeitsverteilung** vollumfänglich **mit der** **Rückführungsrichtlinie vereinbar** ist (EuGH BeckRS 2020, 24490; NVwZ 2021, 550 mit lesenswerter Anmerkung Roß). Nach der bisherigen nationalen Systematik stellt die **rechtliche** **Unmöglichkeit iSd § 60a** ein **inlandsbezogenes Abschiebungsverbot** dar, wobei gerade bei den in der Praxis häufig geltend gemachten Krankheiten bzw. (drohenden) Gesundheitsbeeinträch- tigungen (→ Rn. 33 ff.) die Abgrenzung zum – vom Bundesamt zu prüfenden – (zielstaatsbezoge- nen) Abschiebungsverbot des § 60 Abs. 7 S. 3 schwierig sein kann. Insofern könnte die og EuGH- Rechtsprechung sogar zu einer Vereinfachung führen, wenn das Bundesamt danach verpflichtet wäre, vor Erlass der Rückkehrentscheidung, der im nationalen Recht die Abschiebungsandrohung entspricht, das Vorliegen von Abschiebungsverboten umfassend zu prüfen.

Ein Abs. 2 S. 1 unterfallendes **Abschiebungsverbot aus gesundheitlichen Gründen** liegt 33 vor, wenn **durch den Abschiebungsvorgang** voraussichtlich eine **konkrete Gefahr für Leib** **oder Leben** bewirkt wird. Art. 2 Abs. 2 S. 1 GG steht einer derartige Folgen bewirkenden Abschiebung entgegen, die deshalb rechtlich unmöglich ist. Entgegen dem Wortlaut von Abs. 2d S. 2 setzt Abs. 2 S. 1 keine (schwerwiegende oder lebensbedrohliche) Vorerkrankung voraus, da es allein auf eine erhebliche Verschlechterung des Gesundheitszustands durch die Abschiebung ankommt (GK–AufenthG/Funke-Kaiser Rn. 117.2). Treffender müsste es deshalb statt „Vorliegen" „Entstehen" heißen. Ein ersichtlich bereits reduzierter Gesundheitszustand des Ausländers verlangt den Behörden mit Blick auf deren staatliche Schutzpflichten allerdings erhöhte Wachsamkeit ab.

Der aus der Unzulässigkeit eines Zwangsmitteleinsatzes resultierende Duldungsanspruch ist 34 nicht deshalb ausgeschlossen, weil der Ausländer eine mögliche Gesundheitsbeeinträchtigung durch eine freiwillige Ausreise vermeiden könnte (OVG Bln-Bbg BeckRS 2013, 58019); der Begriff der „Reiseunfähigkeit" (→ Rn. 35) erscheint vor diesem Hintergrund nicht ganz treffend.

Rechtlich unmöglich kann eine Abschiebung zum einen, wenn der Ausländer krankheitsbedingt 35 transportunfähig ist (**Reiseunfähigkeit im engeren Sinne**), zum zweiten – und das ist der praktisch bedeutsamere Fall –, wenn die Gesundheit oder das Leben als unmittelbare Folge der Abschiebung erheblich, konkret und mit beachtlicher Wahrscheinlichkeit beeinträchtigt werden (**Reiseunfähigkeit im weiteren Sinne,** vgl. BVerfG BeckRS 2014, 56447 Rn. 11; VGH BW BeckRS 2017, 114492 = NVwZ-RR 2018, 125 Ls.).

Der von der Ausländerbehörde zu verantwortende und deshalb **den Bindungen des Art. 2** 36 **Abs. 2 S. 1 GG unterliegende Abschiebungsvorgang** umfasst dabei nicht nur den eigentlichen Transport, sondern das gesamte Geschehen, das mit der Kundgabe der Abschiebung beginnt, etwaige Abschiebungshaft einschließt, und grundsätzlich mit der endgültigen Übergabe des Aus- länders am Zielort endet (BVerfG BeckRS 2014, 56447 Rn. 11; SächsOVG BeckRS 2018, 8185 Rn. 13; OVG LSA BeckRS 2011, 52497; Bergmann/Dienelt/Dollinger Rn. 33). Auch den **Zeitraum nach der Übergabe** darf die mit der Abschiebung betraute Behörde **nicht ausblen-** **den.** Dem Abschiebungsvorgang zuzurechnen sind auch noch solche **Gesundheitsverschlechte-**

rungen, die (voraussichtlich) **in unmittelbarem zeitlichen und inhaltlichen Zusammenhang mit der Abschiebung eintreten** (VGH BW BeckRS 2017, 114492 = NVwZ-RR 2018, 125 Ls.; BeckRS 2017, 123151 Rn. 26; OVG RhPf BeckRS 2018, 17372 Rn. 28). Wie groß der nach der Ankunft im Zielstaat noch in den Blick zu nehmende Zeitraum ist, ist dabei von den Umständen des konkreten Einzelfalls abhängig.

37   In diesem Zeitfenster zu besorgenden Gesundheitsbeeinträchtigungen darf die Ausländerbehörde zur Ermöglichung der Abschiebung grundsätzlich durch eine **gefahrvermeidende Ausgestaltung der Abschiebung** begegnen (BVerfG BeckRS 1998, 14700 Rn. 4; 2014, 56447 Rn. 11; OVG RhPf BeckRS 2018, 17372 Rn. 28). Der **Schutz** vor den inakzeptablen Gesundheitsbeeinträchtigungen ist dabei lückenlos und zuverlässig **während des gesamten Abschiebevorgangs von Amts wegen** zu gewährleisten (BVerfG BeckRS 1998, 14700 Rn. 4). Die Schutzvorkehrungen, etwa ärztliche **Flugbegleitung und die Überführung in eine geeignete medizinische Versorgung am Zielort,** sind von den deutschen Behörden sicherzustellen und – zur Ermöglichung einer gerichtlichen Kontrolle (Art. 19 Abs. 4 GG) – vorab darzulegen (OVG LSA BeckRS 2011, 52497; OVG NRW NVwZ-RR 2008, 284; OVG RhPf BeckRS 2018, 17372 Rn. 28). Sie müssen auf die aus dem konkreten Krankheitsbild resultierenden Gefahren zugeschnitten sein, was die Begleitung durch einen Dolmetscher sowie ggf. einen **einschlägig qualifizierten Facharzt** erfordert und Pauschalzusicherungen ausschließt (OVG LSA BeckRS 2011, 52497 Ls. 3; vgl. auch VGH BW BeckRS 2017, 123151 Rn. 31).

38   Die **zwangsweise Durchsetzung** der Ausreisepflicht kann **nicht damit gerechtfertigt** werden, **dass** eine effektive **Behandlung etwaiger abschiebebedingter Gesundheitsbeeinträchtigungen am Zielort sichergestellt ist,** denn Art. 2 Abs. 2 S. 1 GG schützt bereits davor, diese überhaupt zu erleiden (VGH BW BeckRS 2017, 114492 = NVwZ-RR 2018, 125 Ls.; SächsOVG BeckRS 2018, 8185 Rn. 12). Auf diesen Gesichtspunkt ist besonders zu achten, wenn die Abschiebung den Betroffenen aus einem für einen Gesundheitszustand unerlässlichen sicheren und stabilen Umfeld herausreißt und / oder zum **Abbruch einer ärztlichen / psychotherapeutischen Behandlung** mit der Folge einer erheblichen Gesundheitsverschlechterung / Lebensbedrohung führt.

39   Rechtliche Unmöglichkeit besteht angesichts des in Rede stehenden Rechtsguts und der diesbezüglichen staatlichen Schutzpflicht auch im Falle eines **akuten und ernsthaften** und durch Schutzvorkehrungen nicht verlässlich auszuschließenden krankheitsbedingten **Suizidrisikos** während des Abschiebevorgangs (OVG LSA BeckRS 2011, 52497; BeckOK AuslR/Kluth/Breidenbach Rn. 14).

40   Sofern seine Reiseunfähigkeit nicht evident ist, muss der Ausländer einen krankheitsbedingten Duldungsanspruch möglichst substantiiert darlegen (§ 82, vgl. auch § 86 Abs. 1 S. 1 Hs. 2 VwGO), was regelmäßig die **Vorlage aussagekräftiger Atteste** erfordert. In der Sache lag die Substantiierungshürde dabei schon bislang hoch. Mit dem Gesetz zur Einführung beschleunigter Asylverfahren (v. 11.3.2016, BGBl. I 390) hat der Gesetzgeber eine zusätzliche verfahrensrechtliche Hürde in Form einer kombinierten **Vermutungs-, Mitwirkungs- und Präklusionsregelung (Abs. 2c und Abs. 2d)** geschaffen. Vorgeblich soll damit auf Probleme hinsichtlich der Bewertung und Validität ärztlicher Bescheinigungen im Vorfeld einer Abschiebung reagiert werden. Begründung (BT-Drs. 18/7538, 18 ff.) und Ausgestaltung erwecken dagegen eher den Eindruck, dass der Gesetzgeber krankheitsbedingte, insbesondere psychische, Abschiebungshindernisse als „lästig" empfindet und ihre (erfolgreiche) Geltendmachung schon „im Keim ersticken" will, indem die zuständigen Behörden gesetzlich dazu „ermuntert" werden, ihrer **Amtsermittlungspflicht** (§ 24 VwVfG) aus formalen Gründen nicht nachzugehen.

41   **Ausgangspunkt** des Regelungskonstrukts ist die in Abs. 2c S. 1 aufgestellte **Vermutung, dass** der Abschiebung **gesundheitliche Gründe** – mit anderen Worten Art. 2 Abs. 2 S. 1 GG – **nicht entgegenstehen.** Anders als etwa iRv Art. 16a Abs. 3 GG, der neben einer tatsächlichen Vermutungsgrundlage wegen des (auch) dort sachtypischen Individualbezugs stets eine Anhörung verlangt, bleibt indes offen, welche tatsächliche Grundlage die Vermutung in Abs. 2c S. 1 trägt (GEB AsylR Rn. 936, die die Vermutung für entscheidungsunerheblich halten).

42   Zur **Widerlegung der Vermutung** muss der Ausländer eine **qualifizierte ärztliche Bescheinigung** bezüglich der abschieberelevanten Erkrankung vorlegen. Diese **soll** (und muss) die Erkrankung nicht beweisen, sondern die **behördliche Amtsermittlungspflicht aktivieren,** sofern ansonsten kein Anlass dazu besteht.

43   **Aussteller der Bescheinigung** muss nach dem eindeutigen Wortlaut ein **approbierter Arzt** (BT-Drs. 18/7538, 19) sein, ohne dass eine Abweichungsmöglichkeit besteht, die nach der Struktur von S. 3 nur für die inhaltlichen Vorgaben gilt. Eine **sachliche Rechtfertigung für** den – insbesondere bei psychischen Erkrankungen durchschlagenden – **kategorischen Ausschluss**

nicht-ärztlicher, im Bereich der Psychotherapie gleichwertiger (vgl. § 1 Abs. 1 S. 4 PsychThG sowie Hager ASYLMAGAZIN 2017, 335 (337); sa VG Weimar Urt. v. 26.2.2020 – 4 K 21268/ 17 We, asyl.net: M28726) **Experten** wird weder benannt noch ist er ersichtlich, umso weniger als das Gesetz selbst keine fachärztliche Bescheinigung verlangt (aA Bergmann/Dienelt/Dollinger Rn. 56, der die Gleichwertigkeit unter Hinweis auf das Ärzten vorbehaltene Verordnungsrecht für Medikamente verneint, ohne allerdings zu erklären, inwieweit dieses notwendig ist, um die in Abs. 2c S. 3 genannten Angaben zu machen). Der **Arzt-Vorbehalt** ist auch nicht zwingende Folge der – nur zufällig ein ärztliches Attest betreffenden und dieses nur „regelmäßig" fordernden – Entscheidung des BVerwG (NVwZ 2008, 330). Bei seelischen Erkrankungen sind deshalb richtigerweise auch den inhaltlichen Anforderungen entsprechenden Atteste psychologischer Psychotherapeuten zur Substantiierung geeignet (OVG NRW BeckRS 2017, 128101 Rn. 13; sa GK-AufenthG/Funke-Kaiser Rn. 117.5, der auch angesichts des tatsächlich und rechtlich – vgl. §§ 4, 6 AsylbLG – beschränkten Zugangs zu fachärztlicher Expertise eine **verfassungsrechtliche Einschränkung** für erforderlich und zulässig hält). Der Einholung psychotherapeutischer **Gutachten** seitens des Gerichts im Rahmen seiner Sachaufklärungspflicht steht der Arztvorbehalt ohnehin nicht entgegen (VG Weimar Urt. v. 26.2.2020 – 4 K 21268/17 We, asyl.net: M28726).

Der Arzt-Vorbehalt macht besonders deutlich, dass der Gesetzgeber in erster Linie psychische Erkran- **43.1** kungen, und hier wiederum die Posttraumatische Belastungsstörung (PTBS, dazu sowie zu anderen Formen psychischer Dekompensationen aus psychiatrischer Sicht Bronisch ZAR 2020, 369) „im Visier" hatte, denn die diesbezüglichen Stellungnahmen wurden in der Praxis bislang zumeist von – in der Migrationsarbeit überproportional tätigen – nicht-ärztlichen psychologischen Psychotherapeuten erstellt, was dem Gesetzgeber bekannt gewesen sein dürfte. Das erhärtet den Eindruck, dass hinter dem Erfordernis einer ärztlichen Bescheinigung kein inhaltliches Motiv, sondern allein das Kalkül steckt, über die Begrenzung des Kreises potenzieller Experten die Wahrscheinlichkeit der Widerlegung der Gesundheitsvermutung und damit die erfolgreiche Geltendmachung krankheitsbedingter Abschiebungsverbote zu reduzieren. Auch wenn Bescheinigungen psychologischer Psychotherapeuten richtigerweise nicht allein wegen des Arzt-Vorbehalts zurückgewiesen werden dürfen, sollte man sich gleichwohl um Einholung einer – zumindest auch von einem Arzt ausgestellten – Bescheinigung bemühen, um insbesondere den Behörden insoweit von vornherein „den Wind aus den Segeln zu nehmen".

Aus besagter Entscheidung des BVerwG sind – mit Ausnahme der „Methode der Tatsachenerhe- **44** bung" (dazu GK-AufenthG/Funke-Kaiser Rn. 117.4) – auch die in S. 3 genannten **inhaltlichen Mindestanforderungen** ent- und für sämtliche Erkrankungen übernommen worden, obwohl sie wegen der „Unschärfen des Krankheitsbildes" speziell auf die PTBS zugeschnitten waren (BVerwG NVwZ 2008, 330; zur Übertragbarkeit auf andere psychische Erkrankungen vgl. OVG NRW BeckRS 2017, 128101 Rn. 12). Mit dem Zweiten Gesetz zur besseren Durchsetzung der Ausreisepflicht (v. 15.8.2019, BGBl. I 1294) wurde der Katalog der Mindestangaben erweitert: Neben dem lateinischen Namen oder der Klassifizierung der Erkrankung nach ICD 10, einem von der WHO herausgegebenen, weltweit anerkannten Klassifikationssystem für medizinische Diagnosen, muss das Attest gem. S. 4 auch die zur Behandlung der Erkrankung ggf. erforderlichen Medikamente mit der Angabe ihrer Wirkstoffe unter ihrer international gebräuchlichen Bezeichnung nennen. Infolge der Vereinheitlichung sollen zeitintensive Nachfragen bei beteiligten Stellen vermieden werden (BT-Drs. 19/10047, 35).

Bezüglich einer PTBS muss sich aus dem Attest nach der Rechtsprechung des BVerwG (NVwZ 2008, **44.1** 330) „nachvollziehbar ergeben, auf welcher Grundlage der Facharzt seine Diagnose gestellt hat und wie sich die Krankheit im konkreten Fall darstellt. Dazu gehören etwa Angaben darüber, seit wann und wie häufig sich der Patient in ärztlicher Behandlung befunden hat und ob die von ihm geschilderten Beschwerden durch die erhobenen Befunde bestätigt werden. Des Weiteren sollte das Attest Aufschluss über die Schwere der Krankheit, deren Behandlungsbedürftigkeit sowie den bisherigen Behandlungsverlauf (Medikation und Therapie) geben. Wird das Vorliegen einer PTBS auf traumatisierende Erlebnisse im Heimatland gestützt und werden die Symptome erst längere Zeit nach der Ausreise aus dem Heimatland vorgetragen, so ist in der Regel auch eine Begründung dafür erforderlich, warum die Erkrankung nicht früher geltend gemacht worden ist."

Im Zusammenhang mit psychischen Erkrankungen ist die Bundesweite Arbeitsgemeinschaft der psycho- **44.2** sozialen Zentren für Flüchtlinge und Folteropfer eine hilfreiche Anlaufstelle für die Beratungspraxis (www.baff-zentren.org).

Der Wortlaut („soll") erlaubt es, eine Bescheinigung auch bei Fehlen eines Merkmals als qualifi- **45** ziert anzusehen, etwa wenn es auf das Merkmal nicht ankommt (BT-Drs. 18/7538, 19). Umgekehrt kann und sollte („insbesondere") die Bescheinigung auch nicht genannte, aber zur Glaubhaftmachung der Erkrankung und ihrer Relevanz für die Abschiebung geeignete Angaben enthalten (BT-Drs. 18/7538, 19).

46   Darauf aufbauend konkretisiert Abs. 2d S. 1 § 82 und normiert eine **Pflicht zur unverzüglichen Vorlage** der Bescheinigung bei der zuständigen Behörde. Wird diese Pflicht (zutreffend: Obliegenheit) verletzt, ist der Behörde **die Berücksichtigung des Vorbringens zur Erkrankung qua Gesetz verboten** („darf nicht"). Aus der Gesundheitsvermutung wird dann gewissermaßen eine Gesundheitsfiktion. **Adressat des Berücksichtigungsverbots** ist nach dem Wortlaut **allein** die **zuständige Behörde.** Auch daraus folgt, dass es sich um eine **rein formelle Präklusionsregelung** handelt, so dass die Bescheinigung in einem etwaigen verwaltungsgerichtlichen Verfahren vorgelegt und ihr Inhalt vom Gericht berücksichtigt werden darf und muss (Thym NVwZ 2016, 409 (413)). Zuständig ist dabei die mit der Prüfung der rechtlichen Unmöglichkeit betraute Behörde, grundsätzlich also die Ausländerbehörde, in „Dublin-Fällen" dagegen regelmäßig das Bundesamt (→ Rn. 152.1).

47   Der Diskussion, ob die in **Abs. 2c** genannten Anforderungen sowie die Präklusionsregelung des Abs. 2d trotz ihres systematischen Standorts **auch auf krankheitsbedingte zielstaatsbezogene Abschiebungshindernisse (§ 60 Abs. 7 S. 3) anwendbar** sind (bejahend BayVGH BeckRS 2018, 1335 Rn. 7; verneinend Hager ASYLMAGAZIN 2017, 335 (338 ff.); BeckOK MigR/Röder, 1. Ed. 1.3.2019, Rn. 1 ff.), hat der Gesetzgeber mit dem Zweiten Gesetz zur besseren Durchsetzung der Ausreisepflicht (v. 15.8.2019, BGBl. I 1294) ein Ende gesetzt: Gemäß § 60 Abs. 7 S. 2 gelten § 60a Abs. 2c S. 2 und S. 3 entsprechend.

47a   Die Rechtsprechung wendet den Maßstab teilweise auch im Rahmen der Überprüfung eines **Abschiebungsverbots gem. § 60 Abs. 5** an (OVG Lüneburg BeckRS 2020, 4520 Rn. 13 ff.). Angesichts der systematischen Stellung des Verweises und der sich nur auf § 60 Abs. 7 S. 2 ff. beziehenden Gesetzesbegründung (BT-Drs. 19/10047, 37) kann es sich dabei nur um eine **ungeschriebene entsprechende Anwendung** handeln. Gegen eine solche Analogie zu Lasten der Betroffenen spricht aber, dass das vom Gesetzgeber gesehene Missbrauchsrisiko bei der Geltendmachung von Abschiebungsverboten nach § 60 Abs. 5 (iVm Art. 3 EMRK) geringer sein dürfte, da diese typischerweise nicht ausschließlich auf eine gesundheitliche Beeinträchtigung gestützt werden können, die nur eine von vielen – ebenfalls darlegungsbedürftigen – Umständen darstellen. Konsequenterweise müssten die Anforderungen des § 60a Abs. 2c S. 2 und 3 dann auch im Rahmen der Prüfung einer subsidiären Schutz begründenden unmenschlichen oder erniedrigenden Behandlung (vgl. § 4 Abs. 1 Nr. 2 AsylG) Anwendung finden, soweit diese auch auf eine Gesundheitsbeeinträchtigung gestützt wird. Mit dem gesetzgeberischen Ziel, der Verzögerung von Rückführungen angesichts einer drohenden Abschiebung entgegenzuwirken BT-Drs. 18/7538, 1), ließe sich die Anwendung des Maßstabs dort aber nicht erklären. Schließlich stellt sich das Problem der Abgrenzung zu § 60a, das den Gesetzgeber zur Erstreckung des Maßstabs auch auf zielstaatsbezogene Abschiebungsverbote bewogen hat (BT-Drs. 19/10047, 37), typischerweise auch nur im Verhältnis zu § 60 Abs. 7.

47b   Mangels eines diesbezüglichen Normanwendungsbefehls (weiterhin) keine Anwendung finden § 60a Abs. 2c S. 1 und 4 und insbesondere die Präklusionsvorschrift (§ 60a Abs. 2d). Dafür sprach schon bislang die Gesetzesbegründung zu § 60a Abs. 2d, und hier insbesondere die Aussage, dass über die Präklusionswirkung üblicherweise erst im Rahmen der Abschiebungsandrohung, also nach bereits erfolgter Prüfung von § 60 Abs. 5 und Abs. 7 (§ 24 Abs. 2 AsylG) belehrt wird (BT-Drs. 18/7538, 20), zumal die Mitwirkungspflichten nur im Hinblick auf § 60a verschärft werden sollten. Ansonsten hätte es auch einer Änderung der sich jedenfalls im asylverfahrensrechtlichen Kontext primär aus §§ 15, 25 AsylG ergebenden Mitwirkungspflichten und „Sanktionen" bedurft (vgl. § 1 Abs. 1 S. 5), die jedoch gänzlich unberührt und unerwähnt geblieben sind.

48   Das in der Gesetzesbegründung formulierte Ziel, „Vorratsattesten" vorzubeugen (BT-Drs. 18/7538, 19), die sich ausdrücklich nur auf die unverzügliche Vorlage beziehende Verpflichtung und der Wortlaut („die" Bescheinigung) legen es auf den ersten Blick nahe, den Anwendungsbereich der Präklusion auf Fälle zu beschränken, in denen der Ausländer bereits ein Attest besitzt, dieses aber erst kurz vor der Abschiebung „aus der Schublade" holt. Gleichwohl dürfte S. 1 **auch eine Verpflichtung zur unverzüglichen Einholung** der Bescheinigung begründen, denn die im Hs. 2 vorgesehene Unanwendbarkeit der Präklusion („es sei denn") für den Fall, dass der Ausländer unverschuldet an der „Einholung" der Bescheinigung gehindert war, erscheint nur dann sinnvoll, wenn zuvor eine entsprechende Pflicht statuiert wurde (ähnlich GK-AufenthG/Funke Kaiser Rn. 117.7). Da die Vorlage der Bescheinigung deren vorherige Einholung voraussetzt, dürfte die Ausnahme im Ergebnis allerdings weitgehend überflüssig sein, denn bei unverschuldeter Säumnis der Einholung liegt schon keine tatbestandsmäßige Verletzung der Pflicht zur „unverzüglichen" Vorlage vor.

Geht man davon aus, dass S. 1 den Ausländer nicht zur unverzüglichen Einholung eines Attests verpflich- **48.1** tet, folgt die Pflicht, sich bei Anhaltspunkten für eine abschiebungsrelevante Erkrankung durch Einholung eines Attests um Substantiierung zu bemühen, aus § 82, dann allerdings ohne automatische Präklusion im Falle ihrer Nichterfüllung.

Unverzüglich bedeutet nach § 121 Abs. 1 S. 1 BGB „ohne schuldhaftes Zögern". Schuldhaftes **49** (Nicht-) Handeln setzt Kenntnis der konkreten Handlungspflicht – hier der nach S. 1 – voraus (VG Berlin BeckRS 2017, 133948 Rn. 21 zu § 26 Abs. 2 S. 4 BeschV; s. aber auch die nachfolgende Entscheidung des OVG Bln-Bbg BeckRS 2018, 19037). Diese Kenntnis erhält der Ausländer normativ immer erst durch die nach S. 4 erforderliche Belehrung (→ Rn. 57). **Ein Zögern vor ordnungsgemäßer Belehrung über die Pflicht nach S. 1 kann die Präklusion daher nicht auslösen.**

Ob der ordnungsgemäß belehrte Ausländer schuldhaft gezögert hat, ist grundsätzlich eine Frage **50** des Einzelfalls. Nach der Gesetzesbegründung muss ein eingeholtes Attest spätestens innerhalb von **zwei Wochen ab Ausstellungsdatum der Bescheinigung** vorgelegt werden (BT-Drs. 18/ 7538, 19). Der Ausländer wird aber in der Regel gut beraten sein, das Attest der Behörde und ggf. dem Gericht unmittelbar weiterzuleiten.

Im Übrigen ist darauf abzustellen, ob sich der Ausländer um Einholung einer entsprechenden **51** Bescheinigung bemüht hat, nachdem seine Krankheit aufgetreten ist und er dessen (abschiebungs-) rechtliche Relevanz erfasst hat. Nicht schuldhaft zögert der Ausländer, wenn er „nur" die Bescheinigung eines psychologischen Psychotherapeuten vorlegt, weil ein Facharzt für ihn nicht (rechtzeitig) zugänglich war. Angesichts des „Trends" zu Verfahrensbeschleunigung und „Abschottung" sowie des tatsächlich, finanziell und rechtlich erschwerten Zugangs zu Gesundheitsversorgung und Beratung ist grundsätzlich Zurückhaltung bei der Annahme eines „Einholungsverschuldens" geboten. Das gilt in besonderem Maße für Personen in Abschiebungshaft, für die ein (Fach-) Arzt noch schwerer greifbar sein wird. In einem gerichtlichen Verfahren dürfte es ratsam sein, auch die tatsächlichen Umstände und Schwierigkeiten der – häufig unter massivem Zeitdruck erfolgenden – Attestbeschaffung möglichst plastisch darzulegen, um einen möglichen Verschuldenseinwand vorwegzunehmen und glaubhaft zu machen, dass man unter den gegebenen Rahmenbedingungen das Bestmögliche getan hat. Bei psychischen Erkrankungen ist im Übrigen zu berücksichtigen, dass sich diese nicht selten erst im Angesicht der Abschiebung zeigen und verlässliche Diagnosen in der Regel zeitintensiv sind (vgl. NK-AuslR/Bruns Rn. 14; BeckOK AuslR/Kluth/Breidenbach Rn. 41).

Geht es um eine **Bescheinigung für einen Minderjährigen,** ist ein für diesen Sorge tragender **52** Familienangehöriger, in der Regel also der gesetzliche Vertreter, zur unverzüglichen Vorlage verpflichtet (BT-Drs. 18/7538, 19). Die Zurechnung von Verschulden eines Amtsvormunds scheidet aber aus (VG Karlsruhe Beschl. v. 21.12.2017 – 3 K 14098/17 zu § 80 Abs. 4).

Trotz Verstoßes gegen die Pflicht nach S. 1 **greift die Präklusion gem. S. 2 nicht** („es sei **53** denn"), wenn **anderweitig tatsächliche Anhaltspunkte** für das Vorliegen einer lebensbedrohlichen oder schwerwiegenden Erkrankung, die sich durch die Abschiebung wesentlich verschlechtern würde, bestehen (zur Ausnahme bei schuldloser Nicht-Einholung → Rn. 48). Die Regelung „erinnert" die Behörde an ihre durchgängig bestehende Amtsermittlungspflicht.

„Anderweitig" sind jedenfalls Anhaltspunkte, die die Behörde losgelöst von der Bescheinigung **54** hat, wenn etwa ein gerade aus dem Krankenhaus Entlassener Rückfallerscheinungen zeigt. **Anhaltspunkte** können sich aber **auch aus einer pflichtwidrig vorgelegten Bescheinigung** ergeben (VGH BW BeckRS 2017, 123151 Rn. 29). Das betrifft den Fall, dass eine ärztliche Bescheinigung „zu spät" vorgelegt wird, und den, dass eine Bescheinigung zwar „rechtzeitig", aber nicht (vollständig) den inhaltlichen und / oder personellen Vorgaben des Abs. 2c S. 2 entsprechend vorgelegt wird, gleichermaßen (vgl. SächsOVG BeckRS 2018, 8185 Rn. 9). Art. 2 Abs. 2 S. 1 GG verbietet es staatlichen Stellen, ein Attest, das in der Sache schlüssig einen drohenden Verfassungsverstoß belegt oder zumindest nahelegt, zu ignorieren (ähnlich Bergmann/Dienelt/Dollinger Rn. 56). Bei verfassungskonformer Auslegung werden auch die Behörden im Ergebnis deshalb regelmäßig „gezwungen" sein, vorgelegte Bescheinigungen zu lesen und erforderlichenfalls weitere Aufklärungsmaßnahmen zur Klärung der Reisefähigkeit zu ergreifen. Dabei lösen – entgegen dem Wortlaut – Anhaltspunkte für eine durch die Abschiebung bewirkte schwerwiegende Verschlechterung des Gesundheitszustands die Amtsermittlungspflicht in jedem Fall, also unabhängig von einer Vorerkrankung aus (GK-AufenthG/Funke-Kaiser Rn. 117.2).

S. 3 verweist bei Zweifeln an der geltend gemachten Erkrankung auf eine ärztliche Untersu- **55** chung (vgl. § 82 Abs. 4 S. 2), die dem Wortlaut nach zwar nur bei Vorlage einer den Vorgaben des Abs. 2c S. 3 entsprechenden Bescheinigung, aber auch angeordnet werden kann, wenn **ander-**

weitige Anhaltspunkte bestehen (GK-AufenthG/Funke-Kaiser Rn. 117.10). Ob an eine **amtsärztliche Bescheinigung der Reisefähigkeit auch** die **Anforderungen des Abs. 2c S. 3** zu stellen sind, ist umstritten (bejahend VGH BW BeckRS 2017, 123151 Rn. 21; verneinend BayVGH BeckRS 2017, 139195 Rn. 25). Warum die Behörde zur Aufklärung einer substantiiert vorgetragenen Verletzung von Art. 2 Abs. 2 S. 1 GG zu weniger verpflichtet sein sollte, als der Ausländer zu ihrer Darlegung, ist nicht ersichtlich. Der mit Blick auf § 108 Abs. 1 S. 1 VwGO vom BVerwG (BeckRS 2013, 46741) postulierte (eingeschränkte) Vorrang amtsärztlicher Expertise erscheint nur im Konfliktfall zweier inhaltlich gleichwertiger Beurteilungen sachlich gerechtfertigt.

56   Kommt der Betroffene der Anordnung nicht nach, ist die Behörde berechtigt, die vorgetragene Erkrankung nicht zu berücksichtigen (S. 3). Anders als S. 2 enthält S. 3 **kein Berücksichtigungsverbot**, sondern eine **im behördlichen Ermessen stehende** – ebenfalls verfassungsgemäß handzuhabende – **Nichtberücksichtigungsbefugnis**.

57   Nach S. 4 muss der Ausländer auf die Verpflichtungen und die Rechtsfolgen im Falle ihrer Verletzung hingewiesen werden. Der **Hinweis** muss sich auch (→ Rn. 48) auf die Pflicht zur unverzüglichen Einholung beziehen. Er hat **in einer Sprache, die der Ausländer versteht** oder von der vernünftigerweise angenommen werden darf, dass er sie versteht, zu erfolgen. Für (ehemalige) Asylantragsteller folgt dies aus Art. 12 Abs. 1 lit. a Asylverfahrens-RL, im Übrigen aus dem verfassungsrechtlichen Gebot, die Art. 2 Abs. 2 S. 1 GG „ins Fadenkreuz" nehmende Verfahrensvorschrift fair handzuhaben (vgl. BVerfG NVwZ-Beil. 1996, 81 zu § 10 AsylVfG; aA GK-AufenthG/Funke-Kaiser Rn. 117.12).

58   Erfolgt der **Hinweis nicht (ordnungsgemäß), scheidet eine Präklusion nach Abs. 2d aus** (BT-Drs. 18/7538, 20).

59   Die **Abschiebung** kann ferner **nach Art. 6 GG bzw. Art. 8 EMRK aus familiären Gründen rechtlich unmöglich** sein, wenn die (geplante) Abschiebung zu einer unzumutbaren Familientrennung führen würde. Das ist grundsätzlich eine Frage des Einzelfalls, was sich in der mannigfaltigen Rechtsprechung widerspiegelt. Allgemeingültig lässt sich wenigstens so viel sagen:

60   Ausgangspunkt ist die ständige Rechtsprechung des BVerfG, wonach Art. 6 GG grundsätzlich **kein unmittelbares Recht auf Aufenthalt**, sondern nur den Anspruch vermittelt, dass die zuständigen staatlichen Stellen bei der Entscheidung über aufenthaltsbeendende Maßnahmen die familiären Bindungen des Ausreisepflichtigen an **berechtigterweise im Bundesgebiet aufhältige Personen** entsprechend dem Gewicht dieser Bindungen zur Geltung bringen (BVerfG ZAR 2006, 28). Ein **Anspruch auf** (zunächst) **vorläufigen (!) familienbedingten Verbleib im Bundesgebiet** setzt grundsätzlich **in zweierlei Hinsicht schutzwürdige Bindungen** voraus.

61   Zum einen muss sich der **Familienangehörige** berechtigterweise, zB als **Deutscher oder Inhaber eines Aufenthaltstitels** in der Bundesrepublik Deutschland aufhalten. Ist auch er nur geduldet, wird die Familie grundsätzlich auf ein Familienleben in ihrem Herkunftsstaat verwiesen (HessVGH BeckRS 2005, 23206). Bei **unterschiedlicher Staatsangehörigkeit** gilt dies aber dann nicht, wenn in keinem der Herkunftsstaaten die Aussicht auf das beabsichtigte Zusammenleben besteht. Eine solche Perspektive besteht grundsätzlich, wenn in einem der Herkunftsstaaten die EMRK (Art. 8 EMRK) gilt (BVerwG BeckRS 1999, 15476 Rn. 14). Eine weitere Ausnahme greift ggf. bei einer (absehbaren) krankheitsbedingten „Dauerduldung" des Familienangehörigen (GK-AufenthG/Funke-Kaiser Rn. 155).

62   Zum zweiten bedarf es einer **Bindung, die über** den grundsätzlich erforderlichen **formalrechtlichen Familien- / Ehestatus hinausgeht**, auch wenn schon dieser den Schutzbereich von Art. 6 GG eröffnet (BVerfGE 135, 48 ff. = NJW 2014, 1364 (1372)). **Einen Anspruch nach Abs. 2 S. 1 begründet** jedoch **nur** eine **durch tatsächliche Verbundenheit und Anteilnahme geprägte Beziehung** zwischen den Familienmitgliedern (BVerfG NVwZ 2006, 682). Ob eine solche tatsächlich gelebte familiäre Gemeinschaft besteht, ist einzelfallbezogen unter Berücksichtigung der tatsächlichen und rechtlichen Lebensumstände der Familie zu beurteilen.

63   Dementsprechend setzt eine schutzwürdige **Vater-Kind-Beziehung** weder ein eheliches Band zwischen Vater und Mutter noch eine häusliche Gemeinschaft (BVerfG BeckRS 2008, 04197; NVwZ 1997, 479) und auch **keine biologische Vaterschaft** voraus (BVerfGE 135, 48 ff. = NJW 2014, 1364 ff.). Der Schutzbereich von Art. 6 GG ist auch dann eröffnet, wenn das (ungeborene) Kind unter Verletzung von Strafvorschriften gezeugt wurde oder die Mutter in der Ausübung der elterlichen Sorge eingeschränkt ist (BVerfG 22.5.2018 – 2 BvR 941/18, juris Rn. 7, LSK 2018, 170078).

64   Die tatsächliche Verbundenheit kann auch Folge eines „bloßen" **väterlichen Umgangsrechts** sein, nicht nur weil auch dieses natürliches Elternrecht (Art. 6 Abs. 2 GG) ist, sondern weil die Schutzbedürftigkeit der Beziehung auch und vor allem aus der Perspektive des Kindes zu ermitteln ist, das **zu seinem Wohl** grundsätzlich **auf den – weder wechselseitig noch durch Dritte**

ersetzbaren – Umgang mit beiden Eltern angewiesen ist (BVerfG 22.5.2018 – 2 BvR 941/ 18, juris Rn. 7, 9, LSK 2018, 170078; NVwZ 2009, 387 (388)). Macht der Vater von der Ausübung seines Umgangsrechts regelmäßig und in einer am Wohl des Kindes ausgerichteten Weise Gebrauch, ist grundsätzlich von einer schützenswerten Vater-Kind-Beziehung auszugehen (vgl. BVerfG NVwZ 2009, 387 (388)). Leistet der Vater Unterhaltsleistungen, ist dies ein weiteres Zeichen für die Wahrnehmung elterlicher Verantwortung (BVerfG BeckRS 2011, 87023 Rn. 35). Gegebenenfalls ist eine **Stellungnahme des Jugendamts** einzuholen.

Ob aus Art. 6 GG bzw. Art. 8 EMRK ein **Recht auf (vorübergehenden) Aufenthalt zur** 65 **Führung eines umgangsrechtlichen Prozesses** folgen kann, wenn der Vater wegen der fehlenden Kooperation der Mutter eine familiäre Beziehung zu seinem Kind aktuell nicht herstellen kann, hat das BVerwG offengelassen (BeckRS 2016, 54825 Rn. 5 zu § 28 Abs. 1 S. 4).

Art. 6 GG und Art. 8 EMRK können eine Abschiebung auch im Falle einer **(zukünftigen)** 66 **Vater-Kind Beziehung** verbieten. Hier geht es nicht um den Abbruch schon bestehender, sondern die abschiebebedingte Vereitelung bevorstehender familiärer Bindungen. Eine solche **aufenthaltsrechtliche Vorwirkung** setzt regelmäßig eine – schon **vorgeburtlich** mögliche (§§ 1592 Nr. 2, 1594 Abs. 4 BGB) – **Vaterschaftsanerkennung** voraus, die der Vater unverzüglich in den Grenzen des Möglichen und Zumutbaren betreiben muss (BVerfG 22.5.2018 – 2 BvR 941/18, juris Rn. 8, LSK 2018, 170078).

Nach § 1597a Abs. 2 S. 2 Nr. 1 BGB ist das Bestehen einer vollziehbaren Ausreisepflicht ein Anzeichen, 66.1 das auf eine rechtsmissbräuchliche Vaterschaftsanerkennung hindeuten und zur Aussetzung der Beurkundung (§ 1597a Abs. 2 S. 1 BGB) und Durchführung des in § 85a vorgesehenen Verfahrens (→ Rn. 76) führen kann. Soweit möglich, ist die Vaterschaftsanerkennung deshalb aus einem anderen Status heraus, in jedem Fall unverzüglich nach Kenntnis der Schwangerschaft zu betreiben (vgl. BVerfG 22.5.2018 – 2 BvR 941/18, juris Rn. 8, LSK 2018, 170078).

Ist dies der Fall, gebietet es Art. 6 GG zur Ermöglichung der Anerkennung ggf. eine Duldung 67 zu erteilen. Insbesondere bei **unverheirateten Eltern** wird teilweise zusätzlich gefordert, dass die (werdende) Mutter während der Schwangerschaft auf Beistand und Unterstützung gerade des (werdenden) Vaters angewiesen ist, was – mit Blick auf das Wohl des Kindes – vor allem bei **Risikoschwangerschaften** bejaht wird (vgl. NdsOVG BeckRS 2008, 39460; OVG MV FamFR 2010, 168 vgl. auch BVerfG 22.5.2018 – 2 BvR 941/18, juris Rn. 9, LSK 2018, 170078). Eine solche **Einschränkung** ist richtigerweise **aus Gründen des Kindeswohls abzulehnen.** Dem (gemeinsamen) Schlüsselerlebnis „Geburt" und der unmittelbar anschließenden Übernahme väterlicher Verantwortung kommt für die spätere (emotionale) Bindung des Vaters (ggf. auch der Mutter) zum Kind essentielle Bedeutung zu. Im Interesse des Kindes darf der zur Übernahme elterlicher Verantwortung bereite Vater durch eine Abschiebung nicht um dieses Erlebnis gebracht werden. Diese hat zu unterbleiben, wenn eine legale Wiedereinreise vor der Niederkunft ungewiss ist.

Bei **verheirateten (werdenden) Eltern** resultiert der **pränatale Abschiebungsschutz zusätz-** 68 **lich aus der eheschutzrechtlichen Dimension von Art. 6 GG,** denn der Beistand durch den Ehepartner während der Schwangerschaft ist unersetzlich (vgl. BVerfG 22.5.2018 – 2 BvR 941/ 18, juris Rn. 9, LSK 2018, 170078).

In den Abs. 2 S. 1 betreffenden Verfahren geht es häufig, wenngleich – etwa mit Blick auf 69 elterliche Bindungen an Kinder anerkannter Flüchtlinge – nicht immer „nur" um (drohende) **vorübergehende Trennungen der Familienangehörigen** als Folge des behördlichen Verweises auf ein nachzuholendes Visumsverfahren (§ 5 Abs. 2), also um die Geltendmachung eines **Anspruchs auf ein ununterbrochenes Familienleben.** Es gilt deshalb spezifisch herauszuarbeiten, warum „schon" das zeitweise Auseinanderreißen der Familie im Lichte des Art. 6 GG inakzeptabel ist. Die Nachholung des Visumsverfahrens ist zwar im Ausgangspunkt zumutbar (BayVGH BeckRS 2020, 6745 Rn. 20). Speziell bei **kleinen Kindern** ist aber zu bedenken, dass deren Entwicklung schnell voranschreitet und sich aus ihrer Sicht ggf. schon eine relativ kurze Trennung als endgültiger Verlust der schutzwürdigen Bindung darstellen kann (BVerfG BeckRS 2006, 21457; NVwZ 2000, 59). Neben den die konkrete Beziehung prägenden Umständen (Intensität, Dauer, Hilfe- / Unterstützungs- / Pflegebedarf) ist stets die **voraussichtliche Trennungszeit** so präzise wie möglich darzulegen. In rein aufenthaltsrechtlichen Verfahren betrifft das die Dauer des Visumsverfahrens unter Berücksichtigung bestehender Verkürzungsmöglichkeiten (insbesondere § 31 Abs. 3 AufenthV sowie § 59 Abs. 1 S. 4). Bleibt trotz Nachforschungen offen, wie lange das Visumsverfahren dauern wird, würde es ein mit Art. 6 GG unvereinbares Risiko begründen, auf dessen Nachholung zu bestehen, die deshalb regelmäßig unzumutbar sein wird (vgl. OVG LSA BeckRS 2020, 28457: Trennung von einem deutschen Kind). In „Dublin-Fällen" kommt es (zusätzlich) auch auf die voraussichtliche Asylverfahrensdauer an, wobei dessen ungewisser Ausgang bei der Zumutbarkeitsprüfung zu berücksichtigen ist (VG Sigmaringen BeckRS 2017, 132642 Rn. 37).

70   Für Schwangere besteht mindestens während der – dem Schutz von Mutter und (ungeborenem) Kind dienenden – **Fristen vor und nach der Entbindung (§ 3 Abs. 1 und Abs. 2 MuSchG)** ein vorübergehendes Abschiebungsverbot (VG Würzburg BeckRS 2017, 129702). Weitergehende Abschiebungsverbote gelten bei – in der Regel durch ärztliche Expertise zu belegenden – **Risiko-schwangerschaften.** Als Maßstab kann in diesem Zusammenhang die (nicht abschließende) Auflistung in den „Mutterschafts-Richtlinien" des Gemeinsamen Bundesausschusses (Richtlinien des Gemeinsamen Bundesausschusses über die ärztliche Betreuung während der Schwangerschaft und nach der Entbindung, Stand: 21.4.2016, B. Erkennung und besondere Überwachung der Risikoschwangerschaften und Risikogeburten, 9 ff.) herangezogen werden (ggf. anders, wenn es um die Abschiebung des werdenden Vaters geht, vgl. BVerfG 22.5.2018 – 2 BvR 941/18, juris Rn. 9, LSK 2018, 170078; allg. → Rn. 66 ff.).

71   Die beabsichtigte Ehe kann aufgrund der durch Art. 6 GG (ggf. iVm Art. 12 EMRK) gewährleisteten **Eheschließungsfreiheit** vorläufigen Abschiebungsschutz begründen; davon zu trennen ist der aufenthaltsrechtliche **Einfluss einer geschlossenen Ehe** etwa bei Beantwortung der Frage, ob die geschlossene Ehe auch ohne vorherige Ausreise (vgl. § 39 S. 1 Nr. 5 AufenthV, § 5 Abs. 2) in Deutschland gelebt werden kann (OVG NRW BeckRS 2020, 295 Rn. 2 f.). Grundsätzlich liegt die **Messlatte für eine Duldung zur Eheschließung hoch,** wenn verlangt wird, dass die Ehe – mit dem deutschen oder aufenthaltsberechtigten Ausländer – (selbstverständlich) nicht nur ernsthaft beabsichtigt sein, sondern auch – und das ist regelmäßig das Problem – unmittelbar bevorstehen muss (NdsOVG BeckRS 2017, 120119 Rn. 6 mwN). Allgemein anerkannte Mindestbedingung ist, dass der Ausländer die für das Eheschließungsverfahren erforderlichen Unterlagen eingereicht und der Standesbeamte die Vollständigkeit bestätigt hat (OVG Saarl BeckRS 2011, 54545; BayVGH BeckRS 2016, 55749; NdsOVG BeckRS 2017, 120119 Rn. 8). Auch muss ein häufig erforderlicher Antrag auf Befreiung der Beibringung eines Ehefähigkeitszeugnisses (§ 1309 Abs. 2 BGB, § 13 Abs. 3 S. 1 PStG) jedenfalls gestellt sein (vgl. auch BVerfG BeckRS 2018, 8171 Rn. 14). Weitergehend wird insbesondere dessen positive Bescheidung (OVG LSA 2009 BeckRS 32629; Bergmann/Dienelt/Dollinger Rn. 25 f.) und ein (feststehender) zeitnaher Termin zur Eheschließung gefordert (OVG Bln-Bbg BeckRS 2018, 3020 Rn. 2 mwN), ohne dass diese Anforderungen – soweit ersichtlich – bislang verfassungsrechtlich „abgesegnet" wurden (vgl. BVerfG BeckRS 2018, 8171 Rn. 16).

72   Im Eheschließungsverfahren kommt dem Standesbeamten eine besondere Prüfungs- und Ermittlungspflicht zu (vgl. BVerwG NVwZ 2011, 871 (875)), die bei der Bestimmung des Zeitpunkts, ab dem die beabsichtigte Ehe im Lichte des Art. 6 GG als unmittelbar bevorstehend anzusehen ist, nicht unberücksichtigt bleiben kann. Hat der Standesbeamte „seine" Prüfung ohne Beanstandungen abgeschlossen und – soweit erforderlich – die Unterlagen an das Oberlandesgericht weitergeleitet, indiziert dies, dass die ernsthaft Heiratswilligen „ihre Hausaufgaben" gemacht und das nach der Ausgestaltung des Verfahrens in ihrer Macht Stehende unternommen haben, um die Ehe sobald wie möglich in Deutschland zu schließen. Ab diesem Moment ist bei typisierender Betrachtung die Annahme einer unmittelbar bevorstehenden Eheschließung daher (zunächst) gerechtfertigt, die nicht mehr durch eine Abschiebung vereitelt werden darf. Der Ausländer trägt allerdings das Risiko, dass der Abschiebungsschutz wieder entfällt, wenn – entgegen der nur vorbereitenden (vgl. § 12 Abs. 3 S. 1 PStG) Einschätzung des Standesbeamten – der Antrag aus Gründen, die seiner Sphäre zuzuordnen sind, doch noch nicht entscheidungsreif ist (HmbOVG NVwZ-RR 2007, 559 (560)). Zur Glaubhaftmachung des Vorliegens der Ehevoraussetzungen kann die in § 13 Abs. 4 S. 1 PStG vorgesehene Mitteilung, die unabhängig von der Befreiung nach § 1309 Abs. 2 BGB bescheinigt werden kann (vgl. OVG Brem BeckRS 2016, 52562 Rn. 3), eingereicht werden.

73   Unter hohen Voraussetzungen kann die Abschiebung eines **in Deutschland vollständig ver-** und in seinem Herkunftsstaat **gänzlich entwurzelten** Ausländers unzulässig sein. Das Abschiebungsverbot folgt aus dem Recht auf **Achtung des Privatlebens (Art. 8 EMRK)** des „**faktischen Inländers"** (EGMR BeckRS 2009, 70641 = InfAuslR 2008, 333; BVerfG NVwZ-RR 2011, 420 (421)).

74   Überwiegend verneint wird eine **rechtliche Unmöglichkeit im Falle eines Härtefallantrags** (§ 23a), auch wenn nach dem maßgeblichen Landesrecht (zB § 5 HFKomVO BW) die Abschiebung für die Dauer des Verfahrens untersagt ist (NdsOVG BeckRS 2018, 3212 Rn. 22; GEB AsylR Rn. 929). Der Ausländer kann zwar nicht beanspruchen, dass sich die Härtefallkommission mit seinem Antrag (weiter) befasst. Wenn und solange sie dies aber tut, geschieht dies im

Interesse des Antragstellers und dient ein nach Maßgabe des Landesrechts bestehendes Vollzugsverbot nicht nur einer ungestörten Arbeit der Härtefallkommission. Sieht man dies anders, kommt jedenfalls eine Ermessensduldung wegen eines dringenden persönlichen Grundes in Betracht (GK-AufenthG/Funke-Kaiser Rn. 242).

Rechtlich unmöglich kann eine Abschiebung ferner zur Ermöglichung und/oder zum **75** Abschluss eines erstinstanzlichen Verfahrens ohne aufschiebende Wirkung (**Art. 19 Abs. 4 GG,** BayVGH BeckRS 2021, 2705 Rn. 13; GK-AufenthG/Funke-Kaiser Rn. 252 f. mwN), für die Dauer der in § 72 Abs. 4 S. 1 (Beschuldigter in Strafverfahren) und S. 2 (Zeuge in Strafverfahren) bzw. § 60 Abs. 4 (Auslieferungsverfahren) vorgesehenen **Abschiebungssperren** oder bei einem in einem Asylverfahren festgestellten, aber wegen des Vorliegens eines **Ausschlussgrundes** nicht zu einer Status- (vgl. § 3 Abs. 2 und Abs. 4 AsylG) bzw. Erlaubnisentscheidung (§§ 5 Abs. 4, 25 Abs. 1 S. 2, Abs. 2 S. 2, Abs. 3 S. 2 und S. 3) führenden, (drohenden) Verstoß gegen **Art. 3 EMRK** (Bergmann/Dienelt/Dollinger Rn. 36) sein.

Befindet sich die ausreisepflichtige Person in **Kirchenasyl,** macht dieses die Abschiebung grds. **75a** nicht rechtlich unmöglich (BVerwG BeckRS 2020, 16029 Rn. 6).

II. Duldung aufgrund Strafverfahrens

§ 60a Abs. 2 S. 2 verlangt die Aussetzung der Abschiebung, wenn die vorübergehende Anwe- **75b** senheit der ausländischen Person im Bundesgebiet für ein Strafverfahren wegen eines Verbrechens von der Staatsanwaltschaft oder dem Strafgericht für sachgerecht erachtet wird, weil ohne ihre Angaben die Erforschung des Sachverhalts erschwert wäre. Die Aussetzung nach Abs. 2 S. 2 erfolgt in erster Linie im öffentlichen Interesse und stellt damit einen Spezialfall von Abs. 2 S. 3 Alt. 1 dar, ist im Unterschied dazu aber obligatorisch („ist auszusetzen"). Die Vorschrift greift bei ausländischen Zeugen, ist ihrem Wortlaut nach aber auch offen für eine Anwendung auf Beschuldigte oder Angeklagte, die – etwa weil sie aussagebereit sind – die Sachverhaltsaufklärung erleichtern können (ebenso GK-AufenthG/Funke-Kaiser Rn. 275; wohl aA BayVGH BeckRS 2015, 49676 Rn. 76). Hier kann es im Ergebnis zu Überschneidungen mit § 72 Abs. 4 S. 1 kommen. An die keinen besonderen Formanforderungen unterliegende Erklärung der Staatsanwaltschaft bzw. des Strafgerichts ist die Ausländerbehörde gebunden. Über die Erforderlichkeit der Anwesenheit befinden Staatsanwaltschaften und Strafgerichte in eigener Zuständigkeit und Verantwortung (OVG RhPf BeckRS 2018, 35101). Abs. 2 S. 2 gilt nur, soweit das Strafverfahren ein Verbrechen (§ 12 Abs. 1 StGB) betrifft. Bei Vergehen (§ 12 Abs. 2 StGB) bleibt aber die Erteilung einer Ermessensduldung nach Abs. 2 S. 3 möglich, um die strafrechtliche Sachverhaltsaufklärung zu fördern; eine diesbezügliche Erklärung von Staatsanwaltschaft/Gericht ist hier allerdings ohne Bindungswirkung. Abs. 2 S. 3 ermöglicht auch die Duldung des **Opfers einer Straftat,** wenn das Opfer ein hinreichend gewichtiges Interesse daran hat, der Strafverfolgung in Deutschland beizuwohnen. Auf das Vorliegen einer Erklärung der Strafverfolgungsbehörden kommt es dafür ebenso wenig an wie darauf, ob das Strafverfahren ein Vergehen oder Verbrechen betrifft (VG Magdeburg 26.11.2020 – 8 B 194/20 MD nv; wohl aA OVG RhPf BeckRS 2018, 35101 Rn. 8).

III. Duldung bei laufendem Verfahren zur Feststellung missbräuchlicher Vaterschaftsanerkennung

Mit dem Gesetz zur besseren Durchsetzung der Ausreisepflicht (v. 20.7.2017, BGBl. I 2780) **76** wurde in § 85a ein Verfahren zur Feststellung missbräuchlicher (vorgeburtlicher) Vaterschaftsanerkennungen eingeführt. Angestoßen wird das Verfahren durch die beurkundende Behörden oder Urkundspersonen. Diese müssen den zuständigen Behörden (Ausländerbehörde oder Auslandsvertretung, vgl. § 85a Abs. 1 und Abs. 4) im Falle **konkreter Anhaltspunkte für eine missbräuchliche Vaterschaftsanerkennung** „Meldung machen" und das **Beurkundungsverfahren aussetzen** (§ 1597a Abs. 2 S. 1 BGB). Als besonders praxisrelevante Anzeichen für konkrete Anhaltspunkte nennt § 1597a Abs. 2 S. 2 BGB unter anderem das **Bestehen einer vollziehbaren Ausreisepflicht** des Anerkennenden, der Mutter und / oder des Kindes sowie die **Asylantragstellung von Personen aus sicheren Herkunftsstaaten** (§ 29a AsylG). S. 4 sieht vor, dass die Abschiebung von vollziehbar ausreisepflichtigem Anerkennenden, Mutter und / oder Kind **bis zu einer vollziehbaren Entscheidung** ausgesetzt wird (= Anspruch). Da Widerspruch und Klage gegen die einen Missbrauch feststellende Entscheidung keine aufschiebende Wirkung haben (§ 84 Abs. 1 S. 1 Nr. 9), wird diese mit Bekanntgabe vollziehbar und der Duldungsgrund nach S. 4 entfällt.

IV. Duldung bei gescheiterter Abschiebung

77   Befindet sich ein Ausländer nach einer **gescheiterten Ab- oder Zurückschiebung** (wieder) in Deutschland, ist dessen Abschiebung von Amts wegen **für eine Woche** auszusetzen, **wenn** keine Abschiebungshaft (nicht Ausreisegewahrsam) angeordnet wird und **Deutschland zur Rücknahme des Ausländers verpflichtet** ist (bzw. war). Abs. 2a S. 1 nennt beispielhaft („insbesondere") die Rückübernahmepflicht gem. Art. 6 RL 2003/110/EG (v. 25.11.2003, ABl. 2003 L 321, 26; vgl. auch § 74a), umfasst aber auch sonstige unions- und völkerrechtliche Rückübernahmeverpflichtungen. Die Duldung ist nach dem klaren Wortlaut – zur Vermeidung eines ungeregelten Aufenthalts (BT-Drs. 16/5065, 187) – auch dann zu erteilen, wenn eine (erneute) Abschiebung bereits absehbar ist. **S. 2 schließt** (nur) die **Verlängerung der Duldung nach Abs. 2a** aus, steht aber der – wiederum zur Vermeidung eines statuslosen Zustands in der Regel gebotenen – Verlängerung aus anderen Gründen, insbesondere nach Abs. 2 S. 1 nicht entgegen. **Zuständig für die Duldungserteilung sind die Grenzbehörden** (§ 71 Abs. 3 Nr. 2). S. 3 verpflichtet zur Zulassung der Einreise abweichend von § 4 Abs. 1 und **schließt** die Annahme einer **unerlaubten Einreise iSd § 14 Abs. 1** und die daran anknüpfenden Rechtsfolgen (vgl. bspw. §§ 15, 95 Abs. 1 Nr. 3) **aus** (BT-Drs. 16/5065, 187 f.). § 61 Abs. 1a sieht eine **Wohnsitzauflage** für den Bezirk der zuletzt zuständigen Ausländerbehörde vor, die – anders als im Falle des § 61 Abs. 1 S. 1 – nach dem Wortlaut nicht kraft Gesetzes entsteht, sondern verhängt werden muss („wird beschränkt"). Dabei dürfte die Grenzbehörde auch für die Verhängung der Wohnsitzauflage zuständig sein, denn die Verpflichtung nach § 61 Abs. 1a S. 2 knüpft an einen bereits beschränkten Aufenthalt an.

V. Duldung von Eltern eines Minderjährigen mit einer Aufenthaltserlaubnis nach § 25a Abs. 1

78   Nach Abs. 2b soll die Abschiebung der **Eltern oder eines allein personensorgeberechtigten Elternteils** ausgesetzt werden, solange ihr im Besitz einer Aufenthaltserlaubnis nach § 25a Abs. 1 befindliches Kind minderjährig ist. Dasselbe gilt für weitere minderjährige Kinder (= Stief- / Halbgeschwister), die mit den Eltern / dem Elternteil in familiärer (nicht häuslicher) Lebensgemeinschaft leben und nicht ledig sein müssen.

79   Der in Abs. 2 S. 1 aE enthaltene Grundgedanke, vorrangig bestehende Möglichkeiten der Aufenthaltslegalisierung zu prüfen, ist auch hier einschlägig. Die Regelung kommt daher (nur) dann zum Zug, wenn den genannten Familienangehörigen keine Aufenthaltserlaubnis nach § 25a Abs. 2 S. 1 bzw. S. 2 (→ § 25a Rn. 45 ff.) erteilt werden kann, etwa weil ein Ausschlussgrund (→ § 25a Rn. 54 ff.) vorliegt oder die Eltern ihren Lebensunterhalt nicht eigenständig durch Erwerbstätigkeit sichern (→ § 25a Rn. 53). Ein Rückgriff auf § 25 Abs. 5 ist in dieser Konstellation gesperrt (OVG LSA BeckRS 2016, 115329 Rn. 49 mwN).

80   Abs. 2b soll im Lichte von Art. 6 GG und Art. 8 EMRK die **Ausübung der Personensorge** ermöglichen (BT-Drs. 17/5093, 17) und **dient** damit **allein dem Wohl** des in der Bundesrepublik Deutschland **aufenthaltsberechtigten Minderjährigen.** Im Unterschied zu § 25a Abs. 2 S. 1, der auch eine eigene Integrationsleistung der Eltern „belohnt" (→ § 25a Rn. 48), **endet** sein **Anwendungsbereich** deshalb **mit Eintritt der Volljährigkeit des „Stammberechtigten".** Auf diesen Zeitpunkt ist die Duldung zu befristen, sofern die Aufenthaltserlaubnis des Stammberechtigten solange gilt (Rechtsgedanke des § 27 Abs. 4 S. 1).

81   Dass in der Variante „**Eltern**" beide Elternteile sorgeberechtigt sein müssen, lässt das Gesetz nicht erkennen. Insoweit **genügt das Personensorgerecht eines Elternteils,** wobei der andere mit Blick auf den Schutzzweck zumindest ein Umgangsrecht besitzen und dieses auch tatsächlich ausüben muss, damit auch ihm der Regelanspruch zusteht (HTK-AuslR/Zühlcke § 60a zu Abs. 2b Rn. 10). Befindet sich dagegen **nur ein Elternteil** in Deutschland, hat der Gesetzgeber – anders als iRv § 25a Abs. 2 S. 1 – am Erfordernis der **alleinigen Personensorgeberechtigung** festgehalten. Besitzt der in Deutschland lebende Elternteil nur das geteilte Sorgerecht, kommt deshalb nur eine Ermessensduldung nach Abs. 2 S. 3 in Betracht.

82   Abs. 2b sieht für den Regelfall die Erteilung der Duldung vor („soll"), ihre **Versagung ist nur in atypischen Fällen** möglich, wenn das öffentliche Interesse an einer sofortigen Aufenthaltsbeendigung der Eltern überwiegt, wofür die Inanspruchnahme öffentlicher Mittel nie und – im Falle von Straftaten – Gründe der Generalprävention regelmäßig nicht ausreichen. Im Übrigen ist zu differenzieren, ob an der (geplanten) Aufenthaltsbeendigung der Eltern ein unmittelbares öffentliches Interesse besteht oder diese nur (mittelbare) Folge eines öffentlichen Interesses an der Aufenthaltsbeendigung eines unter Abs. 2b fallenden Kindes ist.

VI. Ermessensduldung

Durch das Gesetz zur Umsetzung aufenthalts- und asylrechtlicher Richtlinien der Europäischen **83** Union (v. 19.8.2007, BGBl. I 1970) ist die Ermessensduldung (wieder) in das AufenthG eingeführt worden. Tatbestandlich setzt sie das Vorliegen erheblicher öffentlicher Interessen bzw. persönlicher oder – strenger als Abs. 1 S. 1 – dringender humanitärer Gründe voraus, die die **vorübergehende weitere Anwesenheit** im Bundesgebiet erfordern. Allgemein zeichnen sich die in S. 3 genannten Gründe dadurch aus, dass sie gegenüber dem öffentlichen Interesse an einer sofortigen Durchsetzung der Ausreisepflicht ein (deutlich) größeres Gewicht aufweisen, ohne die Abschiebung schon rechtlich unmöglich zu machen (HessVGH BeckRS 2008, 33458). Der die Duldung tragende **Grund darf für sich betrachtet** dabei **nicht auf einen Daueraufenthalt abzielen** (HessVGH BeckRS 2008, 33458). Ausbildungsduldung (§ 60c) und Beschäftigungsduldung (§ 60d) als explizit benannte dringende persönliche Gründe stellen insoweit Sonderfälle dar.

Mit Blick auf den Wortlaut („persönlich") dürfte das dringende „private" Interesse eines Dritten, etwa des Arbeitgebers, am (vorübergehenden) Verbleib des Ausländers nicht anspruchsbegründend, allerdings im Rahmen des Ermessens berücksichtigungsfähig sein.

Es handelt sich um **unbestimmte Rechtsbegriffe,** die zwar gerichtlich voll überprüfbar **84** (OVG NRW BeckRS 2017, 144016 Rn. 7), gleichwohl Einfallstor landespolitischer Einflussnahme sind und teilweise erheblich divergierende Vollzugspraktiken zur Folge haben, zumal eine transparente Zuordnung in der Praxis nicht immer erfolgt.

Auf Rechtsfolgenseite steht der Ausländerbehörde ein – gerichtlich nur beschränkt kontrollierbares (§ 114 S. 1 VwGO) – **weites Ermessen** zu, was die Glaubhaftmachung eines Anordnungsanspruchs in den regelmäßig erforderlichen Eilverfahren (§ 123 VwGO) erschwert (zu möglichen Ermessensgesichtspunkten vgl. GK-AufenthG/Funke-Kaiser Rn. 286).

Für **Familienangehörige eines Ausbildungsduldungsinhabers (§ 60c)** begründet dessen **86** „Bleiberecht" ohne das Hinzutreten weiterer Umstände regelmäßig keinen dringenden persönlichen Grund (OVG NRW BeckRS 2017, 144016 Rn. 8 ff.; vgl. aber VG Karlsruhe BeckRS 2018, 14351 Rn. 5).

Nimmt man an, dass nicht das in § 60c geregelte „Gesamtpaket", sondern die Ausbildung an **87** sich den dringenden persönlichen Grund begründet, käme grundsätzlich eine Ermessensduldung in Betracht, wenn die Erteilung einer Ausbildungsduldung nach § 60c (noch) ausscheidet. Jedenfalls eine auf den Ausschlussgrund des § 60c Abs. 2 Nr. 4 gestützte Ermessensausübung zu Lasten des Antragstellers wird nach der gesetzlichen Wertung aber regelmäßig nicht zu beanstanden sein (VGH BW 16.7.2018 – 11 S 1298/17 Rn. 16 ff. zu § 60a Abs. 2 S. 4 ff.).

Bei nicht unter § 60c fallenden Ausbildungen oder ausbildungsvorbereitenden Maßnahmen ist **88** die Annahme eines dringenden persönlichen Grundes jedenfalls nicht aus systematischen Gründen gesperrt (VGH BW BeckRS 2017, 100160 Rn. 23: Einstiegsqualifizierung), wie sich auch aus § 60c Abs. 8 ergibt.

Ein dringender persönlicher Grund liegt auch dann vor, wenn die Erteilung einer Aufenthaltserlaubnis nach §§ 25a, 25b aktuell alleine an der (knapp) noch nicht erfüllten Voraufenthaltszeit **89** scheitert, der Ausländer aber alle anderen Voraussetzungen zweifelsfrei erfüllt. Eine derartige **„Überbrückungsduldung"** wird in der Rechtsprechung grundsätzlich für möglich gehalten (vgl. OVG LSA BeckRS 2015, 44930 Rn. 5 zur Ermöglichung der Partizipation einer im Entscheidungszeitpunkt noch nicht in Kraft getretenen Bleiberechtsregelung). Das gilt jedenfalls dann, wenn mit der Integration in der Bundesrepublik Deutschland auch eine gewisse Entfremdung vom Herkunftsland einhergeht, ohne dass der (strenge) Maßstab des Art. 8 EMRK (→ Rn. 73) getroffen wird.

Soweit es um § 25b geht, kommt im Übrigen auch eine unmittelbare Aufenthaltserlaubnis unter Verzicht **89.1** auf die nur regelmäßig zu erfüllenden Voraufenthaltszeiten in Betracht, insbesondere wenn das „Manko" durch andere Integrationsleistungen kompensiert wird (→ § 25b Rn. 14).

Nach Auffassung des VGH BW **konkretisiert** die in **§ 43 Abs. 3 S. 1 AsylG** vorgesehene **90** Duldungsmöglichkeit zur Ermöglichung einer gemeinsamen Ausreise von Mitgliedern der „Kernfamilie" die **unbestimmten Rechtsbegriffe der dringenden persönlichen bzw. humanitären Gründe bindend,** unter anderem mit der Folge, dass der Beschwerdeausschluss des § 80 AsylG nicht eingreift (VGH BW EZAR NF 98 Nr. 73 = BeckRS 2016, 53735). Die in § 43 Abs. 3 S. 2 AsylG vorgesehene Ausstellung einer Bescheinigung ist bei diesem Verständnis als Bestätigung des in Abs. 4 vorgesehenen Anspruchs anzusehen.

91   Weitere potenzielle Anwendungsfälle von S. 3 sind:
- Ermöglichung der Teilnahme an einem Strafverfahren, wenn der Ausländer Opfer der Straftat ist, die Voraussetzungen des Abs. 2 S. 2 aber nicht vorliegen (OVG RhPf BeckRS 2018, 35101 Rn. 8).
- Beendigung eines/r kurz vor dem Abschluss stehenden Schuljahrs, Studiums oder einer sonstigen Ausbildung.
- Ermöglichung der Anwesenheit zur (vorübergehenden) Pflege eines kranken Angehörigen.
- Durchführung einer Operation inklusive eines notwendigen Nachsorgezeitraums (VG Stuttgart BeckRS 2012, 53144).
- Beendigung einer schon weit vorangeschrittenen (ärztlichen) Behandlung oder (Drogen-)Therapie, ggf. auch deren Ermöglichung (vgl. VG Bremen BeckRS 2021, 6674 Rn. 29)
- Ermöglichung des Anwesenheit des werdenden Vaters zum Schutz von (werdender) Mutter und / oder (ungeborenem) Kind (VGH BW NVwZ 2008, 233 (234) bei gleichzeitiger Annahme eines „auf Null" reduzierten Ermessens).
- Erledigung wichtiger persönlicher oder finanzieller Angelegenheiten, etwa nach dem Tod eines nahen Angehörigen.

92   Mögliche weitere Beispiele finden sich teilweise in den Verwaltungsvorschriften / Anwendungshinweisen von Bund und Ländern (vgl. bspw. Allgemeine Anwendungshinweise des Bundesministeriums des Innern zur Duldungserteilung nach § 60a Aufenthaltsgesetz, 30.5.2017, 8).

D. Erteilung und Ausgestaltung der Duldung

93   Die Aussetzung der Abschiebung ist ein **begünstigender Verwaltungsakt,** der gem. § 77 Abs. 1 S. 1 Nr. 5 zwar der Schriftform, nach Maßgabe von § 37 Abs. 3 S. 1 VwVfG, nach S. 1 aber keiner Begründung bedarf, was in der Beratungspraxis „Nachforschungen" erforderlich macht (zu den § 60a AufenthG betreffenden Speichersachverhalten im Ausländerzentralregister s. Ziff. 17 des Anhangs zur AZRG-Durchführungsverordnung).

94   Erteilt wird die Duldung von der Ausländerbehörde (§ 71 Abs. 1). Davon zu trennen ist die Frage der materiellen Prüfungskompetenz. Auch diese liegt grundsätzlich bei der Ausländerbehörde. Eine wichtige – unter anderem aus dem Wortlaut („ordnet an […] sobald feststeht") hergeleitete – **Ausnahme** gilt bei **Abschiebungsanordnungen,** die **auf Grundlage von § 34a AsylG** ergehen. Hier prüft das **Bundesamt** auch (inlandsbezogene) Vollstreckungshindernisse (BVerfG BeckRS 2014, 56447 Rn. 9 f.; BayVGH BeckRS 2014, 49104), so dass im gerichtlichen Verfahren **die Bundesrepublik Deutschland passivlegitimiert ist.** Das gilt **auch bei erst nach Erlass der Abschiebungsanordnung auftretenden Duldungsgründen** (BVerfG BeckRS 2014, 56447 Rn. 10; VG Stuttgart BeckRS 2018, 15358 Rn. 14 ff. mwN; zu möglichen Ausnahmekonstellationen, in denen aus Gründen effektiven Rechtsschutzes ausnahmsweise ein Vorgehen gegen den Träger der Amtshilfe leistenden Ausländerbehörde zulässig sein kann VGH BW BeckRS 2019, 2621 Rn. 12 f.). Mit Blick auf die nicht immer reibungslose Kommunikation der Behörden untereinander und mit den Verwaltungsgerichten sollten duldungsrelevante Umstände stets auch der zuständigen Vollstreckungsbehörde mitgeteilt werden.

95   Soweit Bundesrecht nicht ausdrücklich etwas anderes bestimmt, richtet sich die **örtliche Zuständigkeit nach Landesrecht** (VG Bremen BeckRS 2009, 30870; Bergmann/Dienelt/Winkelmann Rn. 2), also nach dem LVwVfG (für Bremen vgl. bspw. § 3 Abs. 1 Nr. 3 lit. a BremVwVfG: gewöhnlicher Aufenthalt), sofern keine spezialgesetzliche Regelung existiert (für Baden-Württemberg vgl. zB § 3 BWAAZuVO).

96   Aus Natur und Definition der **Duldung** folgt, dass diese **zu befristen** ist. Von den speziell geregelten Fällen (Abs. 2a, → Rn. 77) abgesehen gibt das AufenthG **keine Mindest- oder Höchstfrist** vor. Die **im pflichtgemäßen Ermessen** der Ausländerbehörde **stehende Befristungsentscheidung** muss sich am Duldungsgrund und dessen voraussichtlicher Dauer orientieren (VGH BW NVwZ-RR 1996, 356 (358)). Die Duldung, etwa die nach Abs. 2b (→ Rn. 78 ff.), kann deshalb auch für (deutlich) mehr als sechs Monate erteilt werden. Mit der Befristung darf die Ausländerbehörde grundsätzlich auch den Fortgang und die Ergebnisse von Abschiebungs- und Mitwirkungsbemühungen kontrollieren (BayVGH BeckRS 2015, 43078 Rn. 20). Gerade **bei kurzen Intervallen** ist aber kritisch zu **hinterfragen, ob** diese in Wahrheit nicht eine **unzulässige** Gängelung und **Sanktionierung** (VG Stuttgart BeckRS 2009, 37642 Rn. 23) des Ausländers bezwecken.

97   Der in Abs. 5 S. 2 ausdrücklich vorgesehene **Widerruf** (→ Rn. 107 ff.) **sperrt** nach hM **nicht** den **Rückgriff auf die allgemeinen verwaltungsrechtlichen Handlungsinstrumente** (ausf. GK-AufenthG/Funke-Kaiser Rn. 86; Bergmann/Dienelt/Dollinger Rn. 63; VGH BW BeckRS

2016, 43698 Rn. 27; BayVGH BeckRS 2009, 31173 Rn. 4; aA NK-AuslR/Bruns Rn. 40). Die Duldung kann danach zusätzlich mit einer **auflösenden Bedingung** (§ 36 VwVfG, vgl. auch § 61 Abs. 1 lit. e) – umgangssprachlich auch „Erlöschensvermerk" genannt – versehen werden, die allerdings hinreichend bestimmt (zu verschiedenen praxisüblichen Varianten vgl. GK-AufenthG/ Funke-Kaiser Rn. 90 ff. und NK-AuslR/Bruns Rn. 40) und **im konkreten Einzelfall verhältnismäßig,** insbesondere erforderlich sein muss (OVG Brem BeckRS 2011, 50944). Letzteres ist sie grundsätzlich nur, wenn eine Abschiebung schon vor Ablauf der ohnehin vorgesehenen Geltungsfrist in Frage kommt (VGH BW BeckRS 2016, 43698 Rn. 28; VG Stuttgart BeckRS 2012, 53144). Da sich auch die Bemessung der Frist am voraussichtlichen Wegfall des Abschiebungshindernisses zu orientieren hat, **bedarf es** – auch angesichts des mit Bedingungseintritts entstehenden Strafbarkeitsrisikos (§ 95 Abs. 1 Nr. 2 lit. c) – einer **besonderen Erklärung, warum** die Ausländerbehörde **zusätzlich** zum Mittel der **Bedingung** greift und – abweichend von der der Befristung zugrunde liegenden Prognose – eine vorfristige Abschiebung für möglich hält.

(Auch) deshalb **gilt** für die (belastende) Bedingung **nicht das** auf die (begünstigende) Aussetzung der Abschiebung begrenzte **Formprivileg des § 77 Abs. 1 S. 1** (offen gelassen von VGH BW BeckRS 2016, 43698 Rn. 26). Aufgrund ihrer **Wirkungsähnlichkeit mit dem Widerruf bedarf die Bedingung** vielmehr nach § 77 Abs. 1 S. 1 Nr. 8 (analog) einer – allerdings gem. § 45 Abs. 1 Nr. 2 VwVfG nachholbaren – **Begründung.** **98**

Als vollziehbar Ausreisepflichtige fallen Personen mit einer Duldung in den Anwendungsbereich von § 61 und unterliegen **regelmäßig** einer – grundsätzlich an den ungesicherten Lebensunterhalt gekoppelten – **Wohnsitzauflage** (§ 61 Abs. 1d S. 1, → § 61 Rn. 1 ff.) und der räumlichen Beschränkung nach § 61 Abs. 1 S. 1 (→ AufenthG aF § 61 Rn. 1 f.). Letztere erlischt allerdings, wenn sich der Ausländer seit drei Monaten ununterbrochen geduldet, gestattet oder erlaubt im Bundesgebiet aufhält (§ 61 Abs. 1b, → AufenthG aF § 61 Rn. 7). **99**

Zudem kann die **Duldung Grundlage für** die Erteilung einer **Erwerbstätigkeitserlaubnis** gem. § 4a Abs. 4 iVm § 32 BeschV (→ Rn. 145 ff.) sein, sofern keines der in Abs. 6 genannten zwingenden Erwerbstätigkeitsverbote (→ Rn. 122 ff.) besteht, die mit dem Asylverfahrensbeschleunigungsgesetz (v. 20.10.2015, BGBl. I 1722) von der BeschV (vgl. § 33 BeschV aF) ins AufenthG übergesiedelt sind. **100**

Auf Grundlage von § 61 Abs. 1e (→ § 61 Rn. 1 ff.) können der Duldung weitere Bedingungen und Auflagen beigefügt werden. **101**

E. Duldungsbescheinigung

In allen Fällen, in denen die Abschiebung auf Grundlage von § 60a ausgesetzt wird, hat die Ausländerbehörde (§ 71 Abs. 1) dem Ausländer eine **(deklaratorische) Bescheinigung** hierüber auszustellen (Abs. 4). Dass es sich um eine schriftliche Bescheinigung handeln muss, folgt aus der Natur der Sache, nicht aus § 77 Abs. 1 S. 1 Nr. 5 (so aber BeckOK AuslR/Kluth/Breidenbach Rn. 61), der (nur) die – von der Bescheinigung grundsätzlich zu trennende – Duldung betrifft. Inhalt und Ausgestaltung der Bescheinigung richten sich nach § 78a Abs. 5. **102**

Im Streitfall ist der Anspruch – mangels Verwaltungsaktqualität der Ausstellung – im Wege der **Leistungsklage** geltend zu machen. Besonderheiten gelten, wenn die Bescheinigung gem. § 60b Abs. 2 S. 2 mit dem Zusatz „für Personen mit ungeklärter Identität" ausgestellt wird (s. Wittmann/ Röder ZAR 2019, 412). **103**

Die Bescheinigung dient in erster Linie **Nachweiszwecken** und beugt (unnötigen) strafrechtlichen Ermittlungen (vgl. § 95 Abs. 1 Nr. 2) vor, weshalb sie zügig auszustellen ist (OVG Brem BeckRS 2020, 15868 Rn. 6). Mit Blick auf die Arbeitgeberpflicht nach § 4 Abs. 3 S. 1 ist die Bescheinigung zudem für die Aufnahme einer Beschäftigung bedeutsam. **104**

Besitzt der Ausländer keinen anerkannten gültigen Pass und ist eine Beschaffung unzumutbar (zur Unzumutbarkeit wegen zu hoher, aus den Regelbedarfen nicht zu bestreitender Passbeschaffungskosten vgl. BSG BeckRS 2019, 26997 Rn. 20), hat er Anspruch auf Ausstellung eines **Ausweisersatzes** (§ 55 Abs. 1 AufenthV, § 5 Abs. 2 AufenthV), mit dem der Ausländer seiner Ausweispflicht (§ 48 Abs. 2) und Passpflicht im Bundesgebiet (§ 3 Abs. 1 S. 2) genügt, womit eine Strafbarkeit gem. § 95 Abs. 1 Nr. 1 ausscheidet. Auch eine nicht als Ausweisersatz bezeichnete Bescheinigung kann im Rechtsverkehr als Identifikationsnachweis, etwa zur Erlangung einer Fahrerlaubnis (§ 21 Abs. 3 S. 1 Nr. 1 FeV), geeignet sein (vgl. BayVGH BeckRS 2019, 993 Rn. 18 unter Verweis auf BVerwGE 156, 111; zur Bedeutung der Bescheinigung über die Aufenthaltsgestattung im Rechtsverkehr → AsylG § 63 Rn. 20). **105**

Ausstellung und Verlängerung der Duldungsbescheinigung sind **gebührenpflichtig** (§ 47 Abs. 1 Nr. 5 und Nr. 6 AufenthV), wobei im Falle des (ergänzenden) Sozialleistungsbezugs häufig die **Gebührenbefreiung** des § 53 Abs. 1 Nr. 2 AufenthV greift. **106**

F. Erlöschen der Duldung

I. Widerruf

107   Der **Widerruf** ist im Unterschied zur Befristung und auflösenden Bedingung ausdrücklich in § 60a vorgesehen und die **dritte Möglichkeit, eine Duldung zum Erlöschen zu bringen.** Strenger als § 49 VwVfG **verpflichtet S. 2 zum Widerruf** der Duldung („wird widerrufen"), wenn das Abschiebungshindernis entfallen ist und kein anderes besteht. Der **Widerruf bedarf der Schriftform** und ist – im Unterschied zur Duldungserteilung – zu begründen (§ 77 Abs. 1 S. 1 Nr. 8). S. 2 ermöglicht (erst recht) die Beseitigung einer rechtswidrigen Duldung (VG Oldenburg BeckRS 2015, 41296; Huber/Mantel AufenthG/Gordzielik/Huber Rn. 68). Beim „Timing" des Widerrufs ist zu beachten, dass sich der Betroffene **danach grundsätzlich strafbar in Deutschland aufhält** (§ 95 Abs. 1 Nr. 2 lit. c).

108   Das Verfahren nach erfolgtem Widerruf richtet sich nach S. 3–5. S. 4 begründet eine **Abschiebungsankündigungspflicht,** die von dem **durch** das Asylverfahrensbeschleunigungsgesetz (v. 20.10.2015, BGBl. I 1722) eingeführten **Abschiebungsankündigungsverbot** (vgl. § 59 Abs. 1 S. 8) **nicht berührt** wird (BT-Drs. 18/6185, 50). Danach ist die für den Fall des Widerrufs vorgesehene Abschiebung mindestens einen Monat vorher anzukündigen, wenn diese länger als ein Jahr ausgesetzt ist. Die Vorschrift greift, **sobald der Betroffene länger als ein Jahr ununterbrochen geduldet** ist oder zu dulden gewesen wäre (BVerwG NVwZ-Beil. 2001, 113 (115)) unabhängig vom Duldungsgrund (vgl. aber → Rn. 111) sowie davon, ob die Duldung verlängert oder erneuert wurde. Die – **von der** zusätzlich erforderlichen **Abschiebungsandrohung zu trennende – Ankündigung** hat keine Verwaltungsaktqualität und ist **Rechtmäßigkeitsvoraussetzung** für eine Abschiebung (GK-AufenthG/Funke-Kaiser Rn. 299 f., 309).

109   Bei der Ankündigung handelt es sich um eine **„zweite Warnung"** aus Vertrauensschutzgründen. Ihr konkreter **Zweck** besteht darin, dem längerfristig geduldeten Ausländer ausreichend Zeit für die Regelung seiner Lebensverhältnisse zu geben (BVerwG NVwZ-Beil. 2001, 113 (115); OVG LSA BeckRS 2012, 54065). Vor diesem Hintergrund muss dem Ausländer zwar kein konkreter Abschiebungstermin, aber wenigstens mitgeteilt werden, **wann die Abschiebung in etwa erfolgen soll** (OVG LSA BeckRS 2010, 53071 mwN), was regelmäßig voraussetzen wird, dass schon entsprechende Vorbereitungen laufen. Mit einer Ankündigung auf Vorrat erfüllt die Behörde ihre Pflicht nicht. Die Ankündigungspflicht besteht auch dann, wenn die Abschiebung zu einem Zeitpunkt erfolgen soll, in dem die (widerrufene) Duldung ohnehin nicht mehr gültig gewesen wäre.

110   Mit dem Gesetz zur Umsetzung aufenthalts- und asylrechtlicher Richtlinien der Europäischen Union (v. 19.8.2007, BGBl. I 1970) wurde die bis dato auch für das **Erlöschen der Duldung infolge Fristablaufs** vorgesehene **Ankündigungspflicht gestrichen.** Daraus wird teilweise der Schluss gezogen, eine Ankündigungspflicht bestehe allein noch in Widerrufsfällen (vgl. GK-AufenthG/Funke-Kaiser Rn. 87, 96). Für eine derart weitgehende Absicht des Gesetzgebers ist aber nichts ersichtlich, der **ausschließlich die Befristungsfälle** im Visier hatte und bei ihnen auf eine obligatorische Ankündigung deshalb verzichtet, weil hier ein eindeutiger – für den Ausländer bestimmbarer – Zeitpunkt existiert, ab dem er mit einer Abschiebung rechnen muss und für den er entsprechend planen kann. Für die **Widerrufskonstellationen** wurde die Ankündigungspflicht dagegen beibehalten, weil ein **Termin für die Abschiebung** (die Gesetzesbegründung spricht hier irreführend von „Ausreisepflicht" und vom „Widerruf des Aufenthaltstitels", vgl. BT-Drs. 16/5065, 188) hier **nicht von vorneherein ersichtlich** ist. Aus Sicht des Ausländers stellt sich die Situation beim Eintritt einer auflösenden Bedingung aber nicht anders dar, denn auch hier trifft ihn das Erlöschen der Duldung plötzlich. **S. 4** ist deshalb jedenfalls dann **analog anzuwenden,** wenn nach der konkreten Formulierung der Bedingung ihr Eintritt in den Händen der Ausländerbehörde liegt bzw. für den Ausländer nicht ersichtlich ist (unter Hinweis auf das Fehlen einer planwidrigen Regelungslücke aA NdsOVG BeckRS 2019, 281 Rn. 12 ff. mit umfangreichen Nachweisen zur Gegenauffassung; wie hier zB OVG LSA BeckRS 2010, 53071; EZAR NF 50 Nr. 10 = BeckRS 2015, 51146; tendenziell auch BayVGH BeckRS 2015, 43078 Rn. 25 f.).

111   **Mangels schutzwürdigem Vertrauen** besteht seit dem Gesetz zur besseren Durchsetzung der Ausreisepflicht (v. 20.7.2017, BGBl. I 2780) gem. **S. 5 keine Ankündigungspflicht** mehr, wenn der Ausländer die der Abschiebung entgegenstehenden Gründe durch **vorsätzlich falsche Angaben** oder durch **eigene Täuschung** über seine Identität oder Staatsangehörigkeit selbst herbeiführt oder **zumutbare Anforderungen an die Mitwirkung** bei der Beseitigung von Ausreisehindernissen nicht erfüllt. Die Präsensformulierung wurde erst nachträglich eingefügt (vgl.

BR-Drs. 179/17, 19 sowie BT-Drs. 18/12415, 14), bringt aber das in der Gesetzesbegründung geäußerte Ansinnen, (nur) abgeschlossene Sachverhalte, die sich gegenwärtig nicht mehr auswirken, vom Anwendungsbereich des S. 5 auszuklammern, nicht zum Ausdruck, denn der **Wortlaut fordert** – anders als etwa iRv § 25a Abs. 1 S. 3 (→ § 25a Rn. 36) – ein **gegenwärtiges (Fehl-)Verhalten,** das zudem kausal („durch") für die derzeitige Undurchführbarkeit der Abschiebung sein muss. Auch wenn das Gesetz nur von „eigener Täuschung" spricht, **scheidet** eine **(Fehl-)Verhaltenszurechnung an minderjährige Geduldete** grundsätzlich aus (vgl. BR-Drs. 179/17, 19, wobei sich die dort getroffene Aussage in BT-Drs. 18/12415 nicht wiederfindet).

Wird die Abschiebung nach ordnungsgemäßer (!) Ankündigung erneut ohne Unterbrechung **112** für länger als ein Jahr ausgesetzt, ist die **Ankündigung** einer geplanten Abschiebung gem. S. 4 Hs. 2 **zu wiederholen.**

Ob die **Ankündigung** (analog) § 14 Abs. 3 S. 1 VwVfG (auch) **gegenüber dem Verfahrens- 113 bevollmächtigten** des Betroffenen zu erfolgen hat, ist umstritten, richtigerweise aber zu bejahen (vgl. HTK-AuslR/Haedicke § 60a Abschiebungsankündigung Rn. 5 ff. mN zu den unterschiedlichen Auffassungen).

Greift S. 4 nicht, kann eine **Mitteilung zur Ermöglichung rechtzeitigen Rechtsschutzes 114** (Art. 19 Abs. 4 GG) **im Einzelfall gleichwohl erforderlich** sein (GK-AufenthG/Funke-Kaiser Rn. 304). Das gilt ungeachtet des Ankündigungsverbots nach § 59 Abs. 1 S. 8, das seinem Wortlaut nach ohnehin nur die Nennung des konkreten Abschiebungstermins untersagt. Allerdings muss auch der Betroffene stets den ihm möglichen Beitrag leisten (§ 82) und die Ausländerbehörde über abschieberelevante Umstände unverzüglich – also nicht erst anlässlich eines Widerrufs oder Bedingungseintritts – informieren.

II. Ausreise und andere Erlöschensgründe

Nach Abs. 5 S. 1 **erlöschen Duldung** – auch Ausbildungsduldung und Beschäftigungsdul- **115** dung – **und Duldungsanspruch** (dazu VGH BW BeckRS 2008, 32846) **mit jeder** – anders als bei einer Ausreise mit einem Aufenthaltstitel (vgl. § 51 Abs. 1 Nr. 6 und Nr. 7) – also auch bei einer nur kurzzeitigen **Ausreise.** Unter Ausreise ist das Verlassen des Bundesgebiets zu verstehen, gleich, ob dadurch die Ausreisepflicht erfüllt wird (vgl. § 50 Abs. 1, Abs. 3). Der Wortlaut von S. 1 sowie die Regelung des § 22 Abs. 2 S. 1 AufenthV sprechen dafür, dass nur die Abschiebung in Deutschland aufhältiger Ausländer ausgesetzt sein kann, so dass die – ohnehin befristete – Duldung auch bei einer rechtswidrigen Abschiebung erlischt (aA GK-AufenthG/Funke-Kaiser Rn. 291). Allerdings ist es der Ausländerbehörde nach dem auch im öffentlichen Recht geltenden Grundsatz von Treu und Glauben (§ 242 BGB) verwehrt, sich auf das Erlöschen der Duldung zu berufen, etwa wenn es um die Frage eines ununterbrochenen geduldeten Aufenthalts (vgl. zB §§ 25a, 25b) geht (im Ergebnis wie hier NK-AuslR/Bruns Rn. 37).

Weiterhin erlischt die Duldung mit **Ablauf ihrer Geltungsdauer** oder **Eintritt einer auflö- 116 senden Bedingung.**

G. Erwerbstätigkeitsverbote

Inhabern einer Duldung kann nach Maßgabe von § 4a Abs. 4 iVm § 32 BeschV die Ausübung **117** einer Beschäftigung grundsätzlich erlaubt werden. **Abs. 6 sperrt diese Befugnis** und schließt die Erteilung einer Beschäftigungserlaubnis in den abschließend aufgezählten Konstellationen kategorisch aus. Im Zusammenhang mit der Ausbildungsduldung (§ 60c) erlangen die Erwerbstätigkeitsverbote über den in § 60c Abs. 2 Nr. 1 enthaltenen Verweis Bedeutung, der diese zu einem Ausbildungsduldungserteilungsverbot erhebt, um auch Ausbildungen ohne Beschäftigungscharakter zu erfassen.

Für Inhaber einer „Duldung light" nach § 60b enthält § 60 Abs. 5 S. 2 ein – ebenfalls an die Ausländerbe- **117.1** hörde adressiertes – striktes Verbot, den Betroffenen zum Arbeitsmarkt zuzulassen.

I. Einreise zum Asylbewerberleistungsbezug

Nach Abs. 6 S. 1 Nr. 1 ist die Erteilung einer Beschäftigungserlaubnis ausgeschlossen, wenn **118** sich der Ausländer **nach Deutschland begeben** hat, **um Leistungen nach dem AsylbLG zu beziehen.** Anders als im unmittelbaren Anwendungsbereich des AsylbLG (vgl. § 1a Abs. 2) spielt der Ausschlussgrund in der ausländerrechtlichen Praxis bislang keine allzu große Rolle.

Nach der zu § 120 BSHG ergangenen Rechtsprechung des BVerwG ist der Ausschlussgrund **119** erfüllt, wenn der **Zweck, Leistungen zu erlangen, den Einreiseentschluss geprägt hat**

(BVerwGE 90, 212 = NVwZ 1993, 484 ff.). Erforderlich ist ein **finaler Zusammenhang** zwischen Einreise und dem Bezug von Asylbewerberleistungen (sonstige Sozialleistungen erfasst der Wortlaut von Nr. 1 nicht). Ausgeschlossen werden sollen vor allem Personen, die einen Asylantrag nur vorschieben, um Asylbewerberleistungen zu beziehen (BVerwGE 90, 212 = NVwZ 1993, 484 ff.). Bei mehreren Einreisemotiven ist danach zu fragen, ob der Leistungsbezug für den Ausländer so wesentlich war, dass er andernfalls nicht eingereist wäre (VG Cottbus BeckRS 2017, 117125). Maßgeblich sind stets die Umstände des Einzelfalls. Wer sein Herkunftsland diskriminierungsbedingt verlässt, reist möglicherweise aus asylrechtlich irrelevanten Gründen, aber deshalb nicht automatisch zum Bezug von Asylbewerberleistungen ein. Insofern **rechtfertigt allein die Ablehnung eines Asylantrags** (s. BVerwGE 90, 212 = NVwZ 1993, 484 ff.) – auch als offensichtlich unbegründet (VG Mainz BeckRS 2018, 4068 Rn. 25) – **nicht den Schluss auf eine solche Motivlage.** Das gilt erst recht für den Fall, dass überhaupt kein Asylantrag gestellt wird. Zwar können auch vollziehbar ausreisepflichtige Ausländer Leistungen nach dem AsylbLG beanspruchen (§ 1 Abs. 1 Nr. 4, Nr. 5 AsylbLG). Gleichwohl dürfte der Ausschlusstatbestand in erster Linie den (beabsichtigten) Leistungsbezug unter – bei Einreise geplanter – Inanspruchnahme des durch den Asylantrag vermittelten vorläufigen Bleiberechts (vgl. § 55 Abs. 1 S. 1 und S. 3 AsylG) sanktionieren. Der **Wunsch, in Deutschland eine Erwerbstätigkeit aufzunehmen,** spricht jedenfalls dann gegen eine Einreise aus dem missbilligten Motiv, wenn der Ausländer nach seiner Ankunft entsprechende Bemühungen tatsächlich an den Tag legt (vgl. LSG Nds BeckRS 2018, 13356 Rn. 28).

II. Selbst zu vertretendes Abschiebungshindernis

120   Abs. 6 S. 1 Nr. 2 verbietet die Erteilung einer Beschäftigungserlaubnis, wenn bei dem Ausländer **aufenthaltsbeendende Maßnahmen aus Gründen, die er selbst zu vertreten hat,** nicht vollzogen werden können. Die in Abs. 6 S. 2 genannte Täuschung bzw. Falschangabe sind dabei nur Beispiele („insbesondere") für ein Vertretenmüssen (vgl. zum Begriff des „Vertretens" auch § 276 Abs. 1 S. 1 BGB). Nur die Täuschung muss sich auf die Identität oder Staatsangehörigkeit beziehen. Zu den Identitätsmerkmalen gehört auch das Alter, wobei mit Blick auf § 58 Abs. 1a insbesondere die vorgetäuschte Minderjährigkeit relevant ist (vgl. OVG NRW BeckRS 2017, 110982 Rn. 15). Um eine Falschangabe iSv Abs. 6 S. 2 handelt es sich etwa bei der wahrheitswidrigen Behauptung, nicht im Besitz eines Nationalpasses zu sein (SächsOVG BeckRS 2018, 5729 Rn. 8). Auch wenn Falschangaben fahrlässig gemacht werden können (vgl. etwa § 161 Abs. 1 StGB), sollten unter Wertungsgesichtspunkten nur vorsätzliche Falschangaben das Erwerbstätigkeitsverbot begründen.

121   Praxisrelevant ist vor allem der in der Rechtsprechung anerkannte ungeschriebene Fall einer **unzureichenden Mitwirkung bei der Identitätsklärung und/oder Passbeschaffung,** zu der der Ausländer etwa nach § 48 Abs. 3, § 15 Abs. 2 Nr. 6 AsylG, § 56 AufenthV und § 60b Abs. 2 S. 2 verpflichtet sein kann (BayVGH BeckRS 2018, 8610 Rn. 6; OVG Bln-Bbg BeckRS 2016, 55195 Rn. 3 = InfAuslR 2017, 57). Daraus kann aber nicht gefolgert werden, dass die Erteilung einer Beschäftigungserlaubnis grundsätzlich die Vorlage eines Passes oder die Identitätsklärung voraussetzt, denn bei der Mitwirkungspflicht handelt es sich um eine **Handlungs-, nicht um eine Erfolgspflicht.** Das Erwerbstätigkeitsverbot entfällt deshalb, sobald der Ausländer die ihm zumutbaren Schritte zur Beseitigung des Ausreisehindernisses unternommen hat.

122   Hinsichtlich der Mitwirkungspflichten ist von folgenden Grundsätzen auszugehen: Im Ausgangspunkt trifft den Ausländer eine **Initiativpflicht, alle zumutbaren Anstrengungen zur Beseitigung des Abschiebungshindernisses** – und damit zur Herbeiführung des Anspruchs (vgl. auch § 82 Abs. 1) – **zu unternehmen.** Diese muss die Ausländerbehörde allerdings dergestalt aktualisieren, dass sie das **Abschiebehindernis konkret benennt** und zu seiner Beseitigung auffordert, denn nur ein dem Ausländer bekanntes Abschiebungshindernis kann dieser iSv Abs. 6 S. 1 Nr. 2 zu vertreten haben (BayVGH BeckRS 2018, 8610 Rn. 6). Ein allgemeiner Hinweis auf die Passpflicht oder ein Verweis auf eine frühere – ggf. jahrelang zurückliegende – Belehrung reicht nur bei Offensichtlichkeit der einzuleitenden Schritte (BayVGH NVwZ-RR 2018, 588 (590 f.)). Ansonsten ist die Ausländerbehörde **anstoßpflichtig:** Zusammen mit der Bezeichnung des in Rede stehenden Abschiebungshindernisses hat sie dazu **auf ihr bekannte Möglichkeiten zur Beschaffung der erforderlichen Heimreisedokumente hinzuweisen,** da sie angesichts ihrer organisatorischen Überlegenheit und Kenntnis um die zu beteiligenden staatlichen in- und ausländischen Stellen regelmäßig besser im Bilde sein wird als der Ausländer (BayVGH BeckRS 2018, 8610 Rn. 6; Röder/Wittmann ZAR 2017, 345 (351)). Der **Ausländer hat die aufgezeigten Wege ernsthaft und zügig zu beschreiten,** dies der Behörde – im Falle der Erfolglosigkeit unter Glaubhaftmachung der getätigten Bemühungen – mitzuteilen und sich nach weiteren Optionen zur Beseitigung des Abschiebungshindernisses zu erkundigen. Dazu kann auch die Beschaffung von Identitätsnachweisen über Dritte, etwa **beauftragte Rechtsanwälte** im Herkunftsland gehören (BayVGH NVwZ-RR 2018, 588 (590)). Dabei ist es ggf. **Sache des Ausländers,** sich dafür erforderliche **finanzielle Mittel auf der Grundlage etwa von § 6 AsylbLG** zu beschaffen (OVG NRW BeckRS 2018, 7024 Rn. 5). Das setzt freilich voraus, dass dieser überhaupt anwendbar ist, der Betroffene also keine Analogleistungen entsprechend dem SGB XII bezieht (vgl. § 2 Abs. 1 S. 1 AsylbLG), das eine vergleichbare Regelung nicht vorsieht (vgl. BSG BeckRS 2019, 26997 Rn. 20), bzw. keiner Leistungseinschränkung nach § 1a AsylbLG unterliegt, bei der die Anwendung des § 6 AsylbLG ebenfalls ausgeschlossen ist.

Auch wenn der Erfolg der Anstrengungen im Einzelfall zweifelhaft oder gar sinnlos erscheint, sollten diese – gerade auch mit Blick auf ein späteres nach Aktenlage zu entscheidendes gerichtliches Eilverfahren – unbedingt unternommen und aktenkundig (!) dokumentiert werden. Listen mit in den Herkunftsländern tätigen Rechtsanwälten finden sich teilweise auf den Internetauftritten der jeweiligen deutschen Auslandsvertretung. **122.1**

Ein nach deutschen Maßstäben **rechtswidriges Verhalten,** etwa die Zahlung von „Schmiergeldern", **darf** vom Betroffenen auch in seinem Herkunftsland nicht – auch **nicht** stillschweigend – **verlangt werden.** Im Übrigen ist die Behörde gehalten, den Ausländer von sich aus über neue Möglichkeiten der Passbeschaffung zu informieren (Rechtsgedanke des § 60b Abs. 3 S. 1 Nr. 6). **123**

Aus der Präsensformulierung („können") folgt, dass nur ein **Verhalten** schadet, **das aktuell den Vollzug aufenthaltsbeendender Maßnahmen hindert** (BayVGH NVwZ-RR 2018, 588 (591); OVG LSA BeckRS 2019, 22655 Rn. 19). Allerdings kann auch vergangenes Verhalten eine Abschiebung heute noch verzögern oder behindern. Gründe, die die Abschiebung allein in der Vergangenheit verzögert oder behindert haben, sind auch dann unbeachtlich, wenn der Antragsteller sie zu vertreten hatte. **124**

Sofern an eine im Status der Aufenthaltsgestattung unterlassene, die Abschiebung aktuell hindernde Mitwirkung angeknüpft wird, ist die **aus Art. 16a GG hergeleitete Zumutbarkeitsgrenze** zu beachten, wonach der Ausländer zu einer Kontaktaufnahme mit Behörden des Herkunftslandes in dieser Phase grundsätzlich nicht verpflichtet war (angedeutet in BayVGH NVwZ-RR 2018, 588 (591); vgl. auch VGH BW Urt. v. 27.12.2000 – 11 S 1592/00, juris Rn. 26, LSK 2001, 370107). Darüber hinaus hat der Gesetzgeber inzwischen an verschiedenen Stellen zu erkennen gegeben, dass er die Kontaktaufnahme mit den Behörden des (vermeintlichen) Herkunftsstaates bis zum unanfechtbaren Abschluss des Asylverfahrens allgemein als unzumutbar ansieht (vgl. zB § 60b Abs. 2 S. 2). Auch geduldeten Asylbewerbern kann die unterlassene Kontaktaufnahme mit dem Herkunftsland daher nicht vorgehalten werden (zum Begriff des Asylbewerbers vgl. Röder/Wittmann ASYLMAGAZIN-Beil. 8-9/2019, 23 (25); → AsylG § 61 Rn. 61). **125**

Mit Blick auf den Wortlaut („durch" „aus Gründen, die er selbst zu vertreten hat") ist der überwiegenden Rechtsprechung zuzustimmen, die den Versagungstatbestand in Fällen alternativer bzw. überholender Kausalität nicht als erfüllt ansieht, sondern **echte Kausalität zwischen der Undurchführbarkeit der Abschiebung und dem Fehlverhalten des Ausreisepflichtigen** verlangt (NdsOVG BeckRS 2020, 1496 Rn. 4 (überholende Kausalität); SächsOVG BeckRS 2020, 18210 Rn. 21; OVG LSA BeckRS 2019, 22655 Rn. 21 = ZAR 2020, 107 (109) mAnm Wittmann; BayVGH BeckRS 2019, 159134 Rn. 8; OVG Bln-Bbg BeckRS 2018, 21668 Rn. 1; NdsOVG BeckRS 2015, 45206 Rn. 11; **aA** neuerdings OVG RhPf BeckRS 2019, 31484 Rn. 27). Auch unter Verhältnismäßigkeitsgesichtspunkten erscheint diese Sichtweise geboten (BeckOK AuslR/Kluth § 60b Rn. 16 gegen Bergmann/Dienelt/Dollinger § 60b Rn. 10, der Mitursächlichkeit ausreichen lässt). An der Ursächlichkeit fehlt es zum einen, wenn die Abschiebung unabhängig vom (Fehl-)Verhalten des Ausländers vollzogen werden kann, etwa weil seine Identität geklärt ist und die erforderlichen Heimreisepapiere ohne nennenswerte Verzögerung „am Ausländer vorbei" beschaffbar sind (OVG Bln-Bbg BeckRS 2016, 55195 Rn. 4), zum anderen dann, wenn der Abschiebung andere, vom Ausländer nicht zu vertretende Hindernisse entgegenstehen (Röder/Wittmann ZAR 2017, 345 (351)). Nicht kausales Verhalten kann aber ggf. bei der Ermessensentscheidung über die Beschäftigungserlaubnis berücksichtigt werden (NdsOVG BeckRS 2015, 45206 Rn. 11; vgl. Allgemeine Anwendungshinweise des Bundesministeriums des Innern zur Duldungserteilung nach § 60a Aufenthaltsgesetz, 30.5.2017, 11). **126**

Eine (schuldhaft) **unterlassene Mitwirkung** muss im Übrigen sowohl **hinsichtlich ihres Gewichts als auch ihrer individuellen Vorwerfbarkeit** mit der ausdrücklich genannten Täuschung bzw. Falschangabe wertungsmäßig auf einer Stufe stehen (BayVGH NVwZ-RR 2018, **127**

588 (590); Röder/Wittmann ZAR 2017, 345 (351)). Das ist bei zeitlich verzögerten Mitwirkungshandlungen nicht annähernd der Fall (BayVGH BeckRS 2018, 8610 Rn. 8).

128   Schließlich ist zu beachten, dass nur **eigene** Täuschungen und **eigene** Falschangaben anspruchsausschließend sind, eine **Verhaltenszurechnung** also **nicht in Betracht kommt.** Richtigerweise
ist deshalb auch **nur eine eigene Verletzung von Mitwirkungspflichten schädlich.** Ein Unterlassen der Eltern schadet deshalb zwar ggf. ihnen selbst, kann aber dem vertretenen Minderjährigen
nicht zugerechnet werden. Insoweit wird durch den Begriff „eigene" die Anwendung von § 80
Abs. 4 ausgeschlossen, denn es ist nicht einzusehen, warum ein Minderjähriger im Falle nicht
mitwirkender Eltern schlechter als im Falle täuschender Eltern stehen sollte (aA VG Schleswig
BeckRS 2018, 15250 Rn. 53; GK-AufenthG/Funke-Kaiser Rn. 85.2).

III. Sichere Herkunftsstaaten

129   Der Versagungsgrund des Abs. 6 S. 1 Nr. 3 betrifft **Staatsangehörige sicherer Herkunftsstaaten** iSv § 29a AsylG und ist in den letzten Jahren wiederholt geändert worden, zuletzt durch das
Gesetz über Duldung bei Ausbildung und Beschäftigung vom 8.7.2019 (BGBl. 2019 I 1021). Bis
dahin galt das – keiner erweiternden oder analogen Anwendung zugängliche (HmbOVG BeckRS
2017, 131827 Rn. 21; Wittmann NVwZ 2018, 28 (30)) – Erwerbstätigkeitsverbot für sie „nur",
wenn ihr **nach dem 31.8.2015 gestellter Asylantrag abgelehnt** wurde.

130   Mit dem **Begriff des „Asylantrags"** ist nach ganz überwiegender Rechtsprechung iRd
Nr. 3 – ebenso wie iRv § 61 Abs. 2 S. 4 AsylG – die **förmliche Asylantragstellung beim
Bundesamt** (vgl. § 14 AsylG) und **nicht** – anders als iRv § 26 BeschV (VG Oldenburg BeckRS
2016, 44220) oder § 26 Abs. 2 AsylG (VG Stuttgart BeckRS 2017, 128247) – das formlose
Nachsuchen um Asyl („Asylgesuch", vgl. zB §§ 16 Abs. 1, 63a Abs. 1 AsylG) gemeint (OVG
NRW BeckRS 2017, 126420 Rn. 5 ff.; NdsOVG ZAR 2017, 240; HmbOVG BeckRS 2017,
152374 Rn. 9; **aA** VGH BW BeckRS 2017, 131436 Rn. 3 ff. = InfAuslR 2018, 137).

131   Der Begriff des Asylantrags umfasst grundsätzlich **auch** am Stichtag gestellte und abgelehnte **Folgeanträge** (§ 71 AsylG). In Anknüpfung an die Entscheidung des VGH BW (InfAuslR
2018, 137) macht das VG Düsseldorf hiervon eine Ausnahme, wenn sich der Betroffene durchgängig im Bundesgebiet aufgehalten und seinen (abgelehnten) Asylerstantrag vor dem 31.8.2015
gestellt hat, denn das nach Ansicht des Gerichts mit der Vorschrift verfolgte Ziel, weitere Einreisen
ins Bundesgebiet zu verhindern, sei hier nicht mehr erreichbar (BeckRS 2017, 136470 Rn. 23 ff.;
aA VGH BW LSK 2019, 8223; diff. NdsOVG ZAR 2018, 404).

132   Der nach dem Stichtag gestellte Asylantrag muss – nicht unanfechtbar – abgelehnt worden sein
und – anders als iRv § 11 Abs. 7 S. 1 oder § 47 Abs. 1a AsylG – auch nicht gem. § 29a Abs. 1
AsylG als offensichtlich unbegründet.

133   Seit dem 1.1.2020 schließt Abs. 6 S. 1 Nr. 3 geduldete sichere Herkunftsstaater vom Arbeitsmarkt im Ausgangspunkt auch dann aus, wenn sie ihren nach dem 31.8.2015 gestellten Asylantrag
zurückgenommen oder – ohne zeitliche Einschränkung – keinen Asylantrag gestellt haben. Vor
dem 1.9.2015 gestellte Asylanträge ausgeklammert, kann der sichere Herkunftsstaater danach tun
oder unterlassen, was er will: Eine der drei Varianten erfasst ihn stets (vgl. Werdermann, Verfassungsblog v. 6.12.2018: „Kafkaeske Rechtssetzung"). Indem das Gesetz auch die Nichtstellung
eines Asylantrags „bestraft", provoziert es dabei die Stellung eigentlich gar nicht gewollter Asylanträge (zu einem Bsp. s. Röder, Rundbrief des Flüchtlingsrats 1/2019, 8; sa Wittmann/Röder
ZAR 2019, 412).

134   Im Ergebnis wird mit der Neufassung des Abs. 6 S. 1 Nr. 3 weitgehend zu der bis zum
Integrationsgesetz v. 31.7.2016 (BGBl. I 1939) geltenden Rechtslage zurückgekehrt, die Geduldete
aus sicheren Herkunftsstaaten allerdings ohne jedweden asylverfahrensrechtlichen Zusammenhang
ausnahmslos vom Arbeitsmarkt ausschloss. Im Unterschied zu jener Rechtslage sehen Abs. 6
S. 1 Nr. 3 aE und S 3 unter bestimmten Bedingungen solche Ausnahmen allerdings vor (→
Rn. 135 ff.).

134.1   Für Beschäftigungen, die Inhabern einer Duldung bis zum 31.12.2019 erlaubt wurden, gilt Abs. 6 in
der bis zu diesem Tag geltenden Fassung fort (vgl. § 104 Abs. 16; zur Bedeutung der Bestandsschutzregelung
im Kontext der Ausbildungsduldung s. Röder/Wittmann ASYLMAGAZIN-Beil. 8-9/2019, 23 (26)).
Entgegen der – insoweit unzutreffenden – Formulierung **erfasst** die erweiterte Ausschlussregelung Angehörige sicherer Herkunftsstaaten, deren vor dem 1.9.2015 gestellter Asylantrag abgelehnt oder zurückgenommen wurde, aber **nicht.**

1. Ausnahme: Beratungsbedingte Antragsrücknahme

Von der Erweiterung auf die Antragsrücknahme sind zunächst Fälle ausgenommen, in denen **135** die Rücknahme auf einer „Beratung nach § 24 Abs. 1 AsylG" beruht (Abs. 6 S. 1 Nr. 3 aE: „es sei denn").

Auch wenn der Wortlaut („auf Grund einer Beratung") ein Kausalitätserfordernis impliziert, **136** dürfte eine echte (Mit-) Kausalität allerdings nur schwer nachweisbar sein. Für die Praxis muss es daher genügen, wenn die Rücknahmeabsicht oder die -erklärung in die Niederschrift zur Anhörung oder ein Beratungsprotokoll aufgenommen werden (Röder/Wittmann ASYLMAGAZIN-Beil. 8-9/2019, 23 (26 f.)). Ein Kausalitätsnachweis muss mit Blick auf Fälle, in denen der Rücknahmeentschluss nicht unmittelbar nach der Beratung gefällt wird, aber auch auf andere Weise geführt werden können.

Auf den ersten Blick verwundert der Verweis auf § 24 Abs. 1 AsylG, der keine Beratung, **137** sondern nur eine Unterrichtung allgemeiner Art (§ 24 Abs. 1 S. 2) vorsieht und im Übrigen Einzelheiten zur – auch bei Antragstellern aus sicheren Herkunftsstaaten stets obligatorischen (§ 24 Abs. 1 S. 3 AsylG) – Anhörung regelt. Allerdings trifft das Bundesamt auch im Rahmen der Anhörung die **allgemeine Beratungspflicht (§ 25 Abs. 1 S. 1 VwVfG),** die auch die Anregung zur Rücknahme des Asylantrags umfassen dürfte, wenn das Vorbringen des Antragstellers bestätigt, dass sein Asylantrag – wie vermutet (Art. 16a Abs. 3 GG, § 29 Abs. 1 AsylG) – offensichtlich aussichtslos ist. Das erscheint auch insofern sinnvoll, weil auch bei sicheren Herkunftsstaatern der Ratschlag zur Antragsrücknahme verantwortlich nur erteilt werden kann, nachdem das individuelle Fluchtschicksal bekannt ist.

Denkbar ist zudem, dass der Antragsteller seinen Asylantrag als Folge der auf Grundlage von **138** § 12a AsylG durchgeführten (zweistufigen) Asylverfahrensberatung zurücknimmt, die – auch wenn sie von Wohlfahrtsverbänden durchgeführt wird (§ 12a S. 4 AsylG) – weiterhin dem Bundesamt zugerechnet wird (vgl. Wittmann/Röder ZAR 2019, 412), im Unterschied zur Anhörung allerdings freiwillig ist.

Aufgrund eines Erst-Recht-Schlusses muss die Ausnahme auch dann greifen, wenn der Asylsu- **139** chende aufgrund der noch vor Antragstellung durchgeführten „Gruppenberatung" (§ 12a S. 3 AsylG) von einer förmlichen Asylantragstellung Abstand nimmt. Das hat auch dann zu gelten, wenn ein bereits vorgefasster Rücknahmeentschluss durch eine Beratung des Bundesamts bekräftigt und dann umgesetzt wird (näher Wittmann/Röder ZAR 2019, 412).

Schließlich sind von der Ausnahme auch Verzichtserklärungen nach § 14a Abs. 3 S. 1 AsylG **140** erfasst, die beratungsbedingt abgegeben wurden.

Fingierte Antragsrücknahmen (§ 33 AsylG) erfolgen weder aufgrund einer Beratung des Bun- **141** desamts noch beruhen sie auf einer Entscheidung des Antragstellers, die der Wortlaut aber voraussetzt („zurückgenommen wurde").

2. Bedingte Ausnahme bei unbegleiteten Minderjährigen

Eine weitere Ausnahme zu § 60a Abs. 6 S. 1 Nr. 3 enthält § 60a Abs. 6 S. 3: Wenn die **142** Rücknahme oder der Verzicht auf die Antragstellung im Interesse des Kindeswohls erfolgte, kann auch der (ehemalige) unbegleitete minderjährige Ausländer, der Angehöriger eines sicheren Herkunftsstaats ist, weiterhin eine Beschäftigungserlaubnis erhalten. S. 2 gilt (nur) für unbegleitete minderjährige Ausländer: Deshalb kann nicht der „Verzicht" iSd § 14a Abs. 3 S. 1 AsylG gemeint sein, der von den Eltern zu erklären ist (vgl. § 12 Abs. 3 AsylG) ist und im Übrigen die (fingierte) Stellung eines Asylantrags voraussetzt. Gemeint ist vor allem das Unterlassen der Antragstellung.

Vielmehr wird sich der „Verzicht" auf die Asylantragstellung regelmäßig in einem bloßen **143** Unterlassen erschöpfen, weshalb es insoweit – auch nach Eintritt der Volljährigkeit– genügen muss, dass der Ausländer vor Eintritt der Volljährigkeit eingereist ist und daher zumindest theoretisch die Möglichkeit einer Asylantragstellung als Minderjähriger bestand.

Ein Unterlassen der Antragstellung dürfte dabei in der Regel im Kindeswohlinteresse liegen, **144** wenn – wie bei Angehörigen sicherer Herkunftsstaaten regelmäßig – die Voraussetzungen für eine Pflicht zur Asylantragstellung durch das Jugendamt nach § 42 Abs. 2 S. 5 SGB VIII nicht vorliegen, dh keine begründete Aussicht auf internationalen Schutz besteht (ebenso VG Wiesbaden BeckRS 2021, 892 Rn. 22). Bei Rücknahme eines bereits gestellten Asylantrags ist darüber hinaus gerade die Rechtsfolge des § 60a Abs. 6 S. 1 Nr. 3 zu berücksichtigen, da die Erhaltung der Option auf die Aufnahme einer Beschäftigung oder Erteilung einer Ausbildungsduldung (vgl. § 60c Abs. 2 Nr. 1) regelmäßig dem Kindeswohl entspricht (Röder/Wittmann ASYLMAGAZIN-Beil. 8-9/ 2019, 23 (27)). Auf § 60a Abs. 6 S. 3 kann sich die betroffene Person auch dann noch berufen, wenn sie bei Beantragung der Beschäftigungserlaubnis oder Ausbildungsduldung schon volljährig ist, denn richtigerweise ist Abs. 6 S. 3 so zu verstehen, dass nur die am Kindeswohl orientierte Entscheidung des Vormunds zu einem Zeitpunkt erfolgen muss, in dem das Mündel noch minderjährig (und unbegleitet) war. Ist dies der Fall, bleibt ihm das Privileg des Abs. 6 S. 2 auch dann erhalten, wenn sich der zunächst nur abstrakt ins Auge gefasste Vorteil erst zu einem Zeitpunkt realisiert, zu dem die betroffene Person schon volljährig ist (wohl aA VG Wiesbaden BeckRS 2021, 892 Rn. 35). Ansonsten würde die damals im Kindeswohl getroffene Entscheidung partiell konterkariert. Auch müsste eine bereits erteilte Beschäftigungserlaubnis oder Ausbildungsduldung mit Eintritt der Volljährigkeit (oder dem Eintreffen einer sorgeberechtigten Person) entzogen werden.

144a   Eine Rücknahme des Asylantrags kann auch mit Blick auf das nach § 11 Abs. 7 S. 1 Nr. 1 drohende Einreise- und Aufenthaltsverbot erfolgen, dessen Vermeidung vor allem wegen der daran geknüpften Titelerteilungssperre (§ 11 Abs. 1 S. 2) ebenso regelmäßig im Interesse des Kindeswohls liegen wird. Derartige strategische Entscheidungen sind nicht zu beanstanden (VG Wiesbaden BeckRS 2021, 892 Rn. 22), solange sie im Interesse des Kindeswohls erfolgen.

H. Sozial- und Teilhaberechte

145   Für Duldungsinhaber bleibt es auch nach Inkrafttreten des FachkEinwG (Fachkräfteeinwanderungsgesetz v. 15.8.2019, BGBl. I 1307) bei einem präventiven **Erwerbstätigkeitsverbot**, von dem gem. § 4a Abs. 4 im Einzelfall im Ermessenswege hinsichtlich der Ausübung einer Erwerbstätigkeit – nicht mehr nur einer Beschäftigung (dazu Schuster/Voigt ASYLMAGAZIN 3/2020, 64 (72)) – suspendiert werden kann (VGH BW BeckRS 2021, 481 Rn. 12). Die Erlaubniserteilung ist der Ausländerbehörde allerdings zwingend untersagt, wenn eines der **Erwerbstätigkeitsverbote nach Abs. 6** (→ Rn. 117 ff.) eingreift. Diese sind ausländerrechtlicher Natur und dementsprechend von der Ausländerbehörde zu prüfen. Maßgeblicher Beurteilungszeitpunkt ist der **Moment der behördlichen Entscheidung** bzw. **letzten mündlichen Verhandlung** (OVG NRW BeckRS 2017, 110982 Rn. 15).

145.1   Ob der in der Duldungsbescheinigung (Feld „Nebenbestimmungen") häufig vorzufindende Vermerk „Erwerbstätigkeit nicht gestattet" nur auf dieses Verbot (mit Erlaubnisvorbehalt) oder das zwingende Verbot nach Abs. 6 (ohne Erlaubnisvorbehalt) hinweist, ist im jeweiligen Einzelfall zu klären. Ist die Duldung allerdings mit dem Zusatz „für Personen mit ungeklärter Identität" versehen, scheidet die Erteilung einer Erwerbstätigkeitserlaubnis wegen § 60b Abs. 5 S. 2 eindeutig aus.

146   Die Erteilung der Erlaubnis steht – von den Sonderfällen der Ausbildungsduldung (vgl. § 60c Abs. 1 S. 3) und Beschäftigungsduldung (vgl. VGH BW BeckRS 2021, 481 Rn. 13: „intendiertes Ermessen") – im **pflichtgemäßen Ermessen** der nach Landesrecht zuständigen Ausländerbehörde, dessen Ausübung sich allein von ausländerrechtlichen Gesichtspunkten leiten lassen darf (§ 40 VwVfG, § 1 Abs. 1; VGH BW BeckRS 2021, 481 Rn. 20). Dementsprechend zwingt eine von der Agentur für Arbeit nach § 32 BeschV (intern) erteilte, (nur) an arbeitsmarktrechtlichen Belangen ausgerichtete **Zustimmung** auch nicht zur Erteilung der **davon zu trennenden Beschäftigungserlaubnis.**

146a   Aus Art. 1 Abs. 1 S. 1 GG iVm Art. 20 Abs. 1 GG lässt sich zwar einerseits kein Anspruch ableiten, das eigene Existenzminimum aus eigener Kraft zu erwirtschaften. Andererseits trifft den Staat auch im Verhältnis zu Ausländerinnen die aus Art. 1 Abs. 1 S. 2 GG resultierende Pflicht, die Voraussetzungen für ein eigenverantwortliches Leben zu schaffen (vgl. BVerfG NJW 2019, 3703 Rn. 123). Mit dieser wird es jedenfalls nicht dauerhaft vereinbar sein, eine geduldete Person, die aus nicht von ihr selbst zu vertretenden Gründen absehbar nicht abgeschoben werden darf, trotz auskömmlichen Beschäftigungsangebots dauerhaft auf den Bezug von Asylbewerberleistungen zu verweisen (tendenziell aA VGH BW BeckRS 2021, 481 Rn. 20 ff.; ergänzend → AsylG § 61 Rn. 12).

146b   Das ausländerbehördliche Ermessen dürfte sich – wie § 42 Abs. 2 Nr. 4 zeigt („Fälle, in denen […] **nach § 4a Absatz 4** eine **Beschäftigung erlaubt werden kann**") – aus § 4a Abs. 4 S. 1 und nicht aus der Vorschrift des § 32 Abs. 1 BeschV ergeben (wohl aA VGH BW BeckRS 2021, 481 Rn. 12). § 32 BeschV richtet sich an die Bundesagentur für Arbeit und aktiviert in Umsetzung von § 42 Abs. 2 Nr. 1 überhaupt erst die Ermächtigungsgrundlage des § 4a Abs. 4 S. 1, nach der sich die ausländerbehördliche Erlaubniserteilung im Einzelfall richtet. Der Bundesagentur dürfte dagegen kein Ermessen im Einzelfall eingeräumt sein. Bei Vorliegen der materiell-rechtlichen Zustimmungsvoraussetzungen ist die Zustimmung vielmehr zwingend zu erteilen. Die Formulierung („kann") ist insofern als ein „darf" im Sinne einer Öffnungsklausel zu verstehen.

Die **Erlaubnis** wird **nur auf Antrag** gewährt. Als Rechtsgrundlage für die Beschäftigungser- **147** laubnis wurde bislang zumeist – dogmatisch nicht vollends überzeugend – § 4 Abs. 2 S. 3, teilweise auch § 4 Abs. 3 S. 3 iVm § 32 BeschV genannt (VGH BW BeckRS 2017, 118394 Rn. 27; BayVGH BeckRS 2017, 102425 Rn. 6). Mit Inkrafttreten des FachkEinwG (Fachkräfteeinwanderungsgesetz v. 15.8.2019, BGBl. I 1307) folgt die Erlaubnismöglichkeit aus § 4a Abs. 4 iVm § 32 Abs. 1 BeschV. Das **Erlaubnisverfahren für Geduldete folgt sowohl auf Tatbestands- als auch auf Ermessensseite anderen Regeln** als der einem Gestatteten (§ 55 AsylG) auf Grundlage von § 61 AsylG eröffnete Zugang zum Arbeitsmarkt (VGH BW BeckRS 2018, 16416 Rn. 13). So gilt etwa das strikte Erwerbstätigkeitsverbot nach Abs. 6 nur für Geduldete.

Die Behördenzuständigkeit bestimmt sich nach Landesrecht, die bei (ehemaligen) Asylbewer- **148** bern mit dem Übergang von der Aufenthaltsgestattung (§§ 55, 67 AsylG) zur Duldung (dazu Röder/Wittmann ZAR 2017, 345 (347)) ggf. wechseln kann.

Nach Auffassung des VGH BW (BeckRS 2017, 118394 Rn. 28 ff.) handelt es sich bei der Beschäfti- **148.1** gungserlaubnis um eine untrennbar mit der Duldung verbundene Nebenbestimmung im weiteren Sinne, die zwar die Gültigkeitsdauer der Duldung unter-, nicht aber überschreiten kann. Praktisch befriedigend ist diese Sichtweise mit Blick auf das unter anderem im Falle verzögerter Duldungserteilung bestehende Sanktionsrisiko (vgl. § 404 Abs. 2 Nr. 3 und Nr. 4 SGB III) freilich nicht.

Duldungsinhaber unterfallen dem AsylbLG (§ 1 Abs. 1 Nr. 4 AsylbLG), haben also insbe- **149** sondere Anspruch auf Leistungen nach §§ 3, 4, 6 AsylbLG bzw. nach 18 Monaten ununterbrochenen Aufenthalts auf „Analogleistungen" (vgl. § 2 Abs. 1 S. 1 AsylbLG). Bei Analogleistungsberechtigten in Ausbildung bereitet die in § 22 Abs. 1 S. 1 SGB XII vorgesehene „Leistungssperre" nach der Änderung von § 2 AsylbLG (vgl. S. 2 f.) in der Regel keine Schwierigkeiten mehr. Asylbewerberleistungen können bei Geduldeten (nur) nach § 1a Abs. 2 und Abs. 3 AsylbLG eingeschränkt werden.

Personen mit einer **Duldung nach Abs. 2 S. 3** können seit dem Asylverfahrensbeschleuni- **150** gungsgesetz (v. 20.10.2015, BGBl. I 1722) **auf** – beim Bundesamt zu stellenden – **Antrag** (§ 5 Abs. 1 IntV) und im Rahmen verfügbarer Kapazitäten **zum Integrationskurs zugelassen** werden (§ 44 Abs. 4 S. 2 Nr. 2). Das gilt auch für Personen mit einer Ausbildungsduldung als Spezialfall von S. 3 (Röder InfAuslR 2018, 35 (37)). Warum der Gesetzgeber aus anderen Gründen – entgegen der gesetzlichen Konzeption häufig doch langfristig – Geduldeten den Zugang versperrt hat, bleibt sein Geheimnis. Unter den Voraussetzungen von § 44 Abs. 1 S. 1 Nr. 4 ist der Geduldete zur Teilnahme am Integrationskurs verpflichtet.

Geduldeten stehen nach 15 Monaten ununterbrochenen geduldeten, gestatteten oder erlaubten **151** Aufenthalts grundsätzlich **Leistungen nach § 8 Abs. 2a BAföG** und – sofern sie sich in einer betrieblichen Berufsausbildung befinden – nach **§ 60 Abs. 3 S. 2 SGB III**, insbesondere Berufsausbildungsbeihilfe nach **§ 56 SGB III**, offen.

I. Rechtsschutz

Gegen die Versagung der Duldung ist der **Rechtsweg unmittelbar eröffnet** (§ 83 Abs. 2). **152** Statthaft ist die **Verpflichtungsklage** sowie im Eilverfahren ein **Antrag nach § 123 VwGO**.

In § 34a Abs. 1 S. 1 AsylG betreffenden Verfahren sind Duldungsgründe dagegen im Rahmen der **152.1** gegen die Abschiebungsanordnung erhobenen Anfechtungsklage bzw. im Rahmen von Anträgen nach § 80 Abs. 5, Abs. 7 VwGO geltend zu machen. Passivlegitimiert ist hier die Bundesrepublik Deutschland vertreten durch das Bundesamt (vgl. BayVGH BeckRS 2014, 49104 Rn. 4; VG Stuttgart BeckRS 2018, 15358).

Dabei ist zwischen Anspruchs- und Ermessensduldungen zu unterscheiden. Bei letzteren ist **153** im regelmäßig durchzuführenden Eilverfahren umstritten, ob es zur Glaubhaftmachung eines Anordnungsanspruchs einer Ermessensreduktion auf Null bedarf (OVG MV BeckRS 2017, 127867 Rn. 10) oder die Erteilung der Ermessensduldung nur überwiegend wahrscheinlich sein muss (so VGH BW BeckRS 2017, 100160 Rn. 23; vgl. auch BeckRS 2018, 16416 Rn. 11).

Ob es sich bei der (begehrten) **Aussetzung einer auf Grundlage des AsylG angedrohten** **154** **Abschiebung eines abgelehnten Asylbewerbers** um eine asylrechtliche Streitigkeit handelt (bejahend HessVGH BeckRS 2019, 15215; NVwZ-RR 2004, 690; verneinend BayVGH BeckRS 2016, 40755 Rn. 17 f.), ist seit der eine **ausländerrechtliche Streitigkeit** annehmenden Entscheidung des BVerwG (NVwZ 1998, 299) wieder umstritten (ausf. und mwN zum Streitstand GK-AufenthG/Funke-Kaiser Rn. 338 ff.). Die Antwort auf diese Frage ist mit Blick auf den – nur für Streitigkeiten nach dem AsylG – geltenden Beschwerdeausschluss (vgl. § 80 AsylG) relevant.

Allerdings wurden insbesondere seit der sog. „Flüchtlingskrise" Gesetze in Serie mit dem Ziel einer (weiteren) Verfahrensbeschleunigung gerade auch im Bereich des Vollstreckungsrechts erlassen. Der Gesetzgeber hatte also zahlreiche Gelegenheiten, eine „Korrektur" der eindeutigen Recht-sprechung des BVerwG vorzunehmen. Dass diese ungenutzt blieben, zeigt, dass er eine **Schlech-terstellung abgelehnter Asylbewerber**, deren Ausreisepflicht (§ 50 Abs. 1) das AsylG regemäßig nicht originär zur Entstehung bringt, sondern nur vorübergehend suspendiert (§§ 55, 67 AsylG), **im Bereich des Rechtsschutzes gegen Vollstreckungsmaßnahmen nicht gewollt** hat.

155   Ob die **auflösende Bedingung isoliert per Widerspruch / Anfechtungsklage** angegriffen (so wohl GK-AufenthG/Funke-Kaiser Rn. 320) **oder** eine auf Erteilung einer unbedingten Dul-dung gerichtete **Verpflichtungsklage** erhoben werden muss (so VGH BW BeckRS 2008, 33384), ist umstritten.

156   Da die Duldung naturgemäß befristet ist, kommt hier nur die Verpflichtungsklage mit dem Ziel, eine längerfristige Duldung zu erhalten, in Betracht (VG Stuttgart BeckRS 2009, 37642 Rn. 20). Das Vorverfahren entfällt nach § 83 Abs. 2.

157   Gegen den Widerruf ist die Anfechtungsklage statthaft. Die Entbehrlichkeit eines Vorverfahrens kann § 83 Abs. 2 angesichts seines eindeutigen Wortlauts und der andernorts (vgl. § 77) erfolgenden klaren Differenzierung zwischen der Duldung und ihrem Widerruf nicht im Wege der Auslegung entnommen werden (aA Bergmann/Dienelt/ Dollinger Rn. 80). Das **Vorverfahren entfällt** aber **ggf. nach Landesrecht** (vgl. zB § 15 Abs. 1 S. 1 BWAGVwGO, § 8 Abs. 3 Nr. 1 BWAAZuVO). Ob Widerspruch und Anfechtungsklage gegen den Widerruf aufschiebende Wirkung haben, ist umstritten, wird unter Verweis auf seinen vollstreckungsrechtlichen Charakter (vgl. § 80 Abs. 2 in Verbindung mit Landesrecht) jedoch zu Recht überwiegend verneint (vgl. VG Düsseldorf BeckRS 2017, 133045 Rn. 2 mwN; aA NK-AuslR/Bruns Rn. 50).

158   Wird eine **Beschäftigungserlaubnis** erstrebt, sind ebenfalls **Verpflichtungsklage** und ein **Antrag nach § 123 VwGO** statthaft. Ein Vorverfahren ist hier zwar nicht nach Bundesrecht, ggf. aber nach dem jeweiligen Landesrecht entbehrlich (vgl. zB § 15 Abs. 1 S. 1 BWAGVwGO, § 8 Abs. 3 Nr. 2 BWAAZuVO: „Aufhebung von Beschränkungen"). Die erfolgreiche Geltendma-chung eines Anspruchs auf Erteilung einer Beschäftigungserlaubnis gestaltet sich aber im (häufig in zeitlicher Hinsicht nicht zielführenden) Hauptsacheverfahren mit Blick auf § 114 S. 1 VwGO und im Eilverfahren mit Blick auf das Verbot der Hauptsachevorwegnahme und die erforderliche Glaubhaftmachung von Anordnungsanspruch und Anordnungsgrund (dazu GK-AufenthG/ Funke-Kaiser Rn. 359) häufig als schwierig. Der Dialog mit der Behörde wird hier häufig zielfüh-render sein. Im Anwendungsbereich der Ausbildungsduldung (§ 60c) besteht auf die Beschäfti-gungserlaubnis dagegen ein strikter Rechtsanspruch (§ 60c Abs. 1 S. 3).

159   Eine unter Missachtung von Abschiebungsverboten durchgeführte Abschiebung kann der Aus-länder ggf. auf Grundlage des **Vollzugsfolgenbeseitigungsanspruchs** rückgängig machen (VGH BW BeckRS 2008, 34471; VG Karlsruhe BeckRS 2018, 14351 Rn. 3; VG Gelsenkirchen BeckRS 2018, 15613 Rn. 6 f., 15 f.). Das gilt jedoch nur, wenn das Abschiebungsverbot nicht allein im öffentlichen Interesse bestand.

§ 60b Duldung für Personen mit ungeklärter Identität

(1) [1]Einem vollziehbar ausreisepflichtigen Ausländer wird die Duldung im Sinne des § 60a als „Duldung für Personen mit ungeklärter Identität" erteilt, wenn die Abschie-bung aus von ihm selbst zu vertretenden Gründen nicht vollzogen werden kann, weil er das Abschiebungshindernis durch eigene Täuschung über seine Identität oder Staats-angehörigkeit oder durch eigene falsche Angaben selbst herbeiführt oder er zumutbare Handlungen zur Erfüllung der besonderen Passbeschaffungspflicht nach Absatz 2 Satz 1 und Absatz 3 Satz 1 nicht vornimmt. [2]Dem Ausländer ist die Bescheinigung über die Duldung nach § 60a Absatz 4 mit dem Zusatz „für Personen mit ungeklärter Identität" auszustellen.

(2) [1]Besitzt der vollziehbar ausreisepflichtige Ausländer keinen gültigen Pass oder Passersatz, ist er unbeschadet des § 3 verpflichtet, alle ihm unter Berücksichtigung der Umstände des Einzelfalls zumutbaren Handlungen zur Beschaffung eines Passes oder Passersatzes selbst vorzunehmen. [2]Dies gilt nicht für Ausländer ab der Stellung eines Asylantrages (§ 13 des Asylgesetzes) oder eines Asylgesuches (§ 18 des Asylgesetzes) bis zur rechtskräftigen Ablehnung des Asylantrages sowie für Ausländer, wenn ein Abschie-bungsverbot nach § 60 Absatz 5 oder 7 vorliegt, es sei denn, das Abschiebungsverbot nach § 60 Absatz 7 beruht allein auf gesundheitlichen Gründen.

(3) [1]Im Sinne des Absatzes 2 Satz 1 ist dem Ausländer regelmäßig zumutbar,

1. in der den Bestimmungen des deutschen Passrechts, insbesondere den §§ 6 und 15 des Passgesetzes in der jeweils geltenden Fassung, entsprechenden Weise an der Ausstellung oder Verlängerung mitzuwirken und die Behandlung eines Antrages durch die Behörden des Herkunftsstaates nach dem Recht des Herkunftsstaates zu dulden, sofern dies nicht zu einer unzumutbaren Härte führt,

2. bei Behörden des Herkunftsstaates persönlich vorzusprechen, an Anhörungen teilzunehmen, Lichtbilder nach Anforderung anzufertigen und Fingerabdrücke abzugeben, nach der Rechts- und Verwaltungspraxis des Herkunftsstaates erforderliche Angaben oder Erklärungen abzugeben oder sonstige nach der dortigen Rechts- und Verwaltungspraxis erforderliche Handlungen vorzunehmen, soweit dies nicht unzumutbar ist,

3. eine Erklärung gegenüber den Behörden des Herkunftsstaates, aus dem Bundesgebiet freiwillig im Rahmen seiner rechtlichen Verpflichtung nach dem deutschen Recht auszureisen, abzugeben, sofern hiervon die Ausstellung des Reisedokumentes abhängig gemacht wird,

4. sofern hiervon die Ausstellung des Reisedokumentes abhängig gemacht wird, zu erklären, die Wehrpflicht zu erfüllen, sofern die Erfüllung der Wehrpflicht nicht aus zwingenden Gründen unzumutbar ist, und andere zumutbare staatsbürgerliche Pflichten zu erfüllen,

5. die vom Herkunftsstaat für die behördlichen Passbeschaffungsmaßnahmen allgemein festgelegten Gebühren zu zahlen, sofern es nicht für ihn unzumutbar ist und

6. erneut um die Ausstellung des Passes oder Passersatzes im Rahmen des Zumutbaren nachzusuchen und die Handlungen nach den Nummern 1 bis 5 vorzunehmen, sofern auf Grund einer Änderung der Sach- und Rechtslage mit der Ausstellung des Passes oder Passersatzes durch die Behörden des Herkunftsstaates mit hinreichender Wahrscheinlichkeit gerechnet werden kann und die Ausländerbehörde ihn zur erneuten Vornahme der Handlungen auffordert.

[2]Der Ausländer ist auf diese Pflichten hinzuweisen. [3]Sie gelten als erfüllt, wenn der Ausländer glaubhaft macht, dass er die Handlungen nach Satz 1 vorgenommen hat. [4]Weist die Ausländerbehörde den Ausländer darauf hin, dass seine bisherigen Darlegungen und Nachweise zur Glaubhaftmachung der Erfüllung einer bestimmten Handlung oder mehrerer bestimmter Handlungen nach Satz 1 nicht ausreichen, kann die Ausländerbehörde ihn mit Fristsetzung dazu auffordern, die Vornahme der Handlungen nach Satz 1 durch Erklärung an Eides statt glaubhaft zu machen. [5]Die Ausländerbehörde ist hierzu zuständige Behörde im Sinne des § 156 des Strafgesetzbuches.

(4) [1]Hat der Ausländer die zumutbaren Handlungen nach Absatz 2 Satz 1 und Absatz 3 Satz 1 unterlassen, kann er diese jederzeit nachholen. [2]In diesem Fall ist die Verletzung der Mitwirkungspflicht geheilt und dem Ausländer die Bescheinigung über die Duldung nach § 60a Absatz 4 ohne den Zusatz „für Personen mit ungeklärter Identität" auszustellen. [3]Absatz 5 Satz 1 bleibt unberührt.

(5) [1]Die Zeiten, in denen dem Ausländer die Duldung mit dem Zusatz „für Personen mit ungeklärter Identität" ausgestellt worden ist, werden nicht als Vorduldungszeiten angerechnet. [2]Dem Inhaber einer Duldung mit dem Zusatz „für Personen mit ungeklärter Identität" darf die Ausübung einer Erwerbstätigkeit nicht erlaubt werden. [3]Er unterliegt einer Wohnsitzauflage nach § 61 Absatz 1d.

(6) § 84 Absatz 1 Satz 1 Nummer 3 und Absatz 2 Satz 1 und 3 findet Anwendung.

Überblick

§ 60b Abs. 1 S. 1 begründet – anders als §§ 60c und 60d – keinen eigenständigen Duldungstatbestand, sondern ermächtigt (und verpflichtet) die Ausländerbehörde zum Erlass einer Nebenbestimmung, die eine bestehende oder zu erteilende Duldung einschränkt (→ Rn. 6). Diese wird nur erteilt, wenn der vollziehbar ausreisepflichtige Ausländer ein Abschiebungshindernis durch eigene Täuschung, falsche Angaben oder Verletzung der in Abs. 2 und Abs. 3 geregelten „besonderen Passbeschaffungspflicht" selbst herbeigeführt hat (→ Rn. 14 ff.). Die Bezeichnung als „Duldung für Personen mit ungeklärter Identität" ist dabei in mehrerlei Hinsicht unglücklich gewählt und letztlich irreführend (→ Rn. 4 ff., → Rn. 14 ff.). Die nach Maßgabe des Abs. 1 S. 1 beschränkte Duldung ist für den Betroffenen mit erheblichen Rechtsnachteilen verbunden, die in Abs. 5 näher geregelt sind (→ Rn. 70 ff.). Da diese den Betroffenen zur Aufgabe seiner Identitätstäuschung bewegen oder zur Mitwirkung bei der Passbeschaffung anhalten sollen, ist eine Heilung der Verletzung von Mitwirkungspflichten jederzeit möglich (Abs. 4, → Rn. 85 ff.). Eigentliches Herzstück der Neuregelung ist indes die in Abs. 2 S. 1 geregelte „besondere" Passbeschaffungspflicht, die einen gegenüber Abs. 1 S. 1 eigenständigen Anwendungsbereich aufweist (→ Rn. 33 ff.). Diese wird in Abs. 3 S. 1 näher konkretisiert (→ Rn. 51 ff.) und in Abs. 3 S. 2– 5 auch verfahrensrechtlich ausgestaltet (→ Rn. 57 ff.); sie dient zudem als Anknüpfungspunkt für verschiedene weitere gesetzliche Regelungen (→ Rn. 83 f.). Der Rechtsschutz im Zusammenhang mit der „Duldung für Personen mit ungeklärter Identität" ist in Abs. 6 nur fragmentarisch – und insgesamt kaum verständlich – ausgestaltet, zumal der Gesetzgeber nicht hinreichend zwischen der Nebenbestimmung zur Duldung, der Duldungsbescheinigung und beschäftigungsrechtlichen Folgeentscheidungen unterscheidet (→ Rn. 90 ff.).

Übersicht

A. Allgemeines

I. Entstehungsgeschichte

1 § 60b wurde mit dem **Zweiten Gesetz zur besseren Durchsetzung der Ausreisepflicht** v. 15.8.2019 (BGBl. I 1294) in das AufenthG eingefügt. Er beruht auf dem Gesetzesentwurf der Bundesregierung v. 10.5.2019 (BT-Drs. 19/10047) und weicht stark vom ursprünglichen

Referentenentwurf des Bundesministeriums des Innern v. 31.1.2019 (→ Rn. 1.1 f.) ab, wurde selbst aber auf Grundlage der Beschlussempfehlung des Innenausschusses v. 5.6.2019 (BT-Drs. 19/10706) erneut geändert (→ Rn. 1.3).

Im **Referentenentwurf des Bundesministeriums des Innern** v. 31.1.2019 war § 60b als **„Bescheinigung über die vollziehbare Ausreisepflicht"** gefasst, die nichtkooperativen bzw. aus sicheren Herkunftsstaaten stammenden Ausreisepflichtigen an Stelle der Duldung erteilt werden sollte (§ 60b Abs. 3 RefE). Die geplante Regelung war darauf gerichtet, den betroffenen Personenkreis von jeglichen Integrationsangeboten und Möglichkeiten der Aufenthaltsverfestigung auszuschließen (§ 60b Abs. 4 RefE). **1.1**

Demgegenüber ist die „Duldung für Personen mit ungeklärter Identität" nach dem Regierungsentwurf (BT-Drs. 19/10047) und der **endgültigen Gesetzesfassung** (BGBl. 2019 I 1294) als **Nebenbestimmung zur Duldung wegen Unmöglichkeit der Ausreise** gefasst, die ausreisepflichtigen Personen bei Verletzung der neu geregelten „besonderen Passbeschaffungspflicht" oder qualifizierter Verletzung einzelner sonstiger Mitwirkungspflichten erteilt werden soll, wenn diese Pflichtverletzungen die Unmöglichkeit der Aufenthaltsbeendigung kausal bewirken. Ihre Inhaber sind (nur) nach Maßgabe des Abs. 5 von Integrationsangeboten und einzelnen Möglichkeiten der Aufenthaltsverfestigung – insbesondere von der Möglichkeit des „Hineinwachsens" in eine Ausbildungs- oder Beschäftigungsduldung – ausgeschlossen. **1.2**

Die **Beschlussempfehlung des Innenausschusses v. 5.6.2019** hatte neben klarstellenden und redaktionellen Änderungen vor allem eine Anpassung der in Abs. 3 S. 4 enthaltenen Regelung zur Glaubhaftmachung durch eidesstattliche Versicherung zum Gegenstand (BT-Drs. 19/10706, 7). Daneben wurden die Bestimmungen über die Vollziehbarkeit der Duldung (Abs. 6) neu gefasst (und hierdurch zum Teil verunklart; → Rn. 103 ff.). **1.3**

II. Normsystematik

1. Verhältnis zu anderen Duldungstatbeständen

§ 60b begründet **keinen eigenständigen Duldungstatbestand,** sondern setzt das Bestehen **2** von Gründen für die Aussetzung der Abschiebung voraus (Huber/Mantel AufenthG/Eichler/Mantel Rn. 2; Anwendungshinweise des BMI zu § 60b AufenthG v.14.4.2020 Rn. 1.5, im Folgenden: AHBMI v. 14.4.2020), missverständlich Bergmann/Dienelt/Dollinger Rn. 2). Er führt lediglich zur Ausstellung einer nach Maßgabe des Abs. 1 S. 2 modifizierten Duldungsbescheinigung und hat – quasi als „Duldung light" – für den Betroffenen nachteilige Rechtsfolgen (→ Rn. 68 ff.).

Auch wenn nach dem Normwortlaut jede auf Grundlage von § 60a erteilte Duldung – dh **3** neben den dort genannten Duldungen nach Abs. 1 S. 1 (gruppenbezogene humanitäre Duldung), Abs. 2 S. 1 (tatsächliche oder rechtliche Unmöglichkeit), Abs. 2 S. 2 (Strafverfahrensduldung), Abs. 2 S. 3 (Duldung in humanitärem, persönlichem oder öffentlichem Interesse), Abs. 2 S. 4 (Vaterschaftsanfechtungsduldung), Abs. 2a (Duldung bei gescheiterter Abschiebung), Abs. 2b (Familienduldung in Fällen des § 25a) auch Duldungen nach § 60c (Ausbildungsduldung) und § 60d (Beschäftigungsduldung) als verselbstständigte Sonderformen der Duldung nach § 60a – als „Duldung für Personen mit ungeklärter Identität" erteilt werden könnte, können die in § 60b Abs. 1 geregelten Tatbestandsvoraussetzungen **praktisch nur bei Duldungen nach Abs. 2 S. 1 (Unmöglichkeit der Abschiebung) bzw. Abs. 2a (gescheiterte Abschiebung)** vorliegen (Huber/Mantel AufenthG/Eichler/Mantel Rn. 4). Eine „Ausbildungsduldung für Personen mit ungeklärter Identität" kann daher rechtmäßigerweise ebenso wenig erteilt werden wie zB eine Beschäftigungsduldung (§ 60d) oder eine humanitäre Duldung (§ 60a Abs. 1 S. 1, Abs. 2 S. 3) „für Personen mit ungeklärter Identität".

Für die Ausbildungs- und Beschäftigungsduldung folgt diese Inkompatibilität allerdings nicht schon aus **3.1** der Erteilungsvoraussetzung der Identitätsklärung (§ 60c Abs. 2 Nr. 3, § 60d Abs. 1 Nr. 1), da § 60b – trotz des irreführenden Wortlauts – nicht an die fehlende Identitätsklärung anknüpft (→ Rn. 14 ff.). Allerdings schließt das Vorliegen eines weiteren Duldungsgrundes die von § 60b Abs. 1 S. 1 geforderte Kausalität für die Unmöglichkeit der Abschiebung aus. Wenn der Betroffene daher zB aus humanitären Gründen geduldet wird, kann die Unmöglichkeit nicht mehr auf einer Verletzung der in Abs. 2 geregelten besonderen Passbeschaffungspflicht beruhen (vgl. zum Verhältnis des § 60b zur Ausbildungs- und Beschäftigungsduldung auch § 105 Abs. 2 und Abs. 3; → Rn. 10 ff.).

2. Irreführende Bezeichnung als „Duldung für Personen mit ungeklärter Identität"

Die vom Gesetzgeber gewählte Bezeichnung ist ebenfalls irreführend, da die Erteilung einer **4** Duldung „als Duldung für Personen mit ungeklärter Identität" (Abs. 1 S. 1) tatbestandlich **nicht an die fehlende Identitätsklärung anknüpft und eine solche auch nicht notwendig voraus-**

setzt (→ Rn. 14 ff.). Zutreffender wäre vielmehr eine Bezeichnung als „Duldung bei Unmöglichkeit der Abschiebung wegen Verletzung spezifischer Mitwirkungspflichten" (Wittmann/Röder
ZAR 2019, 362 (364); ähnlich Thym BT-Drs. (A) 19(4)286B, 14).

3. Verhältnis zu anderen Normen

5   Nicht gefolgt werden kann der Auffassung, § 60b sei in seinem Anwendungsbereich lex specialis
zu § 60a Abs. 6 S. 1 Nr. 2 (allgemeines Erwerbstätigkeitsverbot für Geduldete bei selbst zu
vertretenden Abschiebungshindernissen) und den in § 48 Abs. 1 und Abs. 3 geregelten allgemeinen
ausweisrechtlichen Pflichten (so aber Huber/Mantel AufenthG/Eichler/Mantel Rn. 19; Verfahrenshinweise der Ausländerbehörde Berlin (VAB), A 60b.0, 60b.3.2; zutr. AHBMI v. 14.4.2020
Nr. 1.2, 4.4). Denn § 60b Abs. 2 und Abs. 3 begründen zwar besondere Passbeschaffungspflichten,
deren Verletzung mit der Ausstellung einer nach Maßgabe des § 60b Abs. 1 beschränkten Duldung
sanktioniert werden kann, sollen die allgemeinen Bestimmungen aber nicht verdrängen (NdsOVG
BeckRS 2020, 21879 Rn. 8; BT-Drs. 19/10047, 38). Allerdings können die in § 60b Abs. 3
normierten Zumutbarkeitsmaßstäbe ggf. bei der Prüfung der Zumutbarkeit einzelner Mitwirkungspflichten ergänzend herangezogen werden.

III. Rechtsnatur der Duldung

6   Die Erteilung einer Duldung „als Duldung für Personen mit ungeklärter Identität" ist **Nebenbestimmung** (§ 36 VwVfG) **zur** ohnehin zu erteilenden **Duldung nach § 60a Abs. 2 S. 1
bzw. Abs. 2a** (so auch BeckOK AuslR/Kluth Rn. 4; Huber/Mantel AufenthG/Eichler/Mantel
Rn. 2; zweifelnd HTK-AuslR/Zeitler Rn. 8 ff.) und als solche Verwaltungsakt. Die Eigenschaft
als Nebenbestimmung ist insbesondere für die (isolierte) Anfechtbarkeit der Erteilung einer solchermaßen beschränkten Duldung von Bedeutung (→ Rn. 96).

6.1   In der Literatur wird gegen die Einordnung der „Duldung light" als bloße Nebenbestimmung eingewandt, dass eine solche Nebenbestimmung nicht dem Katalog der in § 36 Abs. 2 VwVfG aufgezählten
Nebenbestimmungen entspreche (vgl. HTK-AuslR/Zeitler Rn. 9). Dies übersieht jedoch, dass § 36 Abs. 2
VwVfG lediglich als Ermächtigungsgrundlage für den Erlass von Ermessensverwaltungsakten unter Beifügung einer Nebenbestimmung fungiert, andere Nebenbestimmungen aber – insbesondere solche mit ausdrücklicher fachgesetzlicher Grundlage (vgl. § 36 Abs. 1 Alt. 1 VwVfG) – nicht ausschließt (vgl. BeckOK
VwVfG/Tiedemann VwVfG § 36 Rn. 1; Fehling/Kastner/Störmer, Verwaltungsrecht/Störmer, 5. Aufl.
2021, VwVfG § 36 Rn. 6 ff.).

6.2   Für die Einordnung als bloße Bestimmung spricht insbesondere der Wortlaut des § 60b Abs. 4 S. 2, der
die Klausel „für Personen mit ungeklärter Identität" selbst als bloßen „Zusatz" zur regulären Duldung
bezeichnet.

6a   Da die Nebenbestimmung – anders als die bloße Aussetzung der Abschiebung – für den
Betroffenen belastende Wirkungen entfaltet, ist der Betroffene vor ihrer Erteilung anzuhören (§ 28
Abs. 1 LVwVfG; AHBMI v. 14.4.2020 Nr. 11.13). Die Entscheidung bedarf zudem nach § 77
Abs. 1 Nr. 1 analog der Begründung, da sie in der Sache einer Nebenbestimmung zu einem
Aufenthaltstitel entspricht; der in § 77 Nr. 5 enthaltene Ausschluss der Begründungspflicht bezieht
sich demgegenüber nur auf die Aussetzung der Abschiebung, die – als solche – nur begünstigende
Wirkung entfaltet (aA AHBMI v. 14.4.2020 Nr. 16.2; AH MKFFI NRW v. 4.8.2020, nach
Nr. 16.2).

7   Die Ausstellung einer Bescheinigung mit dem Zusatz „für Personen mit ungeklärter Identität"
ist demgegenüber – nicht anders als die Ausstellung einer Duldungsbescheinigung nach § 60a
Abs. 4 an sich – ein bloßer Realakt. Als Realakt bedarf die Ausstellung der nach Maßgabe des
§ 60b Abs. 5 beschränkten Duldungsbescheinigung – anders als die Entscheidung nach § 60b
Abs. 1 – keiner Begründung.

B. Tatbestandsvoraussetzungen (Abs. 1)

I. Anwendungsvoraussetzungen

1. Persönlicher Anwendungsbereich

8   Wie jede Form der Duldung kann auch die „Duldung für Personen mit ungeklärter Identität"
grundsätzlich **nur vollziehbar ausreisepflichtigen Personen** erteilt werden (Abs. 1 S. 1). Die

Frage, ob ausnahmsweise – wie möglicherweise bei der Ausbildungsduldung nach § 60c Abs. 1 S. 1 Nr. 1 (vgl. Wittmann/Röder ZAR 2019, 412 (413 f.)) – auch eine Duldung von demnächst ausreisepflichtigen Personen in Betracht kommt, stellt sich angesichts des eindeutigen Wortlauts des Abs. 1 S. 1 nicht.

§ 60b gilt **auch für Asylbewerber,** soweit diese – wie nicht ausgereiste Folgeantragsteller, **9** Zweitantragsteller und sofort vollziehbar abgelehnte Asylbewerber – lediglich über eine Duldung verfügen und daher schon vor endgültigem Abschluss des Verfahrens vollziehbar ausreisepflichtig sind (insoweit irreführend daher Eichler ASYLMAGAZIN-Beil. 7-8/2019, 64 (70) sowie Verfahrenshinweise der Ausländerbehörde Berlin (VAB), A 60b.0). Lediglich von der in § 60b Abs. 2 S. 1 geregelten besonderen Passbeschaffungspflicht sind Asylbewerber bis zum bestandskräftigen Abschluss des Verfahrens generell freigestellt (§ 60b Abs. 2 S. 2).

Auf Inhaber einer Ausbildungs- (§ 60c) oder Beschäftigungsduldung (§ 60d) findet § 60b **10** demgegenüber keine Anwendung (§ 105 Abs. 3). Gleiches gilt für Personen, die eine solche Duldung beantragt haben und sämtliche Erteilungsvoraussetzungen erfüllen (→ Rn. 10.3). Der Antrag kann fristwahrend gestellt werden, bis die Erteilung einer Duldung nach § 60b Abs. 1 S. 1 bekanntgegeben wurde (BT-Drs. 19/10047, 49).

Für Inhaber einer Ausbildungs- und Beschäftigungsduldung beschränkt sich die Regelungswirkung des **10.1** § 105 Abs. 3 auf eine Suspendierung der "besonderen Passbeschaffungspflicht" (§ 60b Abs. 2 und Abs. 3), deren Verletzung nach § 98 Abs. 3 Nr. 5b bußgeldbewehrt ist (AHBMI v. 14.4.2020 Nr. 19.4). Denn auch unabhängig von § 105 Abs. 3 kann eine "Ausbildungsduldung für Personen mit ungeklärter Identität" nicht existieren, weil die nach § 60b Abs. 1 S. 1 erforderliche Unmöglichkeit der Abschiebung hier stets (auch) auf der Ausbildungs- oder Beschäftigungsduldung beruht (→ Rn. 3 ff.).

Wegen § 60c Abs. 2 Nr. 1 iVm § 60a Abs. 6 S. 1 Nr. 2 können die Voraussetzungen für die Erteilung **10.2** einer Ausbildungsduldung nie zugleich mit den Voraussetzungen für die Erteilung einer "Duldung für Personen mit ungeklärter Identität" vorliegen. Die in § 105 Abs. 3 geregelte Vorrangregelung geht daher auch insoweit ins Leere.

Von einer Erfüllung der Erteilungsvoraussetzungen wird dabei auch dann auszugehen sein, wenn der **10.3** Betroffene lediglich die Voraussetzungen eines Ermessensanspruchs nach § 60c Abs. 7, § 60d Abs. 4 erfüllt, weil er die erforderlichen und zumutbaren Maßnahmen zur Identitätsklärung erst nach Ablauf der in § 60c Abs. 2 Nr. 3, § 60d Abs. 1 Nr. 1 genannten Fristen getroffen hat. Denn § 105 Abs. 3 spricht nicht – anders als etwa § 10 Abs. 1 oder § 5 Abs. 1 S. 2 – von einem gesetzlichen Anspruch, sondern lediglich von einer Erfüllung der (tatbestandlichen) Erteilungsvoraussetzungen.

2. Übergangsregelungen (§ 105)

Auf bereits geduldete Ausländer findet § 60b bis zum 1.7.2020 **keine Anwendung, wenn** **11** **diese sich in einem Ausbildungs- oder Beschäftigungsverhältnis** befinden (§ 105 Abs. 2). Die Übergangsregelung soll bereits erbrachte Integrationsleistungen der genannten Personengruppe honorieren (BT-Drs. 19/10047, 49), kann einen Übergang zur Ausbildungs- und Beschäftigungsduldung aber nur dann ermöglichen, wenn der Betroffene rechtzeitig an seiner Identitätsklärung mitwirkt (§ 60c Abs. 2 Nr. 3, § 60d Abs. 1 Nr. 1). Sie setzt zudem – anders als § 60c Abs. 1 – keine Ausbildung in einem qualifizierten Ausbildungsberuf voraus und erfasst somit auch Helferausbildungen und andere nicht-qualifizierte Ausbildungen, deren Abschluss durch Suspendierung des § 60b für die Dauer der Ausbildung ermöglicht werden soll.

Bei **bereits geduldeten Ausländern** entscheidet die Ausländerbehörde frühestens dann über **12** die Erteilung der Duldung als Duldung für Personen mit ungeklärter Identität, wenn eine Verlängerung der Duldung nach Ablauf ihres Geltungszeitraums oder die Erteilung einer Duldung aus anderen Gründen in Rede steht (§ 105 Abs. 1).

II. „Duldung für Personen mit ungeklärter Identität" als Nebenbestimmung zu existierender Duldung

Als unselbstständige Nebenbestimmung kann eine „Duldung für Personen mit ungeklärter **13** Identität" nur Personen erteilt werden, die über eine Duldung nach § 60a verfügen oder denen erstmals eine Duldung nach § 60a – als „Duldung für Personen mit ungeklärter Identität" – erteilt wird. Aufgrund der Tatbestandsstruktur des § 60b Abs. 1 kommen dabei ausschließlich Duldungen nach § 60a Abs. 2 S. 1 (tatsächliche oder rechtliche Unmöglichkeit der Abschiebung wegen ungeklärter Identität oder fehlender Reisepapiere) oder nach § 60a Abs. 2a S. 1 (Duldung nach gescheiterter Abschiebung) als Anknüpfungspunkte in Betracht (→ Rn. 3).

III. Vorwerfbare Verletzung spezifischer Mitwirkungspflichten

1. Allgemeines

14   Tatbestandlich setzt die Duldung für Personen mit ungeklärter Identität voraus, dass der Ausländer über seine Identität oder Staatsangehörigkeit getäuscht hat (→ Rn. 17 ff.), er falsche Angaben gemacht hat (→ Rn. 20 ff.) oder er zumutbare Handlungen zur Erfüllung der besonderen Passbeschaffungspflicht nach Abs. 2 S. 1 und Abs. 3 S. 1 (→ Rn. 23 f., → Rn. 33 ff.) nicht vornimmt. Die Erteilung einer nach Maßgabe des § 60b beschränkten Duldung ist somit Sanktion für eine fortgesetzte Verletzung bestimmter Mitwirkungspflichten.

15   § 60b knüpft daher **nicht unmittelbar an die fehlende Identitätsklärung an** (da diese auch ohne Verletzung der in der Norm genannten Mitwirkungspflichten – wie etwa durch bloßes Schweigen (vgl. AHBMI v. 14.4.2020 Nr. 2.2.7) oder aufgrund objektiver oder subjektiver Unmöglichkeit einer weiteren Identitätsklärung – eintreten kann) und setzt diese auch nicht voraus, da die Identität ggf. auch bei Verletzung der Passbeschaffungspflicht eindeutig geklärt sein kann (→ Rn. 16). Die Bezeichnung als „Duldung für Personen mit ungeklärter Identität" ist daher irreführend, da es sich letztlich um eine eingeschränkte Duldung aufgrund der Verletzung spezifischer Mitwirkungspflichten handelt. Auch das verkürzende Schlagwort der „Duldung light" (vgl. Dollinger ZPR 2019, 130 (131)) oder der „Duldung minus" (vgl. Thym BT-Drs. (A) 19(4)286B, 13 ff.) ist daher streng genommen zutreffender als die vom Gesetzgeber selbst gewählte Bezeichnung.

16   Nicht verkannt werden darf, dass die in § 60b Abs. 1 S. 1 genannten Pflichtverletzungen grundsätzlich selbstständig nebeneinanderstehen. Die „Duldung für Personen mit ungeklärter Identität" kann daher etwa auch dann erteilt werden, wenn die Identität des Betroffenen feststeht, er zumutbare Passbeschaffungspflichten aber verletzt (vgl. Verfahrenshinweise der Ausländerbehörde Berlin (VAB), A 60b.0; missverständlich Eichler ASYLMAGAZIN-Beil. 7-8/2019, 64 (65 f.)). Denn die Neuregelung zielt nicht alleine auf eine Identitätsklärung ab, sondern soll allgemein eine „bessere Durchsetzung der Ausreisepflicht" ermöglichen.

2. Täuschung über Identität oder Staatsangehörigkeit

17   Täuschung ist die Vorspiegelung falscher Tatsachen oder die Entstellung oder Unterdrückung wahrer Tatsachen (§ 263 Abs. 1 StGB). Täuschung kann daher jedes – auch konkludente – Verhalten mit Erklärungswert sein, das objektiv irreführt oder einen Irrtum unterhält und damit auf die Vorstellung eines anderen einwirkt (BeckOK StGB/Beukelmann StGB § 263 Rn. 9). Eine Täuschung kann ggf. auch durch Unterlassen erfolgen, da Ausländer gem. § 49 Abs. 2, § 48 Abs. 1 S. 1 gesetzlich zur Mitwirkung bei der Identitätsklärung verpflichtet sind. Stets setzt täuschendes Verhalten allerdings jedenfalls ein Bewusstsein des Täuschenden über die Unrichtigkeit seiner Angaben voraus (vgl. BGHSt 18, 235 (237) = NJW 1963, 667 (668); vgl. auch AHBMI v. 14.4.2020 Nr. 2.2.6, 2.3.2).

17.1   Insoweit unterscheidet sich die Tatbestandsvariante der „Täuschung" von der Tatbestandsvariante der „falschen Angaben" (→ Rn. 22).

18   Bezugspunkte der Täuschung nach § 60b Abs. 1 sind die Identität oder Staatsangehörigkeit des Betroffenen. Der Begriff der „Identität" umfasst dabei die Gesamtheit aller Merkmale, die nach der Verkehrsübung zur Unterscheidung von Personen gebraucht werden, dh neben Namen, Geburtsort oder Geburtsdatum auch zB Personalausweisnummer oder Personenkennziffern, soweit diese gebräuchlich sind. Täuschungen über sonstige Lebensumstände (wie zB Wohnorte, Familienstand etc.) sind demgegenüber nur dann tatbestandlich, soweit diese sich auf die Unterscheidbarkeit oder Identifizierbarkeit des Ausländers auswirken können (vgl. AHBMI v. 14.4.2020 Nr. 2.2). Der Begriff der Staatsangehörigkeit umschreibt die rechtliche Zugehörigkeit zu einem oder mehreren bestimmten Staaten bzw. das Nichtbestehen einer rechtlichen Zuordnung zu einem Staat (Staatenlosigkeit).

18.1   Eine Täuschung über zB das Vorliegen einer Reiseunfähigkeit ist daher nicht tatbestandsmäßig, auch wenn diese zur irrtümlichen Annahme eines Abschiebungshindernisses führt. Gleiches gilt zB für eine Täuschung über das eigene Alter, soweit die Identität des Betroffenen feststeht.

18.2   Anderes kann nur dann gelten, wenn der Betroffene ein zielstaatsbezogenes Abschiebungshindernis vorspiegelt, das nur im Hinblick auf spezifische Zielstaaten besteht, er durch Täuschung zugleich aber eine Abschiebung in einen dennoch in Betracht kommenden anderen Zielstaat vereitelt (Beispiel: Der Betroffene täuscht darüber, nur über die Staatsangehörigkeit eines Krisenstaates zu verfügen, könnte tatsächlich aber –

ohne Täuschung – in den tatsächlichen Herkunftsstaat abgeschoben werden). In diesem Fall beruht das vermeintliche Abschiebungshindernis aber – anders als bei einer bloßen Täuschung über das Bestehen eines zielstaatsbezogenen Abschiebungshindernisses – auf der Identitätstäuschung (vgl. AHBMI v. 14.4.2020 Nr. 2.3.4).

Besondere Probleme wirft die Transliteration ausländischer Namen in die lateinische Schrift auf. Zwar **18.3** kann in der bewussten Verwendung einer zwar formal vertretbaren, in der Praxis der ausländischen Behörden aber nicht üblichen Transliteration oder in der bewussten Verwendung variierender Transliterationen zum Zweck der Identitätsverschleierung eine Täuschungshandlung über die Identität liegen. Hierauf sollte jedoch nicht vorschnell geschlossen werden, weil eine „offizielle" Transliteration oftmals nicht existiert und Ausländern oftmals selbst nicht bekannt sein kann, welche Transliteration(en) in- und ausländische Behörden in seinem Fall verwenden (vgl. AHBMI v. 14.4.2020 Nr. 2.2.4).

Dem Gesetzeswortlaut zufolge setzt § 60b Abs. 1 S. 1 nicht voraus, dass die jeweilige Täuschung **19** auch Erfolg hat, dh eine tatsächliche Fehlvorstellung bei Dritten (Irrtum) bewirkt (aA wohl VG Aachen BeckRS 2020, 31367 Rn. 14). Da auch die erfolglose Täuschung kausal zu einem Abschiebehindernis führen kann, wenn der Behörde die wahren Umstände nicht bekannt werden (dh die Unrichtigkeit der Angaben feststeht, die wahre Identität aber dennoch nicht ermittelt werden kann), ist ein Erfolg der Täuschungshandlung auch tatsächlich nicht erforderlich (vgl. BeckOK AuslR/Kluth Rn. 12; AHBMI v. 14.4.2020 Nr. 2.2.5, 2.5).

3. Falsche Angaben

Der Eigenwert der Tatbestandsalternative der „falschen Angaben" gegenüber der Täuschung **20** über Identität oder Staatsangehörigkeit bleibt zunächst unklar, weil auch die Täuschung über Identität oder Staatsangehörigkeit regelmäßig auf falschen Angaben beruhen wird. Eigenwert kann die Tatbestandsalternative daher nur im Hinblick auf den rechtlichen Bezugspunkt der falschen Angaben erlangen, der – anders als bei der Täuschung – vom Gesetzgeber nicht gegenständlich beschränkt wird.

Aufgrund der – wenngleich zum Teil irreführenden – Bezeichnung als „Duldung für Personen **21** mit ungeklärter Identität" können dennoch nur solche Falschangaben tatbestandsmäßig sein, die zumindest im weiteren Sinne Bezüge zur Identität des Betroffenen aufweisen, also zB Angaben des Betroffenen über vorhandene Identitätsnachweise oder Kontaktpersonen, die bei der Verifikation der Identität bzw. der Beschaffung von Reisepapieren nützlich sein können. Falsche Angaben über nicht identitätsbezogene Ausreise- und Abschiebehindernisse (wie zB die Vorspiegelung von Krankheiten oder die Anbahnung einer Scheinehe) sind hingegen tatbestandlich auch hier nicht erfasst (zutreffend AH MKFFI NRW v. 4.8.20, nach Nr. 3.1; aA BeckOK AuslR/Kluth Rn. 14; unklar AHBMI v. 14.4.2020 Nr. 3.2).

Anders als eine Täuschungshandlung (→ Rn. 17) setzt die Tatbestandsvariante der „falschen **22** Angaben" selbst kein Bewusstsein der Unrichtigkeit der Angaben voraus. Da die Unmöglichkeit der Abschiebung jedoch auf „von ihm selbst zu vertretenden Gründen" beruhen muss, müssen auch die „falschen Angaben" zumindest auf fahrlässigem Verhalten beruhen (→ Rn. 25 ff.).

4. Verletzung der besonderen Passbeschaffungspflicht

Ebenfalls zur Erteilung einer „Duldung für Personen mit ungeklärter Identität" führen kann **23** die Verletzung zumutbarer Handlungspflichten zur Erfüllung der in § 60b Abs. 2 S. 1 geregelten „besonderen Passbeschaffungspflicht" (→ Rn. 33 ff., → Rn. 48 ff.). Der Begriff der Zumutbarkeit wird in Abs. 3 S. 1 konkretisiert (→ Rn. 51 ff.), wobei eine Nebenbestimmung nach Abs. 1 S. 1 nur dann erteilt werden kann, wenn die Behörde zuvor die in § 60b Abs. 3 S. 2 und S. 4 geregelten Hinweispflichten erfüllt hat.

Die Tatbestandsvariante der „Verletzung einer besonderen Passbeschaffungspflicht" macht deut- **24** lich, dass eine „Duldung für Personen mit ungeklärter Identität" unter Umständen auch Personen mit (zB durch Vorlage anderer Legitimationspapiere, Zeugenaussagen oder Glaubhaftmachung) geklärter Identität erteilt werden kann, wenn die Abschiebung trotz geklärter Identität an fehlenden Reisepapieren scheitert. Die gesetzliche Bezeichnung ist daher unglücklich gewählt (→ Rn. 4, → Rn. 14 ff.).

5. Vertretenmüssen

a) Bedeutung und Funktion des Tatbestandsmerkmals. Schlussendlich muss der Betrof- **25** fene die Verletzung der in der Norm genannten Mitwirkungspflichten selbst zu vertreten haben. Im Hinblick auf die Tatbestandsvarianten der „Täuschung" und der „Nichtvornahme zumutbarer

Handlungen zur Erfüllung der besonderen Passbeschaffungspflicht" ist dieses Tatbestandsmerkmal weitgehend redundant, weil diesen selbst – in Form der wissentlichen Täuschung bzw. der Verletzung zumutbarer Handlungspflichten – ein Vorwerfbarkeitselement innewohnt; es erlangt im Hinblick auf die Tatbestandsvariante der „falschen Angaben" jedoch zumindest begrenzten Eigenwert (→ Rn. 22). Im Unterschied zu § 60a Abs. 6 S. 1 Nr. 2 sind die möglichen Anknüpfungspunkte des „Vertretenmüssens" abschließend formuliert, so dass andersartige Verhaltensweisen ungeachtet ihrer Vorwerfbarkeit – gedacht sei etwa an die gezielte Herbeiführung oder Aufrechterhaltung einer Reiseunfähigkeit – nicht zur Ausstellung einer „Duldung für Personen mit ungeklärter Identität" führen können.

26   **b) Erfordernis des eigenen Vertretenmüssens.** Darüber hinaus macht das Erfordernis des Beruhens auf selbst zu vertretenden Gründen deutlich, dass der Betroffene die vorwerfbare Handlung oder das vorwerfbare Unterlassen **selbst zu verantworten** haben muss. Eine Zurechnung des Verhaltens Dritter – wie zB eine Täuschung durch Familienangehörige, Erziehungsberechtigte oder Vormünder (vgl. Huber/Mantel AufenthG/Eichler/Mantel Rn. 3; HTK-AuslR/Zeitler Rn. 19; Eichler ASYLMAGAZIN-Beil. 7-8/2019, 64 (66); AHBMI v. 14.4.2020 Nr. 2.2.6 Verfahrenshinweise der Ausländerbehörde Berlin (VAB), A 60b.0; 60b.1) – scheidet daher aus (vgl. aber → Rn. 30.2).

26.1   Gleiches ergibt sich auch aus dem Wortlaut des § 60b Abs. 1 S. 1 im Übrigen („eigene Täuschung"; „eigene falsche Angaben").

27   Allerdings ist im Einzelfall individuell zu prüfen, inwieweit zB der Betroffene eine fremde Erklärung selbst mit unterzeichnet hat (zB im Fall einer gemeinsamen Erklärung von Eheleuten) oder zur Richtigstellung falscher Angaben verpflichtet war.

27a   **c) Verschuldensfähigkeit.** Besondere Bedeutung erlangt in diesem Zusammenhang die Frage, unter welchen Voraussetzungen eine Verschuldensfähigkeit des Betroffenen angenommen werden kann. Diese stellt sich vor allem im Hinblick auf minderjährige Ausländer, aber auch auf sonstige Fälle der begrenzten Schuldfähigkeit zB aufgrund psychischer Erkrankungen.

27b   Auch wenn es auf den ersten Blick naheliegend erscheint, an den in § 80 Abs. 1 normierten Begriff der ausländerrechtlichen Handlungsfähigkeit anzuknüpfen, kann eine entsprechende Anwendung der auf die Vornahme von Verfahrenshandlungen bezogenen Vorschrift zur Bestimmung der Schuldfähigkeit nicht überzeugen. Denn § 80 Abs. 1 verweist wiederum auf die Vorschriften des Bürgerlichen Rechts zur Geschäftsunfähigkeit, denen für die Frage der Schuldfähigkeit nach dem BGB keine unmittelbare Bedeutung zukommt. Naheliegender erscheint es demgegenüber, an die Kriterien des bürgerlichen Rechts zur Bestimmung der Deliktsfähigkeit anzuknüpfen. Maßstabsbildend ist daher § 828 Abs. 1 BGB (keine Deliktsfähigkeit vor Vollendung des siebten Lebensjahres) und im Übrigen der individuelle Verantwortungsmaßstab des § 829 Abs. 3 BGB (keine Verantwortlichkeit bei Fehlen der zur Erkenntnis der Verantwortlichkeit erforderlichen Einsicht). In Fällen psychischer Erkrankungen gilt dementsprechend § 827 S. 1 BGB entsprechend.

27b.1   Nicht überzeugen kann demgegenüber eine Heranziehung straf- oder ordnungswidrigkeitenrechtlicher Verschuldensmaßstäbe (§§ 19 ff. StGB, § 3 JGG), da § 60b allenfalls mittelbarer Sanktionscharakter innewohnt und der Lenkungs- und Appellcharakter der Norm demgegenüber eindeutig im Vordergrund steht (vgl. § 60b Abs. 4 S. 1).

27b.2   Dennoch knüpfen etwa die Anwendungshinweise des MKFFI NRW v. 4.8.20 mittelbar an die Deliktsfähigkeitsgrenze des § 19 StGB an (AH MKFFI NRW v. 4.8.2020, lit. a nach Nr. 1.6).

27c   Im Hinblick auf die Vorwerfbarkeit unterlassener Mitwirkungshandlungen ist indes sowohl die Verschuldensfähigkeit als auch die Handlungsfähigkeit der betroffenen Person zu prüfen: Soweit Mitwirkungspflichten nur durch Vornahme von Verfahrenshandlungen gegenüber deutschen Behörden erfüllt werden kann, ist § 80 Abs. 1 unmittelbar anzuwenden, da die Erfüllung rechtlich selbst nicht erfüllbarer Mitwirkungspflichten stets unzumutbar ist. Vergleichbares gilt für Mitwirkungshandlungen gegenüber ausländischen Behörden, soweit diese vergleichbare Beschränkungen der Handlungsfähigkeit kennen (zutr. AH MKFFI NRW v. 4.8.20, lit. b lit. aa nach Nr. 1.6).

IV. Kausalität für die Unmöglichkeit der Abschiebung

28   Weiterhin setzt die Erteilung einer „Duldung für Personen mit ungeklärter Identität" voraus, dass die Abschiebung **gerade aufgrund der Verletzung der oben genannten spezifischen Mitwirkungspflichten** (→ Rn. 14 ff.) **nicht vollzogen werden kann.** § 60b Abs. 1 S. 1 begründet daher – nicht anders als § 60a Abs. 6 S. 1 Nr. 2 (vgl. Wittmann ZAR 2020, 107 (110) mwN) – ein **echtes Kausalitätserfordernis** (vgl. Wittmann/Röder ZAR 2019, 362 (363 f.); BeckOK AuslR/Kluth Rn. 16 f.; Huber/Mantel AufenthG/Eichler/Mantel Rn. 4; VG Minden BeckRS 2020, 1476 Rn. 23; VG Aachen BeckRS 2020, 31367 Rn. 15; OVG NRW NVwZ 2007, 60 (62); Verfahrenshinweise der Ausländerbehörde Berlin (VAB), A 60b.0; AH MKFFI NRW v. 4.8.2020, nach Nr. 1.9; wohl auch Bergmann/Dienelt/Dollinger Rn. 10; aA AHBMI v. 14.4.2020 Nr. 1.9; HTK-AuslR/Zeitler Rn. 28 ff.; Thym ZAR 2019, 353 (355); Thym BT-Drs. (A) 19(4)/286B, 14; Rehbehn/Kloth InfAuslR 2020, 51 (52 ff.)).

Die Gegenauffassung unterscheidet nicht hinreichend zwischen den Anforderungen an den Kausalitäts- **28.1** nachweis und einem strukturellen Kausalitätserfordernis, das nach dem Gesetzeswortlaut eindeutig besteht („das Abschiebungshindernis" (bestimmter Artikel)). Denn die zB von Thym in Bezug genommene Rechtsprechung nimmt (nur) eine widerlegliche Vermutung eines Zusammenhangs zwischen einer Verletzung von Mitwirkungspflichten und der Erfolglosigkeit aufenthaltsbeendender Maßnahmen an (zutr. Dollinger ZRP 2019, 130 (131)), stellt das Kausalitätserfordernis damit aber gerade nicht in Frage (vgl. BVerwG BeckRS 2010, 57020 Rn. 20 f.; OVG Bln-Bbg BeckRS 2018, 26360 Rn. 25). Der Nachweis kann daher ohne Weiteres geführt werden, dass auch die geforderte Mitwirkungshandlung das bestehende Abschiebungshindernis nicht beseitigt hätte oder wenn ein von der Identitätsklärung unabhängiges (weiteres) Abschiebungshindernis besteht. Im letztgenannten Fall sind die Tatbestandsvoraussetzungen des § 60b Abs. 1 S. 1 jedoch selbst dann nicht erfüllt, wenn nicht ausgeschlossen werden kann, dass die Mitwirkungshandlungen zu einer Identitätsklärung geführt hätten.

Die Gegenauffassung kann auch nicht aus dem Umstand hergeleitet werden, dass die besondere Passbe- **28.2** schaffungspflicht nach § 60b Abs. 2 S. 2 aE auch dann fortbesteht, wenn hinsichtlich des Ausländers ein (weiteres) Abschiebungshindernis aus gesundheitlichen Gründen besteht (so aber Rehbehn/Kloth InfAuslR 2020, 51 (539)). Denn ein zielstaatsbezogenes Abschiebungsverbot nach § 60 Abs. 7 S. 1 begründet nicht notwendigerweise ein Abschiebungshindernis iSd § 60b Abs. 1 S. 1, da der Betroffene ggf. in andere Zielstaaten abgeschoben werden kann. Vor allem aber ist der Anwendungsbereich des § 60b Abs. 2 S. 1 ohnehin weiter gefasst als der Anwendungsbereich des § 60b Abs. 1 (→ Rn. 33), so dass sich derartige Erst-Recht-Schlüsse schon aus normstrukturellen Gründen verbieten.

Vergangenes Verhalten kann daher nur dann zur Ausstellung einer Duldung als „Duldung für **29** Personen mit ungeklärter Identität" führen, wenn es **in einem gegenwärtigen Abschiebungshindernis fortwirkt** (AHBMI v. 14.4.2020 Nr. 2.2.8; Verfahrenshinweise der Ausländerbehörde Berlin (VAB), A 60b.1); dies zeigt schon die in Abs. 4 S. 1 getroffene Heilungsregelung. Im unmittelbaren Anwendungsbereich dieser Regelung tritt eine Heilung jedoch selbst dann ein, wenn die vergangene Pflichtverletzung auch über die nachgeholte Handlung hinaus fortwirkt (→ Rn. 86).

Kausal ist die Verletzung spezifischer Mitwirkungspflichten dann, wenn der Betroffene aufgrund **30** der selbst in qualifizierter Weise hervorgerufenen Unklarheiten oder Zweifel an seiner Identität oder Staatsangehörigkeit oder aufgrund der durch die Nichterfüllung der besonderen Passbeschaffungspflicht beruhenden Passlosigkeit nicht abgeschoben werden kann, **ohne dass ein hiervon unabhängiger Duldungsgrund besteht** (str., → Rn. 28 ff.). Eine Duldung kann daher zB dann nicht als „Duldung für Personen mit ungeklärter Identität" erteilt werden, wenn die Abschiebung von Personen aus dem Herkunftsstaat des Betroffenen generell ausgesetzt ist (§ 60a Abs. 1 S. 1), die Abschiebung aufgrund noch anhängiger Asylverfahren von Familienangehörigen ausgesetzt ist (§ 43 Abs. 1 S. 1 AsylG) oder hinsichtlich des Betroffenen ein krankheitsbedingtes Abschiebungshindernis besteht (§ 60a Abs. 2 S. 1). Vergleichbares gilt dann, wenn hinsichtlich des einzigen in Betracht kommenden Zielstaats ein Abschiebungsverbot festgestellt wurde, der Betroffene wegen § 25 Abs. 3 S. 3 aber keine Aufenthaltserlaubnis erhält (Eichler ASYLMAGAZIN-Beil. 7-8/2019, 64 (70) Fn. 34).

Eine Ausnahme muss nur dann gelten, wenn parallel zur Unmöglichkeit der Abschiebung wg. Identitäts- **30.1** zweifeln oder Passlosigkeit ein Abschiebungshindernis aus Gründen der Familieneinheit besteht, das wiederum kausal auf der Verletzung spezifischer Mitwirkungspflichten durch Angehörige des Familienverbandes beruht. Kann also etwa ein Ehegatte wegen Identitätstäuschung nicht abgeschoben werden und wird aus Gründen der Familieneinheit auch die Abschiebung des anderen Ehegatten ausgesetzt, muss dem Betroffenen dennoch eine Duldung für Personen mit ungeklärter Identität erteilt werden (BeckOK AuslR/Kluth Rn. 18).

Ob Gleiches auch dann gilt, wenn verschiedene Angehörige eines Familienverbandes parallel spezifische **30.2** Mitwirkungspflichten verletzen (so dass die Abschiebung jeweils auch aus Gründen der Familieneinheit ausgesetzt werden müsste), bleibt fraglich. Zwar wäre dies sicherlich im Sinne des Gesetzgebers, da die „Duldung light" ihre Motivationswirkung sonst in vielen praktischen Fällen nicht entfalten könnte; in Ermangelung einer Zurechnungsnorm für fremdes Verhalten („aus von ihm selbst zu vertretenden Gründen"; „eigene Täuschung"; „eigene falsche Angaben" → Rn. 26) könnte dies aber nur auf den – systematisch fernliegenden – Rechtsgedanken des § 25 Abs. 2 StGB oder auf den – im Einzelfall festzustellenden – Umstand gestützt werden, dass die individuelle Verletzung von Mitwirkungspflichten durch einzelne Familienmitglieder die anderen Mitglieder des Familienverbandes in der Aufrechterhaltung ihrer eigenen Pflichtverletzungen bestärkt.

31   Bei zwingenden Duldungsgründen ist die Kausalitätskette schon dann unterbrochen, wenn der zwingende Duldungsgrund – zB die krankheitsbedingte Reiseunfähigkeit – tatsächlich besteht. Steht die Duldung hingegen im Ermessen der zuständigen Ausländerbehörde (§ 60a Abs. 2 S. 3, Abs. 2b, § 60b Abs. 7, § 60c Abs. 1, Abs. 4, § 43 Abs. 2 S. 1 AsylG), fehlt die Kausalität nur dann, wenn die Ermessensduldung tatsächlich erteilt wird.

31.1   Allerdings dürfte es in der Regel ermessensfehlerhaft sein, die Ermessensduldung mit der Absicht zu versagen, dem Betroffenen dann eine Duldung als „Duldung für Personen mit ungeklärter Identität" erteilen zu können, da dies auf eine Umgehung des gesetzlichen Kausalitätserfordernisses abzielt. Dies schließt es aber nicht aus, die Verletzung von Mitwirkungspflichten auch bei der Ermessensausübung zu berücksichtigen, wenn dies mit dem Zweck der jeweiligen Ermächtigung vereinbar ist.

32   Normsystematisch führt das Kausalitätserfordernis dazu, dass nur Duldungen nach § 60a Abs. 2 S. 1 (Duldung wegen Unmöglichkeit der Ausreise) und § 60a Abs. 2a S. 1 als „Duldungen für Personen mit ungeklärter Identität" erteilt werden können (→ Rn. 3 ff.).

32.1   Auch Duldungen nach § 60a Abs. 2 S. 1 und Abs. 2b können nur dann als Duldungen nach § 60b Abs. 1 S. 1 erteilt werden, wenn die Unmöglichkeit der Abschiebung auf einer Verletzung gerade der in § 60b Abs. 1 S. 1 spezifisch genannten Mitwirkungspflichten beruht.

32.2   Eine Kausalität iSv § 60b Abs. 1 S. 1 kann insbesondere auch dann vorliegen, wenn die Identität des Betroffenen geklärt ist, er aber zumutbare Passbeschaffungspflichten verletzt (Huber/Mantel AufenthG/Eichler/Mantel Rn. 6; aA Eichler ASYLMAGAZIN-Beil. 7-8/2019, 71 (72 f.)). Zwar kann die Behörde ggf. auf Grundlage der Angaben des Betroffenen selbst Maßnahmen zur Passbeschaffung einleiten; die Kausalität entfällt jedoch nur dann, wenn dies vorhersehbar in gleicher Weise (und Geschwindigkeit) wie eigene (oder gemeinsame) Passbeschaffungsbemühungen zu einem Wegfall des Abschiebungshindernisses führen wird (tendenziell großzügiger Huber/Mantel AufenthG/Eichler/Mantel Rn. 6). Dies kann im Einzelfall durchaus möglich sein, darf aber nicht pauschal unterstellt werden.

C. Besondere Passbeschaffungspflichten (Abs. 2, Abs. 3)

I. Funktion der Regelung

33   Da der persönliche Anwendungsbereich der in § 60b Abs. 2 S. 1 geregelten „besonderen Passbeschaffungspflichten" zum Teil weiter gefasst ist als der Anwendungsbereich der „Duldung für Personen mit ungeklärter Identität" (→ Rn. 8 ff.), ist der **Regelungsgehalt** des § 60b Abs. 1 S. 1 **nicht** auf eine Ausgestaltung der Tatbestandsvoraussetzungen für die Erteilung einer „Duldung für Personen mit ungeklärter Identität" **beschränkt** (BeckOK AuslR/Kluth Rn. 22; HTK-AuslR/Zeitler Rn. 32). Vielmehr treten die hier geregelten „besonderen Passbeschaffungspflichten" selbstständig neben die Passpflicht des § 3 Abs. 1 S. 1, die in § 48 Abs. 3 geregelte Passbeschaffungspflicht und sonstige Mitwirkungspflichten nach dem AufenthG und AsylG (BT-Drs. 19/10047, 38; Eichler ASYLMAGAZIN-Beil. 7-8/2019, 64 (65); Bergmann/Dienelt/Dollinger Rn. 13).

34   Eine Verletzung der „besonderen Passbeschaffungspflichten" kann zudem **als Ordnungswidrigkeit sanktioniert** werden (§ 98 Abs. 3 Nr. 5b) und als konkreter Anhaltspunkt für das Bestehen von Fluchtgefahr dienen, da § 62 Abs. 3b Nr. 5 auf die in § 60b Nr. 1, Nr. 2 und Nr. 6 genannten Mitwirkungspflichten verweist.

34.1   Aufgrund eines Redaktionsversehens verweist § 98 Abs. 3 Nr. 5b hinsichtlich der besonderen Passbeschaffungspflichten nicht auf § 60b Abs. 2 S. 1, sondern auf § 60b Abs. 1 S. 2. Dies steht einer Sanktionierung allerdings auch in Ansehung des „nulla poena"-Grundsatzes und des strafrechtlichen Analogieverbots nicht entgegen, da der Wille des Gesetzgebers im übrigen Wortlaut des § 98 Abs. 3 Nr. 5b offen zu Tage tritt (vgl. Eichler ASYLMAGAZIN-Beil. 7-8/2019, 64 (71)).

35   Die in Abs. 3 S. 2–5 enthaltenen Verfahrensregelungen beziehen sich nur auf die in Abs. 3 S. 1 genannten Mitwirkungshandlungen zur Erfüllung der „besonderen Passbeschaffungspflichten". Für die sonstigen in Abs. 1 S. 1 genannten Mitwirkungspflichten enthält das AufenthG keine vergleichbaren Regelungen. Solche sind auch nicht erforderlich, da § 60b Abs. 1 S. 1 dem Betroffenen lediglich abverlangt, keine Täuschungshandlungen bzw. Falschangaben vorzunehmen.

II. Persönlicher Anwendungsbereich (Abs. 2)

1. Grundsatz: Geltung für alle vollziehbar ausreisepflichtigen Personen ohne gültige Reisepapiere

Die in Abs. 2 und Abs. 3 geregelten „besonderen Passbeschaffungspflichten" gelten für vollzieh- **36** bar ausreisepflichtige Personen. Ihr **Anwendungsbereich ist** daher **weiter gefasst als der des § 60b Abs. 1 S. 1:** Da die in § 60b Abs. 2 S. 1 alleine vorausgesetzte Vollziehbarkeit der Ausreisepflicht auch bei Erteilung einer Duldung aus anderen als den in § 60a Abs. 2 S. 1 genannten Gründen nicht entfällt (§§ 60a Abs. 3, 58 Abs. 2), treffen die hier geregelten Mitwirkungspflichten nicht für Inhaber einer Duldung wegen Unmöglichkeit der Abschiebung, sondern **auch aus sonstigen Gründen Geduldete** und **Personen ohne jeglichen förmlichen Aufenthaltsstatus** (vgl. BT-Drs. 19/10047, 38; ProAsyl, BT-Drs. (A) 19(4)301, 11).

Weiter setzt § 60b Abs. 2 voraus, dass der vollziehbar ausreisepflichtige Ausländer weder über **37** einen gültigen Pass noch über gültige Passersatzpapiere verfügt.

Passersatzpapiere sind die in §§ 3 f. AufenthV genannten Papiere, also nichtdeutsche amtliche Ausweise **37.1** (§ 3 AufenthV), Reiseausweise für Ausländer (§ 5 Abs. 1 AufenthV), Notreiseausweise (§ 13 Abs. 1 AufenthV, Reiseausweise für Flüchtlinge und Staatenlose (§ 1 Abs. 3 und Abs. 4 AufenthV), die Schülersammelliste (§ 1 Abs. 5 AufenthV), die Bescheinigung über die Wohnsitzverlegung nach § 43 Abs. 2 AufenthV und Europäische Reisedokumente für die Rückkehr (§ 1 Abs. 8 AufenthV).

Demgegenüber sind Besitzer bloßer Ausweisersatzpapiere nach § 48 Abs. 2 nicht prinzipiell **38** von der besonderen Passbeschaffungspflicht freigestellt, auch wenn die Gründe für die Erteilung eines Ausweisersatzpapiers ggf. auch die Unzumutbarkeit individueller Mitwirkungshandlungen nach Abs. 3 begründen können.

2. Ausnahme: Nichtgeltung für Asylbewerber (Abs. 2 S. 2)

Nach Abs. 2 S. 2 gilt die besondere Passbeschaffungspflicht nicht für Ausländer ab Stellung **39** eines Asylgesuchs oder -antrags bis zu dessen rechtskräftiger Ablehnung.

Hintergrund der Ausnahme für Asylbewerber ist die Annahme, dass einem Schutzsuchenden **40** die Kontaktaufnahme mit Behörden des (potentiellen) Verfolgerstaates nicht zugemutet werden kann, bevor das Nichtbestehen von Verfolgungsgefahren feststeht (BT-Drs. 19/10047, 38). Die Erstreckung auf den Zeitpunkt bis zum Eintritt der Rechtskraft (richtigerweise: Bestandskraft) der Ablehnungsentscheidung ist konsequent, weil dem Ausländer bis dahin keine Befugnis zur inzidenten Prüfung einer Verfolgungsbehauptung zusteht (§ 60 Abs. 1 S. 3). Sie ist dennoch sehr weitgehend, weil nicht jedem Schutzantrag eine Behauptung staatlicher Verfolgung zugrunde liegt (→ AsylVfG § 3c Rn. 13 f.). Die eindeutige Entscheidung des Gesetzgebers, die wesentlich zur Rechtsklarheit beiträgt, ist dennoch zu respektieren.

Gesetzlich nicht eindeutig bestimmt ist der Erlöschenszeitpunkt der Sperrwirkung in Fällen, **41** in denen im Anschluss an ein bloßes Asylgesuch kein förmlicher Asylantrag beim BAMF gestellt wird. Denn ein bloßes Asylgesuch löst lediglich die in § 18 Abs. 1 AsylG, § 19 Abs. 1 AsylG genannten behördlichen Weiterleitungspflichten aus und kann als solches nicht abgelehnt werden.

Prima facie läge es hier zunächst nahe, die auf die Aufenthaltsgestattung bezogene Erlöschensre- **42** gelung des § 67 Abs. 1 S. 1 Nr. 2, S. 2 AsylG entsprechend anzuwenden, wenn der Ausländer innerhalb von zwei Wochen nach Ausstellung des Ankunftsnachweises bis zum ihm nach § 23 Abs. 1 AsylG genannten Termin noch keinen förmlichen Asylantrag gestellt hat. Da der Gesetzgeber jedoch in § 20 Abs. 1 S. 2 AsylG, § 23 Abs. 2 S. 1 AsylG auf eine entsprechende Anwendung der Rücknahmefiktion des § 33 Abs. 1 AsylG verweist und das – sehr schwerfällige – Verfahren nach § 33 Abs. 5 AsylG für anwendbar erklärt, erlischt die Sperrwirkung erst mit Eintritt der Bestandskraft der behördlichen Einstellungsentscheidung nach § 33 Abs. 5 S. 1 AsylG oder der Ablehnung des als Folgeantrag behandelten Wiederaufnahmeantrags nach § 33 Abs. 5 S. 6 AsylG (so nunmehr auch BeckOK AuslR/Kluth Rn. 24).

Ebenfalls nicht gesetzlich bestimmt ist der Zeitpunkt des Endes der Sperrwirkung bei Rück- **43** nahme eines Asylantrags. Da die Rücknahme den Asylantrag mit rückwirkender Kraft zum Erlöschen bringt, könnte hier zunächst an einen Entfall im Zeitpunkt des Zugangs der Rücknahmeerklärung gedacht werden. Da der Gesetzgeber in § 32 S. 1 AsylG jedoch eine förmliche –

wenngleich deklaratorische – Einstellungsentscheidung vorgesehen hat und das BAMF erst im Rahmen dieses Verfahrens über das Vorliegen von Abschiebungsverboten entscheidet (und die Ausländerbehörde nach § 31 Abs. 3 S. 1 AsylG, § 42 S. 1 AsylG an einer Inzidentprüfung gehindert ist), ist insoweit § 60b Abs. 2 S. 2 analog anzuwenden. Maßgeblich ist daher der Zeitpunkt des Eintritts der Bestandskraft der Feststellungsentscheidung nach § 32 S. 1 AsylG (BeckOK AuslR/ Kluth Rn. 25).

3. Ausnahme: Nichtgeltung bei Inhabern nationaler Abschiebungsverbote (Abs. 2 S. 2)

44 Die besonderen Passbeschaffungspflichten gelten weiterhin nicht für Ausländer, wenn ein Abschiebungsverbot nach § 60 Abs. 5 oder Abs. 7 vorliegt, das nicht allein auf gesundheitlichen Gründen beruht.

45 Stets zu beachten ist, dass § 60b generell nur für vollziehbar ausreisepflichtige Ausländer gilt. Die Ausnahmeregelung des Abs. 2 S. 2 betrifft daher nur solche Ausländer, denen trotz feststehenden Abschiebungsverbots keine Aufenthaltserlaubnis erteilt wurde, weil ihnen zB die Ausreise in ein anderes Zielland zumutbar ist oder gesetzliche Versagungsgründe vorliegen (§ 25 Abs. 3 S. 2 und S. 3).

46 Auch dieser Ausnahme liegt die Annahme des Gesetzgebers zugrunde, dass einem Ausländer die Kontaktaufnahme mit Behörden seines Herkunftslandes nicht zugemutet werden kann, wenn ihm dort Gefahren für Leib und Leben drohen (BT-Drs. 19/10047, 38). Auch hier blendet der Gesetzgeber bewusst aus, dass Gefahren für Leib und Leben nicht notwendigerweise von staatlichen Akteuren ausgehen müssen und die Erfüllung der Passbeschaffungspflicht in der Regel keine Rückkehr in den Herkunftsstaat erfordert. Eine teleologische Reduktion des Ausnahmetatbestandes bei Gefährdungen durch nichtstaatliche Akteure oder durch allgemeine Lebensumstände kommt indes – ebenso wie eine analoge Anwendung der Gegenausnahme bei Abschiebungsverboten aus gesundheitlichen Gründen – auch hier nicht in Betracht (→ Rn. 41).

47 Anders als die asylverfahrensbezogene Ausnahmebestimmung knüpft die auf nationale Abschiebungsverbote bezogene Ausnahme nicht an die bloße Behauptung zielstaatsbezogener Gefahren, sondern an das tatsächliche Vorliegen von Abschiebungsverboten an. Diese müssen daher im Verfahren vor dem Bundesamt festgestellt worden sein (§ 42 S. 1 AsylG) oder – soweit ein Asylverfahren nicht anhängig war (→ AsylVfG § 31 Rn. 47 ff.) – von der Ausländerbehörde inzident geprüft werden (vgl. BT-Drs. 19/10047, 38).

III. Zumutbare Passbeschaffungshandlungen (Abs. 2 S. 1, Abs. 3)

48 Nach Abs. 2 S. 1 sind vollziehbar ausreisepflichtige Ausländer, die nicht im Besitz gültiger Reisepapiere sind, **verpflichtet, alle ihnen unter Berücksichtigung der Umstände des Einzelfalls zumutbaren Handlungen zur Beschaffung eines Passes oder Passersatzes selbst vorzunehmen.** Abs. 2 S. 1 macht dabei deutlich, dass maßgeblich stets die individuellen Umstände des Einzelfalls sind (→ Rn. 51 ff.). Abs. 3 S. 1 enthält dabei eine typisierende – und nicht abschließende – Aufzählung von Mitwirkungshandlungen, die der Gesetzgeber regelmäßig für zumutbar hält. Für diese gilt daher eine – allerdings stets im Einzelfall widerlegliche – Zumutbarkeitsvermutung.

49 Abs. 2 S. 2–5 enthalten neben behördlichen Hinweispflichten (→ Rn. 57 ff.) weitere Verfahrensregelungen, die zur Konkretisierung des Zumutbarkeitsmaßstabs beitragen sollen. Die Erfüllung der Hinweispflicht ist zudem tatbestandliche Voraussetzung für die spätere Erteilung einer „Duldung für Personen mit ungeklärter Identität" als Reaktion auf die Verletzung der besonderen Passbeschaffungspflicht (→ Rn. 57).

50 Ihrem Wortlaut nach gelten sowohl die Hinweispflicht des S. 2 als auch die nachstehenden Verfahrensregelungen nur für die in Abs. 3 S. 1 genannten typisierenden Mitwirkungshandlungen („diese Pflichten"; „bestimmter Handlungen nach Satz 1"). Sie sind zum Teil jedoch analog auch auf sonstige (unbenannte) Handlungen nach Abs. 2 S. 1 anzuwenden (→ Rn. 60).

1. Pass oder Passersatz

50a Die in Abs. 2 geregelten Passbeschaffungspflichten treten immer dann ein, wenn der Betroffene nicht über einen „gültigen Pass oder Passersatz" verfügt.

50b Die Gültigkeit eines ausländischen Ausweisdokuments setzt neben dessen Echtheit und dem Nichtablauf seiner (nach ausländischem Recht zu bestimmenden) Geltungsdauer auch die Anerkennung des jeweiligen Passmusters – dh der jeweiligen Dokumentserie – nach § 71 Abs. 6 voraus

(→ § 71 Rn. 1 ff.). Das Anliegen des Bundesministeriums des Innern, bei Anwendung des § 60b Abs. 2 auch nicht anerkannte Ausweisdokumente dann als „gültig" zu akzeptieren, wenn der Ausstellerstaat eine Abschiebung auf dessen Grundlage akzeptiert (vgl. AHBMI v. 14.4.2020 Nr. 4.5), ist verständlich, vom Wortlaut des § 60b Abs. 2 aber nicht gedeckt.

Eine solche teleologische Reduktion ist auch in der Sache weder erforderlich noch geboten, **50c** weil die Passpflicht des § 60b Abs. 2 auch unabhängig vom Bestehen eines Abschiebungshindernisses gilt (→ Rn. 33) und – schon aus Gründen der Fälschungssicherheit – auch unabhängig von der Ermöglichung der Abschiebung ein innerstaatliches Interesse an der Beschaffung anerkannter Ausweispapiere besteht. § 60b Abs. 1 ist hier indes schon deswegen unanwendbar, weil eine Verletzung der Passbeschaffungspflicht in derartigen Fällen kein Abschiebungshindernis begründet.

Ebenfalls nicht mit dem Wortlaut des § 60b Abs. 2 S. 1 vereinbar wäre die Auffassung, dass **50d** der besonderen Passbeschaffungspflicht nicht durch Besitz eines deutschen Passersatzpapiers genügt werden kann (potentiell missverständlich AHBMI v. 14.4.2020 Nr. 4.5). Denn die Rechtsordnung verhielte sich widersprüchlich, wenn sie dem Betroffenen zunächst die Unzumutbarkeit der Passbeschaffung attestierte (vgl. § 5 Abs. 1 AufenthV), ihm anschließend aber die Verletzung zumutbarer Passbeschaffungspflichten vorhält (§ 60b Abs. 2 und Abs. 3). Dass die bloße Beantragung zB eines Reiseausweises für Ausländer (§ 5 Abs. 1 AufenthV) den besonderen Mitwirkungspflichten des § 60b Abs. 2 nicht genügen kann, solange die Unzumutbarkeit der Passbeschaffung nicht feststeht, ist indes selbstverständlich (soweit zutreffend AHBMI v. 14.4.2020 Nr. 4.5).

2. Katalogmaßnahmen

Abs. 3 S. 1 enthält eine Aufzählung von Mitwirkungshandlungen, die der Gesetzgeber bei **51** typisierender Betrachtung für aussichtsreich und zumutbar hält. Allerdings stehen diese – überwiegend sogar doppelt – unter individuellem Zumutbarkeitsvorbehalt, da es sich jeweils um Regelbeispiele handelt und die Nr. 1, Nr. 2, Nr. 4 und Nr. 5 jeweils individuelle Zumutbarkeitsklauseln enthalten.

Bei der Prüfung der Zumutbarkeit sind insbesondere Belange besonders schutzbedürftiger Personengruppen – insbesondere das Kindeswohl – zu berücksichtigen (BT-Drs. 19/19/10047, 39). **52**

Die in Nr. 1, Nr. 4 Alt. 1 und Nr. 5 geregelten Mitwirkungspflichten entsprechen im Wesentli- **53** chen den in § 5 Abs. 2 Nr. 2–4 AufenthV pauschal für zumutbar erklärten Pflichten, so dass im Grundsatz an die hierzu ergangene Rechtsprechung angeknüpft werden kann (Eichler ASYLMAGAZIN-Beil. 7-8/2019, 64 (65 ff.)). Gleiches gilt für die in Nr. 3 geregelte Freiwilligkeitserklärung, die einer von der Rechtsprechung gebilligten Fallgruppe entspricht (→ Rn. 53.3). Allerdings sind die Maßstäbe nicht unmittelbar übertragbar, weil § 5 AufenthV die Gewährung einer Begünstigung, § 60b aber die Verhängung einer sanktionsähnlichen Maßnahme betrifft und der Gesetzgeber in § 60b Abs. 3 S. 1 genannten Fallgruppen – anders als in § 5 Abs. 2 AufenthV – als Regelbeispiele formuliert und zum Teil unter individuellem Zumutbarkeitsvorbehalt gestellt hat (vgl. Huber/Mantel AufenthG/Eichler/Mantel Rn. 8; BT-Drs. 19/10047, 37; Verfahrenshinweise der Ausländerbehörde Berlin (VAB), A 60b.3).

Nr. 1 umfasst die Verpflichtung, die Behandlung eines Passantrages durch die Behörden des Herkunfts- **53.1** staates nach innerstaatlichem Recht zu dulden, also insbesondere erkennungsdienstliche Maßnahmen, sicherheitsrechtliche Regelabfragen und die Abnahme von Lichtbildern und Fingerabdrücken zu dulden. Als Vergleichsmaßstab für die Feststellung atypischer Fälle, in denen die typisierte Zumutbarkeitsvermutung widerlegt ist, benennt das Regelbeispiel die Bestimmungen des deutschen Passrechts: Weichen die ausländischen Bestimmungen wesentlich von den deutschen Passbestimmungen ab, so ist die typisierte Zumutbarkeitsvermutung nicht mehr gerechtfertigt. Unabhängig davon kann die Einhaltung der Vorgaben des ausländischen Passrechts im Einzelfall unzumutbar sein, wenn sie für den Betroffenen zu einer unzumutbaren Härte führt (Bsp.: Pflicht zur persönlichen Abgabe von Fingerabdrücken im Herkunftsland für [zB wegen Gebrechlichkeit] kaum reisefähige Personen). Eine persönliche Vorsprache im Herkunftsland ist indes nicht schon deswegen generell unzumutbar, weil die Duldung nach § 60a Abs. 5 S. 1 mit der Ausreise erlischt, da die Duldung (als Folge der Unmöglichkeit der Abschiebung) selbst keine Aussage zur Möglichkeit oder Zumutbarkeit einer freiwilligen Ausreise trifft und dem Betroffenen als solche keine gesicherte Rechtsposition verschafft (aA Huber/Mantel AufenthG/Eichler/Mantel Rn. 9). Anderes gilt aber zB dann, wenn die Duldung auf Umständen beruht, die – wie zB familiäre Umstände – auch die freiwillige Ausreise als unzumutbar erscheinen lassen.

Nr. 2 umfasst die Verpflichtung, bei Behörden des Herkunftsstaates persönlich vorzusprechen, an Anhö- **53.2** rungen teilzunehmen, Lichtbilder nach Anforderung anzufertigen und Fingerabdrücke abzugeben, nach der Rechts- und Verwaltungspraxis des Herkunftsstaates erforderliche Angaben oder Erklärungen abzugeben oder sonstige nach der dortigen Rechts- und Verwaltungspraxis erforderliche Handlungen vorzunehmen, soweit dies nicht unzumutbar ist. Zu den in der Regel zumutbaren Maßnahmen gehören dabei zB auch Botschaftsvorführungen iSd § 82 Abs. 4 (Eichler ASYLMAGAZIN-Beil. 7-8/2019, 64 (66)). Die Vorschrift weist erhebliche Parallelen und Überschneidungen zum Regelbeispiel der Nr. 1 auf, ohne dass eine individuelle Abgrenzung zielführend wäre; insbesondere können die Vorgaben des deutschen Passrechts auch insofern als Maßstab für die Feststellung eines atypischen Falles herangezogen werden (→ Rn. 53.2). Für die Bestimmung der Zumutbarkeit einer Offenlegung von Vorstrafen soll § 53 Abs. 1 Nr. 2 BZRG analog heranzuziehen sein (AHBMI v. 14.4.2020 Nr. 6.5).

53.3   Nr. 3 begründet die Verpflichtung des Ausländers, gegenüber den Heimatbehörden zu erklären, freiwillig im Rahmen seiner rechtlichen Verpflichtung nach dem deutschen Recht aus dem Bundesgebiet auszureisen, sofern hiervon die Ausstellung des Reisedokumentes abhängig gemacht wird. Eine solche Freiwilligkeitserklärung wurde von der Rechtsprechung schon bisher als zumutbar erachtet, auch wenn der Betroffene sich lediglich der drohenden Abschiebung beugt (und tatsächlich nicht ausreisen will; vgl. BVerwG NVwZ 2010, 918 (919)).

53.4   Nr. 4 umfasst zunächst die Verpflichtung, sich zur Erfüllung der ausländischen Wehrpflicht bereitzuerklären, sofern die Ausstellung des Reisedokumentes hiervon abhängig gemacht wird und die Erfüllung der Wehrpflicht nicht aus zwingenden Gründen unzumutbar ist (Alt. 1). Er kann ggf. auch die Verpflichtung umfassen, sich zur Erfüllung anderer zumutbarer staatsbürgerlicher Pflichten bereitzuerklären, wenn hiervon die Ausstellung des Reisedokumentes abhängig gemacht wird (Alt. 2). Eine typisierende Zumutbarkeitsvermutung ist dabei nur hinsichtlich der Erfüllung der Wehrpflicht geregelt, nicht aber hinsichtlich sonstiger staatsbürgerlicher Pflichten. Äußerste Grenzen der Zumutbarkeit ergeben sich aus § 3a Abs. 2 Nr. 5 AsylG, die in der Regel aber im Rahmen eines Asylverfahrens geltend zu machen sind. Der Zumutbarkeitsvorbehalt ist aber nicht auf asylrelevante Gefahren beschränkt und kann daher auch zB unter Berufung auf individuelle Lebensumstände fruchtbar gemacht werden (vgl. im Einzelnen AHBMI v. 14.4.2020 Nr. 8.2).

53.5   Nach Nr. 5 ist der Ausländer verpflichtet, die vom Herkunftsstaat für die behördlichen Passbeschaffungsmaßnahmen allgemein festgelegten Gebühren zu zahlen, sofern dies nicht im Einzelfall unzumutbar ist. Als unzumutbar ist demgegenüber zB die Zahlung von Schmier- oder Bestechungsgeldern anzusehen, da diese gerade nicht „allgemein festgelegt" sind (AHBMI v. 14.4.2020 Nr. 9.3; vgl. zur Möglichkeit einer Kostenübernahme durch die Sozialleistungsträger Bergmann/Dienelt/Dollinger Rn. 16, Eichler ASYLMAGAZIN-Beil. 7-8/2019, 64 (67); BT-Drs. 19/10047, 39 unter Verweis auf § 6 AsylbLG).

53.6   Nach Nr. 6 ist der Ausländer verpflichtet, zuvor erfolglos gebliebene Maßnahmen nach Nr. 1–5 erneut vorzunehmen, wenn nunmehr auf Grund einer Änderung der Sach- und Rechtslage mit der Ausstellung des Passes oder Passersatzes durch die Behörden des Herkunftsstaates mit hinreichender Wahrscheinlichkeit gerechnet werden kann. Die Ausländerbehörde trifft hierbei die Obliegenheit, den Betroffenen zur erneuten Vornahme der Handlungen aufzufordern, wobei sowohl hinsichtlich der Wiederholung bereits vorgenommener Maßnahmen als auch der jeweils vorzunehmenden Handlungen ein individueller Zumutbarkeitsvorbehalt besteht.

54   Soweit der Gesetzgeber diese Zumutbarkeitsklauseln negativ formuliert hat, liegt es am Ausländer, individuelle Umstände darzutun, die – ausnahmsweise – eine unzumutbare Härte (Nr. 1) oder eine Unzumutbarkeit im Einzelfall (Nr. 2, Nr. 4 Alt. 1 und Nr. 5) begründen (§ 82 Abs. 1 S. 1); im Fall der Unaufklärbarkeit nach Ausschöpfung aller behördlichen Erkenntnismöglichkeiten trägt er zudem auch die materielle Beweislast. Im Fall der „anderen zumutbaren staatsbürgerlichen Pflichten" (Nr. 4 Alt. 2) und der wiederholten Passbeschaffungsbemühungen (Nr. 6) besteht hingegen keine Vermutung für die Zumutbarkeit einzelner Pflichten; diese ist vielmehr stets im Hinblick auf die konkret in Rede stehende Verpflichtung individuell zu prüfen.

55   Auch im Fall der nicht unter individuellem Zumutbarkeitsvorbehalt stehenden Pflicht Nr. 3 besteht jedenfalls die Möglichkeit, die Regelvermutung durch Angabe individueller Sonderumstände zu entkräften. Da die Verpflichtung zur Abgabe einer Freiwilligkeitserklärung (Nr. 3) bei geläuterter Betrachtung lediglich einer Pflicht zur Erklärung der Bereitschaft zur Einhaltung zwingender rechtlicher Vorgaben entspricht (BVerwG NVwZ 2010, 918 (919)), dürfte dies nur ganz ausnahmsweise denkbar sein.

3. Sonstige Maßnahmen

56   Der Katalog der in Abs. 3 S. 1 aufgezählten Mitwirkungshandlungen bezeichnet lediglich typische Mitwirkungshandlungen, die der Gesetzgeber grundsätzlich als erfolgversprechend und als zumutbar ansieht; er konkretisiert die besondere Passbeschaffungspflicht nach Abs. 2 S. 1 daher nicht abschließend. Vielmehr **können individuelle Mitwirkungshandlungen unmittelbar unter Berufung auf Abs. 2 S. 1 eingefordert werden,** für die dann allerdings keine typisierte Zumutbarkeitsvermutung nach Abs. 3 S. 1 besteht. Die Zumutbarkeit und Erfolgsaussichten einer nicht aufgezählten Maßnahme sind daher jeweils individuell zu prüfen (VG Minden BeckRS

2020, 1476 Rn. 18; VG Gelsenkirchen BeckRS 2019, 26559 Rn. 50; Wittmann/Röder ZAR 2019, 362 (366); Huber/Mantel AufenthG/Eichler/Mantel Rn. 8).

Zu den sonstigen, unmittelbar nach Abs. 2 S. 1 einzufordernden Maßnahmen kann etwa die Beauftra- **56.1** gung eines ausländischen Rechtsanwalts gehören, um einen nach ausländischem Recht bestehenden oder zumindest plausibel begründbaren Anspruch auf Ausstellung von Ausweispapieren ggf. gerichtlich durchzusetzen (VG Gelsenkirchen BeckRS 2019, 26559 Rn. 49 f.). Zu beachten ist hierbei, dass die Rechtsprechung zwar eine widerlegliche Vermutung dafür entwickelt hat, dass mögliche Mitwirkungshandlungen zum Erfolg führen können (vgl. BVerwG BeckRS 2010, 57020 Rn. 20 f.; OVG Bln-Bbg BeckRS 2018, 26360 Rn. 25); diese erstreckt sich – anders als in den gesetzlich ausdrücklich in Abs. 3 geregelten Fällen – nicht auch auf sonstige die Zumutbarkeit betreffende Umstände (wie zB die wirtschaftliche oder persönliche Belastung für den Betroffenen).

4. Behördliche Hinweispflichten (Abs. 3 S. 2 und S. 4)

§ 60b Abs. 3 S. 2 begründet eine Verpflichtung der Ausländerbehörde, auf die in Abs. 3 S. 1 **57** genannten Pflichten („diese Pflichten") hinzuweisen. Hiermit kompensiert der Gesetzgeber auf Seiten des Ausländers ggf. vorhandene Informationsdefizite und konkretisiert damit zugleich den Kreis der dem Betroffenen individuell zumutbaren Mitwirkungspflichten. Er greift damit eine in der Rechtsprechung entwickelte Rechtsfigur auf, die bei der Erfüllung zumutbarer Mitwirkungspflichten von einer wechselseitigen Kooperationspflicht ausgeht (Röder/Wittmann ZAR 2017, 345 (351); OVG Bln-Bbg BeckRS 2016, 55195 Rn. 3). Unterbleibt eine behördliche Aktualisierung der individuellen Mitwirkungspflichten, kann die Behörde heraus keine für den Betroffenen negativen Rechtsfolgen ziehen; insbesondere sind mögliche Abschiebungshindernisse dann nicht von diesem zu vertreten (VG Aachen BeckRS 2020, 31367 Rn. 22; Eichler ASYLMAGAZIN-Beil. 7-8/2019, 64 (67); AH MKFFI NRW v. 4.8.2020, nach Nr. 4.3; aA – mit widersprüchlicher Begründung – HTK-AuslR/Zeitler Rn. 57). Das objektive Bestehen der gesetzlichen Passbeschaffungspflicht bleibt hiervon allerdings unberührt (HTK-AuslR/Zeitler Rn. 57; AHBMI v. 14.4.2020 Nr. 11.10).

Aufgrund dieser Konkretisierungs- und Mahnfunktion kann eine lediglich formelhafte Beleh- **58** rung (etwa durch Aushändigung des Gesetzestextes) der behördlichen Hinweispflicht nicht genügen (Huber/Mantel AufenthG/Eichler/Mantel Rn. 15; aA AHBMI v. 14.4.2020 Nr. 11.2–11.6; Verfahrenshinweise der Ausländerbehörde Berlin (VAB), A 60b.3.2). Die Behörde muss vielmehr im Einzelfall deutlich machen, welche konkrete Mitwirkungshandlung sie gegenüber welcher ausländischen oder inländischen Stelle erwartet. Dies zeigt insbesondere auch die in Abs. 3 S. 1 Nr. 6 aE geregelte Pflicht zur Aufforderung zur erneuten Vornahme konkreter Handlungen, die als weitere Ausprägung des wechselseitigen Kooperationsgedankens verstanden werden kann.

Die Einhaltung der Schriftform ist gesetzlich nicht vorgeschrieben, ist aber schon zu Nachweis- **58a** zwecken zweckmäßig. Im Einzelfall kann eine Übersetzung in eine dem Betroffenen verständliche Sprache geboten sein, da ihm die Verletzung der an ihn gestellten Anforderungen sonst ggf. nicht vorgeworfen werden kann (vgl. AHBMI v. 14.4.2020 Nr. 11.7, 11.9).

Hält die Ausländerbehörde die bisherigen Darlegungen und Nachweise zur Glaubhaftmachung **59** der Erfüllung einer bestimmten Handlung für nicht ausreichend, ist sie nach Abs. 3 S. 4 Hs. 1 verpflichtet, den Betroffenen auf diesen Umstand hinzuweisen. Dies gilt unabhängig davon, ob sie – nach Ermessen – den Betroffenen zur Abgabe einer eidesstattlichen Versicherung auffordert (→ Rn. 63).

Ihrem Wortlaut nach gelten die behördlichen Hinweis- und Konkretisierungspflichten nur für **60** die in Abs. 3 S. 1 spezifisch aufgezählten Mitwirkungshandlungen. Ihnen wohnt jedoch ein allgemeiner Rechtsgedanke inne, den die Rechtsprechung im Kontext ausländerrechtlicher Mitwirkungspflichten schon ohne gesetzliche Grundlage entwickelt hatte. Auf in § 60b Abs. 3 S. 1 nicht genannte Mitwirkungspflichten (vgl. → Rn. 56) ist Abs. 3 S. 2 daher erst recht anzuwenden, da der Ausländer die ihn treffenden Mitwirkungspflichten hier noch nicht einmal dem Gesetz unmittelbar entnehmen könnte (Huber/Mantel AufenthG/Eichler/Mantel Rn. 15).

5. Beweiserleichterung durch Glaubhaftmachung und eidesstattliche Versicherung (Abs. 3 S. 3–5)

Die in Abs. 3 S. 1 genannten Pflichten („diese Pflichten") gelten als erfüllt, wenn der Ausländer **61** die Vornahme der in S. 1 genannten Handlungen glaubhaft gemacht hat. Insofern führt Abs. 3 S. 3 zur **Anwendung eines geringeren Beweismaßes:** Die Glaubhaftmachung ist mehr als die bloße Behauptung, setzt einen Vollbeweis allerdings ebenfalls nicht voraus – vielmehr genügt es, wenn die behauptete Tatsache **nach Würdigung aller Umstände überwiegend wahrschein-lich** ist. Hierzu bedarf es substantiierter Darlegungen (zB zu Zeitpunkt, Umständen und Verlauf eines Anhörungstermins vor einer ausländischen Behörde) und ggf. auch der Beibringung geeigneter Nachweise (zB über die Wahrnehmung eines Behördentermins), aus denen auf die Vornahme der Handlung geschlossen werden kann (vgl. zu den Anforderungen im Einzelnen AHBMI v. 14.4.2020 Nr. 12.3–12.7).

62   Sind die Darlegungen und Nachweise nicht ausreichend, um die Erfüllung der Mitwirkungs-pflichten glaubhaft zu machen, ist die Behörde nach Abs. 3 S. 4 ermächtigt, den Ausländer unter Fristsetzung zur Glaubhaftmachung mittels eidesstattlicher Versicherung aufzufordern; sie ist hierzu zuständige Behörde iSd § 156 StGB (Abs. 3 S. 5). Hierin liegt – ungeachtet der mit der Ermächti-gung mittelbar verbundenen Strafdrohung – eine weitere Beweiserleichterung für den Betroffenen, da die eidesstattliche Versicherung nur mit gesetzlicher Ermächtigung als Beweismittel zugelassen werden kann (§ 27 Abs. 1 S. 1 VwVfG). Die Entscheidung steht nach Abs. 3 S. 4 Hs. 2 im pflichtgemäßen Ermessen der Behörde (Eichler ASYLMAGAZIN-Beil. 7-8/2019, 64 (68)).

63   Die Einräumung der Möglichkeit zur Glaubhaftmachung mittels eidesstattlicher Versicherung setzt jedenfalls voraus, dass der Betroffene sich bislang durch konkrete Darlegungen und ggf. auch die Vorlage von Nachweisen um Glaubhaftmachung bemüht hat, diese Bemühungen zur Darle-gung einer überwiegenden Wahrscheinlichkeit aber nicht ausreichen. Die eidesstaatliche Versiche-rung tritt daher nicht an Stelle der Pflicht zur Glaubhaftmachung, sondern ist **lediglich ergänzen-des Mittel zur Bekräftigung der bisherigen Darlegungen und Indizien** (AHBMI v. 14.4.2020 Nr. 12.10). Hat der Betroffene sich daher bislang nicht ernsthaft um Darlegung individu-eller Anstrengungen bemüht, kann er zur eidesstaatlichen Versicherung nicht zugelassen werden; im Übrigen sprechen aber in der Regel keine Ermessenserwägungen gegen die Zulassung der eidesstattlichen Versicherung als ergänzendes Beweismittel (Verfahrenshinweise der Ausländerbe-hörde Berlin (VAB), A 60b.3.3).

63.1   Eine Aufforderung zur eidesstattlichen Versicherung soll indes dann nicht ergehen, wenn die Behörde ohnehin von der Unwahrheit der bisherigen Angaben überzeugt ist. Denn in diesem Fall ist die eidesstattli-che Versicherung nicht geeignet, zur Beweislage beizutragen, sondern kann den Betroffenen nur sehenden Auges in die Strafbarkeit führen. Dies wäre mit dem Zweck der Ermächtigung nicht vereinbar (vgl. BeckOK AuslR/Kluth Rn. 38; Huber/Mantel AufenthG/Eichler/Mantel Rn. 16; allg. BGH NJW 1965, 1530 (1531); aA Verfahrenshinweise der Ausländerbehörde Berlin (VAB), A 60b.3.3).

63.2   Strafbares Verhalten des Betroffenen in der Vergangenheit spricht nicht generell gegen die Zulassung zur eidesstattlichen Versicherung (aA Verfahrenshinweise der Ausländerbehörde Berlin (VAB), A 60b.3.3); es kann aber dann im Ermessenswege berücksichtigt werden, wenn es aufgrund der begangenen Delikte oder ihrer Begehungsweise den Rückschluss auf zu erwartende Täuschungshandlungen zulässt. Dies dürfte jedoch zB bei Gewaltdelikten ebenso wenig anzunehmen sein wie bei minderschweren Wirtschaftsdelikten mit annäherndem Bagatellcharakter (wie zB das Erschleichen von Leistungen im ÖPNV, soweit keine zielgerichteten Täuschungshandlungen in Rede stehen).

64   Spätestens im Zusammenhang mit der Aufforderung zur Abgabe einer eidesstattlichen Versiche-rung muss die Behörde den Betroffenen darauf hinweisen, auf welche konkreten Aspekte seiner Darlegung sich die behördlichen Zweifel beziehen (Abs. 3 S. 4 Hs. 1).

64.1   Eine Aufforderung ist entbehrlich, wenn der Betroffene aus eigenem Antrieb eine eidesstattliche Versi-cherung abgibt. Das behördliche Ermessen bezieht sich dann allerdings auf die Frage, ob sie die eidesstattli-che Versicherung als Beweismittel zulassen will (vgl. Eichler ASYLMAGAZIN-Beil. 7-8/2019, 64 (68)). Hiergegen sprechen in der Regel keine Bedenken, wenn der Betroffene sich zuvor hinreichend um eine Glaubhaftmachung individueller Mitwirkungshandlung bemüht hat.

65   Korrespondierend hierzu setzt die Glaubhaftmachung mittels eidesstattlicher Versicherung eine individuelle Sachverhaltsdarstellung voraus, deren Richtigkeit eidesstattlich versichert wird. Eine bloße Behauptung der Erfüllung von Mitwirkungspflichten ist ebenso wenig ausreichend wie eine Bezugnahme auf anwaltliche Schriftsätze, deren Richtigkeit lediglich formal bestätigt wird (MüKoZPO/Prütting ZPO § 294 Rn. 18).

66   Die behördliche Fristsetzung nach Abs. 3 S. 4 dient der Straffung des ausländerrechtlichen Verfahrens, begründet für den Betroffenen aber keine Ausschlussfrist. Die Behörde darf nach Fristablauf zwar zunächst über die Erteilung der Duldung als Duldung für Personen mit ungeklärter Identität entscheiden, muss verspätete Erklärungen aber auch weiterhin entgegennehmen und berücksichtigen (BeckOK AuslR/Kluth Rn. 39). Insbesondere sind auch verspätete Erklärungen ohne Weiteres geeignet, eine Heilung iSd Abs. 4 S. 1 herbeizuführen (AHBMI v. 14.4.2020 Nr. 12.11).

Das Erfordernis der Fristsetzung macht zugleich deutlich, dass den Betroffenen – gerade im 67 Hinblick auf mögliche strafrechtliche Folgen einer falschen eidesstattlichen Versicherung – eine Bedenkzeit vor Abgabe der Erklärung eingeräumt werden soll. Eine ad-hoc-Aufforderung zB im Rahmen einer laufenden Anhörung ist daher nicht zulässig (Eichler ASYLMAGAZIN-Beil. 7-8/2019, 64 (68)).

D. Rechtsfolgen (Abs. 5)

Nach Abs. 1 S. 1 ist eine Duldung nach § 60a als „Duldung für Personen mit ungeklärter 68 Identität" zu erteilen, wenn die gesetzlichen Voraussetzungen vorliegen; ein Ermessen ist der Ausländerbehörde nicht eingeräumt (Eichler ASYLMAGAZIN-Beil. 7-8/2019, 64 (65)). Die Entscheidung ist – als unselbstständige Nebenbestimmung zur ohnehin zu erteilenden Duldung – Verwaltungsakt (→ Rn. 6). Da die Nebenbestimmung – anders als die bloße Erteilung der Duldung – für den Betroffenen rechtlich nachteilige Wirkungen hat (§ 60b Abs. 5), ist der Betroffene vor deren Erteilung anzuhören (§ 28 Abs. 1 LVwVfG; AHBMI v. 14.4.2020 Nr. 11.13; AH MKFFI NRW v. 4.8.2020, nach Nr. 11.3).

Nach Erteilung einer Duldung als Duldung für Personen mit ungeklärter Identität sind Dul- 69 dungsbescheinigungen nach § 60a Abs. 4 mit einem entsprechenden Zusatz zu versehen; die Ausstellung der Duldungsbescheinigung bleibt nach allgemeinen Grundsätzen Realakt.

Die in Abs. 5 genannten Rechtsfolgen treten nicht bereits dann ein, wenn der Betroffene die 70 in Abs. 1 S. 1 genannten Voraussetzungen erfüllt; aus Gründen der Rechtssicherheit – insbesondere im Hinblick auf die Berechnung von Vorduldungszeiten (→ Rn. 72 ff.) – greifen diese vielmehr erst ab dem Zeitpunkt, ab dem die behördliche Entscheidung (in der Regel durch Ausstellung einer Bescheinigung nach § 60b Abs. 1 S. 2) bekanntgegeben wurde.

Die Rechtsfolgen der „Duldung für Personen mit ungeklärter Identität" wirken nach allgemei- 71 nen Grundsätzen fort, bis die Entscheidung zurückgenommen, widerrufen oder anderweitig aufgehoben wurde oder sich durch Zeitablauf oder auf andere Weise erledigt hat (§ 43 Abs. 2 VwVfG). Auch eine bereits eingetretene Heilung nach Abs. 4 S. 1 entfaltet daher erst praktische Rechtswirkungen, sobald die Behörde eine unbeschränkte Duldung erteilt und dies durch Ausstellung einer nicht mit dem Zusatz nach Abs. 1 S. 2 versehenen Duldungsbescheinigung dokumentiert hat (Abs. 4 S. 2; BeckOK AuslR/Kluth Rn. 47; unklar Bergmann/Dienelt/Dollinger Rn. 24 f.). Zur Vermeidung von Rechtsnachteilen ist die Behörde jedoch insbesondere im Hinblick auf die Anrechnung von Vorduldungszeiten verpflichtet, die unbeschränkte Duldung **rückwirkend auf den Zeitpunkt der Heilung zu erteilen** und **dies auf der Duldungsbescheinigung** zu vermerken (Huber/Mantel AufenthG/Eichler/Mantel Rn. 17).

Maßgeblich ist insoweit nicht der Zeitpunkt des Nachweises ausreichender Mitwirkungsbemühungen 71.1 oder der Zeitpunkt der Antragstellung gegenüber der Ausländerbehörde, weil Abs. 4 S. 1 eindeutig an den Zeitpunkt der Nachholung der Mitwirkungshandlungen anknüpft. Auch dieser ist daher ggf. glaubhaft zu machen.

I. Nichtanrechnung von Vorduldungszeiten (Abs. 5 S. 1)

Nach § 60 Abs. 5 S. 1 werden die Zeiten, in denen dem Ausländer die Duldung mit dem Zusatz 72 „für Personen mit ungeklärter Identität" ausgestellt worden ist, **nicht als Vorduldungszeiten angerechnet.** Der Begriff der „Vorduldungszeiten" bezieht sich dabei zunächst auf die dreimonatige Karenzfrist des § 60c Abs. 2 Nr. 2 und die zwölfmonatige Wartefrist des § 60d Abs. 1 Nr. 2. Der Gesetzgeber verwirklicht so die Absicht des Gesetzgebers, den Ausländerbehörden eine Karenzfrist einzuräumen, in der die Aufenthaltsbeendigung oder Maßnahmen zur Vorbereitung aufenthaltsbeendender Maßnahmen auch tatsächlich betrieben werden können (BT-Drs. 19/8286, 15).

Rechtswirkungen zeitigt § 60b Abs. 5 S. 1 darüber hinaus aber auch zB im Hinblick auf den 73 Ermessensanspruch auf Erteilung einer humanitären Aufenthaltserlaubnis nach § 25 Abs. 5 S. 1, der sich nach 18 Monaten der Duldung zu einem Soll-Anspruch verdichtet (§ 25 Abs. 5 S. 2), und die Möglichkeit des „Spurwechsels" bei guter bzw. nachhaltiger Integration (§ 25a Abs. 1 Nr. 1, § 25b Abs. 1 S. 2 Nr. 1; Eichler ASYLMAGAZIN-Beil. 7-8/2019, 64 (71); BT-Drs. 19/10047, 39). Die „Duldung für Personen mit ungeklärter Identität" lässt darüber hinaus eine bestehende räumliche Beschränkung fortbestehen (§ 61 Abs. 1b, § 59a Abs. 1 S. 1 AsylG) und kann die Erlaubnis zur Ausübung einer Beschäftigung ebenso verzögern wie das Entstehen verschiedener Leistungsansprüche (vgl. zur Beschäftigung § 61 Abs. 1 S. 2 Hs. 2 AsylG, § 32 Abs. 1 BeschV sowie § 9 Abs. 1 Nr. 2 BeschV, § 32 Abs. 2 Nr. 5, Abs. 5 Nr. 2 BeschV; unklar insoweit

Verfahrenshinweise der Ausländerbehörde Berlin (VAB), A 60b.5.1 sowie Eichler ASYLMAGA-
ZIN-Beil. 7-8/2019, 64 (71 f.) Fn. 49; vgl. zu Leistungsansprüchen § 62 Abs. 2 Nr. 3 lit. a EStG,
§ 1 Abs. 3 Nr. 3 lit. a BKGG, § 8 Abs. 2a AFBG, § 8 Abs. 2a BAföG, § 52 Abs. 2 SGB III nF,
§ 1 Abs. 2a Nr. 3 UnterhVG, § 1 Abs. 7 Nr. 3 lit. a BEEG, Art. 1 Abs. 5 Nr. 3 lit. a BayLErzGG,
Art. 2 Abs. 5 Nr. 3 BayFamGG, Art. 1 Abs. 4 Nr. 3 BayBtGG; vgl. auch § 5 Abs. 1 Nr. 6 und
Nr. 7 BWLHGebG).

74   Hinsichtlich der Sozialleistungsberechtigung hat § 60b hingegen keine unmittelbaren Folgen:
Als Inhaber einer (wenngleich modifizierten) Duldung nach § 60a sind auch Inhaber einer Duldung für Personen mit ungeklärter Identität anspruchsberechtigt (§ 1a Abs. 1 Nr. 4 AsylbLG),
was zum Ausschluss von Leistungen nach SGB II oder SGB XII führt. Zwar liegen in den Fällen
des § 60b in der Regel auch die Voraussetzungen für eine Anspruchseinschränkung nach § 1a
Abs. 3 AsylbLG vor, da beide Normen auf die Unmöglichkeit der Abschiebung aus vom Ausländer
zu vertretenden Gründen abstellen (vgl. aber → Rn. 84); formal erfolgen Anspruchseinschränkung
und „Duldung light" aber unabhängig voneinander (BeckOK AuslR/Kluth Rn. 51).

75   Auch für den Zeitpunkt, ab dem der Betroffene Analogleistungen unter entsprechender Anwendung des SGB XII beanspruchen kann, ist die „Duldung light" rechtlich ohne Bedeutung, da § 2
Abs. 1 S. 1 AsylbLG diese unabhängig davon gewährt, ob der Betroffene während der erforderlichen Voraufenthaltszeit von mittlerweile 18 Monaten geduldet war. Bei Personen, die die in § 60b
Abs. 1 S. 1 aufgezählten Mitwirkungspflichten verletzen, kann ggf. aber der Ausschlussgrund der
rechtsmissbräuchlichen Beeinflussung der Aufenthaltsdauer vorliegen.

76   Zu beachten ist allerdings, dass die „Duldung für Personen mit ungeklärter Identität" dennoch –
schon ausweislich des Wortlauts des § 60b Abs. 1 – eine Duldung iSd § 60a darstellt (aA aber
Fleuß BT-Drs. (A) 19(4)287 A, 12), so dass **Normen, die lediglich an den Besitz einer
Duldung anknüpfen, unberührt bleiben.** Die Erteilung einer nach Maßgabe des Abs. 1 S. 1
beschränkten Duldung führt daher auch nicht zum Abbruch bestehender Duldungszeiträume, so
dass der Betroffene zB im Fall einer Heilung nach § 60b Abs. 4 an bereits erworbene Duldungszeiträume anknüpfen kann (Eichler ASYLMAGAZIN-Beil. 7-8/2019, 64 (71); Bergmann/Dienelt/
Dollinger Rn. 28; BT-Drs. 19/10047, 39). Die Zeiten der Inhaberschaft einer „Duldung für
Personen mit ungeklärter Identität" werden den bestehenden Vorduldungszeiten lediglich – jung
im Fall einer Heilung – nicht hinzugerechnet (§ 60b Abs. 4 S. 3, Abs. 5 S. 1).

II. Absolutes Erwerbstätigkeitsverbot (Abs. 5 S. 2)

1. Rechtsfolge und praktische Bedeutung

77   Nach § 60b Abs. 1 S. 2 darf dem Inhaber einer Duldung mit dem Zusatz „für Personen mit
ungeklärter Identität" die Ausübung einer Erwerbstätigkeit nicht erlaubt werden. Dies deckt sich
indes mit dem ohnehin in § 60a Abs. 6 S. 1 Nr. 2 genannten (und zudem weiter gefassten)
allgemeinen Ausschlussgrund und hat daher nur insoweit Bedeutung, als das Vorliegen einer
Nebenbestimmung nach § 60b Abs. 1 S. 1 das Vorliegen eines Erwerbstätigkeitsverbots für die
Ausländerbehörde leichter erkennbar macht (vgl. BT-Drs. 19/10047, 37; Thym BT-Drs.
(A)19(4)286B, 16; Bergmann/Dienelt/Dollinger Rn. 3; vgl. zur parallelen Anwendbarkeit des
§ 60a Abs. 6 S. 2 Nr. 2 neben § 60b → Rn. 5).

77a   Ungenau ist indes die Bezeichnung als „Erwerbstätigkeitsverbot" oder gar als „Beschäftigungsverbot". Denn § 60b Abs. 1 S. 2 richtet sich seinem klaren Wortlaut nach nicht an den Duldungsinhaber oder dessen Arbeitgeber, sondern an die Behörde, der die Erteilung einer Beschäftigungserlaubnis (zB nach § 4a Abs. 4) untersagt wird. Ein Erwerbstätigkeits- bzw. Beschäftigungsverbot
ergibt sich vielmehr auch in Fällen des § 60b unmittelbar aus § 4a Abs. 4, Abs. 5 S. 2. Wenn dem
Ausländer indes vor Erteilung einer nach Maßgabe des § 60b beschränkten Duldung die nach
§ 4a Abs. 4 erforderliche Beschäftigungserlaubnis erteilt wurde, muss diese zunächst widerrufen
werden, bis § 60b Abs. 5 S. 2 auch gegenüber dem Ausländer (bzw. die potentiellen Arbeitgebern)
praktische Wirkung entfalten kann (dies übersieht AHBMI v. 14.4.2020 Nr. 15.3).

2. Verhältnis zu anderen Vorschriften (§ 61 Abs. 1 S. 2 Hs. 1 AsylG)

78   Fraglich ist indes, wie sich das Erwerbstätigkeitsverbot (genauer: das an die Ausländerbehörde
gerichtete Verbot, dem Ausländer die Aufnahme einer Erwerbstätigkeit zu gestatten) zu gesetzlichen Bestimmungen verhält, die die Erteilung einer Beschäftigungserlaubnis – dh der Erlaubnis
zur Aufnahme einer abhängigen Erwerbstätigkeit – gebieten.

79   Im Anwendungsbereich des § 61 Abs. 1 S. 2 Hs. 1 AsylG, der der Umsetzung der EU-
Aufnahme-RL dient, setzt dieser sich überwiegend schon aufgrund des unionsrechtlichen Anwen-

dungsvorrangs gegenüber § 60b Abs. 5 S. 2 durch, da Art. 15 EU-Aufnahme-RL ein Beschäftigungsverbot bei Verletzung von Mitwirkungspflichten nicht kennt (so auch BeckOK AuslR/ Kluth Rn. 54). Dies muss allerdings auch insoweit gelten, als § 61 Abs. 1 S. 2 Hs. 1 AsylG – etwa bei Entscheidung der Asylbehörde vor Ablauf von neun Monaten (Art. 15 Abs. 3 EU-Aufnahme-RL) – auf einer überschießenden Umsetzung der Richtlinie beruht, um eine (weiter) gespaltene Normauslegung zu vermeiden (vgl. Wittmann/Röder ZAR 2019, 412 (416)).

79.1 Faktisch sind von dieser Normenkollision nur nicht ausgereiste Folgeantragsteller, Zweitantragsteller und sofort vollziehbar abgelehnte Asylbewerber betroffen, da Asylbewerber im Übrigen schon nicht vollziehbar ausreisepflichtig sind (§ 55 Abs. 1 S. 1 AsylG).

80 Soweit § 60c Abs. 1 S. 3 die Erteilung einer Beschäftigungserlaubnis an Personen vorsieht, die die Voraussetzungen des § 60c Abs. 1 S. 1 Nr. 2 erfüllen (vgl. zum Anwendungsbereich Wittmann/ Röder ZAR 2019, 412 (413 f.)), kann eine Normkollision demgegenüber nicht vorliegen, weil der gegenüber § 60b Abs. 5 S. 1 sogar weiter gefasste Ausschlussgrund des § 60a Abs. 6 S. 1 Nr. 2, den § 60c Abs. 2 Nr. 1 in Bezug nimmt, die Erteilung einer Ausbildungsduldung ausschließt (vgl. schon → Rn. 10.2). Bis zum 1.1.2020 findet § 60b auf Personen, die sich in einem Ausbildungs- oder Beschäftigungsverhältnis befinden, allerdings ohnehin keine Anwendung (§ 105 Abs. 2).

III. Wohnsitzauflage nach § 61 Abs. 1d (Abs. 5 S. 3)

81 Weiterhin unterliegt der Inhaber einer Duldung für Personen mit ungeklärter Identität nach § 60b Abs. 5 S. 3 einer Wohnsitzauflage nach § 61 Abs. 1d. Die Regelungswirkung des § 60b Abs. 5 S. 3 dürfte in der Praxis überschaubar bleiben, da § 61 Abs. 1d S. 1 eine solche Wohnsitzverpflichtung ohnehin für alle vollziehbar ausreisepflichtigen Ausländer anordnet, deren Lebensunterhalt nicht gesichert ist. Der von § 60c Abs. 5 S. 3 darüber hinaus erfasste Fall eines vollziehbar ausreisepflichtigen Ausländers, der seinen Lebensunterhalt trotz des in § 60b Abs. 5 S. 2 geregelten Erwerbstätigkeitsverbots sichern kann, dürfte in der Praxis nur selten vorkommen.

82 Die Wohnsitzauflage bezieht sich grundsätzlich auf den Wohnort, an dem der Ausländer zum Zeitpunkt der Ausstellung der Duldung „als Duldung für Personen mit ungeklärter Identität" gewohnt hat (§ 61 Abs. 1d S. 2 analog), kann aber von der Ausländerbehörde nach Maßgabe des § 61 Abs. 1d S. 3 geändert werden.

IV. Mittelbare Rechtsfolgen

83 Die in § 62 Abs. 3b Nr. 5 aufgezählten konkreten Anhaltspunkte für Fluchtgefahr, die nach § 62 Abs. 3 S. 1 Nr. 1 einen Haftgrund für die Verhängung von Abschiebehaft bildet, knüpfen nicht an die Ausstellung der Duldung für Personen mit ungeklärter Identität, sondern an die Verletzung spezifischer Passbeschaffungspflichten an. Gleiches gilt für die Identitätstäuschung, die nach § 62 Abs. 3a Nr. 1 eine widerlegliche Vermutung für Fluchtgefahr begründet. Auch die Verhängung von Ausreisegewahrsam kann nach § 62b Abs. 1 Nr. 3 lit. a an die Verletzung der besonderen Passbeschaffungspflicht anknüpfen, weist aber keinen direkten Konnex zur Duldung für Personen mit ungeklärter Identität auf.

84 Nicht unmittelbar mit der „Duldung für Personen mit ungeklärter Identität" verknüpft sind auch Leistungskürzungen nach § 1a Abs. 3 AsylbLG, auch wenn dessen Voraussetzungen regelmäßig parallel zu den Voraussetzungen nach § 60b Abs. 1 S. 1 vorliegen werden. Potentielle Abweichungen ergeben sich aber zB im Fall der Nichtabgabe einer Freiwilligkeitserklärung, die von der Rechtsprechung im sozialrechtlichen Kontext zum Teil anders bewertet wird als im ausländerrechtlichen Kontext (vgl. Eichler ASYLMAGAZIN-Beil. 7-8/2019, 64 (70) Fn. 37).

E. Heilung (Abs. 4)

85 Nach § 60b Abs. 4 S. 1 und S. 2 kann eine Verletzung der in Abs. 2 S. 1 und Abs. 3 S. 1 geregelten besonderen Passbeschaffungspflichten **jederzeit geheilt** werden, indem der Ausländer die ihm abverlangten Handlungen nachholt. In diesem Fall ist dem Ausländer die Bescheinigung über die Duldung nach § 60a Abs. 4 ohne den Zusatz „für Personen mit ungeklärter Identität" auszustellen (§ 60a Abs. 4 S. 1). Eine Pflicht zur Aufhebung der dem zugrundeliegenden Nebenbestimmung ist gesetzlich nicht ausdrücklich geregelt, ergibt sich aber aus der Notwendigkeit eines actus contrarius zur Entscheidung nach § 60b Abs. 1 S. 1. In der Praxis werden Bekanntgabe der Rücknahme- oder Widerrufsentscheidung (§ 41 Abs. 1 VwVfG) und Ausstellung bzw. Übergabe der unmodifizierten Duldungsbescheinigung in der Regel zusammenfallen, so dass sich praktische Probleme hieraus nicht ergeben.

86   Nach dem eindeutigen Wortlaut des § 60b Abs. 4 S. 1 tritt eine **Heilung selbst dann** ein, **wenn** die **vergangene Pflichtverletzung** auch über die nachgeholte Handlung **fortwirkt** (vgl. Eichler ASYLMAGAZIN-Beil. 7-8/2019, 64 (71)). Dies kann etwa Fälle betreffen, in denen der Ausländer nunmehr an der Passbeschaffung mitwirkt, mit einem Erfolg der Passbeschaffung aber erst – zB aufgrund der Dauer der Verwaltungsabläufe im Herkunftsstaat – in vielen Monaten gerechnet werden kann. Auch in diesen Fällen ist die Nebenbestimmung zur Duldung aufzuheben und dem Betroffenen eine unmodifizierte Duldungsbescheinigung auszustellen.

87   Demgegenüber ist eine „Heilung" bei sonstigen Pflichtverletzungen – wie zB einer Identitäts-täuschung oder sonstiger falscher Angaben – gesetzlich nicht ausdrücklich vorgesehen. Sie muss aber auch ohne gesetzliche Regelung möglich sein, da § 60b nicht der Sanktionierung vergangenen Fehlverhaltens dient (BeckOK AuslR/Kluth Rn. 42; Huber/Mantel AufenthG/Eichler/Mantel Rn. 17; aA HTK-AuslR/Zeitler Rn. 59); sie setzt aber – anders als § 60b Abs. 4 S. 1 und S. 2 – zusätzlich voraus, dass die Pflichtverletzung nicht fortwirkt und die Mitwirkungshandlung das auf der ursprünglichen Pflichtverletzung beruhende Abschiebungshindernis beseitigt. In der Sache handelt es sich dabei nicht um eine „Heilung" iSd § 60b Abs. 4, sondern um einen nachträglichen Wegfall der Voraussetzungen für den Erlass der Nebenbestimmung, die – wie bei Dauerverwal-tungsakten stets – deren Rechtswidrigkeit ex nunc herbeiführt. Auch in diesem Fall ist die nunmehr rechtswidrig gewordene Nebenbestimmung aufzuheben (§§ 48 f. VwVfG) und dem Betroffenen eine unmodifizierte Duldungsbescheinigung auszustellen.

88   Auch wenn die Heilung der Pflichtverletzung unmittelbar mit der Richtigstellung der Täu-schung bzw. der Nachholung der geforderten Mitwirkungshandlung eintritt, **entfallen** die **Rechtswirkungen** der „Duldung für Personen mit ungeklärter Identität" nach allgemeinen Grundsätzen **erst mit behördlicher Aufhebung** der beschränkenden Nebenbestimmung (BeckOK AuslR/Kluth Rn. 43, 47; aA AHBMI v. 14.4.2020 Nr. 13.3, 15.2). Insbesondere im Hinblick auf die Nichtanrechnung Vorduldungszeiten besteht jedoch ein **Rechtsschutzinteresse** an einer rückwirkenden Aufhebung der Nebenbestimmung, die zudem auch in der Duldungsbe-scheinigung zu **dokumentieren** ist.

89   Nach der eindeutigen Regelung des § 60b Abs. 4 S. 3 werden die als Inhaber einer „Duldung für Personen mit ungeklärter Identität" verbrachten Duldungszeiträume auch nach Entfall des Anrechnungsverbots nicht als Vorduldungszeiten angerechnet. Da das Anrechnungsverbot aber nicht zum Abbruch bestehender Vorduldungszeiten führt, kann der Betroffene ggf. unmittelbar an bestehende Vorduldungszeiten anknüpfen (→ Rn. 76).

F. Rechtsschutz

I. Hauptsacherechtsschutz

90   Aus Rechtsschutzperspektive muss zwischen der Erteilung der Duldung (als rechtsgestaltender Verwaltungsakt) und der Bescheinigung über die Aussetzung der Abschiebung (als Realakt) unter-schieden werden.

1. Ausstellung der Duldungsbescheinigung (Abs. 1 S. 2)

91   Hinsichtlich der Bescheinigung über die Aussetzung der Duldung (Abs. 1 S. 2) als Realakt muss Rechtsschutz nach allgemeinen Grundsätzen im Wege der allgemeinen Leistungsklage gesucht werden. Da seitens des Ausländers aber regelmäßig kein Interesse an der Inhaberschaft einer Duldungsbescheinigung mit dem Zusatz nach Abs. 1 S. 2 bestehen wird, dürfte eine isolierte Leistungsklage auf Ausstellung einer entsprechenden Bescheinigung nur in Betracht kommen, wenn die Ausstellung einer Duldungsbescheinigung generell verweigert wird und die Vorausset-zungen des Abs. 1 S. 1 unstreitig vorliegen.

92   Ist das Rechtsschutzbegehren hingegen auf den Erhalt einer Duldungsbescheinigung ohne den Zusatz nach Abs. 1 S. 2 gerichtet, dürfte eine isolierte Leistungsklage regelmäßig nicht zweckmäßig sein, da der Ausstellung einer „Duldungsbescheinigung light" (als Realakt) – jedenfalls konklu-dent – eine behördliche Grundentscheidung für die Erteilung „als Duldung für Personen mit ungeklärter Identität" (als Nebenbestimmung in Form eines Verwaltungsakts) zugrunde liegt. Im Wege der Leistungsklage kann eine unbeschränkte Duldungsbescheinigung daher regelmäßig nur im Anfechtungsverbund gegen die behördliche Grundentscheidung erstritten werden (§ 113 Abs. 4 VwGO).

Nicht sinnvoll ist eine isolierte Klage auf Unterlassung der Ausstellung einer beschränkten Duldungsbe- **92.1**
scheinigung, weil der Betroffene selbst im – unwahrscheinlichen – Erfolgsfall letztlich über keine Bescheinigung über die Aussetzung der Abschiebung verfügen würde.

2. Erteilung der Duldung (Abs. 1 S. 1)

Da die Entscheidung über die Erteilung der Duldung als „Duldung für Personen mit ungeklärter **93**
Identität" (Abs. 1 S. 1) – nicht anders als die Entscheidung über die Aussetzung der Abschiebung
an sich – einen Verwaltungsakt darstellt, kann Rechtsschutz insoweit nur im Wege der Anfech-
tungs- oder Verpflichtungsklage gesucht werden.

Vor Erhebung von Anfechtungs- oder Verpflichtungsklage ist allerdings ein behördliches Wider- **94**
spruchsverfahren durchzuführen, soweit das Landesrecht keine abweichenden Regelungen enthält
(§ 68 VwGO). Denn § 83 Abs. 2 gilt nur für die „Versagung der Aussetzung der Abschiebung"
und erfasst Nebenbestimmungen zur Aussetzungsentscheidung daher nicht, soweit diese sich nicht
unmittelbar auf die Durchsetzbarkeit der Ausreisepflicht beziehen (→ § 83 Rn. 7; aA Bergmann/
Dienelt/Dollinger Rn. 31).

Da Entscheidungen über die Aussetzung der Ausreisepflicht in Baden-Württemberg regelmäßig vom **94.1**
Regierungspräsidium als Mittelbehörde getroffen werden (§ 8 Abs. 1, Abs. 2 Nr. 1 und Nr. 2 BWAA-
ZuVO – Aufenthalts- und Asyl-Zuständigkeitsverordnung v. 2.12.2008, BWGBl. 465), ist hier allerdings
die Durchführung eines Vorverfahrens nach § 15 Abs. 1 S. 1 S. 1 BWAGVwGO ausgeschlossen. Entsprechendes kann nach Maßgabe des jeweiligen Landesrechts auch in anderen Bundesländern gelten.

In Betracht käme insoweit zunächst ein Verpflichtungsbegehren auf Erteilung einer nicht nach **95**
Maßgabe des § 60b Abs. 1 S. 1 beschränkten Duldung. Prüfungsmaßstab des Widerspruchs- oder
Klageverfahrens wäre hierbei neben den Voraussetzungen des Abs. 1 S. 1 auch die Frage, ob die
Voraussetzungen für die Aussetzung der Abschiebung überhaupt vorliegen.

Aufgrund der Rechtsprechung des Bundesverwaltungsgerichts zur isolierten Anfechtbarkeit **96**
von Nebenbestimmungen (vgl. BVerwG BeckRS 2019, 3529 Rn. 5 mwN) dürfte es regelmäßig
jedoch näher liegen, **nur die Entscheidung** über die Erteilung der Duldung als „Duldung für
Personen mit ungeklärter Identität" **anzufechten** (BeckOK AuslR/Kluth Rn. 57; Bergmann/
Dienelt/Dollinger Rn. 31). Da hinsichtlich der Teilbarkeit von Aussetzungsentscheidung nach
§ 60a und der Nebenbestimmung nach § 60b Abs. 1 S. 1, die jedenfalls als gebundene Entscheidung
ergeht (Abs. 1 S. 1: „wird erteilt"), keine Zweifel bestehen können, bliebe im Fall einer erfolgreichen Anfechtungsklage nur die nicht nach Maßgabe des § 60b Abs. 1 S. 1 beschränkte Aussetzung
der Abschiebung bestehen, auf deren Grundlage der Betroffene dann auch die Ausstellung einer
unbeschränkten Duldungsbescheinigung verlangen könnte. Anfechtungs- und Leistungsklage können insoweit verbunden werden (§ 113 Abs. 4 VwGO).

Prüfungsmaßstab ist insoweit alleine die Frage, ob die Voraussetzungen des § 60b Abs. 1 S. 1 **97**
vorliegen.

Die Anfechtungsklage ist unabhängig davon statthaft, ob der Betroffene zuvor über eine unbe- **98**
schränkte Duldung verfügte oder die ihm erstmals erteilte Duldung von vornherein als nach
Maßgabe des Abs. 1 S. 1 beschränkte Duldung erteilt wurde. Denn in jeder Entscheidung über
die Erteilung einer Duldung als Duldung nach Abs. 1 S. 1 steckt zugleich die – hiervon logisch
abtrennbare – Entscheidung über die Aussetzung der Abschiebung nach § 60a.

Auch durch Ablauf der vorgesehenen Geltungsdauer der Duldung für Personen mit ungeklärter **99**
Identität tritt kein Fall der Erledigung ein, da das Verbot der Anrechnung auf Vorduldungszeiten
(Abs. 5 S. 1) selbst im Fall einer Heilung der Pflichtverletzung fortwirkt (Abs. 4 S. 3). Die
Anfechtungsklage kann daher aufrechterhalten werden, da diese Wirkung nur durch rückwirkende
Aufhebung der Nebenbestimmung beseitigt werden kann (§ 60b Abs. 6 iVm § 84 Abs. 2 S. 3).
Allerdings dürfte es regelmäßig zweckmäßig sein, den sich anschließenden Duldungszeitraum im
Wege der Klageerweiterung in das Verfahren einzubeziehen (§ 173 S. 1 VwGO iVm § 264 Nr. 2
ZPO).

Ein Fall der Erledigung kann allerdings dann eintreten, wenn der Betroffene ausreist oder er aufgrund **99.1**
bereits gesammelter Vorduldungszeiten eine Aufenthaltserlaubnis erhält. Allerdings sollte stets genau geprüft
werden, ob der Betroffene seine Rechtsstellung durch Einbeziehung weiterer Duldungszeiten nicht dennoch verbessern kann.

II. Vorläufiger Rechtsschutz (Abs. 6)

1. Auf Ausstellung einer (unbeschränkten) Duldungsbescheinigung

100   Steht allein die Erteilung einer Duldungsbescheinigung in Rede, kann Rechtsschutz im Wege des Antrags auf Erlass einer Regelungsanordnung gesucht werden (§ 123 Abs. 1 S. 1 VwGO). Allerdings dürfte einem solchen Antrag in der Regel die erforderliche Eilbedürftigkeit fehlen, die eine partielle Vorwegnahme der Hauptsache rechtfertigen kann (vgl. NdsOVG BeckRS 2018, 20901 Rn. 4 f.).

2. Gegen die Erteilung der Duldung als „Duldung für Personen mit ungeklärter Identität"

101   Regelmäßig dürfte auch im Verfahren des einstweiligen Rechtsschutzes jedoch die Frage im Vordergrund stehen, ob die Behörde die Duldung zu Recht nach Maßgabe des § 60b Abs. 1 S. 1 beschränkt hat. Da Hauptsacherechtsschutz über die isolierte Anfechtung der Nebenbestimmung gewährt wird (→ Rn. 96), müsste einstweiliger Rechtsschutz hier über § 80 Abs. 5 S. 1 Alt. 1 VwGO (Anordnung der aufschiebenden Wirkung) gesucht werden (Bergmann/Dienelt/Dollinger Rn. 31). Einer parallelen Antragstellung nach § 123 Abs. 1 VwGO bedarf es demgegenüber nicht (→ Rn. 105; aA Bergmann/Dienelt/Dollinger Rn. 31).

102   Kraft Gesetzes sofort vollziehbar ist die „Duldung für Personen mit ungeklärter Identität" im Hinblick auf die in Abs. 5 geregelten Rechtswirkungen allerdings nur, soweit § 60b Abs. 5 S. 2 ein an die Ausländerbehörde gerichtetes Verbot (→ Rn. 77a) der Gestattung der Erwerbstätigkeit begründet (§ 60b Abs. 6 iVm § 84 Abs. 1 S. 1 Nr. 3). Denn bei Maßnahmen nach § 60b Abs. 1 S. 1 als bloße Nebenbestimmungen zur Duldung handelt es sich nicht um „Maßnahmen in der Verwaltungsvollstreckung", die nach dem jeweiligen Landesrecht in der Regel kraft Gesetzes sofort vollziehbar sind. Insbesondere ist die Wohnsitzauflage nach § 60b Abs. 5 S. 3 iVm § 61 Abs. 1d daher nicht kraft Gesetzes vollziehbar, da auch kein Fall der § 84 Abs. 1 Nr. 2, Nr. 2a vorliegt (AHBMI v. 14.4.2020 Nr. 18.2); vielmehr muss die Behörde ggf. die sofortige Vollziehung insoweit gem. § 80 Abs. 3 Nr. 4 VwGO (in entsprechender Anwendung) besonders anordnen.

102.1   Hierfür spricht auch der in § 60b Abs. 6 ausdrücklich enthaltene Verweis auf die Anwendbarkeit von § 84 Abs. 1 S. 1 Nr. 3, der ansonsten entbehrlich wäre.

103   Der erst auf Vorschlag des Innenausschusses (BT-Drs. 19/706, 14) eingefügte Verweis auf § 84 Abs. 1 S. 1 Nr. 3 muss jedoch wohl darüber hinaus – jedenfalls unter Einbeziehung der Gesetzgebungsmaterialien (BT-Drs. 19/10706, 14) – als Hinweis darauf verstanden werden, dass auch Widerspruch und Klage gegen die Aufhebung einer bestehenden Beschäftigungserlaubnis, die parallel zur Erteilung einer nach § 60b Abs. 1 S. 1 beschränkten Duldung ausgesprochen wird, keine aufschiebende Wirkung entfalten (Wittmann/Röder ZAR 2019, 362 (367); nur im Ergebnis richtig AHBMI v. 14.4.2020 Nr. 18.1). Da der Gesetzgeber zudem – anders als noch im ursprünglichen Gesetzesentwurf (BT-Drs. 19/10047, 40) – die Geltung der Fortgeltungsfiktion des § 84 Abs. 2 S. 2 ausdrücklich ausgeschlossen hat, muss der Betroffene vorläufigen Rechtsschutz ggf. auch gegen die Rücknahme- oder Widerrufsentscheidung suchen (und seine Erwerbstätigkeit ggf. zwischenzeitlich einstellen; vgl. Wittmann/Röder ZAR 2019, 362 (367 f.)).

103.1   Dieses erst in letzter Minute geänderte Regelungskonzept (vgl. BT-Drs. 19/10706, 14) erscheint undurchdacht und in erheblicher Weise integrationsschädlich, weil der rechtstreue Ausländer ggf. gezwungen ist, seine Beschäftigung auch dann zunächst aufzugeben, wenn sein Antrag auf Wiederherstellung der aufschiebenden Wirkung Aussicht auf Erfolg hat. Der ursprüngliche Regelungsentwurf des Gesetzesentwurfs, der ausdrücklich auf eine entsprechende Anwendung des § 84 Abs. 2 S. 2 verwiesen hatte (BT-Drs. 19/10047, 40), erscheint demgegenüber sachgerechter (ist aber nicht Gesetz geworden).

104   Zunächst unverständlich erscheint der Hinweis auf die Anwendbarkeit des § 84 Abs. 1 S. 1, da die Erteilung einer nach Maßgabe des § 60b Abs. 1 S. 1 beschränkten Duldung weder die Rechtmäßigkeit des Aufenthalts noch die Vollziehbarkeit der Ausreisepflicht berührt. Er muss wohl als (weiterer) Hinweis darauf verstanden werden, dass der Betroffene bei Anordnung der aufschiebenden Wirkung nicht in die zB nach § 60c Abs. 2 Nr. 2, § 60d Abs. 2 Nr. 2, § 25 Abs. 5 S. 2, § 25a Abs. 1 S. 1 Nr. 1, § 25b Abs. 1 S. 1 Nr. 1 vorausgesetzten Vorduldungszeiten „hineinwachsen" kann, bis der Verwaltungsakt durch gerichtliche oder behördliche Entscheidung aufgehoben wird (§ 60b Abs. 6 iVm § 84 Abs. 1 S. 3; vgl. Huber/Mantel AufenthG/Eichler/Mantel Rn. 18; AHBMI v. 14.4.2020 Nr. 18.1, 18.3).

Ob die Verweisung auf § 84 Abs. 2 S. 1 darüber hinaus so verstanden werden muss, dass auch **105** die aus § 60b Abs. 5 S. 3 folgende Wohnsitzauflage und vor allem das in § 60b Abs. 5 S. 2 geregelte Beschäftigungs(erlaubniserteilungs)verbot selbst von einer gerichtlichen Anordnung der aufschiebenden Wirkung unberührt bleiben, so dass ergänzender Rechtsschutz über § 123 Abs. 1 VwGO gesucht werden müsste, erscheint indes zweifelhaft (vgl. BeckOK AuslR/Kluth Rn. 58; AHBMI v. 14.4.2020 Nr. 18.1, 18.3; so aber Huber/Mantel AufenthG/Eichler/Mantel Rn. 23; VG Düsseldorf BeckRS 2020, 6475 Rn. 3 ff.; tendenziell auch VG Minden BeckRS 2020, 1476 Rn. 6 ff. unter Verweis auf die Gesetzesbegründung).

Denn auch die Wirksamkeit eines Verwaltungsakts ändert nichts daran, dass eine Vollziehung für die **105.1** Dauer der (hier gerichtlich angeordneten) aufschiebenden Wirkung ausgeschlossen ist, so dass die Behörde hieraus keine für den Betroffenen nachteilige Rechtsfolgen herleiten kann (vgl. VGH BW NVwZ-RR 2010, 463 (464); Schoch/Schneider VwGO/Schoch VwGO § 80 Rn. 103 ff.). Beim Verbot der Erteilung einer Beschäftigungserlaubnis (§ 60b Abs. 5 S. 2) kommt hinzu, dass dieses eine bereits erteilte Beschäftigungserlaubnis zunächst unberührt lässt und nur durch deren Widerruf praktisch umgesetzt wird (→ Rn. 77a). Dies spricht entscheidend dagegen, den Betroffenen selbst im Fall eines erfolgreichen Antrags auf Anordnung der aufschiebenden Wirkung zusätzlich auf Rechtsschutz nach § 123 Abs. 1 VwGO zu verweisen.

Vielmehr sollte dem vom Gesetzgeber bewusst unterlassenen Verweis auf § 84 Abs. 2 S. 2 nur **106** die Funktion zukommen, dem Betroffenen für die Dauer des Entfalls der aufschiebenden Wirkung – dh ggf. bis zu einer stattgebenden gerichtlichen Entscheidung, nicht aber darüber hinaus – die Fortsetzung einer Erwerbstätigkeit zu verbieten (BT-Drs. 19/10706, 14; ähnlich AHBMI v. 14.4.2020 Nr. 18.1, 18.3). Im Fall einer gerichtlichen Stattgabe im Verfahren nach § 80 Abs. 5 S. 1 VwGO wird das an die Behörde gerichtete Verbot, eine Beschäftigungserlaubnis zu erteilen, daher ohne weiteres suspendiert (AHBMI v. 14.4.2020 Nr. 18.1). Eines gesonderten Antrags nach § 123 Abs. 1 VwGO bedarf es daher auch insoweit nicht.

§ 60c Ausbildungsduldung

(1) ¹**Eine Duldung im Sinne von § 60a Absatz 2 Satz 3 ist zu erteilen, wenn der Ausländer in Deutschland**
1. als Asylbewerber eine
   a) qualifizierte Berufsausbildung in einem staatlich anerkannten oder vergleichbar geregelten Ausbildungsberuf aufgenommen hat oder
   b) Assistenz- oder Helferausbildung in einem staatlich anerkannten oder vergleichbar geregelten Ausbildungsberuf aufgenommen hat, an die eine qualifizierte Berufsausbildung in einem staatlich anerkannten oder vergleichbar geregelten Ausbildungsberuf, für den die Bundesagentur für Arbeit einen Engpass festgestellt hat, anschlussfähig ist und dazu eine Ausbildungsplatzzusage vorliegt,
und nach Ablehnung des Asylantrags diese Berufsausbildung fortsetzen möchte oder
2. im Besitz einer Duldung nach § 60a ist und eine in Nummer 1 genannte Berufsausbildung aufnimmt.
²**In Fällen offensichtlichen Missbrauchs kann die Ausbildungsduldung versagt werden.**
³**Im Fall des Satzes 1 ist die Beschäftigungserlaubnis zu erteilen.**

(2) Die Ausbildungsduldung wird nicht erteilt, wenn
1. ein Ausschlussgrund nach § 60a Absatz 6 vorliegt,
2. im Fall von Absatz 1 Satz 1 Nummer 2 der Ausländer bei Antragstellung noch nicht drei Monate im Besitz einer Duldung ist,
3. die Identität nicht geklärt ist
   a) bei Einreise in das Bundesgebiet bis zum 31. Dezember 2016 bis zur Beantragung der Ausbildungsduldung, oder
   b) bei Einreise in das Bundesgebiet ab dem 1. Januar 2017 und vor dem 1. Januar 2020 bis zur Beantragung der Ausbildungsduldung, spätestens jedoch bis zum 30. Juni 2020 oder
   c) bei Einreise in das Bundesgebiet nach dem 31. Dezember 2019 innerhalb der ersten sechs Monate nach der Einreise;die Frist gilt als gewahrt, wenn der Ausländer innerhalb der in den Buchstaben a bis c genannten Frist alle erforderlichen und ihm zumutbaren Maßnahmen für die Identitätsklärung ergriffen hat und die

Identität erst nach dieser Frist geklärt werden kann, ohne dass der Ausländer dies zu vertreten hat,

4. ein Ausschlussgrund nach § 19d Absatz 1 Nummer 6 oder 7 vorliegt oder gegen den Ausländer eine Ausweisungsverfügung oder eine Abschiebungsanordnung nach § 58a besteht, oder

5. im Fall von Absatz 1 Satz 1 Nummer 2 zum Zeitpunkt der Antragstellung konkrete Maßnahmen zur Aufenthaltsbeendigung, die in einem hinreichenden sachlichen und zeitlichen Zusammenhang zur Aufenthaltsbeendigung stehen, bevorstehen; diese konkreten Maßnahmen zur Aufenthaltsbeendigung stehen bevor, wenn

   a) eine ärztliche Untersuchung zur Feststellung der Reisefähigkeit veranlasst wurde,

   b) der Ausländer einen Antrag zur Förderung mit staatlichen Mitteln einer freiwilligen Ausreise gestellt hat,

   c) die Buchung von Transportmitteln für die Abschiebung eingeleitet wurde,

   d) vergleichbar konkrete Vorbereitungsmaßnahmen zur Abschiebung des Ausländers eingeleitet wurden, es sei denn, es ist von vornherein absehbar, dass diese nicht zum Erfolg führen, oder

   e) ein Verfahren zur Bestimmung des zuständigen Mitgliedstaates gemäß Artikel 20 Absatz 1 der Verordnung (EU) Nr. 604/2013 des Europäischen Parlaments und des Rates vom 26. Juni 2013 eingeleitet wurde.

(3) ¹Der Antrag auf Erteilung der Ausbildungsduldung kann frühestens sieben Monate vor Beginn der Berufsausbildung gestellt werden. ²Die Ausbildungsduldung nach Absatz 1 Satz 1 Nummer 2 wird frühestens sechs Monate vor Beginn der Berufsausbildung erteilt. ³Sie wird erteilt, wenn zum Zeitpunkt der Antragstellung auf Erteilung der Ausbildungsduldung die Eintragung des Ausbildungsvertrages in das Verzeichnis der Berufsausbildungsverhältnisse bei der zuständigen Stelle bereits beantragt wurde oder die Eintragung erfolgt ist oder, soweit eine solche Eintragung nicht erforderlich ist, der Ausbildungsvertrag mit einer Bildungseinrichtung geschlossen wurde oder die Zustimmung einer staatlichen oder staatlich anerkannten Bildungseinrichtung zu dem Ausbildungsvertrag vorliegt. ⁴Die Ausbildungsduldung wird für die im Ausbildungsvertrag bestimmte Dauer der Berufsausbildung erteilt.

(4) Die Ausbildungsduldung erlischt, wenn ein Ausschlussgrund nach Absatz 2 Nummer 4 eintritt oder die Ausbildung vorzeitig beendet oder abgebrochen wird.

(5) ¹Wird die Ausbildung vorzeitig beendet oder abgebrochen, ist die Bildungseinrichtung verpflichtet, dies unverzüglich, in der Regel innerhalb von zwei Wochen, der zuständigen Ausländerbehörde schriftlich oder elektronisch mitzuteilen. ²In der Mitteilung sind neben den mitzuteilenden Tatsachen und dem Zeitpunkt ihres Eintritts die Namen, Vornamen und die Staatsangehörigkeit des Ausländers anzugeben.

(6) ¹Wird das Ausbildungsverhältnis vorzeitig beendet oder abgebrochen, wird dem Ausländer einmalig eine Duldung für sechs Monate zum Zweck der Suche nach einem weiteren Ausbildungsplatz zur Aufnahme einer Berufsausbildung nach Absatz 1 erteilt. ²Die Duldung wird für sechs Monate zum Zweck der Suche nach einer der erworbenen beruflichen Qualifikation entsprechenden Beschäftigung verlängert, wenn nach erfolgreichem Abschluss der Berufsausbildung, für die die Duldung erteilt wurde, eine Weiterbeschäftigung im Ausbildungsbetrieb nicht erfolgt; die zur Arbeitsplatzsuche erteilte Duldung darf für diesen Zweck nicht verlängert werden.

(7) Eine Duldung nach Absatz 1 Satz 1 kann unbeachtlich des Absatzes 2 Nummer 3 erteilt werden, wenn der Ausländer die erforderlichen und ihm zumutbaren Maßnahmen für die Identitätsklärung ergriffen hat.

(8) § 60a bleibt im Übrigen unberührt.

Überblick

Die Vorschrift regelt die Ausbildungsduldung, die bis zum 31.12.2019 in § 60a Abs. 2 S. 4–12 zu finden war. Systematisch handelt es sich weiter um eine Duldung aus dringendem persönlichen Grund (→ Rn. 4 ff.), welche die begünstigten Personen (→ Rn. 8 ff.) im Unterschied zur bisherigen Rechtslage auf zwei verschiedenen Wegen mit unterschiedlichen Erteilungsvoraussetzungen erlangen können (→ Rn. 11 ff.). Neben einer anspruchsbegründenden Ausbildung (→ Rn. 20 ff.), wozu unter bestimmten Bedingungen auch Helfer- und Assistenzausbildungen zählen (→ Rn. 25 ff.), setzt die Erteilung der Ausbildungsduldung die rechtzeitige Klärung der Identität (→ Rn. 35 ff.) voraus; ansonsten kommt eine Erteilung allenfalls im Ermessenswege in Betracht (→ Rn. 46 ff.). Nicht erteilt werden darf die Ausbildungsduldung, wenn gegenüber dem Betroffenen eine Ausweisung oder Abschiebungsanordnung nach § 58a ergangen ist (→ Rn. 72), er wegen – einer nicht ausnahmsweise unbeachtlichen – Vorsatzstraftat verurteilt wurde (→ Rn. 66 ff.) oder er in Verbindung zu terroristischen oder extremistischen Organisationen steht (→ Rn. 71). Weiter scheidet die Erteilung aus, wenn Ausschlussgründe iSv § 60a Abs. 6 vorliegen (→ Rn. 65). Nur für die allgemeine Ausbildungsduldung gelten das Erfordernis einer dreimonatigen Vorduldung (→ Rn. 30 ff.) sowie der Versagungsgrund des Bevorstehens konkreter Maßnahmen zur Aufenthaltsbeendigung (→ Rn. 49 ff.), der sich auch wieder „erledigen" kann (→ Rn. 63 ff.). Die Ausbildungsduldung, die bis frühestens sieben Monate vor Beginn der Ausbildung beantragt (→ Rn. 86 f.) und sechs Monate vorher erteilt werden kann (→ Rn. 91), erlischt unter anderem im Falle des Ausbildungsabbruchs (→ Rn. 96 ff.), der mitteilungspflichtig ist (→ Rn. 102), und an den sich ein einmaliger Anspruch auf eine sechs Monate gültige Ausbildungsplatzsuchduldung (→ Rn. 104 ff.) anschließt. Bei erfolgreicher Ausbildung besteht die Möglichkeit eines „Spurwechsels" auf Grundlage von § 19d Abs. 1a (→ Rn. 108 ff.). Bei unterbleibender Anschlussbeschäftigung besteht Anspruch auf eine sechsmonatige Arbeitsplatzsuchduldung (→ Rn. 111 f.). Das Bundesministerium des Innern, für Bau und Heimat hat unter dem 20.12.2019 (unverbindliche) Anwendungshinweise zum Gesetz über Duldung bei Ausbildung und Beschäftigung veröffentlicht.

Übersicht

A. Zur Genese der Ausbildungsduldung

Obwohl die Ausbildungsduldung erst vor einigen Jahren Einzug ins AufenthG erhalten hat, **1** unterlag sie bereits zahlreichen Änderungen, deren Kenntnis das Verständnis der Ausbildungsduldung in ihrer aktuellen Fassung erleichtert: Erstmals wurde die Aufnahme einer qualifizierten Ausbildung mit dem Gesetz zur Neubestimmung des Bleiberechts und der Aufenthaltsbeendigung v. 27.7.2015 (BGBl. I 1386, sog. „Bleiberechtsgesetz") ausdrücklich als **dringender persönlicher Grund iSv § 60a Abs. 2 S. 3** benannt, der bei unter einundzwanzigjährigen Ausländern die Erteilung und Verlängerung einer Duldung im Ermessenswege für die Dauer von bis zu einem

Jahr ermöglichte, wobei Personen aus sicheren Herkunftsstaaten (§ 29a Abs. 2 AsylG) pauschal von der Erteilung ausgeschlossen waren (§ 60a Abs. 2 S. 4–6 aF). Nachdem durch das Asylverfahrensbeschleunigungsgesetz v. 20.10.2015 (BGBl. I 1722) klargestellt worden war, dass die Duldung zur Fortsetzung der Ausbildung altersunabhängig um jeweils bis zu ein Jahr verlängert werden sollte, erhob der Gesetzgeber die Ausbildungsduldung mit dem Integrationsgesetz v. 31.7.2016 (BGBl. I 1939) schließlich in den **Rang einer Anspruchsduldung,** um den am Ausbildungsverhältnis Beteiligten mehr Rechtssicherheit zu verschaffen (BT-Drs. 18/8615, 48). Parallel dazu gab er die altersmäßige Beschränkung auf unter einundzwanzigjährige Ausländer sowie den Totalausschluss sicherer Herkunftsstaater auf, die fortan „nur noch" ausgeschlossen waren, wenn ihr nach dem 31.8.2015 gestellter Asylantrag abgelehnt worden war.

2   Dabei war es vor allem das **gerichtlich durchsetzbare Versprechen sicheren Abschiebungsschutzes** mindestens für die Dauer der Ausbildung in Kombination mit einer anschließenden (gehaltvollen) Bleibeperspektive in Deutschland (vgl. § 18a Abs. 1a aF, nunmehr § 19d Abs. 1a), das dem seither als Ausbildungsduldung bekannten Rechtsinstitut zu einem regelrechten „Boom" verholfen und den Rechtsanwender infolgedessen vor zahlreiche – teilweise bis heute offene – Fragen gestellt hat, die ihre Ursache nicht zuletzt in der unterschiedlichen Handhabung in den einzelnen Bundesländern haben.

3   Unter anderem mit dem Ziel einer Rechtsanwendungsvereinheitlichung hat der Gesetzgeber die Ausbildungsduldung deshalb mit dem Gesetz über Duldung bei Ausbildung und Beschäftigung v. 8.7.2019 (BGBl. I 1021, sog. „Duldungsgesetz"; Inkrafttreten gem. Art. 3 des Gesetzes über Duldung bei Ausbildung und Beschäftigung: 1.1.2020) erneut reformiert und ihr in Gestalt des § 60c entsprechend ihrer praktischen Bedeutung einen **eigenständigen Paragraphen** gewidmet, der nunmehr **zwei verschiedene Wege zur Ausbildungsduldung** unterscheidet (→ Rn. 11 ff.). Den Charakter der Ausbildungs- als Anspruchsduldung hat der Gesetzgeber dabei zwar im Ausgangspunkt unangetastet gelassen, mit der **Erfolgspflicht zur frühzeitigen Identitätsklärung** aber eine Erteilungsvoraussetzung eingeführt, die in zahlreichen Fällen eine Herabstufung der Ausbildungs- zur Ermessensduldung zur Folge haben wird (zu diesem „Rückschritt" vgl. Röder/Wittmann ASYLMAGAZIN-Beil. 8–9/2019, 23 (36)). Weiterhin wurde auch das Koalitionsversprechen eingelöst, den Anwendungsbereich der **Ausbildungsduldung auf Helfer- und Assistenzausbildungen auszudehnen** (vgl. Rn. 4979 des Koalitionsvertrags v. 12.3.2018). Mit dem Ausschluss **sicherer Herkunftsstaater** bei Rücknahme bzw. Nichtstellung eines Asylantrags ist der Gesetzgeber zumindest im Ausgangspunkt wieder zu einem Pauschalausschluss zurückgekehrt, der im Ergebnis allerdings durch die parallel eingeführten Rückausnahmen erheblich relativiert wird.

B. Einordnung

4   Die Ausgliederung der Ausbildungsduldung in einen eigenständigen Paragraphen darf zunächst nicht darüber hinwegtäuschen, dass es sich gem. Abs. 1 S. 1 weiterhin um eine **Duldung aus dringendem persönlichen Grund „im Sinne von § 60a Abs. 2 Satz 3"** handelt, ihr Inhaber also etwa gem. § 1 Abs. 1 Nr. 4 AsylbLG leistungsberechtigt ist oder Zugang zu Integrationskursen (§ 44 Abs. 4 S. 2 Nr. 2, vgl. Röder InfAuslR 2018, 35 (39)) oder berufsbezogener Deutschsprachförderung hat (vgl. § 4 Abs. 1 S. 2 Nr. 1 DeuFöV) hat. Gleichzeitig leistet die Ausbildungsduldung einen Beitrag zur Behebung des Mangels an Fachkräften mit qualifizierten Berufsausbildungen (vgl. die Begründung zum FachkEinwG, BT-Drs. 19/8285, 1) und liegt damit **auch im öffentlichen Interesse,** freilich ohne dass der Gesetzgeber es im hiesigen Kontext offen eingesteht, geschweige denn als „erheblich" iSv § 60a Abs. 2 S. 3 einstuft.

5   Konzeptionell **zielt** die Ausbildungsduldung **auf einen rechtmäßigen Aufenthalt,** der im Falle eines erfolgreichen Ausbildungsabschlusses und qualifikationsentsprechender Anschlussbeschäftigung über § 19d Abs. 1a, Abs. 3 ermöglicht wird, die einen **gebundenen Rechtsanspruch auf eine zweijährige Aufenthaltserlaubnis** unter Zulassung des durch die Rechtsordnung eigentlich missbilligten Spurwechsels (§ 10 Abs. 3 S. 1, § 5 Abs. 2) vorsehen. Die Ausbildungsduldung bildet dabei gleichsam die Brücke, die dem Betroffenen **funktional** – entgegen der sonstigen Zweckbestimmung der Duldung – **erteilt wird, um zu bleiben.**

5.1   Die umgangssprachliche **Bezeichnung dieses Konstrukts als „3+2-Regelung" ist dabei irreführend,** weil der Anwendungsbereich der Ausbildungsduldung auch bei Ausbildungen, deren reguläre Ausbildungszeit weniger als drei Jahre beträgt, eröffnet ist (→ Rn. 20 f.).

6   Trotz wiederholter Forderungen (vgl. etwa die Stellungnahme des DAV zum Referentenentwurf eines Fachkräfteeinwanderungsgesetzes, Stellungnahme-Nr. 59/2018, 2018, 6 f. mwN) konnte

sich der Gesetzgeber auch im Zuge der letzten Reform nicht dazu durchringen, bereits die Ausbildungsphase über ein „echtes" Aufenthaltsrecht abzusichern, das die Ausbildungsduldung in der Sache freilich gleichwohl gewährt. So bleibt es dabei, dass mit der Ausbildungsduldung im AufenthG weiterhin eine **dritte Kategorie der Bleiberechte** zwischen der „bloßen" Duldung und den in § 4 Abs. 1 S. 2 genannten Aufenthaltstiteln existiert, die mit der Beschäftigungsduldung (§ 60d) zumindest temporär weiteren Zulauf erhalten hat (zur daraus resultierenden Frage nach der Vereinbarkeit mit Unionsrecht vgl. Bergmann/Dienelt/Dollinger Rn. 7 ff.).

Mit diesem **„Aufenthaltsrecht im Duldungsgewand"** gehen diverse Ungereimtheiten systematischer – etwa im Hinblick auf die Unanwendbarkeit von §§ 5, 11, 81 – und praktischer – etwa im Hinblick auf ein betriebsnotwendiges, im Duldungsstatus aber ausgeschlossenes Verlassen Deutschlands (vgl. § 60a Abs. 5 S. 1) – Art einher (zur Unanwendbarkeit des während eines Studiums geltenden – durch das FachkEinwG allerdings entschärften – Zweckwechselverbots des § 16 Abs. 7 S. 4 iVm § 16 Abs. 4 S. 3 vgl. VG Schleswig BeckRS 2019, 23206 Rn. 16). Diese hat der Gesetzgeber mit dem „Duldungsgesetz" nur teilweise ausgeräumt, indem er die Erteilung der Ausbildungsduldung im Falle einer Ausweisung oder ungeklärter Identität ausgeschlossen hat (vgl. § 60c Abs. 2 Nr. 3 und Nr. 4). Soweit sie als Folge der gesetzgeberischen Entscheidung gegen ein förmliches Aufenthaltsrecht fortbestehen, ist **bei der Bildung von Analogien** angesichts der bewusst in Kauf genommenen Systembrüche **Zurückhaltung** geboten (zum Fall einer gebotenen Analogie → Rn. 109). Nachdem bei Vorliegen aller Voraussetzungen für eine Ausbildungsduldung auf die Erteilung einer erforderlichen Beschäftigungserlaubnis nunmehr – vorbehaltlich eines offensichtlichen Rechtsmissbrauchs (Abs. 1 S. 2, → Rn. 74 ff.) – ein strikter Rechtsanspruch besteht (Abs. 1 S. 3, → Rn. 83 ff.), ist der **dogmatische Hebel** für bislang in Literatur (vgl. Fleuß VerwArch 2018, 261 (274 f.)) und Rechtsprechung (OVG Saarl BeckRS 2017, 126845 Rn. 9) zu Lasten der Betroffenen unternommene „Korrekturversuche" ohnehin **entfallen.** 7

C. Persönlicher Anwendungsbereich

Eine Ausbildungsduldung können **alle vollziehbar ausreisepflichtigen Personen** erhalten, dh neben Asylbewerbern nach Erlöschen ihrer Aufenthaltsgestattung auch unerlaubt eingereiste oder andere Personen nach Verlust ihres Aufenthaltstitels. Für die Auffassung, dass eine Ausbildungsduldung allein an ehemalige Asylbewerber erteilt werden könne, findet sich im Gesetz auch weiterhin kein Anhaltspunkt; im Gegenteil zeigt § 60c Abs. 2 Nr. 1 iVm § 60a Abs. 6 S. 1 Nr. 3 nunmehr noch eindeutiger, dass § 60c Abs. 1 auch dann Anwendung findet, wenn „ein Asylantrag nicht gestellt wurde" (Röder/Wittmann ASYLMAGAZIN-Beil. 8-9/2019, 23 (24)). 8

Mit Einführung von § 60c stellt sich zudem erstmals die Frage, ob **Personen** bereits eine Ausbildungsduldung erhalten können, die noch **im Besitz einer Aufenthaltsgestattung** – und damit eigentlich (noch) nicht ausreisepflichtig – sind. Neben praktischen Erwägungen spricht dafür vor allem der Ausschlussgrund des § 60c Abs. 2 Nr. 5 lit. e, der seinem Wortlaut nach mit Einleitung eines Zuständigkeitsbestimmungsverfahrens iSe. Art. 20 Abs. 1 Dublin III-VO und damit typischerweise zu einem Zeitpunkt eingreift, zu dem eine Aufenthaltsgestattung besteht (vgl. § 55 Abs. 1 S. 1 und S. 3 AsylG; näher Wittmann/Röder ZAR 2019, 412 (423)). 9

Familienangehörige des Azubis sind im Unterschied zur Beschäftigungsduldung nicht automatisch in den Schutzbereich der Duldung mit einbezogen. Bei ihnen kommt aber eine Duldung nach § 60a Abs. 2 in Betracht, deren Erteilung Art. 6 GG in der Regel zwar nicht zwingend gebieten, aber doch rechtfertigen wird (zum Erlöschen dieser Duldungen bei Erlöschen der Ausbildungsduldung → Rn. 107). 10

D. Normstruktur

Mit der Ausgliederung der Ausbildungsduldung in § 60c wurde der bis zum 31.12.2019 einheitliche Duldungstatbestand in zwei gesonderte Anspruchsgrundlagen aufgespalten. Der in § 60c Abs. 1 S. 1 Nr. 1 geregelte Fall, dass eine geschützte Ausbildung (→ Rn. 20 ff.) bereits **als Asylbewerber** tatsächlich (und legal) aufgenommen wurde und nach Asylantragsablehnung fortgesetzt werden soll, kann dabei als **„Asylbewerber-Ausbildungsduldung"** bezeichnet werden (vgl. Röder/Wittmann ASYLMAGAZIN-Beil. 8-9/2019, 23 (24)). Demgegenüber betrifft § 60c Abs. 1 S. 1 Nr. 2 den Fall, dass der Besitzer einer Duldung nach § 60a (→ Rn. 18) eine Ausbildung aufnimmt. Für diese **„allgemeine Ausbildungsduldung"** gelten mit dem Erfordernis eines dreimonatigen Duldungsvorbesitzes (→ Rn. 30 ff.) und dem Ausschlussgrund konkret bevorstehender Maßnahmen der Aufenthaltsbeendigung (→ Rn. 51 ff.) **strengere Voraussetzungen als für die privilegierte Asylbewerber-Ausbildungsduldung,** die selbst dann erteilt werden muss, 11 wenn die Behörde im Zeitpunkt der Antragstellung bereits konkrete Maßnahmen zur Aufenthalts-beendigung eingeleitet hatte. Auch die in § 60c Abs. 3 S. 1 und S. 2 normierten verfahrensrecht-lichen Vorgaben gelten nur für die allgemeine Ausbildungsduldung nach Abs. 1 S. 1 Nr. 2. Für S. 2 ergibt sich das unmittelbar aus dem Gesetz, für S. 1 aus der Gesetzesbegründung (BT-Drs. 19/8286, 16) sowie aus der Natur der Sache, da der nach Abs. 3 S. 1 frühestmögliche Zeitpunkt für die Antragstellung – sieben Monate vor Beginn der Berufsausbildung (→ Rn. 87 ff.) – bei Aufnahme der Ausbildung automatisch verstrichen ist.

I. Asylbewerber-Ausbildungsduldung

1. Asylbewerber

12   Privilegiert wird nur, wer die Ausbildung bereits „als Asylbewerber" aufgenommen hat. Asylbe-werber ist dem Wortsinn nach **jede Person, die sich (noch) im Asylverfahren befindet.** Aus § 61 Abs. 2 S. 1 AsylG kann nicht gefolgert werden, dass Asylbewerber nur ist, wer (noch) im Besitz einer Aufenthaltsgestattung ist, denn das Erfordernis eines seit drei Monaten gestatteten Aufenthalts tritt dort als selbstständiges Tatbestandsmerkmal neben den Status als „Asylbewerber". Der **Asylbewerberstatus entfällt** richtigerweise deshalb **erst mit Bestandskraft der Entschei-dung über den Asylantrag oder dessen Rücknahme** (vgl. Röder/Wittmann ASYLMAGA-ZIN-Beil. 8-9/2019, 23 (25); Wittmann/Röder ZAR 2019, 412 (414); ebenso Fleuß Ausschuss-Drs. 19(4)287 A, 9 sowie wohl auch Köhler/Rosenstein InfAuslR 2019, 266 (268); wohl auch Bergmann/Dienelt/Dollinger Rn. 29; **aA** Dörig MigrationsR-HdB/Hoppe § 10 Rn. 83: Asylbe-werber ist nur, wer eine Aufenthaltsgestattung besitzt). Das gilt auch dann, wenn die Ausreisepflicht schon vor rechtskräftigem Abschluss des Hauptsacheverfahrens vollziehbar geworden ist. Denn auch wenn die „Bewerbung um Asyl" etwa im Fall der Ablehnung als offensichtlich unbegründet rechtlich nicht mehr durch eine Aufenthaltsgestattung als **vertyptes asylverfahrensbezogenes Bleiberecht** geschützt ist (vgl. § 67 Abs. 1 S. 1 Nr. 4 AsylG), bleibt die „Bewerbung" bis zum endgültigen Abschluss eines Hauptsacheverfahrens weiterhin aufrechterhalten und kann in der Sache noch zum Erfolg führen. **Auch Folge- (§ 71 AsylG) und Zweitantragsteller (§ 71a AsylG)** bewerben sich erneut um Asyl und fallen deshalb unabhängig davon in den Anwendungs-bereich von Abs. 1 S. 1 Nr. 1, ob der Aufenthalt bis zur Entscheidung über die Zulässigkeit des Antrags – wie bei zwischenzeitlich ausgereisten Folgeantragstellern – kraft Gesetzes gestattet ist (→ AsylG § 55 Rn. 20), gem. § 60a Abs. 2 S. 1 zu dulden ist oder nach § 71a Abs. 3 S. 1 AsylG als geduldet gilt.

2. Tatsächliche und legale Ausbildungsaufnahme

13   Abs. 1 S. 1 Nr. 1 setzt voraus, dass die Ausbildung im Zeitpunkt der behördlichen Entscheidung bereits tatsächlich aufgenommen wurde („aufgenommen hat"); nur bereits **in Vollzug gesetzte Ausbildungsverhältnisse** genießen also erhöhten Schutz und sollen ohne den nach vollziehbarer Ablehnung eines Asylantrags eigentlich einsetzenden Ausreise- und Abschiebungsdruck fortgesetzt werden können (aA offenbar Bergmann/Dienelt/Dollinger Rn. 17, der iRv Abs. 1 nicht zwischen Nr. 1 und Nr. 2 differenziert und zudem auf Rechtsprechung Bezug nimmt, die zur alten Rechts-lage und dort zum Merkmal „aufnimmt" erging).

14   Bei **dualen Ausbildungen** genügt es für eine Ausbildungsaufnahme iSv Abs. 1 S. 1 Nr. 1 ebenso wie für den „Beginn der Ausbildung" iSv Abs. 3 S. 1, dass mit dem praktischen **oder** theoretischen Ausbildungsteil begonnen wurde. Die Konstellation, dass der betriebliche Ausbil-dungsteil einige Monate vor Beginn der Berufsschule einsetzt, begründet deshalb ebenso einen Anspruch auf Erteilung einer Ausbildungsduldung nach Abs. 1 S. 1 Nr. 1 wie der Fall, dass das erste Ausbildungsjahr weitgehend aus dem Besuch der Berufsschule besteht, sofern auch die weiteren Erteilungsvoraussetzungen erfüllt sind.

15   **Ungeschriebene Voraussetzung** ist auch unter der neuen Rechtslage allerdings, dass die – regelmäßig als Beschäftigung iSv § 2 Abs. 2 iVm § 7 SGB IV zu qualifizierende – Ausbildung erlaubt – also mit der notwendigen **Beschäftigungserlaubnis** – aufgenommen wurde (vgl. BT-Drs. 19/8286, 14; zur bisherigen Rechtslage OVG RhPf BeckRS 2017, 117445 Rn. 44 ff.). **Bei Asylbewerbern richtet sich die Erteilung einer Beschäftigungserlaubnis nach § 61 AsylG,** bei geduldeten Asylbewerbern ist **ggf. zusätzlich § 60a Abs. 6** zu beachten. Anders als bei Zweitantragstellern (§ 71a Abs. 3 S. 2 AsylG) und zwischenzeitlich ausgereisten Folgeantragstellern (§ 71 Abs. 2 S. 2 AsylG) ordnet das Gesetz für nicht ausgereiste Folgeantragsteller keine entspre-chende Anwendung von § 61 AsylG an. Sofern sie nicht noch der ursprünglichen Wohnverpflichtung (§ 47 AsylG) unterliegen, richtet sich ihr Arbeitsmarktzugang deshalb allein nach ausländerrechtlichen Grundsätzen (§ 4a Abs. 4 AufenthG iVm § 32 Abs. 1 S. 1 BeschV).

Bei einem **Wechsel des Ausbildungsbetriebs** ist grundsätzlich vor Ausbildungsbeginn eine **16** **neue Beschäftigungserlaubnis** einzuholen (OVG RhPf BeckRS 2017, 117445 Rn. 44 ff.). Im Übrigen schlägt ausländerrechtliches Fehlverhalten auf die Legalität der Ausbildungsaufnahme nur dann durch, soweit das ausländerrechtliche Ge- oder Verbot gerade die Verhinderung bzw. kontrollierte Aufnahme der Ausbildung bezweckt (aA zu einem Verstoß gegen eine Wohnsitzauflage BayVGH BeckRS 2017, 114609 Rn. 18; dagegen Röder/Wittmann ZAR 2017, 345 (348 f.)).

II. Allgemeine Ausbildungsduldung

Im Unterschied zur Asylbewerber-Ausbildungsduldung genügt es für die allgemeine Ausbil- **17** dungsduldung, dass der Ausländer die Berufsausbildung „aufnimmt". Die Formulierung entspricht § 60a Abs. 2 S. 4 aF, die nach bisheriger Rechtsprechung zu einer **engen Auslegung** in dem Sinne zwang, dass eine **Ausbildungsaufnahme** erst angenommen werden konnte, wenn der tatsächliche Ausbildungsbeginn unmittelbar bevorstand (VGH BW BeckRS 2017, 115864 Rn. 16: wenige Wochen; OVG NRW BeckRS 2017, 110982 Rn. 7: „enger zeitlicher Zusammenhang"; VG Schleswig BeckRS 2019, 23206 Rn. 18: „in naher Zukunft absehbar"). **Aus systematischen Gründen kann daran nicht weiter festgehalten werden:** Indem nämlich Abs. 3 S. 2 die Erteilung der allgemeinen Ausbildungsduldung bis zu sechs Monate vor tatsächlichem Beginn der Ausbildung erlaubt, prägt er zugleich das Tatbestandsmerkmal der Ausbildungsaufnahme abweichend von der bisherigen Rechtslage. Sofern ein ordnungsgemäßer Ausbildungsvertrag vorliegt, nimmt der Betroffene die Ausbildung nunmehr stets in dem Moment auf, in dem **der tatsächliche Ausbildungsbeginn bis auf sechs Monate (oder weniger) herangerückt** ist (aA Bergmann/Dienelt/Dollinger Rn. 42, 17 der unter Hinweis auf Rechtsprechung zur veralteten Rechtslage nach wie vor eine zeitnah beginnende Ausbildung verlangt).

Die weitere Voraussetzung, dass der Betroffene im Besitz einer **Duldung nach § 60a** sein **18** muss, ist nicht nur bei Vorliegen materiell-rechtlicher Duldungsgründe, sondern **auch** dann erfüllt, **wenn der Ausländer aus asylverfahrensbezogenen Gründen** geduldet werden muss. Nicht ausgereiste Folgeantragsteller und Zweitantragsteller besitzen bis zur Entscheidung über die Zulässigkeit ihres weiteren Schutzantrags deshalb eine Duldung nach § 60a, deren Abschiebung jedenfalls bis dahin aus rechtlichen Gründen unmöglich ist (§ 60a Abs. 2 S. 1 Alt. 2). Dass die Duldung bei Zweitantragstellern schon das Ergebnis gesetzlicher Fiktion ist (§ 71 Abs. 3 S. 1 AsylG), macht in der Sache dabei keinen Unterschied.

III. Verhältnis der Anspruchsgrundlagen

Sofern ein Asylbewerber schon oder noch vollziehbar ausreisepflichtig ist und eine Duldung **19** besitzt oder beanspruchen kann, sind beide **Anspruchsgrundlagen nebeneinander anwendbar (Anspruchskonkurrenz),** denn der Gesetzesbegründung lassen sich keine Anhaltspunkte für ein Exklusivitätsverhältnis entnehmen (Wittmann/Röder ZAR 2019, 412 (414), auch zu den nur vermeintlich bestehenden Missbrauchspotenzialen in Folge- bzw. Zweitantragskonstellationen).

E. Tatbestandsvoraussetzungen

Die Erteilungsvoraussetzungen müssen grds. im Zeitpunkt der behördlichen/gerichtlichen Ent- **19a** scheidung erfüllt sein (zum maßgeblichen Zeitpunkt für die Beurteilung der Sach- und Rechtslage vgl. OVG NRW BeckRS 2021, 141 Ls. 1). Etwas anderes gilt in Bezug auf den Versagungsgrund des Abs. 2 Nr. 5, bei dem auf den Zeitpunkt der Beantragung der Ausbildungsduldung bzw. den der Entscheidungsreife des Antrags abzustellen ist (näher → Rn. 50).

I. Anspruchsbegründende Ausbildungen

1. Qualifizierte Berufsausbildungen

Qualifizierte Ausbildungen iSv Abs. 1 S. 1 Nr. 1 lit. a. eröffnen nach wie vor ohne weitere **20** Voraussetzungen den Zugang zur Ausbildungsduldung. **Qualifiziert** sind Ausbildungen mit einer **mindestens zweijährigen Ausbildungsdauer,** was bislang aus § 6 Abs. 1 S. 2 BeschV gefolgert wurde (VGH BW ZAR 2017, 240 Ls. 1) und sich mit Inkrafttreten des FachkEinwG (Fachkräfteeinwanderungsgesetz v. 15.8.2019, BGBl. I 1307) am 1.3.2020 unmittelbar aus § 2 Abs. 12a ergibt, der den **Begriff der qualifizierten Berufsausbildung** aus Klarstellungsgründen (BT-Drs. 19/

8285, 86) **für das AufenthG legaldefiniert,** ohne dass damit erkennbare inhaltliche Veränderungen im Vergleich zur alten Rechtslage einhergehen.

21   Für das Merkmal der **Qualifiziertheit** bleibt auch nach der Legaldefinition die in der einschlägigen Ausbildungsordnung oder dem ansonsten einschlägigen bundes- oder landesrechtlichen Regelwerk **vorgesehene Regelausbildungsdauer maßgeblich;** die Ausbildungsdauer dürfte sich dabei auf Vollzeitausbildungen beziehen. **Durch Vertragsgestaltung kann** das **Tatbestandsmerkmal nicht beeinflusst werden;** die vertraglich geregelte Ausbildungsdauer ist „nur" auf Rechtsfolgenseite für die Gültigkeit der Ausbildungsduldung relevant (Abs. 3 S. 4). Zulässige **Ausbildungsverkürzungen** – etwa aufgrund bestehender Vorkenntnisse / -qualifikationen – auf eine unterhalb der Zweijahresgrenze liegende Ausbildungszeit ändern nichts an der Qualifiziertheit der Ausbildung, solange diese regelmäßig, dh abstrakt, mindestens zwei Jahre beträgt.

22   Eine **Berufsausbildung** ist in Anlehnung an § 1 Abs. 3 BBiG, § 32 HwO dadurch gekennzeichnet, dass sie für die Ausübung einer qualifizierten beruflichen Tätigkeit notwendigen beruflichen Fertigkeiten, Kenntnisse und Fähigkeiten (= berufliche Handlungsfähigkeit) in einem **geordneten Ausbildungsgang** vermittelt. Weitere Einschränkungen sieht § 2 Abs. 12a nicht vor, so dass nicht nur betriebliche und duale, sondern **auch vollschulische** (BayVGH NVwZ-RR 2018, 588 (590)) **oder an Berufskollegs absolvierte Ausbildungen anspruchsbegründend** sein können.

23   Auch ein **Studium** vermittelt grundsätzlich berufliche Handlungsfähigkeit, allerdings regelmäßig nicht in Bezug auf einen ganz bestimmten (staatlich anerkannten oder vergleichbar geregelten) Ausbildungsberuf. **Ausbildungsintegrierte Studiengänge,** etwa an dualen Hochschulen, die den parallelen Erwerb eines Studien- (zB Betriebswirt) und Ausbildungsabschlusses (zB Industriekaufmann) ermöglichen (sog. **doppelt-qualifizierte Ausbildungsgänge), fallen** allerdings **in den Anwendungsbereich** von Abs. 1 S. 1 Nr. 1 lit. a (vgl. Allgemeine Anwendungshinweise des Bundesministeriums des Innern, für Bau und Heimat zur Duldungserteilung nach § 60a Aufenthaltsgesetz v. 30.5.2017, 10).

23.1   Die breite Palette an Ausbildungsvarianten macht es erforderlich, stets die konkret anvisierte Ausbildung unter Berücksichtigung der einschlägigen Ausbildungs- / Studienordnung und landesrechtlicher Besonderheiten an § 2 Abs. 12a zu messen.

24   Staatlich anerkannt bzw. vergleichbar geregelt sind alle anerkannten Aus- und Fortbildungsabschlüsse nach BBiG (Berufsbildungsgesetz v. 23.3.2005, BGBl. I 931) und HwO (Handwerksordnung v. 24.9.1998, BGBl. I 3074) sowie vergleichbare bundes- oder landesrechtlich geregelte Berufsabschlüsse oder diesen Berufsabschlüssen entsprechende Qualifikationen (Allgemeine Anwendungshinweise des Bundesministeriums des Innern, für Bau und Heimat zur Duldungserteilung nach § 60a Aufenthaltsgesetz v. 30.5.2017, 9).

24.1   Das Erfordernis der staatlichen Anerkennung bzw. vergleichbaren landesrechtlichen Regelung ergibt sich auch unmittelbar aus § 60c Abs. 1 S. 1 Nr. 1 lit. a und hat(te) nur für den Zeitraum bis zum Inkrafttreten von § 2 Abs. 12a eigenständige Bedeutung.

24.2   Nach BBiG und HwO anerkannte Ausbildungsberufe sind in dem regelmäßig aktualisierten und bekannt gemachten Verzeichnis der anerkannten Ausbildungsberufe (sog. „BBiG-Verzeichnis") aufgeführt.

2. Helfer- und Assistenzausbildungen

25   Gemäß § 60c Abs. 1 S. 1 Nr. 1 lit. b können auch Helfer- und Assistenzausbildungen in staatlich anerkannten und vergleichbar geregelten Ausbildungsberufen den Zugang zur Ausbildungsduldung eröffnen. Die der Umsetzung des Koalitionsvertrags 2018 dienende Regelung zielt vor allem auf **Ausbildungen im Pflegebereich** ab, ist **hierauf jedoch nicht beschränkt.** Soweit die regelmäßige Ausbildungszeit einer Assistenz- bzw. Helferausbildung nach dem einschlägigen Ausbildungsrecht mindestens zwei Jahre beträgt, handelt es sich bereits um eine unter § 60c Abs. 1 S. 1 Nr. 1 lit. a fallende Ausbildung, sofern auch die weiteren Anforderungen des § 2 Abs. 12a erfüllt sind. Eine nicht-qualifizierte Helfer- / Assistenzausbildung begründet einen Duldungsanspruch dagegen nur unter **drei weiteren Bedingungen:**

26   Erstens muss sie für eine qualifizierte Berufsausbildung im oben genannten Sinne **anschlussfähig** sein, die – zweitens – in einem **Engpassberuf** erfolgen muss. Anschlussfähig ist die Erstausbildung, wenn sie nach dem einschlägigen Ausbildungsrecht Zugang zu einer qualifizierten Ausbildung vermittelt (für die Altenpflege vgl. zB § 11 Abs. 1 Nr. 2 PflBRefG – Pflegeberufereformgesetz v. 17.7.2017, BGBl. I 2581; in Kraft seit 25.7.2017). Die Engpassberufe werden von der Bundesagentur für Arbeit halbjährlich in einer Engpassanalyse ermittelt, auf der wiederum die bisher auf Grundlage von § 6 Abs. 2 S. 1 Nr. 2 BeschV erstellte „Positiv-Liste" fußt.

§ 6 Abs. 2 S. 1 Nr. 2 BeschV entfällt mit Inkrafttreten des FachkEinwG (Fachkräfteeinwanderungsgesetz **26.1**
v. 15.8.2019, BGBl. I 1307) am 1.3.2020 – soweit ersichtlich – ersatzlos, so dass fraglich ist, auf welcher
Rechtsgrundlage die Bestimmung der Mangelberufe erfolgt.

Drittens muss eine qualifizierte Folgeausbildung bereits in Form einer **Ausbildungsplatzzu- 27
sage** konkret in Aussicht stehen. Auch wenn § 60c Abs. 1 S. 1 Nr. 1 lit. b im Ergebnis auf die
Durchführung einer qualifizierten Berufsausbildung abzielt und eine hierauf bezogene Ausbildungsplatzzusage zur weiteren Voraussetzung für die Duldungserteilung erklärt, ist die **Assistenz-
oder Helferausbildung formaler Anknüpfungspunkt dieser Ausbildungsduldung.** Die
Duldung wird daher zunächst nur für die Dauer der Erstausbildung erteilt (Abs. 3 S. 4), kann aber
bereits vor deren Abschluss – maximal jedoch sechs Monate vor Beginn der Anschlussausbildung
(Abs. 3 S. 2) – verlängert werden, wenn die in Abs. 3 S. 3 genannten Bedingungen auch im
Hinblick auf die Folgeausbildung vorliegen (Röder/Wittmann ASYLMAGAZIN-Beil. 8-9/2019,
23 (26)).

Ein **zwischenzeitlicher Entfall der Ausbildungszusage** – etwa aufgrund einer Insolvenz 28
des Betriebs der Anschlussausbildung – führt dabei nicht zum Erlöschen der Ausbildungsduldung,
da die Erstausbildung nicht vorzeitig beendet oder abgebrochen wird (Abs. 4). Ein Widerruf (§ 49
LVwVfG) wäre ermessensfehlerhaft, da selbst im Fall eines Abbruchs der Helfer- / Assistenzausbildung eine Ausbildungsplatzsuchduldung erteilt werden müsste (Abs. 6 S. 1). Dem Betroffenen ist
deshalb Gelegenheit zu geben, die Erstausbildung abzuschließen und sich – ggf. in entsprechender
Anwendung von Abs. 6 S. 1 oder S. 2 – eine qualifizierte Anschlussausbildung zu suchen (Röder/
Wittmann ASYLMAGAZIN-Beil. 8-9/2019, 23 (26)).

Weiterhin begrifflich ausgeschlossen sind sog. **Berufsausbildungsvorbereitungsmaßnah- 29
men,** etwa die **Einstiegsqualifizierung** (zu § 54a Abs. 1 S. 3 SGB III vgl. VGH BW BeckRS
2017, 100160 Rn. 12 und Ls. 1; OVG NRW BeckRS 2017, 124775 Rn. 3). Indes hatte sich vor
Inkrafttreten des § 60c die in den einzelnen Bundesländern im Detail divergierende Verwaltungspraxis etabliert, die Durchführung entsprechender Maßnahmen im Wege der **Ermessensduldung**
zu ermöglichen, wobei die Dringlichkeit des persönlichen Grundes ggf. dadurch verstärkt werden
konnte, dass bereits ein wirksamer Ausbildungsvertrag vorliegt. Da § 60a – auch dessen Abs. 2
S. 3 – im Übrigen unberührt bleibt (Abs. 12), kann diese Praxis rechtmäßig fortgesetzt werden.

II. Dreimonatige Vorduldung

Bei Aufnahme einer Ausbildung außerhalb des Asylverfahrens ist die Erteilung einer Ausbil- 30
dungsduldung ausgeschlossen, wenn der Ausländer bei Beantragung der Ausbildungsduldung noch
nicht drei Monate im Besitz einer Duldung ist. Die im Gesetzgebungsverfahren in letzter Minute
noch halbierte „Karenzzeit" (BT-Drs. 19/10707, 5) ist **nur für die allgemeine Ausbildungsduldung Erteilungsvoraussetzung** („im Fall von Abs. 1 Satz 1 Nummer 2") und soll es der
Ausländerbehörde ermöglichen, sich zunächst um die Einleitung konkreter Maßnahmen zur Aufenthaltsbeendigung – und damit die Herbeiführung eines Ausschlussgrunds iSv Abs. 2 Nr. 5 – zu
bemühen (BT-Drs. 19/8286, 15).

Das **Vorduldungserfordernis gilt gem. § 104 Abs. 17 nicht** für Personen, die bis zum 31
31.12.2016 in das Bundesgebiet eingereist sind und eine Berufsausbildung vor dem 2.10.2020
beginnen. In diesen Fällen können Betroffene unmittelbar eine Ausbildungsduldung erhalten,
ohne die Einleitung konkreter Maßnahmen zur Aufenthaltsbeendigung befürchten zu müssen,
wenn ihre Identität im Zeitpunkt der Antragstellung geklärt ist. Bei der Einreise ist auf das Datum
der letzten Einreise abzustellen (OVG Koblenz BeckRS 2020, 8719 Rn. 23).

Ein **verfrühter Antrag** schließt den Ausländer ungeachtet des irreführenden Wortlauts („bei 32
Antragstellung") nicht dauerhaft von der Ausbildungsduldung aus; vielmehr kann er aus der negativen Erteilungsvoraussetzung **„herauswachsen".** Allerdings kann ihm ein verfrühter Antrag mit
Blick auf den Zweck des Vorduldungserfordernisses auch noch keine gesicherte Rechtsposition
verschaffen (so VG Münster BeckRS 2020, 7526 Rn. 12 im Anschluss an Wittmann/Röder ZAR
2019, 412 (420); ebenso VG Berlin BeckRS 2020, 33427 Ls.); zur spiegelbildlichen Problematik
des Hineinwachsens in die Anspruchsvoraussetzungen → Rn. 38, → Rn. 50; die Möglichkeit
eines Hineinwachsens verkennend VG Potsdam BeckRS 2020, 7755 Rn. 10). Der Betroffene
trägt deshalb das Risiko, dass es der zuständigen Behörde gelingt, Maßnahmen der Aufenthaltsbeendigung innerhalb der Karenzfrist in einer Weise voranzutreiben, dass diese im **insoweit maßgeblichen Zeitpunkt der Vervollständigung der notwendigen Vorduldungszeiten** iSv
Abs. 2 Nr. 5 bevorstehen und die Erteilung der Ausbildungsduldung trotz dreimonatigen Dul-
dungsbesitzes ausschließen. Dazu wird die Behörde insbesondere dann zeitnah in der Lage sein,

wenn der Ausländer seine Identität innerhalb der in Abs. 2 Nr. 2 genannten Fristen geklärt hat, und sei es nur, um sich die Aussicht auf eine Ausbildungsduldung zu erhalten.

33 Soweit der Betroffene eine **„Duldung light"** nach § 60b Abs. 1 S. 2 besitzt, ist das in § 60b Abs. 5 S. 1 geregelte Verbot zu beachten, diesen Zeitraum auf die erforderliche Vorduldungszeit anzurechnen. Die geforderten Duldungszeiten werden deshalb vor allem Personen erreichen, die trotz geklärter Identität nicht abgeschoben werden konnten, durften oder sollten.

33.1 Aus identitätsunabhängigen Gründen kann die Abschiebung etwa bei Reiseunfähigkeit (§ 60a Abs. 2 S. 1), Minderjährigkeit der betroffenen Person (§ 58a Abs. 1a) oder ihres Kindes (§ 60a Abs. 2b) oder einem förmlich angeordneten (§ 60a Abs. 1) oder faktischen Abschiebungsstopp ausgesetzt sein, ferner bei obligatorischer (§ 60a Abs. 2 S. 1) oder fakultativer (§ 60a Abs. 2 S. 3) Duldung aus familiären Gründen (zB wenn Kind oder Ehepartner im Besitz einer Ausbildungsduldung sind oder sich noch im Asylverfahren befinden; vgl. § 43 Abs. 2 AsylG), oder bei Duldung anlässlich eines Härtefall- (§ 23a) oder Petitionsverfahrens; auch asylverfahrensbezogene Duldungen zahlen auf das „Vorduldungskonto" ein., ebenso Zeiten einer Beschäftigungsduldung, aus der heraus eine Ausbildungsduldung beantragt und erteilt werden kann, da **kein Ausschließlichkeitsverhältnis zwischen Ausbildungs- und Beschäftigungsduldung** besteht.

34 Nach dem Wortlaut ist der Besitz der Duldung entscheidend. Richtigerweise sind aber auch Zeiten anrechenbar, in denen ein Anspruch auf eine Duldung bestand, der grundsätzlich von Amts wegen erfüllt werden muss; Versäumnisse der Behörde können hier nicht zu Lasten des Betroffenen gehen.

34.1 Als Berater sollte vorsorglich gleichwohl auf eine – ggf. rückwirkende – Erteilung einer Duldung hingewirkt werden (zur Möglichkeit einer rückwirkenden Duldungserteilung vgl. Wittmann/Röder ZAR 2019, 412 (421)).

III. Fristgerecht geklärte Identität

35 Abs. 2 Nr. 3 schließt einen Anspruch auf die Ausbildungsduldung aus, wenn die Identität des Ausländers nicht geklärt ist. Der **Versagungsgrund der ungeklärten Identität gilt für die allgemeine Ausbildungsduldung und die Asylbewerber-Ausbildungsduldung gleichermaßen.** Er zieht in mehrerlei Hinsicht eine Stellschraube zu Lasten des Ausländers an, die schon unter der alten Rechtslage regelmäßig über das Schicksal der Ausbildungsduldung entschied, deren Erteilung gem. § 60a Abs. 2 S. 4 aF iVm § 60a Abs. 6 S. 1 Nr. 2 aF ausschied, wenn zumutbare Mitwirkungspflichten bei der Identitätsklärung verletzt und die Unmöglichkeit der Abschiebung infolgedessen selbst herbeigeführt wurde.

36 Diesen **bisherigen Nexus zwischen Identitätsklärung und Abschiebung gibt Abs. 2 Nr. 3 gänzlich auf** (dies verkennt Bergmann/Dienelt/Dollinger Rn. 34 f.). Er verzichtet – jedenfalls zunächst (→ Rn. 40 ff.) – außerdem auch auf Zumutbarkeits- oder Unmöglichkeitserwägungen: Solange die Identität objektiv nicht geklärt ist, scheidet ein Duldungsanspruch aus, unabhängig davon, ob der Ausländer (weiter) zu einer hinreichenden Klärung beitragen kann oder eine solche überhaupt möglich ist (Röder/Wittmann ASYLMAGAZIN-Beil. 8-9/2019, 23 (27)); zur Erlangung eines gebundenen Anspruchs sind die Betroffenen also nicht mehr nur zur (bestmöglichen) Mitwirkung bei der Identitätsklärung verpflichtet, sondern zum Erfolg verdammt. Der Gesetzgeber verlangt dabei für die Duldungserteilung bewusst **mehr als § 5 Abs. 1 Nr. 1a** für die Erteilung eines Aufenthaltstitels, der die Klärung der Identität nur im Regelfall voraussetzt (BT-Drs. 19/8286, 15).

37 Die Klärung der Identität setzt die Gewissheit voraus, dass ein Ausländer die Person ist, für die er sich ausgibt, mithin Verwechslungsgefahr nicht besteht (OVG NRW BeckRS 2021, 141 Rn. 7; OVG Bln-Bbg Urt. v. 19.3.2012 – OVG 3 B 15.11, juris Rn. 20, BeckRS 2012, 51105). Ohne Weiteres geklärt ist die Identität in der Regel bei Vorlage eines anerkannten Passes oder Passersatzes (BayVGH BeckRS 2020, 14523 Rn. 14; Bergmann/Dienelt/Samel § 5 Rn. 43), der aber nicht unbedingt gültig sein muss, da es an dieser Stelle nicht um die Erfüllung der Passpflicht geht, die erst – jedenfalls im Regelfall – bei der Erteilung eines Aufenthaltstitels vorausgesetzt wird (§ 5 Abs. 1 Nr. 4). Die Vorlage einer Passkopie wird regelmäßig nur ein erster Schritt auf dem Weg zur Identitätsklärung sein (VG Köln BeckRS 2021, 8138 Rn. 7). Die Identität lässt sich aber auch auf andere Weise als durch Vorlage eines Passes klären, etwa indem diese im Rahmen der Vorsprache einer Identifizierungskommission des (vermeintlichen) Herkunftslandes, bestätigt wird.

37.1 Neben sonstigen Identitätsdokumenten mit Lichtbild sind auch andere amtliche Dokumente aus dem Herkunftsstaat, die biometrische Merkmale und Angaben zur Person enthalten, geeignet, wenn sie die Möglichkeit der Identifizierung bieten, wie beispielsweise ein Führerschein, Dienstausweis oder eine Personenstandsurkunde mit Lichtbild. Auch amtliche Dokumente ohne biometrische Merkmale, etwa Geburts- und Heiratsurkunden, Meldebescheinigungen, Schulzeugnisse oder Schulbescheinigungen kommen zum Nachweis in Betracht ebenso elektronisch abgelegte Identitätsdokumente mit Lichtbild (BT-Drs. 19/8286, 15). Die Einschränkung in der Gesetzesbegründung, wonach dies nur dann gelte, wenn die Papiere geeignet sind, auf ihrer Basis Pass- oder Passersatzpapiere zu beschaffen, ist dagegen abzulehnen, denn es sind durchaus Fälle denkbar, in denen die Identität zweifelsfrei geklärt ist, ohne dass damit zugleich eine Pass(ersatz)beschaffung ermöglicht wird. Das ist **Folge der Auflösung des Kausalzusammenhangs zwischen Identitätsklärung und Abschiebung** (→ Rn. 36). Bei Unmöglichkeit der Abschiebung trotz geklärter Identität, kann die Ausbildungsduldung nur versagt werden, wenn der Betroffene die Undurchführbarkeit selbst zu vertreten hat (§ 60c Abs. 2 Nr. 1 iVm § 60a Abs. 6 S. 1 Nr. 2).

1. Fristenregelung

Weitergehend wird die **Klärung der Identität innerhalb** der in Abs. 2 Nr. 3 Hs. 1 lit. a–c   **38** genannten **Fristen** verlangt, die nach dem Datum der Einreise gestaffelt sind. Danach muss die Identität
- bei Einreise in das Bundesgebiet bis zum 31.12.2016 bis zur Beantragung der Ausbildungsduldung,
- bei Einreise in das Bundesgebiet ab dem 1.1.2017 und vor dem 1.1.2020 bis zur Beantragung der Ausbildungsduldung, spätestens jedoch bis zum 30.6.2020 und
- bei Einreise in das Bundesgebiet nach dem 31.12.2019 innerhalb der ersten sechs Monate nach der Einreise

geklärt sein (zur Fristbestimmung bei zwischenzeitlicher Ausreise vgl. Wittmann/Röder ZAR 2019, 412 (421)). Der in lit. b **benannte Zeitpunkt der Antragstellung** schließt den Ausländer, der den Antrag trotz bislang ungeklärter Identität gestellt hat, richtigerweise nicht dauerhaft vom gebundenen **Anspruch auf eine Ausbildungsduldung aus, in den er „hineinwächst"**, wenn seine Identität bis zum 30.6.2020 geklärt ist (zur Möglichkeit des „Hineinwachsens" in die Anspruchsvoraussetzungen in anderen Zusammenhängen → Rn. 50, → Rn. 32).

Dem Fristenmodell liegt erkennbar der rechtlich zulässige Versuch zugrunde, die – zum Zeitpunkt des   **38.1** Fristablaufs freilich regelmäßig nur abstrakte – Aussicht auf ein Bleiberecht als Hebel zur Erhöhung der als unzureichend empfundenen Mitwirkungsbereitschaft einzusetzen.

Der Versagungsgrund stellt im Ausgangspunkt allein darauf ab, ob die Identität innerhalb der   **39** gesetzlichen Fristen geklärt wurde, **ohne sich für die Gründe des Ge- oder Misslingens der Identitätsklärung** zu interessieren; insbesondere nimmt er keine Rücksicht darauf, ob im maßgeblichen Zeitraum noch ein Asylverfahren anhängig war. Gelangt die zuständige Behörde bei Prüfung eines Antrags auf eine Ausbildungsduldung also zu dem Ergebnis, dass die Identität innerhalb der einschlägigen Frist geklärt war, steht Abs. 2 Nr. 3 nicht entgegen, auch wenn die Identitätsklärung unabhängig von der Mitwirkung des Antragstellers erfolgte, etwa weil eine Durchsuchung einen Pass zu Tage gefördert hat.

Erwägungen zur **Erforderlichkeit und Zumutbarkeit konkreter Mitwirkungshandlun-**   **40** **gen** kommen ebenso wie Verschuldensaspekte erst dann ins Spiel, wenn die Identitätsklärung erst nach Fristablauf erfolgt. Hier entsteht der betroffenen Person ein **gebundener Rechtsanspruch** auf die Ausbildungsduldung, wenn sie fristgerecht **alle** erforderlichen und zumutbaren Mitwirkungshandlungen ergriffen und die verspätete Identitätsklärung nicht zu vertreten hat; **unter diesen (drei) Bedingungen** gilt die Frist gem. Abs. 2 Nr. 3 Hs. 2 als gewahrt, dh die Identität als fristgerecht geklärt mit der Folge, dass der Versagungsgrund nicht eingreift (VG Schleswig BeckRS 2020, 20256 Rn. 44).

Bleibt die Identität – warum auch immer – dagegen **ungeklärt**, scheidet ein gebundener   **41** Anspruch auf die Ausbildungsduldung – anders als nach bisheriger Rechtslage – in jedem Fall aus. Hier entscheidet das bisherige Mitwirkungsverhalten „nur noch" über die Frage, ob von dem Versagungsgrund gem. Abs. 7 im **Ermessenswege** abgesehen werden kann (→ Rn. 46 ff. ebenso BayVGH BeckRS 2020, 14523 Rn. 15; zur daraus resultierenden Herabstufung der Ausbildungs- zur Ermessensduldung vgl. Röder/Wittmann ASYLMAGAZIN-Beil. 8-9/2019, 23 (36)).

2. Anforderungen und Grenzen der Mitwirkung

Zunächst ist zu betonen, dass das Entstehen eines gebundenen Duldungsanspruchs gem. Abs. 2   **42** Nr. 3 Hs. 2 das Ergreifen **„aller"** erforderlichen und zumutbaren Maßnahmen innerhalb der Frist voraussetzt. Allerdings kann dem Anspruch nur das Unterlassen solcher Mitwirkungshandlungen entgegengehalten werden, die geeignet gewesen wären, die Klärung der Identität zumindest zu erleichtern ("Maßnahmen für die Identitätsklärung"). Die Fristgebundenheit der Mitwirkungshandlungen erfordert dabei eine – ggf. erst Jahre später vorzunehmende **– retrospektive Beurteilung des Mitwirkungsverhaltens aus einer ex-ante-Perspektive.**

43 Welche Mitwirkungshandlungen erforderlich und zumutbar und vom Betroffenen deshalb zu "ergreifen" sind bzw. waren, muss die zuständige Behörde – sofern die vorzunehmende Mitwirkungshandlung nicht evident ist – für den Einzelfall konkretisieren und aktualisieren, die insoweit auch iRv § 60c eine **Anstoß- und Konkretisierungspflicht** trifft, schon weil die Behörde häufig viel besser über aktuelle Passausstellungs- und Identitätsklärungsmöglichkeiten im Bilde sein wird als die betroffene Person (Röder/Wittmann ZAR 2017, 345 (351); 2019, 412 (422); BayVGH NVwZ-RR 2018, 588 Rn. 25; vgl. zur Reziprozität der Mitwirkungsobliegenheiten auch BayVGH BeckRS 2007, 20248 zu § 25 Abs. 5).

43.1 Die Neuregelung über die besondere Passbeschaffungspflicht nach § 60b Abs. 2 und Abs. 3 findet keine unmittelbare Anwendung. Allerdings mögen einzelne der in § 60b Abs. 3 genannten Einzelpflichten als Orientierungspunkte für mögliche Mitwirkungshandlungen dienen; zu berücksichtigen ist jedoch, dass diese zum Teil selbst unter Zumutbarkeits- oder Erforderlichkeitsvorbehalt stehen und die Identität eines Ausländers nicht nur durch einen Pass geklärt werden kann (Wittmann/Röder ZAR 2019, 412 (422)).

44 **Asylbewerbern** ist – unabhängig von den im Einzelfall tatsächlich geltend gemachten und bestehenden Fluchtgründen – **eine Kontaktaufnahme mit der Auslandsvertretung des (vermeintlichen) Herkunftsstaats nicht zumutbar,** was eine Kontaktaufnahme über Dritte miteinschließt (vgl. BT-Drs. 19/8286, 15: "oder in sonstiger Weise […] in Kontakt zu treten"; Heinhold ASYLMAGAZIN 1-2/2018, 7 (8)). Das gilt nach der unmissverständlichen Gesetzesformulierung **für das "gesamte" Asylverfahren bis zu dessen "unanfechtbaren"** (!) **Abschluss** (BT-Drs. 19/8286, 15; ebenso Bergmann/Dienelt/Dollinger Rn. 33), also auch dann, wenn der geltend gemachte Schutzanspruch rechtlich nicht mehr durch eine Aufenthaltsgestattung oder ein sonstiges asylverfahrensbezogenes Bleiberecht geschützt wird. Das entspricht in der Sache der Wertung, die der Gesetzgeber im Zusammenhang mit der besonderen Passbeschaffungspflicht ausdrücklich kodifiziert hat (vgl. § 60b Abs. 2 S. 2).

45 Bis zum endgültigen Abschluss des Asylverfahrens dürften sich die zumutbaren Mitwirkungshandlungen daher auf biographische Angaben, die Vorlage vorhandener Papiere (§ 15 Abs. 2 Nr. 4 und Nr. 5 AsylG) oder Datenträger (§ 15 Abs. 2 Nr. 6 AsylG) und die Duldung erkennungsdienstlicher Maßnahmen (§ 15 Abs. 2 Nr. 7 AsylG) beschränken. Diese muss der Betroffene dann aber auch fristgerecht vornehmen, denn das Entstehen eines gebundenen Duldungsanspruchs hängt ggf. von der Rechtzeitigkeit ihres Ergreifens ab (→ Rn. 42), auch wenn die Identität letztendlich erst durch eine später zumutbar werdende Mitwirkungshandlung geklärt wird.

3. Absehensermessen

46 Abs. 7 ermächtigt die zuständige Behörde, eine Ausbildungsduldung "unbeachtlich des Absatzes 2 Nummer 3" zu erteilen, wenn der Ausländer die erforderlichen und ihm zumutbaren Maßnahmen für die Identitätsklärung ergriffen hat. Zweifelsfrei ist dieses Absehensermessen für den Fall eröffnet, in dem eine **Identitätsklärung trotz bestmöglicher Bemühungen erfolglos** bleibt, wobei sich in der Praxis weiterhin die altbekannte Frage stellt, wann dieser Punkt konkret erreicht ist.

46.1 Da das Erfordernis der Identitätsklärung im Hinblick auf die perspektivisch gem. § 19d Abs. 1a zu erteilende Aufenthaltserlaubnis eingeführt wurde, ist in dem Fall, dass die Ausbildungsduldung gem. Abs. 7 unter Verzicht auf das Erfordernis der Identitätsklärung erteilt worden ist, auch eine Ausnahme von der Regel des § 5 Abs. 1 Nr. 1a zu machen, dass die Erteilung eines Aufenthaltstitels die Klärung der Identität voraussetzt. Das gilt – in Übereinstimmung mit der § 60b Abs. 3 S. 1 Nr. 6 zugrundeliegenden Wertung – jedenfalls dann, wenn in der Zwischenzeit keine Veränderung der Sach- und Rechtslage eingetreten ist, die zu der Annahme berechtigt, dass die Identität nunmehr auf zumutbare Weise aufklärbar ist.

47 Richtigerweise erfasst Abs. 7 aber **auch die Fälle, in denen die Mitwirkungspflichten erst nach Ablauf der in Abs. 2 Nr. 3 genannten Fristen erfüllt werden,** dann aber zur Identitätsklärung führen. Mit dem Wortlaut ist dieses Verständnis vereinbar, da auch bei Verzicht (nur) auf die Fristwahrung die Ausbildungsduldung "unbeachtlich von Abs. 2 Nummer 3" erteilt wird (ebenso OVG Bln-Bbg BeckRS 2020, 15943 Rn. 24). In der Sache spricht dafür, dass die Fristen nicht als absolute Ausschlussfristen ausgestaltet sind und der Gesetzgeber sie in Abs. 7 gerade nicht zur Tatbestandsvoraussetzung gemacht hat (Röder/Wittmann ASYLMAGAZIN-Beil. 8-9/2019, 23 (28); aA VG Schleswig BeckRS 2020, 20256 Rn. 45). Auch erschiene es

unverhältnismäßig, bereits kleinste Nachlässigkeiten mit dem Ausschluss von der Ausbildungsduldung zu bestrafen, gerade weil häufig undurchsichtig ist, wann der Nachweis der Identität erbracht ist. Gerade hier kommt der behördlichen Anstoß- und Konkretisierungspflicht (→ Rn. 43) besondere Bedeutung zu.

Bei der Ermessensausübung kann die Behörde insbesondere berücksichtigen, ob das Versäumnis **48** lediglich auf Nachlässigkeit beruhte oder die betroffene Person sich durch ihre Säumnis gezielt Vorteile verschafft hat. Auch hat sie zu beachten, dass der vom Bundesrat vorgeschlagene Pauschalausschluss der Ausbildungsduldung bei vergangenen Identitätstäuschungen (BR-Drs. 8/1/19, 11 f.) gerade nicht Gesetz geworden ist und daher nicht „durch die Hintertür" als pauschale Ermessenserwägung eingeführt werden darf (Röder/Wittmann ASYLMAGAZIN-Beil. 8-9/2019, 23 (28)).

IV. Nichtbevorstehen aufenthaltsbeendender Maßnahmen

Mit den „konkret bevorstehenden Maßnahmen zur Aufenthaltsbeendigung" (Abs. 2 Nr. 5) hat **49** der Gesetzgeber den bislang in § 60a Abs. 2 S. 4 aF verankerten Ausschlussgrund übernommen, dessen **Anwendungsbereich aber auf die allgemeine Ausbildungsduldung beschränkt** („im Fall von Absatz 1 Satz 1 Nummer 2").

Mit dem Zeitpunkt der Beantragung der Ausbildungsduldung fixiert Abs. 2 Nr. 5 ausdrücklich **50** den Zeitpunkt als maßgeblich, auf den die Rechtsprechung schon bislang abgestellt hatte (VGH BW BeckRS 2016, 53635 Rn. 16; NdsOVG BeckRS 2016, 111344 Rn. 8; jetzt auch BayVGH NVwZ-RR 2018, 588 (590)). **Verfrüht bzw. nicht entscheidungsreif gestellte Anträge** können eine Anwartschaft auf eine Ausbildungsduldung zwar nicht begründen, **verhindern ein „Hineinwachsen" in die allgemeine Ausbildungsduldung** aber auch weiterhin **nicht.** Insoweit tritt die Sperrwirkung hinsichtlich des Ausschlussgrundes in dem Zeitpunkt ein, in dem die in Abs. 1 und Abs. 2 genannten Anspruchsvoraussetzungen erstmals vorliegen (VG Münster BeckRS 2020, 7526 Rn. 17; ebenso wohl BayVGH BeckRS 2020, 6730 Rn. 16; so bereits zur alten Rechtslage Röder/Wittmann ZAR 2017, 345 (350), zur neuen Rechtslage Röder/Wittmann ASYLMAGAZIN-Beil. 8-9/2019, 23 (29)).

Praxishinweis: Da es für das Eingreifen der Ausschlussgründe weiterhin nicht auf die Kenntnis des **50.1** Betroffenen ankommt, sollten entscheidungsreife Anträge unverzüglich und aktenkundig bei der nach dem jeweiligen Landesrecht zuständigen oder zur Entgegennahme des Antrags berechtigten Ausländerbehörde gestellt werden, um die Chancen im „Wettlauf" mit der Ausländerbehörde zu verbessern (instruktiv VGH BW BeckRS 2016, 111609 Rn. 6).

Zur Begrenzung des potenziell uferlosen und in der Praxis uneinheitlich angewendeten Aus- **51** schlussgrunds hat der Gesetzgeber eine in der Rechtsprechung verbreitete Formel aufgegriffen, wonach konkrete Maßnahmen zur Aufenthaltsbeendigung erst bevorstehen, wenn sie bereits in einem **hinreichenden zeitlichen und sachlichen Zusammenhang** zur Aufenthaltsbeendigung stehen (VGH BW BeckRS 2016, 53635 Rn. 18; OVG NRW BeckRS 2017, 110982 Rn. 11 mwN). Diese **vor die Klammer gezogene Voraussetzung** ist für jeden der in der **abschließenden Aufzählung** genannten Fälle **jeweils eigenständig zu prüfen und setzt voraus,** dass die **Durchsetzung der Ausreisepflicht absehbar** ist (VG Schleswig BeckRS 2020, 20256 Rn. 35).

1. Einzelheiten

Mit der Veranlassung einer ärztlichen Untersuchung zur Feststellung der Reisefähigkeit (vgl. **52** § 82 Abs. 4 S. 1) und der Einleitung der Buchung von Transportmitteln kodifiziert der Gesetzgeber schon bislang in der Rechtsprechung im Grundsatz anerkannte Fallgruppen (zur Erledigung der Sperrwirkung dieser Ausschlussgründe → Rn. 63 f.).

Die Stellung eines **Antrags zur Förderung einer Ausreise** mit staatlichen Mitteln stellt in **53** der Aufzählung insofern einen **Fremdkörper** dar, als hier unter der „Aufenthaltsbeendigung" iSd Abs. 2 Nr. 5 Hs. 1 die freiwillige Ausreise zu verstehen ist, während es im Übrigen um Maßnahmen geht, die auf eine zwangsweise Aufenthaltsbeendigung gerichtet sein müssen. Bei lit. c und d folgt dies aus dem Wortlaut („Abschiebung", vgl. OVG Bln-Bbg BeckRS 2020, 15943 Rn. 20), bei lit. d daraus, dass das deutsche Recht eine freiwillige Ausreise in Dublin-Fällen nicht vorsieht und bei lit. a daraus, dass die ärztliche Untersuchung in Erfüllung der staatlichen Schutzpflicht vor dem Einsatz unmittelbaren Zwangs veranlasst wird. Die Maßnahme, die infolge des Förderantrags bevorsteht, ist dabei die Entscheidung über den Förderantrag (zur Erledigung dieses Ausschlussgrundes → Rn. 64). Ein **nach Erteilung der Ausbildungsduldung gestellter Förderantrag ist unschädlich** (BT-Drs. 19/8286, 16); insbesondere schafft der Antragsteller dadurch nachträglich keinen – zum Widerruf berechtigenden – Ausschlussgrund, der gem. Abs. 2 Nr. 5 bei Antragstellung vorliegen muss.

54   Mit dem **Auffangtatbestand** der „Einleitung vergleichbar konkreter Vorbereitungsmaßnahmen" (lit. d) versucht der Gesetzgeber, sonstige vorstellbare und (derzeit) nicht vorstellbare Abschiebungsbemühungen zu erfassen, wodurch allerdings zwangsläufig der **abschließende Charakter der Aufzählung relativiert** und die in der Praxis gehegte Hoffnung auf eine eindeutige Konturierung des Ausschlussgrundes zunichtegemacht wird. Die **einschränkende Bedingung,** dass nicht von vornherein absehbar sein darf, dass die Vorbereitungsmaßnahme nicht zum Erfolg führen wird, schließt einerseits die Herbeiführung des Ausschlussgrundes in reiner Verhinderungsabsicht aus, verdeutlicht aber andererseits, dass auch Maßnahmen die Erteilung der Ausbildungsduldung (vorläufig) sperren, die nicht mit Sicherheit zum Erfolg führen werden. Wird absehbar, dass eine zunächst für erfolgsgeeignet gehaltene Maßnahme nicht zum Ziel führen wird, entfällt die Sperrwirkung dieser Maßnahme (zur „Erledigung" des Ausschlussgrundes → Rn. 63 f.).

55   Die gesetzlich geforderte Vergleichbarkeit bezieht sich systematisch nur auf die zuvor genannten Beispiele (lit. a–c), bei denen die Ausreise jeweils schon „in Sichtweite" ist. Dies spricht tendenziell für eine **restriktive Handhabung des Auffangtatbestandes,** zumal nach der Vorstellung des Gesetzgebers die routinemäßig ergangene Aufforderung zur Passbeschaffung nicht hierunter fällt (BT-Drs. 19/8286, 16). Ein seitens der Ausländerbehörde gestellter **Passersatzpapierantrag** fällt daher nicht generell, sondern **nur dann** unter lit. d, **wenn nach der** – im Streitfall ggf. offenzulegenden – **Verwaltungserfahrung mit einer Ausstellung zeitnah,** dh nicht erst in vielen Monaten **zu rechnen ist,** da der auch hier erforderliche zeitliche Zusammenhang zur Aufenthaltsbeendigung ansonsten fehlt (vgl. BayVGH BeckRS 2020, 6730 Rn. 17; ergänzend → Rn. 51). Die unter der alten Rechtslage insoweit an keinen einschränkenden Gesetzeswortlaut gebundene Rechtsprechung lässt sich deshalb nicht fortführen (so jetzt auch BayVGH BeckRS 2020, 6730 Rn. 17; zur Rechtsprechung zur alten Rechtslage vgl. etwa BayVGH BeckRS 2016, 56088 Rn. 19: „bis zu acht Monate" bezüglich Pakistan; VG Düsseldorf BeckRS 2018, 6148 Rn. 22 mwN; vgl. auch Allgemeine Anwendungshinweise des Bundesministeriums des Innern, für Bau und Heimat zur Duldungserteilung nach § 60a Aufenthaltsgesetz v. 30.5.2017, 13).

56   Dieselben Maßstäbe gelten für die in der Gesetzesbegründung genannten, **mit den Botschaften des Herkunftslandes** des Betroffenen zur Vorbereitung der Rückführung **vereinbarten Termine** (BT-Drs. 19/8286, 16): Der Termin muss – vom Zeitpunkt der Beantragung der Ausbildungsduldung aus betrachtet – nicht nur in angemessener Zeit stattfinden, sondern (im Erfolgsfall) bei typisierender Betrachtung erfahrungsgemäß dann auch zeitnah zur Aufenthaltsbeendigung führen. Diese Grundsätze finden auch auf die in der Praxis immer häufiger mit **Identifizierungskommissionen** des Herkunftslandes vereinbarten Termine Anwendung (vgl. VG München BeckRS 2020, 7929 Rn. 39).

57   Schon weil die Wahrnehmung einer **Beratung zur freiwilligen Rückkehr** zunächst nur der Entscheidungsfindung dient, stellt sie keine vergleichbar konkrete Vorbereitungsmaßnahme dar. Dies gilt umso mehr, als lit. d ohnehin nur auf von der Ausländerbehörde ergriffene Vorbereitungsmaßnahmen zugeschnitten ist, wohingegen vom Ausreisewilligen ausgehende Maßnahmen nur im Fall des lit. c zu einem Ausschluss der Ausbildungsduldung führen.

58   Weitere Anwendungsfälle von lit. d sollen die **Ankündigung des Widerrufs einer Duldung** nach § 60a Abs. 5 S. 4 sowie die **Beantragung von Ausreisegewahrsam oder Sicherungshaft** sein (BT-Drs. 19/8286, 16; zum Entfall der Sperrwirkung → Rn. 64).

59   Sofern auf Grund des Organisationsaufbaus die Ausländerbehörde über einen **gesonderten Rückführungsbereich** verfügt, der ausschließlich die praktische Durchführung von Rückführungen betreibt, soll eine vergleichbar konkrete Vorbereitungsmaßnahme schließlich dann vorliegen, wenn die Ausländerakte zu diesem Zweck an diese Organisationseinheit oder eine zentrale Behörde übergeben wurde (BT-Drs. 19/8286, 16). Auch das gilt freilich nur dann, wenn die Weitergabe in **sachlichem und zeitlichem Zusammenhang mit der Aufenthaltsbeendigung** steht (→ Rn. 51).

2. Sonderfall: Dublin

60   Lit. d betrifft **„Dublin-Fälle".** Bislang ging der Gesetzgeber davon aus, dass diese erst bei Einleitung eines Überstellungsverfahrens von der Ausbildungsduldung ausgeschlossen waren (BT-Drs. 18/9090, 25). Dem schloss sich die ganz überwiegende Rechtsprechung jedenfalls für den Regelfall der bei Unzuständigkeit Deutschlands erlassenen **Abschiebungsanordnung** (§ 34a Abs. 1 S. 1 AsylG) an, die zwar die für eine Ausbildungsduldung – jedenfalls nach bisherigem Verständnis (→ Rn. 9) – konstitutive Ausreisepflicht zur Entstehung (vgl. § 67 Abs. 1 S. 1

Nr. 5 AsylG), simultan aber einen Anspruch auf eine Ausbildungsduldung zu Fall brachte, da die Abschiebungsanordnung ihrer Natur nach eine konkrete Maßnahme zur Aufenthaltsbeendigung iSv § 60a Abs. 2 S. 4 darstelle (vgl. VGH BW BeckRS 2017, 100160 Rn. 18; 2017, 106575 Rn. 17; VG Karlsruhe BeckRS 2018, 4542 Rn. 26 ff.; SächsOVG BeckRS 2018, 5729 Rn. 6; ebenso GK-AufenthG/Funke-Kaiser Rn. 288.4; diff. Röder/Wittmann ZAR 2017, 345 (350)).

Nunmehr soll der Ausschlussgrund seinem Wortlaut nach immer **schon bei Einleitung eines** **61** **Zuständigkeitsbestimmungsverfahrens gemäß Art. 20 Abs. 1 Dublin III-VO** eingreifen. Nähme man das Gesetz tatsächlich beim Wort, gelänge man allerdings bei jedem (ehemaligen) Asylbewerber zu der Feststellung, dass ein – bei erstmaliger Antragstellung obligatorisches (vgl. Art. 20 Abs. 1 Dublin III-VO: „wird eingeleitet") – Zuständigkeitsbestimmungsverfahren iSd lit. e „eingeleitet wurde". Auch insoweit ist jedoch das **Erfordernis eines hinreichenden sachlichen** **und zeitlichen Zusammenhangs zur Aufenthaltsbeendigung zu beachten,** der selbst bei typisierender Betrachtung durch die bloße Einleitung eines – zu diesem Zeitpunkt noch völlig ergebnisoffenen – Zuständigkeitsbestimmungsverfahrens noch nicht hergestellt wird, jedenfalls aber mit Ablauf der Ersuchens- (Art. 21 Abs. 1 Dublin III-VO, Art. 23 Abs. 2 Dublin III-VO) oder Überstellungsfristen (Art. 29 Abs. 2 Dublin III-VO) sowie bei (ggf. konkludentem) Selbsteintritt Deutschlands entfällt (Röder/Wittmann ASYLMAGAZIN-Beil. 8-9/2019, 23 (30)). Das gilt auch für den Fall, dass die Unzulässigkeitsentscheidung wegen nicht feststehender Undurchführbarkeit der Abschiebung gem. § 34a Abs. 1 S. 4 AsylG **ausnahmsweise nur** mit einer **Abschiebungsandrohung** verbunden wird (Wittmann/Röder ZAR 2019, 412, (423)).

Zumindest im Ergebnis dürfte der Ausschlussgrund deshalb weiterhin nur **bei mit einer** **62** **Abschiebungsanordnung verbundenen Unzulässigkeitsentscheidungen** praxisrelevant werden, deren Zustellung nach bisheriger Dogmatik ohnehin den frühestmöglichen Zeitpunkt für die Erteilung einer Ausbildungsduldung markiert (zum Erlöschen der Aufenthaltsgestattung vgl. Röder/Wittmann ZAR 2017, 345 (346) sowie → AsylG § 67 Rn. 20). Die bislang ungeklärte Frage, **ob** eine **Ausbildungsduldung** in „Dublin-Fällen" per se **aus unionsrechtlichen Grün-** **den ausscheidet** (vgl. VGH BW BeckRS 2017, 100160 Rn. 20; VG Karlsruhe BeckRS 2018, 4542 Rn. 30 f.; dazu tendierend GK-AufenthG/Funke-Kaiser Rn. 288.4), dürfte vor diesem Hintergrund nur dann entscheidungserheblich werden, wenn der zeitliche Zusammenhang zwischen Abschiebungsanordnung und der eigentlichen Aufenthaltsbeendigung verneint würde. Angesichts weiterhin niedriger Überstellungsquoten ließe sich selbst bei Zugrundelegung einer typisierenden Betrachtung durchaus bezweifeln, dass die Abschiebung allein durch den Erlass einer Abschiebungsanordnung in zeitlicher Hinsicht absehbar wird (Röder/Wittmann ZAR 2017, 345 (351)).

Da es sich bei einem (behaupteten) Anspruch auf eine Ausbildungsduldung um ein inlandsbezogenes **62.1** Vollstreckungshindernis handelt, läge die **materiell-rechtliche Entscheidungskompetenz** nach der herkömmlichen Differenzierung **eigentlich beim Bundesamt,** infolgedessen dann eigentlich die Bundesrepublik Deutschland passivlegitimiert sein müsste, ohne dass dies in der Rechtsprechung bislang problematisiert worden wäre.

3. Erledigung des Ausschlussgrundes

Hat ein **Ausschlussgrund** nach Abs. 2 Nr. 5 einmal gegriffen, **sperrt** er die **Erteilung einer** **63** **Ausbildungsduldung nicht „ewig",** sondern nur so lange, wie der sachliche und zeitliche Zusammenhang zur Aufenthaltsbeendigung noch besteht. Die Sperrwirkung einer behördlich veranlassten ärztlichen Reisefähigkeitsuntersuchung erledigt sich deshalb, wenn diese eine **länger-** **fristige oder dauerhafte Reiseunfähigkeit** ergibt (so in der Sache auch BT-Drs. 19/8286, 15). In Anlehnung an die dreimonatige Karenzfrist (Abs. 2 Nr. 2) ist die Grenze zwischen vorübergehender und längerfristiger Reiseunfähigkeit bei maximal drei Monaten zu ziehen (aA OVG Bln-Bbg BeckRS 2020, 8492 Rn. 16 f.: sechs Monate). Bleibt aufgrund der ärztlichen Untersuchung unklar, ob und wann der Betroffene wieder reisefähig sein wird, entfällt der zeitliche Zusammenhang zwischen dem Untersuchungstermin und der in absehbarer Zeit für möglich gehaltenen Abschiebung (aA OVG Bln-Bbg BeckRS 2020, 8492 Rn. 17).

Ebenso stehen keine konkreten Maßnahmen zur Aufenthaltsbeendigung mehr bevor, wenn eine **64** bereits eingeleitete **Buchung eines Transportmittels** generell oder in Bezug auf den Ausländer storniert (lit. c) oder der Abschiebungsvorgang selbst ersatzlos **abgebrochen.** Der in lit. b genannte Förderantrag steht in keinem zeitlichen Zusammenhang mit der freiwilligen Ausreise mehr, wenn der Ausreiseentschluss – für die Behörde erkennbar – endgültig wieder aufgegeben wird. Bei Beantragung von Ausreisegewahrsam oder Sicherungshaft entfällt die Sperrwirkung mit **Ablehn-** **nung des Haftantrags oder Freilassung des Betroffenen** (zum Wegfall der Sperrwirkung in

Dublin-Fällen → Rn. 61). Schließlich ist der Ausschlussgrund im Falle der **Wiedereinreise des Betroffenen nach erfolgter Abschiebung** „verbraucht".

V. Sonstige Versagungsgründe

1. Verbotstatbestände des § 60a Abs. 6

65   Die in § 60a Abs. 6 genannten Sachverhalte schließen **originär die Erteilung einer Beschäftigungserlaubnis** aus, werden über Abs. 2 Nr. 1 aber zu Versagungsgründen für die Ausbildungsduldung erhoben. Neben dem – durch das „Duldungsgesetz" reformierten – Ausschlusstatbestand für sichere Herkunftsstaaten hatte bislang vor allem § 60a Abs. 6 S. 1 Nr. 2 große praktische Bedeutung, der eine Ausbildungsduldung ua in Fällen ausschloss, in denen die Abschiebung wegen unzureichender Mitwirkung bei der Identitätsklärung erschwert oder vereitelt wurde. Zwar wurde die ungeklärte Identität in Abs. 2 Nr. 3 zu einem selbständigen Versagungsgrund ausgestaltet. Eigenständige Bedeutung behält der Ausschlussgrund aber in Fällen, in denen eine Abschiebung trotz geklärter Identität nicht möglich ist (OVG LSA BeckRS 2021, 935 Rn. 14; sa SächsLSG BeckRS 2021, 3504 Rn. 48). So wird bei Vorlage eines anerkannten, aber abgelaufenen Passes die Identität regelmäßig als geklärt anzusehen sein, ohne dass damit automatisch die Möglichkeit einer Abschiebung eröffnet wäre. Für Einzelheiten zu § 60a Abs. 6 siehe die dortige Kommentierung (→ § 60a Rn. 118 ff.).

2. Straftaten

66   § 60c Abs. 2 Nr. 4 (iVm § 19d Abs. 1 Nr. 7) übernimmt mit der **Verurteilung wegen** einer im Bundesgebiet begangenen **Vorsatzstraftat** den bislang in § 60a Abs. 2 S. 6 aF enthaltenen und auch andernorts verwendeten (vgl. zB § 25a Abs. 3) Ausschlussgrund. Hinsichtlich der **Bagatellgrenzen** (50 Tagessätze / 90 Tagessätze wegen Straftaten, die nach dem AsylG oder AufenthG nur von Ausländern begangen werden können) ist umstritten, ob auch bei **Zusammentreffen von allgemeiner und ausländerspezifischer Straftat** eine Addition der Tagessätze stattfindet. Der Wortlaut („oder") spricht für eine absolute Obergrenze von 90 Tagessätzen (Huber/Göbel-Zimmermann AuslR § 25a Rn. 25; Wittmann/Röder ZAR 2019, 412 (422); aA NK-AuslR/Fränkel § 25a Rn. 18 sowie Nr. 60a.2.6 der Verfahrenshinweise der Ausländerbehörde Berlin). Auf tateinheitlich mit der ausländerrechtlichen Straftat begangene typische (nicht-ausländerrechtliche) Begleitdelikte findet die 50-, nicht die 90-Tagessatz-Grenze Anwendung (VGH BW BeckRS 2020, 18997 Rn. 31).

67   § 19d Abs. 1 Nr. 7 stellt nur auf das Vorliegen einer strafrechtlichen Verurteilung ab. Ob sie zu Recht ergangen ist, wird im Verwaltungs(gerichts)verfahren nicht mehr geprüft (VGH BW BeckRS 2020, 18997 Rn. 30). Die strafrechtliche **Verurteilung muss rechtskräftig sein** (auf die Rechtskraft abstellend auch VGH München BeckRS 2020, 30373 Rn. 7). Das ergibt sich zwar nicht aus dem Wortlaut von § 19d Abs. 1 Nr. 7, **folgt aber aus § 79 Abs. 5,** der ebenfalls zum 1.1.2020 in Kraft getreten ist: Danach ist die Entscheidung über eine beantragte Ausbildungsduldung im Falle einer strafgerichtlichen Entscheidung bis zu deren Rechtskraft, im Übrigen bis zum sonstigen Abschluss des Strafverfahrens auszusetzen (richtigerweise musste die Verurteilung aber schon vor Inkrafttreten von § 79 Abs. 5 rechtskräftig sein, vgl. BeckOK MigR/Röder, 1. Ed. 1.3.2019, § 60a Rn. 112).

68   Die Aussetzungspflicht setzt **im Unterschied zur Beschäftigungsduldung** nicht schon im – nur einen Anfangsverdacht voraussetzenden – Ermittlungsverfahren (vgl. § 79 Abs. 4), sondern erst mit Beantragung eines Strafbefehls (vgl. § 407 Abs. 1 S. 4 StPO) oder Klageerhebung in sonstiger Weise ein, die einen – graduell stärkeren – hinreichenden Tatverdacht (§ 170 Abs. 1 StPO, § 203 StPO) voraussetzen (näher Dietz NVwZ-Extra 15/2019, 1 (8), https://rsw.beck.de/rsw/upload/NVwZ/Extra_1-2-2021.pdf).

68a   Bei Aussetzung des ausländerbehördlichen Verfahrens wird dem unverteidigten Beschuldigten regelmäßig gemäß § 140 Abs. 2 StPO ein Pflichtverteidiger an die Seite zu stellen sein, da die Schwere der zu erwartenden Rechtsfolge anerkanntermaßen auch durch drohende mittelbare ausländerrechtliche Nachteile bestimmt wird (ausführlich Röder/Stahlmecke ASYLMAGAZIN 3/2021, 66 ff.).

69   Der **Ausgang des Strafverfahrens muss ausnahmsweise dann nicht abgewartet werden,** wenn er für die Entscheidung über die Ausbildungsduldung unerheblich ist (§ 79 Abs. 5 aE: „es sei denn"). Dies ist zum einen der Fall, wenn das Vorliegen eines anderen Ausschlussgrundes feststeht, im Übrigen dann, wenn ausschließlich eine fahrlässige Tatbegehung im Raum steht, die einen Versagungsgrund nach Abs. 2 Nr. 4 niemals begründen kann (missverständlich insoweit Röder/Wittmann ASYLMAGAZIN-Beil. 8-9/2019, 23 (30)).

Da die Identität im Falle einer ausländerbehördlichen Aussetzung der Entscheidung über die **70** Ausbildungsduldung regelmäßig geklärt sein wird und der Antrag des ausreisepflichtigen Antragstellers auch keine Fiktionswirkungen nach § 81 auslöst, wäre seine Abschiebung praktisch ohne Weiteres möglich. Richtigerweise zeigt der nur vom Ausgang des Strafverfahrens abhängige (mögliche) Ausbildungsduldungsanspruch in diesen Fällen aber eine **Vorwirkung** mit der Folge, dass dem Betroffenen **bis zum Abschluss des Strafverfahrens** jedenfalls eine **Duldung gem. § 60a Abs. 2 S. 3 sowie eine** für die Aufnahme oder Fortsetzung der Berufsausbildung erforderlichen **Beschäftigungserlaubnis** zu erteilen sind (für die Fälle des § 79 Abs. 2 im Ergebnis ebenso Bergmann/Dienelt/Samel § 79 Rn. 16, der dort sogar von einem Rechtsanspruch nach § 60a Abs. 2 S. 1 wegen rechtlicher Unmöglichkeit ausgeht).

3. Terrorismus- oder Extremismusverbindungen

Mit dem Verweis auf § 19d Abs. 1 Nr. 6 in § 60c Abs. 2 Nr. 4 hat der Gesetzgeber einen **71** Ausschlussgrund vorgezogen, der bis zum 31.12.2019 erst der Erteilung der Aufenthaltserlaubnis im Wege stand. Neben der Unterstützung extremistischer und terroristischer Organisationen führen auch schon „Bezüge" zu ihnen zum Ausschluss von der Ausbildungsduldung, hinsichtlich derer dieselben **Bestimmtheitsbedenken** eingreifen wie gegen die Vorbildregelung des § 104a Abs. 1 S. 1 (Bergmann/Dienelt/Dienelt/Dollinger § 19d Rn. 28 mwN; Wittmann/Röder ZAR 2019, 412 (422)).

4. Ausweisung und Abschiebungsanordnung (§ 58a)

Der weitere Ausschlussgrund der erfolgten Ausweisung schließt zur Vermeidung von Wertungs- **72** widersprüchen eine bislang bestehende Lücke, weil § 11 Abs. 1 S. 2 nur ein Titel-, aber kein Duldungserteilungsverbot enthält. Aus denselben Gründen wurde der Erlass einer Abschiebungsanordnung nach § 58a aufgenommen, der auch die Abschiebung des Inhabers eines Aufenthaltstitels ermöglichen würde.

Ein **aufgrund einer Abschiebung erlassenes Einreise- und Aufenthaltsverbot** (§ 11 Abs. 1 **73** S. 1) führt nicht per se, sondern nur im Falle einer rechtskräftigen strafrechtlichen Verurteilung (vgl. § 95 Abs. 2 Nr. 1) gem. Abs. 2 Nr. 4 zum Ausschluss von der Ausbildungsduldung; mangels unbewusster Regelungslücke scheidet eine Analogiebildung zu § 11 Abs. 1 S. 2 aus (→ Rn. 7).

F. Offensichtlicher Missbrauch

Schon unter der alten Rechtslage bestand Einigkeit, dass die Erteilung der Ausbildungsduldung **74** trotz Vorliegens aller Erteilungsvoraussetzungen im Falle eines Rechtsmissbrauchs verweigert werden konnte. Entsprechende Erwägungen hatten bislang in der Regel im Rahmen der Ermessensausübung bei der Entscheidung über die Erteilung einer Beschäftigungserlaubnis ihren Platz, die nach hM zusätzlich erforderlich war (vgl. Röder/Wittmann ZAR 2017, 345 (349) sowie Fleuß VerwArch 2018, 261 (275), jeweils mwN). **Abs. 1 S. 2 verlagert den Prüfungsstandort nunmehr auf die Duldungsebene** vor und trägt damit dem Umstand Rechnung, dass Abs. 1 S. 3 einen strikten Rechtsanspruch auf eine erforderliche Beschäftigungserlaubnis einräumt, wenn alle Duldungserteilungsvoraussetzungen erfüllt sind (→ Rn. 85).

Zu betonen ist allerdings, dass der **Versagungsspielraum mit der Beschränkung auf offen- 75 sichtliche Missbrauchsfälle geringer als bislang** ist. Insbesondere besteht kein Raum mehr für generalpräventive einwanderungspolitische Überlegungen oder Korrekturen tatsächlicher oder vermeintlicher systematischer Brüche. Ob es sich um einen Missbrauchsfall handelt, bestimmt sich stets nach den konkreten Umständen des Einzelfalls. Nach allgemeinen Grundsätzen liegt die **Darlegungs- und Beweislast bei der zuständigen Behörde.** Die Forderung nach der „Offensichtlichkeit" des Missbrauchs dürfte dabei in erster Linie als Erinnerung an ihre Pflicht zu verstehen sein, die den Missbrauch begründenden **Umstände von Amts wegen zu ermitteln** (§ 24 Abs. 1 LVwVfG) und nicht vorschnell einen Missbrauch anzunehmen. Das gilt auch für die Gerichte, die – unter Verkennung der Beweislast – auch unter der neuen Rechtslage zu schnell einen Missbrauch bejahen (beispielhaft VG Potsdam BeckRS 2020, 7755).

Das Tatbestandsmerkmal des Missbrauchs beinhaltet eine subjektive Komponente im Sinne **76** einer **gezielten Ausnutzung oder Umgehung im Einzelfall.** Kategorisierend ist der durch § 60c vom Gesetzgeber bewusst provozierte Versuch, sich über eine Ausbildung ein „Bleiberecht" zu erarbeiten, nur dann rechtlich zu missbilligen, wenn sich der Betroffene entweder **auf unlautere**

Weise **Zugang zum Anwendungsbereich der Ausbildungsduldung** verschafft hat oder er das **Instrument der Ausbildungsduldung** als solches zur Erschleichung eines Bleiberechts **zweckentfremdet.**

77   In die erste Kategorie fällt der schon bislang anerkannte Missbrauchsfall, dass der Betroffene nachweislich gezielt mit der Absicht der Aufnahme einer Ausbildung unter **Umgehung des Visumverfahrens** eingereist ist (VG Schleswig BeckRS 2019, 23206 Rn. 15; Röder/Wittmann ZAR 2017, 345 (349); Wittmann NVwZ 2018, 28 (31)). Auch ein **Asylantrag,** der offensichtlich **allein zum Zweck der Wahrung einer bereits konkret bestehenden Chance auf eine Ausbildungsduldung** gestellt wurde, kann den Missbrauchsvorwurf tragen. Diese Absicht ist dem Ausländer im konkreten Fall nachzuweisen.

78   Potenziell in die zweite Kategorie fällt das in der Gesetzesbegründung genannte **„Scheinausbildungsverhältnis",** das bei einem von vornherein **offenkundig unerreichbaren Ausbildungserfolg** vorliegen soll (BT-Drs. 19/8286, 14). Das vom Gesetzgeber angeführte Beispiel fehlender (nicht: unzureichender) Sprachkenntnisse kann dafür **allenfalls ein Verdachtsmoment** für ein Scheinausbildungsverhältnis liefern. In systematischer Hinsicht ist dabei zu berücksichtigen, dass das Gesetz erst für die Erteilung der anschließenden Aufenthaltserlaubnis ein bestimmtes Sprachniveau verlangt (§ 19d Abs. 1a iVm § 19d Abs. 1 Nr. 3) und es die **Einschätzung des Ausbildung**serfolgs – auch unter Ausschöpfung der im Ausbildungsrecht vorgesehenen Verlängerungsmöglichkeiten (vgl. zB § 8 Abs. 2 BBiG, § 21 Abs. 3 BBiG) und auch Geduldeten offen stehenden Unterstützungsangeboten (vgl. zB § 44 Abs. 4 S. 2 Nr. 2 (Integrationskurse), § 4 Abs. 1 S. 2 Nr. 1 DeuFöV (berufsbezogene Deutschsprachförderung), §§ 75, 130 SGB III (ausbildungsbegleitende Unterstützung)) – den **(sachnäheren) Ausbildungsvertragsparteien** zuweist, deren Risiko es ist, eine mit geringen Erfolgsaussichten begonnene Ausbildung später mit der Folge des Erlöschens der Ausbildungsduldung abbrechen zu müssen (vgl. VG Düsseldorf BeckRS 2018, 6148 Rn. 34 zur insoweit identischen bisherigen Rechtslage). Dieser reaktive Mechanismus bietet ausreichenden Missbrauchsschutz (Wittmann/Röder ZAR 2019, 412 (424)).

79   „Zum Schein" wird ein Ausbildungsverhältnis richtigerweise nur eingegangen, wenn es von vornherein gar nicht vollzogen werden soll und der fehlende Vollzugswille zudem offensichtlich ist. In Anknüpfung an die Gesetzesbegründung kann das Nichtbetreiben der nach § 60c Abs. 3 S. 3 erforderlichen Eintragung hierfür ein Indiz sein (BT-Drs. 19/8286, 16). Dass sich ein Betroffener erst im Angesicht einer (drohenden) Abschiebung für die Aufnahme einer Ausbildung entscheidet, begründet für sich genommen keinen Missbrauchsverdacht (so aber im Ansatz VG Potsdam BeckRS 2020, 7755 Rn. 15). In nicht wenigen Fällen dürfte die Vermeidung der eigenen Abschiebung das treibende Motiv sein, das der Gesetzgeber bewusst geweckt hat und den Betroffenen daher schwerlich zum Vorwurf gemacht werden kann.

80   Soweit die Rechtsprechung unter der bisherigen Rechtslage einen Missbrauch der Ausbildungsduldung in Fällen **bereits vorhandener beruflicher Qualifikationen** erörtert (und teilweise bejaht) hat, hat der Gesetzgeber diese weder in der Begründung noch im Wortlaut von § 60c aufgegriffen. Dieser setzt – auch nach seinem Normzweck – weiterhin nicht voraus, dass der Ausländer „erstmalig" eine Ausbildung aufnimmt (VG Düsseldorf BeckRS 2018, 6148 Rn. 18 zu § 60a Abs. 2 S. 4 aF; vgl. VG Mainz BeckRS 2018, 4068 Rn. 16 ff.). Ein bereits berufsqualifizierter Ausländer verhält sich deshalb grundsätzlich nicht rechtsmissbräuchlich, wenn er unter dem Schutz der Ausbildungsduldung eine **andersartige Zweitausbildung** absolviert (zutr. BVerwG BeckRS 2020, 21705; OVG LSA BeckRS 2019, 22655 = ZAR 2020, 107 (109) mAnm Wittmann; VG Neustadt a. d. Weinstraße BeckRS 2018, 25653 Ls. 2; VG Mainz BeckRS 2018, 4068 Ls. 1; offengelassen von OVG MV BeckRS 2017, 127867 Rn. 10; wie hier Bergmann/Dienelt/Dollinger Rn. 14). Dabei kommt es richtigerweise grundsätzlich nicht darauf an, ob die Erstausbildung im Herkunftsland, einem sonstigen Land oder in Deutschland absolviert worden ist.

81   Soweit der Betroffene eine Ausbildung in einem Beruf aufnimmt, in dem er bereits faktisch über **einschlägige Berufsqualifikationen** verfügt, liegt ein missbräuchliches „Formal- oder Scheinausbildungsverhältnis" jedenfalls nicht auf der Hand. Das dahinter stehende Argument, der „Azubi" könne im Rahmen der Ausbildung nichts Wesentliches mehr lernen, was er nicht ohnehin schon könne, überzeugt schon angesichts der so oft betonten einzigartigen Qualität und Spezifika des deutschen (dualen) Ausbildungssystems, das sich grundlegend von – je nach Herkunftsland überhaupt nicht existierenden – anderen Ausbildungssystemen unterscheidet, nicht. In solchen Fällen bedarf es seitens der Behörde und Gerichte deshalb stets weiterer Nachforschungen, ob die **Ausbildung tatsächlich gänzlich überflüssig** ist. Dabei ist zu berücksichtigen, dass die Ausbildungsparteien ein **anerkennenswertes Interesse** daran haben können, dass der Ausländer durch eine förmliche – aufgrund der Vorqualifikation ggf. deutlich verkürzbare – Ausbildung den durch § 60c beabsichtigten **Fachkraftstatus** erlangt. Mit **§ 19d Abs. 1 Nr. 1 lit. c existiert**

dabei **keine speziellere Vorschrift,** die rechtsmissbräuchlich umgangen würde (zur bisherigen Rechtslage aA wohl OVG MV BeckRS 2017, 127867 Rn. 8; zust. Köhler/Rosenstein InfAuslR 2019, 266 (267); in dieselbe Richtung auch OVG RhPf BeckRS 2017, 119656 Rn. 9; sa Dietz NVwZ-Extra 15/2019, 1 (11), https://rsw.beck.de/rsw/upload/NVwZ/Extra_1-2-2021.pdf). Die Norm eröffnet qualifizierten Geduldeten zwar unmittelbar die Aussicht auf eine Aufenthaltserlaubnis, die sie aber **nicht als Fachkraft im Sinne der neuen Legaldefinition (vgl. § 18 Abs. 3 Nr. 1 nF)** erhalten, der eine inländische oder eine als gleichwertig anerkannte ausländische Berufsausbildung voraussetzt. Dies ermöglicht ihnen allein die – auf die Gewinnung von Fachkräften abzielende – Ausbildungsduldung. Von einer **Umgehung** könnte daher nur dann gesprochen werden, wenn der Betroffene seine **Berufsqualifikationen** nach den einschlägigen Anerkennungsgesetzen problemlos **als gleichwertig anerkennen** lassen könnte, was aber keineswegs selbstverständlich ist. Eine Gleichwertigkeitsfeststellung allein aufgrund beruflicher Erfahrung ohne förmliche ausländische Ausbildungsnachweise scheidet jedenfalls regelmäßig aus (vgl. § 2 Abs. 1 BQFG).

Liegt ausnahmsweise ein – gerichtlich voll überprüfbarer – offensichtlicher Missbrauch vor, steht **82** die Versagung der Ausbildungsduldung im Ermessen der Ausländerbehörde, die aber angesichts des nachgewiesenen unlauteren Verhaltens in der Regel nicht zu beanstanden sein wird.

G. Erteilung der Beschäftigungserlaubnis

Werden alle Erteilungsvoraussetzungen erfüllt und liegt kein offensichtlicher Missbrauch vor, **83** besteht gem. Abs. 1 S. 3 ein **strikter Rechtsanspruch** auf eine erforderliche Beschäftigungserlaubnis. Die Vorschrift erledigt die zum alten Recht bis zuletzt geführte Diskussion, ob es einer zusätzlichen Beschäftigungserlaubnis bedurfte einschließlich der Folgefrage, inwieweit das Erteilungsermessen durch den Ausbildungsduldungsanspruch reduziert war (dies verkennend OVG Bln-Bbg BeckRS 2020, 15945 Rn. 20; zu Einzelheiten zur früheren Rechtslage vgl. BeckOK MigR/Röder, 1. Ed. 1.3.2019, § 60a Rn. 138 ff.). Der Antrag auf die Ausbildungsduldung enthält konkludent stets auch den Antrag auf eine erforderliche Beschäftigungserlaubnis.

Mit Blick auf die Asylbewerber-Ausbildungsduldung stellt sich auch unter der neuen Rechtslage **84** weiter die **Frage, ob** eine gem. § 61 AsylG erteilte **Beschäftigungserlaubnis an das Schicksal der Aufenthaltsgestattung** (vgl. § 67 Abs. 1 AsylG) **gekoppelt** ist oder über diese hinauswirkt. Für den Fortbestand der Beschäftigungserlaubnis spricht zunächst weiterhin, dass es sich bei dieser Beschäftigungserlaubnis nicht um eine Nebenbestimmung zur – kraft Gesetzes entstehenden und erlöschenden – Aufenthaltsgestattung, sondern um einen selbstständigen Verwaltungsakt handelt, der nach allgemeinen Grundsätzen nicht mit dem Fortfall seiner Erlassvoraussetzungen entfällt (so bereits Röder/Wittmann ZAR 2017, 345 (347); ebenso dann VG Augsburg BeckRS 2018, 28245 Rn. 24; aA OVG RhPf BeckRS 2017, 117445 Rn. 49: „akzessorische Erlaubnis nach § 61 Abs. 2"; GK-AufenthG/Funke-Kaiser § 4 Rn. 108, 106). Hinzu kommt das **rechtspraktische Argument,** das durch die Schaffung der privilegierten Asylbewerber-Ausbildungsduldung weiter gestärkt wird: Diese soll – das zeigt insbesondere der Verzicht auf die Erteilungsvoraussetzung der dreimonatigen Karenzzeit (→ Rn. 30 ff.) – den Ausbildungsparteien eine **nahtlose Fortsetzung der Ausbildung nach Erlöschen der Aufenthaltsgestattung** ermöglichen. Dieses Ziel wäre bei Annahme einer Akzessorietät indes gefährdet, da die Ausbildungsparteien zur Vermeidung von Strafbarkeitsrisiken (vgl. § 404 Abs. 2 Nr. 3 und Nr. 4 SGB III) jedenfalls zur Unterbrechung der Ausbildung genötigt wären.

Nimmt man dagegen an, dass Ausbildungsduldung und Aufenthaltsgestattung nicht mehr in einem **84.1** Exklusivitätsverhältnis stehen, könnte die Beschäftigungserlaubnis als selbstständiger Verwaltungsakt und Nebenbestimmung zugleich verstanden werden. Letzteres würde das Erlöschen der Aufenthaltsgestattung dann überdauern (vgl. Wittmann/Röder ZAR 2019, 412 (418)).

Abs. 1 S. 3 gewährt dem Inhaber eines Ausbildungsduldungsanspruchs den **Anspruch auf 85 die Beschäftigungserlaubnis wartefristunabhängig.** Hier kann es in beiden Varianten der Ausbildungsduldung zu **Konflikten mit § 61 Abs. 2 S. 1 Hs. 2 AsylG** kommen, der für vollziehbar abgelehnte Asylbewerber eine **sechsmonatige Sperrfrist** für die Erteilung einer Beschäftigungserlaubnis vorsieht. Diese Widersprüche dürften Folge einer unzureichenden Abstimmung der zahlreichen Gesetzgebungsvorhaben des „Migrationspakets" sein und sind dadurch aufzulösen, dass **§ 60c Abs. 1 S. 3 als Spezialvorschrift** § 61 Abs. 1 S. 2 Hs. 2 AsylG vorgeht (ebenso Voigt, Stellungnahme v. 21.6.2019, 6, abrufbar unter www.ggua.de; näher Wittmann/Röder ZAR 2019, 412 (417)).

H. Beantragung der Ausbildungsduldung

86   Nach Abs. 3 S. 1 kann der Antrag auf Erteilung der Ausbildungsduldung frühestens sieben Monate vor Beginn der Ausbildung gestellt werden. Der Gesetzgeber bezeichnet damit den **frühestmöglichen Zeitpunkt, zu dem ein Duldungsantrag eine gesicherte Anwartschaft** auf Erteilung einer Ausbildungsduldung begründen kann (Röder/Wittmann ASYLMAGAZIN-Beil. 8-9/2019, 23 (30)).

86.1   Eine Antragstellung vor diesem Zeitpunkt bleibt gem. § 24 Abs. 3 LVwVfG möglich. Diese Vorschrift verbietet es der Behörde auch, den Antrag auf die Ausbildungsduldung mit der Begründung zu verweigern, dem Betroffenen könne noch keine Ausbildungsduldung erteilt werden, weil er – etwa mit Blick auf ein noch nicht rechtskräftig abgeschlossenes Gerichtsverfahren – noch nicht ausreisepflichtig ist. Geht man von der Möglichkeit einer Koexistenz von Aufenthaltsgestattung und Ausbildungsduldung aus, wäre diese Begründung nunmehr auch in der Sache unzutreffend.

87   Die Einleitung von Abschiebungsvorbereitungsmaßnahmen kann den Anspruch auf die allgemeine Ausbildungsduldung – für die Asylbewerberausbildungsduldung gilt Abs. 2 Nr. 5 ohnehin nicht (→ Rn. 11) – nicht mehr zu Fall bringen, wenn **bei Antragstellung** – andernfalls **bei Anspruchsentstehung** – alle in Abs. 1 und Abs. 2 genannten positiven und negativen Anspruchsvoraussetzungen vorliegen (zur Möglichkeit des Hineinwachsens in den Anspruch → Rn. 50).

88   Nicht zu diesen Voraussetzungen zählt richtigerweise das in Abs. 3 S. 3 enthaltene und für beide Wege zur Ausbildungsduldung geltende Eintragungs- bzw. Zustimmungserfordernis. Zwar darf die Ausländerbehörde die Ausbildungsduldung erst nach (eingeleiteter) Beteiligung der ausbildungsrechtlich kompetenten Stelle erteilen. Für den Eintritt der Sperrwirkung gegenüber dem in Abs. 2 Nr. 5 genannten Ausschlussgrund muss diese allein ausbildungsrechtlich motivierte Bedingung allerdings nicht erfüllt sein (aA VG Münster BeckRS 2020, 7526 Rn. 9, 16; BayVGH BeckRS 2020, 6730 Rn. 16, die den Eintritt der Sperrwirkung lediglich nicht von der Vorlage eines Nachweises über die Beantragung der Eintragung abhängig machen). Dafür spricht zum einen die systematische Stellung: Während Abs. 1 und Abs. 2 die (ausländerrechtlichen) Bedingungen normieren, unter denen der Anspruch auf die Ausbildungsduldung entsteht (und ausländerrechtlich entscheidungsreif ist), bestimmt Abs. 3 S. 3 nur den Zeitpunkt, in dem der (bereits entstandene) Anspruch zu erfüllen ist. Zum anderen streitet für diese Sichtweise, dass für die Beantragung der Eintragung der Ausbilder zuständig ist (vgl. § 36 Abs. 1 S. 1 BBiG). Es erscheint aber nicht gerechtfertigt, die Entstehung des Anspruchs auf die Ausbildungsduldung von Umständen außerhalb des Verantwortungsbereichs des Ausländers abhängig zu machen (aA VG Münster BeckRS 2020, 7526 Rn. 21). Dass Abs. 3 S. 3 kein allgemeiner Sphärengedanke zugrunde liegt, zeigt der Umstand, dass die Ausbildungsduldung bereits nach Beantragung und nicht erst nach Zustimmung der zuständigen Kammer (Industrie- und Handelskammer/Handwerkskammer) zu erteilen ist (zum Nichtbetreiben des Eintragungsverfahrens als mögliches Indiz für ein Scheinausbildungsverhältnis → Rn. 79).

I. Erteilung der Ausbildungsduldung

89   Die Ausbildungsduldung ist gem. Abs. 3 S. 4 **zwingend** („wird") **für die gesamte vertraglich geregelte Ausbildungsdauer zu erteilen,** um den Ausbildungsparteien ein verstärktes Maß an Rechtssicherheit zu gewähren (vgl. BT-Drs. 18/8615, 48). Ob die Ausbildungsduldung Folge eines gebundenen Anspruchs oder einer Ermessensentscheidung (Abs. 7) ist, spielt dabei keine Rolle.

90   Gesetzlich vorgesehene Verlängerungen des Ausbildungsverhältnisses (vgl. zB §§ 8, 21 Abs. 3 BBiG, § 20 Abs. 1 S. 2 BBEG) müssen aus Gründen der **Einheit der Rechtsordnung** eine entsprechende Verlängerung der Ausbildungsduldung zur Folge haben, solange die Ausbildung, auf die sich die Duldung bezieht, weiter betrieben werden soll (ebenso Bergmann/Dienelt/Dollinger Rn. 48; ergänzend → Rn. 100 f.).

91   Gemäß Abs. 3 S. 2 wird die allgemeine Ausbildungsduldung – für die Asylbewerber-Ausbildungsduldung gilt die Regelung nicht (→ Rn. 11) – frühestens sechs Monate vor Beginn der Ausbildung erteilt. Der Ausbildungsbeginn entspricht dem Zeitpunkt, zu dem der Betroffene die Ausbildung iSv Abs. 1 S. 1 Nr. 2 „aufnimmt" (→ Rn. 17). Mit der Regelung kommt der Gesetzgeber ein stückweit der Praxis entgegen, in der Ausbildungsverträge regelmäßig viele Monate im Vorfeld des eigentlichen Ausbildungsbeginns geschlossen werden.

92   Bei früheren Vertragsschlüssen kommt zur Überbrückung eine Ermessensduldung nach § 60a Abs. 2 S. 3 in Betracht, die weiterhin möglich ist (Abs. 8) und in einigen Bundesländern auch Zeiträume von mehr als sechs Monaten erfasste.

Damit die Ausbildungsduldung erteilt werden kann, muss die **Eintragung des Ausbildungs-** 93
vertrags in das Berufsausbildungsverzeichnis (vgl. § 34 BBiG, § 28 Abs. 1 HwO) bei der zuständigen Stelle (insbesondere Industrie- und Handelskammer, Handwerkskammer) zumindest beantragt sein. Bedarf es einer solchen nicht, genügt der Nachweis des Vertragsschlusses mit einer Bildungseinrichtung bzw. der Zustimmung einer staatlichen oder staatlich anerkannten Bildungseinrichtung zum Ausbildungsvertrag (Abs. 3 S. 3). Die Regelung stellt keine materiell-rechtliche Erteilungsvoraussetzung dar (→ Rn. 88).

J. Erlöschen der Ausbildungsduldung

Zunächst erlischt die Ausbildungsduldung nach allgemeinen Grundsätzen mit Ablauf der ver- 94
traglich bestimmten Ausbildungszeit, für die die Duldung erteilt worden ist (Abs. 3 S. 4), sowie im Fall einer (auch nur vorübergehenden) Ausreise gem. § 60a Abs. 5 S. 1, der auch auf die Ausbildungsduldung Anwendung findet (HessVGH BeckRS 2020, 19428 Rn. 13 ff.). Davon zu trennen ist die Frage, ob im Falle einer anschließenden Wiedereinreise erneut eine Ausbildungsduldung erteilt werden kann. Sofern die einschlägigen Voraussetzungen erfüllt sind, ist das zu bejahen (so im Ansatz auch HessVGH BeckRS 2020, 19428 Rn. 29).

Spezielle Erlöschensgründe enthält Abs. 4: Danach wandeln sich die in Abs. 2 Nr. 4 genann- 95
ten Versagungsgründe (Straftaten → Rn. 66 ff., Ausweisung, Abschiebungsanordnung → Rn. 72, Terrorismusverbindungen → Rn. 71) mit Erteilung der Ausbildungsduldung in (ex nunc wirkende) Erlöschensgründe um. Strafrechtliche Verurteilungen führen auch hier erst mit Rechtskraft zum Untergang der Ausbildungsduldung (zum Anspruch auf Pflichtverteidiger im Strafverfahren vgl. ausführlich Röder/Stahlmecke ASYLMAGAZIN 3/2021, 66 ff.). Legt der Betroffene gegen eine an ihn adressierte Ausweisungsverfügung fristgerecht Rechtsbehelfe ein, spricht Art. 19 Abs. 4 GG zur Vermeidung irreversibler Tatsachen für eine (analoge) Anwendung von § 84 Abs. 2 S. 2.

Abs. 4 bezieht sich seinem Wortlaut nach nur auf die Ausbildungsduldung, nicht auf die Beschäftigungs- 95.1
erlaubnis. Sofern man diese nicht als Nebenbestimmung ansieht (so VGH München BeckRS 2020, 30373 Rn. 6), bedarf es eines zusätzlichen Widerrufs (§ 49 LVwVfG).

Daneben erlischt die Ausbildungsduldung, wenn das Ausbildungsverhältnis abgebrochen oder 96
vorzeitig beendet wird. Der Begriff der „vorzeitigen Beendigung" ersetzt den bisherigen Erlöschenstatbestand des „Nichtbetreibens der Ausbildung" (s. BeckOK MigR/Röder, 1. Ed. 1.3.2019, § 60a Rn. 145) und führt so zu einer Vereinheitlichung der Terminologie innerhalb der Norm (vgl. Abs. 6 S. 1, der § 60a Abs. 2 S. 10 aF entspricht).

I. Abbruch und vorzeitige Beendigung

Abs. 4 nennt Abbruch und vorzeitige Beendigung als **alternative Erlöschensgründe** („oder"). 97
Worin genau der Unterschied besteht, bleibt indes unklar, denn auch der Abbruch setzt der Ausbildung regelmäßig ein vorzeitiges Ende. Nach Auffassung des Bundesrats liegt für den schulischen Bereich eine vorzeitige Beendigung vor, wenn eine entsprechende schulische Ordnungsmaßnahme erfolgt, ein Abbruch der Ausbildung, wenn das Schulverhältnis einvernehmlich oder schülerseitig für beendet erklärt wird (BT-Drs. 19/8286, 25). Verallgemeinernd wäre das einseitig vom Azubi herbeigeführte Ausbildungsende danach ein „Abbruch", ein von der Bildungseinrichtung bewirktes dagegen eine „vorzeitige Beendigung" des Ausbildungsverhältnisses. Die einvernehmliche Auflösung scheint dagegen mit dem Begriff der „vorzeitigen Beendigung" treffender erfasst; eine **genaue Zuordnung dürfte allerdings regelmäßig entbehrlich** sein. Auf ein Verschulden einer der beiden Parteien am vorzeitigen Ausbildungsende kommt es grundsätzlich nicht an (VG Karlsruhe BeckRS 2018, 14351 Rn. 5).

Aus Gründen der **Rechtssicherheit** und mit Blick auf die irreversible Rechtsfolge muss das 98
Ende der Ausbildung eindeutig feststehen. Nach Streichung des Begriffs des „Nicht-Betreibens" bedarf es deshalb regelmäßig einer **förmlichen Beendigung,** die eine Fixierung des Beendigungszeitpunkts ermöglicht, den die Bildungseinrichtung der zuständigen Ausländerbehörde mitteilen muss (→ Rn. 102; zum Fristbeginn bei der dann zu erteilenden Ausbildungsplatzsuchduldung vgl. → Rn. 105). Eine Ausnahme mag dann gelten, wenn keinerlei Zweifel daran bestehen, dass der Betroffene die Ausbildung nicht mehr fortsetzen will oder wird. Allein (erhebliche) Fehlzeiten sind hierfür nicht ausreichend.

Bei einem **Ausbildungsbetriebswechsel unter (nahtloser) Fortsetzung der bisherigen** 99
Ausbildung erlischt die Ausbildungsduldung richtigerweise nicht wegen vorzeitiger Beendigung

der Ausbildung im Erstbetrieb. Zwar wird die Duldung für eine Berufsausbildung in einem bestimmten Ausbildungsbetrieb erteilt. Nach Normzweck und -systematik soll die betroffene Person aber erst dann auf die – durch den Anspruch auf eine Ausbildungsplatzsuchduldung eröffnete (Abs. 6 S. 1) – zweite Chance auf eine erneute Ausbildungsduldung verwiesen werden (→ Rn. 104), wenn das ursprüngliche Ausbildungsziel in der Sache nicht weiterverfolgt wird. In diesen Fällen bedarf es deshalb vor dem Betriebswechsel lediglich eines Antrags auf „Umschreibung" der (ersten) Ausbildungsduldung auf den neuen Betrieb (Röder/Wittmann ASYLMAGAZIN-Beil. 8-9/2019, 23 (31)).

100   Das (erstmalige) **Nicht-Bestehen der Abschlussprüfung** bringt die Ausbildungsduldung nicht zum Erlöschen, da sich das Ausbildungsverhältnis hier kraft Gesetzes um bis zu ein Jahr verlängert (§ 21 Abs. 3 S. 1 BBiG; zur Verlängerung der Ausbildungsduldung in diesem Fall → Rn. 90). Erst das endgültige Nicht-Bestehen der Abschlussprüfung ist als „Abbruch" der Ausbildung zu sehen.

101   Nichts anderes gilt bei **Inanspruchnahme von Elternzeit:** § 20 Abs. 1 S. 2 BBEG bestimmt hier, dass die Elternzeit nicht auf Berufsbildungszeiten angerechnet wird und bewirkt damit in der Sache eine Verlängerung des Ausbildungsverhältnisses um die Elternzeit (vgl. Röder, Rundbrief des Flüchtlingsrats Baden-Württemberg 1/2019, 31, abrufbar unter www.fluechtlingsrat-bw.de).

II. Mitteilungspflichten

102   Abs. 5 S. 1 verpflichtet die Bildungseinrichtung zur unverzüglichen (§ 121 BGB: „ohne schuldhaftes Zögern") Mitteilung des (vorzeitigen) Ausbildungsendes an die zuständige Ausländerbehörde, die innerhalb einer **Regelfrist von zwei Wochen** (bislang: eine Woche) erfolgen muss und auch in elektronischer Form erfolgen kann (bislang nur schriftlich). Seit Inkrafttreten des FachkEinwG (Fachkräfteeinwanderungsgesetz v. 15.8.2019, BGBl. I 1307) enthält § 2 Abs. 12c eine **Legaldefinition der Bildungseinrichtung. Mitteilungspflichtig** sind danach neben dem **Ausbildungsbetrieb** auch – in Abweichung von § 87 Abs. 1 – **die (Berufs-) Schulen** (kritisch zu dieser Einbindung Bergmann/Dienelt/Dollinger Rn. 51). Der erforderliche Inhalt der Mitteilung ergibt sich aus Abs. 5 S. 2. Unter den mitzuteilenden Tatsachen dürften die genauen Beendigungsgründe zu verstehen sein, auf den sich auch die Angabe des „Zeitpunkt ihres Eintritts" bezieht.

103   Bei Verletzung der Mitteilungspflicht droht ein **Bußgeld** (§ 98 Abs. 2a Nr. 4). Der (ehemalige) Azubi ist – bei der (widerrufsbedürftigen) Beschäftigungsduldung (vgl. § 60d Abs. 3 S. 4 iVm § 82 Abs. 6) – **nicht mitteilungspflichtig.**

III. Ausbildungsplatzsuchduldung

104   Wie bisher hat der Betroffene bei Abbruch oder vorzeitiger Beendigung der Ausbildung „einmalig" einen **gebundenen Anspruch** („wird erteilt") auf eine Duldung zum Zwecke der Suche nach einer weiteren Ausbildung iSv Abs. 1 S. 1 (Abs. 6 S. 1). Ist die Suche erfolgreich, ist eine weitere Ausbildungsduldung zu erteilen. Bricht er die Ausbildung erneut ab, soll er **auf Grundlage von Abs. 6 S. 1 keine „dritte Chance"** erhalten (so VG Karlsruhe BeckRS 2018, 14351 Rn. 7 zu § 60a Abs. 2 S. 10 aF). Freilich lässt der Wortlaut („einmalig") auch eine Deutung in dem Sinne zu, dass nur die Erteilung einer weiteren Ausbildungsplatzsuchduldung **im unmittelbaren Anschluss** an die erste Ausbildungsplatzsuchduldung – in der Sache also eine Verlängerung – ausgeschlossen sein soll (in diesem Sinne möglicherweise SächsOVG BeckRS 2021, 9788 Rn. 14). Sieht man dies anders, kann eine dritte Chance zur Suche eines weiteren Ausbildungsplatzes aber jedenfalls über § 60a Abs. 2 S. 3 eingeräumt werden, der gem. Abs. 8 unberührt bleibt (zu möglichen Beispielen und Ermessensgesichtspunkten vgl. GK-AufenthG/Funke-Kaiser § 60a Rn. 289; aA SächsOVG BeckRS 2021, 9788 Rn. 14, da § 60c Abs. 6 abschließend sei; ergänzend zum Verhältnis von §§ 60c, 60d und § 60a Abs. 2 S. 3 → § 60d Rn. 67). Von der Frage der mehrmaligen Anwendbarkeit des Abs. 6 S. 1 ist die Frage zu unterscheiden, ob ein nach Ausbildungsabbruch aus sonstigen Gründen geduldeter Ausländer, der – entweder nach einem zweiten Ausbildungsabbruch oder nach Ablauf der in Abs. 6 S. 1 genannten Sechs-Monats-Frist – einen weiteren Ausbildungsplatz findet, erneut eine Ausbildungsduldung beanspruchen kann, wenn er sämtliche Erteilungsvoraussetzungen erfüllt. Das ist zu bejahen, denn Abs. 6 S. 1 besagt nicht, dass eine Person höchstens zweimal eine Ausbildungsduldung erhalten kann, sondern dass die Suche nach einem neuen Ausbildungsplatz nach einem Ausbildungsabbruch für sechs Monate vor Abschiebung geschützt ist (im Ergebnis ebenso VG München BeckRS 2020, 33772 Rn. 19).

Die **sechsmonatige Suchfrist dürfte** bereits **mit Abbruch der Ausbildung beginnen.** Im **105** Unterschied zur Arbeitsplatzsuchduldung handelt es sich bei der Ausbildungsplatzsuchduldung zwar nicht um eine Verlängerung der Ausbildungsduldung, sondern um eine **Neuerteilung aufgrund eines selbstständigen Duldungstatbestands.** In Anlehnung an die Rechtsprechung des BVerwG zu § 31 Abs. 1 (NVwZ 2011, 1340 Rn. 13) dürfte diese gleichwohl nicht konstitutiv für den Fristbeginn sein, weil sich der Anspruch auf das weitere Bleiberecht auf die Zeit unmittelbar nach Erlöschen der Ausbildungsduldung bezieht. Hierfür spricht auch, dass der Zweck der gem. Abs. 5 S. 2 verpflichtenden Zeitpunktangabe darin bestehen dürfte, der Ausländerbehörde die Festsetzung des Fristbeginns zu ermöglichen. Umso wichtiger ist es, dass das Ausbildungsende für den (ehemaligen) Azubi eindeutig feststeht.

Das Rechtsfolgenregime in Abs. 4–6 gilt für Inhaber einer Ausbildungsduldung: Eine **im Status 106 der Aufenthaltsgestattung erfolgende vorzeitige Ausbildungsbeendigung** löst deshalb weder Mitteilungspflichten nach Abs. 5 S. 1 aus noch wird sie mit dem Anspruch auf eine Ausbildungsplatzsuchduldung nach Abs. 6 S. 1 „verrechnet", wenn der Ausländer als Inhaber einer Ausbildungsduldung später noch einmal eine Ausbildung abbricht. Die zuletzt angedeutete Frage kann sich freilich nur auf Grundlage der Annahme stellen, dass Abs. 6 S. 1 nur ein einziges Mal zur Anwendung kommen kann.

IV. Familienangehörige

Den Familienangehörigen des Azubis nach § 60a Abs. 2 S. 1 oder S. 3 erteilte Duldungen **107** erlöschen im Falle des Abbruchs der Ausbildung nicht analog Abs. 4 (aA VG Karlsruhe BeckRS 2018, 14351 Rn. 5 zu § 60a Abs. 2 S. 9 aF). Mit Widerruf und auflösender Bedingung stehen der Ausländerbehörde adäquate, die Annahme einer Regelungslücke ausschließende Reaktions- und Gestaltungsmöglichkeiten zur Verfügung.

K. Nach erfolgreicher Ausbildung

I. Weiterbeschäftigung im Ausbildungsbetrieb

Schließt der Ausländer die qualifizierte Ausbildung im Status der Ausbildungsduldung erfolg- **108** reich ab, wird er idealtypisch vom Ausbildungsbetrieb übernommen und erhält unter den Voraussetzungen von § 19d Abs. 1a, §§ 5, 10 eine Aufenthaltserlaubnis.

Systematisch knüpft § 19d Abs. 1a, der einen **gebundenen Anspruch** vorsieht, an § 19d **109** Abs. 1 an, setzt also voraus, dass der Betroffene – zumindest **im Zeitpunkt der Beantragung des Aufenthaltstitels – noch (ausbildungs-)geduldet** ist. Für diesen Antrag wird regelmäßig nur ein enges Zeitfenster bestehen, da die Ausbildungsduldung – in Abhängigkeit von der Vertragslaufzeit – häufig kurz nach Bestehen der Abschlussprüfung erlöschen wird (Abs. 3 S. 4). Da **§ 81 Abs. 4 nicht unmittelbar anwendbar** ist, scheidet bei verspäteter Antragstellung die Anordnung einer Fortgeltung der Ausbildungsduldung aus. Hier spricht viel für eine **unbewusste Regelungslücke,** die durch eine Analogie zu schließen ist, wobei die Fortgeltungswirkung für max. sechs Monate ab Erlöschen der Ausbildungsduldung angeordnet werden kann. Vorsorglich sollte der Titelerteilungsantrag aber aus dem Ausbildungsduldungsstatus herausgestellt werden, den die Ausländerbehörde unter Verweis auf den erst kurz bevorstehenden Ausbildungsabschluss zurückweisen darf (§ 24 Abs. 2 LVwVfG).

Als Folge der langen Asylverfahrensdauer häufen sich in der Praxis die Fälle, in denen die **110** betroffenen Personen nicht mehr in den Anwendungsbereich von § 19d Abs. 1a gelangen, weil sie die als Asylbewerber aufgenommene **qualifizierte Ausbildung bereits im Status der Aufenthaltsgestattung** abschließen. Selbst wenn man annimmt, dass die Ausbildungsduldung schon gestatteten Ausländern erteilt werden kann (→ Rn. 9), erlischt sie jedenfalls mit Ablauf ihrer Geltungsdauer nach erfolgreichem Abschluss der Ausbildung. Da auch ein rechtzeitig gestellter Titelerteilungsantrag wegen § 10 Abs. 1 regelmäßig nicht zur Erteilung eines Aufenthaltstitels nach § 19d Abs. 1a führt, **bleibt regelmäßig nur der Weg über § 19d Abs. 1.** Gegenüber § 19d Abs. 1a hat die Regelung insbesondere den Nachteil, dass die Titelerteilung im **ausländerbehördlichen Ermessen** steht, das allerdings **regelmäßig auf Null reduziert** sein dürfte, da der Asylbewerber, der seine Ausbildung als Asylbewerber aufgenommen und abgeschlossen hat und die sonstigen Erteilungsvoraussetzungen (insbesondere auch § 5 Abs. 1 Nr. 1a) erfüllt, nicht schlechter stehen kann als der Asylbewerber, der die Ausbildung erst im Duldungsstatus abschließt.

Ein „gesetzlicher Anspruch" iSv § 10 Abs. 1 liegt nach der Rechtsprechung des BVerwG (NVwZ **110.1** 2016, 458 Rn. 20) nicht vor, da ein solcher sich unmittelbar und abschließend aus dem Gesetz ergeben muss. § 19d Abs. 1a sieht zwar einen gebundenen Anspruch vor. Das Absehen von der – häufig nicht erfüllten – Voraussetzung des § 5 Abs. 2 S. 1 Nr. 1 (Einreise mit dem erforderlichen Visum) steht aber sowohl gem. § 19d Abs. 3 als auch nach § 5 Abs. 2 S. 2 im ausländerbehördlichen Ermessen („kann abgesehen werden"), das der Annahme eines gesetzlichen Anspruchs selbst bei einer Ermessensreduzierung auf Null entgegensteht. Aus demselben Grund besteht auch kein „Anspruch auf Erteilung eines Aufenthaltstitels" iSv § 10 Abs. 3 S. 3 Hs. 1 (vgl. BVerwG NVwZ 2009, 789 Ls. 3).

II. Arbeitsplatzsuchduldung

111   Erfolgt **keine Weiterbeschäftigung im Ausbildungsbetrieb,** hat der Betroffene gem. Abs. 6 S. 2 Anspruch auf Erteilung einer Duldung zur Suche eines der erworbenen Qualifikation entsprechenden Arbeitsplatzes. Regelungstechnisch handelt es sich – anders als bei Abs. 6 S. 1– um eine **Verlängerung der Ausbildungsduldung.** Damit ist sichergestellt, dass der Betroffene bei erfolgreicher Suche eines Arbeitsplatzes in den **Anwendungsbereich von § 19d Abs. 1a** fällt, der eine „nach § 60a Abs. 2 S. 3 iVm § 60c" erteilte Duldung voraussetzt. Eine **Verlängerung** der Duldung **zum Zwecke der Arbeitsplatzsuche** ist **ausgeschlossen** (Abs. 6 S. 2 Hs. 2).

112   Die **Sechs-Monats-Frist beginnt mit Ablauf der** – entsprechend der Vertragslaufzeit festgelegten – **Geltungsdauer der Ausbildungsduldung.** Wendet man die für Aufenthaltstitel geltenden Grundsätze an, kann nur eine (noch) bestehende Ausbildungsduldung verlängert werden (BVerwG NVwZ 2011, 1340 Rn. 14). Dementsprechend ist in der (Beratungs-) Praxis darauf zu achten, den **Verlängerungsantrag aus dem Ausbildungsduldungsstatus heraus,** ggf. schon vor der Abschlussprüfung **zu stellen.** Da es sich bei der Duldung um keinen Aufenthaltstitel handelt, löst der Verlängerungsantrag grundsätzlich **keine Fiktionswirkung nach § 81 Abs. 4** aus. Insbesondere in Fällen verspäteter Antragstellung liegt jedoch eine Analogie nahe (vgl. zur vergleichbaren Problematik beim Wechsel in die Aufenthaltserlaubnis nach § 19d Abs. 1a → Rn. 109).

L. Soziales und Teilhabe

113   Inhaber einer Ausbildungsduldung, die eine (außer-) betriebliche Berufsausbildung absolvieren (§ 57 SGB III), sind gem. § 60 Abs. 3 S. 2 SGB III zum Bezug von **Berufsausbildungsbeihilfe** berechtigt, wenn sie sich seit mindestens 15 Monaten ununterbrochen gestattet, erlaubt oder geduldet in Deutschland aufhalten. Darüber hinaus kommen **ausbildungsbegleitende Hilfen** in Betracht (vgl. §§ 75, 130 Abs. 2a SGB III). Besitzzeiten einer „Duldung light" (§ 60b) werden auf die geforderten Vorduldungszeiten allerdings nicht angerechnet.

114   Bei Bedürftigkeit besteht **Anspruch auf (aufstockende) Asylbewerberleistungen** (§ 1 Abs. 1 Nr. 4 AsylbLG), die auch beim Übergang zu Analogleistungen (§ 2 Abs. 1 S. 1 AsylbLG) weiterbezogen werden können, nachdem die Anwendbarkeit von § 22 Abs. 1 S. 1 SGB XII durch das Dritte Gesetz zur Änderung des Asylbewerberleistungsgesetzes (v. 13.8.2019, BGBl. I 1290) ausgeschlossen und damit das **Problem der „Förderfälle" weitgehend abgestellt** wurde (vgl. § 2 Abs. 1 S. 2, S. 3 AsylbLG).

115   Da die Duldung nach § 60c eine Duldung iSv § 60a Abs. 2 S. 3 darstellt, kann ihr Inhaber gem. § 44 Abs. 4 S. 2 Nr. 2 zum **Integrationskurs** sowie gem. § 4 Abs. 1 S. 2 Nr. 1 DeuFöV zu **berufsbezogener Deutschsprachförderung** zugelassen werden.

116   Die **Aufnahme einer Erwerbstätigkeit neben der Ausbildung** richtet sich nach allgemeinen Grundsätzen, regelmäßig also nach § 4a Abs. 4 nF iVm § 32 Abs. 1 S. 1 BeschV.

117   Da die Ausbildungsduldung zudem in der Sache ein Bleiberecht vermittelt, hat ihr Inhaber Anspruch auf Erteilung eines Wohnungsberechtigungsscheins (vgl. VG Berlin BeckRS 2019, 26252 Rn. 26 ff.).

§ 60d Beschäftigungsduldung

    (1) Einem ausreisepflichtigen Ausländer und seinem Ehegatten oder seinem Lebenspartner, die bis zum 1. August 2018 in das Bundesgebiet eingereist sind, ist in der Regel eine Duldung nach § 60a Absatz 2 Satz 3 für 30 Monate zu erteilen, wenn
1. ihre Identitäten geklärt sind
    a) bei Einreise in das Bundesgebiet bis zum 31. Dezember 2016 und am 1. Januar 2020 vorliegenden Beschäftigungsverhältnis nach Absatz 1 Nummer 3 bis zur Beantragung der Beschäftigungsduldung oder

b) bei Einreise in das Bundesgebiet bis zum 31. Dezember 2016 und am 1. Januar 2020 nicht vorliegenden Beschäftigungsverhältnis nach Absatz 1 Nummer 3 bis zum 30. Juni 2020 oder

c) bei Einreise in das Bundesgebiet zwischen dem 1. Januar 2017 und dem 1. August 2018 spätestens bis zum 30. Juni 2020; die Frist gilt als gewahrt, wenn der Ausländer und sein Ehegatte oder sein Lebenspartner innerhalb der in den Buchstaben a bis c genannten Frist alle erforderlichen und ihnen zumutbaren Maßnahmen für die Identitätsklärung ergriffen haben und die Identitäten erst nach dieser Frist geklärt werden können, ohne dass sie dies zu vertreten haben,

2. der ausreisepflichtige Ausländer seit mindestens zwölf Monaten im Besitz einer Duldung ist,

3. der ausreisepflichtige Ausländer seit mindestens 18 Monaten eine sozialversicherungspflichtige Beschäftigung mit einer regelmäßigen Arbeitszeit von mindestens 35 Stunden pro Woche ausübt; bei Alleinerziehenden gilt eine regelmäßige Arbeitszeit von mindestens 20 Stunden pro Woche,

4. der Lebensunterhalt des ausreisepflichtigen Ausländers innerhalb der letzten zwölf Monate vor Beantragung der Beschäftigungsduldung durch seine Beschäftigung gesichert war,

5. der Lebensunterhalt des ausreisepflichtigen Ausländers durch seine Beschäftigung gesichert ist,

6. der ausreisepflichtige Ausländer über hinreichende mündliche Kenntnisse der deutschen Sprache verfügt,

7. der ausreisepflichtige Ausländer und sein Ehegatte oder sein Lebenspartner nicht wegen einer im Bundesgebiet begangenen vorsätzlichen Straftat verurteilt wurde, wobei Verurteilungen im Sinne von § 32 Absatz 2 Nummer 5 Buchstabe a des Bundeszentralregistergesetzes wegen Straftaten, die nach dem Aufenthaltsgesetz oder dem Asylgesetz nur von Ausländern begangen werden können, grundsätzlich außer Betracht bleiben,

8. der ausreisepflichtige Ausländer und sein Ehegatte oder sein Lebenspartner keine Bezüge zu extremistischen oder terroristischen Organisationen haben und diese auch nicht unterstützen,

9. gegen den Ausländer keine Ausweisungsverfügung und keine Abschiebungsanordnung nach § 58a besteht,

10. für die in familiärer Lebensgemeinschaft lebenden minderjährigen ledigen Kinder im schulpflichtigen Alter deren tatsächlicher Schulbesuch nachgewiesen wird und bei den Kindern keiner der in § 54 Absatz 2 Nummer 1 bis 2 genannten Fälle vorliegt und die Kinder nicht wegen einer vorsätzlichen Straftat nach § 29 Absatz 1 Satz 1 Nummer 1 des Betäubungsmittelgesetzes rechtskräftig verurteilt worden sind, und

11. der ausreisepflichtige Ausländer und sein Ehegatte oder sein Lebenspartner einen Integrationskurs, soweit sie zu einer Teilnahme verpflichtet wurden, erfolgreich abgeschlossen haben oder den Abbruch nicht zu vertreten haben.

(2) Den in familiärer Lebensgemeinschaft lebenden minderjährigen ledigen Kindern des Ausländers ist die Duldung für den gleichen Aufenthaltszeitraum zu erteilen.

(3) ¹Die nach Absatz 1 erteilte Duldung wird widerrufen, wenn eine der in Absatz 1 Nummer 1 bis 10 genannten Voraussetzungen nicht mehr erfüllt ist. ²Bei Absatz 1 Nummer 3 und 4 bleiben kurzfristige Unterbrechungen, die der Ausländer nicht zu vertreten hat, unberücksichtigt. ³Wird das Beschäftigungsverhältnis beendet, ist der Arbeitgeber verpflichtet, dies unter Angabe des Zeitpunkts der Beendigung des Beschäftigungsverhältnisses, des Namens, Vornamens und der Staatsangehörigkeit des Ausländers innerhalb von zwei Wochen ab Kenntnis der zuständigen Ausländerbehörde schriftlich oder elektronisch mitzuteilen. ⁴§ 82 Absatz 6 gilt entsprechend.

(4) Eine Duldung nach Absatz 1 kann unbeachtlich des Absatzes 1 Nummer 1 erteilt werden, wenn der Ausländer die erforderlichen und ihm zumutbaren Maßnahmen für die Identitätsklärung ergriffen hat.

(5) § 60a bleibt im Übrigen unberührt.

Überblick

Die Vorschrift regelt mit der Beschäftigungsduldung ein weiteres „Aufenthaltsrecht im Duldungsgewand" (→ Rn. 1 ff.) in Form einer befristeten Altfallregelung (→ Rn. 4). Es betrifft ausreisepflichtige Ausländer (→ Rn. 16 f.), die nachhaltig beschäftigt sind. Bei Vorliegen aller Voraussetzungen ist die Beschäftigungsduldung für 30 Monate in der Regel zu erteilen (→ Rn. 64 f.), die anschließend über § 25b Abs. 6 in eine „echte" Aufenthaltserlaubnis überführt werden soll (→ Rn. 78). Die Vorschrift schließt ausreisepflichtige minderjährige Kinder und Ehe- / Lebenspartner in den Schutzbereich mit ein (→ Rn. 68 f.), verlangt dafür aber auch von letzteren die Erfüllung bestimmter Voraussetzungen, andernfalls die Erteilung einer Beschäftigungsduldung für alle ausscheidet (→ Rn. 8 f.). Zu den von beiden zu erfüllenden Voraussetzungen gehören das Erfordernis fristgerecht geklärter Identitäten (→ Rn. 30 ff.), die (weitgehende) Straffreiheit (→ Rn. 57 ff.), die fehlenden Verbindungen zu Extremismus und Terrorismus (→ Rn. 61) und ggf. die erfolgreiche Integrationskursteilnahme (→ Rn. 52 f.). Vom Erfordernis der Identitätsklärung kann im Ermessenswege abgesehen werden (→ Rn. 40). Nur vom Stammberechtigten nachzuweisen sind dagegen die zwölfmonatige Vorduldungszeit (→ Rn. 41 ff.), die Sicherung seines Lebensunterhalts (→ Rn. 27 f.) in den letzten zwölf Monaten (→ Rn. 25 f.) und in der Gegenwart (→ Rn. 26) durch eine seit 18 Monaten ausgeübte Beschäftigung (→ Rn. 22), die bestimmten Anforderungen genügen muss (→ Rn. 19 ff.), außerdem mündliche Deutschkenntnisse auf dem Niveau A2 (→ Rn. 51). Er darf ferner nicht ausgewiesen, noch darf seine Abschiebung gem. § 58a angeordnet sein (→ Rn. 62). In familiärer Lebensgemeinschaft lebende Kinder müssen zudem tatsächlich die Schule besucht haben (→ Rn. 56) und dürfen nicht wegen bestimmter Straftaten verurteilt worden sein (→ Rn. 55). Entfallen die Erteilungsvoraussetzungen nachträglich, sind die Beschäftigungsduldungen zu widerrufen (→ Rn. 70 f.). Bei Beendigung des Beschäftigungsverhältnisses sind sowohl der Ausländer als auch sein Arbeitgeber gegenüber der Ausländerbehörde mitteilungspflichtig (→ Rn. 76 f.). Das Bundesministerium des Innern, für Bau und Heimat hat unter dem 20.12.2019 (unverbindliche) Anwendungshinweise zum Gesetz über Duldung bei Ausbildung und Beschäftigung veröffentlicht (im Folgenden: AAH v. 20.12.2019 zum Gesetz über Duldung bei Ausbildung und Beschäftigung, abrufbar unter https://www.bmi.bund.de/SharedDocs/downloads/DE/veroeffentlichungen/themen/migration/anwendungshinweise-zum-gesetz-ueber-duldung-bei-ausbildung.pdf?__blob=publicationFile&v=2).

Übersicht

A. Einordnung

1   Mit der Ausbildungsduldung (§ 60c; zuvor: § 60a Abs. 2 S. 4–13 aF) hatte der Gesetzgeber spätestens durch das Integrationsgesetz eine dritte Kategorie der Bleiberechte im AufenthG etabliert (zur Genese der Ausbildungsduldung → § 60c Rn. 1 ff.), mit der der aufenthaltsrechtliche Unterschied zwischen Duldung und Aufenthaltserlaubnis verwischt wird (Wittmann/Röder ZAR 2019, 412; VG Berlin BeckRS 2019, 26252 Rn. 23). In diese Kategorie fällt auch die durch das Gesetz über Duldung bei Ausbildung und Beschäftigung v. 8.7.2019 (BGBl. I 1021) eingeführte

Beschäftigungsduldung, die – ohne Aufenthaltstitel iSv § 4 Abs. 1 S. 2 zu sein – einen rechtssicheren Aufenthalt vermittelt, der nach Ablauf einer dreißigmonatigen „Integrationsbewährungszeit" durch Erteilung einer Aufenthaltserlaubnis legalisiert werden soll.

Im Unterschied zur Ausbildungsduldung werden mit der Beschäftigungsduldung keine Fach- **2** kräfte gewonnen. Sie wird vielmehr mit Blick auf eine nachhaltige Beschäftigung und eine auch im Übrigen bereits fortgeschrittene Integration erteilt (BT-Drs. 19/8286, 11). Insofern erscheint es nachvollziehbar, dass der Gesetzgeber den „Spurwechsel" über § 25b (vgl. den neuen § 25b Abs. 6) organisiert, dem die Erteilungsvoraussetzungen des § 60d in Teilen bereits nachgebildet sind.

Soweit die Erteilungsvoraussetzungen mit denen des § 25b bereits übereinstimmen, kann auf die zu **2.1** § 25b veröffentlichten Allgemeinen Anwendungshinweise des Bundesinnenministeriums zurückgegriffen werden.

Damit wird ein anderer Weg als bei Ausbildungsduldungsinhabern beschritten, die – nach **3** erfolgreicher Ausbildung – eine Aufenthaltserlaubnis zum Zwecke der Erwerbstätigkeit nach Abschnitt 4 des Kapitels 5 erhalten (§ 19d Abs. 1a idF ab 1.3.2020, bislang § 18a Abs. 1a aF). Demgegenüber führt die **Verortung des § 25b im Abschnitt 5 des Kapitels 2** dazu, dass sich die etwaige Erteilung einer Niederlassungserlaubnis nach § 26 Abs. 4 richtet, hinsichtlich der (nicht verdrängten) allgemeinen Erteilungsvoraussetzungen die Ermessensvorschrift des § 5 Abs. 3 S. 2 eröffnet und die Titelerteilungssperre des § 10 Abs. 3 S. 1 nicht anwendbar ist. Da auch Beschäftigungsduldungsinhabern die Aufenthaltserlaubnis „nach § 25b Abs. 1" erteilt wird (vgl. § 25b Abs. 6 Hs. 1), kann gem. § 25b Abs. 5 S. 2 auch von § 10 Abs. 3 S. 2 abgesehen werden (unklar insoweit Dietz NVwZ-Extra 15/2019, 1 (18), https://rsw.beck.de/rsw/upload/NVwZ/ Extra_1-2-2021.pdf). Darin liegt ein weiterer Unterschied zur Ausbildungsduldung, da der für eine Nichtanwendung des § 10 Abs. 3 S. 2 erforderliche strikte Rechtsanspruch (vgl. § 10 Abs. 3 Hs. 2) wegen der gem. § 19d Abs. 3 (§ 18a Abs. 3 aF) häufig notwendigen Ermessensausübung dort nicht vorliegt.

Gemäß Art. 3 S. 2 des Gesetzes über Duldung bei Ausbildung und Beschäftigung v. 8.7.2019 **4** (BGBl. I 1021) tritt die Beschäftigungsduldung am 31.12.2023 außer Kraft, ist also im Gegensatz zur Ausbildungsduldung nur vorübergehender Bestandteil des AufenthG. Infolge eines in letzter Minute eingebrachten Änderungsantrags (BT-Drs. 19/10707, 6) ist ihr Anwendungsbereich zudem auf Ausländer und ihre Ehe- / Lebenspartner beschränkt, die vor dem 1.8.2018 nach Deutschland eingereist sind. Die Beschäftigungsduldung ist damit eine **befristete Altfallregelung.**

Ein Blick auf die in Nr. 1 enthaltene Fristenregelung zeigt, dass **§ 60d auch Ausländer erfasst,** **5** **die am 1.8.2018 nach Deutschland eingereist** sind: Sähe man von der dortigen Formulierung („bis zum 31. Dezember 2016") nämlich nur Einreisen vor dem 31.12.2016 als umfasst an, würde für am 31.12.2016 eingereiste Ausländer eine Fristenregelung fehlen (wie hier AAH v. 20.12.2019 zum Gesetz über Duldung bei Ausbildung und Beschäftigung, Rn. 60d.0.1: „Einreise bis einschließlich des Stichtags"; s. aber auch AAH v. 20.12.2019 zum Gesetz über Duldung bei Ausbildung und Beschäftigung, 1: „Einreise vor dem 1. August 2018"; ebenso Dietz NVwZ-Extra 15/ 2019, 1 (12), https://rsw.beck.de/rsw/upload/NVwZ/Extra_1-2-2021.pdf). Unter Einreise ist grundsätzlich die Letzteinreise zu verstehen (VG Trier BeckRS 2020, 87 Rn. 11 zu § 104 Abs. 17), sofern das Verlassen Deutschlands nicht erkennbar nur vorübergehender Natur war.

Kann durch den Ausländer kein Nachweis über das Einreisedatum geführt werden, soll nach der **5.1** Gesetzesbegründung das im Ausländerzentralregister hinterlegte Einreisedatum maßgeblich sein (BT-Drs. 19/10707, 11).

Dass der Gesetzgeber der Beschäftigungsduldung einen eigenen Paragraphen gewidmet hat, **6** darf nicht darüber hinwegtäuschen, dass es sich um eine Duldung aus **dringendem persönlichen** **Grund „nach § 60a Abs. 2 Satz 3"** handelt (vgl. Abs. 1 S. 1; VGH BW BeckRS 2020, 30097 Rn. 51), ihr Inhaber also etwa gem. § 1 Abs. 1 Nr. 4 AsylbLG leistungsberechtigt ist oder Zugang zu Integrationskursen (§ 44 Abs. 4 S. 2 Nr. 2, vgl. Röder InfAuslR 2018, 35 (39)) bzw. berufsbezogener Deutschsprachförderung hat (vgl. § 4 Abs. 1 S. 2 Nr. 1 DeuFöV) hat.

Weil auch der Inhaber einer Beschäftigungsduldung letztlich geduldet wird, um zu bleiben, **7** sind auch bei diesem „**Aufenthaltsrecht im Duldungsgewand**" (so bereits Röder/Wittmann ZAR 2017, 345 (352)) vergleichbare systematische Ungereimtheiten zu erwarten wie bei der Ausbildungsduldung, die der Gesetzgeber als Folge seiner Entscheidung gegen eine echte Aufenthaltserlaubnis aber auch hier sehenden Auges in Kauf genommen hat.

B. Normstruktur und persönlicher Anwendungsbereich

I. Die Beschäftigungsduldung als Familienbeschäftigungsduldung

8   Mit der Beschäftigungsduldung beschreitet der Gesetzgeber insofern neues Terrain, als sie bei Vorliegen aller Voraussetzungen in der Regel nicht nur dem (beschäftigten) Ausländer selbst, sondern auch seinem Ehe- oder Lebenspartner (Abs. 1) sowie – zwingend in familiärer Lebensgemeinschaft lebenden minderjährigen ledigen Kindern (Abs. 2) erteilt wird.

9   Dabei hat die Einräumung des Regelanspruchs auch für den Ehe- / Lebenspartner den Gesetzgeber dazu veranlasst, bestimmte Voraussetzungen auch von ihm einzufordern. Die Nichterfüllung einer solchen Voraussetzung durch den Ehe- / Lebenspartner schließt dabei nicht nur ihn selbst, sondern auch den Stammberechtigten und in der Folge auch die minderjährigen ledigen Kinder von der Erteilung einer Beschäftigungsduldung aus. Zu den **von beiden gleichermaßen zu erfüllenden Voraussetzungen** gehören die geklärten Identitäten (Nr. 1), die (weitgehende) Straffreiheit (Nr. 7), die fehlenden Verbindungen zu Extremismus und Terrorismus (Nr. 8) sowie ggf. die erfolgreiche Integrationskursteilnahme (Nr. 11).

10   Diese Konstruktion erscheint **verfassungsrechtlich problematisch,** weil sie zu einer Schlechterstellung von Ehepartnern gegenüber Ledigen führen (vgl. BVerfGE 99, 216 = NJW 1999, 557 (558); Dreier/Brosius-Gersdorf GG Art. 6 Rn. 91 mwN zum unmittelbar in Art. 6 Abs. 1 GG wurzelnden Verbot der Benachteiligung von Ehegatten gegenüber Ledigen; krit. Rosenstein/ Koehler ZAR 2019, 222 (223)) und inakzeptable Anreize für eine Trennung setzen kann, wenn und weil der Ehe- / Lebenspartner das eigene Bleiberecht gefährdet. Dem – polemisch als Sippenhaftregelung bezeichneten – § 104a Abs. 3 hat das BVerwG (NVwZ 2011, 939 Rn. 36 ff.) seinen verfassungsrechtlichen Segen erteilt, nachdem das BVerfG (NVwZ-RR 2011, 387) eine Vorlage des VGH BW (BeckRS 2009, 36055) gem. Art. 100 GG für unzulässig erklärt hatte: Das gesetzgeberische Anliegen, über den Zurechnungsmechanismus des § 104a Abs. 3 ein ansonsten ggf. bestehendes abgeleitetes Bleiberecht des (straffälligen) Ehe- / Lebenspartners zu vermeiden, sei ein sachlicher Grund für die Ungleichbehandlung (BVerwG NVwZ 2011, 939 Rn. 39). Dies dürfte auch Hintergrund der Familienbeschäftigungsduldung sein.

11   Die auch für den Ehe- / Lebenspartner geltende Stichtagsregelung kann allerdings nicht dazu führen, dass auch der Stammberechtigte keine Beschäftigungsduldung erhält, wenn der Ehe- / Lebenspartner erst nach dem Stichtag eingereist ist; letzterer kann aber ggf. von § 25b Abs. 4 profitieren, nachdem dem Ausländer eine Aufenthaltserlaubnis gem. § 25b Abs. 6 erteilt worden ist (ausf. Röder/Wittmann ASYLMAGAZIN-Beil. 8-9/2019, 23 (32)).

12   Ganz allgemein erscheint die **Wortlaut** mit Blick auf den Normzweck, eine nachhaltige Integration und Beschäftigung Ausreisepflichtiger zu honorieren, **zu weit geraten,** soweit er den Ausländer auch für das (Fehl-) Verhalten, etwa eine strafrechtliche Verurteilung (→ Rn. 57 ff.), eines deutschen oder aus anderen Gründen aufenthaltsberechtigten Ehe- / Lebenspartners haften lässt. Deutsche Staatsangehörige scheint der Gesetzgeber bei der Abfassung der Erteilungsvoraussetzungen ohnehin nicht im Blick gehabt zu haben, die ersichtlich auf Ausländer zugeschnitten sind. Aber auch mit Ausländern, die bereits im Besitz eines nicht nur vorübergehenden Aufenthaltsrechts sind, besteht richtigerweise **keine Zurechnungseinheit.**

13   Das gilt auch für getrenntlebende Ehe- / Lebenspartner: Im Rahmen von § 25b setzt die Erteilung einer (abgeleiteten) Aufenthaltserlaubnis eine familiäre Lebensgemeinschaft voraus (vgl. § 25b Abs. 4), die § 60d ausdrücklich allerdings nur in Bezug auf die Kinder verlangt (Abs. 2). Da die Beschäftigungsduldung aber ersichtlich als Vorstufe zu § 25b, quasi als „§ 25b light" konzipiert ist, kann dort nichts anderes gelten, denn nur die tatsächliche gelebte Ehe- / Lebenspartnerschaft kann die Rechtfertigung für die in § 60d angelegte Schutz- und Haftungseinheit liefern (Röder/Wittmann ASYLMAGAZIN-Beil. 8-9/2919, 23 (32); so wohl auch Rosenstein/Koehler ZAR 2019, 222 (223), die mit Blick auf die in § 60d angelegte Haftung im Familienverbund eine „sehr eingeschränkte Anwendung in der Praxis" prophezeien).

14   Der in Abs. 2 vorgesehene Rechtsanspruch („ist zu erteilen") auf Erteilung einer (akzessorischen) Kinderbeschäftigungsduldung erfasst nicht nur die leiblichen Kinder des Ausländers, sondern **auch** dessen **Stiefkinder** (aA Fleuß, Ausschuss-Drs. 19(4)287 A, 21; näher → Rn. 68 ff.).

15   Für sie gilt der in Abs. 1 genannte Einreisestichtag im Übrigen nicht. Eine solchermaßen abgeleitete Beschäftigungsduldung kann daher auch nachgereisten oder erst im Bundesgebiet geborenen Kindern erteilt werden.

15.1   Problematisch in diesen Fällen ist jedoch die in Abs. 2 vorgesehene Erteilungsdauer „für den gleichen Aufenthaltszeitraum". Versteht man dies – was die Bezugnahme nicht auf die in § 60d Abs. 1 genannte Dauer, sondern den Aufenthaltszeitraum der Eltern nahelegt – als Erteilung nur für die verbliebene Restlaufzeit der Beschäftigungsduldung der Eltern (so wohl auch Bergmann/Dienelt/Dollinger Rn. 29), kann die für einen Spurwechsel nach § 25b Abs. 6 erforderliche Vorbesitzzeit einer Duldung nach § 60d (30 Monate) von den Kindern eigentlich nicht mehr erreicht werden. Richtigerweise kann das Kind hier aber unmittelbar nach § 25b Abs. 4 eine Aufenthaltserlaubnis beanspruchen, da § 60d Abs. 2 das aufenthaltsrechtliche Schicksal des minderjährigen Kindes ersichtlich an das des Ausländers, mit dem es in familiärer Lebensgemeinschaft lebt, koppeln will (Röder/Wittmann ASYLMAGAZIN-Beil. 8-9/2019, 23 (32)). Kann das Kind aus Altersgründen die in § 25b Abs. 4 genannten Voraussetzungen nicht (vollständig) erfüllen, kommt ggf. ein Absehen nach § 25b Abs. 3 in Betracht, auf den § 25b Abs. 4 verweist. Folgt man dem nicht, muss zur Ermöglichung eines Spurwechsels § 60d Abs. 2 für den verbliebenen Zeitraum auch auf minderjährige ledige und in familiärer Lebensgemeinschaft lebende Kinder von Ausländern angewendet werden, die bereits eine Aufenthaltserlaubnis nach § 25b Abs. 6 besitzen.

II. Voraussetzung: Ausreisepflicht

Nach § 60d **anspruchsberechtigt sind nur ausreisepflichtige Ausländer.** Inhabern einer **16** Aufenthaltsgestattung (§ 55 Abs. 1 S. 1, S. 3) oder eines Aufenthaltstitels kann eine Beschäftigungsduldung deshalb ebenso wenig erteilt werden wie Personen, die sich aus anderen Gründen rechtmäßig in Deutschland aufhalten (Dietz NVwZ-Extra 15/2019, 1 (12), https://rsw.beck.de/rsw/upload/NVwZ/Extra_1-2-2021.pdf). Auch wenn das Gesetz die Ausreisepflicht ausdrücklich nur im Zusammenhang mit dem Ausländer verlangt, müssen auch die in den Schutzbereich miteinbezogenen Ehe- / Lebenspartner und minderjährigen ledigen Kinder ausreisepflichtig sein, denn insoweit ist eine **Parallelität von Aufenthaltsrecht und Duldung** weiterhin aus systematischen Gründen **ausgeschlossen** (zur möglichen Parallelität von Aufenthaltsgestattung und Ausbildungsduldung vgl. Wittmann/Röder ZAR 2019, 412).

Nach Wortlaut, Systematik und Normzweck gilt § 60d für jeden ausreisepflichtigen Ausländer, **17** neben Asylsuchenden nach Erlöschen ihrer Aufenthaltsgestattung also auch für unerlaubt eingereiste oder andere Personen nach Verlust ihres Aufenthaltstitels.

Die Frage, wer eine Beschäftigungsduldung erhalten kann, ist von der bereits dargestellten **18** Zurechnungsproblematik (→ Rn. 9 ff.) zu trennen.

C. Tatbestandsvoraussetzungen

I. Anforderungen an die Beschäftigung

Namensgebendes Herzstück des § 60d ist die (sozialversicherungspflichtige) Beschäftigung iSv **19** § 2 Abs. 2 iVm § 7 SGB IV; eine selbstständige Erwerbstätigkeit genügt nicht.

Zunächst gilt auch iRv § 60d, dass **nur legal ausgeübte Beschäftigungen** anspruchsbegrün- **20** dend sein können (VG Schleswig BeckRS 2021, 376 Rn. 31). Da auch der Beschäftigungsgeduldete weiterhin dem Erwerbstätigkeitsverbot mit Erlaubnisvorbehalt (vgl. § 4 Abs. 2, Abs. 3; § 4a Abs. 4 nF) unterliegt, muss er insbesondere vor jedem – grundsätzlich möglichen (→ Rn. 24) – Jobwechsel bei der nach dem jeweiligen Landesrecht zuständigen Ausländerbehörde die erforderliche Erlaubnis einholen, die nach Maßgabe von § 32 BeschV die Bundesagentur für Arbeit zu beteiligen hat. Dabei ist das grundsätzlich bestehende **Erteilungsermessen** im Anwendungsbereich der Beschäftigungsduldung regelmäßig **„auf Null" reduziert,** um diese nicht leer laufen zu lassen (so auch Dietz NVwZ-Extra 15/2019, 1 (14), https://rsw.beck.de/rsw/upload/NVwZ/Extra_1-2-2021.pdf). Die Beschäftigungsverbote des § 60a Abs. 6 bzw. § 60b Abs. 5 S. 2 dürften bei Inhabern einer Beschäftigungsduldung keine Rolle spielen (zu § 60b vgl. Wittmann/Röder ZAR 2019, 412; sa Rosenstein/Koehler ZAR 2019, 222 (227)).

Im Übrigen genügt jede beliebige sozialversicherungspflichtige Beschäftigung. Inhaltliche **21** Anforderungen an die Beschäftigung im Sinne eines bestimmten Qualifikationsniveaus bestehen nicht. Anders als bei der Ausbildungsduldung muss die Beschäftigung aber den Lebensunterhalt des erwerbstätigen Ausländers sichern. Auch Ausbildungen sind regelmäßig Beschäftigungen (vgl. § 2 Abs. 2 iVm § 7 Abs. 2 SGB IV) und können damit – wenn sie lebensunterhaltssichernd sind – Grundlage einer Beschäftigungsduldung sein. Dabei findet **gem. § 15 Abs. 2 BBiG eine Anrechnung der Berufsschulzeit** auf die vertraglich geregelte Ausbildungszeit statt.

Ansonsten stellt das Gesetz mit dem Erfordernis einer mindestens 18-monatigen Vorbeschäfti- **22** gung mit einer regelmäßigen Wochenarbeitszeit von mindestens 35 Stunden (Nr. 3) allein in zeitlicher Hinsicht Anforderungen an die Beschäftigung. In der Sache laufen diese auf den Nachweis einer **grundsätzlich ununterbrochenen („seit") Vollzeitbeschäftigung** hinaus. Bei Alleinerziehenden – nicht zwingend ein Elternteil (vgl. § 21 Abs. 3 SGB II) – lässt das Gesetz zwar eine Beschäftigung mit einer regelmäßigen Wochenarbeitszeit von mindestens 20 Stunden genügen. Auch bei ihnen muss die Beschäftigung aber ununterbrochen und lebensunterhaltssichernd (gewesen) sein.

23   Die **Corona-Krise** wirft die Frage nach den ausländerrechtlichen **Folgen von Kurzarbeit** auf. Soweit Kurzarbeit rechtmäßig eingeführt wurde, suspendiert sie die arbeitsvertraglichen Hauptleistungspflichten nur vorübergehend, ändert aber nichts daran, dass sich der Betroffene weiterhin in einem Beschäftigungsverhältnis mit einer regelmäßigen Arbeitszeit von 35 Wochenarbeitsstunden befindet. Dieses übt er auch weiterhin aus, nur eben derzeit nicht 35 Stunden die Woche, was Abs. 1 Nr. 3 aber auch nicht verlangt. Mit dem Normzweck erscheint diese Lesart jedenfalls vereinbar, da der unverändert fortbestehende Arbeitsvertrag weiter Gewähr für eine nachhaltige Beschäftigung bietet. Wird Kurzarbeitergeld bezogen, ist der Lebensunterhalt auch weiterhin iSv Abs. 1 durch Beschäftigung gesichert (→ Rn. 25 ff.), auch wenn der Bedarf nicht durch einen ggf. verbleibenden Kurzlohn gedeckt wird und diese Phase länger andauert (zur Außerachtlassung kurzfristiger Unterbrechungen gem. Abs. 3 S. 2 → Rn. 25). Da Kurzarbeitergeld ein Beschäftigungsverhältnis voraussetzt (vgl. §§ 95 ff. SGB III), ist die Lebensunterhaltssicherung des Ausländers weiterhin Folge einer Beschäftigung, wird also „durch seine Beschäftigung" bewirkt. Da das Kurzarbeitergeld grundsätzlich aus Beitragsleistungen finanziert wird, liegt auch kein Bezug schädlicher öffentlicher Mittel vor (vgl. § 2 Abs. 3 S. 2 Nr. 6).

24   Ein Wechsel des Beschäftigungsverhältnisses ist möglich („eine" Beschäftigung), darf jedoch nicht zu mehr als kurzfristigen Unterbrechungen geführt haben, die die Uhr grundsätzlich wieder „auf Null" setzen. Vom Ausländer nicht zu vertretende kurzfristige Unterbrechungen (Plural!) bleiben (kein Ermessen!) dagegen nach dem – systematisch deplatzierten – Abs. 3 S. 3 zwingend unberücksichtigt, der Fälle kurzfristiger Arbeitslosigkeit und kurzfristiger Teilzeitbeschäftigung gleichermaßen erfasst. Unverschuldet unterbricht der Ausländer die Beschäftigung etwa, wenn es bei der Bearbeitung der rechtzeitig beantragten Beschäftigungserlaubnis zu Verzögerungen kommt. **Eine Unterbrechung von mehr als drei Monaten** dürfte in aller Regel **nicht mehr kurzfristig** sein (strenger Bergmann/Dienelt/Dollinger Rn. 32: „einige Wochen"). Bei Arbeitsplatzverlusten infolge der **Corona-Krise** erscheint aber auch eine **großzügigere Handhabung** denkbar, weil dieses Jahrhundertereignis dem Gesetzgeber nicht vor Augen stehen konnte (in diesem Sinne auch die Hinweise des Bundesministeriums des Innern, für Bau und Heimat zur Ausbildungs- und Beschäftigungsduldung §§ 60c und 60d AufenthG mit Bezug zur Covid 19-Pandemie v. 9.7.2020, wonach Unterbrechungen bis zu sechs Monate unschädlich sein können). Die Unbeachtlichkeit der Unterbrechung(en) ändert nichts daran, dass der Ausländer insgesamt 18 Monate beschäftigt gewesen sein muss (vgl. AAH v. 20.12.2019 zum Gesetz über Duldung bei Ausbildung und Beschäftigung, Rn. 60d.3.1).

24a   Mangels planwidriger Regelungslücke ist für eine analoge Anwendung von § 25b Abs. 3 iRv § 60d kein Raum (VG Sigmaringen BeckRS 2020, 28190 Rn. 26).

II. Lebensunterhaltssicherung des „Stammberechtigten"

25   Gemäß Abs. 1 Nr. 4 muss die Beschäftigung iSv Abs. 1 Nr. 3 den Lebensunterhalt des Ausländers zunächst innerhalb der letzten zwölf Monate vor Beantragung der Duldung vollständig gesichert haben. Der Wortlaut ist ähnlich missverständlich wie bei der Ausbildungsduldung: Auch hier schließt er ein Hineinwachsen in die Anspruchsvoraussetzung nach verfrühter Antragstellung nicht aus (zum Hineinwachsen bei der Ausbildungsduldung → § 60c Rn. 32; VG Münster BeckRS 2020, 7526 Rn. 12, 17; Röder/Wittmann ZAR 2017, 345 (350)). Nicht zu vertretende kurzfristige Unterbrechungen der Lebensunterhaltssicherung sind gem. Abs. 3 S. 2 unschädlich.

26   Weiter muss der Lebensunterhalt des ausreisepflichtigen Ausländers auch aktuell durch die Beschäftigung gesichert sein (Abs. 1 Nr. 5). Allein aus der Gesetzesbegründung ergibt sich, dass das Gesetz iRd Nr. 4 und Nr. 5 wörtlich zu nehmen ist („der Lebensunterhalt **des** ausreisepflichtigen Ausländers") und nur die Lebensunterhaltssicherung des **erwerbstätigen Stammberechtigten** verlangt (BT-Drs. 19/8286, 17). Der Bezug öffentlicher Mittel durch die Familienangehörigen ist daher unschädlich, solange die Beschäftigung des Stammberechtigten seinen Lebensunterhalt sichert. Die in § 2 Abs. 3 S. 2 genannten öffentlichen Mittel sind eigentlich privilegiert, mit Ausnahme des **Arbeitslosengeldes I** und **Kurzarbeitergeldes** (s ergänzend → Rn. 23) aber nicht das Ergebnis einer Beschäftigung und im hiesigen Kontext deshalb auf Einkommensseite (wohl) nicht berücksichtigungsfähig (ähnlich Rosenstein/Koehler ZAR 2019, 222 (225); zur Behandlung von Kurzarbeitergeld in Zeiten der **Corona-Krise** → Rn. 23).

27   Da sich ein potenzieller Sozialleistungsanspruch des für mindestens 30 Monate weiterhin nur geduldeten Stammberechtigten aus dem AsylbLG ergibt (vgl. § 1 Abs. 1 Nr. 4 AsylbLG), richtet

sich die **Berechnung des zur Sicherung des Lebensunterhalts** iSv § 2 Abs. 3 notwendigen Bedarfs und erforderlichen Einkommens ungeachtet der Erwerbsfähigkeit des Stammberechtigten **nach den Bestimmungen des SGB XII,** die § 2 Abs. 1 S. 1 AsylbLG nach einem – wegen § 60d Abs. 1 Nr. 3 stets vorliegenden – 18-monatigen ununterbrochenen Aufenthalt für entsprechend anwendbar erklärt. Das erscheint zunächst überraschend, ist aber nicht inkonsequent, denn die Rechtsprechung des BVerwG (NVwZ 2009, 248), nach der es bei Erwerbsfähigen auf die Regelungen des SGB II, also auf die Bedarfsgemeinschaft ankommt, wurde mit Blick auf die anstehende Erteilung eines Aufenthaltstitels (§ 5 Abs. 1 Nr. 1) und dem damit regelmäßig eröffneten Zugang zum Leistungssystem des SGB II entwickelt, zu dem es hier aber nicht kommt (anders wohl Thym, BT-Drs.(A)19(4)287A, 20).

Im hiesigen Kontext dient das Erfordernis der Lebensunterhaltssicherung deshalb auch nicht **28** der Vermeidung neuer Belastungen für die öffentlichen Haushalte, die der Gesetzgeber auch hinsichtlich der Familienangehörigen akzeptiert, sondern als Gradmesser für einen (wirtschaftlichen) Integrationsstand des Ausländers. Dieser im Vergleich zu § 2 Abs. 3, § 5 Abs. 1 Nr. 1 unterschiedliche Normzweck spricht dafür, dem Bedarf des Stammberechtigten das **tatsächlich verfügbare Einkommen – ohne Abzug des in § 82 Abs. 3 SGB XII genannten Freibetrags** – gegenüberzustellen. Dabei ist dieser nicht fiktiv als alleinstehend zu behandeln, so dass bei ihm bedarfsseitig Regelbedarfsstufe 2 (vgl. Anlage zu § 28 SGB XII) zugrunde zu legen ist, wenn er etwa mit seinem Ehepartner in einer Wohnung lebt. Bei in Gemeinschaftsunterkünften (§ 53 AsylG) und Aufnahmeeinrichtungen (§ 44 AsylG) lebenden erwerbstätigen Ausländern sind außerdem die durch § 2 Abs. 1 S. 4 AsylbLG abweichend festgelegten (niedrigeren) **Sonderregelbedarfe zu beachten** (zum Ganzen bereits Röder/Wittmann ASYLMAGAZIN-Beil. 8-9/2919, 23 (33)).

Der so bestimmte Bedarf des Ausländers muss allein „durch seine Beschäftigung" gedeckt sein: **29** Das schließt – anders als im Anwendungsbereich von § 25b Abs. 1 – die Berücksichtigung von Erwerbseinkommen von Familienangehörigen ebenso aus wie eine Bedarfsdeckung „von außen", etwa per Verpflichtungserklärung. Die Formulierung in Abs. 1 Nr. 3 („eine Beschäftigung mit einer regelmäßigen Arbeitszeit") scheint eine Lebensunterhaltssicherung durch mehrere – isoliert betrachtet nicht auskömmliche – Beschäftigungen auszuschließen (vgl. Dietz NVwZ-Extra 15/2019, 1 (14), https://rsw.beck.de/rsw/upload/NVwZ/Extra_1-2-2021.pdf); nach dem Normzweck ist das allerdings nicht zwingend.

III. Fristgerechte Identitätsklärung

Wie bei der Ausbildungsduldung hängt auch der Regelanspruch auf die Beschäftigungsduldung **30** von der **fristgerechten Klärung der Identitäten beider** („ihre Identitäten") Ehe- / Lebenspartner innerhalb der in Abs. 1 Nr. 1 genannten Fristen ab. Anders als dort ist die geklärte Identität aber als positive Erteilungsvoraussetzung ausgestaltet. Von der Identitätsklärung der Kinder hängt die Erteilung der Beschäftigungsduldung dagegen nicht ab (krit. Rosenstein/Koehler ZAR 2019, 222 (224)). Bei ihnen muss die Identität deshalb regelmäßig erst für die Erteilung der Aufenthaltserlaubnis geklärt sein (§ 5 Abs. 1 Nr. 1a), sofern die Ausländerbehörde nicht von § 5 Abs. 3 S. 2 Gebrauch macht (→ Rn. 3).

Die Klärung der Identität setzt die Gewissheit voraus, dass ein Ausländer die Person ist, für die **31** er sich ausgibt, mithin Verwechslungsgefahr nicht besteht (OVG NRW BeckRS 2021, 141 Rn. 7; OVG Bln-Bbg Urt. v. 19.3.2012 – OVG 3 B 15.11, juris Rn. 20, BeckRS 2012, 51105). Ohne Weiteres geklärt ist die Identität in der Regel bei Vorlage eines anerkannten Passes oder Passersatzes (Bergmann/Dienelt/Samel § 5 Rn. 43), der aber nicht unbedingt gültig sein muss, da es an dieser Stelle nicht um die Erfüllung der Passpflicht geht, die erst – jedenfalls im Regelfall – bei der Erteilung des Aufenthaltstitels vorausgesetzt wird (§ 5 Abs. 1 Nr. 4; s. aber auch § 5 Abs. 3 S. 2). Die Vorlage einer Passkopie wird regelmäßig nur ein erster Schritt auf dem Weg zur Identitätsklärung sein (VG Köln BeckRS 2021, 8138 Rn. 7). Die Identität lässt sich aber auch auf andere Weise als durch Vorlage eines Passes klären, etwa indem diese im Rahmen der Vorsprache bei einer Identifizierungskommission des (vermeintlichen) Herkunftslandes, bestätigt wird.

Neben sonstigen Identitätsdokumenten mit Lichtbild sind auch andere amtliche Dokumente aus dem **31.1** Herkunftsstaat, die biometrische Merkmale und Angaben zur Person enthalten, geeignet, wenn sie die Möglichkeit der Identifizierung bieten, wie beispielsweise ein Führerschein, Dienstausweis oder eine Personenstandsurkunde mit Lichtbild. Auch amtliche Dokumente ohne biometrische Merkmale, etwa Geburts- und Heiratsurkunden, Meldebescheinigungen, Schulzeugnisse oder Schulbescheinigungen kommen zum Nachweis in Betracht, ebenso elektronisch abgelegte Identitätsdokumente mit Lichtbild (BT-Drs. 19/8286, 15, 17). Die Einschränkung in der Gesetzesbegründung, wonach dies nur dann gelte, wenn die Papiere geeignet sind, auf ihrer Basis Pass- oder Passersatzpapiere zu beschaffen, ist dagegen abzulehnen, denn es sind durchaus Fälle denkbar, in denen die Identität zweifelsfrei geklärt ist, ohne dass damit zugleich eine Pass(ersatz)beschaffung ermöglicht wird.

1. Fristenregelung

32   Als Folge der Ausgestaltung der Beschäftigungsduldung als „befristete Altfallregelung" bestimmen sich die Fristen anders als bei der Ausbildungsduldung. Gemäß Abs. 1 Nr. 1 müssen die Identitäten geklärt sein,
- bei Einreise der Ehe- / Lebenspartner bis zum 31.12.2016 bis zur Beantragung der Beschäftigungsduldung, wenn **am 1.1.2020** ein Beschäftigungsverhältnis nach Abs. 1 Nr. 3 vorlag,
- bei Einreise in das Bundesgebiet bis zum 31.12.2016 und am 1.1.2020 nicht vorliegendem Beschäftigungsverhältnis nach Abs. 1 Nr. 3 bis zum 30.6.2020 und
- bei Einreise in das Bundesgebiet zwischen dem 1.1.2017 und dem 1.8.2018 spätestens bis zum 30.6.2020,

wobei sich der Sinn der Bildung der dritten Fallgruppe angesichts des identischen Fristendes (mir) nicht erschließt. Unklar ist außerdem, ob der Verweis auf das „Beschäftigungsverhältnis nach Abs. 1 Nr. 3" nur das Regelarbeitszeiterfordernis oder auch die 18-monatige Vorbeschäftigungszeit erfassen soll. Möglicherweise wollte der Gesetzgeber die eigenständige Bestimmung des Zeitpunkts der Identitätsklärung nur solchen Ausländern ermöglichen, die bei Inkrafttreten der Regelung bereits nachhaltig in den Arbeitsmarkt integriert waren. Allerdings hätte es dann nahe gelegen, auch den Nachweis der Lebensunterhaltssicherung zu fordern. In den Fällen des lit. a ist der Ausländer, der den Antrag trotz bislang ungeklärter Identität stellt, jedenfalls nicht dauerhaft vom Regelanspruch auf die Beschäftigungsduldung ausgeschlossen; in diese kann er vielmehr mit Identitätsklärung hineinwachsen.

33   Wie bei der Ausbildungsduldung stellt Abs. 1 Nr. 1 im Ausgangspunkt allein darauf ab, ob die Identität innerhalb der gesetzlichen Fristen geklärt wurde, ohne sich für die **Gründe des Ge- oder Misslingens der Identitätsklärung** zu interessieren. Gelangt die zuständige Behörde bei Prüfung eines Antrags auf eine Beschäftigungsduldung also zu dem Ergebnis, dass die Identität(en) innerhalb der einschlägigen Frist geklärt war(en), steht Abs. 2 Nr. 3 nicht entgegen, auch wenn die Identitätsklärung(en) unabhängig von der Mitwirkung der betroffenen Personen erfolgte(n).

34   Erwägungen zur **Erforderlichkeit und Zumutbarkeit** konkreter Mitwirkungshandlungen kommen ebenso wie Verschuldensaspekte erst dann ins Spiel, wenn die Identitätsklärung(en) erst nach Fristablauf erfolgt. Hier entsteht der Regelanspruch auf die Beschäftigungsduldung nur, wenn der Ausländer und sein Ehe- / Lebenspartner **alle** erforderlichen und zumutbaren Mitwirkungshandlungen ergriffen und die verspätete Identitätsklärung nicht zu vertreten haben. Nur in diesem Fall gilt die Frist gem. Abs. 1 Nr. 1 Hs. 2 als gewahrt, dh die Identitäten als fristgerecht geklärt mit der Folge, dass die Erteilungsvoraussetzung erfüllt ist. Nach dem klaren Wortlaut schließt bereits das nicht optimale Mitwirkungsverhalten nur eines Ehe- / Lebenspartners beide vom Regelanspruch auf die Beschäftigungsduldung aus.

35   **Bleibt die Identität** nur eines Ehe- / Lebenspartners – warum auch immer – **ungeklärt,** scheidet ein Regelanspruch auf die Beschäftigungsduldung in jedem Fall aus. Hier entscheidet das bisherige Mitwirkungsverhalten „nur noch" über die Frage, ob von der Erteilungsvoraussetzung des Abs. 1 Nr. 1 gem. Abs. 4 im **Ermessenswege** abgesehen werden kann (→ Rn. 40).

2. Anforderungen und Grenzen der Mitwirkung

36   Zunächst ist zu betonen, dass das Entstehen des Regelanspruchs gem. Abs. 1 Nr. 1 Hs. 2 das Ergreifen **„aller"** erforderlichen und zumutbaren Maßnahmen innerhalb der Frist voraussetzt. Allerdings kann dem Anspruch nur das Unterlassen solcher Mitwirkungshandlungen entgegengehalten werden, die geeignet gewesen wären, die Klärung der Identität zumindest zu erleichtern („Maßnahmen für die Identitätsklärung"). Maßgeblich ist eine **ex-ante-Perspektive.**

37   Dabei ist auch zu berücksichtigen, dass die zuständige Behörde – sofern die vorzunehmende Mitwirkungshandlung nicht evident war / ist – diese im Einzelfall konkretisieren und aktualisieren muss(te), die seinerseits eine **Anstoßpflicht** trifft, schon weil die Behörde häufig viel besser über aktuelle Passausstellungs- und Identitätsklärungsmöglichkeiten im Bilde sein wird als die betroffene Person (Röder/Wittmann ZAR 2017, 345 (351); 2019, 412; BayVGH NVwZ-RR 2018, 588 Rn. 25; vgl. zur Reziprozität der Mitwirkungsobliegenheiten BayVGH BeckRS 2007, 20248 zu § 25 Abs. 5).

38   **Asylbewerbern** ist – unabhängig von den im Einzelfall tatsächlich geltend gemachten und bestehenden Fluchtgründen – **eine Kontaktaufnahme** mit der Auslandsvertretung des (vermeintlichen) Herkunftsstaats **nicht zumutbar.** Nach der Gesetzesbegründung zur Ausbildungsduldung gilt dies für das „gesamte" Asylverfahren **bis zu dessen „unanfechtbaren" (!) Abschluss** (BT-Drs. 19/8286, 15). Im Anwendungsbereich des insoweit wortgleichen § 60d kann nichts anderes gelten. Den Betroffenen ist die Kontaktaufnahme deshalb auch dann noch unzumutbar, wenn der geltend gemachte Schutzanspruch rechtlich nicht mehr durch eine Aufenthaltsgestattung oder ein sonstiges asylverfahrensbezogenes Bleiberecht geschützt wird. Das entspricht in der Sache der Wertung, die der Gesetzgeber im Zusammenhang mit der besonderen Passbeschaffungspflicht ausdrücklich kodifiziert hat (vgl. § 60b Abs. 2 S. 2). Auch eine Kontaktaufnahme mit den Behörden des Herkunftsstaates über Dritte kann während des Asylverfahrens nicht verlangt werden (Heinhold ASYLMAGAZIN 1-2/2018, 7 (8); sa BT-Drs. 19/8286, 15: „oder in sonstiger Weise [...] in Kontakt zu treten").

Bis zum endgültigen Abschluss des Asylverfahrens dürften sich die zumutbaren Mitwirkungs- **39** handlungen daher auf biographische Angaben (Rosenstein/Koehler ZAR 2019, 222 (224), die Vorlage vorhandener Papiere (§ 15 Abs. 2 Nr. 4 und Nr. 5 AsylG) oder Datenträger (§ 15 Abs. 2 Nr. 6 AsylG) und die Duldung erkennungsdienstlicher Maßnahmen (§ 15 Abs. 2 Nr. 7 AsylG) beschränken. Diese müssen die Betroffenen dann aber auch fristgerecht vornehmen, denn das Entstehen des Regelanspruchs hängt ggf. von der Rechtzeitigkeit ihres Ergreifens ab, auch wenn die Identität letztendlich erst durch eine später zumutbar werdende Mitwirkungshandlung geklärt wird.

3. Absehensermessen

Abs. 4 ermächtigt die zuständige Behörde, eine Beschäftigungsduldung „unbeachtlich des **40** Absatzes 1 Nummer 1" zu erteilen, wenn der Ausländer die erforderlichen und ihm zumutbaren Maßnahmen für die Identitätsklärung ergriffen hat. **Abs. 4 ist auf Tatbestandsebene verortet** (ergänzend → Rn. 73). Auch wenn Abs. 4 den Ehe- / Lebenspartner nicht mehr ausdrücklich erwähnt, spricht die Normstruktur dafür, bei der Ermessensausübung das Mitwirkungsverhalten beider Ehe- / Lebenspartner zu berücksichtigen. Da die Vorschrift § 60c Abs. 7 (Ausbildungsduldung) entspricht, kann im Übrigen auf die dortigen Ausführungen verwiesen werden (→ § 60c Rn. 46 ff.; ferner Röder/Wittmann ASYLMAGAZIN-Beil. 8-9/2019, 23 (28); ZAR 2019, 412).

IV. Vorduldungszeit

Wie die (allgemeine) Ausbildungsduldung (→ § 60c Rn. 30) setzt auch die Beschäftigungsdul- **41** dung eine Vorduldungszeit voraus, die mit mindestens zwölf Monaten jedoch erheblich länger als dort (drei Monate) sein muss. Das Vorduldungserfordernis soll insbesondere die Erteilung einer Beschäftigungsduldung unmittelbar im Anschluss an ein erfolgloses Asylverfahren ausschließen (BT-Drs. 19/8286, 17) und den zuständigen Behörden die grundsätzlich obligatorische (§ 58 Abs. 1 S. 1) Aufenthaltsbeendigung ermöglichen. Zu beachten ist allerdings, dass Abs. 1 Nr. 2 nur für den erwerbstätigen Ausländer gilt; seinem Ehe- / Lebenspartner kann eine Beschäftigungsduldung daher ggf. auch unmittelbar im Anschluss an ein (erfolgloses) Asylverfahren erteilt werden. Auch mit Blick auf während des Asylverfahrens nur geduldete Zweit- und Folgeantragsteller erscheint ein unmittelbarer Übergang vom Asylverfahren in die Beschäftigungsduldung nicht ausgeschlossen.

Mittelbar bewirkt das Vorduldungserfordernis, dass iRv Abs. 1 Nr. 3 maximal sechs Monate **42** im Status der Aufenthaltsgestattung absolvierter Beschäftigungszeiten anrechenbar sind.

Die Anwendbarkeit des Vorduldungserfordernisses hängt im Unterschied zur Ausbildungsdul- **43** dung (vgl. § 104 Abs. 17) nicht vom Zeitpunkt der Beschäftigungsaufnahme ab.

Namentlich in den Fällen des Abs. 1 Nr. 1 lit. b und lit. c kann die (Erfolgs-) Pflicht zur **44** Identitätsklärung spätestens bis zum 30.6.2020 den Betroffenen in die Lage bringen, sich zu einem Zeitpunkt abschiebbar machen zu müssen, in dem er noch **keine gesicherte Anwartschaft** auf eine Beschäftigungsduldung besitzt. Insofern wird es iRv Abs. 1 Nr. 2 regelmäßig um identitätsunabhängige Duldungsgründe gehen:

Aus identitätsunabhängigen Gründen kann die Abschiebung etwa bei Reiseunfähigkeit (§ 60a Abs. 2 **44.1** S. 1), Minderjährigkeit der betroffenen Person (§ 58a Abs. 1a) oder ihres Kindes (§ 60a Abs. 2b) oder einem förmlich angeordneten (§ 60a Abs. 1) oder faktischen Abschiebungsstopp ausgesetzt sein, ferner bei obligatorischer (§ 60a Abs. 2 S. 1) oder fakultativer (§ 60a Abs. 2 S. 3) Duldung aus familiären Gründen (zB wenn Kind oder Ehepartner im Besitz einer Ausbildungsduldung sind oder sich noch im Asylverfahren befinden (vgl. § 43 Abs. 2 AsylG), oder bei Duldung anlässlich eines Härtefall- (§ 23a) oder Petitionsverfahrens; auch asylverfahrensbezogene Duldungen zahlen auf das „Vorduldungskonto" ein, ebenso Zeiten einer

Ausbildungsduldung, aus der heraus eine Beschäftigungsduldung beantragt und erteilt werden kann, da **kein Ausschließlichkeitsverhältnis zwischen Ausbildungs- und Beschäftigungsduldung** besteht. Bei einem Wechsel von einer Ausbildungs- in eine Beschäftigungsduldung könnten allerdings die Anforderungen an das Beschäftigungsverhältnis (Abs. 1 Nr. 3–5) Probleme bereiten (ergänzend → Rn. 21).

45   Abs. 1 Nr. 2 verlangt grundsätzlich, dass der Ausländer ununterbrochen geduldet war („seit"), nicht hingegen, dass der Duldungsgrund während der zwölf Monate derselbe war, denn Abs. 1 Nr. 2 fordert den Besitz **„einer"**, nicht „der" Duldung. Unabhängig vom Duldungsgrund sind deshalb jedenfalls alle rechtswirksam erteilten Duldungen anrechenbar (missverständlich und insgesamt zu weit deshalb AAH v. 20.12.2019 zum Gesetz über Duldung bei Ausbildung und Beschäftigung, Rn. 60d.1.2.).

46   Aus der Formulierung **„im Besitz"** wird teilweise gefolgert, dass das Vorliegen materieller Duldungsgründe nicht ausreiche, sondern die Duldung tatsächlich „ausgestellt" worden sein müsse (VG Schleswig BeckRS 2019, 29483 Rn. 17). Abgesehen davon, dass diese Ansicht nicht hinreichend sauber zwischen der Erteilung der Duldung als Verwaltungsakt und der Ausstellung der Duldungsbescheinigung als Realakt trennt, ist nicht erkennbar, dass der Gesetzgeber mit der Formulierung eine abweichende Regelung im Vergleich zu Fällen treffen wollte, in denen das Gesetz „nur" einen geduldeten Ausländer voraussetzt. Dort ist anerkannt, dass auch **Zeiträume** auf die Vorduldungszeit **anzurechnen** sind, **in denen auf die Duldung gem. § 60a Abs. 2 S. 1 ein Rechtsanspruch** besteht (vgl. zu § 25b etwa BVerwG BeckRS 2019, 37836 Rn. 24). Nach der Logik des AufenthG ist ein vollziehbar ausreisepflichtiger Ausländer, der nicht abgeschoben wird, grundsätzlich von Amts wegen zu dulden, da das AufenthG für einen ungeregelten Aufenthalt keinen Raum lässt (BVerwG NVwZ 1998, 297 (298); BVerfG NStZ 2003, 488 (490)). Auch iRv § 60d kann die Nichterfüllung eines bestehenden Duldungsanspruchs dem Ausländer aber nicht zum Nachteil gereichen, zumal die Ausländerbehörde die Antragsablehnung insoweit auf ihr eigenes rechtswidriges Verhalten stützen müsste und sich damit widersprüchlich verhielte (§ 242 BGB).

47   Bei **Lücken im Duldungsverlauf** ist deshalb genau zu prüfen, ob die Abschiebung in dem nicht durch eine förmliche Duldung gedeckten Zeitfenster in rechtlicher und insbesondere tatsächlicher Hinsicht möglich war. Stellt sich im Nachhinein heraus, dass eine von der Ausländerbehörde für möglich gehaltene Abschiebung objektiv unmöglich war, ist dieser Zeitraum auf die Vorduldungszeit anzurechnen. Dabei ist zu beachten, dass ein Rechtsanspruch auf eine Duldung iSv § 60a Abs. 2 S. 1 Alt. 1 immer schon dann besteht, wenn die Abschiebung zwar grundsätzlich möglich, die Ausreisepflicht aber nicht ohne Verzögerung durchgesetzt werden kann; das gilt auch dann, wenn der für die Abschiebung benötigte Zeitraum ungewiss ist (BVerwG NVwZ 1998, 297 (298)). Lediglich während des für die Durchführung der Abschiebung notwendigen Zeitraums ist diese nicht unmöglich (BVerwG NVwZ 1998, 297 (299)). Solange die Abschiebung dagegen noch vorbereitet wird, ist sie faktisch unmöglich (ansonsten würde sie ja durchgeführt) und – schon zur Vermeidung von Strafbarkeitsrisiken – ein aufenthaltsregelnder Verwaltungsakt zu erlassen (ergänzend → § 60a Rn. 24). Nur wenn nach diesen Maßstäben (ausnahmsweise) keine Unmöglichkeit vorliegt, liegt eine Duldungslücke vor, die das Verfallen früherer Duldungszeiten zur Folge haben kann (deutlich zu weitgehend deshalb AAH v. 20.12.2019 zum Gesetz über Duldung bei Ausbildung und Beschäftigung, Rn. 60d.1.2.; zu einem Grenzfall wegen coronabedingter Unmöglichkeit der Abschiebung s. VG Mainz BeckRS 2020, 6573 Rn. 14 f.). Schädliche Unterbrechungen der Duldungszeit können aber analog § 85 außer Betracht bleiben (zur entsprechenden Anwendung bei Duldungsunterbrechungen vgl. VGH BW BeckRS 2018, 13536 Rn. 67); die hierfür erforderliche Regelungslücke liegt vor, weil Abs. 3 S. 2 für Abs. 1 Nr. 2 nicht gilt (zutr. VG Mainz BeckRS 2020, 6573 Rn. 16).

48   Zu Nachweiszwecken sollte in der Praxis stets auf eine **rückwirkende Erteilung der Duldung** hingewirkt werden. Diese Möglichkeit folgt aus der (übertragbaren) Rechtsprechung des BVerwG zur rückwirkenden Erteilung eines Aufenthaltstitels, da auch hier ein schutzwürdiges Interesse besteht, weil es für die weitere aufenthaltsrechtliche Stellung erheblich sein kann, von welchem Zeitpunkt an der Ausländer die Duldung besaß (vgl. BVerwG NVwZ 2009, 1431 Rn. 13).

49   Zeiten des Besitzes einer „Duldung light" sind gem. § 60b Abs. 5 S. 1 nicht anrechenbar (ausf. zu § 60b Röder/Wittmann ZAR 2019, 362 (364 f.)) ebenso wenig Zeiten eines gestatteten Aufenthalts (VGH BW BeckRS 2020, 344 Rn. 15; VG Mainz BeckRS 2020, 6573 Rn. 12).

49.1   Für Ausländer, die sich zum Zeitpunkt der Prüfung der Voraussetzungen des § 60b durch die Ausländerbehörde (BT-Drs. 19/10047, 47) in einem Beschäftigungsverhältnis befinden, verschiebt § 105 Abs. 2 die Anwendbarkeit von § 60b bis zum 1.7.2020. Bei ihnen können deshalb ggf. auch Zeiten auf das „Vorduldungskonto" einzahlen, in denen ihre Abschiebung allein wegen identitätsbezogener Unmöglichkeit ausgesetzt war. Mit Blick auf das „Vorbeschäftigungszeitkonto" darf die Fortsetzung der Beschäftigung allerdings nicht an § 60a Abs. 6 S. 1 Nr. 2, S. 2 scheitern, wobei insoweit die Übergangsregelung in § 104 Abs. 16 zu berücksichtigen ist.

Anders als bei der Ausbildungsduldung fixiert das Gesetz keinen Zeitpunkt, ab dem ein Regel- **50** anspruch auf eine Beschäftigungsduldung nicht mehr durch aufenthaltsbeendende Maßnahmen zu Fall gebracht werden kann. Richtigerweise vermittelt ein **rechtzeitig eingereichter bewilligungsreifer Antrag** den betroffenen Personen aber auch hier eine **gesicherte Anwartschaft** (näher Röder/Wittmann ASYLMAGAZIN-Beil. 8-9/2019, 23 (34)).

V. Hinreichende mündliche Deutschkenntnisse

Die in Abs. 1 Nr. 6 geforderten hinreichenden Deutschkenntnisse entsprechen dem Sprachni- **51** veau A2 (vgl. § 2 Abs. 10). Sie müssen **nur mündlich** vorliegen und nur vom stammberechtigten Ausländer nachgewiesen werden (aber → Rn. 53). Abs. 1 Nr. 6 **entspricht 25b Abs. 1 S. 2 Nr. 4** (→ § 25b Rn. 55). Hinsichtlich der Möglichkeiten zum Nachweis der mündlichen Deutschkenntnisse kann man sich deshalb an den zu § 25b ergangenen – Ausländerbehörden nicht immer bekannten – AAH v. 20.12.2019 zum Gesetz über Duldung bei Ausbildung und Beschäftigung orientieren. Danach ist in vielen Fällen die Vorlage eines Sprachzertifikats entbehrlich (s. etwa das Bsp. bei Rosenstein/Koehler ZAR 2019, 222 (225); für ein Bsp. nicht nachgewiesener Sprachkenntnisse s. VG Mainz BeckRS 2020, 6573 Rn. 11).

VI. Eventuell Integrationskursbesuch

Die Voraussetzung eines erfolgreichen Integrationskursabschlusses gilt für beide Ehe- / Lebens- **52** partner, allerdings **nur,** wenn und „**soweit**" behördlicherseits eine entsprechende **Teilnahmeverpflichtung begründet** wurde, insbesondere gem. § 44a Abs. 1 S. 1 Nr. 4, § 5b Abs. 1 AsylbLG. Insofern ist Abs. 1 Nr. 11 klarer formuliert als Abs. 6 Hs. 2, denn auch dort sollen die verschärften Anforderungen ungeachtet des irreführenden Wortlauts nur im Falle einer behördlicherseits ausgesprochenen Verpflichtung zum Integrationskurs anwendbar sein (→ § 25b Rn. 97).

Die erfolgreiche Kursteilnahme setzt gem. § 17 Abs. 2 IntV unter anderem den Nachweis des **53** B1-Sprachniveaus voraus, so dass sich die an den Stammberechtigten gestellten Sprachanforderungen bei einer Kursteilnahmeverpflichtung verschärfen. Soweit der Verpflichtete den Kursabbruch nicht zu vertreten hat, ist dies unschädlich. Gleiches gilt im Falle des Misserfolgs eines freiwillig besuchten Integrationskurses (Rosenstein/Koehler ZAR 2019, 222 (226)).

Im Übrigen ist zu beachten, dass ein erfolglos gebliebene Integrationskurs iRv § 60d unschädlich **54** sind (s. § 25b Abs. 6 Hs. 2), soweit der Ausländer und / oder sein Ehepartner erst nach Erteilung der Beschäftigungsduldung zu ihrem Besuch verpflichtet wurden, da der Misserfolg nicht gem. Abs. 3 S. 1 zum Widerruf berechtigt. Deshalb erscheint es auch zweifelhaft, ob die Ausländerbehörde die Entscheidung über die Beschäftigungsduldung zurückstellen darf, um das Ergebnis eines – ggf. noch monatelang – laufenden Integrationskurses abzuwarten.

VII. Schulbesuch und Straffreiheit der Kinder

Gemäß Abs. 1 Nr. 10 hängt die Beschäftigungsduldung des Ausländers und seines Ehe- / **55** Lebenspartners auch vom Wohlverhalten der mit ihnen in familiärer Lebensgemeinschaft lebenden minderjährigen Kinder ab. Rechtskräftige Verurteilungen wegen einer gem. § 29 Abs. 1 S. 1 Nr. 1 BtMG vom Kind begangenen Vorsatztat führen stets zum Ausschluss von der Beschäftigungsduldung, im Übrigen nur solche iSd § 54 Abs. 2 Nr. 1–2. Die Bezugnahme auf § 54 Abs. 2 Nr. 1 erscheint allerdings verfehlt, weil die dort erwähnte Freiheitsstrafe für minderjährige Delinquenten nicht in Betracht kommt (Röder/Wittmann ASYLMAGAZIN-Beil. 8-9/2019, 23 (35)).

Der außerdem geforderte Nachweis des tatsächlichen Schulbesuchs schulpflichtiger Kinder **ent- 56 spricht** § 25b Abs. 1 S. 2 Nr. 5 (→ § 25b Rn. 59). Auf den Erfolg des Schulbesuchs kommt es nicht an, da dieser noch weniger als die physische Teilnahme am Unterricht im Einflussbereich der Erziehungsberechtigten liegt.

VIII. Weitgehende Straffreiheit

Der Ausländer und sein Ehe- / Lebenspartner dürfen nicht wegen einer im Bundesgebiet **57** begangenen – noch nicht getilgten bzw. tilgungsreifen – Vorsatzstraftat verurteilt worden sein (Abs. 1 Nr. 7). Die strafrechtliche **Verurteilung** muss **rechtskräftig** sein. Das folgt zwar nicht aus dem Wortlaut, ist aber das Mindestgebot der Unschuldsvermutung und ergibt sich auch **aus**

§ 79 Abs. 4, der ebenfalls zum 1.1.2020 in Kraft getreten ist: Danach ist die Entscheidung über eine beantragte Beschäftigungsduldung im Falle einer strafgerichtlichen Entscheidung bis zu deren Rechtskraft, im Übrigen bis zum sonstigen Abschluss des Strafverfahrens auszusetzen. Die ausländerbehördliche Aussetzungspflicht greift dabei **schon im Ermittlungsverfahren** und damit früher als bei der Ausbildungsduldung, für die § 79 Abs. 5 gilt (→ § 60c Rn. 68).

57a   Bei Aussetzung des ausländerbehördlichen Verfahrens wird dem unverteidigten Beschuldigten regelmäßig gemäß § 140 Abs. 2 StPO ein Pflichtverteidiger an die Seite zu stellen sein, da die Schwere der zu erwartenden Rechtsfolge anerkanntermaßen auch durch drohende mittelbare ausländerrechtliche Nachteile bestimmt wird (ausführlich Röder/Stahlmecke ASYLMAGAZIN 3/2021, 66 ff.).

58   Der **Ausgang des Strafverfahrens** muss **ausnahmsweise** dann **nicht abgewartet** werden, wenn er für die Entscheidung über die Beschäftigungsduldung unerheblich ist (§ 79 Abs. 4 aE: „es sei denn"). Dies ist zum einen der Fall, wenn die Erteilung einer Beschäftigungsduldung auch aus anderen Gründen zwingend (dauerhaft) ausgeschlossen ist, im Übrigen dann, wenn ausschließlich eine fahrlässige Tatbegehung im Raum steht, die den Versagungsgrund nach Abs. 1 Nr. 7 niemals begründen kann.

59   Da der Antrag auf die Beschäftigungsduldung keine Fiktionswirkungen nach § 81 auslöst, zeitigt der nur vom Ausgang des Strafverfahrens abhängige (mögliche) Beschäftigungsduldungsanspruch in diesen Fällen aber eine **Vorwirkung** mit der Folge, dass dem Betroffenen bis zum **Abschluss des** Strafverfahrens jedenfalls eine Duldung gem. § 60a Abs. 2 S. 3 **zu erteilen ist** (für die Fälle des § 79 Abs. 2 im Ergebnis ebenso Bergmann/Dienelt/Samel § 79 Rn. 16, der dort sogar von einem Rechtsanspruch nach § 60a Abs. 2 S. 1 wegen rechtlicher Unmöglichkeit ausgeht). Zudem ist dem Ausländer die **Fortsetzung seiner Beschäftigung zu erlauben,** um dem Ausländer weiterhin die Erfüllung der in Abs. 1 Nr. 3–5 normierten Voraussetzungen zu ermöglichen.

60   Das Gesetz **toleriert** – anders als sonst (vgl. etwa §§ 25a Abs. 3, 19d Abs. 1 Nr. 7) – **allein ausländerspezifische Straftaten** nach dem AsylG und AufenthG bis zu der bekannten 90-Tagessatz-Grenze. Bei einer Verurteilung des Ausländers (oder seines Ehe- / Lebenspartners) wegen „Schwarzfahrens" (Erschleichen von Leistungen, § 265a StGB) zu 40 Tagessätzen kann er zwar eine Ausbildungs-, aber keine Beschäftigungsduldung erhalten. Wurden beide Ehe- / Lebenspartner wegen ausländerspezifischer Delikte verurteilt, werden ihre **Geldstrafen nicht addiert.** Allerdings bewirkt die Anknüpfung an § 32 Abs. 2 Nr. 5 lit. a BZRG (wohl), dass jeweils nur Erstverurteilungen unschädlich sind („wenn im Register keine weitere Strafe eingetragen ist"). Auch insoweit ist das Regime der Beschäftigungsduldung strenger als das der Ausbildungsduldung.

IX. Terrorismus- oder Extremismusverbindungen

61   Abs. 1 Nr. 8 entspricht § 60c iVm § 19d Abs. 1 Nr. 6 (§ 18a Abs. 1a Nr. 6 aF). Neben der Unterstützung extremistischer und terroristischer Organisationen führen auch schon „Bezüge" zu ihnen zum Ausschluss von der Ausbildungsduldung, hinsichtlich derer dieselben **Bestimmtheitsbedenken** eingreifen wie gegen die Vorbildregelung des § 104a Abs. 1 S. 1 (Bergmann/Dienelt/Dienelt § 18a Rn. 22; Wittmann/Röder ZAR 2019, 412). Einschlägige Verbindungen zu den genannten Organisationen in der Vergangenheit hindern die Erteilung einer Beschäftigungsduldung nicht. Das folgt aus der Präsensformulierung (so auch Rosenstein/Koehler ZAR 2019, 222 (226)).

X. Ausweisung und Abschiebungsanordnung (§ 58a)

62   Mit der Voraussetzung des Nichtbestehens einer Ausweisung (Abs. 1 Nr. 9) sollen Wertungswidersprüche vermieden werden, weil **§ 11 Abs. 1 S. 2 nur ein Titel-, aber kein Duldungserteilungsverbot** enthält. Aus denselben Gründen führt der Erlass einer Abschiebungsanordnung nach § 58a zum Ausschluss von der Beschäftigungsduldung, der auch die Abschiebung eines Titelinhabers ermöglichen würde. Abs. 1 Nr. 9 gilt nur für den Ausländer. Eine gegenüber seinem Ehe- / Lebenspartner verfügte Ausweisung oder Abschiebungsanordnung steht der Erteilung einer Beschäftigungsduldung an ihn also nicht entgegen.

63   Ein aufgrund einer **Abschiebung erlassenes Einreise- und Aufenthaltsverbot** (§ 11 Abs. 1 S. 1) führt nicht per se, sondern nur im Falle einer rechtskräftigen strafrechtlichen Verurteilung (etwa nach § 95 Abs. 2 Nr. 1) gem. Abs. 1 Nr. 7 zum Ausschluss von der Beschäftigungsduldung; mangels unbewusster Regelungslücke scheidet eine Analogiebildung zu § 11 Abs. 1 S. 2 aus.

D. Rechtsfolgen

I. Regelanspruch

Liegen sämtliche Voraussetzungen vor, ist dem Ausländer und seinem Ehe- / Lebenspartner **64** die Beschäftigungsduldung in der Regel zu erteilen. Von dieser Regel darf **nur in atypischen Fällen** abgewichen werden. Überträgt man die Rechtsprechung des BVerwG zu „Soll-Vorschriften", steht die Erteilung der Beschäftigungsduldung in einem atypischen Fall im Ermessen der Ausländerbehörde (BVerwG NVwZ 2006, 711 Rn. 14; 2016, 458 Rn. 21; ebenso VGH BW BeckRS 2020, 344 Rn. 24; VG Mainz BeckRS 2020, 6573 Rn. 17).

Ein atypischer Fall soll nach der Rechtsprechung des VGH BW in der Regel vorliegen, wenn **65** der Ausländer über seine Identität getäuscht hat, weil in diesem Fall nicht von einer gelungenen Integration ausgegangen werden könne (BeckRS 2020, 344 Rn. 21). Jedenfalls für den Fall, dass der Ausländer seine Identität innerhalb der Fristen (Nr. 1) offenlegt, kann dem nicht zugestimmt werden, weil das Erfordernis einer fristgerechten Identitätsklärung (auch) als Angebot zu verstehen ist, in einer Sondersituation getroffene Fehlentscheidungen zeitnah zu korrigieren. Eine vergleichbare Brücke zurück in die Legalität hat der Gesetzgeber auch im Rahmen von § 25b gebaut: Auch dort sollen Täuschungshandlungen zur Staatsangehörigkeit / Identität nicht zum Verlust des Bleiberechtsanspruchs führen, sofern diese nicht allein kausal für die lange Aufenthaltsdauer gewesen sind (BT-Drs. 18/4097, 44). Schließt eine Täuschung die betroffene Person aber nicht von Erhalt einer Aufenthaltserlaubnis nach § 25b aus, muss dies erst recht für die Erteilung der – als Vorstufe zu § 25b konzipierten – Beschäftigungsduldung gelten. Ansonsten hätte es nahgelegen, die Beschäftigungsduldung unter einen § 19d Abs. 1 Nr. 4 AufenthG vergleichbaren Täuschungsvorbehalt zu stellen (Huber/Mantel AufenthG/Mantel/Eichler Rn. 4).

Fehl geht außerdem die Rspr., die eine die Versagung der Beschäftigungsduldung rechtfertigende Atypik in Fällen annimmt, in denen bei Beantragung der Beschäftigungsduldung bereits **65a** mit der Durchsetzung der Ausreisepflicht begonnen wurde (so aber SaarlOVG BeckRS 2021, 8592 Rn. 18). Denn das Risiko, dass bereits eingeleitete Aufenthaltsbeendigungsbemühungen aufgrund eines später entstehenden Duldungsanspruchs noch zunichte gemacht werden können, war dem Gesetzgeber bewusst. Bei der Ausbildungsduldung hat er darauf durch Schaffung eines entsprechenden Ausschlussgrundes reagiert (vgl. § 60c Abs. 2 Nr. 5), welcher der Duldungserteilung entgegensteht, wenn bei ihrer Beantragung bereits konkrete Aufenthaltsbeendigungsmaßnahmen eingeleitet waren. Bei der Beschäftigungsduldung hat er – trotz ausdrücklicher Hinweises im Gesetzgebungsverfahren (Thym BT-Drs.(A) 19(4)287 D, 20) – auf eine entsprechende Vorkehrung verzichtet. Sollte er dies in dem Glauben getan haben, entsprechende Konfliktfälle auf Rechtsfolgenseite zu Gunsten der Aufenthaltsbeendigung lösen zu können, steht dem entgegen, dass ein solcher Konfliktfall nicht als atypisch angesehen werden kann.

Ebenfalls nicht atypisch ist der Fall, dass die Beschäftigungsduldung auf ein Beschäftigungsver- **65b** hältnis gestützt wird, dass (deutlich) vor Ablauf der 30-monatigen Erteilungsdauer endet. Nicht zuletzt wegen des prekären Aufenthaltsstatus dürfte ein befristetes Arbeitsverhältnis in der Praxis der Regelfall, jedenfalls nicht untypisch sein, wovon auch das BMI ausgeht (vgl. AAH v. 20.12.2019 zum Gesetz über Duldung bei Ausbildung und Beschäftigung, Ziff. 60d.1.3.). Auch in diesem Fall ist die Beschäftigungsduldung für die vollen 30 Monate zu erteilen. Dafür spricht nicht nur das Fehlen einer § 18 Abs. 4 S. 1 vergleichbaren Regelung, sondern auch, dass die Beschäftigungsduldung nicht (nur) zur Ausübung einer Beschäftigung, sondern auch mit Blick auf die in Form einer 18-monatigen Vorbeschäftigung erbrachte Integrationsleistung erteilt wird. Kommt es zu keiner Anschlussbeschäftigung, ist die Beschäftigungsduldung – nach Ablauf einer zur Suche eines neuen Arbeitsplatzes einzuräumenden Schonfrist (→ Rn. 71) – gem. Abs. 3 S. 1 zu widerrufen.

Vom Fall des Abs. 4 abgesehen, steht der Ausländerbehörde **auf Tatbestandsebene keinerlei** **66** **Spielraum** zu. Die Erteilung einer Beschäftigungsduldung trotz Nichtvorliegens einer der in Abs. 1 genannten Voraussetzungen ist daher ausgeschlossen, da es sich um zwingende Tatbestandsmerkmale und nicht um „Regel-Erteilungsvoraussetzungen" handelt (so aber Dietz NVwZ-Extra 15/2019, 1 (16 f.), https://rsw.beck.de/rsw/upload/NVwZ/Extra_1-2-2021.pdf; zutr. dagegen VG Mainz BeckRS 2020, 6573 Rn. 17). Die Formulierung **„in der Regel"** bezieht sich auf Rechtsfolgenseite und dort nur auf das **„Ob"** der Erteilung. Die **Dauer** ist mit dreißig Monaten dagegen **zwingend vorgegeben.**

Die Erteilung einer Duldung unmittelbar nach § 60a Abs. 2 S. 3 ist nicht ausgeschlossen (VGH **67** BW BeckRS 2020, 344 Rn. 25). Abs. 5 stellt dies ausdrücklich klar. Umstritten ist, ob die

Formulierung „im Übrigen" in dem Sinne eine Sperrwirkung entfaltet, dass bei Nicht-Vorliegen einer der in § 60c genannten Voraussetzungen – etwa der zwölfmonatigen Vorduldungszeit – eine maßgeblich auf ein Beschäftigungsverhältnis gestützte Duldung nicht erteilt werden darf. Richtigerweise ist eine solche Sperrwirkung zu verneinen (ebenso Funke-Kaiser ZAR 2020, 90 Fn. 8 unter Verweis auf VGH BW BeckRS 2020, 344, der diese Frage aber meines Erachtens nicht entschieden hat; ebenso Armbruster/Barwig/Frings/Janda/Weidmann InfAuslR 2020, 93; aA VG München BeckRS 2020, 7929 Rn. 50; Welte ZAR 2020, 87). Sind die Voraussetzungen des § 60d noch nicht erfüllt, führt das Beschäftigungsverhältnis lediglich nicht zu einem Regelanspruch, kann aber – insbesondere im Zusammenspiel mit weiteren Umständen – sowohl einen dringenden persönlichen Grund iSv § 60a Abs. 2 S. 3 als auch ein öffentliches Interesse begründen und der zuständigen Behörde damit eine Ermessensentscheidung eröffnen.

II. Rechtsanspruch auf eine Kinderbeschäftigungsduldung

68   In den Schutzbereich einer nach Abs. 1 zu erteilenden Beschäftigungserlaubnis bezieht Abs. 2 minderjährige ledige Kinder in familiärer Lebensgemeinschaft ohne weitere Voraussetzungen in Form eines **akzessorischen strikten Rechtsanspruchs** („ist zu erteilen) mit ein. Dem Wortlaut nach besteht dieser Anspruch dabei nur für die „Kinder des Ausländers". Allerdings wollte der Gesetzgeber den Anspruch allen mit ihm und den „in Abs. 1 genannten Personen" in familiärer Lebensgemeinschaft lebenden minderjährigen ledigen Kindern einräumen (BT-Drs. 19/8286, 18). In diesem Umfang können Kinder auch iRv § 25b eine Aufenthaltserlaubnis ableiten (vgl. § 25b Abs. 4). Da die Beschäftigungsduldung perspektivisch in eben diesen Titel überführt werden soll, liegt es nahe, den persönlichen Anwendungsbereich einheitlich zu bestimmen, zumal der Wert der dem Ehe- / Lebenspartner erteilten Beschäftigungsduldung in Frage gestellt würde, wenn nicht auch seine Kinder in ihren Schutzbereich mit einbezögen würden. Eine auch „Stiefkinder" umfassende Auslegung ist auch mit dem Wortlaut noch vereinbar, die binnensystematisch durch Abs. 1 Nr. 10 gestärkt wird, der den Ausländer auch für das Fehlverhalten „fremder" Kinder haften lässt (so bereits Röder/Wittmann ASYLMAGAZIN-Beil. 8-9/2019, 23 (32); unter Verweis auf den keiner Auslegung zugänglichen Wortlaut aA Fleuß, Ausschuss-Drs. 19(4)287 A, 21). Hält man Abs. 2 für unanwendbar, sind die Kinder des Ehepartners jedenfalls nach § 60a Abs. 2 S. 3 zu dulden.

69   Mangels anderweitiger materiell-rechtlicher Anhaltspunkte dürfte die **Minderjährigkeit im Zeitpunkt der Entscheidungsreife** zu fordern sein (Röder/Wittmann ASYLMAGAZIN-Beil. 8-9/2019, 23 (32)). Bei kurz bevorstehender Volljährigkeit kommt der Verpflichtung zur zügigen Durchführung des Verwaltungsverfahrens (§ 10 S. 2 VwVfG) deshalb besondere Bedeutung zu. Da die Beschäftigungsduldung zwingend „für den gleichen Zeitraum" zu erteilen ist und die Annahme eines atypischen Falls angesichts des insoweit vorliegenden strikten Rechtsanspruchs nicht in Frage kommt, scheidet eine Befristung der Duldung auf den Zeitpunkt des Volljährigkeitseintritts aus.

E. Widerruf

70   Von § 60a Abs. 5 S. 1 (Erlöschen der Duldung bei Ausreise) abgesehen wird die Beschäftigungsduldung erst mit ihrem Widerruf unwirksam. Zu diesem verpflichtet § 60d Abs. 3 S. 1 die zuständige Ausländerbehörde („wird widerrufen"), wenn eine der in Abs. 1 Nr. 1–10 genannten Voraussetzungen nicht mehr erfüllt ist. Insbesondere der Wegfall des Beschäftigungsverhältnisses führt daher – anders als der des Ausbildungsverhältnisses bei der Ausbildungsduldung (vgl. § 60d Abs. 4) – nicht zum automatischen Erlöschen der Beschäftigungsduldung. Angesichts dieser gesetzgeberischen Entscheidung dürfte der **Erlass einer auflösenden Bedingung** (vgl. § 61 Abs. 1f) für den Fall des Beschäftigungsendes mit Blick auf § 60a Abs. 5 S. 4 sowie die dem Ausländer zu gewährende Schonfrist zur Suche eines neuen Beschäftigungsverhältnisses (→ Rn. 71) zur (beschleunigten) Durchsetzung der Ausreisepflicht schon nicht geeignet, jedenfalls aber nicht erforderlich und deshalb **ermessensfehlerhaft** sein.

71   Neben rechtskräftigen (!) strafrechtlichen Verurteilungen der Ehe- / Lebenspartner (zum Anspruch auf einen Pflichtverteidiger im Strafverfahren vgl. ausführlich Röder/Stahlmecke ASYLMAGAZIN 3/2021, 66 ff.) und ggf. Ausweisungen des Ausländers dürften vor allem der Verlust des Beschäftigungsverhältnisses bzw. das nachträgliche Unterschreiten der hieran gestellten Anforderungen – etwa eine vertragliche Reduzierung der regelmäßigen Wochenarbeitszeit auf unter 35 Stunden – praxisrelevant sein. Bei Verlust der Beschäftigung besteht zwar im Unterschied zur Ausbildungsduldung **kein Anspruch auf eine „Beschäftigungssuchduldung"**. Aus dem

Umstand, dass nicht zu vertretende kurzfristige Lücken im Beschäftigungs- bzw. Lebensunterhaltssicherungsverlauf die Erteilung der Beschäftigungsduldung nicht hindern (Abs. 3 S. 2), ergibt sich aber die **Pflicht zur Einräumung einer entsprechenden „Schonfrist"** zur Suche eines neuen Beschäftigungsverhältnisses (BT-Drs. 19/8286, 18).

Bei Vorliegen der Voraussetzungen ist sowohl die Beschäftigungsduldung des Ausländers als **72** auch die des Ehe- / Lebenspartners zu widerrufen, da beide Duldungen „nach Abs. 1" erteilt wurden.

Wurde nach Abs. 4 von der Erteilungsvoraussetzung des Abs. 1 Nr. 1 abgesehen, ändert dies **73** nichts daran, dass die Beschäftigungsduldung nach Abs. 1 erteilt wurde, der Anwendungsbereich von Abs. 3 S. 1 also eröffnet ist. Abs. 4 enthält keine eigenständige Ermächtigungsgrundlage zur Erteilung einer Duldung im Ermessenswege (so aber Dietz NVwZ-Extra 15/2019, 1 (17), https://rsw.beck.de/rsw/upload/NVwZ/Extra_1-2-2021.pdf), sondern eröffnet der Behörde ein auf eine einzige Tatbestandsvoraussetzung **beschränktes Absehensermessen.**

Geht man davon aus, dass es sich bei der akzessorischen **Kinderbeschäftigungsduldung** auch **74** um eine „nach Absatz 1 erteilte Duldung" handelt, richtet sich ihr Widerruf ebenfalls nach Abs. 3 S. 1. Der Eintritt der Volljährigkeit des Kindes rechtfertigt allerdings keinen isolierten Widerruf der Kinderbeschäftigungsduldung, da die Minderjährigkeit nicht zu den in „Absatz 1 Nummer 1 bis 10 genannten Voraussetzungen" gehört (Röder/Wittmann ASYLMAGAZIN-Beil. 8-9/2019, 23 (36)).

Verfahrensrechtlich ist zu beachten, dass die Abschiebung in der Regel mindestens einen Monat **75** vorher anzukündigen ist (§ 60a Abs. 5 S. 4) und der **Widerruf formal auf der Ebene der Verwaltungsvollstreckung** ergeht, so dass ein hiergegen eingelegter Rechtsbehelf in der Regel keine aufschiebende Wirkung hat (§ 80 Abs. 2 S. 2 VwGO; vgl. für Baden-Württemberg zB § 12 S. 1 BWLVwVG).

F. Mitteilungspflichten

Bei Beendigung des Beschäftigungsverhältnisses sind sowohl der **Arbeitgeber** (Abs. 3 S. 3) als **76** auch – aufgrund des entsprechend anzuwendenden § 82 Abs. 6 S. 1 (vgl. § 60d Abs. 3 S. 4) – der **Ausländer** gegenüber der zuständigen Ausländerbehörde **mitteilungspflichtig.** Die schriftliche oder elektronische Mitteilung des Arbeitgebers muss die in Abs. 3 S. 3 genannten Angaben enthalten und innerhalb von zwei Wochen erfolgen. Die fristauslösende Kenntnis dürfte sich auf das Beschäftigungsende beziehen. Dabei geht es um die Kenntnis des Arbeitgebers, nicht die der Ausländerbehörde (aA Fleuß, Ausschuss-Drs. 19(4)287 A, 22, die allerdings einem Missverständnis der unglücklichen Gesetzesformulierung geschuldet sein dürfte). Bei einer Reduktion der regelmäßigen Wochenarbeitszeit auf unter 35 Stunden sieht Abs. 3 S. 3 keine Mitteilungspflicht vor.

Verstöße gegen die Mitteilungspflichten sind bußgeldbewährt (§ 98 Abs. 2a Nr. 4). **77**

G. Übergang zur Aufenthaltserlaubnis

Nach 30-monatigem Besitz der Beschäftigungsduldung kommt eine Legalisierung des Aufent- **78** halts nach Maßgabe von § 25b Abs. 6 in Betracht (→ § 25b Rn. 93 ff.). Dieser schließt eine Aufenthaltslegalisierung nach anderen Vorschriften – etwa §§ 25a, 19d (bislang: § 18a aF), § 23a, § 25 Abs. 5 oder auch unmittelbar nach § 25b Abs. 1 – nicht aus.

H. Verlängerung der Beschäftigungsduldung

§ 79 Abs. 4 zeigt, dass eine **Verlängerung der Beschäftigungsduldung möglich** ist (aA **79** Fleuß, Ausschuss-Drs. 19(4)287 A, 22), letztmals jedoch am 30.12.2023, an dem § 60d außer Kraft tritt. Auf eine Verlängerung können die betroffenen Personen etwa angewiesen sein, wenn sie die verschärften sprachlichen Anforderungen des § 25b Abs. 6 Hs. 2 (→ § 25b Rn. 96) noch nicht erfüllen. Sofern man in § 25b Abs. 6 einen Rechtsgrundverweis sieht (dazu → § 25b Rn. 99), kann die Erteilung einer Aufenthaltserlaubnis auch am fehlenden Nachweis überwiegender Lebensunterhaltssicherung (der Bedarfsgemeinschaft) oder der Voraussetzung des § 25b Abs. 1 S. 2 Nr. 2 (Bekenntnis zur freiheitlich demokratischen Grundordnung, Grundkenntnisse der Rechts- und Gesellschaftsordnung über die Lebensverhältnisse in Deutschland) scheitern. Auch hier ist die Beschäftigungsduldung bei Vorliegen der Voraussetzungen zu verlängern.

I. Sonstiges

80   Inhaber einer Beschäftigungsduldung haben **Anspruch auf (aufstockende) Asylbewerberleistungen** (§ 1 Abs. 1 Nr. 4 AsylbLG), die auch beim Übergang zu Analogleistungen (§ 2 Abs. 1 S. 1 AsylbLG) weiterbezogen werden können, nachdem die Anwendbarkeit von § 22 Abs. 1 S. 1 SGB XII durch das Dritte Gesetz zur Änderung des Asylbewerberleistungsgesetzes (v. 13.8.2019, BGBl. I 1290) ausgeschlossen und damit das **Problem der „Förderfalle"** (dazu Werdermann ASYLMAGAZIN 7-8/2018, 233) weitgehend abgestellt wurde (vgl. § 2 Abs. 1 S. 2, S. 3 AsylbLG). Zudem haben Inhaber einer Beschäftigungsduldung **Anspruch auf Kindergeld** (§ 62 Abs. 2 Nr. 5 EStG, § 1 Abs. 3 S. 1 Nr. 5 BKGG).

81   Da die Duldung nach § 60d eine Duldung iSv § 60a Abs. 2 S. 3 darstellt, kann ihr Inhaber gem. § 44 Abs. 4 S. 2 zum **Integrationskurs** sowie gem. § 4 Abs. 1 S. 2 Nr. 1 DeuFöV zu **berufsbezogener Deutschsprachförderung** zugelassen werden.

82   Die **Aufnahme einer Erwerbstätigkeit** richtet sich nach allgemeinen Grundsätzen, regelmäßig also nach § 4a Abs. 4 iVm § 32 Abs. 1 S. 1 BeschV.

83   Wie die Ausbildungsduldung soll auch die Beschäftigungsduldung perspektivisch in einen rechtmäßigen Aufenthalt münden. Da sie zudem in der Sache ein Bleiberecht vermittelt, hat auch der Inhaber einer Beschäftigungsduldung Anspruch auf Erteilung eines **Wohnungsberechtigungsscheins** (vgl. VG Berlin BeckRS 2019, 26252 Rn. 22 ff. zur Ausbildungsduldung).

84   Da jedenfalls der Lebensunterhalt der Stammberechtigten gesichert ist, liegen insoweit die Voraussetzungen für eine **Wohnsitzauflage** nicht (mehr) vor (vgl. § 61 Abs. 1d).

§ 61 Räumliche Beschränkung, Wohnsitzauflage, Ausreiseeinrichtungen

(1) ¹Der Aufenthalt eines vollziehbar ausreisepflichtigen Ausländers ist räumlich auf das Gebiet des Landes beschränkt. ²Von der räumlichen Beschränkung nach Satz 1 kann abgewichen werden, wenn der Ausländer zur Ausübung einer Beschäftigung ohne Prüfung nach § 39 Abs. 2 Satz 1 Nr. 1 berechtigt ist oder wenn dies zum Zwecke des Schulbesuchs, der betrieblichen Aus- und Weiterbildung oder des Studiums an einer staatlichen oder staatlich anerkannten Hochschule oder vergleichbaren Ausbildungseinrichtung erforderlich ist. ³Das Gleiche gilt, wenn dies der Aufrechterhaltung der Familieneinheit dient.

(1a) ¹In den Fällen des § 60a Abs. 2a wird der Aufenthalt auf den Bezirk der zuletzt zuständigen Ausländerbehörde im Inland beschränkt. ²Der Ausländer muss sich nach der Einreise unverzüglich dorthin begeben. ³Ist eine solche Behörde nicht feststellbar, gilt § 15a entsprechend.

(1b) Die räumliche Beschränkung nach den Absätzen 1 und 1a erlischt, wenn sich der Ausländer seit drei Monaten ununterbrochen erlaubt, geduldet oder gestattet im Bundesgebiet aufhält.

(1c) ¹Eine räumliche Beschränkung des Aufenthalts eines vollziehbar ausreisepflichtigen Ausländers kann unabhängig von den Absätzen 1 bis 1b angeordnet werden, wenn
1. der Ausländer wegen einer Straftat, mit Ausnahme solcher Straftaten, deren Tatbestand nur von Ausländern verwirklicht werden kann, rechtskräftig verurteilt worden ist,
2. Tatsachen die Schlussfolgerung rechtfertigen, dass der Ausländer gegen Vorschriften des Betäubungsmittelgesetzes verstoßen hat, oder
3. konkrete Maßnahmen zur Aufenthaltsbeendigung gegen den Ausländer bevorstehen.
²Eine räumliche Beschränkung auf den Bezirk der Ausländerbehörde soll angeordnet werden, wenn der Ausländer die der Abschiebung entgegenstehenden Gründe durch vorsätzlich falsche Angaben oder durch eigene Täuschung über seine Identität oder Staatsangehörigkeit selbst herbeiführt oder zumutbare Anforderungen an die Mitwirkung bei der Beseitigung von Ausreisehindernissen nicht erfüllt.

(1d) ¹Ein vollziehbar ausreisepflichtiger Ausländer, dessen Lebensunterhalt nicht gesichert ist, ist verpflichtet, an einem bestimmten Ort seinen gewöhnlichen Aufenthalt zu nehmen (Wohnsitzauflage). ²Soweit die Ausländerbehörde nichts anderes angeordnet hat, ist das der Wohnort, an dem der Ausländer zum Zeitpunkt der Entscheidung über die vorübergehende Aussetzung der Abschiebung gewohnt hat. ³Die Ausländerbehörde kann die Wohnsitzauflage von Amts wegen oder auf Antrag des Ausländers ändern;

hierbei sind die Haushaltsgemeinschaft von Familienangehörigen oder sonstige humanitäre Gründe von vergleichbarem Gewicht zu berücksichtigen. [4]Der Ausländer kann den durch die Wohnsitzauflage festgelegten Ort ohne Erlaubnis vorübergehend verlassen.

(1e) [1]Auflagen können zur Sicherung und Durchsetzung der vollziehbaren Ausreisepflicht angeordnet werden, wenn konkrete Maßnahmen der Aufenthaltsbeendigung unmittelbar bevorstehen. [2]Insbesondere kann ein Ausländer verpflichtet werden, sich einmal wöchentlich oder in einem längeren Intervall bei der für den Aufenthaltsort des Ausländers zuständigen Ausländerbehörde zu melden.

(1f) Weitere Bedingungen und Auflagen können angeordnet werden.

(2) [1]Die Länder können Ausreiseeinrichtungen für vollziehbar ausreisepflichtige Ausländer schaffen. [2]In den Ausreiseeinrichtungen soll durch Betreuung und Beratung die Bereitschaft zur freiwilligen Ausreise gefördert und die Erreichbarkeit für Behörden und Gerichte sowie die Durchführung der Ausreise gesichert werden.

Überblick

§ 61 Abs. 1 enthält als gesetzliche Regel eine **räumliche Aufenthaltsbeschränkung** (sa § 56 AsylG). In S. 2 folgt zugleich eine **Ausnahme** (→ Rn. 1 ff.). Abs. 1a und Abs. 1c enthalten **Sonderregelungen**, während Abs. 1b eine automatische **Erlöschensregel** enthält (→ Rn. 6 ff.). Eine **besondere Wohnsitzauflage** bestimmt § 61 Abs. 1d – erneut als Regel und Ausnahme (→ Rn. 11 f.). Abs. 1e erlaubt Auflagen zur Sicherung und Durchführung der Ausreisepflicht – neu durch das **Zweite Gesetz zur besseren Durchsetzung der Ausreisepflicht** (v. 15.8.2019, BGBl. I 1294; BT-Drs. 19/10047; → Rn. 12a f.). Abs. 1f ermächtigt zu weiteren **Nebenbestimmungen** (→ Rn. 13). Und zuletzt erlaubt Abs. 2 die Einrichtung von Ausreiseeinrichtungen (→ Rn. 14 f.). Ausländerverwaltungsrecht ist hier und in Gesamtheit geprägt von nicht einfachen Regelungen. Mit Blick auf den Normadressaten – der betroffene ausländische Bürger – sollte und muss sich der Gesetzgeber bei aller Abstraktheit der Gesetzessprache um sprachliche Verständlichkeit bemühen. Gelungen ist ihm das nicht immer.

Gesetzeszweck ist die Bereitstellung weiterer Steuerungsinstrumente zur Erhöhung der Effektivität von Abschiebungsmaßnahmen sowie zur Förderung freiwilliger Ausreisen (BeckOK AuslR/ Kluth Überblick). Insgesamt dient § 61 dem Zweck, die Ausreise bzw. die Abschiebung von vollziehbar ausreisepflichtigen Ausländern abzusichern und das „Untertauchen" zu erschweren (NK-AuslR/Keßler Rn. 3). Die Norm wird – interessengeleitet – als weiterer Schritt zur Liberalisierung des Ausländerrechts angesehen (Rosenstein ZAR 2015, 226 (230)).

A. Die einzelnen Vorschriften

I. Räumliche Beschränkung nach Abs. 1

Die **gesetzliche räumliche Beschränkung** richtet sich allein an **vollziehbar ausreisepflich-** 1 **tige Ausländer** (§ 58 Abs. 2). Die Regelung wird vor allem mit Blick auf die Drei-Monats-Frist nach Abs. 1b in der Gesamtschau als verfassungsrechtlich unbedenklich angesehen (BeckOK AuslR/Kluth Rn. 10). Die verfassungsrechtlichen Bedenken hinsichtlich des Eingriffs in das Grundrecht auf freie Entfaltung der Persönlichkeit nach Art. 2 Abs. 2 GG des Betroffenen bestehen aber vor allem, aber nicht nur bei den Ausländern, die nicht unter Abs. 1b fallen (NK-AuslR/ Keßler Rn. 6), fort.

Die räumliche Beschränkung bezieht sich auf das jeweilige Bundesland, dem der Ausländer 2 zugewiesen wurde, für das ihm eine Duldung (§ 60a) erteilt wurde oder dessen Ausländerbehörden zuletzt für ihn zuständig waren.

S. 2 erlaubt eine **behördliche Ausnahmeregelung** in den aufgezählten Fällen. Erwerbstätig- 3 keit: Ausübung einer Beschäftigung ohne Prüfung nach § 39 Abs. 2 S. 1 Nr. 1 (s. § 32 Abs. 5 BeschV, der den Umfang der Beschäftigung ohne Vorrangprüfung für Geduldete regelt); zum Zwecke des Schulbesuchs; der betrieblichen Aus- und Weiterbildung; des Studiums an einer Hochschule (§ 16b); zur Aufrechterhaltung der Familieneinheit. Aus menschenrechtlichen und integrationspolitischen Gründen sollte von diesen Ausnahmen der Beschränkung der grundrechtlichen Bewegungsfreiheit (Art. 2 Abs. 2 GG) großzügig Gebrauch gemacht werden. Insbesondere im S. 3 zeigt sich die Bedeutung von Art. 14 Rückführungs-RL (RL 2008/115/EG v. 16.12.2008, ABl. 2008 L 348, 98). Familieneinheit ist weit zu verstehen und erfasst unter anderem auch die

Neubegründung einer solchen ehelichen, nicht ehelichen, gleichgeschlechtlichen Familie (Art. 8 EMRK).

4   Darüber hinaus ist § 12 Abs. 5 (Genehmigung zum Verlassen) zu beachten.

5   In § 61 fehlt eine Regelung gem. § 58 Abs. 6 AsylG. Länderübergreifende Regelungen wie zwischen Berlin und Brandenburg sind aus menschenrechtlichen Gründen weiterhin gestattet (Huber/Mantel AufenthG/Masuch/Gordzelik Rn. 11).

II. Sonderregelung nach Abs. 1a

6   Eine räumliche Beschränkung auf den Bezirk der zuletzt zuständigen Ausländerbehörde im Fall einer gescheiterten Abschiebung durch die Grenzbehörde nach § 60a Abs. 2 bestimmt § 61 Abs. 1a.

III. Erlöschen nach drei Monaten nach Abs. 1b

7   Die vorgenannten räumlichen Beschränkungen erlöschen **kraft Gesetzes** nach drei Monaten des ununterbrochenen erlaubten, geduldeten oder gestatteten Aufenthalts. Im Gegenschluss trifft das dann aber auf die anderen Ausländer nicht zu. Vor allem bei der Duldung kommt es auf den faktisch geduldeten Aufenthalt – Kirchenasyl? – an und nicht auf den ununterbrochenen Besitz der Duldungsbescheinigung (NK-AuslR/Keßler Rn. 18). Die Zeiten sind zu addieren, sofern zwischen ihnen keine Unterbrechung eingetreten ist.

IV. Sonderregelung nach Abs. 1c

8   Losgelöst von Abs. 1 und Abs. 1a und von der Drei-Monats-Frist des Abs. 1b kann bzw. soll die Behörde eine räumliche Beschränkung in den enumerativ vier aufgezählten Fällen anordnen. Das hat **Ausnahmecharakter** (BeckOK AuslR/Kluth Rn. 22; NK-AuslR/Keßler Rn. 20; skeptisch zur praktischen Anwendung des Abs. 1c Rosenstein ZAR 2015, 226), was in der heutigen repressiven Zeit von den Behörden und von den Gerichten zu achten ist. Die Ausländerbehörde muss daher ihr Ermessen sorgfältig ausüben und begründen, die gerichtliche Kontrolle muss streng sein. Die nach Nr. 1 erfassten Straftaten müssen sachbezogen gerade durch der räumliche Beschränkung erschwert werden können (NK-AuslR/Keßler Rn. 21; Rosenstein ZAR 2015, 226 (228)). Nicht jede Straftat genügt dem (kein Automatismus). Insbesondere Nr. 2 weckt verfassungsrechtliche Bedenken. Im Gegensatz zur Nr. 1 ist keine rechtskräftige Verurteilung wegen eines Betäubungsmitteldeliktes verlangt. Das steht im Konflikt mit der Unschuldsvermutung (Art. 6 Abs. 2 EMRK). Die Tatsachen müssen konkret und belegbar sein, der Ausländer muss angehört werden (BeckOK AuslR/Kluth Rn. 23; Art. 1 und 103 Abs. 1 GG). Das ist für Abs. 1c gesamt zu fordern. Teilweise wird für die Nr. 2 der Maßstab eines hinreichenden Tatverdachts gefordert (für die Praxis Rosenstein ZAR 2015, 226 (228 f.)). Die Ausländerbehörde als ermittelnde Behörde greift so in den Kernbereich der Strafrechtspflege ein. In Bezug auf Nr. 3 sind konkrete Abschiebungsmaßnahmen gemeint, die dazu geeignet sind, den Aufenthalt des Ausländers zu beenden (NK-AuslR/Keßler Rn. 26; Rosenstein ZAR 2015, 226 (229)). Die allgemeine Ausreisepflicht genügt dem nicht.

9   S. 2 Var. 4 fordert im Sinn einer Soll-Vorschrift Vereitelungshandlungen bzw. die Verletzung von Mitwirkungspflichten.

10   Die angedeuteten Bedenken verstärken sich, da § 61 Abs. 1c als Ordnungswidrigkeit (§ 98 Abs. 3 Nr. 2b) und im Wiederholungsfall als Straftat (§ 95 Abs. 1 Nr. 7) sanktionsbewehrt ist.

V. Wohnsitzauflage nach Abs. 1d

11   Der integrationspolitische positive Aspekt der Drei-Monats-Frist wird durch die Vielzahl der Ausnahmen und Sonderregelungen in § 61 geschmälert. Dazu zählt auch die Ermächtigung der Ausländerbehörde zu einer Wohnsitzauflage nach Abs. 1d gegenüber einem vollziehbar ausreisepflichtigen Ausländer und so auch gegen einen geduldeten Ausländer. Voraussetzung ist, dass der Lebensunterhalt des Betroffenen nicht gesichert ist. Es gilt § 2 Abs. 3. Gesetzeszweck ist die angemessene Verteilung der Sozialhilfelasten zwischen den Kommunen (BeckOK AuslR/ Kluth Rn. 26). Die Wohnsitzauflage beinhaltet **keine räumliche Beschränkung** (S. 4). Das macht die Einschränkung verfassungsgemäß. Die mehrstufigen Kriterien der Wohnsitzauflage werden im Einzelnen in Abs. 1d bestimmt. Der Schutz der Familie und humanitäre Gründe werden hervorgehoben.

12   Die Beschränkung erlischt automatisch kraft Gesetzes, sobald der Lebensunterhalt gesichert ist.

VI. Nebenbestimmung nach Abs. 1e

Abs. 1e erlaubt Auflagen zur Sicherung und Durchführung der vollziehbaren Ausreisepflicht. **12a**
Dieser Sicherungscharakter ist nicht gegeben, wenn die Prüfung des Einzelfalls des Ausländers
ergibt, dass mit hoher Sicherheit das Befolgen der Ausreisepflicht durch den Ausländer zu erwarten
ist. Bestehen im Einzelfall jedoch konkrete Hinweise dafür, dass der Ausländer seiner Rechtspflicht
zur Ausreise nicht nachkommen wird, kommt die Anordnung von Auflagen grundsätzlich in
Betracht (BT-Drs. 19/10047, 40). Das aber nur unter dem Vorbehalt, dass konkrete Maßnahmen
zur Aufenthaltsbeendigung unmittelbar bevorstehen. Das ist laut Gesetzesbegründung der Fall,
wenn eine ärztliche Untersuchung zur Reisefähigkeit veranlasst oder die Buchung von Transportmitteln für die Abschiebung eingeleitet wurde. Die Meldepflicht wird als Leitbild in S. 2 genannt.

Die Verletzung der Auflage nach Abs. 1e gilt wie auch andere aufgezählte Verstöße gegen § 61 **12b**
als konkreter Anhaltspunkt für die Fluchtgefahr (§ 62 Abs. 3b Nr. 6). Der Verstoß gegen die
Auflage nach Abs. 1e ist als Ordnungswidrigkeit sanktioniert (§ 98 Abs. 3 Nr. 4). Das ergibt sich
daraus, dass der ursprüngliche Abs. 1e zu Abs. 1f wurde, so dass nunmehr der neue Abs. 1e
unter die Ordnungswidrigkeit fällt. Diese systematische Folgerung erwähnt das Zweite Gesetz zur
besseren Durchsetzung der Ausreisepflicht (v. 15.8.2019, BGBl. I 1294; BT-Drs. 19/10047) nicht.

VII. Nebenbestimmungen nach Abs. 1f

Es handelt sich bei den nach Abs. 1f erlaubten Auflagen und Weisungen um selbstständige **13**
Verwaltungsakte (BeckOK AuslR/Kluth Rn. 31). Diese müssen sich an dem Zweck der Vorschrift
orientieren. Nachdem das Zweite Gesetz zur besseren Durchsetzung der Ausreisepflicht (v.
15.8.2019, BGBl. I 1294; BT-Drs. 19/10047) mit Abs. 1e eine spezielle Regelung geschaffen hat,
ist fraglich, welchen Anwendungsbereich diese Vorschrift noch haben soll. Erwähnt wird eine
Sparauflage (Bergmann/Dienelt/Dollinger Rn. 28). Räumliche Beschränkungen sind nicht erlaubt
(Rosenstein ZAR 2015, 226 (230)); § 61 Abs. 1, Abs. 1a und Abs. 1c sind abschließend. Zulässig
ist angeblich auch die Verpflichtung zur Wohnsitznahme in einer Ausreiseeinrichtung nach Abs. 2
(nach dem ursprünglichen § 61 Abs. 1e: BeckOK AuslR/Kluth Rn. 31; NK-AuslR/Keß-
ler Rn. 39). Da die Wohnsitznahme speziell und abschließend in Abs. 1d geregelt ist, ist die
Subsumtion der Wohnsitznahme in einer Ausreiseeinrichtung unter Abs. 1f gesetzessystematisch
sehr fragwürdig.

VIII. Ausreiseeinrichtung

Für vollziehbar ausreisepflichtige Ausländer dürfen die Bundesländer gem. Abs. 2 Ausreiseein- **14**
richtungen schaffen. Das taten bisher etwa Bayern, Niedersachsen, Sachsen-Anhalt und Schleswig-
Holstein.

Die Ausreiseeinrichtung ist eine offene Einrichtung, sie darf **keinen strafähnlichen Charakter** **15**
haben. Eine solche Unterbringung darf sich nicht als Schikane oder strafähnliche Maßnahme und
erst recht nicht als unzulässige Beugung des Willens darstellen (VG Trier 19.3.2003 – 5 K 1318/
02). Betreuung und Beratung, um die Bereitschaft zur freiwilligen Ausreise zu fördern, die Erreichbarkeit für die Behörden und Gerichte und die Sicherung der Durchführung der Ausreise stehen
kumulativ im gesetzlichen Vordergrund. Zu beachten sind erneut Art. 14 und 16 Rückführungs-
RL (RL 2008/115/EG v. 16.12.2008, ABl. 2008 L 348, 98). Sofern eine Unterbringung in
einer Ausreiseeinrichtung über § 61 Abs. 1e aF für zulässig erachtet wird, ist das Fehlen jeder
vollzugsrechtlichen Vorgabe im AufenthG selbst verfassungsrechtlich bedenklich. Die Verpflichtung zum Wohnen in einer Ausreiseeinrichtung soll auch möglich sein, indem eine Duldung mit
einer solchen Auflage versehen wird (Bergmann/Dienelt/Dollinger Rn. 31).

B. Sanktionen

§ 61 Abs. 1 S. 1 ist als **Ordnungswidrigkeit** gem. § 98 Abs. 3 Nr. 5a sanktionsbewehrt, **16**
im Wiederholungsfall sogar als **Straftat** nach § 95 Abs. 1 Nr. 7. § 61 Abs. 1c ist ebenfalls als
Ordnungswidrigkeit (§ 98 Abs. 3 Nr. 2b) und im Wiederholungsfall als Straftat gem. § 95 Abs. 1
Nr. 7 sanktionsbewehrt. Zuletzt ist auch § 61 Abs. 1e als Ordnungswidrigkeit (§ 98 Abs. 3 Nr. 4)
sanktionsbewehrt.

§ 62 Abschiebungshaft

**(1) ¹Die Abschiebungshaft ist unzulässig, wenn der Zweck der Haft durch ein milderes
Mittel erreicht werden kann. ²Die Inhaftnahme ist auf die kürzest mögliche Dauer zu**

beschränken. ³Minderjährige und Familien mit Minderjährigen dürfen nur in besonderen Ausnahmefällen und nur so lange in Abschiebungshaft genommen werden, wie es unter Berücksichtigung des Kindeswohls angemessen ist.

(2) ¹Ein Ausländer ist zur Vorbereitung der Ausweisung oder der Abschiebungsanordnung nach § 58a auf richterliche Anordnung in Haft zu nehmen, wenn über die Ausweisung oder die Abschiebungsanordnung nach § 58a nicht sofort entschieden werden kann und die Abschiebung ohne die Inhaftnahme wesentlich erschwert oder vereitelt würde (Vorbereitungshaft). ²Die Dauer der Vorbereitungshaft soll sechs Wochen nicht überschreiten. ³Im Falle der Ausweisung bedarf es für die Fortdauer der Haft bis zum Ablauf der angeordneten Haftdauer keiner erneuten richterlichen Anordnung.

(3) ¹Ein Ausländer ist zur Sicherung der Abschiebung auf richterliche Anordnung in Haft zu nehmen (Sicherungshaft), wenn
1. Fluchtgefahr besteht,
2. der Ausländer auf Grund einer unerlaubten Einreise vollziehbar ausreisepflichtig ist oder
3. eine Abschiebungsanordnung nach § 58a ergangen ist, diese aber nicht unmittelbar vollzogen werden kann.

²Von der Anordnung der Sicherungshaft nach Satz 1 Nummer 2 kann ausnahmsweise abgesehen werden, wenn der Ausländer glaubhaft macht, dass er sich der Abschiebung nicht entziehen will. ³Die Sicherungshaft ist unzulässig, wenn feststeht, dass aus Gründen, die der Ausländer nicht zu vertreten hat, die Abschiebung nicht innerhalb der nächsten drei Monate durchgeführt werden kann. ⁴Abweichend von Satz 3 ist die Sicherungshaft bei einem Ausländer, von dem eine erhebliche Gefahr für Leib und Leben Dritter oder bedeutende Rechtsgüter der inneren Sicherheit ausgeht, auch dann zulässig, wenn die Abschiebung nicht innerhalb der nächsten drei Monate durchgeführt werden kann.

(3a) Fluchtgefahr im Sinne von Absatz 3 Satz 1 Nummer 1 wird widerleglich vermutet, wenn
1. der Ausländer gegenüber den mit der Ausführung dieses Gesetzes betrauten Behörden über seine Identität täuscht oder in einer für ein Abschiebungshindernis erheblichen Weise und in zeitlichem Zusammenhang mit der Abschiebung getäuscht hat und die Angabe nicht selbst berichtigt hat, insbesondere durch Unterdrückung oder Vernichtung von Identitäts- oder Reisedokumenten oder das Vorgeben einer falschen Identität,
2. der Ausländer unentschuldigt zur Durchführung einer Anhörung oder ärztlichen Untersuchung nach § 82 Absatz 4 Satz 1 nicht an dem von der Ausländerbehörde angegebenen Ort angetroffen wurde, sofern der Ausländer bei der Ankündigung des Termins auf die Möglichkeit seiner Inhaftnahme im Falle des Nichtantreffens hingewiesen wurde,
3. die Ausreisefrist abgelaufen ist und der Ausländer seinen Aufenthaltsort trotz Hinweises auf die Anzeigepflicht gewechselt hat, ohne der zuständigen Behörde eine Anschrift anzugeben, unter der er erreichbar ist,
4. der Ausländer sich entgegen § 11 Absatz 1 Satz 2 im Bundesgebiet aufhält und er keine Betretenserlaubnis nach § 11 Absatz 8 besitzt,
5. der Ausländer sich bereits in der Vergangenheit der Abschiebung entzogen hat oder
6. der Ausländer ausdrücklich erklärt hat, dass er sich der Abschiebung entziehen will.

(3b) Konkrete Anhaltspunkte für Fluchtgefahr im Sinne von Absatz 3 Satz 1 Nummer 1 können sein:
1. der Ausländer hat gegenüber den mit der Ausführung dieses Gesetzes betrauten Behörden über seine Identität in einer für ein Abschiebungshindernis erheblichen Weise getäuscht und hat die Angabe nicht selbst berichtigt, insbesondere durch Unterdrückung oder Vernichtung von Identitäts- oder Reisedokumenten oder das Vorgeben einer falschen Identität,
2. der Ausländer hat zu seiner unerlaubten Einreise erhebliche Geldbeträge, insbesondere an einen Dritten für dessen Handlung nach § 96, aufgewandt, die nach den Umständen derart maßgeblich sind, dass daraus geschlossen werden kann, dass er die Abschiebung verhindern wird, damit die Aufwendungen nicht vergeblich waren,
3. von dem Ausländer geht eine erhebliche Gefahr für Leib und Leben Dritter oder bedeutende Rechtsgüter der inneren Sicherheit aus,

4. der Ausländer ist wiederholt wegen vorsätzlicher Straftaten rechtskräftig zu mindestens einer Freiheitsstrafe verurteilt worden,
5. der Ausländer hat die Passbeschaffungspflicht nach § 60b Absatz 3 Satz 1 Nummer 1, 2 und 6 nicht erfüllt oder der Ausländer hat andere als die in Absatz 3a Nummer 2 genannten gesetzlichen Mitwirkungshandlungen zur Feststellung der Identität, insbesondere die ihm nach § 48 Absatz 3 Satz 1 obliegenden Mitwirkungshandlungen, verweigert oder unterlassen und wurde vorher auf die Möglichkeit seiner Inhaftnahme im Falle der Nichterfüllung der Passersatzbeschaffungspflicht nach § 60b Absatz 3 Satz 1 Nummer 1, 2 und 6 oder der Verweigerung oder Unterlassung der Mitwirkungshandlung hingewiesen,
6. der Ausländer hat nach Ablauf der Ausreisefrist wiederholt gegen eine Pflicht nach § 61 Absatz 1 Satz 1, Absatz 1a, 1c Satz 1 Nummer 3 oder Satz 2 verstoßen oder eine zur Sicherung und Durchsetzung der Ausreisepflicht verhängte Auflage nach § 61 Absatz 1e nicht erfüllt,
7. der Ausländer, der erlaubt eingereist und vollziehbar ausreisepflichtig geworden ist, ist dem behördlichen Zugriff entzogen, weil er keinen Aufenthaltsort hat, an dem er sich überwiegend aufhält.

(4) ^{1}Die Sicherungshaft kann bis zu sechs Monaten angeordnet werden. ^{2}Sie kann in Fällen, in denen die Abschiebung aus von dem Ausländer zu vertretenden Gründen nicht vollzogen werden kann, um höchstens zwölf Monate verlängert werden. ^{3}Eine Verlängerung um höchstens zwölf Monate ist auch möglich, soweit die Haft auf der Grundlage des Absatzes 3 Satz 1 Nummer 3 angeordnet worden ist und sich die Übermittlung der für die Abschiebung erforderlichen Unterlagen oder Dokumente durch den zur Aufnahme verpflichteten oder bereiten Drittstaat verzögert. ^{4}Die Gesamtdauer der Sicherungshaft darf 18 Monate nicht überschreiten. ^{5}Eine Vorbereitungshaft ist auf die Gesamtdauer der Sicherungshaft anzurechnen.

(4a) Ist die Abschiebung gescheitert, bleibt die Anordnung bis zum Ablauf der Anordnungsfrist unberührt, sofern die Voraussetzungen für die Haftanordnung unverändert fortbestehen.

(5) ^{1}Die für den Haftantrag zuständige Behörde kann einen Ausländer ohne vorherige richterliche Anordnung festhalten und vorläufig in Gewahrsam nehmen, wenn
1. der dringende Verdacht für das Vorliegen der Voraussetzungen nach Absatz 3 Satz 1 besteht,
2. die richterliche Entscheidung über die Anordnung der Sicherungshaft nicht vorher eingeholt werden kann und
3. der begründete Verdacht vorliegt, dass sich der Ausländer der Anordnung der Sicherungshaft entziehen will.
^{2}Der Ausländer ist unverzüglich dem Richter zur Entscheidung über die Anordnung der Sicherungshaft vorzuführen.

(6) ^{1}Ein Ausländer kann auf richterliche Anordnung zum Zwecke der Abschiebung für die Dauer von längstens 14 Tagen zur Durchführung einer Anordnung nach § 82 Absatz 4 Satz 1, bei den Vertretungen oder ermächtigten Bediensteten des Staates, dessen Staatsangehörigkeit er vermutlich besitzt, persönlich zu erscheinen, oder eine ärztliche Untersuchung zur Feststellung seiner Reisefähigkeit durchführen zu lassen, in Haft genommen werden, wenn er
1. einer solchen erstmaligen Anordnung oder
2. einer Anordnung nach § 82 Absatz 4 Satz 1, zu einem Termin bei der zuständigen Behörde persönlich zu erscheinen,
unentschuldigt ferngeblieben ist und der Ausländer zuvor auf die Möglichkeit einer Inhaftnahme hingewiesen wurde (Mitwirkungshaft). ^{2}Eine Verlängerung der Mitwirkungshaft ist nicht möglich. ^{3}Eine Mitwirkungshaft ist auf die Gesamtdauer der Sicherungshaft anzurechnen. ^{4}§ 62a Absatz 1 findet entsprechende Anwendung.

Überblick

Abschiebungshaft ist keine Strafhaft (Hörich/Tewocht NVwZ 2017, 1153; BeckOK AuslR/Kluth Rn. 5; Schmidt-Ränsch NVwZ 2014, 110 (117)). Sie ist ein Zwangsinstrument zur Durchsetzung einer Verhaltenspflicht – der Ausreisepflicht. Das, aber nicht mehr. Die Abschiebungshaft bezweckt die Sicherung der zwangsweisen Ausreise in den Fällen, in denen Bemühungen des Ausländers oder der Ausländerin, sich der Abschiebung zu entziehen, nicht durch einfachen Zwang überwunden werden können. Sie darf nicht zu einem Beugemittel missbraucht werden, um die Mitwirkung des Betroffenen zu erzwingen (BeckOK AuslR/Kluth Rn. 6). Der **Unterschied zwischen Abschiebungshaft und Strafhaft** muss sich rechtlich und tatsächlich beweisen. Diesen Wesensunterschiedes müssen Gesetzgebung, Verwaltung und Rechtsprechung und Praxis achten. Dieser Wesensunterschied prägt die Auslegung der §§ 62 ff. Abschiebungshaft dient ausschließlich der **Sicherung der Abschiebung.** Die Weigerung des Ausländers, freiwillig auszureisen, kann die Abschiebungshaft allein nicht rechtfertigen (BGH NJW 1986, 3024; NK-AuslR/Keßler Rn. 24). Die **Abschiebungshaft** darf **keinen Sanktionscharakter** haben (BGH BeckRS 2010, 13122; AG Berlin-Tiergarten BeckRS 2020, 1539; Huber/Mantel AufenthG/Bergmann/Putzar-Sattler Rn. 5; Hörich/Tewocht NVwZ 2017, 1153). „Beugehaft" ist unzulässig (Bergmann/Dien-elt/Winkelmann Rn. 7). Abschiebungshaft greift erheblich in die **Freiheitsgrundrechte** des Art. 2 Abs. 2 S. 2 GG ein. Als **Freiheitsentziehung** nach Art. 104 GG sind an die Abschiebungs-haft strenge tatsächliche und rechtliche Anforderungen an Klarheit und Übersichtlichkeit zu stellen (→ Rn. 4 ff.). Dem genügen die derzeitigen – einschließlich der Änderung durch das Zweite Gesetz zur besseren Durchsetzung der Ausreisepflicht (v. 15.8.2019, BGBl. I 1294; BT-Drs. 19/10047) – gesetzlichen Regelungen nicht. Das führte und führt auch in Zukunft zu einer häufigen Fehlerquote in der amtsgerichtlichen Anordnung der Abschiebungshaft (Beichel-Benedetti NJW 2015, 2541 (2545)). Geschätzt wird eine amtsgerichtliche Fehlerquote in Freiheitsentziehungssa-chen von bis zu 90 % (Schmidt-Ränsch NVwZ 2014, 110). Das ist **peinlich für unseren Rechts-staat** (dazu Bethäuser InfAuslR 2015, 392). Vorbereitungshaft (§ 62 Abs. 2, → Rn. 36 ff.), Sicherungshaft (§ 62 Abs. 3, → Rn. 7 ff.), Mitwirkungshaft (§ 62 Abs. 6, → Rn. 38 ff.), sog. Dublin-Haft nach Art. 28 Dublin III-VO (VO (EU) 604/2013 v. 26.6.2013, ABl. 2013 L 180, 31; → Rn. 34 f.) und Ausreisegewahrsam nach § 62b und jetzt auch noch die ergänzende Vorbereitungshaft nach § 62c: Bereits die Vielzahl der Varianten und Rechtsgrundlagen führt zu einer gesetzlichen Unübersichtlichkeit (Beichel-Benedetti NJW 2015, 2541 (2543)). Das **Zweite Gesetz zur besseren Durchsetzung der Ausreisepflicht** (v. 15.8.2019, BGBl. I 1294; BT-Drs. 19/10047) hat § 62 in weiten Teilen umgestaltet und ausgeweitet. So werden für die Fluchtge-fahr als Haftgrund jetzt in Abs. 3a widerlegliche Vermutungsgründe aufgezählt (→ Rn. 14 ff.) und in Abs. 3b (→ Rn. 21 ff.) werden kasuistisch konkrete Anhaltspunkte für Fluchtgefahr genannt. Und mit der Mitwirkungshaft in Abs. 6 wird eine weitere Haftart geschaffen (→ Rn. 38 ff.). Zuletzt wurde mit dem Gesetz zur Verschiebung des Zensus in das Jahr 2022 und zur Änderung des Aufenthaltsgesetzes (v. 3.12.2020, BGBl. I 2675) mit § 62c die ergänzende Vorbereitungshaft eingefügt.

Übersicht

A. Zahlen und allgemeine rechtliche Grundlagen

1   **Zahlen:** Befanden sich 2013 noch 4.812 Menschen in Abschiebungshaft, sank die Zahl im Mai 2015 auf rund 45 Personen (NK-AuslR/Keßler Rn. 1). Für die letzten Jahre wird eine Zahl von jährlich 20.000 Betroffenen genannt (BeckOK AuslR/Kluth, 25. Ed. 1.8.2019, Rn. 4). Genaue Angaben finden Sie in BT-Drs. 19/5817: Praxis der Abschiebungshaft seit 2015. So befanden sich bspw. in Nordrhein-Westfalen am Stichtag des 30.6.2018 107 Menschen in Abschie-bungshaft; 2018 insgesamt 573 Personen. Davon befanden sich 260 Personen zwei bis sechs Wochen und 25 Personen sechs bis zwölf Monate in Abschiebungshaft.

2   Die **nationale Abschiebungshaft** ist in § 62 geregelt. Die **sog. Dublin-Haft** hat ihre gesetzli-che Grundlage in Art. 28 Dublin III-VO (VO (EU) 604/2013 v. 26.6.2013, ABl. 2013 L 180, 31; BGH BeckRS 2017, 104970). Es geht um Flüchtlinge, die ihr Schutzgesuch nicht in dem Mitgliedstaat stellen, der nach der Dublin III-VO für die Entscheidung zuständig ist. Die Einreise in die EU erfolgt in Griechenland oder Bulgarien oder Italien, der Antrag auf Flüchtlingsschutz wird in Deutschland gestellt. Nach Art. 28 Dublin III-VO dürfen die Mitgliedstaaten zwecks Sicherstellung der Überstellung in den zuständigen Mitgliedstaat unter den dortigen Voraussetzungen die betreffende Person in Haft nehmen. Die gesetzliche Grundlage und die Haftgründe für die Dublin-Haft sind nach dem Verweis in § 2 Abs. 14 auf § 62 Abs. 3a und Abs. 3b mit Art. 28 Dublin III-VO sehr verwirrend (Beichel-Benedetti NJW 2015, 2541 (2543), der auch an Art. 28 Dublin III-VO als Ermächtigungsgrundlage zweifelt).

Verständnis- und Auslegungshilfe bieten stets das **Europäische Recht**. Besonders erwähnens- 3 wert sind die **Zwanzig Richtlinien zur Abschiebung des Europarates** v. 9.5.2005, auf die auch die **Rückführungs-RL** (RL 2008/115/EG v. 16.12.2008, ABl. 2008 L 348, 98) Bezug nimmt, die ihrerseits Verständnis- und Auslegungshilfe ist.

B. Die einzelnen Vorschriften

I. Die formellen und materiellen Voraussetzungen

1. Die formellen Voraussetzungen

Grundrechtsschutz durch Verfahren verlangt Art. 104 Abs. 1 GG. Danach kann die Freiheit 4 einer Person nur **aufgrund eines förmlichen Gesetzes und nur unter Beachtung der darin vorgeschriebenen Formen** beschränkt werden. Die gesetzlichen Regelungen für die Abschiebungshaft finden sich in den §§ 415 ff. FamFG. Diese erfassen alle Formen der Abschiebungshaft nach § 62 und auch die Dublin-Haft, wie § 2 Abs. 14 zeigt. Sachlich zuständig ist das Amtsgericht.

Zulässiger Haftantrag mit Begründung und Aktenvorlage nach § 417 FamFG. Das Gesetz 5 fordert in Haftsachen nach § 417 FamFG eine ausführliche **Begründung** durch die zuständige (§ 71) Behörde, damit der Haftrichter eine hinreichende Tatsachengrundlage für seine Entscheidung hat. Werden die Anforderungen an § 417 Abs. 2 FamFG nicht eingehalten, liegt **kein zulässiger Haftantrag** vor und die Anordnung von Abschiebungshaft scheidet aus (BGH NVwZ 2010, 1508; AG Berlin-Tiergarten BeckRS 2020, 1539; Schmidt-Ränsch NVwZ 2014, 110). Nach § 417 Abs. 2 FamFG sind Angaben zur Identität des Betroffenen, zu dessen gewöhnlichem Aufenthalt, zur Erforderlichkeit der Freiheitsentziehung und zu deren erforderlicher Dauer sowie in Verfahren der Abschiebungs-, der Zurückschiebungs- und der Zurückweisungshaft die Verlassenspflicht des Betroffenen sowie die Voraussetzungen und die Durchführbarkeit der Abschiebung, Zurückschiebung und Zurückweisung zu machen. Der **BGH** (BeckRS 2020, 5592) **aktuell:** „Das Vorliegen eines zulässigen Haftantrags ist eine in jeder Lage des Verfahrens von Amts wegen zu prüfende Verfahrensvoraussetzung. Zulässig ist der Haftantrag der beteiligten Behörde nur, wenn er den gesetzlichen Anforderungen an die Begründung entspricht. Erforderlich sind Darlegungen zu der zweifelsfreien Ausreisepflicht, zu den Abschiebungsvoraussetzungen, zu der Erforderlichkeit der Haft, zu der Durchführbarkeit der Abschiebung und zur notwendigen Haftdauer (§ 417 Abs. 2 Satz 2 Nr. 3 bis 5 FamFG). Zwar dürfen die Ausführungen zur Begründung des Haftantrags knapp gehalten sein, sie müssen aber die für die richterliche Prüfung wesentlichen Punkte ansprechen. Sind diese Anforderungen nicht erfüllt, darf die beantragte Sicherungshaft nicht angeordnet werden."

„Die **mündliche Anhörung** des Betroffenen vor der Entscheidung über die Freiheitsentzie- 6 hung gehört zu den bedeutsamen Verfahrensgarantien, deren Beachtung Art. 104 Abs. 1 GG fordert und mit grundrechtlichem Schutz versieht, und ist **Kernstück der Amtsermittlung im Freiheitsentziehungsverfahren**." (BVerfG BeckRS 2006, 19682, Rn. 17; sa NK-AuslR/Keßler Rn. 77 ff.). Das Zweite Gesetz zur besseren Durchsetzung der Ausreisepflicht (v. 15.8.2019, BGBl. I 1294; BT-Drs. 19/10047) bringt eine wesentliche Änderung des § 417 FamFG mit sich. Den neuen § 417 Abs. 3 FamFG: „Tatsachen nach Absatz 2 Satz 2 können bis zum Ende der letzten Tatsacheninstanz ergänzt werden." Diese Änderung gestattet der Verwaltungsbehörde, die Begründung des Antrags auf Freiheitsentziehung noch bis zum letzten Tag der Tatsacheninstanz zu ergänzen. So ist ein Nachholen des Antrags oder die Ergänzung eines lückenhaften Antrags nach einem richterlichen Hinweis auch noch in der Beschwerdeinstanz zulässig (BT-Drs. 19/10047, 49). Diese Privilegierung der Verwaltung und gleichzeitige Schlechterstellung der prozessualen Stellung des Betroffenen führt zusammen mit den Änderungen im materiellen Recht in § 62 Abs. 3a und Abs. 3b zu einer rechtsstaatlich bedenklichen Rechtslage. Wie soll sich der oftmals nicht rechtsanwaltlich vertretene Betroffene gegen die Freiheitsentziehung, maßgeblich gegen die Abschiebungshaft in seiner Anhörung nach § 420 FamFG wehren, wenn die Begründung der Verwaltung nicht vollständig sein muss und ergänzt werden darf? Soll das auch für die Vermutungsgründe des § 62a Abs. 3a gelten (→ Rn. 14 ff.)? Das kann und darf nicht sein. Wie soll man sich gegen Vermutungsgründe wehren und wie soll man sachgemäß dagegen vortragen, wenn diese ergänzbar sind? Im Interesse der Freiheit (Art. 2 GG und Art. 104 GG) liegt es in der Verantwortung der Verwaltung, einen Haftantrag hinreichend zu begründen und bei mangelnder Begründung vor Gericht die rechtlichen Konsequenzen zu tragen. Das verlangen die Gewaltenteilung und unser Rechtsstaat. Die neue Ergänzungsregelung zugunsten der Ausländerbehörden missachtet die grundrechtliche Bedeutung der persönlichen Anhörung nach § 420 FamFG und der gerichtlichen Sachaufklärungspflicht nach § 26 FamFG. Eine Regelung wie § 417 Abs. 3 FamFG ist eines Rechtsstaats unwürdig und wird dem Grundrechtsschutz durch Verfahren aus Art. 104 Abs. 1 GG nicht gerecht. Die Neuregelung des § 417 Abs. 3 FamFG missachtet die verfassungs- und menschenrechtlich gebotene Anhörungspflicht und die richterliche Aufklärungspflicht. Er verstößt gegen die Freiheitsrechte (Pro Asyl, Stellungnahme zum Entwurf eines Zweiten Gesetzes zur besseren Durchsetzung der Ausreisepflicht v. 15.4.2019, 22; DAV ZAR 2019, 207; Keßler Asylmagazin-Beil. 8-9/2019, 44 (53)).

6.1   Das **Vorliegen eines zulässigen Haftantrags ist eine in jeder Lage des Verfahrens von Amts wegen zu prüfende Verfahrensvoraussetzung** (BGH BeckRS 2020, 5592; NVwZ 2016, 711; BeckRS 2012, 24949). Zulässig ist der Haftantrag der beteiligten Behörde daher nur, wenn er den gesetzlichen Anforderungen an die Begründung entspricht. Erforderlich sind Darlegungen zu der zweifelsfreien Ausreisepflicht, zu den Abschiebungsvoraussetzungen, zu der Erforderlichkeit der Haft, zu der Durchführbarkeit der Abschiebung und zu der notwendigen Haftdauer. **Fehlt es daran, darf die beantragte Sicherungshaft nicht angeordnet werden** (BGH BeckRS 2012, 24949; für Vorbereitungshaft BGH BeckRS 2012 07287). Für die **Praxis** wichtig ist, dass die Begründung des Haftantrags auf den konkreten Fall zugeschnitten sein muss (BGH BeckRS 2012, 24949). Leerformeln und Textbausteine genügen den Anforderungen daher nicht. Die Durchführbarkeit der Abschiebung muss daher mit konkretem Bezug auf das Land, in das der Betroffene abgeschoben werden soll, dargelegt werden. Anzugeben ist dazu, ob und innerhalb welchen Zeitraums Abschiebungen in das betreffende Land üblicherweise möglich sind, von welchen Voraussetzungen dies abhängt und ob diese im konkreten Fall vorliegen (BGH BeckRS 2012, 24949; 2012, 07287). Dem Gericht muss die Prognose nach § 62 Abs. 3 S. 3 möglich sein. Die Angabe, „dieses werde einige Zeit in Anspruch nehmen, jedoch nicht länger als drei Monate" ist eine universell einsetzbare Leerformel und damit unzureichend (BGH NVwZ 2013, 1361). Der **BGH** (BeckRS 2020, 5592) **aktuell:** „Die Angabe, die Vorlaufzeit für eine Flugbuchung liege bei drei Wochen, genügt den Anforderungen des § 417 Abs. 2 Satz 2 Nr. 4 FamFG an einen Haftantrag zur Sicherung der Abschiebung grundsätzlich nicht. Es bedarf vielmehr einer Begründung, die den für die Flugbuchung benötigten Zeitraum und die daraus folgende notwendige Haftdauer erklärt, etwa durch Angaben zu Terminen und zur Frequenz nutzbarer Flugverbindungen und zur Buchungslage."

6.2   Die Begründung nach § 417 FamFG muss sich an den Voraussetzungen der Vorschrift orientieren, die nach Überzeugung der Behörde für die Anordnung der Freiheitsentziehung herangezogen werden soll (BGH BeckRS 2012, 07287).

6.3   Die Antragstellung der Behörde muss **aktenkundig** sein (BGH BeckRS 2012, 07287). Das ist der Fall, wenn die Verfahrensakten einen vollständigen schriftlichen Haftantrag enthalten oder die Antragstellung sich aus dem Protokoll der Anhörung des Betroffenen ergibt. Der Haftantrag muss unterschrieben sein (§ 126 BGB). Die fehlende Unterschrift steht der Wirksamkeit eines Haftantrags aber nicht entgegen, weil die Unterschrift unter den verfahrenseinleitenden Antrag in § 23 Abs. 1 S. 5 FamFG als Sollvorschrift ausgestaltet ist (BGH BeckRS 2012, 07287). Es muss nach dem BGH dann aber aufgrund anderer Umstände zweifelsfrei feststehen, dass es sich bei dem in der Akte befindlichen Schriftstück nicht nur um einen Entwurf handelt, sondern dass es mit Wissen und Wollen der Behörde dem Haftrichter zugeleitet worden ist. Daran fehlt es, wenn der in der Verfahrensakte befindliche Haftantrag weder einen Ausgangsstempel der Behörde noch einen Eingangsstempel des Gerichts trägt und auch nicht festgestellt werden kann, dass der Antrag mit dem Betroffenen im Beisein von Mitarbeitern der Behörde erörtert worden ist.

6.4   Für die **Rechtspraxis** wichtig ist **Art. 36 Abs. 1 lit. b WKÜ.** Abschiebungshaft ist Freiheitsentziehung iSd Art. 36 WKÜ und verlangt bei Verlangen des Betroffenen die unverzügliche Unterrichtung der konsularischen Vertretung. Dessen Nichtbeachtung stellt einen wesentlichen Verfahrensmangel dar, der die Rechtswidrigkeit der Freiheitsentziehung zur Folge hat (BGH BeckRS 2010, 31043; BeckOK AuslR/ Kluth Rn. 45). Die Beachtung der Rechte, die einem Ausländer nach Art. 36 Abs. 1 lit. b WKÜ zustehen, muss für das Rechtsbeschwerdegericht nachvollziehbar sein. Die Belehrung des Ausländers über dieses Recht, seine Reaktion hierauf und, sofern verlangt, die unverzügliche Unterrichtung der konsularischen Vertretung von der Inhaftierung sind daher **aktenkundig** zu machen (BGH BeckRS 2010, 31043). Bedenken wirken zugunsten des Betroffenen. Der BGH stellt klar, dass der Verstoß gegen Art. 36 WKÜ nicht dadurch geheilt wird, dass die – marokkanische – Botschaft im späteren Verfahren von der Inhaftierung erfahren hat. Das Recht auf konsularische Hilfe könne nur dann effektiv in Anspruch genommen werden, wenn die Vertretung des jeweiligen Heimatlandes **unverzüglich** – wie Art. 36 WKÜ sagt – von der

Inhaftierung unterrichtet werde. Wenn die Bundesrepublik Deutschland zu Recht stets auf die Einhaltung der konsularischen Vertretung nach dem WKÜ pocht, müssen ihre Behörden und Gerichte ihrerseits vorbildhaft handeln. Achten Sie als Rechtsanwalt darauf. **Bedauerlicherweise** hat der BGH zuletzt die freiheitliche Bedeutung des Art. 36 WKÜ geschmälert. **„Die versäumte oder fehlerhafte Belehrung nach Art. 36 WÜK oder vergleichbaren bilateralen Abkommen führt nur dann zur Rechtswidrigkeit der Haftanordnung, wenn das Verfahren ohne den Fehler zu einem anderen Ergebnis hätte führen können.“** (BGH NVwZ 2016, 711 – Aufgabe von BGH BeckRS 2010, 31043).

Diese Einschränkung bezieht der BGH (NVwZ 2016, 711) umfassend auf die Verletzung von Verteidigungsrechten, insbesondere dem Anspruch auf rechtliches Gehör. Der Betroffene habe darzulegen, dass das Verwaltungsverfahren bei pflichtgemäßem Vorgehen zu einem anderen Ergebnis geführt hätte. Das kennen wir aus dem materiellen Strafrecht: Pflichtwidrigkeitszusammenhang. Diese einschränkende Rechtsprechung schwächt den Grundrechtsschutz durch Verfahren. Der Anspruch auf rechtliches Gehör und die Belehrungspflichten sind Elemente eines rechtsstaatlichen Verwaltungsverfahrens und dienen dem Schutz und der Durchsetzung elementarer Freiheitsrechte. Dem wird die Rechtsprechung des BGH nicht gerecht. **6.5**

Die **Aushändigung des Haftantrags** an den Betroffenen ist eine rechtsstaatliche Selbstverständlichkeit nach Art. 104 GG (Waffengleichheit im Verfahren; Hörich InfAuslR 2016, 291). Wenn der BGH (BeckRS 2016, 6043) das anders sieht, ist das bedauerlich und sachlich nicht gerechtfertigt: „Die Grundlagen der Anhörung sind im Zusammenhang mit einem Haftantrag nicht schon betroffen, wenn dem Betroffenen eine Kopie des Haftantrags oder von dessen Übersetzung nicht ausgehändigt wird, sondern erst, wenn der Anhörung ein unzulässiger oder ein unvollständiger Haftantrag zugrunde liegt, oder wenn der zulässige Haftantrag bei der Anhörung nicht zumindest in den wesentlichen Grundzügen sinngemäß mündlich in eine Sprache übersetzt wird, die der Betroffene beherrscht.“ **6.6**

Ein vor der **Anhörung des Betroffenen (§ 420 FamFG) verfasster Haftbeschluss** zur Abschiebungshaft ist rechtswidrig (LG Darmstadt ANA-ZAR 2019, 26). Deutlicher kann die Verletzung des Justizgrundrechts auf rechtliches Gehör nach Art. 103 Abs. 1 GG nicht sein. Der Nachweis wird selten zu führen sein, hier hat es geklappt. **6.7**

Wieder und immer wieder: **Verlegungsantrag des Anwalts nicht entsprochen.** Am 20.12.2018 wird ein Anwalt in Hannover zum Anhörungstermin beim AG Erding für den 21.12.2018 10:00 Uhr geladen. Sein noch am selben Tag übertragener Verlegungsantrag, weil er am nächsten Tag in einer Strafsache am Kanzleiort tätig sein musste, wird nicht entsprochen. Über ihn wird überhaupt nicht entschieden. Der Betroffene wird in der Anhörung lediglich informiert, dass sein Anwalt geladen wurde und seine Anwesenheit verneint habe. Der Mann macht im Anhörungstermin Angaben und besteht nicht ausdrücklich auf die Anwesenheit seines Anwalts. Das war auch nicht nötig, denn bereits die Verfahrensgestaltung des Gerichts verstieß gegen das Recht auf ein faires rechtsstaatliches Verfahren. Der Haftbeschluss war rechtswidrig. An die Annahme eines konkludenten Verzichts auf die Anwesenheit des Bevollmächtigten sind hohe Anforderungen zu stellen, die hier nicht erfüllt sind (LG Landshut ANA-ZAR 2019, 27; sa BGH BeckRS 2018, 37251; NK-AuslR/Keßler Rn. 78). **6.8**

Haftrichter muss Zugang zu Anwältin gewähren. „Erklärt der Betroffene bei der Anhörung, sich ohne Anwalt nicht oder nicht weiter äußern zu wollen, darf der Haftrichter eine Freiheitsentziehung nicht anordnen, ohne zu klären, ob der Betroffene damit – unabhängig von den Voraussetzungen einer Beiordnung im Wege der Verfahrenskostenhilfe – sein Recht auf Hinzuziehung anwaltlichen Beistands geltend machen will. Er muss deshalb den Betroffenen fragen, ob ein Anwalt kontaktiert werden soll, oder ihm hierzu Gelegenheit geben. Unterbleibt eine solche Klärung des Willens des Betroffenen, ist zu vermuten, dass dem Betroffenen der Zugang zu einem Anwalt verwehrt wurde.“ So der BGH (BeckRS 2020, 41564) in klaren und deutlichen Worten. Der BGH betont den Wert des rechtsstaatlichen Grundsatzes des fairen Verfahrens – Art. 104 GG, Art. 6 EMRK: „Der **Grundsatz des fairen Verfahrens** garantiert jedem Betroffenen das **Recht, sich in einem Freiheitsentziehungsverfahren von einem Bevollmächtigten** seiner Wahl vertreten zu lassen und diesen zu der Anhörung hinzuzuziehen.“ Der BGH betont, dass es in Freiheitsentziehungssachen nicht selten vorkomme, dass ein Rechtsanwalt die Vertretung auch dann übernehme, wenn noch keine Verfahrenskostenhilfe bewilligt worden sei. Und daher leidet die Anhörung an einem schwerwiegenden Verfahrensfehler, der nicht nur den ordnungsgemäßen Ablauf der Anhörung, sondern der Grundlagen betrifft. Mag es auch „bequem“ sein, wenn die Anhörung der Betroffenen ohne anwaltlichen Beistand erfolgt, rechtsstaatlich und fair ist das nicht! **6.9**

2. Sicherungshaft nach § 62 Abs. 3

Die **Sicherungshaft** wurde zuletzt durch das **Zweite Gesetz zur besseren Durchsetzung der Ausreisepflicht** (v. 15.8.2019, BGBl. I 1294; BT-Drs. 19/10047) gesetzlich neugestaltet. Die Voraussetzungen der Sicherungshaft wurden systematischer abgefasst, die Möglichkeit zu ihrer Anordnung wurde ausgeweitet. Im Mittelpunkt steht jetzt als erster Fall der Sicherungshaft die Fluchtgefahr in § 62 Abs. 3 Nr. 1. In Nr. 2 und Nr. 3 werden zwei weitere Haftgründe genannt. **7**

Vor allem die Bestimmung der Fluchtgründe wurde nach Streichung des § 2 Abs. 14 mit § 62 Abs. 3a und Abs. 3b geändert. Diese Neuregelung wirkt extensiv, kasuistisch, unbestimmt und unverhältnismäßig. Fraglich ist teilweise die europarechtliche und grundgesetzliche Vereinbarkeit. Der DAV weist als Folge der aktuellen Verschärfungen auf den Umstand hin, dass in der Praxis fast alle ausreisepflichtigen Ausländer nach Ablauf der Ausreisepflicht unter den Anwendungsbereich der Sicherungshaft zu fallen drohen (DAV ZAR 2019, 207).

8   Der Umstand, dass ein Ausländer illegal eingereist ist, rechtfertigt allein nie die Abschiebungshaft (NK-AuslR/Keßler Rn. 3). Erwägungsgrund 6 S. 2 Rückführungs-RL (RL 2008/115/EG v. 16.12.2008, ABl. 2008 L 348, 98): „Im Einklang mit allgemeinen Grundsätzen des EU-Rechts sollten Entscheidungen gemäß dieser Richtlinie auf Grundlage des Einzelfalls und anhand objektiver Kriterien getroffen werden, was bedeutet, dass die Erwägungen über den bloßen Tatbestand des unerlaubten Aufenthalts hinausreichen sollten." **Gemeinsame materiell-rechtliche Grundlage** aller Haftgründe ist die **vollziehbare Ausreisepflicht nach § 58 Abs. 2** (BeckOK AuslR/Kluth Rn. 14; Bergmann/Dienelt/Winkelmann Rn. 56). Es folgen dann die weiteren Tatbestandsmerkmale der Nr. 1–3.

9   Die materiellen Haftgründe in § 62 Abs. 3 Nr. 1–3 sind schematische und pauschale Regelungen, die dem konkreten Einzelfall in einer Gesamtbetrachtung genügen müssen. In **Achtung des Freiheitsgrundrechtes** sind an die materiellen und formellen Anforderungen der freiheitsentziehenden Abschiebungshaft hohe Anforderungen zu stellen. Diesen müssen Verwaltung und Gerichte genügen, darauf müssen Rechtsanwälte drängen. Geboten ist eine **restriktive Auslegung**. Bei der gebotenen persönlichen Anhörung nach § 420 FamFG ist zwingend der Verfahrensbevollmächtigte zu beteiligen (Schmidt-Ränsch NVwZ 2014, 110 (118)).

10   Die einzelnen Haftgründe müssen der **unionsrechtlichen Definition der Fluchtgefahr** nach Art. 3 Nr. 7 Rückführungs-RL (RL 2008/115/EG v. 16.12.2008, ABl. 2008 L 348, 98) entsprechen: „Das Vorliegen von Gründen im Einzelfall, die auf objektiven, gesetzlich festgelegten Kriterien beruhen und zu der Annahme Anlass geben, dass sich Drittstaatsangehörige einem Rückkehrverfahren durch Flucht entziehen könnten." Das gelang dem Gesetzgeber nicht immer.

11   In § 62 Abs. 3 spricht der Wortlaut von einer gesetzlichen Pflicht: „ist". Aber: Die Anordnung der Abschiebungshaft ist **kein Automatismus**, wenn einer der genannten Haftgründe vorliegt (NK-AuslR/Keßler Rn. 24). **Subsidiarität** und **Verhältnismäßigkeit** sind zu achten. Es bedarf einer **einfallbezogenen Prüfung** (BeckOK AuslR/Kluth Rn. 13; Huber/Mantel AufenthG/Bergmann/Putzar-Sattler Rn. 31)). Vor pauschalen Entscheidungen ist zu warnen. Diese Gefahr eines behördlichen Automatismus besteht jetzt vor allem bei § 62 Abs. 3a, wenn dort Umstände aufgezählt werden, die eine widerlegliche Vermutung für das Vorliegen der Fluchtgefahr nach § 62 Abs. 3 Nr. 1 belegen (keine Bedenken bei Dollinger ZRP 2019, 130).

12   **a) Haftgrund nach § 62 Abs. 3 Nr. 1: Fluchtgefahr.** Fluchtgefahr ist jetzt Hauptgrund für die Sicherungshaft. Systematisch werden die möglichen Fluchtgründe jetzt in Abs. 3a und Abs. 3b näher ausgestaltet. Dabei nennt § 62 Abs. 3a sechs Umstände, bei deren Vorliegen Fluchtgefahr widerleglich vermutet wird. Und § 62 Abs. 3b nennt sieben Umstände, die konkrete Anhaltspunkte für eine Fluchtgefahr sein können. Es ist das ausdrückliche Bestreben des Gesetzgebers, die Sicherungshaft auszuweiten (BT-Drs. 19/10047, 2). Dennoch betont auch der Gesetzgeber weiterhin das Erfordernis einer **Einzelfallentscheidung unter Einbeziehung sämtlicher Umstände** (BT-Drs. 19/10047, 41). Leider kommt das im Gesetz so klar nirgends zum Ausdruck.

13   Insbesondere eine Regelung wie § 62 Abs. 3a steht unter rechtlichen Bedenken. Bei Vorliegen der dortigen Umstände wird Fluchtgefahr widerleglich vermutet. Diese **Beweislastumkehr** ist eines Rechtsstaates unwürdig (keine Bedenken bei Dollinger ZRP 2019, 130; auch Bergmann/Dienelt/Winkelmann Rn. 102 zweifelt nicht). Der Staat muss Haft und Haftgründe darlegen und beweisen. Die strafprozessualen Regelungen zur Untersuchungshaft zeigen das. Eine Vermutungsregel gibt es dort nicht. Das verlangen die Freiheitsrechte in Art. 2 und 104 GG und das Rechtsstaatsprinzip. Vermutungsregeln dürfen im Haftrecht keine Rolle spielen. Weder allgemeine Vermutungen noch die Feststellung von Anhaltspunkten nach dem bisherigen § 2 Abs. 14 aF reichen für sich genommen für die Sicherungshaft aus, es müssen konkrete Umstände im Einzelfall hinzutreten, die eine Flucht vor der Abschiebung wahrscheinlich machen (NK-AuslR/Keßler Rn. 31). Die Rückführungs-RL sieht eine solche „widerlegliche Vermutung" nicht vor. Die einzelnen Haftgründe müssen der **unionsrechtlichen Definition der Fluchtgefahr** nach Art. 3 Nr. 7 Rückführungs-RL (RL 2008/115/EG v. 16.12.2008, ABl. 2008 L 348, 98) entsprechen: „Das Vorliegen von Gründen im Einzelfall, die auf objektiven, gesetzlich festgelegten Kriterien beruhen und zu der Annahme Anlass geben, dass sich Drittstaatsangehörige einem Rückkehrverfahren durch Flucht entziehen könnten." Dem entspricht § 62 Abs. 3a in Gänze nicht (Bedenken bei Keßler Asylmagazin-Beil. 8-9/2019, 44 (45)).

Widerlegliche Vermutung (§ 62 Abs. 3a). In sechs Nummern werden Umstände aufgezählt, **14** die die Fluchtgefahr des Ausländers und der Ausländerin widerleglich vermuten lassen. Der Ausländer und natürlich auch die Ausländerin haben die Möglichkeit, trotz Vorliegens der genannten Umstände darzulegen, dass Fluchtgefahr nicht besteht. Es besteht die Gefahr, dass die Ausländerbehörde sich in der Entscheidungspraxis von diesen gesetzlichen Vermutungen leiten lässt. Und das vor allem, wenn der Betroffene ohne Rechtsanwalt handelt. Daher ist hier und generell zu fordern, dass bei Abschiebungshaft eine anwaltliche Vertretung notwendig ist (wie § 140 Abs. 1 Nr. 4 StPO).

- **Identitätstäuschung (Teil 1).** Der erste widerlegliche Vermutungsgrund für Fluchtgefahr ist **15** die Identitätstäuschung des Ausländers gegenüber der mit der Ausführung dieses Gesetzes betrauten Behörde. Identitätstäuschung wurde bereits in § 2 Abs. 14 Nr. 2 aF erwähnt. Warum Teil 1? Weil § 62 Abs. 3b in Nr. 1 die Identitätstäuschung ebenfalls erwähnt (Teil 2). Spezielle Identitätstäuschung als Vermutungsgrund, generelle Identitätstäuschung als konkreter Anhaltspunkt für Fluchtgefahr. Im Wortlaut erfasst § 62 Abs. 3a Nr. 1 andauernde Identitätstäuschungen, aber auch – nicht berichtigte – vergangene Identitätstäuschungen. Die vergangenen werden eingeschränkt. Sie müssen in einer für ein Abschiebungshindernis erheblichen Weise und in zeitlichem Zusammenhang mit der Abschiebung erfolgt sein. Die Gesetzesmaterialien erläutern das näher (BT-Drs. 19/10047, 41): „Durch das Merkmal „in einer für das Abschiebungshindernis erheblichen Weise" wird klargestellt, dass abgeschlossene Täuschungshandlungen, die im Abschiebungsverfahren irrelevant für die Durchführung der Abschiebung waren, keine widerlegliche Vermutung für Fluchtgefahr begründen können. Durch die Voraussetzung „in zeitlichem Zusammenhang" mit der Abschiebung werden aufgedeckte vergangene Täuschungen über die Identität von der widerleglichen Vermutung ausgenommen, die zeitlich so weit davor liegen, dass ein Rückschluss auf eine Fluchtgefahr im Sinne einer widerleglichen Vermutung unverhältnismäßig wäre." Bei Bewertung dieser beiden einschränkenden Merkmale ist nach dem Willen des Gesetzgebers auch zu berücksichtigen, wie gewichtig die Täuschungshandlung war und ob es sich um eine einmalige oder fortgesetzte Täuschung handelt. Als Auffangnorm wirkt dann § 62 Abs. 3b Nr. 1. Das Verhältnis der beiden Varianten einer Identitätstäuschung und die Auslegung vorgenannter Merkmale bei einer Identitätstäuschung in der Vergangenheit wird Aufgabe der Rechtsprechung sein. **Abschiebungshaft ist Freiheitsentziehung!** Eine einschränkende Auslegung ist im Interesse der Freiheit und der Verhältnismäßigkeit und der Subsidiarität gefordert. Bei strafbaren Identitätstäuschungen ist an eine Parallele zum BZRG zu denken. Und außerdem soll und muss der Betroffene auf die möglichen Haftfolgen seiner Identitätstäuschung hingewiesen werden (Pro Asyl, Stellungnahme zum Entwurf eines Zweiten Gesetzes zur besseren Durchsetzung der Ausreisepflicht v. 15.4.2019, 14). Eine solche kennt das Gesetz etwa in § 62 Abs. 3a Nr. 2. Diese Konkretisierungen in Achtung der individuellen Freiheit und der Verhältnismäßigkeit werden Aufgabe der Rechtsprechung sein. Als Rechtsanwältin und Rechtsanwalt ist darauf zu drängen.
- **Verstoß gegen § 82 Abs. 4 S. 1 (§ 62 Abs. 3a Nr. 2).** Als Regelvermutung gilt ein Verstoß **16** gegen die spezielle Mitwirkungspflicht nach § 82 Abs. 4 S. 1. Auch hier kann man von einem Teil 1 sprechen. Weitere Verletzungen von Mitwirkungspflichten des Ausländers werden in § 62 Abs. 3b Nr. 5 als konkrete Anhaltspunkte für Fluchtgefahr genannt. Extensiv wird aus einer Verletzung einer Mitwirkungspflicht auf Fluchtgefahr geschlossen. Das wirkt unverhältnismäßig und hat den Eindruck eines Sanktionscharakters. Als Termin gelten ausschließlich solche iRd § 82 Abs. 4 S. 1. Eine kurzfristige schwere Erkrankung oder ein Unfall können als Entschuldigungsgrund gelten. Aber nicht allein **tatsächliche** Umstände, sondern auch **rechtliche Entschuldigungsgründe** sind denkbar. Wenn bei den sog. Botschaftsvorführungen die rechtsstaatlichen Mindeststandards nicht eingehalten werden, ist eine Anordnung nach § 82 Abs. 4 S. 1 unzulässig (NK-AuslR/Hofmann § 82 Rn. 48 ff., 53). Und aus einer unzulässigen Anordnung darf nicht auf einen Fluchtgrund geschlossen werden. Erforderlich ist laut Gesetz der Hinweis auf die Folge des Ausbleibens bei der Ankündigung des Termins. Dieser Hinweis sollte, muss in einer für den Betroffenen verständlichen Sprache erfolgen (Parallele zu § 114b StPO).
- **§ 62 Abs. 3a Nr. 3** entspricht § 62 Abs. 3 Nr. 2 aF – allein die Hinweispflicht wurde hinzugefügt. **17** Vorausgesetzt sind der Ablauf der Ausreisefrist und die Tatsache, dass der Ausländer einen Wechsel seines Aufenthaltsortes der Ausländerbehörde nicht mitgeteilt hat. Der Wechsel des Aufenthaltsortes muss zeitlich nach Ablauf der Frist liegen (BGH BeckRS 2011, 25520; NK-AuslR/Keßler Rn. 28). Das folgt aus dem Zweck der Abschiebungshaft. Entscheidend ist die Nichterreichbarkeit des abzuschiebenden Ausländers (Nr. 62.2.1.3. AufenthGAVwV). Das trifft nicht zu bei einem Kirchenasyl (NK-AuslR/Keßler Rn. 28) oder im Fall des amtlichen Gewahrsams (BGH FGPrax 2011, 253). Die Erfüllung des objektiven Tatbestandes allein genügt nicht. Nr. 3

ist nur einschlägig, wenn der abzuschiebende Ausländer sich aktiv und zielgerichtet dem Zugriff der Ausländerbehörde entzogen hat (NK-AuslR/Keßler Rn. 28; Bergmann/Dienelt/Winkelmann Rn. 114). Es muss der nachweisbare Vorsatz des **Untertauchens** gegeben sein. Der Ausländerin muss die Absicht nachgewiesen werden, sich durch den nicht mitgeteilten Wechsel des Aufenthaltsortes der Abschiebung zu entziehen (Keßler Asylmagazin-Beil. 8-9/2019, 44 (46 f.)). Die dauerhafte Nichterreichbarkeit für die Behörde ist entscheidend. Der Haftgrund liegt daher nicht vor, wenn der Betroffene bei der Meldebehörde, aber nicht bei der Ausländerbehörde seinen Aufenthaltswechsel angezeigt hat (Marx AufenthaltsR § 8 Rn. 22). Und: Die Ausländerbehörde muss den Ausländer ausdrücklich und nachweisbar auf dessen Pflicht **hingewiesen** haben, den Wohnortwechsel mitzuteilen (OLG Celle NVwZ-RR 2004, 218; NK-AuslR/Keßler Rn. 28). Und: Dieser Hinweis muss einem Betroffenen, der die deutsche Sprache nicht beherrscht, in seine Muttersprache oder eine andere Sprache übersetzt werden (BGH BeckRS 2016, 21389).

18 • **§ 62 Abs. 3a Nr. 4** ist eine vollkommen neue verschärfende Vermutungsregel (Verstoß gegen das Einreise- und Aufenthaltsverbot nach § 11 Abs. 1 S. 2, Abs. 8). Hier zeigt sich erneut der gesetzgeberische Wille der Verschärfung der Gründe für die Abschiebungshaft (kritisch Huber/Mantel AufenthG/Bergmann/Putzar-Sattler AufenthG Rn. 18).

19 • **§ 62 Abs. 3a Nr. 5** lehnt sich an den § 62 Abs. 3 Nr. 4 aF unter Streichung „in sonstiger Weise". Der Fluchtgrund wird widerleglich vermutet, wenn sich der Ausländer bereits in der Vergangenheit der Abschiebung entzogen hat. An die Grenze der Bestimmtheit kommt die Nr. 5. Wann entzieht sich ein Ausländer der Abschiebung? Ist allein aktives Handeln oder auch Passivität erfasst? Als einschlägig werden der aktive Widerstand gegen Vollstreckungsbeamte oder das Verstecken der Ausweispapiere genannt, um damit gezielt die Abschiebung zu verhindern (NK-AuslR/Keßler Rn. 30). Passiver Widerstand soll und kann dagegen nicht genügen. Eine tatsächlich und rechtlich schwierige Abgrenzung, die aus § 113 StGB leidlich bekannt ist. Verbales Verhalten kann nicht genügen wie auch nicht das Ausschöpfen aller rechtlichen Möglichkeiten. Verhält der Betroffene sich während der Abschiebung ruhig, verlangt jedoch vor dem Abflug eine ärztliche Konsultation und verweigert darauf der Pilot die Mitnahme, liegt kein Entziehungstatbestand vor (Marx AufenthaltsR § 8 Rn. 25).

20 • **§ 62 Abs. 3a Nr. 6** entspricht § 2 Abs. 14 Nr. 5 aF: Wenn die Nr. 5 noch tätiges Handeln erfordert, begnügt sich die Nr. 6 mit verbalen Verhalten. Wann erklärt der Ausländer oder die Ausländerin ausdrücklich (!), sich der Abschiebung entziehen zu wollen? Die Regelung ist pauschal und unbestimmt. Zu verlangen ist, dass die Äußerung in einem engen zeitlichen Zusammenhang mit der unmittelbar bevorstehenden Abschiebung steht (NK-AuslR/Keßler § 2 Rn. 41; Keßler Asylmagazin-Beil. 8-9/2019, 44 (48)). Sie muss zudem eindeutig und nachvollziehbar dokumentiert sein. Spontane Äußerungen, zu denen sich jemand in einer emotionalen Situation hinreißen lässt, sind vorsichtig zu interpretieren (s. Huber/Mantel AufenthG/Bergmann/Putzar-Sattler Rn. 20). Diese können eher Ablehnung, Wut oder Unzufriedenheit zum Ausdruck bringen (→ Rn. 20.1). Meines Erachtens ist diese Vermutungsregel **unverhältnismäßig**. Verbales Verhalten allein kann keinen Fluchtgrund indizieren. Verbales Verhalten muss in aktives Handeln umschlagen.

20.1   Eine Entscheidung des AG Berlin-Tiergarten (BeckRS 2020, 1539) zeigt anschaulich, dass die Ausländerbehörde auch auf Grundklage der neuen Gesetzeslage pauschal und extensiv argumentiert. Das AG: „Eine Fluchtgefahr wird gem. **§ 62 Abs. 3a Nr. 1** AufenthG vermutet, wenn der Ausländer über seine Identität täuscht oder getäuscht hat. Die Täuschung muss aktuell sein, mindestens aber noch auf eine bevorstehende Abschiebung fortwirken. Dies zeigt der Wortlaut mit der Präsensformulierung (Var. 1) bzw. dem zeitlichen Zusammenhang mit der Abschiebung (Var. 2). Dabei sind die Anforderungen an das Gewicht der Täuschungshandlung umso höher, je weiter sie zurück liegt. Beispielsweise genügen falsche Angaben über die Identität bei einer Erstantragsstellung nicht, wenn sie vor mehreren Jahren erfolgten." Im gegebenen Fall lagen die Angaben bei der Erstantragstellung knapp 20 Jahre zurück und haben somit auf die aktuelle Abschiebung keinen Bezug mehr. Und weiter: „Auch der Verweis auf den Vermutungstatbestand des **§ 62 Abs. 3a Nr. 3** AufenthG reicht nicht hin. Danach wird Fluchtgefahr vermutet, wenn eine gesetzte Ausreisefrist abgelaufen ist und der Ausländer seinen Aufenthaltsort gewechselt hat, ohne der Behörde eine Anschrift mitzuteilen, unter der er erreichbar ist. Allerdings muss er zuvor auf die Anzeigepflicht des Ortswechsels und die Möglichkeit seiner sonst erfolgenden Inhaftierung in einer ihm verständlichen Sprache hingewiesen worden sein." Das AG stellt klar, dass nur Aufenthaltswechsel nach dem Entstehen der Ausreisepflicht und dem Ablauf der Ausreisepflicht in Betracht kommen. Und zu **§ 62 Abs. 3a Nr. 6:** „Danach müsste der Antragsteller darlegen, dass der Betroffene klar zum Ausdruck gebracht habe, nicht freiwillig in den Zielstaat zu reisen und sich vor allem auch nicht für eine (ggf. zwangsweise) behördliche Durchsetzung der Ausreisepflicht zur Verfügung zu halten. Dies kann zwar konkludent und insofern auch durch Gewaltanwendung geschehen." Der bloße Verweis, mit der Abschiebung nicht einverstanden zu sein und im Zielstaat keine Perspektive zu haben, genüge dem nicht. Was zeigt uns das? Die Ausländerbehörden missachten die Rechtsnatur der Abschiebungshaft. Sie ist Freiheitsentziehung. Sie darf einzig und allein zur Durchsetzung der Ausreisepflicht angeordnet werden. Subsidiarität und Verhältnismäßigkeit sind ihre Maßstäbe. Sie ist keine Beugehaft, um die Mitwirkung der Betroffenen zu erzwingen (BeckOK AuslR/ Kluth Rn. 6). Sie dient nicht der Arbeitserleichterung der Ausländerbehörde und sie hat keinen Sanktions- charakter (Huber/Mantel AufenthG/Bergmann/Putzar-Sattler Rn. 5).

Konkrete Anhaltspunkte für Fluchtgefahr (§ 62 Abs. 3b). Sehr kasuistisch und sehr exten- 21 siv nennt das Gesetz sieben Umstände, die einen konkreten Anhaltspunkt für Fluchtgefahr begrün- den sollen.
• **Identitätstäuschung (Teil 2; § 62 Abs. 3b Nr. 1).** Erfasst werden Identitätstäuschungen, die 22 nicht in einem zeitlichen Zusammenhang mit der Abschiebung stehen. Wo ist die zeitliche Grenze im Verhältnis zu § 62 Abs. 3a Nr. 1? **Achtung:** Abschiebungshaft darf allein zur Siche- rung einer tatsächlich möglichen Abschiebung dienen (Keßler Asylmagazin-Beil. 8-9/2019, 44 (45)). Sie darf keine Sanktion für früheres Fehlverhalten sein. Die Identitätstäuschung muss daher ursächlich für die Verhinderung einer Abschiebung sein (Keßler Asylmagazin-Beil. 8-9/ 2019, 44 (48)).
• **Geldaufwendungen (§ 62 Abs. 3b Nr. 2).** Hier ist eine wesentliche Verschärfung im Vergleich 23 zu § 2 Abs. 14 Nr. 4 aF gegeben. Ursprünglich waren allein erhebliche Geldbeträge mit Bezug auf § 96 erfasst. Nach der Neufassung sind auch erhebliche Aufwendungen für legale Transporte erfasst, sofern sie eben derart maßgeblich sind, dass daraus geschlossen werden kann, dass der Ausländer, aber auch die Ausländerin, die Abschiebung verhindern wird, damit die Aufwendun- gen nicht vergeblich waren. Als Maßstab für die Erheblichkeit verweist der Gesetzgeber auf die Umstände des Ausländers, also regelmäßig auf den Maßstab der Lebensverhältnisse im Herkunfts- land (BT-Drs. 19/10047, 42; Bergmann/Dienelt/Winkelmann Rn. 128; kritisch Huber/Mantel AufenthG/Bergmann/Putzar-Sattler Rn. 22, die auf die Lebenswirklichkeit abstellen, wenn sich die Vermögenssituation der betroffenen Person deutlich verändert hat). Das kratzt an der Grenze zur Unbestimmtheit. Die tatbestandlichen Voraussetzungen einer Freiheitsentziehung müssen konkret und bestimmt sein. Migranten und Flüchtlinge sind oftmals gezwungen, erhebliche Geldmittel für ihre Flucht aufzuwenden und sich Schleusern zu bedienen. Flucht und Migration ist oftmals ein langdauernder, langjähriger Weg auf legalen und illegalen Transportwegen. Die Regelung führt zu einer sachwidrigen Unterscheidung zwischen armen und wohlhabenden Flüchtlingen und Migranten aus armen und wohlhabenden Herkunftsländern (DAV ZAR 2019, 207; Keßler Asylmagazin-Beil. 8-9/2019, 44 (48)). Zudem bedarf es objektiver Kriterien für die Fluchtgefahr. Wann die gezahlten Geldbeträge so „erheblich" sind, dass daraus eine Drucksi- tuation für den Ausländer entsteht, der er sich allein durch Verhinderung der Abschiebung entziehen kann, ist eine höchst subjektive Frage (Keßler Asylmagazin-Beil. 8-9/2019, 44 (48 f.)).
• **Gefahr (§ 62 Abs. 3b Nr. 3).** Dieser Anhaltspunkt galt bisher unter § 2 Abs. 14 Nr. 5a 24 aF. Die entsprechende Gefahr verlangt eine **Gefahrenprognose** (→ Rn. 28.1). Aber: Nach Erwägungsgrund 16 **Rückführungs-RL** (RL 2008/115/EG v. 16.12.2008, ABl. 2008 L 348, 98) ist eine Inhaftnahme nur gerechtfertigt, um die Rückkehr vorzubereiten oder die Abschie- bung durchzuführen. Die Möglichkeit, eine Person aus Gründen der öffentlichen Ordnung und Sicherheit zu inhaftieren, kann ihre Grundlage nicht in der Rückführungs-RL finden, sagt zutreffend der EuGH (BeckRS 2011, 81252 – Kadzoev). Zum Schutz der Sicherheit und Ordnung ist die Abschiebungshaft kein zulässiges Instrumentarium. Dieser Anhaltspunkt ist ein Fremdkörper in § 62 (sa Keßler Asylmagazin-Beil. 8-9/2019, 44 (49)). Der Gefahrenbegriff wird teilweise über terroristische Gefahren hinaus weit verstanden und beispielsweise auf den Handel mit harten Drogen ausgedehnt (Bergmann/Dienelt/Winkelmann Rn. 130).

Nach dem AG Berlin-Tiergarten (BeckRS 2018, 11333) kommt bezogen auf den § 2 Abs. 14 Nr. 5a 24.1 aF die Indizwirkung auch bei einem Ausländer in Betracht, der nicht dem Kreis der „Gefährder" zuzurech- nen ist, von dem aber anderweitig eine erhebliche Gefahr für Leib oder Leben eines Dritten oder bedeu- tende Rechtsgüter der inneren Sicherheit ausgeht. Zu beachten ist, dass für die dabei anzustellende Prognose nicht allein auf eine längere Zeit zurück liegende Verurteilung – im Fall wegen Mordes – abgestellt werden darf. Das AG Berlin-Tiergarten (BeckRS 2018, 11333 Rn. 26 ff.) stellt den Zusammenhang zwischen einer Entscheidung nach §§ 57, 57a StGB und der entsprechenden Prognose her. Das ist wichtig für die Rechtspraxis.

• **§ 62 Abs. 3b Nr. 4** führt die Vermutungsregel der wiederholten rechtskräftigen Vorverurteilun- 25 gen wegen vorsätzlicher Straftaten ein, wobei einer dieser Vorverurteilungen eine Freiheitsstrafe sein muss. Die Gesetzesbegründung (BT-Drs. 19/10047, 42) begründet diesen Umstand damit, dass bei Personen, die durch ihr Verhalten gezeigt haben, dass sie der deutschen Rechtsordnung ablehnend oder gleichgültig gegenüberstehen, nicht zu erwarten ist, dass sie auch anderen gesetzlichen Pflichten wie der Ausreisepflicht freiwillig nachkommen werden. Das ist eine pauschale Vorverurteilung (s. Huber/Mantel AufenthG/Bergmann/Putzar-Sattler Rn. 24). Weder ein zeitlicher noch ein sachlicher Zusammenhang der betreffenden Vorverurteilungen mit der Abschiebung wird gesetzlich bestimmt. Auch bei Vorliegen der formellen Voraussetzungen müssen Behörde und Gericht das Vorliegen der konkreten Fluchtgefahr belegen (Marx AufenthaltsR § 8 Rn. 33 f.). Die Bekämpfung der öffentlichen Sicherheit und Ordnung ist kein Haftgrund (DAV ZAR 2019, 207). Einstellungen nach den §§ 153 ff. StPO sind nicht einschlägig. Mit dem DAV ist eine Belehrungspflicht im Strafverfahren zu fordern.

26 • **Mitwirkungspflichten (§ 62 Abs. 3b Nr. 5).** In dieser Variante werden weitere Mitwirkungspflichten zur Passbeschaffung bzw. Identitätsfeststellung genannt, deren Verweigerung oder Unterlassung bei entsprechendem Hinweis als konkreter Anhaltspunkt gilt. Konkret wird auf § 60b Abs. 3 S. 1 Nr. 1, Nr. 2 und Nr. 6 und beispielhaft auf § 48 Abs. 3 S. 1 hingewiesen. Inwieweit aus der Verletzung der Mitwirkungspflicht auf einen Fluchtgrund geschlossen werden kann, ist zweifelhaft (DAV ZAR 2019, 207; Keßler Asylmagazin-Beil. 8-9/2019, 44 (50)). Vom Wortlaut erfasst sind auch lang zurückliegende Pflichtverletzungen und auch solche während des erlaubten Aufenthalts. Das erscheint unverhältnismäßig. So erhält die Sicherungshaft den Charakter einer Beugehaft zur Erzwingung einer Mitwirkung oder zur Vereinfachung der Arbeit der Ausländerbehörden. Und das ist unzulässig (Keßler Asylmagazin-Beil. 8-9/2019, 44 (50)).

26.1 Diese Gesetzesverschärfung wird kritisch bewertet (Marx AufenthaltsR § 8 Rn. 36). Warum? In der Verwaltungspraxis werden ausreisepflichtige Drittstaatsangehörige von den Ausländerbehörden immer wieder dazu aufgefordert, nach erfolgloser Aufsuche einer Auslandsvertretung des einen vermeintlichen Herkunftsstaats die eines anderen zur Passbeschaffung aufzusuchen. Dazu berechtigt § 60b Abs. 3 Nr. 6. Lesen Sie stets die Normen, auf die verwiesen wird. Das erfordert eine Änderung der Sach- oder Rechtslage, die bei erneuter Aufsuche eine erfolgreiche Passbeschaffung erwarten lässt. Das hat die Ausländerbehörde in ihrem Haftantrag vorzutragen und zu begründen. Das mag bei dem ursprünglich angenommenen Herkunftsland noch möglich sein. Die Benennung eines anderen Herkunftsstaats wird dagegen eher spekulativ sein (Marx AufenthaltsR § 8 Rn. 36). Wenn sich daher die betroffene Ausländerin nach erfolgloser Aufsuche der Auslandsvertretung des zuerst angenommenen Herkunftslandes weigert, einer erneuten Aufforderung zu folgen, die Auslandsvertretung eines spekulativ vermuteten anderen Herkunftsstaats aufzusuchen, ist das regelmäßig kein Fall des § 62 Abs. 3b Nr. 5 (Marx AufenthaltsR § 8 Rn. 37).

27 • **Verstoß gegen Pflichten und Auflagen (§ 62 Abs. 3b Nr. 6).** Ein wiederholter Verstoß gegen die genannten räumlichen Beschränkungen aus § 61 wie auch ein wiederholter Verstoß bei Auflagen nach dem neuen § 61 Abs. 1e – etwa Meldeauflagen – begründen einen konkreten Anhaltspunkt. In der Rechtspraxis müssen und sollen vor allem die Rechtsanwälte dahin wirken, dass vorrangig Auflagen zur Vermeidung von Abschiebungshaft angeordnet werden – Subsidiarität der Abschiebungshaft.

28 • **§ 62 Abs. 3b Nr. 7** bestimmt den **Fall eines erlaubt einreisenden Ausländers,** der vollziehbar ausreisepflichtig geworden ist, wenn er sich dem behördlichen Zugriff entzieht. Und das ist der Fall, wenn er keinen Aufenthaltsort hat, an dem er sich überwiegend aufhält. Die Gesetzesbegründung verweist auf **sog. Overstayer** (BT-Drs. 19/10047, 43). Dem behördlichen Zugriff entzieht sich, wer vorsätzlich „untertaucht". Ob auch andere Fälle erfasst sind, kann dem unbestimmten Wortlaut nicht entnommen werden. Unfreiwillige Obdachlosigkeit darf kein Haftgrund sein (s. Keßler Asylmagazin-Beil. 8-9/2019, 44 (50)).

28.1 Erneut das AG Berlin-Tiergarten (BeckRS 2020, 1539): „Die Voraussetzungen des **§ 62 Abs. 3b Nr. 1** AufenthG sind nicht dargelegt. Die Norm erfasst Identitätstäuschungen, die mangels zeitlicher Aktualität nicht unter § 62 Abs. 3a Nr. 1 AufenthG fallen, mithin schon zu lange her sind und keinen hinreichenden Bezug mehr zur aktuellen Abschiebung haben. Diese sollen keine Vermutung begründen, können jedoch einen Anhaltspunkt für Fluchtgefahr darstellen. Allerdings unterfallen Täuschungen schon dem Wortlaut nach nicht mehr der Norm, wenn der Betroffene diese selbst berichtigt hat." Und so könne ein rund 20 Jahre zurückliegendes Täuschungsverhalten, das seitdem durch vielfaches Bemühen um Legalisierung des Aufenthalts unter wahrheitsgemäßen Angaben korrigiert wurde, diesen Indizientatbestand nicht begründen. Bedeutsam und restriktiv sind auch die Ausführungen des AG zu **§ 62 Abs. 3b Nr. 3 und 4:** „Auch die Voraussetzungen des § 62 Abs. 3b Nr. 3 AufenthG sind nicht dargelegt. Denn dieser Tatbestand ist nur einschlägig, wenn von dem Betroffenen eine erhebliche Gefahr für Leib und Leben Dritter oder bedeutende Rechtsgüter der inneren Sicherheit ausgeht. Dabei erfasst Var. 1 der Norm Gefahren durch Gewalttaten oder ähnlich schwere Delikte. Hierzu muss der Haftantrag die nötigen Tatsachen zur Wahrscheinlichkeit eines Schadenseintritts und Gefahrenprognose mitteilen." Es bedarf einer **Darlegung der Gefahrenprognose:** „Aus dem Haftantrag geht nur im Wege einer Aufzählung hervor, wann der Betroffene aufgrund welcher Tatvorwürfe strafrechtlich in Erscheinung getreten sein soll. Mit diesen knappen Angaben ist eine besondere Gefährlichkeitsprognose im Sinne des § 62 Abs. 3b Nr. 3 AufenthG nicht nachvollziehbar dargelegt. Die pauschale Angabe „Drogenhändler" ist nicht ausreichend. Insoweit wäre es vielmehr erforderlich gewesen, anhand einer umfassenden Darlegung der Person des Betroffenen, seines Werdegangs und der von ihm begangenen Taten konkrete künftige Gefährlichkeit nachvollziehbar zu begründen. Es finden sich jedoch weitgehend keine näheren Ausführungen, auf welche Art und Weise der Betroffene die Taten begangen hat, aufgrund derer er verurteilt worden ist. Nur eine einzige Verurteilung wird hinsichtlich des Tatgeschehens näher ausgeführt. Weiter fehlt eine Darlegung der Entwicklung des Betroffenen in der Haft und warum von ihm gegenwärtig weiter eine besondere Gefahr ausgehen soll." Und zu § 62 Abs. 3b Nr. 4: „Ein konkreter Anhaltspunkt für Fluchtgefahr im Sinne des § 62 Abs. 3b Nr. 4 AufenthG ist ebenfalls nicht nachvollziehbar dargelegt. Denn danach muss der Betroffene nicht nur wiederholt wegen Vorsatztaten zu mindestens einer Freiheitsstrafe verurteilt worden sein. Sondern es muss **aus den konkreten Taten auch zu schließen sein, dass der Betroffene der deutschen Rechtsordnung ablehnend** oder gleichgültig gegenübersteht, weswegen eine freiwillige Erfüllung der Ausreisepflicht nicht zu erwarten ist. Da Abschiebungshaft keinen Sanktionscharakter hat, sondern einzig der Sicherung der Ausreise dient, kann nicht schon jede Vorsatztat genügen." Die Entscheidung des AG zeigt erneut, wie pauschal die Ausländerbehörde oftmals Haftanträge begründet: „Die pauschale Angabe, durch „das Begehen von Straftaten" zeige der Betroffene dies, ist beliebig austauschbar und nicht auf die konkreten Verurteilungen und die darin enthaltenen Feststellungen bezogen. Diese Darlegungen sind vielmehr formelhaft und textbausteinartig und genügen daher den oben genannten Anforderungen nicht."

b) Haftgrund nach § 62 Abs. 3 Nr. 2 (ursprünglich Nr. 1: inhaltlich nicht geändert). **29** Der Ausländer ist in Sicherungshaft zu nehmen, wenn er aufgrund einer **unerlaubten Einreise vollziehbar ausreisepflichtig** ist. Die unerlaubte Einreise regelt § 14. Nach § 58 Abs. 2 begründet die unerlaubte Einreise die Vollziehbarkeit der Ausreisepflicht. Das allein aber genügt nicht (Marx AufenthaltsR § 8 Rn. 45). Der Ausländer muss noch unmittelbar aufgrund der unerlaubten Einreise und damit ununterbrochen nach Betreten der Bundesrepublik vollziehbar ausreisepflichtig sein (BGH BeckRS 2017, 104970; NK-AuslR/Keßler Rn. 25). Praxisrelevant ist vor allem das Stellen eines Asylantrags (BGH BeckRS 2017, 104970). Nach Erwägungsgrund 9 Rückführungs-RL sollen Drittstaatsangehörige, die in einem Mitgliedstaat Asyl beantragt haben, so lange nicht als illegal im Hoheitsgebiet des betreffenden Staates gelten, bis eine abschlägige Entscheidung über den Antrag oder eine Entscheidung, mit der sein Aufenthaltsrecht als Asylbewerber beendet wird, bestandskräftig geworden ist. Oder: Ein Asylantrag macht den Aufenthalt für die Dauer des Verfahrens grundsätzlich legal bis zum Eintritt der Rechtskraft einer Ablehnungsentscheidung (NK-AuslR/Keßler Rn. 8). Eine gesetzliche Ausnahme regelt § 14 Abs. 3 AsylG (zweifelnd Habbe ZAR 2011, 286 (287 f.)). Die rechtlich nicht einfache **asylrechtliche Lage** nach dem AsylG (bspw. BGH NVwZ 2010, 7126) ist daher in der Rechtspraxis von Ausländerbehörde, Gericht und Anwältin besonders sorgfältig zu beachten.

Auch hier ist die **Rückführungs-RL** (RL 2008/115/EG v. 16.12.2008, ABl. 2008 L 348, 98) **30** zu beachten (zu deren Umsetzung in nationales Recht Habbe ZAR 2011, 286). Die Stufung der Maßnahmen ist zu beachten. Die **Rückkehrentscheidung** mit regelmäßiger Fristsetzung nach Art. 6, 7 Rückführungs-RL ist ein – das – entscheidende Element und zwingende Voraussetzung jeder weiteren Zwangsmaßnahme (Habbe ZAR 2011, 286 (288); NK-AuslR/Keßler Rn. 25). Die Abschiebungshaft hat einen „ultima-Ratio"-Charakter. Die freiwillige Ausreise steht im Vordergrund. Der in der Rückführungs-RL festgelegte Verfahrensablauf ist Ausfluss des Verhältnismäßigkeitsprinzips und bei jedem Aufenthaltsbeendigungsverfahren zwingend einzuhalten (LG Frankfurt a. M. BeckRS 2012, 08039). Wird ein illegal eingereister Ausländer nicht in zeitlichem Zusammenhang mit seinem Grenzübertritt einer Außengrenze (Art. 2 Abs. 2 lit. a Rückführungs-RL) aufgegriffen, darf er erst nach **Erlass einer förmlichen Rückkehrentscheidung** abgeschoben werden (LG Frankfurt a. M. BeckRS 2012, 08039; NK-AuslR/Keßler Rn. 25; Huber/Mantel AufenthG/Bergmann/Putzar-Sattler Rn. 10; BeckOK AuslR/Kluth Rn. 7 deutet Bedenken an). Daher ist Grundlage für die Vollstreckung einer beabsichtigten Abschiebung eine Rückkehrentscheidung: „Fehlt es an einer für die Vollstreckung erforderlichen Voraussetzung, darf auch eine kraft Gesetzes vollziehbare Ausreisepflicht nicht ohne weiteres mit einer Abschiebung durchgesetzt werden" (LG Hannover BeckRS 2013, 15696). Daher muss der Haftrichter bei der Beantragung der Abschiebungshaft nicht nur, aber eben insbesondere auch bei einem Antrag nach § 62 Abs. 3 Nr. 2 prüfen, ob gegen den Betroffenen eine Rückkehrentscheidung vorliegt.

§ 62 Abs. 3 S. 2 enthält eine **gesetzliche Ausnahme.** Der Ausländer muss glaubhaft machen, **31** dass er sich der Abschiebung nicht entziehen will. Hier wie auch sonst verdeutlichen die Aufenth-

GAVwV (Allgemeine Verwaltungsvorschrift zum Aufenthaltsgesetz v. 26.10.2009, GMBl. 878) die **Verwaltungspraxis.** Macht der Ausländer glaubhaft (zB durch Vorlage von Flugtickets), dass er sich einer Abschiebung nicht entziehen will, ist allein die Erfüllung der tatbestandlichen Voraussetzungen des § 62 Abs. 3 S. 1 Nr. 2 nicht ausreichend, um die Sicherungshaft anzuordnen (Nr. 62.2.0.1 AufenthGAVwV). Gleiches muss für sämtliche Haftgründe gelten, wenn er sich der Abschiebung offensichtlich nicht entziehen will. So ist auch von einem Fehlen der Entziehungsgefahr auszugehen, wenn der Ausländer ernsthaft das Verfahren vor dem Standesamt zur Eheschließung im Bundesgebiet betreibt oder ein stabiles persönliches und berufliches Umfeld besitzt (NK-AuslR/Keßler Rn. 26).

32   **c) Haftgrund nach § 62 Abs. 3 Nr. 3.** Die Abschiebungshaft ist abhängig von einer Abschiebungsanordnung nach § 58a, Nr. 62.2.1.2 AufenthGAVwV (s. BVerwG NVwZ 2017, 1019; krit. Schlichte/Austermann ZAR 2018, 62; Kießling NVwZ 2017, 1057).

33   Derzeit nicht belegt.

3. Dublin-Haft nach Dublin III-VO

34   Nach Art. 28 Abs. 1 Dublin III-VO (VO (EU) 604/2013 v. 26.6.2013, ABl. 2013 L 180, 31) darf eine Person nicht allein aus dem Grund in Haft genommen werden, weil sie dem durch diese Verordnung festgelegten Verfahren unterliegt.

35   Im Anwendungsbereich der Dublin III-VO dürfen die Mitgliedstaaten nach Art. 28 Abs. 2 Dublin III-VO eine Person in Haft nehmen, wenn eine **erhebliche Fluchtgefahr** besteht. Diesen Begriff definiert Art. 2 lit. n Dublin III-VO mit dem Vorliegen von Gründen im Einzelfall, die auf objektiven, gesetzlich festgelegten Kriterien beruhen und zu der Annahme Anlass geben, dass sich ein Betroffener, gegen den ein Rückstellungsverfahren läuft, diesem Verfahren möglicherweise durch Flucht entziehen könnte. Der BGH (BeckRS 2017, 104970) stellt klar, dass § 2 Abs. 15 aF iVm § 2 Abs. 14 aF den Anforderungen der Dublin III-VO genügt. Beachten Sie die Neuregelung in § 2 Abs. 14 durch das Zweite Gesetz zur besseren Durchsetzung der Ausreisepflicht (v. 15.8.2019, BGBl. I 1294; BT-Drs. 19/10047; sa Keßler Asylmagazin-Beil. 8–9/2019, 44 (50 f.)).

4. Vorbereitungshaft nach § 62 Abs. 2

36   Die **Vorbereitungshaft** spielt in der Praxis **keine bedeutsame Rolle** (BeckOK AuslR/Kluth Rn. 12). Sie kann für maximal sechs Wochen angeordnet werden. Sie dient dem Zweck, der Ausländerbehörde genügend Zeit für die Ausweisungsverfügung und jetzt (Zweite Gesetz zur besseren Durchsetzung der Ausreisepflicht (v. 15.8.2019, BGBl. I 1294; BT-Drs. 19/10047) auch für die Abschiebungsanordnung nach § 58a zu vermitteln. Für die Haftanordnung ist erforderlich, dass die Abschiebung, die aufgrund der beabsichtigten Ausweisung oder Abschiebungsanordnung vollzogen soll, rechtlich und tatsächlich möglich ist und ohne die Vorbereitungshaft wesentlich erschwert oder vereitelt würde. Wie an vielen Stellen ist es auch bei der Vorbereitungshaft fraglich, ob die öffentliche Sicherheit als Haftgrund für den „Gefährder" von der **Rückführungs-RL** (RL 2008/115/EG v. 16.12.2008, ABl. 2008 L 348, 98) gedeckt ist (DAV ZAR 2019, 207).

5. Vorläufige Festnahme

37   Abs. 5 regelt unter den dortigen Voraussetzungen die behördliche Ingewahrsamnahme in Form der vorläufigen Festnahme. Sie ist allein bei der Sicherungshaft nach § 62 Abs. 3 S. 1 zulässig. Die richterliche Anordnung als verfassungsrechtliche Regel – Art. 104 GG – ist in der Rechtspraxis zu achten. § 427 FamFG ist vorrangig (Bergmann/Dienelt/Winkelmann Rn. 245).

6. Mitwirkungshaft

38   Neben Vorbereitungshaft, Sicherungshaft, Ausreisegewahrsam (§ 62b), ergänzende Vorbereitungshaft (§ 62c) gibt es eine **weitere Form der Haft:** die **Mitwirkungshaft** nach § 62 Abs. 6. Auch die Mitwirkungshaft firmiert unter Abschiebungshaft. Die Mitwirkungshaft zielt auf eine **Anordnung nach § 82 Abs. 4 S. 1.** Die Mitwirkungshaft erfordert eine richterliche Anordnung und darf 14 Tage nicht überschreiten (krit. zur Dauer Marx AufenthaltsR § 8 Rn. 75). Voraussetzung ist, dass der Ausländer entweder einer solchen erstmaligen Anordnung nach § 82 Abs. 4 S. 1 oder aber einer Anordnung nach § 82 Abs. 4 S. 1, zu einem Termin bei der zuständigen Behörde persönlich zu erscheinen, unentschuldigt ferngeblieben ist. Der Ausländer muss zuvor auf die Möglichkeit der Inhaftnahme hingewiesen worden sein. Als Entschuldigungsgründe lassen sich wie in § 62 Abs. 3a Nr. 2 tatsächliche, aber auch rechtliche Gründe nennen.

Bei einer Anordnung nach § 82 Abs. 4 S. 1 geht es vor allem um die Anordnung, bei der **39** Vertretung des Herkunftsstaates zum Zwecke der Identitätsfeststellung zu erscheinen. Nach der Gesetzesbegründung (BT-Drs. 19/10047, 43 f.) betrifft die Mitwirkungshaft den Zeitabschnitt vor einer möglichen Sicherungshaft nach § 62 Abs. 3. Die Mitwirkungshaft sei nur zulässig, um Mitwirkungspflichten sicherzustellen, deren Erfüllung auf Grund des bisherigen Verhaltens des Ausländers nicht sichergestellt ist. Sie dürfe keine Sanktion sein.

Bereits die Lektüre des § 82 Abs. 4 S. 2 zeigt, dass eine Anordnung nach S. 1 zwangsweise **40** durchgesetzt werden kann (→ § 82 Rn. 28). Warum dann noch die Mitwirkungshaft gleichsam als Beugemittel? Der Gesetzgeber behauptet, dass der Verwaltungszwang nach § 82 Abs. 4 S. 2 nicht effektiv sei. Eine Begründung liefert er nicht. Warum sollte die neue Mitwirkungshaft den Wechsel des Aufenthalts oder ein Untertauchen verhindern? Mag sich auch der Gesetzgeber auf Art. 15 Abs. 1 lit. b Rückführungs-RL berufen (Inhaftnahme, wenn die betreffenden Drittstaatsangehörigen, die Vorbereitung der Rückkehr oder das Abschiebungsverfahren umgehen oder behindern), so steht die gesamte mögliche Inhaftnahme unter dem **Gebot der Verhältnismäßigkeit und der Subsidiarität.** Nach dem Erwägungsgrund 16 Rückführungs-RL soll das Mittel der Inhaftnahme für die Zwecke der Abschiebung nur begrenzt zum Einsatz kommen und soll im Hinblick auf die eingesetzten Mittel und die angestrebten Ziele dem Grundsatz der Verhältnismäßigkeit unterliegen. Die Inhaftnahme sei nur gerechtfertigt, um die Rückkehr vorzubereiten oder die Abschiebung durchzuführen. Anordnungen nach § 82 Abs. 4 S. 1 erfolgen aber im Vorfeld der Abschiebung. Sie sind ihr weit vorgelagert. Unter dem Mantel der Abschiebungshaft des § 62 ist die **Mitwirkungshaft ein Beugemittel zur Mitwirkung nach § 82 Abs. 4 S. 1.** Oder: Abschiebungshaft darf allein der Sicherung der Abschiebung dienen (BVerfG NVwZ 2007, 1296). Die Mitwirkungshaft ist ein unverhältnismäßiger Eingriff in die Freiheitsrechte des Betroffenen (Pro Asyl, Stellungnahme zum Entwurf eines Zweiten Gesetzes zur besseren Durchsetzung der Ausreisepflicht v. 15.4.2019, 15 f; anders Ahlswede ZAR 2019, 245 (252); Dollinger ZRP 2019, 130; keine Bedenken bei BeckOK AuslR/Kluth Rn. 40: besondere Form der Ersatzzwangshaft). Ein Fall für das BVerfG.

II. Fristen in § 62 – Sicherungshaft

Die Hafthöchstdauer ist zunächst durch den Antrag der Behörde begrenzt. Bei der Beantragung **41** ist zu berücksichtigen, dass im Regelfall die Dauer von drei Monaten Abschiebungshaft nicht überschritten werden soll und eine Haftdauer von sechs Monaten nicht als ohne Weiteres verhältnismäßig angesehen wird (Nr. 62.3.0. AufenthGAVwV)

Drei Monate: Nach § 62 Abs. 3 S. 3 ist die Abschiebungshaft unzulässig, wenn feststeht, dass **42** aus Gründen, die der Ausländer nicht zu vertreten hat, die Abschiebung nicht innerhalb der nächsten Monate durchgeführt werden kann. Das Bestehen von Abschiebungshindernissen innerhalb der folgenden drei Monate muss positiv feststehen (Erbs/Kohlhaas/Senge Rn. 16). § 62 Abs. 3 S. 3 zeigt, dass Abschiebungshaft in der Regel nicht länger als drei Monate dauern soll (BGH NVwZ 2017, 732). Das gilt nach S. 4 nicht **für sog. Gefährder.** Bei dieser Prognose muss der Haftrichter das voraussichtliche Ergebnis eines von dem Ausländer bei dem Verwaltungsgericht gestellten Antrags nach den §§ 80, 123 VwGO auf Aussetzung des Vollzugs der Zurückschiebung berücksichtigen (BGH NVwZ 2010, 726). Diese zeitliche Regelung ist Element der **Verhältnismäßigkeit.** Ein Vertreten wird angenommen, wenn der Ausländer sich seiner Ausweispapiere entledigt hat oder bereits ohne solche eingereist ist und die Beschaffung von Ersatzpapieren nicht fristgemäß möglich ist (Erbs/Kohlhaas/Senge Rn. 16). Die pauschale **Ausnahme für sog. Gefährder** weckt Bedenken an der Verhältnismäßigkeit der Regelung. Die Abschiebungshaft droht zu einer Art **Präventionshaft** zu werden (Stellungnahme des Jesuiten Flüchtlingsdienstes v. 24.3.2017 zu BT-Drs. 18/11546) – **Sonderrecht für Gefährder** (auch Hörich/Tewocht NVwZ 2017, 1153 (1154 f.)). Das widerspricht dem Grundgedanken der Abschiebungshaft wie er sich aus dem Erwägungsgrund 15 Rückführungs-RL (RL 2008/115/EG v. 16.12.2008, ABl. 2008 L 348, 98) ergibt: „Das Mittel der Inhaftnahme für die Zwecke der Abschiebung sollte nur begrenzt zum Einsatz kommen und sollte im Hinblick auf die eingesetzten Mittel und die angestrebten Ziele dem Grundsatz der Verhältnismäßigkeit unterliegen. Eine Inhaftnahme ist nur gerechtfertigt, um die Rückkehr vorzubereiten oder die Abschiebung durchzuführen und wenn weniger intensive Zwangsmaßnahmen ihren Zweck nicht erfüllen."

Sechs Monate: Nach § 62 Abs. 4 S. 1 kann die Sicherungshaft bis zu sechs Monaten angeordnet **43** werden, wenn der Ausländer die Verzögerung zu vertreten hat (Gegenschluss zu § 62 Abs. 3 S. 3). Jedoch darf die Abschiebungshaft nicht von vornherein für sechs Monate verhängt werden. Es gilt die einschränkende Verhältnismäßigkeit im Einzelfall (NK-AuslR/Keßler Rn. 39).

44   **Zwölf Monate:** Um höchstens weitere zwölf Monate kann die Sicherungshaft nach § 62 Abs. 4 S. 2 verlängert werden, in denen die Abschiebung aus von dem Ausländer zu vertretenden Gründen nicht vollzogen werden kann, und bei behördlichen Verzögerungsfällen bei Anordnungen nach § 58a. Auch hier brachte das **Zweite Gesetz zur besseren Durchsetzung der Ausreisepflicht** (v. 15.8.2019, BGBl. I 1294; BT-Drs. 19/10047) **eine Verschärfung.** Bisher war eine zwölfmonatige Verlängerung nur möglich, wenn der Ausländer seine Abschiebung verhindert. Durch die neue Formulierung soll laut Gesetzgeber sichergestellt werden, dass sowohl ein aktives Verhindern des Vollzugs der Ausreisepflicht als auch ein Unterlassen von Mitwirkungspflichten, das die Nichtdurchführbarkeit der Abschiebung zur Folge hat, erfasst werden (BT-Drs. 19/10047, 43). Allgemein galt, dass der Ausländer seine Abschiebung nur dann verhindert, wenn seine Handlungen oder seine Unterlassungen für die Vorbereitung oder für die Durchführung der Abschiebung unverzichtbar waren (OLG Düsseldorf NVwZ 1995, 1143). Es ist dem Ausländer nicht anzulasten, wenn die Behörden der Heimatländer innerhalb angemessener Fristen keine Passersatzpapiere ausstellen. Diese Fristverlängerung ist gesetzlich die **Ausnahme** (BGH NVwZ 2017, 732). Bedenken bestehen auch hier gegen die unverschuldete Verlängerung bei sog. Gefährdern – **Sonderrecht für Gefährder** (nicht vereinbar mit Rückführungs-RL nach Hörich/Tewocht NVwZ 2017, 1153 (1155); sa DIMR, Menschenrechtsbericht für Deutschland 2016, 40 f.).

45   So ergibt sich eine maximale Dauer von **18 Monaten** als **absolute Höchstdauer** (§ 62 Abs. 4 S. 4). Diese muss aber wegen der grundrechtlichen Bedeutung des Freiheitsgrundrechts die absolute Ausnahme sein.

45.1   BGH NVwZ 2017, 732: „Der Umstand, dass der Betroffene vor seiner Einreise seinen Pass vernichtet hat, ist nicht geeignet, eine über sechs Monate hinausgehende Haftdauer zu begründen." Bezogen auf § 62 Abs. 4 S. 1 hat der Ausländer nach dem BGH (NVwZ 2017, 732) nicht nur solche Umstände zu vertreten, die für die Behebung des Abschiebungshindernisses von Bedeutung sein können, sondern auch Gründe, die von ihm zurechenbar veranlasst dazu geführt haben, dass ein Hindernis für seine Abschiebung überhaupt erst entstanden ist, etwa indem er seinen Pass weggeben hat. An das Verhindern iSd § 62 Abs. 4 S. 2 stellt der BGH zu Recht hohe Anforderungen: „Ein Verhindern im Sinne des § 62 Abs. 4 Satz 2 AufenthG liegt vor, wenn ein von dem Willen des Ausländers abhängiges pflichtwidriges Verhalten ursächlich dafür ist, dass die Abschiebung nicht erfolgen konnte. Erforderlich ist, dass das für die Abschiebung bestehende Hindernis auf ein Tun des Ausländers zurückgeht, zu dessen Unterlassen er verpflichtet ist, oder auf ein Unterlassen trotz bestehender Verpflichtung zu einem Tun. **Ein vor seiner Einreise in die Bundesrepublik Deutschland liegendes Verhalten des Ausländers genügt aber nicht.** Es bedarf vielmehr eines Verhaltens, mit dem der Ausländer eine sich bereits konkretisierende Abschiebung zu vereiteln oder zu erschweren versucht. Nur wenn das Verhalten des Ausländers einen Bezug zu einer konkret zu erwartenden und sich bereits abzeichnenden Abschiebung ausweist, ist es geeignet, die ausnahmsweise Verlängerung der Haft über sechs Monate hinaus zu begründen." Das Verhinderungsverhalten müsse ursächlich dafür sein, dass der Ausländer bisher nicht abgeschoben werden konnte. Ergebe sich, dass die Abschiebung (zB wegen zögerlicher Bearbeitung der Heimatbehörden) auch ohne das Verhinderungsverhalten des Ausländers nicht innerhalb der ersten sechs Monate möglich gewesen wäre, sei dieses nicht ursächlich für die Verzögerung. Wenn der Gesetzgeber jetzt den Zurechnungsmaßstab verschärft – aus von dem Ausländer zu vertretenen Gründen – wird im Interesse des Freiheitsrechts auch weiterhin ein Tun oder Unterlassen im Zusammenhang mit der konkreten Abschiebung zu verlangen sein.

C. Subsidiarität und Verhältnismäßigkeit

46   Das gesamte System der Abschiebungshaft durchziehen die einschränkenden Prinzipien der **Subsidiarität** und der **Verhältnismäßigkeit – ultima-ratio-Gedanke** (Bergmann/Dienelt/Winkelmann Rn. 8; Habbe ZAR 2011, 286). Das erfasst den sachlichen und den personalen Umfang der Abschiebungshaft. Die gesetzliche Ausgestaltung und die Anwendung aller Varianten der Abschiebungshaft müssen sich an Art. 15 Rückführungs-RL orientieren: „Sofern in dem konkreten Fall keine anderen ausreichenden, jedoch weniger intensiven Zwangsmaßnahmen wirksam angewandt werden können, dürfen die Mitgliedstaaten Drittstaatsangehörige, gegen die ein Rückkehrverfahren anhängig ist, nur in Haft nehmen, um deren Rückkehr vorzubereiten und/oder die Abschiebung durchzuführen." Das drückt § 62 Abs. 1 S. 1 aus. In jedem Einzelfall müssen Behörde und Gericht prüfen, ob **ein milderes Mittel als die Haft** zur Verfügung steht, um die Abschiebung zu erreichen. Daher ist die Streichung der ergänzenden Formulierung „ebenfalls ausreichendes anderes" durch das Zweite Gesetz zur besseren Durchsetzung der Ausreisepflicht (v. 15.8.2019, BGBl. I 1294; BT-Drs. 19/10047) zu bedauern. Behörden und Gerichte sollten klar und deutlich und bestimmt auf den subsidiären Charakter hingewiesen werden. Die Abschiebungshaft ist nur zulässig, wenn sich die Behörden davon überzeugt haben, dass im konkreten Einzelfall andere Mittel als die Freiheitsentziehung zur Sicherstellung der Abschiebung nicht möglich sind (Habbe ZAR 2011, 286 (287)). Zu denken ist an Meldeauflagen, Kautionshinterlegung, Aufenthaltsbeschränkungen, die Hinterlegung von Personaldokumenten. Das muss die Ausländerbehörde bereits im Haftantrag darlegen, damit die Abschiebungshaft zulässig ist (NK-AuslR/Keßler Rn. 14; aA Bergmann/Dienelt/Winkelmann Rn. 8). Achten Sie als Rechtsanwältin und Rechtsanwalt darauf.

Als Freiheitsentziehung unterliegt die Abschiebungshaft dem **Beschleunigungsgrundsatz,** **47** wie sich auch an § 62 Abs. 1 S. 2 zeigt. Zu dessen Beachtung sind Ausländerbehörden und Gericht ausdrücklich aufgerufen.

„Die Anordnung der Abschiebungshaft ist nur verhältnismäßig, wenn die Behörde die Abschiebung **47.1** mit größtmöglicher Beschleunigung betrieben hat. Hiergegen wird verstoßen, wenn die Behörde längere Zeit nichts unternimmt, um die Abschiebung zu fördern. Die Haft ist nämlich auf den Zeitraum zu begrenzen, der unbedingt erforderlich ist, um die Abschiebung vorzubereiten und durchzuführen. Wird hiergegen verstoßen, führt dies dazu, dass die Anordnung oder Verlängerung von Abschiebungshaft unzulässig wird." Klarer als das LG Mannheim (BeckRS 2010, 01074; sa NK-AuslR/Keßler Rn. 15 ff.) kann man das nicht sagen. Wenn durch Verschulden der Ausländerbehörde oder aufgrund von Kommunikationsproblemen zwischen beteiligten Behörden die Haft über das notwendige Maß hinausgeht, wird auch eine kurze Abschiebungshaft unverhältnismäßig (NK-AuslR/Keßler Rn. 17). Jeder unnötige Tag zu viel in Abschiebungshaft ist eine rechtswidrige Freiheitsentziehung. Es gilt ein strenger Maßstab.

Minderjährige und Familien mit Minderjährigen dürfen nur in besonderen Ausnahmefäl- **48** len in Abschiebungshaft genommen werden (§ 62 Abs. 1 S. 3). Die zeitliche Dauer ist möglichst gering zu halten. Das **Kindeswohl** steht im Vordergrund. Hier ist besonders die CRC (UN-Kinderrechtskonvention v. 20.11.1989) zu beachten (Habbe ZAR 2011, 286 (290)). Dieses steht der Abschiebungshaft entgegen (Marx AufenthaltsR § 8 Rn. 65). Zu beachten ist auch § 62a Abs. 3.

§ 62 ist in der Aufzählung schutzbedürftiger Personen unzureichend. Die Rückführungs-RL **49** nennt in Art. 3 Nr. 9 Rückführungs-RL Minderjährige, unbegleitete Minderjährige, Menschen mit Behinderungen, ältere Menschen, Schwangere, Alleinerziehende mit minderjährigen Kindern und Personen, die Folter, Vergewaltigung oder sonstige Formen psychischer, physischer oder sexueller Gewalt erfahren haben. Nicht allein bei den Haftbedingungen (Art. 16 Abs. 3 Rückführungs-RL), sondern auch bei Anordnung und Dauer der Abschiebungshaft sind deren Situation besondere Aufmerksamkeit zu widmen. Diese gewünschte und gebotene Sensibilisierung der Behörden und Gerichte und auch Rechtsanwälte kommt im geltenden Recht bedauerlicherweise nicht zum Ausdruck.

§ 62a Vollzug der Abschiebungshaft

(1) [1]Abschiebungsgefangene sind getrennt von Strafgefangenen unterzubringen. [2]Werden mehrere Angehörige einer Familie inhaftiert, so sind diese getrennt von den übrigen Abschiebungsgefangenen unterzubringen. [3]Ihnen ist ein angemessenes Maß an Privatsphäre zu gewährleisten.

(2) Den Abschiebungsgefangenen wird gestattet, mit Rechtsvertretern, Familienangehörigen, den zuständigen Konsularbehörden und einschlägig tätigen Hilfs- und Unterstützungsorganisationen Kontakt aufzunehmen.

(3) [1]Bei minderjährigen Abschiebungsgefangenen sind unter Beachtung der Maßgaben in Artikel 17 der Richtlinie 2008/115/EG des Europäischen Parlaments und des Rates vom 16. Dezember 2008 über gemeinsame Normen und Verfahren in den Mitgliedstaaten zur Rückführung illegal aufhältiger Drittstaatsangehöriger (ABl. L 348 vom 24.12.2008, S. 98) alterstypische Belange zu berücksichtigen. [2]Der Situation schutzbedürftiger Personen ist besondere Aufmerksamkeit zu widmen.

(4) Mitarbeitern von einschlägig tätigen Hilfs- und Unterstützungsorganisationen soll auf Antrag gestattet werden, Abschiebungsgefangene zu besuchen.

(5) Abschiebungsgefangene sind über ihre Rechte und Pflichten und über die in der Einrichtung geltenden Regeln zu informieren.

Überblick

„Länder-Mehrheit gegen Abschiebehaft in normalen Gefängnissen" (ZAR 2019, 244). Die **Änderung des § 62a** ist rechtspolitisch und rechtlich wohl die bedeutsamste und bedenklichste Änderung durch das Zweite Gesetz zur besseren Durchsetzung der Ausreisepflicht (v. 15.8.2019, BGBl. I 1294; BT Drs. 19/10047): „Abschiebungsgefangene sind getrennt von Strafgefangenen unterzubringen". Das klingt erst einmal selbstverständlich und unbedenklich. Der ursprüngliche § 62a Abs. 1: „Die Abschiebungshaft wird grundsätzlich in speziellen Hafteinrichtungen vollzogen. [...]", tritt zum 1.7.2022 wieder in Kraft (BGBl. 2019 I 1305). Danach dürfen und können und sollen (?) Abschiebungsgefangene heute in Justizvollzugsanstalten untergebracht werden, wenn eben auch getrennt von den Strafgefangenen. Aber: **Abschiebungshaft ist keine Strafhaft** (Marx AufenthaltsR § 8 Rn. 3; Schmidt-Ränsch NVwZ 2014, 110 (117); Schwarz ZAR 2019, 271 (272)). Der **Unterschied zwischen Abschiebungshaft und Strafhaft** muss sich rechtlich und tatsächlich beweisen. Diesen Wesensunterschied müssen Gesetzgebung, Verwaltung und Rechtsprechung achten. Dieser Wesensunterschied prägt die Auslegung der §§ 62 ff. (→ Rn. 1 ff.). Das zeigt auch § 422 Abs. 4 FamFG, der den Vorrang des § 62a bestimmt. Detaillierte Vorgaben enthalten die Nr. 10 der Zwanzig Richtlinien zur Abschiebung des Europarates von 2005 – auf diese nimmt auch die Rückführungs-RL in Erwägungsgrund 3 Rückführungs-RL Bezug – und die **Rückführungs-RL** (RL 2008/115/EG v. 16.12.2008, ABl. 2008 L 348, 98). Die Unterbringung in Abschiebungshaft muss eher einem „Hotelvollzug" – so meine Formulierung – als dem Strafvollzug gleichen: „Such facilities should provide accommodation which is adequately furnished, clean and in a good state of repair, and which offers sufficient living space for the numbers involved. In addition, care should be taken in the design and layout of the premises to avoid, as far as possible, any impression of a „carceral" environment. Organised activities should include outdoor exercise, access to a day room and to radio/television and newspapers/magazines, as well as other appropriate means of recreation." Abschiebungshaft muss rechtlich und organisatorisch und tatsächlich und personell verschieden sein vom Strafvollzug. Und damit macht der Gesetzgeber Schluss! Die bisherige Kommentierung zu § 62a Abs. 1 aF wird im Grundsatz beibehalten. Die Neuregelung wird integriert. Nur in Zusammenschau von § 62a Abs. 1 nF und aF lässt sich die rechtspolitische und rechtliche Bedeutung der Änderung begreifen.

A. Die einzelnen Vorschriften

I. Trennungsgebot nach § 62a Abs. 1 aF

1   § 62a Abs. 1 aF setzt Art. 16 Rückführungs-RL (RL 2008/115/EG v. 16.12.2008, ABl. 2008 L 348, 98) um. Zuallererst müssen und sollen die betroffenen Personen in **speziellen Hafteinrichtungen** inhaftiert werden. Ausnahmsweise ist eine gemeinsame Unterbringung in gewöhnlichen Haftanstalten zulässig, wenn bezogen auf das **Bundesgebiet** (!) keine solche Hafteinrichtungen vorhanden sind. Dann gilt jedoch ein striktes Trennungsgebot. **Abschiebungshäftlinge dürfen weder mit Strafgefangenen noch mit Untersuchungshaftgefangenen** (LG München InfAuslR 2012, 227) **untergebracht werden.** Es ist eine menschenrechtliche Selbstverständlichkeit, Abschiebungshäftlinge in speziellen Hafteinrichtungen unterzubringen – **Abschiebungshaft ist keine Strafhaft!** Föderale oder finanzielle Ausreden gelten nicht.

2   Die spezielle Hafteinrichtung bedingt eine **organisatorische und räumliche Trennung** von Strafhaftanstalten. Die Abschiebungseinrichtung sollte rechtlich und organisatorisch als Einrichtung des öffentlichen Rechts mit eigenem Leitungspersonal eingerichtet sein (BeckOK AuslR/ Kluth Rn. 8). Räumlich, organisatorisch, institutionell und personell verschieden sollte eine Abschiebungseinrichtung soweit wie möglich von einer Strafhaftanstalt eingerichtet sein.

3   Die **Belegung von Räumen vor allem während der Ruhezeit** mit mehr als drei Personen erscheint grundrechtswidrig. Jeder Abschiebungsuntergebrachte hat einen Anspruch auf Privatheit und Intimsphäre aus Art. 1 und 2 GG. Wenn Strafgefangene nach § 18 StVollzG im Grundsatz während der Ruhezeit allein in ihren Haftäumen untergebracht werden sollen, muss das erst recht für Abschiebungshäftlinge gelten. Übergangsweise lässt bzw. ließ § 201 Nr. 3 StVollzG eine Belegung bis zu acht Personen zu. Derartige „Massenunterbringungen" sind mir im Strafvollzug nicht bekannt. Maßgebend sollte übergangsweise § 112 Abs. 4 SächsStVollzG sein, der für Altanstalten eine Belegung mit bis zu drei Personen erlaubt. Wenn Räume in Abschiebungsunterkünften mehr als drei Personen belegt werden, wird den Betroffenen jede Privat- und Intimsphäre genommen. Amtshaftungsansprüche nach § 839 BGB mit Art. 34 GG liegen nicht fern.

4   Ansonsten muss die Unterbringung allen grundrechtlichen Aspekten entsprechen (Habbe ZAR 2011, 287 (289 ff.)). Strafvollzugsrechtliche Aspekte dürfen keine Rolle spielen. Das gilt vor allem

für Außenkontakte und Kommunikationsmöglichkeiten und Überwachungen. Zudem sollte eine eigenständige Lebens- und Freizeitgestaltung ermöglicht werden. Dazu gehört die selbstständige Zubereitung von Speisen. Selbstbestimmung und nicht Fremdbestimmung muss tatsächlicher und rechtlicher Maßstab sein.

Einzelheiten regeln die **Abschiebungshaftvollzugsgesetze der Länder.** Wenn bspw. § 3 **4.1** BbgAbschhVG die grundsätzliche gemeinschaftliche Unterbringung von Abschiebungshäftlingen bestimmt, ist das unter dem Aspekt des Schutzes der Privat- und Intimsphäre rechtlich bedenklich. Anders dagegen § 4 AHaftVollzG NRW. Und wenn § 5 AHaftVollzG NRW bestimmt, dass Abschiebungshäftlinge angemessen versorgt werden, widerspricht das dem Grundsatz des selbstbestimmten Lebens. So auch § 7 AHaftVollzG NRW, der nur im Rahmen baulich-organisatorischer Möglichkeiten die Selbstzubereitung von Speisen in Gemeinschaftsküchen gestattet. Vorbildlich ist § 16 Abs. 2 AHaftVollzG NRW: „Der Besitz eigener Mobiltelefone und ihr Gebrauch sind zulässig." § 7 Abs. 5 BbgAbschhVG gestattet allein die Nutzung der in der Abschiebungseinrichtung vorhandenen Telefone. Das BbgAbschhVG ist systematisch und inhaltlich vom Strafvollzug geprägt – Sicherheit und Ordnung und Fremdbestimmung der Betroffenen prägen den Vollzug. Das widerspricht dem Gedanken der Abschiebungshaft.

Die pauschale Ausnahme für sog. **Gefährder** in § 62a Abs. 1 S. 2 aF unterliegt auch hier **5** tatsächlichen und rechtlichen Bedenken. Die Rückführungs-RL lässt eine solch eine pauschale personale Ausnahme nicht zu (Schulenberg ZAR 2017, 401 auch zur Frage des Vollzugsrechts). Der Begriff des sog. Gefährders ist in der Gemengelage aus Ausländerrecht, Polizeirecht und Nachrichtendiensten denkbar unbestimmt. Es besteht die Gefahr der Präventionshaft (ohne Bedenken BeckOK AuslR/Kluth Rn. 11a; dagegen Hörich/Tewocht NVwZ 2017, 1153 (1155)). Dem gesteigerten Sicherheitsbedürfnis darf allein durch die geeignete Unterbringung unter speziellen Sicherheitsvorkehrungen in den Abschiebungsvollzugsanstalten begegnet werden. Der EuGH (BeckRS 2020, 14158; dazu Kluth ZAR 2020, 244) hat dagegen keine Bedenken: „Art. 16 I der Richtlinie 2008/115/EG des Europäischen Parlaments und des Rates vom 16.12.2008 über gemeinsame Normen und Verfahren in den Mitgliedstaaten zur Rückführung illegal aufhältiger Drittstaatsangehöriger ist dahin auszulegen, dass er einer nationalen Regelung, nach der ein illegal aufhältiger Drittstaatsangehöriger zur Sicherung der Abschiebung getrennt von Strafgefangenen in einer gewöhnlichen Haftanstalt untergebracht werden darf, weil von ihm eine tatsächliche, gegenwärtig und hinreichend erhebliche Gefahr für ein Grundinteresse der Gesellschaft oder für die innere oder äußere Sicherheit des betreffenden Mitgliedstaats ausgeht, nicht entgegensteht." Art. 16 Abs. 1 Rückführungs-RL sei mit Blick auf Art. 72 AEUV auszulegen: Aufrechterhaltung der öffentlichen Ordnung und Schutz der inneren Sicherheit. So dann auch die Folgeentscheidung des BGH vom 15.12.2020 (BeckRS 2020, 41056) unter Betonung der Verhältnismäßigkeit.

Und das ist jetzt alles anders: „Abschiebungsgefangene sind getrennt von Strafgefangenen **5a** unterzubringen". So lautet jetzt und heute § 62a Abs. 1 S. 1. Das vorrangige Ziel des Gesetzgebers ist die Schaffung weiterer Haftplätze (BT-Drs. 19/10047, 44). Aber: **Die „Knäste" sind voll.** Das ist in der Politik und in den Medien immer wieder zu hören. Belegt wird das durch Zahlen des Statistischen Bundesamtes unter dem Stichwort Strafvollzug: Zahlen der Anstalten, Belegungsfähigkeit und Belegung zum 31.3.2018. Bei 180 Justizvollzugsanstalten und 73.336 Haftplätzen waren tatsächlich 62.194 (85 %) belegt. Die Belegungsquote lag in Bayern bei 93 % und in Baden-Württemberg gar bei 98 %, während Berlin eine Quote von 77 % hat. Ab 90 % Belegungsquote gilt eine Justizvollzugsanstalt als vollbelegt. Und daher lehnt auch eine Länder-Mehrheit die Unterbringung von Abschiebungsgefangenen in Justizvollzugsanstalten ab (ZAR 2019, 244).

Der Gesetzgeber beruft sich auf Art. 18 Rückführungs-RL (RL 2008/115/EG v. 16.12.2008, **5b** ABl. 2008 L 348, 98) – **unvorhersehbare Notlage.** Ob sich der Gesetzgeber im Jahr 2019 wirklich auf die Situation des Jahres 2015 mit seiner hohen Anzahl an Schutzsuchenden berufen kann, ist rechtlich und rechtspolitisch sehr fraglich (BT-Drs. 19/10047, 45; Pro Asyl, Stellungnahme zum Entwurf eines Zweiten Gesetzes zur besseren Durchsetzung der Ausreisepflicht v. 15.4.2019, 16; Keßler Asylmagazin-Beil. 8-9/2019, 44 (53); Bergmann/Dienelt/Winkelmann Rn. 11 ff.). Nichtsdestotrotz: „Der Gerichtshof hat […] entschieden, dass mit der Richtlinie 2008/ 115 eine wirksame Rückkehr- und Rückübernahmepolitik festgelegt werden soll, die auf gemeinsamen Normen beruht, die gewährleisten, dass die betreffenden Personen unter vollständiger Achtung der Grundrechte auf menschenwürdige Weise zurückgeführt werden […]. Insoweit geht das in Art. 16 Abs. 1 Satz 2 dieser Richtlinie vorgesehene Gebot der Trennung illegal aufhältiger Drittstaatsangehöriger von gewöhnlichen Strafgefangenen über eine bloße spezifische Durchführungsmodalität der Inhaftierung von Drittstaatsangehörigen in gewöhnlichen Haftanstalten hinaus und stellt eine materielle Voraussetzung für diese Unterbringung dar, ohne deren Erfüllung die Unterbringung grundsätzlich nicht mit der Richtlinie in Einklang stünde" (EuGH BeckRS 2014,

81209). Das **Trennungsgebot zwischen Abschiebungshaft und Strafhaft** beruht auf der **Menschenwürde** und den Grundrechten der Abschiebungsgefangenen: **Abschiebungshaft ist keine Strafhaft!** Dem Betroffenen wird keine Straftat vorgeworfen. Es ist rechtsstaatlich unzulässig, Abschiebungsgefangene dem Rechtsregime des Strafvollzugs zu unterwerfen (Kluth ZAR 2015, 285; NK-AuslR/Keßler Rn. 4). Abschiebungshaft ist eine Maßnahme der Verwaltungsvollstreckung und keine Maßnahme mit Strafcharakter. Fraglich ist, ob die Neuregelung diesem Unterschied entspricht („nein" sagt Keßler Asylmagazin-Beil. 8-9/2019, 44 (53). Räumlich, organisatorisch, institutionell und personell verschieden sollte eine Abschiebungseinrichtung soweit wie möglich von einer Strafhaftanstalt eingerichtet sein. Vor allem die räumliche und institutionelle Trennung wird jetzt aufgehoben. Dennoch darf **die Abschiebungshaft nicht strafvollzugsrechtlich** ausgestaltet werden. Abschiebungshaft in den Justizvollzugsanstalten ist weiterhin keine Strafhaft. Abschiebungshaftvollzugsgesetze streiten gegen die Strafvollzugsgesetze – die Rechtspraxis darf nicht einfach die Strafvollzugsgesetze analog für die Abschiebungshaft anwenden. Der Unterschied im Rechtscharakter muss sich in der Gestaltung der Vollzugsbedingungen zeigen: Unterbringung bei Tag und Nacht, Freizeit, Sport, Außenkontakte, Medien, Versorgung, Gemeinschaftsräume, Überwachung. Den Maßstab zeigt die bereits zitierte Nr. 10 der Zwanzig Richtlinien zur Abschiebung des Europarates von 2005. Vor allem am Thema „**Mobiltelefon**" wird sich in Zukunft Streit entwickeln, wie sich bereits heute in den Abschiebungshaftvollzugsgesetzen der Länder zeigt. In Abschiebungshaft streitet das Recht auf Privatheit – die Freiheit – für das unbeschränkte Nutzen von Mobiltelefonen, um Außenkontakte zu Familienangehörigen, Freunden, Rechtsanwälten und Ehrenamtlichen zu halten. Sicherheitsdenken wie im Strafvollzug darf allein im extremen Ausnahmefall zu Einschränkungen führen. Dem entspricht § 16 AHaftVollzG NRW. Dem muss die Justizvollzugsanstalt in der Abschiebungshaft Folge leisten. Es ist zu befürchten, dass mit dem neuen § 62a Abs. 1 in der Rechtspraxis ein strafvollzugsrechtliches Denken und Handeln Einzug in die Abschiebungshaft Einzug hält. Hier ist gerade die Anwaltschaft aufgefordert zu handeln. Und ob die Regelung vor dem EuGH Bestand hat, bezweifele ich.

II. Haftbedingungen für Familien

6   Dem Schutz der Familie dient das Trennungsgebot in § 62a Abs. 1 S. 3 und S. 4 aF – jetzt S. 2 und S. 3. Der geforderte Schutz der Privatsphäre gilt aber nicht nur für eine Familie. Privat- und Intimsphäre aller Betroffenen in Abschiebungshaft ist zu wahren. Achten und streiten Sie als Rechtsanwalt darauf und darum.

III. Kontaktrechte nach Abs. 2

7   Die Kontaktrechte nach Abs. 2 dienen der Wahrung ihrer Rechte, des Rechts auf Privatleben sowie den völkerrechtlichen Anforderungen. Die strafvollzugsrechtlichen Besuchsbeschränkungen gelten daher nicht. Kontakt muss persönlich, schriftlich oder mündlich möglich sein.

IV. Minderjährige und schutzbedürftige Personen (Abs. 3)

8   Was steht in Art. 17 Rückführungs-RL, auf den § 62a Abs. 3 verweist? Eine solche gesetzliche Verweisungstechnik ist schlechte Gesetzgebung. Sie entspricht nicht den Mindestanforderungen an Bürgerfreundlichkeit und Transparenz (BeckOK AuslR/Kluth Rn. 16). Abschiebungshaft gegen Minderjährige – bis zum 18. Lebensjahr – ist bereits nach § 62 restriktiv zu handhaben. Das **Kindeswohl** steht bei Anordnung und Durchführung im Vordergrund, wenn es nicht gar gänzlich der Anordnung von Abschiebungshaft entgegensteht (Habbe ZAR 2011, 286 (290)).

9   S. 2 dient dem Schutz **schutzbedürftiger Personen**.

9.1 Schutzbedürftige Personen sind nach Art. 21 EU-Aufnahme-RL (RL 2013/33/EU v. 26.6.2013, ABl. 2013 L 180, 96) folgende Personen: „Die Mitgliedstaaten berücksichtigen in dem einzelstaatlichen Recht zur Umsetzung dieser Richtlinie die spezielle Situation von schutzbedürftigen Personen wie Minderjährigen, unbegleiteten Minderjährigen, Behinderten, älteren Menschen, Schwangeren, Alleinerziehenden mit minderjährigen Kindern, Opfern des Menschenhandels, Personen mit schweren körperlichen Erkrankungen, Personen mit psychischen Störungen und Personen, die Folter, Vergewaltigung oder sonstige schwere Formen psychischer, physischer oder sexueller Gewalt erlitten haben, wie z. B. Opfer der Verstümmelung weiblicher Genitalien." Vorrangig ist bei diesem Personenkreis die Suche nach einer Alternative zur Abschiebungshaft.

V. Besuchsrechte für Hilfsorganisationen und NGO nach Abs. 4

In Art. 16 Abs. 4 Rückführungs-RL (RL 2008/115/EG v. 16.12.2008, ABl. 2008 L 348, 98) **10**
wird ein Anspruch der entsprechenden Hilfsorganisationen formuliert. § 62a Abs. 4 schmälert das
zu einem „Soll-Anspruch" und das auch nur auf Antrag (Bedenken bei Habbe ZAR 2011, 286
(291)). Auch hier gilt, dass Abschiebungshaft keine Strafhaft ist. Die Auslegung muss in der
Verwaltungspraxis pro Kontaktaufnahme gehen. Es wird kaum möglich sein, eine Kontaktaufnahme zu verweigern oder den Zeitpunkt zu verschieben (BeckOK AuslR/Kluth Rn. 20). Sicherheitsdenken oder bürokratische Bequemlichkeit dürfen nicht der Auslegungsmaßstab sein. Wortlaut und Sinn und Zweck der Rückführungs-RL gehen vor. Auch hier gilt, dass infolge der
Neuregelung in § 62a Abs. 1 strafvollzugsrechtliches Denken die Rechtspraxis auf Verwaltungs-
ebene und in der Gerichtspraxis prägen wird. Dieser Gefahr ist vor allem durch die Rechtsanwaltschaft entgegenzuwirken.

VI. Informationspflicht (Abs. 5)

Eine Selbstverständlichkeit regelt Abs. 5. Die Informationspflichten über Rechte und Pflichten **11**
sowie über die in der Einrichtung geltenden Regeln soll zum einen die Beachtung der Regeln
ermöglichen, vor allem aber den Gebrauch der zustehenden Rechte unterstützen. Art. 16 Abs. 5
S. 2 Rückführungs-RL bestimmt aber auch, dass diese Information eine Unterrichtung über das
Recht auf Kontaktaufnahme mit den in Abs. 4 genannten Organisationen und Stellen einschließt.
Und das sind die einschlägig tätigen nationalen und internationalen Organisationen sowie nichtstaatlichen Organisationen. Warum steht diese Pflicht nicht in Abs. 5? Es ist eine Selbstverständlichkeit, dass diese Informationen in einer Sprache erfolgen, die die Betroffenen verstehen (so § 4
BbgAbschhVG). Allein eine Aushändigung des allein für Juristen verständlichen – und auch das
manchmal nicht – Gesetzestextes genügt dem nicht.

B. Praxishinweis

Für die **Anordnung der Abschiebungshaft** in allen Varianten ist das **Amtsgericht** als Gericht **12**
der freiwilligen Gerichtsbarkeit zuständig (§ 23a Abs. 2 Nr. 6 GVG iVm §§ 1, 2, 415 FamFG).
Gegen die Entscheidung des Amtsgerichts steht dem betroffenen Ausländer und der Ausländer-
hörde das Rechtsmittel der **Beschwerde** zu und gegen diese Entscheidung des Landgerichts die
Rechtsbeschwerde zum BGH (§§ 58 ff. FamFG). Die **Rechtsbeschwerde** ist jetzt sowohl für
den Betroffenen als auch für die Ausländerbehörde in Abschiebungssachen nach § 417 Abs. 2
Nr. 5 FamFG ohne Zulassung statthaft (s. BHS/Bumiller FamFG § 70 Rn. 17). Das zeigt § 70
Abs. 3 S. 2 und 3 FamFG. Auch in den Rechtsbeschwerdeverfahren ist entsprechend § 62 FamFG
ein Fortsetzungsfeststellungsantrag des Betroffenen zulässig (BGH NVwZ 2010, 726) – jedoch
allein für den Betroffenen, nicht für die Ausländerbehörde (NK-AuslR/Keßler § 62 Rn. 92). Der
Eingriff in ein besonders bedeutsames Grundrecht durch die Freiheitsentziehung begründet das
Rechtsschutzinteresse.

Die Ausländerbehörde ist für die Ausgestaltung der Abschiebungshaft zuständig. Daran kann **13**
auch der neue § 62a Abs. 1 nichts ändern. Sie unterliegt der Kontrolle der **Verwaltungsgerichte**
(NK-AuslR/Keßler Rn. 13). Für die Rüge des Betroffenen, die Haft werde von der Ausländerbehörde unter unzumutbaren Bedingungen vollzogen, ist der verwaltungsrechtliche Rechtsweg gegeben (KG FHOeffR 36 Nr. 9403).

Bei **menschenunwürdigen Zuständen** in der Abschiebungshaft – Überbelegung, hygienische **14**
Zustände – sind das die ordentlichen Gerichte, die über den Haftantrag entscheiden, befugt, die
Fortsetzung der Haft von der Einhaltung bestimmter Bedingungen abhängig zu machen (NK-
AuslR/Keßler Rn. 13). Menschenunwürdige Unterbringungsbedingungen begründen ein
Rechtsschutzinteresse auch für nachträglichen Rechtsschutz und einen eventuellen Entschädi-
gungsanspruch.

Für den Fall, dass nachträglich tatsächliche oder rechtliche **Abschiebungshindernisse** entstan- **15**
den sind und damit die Grundlage für die weitere Durchführung der Abschiebung entfallen ist,
ist ein Antrag an das Verwaltungsgericht auf Erlass einer einstweiligen Anordnung nach § 123
VwGO möglich, um die Ausländerbehörde zur Feststellung von Abschiebungshindernissen zu
verpflichten (BeckOK AuslR/Kluth § 62 Rn. 47; NK-AuslR/Keßler § 62 Rn. 92).

§ 62b Ausreisegewahrsam

(1) **¹Unabhängig von den Voraussetzungen der Sicherungshaft nach § 62 Absatz 3,
insbesondere vom Vorliegen der Fluchtgefahr, kann ein Ausländer zur Sicherung der**

Durchführbarkeit der Abschiebung auf richterliche Anordnung bis zu zehn Tage in Gewahrsam genommen werden, wenn

1. die Ausreisefrist abgelaufen ist, es sei denn, der Ausländer ist unverschuldet an der Ausreise gehindert oder die Überschreitung der Ausreisefrist ist nicht erheblich,
2. feststeht, dass die Abschiebung innerhalb dieser Frist durchgeführt werden kann und
3. der Ausländer ein Verhalten gezeigt hat, das erwarten lässt, dass er die Abschiebung erschweren oder vereiteln wird. Das wird vermutet, wenn er
   a) seine gesetzlichen Mitwirkungspflichten verletzt hat,
   b) über seine Identität oder Staatsangehörigkeit getäuscht hat,
   c) wegen einer im Bundesgebiet begangenen vorsätzlichen Straftat verurteilt wurde, wobei Geldstrafen von insgesamt bis zu 50 Tagessätzen außer Betracht bleiben oder
   d) die Frist zur Ausreise um mehr als 30 Tage überschritten hat.

[2]Von der Anordnung des Ausreisegewahrsams ist abzusehen, wenn der Ausländer glaubhaft macht oder wenn offensichtlich ist, dass er sich der Abschiebung nicht entziehen will.

(2) Der Ausreisegewahrsam wird im Transitbereich eines Flughafens oder in einer Unterkunft, von der aus die Ausreise des Ausländers ohne Zurücklegen einer größeren Entfernung zu einer Grenzübergangsstelle möglich ist, vollzogen.

(3) § 62 Absatz 1 und 4a sowie § 62a finden entsprechend Anwendung.

(4) [1]Die für den Antrag nach Absatz 1 zuständige Behörde kann einen Ausländer ohne vorherige richterliche Anordnung festhalten und vorläufig in Gewahrsam nehmen, wenn

1. der dringende Verdacht für das Vorliegen der Voraussetzungen nach Absatz 1 Satz 1 besteht,
2. die richterliche Entscheidung über die Anordnung des Ausreisegewahrsams nach Absatz 1 nicht vorher eingeholt werden kann und
3. der begründete Verdacht vorliegt, dass sich der Ausländer der Anordnung des Ausreisegewahrsams entziehen will.

[2]Der Ausländer ist unverzüglich dem Richter zur Entscheidung über die Anordnung des Ausreisegewahrsams vorzuführen.

1   Der **Ausreisegewahrsam** ist eine weitere Maßnahme, Ausreisepflichtige zu inhaftieren. Er ist eine „Kann"-Vorschrift. Das geht **bis zu zehn Tage**. Auch der Ausreisegewahrsam ist eine **Freiheitsentziehung** nach Art. 2 GG iVm Art. 104 GG (Hörich/Tewocht NVwZ 2017, 1153 (1155)). Der Ausreisegewahrsam bedarf als Maßnahme der Freiheitsentziehung einer richterlichen Anordnung. Nach § 106 Abs. 2 richtet sich das Verfahren nach §§ 415 ff. FamFG – Entscheidung des Amtsgerichts – Beschwerde – ggf. Rechtsbeschwerde. Der Begriff „Ausreisegewahrsam" selbst ist verharmlosend. Von der Abschiebungshaft unterscheidet sich der Ausreisegewahrsam durch die kurze Frist und die abweichenden Voraussetzungen der Unterbringung. Rechtsstaatliche Bedenken bestehen – nicht nur – an der Beweislastumkehr in Abs. 1 S. 2 (Hörich/Tewocht NVwZ 2017, 1153 (1155); Huber/Mantel AufenthG/Bergmann/Putzar-Sattler Rn. 6; Beichel-Benedetti NJW 2015, 2541 (2545)). Der Staat trägt doch eigentlich die vollständige Nachweispflicht für eine Freiheitsentziehung in einem Rechtsstaat. „Es reicht" – möchte ich dem Gesetzgeber zurufen. Der **Gesetzgeber** ist ehrlich (Entwurf eines Gesetzes zur Neubestimmung des Bleiberechts und der Aufenthaltsbeendigung, BT-Drs. 18/4097): „§ 62b dient der Sicherstellung der Durchführbarkeit von Abschiebungsmaßnahmen, insbesondere bei Abschiebungen, die einen erheblichen organisatorischen Aufwand erfordern. Dies kann unter den in § 62b genannten, weiteren Voraussetzungen der Fall sein bei Sammelabschiebungen oder z. B. bei der Abschiebung in einen Zielstaat, zu dem nur seltener Flugverbindungen angeboten werden. Die Anordnung von Ausreisegewahrsam kann zudem in Betracht kommen, wenn die Abschiebung – z. B. aufgrund der eingeschränkten Gültigkeitsdauer von Reisedokumenten – nur in einem eng begrenzten Zeitraum möglich ist. In diesen Fällen kann es im Einzelfall erforderlich sein, durch die Anordnung eines auf wenige Tage befristeten Ausreisegewahrsams sicherzustellen, dass der von der Abschiebungsmaßnahme betroffene Ausländer zum für die Abschiebung vorgesehenen Zeitpunkt zur Verfügung steht, wenn anderenfalls die Durchführbarkeit der Maßnahme gefährdet wäre." Hier wird offen die **Effizienz des Verwaltungshandelns als telos des Gesetzes** genannt (krit. Huber/Mantel AufenthG/Bergmann/Putzar-Sattler Rn. 6; Neundorf/Brings ZRP 2015, 145).

Bei der Anwendung der Vorschrift sind wie auch bei der Abschiebungshaft die Art. 15–18   2
Rückführungs-RL (RL 2008/115/EG v. 16.12.2008, ABl. 2008 L 348, 98) zu beachten. Insbeson-
dere der **ultima-ratio-Gedanke** ist von der Ausländerbehörde und dem Gericht strikt zu achten.
Mögliche Alternativen müssen bereits im Haftantrag dargelegt und widerlegt werden (NK-AuslR/
Keßler Rn. 4). Es bestehen ungeachtet dieser Verweisung Bedenken hinsichtlich der Vereinbarkeit
der Regelung mit den unionsrechtlichen Vorgaben (Art. 15 Abs. 1 Rückführungs-RL; Hörich/
Tewocht NVwZ 2017, 1153 (1155); Neundorf/Brings ZRP 2015, 145).

Der Ausreisegewahrsam unterliegt jetzt – Änderung durch das **Zweite Gesetz zur besseren**   3
Durchsetzung der Ausreisepflicht (v. 15.8.2019, BGBl. I 1294; BT-Drs. 19/10047) – **kumulativ** (!) drei erforderlichen Tatbestandsvoraussetzungen. **Erstens** muss die **Ausreisefrist** des § 59
abgelaufen sein. Wann die Grenze der Erheblichkeit erreicht ist, ist rechtsstaatlich unbestimmt für
eine Freiheitsentziehung (Huber/Mantel AufenthG/Bergmann/Putzar-Sattler Rn. 6). So soll bei
einer gesetzten Ausreisefrist von dreißig Tagen einer Überschreitung über zehn Tage erheblich
sein (Bergmann/Dienelt/Winkelmann Rn. 10). Warum nicht neun oder elf? Die nicht rechtzeitige
Ausreise muss vom Ausländer zu vertreten sein. Krankheit ist ein Fall der unverschuldeten Frist-
säumung. Auch Verwaltungsfehler begründen ein Unverschulden des Betroffenen (BeckOK
AuslR/Kluth Rn. 5). **Zweitens,** dass Ausreise oder Abschiebung tatsächlich **durchführbar** sein
müssen (NK-AuslR/Keßler Rn. 4), und zwar innerhalb der **zehn Tage.** Nur dann wird der
Ausreisegewahrsam seiner Funktion als Vollzugsinstrument gerecht. Der Ausreisegewahrsam ist
keine Beugehaft!

Und **drittens** muss der Ausländer durch sein Verhalten gezeigt haben, dass er die Abschiebung   4
erwartbar erschweren oder vereiteln wird. Wie bei der Sicherungshaft bedient sich der Gesetzgeber
jetzt (BGBl. 2019 I 1294) auch hier der rechtsstaatlich bedenklichen Vermutungsregel. Er zählt
in Abs. 1 S. 1 Nr. 3 insgesamt vier Umstände auf, die ein solches Verhalten vermuten lassen:
Verletzung von gesetzlichen Mitwirkungspflichten, Identitätstäuschung, Vorverurteilung, Fristüberschreitung von 30 Tagen. Dadurch besteht die Gefahr in der Rechtspraxis, dass Freiheitsentziehung zur Regel wird. Die Vermutungsgründe sind extensiv (krit. Marx AufenthaltsR § 8 Rn,
80). Die gesetzlichen Mitwirkungspflichten sind nicht konkretisiert. Und unverschuldete Mitwirkungspflichten dürfen nicht zur Haft führen. Mitwirkungspflichten in diesem Sinn sind nur solche,
die der zwangsweisen Durchsetzung der Verlassenspflicht dienen (Bergmann/Dienelt/Winkelmann
Rn. 11). Und soll wirklich jede vorsätzliche Straftat ohne Sachzusammenhang genügen (§ 265a
StGB)? Freiheitsentziehung und Ausreisegewahrsam soll und muss die Ausnahme sein. Das bedarf
einer umfassenden Einzelfallprüfung. Diese muss sich im Gesetz zeigen. Wenn die Gesetzesbegründung zum Zweiten Gesetz zur besseren Durchsetzung der Ausreisepflicht (BT-Drs. 19/10047, 45)
behauptet, dass die Voraussetzungen des Ausreisegewahrsams im Kern unverändert bleiben, so
stimmt das nicht! Gestrichen wird die fortgesetzte Verletzung der gesetzlichen Mitwirkungspflichten. Jetzt ist eine einmalige Verletzung der vielfältigen im AufenthG geregelten Mitwirkungspflichten bereits für den Ausreisegewahrsam ausreichend. Das ist ein unverhältnismäßiger Eingriff in
die Freiheitsrechte der Betroffenen (Pro Asyl, Stellungnahme zum Entwurf eines Zweiten Gesetzes
zur besseren Durchsetzung der Ausreisepflicht v. 15.4.2019, 20; anders Dollinger ZRP 2019, 130).
Und in welchem Verhältnis stehen die Mitwirkungspflichten in § 62 Abs. 3a Nr. 2 und § 62
Abs. 3b Nr. 5 und § 62b zueinander? Der Gesetzgeber bekennt sich zu seinem Ziel: Der Ausreisegewahrsam dient der Sicherung des effektiven Verfahrens der Abschiebung. Effektivität vor Freiheit! Zu fordern ist, dass der Ausländer über die möglichen Folgen der unterlassenen Mitwirkung
belehrt wird.

Dem Ausländer wird durch Abs. 1 S. 2 ermöglicht, seine fehlende Entziehungsabsicht glaubhaft   5
zu machen (krit. zur Beweislast Huber/Mantel AufenthG/Bergmann/Putzar-Sattler Rn. 6).
Obliegt es nicht dem Rechtsstaat, die Entziehungsabsicht nachzuweisen? Das kann dadurch erfolgen, dass tragfähige Gründe für die Verletzung von Mitwirkungspflichten vorgetragen werden
oder Belege dafür erbracht werden, dass die Rückreise vorbereitet wird (Beck AuslR/Kluth Rn. 8).
Dem Betroffenen sollte mit Vertrauen und nicht mit Misstrauen begegnet werden. Dem widersprechen die gesetzlichen Vermutungsgründe des Abs. 1 S. 1 Nr. 3.

Für die Unterbringung nach Abs. 2 gilt § 62a (§ 62b Abs. 3). Kontakt zur Außenwelt ist   6
zu ermöglichen. Der Zugang zu Rechtsanwälten ist wegen des gebotenen Rechtsschutzes als
Kernelement des Rechtsstaates sicherzustellen, vor allem auch und erst recht im erwähnten Transitbereich eines Flughafens. Im Übrigen gilt hier – wie auch sonst in Haftsachen – der besondere
Schutz für Minderjährige und Familien mit Minderjährigen nach § 62 Abs. 1 S. 3. Dementsprechend dürfte nach dem Willen des Gesetzgebers (BT-Drs. 19/10047, 20) in vielen Fällen eine
Inhaftierung Minderjähriger unverhältnismäßig sein.

7   Neu ist jetzt der **vorläufige Ausreisegewahrsam** in Abs. 4 – der **Verdachtsausreisegewahr-sam**. Der vorläufige Ausreisegewahrsam ist möglich, wenn kumulativ (!) der **dringende Verdacht** der „Haftgründe" nach Abs. 1 S. 1 vorliegt und der **begründete Verdacht** vorliegt, dass sich der Ausländer – und natürlich auch die Ausländerin – der Anordnung des Ausreisegewahrsams entzie-hen will – „Fluchtgefahr". Unter diesen Voraussetzungen kann die zuständige Behörde ohne richterliche Anordnung den Betroffenen festhalten und vorläufig in Gewahrsam nehmen, wenn eben die richterliche Entscheidung vor Anordnung des Ausreisegewahrsams nicht vorher eingeholt werden kann – „Gefahr in Verzug". Die richterliche Entscheidung ist unverzüglich herbeizuführen. Parallel zum Strafprozessrecht ist der dringende Verdacht im Sinne der großen Wahrscheinlichkeit zu verstehen (NK-AuslR/Keßler § 62 Rn. 51; KK-StPO/Graf StPO § 112 Rn. 6). Bezogen auf die Voraussetzung nach § 62b Abs. 1 Nr. 3 läuft das auf den Verdacht von Vermutungsgründen hinaus. Das ist rechtsstaatlich bedenklich, da ein Verdacht stets auf konkreten Tatsachen beruhen muss und eben nicht vermutet werden darf. Wie bei der strafprozessualen Untersuchungshaft ist staatliche Kernaufgabe, jederzeit – auch nachts und am Wochenende – einen richterlichen Einsatz-dienst zu schaffen. Ausreisegewahrsam ist keine Strafhaft und keine Untersuchungshaft. Es ist zu hoffen, dass die Ausländerbehörden von der weit gefassten Möglichkeit des vorläufigen Ausreisege-wahrsams gar keinen oder nur sehr selten Gebrauch machen und sich ihrer Verantwortung für die Freiheitsrechte bewusst sind. Der grundrechtliche Richtervorbehalt nach Art. 104 Abs. 2 GG darf nicht unterlaufen werden – der Richtervorbehalt muss in der Praxis die Regel sein.

§ 62c Ergänzende Vorbereitungshaft

(1) [1]Ein Ausländer, der sich entgegen einem bestehenden Einreise- und Aufenthalts-verbot nach § 11 Absatz 1 Satz 2 im Bundesgebiet aufhält und keine Betretenserlaubnis nach § 11 Absatz 8 besitzt, ist zur Vorbereitung einer Abschiebungsandrohung nach § 34 des Asylgesetzes auf richterliche Anordnung in Haft zu nehmen, wenn von ihm eine erhebliche Gefahr für Leib und Leben Dritter oder bedeutende Rechtsgüter der inneren Sicherheit ausgeht oder er auf Grund eines besonders schwerwiegenden Ausweisungsin-teresses nach § 54 Absatz 1 ausgewiesen worden ist. [2]Die Haft darf nicht angeordnet werden, wenn sie zur Vorbereitung der Abschiebungsandrohung nach § 34 des Asylgeset-zes nicht erforderlich ist.

(2) [1]Die Haft nach Absatz 1 endet mit der Zustellung der Entscheidung des Bundes-amtes für Migration und Flüchtlinge, spätestens jedoch vier Wochen nach Eingang des Asylantrags beim Bundesamt für Migration und Flüchtlinge, es sei denn, der Asylantrag wurde als unzulässig nach § 29 Absatz 1 Nummer 4 des Asylgesetzes oder als offensicht-lich unbegründet abgelehnt. [2]In den Fällen, in denen der Asylantrag als unzulässig nach § 29 Absatz 1 Nummer 4 des Asylgesetzes oder als offensichtlich unbegründet abgelehnt wurde, endet die Haft nach Absatz 1 mit dem Ablauf der Frist nach § 36 Absatz 3 Satz 1 des Asylgesetzes, bei rechtzeitiger Antragstellung mit der gerichtlichen Entscheidung. [3]In den Fällen, in denen der Antrag nach § 80 Absatz 5 der Verwaltungsgerichtsordnung gegen die Abschiebungsandrohung vom Verwaltungsgericht abgelehnt worden ist, endet die Haft spätestens eine Woche nach der gerichtlichen Entscheidung.

(3) [1]Die Haft wird grundsätzlich in speziellen Hafteinrichtungen vollzogen. [2]Sind spezielle Hafteinrichtungen im Bundesgebiet nicht vorhanden oder geht von dem Aus-länder eine erhebliche Gefahr für Leib und Leben Dritter oder bedeutende Rechtsgüter der inneren Sicherheit aus, kann sie in sonstigen Haftanstalten vollzogen werden; der Ausländer ist in diesem Fall getrennt von Strafgefangenen unterzubringen. [3]§ 62 Absatz 1 sowie § 62a Absatz 2 bis 5 finden entsprechend Anwendung.

(4) [1]Die für den Haftantrag zuständige Behörde kann einen Ausländer ohne vorherige richterliche Anordnung festhalten und vorläufig in Gewahrsam nehmen, wenn
1. der dringende Verdacht für das Vorliegen der Voraussetzungen nach Absatz 1 besteht,
2. die richterliche Entscheidung über die Anordnung der Haft nach Absatz 1 nicht vorher eingeholt werden kann und
3. der begründete Verdacht vorliegt, dass sich der Ausländer der Anordnung der Haft nach Absatz 1 entziehen will.
[2]Der Ausländer ist unverzüglich dem Richter zur Entscheidung über die Anordnung der Haft nach Absatz 1 vorzuführen.

Mit dem Gesetz zur Verschiebung des Zensus in das Jahr 2022 und zur Änderung des Aufent- **1** haltsgesetzes v. 3.12.2020 (BGBl. I 2675) – eine wahrlich sehr seltsame gesetzliche Verknüpfung – wird eine weitere Haftvariante in das AufenthG eingeführt – die **ergänzende Vorbereitungshaft**. In § 62 Abs. 2 gibt es bereits eine Vorbereitungshaft. Das ist inzwischen die sechste (!) migrationsrechtliche Haftart. Was wird ergänzt? Der neue Hafttatbestand dient der Vorbereitung einer Abschiebungsandrohung nach § 34 AsylG (BT-Drs. 19/22848, 1). Die bestehenden Vorschriften der Abschiebungshaft nach § 62 AufenthG und § 14 AsylG werden dazu ergänzt. Eine Regelungslücke soll nach der Gesetzesbegründung geschlossen werden. Die Anordnung der Sicherungshaft nach § 62 setzt voraus, dass der Ausländer zum Zeitpunkt der Haftanordnung vollziehbar ausreisepflichtig ist (→ § 62 Rn. 8). Stellt der Ausländer vor Haftanordnung einen Asylantrag ist die Anordnung der Sicherungshaft nicht möglich (§ 55 AsylG). § 62c soll diese Lücke in bestimmter Konstellation schließen. Sachlich gehört die Regelung daher sowohl zum Asylrecht als auch zum Aufenthaltsrecht.

Die neue Haftart wird auf einer vagen Sachverhaltsbasis installiert. Der Gesetzgeber weiß, wie **2** er selbst zugibt, nicht viel über den voraussichtlichen Anwendungsbereich des neuen § 62c (BT-Drs. 19/22484, 15). Er geht von einer jährlichen Fallzahl von 45 Personen aus: „Eine genaue Zahl von betroffenen Personen kann nicht ermittelt werden. Die Bundespolizei hat 2019 im grenznahen Bereich eine Zahl von 1.946 Personen festgestellt, die entgegen einem Einreise- und Aufenthaltsverbot eingereist sind. Es ist jedoch nicht bekannt, wie viele dieser Personen einen Asylantrag gestellt haben. Ebenso wenig ist bekannt, von wie vielen dieser Personen eine Gefahr für Leib und Leben Dritter oder bedeutende Rechtsgüter der inneren Sicherheit ausgeht oder wie viele dieser Personen auf Grund eines besonders schwerwiegenden Ausweisungsinteresses nach § 54 Absatz 1 ausgewiesen worden sind." Auf der Grundlage dieses Nichtwissens erscheint die Zahl 45 geraten. Legitimiert das die Freiheitsentziehung nach dem neuen § 62c?

In Abs. 1 werden die materiell-rechtlichen Voraussetzungen der ergänzenden Vorbereitungshaft **3** genannt: Die **drei** Voraussetzungen müssen **kumulativ** erfüllt sein:
• Die Ausländerin hält sich entgegen einem bestehenden **Einreise- und Aufenthaltsverbot** nach § 11 Abs. 1 S. 2 im Bundesgebiet auf und hat auch keine Betretenserlaubnis nach § 11 Abs. 8. Allein dieser Personenkreis ist erfasst. In diesem Fall ist an sich die Anordnung der Sicherungshaft möglich. Die Fluchtgefahr wird widerleglich vermutet (§ 62 Abs. 3a Nr. 4). Und es gilt der Haftgrund der unerlaubten Einreise nach § 62 Abs. 3 Nr. 2. Wozu also der neue § 62c? Stellt die Ausländerin vor Anordnung der Sicherungshaft einen Asylantrag, besteht keine vollziehbare Ausreisepflicht als Voraussetzung der Sicherungshaft (§ 55 AsylG). Das AsylG enthält zwei Regelungen, nach denen die Abschiebungshaft trotz eines Asylantrags rechtlich möglich ist: § 14 Abs. 3 bei bereits bestehender Haft und § 71 Abs. 8 (Folgeantrag). Die spezielle Fallkonstellation, in der der Ausländer bei bestehendem Einreiseverbot nach § 11 Abs. 1 S. 2 vor Anordnung der Abschiebungshaft – erstmalig – einen Asylantrag stellt, ist nicht erfasst.
• Die ergänzende Vorbereitungshaft zielt auf eine **Abschiebungsanordnung nach § 34 AsylG**. Der ergänzenden Vorbereitungshaft liegt die Erwartung zugrunde, dass der Asylantrag abgelehnt wird und eine solche Abschiebungsanordnung nach § 34 AsylG ergeht. Sie darf nach Abs. 1 S. 2 nicht angeordnet werden, wenn die Haft zu deren Vorbereitung nicht erforderlich ist.
• Von der Ausländerin muss eine erhebliche **Gefahr** für Leib und Leben Dritter oder bedeutende Rechtsgüter der inneren Sicherheit ausgehen oder sie muss aufgrund eines **besonders schwerwiegenden Ausweisungsinteresses nach § 54 Abs. 1** ausgewiesen sein. Der Gesetzgeber geht davon aus, dass die betreffenden Ausländer in der gesetzlich erfassten Konstellation ihren Asylantrag aus sachfremden Motiven stellen (BT-Drs. 19/22848, 18). Das ist eine sehr pauschale Vermutung des Missbrauchs legitimer Rechte. Jedoch enthält die Neuregelung keine Beschränkung auf rechtsmissbräuchliche Asylanträge (s. umfassend und krit. Wittmann, Stellungnahme in der öffentlichen Anhörung v. 2.11.2020, Ausschuss für Inneres und Heimat, Wortprotokoll der 107. Sitzung, abrufbar unter https://www.bundestag.de/resource/blob/817316/ 2ca7075bdd68a3ceeda5478ea0a60724/Protokoll-02-11-2020-09-15-data.pdf). Der letztgenannte Haftgrund (§ 54 Abs. 1) ist denkbar weit und unbestimmt (Keßler, Stellungnahme in der öffentlichen Anhörung v. 2.11.2020; anders insgesamt Hailbronner und Kau in ihren Stellungnahmen v. 2.11.2020, Ausschuss für Inneres und Heimat, Wortprotokoll der 107. Sitzung). § 54 Abs. 1 erfasst auch Personen, die zu einer Bewährungsstrafe verurteilt sind. Diese dürfen nicht mit „Gefährdern" gleichgestellt werden. Im Übrigen wird es in vielen Fällen zu einer Restverbüßung nach Wiedereinreise kommen – Lösung nach § 456a StPO. Und der Anknüpfungspunkt „erhebliche Gefahr für bedeutende Rechtsgüter der inneren Sicherheit" ist als polizeirechtlicher Begriff unbestimmt. Der EuGH (BeckRS 2020, 14158 Rn. 46) verlangt für die Feststellung ein sehr restriktives Verständnis: „[...] wenn sein individuelles Verhalten eine

tatsächliche, gegenwärtige und hinreichend erhebliche Gefahr darstellt, die ein Grundinteresse der Gesellschaft oder die innere oder äußere Sicherheit [...] berührt". Es sollen schwer kriminelle Ausländer und Terroristen erfasst werden (Hailbronner, Stellungnahme in der öffentlichen Anhörung v. 2.11.2020, Ausschuss für Inneres und Heimat, Wortprotokoll der 107. Sitzung). Sie erkennen: Die unterschiedlichen Stellungnahmen der Sachverständigen zeigen, dass der rechtliche Einwand der Unbestimmtheit in der Rechtspraxis wohl kaum erfolgversprechend sein wird.

4 Die ergänzende Vorbereitungshaft nach § 62c ist in systematischer Regelung eine Form der **Abschiebungshaft.** Ein Ausländer, der im Bundesgebiet nach illegaler Einreise trotz Einreise- und Aufenthaltsverbot angetroffen wird, kann nach den materiell-rechtlichen Voraussetzungen des § 62c auch nach Asylantragstellung in Haft genommen werden. Sachlich gehört die Regelung des § 62c einerseits zum Regelungsbereich des AufenthG – Abschiebungshaft – und andererseits zum AsylG (in § 14 AsylG wäre der bessere Platz für diese Regelung). Nach Art. 15 Rückführungs-RL ist maßgebender Haftgrund die Fluchtgefahr. In § 62c steht die Gefahr für die öffentliche Sicherheit im Vordergrund. Abschiebungshaft wird zu einer Art **Präventivhaft** (Keßler, Stellungnahme in der öffentlichen Anhörung v. 2.11.2020, Ausschuss für Inneres und Heimat, Wortprotokoll der 107. Sitzung; anders Hailbronner in seiner Stellungnahme; zur Vereinbarkeit mit der EU-Aufnahme-RL abl. Wittmann, Stellungnahme in der öffentlichen Anhörung v. 2.11.2020; zust. Hailbronner, Stellungnahme v. 2.11.2020). EuGH – bitte entscheiden Sie!

5 In Abs. 2 werden detailliert die **Fristen** für die Haftart geregelt. Nach dem allgemeinen Grundsatz des § 62 Abs. 1 ist die Inhaftnahme auf die kürzest mögliche Haftdauer zu beschränken. Regeldauer ist vier Wochen nach Asylantragstellung. Eine zügige Entscheidung über den Asylantrag und den Erlass einer Abschiebungsandrohung nach § 34 AsylG ist das Ziel. Ergeht keine Entscheidung innerhalb dieser vier Wochen, ist die Ausländerin zwingend aus der Haft zu entlassen. Das gilt nicht, wenn der Asylantrag als „offensichtlich unbegründet" oder als „unzulässig" abgelehnt wird. In diesen Fällen dauert die Haft zunächst bis zur Entscheidung des angerufenen Verwaltungsgerichts über einen möglichen Eilantrag. Nach der Gesetzesbegründung (BT-Drs. 19/22848, 18) soll die Regelung nach Abs. 2 S. 3 in den Fällen, in denen der Antrag auf einstweiligen Rechtsschutz des Ausländers vom Verwaltungsgericht abgelehnt wird, den Übergang von der ergänzenden Vorbereitungshaft zur Abschiebungshaft ermöglichen. Diese Ein-Wochen-Frist nach Abs. 2 S. 3 ist rechtlich sehr zweifelhaft. Der Ausländer nimmt berechtigten Rechtsschutz in Anspruch. Ist der Antrag nach § 80 Abs. 5 VwGO erfolgreich, endet die ergänzende Vorbereitungshaft. Wird der Antrag abgelehnt, dauert sie maximal eine Woche an, damit die Behörde zur Abschiebungshaft – wohl als Sicherungshaft – übergehen kann. Auf welcher notwendigen Einzelprüfung beruht diese zwischenzeitliche Haft? Es liegt zwar normativ ein widerleglicher Fluchtgrund vor: § 62 Abs. 3a Nr. 4. Aber die Anordnung jeder Abschiebungshaft fordert eine konkrete Einzelprüfung aller tatsächlichen und rechtlichen Voraussetzungen durch ein Gericht. Für diese hat die Behörde jetzt eine Woche Zeit. Diese Fristverlängerung ist rechtsstaatlich sehr fragwürdig.

6 Abs. 3 regelt die **Vollzugsform.** Der Vollzug der ergänzenden Vorbereitungshaft folgt den – rechtlich zweifelhaften – Regelungen der Abschiebungshaft in § 62a.

7 Abs. 4 regelt die **vorläufige Gewahrsamnahme** durch die Ausländerbehörde. Das erfordert einen zweifachen Verdacht nach Nr. 1 und Nr. 3. Zudem ist nach Nr. 2 erforderlich, dass die richterliche Entscheidung über die Anordnung der Haft nach Abs. 1 nicht vorher eingeholt werden kann. Der Ausländer ist nach Abs. 4 S. 2 unverzüglich dem Richter vorzuführen (Art. 104 GG). Es gelten die §§ 415 ff. FamFG. Es geht gleichsam um eine nichtrichterliche Anordnung bei Gefahr in Verzug. Parallel zum Strafprozessrecht und parallel zu § 105 StPO (s. BeckOK StPO/Hegmann StPO § 105 Rn. 4 ff.) ist die richterliche Anordnung der Freiheitsentziehung die verfassungsrechtliche Regelzuständigkeit (Art. 104 GG). Die präventive richterliche Kontrolle folgt aus Achtung und Bedeutung des Freiheitsgrundrechts nach Art. 104 GG. Die zuständige Behörde muss die erforderlichen Schritte unternehmen, um rechtzeitig eine richterliche Anordnung zu erreichen. Der Staat muss eine hinreichende Gerichtsorganisation schaffen, personell, sachlich und zeitlich. Der enge Ausnahmetatbestand des Abs. 4 muss auf Tatsachen gründen. Vermutungen genügen nicht. Es ist zu hoffen, dass die Ausländerbehörden die verfassungsrechtliche Bedeutung des Richtervorbehalts achten. Wir, die Anwaltschaft, werden dafür streiten.

Kapitel 6. Haftung und Gebühren

§ 63 Pflichten der Beförderungsunternehmer

(1) Ein Beförderungsunternehmer darf Ausländer nur in das Bundesgebiet befördern, wenn sie im Besitz eines erforderlichen Passes und eines erforderlichen Aufenthaltstitels sind.

(2) [1]Das Bundesministerium des Innern, für Bau und Heimat oder die von ihm bestimmte Stelle kann im Einvernehmen mit dem Bundesministerium für Verkehr und digitale Infrastruktur einem Beförderungsunternehmer untersagen, Ausländer entgegen Absatz 1 in das Bundesgebiet zu befördern und für den Fall der Zuwiderhandlung ein Zwangsgeld androhen. [2]Widerspruch und Klage haben keine aufschiebende Wirkung; dies gilt auch hinsichtlich der Festsetzung des Zwangsgeldes.

(3) [1]Das Zwangsgeld gegen den Beförderungsunternehmer beträgt für jeden Ausländer, den er einer Verfügung nach Absatz 2 zuwider befördert, mindestens 1 000 und höchstens 5 000 Euro. [2]Das Zwangsgeld kann durch das Bundesministerium des Innern, für Bau und Heimat oder die von ihm bestimmte Stelle festgesetzt und beigetrieben werden.

(4) Das Bundesministerium des Innern, für Bau und Heimat oder die von ihm bestimmte Stelle kann mit Beförderungsunternehmern Regelungen zur Umsetzung der in Absatz 1 genannten Pflicht vereinbaren.

Überblick

Die Vorschrift regelt in Abs. 1 die Verpflichtung von Beförderungsunternehmen (→ Rn. 11) im Hinblick auf die Kontrolle (→ Rn. 26) der Einreisevorschriften (→ Rn. 23), die für Ausländer (→ Rn. 17) bestehen.

Abs. 2 gibt den zuständigen Behörden (→ Rn. 30) eine Ermächtigungsgrundlage (→ Rn. 29) für individuelle Beförderungsuntersagungen (→ Rn. 29) unter Androhung von Zwangsgeldern (→ Rn. 33) gegen Beförderungsunternehmen (→ Rn. 11). Die Höhe des Zwangsgeldes richtet sich nach Abs. 3 (→ Rn. 38). Abs. 4 bietet die Möglichkeit zu Verfahrensvereinbarungen (→ Rn. 42) zwischen Behörde und Beförderungsunternehmen. Zu verfahrensrechtlichen Fragen (→ Rn. 45).

Zum europarechtlichen und internationalen Bezug → Rn. 4. Zu verfassungsrechtlichen Fragen → Rn. 22a.

Übersicht

A. Allgemeines

I. Entstehungsgeschichte

Das Ausländergesetz 1965 kannte ursprünglich keine Regelung, die ein Beförderungsverbot **1** normiert hätte. Erst zum 1.1.1982 wurde durch das Art. 6 Gesetz zur Bekämpfung der illegalen Beschäftigung (BGBl. 1981 I 1390) § 18 Abs. 5 AuslG 1965 eingeführt, welcher im Wesentlichen das heutige Beförderungsverbot erstmals normierte. Durch Art. 4 Nr. 2 Gesetz zur Änderung asylverfahrensrechtlicher, arbeitserlaubnisrechtlicher und ausländerrechtlicher Vorschriften vom 14.1.1987 (BGBl. I 89) wurde eine bußgeldrechtliche Regelung neu aufgenommen. § 18 Abs. 5 AuslG 1965 wurde dann im AuslG 1990 (BGBl. I 1354) mWz 1.1.1991 in § 74 AuslG 1990 übernommen, welcher den gesamten Komplex des Beförderungsverbots damals regelte. Mit dem ZuwG v. 30.7.2004 (BGBl. 2004 I 1950) wurde die Vorschrift als § 63 in das AufenthG aufgenommen. Die zuvor noch enthaltene Beschränkung auf Beförderungen auf dem Luft- und Seeweg wurde im AufenthG nicht übernommen und die Beförderung jeglicher Art, somit auch auf dem Landweg, in die Vorschrift aufgenommen. Die maximale Höhe des Zwangsgeldes wurde in Umsetzung der RL 2001/51/EG auf 5.000 EUR erhöht. Des Weiteren wurde Abs. 4 eingefügt. Weitere Änderungen erfuhr die Vorschrift durch das Gesetz zur Änderung des Aufenthaltsgesetzes und weiterer Gesetze v. 14.3.2005 (BGBl. 2005 I 721) mit dem Ausschluss der aufschiebenden Wirkung eines Rechtsmittels gegen die Festsetzung eines Zwangsgeldes in Abs. 2 S. 2 Hs. 2, das Gesetz zur Umsetzung aufenthalts- und asylrechtlicher Richtlinien der Europäischen Union (v. 19.8.2007, BGBl. 2007 I 1970) zur Zuständigkeit der Festsetzung und Beitreibung des Zwangsgeldes und durch die rein redaktionellen Änderungen durch die Zehnte Zuständigkeitsanpassungsverordnung v. 31.8.2015 (BGBl. 2015 I 1474) und mWv 27.6.2020 durch Art. 169 11. Zuständigkeitsanpassungsverordnung (11. ZustAnpV v. 29.6.2020 – BGBl. 2020 I 1328).

II. Systematik

2   Die Norm steht im engen Zusammenhang mit der Rückbeförderungspflicht nach § 64 und der Kostenhaftung nach § 66 Abs. 3 (NK-AuslR/Geyer Rn. 4; aA BeckOK AuslR/Kluth Rn. 3).

3   Die Beförderungsunternehmen werden durch diese Vorschrift nicht zu Beliehenen oder Verwaltungshelfern, sondern haben Verhaltenspflichten zu beachten (BeckOK AuslR/Kluth Rn. 4). Sie führt allerdings dazu, dass eine Art Einreisekontrolle bereits am Abreiseort von Privaten durchgeführt werden soll, weil nationale Grenzschutzbehörden des Zielortes dort grundsätzlich keine Hoheitsbefugnisse haben (NK-AuslR/Geyer Rn. 1).

III. Europäisches und internationales Recht; Verfassungsrecht

4   Nach **Art. 26 Abs. 1 lit. b SDÜ** ist der Beförderungsunternehmer verpflichtet, alle erforderlichen Maßnahmen zu treffen, um sich zu vergewissern, dass der auf dem Luft- oder Seeweg beförderte Drittstaater über die für die Einreise in das Hoheitsgebiet der Vertragsparteien erforderlichen Reisedokumente verfügt. Die Vertragsparteien verpflichten sich nach **Art. 26 Abs. 2 SDÜ** zu Sanktionen für den Fall des Verstoßes gegen Art. 26 Abs. 1 SDÜ gegen die Beförderungsunternehmen.

5   Ergänzt wird Art. 26 SDÜ durch die **RL 2001/51/EG** (v. 28.6.2001, ABl. 2001 L 187, 45) hinsichtlich der näheren Bestimmung der Sanktionen sowie durch die **RL 2004/82/EG** (v. 29.4.2004, ABl. 2004 L 261, 24) hinsichtlich der Übermittlung von Daten der zu befördernden Personen.

6   Aufgrund des Handelns im Bereich des Unionsrechts haben die öffentlichen Stellen nach **Art. 51 Abs. 1 GRCh** die europäischen Grundrechte zu beachten, insbesondere Art. 18 GRCh (Asyl), Art. 16 GRCh (unternehmerische Freiheit) sowie Art. 47 GRCh (effektiver Rechtsschutz).

7   Völkerrechtlich ergeben sich ähnliche Verpflichtungen aus den Art. 13 (Einflug- und Abfertigungsvorschriften), Art. 23 (Zoll- und Einreiseverfahren) und Art. 38 (Abweichungen von internationalen Normen und Verfahren) des **Abkommens über die internationale Zivilluftfahrt v. 7.12.1944** (BGBl. 1956 II 411 – „Chicagoer Luftverkehrsabkommen") sowie aus bilateralen Luftverkehrsabkommen (NK-AuslR/Geyer Rn. 2).

8   Die Verpflichtung ist mit **Art. 33 GFK** vereinbar (BeckOK AuslR/Kluth Rn. 5; Bergmann/Dienelt/Bauer/Dollinger Rn. 2).

9   Auch verstößt die Vorschrift nach Auffassung der Rechtsprechung nicht gegen **Art. 16a Abs. 1 GG,** da sich das Verbot nicht gegen Asylsuchende richtet (BVerfG BeckRS 1997, 30003766; BVerwG BeckRS 1999, 30072058). Art. 16a Abs. 1 GG erweitert auch nicht die Betriebsrechte der Beförderungsunternehmen (BVerwG BeckRS 2005, 26019). Siehe hierzu ausführlich → Rn. 22a.

10   Es liegt kein Verstoß gegen **Art. 12 Abs. 1, 2 Abs. 1 GG** vor, da es sich bei den Regelungen in der Vorschrift um Regelungen zum Schutz vor sozialen und wirtschaftlichen Belastungen handelt (BVerwG BeckRS 9998, 48506).

B. Erläuterungen im Einzelnen

I. Gesetzliches Beförderungsverbot (Abs. 1)

1. Beförderungsunternehmer

Das gesetzliche Beförderungsverbot nach Abs. 1 betrifft alle **Beförderungsunternehmer,** **11** gleichgültig ob der grenzüberschreitende **Transport auf dem Luft-, See- oder Landweg** erfolgen soll. Auch der **Transport über Binnengewässer** ist umfasst (NK-AuslR/Geyer Rn. 5).

Nicht betroffen ist allerdings der **grenzüberschreitende Eisenbahnverkehr** (Nr. 63.1.1 **12** AufenthGAVwV).

Die **Kontrollpflicht entfällt** aufgrund europarechtlicher Ausnahmen **auch bei Schengen-** **12a** **Binnenflügen und Fährverbindungen im Schengenbereich** (Art. 20, 21 lit. b Schengener Grenzkodex).

Ebenfalls **nicht betroffen** sind **Personentransporte durch Linienbusse innerhalb des** **13** **Schengenraums.** Art. 21 lit. a Schengener Grenzkodex 2006 und Art. 67 Abs. 2 AEUV stehen der Verpflichtung dieser Beförderungsunternehmen zur Passkontrolle und Kontrolle der Aufenthaltstitel unter Androhung von Zwangsgeld im Falle des Verstoßes entgegen, sofern es sich um Personentransporte mit Überschreiten einer Binnengrenze handelt (EuGH BeckRS 2018, 31910). Solche Kontrollen hätten nach diesem Urteil die gleiche Wirkung wie Grenzübertrittskontrollen und sind deshalb nach Art. 67 Abs. 2 AEUV und Art. 21 lit. a Schengener Grenzkodex aF bzw. Art. 23 lit a Schengener Grenzkodex nF verboten. Würde dies nicht beachtet, könnten diese Bestimmungen leicht umgangen werden, was die praktische Wirksamkeit, den „effet utile" einschränken würde.

Beförderungsunternehmen sind **natürliche und juristische Personen, die gewerblich die** **14** **Beförderung von Personen durchführen** (Art. 1 Nr. 10 SDÜ, Art. 2 Nr. 14 Schengener Grenzkodex). Darunter fallen unter anderem Fluggesellschaften, Reedereien, Busunternehmer und Taxiunternehmer (aA wohl NK-AuslR/Geyer Rn. 5, der die Beförderung nach § 1 Abs. 1 PBefG als nicht gewerblich ansieht). Abzugrenzen ist dies von gelegentlichen Mitnahmen im Privatfahrzeug gegen Entgelt (Mitfahrgelegenheit). Diese ist nicht von einer Gewinnerzielungsabsicht umfasst, sondern soll nur eine Kostenbeteiligung darstellen, und ist somit nicht gewerbsmäßig. Selbst einmalige Fahrten mit Gewinnerzielungsabsicht werden nicht unter den Begriff der gewerbsmäßigen Personenbeförderung als Unternehmer gezählt werden können.

Beförderungsunternehmer ist nur der Personenbeförderer selbst, **nicht** etwa der **Vermittler,** **15** **Vermieter oder Eigentümer des Fahrzeugs** (NK-AuslR/Geyer Rn. 5). Gegenstand der unternehmerischen Tätigkeit muss die Personenbeförderung sein (aber → Rn. 16).

Fraglich ist, ob ein **gewerblich im Bereich der Güterbeförderung tätiger Unternehmer,** **16** **der im Einzelfall auch Personen befördert,** in den Anwendungsbereich fällt (so BeckOK AuslR/Kluth Rn. 10). Dies wird im Einzelfall zu entscheiden sein. Handelt es sich um einen Ausnahmefall, wird nicht von einem gewerblichen Personenbeförderer ausgegangen werden können. Werden regelmäßig Personen befördert, wie dies vereinzelt bei Frachtschiffen der Fall ist, liegen die Voraussetzungen des Abs. 1 regelmäßig vor.

2. Ausländer

Gegenstand der Verpflichtung ist die Beförderung von **Ausländern nach § 2 Abs. 1.** Gemeint **17** sind allerdings nur Drittstaatsangehörige.

Unionsbürger, Schweizer Staatsangehörige und EWR-Staater sind von Abs. 1 nicht **18** umfasst, da für diese Freizügigkeit gilt (§ 1 Abs. 2 Nr. 1 iVm §§ 11, 12 FreizügG/EU) und die Vorschrift nicht auf diese anwendbar ist. Für diese gilt weder eine Pass-, Visum- oder Aufenthaltstitelpflicht (§ 2 Abs. 4 S. 1 FreizügG/EU). Es genügt ein Personalausweis. Dies gilt auch für deren Familienangehörige, selbst wenn diese eventuell für die Einreise ein Einreisevisum benötigen (§ 2 Abs. 4 S. 2 und S. 3 FreizügG/EU).

Während der Übergangszeit gemäß dem Vierten Teil des Abkommens über den Austritt des **19** Vereinigten Königreichs **Großbritannien und Nordirland** aus der EU (ABl. C 384 I v. 12.11.2019) galten Großbritannien und Nordirland noch als der EU zugehörig (§ 1 BrexitÜG). Seit dem 1.1.2021 sind diese als gewöhnliche Drittstaatsangehörige anzusehen und fallen unter diese Norm.

Ebenfalls nicht dem Beförderungsverbot unterliegt ein Ausländer, bei dem aufgrund **AssAbk.** **20** **EWG-Türkei** (Beschluss Nr. 1/80 des Assoziationsrates v. 19.9.1980 über die Entwicklung der

Assoziation) ein Aufenthaltsrecht besteht. Der eventuellen Pflicht nach § 4 Abs. 5 das Aufenthalts-
recht durch einen Aufenthaltstitel nachzuweisen kommt nur deklaratorische Wirkung zu. Das
Einreise- und Aufenthaltsrecht besteht deshalb unabhängig von der Vorlage eines Aufenthaltstitels.
Die Beförderung ohne Nachweis ist deshalb auch nicht verboten (NK-AuslR/Geyer Rn. 6).

21   Auch ein durch **Art. 21 SDÜ** begünstigter Drittstaater, also ein Ausländer, der im Besitz eines
Aufenthaltstitels eines der Schengener Vertragsstaaten ist, unterliegt nicht dem Beförderungsverbot
(Nr. 63.1.2 AufenthG-VwV).

22   Weiter sind die Fälle der Befreiung vom Erfordernis eines Aufenthaltstitels nach **§§ 15–30
AufenthV** zu beachten. Auch diese Personen können unproblematisch befördert werden (NK-
AuslR/Geyer Rn. 6).

22a   Die **Anwendung der Vorschrift auf Asylsuchende ist nach der hier vertretenen Auffassung hingegen verfassungswidrig** (so auch NK-AuslR/Geyer Rn. 7). Da die Pass- oder Visum-
losigkeit der Asylgewährung nicht entgegensteht, dürfen Grenzbehörden Asylsuchenden die Einreise allein aufgrund dieses Umstandes nicht verweigern (so auch Bergmann/Dienelt/
Winkelmann/Kolber AsylG § 18 Rn 16). Die Verlagerung der Prüfung von Einreisedokumenten
auf Private und die Verhinderung der Einreise eines Asylsuchenden auf diese Weise stellt eine
Umgehung des verfassungsrechtlich verbürgten Asylrechts durch einfaches Recht dar, was ausgeschlossen ist. Das BVerwG sah dies in seinem Vorlagebeschluss v. 14.4.1992 (BVerwG BeckRS
9998, 48506) zu § 18 Abs. 5 AuslG 1965 ebenso und sah die Vorschrift als unvereinbar mit
dem objektiven Wertgehalt des Art. 16 Abs. 2 S. 2 GG aF an. Dies entsprach auch der damals
überwiegenden Meinung (ua Selk NVwZ 1990, 1133; Kracht NVwZ 1989, 740; Grabherr NVwZ
1989, 38; offengelassen aber zweifelnd HessVGH BeckRS 9998, 47105; aA OVG NRW BeckRS
9998, 91171). Das BVerfG BeckRS 1997, 30003766 verwarf den Vorlagebeschluss als unzulässig,
da die Erfolgsaussichten der Ausgangsverfahren im Falle der Verfassungswidrigkeit des § 18 Abs. 5
AuslG 1965 offen gewesen seien. Die Beförderungsunternehmen seien nicht in einem subjektiven
Recht verletzt. Für die Rechtsprechung war die Frage der Verfassungswidrigkeit dieser Vorschrift
damit geklärt. Mit NK-AuslR/Geyer Rn. 7 ist aber festzustellen, dass das BVerfG BeckRS 1997,
30003766 die entscheidenden Fragen offengelassen hatte, indem es die Vorlage als unzulässig ansah.
Es stellte aber klar, dass die Frage etwaiger Rückbeförderungs- und Geldleistungspflichten nicht
Gegenstand des Verfahrens sei. Diese Verpflichtungen aber eröffnen eine Verletzung subjektiver
Rechte der Beförderungsunternehmen. Außerdem weist NK-AuslR/Geyer Rn. 7 zurecht darauf
hin, dass nach § 18 Abs. 5 AuslG 1965 die Einreise auf dem Landweg nicht umfasst war, während
nunmehr nach Abs. 1 jegliche Einreise, also auch auf dem Landweg, von der Vorschrift umfasst
ist. Schon früher ging die überwiegende Meinung von der Aushöhlung des Asylrechts aus. Umso
mehr muss dies gelten, wenn nun jegliche Einreisemöglichkeit von dieser Vorschrift betroffen ist,
zumal zwischenzeitlich Art. 16a Abs. 2 GG eingeführt wurde. Jedenfalls ist die hier kommentierte
Vorschrift verfassungskonform dahingehend auszulegen, dass Asylsuchende vom Anwendungsbereich ausgeschlossen sind (so wohl OVG Koblenz BeckRS 1997, 16536; aA BVerwG BeckRS
9998, 48506). Auch aus Art. 26 Abs. 2 SDÜ und dem Erwägungsgrund 3 RL 2001/51/EG ergibt
sich, dass die Verpflichtungen der Vertragsstaaten aus Art. 31 und 33 GFK nicht beeinträchtigt
werden sollen.

3. Erforderlicher Pass und Aufenthaltstitel

23   Maßgeblich für die Frage, was unter einem **Pass** zu verstehen ist, ist § 3. Ausreichend ist
demnach auch ein Passersatz nach § 3 Abs. 1 iVm §§ 3, 4 AufenthV. Wer mit einem Passersatz
einreisen darf, darf damit auch befördert werden. Dass der Passersatz nicht in Abs. 1 genannt ist,
muss als redaktioneller Fehler angesehen werden. Dies zeigt auch ein Vergleich mit § 64 Abs. 2
S. 1, wo der Passersatz ausdrücklich aufgeführt ist.

23.1   Soweit NK-AuslR/Geyer Rn. 8 auch den Ausweisersatz als ausreichend ansieht, wird dem nicht gefolgt.
Nach § 3 Abs. 1 ist die Einreise eines Ausländers nur mit einem Pass oder Passersatz zulässig. Zwar erfüllt
der Ausländer für den Aufenthalt in der Bundesrepublik die Passpflicht durch den Besitz eines Ausweisersatzes. Die Vorschrift unterscheidet aber klar zwischen Einreise in § 3 Abs. 1 S. 1 und Aufenthalt in § 3 Abs. 1
S. 2. In der hier kommentierten Vorschrift ist aber ausdrücklich maßgeblich die Einreise. Somit kann ein
Ausweisersatz einem Pass oder Passersatz nicht gleichgestellt werden. Die Auffassung, wenn ein Ausweisersatz für den Aufenthalt ausreiche, genüge er auch für die Einreise, ist mit der klaren gesetzlichen Regelung
nicht in Einklang zu bringen.

23a   Der **Pass** oder Passersatz **muss bei** der **Einreise noch gültig sein** (s. aber → Rn. 25).

24   Was unter **Aufenthaltstitel** zu verstehen ist, **regelt § 4**. Danach gilt als Aufenthaltstitel das
Visum nach § 6 Abs. 1 Nr. 1 und Abs. 3, die Aufenthaltserlaubnis nach § 7, Die Blaue Karte EU

nach § 18b Abs. 2, die ICT-Karte nach § 19, die Mobiler-ICT-Karte nach § 19b, die Niederlassungserlaubnis nach § 9 und die Erlaubnis zum Daueraufenthalt-EU nach § 9a. Zu Unionsbürgern, Schweizer Staatsangehörigen und EWR-Staater bzw. deren Angehörigen (→ Rn. 18). Zu Großbritannien und Nordirland (→ Rn. 19). Zu türkischen Staatsangehörigen bzw. Angehörigen (→ Rn. 20). Zu Drittstaatern mit Aufenthaltstitel in der EU (→ Rn. 21). Zu sonstigen Ausnahmen nach der AufenthV (→ Rn. 22).

Nach EuGH BeckEuRS 2014, 405502 muss ein Visum nicht in einem gültigen Reisepass **25** aufgebracht sein. Maßgeblich ist, dass ein gültiger Reisepass bzw. Passersatz mitgeführt wird. Die Einreise ist deshalb auch zulässig, wenn der Ausländer ein Visum in einem ungültigen Reisepass zusammen mit einem gültigen Reisepass, in dem kein Visum angebracht ist, mit sich führt. Dabei sind auch die §§ 2–4 AufenthV zu berücksichtigen.

Ausreichend ist auch eine Fiktionsbescheinigung nach § 81 Abs. 5. Dabei ist sowohl eine **25a** Fiktionsbescheinigung hinsichtlich § 81 Abs. 3 S. 1 als auch nach § 81 Abs. 4 S. 1 ausreichend. Bei **§ 81 Abs. 4 S. 1** gilt der frühere Aufenthaltstitel fort, bis über den Antrag auf Verlängerung der Aufenthaltserlaubnis entschieden wurde. Hier hat der Ausländer also ohnehin einen Aufenthaltstitel. Bei **§ 81 Abs. 3 S. 1** gilt der Aufenthalt in der Bundesrepublik als erlaubt. In diesem Fall ist deshalb auch eine Wiedereinreise nach einer vorübergehenden Ausreise, die nach der Stellung des Antrags auf Erteilung einer Aufenthaltserlaubnis und vor Ausstellung oder Ablehnung des Aufenthaltstitels erfolgt, zulässig.

4. Kontrollverpflichtungen

Der **Beförderungsunternehmer muss prüfen, ob der Reisende, den er in das Bundesge- 26 biet befördern soll, die erforderlichen Dokumente besitzt.** Er muss deshalb Verstöße gegen die Einreisebestimmungen weitestgehend vermeiden. Dabei ist er für eine **effektive Kontrolle zu Beginn der Beförderung, während der Beförderung und auch bei Umsteigevorgängen bis zum Erreichen der Grenzkontrolle** verantwortlich (Bergmann/Dienelt/Dollinger Rn. 6). Allerdings besteht keine Verpflichtung, Reisedokumente während des Transports einzusammeln und bis zur Ankunft einzubehalten, um eine lückenlose Kontrolle während des Transports zu gewährleisten und Manipulation oder Vernichtung von Dokumenten zu verhindern (OVG RhPf BeckRS 1997, 16536; NK-AuslR/Geyer Rn. 9). Eine **Dokumentenkontrolle** ist **bei Zwischenstopps** während des letzten Stopps vor Erreichen des Bundesgebiets aber **notwendig** (OVG RhPf BeckRS 1997, 16536 zu § 74 Abs. 1 AuslG 1965; Nr. 63.1.3.2 AufenthG-VwV). Eine Dokumentenkontrolle unmittelbar vor dem Einstieg in das Beförderungsmittel sowie bei Zwischenlandungen bei im Flugzeug verbleibenden Passagieren (Nr. 63.1.3.2 AufenthG-VwV) wird aber nur eingeschränkt möglich sein, so zB bei zwischenzeitlicher Vernichtung von Dokumenten oder bei evidenten Fehlern wie der fehlenden Unterschrift im Reisepass. Eine intensive Überprüfung in diesem Stadium wird nicht erwartet werden können (Bergmann/Dienelt/Dollinger Rn. 10; aA NK-AuslR/Geyer Rn. 9).

Dabei stellt sich die Frage der **Verhältnismäßigkeit.** Die Regelung des Gesetzgebers, die **27** unerlaubte Einreise und die dadurch entstehenden Kosten von der Allgemeinheit weg hin zum Beförderungsunternehmer zu verlagern, findet ihre Grenze im Verhältnismäßigkeitsgrundsatz (Bergmann/Dienelt/Dollinger Rn. 12). Vom Beförderungsunternehmen können nur solche Anforderungen abverlangt werden, die er rechtlich und tatsächlich erfüllen kann (BVerwG BeckRS 2003, 30302314). Objektiv nicht erfüllbare Anforderungen an die Kontrolle und Sicherung von Dokumenten können nicht zu behördlichen Sanktionen führen. **Dokumentenfälschungen** können dem Beförderungsunternehmen nur insoweit entgegengehalten werden, als sie für einen interessierten Laien erkennbar gewesen wären (BT-Drs. 15/420, 92). Die Behauptungs- und Beweislast für die Unverhältnismäßigkeit liegt beim Beförderer (Bergmann/Dienelt/Dollinger Rn. 12).

Der Beförderungsunternehmer hat im Rahmen seiner **Verpflichtung** auch dafür zu sorgen, **27a** dass sein **Kontrollpersonal über ausreichende Kenntnisse verfügt,** um prüfen zu können, welcher Aufenthaltstitel erforderlich ist (BeckOK AuslR/Kluth Rn. 14). Dabei sind aber Grenzen gesetzt. Das Kontrollpersonal muss keineswegs über Kenntnisse verfügen, welche denen der Bundespolizei entsprechen. Allerdings muss eine entsprechende regelmäßige Schulung stattfinden.

Wie der Beförderungsunternehmer seine Verpflichtung erfüllt, ist ihm überlassen. Rechtlich **27b** oder tatsächlich unerfüllbare Anforderungen treffen den Beförderungsunternehmer dabei von Gesetzes wegen nicht (BVerwG BeckRS 30302314).

Die **missbräuchliche Ausnutzung eines Transitprivilegs** unterliegt nach VG Köln BeckRS **28** 1991, 31167107 (zu § 74 Abs. 1 S. 1 AuslG 1965) nicht dem Beförderungsverbot, da sich die

Missbrauchsabsicht am Abreiseort nicht anhand objektiver Kriterien feststellen lassen wird. Ob diese Auffassung noch aufrechterhalten werden kann, ist allerdings zweifelhaft, da eine Dokumentenkontrolle, wenn auch eingeschränkt, unmittelbar vor dem Einstieg in das Beförderungsmittel sowie nach einem Zwischenstopp nicht unverhältnismäßig sind (→ Rn. 26).

28a   Das Beförderungsunternehmen trägt auch keine Verantwortung für **blinde Passagiere,** sofern das Einschleichen in die Beförderungsmöglichkeit nicht seitens des Beförderungsunternehmens erleichtert wurde. Diesbezüglich sind die Anforderungen an die Ausgestaltung der Zugangskontrolle maßgeblich (BeckOK AuslR/Kluth Rn. 12).

28b   Die Inanspruchnahme der Beförderungsunternehmen für die Kontrollpflichten stellt eine Form der zulässigen Indienstnahme dar. Die dem Unternehmen hierdurch entstehenden Kosten, zB für die Schulungen und für zusätzliches Personal, sind von diesem zu tragen und im Rahmen der Preisgestaltung auf den Verbraucher umzulegen (BeckOK AuslR/Kluth Rn. 15).

II. Untersagungsverfügung und Zwangsgeld (Abs. 2 S. 1)

1. Untersagungsverfügung

29   Abs. 2 S. 1 ist die **Ermächtigungsgrundlage** für den Erlass einer individuellen Untersagungsverfügung zur Beförderung von Personen gegenüber einem Beförderungsunternehmen.

29a   Die **Verfügung wiederholt und konkretisiert die sich bereits aus dem Gesetz ergebende Verpflichtung,** durch wirksame Kontrollmaßnahmen weitestgehend zu vermeiden, dass Ausländer ohne gültigen Pass und ohne notwendigen Aufenthaltstitel in die Bundesrepublik Deutschland befördert werden (Döring NVwZ 2003, 1337; BVerwG BeckRS 2003, 30302314).

30   Es handelt sich um eine **Ermessensentscheidung** des Bundesministeriums des Innern, für Heimat und Bau bzw. der von diesem bestimmten Stelle. Dies ist nach § 58 Abs. 1 BPolG iVm § 1 Abs. 3 Nr. 1 lit. b BPolZV das Bundespolizeipräsidium. Die früher in § 74 Abs. 3 AuslG 1990 vorgeschriebene vorherige Abmahnung sieht das AufenthG nicht mehr vor. Grund ist, dass nach Auffassung des Gesetzgebers die Abmahnungen nicht zu einer Verhaltensänderung der Beförderungsunternehmen geführt hätten (BT-Drs. 15/420, 92).

30.1   Die von NK-AuslR/Geyer Rn. 10 gesehenen verfassungsrechtlichen Bedenken werden hier nicht geteilt. Selbstverständlich ist zum einen die verfassungs- und verwaltungsrechtlich gebotene Gewährung rechtlichen Gehörs (→ Rn. 32) keineswegs außer Kraft gesetzt. Deshalb erscheint die Befürchtung, Untersagungsverfügungen würden „auf Vorrat" gehalten, nicht begründet.

31   Als ungeschriebenes Tatbestandsmerkmal wird die **Nichtbeachtung der gesetzlichen Pflichten aus Abs. 1** angenommen, das Beförderungsunternehmen also Ausländer ohne erforderlichen Pass oder ohne erforderlichen Aufenthaltstitel befördert hat oder der begründete Verdacht besteht, dass solche Ausländer befördert werden sollen (Döring NVwZ 2006, 1337). Aufgrund des **Übermaßverbots** müssen die Verstöße zudem von einigem Gewicht und vermeidbar, also vorwerfbar gewesen sein (OVG NRW BeckRS 9998, 91171; OVG RhPf BeckRS 2003, 24970).

32   Eine **Anhörung** ist erforderlich (§ 28 VwVfG).

32a   Im Rahmen des Ermessens hat die Behörde zu berücksichtigen, ob der Beförderungsunternehmer durch zumutbare Kontrollmaßnahmen die unerlaubte Beförderung hätte vermeiden können. Dabei werden Dokumentenfälschungen, die von einem interessierten Laien nicht erkennbar sind, als unvermeidbar angesehen (BT-Drs. 15/420, 92). Weiter ist der Grundsatz der Verhältnismäßigkeit bei

2. Zwangsgeldandrohung

33   Die **Androhung eines Zwangsgelds ist eine Maßnahme der Verwaltungsvollstreckung** nach VwVG des Bundes. Die Höhe des Zwangsgelds ist nach § 13 Abs. 5 VwVG in einer bestimmten Höhe anzuordnen. Der diesbezügliche Rahmen ergibt sich aus Abs. 3. Die Zwangsgeldandrohung ist nach Abs. 2 gemeinsam mit der Unterlassungsverfügung anzuordnen. Diesbezüglich ist Abs. 2 lex specialis gegenüber § 13 Abs. 2 S. 2 VwVG, wonach die Zwangsgeldandrohung bei fehlender aufschiebender Wirkung (→ Rn. 46) nur im Regelfall gemeinsam mit dem Verwaltungsakt erfolgt.

34   Nach der Gesetzesbegründung (BT-Drs. 15/420, 93) soll die Zwangsgeldandrohung erst wirksam werden, nachdem dem betroffenen Unternehmen unter Fristsetzung **Gelegenheit zur Stellungnahme und Verhaltensänderung** gegeben wurde (§§ 11 Abs. 2, 13 VwVG). Verstreicht die Frist fruchtlos, ist das angedrohte Zwangsgeld schließlich nach § 14 VwVG festzusetzen.

Voraussetzung für diese Vorgehensweise ist aber die vorherige **Zustellung der Untersa-** 35
gungsverfügung sowie der Zwangsgeldandrohung (§ 13 Abs. 7 S. 2 VwVG).

Mit NK-AuslR/Geyer Rn. 11 ist eine vollstreckungsrechtliche Zurechenbarkeit der Verletzung 36
der Pass- und Aufenthaltstitelpflicht gegenüber dem Beförderungsunternehmen. Dies setzt das
Verschulden des Beförderungsunternehmens voraus. Zurecht verweist NK-AuslR/Geyer
Rn. 11 auf BVerfG BeckRS 9998, 165613 zu § 890 Abs. 1 ZPO. Das Zwangsgeld ist nicht nur
eine präventive Maßnahme, sondern basiert auf dem vorangegangenen Tun des Beförderungsun-
ternehmens. Dem steht allerdings die ständige **Rechtsprechung des BVerwG** (zuletzt BVerwG
BeckRS 2006, 23546) sowie die überwiegende Meinung in der Literatur (Bergmann/Dienelt/
Bauer/Dollinger Rn. 15; BeckOK AuslR/Kluth Rn. 18; Dörig NVwZ 2006, 1337) entgegen.
Die Rechtsprechung des BVerwG muss vor allem im Hinblick darauf, dass sie sich auf § 74 Abs. 2
S. 1 AuslG, die Vorgängervorschrift des § 63, bezog, einer Neubewertung unterzogen werden.
§ 74 AuslG enthielt neben der Untersagungsvorschrift auch eine Bußgeldregelung, welche § 63
nicht mehr enthält. In der Gesetzesbegründung (BT-Drs. 15/420, 99) wurde deutlich gemacht,
dass keine „Doppelbestrafung" erfolgen solle. Das macht mehr als deutlich, dass das Zwangsgeld
auch eine pönalisierende Funktion hat, welche aber nach der Rechtsprechung des BVerfG
(BeckRS 9998, 165613) Verschulden voraussetzt (so auch NK-AuslR/Geyer Rn. 11).

Ergeht gegen denselben Beförderungsunternehmer eine **erneute Untersagungsverfügung** 37
mit Zwangsgeldandrohung, wird die vorherige Untersagungsverfügung gegenstandslos (BVerwG
BeckRS 2003, 30302314). Die Beitreibung der Zwangsgelder aus der gegenstandslos gewordenen
Untersagungsverfügung ist mangels gültigen Titels ausgeschlossen.

III. Zwangsgeldhöhe (Abs. 3)

Abs. 3 ist eine **spezialgesetzliche Regelung** zu § 11 Abs. 2 VwVG. Die Ermächtigungsgrund- 38
lage ist Abs. 2 S. 1. Abs. 3 stellt keine eigene Ermächtigungsgrundlage dar (OVG RhPf InfAuslR
2003, 452 zu § 74 Abs. 2 AuslG 1965). Die Höhe des maximalen Zwangsgeldes wurde in Umsetzung der RL 2001/51/EG angepasst.

Explizit ermöglicht die Vorschrift als lex specialis, abweichend von § 13 Abs. 3 S. 2 VwVG 39
(Kumulationsverbot), **das Zwangsgeld für jeden Fall der Zuwiderhandlung,** nämlich für
jeden Ausländer anzudrohen und festzusetzen (BVerwG BeckRS 2003, 30302314).

Auch ist eine **stufenweise Erhöhung der angedrohten Beträge für weitere Zuwider-** 40
handlungen nach § 13 Abs. 6 S. 1 VwVG zulässig (OVG RhPf Urt. v. 1.6.2001 – 10 A 10108/
01.OVG zu § 74 Abs. 2 AuslG 1965; NK-AuslR/Geyer Rn. 15).

Der **Verhältnismäßigkeitsgrundsatz** nach § 9 Abs. 2 VwVG ist stets zu beachten. 41

Zuständig ist auch **für die Festsetzung und die Beitreibung des Zwangsgeldes,** nicht 41a
nur für die Untersagungsverfügung und die Zwangsgeldandrohung (→ Rn. 30), das Bundesministerium des Innern, für Bau und Heimat bzw. die von diesem bestimmte Stelle. Dies ist nach § 58
Abs. 1 BPolG iVm § 1 Abs. 3 Nr. 1 lit. b BPolZV das Bundespolizeipräsidium.

IV. Verfahrensabsprachen (Abs. 4)

Abs. 4 gibt die **Möglichkeit, Einzelheiten zur Umsetzung der nach Abs. 1 bestehenden** 42
Pflicht zu vereinbaren. Das können Einzelheiten zu Kontrollmaßnahmen, Informationsaus-
tausch, Schulungen und Unterstützungsleistungen sein (Bergmann/Dienelt/Bauer/Dollinger
Rn. 21). Auch könnten so Toleranzquoten, Aussetzungen von Untersagungsverfügungen oder
Reduzierungen des Zwangsgelder bis maximal zum gesetzlichen Mindestbetrag (Abs. 3 S. 1) im
Gegenzug zu verbesserten Kontrollen der Beförderungsunternehmen vereinbart werden (NK-
AuslR/Geyer Rn. 16). Eine Verpflichtung zu entsprechenden Absprachen besteht seitens des
Beförderungsunternehmens aber nicht (Bergmann/Dienelt/Bauer/Dollinger Rn. 21).

Im Bereich der Luftfahrt wurden bereits zahlreiche derartige **Memoranda of Understanding** 43
geschlossen (BT-Drs 15/420, 93).

Derartige Vereinbarungen, welche auch die Bemühungen des Unternehmens dokumentieren, 44
können **Einfluss auf die Ermessensausübung** nach Abs. 2 haben (NK-AuslR/Geyer Rn. 16;
Döring NVwZ 2006, 1337).

V. Verfahren und Hinweise

In einem **isolierten Vorgehen gegen die Zwangsgeldandrohung** können keine Einwen- 45
dungen gegen die bestandskräftige Untersagungsverfügung vorgebracht werden (BVerwG BeckRS

2005, 26019 unter Hinweis auf die abschichtende Wirkung der Bestandskraft der Grundverfügung im Verhältnis zu auf ihr beruhenden Vollstreckungsakten).

46   **Widerspruch und Klage gegen die Untersagungsverfügung, die Zwangsgeldandrohung und die Zwangsgeldfestsetzung** haben **keine aufschiebende Wirkung** (Abs. 2 S. 2). Es handelt sich damit um einen gesetzlichen Ausschluss nach § 80 Abs. 2 Nr. 3 VwGO. Die Anordnung der aufschiebenden Wirkung kann nach § 80 Abs. 5 VwGO gerichtlich beantragt werden, wobei ein vorheriger Antrag nach § 80 Abs. 4 VwGO auf Aussetzung der Vollziehung angebracht sein kann.

47   Das **Widerspruchsverfahren** ist bei Verfügungen unmittelbar durch das Bundesministerium des Innern nach § 68 Abs. 1 Nr. 1 VwGO **nicht statthaft.** Richtige Klageart ist die **Anfechtungsklage** nach § 42 Abs. 1 VwGO. § 18 VwVG ist zu beachten.

48   Widerspruchs- und klagebefugt sind auch ausländische natürliche und juristische Personen (OVG NRW BeckRS 9998, 91171; HessVGH BeckRS 2005, 23289; jeweils zu juristischen Personen).

49   Der **Gerichtsstand** richtet sich nach § 52 Nr. 2 S. 1 VwGO.

50   Im Streitverfahren sind die Verfahrensabsprachen nach Abs. 4 (→ Rn. 42) von erheblicher Bedeutung. Diese sollten unbedingt eingesehen werden.

50a   **Maßgeblicher Zeitpunkt** für die Beurteilung der Rechtmäßigkeit der **Zwangsgeldandrohung** ist derjenige der letzten mündlichen Verhandlung oder Entscheidung der letzten Tatsacheninstanz (NK-AuslR/Geyer Rn. 17). Dies gilt nicht, wenn das Vollstreckungsverfahren für das angedrohte Zwangsgeld zuvor bereits abgeschlossen war oder die Zwangsgeldandrohung durch eine neue, niedrigere ersetzt wurde. Dann ist dieser frühere Zeitpunkt maßgeblich (BVerwG BeckRS 2006, 23546).

50b   **Maßgeblicher Zeitpunkt** für die Beurteilung der **Zwangsgeldfestsetzung** ist der Abschluss des Vollstreckungsverfahrens für das festgesetzte Zwangsgeld oder derjenige der letzten mündlichen Verhandlung oder Entscheidung des Berufungsgerichts (BVerwG BeckRS 2006, 23244). Danach sind zwischenzeitlich eingetretene Veränderungen der Beförderungs- und Kontrollpraxis zugunsten und zulasten des Beförderungsunternehmens zu berücksichtigen (NK-AuslR/Geyer Rn. 17).

51   Die **Widerspruchsgebühr** gegen die Untersagungs- und Zwangsgeldverfügung nach dieser Vorschrift beträgt gem. § 51 Abs. 1 Nr. 7 AufenthV 55 EUR. Der **Streitwert** richtet sich hinsichtlich der Untersagungsverfügung nach dem Auffangstreitwert des § 52 Abs. 2 GKG (5.000 EUR), da eine Bezifferung nicht möglich ist (OVG RhPf BeckRS 1997, 16536). Die Zwangsgeldandrohung ist eine streitwerterhöhende zusätzliche Belastung. Deren Wert richtet sich nach der Hälfte des angedrohten Zwangsgeldbetrags (§ 52 Abs. 3 GKG iVm Nr. 1.7.1 StreitwertK VG). Richtet sich hingegen das Rechtsmittel lediglich gegen die Zwangsgeldfestsetzung, ist die Höhe des Zwangsgeldes gleichzeitig der Streitwert, wobei jede einzelne Vollstreckungsmaßnahme wertmäßig gesondert zu berücksichtigen ist (NK-AuslR/Geyer Rn. 18).

§ 64 Rückbeförderungspflicht der Beförderungsunternehmer

(1) Wird ein Ausländer zurückgewiesen, so hat ihn der Beförderungsunternehmer, der ihn an die Grenze befördert hat, unverzüglich außer Landes zu bringen.

(2) [1]**Die Verpflichtung nach Absatz 1 besteht für die Dauer von drei Jahren hinsichtlich der Ausländer, die ohne erforderlichen Pass, Passersatz oder erforderlichen Aufenthaltstitel in das Bundesgebiet befördert werden und die bei der Einreise nicht zurückgewiesen werden, weil sie sich auf politische Verfolgung, Verfolgung im Sinne des § 3 Absatz 1 des Asylgesetzes oder die Gefahr eines ernsthaften Schadens im Sinne des § 4 Absatz 1 des Asylgesetzes oder die in § 60 Abs. 2, 3, 5 oder Abs. 7 bezeichneten Umstände berufen.** [2]**Sie erlischt, wenn dem Ausländer ein Aufenthaltstitel nach diesem Gesetz erteilt wird.**

(3) Der Beförderungsunternehmer hat den Ausländer auf Verlangen der mit der polizeilichen Kontrolle des grenzüberschreitenden Verkehrs beauftragten Behörden in den Staat, der das Reisedokument ausgestellt hat oder aus dem er befördert wurde, oder in einen sonstigen Staat zu bringen, in dem seine Einreise gewährleistet ist.

Überblick

    Die Vorschrift regelt die Rückbeförderungspflichten (→ Rn. 8) eines Beförderungsunternehmers (→ Rn. 3) bei Zurückweisung (→ Rn. 5) eines Ausländers oder nach Gestattung der

Einreise (→ Rn. 13) eines schutzsuchenden Ausländers ohne Einreisedokumente (→ Rn. 13). Zur Frage der Konformität des Abs. 2 mit Völkerrecht (→ Rn. 17). Bei der Verpflichtung zur Rückführung ist der Verhältnismäßigkeitsgrundsatz zu beachten (→ Rn. 9). Zum Verfahren (→ Rn. 23).

Übersicht

A. Allgemeines

Die Vorschrift ist weitgehend mit den Vorgängervorschriften, insbesondere § 73 AuslG, überein- **1** stimmend. In Abs. 2 wurde durch das RLUmsG 2007 der Passersatz aufgenommen. Außerdem wurden die Abschiebeverbote um § 60 Abs. 7 ergänzt. Weiter erfolgte eine Anpassung im Rahmen der Änderung des Asylrechts durch das Gesetz zur Umsetzung der Richtlinie 2011/95/EU v. 28.8.2013 (BGBl. I 3474). Die Vorschrift wurde zuletzt redaktionell durch das Asylverfahrensbeschleunigungsgesetz v. 30.10.2015 (BGBl. I 1722) geändert.

Die Norm basiert auf § 15, der die Zurückweisung regelt, und ist Teil der europäischen **2** Maßnahmen zur Verhinderung der illegalen Einwanderung in den Schengen-Raum. Zudem steht die Norm im Zusammenhang mit § 63, dem gesetzlichen Beförderungsverbot (NK-AuslR/Geyer § 63 Rn. 4; aA BeckOK AuslR/Kluth § 63 Rn. 3). Ein Verstoß hiergegen (§ 63) ist aber nicht Voraussetzung für die Rückbeförderungspflicht, würde aber zu einer verschärften Haftung nach § 66 Abs. 3 S. 2 führen. Vielmehr ist die Vorschrift Ausdruck des Verursacherprinzips und stellt eine **reine Risikohaftung** dar. Es wird ein verschuldensunabhängiger öffentlich-rechtlicher Anspruch des Staates gegen den Beförderungsunternehmer begründet (BeckOK AuslR/Kluth Rn. 1). Die Vorschrift setzt lediglich den tatsächlichen Transport und die Zurückweisung des Ausländers voraus (Bergmann/Dienelt/Dollinger Rn. 2). In einem System der Handlungs- und Gewerbefreiheit soll der Beförderungsunternehmer, welcher Personen von außerhalb des Schengenraums in diesen befördert, das Risiko tragen, dass diesen Personen die Einreise verweigert wird (Bergmann/Dienelt/Dollinger Rn 2).

B. Erläuterungen im Einzelnen

I. Rückbeförderungspflicht bei Zurückweisung (Abs. 1)

1. Beförderungsunternehmer

Nr. 64.1.1.2 definiert den **Beförderungsunternehmer** iSd Abs. 1 als einen deutschen oder **3** ausländischen Gewerbetreibenden im In- oder Ausland, der Personentransporte oder Gütertransporte durchführt und hierbei auch Ausländer auf dem Luft-, See- oder Landweg mit einem entsprechenden Transportmittel (zB Flugzeug, Schiff, Bus, Pkw) an die deutsche Grenze befördert bzw. ihnen auf diesem Wege die Anwesenheit im Transitbereich deutscher Flughäfen ermöglicht. Im Luftverkehr ist in erster Linie die Fluggesellschaft, die den Ausländer tatsächlich transportiert hat, Beförderungsunternehmer und zum Rücktransport verpflichtet.

Der **Begriff des Beförderungsunternehmens ist** aber im **Zusammenhang mit § 63 zu** **3a** **sehen.** Dort regelt Nr. 63.1.1 AufenthGAVwV, dass der grenzüberschreitende Eisenbahnverkehr nicht unter diesen Begriff fällt. Es gibt keinen ersichtlichen Grund, weshalb der Begriff des Beförderungsunternehmers in § 64 anders zu subsumieren sein sollte, als in § 63. Weder aus dem Wortlaut, noch aus dem Sinn und Zweck der Vorschrift wäre dies zu entnehmen.

Beförderungsunternehmer ist nur der Personenbeförderer selbst, **nicht** etwa der **Vermittler,** **3b** **Vermieter oder Eigentümer des Fahrzeugs** (NK-AuslR/Geyer § 63 Rn. 5; BeckOK AuslR/

Kluth Rn. 4). Gegenstand der unternehmerischen Tätigkeit muss die Personenbeförderung sein (aber → Rn. 3d).

3c   Da es sich um eine gewerbliche Tätigkeit handeln muss, ist die **einmalige oder gelegentliche Mitnahme in privaten Fahrzeugen,** so etwa bei Mitfahrgelegenheiten, nicht betroffen (so auch BeckOK AuslR/Kluth Rn. 3). Diese ist nicht von einer Gewinnerzielungsabsicht umfasst, sondern soll nur eine Kostenbeteiligung darstellen, und ist somit nicht gewerbsmäßig. Selbst einmalige Fahrten mit Gewinnerzielungsabsicht werden nicht unter den Begriff der gewerbsmäßigen Personenbeförderung als Unternehmer gezählt werden können.

3d   Fraglich ist, ob ein **gewerblich im Bereich der Güterbeförderung tätiger Unternehmer, der im Einzelfall auch Personen befördert,** in den Anwendungsbereich fällt (so BeckOK AuslR/Kluth Rn. 3). Dies wird im Einzelfall zu entscheiden sein. Handelt es sich um einen Ausnahmefall, wird nicht von einem gewerblichen Personenbeförderer ausgegangen werden können. Werden regelmäßig Personen befördert, wie dies vereinzelt bei Frachtschiffen der Fall ist, liegen die Voraussetzungen des Abs. 1 regelmäßig vor.

3e   Die Beförderung muss willentlich erfolgt sein. **Blinde Passagiere** können deshalb die Rückbeförderungspflicht nicht auslösen, da in diesen Fällen das Verursacherprinzip, welches der Vorschrift zugrunde liegt, nicht gegeben ist (BeckOK AuslR/Kluth Rn. 5).

2. Ausländer

3f   Im Gegensatz zu § 63 (→ § 63 Rn. 17) ist der Begriff **Ausländer** hier nach **§ 2 Abs. 1** zu beurteilen, ohne dass es darauf ankäme, ob Freizügigkeit oä besteht, weil es hier nicht auf die Einreise ohne Dokumente, sondern auf den Akt der Zurückweisung nach § 15 geht.

3. Transport an die Grenze

4   Der **Transport** muss **durch den Beförderungsunternehmer bis an die Grenze,** somit eine Grenzübergangsstelle, erfolgt sein. Erfolgte der Transport nur bis in die Nähe der Grenze und hat der Ausländer die Grenze bzw. unmittelbare Nähe der Grenze selbst ohne den Beförderungsunternehmer erreicht, ist Abs. 1 nicht einschlägig (NK-AuslR/Geyer Rn. 6).

4. Zurückweisung

5   Erforderlich ist eine **Zurückweisung des Ausländers nach § 15.** Nicht einschlägig sind Zurückweisungen nach § 57, da in diesem Fall die Einreise bereits stattgefunden hat (NK-AuslR/Geyer Rn. 7).

6   Die **Gründe der Zurückweisung** sind angesichts des Wortlauts der Vorschrift **nicht von Bedeutung** (BVerwG BeckRS 1999, 30083596) (→ Rn. 10). Die Zurückweisung muss nicht etwa darauf beruhen, dass der Ausländer kein ausreichendes Visum, keinen Pass oder keinen Passersatz besitzt oder vorweisen kann (Bergmann/Dienelt/Dollinger Rn. 4).

7   **Unerheblich** ist auch, **ob die Zurückweisungsentscheidung rechtmäßig** war (HessVGH BeckRS 2005, 23289; BeckOK AuslR/Kluth Rn. 8; wohl auch NK-AuslR/Geyer Rn. 8).

5. Verbringen außer Landes

8   Die **Rechtsfolge** des Abs. 1 ist die **Verpflichtung des Beförderungsunternehmers, den Ausländer unverzüglich außer Landes zu bringen.** Dabei kann nach Abs. 3 die zuständige Grenzbehörde einen bestimmten Zielstaat benennen. Wie und auf welchem Wege der Beförderer seiner Pflicht nachkommt, ist seine Sache. Er kann damit auch Dritte beauftragen (BeckOK AuslR/Kluth Rn. 12; NK-AuslR/Geyer Rn. 9). Eine Bestimmung, in welches Land der Ausländer verbracht wird, sieht die Vorschrift nicht vor.

8a   Ist es dem Beförderungsunternehmer nicht mit eigenen Mitteln möglich, die Rückführung **unverzüglich** vorzunehmen, etwa, weil die Beförderungsstrecke nur einmal wöchentlich angeboten wird, hat er für eine alternative Beförderung zu sorgen. Hinnehmbar sind Verzögerungen von Stunden, nicht von Tagen (BeckOK AuslR/Kluth Rn. 12).

6. Verhältnismäßigkeit

9   Bei der Verpflichtung zur Rückbeförderung ist der **Grundsatz der Verhältnismäßigkeit** zu beachten. Ist eine Zurückweisung des Ausländers durch den Beförderungsunternehmer nicht vorhersehbar, kann er also das ihm auferlegte Risiko nicht steuern oder vermeiden, muss dies berücksichtigt werden. So können ihm in der Regel Fälschungen von Einreisedokumenten, die für den geschulten Laien nicht erkennbar sind, nicht zugerechnet werden. Ebenso eine Vernichtung des Reisepasses während des Transports oder unmittelbar vor der Grenzkontrolle. Die Einrichtung eines aufwändigen Sicherungs- und Kontrollsystems, das dem Standard der staatlichen Kontrollen entspricht, kann vom Beförderungsunternehmer nicht gefordert werden (Bergmann/Dienelt/Dollinger Rn. 7; BVerwG BeckRS 2017, 116739). Auch kann eine durch Gewalt oder Drohung mit Gewalt erzwungene Beförderung keine Rücktransportverpflichtung ergeben (NK-AuslR/Geyer Rn. 10 mwN).

Unverhältnismäßig ist wohl regelmäßig die Rückbeförderungspflicht, wenn die **Zurückwei-** **10** **sung auf einer Ermessensentscheidung** beruht. Selbst bei Beachtung höchster Sorgfalt ist es dem Beförderer nicht möglich zu erkennen, ob etwa ein Ausweisungsinteresse vorliegt (§ 15 Abs. 2 Nr. 1) oder der Ausländer den Lebensunterhalt nicht sichern kann (§§ 15 Abs. 3, 5 Abs. 1 Nr. 1; so Bergmann/Dienelt/Dollinger Rn. 7; NK-AuslR/Geyer Rn. 11).

Da bei **Beförderungen innerhalb des Schengenraums** eine Kontrollpflicht des Beförde- **10a** rungsunternehmens iSd § 63 nicht besteht, wäre eine Rückbeförderungspflicht in diesem Zusammenhang ebenfalls unverhältnismäßig, da für den Beförderungsunternehmer eine Zurückweisung nicht vorhersehbar war. So besteht keine Kontrollpflicht aufgrund europarechtlicher Ausnahmen **bei Schengen-Binnenflügen und Fährverbindungen im Schengenbereich** (Art. 20, 21 lit. b Schengener Grenzkodex). Ebenfalls nicht betroffen sind **Personentransporte durch Linienbusse innerhalb des Schengenraums.** Art. 21 lit. a Schengener Grenzkodex 2006 und Art. 67 Abs. 2 AEUV stehen der Verpflichtung dieser Beförderungsunternehmen zur Passkontrolle und Kontrolle der Aufenthaltstitel unter Androhung von Zwangsgeld im Falle des Verstoßes entgegen, sofern es sich um Personentransporte mit Überschreiten einer Binnengrenze handelt (EuGH BeckRS 2018, 31910). Solche Kontrollen hätten nach diesem Urteil die gleiche Wirkung wie Grenzübertrittskontrollen und sind deshalb nach Art. 67 Abs. 2 AEUV und Art. 21 lit. a Schengener Grenzkodex aF bzw. Art. 23 lit a Schengener Grenzkodex nF verboten. Würde dies nicht beachtet, könnten diese Bestimmungen leicht umgangen werden, was die praktische Wirksamkeit, den „effet utile" einschränken würde.

7. Ende der Rückbeförderungspflicht bei beendeter Einreise

Vorbehaltlich der Regelung in Abs. 2 endet die Rückbeförderungspflicht mit Beendigung der **11** **Einreise** (§ 13 Abs. 2) des Ausländers (BVerwG BeckRS 2000, 30120241). Die Einreise ist beendet mit Überschreiten der Grenze oder mit Verlassen des Transitbereichs eines Flughafens.

Ob ein erlaubter **Grenzübertritt zu einem bestimmten vorübergehenden Zweck,** zB **11a** für eine ärztliche Behandlung, eine beendete Einreise darstellt, ist im Einzelfall zu prüfen (strenger gegen eine Einreise BeckOK AuslR/Kluth Rn. 7). Maßgeblich hierfür ist § 13 Abs. 2 S. 2. Danach liegt keine Einreise vor, solange die zuständige Behörde Kontrolle über den Aufenthalt des Ausländers hat. Dabei kann die Kontrolle auch an andere Behörden, wie zB Jugendamt, Justizvollzugsanstalt delegiert werden. Eine Delegierung an Dritte, wie beispielsweise ein Klinikum ist nach der hier vertretenen Auffassung nicht möglich und führt zum Kontrollverlust, sodass die Einreise als beendet anzusehen ist. Näher hierzu → § 13 Rn. 8a f.

II. Rückbeförderungspflicht nach Einreise (Abs. 2)

Die Regelung des **Abs. 2 ist unabhängig von Abs. 1** zu sehen und enthält nicht etwa eine **12** Regelung über die Dauer der Rückbeförderungspflicht nach Abs. 1.

Vielmehr betrifft Abs. 2 einen konkret abgegrenzten Personenkreis. Betroffen sind Ausländer, **13** denen die **Einreise trotz fehlender Einreisedokumente,** somit Pass, Passersatz und Aufenthaltstitel von den zuständigen Behörden **gestattet** wurde (§ 55 Abs. 1 AsylG), **weil** sie sich **auf politische Verfolgung, Verfolgung iSd § 3 Abs. 1 AsylG, die Gefahr eines ernsthaften Schadens iSd § 4 Abs. 1 AsylG oder auf das Vorliegen von Abschiebehindernissen nach § 60 berufen** haben.

Nicht von dieser Vorschrift umfasst ist der Fall, dass ein Ausländer erst zu einem späteren **13a** Zeitpunkt nach erfolgter Einreise einen Asylanspruch geltend macht (BeckOK AuslR/Kluth Rn. 14).

In diesen Fällen verbleibt die **Rückbeförderungspflicht für die Dauer von drei Jahren** **14** beim Beförderungsunternehmer, wenn die Einreisegründe nicht zur Erteilung eines Aufenthaltstitels geführt haben. Die Art des Aufenthaltstitels ist ohne Bedeutung.

Die **Rückbeförderungspflicht endet** nicht **mit** einem Anspruch auf **Erteilung eines Auf-** **15** **enthaltstitels,** sondern mit der Erteilung selbst, somit der Bekanntgabe (Bergmann/Dienelt/

Dollinger Rn. 9). Es muss sich um einen **Aufenthaltstitel nach diesem Gesetz** handeln. Eine Duldung nach § 60a ist kein Aufenthaltstitel. Die Aufenthaltsgestattung (§ 55 AsylG) ist kein Aufenthaltstitel nach diesem Gesetz.

15a   Die Rückbeförderungspflicht endet auch dann, wenn der Aufenthalt nach einer **Rechtsgrundlage außerhalb des AufenthG,** zB nach dem FreizügG/EU, legal ist (Bergmann/Dienelt/Dollinger Rn. 9).

16   Der **Verhältnismäßigkeitsgrundsatz** ist wie bei Abs. 1 zu beachten (→ Rn. 9).

17   Zurecht geht NK-AuslR/Geyer Rn. 14 davon aus, dass **Abs. 2 völkerrechtswidrig** ist, weil nach ICAO-Richtlinie 3.65 des Anhangs 9 Chicagoer Abkommen (Abkommen über die Internationale Zivilluftfahrt v. 7.12.1944, BGBl. 1956 II 411) die Verpflichtung zur Rückbeförderung mit einer legalen Einreise endet. Das ist jedoch der Zeitpunkt der Einreisegestattung durch die Grenzbehörde (aA BVerwG BeckRS 2000, 30120241).

17.1   ICAO-Richtlinie 3.65 Anhang 9 Chicagoer Abkommen („Facilitation") lautet: „The obligation of an operator to transport any person away from the territory of a Contracting State shall terminate from the moment such person has been legally admitted for entry into that State."

18   Mit NK-AuslR/Geyer Rn. 15 ist zu beachten, dass bei einem **Asylsuchenden,** der ohne Aufenthaltstitel, insbesondere ohne Visum befördert wurde, und der im unmittelbaren Zusammenhang mit der Einreise einen Asylantrag gestellt hat, die Norm schon deshalb nicht greift, weil ein Aufenthaltstitel nach für ihn nicht erforderlich iSd Abs. 2 ist (ebenso Bergmann/Dienelt/Dollinger Rn. 5).

19   **Der Dreijahreszeitraum beginnt mit der Einreise aufgrund der Einreisegestattung** durch die Grenzbehörde.

20   Die Einreise muss nach einer ordnungsgemäßen Grenzkontrolle unter Berufung auf die genannten Schutzgründe (→ Rn. 12) erfolgt sein. Erfolgt die Einreise ohne diese Voraussetzungen, ist Abs. 2 nicht anwendbar, da es an der Kausalität zwischen Schutzgesuch und Einreisegestattung fehlt (NK-AuslR/Geyer Rn. 17 mwN).

III. Zielstaat (Abs. 3)

21   Die Grenzbehörde kann nach Abs. 3 dem Beförderungsunternehmen einen bestimmten **Zielstaat für die Rückbeförderung** auferlegen. Hierbei hat sie Ermessen unter Beachtung der in Abs. 3 aufgeführten Kriterien auszuüben.

22   **Abschiebungshindernisse** sowie **fehlende Rücknahmebereitschaft des Zielstaates** sind bei der Entscheidung der Grenzbehörde zu berücksichtigen (Nr. 64.3.1 AufenthGAVwV). In Fällen eines Abschiebeverbots hat die Grenzbehörde dem Beförderungsunternehmen die Rückführung in den betreffenden Staat zu untersagen.

IV. Verfahren

23   Die Verpflichtung zur Rückbeförderung ergeht durch **Verwaltungsakt** durch die Grenzbehörde nach Abs. 1 oder die Ausländerbehörde nach Abs. 2.

24   Die **Beweislast** für die Rückbeförderungspflicht liegt bei der Behörde (Nr. 64.1.3.2 AufenthGAVwV).

25   Der Begriff der Unverzüglichkeit kann durch eine **Fristsetzung** konkretisiert werden.

25a   Die **Durchsetzung der Rückbeförderung** kann im Wege der Ersatzvornahme nach Androhung derselben durchgeführt werden (BeckOK AuslR/Kluth Rn. 13). Zurecht weist Kluth (BeckOK AuslR/Kluth Rn. 13) darauf hin, dass die Festsetzung eines Zwangsgeldes nicht geeignet erscheint, da dieses Zwangsmittel nicht auf eine schnelle Umsetzung der Maßnahme angelegt ist.

26   Widerspruch (je nach Landesrecht) und Anfechtungsklage haben **aufschiebende Wirkung** nach § 80 Abs. 1 VwGO. Die Anordnung der sofortigen Vollziehbarkeit ist unter den entsprechenden Voraussetzungen möglich und mit den Mitteln des § 80 Abs. 5 VwGO (Wiederherstellung der aufschiebenden Wirkung) angreifbar.

27   Der **Gerichtsstand** ergibt sich aus § 52 Nr. 2 bzw. Nr. 3 VwGO.

28   Die **Vollstreckung** richtet sich nach VwVG bzw. LVwVG.

§ 65 Pflichten der Flughafenunternehmer

Der Unternehmer eines Verkehrsflughafens ist verpflichtet, auf dem Flughafengelände geeignete Unterkünfte zur Unterbringung von Ausländern, die nicht im Besitz

eines erforderlichen Passes oder eines erforderlichen Visums sind, bis zum Vollzug der grenzpolizeilichen Entscheidung über die Einreise bereitzustellen.

Überblick

Die Vorschrift regelt die abstrakte Verpflichtung (→ Rn. 2) der Betreiber eines Verkehrsflughafens (→ Rn. 4), Unterkünfte (→ Rn. 6) zur Unterbringung von Ausländern, die ohne die erforderlichen Dokumente eingereist sind (→ Rn. 8), zur Verfügung zu stellen. Näheres ist durch Verwaltungsakt zu regeln (→ Rn. 3).

A. Allgemeines

Die Vorschrift entspricht der Vorgängervorschrift des § 74a AuslG aF.　　　　　　**1**

Sie regelt nur die **abstrakte Grundverpflichtung** zur Einrichtung der genannten Unterkünfte　**2** in Transitbereichen der Verkehrsflughäfen.

Die **konkrete Verpflichtung** gegenüber dem Flughafenunternehmer, in welcher Anzahl, Art,　**3** Lage und Umfang die Unterkünfte einzurichten sind, **ergeht durch Verwaltungsakt der nach § 2 BPolG zuständigen Grenzschutzbehörde.** Ohne diesen Verwaltungsakt besteht keine individuelle Verpflichtung zur Errichtung der Unterkünfte.

Die Vorschrift ist notwendig, da der Beförderungsunternehmer für diesen Zweck nicht in　**3a** Anspruch genommen werden könnte, da er die Einrichtungen der Flughäfen nur benutzt, nicht aber unterhält (so auch BeckOK AuslR/Kluth Rn. 2).

B. Erläuterungen im Einzelnen

Der Verpflichtete aus dieser Vorschrift ist der Unternehmer eines Verkehrsflughafens. Dabei　**4** handelt es sich um denjenigen, der mit der Genehmigung der Luftfahrtbehörde nach §§ 6 LuftVG, 42 LuftVZO einen Verkehrsflughafen gem. §§ 38 Abs. 1, Abs. 2 Nr. 1, 40 Abs. 1 Nr. 1–3, 45 Abs. 1 LuftVZO im eigenen Namen betreibt.

Maßgeblich für das Ob und Wie der Einrichtung ist die Frage, ob bei einem Verkehrsflughafen　**5** Unterkünfte zur Unterbringung von pass- oder visumlosen Ausländern erforderlich sind und wo auf dem Gelände in welcher Anzahl, Größe und Beschaffenheit diese bereitzustellen sind (Bergmann/Dienelt/Dollinger Rn. 2). Gefälschte Dokumente stehen in diesem Zusammenhang fehlenden Dokumenten gleich (Bergmann/Dienelt/Dollinger Rn. 4).

Die Unterkünfte müssen eine **menschenwürdige Unterbringung** für eine gewisse Dauer　**6** gewährleisten (BVerfG BeckRS 9998, 170716). Dabei ist eine **Trennung von unterschiedlichen Raumtypen** zu gewährleisten. Auch ist eine Trennung nach Geschlechtern sowie die **Geeignetheit von Räumen zur Unterbringung von Minderjährigen** zu gewährleisten (NK-AuslR/ Geyer Rn. 3). Maßgeblich für die Mindeststandards sind die Landesbauordnungen (BeckOK AuslR/Kluth Rn. 4).

Verpflegung und medizinische sowie psychologische Versorgung sowie schlafen müssen möglich sein. Die Unterkünfte müssen somit auch für Kranke und Behinderte geeignet　**7** sein. Die Grundsätze der Art. 30 Abs. 2 und 31 Qualifikations-RL sowie Art. 11 Aufnahme-RL sind zu beachten. Die Versorgung der Ausländer muss aber nicht vom Flughafenbetreiber zur Verfügung gestellt werden. Dies geht aus dem Wortlaut, wonach lediglich die Unterkünfte zu stellen sind, hervor.

Die Unterkünfte müssen **Ausländern** zur Verfügung gestellt werden können, **die nicht im**　**8** **Besitz des erforderlichen Passdokuments oder Visums sind** oder im Besitz von gefälschten Dokumenten sind und für die das Einreiseverfahren aus diesem Grund kausal verzögert wird. Es geht also nicht um Verfahren nach § 15 Abs. 2 oder Abs. 3 (NK-AuslR/Geyer Rn. 5).

Nicht umfasst sind somit **Asylsuchende** mit Einreisedokumenten, auch wenn sie aus sicheren　**9** Herkunftsstaaten stammen (BGH BeckRS 1999, 30048758). Die Vorschrift dient somit nicht konkret der Umsetzung des § 18a AsylG. § 18a AsylG bezieht sich explizit auf die Einreise aus einem sicheren Herkunftsstaat, nicht auf die Frage, ob eine Einreise ohne gültige Papiere erfolgt.

Die Unterkünfte müssen so angelegt sein, dass mit deren Betreten bereits die Einreise　**10** verbunden ist (Bergmann/Dienelt/Dollinger Rn. 3). Die Unterkünfte müssen sich also im **Transitbereich** des Flughafens befinden, um den Zweck der Regelung zu erfüllen (so auch BeckOK AuslR/Kluth Rn. 4).

Der Flughafenbetreiber kann nach dieser Vorschrift nicht verpflichtet werden, Büroräume für　**11** die zuständigen Beamten zur Verfügung zu stellen.

12 Die Frage der **Kostentragung** für die Unterkünfte ist im Gesetz nicht geregelt und umstritten. Nach BGH BeckRS 9998, 91565 können die Kosten nicht auf die Luftverkehrsgesellschaften übertragen werden (anders BT-Drs. 12/4450, 34 zu § 74a AuslG 1965). Auch kann nach BGH BeckRS 9998, 91565 der Flughafenbetreiber aus verfassungsrechtlichen Gründen nicht endgültig mit den Kosten belastet werden. Zudem ist unklar, welche der Körperschaften die Kosten zu tragen hat (NK-AuslR/Geyer Rn. 6 mwN). Letztendlich ist die Einrichtung der Unterkünfte Ausdruck der hoheitlichen Aufgabe der Einreisekontrolle des Bundes, sodass von diesem die Kosten zu tragen sind. Soweit der BGH in der Entscheidung vom 25.2.1999 (BeckRS 1999, 30048758) eine Kostentragung durch die Länder sieht, ist dies dadurch begründet, dass im dort entschiedenen Fall ein Verfahren nach § 18a AsylG vorlag und die Länder für die Unterbringung der Asylsuchenden zuständig sind. Deshalb, so folgerichtig der BGH, trifft in diesen Fällen die Kostenlast das jeweilige Land. Dies verkennt nach hiesiger Auffassung Kluth (BeckOK AuslR/Kluth Rn. 6). Für die Kontrolle und Überwachung der Einreise sonstiger Ausländer hingegen ist der Bund über die Bundespolizei zuständig (§ 2 Abs. 1 und Abs. 2 BPolG). Die hierfür entstehenden Kosten gehen deshalb zulasten des Bundes.

§ 66 Kostenschuldner; Sicherheitsleistung

(1) Kosten, die durch die Durchsetzung einer räumlichen Beschränkung, die Zurückweisung, Zurückschiebung oder Abschiebung entstehen, hat der Ausländer zu tragen.

(2) Neben dem Ausländer haftet für die in Absatz 1 bezeichneten Kosten, wer sich gegenüber der Ausländerbehörde oder der Auslandsvertretung verpflichtet hat, für die Ausreisekosten des Ausländers aufzukommen.

(3) [1]In den Fällen des § 64 Abs. 1 und 2 haftet der Beförderungsunternehmer neben dem Ausländer für die Kosten der Rückbeförderung des Ausländers und für die Kosten, die von der Ankunft des Ausländers an der Grenzübergangsstelle bis zum Vollzug der Entscheidung über die Einreise entstehen. [2]Ein Beförderungsunternehmer, der schuldhaft einer Verfügung nach § 63 Abs. 2 zuwiderhandelt, haftet neben dem Ausländer für sonstige Kosten, die in den Fällen des § 64 Abs. 1 durch die Zurückweisung und in den Fällen des § 64 Abs. 2 durch die Abschiebung entstehen.

(4) [1]Für die Kosten der Abschiebung oder Zurückschiebung haftet:
1. wer als Arbeitgeber den Ausländer als Arbeitnehmer beschäftigt hat, dem die Ausübung der Erwerbstätigkeit nach den Vorschriften dieses Gesetzes nicht erlaubt war;
2. ein Unternehmer, für den ein Arbeitgeber als unmittelbarer Auftragnehmer Leistungen erbracht hat, wenn ihm bekannt war oder er bei Beachtung der im Verkehr erforderlichen Sorgfalt hätte erkennen müssen, dass der Arbeitgeber für die Erbringung der Leistung den Ausländer als Arbeitnehmer eingesetzt hat, dem die Ausübung der Erwerbstätigkeit nach den Vorschriften dieses Gesetzes nicht erlaubt war;
3. wer als Generalunternehmer oder zwischengeschalteter Unternehmer ohne unmittelbare vertragliche Beziehungen zu dem Arbeitgeber Kenntnis von der Beschäftigung des Ausländers hat, dem die Ausübung der Erwerbstätigkeit nach den Vorschriften dieses Gesetzes nicht erlaubt war;
4. wer eine nach § 96 strafbare Handlung begeht;
5. der Ausländer, soweit die Kosten von den anderen Kostenschuldnern nicht beigetrieben werden können.

[2]Die in Satz 1 Nummer 1 bis 4 genannten Personen haften als Gesamtschuldner im Sinne von § 421 des Bürgerlichen Gesetzbuchs.

(4a) Die Haftung nach Absatz 4 Nummer 1 entfällt, wenn der Arbeitgeber seinen Verpflichtungen nach § 4a Absatz 5 sowie seiner Meldepflicht nach § 28a des Vierten Buches Sozialgesetzbuch in Verbindung mit den §§ 6, 7 und 13 der Datenerfassungs- und -übermittlungsverordnung oder nach § 18 des Arbeitnehmer-Entsendegesetzes nachgekommen ist, es sei denn, er hatte Kenntnis davon, dass der Aufenthaltstitel oder die Bescheinigung über die Aufenthaltsgestattung oder die Aussetzung der Abschiebung des Ausländers gefälscht war.

(5) [1]Von dem Kostenschuldner kann eine Sicherheitsleistung verlangt werden. [2]Die Anordnung einer Sicherheitsleistung des Ausländers oder des Kostenschuldners nach Absatz 4 Satz 1 und 2 kann von der Behörde, die sie erlassen hat, ohne vorherige Vollstreckungsanordnung und Fristsetzung vollstreckt werden, wenn andernfalls die Erhebung gefährdet wäre. ³Zur Sicherung der Ausreisekosten können Rückflugscheine und sonstige Fahrausweise beschlagnahmt werden, die im Besitz eines Ausländers sind, der zurückgewiesen, zurückgeschoben, ausgewiesen oder abgeschoben werden soll oder dem Einreise und Aufenthalt nur wegen der Stellung eines Asylantrages gestattet wird.

Überblick

Die Vorschrift regelt die Inanspruchnahme für entstehende Kosten durch Maßnahmen zur Durchsetzung (→ Rn. 15) der in Abs. 1 genannten Verpflichtungen. Dabei können der Ausländer (→ Rn. 12) selbst, sowie unter den dort genannten Voraussetzungen derjenige, der eine Verpflichtungserklärung hinsichtlich der Ausreisekosten abgegeben hat (→ Rn. 27), der Beförderungsunternehmer (→ Rn. 32), der Arbeitgeber des Ausländers (→ Rn. 37), ein Unternehmer, für den der Arbeitgeber Dienste erbringt (→ Rn. 45), zwischengeschaltete weitere Unternehmer (→ Rn. 49) sowie der Schleuser (→ Rn. 51) in Anspruch genommen werden. Zur Erstreckung auf weitere mögliche Kostenschuldner (→ Rn. 8). Auf die unterschiedlichen Anforderungen an den subjektiven Tatbestand ist zu achten (→ Rn. 44, → Rn. 47, → Rn. 49). Ebenso auf die Exkulpationsmöglichkeit nach Abs. 4a für den Arbeitgeber (→ Rn. 56). Zum Entstehen eines Gesamtschuldverhältnisses (→ Rn. 54). Zur Sicherung der Inanspruchnahme für die Kosten bestehen die Möglichkeiten nach Abs. 5 (→ Rn. 58). Zum Verwaltungsverfahren (→ Rn. 61).

Übersicht

A. Allgemeines

I. Entstehungsgeschichte

Die Vorschrift löste § 82 AuslG 1990 ab und ist mit diesem weitgehend identisch. Änderungen **1** erfuhr die Vorschrift durch das Gesetz zur Umsetzung aufenthaltsrechtlicher Richtlinien der Europäischen Union und zur Anpassung nationaler Rechtsvorschriften an den EU-Visakodex (v. 22.11.2011, BGBl. I 2258) in Abs. 4 und Abs. 4a. Dabei wurden die Auswahl möglicher Kostenschuldner erheblich erweitert. Während zuvor nur der Arbeitgeber (heute Abs. 4 Nr. 1), der Schleuser (heute Abs. 4 Nr. 4) und der betroffene Ausländer (heute Abs. 4 Nr. 5) betroffen waren, wurden durch die Gesetzesänderung auch der Auftraggeber eines Arbeitnehmers des Ausländers (Abs. 4 Nr. 2) und der Generalunternehmer (Abs. 4 Nr. 3) als mögliche Kostenschuldner aufgenommen. Zudem wurde die Möglichkeit einer Exkulpation für den Arbeitgeber als Kostenschuldner aufgenommen (Abs. 4a).

Zuletzt geändert wurde die Vorschrift durch das **FachkEinwG** (Fachkräfteeinwanderungsge- **2** setz v. 15.8.2019, BGBl. I 1307) mWz 1.3.2020. Die Verpflichtungen des Arbeitgebers nach Abs. 4a, welche sich zuvor auf § 4 Abs. 3 S. 4 und S. 5 bezogen, wo diese näher dargelegt waren, bezieht sich jetzt auf § 4a Abs. 5, wo nunmehr die Voraussetzungen für eine Beschäftigung durch den Arbeitgeber geregelt sind. Eine inhaltliche Änderung hat § 66 dadurch nicht erfahren.

II. Grundlegendes

Die Vorschrift regelt, **wer im Einzelnen welche aufenthaltsrechtlichen Kosten dem** **3** **Grunde nach zu tragen hat.** Die Höhe der zu tragenden Kosten ergibt sich aus § 67.

3a   Der Vorschrift liegt dabei der Grundgedanke des **Veranlasserprinzips** bzw. **Verursacherprinzips** zugrunde (BeckOK AuslR/Kluth Rn. 3). Dies entspricht der Normierung in § 13 VwKostG.

4   Mehrere Kostenschuldner haften nebeneinander als **Gesamtschuldner** (BayVGH BeckRS 1985, 4661). Dies betrifft auch mehrere Arbeitgeber untereinander (BVerwG BeckRS 1979, 00868). Ein Ausgleich der **Kostenschuldner** untereinander ist **nach §§ 421, 426 Abs. 2 BGB** möglich. Die vorbehaltlose Begleichung der Kosten durch einen Kostenschuldner führt zum Erlöschen der Forderung der Ausländerbehörde gegenüber anderen Kostenschuldnern (BayVGH BeckRS 2005, 28299).

4a   Die Behörde hat zunächst ein **Entscheidungsermessen.** Allerdings verlangen die Grundsätze der Wirtschaftlichkeit und Sparsamkeit (§ 6 HGrG) in der Regel, dass die öffentliche Hand ihr zustehende Geldleistungen durchzusetzen hat (BVerwG BeckRS 1998, 30035179; BeckOK AuslR/Kluth Rn. 4).

5   Die Haftung des Ausländers nach Abs. 4 S. 1 Nr. 5 erfolgt aber nur soweit, wie die Kosten von den anderen Kostenschuldnern nach Abs. 4 S. 1 Nr. 1–4 nicht beigetrieben werden können (→ Rn. 54). Er haftet auch nicht als Gesamtschuldner neben diesen, was sich aus Abs. 4 S. 2 ergibt.

6   Die Behörde hat darüber hinaus ein **Auswahlermessen,** welches sie auch ausüben muss. Sonst ist der Leistungsbescheid wegen Ermessensnichtgebrauch rechtswidrig (SächsOVG BeckRS 2014, 49258).

7   Allerdings kann das Auswahlermessen eingeschränkt sein. Fällt die Haftung sowohl unter die Arbeitgeber-Sanktionen-RL (RL 2009/52/EG v. 18.6.2009, ABl. 2009 L 168, 24), als auch unter einen allein nach nationalem Recht begründeten Haftungstatbestand, wie zB § 66 Abs. 3 S. 1 iVm § 64 Abs. 1 oder Abs. 2, ist vorrangig die Haftung nach der Arbeitgeber-Sanktionen-RL durchzusetzen. Dies gebietet der Grundsatz des effet utile. Der Strafcharakter nach der Arbeitgeber-Sanktionen-RL, welche sich aus der dem Arbeitgeber bzw. den weiteren genannten Personen auferlegten Pflicht ergibt, die Kosten für die Rückführung illegal Beschäftigter zu tragen, führt zu einer entsprechenden Ermessensbindung (Bergmann/Dienelt/Dollinger Rn. 2).

8   Die **Aufzählung der möglichen Kostenschuldner** in dieser Vorschrift ist nach überwiegender Auffassung in der Rechtsprechung, die hier nicht geteilt wird, **nicht abschließend.** Die Vorschrift dient danach lediglich der Präzisierung und Erweiterung der fortbestehenden Veranlasserhaftung nach dem BGebG und verdrängt dieses nicht etwa als lex specialis (BayVGH BeckRS 2013, 52722). Dies kann nach dieser Auffassung zB zur Haftung der Eltern für minderjährige Ausländer führen (→ Rn. 23).

8a   Hier sind aber **erhebliche Bedenken** angebracht. Bereits der Wortlaut lässt eine solche Erweiterung der Haftung nicht zu (zweifelnd auch BeckOK AuslR/Kluth Rn. 7). Diesbezüglich ist insbesondere die **Haftung der Eltern für ihre minderjährigen Kinder zweifelhaft.** Soweit sich die Rechtsprechung auf § 13 VwKostG aF, heute § 6 BGebG beruft, verkennt sie, dass genau die dort genannten Regelungen in § 66 genau spezifiziert und damit als lex specialis kodifiziert wurde. Ansonsten hätte es der Auflistung überhaupt nicht bedurft und der Gesetzgeber hätte sich auf die allgemeine Regelung des § 13 VwKostG aF bzw. § 6 BGebG beschränken können. Zurecht weist diesbezüglich Geyer (NK-AuslR/Geyer Rn. 4), der eine Ausweitung der Kostenschulder ebenfalls strikt ablehnt, darauf hin, dass § 80 spezielle Regelungen für die besonderen Verpflichtungen der Eltern im Rahmen des AufenthG für ihre minderjährigen Kinder vorsieht und eine Haftung dort nicht benannt ist. Soweit den Eltern vorgehalten wird, sie hätte die Einreise des Kindes möglicherweise mit verursacht, hat dem das BVerwG (BeckRS 2005, 29711) Einhalt geboten, aber auch entschieden, dass die Eltern dann nach § 66 haften, wenn sie die Einleitung aufenthaltsbeendender Maßnahmen gegenüber ihrem minderjährigen Kind gem. § 13 Abs. 1 Nr. 1 VwKostG aF mitveranlasst haben (aA NdsOVG BeckRS 2004, 22723).

9   Die der Kostentragung **zugrundeliegende Amtshandlung muss rechtmäßig** sein (BVerwG BeckRS 2012, 60006; HessVGH BeckRS 2021, 1205). Dies ist ungeschriebenes Tatbestandsmerkmal. Die **Rechtmäßigkeit ist inzident zu überprüfen.** Daran ändert auch ein bestandkräftig gewordener Rückbeförderungsbescheid nach § 64 Abs. 1 nichts, da das verpflichtete Beförderungsunternehmen mangels eigener Rechtsverletzung keine zulässigen Rechtsbehelfe gegen einen solchen Bescheid einlegen kann (HessVGH BeckRS 2021, 1205).

10   Bei rechtswidriger Haft sind weder die Haftkosten noch die damit kausal in Verbindung stehenden weiteren Kosten erstattungsfähig (NK-AuslR/Geyer Rn. 2).

10.1   Keine Kostenhaftung bei Anordnung von Abschiebehaft ohne die Belehrung nach Art. 36 Abs. 1 lit. b WÜK (BVerwG BeckRS 2012, 60006); bei Anordnung von Sicherungshaft auf Grundlage eines Haftantrags, der den Begründungserfordernissen nicht genügt (BVerwG BeckRS 2015, 41791); bei Anordnung von Sicherungshaft aufgrund eines Haftantrags, der dem Betroffenen nicht schriftlich rechtzeitig ausgehändigt wurde (BVerwG BeckRS 2015, 41791; bei Anordnung einer begleiteten Vorsprache zur Identitätsfeststellung ohne hinreichende tatsächliche Gründe für die Annahme, dass ohne Begleitung der Zweck der Vorsprache nicht erreicht werden kann (BVerwG BeckRS 2014, 53741); für Maßnahmen, die unter Verstoß gegen Mitteilungspflichten nach der Dublin II-VO ergangen sind (NRW OVG BeckRS 2013, 51232); Zu Dublin-III (→ Rn. 14);für Abschiebekosten, wenn ein Aufenthaltstitel für einen anderen EU-Staat besteht (VG Gießen BeckRS 2013, 51682); Zum Ganzen auch NK-AuslR/Geyer Rn. 2.

B. Erläuterungen im Einzelnen

I. Allgemeines

Die Kostentragungspflicht entspricht dem **Veranlasserprinzip** nach § 1 BGebG. Es haften der **11** **Ausländer** (Abs. 1, Abs. 4 S. 1 Nr. 5), der **Verpflichtungsschuldner** (Abs. 2), das **Beförderungsunternehmen** (Abs. 3), der **Arbeitgeber** oder andere **Verantwortliche für die illegale Beschäftigung** (Abs. 4 S. 1 Nr. 1–3) sowie Straftäter iSd § 96, also **Schleuser** (Abs. 4 S. 1 Nr. 4).

II. Kostentragungspflicht des Ausländers (Abs. 1)

1. Grundsatz

Abs. 1 stellt klar, dass der **Ausländer** als Veranlasser **der originäre Schuldner** für Kosten ist, **12** die durch die Durchsetzung einer räumlichen Beschränkung (zB § 12 Abs. 2, § 46 Abs. 1, § 61), der Zurückweisung (§ 15), Zurückschiebung (§ 57) oder der Abschiebung (§ 58) entstehen. Die Kosten für die Durchsetzung einer räumlichen Beschränkung können dabei nur dem Ausländer auferlegt werden.

Wer Ausländer ist, richtet sich nach § 2 Abs. 1. Damit ist jeder Ausländer, der nicht Deutscher **12a** iSd Art. 116 Abs. 1 GG ist.

Ausländer im Sinne der Vorschrift **kann auch der Unionsbürger sein,** wenn diesem gegen- **13** über nach § 6 FreizügG/EU bestandskräftig der Verlust oder das Nichtbestehen des Rechts nach § 2 Abs. 1 FreizügG/EU festgestellt wurde. In diesem Fall ist nach § 11 Abs. 2 FreizügG/EU das AufenthG anwendbar, soweit das FreizügG/EU keine besonderen Regelungen trifft (→ FreizügG/EU § 11 Rn. 6). Unter die Anwendbarkeit fällt auch § 66 (BVerwG BeckRS 2016, 112113).

Keine Anwendung findet Abs. 1 auf **Rückführungen eines Asylbewerbers nach der Dublin 14** **III-VO.** Dies schließt Art. 30 Abs. 3 Dublin III-VO aus.

2. Durchführung der Maßnahme

Umstritten ist, **ob die Maßnahme als kostenauslösende Amtshandlung tatsächlich 15 durchgeführt worden sein muss.**

Einerseits (VG Karlsruhe BeckRS 2004, 20609; NK-AuslR/Geyer Rn. 4) wird darauf verwie- **16** sen, dass der Wortlaut der Vorschrift eine „Abschiebung", nicht lediglich die Vorbereitung einer Abschiebung fordere. Dabei spiele es auch keine Rolle, wenn in § 67 Abs. 1 Nr. 1 bzw. zuvor in § 83 Abs. 1 AuslG 1990 auch die Kosten für die Vorbereitung einer solchen Maßnahme umfasst seien, da es dabei nur um den Umfang der Kosten, nicht aber um den Kostengrund selbst gehe. Auch (so NK-AuslR/Geyer Rn. 4) gehe aus Art. 5 Abs. 2 lit. b Arbeitgeber-Sanktionen-RL (RL 2009/52/EG v. 18.6.2009, ABl. 2009 L 168, 24) hervor, dass nur bei durchgeführten Rückführungen Kostenerstattungen gefordert werden können.

Andererseits wird von der obergerichtlichen Rechtsprechung (HessVGH BeckRS 2012, 53723; **17** OVG RhPf BeckRS 2006, 24945; BayVGH BeckRS 2004, 01668) sowie der überwiegenden Meinung in der Literatur (BeckOK AuslR/Kluth Rn. 6; Bergmann/Dienelt/Dollinger Rn. 4) die Auffassung vertreten, dass die Kostenerstattungspflicht eine durchgeführte Abschiebung nicht erfordere. Dies gehe aus dem Wortlaut hervor, wonach die Kosten zur „Durchsetzung" der Maßnahme gefordert werden könnten, nicht nur für die Maßnahme selbst. Dies zeige, dass eine erfolgreiche Maßnahme nicht nötig sei. Auch ergebe den Sinn und Zweck der Vorschrift, die auf dem Veranlasserprinzip des § 13 Abs. 1 Nr. 1 VwKostG aF (jetzt § 1 BGebG) basiere. Danach müsse derjenige, der eine Maßnahme veranlasse, auch für die Kosten aufkommen.

Letztendlich wird **der hM** (→ Rn. 17) **zu folgen** sein. In der Tat muss der Wortlaut der **18** Vorschrift im Ganzen gesehen werden. Dabei kommt auch dem Wort „Durchsetzen" eine Bedeutung zu. Dieses erweitert den Anwendungsrahmen über eine erfolgte Abschiebung hinaus. Dem steht auch Art. 5 Abs. 2 lit. b Arbeitgeber-Sanktionen-RL nicht entgegen. Denn in Art. 5 Abs. 2 lit. b S. 2 Arbeitgeber-Sanktionen-RL ist geregelt, dass keineswegs konkrete Kosten berücksichtigt werden müssen, sondern durchschnittliche Rückführungskosten in die allgemeine finanzielle Sanktion nach Art. 5 Abs. 2 lit. a Arbeitgeber-Sanktionen-RL einberechnet werden können. Dabei handelt es sich um fiktive Kosten, ohne dass eine Rückführung tatsächlich stattgefunden haben muss. Auch kann, selbst wenn § 6 Abs. 1 Nr. 1 BGebG nicht unmittelbar anwendbar ist, da die hiesige Vorschrift spezieller ist, dennoch deren Rechtsgedanke zur Auslegung des Abs. 1 herangezogen werden.

19 Unstreitig **keine Kostentragungspflicht** besteht, **wenn von vornherein deutlich ist, dass eine Maßnahme nicht durchgeführt werden kann.** Kosten, welche infolge **fehlerhafter Sachbehandlung** entstanden sind, können vom Betroffenen nicht gefordert werden (VGH BW BeckRS 2006, 22820).

20 Auch dürfen **Kosten für Maßnahmen, welche den Betroffenen in seinen subjektiven Rechten verletzen,** nicht geltend gemacht werden (BVerwG BeckRS 2015, 41791). Dies ist zB dann der Fall, wenn die Voraussetzungen der §§ 58 Abs. 1, 59 Abs. 1 nicht vorliegen, wenn Abschiebeverbote nach § 60 bestehen, wenn Vollstreckungshindernisse nach § 60a Abs. 2 S. 1 vorliegen oder Abschiebehaft und Sicherheitshaft rechtswidrig sind (Bergmann/Dienelt/Dollinger Rn. 5). Nach Auffassung von VG Hamburg (BeckRS 2020, 10765) ist dabei die Sicht **ex ante** maßgeblich. Durfte die Behörde danach von der Rechtmäßigkeit ausgehen, können die Kosten berechnet werden.

21 Bei **Maßnahmen, die objektiv rechtswidrig** sind, nicht aber subjektiv in Rechte des Betroffenen eingreifen, können Kosten, die bei richtiger Behandlung der Sache entstanden wären, nicht gefordert werden (BVerwG BeckRS 2012, 60006; Bergmann/Dienelt/Dollinger Rn. 5).

22 Auch wenn der **Abschiebebehörde ein Abschiebehindernis nicht bekannt** war, dürfen Abschiebungskosten wegen unrichtiger Sachbehandlung nicht erhoben werden. Denkbar ist eine andere Beurteilung nur dann, wenn der Unkenntnis ein Verstoß gegen die Mitwirkungspflichten des § 82 zugrunde liegt (VGH BW BeckRS 2006, 22820).

3. Haftung des gesetzlichen Vertreters

23 **Eltern haften** nach der überwiegenden, hier nicht geteilten (→ Rn. 8a) Auffassung in der Rechtsprechung **grundsätzlich für die Kosten** der Maßnahmen nach Abs. 1, welche ihre minderjährigen Kinder betreffen (BVerwG BeckRS 2005, 29711; BeckOK AuslR/Kluth Rn. 7; Bergmann/Dienelt/Dollinger Rn. 9; aA NK-AuslR/Geyer Rn. 4). Voraussetzung ist allerdings ein eigenständiges Verhalten der Eltern dahingehend, dass diese die Einleitung aufenthaltsbeendender Maßnahmen mitveranlasst haben (§ 6 Abs. 1 Nr. 1 BGebG). Dabei geht es um einen Beitrag der Eltern bei der Beendigung, nicht bei der Begründung des illegalen Aufenthalts, wobei widerleglich vermutet werden kann, dass die Eltern genügend Einfluss auf die Kinder haben, um eine freiwillige Ausreise zu veranlassen. Die Behörde hat diesbezüglich Ermessen anzuwenden. Widerlegt kann die Haftung sein, wenn die Eltern darlegen können, dass sie aufgrund besonderer Umstände nicht in der Lage waren, ihr Aufenthaltsbestimmungsrecht gegenüber einem ausreisepflichtigen minderjährigen Kind durchzusetzen (SächsOVG BeckRS 2014, 49258).

24 Die Behörde hat das **Auswahlermessen zwischen der Heranziehung der Eltern oder des zwischenzeitlich volljährig gewordenen Kindes** (SächsOVG BeckRS 2014, 49258). Die Heranziehung des zwischenzeitlich erwachsenen Kindes erfordert nicht dessen Volljährigkeit zum Zeitpunkt der Abschiebung (NdsOVG BeckRS 2014, 56491).

25 Auch soweit sich BVerwG BeckRS 2005, 29711 zu seiner Begründung auf § 69 Abs. 2 S. 2 aF beruft, wonach das VwKostG (Verwaltungskostengesetz v. 23.6.1970, BGBl. I 821) ergänzend Anwendung fand, was nach der heutigen Fassung nicht mehr der Fall ist, sind dennoch die Grundsätze der Veranlassungshaftung ergänzend anzuwenden. Auch nach der Gesetzesbegründung (BT-Drs. 18/12050, 13) werden die „bislang subsidiär geltenden Vorschriften des Verwaltungskostengesetzes (VwKostG) […] durch einschlägige Regelungen des BGebG abgelöst".

4. Haftung des Ehepartners

26 **Ehepartner haften in der Regel nicht für die Abschiebekosten untereinander** (VG Freiburg BeckRS 2006, 27535; Bergmann/Dienelt/Dollinger Rn. 20). Erfüllt der Ehepartner allerdings einen der Tatbestände aus Abs. 2–4, ist eine diesbezügliche Haftung selbstredend möglich.

III. Verpflichtungserklärung (Abs. 2)

Derjenige, der sich **verpflichtet hat, für Ausreisekosten eines Ausländers aufzukommen,** 27
haftet neben diesem für die in Abs. 1 genannten Kosten (VG Saarlouis BeckRS 2020, 23920).
Kosten für die Zurückweisung fallen nicht unter Ausreisekosten (Bergmann/Dienelt/Dollinger
Rn. 10), was sich sowohl aus dem Wortlaut als auch dem Zweck der Vorschrift ergibt.

Die Ausreisekosten nach Abs. 2 sind von den in § 68 genannten Lebensunterhaltskosten zu 28
unterscheiden. Die **Erklärung des Dritten muss sich auf die Ausreisekosten erstrecken.**
Sofern eine zeitliche Begrenzung vereinbart ist, ist diese zu beachten (BayVGH BeckRS 2012,
52771).

Hält sich ein Ausländer, dem von einer deutschen Auslandsvertretung aufgrund einer Verpflich- 29
tungserklärung nach Abs. 2 ein Schengenvisum erteilt wurde, nach Ablauf der Gültigkeit desselben
illegal in einem anderen Schengen-Staat auf und reist danach wieder unerlaubt in die Bundesrepublik ein, unterbricht dies nicht die Haftung aus der Verpflichtungserklärung nach Abs. 2 (BayVGH
BeckRS 2003, 23361).

Die Erklärung schafft keine vertragliche Vereinbarung, sondern ein **öffentlich-rechtliches** 30
Rechtsverhältnis zwischen dem Dritten und der öffentlichen Hand (NK-AuslR/Geyer Rn. 5).
Sie ist eine einseitig empfangsbedürftige Willenserklärung.

Die Erklärung bedarf nach § 68 Abs. 2 der **Schriftform.** 31

IV. Beförderungsunternehmer (Abs. 3)

Abs. 3 regelt zwei Haftungsgrundsätze für Beförderungsunternehmer. S. 1 regelt eine verschul- 31a
densunabhängige Haftung in Bezug auf § 64 Abs. 1 und 2 (→ Rn. 32). S. 2 regelt eine verschul-
densabhängige Haftung im Hinblick auf § 63 Abs. 2 (→ Rn. 34). Nicht korrekt ist die Auffassung
in BeckOK AuslR/Kluth Rn. 9, wonach eine verschuldensunabhängige Haftung in beiden Fällen
gegeben sei. Diese Auffassung ist mit dem völlig eindeutigen Wortlaut in S. 2 nicht zu vereinbaren.

Über § 64 hinaus haftet der **Beförderungsunternehmer** nach Abs. 3 S. 1 auch **verschuldens-** 32
unabhängig für die Rückbeförderungskosten sowie für diejenigen Kosten, die von der Ankunft an
der Grenzübergangsstelle bis zum Vollzug der Entscheidung über die Einreise entstehen (BVerwG
BeckRS 2000, 30120241).

Der **Begriff des Beförderungsunternehmers** richtet sich nach § 64 Abs. 1 bzw. § 63 Abs. 2. 32a
Es handelt sich danach um gewerbliche Beförderungsunternehmer. Eine gelegentliche Mitnahme
einer Person ist nicht darunter zu fassen. Nach Nr. 63.1.1 AufenthGVwV fällt der grenzüberschreitende Schienenverkehr nicht unter diesen Begriff. Unternehmer im Bereich des Güterver-
kehrs fallen nur dann unter diesen Begriff, wenn sie regelmäßig auch Passagiere befördern. Zum
Ganzen (→ § 63 Rn. 11 ff.).

Um welche Kosten es sich im Einzelnen handelt, richtet sich dabei nach § 67 Abs. 2. Nur in 33
diesem Umfang besteht auch eine Gesamtschuldnerschaft.

Hat der Beförderungsunternehmer **schuldhaft gegen eine Untersagungsverfügung** nach 34
§ 63 Abs. 2 **verstoßen,** haftet er gem. S. 2 über S. 1 hinaus für die weiteren Kosten, die durch
die Zurückweisung oder Abschiebung entstehen.

Die Kostenhaftung ist durch den **Verhältnismäßigkeitsgrundsatz** beschränkt (Bergmann/ 35
Dienelt/Dollinger Rn. 11). So kann es zB unverhältnismäßig sein, besonders hohe Behandlungskosten erstattet zu verlangen.

Keine Einschränkung der Haftung durch den Verhältnismäßigkeitsgrundsatz folgt daraus, dass 36
der Beförderungsunternehmer alles ihm rechtlich und tatsächlich Zumutbare an Sicherungen und
Kontrollen vorgenommen hat, um eine fehlende Einreiseberechtigung des Passagiers zu erkennen.
Dies folgt aus der verschuldensunabhängigen Haftung (HessVGH BeckRS 2019, 4407).

V. Arbeitgeber, Unternehmer, Schleuser (Abs. 4 S. 1 Nr. 1–4)

1. Arbeitgeber (Abs. 4 S. 1 Nr. 1)

Ausschließlich für die Kosten der Abschiebung oder Zurückschiebung haftet der **Arbeitgeber,** 37
sofern er den Ausländer **unerlaubt beschäftigt** hat. Die Haftung geht der Haftung des Ausländers
nach Abs. 1 vor (S. 1 Nr. 5; → Rn. 54).

Mit dieser Vorschrift ist auch bezweckt, Anreize für eine illegale Zuwanderung in den Arbeits- 38
markt durch Sanktionen gegenüber den Arbeitgebern abzubauen (BVerwG BeckRS 9998,
169732).

39   Voraussetzung ist eine **abhängige Arbeitsleistung.** Selbstständige Tätigkeiten sind damit ausgenommen. Dabei kommt es auf die tatsächlichen Verhältnisse und die Verkehrsanschauung an, wobei den sich hinter dem Rechtsverhältnis verbergenden wirtschaftlichen und tatsächlichen Verhältnissen eine besondere Bedeutung zukommt (HessVGH BeckRS 1994, 23287). Ein **wirksames Arbeitsverhältnis oder gar ein schriftlicher Arbeitsvertrag müssen nicht gegeben sein** (BVerwG BeckRS 9998, 169732). **Unerheblich** ist auch, ob der Beschäftigte ein **Entgelt** erhält. Auch die Vergütung in freier Kost und Logis ist ausreichend für die Anwendung der Vorschrift.

40   Auch **Gelegenheitsarbeiten** fallen unter diese Vorschrift (HessVGH BeckRS 1992, 121708). Ebenso fällt die Ausübung der **Prostitution,** sofern es sich um fremdbestimmte Arbeitsleistung handelt, unter die Vorschrift (BVerwG BeckRS 9998, 169732). Auch eine **kurze abhängige Beschäftigung in der Landwirtschaft** (NdsOVG BeckRS 2004, 26053) ist umfasst.

41   Nach VGH BW BeckRS 9998, 06801 haftet der alleinige Gesellschafter-Geschäftsführer einer GmbH, sofern er aufgrund seiner Kapitalbeteiligung bestimmenden Einfluss auf die Gesellschaft ausüben kann, ebenfalls persönlich nach dieser Vorschrift (so auch Bergmann/Dienelt/Dollinger Rn. 12).

42   Es muss ein **Zusammenhang zwischen der Beschäftigung und dem Entstehen der Kosten** bestehen. Der unerlaubte Aufenthalt muss die Abschiebung nach sich gezogen haben (BVerwG BeckRS 1979, 00868). Erteilt die Ausländerbehörde dem Ausländer zwischenzeitlich eine Aufenthaltserlaubnis, haftet der Arbeitgeber, der den Ausländer nur während des früheren unerlaubten Aufenthalts beschäftigt hatte, nicht (BVerwG BeckRS 1979, 00868). Es muss aber keine Kausalität zwischen der Beschäftigung und der Abschiebung bestehen.

43   Keine Unverhältnismäßigkeit ergibt sich aus einem hohen **Missverhältnis zwischen Kosten und Gewinn des Arbeitgebers** an der Arbeitsleistung (NdsOVG BeckRS 1990, 08194).

44   Mit BVerwG BeckRS 9998, 104252 ist **seitens des Arbeitgebers ein Verschulden dahingehend zu fordern,** dass der Arbeitgeber die Pflicht des Ausländers zur unverzüglichen Ausreise kannte oder hätte kennen müssen (so auch BeckOK AuslR/Kluth Rn. 11; NK-AuslR/Geyer Rn. 7). Dieses Verschuldenserfordernis ist letztendlich in Abs. 4a kodifiziert. Hat danach der Arbeitgeber die Berechtigung des Ausländers zur Aufnahme der Tätigkeit geprüft, kann er nicht in Haftung genommen werden. Der Arbeitgeber hat danach zu prüfen, ob der Ausländer einen Aufenthaltstitel besitzt und keinem Beschäftigungsverbot oder einer entsprechenden Beschränkung unterliegt. Außerdem hat er für die Dauer der Beschäftigung eine Kopie des Aufenthaltstitels oder der sonstigen Beschäftigungserlaubnis aufzubewahren. Weiter hat er den Meldepflichten an die Ausländerbehörde und an den Sozialversicherungsträger nachzukommen.

44a   Die frühere Auffassung, wonach die Haftung verschuldensunabhängig erfolgt und nur durch Abs. 4a korrigiert wird, wird nicht weiter aufrechterhalten.

2. Unternehmer

45   Der **Unternehmer** haftet nach S. 1 Nr. 2 wie der Arbeitgeber, wenn Letzterer als unmittelbarer Auftragnehmer des Unternehmers für diesen Leistungen erbracht hat, sofern ihm bekannt war oder fahrlässig unbekannt war, dass der Arbeitgeber den Ausländer gem. S. 1 Nr. 1 beschäftigt hat.

46   Dieser Haftungstatbestand ist Ausdruck von Art. 8 Abs. 1 lit. a **Arbeitgeber-Sanktionen-RL** (RL 2009/52/EG v. 18.6.2009, ABl. 2009 L 168, 24).

47   Die Vorschrift erfordert **Verschulden** (Art. 8 Abs. 3 Arbeitgeber-Sanktionen-RL), das gerade auf die unerlaubte Beschäftigung des konkreten Ausländers gerichtet ist (NK-AuslR/Geyer Rn. 8).

48   Die Haftung für **Altfälle** vor dem 20.7.2011, dem Ablauf der Umsetzungsfrist der Richtlinie nach Art. 17 Arbeitgeber-Sanktionen-RL, ist ausgeschlossen (Bergmann/Dienelt/Dollinger Rn. 17).

3. Unternehmerkette

49   S. 1 Nr. 3 erweitert die Haftung auf die gesamte Haftungskette und schließt **zwischengeschaltete Nachunternehmer und Generalunternehmer** mit ein. Diese haften nur bei **Vorsatz.** Der Vorsatz muss sich auf die unerlaubte Beschäftigung gerade des betroffenen Ausländers beziehen. Die Vorschrift setzt Art. 8 Abs. 2 **Arbeitgeber-Sanktionen-RL** um.

50   Die Haftung für **Altfälle** vor dem 20.7.2011, dem Ablauf der Umsetzungsfrist der Richtlinie nach Art. 17 Arbeitgeber-Sanktionen-RL, ist ausgeschlossen (Bergmann/Dienelt/Dollinger Rn. 17).

4. Schleuser

Der **Schleuser** haftet nach S. 1 Nr. 4 für das illegale, nach § 96 strafbare Einschleusen des **51** Ausländers. Es genügt das strafbare Verhalten. Der objektive Tatbestand muss verwirklicht sein. Nicht vorausgesetzt ist eine Verurteilung.

Soweit Kluth (BeckOK AuslR/Kluth Rn. 13) die Auffassung vertritt, der Schleuser hafte gegenüber **51a** dem Ausländer nur subsidiär, so ist dies mit S. 1 Nr. 5 nicht in Einklang zu bringen.

Die Ausländerbehörde ist bei Ihrer **Beurteilung, ob ein solches strafbares Verhalten vor- 52 liegt,** nicht an die Bewertung der Staatsanwaltschaft gebunden. Sie ist aber zur Sachverhaltsaufklärung von Amts wegen verpflichtet.

Ein **Freispruch** nach Abschluss eines Strafverfahrens stellt aber für alle bindend fest, dass keine **53** strafbare Handlung nach § 96 vorliegt.

5. Nachrangige Haftung des Ausländers – Gesamtschuldverhältnis

Nach S. 1 Nr. 5 haftet der **Ausländer** gegenüber den Betroffenen nach S. 1 Nr. 1–4 nur **54 nachrangig.** Dies ergibt sich aus dem klaren Wortlaut der Vorschrift und der Systematik (so auch Bergmann/Dienelt/Dollinger Rn. 2; aA entgegen dem klaren Wortlaut hinsichtlich S. 1 Nr. 4 ohne nähere Begründung BeckOK AuslR/Kluth Rn. 14).

Zwischen den Betroffenen nach S. 1 Nr. 1–4 besteht nach S. 2 ein **Gesamtschuldverhältnis 55** iSd § 421 BGB, sofern mehrere Schuldner vorhanden sind. Diese klare Regelung schließt den Ausländer nach S. 1 Nr. 5 als Gesamtschuldner iSd § 421 BGB aus.

6. Exkulpationsmöglichkeit

Gemäß Abs. 4a haftet der Arbeitgeber nicht nach Abs. 4 S. 1 Nr. 1, wenn er seinen **aufent- 56 halts-, arbeits- und sozialversicherungsrechtlichen Prüf- und Meldepflichten nachge- kommen** ist (näher → Rn. 44). Einen vorsätzlichen Verstoß allerdings deckt die Vorschrift nicht, so zB wenn der Arbeitgeber wusste, dass Dokumente des Ausländers gefälscht sind.

Die Vorschrift exkulpiert nur den Arbeitgeber nach Abs. 4 S. 1 Nr. 1, nicht die weiteren **57** Betroffenen nach Abs. 4 S. 1 Nr. 2–4.

VI. Sicherheitsleistung und Sicherungsmaßnahmen (Abs. 5)

Vom Kostenschuldner kann seitens der Abschiebebehörde eine **Sicherheitsleistung** verlangt **58** werden (S. 1). Dabei ist der **Verhältnismäßigkeitsgrundsatz** zu beachten. Die **ernsthafte Mög- lichkeit der Ausreise** mit der Folge der Inanspruchnahme des Kostenschuldners muss in **absehbarer Zeit** zu erwarten sein. Auch muss die **Maßnahme verfügt oder zumindest angedroht** sein (HmbOVG BeckRS 1993, 09853). Dies kann auch zeitlich mit der Verfügung und der Vollstreckung der Sicherheitsleistung zusammenfallen (HmbOVG BeckRS 1993, 09853). Die Maßnahme kann gegen den Ausländer oder einem anderen Kostenschuldner nach Abs. 4 S. 1 ergehen. Dabei sind die **besonderen Vollstreckungsmaßnahmen nach Abs. 5 S. 2** möglich. Danach kann die Anordnung der Sicherheitsleistung ohne die ansonsten in den Verwaltungsvollstreckungsgesetzen der Länder vorgesehene vorherige Vollstreckungsandrohung und Fristsetzung vollstreckt werden, wenn anderenfalls die Erhebung gefährdet wäre.

Die Regelung ist abschließend (HmbOVG BeckRS 1993, 09853). **59**

Weiter besteht die Möglichkeit der **Beschlagnahme von Dokumenten** wie Rückflugschei- **60** nen und sonstigen Fahrscheinen gem. S. 3, aber nur gegenüber dem Ausländer.

VII. Verfahren

Die **Kostenanforderung** erfolgt nach § 67 Abs. 3 **durch Leistungsbescheid.** **61**

Der Bescheid hat regelmäßig auch **Auswirkungen über die Kostentragung hinaus,** weil **62** eine Entscheidung über die Wiedereinreisemöglichkeit in der Regel von der vorherigen Begleichung der festgesetzten Kosten abhängig gemacht wird (zur Zulässigkeit → § 67 Rn. 43).

Widerspruch (soweit vorgesehen) und Klage gegen die Anordnung einer Sicherheitsleistung **63** nach Abs. 5 haben **aufschiebende Wirkung.** Die Anordnung der sofortigen Vollziehbarkeit nach § 80 Abs. 2 S. 1 Nr. 4 VwGO ist möglich. Hiergegen kann im Eilrechtsschutz die Wiederherstellung der aufschiebenden Wirkung nach § 80 Abs. 5 VwGO beantragt werden.

64   Die **Verwaltungsgerichte haben die Rechtmäßigkeit der die Kosten auslösenden Amtshandlungen selbstständig** ex ante **zu prüfen** und sind nicht an amtsgerichtliche Haftanordnun-
gen gebunden (NK-AuslR/Geyer Rn. 13; BVerwG BeckRS 2012, 60006).

65   **Maßgebliche Rechtslage für die Kostenerhebung** ist diejenige der letzten behördlichen
Entscheidung (BVerwG BeckRS 2012, 60006).

66   Die Höhe der Kosten ergibt sich aus § 67.

§ 67 Umfang der Kostenhaftung

(1) Die Kosten der Abschiebung, Zurückschiebung, Zurückweisung und der Durchsetzung einer räumlichen Beschränkung umfassen
1. die Beförderungs- und sonstigen Reisekosten für den Ausländer innerhalb des Bundesgebiets und bis zum Zielort außerhalb des Bundesgebiets,
2. die bei der Vorbereitung und Durchführung der Maßnahme entstehenden Verwaltungskosten einschließlich der Kosten für die Abschiebungshaft und der Überset-
zungs- und Dolmetscherkosten und die Ausgaben für die Unterbringung, Verpflegung und sonstige Versorgung des Ausländers sowie
3. sämtliche durch eine erforderliche Begleitung des Ausländers entstehenden Kosten
einschließlich der Personalkosten.

(2) Die Kosten, für die der Beförderungsunternehmer nach § 66 Abs. 3 Satz 1 haftet,
umfassen
1. die in Absatz 1 Nr. 1 bezeichneten Kosten,
2. die bis zum Vollzug der Entscheidung über die Einreise entstehenden Verwaltungskosten und Ausgaben für die Unterbringung, Verpflegung und sonstige Versorgung
des Ausländers und Übersetzungs- und Dolmetscherkosten und
3. die in Absatz 1 Nr. 3 bezeichneten Kosten, soweit der Beförderungsunternehmer
nicht selbst die erforderliche Begleitung des Ausländers übernimmt.

(3) [1]Die in den Absätzen 1 und 2 genannten Kosten werden von der nach § 71 zuständigen Behörde durch Leistungsbescheid in Höhe der tatsächlich entstandenen Kosten
erhoben. [2]Hinsichtlich der Berechnung der Personalkosten gelten die allgemeinen
Grundsätze zur Berechnung von Personalkosten der öffentlichen Hand.

Überblick

Die Vorschrift konkretisiert die Kostentragung dem Grunde nach gem. § 66 und regelt den
Umfang der Kostenhaftung. Dabei regelt Abs. 1 (→ Rn. 6) die zu tragenden Kosten im
Allgemeinen, unterteilt nach Transportkosten (→ Rn. 7), den Verwaltungskosten (→ Rn. 11)
sowie den Kosten für Begleitpersonen (→ Rn. 27). Besonderheiten ergeben sich bei der
Haftung des Beförderungsunternehmers, der hinsichtlich des Umfangs (→ Rn. 30) und der
zeitlichen Begrenzung (→ Rn. 31) privilegiert ist. Abs. 3 enthält verfahrensrechtliche Regelungen (→ Rn. 36). Abs. 3 S. 1 regelt die sachliche Zuständigkeit (→ Rn. 36), während sich
die örtliche Zuständigkeit aus dem VwVfG ergibt (→ Rn. 36a). Zum Ermessen der Behörde
(→ Rn. 38 f.). Die der Kostentragung zugrunde liegende Maßnahme muss rechtmäßig gewesen sein (→ Rn. 14), was der gerichtlichen Prüfung unterliegt (→ Rn. 46). Zum Rechtsschutz (→ Rn. 45).

Übersicht

A. Allgemeines

Die Norm ist im Wesentlichen mit § 83 AuslG aF identisch. Die Verjährungsregeln, die im § 83 **1**
AuslG aF enthalten waren, wurden in § 70 neu gefasst. Mit dem Gesetz zur Umsetzung aufenthalts-
und asylrechtlicher Richtlinien der Europäischen Union (v. 19.8.2007, BGBl. I 1970) wurde in Reaktion auf BVerwG BeckRS 2006, 24107 in Abs. 1 Nr. 3 die Bezeichnung „amtliche Begleitung" durch
„erforderliche Begleitung" ersetzt mit dem Ziel, auch die Begleitung durch ausländisches Personal zu
erfassen, was aufgrund der Rechtsprechung des BVerwG nicht möglich war.

Die Norm steht im engen Verhältnis zu § 66, welche die Haftung dem Grunde nach regelt. Sie **2**
konkretisiert somit die Haftung und klärt, welche einzelnen **Kostenpositionen** der Maßnahmen
(→ Rn. 4) zu erstatten sind.

Die Norm ist eine **Spezialregelung**, welche den Rückgriff auf allgemeine kostenrechtliche **3**
Vorschriften ausschließt (NK-AuslR/Geyer Rn. 1 mwN; BeckOK AuslR/Kluth Rn. 3).

Die Geltendmachung von Kosten erfordert, dass diese in einem **engen sachlichen Zusam-** **4**
menhang mit den zugrundeliegenden Maßnahmen stehen und erforderlich waren. Sie müssen somit nach Erlass der Grundverfügung entstanden sein (BeckOK AuslR/Kluth Rn. 4). **Kosten**
für den Erlass der Grundverfügung gehören nicht zum Umfang der Kosten nach dieser Vorschrift (BeckOK AuslR/Kluth Rn. 4 mwN). Die **Maßnahmen sind** die **Abschiebung nach**
§ 58, die **Zurückschiebung nach § 57,** die **Zurückweisung nach § 15** sowie die **Durchset-**
zung einer räumlichen Beschränkung unter anderem nach §§ 12 Abs. 2, 46 Abs. 1 und 61.

Keine Maßnahme nach dieser Vorschrift ist die **Rücküberstellung** eines Asylsuchenden **5**
im Rahmen des Dublin III-Verfahrens. Die Heranziehung des Asylsuchenden zur Kostenerstattung ist in diesem Fällen gem. Art. 30 Abs. 3 Dublin III-VO ausgeschlossen. Ebenfalls sind
nicht umfasst Kosten, welche dem Staat aufgrund von **Rücknahmeabkommen** entstehen (so
auch BeckOK AuslR/Kluth Rn. 3).

Nach VG Hamburg (BeckRS 2020, 10765) können auch **Kosten, die vor dem Inkrafttreten** **5a**
des AufenthG, somit während der Gültigkeit des AuslG aF **angefallen sind,** grundsätzlich nach
dieser Vorschrift abgerechnet werden. Weder aus dem Wortlaut der §§ 66 und 67 noch den
entsprechenden Materialien (BT-Drs. 15/420) ist danach zu entnehmen, dass vor Inkrafttreten des
AufenthG entstandene Kosten nicht mehr festgesetzt werden könnten. Auch unter dem Aspekt
des rechtsstaatlich gebotenen Vertrauensschutzes begegnet dies keinen durchgreifenden Bedenken,
da die Kostentragungspflicht bereits im AuslG aF entsprechend geregelt war. Eine rückwirkende
Belastung, die an Art. 20 Abs. 3 GG zu messen sein könnte, ist nicht gegeben.

B. Erläuterungen im Einzelnen

I. Umfang der Kosten im Allgemeinen (Abs. 1)

Abs. 1 regelt die Frage, welche Kosten der dort genannten Maßnahmen gegenüber den Kosten- **6**
schuldnern geltend gemacht werden können.

1. Reise- und Beförderungskosten (Nr. 1)

Bei diesen im Zentrum der Kostenerstattung stehenden Kosten handelt es sich um die **Kosten** **7**
für den Transport der Person sowie dessen Gepäck im nach dem Beförderungsmittel üblichen
Umfang. Darüberhinausgehende Beförderungskosten für Hab und Gut können nicht den nach
§ 66 Abs. 2–4 genannten Kostenschuldnern auferlegt werden, sondern sind vom Ausländer selbst
zu tragen (NK-AuslR/Geyer Rn. 4).

Erfasst werden Kosten für **alle Fahrten, die im Zusammenhang mit einer der benannten** **8**
Maßnahmen stehen.

Weshalb BeckOK AuslR/Kluth Rn. 5 offenbar nur die Kosten, die innerhalb des Bundesgebiets entste- **8.1**
hen, berücksichtigen will, ist angesichts des eindeutigen Wortlauts „bis zum Zielort außerhalb des Bundesgebiets" nicht nachzuvollziehen.

Auch **Reisekosten zur Dokumentenbeschaffung** gehören hierzu (BVerwG BeckRS 2000, **9**
30120241).

Nach SaarlOVG BeckRS 2006, 20653 sind die Ausländerbehörden nicht generell gehalten, **10**
Vergleichsangebote verschiedener Reisebüros bezüglich der Flugkosten einzuholen, um dem
Erstattungspflichtigen den günstigsten Tarif zu sichern. Etwas anderes mag allenfalls dann gelten,
wenn der Preis erkennbar überteuert ist und aus dem Rahmen des Üblichen fällt.

2. Verwaltungskosten (Nr. 2)

11   Die Vorschrift regelt die **Kostentragungspflicht für Verwaltungskosten zur Vorbereitung und Durchführung der Maßnahme** und umfasst explizit die Kosten für die **Abschiebehaft** (→ Rn. 14), diejenigen für **Übersetzungen und Dolmetscher** (→ Rn. 15) sowie die **Kosten für Unterbringung und Lebensunterhalt des Ausländers.** Die Trennung der Kosten für Abschiebehaft und sonstigen Unterbringungskosten ist von Bedeutung für Abs. 2 Nr. 2, da der Beförderungsunternehmer erstere nicht zu tragen hat (→ Rn. 31).

12   Keine Verwaltungskosten sind die **laufenden sächlichen und personellen Kosten der Behörden.** Diese können auch nicht anteilig geltend gemacht werden, es sei denn, dies ist gesetzlich gesondert vorgesehen (BVerwG BeckRS 2006, 24107; NK-AuslR/Geyer Rn. 4; aA Bergmann/Dienelt/Dollinger Rn. 5).

13   Kosten der Abschiebehaft sind auch die Kosten der **Sicherungshaft** (BVerwG BeckRS 2015, 41791) und der **Zurückweisungshaft** (HessVGH BeckRS 2014, 48104). Der Wortlaut der Vorschrift lässt nicht den Schluss zu, dass exklusiv die Abschiebehaftkosten umfasst sind. Vielmehr ist die Erwähnung der Abschiebehaft lediglich erläuternd zu verstehen. Auch die Kosten für einen **Ausreisegewahrsam** sind umfasst (Bergmann/Dienelt/Dollinger Rn. 4).

14   Die **Maßnahmen müssen** dem Grunde nach hinsichtlich der Haftanordnung, für die gesamte Dauer und in ihrer Ausgestaltung **rechtmäßig sein** (BVerwG BeckRS 2015, 41791; Bergmann/Dienelt/Dollinger Rn. 4). Dabei ist auch zu beachten, dass bei diesen Maßnahmen eine **Unterbringung in einer Justizvollzugsanstalt** mit dem Trennungsgebot des Art. 16 Abs. 1 Rückführungs-RL (RL 2008/115/EG v. 16.12.2008, ABl. 2008 L 348, 98) nicht zu vereinbaren, die Haft somit **rechtswidrig ist** (EuGH BeckEuRS 2014, 422721 – Bero). Die Rückführungs-RL ist seit dem 24.10.2010 aufgrund des Ablaufs der Umsetzungsfrist unmittelbar anzuwenden (Bergmann/Dienelt/Dollinger Rn. 4). In den Fällen, die zeitlich davor liegen, muss beachtet werden, dass in der Kostenberechnung nur diejenigen Kosten einfließen, die der Abschiebehaft zuzurechnen sind. So gehören zB Kosten für Resozialisierung nicht dazu. Eine Reduzierung der Haftkosten auf den Haftkostenbeitrag nach § 50 Abs. 2 StVollzG kommt nach BVerwG BeckRS 2005, 29711 nicht in Betracht (so auch Bergmann/Dienelt/Dollinger Rn. 5).

15   **Kosten für Dolmetscher und Übersetzer** können nur dann berechnet werden, wenn sie **im unmittelbaren Zusammenhang mit einer Maßnahme** iSd Abs. 1 stehen. Dabei ist auch Art. 12 Abs. 2 Rückführungs-RL, die unmittelbar anwendbar ist (→ Rn. 14), zu beachten. Danach können bei Maßnahmen, die unter die Rückführungs-RL fallen, Übersetzungs- und Dolmetscherkosten nicht gesondert berechnet werden. Nicht zu den zu erstattenden Übersetzungskosten gehören diejenigen, die bei der **Anhörung durch den Abschiebehaftrichter** entstehen, da Art. 6 Abs. 3 lit. e EMRK eine unentgeltliche Unterstützung eines Dolmetschers bei freiheitsentziehenden Maßnahmen fordert (Bergmann/Dienelt/Dollinger Rn. 7 Fn. 15 mwN).

16   Zu den Kosten der Abschiebehaft gehören auch die **anteiligen kalkulatorischen Kosten für Personal und sächliche Mittel.** Dabei darf nicht auf die pauschalen Strafvollzugssätze zurückgegriffen werden, da diese auch Kosten für die Resozialisierung mitumfasst, die nicht zu den kausal verursachten Kosten nach dieser Vorschrift zählen (SächsOVG BeckRS 2010, 52256; VGH BW BeckRS 2005, 31358; Bergmann/Dienelt/Dollinger Rn. 5).

17   Auch Kosten für im Rahmen der Abschiebungshaft eingesetztes **Personal privater Sicherheitsdienste** sind erstattungsfähig, sofern die rechtlichen Grenzen der Privatisierung hoheitlicher Aufgaben beachtet werden (Bergmann/Dienelt/Dollinger Rn. 5).

18   Nach SächsOVG 9.3.2012 – 3 A 720/10 gehören auch die **anteiligen Baukosten der Abschiebehaftanstalt** der vergangenen zehn Jahre vor der Inhaftierung des Ausländers zu den Abschiebehaftkosten, wenn er von diesen Baumaßnahmen profitiert.

19   Kosten für das Vorhalten eines **Imams** oder eines **katholischen bzw. protestantischen Seelsorgers** können im Rahmen der Personalkosten nicht pauschal auf alle Ausreisepflichtigen verteilt werden. Dem stünde ein Art. 4 Abs. 1 GG festgeschriebene negative Glaubens- und Religionsfreiheit entgegen (VG Arnsberg BeckRS 2019, 6482).

20   **Kosten der Passbeschaffung und Heimreisedokuments** sind erstattungsfähige Verwaltungskosten. Insbesondere sind dies die Erstellung von Lichtbildern, Auslagen gegenüber der Heimatvertretung des Ausländers, Portokosten sowie Fahrtkosten (BeckOK AuslR/Kluth Rn. 7). Es sind aber auch hier die richtige Sachbehandlung und der direkte innere sachliche Zusammenhang mit der jeweiligen Maßnahme vorauszusetzen (zur diesbezüglichen – völlig berechtigten – Kritik an Sammelterminen bei ausländischen Delegationen NK-AuslR/Geyer Rn. 4 mwN). Auch die Personalkosten für die Begleitung zur Auslandsvertretung können, wenn diese notwendig sind, erstattungsfähig sein (BVerwG BeckRS 2005, 30151). Insbesondere bei der Vorführung bei mehreren Auslandsvertretungen ist die Notwendigkeit genau zu prüfen.

Kosten der **ärztlichen Begutachtung** zur Frage der Haftfähigkeit und Reisefähigkeit gehören 21 zu den vorbereitenden Verwaltungskosten (Nr. 67.1.2.4 AufenthGAVwV).

Kosten einer **medizinischen Behandlung** sind grundsätzlich vom Begriff der sonstigen Ver- 22 sorgung nach Abs. 1 Nr. 2 umfasst. Sie können dem Beförderer aber dann nicht in Rechnung gestellt werden, wenn es sich um ärztliche Maßnahmen handelt, die in keinem notwendigen sachlichen Zusammenhang mit der Entscheidung über die Einreise stehen. Dazu zählen etwa Behandlungen aufgrund eines allgemeinen schlechten Gesundheitszustands des Ausländers oder Maßnahmen aus Gründen unerlässlichen Gesundheitsschutzes iSd § 6 AsylbLG sowie zur akuten Behandlung iSd § 4 AsylbLG (Bergmann/Dienelt/Dollinger Rn. 8).

Beiträge zur **Kranken- und Pflegeversicherung** sind keine Leistungen nach §§ 4 und 6 23 AsylbLG und sind deshalb vom Haftungsausschluss für Kosten für Leistungen bei Krankheit, Schwangerschaft, Geburt, Behinderung und Pflegebedürftigkeit nicht umfasst (Bergmann/Dien-elt/Dollinger Rn. 8).

Die Kosten für einen hinzugezogenen **Arzt bei einer Sammelabschiebung** sollen nach 24 HessVGH BeckRS 2017, 129417 und VGH BW Beschl. v. 4.5.2011 – 11 S 1018/11 anteilig erstattungsfähig sein, auch wenn der Einzelne keine Veranlassung gegeben hat (so wohl auch Bergmann/Dienelt/Dollinger Rn. 7 Fn. 17). Diese Auffassung wird hier nicht geteilt. Unter Berücksichtigung, dass stets eine Veranlasserhaftung Grundlage für die Inanspruchnahme ist, erscheint diese Auffassung zu weitgehend.

Der **Bezug von Leistungen nach dem AsylbLG** schließt die Pflicht zur Erstattung durch 25 den Ausländer nicht aus und wirkt sich auch nicht mindernd aus (SächsOVG BeckRS 2014, 52243).

Keine Kosten nach dieser Vorschrift sind Gebühren und Auslagen iSd § 69 (VG Münster 26 BeckRS 2011, 50799). Ebenfalls sind keine Kosten nach dieser Vorschrift solche, die im Rahmen eines strafrechtlichen Verfahrens entstanden sind (BVerwG BeckRS 9998, 46625). Ebenso fallen die Kosten der ausländerrechtlichen Grundverfügung, etwa im Zusammenhang mit der Auswei-sung, nicht unter diese Vorschrift (HessVGH BeckRS 1992, 121708). Auch Kosten des Lebensun-terhalts iSd § 67 Abs. 1 außerhalb der bezeichneten Maßnahmen nach Abs. 1 Nr. 2 fallen nicht unter diese Vorschrift (Bergmann/Dienelt/Dollinger Rn. 9).

3. Kosten für Begleitpersonen (Nr. 3)

Die Kosten für Begleitpersonen können nur dann geltend gemacht werden, wenn die Beglei- 27 tung objektiv notwendig war. Dies betrifft sowohl die Abschiebung selbst als auch die sonstigen Transporte innerhalb der Bundesrepublik. Hat der Ausländer durch Vorlage eines ärztlichen Attes-tes selbst Anlass gegeben, dass eine Gefährdung durch suizidale Handlungen während der Abschie-bung möglicherweise gegeben sein könnte, hat er auch Anlass für eine ärztliche Begleitung gesetzt (VG Saarlouis BeckRS 2020, 23920).

Liegen die Gründe nicht auf der Hand, sind diese durch die zuständige Behörde darzulegen 28 (BVerwG BeckRS 2012, 60006; NK-AuslR/Geyer Rn. 5).

Kosten des Begleitpersonals bei den Maßnahmen können die **Kosten für Landespolizei oder** 29 **Bundespolizei** sein (BVerwG BeckRS 2005, 30151). Dazu gehören auch die Flugkosten der Polizei, wobei Flugkosten der ersten Klasse ausgeschlossen sind (VG Berlin BeckRS 2010, 50006). Auch Übernachtungskosten des Begleitpersonals sind umfasst (VG Saarlouis BeckRS 2011, 54787).

Bei der Beurteilung der **Erforderlichkeit** einer Begleitung und deren Umfang steht der zustän- 29a digen Behörde ein **gerichtlich nur eingeschränkt überprüfbarer Beurteilungsspielraum** zu. Die Einschätzung, ob und wie viele Polizeibeamte insbesondere zum einen Gesichtspunkt der Eigensicherung notwendig sind, muss aber, sofern sie nicht offen zutage liegt, schlüssig und nachvollziehbar begründet werden (BVerwG BeckRS 2006, 24107; VG Saarlouis BeckRS 2020, 23920). Allein die lange Flugzeit und die Ruhezeiten der Polizeibeamten rechtfertigt ohne zusätzli-che Anhaltspunkte einer Gefährdungslage nicht die Begleitung durch drei Polizeibeamte (VG Saarlouis BeckRS 2020, 23920).

Soweit in BVerwG BeckRS 2006, 24107 die Auffassung vertreten wurde, die Kosten für ausländische 29a.1 Begleitpersonen seien nicht erstattungsfähig, weil es sich dabei nicht um eine „amtliche" und somit hoheitli-che Begleitung handle, ist seit der Änderung der Vorschrift durch Art. 1 des Gesetzes zur Umsetzung aufenthalts- und asylrechtlicher Richtlinien der Europäischen Union v. 19.8.2007 (BGBl. I 1970) nicht mehr zutreffend, da das Wort „amtliche" gestrichen wurde.

II. Kosten bei Inanspruchnahme des Beförderungsunternehmers (Abs. 2)

30   Der **Beförderungsunternehmer** hat, wenn er nach § 66 Abs. 3 in Anspruch genommen wird, die **Kosten für die Beförderung sowie sonstige Reisekosten** zu tragen (Nr. 1).

31   Hinsichtlich der **Kosten,** welche **nach Abs. 1 Nr. 2** entstanden sind, trägt der Beförderungsunternehmer die Haftung nur bis zum Vollzug der Entscheidung über die Einreise des Ausländers. Kosten, welche danach entstehen, können von ihm nicht gefordert werden (Nr. 2).

32   Außerdem hat der Beförderungsunternehmer die **Möglichkeit, den Ausländer selbst unter Organisierung der Begleitung nach Abs. 1 Nr. 3 zu transportieren** und so die Kosten zu reduzieren (Nr. 3).

33   Letzteres muss die Abschiebebehörde aber dann nicht annehmen, wenn sachliche Gründe für eine amtliche Begleitung vorliegen (BVerwG BeckRS 2000, 30120241; Bergmann/Dienelt/ Dollinger Rn. 7). Die Entscheidung hierüber ergeht aus ex-ante-Sicht. Die Abschiebestelle ist dabei an die Bewertung der Sachlage durch die Ausländerbehörde nicht gebunden (BayVGH BeckRS 2012, 25724; Bergmann/Dienelt/Dollinger Rn. 7).

34   Zu Kosten für **ärztliche Maßnahmen,** zu denen der Beförderungsunternehmer herangezogen wird, → Rn. 22.

35   Können bei einem **Charterflug für** eine **Sammelabschiebung** nur deutlich weniger Personen abgeschoben werden, verteilen sich die Kosten auf den verbliebenen Ausländer (VG Stuttgart BeckRS 2011, 48262; Bergmann/Dienelt/Dollinger Rn. 9).

III. Verwaltungsverfahren (Abs. 3)

36   Abs. 3 regelt zunächst im Zusammenspiel mit § 71 Abs. 1 die **sachliche Zuständigkeit** für die Geltendmachung der Kosten. Diese sind trotz der Beteiligung mehrerer Behörden und Körperschaften im Rahmen eines einheitlichen Kostentatbestands von derjenigen Behörde durch Leistungsbescheid geltend zu machen, welche die Sachherrschaft über die kostenauslösende Maßnahme nach Abs. 1 hat (BVerwG BeckRS 2012, 60006). Damit sind in der Regel die Ausländerbehörden sachlich zuständig (→ § 71 Rn. 36) und nicht die Behörden, bei denen die Kosten angefallen sind (VG Bayreuth BeckRS 2014, 50956). Im gerichtlichen Rechtsstreit erfolgt deshalb auch keine Beiladung der weiteren Behörden und Körperschaften.

36a   Die **örtliche Zuständigkeit** richtet sich dann nach § 3 Abs. 1 Nr. 3a VwVfG des jeweiligen Landes. Danach ist in der Regel diejenige örtliche Ausländerbehörde zuständig, in deren Bezirk die natürliche Person ihren gewöhnlichen Aufenthalt hat oder zuletzt hatte (NdsOVG BeckRS 2017, 137926; VG Saarlouis BeckRS 2021, 4055; VG Bayreuth BeckRS 2014, 50956). Diese Frage wiederum richtet sich nach der Legaldefinition des § 30 Abs. 3 S. 1 SGB I, wonach eine natürliche Person dort den gewöhnlichen Aufenthalt hat, wo er sich unter Umständen aufhält, welche erkennen lassen, dass er an diesem Ort nicht nur vorübergehend verbleibt (VG Bayreuth BeckRS 2014, 50956; s. hierzu im Einzelnen → StAG § 4 Rn. 49 ff.).

37   Der Bescheid muss **schriftlich** ergehen und die **Kosten im Einzelnen darlegen** (Nr. 67.0.3, 67.3.2.1 AufenthGAVwV).

38   Die Behörde hat **kein Ermessen im Heranziehungsverfahren** bei Vorliegen der Tatbestandsvoraussetzungen aus Abs. 1 und Abs. 2. Es besteht nach Abs. 3 S. 1 eine Kostenerhebungspflicht (→ § 66 Rn. 1 ff.).

39   Die Behörde hat allerdings ein **Auswahlermessen** hinsichtlich mehrerer Kostenschuldner. Das Ermessen ist aber eingeschränkt, sofern einer der Kostenschuldner nach der **Sanktions-RL** haftet (→ § 66 Rn. 1 ff.).

40   **Im Verwaltungsverfahren sind die potentiellen Kostenschuldner zu hören,** da es sich nicht um eine Maßnahme in der Verwaltungsvollstreckung nach § 28 Abs. 2 Nr. 5 VwVfG handelt, sondern um ein der Vollstreckungsmaßnahme nachfolgendes Verfahren (VGH BW BeckRS 2006, 22331; NK-AuslR/Geyer Rn. 7). Hat die Behörde einen potentiellen Kostenschuldner übersehen, ist der Bescheid deshalb wegen Ermessensnichtgebrauchs rechtswidrig (SächsOVG BeckRS 2014, 49258; NK-AuslR/Geyer Rn. 7).

41   **Öffentlich-rechtliche Verträge,** mit denen die Befristung der Wirkungen der Ausweisung und Abschiebung davon abhängig gemacht wurde, dass die entstandenen Kosten bezahlt werden, sind seit dem Ablauf der Umsetzungsfrist der Rückführungs-RL zum 24.12.2010 nichtig, da ein Rechtsanspruch auf Befristung besteht (BVerwG BeckRS 2012, 56736; NK-AuslR/Geyer Rn. 8). Ein solcher Vertrag verstößt somit gegen § 56 VwVfG (NK-AuslR/Geyer Rn. 8; Bergmann/ Dienelt/Dollinger Rn. 13).

42   Im Übrigen sind öffentlich-rechtliche Verträge über die Haftung für Kosten dem Grund oder der Höhe nach aber in den Grenzen der §§ 54 ff. VwVfG zulässig, was sich aus § 54 S. 2 VwVfG ergibt (Bergmann/Dienelt/Dollinger Rn. 12). Dies gilt auch für die Abwicklung bereits festgesetzter Kosten hinsichtlich Stundung, Ratenzahlung oder Teilerlass (Bergmann/Dienelt/Dollinger Rn. 12). Die Gesetzmäßigkeit der Verwaltung ist aber zu beachten, sodass es ausgeschlossen ist, nicht ansetzbare Kosten durch Vertrag einem Kostenpflichtigen aufzuerlegen (Bergmann/Dienelt/Dollinger Rn. 12). Auch darf die Befristung der Wirkungen der Ausweisung nicht im Rahmen eines öffentlich-rechtlichen Vertrags von der Begleichung der Kosten nach dieser Vorschrift verbunden werden. Dies würde gegen das Koppelungsverbot nach § 56 VwVfG verstoßen (Bergmann/Dienelt/Dollinger Rn. 13).

Bei der Ermessensentscheidung über die **Befristung der Wirkungen der Ausweisung** (§ 11   **43** Abs. 3 S. 1) kann es nicht auf die zukünftige Erstattung der Kosten ankommen. Dies ergibt sich daraus, dass nach § 11 Abs. 2 S. 5 ausschließlich spezial- oder generalpräventive Gründe als Bedingungen für die Befristung zugelassen sind. Zudem ist Art. 11 Abs. 2 Rückführungs-RL zu beachten. Diesbezüglich sind fiskalische Interessen nicht zu berücksichtigen. Eine andere Frage ist, ob vor der Begleichung der Kosten ein neuer Aufenthaltstitel erteilt wird, sofern darauf kein unbedingter Anspruch besteht.

Stundung, Erlass, die Beachtung von Pfändungsfreigrenzen oder sonstige Ermäßigungen sind   **44** Gegenstand des Verwaltungsvollstreckungsverfahrens.

IV. Rechtsschutz

Je nach landesrechtlicher Regelung ist gegen den Leistungsbescheid der Ausländerbehörde   **45** **Widerspruch** nach § 68 VwGO zulässig. Bei zurückgewiesenem oder unzulässigem Widerspruch ist die **Anfechtungsklage** nach § 42 VwGO die statthafte Klageart.

Maßgeblicher Zeitpunkt für die Beurteilung der Rechtmäßigkeit des Verwaltungsaktes ist   **46** die Sach- und Rechtslage zum Zeitpunkt der letzten behördlichen Entscheidung (BVerwG BeckRS 2015, 41791). Das Verwaltungsgericht hat dabei die **Rechtmäßigkeit einer eventuellen gerichtlichen Haftanordnung inzident** ex ante **zu prüfen**, auch wenn der Ausländer gegen diese kein Rechtsmittel eingelegt (BVerwG BeckRS 2015, 41791). Hierfür ist der maßgebliche Zeitpunkt nicht derjenige des Kostenbescheids, sondern derjenige der freiheitsentziehenden Maßnahme (BVerwG NVwZ 2013, 277; Huber NVwZ 2015, 830 (834 f.)).

Die Rechtsbehelfe haben **aufschiebende Wirkung** nach § 80 Abs. 1 S. 1 VwGO. Es handelt sich   **47** bei der Festsetzung der Abschiebungskosten nicht um eine Maßnahme der Vollstreckung iSd § 80 Abs. 2 S. 2 VwGO (VGH BW BeckRS 2006, 22331). Auch sind die festgesetzten Kosten keine solche iSd § 80 Abs. 2 S. 1 Nr. 1 VwGO. Kosten iSd § 80 Abs. 2 S. 1 Nr. 1 VwGO sind Verwaltungsgebühren und Auslagen im Sinne des jeweils anzuwendenden Kostenrechts. Das AufenthG sieht die Kosten der Abschiebung nicht als Auslagen an (HmbOVG NVwZ-Beil. 2000, 146).

Streitwert ist die Höhe der Forderung gemäß Leistungsbescheid.   **48**

§ 68 Haftung für Lebensunterhalt

(1) ¹Wer sich der Ausländerbehörde oder einer Auslandsvertretung gegenüber verpflichtet hat, die Kosten für den Lebensunterhalt eines Ausländers zu tragen, hat für einen Zeitraum von fünf Jahren sämtliche öffentlichen Mittel zu erstatten, die für den Lebensunterhalt des Ausländers einschließlich der Versorgung mit Wohnraum sowie der Versorgung im Krankheitsfalle und bei Pflegebedürftigkeit aufgewendet werden, auch soweit die Aufwendungen auf einem gesetzlichen Anspruch des Ausländers beruhen. ²Aufwendungen, die auf einer Beitragsleistung beruhen, sind nicht zu erstatten. ³Der Zeitraum nach Satz 1 beginnt mit der durch die Verpflichtungserklärung ermöglichten Einreise des Ausländers. ⁴Die Verpflichtungserklärung erlischt vor Ablauf des Zeitraums von fünf Jahren ab Einreise des Ausländers nicht durch Erteilung eines Aufenthaltstitels nach Abschnitt 5 des Kapitels 2 oder durch Anerkennung nach § 3 oder § 4 des Asylgesetzes.

(2) ¹Die Verpflichtung nach Absatz 1 Satz 1 bedarf der Schriftform. ²Sie ist nach Maßgabe des Verwaltungsvollstreckungsgesetzes vollstreckbar. ³Der Erstattungsanspruch steht der öffentlichen Stelle zu, die die öffentlichen Mittel aufgewendet hat.

(3) Die Auslandsvertretung unterrichtet unverzüglich die Ausländerbehörde über eine Verpflichtung nach Absatz 1 Satz 1.

(4) ¹Die Ausländerbehörde unterrichtet, wenn sie Kenntnis von der Aufwendung nach Absatz 1 zu erstattender öffentlicher Mittel erlangt, unverzüglich die öffentliche Stelle, der der Erstattungsanspruch zusteht, über die Verpflichtung nach Absatz 1 Satz 1 und erteilt ihr alle für die Geltendmachung und Durchsetzung des Erstattungsanspruchs

erforderlichen Auskünfte. [2]Der Empfänger darf die Daten nur zum Zweck der Erstattung der für den Ausländer aufgewendeten öffentlichen Mittel sowie der Versagung weiterer Leistungen verarbeiten.

Überblick

Die Vorschrift regelt die Voraussetzungen und Folgen einer sog. Verpflichtungserklärung (→ Rn. 4), mit welcher sich ein Dritter (→ Rn. 16) öffentlich-rechtlich (→ Rn. 4) verpflichtet, für die Kosten der Lebensunterhaltssicherung (→ Rn. 37) eines Ausländers zur Erreichung eines Aufenthaltstitels (→ Rn. 3), für den die Lebensunterhaltssicherung vorgeschrieben ist (→ Rn. 8), aufzukommen. An die Erklärung sind Bestimmtheitserfordernisse gestellt (→ Rn. 19). Die Erklärung unterliegt auch den allgemeinen Auslegungsregeln (→ Rn. 21). Zur Auslegungsbedürftigkeit älterer Erklärungen (→ Rn. 21a). Die Wirksamkeit der Erklärung endet unter anderem durch Zeitablauf (→ Rn. 31), durch Änderung des Aufenthaltszwecks bzw. -titels (→ Rn. 33, → Rn. 20) oder bei Ausreise des Ausländers (→ Rn. 32). Zu Anfechtung, Widerruf und Wegfall der Geschäftsgrundlage (→ Rn. 26 ff). Welchen Umfang die Haftung hat, ergibt sich aus Abs. 1 S. 1 (→ Rn. 37). Die Inanspruchnahme des Erklärenden erfolgt durch Leistungsbescheid (→ Rn. 44) der berechtigten Stelle (→ Rn. 45), wobei in der Regel kein Ermessen (→ Rn. 47) ausgeübt wird. In atypischen Fällen (→ Rn. 47) handelt es sich aber um einen Ermessensakt (→ Rn. 50). Zum Verfahren (→ Rn. 53). Zur Bedeutung von Abs. 3 und Abs. 4 (→ Rn. 60).

Übersicht

A. Allgemeines

I. Entstehungsgeschichte

1   Die Vorschrift geht auf § 84 AuslG 1990 zurück und wurde durch das Integrationsgesetz (v. 31.7.2016, BGBl. I 1939) dahingehend verändert, dass zur Vermeidung von unabsehbaren finanziellen Belastungen für den Verpflichtungsgeber die Geltungsdauer der Verpflichtungserklärung auf fünf Jahre begrenzt wurde. Zuvor gab es keine gesetzlich geregelte zeitliche Begrenzung der Haftungsdauer. Außerdem wurde in Abs. 1 S. 4 klargestellt, dass die Erteilung eines humanitären Aufenthaltstitels die Haftung aus der Verpflichtungserklärung unberührt lässt.

2   Zuletzt wurde die Vorschrift durch 2. DSAnpUG-EU (Zweites Gesetz zur Anpassung des Datenschutzrechts an die Verordnung (EU) 2016/679 und zur Umsetzung der Richtlinie (EU) 2016/680 v. 20.11.2019, BGBl. I 1626) mWz 29.11.2019 begrifflich angepasst.

II. Zweck und Systematik

3   **Zweck der Vorschrift** ist es, dem Ausländer (§ 2 Abs. 1) die Möglichkeit zu geben, durch die Verpflichtungserklärung eines Dritten die **Lebensunterhaltssicherung** nach § 5 Abs. 1 Nr. 1 **nachzuweisen.** Die Verpflichtungserklärung ersetzt somit den Nachweis der Lebensunterhaltssicherung inklusiv Wohnung sowie Versorgung im Krankheitsfall und im Fall der Pflegebedürftigkeit.

4   Durch die Verpflichtungserklärung, einer **einseitig empfangsbedürftigen Willenserklärung,** wird ein **öffentlich-rechtliches Schuldverhältnis zwischen dem Erklärenden und dem Staat** gebildet (BVerwG BeckRS 1998, 30035179; NdsOVG BeckRS 2018, 8676; OVG Bln-Bbg BeckRS 2013, 59519; BeckOK AuslR/Kluth Rn. 5; NK-AuslR/Stiegeler Rn. 4; aA VG Regensburg BeckRS 1995, 31210667; Schlette NVwZ 1998, 125, die einen öffentlich-rechtlichen Vertrag annehmen). Der Verpflichtungsgeber übernimmt gegenüber dem Staat die Haftung für den Lebensunterhalt des Ausländers. Dies schließt nicht aus, dass ein öffentlich-rechtlicher Vertrag über die Kosten für den Lebensunterhalt des Ausländers geschlossen werden kann (BeckOK AuslR/Kluth Rn. 7; Bergmann/Dienelt/Dollinger Rn. 8).

Die Verpflichtungserklärung begründet **keine zivilrechtlichen Ansprüche des betroffenen** 5 **Ausländers gegenüber dem Erklärenden** (BayVGH BeckRS 9998, 82528). Dies geht letztlich auch klar aus Abs. 2 S. 3 hervor.

In der Regel wird die Verpflichtungserklärung zur **Bedingung für die Erteilung eines** 6 **Visums** gemacht, um die Einreise in die Bundesrepublik trotz der fehlenden Lebensunterhaltssicherung nach § 5 Abs. 1 zu ermöglichen.

Keine Erwähnung findet die Verpflichtungserklärung in § 2 Abs. 3, obwohl auch diese den 7 Lebensunterhalt sichert. Explizit erwähnt wird sie in § 23 Abs. 3 S. 2 sowie in § 37 Abs. 1 S. 1 Nr. 2. Auch können die Grenzbehörden nach Art. 6 Abs. 4 S. 3 Schengener Grenzkodex (VO (EU) 2016/399) bei der Einreise in den Schengenraum zur Sicherung des Lebensunterhalts eine ausreichende Verpflichtungserklärung akzeptieren, sofern dies nach dem nationalen Recht, wie hier durch § 68, vorgesehen ist.

Mehrere Vorschriften im AufenthG sehen vor, dass der **Aufenthaltstitel als Rechtsanspruch** 8 **unabhängig von der Lebensunterhaltssicherung** nach § 5 Abs. 1 Nr. 1 zu erteilen ist (unter anderem § 5 Abs. 3 S. 1, § 28 Abs. 1 S. 2, § 29 Abs. 2 S. 2, § 31 Abs. 4 S. 1). In solchen Fällen darf die Erteilung selbstredend nicht von der Vorlage einer Verpflichtungserklärung abhängig gemacht werden.

Besteht ein **Rechtsanspruch auf Erteilung einer Duldung,** wie zB nach § 60a Abs. 2, darf 9 dies ebenfalls nicht von der Vorlage einer Verpflichtungserklärung abhängig gemacht werden (BayVGH BeckRS 1998, 20105). Entsprechendes gilt auch für den **Regelanspruch auf Duldung** nach § 60a Abs. 2b aufgrund der Schutzwirkung des Art. 6 Abs. 1 GG (Bergmann/Dienelt/Dollinger Rn. 4).

Die Verpflichtungserklärung dürfte in denjenigen Fällen, in welchen ein Rechtsanspruch auf 10 Erteilung eines Aufenthaltstitels (→ Rn. 8) oder einer Duldung (→ Rn. 9) besteht, auch wegen Verstoßes gegen **§ 138 BGB** nichtig sein (so auch NK-AuslR/Stiegeler Rn. 6).

Die Sicherung des Lebensunterhalts durch eine Verpflichtungserklärung ist ausgeschlossen, 11 wenn das Gesetz eine **eigenständige Lebensunterhaltssicherung durch Erwerbstätigkeit** explizit vorsieht (§ 25a Abs. 2 S. 1 Nr. 2, § 104a Abs. 1 S. 2).

Bei einem **Titel nach § 9a** (Daueraufenthalt-EU) ist Lebensunterhaltssicherung durch eigene 12 Erwerbstätigkeit nach § 9a Abs. 2 Nr. 2 iVm § 9c S. 1 Nr. 4 zwar der Regelfall. Mit Bergmann/ Dienelt/Dollinger Rn. 5 ist aber davon auszugehen, dass mit Blick auf Art. 5 Abs. 1a Daueraufenthalts-RL und Erwägungsgrund 7 Daueraufenthalts-RL (RL 2003/109/EG v. 25.11.2003, ABl. 2004 L 16, 44), wonach ausreichende Einkünfte nachgewiesen werden müssen, auch feste und regelmäßige Einkünfte, sofern diese rechtlich gesichert durch Dritte erbracht werden, ausreichen können, wobei aufgrund des unbefristeten Aufenthaltsrechts besondere Anforderungen an die Prognose der Bonität des Verpflichtungsgebers zu stellen sind.

Entgegen dem Wortlaut der Vorschrift hat die Behörde bei atypischen Gegebenheiten nach 13 Ermessen über die Heranziehung des Verpflichtungsgebers zu entscheiden (BVerwG BeckRS 1998, 30035179; → Rn. 48).

B. Erläuterungen im Einzelnen

I. Zustandekommen der Verpflichtung

Die Erklärung muss gegenüber der zuständigen Ausländerbehörde oder der deutschen Auslands- 14 vertretung abgegeben worden sein.

Das **verwaltungsrechtliche Schuldverhältnis** kommt **zwischen dem Erklärenden und** 15 **der zuständigen Ausländerbehörde** zustande. Wird die Erklärung gegenüber der deutschen Auslandsvertretung abgegeben, so stellt dies lediglich eine Empfangszuständigkeit dar. Dies ergibt sich aus Abs. 3 (BeckOK AuslR/Kluth Rn. 10). Das Erstattungsrechtsverhältnis zu anderen öffentlichen Stellen nach Abs. 2 S. 3 entsteht erst, wenn ein Erstattungsanspruch entstanden ist.

Der Wortlaut der Vorschrift schränkt die Anwendung nicht auf natürliche Personen ein, sodass 16 auch juristische Personen diese Erklärung abgeben können. Die Person muss geschäftsfähig sein. Umstritten ist, ob die Person jedenfalls auch einen **Wohnsitz in der Bundesrepublik Deutschland** haben muss, was zur sicheren Durchsetzung der Ansprüche in der Regel bejaht werden muss (strikter BeckOK AuslR/Kluth Rn. 9; Bergmann/Dienelt/Dollinger Rn. 13; aA Hailbronner Rn. 7). Allerdings ist hier stets der Einzelfall zu prüfen. Hat jemand, der im Ausland lebt, in Deutschland belegenes Vermögen oder Einkommen, kann dies ausreichend sein. Es muss jedenfalls sichergestellt sein, dass die Vollstreckung nach dem VwVG erfolgen kann.

17   Die zuständige Behörde kann und sollte die **Bonität des Verpflichtungsgebers** durch Vorlage geeigneter Nachweise prüfen. Dabei kommt es auf die konkreten Umstände an (Dauer des geplanten Aufenthalts, Zweck des Aufenthalts, Anzahl und Alter der betroffenen Personen). Als Anhaltspunkt kann bei Arbeitseinkommen des Erklärenden § 850c ZPO dienen, wobei § 850c Abs. 4 Hs. 1 ZPO nicht zu berücksichtigen ist (OVG Bln–Bbg BeckRS 2012, 47054). Die Bonitätsprüfung muss ergeben, dass der Verpflichtungsgeber über ausreichend pfändungsfreies Einkommen verfügt (OVG Bln–Bbg BeckRS 2012, 47054). Akzeptiert die zuständige Behörde die Verpflichtungserklärung trotz mangelhafter Bonität, ist dies im Rahmen der Rückforderung von Leistungen durch Ausübung des Ermessens zu beachten (→ Rn. 51). Dies gilt ebenso, wenn sie die Bonitätsprüfung nur oberflächlich vornimmt (→ Rn. 51).

18   Bei einer **Verpflichtungserklärung zum Zweck der Erteilung eines unbefristeten Aufenthaltstitels** muss eine positive Prognose gegeben sein, dass die bisherige Erwerbsbiografie des Erklärenden durch unbefristete Arbeitsverhältnisse mit auskömmlicher Entlohnung geprägt ist und keine Anhaltspunkte dafür bestehen, dass die Beschäftigung in überschaubarem Zeitraum verloren gehen könnte (Bergmann/Dienelt/Dollinger Rn. 13).

19   Die Rechtsordnung überlässt es der Entscheidung des Einzelnen, ob und in welchem Umfang er für den Unterhalt eines Ausländers im Bundesgebiet aufkommen und damit die Voraussetzungen für dessen Aufenthalt schaffen will (BVerwG BeckRS 2018, 8302). Deshalb muss die **Erklärung hinreichend bestimmt sein.** Sie muss sich auf eine eindeutig identifizierbare Person beziehen. Auch muss der Aufenthalt bestimmbar sein. Dabei sind die **Grundsätze der §§ 133, 157 BGB** zur Klärung heranzuziehen. Inhalt und Reichweite der Erklärung, insbesondere für welchen Aufenthaltstitel sie gelten soll, sind durch Auslegung anhand der **objektiv erkennbaren Umstände zum Zeitpunkt der Unterzeichnung** zu ermitteln (BVerwG BeckRS 2018, 8302). Im Allgemeinen kommt es dabei auf den **Empfängerhorizont** an. Maßgebend ist grundsätzlich der erklärte Wille, wie ihn der Empfänger der Erklärung bei objektiver Würdigung verstehen musste (NdsOVG BeckRS 2018, 8676).

20   Für die **Zuordnung der Verpflichtungserklärung zu einem bestimmten Aufenthaltszweck** ist von den verschiedenen Abschnitten (3–7) des Kapitels 2 des AufenthG auszugehen. Somit fallen alle Aufenthaltstitel des Abschnitts 5 (Aufenthalt aus völkerrechtlichen, humanitären oder politischen Gründen) unter einen Aufenthaltszweck (BVerwG BeckRS 2017, 104359; Bergmann/Dienelt/Dollinger Rn. 10). Deshalb erlischt die Verpflichtungserklärung, die aufgrund der Erteilung eines Visums nach § 23 abgegeben wurde, nicht etwa, wenn später ein Aufenthaltstitel aufgrund eines anderen humanitären Aufenthaltszwecks, zB § 25 Abs. 2, erteilt wird. Lediglich der Wechsel zu einem anderen Aufenthaltstitel aus einem anderen Abschnitt (zB Studium) führt zu einer Änderung des Aufenthaltszwecks und damit der Beendigung der Verpflichtungserklärung vor Ablauf der Fünf-Jahres-Frist nach Abs. 1 S. 1.

21   Wird allerdings ein **behördliches Formular** für die Verpflichtungserklärung, eventuell auch mit Veränderungen durch die Behörde, verwendet, kommt es zusätzlich darauf an, wie der Erklärende die Eintragungen im Formular bei objektiver Würdigung verstehen durfte (NdsOVG BeckRS 2018, 8676). Dabei gehen analog § 305c Abs. 2 BGB Unklarheiten zu Lasten des Verwenders (OVG Bln–Bbg BeckRS 2021, 5810; BayVGH BeckRS 2020, 24627; NdsOVG BeckRS 2018, 8676; VGH BW BeckRS 2017, 119893; Bergmann/Dienelt/Dollinger Rn. 9). Das derzeit bundeseinheitlich verwendete Formular ist nach Auffassung von VG Minden BeckRS 2016, 44453 hinreichend bestimmt (so auch Bergmann/Dienelt/Dollinger Rn. 10).

21a   Bei **Erklärungen, welche vor dem Inkrafttreten des IntG** v. 31.7.2016 (BGBl. I 1939) **am 6.8.2016 und dem Urteil des BVerwG vom 26.1.2017 (BeckRS 2017, 104359) abgegeben wurden,** ist zu beachten, dass hinsichtlich der Dauer der Haftung aus Verpflichtungserklärungen, die im Zusammenhang mit Landesaufnahmeprogrammen abgegeben wurden, keine eindeutige Rechtslage bestand (OVG Bln–Bbg BeckRS 2021, 5810; OVG RhPf BeckRS 2019, 42610). Zwar vertrat das Bundesinnenministerium von Anfang an die später vom BVerwG (BeckRS 2017, 101359) bestätigte Ansicht, die Haftung ende mangels Änderung des Aufenthaltszwecks regelmäßig nicht mit dem Rechtskreiswechsel. Schon das vom Bundesinnenministerium selbst in Ziff. 68.1.1.3 AufenthGAVwV genannte Beispiel für einen Aufenthaltszweckwechsel (Wechsel des Arbeitgebers, der die Verpflichtungserklärung für den Ausländer abgegeben hat) legt aus Laiensicht eher ein enges Verständnis des Begriffs Aufenthaltszweck nahe (OVG Bln–Bbg BeckRS 2021, 5810). In einigen Bundesländern traten die zuständigen Landesbehörden der Rechtsauffassung des Bundesinnenministeriums entgegen und stellten in Erlassen oder anderweitigen Verlautbarungen ausdrücklich klar, dass aus ihrer Sicht die Verpflichtungsgeber mit der Erteilung eines Aufenthaltserlaubnis nach § 25 Abs. 1 oder § 25 Abs. 2 aus der Haftung entlassen würden (NdsOVG BeckRS 2019, 11181; OVG RhPf BeckRS 2019, 42610; OVG NRW BeckRS 2017, 136425). Im Land

Berlin fehlte es völlig an öffentlich bekanntgemachten oder bekannt gewordenen Erlassen, Weisungen, Anwendungshinweisen, Merkblättern oder ähnlichen Verlautbarungen, aus denen die Betroffenen den Umfang der Haftung hätten entnehmen können. Weder konnten sich die Betroffenen vergewissern, dass die Landesbehörden ein Fortbestehen der Haftung verneinten, noch mussten sie vom Gegenteil ausgehen. In dieser Situation war eine individuelle Beratung und Aufklärung von besonderer Bedeutung. Für die erfolgte Beratung ist die Behörde beweisbelastet. Ist diese nicht erfolgt, kann von einer Haftung nach Wechsel der Aufenthaltserlaubnis im genannten Zeitraum nicht ausgegangen werden.

Musste der Behörde **aufgrund konkreter Umstände bekannt** sein, dass der Erklärende **22** hinsichtlich der Dauer der Verpflichtung eindeutig von **falschen Vorstellungen** ausgeht, kann die Erklärung dahingehend auszulegen sein, dass der vom Erklärenden angenommene Verpflichtungszeitraum zugrunde zu legen ist, wenn die Behörde den Erklärenden nicht vor Abgabe der Erklärung über den tatsächlichen Verpflichtungszeitraum aufklärt (VG Köln BeckRS 2018, 25086). Führt der Erklärende hinsichtlich eines Besuchsaufenthalts unter dem Stichwort „Bemerkungen" im Formular aus, er übernehme die Kosten für maximal drei Monate, so geht der Widerspruch, der sich zu den übrigen Formulierungen im Formular ergibt, zu Lasten der Behörde (VG Mainz BeckRS 2020, 9987).

Die Erklärung erfordert gem. Abs. 2 S. 1 **Schriftform** nach § 126 Abs. 1 BGB und muss **23** deshalb eigenhändig durch Namensunterschrift oder durch notariell beglaubigtes Handzeichen unterzeichnet sein.

Nach VG Gießen (BeckRS 2018, 25189) können aufgrund der vorgeschriebenen Schriftform **24** auch **mündliche Zusagen der Behörde,** welche dem Erklärenden eine günstigere Position zugestehen würden, nicht berücksichtigt werden (→ Rn. 24.1).

Diese Auffassung geht nach hiesiger Meinung zu weit. Die Schriftform dient dem Schutz des Erklären- **24.1** den und nicht der Behörde. Wenn die Behörde mündliche Zusagen macht, sind diese im Auslegungswege zu berücksichtigen. Jedenfalls aber muss dies zu einer Ermessensentscheidung wegen eines atypischen Falls führen (→ Rn. 50).

Soweit in Literatur und Rechtsprechung Bedenken gegen die Wirksamkeit von Verpflichtungs- **25** erklärungen wegen eines Verstoßes gegen **§ 138 BGB** erhoben wurden, wurde diese Frage zwischenzeitlich durch das BVerwG (BeckRS 1998, 30035179) entschieden. Es beruhe nicht auf einer sachwidrigen Ausnutzung staatlicher Übermacht, die Zustimmung zur Einreise etwa von Bürgerkriegsflüchtlingen von der Lebensunterhaltssicherung abhängig zu machen. Auch seien Bedenken hinsichtlich einer finanziellen Überforderung des Erklärenden nicht stichhaltig. Das Korrektiv finde sich im Verhältnismäßigkeitsgrundsatz. So ist es im Rahmen der Ermessensentscheidung zu würdigen, wenn die Behörde die Verpflichtungserklärung entgegengenommen hat, ohne die wirtschaftliche Leistungsfähigkeit des Erklärenden zu prüfen (VG Oldenburg BeckRS 2011, 54045). Anders dürfte die Beurteilung aber ausfallen, wenn eine Verpflichtungserklärung für einen Aufenthaltstitel gefordert wird, für den die Lebensunterhaltssicherung nicht erforderlich ist (→ Rn. 10).

Sofern **Anfechtungsgründe** nach § 62 VwVfG iVm §§ 119, 123 BGB vorliegen, ist auch **26** eine Anfechtung der abgegebenen Verpflichtungserklärung möglich (BayVGH BeckRS 2005, 16764; wohl auch NdsOVG BeckRS 2017, 137247; zust. NK-AuslR/Stiegeler Rn. 7; Bergmann/Dienelt/Dollinger Rn. 12; BeckOK AuslR/Kluth Rn. 16; zur Anfechtbarkeit öffentlich-rechtlicher Willenserklärungen Kluth NVwZ 1990, 608).

Einen bloßen, unbeachtlichen Motivirrtum stellt es dar, wenn der Ausländer von vornherein einen **26.1** längerfristigen Aufenthalt in der Bundesrepublik Deutschland plante, während der Verpflichtete von einem Kurzaufenthalt ausgegangen ist (VG Karlsruhe BeckRS 2019, 17812).

Ausgeschlossen ist der Widerruf der Verpflichtungserklärung. Er kann auch nicht in eine **27** Anfechtung oder Kündigung umgedeutet werden. Eine derartige Möglichkeit, die Verpflichtung einseitig zu beenden, würde dem Zweck der Verpflichtungserklärung zuwiderlaufen, für einen festgelegten Zeitraum, der allein durch Auslegung anhand der objektiv erkennbaren Umstände zum Zeitpunkt der Unterzeichnung zu ermitteln ist, eine finanzielle Belastung des Staates durch die Einreise und den Aufenthalt des betroffenen Ausländers (weitgehend) auszuschließen (BVerwG BeckRS 2017, 104359).

Vor dem Gedanken des **Wegfalls der Geschäftsgrundlage** ist § 60 VwVfG aber auf die **28** Verpflichtungserklärung **entsprechend anwendbar** (NK-AuslR/Stiegeler Rn. 7). Dies kommt bspw. dann in Betracht, wenn andere nahe Angehörige des Haftenden in eine schwere Notlage geraten sind oder der Verpflichtete arbeitslos geworden ist (BeckOK AuslR/Kluth Rn. 17).

II. Dauer und Umfang der Haftung

1. Dauer

29   Wie dargelegt (→ Rn. 19) ist die **Reichweite der Haftungsverpflichtung durch Ausle-gung anhand objektiver Umstände entsprechend §§ 133, 157 BGB zu ermitteln,** wobei es aufgrund der verwendeten amtlichen Formulare auf das Verständnis des Erklärenden ankommt und Unklarheiten zu Lasten des Verwenders gehen.

30   Der Geltungsdauer des Aufenthaltstitels kommt grundsätzlich keine besondere Bedeutung zu. Ergibt sich allerdings aus den Umständen, dass der Erklärende von einer Haftungsbegrenzung für eine bestimmte Aufenthaltsdauer ausgehen konnte, begrenzt dies die Geltung der Verpflich-tungserklärung (VG Saarlouis BeckRS 2011, 56224; NK-AuslR/Stiegeler Rn. 8; → Rn. 51). Ansonsten aber kann sich die Haftung auch auf Zeiträume eines illegalen Aufenthalts sowie auf eine Abschiebung erstrecken.

31   Die **Verpflichtung endet** mit **Ablauf** einer eventuellen **Befristung** der Verpflichtungserklä-rung.

32   Reist der Ausländer aus, endet die Haftung automatisch. Dies sieht allerdings VG Karlsruhe BeckRS 2019, 17812 anders. Danach soll eine Unterbrechung des Aufenthalts, also eine Aus- und Wiedereinreise, die Haftung nicht unterbrechen. Nach Auffassung des Gerichts sehe dies der Wortlaut der Vorschrift nicht vor (→ Rn. 32.1).

32.1   Dies mag formal so zu sehen sein. Allerdings wird die Verpflichtungserklärung für den Aufenthalt im Bundesgebiet aufgrund der konkreten Einreise erteilt. Soweit sich das VG Karlsruhe auf den Begriff „Gesamtaufenthaltsdauer" aus Nr. 68.1.1.3 AufenthGAVwV beruft, verkennt es, dass darunter der Zeitraum bis zum „Ende des vorgesehenen Gesamtaufenthalts" zu verstehen ist. Der vorgesehene Gesamtaufenthalt umfasst aber bei einer Verpflichtungserklärung für einen Besuchsaufenthalt aufgrund eines „Schengen-Visums" nicht die Ausreise mit Asylantragstellung in einem anderen Staat und die Wiedereinreise aufgrund eines Dublin-Verfahrens.

33   **Wechselt der Ausländer in einen vom ursprünglichen Aufenthaltszweck abweichenden erlaubten Aufenthaltsstatus** (→ Rn. 20), endet die Verpflichtungserklärung ebenfalls (BayVGH BeckRS 2005, 16764; VG Augsburg BeckRS 2012, 46905; VG Köln BeckRS 2009, 36247). Dies ist auch der Fall, wenn eine Aufenthaltserlaubnis, die ursprünglich nach § 30 verlängert wurde, später aufgrund der Einbürgerung des Ehegatten nach § 28 verlängert wird (SchlHOVG BeckRS 2013, 58571; NK-AuslR/Stiegeler Rn. 9).

33.1   Es ist deshalb sinnvoll, umgehend die Änderung der Rechtsgrundlage für die Aufenthaltserlaubnis durch eine entsprechende Antragstellung zu sichern.

34   Nach Abs. 1 S. 4 ist es aber **ohne Bedeutung** für die weitere Haftung, wenn der Aufenthalts-zweck sich dadurch ändert, dass dem Ausländer ein **humanitärer Aufenthaltstitel nach Abschnitt 5 des Kapitels 2 oder eine Anerkennung nach §§ 3 oder 4 AsylG** zuteilwird. Ob dies noch mit dem Verhältnismäßigkeitsgrundsatz vereinbar ist, darf bezweifelt werden (→ Rn. 52).

34.1   Die Auffassung von NK-AuslR/Stiegeler Rn. 9, dass mit der Stellung des Asylantrags eine rechtmäßige, wenn auch funktionell beschränkte Aufenthaltsposition begründet und dadurch zugleich der ursprüngliche Aufenthaltszweck durch einen anderen ersetzt wird, dürfte mit der aktuellen Gesetzeslage nicht mehr in Einklang zu bringen sein.

35   Die Haftung endet mit Ablauf der **gesetzlichen Frist von fünf Jahren.** Die Frist beginnt mit der durch die Verpflichtungserklärung ermöglichten Einreise des Ausländers (Abs. 1 S. 3). Ihr Ende errechnet sich nach § 188 Abs. 2 Alt. 1 BGB iVm § 1 Abs. 1, § 31 Abs. 1 VwVfG.

36   Fraglich ist, ob auf die Befristung verzichtet werden kann, um zB die Erteilung einer Niederlas-sungserlaubnis nach § 9 Abs. 2 S. 1, bei welcher der Lebensunterhalt auf Dauer und nicht für lediglich fünf Jahre gesichert sein muss, zu ermöglichen (VG Karlsruhe BeckRS 2012, 53586). Das Urteil des VG Karlsruhe erging vor der Aufnahme der gesetzlichen Befristung in Abs. 1 S. 4 (→ Rn. 1). Dennoch ist nicht ersichtlich, weshalb eine **freiwillige** Sicherung des Lebensunterhalts des Ausländers durch Abgabe einer explizit **unbefristeten Verpflichtungserklärung** nicht mög-lich sein sollte (so auch Bergmann/Dienelt/Dollinger Rn. 5). So könnte eine solche Vereinbarung durch öffentlich-rechtlichen Vertrag erfolgen.

2. Umfang

Die Verpflichtung umfasst nach Abs. 1 S. 1 **alle Kosten für den Lebensunterhalt** gem. § 2 37
Abs. 3, die Kosten für **Wohnraum,** für die **Krankenbehandlung** sowie für die Betreuung im
Falle von **Pflegebedürftigkeit.**

Zweifelsohne gehören zu den öffentlichen Mitteln, die zur Versorgung im Krankheitsfall und 38
bei Pflegebedürftigkeit aufgewendet werden, die **Beiträge zur gesetzlichen Kranken- und
Pflegeversicherung** (BVerwG BeckRS 2018, 5380).

Nicht zu diesen öffentlichen Mitteln gehören aber ärztliche **Krankenbehandlungskosten,** 39
die im Rahmen eines Behandlungsvertrages erbracht werden (aA wohl BeckOK AuslR/Kluth
Rn. 13). Der Gesetzeswortlaut spricht von Lebensunterhalt zur Versorgung im Krankheitsfall. Dies
sind nach hiesiger Auffassung nur die Vorsorgekosten, welche von den Behandlungskosten freistel-
len sollen, somit die Beiträge zur Kranken- und Pflegeversicherung. Die medizinische Versorgung
selbst ist keine Leistung für den Lebensunterhalt, sondern eine Leistung zur Erfüllung eines
Behandlungsvertrags, für die ein nach Pflegesätzen und Pauschalen festgelegtes Entgelt als Gegenleistung für die erbrachten Dienste verlangt wird (VG Darmstadt BeckRS 2007, 27510; Bergmann/
Dienelt/Dollinger Rn. 21). Leistungen bei Krankheit nach § 4 AsylbLG sollen wohl nach BVerwG
BeckRS 2018, 5380 zu erstatten sein. Diese Auffassung wird hier nicht geteilt (zweifelnd wohl
auch Bergmann/Dienelt/Dollinger Rn. 21). Auch ist in diesen Fällen die Reichweite der Verpflichtungserklärung durch Auslegung zu ermitteln (BVerwG BeckRS 2018, 5380; Bergmann/
Dienelt/Dollinger Rn. 21). Dabei ist der Wortlaut des Gesetzes dem Verständnis eines Laien
zugrunde zu legen.

Zu den zu erstattenden öffentlichen Mitteln gehören auch Leistungen, auf welche ein Rechtsan- 40
spruch gegenüber der öffentlichen Hand besteht.

Nicht zum Haftungsumfang gehören **Leistungen, die auf einer Beitragszahlung beruhen** 41
(Abs. 1 S. 2).

Nicht zu den Kosten der Sicherung des Lebensunterhalts nach Abs. 1 S. 1 gehören die **Abschie-** 42
bekosten nach § 66 Abs. 2 (OVG NRW BeckRS 2006, 24649). Soweit versucht wird, im
üblicherweise verwendeten Formular die Kosten dadurch mit aufzunehmen, dass formuliert wird,
der Verpflichtete übernehme nach §§ 66 und 67 auch die Kosten für die Ausreise des Ausländers,
genügt dies nicht für eine diesbezügliche Verpflichtung (VGH BW BeckRS 2016, 129345;
NdsOVG BeckRS 2007, 25182; NK-AuslR/Stiegeler Rn. 10). Die Übernahmeerklärung müsste
hinreichend bestimmt sein, damit die Übernahmeerklärung verpflichtend ist (NdsOVG BeckRS
2007, 25182).

Leistungen, die zu Unrecht erbracht wurden, müssen nicht vom Verpflichteten erstattet 43
werden (BVerwG BeckRS 1998, 30035179).

III. Inanspruchnahme

Die nach Abs. 2 S. 3 berechtigte Stelle macht den Erstattungsanspruch durch **Leistungsbe-** 44
scheid geltend.

Berechtigt ist diejenige Stelle, welche die öffentlichen Mittel aufgewendet hat (BVerwG 45
BeckRS 1998, 30035179).

Der **Ausländer** ist **nicht am öffentlich-rechtlichen Rechtsverhältnis beteiligt** und hat 46
keine Ansprüche gegenüber dem Verpflichteten (BayVGH BeckRS 9998, 82528). Der Verpflichtete ist also nicht zur Leistung an den Ausländer verpflichtet.

Immer wieder verkennen dies die Ausländerbehörden und fordern direkte Unterhaltsleistungen durch 46.1
den Verpflichteten an den Ausländer. Dies ist nicht mit der Rechtslage zu vereinbaren.

Der Verpflichtete ist **im Regelfall ohne Ausübung von Ermessen** zur Erstattung der Auf- 47
wendungen heranzuziehen. Dies gilt aber nicht uneingeschränkt. **Voraussetzung für den Regelfall** ist, dass im Verwaltungsverfahren zur Erteilung des Aufenthaltstitels die Voraussetzungen des
Aufenthaltstitels sowie die Bonität des Verpflichteten voll und individuell geprüft wurden und
nichts dafür spricht, dass die Inanspruchnahme zu einer unzumutbaren Belastung wird (BVerwG
BeckRS 2014, 49835).

Hat allerdings der Verpflichtete der Ausländerbehörde bei Abgabe der Erklärung ausdrücklich 48
zugesichert, zur Leistung zukünftig in der Lage zu sein, kann er der Behörde später nicht vorhalten,
dass diese die Bonität nicht genau geprüft hat (VG Schleswig BeckRS 2020, 4102; VG Oldenburg
BeckRS 2011, 54045; Bergmann/Dienelt/Dollinger Rn. 18).

Nach Auffassung des HessVGH (BeckRS 2005, 23032) hat die Behörde zudem den Betroffenen 49
vor Abgabe der Verpflichtungserklärung umfassend **über die Risiken der Verpflichtungserklä-**

rung aufzuklären. Anderenfalls kann ein Erstattungsbescheid rechtswidrig sein (so auch Bergmann/Dienelt/Dollinger Rn. 19; aA NdsOVG BeckRS 2005, 28706).

50   **Bei einem atypischen Sachverhalt muss die Behörde Ermessen ausüben** und prüfen, in welchem Umfang der Verpflichtete herangezogen werden kann. Dabei ist der Verhältnismäßigkeitsgrundsatz im Besonderen zu prüfen, wobei auch Zahlungserleichterungen in Betracht kommen können.

51   Ob ein **atypischer Sachverhalt** vorliegt, unterliegt der **vollen gerichtlichen Kontrolle** (BVerwG BeckRS 2014, 49835; Bergmann/Dienelt/Dollinger Rn. 16). Ein Ausnahmefall liegt vor, wenn eine wertende Betrachtung aller Umstände des Einzelfalls ergibt, dass die strikte Gesetzesanwendung Folgen hätte, die vom Gesetzgeber nicht gewollt sind und mit den **Grundsätzen der Gerechtigkeit und der Verhältnismäßigkeit,** insbesondere der Rücksichtnahme auf die individuelle Leistungsfähigkeit des Verpflichteten nicht vereinbar wären (BVerwG BeckRS 2018, 5381). Maßgeblich kann dafür unter anderem die **Höhe des Erstattungsanspruchs,** der **Zweck des Aufenthalts** des Ausländers, ein bestehender **Rechtsanspruch auf einen Aufenthaltstitel** (VG Lüneburg BeckRS 2012, 47294; VG Würzburg BeckRS 2011, 48215), eine **plötzliche schwere Erkrankung** des Ausländers, **nachträglich eingetretene Arbeitslosigkeit** des Verpflichteten (VG Gießen BeckRS 2010, 51560; aA VG Schleswig BeckRS 2020, 4102) oder auch die **Einbürgerung des Ehegatten** des Ausländers sein (SchlHOVG BeckRS 2013, 58571). Ein atypischer Fall liegt auch vor, wenn die Behörde zum Zeitpunkt der Erklärung nicht über eine **unklare Rechtslage** hinsichtlich der Dauer der Verpflichtung hingewiesen hat (VG Osnabrück BeckRS 2018, 16282). Ebenso ist von einem atypischen Fall auszugehen, wenn aufgrund einer durchgeführten Bonitätsprüfung das **Einkommen des Erklärenden offensichtlich nicht ausreicht,** um die Verpflichtung zu gewährleisten (VG Köln BeckRS 2018, 25121). Ebenso kann ein atypischer Fall vorliegen, wenn die zuständige Behörde keine eingehende und sorgfältige, sondern **nur überschlägige Bonitätsprüfung** durchgeführt hat und damit letztendlich eine Risikoentscheidung getroffen hat (VG Hannover BeckRS 2011, 53767; Bergmann/Dienelt/Dollinger Rn. 18).

52   Nach hiesiger Auffassung muss aufgrund des sehr restriktiven, keine Ausnahme zulassenden Abs. 1 S. 4 (→ Rn. 34) eine Verhältnismäßigkeitsprüfung als Korrektiv vorgenommen werden.

IV. Verfahren

53   **Maßgeblicher Zeitpunkt** für die Prüfung der Rechtmäßigkeit des Leistungsbescheids ist die Sach- und Rechtslage zum Zeitpunkt des Erlasses des Verwaltungsaktes (BVerwG BeckRS 2014, 49835).

54   Die Geltendmachung der Kosten stellt **keine Maßnahme der Verwaltungsvollstreckung** dar. Es handelt sich auch nicht um die **Anforderung öffentlich-rechtlicher Kosten** iSd § 80 Abs. 2 S. 1 Nr. 1 VwGO, weshalb Widerspruch (sofern landesrechtlich zulässig) und Klage **aufschiebende Wirkung** haben, wenn nicht die sofortige Vollziehbarkeit nach § 80 Abs. 4 VwGO angeordnet wurde (HessVGH BeckRS 2014, 53696). Im letzteren Fall stünde der Antrag auf Wiederherstellung der aufschiebenden Wirkung nach § 80 Abs. 5 VwGO zur Verfügung.

55   Eine **Feststellungsklage** zur Überprüfung der Wirksamkeit der Verpflichtungserklärung ist **unzulässig,** da diese Frage im Rahmen der Anfechtungsklage des Leistungsbescheids geprüft werden muss (OVG NRW BeckRS 2016, 113437).

56   Der **Streitwert** richtet sich nach der Forderung im Leistungsbescheid.

57   In der **Beratung** ist genau zu prüfen, ob überhaupt die Sicherung des Lebensunterhalts zwingend notwendig für die Erteilung des Aufenthaltstitels ist. Dabei ist zunächst ein eventuell bestehendes Ermessen der Behörde über das Absehen von der Lebensunterhaltssicherung zB im Falle des § 29 Abs. 2 S. 1 einzufordern. Außerdem tut der anwaltliche Berater gut daran, auf die Reichweite und das erhebliche finanzielle Risiko einer Verpflichtungserklärung ausführlich und schriftlich hinzuweisen. Es sollte auch stets versucht werden, eine zeitliche Befristung der Verpflichtungserklärung zu erreichen (NK-AuslR/Kluth Rn. 15).

58   Die Vollstreckung des Leistungsbescheids erfolgt nach dem VwVG (Abs. 2 S. 2).

59   Ungeklärt ist, ob sich die **Verjährung** nach § 62 S. 2 VwVfG iVm §§ 194 ff. BGB richtet, weil die Verpflichtungserklärung eine rechtsgeschäftliche Erklärung ist, oder nach § 70, welcher als spezielle Verjährungsvorschrift anzusehen sein dürfte.

60   Abs. 3 und Abs. 4 dienen der **Datenübermittlung** durch die beteiligten Behörden. Das Vorliegen einer Verpflichtungserklärung sowie der Hinterlegungsort werden gem. § 69 Abs. 2 Nr. 2 lit. e AufenthV in die Visadatei aufgenommen.

Der aufgrund einer Verpflichtungserklärung in Anspruch Genommene kann zivilrechtlich **61** **Ersatz der entstandenen Aufwendungen** einschließlich des Ersatzes von Sozialleistungen vom Ausländer fordern, da er mit dem Eingehen der Verpflichtungserklärung ein Geschäft mit Fremdgeschäftsführungswillen führt. Die Regeln der Entreicherung finden keine Anwendung (LG Oldenburg LSK 2018, 39692).

§ 68a Übergangsvorschrift zu Verpflichtungserklärungen

[1]**§ 68 Absatz 1 Satz 1 bis 3 gilt auch für vor dem 6. August 2016 abgegebene Verpflichtungserklärungen, jedoch mit der Maßgabe, dass an die Stelle des Zeitraums von fünf Jahren ein Zeitraum von drei Jahren tritt.** [2]**Sofern die Frist nach Satz 1 zum 6. August 2016 bereits abgelaufen ist, endet die Verpflichtung zur Erstattung öffentlicher Mittel mit Ablauf des 31. August 2016.**

Überblick

Die Vorschrift passt alte Verpflichtungserklärungen hinsichtlich der Begrenzung des Wirksamkeitszeitraums an § 68 an. Zu den Verpflichtungserklärungen selbst wird auf die Kommentierung zu § 68 verwiesen.

A. Allgemeines

Die Vorschrift wurde durch das Integrationsgesetz (v. 31.7.2016, BGBl. I 1939) mWv 6.8.2016 **1** als Ergänzung zu § 68 eingeführt. Durch die Norm profitieren auch die zum Zeitpunkt des Inkrafttretens bereits bestehenden Verpflichtungserklärungen nach § 68 von den zeitlichen Haftungsreduzierungen.

Die Vorschrift hat nur temporäre Wirkung, da es fünf Jahre nach Inkrafttreten keine Altfälle **2** mehr geben wird und der Gültigkeitszeitraum der betroffenen Verpflichtungserklärungen mit dem 5.8.2019 abgelaufen ist. In rechtshängigen Verfahren aber hat die Vorschrift nach wie vor Bedeutung.

B. Erläuterungen im Einzelnen

Die Verpflichtungserklärungen nach § 68 Abs. 1 waren bis zum Inkrafttreten des Integrationsge- **3** setzes nicht gesetzlich zeitlich begrenzt. Die Laufzeit war in vielen Fällen umstritten. Nachdem die Geltungsdauer mit der Neufassung des § 68 auf fünf Jahre begrenzt wurde, hat der Gesetzgeber zur Vermeidung von Ungleichbehandlungen eine zeitliche Begrenzung auch für die Altfälle eingeführt.

Dabei war Grund auch, dass vor dem Hintergrund der Vielzahl erfolgreicher Asylanträge von **4** im Rahmen der Landesaufnahmeprogramme nach § 23 Abs. 1 aufgenommenen Personen kein Ende der Verpflichtung bei Erteilung eines anderen Aufenthaltstitels geregelt werden sollte, sondern für Altfälle lediglich eine kürzere Höchstdauer von drei Jahren (VG Gießen BeckRS 2018, 25189).

Danach gilt die Begrenzung der Wirksamkeit von Verpflichtungserklärungen nach § 68 Abs. 1 **5** S. 1 auch für vor dem 6.8.2016 abgegebene Verpflichtungserklärungen, wobei die Frist nur drei Jahre beträgt. War dieser Zeitraum am 6.8.2016 bereits abgelaufen, endete die Verpflichtung mit Ablauf des 31.8.2016.

Nicht von dieser Vorschrift umfasst ist ausweislich des eindeutigen Wortlauts § 68 Abs. 1 S. 4, **6** wonach ein Erlöschen der Verpflichtungserklärung aufgrund der Erteilung eines humanitären Aufenthaltstitels nach Abschnitt 5 des Kapitels 2 oder durch Anerkennung nach §§ 3 oder 4 AsylG nicht eintritt.

In denjenigen Fällen aber, in denen die Einreise mit einer Verpflichtungserklärung aufgrund **7** § 23 Abs. 1 erfolgte, erlischt nach Auffassung des BVerwG (BeckRS 2017, 101359) die vor Inkrafttreten des § 68 nF abgegeben Verpflichtungserklärung auch durch Erteilung einer Aufenthaltserlaubnis nach § 25 nicht, da beide Aufenthaltstitel solche humanitären Rechts sind, weshalb kein Zweckwechsel eingetreten ist (ebenso OVG NRW BeckRS 2017, 136425; SächsOVG BeckRS 2019, 13044; VG Saarlouis BeckRS 2020, 23932; aA zurecht VGH BW BeckRS 2017, 119893, der die damals verwendeten bundeseinheitlichen Formulare für nicht eindeutig hält, was zulasten der Ausländerbehörden gehe).

8   Bei **Erklärungen, welche vor dem Inkrafttreten des IntG** v. 31.7.2016 (BGBl. I 1939) **am 6.8.2016 und dem Urteil des BVerwG BeckRS 2017, 104359 abgegeben wurden,** ist zu beachten, dass hinsichtlich der Dauer der Haftung aus Verpflichtungserklärungen, die im Zusammenhang mit Landesaufnahmeprogrammen abgegeben wurden, keine eindeutige Rechtslage bestand (OVG Bln-Bbg BeckRS 2021, 5810; OVG RhPf BeckRS 2019, 42610). Zwar vertrat das Bundesinnenministerium von Anfang an die später vom BVerwG (BeckRS 2017, 101359) bestätigte Ansicht, die Haftung ende mangels Änderung des Aufenthaltszwecks regelmäßig nicht mit dem Rechtskreiswechsel. Schon das vom Bundesinnenministerium selbst in Ziff. 68.1.1.3 AufenthGAVwV genannte Beispiel für einen Aufenthaltszweckwechsel (Wechsel des Arbeitgebers, der die Verpflichtungserklärung für den Ausländer abgegeben hat) legt aus Laiensicht eher ein enges Verständnis des Begriffs Aufenthaltszweck nahe (OVG Bln-Bbg BeckRS 2021, 5810). In einigen Bundesländern traten die zuständigen Landesbehörden der Rechtsauffassung des Bundesinnenministeriums entgegen und stellten in Erlassen oder anderweitigen Verlautbarungen ausdrücklich klar, dass aus ihrer Sicht die Verpflichtungsgeber mit der Erteilung eines Aufenthaltserlaubnis nach § 25 Abs. 1 oder § 25 Abs. 2 aus der Haftung entlassen würden (NdsOVG BeckRS 2019, 11181; OVG RhPf BeckRS 2019, 42610; OVG NRW BeckRS 2017, 136425). Im Land Berlin fehlte es völlig an öffentlich bekanntgemachten oder bekannt gewordenen Erlassen, Weisungen, Anwendungshinweisen, Merkblättern oder ähnlichen Verlautbarungen, aus denen die Betroffenen den Umfang der Haftung hätten entnehmen können. Weder konnten sich die Betroffenen vergewissern, dass die Landesbehörden ein Fortbestehen der Haftung verneinten, noch mussten sie vom Gegenteil ausgehen. In dieser Situation war eine individuelle Beratung und Aufklärung von besonderer Bedeutung. Für die erfolgte Beratung ist die Behörde beweisbelastet. Ist diese nicht erfolgt, kann von einer Haftung nach Wechsel der Aufenthaltserlaubnis im genannten Zeitraum nicht ausgegangen werden.

§ 69 Gebühren

(1) ¹Für individuell zurechenbare öffentliche Leistungen nach diesem Gesetz und den zur Durchführung dieses Gesetzes erlassenen Rechtsverordnungen werden Gebühren und Auslagen erhoben. ²Die Gebührenfestsetzung kann auch mündlich erfolgen. ³Satz 1 gilt nicht für individuell zurechenbare öffentliche Leistungen der Bundesagentur für Arbeit nach den §§ 39 bis 42. ⁴§ 287 des Dritten Buches Sozialgesetzbuch bleibt unberührt. ⁵Satz 1 gilt zudem nicht für das Mitteilungsverfahren im Zusammenhang mit der kurzfristigen Mobilität von Studenten nach § 16c, von unternehmensintern transferierten Arbeitnehmern nach § 19a und von Forschern nach § 18e.

(2) ¹Die Gebühr soll die mit der individuell zurechenbaren öffentlichen Leistung verbundenen Kosten aller an der Leistung Beteiligten decken. ²In die Gebühr sind die mit der Leistung regelmäßig verbundenen Auslagen einzubeziehen. ³Zur Ermittlung der Gebühr sind die Kosten, die nach betriebswirtschaftlichen Grundsätzen als Einzel- und Gemeinkosten zurechenbar und ansatzfähig sind, insbesondere Personal- und Sachkosten sowie kalkulatorische Kosten, zu Grunde zu legen. ⁴Zu den Gemeinkosten zählen auch die Kosten der Rechts- und Fachaufsicht. ⁵Grundlage der Gebührenermittlung nach den Sätzen 1 bis 4 sind die in der Gesamtheit der Länder und des Bundes mit der jeweiligen Leistung verbundenen Kosten.

(3) ¹Die Bundesregierung bestimmt durch Rechtsverordnung mit Zustimmung des Bundesrates die gebührenpflichtigen Tatbestände und die Gebührensätze sowie Gebührenbefreiungen und -ermäßigungen, insbesondere für Fälle der Bedürftigkeit. ²Soweit dieses Gesetz keine abweichenden Vorschriften enthält, finden § 3 Absatz 1 Nummer 1 und 4, Absatz 2 und 4 bis 6, die §§ 4 bis 7 Nummer 1 bis 10, die §§ 8, 9 Absatz 3, die §§ 10 bis 12 Absatz 1 Satz 1 und Absatz 3 sowie die §§ 13 bis 21 des Bundesgebührengesetzes vom 7. August 2013 (BGBl. I S. 3154) in der jeweils geltenden Fassung entsprechende Anwendung.

(4) ¹Abweichend von § 4 Absatz 1 des Bundesgebührengesetzes können die von den Auslandsvertretungen zu erhebenden Gebühren bereits bei Beantragung der individuell zurechenbaren öffentlichen Leistung erhoben werden. ²Für die von den Auslandsvertretungen zu erhebenden Gebühren legt das Auswärtige Amt fest, ob die Erhebung bei den jeweiligen Auslandsvertretungen in Euro, zum Gegenwert in Landeswährung oder in einer Drittwährung erfolgt. ³Je nach allgemeiner Verfügbarkeit von Einheiten der festgelegten Währung kann eine Rundung auf die nächste verfügbare Einheit erfolgen.

(5) Die in der Rechtsverordnung bestimmten Gebühren dürfen folgende Höchstsätze nicht übersteigen:
1. für die Erteilung einer Aufenthaltserlaubnis: 140 Euro,
1a. für die Erteilung einer Blauen Karte EU: 140 Euro,
1b. für die Erteilung einer ICT-Karte: 140 Euro,
1c. für die Erteilung einer Mobiler-ICT-Karte: 100 Euro,
2. für die Erteilung einer Niederlassungserlaubnis: 200 Euro,
2a. für die Erteilung einer Erlaubnis zum Daueraufenthalt – EU: 200 Euro,
3. für die Verlängerung einer Aufenthaltserlaubnis, einer Blauen Karte EU oder einer ICT-Karte: 100 Euro,
3a. für die Verlängerung einer Mobiler-ICT-Karte: 80 Euro,
4. für die Erteilung eines nationalen Visums und die Ausstellung eines Passersatzes und eines Ausweisersatzes: 100 Euro,
5. für die Anerkennung einer Forschungseinrichtung zum Abschluss von Aufnahmevereinbarungen oder einem entsprechenden Vertrag nach § 18d: 220 Euro,
6. für sonstige individuell zurechenbare öffentliche Leistungen: 80 Euro,
7. für individuell zurechenbare öffentliche Leistungen zu Gunsten Minderjähriger: die Hälfte der für die öffentliche Leistung bestimmten Gebühr,
8. für die Neuausstellung eines Dokuments nach § 78 Absatz 1, die auf Grund einer Änderung der Angaben nach § 78 Absatz 1 Satz 3, auf Grund des Ablaufs der technischen Kartennutzungsdauer, auf Grund des Verlustes des Dokuments oder auf Grund des Verlustes der technischen Funktionsfähigkeit des Dokuments notwendig wird: 70 Euro,
9. für die Aufhebung, Verkürzung oder Verlängerung der Befristung eines Einreise- und Aufenthaltsverbotes: 200 Euro.

(6) [1]Für die Erteilung eines nationalen Visums und eines Passersatzes an der Grenze darf ein Zuschlag von höchstens 25 Euro erhoben werden. [2]Für eine auf Wunsch des Antragstellers außerhalb der Dienstzeit vorgenommene individuell zurechenbare öffentliche Leistung darf ein Zuschlag von höchstens 30 Euro erhoben werden. [3]Gebührenzuschläge können auch für die individuell zurechenbaren öffentlichen Leistungen gegenüber einem Staatsangehörigen festgesetzt werden, dessen Heimatstaat von Deutschen für entsprechende öffentliche Leistungen höhere Gebühren als die nach Absatz 3 festgesetzten Gebühren erhebt. [4]Die Sätze 2 und 3 gelten nicht für die Erteilung oder Verlängerung eines Schengen-Visums. [5]Bei der Festsetzung von Gebührenzuschlägen können die in Absatz 5 bestimmten Höchstsätze überschritten werden.

(7) [1]Die Rechtsverordnung nach Absatz 3 kann vorsehen, dass für die Beantragung gebührenpflichtiger individuell zurechenbarer öffentlicher Leistungen eine Bearbeitungsgebühr erhoben wird. [2]Die Bearbeitungsgebühr für die Beantragung einer Niederlassungserlaubnis oder einer Erlaubnis zum Daueraufenthalt – EU darf höchstens die Hälfte der für ihre Erteilung zu erhebenden Gebühr betragen. [3]Die Gebühr ist auf die Gebühr für die individuell zurechenbare öffentliche Leistung anzurechnen. [4]Sie wird auch im Falle der Rücknahme des Antrages und der Versagung der beantragten individuell zurechenbaren öffentlichen Leistung nicht zurückgezahlt.

(8) [1]Die Rechtsverordnung nach Absatz 3 kann für die Einlegung eines Widerspruchs Gebühren vorsehen, die höchstens betragen dürfen:
1. für den Widerspruch gegen die Ablehnung eines Antrages auf Vornahme einer gebührenpflichtigen individuell zurechenbaren öffentlichen Leistung: die Hälfte der für diese vorgesehenen Gebühr,
2. für den Widerspruch gegen eine sonstige individuell zurechenbare öffentliche Leistung: 55 Euro.
[2]Soweit der Widerspruch Erfolg hat, ist die Gebühr auf die Gebühr für die vorzunehmende individuell zurechenbare öffentliche Leistung anzurechnen und im Übrigen zurückzuzahlen.

Überblick

Die Vorschrift regelt im Zusammenspiel mit der entsprechenden Rechtsverordnung, der AufenthV (→ Rn. 21), und dem BGebG die Gebühren und Auslagen für individuell zurechenbare öffentliche Leistungen (→ Rn. 8) im Bereich des Aufenthaltsrechts abschließend (→ Rn. 7).

Einschränkungen erfährt die Vorschrift durch europarechtliche (→ Rn. 13) sowie assoziations-rechtliche (→ Rn. 15) Regelungen.

Abs. 5 regelt die Höchstsätze (→ Rn. 35). Abs. 6 regelt die Möglichkeit der Berechnung von Zuschlägen (→ Rn. 36). Die Möglichkeit, Vorschüsse auf die Gebühren zu berechnen ist in der AufenthV geregelt (→ Rn. 24). Ermäßigungen und Befreiungen sind ebenfalls in der AufenthV vorgesehen (→ Rn. 37).

Zu den Hinweisen auf das Rechtsschutzverfahren → Rn. 40.

Übersicht

A. Allgemeines

I. Entstehungsgeschichte

1   Die Vorschrift geht auf § 81 AuslG 1990 zurück und wurde durch das ZuwG vom 30.7.2004 (BGBl. 2004 I 1950) mWz 1.1.2005 neu gefasst. Dabei wurden die Gebührentatbestände an die geänderten Aufenthaltstitel angepasst und die Gebühren zum Teil angehoben.

2   Durch das Gesetz zur Umsetzung aufenthalts- und asylrechtlicher Richtlinien der Europäischen Union (v. 19.8.2007, BGBl. I 1970) wurden die Gebührenhöchstsätze für nationale Visa, Pass- und Ausweisersatz von 30 EUR auf 100 EUR erhöht (Abs. 3 Nr. 4). Begründet wurde dies mit höheren Kosten aufgrund der Einführung des elektronischen Chips zur Speicherung der biometrischen Daten. Außerdem wurden im damaligen Abs. 3 die Nr. 2a und 6a eingeführt und in Abs. 5 der S. 2 neu gefasst.

3   Durch das Gesetz zur Umsetzung aufenthaltsrechtlicher Richtlinien der Europäischen Union und zur Anpassung nationaler Rechtsvorschriften an den EU-Visakodex (v. 22.11.2011, BGBl. I 2258) wurden die Gebühren des Abs. 3 Nr. 1–3 aufgrund der Einführung des elektroni-schen Aufenthaltstitels erheblich um jeweils 60 EUR erhöht.

4   Durch Art. 1 des Gesetzes zur Umsetzung aufenthaltsrechtlicher Richtlinien der Europäischen Union zur Arbeitsmigration v. 12.5.2017 (BGBl. I 1106) wurden Abs. 1 S. 5 sowie Abs. 5 Nr. 1b und Nr. 1c hinzugefügt. Abs. 5 Nr. 3 wurde angepasst und Nr. 3a eingefügt.

4a   Durch das Gesetz zur Änderung gebührenrechtlicher Regelungen im Aufenthaltsrecht vom 13.7.2017 (BGBl. 2017 I 2350) wurden zunächst der Betriff der Amtshandlung in Abs. 1 S. 1 durch den in §§ 3 Abs. 1 und Abs. 2 BGebG nunmehr definierten Begriff der individuell zurechenbaren öffentlichen Leistung ersetzt. In Abs. 1 wurde S. 2 eingefügt. Die bisher in Abs. 3 geregelten Gebührenhöchstsätze wurden in Abs. 5 aufgenommen und dort um Nr. 1b, 1c, 3a und 9 ergänzt. Zudem wurde in Abs. 5 Nr. 3 die ICT-Karte aufgenommen. Auch erfolgte eine Anpassung der Gebühren.

5   Die aktuelle Version geht auf das FachkEinwG (Fachkräfteeinwanderungsgesetz v. 15.8.2019, BGBl. I 1307) zurück und trat zum 1.3.2020 in Kraft. Vorgenommen wurden lediglich Anpassun-gen aufgrund der geänderten Paragrafen im Bereich der Vorschriften über die Fachkräftezuwande-rung nach §§ 16 ff.

II. Grundlagen

6   Der Gebührengläubiger stellt dem Gebührenschuldner gem. § 1 BGebG für individuell zure-chenbare öffentliche Leistungen (→ Rn. 11) **Gebühren** (→ Rn. 6a) **und Auslagen** (→ Rn. 6b) in Rechnung.

Gebühren sind nach § 3 Abs. 4 BGebG öffentlich-rechtliche Geldleistungen, welche der **6a**
Gebührengläubiger vom Gebührenschuldner für die individuell zurechenbare öffentliche Leistung
erhebt. Die Verwaltungsgebühren sind gem. § 9 BGebG nach dem Kostendeckungsprinzip zu
bemessen. Hierfür finden sich in Abs. 2 konkrete Regelungen (→ Rn. 20).

Auslagen sind nach § 3 Abs. 5 BGebG die nicht von der Gebühr nach § 3 Abs. 4 BGebG **6b**
umfassten Kosten, welche die Behörde für individuell zurechenbare öffentliche Leistungen im
Einzelfall nach § 12 Abs. 1 oder 2 BGebG erhebt. Unter Kosten werden dabei nach § 3 Abs. 3
BGebG solche verstanden, die nach betriebswirtschaftlichen Grundsätzen als Einzel- und Gemeinkosten ansatzfähig sind, insbesondere Personalkosten, Sachkosten und kalkulatorische Kosten. Zu
den Gemeinkosten gehören auch die Kosten der Rechts- und Fachaufsicht. Auslagen können
beispielsweise Kosten für Zeugen, Sachverständige, Dolmetscher, Übersetzer usw sein.

Die **Gebühren nach dieser Vorschrift sowie nach der gem. Abs. 2 erlassenen Rechtsver-** **7**
ordnung (§§ 44 ff. AufenthV) regeln die Gebühren nach dem AufenthG und den danach erlassenen Verordnungen **abschließend** (Nr. 69.1.1 AufenthGAVwV). Landesrechtliche Gebührenvor-
schriften sind damit ausgeschlossen. Eine auf landesrechtlichen Vollstreckungsvorschriften
beruhende Zwangsgeldfestsetzung zur Durchsetzung ausweisrechtlicher Passpflichten nach § 48 ist
somit keine von der hiesigen Gebührenregelung umfasste individuell zurechenbare öffentliche
Leistung. Sie löst gemäß Abs. 3 S. 1 nur dann eine Gebührenpflicht aus, wenn diese in einer
Rechtsverordnung der Bundesregierung bestimmt ist (NdsOVG BeckRS 2015, 41951; Bergmann/
Dienelt/Dollinger Rn. 9).

Nach Abs. 3 S. 2 finden die dort näher genannten **Vorschriften des BGebG nur Anwen-** **7a**
dung, soweit im AufenthG keine abweichenden Vorschriften geregelt sind. So trifft das
AufenthG für Maßnahmen, die, wie zB die Abschiebung und eine damit einhergehende Abschiebungshaft, selbständig in Rechte des Ausländers eingreifen, eine eigenständige und vorrangige
Regelung gegenüber den Vorschriften des BGebG. Folglich können deshalb nur die Kosten einer
rechtmäßigen Abschiebungshaft geltend gemacht werden (BVerwG NVwZ 2017, 879 = ZAR
2017, 232).

Nach § 4 Abs. 1 BGebG entsteht bei individuell zurechenbaren öffentlichen Leistungen (§ 3 **8**
Abs. 1 und Abs. 2 BGebG; → Rn. 11) die Gebühr erst mit der Beendigung der individuell
zurechenbaren öffentlichen Leistung (aA Bergmann/Dienelt/Dollinger Rn. 5, der die Gebührenschuld als mit Antragstellung entstanden ansieht – mit dem Wortlaut des § 4 S. 1 BGebG allerdings
nicht vereinbar; s. aber → Rn. 9). Im Falle einer notwendigen Zustellung, Eröffnung oder sonstigen Bekanntgabe, gilt die Vornahme derselben als Beendigungszeitpunkt (§ 4 Abs. 1 S. 2 BGebG).
Die Gebühren dürfen demnach grundsätzlich **nicht im Voraus** berechnet werden.

Allerdings enthält § 49 Abs. 2 AufenthV im Einklang mit der Verordnungsermächtigung hier **9**
eine Ausnahme, wonach **bereits für die Beantragung einer gebührenpflichtigen Amtshand-**
lung eine Gebühr nach den dort näher genannten Regelungen gefordert werden kann
(→ Rn. 24).

Eine **weitere diesbezügliche Ausnahme** stellen Verfahren vor einer Auslandsvertretung dar **10**
(→ Rn. 32).

Individuell zurechenbare öffentliche Leistungen sind Tätigkeiten einer Behörde innerhalb **11**
ihres zugewiesenen Aufgabenbereichs (BayVGH BeckRS 2015, 48005). Sie **müssen keinen Ver-**
waltungsakt nach § 35 VwVfG darstellen. Auch Realakte sind betroffen.

Eine auf landesrechtlichen Vollstreckungsvorschriften beruhende Zwangsgeldfestsetzung zur **12**
Durchsetzung ausweisrechtlicher Passpflichten nach § 48 stellt keine individuell zurechenbare
öffentliche Leistung iSd Abs. 1 dar (NdsOVG BeckRS 2015, 41951; Bergmann/Dienelt/Dollinger
Rn. 5).

III. Europäisches Recht

Drittstaatsangehörige Familienangehörige von Unionsbürgern sind gem. § 2 Abs. 6 **13**
FreizügG/EU bei **Visumanträgen** gebührenbefreit. Ansonsten aber sind nach § 11 Abs. 1 Frei-
zügG/EU § 69 und nach § 79 AufenthV die §§ 44 ff. AufenthV anwendbar, weshalb die sonstigen
Kosten anfallen. Da Art. 25 Abs. 2 Freizügigkeits-RL (RL 2004/38/EG v. 29.4.2004, ABl. 2004
L 158, 77) keine vollständige Gebührenbefreiung vorsieht, ist dies unionsrechtlich unbedenklich
(NK-AuslR/Geyer Rn. 2).

Allerdings ist bei der Festsetzung einer Gebühr für eine individuell zurechenbare öffentliche **14**
Leistung, die in den Bereich des Unionsrechts fällt und für welche die Richtlinie keine Gebühren-
regelung vorsieht, das Ermessen hinsichtlich der Höhe für diese Gebühr nicht schrankenlos. Die
Mitgliedstaaten dürfen keine nationalen Regelungen anwenden, welche die Verwirkli-

chung der mit einer Richtlinie verfolgten Ziele gefährden und dieser damit ihre Wirksamkeit nehmen könnten (EuGH BeckEuRS 2012, 680361).

15   Auch im Bereich des **EWG-Türkei** ist dies zu beachten. Dabei ist nach Art. 13 ARB 1/80 darauf zu achten, dass die Einführung neuer oder höherer Gebühren, die bezwecken oder bewirken, dass die Ausübung der Arbeitnehmerfreizügigkeit durch einen türkischen Staatsangehörigen in einem Mitgliedsstaat strengeren Voraussetzungen als denjenigen unterworfen wird, die für ihn zum Zeitpunkt des Inkrafttretens dieser Bestimmung in dem betreffenden Mitgliedstaat galten, verboten ist (BVerwG ZAR 2013, 385). Darüber hinaus erfasst die **Stillhalteklausel** auch die nachträgliche Verschärfung einer nach diesem Stichtag in Bezug auf die Arbeitnehmerfreizügigkeit eingeführten Bestimmung, die eine Erleichterung der damals geltenden Bestimmungen vorsah, auch wenn diese Verschärfung nicht die Bedingungen für die Erteilung der Erlaubnis im Vergleich zu den bei Inkrafttreten geltenden Bedingungen verschlechtert (BVerwG ZAR 2013, 385). Die entsprechenden gebührenrechtlichen Regelungen finden sich in § 52a AufenthV.

16   Zudem darf eine Gebühr auch nicht gegen das **Diskriminierungsverbot** nach Art. 10 ARB 1/80 verstoßen, was dann der Fall ist, wenn ein Mitgliedstaat von türkischen Arbeitnehmern für die Ausstellung von Aufenthaltsdokumenten Gebühren verlangt, die im Vergleich zu den von Unionsbürgern für entsprechende Aufenthaltsdokumente verlangten Gebühren unverhältnismäßig sind (BVerwG ZAR 2013, 385).

17   Da **Art. 16 ICT-RL** (RL 2014/66/EU v. 15.5.2014, ABl. 2014 L 157, 1) nur Gebühren für die Bearbeitung von Anträgen vorsieht, für die kurzfristige Mobilität nach Art. 21 ICT-RL aber kein Antrag erforderlich ist, ist das Mitteilungsverfahren nicht gebührenpflichtig nach Abs. 1 S. 4. Dies gilt auch für die kurzfristige Mobilität von Studierenden nach § 16c, von unternehmensintern transferierten Arbeitnehmern nach § 19a und von Forschern nach § 18e. Dies sieht Abs. 1 S. 5 nunmehr auch ausdrücklich so vor.

B. Erläuterungen im Einzelnen

I. Gebühren und Auslagen (Abs. 1)

18   Individuell zurechenbare öffentliche Leistungen (§ 3 Abs. 1 und Abs. 2 BGebG), lösen nach Abs. 1 **Gebühren** (§ 3 Abs. 4 BGebG) **und Auslagen** (§ 3 Abs. 5 BGebG) aus. Abs. 1 regelt, dass derartige Gebühren und Auslagen auch für individuell zurechenbare öffentliche Leistungen im Bereich des AufenthG gefordert werden. Dabei kann bereits die **Bearbeitung,** somit auch die negative Entscheidung, Gebühren auslösen (→ Rn. 24). Für die Berechnung sind die in Abs. 5 genannten Höchstsätze zu beachten (zur Fälligkeit → Rn. 8).

19   Für **Abschiebung oder Ausweisung** können keine Gebühren erhoben werden, nur für das diesbezügliche Widerspruchsverfahren gem. § 51 Abs. 1 Nr. 4 AufenthV (NK-AuslR/Geyer Rn. 4).

II. Grundsätze für die Höhe der Gebühren (Abs. 2)

20   Für die Berechnung der Gebühren stellt Abs. 2 Grundsätze auf, welcher in S. 3 die in § 3 Abs. 3 BGebG aufgeführten Grundsätze wiederholt (→ Rn. 6b). Dies sind die Kosten, welche nach betriebswirtschaftlichen Grundsätzen als Einzel- und Gemeinkosten zurechenbar und ansatzfähig sind. Dies sind insbesondere die Personal- und Sachkosten, aber auch kalkulatorische Kosten. Zu berücksichtigen sind dabei auch die Kosten der Rechts- und Fachaufsicht, wobei die Frage berechtigt ist, inwiefern hier noch eine Kausalität zwischen Antragstellung und Kosten besteht. Ergänzend wird in S. 5 geregelt, dass Grundlage für die Gebührenermittlung die bundesweiten Kosten für die jeweilige zu erbringende Leistung sind. Dabei sind die Kosten aller Beteiligten einzuberechnen (S. 1).

20a   Bei der Gebührenbemessung ist auch bei Anwendung des Kostendeckungsgebots der Verhältnismäßigkeitsgrundsatz zu beachten. Die nach den og Grundsätzen zu berechnende Gebühr darf nicht außer Verhältnis zur individuell zurechenbaren öffentlichen Leistung stehen (Bergmann/Dienelt/Dollinger Rn. 7).

III. Rechtsverordnung (Abs. 3, Abs. 5, Abs. 7 und Abs. 8)

1. Allgemeines

20b   Abs. 3 enthält eine **Ermächtigung zum Erlass einer Rechtsverordnung** zur Bestimmung der gebührenrechtlichen Tatbestände und der Gebührensätze sowie der Gebührenbefreiungen und

-ermäßigungen für die Bundesregierung, welche der Zustimmung des Bundesrates bedarf, da die Ausführung des Gesetzes größtenteils durch die Länder erfolgt. Weitere Ausführungen zur Konkretisierung des **Inhalts der Rechtsverordnung** enthalten Abs. 5 zu den maximalen Gebühren, Abs. 7 für die bloße Beantragung einer individuell zurechenbaren öffentlichen Leistung (→ Rn. 24) und Abs. 8 für das Widerspruchsverfahren (→ Rn. 29).

Entgegen Bergmann/Dienelt/Dollinger Rn. 9 ist die Zustimmung des Bundesrates nicht nur insoweit **20b.1** erforderlich, als die Länder das AufenthG als eigene Angelegenheit ausführen, sondern kraft Gesetzes vollumfänglich für die Rechtsverordnung.

Von der **Ermächtigung zum Erlass von Rechtsverordnungen** hat die Bundesregierung **21** durch Erlass der §§ 44–54 AufenthV Gebrauch gemacht. Dort werden die Gebührentatbestände unter Festsetzung der Gebührensätze näher beschrieben.

In § 44 AufenthV sind die Gebühren für die **Niederlassungserlaubnis** geregelt. § 44a Auf- **21a** enthV enthält die Gebühren für die **Erlaubnis zum Daueraufenthalt – EU.** § 45 AufenthV regelt die Gebühren für die Erteilung und Verlängerung der **Aufenthaltserlaubnis,** der **Blauen Karte EU,** der **ICT-Karte** und der **Mobiler-ICT-Karte.** Außerdem enthält § 45 Ziff. 3 AufenthV die Gebühren für die Änderung der Aufenthaltserlaubnis aufgrund eines **Wechsels des Aufenthaltszwecks.** § 45a AufenthV regelt die Gebühren für den **elektronischen Identitätsnachweis.** In § 45b AufenthV sind die Gebühren für Aufenthaltstitel in **Ausnahmefällen nach § 78a** geregelt. § 45c AufenthV regelt die Gebühren für die **Neuausstellung eines Dokuments nach § 78 Abs. 1.** Die Gebühren für ein **Visum** sind in § 46 AufenthV geregelt. In § 47 AufenthV finden sich die Gebühren für **sonstige aufenthaltsrechtliche individuell zurechenbare öffentliche Leistungen,** darunter in § 47 Abs. 3 und 4 AufenthV die Regelungen zum FreizügG/EU und in § 47 Abs. 1 Nr. 5 die Gebühren für die Duldung nach § 60a Abs. 4. § 48 AufenthV regelt schließlich die Gebühren für **pass- und ausweisrechtliche Maßnahmen.**

Außerdem enthalten die Vorschriften wichtige **Regelungen über das Entfallen der Gebühr, 22 die Befreiung von der Gebühr und die Ermäßigung der Gebühr** (§§ 52 ff. AufenthV; → Rn. 37). Hierzu ist außerdem das BGebG zu beachten.

Die Ermächtigungen betreffen lediglich die Regelung der Gebühren, nicht aber der Auslagen. **22a**

Die Bestimmungen der Rechtsverordnung halten sich an die entsprechende Ermächtigung. Sie **23** genügt auch dem **Bestimmtheitserfordernis** des Art. 80 Abs. 1 S. 2 GG (näher Bergmann/ Dienelt/Dollinger Rn. 10).

Durch die **Verweisung in § 11 Abs. 1 S. 1 FreizügG/EU** gilt die Verordnungsermächtigung **23a** auch für Gebühren von individuell zurechenbaren öffentlichen Leistungen gegenüber Unionsbürgern und deren Familienangehörigen (s. aber → Rn. 13 ff.). Gebühren für individuell zurechenbare öffentliche Leistungen im Bereich des FreizügG/EU werden nach § 47 Abs. 3 und 4 AufenthV erhoben für die **Ausstellung einer Aufenthaltskarte für freizügigkeitsberechtigte Familienangehörige, welche nicht Unionsbürger sind** (§ 5 Abs. 1 S. 1 FreizügG/EU) und für die **Ausstellung einer Daueraufenthaltskarte** nach § 5 Abs. 5 S. 1 FreizügG/EU.

Besondere Regelungen finden sich zu den Gebühren für individuell zurechenbare öffentliche **23b** Leistungen, welche **assoziationsberechtigte türkische Staatsangehörige** nach ARB 1/80 betreffen, in § 52a AufenthV (s. zu den diesbezüglichen Hintergründen → Rn. 15).

2. Antragsgebühren/Bearbeitungsgebühren

§ 49 Abs. 2 AufenthV enthält eine Ausnahme zu § 4 Abs. 1 BGebG. Danach können bereits **24 für die Bearbeitung eines Antrags Gebühren** gefordert werden. Die Ermächtigung hierzu ergibt sich aus Abs. 7. Danach sind zwingend bereits für die Beantragung der gebührenpflichtigen Amtshandlungen, somit der individuell zurechenbaren öffentlichen Leistungen nach Abs. 1, die in §§ 45–48 Abs. 1 AufenthV sowie § 52a AufenthV genannten Gebühren zu erheben. Die Bearbeitungsgebühr stellt somit einen Vorschuss auf die bei Beendigung zu zahlende Gebühr für die individuell zurechenbare Leistung dar (NK-AuslR/Geyer Rn. 8).

Nach Abs. 7 S. 2 dürfen diese **Gebühren für die Beantragung** einer **Niederlassungserlaub- 25 nis** sowie einer **Erlaubnis zum Daueraufenthalt-EU** höchstens die Hälfte der für die Erteilung zu erhebenden Gebühr betragen. Dem hat der Verordnungsgeber in § 49 Abs. 1 AufenthV Rechnung getragen.

Die nach § 49 AufenthV zu erhebende Gebühr wird auf die Gebühr für die individuell zure- **26** chenbare öffentliche Leistung nach Beendigung der Tätigkeit der Behörde iSd § 4 Abs. 1 BGebG angerechnet (Abs. 7 S. 3).

27   Wird der **Antrag zurückgenommen, bevor die Behörde mit der sachlichen Bearbeitung begonnen hat** oder wird der Antrag ausschließlich aufgrund **Unzuständigkeit** der Behörde oder **mangelnder Handlungsfähigkeit** des Antragstellers abgelehnt, wird **keine Bearbeitungsgebühr** iSd § 49 Abs. 1 und Abs. 2 AufenthV erhoben (§ 49 Abs. 3 AufenthV).

28   Wird der Antrag hingegen zu einem späteren Zeitpunkt zurückgenommen oder der **Antrag aus sonstigen Gründen abgelehnt,** erfolgt keine Erstattung der Bearbeitungsgebühr (Abs. 7 S. 4). Soweit BeckOK AuslR/Kluth Rn. 7 unter fehlerhaftem Verweis auf Bergmann/Dienelt/Dollinger Rn. 9 die Auffassung vertritt, für die Ablehnung von Anträgen dürften keine Gebühren erhoben werden, ist dies mit Abs. 7 S. 4 nicht zu vereinbaren.

29   Wie bei der Antragstellung wird nach § 51 AufenthV bereits für die Einlegung eines **Widerspruchs** eine Bearbeitungsgebühr erhoben. Die Regelung ist von Abs. 8 gedeckt. Dabei unterscheiden die Vorschriften zwischen einem Widerspruch gegen die Ablehnung eines Antrags auf eine individuell zurechenbare Leistung (§ 69 Abs. 8 S. 1 Nr. 1 iVm § 51 Abs. 1 Nr. 1 AufenthV) und einem Widerspruch gegen eine sonstige individuell zurechenbare Leistung, also regelmäßig einem belastenden Verwaltungsakt (§ 69 Abs. 8 S. 1 Nr. 2 iVm § 51 Abs. 1 Nr. 2–11 AufenthV). Im ersten Fall beträgt die Gebühr die Hälfte der für die individuell zurechenbaren Leistung zu erhebenden Gebühr, ansonsten zwischen 20 EUR und 55 EUR. § 49 Abs. 3 ist anzuwenden (→ Rn. 27).

30   Im Falle des **erfolgreichen Widerspruchs** erfolgt im Ergebnis eine Rückerstattung der Bearbeitungsgebühr (Abs. 8 S. 2).

31   Nach Auffassung des OVG Saarl (Urt. v. 24.11.2004 – 10 K 266/04) hängt die Zulässigkeit des Widerspruchs nicht von der vorherigen Zahlung der Widerspruchsgebühr ab (so auch NK-AuslR/Geyer Rn. 9).

31a   **Keine Gebühren** werden erhoben, wenn ein Aufenthaltstitel lediglich hinsichtlich der **Nebenbestimmung zur Ausübung einer Beschäftigung geändert** wird (§ 47 Abs. 2 AufenthV).

3. Auslagen

32   Die **Erstattung von Auslagen,** die nach Abs. 1 ausdrücklich vorgesehen ist, richtet sich nicht nach der AufenthV, sondern **nach § 12 BGebG,** da die Ermächtigung zur Regelung der Kosten in der Rechtsverordnung nach Abs. 2 S. 1 nur die Gebühren, nicht aber auch die Auslagen umfasst. Insofern ist ergänzend das BGebG heranzuziehen.

32.1 Nach VG Bayreuth BeckRS 2019, 17856 fallen hierunter auch Kosten für einen Dolmetscher, den die Behörde für die notwendige persönliche Vorsprache des Ausländers bei der Ausländerbehörde geladen hatte, wobei der Ausländer nicht zum Termin erschienen ist.

IV. Verfahren bei Auslandsvertretungen (Abs. 4)

33   Während § 4 Abs. 1 BGebG vorsieht, dass eine Gebührenschuld erst mit Beendigung der individuell öffentlichen Leistung entsteht, kann in Verfahren vor den Auslandsvertretungen die Behörde die Gebührenzahlung bereits bei Antragstellung fordern. Hierbei ist Ermessen auszuüben.

34   In welcher Währung die Gebühr gefordert wird, legt das Auswärtige Amt fest. Dieses kann dabei Aufrundungen, angepasst an die lokale Währung, vornehmen.

V. Höchstsätze (Abs. 5)

35   Abs. 5 regelt die Höchstsätze, welche die in Kapitel 3 der AufenthV genannten Gebühren nicht übersteigen dürfen. In den meisten Fällen liegen die Gebühren nach der AufenthV niedriger als die zulässigen Höchstgebühren nach Abs. 5.

VI. Zuschläge (Abs. 6)

36   Der Verordnungsgeber ist nicht ermächtigt, **Zuschläge** für individuell zurechenbare öffentliche Leistungen zu regeln. Diese sind deshalb ausschließlich in Abs. 6 geregelt und betreffen individuell zurechenbare Leistungen an der Grenze und bei den Auslandsvertretungen. Zu beachten ist, dass es sich dabei um eine Ermessensvorschrift handelt. Aus der Festsetzung des Zuschlags muss deshalb hervorgehen, dass Ermessen ausgeübt wurde. Die Summe aus der Gebühr und dem Gebührenzuschlag darf aber die in Abs. 5 festgesetzten Höchstsätze nicht überschreiten (Abs. 6 S. 5).

VII. Vergünstigungen (§ 53 AufenthV)

Gemäß § 53 AufenthV kann bzw. muss in den dort genannten Fällen von der Erhebung einer **37** Bearbeitungsgebühr abgesehen werden. Bezieht ein Ausländer Leistungen nach SGB II und liegt kein Tatbestand des § 53 Abs. 1 Hs. 1 AufenthV vor, so ist nach § 53 Abs. 1 Hs. 2 AufenthV lediglich ein Ermessen zur Ermäßigung der Gebühren oder dem Absehen hiervon eröffnet. Eine regelwidrige Lücke hinsichtlich der in § 53 Abs. 1 Hs. 1 nicht genannten Tatbestände besteht nicht (VGH BW BeckRS 2010, 50784). Der Ausländer ist aber gut beraten, zu prüfen, ob das Ermessen auch ausgeübt wurde. Gegebenenfalls ist ein entsprechendes Rechtsmittel einzulegen. Liegen Anhaltspunkte für Vergünstigungen nach **Ermessen** ersichtlich vor, muss die Behörde dieses auch erkennbar ausüben. Unterbleibt die Prüfung, ist der Gebührenbescheid wegen Ermessensnichtgebrauch rechtswidrig (NK-AuslR/Geyer Rn. 5). Diesbezüglich ist es auch sinnvoll, zuvor einen entsprechenden Antrag nach § 53 Abs. 2 AufenthV zu stellen.

Gerade bei der Erteilung einer Bescheinigung über eine Duldung nach § 60a Abs. 4 wird häufig nicht **37.1** von der Erhebung der Gebühren abgesehen, auch wenn der Ausländer Leistungen nach dem AsylbLG bezieht.

Außerdem bestehen **Befreiungen und Ermäßigungen nach §§ 52 und 52a AufenthV.** Dies **38** betrifft unter anderem Familienangehörige bei Beantragung eines Visums, Staatsangehörige der Schweiz, Asylberechtigte, Resettlement-Flüchtlinge, Aufenthaltsberechtigte nach § 23a Abs. 2, Stipendiaten, Ausländer in Ausbildung ohne Arbeitsentgelt, Teilnehmer an Studienreisen und Assoziationsberechtigte.

Umstritten ist, ob die Regelsätze nach SGB II oder die Leistungen nach §§ 2 und 3 AsylbLG **39** die Kosten für die Zahlung von Gebühren für Aufenthaltstitel oder Ausweisdokumente enthalten (Bergmann/Dienelt/Dollinger Rn. 17). Eine darlehensweise Übernahme der diesbezüglichen Kosten nach § 23 Abs. 1 SGB II ist aber möglich (SG Bremen BeckRS 2010, 70383).

VIII. Verfahren

Die Gebühren nach § 69 sowie §§ 44 ff. AufenthV zählen zu den Kosten nach § 80 Abs. 2 **40** S. 1 Nr. 1 VwGO. **Widerspruch und Klage haben** somit **keine aufschiebende Wirkung.**

Die Behörde kann auf Antrag die Vollziehung aussetzen (§ 80 Abs. 4 S. 1 und S. 2 VwGO), **41** ggf. gegen Sicherheitsleistung. Dabei ist auch § 80 Abs. 4 S. 3 VwGO zu beachten. Ansonsten besteht die Möglichkeit, die Anordnung der aufschiebenden Wirkung gerichtlich gem. § 80 Abs. 5 VwGO zu beantragen. Dabei ist § 80 Abs. 6 VwGO zu beachten.

Die **Klage gegen die Unterlassung einer Befreiung oder Ermäßigung** ist als Verpflich- **42** tungsbegehren geltend zu machen (§ 42 Abs. 2 VwGO), da die Entscheidung hierüber einen eigenständigen Verwaltungsakt darstellen soll (VGH BW BeckRS 2003, 23854). Dementsprechend besteht diesbezüglich auch kein Eilrechtsschutz nach § 80 Abs. 5 VwGO, sondern nach § 123 VwGO.

Bei einem Streit über die Rechtmäßigkeit des Gebührenbescheids unterliegt die individuell **43** zurechenbare öffentliche Leistung, welche der Gebührenpflicht zugrunde liegt, einer inzidenten gerichtlichen Kontrolle, wenn sie nicht selbständig angegriffen wird (OVG Bln-Bbg BeckRS 2009, 138132; Bergmann/Dienelt/Dollinger Rn. 8).

§ 70 Verjährung

(1) Die Ansprüche auf die in § 67 Abs. 1 und 2 genannten Kosten verjähren sechs Jahre nach Eintritt der Fälligkeit.

(2) Die Verjährung von Ansprüchen nach den §§ 66 und 69 wird auch unterbrochen, solange sich der Schuldner nicht im Bundesgebiet aufhält oder sein Aufenthalt im Bundesgebiet deshalb nicht festgestellt werden kann, weil er einer gesetzlichen Meldepflicht oder Anzeigepflicht nicht nachgekommen ist.

Überblick

Die Vorschrift regelt in Abs. 1 die Zahlungsverjährung in den Fällen des § 67 Abs. 1 und Abs. 2 (→ Rn. 6). Eine Festsetzungsverjährung gibt es nicht (→ Rn. 4). Es ist aber die Rechtsprechung des BVerwG zur Verwirkung zu beachten (→ Rn. 5). Abs. 2 regelt einen Spezialfall der Verjährungsunterbrechung (→ Rn. 9) und erweitert die Verjährung für die Kosten nach §§ 66 und 69 auf Fälle unbekannten Aufenthalts des Kostenschuldners (→ Rn. 10).

A. Allgemeines

1   Die Vorschrift wurde nach dem ZuwG durch das Gesetz zur Umsetzung aufenthaltsrechtlicher Richtlinien der Europäischen Union und zur Anpassung nationaler Rechtsvorschriften an den EU-Visakodex v. 22.11.2011 (BGBl. I 2258) durch Einführung des früheren Abs. 1 S. 2 geändert. Eine weitere Änderung erfuhr die Vorschrift durch das Gesetz zur Strukturreform des Gebührenrechts des Bundes vom 7.8.2013 (BGBl. I 3154) aufgrund des Außerkrafttretens des VwKostG.

2   Zuletzt geändert wurde die Vorschrift durch das Gesetz zur Änderung gebührenrechtlicher Regelungen im Aufenthaltsrecht v. 13.7.2017 (BGBl. I 2350). Dabei wurden die Verweise auf das bereits zum 14.8.2013 außer Kraft getretene VwKostG (Verwaltungskostengesetz v. 23.6.1970, BGBl. I 821) durch Aufhebung des Abs. 1 S. 2 und der Anpassung des Abs. 2 gestrichen. Die Änderung erfolgte aufgrund der Harmonisierung mit dem BGebG.

3   Die Anwendung dieser Vorschrift war lange Zeit sehr umstritten. Es wurde zwischen Zahlungsverjährung (nach § 70) und Festsetzungsverjährung (nach § 20 VwKostG aF) unterschieden.

4   Dem hat das BVerwG (BeckRS 2014, 53741) ein Ende gesetzt und geklärt, dass § 20 VwKostG aF auf die Verjährung aufenthaltsrechtlicher Gebühren keine Anwendung findet. Es gibt danach **keine Festsetzungsverjährung, sondern nur** eine **Zahlungsverjährung (Fälligkeitsverjährung).**

4.1   AA ohne nähere Begründung BeckOK AuslR/Kluth Rn. 4, der § 20 VwKostG aF als nach wie vor neben § 70 anwendbar erachtet. Diese Auffassung ist aber nicht mit der og Rechtsprechung des BVerwG (→ Rn. 4) in Einklang zu bringen, wonach es keine Festsetzungsverjährung gibt.

5   Allerdings hat **BVerwG** BeckRS 2014, 53741 darauf hingewiesen, dass der rechtsstaatlich bedenklichen Tatsache, dass es keine Festsetzungsverjährung gibt, entgegengetreten werden müsse, indem eine **zügige, konsequente und hinreichend strenge Handhabung von Erstattungsansprüchen** gefordert wird. Diesbezüglich ist auch die Rechtsprechung des BVerfG (BeckRS 2013, 48689) zu beachten, wonach eine Festsetzungsverjährung Ausdruck des Rechtsstaatsprinzips ist. Die Kosten müssen somit unverzüglich geltend gemacht werden. Ansonsten könne der Geltendmachung der Kosten der Rechtsgedanke der Verwirkung entgegengehalten werden (BayVGH BeckRS 2006, 27303).

5a   Sehr bedenklich erscheint diesbezüglich das Urteil des VG Saarlouis vom 16.2.2021 (BeckRS 2021, 4055), wo Kosten, welche im Jahr 2008 angefallen waren, erst im Jahr 2019 festgesetzt worden waren, als nicht verjährt (korrekt) und nicht verwirkt (höchst fraglich) angesehen wurden. Das Gericht vertritt die Auffassung, der Kostenerstattungsanspruch sei nicht verwirkt, da der Kostenschuldner zunächst untergetaucht und dann seit 2013 mit bekannter Adresse im außereuropäischen Ausland gewesen sei. Die Zustellung eines Feststellungsbescheids im Ausland nach Nr. 70.2.2 VV-AufenthG sei lediglich eine Möglichkeit aber nicht als drittschützende Verpflichtung ausgestaltet. Auch mangele es an tauglichen Vollstreckungsinstrumenten im Ausland. Nach hiesiger Auffassung ist dies mit den rechtsstaatlich begründeten Ausführungen des BVerwG (BeckRS 2014, 53741) sowie BVerfG (BeckRS 2013, 48689) nicht mehr in Einklang zu bringen. Eine unverzügliche Geltendmachung kann nicht deshalb unterbleiben, weil die Vollstreckung Schwierigkeiten bereiten könnte.

B. Erläuterungen im Einzelnen

6   Ein Anspruch auf Zahlung von **Kosten nach § 67 Abs. 1 und Abs. 2** verjährt gem. Abs. 1 innerhalb von sechs Jahren ab Eintritt der Fälligkeit, somit ab der Bekanntgabe der Kostenentscheidung an den Kostenschuldner. Die Frist ist somit doppelt so lang, wie die regelmäßige dreijährige Verjährungsfrist des § 195 BGB und ist Ausdruck des hohen staatlichen Interesses am Kostenausgleich (Bergmann/Dienelt/Dollinger Rn. 4).

7   Unklar ist, ob die Frist sofort mit Eintritt der Fälligkeit zu laufen beginnt oder erst gem. § 18 BGebG mit Ablauf des Jahres, in welchem die Forderung fällig wurde. Der Wortlaut des § 70 deutet auf Ersteres hin. Es hätte keine Notwendigkeit bestanden, eine im Gegensatz zu § 18 BGebG stehende Vorschrift zu formulieren. Allerdings ergibt sich aus der Gesetzesbegründung (BT-Drs. 261/17) die Anwendbarkeit des § 18 BGebG über § 69 Abs. 3 S. 2. Es wird aber nicht deutlich gemacht, unter welchem Gesichtspunkt diese Vorschrift anzuwenden sein soll. Außerdem ist das BGebG nur insoweit anwendbar, als das AufenthG keine abweichende Regelung trifft.

Hier wird deshalb die Auffassung vertreten, dass die Verjährung unmittelbar mit Eintritt der Fälligkeit zu laufen beginnt (so auch iErg Bergmann/Dienelt/Dollinger Rn. 5).

Die Verjährungsfrist gilt explizit nur für die Kosten nach § 67 Abs. 1 und Abs. 2, nicht aber **8** für die sonstigen Kosten, insbesondere nicht für § 69.

Die **Verjährungsunterbrechung** richtet sich in erster Linie nach § 19 BGebG, welcher über **9** § 69 Abs. 3 S. 2 Anwendung findet. Sie tritt somit durch schriftliche Zahlungsaufforderung, Zahlungsaufschub, Stundung, Aussetzung der Vollziehung, Sicherheitsleistung, Vollstreckungsaufschub, Vollstreckungsmaßnahmen, Insolvenzanmeldung, Aufnahme in einen Insolvenzplan oder gerichtlichen Schuldenbereinigungsplan, Einbeziehung in ein Restschuldbefreiungsverfahren sowie Aufenthaltsermittlungen ein.

Für Kosten nach §§ 66 und 69 wird die Verjährung nach Abs. 2 zudem dadurch unterbrochen, **10** dass der Kostenschuldner sich nicht im Bundesgebiet aufhält oder sein **Aufenthalt im Bundesgebiet nicht festgestellt** werden kann, weil er einer gesetzlichen Melde- oder Anzeigepflicht nicht nachgekommen ist. Diese Pflichten ergeben sich nicht nur aus dem Melderecht (§ 11 MRRG), sondern insbesondere auch aus dem Aufenthalts- und Asylrecht (§ 50 Abs. 6 und § 10 Abs. 1 AsylG). Richtigerweise kann hiervon nicht ausgegangen werden, wenn sich gegenüber der Kostengläubigerin ein Bevollmächtigter für den Kostenschuldner bestellt hat (NK-AuslR/Geyer Rn. 4; aA OVG Bln-Bbg BeckRS 2011, 56577 und Bergmann/Dienelt/Dollinger Rn. 6).

Die Unterbrechung bezieht sich nur auf die Höhe des Betrags, auf den sich die Unterbrechung **11** bezieht (§ 19 Abs. 4 BGebG).

Die Verjährung beginnt mit Ablauf des Kalenderjahrs, in welchem die Unterbrechung endet, **12** erneut von Anfang an zu laufen (§ 19 Abs. 3 BGebG).

Die **Beweislast** für einen Unterbrechenstatbestand trägt der Kostengläubiger (NK-AuslR/ **13** Geyer Rn. 5).

Kapitel 7. Verfahrensvorschriften

Abschnitt 1. Zuständigkeiten

§ 71 Zuständigkeit

(1) ¹**Für aufenthalts- und passrechtliche Maßnahmen und Entscheidungen nach diesem Gesetz und nach ausländerrechtlichen Bestimmungen in anderen Gesetzen sind die Ausländerbehörden zuständig.** ²**Die Landesregierung oder die von ihr bestimmte Stelle kann bestimmen, dass für einzelne Aufgaben nur eine oder mehrere bestimmte Ausländerbehörden zuständig sind.** ³**Nach Satz 2 kann durch die zuständigen Stellen der betroffenen Länder auch geregelt werden, dass den Ausländerbehörden eines Landes für die Bezirke von Ausländerbehörden verschiedener Länder Aufgaben zugeordnet werden.** ⁴**Für die Vollziehung von Abschiebungen ist in den Ländern jeweils eine zentral zuständige Stelle zu bestimmen.** ⁵**Die Länder sollen jeweils mindestens eine zentrale Ausländerbehörde einrichten, die bei Visumanträgen nach § 6 zu Zwecken nach den §§ 16a, 16d, 17 Absatz 1, den §§ 18a, 18b, 18c Absatz 3, den §§ 18d, 18f, 19, 19b, 19c und 20 sowie bei Visumanträgen des Ehegatten oder der minderjährigen ledigen Kinder zum Zweck des Familiennachzugs, die in zeitlichem Zusammenhang gestellt werden, die zuständige Ausländerbehörde ist.**

(2) ¹**Im Ausland sind für Pass- und Visaangelegenheiten die vom Auswärtigen Amt ermächtigten Auslandsvertretungen zuständig.** ²**Das Auswärtige Amt wird ermächtigt, durch Rechtsverordnung im Einvernehmen mit dem Bundesministerium des Innern, für Bau und Heimat dem Bundesamt für Auswärtige Angelegenheiten die Entscheidung über Anträge auf Erteilung eines Visums zu übertragen.** ³**Soweit von dieser Ermächtigung Gebrauch gemacht wird, stehen dem Bundesamt für Auswärtige Angelegenheiten die Befugnisse zur Datenverarbeitung sowie alle sonstigen Aufgaben und Befugnisse einer Auslandsvertretung bei der Erteilung von Visa gemäß Absatz 3 Nummer 3 Buchstabe b sowie gemäß den §§ 54, 66, 68, 69, 72, 72a, 73, 73a, 75, 87, 90c, 91d und 91g zu.**

(3) **Die mit der polizeilichen Kontrolle des grenzüberschreitenden Verkehrs beauftragten Behörden sind zuständig für**

1. die Zurückweisung und die Zurückschiebung an der Grenze, einschließlich der Überstellung von Drittstaatsangehörigen auf Grundlage der Verordnung (EU) Nr. 604/2013, wenn der Ausländer von der Grenzbehörde im grenznahen Raum in unmittelbarem zeitlichen Zusammenhang mit einer unerlaubten Einreise angetroffen wird,

1a. Abschiebungen an der Grenze, sofern der Ausländer bei oder nach der unerlaubten Einreise über eine Grenze im Sinne des Artikels 2 Nummer 1 der Verordnung (EU) 2016/399 (Binnengrenze) aufgegriffen wird,

1b. Abschiebungen an der Grenze, sofern der Ausländer bereits unerlaubt eingereist ist, sich danach weiter fortbewegt hat und in einem anderen Grenzraum oder auf einem als Grenzübergangsstelle zugelassenen oder nicht zugelassenen Flughafen, Flug- oder Landeplatz oder See- oder Binnenhafen aufgegriffen wird,

1c. die Befristung der Wirkungen auf Grund der von ihnen vorgenommenen Ab- und Zurückschiebungen nach § 11 Absatz 2, 4 und 8,

1d. die Rückführungen von Ausländern aus anderen und in andere Staaten; die Zuständigkeit besteht neben derjenigen der in Absatz 1 und in Absatz 5 bestimmten Stellen,

1e. die Beantragung von Haft und die Festnahme, soweit es zur Vornahme der in den Nummern 1 bis 1d bezeichneten Maßnahmen erforderlich ist,

2. die Erteilung eines Visums und die Ausstellung eines Passersatzes nach § 14 Abs. 2 sowie die Aussetzung der Abschiebung nach § 60a Abs. 2a,

3. die Rücknahme und den Widerruf eines nationalen Visums sowie die Entscheidungen nach Artikel 34 der Verordnung (EG) Nr. 810/2009

    a) im Fall der Zurückweisung, Zurückschiebung oder Abschiebung, soweit die Voraussetzungen der Nummer 1a oder 1b erfüllt sind,

    b) auf Ersuchen der Auslandsvertretung, die das Visum erteilt hat, oder

    c) auf Ersuchen der Ausländerbehörde, die der Erteilung des Visums zugestimmt hat, sofern diese ihrer Zustimmung bedurfte,

4. das Ausreiseverbot und die Maßnahmen nach § 66 Abs. 5 an der Grenze,

5. die Prüfung an der Grenze, ob Beförderungsunternehmer und sonstige Dritte die Vorschriften dieses Gesetzes und die auf Grund dieses Gesetzes erlassenen Verordnungen und Anordnungen beachtet haben,

6. sonstige ausländerrechtliche Maßnahmen und Entscheidungen, soweit sich deren Notwendigkeit an der Grenze ergibt und sie vom Bundesministerium des Innern, für Bau und Heimat hierzu allgemein oder im Einzelfall ermächtigt sind,

7. die Beschaffung von Heimreisedokumenten im Wege der Amtshilfe in Einzelfällen für Ausländer,

8. die Erteilung von in Rechtsvorschriften der Europäischen Union vorgesehenen Vermerken und Bescheinigungen vom Datum und Ort der Einreise über die Außengrenze eines Mitgliedstaates, der den Schengen-Besitzstand vollständig anwendet; die Zuständigkeit der Ausländerbehörden oder anderer durch die Länder bestimmter Stellen wird hierdurch nicht ausgeschlossen.

(4) ¹Für die erforderlichen Maßnahmen nach den §§ 48, 48a und 49 Absatz 2 bis 9 sind die Ausländerbehörden, die Polizeivollzugsbehörden der Länder sowie bei Wahrnehmung ihrer gesetzlichen Aufgaben die Bundespolizei und andere mit der polizeilichen Kontrolle des grenzüberschreitenden Verkehrs beauftragte Behörden zuständig. ²In den Fällen des § 49 Abs. 4 sind auch die Behörden zuständig, die die Verteilung nach § 15a veranlassen. ³In den Fällen des § 49 Absatz 5 Nummer 5 und 6 sind die vom Auswärtigen Amt ermächtigten Auslandsvertretungen zuständig. ⁴In den Fällen des § 49 Absatz 8 und 9 sind auch die Aufnahmeeinrichtungen im Sinne des § 44 des Asylgesetzes und die Außenstellen des Bundesamtes für Migration und Flüchtlinge befugt, bei Tätigwerden in Amtshilfe die erkennungsdienstlichen Maßnahmen bei ausländischen Kindern oder Jugendlichen, die unbegleitet in das Bundesgebiet eingereist sind, vorzunehmen; diese Maßnahmen sollen im Beisein des zuvor zur vorläufigen Inobhutnahme verständigten Jugendamtes und in kindgerechter Weise durchgeführt werden.

(5) Für die Zurückschiebung sowie die Durchsetzung der Verlassenspflicht des § 12 Abs. 3 und die Durchführung der Abschiebung und, soweit es zur Vorbereitung und Sicherung dieser Maßnahmen erforderlich ist, die Festnahme und Beantragung der Haft sind auch die Polizeien der Länder zuständig.

(6) Das Bundesministerium des Innern, für Bau und Heimat oder die von ihm bestimmte Stelle entscheidet im Benehmen mit dem Auswärtigen Amt über die Anerkennung von Pässen und Passersatzpapieren (§ 3 Abs. 1); die Entscheidungen ergehen als Allgemeinverfügung und können im Bundesanzeiger bekannt gegeben werden.

Überblick

§ 71 regelt die behördliche Zuständigkeit für die Durchführung des AufenthG und anderer pass- und ausländerrechtlicher Bestimmungen. Die Auffangklausel Abs. 1 S. 1 weist die Zuständigkeit dabei den Ausländerbehörden der Länder (→ Rn. 37) zu, wobei S. 2–5 eine Zuständigkeitskonzentration bei einzelnen Landesbehörden ermöglicht oder sogar vorschreibt (→ Rn. 39 ff.). Welche Ausländerbehörde im jeweiligen Bundesland für welche Maßnahme konkret zuständig ist, richtet sich jedoch – übereinstimmend mit Art. 84 Abs. 1 GG (→ Rn. 17 ff.) – letztlich nach landesrechtlichen Zuständigkeits- und Ausführungsbestimmungen (→ Rn. 40 ff.). Abweichend von dieser Auffangklausel weist Abs. 2 die Zuständigkeit für Pass- und Visaangelegenheiten im Ausland den vom Auswärtigen Amt ermächtigten Auslandsvertretungen zu (→ Rn. 20, → Rn. 42 ff.); eine weitere Auslandszuständigkeit von Bundesbehörden ist in Abs. 3 Nr. 1d geregelt (→ Rn. 49 ff.). Abs. 3 begründet eine Sonderzuständigkeit der Grenzbehörden für eine Vielzahl überwiegend grenzbezogener Aufgaben und Befugnisse (→ Rn. 52 ff.), während Abs. 4 die hierauf angewiesenen Behörden zu ausländerrechtlichen Standardmaßnahmen insbesondere auf dem Gebiet des Erkennungsdienstes und der Identitätssicherung ermächtigt (→ Rn. 92 ff.). Abs. 5 begründet insbesondere für rück- und abschiebebezogene Aufgaben eine Parallelzuständigkeit der Landespolizeien (→ Rn. 94), wohingegen Abs. 6 dem Bundesministerium des Innern die Befugnis zur Anerkennung von Pässen einräumt (→ Rn. 43 ff.).

Übersicht

A. Allgemeines

I. Normzweck

1 § 71 regelt die **sachliche Zuständigkeit** für Maßnahmen und Entscheidungen nach ausländerrechtlichen Bestimmungen und weist diese den Ausländerbehörden der Länder, den Grenzbehörden sowie ausnahmsweise auch den Landespolizeien, dem Auswärtigen Amt, den für Verteilungsentscheidungen nach § 15a zuständigen Behörden und dem Bundesministerium des Innern zu. Abs. 3 Nr. 6 und Abs. 6 begründen darüber hinaus nicht nur Zuständigkeiten, sondern gesonderte Befugnisse des Bundesministeriums des Innern (vgl. NK–AuslR/Hofmann Rn. 44).

1.1 Neben Regelungen der sachlichen Zuständigkeit enthält Abs. 4 S. 4 auch – an sich systemwidrig – weitere Verfahrensregelungen zur Beteiligung des Jugendamts und eine Modifikation der materiellen Eingriffsermächtigung (→ Rn. 93a ff.).

2 Auch wenn Abs. 2 und Abs. 3 zum Teil auf den Ort der Aufgabenwahrnehmung („im Ausland", „an der Grenze") Bezug nehmen und somit – jedenfalls auch – die örtliche Zuständigkeit betreffen, ist die **örtliche Behördenzuständigkeit im AufenthG im Übrigen nicht geregelt** (vgl. GK–AufenthG/Gutmann Rn. 6). Insoweit gelten neben § 3 LVwVfG die auf Abs. 1 S. 2 gestützten Konzentrationsbestimmungen und spezielle landesrechtliche Aufgabenzuweisungen (vgl. hierzu im Einzelnen Hailbronner AuslR Rn 5 ff.; → Rn. 2.1).

2.1 Zuständigkeitsbegründend ist demnach regelmäßig der in § 3 Abs. 1 Nr. 3 lit. a LVwVfG geregelte derzeitige oder frühere **„gewöhnliche Aufenthalt"** des Ausländers, dh der Ort, an dem er sich unter Umständen aufhält, die erkennen lassen, dass er an diesem Ort nicht nur vorübergehend verweilt. Für die demgemäß anzustellende Prognose kommt es regelmäßig auf die Umstände im Zeitpunkt der Begründung des Aufenthalts, nicht auf dessen tatsächliche Dauer an. Zu den maßgeblichen Umständen sollen dabei auch ausländer- und asylrechtliche Entscheidungen – insbesondere Aufenthaltsbeschränkungen – gehören (vgl. NdsOVG 16.11.2004 – 9 LB 156/04, juris Rn. 29, BeckRS 2005, 24314; OVG Bln–Bbg BeckRS 2014, 50137; VG Berlin BeckRS 2019, 15749 Rn. 14). Dennoch fehlt eine etwa mit § 52 Nr. 2 S. 3 VwGO vergleichbare Regelung, die alleine das rechtliche Dürfen bzw. Müssen für maßgeblich erklärt.

2.2 Das Vorliegen einer Zuweisungsentscheidung oder räumlichen Beschränkung kann daher allenfalls ein Element der wertenden Prognose sein, kann sich – insbesondere in Ansehung faktischer familiärer oder sonstiger Verwurzelungen und einer ggf. bestehenden faktischen behördlichen Duldung bzw. allgemeiner Vollzugsdefizite – gegenüber einer eindeutigen faktischen Lage aber nicht durchsetzen (zutreffend noch OVG Bln–Bbg BeckRS 2009, 42410; aA aber zB OVG Bln–Bbg BeckRS 2014, 50137; VG Berlin BeckRS 2019, 15749 Rn. 15; tendenziell strenger auch Hailbronner AuslR Rn. 5b).

3 Soweit § 71 auf die Zuständigkeit von Landesbehörden verweist, begründet er keine Vollregelung; er ist vielmehr auf eine Ergänzung durch die jeweiligen **Organisationsbestimmungen der Länder** (→ Rn. 40 ff.) angewiesen (GK–AufenthG/Gutmann Rn. 6).

4 Nicht erwähnt wird in § 71 das **BAMF**, obwohl diesem jedenfalls punktuell – etwa in den Fällen des § 75 Nr. 1, Nr. 2, Nr. 7–9 und Nr. 12 oder nach § 5 Abs. 1 S. 2 AsylG iVm § 34 AsylG – originär ausländerrechtliche Aufgaben und Befugnisse zukommen. Dessen Aufgaben sind in § 75 (→ § 75 Rn. 1 ff.) sowie spezialgesetzlich – insbesondere im AsylG – geregelt.

II. Änderungsgeschichte

4a Mit Art. 3 des **Zweiten Datenaustauschverbesserungsgesetzes** v. 8.8.2019 (BGBl. 2019 I 1131) wurden die Befugnisse der Bundespolizei nach Abs. 4 auf sämtliche ihrer Aufgabenbereiche erweitert und die Befugnisse der deutschen Auslandsbehörden zur Identitätsfeststellung auf Maßnahmen nach § 49 Abs. 5 Nr. 6 erstreckt. Erstmals auf eine gesetzliche Grundlage gestellt wurden die Befugnisse der Aufnahmeeinrichtungen und der Außenstellen des BAMF zur Vornahme erkennungsdienstlicher Maßnahmen auch gegenüber unbegleiteten Minderjährigen (→ Rn. 93a).

4b Mit Art. 1 Nr. 24 des **Zweiten Gesetzes zur verbesserten Durchsetzung der Ausreisepflicht** v. 15.8.2019 (BGBl. 2019 I 1294) hat der Gesetzgeber eine Bestimmung zur länderübergreifenden Zusammenarbeit eingefügt (§ 71 Abs. 1 S. 3; → Rn. 40a ff.) und die Länder zur Bestimmung zentraler Abschiebungsbehörden verpflichtet (§ 71 Abs. 1 S. 4; → Rn. 39a ff.). Zugleich wurde Abs. 3 Nr. 1a – ohne inhaltliche Änderung (BT–Drs. 19/10047, S. 46) – an die Neufassung des Schengener Grenzkodex 2016 angepasst, ein klarstellender Verweis auf Parallelkompetenzen der Landesbehörden in Nr. 1d ergänzt (→ Rn. 51a) und die Aufgabe der Unterstützung der Landesbehörden bei der Beschaffung von Heimreisedokumenten im Wege der Amtshilfe auf das Bundesamt für Migration und Flüchtlinge übertragen (→ § 75 Rn. 64 f.). Für die Bundespolizei verbleibt es insoweit nur noch bei einer Reservekompetenz „in Einzelfällen" (Nr. 7; → Rn. 85 ff.).

Das am 1.3.2020 in Kraft getretene **FachkEinwG** (Fachkräfteeinwanderungsgesetz v. **4c** 15.8.2019, BGBl. I 1307) hat mit Abs. 1 S. 5 eine weitere bundesrechtliche Regelung zur Behördenorganisation eingefügt, die durch die Aufgabenkonzentration bei zentralen Länderbehörden und die damit verbundene Spezialisierung zur Erleichterung der Arbeits- und Forschungsmigration beitragen soll (BT-Drs. 19/8285, 111). Die als Regelungsauftrag an den Landesgesetzgeber ausgestaltete Bestimmung betrifft vorrangig die Erteilung von Visa im ebenfalls neu geschaffenen „beschleunigten Fachkräfteverfahren" (§ 81a) zu den in Abs. 1 S. 5 genannten Aufenthaltszwecken, lässt die prinzipielle Zuständigkeit der deutschen Auslandsvertretungen bzw. des Amts für auswärtige Angelegenheiten für die Visaerteilung im Ausland aber unberührt (→ Rn. 39c ff.).

Mit Art. 3 Nr. 3 des **Gesetzes über die Errichtung eines Bundesamts für Auswärtige** **4d** **Angelegenheiten** und zur Änderung des Gesetzes über den Auswärtigen Dienst, des Aufenthaltsgesetzes und zur Anpassung anderer Gesetze an die Errichtung des Bundesamts vom 12.6.2020 (BGBl. 2020 I 1241) hat der Gesetzgeber eine gesetzliche Ermächtigung dazu geschaffen, die deutschen Auslandsvertretungen um ihre Aufgaben im Visumverfahren zu entlasten (Abs. 2 S. 2). Dem spezifisch zu diesem Zweck neu geschaffenen Bundesamt für Auswärtige Angelegenheiten stehen zu diesem Zweck die in Abs. 2 S. 3 genannten Befugnisse zu (vgl. → Rn. 48a ff.).

Mit Art. 169 der Elften Zuständigkeitsanpassungsverordnung vom 19.6.2020 (BGBl. 2020 I **4e** 1328) hat das Bundesministerium der Justiz und für Verbraucherschutz – gestützt auf § 2 ZustAnpG – versucht, die Umbenennung des Bundesministeriums des Innern in „Bundesministerium des Innern, für Bau und Heimat" auch in § 71 Abs. 3 Nr. 6, Abs. 6 förmlich nachzuvollziehen. Diese Regelungstechnik ist abzulehnen, weil ein Parlamentsgesetz – auch mit parlamentarischer Ermächtigung – schon aus logischen Gründen nicht durch bloße Rechtsverordnung geändert werden kann; sie ist in der Rechtsprechung bislang aber nicht auf Kritik gestoßen (vgl. BVerfG NJW 1998, 669 (670) mN).

III. Normsystematik

Die Auffangklausel des Abs. 1 weist die Zuständigkeit für die Wahrnehmung von Aufgaben **5** auf dem Gebiet des Pass- und Aufenthaltsrechts grundsätzlich den Ausländerbehörden der Länder zu, wobei die nähere Ausgestaltung der Organisationshoheit der Länder (→ Rn. 16 ff.) überlassen ist. Sie gilt nur, soweit § 71 oder andere Gesetze Befugnisse nicht anderen Behörden exklusiv zuweisen (GK-AufenthG/Gutmann Rn. 10).

Abweichend hiervon weisen Abs. 2–6 einzelne Befugnisse den Grenzbehörden sowie ausnahms- **6** weise auch den Grenzbehörden, den Landespolizeien, dem Auswärtigen Amt, den für Verteilungsentscheidungen nach § 15a zuständigen Behörden und dem Bundesministerium des Innern, für Bau und Heimat zu.

Die in Abs. 6 genannten **Befugnisse des Bundesministeriums des Innern, für Bau und** **7** **Heimat** (→ Rn. 95 ff.) und die in Abs. 2 S. 1 geregelten **Auslandsbefugnisse der deutschen** **Auslandsvertretungen** (→ Rn. 41 ff.; → Rn. 20) sind dabei ebenso wie ein Großteil der in Abs. 3 geregelten **Befugnisse der Grenzbehörden** (→ Rn. 49 ff.) exklusiv ausgestaltet, wohingegen die in Abs. 5 benannten **Befugnisse der Landespolizeien** ausdrücklich neben die Befugnisse der Ausländerbehörden treten (→ Rn. 94). Abs. 4 ergänzt das Portfolio der mit dem Vollzug des Aufenthaltsrechts betrauten Behörden um verschiedene **erkennungsdienstliche Standardmaßnahmen,** die der Ermöglichung und Koordinierung der jeweiligen Tätigkeit dienen (→ Rn. 92 ff.).

Neben die in § 71 geregelten Zuständigkeiten treten **weitere spezialgesetzliche Aufgaben-** **8** **zuweisungen:** § 3 Abs. 2 (Zuständigkeit des Bundesministeriums des Innern, für Bau und Heimat für Ausnahmen von der Passpflicht), § 14 Abs. 2 (Zuständigkeit der Grenzbehörden für die Ausstellung von Ausnahmevisa und Passersatzpapieren) oder § 38 AufenthV (Ersatzzuständigkeit der Berliner Ausländerbehörden für nationale Visa). Weitere Befugnisse nimmt das BAMF wahr (→ § 75 Rn. 1 ff.). Eine Sonderzuständigkeit für die Verfolgung einzelner Ordnungswidrigkeiten enthält § 78.

B. Verfassungsrechtlicher Hintergrund

Das GG unterscheidet strukturell zwischen **Gesetzgebungs- und Verwaltungskompeten-** **9** **zen,** die jeweils – je unterschiedlichen Regelungen folgend – zwischen dem Bund und den

Ländern aufgeteilt sind. Originäre Gesetzgebungskompetenzen der Kommunen kennt das GG nicht bzw. allenfalls in Form der – hier nicht bedeutsamen – kommunalen Satzungsautonomie; Verwaltungskompetenzen der Kommunen nur nach Maßgabe des Art. 28 Abs. 2 GG im Rahmen der Verwaltungskompetenzen der Länder (vgl. HK-GG/Wolff GG Art. 28 Rn. 9 ff.).

I. Gesetzgebungskompetenzen

10 Nach der Systematik des GG **liegt die Gesetzgebungskompetenz grundsätzlich bei den Ländern,** soweit das GG diese dem Bund nicht spezifisch zuweist (Art. 70 Abs. 1 GG). Die große Mehrzahl der ausschließlichen oder konkurrierenden Gesetzgebungsbefugnisse des Bundes ist in Art. 73 und 74 GG geregelt.

11 Nach Art. 73 Abs. 1 Nr. 3 Var. 4 GG hat der Bund die ausschließliche Gesetzgebung über das **Recht der „Ein- und Auswanderung",** dh über das Recht der auf Daueraufenthalt gerichteten Einreise von Ausländern bzw. das Recht des dauerhaften Verlassens des Bundesgebiets (HK-GG/ Schnapauff GG Art. 73 Rn. 5). Eine Gesetzgebungsbefugnis der Länder könnte insoweit daher nur bestehen, wenn der Bund sie hierzu durch Bundesgesetz ermächtigt hätte (Art. 71 GG); dies ist – soweit ersichtlich – nicht geschehen.

12 Für die **Rechtsstellung des Ausländers nach seiner Einreise** ist allerdings nicht Art. 74 Abs. 1 Nr. 3 Var. 4 GG, sondern Art. 74 Abs. 1 Nr. 4 GG **(„Aufenthalts- und Niederlassungsrecht der Ausländer")** maßgeblich (HK-GG/Schnapauff GG Art. 73 Rn. 5); gleiches gilt für die **Einreise ohne dauerhaften Aufenthaltszweck** (Maunz/Dürig/Uhle GG Art. 73 Rn. 72). Insoweit besteht nach Art. 74 Abs. 1 Nr. 4 GG eine konkurrierende Gesetzgebungskompetenz für das **„Aufenthalts- und Niederlassungsrecht der Ausländer".** Hier steht den Ländern die Befugnis zur Gesetzgebung zu, solange und soweit der Bund von seiner Gesetzgebungskompetenz nicht durch Gesetz Gebrauch gemacht hat.

13 Nach Art. 72 Abs. 2 GG handelt es sich insoweit zwar um eine Gesetzgebungskompetenz, von der der Bund nur Gebrauch machen darf, wenn und soweit die Herstellung gleichwertiger Lebensverhältnisse im Bundesgebiet oder die Wahrung der Rechts- oder Wirtschaftseinheit im gesamtstaatlichen Interesse eine bundesgesetzliche Regelung erforderlich macht. Da der Bundesgesetzgeber von dieser Gesetzgebungskompetenz mit Erlass des AufenthG v. 30.7.2004 (BGBl. I 1950) umfassend Gebrauch gemacht hat und das Vorliegen der Voraussetzungen des Art. 72 Abs. 2 GG – soweit ersichtlich – nicht ernstlich in Zweifel gezogen wird (vgl. BT-Drs. 17/7538, 12), dürften gesetzgeberische **Handlungsspielräume der Länder** im Hinblick auf die Sachmaterie des „Aufenthalts- und Niederlassungsrechts der Ausländer" **allenfalls in Randbereichen** bestehen (→ Rn. 13.1).

13.1 Im Zeitpunkt des Erlasses des AufenthG v. 30.7.2004 (BGBl. I 1950) galt Art. 72 Abs. 2 GG idF des Gesetzes v. 27.10.1994 (BGBl. I 3146), der sämtliche in Art. 74 GG genannten Gesetzgebungskompetenzen der Erforderlichkeitsklausel unterwarf. Die Beschränkung des Art. 72 Abs. 2 GG auf einzelne in der Norm genannte Gesetzgebungstitel im Rahmen der Föderalismusreform I ist für das Aufenthaltsrecht jedoch ohne Bedeutung, weil der Gesetzgebungstitel des Art. 74 Abs. 1 Nr. 4 GG in Art. 72 Abs. 2 GG ausdrücklich genannt ist.

14 Für die Rechtsmaterie der **„Angelegenheiten der Flüchtlinge und Vertriebenen"** besteht nach Art. 74 Abs. 1 Nr. 6 GG ebenfalls eine konkurrierende Gesetzgebungskompetenz des Bundes, deren Ausübung dem Erforderlichkeitsvorbehalt des Art. 72 Abs. 2 GG unterliegt. Da der Gesetzgeber von dieser Gesetzgebungskompetenz durch das Gesetz zur Neuregelung des Asylverfahrens v. 26.6.1992 (BGBl. I 1126) umfassend Gebrauch gemacht hat und hinsichtlich der Voraussetzungen des Art. 72 Abs. 2 GG im Hinblick auf die Sachmaterie der „Angelegenheiten der Flüchtlinge und Vertriebenen" ebenfalls keine ernstlichen Zweifel bestehen (vgl. auch insoweit BT-Drs. 17/ 7538, 12), dürfte insoweit kein nennenswerter Handlungsspielraum der Landesgesetzgeber mehr bestehen (vgl. zum Bedeutungswandel des Flüchtlingsbegriffs HK-GG/Schnapauff GG Art. 74 Rn. 6).

15 Nicht von den oben genannten Gesetzgebungskompetenzen erfasst sind das **Recht der Unterbringung und der Sozialleistungen für Ausländer und Flüchtlinge** („Recht der öffentlichen Fürsorge"; Art. 74 Abs. 1 Nr. 7 GG iVm Art. 72 Abs. 2 GG) und das **Recht der Gefahrenabwehr („Ausländerpolizeirecht").** Für letzteres besteht eine Bundesgesetzgebungskompetenz nur nach Maßgabe des Art. 73 Abs. 1 Nr. 1 GG, des Art. 73 Abs. 1 Nr. 9a GG und des Art. 73 Abs. 1 Nr. 10 GG (jeweils ausschließliche Gesetzgebungskompetenz), während es im Übrigen bei der allgemeinen Länderzuständigkeit für Regelungen der Gefahrenabwehr verbleibt.

II. Verwaltungskompetenzen

Von den Gesetzgebungskompetenzen zu unterscheiden sind die Regelungen zu den **„Verwal- 16 tungskompetenzen"** (Art. 83 ff. GG), die die Zuständigkeit für die Regelung der **Behördenorganisation** und des **Verwaltungsverfahrens** und für den **tatsächlichen Vollzug** der Bundes- und Landesgesetze betreffen. Diese sind zwar mittelbar von der Gesetzgebungskompetenz abhängig, sind den Ländern aber überwiegend auch in Bereichen zugewiesen, in denen die Gesetzgebungskompetenz beim Bund liegt **(„Grundsatz der Länderexekutive")**.

1. Systematik des GG

Nach Art. 83 GG **führen die Länder die Bundesgesetze als eigene Angelegenheit** aus, 17 soweit das GG nichts anderes bestimmt oder zulässt. Hieraus folgt, dass der **Vollzug des Ausländerrechts grundsätzlich durch die Ausländerbehörden der Länder erfolgt,** obwohl der Bund mit dem Erlass des Aufenthaltsgesetzes von den durch Art. 73 Abs. 1 Nr. 3 Var. 4 GG, Art. 74 Abs. 1 Nr. 4 GG eingeräumten Gesetzgebungsbefugnissen Gebrauch gemacht hat. Erst recht sind die Länder für den Vollzug zB des landesrechtlich geregelten Gefahrenabwehrrechts zuständig, da das GG Vollzugskompetenzen des Bundes insoweit nicht bzw. nur in eng umgrenzten Ausnahmefällen vorsieht (Art. 30, 35, 91 GG).

Der Begriff der Verwaltungskompetenzen umfasst dabei neben der eigentlichen **Aufgaben- 18 wahrnehmung** auch das **Recht zur Einrichtung der Behörden (Organisationshoheit)** und zur **Regelung des Verwaltungsverfahrens.** Als grundlegende Formen der Ausführung von Bundesgesetzen sieht das GG dabei die Ausführung von Bundesgesetzen durch die Länder als eigene Angelegenheit (Art. 84 GG), die Ausführung durch die Länder im Wege der Bundesauftragsverwaltung (Art. 85 GG) und die Ausführung durch Behörden des Bundes im Rahmen der bundeseigenen Verwaltung (Art. 86 GG) vor, **wobei die Ausführung durch die Länder als eigene Angelegenheit den Regelfall darstellt.**

Dabei sind die Verwaltungszuständigkeiten von Bund und Ländern in den Art. 83 ff. GG 19 grundsätzlich **erschöpfend geregelt,** ohne dass der Bund oder die Länder über ihre im GG festgelegten Kompetenzen verfügen könnten. Aus dem Normgefüge der Art. 83 ff. GG folgt, dass Mitplanungs-, Mitverwaltungs- und Mitentscheidungsbefugnisse des Bundes im Aufgabenbereich der Länder ausgeschlossen sind, wenn die entsprechende Sachkompetenz dem Bund nicht explizit durch das GG übertragen wurde; auch eine sog. „Mischverwaltung" ist – abgesehen von begrenzten Ausnahmen etwa im Bereich der Errichtung gemeinsamer Informationssysteme (Art. 91c GG) – ausgeschlossen (BVerfGE 139, 194 (226) = NVwZ 2015, 1377 Rn. 108 mwN).

2. Verwaltungskompetenzen des Bundes im Bereich des Ausländer- und Asylrechts

Eine Ausführung der Gesetze in Form der bundeseigenen Verwaltung mit eigenem Verwal- 20 tungsunterbau ist im GG zunächst für den **Auswärtigen Dienst** vorgesehen (Art. 87 Abs. 1 S. 1 GG), dessen Auslandsvertretungen im Kontext des Ausländerrechts aber nur zur **Erledigung von Pass- oder Visaangelegenheiten im Ausland** ermächtigt sind (§ 71 Abs. 2 S. 1 AufenthG). Die Aufspaltung des Auswärtigen Dienstes in das Auswärtige Amt und das Bundesamt für Auswärtige Angelegenheiten mit Art. 1 des Gesetzes vom 12.06.2020 (→ Rn. 4d), die eine Entlastung des Auswärtigen Amts um die Wahrnehmung nichtministerieller Aufgaben (wie zB die Visaerteilung) ermöglichen soll (vgl. BT-Drs. 19/17292, 1 f.), stützt sich ergänzend auf Art. 87 Abs. 3 S. 1 Var. 1 GG (Klaus NJOZ 2020, 1185).

Im Hinblick auf das Recht der **„Angelegenheiten der Flüchtlinge und Vertriebenen"** 21 (Art. 74 Abs. 1 Nr. 6 GG) wäre nach Art. 83 GG eigentlich ein Fall der Ausführung durch die Länder als eigene Angelegenheit gegeben; der Bund hat jedoch von der durch Art. 87 Abs. 3 S. 1 GG eingeräumten Möglichkeit Gebrauch gemacht, **das BAMF durch Bundesgesetz als selbstständige Bundesoberbehörde** zu errichten. Hieraus folgt, dass dessen Aufgabenwahrnehmung ebenfalls der Aufsicht des Bundesministeriums des Innern, für Bau und Heimat unterliegt (vgl. § 5 Abs. 2 S. 1 AsylG); sein Verfahrensrecht ist im VwVfG des Bundes und im AsylG geregelt (→ Rn. 21.1; vgl. zu den Vorraussetzungen für die Einrichtung einer selbstständigen Bundesoberbehörde BeckOK AuslR/Preisner AsylG § 5 Rn. 1).

Das BAMF wurde ursprünglich als „Bundesdienststelle für die Anerkennung ausländischer Flüchtlinge" 21.1 errichtet und trug später die Bezeichnung „Bundesamt für die Anerkennung ausländischer Flüchtlinge".

Von der durch Art. 87 Abs. 3 S. 1 GG eröffneten Befugnis hat der Bundesgesetzgeber auch 22 durch die Schaffung des **Bundesverwaltungsamts** – errichtet durch § 1 Abs. 1 BVAmtsG (Gesetz über die Errichtung des Bundesverwaltungsamtes v. 28.12.1959, BGBl. I 829) als selbstständige Bundesoberbehörde im Geschäftsbereich des Bundesministers des Innern – Gebrauch gemacht, dem im Bereich des Ausländerrechts einzelne Befugnisse durch Bundesgesetz übertragen wurden (→ Rn. 22.1).

22.1   Im Ausländerrecht ist das Bundesverwaltungsamt zB im Rahmen der Pflege der Fundpapierdatenbank (§ 49a) tätig; es ist zudem als Informationsmittler zwischen den Ausländer- und Sicherheitsbehörden tätig (§§ 72a f.).

23   Gleiches gilt für **die Bundesagentur für Arbeit** (vgl. Luthe SGb 2010, 121 (122 ff.)), die nach §§ 39 ff. insbesondere bei der Erteilung von Erlaubnissen für die Erwerbstätigkeit von Ausländern zu beteiligen ist.

3. Verfassungswidrige Aufgabenzuweisung an das Bundesministerium des Innern durch § 58a Abs. 2 S. 1

24   Demgegenüber fehlt es für die in § 58a Abs. 2 S. 1 eröffnete Möglichkeit einer **Zuständigkeits-übernahme durch das Bundesministerium des Innern, für Bau und Heimat im Bereich der Abschiebungsandrohung an der** – nach Art. 83 GG erforderlichen – **verfassungsrechtlichen Grundlage.** Zwar ist die Aufgabenzuweisung an die obersten Landesbehörden (§ 58a Abs. 1 S. 1) von Art. 84 Abs. 1 S. 1 und S. 2 gedeckt, weil dem Bund insoweit für die Behördenorganisation eine konkurrierende Gesetzgebungskompetenz (mit jederzeitiger Abweichungsmöglichkeit der Länder, vgl. → Rn. 29) zukommt (→ Rn. 28); diese betrifft jedoch nur die Behördenorganisation innerhalb der Länder.

25   Darüber hinausgehend erlaubt Art. 84 Abs. 2–5 mit dem Erlass allgemeiner Verwaltungsvorschriften, den dort genannten Maßnahmen der Bundesaufsicht und der Ermächtigung der Bundesregierung zur Erteilung von Einzelweisungen „für besondere Fälle", sieht eine eigenständige Wahrnehmung der den Ländern übertragenen Aufgaben durch Behörden des Bundes aber gerade nicht vor.

26   Schließlich ist das Bundesministerium des Innern, für Bau und Heimat als Oberste Bundesbehörde auch keine Bundesoberbehörde iSd Art. 87 Abs. 3 S. 1 GG (vgl. Sachs/Sachs GG Art. 87 Rn. 64 ff.), so dass auch diese Ermächtigungsgrundlage für eine Aufgabenzuweisung an das Bundesministerium des Innern, für Bau und Heimat ausscheidet. § 58a Abs. 2 S. 1 ist daher verfassungswidrig und nichtig (so auch Wittmann Ausschuss-Drs. 19(25)218(neu), 22; NK-AuslR/Möller § 58a Rn. 16 sowie Bergmann/Dienelt/Bauer/Dollinger § 58a Rn. 17 unter Bezugnahme auf Erbslöh NVwZ 2007, 155 (157 f.); ausdrücklich offen gelassen in BVerwGE 158, 225 = NVwZ 2017, 1057 Rn. 10).

4. Verwaltungskompetenzen der Länder für das Ausländer- und Asylrecht im Übrigen

27   Im Hinblick auf den Vollzug des Ausländerrechts im Übrigen – dh das gesamte nicht flüchtlingsbezogene Ausländerrecht einschließlich des Rechts der Rückführung sowie das Recht der Flüchtlinge nach (positivem oder negativem) Abschluss des Statusfeststellungsverfahrens – enthält das GG keine speziellen Regelungen; insoweit bleibt es daher beim **verfassungsrechtlichen Normalfall der Ausführung durch die Länder als eigene Angelegenheit** (Art. 83 GG).

28   Der Fall der Ausführung der Bundesgesetze durch die Länder ist in Art. 84 GG geregelt. Demnach sind **sowohl der Bund als auch die Länder jeweils befugt, die Einrichtung der Behörden und das Verwaltungsverfahren selbst individuell zu regeln** (Art. 84 Abs. 1 S. 1 und S. 2 GG). Soweit der Bund von seiner allerdings einheitliche Regelungen getroffen hat, können die Länder sich hiervon jederzeit im Wege der Abweichungsgesetzgebung lösen (Art. 84 Abs. 1 S. 2 GG). **Im Verhältnis konkurrierender bundes- und landesgesetzlicher Regelungen geht** – abweichend von der Grundregel des Art. 31 GG – **das jeweils spätere Gesetz vor** (Art. 84 Abs. 1 S. 4 GG iVm Art. 72 Abs. 2 S. 3 GG).

28.1   Vgl. zu § 71 Abs. 1 S. 4 → Rn. 39a.1.

29   Bei Vorliegen eines besonderen Bedürfnisses nach bundeseinheitlicher Regelung kann der Bund zwar **das Verwaltungsverfahren** mit Zustimmung des Bundesrats auch ohne Abweichungsmöglichkeit für die Länder regeln (Art. 84 Abs. 1 S. 5 und S. 6 GG); von dieser Möglichkeit hat der Bundesgesetzgeber im Hinblick auf die in § 105a aufgezählten Verfahrensvorschriften auch tatsächlich Gebrauch gemacht. **Für den Bereich der Behördenorganisation kennt das GG aller-**

dings keine entsprechende Befugnis zur Schaffung abweichungsfester Regelungen, so dass es insoweit bei der Möglichkeit zur Abweichungsgesetzgebung nach Art. 84 Abs. 1 S. 1–4 GG bleibt (→ Rn. 29.1).

Dies gilt ungeachtet des Umstands, dass das AufenthG 2004 vor Inkrafttreten des Gesetzes zur Änderung **29.1** des Grundgesetzes v. 28.8.2006 (BGBl I 2034; „Föderalismusreform I") erlassen wurde. Denn die Art. 125 ff. GG enthalten insoweit keine Übergangsvorschriften, so dass die Abweichungsmöglichkeit des Art. 84 Abs. 1 S. 2 GG auch für ältere Gesetze gilt.

5. Verwaltungskompetenzen des Bundes im Bereich des Gefahrenabwehr- und Sicherheitsrechts mit aufenthaltsrechtlichen Bezügen

Hinsichtlich des Gefahrenabwehr- und Sicherheitsrechts sieht das GG die bundeseigene Verwal- **30** tung im Hinblick auf die Tätigkeit des Bundesgrenzschutzes (Bundespolizei), des Bundeskriminalamts und des Bundesamts für Verfassungsschutz vor, wobei die Einrichtung der entsprechenden Behörden auf einfachem Bundesgesetz beruht (Art. 87 Abs. 1 S. 2 GG; vgl. BeckOK GG/ Suerbaum GG Art. 87 Rn. 23 ff.).

Insoweit ist der Bund jeweils auch zur Regelung des Verwaltungsverfahrens und zum Erlass **31** allgemeiner Verwaltungsvorschriften befugt (Art. 86 S. 1 GG); die Aufsicht über die jeweiligen Behörden führt jeweils das Bundesministerium des Innern, für Bau und Heimat (Art. 65 S. 2 GG in Verbindung mit den jeweils einschlägigen Organisationserlassen).

Stets zu berücksichtigen ist jedoch, dass die regelmäßige Wahrnehmung von Aufgaben der **32** Länder zB durch die Bundespolizei bzw. deren Ausbau zu einer allgemeinen, mit der Polizei der Länder konkurrierenden Polizeibehörde des Bundes einer ausdrücklichen verfassungsrechtlichen Ermächtigung bedürfte, die das GG nicht enthält (BVerfGE 139, 194 Rn. 109). Hieraus folgt insbesondere, dass die – insoweit irreführend bezeichnete – Bundespolizei keine allgemeinen Polizeiaufgaben wahrnimmt, sondern jedenfalls im Kontext des Aufenthaltsrechts im Wesentlichen auf die Wahrnehmung von Aufgaben als Grenzschutzbehörde („Bundesgrenzschutz") beschränkt ist.

Jenseits der vorgenannten Spezialzuständigkeiten liegt die allgemeine Gefahrenabwehrbefugnis **33** daher – auch zB im Hinblick auf ausländische Gefährder – nach allgemeinen Grundsätzen bei den Ländern.

C. Einzelerläuterungen

Zur Normsystematik s. die vorstehenden Erläuterungen (→ Rn. 5). **34**

I. Zuständigkeit der Ausländerbehörden (Abs. 1)

Abs. 1 S. 1 regelt – in Verbindung mit den jeweiligen Organisationsbestimmungen der Länder **35** (→ Rn. 40 ff.) – die **sachliche Zuständigkeit** (vgl. zum Begriff GK-AufenthG/Gutmann Rn. 4) **für aufenthalts- und passrechtliche Maßnahmen.** Demgegenüber betrifft die in Abs. 1 S. 2 vorgesehene **Konzentrationsbefugnis** die örtliche Behördenzuständigkeit (aA GK-AufenthG/ Gutmann Rn. 19: ebenfalls sachliche Zuständigkeit), die sich ebenfalls aus den normausfüllenden Organisationsbestimmungen der Länder ergibt.

1. Allgemeine Zuständigkeit der Ausländerbehörden (S. 1)

§ 71 Abs. 1 S. 1 weist die Zuständigkeit für aufenthalts- und passrechtliche Maßnahmen und **36** für Entscheidungen nach dem AufenthG und anderen ausländerrechtlichen Bestimmungen den **Ausländerbehörden** zu (→ Rn. 36.1 ff.).

Zu den aufenthaltsrechtlichen Maßnahmen gehören neben der Erteilung von Aufenthaltstiteln iSd § 4 **36.1** Abs. 1 S. 2 Nr. 2–4 und von Beschäftigungserlaubnissen unter anderem die Zurückschiebung, die Abschiebung einschließlich ihrer Vorbereitung (zB Beschaffung von Heimreisedokumenten, Flugtickets, Festlegung des Reiseweges), Sicherung (zB Festnahme des Ausländers) und Durchführung (einschließlich der Erteilung von Duldungen). Hinzu kommen etwa das Verbot der Aus- und Einreise und die Durchsetzung der Verlassenspflicht (Nr. 71.1.1.1 AufenthGAVwV).

Die Zuständigkeit für passrechtliche Maßnahmen umfasst insbesondere die Ausstellung, Verlängerung **36.2** und Einziehung von deutschen Passersatzpapieren gem. § 4 ff. AufenthV (zB Reiseausweis für Ausländer, Notreiseausweis, Reiseausweis für Flüchtlinge, Reiseausweis für Staatenlose), die Überwachung ausweisrechtlicher Pflichten (§ 48) und die Ausstellung von Nachweisen nach §§ 63 f. AsylG. Zu den ausweisrechtlichen Maßnahmen gehören auch die Ausstellung und Einziehung des Ausweisersatzes (§ 48 Abs. 2) und der Bescheinigung über die Aufenthaltsgestattung (Nr. 71.1.1.3 AufenthGAVwV).

36.3   Zu den von § 71 Abs. 1 erfassten Bestimmungen gehören neben dem AufenthG auch zB das FreizügG/EU (BVerwG NVwZ 2011, 1466 Rn. 9), Art. 28 GFK (Reiseausweis für Flüchtlinge), das AZRG (Gesetz über das Ausländerzentralregister v. 2.9.1994, BGBl. I 2265), das VWDG (Visa-Warndateigesetz v. 22.12.2011, BGBl. I 3037), die AufenthV, die AZRG-DV (AZRG-Durchführungsverordnung v. 17.5.1995, BGBl. I 695) und die IntV (Integrationskursverordnung v. 13.12.2004, BGBl. I 3370).

36.4   Nicht zu den Angelegenheiten nach § 71 Abs. 1 gehört das AsylbLG, das materielles Sozialrecht darstellt (GK-AufenthG/Gutmann Rn. 12); insoweit gilt § 10 AsylbLG.

37   Die Schaffung und Ausgestaltung der Ausländerbehörden unterliegt dabei nach Art. 83 Abs. 1 S. 1 GG der **Organisationshoheit der Länder** (→ Rn. 16 ff.), so dass § 71 Abs. 1 S. 1 **keinen wesentlichen eigenen Regelungsgehalt** aufweist: Zwar sind die Länder gehalten, Behörden zum Vollzug des Aufenthalts- und Ausländerrechts zu schaffen und zu unterhalten; in der Ausgestaltung dieser Organisationsstrukturen sind die Länder allerdings grundsätzlich frei. Sie sind insbesondere nicht verpflichtet, eine ausschließlich mit ausländerrechtlichen Fragen befasste Behörde zu schaffen oder die zuständigen Behörden als „Ausländerbehörden" zu bezeichnen (vgl. BeckOK AuslR/Kluth Rn. 4).

38   Der Begriff der „Ausländerbehörden" fungiert in § 71 Abs. 1 daher lediglich als **Gattungsbezeichnung ohne konkreten Regelungsgehalt** (vgl. NK-AuslR/Hofmann Rn. 9; GK-AufenthG/Gutmann Rn. 8).

2. Aufgabenkonzentration bei einzelnen Landesbehörden (S. 2 und 4)

39   **a) Deklaratorische Konzentrationsermächtigung (S. 2).** Abs. 1 S. 2 enthält eine bundesrechtliche (wg. Art. 84 Abs. 1 S. 1 GG aber rein deklaratorische) Ermächtigung an die Länder, die **Zuständigkeiten** der „Ausländerbehörden" (→ Rn. 37) für einzelne Aufgaben bei einer oder mehreren Behörden **zu konzentrieren.** Von dieser haben die Bundesländer in unterschiedlicher Art und Weise Gebrauch gemacht. So sind in Baden-Württemberg zB wesentliche Zuständigkeiten bei den Regierungspräsidien konzentriert (§ 5 ff. BWAAZuVO), wobei das Regierungspräsidium Karlsruhe für aufenthaltsbeendende Maßnahmen sogar landesweit zuständig ist (§ 8 BWAAZuVO).

39a   **b) Verpflichtung zur Zentralisierung der Vollziehung von Abschiebungen (S. 4).** Mit der Einfügung von Abs. 1 S. 4 (→ Rn. 4b) hat der Bundesgesetzgeber die Länder sogar verpflichtet, die Vollziehung von Abschiebungen auf zentrale Stellen (dh Behörden) innerhalb der jeweiligen Länder zu übertragen. Der Gesetzgeber erhofft sich hiervon eine Effektivierung des Abschiebevollzugs (auch) durch Schaffung eines einheitlichen Ansprechpartners für Behörden des Bundes und der anderen Länder. Wegen Art. 84 Abs. 1 S. 2 GG steht es den Ländern indes weiterhin frei, per Parlamentsgesetz abweichende Regelungen zu treffen (vgl. auch BT-Drs. 19/10047, 46).

39a.1   Da Art. 84 Abs. 1 S. 2 GG den lex-posterior-Grundsatz auf das Verhältnis von Bundes- und Ländergesetzen überträgt und als actus contrarius zur bundeseinheitlichen Regelung ein Parlamentsgesetz fordert (BeckOK GG/Suerbaum GG Art. 84 Rn. 35 f.), können die Länder sich trotz ihrer prinzipiellen (und unabdingbaren → Rn. 29) Abweichungsbefugnis nicht mit einer Beibehaltung des status quo begnügen; sie müssten daher ggf. – nicht lediglich durch Verordnung oder ministerielle Errichtungsanordnung – eine gesetzliche Organisations- und Zuständigkeitsregelung schaffen. Eine Regelung durch Verordnung oder Errichtungsanordnung (bzw. eine Beibehaltung des status quo) genügt nur dann, wenn von § 71 Abs. 1 S. 4 nicht abgewichen werden soll.

39b   Aufgrund der Formulierung des S. 4 („in" den Ländern, „jeweils") könnte zweifelhaft sein, ob als zentrale Stelle auch eine Behörde eines anderen Landes mit länderübergreifender Zuständigkeit iSd Abs. 1 S. 3 bestimmt werden kann. Das Erfordernis einer Bestimmung „in" den Ländern soll jedoch wohl nicht als Hinweis auf die Notwendigkeit der Bestimmung einer landesinternen Behörde verstanden werden, sondern zwingt lediglich zur Schaffung einer Regelung in den jeweiligen Ländern. Auch das Wort „jeweils" stellt lediglich klar, dass Regelungen in sämtlichen Ländern getroffen werden müssen, schließt eine Benennung einer Behörde mit länderübergreifender Zuständigkeit aber nicht aus. Jedenfalls aber stünde es den Ländern frei, eine länderübergreifende Zuständigkeitskonzentration auch für den Abschiebevollzug gesetzlich zu regeln (vgl. → Rn. 28 ff. zu Art. 84 Abs. 1 S. 2 GG).

39c   **c) Verpflichtung zur Aufgabenzentralisierung bei Visaerteilung zur Forschungs- und Arbeitsmigration.** Mit dem **FachkEinwG** (Fachkräfteeinwanderungsgesetz v. 15.8.2019,

BGBl. I 1307), das am 1.3.2020 in Kraft getreten ist, hat der Bundesgesetzgeber die Länder verpflichtet, für die Fälle der Visaerteilung zu den in §§ 16a, 16d, 17 Abs. 1, §§ 18a, 18b, 18c Abs. 3, §§ 18d, 18f, 19, 19b, 19c und 20 (sowie in hiermit zusammenhängenden Fällen des Familiennachzugs) eine zentrale Ausländerbehörde einzurichten.

Durch die Beschränkung auf eine „Soll-Verpflichtung" hat der Bundesgesetzgeber den Grad der Bindung, denen die Organisationsgewalt der Länder unterliegt, nur bedingt abgemildert, da ein atypischer Fall zum gesetzlich intendierten Regelfall regelmäßig nicht vorliegen wird. Er wäre wohl nur dann denkbar, wenn bei allen praktisch relevanten Ausländerbehörden bereits ein Maß an Professionalisierung und Spezialisierung in Fragen der Forschungs- und Arbeitsmigration erreicht wäre, das eine weitere Zentralisierung entbehrlich erscheinen lässt. Dies erscheint angesichts der praktisch bislang vorherrschenden Defizite nur schwer vorstellbar (vgl. die Nachweise bei BT-Drs. 19/8285, 111). Wegen Art. 84 Abs. 1 S. 2 GG ist dies jedoch ohne praktische Bedeutung, weil die Länder § 71 Abs. 1 S. 5 ohne Weiteres durch Parlamentsgesetz derogieren (und die bundesrechtlich begründeten Pflichten so negieren) können (vgl. → Rn. 39a.1). Rechtspraktisch hat § 71 Abs. 1 S. 5 daher **im wesentlichen Appellcharakter.** **39c.1**

Unabhängig davon darf die Neuregelung nicht darüber hinwegtäuschen, dass eine **originäre** **39e** **Zuständigkeit der Ausländerbehörden für das eigentliche Visumverfahren** regelmäßig gar nicht besteht; insoweit verbleibt es bei der ausschließlichen Zuständigkeit der vom Auswärtigen Amt ermächtigten Auslandsvertretungen nach Abs. 2 S. 1 (→ Rn. 41 ff.) für die Durchführung des Visumverfahrens im Ausland. Die Zuständigkeit der nach Abs. 1 S. 5 zu schaffenden zentralen Ausländerbehörde beschränkt sich daher zunächst auf die Durchführung des ebenfalls neu geschaffenen „beschleunigten Fachkräfteverfahrens" nach § 81a, das auf Antrag des Arbeitgebers im Inland durchgeführt wird (vgl. Qualmann DB 2019, 1680 (1683)). Im Übrigen fungiert die zentrale Behörde lediglich als „Kompetenzzentrum" und sachkundiger Ansprechpartner für die Visa- und Ausländerbehörden.

Nach Gesetzeswortlaut und -begründung bleibt unklar, ob die nach Abs. 1 S. 5 zu schaffende **39f** Zentralstelle auch für das Zustimmungsverfahren nach § 31 AufenthV zuständig sein soll. Zwar spricht der Gesetzgeber hier davon, dieses bleibe „unberührt" (BT-Drs. 19/8285, 111), und hat auch § 31 BeschV nicht geändert, der eine Zuständigkeit gerade der örtlich zuständigen Ausländerbehörde begründet. Andererseits spricht er davon, dass in Fällen des § 31 AufenthV die Zustimmung „der Ausländerbehörde" – dh möglicherweise auch außerhalb des beschleunigten Fachkräfteverfahrens der Zentralbehörde – erforderlich sei, und „bei festgestellten Voraufenthalten […] die Akten beizuziehen und fortzuführen" seien (BT-Drs. 19/8285, 111). Schließlich ginge auch die Verpflichtung zur Vorabzustimmung nach § 81a Abs. 3 S. 1 Nr. 6 ins Leere, wenn sich die Zuständigkeit der Zentralstellen nach Abs. 1 S. 2 nicht auf das Zustimmungsverfahren nach § 31 AufenthV erstreckte.

Richtigerweise ist es bei dieser (unklaren) Rechtslage Aufgabe des Landesgesetzgebers, insoweit **39g** Klarheit zu schaffen. Denn Abs. 1 S. 2 enthält selbst keine Zuständigkeitszuweisung, sondern verpflichtet die Länder lediglich zur Schaffung und Beauftragung einer zentralen Ausländerbehörde. Ob zu deren Pflichten auch die Wahrnehmung der Aufgaben der „für den vorgesehenen Aufenthaltsort zuständigen Ausländerbehörde" nach § 31 AufenthV gehören soll, kann der Landesgesetzgeber selbst entscheiden, ohne – wegen Art. 84 Abs. 1 S. 2 GG – an die (im Einzelnen ohnehin unklaren) Vorstellungen des Bundesgesetzgebers gebunden zu sein.

Aus Zweckmäßigkeitsgesichtspunkten spricht nur wenig für eine Erstreckung der Zuständig- **39h** keitskonzentration auch auf Fälle des § 31 AufenthV. Denn der zentralen Ausländerbehörde kämen so verbindliche Entscheidungsbefugnisse zu, während § 81a ihr sonst nur beratende, koordinierende und unterstützende Aufgaben im Rahmen des Visumverfahrens einräumt. Auch soll § 31 AufenthV gerade die Ausländerbehörde am Ort des nunmehr beabsichtigten Aufenthaltsorts in das Visumverfahren einbinden und divergierende Rechtsauffassungen zB im Fall eines späteren Antrags auf Erteilung einer Aufenthaltserlaubnis, für den jedenfalls die Ausländerbehörde vor Ort zuständig wäre, vermeiden.

Inhaltlich soll die Zuständigkeitskonzentration **auch für Visumanträge des Ehegatten oder** **39i** **der minderjährigen ledigen Kinder zum Zweck des Familiennachzugs** gelten, wenn diese in zeitlichem Zusammenhang mit dem Visumantrag des Erwerbstätigen bzw. Forschers gestellt werden. Zur Konkretisierung des Begriffs des „zeitlichen Zusammenhangs" trägt die Gesetzesbegründung nichts bei, da der Gesetzgeber hier – abweichend vom Gesetzestext – von „gleichzeitig stattfindendem" Familiennachzug spricht (BT-Drs. 19/8285, 111).

Insoweit ist eine teleologische Betrachtung geboten: Vor Einreise des Stammberechtigten auf **39j** Grundlage des ihm erteilten Visums ist stets von einem „zeitlichen Zusammenhang" auszugehen, auch wenn zwischen dem Zeitpunkt der Antragstellung des Stammberechtigten und seiner Familie ggf. mehrere Monate liegen. Denn der Betroffene könnte seinen bereits gestellten Antrag jederzeit zurücknehmen und erneut stellen, um einen „zeitlichen Zusammenhang" zu begründen, ohne dass hiermit etwas gewonnen wäre; zudem wäre eine divergierende oder verzögerte Entscheidung über den Familiennachzug durch eine andere Behörde ggf. geeignet, den Betroffenen von einer – regelmäßig auch im Interesse des Wirtschaftsstandorts Deutschland liegenden – bereits erlaubten Einreise abzuhalten.

39k   Bei nach erfolgter Einreise gestellten Anträgen der Familienangehörigen besteht demgegenüber – unabhängig von ihrem zeitlichen Abstand zur Stellung des Antrags durch den Stammberechtigten – kein konkreter Anlass zur Annahme, dass er seinen weiteren Verbleib von der zügigen Entscheidung über den Familiennachzug abhängig machen wird; zudem ist es auch für den Betroffenen ggf. einfacher, das Visumverfahren seiner Angehörigen nach seiner Einreise vor der örtlich zuständigen Behörde zu betreiben.

3. Zuständigkeitszuweisung innerhalb der Länder

40   Im Einzelnen gelten folgende Zuständigkeitsbestimmungen:

- **Baden-Württemberg:** BWAAZuVO (Aufenthalts- und Asyl-Zuständigkeitsverordnung v. 2.12.2008, BWGBl. 465).
  Zuständig sind das Innenministerium als Oberbehörde, die Regierungspräsidien als Mittelbehörden sowie die jeweiligen unteren Verwaltungsbehörden. Die Zuständigkeit für aufenthaltsbeendende Maßnahmen ist nach § 8 BWAAZuVO beim Regierungspräsidium Karlsruhe konzentriert, wobei zB die Ausstellung von Duldungsbescheinigungen – nicht allerdings die tatsächliche Sachentscheidung über die Duldung – auf die unteren Ausländerbehörden delegiert wurde (§ 10 BWAAZuVO; vgl. im Einzelnen GK-AufenthG/Gutmann Rn. 21 ff., 92 ff.). Vergleiche zur Zuständigkeitsverteilung im Übrigen VG Stuttgart BeckRS 2019, 16074 Rn. 18 ff.
- **Bayern:** ZustVAuslR (Zuständigkeitsverordnung Ausländerrecht v. 27.8.2018, BayGVBl. 714, 738).
  Zuständig sind das Staatsministerium des Innern als Oberbehörde, die Regierungen der jeweiligen Regierungsbezirke als zentrale Ausländerbehörden und die Kreisverwaltungsbehörden (vgl. im Einzelnen GK-AufenthG/Gutmann Rn. 35 ff., 100 ff.).
- **Berlin:** Anlage zu § 2 Abs. 4 S. 1 ASOG Bln (Allgemeines Gesetz zum Schutz der öffentlichen Sicherheit und Ordnung in Berlin v.11.10.2006, BlnGVBl. 930).
  Zuständig sind das Landesamt für Bürger- und Ordnungsangelegenheiten und – im Ausnahmefall – die Bezirksämter (vgl. im Einzelnen GK-AufenthG/Gutmann Rn. 40 ff.).
- **Brandenburg:** BbgAAZV (Ausländer- und Asyl-Zuständigkeitsverordnung v. 16.9.1996, BbgGVBl. II 748).
  Zuständig sind die die kreisfreien Städte und Landkreise als Kreisordnungsbehörden, die großen kreisangehörigen Städte Eisenhüttenstadt und Schwedt/Oder als örtliche Ordnungsbehörden sowie die zentrale Ausländerbehörde Eisenhüttenstadt (vgl. im Einzelnen GK-AufenthG/Gutmann Rn. 43 f.).
- **Bremen:** BremAufenthZVO (Aufenthalts-Zuständigkeitsverordnung v. 28.11.2017, Brem.GBl. 581).
  Zuständig sind der Senator für Inneres, das Migrationsamt (Stadtgemeinde Bremen) und der Magistrat (Stadtgemeinde Bremerhaven; vgl. im Einzelnen GK-AufenthG/Gutmann Rn. 45, 108).
- **Hamburg:** AuslZustAnO (Anordnung über Zuständigkeiten im Ausländer- und Asylrecht v. 19.6.2018, HmbAmtl. Anz. 1453).
  Zuständig sind die jeweiligen Bezirksämter sowie – für einzelne Aufgaben – zentral das Bezirksamt Hamburg-Mitte.
- **Hessen:** AuslBehZustVO (Ausländerbehörden-Zuständigkeitsverordnung v. 4.6.2018, HessGVBl. 251).
  Zuständig sind die jeweiligen Ordnungsbehörden sowie die Regierungspräsidien als Mittelbehörden (vgl. im Einzelnen GK-AufenthG/Gutmann Rn. 48 ff., 109 ff.).
- **Mecklenburg-Vorpommern:** ZuwZLVO M-V (Zuwanderungszuständigkeitslandesverordnung v. 10.2.2005, GVOBl. M-V 68).
  Zuständig sind das Ministerium für Inneres und Sport als oberste Landesbehörde, das Landesamt für Asyl- und Flüchtlingsangelegenheiten als zentrale Ausländerbehörde sowie die Landräte und Oberbürgermeister der kreisfreien Städte (vgl. im Einzelnen GK-AufenthG/Gutmann Rn. 51 ff.).

- **Niedersachsen:** NdsAllgZustVO-Kom (Allgemeine Zuständigkeitsverordnung für die Gemeinden und Landkreise zur Ausführung von Bundesrecht v. 14.12.2004, Nds. GVBl. 589; vgl. im Einzelnen GK-AufenthG/Gutmann Rn. 54 ff., 114 ff.).
- **Nordrhein-Westfalen:** ZustAVO (Verordnung über Zuständigkeiten im Ausländerwesen v. 4.4.2017, GV. NRW. 387).
  Zuständig sind die jeweiligen Ordnungsbehörden sowie die zentralen Ausländerbehörden (vgl. im Einzelnen GK-AufenthG/Gutmann Rn. 59 ff.).
- **Rheinland-Pfalz:** OrdBehZV (Landesverordnung über die Zuständigkeit der allgemeinen Ordnungsbehörden v. 31.10.1978, RhPfGVBl. 695).
  Nach § 2 Nr. 3 OrdBehZV sind die Kreisordnungsbehörden zuständig (vgl. im Einzelnen GK-AufenthG/Gutmann Rn. 62).
- **Saarland:** SaarlAufenthVO (Saarländische Aufenthaltsverordnung v. 24.10.2000, Saar-lAbl. I 1870).
  Zuständig ist das Landesverwaltungsamt (vgl. im Einzelnen GK-AufenthG/Gutmann Rn. 63 ff.).
- **Sachsen:** SächsAAZuVO (Sächsische Aufenthalts- und Asylverfahrenszuständigkeitsverordnung v. 22.12.2008, SächsGVBl. 2009, 39).
  Zuständig sind die Landratsämter und kreisfreien Städte als untere Landesbehörden, die Landesdirektion Sachsen als höhere Ausländerbehörde und das Staatsministerium des Innern als oberste Ausländerbehörde (vgl. im Einzelnen GK-AufenthG/Gutmann Rn. 66 ff., 118 f.).
- **Sachsen-Anhalt:** LSAAllgZustVO-Kom (Allgemeine Zuständigkeitsverordnung für die Gemeinden und Landkreise zur Ausführung von Bundesrecht v. 7.5.1994, GVBl. LSA 568).
  Zuständig sind die Landkreise und kreisfreien Städte (vgl. im Einzelnen GK-AufenthG/Gutmann Rn. 72 f.).
- **Schleswig-Holstein:** AuslAufnVO (Ausländer- und Aufnahmeverordnung v. 19.1.2000, GVOBl. Schl.-H. 101).
  Zuständig sind die Kreisordnungsbehörden und das Landesamt für Ausländerangelegenheiten (vgl. im Einzelnen GK-AufenthG/Gutmann Rn. 74 ff.).
- **Thüringen:** GBerIMZustBestVO (Thüringer Verordnung zur Bestimmung von Zuständigkeiten im Geschäftsbereich des Innenministeriums v. 15.4. 2008, ThürGVBl. 102).
  Zuständig sind die Landkreise und kreisfreien Städte sowie das Landesverwaltungsamt (vgl. im Einzelnen GK-AufenthG/Gutmann Rn. 78 f.).

4. Länderübergreifende Zuständigkeitskonzentration (S. 3)

40a Mit dem Zweiten Gesetz zur besseren Durchsetzung der Ausreisepflicht hat der Gesetzgeber auch einen Hinweis aufgenommen, dass die Aufgaben der Ausländerbehörden auch länderübergreifend wahrgenommen werden können. Gemeint ist hiermit nicht die Schaffung zentraler Behörden in der gemeinsamen Trägerschaft mehrerer Bundesländer, sondern die Übertragung einzelner oder aller Aufgaben der Ausländerbehörden eines Landes auf eine oder mehrere Ausländerbehörden eines anderen Landes. Praktischer Anwendungsfall dürfte – insbesondere bei Stadtstaaten – die Übertragung von Aufgaben zB in den Bereichen der Passbeschaffung oder der Abschiebungsorganisation sein (vgl. zu letzterem oben → Rn. 39b).

40b Rechtlich wirkt Abs. 1 S. 3 nur deklaratorisch, da der Behördenaufbau ohnehin der Organisationshoheit der Länder unterliegt (→ Rn. 28 ff.) und auch die länderübergreifende Kooperation keiner bundesrechtlichen Ermächtigung bedarf. Er dient daher nur dem Zweck, die Länder im Interesse einer Effektivierung des Vollzugs des Ausländerrechts zu ermutigen, von den seit jeher bestehenden Möglichkeiten einer Verwaltungskooperation Gebrauch zu machen (vgl. BT-Drs. 19/10047, 46: „wird klargestellt").

40c In föderaler Hinsicht bedarf eine länderübergreifende Zuständigkeitskonzentration lediglich einer Regelung durch Staatsvertrag oder Verwaltungsabkommen. Da die §§ 3 ff. der VwVfG der Länder eine Behördenzuständigkeit außerhalb des jeweiligen Landes jedoch nicht vorsehen, bedarf es zusätzlich einer spezialgesetzlichen Regelung in dem Land, das die Aufgabenwahrnehmung der Behörde eines anderen Landes überträgt.

40d Klagegegner im Fall der Aufgabenwahrnehmung im Rahmen einer länderübergreifenden Zuständigkeitskonzentration ist der Rechtsträger der beauftragten Behörde (§ 78 Abs. 1 Nr. 1 VwGO) oder unmittelbar die handelnde Behörde (§ 78 Abs. 1 Nr. 2 VwGO).

II. Auslandszuständigkeiten

41 Das AufenthG sieht Ausnahmen von der Zuständigkeit der Ausländerbehörden der Länder insbesondere dann vor, wenn eine **Aufgabe im Ausland vorzunehmen** wäre und folglich nicht ohne Weiteres von Länderbehörden vorgenommen werden kann.

1. Zuständigkeit der Auslandsvertretungen oder des Bundesamts für Auswärtige Angelegenheiten für Pass- und Visaangelegenheiten im Ausland (Abs. 2)

42   **a) Zuständigkeit der Auslandsvertretungen (Abs. 2 S. 1).** Bei den gem. Abs. 2 S. 1 für Pass- und Visaangelegenheiten im Ausland (→ Rn. 20) zuständigen Auslandsvertretungen handelt es sich um **Botschaften, Generalkonsulate und Konsulate** sowie ständige Vertretungen bei zwischenstaatlichen und überstaatlichen Organisationen (§ 3 Abs. 1 GAD). Die Zuständigkeit ist ausschließlich (GK-AufenthG/Gutmann Rn. 121). An der Ausschließlichkeit der Zuständigkeit der Deutschen Auslandsvertretungen für Visaangelegenheiten im Ausland hat auch das **FachkEinwG** (Fachkräfteeinwanderungsgesetz v. 15.8.2019, BGBl. I 1307) nichts geändert, da die Zuständigkeitskonzentrationsermächtigung des Abs. 1 S. 5 eine Zuständigkeit der Ausländerbehörden nicht begründet, sondern voraussetzt. Auch im Verfahren nach § 81a haben die Ausländerbehörden lediglich beratende, koordinierende und unterstützende Funktion, verfügen selbst aber über keine Entscheidungsbefugnisse (vgl. § 81a Abs. 3 S. 1 Nr. 5 sowie oben → Rn. 39e).

43   Eine Zuständigkeit besteht dabei nur dann, wenn der Ausländer seinen **gewöhnlichen Aufenthalt im Ausland** hat. Hält sich der Ausländer mit gewöhnlichem Aufenthalt im Inland hingegen z. B. nur urlaubsweise im Ausland auf, bleibt die (ausschließliche) Zuständigkeit der inländischen Ausländerbehörden bestehen (NK-AuslR/Hofmann Rn. 17). Zuständig ist jeweils die Auslandsvertretung, die – in der Regel abhängig vom Wohnort des Ausländers (vgl. Nr. 71.2.1. AufenthGAVwV) – vom Auswärtigen Amt hierzu ermächtigt wurde. Einzelheiten ergeben sich in der Regel auf der Internetseite der jeweiligen Botschaft.

44   Visaangelegenheiten sind neben der Erteilung zB auch die Versagung, der Widerruf oder die Rücknahme eines Visums. Neben den deutschen Auslandsvertretungen sind teilweise auch die Vertretungen anderer Schengen-Staaten zur Erteilung von Schengen-Visa berechtigt (vgl. Art. 5 f. Visakodex).

45   Von Bedeutung ist insbesondere auch § 38 AufenthV, der im Fall des Fehlens oder einer Verhinderung der zuständigen Auslandsvertretung eine Ersatzzuständigkeit der Berliner Ausländerbehörden für die Erteilung nationaler Visa vorsieht (→ Rn. 45.1 f.).

45.1   Ob die deutschen Auslandsvertretungen neben den in Abs. 2 genannten Maßnahmen auch für die **Erteilung von Betretenserlaubnissen** nach § 11 Abs. 8 S. 1 zuständig sind, ist unklar. Da eine ausdrückliche Aufgabenzuweisung fehlt, müsste eigentlich die Auffangnorm des Abs. 1 (Zuständigkeit der Ausländerbehörden) eingreifen (so zB OVG NRW Beschl. v. 11.3.2008 – 18 B 210/08, juris Rn. 4 ff., BeckRS 2008, 33833). Hiergegen spricht nicht unbedingt, dass § 72 Abs. 1 S. 1 hier ein Beteiligungserfordernis der für den vorgesehenen Aufenthaltsort zuständigen Ausländerbehörde vorsieht, da der vorgesehene Aufenthaltsort vom nach § 3 Abs. 1 Nr. 3 lit. a LVwVfG für die örtliche Zuständigkeit maßgeblichen Ort des letzten gewöhnlichen Aufenthalts abweichen kann. Dennoch sprechen Wertungsparallelen zu Abs. 2 ebenso wie der Umstand, dass die Behörde des letzten gewöhnlichen Aufenthaltsorts regelmäßig unter § 72 Abs. 1 S. 2 fallen wird, für eine Zuständigkeit der deutschen Auslandsvertretungen (so im Ergebnis auch GK-AufenthG/Gutmann Rn. 11.1; aA Bergmann/Dienelt/Samel § 72 Rn. 6).

45.2   Auch die ggf. aus unionsrechtlichen Gründen bestehende Visapflicht (vgl. Bergmann/Dienelt/Bauer/Dollinger § 11 Rn. 92) lässt es als zweckmäßig erscheinen, die Zuständigkeit bei den deutschen Auslandsvertretungen zu vereinen (GK-AufenthG/Gutmann Rn. 11.2).

46   Da deutschen Behörden gegenüber nichtdeutschen Staatsangehörigen regelmäßig keine passrechtlichen Befugnisse zukommen, bezieht sich der Begriff der **„Passangelegenheiten"** vorrangig auf Maßnahmen wie die Ausstellung von Reiseausweisen für Ausländer iSd § 7 AufenthV.

47   Neben die in Abs. 2 genannten Zuständigkeiten der deutschen Auslandsvertretungen treten die in § 49 Abs. 4 S. 3, Abs. 6a genannten **erkennungsdienstlichen Befugnisse,** die eine Identitätsfeststellung und -sicherung im Zusammenhang mit der Beantragung nationaler Visa ermöglichen (→ Rn. 92 ff.).

48   Zuständig für Klagen gegen die deutschen Auslandsvertretungen ist das VG Berlin (§ 52 Nr. 2 S. 5 VwGO).

48a   **b) Zuständigkeitsübertragung auf das Bundesamt für Auswärtige Angelegenheiten (Abs. 2 S. 2 und 3).** Mit Art. 1 des **Gesetzes über die Errichtung eines Bundesamts für Auswärtige Angelegenheiten** (→ Rn. 4d) hat der Gesetzgeber das Bundesamt für Auswärtige Angelegenheiten als Bundesoberbehörde im Geschäftsbereich des Auswärtigen Amtes geschaffen, um dieses um die Wahrnehmung nicht-ministerieller Aufgaben ua in den Bereichen der Visavergabe oder der Projektförderung zu entlasten. Die Aufspaltung der Behörden dient dabei insbesondere der Schaffung eines selbstständigen Personalkörpers mit Auslandskompetenz und Fremdsprachenkenntnissen, der aber – anders als Angehörige des Auswärtigen Dienstes (vgl. § 5 Abs. 1

GAG) – nicht dem Grundsatz der weltweiten Rotation unterliegen (vgl. BT-Drs. 19/17292, 1 f.). Unionsrechtlich stützt sich die Regelung auf Art. 4 Abs. 1a der VO (EG) Nr. 810/2009 (Visakodex), der durch Art. 1 VO (EU) 2019/1155 mit Wirkung zum 2.2.2020 eingefügt wurde.

Vgl. zu Aufbau und Struktur des Bundesamts für Auswärtige Angelegenheiten Klaus NJOZ 2020, **48a.1** 1185.

§ 71 Abs. 2 S. 2 ermächtigt nunmehr das Auswärtige Amt, die Entscheidung über Anträge auf **48b** Erteilung eines Visums im Einvernehmen mit dem Bundesministerium des Innern, für Bau und Heimat **durch Rechtsverordnung dem Bundesamt für Auswärtige Angelegenheiten zu übertragen.** Eine entsprechende Rechtsverordnung, ohne die § 71 Abs. 2 S. 2 keine praktische Wirkung entfalten kann, lag zum Zeitpunkt des Inkrafttretens des Gesetzes im Jahr 2020 noch nicht vor, dürfte aber – nach Aufbau des neu gegründeten Bundesamts für Auswärtige Angelegenheiten zum 1.1.2021 (vgl. § 1 Abs. 1 BfAAG) – in Kürze zu erwarten sein.

In der Sache beschränkt sich die Delegationsbefugnis auf das Bundesamt für Auswärtige Ange- **48c** legenheiten auf „die Entscheidung über Anträge auf Erteilung eines Visums". Sie umfasst daher **nicht die Wahrnehmung von Passangelegenheiten,** die – obwohl ebenfalls dem nichtministeriellen Bereich zuzuordnen – innerhalb des durch § 71 Abs. 2 S. 1 gesteckten Rahmens alleine im Zuständigkeitsbereich der deutschen Auslandsvertretungen verbleiben.

Dass der Gesetzgeber im Übrigen keine Beschränkung der Aufgabenübertragung auf die „Ent- **48d** scheidung über Anträge auf Erteilung eines Visums" intendierte, sondern eine vollständige Übertragung der Tätigkeiten der Auslandsvertretungen „bei der Erteilung von Visa" ermöglichen wollte, macht die in Abs. 2 S. 3 enthaltene Bezugnahme auf „alle sonstigen Aufgaben und Befugnisse der Auslandsvertretung bei der Erteilung von Visa" deutlich. Allerdings erlaubt der Wortlaut des Abs. 2 S. 3 auch eine Teilübertragung von Aufgaben und Befugnissen („soweit"; vgl. auch BT-Drs. 19/17292, 23: „ganz oder in bestimmten Fällen"). Praktisch wird eine vollständige Aufgabenübertragung auf das Bundesamt für Auswärtige Angelegenheiten aber kaum möglich sein, da weder die Erhebung biometrischer Daten des im Ausland verbliebenen Ausländers noch die Anbringung der Visamarke im Reisepass praktisch im Inland erfolgen können. Insoweit wird das Bundesamt für Auswärtige Angelegenheiten jedenfalls auf Unterstützung der Auslandsvertretungen – ggf. im Wege der Amtshilfe – zurückgreifen müssen (Klaus NJOZ 2020, 1185).

Zu den übertragbaren Aufgaben und Befugnissen gehören dabei insbesondere auch die Ent- **48e** scheidung über die Rücknahme und den Widerruf eines erteilten Visums als actus contrarius (vgl. § 71 Abs. 3 Nr. 3 lit. b), die Entgegennahme einer Verpflichtungserklärung (§§ 66, 68), die Gebührenerhebung (§ 69), die Beteiligung anderer Behörden (§ 72 ff.) und die Mitwirkung am behördlichen Informationsverbund über den Aufenthalt zum Zweck der Erwerbstätigkeit (§ 75 Nr. 1, § 91d Abs. 3, § 91g Abs. 3) und an der Datenübermittlung im Visumverfahren (§ 90c). Weiterhin unterliegt das Bundesamt ggf. den Übermittlungspflichten nach § 87 Abs. 2 S. 4, § 91d Abs. 2 S. 3 und § 91g Abs. 2 S. 3). Die in § 71 Abs. 2 S. 3 ebenfalls enthaltene Bezugnahme auf in § 54 geregelten Ausweisungsinteressen ist kaum verständlich, soll aber wohl eine entsprechende Anwendung des § 54 Abs. 2 Nr. 7 („falsche Angaben gegenüber der deutschen Auslandsvertretung oder der Ausländerbehörde") ermöglichen.

Soweit Visaangelegenheiten der deutschen Auslandsvertretungen auf Bundesamt für Auswärtige **48f** Angelegenheiten übertragen wurden, ist für Klagen gegen die Bundesrepublik Deutschland ebenfalls – ungeachtet des Sitzes des Bundesamts in Brandenburg an der Havel (§ 1 Abs. 3 BfAAG) – das VG Berlin zuständig (§ 52 Nr. 2 S. 5 VwGO). Allerdings ist vor Klageerhebung ggf. ein Widerspruchsverfahren durchzuführen, da § 68 Abs. 1 S. 2 VwGO für Entscheidungen von Bundesoberbehörden keinen Ausschlusstatbestand vorsieht. Dies steht in einem Spannungsfeld zu § 77 Abs. 2, der weder Begründung noch Rechtsbehelfsbelehrung vorsieht (Klaus NJOZ 2020, 1185).

2. Zuständigkeit der Bundespolizei für die Durchführung von Rückführungen (Abs. 1 Nr. 1d)

Der hier verwendete **Begriff der Rückführung** ist nicht deckungsgleich mit dem Begriff **49** der Abschiebung, sondern bezeichnet nur einen Teilbereich des als „Abschiebung" bezeichneten Lebensvorgangs der erzwungenen Verbringung einer Person ins Ausland. Dieser umfasst dabei neben der Entscheidung über das „ob" und „wie", für die grundsätzlich – abgesehen von den in Abs. 3 Nr. 1a und Nr. 1b geregelten Fällen – eine Zuständigkeit nur der Landesbehörden besteht, auch deren tatsächliche Durchführung.

Innerhalb dieses Teilbereichs bezeichnet die „Rückführung" die Begleitung eines Ausländers **50** über die Grenze hinaus bis zum Zielort und die Überstellung an die Grenzbehörde des Zielstaates.

Für die Beförderung des Ausländers bis an die Grenze sind demgegenüber regelmäßig die Ausländerbehörden (Abs. 1 S. 1) bzw. die Landespolizeien verantwortlich (Hailbronner AuslR Rn. 21).

51   Zur Rückführung gehört aber auch die **Übernahme von Ausländern, die von einem anderen Staat nach Deutschland rückgeführt werden,** und die Weiterschiebung bzw. Durchbeförderung von Ausländern, die von einem anderen Staat durch Deutschland in einen Drittstaat ab- oder zurückgeschoben werden (vgl. Nr. 71.3.1.3.1 AufenthGAVwV).

51a   Mit Anfügung des zweiten Halbsatzes, der auf bestehende Zuständigkeiten der Ausländer- und Landespolizeibehörden verweist, hat der Gesetzgeber klargestellt, dass Nr. 1d keine ausschließliche Zuständigkeit der Bundespolizei begründen soll. Da dies bislang berechtigten Zweifeln begegnete (vgl. → 1. Ed. 1.3.2019, Rn. 51 sowie NK-AuslR/Hofmann Rn. 23), sah sich der Gesetzgeber zu einer entsprechenden Klarstellung veranlasst (BT-Drs. 19/10047, 46). Festzuhalten ist jedoch weiterhin, dass Nr. 1d eine Zuständigkeit anderer Behörden – insbesondere im Ausland – nicht begründet, sondern voraussetzt.

III. Zuständigkeiten der Grenzbehörden (Abs. 3)

1. Begriff

52   Die in Abs. 3 geregelten Zuständigkeiten der Grenzbehörden (vgl. § 18 Abs. 1 AsylG) betreffen – mit Ausnahme der in Abs. 3 Nr. 1d geregelten Rückführungszuständigkeit (→ Rn. 49 f.) und der in Abs. 3 Nr. 7 geregelten Unterstützungsbefugnis (→ Rn. 85) – **Aufgaben, die jeweils unmittelbar im Zusammenhang mit der Kontrolle des grenzüberschreitenden Verkehrs stehen oder den Grenzbehörden als Annex zur Wahrnehmung solcher Aufgaben zugewiesen sind.**

53   Bei den „mit der polizeilichen Kontrolle des grenzüberschreitenden Verkehrs beauftragten Behörden" **(Grenzbehörden)** handelt es sich in erster Linie um die Bundespolizei (§ 2 BPolG), die Behörden der Zollverwaltung (§§ 1, 17 ZollVG, § 1 FVG) sowie um – beschränkt auf See- bzw. Flughäfen oder Teile des Grenzraums – die Landespolizeien Hamburgs, Bremens und Bayerns (vgl. Bergmann/Dienelt/Winkelmann/Kolber Rn. 15 ff. mN; GK-AufenthG/Gutmann Rn. 131 zu den jeweils einschlägigen Verwaltungsabkommen; → Rn. 53.1).

53.1   In den Seehäfen Bremen, Bremerhaven und Hamburg wird die polizeiliche Kontrolle des grenzüberschreitenden Verkehrs dementsprechend von der Wasserschutzpolizei wahrgenommen (vgl. Hailbronner AuslR Rn. 18).

54   Diesen „Grenzbehörden" kommen die in § 71 Abs. 3 im Einzelnen genannten ausländerrechtlichen Aufgaben bzw. Befugnisse überwiegend nur dann – ausnahmsweise – zu, wenn die jeweilige **Fragestellungen im unmittelbaren Zusammenhang mit dem grenzüberschreitenden Verkehr bzw. dem Aufenthalt im Grenzraum** – etwa beim Aufgreifen beim Grenzübertritt – aufgeworfen werden (vgl. BeckOK AuslR/Kluth Rn. 4; Bergmann/Dienelt/Winkelmann/Kolber Rn. 14). Die Bundespolizei entscheidet dabei bswp. über die Zurückweisung oder Abschiebung an der Grenze (§ 71 Abs. 3 Nr. 1a–1c), über die Erteilung, Rücknahme und den Widerruf von Visa und Passersatzpapieren an der Grenze (§ 71 Abs. 3 Nr. 2 und Nr. 3, § 14 Abs. 2, § 71 Abs. 3 Nr. 2) und über die in diesem Zusammenhang aufgeworfenen Folgefragen.

54a   Die in Abs. 4 geregelten weiteren Befugnisse der Bundespolizei hat der Gesetzgeber im Rahmen des Zweiten Datenaustauschverbesserungsgesetzes (→ Rn. 4a) bewusst von den grenzpolizeilichen Aufgaben der Bundespolizei entkoppelt und auf deren gesamtes Aufgabenportfolio erstreckt (BT-Drs. 19/8752, 69).

2. Einzelne Aufgaben nach Abs. 3

55   **a) Zurückweisung und die Zurückschiebung an der Grenze (Abs. 3 Nr. 1).** Abs. 3 Nr. 1 regelt die Zurückweisung und die Zurückschiebung an der Grenze, wenn der Ausländer von der Grenzbehörde im grenznahen Raum in unmittelbarem zeitlichem Zusammenhang mit einer unerlaubten Einreise angetroffen wird (→ Rn. 55.1 ff.).

55.1   Die **Zurückweisung,** die unter den Voraussetzungen des § 15 erfolgen kann, hindert den Ausländer an der unerlaubten Einreise und ist originäre Grenzschutzaufgabe.

55.2   Demgegenüber setzt eine **Zurückschiebung** (§ 57) begrifflich voraus, dass der Betroffene unerlaubt in das Bundesgebiet eingereist ist; die Zuständigkeit der Grenzbehörden für die Zurückschiebung beschränkt sich hier jedoch auf Fälle des Aufgriffs im unmittelbaren räumlichen und zeitlichen Zusammenhang mit dem Grenzübertritt.

Von der **Abschiebung** (§ 58) unterscheidet sich die Zurückschiebung in erster Linie dadurch, dass **55.3**
erstere keinen unmittelbaren zeitlichen Zusammenhang mit der unerlaubten Einreise voraussetzt (vgl. § 18
Abs. 2 AsylG; unklar allerdings § 71 Nr. 1a, der von „Abschiebung, sofern der Ausländer bei […] der
unerlaubten Einreise […] aufgegriffen wird"). Die räumliche Nähe zur Grenze bzw. zu Flug- oder Seehäfen
muss indes in allen Fällen des Abs. 3 Nr. 1–1b gewahrt sein, da sich die Verwaltungskompetenz der
Bundespolizei auf diesen räumlichen Bereich beschränkt (→ Rn. 32). Umgekehrt ist die Zurückweisungs-
kompetenz der Grenzbehörden schon kraft Verfassungsrechts ausschließlicher Natur; demgegenüber besteht
die Zurückschiebungskompetenz der Bundespolizei in den genannten Bereichen parallel zu den Vollzugskompetenzen der Landespolizeien (→ Rn. 94 zu Abs. 5).

Die Zuständigkeit in den Fällen des Nr. 1 umfasst auch **Überstellungen** nach der Dublin III-VO, **55.4**
wenn der unmittelbare zeitliche und räumliche Grenzbezug eingehalten wird.

Die erforderliche **zeitliche Nähe zum Grenzübertritt** („unmittelbar") ist jedenfalls am Fol- **56**
getag einer illegalen Einreise nicht mehr gewahrt (vgl. BGH BeckRS 2011, 13989 Rn. 9). Gegebenenfalls können Nr. 1a und Nr. 1b in diesen Fällen aber eine Abschiebung durch die Grenzbehörden ermöglichen (→ Rn. 61 ff.).

Inhaltlich meint die „Grenze" zunächst sämtliche Binnen- und Außengrenzen iSd **57**
Art. 2 Nr. 1 und Nr. 2 Schengener Grenzkodex 2016 (VO (EU) 2016/399 v. 9.3.2016, ABl.
2016 L 77/1), dh Landgrenzen, Flughäfen und See-, Flussschifffahrts- und Binnenseehäfen (vgl.
auch Abs. 3 Nr. 1a und Nr. 1b).

Ihr ebenfalls zuzuordnen ist – schon ausweislich der zuständigkeitsbeschränkenden Bestimmung **58**
auf den „grenznahen Raum" – der **grenznahe Raum, dh das Grenzgebiet bis zu einer Tiefe**
von 30 Kilometern ab der jeweiligen Landgrenze bzw. 50 Kilometern ab der seewärtigen
Begrenzung (vgl. BGH BeckRS 2011, 13989 Rn. 7 sowie GK-AufenthG/Gutmann Rn. 136
unter Anlehnung an § 2 S. 1 Nr. 3 BPolG).

Die allgemeine **Zuständigkeit der Ausländerbehörden nach Abs. 1 wird im Anwen-** **59**
dungsbereich des Abs. 3 Nr. 1 verdrängt (GK-AufenthG/Gutmann Rn. 134; NK-AuslR/
Hofmann Rn. 19; Hailbronner AuslR Rn. 19).

Für **Zurückschiebungen außerhalb des Grenzbereichs** bleiben die Ausländerbehörden **60**
nach Abs. 1 und die Polizeien der Länder nach Abs. 5 zuständig. Die Regelung des Abs. 5
kann insoweit keine verdrängende Wirkung entfalten, da sie schon ihrem Wortlaut nach keine
ausschließliche Zuständigkeit begründet („auch"; aA aber BayVGH 26.11.1992 – 10 CE 92.3453,
juris Rn. 4 zur Vorgängerregelung). Ob eine „Zurückschiebung" begrifflich nur im räumlichen
und zeitlichen Zusammenhang mit einem Grenzübertritt erfolgen kann, so dass eine Zurückschiebung durch die allgemeinen Ausländerbehörden ausscheidet, ist keine Frage der Zuständigkeit,
sondern materielle Rechtsfrage (HmbOVG 11.2.1997 – Bs VI 272/96, juris Rn. 5; → Rn. 60.1).

Einen materiell-rechtlichen Ausschluss der Zurückschiebung ohne Grenz(übertritts)bezug verneinend **60.1**
GK-AufenthG/Gutmann Rn. 135, der allerdings auf eine nicht mehr im Gesetz enthaltene Sechs-Monats-
Grenze Bezug nimmt (vgl. aber auch BGH BeckRS 2011, 13989 Rn. 7).

b) Abschiebungen an der Grenze (Nr. 1a und Nr. 1b). Abs. 3 Nr. 1a und Nr. 1b umfassen **61**
Abschiebungen an der Grenze, sofern der Ausländer bei oder nach der unerlaubten Einreise über
eine Binnengrenze aufgegriffen wird (Nr. 1a) bzw. „sofern der Ausländer bereits unerlaubt eingereist ist, sich danach weiter fortbewegt hat und in einem anderen Grenzraum oder auf einem […
] Flughafen, Flug- oder Landeplatz oder See- oder Binnenhafen aufgegriffen wird" (Nr. 1b).

Im Unterschied zu der in Nr. 1 bzw. § 57 geregelten Rückschiebung betreffen Nr. 1a und **62**
Nr. 1b die **Abschiebung, dh zwangsweise Durchsetzung der Ausreisepflicht im Rahmen**
des in §§ 58, 59 geregelten Verfahrens. Die Zuständigkeit der Grenzbehörden beschränkt sich
auch hier schon aus kompetenziellen Gründen (→ Rn. 32) auf die Tätigkeit an der Grenze, dh
an den Grenzen iSd Art. 2 Nr. 1 und Nr. 2 **Schengener Grenzkodex 2006** (→ Rn. 57) und
im grenznahen Raum iSd § 2 S. 1 Nr. 3 BPolG (→ Rn. 58).

Die Zuständigkeit der Grenzbehörden tritt in diesem Bereich **neben die Zuständigkeit der** **63**
Landespolizeien nach Abs. 5 (→ Rn. 94) **und** wohl auch – wenngleich ohne normsystematisch
stimmige Anknüpfung im AufenthG – die Zuständigkeit **der allgemeinen Ausländerbehörden**
(GK-AufenthG/Gutmann Rn. 137; NK-AuslR/Hofmann Rn. 20).

Die **zeitliche Einschränkung** der Nr. 1a („bei oder nach der unerlaubten Einreise") ist **64**
letztendlich ohne Bedeutung, weil im Fall eines späteren Aufgreifens an der Grenze oder im
grenznahen Raum Nr. 1b eingreift. Zudem hat der Gesetzgeber die Regelungen der Nr. 1a und
Nr. 1b geschaffen, um eine Zuständigkeit der Bundespolizei auch unabhängig von den in Nr. 1
geregelten zeitlichen Anforderungen zu begründen (vgl. BGH NVwZ 2015, 240 Rn. 12 f.).

65 **c) Befristung der Wirkungen der von den Grenzbehörden vorgenommenen Ab- und Zurückschiebungen (Nr. 1c).** Die Zuständigkeit nach Nr. 1c betrifft die Befristung der Wirkungen aufgrund der von den Grenzbehörden vorgenommenen Ab- und Zurückschiebungen nach § 11 Abs. 2, Abs. 4 und Abs. 8 als Annexzuständigkeit zur Wahrnehmung der Aufgaben nach Abs. 3 Nr. 1–1b (Hailbronner AuslR Rn. 20).

66 Nach § 11 Abs. 1 bewirkt die Durchführung von Ab- und Zurückschiebemaßnahmen ein kraft Gesetzes entstehendes Einreise- und Aufenthaltsverbot, dessen Wirkungen nach Abs. 2 S. 1 befristet werden können (→ Rn. 66.1 f.).

66.1 Dieses einfachgesetzliche Regelungskonzept ist mit den Vorgaben der Art. 3 Nr. 6 Rückführungs-RL und Art. 11 Rückführungs-RL (RL 2008/115/EG v. 16.12.2008, ABl. 2008 L 348, 98) nicht vereinbar, die eine Festsetzung der Wiedereinreisesperre durch behördliche Entscheidung voraussetzt (BVerwG NVwZ 2017, 1531 Rn. 71 f.).

66.2 Ob die in § 11 Abs. 2 enthaltene Verpflichtung zur Befristung der Rechtswirkungen des gesetzlichen Aufenthaltsverbots in eine Anordnungsermächtigung **umgedeutet werden kann,** ist zweifelhaft (vgl. BVerwG NVwZ 2017, 1531 Rn. 72; VGH BW BeckRS 2018, 19719 Rn. 6 ff. sowie Bauer NVwZ 2018, 471 (472 f.)).

67 Jedenfalls soll die Zuständigkeit für die Befristungsentscheidung bzw. Sperranordnung nach § 71 Abs. 1, Abs. 3 Nr. 1c und Abs. 5 aber bei jener Behörde liegen, die auch die Abschiebung durchgeführt hat bzw. durchführen will. Die **Zuständigkeit für die Anordnung bzw. erstmalige Befristung nach § 11 Abs. 2 liegt daher ausschließlich bei der im konkreten Fall tätig gewordenen Abschiebebehörde.**

68 § 11 Abs. 4 ermächtigt dazu, **eine angeordnete bzw. kraft Gesetzes eingetretene Wiedereinreisesperre zu befristen bzw. nachträglich aufzuheben.** Auch hierfür sind nach § 71 Abs. 3 Nr. 1c jene Behörden zuständig, die die Wiedereinreisesperre im Zusammenhang mit der Abschiebung veranlasst bzw. verhängt haben. Abweichend von der Zuständigkeit für Maßnahmen nach § 11 Abs. 2 besteht die Zuständigkeit der Abschiebebehörden hier aber parallel zur Zuständigkeit der Ausländerbehörden nach § 71 Abs. 1 (aA GK-AufenthG/Gutmann Rn. 137), wie § 72 Abs. 3 S. 1 zeigt (so im Einzelnen auch NK-AuslR/Hofmann Rn. 22 mit allerdings anderer, hier nicht geteilter Begründung).

69 Eine Parallelzuständigkeit der Landespolizeien nach § 71 Abs. 5 besteht im Hinblick auf die Folgen von Abschiebemaßnahmen der Grenzbehörden demgegenüber nicht, weil die Abänderung der Sperrfrist als Annexkompetenz der tatsächlich handelnden Behörde bzw. der für die jeweilige aufenthaltsrechtliche Sachentscheidung zuständigen Ausländerbehörde ausgestaltet ist.

70 Demgegenüber sieht **§ 11 Abs. 8** – anders als § 71 Abs. 3 Nr. 1c andeutet – keine Befristung der Sperrwirkung, sondern die **Erteilung einer kurzfristigen Betretenserlaubnis** trotz Fortwirkung des Einreiseverbots vor. Trotz des unglücklichen Wortlauts (vgl. zu den Hintergründen NK-AuslR/Hofmann Rn. 22) ist für die Erteilung entsprechender Erlaubnisse bei Abschiebung durch die Grenzbehörde ebenfalls die Grenzbehörde zuständig (→ Rn. 70.1).

70.1 Die Regelung ist allerdings auch inhaltlich systemwidrig, da die abschiebende Behörde gem. § 72 Abs. 1 S. 2 in sonstigen Fällen nur „zu beteiligen" ist, die Entscheidung aber nicht selbst trifft. Zuständig sind vielmehr die jeweiligen deutschen Auslandsvertretungen (str.; vgl. → Rn. 45.1 f.). Aus Kohärenzgründen muss die in § 71 Abs. 3 Nr. 1c ausdrücklich angeordnete Zuständigkeit der Grenzbehörden für Entscheidungen nach § 11 Abs. 8 daher parallel zur (Annex-)Zuständigkeit der deutschen Auslandsvertretungen nach § 71 Abs. 2 bestehen, wobei die Grenzbehörden dann ggf. nach § 72 Abs. 1 S. 2 zu beteiligen sind.

71 **d) Rückführungen von Ausländern aus anderen und in andere Staaten (Nr. 1d).** Anders als in Abs. 3 Nr. 1–1c geregelten Zuständigkeiten weist die in Nr. 1d geregelte **Zuständigkeit der Grenzbehörden für Rückführung von Ausländern aus anderen und in andere Staaten** keinen spezifischen Grenzbezug auf. Sie werden daher im Zusammenhang mit den Auslandszuständigkeiten deutscher Behörden erörtert (→ Rn. 49 ff.).

72 **e) Beantragung von Haft und die Festnahme, soweit es zur Vornahme der in den Nr. 1–1d bezeichneten Maßnahmen erforderlich ist (Nr. 1e).** Der Kompetenztitel der Nr. 1e erweitert die Befugnisse der Grenzbehörden mit dem Recht zur Festnahme und zur Beantragung von Haft um einzelne Hilfskompetenzen, die der Erfüllung der in Abs. 3 Nr. 1–1d geregelten Aufgaben dienen (→ Rn. 72.1).

72.1 Weitere Annexzuständigkeiten im Zusammenhang mit der Rück- und Abschiebung sind in Abs. 3 Nr. 2 geregelt (→ Rn. 75 ff.).

Nr. 1e begründet dabei selbst keine eigenständigen Befugnisse, sondern setzt fachrechtliche **73** Befugnisnormen voraus. Die **Voraussetzungen der Abschiebungshaft** sind dabei in §§ 62 f. sowie – für Fälle der Überstellung nach dem Dublin-Regime – unmittelbar in Art. 28 Dublin III-VO iVm § 2 Abs. 15 geregelt (BGH BeckRS 2018, 23795 Rn. 18; skeptisch Beichel-Benedetti NJW 2015, 2541 (2543)). Hieraus ergibt sich mittelbar auch die **Zulässigkeit der Festnahme** als Maßnahme im Rahmen der Vollstreckung der richterlich angeordneten Abschiebungshaft. In § 62 Abs. 5 ist darüber hinaus die ausdrückliche Ermächtigung für die **vorläufige Ingewahrsamnahme bis zur gerichtlichen Entscheidung in Fällen der Sicherungshaft** geregelt.

Für den mit dem Gesetz zur Neubestimmung des Bleiberechts und der Aufenthaltsbeendigung **74** v. 27.7.2015 (BGBl. I 1386) eingeführten **Ausreisegewahrsam** (§ 62b) fehlt indes eine mit § 71 Abs. 3 Nr. 1e vergleichbare Bestimmung, so dass es bei der alleinigen Zuständigkeit der Ausländerbehörden bzw. Landespolizeien nach Abs. 1 und Abs. 5 verbleibt. Da der Ausreisegewahrsam an die Stelle der in § 62 Abs. 2 S. 2 geregelten „kleinen Sicherungshaft" trat und diese unproblematisch von § 71 Abs. 3 Nr. 1e erfasst war (BT-Drs. 18/4097, 24), mag insoweit an eine analoge Anwendung der Zuständigkeitsbestimmung gedacht werden; angesichts der strengen Anforderungen des Art. 104 Abs. 1 GG dürfte dies aber allenfalls in Betracht kommen, soweit der Ausreisegewahrsam im konkreten Fall als milderes Mittel an die Stelle der Sicherungshaft treten soll (§ 62 Abs. 1 S. 1).

f) Erteilung von Ausnahmevisa, Ausstellung eines Passersatzes sowie der Abschiebung **75** **nach § 60a Abs. 2a (Nr. 2).** Die Zuständigkeitsnorm der Nr. 2 dient der Ermöglichung der Einreise in Sonderfällen unmittelbar durch die Grenzbehörden.

Die Befugnisse der Grenzbehörden zur **Ausstellung von Ausnahmevisa und Passersatzpa- 76 pieren** sind bereits in § 14 Abs. 2 AufenthG und § 13 Abs. 2 AufenthV geregelt, so dass § 71 Abs. 3 Nr. 2 insoweit nur klarstellende Funktion hat (GK-AufenthG/Gutmann Rn. 141); dementsprechend sei inhaltlich auf die entsprechende Kommentierung dort verwiesen (→ § 14 Rn. 20 ff.).

Die **Aussetzung der Abschiebung nach § 60a Abs. 2a** dient der Ermöglichung der Wieder- **77** einreise (§ 60a Abs. 2a S. 3) und der Vermeidung der Strafbarkeit (§ 95 Abs. 1 Nr. 2 lit. c) in Fällen, in denen eine Abschiebung oder Rückschiebung eines Ausländers gescheitert ist. Die Erweiterung der Duldungszuständigkeit auf die Grenzbehörden ist daher Annexkompetenz zu den in § 71 Abs. 3 Nr. 1–1b und Nr. 1d geregelten Befugnissen.

g) Rücknahme und Widerruf von Visa an der Grenze (Nr. 3). Abs. 3 Nr. 3 weist den **78** Grenzbehörden die Zuständigkeit für die Rücknahme bzw. zum Widerruf von Visa (nationale Visa und Schengen-Visa) an der Grenze zu. Da § 71 Abs. 3 Nr. 3 keine Ermächtigungsgrundlage darstellt, müssen in den dort genannten Fällen jeweils die allgemeinen Voraussetzungen der § 48 f. LVwVfG (bei nationalen Visa) bzw. des Art. 34 Visakodex (bei Schengen-Visa) vorliegen (NK-AuslR/Hofmann Rn. 26 f.).

Die in Nr. 3 lit. a geregelten **Befugnisse im Fall der Zurückweisung, Zurückschiebung** **79** **oder Abschiebung** setzen weiter voraus, dass die Voraussetzungen des Abs. 3 Nr. 1a oder Nr. 1b erfüllt sind. Sie verlangen daher eine illegale Einreise trotz bestehenden Visums, die zB bei erkennbarer Überschreitung des Visumszwecks erfolgen kann (vgl. GK-AufenthG/Gutmann Rn. 144). Insofern begründet auch Abs. 3 Nr. 3 lit. a eine Annexzuständigkeit im Zusammenhang mit der Wahrnehmung von Aufgaben nach Abs. 3 Nr. 1a und Nr. 1b (NK-AuslR/Hofmann Rn. 27). Diese Annexzuständigkeit ist auf die Wahrnehmung „an der Grenze" beschränkt; sie erlischt also mit erfolgter Einreise (vgl. VG Berlin 21.3.2019 – 8 L 96.19 V, juris Rn. 17, becklink 2012629).

Demgegenüber handeln die Grenzbehörden bei Wahrnehmung der Aufgaben nach Nr. 3 lit. b **80** und lit. c zwar ebenfalls in eigener Verantwortung, aber **auf Ersuchen der deutschen Auslandsvertretungen oder der** (im Visaerteilungsverfahren zustimmungspflichtigen) **Ausländerbehörden.** Diese sind regelmäßig näher mit den Vorgängen und Angaben im Visaerteilungsverfahren vertraut und können daher Hinweise auf das Vorliegen der Voraussetzungen der §§ 48 f. LVwVfG liefern. Letztlich handeln die Grenzbehörden aber auch hier in eigener Verantwortung und sind daher neben der Sachprüfung vor allem zur eigenständigen Ermessensausübung verpflichtet, soweit die Ermächtigungsgrundlage dies vorsieht (vgl. NK-AuslR/Hofmann Rn. 31 f.).

h) Ausreiseverbote und Erhebung von Sicherheitsleistungen (Nr. 4). Die in Abs. 3 Nr. 4 **81** in Bezug genommene Ermächtigung für den **Erlass von Ausreiseverboten** ist in § 46 Abs. 2 geregelt. Demgegenüber regelt der in Nr. 4 benannte § 66 Abs. 5 die Befugnis zur **Erhebung einer Sicherheitsleistung** für die Kosten der Durchsetzung einer räumlichen Beschränkung bzw. einer Zurückweisung, Zurückschiebung oder Abschiebung. Da sich die Zuständigkeit nach Nr. 5 auf Anordnungen „an der Grenze" (→ Rn. 57 f.) beschränkt, dürften als Kostenschuldner regelmäßig nur der Abzuschiebende (§ 66 Abs. 1), der Beförderungsunternehmer (§ 66 Abs. 3) oder der Schleuser (§ 66 Abs. 4 S. 1 Nr. 4) in Betracht kommen.

82   **i) Überprüfung von Beförderungsunternehmern und Dritten an der Grenze (Nr. 5).** Abs. 3 Nr. 5 betrifft die Pflicht zur Überprüfung an der Grenze, ob Beförderungsunternehmer und sonstige Dritte die Vorschriften des AufenthG und die aufgrund dieses Gesetzes erlassenen Verordnungen und Anordnungen beachtet haben. Die hier in Bezug genommenen Verpflichtungen ergeben sich im Wesentlichen aus §§ 65 ff.

83   **j) Sonstige ausländerrechtliche Maßnahmen und Entscheidungen (Nr. 6).** Abs. 3 Nr. 6 ermächtigt die Grenzbehörden nur insoweit zu sonstigen ausländerrechtlichen Maßnahmen und Entscheidungen, soweit sich deren Notwendigkeit an der Grenze ergibt und sie vom Bundesministerium des Innern, für Bau und Heimat hierzu allgemein oder im Einzelfall ermächtigt sind (Nr. 6). Nr. 6 stellt selbst keine Befugnisnorm der Grenzbehörden dar, sondern enthält eine echte Ermächtigung des Bundesministeriums des Innern, für Bau und Heimat zur Übertragung von Befugnissen (→ Rn. 101).

84   Die Verfassungsmäßigkeit der Norm und die korrekte Form entsprechender Ermächtigungen sind umstritten (vgl. NK-AuslR/Hofmann Rn. 36; GK-AufenthG/Gutmann Rn. 150).

85   **k) Beschaffung von Heimreisedokumenten (Nr. 7).** Die Zuständigkeitsnorm des Abs. 3 Nr. 7 („**Beschaffung von Heimreisedokumenten in Einzelfällen für Ausländer im Wege der Amtshilfe**") diente ursprünglich der Unterstützung der Ausländerbehörden und der Landespolizeien durch die Bundespolizei bei der Organisation des Abschiebevorgangs. Mit Gesetz vom 15.8.2019 wurde diese Aufgabe nunmehr im Wesentlichen dem BAMF übertragen (vgl. → § 75 Rn. 64 f. zu § 75 Nr. 13), so dass für die Bundespolizei nur noch eine Reservekompetenz „in Einzelfällen" verbleibt.

85.1   An welche verbleibenden „Einzelfälle" der Gesetzgeber insoweit gedacht hat, legt die Gesetzesbegründung nicht offen, die lediglich von der Nutzung der „etablierten polizeilichen Zusammenarbeit" in Einzelfällen spricht (BT-Drs. 19/10706, 14). Im Wesentlichen dürfte es sich um jene Fälle handeln, in denen eine zwangsweise Vorführung (zB beim Konsulat des Herkunftsstaates) erforderlich wird, die weder mit den Mitteln der Ausländerbehörden noch den Mitteln des BAMF sinnvoll durchgeführt werden kann.

85a   Soweit die Grenzbehörden die Abschiebung eigenständig durchführen (→ Rn. 55 ff.), kann deren Beschaffungstätigkeit hingegen auch weiterhin unmittelbar auf Abs. 3 Nr. 1–1b gestützt werden. Insofern liegt weder ein Fall der Reservekompetenz noch ein Tätigwerden in Amtshilfe vor, so dass die Beschränkung auf „Einzelfälle" hier nicht greift.

86   Bei der jeweiligen Tätigkeit sind **Vorgaben des Datenschutzrechts** für Übermittlungen ins Ausland ebenso zu beachten wie die GFK (GK-AufenthG/Gutmann Rn. 152).

3. Erteilung von in Rechtsvorschriften der EU vorgesehenen Vermerken und Bescheinigungen vom Datum und Ort der Einreise (Nr. 8)

87   Abs. 3 Nr. 8 regelt die Zuständigkeit für die Erteilung von in Rechtsvorschriften der EU vorgesehenen Vermerken und **Bescheinigungen über Datum und Ort der Einreise über die Außengrenze eines Mitgliedstaates,** der den Schengen-Besitzstand vollständig anwendet. Die Regelung bezieht sich auf die Vorschrift des Art. 11 Schengener Grenzkodex.

88   Nach dem eindeutigen Wortlaut des Hs. 2 bleibt die Zuständigkeit der Ausländerbehörden von Abs. 3 Nr. 8 unberührt (Parallelzuständigkeit).

4. Weitere Aufgaben

89   Darüber hinaus sind die Grenzbehörden verpflichtet, **Asylgesuche** – dh die formlose Erklärung eines Ausländers, im Bundesgebiet Schutz vor Verfolgung oder ernsthaften Schäden iSd § 4 AsylG zu begehren – **entgegenzunehmen** und den Ausländer zum Zweck der förmlichen Asylantragstellung an eine Aufnahmeeinrichtung weiterzuleiten (§ 18 Abs. 1 AsylG), soweit keine Gründe für die Einreiseverweigerung vorliegen (§ 18 Abs. 2 AsylG). Jedenfalls sind die Grenzbehörden in diesem Zusammenhang berechtigt und verpflichtet, den Ausländer erkennungsdienstlich zu behandeln (§ 18 Abs. 5 AsylG).

90   Über die in Abs. 3 geregelten Befugnisse hinaus sind die Grenzbehörden im Zusammenhang mit der Kontrolle des grenzüberschreitenden Verkehrs nach Abs. 4 ermächtigt, von den in §§ 48 ff. geregelten **ausweisrechtlichen bzw. erkennungsdienstlichen Befugnissen** Gebrauch zu machen. Insoweit besteht eine Parallelzuständigkeit mit den Ausländerbehörden und den Polizeien der Länder.

Weitere aufenthaltsrechtliche Befugnisse der Grenzbehörden ergeben sich aus § 14 Abs. 2 **91** (Ausstellung von Ausnahmevisa und Passersatzpapieren; vgl. → Rn. 76).

IV. Allgemeine Befugnisse (Abs. 4)

Abs. 4 regelt die Zuständigkeit für die Wahrnehmung verschiedener **ausweisrechtlicher und** **92** **erkennungsdienstlicher Befugnisse,** die der Erleichterung bzw. Ermöglichung der sonstigen Aufgabenwahrnehmung dienen (→ Rn. 92.1 ff.).

§ 48 Abs. 1 regelt dabei **ausweisrechtliche Kontrollbefugnisse bzw. mit diesen korrespondie- 92.1 rende Vorlage-, Aushändigungs- und Überlassungspflichten,** die Ausländer sowie – ausnahmsweise unter den Voraussetzungen des S. 2 – deutsche Staatsangehörige mit weiteren Staatsangehörigkeiten betreffen. § 48 Abs. 3 begründet entsprechende Pflichten sowie **Anordnungs- und Durchsuchungsbefugnisse** zum Zweck der Beschaffung von Identitätspapieren, der Feststellung von Identität und Staatsangehörigkeit und für die Feststellung und Geltendmachung von Rückführungsmöglichkeiten gegenüber anderen Staaten, die in § 48 Abs. 3a durch **Befugnisse zur Auswertung von Mobilfunkgeräten und sonstigen Daten- trägern** ergänzt werden.

Ergänzend zur in § 48 Abs. 3 S. 2 und Abs. 3a vorgesehenen Befugnis zur Durchsuchung und Auswer- **92.2** tung von Datenträgern verpflichtet § 48a geschäftsmäßige Telekommunikationsanbieter, den zuständigen Behörden die notwendigen **Zugangsdaten für die Auswertung von für telekommunikative Zwecke eingesetzten Endgeräten** herauszugeben.

Demgegenüber eröffnet § 49 darüber hinausgehend die Befugnis zur Überprüfung der Echtheit biomet- **92.3** rischer Ausweisdokumente bzw. zur Prüfung der Übereinstimmung mit biometrischen Merkmalen des Ausweisinhabers (§ 49 Abs. 1), die Befugnis zur Abfrage von Alter, Identität und Staatsangehörigkeit (§ 49 Abs. 2) und die Feststellung und Sicherung der Identität in verschiedenen ausländerrechtlichen Kontexten (§ 49 Abs. 3–9). Dass § 71 Abs. 4 nur auf § 49 Abs. 2–9, nicht aber auf § 49 Abs. 1 verweist, schließt eine Anwendung der dort geregelten Befugnisse durch die in § 71 Abs. 4 genannten Behörden nicht aus. Die – dennoch kuriose – Gesetzgebungstechnik ist vielmehr dem Umstand geschuldet, dass § 49 Abs. 1 neben den „mit dem Vollzug dieses Gesetzes betrauten Behörden" – dh den in § 71 Abs. 4 aufgezählten Behörden – auch weitere Behörden benennt, die Befugnisse aus § 49 Abs. 1 herleiten können.

Zuständig für die in Abs. 4 S. 1 genannten Maßnahmen sind neben den Ausländerbehörden **93** (→ Rn. 37) und den Landespolizeibehörden auch die Bundespolizei (→ Rn. 93.1) und sonstige Grenzbehörden (→ Rn. 53). Der Umstand, dass Abs. 4 S. 2 und S. 3 ergänzend bzw. sogar ausschließlich weitere Behörden – die Verteilungsbehörden in Fällen der Umverteilung illegal eingereister Ausländer (§ 49 Abs. 4) und die Auslandsvertretung in Fällen der Erteilung nationaler Visa (§ 49 Abs. 5 Nr. 5) – zu einzelnen Eingriffsformen ermächtigt, bestätigt die Hilfsnatur bzw. akzessorische Natur der in Abs. 4 benannten allgemeinen Befugnisse: Sie sind nicht Selbstzweck, sondern dienen der Erleichterung und Ermöglichung der eigentlichen Aufgabenwahrnehmung durch die jeweils ermächtigten Behörden.

In Folge der Änderung des Abs. 4 durch das Zweite Datenaustauschverbesserungsgesetz (→ Rn. 4a) **93.1** kommen die dort geregelten Befugnisse der Bundespolizei nicht nur im Rahmen ihrer Aufgabenwahrneh- mung als Grenzbehörde, sondern auch bei Wahrnehmung ihrer übrigen Aufgaben zu. Der Gesetzgeber will hierdurch eine unverzügliche und lückenlose aufenthaltsrechtliche Feststellung und Sicherung der Identität bereits beim ersten Kontakt unerlaubt eingereister oder aufhältiger Ausländer mit deutschen Behörden ermöglichen (BT-Drs. 19/8752, 69).

Mit Abs. 4 S. 4 wurden den Aufnahmeeinrichtungen und den Außenstellen des BAMF und den **93a** Aufnahmeeinrichtungen erstmals spezifische Befugnisse gegenüber unbegleiteten Minderjährigen verliehen (→ Rn. 4a). Ermöglicht werden sollten insoweit eine frühzeitige Registrierung unbe- gleiteter Minderjähriger, die in Begleitung nicht sorgeberechtigter Erwachsener einreisen, mangels wirksamer Asylantragstellung aber bislang nicht in den Zuständigkeitsbereich von Aufnahmein- richtungen und Außenstellen fallen (BT-Drs. 19/8752, 69).

Auch wenn die Norm den Eindruck einer Form der Amtshilfe erweckt, geht der regelmäßig **93b** kein behördliches Ersuchen (§ 5 Abs. 1 VwVfG) der Aufnahmeeinrichtungen und Außenstellen voraus; dies macht schon das Erfordernis einer „Verständigung" des zuständigen Jugendamts deut- lich. Eine echte Amtshilfekonstellation iSd §§ 4 ff. VwVfG liegt daher nicht vor. Die Behörden werden hier vielmehr in eigener Zuständigkeit, aber mit dem Zweck der Unterstützung der für eine Inobhutnahme zuständigen Behörden vorläufig tätig.

Verfahrensrechtlich sollen die Außenstelle bzw. Aufnahmeeinrichtungen das Jugendamt von dem Inob- **93b.1** hutzunehmenden in Kenntnis setzen, bevor erkennungsdienstliche Maßnahmen vorgenommen werden;

die eigentliche Maßnahme soll zudem nur im Beisein des zuständigen Jugendamts vorgenommen werden. Eine Abweichung von der Soll-Vorschrift ist nur dann angezeigt, wenn eine erkennungsdienstliche Maßnahme nicht innerhalb vertretbarer Zeit in Anwesenheit eines Vertreters des Jugendamts durchgeführt werden kann.

93b.2   Materiell verpflichtet die Norm die Behörden auf eine Durchführung der erkennungsdienstlichen Maßnahmen „in kindgerechter Weise". Der Gesetzgeber hatte hier insbesondere die Abnahme von Fingerabdrücken vor Augen, die durch speziell geschultes Personal vorgenommen werden (BT-Drs. 19/8752, 69).

V. Parallelzuständigkeit der Landespolizeien (Abs. 5)

94   Für die Zurückschiebung, die Durchsetzung der Pflicht zum Verlassen von Bereichen außerhalb einer räumlichen Beschränkung (§ 12 Abs. 3) und für die Durchführung der Abschiebung sind **parallel zu den jeweils zuständigen Ausländer- und Grenzbehörden die Landespolizeien zuständig.** Gleiches gilt für die Festnahme und die Beantragung der Abschiebehaft, soweit diese es zur Vorbereitung und Sicherung derartiger Maßnahmen erforderlich ist.

VI. Zuständigkeiten und Befugnisse des Bundesministeriums des Innern

1. Anerkennung von Pässen und Passersatzpapieren durch das Bundesministerium des Innern, für Bau und Heimat (Abs. 6)

95   Die Frage der **Anerkennung von Pässen oder Passersatzpapieren** iSd Abs. 6 betrifft nicht die individuelle Prüfung der Echtheit einzelner Dokumente, sondern die Prüfung und Bestimmung jener Kategorien von Dokumenten („Muster"), die die Bundesrepublik Deutschland als Pässe bzw. Passersatzpapiere iSd § 3 Abs. 1 anerkennt. Dies folgt schon aus dem in § 3 Abs. 1 geregelten Erfordernisses des Besitzes eines „anerkannten" Passes bzw. Ersatzpapiers, aus dem bindenden Verweis auf den Charakter der Entscheidung als Allgemeinverfügung und die – für Einzelentscheidungen sinnlose – Möglichkeit der Bekanntgabe entsprechender Allgemeinverfügungen im Bundesanzeiger.

96   Einer Anerkennungsentscheidung nach Abs. 6 bedarf es nicht, wenn das fragliche Dokument zu den nach § 3 Abs. 1 und Abs. 3 AufenthV allgemein anerkannten Dokumenten gehört.

97   Zuständig für die Entscheidung über die Anerkennung ist nach Abs. 6 das Bundesministerium des Innern, für Bau und Heimat oder eine von ihm bestimmte Stelle. Von der Delegationsbefugnis hat das Bundesministerium des Innern, für Bau und Heimat bislang allerdings keinen Gebrauch gemacht (Nr. 71.6 AufenthGAVwV).

98   Inhaltlich trifft das Bundesministerium des Innern, für Bau und Heimat die Entscheidung über die Anerkennung einzelner Dokumentkategorien „im Benehmen" mit dem Auswärtigen Amt. Dies setzt eine vorherige Befassung des Auswärtigen Amtes ebenso voraus wie eine inhaltliche Auseinandersetzung des Bundesministeriums des Innern, für Bau und Heimat mit ggf. eingehenden fachlichen Stellungnahmen des Auswärtigen Amtes. Eine Einigung bzw. ein Einvernehmen beider Behörden muss indes nicht erzielt werden, so dass die Letztentscheidungskompetenz letztlich alleine beim Bundesministerium des Innern, für Bau und Heimat verbleibt.

99   Entscheidungen nach Abs. 6 ergehen in Form von Allgemeinverfügungen (§ 35 S. 2 VwGO), die im Bundesanzeiger bekannt gegeben werden. Diese beziehen sich stets auf einzelne „Muster" von Pässen oder Passersatzpapieren, die durch die Entscheidung allgemein als taugliche Pässe bzw. Passersatzpapiere anerkannt bzw. nicht anerkannt werden. Die Anerkennung bzw. Nichtanerkennung ist für alle Bundes- und Landesbehörden verbindlich und wirkt daher mittelbar auch zugunsten bzw. zu Lasten der jeweiligen Ausweisinhaber.

99.1   Eine Nichtanerkennungsentscheidung hat zur Folge, dass die gesetzliche Passpflicht mit auf Grundlage des betroffenen Musters erstellten Pässen oder Passersatzpapieren nicht erfüllt werden kann. Ein Identitätsnachweis kann hiermit dennoch im Einzelfall geführt werden, wenn die Echtheit der darin enthaltenen Angaben auf andere Weise verifiziert werden kann.

99.2   Die Anerkennung bzw. Nichtanerkennung erstreckt sich stets auch auf Folgemuster des jeweiligen Musters, soweit bzgl. dieser keine eigenständige Anerkennungsentscheidung getroffen wurde. Folgemuster sind solche Pässe und Passersatzpapiere, deren Muster gemäß der Festlegung durch die ausstellende Stelle ein anerkanntes Muster ersetzen (Ziffer I. 1. c), Nrn. 4 und 5 der Allgemeinverfügung über die Anerkennung eines ausländischen Passes oder Passersatzes vom 6.4.2015 (BAnz. AT 25.4.2016, B1).

100   Die bis 2005 ergangenen, auf einzelne Muster von Pässen und Passersatzpapieren bezogenen Allgemeinverfügungen hatte das BMI zunächst in Form der Allgemeinverfügung des Bundesministeriums des Innern über die Anerkennung ausländischer Pässe und Passersatzpapiere vom 18.2.2005

(BAnz. 2005, 745) konsolidiert. Diese wurde mittlerweile durch die Allgemeinverfügung vom 6.4.2016 (BAnz. AT 25.4.2016, B1) ersetzt, die die bis zum 31.12.2015 ergangenen Allgemeinverfügungen in sich vereinigt. Nach diesem Zeitpunkt erlassene Anerkennungsentscheidungen sind jeweils im Bundesanzeiger veröffentlicht.

Weitere aufenthaltsrechtliche Befugnisse des Bundesministeriums des Innern ergeben sich 101 aus § 3 Abs. 2 (Entscheidung über Ausnahmen von der Passpflicht).

2. Erweiterung der Befugnisse der Grenzbehörden (Abs. 3 Nr. 6)

Darüber hinaus eröffnet Abs. 3 Nr. 6 dem Bundesministerium des Innern, für Bau und Heimat 102 die Möglichkeit, **die Befugnisse der Grenzbehörden** iSd Abs. 3 (→ Rn. 53) bei der Kontrolle des grenzüberschreitenden Verkehrs **durch Einzelfall- oder allgemeine Anordnung zu erweitern.** Die Norm ermöglicht indes nur die Erstreckung bestehender Befugnisnormen auch auf die Grenzbehörden, nicht aber die Schaffung oder Übertragung gänzlich neuer Eingriffsbefugnisse (vgl. BeckOK AuslR/Kluth Rn. 6; vgl. zu Zweifeln an der Verfassungsmäßigkeit der Norm → Rn. 84).

§ 71a Zuständigkeit und Unterrichtung

(1) ¹Verwaltungsbehörden im Sinne des § 36 Abs. 1 Nr. 1 des Gesetzes über Ordnungswidrigkeiten sind in den Fällen des § 98 Absatz 2a Nummer 1 und Absatz 3 Nummer 1 die Behörden der Zollverwaltung. ²Sie arbeiten bei der Verfolgung und Ahndung mit den in § 2 Absatz 4 des Schwarzarbeitsbekämpfungsgesetzes genannten Behörden zusammen.

(2) ¹Die Behörden der Zollverwaltung unterrichten das Gewerbezentralregister über ihre einzutragenden rechtskräftigen Bußgeldbescheide nach § 98 Absatz 2a Nummer 1 und Absatz 3 Nummer 1. ²Dies gilt nur, sofern die Geldbuße mehr als 200 Euro beträgt.

(3) ¹Gerichte, Strafverfolgungs- und Strafvollstreckungsbehörden sollen den Behörden der Zollverwaltung Erkenntnisse aus sonstigen Verfahren, die aus ihrer Sicht zur Verfolgung von Ordnungswidrigkeiten nach § 98 Absatz 2a Nummer 1 und Absatz 3 Nummer 1 erforderlich sind, übermitteln, soweit nicht für die übermittelnde Stelle erkennbar ist, dass schutzwürdige Interessen des Betroffenen oder anderer Verfahrensbeteiligter an dem Ausschluss der Übermittlung überwiegen. ²Dabei ist zu berücksichtigen, wie gesichert die zu übermittelnden Erkenntnisse sind.

Überblick

§ 71a regelt die Verfolgungs- und Ahndungszuständigkeit der Behörden der Zollverwaltung für einzelne auf die Bekämpfung von Schwarzarbeit gerichtete Ordnungswidrigkeitentatbestände (→ Rn. 6 f.), begründet hierauf bezogene Übermittlungspflichten an das Gewerbezentralregister (→ Rn. 10 ff.) und Übermittlungsbefugnisse bzw. -pflichten der Gerichte bzw. Strafverfolgungs- und -vollstreckungsbehörden gegenüber der Zollverwaltung (→ Rn. 13 ff.).

Übersicht

A. Allgemeines

I. Entstehungsgeschichte und systematischer Kontext

1   § 71a wurde mit dem Gesetz zur Umsetzung aufenthalts- und asylrechtlicher Richtlinien der Europäischen Union v. 19.8.2007 (BGBl. I 1970) nachträglich in das AufenthG eingefügt. Er ergänzt die ebenfalls neu in das Gesetz aufgenommenen Bußgeldtatbestände des § 98 Abs. 2a Nr. 1 und Abs. 3 Nr. 1, die der **Bekämpfung der Schwarzarbeit** dienen, und weist die Verfolgungszuständigkeit abweichend von den üblichen Zuständigkeitsbestimmungen den spezifisch mit der Bekämpfung von Schwarzarbeit betrauten Zollbehörden zu (BT-Drs. 16/5065, 190).

2   Inhaltlich knüpft § 71a dabei an die Aufgabenzuweisungen der § 2 Abs. 1 Nr. 4 SchwarzArbG und § 14 SchwarzArbG an (BT-Drs. 16/5065, 190). Wegen bereits existierender Parallelbestimmungen im AufenthG bzw. in der GewO sind Abs. 1 S. 2 und Abs. 2 inhaltlich vollständig redundant (→ Rn. 3 f.).

2a   Mit dem **Gesetz gegen illegale Beschäftigung und Sozialleistungsmissbrauch vom 11.7.2019** (BGBl. 2019 I 1066) wurde die in Abs. 1 S. 2 enthaltene Verweisung auf das Schwarzarbeitsbekämpfungsgesetz an dessen Neufassung angepasst (BT-Drs. 19/8691, 61). Zugleich wurden die in § 71a enthaltenen Verweise auf § 98 Abs. 2a angepasst, der bereits mit dem Gesetz zur Umsetzung aufenthaltsrechtlicher Richtlinien der Europäischen Union zur Arbeitsmigration vom 8.6.2017 (BGBl. 2017 I 1106) geändert worden war. Die verspätete Anpassung beruhte auf einem Redaktionsversehen (BT-Drs. 19/8285, 111 f.).

2b   Im (allerdings erst zum 1.3.2020 in Kraft tretenden) FachkEinwG (Fachkräfteeinwanderungsgesetz v. 15.8.2019, BGBl. I 1307) hat der Gesetzgeber die bereits mit dem Gesetz gegen illegale Beschäftigung und Sozialleistungsmissbrauch vom 11.7.2019 (BGBl. 2019 I 1066) erfolgte Anpassung der Verweisungen in der Neufassung des § 98 Abs. 2a wiederholt, ohne dass hierfür ein nachvollziehbarer Grund ersichtlich wäre.

II. Normsystematik

3   Abs. 1 S. 1 begründet die **sachliche Zuständigkeit der Behörden der Zollverwaltung für die Verfolgung und Ahnung von Ordnungswidrigkeiten nach § 98 Abs. 2a Nr. 1 und Abs. 3 Nr. 1.** In diesem Zusammenhang regelt Abs. 1 S. 2 eine **Kooperationspflicht** mit den in § 2 Abs. 4 SchwarzArbG genannten Behörden, die jedoch keine Ermächtigung zu spezifischen Maßnahmen – insbesondere mit Grundrechtsrelevanz – enthält (→ Rn. 8 f.). Eine vergleichbare Kooperationspflicht ist auch in § 90 Abs. 2 geregelt.

4   Abs. 2 regelt **Mitteilungspflichten an das Gewerbezentralregister** im Zusammenhang mit der in Abs. 1 S. 1 geregelten Ahndungszuständigkeit. Wegen § 153a Abs. 1 S. 1 GewO ist die Regelung vollständig redundant (GK-AufenthG/Gutmann Rn. 4).

5   Abs. 3 normiert eine **Datenübermittlungsbefugnis (und ggf. -verpflichtung) der Gerichte, Strafverfolgungs- und Strafvollstreckungsbehörden gegenüber den Behörden der Zollverwaltung** im Hinblick auf die in Abs. 1 S. 1 genannten Delikte. (Teilweise) parallele Übermittlungspflichten der Ausländerbehörden sind in § 90 Abs. 1 Nr. 1 und Nr. 3 geregelt.

B. Einzelerläuterungen

I. Ahnungs- und Verfolgungszuständigkeit der Behörden der Zollverwaltung (Abs. 1 S. 1)

6   Abs. 1 S. 1 weist die **sachliche Verfolgungs- und Ahndungszuständigkeit für Ordnungswidrigkeiten nach § 98 Abs. 2a Nr. 1 und Abs. 3 Nr. 1** den Behörden der Zollverwaltung zu. Die diesen zukommenden Befugnisse und Aufgaben bestimmen sich dabei nach Maßgabe des OWiG in Verbindung mit den dort für anwendbar erklärten Bestimmungen der StPO.

7   Funktionell zuständig sind dabei regelmäßig die Hauptzollämter (NK-AuslR/Hilbrans Rn. 2, GK-AufenthG/Gutmann Rn. 2; ausf. Bergmann/Dienelt/Winkelmann/Kolber Rn. 4 ff.).

II. Kooperationspflicht (Abs. 1 S. 2)

8   Die in diesem Zusammenhang geregelte **Kooperationspflicht** mit den in § 2 Abs. 2 SchwarzArbG hat – ebenso wie die Parallelbestimmung des § 90 Abs. 2 – **im wesentlichen Programmsatzcharakter** (vgl. BeckOK AuslR/Kluth Rn. 1: „eher untechnischer Begriff der Zusammenarbeit"; NK-AuslR/Hilbrans Rn. 2: „appellativ" und mit unklarem normativem Gehalt).

Sie weist insbesondere nicht die erforderliche Regelungsdichte auf, um Grundrechtseingriffe **9** gegenüber Betroffenen oder Dritten rechtfertigen zu können. Insoweit bleibt es bei den in Abs. 2 und Abs. 3 sowie spezialgesetzlich – etwa in § 6 SchwarzArbG oder § 90 Abs. 1 – geregelten Übermittlungsbefugnissen (NK-AuslR/Hilbrans Rn. 2).

III. Mitteilung rechtskräftiger Entscheidungen an das Gewerbezentralregister (Abs. 2)

Abs. 2 verpflichtet die Behörden der Zollverwaltung zur **Unterrichtung des Gewerbezent-** **10** **ralregisters** über rechtskräftige Bußgeldbescheide nach § 98 Abs. 2a Nr. 1 und Abs. 3 Nr. 1, soweit diese eintragungspflichtig sind und die Geldbuße 200 EUR übersteigt.

Dem Grunde nach eintragungspflichtig sind nach § 149 Abs. 2 Nr. 3 GewO rechtskräftige **11** Bußgeldentscheidungen wegen Taten, die bei oder **in Zusammenhang mit der Ausübung** **eines Gewerbes oder einer sonstigen wirtschaftlichen Unternehmung** oder bei der Tätigkeit in einem Gewerbe oder einer sonstigen wirtschaftlichen Unternehmung von einem Vertreter oder Beauftragten (§ 9 OWiG) oder sonstigen Verantwortlichen begangen wurden.

Dies dürfte bei Delikten nach § 98 Abs. 3 Nr. 1 regelmäßig der Fall sein, weil diese an Pflichten von **11.1** unternehmerischen Niederlassungen, Ausbildungsbetrieben oder selbstständig tätigen Ausländern anknüpfen.

Demgegenüber besteht eine Eintragungs- (und Übermittlungs-)pflicht bei Delikten nach § 98 Abs. 2a **11.2** Nr. 1 nur dann, wenn auch der Betroffene – und nicht nur der ohne Erlaubnis erwerbstätige Ausländer – in unternehmerischem Zusammenhang handelt. Dies ist etwa in Fällen privat beauftragter Schwarzarbeit nicht der Fall.

Die **Beschränkung auf Geldbußen über 200 EUR** ist redundant, weil Geldbußen unterhalb **12** dieser Schwelle schon nach § 149 Abs. 2 Nr. 3 GewO nicht eintragungspflichtig oder -fähig sind. Sie ist aus Klarstellungsgründen dennoch zweckmäßig.

IV. Übermittlungsbefugnisse und -pflichten der Gerichte, Strafverfolgungs- und Strafvollstreckungsbehörden (Abs. 3)

Abs. 3 begründet eine **Übermittlungsbefugnis der Gerichte, Strafverfolgungs- und** **13** **Strafvollstreckungsbehörden** an die nach Abs. 1 S. 1 für die Verfolgung von Ordnungswidrigkeiten nach § 98 Abs. 2a Nr. 1 und Abs. 3 Nr. 1 zuständigen Behörden der Zollverwaltung. Hiermit kann eine **Übermittlungspflicht** korrespondieren, wenn sich das intendierte Übermittlungsermessen („soll") zu einer gebundenen Entscheidung verdichtet (→ Rn. 20 ff.).

Für die Übermittlung von Erkenntnissen mit spezifischer Grundrechtsrelevanz – insbesondere **14** bei Erhebung der Daten mit besonderen polizeilichen oder nachrichtendienstlichen Ermittlungsbefugnissen – dürfte § 71a Abs. 3 keine geeignete Grundlage bieten, weil es an spezifisch verfahrensrechtlichen oder materiell-rechtlichen Sicherungen fehlt und die allgemeine Abwägungsklausel dem Gebot der Normbestimmtheit jedenfalls in grundrechtssensiblen Bereichen nicht genügt.

1. Übermittlungsvoraussetzungen

Tatbestandlich setzt die Übermittlungsbefugnis zunächst voraus, dass die jeweiligen Erkenntnisse **15** **zur Verfolgung von Ordnungswidrigkeiten nach § 98 Abs. 2a Nr. 1 bzw. Abs. 3 Nr. 1** **erforderlich** sind (→ Rn. 16 ff.). Hinzu kommt das – nach dem Gesetz allerdings vermutete – Überwiegen des Übermittlungsinteresses gegenüber schutzwürdigen Interessen des Betroffenen oder Dritter (→ Rn. 19).

Erforderlich ist die Übermittlung dann, wenn in der Sache ein Anfangsverdacht besteht, die **16** Tat nicht bereits geahndet oder verjährt ist und sie nicht zugleich eine Straftat darstellt (NK-AuslR/Hilbrans Rn. 4). Im letztgenannten Fall entfällt die Verfolgungszuständigkeit der Verwaltungsbehörden (§ 40 OWiG), so dass allenfalls eine – ggf. auf andere Normen zu stützende – Übermittlung an die Strafverfolgungsbehörden in Betracht kommt.

Tatbestandlich nicht erforderlich dürfte eine Prognose sein, wie die Verfolgungsbehörde **Verfol-** **17** **gungsermessen** nach § 47 Abs. 1, Abs. 2 OWiG ausüben wird (aA NK-AuslR/Hilbrans Rn. 4). Denn eine solche Prognose nimmt die Ermessensentscheidung der Verfolgungsbehörde vorweg, die auch und gerade auf einer umfassenden Erkenntnisgrundlage getroffen werden soll. Allerdings kann der erkennbare Bagatellcharakter eines Delikts ggf. im Rahmen der Interessenabwägung auf Tatbestandsseite oder – im Hinblick auf Zweckmäßigkeitserwägungen – auf Ermessensebene berücksichtigt werden (GK-AufenthG/Gutmann Rn. 8).

18   Die bei pflichtgemäßer Ausübung des intendierten Ermessens regelmäßig bestehende Übermittlungspflicht (→ Rn. 20) wird durch die tatbestandliche Beschränkung auf die Sicht der übermittelnden Behörde teilweise relativiert. Hierin dürfte eine **behördliche Einschätzungsprärogative** zu erblicken sein, die jedenfalls bei einer Ausübung zugunsten des potentiell Übermittlungsbetroffenen grundrechtlich unbedenklich ist.

19   Im Rahmen der bereits auf Tatbestandsseite vorzunehmenden Interessenabwägung wird das Überwiegen der Übermittlungsinteressen vermutet („sofern nicht"). Zu berücksichtigen ist allerdings insbesondere der Grad der Sicherheit der zu übermittelnden Erkenntnisse, so dass insbesondere spekulative oder offenkundig nicht gerichtsverwertbar beweisbare Verdachtsmomente regelmäßig nicht zu übermitteln sind (GK-AufenthG/Gutmann Rn. 8).

2. Übermittlungsermessen

20   Auf Rechtsfolgenseite „soll" die Übermittlung erfolgen, wenn die tatbestandlichen Ermittlungsvoraussetzungen vorliegen (sog. **„intendiertes" Ermessen**).

20.1   Das den Gerichten und Strafverfolgungs- bzw. Strafvollstreckungsbehörden hierbei eingeräumte intendierte Ermessen verdichtet sich regelmäßig zu einer Übermittlungspflicht, wenn – was im Rahmen der Ermessensausübung allerdings individuell zu prüfen ist – keine atypischen Umstände vorliegen. Dies gilt insbesondere deswegen, weil der Gesetzgeber die grundrechtlich erforderliche Verhältnismäßigkeitsprüfung bereits auf die Tatbestandsebene verlagert hat, so dass auf Ermessensebene vor allem Zweckmäßigkeitsüberlegungen – insbesondere ermittlungstaktischer oder verwaltungspraktischer Art – eine Rolle spielen dürften.

20.2   Insbesondere bei der **Übermittlung verfahrensbezogener Erkenntnisse durch Gerichte** dürften für die Ermessensausübung regelmäßig aber die Auswirkungen zu berücksichtigen sein, die die Übermittlung – insbesondere ungesicherter – Erkenntnisse aus Verfahrensschriftsätzen auf die Effektivität und Zugänglichkeit gerichtlichen Rechtsschutzes hat. Hier dürfte es regelmäßig ermessensgerecht sein, die Entscheidung über das ob und wie der Datenübermittlung den nach § 90 Abs. 1 Nr. 1 und Nr. 3 ebenfalls zur Übermittlung berechtigten (und ggf. verpflichteten) Behörden zu überlassen.

§ 72 Beteiligungserfordernisse

(1) ¹Eine **Betretenserlaubnis** (§ 11 Absatz 8) darf nur mit Zustimmung der für den vorgesehenen Aufenthaltsort zuständigen Ausländerbehörde erteilt werden. ²Die Behörde, die den Ausländer ausgewiesen, abgeschoben oder zurückgeschoben hat, ist in der Regel zu beteiligen.

(2) Über das Vorliegen eines zielstaatsbezogenen Abschiebungsverbots nach § 60 Absatz 5 oder 7 und das Vorliegen eines Ausschlusstatbestandes nach § 25 Absatz 3 Satz 3 Nummer 1 bis 4 entscheidet die Ausländerbehörde nur nach vorheriger Beteiligung des Bundesamtes für Migration und Flüchtlinge.

(3) ¹Räumliche Beschränkungen, Auflagen und Bedingungen, Befristungen nach § 11 Absatz 2 Satz 1, Anordnungen nach § 47 und sonstige Maßnahmen gegen einen Ausländer, der dem im Besitz eines erforderlichen Aufenthaltstitels ist, dürfen von einer anderen Behörde nur im Einvernehmen mit der Behörde geändert oder aufgehoben werden, die die Maßnahme angeordnet hat. ²Satz 1 findet keine Anwendung, wenn der Aufenthalt des Ausländers nach den Vorschriften des Asylgesetzes auf den Bezirk der anderen Ausländerbehörde beschränkt ist.

(3a) ¹Die Aufhebung einer Wohnsitzverpflichtung nach § 12a Absatz 5 darf nur mit Zustimmung der Ausländerbehörde des geplanten Zuzugsorts erfolgen. ²Die Zustimmung ist zu erteilen, wenn die Voraussetzungen des § 12a Absatz 5 vorliegen; eine Ablehnung ist zu begründen. ³Die Zustimmung gilt als erteilt, wenn die Ausländerbehörde am Zuzugsort nicht innerhalb von vier Wochen ab Zugang des Ersuchens widerspricht. ⁴Die Erfüllung melderechtlicher Verpflichtungen begründet keine Zuständigkeit einer Ausländerbehörde.

(4) ¹Ein Ausländer, gegen den öffentliche Klage erhoben oder ein strafrechtliches Ermittlungsverfahren eingeleitet ist, darf nur im Einvernehmen mit der zuständigen Staatsanwaltschaft ausgewiesen und abgeschoben werden. ²Ein Ausländer, der zu schützende Person im Sinne des Zeugenschutz-Harmonisierungsgesetzes ist, darf nur im Einvernehmen mit der Zeugenschutzdienststelle ausgewiesen oder abgeschoben werden. ³Des Einvernehmens der Staatsanwaltschaft nach Satz 1 bedarf es nicht, wenn nur

ein geringes Strafverfolgungsinteresse besteht. ⁴Dies ist der Fall, wenn die Erhebung der öffentlichen Klage oder die Einleitung eines Ermittlungsverfahrens wegen einer Straftat nach § 95 dieses Gesetzes oder nach § 9 des Gesetzes über die allgemeine Freizügigkeit von Unionsbürgeroder Straftaten nach dem Strafgesetzbuch mit geringem Unrechtsgehalt erfolgt ist. ⁵Insoweit sind Straftaten mit geringem Unrechtsgehalt Straftaten nach § 113 Absatz 1, § 115 des Strafgesetzbuches, soweit er die entsprechende Geltung des § 113 Absatz 1 des Strafgesetzbuches vorsieht, den §§ 123, 166, 167, 169, 185, 223, 240 Absatz 1, den §§ 242, 246, 248b, 263 Absatz 1, 2 und 4, den §§ 265a, 267 Absatz 1 und 2, § 271 Absatz 1, 2 und 4, den §§ 273, 274, 276 Absatz 1, den §§ 279, 281, 303 des Strafgesetzbuches, dem § 21 des Straßenverkehrsgesetzes in der Fassung der Bekanntmachung vom 5. März 2003 (BGBl. I S. 310, 919), das zuletzt durch Artikel 1 des Gesetzes vom 8. April 2019 (BGBl. I S. 430) geändert worden ist, in der jeweils geltenden Fassung, und dem § 6 des Pflichtversicherungsgesetzes vom 5. April 1965 (BGBl. I S. 213), das zuletzt durch Artikel 1 der Verordnung vom 6. Februar 2017 (BGBl. I S. 147) geändert worden ist, in der jeweils geltenden Fassung, es sei denn, diese Strafgesetze werden durch verschiedene Handlungen mehrmals verletzt oder es wird ein Strafantrag gestellt.

(5) § 45 des Achten Buches Sozialgesetzbuch gilt nicht für Ausreiseeinrichtungen und Einrichtungen, die der vorübergehenden Unterbringung von Ausländern dienen, denen aus völkerrechtlichen, humanitären oder politischen Gründen eine Aufenthaltserlaubnis erteilt oder bei denen die Abschiebung ausgesetzt wird.

(6) ¹Vor einer Entscheidung über die Erteilung, die Verlängerung oder den Widerruf eines Aufenthaltstitels nach § 25 Abs. 4a oder 4b und die Festlegung, Aufhebung oder Verkürzung einer Ausreisefrist nach § 59 Absatz 7 ist die für das in § 25 Abs. 4a oder 4b in Bezug genommene Strafverfahren zuständige Staatsanwaltschaft oder das mit ihm befasste Strafgericht zu beteiligen, es sei denn, es liegt ein Fall des § 87 Abs. 5 Nr. 1 vor. ²Sofern der Ausländerbehörde die zuständige Staatsanwaltschaft noch nicht bekannt ist, beteiligt sie vor einer Entscheidung über die Festlegung, Aufhebung oder Verkürzung einer Ausreisefrist nach § 59 Absatz 7 die für den Aufenthaltsort zuständige Polizeibehörde.

(7) Zur Prüfung des Vorliegens der Voraussetzungen der §§ 16a, 16d, 16e, 18a, 18b, 18c Absatz 3 und der §§ 19 bis 19c können die Ausländerbehörde, das Bundesamt für Migration und Flüchtlinge sowie die Auslandsvertretung zur Erfüllung ihrer Aufgaben die Bundesagentur für Arbeit auch dann beteiligen, wenn sie ihrer Zustimmung nicht bedürfen.

Überblick

§ 72 sieht zum Zweck der effektiven Sachverhaltsermittlung, zur Koordination der Aufgabenwahrnehmung der jeweiligen Behörden und – jedenfalls zum Teil auch – zum Zweck der Wahrung individueller Interessen der Betroffenen verschiedene Formen der Beteiligung von Behörden an Entscheidungen der Ausländerbehörden vor (→ Rn. 4 ff.). Innerhalb der in Betracht kommenden Beteiligungsformen ist zwischen der einfachen Beteiligung (→ Rn. 5 ff.), dem Zustimmungsverfahren (→ Rn. 10 ff.) und dem Erfordernis des Einvernehmens (→ Rn. 17 ff.) zu unterscheiden.

Übersicht

A. Allgemeines

I. Entstehungsgeschichte

1   Die ursprüngliche Gesetzesfassung des als Nachfolgevorschrift zu § 64 AuslG konzipierten § 72 **entsprach dem Gesetzesentwurf** (BT-Drs. 15/420, 27 f.). Dieser wurde seither im Wesentlichen redaktionell angepasst bzw. in seinem Anwendungsbereich auf neu in das Gesetz eingefügte Bestimmungen erstreckt. Wesentliche Änderungen erfuhr § 72 vor allem mit der Einfügung und Ergänzung der in Abs. 6 und Abs. 7 geregelten Beteiligungserfordernisse und -möglichkeiten (→ Rn. 1.1 ff.)

1.1   Mit dem Gesetz zur Umsetzung aufenthalts- und asylrechtlicher Richtlinien der Europäischen Union v. 19.8.2007 (BGBl. I 1970) wurden Abs. 1 S. 2 und Abs. 3 S. 1 klarstellend angepasst („Behörde" statt Ausländerbehörde; vgl. → Rn. 26.1 sowie → Rn. 52.1) und um die Zurückschiebung ergänzt. Abs. 2 wurde um ein Beteiligungserfordernis für die Prüfung des Ausschlusstatbestandes nach § 25 Abs. 3 S. 2 ergänzt und auf die Feststellung von Abschiebungsverboten nach § 60 Abs. 2–5 erweitert (vgl. → Rn. 1.4). Zugleich wurde die Ausnahmeregelung des Abs. 5 auch auf Einrichtungen für geduldete Ausländer erstreckt und das strafprozessuale Einvernehmenserfordernis des Abs. 6 S. 1 erstmals in § 72 aufgenommen.

1.2   Mit dem Gesetz zur Umsetzung aufenthaltsrechtlicher Richtlinien der Europäischen Union und zur Anpassung nationaler Rechtsvorschriften an den EU-Visakodex v. 22.11.2011 (BGBl. I 2258) wurde das Beteiligungserfordernis des Abs. 6 S. 1 auf Fälle der Titelerteilung nach § 25 Abs. 4b erstreckt und die Verschiebung des § 50 Abs. 2a aF in § 59 Abs. 7 nachvollzogen.

1.3   Abs. 7 wurde durch Art. 1 Nr. 23 des Gesetzes zur Umsetzung der Hochqualifizierten-Richtlinie der Europäischen Union v. 1.6.2012 (BGBl. I 1224) neu eingefügt.

1.4   Mit der Eingliederung des subsidiären Schutzstatus ins förmliche Statusfeststellungsverfahren durch das BAMF (→ AsylG § 4 Rn. 1.1; → AsylG § 4 Rn. 6 f.) ist **die Erweiterung des § 72 Abs. 2 auch auf Abschiebungsverbote iSd § 60 Abs. 2–5 jedenfalls zum Teil wieder entfallen** (Gesetz zur Umsetzung der Richtlinie 2011/95/EU v. 28.8.2013, BGBl. I 3474).

1.5   Mit dem Gesetz zur Neubestimmung des Bleiberechts und der Aufenthaltsbeendigung v. 27.7.2015 (BGBl. I 1386) wurden Abs. 1 und Abs. 3 redaktionell an die Umgestaltung des § 11 angepasst, Abs. 7 um eine Verweisung auf den neu geschaffenen Titel nach § 17a erweitert und die Einvernehmensklausel des Abs. 6 S. 1 um die nunmehr in Abs. 3–5 enthaltene Ausnahme bei Straftaten mit geringem Strafverfolgungsinteresse ergänzt. Art. 3 Nr. 21 des Asylverfahrensbeschleunigungsgesetzes v. 20.10.2015 (BGBl. I 1722) beschränkt sich auf eine redaktionelle Änderung des Abs. 3 („Asylgesetz" statt „Asylverfahrensgesetz").

1.6   Neben einer redaktionellen Änderung in Abs. 2 („Absatz" statt „Abs."; Anpassung der Verweisung an die geänderte Normfassung) enthielt Art. 1 Nr. 26 des Gesetzes zur Umsetzung aufenthaltsrechtlicher Richtlinien der Europäischen Union zur Arbeitsmigration v. 12.5.2017 (BGBl. I 1106) vor allem eine Erweiterung des Abs. 7 auf die mit demselben Gesetz neu geschaffenen Titelerteilungsvoraussetzungen der §§ 17b, 19b, 19c und 19d.

1.7   Mit **Gesetz zur Entfristung des Integrationsgesetzes** vom 4.7.2019 (BGBl. 2019 I 914) wurde Abs. 3a eingefügt. Dieser begründet ein Zustimmungserfordernis der Behörde des Zuzugsortes für die Aufhebung einer Wohnsitzverpflichtung nach § 12a Abs. 5 im Falle eines geplanten Wohnsitzwechsels. Er kodifiziert damit im Wesentlichen eine frühere (bloße) Verwaltungspraxis auf Grundlage einer länderübergreifenden Vereinbarung, die ohne gesetzliche Grundlage aber keine Außenwirkung entfalten konnte (BT-Drs. 19/8692, 11 unter Verweis auf OVG Bln-Bbg BeckRS 2018, 8746).

1.8   Durch das **Zweite Gesetz zur besseren Durchsetzung der Ausreisepflicht** vom 15.8.2019 (BGBl. 2019 I 1294) wurde der Anwendungsbereich des Einvernehmenserfordernisses nach Abs. 4 S. 1 durch Erweiterung des Katalogs der Straftaten mit geringem Unrechtsgehalt (Abs. 4 S. 5) und die Erweiterung der strafrechtlichen Bagatellklausel auch auf allgemeine Straftaten, die nicht als Begleitdelikte zu ausländerrechtlichen Straftaten aufgetreten sind, erheblich reduziert. Hiervon erhoffte sich der Gesetzgeber, die Ausweisung und Abschiebung in diesen Fällen praktikabler zu gestalten (BT-Drs. 19/10047, 46).

Mit dem **FachkEinwG** (Fachkräfteeinwanderungsgesetz v. 15.8.2019, BGBl. I 1307), das erst am **1.9** 1.3.2020 in Kraft tritt, hat der Gesetzgeber die in Abs. 7 enthaltene Ermächtigung zur Beteiligung der Bundesagentur für Arbeit an die Neufassung des Kapitels 2 Abschnitt 3 des AufenthG angepasst und auf das Bundesamt für Migration und Flüchtlinge sowie die deutschen Auslandsvertretungen erstreckt.

II. Normfunktion und -systematik

Abgesehen von der – systematisch eher deplatzierten (→ Rn. 3; → Rn. 68) – Bestimmung **2** des Abs. 5 regelt § 72 das **Zusammenwirken verschiedener mit dem Vollzug des AufenthG bzw. der StPO befasster Behörden** im Zusammenhang mit der Entscheidung über die **Erteilung von Betretenserlaubnissen** (Abs. 1), das Vorliegen **zielstaatsbezogener Abschiebungsverbote** (Abs. 2), die Abänderung oder Aufhebung von **Auflagen gegenüber illegal aufhältigen Ausländern** (Abs. 3), die **Ausweisung und Abschiebung** von Ausländern (Abs. 4) oder die **Erteilung, Verlängerung und den Widerruf einzelner Aufenthaltstitel** (Abs. 6 und Abs. 7).

Die Regelung des Abs. 5, die Ausreiseeinrichtungen und Unterbringungseinrichtungen für **3** Ausländer vom präventiven Erlaubnisvorbehalt nach § 45 SGB VIII freistellt, gehört systematisch hingegen eher zu den Regelungen über die Unterbringung von schutzsuchenden Ausländern bis zur Abschiebung bzw. zur dauerhaften Integration in normale Lebensverhältnisse (→ Rn. 3.1 ff.).

Weitere Beteiligungserfordernisse sind in § 21 Abs. 1 S. 3 (Beteiligung der fachkundigen Körper- **3.1** schaften, der zuständigen Gewerbebehörden, der öffentlich-rechtlichen Berufsvertretungen und der für die Berufszulassung zuständigen Behörden bei der Prüfung der Voraussetzungen des § 21 Abs. 1 S. 1 und S. 3) und in Nr. 72.2.3 AufenthGAVwV (Beteiligung der Ermittlungsbehörden bei Prüfung zielstaatsbezogener Gefährdungen aufgrund Zeugenstellung im Strafverfahren; vgl. → Rn. 57) geregelt bzw. vorgesehen.

Weitere Zustimmungserfordernisse sind in § 10 Abs. 1 (Erteilung eines Aufenthaltstitels während **3.2** des Asylverfahrens), § 39 (Zustimmung der Bundesagentur für Arbeit zur Ausländerbeschäftigung) und § 60 Abs. 4 (Auslieferungsverfahren), in §§ 11, 13 (Passersatzpapiere), § 12 (Grenzgängerkarte), § 14 Abs. 2 und Abs. 4 (Bescheinigung über die Rückkehrberechtigung auf dem Notreiseausweis) und §§ 31 ff. AufenthV (Visaverfahren) sowie in landesrechtlichen Ausführungsbestimmungen geregelt.

Weitere Pflichten zur Herbeiführung des Einvernehmens finden sich in § 23 Abs. 1 S. 3 (Aufent- **3.3** haltsgewährung durch die obersten Landesbehörden), § 63 Abs. 2 S. 1 (Untersagung der Beförderung), § 73 Abs. 4 (Datenübermittlung an Sicherheitsbehörden), § 74 Abs. 1 (Wahrung politischer Interessen des Bundes im Visaverfahren) und § 104a Abs. 7 S. 2 (Ausschluss der Altfallregelung für bestimmte Staaten).

B. Systematik der behördlichen Mitwirkungserfordernisse

Systematisch lässt sich bei den in § 72 geregelten behördlichen Mitwirkungserfordernissen **4** zwischen **Beteiligungspflichten** (→ Rn. 5 ff.), **Zustimmungserfordernissen** (→ Rn. 10 ff.) und **Pflichten zur Herbeiführung des Einvernehmens** (→ Rn. 17 ff.) unterscheiden.

I. Beteiligungspflicht

1. Funktion des Beteiligungsverfahrens

Das Erfordernis der „**Beteiligung**" ist – abgesehen von nachträglichen Benachrichtigungs- **5** und Informationspflichten – die schwächste Form der behördlichen Mitwirkung: Die mitwirkungsberechtigte Behörde ist zwar über den wesentlichen Verfahrensstand aufzuklären und **durch Anhörung in die Entscheidungsfindung einzubeziehen,** hat in der Sache aber **kein Mitspracherecht** und kann ohne Weiteres „überstimmt" werden (NK-AuslR/Hofmann Rn. 10; → Rn. 5.1).

Geringfügig stärkere Formen der Beteiligung stellen Entscheidungen „**im Benehmen**" mit der anzu- **5.1** hörenden Behörde oder „**unter Berücksichtigung**" ihrer Auffassung dar. Auch hier hat die anzuhörende Behörde zwar im Ergebnis kein Mitspracherecht; die federführende Behörde ist aber dennoch gehalten, die geäußerte Rechtsauffassung bei ihrer Entscheidungsfindung ernsthaft in Betracht zu ziehen. Derartige Beteiligungsformen sind im AufenthG jedoch nicht vorgesehen.

Diese Form der behördlichen Mitwirkung dient dabei im Wesentlichen nicht der Wahrung **6** der Interessen der anzuhörenden Behörde, sondern der Indienstnahme ihrer spezifischen Fähigkeiten und Kenntnisse zur Verbesserung der Entscheidungsgrundlage der federführenden Behörde

(Bergmann/Dienelt/Samel Rn. 10). Eine Ausnahme hierzu dürfte im Hinblick auf das Beteiligungserfordernis des Abs. 6 gelten (→ Rn. 59).

2. Rechtsfolgen und Rechtsschutz

7   Die behördlichen Stellungnahmen im Rahmen des Beteiligungserfordernisses sind **reine Verwaltungsinterna** und als solche **nicht selbstständig anfechtbar** (BT-Drs. 15/420, 94; BT-Drs. 16/5065, 190).

8   **Verstöße gegen ein Beteiligungerfordernis** führen zur **objektiven Rechtswidrigkeit** des darauffolgenden Bescheides, sind aber heilbar (§ 45 Abs. 1 Nr. 5 LVwVfG; BeckOK AuslR/Kluth Rn. 14 f.). Sie verletzen die zu beteiligende Behörde jedoch jedenfalls nicht in ihren Rechten, da das Beteiligungerfordernis nur im Interesse der optimalen Sachverhaltsermittlung geregelt ist (→ Rn. 5). Sie können daher auch zugunsten des betroffenen Ausländers allenfalls nach Maßgabe des § 24 LVwVfG und unter Beachtung des § 46 LVwVfG zur Aufhebung einer ohne Beteiligung ergangenen Verwaltungsentscheidung führen (vgl. BeckOK AuslR/Kluth Rn. 15; enger wohl OVG NRW BeckRS 2012, 58498 mwN; vgl. zum Streitstand aber auch → Rn. 15).

8a   Im Verwaltungsprozess ist eine Beiladung (§ 65 VwGO) der zu beteiligenden Behörde daher auch dann nicht erforderlich, wenn die erforderliche Beteiligung im Verwaltungsverfahren bislang unterblieben ist (SächsOVG BeckRS 2019, 18819 Rn. 36). Das Gericht kann – und muss – den Sachverhalt ggf. von Amts wegen ermitteln. Im Verfahren des einstweiligen Rechtsschutzes kann eine unterbliebene Beteiligung das Verwaltungsgericht aber ggf. – bei jedenfalls offenen Erfolgsaussichten der Hauptsache – dazu veranlassen, die Abschiebung vorläufig auszusetzen, um eine ordnungsgemäße Sachverhaltsermittlung im Hauptsacheverfahren zu ermöglichen (zutr. SächsOVG BeckRS 2019, 18819 Rn. 36 ff.).

9   Eine **irrtümliche Beteiligung** kann vorrangig datenschutzrechtlichen Bedenken begegnen, führt an sich aber nicht zur Rechtswidrigkeit etwaiger Verwaltungsentscheidungen (BeckOK AuslR/Kluth Rn. 16). Übernimmt die zuständige Behörde allerdings Wertungen der lediglich zu beteiligenden Behörde ungeprüft in ihre eigene Ermessensentscheidung, kann dies – unabhängig von der Rechtmäßigkeit der Beteiligung – einen zumindest teilweisen Ermessensausfall darstellen.

II. Zustimmungserfordernis

1. Funktion des Zustimmungserfordernisses

10   Im **Verfahren der Zustimmung** kommt der zu beteiligten Behörde demgegenüber nicht nur ein Anhörungsrecht, sondern ein – behördlicherseits – unüberwindliches Vetorecht zu: Die beabsichtigte Entscheidung kann dann nur ergehen, wenn die zu beteiligende Behörde ausdrücklich zustimmt. Das Zustimmungsverfahren dient daher nicht alleine der Verbesserung der Entscheidungsgrundlage, sondern der Wahrung der von der zu beteiligenden Behörde vertretenen Interessen.

11   Das **Prüfprogramm der zustimmungspflichtigen Behörde** entspricht inhaltlich in der Regel dem Prüfprogramm der anfragenden Behörde. Sie kann das ihr ggf. fachrechtlich eingeräumte Ermessen abweichend von der anfragenden Behörde ausüben, verfügt im Übrigen aber über keine über das gesetzliche Entscheidungsprogramm hinausgehenden Entscheidungsspielräume. Ihre Entscheidung ist **nicht** nach § 39 Abs. 1 LVwVfG **begründungspflichtig,** weil sie nicht als Entscheidung mit Außenwirkung ergeht (§ 35 S. 1 LVwVfG); aus Gründen der Verwaltungstransparenz sowie des effektiven Rechtsschutzes ist eine – jedenfalls kurze – Darlegung der Entscheidungsgründe im Falle einer Zustimmungsverweigerung aber geboten. Diese sind der anfragenden Behörde mitzuteilen und ggf. nachrichtlich in den ablehnenden Bescheid aufzunehmen. Im Sonderfall einer Verweigerung des Einvernehmens nach Abs. 3a hat der Gesetzgeber dies sogar ausdrücklich geregelt (Abs. 3a S. 2).

11.1   Die Stellungnahme des BAMF unterliegt, soweit sie zu den Akten gelangt ist, nach allgemeinen Grundsätzen der Akteneinsicht (NK-AuslR/Hofmann Rn. 18).

2. Rechtsfolgen und Rechtsschutz

12   Im Falle **der Versagung einer** erforderlichen **Zustimmung ist die anfragende Behörde an die Verweigerung gebunden.** Hält die anfragende Behörde die Versagung der Zustimmung für rechtswidrig, kann sie nur bei den jeweils zuständigen Fach- oder Rechtsaufsichtsbehörden vorstellig werden; ein Verfahren der Ersetzung der Zustimmung bzw. des Einvernehmens (vgl.

§ 36 Abs. 3 S. 3 BauGB) ist im Aufenthaltsrecht nicht vorgesehen. Bleibt es bei der Versagung der Zustimmung, muss die anfragende Behörde den beantragten Verwaltungsakt daher ablehnen.

Gegen die Versagung der Zustimmung bzw. des Einvernehmens ist auch für den Betroffe- **13** nen kein direkter Rechtsweg eröffnet (§ 44a VwGO; BeckOK AuslR/Kluth Rn. 13). Allerdings kann gegen die aufgrund der fehlenden Zustimmung bzw. des fehlenden Einvernehmens ergangene Verwaltungsentscheidung nach allgemeinen Maßstäben Verpflichtungsklage erhoben werden, wobei die zustimmungs- bzw. einvernehmenspflichtige Behörde (bzw. ihr Rechtsträger) ggf. nach § 65 Abs. 2 **notwendig zum Verfahren beizuladen** ist. Das Gericht ist an die fehlende Zustimmung bzw. das fehlende Einvernehmen allerdings nicht gebunden, da seine Entscheidung nach §§ 121 Nr. 1, 63 Nr. 3 VwGO auch den Beigeladenen bindet (→ Rn. 13.1 ff.).

Eine **Beiladung ist** zunächst dann **entbehrlich,** wenn ein Zustimmungs- oder Einvernehmenserforder- **13.1** nis tatsächlich nicht besteht oder die angefragte Behörde die Zustimmung bzw. ihr Einvernehmen erteilt hat (zu letzterem GK-AufenthG/Funke-Kaiser § 4 Rn. 182).

Sie ist weiterhin entbehrlich, wenn der Rechtsträger der zustimmungs- bzw. einvernehmenspflichtigen **13.2** Behörde bereits auf Beklagten- oder Antragsgegnerseite am Rechtsstreit beteiligt ist (§ 78 Abs. 1 Nr. 1 VwGO). An die Stelle der Beiladung tritt dann eine interne Abstimmung innerhalb der Behörden desselben Rechtsträgers.

Im **Verfahren des vorläufigen Rechtsschutzes** soll eine Beiladung der zustimmungs- bzw. einverneh- **13.3** menspflichtigen Behörde entbehrlich sein, da eine Ersetzung der Zustimmung bzw. des Einvernehmens in diesem Verfahrensstadium noch nicht erfolge (so wohl SächsOVG BeckRS 2017, 116881 Rn. 7 unter allerdings kaum zielführendem Verweis auf GK-AufenthG/Bodenbender § 39 Rn. 57 ff.). Dies ist – ungeachtet der möglichen Zweckmäßigkeit einer Beiladung erst im Hauptsacheverfahren – zweifelhaft, weil eine gerichtliche „Ersetzung" der Zustimmung bzw. des Einvernehmens ohnehin nicht vorgesehen ist, § 121 Nr. 1 VwGO auch im Verfahren einstweiligen Rechtsschutzes Geltung entfaltet und auch eine vorläufige Entscheidung der Behörde (zB eine vorläufige Erteilung einer Betretenserlaubnis) verwaltungsintern zustimmungspflichtig wäre.

Richtigerweise ist zu unterscheiden: Im Verfahren des vorläufigen Rechtsschutzes ist keine Beiladung **13.4** erforderlich, wenn nur die **Anordnung bzw. Wiederherstellung der aufschiebenden Wirkung** oder **die Aussetzung der Abschiebung begehrt wird,** da in diesen Fällen keine – auch nur vorläufige – Entscheidung über den zustimmungs- bzw. einvernehmenspflichtigen Sachverhalt ergeht. Begehrt der Ausländer hingegen zB die **vorläufige Erteilung einer Betretens- oder Beschäftigungserlaubnis,** so muss die Beiladung schon im Verfahren des einstweiligen Rechtsschutzes erfolgen (vgl. VG Karlsruhe Beschl. v. 15.4.2005 – 10 K 493/05, juris Rn. 11, ZAR 2005, 3; VG Gießen Beschl. v. 28.7.2005 – 7 G 1610/05, juris Rn. 1).

Hiervon aus **Gründen der Prozessökonomie** dann abzusehen, wenn das Rechtsschutzbegehren unab- **13.5** hängig von der einvernehmens- oder zustimmungspflichtigen Frage aus anderen Gründen keinen Erfolg verspricht, erscheint zweifelhaft (so aber BayVGH BeckRS 2005, 17309 Rn. 17; GK-AufenthG/Funke-Kaiser § 4 Rn. 181, 183; aA wohl VG Karlsruhe Beschl. v. 15.4.2005 – 10 K 493/05, vor juris Rn. 1, 11). Denn für die Frage der notwendigen Beiladung genügt bereits die Möglichkeit einer Gestaltungswirkung, so dass es auf den prognostizierten Verfahrensausgang nicht ankommen kann (vgl. Redeker/v. Oertzen/Redeker VwGO § 65 Rn. 8). Dass eine negative Entscheidung für die beizuladende Behörde keine (praktisch bedeutsame) Rechtskraftwirkung entfaltet bzw. die unterlassene Beiladung in diesem Fall jedenfalls keinen erheblichen Verfahrensfehler begründet, kann die Inkaufnahme eines Verfahrensfehlers nicht rechtfertigen (aA GK-AufenthG/Funke-Kaiser § 4 Rn. 181).

Eine **rechtsirrig unterbliebene Beiladung** kann im Berufungs- bzw. Revisionsverfahren, nicht aber **13.6** im Verfahren des Antrags auf Zulassung der Berufung oder der Nichtzulassungsbeschwerde nachgeholt werden (OVG Saarl Beschl. v. 24.1.2011 – 2 A 82/10, juris Rn. 26, BeckRS 2011, 47198 mwN). Ein Rechtsmittel des notwendig Beizuladenden kann auf die unterbliebene Beiladung ohnehin nicht gestützt werden (BVerwG Beschl. v. 7.6.1979 – 1 CB 5/78, juris Rn. 12, BeckRS 1979, 31262583), zumal § 72 der zu beteiligenden Behörde keine klagfähigen Rechtspositionen verleiht (§ 42 Abs. 2 VwGO; vgl. GK-AufenthG/Funke-Kaiser § 4 Rn. 181).

Der beigeladenen Behörde können Kosten ggf. auch dann auferlegt werden, wenn sie im Verfahren **13.7** keinen Antrag gestellt hat (§ 154 Abs. 4 VwGO, § 155 Abs. 4 VwGO). Dies kommt va dann in Betracht, wenn die federführende Behörde den Antrag nur aufgrund ihrer Bindung an das Einvernehmens- bzw. Zustimmungserfordernis verweigert hat. Es liegt daher auch im Interesse der federführenden Behörde, die Gründe für ihre Ablehnungsentscheidung bereits im Verwaltungsverfahren offenzulegen.

Trifft die federführende Behörde eine **Entscheidung ohne die erforderliche Zustimmung 14** bzw. ohne Herstellung des Einvernehmens, ist diese objektiv rechtswidrig (vgl. § 45 Abs. 1 Nr. 5 LVwVfG). Über eine klagfähige Rechtsposition iSd § 42 Abs. 2 VwGO verfügt allerdings keine der mit dem Vollzug des Aufenthaltsrechts oder der StPO beauftragten Behörden, da auch die Kommunen (vgl. Art. 28 Abs. 2 GG) diese Aufgaben als staatliche Aufgaben wahrnehmen.

15 Im Rahmen der Anfechtungsklage des Adressaten eines belastenden Verwaltungsakts kann die fehlende Zustimmung bzw. das fehlende Einvernehmen zur Aufhebung des Bescheides führen, wenn die erforderliche Mitwirkungshandlung nicht nachgeholt wird (§ 45 Abs. 1 Nr. 5, Abs. 2 LVwVfG). Dies muss aufgrund der Abwehrfunktion der Grundrechte („Adressatentheorie") für sämtliche Zustimmungs- oder Einvernehmenserfordernisse gelten, auch wenn etwa Abs. 4 S. 1 selbst keine drittschützende Wirkung zugunsten der betroffenen Ausländer entfaltet (BGH NVwZ 2011, 767 Rn. 12; BeckOK AuslR/Kluth Rn. 14 f.; NK-AuslR/Hofmann Rn. 33, 44 f., 65; allg. SBS/Sachs VwVfG § 45 Rn. 125; aA GK-AufenthG/Gutmann Rn. 55). Die – allerdings herrschende – Gegenauffassung in der verwaltungsgerichtlichen Rechtsprechung (vgl. BVerwG ZAR 2017, 288 (290); VGH BW BeckRS 2012, 45011) ist vor dem Hintergrund der grundrechtlichen Durchdringung des einfachen Rechts offensichtlich unhaltbar und kann – richtigerweise – nur als Anwendungsfall des § 46 LVwVfG verstanden bzw. umgedeutet werden (→ Rn. 15.1).

15.1 Gleiches gilt für Verstöße gegen Einvernehmenspflichten, die – wie zB Abs. 4 S. 2 – jedenfalls auch dem Schutz von Individualinteressen des Betroffenen dienen (vgl. → Rn. 43).

16 Wegen § 46 LVwVfG dürfte eine auf das fehlende Einvernehmen bzw. die fehlende Zustimmung gestützte Aufhebung verwaltungsbehördlicher Entscheidungen aber jedenfalls in den Fällen des Abs. 1 und Abs. 3 nur bei Ermessensentscheidungen in Betracht kommen. Anderes gilt allerdings für die Anordnung von Abschiebungshaft, da Art. 104 GG insoweit strengere Anforderungen an die Einhaltung der Haftvoraussetzungen stellt (vgl. BGH BeckRS 2011, 15737 Rn. 5; BVerwG ZAR 2017, 288 (290)).

III. Einvernehmenspflicht

17 Vom Zustimmungserfordernis unterscheidet sich das Erfordernis der Herstellung des **„Einvernehmens"** allenfalls in Nuancen: Die federführende Behörde ist hier nicht nur gehalten, die Zustimmung zu der behördenintern ggf. bereits abgeschlossenen Entscheidungsfindung zu erfragen, sondern soll das Ergebnis des anstehenden Entscheidungsprozesses im Einvernehmen mit der zu beteiligenden Behörde herbeiführen. Dies impliziert gegenüber der bloßen Zustimmung eine stärkere und vor allem frühere Einbindung der zu beteiligenden Behörde in die Entscheidungsprozesse (BeckOK AuslR/Kluth Rn. 4; aA GK-AufenthG/Gutmann Rn. 26: kein Unterschied).

18 Da sich eine rechtzeitige und umfassende Einbindung der zu beteiligenden Behörde allerdings auch im Zustimmungsverfahren empfiehlt, um effiziente Verwaltungsabläufe zu erzielen und die Akzeptanz der vorgeschlagenen Entscheidung zu erhöhen, dürften die praktischen Unterschiede zwischen Einvernehmens- und Zustimmungsverfahren – soweit überhaupt vom Gesetzgeber intendiert – minimal sein (BeckOK AuslR/Kluth Rn. 4).

19 Inhaltlich **entspricht das Prüfprogramm der angefragten Behörde dem Prüfprogramm der anfragenden Behörde;** ihre Entscheidung ist im Falle einer Verweigerung des Einvernehmens ggf. kurz zu begründen (jeweils → Rn. 11).

20 Für den Rechtsschutz gelten die obigen Ausführungen zum behördlichen Einvernehmen entsprechend (→ Rn. 12 ff.).

C. Einzelerläuterungen

I. Einvernehmenserfordernisse

1. Änderung und Aufhebung von Maßnahmen (Abs. 3)

21 Das Einvernehmenserfordernis des Abs. 3 umfasst neben räumlichen Beschränkungen nach § 12 Abs. 2 S. 1, Abs. 4, § 56 Abs. 2 Hs. 2, § 61 Abs. 1a, Abs. 1c, Auflagen und Bedingungen nach § 12 Abs. 2 S. 1, Abs. 4, § 12a Abs. 2–4, § 23 Abs. 2 S. 4, § 61 Abs. 1d und Abs. 1e, Entscheidungen über die Befristung der Dauer von Aufenthalts- und Einreiseverboten nach § 11 Abs. 2 S. 1 und Beschränkungen der politischen Betätigung nach § 47 auch „sonstige Maßnahmen", die von nach § 71 zuständigen Behörden gegenüber Ausländern getroffen wurden, die nicht über den erforderlichen Aufenthaltstitel verfügen.

22 Die Bezugnahme auf den „erforderlichen" Aufenthaltstitel macht deutlich, dass die Generalklausel des Abs. 3 Var. 5 **nur Maßnahmen gegenüber ausreisepflichtigen Ausländern erfasst.** Visabefreite oder nach dem EWG–Türkei (Beschluss Nr. 1/80 des Assoziationsrates v. 19.9.1980 über die Entwicklung der Assoziation) aufenthaltsberechtigte Ausländer fallen daher nicht unter die Generalklausel des Abs. 3 Var. 5. Gleiches gilt während der Dauer einer Fiktionswirkung nach § 81 Abs. 3 S. 1 oder Abs. 4 S. 1 oder S. 3 (NK–AuslR/Hofmann Rn. 21).

Ob sich das Einvernehmenserfordernis **auch im Übrigen nur auf Maßnahmen gegenüber** 23 **illegal aufhältigen Ausländern erstreckt,** könnte angesichts der in Abs. 3 Var. 1–4 aufgezählten Maßnahmen zweifelhaft sein: So können etwa Beschränkungen der politischen Tätigkeit nach § 47 grundsätzlich unabhängig vom Aufenthaltsstatus des Betroffenen ausgesprochen werden, während Auflagen und Bedingungen nach § 12 Abs. 2 sogar nur in Verbindung mit der Erteilung eines Aufenthaltstitels ergehen können. Da solche Auflagen und Bedingungen nach § 51 Abs. 6 aber auch nach Wegfall des Aufenthaltstitels fortbestehen können und § 72 Abs. 3 die in Var. 1– 4 genannten Maßnahmen ausdrücklich als „sonstige" Maßnahmen gegen Ausländer ohne den erforderlichen Aufenthaltstitels bezeichnet, muss der Kreis der Abs. 3 erfassten Maßnahmen wohl in vergleichbarer Weise beschränkt sein.

Ausgehend von diesem – begrifflich eher unglücklichen – Textbefund muss der Zweck des in 24 Abs. 3 geregelten Einvernehmenserfordernisses wohl darin gesehen werden, **zu verhindern, dass der ohnehin ausreisepflichtige Ausländer eine Aufhebung der ihn betreffenden Einschränkungen zB durch strategische Wohnortwechsel gezielt erwirken kann** (→ Rn. 24.1).

Im Ergebnis erscheint die **Beschränkung auf illegal aufhältige Ausländer** in Ansehung des in der 24.1 Norm ausdrücklich genannten Maßnahmenkatalogs dennoch **weitgehend unverständlich.** Sie ist **als Ausfluss der Gesetzesbindung der Verwaltung aber jedenfalls zu beachten** und kann auch im Wege der Normauslegung nicht überwunden werden (GK–AufenthG/Gutmann Rn. 17; aA wohl Hailbronner AuslR Rn. 10).

Hieraus folgt zugleich, dass es für die Anwendbarkeit des Abs. 3 nicht darauf ankommt, ob der 25 Betroffene im Zeitpunkt der erstmaligen Anordnung einer Maßnahme über eine Aufenthaltserlaubnis verfügte. Maßgeblich muss vielmehr sein, ob der Betroffene **im Zeitpunkt der Entscheidung über die Änderung oder Aufhebung der Maßnahme über einen Aufenthaltstitel verfügt.** Die Erteilung eines Aufenthaltstitels lässt das Einvernehmenserfordernis des Abs. 3 demnach entfallen (Nr. 72.3.1.1 AufenthGAVwV).

Aus der Bezugnahme auf die anordnende Behörde folgt dabei, dass **unmittelbar kraft Geset-** 26 **zes** – wie zB die räumliche Beschränkung nach § 61 Abs. 1 S. 2 – **eintretende Beschränkungen nicht von Art. 72 Abs. 3 AufenthG erfasst werden** (so auch Nr. 72.3.1.2 AufenthGAVwV; GK–AufenthG/Gutmann Rn. 21; NK–AuslR/Hofmann Rn. 20). Vielmehr setzt dessen Anwendung eine individualisierte Entscheidung voraus, die geändert oder aufgehoben werden kann (→ Rn. 26.1).

Bei der zu beteiligenden Behörde muss es sich nicht notwendigerweise um eine Ausländerbehörde 26.1 handeln, da nach § 71 Abs. 3 Nr. 1c insbesondere auch Grenzbehörden für Befristungsentscheidungen nach § 11 Abs. 2 S. 1 zuständig sein können (vgl. → § 71 Rn. 65). Dies hat der Gesetzgeber durch eine Normänderung im Rahmen des Gesetzes zur Umsetzung aufenthalts- und asylrechtlicher Richtlinien der Europäischen Union (v. 19.8.2007, BGBl. I 1970) klargestellt (Bergmann/Dienelt/Samel Rn. 1; → Rn. 1.1).

Nach Abs. 3 S. 2 gilt das behördliche Einvernehmenserfordernis nicht, wenn der Aufenthalt 27 des Ausländers nach §§ 56, 59 AsylG beschränkt ist. In diesem Fall trifft die nach den vorgenannten Vorschriften zuständige Ausländerbehörde die in Abs. 3 S. 1 bezeichneten Entscheidungen alleine.

2. Ausweisung und Abschiebung bei anhängigem Ermittlungs- oder Strafverfahren (Abs. 4 S. 1, S. 3–5)

a) Regelfall. Nach Einleitung eines Ermittlungsverfahrens oder Erhebung öffentlicher Klage 28 (→ Rn. 31) **bedarf die Ausweisung oder Abschiebung** (→ Rn. 32) **des Beschuldigten des Einvernehmens der ermittelnden Staatsanwaltschaft,** wenn nicht nur ein geringes Strafverfolgungsinteresse besteht (vgl. zu dieser Ausnahme → Rn. 37; → Rn. 28.1).

Korrespondierend zu § 72 Abs. 4 S. 1 begründet § 87 Abs. 4 S. 1 eine **Benachrichtigungspflicht der** 28.1 **Strafverfolgungsbehörden** über die Einleitung von Strafverfahren gegenüber den Ausländerbehörden.

Das Einvernehmenserfordernis soll gewährleisten, dass Strafverfahren abgeschlossen werden 29 können, bei denen das öffentliche Strafverfolgungsinteresse das Interesse an der sofortigen Ab- oder Zurückschiebung überwiegt (BGH FGPrax 2011, 146 Rn. 18, 22; → Rn. 29.1).

29.1   Nach dem ausdrücklichen Normwortlaut gilt Abs. 4 nicht schon für den Erlass der Abschiebungsandrohung oder -anordnung, sondern erst für deren tatsächliche Vollziehung (NdsOVG BeckRS 2011, 54636; Bergmann/Dienelt/Samel Rn. 16).

30   Das Einvernehmenserfordernis des Abs. 4 S. 1 dient nicht subjektiven Interessen des Ausländers, sondern **alleine der effektiven Verwirklichung des staatlichen Strafanspruchs** (BVerwG ZAR 2017, 288 (290); VGH BW BeckRS 2012, 45011; GK-AufenthG/Gutmann Rn. 38). Ein Duldungsanspruch kann hierauf daher nicht gestützt werden (VG Berlin BeckRS 2019, 16031 Rn. 18).

31   Ein Ermittlungsverfahren ist eingeleitet, wenn die zuständige Ermittlungsbehörde eine Maßnahme trifft, die erkennbar darauf abzielt, gegen – ggf. auch unbekannte – Personen strafrechtlich vorzugehen (Hailbronner AuslR Rn. 13 mN). Die Erhebung der öffentlichen Klage erfolgt durch Einreichung einer Anklage bei dem zuständigen Gericht (§ 170 Abs. 1 StPO) oder durch Beantragung des Erlasses eines Strafbefehls (§ 407 Abs. 1 S. 4 StPO).

32   Das Einvernehmenserfordernis des Abs. 4 gilt **nicht für Fälle der Zurückweisung** (BGH BeckRS 2017, 134819 Rn. 9 ff.). Nach der Rechtsprechung gilt es aber – in teleologischer Erweiterung des § 72 Abs. 2, der nur von „Abschiebung" spricht – **auch für die Zurückschiebung** (BGH FGPrax 2011, 146 Rn. 17 ff.; krit. GK-AufenthG/Gutmann Rn. 34) und das **Verfahren der Rücküberstellung nach Maßgabe des Dublin III-Regimes** (BGH BeckRS 2018, 23795 Rn. 7; → Rn. 32.1).

32.1   Nr. 72.4.3 AufenthGAVwV ist daher im Hinblick auf die Zurückschiebung überholt.

33   Zuständig für die Erteilung des Einvernehmens sind die das Verfahren führenden **Staats- oder Amtsanwälte der zuständigen Staatsanwaltschaft,** nicht aber deren Ermittlungspersonen (BGH FGPrax 2011, 146 Rn. 23 ff.).

34   Das Einvernehmenserfordernis **endet mit rechtskräftigem Abschluss oder endgültiger Einstellung des Strafverfahrens** (vgl. BGH FGPrax 2015, 181 Rn. 5). Eine **vorläufige Einstellung** des Ermittlungsverfahrens lässt das Einvernehmenserfordernis hingegen nicht entfallen, da das durch die Einstellung lediglich unterbrochene Ermittlungsverfahren bei Wegfall des Verfolgungshindernisses jederzeit wieder aufgenommen werden kann (BGH BeckRS 2018, 23797 Rn. 5).

35   Im Fall eines Freispruchs oder eines Verfahrensabschlusses ohne unbedingte Freiheitsstrafe entfällt das Einvernehmenserfordernis ersatzlos. Im Fall einer unbedingten Freiheitsstrafe tritt § 456a StPO an Stelle des Einvernehmenserfordernisses (vgl. GK-AufenthG/Gutmann Rn. 40 f.), der ein Absehen von der Vollstreckung in Fällen der Ausweisung oder Auslieferung ermöglicht. Dies erfolgt regelmäßig aber erst nach Verbüßung der Halbstrafe (BeckOK Strafvollzug Bund/Walther StPO § 456a Rn. 5).

36   Eine Verletzung des Einvernehmenserfordernisses führt unstreitig zur Rechtswidrigkeit einer auf die einvernehmenspflichtige Maßnahme gestützten Anordnung der Abschiebungshaft, auch wenn das – nicht drittschützende (→ Rn. 30) – Einvernehmenserfordernis des Abs. 4 S. 1 insoweit nur Reflexwirkung zugunsten des betroffenen Ausländers entfaltet (BGH NVwZ 2011, 767 Rn. 12). Nichts anderes kann aber für die Ausweisung oder die Abschiebung gelten, da sich das Recht zur Abwehr objektiv rechtswidriger Eingriffe unmittelbar aus der Abwehrfunktion der Grundrechte ergibt (str.; vgl. im Einzelnen → Rn. 15).

37   **b) Ausnahme bei geringem Strafverfolgungsinteresse.** Nach Abs. 3 S. 3 besteht ein Einvernehmenserfordernis abweichend von S. 1 nicht, wenn nur ein geringes Strafverfolgungsinteresse besteht. Der Begriff des „geringen Strafverfolgungsinteresses" ist in S. 4 abschließend legaldefiniert: Das Strafverfolgungsinteresse ist nur dann gering, wenn nur Straftaten nach § 95 AufenthG, nach § 9 FreizügG/EU oder allgemeine Straftaten mit geringem Unrechtsgehalt in Rede stehen.

37.1   Bei Straftaten nach dem Strafgesetzbuch hatte der Gesetzgeber ein geringes Strafverfolgungsinteresse ursprünglich nur dann angenommen, wenn die Katalogtat als „begleitende Straftat" zu Straftaten nach § 95 AufenthG oder § 9 FreizüG/EU verwirklicht worden war. Diese Beschränkung ist in Folge des Zweiten Gesetzes zur besseren Durchsetzung der Ausreisepflicht vom 15.8.2019 (BGBl. 2019 I 1294) entfallen.

38   Der Begriff der **„Straftaten mit geringem Unrechtsgehalt"** ergibt sich wiederum aus S. 5: Derartige Begleitstraftaten können vorliegen, wenn es sich ausschließlich um Verstöße gegen die abschließend aufgezählten Strafnormen – neben Hausfriedensbruch und Beleidigung vorwiegend einfache Gewalt-, Eigentums- und Vermögensdelikte – handelt, kein Strafantrag gestellt wurde und nicht mehrere selbstständige Taten Gegenstand des Ermittlungs- bzw. Strafverfahrens sind. Eine individuelle Prüfung des Schuldvorwurfs findet insoweit nicht statt (Hailbronner AuslR

Rn. 13a; unklar GK-AufenthG/Gutmann Rn. 42.4; → Rn. 38.1). Mit dem Zweiten Gesetz zur besseren Durchsetzung der Ausreisepflicht vom 15.8.2019 (BGBl. 2019 I 1294) hat der Gesetzgeber den Kreis der Straftaten mit geringem Unrechtsgehalt erheblich erweitert, um das Verfahren der Abschiebung und Ausweisung „praktikabler zu gestalten" (BT-Drs. 19/10047, 46).

Als Straftat mit geringem Unrechtsgehalt dürfte neben der in Abs. 4 S. 5 genannten vorsätzlichen **38.1** Körperverletzung (§ 223 StGB) auch – a maiore ad minus – die fahrlässige Körperverletzung (§ 229 StGB) anzusehen sein (GK-AufenthG/Gutmann Rn. 42.4).

Das von der Rechtsprechung betonte Erfordernis eines inneren Zusammenhangs der „Straftaten **39** mit geringem Unrechtsgehalt" mit Straftaten nach § 95 AufenthG oder § 9 FreizügG/EU ist in Folge der Neufassung des Abs. 3 S. 4 im Jahr 2019 entfallen.

Ursprünglich knüpfte die Legaldefinition des S. 5 nicht alleine an den abstrakt geringen Unrechtsgehalt **39.1** der in der Norm genannten Delikte an, sondern sollte verhindern, dass einzelne regelmäßig im Zusammenhang mit Straftaten nach § 95 AufenthG oder § 9 FreizügG/EU begangene Delikte zu einem Wiederaufleben der gesetzlichen Einvernehmenspflicht führen und die Wirkung der Ausnahmeregelung nach S. 3 so schwächen (BGH BeckRS 2018, 23795 Rn. 13; ähnlich Hailbronner AuslR Rn. 13b).

In Folge der Neukonzeption des S. 3, der auf das Erfordernis der Begleitstraftat nunmehr verzichtet, **39.2** hat der Gesetzgeber den Katalog der in S. 5 benannten Straftaten nun auch auf eine Vielzahl von Delikten erweitert, die zwar nicht regelmäßig im Zusammenhang mit ausländerspezifischen Straftaten auftreten, aber einen abstrakt geringen Unrechtsgehalt aufweisen. Dieser ist daher nunmehr das einzig tragende Motiv der Ausnahmeklausel der S. 3–5.

Die Ausnahmeklausel gilt überdies nur dann, wenn ausschließlich die in S. 4 genannten Delikte **40** in Rede stehen und keine der in S. 5 bezeichneten Gegenausnahmen vorliegt. Wird auch nur wegen einem nicht in Abs. 4 S. 4 genannten Delikt parallel ermittelt, wurde ein Strafantrag hinsichtlich der in S. 5 genannten Delikte gestellt oder sind mehrere tatmehrheitliche Verstöße gegen die in S. 5 genannten Strafnormen Gegenstand des Ermittlungs- oder Strafverfahrens, so bleibt die Ausweisung oder Abschiebung einvernehmenspflichtig (→ Rn. 40.1 f.).

Die Gegenausnahme des Abs. 4 S. 3 entfällt bereits dann, wenn **mehrere Verstöße gegen die in** **40.1** **Abs. 4 S. 5 genannten Strafnormen** im Raum stehen. Es ist nicht notwendig, dass wiederholt gegen dieselbe Strafnorm verstoßen wurde.

Ohne Bedeutung ist nach dem klaren Normwortlaut, ob der Betroffene wiederholt gegen § 95 Auf- **40.2** enthG oder § 9 FreizügG/EU verstoßen hat oder ob in der Vergangenheit bereits Verstöße gegen die in S. 5 genannten Strafnormen Gegenstand eines Ermittlungs- oder Hauptverfahrens waren. Maßgeblich ist alleine der – abstrakt zu bestimmende – Unrechtsgehalt der gegenwärtig zu ermittelnden bzw. angeklagten Tatvorwürfe.

Weitere Ausnahmen können sich aus **generellen Einvernehmenserklärungen** der zuständi- **41** gen Staatsanwaltschaften ergeben (vgl. Nr. 72.4.2 AufenthGAVwV). Die praktisch bedeutsamste Fallgruppe – das antizipierte Einverständnis mit der Ausweisung und Abschiebung bei Ermittlungsverfahren nach § 95 – wurde mittlerweile allerdings in Abs. 4 S. 3–5 gesetzlich kodifiziert (GK-AufenthG/Gutmann Rn. 33).

3. Ausweisung und Abschiebung bei Personen im Zeugenschutzprogramm (Abs. 4 S. 2)

Ein Einvernehmen der zuständigen Behörden ist auch erforderlich in Fällen, in denen die **42** Ausweisung oder Abweisung eines nach § 1 Abs. 1 ZSHG **zu schützenden strafprozessualen** **Zeugen** oder einer ihm nahestehenden Person iSd § 1 Abs. 2 und Abs. 3 ZSHG in Rede steht. Die Norm setzt dabei den nach Maßgabe der §§ 3 ff. ZSHG zu gewährleistenden Schutz fort und soll eine Prüfung ermöglichen, ob die für die Aufnahme in das Zeugenschutzprogramm ursächlich Gefährdung ggf. auch bei einer Rückkehr ins Herkunftsland fortbestünde.

Die Norm dient – anders als etwa das in Abs. 4 S. 1 geregelte Einvernehmenserfordernis (→ **43** Rn. 30) – nicht alleine der Sicherung der Funktionsfähigkeit der Strafverfolgung, sondern jedenfalls auch bzw. sogar **primär dem Schutz der jeweils zu schützenden Person.** Die Norm ist daher drittschützend, so dass ein Verstoß – vorbehaltlich einer Heilung im gerichtlichen Verfahren (§ 45 Abs. 1 Nr. 5 LVwVfG) – jedenfalls zur Rechtswidrigkeit (und ggf. der Aufhebung im gerichtlichen Verfahren) der Ausweisung oder Abschiebung führt (GK-AufenthG/Gutmann Rn. 41, 55.1; NK-AuslR/Hofmann Rn. 47 f.; vgl. zum Streitstand im Übrigen → Rn. 15).

Zuständige Behörde ist die nach dem jeweiligen Landesrecht zuständige **Zeugenschutzdienst-** **44** **stelle, dh die Polizeibehörden der Länder oder das Bundeskriminalamt** (§ 2 Abs. 1 S. 1

ZSHG). In den einzelnen Bundesländern ist die Zuständigkeit entweder bei einer zentralen Zeugenschutzdienststelle konzentriert oder den örtlich zuständigen Polizeidienststellen überlassen, die auf die Unterstützung einer landesweiten Koordinierungsstelle – in der Regel beim Landeskriminalamt – zurückgreifen können (vgl. MüKoStPO/Roggan ZSHG § 2 Rn. 2).

II. Zustimmungserfordernisse

1. Zustimmung der Ausländerbehörde des vorgesehenen Aufenthaltsorts bei Erteilung einer Betretenserlaubnis (Abs. 1 S. 1)

45   Die **Erteilung einer Erlaubnis zum Betreten des Bundesgebiets trotz bestehender Einreisesperre** nach § 11 Abs. 8 bedarf nach § 72 Abs. 1 S. 1 der Zustimmung (zum Begriff → Rn. 5 f.) der für den vorgesehenen Ort zuständigen Ausländerbehörde. Dies wird oftmals, muss aber nicht notwendigerweise jene Behörde sein, deren Amtshandlung die Einreisesperre ausgelöst hat – in der Regel die Behörde des gewöhnlichen Aufenthalts des Ausländers im Zeitpunkt der Entscheidung (§ 3 Abs. 1 Nr. 3 lit. a LVwVfG) –; ansonsten ist diese zumindest nach § 72 Abs. 2 S. 1 zu beteiligen (→ Rn. 49 ff.).

46   Der Zustimmungsvorbehalt des Abs. 1 S. 1 ergänzt den in § 31 Abs. 1 AufenthV für das Visaverfahren vorgesehenen Vorbehalt der Zustimmung der Ausländerbehörde des Zielorts und erweitert diesen auf sämtliche Fälle der Einreise. Dies ist dem Umstand geschuldet, dass das das Einreise- und Aufenthaltsverbot tragende Fernhalteinteresse in Fällen des § 11 Abs. 8 denknotwendig noch fortbesteht, da sonst dessen Aufhebung nach § 11 Abs. 4 S. 1 und S. 2 verlangt werden könnte (→ Rn. 46.1).

46.1   Dementsprechend bedarf eine Aufhebung des Einreise- und Aufenthaltsverbots nach § 72 Abs. 3 S. 1 nur der Zustimmung der Behörde, deren Amtshandlung die Einreisesperre ausgelöst hat. Diese prüft – ebenso wie die für die Aufhebung zuständige Behörde – ob das Fernhalteinteresse noch fortbesteht oder von berechtigten Einreiseinteressen des Betroffenen beiseitegedrängt wird. Ist dies der Fall, ist eine Beteiligung der Ausländerbehörde des (ggf. späteren) Zielorts nur nach Maßgabe des § 31 Abs. 1 S. 1 und S. 2 AufenthV vorgesehen.

47   Die Regelung des Abs. 1 S. 1 kann als Indiz dafür verstanden werden, dass – wie hier vertreten – die **Zuständigkeit für die Erteilung der Betretenserlaubnis nicht bei den Ausländerbehörden der Länder liegt, sondern von den deutschen Auslandsvertretungen wahrgenommen werden soll** (vgl. → § 71 Rn. 45.1 sowie GK-AufenthG/Gutmann Rn. 4). Dieser Schluss ist allerdings nicht zwingend, auch wenn bei Annahme einer Zuständigkeit der Ausländerbehörden nur ein vergleichsweise schmaler Anwendungsbereich für Abs. 1 verbleibt (vgl. Nr. 72.1.1 AufenthGAVwV).

2. Aufhebung einer Wohnsitzverpflichtung bei Wohnortwechsel (Abs. 3a)

47a   Abs. 3a wurde mit Gesetz zur Entfristung des Integrationsgesetzes vom 4.7.2019 (BGBl. 2019 I 914) in das AufenthG eingefügt. Er begründet ein Zustimmungserfordernis der Behörde des Zuzugsortes für die Aufhebung einer Wohnsitzverpflichtung nach § 12a Abs. 5 im Falle eines geplanten Wohnsitzwechsels.

47a.1 Ein entsprechender Regelungsentwurf war schon Gegenstand früherer Gesetzgebungsvorschläge, konnte sich zunächst aber nicht durchsetzen (BT-Drs. 18/8829, 20; 18/8883, 16). Eine parallel bestehende länderübergreifende Vereinbarung konnte ohne gesetzliche Grundlage zunächst keine Außenwirkung entfalten (OVG Bln-Bbg BeckRS 2018, 8746).

47b   Abs. 3a gilt in allen Fällen, in denen eine Wohnsitzverpflichtung nach § 12a Abs. 1–4 durch behördliche Entscheidung nach § 12a Abs. 5 aufgehoben werden soll. Er gilt auch in Fällen der Abänderung nach § 12a Abs. 5 S. 3, die das Gesetz als Form der „Aufhebung" begreift. Er greift allerdings dann nicht, wenn die Wohnsitzverpflichtung schon – zB nach § 12a Abs. 1 S. 2 – kraft Gesetzes entfällt (BT-Drs. 19/8692, 11).

47b.1 In den Fällen der negativen Wohnsitzverpflichtung nach § 12a Abs. 4 stellt sich die Frage praktisch allerdings nur dann, wenn ein Zuzug an einen ihm „verbotenen" Ort beabsichtigt ist. Andernfalls ist es ggf. zweckmäßiger, den Umzug zunächst – nach Abänderung bestehender positiver Wohnsitzverpflichtungen – vorzunehmen und die Aufhebung der negativen Wohnsitzauflage dann bei der zuständig gewordenen Behörde des neuen Wohnortes zu beantragen.

Denklogisch kann ein Zustimmungserfordernis der aufnehmenden Behörde nur dann bestehen, wenn **47b.2** diese nicht ohnehin nach § 3 Abs. 1 Nr. 3a (L)VwVfG örtlich zuständig ist (Konfusionsargument). Da die Rechtsprechung allerdings – insoweit bislang ohne gesetzliche Grundlage (vgl. → § 71 Rn. 2.1 sowie unten → Rn. 47h) – nur den rechtmäßigen Aufenthalt als „gewöhnlichen Aufenthalt" iSd § 3 (L)VwVfG bewertet (vgl. VG Berlin BeckRS 2011, 53929), gilt Abs. 3a unabhängig davon, ob der Wohnsitzwechsel im Zeitpunkt der behördlichen Entscheidung lediglich geplant oder – unter Verstoß gegen die Wohnsitzverpflichtung – bereits umgesetzt worden ist.

Für die Entscheidung der aufnehmenden Behörde gilt nach Abs. 3a S. 2 das materielle Entschei- **47c** dungsprogramm des § 12a Abs. 5 unverändert; ihr ist daher – nicht anders als der für die Aufhebung zuständigen Behörde – weder ein Beurteilungsspielraum noch ein Entscheidungsermessen einge- räumt (Bergmann/Dienelt/Samel Rn. 15). Das Zustimmungserfordernis dient daher in der Sache lediglich der formalen Beteiligung der aufnehmenden Behörde unter Einbeziehung der dieser vorliegenden tatsächlichen Erkenntnisse vor Ort. Ein besonderer Gestaltungsspielraum ist der aufnehmenden Behörde demgegenüber nicht eingeräumt.

Eine Ablehnung ist daher zB nicht bereits dann möglich, wenn aus Sicht der Ausländerbehörde am **47c.1** Zuzugsort alternative Beschäftigungs- oder Qualifizierungsmöglichkeiten an einem anderen Ort bestehen oder Wohnraum- oder Betreuungsangebote am Zuzugsort nur beschränkt verfügbar sind (BT-Drs. 19/ 8692, 11).

Verfahrensrechtlich ist es Aufgabe der örtlich zuständigen Behörde, die aufnehmende Behörde **47d** um ihre Zustimmung zu ersuchen. Diese hat binnen der in S. 3 geregelten Vierwochenfrist zu entscheiden und ihre Ablehnung ggf. zu begründen (S. 2). Die Entscheidung über die Erteilung des Einvernehmens ist dennoch Verwaltungsinternum und hat für den Betroffenen keine unmittelbare Außenwirkung; die Verweigerung des Einvernehmens ist für die zuständige Behörde indes bindend (→ Rn. 12). Da das verweigerte Einvernehmen im gerichtlichen Verfahren allerdings „ersetzt" werden kann, liegt es – schon im Hinblick auf die verwaltungsgerichtliche Kostenentscheidung (§ 154 Abs. 3 VwGO, § 155 Abs. 4 VwGO) im ureigenen Interesse der zuständigen Behörde (und entspricht zudem guter Verwaltungspraxis), die von der aufnehmenden Behörde intern mitgeteil- ten Ablehnungsgründe in den Bescheid aufzunehmen.

Nach der Gesetzesbegründung sollen Härtefallanträge nach § 12a Abs. 5 S. 1 Nr. 2 sowohl von der **47d.1** örtlich zuständigen Behörde als auch von der Ausländerbehörde am Zuzugsort mit besonderer Priorität bearbeitet werden; dies gilt insbesondere dann, wenn Fälle der häuslichen Gewalt in Rede stehen (BT-Drs. 19/8692, 11). Dies hat im Gesetz keinen besonderen Niederschlag gefunden, ergibt sich aber aus der Natur der Sache.

Rechtsschutz gegen die Versagung der Zustimmung kann – entsprechend den oben dargestellten **47e** allgemeinen Grundsätzen (→ Rn. 13 ff.) – nur im Wege der Verpflichtungsklage bzw. des Antrags auf einstweiligen Rechtsschutz gegenüber der örtlich zuständigen Behörde gesucht werden. Auch die gesetzliche Kodifizierung des zuvor nur kraft länderübergreifender Vereinbarung geltenden Zustimmungserfordernisses (→ Rn. 1.7) ändert nichts daran, dass die Verweigerung der Zustim- mung im gerichtlichen Verfahren keine Bindungswirkung mehr entfaltet; die aufnehmende Behörde ist allerdings nach § 65 Abs. 2 VwGO notwendig zum Verfahren beizuladen (iE → Rn. 13 ff.). Beruht die behördliche Ablehnungsentscheidung alleine auf der Bindung an die verweigerte Zustimmung, sind die Kosten des Verfahrens ggf. der verweigernden Behörde aufzuer- legen (§ 154 Abs. 3 VwGO, § 155 Abs. 4 VwGO).

Nach Ablauf von vier Wochen seit Eingang des Ersuchens bei der zustimmungspflichtigen **47f** Behörde wird deren Zustimmung fingiert, wenn diese ihre Zustimmung nicht innerhalb der Frist verweigert hat (S. 3). Maßgeblich für den Fristbeginn ist insoweit alleine das Ersuchen der federführenden Behörde, da ein „Ersuchen" des Antragstellers nicht vorgesehen ist und die zustim- mungspflichtige Behörde nur auf Grundlage der ihr von der ersuchenden Behörde mitgeteilten Informationen sinnvoll entscheiden kann.

Aufgrund der Beschränkung der Ersuchensmöglichkeit auf die federführende Behörde hat diese es **47 f.1** faktisch in der Hand, den Fristbeginn herbeizuführen. Mit dem Beschleunigungszweck des Abs. 3a S. 3 wäre eine zögerliche (oder gar gezielt verzögernde) Übermittlung an die zustimmungspflichtige Behörde aber nicht vereinbar, so dass das Gebot der zweckmäßigen und va zügigen Verfahrensdurchführung (§ 10 S. 2 (L)VwVfG) mit besonderem Nachdruck gilt.

Die Frist wird nur dann gewahrt, wenn der Widerspruch der ersuchten Behörde innerhalb der **47g** Frist bei der ersuchenden Behörde eingeht (vgl. OVG RhPf BauR 2018, 1394 zu § 36 Abs. 2 S. 2 BauGB). Eine Verlängerung der Zustimmungsfrist ist gesetzlich nicht vorgesehen.

47g.1 Abhängig von der Dringlichkeit der Angelegenheit kann – insbesondere in Fällen häuslicher Gewalt – eine behördliche Entscheidung schon weit vor Ablauf der Vierwochenfrist angezeigt sein (→ Rn. 47d.1). Abs. 3a S. 3 gibt der ersuchten Behörde daher lediglich eine Maximalfrist vor, die ggf. deutlich unterschritten werden sollte. Dies gilt insbesondere in Ansehung des Umstands, dass die härtebegründenden Umstände in der Regel solche sein dürften, die am bisherigen Wohnort des Betroffenen vorliegen und daher ohnehin vorrangig von der örtlich zuständigen Behörde zu prüfen sind.

47h Nach Abs. 3a S. 4 begründet die Erfüllung melderechtlicher Verpflichtungen keine Zuständigkeit einer Ausländerbehörde. Dies ist vor dem Hintergrund des § 3 VwVfG und der entsprechenden Landesbestimmungen eigentlich selbstverständlich; es kann wohl nur als Hinweis darauf verstanden werden, dass der Zuzug unter Verletzung einer Wohnsitzverpflichtung nach der Rechtsprechung auch dann keinen „gewöhnlichen Aufenthalt" iSd § 3 Abs. 1 Nr. 3 lit. a LVwVfG begründet, wenn sich der Betroffene faktisch schon länger im Zuständigkeitsbereich der aufnehmenden Behörde aufhält (→ Rn. 47b.2).

3. Weitere Zustimmungserfordernisse

48 **Weitere Zustimmungserfordernisse** sind in § 10 Abs. 1 (Erteilung eines Aufenthaltstitels während des Asylverfahrens; → § 10 Rn. 4), § 39 (Zustimmung der Bundesagentur für Arbeit zur Ausländerbeschäftigung; → § 39 Rn. 1 ff.) und § 60 Abs. 4 (Auslieferungsverfahren; → § 60 Rn. 20), in §§ 11, 13 AufenthV (Passersatzpapiere), § 12 AufenthV (Grenzgängerkarte) und §§ 31 ff. AufenthV (Visaverfahren) sowie in landesrechtlichen Ausführungsbestimmungen geregelt (vgl. die Kommentierung bei den jeweiligen Vorschriften bzw. → Rn. 64 f.).

III. Beteiligungserfordernisse

1. Beteiligung der Ausweisungs-, Abschiebungs- oder Zurückschiebungsbehörde bei Erteilung einer Betretenserlaubnis (Abs. 1 S. 2)

49 Im Fall der **Erteilung einer Erlaubnis zum Betreten des Bundesgebiets trotz bestehender Einreisesperre** nach § 11 Abs. 8 räumt § 72 Abs. 1 S. 2 der Behörde, deren Amtshandlung das Einreise- und Aufenthaltsverbot ausgelöst hat, kein volles Mitspracherecht (im Sinne eines Zustimmungsvorbehalts; → Rn. 10) ein; sie ist aber zumindest zu beteiligen (zum Begriff → Rn. 5). Zweck dieses Anhörungsrechts ist die Klärung, ob und ggf. mit welchem Gewicht das die Einreisesperre tragende Fernhalteinteresse im Zeitpunkt der beabsichtigten Wiedereinreise noch fortbesteht (→ Rn. 49.1).

49.1 Inhaltlich ist das Beteiligungserfordernis in den Fällen des § 11 Abs. 8 **schwächer ausgestaltet als die Pflicht zur Herbeiführung des Einvernehmens,** die § 72 Abs. 3 S. 1 im Verfahren der Verkürzung oder Aufhebung des Einreise- und Aufenthaltsverbots vorsieht. Dies ist dem Umstand geschuldet, dass § 11 Abs. 8 dem Betroffenen zwar kurzfristig und zweckgebunden die Einreise und den Aufenthalt ermöglicht, das Einreise- und Aufenthaltsverbot im Übrigen aber fortbesteht.

50 Während die jeweilige Ausweisungsbehörde schon von Gesetzes wegen eindeutig bestimmbar sein muss (§ 44 Abs. 2 Nr. 1 LVwVfG), kann der Begriff der Abschiebebehörde insbesondere in Fällen der Amtshilfe unklar sein. Gemeint ist jedoch nicht jene Behörde, die die Abschiebung für eine andere Behörde durchgeführt hat, sondern **die für die Veranlassung und Organisation der Abschiebung verantwortliche Behörde** (GK-AufenthG/Gutmann Rn. 5).

51 Das Gebot der Beteiligung der Ausweisungs-, Abschiebungs- oder Rückschiebungsbehörde gilt nach Abs. 1 S. 2 nur **„in der Regel", dh vorbehaltlich besonderer Ausnahmefälle.** Dies kann vor allem dann der Fall sein, wenn das Interesse an einer sofortigen Sachentscheidung in Eilfällen gegenüber dem Interesse an der weiteren Sachverhaltsaufklärung überwiegt (vgl. BeckOK AuslR/Kluth Rn. 5; NK-AuslR/Hofmann Rn. 11; GK-AufenthG/Gutmann Rn. 8) oder der Sachverhalt der zuständigen Behörde bereits aus früheren Verfahren vollständig bekannt ist (→ Rn. 51.1).

51.1 Insoweit irreführend ist Nr. 72.1.2 AufenthGAVwV, die einen Ausnahmefall bereits bei Vorliegen eines öffentlichen Interesses an der Einreise (zB als Zeuge) annehmen will. Ein öffentliches Interesse an der Einreise spricht zwar für die Erteilung einer Betretenserlaubnis, rechtfertigt ein Absehen von einer vorherigen Behördenbeteiligung nach Abs. 1 S. 2 aber nur dann, wenn das öffentliche Interesse andernfalls (z. B. aus Gründen des Zeitablaufs) beeinträchtigt würde (vgl. GK-AufenthG/Gutmann Rn. 8). Dies dürfte in der Regel aber nicht der Fall sein, zumal das Beteiligungsverfahren ggf. beschleunigt und formlos durchgeführt werden kann.

Wurde der Betroffene ausgewiesen und im Nachgang abgeschoben, sind ggf. beide Behörden **52** zu beteiligen (NK-AuslR/Hofmann Rn. 9; → Rn. 52.1).

Bei der zu beteiligenden Behörde muss es sich nicht notwendigerweise um eine Ausländerbehörde **52.1** handeln, da insbesondere Ab- und Zurückschiebungen auch zB von den in § 71 Abs. 3 und Abs. 5 genannten Polizei- und Grenzbehörden wahrgenommen werden (vgl. → § 71 Rn. 52 ff., → § 71 Rn. 94). Dies hat der Gesetzgeber durch eine Normänderung im Rahmen des Gesetzes zur Umsetzung aufenthalts- und asylrechtlicher Richtlinien der Europäischen Union (v. 19.8.2007, BGBl. I 1970) klargestellt (Bergmann/Dienelt/Samel Rn. 1; → Rn. 1.1).

2. Feststellung von Abschiebungsverboten (Abs. 2)

Das verwaltungsinterne Beteiligungserfordernis des Abs. 2 dient dem Zweck, die besondere **53** Sachkunde des BAMF hinsichtlich der Verhältnisse in den Herkunftsstaaten für das aufenthalts- rechtliche Verfahren fruchtbar zu machen (BT-Drs. 15/420, 94; BT-Drs. 16/5065, 190). Auch diese Form der Beteiligung verfolgt rein objektive Interessen, so dass Verstöße regelmäßig nicht zur Aufhebbarkeit von Verwaltungsentscheidungen führen (→ Rn. 8); eine isolierte Einklagbarkeit scheitert an § 44a VwGO (allg. → Rn. 13).

§ 72 Abs. 2 gilt nunmehr (→ Rn. 1.1) nur **noch für Abschiebungsverbote nach § 60 54 Abs. 5 und Abs. 7**, da die Prüfung des subsidiären Schutzstatus mittlerweile alleine dem BAMF vorbehalten ist (→ Rn. 1.4). Auch diese Geltung für Fälle des § 60 Abs. 5 und Abs. 7 entfällt, wenn die Zuständigkeit für die Prüfung nach § 42 AsylG dauerhaft auf das BAMF übergegangen ist.

Auch die Ausländerbehörde ist an den Inhalt der Stellungnahme des BAMF **nicht gebunden 55** (SächsOVG BeckRS 2019, 18819 Rn. 35; Bergmann/Dienelt/Samel Rn. 10). Sie kann daher insbesondere auch dann entscheiden, wenn Anfragen an das BAMF über längere Zeiträume unbe- antwortet bleiben und eine weitere Verzögerung des Verfahrens für den Betroffenen oder die Öffentlichkeit nicht mehr hinnehmbar ist. Es muss sich die notwendige Sachkenntnis dann aber ggf. selbst auf andere Weise verschaffen (§ 24 LVwVfG).

Dem Wortlaut des Abs. 2 nach gilt das Beteiligungserfordernis für jedwede Entscheidung über **56** das Vorliegen eines zielstaatsbezogenen Abschiebungsverbots nach § 60 Abs. 5 oder Abs. 7 oder das Vorliegen von Ausschlusstatbeständen nach § 25 Abs. 3 S. 3 Nr. 1–4. Da das Vorliegen von Abschiebungsverboten stets – abgesehen von den Fällen des § 42 AsylG von Amts wegen zu prüfen ist, wenn ein Titel nach § 25 Abs. 3 beantragt wird oder eine Abschiebungsandrohung oder -anordnung durch die Ausländerbehörden ergehen soll, liefe dieses Wortlautverständnis auf eine **Pflichtbeteiligung des BAMF in einer Vielzahl von Fällen** hinaus. Dies ist schon aus Gründen der Verfahrensökonomie fernliegend und auch mit dem Zweck des Beteiligungserforder- nisses des Abs. 2 unvereinbar, der die besondere Sachkunde des BAMF für Auslandssachverhalte auch im ausländerbehördlichen Verfahren fruchtbar machen soll. Dieser Zweck wird nur erreicht, wenn das Vorliegen eines Abschiebungsverbots ernsthaft in Betracht gezogen werden kann, weil die Lebensumstände im Zielstaat bekannt defizitär sind oder der Betroffene sich auf individuelle Gefährdungssituationen bei seiner Rückkehr beruft. Richtigerweise ist das BAMF daher **nur dann zu beteiligen, wenn hinreichende Sachverhaltsangaben vorliegen, die einer Überprüfung oder Schlüssigkeitseinschätzung durch das BAMF zugänglich sind** (vgl. HmbOVG EZAR NF 93 Nr. 6, 3 f. = BeckRS 2007, 24282; Bergmann/Dienelt/Samel Rn. 11 f.; BeckOK AuslR/ Kluth Rn. 6).

Neben der gesetzlich vorgesehenen Beteiligung des BAMF nach Abs. 2 sieht Nr. 72.2.3 Auf- **57** enthGAVwV eine **Beteiligung der deutschen Ermittlungsbehörden** vor, wenn der Ausländer aufgrund einer Zeugenaussage im Strafverfahren zielstaatsbezogene Gefährdungen geltend macht. Als Verwaltungsvorschrift kann die AufenthGAVwV keine außenwirksamen Pflichten der Behör- den begründen, so dass es sich hierbei lediglich um eine Anregung zur Amtsermittlung nach § 24 Abs. 1 LVwVfG handelt. Übermittlungsgrundlage für die Staatsanwaltschaft ist § 87 Abs. 1.

3. Beteiligung der Polizei oder Justiz bei Entscheidungen nach § 25 Abs. 4a, § 25 Abs. 4b und § 59 Abs. 7 (Abs. 6)

Die Erteilung einer Aufenthaltserlaubnis zu den in § 25 Abs. 4a und Abs. 4b genannten **58** Zwecken soll den Strafverfolgungs- und Justizbehörden **die Durchführung von Strafverfahren ermöglichen, in denen die Vernehmung des Ausländers als Opferzeuge** hinsichtlich der in den jeweiligen Normen aufgeführten Delikte **in Betracht kommt**. Unter den in § 25 Abs. 4a S. 2 und Abs. 4b S. 2 genannten Voraussetzungen kann eine nach den vorgenannten Vorschriften erteilte Aufenthaltserlaubnis auch nach Abschluss des Strafverfahrens verlängert werden (→ Rn. 58.1 f.).

58.1 Bei den in § 25 Abs. 4a genannten Delikten handelt es sich um Menschenhandel (§ 232 StGB), Zwangsprostitution (§ 232a StGB), Zwangsarbeit (§ 232b StGB), Ausbeutung der Arbeitskraft (§ 233 StGB) und Ausbeutung unter Ausnutzung einer Freiheitsberaubung (§ 233a StGB).

58.2 § 25 Abs. 4b erfasst die Opfer von ausbeuterischer unerlaubter Beschäftigung (§ 10 Abs. 1 Schwarz-ArbG), der unerlaubten Beschäftigung minderjähriger Ausländer (§ 11 Abs. 1 Nr. 3 SchwarzArbG), der ausbeuterischen Beschäftigung ausländischer Leiharbeitnehmer (§ 15a Abs. 1 AÜG) und der nachhaltigen Beschäftigung ausländischer Leiharbeitnehmer ohne Beschäftigungserlaubnis (§ 15a Abs. 2 AÜG).

59 Das Beteiligungserfordernis hat dabei eine Doppelnatur: Es dient sowohl der **effektiven Sach-verhaltsermittlung durch die Ausländerbehörden** im Hinblick auf die genannten Aufenthalts-zwecke als auch der **Verwirklichung der Normzwecke der § 25a und Abs. 4b innerhalb des Strafverfahrens** (Nr. 72.6.0.2. AufenthGAVwV). Eine unmittelbar drittschützende Wirkung kann dem Beteiligungserfordernis allerdings nur insoweit zugeschrieben werden, als die Verlänge-rung bereits erteilter Aufenthaltserlaubnisse nach § 25 Abs. 4a S. 2 und Abs. 4b S. 2 in Rede steht. Da von der Möglichkeit einer Verlängerung aber nur nach Erteilung einer Aufenthaltserlaub-nis nach Abs. 4a S. 1 oder Abs. 4b S. 1 Gebrauch gemacht werden kann, muss die Beteiligungsnorm des § 72 Abs. 6 **jedenfalls insoweit als drittschützend angesehen werden** (so im Ergebnis auch GK-AufenthG/Gutmann Rn. 55.1).

60 Die Erteilung eines Aufenthaltstitels nach § 25 Abs. 4a und Abs. 4b setzt dabei jeweils die Aussagebereitschaft des mutmaßlichen Opferzeugen voraus. Solange dessen Aussagebereitschaft nicht feststeht, soll eine Klärung der Aussagebereitschaft durch Verlängerung etwaiger Ausreisefris-ten nach § 59 Abs. 7 ermöglicht werden.

61 Für sämtliche der vorgenannten Entscheidungen sieht § 72 Abs. 6 eine **Beteiligung der zuständigen Polizeibehörde, Staatsanwaltschaft oder des zuständigen Strafgerichts** vor, um eine sachgerechte Prüfung der Voraussetzungen der jeweiligen Normen im Erteilungs-, Verlän-gerungs- oder Widerrufsverfahren bzw. im Rahmen der Bestimmung oder Abänderung der Aus-reisefrist zu ermöglichen. Das Beteiligungserfordernis gilt nur dann nicht, wenn die Staatsanwalt-schaft bzw. das mit dem Verfahren befasste Gericht nach § 87 Abs. 5 Nr. 1 schon von sich aus Umstände mitgeteilt hat, die einen Widerruf der Aufenthaltserlaubnis bzw. die Aufhebung der verlängerten Ausreisefrist rechtfertigen.

62 Bis zur Klärung der staatsanwaltlichen Zuständigkeit ist nach Abs. 6 S. 2 die für den Aufenthalts-ort des Ausländers örtlich zuständige Polizeibehörde zu beteiligen, wenn eine besondere Ausreise-frist nach § 59 Abs. 7 gesetzt, aufgehoben oder abgeändert werden soll. Innerhalb der hier gesetzten Frist ist dann ggf. zu klären, welche Staatsanwaltschaft bzw. welches Gericht zuständig ist.

62.1 Ist die bereits mit dem Fall befasste Staatsanwaltschaft bzw. das mit dem Fall befasste Gericht der Ausländerbehörde (noch) nicht bekannt, trifft die nach Abs. 6 S. 2 anzufragende Polizeibehörde jedenfalls eine Auskunfts- bzw. Mitteilungspflicht (vgl. NK-AuslR/Hofmann Rn. 60; Bergmann/Dienelt/Samel Rn. 25).

63 Mit Bekanntwerden der zuständigen Staatsanwaltschaft geht das Beteiligungserfordernis auf die zuständige Staatsanwaltschaft über, bis diese Anklage erhebt. Nach Erhebung der Anklage wird das zuständige Strafgericht zuständig, bis rechtskräftig über die Anklage entschieden ist. Im Fall einer rechtskräftigen Verurteilung fällt die Beteiligungszuständigkeit – insbesondere für Fälle der Verlängerung nach Maßgabe des § 25 Abs. 4a S. 2 oder Abs. 4b S. 2 – nach allgemeinen Bestim-mungen auf die Staatsanwaltschaft als Vollstreckungsbehörde zurück.

4. Beteiligung der Bundesagentur für Arbeit (Abs. 7)

64 Fälle der **notwendigen Beteiligung der Bundesagentur für Arbeit** sind nicht in § 72, sondern in § 39 in Verbindung mit der AufenthV geregelt (→ Rn. 65). Darüber hinaus erlaubt § 72 Abs. 7 den Ausländerbehörden, dem BAMF und den Auslandsvertretungen **eine fakultative Beteiligung** der Bundesagentur für Arbeit, **wenn deren besondere arbeitsmarktbezogene Sachkunde bei der Prüfung des Vorliegens der Voraussetzungen für die Erteilung oder Verlängerung einzelner Aufenthaltstitel** nach Abschnitt 3 und 4 des AufenthG (Ausbildung und Erwerbstätigkeit) **als hilfreich erachtet wird**.

65 **a) Notwendige Zustimmung.** Nach § 39 Abs. 1 S. 1 kann ein Aufenthaltstitel, der einem Ausländer die Ausübung einer Beschäftigung erlaubt, nur mit Zustimmung der Bundesagentur für Arbeit erteilt werden, soweit durch Rechtsverordnung nicht etwas anderes bestimmt ist. Entsprechende Zustimmungserfordernisse ergeben sich aus § 4 Abs. 2 S. 2 für die Beschäftigung von Ausländern ohne Aufenthaltstitel sowie aus § 61 Abs. 2 S. 1 für die Beschäftigung von Ausländern mit Aufenthaltsgestattung. Für Einzelheiten kann auf die entsprechende Kommentierung verwiesen werden.

b) Fakultative Beteiligung (Abs. 7). Mit Art. 1 Nr. 23 des Gesetzes zur Umsetzung der **66** Hochqualifizierten-Richtlinie der Europäischen Union (v. 1.6.2012, BGBl. I 1224) wurde erstmals ausdrücklich die Möglichkeit geschaffen, die Bundesagentur für Arbeit auch dann in die Prüfung der Voraussetzungen für die Erteilung von Aufenthaltstiteln zu arbeitsmarktbezogenen Aufenthaltstitel nach §§ 17a ff. einzubeziehen, wenn die Erteilung – zB nach § 19b oder den Bestimmungen der BeschV – nicht der Zustimmung der Arbeitsagentur bedarf. Die Norm formalisiert eine wohl schon bislang üblich gewesene Praxis, sich in Zweifelsfällen der besonderen Sachkunde der Bundesagentur für Arbeit zu bedienen (BT-Drs. 17/8682, 17, 22), und stellt den Ausländerbehörden ein weiteres Mittel zur Erfüllung ihrer Pflicht zur Ermittlung des Sachverhalts von Amts wegen zur Verfügung.

Mit dem FachkEinwG (Fachkräfteeinwanderungsgesetz v. 15.8.2019, BGBl. I 1307), das erst **66a** am 1.3.2020 in Kraft tritt, wurde die Befugnis zur fakultativen Beteiligung der Bundesagentur für Arbeit auch auf das Bundesamt für Migration und Flüchtlinge sowie die deutschen Auslandsvertretungen erstreckt. Die Erweiterung der Befugnisnorm auf das BAMF bezieht sich dabei auf das Mitteilungsverfahren im Rahmen der kurzfristigen Mobilität (§ 19a), für das das BAMF zuständig ist. Die Befugnisse der Auslandsvertretungen bestehen ausschließlich im Rahmen des Visumverfahrens (vgl. BT-Drs. 19/8285, 112).

Die fakultative Beteiligung der Bundesagentur für Arbeit steht im **Verfahrensermessen** der **67** jeweiligen Ausländerbehörde (BeckOK AuslR/Kluth AufenthG Rn. 10), das sich nur im besonderen Ausnahmefall zu einer Beteiligungspflicht verdichtet wird (§ 24 LVwVfG).

IV. Unanwendbarkeit des § 45 SGB VIII auf Ausreise- und Unterbringungseinrichtungen (Abs. 5)

Nach § 45 Abs. 1 S. 1 SGB VIII bedarf der Betrieb von Einrichtungen der Kinder- und **68** Jugendbetreuung einer Erlaubnis; er unterliegt zudem nach § 45 Abs. 6 SGB XIII der besonderen Kontrolle und Aufsicht der zuständigen Behörden. § 72 Abs. 5 **stellt** – wie auch die Parallelnorm des § 44 Abs. 3 S. 1 AsylG – **die in der Norm genannten Einrichtungen von der präventiven Kontrolle der Jugendbehörden frei,** steht dem Erlass sonstiger Aufsichtsmaßnahmen nach dem SGB VIII aber nicht entgegen (BeckOK AuslR/Kluth Rn. 11; Bergmann/Dienelt/Samel Rn. 23).

Der Bereichsausnahme liegt dabei die Erwägung zugrunde, dass der Aufenthalt in Ausreiseein- **69** richtungen bzw. den sonstigen in der Norm genannten Einrichtungen seiner Natur nach vorübergehend ist (BeckOK AuslR/Heusch AsylG § 44 Rn. 15). Eine **Zurücknahme der materiellen Schutzstandards soll damit nicht verbunden sein,** zumal die von der Norm Betroffenen sich jedenfalls zum Teil auf die Vorgaben der EU-Aufnahme-RL (RL 2013/33/EU v. 26.6.2013, ABl. 2013 L 180, 96) berufen können (GK-AufenthG/Gutmann Rn. 45; NK-AuslR/Bender/Bethke AsylG § 44 Rn. 3; ausf. NK-AuslR/Hofmann Rn. 2 f. auch zu anderen völker- und unionsrechtlichen Bestimmungen).

Bei „Ausreiseeinrichtungen" handelt es sich um Einrichtungen für vollziehbar ausreisepflichtige **70** Ausländer, in denen die Bereitschaft zur freiwilligen Ausreise durch Betreuung und Beratung gefördert und die Erreichbarkeit für Behörden und Gerichte sowie die Durchführung der Ausreise gesichert werden soll (§ 61 Abs. 2).

Darüber hinaus gilt Abs. 5 auch für **Einrichtungen, die der vorübergehenden Unterbrin- 71 gung von Ausländern dienen,** denen aus völkerrechtlichen, humanitären oder politischen Gründen eine Aufenthaltserlaubnis erteilt oder bei denen die Abschiebung ausgesetzt wird. Dies umfasst daher neben der Erteilung von Aufenthaltstiteln nach Kapitel 2 Abschnitt 5 (vgl. Nr. 72.5 AufenthGAVwV) auch die Erteilung von Duldungen nach § 60a Abs. 1 S. 1 und Abs. 2 S. 1, nicht aber wohl auch Duldungen nach § 60a Abs. 2 S. 3, die an individuelle humanitäre Gründe anknüpfen.

Insbesondere bei Einrichtungen für Personen, denen eine Aufenthaltserlaubnis erteilt wird, ist **72** allerdings die Einschränkung auf Einrichtungen **zum Zweck der „vorübergehenden" Unterbringung zu beachten** (vgl. Bergmann/Dienelt/Samel Rn. 23; NK-AuslR/Hofmann Rn. 53). Der Begriff der „vorübergehenden Unterbringung" ist indes im Gesetz nicht legaldefiniert, er dürfte jedenfalls bei einer durchschnittlichen Aufenthaltsdauer von unter drei Monaten noch erfüllt sein (vgl. NK-AuslR/Hofmann Rn. 53).

§ 72a Abgleich von Visumantragsdaten zu Sicherheitszwecken

(1) [1]Daten, die im Visumverfahren von der deutschen Auslandsvertretung zur visumantragstellenden Person, zum Einlader und zu Personen, die durch Abgabe einer Verpflichtungserklärung oder in anderer Weise die Sicherung des Lebensunterhalts garantieren oder zu sonstige Referenzpersonen im Inland erhoben werden, werden zur Durchführung eines Abgleichs zu Sicherheitszwecken an das Bundesverwaltungsamt übermittelt. [2]Das Gleiche gilt für Daten nach Satz 1, die eine Auslandsvertretung eines anderen Schengen-Staates nach Artikel 8 Absatz 2 der Verordnung (EG) Nr. 810/2009 des Europäischen Parlaments und des Rates vom 13. Juli 2009 über einen Visakodex der Gemeinschaft (Visakodex) (ABl. L 243 vom 15.9.2009, S. 1) an eine deutsche Auslandsvertretung zur Entscheidung über den Visumantrag übermittelt hat. [3]Eine Übermittlung nach Satz 1 oder Satz 2 erfolgt nicht, wenn eine Datenübermittlung nach § 73 Absatz 1 Satz 1 erfolgt.

(2) [1]Die Daten nach Absatz 1 Satz 1 und 2 werden in einer besonderen Organisationseinheit des Bundesverwaltungsamtes in einem automatisierten Verfahren mit Daten aus Antiterrordatei (§ 1 Absatz 1 des Antiterrordateigesetzes) zu Personen abgeglichen, bei denen Tatsachen die Annahme rechtfertigen, dass sie

1. einer terroristischen Vereinigung nach § 129a des Strafgesetzbuchs, die einen internationalen Bezug aufweist, oder einer terroristischen Vereinigung nach § 129a in Verbindung mit § 129b Absatz 1 Satz 1 des Strafgesetzbuchs mit Bezug zur Bundesrepublik Deutschland angehören oder diese unterstützen oder
2. einer Gruppierung, die eine solche Vereinigung unterstützt, angehören oder diese willentlich in Kenntnis der den Terrorismus unterstützenden Aktivität der Gruppierung unterstützen oder
3. rechtswidrig Gewalt als Mittel zur Durchsetzung international ausgerichteter politischer oder religiöser Belange anwenden oder eine solche Gewaltanwendung unterstützen, vorbereiten oder durch ihre Tätigkeiten, insbesondere durch Befürworten solcher Gewaltanwendungen, vorsätzlich hervorrufen oder
4. mit den in Nummer 1 oder Nummer 3 genannten Personen nicht nur flüchtig oder in zufälligem Kontakt in Verbindung stehen und durch sie weiterführende Hinweise für die Aufklärung oder Bekämpfung des internationalen Terrorismus zu erwarten sind, soweit Tatsachen die Annahme rechtfertigen, dass sie von der Planung oder Begehung einer in Nummer 1 genannten Straftat oder der Ausübung, Unterstützung oder Vorbereitung von rechtswidriger Gewalt im Sinne von Nummer 3 Kenntnis haben.

[2]Die Daten der in Satz 1 genannten Personen werden nach Kennzeichnung durch die Behörde, welche die Daten in der Antiterrordatei gespeichert hat, vom Bundeskriminalamt an die besondere Organisationseinheit im Bundesverwaltungsamt für den Abgleich mit den Daten nach Absatz 1 Satz 1 und 2 übermittelt und dort gespeichert. [3]Durch geeignete technische und organisatorische Maßnahmen nach den Artikeln 24, 25 und 32 der Verordnung (EU) 2016/679 ist sicherzustellen, dass kein unberechtigter Zugriff auf den Inhalt der Daten erfolgt.

(3) [1]Im Fall eines Treffers werden zur Feststellung von Versagungsgründen nach § 5 Absatz 4 oder zur Prüfung von sonstigen Sicherheitsbedenken gegen die Erteilung des Visums die Daten nach Absatz 1 Satz 1 und 2 an die Behörden übermittelt, welche Daten zu dieser Person in der Antiterrordatei gespeichert haben. [2]Diese übermitteln der zuständigen Auslandsvertretung über das Bundesverwaltungsamt unverzüglich einen Hinweis, wenn Versagungsgründe nach § 5 Absatz 4 oder sonstige Sicherheitsbedenken gegen die Erteilung des Visums vorliegen.

(4) [1]Die bei der besonderen Organisationseinheit im Bundesverwaltungsamt gespeicherten Daten nach Absatz 1 Satz 1 und 2 werden nach Durchführung des Abgleichs nach Absatz 2 Satz 1 unverzüglich gelöscht; wenn der Abgleich einen Treffer ergibt, bleibt nur das Visumaktenzeichen gespeichert. [2]Dieses wird gelöscht, sobald bei der besonderen Organisationseinheit im Bundesverwaltungsamt feststeht, dass eine Mitteilung nach Absatz 3 Satz 2 an die Auslandsvertretung nicht zu erfolgen hat, andernfalls dann, wenn die Mitteilung erfolgt ist.

(5) [1]Die in Absatz 3 Satz 1 genannten Behörden dürfen die ihnen übermittelten Daten verarbeiten, soweit dies zur Erfüllung ihrer gesetzlichen Aufgaben erforderlich ist. [2]Übermittlungsregelungen nach anderen Gesetzen bleiben unberührt.

(6) ¹Das Bundesverwaltungsamt stellt sicher, dass im Fall eines Treffers der Zeitpunkt des Datenabgleichs, die Angaben, die die Feststellung der abgeglichenen Datensätze ermöglichen, das Ergebnis des Datenabgleichs, die Weiterleitung des Datensatzes und die Verarbeitung des Datensatzes zum Zwecke der Datenschutzkontrolle protokolliert werden. ²Die Protokolldaten sind durch geeignete Maßnahmen gegen unberechtigten Zugriff zu sichern und am Ende des Kalenderjahres, das dem Jahr ihrer Erstellung folgt, zu vernichten, sofern sie nicht für ein bereits eingeleitetes Kontrollverfahren benötigt werden.

(7) Das Bundesverwaltungsamt hat dem jeweiligen Stand der Technik entsprechende technische und organisatorische Maßnahmen nach den Artikeln 24, 25 und 32 der Verordnung (EU) 2016/679 zur Sicherung von Datenschutz und Datensicherheit zu treffen, die insbesondere die Vertraulichkeit und die Unversehrtheit der in der besonderen Organisationseinheit gespeicherten und übermittelten Daten gewährleisten.

(8) ¹Die datenschutzrechtliche Verantwortung für das Vorliegen der Voraussetzungen nach Absatz 2 Satz 1 trägt die Behörde, die die Daten in die Antiterrordatei eingegeben hat. ²Die datenschutzrechtliche Verantwortung für die Durchführung des Abgleichs trägt das Bundesverwaltungsamt. ³Das Bundeskriminalamt ist datenschutzrechtlich dafür verantwortlich, dass die übermittelten Daten den aktuellen Stand in der Antiterrordatei widerspiegeln.

(9) ¹Die Daten nach Absatz 2 Satz 2 werden berichtigt, wenn sie in der Antiterrordatei berichtigt werden. ²Sie werden gelöscht, wenn die Voraussetzungen ihrer Speicherung nach Absatz 2 Satz 1 entfallen sind oder die Daten in der Antiterrordatei gelöscht wurden. ³Für die Prüfung des weiteren Vorliegens der Voraussetzungen für die Speicherung der Daten nach Absatz 2 Satz 2 gilt § 11 Absatz 4 des Antiterrordateigesetzes entsprechend.

Überblick

§ 72a Abs. 1 ermöglicht einen Abgleich der im Visaverfahren erhobenen Daten mit den in der Antiterrordatei gespeicherten Erkenntnissen der Nachrichtendienste und Sicherheitsbehörden. Zu diesem Zweck sieht die Norm die Schaffung eines Abgleichdatensatzes (Abs. 2 S. 2; → Rn. 14 ff.) vor, den eine speziell für den automatisierten Datenabgleich geschaffene Abteilung des Bundesverwaltungsamts mit den Visadaten abgleicht (Abs. 2 S. 1; → Rn. 19). Die Rechtsfolgen im Treffer- und Nichttrefferfall sind in Abs. 3 und Abs. 4 geregelt (→ Rn. 20 ff.), während Bestimmungen zur datenschutzrechtlichen Absicherung des Verfahrens in Abs. 7–9 kodifiziert sind (→ Rn. 30 ff.). Eine sehr weitgehende Datenweiterverwendungsregelung enthält Abs. 5, der auch verfassungsrechtlich erhebliche Folgefragen aufwirft (→ Rn. 43 ff.).

Übersicht

A. Allgemeines

I. Entstehungsgeschichte

1   Mit Art. 2 des **Gesetzes zur Errichtung einer Visa-Warndatei und zur Änderung des Aufenthaltsgesetzes** v. 22.12.2011 (BGBl. I 3037) wurde § 72a erstmals in das AufenthG eingefügt.

2   Im Nachgang wurde § 72a im Wesentlichen redaktionell oder in Form von Folgeänderungen zu anderen Gesetzen geändert:

2.1   Mit **dem Gesetz zur Änderung des Antiterrordateigesetzes und anderer Gesetze** v. 18.12.2014 (BGBl. I 2318) wurden § 72a Abs. 2 S. 1 Nr. 2 und Nr. 3 an die in Folge der Entscheidung des BVerfG zur Antiterrordatei (BVerfGE 133, 277) geänderte Fassung des ATDG angepasst.

2.2   Mit dem 2. DSAnpUG-EU (Zweites Gesetz zur Anpassung des Datenschutzrechts an die Verordnung (EU) 2016/679 und zur Umsetzung der Richtlinie (EU) 2016/680 v. 20.11.2019, BGBl. I 1626), das im Wesentlichen der Anpassung des bereichsspezifischen Datenschutzrechts an die zum 25.5.2019 in Kraft getretene DS-GVO (VO (EU) 2016/679 v. 27.4.2016, ABl. 2016 L 119, 1) dient (BT-Drs. 19/4674, 1), hat der Gesetzgeber einzelne Begrifflichkeiten in Abs. 2 S. 1 und 5 an die Terminologie der DS-GVO angepasst und die in Abs. 2 S. 3 und 7 geregelte Pflicht zur Schaffung technischer und organisatorischer Datenschutzmaßnahmen um Verweisungen auf Art. 24, 25 und 32 DS-GVO ergänzt. Sämtliche Änderungen sind lediglich deklaratorischer Natur (vgl. BT-Drs. 19/4674, 272 sowie unten → Rn. 18a, → Rn. 32.1).

II. Normzweck und Normsystematik

3   Die als Ergänzung zur sog. Visa-Warndatei erstmals in das AufenthG eingefügte Bestimmung dient vorrangig dem Zweck, den für die Visaerteilung zuständigen Auslandsvertretungen **durch einen Abgleich mit der Antiterrordatei** (und eine ggf. darauffolgende Datenübermittlung) **die Prüfung von Versagungsgründen nach § 5 Abs. 4 oder sonstiger Sicherheitsbedenken zu ermöglichen** (Abs. 3 S. 2). Daneben enthält Abs. 5 allerdings eine **generalklauselartige Ermächtigungsgrundlage zur zweckändernden Datenverarbeitung durch die im Überprüfungsverfahren beteiligten Sicherheitsbehörden,** die erheblichen rechtsstaatlichen Bedenken begegnet (→ Rn. 44 ff.).

4   Die **übrigen Absätze des § 72a regeln die Einzelheiten der Durchführung des Datenabgleichverfahrens:** Abs. 1 begründet eine **Verpflichtung der deutschen Auslandsvertretung zur Übermittlung von Visadaten** an das mit dem Datenabgleich betraute Bundesverwaltungsamt; Abs. 2–4 regeln die **weitere Datenverarbeitung durch das Bundesverwaltungsamt und die mit dem Datenabgleich befassten Empfängerbehörden.** Abs. 6, Abs. 7 und Abs. 9 enthalten **datenschutzrechtliche Begleitvorschriften,** wobei Abs. 6 und Abs. 7 spezifisch den **Datenabgleich des Bundesverwaltungsamts** betreffen und Abs. 9 die **Integrität des nach Abs. 2 S. 2 zu erstellenden Abgleichdatensatzes sicherstellen** soll. Abs. 8 verteilt die **datenschutzrechtliche Verantwortlichkeit** zwischen den am Datenabgleich beteiligten Behörden.

5   Der Datenabgleich nach § 72a ist **subsidiär zum** nach Abs. 1 S. 3 vorrangigen **Konsultationsverfahrens nach § 73 durchzuführen** und ergänzt die in § 21 AZRG, § 6 VWDG und Art. 8 VIS-VO (VO (EG) 767/2008 v. 9.7.2008, ABl. 2008 L 218, 60) vorgesehenen Regelabfragen.

III. Ablauf des Abgleichverfahrens

6   Abs. 1 **verpflichtet die deutschen Auslandsvertretungen zur Übermittlung der im Rahmen des Visaverfahrens erhaltenen Daten (Visadaten) an das Bundesverwaltungsamt,** das diese mit den nach Abs. 2 S. 2 zusammenzustellenden Abgleichdaten abgleicht.

7   Abs. 2 S. 2 sieht zunächst die **Erstellung eines Datensatzes (Abgleichdatensatz) durch das Bundeskriminalamt** vor, das die von den beteiligten Sicherheitsbehörden speziell zu kennzeichnenden Abgleichdaten aus der Antiterrordatei an eine besondere Organisationseinheit innerhalb Bundesverwaltungsamts übermittelt. Diese **gleicht die individuell übermittelten Visadaten anschließend im Rahmen eines automatisierten Verfahrens mit dem vorhandenen Abgleichdatensatz** ab (Abs. 2 S. 1) und koordiniert anschließend das weitere Vorgehen:

8   **Im Nichttrefferfall** sind alle übermittelten Visadaten unverzüglich zu löschen (Abs. 4 S. 1 Hs. 1). **Im Trefferfall** übermittelt es zunächst die ihm vorliegenden Visadaten an die für die Speicherung in der Antiterrordatei verantwortlichen Behörden (Empfängerbehörden) und speichert selbst nur das Aktenzeichen des betroffenen Visumverfahrens (Abs. 3 S. 1, Abs. 4 S. 1

Hs. 2), um eine Koordination der weiteren Verfahrensabläufe zu ermöglichen (Abs. 3 S. 1). Die Empfängerbehörden prüfen nunmehr in eigener Verantwortung das Vorliegen von Versagungsgründen und übermitteln der zuständigen Auslandsvertretung – vermittelt durch das Bundesverwaltungsamt – ggf. einen Hinweis auf ggf. der Visaerteilung entgegenstehende Sicherheitsbedenken (Abs. 3 S. 2). Nach erfolgter Mitteilung bzw. bzw. ohne Befund abgeschlossener Sachprüfung durch die Empfängerbehörden wird auch das beim Bundesverwaltungsamt als Referenznummer gespeicherte Aktenzeichen gelöscht (Abs. 4 S. 2; vgl. zur Praxis des Abgleichverfahrens → Rn. 19.1; → Rn. 25.1).

B. Einzelerläuterungen

I. Datenübermittlung durch die Visabehörden (Abs. 1)

Die Datenübermittlungspflicht nach Abs. 1 ist **zwingend ausgestaltet** und erfasst **sämtliche** 9 **im Rahmen des Visumverfahrens erhobenen Daten** über die antragstellende Person, ggf. vorhandenen Einladern und sonstigen Referenzpersonen im Inland.

Inhaltlich verpflichtet werden durch Abs. 1 S. 1 und S. 2 die deutschen Auslandsvertretungen, 10 soweit sie im Rahmen der Visumerteilung tätig geworden sind: Nach S. 1 sind zunächst jene Daten zu übermitteln, die die Auslandsvertretung selbst im Rahmen des Visumverfahrens erhebt. S. 2 erstreckt diese Verpflichtung auf jene Daten, die eine nach Art. 8 Abs. 1 Visakodex (VO (EG) 810/2009 v. 13.7.2009, ABl. 2009 L 243, 1) mit der konsularischen Vertretung der Bundesrepublik Deutschland bei der Erteilung von Visa beauftragte Behörde im Rahmen des Verfahrens nach Art. 8 Abs. 2 Visakodex übermittelt hat (→ Rn. 10.1).

Nach Art. 8 Abs. 2 Visakodex werden die Behörden des vertretenen Mitgliedsstaates allerdings nur 10.1 dann mit der Visaerteilung befasst, wenn das Konsulat des vertretenden Mitgliedsstaates die Ablehnung eines Visaantrags beabsichtigt. Hält das vertretende Konsulat die Visaerteilung hingegen für unproblematisch, werden keine nach § 73 Abs. 1 S. 2 zu übermittelnden Daten übermittelt.

In der Sache erstreckt sich die Übermittlungspflicht auf sämtliche im Rahmen des Visaverfahrens 11 erhobene Daten zur visumantragstellenden Person, zum Einlader und zu Referenzpersonen (§ 2 Abs. 1 S. 1 Nr. 3 VWDG). Referenzpersonen sind solche, die durch Abgabe einer Verpflichtungserklärung oder in anderer Weise die Sicherung des Lebensunterhalts garantieren oder zu sonstigen Referenzpersonen im Inland erhoben werden (→ Rn. 11.1 f.).

Inhaltlich ist die Übermittlungspflicht dabei außerordentlich weit gefasst, weil letztlich die Daten sämtli- 11.1 cher vom Antragsteller im Rahmen des Visaverfahrens benannten Personen übermittelt werden. Dies erscheint zunächst nachvollziehbar, da in der Sache die Überprüfung der Zuverlässigkeit des Einladers und sonstiger Referenzpersonen in Rede steht, die mittelbare Rückschlüsse auf die Zuverlässigkeit des Antragstellers erlauben kann.

In Verbindung mit dem ebenfalls sehr weit gefassten Kreis der in die Abgleichdaten aufzunehmenden 11.2 Personen, der unter anderem auch „dolose" Kontaktpersonen erfasst (vgl. zur Problematik des Begriffs → Rn. 15.2), wird dies jedoch problematisch: Zu einem Trefferfall führt etwa auch die Angabe eines Imames als Referenzperson, der selbst nur als Kontaktperson zu Gefährdern nach § 2 S. 1 Nr. 1 und Nr. 2 ATDG in der Antiterrordatei gespeichert ist und nur aufgrund seiner seelsorgerischen Tätigkeit zur „dolosen" Kontaktperson iSd § 72a Abs. 2 S. 1 Nr. 4 wird. Zwar führt der Trefferfall nicht selbst zur Visaverweigerung, sondern ist lediglich Anlass für eine nochmalige Überprüfung durch die mit dem Sachverhalt vertrauten Sicherheitsbehörden. Da diese gegenüber der deutschen Auslandsvertretung aber selbst keiner Begründungspflicht unterliegen, ist eine an rechtsstaatlichen Kriterien orientierte Sachprüfung der Sicherheitsbehörden nicht gesichert und kann selbst gerichtlich nicht erzwungen werden.

Eine Übermittlung unterbleibt nur in den Fällen, in denen eine Übermittlung der Visadaten 12 an die Sicherheitsbehörden bereits auf Grundlage des Konsultationsverfahrens nach § 73 Abs. 1 S. 1 erfolgt. Auf die vom Bundesministerium des Innern im Einvernehmen mit dem Auswärtigen Amt im Rahmen allgemeiner Verwaltungsvorschriften nach § 73 Abs. 4 benannten Fälle findet das Verfahren nach § 72a daher keine Anwendung (→ Rn. 12.1).

Kurios mutet an, dass ein Abgleich mit den Datenbeständen der Verfassungsschutz- und Polizeibehörden 12.1 der Länder in den als besonders sicherheitsrelevanten Fällen des § 73 Abs. 4 gerade nicht erfolgt. Dies muss ggf. durch Anwendung der Ermessensnorm des § 73 Abs. 2 nachgeholt werden, für die § 73 Abs. 4 nicht gilt.

Zur Übermittlung nutzen die deutschen Auslandsvertretungen die bestehenden Kommunikati- 13 onswege über das Auswärtige Amt (BT-Drs. 17/6643, 22).

II. Erstellung und Übermittlung des Abgleichdatensatzes (Abs. 2 S. 2)

14   Nach Abs. 2 S. 2 erstellt das Bundeskriminalamt aus den in der Antiterrordatei gespeicherten Daten einen **Abgleichdatensatz**, der die in Abs. 2 S. 1 genannten Daten enthält. Die Auswahl und Kennzeichnung der jeweiligen Daten obliegt dabei allerdings nicht dem Bundeskriminalamt, sondern ist durch die für die Einspeicherung verantwortliche Sicherheitsbehörde vorzunehmen.

1. Erfasster Personenkreis

15   Der Kreis der Personen, die nach Abs. 2 S. 1 in den Abgleichdatensatz aufzunehmen sind, deckt sich bei näherer Betrachtung allerdings vollständig mit dem Kreis der nach § 2 S. 1 Nr. 1 und Nr. 2 ATDG zu speichernden natürlichen Personen, so dass im Visaverfahren **nahezu ein Vollabgleich mit sämtlichen personenbezogenen Datensätzen der Antiterrordatei vorgenommen wird.** Im Gegenteil hat es der Gesetzgeber im Zusammenhang mit der Anpassung des Gesetzes an die Entscheidung zum ATDG (BVerfGE 133, 277) sogar versäumt, die ursprünglich nach § 2 S. 1 Nr. 3 ATDG aF zu speichernden Kontaktpersonen aus den nach Abs. 2 S. 2 zu übermittelnden Daten zu streichen (Abs. 2 S. 1 Nr. 4; → Rn. 15.1 ff.).

15.1   Die Übermittlung der genannten Datensätze bleibt möglich, weil der Gesetzgeber Kontaktpersonen mutmaßlicher Gefährder zwar in Folge der Entscheidung BVerfGE 133, 277 aus dem Kreis der in § 2 S. 1 ATDG genannten Personen gestrichen hat, deren Daten aber weiterhin als „erweiterte Grunddaten" zu den in § 2 S. 1 ATDG genannten Gefährdern zu speichern sind (§ 3 Abs. 1 lit. b lit. oo). Da die Datenverwendung im Kontext des § 72a der „verdeckten Recherche" im Sinne der Antiterrordatei-Entscheidung entspricht, dürfte dies für sich genommen keinen zwingenden datenschutzrechtlichen Bedenken begegnen (vgl. BVerfGE 133, 277 Rn. 165); es führt auf Ebene der Datenverwendung aber zu verfassungsrechtlichen Folgeproblemen (→ Rn. 11.2 sowie → Rn. 46 f.).

15.2   Anders als die ursprüngliche Fassung der Antiterrordatei umfasst § 72a Abs. 2 S. 1 Nr. 4 aber nur „dolose" Kontaktpersonen, dh Kontaktpersonen, die – mutmaßlich – von der Planung oder Begehung eines in Nr. 1 genannten Vereinigungsdelikts oder der Ausübung, Unterstützung oder Vorbereitung von rechtswidriger Gewalt iSv Abs. 2 S. 1 Nr. 3 Kenntnis haben. Die nach § 3 Abs. 1 lit. b lit. oo, Abs. 2 ATDG weiterhin als erweiterte Grunddaten zu Gefährdern nach § 2 S. 1 ATDG zu speichernden Daten undoloser Kontaktpersonen sind daher im Verfahren nach § 72a Abs. 2 S. 2 nicht in den Abgleichdatensatz aufzunehmen (NK-AuslR/Hilbrans Rn. 4).

15.3   Die Kurzformel der „dolosen" Kontaktperson darf dabei jedoch nicht missverstanden werden: Sie erfasst Personen, denen selbst gerade kein strafwürdiges Verhalten vorgeworfen wird und denen lediglich bekannt ist, dass dritte Personen in terroristische Aktivitäten – die auch zB im Sammeln von Spenden für Vereinigungen wie die PKK bestehen können (vgl. BVerwG BeckRS 2017, 125402 Rn. 27) – verstrickt sind. Ein seelsorgerisch tätiger Imam kann daher ebenso „dolose Kontaktperson" sein wie ein Sozialarbeiter oder ein im terroristischen Milieu ermittelnder Polizeibeamter.

15.4   Ausgenommen von der Übermittlung sind lediglich Datensätze nach § 2 S. 1 Nr. 3 ATDG, die als nicht unmittelbar personenbezogene Datensätze im Visumverfahren ohnehin ohne Bedeutung wären.

2. Sachlicher Umfang des Datenabgleichs

16   Nicht eindeutig gesetzlich bestimmt ist der **Umfang der in den Datensatz aufzunehmenden Daten.** Eine – nach dem Gesetzeswortlaut mögliche – Aufnahme sämtlicher der in § 3 Abs. 1 lit. a und lit. b ATDG genannten erweiterten Grunddaten wäre – insbesondere in Ansehung der exzessiven Weiterverwendungsregelung des Abs. 5 (→ Rn. 43 ff.) – mit dem verfassungsrechtlichen Grundsatz der Datensparsamkeit nicht vereinbar, da eine Übermittlung der erweiterten Grunddaten (§ 3 Abs. 1 Nr. 1 lit. b ATDG) für die Identifikation von Trefferfällen nicht erforderlich sind (NK-AuslR/Hilbrans Rn. 5 f.). Die Übermittlung ist daher auf Grunddaten nach § 3 Abs. 1 Nr. 1 lit. a ATDG zu beschränken, soweit diese im Abgleich mit den im Visumverfahren typischerweise erhobenen Daten zur Verstellung einer Personenidentität geeignet sind.

3. Dauerhafte Speicherung des Abgleichdatensatzes

17   Der nach den oben genannten Vorgaben erstellte Abgleichdatensatz wird anschließend an die mit dem Datenabgleich betraute besondere Organisationseinheit des Bundesverwaltungsamts übermittelt und dort gespeichert. Eine Löschung des Abgleichdatensatzes als solcher erfolgt – anders als im Hinblick auf die individuell übermittelten Visadaten (→ Rn. 20; → Rn. 22) – nicht, da er dem Bundesverwaltungsamt **als ständiger Abgleichdatensatz zur Verfügung stellen soll;**

er ist allerdings nach Maßgabe des Abs. 9 zu berichtigen und ggf. um nicht mehr speicherfähige Daten zu bereinigen (→ Rn. 38 ff.).

Abs. 3 S. 2 sieht für den gesamten Übermittlungs-, Speicherungs- und Abgleichvorgang techni- **18** sche und organisatorische Maßnahmen vor, die einen unberechtigten Zugriff auf die jeweiligen Datensätze ausschließen sollen. Nach den Vorstellungen des Gesetzgebers ist daher zB ein Abgleichdatensatz entsprechend § 40 VSA 2006 (Allgemeine Verwaltungsvorschrift des Bundesministeriums des Innern zum materiellen und organischen Schutz von Verschlusssachen v. 31.3.2006, GMBl. 803; nunmehr ersetzt durch VSA – Allgemeine Verwaltungsvorschrift zum materiellen Geheimschutz v. 10.8.2018, GMBl. 826) verschlüsselt zu übermitteln, wobei die Anforderungen an eine VS-Geheim-Nutzungsumgebung gewahrt sein sollen (BT-Drs. 17/6643, 22 f.).

Die mit Art. 49 Nr. 9 lit. a bb 2. DSAnpUG EU v. 20.11.2019 (BGBl. I 1626) eingefügte Verweisung **18a** auf Maßnahmen „nach den Artikeln 24, 25 und 32 der Verordnung (EU) 2016/679" (→ Rn. 2.2) ist lediglich deklaratorischer Natur, weil sich die Pflicht zur Schaffung technisch-organisatorischer Maßnahmen bereits unmittelbar aus Anwendung der in Bezug genommenen Bestimmungen ergibt und in vergleichbarer Weise auch schon – auch ohne Verweisung auf andere Regelwerke – aus den Bestimmungen des AufenthG ergab. Insbesondere verpflichten die Art. 24, 25 und 32 DS-GVO nicht zur Ergreifung aller dort genannten Maßnahmen, sondern zur Gewährleistung eines angemessenen Schutzniveaus durch einzelne der dort exemplarisch genannten Maßnahmen oder in vergleichbarer Weise geeigneten Maßnahmen.

III. Datenabgleich (Abs. 2 S. 1)

1. Durchführung des Datenabgleichs

Gemäß Abs. 2 S. 1 nimmt die mit seiner Vornahme betraute besondere Organisationseinheit **19** des Bundesverwaltungsamts den **Abgleich der übermittelten Visadaten mit dem Abgleichdatensatz im Rahmen eines automatisierten Verfahrens** vor. Eine individuelle Recherche in den jeweiligen Datensätzen ist gesetzlich nicht vorgesehen und hat zu unterbleiben (vgl. Bergmann/Dienelt/Winkelmann/Kolber Rn. 5); der automatisierte Datenabgleich beschränkt sich auf eine automatisierte Prüfung, ob zu den Visaantragstellern, ihren Einladern oder sonstigen Referenzpersonen (→ Rn. 11) einschlägige Erkenntnisse vorliegen (Trefferfall; → Rn. 22) oder nicht (Nichttrefferfall; → Rn. 20 f.; → Rn. 19.1).

Im Zeitraum v. 1.6.2013 bis zum 31.7.2015 wurden die Daten aus insgesamt 4.109.900 Visaanträgen **19.1** einem Datenabgleich unterzogen. Diese Datenabgleiche führten in 47.410 Fällen zu Einfach- oder Mehrfachtreffern und in 104 Fällen (sieben Mal zwingende Versagensgründe, 97 Mal „sonstige Sicherheitsbedenken") zu Hinweisen nach § 72a Abs. 3 S. 2 (BT-Drs. 18/5817, 8 f.).

2. Nichttrefferfall (Abs. 3 S. 1 Hs. 1)

Im **Nichttrefferfall** sind die beim Bundesverwaltungsamt gespeicherten Visadaten unverzüglich **20** zu löschen (Abs. 3 S. 1 Hs. 1); eine Übermittlung an die Nachrichtendienste und Sicherheitsbehörden erfolgt nicht.

Eine Mitteilung des Nichttrefferfalls an die übermittelnde Auslandsvertretung ist gesetzlich nicht **21** vorgesehen. Dies kann zu unnötigen Verzögerungen des Visaverfahrens führen (→ Rn. 23.1 ff.).

3. Trefferfall (Abs. 3, Abs. 4 S. 1 Hs. 2, S. 2)

a) Datenübermittlung an die einspeichernden Behörden. Im sog. **Trefferfall – dh bei** **22** **Vorliegen einer Übereinstimmung zwischen den übermittelten Visadaten und dem beim Bundesverwaltungsamt dauerhaft vorgehaltenen Abgleichdatensatz –** übermittelt das Bundesverwaltungsamt die ihm vorliegenden Visadaten an jene Behörden (Empfängerbehörden), die Daten über den Visaantragsteller, den Einlader oder die Referenzperson gespeichert haben (Abs. 3 S. 1). Auch im Trefferfall löscht das Bundesverwaltungsamt unverzüglich die Visadaten und behält lediglich das Visumaktenzeichen als Referenznummer zurück (Abs. 4 S. 1). Der Trefferfall ist gem. Abs. 6 S. 1 zu protokollieren (→ Rn. 30 ff.; → Rn. 22.1).

Im Zeitraum v. 1.6.2013 bis zum 31.7.2015 wurden bei insgesamt 4.109.900 übermittelten Visaanträgen **22.1** 47.410 Einfach- oder Mehrfachtreffer erzielt. Diese führten zu 104 „Hinweisen" (sieben Mal zwingende Versagensgründe, 97 Mal „sonstige Sicherheitsbedenken") iSd § 72a Abs. 3 S. 2 (BT-Drs. 18/5817, 8 f.).

b) Überprüfung durch Nachrichtendienste und Sicherheitsbehörden. Die Empfänger- **23** behörden sind nunmehr **zur Überprüfung** anhand der ihnen vorliegenden Erkenntnisse **ver-**

pflichtet, ob Versagungsgründe nach § 5 Abs. 4 vorliegen oder sonstige Sicherheitsbedenken der Visumserteilung entgegenstehen. Ist dies der Fall, so übermittelt die jeweilige Empfängerbehörde der Auslandsvertretung – wiederum vermittelt durch das Bundesverwaltungsamt – einen „Hinweis" auf das Bestehen von Versagungsgründen (Abs. 3 S. 2). Eine Fehlanzeige ist auch im Rahmen des Überprüfungsverfahrens jedenfalls gesetzlich nicht vorgesehen (unklar insoweit BT-Drs. 17/6643, 27 sowie Bergmann/Dienelt/Winkelmann/Kolber Rn. 6; → Rn. 23.1 ff.).

23.1   Nach den Vorstellungen des Gesetzgebers sammelt das Bundesverwaltungsamt zunächst die Treffermeldungen und leitet die eingegangenen Hinweise der Empfängerbehörden anschließend **gesammelt an die Auslandsvertretung** weiter (BT-Drs. 17/6643, 23).

23.2   Das in BT-Drs. 17/6643, 23 geschilderte Verfahren (Rückmeldung des Bundesverwaltungsamtes bei Nichttreffern innerhalb der Frist, innerhalb derer bislang die nicht dem Konsultationsverfahren nach § 73 unterfallenden Visaanträge bearbeitet wurden; im Trefferfall ggf. später) dürfte in der Praxis nicht realisierbar sein, weil das Bundesverwaltungsamt bei ergebnislosem Ablauf der Regelfrist nicht wissen kann, ob diese auf einem Nichttreffer oder der längeren Bearbeitungszeit im Trefferfall beruht. Die vom Gesetzgeber vorgesehene „Sammelmeldung" kann daher erst erfolgen, wenn mit einem Eingang von „Hinweisen" realistischerweise nicht mehr zu rechnen ist (vgl. BT-Drs. 17/6643, 23: Mitteilung des Prüfergebnisses „regelmäßig innerhalb von 24 Stunden bis höchstens 72 Stunden").

23.3   Die in Abs. 4 S. 2 vorgesehene Löschung des Aktenzeichens kann daher ebenfalls nicht zeitnah erfolgen, weil das Bundesverwaltungsamt ggf. nachträglich eingehende Hinweise nach Löschung des Aktenzeichens nicht mehr zuordnen könnte. Diese objektiv unnötige Verfahrensverzögerung ist vor allem deswegen problematisch, weil auch „Treffer" in der Praxis nur in einem Bruchteil der Fälle zu „Hinweisen" der Sicherheitsbehörden führen (→ Rn. 19.1).

23.4   Eine Lösung könnte nur darin bestehen, die Empfängerbehörden **gesetzlich zur Mitteilung einer Fehlanzeige zu verpflichten** (so wohl auch die Regelungsintention des Gesetzgebers nach BT-Drs. 17/6643, 27: Mitteilung „Bedenken/keine Bedenken"; vgl. zur „Erfolgsquote" des Abgleichverfahrens in der Praxis → Rn. 19.1).

24   c) „Hinweise" an die Auslandsvertretungen. Nach der derzeitigen Ausgestaltung des Abgleichverfahrens sind die Sicherheitsbehörden **zur Mitteilung eines „Hinweises" verpflichtet, wenn sich ausgehend von ihrer Erkenntnislage zwingende Versagungsgründe oder sonstige Sicherheitsbedenken ergeben.** Eine Ermöglichung einer kontrollierten Einreise eines an sich Verdächtigen – ggf. in Absprache mit den Visabehörden – ist nicht vorgesehen (BT-Drs. 17/6643, 26 f.; BT-Drs. 18/5817, 8).

25   Nach den Vorstellungen des Gesetzgebers soll sich der „Hinweis" der Empfängerbehörden an die Auslandsvertretungen **auf die Mitteilung beschränken, dass „Bedenken" gegen die Visumserteilung bestehen.** Hierdurch will der Gesetzgeber dem Vertraulichkeits- und Geheimhaltungsinteressen der Sicherheitsbehörden und Nachrichtendienste Rechnung tragen, deren Aufgabenerfüllung durch eine Pflicht zur Übermittlung weitergehender Erkenntnisse gefährdet werden könnte (vgl. BT-Drs. 17/6643, 26 f.).

25.1   In der Praxis erfolgt die Übermittlung von Ergebnissen an die Auslandsvertretungen mit Hilfe vordefinierter Kürzel, die keine individualisierte Begründung enthalten (BT-Drs. 18/5817, 8).

26   Mit pauschalen Hinweisen oder Kürzeln ist der Auslandsvertretung aber aus rechtsstaatlicher Sicht nicht gedient. Denn spätestens im verwaltungsgerichtlichen Verfahren ist sie gehalten, **das Vorliegen der Voraussetzungen des § 5 Abs. 4 iVm § 54 Abs. 1 Nr. 2 oder Nr. 4 durch hinreichend verwert- und belegbare Tatsachen substantiiert darzulegen.** Reine Vermutungen oder bloße Verdachtsmomente genügen insoweit ebenso wenig wie ein bloßer Verweis auf die – nicht näher belegte – Einschätzung der Sicherheitsbehörden (vgl. VG Berlin Urt. v. 12.5.2011 – 14 K 237.09 V, juris Rn. 23, BeckRS 2011, 51686).

26.1   Als problematisch erweist sich insbesondere der Umstand, dass der bloße Nachweis eines Trefferfalles auch unabhängig von der fehlenden gerichtlichen Überprüfbarkeit der tatsächlichen Grundlagen der Speicherung nicht als Beleg für das Bestehen konkreter Sicherheitsbedenken herangezogen werden kann. Denn insbesondere bei den in § 72a Abs. 2 S. 1 Nr. 4 iVm § 3 Abs. 1 Nr. 1 lit. a lit. oo ATDG iVm § 3 Abs. 2 ATDG genannten „dolosen" Kontaktpersonen ist keineswegs gesichert, dass von diesen Gefahren für die öffentliche Sicherheit ausgehen (→ Rn. 15.2). Dies gilt jedoch erst recht für die Person des Antragstellers, wenn dieser die in der Antiterrordatei gelistete Person lediglich als Referenzperson benannt hat.

27   Eine **Bindung der Auslandsvertretungen an die Einschätzungen der Nachrichtendienste und Sicherheitsbehörden besteht nicht.** Sie ist vielmehr gehalten, das Vorliegen von

Versagungsgründen nach § 5 Abs. 4 oder sonstiger Sicherheitsbedenken selbstständig auf Grundlage der ihr vorliegenden Informationen zu prüfen.

d) Löschung der Visadaten beim Bundesverwaltungsamt (Abs. 4). Das im Trefferfall zu 28 speichernde **Visadatenaktenzeichen** (→ Rn. 22) ist nach Abs. 4 S. 2 zu löschen, sobald die Sammelmitteilung (→ Rn. 23.1) an die Auslandsvertretung erfolgt ist oder feststeht, dass eine Mitteilung nach Abs. 3 S. 2 an die Auslandsvertretung nicht erfolgt.

Beide Löschungsbedingungen setzen voraus, dass das Bundesverwaltungsamt von sämtlichen 29 der Empfängerbehörde eine Mitteilung erhalten hat, ob der Visaerteilung Sicherheitsbedenken entgegenstehen. Da eine Negativmitteilung gesetzlich nicht vorgesehen ist, wirft dies praktische Probleme auf (→ Rn. 23.3).

IV. Protokollierungspflichten (Abs. 6)

Zur Erfüllung der in der verfassungsgerichtlichen Rechtsprechung zunehmend eingeforderten 30 Protokollierungspflichten (BVerfGE 133, 277 Rn. 214 – Antiterrordatei) hat der Gesetzgeber im Fall eines Treffers (→ Rn. 22 ff.) **umfassende Protokollierungspflichten** vorgesehen (Abs. 6 S. 1): Zum Zweck der Datenschutzkontrolle sind neben dem Zeitpunkt des Datenabgleichs auch Hinweise auf die abgeglichenen Datensätzen – nicht aber die Datensätze selbst –, das Ergebnis des Datenabgleichs, die Weiterleitung des Datensatzes an die Empfängerbehörden und die Verarbeitung des Datensatzes innerhalb des Bundesverwaltungsamts zu protokollieren.

Abs. 6 S. 2 sieht neben technischen und organisatorischen Sicherungen gegen unberechtigten 31 Zugriff eine Löschung der Daten am Ende des auf die Erstellung der Daten folgenden Kalenderjahres vor, sofern diese nicht für ein bereits eingeleitetes Kontrollverfahren benötigt werden (→ Rn. 31.1).

Bei den in Abs. 6 S. 2 vorausgesetzten „Kontrollverfahren" dürfte es sich primär um Prüfverfahren der 31.1 Bundesbeauftragten für den Datenschutz und die Informationsfreiheit (und ggf. die Landesbeauftragten für den Datenschutz, vgl. § 10 Abs. 1 S. 2 ATDG iVm § 72a Abs. 8 S. 1) handeln, deren Kontrolle die Datenverarbeitung durch das Bundesverwaltungsamt unterliegt. Daneben ist die Norm auf gerichtliche Klageverfahren gegen die Datenverarbeitung durch das Bundesverwaltungsamt oder sonstige am Verfahren nach § 72a beteiligte Behörden jedenfalls entsprechend anzuwenden.

V. Technische und organisatorische Maßnahmen (Abs. 7)

Zur Wahrung der von der Rechtsprechung im Zusammenhang mit der Errichtung der Antiter- 32 rordatei eingeforderten **technischen und organisatorischen Sicherheitsvorkehrungen** sieht Abs. 7 dem jeweiligen Stand der Technik entsprechende technische und organisatorische Maßnahmen zur Sicherung von Datenschutz und Datensicherheit vor, die insbesondere die Vertraulichkeit und Integrität der in der besonderen Organisationseinheit gespeicherten und übermittelten Daten gewährleisten.

Die durch 49 Nr. 9 lit. c 2. DSAnpG EU v. 20.11.2019 (BGBl. I 1626) eingefügte Verweisung auf 32.1 Maßnahmen „nach den Artikeln 24, 25 und 32 der Verordnung (EU) 2016/679" (→ Rn. 2.2) ist auch hier – wie schon in Abs. 2 S. 3 (→ Rn. 18a) – im Wesentlichen lediglich deklaratorischer Natur.

Zu den organisatorischen Sicherheitsvorkehrungen gehört auch schon die in Abs. 2 S. 1 vorge- 33 sehene Errichtung einer „besonderen Organisationseinheit" innerhalb des Bundesverwaltungsamts, die eine Trennung der im Zusammenhang mit dem automatisierten Datenabgleich anfallenden Daten vom übrigen Geschäftsbetrieb des Bundesverwaltungsamts auch organisatorisch sicherstellen soll (Bergmann/Dienelt/Winkelmann/Kolber Rn. 5). Zu den erforderlichen Sicherheitsvorkehrungen gehören aber auch die in Abs. 2 S. 3 und Abs. 6 S. 2 geforderten technischen und organisatorischen Maßnahmen (→ Rn. 18; → Rn. 31).

VI. Datenschutzrechtliche Verantwortlichkeit (Abs. 8)

Abs. 8 **verteilt die datenschutzrechtliche Verantwortlichkeit zwischen den am Daten-** 34 **abgleich nach § 72a beteiligten Behörden.** Dies ist abgesehen von der Passivlegitimation in Rechtsschutzverfahren gegen die behördliche Datenverarbeitung v.a. für die Frage der Zuständigkeit der Aufsichtsbehörden von Bedeutung (vgl. § 10 Abs. 1 ATDG).

Die datenschutzrechtliche Verantwortung für die Voraussetzungen für die Aufnahme von Daten 35 in die Abgleichdatei trägt nach Abs. 8 S. 1 die auch für die Speicherung in der Antiterrordatei verantwortliche Behörde (§ 8 Abs. 1 S. 1 ATDG). Diese ist nach Abs. 2 S. 2 auch zur Kennzeichnung der entsprechenden Daten in der Antiterrordatei verpflichtet, die gem. § 3 Abs. 3 ATDG in die Antiterrordatei aufzunehmen ist (Bergmann/Dienelt/Winkelmann/Kolber Rn. 5).

36   Die für die Eingabe in die Antiterrordatei verantwortliche Behörde muss gem. Abs. 9 S. 2 zudem nachhalten, ob die Speicherungsvoraussetzungen weiterhin vorliegen. Im Fall eines nachträglichen Entfalls der Voraussetzungen für die Aufnahme in die Abgleichdatei ist dieser durch Entfernung der Kennzeichnung in der Antiterrordatei nachzuvollziehen; die Entfernung der Kennzeichnung ist dann durch das Bundeskriminalamt mitzuteilen (Abs. 8 S. 3) und durch das Landesverwaltungsamt datenschutzrechtlich nachzuvollziehen (Abs. 8 S. 2). Gleiches gilt für sonstige Änderungen im Bestand der Antiterrordatei (wie zB eine Löschung oder Änderung der gespeicherten Daten).

37   Die datenschutzrechtliche Verantwortung für die Durchführung des Abgleichs trägt nach Abs. 8 S. 2 das Bundesverwaltungsamt. Dies umfasst insbesondere die Protokollierung nach Abs. 6 S. 1 (→ Rn. 30) und die Durchführung technischer und organisatorischer Maßnahmen iSd Abs. 7 (→ Rn. 32 f.).

VII. Sicherung der Integrität des Abgleichdatensatzes (Abs. 9)

38   Anders als die individuell übermittelten Visadaten (→ Rn. 20; → Rn. 22; → Rn. 28) unterliegt der Abgleichdatensatz nicht der unverzüglichen Löschung nach Durchführung des Abgleichverfahrens; er bleibt vielmehr nach Abs. 2 S. 2 dauerhaft im Bestand des Bundesverwaltungsamts erhalten (→ Rn. 17).

39   Allerdings sind die gespeicherten Abgleichdaten nach Abs. 9 S. 1 zu berichtigen, wenn sie auch in der Antiterrordatei berichtigt werden; die Verantwortung hierfür trägt nach Abs. 8 S. 3 das Bundeskriminalamt. Sie sind nach Abs. 9 S. 2 zu löschen, wenn die Voraussetzungen ihrer Speicherung nach Abs. 2 S. 1 entfallen sind oder sie in der Antiterrordatei gelöscht wurden.

40   Die Verantwortung für die Umsetzung einer Löschung aus der Antiterrordatei gelöschter Daten auch aus dem Abgleichdatensatz trägt – wie auch im Fall der Berichtigung – das Bundeskriminalamt (Abs. 8 S. 3), das aber selbst keinen Zugriff auf die beim Bundesverwaltungsamt gespeicherten Abgleichdatensätze hat. Es genügt dieser Verantwortung daher durch Mitteilung an das Bundesverwaltungsamt, das zur unverzüglichen Umsetzung der Löschung bzw. Berichtigung verpflichtet ist.

41   Die Verantwortung für die Prüfung des weiteren Vorliegens der Voraussetzungen des Abs. 2 S. 1 liegt demgegenüber bei den nach Abs. 2 S. 2 zur Kennzeichnung verpflichteten Behörden, da das Bundeskriminalamt diese Voraussetzungen selbst nicht prüfen kann. Die einspeichernden Behörden sind daher zur Entfernung der Kennzeichnung verpflichtet, die dann vom Bundeskriminalamt mitzuteilen und vom Bundesverwaltungsamt nachzuvollziehen ist (→ Rn. 36).

42   Die Bedeutung des in Abs. 9 S. 3 enthaltenen Verweises auf § 11 Abs. 4 ATDG bleibt kryptisch, da die hier in Bezug genommene Norm des § 72a Abs. 2 S. 2 selbst keine Voraussetzungen für die Speicherung in der Abgleichdatei regelt. Gemeint ist wohl eine Überprüfung der Kennzeichnung nach Abs. 2 S. 2 durch die einspeichernden Behörden, die nach § 11 Abs. 4 ATDG entsprechend der für die Erkenntnisdaten gültigen Prüffristen sowie bei der jeweiligen Einzelfallbearbeitung vorzunehmen ist.

VIII. Zweckändernde Datenverarbeitung durch die Empfängerbehörden (Abs. 5)

43   Von erheblicher selbstständiger Bedeutung ist in Abs. 5 S. 1 enthaltene **generalklauselartige Ermächtigungsgrundlage für die zweckändernde Datenverarbeitung** durch die im Überprüfungsverfahren beteiligten Sicherheitsbehörden. Die in S. 2 enthaltene Verweisung auf Übermittlungsregelungen „nach anderen Gesetzen" macht dabei deutlich, dass die in S. 1 geregelten Befugnisse neben die spezialgesetzlichen Übermittlungs- und Speicherungsbefugnisse treten.

44   Inhaltlich ist die in Abs. 5 S. 1 geregelte Generalklausel **extrem weit gefasst:** Da Abs. 1 S. 1 und S. 2 die Auslandsvertretungen – vorbehaltlich der Fälle des Abs. 1 S. 3 iVm § 73 Abs. 4 (→ Rn. 12) – zur Übermittlung sämtlicher im Visaverfahren erhobener Daten verpflichtet (→ Rn. 9 f.), stellt die Zweckänderungsvorschrift des Abs. 5 diesen Datenbestand den Empfängerbehörden pauschal für die „Erfüllung ihrer gesetzlichen Aufgaben" zur Verfügung. Die eigentlich auf einen Abgleich der Visadaten mit der Antiterrordatei abzielende Norm des § 72a erhält damit den **Charakter einer allgemeinen Datenbeschaffungsnorm für die Gefahrenabwehr- und Sicherheitsbehörden.**

45   Inhaltlich wird die Wirkung des Abs. 5 S. 1 nur durch den Umstand eingeschränkt, dass Abs. 3 S. 1 eine Datenübermittlung an die Empfängerbehörden nur im Fall eines positiven Abgleichs mit dem nach Abs. 2 erstellten Datensatz (Trefferfall) vorsieht (→ Rn. 20; → Rn. 22).

46   Dass die Empfängerbehörden die ihnen übermittelten Visadateien aber auch dann für eigene Zwecke weiternutzen und speichern dürfen sollen, wenn ihre Prüfung keine Sicherheitsbedenken

gegen die Einreise ergibt (und ggf. sogar nur eine Referenzperson des Antragstellers – ggf. sogar nur als „dolose Kontaktperson" – in der Antiterrordatei gelistet ist), verleiht der Regelung des § 72a dennoch den **Charakter einer (weiteren) Datenbeschaffungsnorm für die Gefahrenabwehr- und Sicherheitsbehörden** (NK-AuslR/Hilbrans Rn. 11; → Rn. 46.1).

Dies wird insbesondere anhand des in der Vergangenheit groben Missverhältnisses zwischen „Trefferfällen" und tatsächlichen sachdienlichen Hinweisen an die Auslandsvertretungen deutlich (vgl. → Rn. 19.1: 104 „Hinweise" bei 47.410 Einfach- oder Mehrfachtreffern im Zeitraum v. 1.6.2013 bis zum 31.7.2015). **46.1**

Demgegenüber enthält Abs. 5 mit dem Verweis auf die „Erforderlichkeit zur Erfüllung ihrer gesetzlichen Aufgaben" selbst **keine nennenswerte tatbestandliche Beschränkung** der Befugnis zur zweckändernden Datenverwendung durch die jeweiligen Empfängerbehörden. Da Abs. 5 die Zweckänderung nicht vom Vorliegen konkreter Ermittlungsansätze abhängig macht (vgl. BVerfGE 141, 220 Rn. 290 – BKAG) und seine Tatbestandsvoraussetzungen sich auf die letztlich nichtssagende Erforderlichkeitsklausel beschränken (vgl. BVerfGE 133, 277 Rn. 126 – Antiterrordatei), **dürfte er verfassungsrechtlichen Mindestanforderungen an die zweckändernde Datenübermittlung nicht genügen,** zumal der Nebenzweck der Datenweiterverwendung angesichts der praktischen und rechtlichen Ausgestaltung des Abgleichverfahrens (→ Rn. 46 f.) als dessen Hauptzweck anzusehen sein dürfte. **47**

§ 73 Sonstige Beteiligungserfordernisse im Visumverfahren, im Registrier- und Asylverfahren und bei der Erteilung von Aufenthaltstiteln

(1) ¹Daten, die im Visumverfahren von der deutschen Auslandsvertretung oder von der für die Entgegennahme des Visumantrags zuständigen Auslandsvertretung eines anderen Schengen-Staates zur visumantragstellenden Person, zum Einlader und zu Personen, die durch Abgabe einer Verpflichtungserklärung oder in anderer Weise die Sicherung des Lebensunterhalts garantieren, oder zu sonstigen Referenzpersonen im Inland erhoben werden, können über das Bundesverwaltungsamt zur Feststellung von Versagungsgründen nach § 5 Absatz 4, § 27 Absatz 3a oder zur Prüfung von sonstigen Sicherheitsbedenken an den Bundesnachrichtendienst, das Bundesamt für Verfassungsschutz, den Militärischen Abschirmdienst, das Bundeskriminalamt, die Bundespolizei und das Zollkriminalamt übermittelt werden. ²Das Verfahren nach § 21 des Ausländerzentralregistergesetzes bleibt unberührt. ³In den Fällen des § 14 Abs. 2 kann die jeweilige mit der polizeilichen Kontrolle des grenzüberschreitenden Verkehrs beauftragte Behörde die im Visumverfahren erhobenen Daten an die in Satz 1 genannten Behörden übermitteln.

(1a) ¹Daten, die zur Sicherung, Feststellung und Überprüfung der Identität nach § 16 Absatz 1 Satz 1 des Asylgesetzes und § 49 zu Personen im Sinne des § 2 Absatz 1a, 2 Nummer 1 des AZR-Gesetzes erhoben werden oder bereits gespeichert wurden, können über das Bundesverwaltungsamt zur Feststellung von Versagungsgründen nach § 3 Absatz 2, § 4 Absatz 2 des Asylgesetzes, § 60 Absatz 8 Satz 1 sowie § 5 Absatz 4 oder zur Prüfung von sonstigen Sicherheitsbedenken an den Bundesnachrichtendienst, das Bundesamt für Verfassungsschutz, den Militärischen Abschirmdienst, das Bundeskriminalamt, die Bundespolizei und das Zollkriminalamt übermittelt werden. ²Die in Satz 1 genannten Daten können über das Bundesverwaltungsamt zur Feststellung der in Satz 1 genannten Versagungsgründe oder zur Prüfung sonstiger Sicherheitsbedenken auch für die Prüfung, ob die Voraussetzungen für einen Widerruf oder eine Rücknahme nach den §§ 73 bis 73b des Asylgesetzes vorliegen, an die in Satz 1 genannten Sicherheitsbehörden und Nachrichtendienste übermittelt werden. ³Ebenso können Daten, die zur Sicherung, Feststellung und Überprüfung der Identität
1. nach § 16 Absatz 1 Satz 1 des Asylgesetzes, § 49 Absatz 5 Nummer 5, Absatz 8 und 9 erhoben oder nach Artikel 21 der Verordnung (EU) Nr. 604/2013 von einem anderen Mitgliedstaat an die Bundesrepublik Deutschland übermittelt wurden zu Personen, für die ein Aufnahme- oder Wiederaufnahmegesuch eines anderen Mitgliedstaates an die Bundesrepublik Deutschland nach der Verordnung (EU) Nr. 604/2013 gestellt wurde,
2. nach § 49 Absatz 5 Nummer 6 zu Personen erhoben wurden, die für ein Aufnahmeverfahren nach § 23 oder die Gewährung von vorübergehendem Schutz nach § 24 vorgeschlagen und von dem Bundesamt für Migration und Flüchtlinge in die Prüfung über die Erteilung einer Aufnahmezusage einbezogen wurden, oder

3. nach § 49 Absatz 5 Nummer 6 erhoben oder von einem anderen Mitgliedstaat an die Bundesrepublik Deutschland übermittelt wurden zu Personen, die auf Grund von Maßnahmen nach Artikel 78 Absatz 3 des Vertrags über die Arbeitsweise der Europäischen Union (AEUV) in das Bundesgebiet umverteilt werden sollen und vom Bundesamt für Migration und Flüchtlinge in die Prüfung über die Erteilung einer Aufnahmezusage einbezogen wurden,

über das Bundesverwaltungsamt zur Feststellung von Versagungsgründen oder zur Prüfung sonstiger Sicherheitsbedenken an die in Satz 1 benannten Behörden übermittelt werden. [4]Zusammen mit den Daten nach Satz 1 können zu den dort genannten Personen dem Bundeskriminalamt für die Erfüllung seiner gesetzlichen Aufgaben die Daten nach § 3 Absatz 1 Nummer 1 und 3 des AZR-Gesetzes, Angaben zum Zuzug oder Fortzug und zum aufenthaltsrechtlichen Status sowie Daten nach § 3 Absatz 2 Nummer 6 und 9 des AZR-Gesetzes übermittelt werden. [5]Zu den Zwecken nach den Sätzen 1 bis 3 ist auch ein Abgleich mit weiteren Datenbeständen beim Bundesverwaltungsamt zulässig.

(2) [1]Die Ausländerbehörden können zur Feststellung von Versagungsgründen gemäß § 5 Abs. 4 oder zur Prüfung von sonstigen Sicherheitsbedenken vor der Erteilung oder Verlängerung eines Aufenthaltstitels oder einer Duldung oder Aufenthaltsgestattung die bei ihnen gespeicherten personenbezogenen Daten zu den betroffenen Personen über das Bundesverwaltungsamt an den Bundesnachrichtendienst, das Bundesamt für Verfassungsschutz, den Militärischen Abschirmdienst, das Bundeskriminalamt, die Bundespolizei und das Zollkriminalamt sowie an das Landesamt für Verfassungsschutz und das Landeskriminalamt oder die zuständigen Behörden der Polizei übermitteln. [2]Das Bundesamt für Verfassungsschutz kann bei Übermittlungen an die Landesämter für Verfassungsschutz technische Unterstützung leisten.

(3) [1]Die in den Absätzen 1 und 2 genannten Sicherheitsbehörden und Nachrichtendienste teilen dem Bundesverwaltungsamt unverzüglich mit, ob Versagungsgründe nach § 5 Abs. 4 oder sonstige Sicherheitsbedenken vorliegen; bei der Übermittlung von Mitteilungen der Landesämter für Verfassungsschutz zu Anfragen der Ausländerbehörden nach Absatz 2 kann das Bundesamt für Verfassungsschutz technische Unterstützung leisten. [2]Die deutschen Auslandsvertretungen und Ausländerbehörden übermitteln den in Satz 1 genannten Sicherheitsbehörden und Nachrichtendiensten unverzüglich die Gültigkeitsdauer der erteilten und verlängerten Aufenthaltstitel; werden den in Satz 1 genannten Behörden während des Gültigkeitszeitraums des Aufenthaltstitels Versagungsgründe nach § 5 Abs. 4 oder sonstige Sicherheitsbedenken bekannt, teilen sie dies der zuständigen Ausländerbehörde oder der zuständigen Auslandsvertretung unverzüglich mit. [3]Die in Satz 1 genannten Behörden dürfen die übermittelten Daten verarbeiten, soweit dies zur Erfüllung ihrer gesetzlichen Aufgaben erforderlich ist. [4]Übermittlungsregelungen nach anderen Gesetzen bleiben unberührt.

(3a) [1]Die in Absatz 1a genannten Sicherheitsbehörden und Nachrichtendienste teilen dem Bundesverwaltungsamt unverzüglich mit, ob Versagungsgründe nach § 3 Absatz 2, § 4 Absatz 2 des Asylgesetzes, § 60 Absatz 8 Satz 1 sowie nach § 5 Absatz 4 oder sonstige Sicherheitsbedenken vorliegen. [2]Das Bundesverwaltungsamt stellt den für das Asylverfahren sowie für aufenthaltsrechtliche Entscheidungen zuständigen Behörden diese Information umgehend zur Verfügung. [3]Die infolge der Übermittlung nach Absatz 1a und den Sätzen 1 und 2 erforderlichen weiteren Übermittlungen zwischen den in Satz 1 genannten Behörden und den für das Asylverfahren sowie für die aufenthaltsrechtlichen Entscheidungen zuständigen Behörden dürfen über das Bundesverwaltungsamt erfolgen. [4]Die in Satz 1 genannten Behörden dürfen die ihnen übermittelten Daten verarbeiten, soweit dies zur Erfüllung ihrer gesetzlichen Aufgaben erforderlich ist. [5]Das Bundesverwaltungsamt speichert die übermittelten Daten, solange es für Zwecke des Sicherheitsabgleiches erforderlich ist. [6]Das Bundeskriminalamt prüft unverzüglich, ob die nach Absatz 1a Satz 4 übermittelten Daten der betroffenen Person den beim Bundeskriminalamt gespeicherten personenbezogenen Daten zu einer Person zugeordnet werden können, die zur Fahndung ausgeschrieben ist. [7]Ist dies nicht der Fall, hat das Bundeskriminalamt die nach Absatz 1a Satz 4 übermittelten Daten der betroffenen Person unverzüglich zu löschen. [8]Ergebnisse zu Abgleichen nach Absatz 1a Satz 5, die der Überprüfung, Feststellung oder Sicherung der Identität dienen, können neben den für das Registrier- und Asylverfahren sowie für die aufenthaltsrechtliche Entscheidung zuständigen Behörden auch der Bundespolizei, dem Bundeskriminalamt und den zuständigen Behörden der Polizei übermittelt werden. ⁹Übermittlungsregelungen nach anderen Gesetzen bleiben unberührt.

(3b) ¹Die in Absatz 1 genannten Sicherheitsbehörden und Nachrichtendienste teilen dem Bundesverwaltungsamt unverzüglich mit, ob Versagungsgründe nach § 27 Absatz 3a vorliegen. ²Werden den in Satz 1 genannten Behörden während des nach Absatz 3 Satz 2 mitgeteilten Gültigkeitszeitraums des Aufenthaltstitels Versagungsgründe nach § 27 Absatz 3a bekannt, teilen sie dies der zuständigen Ausländerbehörde oder der zuständigen Auslandsvertretung unverzüglich mit. ³Die in Satz 1 genannten Behörden dürfen die übermittelten Daten verarbeiten, soweit dies zur Erfüllung ihrer gesetzlichen Aufgaben erforderlich ist. ⁴Übermittlungsregelungen nach anderen Gesetzen bleiben unberührt.

(3c) ¹In Fällen der Mobilität nach den §§ 16c, 18e und 19a kann das Bundesamt für Migration und Flüchtlinge zur Feststellung von Ausweisungsinteressen im Sinne von § 54 Absatz 1 Nummer 2 und 4 und zur Prüfung von sonstigen Sicherheitsbedenken die bei ihm gespeicherten personenbezogenen Daten zu den betroffen Personen über das Bundesverwaltungsamt an die in Absatz 2 genannten Sicherheitsbehörden übermitteln. ²Die in Absatz 2 genannten Sicherheitsbehörden teilen dem Bundesverwaltungsamt unverzüglich mit, ob Ausweisungsinteressen im Sinne von § 54 Absatz 1 Nummer 2 oder 4 oder sonstige Sicherheitsbedenken vorliegen. ³Die in Satz 1 genannten Behörden dürfen die übermittelten Daten speichern und nutzen, soweit dies zur Erfüllung ihrer gesetzlichen Aufgaben erforderlich ist. ⁴Übermittlungsregelungen nach anderen Gesetzen bleiben unberührt.

(4) ¹Das Bundesministerium des Innern, für Bau und Heimat bestimmt unter Berücksichtigung der aktuellen Sicherheitslage durch allgemeine Verwaltungsvorschriften, in welchen Fällen gegenüber Staatsangehörigen bestimmter Staaten sowie Angehörigen von in sonstiger Weise bestimmten Personengruppen von der Ermächtigung der Absätze 1 und 1a Gebrauch gemacht wird. ²In den Fällen des Absatzes 1 erfolgt dies im Einvernehmen mit dem Auswärtigen Amt.

Überblick

§ 73 soll den mit dem Vollzug des AufenthG befassten Behörden die Prüfung von Versagungsgründen und sonstigen Sicherheitsbedenken ermöglichen. Zu diesem Zweck sieht er Anfragebefugnisse der Visabehörden (Abs. 1, → Rn. 18 ff.), der Ausländerbehörden (Abs. 2, → Rn. 68 ff.) und der mit der Feststellung der Identität von Ausländern befassten Behörden (Abs. 1a, → Rn. 38 ff.) vor, die aufgrund der Regelungssystematik der Norm zum Teil – in den Fällen von Abs. 1 und Abs. 1a – zu echten Beteiligungspflichten erstarken (→ Rn. 10, → Rn. 60). Hiermit korrespondieren Prüf- und Übermittlungspflichten (→ Rn. 31 ff., → Rn. 49 ff., → Rn. 91 ff.) sowie Nachberichtspflichten (→ Rn. 94 ff.) der in der Norm genannten Nachrichtendienste und Sicherheitsbehörden (Abs. 3–3b). Die in der Norm weiterhin enthaltenen Zweckänderungsermächtigungen aus Abs. 3 S. 3, Abs. 3a S. 4 und Abs. 3b S. 3 sind verfassungsrechtlich ebenso problematisch (→ Rn. 103 ff.) wie die in Abs. 4 enthaltene Ermächtigung des Bundesministeriums des Innern zum Erlass normkonkretisierender Verwaltungsvorschriften (→ Rn. 64).

Übersicht

A. Allgemeines

I. Entstehungsgeschichte

1   **§ 73 entspricht in seinen Grundstrukturen auch heute noch der Vorgängernorm des
§ 64a AuslG** (GK-AufenthG/Petri Rn. 2, 4) und der hiermit weitgehend identischen ursprünglichen Normfassung des AufenthG (idF des Zuwanderungsgesetzes v. 30.7.2004, BGBl. I 1950).
Gegenüber dem Regierungsentwurf (BT-Drs 15/420, 28) wurden im Vermittlungsausschuss einzelne Detailänderungen und der heutige Abs. 1 S. 3 ergänzt (BR-Drs. 528/04, 23 f.). Die ebenfalls
im Vermittlungsverfahren eingefügte Übermittlungsregelung des Abs. 1 S. 2 und die Anfragepflicht
vor Erteilung einer Niederlassungserlaubnis nach Abs. 2 S. 2 sind mittlerweile wieder entfallen
(→ Rn. 1.1).

1.1   Abs. 1 S. 2 und Abs. 2 S. 2 enthielten Übermittlungspflichten der Nachrichtendienste und Sicherheitsbehörden von Amts wegen bzw. eine Anfragepflicht der Ausländerbehörden vor Erteilung einer Niederlassungserlaubnis, die in späteren Gesetzesfassungen gestrichen wurden (→ Rn. 3 ff.). Die nunmehr dem
Bundesverwaltungsamt zukommende Rolle als zentraler Informationsmittler wurde in den Fällen des Abs. 1
ursprünglich vom Auswärtigen Amt wahrgenommen; das Bundeskriminalamt und das Bundesamt für
Verfassungsschutz waren in Abs. 2 nicht aufgeführt.

2   Mit dem **Gesetz zur Umsetzung aufenthalts- und asylrechtlicher Richtlinien der Europäischen Union** v. 19.8.2007 (BGBl. I 1970) wurde Abs. 3 redaktionell umgestaltet und erstmals
um Nachberichtspflichten der Sicherheitsbehörden und Nachrichtendienste ergänzt (→
Rn. 94 ff.). Zugleich hat der Gesetzgeber – allerdings mit teilweise großzügigen Übergangsfristen –
die Abfrageverpflichtung des Abs. 2 auf die Erteilung von Duldungen und Bescheinigungen über
die Aufenthaltsgestattung erweitert und die Pflichten nach Abs. 1 auf für die Entgegennahme von
Visaanträgen zuständige Auslandsvertretungen anderer Schengen-Staaten erstreckt. Die letztgenannte Normänderung diente der Implementierung des in Art. 17 Abs. 2 SDÜ (nunmehr Art. 22
Visakodex) vorgesehenen schengenweiten Konsultationsverfahrens (→ Rn. 8, → Rn. 20).

Ob die von der Bundesregierung geäußerte Rechtsauffassung, die Ermächtigung der Auslandsvertretun- **2.1** gen anderer Schengen-Staaten habe gegenüber der früheren Rechtslage lediglich „klarstellende" Funktion, zutrifft, ist zweifelhaft, angesichts der Gesetzesänderung aber ohne Bedeutung (GK-AufenthG/Petri Rn. 4; ohne Bedenken insoweit Hailbronner AuslR Rn. 7).

Zugleich wurde die ursprünglich in Abs. 2 S. 2 geregelte Pflichtüberprüfung vor Erteilung von **3** Niederlassungserlaubnissen gestrichen (→ Rn. 3.1).

Die Streichung des Abs. 2 S. 2 diente lediglich der Flexibilisierung der behördlichen Entscheidungspro- **3.1** zesse und -verfahren: Ob und ggf. unter welchen Umständen vor Erteilung einer Niederlassungserlaubnis eine gesonderte Überprüfung erfolgen soll, kann nunmehr durch Verwaltungsvorschrift (Abs. 4) geregelt werden (BT-Drs 16/5065, 193). Da Nr. 2.1.1 AufenthGAVwV, § 72 Abs. 2 eine **Regelüberprüfung vor Erteilung einer Niederlassungserlaubnis an ausländerrechtliche handlungsfähige Personen** vorsieht, war mit der Streichung des § 73 Abs. 2 S. 2 aF **faktisch keine wesentliche Änderung der Rechtslage verbunden.**

Die in Abs. 2 S. 2 enthaltene Übermittlungspflicht von Amts wegen (→ Rn. 1.1) ist zum **4** 1.2.2009 entfallen; die Übermittlungsbefugnis des Abs. 1 S. 1 wurde auf Daten zu Garanten für die Sicherung des Lebensunterhalts oder sonstige Referenzpersonen erweitert.

Das **Gesetz zur Umsetzung aufenthaltsrechtlicher Richtlinien der Europäischen Union** **5** **und zur Anpassung nationaler Rechtsvorschriften an den EU-Visakodex** (v. 22.11.2011, BGBl. I 2258) fügte das Bundeskriminalamt als Übermittlungsadressaten nach Abs. 2 ein, brachte die technische Unterstützungsbefugnis des Bundesamts für Verfassungsschutz nach Abs. 2 S. 2 und Abs. 3 S. 1 Hs. 2 ein und ergänzte die Regelung des Abs. 3 S. 2 über Nachberichtspflichten um Pflichten der Auslandsvertretungen und Auslandsbehörden zur Übermittlung der Gültigkeitsdauer erteilter und verlängerter Aufenthaltstitel.

Mit dem **Datenaustauschverbesserungsgesetz** (v. 2.2.2016, BGBl. I 130) wurde die in **6** Abs. 1 S. 1 und Abs. 3 enthaltene Bezugnahme auf die „zuständige Stelle" als Informationsmittler durch Einführung des Bundesverwaltungsamtes ersetzt und Abs. 2 um eine Übermittlungsbefugnis an das Bundesamt für Verfassungsschutz ergänzt. Die Prüfbefugnis aus Abs. 1a und Abs. 3a wurde neu in das Gesetz eingefügt und Abs. 4 durch die Einbeziehung der Befugnisse nach Abs. 1a an die neue Gesetzesfassung angepasst.

Das **Familiennachzugsneuregelungsgesetz** (v. 12.7.2018, BGBl. I 1147) erweiterte die Prüf- **7** befugnisse des Abs. 1 S. 1 auf die parallel neu ins Gesetz eingefügten Versagungsgründe des § 27 Abs. 3a und ergänzte § 73 um die in Abs. 3b geregelten Mitteilungspflichten und Verwendungsbe- fugnisse.

Durch Art. 3 Nr. 5 des Gesetzes zur Verbesserung der Registrierung und des Datenaustausches **7a** zu aufenthalts- und asylrechtlichen Zwecken (**Zweites Datenaustauschverbesserungsgesetz** v. 4.8.2019, BGBl. 2019 I 1131) wurde die Bundespolizei in den Kreis der Übermittlungsempfänger nach Abs. 1–2 einbezogen und § 73 auch im Übrigen wesentlich erweitert.

Durch Art. 3 Nr. 5 lit. b) aa) wurde die Übermittlungsbefugnis nach Abs. 1a auf Asylantragsteller **7a.1** erstreckt, die zuvor (im Inland) kein Asylgesuch geäußert hatten, und ein Datenabgleich auch im Nachgang zur erstmaligen Datenerhebung ermöglicht (Abs. 1a S. 1).

Durch Art. 3 Nr. 5 lit. b) bb) wurden weitere Übermittlungsbefugnisse geschaffen, die der Prüfung **7a.2** von Asylwiderrufs- oder Rücknahmeprüfung dienen (Abs. 1 S. 2) und einen Sicherheitsabgleich auch in Aufnahme- und Wiederaufnahmefällen nach der Dublin III-VO, in Rahmen humanitärer Aufnahmeverfah- ren nach §§ 23 f. und in Relocation-Fällen (Abs. 1 S. 3) ermöglichen sollen. Zugleich wurde der Umfang der dem Bundeskriminalamt im Fall des Abs. 1a S. 1 zu übermittelnden Daten erweitert, um diesem im Fall eines Fahndungstreffers die umgehende Benachrichtigung der zuständigen Polizeibehörde zu ermöglichen (Erweiterte Datenübermittlung nach Abs. 1a S. 4, Abs. 3a S. 6 und 7).

Durch Art. 3 Nr. 5 lit. d) wurde das Bundesverwaltungsamt ermächtigt, die Ergebnisse weiterer Daten- **7a.3** abgleiche nach Abs. 1a S. 5 neben dem BAMF und den Ausländerbehörden auch der Bundespolizei, dem BKA und den zuständigen Polizeibehörden zu übermitteln, wenn der Abgleich der Überprüfung, Feststel- lung oder Sicherung der Identität diente (Abs. 1a S. 5).

Durch die Änderung des Abs. 7 durch Art. 3 Nr. 5 lit. e) wurde das Einvernehmenserfordernis des **7a.4** Auswärtigen Amtes beim Erlass von Verwaltungsvorschriften auf Fälle des Datenabgleichs nach Abs. 1 beschränkt. Zugleich wurde die Bezeichnung des Bundesinnenministeriums der aktuellen Erlasslage („Bun- desministerium des Innern, für Bau und Heimat") angepasst.

Im Zusammenhang mit der Neuordnung des Arbeitsmigrationsrechts durch das – erst am **7b** 1.3.2020 in Kraft getretene – **FachkEinwG** (Fachkräfteeinwanderungsgesetz v. 15.8.2019, BGBl. I 1307) hat der Gesetzgeber dem Bundesamt für Migration und Flüchtlinge zur Erfüllung seiner Aufgaben im Bereich der Arbeitnehmermobilität nach §§ 16c, 18e und 19a Befugnisse für Sicherheitsabfragen eingeräumt, die den sonst den Ausländerbehörden nach Abs. 2 im Titelerteilungsverfahren zustehenden Befugnissen entsprechen (Abs. 3c; → Rn. 93a ff.).

7c   Mit dem **Zweiten Datenschutz-Anpassungs- und Umsetzungsgesetz EU** (2. DSAnpUG-EU) v. 20.11.2019 (BGBl. I 1626) hat der Gesetzgeber die Begriffe des „Speicherns und Nutzens" in Abs. 3 S. 3 und Abs. 3a S. 4 durch den Begriff des Verarbeitens ersetzt. Die Änderungen dienen der Anpassung an die Begrifflichkeiten des Art. 4 Nr. 2 DS-GVO und sind mit keinen sachlichen Änderungen verbunden (vgl. BT-Drs. 19/4674, 272).

II. Unionsrechtliche Hintergründe

8   Die in Abs. 1 S. 1 geregelte Konsultationsverpflichtung der für die Entgegennahme des Visumantrags zuständigen Auslandsvertretungen anderer Schengen-Staaten dient der **Implementierung des schengenweiten Konsultationsverfahrens nach Art. 22 Visakodex,** das an die Stelle des Art. 17 Abs. 2 SDÜ getreten ist (vgl. Nr. 73.1.1 AufenthGAVwV; Bergmann/Dienelt/Winkelmann/Kolber Rn. 13).

III. Normzweck und Normsystematik

1. Normzweck und -charakter

9   § 73 dient der Einbeziehung von Erkenntnissen der Nachrichtendienste und Sicherheitsbehörden in das aufenthaltsrechtliche Verfahren und soll vorrangig der effektiven Bekämpfung des internationalen Terrorismus dienen. Zu diesem Zweck regelt § 73 Abs. 1–2 Prüfbefugnisse und -pflichten der deutschen und ausländischen Visabehörden im Visumverfahren, parallel gefasste Prüfbefugnisse und -pflichten der mit der Identitätsfeststellung im ausländer- und asylrechtlichen Verfahren befassten Behörden und weitere Prüfbefugnisse der Ausländerbehörden im Zusammenhang mit der Entscheidung über den Aufenthaltsstatus von Ausländern.

10   Die gesetzliche Normüberschrift, die von „Beteiligungserfordernissen" spricht, wirkt zunächst irreführend, weil Abs. 1–2 den jeweils betroffenen Behörden ein Überprüfungsermessen („kann") einzuräumen scheinen. Aus dem Zusammenspiel mit Abs. 4 ergibt sich jedoch, dass Abs. 1 und Abs. 1a kein Entscheidungsermessen der Auslandsvertretungen bzw. der mit der Identitätsfeststellung befassten Behörden begründen, sondern das Bundesministerium des Innern zur Konkretisierung der Anwendungsvoraussetzungen durch im Einvernehmen mit dem Auswärtigen Amt zu erlassende Verwaltungsvorschriften ermächtigen und verpflichten (→ Rn. 13, → Rn. 58 ff.). Unter den in den allgemeinen Verwaltungsvorschriften genannten Umständen sind die nach Abs. 1 und Abs. 1a ermächtigten Behörden jedoch zur Beteiligung der Nachrichtendienste und Sicherheitsbehörden verpflichtet, so dass **die Bezeichnung als „Beteiligungserfordernis" insoweit sachlich durchaus gerechtfertigt ist.**

11   Im Hinblick auf die Ermächtigungsnorm des Abs. 2 geht die Bezeichnung als „Beteiligungserfordernis" allerdings fehl, da Abs. 4 die Regelung des Abs. 2 nicht erfasst und diese folglich als echte Ermessensvorschrift ausgestaltet ist. Insoweit handelt es sich daher (nur) um eine **Befugnisnorm zur Erweiterung der Möglichkeiten zur Sachverhaltsermittlung von Amts wegen** (§ 24 Abs. 1 S. 1 LVwVfG).

2. Normsystematik

12   Korrespondierend zu den in Abs. 1–2 geregelten Anfragebefugnissen bzw. -pflichten verpflichten Abs. 3–3b die Sicherheitsbehörden und Nachrichtendienste zur **Prüfung und Mitteilung von Versagungsgründen und sonstigen Sicherheitsbedenken** an die anfragenden Behörden. Darüber hinaus ermächtigen die jeweiligen Vorschriften die genannten Behörden auch zur zweckändernden Verwendung der ihnen übermittelten Daten zur Erfüllung ihrer gesetzlichen Aufgaben und verwandeln die mit dem Vollzug des AufenthG betrauten Behörden so – in verfassungsrechtlich problematischer Weise – zu Datenerhebungsstellen der Nachrichtendienste und Sicherheitsbehörden (→ Rn. 103 ff.).

13   Abs. 4 ermächtigt das Bundesministerium des Innern zur **Konkretisierung der Anwendungsvoraussetzungen** aus Abs. 1 und Abs. 1a im Einvernehmen mit dem Auswärtigen Amt und verleiht den hier (scheinbar) geregelten Anfragebefugnissen so den Charakter als zwingende Beteiligungsnormen (→ Rn. 58 ff.). Die Ermächtigungsnorm des Abs. 2 bleibt hiervon unberührt. Mittelbar kann eine Aufnahme in den nach Abs. 1 zu überprüfenden Personenkreis zur Zustimmungsbedürftigkeit der Visaerteilung nach § 31 Abs. 1 S. 1 Nr. 3 AufenthV führen.

In die nach Abs. 1–3 durchzuführenden Übermittlungsvorgänge ist das **Bundesverwaltungs-** 14 **amt** als **„Zentralstelle der Informationssteuerung"** eingeschaltet (vgl. zu den Abläufen BT-Drs 16/5065, 192 f.).

Gemäß § 11 Abs. 1 S. 1 FreizügG/EU findet § 73 auf freizügigkeitsberechtigte Unionsbürger 15 und ihre Familienangehörigen entsprechende Anwendung, wobei statt Versagungsgründen nach § 5 Abs. 4 Verlustgründe nach § 6 Abs. 1 FreizügG/EU zu prüfen sind (§ 11 Abs. 1 S. 2 FreizügG/EU). Die praktische Bedeutung dieser Verweisung ist gering (→ Rn. 27, → Rn. 46.1, → Rn. 76.1).

3. Verhältnis zu anderen Befugnisnormen

Übermittlungsregelungen nach anderen Gesetzen – insbesondere § 21 AZRG – finden neben 16 § 73 Abs. 1–3 Anwendung (§ 73 Abs. 1 S. 2, Abs. 3 S. 4, Abs. 3a S. 6, Abs. 3b S. 4); lediglich der automatisierte Abgleich von Visadaten nach § 72a Abs. 1 wird durch das Verfahren nach § 73 Abs. 1 S. 1 verdrängt (§ 72a Abs. 1 S. 3). Neben § 73 stehen den beteiligten Behörden insbesondere die Befugnisse nach §§ 86 ff. zur Verfügung (NK-AuslR/Hilbrans Rn. 3).

Im Rahmen des Visumverfahrens können sich die deutschen Auslandsvertretungen **parallel zu** 17 **§ 73 Abs. 1 S. 1 auf das Auskunftsverfahren nach § 21 AZRG** stützen, das vorrangig der Identitätsprüfung dient (Hailbronner AuslR Rn. 14). Auch hier ist das Bundesverwaltungsamt als Informationsmittler eingebunden (§ 73 Abs. 1 S. 2). Für die nach Abs. 1a und Abs. 2 berechtigten Behörden gilt **parallel § 15 Abs. 1 AZRG für Auskünfte aus dem Ausländerzentralregister.**

B. Pflichtüberprüfungen

I. Pflichtüberprüfung im Visumverfahren (Abs. 1, Abs. 3 S. 1, Abs. 3b und Abs. 4)

1. Normgehalt

Abs. 1 S. 1 ermächtigt und verpflichtet die Visabehörden (→ Rn. 19 ff.), die im Rahmen des 18 Visumverfahrens erhobenen Daten in spezifischen, durch Verwaltungsvorschrift zu bestimmenden Fällen (→ Rn. 58 ff.) zur Prüfung von Versagungsgründen oder sonstigen Sicherheitsbedenken (→ Rn. 25 ff.) an die in der Norm einzeln genannten Sicherheitsbehörden und Nachrichtendienste (→ Rn. 22 f.) zu übermitteln. Für die Übermittlung bedienen sich die jeweiligen Visabehörden der Unterstützung des Bundesverwaltungsamtes, das als Informationsmittler bzw. „Zentralstelle der Informationssteuerung" fungiert.

2. Berechtigte bzw. verpflichtete Behörden

Zur Datenübermittlung nach Abs. 1 berechtigt bzw. verpflichtet sind zunächst **die deutschen** 19 **Auslandsvertretungen als nach nationalem Recht zuständige Visabehörden** (S. 1 Alt. 1). Ihnen ist im Visumverfahren parallel – ebenfalls unter Einschaltung des Bundesverwaltungsamts als Informationsmittler – der Zugriff auf das Ausländerzentralregister eingeräumt (§ 73 Abs. 1 S. 2, § 21 AZRG).

Mit dem durch Gesetz zur Umsetzung aufenthalts- und asylrechtlicher Richtlinien der Europä- 20 ischen Union (19.8.2007, BGBl. I 1970) erfolgten Erstreckung der Berechtigung bzw. Verpflichtung auf die zur Entgegennahme eines Visumantrags zuständige Auslandsvertretung anderer Schengen-Staaten (S. 1 Alt. 2) greift § 73 Abs. 1 S. 1 die in Art. 22 Abs. 1 Visakodex eröffnete Möglichkeit auf, **die zentralen Behörden anderer Mitgliedsstaaten im Visaerteilungsverfahren zur vorherigen Konsultation der zentralen Behörden der Bundesrepublik Deutschland zu verpflichten.** Die Übermittlungsverpflichtung nach § 73 Abs. 1 S. 1 Alt. 2 umfasst daher nicht nur die in Art. 8 Abs. 2 Visakodex genannten Fälle der konsularischen Vertretung der Bundesrepublik Deutschland durch ausländische Behörden, auf die Art. 8 Abs. 4 lit. c Visakodex Bezug nimmt, sondern geht über die in § 72a Abs. 1 S. 2 geregelten Fälle hinaus (GK-AufenthG/Petri Rn. 13).

Darüber hinaus erstreckt sich die Übermittlungsberechtigung und ggf. -verpflichtung nach S. 3 21 auf die mit der **Erteilung eines Ausnahme-Visums** befassten Grenzbehörden. Dies dient der Wahrung der durch Abs. 1 geschützten Interessen auch im Verfahren nach § 14 Abs. 2.

3. Zu beteiligende Behörden

22   Zu beteiligen sind nach Abs. 1 S. 1 der Bundesnachrichtendienst, das Bundesamt für Verfassungsschutz und der Militärische Abschirmdienst in ihrer Funktion als Nachrichtendienste und das Bundeskriminalamt, die Bundespolizei und das Zollkriminalamt in ihrer Funktion als Sicherheitsbehörden (→ Rn. 22.1).

22.1   Eine Übermittlung an Landesbehörden ist – wie der enumerative Charakter der Norm ebenso wie ein Normvergleich mit Abs. 2 zeigt – unzulässig.

22.2   Eine Übermittlung an die Bundespolizei war bis zum Inkrafttreten des Gesetzes vom 4.8.2019 gesetzlich nicht vorgesehen, in der Praxis aber zumindest vereinzelt üblich. Der Gesetzgeber hat diese Praxis legalisiert, um die Kriminalakten, das Fallbearbeitungssystem und den Geschützten Grenzfahndungsbestand der Bundespolizei für den Datenabgleich zu erschließen (BT-Drs. 19/8752, 79).

23   Eine Übermittlung an nur einzelne der hier genannten Behörden ist in Abs. 4 und Nr. 73.1.3 AufenthGAVwV nicht ausdrücklich vorgesehen; dennoch bestehen – schon im Interesse des verfassungsrechtlichen Gebots der Datensparsamkeit – keine durchgreifenden Bedenken dagegen, im Rahmen der nach Abs. 4 zu erlassenden Verwaltungsvorschrift eine differenzierte Regelung für besondere Fallgruppen zu treffen (GK-AufenthG/Petri Rn. 25).

4. Zu übermittelnde Daten

24   Der Kreis der zu übermittelnden Daten deckt sich mit den nach § 72a Abs. 1 S. 1 zu übermittelnden, im Rahmen des Visumverfahrens erhobenen Daten, so dass insoweit auf die entsprechende Kommentierung verwiesen werden kann (→ § 72a Rn. 11). Bei der Auswahl der zu übermittelnden Daten ist jedoch stets zu beachten, dass die Ermächtigungsnorm des Abs. 1 S. 1 nicht der Identitätsfeststellung, der Datenbeschaffung für die Nachrichtendienste und Sicherheitsbehörden oder der selbstständigen Generierung von Verdachtsmomenten dient, sondern dem Datenabgleich mit bereits vorhandenen sicherheitsrelevanten Erkenntnissen über bereits identifizierte Einzelpersonen (→ Rn. 43).

5. Übermittlungszwecke

25   Die Übermittlung nach Abs. 1 S. 1 darf nur zum Zweck der Feststellung von Versagungsgründen nach § 5 Abs. 4 bzw. nach § 27 Abs. 3a sowie zur Prüfung sonstiger Sicherheitsbedenken erfolgen (→ Rn. 25.1).

25.1   Die Formulierung der „Feststellung" von Versagungsgründen ist dabei irreführend, weil den nach der Norm zu beteiligenden Behörden keine eigene Befugnis zur verbindlichen Feststellung von Versagungsgründen zukommt. Vielmehr ist es Aufgabe der Visabehörden, das Vorliegen von Versagungsgründen auf Grundlage der ihnen nach Abs. 3 S. 1 Hs. 1 bzw. der sonstigen Übermittlungsbefugnisse übermittelten Informationen eigenständig zu prüfen. Zwar dürfen die genannten Nachrichtendienste und Sicherheitsbehörden eine eigene Einschätzung abgeben, ob die ihnen vorliegenden Informationen die Annahme eines Versagungsgrundes nach den genannten Vorschriften rechtfertigen; die zuständigen Visabehörden sind an diese Einschätzung jedoch nicht gebunden und dürfen sie nicht ungeprüft übernehmen (→ Rn. 35 f. sowie OVG Brem BeckRS 2018, 3311 Rn. 21 zu § 73 Abs. 2).

26   Bei den in **§ 5 Abs. 4 genannten allgemeinen Versagungsgründen** handelt es sich um die in § 54 Abs. 1 Nr. 2 genannten besonders schweren Ausweisungsinteressen der Gefährdung der freiheitlichen demokratischen Grundordnung bzw. der Sicherheit der Bundesrepublik Deutschland sowie der in § 54 Abs. 1 Nr. 4 genannten Beteiligung an, Drohung mit oder des Aufrufs zu Gewalttätigkeiten zur Verfolgung politischer oder religiöser Ziele. Insoweit kann auf die einschlägige Kommentierung verwiesen werden (→ § 5 Rn. 23; → § 54 Rn. 15 ff.; → § 54 Rn. 35 ff.). Beide Ausweisungsinteressen dienen letztendlich der Terrorismusbekämpfung (Bergmann/Dienelt/Winkelmann/Kolber Rn. 11).

27   Im Fall freizügigkeitsberechtigter Unionsbürger und ihrer Angehörigen sind nach § 11 Abs. 1 S. 2 FreizügG/EU Verlustgründe iSd § 6 Abs. 1 FreizügG/EU zu prüfen. Wegen der Visafreiheit freizügigkeitsberechtigter Unionsbürger nach § 2 Abs. 4 FreizügG/EU sind vom Verfahren nach § 73 Abs. 1 aber nur Angehörige von Unionsbürgern betroffen, soweit diese selbst visumspflichtig sind.

28   Die **in § 27 Abs. 3a aufgezählten speziellen Versagungsgründe** sind nur im Zusammenhang mit der Erteilung einer Aufenthaltserlaubnis zum Zweck des Familiennachzugs zu prüfen.

Sie betreffen ausschließlich Umstände, die in der Person vorliegen, zu der der Familiennachzug stattfinden soll (→ § 27 Rn. 44). Zu den dort genannten Ausschlussgründen zählen
- die Gefährdung der freiheitlichen demokratischen Grundordnung oder der Sicherheit der Bundesrepublik Deutschland (§ 27 Abs. 3a Nr. 1),
- die frühere Tätigkeit als Leiter eines nunmehr unanfechtbar verbotenen Vereins (§ 27 Abs. 3a Nr. 2),
- die Beteiligung an, Drohung mit oder der Aufruf zu Gewalttätigkeiten zur Verfolgung politischer oder religiöser Ziele (§ 27 Abs. 3a Nr. 3),
- der Aufruf zu Hass gegen Teile der Bevölkerung (§ 27 Abs. 3a Nr. 4).

Die **Generalklausel der „sonstigen Sicherheitsbedenken"** umfasst über die gesetzlich als **29** zwingende Versagungsgründe ausgestalteten § 5 Abs. 4 und § 27 Abs. 3a hinaus insbesondere Umstände, die ein schweres oder besonders schweres Ausweisungsinteresse iSd § 54 begründen können (vgl. Nr. 73.1.4 AufenthGAVwV unter Bezugnahme auf das bis Ende 2015 geltende Ausweisungsrecht).

Auch unterhalb dieser Schwelle liegende bzw. nicht in den jeweiligen Normen genannte **30** Umstände können jedoch Anlass für eine Anfrage bzw. für Sicherheitsbedenken sein, soweit **andere Ausweisungsinteressen** bestehen (§ 5 Abs. 1 Nr. 2) oder der Aufenthalt des Ausländers **aus sonstigen Gründen sicherheitsrelevante Interessen der Bundesrepublik Deutschland beeinträchtigt oder gefährdet** (§ 5 Abs. 1 Nr. 3; → § 5 Rn. 9; Hailbronner AuslR Rn. 8 f.; strenger GK-AufenthG/Petri Rn. 21). Da sowohl auf Erteilung von Schengen-Visa als auch von nationalen Visa kein (gebundener) Anspruch besteht, sind derartige Sicherheitsbedenken ggf. bei Ausübung des den Visabehörden eingeräumten Erteilungsermessens zu berücksichtigen, was eine entsprechende Sachverhaltskenntnis erfordert (Nr. 73.1.4 AufenthGAVwV).

6. Prüfverfahren der Sicherheitsbehörden und Nachrichtendienste

Die in Abs. 1 S. 1 genannten Behörden sind unter den in der Verwaltungsvorschrift nach **31** Abs. 4 genannten Umständen berechtigt und verpflichtet (→ Rn. 58 ff.), die im Rahmen des Visumverfahrens erhobenen Daten über das Bundesverwaltungsamt an die in der Norm genannten Nachrichtendienste und Sicherheitsbehörden zu übermitteln.

Mit der Übermittlungspflicht korrespondiert nach Abs. 3 S. 1 Hs. 1 eine Pflicht der jeweiligen **32** Nachrichtendienste und Sicherheitsbehörden, das Vorliegen von Erkenntnissen über Versagungsgründe bzw. Sicherheitsbedenken im oben genannten Sinne (→ Rn. 25 ff.) zu prüfen. Das Ergebnis ihrer Prüfung teilen sie dem Bundesverwaltungsamt unverzüglich – dh ohne schuldhaftes Zögern (§ 121 S. 1 BGB) – mit, das die erlangten Informationen wiederum umgehend zur Verfügung stellt (→ Rn. 49 f.).

Auch wenn eine mit Abs. 3a S. 2 vergleichbare Regelung zur Weiterübermittlung der dem Bundesver- **32.1** waltungsakt übermittelten an die Visabehörden fehlt, muss schon im Interesse der Verwirklichung der Normzwecke des Abs. 1 von einer entsprechenden Übermittlungspflicht ausgegangen werden, da das Bundesverwaltungsamt hier lediglich als Informationsmittler zwischen den in der Norm genannten sonstigen Behörden fungiert.

Eine **starre Prüf- und Übermittlungsfrist** ergibt sich allerdings für das schengenweite Kon- **33** sultationsverfahren nach Art. 22 Visakodex, das durch die Einfügung der Auslandsvertretungen anderer Schengen-Staaten in Abs. 1 S. 1 implementiert wurde (→ Rn. 2): Art. 22 Abs. 2 S. 1 Visakodex sieht hier eine **strikte Antwortfrist von sieben Kalendertagen** vor, nach deren ergebnislosem Verstreichen keine Einwände gegen die Visumserteilung mehr erhoben werden können (Art. 22 Abs. 2 S. 2 Visakodex).

Auf das rein nationale Beteiligungsverfahren hat die vorgenannte Regelung keine unmittelbare Ausstrah- **33.1** lungswirkung. Da dem Gesetzgeber für das Verfahren nach Abs. 1a S. 1 allerdings eine Regelprüffrist von (lediglich) 24 Stunden vor Augen stand (→ Rn. 51), dürfte entsprechendes – ohne rechtlich verbindlich zu sein – aber auch für Prüfungen nach Abs. 1 S. 1 anzustreben sein.

Die nähere Ausgestaltung der Datenübermittlungsvorgänge hat der Gesetzgeber bewusst den **34** beteiligten Verwaltungsbehörden überlassen (vgl. BT-Drs 16/5065, 191). In der Praxis erfolgt die Rückmeldung zunächst automatisiert unter Verwendung von Rückmeldekürzeln (Nr. 73.3.1 AufenthGAVwV). Dies kann als Grundlage für eine informierte Entscheidung der Visabehörden aber nur dann ausreichen, wenn keine Bedenken mitgeteilt werden (→ Rn. 35 ff.).

Die gesetzliche Formulierung des Abs. 3 („teilen unverzüglich mit, ob Versagungsgründe […] **35** oder sonstige Sicherheitsbedenken vorliegen") erweckt dabei – ebenso wie die in Abs. 1 S. 1

gewählte Formulierung (→ Rn. 25.1) – den Eindruck, als seien die Nachrichtendienste und Sicherheitsbehörden selbst zur abschließenden Prüfung ermächtigt, ob Versagungsgründe bzw. Sicherheitsbedenken vorliegen. Nach allgemeinen Grundsätzen des **Verwaltungsverfahrens ist die zur Entscheidung berufene Behörde** – hier die Visabehörde – **jedoch selbst für die Prüfung des gesetzlichen Entscheidungsprogrammes verantwortlich, ohne an die Einschätzung anderer Behörden gebunden zu sein** oder sich auf deren bindende Einschätzung berufen zu können. An diesen Grundsätzen ist auch im Kontext des § 73 festzuhalten, zumal die Gewichtung zB von Ausweisungsinteressen spezifische ausländerrechtliche Fragen aufwirft und ein Einvernehmens- oder Zustimmungserfordernis der Nachrichtendienste und Sicherheitsbehörden gesetzlich nicht vorgesehen ist (NK-AuslR/Hilbrans Rn. 3 f.). Dies gilt umso mehr, als das gesetzliche Begründungserfordernis des § 39 Abs. 1 LVwVfG im Fall einer auf nicht näher bezeichnete Sicherheitsbedenken anderer Behörden gestützten Ablehnungsentscheidung leerliefe und effektiver Rechtsschutz kaum erlangt werden könnte.

36   Von einem solchen Normverständnis geht letztlich auch der Gesetzgeber und die AufenthGAVwV aus: Zwar dürfen die Nachrichtendienste die ihnen vorliegenden Erkenntnisse selbst gewichten bzw. bewerten; **die endgültige (Ermessens-) Entscheidung trifft aber die auch nach außen auftretende Visabehörde** (BT-Drs 16/5065, 192; Nr. 73.1.4 AufenthGAVwV sowie OVG Brem BeckRS 2018, 3311 Rn. 21 zu § 73 Abs. 2). Zu diesem Zweck muss sie ggf. mit dem jeweiligen Nachrichtendienst bzw. der jeweiligen Sicherheitsbehörde Kontakt aufnehmen, um im Einzelfall nähere Informationen zu den vermeintlich vorliegenden Versagungsgründen bzw. Sicherheitsbedenken zu erfragen (Nr. 73.3.1 AufenthGAVwV). Dies macht – zumindest im Kontext der gesetzgebungstechnisch jüngeren Übermittlungsbefugnisse nach Abs. 1a S. 1 – auch die Regelung des Abs. 3a S. 3 deutlich (→ Rn. 49).

37   Die **Ermächtigungsgrundlage für diesen (weiteren) Datenaustausch** ist indes nicht in § 73, sondern im jeweiligen Fachrecht zu suchen (zutr. GK-AufenthG/Petri Rn. 41). Auch Abs. 3a S. 3 ermöglicht insoweit nicht den Datenaustausch, sondern nur die Indienstnahme der Strukturen des Bundesverwaltungsamts im Zuge der nach anderen Vorschriften zulässigen Übermittlung.

II. Pflichtüberprüfung anlässlich der Identitätsfeststellung (Abs. 1a S. 1, Abs. 3a und Abs. 4 S. 1)

1. Normgehalt

38   Abs. 1a S. 1 ermächtigt und verpflichtet die nach § 16 Abs. 1 S. 1 AsylG und § 49 berechtigten Behörden, die im Zusammenhang mit der Überprüfung, Feststellung und Sicherung der Identität eines illegal eingereisten, illegal aufhältigen oder asylsuchenden Ausländers erhobenen Daten zur Prüfung von Versagungsgründen oder sonstiger Sicherheitsbedenken an die in der Norm genannten Sicherheitsbehörden und Nachrichtendienste zu übermitteln. Für die Übermittlung bedienen sich die jeweiligen Behörden der Unterstützung des Bundesverwaltungsamtes, das – wie auch im Kontext von Abs. 1 und Abs. 2 – als Informationsmittler fungiert. Auch hinsichtlich der Anwendungsvoraussetzungen des Abs. 1a besteht eine Befugnis und Verpflichtung des Bundesministeriums des Innern nach Abs. 4 zum Erlass von Verwaltungsvorschriften, durch die die Anwendungsvoraussetzungen der Norm konkretisiert werden (→ Rn. 58 ff.).

39   Durch die Anknüpfung an den Status als illegal eingereister oder illegal aufhältiger Ausländer **komplettieren und vervollständigen die mit dem Ersten Datenaustauschverbesserungsgesetz** (v. 2.2.2016, BGBl. I 130) **eingefügten Abs. 1a und Abs. 3a die Prüfbefugnisse nach Abs. 1 und Abs. 2,** die an den Willen des Betroffenen zur legalen Einreise bzw. zum legalen Aufenthalt anknüpfen, so dass – abgesehen von den Fällen der visafreien Einreise und des visafreien Aufenthalts – **in der Gesamtschau ein weitgehend lückenloses Prüfprogramm erreicht wird** (vgl. BeckOK AuslR/Kluth Rn. 5a). Da sich die Übermittlungs- und Prüfbefugnisse nach Abs. 1a und Abs. 3a darüber hinaus aber auch auf Asylsuchende und nur im Asylverfahren zu prüfende Versagungs- bzw. Ausschlussgründe (→ Rn. 47) erstrecken, erlangen Abs. 1a und Abs. 3a einen **eigenständigen Charakter als Erkenntnismittel des Bundesamts für Migration und Flüchtlinge im Rahmen der Ermittlung des Sachverhalts von Amts wegen.**

39a   Durch das **Zweite Datenaustauschverbesserungsgesetz** vom 4.8.2019 (BGBl. 2019 I 1131) wurden die Befugnisse bzw. Übermittlungspflichten nach Abs. 1a S. 1 um Mittel zur Prüfung von Versagungsgründen in Fällen ergänzt, in denen Identitätsdaten anlässlich von Verfahren der (Wieder)Aufnahme nach der Dublin III-VO (Abs. 1a S. 2 Nr. 1), im Rahmen humanitärer Aufnahmeverfahren nach § 23 f. (Abs. 1a S. 2 Nr. 2) und in Relocation-Fällen auf Grundlage des

Unionsrechts (Abs. 1a S. 2 Nr. 3) erhoben oder von anderen Mitgliedstaaten übermittelt wurden. Vgl. hierzu unten → Rn. 52 ff.

Neben den in Abs. 1a S. 1 geregelten Übermittlungs- und Prüfbefugnissen ermächtigt Abs. 1a **40** S. 5 auch zum Abgleich der übermittelten Daten mit weiteren, beim Bundesverwaltungsamt geführten Datenbeständen zu den in S. 1 genannten Zwecken (→ Rn. 52 ff.). Insoweit tritt das Bundesverwaltungsamt nicht – wie sonst bei Anwendung des § 73 – als reiner Informationsmittler, sondern als selbstständiger Datenverarbeiter auf (→ Rn. 54).

2. Zu beteiligende Behörden

Der Kreis der nach Abs. 1a S. 1 zu beteiligenden Behörden entspricht dem in Abs. 1 S. 1 **41** genannten Behördenkreis (→ Rn. 22 ff.).

3. Zu übermittelnde Daten

a) Standarddatensätze. Der Kreis der potentiell übermittlungsfähigen Daten entspricht **42** grundsätzlich den Daten, die durch Maßnahmen nach § 16 Abs. 1 S. 1 AsylG und § 49 zum Zweck der Sicherung, Feststellung und Überprüfung der Identität eines illegal eingereisten, illegal aufhältigen oder asylsuchenden Ausländers erhoben werden.

Zu den von der Übermittlung betroffenen Personen zählt der Gesetzgeber nunmehr auch **42a** Personen, die einen Asylantrag gestellt haben oder über deren Übernahme nach den Rechtsvorschriften der Europäischen Gemeinschaft oder eines völkerrechtlichen Vertrages zur Durchführung eines Asylverfahrens entschieden ist (§ 2 Abs. 2 Nr. 1 AZRG). Dies ist zum Teil redundant, da ein Asylantrag ieS im Inland logisch stets mit einem zumindest konkludenten Asylgesuch iSd § 2 Abs. 1a Nr. 1 AZRG einhergeht (aA aber wohl BT-Drs. 19/8752, 70). Die Neuregelung stellt jedoch klar, dass auch Personen von Abs. 1a S. 1 erfasst sind, die in einem anderen Dublin-Staat einen Asylantrag gestellt haben und im Rahmen des Dublin-Verfahrens überstellt werden sollen oder werden.

Welche Daten im Einzelfall übermittelt werden dürfen, muss nicht durch Verwaltungsvorschrift **43** nach Abs. 4 konkretisiert werden; vielmehr räumt Abs. 1a S. 1 der anfragenden Behörde insoweit ein **Auswahlermessen** ein. Bei Betätigung dieses Ermessens muss sich die anfragende Behörde neben dem **allgemeinen Grundsatz der Datensparsamkeit** vor allem **an den in Abs. 1a genannten Übermittlungszwecken orientieren:** Die Datenübermittlung nach § 73 dient selbst nicht der Identitätsfeststellung und -überprüfung oder der Verbreiterung der Datenbasis der Sicherheitsbehörde und Nachrichtendienste, sondern der Feststellung einzelner Versagensgründe oder sonstiger Sicherheitsbedenken. Sie wird sich daher in der Regel in der Übermittlung einzelner identifizierbarer Merkmale – wie zB eines Namens, eines Alias oder einer Passkennziffer – erschöpfen, die eine Prüfung auf über die Person vorliegende Erkenntnisse ermöglicht (NK-AuslR/ Hilbrans Rn. 11; GK-AufenthG/Petri Rn. 17 ff.).

b) Erweiterte Datenübermittlung (Abs. 1a S. 4, Abs. 3a S. 6 und 7). Mit Gesetz vom **43a** 4.8.2019 (→ Rn. 7a.2) hat der Gesetzgeber darüber hinaus die Möglichkeit einer erweiterten Datenübermittlung an das Bundeskriminalamt eröffnet, die diesem im Fall eines Fahndungstreffers die umgehende Benachrichtigung der zuständigen Polizeibehörden ermöglichen soll (Abs. 1a S. 4). Für die so übermittelten Daten gelten nach Abs. 3a S. 6 und 7 besondere Datenverarbeitungsbeschränkungen.

Die erweiterte Datenübermittlung erfolgt „zusammen mit den Daten nach Satz 1", dh akzessorisch zu einer Datenübermittlung auf Grundlage des Abs. 1a S. 1. Eine erweiterte Datenübermittlung im Zusammenhang mit Maßnahmen nach Abs. 1a S. 2 ist demgegenüber ausgeschlossen: **43b** Zwar verweist Abs. 1a S. 2 ebenfalls auf „die in Satz 1 genannten Daten", so dass eine Übermittlungsakzessorietät ggf. über den Umweg des Abs. 1 S. 2 hergestellt werden könnte; Abs. 1a S. 4 erlaubt die erweiterte Datenübermittlung aber nur zu den „dort [d.h. in Satz 1] genannten Personen".

Zu den zusätzlich zu übermittelnden Daten gehören neben dem Geschäftszeichen und der **43c** Bezeichnung der übermittelnden Stelle (§ 3 Abs. 1 Nr. 1 AZRG) va die Speicherungsanlässe nach § 2 Abs. 1–2 AZRG (§ 3 Abs. 1 Nr. 3 AZRG), Angaben zum Zuzug, Fortzug und zum aufenthaltsrechtlichen Status des Betroffenen sowie dessen Anschrift im Bundesgebiet, das zuständige Bundesland, die zuständige Aufnahmeeinrichtung und Ausländerbehörde sowie bei unbegleiteten Minderjährigen das zuständige Jugendamt (§ 3 Abs. 2 Nrn. 6 und 9 ARZG).

Die so übermittelten Daten dienen – trotz des weiter gefassten Wortlauts des Abs. 1a S. 4 („zur **43d** Erfüllung seiner gesetzlichen Aufgaben") alleine dem Abgleich mit dem Fahndungsbestand des Bundeskriminalamts; sie sind daher im Nichttrefferfall unverzüglich zu löschen (Abs. 3a S. 6 und

7). Im Trefferfall dienen sie demgegenüber dem Zweck, die örtlich zuständigen Polizeibehörden zeitnah zu ermitteln und diesen ggf. umgehende Folgemaßnahmen zu ermöglichen (BT-Drs. 19/8752, 71).

4. Übermittlungszwecke und -anlass

44   Abs. 1a S. 1 ermöglicht die Datenübermittlung zur Feststellung von Versagungsgründen nach § 3 Abs. 2 AsylG und § 4 Abs. 2 AsylG, zur Feststellung von Versagungsgründen nach § 60 Abs. 8 S. 1 und § 5 Abs. 4 und zur Prüfung sonstiger Sicherheitsbedenken.

44a   Die Übermittlung kann nunmehr sowohl bei erstmaliger Erhebung der Daten („erhoben werden") als auch zu einem späteren Zeitpunkt („oder bereits gespeichert wurden") erfolgen. Das Nähere ist – insbesondere im Hinblick auf geeignete Anlässe für eine nachträgliche Überprüfung – in einer normkonkretisierenden Verwaltungsvorschrift nach Abs. 4 S. 1 zu regeln (→ Rn. 58 ff.).

45   Die in der Norm genannten Übermittlungszwecke weichen teilweise von den nach Abs. 1 S. 1 zulässigen Übermittlungszwecken ab. Die Nichtnennung der in § 3 Abs. 2 AsylG und § 4 Abs. 2 AsylG und in § 60 Abs. 8 S. 1 AufenthG genannten asylspezifischen Ausschlusstatbestände in Abs. 1 S. 1 erklärt sich dabei zwanglos durch den Umstand, dass asylverfahrensbezogenen Versagungsgründe im Visumerteilungsverfahren keine Bedeutung zukommt. Demgegenüber erscheint die Nichtnennung der in § 27 Abs. 3a genannten Versagungsgründe in § 73 Abs. 1a S. 1 bei gleichzeitiger Nennung in Abs. 1 S. 1 nicht recht erklärlich, weil diese ggf. auch bei illegal eingereisten oder aufhältigen Ausländern zu prüfen sind. Dies gilt umso mehr, als das Vorliegen der in § 27 Abs. 3a genannten, jeweils an Eigenschaften der die Nachzugsberechtigung vermittelnden Person anknüpfenden Versagungsgründe nicht notwendigerweise „sonstige Sicherheitsbedenken" hinsichtlich der Einreise und des Aufenthalts des Familienangehörigen begründet (→ Rn. 45.1 f.).

45.1   Teilweise kompensiert wird diese systematische Lücke durch die in Abs. 3b S. 2 geregelte Nachberichtspflicht von Amts wegen (→ Rn. 101 ff.), die allerdings nur gegenüber den Ausländerbehörden und Auslandsvertretungen besteht. Soweit die in Abs. 1a in Bezug genommenen Befugnisse hingegen zB von Polizeibehörden wahrgenommen werden, kann eine entsprechende Mitteilung allerdings nicht erfolgen.

45.2   Die Nichtnennung der Versagungsgründe des § 27 Abs. 3a in § 73 Abs. 1a kann auch nicht vollständig durch den Umstand erklärt werden, dass Versagungsgründe nach § 27 Abs. 3a ohnehin nur das Verfahren der Erteilung eines Aufenthaltstitels betreffen. Denn abgesehen davon, dass auch Abs. 2 eine entsprechende Erwähnung nicht enthält, müsste dieses Argument auch der Erwähnung des § 5 Abs. 4 in § 73 Abs. 1a entgegengehalten werden.

46   Hinsichtlich der in § 5 Abs. 4 genannten Versagungsgründe und der **ausländerpolizeilichen Generalklausel der „sonstigen Sicherheitsbedenken"** kann auf die Kommentierung zu Abs. 1 S. 1 verwiesen werden (→ Rn. 26; → Rn. 29). Allerdings dürfte der Begriff der „sonstigen Sicherheitsbedenken" hier kontextbedingt weiter zu verstehen sein als bei Anwendung des Abs. 1 S. 1, da die nach § 73a Abs. 1a S. 1 iVm § 16 AsylG bzw. § 49 ermächtigten Behörden ggf. mit Sicherheitsfragen konfrontiert sein können, die sich – zB im Fall der Verteilung und Unterbringung eines Asylbewerbers – nicht in möglichen Bedenken gegen die Ermöglichung einer Einreise erschöpfen (vgl. BT-Drs. 18/7043, 49; unklar Hailbronner AuslR Rn. 19, 23; → Rn. 46.1).

46.1   Für Unionsbürger und ihre Familienangehörigen gilt ggf. § 11 Abs. 1 S. 2 FreizügG/EU, so dass ggf. Verlustgründe nach § 6 FreizügG/EU zu prüfen wären (→ FreizügG/EU § 6 Rn. 1 ff.). Da § 73 Abs. 1a in erster Linie illegal eingereiste und aufhältige Ausländer betrifft, ist seine Anwendung auf freizügigkeitsberechtigte Unionsbürger und deren Angehörige aber nur ausnahmsweise – zB bei Verletzung der Visumspflicht für Familienangehörige oder Stellung eines Asylantrags durch Familienangehörige – denkbar.

47   Hinsichtlich der Datenübermittlung zur Prüfung von Versagungsgründen nach § 3 Abs. 2 AsylG und § 4 Abs. 2 AsylG ist zu berücksichtigen, dass diese asylverfahrensspezifischen Versagungsgründe – abgesehen von den Fällen des § 58a Abs. 3 – ausschließlich im Verfahren vor dem Bundesamt für Migration und Flüchtlinge geprüft werden können (§ 60 Abs. 1 S. 3), so dass hierauf abzielende Anfragen anderer Behörden ebenso ausscheiden wie eine Mitteilung entsprechender Versagungsgründe an nicht zur Prüfung befugte Behörden. Gleiches gilt für Versagungsgründe nach § 60 Abs. 8 S. 1, soweit nicht ausnahmsweise – in den Fällen des § 60 Abs. 1 S. 2 und des § 58a – die Ausländerbehörden zur Prüfung berufen sind.

48   Auch generell **sind die Übermittlungsbefugnisse nach Abs. 1a S. 1 allerdings durch den Aufgabenkreis der jeweiligen Behörde begrenzt:** Da § 49 AufenthG und § 16 AsylG (vgl. § 16 Abs. 2 AsylG) auch eine Vielzahl von Behörden zur erkennungsdienstlichen Maßnahmen ermächtigen, die zur Entscheidung über ein Asylgesuch ebenso wenig berufen sind wie zur Entscheidung über die Erteilung eines Aufenthaltstitels, kann eine Anfrage rechtmäßigerweise oft nicht auf die Prüfung entsprechender Versagungsgründe abzielen. Allerdings ist zu berücksichtigen, dass auch diese Behörden sich ggf. auf die – hier weit zu verstehende (→ Rn. 46) – ausländerpolizeiliche Generalklausel der „sonstigen Sicherheitsbedenken" – stützen können.

5. Prüfverfahren der Sicherheitsbehörden und Nachrichtendienste

Für das Prüfverfahren gelten die oben dargelegten Maßstäbe entsprechend, da Abs. 3a S. 1 der **49** Norm des Abs. 3 S. 1 Hs. 1 weitestgehend nachgebildet ist (→ Rn. 31 ff.). Auch hier wird das Bundesverwaltungsamt als Informationsmittler tätig, was durch die Bestimmungen des Abs. 3a S. 2 und S. 5 weiter verdeutlicht wird (→ Rn. 49.1).

Die Unterscheidung zwischen der Pflicht zur „unverzüglichen" Mitteilung an das Bundesverwaltungs- **49.1** amt (Abs. 3a S. 1) und der Pflicht zur „umgehenden" Weiterleitung der erhaltenen Informationen durch das Bundesverwaltungsamt macht deutlich, dass das Bundesverwaltungsamt bei Anwendung des § 73 – abgesehen vom Sonderfall des Abs. 1a S. 2 – nur als Informationsmittler fungiert, dem keine eigenen Prüfaufgaben oder Entscheidungsbefugnisse zukommen.

Die auf „weitere Übermittlungen" abzielende Regelung des Abs. 3a S. 3 bestätigt dabei, **dass 50** **sich die Mitteilung der Nachrichtendienste und Sicherheitsbehörden jedenfalls im Ergebnis nicht auf die Mitteilung eines (negativen) Prüfergebnisses beschränken kann;** vielmehr müssen die anfragenden Behörden in die Lage versetzt werden, das Vorliegen von Versagungsgründen oder Sicherheitsbedenken anhand der ihnen übermittelten Informationen selbstständig und eigenverantwortlich zu prüfen (→ Rn. 25.1; → Rn. 36 ff.).

Die Gesetzesbegründung geht zur Wahrung des Unverzüglichkeitserfordernisses von einer **sehr 51** **knapp bemessenen Regelfrist von 24 Stunden** aus, die in den Gesetzeswortlaut allerdings keinen Eingang gefunden hat. Sie kann etwa dann überschritten werden, wenn weitere Ermittlungen erforderlich sind und nicht binnen 24 Stunden abgeschlossen werden können (BT-Drs. 18/ 7043, 49).

III. Pflichtüberprüfung anlässlich der Identitätsfeststellung in Sonderfällen (Abs. 1a S. 3, Abs. 3a und Abs. 4)

Der mit dem Zweiten Datenaustauschverbesserungsgesetz vom 4.8.2019 (BGBl. 2019 I 1131) **52** eingefügte Abs. 1a S. 3 ergänzt die in Abs. 1a S. 1 geregelten Befugnisse und Verpflichtungen um Mittel zur Prüfung von Versagungsgründen in Fällen, in denen Identitätsdaten anlässlich von Verfahren der (Wieder)Aufnahme nach der Dublin III-VO (Nr. 1), im Rahmen humanitärer Aufnahmeverfahren nach § 23 f. (Nr. 2) und in Relocation-Fällen auf Grundlage des Unionsrechts (Nr. 3) erhoben oder von anderen Mitgliedstaaten übermittelt wurden. Er ist hinsichtlich seiner Normstruktur und Normzwecke weitgehend mit Abs. 1a S. 1 identisch, so dass auf die entsprechende Kommentierung verwiesen werden kann (→ Rn. 38 ff.). Im Einzelnen gelten folgende Besonderheiten:

1. Identitätsfeststellung im Rahmen von Aufnahme- und Wiederaufnahmeverfahren nach der Dublin III-VO (Nr. 1)

Übermittlungs- und Überprüfungsanlass nach Nr. 1 ist ein Aufnahme- oder Wiederaufnahme- **52a** gesuch eines anderen Mitgliedstaates an die Bundesrepublik Deutschland nach der Dublin-III-VO.

Übermittelt werden dürfen Daten, die zur Sicherung, Feststellung und Überprüfung der Identi- **52b** tät anlässlich der Äußerung eines Asylgesuchs (§ 16 Abs. 1 S. 1 AsylG), bei der Beantragung eines nationalen Visums (§ 49 Abs. 5 Nr. 5 AufenthG), im Zusammenhang mit einer unerlaubten Einreise oder illegalem Aufenthalt (§ 49 Abs. 8 und 9 AufenthG) erhoben oder nach Art. 21 der Dublin III-VO im Rahmen des Aufnahmegesuchs des anderen Mitgliedstaates übermittelt wurden.

Zweck der Übermittlung sind die Feststellung von Versagungsgründen oder die Prüfung sonsti- **52c** ger Sicherheitsbedenken. Da die Aufnahme oder Wiederaufnahme nach der Dublin-III-Verordnung nicht unter Berufung auf „Versagungsgründe" oder Sicherheitsbedenken abgelehnt werden können, beziehen sich beide Begriffe auf Umstände, die die nationalen Behörden nach erfolgter Aufnahme zu prüfen oder zu berücksichtigen hätten (BT-Drs. 19/8752, 71). Als zu prüfende Versagungsgründe kommen dabei in erster Linie die in Abs. 1a S. 1 genannten asylbezogenen Versagungsgründe in Betracht; im Einzelfall aber auch § 5 Abs. 4 oder § 27 Abs. 3a, wenn zB die

Erteilung einer Aufenthaltserlaubnis zur Familienzusammenführung ernsthaft in Rede steht. Dies dürfte wegen § 10 Abs. 1 und § 5 Abs. 2 aber nur selten der Fall sein. Hinsichtlich des unbestimmten Rechtsbegriffs der „sonstigen Sicherheitsbedenken" gilt das oben zu Abs. 1a S. 1 Gesagte (→ Rn. 46).

2. Identitätsfeststellung im Rahmen eines humanitären Aufnahmeverfahrens (Nrn. 2 und 3)

52d Übermittlungs- und Überprüfungsanlass nach Nr. 2 sind die Einbeziehung des Betroffenen in die Prüfung einer Aufnahmezusage im Rahmen eines humanitären Aufnahmeverfahrens nach § 23, eines Verfahrens der Gewährung vorübergehenden Schutzes nach § 24 oder eines Relocation-Programms nach Art. 78 Abs. 3 AEUV durch das BAMF.

52e Übermittelt werden dürfen Daten, die zur Sicherung, Feststellung und Überprüfung der Identität nach § 49 Abs. 5 Nr. 6 im Rahmen eines humanitären Aufnahmeverfahrens oder Relocation-Verfahrens über die betreffende Person erhoben wurden.

52f Zweck der Übermittlung sind die Feststellung von Versagungsgründen oder die Prüfung sonstiger Sicherheitsbedenken. Da den Behörden bei der Auswahl der nach § 23 aufzunehmenden Personen ein weites Auswahlermessen zusteht, dürften sämtliche denkbaren Versagungsgründe (jedenfalls in sinngemäßer Anwendung) Gegenstand einer entsprechenden Übermittlung sein; auch der Begriff der „sonstigen Sicherheitsbedenken" muss in diesem Kontext weit interpretiert werden (vgl. → Rn. 46). Anders verhält sich dies demgegenüber im Hinblick auf die Gewährung vorübergehenden Schutzes nach § 24, da die Auswahl der aufzunehmenden Personen seitens der EU vorgegeben wird und deutsche Behörden nur die in § 24 Abs. 2 genannten Versagungsgründe (§ 3 Abs. 2 AsylG, § 60 Abs. 8 S. 1 AufenthG) geltend machen können. Auch „sonstige Sicherheitsbedenken" können sich in diesem Kontext nur auf der Aufnahmeentscheidung nachfolgende Maßnahmen beziehen, da sie der eigentlichen Aufnahme nicht entgegengehalten werden könnten.

IV. Pflichtüberprüfung im Verfahren der Asylwiderrufs- und Rücknahmeprüfung (Abs. 1a S. 2, Abs. 3a S. 1 und Abs. 4 S. 1)

53 Für die mit dem Zweiten Gesetz zur Verbesserung des Datenaustauschs vom 4.8.2019 (BGBl. 2019 I 1131) ergänzten Befugnisse zur Prüfung des Vorliegens von Asylwiderrufs- oder Rücknahmegründen (→ Rn. 7a.2) gilt im Grundsatz das zu Abs. 1a S. 1 Gesagte (→ Rn. 44 ff.), da die Norm hinsichtlich der Übermittlungsadressaten, der zu übermittelnden Daten und der zu prüfenden Versagungsgründe auf Abs. 1a S. 1 verweist.

53.1 Eine „erweiterte Datenübermittlung" nach Abs. 1a S. 4 kann im Rahmen des Abs. 1a S. 2 nicht erfolgen; vgl. → Rn. 43b.

53a Da auch die in Abs. 4 S. 1 geregelte Verpflichtung zum Erlass normkonkretisierender Verwaltungsvorschriften für sämtliche der in Abs. 1 und 1a genannten Übermittlungsbefugnisse Geltung beansprucht, gelten auch die Ausführungen zu Normcharakter und -struktur entsprechend (→ Rn. 58 ff.), aus denen sich der Charakter der (vermeintlich) bloßen Befugnisnorm als echte Beteiligungspflicht ergibt.

53b Die unkritische Übernahme der Tatbestandsmerkmale des Abs. 1a S. 1 durch den Gesetzgeber in Abs. 1a S. 2 ist allerdings im Lichte der hier genannten Übermittlungszwecke zu würdigen. Da Rücknahme- und Widerrufsentscheidungen nach §§ 73–73b AsylG nur vom BAMF getroffen werden, kommt als übermittelnde Behörde nur dieses in Betracht; einer anderen Behörde dürften Auskünfte nach Abs. 3a S. 2 daher – mangels Erforderlichkeit – auch nicht erteilt werden (→ Rn. 47 f.).

53b.1 Eine solche Auskunft könnte auch nicht unter Hinweis darauf gerechtfertigt werden, dass Ausländerbehörden zB im Fall straffällig gewordener Schutzberechtigter ein Interesse daran haben, zu erfahren, ob ein Widerruf des zuerkannten Schutzstatus in Betracht kommt. Denn insoweit gebietet es schon der Grundsatz der Datenvermeidung, eine entsprechende Prüfbitte – wie in der Praxis üblich – zunächst an das BAMF zu richten und diesem ggf. die Anfrage nach Abs. 1a S. 2 zu überlassen.

53c Überschießend formuliert ist auch der Kreis der von den Sicherheitsbehörden und Nachrichtendiensten zu prüfenden Versagungsgründe. Denn während das nachträgliche Eintreten oder Bekanntwerden von Versagungsgründen nach § 3 Abs. 2, nach § 4 Abs. 2 AsylG und – wegen § 3 Abs. 4 AsylG – nach § 60 Abs. 8 S. 1 AufenthG eine Rücknahme- oder Widerrufsprüfung des BAMF nach § 73 ff. AsylG rechtfertigen kann, sind Versagungsgründe nach § 5 Abs. 4 AufenthG –

die nur den aufenthaltsrechtlichen Status des Ausländers betreffen – und „sonstige Sicherheitsbedenken" für die Prüfung der Voraussetzungen des §§ 73–73b AsylG ohne Bedeutung. Eine hierauf abzielende Anfrage ist daher nicht erforderlich und darf folglich weder gestellt noch beantwortet werden. Anderes kann nur dann gelten, wenn die Rücknahmeentscheidung – ausnahmsweise – im pflichtgemäßen Ermessen der Behörde steht (§ 73 Abs. 2a S. 5 AsylG).

V. Abgleich mit weiteren Datenbeständen des Bundesverwaltungsamts (Abs. 1a S. 5)

Gegenüber den in Abs. 1 und Abs. 2 enthaltenen Ermächtigungsnormen begründet Abs. 1a **54** eine weitergehende Befugnis, die **weitere vom Bundesverwaltungsamt gepflegte Datenbestände für den Datenabgleich erschließt** (Abs. 1a S. 5). Auch wenn dem Gesetzgeber hier etwa das Ausländerzentralregister, der Personen- und Sachfahndungstatbestand des Schengener Informationssystems, der nationale Fahndungstatbestand und das europäische Visa-Informationssystem vor Augen standen (BT-Drs. 18/7043, 49), lässt sich der Kreis der hier in Bezug genommenen Datenbestände unmittelbar aus dem Gesetz nicht bestimmen.

Dies ist schon vor dem Hintergrund des datenschutzrechtlichen Zweckbindungsgrundsatzes **54a** und der **Anforderungen an die Vorhersehbarkeit staatlicher Datenverarbeitungsvorgänge verfassungsrechtlich nicht unproblematisch** (überzeugend GK-AufenthG/Petri Rn. 35). Als rechtsstaatliche Mindestanforderung wird man insoweit fordern müssen, dass das Bundesministerium des Innern die einzubeziehenden Datensätze und die Voraussetzungen und Modalitäten des Abgleichverfahrens in entsprechender Anwendung des Abs. 4 durch Verwaltungsvorschrift konkretisiert; dennoch wäre auch eine solche Befugnis der Exekutive zur Selbstermächtigung durch bloße – nicht veröffentlichungspflichtige – Verwaltungsvorschrift unter dem Gesichtspunkt des Bestimmtheitsgebots und der erhöhten Transparenzanforderungen an die Verarbeitung sicherheitsrelevanter personenbezogener Daten verfassungsrechtlich nicht unbedenklich (vgl. BVerfGE 133, 277 = NJW 2013, 1499 Rn. 139 ff. – Antiterrordatei).

Unabhängig davon gibt das Bundesverwaltungsamt bei Anwendung dieser Ermächtigungs- **54b** grundlage seine Rolle als reiner Informationsmittler auf und tritt selbst als sicherheitsrechtlicher Akteur in Erscheinung, da es den Datenabgleich selbst – und nicht lediglich im Auftrag der anfragenden Ausländer-, Asyl- oder Sicherheitsbehörde – vornimmt und – vorbehaltlich jedenfalls im Innenverhältnis bindender Verwaltungsvorschriften – selbst über die einzubeziehenden Datenbestände entscheidet.

Mit der Neufassung des Abs. 1a S. 5 durch das Zweite Datenaustauschverbesserungsgesetz **54c** (→ Rn. 7a ff.) hat der Gesetzgeber den Abgleich mit weiteren Datenbeständen auf die in Abs. 1a S. 1–3 genannten Zwecke beschränkt. Dies ist zunächst irreführend, da S. 4 keinen eigenständigen Übermittlungszweck benennt und lediglich den Kreis der nach Abs. 1a S. 1 zu übermittelnden Daten erweitert. Da die erweiterte Datenübermittlung an das Bundeskriminalamt nach Abs. 1a S. 4 nach dem Willen des Gesetzgebers jedoch ausschließlich der Ermöglichung etwaiger Anschlussmaßnahmen durch die Polizeibehörden dient und die in diesem Zusammenhang übermittelten Daten einer strengen Löschverpflichtung nach Abs. 3a S. 6 und 7 unterliegen (→ Rn. 43d), dürfen die nach Abs. 1a S. 4 übermittelten zusätzlichen Daten nicht in den erweiterten Datenabgleich nach S. 5 einbezogen werden.

VI. Konkretisierung des Normanwendungsbereichs durch allgemeine Verwaltungsvorschriften (Abs. 4)

Nach § 73 Abs. 4 S. 1 bestimmt das Bundesministerium des Innern, für Bau und Heimat **55** unter Berücksichtigung der aktuellen Sicherheitslage durch allgemeine Verwaltungsvorschriften, **in welchen Fällen gegenüber Staatsangehörigen bestimmter Staaten sowie Angehörigen von in sonstiger Weise bestimmten Personengruppen von der Ermächtigung aus Abs. 1 und Abs. 1a Gebrauch gemacht wird.**

Die – verfassungsrechtlich nicht unproblematische (→ Rn. 59.2) – Handlungsform der Verwal- **56** tungsvorschrift hat der Gesetzgeber gewählt, um der Verwaltung eine flexible Anpassung an veränderte Sicherheitslagen zu ermöglichen (Nr. 73.4 AufenthGAVwV).

Der Erlass von Verwaltungsvorschriften nach Abs. 4 bedarf in den Fällen des Abs. 1 des Einver- **57** nehmens des Auswärtigen Amtes (Abs. 4 S. 2), dh dessen Einbeziehung und Zustimmung (→ § 72 Rn. 17 ff.). Die Einbeziehung des Auswärtigen Amtes ist im Hinblick auf die Ermächtigung des Abs. 1 S. 1 sachdienlich, da diese die Tätigkeit der deutschen Auslandsvertretungen regelt bzw. die deutschen Außenbeziehungen unmittelbar betrifft.

57a   Die logisch kaum nachvollziehbare Pflicht zur Herstellung des Einvernehmens mit dem Auswärtigen
Amt auch im Hinblick auf Maßnahmen nach Abs. 1a hat der Gesetzgeber mit dem Zweiten Datenaustauschverbesserungsgesetz vom 4.8.2019 beseitigt (→ Rn. 7a.4).

1. Auswirkungen des Abs. 4 auf Normcharakter und Normstruktur des Abs. 1 und Abs. 1a

58   Abs. 4 enthält nicht lediglich eine Ermächtigungsnorm für den Erlass norminterpretierender
oder ermessensleitender Verwaltungsvorschriften durch das Bundesministerium des Innern, sondern begründet seinem Wortlaut nach **eine Verpflichtung zum Erlass entsprechender Verwaltungsvorschriften.**

59   Da in der zu erlassenden Verwaltungsvorschrift zudem zu regeln ist, in welchen Fällen bzw.
gegenüber welchen Personengruppen von der Ermächtigung des Abs. 1 und Abs. 1a Gebrauch
zu machen ist, handelt es sich bei der nach Abs. 4 zu erlassenden Verwaltungsvorschrift zudem
um eine **notwendige Ergänzung des Normprogramms des Abs. 1 und Abs. 1a, die deren
Anwendung als reine Ermessensnormen ausschließt:** Ohne normkonkretisierende Ergänzung der Tatbestandsseite nach Maßgabe des Abs. 4 bzw. außerhalb der in der Verwaltungsvorschrift genannten Fallgruppen kann eine Datenübermittlung nach Abs. 1 und Abs. 1a daher –
entgegen Nr. 73.1.2 S. 2 AufenthGAVwV – nicht erfolgen (GK-AufenthG/Petri Rn. 8, 16; NK-
AuslR/Hilbrans Rn. 6; vgl. auch Nr. 73.4 AufenthGAVwV: Beschränkung der Übermittlung
durch Verwaltungsvorschrift auf „relevante Fallkonstellationen").

59.1   Von der Frage der selbstständigen Anwendbarkeit von Abs. 1 und Abs. 1a zu unterscheiden ist die
Frage, ob das Bundesministerium des Innern die in Abs. 1 und Abs. 1a genannten Behörden in einzelnen
Fallgruppen (oder ggf. auch allgemein) zur Anwendung des Abs. 1 und Abs. 1a als Ermessensnorm ermäch-
tigen kann. Auch dies ist jedoch zu verneinen, da die Ausübung des Entschließungsermessens in der nach
Abs. 4 zu erlassenden Verwaltungsvorschrift abschließend zu regeln ist („in welchen Fällen [...] von der
Ermächtigung der Absätze 1 und 1a Gebrauch gemacht **wird**"). Die in der Verwaltungsvorschrift zu
benennenden Fallgruppen erlangen damit eine **tatbestandsähnliche bzw. tatbestandsergänzende
Funktion.**

59.2   Die Klassifizierung derartiger normergänzender Verwaltungsvorschriften als „Verschlusssache – nfD"
(vgl. NK-AuslR/Hilbrans Rn. 21) erscheint unter diesen Voraussetzungen **mit rechtsstaatlichen Anforderungen kaum vereinbar und genügt den Anforderungen an die Vorhersehbarkeit von Grundrechtseingriffen erkennbar nicht.**

60   Bedingt durch die zuvor geschilderte Normstruktur wandelt sich der Normcharakter des Abs. 1
und Abs. 1a von einer Ermessensnorm hin zu einer **echten Beteiligungspflicht im Sinne der
gesetzlichen Normüberschrift** (→ Rn. 10). Der Normcharakter der in Abs. 2 enthaltenen
Ermessensvorschrift ist davon nicht betroffen, da Abs. 4 sich nicht auf diese erstreckt.

2. Inhalt der Verwaltungsvorschriften

61   In den nach Abs. 4 zu erlassenden Verwaltungsvorschriften ist zu regeln, in welchen Fällen
gegenüber Staatsangehörigen bestimmter Staaten sowie Angehörigen von in sonstiger Weise
bestimmten Personengruppen von der Ermächtigung des Abs. 1 und Abs. 1a Gebrauch gemacht
wird. Zum Pflichtinhalt der Verwaltungsvorschrift gehört daher zunächst die Benennung einzelner
Staatsangehörigkeiten sowie anderer Personengruppen – gedacht ist etwa an Staatenlose oder
Flüchtlinge –, die dem Prüfprogramm nach Abs. 1 und Abs. 1a unterliegen sollen.

61.1   Eine Liste der Staaten, für deren Staatsangehörige zumindest einzelne Mitgliedsstaaten der EU die
Durchführung eines Vorabkonsultationsverfahrens nach Art. 22 Visakodex einfordern, ist unter https://
ec.europa.eu/home-affairs/sites/homeaffairs/files/e-library/documents/policies/borders-and-visas/visa-
policy/docs/prior_consultation_en.pdf veröffentlicht. Auf dem Stand 1.12.2017 handelte es sich hierbei
um Afghanistan, Ägypten (teilweise), Äthiopien, Algerien, Aserbaidschan, Bangladesch, Eritrea, Irak, Iran,
Jemen, Jordanien, Kenia, Kirgisistan, Kongo (Demokratische Republik), Nordkorea, Libanon, Libyen,
Mali, Marokko, Mauretanien, Niger, Nigeria, Pakistan, Palästina, Russische Föderation (teilweise), Ruanda,
Saudi-Arabien (teilweise), Somalia, Südsudan, Sri Lanka, Sudan, Syrien, Tadschikistan, Tunesien, Turkme-
nistan, Usbekistan, Vietnam und Weißrussland. Gleiches gilt für Staatenlose und Flüchtlinge.

61.2   Diese Liste dürfte nicht abschließend sein, da auch die vollständige Liste der konsultationspflichten
Staaten auf EU-Ebene als geheimhaltungsbedürftig eingestuft ist (BT-Drs. 18/5817, 10).

62   Innerhalb diesen schematischen Fallgruppen erlaubt Abs. 4 jedoch auch eine Feinsteuerung,
die zB nach der Art der vorgelegten Pässe (zB Diplomaten- oder sonstige Dienstpässe) differenzieren kann (vgl. Nr. 73.4 AufenthGAVwV sowie die bereits genannte Liste, → Rn. 61.1).

Neben diesem Pflichtinhalt können auch weitere Einzelheiten der Verwaltungspraxis in Verwaltungsvorschriften geregelt werden, die dann jedoch nicht dem in Abs. 4 geregelten Einvernehmenserfordernis unterliegen (→ Rn. 66 f.). **63**

3. Verfassungswidrigkeit des Abs. 4 im Hinblick auf Behörden der Länder

Verfassungsrechtlich ist die in Abs. 4 geregelte Befugnis **unbedenklich, soweit sie den Erlass** **64** **von Verwaltungsvorschriften gegenüber Bundesbehörden** (wie den deutschen Auslandsvertretungen oder dem BAMF) **betrifft** (GK-AufenthG/Petri Rn. 32). Soweit Abs. 1 S. 3 und Abs. 1a S. 1 aber mit dem Vollzug des AufenthG beauftragte Landesbehörden ermächtigen, ist der Erlass allgemeiner Verwaltungsvorschriften nach Art. 84 Abs. 2 GG der Bundesregierung als Kollegium vorbehalten (BVerfGE 100, 249 = NVwZ 1999, 977 (978) sowie Dreier/Hermes GG Art. 84 Rn. 88). **Insoweit sind § 73 Abs. 4 und die hierauf gestützten Verwaltungsvorschriften daher verfassungswidrig und nichtig** (andeutungsweise auch GK-AufenthG/Petri Rn. 33).

In Verbindung mit der bereits geschilderten Regelungsstruktur des § 73 hat dies zur Folge, **65** **dass Landesbehörden derzeit nicht von der Ermächtigungsnorm des § 73 Abs. 1 S. 3 und Abs. 1a Gebrauch machen können.** Denn eine Ausgestaltung des Abs. 1 und Abs. 1a als reine Ermessensnormen, die bei gedanklicher Ausklammerung des Abs. 4 angenommen werden könnte, war erkennbar nicht von der objektiven Regelungsintention des Gesetzgebers umfasst. Der Gesetzgeber ist daher gehalten, die Funktionsfähigkeit des Abs. 1 und Abs. 1a als Ermächtigungsgrundlagen für Landesbehörden baldmöglichst durch Anpassung des § 73 Abs. 4 herzustellen.

4. Befugnis zum Erlass sonstiger Verwaltungsvorschriften

Abseits des Anwendungsbereichs des Abs. 4 sind die zuständigen Bundesministerien im Rahmen **66** ihrer jeweiligen Weisungsbefugnisse nicht daran gehindert, allgemeine Verwaltungsvorschriften über die Anwendung des Abs. 1 und Abs. 1a zu erlassen. Dies betrifft etwa die Ausübung des Auswahlermessens bei der Bestimmung der nach Abs. 1 S. 1 bzw. Abs. 1a S. 1 zu übermittelnden Daten (→ Rn. 43) oder die nach Abs. 1a S. 2 in den Abgleich einzubeziehenden weiteren Datenbestände (→ Rn. 52 ff.). Entsprechende Verwaltungsvorschriften benötigen – mangels gesetzlicher Anordnung – nicht das Einvernehmen des Auswärtigen Amtes bzw. des Bundesministeriums des Innern.

Von der Befugnis zum Erlass weiterer Verwaltungsvorschriften wurde mit der § 73 Abs. 1 **67** AufenthG-VwV (Allgemeine Verwaltungsvorschrift zu § 73 Abs. 1 und § 31 Abs. 1 S. 1 Nr. 3 AufenthV; vgl. Nr. 73.1.6 AufenthGAVwV; eingestuft als Verschlusssache nur für den Dienstgebrauch – VS-NfD) und der § 73 Abs. 2 und 3 Satz 1 AufenthG-VwV (Allgemeine Verwaltungsvorschrift zu § 73 Abs. 2 und 3 Satz 1 Aufenthaltsgesetz v. 25.8.2008, GMBl. 943) Gebrauch gemacht. Ergänzende Regelungen der Länder sind ggf. zu beachten (Nr. 73.2.1 AufenthGAVwV; zu Einzelheiten der § 73 Abs. 2 und 3 Satz 1 AufenthG-VwV vgl. → Rn. 87 ff.).

C. Sicherheitsüberprüfung durch die Ausländerbehörden (Abs. 2, Abs. 3)

I. Normgehalt

Nach § 73 Abs. 2 S. 1 können die Ausländerbehörden die bei ihnen gespeicherten personenbe- **68** zogenen Daten über betroffene Ausländer vor der Erteilung oder Verlängerung eines Aufenthaltstitels oder einer Duldung bzw. vor Ausstellung einer Bescheinigung über die Aufenthaltsgestattung an Nachrichtendienste und Sicherheitsbehörden des Bundes und der Länder übermitteln, um eine Prüfung von Versagungsgründen oder sonstigen Sicherheitsbedenken zu ermöglichen **(Sicherheitsüberprüfung).**

Anders als bei § 73 Abs. 1 und Abs. 1a handelt es sich bei § 2 um eine **reine Ermächtigungs-** **69** **norm,** da sich die in Abs. 4 geregelte Befugnis und Verpflichtung zur Konkretisierung der zwingenden Anwendungsvoraussetzungen nicht auf Maßnahmen nach Abs. 2 erstreckt (GK-AufenthG/Petri Rn. 9).

Nach § 73 Abs. 2 S. 2 kann das Bundesamt für Verfassungsschutz bei auf die Ermächtigungsnorm **70** des S. 1 gestützten Übermittlungen an die Landesämter für Verfassungsschutz technische Unterstützung leisten. Diese Amtshilfebefugnis im weiteren Sinne tritt neben die Tätigkeit des Bundesverwaltungsamts, das auch in den Fällen des Abs. 2 S. 1 stets als Informationsmittler auftritt.

II. Zu beteiligende Behörden

71   In Folge der nachträglichen Aufnahme des Bundeskriminalamts und des Bundesamts für Verfassungsschutz in den Kreis der tauglichen Ermittlungsempfänger nach Abs. 2 **deckt sich der Kreis der dort genannten auskunftspflichtigen Behörden weitgehend mit den in Abs. 1 und Abs. 1a genannten Behörden**(→ Rn. 22 ff.; zu den Änderungen durch Gesetz v. 22.11.2011, BGBl. I 2258 und v. 2.2.2016, BGBl. I 130 → Rn. 5 f.).

72   Darüber hinaus eröffnet Abs. 2 allerdings auch die in Abs. 1 und Abs. 1a nicht vorgesehene **Möglichkeit der Beteiligung der Landesämter für Verfassungsschutz, der Landeskriminalämter und der jeweiligen Polizeibehörden.**

III. Zu übermittelnde Daten

73   Der Kreis der potentiell übermittlungsfähigen Daten entspricht der Gesamtheit der bei den jeweiligen Ausländerbehörden gespeicherten personenbezogenen Daten zur jeweiligen Person.

74   Welche Daten im Einzelfall übermittelt werden dürfen, muss nicht durch Verwaltungsvorschrift nach Abs. 4 konkretisiert werden; insoweit räumt Abs. 2 der anfragenden Behörde ein Auswahlermessen ein. Bei Betätigung dieses Ermessens muss sich die anfragende Behörde **neben dem allgemeinen Grundsatz der Datensparsamkeit vor allem an den in Abs. 2 genannten Übermittlungszwecken orientieren:** Die Datenübermittlung nach § 73 dient selbst nicht der Identitätsfeststellung und -überprüfung oder der Verbreiterung der Datenbasis der Sicherheitsbehörde und Nachrichtendienste, sondern der Feststellung von Versagensgründen oder sonstiger Sicherheitsbedenken. Sie wird sich daher in der Regel in der Übermittlung einzelner identifizierbarer Merkmale – wie zB eines Namens, eines Alias oder einer Passkennziffer – erschöpfen, die eine Prüfung auf über die Person vorliegende Erkenntnisse ermöglichen kann (zur Ermessensausübung näher → Rn. 90).

IV. Behördliches Entscheidungsprogramm

75   Abs. 2 ermöglicht den Ausländerbehörden der Länder eine Datenübermittlung zur Feststellung von Versagensgründen nach § 5 Abs. 4 oder zur Prüfung sonstiger Sicherheitsbedenken vor Erteilung oder Verlängerung einer Aufenthaltserlaubnis, einer Duldung oder der Ausstellung einer Bescheinigung über die Aufenthaltsgestattung.

1. Übermittlungszwecke

76   Die in der Norm genannten Übermittlungszwecke **entsprechen** – abgesehen von der Prüfung der in § 27 Abs. 3a genannten Versagensgründe, die in Abs. 2 nicht genannt ist – **den in Abs. 1 S. 1 genannten Übermittlungszwecken.** Hinsichtlich der in § 5 Abs. 4 genannten Versagensgründe und der ausländerpolizeilichen Generalklausel der „sonstigen Sicherheitsbedenken" kann daher auf die Kommentierung zu Abs. 1 S. 1 verwiesen werden (→ Rn. 26; → Rn. 29).

76.1   Im Fall freizügigkeitsberechtigter Unionsbürger und ihrer Angehörigen sind nach § 11 Abs. 1 S. 2 FreizügG/EU Verlustgründe iSd § 6 Abs. 1 FreizügG/EU zu prüfen. Da Freizügigkeitsberechtigte keines Aufenthaltstitels bedürfen und die Ausstellung von Aufenthaltskarten iSd § 5 FreizügG/EU in § 73 Abs. 2 nicht erwähnt wird (→ Rn. 81), dürfte Abs. 2 auf Berechtigte nach dem FreizügG/EU in der Praxis dennoch selten Anwendung finden.

77   Auch im Fall des § 73 Abs. 2 S. 1 erscheint die **Nichtnennung der in § 27 Abs. 3a genannten Versagensgründe bei gleichzeitiger Nennung in Abs. 1 S. 1 nicht recht erklärlich,** weil diese gerade auch vor Erteilung oder Verlängerung einer Aufenthaltserlaubnis nach §§ 27 ff. zu prüfen sind (vgl. → Rn. 45 zu Abs. 1a S. 1). Dies gilt umso mehr, als das Vorliegen der in § 27 Abs. 3a genannten, jeweils an Eigenschaften der die Nachzugsberechtigung vermittelnden Person anknüpfenden Versagensgründe nicht notwendigerweise „sonstige Sicherheitsbedenken" hinsichtlich des weiteren Aufenthalts des Familienangehörigen begründet.

78   Diese Schwäche der Befugnisnorm des Abs. 1 S. 1 wird allerdings zum Teil dadurch kompensiert, dass Abs. 3b im Rahmen der sog. **„Nachberichtspflichten"** (→ Rn. 94 ff.) eine Übermittlung von nachträglich bekanntwerdenden Erkenntnissen über Versagensgründe nach § 27 Abs. 3a vorschreibt. Da diese Nachberichtspflichten jedoch erst nach Erteilung eines Aufenthaltstitels eingreifen, erscheint die Nichtnennung des § 27 Abs. 3a in § 73 Abs. 2 S. 1 noch weniger verständlich. Zudem nimmt Abs. 3b S. 2 ausdrücklich nur auf die in Abs. 1 S. 1 genannten

Nachrichtendienste und Sicherheitsbehörden des Bundes Bezug, so dass den Ausländerbehörden die Erkenntnisse der entsprechenden Landesbehörden über das Vorliegen von Versagungsgründen nach § 27 Abs. 3a auch langfristig verschlossen bleiben.

2. Übermittlungsanlässe und Ausübung des Entschließungsermessens

a) Rechtliche Maßstäbe. Anders als Abs. 1 und Abs. 1a iVm Abs. 4 (→ Rn. 59 f.) eröffnet **79** die Ermächtigungsnorm den Ausländerbehörden ein **echtes Entschließungsermessen** (NK-AuslR/Hilbrans Rn. 10). Bei Ausübung dieses Ermessens muss die Ausländerbehörde sich daher vergewissern, welchen der in der Norm genannten Übermittlungsanlässe sie zum Anlass für eine Prüfanfrage nehmen will. Abhängig hiervon muss sie in den Blick nehmen, inwieweit sie die durch eine Anfrage erlangbaren Erkenntnisse im Rahmen des jeweiligen gesetzlichen Entscheidungsprogramms überhaupt benötigt.

Unproblematisch sind dabei die bereits in der ursprünglichen Normfassung angelegten Über- **80** mittlungsanlässe der Erteilung oder Verlängerung eines Aufenthaltstitels, da Versagungsgründe und Sicherheitsbedenken hier jeweils von Amts wegen zu prüfen sind (§ 5 Abs. 1 Nr. 2 und Nr. 3, Abs. 4). Eines konkreten Anlasses oder eine konkrete Verdachtslage für Anfragen nach Abs. 2 bedarf es hier nicht (aA GK-AufenthG/Petri Rn. 40).

Aufenthaltstitel im Sinne der Norm sind die in § 4 Abs. 1 S. 2 genannten Verwaltungsakte, **81** dh Schengenvisa und nationale Visa (§ 6 Abs. 1 Nr. 1, Abs. 3), Aufenthaltserlaubnisse (§ 7), die Blaue Karte EU (§ 19a), die (mobile) ICT-Karte (§§ 19b, 19d), die Niederlassungserlaubnis und die Erlaubnis zum Daueraufenthalt–EU (§ 9a). Keinen Aufenthaltstitel stellt insbesondere die **Aufenthaltskarte** nach § 5 FreizügG/EU dar.

Nicht vollständig konsequent ist hingegen die mit dem Gesetz zur Umsetzung aufenthalts- und **82** asylrechtlicher Richtlinien der Europäischen Union (19.8.2007, BGBl. I 1970) erfolgte Erweiterung des Normanwendungsbereichs auf die **Erteilung und Verlängerung von Duldungen,** da Versagungsgründe nach § 5 Abs. 4 hier nicht zu prüfen sind und sonstige Sicherheitsbedenken nur dann geprüft werden können, wenn das Gesetz deren Berücksichtigung in Form von Versagungsgründen vorsieht oder durch Einräumung eines Entschließungsermessens ermöglicht. Dies ist etwa bei Duldungen nach § 60a Abs. 1 (humanitärer Abschiebestopp nach Ermessen), § 60a Abs. 2 S. 3 (Ermessensduldung aus humanitären Gründen), § 60a Abs. 2 S. 4 (Ausbildungsduldung; Versagungsgründe nach § 60a Abs. 6 und § 60a Abs. 2 S. 6) und § 60a Abs. 2b (Ermessensduldung zur Wahrung der Familieneinheit bei Minderjährigen) der Fall, nicht aber in den in § 60a Abs. 2 S. 1 (Duldung wegen tatsächlicher oder rechtlicher Unmöglichkeit), § 60a Abs. 2 S. 2 (Duldung zur Förderung eines Strafverfahrens) und § 60a Abs. 2a (Duldung nach gescheiterter Abschiebung) geregelten, praktisch sehr häufigen Fällen.

Die Datenübermittlung kann in den letztgenannten Fällen daher allenfalls durch die Erwägung **83** gerechtfertigt werden, dass die Erteilung oder Verlängerung einer Duldung lediglich den Anlass dazu bildet, sich – etwa im Hinblick auf Fragen der Unterbringung oder notwendige Sicherheitsvorkehrungen bei Behördenbesuchen – ein Bild über die möglicherweise von einem Ausländer ausgehenden Gefahren zu verschaffen. Eine entsprechende Ermessensausübung dürfte allerdings nur dann gerechtfertigt sein, wenn der Betroffene den Behörden bislang vollständig unbekannt ist oder zumindest Anhaltspunkte für mögliche Gefährdungen bestehen.

Vergleichbare systematische Mängel hat die Norm im Hinblick auf den ebenfalls mit Gesetz v. **84** 19.8.2007 (BGBl. I 1970) eingefügten Übermittlungsanlass der **„Erteilung oder Verlängerung einer Aufenthaltsgestattung".** Denn die Aufenthaltsgestattung entsteht bzw. erlischt nach § 55 Abs. 1 S. 1 AsylG, § 67 Abs. 1 AsylG kraft Gesetzes und bedarf folglich weder der Erteilung noch der Ausstellung. Soweit der Gesetzgeber stattdessen die Bescheinigung über die Aufenthaltsgestattung gemeint haben sollte, die nach § 63 Abs. 1 S. 1, Abs. 2 AsylG jeweils befristet „ausgestellt" wird, bleibt der Normzweck ebenfalls weitgehend im Dunkeln: Da die Ausstellung der – lediglich deklaratorisch wirkenden – Bescheinigung lediglich die materielle Rechtslage als gebundene Entscheidung nachvollzieht und das Gesetz Versagungsgründe nicht kennt, hat das Vorliegen von Versagungsgründen oder Sicherheitsbedenken keine Auswirkung auf die behördlichen Entscheidungsprozesse (vgl. NK-AuslR/Hilbrans Rn. 10).

Eine Datenübermittlung nach Abs. 2 S. 1 kann daher allenfalls durch das Bedürfnis zur Verschaf- **85** fung von Hintergrundinformationen gerechtfertigt werden und bedarf entsprechender – einzelfallbezogener – Ermessenserwägungen, zumal eine entsprechende Anfrage in der Regel schon als Pflichtanfrage nach Abs. 1a S. 1 im Zusammenhang mit der erkennungsdienstlichen Behandlung erfolgt sein wird (→ Rn. 38 ff.). Da Sicherheitsanfragen nach Abs. 2 allerdings – anders als Pflichtanfragen nach Abs. 1 und Abs. 1a – auch an Landesbehörden gerichtet werden können (→

Rn. 72), kann eine entsprechende Anfrage ggf. die zur Verfügung stehenden Erkenntnisquellen erweitern.

V. § 73 Abs. 2 und 3 Satz 1 AufenthG-VwV

86   Mit der auf Art. 84 Abs. 2 GG gestützten § 73 Abs. 2 und 3 Satz 1 AufenthG-VwV (Allgemeine Verwaltungsvorschift zu § 73 Abs. 2 und 3 Satz 1 Aufenthaltsgesetz v. 25.8.2008, GMBl. 943) hat die Bundesregierung von ihrer Befugnis zum Erlass **ermessenslenkender Verwaltungsvorschriften** Gebrauch gemacht. Die Vorschrift ist jedoch nicht abschließend und lässt den Ländern Spielraum für ergänzende Regelungen (§ 1 Abs. 2 S. 2 73_2AufenthGVwV). Die § 73 Abs. 2 und 3 Satz 1 AufenthG-VwV ist nicht auf § 73 Abs. 4 gestützt, sondern beruht unmittelbar auf Art. 84 Abs. 2 GG.

87   § 2 Abs. 2 73_2AufenthGVwV sieht die Durchführung einer Sicherheitsabfrage **vor Erteilung einer Niederlassungserlaubnis bzw. einer Erlaubnis zum Daueraufenthalt-EG vor.** In den in Anlage 1 und 2 der § 73 Abs. 2 und 3 Satz 1 AufenthG-VwV genannten Fällen ist ebenfalls eine Sicherheitsabfrage durchzuführen, wenn eine Aufenthaltserlaubnis erteilt oder verlängert wird, wenn eine Aufenthaltserlaubnis an Inhaber einer Aufenthaltsgestattung bzw. Duldung erteilt wird und bei Erteilung einer Duldung im Fall einer Verteilung nach § 15a, wenn Anhaltspunkte für Voraufenthalte vorliegen. Die Anlagen zur § 73 Abs. 2 und 3 Satz 1 AufenthG-VwV sind – soweit ersichtlich – nicht veröffentlicht.

87.1 Nach § 2 Abs. 1 73_2AufenthGVwV sind Pflichtanfragen **nur gegenüber iSd § 80 handlungsfähigen Personen durchzuführen;** im Übrigen bleibt – zB gegenüber minderjährigen Gefährdern – eine Sicherheitsüberprüfung nach Ermessen möglich.

88   Von einer solchen Regelanfrage kann nach Abs. 2 nur dann abgesehen werden, wenn aufgrund der bekannten Lebensumstände (zB schwere Erkrankung, hohes Lebensalter, besondere Vertrauenswürdigkeit oder Ähnliches) nicht mit sicherheitsrelevanten Erkenntnissen zu rechnen ist, so dass sich ein Verzicht auf die Anfrage aufdrängt.

89   Bei der Betätigung des ihr durch Abs. 2 eingeräumten **Auswahlermessens** (NK–AuslR/Hilbrans Rn. 10) muss die Ausländerbehörde insbesondere prüfen, in welchem Umfang und ggf. an welche der in Abs. 2 S. 1 genannten Behörden sie Daten übermitteln will. Insoweit kann grundsätzlich auf die Ausführungen zu § 73 Abs. 1 und Abs. 1a verwiesen werden (→ Rn. 43).

90   § 3 Abs. 3 73_2AufenthGVwV sieht hierbei eine Übermittlung von insgesamt 17 Merkmalen – darunter Namen, Aliasnamen und derzeitige sowie frühere Anschriften – vor, soweit diese vorhanden sind. Nach § 3 Abs. 2 73_2AufenthGVwV ist die Übermittlung an den Bundesnachrichtendienst, den Militärischen Abschirmdienst und das Zollkriminalamt sowie die jeweils zuständige Verfassungsschutzbehörde und das jeweils zuständige Landeskriminalamt zu richten; die Einbindung der zuständigen Polizeibehörde soll (nur) durch das Landeskriminalamt erfolgen, soweit dies im Einzelfall erforderlich ist.

VI. Prüfverfahren der Sicherheitsbehörden und Nachrichtendienste

91   Das Prüf- und Übermittlungsverfahren in den Fällen des Abs. 2 ist in Abs. 3 S. 1 Hs. 1 parallel zum Verfahren bei Anfragen der Visabehörden nach Abs. 1 geregelt; insoweit kann grundsätzlich auf die entsprechende Kommentierung verwiesen werden. Ein Letztentscheidungsrecht ist den Nachrichtendiensten und Sicherheitsbehörden auch hier nicht eingeräumt; vielmehr entscheidet alleine die Ausländerbehörde auf Grundlage der ihr übermittelten Informationen (OVG Brem BeckRS 2018, 3311 Rn. 21).

92   Darüber hinaus ermächtigt § 73 Abs. 3 S. 1 Hs. 2 das Bundesamt für Verfassungsschutz, bei der Übermittlung von Mitteilungen der Landesämter für Verfassungsschutz technische Unterstützung zu leisten.

93   Einzelheiten des Sicherheitsüberprüfungsverfahrens sind dabei in § 3 Abs. 2–8 73_2AufenthGVwV geregelt. Von Bedeutung sind dabei insbesondere die in Anlage 5 zur § 73 Abs. 2 und 3 Satz 1 AufenthG-VwV näher konkretisierten Meldekürzel und die in § 3 Abs. 5 73_2AufenthGVwV geregelte Frist von 22 Tagen, innerhalb derer eine Sachstands- oder Sachmittellung durch die angefragten Behörden erfolgen soll.

D. Sicherheitsüberprüfung durch das BAMF in Fällen der §§ 16c, 18e und § 19a

Korrespondierend zu den dem BAMF im Bereich der Arbeitnehmermobilität nach §§ 16c, 18e **93a** und 19a zugewiesenen Aufgaben hat der Gesetzgeber mit dem – erst am 1.3.2020 in Kraft tretenden – **FachkEinwG** (Fachkräfteeinwanderungsgesetz v. 15.8.2019, BGBl. I 1307) in § 73 Abs. 3c Befugnisse zur Sicherheitsüberprüfung eingeräumt, die weitgehend den sonst den Ausländerbehörden im Titelerteilungsverfahren eingeräumten Befugnissen nach Abs. 2 entsprechen (vgl. BT-Drs. 8285, 112).

Nach § 19f Abs. 5 S. 3 und § 19a Abs. 3 S. 3 findet § 73 Abs. 3c entsprechende Anwendung **93b** auf die zuständige Ausländerbehörde, sobald und solange der Betroffene sich im Bundesgebiet befindet.

Im Hinblick auf die zu beteiligenden Behörden und das einzuhaltende Verfahren entspricht **93c** Abs. 3c weitestgehend den Abs. 2 und 3; es fehlen allerdings mit Abs. 2 S. 2 und Abs. 3 S. 1 Hs. 2 vergleichbare Bestimmungen zur Übermittlungshilfe durch das Bundesamt für Verfassungsschutz bei Übermittlungen an die Landesämter für Verfassungsschutz (→ Rn. 70) sowie mit Abs. 3 S. 2 Hs. 2 vergleichbare Nachberichtspflichten (vgl. hierzu → Rn. 94 ff.).

Möglicher Anlass der Übermittlung nach Abs. 3c ist die Mitteilung eines geplanten Studienauf- **93d** enthalts im Rahmen eines im Ausland aufgenommenen Studiums durch die aufnehmende Bildungseinrichtung (Mobilität im Rahmen des Studiums; § 16c), die Mitteilung eines geplanten Forschungsaufenthalts im Bundesgebiet im Rahmen eines Forschungsaufenthalts im Ausland durch die aufnehmende Forschungseinrichtung (kurzfristige Mobilität für Forscher; § 18e Abs. 1 S. 1) oder die Mitteilung eines geplanten Kurzaufenthalts zum Zweck eines unternehmensinternen Transfers (kurzfristige Mobilität für unternehmensintern transferierte Arbeitnehmer; § 19a) durch die aufnehmende Niederlassung.

Zweck der Überprüfung ist die Feststellung von Ausweisungsinteressen iSv § 54 Abs. 1 Nr. 2 **93e** und 4 und die Prüfung sonstiger Sicherheitsbedenken. Die Beschränkung auf die Feststellung qualifizierter Ausweisungsinteressen steht im Kontrast zur Regelung des § 19f Abs. 5 S. 1 Nr. 4 und des § 19a Abs. 3 S. 1 Nr. 5, die eine Einreise- und Aufenthaltsverweigerung bereits bei Vorliegen eines beliebigen Ausweisungsinteresses ermöglichen. Sie bleibt aber letztlich ohne Konsequenz, weil der Begriff der „sonstigen Sicherheitsbedenken" im Kontext des durch §§ 16c, 18e und 19a vorgegebenen Entscheidungsprogrammes weit gefasst werden kann und daher ggf. auch sonstige Ausweisungsinteressen umfasst.

Bei formeller Betrachtung ermächtigt Abs. 3c S. 1 das BAMF zur Übermittlung sämtlicher bei **93f** ihm über die betroffene Person gespeicherter Daten. Unter Berücksichtigung der Normzwecke kann es sich jedoch nur um die nach § 16c Abs. 1 S. 1, § 18e Abs. 1 S. 1, § 19a Abs. 1 S. 1 mitgeteilten Daten handeln.

Die Entscheidung über die Durchführung einer Sicherheitsüberprüfung steht im pflichtgemä- **93g** ßen Ermessen des BAMF, da die Normkonkretisierungsermächtigung des Abs. 4 für Maßnahmen nach Abs. 3c nicht gilt. Vgl. zum behördlichen Entscheidungsprogramm daher oben → Rn. 79 ff.

E. Nachberichtspflichten (Abs. 3 S. 2, Abs. 3b S. 2)

I. Normzweck und -struktur

Die mit dem Gesetz zur Umsetzung aufenthalts- und asylrechtlicher Richtlinien der Europä- **94** ischen Union (v. 19.8.2007, BGBl. I 1970) erstmals in das Gesetz eingefügten **„Nachberichtspflichten"** sollen **sicherstellen, dass den nach Abs. 1 und Abs. 2 anfrageberechtigten Behörden nachträglich eintretende Versagungsgründe und Sicherheitsbedenken nicht verborgen bleiben.**

Zu diesem Zweck verpflichtet Abs. 3 S. 2 Hs. 1 die Auslandsvertretungen und Ausländerbehör- **95** den zur Mitteilung an die Nachrichtendienste und Sicherheitsbehörden, **ob und ggf. mit welcher Gültigkeitsdauer ein Aufenthaltstitel erteilt wurde.** Dies versetzt die genannten Behörden in die Lage, den Auslandsvertretungen und Sicherheitsbehörden nachträglich bekanntwerdende Versagungsgründe oder Sicherheitsbedenken von Amts wegen mitzuteilen. Hierzu sind sie nach Abs. 3 S. 2 Hs. 2 und Abs. 3b S. 2 – wenngleich in im Detail unterschiedlichem Umfang (→ Rn. 102) – verpflichtet.

Im Nachberichtsverfahren ist eine Beteiligung des Bundesverwaltungsamts als Informations- **96** mittler – anders als in den Beteiligungs- und Auskunftsverfahren nach Abs. 1–2 – nicht vorgesehen; die Kommunikation erfolgt unmittelbar zwischen den beteiligten Behörden.

II. Mitteilungspflichten der Auslandsvertretungen und Ausländerbehörden

97   Die deutschen Auslandsvertretungen und Ausländerbehörden sind nach Abs. 3 S. 2 Hs. 1 verpflichtet, den in Abs. 3 S. 1 genannten Nachrichtendiensten und Sicherheitsbehörden unverzüglich die Gültigkeitsdauer der von ihnen erteilten oder verlängerten Aufenthaltstitel mitzuteilen. Insoweit besteht **weder Entschließungs- noch Auswahlermessen.**

98   **Aufenthaltstitel** sind die in § 4 Abs. 1 S. 2 genannten Verwaltungsakte, dh Schengenvisa und nationale Visa (§ 6 Abs. 1 Nr. 1, Abs. 3), Aufenthaltserlaubnisse (§ 7), die Blaue Karte EU (§ 19a), die (mobile) ICT-Karte (§§ 19b, 19d), die Niederlassungserlaubnis und die Erlaubnis zum Daueraufenthalt-EU (§ 9a), nicht aber die Aufenthaltskarte nach § 5 FreizügG/EU. Für die in Abs. 2 S. 1 genannten weitere Fälle der Erteilung und Verlängerung einer Duldung (§ 60a) bzw. einer Bescheinigung über die Aufenthaltsgestattung (§ 63 AsylG) sieht § 73 weder Mitteilungspflichten an die Nachrichtendienste und Sicherheitsbehörden noch Nachberichtspflichten vor.

99   Die Mitteilungspflichten sind unverzüglich, dh ohne schuldhaftes Zögern (§ 121 S. 1 BGB), zu erfüllen, wobei Gründe für eine über das durch die technische Ausstattung der Behörden hinausgehende Verzögerung schwer vorstellbar sind.

100   Ergänzend zu Abs. 3 S. 2 Hs. 1 sieht Nr. 73.3.4 AufenthGAVwV eine Verpflichtung der Auslandsvertretungen und Ausländerbehörden vor, nachträgliche Verkürzungen oder die Beendigung der Geltungsdauer von Aufenthaltstiteln (zB durch nachträgliche Befristung, Widerruf oder Ausweisung) mitzuteilen. In diesem Fall endet die Nachberichtspflicht (und die hiermit verbundene Speicherbefugnis der Nachrichtendienste und Sicherheitsbehörden) mit Ablauf der verkürzten Geltungsdauer des jeweiligen Aufenthaltstitels.

III. Nachberichtspflichten der Nachrichtendienste und Sicherheitsbehörden

101   Innerhalb der ihnen mitgeteilten Geltungsdauer der Aufenthaltstitel sind die in Abs. 1 S. 1 bzw. Abs. 2 S. 1 genannten Nachrichtendienste und Sicherheitsbehörden des Bundes und der Länder **verpflichtet, ihnen bekanntwerdende Versagungsgründe und sonstige Sicherheitsbedenken** (zum Begriff → Rn. 25 ff.) **von Amts wegen mitzuteilen;** auch insoweit gilt das Unverzüglichkeitsgebot.

102   Hinsichtlich des Umfangs der Prüfung und Übermittlung ist zu unterscheiden: Die Pflicht zur Prüfung und Übermittlung von Versagungsgründen nach § 5 Abs. 4 und von sonstigen Sicherheitsbedenken trifft nach § 73 Abs. 3 S. 3 sämtliche der in Abs. 3 S. 1 bzw. Abs. 1 und Abs. 2 genannten Nachrichtendienste und Sicherheitsbehörden, dh auch die Landesämter für Verfassungsschutz, die Landeskriminalämter und die zuständigen Polizeidienststellen. Abs. 3b S. 2, der die Prüfung und Übermittlung von Erkenntnissen über Versagungsgründe nach § 27 Abs. 3a betrifft, verweist hingegen nur auf Abs. 3b S. 1 und ermächtigt (bzw. verpflichtet) damit nur die in Abs. 1 S. 1 genannten Nachrichtendienste und Sicherheitsbehörden des Bundes.

F. Datenverwendung durch Sicherheitsbehörden und Nachrichtendienste (Abs. 3 S. 3, Abs. 3a S. 4, Abs. 3b S. 3, Abs. 3c S. 3)

103   Die inhaltlich nahezu wortlautidentischen Abs. 3 S. 3, Abs. 3a S. 4, Abs. 3b S. 3 und Abs. 3c S. 3 enthalten Ermächtigungsgrundlagen für die **zweckändernde Datenverwendung durch Nachrichtendienste und Sicherheitsbehörden.**

104   Adressaten der jeweiligen Zweckänderungsvorschriften sind die in § 73 Abs. 3 S. 1, Abs. 3a S. 1, Abs. 3b S. 1 genannten bzw. in Bezug genommenen Nachrichtendienste und Sicherheitsbehörden, dh der Bundesnachrichtendienst, das Bundesamt für Verfassungsschutz, der Militärische Abschirmdienst, das Bundeskriminalamt und das Zollkriminalamt in den Fällen von Abs. 3a und Abs. 3b sowie zusätzlich die Landesämter für Verfassungsschutz, die Landeskriminalämter und die zuständigen Polizeibehörden in den Fällen des Abs. 3. Nicht zur eigenständigen Datenverwendung ermächtigt wird das – allerdings in den genannten Normen ebenfalls erwähnte – Bundesverwaltungsamt, da es hier nicht als Adressat der Datenübermittlung, sondern als reiner Datenmittler auftritt. Gleiches gilt für die Mitwirkung des Bundesamts für Verfassungsschutz nach § 73 Abs. 2 S. 2 (NK-AuslR/Hilbrans Rn. 2, 16; BT-Drs.17/5470, 26).

105   In der Sache erhalten die jeweiligen Ermächtigungsnormen weder Einschränkungen noch Voraussetzungen für die zweckändernde Datenverwendung, da sie als **reine Blankettnormen** lediglich auf die Erforderlichkeit zur Erfüllung der gesetzlichen Aufgaben der jeweiligen Behörden verweisen. Gerade angesichts der nahezu lückenlosen Übermittlungs- und Beteiligungspflichten aus Abs. 1 und Abs. 1a iVm der Abs. 4 und der ebenfalls weitgehend voraussetzungslosen Befugnisnorm des Abs. 2, die personenbezogene Daten nahezu aller in Deutschland lebenden oder eine

Einreise planenden Ausländer sowie ihrer Referenzpersonen erfasst, erscheint eine solche **pauschale Umwidmung der spezifisch für ausländerrechtliche Zwecke erhobenen Daten für – nicht näher bestimmte – nachrichtendienstliche und sicherheitsbehördliche Zwecke verfassungsrechtlich bedenklich** (vgl. GK-AufenthG/Petri Rn. 47 mwN). Denn mittelbar verleihen die Zweckänderungsermächtigungen aus Abs. 3 S. 3, Abs. 3a S. 4 und Abs. 3b S. 3 den deutschen Auslandsvertretungen und Ausländerbehörden so den **Charakter von Datensammelstellen der Nachrichtendienste und Sicherheitsbehörden.** Den entsprechenden Blankettnormen fehlt dabei sowohl eine greifbaren Einschränkung der Verwendungszwecke, die eine Bestimmung des Gewichts der zu schützenden Rechtsgüter ermöglicht, als auch die Bestimmung eines hinreichend spezifischen Anlasses als verfassungsrechtliche Mindestanforderung der zweckändernden Datennutzung (vgl. BVerfGE 141, 220 = NJW 2016, 1781 Rn. 288 f.).

§ 73a Unterrichtung über die Erteilung von Visa

(1) [1]Unterrichtungen der anderen Schengen-Staaten über erteilte Visa gemäß Artikel 31 der Verordnung (EG) Nr. 810/2009 können über die zuständige Stelle an den **Bundesnachrichtendienst, das Bundesamt für Verfassungsschutz, den Militärischen Abschirmdienst, das Bundeskriminalamt und das Zollkriminalamt zur Prüfung übermittelt werden,** ob der Einreise und dem Aufenthalt des Visuminhabers die in § 5 Absatz 4 genannten Gründe oder sonstige Sicherheitsbedenken entgegenstehen. [2]Unterrichtungen der deutschen Auslandsvertretungen über erteilte Visa, deren Erteilung nicht bereits eine Datenübermittlung gemäß § 73 Absatz 1 vorangegangen ist, können zu dem in Satz 1 genannten Zweck über die zuständige Stelle an die in Satz 1 genannten Behörden übermittelt werden; Daten zu anderen Personen als dem Visuminhaber werden nicht übermittelt. [3]§ 73 Absatz 3 Satz 3 und 4 gilt entsprechend.

(2) Das Bundesministerium des Innern, für Bau und Heimat bestimmt im Benehmen mit dem Auswärtigen Amt und unter Berücksichtigung der aktuellen Sicherheitslage durch allgemeine Verwaltungsvorschrift, in welchen Fällen gegenüber Staatsangehörigen bestimmter Staaten sowie Angehörigen von in sonstiger Weise bestimmten Personengruppen von der Ermächtigung des Absatzes 1 Gebrauch gemacht wird.

Überblick

§ 73a ist Komplementärvorschrift zum in § 73 Abs. 1 vorgesehenen Vorabkonsultationsverfahren (→ § 73 Rn. 18 ff.). Die in Abs. 1 enthaltenen Ermächtigungsgrundlagen betreffen den Fall der Visumerteilung durch Visabehörden anderer Schengenstaaten (S. 1; → Rn. 7 ff.) bzw. die deutschen Auslandsvertretungen (S. 2; → Rn. 15 ff.) in Fällen, in denen ein Vorabkonsultationsverfahren nicht stattfindet. Unter welchen Voraussetzungen von den in Abs. 1 S. 1 und S. 2 geregelten Ermächtigungsgrundlagen Gebrauch gemacht werden kann, ist nach Abs. 2 in einer normergänzenden Verwaltungsvorschrift zu regeln (→ Rn. 5, → Rn. 20 ff.). Die in § 73a Abs. 1 S. 3 iVm § 73 Abs. 3 S. 3 geregelte Ermächtigung zur zweckändernden Verwendung der den Nachrichtendiensten und Sicherheitsbehörden übermittelten Daten ist verfassungsrechtlich und zum Teil auch unionsrechtlich bedenklich (→ Rn. 18 f.).

Übersicht

A. Allgemeines

I. Gesetzgebungsgeschichte

1 § 73a wurde mit dem **Gesetz zur Umsetzung aufenthaltsrechtlicher Richtlinien der Europäischen Union und zur Anpassung nationaler Rechtsvorschriften an den EU-Visakodex** (v. 22.11.2011, BGBl. I 2258) in das AufenthG eingefügt und seither nicht geändert.

2 Mittelbar geändert wurde der Normgehalt des § 73a allerdings durch die Änderung des auf § 99 Abs. 3 gestützten § 30a AufenthV, der als „zuständige Stelle" iSd Abs. 1 zunächst das Auswärtige Amt (Art. 12 Abs. 1 Nr. 4 des Gesetzes zur Umsetzung aufenthaltsrechtlicher Richtlinien der Europäischen Union und zur Anpassung nationaler Rechtsvorschriften an den EU-Visakodex v. 22.11.2011, BGBl. I 2258) und später das Bundesverwaltungsamt benannte (Art. 1 Nr. 3 der Achten Verordnung zur Änderung der Aufenthaltsverordnung v. 27.2.2013, BGBl. I 351). Mit dem Datenaustauschverbesserungsgesetz (v. 2.2.2016, BGBl. I 130) wurde § 30a AufenthV gestrichen (→ Rn. 10).

II. Normzweck und Normsystematik

3 § 73a enthält **zwei unterscheidbare Ermächtigungsgrundlagen** in Abs. 1 (→ Rn. 7 ff., → Rn. 15 ff.) und eine **Ermächtigung zum Erlass allgemeiner Verwaltungsvorschriften** in Abs. 2, die tatbestandsergänzend wirkt (→ Rn. 5, → Rn. 20 ff.). Daneben enthält § 73a in Abs. 1 S. 3 eine Verweisung auf die **datenschutzrechtliche Zweckänderungsermächtigung** des § 73 Abs. 3 S. 3, die aufgrund ihrer Unbestimmtheit erheblichen verfassungsrechtlichen Bedenken begegnet (→ Rn. 18 f.).

4 § 73a **komplementiert das in § 73 Abs. 1 S. 1 geregelte Vorabkonsultationsverfahren:** § 73a Abs. 1 S. 1 iVm Art. 31 Abs. 1 Visakodex ermöglicht die **nachträgliche Überprüfung auf Sicherheitsbedenken** in Fällen, in denen die Bundesrepublik Deutschland nicht von der Möglichkeit Gebrauch gemacht hat, einzelne Mitgliedsstaaten zur Konsultation vor Erteilung eines Visums zu verpflichten (Art. 22 Abs. 1 Visakodex), an die § 73 Abs. 1 S. 1 Alt. 2 anknüpft (→ § 73 Rn. 20). § 73 Abs. 1 S. 2 und S. 3 ermöglichen demgegenüber eine nachträgliche Überprüfung in jenen Fällen, in denen das Bundesrecht im Rahmen der Visaerteilung durch nationale Behörden keine Vorabkonsultation vorschreibt (§ 73 Abs. 1 S. 1 Alt. 1 iVm § 73 Abs. 4; → § 73 Rn. 59).

5 Die **Normsystematik des § 73a entspricht im Wesentlichen der des § 73:** Die in Abs. 1 geregelten Ermächtigungsgrundlagen erwecken den Eindruck, den zuständigen Behörden ein Übermittlungsermessen einzuräumen. Die in Abs. 2 geregelte Verordnungsermächtigung stellt jedoch klar, dass **von den durch Abs. 1 eingeräumten Befugnissen nur in den durch allgemeine Verwaltungsvorschrift geregelten Fällen Gebrauch gemacht werden darf** (→ § 73 Rn. 59.1) und ein Entschließungsermessen insoweit nicht besteht (→ § 73 Rn. 13, → § 73 Rn. 59; aA GK-AufenthG/Petri Rn. 8).

6 Nach § 73a Abs. 1 S. 3 iVm § 73 Abs. 3 S. 4 können Übermittlungsregelungen nach anderen Gesetzen neben § 73a Anwendung finden.

B. Einzelerläuterungen

I. Ermächtigungsgrundlagen (Abs. 1)

1. Nachträgliche Sicherheitsüberprüfung bei Auslandsvisa (Abs. 1 S. 1)

7 **a) Tatbestandsvoraussetzungen.** Die Ermächtigungsgrundlage des § 73a Abs. 1 S. 1 greift Art. 31 Abs. 1 Visakodex auf, der die Mitgliedsstaaten ermächtigt, **von anderen Mitgliedstaaten die Unterrichtung über an Staatsangehörige bestimmter Drittstaaten erteilte Visa** – mit Ausnahme von Visa für den Flughafentransit – **einzufordern.** § 73a Abs. 1 S. 1 setzt daher tatbestandlich eine Übermittlung durch die Visabehörde eines anderen Schengen-Staates voraus. Ob hieran eine Sicherheitsüberprüfung nach § 73a Abs. 1 S. 1 anknüpft, ist in der nach Abs. 2 zu erlassenden Verwaltungsvorschrift abschließend geregelt (→ Rn. 5).

7.1 Nach Art. 31 Abs. 1 Visakodex kann die Unterrichtungspflicht an die Erteilung jedweder Visumform anknüpfen; ausgenommen ist lediglich die Erteilung von Visa für den Flughafentransit. Welche Personengruppen von dieser Unterrichtungspflicht betroffen sind, kann durch Mitteilung der jeweiligen Mitgliedstaaten an die Europäische Kommission bestimmt werden (Art. 31 Abs. 2 Visakodex), die hiervon wiederum die übrigen Mitgliedsstaaten unterrichtet (Art. 31 Abs. 3 Visakodex; vgl. → Rn. 22 f.).

Dass Art. 31 Abs. 4 Visakodex iVm Art. 16 Abs. 4 VIS-VO einer Datenübermittlung an die Nachrich- **7.2** tendienste und Sicherheitsbehörden zum Zweck der Durchführung des Sicherheitsüberprüfungsverfahrens entgegensteht (so NK-AuslR/Hilbrans Rn. 3), erscheint zumindest nicht zwingend. Denn insoweit dürfte es aus Sicht des Unionsrechts keine Rolle spielen, ob die Sicherheitsüberprüfung von den Visabehörden (unter Heranziehung der vorab von den Sicherheitsbehörden und Nachrichtendiensten übermittelten nachrichtendienstlichen und polizeilichen Datenbestände) oder – noch im Rahmen des Konsultationsverfahrens – von den Sicherheitsbehörden (unter Heranziehung der von den Visabehörden übermittelten Visadaten) durchgeführt wird. Allerdings steht Art. 16 Abs. 4 VIS-VO einer zweckändernden Nutzung der auf Grundlage von Art. 16 VIS-VO übermittelten Daten entgegen.

Liegt eine der dort genannten Fallgruppen vor, übermittelt die zuständige innerstaatliche Stelle **8** (→ Rn. 10) die ihr übermittelten Daten an die in Abs. 1 S. 1 genannten Nachrichtendienste und Sicherheitsbehörden, um diesen eine Prüfung auf das Vorliegen von Versagungsgründen iSd § 5 Abs. 4 bzw. auf sonstige Sicherheitsbedenken zu ermöglichen.

b) Übermittlungszwecke. Die **Übermittlungszwecke der Sicherheitsüberprüfung** nach **9** § 73a Abs. 1 S. 1 entsprechen – abgesehen von der fehlenden Verweisung auf § 27 Abs. 3a – den in § 73 Abs. 1 S. 1 genannten Zwecken; insoweit kann auf die entsprechende Kommentierung verwiesen werden (→ § 73 Rn. 25 ff.).

c) Zuständige Stelle. Die „zuständige Stelle" iSd § 73a Abs. 1 S. 1 kann nach § 99 **10** Abs. 3 durch Rechtsverordnung bestimmt werden. Als zuständige Stelle war nach § 30a AufenthV zunächst – bis zum 28.4.2013 – das Auswärtige Amt und anschließend das **Bundesverwaltungsamt** bestimmt (Gesetz v. 22.11.2011, BGBl. I 2258), bis § 30a AufenthV mit dem Datenaustauschverbesserungsgesetz (v. 2.2.2016, BGBl. I 130) gestrichen wurde. Ebenfalls mit dem Datenaustauschverbesserungsgesetz hat der Gesetzgeber die ursprünglich auch in § 73 Abs. 1 enthaltene Bezugnahme auf die „zuständige", durch Rechtsverordnung zu bestimmende Stelle durch ausdrückliche Benennung des Bundesverwaltungsamts ersetzt. Eine entsprechende Änderung des § 73a (oder des § 99 Abs. 3) ist in diesem Zusammenhang aber nicht erfolgt.

d) Zu übermittelnde Daten. Der **Kreis der zu übermittelnden Daten** ist nicht ausdrück- **11** lich gesetzlich bestimmt, er ist kraft Natur der Sache aber auf die in der Unterrichtung durch die Behörde des anderen Schengen-Staates enthaltenen Informationen beschränkt. Soweit nunmehr nach Art. 31 Abs. 4 Visakodex das Verfahren nach Art. 16 VIS-VO Anwendung findet, schlagen die dort genannten Beschränkungen so mittelbar auch auf die Datenübermittlung nach § 73a Abs. 1 S. 1 durch (vgl. GK-AufenthG/Petri Rn. 5).

Im Hinblick auf den **Umfang der Übermittlung ist der Behörde ein Auswahlermessen** **12** **eingeräumt** (→ § 73 Rn. 43), das unter Berücksichtigung der Übermittlungszwecke auszuüben ist. Die in Abs. 1 S. 2 enthaltene gesetzliche Beschränkung auf unmittelbar den Visuminhaber betreffende Daten gilt für Übermittlungen nach Abs. 1 S. 1 nicht, dürfte in der Regel aber sinngemäß übertragbar sein.

e) Weiteres Verfahren. Eine mit § 73 Abs. 3 S. 1 vergleichbare **Prüf- und Mitteilungspflicht** **13** **der Nachrichtendienste und Sicherheitsbehörden** ist in § 73a nicht ausdrücklich geregelt, da § 73a Abs. 1 S. 3 nur auf § 73 Abs. 3 S. 3 und S. 4 verweist. Dennoch wird man von einer entsprechenden Anwendung der Norm ausgehen müssen, weil die anfragende Behörde aus ggf. feststehenden Sicherheitsbedenken sonst keine ausländerrechtlichen Konsequenzen ziehen kann.

Mit § 73 Abs. 3 S. 2 und Abs. 3b S. 2 vergleichbare **Nachberichtspflichten** (vgl. → § 73 **14** Rn. 94 ff.) **sind in § 73a nicht vorgesehen.**

2. Nachträgliche Sicherheitsüberprüfung bei Visaerteilung durch deutsche Auslandsvertretungen (Abs. 1 S. 2)

§ 73a Abs. 1 S. 2 komplementiert das Konsultationsverfahren nach § 73 Abs. 1 S. 1 Alt. 1: **15** Gegenüber Personengruppen, hinsichtlich derer das Bundesministerium des Innern, für Bau und Heimat nicht schon die Durchführung eines Konsultationsverfahrens vor Erteilung eines Visums angeordnet hat, kann es – wiederum in Form einer Verwaltungsvorschrift (→ Rn. 20 ff.) – die Durchführung eines nachträglichen Sicherungsüberprüfungsverfahrens anordnen. **§ 73a Abs. 1 S. 2 ist somit „nationales Korrelat" zum Verfahren nach Art. 31 Abs. 1 Visakodex iVm** § 73a Abs. 1 S. 1 (vgl. BR-Drs. 201/11, 71).

Zum Konsultationsverfahren nach § 73 Abs. 1 S. 3 bei Erteilung von Ausnahmevisa durch die Grenzbe- **15.1** hörden existiert keine vergleichbare Parallelvorschrift zur nachträglichen Sicherheitsüberprüfung.

Auch § 73a Abs. 1 S. 2 setzt den Erlass **normergänzender Verwaltungsvorschriften** voraus **16** und kann nur unter den dort geregelten Voraussetzungen Anwendung finden (→ Rn. 5).

17   Auch im Übrigen kann auf die Ausführungen zu Abs. 1 S. 1 verwiesen werden, die bei Anwendung des Abs. 1 S. 2 entsprechend gelten (→ Rn. 9 ff.). Lediglich der Kreis der zu übermittelnden Daten ist bei Anwendung des Abs. 1 S. 2 ausdrücklich auf unmittelbar den Visuminhaber betreffende Daten beschränkt.

3. Zweckänderungsermächtigung (§ 73a Abs. 1 S. 3 iVm § 73 Abs. 3 S. 3)

18   Die im Wege der Normverweisung in § 73a inkorporierte **Zweckänderungsermächtigung** des § 73 Abs. 3 S. 3 begegnet auch im Kontext des § 73a **verfassungsrechtlichen Bedenken, da Voraussetzungen und Zwecke der zweckändernden Datennutzung nicht im Ansatz erkennbar werden** (→ § 73 Rn. 103 ff.).

19   Soweit auf Grundlage des Art. 31 Abs. 1 und Abs. 4 Visakodex iVm Art. 16 VIS-VO übermittelte Daten betroffen sind, verstößt eine Zweckänderung darüber hinaus gegen das **Zweckänderungsverbot des Art. 16 VIS-VO** und ist daher schon aus unionsrechtlichen Gründen ausgeschlossen (NK-AuslR/ Hilbrans Rn. 6).

II. Erlass normergänzender Verwaltungsvorschriften (Abs. 2)

20   Die in Abs. 2 enthaltene Ermächtigung zum Erlass allgemeiner Verwaltungsvorschriften entspricht der auch in § 73 Abs. 4 enthaltenen Parallelermächtigung. Da die Normstruktur des § 73a der des § 73 auch im Übrigen entspricht, **wirken auch die auf § 73a Abs. 2 gestützten Verwaltungsvorschriften normkonkretisierend bzw. ergänzend;** die allgemeine Verwaltungsvorschrift regelt daher abschließend, in welchen Fällen von den in Abs. 1 enthaltenen Ermächtigungsnormen Gebrauch zu machen ist (→ § 73 Rn. 59). Dementsprechend ist das Bundesministerium des Innern, für Bau und Heimat auch hier zum Erlass einer entsprechenden Verwaltungsvorschrift nicht nur berechtigt, sondern verpflichtet (aA wohl NK-AuslR/ Hilbrans Rn. 7).

20.1   Allerdings entscheidet das Bundesministerium des Innern, für Bau und Heimat nach § 73a Abs. 2 lediglich „im Benehmen" mit dem Auswärtigen Amt, während § 73 Abs. 4 die Einholung des Einvernehmens vorsieht. Die Gründe für die insoweit abweichende Regelung bleiben unklar (vgl. GK-AufenthG/ Petri Rn. 13).

21   Die gewählte Regelungstechnik begegnet auch hier den schon im Kontext des § 73 Abs. 4 geschilderten verfassungsrechtlichen Bedenken (→ § 73 Rn. 59.2): Da sich die **Anwendungsvoraussetzungen des Abs. 1 im Wesentlichen aus der gesetzesvertretenden Verwaltungsvorschrift ergeben, kann diese aus rechtsstaatlichen Gründen nicht der Geheimhaltung unterliegen** (ähnlich NK-AuslR/ Hilbrans Rn. 2).

21.1   In der Praxis ist die Verwaltungsvorschrift jedoch nicht veröffentlicht und als Verschlusssache nur für den Dienstgebrauch (VS-NfD) eingestuft (vgl. Bergmann/Dienelt/Winkelmann/Kolber Rn. 5).

22   Im Kontext des § 73a Abs. 1 S. 1 wird diese Problematik noch durch den Umstand verschärft, dass auch die von Unterrichtungspflichten nach Art. 31 Abs. 1 Visakodex betroffenen Personengruppen nur aus der „Mitteilung" an die Europäische Kommission bzw. einer entsprechenden Unterrichtung der Mitgliedstaaten durch die Kommission ersichtlich werden (Art. 31 Abs. 2 und Abs. 3 Visakodex). Zwar unterliegen Mitteilungen nach Art. 31 Abs. 2 Visakodex der **Publizitätspflicht** nach Art. 53 Visakodex, so dass zumindest hier ein Mindestmaß an Transparenz erreicht wird. Da aus der Veröffentlichung der Kommission aber nicht hervorgeht, gegenüber welchen Mitgliedsstaaten ggf. eine Unterrichtungspflicht besteht, reicht auch dies zur Wahrung rechtsstaatlicher Mindeststandards nicht aus (→ Rn. 22.1).

22.1   Eine Liste der Staaten, für deren Staatsangehörige zumindest einzelne Mitgliedstaaten der EU die Durchführung eines Unterrichtungsverfahrens nach Art. 33 Visakodex einfordern, ist unter https://ec.europa.eu/home-affairs/sites/homeaffairs/files/e-library/documents/policies/borders-and-visas/visa-policy/docs/annex_17_ex_post_info_en.pdf veröffentlicht. Auf dem Stand 1.12.2017 handelte es sich hierbei um Afghanistan, Ägypten, Äthiopien, Algerien, Angola, Armenien, Bangladesch, Dschibuti, Elfenbeinküste, Eritrea, Ghana, Guinea, Guinea-Bissau, Indien, Indonesien, Irak, Iran, Jordanien, Jemen, Kamerun, Kasachstan, Katar, Kenia, Kongo (Demokratische Republik), Kuba, Nordkorea, Kuwait, Libanon, Liberia, Libyen, Mali, Marokko, Mauretanien, Myanmar, Nepal (nicht bei Diplomatenpässen und Dienstpässen), Niger, Nigeria, Oman, Pakistan, Palästina, Philippinen, Russische Föderation (teilweise), Ruanda, Saudi-Arabien, Sierra Leone, Somalia, Sri Lanka, Sudan, Surinam, Syrien, Tadschikistan, Togo, Tunesien, Türkei,

Turkmenistan, Ukraine, Usbekistan, Volksrepublik China, Weißrussland und Zimbabwe. Gleiches gilt für Staatenlose und Flüchtlinge.

§ 73b Überprüfung der Zuverlässigkeit von im Visumverfahren tätigen Personen und Organisationen

(1) ¹Das Auswärtige Amt überprüft die Zuverlässigkeit von Personen auf Sicherheitsbedenken, denen im Visumverfahren die Erfüllung einer oder mehrerer Aufgaben, insbesondere die Erfassung der biometrischen Identifikatoren, anvertraut ist oder werden soll und die weder entsandte oder im Inland beschäftigte Angehörige des Auswärtigen Dienstes noch Beschäftigte des Bundesamts für Auswärtige Angelegenheiten sind (Betroffene). ²Anlassbezogen und in regelmäßigen Abständen unterzieht das Auswärtige Amt die Zuverlässigkeit des in Satz 1 genannten Personenkreises einer Wiederholungsprüfung. ³Die Überprüfung der Zuverlässigkeit erfolgt nach vorheriger schriftlicher Zustimmung des Betroffenen.

(2) ¹Zur Überprüfung der Zuverlässigkeit erhebt die deutsche Auslandsvertretung Namen, Vornamen, Geburtsnamen und sonstige Namen, Geschlecht, Geburtsdatum und -ort, Staatsangehörigkeit, Wohnsitz und Angaben zum Identitätsdokument (insbesondere Art und Nummer) des Betroffenen und übermittelt diese über das Auswärtige Amt zur Prüfung von Sicherheitsbedenken an die Polizeivollzugs- und Verfassungsschutzbehörden des Bundes, den Bundesnachrichtendienst, den Militärischen Abschirmdienst, das Bundeskriminalamt und das Zollkriminalamt. ²Die in Satz 1 genannten Sicherheitsbehörden und Nachrichtendienste teilen dem Auswärtigen Amt unverzüglich mit, ob Sicherheitsbedenken vorliegen.

(3) ¹Die in Absatz 2 genannten Sicherheitsbehörden und Nachrichtendienste dürfen die übermittelten Daten nach den für sie geltenden Gesetzen für andere Zwecke verarbeiten, soweit dies zur Erfüllung ihrer gesetzlichen Aufgaben erforderlich ist. ²Übermittlungsregelungen nach anderen Gesetzen bleiben unberührt.

(4) Ohne eine abgeschlossene Zuverlässigkeitsüberprüfung, bei der keine Erkenntnisse über eine mögliche Unzuverlässigkeit zutage treten, darf der Betroffene seine Tätigkeit im Visumverfahren nicht aufnehmen.

(5) ¹Ist der Betroffene für eine juristische Person, insbesondere einen externen Dienstleistungserbringer tätig, überprüft das Auswärtige Amt auch die Zuverlässigkeit der juristischen Person anhand von Firma, Bezeichnung, Handelsregistereintrag der juristischen Person nebst vollständiger Anschrift (lokale Niederlassung und Hauptsitz). ²Das Auswärtige Amt überprüft auch die Zuverlässigkeit des Inhabers und der Geschäftsführer der juristischen Person in dem für die Zusammenarbeit vorgesehenen Land. ³Absatz 1 Satz 2 und 3 und die Absätze 2 bis 4 gelten entsprechend.

Überblick

§ 73b regelt Voraussetzungen für den Einsatz von Beliehenen oder Verwaltungshelfern – wie zB von Honorarkonsuln oder externen Dienstleistungserbringern – im Visumverfahren. Zu diesem Zweck sehen Abs. 1 S. 1 iVm Abs. 4 eine Zuverlässigkeitsüberprüfung vor Aufnahme entsprechender Tätigkeiten (→ Rn. 9 ff., → Rn. 18) und Abs. 1 S. 2 anlassbezogene bzw. turnusmäßige Wiederholungsprüfungen (→ Rn. 19) vor, deren Einzelheiten in Abs. 2 (einfache Sicherheitsüberprüfung) und Abs. 5 (erweiterte Sicherheitsüberprüfung bei Beschäftigten juristischer Personen) geregelt sind (→ Rn. 10 ff.). Daneben enthält § 73b eine datenschutzrechtliche Zweckänderungsermächtigung, deren Verfassungsmäßigkeit durchgreifenden Zweifeln begegnet (→ Rn. 32 ff.).

Übersicht

A. Allgemeines

I. Gesetzgebungsgeschichte und unionsrechtliche Hintergründe

1 § 73b wurde **mit dem Gesetz zur Neubestimmung des Bleiberechts und der Aufenthaltsbeendigung** (v. 31.7.2015, BGBl. I 1386) **neu in das AufenthG eingefügt** und seither nicht geändert.

2 Im **Verfahren zur Erteilung von Schengen-Visa sieht Art. 43 Abs. 1 Visakodex die Zusammenarbeit mit externen Dienstleistungserbringern vor** (→ § 73c Rn. 5), wobei Art. 43 Abs. 2 Visakodex iVm Anhang X Visakodex **nähere Anforderungen an die Aufgabenerfüllung** – insbesondere im Hinblick auf die Einhaltung von Datenschutzbestimmungen, Compliancevorschriften und die allgemeinen Anforderungen der „guten Verwaltung" – formuliert. Gemäß Art. 43 Abs. 7 Visakodex sind **die Mitgliedstaaten verpflichtet, bei der Auswahl externer Dienstleistungserbringer die Solvenz und Zuverlässigkeit des Unternehmens sowie mögliche Interessenkonflikte zu prüfen.** Sie müssen zudem sicherstellen, dass der externe Dienstleistungserbringer die in Anhang X Visakodex genannten Bedingungen erfüllt.

3 § 73b **setzt diese Vorgaben in doppelt überschießender Weise um:** Er erstreckt die Anforderungen an externe Dienstleistungserbringer iSd Art. 43 Visakodex auch **auf sonstige nicht unmittelbar in die staatliche Verwaltung eingegliederte Akteure** (wie zB Honorarkonsuln) und erfasst zudem – anders als der Visakodex – **auch die Mitwirkung im Verfahren zur Erteilung nationaler Visa** (NK-AuslR/Hilbrans Rn. 2). Dessen ungeachtet kann Art. 43 Visakodex für die Auslegung des § 73b auch insoweit herangezogen werden, als eine Sicherheitsüberprüfung im gesetzlich vorgesehenen Umfang unionsrechtlich nicht zwingend geboten ist.

3a Mit Art. 3 Nr. 4 des **Gesetzes über die Errichtung eines Bundesamts für Auswärtige Angelegenheiten** und zur Änderung des Gesetzes über den Auswärtigen Dienst, des Aufenthaltsgesetzes und zur Anpassung anderer Gesetze an die Errichtung des Bundesamts vom 12.6.2020 (BGBl. 2020 I 1241) hat der Gesetzgeber klargestellt, dass auch im Inland beschäftigte Angehörige des Auswärtigen Dienstes – zuvor bezog sich die Regelung nur auf „entsandte" Angehörige – und Beschäftigte des neu geschaffenen Bundesamts für Auswärtige Angelegenheiten nicht der Zuverlässigkeitsüberprüfung nach § 73c unterliegen. Die ordnungsgemäße Durchführung der Visaverfahren wird in diesen Fällen bereits durch die Sicherheitsüberprüfung nach dem SÜG ausreichend sichergestellt (vgl. BT-Drs. 19/17292, 23 f.).

II. Normzweck und Normsystematik

4 § 73b Abs. 4 regelt **Voraussetzungen für den Einsatz von Beliehenen oder Verwaltungshelfern** – wie zB von Honorarkonsuln oder externen Dienstleistungserbringern – im Visumverfahren (vgl. BeckOK AuslR/Kluth Rn. 2). Zu diesem Zweck sehen Abs. 1 S. 1 iVm Abs. 4 eine **Zuverlässigkeitsüberprüfung vor Aufnahme entsprechender Tätigkeiten** und Abs. 1 S. 2 **anlassbezogene bzw. turnusmäßige Wiederholungsprüfungen** vor, deren Einzelheiten in Abs. 2 (**einfache Sicherheitsüberprüfung**) und Abs. 5 (**erweiterte Sicherheitsüberprüfung** bei Beschäftigten juristischer Personen) geregelt sind.

5 Abs. 1 S. 3 und Abs. 5 S. 3 sehen hierbei vor, dass eine Sicherheitsüberprüfung **nur mit schriftlicher Einwilligung** der Betroffenen bzw. der in Abs. 5 S. 1 und S. 2 genannten weiteren Personen erfolgen kann. Dieses Einwilligungserfordernis ist aufgrund der Anforderungen der Datenschutz-Grundverordnung nicht geeignet, den mit der Datenerhebung und -verarbeitung verbundenen Grundrechtseingriff selbst zu rechtfertigen. Es trägt aber zur Transparenz des auf gesetzlicher Grundlage erfolgenden Verfahrens bei und schließt eine Sicherheitsüberprüfung gegen den Willen der genannten Personen aus (→ Rn. 20 f.).

6 Abs. 3 S. 1 enthält eine **allgemeine datenschutzrechtliche Zweckänderungsermächtigung** und ist den vergleichbaren Regelungen des § 73 Abs. 3 S. 3, Abs. 3a S. 4, Abs. 3b S. 3 und des § 73a Abs. 1 S. 3 nachgebildet. Er leidet wie diese an grundlegenden datenschutzrechtlichen Mängeln und kann seinen Zweck so nicht erfüllen (→ Rn. 32 ff.).

Abs. 3 S. 2 macht – ebenso wie die Parallelbestimmungen des § 73 Abs. 3 S. 4, Abs. 3a S. 6, **7**
Abs. 3b S. 4 und des § 73a Abs. 1 S. 3 – deutlich, dass die speziellen Ermächtigungsgrundlagen
des § 73b einer Datenübermittlung und -verarbeitung auf Grundlage anderer Gesetze nicht entgegenstehen.

Für im Zeitpunkt des Inkrafttretens des Gesetzes am 1.8.2015 bereits für das Auswärtige Amt **8**
bzw. die deutschen Auslandsvertretungen tätige externe Mitarbeiter gilt die in § 104 Abs. 10
getroffene **Übergangsregelung** (→ Rn. 9.1).

B. Einzelerläuterungen

I. Zulässigkeitsprüfung als Tätigkeitsvoraussetzung (Abs. 4)

§ 73b Abs. 4 begründet ein **Tätigkeitsverbot** für den in Abs. 1 S. 1 genannten Personenkreis **9**
im Visumverfahren, solange eine Zuverlässigkeitsprüfung nicht durchgeführt bzw. mit positivem
Ergebnis abgeschlossen wurde.

Für im Zeitpunkt des Inkrafttretens bereits im Visumverfahren tätige Personen galt die **Karenzfrist 9.1**
des § 104 Abs. 10. Voraussetzung für deren Anwendung war, dass der Betroffene zum 1.8.2015 nicht
lediglich mit der Wahrnehmung entsprechender Aufgabenbeauftragt war, sondern die Tätigkeit auch tatsächlich aufgenommen wurde. Mit Verstreichen der Karenzfrist wurde die Vorschrift gegenstandslos.

1. Betroffener Personenkreis

a) Einfache Zuverlässigkeitsüberprüfung (Abs. 1 S. 1 und S. 2). Adressaten des Tätigkeits- **10**
verbots bzw. der Zuverlässigkeitsüberprüfung sind zunächst Betroffene iSd Abs. 1 S. 1, dh solche
Personen, denen die die Erfüllung von Aufgaben im Visumverfahren übertragen wurde,
ohne Angehörige des Auswärtigen Amts oder des Bundesamts für Auswärtige Angelegenheiten
zu sein (Abs. 1 S. 1 und S. 2). Betroffen sind daher neben Mitarbeitern der in § 73c speziell
benannten externen Dienstleistungserbringer (→ § 73c Rn. 5) auch zB lokale Beschäftigte in den
Auslandsvertretungen bzw. Honorarkonsuln und ihre Mitarbeiter (BT-Drs. 18/4097, 30).

Zu den Aufgaben, mit denen die in Abs. 1 S. 1 genannten Personen beauftragt werden können, gehören **10.1**
zB die **Annahme und Erfassung von Visumanträgen** und die durch die weltweite Inbetriebnahme des
EU-Visainformationssystems erforderlich gewordene **Abnahme biometrischer Daten** (BT-Drs. 18/
4097, 57).

Die Regelungssystematik aus Abs. 1 und Abs. 5 macht dabei deutlich, dass eine Aufgabenüber- **11**
tragung iSd Abs. 1 **nicht pauschal an juristische Personen** erfolgen kann. Vielmehr hat im
Fall einer vertraglichen Verpflichtung einer juristischen Person diese **die für sie tätigen Beschäftigten individuell zu benennen,** die dann einer Sicherheitsüberprüfung nach Abs. 1 S. 1 unterzogen werden können. Denn ein anderes Normverständnis würde es ermöglichen, das in Abs. 4
geregelte Tätigkeitsverbot durch die Einschaltung einer (sicherheitsüberprüften) juristischen Person mit einer beliebigen Anzahl ungeprüfter Beschäftigter nahezu vollständig zu unterlaufen. Im
Fall der Einschaltung einer juristischen Person sind daher sowohl deren im Visaverfahren tätige
Beschäftigte, die juristische Person selbst (vgl. BT-Drs. 18/4097, 30) und deren Inhaber bzw.
Geschäftsführer (Abs. 5 S. 2) zu überprüfen.

Dies ergibt sich mittelbar auch aus Art. 43 Abs. 2 Visakodex iVm lit. B lit. c Anhang X Visakodex. **11.1**

b) Erweiterte Sicherheitsüberprüfung (Abs. 5). Ist der Betroffene für eine juristische Per- **12**
son tätig, so erstreckt sich die **Sicherheitsüberprüfung auch auf die juristische Person selbst**
(Abs. 5 S. 1) **sowie auf deren Inhaber und deren Geschäftsführer,** soweit sich deren Zuständig-
keits- bzw. faktischer Tätigkeitsbereich auf das für die Zusammenarbeit zuständige Land erstreckt
(Abs. 5 S. 2). Hierdurch trägt Abs. 5 dem **Direktionsrecht des Arbeitgebers** und den damit
verbundenen Lenkungs- und Weisungsbefugnissen Rechnung.

Im Fall der unmittelbaren Beauftragung einer natürlichen Person, die zugleich auch für eine juristische **12.1**
Person tätig wird, greift Abs. 5 nur dann, wenn sich deren Direktionsrecht auch auf die Tätigkeit im
Visumverfahren erstreckt. Ist der Betroffene hingegen in anderer Weise – neben seiner Tätigkeit im Visumverfahren – für eine juristische Person tätig, ist eine Erstreckung der Prüfung auf die juristische Person
und deren Geschäftsführer bzw. Inhaber weder nötig noch zulässig.

Der **Begriff der „juristischen Person"** in Abs. 5 ist unglücklich gewählt, da ein gesteigertes **13**
Überprüfungsbedürfnis bei Kapitalgesellschaften gegenüber rechtsfähigen Personengesellschaften

nicht ersichtlich ist. Ohnehin dürfte es sich bei den nach Abs. 5 S. 1 betroffenen Unternehmen jedoch regelmäßig um Gesellschaften ausländischen Rechts handeln, deren Einordnung als juristische Person oder rechtsfähige Personengesellschaft nicht notwendigerweise trennscharf und eindeutig möglich ist. Der Begriff dürfte daher – wie zB in Art. 19 Abs. 4 GG – untechnisch zu verstehen sein und **auch rechtsfähige Personengesellschaften erfassen.** Im Fall der **Beauftragung einzelner Beschäftigter eines Einzelunternehmers** muss dieser selbst ebenfalls beauftragt werden, um dessen Sicherheitsüberprüfung zu ermöglichen, da eine analoge Anwendung hier ausscheidet.

14   Neben dem Fall der unmittelbaren Aufgabenübertragung an eine natürliche Person, die für eine juristische Person tätig ist, erfasst Abs. 5 auch den Fall der **Beauftragung einer juristischen Person,** die sich zum Zweck der Aufgabenerfüllung notwendigerweise natürlicher Personen bedient. Diese unterliegt nach Abs. 1 S. 1 und S. 2 zunächst selbst der Sicherheitsüberprüfung (BT-Drs. 18/4097, 57), muss zugleich aber jene Personen benennen, derer sie sich zur Aufgabenerfüllung bedienen will (→ Rn. 11). Deren Sicherheitsüberprüfung löst dann – über Abs. 5 S. 2 – eine Überprüfung von Inhabern und Geschäftsführern aus.

2. Tätigkeitsverbot (Abs. 4)

15   § 73b Abs. 4 **verbietet die Aufnahme einer Tätigkeit im Visumverfahren,** solange ein Sicherheitsüberprüfungsverfahren nicht ohne negativen Befund abgeschlossen wurde. Aus Abs. 1 S. 1 Alt. 1 („anvertraut ist") ergibt sich, dass Abs. 4 einem zivilrechtlichen Vertragsschluss nicht entgegensteht; er schließt es lediglich aus, eine **ggf. bereits vertraglich geschuldete Tätigkeit vor Abschluss des Sicherheitsüberprüfungsverfahrens tatsächlich aufzunehmen.**

16   Der Wortlaut des Abs. 4 ist indes teilweise irreführend (krit. NK-AuslR/Hilbrans Rn. 10): Treten im Rahmen der Sicherheitsüberprüfung Erkenntnisse über eine lediglich „mögliche" Unzuverlässigkeit zu Tage, kann dies keine dauerhafte Aufrechterhaltung eines Tätigkeitsverbots rechtfertigen. Vielmehr ist es nach allgemeinen Grundsätzen Aufgabe der beteiligten Behörden, die Frage der Unzuverlässigkeit unter Heranziehung aller verfügbaren Erkenntnismöglichkeiten weiter aufzuklären. Allerdings **gehen nicht ausräumbare Zuverlässigkeitszweifel nach dem Wortlaut des Abs. 4 letztlich zu Lasten des Betroffenen.**

17   Für die Dauer **anlassbezogener Wiederholungsprüfungen** (→ Rn. 19) ist kein vergleichbares Tätigkeitsverbot vorgesehen. Abhängig von der Dringlichkeit der vorliegenden Verdachtsmomente kann es jedoch angezeigt sein, die fortgesetzte Ausübung der Tätigkeit eines Verdächtigen ggf. mit arbeits- oder vertragsrechtlichen Mitteln zu verhindern.

II. Verfahren der Sicherheitsüberprüfung

1. Anlass der Sicherheitsüberprüfung (Abs. 1 S. 1 und S. 2)

18   Eine **Erstüberprüfung** erfolgt, bevor der Betroffene eine **Tätigkeit im Visumverfahren tatsächlich aufnimmt.** Sie sollte zweckmäßigerweise allerdings nicht erst unmittelbar vor Aufnahme, sondern vor Übertragung der jeweiligen Aufgabe (dh vor Abschluss eines entsprechenden Kooperationsvertrages) vorgenommen werden. Für im Zeitpunkt des Inkrafttretens des Gesetzes bereits im Visumverfahren tätige Personen war eine Sicherheitsüberprüfung spätestens bis zum 1.2.2016 durchzuführen (§ 104 Abs. 10; → Rn. 9.1).

19   Eine **Wiederholungsprüfung** erfolgt nach § 73b Abs. 1 S. 2 zunächst **„in regelmäßigen Abständen",** dh nach der Vorstellung des Gesetzgebers circa alle drei Jahre (BeckOK AuslR/ Kluth Rn. 3; BT-Drs. 18/4097, 57). Eine Wiederholungsprüfung erfolgt darüber hinaus **anlassbezogen,** dh dann, wenn vernünftige Anhaltspunkte die Zuverlässigkeit des Betroffenen in Zweifel ziehen.

2. Einwilligungserfordernis (Abs. 1 S. 3)

20   Nach Abs. 1 S. 3 bedarf die Durchführung einer Zuverlässigkeitsprüfung der Zuverlässigkeit der vorherigen schriftlichen Zustimmung – dh der **schriftlichen Einwilligung** (§ 183 BGB) – des Betroffenen. Gleiches gilt nach Abs. 5 S. 3 in den Fällen der erweiterten Sicherheitsüberprüfung unter Einbeziehung der in Abs. 5 S. 1 und S. 2 genannten Personen.

21   Aufgrund der spezifischen Funktion der Sicherheitsüberprüfung und des mit der Nichtdurchführung der Erstüberprüfung notwendigerweise verbundenen Tätigkeitsverbots (→ Rn. 15 f.) kann die nach Abs. 1 S. 3 erforderliche Einwilligung – jedenfalls seit Inkrafttreten der DS-GVO – **nicht mehr als rechtfertigender Umstand herangezogen werden** (Erwägungsgrund 43 S. 1

DS-GVO; ähnlich schon NK-AuslR/Hilbrans Rn. 7 auf Grundlage des BDSG und der Datenschutz-RL aF; aA BeckOK AuslR/Kluth Rn. 4 sowie noch BT-Drs. 18/4097, 57: „klarstellende Funktion" der Ermächtigungsgrundlage). Da § 73b im Ergebnis aber auch selbst als Ermächtigungsgrundlage für eine Datenerhebung oder -übermittlung ausreicht, kommt es auf den rechtfertigenden Charakter der nach Abs. 1 S. 3 erforderlichen Einwilligung nicht an. Dem Einwilligungserfordernis kommt unter diesen Umständen für den Betroffenen eher Hinweischarakter zu (→ Rn. 21.1); es bleibt aber zugleich einfachrechtliche Voraussetzung für die Durchführung der Sicherheitsüberprüfung.

Nach der Vorstellung des Gesetzgebers sind die Betroffenen im Rahmen der Einholung der Einwilligung **21.1** über die zu übermittelnden Daten, den Zweck der Übermittlung, die beteiligten Behörden und die Möglichkeit der Verwendung der Daten zu anderen Zwecken zu informieren (BT-Drs. 18/4097, 57).

3. Datenerhebung und -übermittlung (Abs. 2 S. 1, Abs. 5 S. 1)

Im Fall einer **einfachen Sicherheitsüberprüfung** (→ Rn. 10 f.) erhebt die deutsche Aus- **22** landsvertretung zunächst die in Abs. 2 S. 1 genannten Daten und übermittelt sie an die Polizeivollzugs- und Verfassungsschutzbehörden des Bundes, den Bundesnachrichtendienst, den Militärischen Abschirmdienst, das Bundeskriminalamt und das Zollkriminalamt. Hierbei handelt es sich um den Namen (einschließlich Vor- und Geburtsnamen sowie sonstiger Namen), das Geschlecht, Geburtsdatum und -ort, Staatsangehörigkeit, Wohnsitz und Angaben zum Identitätsdokument (insbesondere Art und Nummer).

Im Fall einer **erweiterten Sicherheitsüberprüfung** (→ Rn. 12 ff.) sind darüber hinaus auch **23** die Firma, die Bezeichnung und der Handelsregistereintrag der juristischen Person nebst vollständiger Anschrift der lokalen Niederlassung(en) und des Hauptsitzes zu erheben und zu übermitteln (Abs. 5 S. 1). Hinzu kommen die in Abs. 2 S. 1 genannten Daten des Inhabers einer juristischen Person sowie ihrer Geschäftsführer im für die Zusammenarbeit vorgesehenen Land (Abs. 5 S. 2).

4. Prüf- und Rückübermittlungspflicht der Nachrichtendienste und Sicherheitsbehörden (Abs. 2 S. 2)

Die in der Norm genannten Sicherheitsbehörden sind anschließend **zur Prüfung verpflichtet,** **24** ob hinsichtlich der genannten Betroffenen Sicherheitsbedenken (→ Rn. 28 ff.) vorliegen. Das Ergebnis der Prüfung teilen sie anschließend der anfragenden Auslandsvertretung mit, wobei sowohl für die Prüfung als auch die anschließende Ergebnisübermittlung das Unverzüglichkeitsgebot – dh das Gebot eines Tätigwerdens ohne schuldhaftes Zögern (§ 121 S. 1 BGB) – gilt.

Ein **Übermittlungsermessen** – etwa im Interesse der Geheimhaltung nachrichtendienstlicher **25** Erkenntnisse – kennt § 73 Abs. 2 S. 2 nicht.

Auch im Kontext des § 73b ist **kein Anlass dafür ersichtlich, den Nachrichtendiensten** **26** **und Sicherheitsbehörden einen Beurteilungsspielraum bei der Einschätzung der Zuverlässigkeit der Betroffenen zuzubilligen** (vgl. → § 73 Rn. 35). Sie können sich daher nicht darauf beschränken, der anfragenden Behörde ein Prüfergebnis mitzuteilen (aA NK-AuslR/Hilbrans Rn. 8). Vielmehr ist die deutsche Auslandsvertretung nach Erhalt der Einschätzung der Nachrichtendienste und Sicherheitsbehörden gehalten, die ihr übermittelten Informationen im Einzelfall zu bewerten.

Mit § 73 Abs. 3 S. 2, Abs. 3b S. 2 vergleichbare Nachberichtspflichten kennt § 73b nicht (NK- **27** AuslR/Hilbrans Rn. 8).

5. Prüfzweck (Abs. 1 S. 1, Abs. 2 S. 2)

Nach Abs. 1 S. 1 soll das Verfahren nach § 73b der Überprüfung der Zuverlässigkeit der im **28** Visumverfahren tätigen externen Mitarbeiter dienen. Der **Begriff der Zuverlässigkeit ist dabei im Sinne des gewerberechtlichen Zuverlässigkeitsbegriffs zu verstehen,** dessen spezifische Anforderungen hier aber auf das beabsichtigte Tätigkeitsfeld zu beziehen sind (NK-AuslR/Hilbrans Rn. 4). Zuverlässig ist daher jede Person, die die Gewähr dafür bietet, die ihr anvertrauten Aufgaben ordnungsgemäß zu erfüllen, die insbesondere keinen unzulässigen Einfluss auf Visumverfahren zu nehmen und die ihr anvertrauten Dokumente, Informationen und personenbezogenen Daten ordnungsgemäß zu verwahren bzw. vertraulich zu behandeln (vgl. BT-Drs. 18/4097, 57).

Zweifel an der Zuverlässigkeit können sich dabei etwa aus **früheren Verfehlungen** des Betrof- **29** fenen oder einer **institutionellen oder persönlichen Verflechtung** mit Gruppierungen ergeben, die ein Interesse an der **Beeinflussung des Visumverfahrens** oder einem **Missbrauch der**

in diesem Zusammenhang erlangbaren Informationen, Dokumente und personenbezogenen Daten haben. Hierzu können neben **terroristischen Gruppierungen** zB auch **ausländische Nachrichtendienste** gehören. Zweifel an der Zuverlässigkeit können sich im Einzelfall auch daraus ergeben, dass der Betroffene in besonderer Weise anfällig für die Einflussnahme Dritter (zB durch Erpressung oder Bestechung) ist. Problematisch sind daher zB auch ungeordnete wirtschaftliche Verhältnisse (vgl. Art. 43 Abs. 7 Visakodex).

30   Soweit Abs. 2 S. 2 von einer Mitteilung von „**Sicherheitsbedenken**" spricht, kann das im Kontext der §§ 73 f. gebräuchliche Begriffsverständnis (→ § 73 Rn. 29 f.) nicht unmittelbar übertragen werden (überzeugend NK–AuslR/Hilbrans Rn. 4). Denn die in §§ 73 f. geregelten Prüfverfahren dienen jeweils der Vermeidung innerstaatlicher Sicherheitsgefahren durch Vermeidung der Einreise von Gefährdern. Demgegenüber soll § 73b verhindern, dass das Visaerteilungsverfahren selbst durch die Heranziehung externer Mitarbeiter kompromittiert wird (andeutungsweise Hailbronner AuslR Rn. 2). Zwar decken sich die zu prüfenden Risikoprofile – etwa im Fall bekannter Kooperationen mit terroristischen Vereinigungen, die im Bundesgebiet tätig werden wollen – zum Teil; teilweise sind bei Anwendung des § 73b jedoch besondere Gefährdungsszenarien (wie zB die Ausspähung ausreisewilliger Ausländer oder der Missbrauch nationaler Dokumentenvorlagen durch ausländische Geheimdienste) zu berücksichtigen. Andere gefahrerhöhende Umstände – wie zB bekannte Gewaltkriminalität des Betroffenen – spielen bei Anwendung des § 73b hingegen keine Rolle, weil der Betroffene nicht in das Bundesgebiet einreisen soll.

30.1   Anders aber wohl Art. 43 Abs. 8 Visakodex iVm lit. B lit. d Anhang X Visakodex, der eine Beschäftigung von vorbestraften Mitarbeitern generell auszuschließen scheint. Diese Beschränkung ist jedoch – schon im Interesse der Resozialisierung – offensichtlich unverhältnismäßig und jedenfalls im Bereich der überschießenden Umsetzung des Visakodex (→ Rn. 3) nicht anzuwenden, wenn die Vorstrafe nicht zugleich durchgreifende Zuverlässigkeitsbedenken begründet.

31   Zur **Konkretisierung des Begriffs der „Sicherheitsbedenken"** können insbesondere Art. 43 Abs. 2, Abs. 7 und Abs. 8 Visakodex iVm Anhang X Visakodex herangezogen werden (→ Rn. 2 f.): Diese fordern zunächst eine Prüfung der Solvenz und Zuverlässigkeit des Unternehmens (einschließlich der erforderlichen Lizenzen, des Handelsregistereintrags, der Unternehmenssatzung und der Verträge mit Banken) und möglicher Interessenkonflikte (Art. 43 Abs. 7 Visakodex). Darüber hinaus ist sicherzustellen, dass das betroffene Unternehmen ein angemessenes Datenschutzniveau gewährleistet (Art. 43 Abs. 8 Visakodex iVm lit. A Anhang X Visakodex), einen angemessenen und sachgerechten Umgang mit den Verfahrensbeteiligten garantiert (Art. 43 Abs. 8 Visakodex iVm lit. B Anhang X Visakodex) und geeignete Maßnahmen gegen Korruption ergreift (Art. 43 Abs. 8 Visakodex iVm lit. D lit. b Anhang X Visakodex).

III. Zweckänderungsermächtigung (Abs. 3 S. 1)

32   Abs. 3 S. 1 ermächtigt die in Abs. 2 genannten Übermittlungsempfänger zur **zweckändernden Weiterverwendung** der im Zuge des Zuverlässigkeitsüberprüfungsverfahrens erlangten Daten, soweit dies zur Erfüllung ihrer jeweiligen gesetzlichen Aufgaben erforderlich ist. In der Sache verzichtet die Zweckänderungsvorschrift sowohl auf die Festlegung eigener Eingriffsschwellen als auch auf die Beschränkung der zulässigen Verwendungszwecke und **verfehlt so** – nicht anders als die Parallelbestimmungen des § 73 Abs. 3 S. 3, Abs. 3a S. 4, Abs. 3b S. 3 und des § 73a Abs. 1 S. 3 – **die verfassungsrechtlichen Mindestanforderungen eines auch materiell verstandenen datenschutzrechtlichen Gesetzesvorbehalts deutlich** (vgl. → § 73 Rn. 105; krit. NK–AuslR/Hilbrans Rn. 9).

32.1   Den Gesetzgebungsmaterialien kann entnommen werden, dass der Gesetzgeber die Vorschrift des Abs. 3 S. 1 möglicherweise selbst nicht als pauschale Zweckänderungsermächtigung verstanden wissen wollte. So findet sich in den Gesetzesmaterialien der Hinweis, dass sich Befugnisse zur Erhebung, Verarbeitung und Nutzung von Daten zur Erfüllung der Aufgabe der jeweiligen Sicherheitsbehörde bereits aus den entsprechenden gesetzlichen Grundlagen der Behörden ergäben, so dass § 73b Abs. 3 insoweit lediglich klarstellende Funktion zukomme (BT-Drs. 18/4097, 57). Indes findet dieses Normverständnis im Gesetzeswortlaut keinen Widerhall, zumal die Norm parallel zu anderen Bestimmungen formuliert ist, denen nach der Vorstellung des Gesetzgebers unstreitig ermächtigender Charakter zukommen soll.

33   Die Zweckänderungsermächtigung des Abs. 3 S. 1 kann insbesondere auch **nicht durch die Erwägung gerechtfertigt werden, dass ohne eine entsprechende Zweckänderungsvorschrift „erkannte Gefahren nicht bekämpft werden"** könnten (so aber BeckOK AuslR/Kluth Rn. 6). Denn zum einen ist es – schon aus völkerrechtlichen Erwägungen – nicht Aufgabe

der deutschen Sicherheitsbehörden und Nachrichtendienste, im Ausland drohende Gefahren operativ zu bekämpfen, wohingegen zur Abwehr innerstaatlich drohender Gefahren ggf. ein Absehen von der Übertragung von Aufgaben im Visumverfahren (ggf. in Verbindung mit einer auf Informationen nach §§ 73 f. gestützten Einreiseverweigerung, wenn der Betroffene später selbst einen Visumsantrag stellt) ausreichen würde. Zum anderen enthält die Zweckänderungsermächtigung keine Beschränkung auf die genannten Ziele und genügt damit schon dem Bestimmtheitsgebot nicht.

§ 73c Zusammenarbeit mit externen Dienstleistungserbringern

[1]Die deutschen Auslandsvertretungen können im Verfahren zur Beantragung nationaler Visa nach Kapitel 2 Abschnitt 3 und 4 mit einem externen Dienstleistungserbringer entsprechend Artikel 43 der Verordnung (EG) Nr. 810/2009 zusammenarbeiten. [2]Satz 1 gilt auch für Visumanträge des Ehegatten oder Lebenspartners und minderjähriger lediger Kinder zum Zweck des Familiennachzugs zu einem Ausländer, der einen Visumantrag nach Satz 1 gestellt hat, wenn die Ehe oder die Lebenspartnerschaft bereits bestand oder das Verwandtschaftsverhältnis bereits begründet war, als der Ausländer seinen Lebensmittelpunkt in das Bundesgebiet verlegt hat.

Überblick

§ 73c ermächtigt zum Einsatz externer Dienstleistungserbringer iSd Art. 43 Visakodex (→ Rn. 5 f.) im Visumverfahren auch außerhalb des originären Anwendungsbereiches des Visakodex (→ Rn. 2).

A. Gesetzgebungsgeschichte und unionsrechtliche Hintergründe

§ 73c wurde zusammen mit § 73b durch Gesetz zur Neubestimmung des Bleiberechts und der **1** Aufenthaltsbeendigung (v. 31.7.2015, BGBl. I 1386) neu in das AufenthG eingefügt.

Mit Art. 3 Nr. 5 des **Gesetzes über die Errichtung eines Bundesamts für Auswärtige** **1a** **Angelegenheiten** und zur Änderung des Gesetzes über den Auswärtigen Dienst, des Aufenthaltsgesetzes und zur Anpassung anderer Gesetze an die Errichtung des Bundesamts vom 12.6.2020 (BGBl. 2020 I 1241) hat der Gesetzgeber die Ermächtigung zur Zusammenarbeit mit externen Dienstleistern auch auf Fälle des Familiennachzugs zu Personen erstreckt, die zu Zwecken der Ausbildung oder der Erwerbstätigkeit einreisen (S. 2).

Trotz seiner Bezugnahme auf unionsrechtliche Vorschriften hat § 73c **keinen unmittelbaren** **2** **unionsrechtlichen Hintergrund,** da der Visakodex auf das in § 73c geregelte Verfahren zur Erteilung nationaler Visa keine Anwendung findet (Art. 1 Abs. 1 Visakodex, Art. 2 Nr. 2 Visakodex; GK-AufenthG/Gutmann Rn. 6). Er ermächtigt die deutschen Auslandsvertretungen vielmehr dazu, auch im Verfahren zur Beantragung nationaler Visa zum Zweck der Ausbildung oder Erwerbstätigkeit (Kapitel 2 Abschnitte 3 und 4 AufenthG) auf externe Dienstleister iSd Art. 43 Visakodex zurückzugreifen. Innerhalb des unmittelbaren Anwendungsbereichs des Visakodex bedarf es keiner solchen Ermächtigungs- bzw. Umsetzungsnorm, da dieser als Verordnung iSd Art. 288 Abs. 2 AEUV unmittelbare Geltung beansprucht.

B. Einzelerläuterungen

I. Anwendungsvoraussetzungen

§ 73c ermächtigt die deutschen Auslandsvertretungen zum **Einsatz externer Dienstleistungs-** **3** **erbringer** im Sinne der Legaldefinition des Art. 43 Visakodex **im Verfahren zur Erteilung nationaler Visa** nach den Abschnitten 3 und 4 des Kapitels 2 des AufenthG (Einreise zum **Zweck der Ausbildung oder der Erwerbstätigkeit**). Er tritt damit neben Art. 43 Visakodex, der im Anwendungsbereich des Visakodex – dh bei Erteilung von Visa iSd Art. 1 Abs. 1 Visakodex, Art. 2 Nr. 2 Visakodex – unmittelbar als Ermächtigungsgrundlage fungiert.

Nach dem mit Gesetz vom 12.6.2020 (→ Rn. 1a) eingefügten S. 2 können externe Dienstleis- **3a** tungserbringer auch für die **Vorbereitung und Bearbeitung von Visaanträgen** von Ehegatten, Lebenspartnern oder minderjährigen ledigen Kindern **zum Zweck des Familiennachzugs** eingesetzt werden. Gesetzliche Voraussetzung hierfür ist, dass die Bezugsperson einen Visumantrag zum Zweck der Ausbildung oder der Erwerbstätigkeit gestellt hat und das Partnerschafts- oder Verwandtschaftsverhältnis bereits begründet war, als der Ausländer seinen Lebensmittelpunkt in das Bundesgebiet verlegt hat.

3b   Die Regelung ist dabei missverständlich, da sie ihrem Zweck nach nicht voraussetzt, dass der Stammberechtigte seinen Lebensmittelpunkt im Zeitpunkt des Antrags auf Familiennachzug bereits in das Bundesgebiet verlegt hat; dieser Zeitpunkt markiert lediglich den spätestmöglichen Zeitpunkt des Bestehens bzw. der Begründung eines entsprechenden Partnerschafts- oder Verwandtschaftsverhältnisses. Inhaltlich lag es vielmehr in der ausdrücklichen Absicht des Gesetzgebers, eine gemeinsame Bearbeitung zeitgleich gestellter Visaanträge ebenso zu ermöglichen wie den Familiennachzug nach der Ersteinreise der Bezugsperson (vgl. BT-Drs. 19/17292, 24).

3c   Missverständlich ist jedoch auch die Gesetzesbegründung, soweit sie den Zeitpunkt der Verlegung des Lebensmittelpunkts des Stammberechtigten in das Bundesgebiet mit dem Zeitpunkt der Visumerteilung gleichsetzt (vgl. BT-Drs. 19/17292, 24). Insoweit ist nach dem Gesetzeswortlaut eindeutig, dass eine Zusammenarbeit mit externen Dienstleistern auch bei Eheschließung nach der Visumserteilung erfolgen kann, wenn der Lebensmittelpunkt noch nicht in das Bundesgebiet verlegt wurde. Letzteres wird oftmals im Zeitpunkt der ersten Einreise der Fall sein, kann ggf. aber – zB im Fall von Umzugsvorbereitungen – aber auch erst später der Fall sein.

3d   Im Hinblick auf ein Verwandtschaftsverhältnis stellt der Gesetzeswortlaut bewusst nicht – anders als im Hinblick auf Ehe oder Lebenspartnerschaft – auf das „Bestehen", sondern auf die „Begründung" des Verwandtschaftsverhältnisses ab. Gedacht hat der Gesetzgeber insoweit an Fälle der Geburt eines Kindes im Ausland, das schon vor der Verlegung des Lebensmittelpunkts des Stammberechtigten gezeugt wurde (BT-Drs. 19/17292, 24). Der entsprechende Rechtsgedanke dürfte aber auch zB auf Adoptionsverfahren anwendbar sein, wenn sämtliche seitens der Beteiligten vorzunehmenden Adoptionsschritte vor Verlagerung des Lebensmittelpunkts abgeschlossen waren.

3d.1   Eine strengere Auslegung ist vorliegend schon deswegen nicht angezeigt, weil § 73c keinen materiellen Visumsanspruch begründet, sondern lediglich der Verfahrensvereinfachung im Familienverbund dient und auch eine weitere Sachverhaltsaufklärung durch die Visastelle weiterhin möglich bleibt (vgl. BT-Drs. 19/17292, 24).

II. Normzweck

4   Inhaltlich verfolgt der Gesetzgeber mit der Einschaltung externer Dienstleistungserbringer das Ziel, die **Visastellen zu entlasten** und den Antragstellern zugleich lange Wartezeiten und Reisewege zu ersparen (BT-Drs. 18/4097, 57; BT-Drs. 19/17292, 24; GK-AufenthG/Gutmann Rn. 1 ff. auch zu zuvor zu beobachtenden Missständen).

5   Nach Art. 43 Abs. 6 Visakodex können externe Dienstleistungserbringer – dh natürliche oder juristische Personen, die **durch Vertrag in das Verfahren der Visaerteilung eingebunden** sind (Art. 43 Abs. 1 und Abs. 2 Visakodex) – **mit folgenden Aufgaben im Rahmen des Visumverfahrens betraut werden:**
- Erteilung allgemeiner Informationen über die Voraussetzungen für die Visumbeantragung und die Vordrucke,
- Unterrichtung des Antragstellers über die beizubringenden Unterlagen (anhand einer Checkliste),
- Erfassung der Daten und Entgegennahme der Anträge (einschließlich der biometrischen Identifikatoren; vgl. Art. 13 Abs. 6 S. 2 Visakodex) und Weiterleitung der Anträge an das Konsulat,
- Einzug der Visumgebühr (zuzüglich Dienstleistungsgebühren nach Art. 17 Visakodex),
- Terminvereinbarungen zum persönlichen Erscheinen beim Konsulat oder dem externen Dienstleistungserbringer und
- Entgegennahme der Reisedokumente, einschließlich ggf. des Ablehnungsbescheids, vom Konsulat und Rückgabe an den Antragsteller.

6 Inhaltlich handelt es sich bei den hier enumerativ aufgezählten Tätigkeiten jeweils um **Hilfstätigkeiten ohne originär hoheitliche Entscheidungs- oder Eingriffsbefugnisse** (GK-AufenthG/Gutmann Rn. 4), während die Prüfung und Entscheidung der Visaanträge weiterhin Aufgabe der jeweiligen Außenvertretung verbleibt und nicht auf externe Dienstleistungserbringer delegiert werden kann (BT-Drs. 18/4097, 57; BT-Drs. 19/17292, 24).). Gleiches gilt für das Drucken und Aufbringen der Visummarken (Art. 43 Abs. 4 Visakodex) und den Zugang zum VIS-System (Art. 43 Abs. 5 Visakodex). Da externe Dienstleistungserbringer nach herkömmlichem Begriffsverständnis folglich als **bloße Verwaltungshelfer** zu klassifizieren sind (zutr. GK-AufenthG/Gutmann Rn. 4; aA NK-AuslR/Stahmann Rn. 7: Beliehene) und es für die Übertragung von Aufgaben im hier skizzierten Umfang keines besonderen Beleihungs- oder Ermächtigungsaktes bedarf, **erschließt sich der Sinn der gesetzlichen Regelung nicht unmittelbar.**

Dementsprechend bleibt unklar, ob § 73c zugleich auch ein Verbot entnommen werden kann, **7** externe Dienstleistungserbringer im Verfahren zur Erteilung nationaler Visa zu nicht in § 73c genannten Zwecken einzusetzen (so wohl GK-AufenthG/Gutmann Rn. 10; BeckOK AuslR/ Kluth Rn. 2; NK-AuslR/Stahmann Rn. 4, 6).

Für den externen Dienstleistungserbringer gilt – nicht anders als für andere in das Visumverfah- **8** ren eingeschaltete Dritte – das Sicherheitsüberprüfungsverfahren nach § 73b (→ § 73b Rn. 9 ff.; BT-Drs. 19/17292, 24).

§ 74 Beteiligung des Bundes; Weisungsbefugnis

(1) Ein Visum kann zur Wahrung politischer Interessen des Bundes mit der Maßgabe erteilt werden, dass die Verlängerung des Visums und die Erteilung eines anderen Aufenthaltstitels nach Ablauf der Geltungsdauer des Visums sowie die Aufhebung und Änderung von Auflagen, Bedingungen und sonstigen Beschränkungen, die mit dem Visum verbunden sind, nur im Benehmen oder Einvernehmen mit dem Bundesministerium des Innern, für Bau und Heimat oder der von ihm bestimmten Stelle vorgenommen werden dürfen.

(2) Die Bundesregierung kann Einzelweisungen zur Ausführung dieses Gesetzes und der auf Grund dieses Gesetzes erlassenen Rechtsverordnungen erteilen, wenn
1. die Sicherheit der Bundesrepublik Deutschland oder sonstige erhebliche Interessen der Bundesrepublik Deutschland es erfordern,
2. durch ausländerrechtliche Maßnahmen eines Landes erhebliche Interessen eines anderen Landes beeinträchtigt werden,
3. eine Ausländerbehörde einen Ausländer ausweisen will, der zu den bei konsularischen und diplomatischen Vertretungen vom Erfordernis eines Aufenthaltstitels befreiten Personen gehört.

Überblick

§ 74 eröffnet dem Bund die Möglichkeit, durch Erklärung von Beteiligungsvorbehalten bei Erteilung des Einreisevisums bzw. durch Erteilung von Einzelweisung auf den Vollzug des Aufenthaltsrechts Einfluss zu nehmen, das – entsprechend dem Grundsatz der Länderexekutive – grundsätzlich von den Ländern als eigene Angelegenheit vollzogen wird (→ Rn. 7 ff.). § 74 Abs. 1 ermächtigt dabei zum Erlass einer spezifischen Nebenbestimmung bei der Erteilung von Visa, die in Fällen mit besonderer politischer Bedeutung eine Fortwirkung der Einflussmöglichkeiten des Bundes nach Einreise des Ausländers ermöglichen und so den fortgesetzten Einfluss des Bundes auf die Modalitäten des Aufenthalts sicherstellen soll (→ Rn. 10 ff.). Demgegenüber ermächtigt § 74 Abs. 2 zum Erlass von Einzelweisungen der Bundesregierung an die mit dem Vollzug des Aufenthaltsrechts befassten Behörden, wenn die im Gesetz abschließend genannten besonderen Umstände vorliegen (→ Rn. 40 ff.).

Übersicht

A. Allgemeines

I. Normzweck und -systematik

1   § 74 begründet **Einflussmöglichkeiten des Bundes auf den Vollzug des Aufenthalts-rechts,** das – entsprechend dem Grundsatz der Länderexekutive (→ § 71 Rn. 16 ff.) – grundsätz-lich **von den Ländern als eigene Angelegenheit vollzogen** wird. § 74 Abs. 1 ermächtigt dabei zum Erlass spezifischer Nebenbestimmungen bei der Erteilung von Visa, die in Fällen mit besonde-rer politischer Bedeutung eine **Fortwirkung der Einflussmöglichkeiten des Bundes nach Einreise des Ausländers ermöglichen** und so den **fortgesetzten Einfluss des Bundes auf die Modalitäten des Aufenthalts gewährleisten** sollen. Demgegenüber ermächtigt § 74 Abs. 2 allgemein zum **Erlass von Einzelweisungen** der Bundesregierung an die mit dem Vollzug des AufenthG und der hierauf gestützten Rechtsverordnungen befassten Behörden, wenn die im Gesetz abschließend genannten besonderen Umstände vorliegen.

2   § 11 Abs. 1 S. 1 FreizügG/EU erstreckt die Weisungsermächtigung des § 74 Abs. 2 auf die **Anwendung und den Vollzug des FreizügG/EU.**

3   Nicht an § 74 Abs. 2 zu messen sind Weisungen der Bundesregierung oder oberster Bundesbe-hörden gegenüber den ihnen nachgeordneten Bundesbehörden, da es hierfür keiner gesonderten gesetzlichen Ermächtigung bedarf (vgl. Hailbronner AuslR Rn. 7; Bergmann/Dienelt/Winkel-mann/Kolber Rn. 6).

4   Die rechtspraktische Bedeutung des § 74 ist – soweit ersichtlich – gering (BeckOK AuslR/Kluth Rn. 1 sowie früher NK-AuslR/Hofmann Rn. 1).

II. Entstehungsgeschichte

5   § 74 Abs. 1 **entspricht** – abgesehen von der noch in § 65 Abs. 1 AuslG enthaltenen Bezug-nahme auf die Erteilung von Duldungen, die im Regierungsentwurf des AufenthG 2004 als entbehrlich angesehen wurde (→ Rn. 5.1) – **im Wesentlichen der Vorgängernorm des § 65 Abs. 1 AuslG** (BT-Drs. 15/420, 94). Die bereits in § 65 Abs. 2 AuslG (BGBl. 1990 I 1354 (1370)) vorgesehene Befugnis zum Erlass von Einzelweisung wurde auf die Bundesregierung (als Kollegialorgan) übertragen, um der Rechtsprechung des BVerfG zu Art. 84 Abs. 5 S. 1 GG Rechnung zu tragen (BT-Drs. 15/420, 94; → Rn. 42 f.).

5.1   Die noch in § 65 Abs. 1 AuslG (BGBl. 1990 I 1354 (1370)) enthaltene **Bezugnahme auf Duldungen wurde nicht in das AufenthG übernommen,** da Duldungen im Regierungsentwurf zum AufenthG 2004 nicht mehr vorgesehen waren (BT-Drs. 15/420, 94). Im Zuge der erst im Vermittlungsverfahren erfolgten Wiedereinfügung der Duldung als § 60a (vgl. BT-Drs. 15/3479, 10) wurde § 74 nicht angepasst. Da die Streichung der Duldung aus § 74 somit letztlich auf einem unbeabsichtigten Lapsus des Gesetzgebers beruht, muss die hieraus folgende Lücke durch analoge Anwendung des § 65 Abs. 1 AuslG geschlossen werden (→ Rn. 24 ff.).

6   § 74 wurde seit Inkrafttreten des AufenthG 2004 **nicht verändert.** Er entspricht dem unverän-dert gebliebenen Regierungsentwurf zum AufenthG (BT-Drs. 15/420, 28).

III. Verfassungsrechtlicher Hintergrund

7   Nach Art. 83 GG **führen die Länder die Bundesgesetze als eigene Angelegenheit aus,** soweit das GG nichts anderes bestimmt oder zulässt. Da das GG die Vollzugskompetenz für Pass- und Visaangelegenheiten im Ausland dem Auswärtigen Dienst (und damit den deutschen Auslandsvertretungen als Bundesbehörden) zuweist (vgl. Art. 87 Abs. 1 S. 1 GG iVm § 71 Abs. 2; → § 71 Rn. 16 ff.), beim Vollzug des (nicht unmittelbar flüchtlingsbezogenen) Ausländer- und Aufenthaltsrechts im Übrigen aber am Grundsatz der Länderexekutive festhält (Ausschuss-Drs. (A) 19(25)218(neu), 8 ff.), ist der **Vollzug des Aufenthaltsrechts in weitem Umfang an Art. 84 GG zu messen.** Während die Einflussmöglichkeiten des Bundes auf die Länderverwaltung demnach auf Ausnahmefälle beschränkt sind, stellen Ressortprinzip (Art. 65 S. 2 GG) und die Richtlinienkompetenz der Bundeskanzlerin (Art. 65 S. 1 GG) umfassende Einflussmöglichkeiten der Bundesregierung bzw. der Bundesministerien innerhalb der Verwaltungsstrukturen des Bundes sicher.

8   § 74 operiert daher an der **Schnittstelle zwischen den aufenthaltsrechtlichen Vollzugs- und Entscheidungskompetenzen des Bundes und der Länder:** § 74 Abs. 1 soll dabei in Fällen mit besonderer politischer Bedeutung sicherstellen, dass **die im Visumverfahren bestehenden Spielräume des Bundes auch über die Gesamtdauer des Aufenthalts des Betroffenen**

fortwirken können. Demgegenüber soll § 74 Abs. 2 es ermöglichen, dass der Bund in spezifischen Sonderkonstellationen **unmittelbar auf den Vollzug des Aufenthaltsgesetzes durch die Länder einwirken** kann.

Mit der Regelungssystematik der Art. 83 ff. GG ist § 74 indes trotz vereinzelter Anpassungen 9 des Gesetzgebers gegenüber älteren Normfassungen (→ Rn. 5) nur zum Teil vereinbar: Während die Weisungsermächtigung des Abs. 2 zumindest unter ergänzender Heranziehung des Art. 84 Abs. 5 S. 2 GG verfassungskonform angewendet werden kann (→ Rn. 60 f.), finden die in Abs. 1 vorgesehenen Beteiligungsvorbehalte jedenfalls in ihrer gegenwärtigen gesetzlichen Ausgestaltung in Art. 84 GG keine (ausreichende) Stütze (→ Rn. 36 ff.).

B. Einzelerläuterungen

§ 74 Abs. 1 ermächtigt zum Erlass spezifischer Nebenbestimmungen (→ Rn. 11) bei der 10 Erteilung von Visa, die in Fällen mit besonderer politischer Bedeutung eine **Fortwirkung der Einflussmöglichkeiten des Bundes nach Einreise des Ausländers ermöglichen** und so den **fortgesetzten Einfluss des Bundes auf die Modalitäten des Aufenthalts gewährleisten** sollen.

I. Nebenbestimmungen zur Visaerteilung (Abs. 1)

§ 74 Abs. 1 knüpft an die allgemeine Bestimmung des § 36 LVwVfG und die ergänzenden 11 Regelungen aus § 6, § 7 Abs. 2 S. 1 und § 12 Abs. 2 an, die eine Verknüpfung von Visa bzw. Aufenthaltstiteln mit Nebenbestimmungen ermöglichen oder − wie etwa im Fall der Befristung von Visum und Aufenthaltserlaubnis (§ 6 Abs. 1−3, § 7 Abs. 2 S. 1) − sogar gebieten. Er setzt den Erlass einer entsprechenden Nebenbestimmung schon bei Erteilung des entsprechenden Visums voraus (→ Rn. 16 ff.) und knüpft deren spätere Aufhebung oder Abänderung an das Erfordernis einer Beteiligung bzw. der Zustimmung des Bundesministeriums des Innern, für Bau und Heimat bzw. einer von diesem bestimmten Stelle (→ Rn. 29 ff.).

1. Zweck des Beteiligungsvorbehalts

Nach § 6 Abs. 1 und Abs. 2 bzw. § 6 Abs. 3 S. 2 iVm § 7 Abs. 2 S. 1 dürfen **Schengen-Visa** 12 **und nationale Visa nur befristet erteilt** werden. § 12 Abs. 2 ermächtigt zur **Verbindung eines Visums mit Bedingungen oder Auflagen** (wie zB räumlichen Beschränkungen). Nach der Einreise des Betroffenen geht die Zuständigkeit für den Erlass und die Abänderung aufenthaltsrechtlicher Maßnahmen nach dem allgemeinen Grundsatz der Länderexekutive allerdings auf die Ausländerbehörden der Länder (→ § 71 Rn. 35 ff.) über, so dass dem Visum beigefügte Nebenbestimmungen schon bald ihre Wirkung verlieren könnten. § 74 Abs. 1 ermächtigt die Visabehörden daher, das Fortbestehen ihres Einflusses in Fällen besonderer politischer Bedeutung durch Beifügung eines Beteiligungsvorbehalts zu sichern.

Im Tatsächlichen setzt die Erklärung eines Beteiligungsvorbehalts nach § 74 Abs. 1 die Existenz einer 12.1 visabezogenen Nebenbestimmung voraus, deren Fortbestand durch die Ergänzung einer Nebenbestimmung nach § 74 Abs. 1 gesichert werden soll (→ Rn. 19 ff.).

Möglicher Zweck eines solchen Beteiligungsvorbehalts ist die **„Wahrung politischer Interes-** 13 **sen des Bundes".** Der Begriff der „politischen Interessen des Bundes" darf dabei nicht im Sinne „politischer Interessen der Bundesrepublik Deutschland" verstanden werden, sondern bedarf der Auslegung im Sinne des föderalen Kontexts des § 74. Interessen „des Bundes" sind daher nur dann berührt, wenn die Wahrnehmung der betroffenen Interessen in den Zuständigkeit der Bundesbehörden fällt oder − über die Interessen einzelner Bundesländer hinaus − der zu regelnde Sachverhalt Interessen der Bundesrepublik Deutschland in ihrer Gesamtheit berührt (ähnlich Hailbronner AuslR Rn. 5; Bergmann/Dienelt/Winkelmann/Kolber Rn. 5).

Ein „politisches Interesse des Bundes" ist insbesondere **nicht schon dann berührt, wenn die** 14 **entsprechende Sachmaterie nach Art. 70 ff. GG in die Gesetzgebungskompetenz des Bundes fällt** (irreführend hier Hailbronner AuslR Rn. 5; Bergmann/Dienelt/Winkelmann/Kolber Rn. 5). Denn die Gesetzgebungskompetenzen des Bundes sind in erheblichem Umfang weiter gefasst als die nach Art. 83 ff. GG geregelten Verwaltungskompetenzen des Bundes, ermächtigen aber nur zur abstrakt-generellen Regelung der betroffenen Regelungsbereiche. Für eine Einräumung von Einwirkungsmöglichkeiten des Bundes in Regelungsbereichen, für die ihm auch außerhalb des ausländerrechtlichen Kontexts keine Exekutivbefugnisse zustehen, besteht daher kein Anlass.

15   Eine substantielle Erweiterung erfährt der Begriff der „politischen Interessen des Bundes" hingegen durch die durch Art. 32 Abs. 1 GG begründete **Befugnis zur „Pflege der Beziehungen zu auswärtigen Staaten".** Maßnahmen nach § 74 Abs. 1 sind daher insbesondere dann möglich, wenn der Aufenthalt eines Ausländers im Bundesgebiet geeignet ist, das Ansehen der Bundesrepublik Deutschland im Ausland oder Beziehungen der Bundesrepublik zu auswärtigen Staaten zu beeinträchtigen.

2. Voraussetzungen für die Erklärung eines Beteiligungsvorbehalts

16   **Tatbestandliche Voraussetzung** für die Erklärung eines Beteiligungsvorbehalts ist neben dem Vorliegen bzw. gleichzeitigen Erlass einer **beteiligungsfähigen Nebenbestimmung** (→ Rn. 12.1, → Rn. 20 ff.) die **Eignung einer späteren Verlängerung des Aufenthalts bzw. einer Abänderung der Nebenbestimmung zur Beeinträchtigung der politischen Interessen des Bundes** (zum Begriff → Rn. 13 ff.).

17   Bei Vorliegen der genannten Voraussetzungen steht die Erklärung eines Beteiligungsvorbehalts – ebenso wie die Wahl zwischen der Erklärung eines Einvernehmens- oder Benehmensvorbehalts – **im pflichtgemäßen Ermessen** der deutschen Auslandsvertretungen.

17.1   Dem gegenüber geht Nr. 74.1 AufenthGAVwV davon aus, dass die Entscheidungshoheit über die Anordnung eines Beteiligungserfordernisses beim Bundesministerium des Innern, für Bau und Heimat liegen soll. Dies ist mit der Zuständigkeit der deutschen Auslandsvertretungen für die Erteilung von Visa im Ausland (§ 71 Abs. 2) und dem in § 65 S. 2 GG kodifizierten Ressortprinzip nicht zu vereinbaren (GK-AufenthG/Gutmann Rn. 7; NK-AuslR/Hofmann Rn. 8; aA wohl Hailbronner AuslR Rn. 4).

18   Die tatbestandliche Weite des Begriffs der „politischen Interessen des Bundes" in Verbindung mit der Einräumung pflichtgemäßen Ermessens auf Rechtsfolgenseite räumt den Visabehörden erhebliche Entscheidungsfreiräume ein. Diese werden allerdings durch den Umstand kompensiert, dass das Bundesministerium des Innern, für Bau und Heimat im Rahmen der Durchführung des späteren Beteiligungsverfahrens letztlich denselben rechtlichen Bindungen unterliegt wie die originär zur Sachentscheidung berufene Ausländerbehörde (→ Rn. 32; → Rn. 62).

3. Inhalt des Beteiligungsvorbehalts

19   **a) Mögliche Anknüpfungspunkte des Beteiligungsvorbehalts.** Auf Grundlage des § 74 Abs. 1 können **nur die in der Norm genannten ausländerrechtlichen Maßnahmen einem Beteiligungsvorbehalt unterstellt werden** (→ Rn. 20 ff.). § 74 Abs. 1 ist insoweit abschließend. Im Hinblick auf die in der Norm nicht genannte **Duldung ausreisepflichtiger Ausländer kommt allerdings eine analoge Anwendung der Vorgängerregelung des § 65 Abs. 1 AuslG** (BGBl. 1990 I 1354 (1370)) **in Betracht,** da die Streichung der Duldung aus dem Katalog der in § 74 Abs. 1 genannten Maßnahmen auf einem unbeabsichtigten Lapsus des Gesetzgebers beruhte (→ Rn. 24 ff.).

20   **Verlängerung des Visums.** Unter Beteiligungsvorbehalt gestellt werden kann zunächst die **Verlängerung eines Visums.** Dies umfasst begrifflich sowohl die Verlängerung eines Schengen-Visums nach Maßgabe des § 6 Abs. 1 S. 1 oder S. 2, die Verlängerung eines nationalen Visums unter Anwendung des § 6 Abs. 3 S. 2 iVm § 8 Abs. 1 als auch die Verlängerung eines Ausnahmevisums (§ 14 Abs. 2) nach § 6 Abs. 3 in Verbindung mit den oben genannten Bestimmungen.

21   Eine Verlängerung eines nationalen Visums über eine Gesamtgeltungsdauer von einem Jahr hinaus ist nach Art. 18 Abs. 2 SDÜ indes ausgeschlossen, da dieser vor Überschreitung einer Gesamtgeltungsdauer von einem Jahr die Erteilung eines Aufenthaltstitels vorsieht. Dies ist jedoch unproblematisch, da die Erteilung einer Aufenthalts- oder Niederlassungserlaubnis als „Erteilung eines anderen Aufenthaltstitels" von § 74 Abs. 1 ebenfalls erfasst wird (→ Rn. 22).

22   **Erteilung eines anderen Aufenthaltstitels.** Ein weiterer möglicher Anknüpfungspunkt für Beteiligungsvorbehalte im Sinne des § 74 Abs. 1 ist die **Erteilung eines anderen Aufenthaltstitels.** Dies umfasst sowohl die Verlängerung eines nationalen Visums in Form der Erteilung einer Aufenthaltserlaubnis (→ Rn. 21) als auch die erstmalige Erteilung einer Aufenthaltserlaubnis zu den im Visumverfahren genannten oder anderen Zwecken.

23   **Aufhebungen und Änderung von Nebenbestimmungen.** Schließlich kann ein Beteiligungserfordernis nach § 74 Abs. 1 auch für die **Aufhebung oder Änderung sonstiger Nebenbestimmungen** begründet werden. In Betracht kommen hier neben Auflagen und Bedingungen nach § 12 Abs. 2 vor allem Verbote der Ausreise in bestimmte Staaten (§ 46 Abs. 2 S. 2) und Beschränkungen der politischen Betätigung nach § 47.

Erstreckung des Beteiligungsvorbehalts auf Duldungen? Nicht von § 74 Abs. 1 erfasst **24** ist die **Erteilung einer Duldung** nach Ablauf der Geltungsdauer des unter Beteiligungsvorbehalt erteilten Visums. Insoweit weicht der Wortlaut des § 74 Abs. 1 vom Wortlaut des früheren § 65 AuslG (BGBl. 1990 I 1354 (1370)) ab, der entsprechende Vorbehalte auch im Hinblick auf eine spätere Duldung – mit Ausnahme der Duldung wegen faktischer oder rechtlicher Unmöglichkeit der Ausreise – vorgesehen hatte. Auch wenn diese Abweichung im Zusammenhang mit dem ursprünglichen Regierungsentwurf zum AufenthG 2004 stand, der eine vollständige Streichung der Duldung vorgesehen hatte, wurde § 74 Abs. 1 im Zusammenhang mit der Ergänzung des § 60a im Vermittlungsausschuss nicht mehr verändert (→ Rn. 5.1).

Im Hinblick auf die **Aufhebung und Änderung von Auflagen oder Beschränkungen** ist **25** dieser Lapsus des Gesetzgebers unschädlich, da diese nach § 51 Abs. 6 auch nach Wegfall des Aufenthaltstitels oder der Aussetzung der Abschiebung in Kraft bleiben. Sie bleiben demnach auch dann beteiligungspflichtig, wenn die Ausländerbehörde sie im Zusammenhang mit der Duldung des Betroffenen aufheben oder abändern möchte.

Als problematisch erweist sich daher die Fehlleistung des Gesetzgebers allerdings im Hinblick auf die **26** **Möglichkeit der Erteilung einer Duldung nach § 60a Abs. 1 S. 1, Abs. 2 S. 2–4, Abs. 2a und Abs. 2b,** da diese die Ausreisepflicht des betroffenen Ausländers unberührt lässt und – anders als Aufenthaltstitel iSd § 4 Abs. 1 S. 2 – kein Aufenthaltsrecht begründet. Sie kann folglich nicht unter die Fallgruppen der „Verlängerung des Visums" oder der „Erteilung eines Aufenthaltstitels" subsumiert werden, hat – jedenfalls faktisch – aber eine mit der Erteilung bzw. Verlängerung eines Aufenthaltstitels vergleichbare Wirkung. Dies wird insbesondere am Beispiel der Ausbildungsduldung (§ 60a Abs. 2 S. 4) deutlich, die der Gesetzgeber titelähnlich ausgestaltet hat und die ggf. später nach § 18a Abs. 1a in eine Aufenthaltserlaubnis überführt werden soll.

Die besseren Gründe sprechen daher dafür, auf die Erteilung von Duldungen nach § 60a – mit **27** Ausnahme von Duldungen wegen faktischer oder rechtlicher Unmöglichkeit der Ausreise, die schon auf Grundlage des AuslG keinem Beteiligungsvorbehalt unterworfen werden konnten – **§ 65 Abs. 1 AuslR 1990** (BGBl. 1990 I 1354 [1370]) **analog anzuwenden** (aA GK-AufenthG/ Gutmann Rn. 9; NK-AuslR/Hofmann Rn. 7 sowie wohl auch Bergmann/Dienelt/Winkelmann/ Kolber Rn. 2 f.).

Denn insoweit enthält das Gesetz eine **Regelungslücke,** da die Erteilung einer Duldung **28** den Aufenthalt des Ausländers erheblich verlängern und so politische Interessen des Bundes in vergleichbarer Weise gefährden kann wie die Erteilung bzw. Verlängerung eines Aufenthaltstitels. Die Regelungslücke ist auch vom Gesetzgeber **nicht intendiert,** da dieser die Bezugnahme auf Duldungen nur unter der ausdrücklichen Prämisse gestrichen hatte, dass die Erteilung von Duldungen nach dem Regierungsentwurf zum AufenthG 2004 nicht mehr in Betracht kam (vgl. BT-Drs. 15/3479, 10).

b) Inhalt des Beteiligungsvorbehalts. § 74 Abs. 1 ermöglicht es, die oben genannten **auslän-** **29** **derrechtlichen Maßnahmen** (→ Rn. 19 ff.) **von einer Beteiligung des Bundesministeri-** **ums des Innern, für Bau und Heimat oder einer von diesem bestimmten Stelle abhängig zu machen.**

Ordnet die visaerteilende Stelle eine Entscheidung **im Benehmen** mit der zuständigen Bundes- **30** behörde an, so ist die für die Vollzug des Aufenthaltsgesetzes zuständige Stelle verpflichtet, die Bundesbehörde in den Entscheidungsprozess einzubeziehen und sich – gemeinsam mit diesem bzw. unter sachlicher Auseinandersetzung mit der von der Bundesbehörde geäußerten Rechtsauf- fassung – um ein abgestimmtes Vorgehen zu bemühen (vgl. BeckOK AuslR/Kluth Rn. 3; NK- AuslR/Hofmann Rn. 6; Hailbronner AuslR Rn. 6; → § 72 Rn. 5.1). Ein Zustimmungsvorbehalt bzw. eine Vetoposition sind der Bundesbehörde jedoch nur dann eingeräumt, wenn im Zusam- menhang mit der Visaerteilung eine Entscheidung **im Einvernehmen** mit der zuständigen Bun- desbehörde angeordnet wurde: In diesem Fall können die in der Norm genannten Maßnahmen nur dann ergehen, wenn die Bundesbehörde der beabsichtigten Entscheidung zustimmt (→ § 72 Rn. 17).

Von einem **abweichenden Begriffsverständnis** geht Nr. 74.1 AufenthGAVwV aus, die das „Beneh- **30.1** men" als „Nichtbeanstandung nach Anhörung" definiert. Dies entspricht jedoch nicht dem herkömmlichen Sprachgebrauch und kann § 74 Abs. 1 als reine Verwaltungsvorschrift keine abweichende Bedeutung geben (aA möglicherweise Bergmann/Dienelt/Winkelmann/Kolber Rn. 4, die hier jedoch lediglich den Wortlaut der AufenthGAVwV unkritisch wiedergeben). Hierfür besteht auch kein Anlass, weil die deutschen Außen- vertretungen ggf. ein Einvernehmenserfordernis anordnen können, wenn dies als notwendig erachtet wird.

Die Unterscheidung zwischen Einvernehmens- und Benehmenserfordernis hat auch Auswir- **31** kungen auf ein sich ggf. anschließendes Rechtsschutzverfahren: Während im Fall eines Benehmenserfordernisses allenfalls eine **einfache Beiladung** nach § 65 Abs. 1 VwGO in Betracht kommt, sind einvernehmenspflichtige Behörden im gerichtlichen Verfahren – in der Regel auch im Verfahren des einstweiligen Rechtsschutzes (→ § 72 Rn. 13.3 ff.) – **notwendig beizuladen** (§ 65 Abs. 2 VwGO; → § 72 Rn. 13).

32   Inhaltlich begründet ein nach Maßgabe des § 74 Abs. 1 angeordnetes Beteiligungserfordernis zwar ein **Mitspracherecht der zuständigen Bundesbehörde**, räumt dieser aber **keine besonderen politischen Entscheidungsspielräume** ein: Vielmehr gilt das gesetzliche Entscheidungsprogramm der jeweiligen Erteilungs-, Verlängerungs- oder Ermächtigungsvorschriften für die zuständige Bundesbehörde in gleicher Weise wie für die originär entscheidungszuständige Landesbehörde.

33   Eigene Entscheidungsspielräume verbleiben der zu beteiligenden Bundesbehörde daher nur dann, wenn die jeweilige Ermächtigungsnorm den Entscheidungsträgern Ermessen einräumt.

34   **c) Zu beteiligende Behörde.** Zu beteiligen ist in den Fällen des § 74 Abs. 1 das Bundesministerium des Innern, für Bau und Heimat oder die von diesem bestimmte Stelle. Welche Behörde im konkreten Einzelfall zu beteiligen ist, ist bei Anordnung des Beteiligungsvorbehaltes per Bescheid festzulegen (Nr. 74.1 AufenthGAVwV).

35   Soweit eine andere Behörde als das Bundesministerium des Innern, für Bau und Heimat beteiligt werden soll, setzt die Anwendung des § 74 Abs. 1 eine interne Abstimmung der Visabehörden mit dem Bundesministerium des Innern, für Bau und Heimat voraus, da die Entscheidungen nach Abs. 1 nicht von Behörden aus dem Geschäftsbereich des Innenministeriums, sondern – abgesehen von den Fällen des § 14 Abs. 2 – von den in § 71 Abs. 2 genannten Auslandsvertretungen getroffen werden, die dem Auswärtigen Amt unterstehen.

4. Verfassungsmäßigkeit der Norm

36   **Funktional entspricht die Anordnung eines Einvernehmensvorbehalts einer Bundesbehörde einer Befugnis zur Erteilung von (negativen) Einzelweisungen,** die nach Art. 84 Abs. 2 GG **der Bundesregierung als Kollegialorgan vorbehalten** ist (vgl. BVerfGE 100, 249 = NVwZ 1999, 977 (978)): Zwar ermächtigt das Einvernehmenserfordernis die zu beteiligende Behörde nicht zur Durchsetzung positiver Gestaltungsvorstellungen auch gegen den Willen der zur Beteiligung verpflichteten Behörde; die Verweigerung des Einvernehmens kommt in der Sache jedoch einer Weisung gleich, die intendierte Maßnahme zu unterlassen.

37   Anordnungen nach § 74 Abs. 1 sind daher verfassungswidrig, soweit sie Entscheidungen von Behörden der Länder vom Einvernehmen (lediglich) des Bundesministeriums des Innern, für Bau und Heimat abhängig machen (vgl. Dreier/Hermes GG Art. 84 Rn. 92 mit Fn. 317; NK-AuslR/ Hofmann Rn. 11; GK-AufenthG/Gutmann Rn. 3, 6).

38   Vergleichbar dürfte allerdings selbst dann gelten, wenn das Bundesministerium des Innern, für Bau und Heimat die Bundesregierung als „zuständige Stelle" benennt, weil die **Voraussetzungen für einen** – hier anders als in § 74 Abs. 2 gesetzesunmittelbar vorgeschriebenen – **unmittelbaren Durchgriff auf nachgeordnete Landesbehörden** (Art. 84 Abs. 5 S. 2 GG) **regelmäßig nicht vorliegen.**

39   Vergleichbaren Bedenken begegnet auch die Anordnung eines **reinen Benehmenserfordernisses.** Zwar könnte dieses ggf. noch als milderes Mittel zur nach Art. 84 Abs. 3 S. 2 GG zulässigen Entsendung eines Beauftragten der Bundesregierung verstanden werden (so GK-AufenthG/Gutmann Rn. 5); als Aufsichtsmittel iSd Art. 84 Abs. 3 GG wäre aber auch eine solche Berichtspflicht nur bei konkreten Anhaltspunkten für Rechtsverstöße zulässig (vgl. BVerfGE 127, 165 Rn. 151; Dreier/Hermes GG Art. 84 Rn. 104).

II. Weisungsbefugnis im Einzelfall (Abs. 2)

40   § 74 Abs. 2 ermächtigt die Bundesregierung zum **Erlass von Einzelweisungen** an die mit dem Vollzug des AufenthG und der hierauf gestützten Rechtsverordnungen befassten Behörden, wenn die im Gesetz abschließend genannten besonderen Umstände vorliegen (→ Rn. 44 ff.).

41   Das Weisungsrecht des § 74 Abs. 2 **verwirklicht die** in Art. 84 Abs. 5 S. 1 GG vorgesehene **Möglichkeit, die Bundesregierung durch Gesetz mit Zustimmung des Bundesrats zur Erteilung von Einzelweisungen in besonderen Fällen zu ermächtigen.** Dementsprechend sind die in Art. 85 Abs. 5 S. 2 GG genannten weiteren Einschränkungen bei Anwendung des § 74 Abs. 2 ergänzend zu berücksichtigen (→ Rn. 59 ff.).

1. Weisungsermächtigung der Bundesregierung

§ 74 Abs. 2 nennt als zum Erlass von Einzelweisungen ermächtigten Normadressaten **die 42 Bundesregierung als Kollegialorgan.**

Diese Abweichung von § 65 Abs. 2 AuslG (BGBl. 1990 I 1354 (1370)), die noch das Bundesmi- 43 nisterium des Innern, für Bau und Heimat ermächtigt hatte, ist der geänderten Rechtsprechung des BVerfG zu Art. 85 Abs. 2 S. 1 GG geschuldet (BVerfGE 100, 249 = NVwZ 1999, 977 (978)), die der Gesetzgeber zu Recht als auf Art. 84 Abs. 5 S. 1 GG übertragbar angesehen hat (BT-Drs. 15/420, 94).

2. Weisungsanlässe

Nach Art. 84 Abs. 5 S. 1 GG ist die (potentielle) Weisungsbefugnis der Bundesregierung 44 gegenüber Landesbehörden auf „besondere Fälle" beschränkt. Die Ermächtigungsnorm des § 74 Abs. 2 **konkretisiert die zum Erlass einer Weisung berechtigenden Umstände** und ist – schon aus verfassungsrechtlichen Gründen (Dreier/Hermes GG Art. 84 Rn. 95) – abschließend (GK-AufenthG/Gutmann Rn. 14).

Von den in § 74 Abs. 2 genannten Fallgruppen ist nur die Fallgruppe Nr. 3 gegenständlich auf 45 einzelne ausländerrechtliche Maßnahmen – hier die Ausweisung von Angehörigen und Personal der diplomatischen Vertretungen – beschränkt. Die in § 74 Abs. 2 Nr. 1 und Nr. 2 genannten Fallgruppen können demgegenüber jedwede Maßnahme auf Grundlage des AufenthG oder der auf dieses gestützten Rechtsverordnungen betreffen, wenn die dort genannten Voraussetzungen vorliegen.

a) Erforderlichkeit zur Wahrung erheblicher Interessen der Bundesrepublik Deutsch- 46 **land.** Die Ausübung der Weisungsbefugnis nach Abs. 2 Nr. 1 steht unter dem Vorbehalt der **Erforderlichkeit für die Sicherheit der Bundesrepublik Deutschland oder sonstige erheb-** **liche Interessen der Bundesrepublik Deutschland.**

Der Begriff der „Sicherheitsinteressen der Bundesrepublik Deutschland" kann nicht mit dem 47 polizeirechtlichen Begriff der Gefahr für die öffentliche Sicherheit und Ordnung gleichgesetzt werden, da Aufgaben der allgemeinen Gefahrenabwehr nach der Kompetenzordnung des Grundgesetzes den Ländern zugewiesen sind.

Vielmehr entspricht der Begriff der „Sicherheit der Bundesrepublik Deutschland" der unter 48 anderem auch in § 54 Abs. 1 Nr. 2, § 58a Abs. 1 S. 1 und § 60 Abs. 8 S. 1 verwendeten Begrifflichkeit (vgl. Hailbronner AuslR Rn. 8; Bergmann/Dienelt/Winkelmann/Kolber Rn. 7). Er umfasst demnach die **innere und äußere Sicherheit** und schützt nach innen **den Bestand** **und die Funktionstüchtigkeit des Staates** und seiner Einrichtungen. Er schließt dabei den Schutz vor Einwirkungen durch Gewalt und Drohungen mit Gewalt auf die Wahrnehmung staatlicher Funktionen ebenso ein wie den Schutz vor Gewaltanschlägen gegen Unbeteiligte zum Zwecke der Verbreitung allgemeiner Unsicherheit (vgl. BVerwG BeckRS 2018, 23003 Rn. 26).

Dem **Schutz der äußeren Sicherheit** ist neben der Landesverteidigung (Art. 87a GG) auch 49 die Mitwirkung im Rahmen eines Systems der gemeinsamen kollektiven Sicherheit (Art. 24 Abs. 2 GG) zuzurechnen.

Die Auslegung des unbestimmten Rechtsbegriffs der **„sonstigen erheblichen Interessen der** 50 **Bundesrepublik Deutschland"** kann sich dabei an der ersten Tatbestandsalternative der Norm orientieren: Ein Interesse der Bundesrepublik Deutschland ist dann „erheblich", wenn es von seiner objektiven Bedeutung her dem Interesse an der Wahrung der Sicherheit der Bundesrepublik Deutschland gleichkommt.

In Betracht kommt hier insbesondere die Pflege der Beziehung zu ausländischen Staaten (Art. 32 51 Abs. 1 GG) und der Schutz der zB in § 47 aufgezählten Rechtsgüter (vgl. Bergmann/Dienelt/ Winkelmann/Kolber Rn. 7).

b) Beeinträchtigung erheblicher Interessen eines anderen Bundeslandes. Nach Abs. 2 52 Nr. 2 kann die Bundesregierung Einzelweisungen erteilen, wenn durch ausländerrechtliche Maßnahmen eines Landes **erhebliche Interessen eines anderen Landes beeinträchtigt** werden.

Bloße Meinungsverschiedenheiten der Länder über die Auslegung und Anwendung des Auf- 53 enthG sind dabei nicht geeignet, ein Eingreifen der Bundesregierung im Wege der Einzelweisung zu rechtfertigen; insoweit bleibt es bei der Befugnis zum Erlass allgemeiner Verwaltungsvorschriften (Art. 84 Abs. 2 GG) und den allgemeinen Grundsätzen und Mitteln der Bundesaufsicht (Art. 84 Abs. 3 und Abs. 4 GG). Ebenso wenig ist Voraussetzung, dass die in Rede stehenden ausländerrechtlichen Maßnahmen für sich genommen rechtswidrig sind.

Anwendungsfälle des Abs. 2 Nr. 2 sind vielmehr dann gegeben, wenn der Vollzug des AufenthG 54 durch ein Bundesland sich zu Lasten erheblicher Interessen eines anderen Landes auswirkt. Zu denken ist insoweit zB an Aufnahme- oder Unterbringungsbedingungen, die geeignet sind, **erhebliche Binnenmigrationsströme von Ausländern im Bundesgebiet auszulösen** (vgl. GK-AufenthG/Gutmann Rn. 16; Bergmann/Dienelt/Winkelmann/Kolber Rn. 8).

55   **c) Ausweisung von Angehörigen des konsularischen oder diplomatischen Dienstes.** Eine spezifisch auf Fälle der Ausweisung beschränkte Weisungsbefugnis der Bundesregierung besteht nach Abs. 2 Nr. 3 dann, wenn die beabsichtigte Maßnahme Personen betrifft, die **als Angehörige konsularischer oder diplomatischer Vertretungen vom Erfordernis eines Aufenthaltstitels befreit** sind.

56   Da entsprechende Maßnahmen geeignet sind, die auswärtigen Beziehungen der Bundesrepublik Deutschland zu beeinträchtigen, werden dem Bund hier spezifische Weisungsbefugnisse eingeräumt. Maßgeblich für die Anwendung des Abs. 2 Nr. 3 ist folglich nicht die konkrete dienstliche Stellung des Betroffenen, sondern die **Zugehörigkeit zu dem nach § 27 AufenthV privilegierten Personenkreis.** Gegebenenfalls sind hiervon daher auch bzw. das Hauspersonal oder Angehörige des Personals diplomatischer Vertretungen) betroffen (vgl. Hailbronner AuslR Rn. 10; Bergmann/Dienelt/Winkelmann/Kolber Rn. 9; NK-AuslR/Hofmann Rn. 14).

57   Nach dem Wortlaut des Abs. 2 Nr. 3 besteht die Weisungsbefugnis bereits dann, wenn die Ausländerbehörde die Ausweisung eines Angehörigen dieses Personenkreises beabsichtigt. Da das Gesetz eine Mitteilungspflicht der jeweiligen Landesbehörden gegenüber den Bundesbehörden jedoch nicht begründet, kann die Regelung des Abs. 2 Nr. 3 ihren Zweck in der Praxis kaum erfüllen (vgl. Bergmann/Dienelt/Winkelmann/Kolber Rn. 9).

58   Allerdings spricht vieles dafür, eine Benachrichtigungspflicht der Ausländerbehörden über die beabsichtigte Ausweitung konsularischen oder diplomatischen Personals unmittelbar aus dem Grundsatz der Bund-Länder-Treue abzuleiten, um dem Bund die effektive Wahrnehmung seiner außenpolitischen Aufgaben zu ermöglichen.

3. Weisungsadressaten

59   Der Kreis der potentiellen Weisungsadressaten ist in § 74 Abs. 2 nicht gegenständlich beschränkt. In Betracht kommen daher grundsätzlich sämtliche Behörden, die nach § 71 oder sonstigen Bestimmungen mit dem Vollzug des Aufenthaltsrechts oder des FreizügG/EU (→ Rn. 2) betraut sind.

60   Soweit es sich bei den Weisungsadressaten – wie regelmäßig (→ § 71 Rn. 16 ff.) – um die Ausländerbehörden oder sonstige Behörden der Länder handelt, ist ergänzend zu § 74 Abs. 2 die Einschränkung des Art. 84 Abs. 5 S. 2 GG zu beachten (Hailbronner AuslR Rn. 7): Weisungen sind an die jeweiligen obersten Landesbehörden – dh die Ministerien – zu richten, wenn die Bundesregierung den Fall nicht ausnahmsweise „für dringlich erachtet" (Nr. 74.2 Aufenth-GAVwV).

61   Schon aus der Formulierung des Art. 84 Abs. 5 S. 2 GG ergibt sich dabei, dass der Bundesregierung bei der Beurteilung der Dringlichkeit der Angelegenheit eine Einschätzungsprärogative zukommt (Dreier/Hermes GG Art. 84 Rn. 94). Dennoch muss sich die Auswahl des Weisungsadressaten schon aus Gründen der Bund-Länder-Treue an der objektiven Eilbedürftigkeit des Anliegens orientieren und darf nicht ohne rechtfertigenden Anlass unmittelbar auf nachgeordnete Behörden zugreifen.

4. Inhalt der Weisungen

62   Für den Inhalt der Weisungen gilt das jeweilige gesetzliche Entscheidungsprogramm. Entscheidungsfreiräume sind der Bundesregierung daher nur im Rahmen des geltenden Aufenthaltsrechts eingeräumt (NK-AuslR/Hofmann Rn. 14).

Abschnitt 1a. Durchbeförderung

§ 74a Durchbeförderung von Ausländern

[1]**Ausländische Staaten dürfen Ausländer aus ihrem Hoheitsgebiet über das Bundesgebiet in einen anderen Staat zurückführen oder aus einem anderen Staat über das Bundesgebiet wieder in ihr Hoheitsgebiet zurückübernehmen, wenn ihnen dies von den zuständigen Behörden gestattet wurde (Durchbeförderung).** [2]**Die Durchbeförderung erfolgt**

auf der Grundlage zwischenstaatlicher Vereinbarungen und Rechtsvorschriften der Europäischen Union. [3]Zentrale Behörde nach Artikel 4 Abs. 5 der Richtlinie 2003/110/ EG ist die in der Rechtsverordnung nach § 58 Abs. 1 des Bundespolizeigesetzes bestimmte Bundespolizeibehörde. [4]Der durchbeförderte Ausländer hat die erforderlichen Maßnahmen im Zusammenhang mit seiner Durchbeförderung zu dulden.

Überblick

§ 74a soll eine Durchbeförderung von Ausländern durch Hoheitsträger anderer Staaten über das Bundesgebiet ermöglichen. Zu diesem Zweck verweist § 74 S. 2 sowohl auf – nicht näher bestimmte – zwischenstaatliche Vereinbarungen (→ Rn. 37 f.) als auch auf Rechtsvorschriften der EU (→ Rn. 23 ff.), die als Ermächtigungsgrundlage für eine Durchbeförderung gegen den Willen des Betroffenen (→ Rn. 12 ff.) aber ebenso ausscheiden wie § 74a S. 1 in Verbindung mit der in S. 4 geregelten Duldungsverpflichtung (→ Rn. 43 ff.). § 74a S. 3 bestimmt in Verbindung mit der auf § 58 Abs. 1 BPolG gestützten Zuständigkeitsverordnung das Bundespolizeipräsidium als zentrale Behörde im Sinne der Durchbeförderungs-RL (RL 2003/110/EG v. 25.11.2003, ABl. 2003 L 321, 26; → Rn. 39 ff.), deren Umsetzung § 74a dient.

Übersicht

A. Allgemeines

I. Normzweck und -systematik

§ 74a soll eine **Durchbeförderung von Ausländern** durch das Hoheitsgebiet der Bundesrepublik Deutschland **durch Hoheitsträger anderer Staaten** ermöglichen. Zu diesem Zweck setzt § 74a die Durchbeförderungs-RL (RL 2003/110/EG v. 25.11.2003, ABl. 2003 L 321, 26) um und **bildet zugleich die normative Grundlage für eine Durchbeförderung auf dem Landweg** auf Grundlage zwischenstaatlicher Vereinbarungen (vgl. BT-Drs. 16/5065, 193). **1**

In seiner Regelungswirkung geht § 74a allerdings in doppelter Hinsicht **über die Umsetzung der** **1.1** **Durchbeförderungs-RL hinaus** (GK-AufenthG/Funke-Kaiser Rn. 4; BeckOK AuslR/Kluth Rn. 2): Er soll nicht nur die Durchbeförderung auch auf dem Landweg ermöglichen, sondern regelt auch die Durchbeförderung durch Staaten, die nicht Mitglied der EU sind oder – wie Dänemark, Irland oder Großbritannien – wirksame Vorbehalte gegenüber der Annahme der Richtlinie erklärt haben (→ Rn. 24).

Als Umsetzungsakt für die Durchbeförderungs-RL ist § 74a überdies weitgehend ungeeignet, da er nur **1.2** die völkerrechtliche Problematik eines Tätigwerdens ausländischer Hoheitsträger auf deutschem Staatsgebiet adressiert (→ Rn. 10 f.), **die grundrechtliche Perspektive aber weitgehend ausblendet.** Er enthält insbesondere keine hinreichend spezifischen Ermächtigungsgrundlagen, um Freiheitsbeeinträchtigungen durch in- oder ausländische Hoheitsträger zu legitimieren (→ Rn. 12 ff., → Rn. 23 ff.).

§ 74a S. 1 **ermächtigt** dabei **ausländische Staaten zur Durchbeförderung von Ausländern** **2** durch das Bundesgebiet, macht das Tätigwerden ausländischer Hoheitsträger aber **von der Erlaubnis der zuständigen Behörden (Durchbeförderungserlaubnis) abhängig** (→ Rn. 10 ff.).

§ 74a S. 2 verweist für das Verfahren der Durchbeförderung auf zwischenstaatliche Vereinbarungen **3** (→ Rn. 36 ff.) und Rechtsvorschriften der EU (→ Rn. 23 ff.).

§ 74a S. 3 benannte ursprünglich (→ Rn. 8) die Bundespolizeidirektion als zuständige Behörde **4** für die Entgegennahme eines Ersuchens auf begleitete und unbegleitete Durchbeförderung bzw.

begleitende Unterstützungsmaßnahmen durch deutsche Behörden (**„zentrale Behörde"** iSd Art. 4 Abs. 5 UAbs. 1 RL 2003/110/EG), enthält nunmehr aber einen **Verweis auf die in § 58 Abs. 1 BPolG enthaltene Verordnungsermächtigung** (→ Rn. 39 ff.).

5   § 74a S. 4 ordnet – in verfassungsrechtlich außerordentlich problematischer Weise (→ Rn. 12 ff., → Rn. 44 f.) – eine **Duldungspflicht des Ausländers** für die im Zusammenhang mit seiner Durchbeförderung erforderlichen Maßnahmen an (→ Rn. 43 ff.).

6   Die Rechtmäßigkeit des Aufenthalts des Durchzubefördernden und etwaiger Begleitpersonen ergibt sich aus § 30 Nr. 2 AufenthV.

II. Gesetzgebungsgeschichte

7   § 74a wurde durch Art. 1 Nr. 60 des **Gesetzes zur Umsetzung aufenthalts- und asylrechtlicher Richtlinien der Europäischen Union** (v. 19.8.2007, BGBl. I 1970) **in das AufenthG eingefügt.**

8   Mit Art. 3 des **Gesetzes zur Änderung des Bundespolizeigesetzes und anderer Gesetze** (v. 26.2.2008, BGBl. I 215) wurde die in S. 3 enthaltene Zuständigkeitsnorm, die ursprünglich auf die Bundespolizeidirektion verwiesen hatte, durch eine Verweisung auf die Verordnungsermächtigung des § 58 Abs. 1 BPolG dynamisiert. Inhaltlich diente die Normänderung der Anpassung an die durch Art. 1 desselben Gesetzes v. 26.2.2008 grundlegend geänderte Behördenstruktur der Bundespolizei (GK-AufenthG/Funke-Kaiser Rn. 1).

8.1 **„Zentrale Behörde"** iSd Art. 4 Abs. 5 RL 2003/110/EG ist seither das **Bundespolizeipräsidium** (§ 1 Abs. 3 Nr. 1 lit. b BPolZV).

9   Seit Inkrafttreten des Gesetzes zur Umsetzung aufenthaltsrechtlicher Richtlinien der Europäischen Union und zur Anpassung nationaler Rechtsvorschriften an den EU-Visakodex (v. 22.11.2011, BGBl. I 2258) am 26.11.2011 verweist § 74a S. 2 Alt. 2 auf Rechtsvorschriften der EU (statt auf Rechtsvorschriften der EG). Dies vollzieht – reichlich spät – den bereits mit Inkrafttreten des Vertrags von Lissabon im Jahr 2009 eingetretenen Wandel von der EG zur EU begrifflich nach, war inhaltlich aber mit keinen Änderungen verbunden (BR-Drs. 210/11, 72).

B. Einzelerläuterungen

I. Durchbeförderungsermächtigung und Duldungspflicht (S. 1 und S. 4)

1. § 74a S. 1 als völkerrechtliche Ermächtigung zum Einsatz ausländischer Hoheitsträger im Inland

10   In Verbindung mit den umzusetzenden Bestimmungen des Unionsrechts bzw. den jeweiligen zwischenstaatlichen Vereinbarungen **dient § 74a S. 1 der Ermächtigung ausländischer Staaten, im Inland hoheitlich tätig zu werden** (BT-Drs. 16/5065, 193).

11   Er nimmt insoweit den **staatlichen Souveränitätsanspruch** und **die Geltung des völkerrechtlichen Territorialitätsprinzips zurück,** stellt die Ausübung hoheitlicher Gewalt im Bundesgebiet aber unter den **Vorbehalt der Zustimmung der zuständigen nationalen Behörden** im Einzelfall.

11.1 Nach Art. 3 Abs. 3 RL 2003/110/EG kann die Zustimmung nur aus den in der Norm genannten Gründen verweigert werden. Aus Art. 3 Abs. 6 RL 2003/110/EG ergibt sich allerdings, dass auch die tatsächliche oder rechtliche Unmöglichkeit der Durchbeförderung die Verweigerung der Zustimmung rechtfertigen kann. Nach Art. 3 Abs. 5 RL 2003/110/EG kann eine bereits erteilte Zustimmung zur Durchbeförderung nachträglich zurückgenommen werden, wenn nachträglich Ablehnungsgründe bekannt werden. Eine Prüfung der Rechtmäßigkeit der Durchbeförderungszwecke und -modalitäten ist – ungeachtet des Anwendungsvorrangs des Unionsrechts – jedenfalls am Maßstab des Art. 1 Abs. 1 GG geboten (vgl. BVerfGE 140, 317 = NJW 2016, 1149 Rn. 62 f., 83).

11.2 Außerhalb des Anwendungsbereichs der Durchbeförderungs-RL (RL 2003/110/EG v. 25.11.2003, ABl. 2003 L 321, 26; → Rn. 1.1) gelten die in zwischenstaatlichen Vereinbarungen geregelten Maßstäbe und Verfahrensbestimmungen. Sie sind aus Perspektive des nationalen Verfassungsrechts allerdings an den Grundrechten des GG zu messen, denen gegenüber völkerrechtlichen Bestimmungen mit (allenfalls) dem Rang eines Bundesgesetzes (Art. 59 Abs. 2 S. 1 GG) Geltungsvorrang zukommt.

2. § 74a S. 1 und S. 4 als Ermächtigungsgrundlage für Grundrechtseingriffe?

a) Notwendigkeit einer Ermächtigungsgrundlage für den Einsatz ausländischer 12 **Hoheitsträger.** Nach der Vorstellung des Gesetzgebers sollen die jeweiligen zwischenstaatlichen Vereinbarungen **keine subjektiven Rechte des betroffenen Ausländers begründen können** (BT-Drs. 16/5065, 193). Dies offenbart eine grundlegende Fehleinschätzung der verfassungsrechtlichen Ausgangssituation durch den Gesetzgeber: Nicht der Ausländer benötigt konkrete, durch Vereinbarungen oder Gesetz begründete Rechtspositionen, um **Abwehrrechte gegen staatliche Grundrechtseingriffe** – insbesondere die mit der Abschiebung regelmäßig eingehenden Beschränkungen der körperlichen Bewegungsfreiheit – geltend machen zu können; diese **ergeben sich unmittelbar aus der Abwehrfunktion der auch für Ausländer uneingeschränkt geltenden Menschenrechte des Grundgesetzes.** Vielmehr sind es die Hoheitsträger, die freiheitsbeschränkende Maßnahmen nur auf Grundlage gesetzlicher Ermächtigungen vornehmen dürfen.

Nichts anderes gilt für die Durchbeförderung von Ausländern durch ausländische Hoheitsträger 13 durch das Bundesgebiet: Zwar sind diese selbst nicht unmittelbar an die Bestimmungen des Grundgesetzes gebunden (Art. 1 Abs. 3 GG); sie verfügen im deutschen Hoheitsgebiet aber auch nicht über originäre Befugnisse und können sich nicht auf die legitimierende Kraft ausländischer Hoheitsakte berufen. Aus Sicht des Abschiebebetroffenen sind sie daher **grundsätzlich als Privatrechtssubjekte anzusehen, gegenüber deren freiheitsentziehenden Maßnahmen ihm grundsätzlich allgemeine Notwehrbefugnisse (§ 32 StGB) zustehen.**

Soweit der nationale Gesetzgeber ausländischen Hoheitsträgern hingegen auch im Inland beson- 14 dere Eingriffsbefugnisse einräumt oder dem von Maßnahmen ausländischer Hoheitsträger Betroffenen – wie in § 74 S. 4 – Duldungspflichten auferlegt, sind deren **Handlungen der deutschen Hoheitsgewalt unmittelbar zuzurechnen** (GK-AufenthG/Funke-Kaiser Rn. 21, unklar Rn. 30). Sie sind daher auf deutschem Staatsgebiet nicht weniger an Grundrechte gebunden als andere Beliehene (vgl. NK-AuslR/Keßler Rn. 7; Huber AufenthG/Westphal, 2. Aufl. 2016, Rn. 6; allg. Dreier/Dreier GG Art. 1 Abs. 3 Rn. 39).

b) Untauglichkeit des § 74 S. 1 und S. 4 als Ermächtigungsgrundlage. Den Anforderun- 15 gen an eine **grundrechtsbeschränkende Ermächtigungsgrundlage,** die insbesondere Eingriffe in das Recht auf Freiheit nach Art. 2 Abs. 2 GG, Art. 104 GG ermöglichen soll, genügen § 74a S. 1 und S. 4 allerdings – jedenfalls bei isolierter Betrachtung (vgl. → Rn. 28 ff. zur Betrachtung unter Einbeziehung der in § 74a S. 2 genannten Rechtsakte) – offensichtlich nicht: So lassen diese schon nicht erkennen, zu welchen Zwecken bzw. unter welchen Voraussetzungen 16 eine Erlaubnis zur Durchbeförderung rechtmäßigerweise erteilt werden kann.

Zwar dürfte der dem Gesetzgeber vor Augen stehende Regelfall die Abschiebung von Drittstaatsangehö- 16.1 rigen – zB auf Grundlage der Rückführungs-RL (RL 2008/115/EG v. 16.12.2008, ABl. 2008 L 348, 98) – in ihr Herkunftsland sein; zum Spektrum der ebenso denkbaren „Durchbeförderungen" gehören allerdings auch zB die Auslieferung zur Durchführung eines Strafverfahrens oder extralegale Entführungsflüge („extraordinary rendition") durch ausländische Polizeibehörden und Nachrichtendienste (vgl. BT-Drs. 16/355, 1).

Hier muss der Gesetzgeber selbst eine Grundsatzentscheidung treffen, ob und ggf. unter welchen 17 Voraussetzungen – zB auf Grundlage einer richterlichen Entscheidung im Herkunftsland – er deren Durchführung nicht nur hinnehmen, sondern durch Ermächtigung ausländischer Hoheitsträger zur Ausübung von Hoheitsgewalt im Bundesgebiet unterstützen will (vgl. allg. Dreier/Schulze-Fielitz GG Art. 104 Rn. 31 ff.).

Dem kann nicht entgegengehalten werden, dass die Verantwortung für die Rechtmäßigkeit der der 17.1 Durchbeförderung zugrunde liegenden Maßnahme alleine beim ersuchenden Mitgliedstaat liege, so dass der ersuchte Mitgliedstaat hiergegen keinen Rechtsschutz bieten dürfe (so aber GK-AufenthG/Funke-Kaiser Rn. 29; Hailbronner AuslR Rn. 4). Denn jedenfalls im Fall der Durchbeförderung auf Grundlage zwischenstaatlicher Vereinbarungen wäre dies mit Art. 19 Abs. 4 GG strukturell unvereinbar, da jedenfalls die Bewilligung einer Durchbeförderungserlaubnis – unabhängig von der Frage der Zurechenbarkeit im Übrigen (→ Rn. 14) – einen nationalen Hoheitsakt darstellt. Auch im Fall unionsrechtlich voll determinierter Sachverhalte kann auf eine Einhaltung verfassungsrechtlicher Mindeststandards jedoch nicht vollständig verzichtet werden (vgl. BVerfGE 140, 317 = NJW 2016, 1149 Rn. 83).

Die erforderliche Prüfung kann auch **nicht durch eine Einzelfallprüfung** durch die nach § 74a S. 3 17.2 iVm § 58 Abs. 1 zuständige Behörde **ersetzt werden.** Denn diese wäre zwar theoretisch geeignet, eine Durchbeförderung zB zum Zwecke der „extraordinary rendition" im Einzelfall zu untersagen. Dem besonderen Gesetzesvorbehalt des Art. 104 Abs. 1 S. 1 GG könnte allerdings nur eine gesetzliche Festlegung der zulässigen Durchbeförderungszwecke genügen (vgl. Dreier/Schulze-Fielitz GG Art. 104 Rn. 29 ff.). Zudem sieht zB das Verfahren nach Art. 4 RL 2003/110/EG eine Mitteilung der Zwecke einer individuellen Durchbeförderung nicht vor (→ Rn. 32), so dass eine solche Prüfung schon praktisch nicht stattfinden könnte.

18   Ebenso fehlt eine Regelung, unter **welchen formalen und inhaltlichen Voraussetzungen der Gesetzgeber freiheitsbeschränkende und freiheitsentziehende Maßnahmen durch ausländische Hoheitsträger zulassen will** (Art. 104 Abs. 1 S. 1, Abs. 2 S. 4 GG; vgl. auch Bergmann/Dienelt/Winkelmann/Kolber Rn. 2; NK-AuslR/Keßler Rn. 9; Huber AufenthG/ Westphal, 2. Aufl. 2016, Rn. 7; GK-AufenthG/Funke-Kaiser Rn. 21).

19   Nicht geregelt ist schließlich, ob und in welchem Umfang der Gesetzgeber ausländischen Hoheitsträgern die Ausübung unmittelbaren Zwangs – sei es durch Festhalten, Fesselung oder ggf. auch den Einsatz körperlicher Gewalt – zur Durchsetzung der Durchführung ermöglichen will (zu Recht krit. Bergmann/Dienelt/Winkelmann/Kolber Rn. 2; GK-AufenthG/Funke-Kaiser Rn. 22). Das in § 74a S. 4 allgemein geregelte Erforderlichkeitsgebot ist insoweit nicht ausreichend, zumal ausländischen Hoheitsträgern das deutsche Verständnis des Verhältnismäßigkeitsgrundsatzes – gedacht sei etwa an US-amerikanische Sicherheitskräfte, die insbesondere im Ausland regelmäßig nicht an Verhältnismäßigkeitserwägungen gebunden sind (Supreme Court of the United States Urt. v. 24.4.2001 – 532 U.S. 318 (2001) – Atwater / City of Lago Vista; Urt. v. 28.2.1990 – 494 U.S. 259 (1990) – United States / Verdugo-Urquidez; Wittmann, Der Schutz der Privatsphäre vor staatlichen Überwachungsmaßnahmen durch die US-amerikanische Bundesverfassung, 2014, 582 f.; 789 Fn. 3887) – regelmäßig nicht selbst vor Augen stehen wird.

20   Schließlich **fehlt es auch an einer Ermächtigungsnorm, die deutschen Hoheitsträgern unterstützende Grundrechtseingriffe ermöglicht.** Art. 6 Abs. 3 RL 2003/110/EG ist insoweit ebenso ungeeignet wie die allgemeinen Standardmaßnahmen des BPolG oder des AufenthG (→ Rn. 34 f.).

21   Die Ermächtigungsnormen des § 74a S. 1 und S. 4 sind **mithin nur dann ausreichend, wenn die Durchbeförderung auf einem freien Willensentschluss des Betroffenen beruht** und das Einverständnis des Betroffenen auch während ihrer Durchführung durchgehend fortbesteht. Dies wird regelmäßig nur bei unbegleiteten Durchbeförderungen der Fall sein, die keine grundrechtlichen Fragestellungen aufwerfen.

22   In sonstigen Fällen können sich hinreichende rechtsstaatliche Sicherungen nur aus § 74a S. 1 und S. 4 in Verbindung mit den jeweils einschlägigen zwischenstaatlichen Vereinbarungen oder Rechtsvorschriften der EU ergeben (§ 74a S. 2).

II. Verfahren der Durchbeförderung (S. 2)

1. Durchbeförderung auf Grundlage der Durchbeförderungs-RL (RL 2003/110/EG)

23   **a) Anwendungsbereich.** Nach § 74a S. 2 Alt. 2 kann die Durchbeförderung unter anderem **auf der Grundlage von Rechtsvorschriften der EU** erfolgen. Da der Unionsgesetzgeber insoweit bislang nur durch Erlass der Richtlinie über die Unterstützung bei der Durchbeförderung im Rahmen von Rückführungsmaßnahmen auf dem Luftweg (Durchbeförderungs-RL – RL 2003/110/EG v. 25.11.2003, ABl. 2003 L 321, 26) tätig geworden ist (NK-AuslR/Keßler Rn. 5) und sich deren Anwendungsbereich auf die Durchbeförderung auf dem Luftweg (unter Inanspruchnahme der innerstaatlichen Transitflughäfen) beschränkt, ist eine Durchbeförderung auf dem Landweg derzeit nur auf Grundlage zwischenstaatlicher Vereinbarungen möglich (§ 74a S. 2 Alt. 1).

23.1   Kein Fall der Durchbeförderung liegt vor, wenn ein Abschiebe- oder Personentransportflug lediglich – ohne Zwischenlandung – deutschen Luftraum durchquert. Ob und unter welchen Umständen derartige Flüge zulässig sind, ist in erster Linie **Frage des Luftverkehrsrechts** (vgl. BT-Drs. 16/355, 4 ff.).

24   **Keine Anwendung** findet die Durchbeförderungs-RL auch **auf Dänemark, Irland und Großbritannien,** die wirksame Vorbehalte gegen die Annahme der Richtlinie erklärt haben (vgl. Erwägungsgrund 9 und 11 RL 2003/110/EG). Hoheitsträgern dieser Staaten kann eine Durchbeförderung auf dem Luftweg – ebenso wie bei Hoheitsträgern von Staaten außerhalb der EU – nur auf Grundlage zwischenstaatlicher Vereinbarungen ermöglicht werden.

25   **b) Grundstrukturen der Durchbeförderungs-RL (RL 2003/110/EG).** Eine Durchbeförderung unter Inanspruchnahme innerstaatlicher Transitflughäfen sieht die Durchbeförderungsrichtlinie nur dann vor, **wenn ein Direktflug** in den Zielstaat **aus vertretbaren praktischen Gründen nicht genutzt werden kann** (Art. 3 Abs. 1, Abs. 2 S. 1 RL 2003/110/EG). Eine

Durchbeförderung unter Wechsel des Flughafens auf dem Hoheitsgebiet des Transitstaats ist nach Art. 3 Abs. 2 S. 2 RL 2003/110/EG zwar zumindest ausnahmsweise möglich, kann vom Transitstaat aber jederzeit ohne Angabe individueller Gründe abgelehnt werden (Art. 3 Abs. 3 lit. c RL 2003/110/EG).

Nr. 74a.1 S. 3 AufenthGAVwV muss wohl so verstanden werden, dass eine Durchbeförderung unter **25.1** Wechsel des Transitflughafens auf deutschem Hoheitsgebiet generell nicht gestattet werden soll. Dies ist auf Grundlage der oben genannten Bestimmungen zulässig und bedarf – jenseits des Verweises auf Art. 3 Abs. 3 lit. c RL 2003/110/EG – keiner individuellen Begründung.

Die Durchbeförderung auf dem Luftweg bedarf der **schriftlichen Beantragung durch den** **26** **ersuchenden Mitgliedsstaat** und darf **nur mit Zustimmung des ersuchten Staats** erfolgen (Art. 3 Abs. 2 S. 1 RL 2003/110/EG, Art. 4 Abs. 1 RL 2003/110/EG). Dieser darf die Zustimmung aus den in Art. 3 Abs. 3 RL 2003/110/EG genannten Gründen verweigern oder nachträglich zurücknehmen, muss dies aber gem. Art. 3 Abs. 6 RL 2003/110/EG begründen (vgl. zu den einzelnen Ablehnungsgründen GK-AufenthG/Funke-Kaiser Rn. 9).

Bei ergebnislosem Verstreichen der in Art. 4 Abs. 2 UAbs. 1 RL 2003/110/EG genannten Fristen wird **26.1** eine Zustimmung des ersuchten Mitgliedsstaates fingiert (Art. 4 Abs. 2 UAbs. 2 RL 2003/110/EG), wobei UAbs. 3 und UAbs. 4 eine Ersetzung der Zustimmungspflicht durch ein Notifikationsverfahren auf Grundlage bi- oder multilateraler Vereinbarungen ermöglicht.

Die Details des Antragsverfahrens sind in Art. 4 RL 2003/110/EG geregelt, wobei die Bundes- **27** republik Deutschland als „zentrale Behörde" iSv Art. 4 Abs. 5 UAbs. 1 RL 2003/110/EG das Bundespolizeipräsidium – früher die Bundespolizeidirektion – benannt hat (→ Rn. 8 f.; → Rn. 39 ff.; vgl. zum Verfahren allg. GK-AufenthG/Funke-Kaiser Rn. 11).

c) Untauglichkeit der Durchbeförderungsrichtlinie als nationale Ermächtigungs- **28** **grundlage. Als Ermächtigungsgrundlage für das Tätigwerden ausländischer Hoheitsträ-** **ger,** die bei Maßnahmen gegen den Willen des Betroffenen einzufordern ist (→ Rn. 12 ff.), **ist** **die Durchbeförderungs-RL** (RL 2003/110/EG v. 25.11.2003, ABl. 2003 L 321, 26) **indes** **strukturell ungeeignet.**

Dies folgt schon aus dem Umstand, dass die Durchbeförderungs-RL als Europäische Richtlinie **29** iSd Art. 288 Abs. 3 AEUV der **Umsetzung in die nationale Rechtsordnung** bedarf, um innerstaatliche Wirkung entfalten zu können. Eine **unmittelbare Anwendung zu Lasten nicht-** **staatlicher Akteure** scheidet nach den **allgemeinen Grundsätzen der unmittelbaren** **Anwendbarkeit aus** (Huber AufenthG/Westphal, 2. Aufl. 2016, Rn. 7; GK-AufenthG/Funke-Kaiser Rn. 20, 22; allg. Calliess/Ruffert/Ruffert AEUV Art. 288 Rn. 57 ff.).

Als tauglicher nationaler Umsetzungsakt kann die Bestimmung des § 74a S. 2 indes schon **30** deswegen nicht verstanden werden, weil dieser **pauschal auf die Geltung von „Rechtsvor-** **schriften der Europäischen Union"** verweist (EuGH BeckRS 2004, 77934 Rn. 36; Huber AufenthG/Westphal, 2. Aufl. 2016, Rn. 7). Zudem stehen die in der Richtlinie geregelten Befugnisse ausländischer Hoheitsträger nach Art. 7 Abs. 1 UAbs. 2 RL 2003/110/EG ausdrücklich unter dem Vorbehalt der Einhaltung der nationalen Rechtsordnung, was eine Umsetzung durch bloße Verweisung ebenfalls ausschließen dürfte.

Nicht gefolgt werden kann der Auffassung von GK-AufenthG/Funke-Kaiser Rn. 22, der der Klausel **30.1** lediglich eine Beschränkung auf die nationalen Hoheitsträgern zustehenden Befugnisse entnehmen will. Denn ausländische Hoheitsträger verfügen in Deutschland nicht über hoheitliche Befugnisse und sind daher nicht anders zu behandeln als sonstige natürliche Personen ohne besondere Eingriffsbefugnisse.

Unabhängig davon wäre auch eine unmittelbare oder auf § 74a S. 2 als Transmissionsvorschrift **31** gestützte Anwendung der Richtlinie nicht geeignet, die mit einer unfreiwilligen Durchbeförde- rung verbundenen Freiheitsbeschränkungen zu rechtfertigen:

Denn zum einen regelt die Richtlinie selbst **keine materiellen Abschiebungs- oder Durch-** **32** **beförderungsvoraussetzungen** – insbesondere im Hinblick auf die erzwungene Rückholung eigener Staatsangehöriger bzw. sonstiger Ausländer in einen EU-Mitgliedsstaat, die im deutschen Recht zB nicht vorgesehen ist – oder sonstige Einschränkung der zulässigen Durchbeförderungs- zwecke (vgl. zu diesem Erfordernis → Rn. 16 f.). Diese Voraussetzung kann auch eine individuelle Prüfung durch den ersuchten Mitgliedsstaat nicht ersetzen, zumal Art. 4 Abs. 3 und Abs. 4 RL 2003/110/EG eine Mitteilung des Zwecks der geplanten Durchbeförderung gar nicht erst vorsieht (→ Rn. 17.2).

Zum anderen sind die Befugnisse der ausländischen Begleitkräfte nach Art. 7 Abs. 1 UAbs. 1 **33** S. 1 RL 2003/110/EG grundsätzlich **auf Maßnahmen der Notwehr beschränkt** und werden durch Art. 7 Abs. 1 UAbs. 1 S. 2 RL 2003/110/EG nur dann auf Maßnahmen zur Verhinderung einer unmittelbar bevorstehenden Flucht erweitert, wenn diese mit Verletzungen oder Sachschäden einherzugehen droht. Eine Ermächtigung zB zum Festhalten oder gar der Fixierung einer reiseunwilligen, nicht gewalttätigen Person liegt hierin jedoch nicht. Dies machen auch Art. 7 Abs. 2 RL 2003/110/EG und Art. 5 Abs. 2 und Abs. 3 deutlich, die ein bewaffnetes und uniformiertes Auftreten ausländischer Hoheitsträger ausschließen und **Zwangsmaßnahmen grundsätzlich den Behörden des ersuchten Staates vorbehalten.**

34   Auch für die nationalen Behörden taugen die Bestimmungen der Durchbeförderungs-RL (RL 2003/110/EG v. 25.11.2003, ABl. 2003 L 321, 26) indes – sei es in unmittelbarer oder auf § 74a S. 2 Alt. 2 gestützter Anwendung – **nicht als Ermächtigungsgrundlage für freiheitsbeschränkende Zwangsmaßnahmen.** Zwar sieht Art. 5 Abs. 2 RL 2003/110/EG Unterstützungsmaßnahmen des ersuchten Staates vor, die unter anderem die Inhaftierung (Art. 5 Abs. 3 lit. a RL 2003/110/EG) und den Einsatz unmittelbaren Zwangs (Art. 5 Abs. 3 lit. b RL 2003/110/EG) zur Verhinderung der Flucht umfassen; diese stehen jedoch ausdrücklich unter dem Vorbehalt ihrer Zulässigkeit nach der jeweiligen nationalen Rechtsordnung („nach Maßgabe seines innerstaatlichen Rechts") und können die nach deutschem Recht erforderliche besondere Ermächtigungsgrundlage für Freiheitsentziehungen oder -beschränkungen daher nicht ersetzen.

35   Entsprechende Befugnisse hat der Gesetzgeber den nationalen Behörden bislang aber auch sonst nicht eingeräumt, da eine Ingewahrsam- oder Inhaftnahme zu Zwecken der Unterstützung ausländischer Abschiebungs- oder Rückholungsbemühungen weder in § 39 BPolG noch in § 62 oder in sonstigen Bestimmungen des nationalen Rechts vorgesehen ist.

35.1   Es fehlt insbesondere an geeigneten Bestimmungen, die eine richterliche Anordnung einer Art **„Durchbeförderungshaft"** materiell-rechtlich tragen könnten (vgl. Winkelmann ZAR 2008, 268 (273 f.); Bergmann/Dienelt/Winkelmann/Kolber Rn. 7 ff.; NK-AuslR/Keßler Rn. 9).

35.2   Allerdings können auch minderschwere Grundrechtseingriffe regelmäßig **nicht auf die Generalklausel des § 14 Abs. 1 BPolG gestützt werden,** da die Verweigerung der Mitwirkung an der eigenen Durchbeförderung aufgrund der Bestimmtheitsmängel der in § 74 S. 4 geregelten Duldungspflicht (→ Rn. 44 f.) keine „Gefahr" im polizeilichen Sinne begründet (aA insoweit Bergmann/Dienelt/Winkelmann/Kolber Rn. 9).

2. Durchbeförderung auf Grundlage zwischenstaatlicher Vereinbarungen

36   Eine Durchbeförderung auf Grundlage zwischenstaatlicher Vereinbarung kommt vor allem außerhalb des Anwendungsbereichs der Durchbeförderungs-RL (RL 2003/110/EG v. 25.11.2003, ABl. 2003 L 321, 26) in Betracht, dh bei der **Durchbeförderung auf dem Landweg** oder **durch nicht an der Umsetzung der Richtlinie beteiligte Staaten** wie zB Nicht-EU-Staaten oder Dänemark, Irland oder Großbritannien (→ Rn. 24).

36.1   Eine Übersicht über die einschlägigen zwischenstaatlichen Vereinbarungen mit einzelnen Staaten findet sich bei NK-AuslR/Keßler Rn. 1 und bei GK-AufenthG/Funke-Kaiser Rn. 4.

37   Nach der Vorstellung des Gesetzgebers sollen die die Durchbeförderung regelnden zwischenstaatliche Vereinbarungen nicht der Schriftform unterliegen (BT-Drs. 16/5065, 193; so auch Nr. 74.0.2 AufenthGAVwV). Dies mag völkerrechtlich zutreffen (vgl. GK-AufenthG/Funke-Kaiser Rn. 4), ist als Grundlage zur Ermächtigung von Grundrechtseingriffen (zur Erforderlichkeit → Rn. 12 ff.) aber von vorneherein ungeeignet, da nicht schriftlich niedergelegte und verkündete Normen keine die Grundrechte einschränkende Wirkung entfalten können.

38   Dem grundrechtlichen Gesetzesvorbehalt des Art. 104 Abs. 1 S. 1 GG könnten zwischenstaatliche Vereinbarungen vielmehr nur dann genügen, wenn sie durch Zustimmungsgesetz des Parlamentes umgesetzt – dh vom Bundestag beschlossen sowie ausgefertigt und verkündet – wurden und den Anforderungen an das Vorliegen einer „self-executing"-Norm genügen (Dreier/Schulze-Fielitz GG Art. 104 Rn. 29). Jedoch begründet keines der einschlägigen Abkommen hoheitliche Befugnisse der ausländischen Begleitpersonen (Huber AufenthG/Westphal, 2. Aufl. 2016, Rn. 3, 7), so dass Zwangsmaßnahmen nur durch nationale Behörden auf Grundlage nationaler Bestimmungen erfolgen könnten.

III. Bestimmung einer „zentralen Behörde" durch Rechtsverordnung (S. 3)

39   Die **„zentrale Behörde"** nach Art. 4 Abs. 5 UAbs. 1 RL 2003/110/EG hat die Aufgabe, ausländische Ersuchen auf Gestattung einer begleiteten oder unbegleiteten Durchbeförderung auf dem Luftweg (→ Rn. 23 ff.) und die damit verbundenen Unterstützungsmaßnahmen (→

Rn. 34 f.) entgegenzunehmen. Diese Behörde hat nicht notwendigerweise auch die sachliche Befugnis zur Entscheidung über das Ersuchen, da Art. 4 Abs. 2 S. 1 RL 2003/110/EG lediglich eine Beantwortung des Ersuchens durch „den Mitgliedsstaat" vorsieht; es spricht jedoch nichts dagegen, der „zentralen Behörde" im Sinne der Durchbeförderungs-RL (RL 2003/110/EG v. 25.11.2003, ABl. 2003 L 321, 26) nach innerstaatlichem Recht auch die sachliche Entscheidungsbefugnis zuzuweisen.

In § 74 S. 3 hatte der Gesetzgeber ursprünglich die Bundespolizeidirektion als „zentrale **40** Behörde" iSd Art. 4 Abs. 5 RL 2003/110/EG benannt. Im Zuge der Umstrukturierung der Bundespolizei durch das **Gesetz zur Änderung des Bundespolizeigesetzes und anderer Gesetze** (v. 26.2.2008, BGBl. I 215) wurde die Zuständigkeitsregel allerdings durch einen Verweis auf § 58 Abs. 1 dynamisiert, der eine an das Bundesministerium des Innern gerichtete Verordnungsermächtigung zur Regelung der sachlichen und örtlichen Zuständigkeit der einzelnen Bundespolizeibehörden enthält (→ Rn. 8).

Von der Verordnungsermächtigung des § 58 Abs. 1 BPolG hat das Bundesministerium des **41** Innern durch Erlass der BPolZV (Verordnung über die Zuständigkeit der Bundespolizeibehörden v. 22.2.2008, BGBl. I 250) Gebrauch gemacht. Nach § 1 Abs. 3 Nr. 1 lit. b BPolZV ist nunmehr das Bundespolizeipräsidium für die Wahrnehmung zentral wahrzunehmender Aufgaben nach § 74a S. 2 zuständig.

Die Zuständigkeitsbestimmung des § 74 S. 3 iVm § 58 Abs. 1 BPolG und der BPolZV gilt nur **42** für Anträge auf Grundlage der Durchbeförderungs-RL. Im Rahmen der meisten Rückübernahme- und Durchbeförderungsabkommen nimmt das Bundespolizeipräsidium aber eine vergleichbare Rolle bei der Beantragung und Bearbeitung von Anträgen auf Durchbeförderungen ein (Nr. 74a.4 AufenthGAVwV).

IV. Duldungspflicht (S. 4)

Nach § 74a S. 4 hat der durchbeförderte Ausländer **die erforderlichen Maßnahmen im 43 Zusammenhang mit seiner Durchbeförderung zu dulden.** Nach der Vorstellung des Gesetzgebers soll diese Bestimmung wohl insbesondere die Ausübung von Notwehr- und Nothilferechten gegen Freiheitsbeschränkungen durch ausländische Hoheitsträger im Bundesgebiet ausschließen; sie verpflichtet zugleich zum Verbleib im „Gewahrsam" etwaiger Begleitpersonen.

Da die Norm auf diese Weise jedoch eine **Zurechnung ausländischer Hoheitsakte zur 44 deutschen Staatsgewalt begründet** und die Anwendbarkeit des grundrechtlichen Gesetzesvorbehalts auslöst, ist sie an den verfassungsrechtlichen Anforderungen des Bestimmtheitsgebots und der Wesentlichkeitslehre zu messen (→ Rn. 12 ff.). **Diese verfehlt die Norm jedoch auch unter Einbeziehung des § 74a S. 1 und der Regelungen der Durchbeförderungs-RL** (RL 2003/110/EG v. 25.11.2003, ABl. 2003 L 321, 26) **gröblich** (→ Rn. 15 ff., → Rn. 28 ff.), so dass § 74a S. 4 die ihm vom Gesetzgeber zugedachte Funktion nicht erfüllen kann (ähnlich im Ergebnis auch Bergmann/Dienelt/Winkelmann/Kolber Rn. 9; NK-AuslR/Keßler Rn. 8; unkrit. GK-AufenthG/Funke-Kaiser Rn. 20). Hier besteht erheblicher Nachholungsbedarf des Gesetzgebers, wenn er Durchbeförderungsmaßnahmen auch gegen den Willen des betroffenen Ausländers ermöglichen will (→ Rn. 21).

Auch als Ermächtigungsnorm für Grundrechtseingriffe innerstaatlicher Behörden genügen **45** § 74a S. 1 und S. 4 den verfassungsrechtlichen Mindestanforderungen nicht (→ Rn. 34 f.).

Abschnitt 2. Bundesamt für Migration und Flüchtlinge

§ 75 Aufgaben

Das Bundesamt für Migration und Flüchtlinge hat unbeschadet der Aufgaben nach anderen Gesetzen folgende Aufgaben:
1. **Koordinierung der Informationen über den Aufenthalt zum Zweck der Erwerbstätigkeit zwischen den Ausländerbehörden, der Bundesagentur für Arbeit und der für Pass- und Visaangelegenheiten vom Auswärtigen Amt ermächtigten deutschen Auslandsvertretungen;**
2. **a) Entwicklung von Grundstruktur und Lerninhalten des Integrationskurses nach § 43 Abs. 3 und der berufsbezogenen Deutschsprachförderung nach § 45a,**

    b) deren Durchführung und

    c) Maßnahmen nach § 9 Abs. 5 des Bundesvertriebenengesetzes;

3. fachliche Zuarbeit für die Bundesregierung auf dem Gebiet der Integrationsförderung und der Erstellung von Informationsmaterial über Integrationsangebote von Bund, Ländern und Kommunen für Ausländer und Spätaussiedler;

4. Betreiben wissenschaftlicher Forschungen über Migrationsfragen (Begleitforschung) zur Gewinnung analytischer Aussagen für die Steuerung der Zuwanderung;

4a. Betreiben wissenschaftlicher Forschungen über Integrationsfragen;

5. Zusammenarbeit mit den Verwaltungsbehörden der Mitgliedstaaten der Europäischen Union als Nationale Kontaktstelle und zuständige Behörde nach Artikel 27 der Richtlinie 2001/55/EG, Artikel 25 der Richtlinie 2003/109/EG, Artikel 22 Absatz 1 der Richtlinie 2009/50/EG, Artikel 26 der Richtlinie 2014/66/EU und Artikel 37 der Richtlinie (EU) 2016/801 sowie für Mitteilungen nach § 51 Absatz 8a;

5a. Prüfung der Mitteilungen nach § 16c Absatz 1, § 18e Absatz 1 und § 19a Absatz 1 sowie Ausstellung der Bescheinigungen nach § 16c Absatz 4, § 18e Absatz 5 und § 19a Absatz 4 oder Ablehnung der Einreise und des Aufenthalts;

6. Führung des Registers nach § 91a;

7. Koordinierung der Programme und Mitwirkung an Projekten zur Förderung der freiwilligen Rückkehr sowie Auszahlung hierfür bewilligter Mittel;

8. die Durchführung des Aufnahmeverfahrens nach § 23 Abs. 2 und 4 und die Verteilung der nach § 23 sowie der nach § 22 Satz 2 aufgenommenen Ausländer auf die Länder;

9. Durchführung einer migrationsspezifischen Beratung nach § 45 Satz 1, soweit sie nicht durch andere Stellen wahrgenommen wird; hierzu kann es sich privater oder öffentlicher Träger bedienen;

10. Anerkennung von Forschungseinrichtungen zum Abschluss von Aufnahmevereinbarungen nach § 18d; hierbei wird das Bundesamt für Migration und Flüchtlinge durch einen Beirat für Forschungsmigration unterstützt;

11. Koordinierung der Informationsübermittlung und Auswertung von Erkenntnissen der Bundesbehörden, insbesondere des Bundeskriminalamtes und des Bundesamtes für Verfassungsschutz, zu Ausländern, bei denen wegen Gefährdung der öffentlichen Sicherheit ausländer-, asyl- oder staatsangehörigkeitsrechtliche Maßnahmen in Betracht kommen;

12. Anordnung eines Einreise- und Aufenthaltsverbots nach § 11 Absatz 1 im Fall einer Abschiebungsandrohung nach den §§ 34, 35 des Asylgesetzes oder einer Abschiebungsanordnung nach § 34a des Asylgesetzes sowie die Anordnung und Befristung eines Einreise- und Aufenthaltsverbots nach § 11 Absatz 7;

13. unbeschadet des § 71 Absatz 3 Nummer 7 die Beschaffung von Heimreisedokumenten für Ausländer im Wege der Amtshilfe.

Überblick

§ 75 weist dem BAMF neben seinen eigentlichen Kernaufgaben nach § 5 AsylG weitere Nebenaufgaben zu. Diese können zum Teil den Themenkreisen der „asylverfahrensnahen Aufgaben" (→ Rn. 3 f., → Rn. 22 ff.), der „Koordinationsaufgaben im nationalen Behördenverbund" (→ Rn. 5, → Rn. 39 ff.), der „Tätigkeit als nationale Kontaktstelle in Umsetzung des Unionsrechts" (→ Rn. 6, → Rn. 45 ff.), der „Integrationsförderung" (→ Rn. 7, → Rn. 48 ff.) und der „Forschungsaufgaben" (→ Rn. 8, → Rn. 53 ff.) zugeordnet werden, stehen zum Teil aber auch – als „sonstige Aufgaben" (→ Rn. 9, → Rn. 56 ff.) – thematisch unverbunden nebeneinander. § 75 ist weder innerhalb noch außerhalb des AufenthG abschließend (→ Rn. 10).

Übersicht

A. Allgemeines

I. Normzweck und Normsystematik

§ 75 **weist dem BAMF** neben seiner Kernaufgabe der Durchführung des Asylverfahrens **1** (§ 5 Abs. 1 S. 1 AsylG) und der Wahrnehmung der hiermit verknüpften aufenthaltsrechtlichen Annexaufgaben nach dem AsylG (§ 5 Abs. 1 S. 2 AsylG) **weitere Nebenaufgaben zu.** Hierin wird der Wandel der ehemaligen Bundesamts für die Anerkennung ausländischer Flüchtlinge zum Bundesamt für Migration und Flüchtlinge als **„zentrale migrationspolitische Steuerungsstelle mit umfassenden Kompetenzen"** (BT-Drs. 15/420, 95) deutlich.

Die durch § 75 zugewiesenen Aufgaben können zum Teil einem oder mehreren der **Themen-** **2** **kreise der „asylverfahrensnahen Aufgaben"** (→ Rn. 3), der **„Koordinationsaufgaben im nationalen Behördenverbund"** (→ Rn. 5), der **„Tätigkeit als nationale Kontaktstelle in Umsetzung des Unionsrechts"** (→ Rn. 6), der **„Integrationsförderung"** (→ Rn. 7), der **„Forschungsaufgaben"** (→ Rn. 8) und der Durchführung des Mitteilungsverfahrens im Rahmen der kurzfristigen Mobilität (Nr. 5a) (→ Rn. 8a)zugeordnet werden. Daneben enthält § 75 aber auch **sonstige Aufgaben,** die keinen gemeinsamen Themenkreisen zugeordnet werden können und unverbunden nebeneinander stehen (→ Rn. 9 f.).

Zu den **„asylverfahrensnahen Aufgaben"** gehören neben der Aufgabe nach Nr. 12 (**Befris-** **3** **tung von Einreise- und Aufenthaltsverboten** nach § 11 Abs. 2 in den Fällen der §§ 34 ff. AsylG sowie die Anordnung und Befristung von Einreise- und Aufenthaltsverboten nach § 11 Abs. 7) vor allem die Aufgabe der **Durchführung des Aufnahmeverfahrens** nach § 23 Abs. 2 und Abs. 4 und die **Verteilung der** nach § 23 sowie der nach § 22 S. 2 **aufgenommenen Ausländer auf die Länder** (Nr. 8), die jeweils die Aufnahme und Verteilung von Flüchtlingen außerhalb des Asylverfahrens betreffen.

Ebenfalls in den Themenkreis der „asylverfahrensnahen Aufgaben" gehört die Verteilungszuständigkeit **3.1** nach § 24 Abs. 3 S. 3, die in § 75 allerdings nicht erwähnt wird (→ Rn. 35).

Hinzu treten die **Funktion als nationale Kontaktstelle im Sinne der Schutzgewährungs-** **4** **RL** (RL 2001/55/EG v. 20.7.2001, ABl. 2001 L 212, 12; Nr. 5 Alt. 1) und – hiermit thematisch verbunden – die Führung des **Registers zum vorübergehenden Schutz** nach § 91a (Nr. 6).

Dem Themenkomplex der **„Koordinationsaufgaben im nationalen Behördenverbund"** **5** sind die Aufgaben nach § 75 Nr. 1 (**Koordinierung der Informationen über den Aufenthalt zum Zweck der Erwerbstätigkeit** zwischen den Ausländerbehörden, der Bundesagentur für Arbeit und der für Pass- und Visaangelegenheiten vom Auswärtigen Amt ermächtigten deutschen Auslandsvertretungen) und Nr. 11 (**Koordinierung der Informationsübermittlung und Auswertung von Erkenntnissen der Bundesbehörden zu** Ausländern, bei denen wegen **Gefährdung der öffentlichen Sicherheit** ausländer-, asyl- oder staatsangehörigkeitsrechtlicher Maßnahmen in Betracht kommen) zuzuordnen. Den jeweiligen Aufgabennormen ist gemein, dass der Gesetzgeber sie augenscheinlich zugleich als Befugnisnormen verstanden wissen will. Als solche genügen sie verfassungsrechtlichen Mindestanforderungen jedoch nicht (→ Rn. 40 ff.).

Eine Aufgabe als **nationale Kontaktstelle bei der Umsetzung unionsrechtlicher Vor-** **6** **schriften** oder als vergleichbare Behörde ist dem BAMF in den Fällen der Nr. 5 zugewiesen. Hiervon umfasst sind die Tätigkeit als nationale Kontaktstelle iSd Art. 27 Schutzgewährungs-RL (RL 2001/55/EG v. 20.7.2001, ABl. 2001 L 212, 12), als Kontaktstelle nach Art. 25 Daueraufenthalts-RL (RL 2003/109/EG v. 25.11.2003, ABl. 2004 L 16, 44) und des Art. 37 RL (EU) 2016/801 (REST-RL v. 11.5.2016, ABl. 2016 L 132, 21; früher Art. 8 Abs. 3 Studenten-RL – RL 2004/114/EG v. 13.12.2004, ABl. 2004 L 375, 12), als Anlaufstelle iSd Art. 22 Abs. 1 RL 2009/50/EG (Hochqualifizierten-RL v. 25.5.2009, ABl. 2009 L 155, 17), als Kontaktstelle iSd Art. 26 ICT-RL (RL 2014/66/EU v. 15.5.2014, ABl. 2014 L 157, 1) und als zuständige Behörde nach § 51 Abs. 8a (Mitteilung der Annullierung und Aufhebung eines Schengen-Visums an andere Mitgliedsstaaten). Mittelbar der Umsetzung des Unionsrechts dient auch der Kompetenztitel des § 75 Nr. 10, der die REST-RL (RL (EU) 2016/801 v. 11.5.2016, ABl. 2016 L 132, 21) umsetzt (→ Rn. 61). Er begründet aber keine Aufgaben des BAMF im Behördenverbund der Mitgliedstaaten und ist daher den sonstigen Aufgaben zuzurechnen (→ Rn. 56 ff.).

7   Zum Themenkomplex der **Integrationsförderung** gehören die Aufgaben nach Nr. 2 lit. a und lit. b (**Entwicklung bzw. Durchführung des Integrationskurses** nach § 43 Abs. 3 und der **berufsbezogenen Deutschsprachförderung** nach § 45a), nach Nr. 9 (Durchführung einer **migrationsspezifischen** Beratung nach § 45 S. 1), nach Nr. 2 lit. c (Entwicklung bzw. Durchführung des **Integrationskurses für Spätaussiedler** sowie Durchführung weiterer Integrationshilfen nach § 9 Abs. 5 BVFG), nach Nr. 3 (fachliche Zuarbeit für die Bundesregierung auf dem Gebiet der **Integrationsförderung** und der **Erstellung von Informationsmaterial über Integrationsangebote** für Ausländer und Spätaussiedler) und nach Nr. 4a (Betreiben **wissenschaftlicher Forschungen über Integrationsfragen**). Insgesamt begründet das AufenthG so einen weiteren Themenschwerpunkt des BAMF neben der Durchführung des Asylverfahrens und verleiht diesem so den Charakter als „**Kompetenzzentrum Integration**" (zum Begriff Bergmann/Dienelt/Samel Rn. 6).

8   **Forschungsaufgaben** nimmt das BAMF im Zusammenhang mit **Migrationsfragen zur Gewinnung analytischer Aussagen für die Steuerung der Zuwanderung** (Nr. 4) und hinsichtlich **Integrationsfragen** wahr (Nr. 4a).

8a   Mit der Durchführung des Mitteilungsverfahrens im Rahmen der kurzfristigen Mobilität (Nr. 5a) wurden dem BAMF originär ausländerrechtliche Aufgaben zugewiesen (→ Rn. 21b, → Rn. 55a ff.).

9   Nicht den oben genannten Themenkreisen zuzuordnen sind die **sonstigen Aufgaben** nach Nr. 7 (Koordinierung der Programme und Mitwirkung an Projekten zur **Förderung der freiwilligen Rückkehr** sowie Auszahlung hierfür bewilligter Mittel), nach Nr. 10 (**Anerkennung von Forschungseinrichtungen** zum Abschluss von Aufnahmevereinbarungen nach § 20) und nach Nr. 13 (Beschaffung von Heimreisedokumenten für Ausländer im Wege der Amtshilfe).

10   Schon nach seinem Wortlaut („unbeschadet der Aufgaben nach anderen Gesetzen") ist § 75 **nicht abschließend** (Bergmann/Dienelt/Samel Rn. 3). Weitere Zuständigkeitszuweisungen finden sich unter anderem in § 1 Abs. 1 AZRG oder in § 5 AsylG. Er ist auch innerhalb des AufenthG nicht abschließend, wie zB die nicht in § 75 erwähnten Aufgaben nach § 16a Abs. 1 S. 1, § 24 Abs. 3 S. 3 zeigen.

11   In der Sache wirkt § 75 **zum Teil aufgaben- bzw. zuständigkeitsbegründend, bildet teilweise aber** – wie zB im Fall des § 23 Abs. 4 S. 2 iVm § 24 Abs. 3 S. 3 oder des § 91a Abs. 1 – **auch lediglich bereits anderweitig begründete Zuständigkeitsregelungen ab.** Dies ist insbesondere im Hinblick auf die – gesetzgebungstechnisch missratene – Aufgabennorm des § 75 Nr. 8 unnötig verwirrend (→ Rn. 34 f.).

12   Aus der Vielgestaltigkeit des Aufgabenportfolios des BAMF folgt zugleich, dass das BAMF abhängig von der jeweils wahrgenommenen Aufgabe dem Bundesministerium des Innern, dem jeweils zuständigen Fachministerium oder der Bundesregierung insgesamt untersteht (Hailbronner AuslR Rn. 1; BeckOK AuslR/Eichenhofer Rn. 4).

II. Entstehungsgeschichte

13   Die Aufgabennorm des § 75 Nr. 2 lit. b war – abweichend vom Inkrafttretenszeitpunkt des AufenthG im Übrigen – bereits zum 1.9.2004 in Kraft getreten, um eine zeitnahe Vorbereitung der Integrationskurse zu ermöglichen. Die übrigen Aufgabennormen des damaligen § 75 Nr. 1–8 (ohne die erst mit Gesetz v. 21.7.2016, BGBl. I 1939 eingefügte Nr. 4a) traten dann erst zum 1.1.2005 in Kraft.

14   Mit Gesetz v. 14.3.2005 (BGBl. I 721) wurden die Aufgaben des BAMF um die Durchführung migrationsspezifischer Beratungen nach § 45 S. 2 erweitert (§ 75 Nr. 9).

15   Durch Gesetz v. 16.5.2007 (BGBl. I 748) wurde die Aufgabennorm des Nr. 8 auf die Durchführung des Aufnahmeverfahrens nach § 23 Abs. 2 sowie die Verteilung sämtlicher nach § 23 sowie

nach § 22 S. 2 aufgenommenen Ausländer erstreckt; an die Stelle der „Personen" traten begrifflich die „Ausländer".

Die Verteilung der nach § 22 S. 2 aufgenommenen Ausländer durch das BAMF entspricht der früheren **15.1** Weisungspraxis des Bundesministeriums des Innern und kodifiziert diese (BT-Drs. 16/4444, 7).

Das Gesetz zur Umsetzung aufenthalts- und asylrechtlicher Richtlinien der Europäischen Union **16** (v. 19.8.2007, BGBl. I 1970) brachte neben einer **Erweiterung der Tätigkeit des BAMF als nationale Kontaktstelle im Behördenverbund der Europäischen Union** auf die Daueraufenthalts-RL (RL 2003/109/EG v. 25.11.2003, ABl. 2004 L 16, 44), die Studenten-RL (RL 2004/114/EG v. 13.12.2004, ABl. 2004 L 375, 12; nunmehr REST-RL; → Rn. 21) und das SDÜ (Schengener Durchführungsabkommen v. 19.6.1990; nunmehr Visakodex) und der Koordinationsaufgabe der Nr. 11 (Koordinierung der Erkenntnisse der Bundesbehörden zu Gefährdern) auch die sonstige Aufgabe der Nr. 10 (Anerkennung von Forschungseinrichtungen zum Abschluss von Aufnahmevereinbarungen) mit sich.

Mit dem Gesetz zur Umsetzung aufenthaltsrechtlicher Richtlinien der Europäischen Union **17** und zur Anpassung nationaler Rechtsvorschriften an den EU-Visakodex (v. 22.11.2011, BGBl. I 2258) und dem Gesetz zur Umsetzung der Hochqualifizierten-Richtlinie der Europäischen Union (v. 1.6.2012, BGBl. I 1224) wurde die in § 75 Nr. 5 enthaltene Verweisung auf § 52 Abs. 7 S. 2 aF an die Neugestaltung der §§ 51 f. angepasst und der Aufgabenkatalog um die Hochqualifizierten-RL (RL 2009/50/EG v. 25.5.2009, ABl. 2009 L 155, 17) ergänzt.

Durch das Gesetz zur Verbesserung der Rechte von international Schutzberechtigten und aus- **18** ländischen Arbeitnehmern (v. 29.8.2013, BGBl. I 3484) wurde die Aufgabe nach § 75 Nr. 7 (Auszahlung von Rückkehrbeihilfen) grundlegend umgestaltet und **auf die Koordinierung von bzw. Mitwirkung an Projekten zur Förderung der freiwilligen Rückkehr erstreckt.**

Das Gesetz zur Neubestimmung des Bleiberechts und der Aufenthaltsbeendigung (v. 27.7.2015, **19** BGBl. I 1386) trug der grundlegenden Umgestaltung des § 11 durch eine Annexzuständigkeit des BAMF bei auf das AsylG gestützten Abschiebungsandrohungen bzw. -anordnungen und eine Zuständigkeitszuweisung für die Anordnung von Einreise- und Aufenthaltsverboten nach § 11 Abs. 7 Rechnung (§ 75 Nr. 12). Zugleich wurde das BAMF auch mit der Durchführung des Aufnahmeverfahrens für Resettlement-Flüchtlinge nach § 23 Abs. 4 betraut (§ 75 Nr. 8). Ebenfalls 2015 wurde § 75 Nr. 2 lit. a um die Entwicklung von Grundstrukturen und Lerninhalten auch für die berufsbezogene Deutschsprachförderung nach § 45a ergänzt (Asylverfahrensbeschleunigungsgesetz v. 20.10.2015, BGBl. I 1722).

Das Integrationsgesetz (v. 31.7.2016, BGBl. I 1939) brachte neben der weiteren Forschungsauf- **20** gabe nach § 75 Nr. 4a nur sprachliche Anpassungen an die Umbenennung des damaligen AsylVfG („Asylverfahrensgesetz") in AsylG („Asylgesetz").

Mit dem Gesetz zur Umsetzung aufenthaltsrechtlicher Richtlinien der Europäischen Union **21** zur Arbeitsmigration (v. 12.5.2017, BGBl. I 1106) wurde § 75 Nr. 5 schließlich an Änderungen des Unionsrechts angepasst: An die Stelle des Art. 8 Abs. 3 Studenten-RL (RL 2004/114/EG v. 13.12.2004, ABl. 2004 L 375, 12) trat Art. 37 RL (EU) 2016/801 (REST-RL v. 11.5.2016, ABl. 2016 L 132, 21); hinzu kam ein Verweis auf Art. 26 ICT-RL (RL 2014/66/EU v. 15.5.2014, ABl. 2014 L 157, 1).

Mit Art. 1 Nr. 26 des **Zweiten Gesetz zur besseren Durchsetzung der Ausreisepflicht** **21a** vom 15.8.2019 (BGBl. 2019 I 1294) hat der Gesetzgeber die Aufgabenzuweisung der Nr. 12 an die europarechtlich gebotene Umgestaltung des § 11 angepasst (→ Rn. 24 ff.) und die bislang der Bundespolizei nach § 71 Abs. 3 Nr. 7 obliegende Aufgabe der Beschaffung von Heimreisedokumenten für Ausländer im Wege der Amtshilfe dem BAMF übertragen (Nr. 13; → Rn. 64 f.).

Mit Art. 1 Nr. 43 FachkEinwG (Fachkräfteeinwanderungsgesetz v. 15.8.2019, BGBl. I 1307), **21b** der zum 1.3.2020 in Kraft trat, hat der Gesetzgeber dem BAMF auch die Aufgabe der Durchführung der Mitteilungsverfahren nach den §§ 16c, 18e und 19a zugewiesen, die Studenten, Forschern und Arbeitnehmern im Rahmen unternehmensinterner Transfers den kurzfristigen Aufenthalt auch ohne Aufenthaltstitel ermöglichen soll (kurzfristige Mobilität).

B. Einzelerläuterungen

I. Asylverfahrensnahe Aufgaben (Nr. 5 Alt. 1, Nr. 6, Nr. 8, Nr. 12)

Zu den **„asylverfahrensnahen Aufgaben"** gehören neben der Aufgabe nach Nr. 12 (**Befris-** **22** **tung von Einreise- und Aufenthaltsverboten** nach § 11 Abs. 2 in den Fällen der §§ 34 ff. AsylG sowie die Anordnung und Befristung von Einreise- und Aufenthaltsverboten nach § 11

Abs. 7) vor allem die Aufgabe der **Durchführung des Aufnahmeverfahrens** nach § 23 Abs. 2 und Abs. 4 und **die Verteilung der** nach § 23 sowie der nach § 22 S. 2 **aufgenommenen Ausländer auf die Länder** (Nr. 8), die jeweils die Aufnahme und Verteilung von Flüchtlingen außerhalb des Asylverfahrens betreffen.

22.1   Gleiches gilt in der Sache für die Verteilungszuständigkeit nach § 24 Abs. 3 S. 3, die in § 75 allerdings nicht erwähnt wird (→ Rn. 10).

23   Hinzu treten die **Funktion als nationale Kontaktstelle im Sinne der Schutzgewährungs-RL** (RL 2001/55/EG v. 20.7.2001, ABl. 2001 L 212, 12; Nr. 5 Alt. 1) und – hiermit thematisch verbunden – die **Führung des Registers zum vorübergehenden Schutz** nach § 91a (Nr. 6). Die Aufgaben sind asylverfahrensnah, da sie als weitere Annexaufgaben zu den dem BAMF durch das AsylG zugewiesenen ausländerrechtlichen Annexentscheidungen hinzutreten (Nr. 12) oder Verfahren betreffen, die – wie die Aufnahmeverfahren nach § 22 S. 2, § 23 Abs. 2 und Abs. 4 sowie die in § 24 geregelte Aufnahme nach der Schutzgewährungs-RL (RL 2001/55/EG v. 20.7.2001, ABl. 2001 L 212, 12) – eine asylähnliche Funktion erfüllen (Nr. 5 Alt. 1, Nr. 6).

23a   Auch zu den asylverfahrensnahen Aufgaben könnte die neu gefasste Zuständigkeitsnorm der Nr. 13 (Beschaffung von Heimreisedokumenten für Ausländer im Wege der Amtshilfe) gezählt werden. Da die Zuständigkeit des BAMF aber auch im Hinblick auf Ausländer greift, die ein Asylverfahren nicht durchlaufen haben, wird diese hier als „sonstige Aufgabe" geführt (→ Rn. 64 f.).

1. Anordnung von Einreise- und Aufenthaltsverboten (§ 11 Abs. 1, Abs. 7)

24   Zu den „asylverfahrensnahen Aufgaben" gehört zunächst die **Anordnung der im Fall einer späteren Abschiebung eintretenden Einreise- und Aufenthaltsverbote** nach § 11 Abs. 1 S. 1 Var. 3 **in jenen Fällen, in denen dem BAMF auch der Erlass einer Abschiebungsandrohung** (§ 34 AsylG, § 35 AsylG) **bzw. -anordnung** (§ 34a AsylG) **als asylverfahrensbezogene Annexkompetenz zugewiesen ist** (§ 75 Nr. 12).

25   Da das früher in § 11 Abs. 1 vorgesehene, kraft Gesetzes eintretende Einreiseverbot im Fall der Abschiebung mit der Systematik der Rückführungs-RL (RL 2008/115/EG v. 16.12.2008, ABl. 2008 L 348, 98) unvereinbar war und das BVerwG die Befristungsverpflichtung des früheren § 11 Abs. 2 in seiner jüngeren Rechtsprechung – iVm § 11 Abs. 1 Var. 3 – zu einer behördlichen Anordnungsbefugnis uminterpretiert hatte (BVerwG NVwZ 2017, 1531 Rn. 71 ff.), hatte sich auch der Charakter der Aufgabenzuweisung des § 75 Nr. 12 gewandelt (zu Zweifeln an der Vereinbarkeit dieser Normauslegung mit nationalen Auslegungsgrundsätzen vgl. VGH BW BeckRS 2018, 5147 Rn. 13 ff.). Da der Gesetzgeber § 11 Abs. 1 S. 1 mittlerweile unionsrechtskonform ausgestaltet und auch § 75 Nr. 12 entsprechend umgestaltet hat, spricht dieser nunmehr auch ausdrücklich von der (erstmaligen) Anordnung eines Einreise- und Aufenthaltsverbots.

26   Jedenfalls steht fest, dass die Ermächtigung des § 75 Nr. 12 **nur die erstmalige Anordnung nach § 11 Abs. 1 erfasst.** Für eine nachträgliche Verkürzung oder Aufhebung (§ 11 Abs. 4) ist nach der Systematik des § 11 daher die örtlich zuständige Ausländerbehörde zuständig (BVerwG ZAR 2018, 123 (123 ff.) zu § 11 Abs. 7).

26.1   Soweit sich die Klage gegen die in der erstmaligen Anordnung eines Einreise- und Aufenthaltsverbots festgesetzte Dauer richtet, ist die Anfechtungsklage gegen den Bund als Rechtsträger des BAMF (§ 78 Abs. 1 Nr. 1 VwGO) zu richten. Denn der Kläger begehrt insoweit nicht eine behördliche Verkürzung oder Aufhebung der Sperrfrist nach § 11 Abs. 4, sondern bekämpft deren erstmalige Festsetzung mit der in der Anordnung genannten Dauer.

26.2   Eine auf § 11 Abs. 4 gestützte Klage auf Verkürzung oder Aufhebung der Sperrfrist ist hingegen stets gegen die zuständige Ausländerbehörde bzw. deren Rechtsträger (§ 78 Abs. 1 Nr. 1 VwGO) zu richten, weil die Zuständigkeit nach § 75 Nr. 12 sich hierauf nicht erstreckt.

2. Anordnung von Einreise- und Aufenthaltsverboten nach § 11 Abs. 7

27   Zu den asylverfahrensnahen Aufgaben gehört auch die mit Gesetz zur Neubestimmung des Bleiberechts und der Aufenthaltsbeendigung (v. 27.7.2015, BGBl. I 1386) erstmals ermöglichte **Anordnung von Einreise- und Aufenthaltsverboten in Fällen der Ablehnung von Asylanträgen bei Angehörigen sicherer Herkunftsstaaten bzw. bei missbräuchlicher wiederholter Asylantragstellung** (§ 11 Abs. 7).

28   Anders als bei der Befristung von Einreise- und Aufenthaltsverboten nach § 11 Abs. 1, für die das BAMF nur ausnahmsweise an Stelle der eigentlich zuständigen Ausländerbehörden zuständig wird, ist die Befugnis zur Anordnung und Befristung (richtigerweise: einer befristeten Anordnung; vgl. § 11 Abs. 7 S. 3) von Einreise- und Aufenthaltsverboten nach § 11 Abs. 7 ausschließlich dem BAMF eingeräumt.

Auch insoweit beschränkt sich die Befugnis zur Befristung der Entscheidung aber auf deren **29** erstmalige Befristung; für die **spätere Verkürzung oder Aufhebung eines Einreise- und Aufenthaltsverbots nach § 11 Abs. 7 ist weiterhin nach § 71 Abs. 1 S. 1 die Ausländerbehörde zuständig** (BVerwG ZAR 2018, 123 (123 ff.)).

3. Durchführung des Aufnahmeverfahrens nach § 23 Abs. 2 und Abs. 4 (Nr. 8 Hs. 1)

Mit Gesetz v. 16.5.2007 (BGBl. I 748) wurde die ursprüngliche Zuständigkeit des BAMF für **30** die Verteilung der nach § 23 Abs. 2 aufgenommenen Personen (→ Rn. 33 ff.) auch auf die Durchführung des Aufnahmeverfahrens nach § 23 Abs. 2 erstreckt.

Inhaltlich sieht § 23 Abs. 2 ein **rechtlich weitgehend im politischen Gestaltungsermessen 31 des Bundesministeriums des Innern stehendes Aufnahmeverfahren** für bestimmte Ausländergruppen vor, das verfahrensrechtlich dreistufig ausgestaltet ist: Das Bundesministerium des Innern erlässt im Benehmen mit den obersten Landesministerien eine Anordnung, die die Aufnahmevoraussetzungen und Ausschlussgründe nach § 23 Abs. 2 S. 1 konkretisiert. Diese Anordnung ist zugleich innerdienstliche Weisung an das BAMF, im Rahmen der ihm durch § 75 Nr. 8 Hs. 1 zugewiesenen Zuständigkeit Aufnahmezusagen an die betroffenen Einzelpersonen zu erteilen, die wiederum Grundlage für die spätere Erteilung von Aufenthaltstiteln durch die Ausländerbehörden bilden (vgl. zum Ganzen BVerwG NVwZ-RR 2012, 292 (292 ff.)). Dem BAMF obliegt nach § 75 Nr. 8 Hs. 1 daher die Identifikation jener Personen, auf die in der Anordnung des Bundesministeriums des Innern abstrakt festgelegten Personen zutreffen. Eigenständige Entscheidungsfreiräume sind dem BAMF dabei nicht eingeräumt; ihm obliegt alleine die Durchführung des Verfahrens und die Prüfung, ob die in der Anordnung genannten Voraussetzungen tatsächlich vorliegen.

Praktische Anwendungsfälle der Norm sind die Aufnahme jüdischer Zuwanderer aus der ehemaligen **31.1** Sowjetunion, die Aufnahme von Flüchtlingen aus dem Irak im Jahr 2005 und die Aufnahme syrischer Flüchtlinge seit dem Jahr 2012 (vgl. NK-AuslR/Stiegeler § 23 Rn. 8).

Das mit Gesetz v. 27.7.2015 (BGBl. I 1386) eingefügte **Verfahren zur Aufnahme von Resett- 32 lement-Flüchtlingen** nach § 23 Abs. 4 ist dem Verfahren nach § 23 Abs. 2 nachgebildet, so dass auf die entsprechenden Ausführungen verwiesen werden kann (→ Rn. 30 f.). Es betrifft die Aufnahme besonders schutzbedürftiger Flüchtlingsgruppen, die in einem Erstaufnahmestaat bereits Zuflucht gefunden haben, dort aber – zB aus humanitären oder gesellschaftspolitischen Gründen – nicht dauerhaft verbleiben können. Die konkrete Auswahl der schutzbedürftigen Personen obliegt in der Regel dem UNHCR, so dass sich die Rolle des BAMF auf die verfahrensrechtliche Abwicklung des Aufnahmezusageverfahrens beschränkt.

4. Verteilung der nach § 23 sowie nach § 22 S. 2 aufgenommenen Ausländer auf die Länder (§ 75 Nr. 8 Hs. 2, § 24 Abs. 3 S. 3)

In Folge der Neuregelung des § 75 Nr. 8 durch Gesetz v. 16.5.2007 (BGBl. I 748) erstreckt **33** sich die Verteilzuständigkeit des BAMF nunmehr auf sämtliche Aufnahmefälle nach § 23 sowie auf die Aufnahme einzelner Ausländer aus dem Ausland nach § 22 S. 2. Betroffen sind daher auch die Fälle der Individualaufnahme nach § 22 oder aufgrund von Anordnungen der obersten Landesbehörden nach § 23 Abs. 1, die verfahrensrechtlich nicht durch das BAMF abzuwickeln sind.

Im Hinblick auf das Verteilungsverfahren ist die Gestaltung des AufenthG irreführend, weil **34** § 23 eine Verteilung auf die Länder nur in den Fällen der Resettlement-Flüchtlinge nach § 23 Abs. 4 ausdrücklich vorsieht, dabei aber auf das in § 75 Nr. 8 nicht erwähnte Verteilungsverfahren für Flüchtlinge nach der Schutzgewährungs-RL (RL 2001/55/EG v. 20.7.2001, ABl. 2001 L 212, 12; § 24 Abs. 3–5) verweist. Auch § 22 enthält keinen Hinweis auf die Möglichkeit der Durchführung eines Verteilverfahrens.

Dennoch ist ein Verteilverfahren sowohl in den Fällen des § 22, der § 23 Abs. 1 und Abs. 2 **35** als auch in den Fällen des § 24 durch das BAMF durchzuführen, wie § 12a Abs. 1 S. 1 und § 24 Abs. 3 S. 3 zeigen. Die Durchführung erfolgt „im Rahmen des Aufnahmeverfahrens" (§ 12a Abs. 1 S. 1).

5. Aufgaben bei Anwendung der Schutzgewährungs-RL (RL 2001/55/EG; § 75 Nr. 5 Alt. 1, Nr. 6)

36   Nach § 75 Nr. 5 Alt. 1 ist das BAMF **in die Zusammenarbeit der nationalen Verwaltungsbehörden bei Anwendung der Schutzgewährungs-RL als nationale Kontaktstelle** iSd Art. 27 Abs. 1 Schutzgewährungs-RL **eingebunden.** Zu deren Aufgaben gehören die direkte Zusammenarbeit und der Informationsaustausch (Art. 27 Abs. 1 S. 2 Schutzgewährungs-RL) ebenso wie die Übermittlung der Zahl der Personen, die vorübergehenden Schutz im Sinne der Schutzgewährungs-RL genießen (Art. 27 Abs. 2 Schutzgewährungs-RL).

37   Zu diesem Zweck sieht § 91a die Schaffung eines **Registers zum vorübergehenden Schutz** vor, dessen Führung nach § 75 Nr. 6 ebenfalls dem BAMF obliegt. Hiermit korrespondiert die Datenübermittlungsbefugnis an ausländische Behörden und über- bzw. zwischenstaatliche Stellen nach § 91b iVm § 91e.

38   Da die Unterschutzstellung nach der Schutzgewährungs-RL (RL 2001/55/EG v. 20.7.2001, ABl. 2001 L 212, 12) einen Beschluss des Rates der Europäischen Union voraussetzt, der bislang noch in keinem Fall gefasst wurde, dürften auch die hierauf bezogenen Aufgabennormen **derzeit ohne praktische Bedeutung** sein.

II. Koordinationsaufgaben im nationalen Behördenverbund (Nr. 1 und Nr. 11)

39   **„Koordinationsaufgaben im nationalen Behördenverbund"** nimmt das BAMF im Rahmen der Aufgabennormen der § 75 Nr. 1 (**Koordinierung der Informationen über den Aufenthalt zum Zweck der Erwerbstätigkeit** zwischen den Ausländerbehörden, der Bundesagentur für Arbeit und der für Pass- und Visaangelegenheiten vom Auswärtigen Amt ermächtigten deutschen Auslandsvertretungen) und Nr. 11 (**Koordinierung der Informationsübermittlung und Auswertung von Erkenntnissen der Bundesbehörden** zu Ausländern, bei denen **wegen Gefährdung der öffentlichen Sicherheit** ausländer-, asyl- oder staatsangehörigkeitsrechtliche Maßnahmen in Betracht kommen) wahr.

40   Problematisch an beiden Aufgabennormen ist der Umstand, dass die Übermittlung personenbezogener Informationen mit Eingriffen in das Grundrecht auf Informationelle Selbstbestimmung (Art. 2 Abs. 1 GG iVm Art. 1 Abs. 1 GG) einhergeht und die Wahrnehmung entsprechender Aufgaben folglich **gesetzliche Übermittlungs- und Datenverarbeitungsermächtigungen** voraussetzt.

41   Übermittlungsbefugnisse an die Ausländer- und Staatsangehörigkeitsbehörden sind zwar zum Teil in § 87, §§ 31 f. StAG sowie in §§ 71 ff. AufenthV (iVm § 99 Abs. 1 Nr. 14), in § 25 Abs. 2 BKAG sowie in § 19 Abs. 1 S. 2 BVerfSchG geregelt; hinzu kommen Übermittlungsverpflichtungen des BAMF zB nach § 18 Abs. 1 und Abs. 1a BVerfSchG. Als **Grundlage für eine Übermittlung an das BAMF zu Zwecken der „Koordinierung"** von Informationen bzw. von **Informationsübermittlung und -auswertung** zwischen in der jeweiligen Norm – teilweise nur beispielhaft und ohne individuelle Übermittlungsvoraussetzungen – genannten Behörden **können diese nicht aufeinander abgestimmten Einzelnormen aber ebenso wenig dienen wie als Ermächtigungsgrundlage für eine eigenständige „Zusammenfassung und Bewertung" der Erkenntnisse** der Bundesbehörden zu Ausländerterrorismus und -extremismus **durch das Bundesamt für Migration und Flüchtlinge** (zu diesem Gesetzeszweck aber BT-Drs. 16/5065, 194).

42   Die Aufgabennormen des § 75 Nr. 1 und Nr. 11, die auf tatbestandliche Voraussetzungen ebenso verzichten wie auf sonstige rechtsstaatliche Einhegungen der behördlichen Koordinations- und Auswertungstätigkeit, **können eine solche Ermächtigungsgrundlage aber nicht ersetzen** (NK-AuslR/Clodius Rn. 14; Wittmann Ausschuss-Drs. (A) 19(25)218(neu), 30, 47). Dies wird insbesondere an Nr. 11 deutlich, der den Kreis der einzubeziehenden Bundesbehörden ausweislich seines Wortlauts („insbesondere des Bundeskriminalamts und des Bundesamts für Verfassungsschutz") nicht abschließend definiert.

43   Ohne derartige gesetzliche Handlungsermächtigungen kann sich die Tätigkeit des BAMF in den Aufgabenbereichen des § 75 Nr. 1 und Nr. 11 aber **derzeit nur auf die Sammlung und Übermittlung allgemeiner statistischer Daten und Erkenntnisse ohne Personenbezug und ggf. die Tätigkeit als Informationsmittler** – analog zur Tätigkeit des Bundesverwaltungsamts bei Anwendung zB des § 73 – **im Rahmen bestehender Übermittlungsbefugnisse beschränken.** Beide Aufgabennormen sind damit aber **derzeit dysfunktional** und können vom BAMF ohne ergänzendes Tätigwerden des Gesetzgebers nicht wirksam ausgefüllt werden.

44   Inhaltlich zielt § 75 Nr. 11 auf die **Abwehr von Gefahren des Ausländerterrorismus** und -extremismus **durch ausländer-, asyl- oder staatsangehörigkeitsrechtliche Maßnahmen.**

Als **ausländerrechtliche Maßnahmen** kommen neben der Herbeiführung des Erlöschens bestehender **44.1** Aufenthaltstitel nach § 51 Abs. 1 Nr. 3–5a und der Verweigerung eines Aufenthaltstitels unter Berufung auf Versagungsgründe (§ 5 Abs. 1 Nr. 2 und Nr. 3, § 27 Abs. 3a) vor allem Maßnahmen nach §§ 56 f. (Überwachung ausreisepflichtiger Ausländer) und nach §§ 57 ff. (Durchsetzung der Ausreisepflicht) in Betracht.

Asylrechtlich ist vor allem an Versagungsgründe nach § 3 Abs. 4 AsylG, § 4 Abs. 2 AsylG sowie – **44.2** allerdings nur ausnahmsweise – auch an die nicht gefahrenabwehrrechtlich motivierten Versagungsgründe des § 3 Abs. 2 AsylG zu denken, staatsangehörigkeitsrechtlich an die Versagung der Einbürgerung zB wegen Versagungsgründen nach § 11 StAG (BT-Drs. 16/5065, 194) oder eine Rücknahme nach § 35 Abs. 1 StAG.

Nach der Vorstellung des Gesetzgebers soll § 75 Nr. 11 auch dem Bundesministerium des Innern die **44.3** Ausübung der Befugnisse nach § 58a Abs. 2 und nach § 74 Abs. 2 erleichtern (BT-Drs. 16/5065, 194). Da das Bundesministerium des Innern in § 75 Nr. 11 nicht explizit genannt ist und es selbst auch als Bundesbehörde in der Regel nicht über eigene Erkenntnisse verfügen dürfte, kann § 75 Nr. 11 diese Funktion jedenfalls nicht erfüllen.

III. Tätigkeit als nationale Kontaktstelle in Umsetzung des Unionsrechts (Nr. 5)

Von der **Aufgabe als nationale Kontaktstelle bei der Umsetzung unionsrechtlicher** **45** **Vorschriften** oder als vergleichbare Behörde nach § 75 Nr. 5 ist die Tätigkeit als nationale Kontaktstelle iSd Art. 27 Schutzgewährungs-RL (RL 2001/55/EG v. 20.7.2001, ABl. 2001 L 212, 12), als Kontaktstelle nach Art. 25 Daueraufenthalts-RL (RL 2003/109/EG v. 25.11.2003, ABl. 2004 L 16, 44) und des Art. 37 RL (EU) 2016/801 (REST-RL v. 11.5.2016, ABl. 2016 L 132, 21; früher Art. 8 Abs. 3 Studenten-RL – RL 2004/114/EG v. 13.12.2004, ABl. 2004 L 375, 12), als Anlaufstelle iSd Art. 22 Abs. 1 Hochqualifizierten-RL (RL 2009/50/EG v. 25.5.2009, ABl. 2009 L 155, 17) und als Kontaktstelle iSd Art. 26 ICT-RL (RL 2014/66/EU v. 15.5.2014, ABl. 2014 L 157, 1) umfasst. Daneben ist das BAMF zuständige Behörde für die Mitteilung der Annullierung und Aufhebung eines Schengen-Visums an andere Mitgliedsstaaten nach § 51 Abs. 8a (früher § 52 Abs. 7 S. 2).

Mittelbar der Umsetzung des Unionsrechts dient auch der Kompetenztitel des § 75 Nr. 10, der die **45.1** REST-RL (RL (EU) 2016/801 v. 11.5.2016, ABl. 2016 L 132, 21) umsetzt (→ Rn. 61). Er begründet aber keine Aufgaben des BAMF im Behördenverbund der Mitgliedstaaten und ist daher den sonstigen Aufgaben zuzurechnen (→ Rn. 56 ff.).

Die Aufgaben nach § 75 Nr. 5 umfassten ursprünglich nur die Tätigkeit als nationale Kontaktstelle iSd **45.2** Art. 27 Schutzgewährungs-RL (RL 2001/55/EG v. 20.7.2001, ABl. 2001 L 212, 12), wurden vom Gesetzgeber aber sukzessive erweitert (→ Rn. 16 f., → Rn. 21).

An die oben genannten Richtlinien anknüpfende Umsetzungsbestimmungen finden sich zB in **46** § 24 (Schutzgewährungs-RL), § 38a (Daueraufenthalts-RL), §§ 16a, 20 ff. (REST-RL) und §§ 19b f. (ICT-RL).

Die in § 75 Nr. 5 enthaltenen Aufgabenzuweisungen werden durch die Registervorschrift des **47** § 91a (vgl. § 75 Nr. 6) und die Datenübermittlungsvorschriften der §§ 91b–91g ergänzt.

IV. Integrationsförderung (Nr. 2, Nr. 3, Nr. 4a und Nr. 9)

Im Rahmen der **Integrationsförderung** obliegt dem BAMF die **Entwicklung bzw. Durch-** **48** **führung des Integrationskurses** nach § 43 Abs. 3 und der **berufsbezogenen Deutschsprach-** **förderung** nach § 45a (Nr. 1 lit. a und lit. b), die **Entwicklung bzw. Durchführung des** **Integrationskurses für Spätaussiedler** sowie die **Durchführung weiterer Integrationshilfen** nach § 9 Abs. 5 BVFG (Nr. 2 lit. c), die **fachliche Zuarbeit für die Bundesregierung auf** **dem Gebiet der Integrationsförderung** und der **Erstellung von Informationsmaterial über** **Integrationsangebote für Ausländer und Spätaussiedler** (Nr. 3), die **wissenschaftliche For-** **schung über Integrationsfragen** (Nr. 4a) und die **Durchführung einer migrationsspezifi-** **schen Beratung** nach § 45 S. 1 (Nr. 9).

Bei der **Organisation und Durchführung der Integrationskurse** verleihen die Verord- **49** nungsermächtigungen des § 43 Abs. 4 der Bundesregierung bzw. dem Bundesministerium des Innern ein erhebliches unmittelbares Mitspracherecht. Weitere Befugnisse des BAMF und einzelne Vorgaben ergeben sich daher aus §§ 1 ff. IntV.

Bei der Durchführung der Integrationskurse kann sich das BAMF privater und öffentlicher **50** Träger bedienen (§ 43 Abs. 3 S. 2); es ist hierzu nach § 1 S. 2 IntV in der Regel sogar verpflichtet.

51   Die Aufgabennorm des Nr. 3 umfasst zwei unterscheidbare Aufgabenbereiche auf dem Gebiet der Integrationsförderung: Nach § 75 Nr. 3 Alt. 1 kann die Bundesregierung sowohl in Einzelfragen als auch im Rahmen der programmatischen Politikberatung auf **das BAMF als „Kompetenzzentrum Integration"** (zum Begriff Bergmann/Dienelt/Samel Rn. 6) zurückgreifen. Nach § 75 Nr. 3 Alt. 2 ist das BAMF zudem mit der **Erstellung von Informationsmaterial** über Integrationsangebote von Bund, Ländern und Kommunen vertraut, das neben Ausländern auch interessierten Bürger und öffentlichen Trägern zur Verfügung gestellt werden soll.

52   Einzelheiten zu migrationsspezifischen Beratungsangeboten (§ 75 Nr. 9) sind in § 45 und den hierauf gestützten Integrationsprogrammen geregelt.

V. Forschungsaufgaben (Nr. 4 und Nr. 4a)

53   Zu den **Forschungsaufgaben** des BAMF gehört die Forschung über mit Migrationsfragen zur Gewinnung analytischer Aussagen für die Steuerung der Zuwanderung (Nr. 4) und die Forschung über Integrationsfragen (Nr. 4a).

54   Aus dem Wortlaut der Nr. 4 ergibt sich, dass die Forschung des BAMF an wissenschaftlichen Grundsätzen orientiert – also weisungsfrei – und mit starker Anwendungsorientierung erfolgen soll (Hailbronner AuslR Rn. 11; BeckOK AuslR/Eichenhofer Rn. 12). Beschränkt ist allerdings die Auswahl der zulässigen Forschungsgegenstände (Hailbronner AuslR Rn. 11 f.).

55   Ausfluss der wissenschaftlichen Tätigkeit des BAMF ist unter anderem die Veröffentlichung eines jährlichen Migrationsberichts (BeckOK AuslR/Eichenhofer Rn. 12; vgl. zur Tätigkeit nach Nr. 4 im Einzelnen Worbs/Kreienbrink ZAR 2015, 325).

VI. Durchführung des Mitteilungsverfahrens im Rahmen der kurzfristigen Mobilität (Nr. 5a)

55a   Im Rahmen der Novellierung des Erwerbsmigrationsrechts durch das FachkEinwG (Fachkräfteeinwanderungsgesetz v. 15.8.2019, BGBl. I 1307) hat der Gesetzgeber dem BAMF auch die bislang den Ausländerbehörden obliegende Aufgabe der Durchführung der Mitteilungsverfahren in den Fällen der §§ 16c, 18e und 19a zugewiesen, die Studenten, Forschern und Arbeitnehmern im Rahmen unternehmensinterner Transfers den kurzfristigen Aufenthalt auch ohne Aufenthaltstitel ermöglichen soll (kurzfristige Mobilität). Einziger Grund für die Aufgabenübertragung war die Erzielung geringfügiger Einsparungseffekte durch Personalkostenreduzierung (BT-Drs. 19/8285, 82).

55b   Zu den Aufgaben des BAMF gehört demnach nicht nur die Entgegennahme entsprechender Mitteilungen der aufnehmenden Bildungseinrichtung, Forschungseinrichtung oder Niederlassung (§ 16 Abs. 1 S. 1, § 19 Abs. 1 S. 1, § 19a Abs. 1 S. 1), sondern auch die Prüfung der Mobilitätsvoraussetzungen ebenso wie die Ablehnung von Einreise und Aufenthalt (§ 19f Abs. 5, § 19a Abs. 3 S. 1) bzw. die Ausstellung einer Mobilitätsbescheinigung (§ 16 Abs. 4, § 18e Abs. 5, § 19a Abs. 4). Erst nach Ablehnung der Einreise bzw. Ausstellung der Bescheidung geht die Zuständigkeit für weitere ausländerrechtliche Maßnahmen auf die Ausländerbehörden über (§ 16c Abs. 5, § 18e Abs. 6 S. 1, 19a Abs. 5 S. 1), so dass das BAMF bis dahin originär ausländerrechtliche Befugnisse wahrnimmt.

55c   Kompetenzielle Grundlage für diesen Eingriff in den Grundsatz der Länderexekutive ist Art. 87 Abs. 3 S. 1 GG, auch wenn der Gesetzgeber sich über das Vorliegen der Voraussetzungen einer Kompetenzübertragung auf eine Bundesoberbehörde (vgl. Dreier/Hermes GG Art. 87 Rn. 86 f.: Aufgabenzentralität; Möglichkeit der Aufgabenwahrnehmung ohne genaue Kenntnis der äußeren Umstände (vor Ort)) ersichtlich keine Gedanken gemacht hat und rein fiskalische Erwägungen gefolgt ist (vgl. BT-Drs. 19/8285, 82).

VII. Sonstige Aufgaben (Nr. 7, Nr. 10 und Nr. 13)

56   Keinem der oben genannten Themenkreisen zuzuordnen sind die **sonstigen Aufgaben der** Koordinierung der Programme und der Mitwirkung an Projekten zur Förderung der freiwilligen Rückkehr sowie der Auszahlung der hierfür bewilligten Mittel (Nr. 7), der Anerkennung von Forschungseinrichtungen zum Abschluss von Aufnahmevereinbarungen nach § 20 (Nr. 10) und der Beschaffung von Heimreisedokumenten für Ausländer im Wege der Amtshilfe (Nr. 13).

1. Förderung der freiwilligen Rückkehr (Nr. 7)

57   Die Aufgabennorm des § 75 Nr. 7 umfasste ursprünglich nur die Auszahlung der nach den **Programmen zur Förderung der freiwilligen Rückkehr** bewilligten Mittel. Durch das Gesetz zur Verbesserung der Rechte von international Schutzberechtigten und ausländischen Arbeitnehmern (v. 29.8.2013, BGBl. I 3484) wurde die Aufgabe auf die **Koordinierung von und die Mitwirkung an entsprechenden Projekten** erweitert.

Ebenfalls mit der Förderung der Bereitschaft zur freiwilligen Rückkehr ist auch die Bund- 58 Länder-Koordinierungsstelle Integriertes Rückkehrmanagement betraut (Bergmann/Dienelt/ Samel Rn. 15).

Zu den Programmen nach § 75 Nr. 7 zählen das Reintegration and Emmigrations Programme 59 for Asylum-Seekers in Germany (REAG) und das Government Assisted Repatriation Programme (GARP; BeckOK AuslR/Eichenhofer Rn. 13).

Als Mitwirkung an Programmen kommt neben der Mitwirkung an Rückkehrprogrammen 60 anderer Behörden auch die Mitwirkung an entsprechenden Programmen staatlicher oder nichtstaatlicher Dritter– wie zB von Wohlfahrtsverbänden oder Kirchen – in Betracht (BeckOK AuslR/ Eichenhofer Rn. 13).

2. Anerkennung von Forschungseinrichtungen zum Abschluss von Aufnahmevereinbarungen nach § 20 (Nr. 10)

Die Aufgabennorm des § 75 Nr. 10 vervollständigt die Ermächtigung der Ausländerbehörden 61 zur Erteilung von Aufenthaltstiteln zu Forschungszwecken und dient der Umsetzung der REST-RL (RL (EU) 2016/801 v. 11.5.2016, ABl. 2016 L 132, 21; § 20). Diese setzt in den Fällen des § 10 Abs. 1 S. 1 Nr. 1 lit. a eine Aufnahmevereinbarung zwischen ausländischem Forscher und einer innerstaatlichen Forschungseinrichtung voraus, die für die Durchführung des besonderen Zulassungsverfahrens für Forscher im Bundesgebiet anerkannt ist.

Bei der in § 75 Nr. 10 genannten Aufgabe wird das BAMF unter anderem von einem Beirat 62 für Forschungsmigration unterstützt, dessen Einrichtung und Funktion in § 38d Abs. 2 AufenthV näher geregelt ist.

Gemäß § 38e AufenthV ist das BAMF zur regelmäßigen Veröffentlichung einer Liste aller 63 anerkannten Forschungseinrichtungen im Internet verpflichtet.

3. Beschaffung von Heimreisedokumenten für Ausländer im Wege der Amtshilfe (Nr. 13)

Mit Gesetz vom 15.8.2019 (BGBl. 2019 I 1294) hat der Gesetzgeber die bislang der Bundespoli- 64 zei nach § 71 Abs. 3 Nr. 7 obliegende Aufgabe der Beschaffung von Heimreisedokumenten für Ausländer im Wege der Amtshilfe dem BAMF übertragen (→ Rn. 21a). Eine Abkehr von der grundsätzlichen Zuständigkeit der Länder für den Abschiebevollzug ist damit nicht verbunden (BT-Drs. 19/10047, 47); vielmehr nimmt auch das BAMF die Aufgabe nach Nr. 13 als Form der Amtshilfe wahr. Für die Bundespolizei verbleibt nach § 71 Abs. 3 Nr. 7 nunmehr nur noch eine Reservekompetenz „im Einzelfall" (→ § 71 Rn. 85 f.).

Mit der Gesetzesänderung verfolgte der Gesetzgeber insbesondere die Absicht, die im Rahmen 65 eines etwaigen Asylverfahrens gewonnenen Erkenntnisse über Identität und Herkunft eines Asylbewerbers auch im Hinblick auf die Durchsetzung der Ausreispflicht fruchtbar zu machen (BT-Drs. 19/10047, 47). Die Aufgabennorm greift allerdings unabhängig davon, ob der Betroffene ein Asylverfahren durchlaufen hat, da das BAMF nach Auffassung des Gesetzgebers auch insoweit über bessere Erkenntnismöglichkeiten im Vergleich zu den Ausländerbehörden verfügt (BT-Drs. 19/10047, 47 unter Verweis auf die Möglichkeit eines retrograden Abgleichs im Europäischen Visainformationssystem VIS).

§ 76 (weggefallen)

Abschnitt 3. Verwaltungsverfahren

§ 77 Schriftform; Ausnahme von Formerfordernissen

(1) ¹Die folgenden Verwaltungsakte bedürfen der Schriftform und sind mit Ausnahme der Nummer 5 mit einer Begründung zu versehen:

1. der Verwaltungsakt,
   a) durch den ein Passersatz, ein Ausweisersatz oder ein Aufenthaltstitel versagt, räumlich oder zeitlich beschränkt oder mit Bedingungen und Auflagen versehen wird oder
   b) mit dem die Änderung oder Aufhebung einer Nebenbestimmung zum Aufenthaltstitel versagt wird, sowie
2. die Ausweisung,
3. die Abschiebungsanordnung nach § 58a Absatz 1 Satz 1,
4. die Androhung der Abschiebung,
5. die Aussetzung der Abschiebung,
6. Beschränkungen des Aufenthalts nach § 12 Absatz 4,
7. die Anordnungen nach den §§ 47 und 56,
8. die Rücknahme und der Widerruf von Verwaltungsakten nach diesem Gesetz sowie
9. die Entscheidung über die Anordnung eines Einreise- und Aufenthaltsverbots nach § 11.

²Einem Verwaltungsakt, mit dem ein Aufenthaltstitel versagt oder mit dem ein Aufenthaltstitel zum Erlöschen gebracht wird, sowie der Entscheidung über einen Antrag auf Befristung nach § 11 Absatz 1 Satz 3 ist eine Erklärung beizufügen. ³Mit dieser Erklärung wird der Ausländer über den Rechtsbehelf, der gegen den Verwaltungsakt gegeben ist, und über die Stelle, bei der dieser Rechtsbehelf einzulegen ist, sowie über die einzuhaltende Frist belehrt; in anderen Fällen ist die vorgenannte Erklärung der Androhung der Abschiebung beizufügen.

(1a) ¹Im Zusammenhang mit der Erteilung einer ICT-Karte oder einer Mobiler-ICT-Karte sind zusätzlich der aufnehmenden Niederlassung oder dem aufnehmenden Unternehmen schriftlich mitzuteilen
1. die Versagung der Verlängerung einer ICT-Karte oder einer Mobiler-ICT-Karte,
2. die Rücknahme oder der Widerruf einer ICT-Karte oder einer Mobiler-ICT-Karte,
3. die Versagung der Verlängerung eines Aufenthaltstitels zum Zweck des Familiennachzugs zu einem Inhaber einer ICT-Karte oder einer Mobiler-ICT-Karte oder
4. die Rücknahme oder der Widerruf eines Aufenthaltstitels zum Zweck des Familiennachzugs zu einem Inhaber einer ICT-Karte oder einer Mobiler-ICT-Karte.

²In der Mitteilung nach Satz 1 Nummer 1 und 2 sind auch die Gründe für die Entscheidung anzugeben.

(2) ¹Die Versagung und die Beschränkung eines Visums und eines Passersatzes vor der Einreise bedürfen keiner Begründung und Rechtsbehelfsbelehrung; die Versagung an der Grenze bedarf auch nicht der Schriftform. ²Formerfordernisse für die Versagung von Schengen-Visa richten sich nach der Verordnung (EG) Nr. 810/2009.

(3) ¹Dem Ausländer ist auf Antrag eine Übersetzung der Entscheidungsformel des Verwaltungsaktes, mit dem der Aufenthaltstitel versagt oder mit dem der Aufenthaltstitel zum Erlöschen gebracht oder mit dem eine Befristungsentscheidung nach § 11 getroffen wird, und der Rechtsbehelfsbelehrung kostenfrei in einer Sprache zur Verfügung zu stellen, die der Ausländer versteht oder bei der vernünftigerweise davon ausgegangen werden kann, dass er sie versteht. ²Besteht die Ausreisepflicht aus einem anderen Grund, ist Satz 1 auf die Androhung der Abschiebung sowie auf die Rechtsbehelfsbelehrung, die dieser nach Absatz 1 Satz 3 beizufügen ist, entsprechend anzuwenden. ³Die Übersetzung kann in mündlicher oder in schriftlicher Form zur Verfügung gestellt werden. ⁴Eine Übersetzung muss dem Ausländer dann nicht vorgelegt werden, wenn er unerlaubt in das Bundesgebiet eingereist ist oder auf Grund einer strafrechtlichen Verurteilung ausgewiesen worden ist. ⁵In den Fällen des Satzes 4 erhält der Ausländer ein Standardformular mit Erläuterungen, die in mindestens fünf der am häufigsten verwendeten oder verstandenen Sprachen bereitgehalten werden. ⁶Die Sätze 1 bis 3 sind nicht anzuwenden, wenn der Ausländer noch nicht eingereist oder bereits ausgereist ist.

A. Allgemeines

1   In Abweichung vom Grundsatz der Nichtförmlichkeit des Verwaltungsverfahrens sieht die Vorschrift das Schriftformerfordernis für eine ganze Reihe von Verwaltungsakten nach dem AufenthG vor. Ebenso wird geregelt, wann eine Begründung, Rechtsmittelbelehrung sowie Übersetzung zu erfolgen hat. Die Schriftform dient der Rechtsklarheit, der Beweiserleichterung und der

ordnungsgemäßen Aktenführung einer Behörde (Maurer/Waldhoff AllgVerwR § 10 Rn. 41). Die Begründung eines Verwaltungsakts dient nicht nur der Selbstkontrolle der Behörde, sondern sie versetzt den Adressaten in die Lage, die Erfolgsaussichten eines Rechtsbehelfs zu beurteilen (Maurer/Waldhoff AllgVerwR § 10 Rn. 44). Im Rahmen der in § 77 aufgelisteten aufenthaltsrechtlichen Verfahren stellt das Schriftformerfordernis also eine Anforderung an die Rechtsstaatlichkeit des Verfahrens – insbesondere die Sicherung des Rechts auf einen effektiven Rechtsschutz – dar.

Die Vorschrift ist 2007 und 2011 zahlreichen Änderungen unterzogen worden, die sich aus **2** unionsrechtlichen Vorgaben ergeben haben, insbesondere der Rückführungs-RL (RL 2008/115/ EG v. 16.12.2008, ABl. 2008 L 348, 98) und der Daueraufenthalts-RL (RL 2003/109/EG v. 25.11.2003, ABl. 2004 L 16, 44). Art. 12 Rückführungs-RL sieht ein Formerfordernis für alle Rückführungsentscheidungen sowie Begründungspflichten und Rechtsmittelbelehrungen vor, die umzusetzen waren. Auf die Rückführungs-RL geht ebenfalls die Einführung der Schriftform für ein Einreiseverbot zurück. Weitere Änderungen erfolgten durch das Gesetz zur Verbesserung der Rechte von intern Schutzberechtigten u. ausländischen Arbeitnehmern (v. 29.8.2013, BGBl. I 3484). Mit dem Gesetz zur Neubestimmung des Bleiberechts und der Aufenthaltsbeendigung (v. 27.7.2015, BGBl. I 1386), dem Richtlinienumsetzungsgesetz (v. 12.5.2017, BGBl. I 1106) sowie dem Zweiten Rückkehrgesetz (v. 15.8.2019, BGBl. I 1294) fanden weitere Anpassungen satt.

B. Im Einzelnen

I. Formerfordernisse (Abs. 1)

Die Vorschrift benennt in Abs. 1 die Verwaltungsakte des AufenthG, die der Schriftform **3** bedürfen. Zugleich müssen diese auch begründet werden. Dies gilt ausnahmsweise für die Aussetzung der Abschiebung gem. § 60a (Nr. 5) nicht. Nach § 39 Abs. 2 VwVfG muss ein Verwaltungsakt nicht begründet werden, soweit die Behörde einem Antrag entspricht. Ist ein Verwaltungsakt dagegen mit Bedingungen und Auflagen versehen, so ist dieser immer zu begründen. Dies gilt entgegen den Anwendungshinweisen Nr. 77.1.2.1 AufenthGAVwV auch dann, wenn die Nebenbestimmungen in den Verwaltungsvorschriften vorgesehen sind, da dies für den Ausländer nicht nachvollziehbar ist und der einschränkende Charakter der Nebenbestimmungen bestehen bleibt (ebenso NK-AuslR/Hofmann Rn. 7).

Wird mit dem Verwaltungsakt ein Aufenthaltstitel versagt oder ein Aufenthaltstitel zum Erlö- **4** schen gebracht wird, so ist diesem eine Erklärung mit einer Rechtsmittelbelehrung beizufügen (S. 2). Dies gilt ebenso für eine Entscheidung über einen Antrag auf Befristung nach § 11 Abs. 1 S. 3 (VGH BW BeckRS 2013, 58644). In anderen Fällen ist die vorgenannte Erklärung der Androhung der Abschiebung beizufügen (S. 3).

Unterbleibt eine Rechtsmittelbelehrung, verlängert sich die Frist zur Einlegung eines Rechtsbe- **5** helfs auf ein Jahr (§ 74 Abs. 1 S. 2, Abs. 2 VwGO, § 58 Abs. 2 VwGO).

Wird ein Bescheid ohne die nötige Begründung erlassen, stellt sich die Frage, ob dies wegen **6** fehlender Ergebniserheblichkeit unbeachtlich nach § 46 VwVfG sein kann. Obwohl die Gestaltung des Verwaltungsverfahrens grundsätzlich Sache der Mitgliedstaaten ist und das Unionsrecht dieses nicht regelt, kann sich aus dem Grundsatz der Nichtdiskriminierung (Art. 18 AEUV) und dem Effektivitätsgrundsatz (Art. 4 Abs. 3 EUV) ergeben, dass die Anwendung von § 46 VwVfG im Kontext der Umsetzung der Rückführungs-RL und der Daueraufenthalts-RL unionsrechtswidrig ist und der Bescheid damit rechtswidrig ist, wenn die Nichtbeachtung der Begründungspflicht die materiell-rechtlichen Bestimmungen dieser Richtlinien unterlaufen würden (Bergmann/Dienelt/ Samel Rn. 9–16).

Dass sich der Begründungsmangel auf die Entscheidung ausgewirkt hat, ist bei Ermessensent- **7** scheidungen, wie etwa der Androhung einer Abschiebung nach § 59 Abs. 1, anzunehmen. Denn es lässt sich nicht ausschließen, dass die Behörde bei Beachtung der Verfahrensvorschrift zu einer anderen Entscheidung gekommen wäre (SchlHOVG BeckRS 2017, 105583 Rn. 10).

II. Zusätzliche Erfordernisse bei Erteilung einer ICT-Karte (Abs. 1a)

Wird eine ICT-Karte nach § 19b erteilt, ergeben sich nach Abs. 1a zusätzliche Erfordernisse **8** der schriftlichen Mitteilung an aufnehmende Niederlassungen oder aufnehmenden Unternehmen. Diese speziellen Schriftformerfordernisse ergeben sich aus der ICT-RL (RL 2014/66/EU v. 15.5.2014, ABl. 2014 L 157, 1), die die Bedingungen für die Einreise und den Aufenthalt von Drittstaatsangehörigen im Rahmen eines unternehmensinternen Transfers (intra-corporate transfer) regelt (Klaus ZAR 2017, 257).

III. Ausnahme vom Formerfordernis (Abs. 2)

9   Nach Abs. 2 müssen die Versagung oder Beschränkung eines Visums und eines Passersatzes vor der Einreise nicht begründet und nicht mit einer Rechtsmittelbelehrung versehen werden, eine Versagung an der Grenze bedarf auch nicht der Schriftform. Diese Ausnahmeregelungen erschweren die Wahrnehmung eines Rechtsbehelfs erheblich, da die Hintergründe einer ablehnenden Entscheidung nicht erläutert werden und die Erfolgsaussichten einer Klage schwer einschätzbar sind. Dies ist mit dem Recht auf effektiven Rechtsschutz nach Art. 19 Abs. 4 GG und dem Rechtsstaatsprinzip nach Art. 20 Abs. 3 GG nicht vereinbar (vgl. BeckOK AuslR/Kluth Rn. 45.1; Bergmann/Dienelt/Samel Rn. 18; GK-AufenthG/Funke-Kaiser Rn. 28; Huber AufenthG/ Huber, 2. Aufl. 2016, Rn. 3).

10   Bei Ermessensentscheidungen verlangt die Rechtsprechung indes, dass die Ermessenserwägungen in sonstiger Weise dokumentiert werden, wodurch sich nachvollziehen lässt, dass überhaupt eine Ermessensentscheidung getroffen wurde, und welche Erwägungen ihr zu Grunde lagen (OVG Bln-Bbg Urt. v. 9.11.2011 – OVG 3 B 11.09, juris Rn. 31, BeckRS 2011, 56575).

IV. Übersetzung (Abs. 3)

11   In Abs. 3 wird geregelt, in welchem Umfang ein Bescheid gegenüber einem Ausländer übersetzt werden muss.

§ 78 Dokumente mit elektronischem Speicher- und Verarbeitungsmedium

(1) ¹Aufenthaltstitel nach § 4 Absatz 1 Satz 2 Nummer 2 bis 4 werden als eigenständige Dokumente mit elektronischem Speicher- und Verarbeitungsmedium ausgestellt. ²Aufenthaltserlaubnisse, die nach Maßgabe des Abkommens zwischen der Europäischen Gemeinschaft und ihren Mitgliedstaaten einerseits und der Schweizerischen Eidgenossenschaft andererseits über die Freizügigkeit vom 21. Juni 1999 (ABl. L 114 vom 30.4.2002, S. 6) auszustellen sind, werden auf Antrag als Dokumente mit elektronischem Speicher- und Verarbeitungsmedium ausgestellt. ³Dokumente nach den Sätzen 1 und 2 enthalten folgende sichtbar aufgebrachte Angaben:
1. Name und Vornamen,
2. Doktorgrad,
3. Lichtbild,
4. Geburtsdatum und Geburtsort,
5. Anschrift,
6. Gültigkeitsbeginn und Gültigkeitsdauer,
7. Ausstellungsort,
8. Art des Aufenthaltstitels oder Aufenthaltsrechts und dessen Rechtsgrundlage,
9. Ausstellungsbehörde,
10. Seriennummer des zugehörigen Passes oder Passersatzpapiers,
11. Gültigkeitsdauer des zugehörigen Passes oder Passersatzpapiers,
12. Anmerkungen,
13. Unterschrift,
14. Seriennummer,
15. Staatsangehörigkeit,
16. Geschlecht mit der Abkürzung „F" für Personen weiblichen Geschlechts, „M" für Personen männlichen Geschlechts und „X" in allen anderen Fällen,
17. Größe und Augenfarbe,
18. Zugangsnummer.
⁴Dokumente nach Satz 1 können unter den Voraussetzungen des § 48 Absatz 2 oder 4 als Ausweisersatz bezeichnet und mit dem Hinweis versehen werden, dass die Personalien auf den Angaben des Inhabers beruhen. ⁵Die Unterschrift durch den Antragsteller nach Satz 3 Nummer 13 ist zu leisten, wenn er zum Zeitpunkt der Beantragung des Dokuments zehn Jahre oder älter ist. ⁶Auf Antrag können Dokumente nach den Sätzen 1 und 2 bei einer Änderung des Geschlechts nach § 45b des Personenstandsgesetzes mit der Angabe des vorherigen Geschlechts ausgestellt werden, wenn die vorherige Angabe männlich oder weiblich war. ⁷Dieser abweichenden Angabe kommt keine weitere Rechtswirkung zu.

(2) ¹Dokumente mit elektronischem Speicher- und Verarbeitungsmedium nach Absatz 1 enthalten eine Zone für das automatische Lesen. ²Diese darf lediglich die folgenden sichtbar aufgedruckten Angaben enthalten:
1. die Abkürzungen
    a) „AR" für den Aufenthaltstiteltyp nach § 4 Absatz 1 Nummer 2 bis 4,
    b) „AS" für den Aufenthaltstiteltyp nach § 28 Satz 2 der Aufenthaltsverordnung,
2. die Abkürzung „D" für Bundesrepublik Deutschland,
3. die Seriennummer des Aufenthaltstitels, die sich aus der Behördenkennzahl der Ausländerbehörde und einer zufällig zu vergebenden Aufenthaltstitelnummer zusammensetzt und die neben Ziffern auch Buchstaben enthalten kann,
4. das Geburtsdatum,
5. die Abkürzung „F" für Personen weiblichen Geschlechts, „M" für Personen männlichen Geschlechts und das Zeichen „<" in allen anderen Fällen,
6. die Gültigkeitsdauer des Aufenthaltstitels oder im Falle eines unbefristeten Aufenthaltsrechts die technische Kartennutzungsdauer,
7. die Abkürzung der Staatsangehörigkeit,
8. den Namen,
9. den oder die Vornamen,
9a. die Versionsnummer des Dokumentenmusters,
10. die Prüfziffern und
11. Leerstellen.
³Die Seriennummer und die Prüfziffern dürfen keine Daten über den Inhaber oder Hinweise auf solche Daten enthalten. ⁴Jedes Dokument erhält eine neue Seriennummer.

(3) ¹Das in dem Dokument nach Absatz 1 enthaltene elektronische Speicher- und Verarbeitungsmedium enthält folgende Daten:
1. die Daten nach Absatz 1 Satz 3 Nummer 1 bis 5 sowie den im amtlichen Gemeindeverzeichnis verwendeten eindeutigen Gemeindeschlüssel,
2. die Daten der Zone für das automatische Lesen nach Absatz 2 Satz 2,
3. Nebenbestimmungen,
4. zwei Fingerabdrücke, die Bezeichnung der erfassten Finger sowie die Angaben zur Qualität der Abdrücke sowie
5. den Geburtsnamen.
²Die gespeicherten Daten sind durch geeignete technische und organisatorische Maßnahmen nach den Artikeln 24, 25 und 32 der Verordnung (EU) 2016/679 gegen unbefugtes Verändern, Löschen und Auslesen zu sichern. ³Die Erfassung von Fingerabdrücken erfolgt ab Vollendung des sechsten Lebensjahres.

(4) ¹Das elektronische Speicher- und Verarbeitungsmedium eines Dokuments nach Absatz 1 kann ausgestaltet werden als qualifizierte elektronische Signaturerstellungseinheit nach Artikel 3 Nummer 23 der Verordnung (EU) Nr. 910/2014 des Europäischen Parlaments und des Rates vom 23. Juli 2014 über elektronische Identifizierung und Vertrauensdienste für elektronische Transaktionen im Binnenmarkt und zur Aufhebung der Richtlinie 1999/93/EG (ABl. L 257 vom 28.8.2014, S. 73). ²Die Zertifizierung nach Artikel 30 der Verordnung (EU) Nr. 910/2014 erfolgt durch das Bundesamt für Sicherheit in der Informationstechnik. ³Die Vorschriften des Vertrauensdienstegesetzes bleiben unberührt.

(5) ¹Das elektronische Speicher- und Verarbeitungsmedium eines Dokuments nach Absatz 1 kann auch für die Zusatzfunktion eines elektronischen Identitätsnachweises genutzt werden. ²Insoweit sind § 2 Absatz 3 bis 7, 10 und 12, § 4 Absatz 3, § 7 Absatz 4 und 5, § 10 Absatz 1, 2 Satz 1, Absatz 3 bis 5, 6 Satz 1, Absatz 7, 8 Satz 1 und Absatz 9, § 11 Absatz 1 bis 5 und 7, § 12 Absatz 2 Satz 2, die §§ 13, 16, 18, 18a, 19 Absatz 1 und 3 bis 6, die §§ 19a, 20 Absatz 2 und 3, die §§ 21, 21a, 21b, 27 Absatz 2 und 3, § 32 Absatz 1 Nummer 5 und 6 mit Ausnahme des dort angeführten § 19 Absatz 2, Nummer 6a bis 8, Absatz 2 und 3 sowie § 33 Nummer 1, 2 und 4 des Personalausweisgesetzes mit der Maßgabe entsprechend anzuwenden, dass die Ausländerbehörde an die Stelle der Personalausweisbehörde tritt. ³Neben den in § 18 Absatz 3 Satz 2 des Personalausweisgesetzes aufgeführten Daten können im Rahmen des elektronischen Identitätsnachweises unter den Voraussetzungen des § 18 Absatz 4 des Personalausweisgesetzes auch die nach Absatz 3 Nummer 3 gespeicherten Nebenbestimmungen sowie die Abkürzung der

Staatsangehörigkeit übermittelt werden. [4]Für das Sperrkennwort und die Sperrmerkmale gilt Absatz 2 Satz 3 entsprechend.

(6) Die mit der Ausführung dieses Gesetzes betrauten oder zur hoheitlichen Identitätsfeststellung befugten Behörden dürfen die in der Zone für das automatische Lesen enthaltenen Daten zur Erfüllung ihrer gesetzlichen Aufgaben verarbeiten.

(7) [1]Öffentliche Stellen dürfen die im elektronischen Speicher- und Verarbeitungsmedium eines Dokuments nach Absatz 1 gespeicherten Daten mit Ausnahme der biometrischen Daten verarbeiten, soweit dies zur Erfüllung ihrer jeweiligen gesetzlichen Aufgaben erforderlich ist. [2]Die im elektronischen Speicher- und Verarbeitungsmedium gespeicherte Anschrift und die nach Absatz 1 Satz 3 Nummer 5 aufzubringende Anschrift dürfen durch die Ausländerbehörden sowie durch andere durch Landesrecht bestimmte Behörden geändert werden.

(8) [1]Die durch technische Mittel vorgenommene Verarbeitung personenbezogener Daten aus Dokumenten nach Absatz 1 darf nur im Wege des elektronischen Identitätsnachweises nach Absatz 5 erfolgen, soweit nicht durch Gesetz etwas anderes bestimmt ist. [2]Gleiches gilt für die Verarbeitung personenbezogener Daten mit Hilfe eines Dokuments nach Absatz 1.

A. Allgemeines

1   Mit dem Gesetz zur Anpassung des deutschen Rechts an die Verordnung (EG) Nr. 380/2008 des Rates vom 18. April 2008 zur Änderung der Verordnung (EG) Nr. 1030/2002 zur einheitlichen Gestaltung des Aufenthaltstitels für Drittstaatenangehörige (v. 12.4.2011, BGBl. I 610) wurde § 78 neu geregelt. Mit der Vorschrift wurden die notwendigen Anpassungen an die VO (EG) 380/2008 (v. 18.4.2008, ABl. 2008 L 115, 1) vorgenommen, aufgrund derer in der EU eine einheitliche Gestaltung des Aufenthaltstitels für Drittstaatenangehörige vorgegeben ist. Mit den Anpassungsgesetz an die VO (EG) 380/2008 wurden die bisher in § 78 vorgesehenen Vordrucke für Aufenthaltstitel geregelt, die nicht unter die VO (EG) 380/2008 fallen (BGBl. 2011 I 610).

2   Der einheitliche Aufenthaltstitel soll alle notwendigen Informationen enthalten und fälschungssicher sein. Hierfür hat die VO (EG) 380/2008 Sicherheitsmerkmale und biometrische Merkmale festgelegt, die von den Mitgliedstaaten in einem einheitlich gestalteten Aufenthaltstitel für Drittstaatenangehörige zu verwenden sind. Es wurden Vollkunststoffkarten in Scheckkartengröße mit einem Datenträger zur Erfassung biometrischer Merkmale eingeführt. Im neuen einheitlich vorgegebenen Format werden auch die Aufenthalts- und Daueraufenthaltskarte nach dem FreizügG/EU sowie die Bescheinigung der Aufenthaltserlaubnis für Schweizer ausgestellt sowie für die Blaue Karte EU (BR-Drs. 536/10, 18).

3   Als Verordnung gilt die VO (EG) 380/2008 in allen Mitgliedstaaten unmittelbar, so dass § 78 lediglich eine klarstellende Funktion hat.

4   Durch das Gesetz zur Förderung des elektronischen Identitätsnachweises v. 7.7.2017 (BGBl. I 2310) wurde § 78 Abs. 5 S. 2 und durch das eIDAS-Durchführungsgesetz (v. 18.7.2017, BGBl. I 2745) § 78 Abs. 4 wurde neu gefasst. Mit dem 2. DSAnpUG-EU (Zweites Gesetz zur Anpassung des Datenschutzrechts an die Verordnung (EU) 2016/679 und zur Umsetzung der Richtlinie (EU) 2016/680 v. 20.11.2019, BGBl. I 1626) wurde § 78 Abs. 3 S. 2, Abs. 6 und Abs. 7 S. 1 sowie Abs. 8 geändert, um eine redaktionelle Anpassung an die Begriffsbestimmungen des Art. 4 Nr. 2 DS-GVO vorzunehmen (BT-Drs. 19/4674, 173). Mit dem Gesetz zur Stärkung der Sicherheit im Pass-, Ausweis- und ausländerrechtlichen Dokumentenwesen (v. 3.12.2020, BGBl. I 2744) wurde § 78 Abs. 1 S. 3 Nr. 16 und Abs. 2 S. 2 Nr. 5 den Vorgaben des Passrechts insoweit angepasst, als Möglichkeit Geschlechtsangaben für Personen erweitert wurden, die weder dem weiblichen noch dem männlichen Geschlecht zuzuordnen sind.

B. Im Einzelnen

5   Nach § 78 Abs. 1 S. 1 sind folgende Aufenthaltstitel als eigenständige Dokumente mit elektronischem Speicher- und Verarbeitungsmedium auszustellen: Aufenthaltserlaubnis (§ 7), Blaue Karte EU (§ 19a), ICT-Karte (§ 19b), Mobile-ICT-Karte (§ 19d), Niederlassungserlaubnis (§ 9) und Erlaubnis zum Daueraufenthalt-EU (§ 9a). Nur ausnahmsweise darf ein solcher Aufenthaltstitel in nicht elektronischer Form erteilt werden (s. § 78a).

6   Für Staatsangehörige der Schweiz wird § 78 Abs. 1 S. 2 durch § 28 AufenthV überlagert, wonach Schweizer aufgrund der bestehenden Freizügigkeit vom Erfordernis eines Aufenthaltstitels befreit sind (vgl. BeckOK AuslR/Kluth Rn. 7).

Die Vorschrift regelt zudem im Detail, welche Daten der elektronische Aufenthaltstitel enthält 7 (§ 78 Abs. 1 S. 3).

Das Dokument darf zudem den Hinweis „beruht auf den Angaben des Inhabers" enthalten, 8 was in der Praxis teilweise zu Problemen führt, da der im Rechtsverkehr teilweise geforderte Identitätsnachweis nicht selten angezweifelt wird. Dies führt zu erheblichen Nachteilen für die Betroffenen. Liegen belastbare Beweise für die Identität vor, wie Geburtsurkunde und Zeugenbeweise, ist auf diesen Zusatz zu verzichten (vgl. zum Identitätsnachweis beim Reisepass für Staatenlose VG Schleswig BeckRS 2015, 41115).

Neben den in § 78 Abs. 1 genannten Angaben muss der elektronische Aufenthaltstitel eine 9 Zone für das automatische Lesen enthalten, deren Angaben in § 78 Abs. 1 Nr. 1–11 genau bezeichnet werden. Auch diese müssen sichtbar sein.

Das elektronische Speicher- und Verarbeitungsmedium eines Dokuments nach § 78 Abs. 1 10 kann auch für die Zusatzfunktion eines elektronischen Identitätsnachweises genutzt werden (§ 78 Abs. 5). Das Recht auf Einschaltung, Sperrung und Entsperrung der Funktion eines elektronischen Identitätsnachweises regelt § 10 PAuswG.

§ 78 Abs. 6 enthält eine Ermächtigungsnorm für die zuständigen Behörden zur Erhebung, 11 Verarbeitung und Nutzung der in der Zone für das automatische Lesen enthaltenen Daten.

Die nach § 78 Abs. 1 gespeicherten Daten mit Ausnahme der biometrischen Daten dürfen 12 öffentliche Stellen erheben, verarbeiten und nutzen, soweit dies zur Erfüllung ihrer jeweiligen gesetzlichen Aufgaben erforderlich ist (§ 78 Abs. 7).

Schließlich bestimmt § 78 Abs. 7, dass personenbezogene Daten aus Dokumenten nach § 78 13 Abs. 1 nur im Wege des elektronischen Identitätsnachweises erhoben und verwendet werden dürfen.

§ 78a Vordrucke für Aufenthaltstitel in Ausnahmefällen, Ausweisersatz und Bescheinigungen

(1) **¹Aufenthaltstitel nach § 4 Absatz 1 Satz 2 Nummer 2 bis 4 können abweichend von § 78 nach einem einheitlichen Vordruckmuster ausgestellt werden, wenn**
1. der Aufenthaltstitel zum Zwecke der Verlängerung der Aufenthaltsdauer um einen Monat erteilt werden soll oder
2. die Ausstellung zur Vermeidung außergewöhnlicher Härten geboten ist.
²Das Vordruckmuster enthält folgende Angaben:
1. Name und Vornamen des Inhabers,
2. Gültigkeitsdauer,
3. Ausstellungsort und -datum,
4. Art des Aufenthaltstitels oder Aufenthaltsrechts,
5. Ausstellungsbehörde,
6. Seriennummer des zugehörigen Passes oder Passersatzpapiers,
7. Anmerkungen,
8. Lichtbild.
³Auf dem Vordruckmuster ist kenntlich zu machen, dass es sich um eine Ausstellung im Ausnahmefall handelt.

(2) **¹Vordrucke nach Absatz 1 Satz 1 enthalten eine Zone für das automatische Lesen mit folgenden Angaben:**
1. Name und Vornamen,
2. Geburtsdatum,
3. Geschlecht mit der Abkürzung „F" für Personen weiblichen Geschlechts, „M" für Personen männlichen Geschlechts und das Zeichen „<" in allen anderen Fällen,
4. Staatsangehörigkeit,
5. Art des Aufenthaltstitels,
6. Seriennummer des Vordrucks,
7. ausstellender Staat,
8. Gültigkeitsdauer,
9. Prüfziffern,
10. Leerstellen.
²Auf Antrag kann in der Zone für das automatische Lesen bei einer Änderung des Geschlechts nach § 45b des Personenstandsgesetzes die Angabe des vorherigen

Geschlechts aufgenommen werden, wenn die vorherige Angabe männlich oder weiblich war. ³Dieser abweichenden Angabe kommt keine weitere Rechtswirkung zu.

(3) Öffentliche Stellen können die in der Zone für das automatische Lesen nach Absatz 2 enthaltenen Daten zur Erfüllung ihrer gesetzlichen Aufgaben verarbeiten.

(4) ¹Das Vordruckmuster für den Ausweisersatz enthält eine Seriennummer und eine Zone für das automatische Lesen. ²In dem Vordruckmuster können neben der Bezeichnung von Ausstellungsbehörde, Ausstellungsort und -datum, Gültigkeitszeitraum oder -dauer, Name und Vornamen des Inhabers, Aufenthaltsstatus sowie Nebenbestimmungen folgende Angaben über die Person des Inhabers vorgesehen sein:
1. Geburtsdatum und Geburtsort,
2. Staatsangehörigkeit,
3. Geschlecht mit der Abkürzung „F" für Personen weiblichen Geschlechts, „M" für Personen männlichen Geschlechts und „X" in allen anderen Fällen,
4. Größe,
5. Farbe der Augen,
6. Anschrift,
7. Lichtbild,
8. eigenhändige Unterschrift,
9. zwei Fingerabdrücke,
10. Hinweis, dass die Personalangaben auf den Angaben des Ausländers beruhen.
³Sofern Fingerabdrücke nach Satz 2 Nummer 9 erfasst werden, müssen diese in mit Sicherheitsverfahren verschlüsselter Form nach Maßgabe der Artikel 24, 25 und 32 der Verordnung (EU) 2016/679 auf einem elektronischen Speicher- und Verarbeitungsmedium in den Ausweisersatz eingebracht werden. ⁴Das Gleiche gilt, sofern Lichtbilder in elektronischer Form eingebracht werden. ⁵Die Absätze 2 und 3 gelten entsprechend. ⁶§ 78 Absatz 1 Satz 4 bleibt unberührt.

(5) ¹Die Bescheinigungen nach § 60a Absatz 4 und § 81 Absatz 5 werden nach einheitlichem Vordruckmuster ausgestellt, das eine Seriennummer sowie die AZR-Nummer enthält und mit einer Zone für das automatische Lesen versehen sein kann. ²Die Bescheinigung darf neben der Erlaubnis nach § 81 Absatz 5a im Übrigen nur die in Absatz 4 bezeichneten Daten enthalten sowie den Hinweis, dass der Ausländer mit ihr nicht der Passpflicht genügt. ³Die Absätze 2 und 3 gelten entsprechend.

A. Allgemeines

1   Nach der VO (EG) 1030/2002 (v. 13.6.2002, ABl. 2002 L 157, 1) zur einheitlichen Gestaltung des Aufenthaltstitels für Drittstaatenangehörige sind grundsätzlich die in § 78 Abs. 1 benannten Aufenthaltstitel als eigenständige Dokumente unter Erfassung biometrischer Merkmale (vgl. → § 78 Rn. 1 ff.) auszustellen. Der neu geschaffene § 78a regelt seit 2011 den verbliebenen Anwendungsbereich für Vordrucke für Aufenthaltstitel, Ausweisersatzpapiere sowie Bescheinigungen. Er legt zudem bestimmte Ausnahmefälle fest, in denen von § 78 abweichend auf einheitliche Vordruckmuster zurückgegriffen werden darf.

2   Mit dem 2. DSAnpUG-EU (Zweites Gesetz zur Anpassung des Datenschutzrechts an die Verordnung (EU) 2016/679 und zur Umsetzung der Richtlinie (EU) 2016/680 v. 20.11.2019, BGBl. I 1626) wurde § 78a Abs. 3 Abs. 4 S. 3 geändert, wodurch begriffliche und klarstellende Anpassungen an die DS-GVO (VO (EU) 2016/679 v. 27.4.2016, ABl. 2016 L 119, 1) vorgenommen wurden (BT-Drs. 19/4674, 173). Mit dem Gesetz zur Stärkung der Sicherheit im Pass-, Ausweis- und ausländerrechtlichen Dokumentenwesen (v. 3.12.2020, BGBl. I 2744) wurde § 78a Abs. 2 Nr. 3 und Abs. 4 Nr. 3 den Vorgaben des Passrechts insoweit angepasst, als Möglichkeit Geschlechtsangaben für Personen erweitert wurden, die weder dem weiblichen noch dem männlichen Geschlecht zuzuordnen sind.

B. Im Einzelnen

3   Nach Abs. 1 ist in zwei Fällen eine Erteilung eines Aufenthaltstitels nach einem einheitlichen Vordruckmuster zulässig: der Aufenthaltstitel soll zum Zwecke der Verlängerung der Aufenthaltsdauer um einen Monat erteilt werden oder die Ausstellung ist zur Vermeidung außergewöhnlicher Härten geboten. Damit wird anerkannt, dass es Fälle geben kann, in denen die Verpflichtung zur Beantragung und Ausstellung eines elektronischen Aufenthaltstitels wegen des damit verbundenen Aufwands für die Antragsteller grundrechtlich geschützte Interessen unverhältnismäßig beeinträch-

tigen würde (zB ausländische Staatsangehörige, die aufgrund ihres Alters oder einer körperlichen Behinderung, nicht mehr in der Lage sind, sich allein in der Öffentlichkeit zu bewegen). Ebenso kann sich bei Verlust des elektronischen Aufenthaltstitels die Notwendigkeit ergeben, zur Vermeidung einer außergewöhnlichen Härte kurzfristig einen Aufenthaltstitel nach einheitlichem Vordruckmuster auszustellen (BT-Drs. 17/3354, 17). Die Gesetzesbegründung nennt als Beispiel eine Konstellation, in der die Neuausstellung des elektronischen Aufenthaltstitels zur Folge hätte, dass eine aus humanitären Gründen dringend notwendige Reise außerhalb des Schengen-Raums nicht oder nicht rechtzeitig angetreten werden könnte (BT-Drs. 17/3354, 17).

Nach § 99 Abs. 1 Nr. 13 wird das Bundesministerium des Innern, für Bau und Heimat 4 ermächtigt, eine Verordnung über Vordruckmuster zu erlassen. Die entsprechende Rechtsverordnung findet sich in § 58 AufenthV.

Laut § 78a enthalten Vordrucke nach Abs. 1 S. 1 eine Zone für das automatische Lesen mit 5 den in Abs. 2 aufgeführten Angaben. Mit dem Gesetz zur Stärkung der Sicherheit im Pass-, Ausweis- und ausländerrechtlichen Dokumentenwesen (v. 3.12.2020, BGBl. I 2744) wurde die Möglichkeit der Geschlechtsangaben dem Passrecht angepasst. Nach der Vorgabe der ICAO zur maschinenlesbaren Zone (International Civil Aviation Organization, Machine Readable Travel Documents, Doc 9303, 7. Auflage 2015) sind die einzigen drei möglichen Angaben:
• F (= female),
• M (= male) und
• < (= unspecified).
Ein Geschlecht, das weder männlich noch weiblich ist, ist daher mit dem Zeichen „<" anzugeben 6 (BT-Drs. 19/21986, 31). Personen, deren Angabe zum Geschlecht nach § 45b PStG geändert wurde, sollen die Möglichkeit bekommen, auf eigenen Antrag ein Dokument ausgestellt zu bekommen, das die Angabe ihres bisherigen Geschlechts enthält. Ein anderer Geschlechtseintrag als männlich oder weiblich kann bei der Einreise in manche Staaten diskriminierende Maßnahmen zur Folge haben. Um solche Konsequenzen zu vermeiden, soll die beantragende Person selbst entscheiden können, ob der bisherige Eintrag, sofern er männlich oder weiblich ist, beibehalten wird, oder die neue Angabe eingetragen wird. Entsprechend gilt dies auch für die maschinenlesbare Zone, die mit den sichtbar aufgebrachten Angaben im Einklang stehen muss (BT-Drs. 19/21986, 31).

Gemäß § 78a Abs. 3 können öffentliche Stellen die in der Zone für das automatische Lesen 7 nach Abs. 2 enthaltenen Daten zur Erfüllung ihrer gesetzlichen Aufgaben verarbeiten. Öffentliche Stellen sind Behörden, Organe der Rechtspflege und andere öffentlich-rechtlich organisierte Einrichtungen, Körperschaften, der Anstalten und Stiftungen des öffentlichen Rechts sowie deren Vereinigungen ungeachtet ihrer Rechtsform. Bei der Datenverarbeitung ist der Verhältnismäßigkeitsgrundsatz zu beachten. Ist die Datenverarbeitung schon nicht erforderlich, darf sie nicht erfolgen (NK-AuslR/Schild Rn. 3).

Das Vordruckmuster für den Ausweisersatz in § 78a Abs. 4 S. 2 Nr. 3 wird entsprechend im 8 Hinblick auf die Geschlechtsangaben angepasst.

Nach § 78a Abs. 5 iVm § 58 Abs. 1 Nr. 2 und Nr. 3 AufenthV dürfen die Fiktionsbescheinigung 9 nach § 81 Abs. 5 und die Bescheinigung über die Aussetzung der Abschiebung (Duldung gem. § 60a) nicht als elektronische Dokumente, sondern nur nach den Vordrucken ausgestellt (§ 58 S. 1 Nr. 2 und Nr. 3 AufenthV) werden.

§ 79 Entscheidung über den Aufenthalt

(1) ¹Über den Aufenthalt von Ausländern wird auf der Grundlage der im Bundesgebiet bekannten Umstände und zugänglichen Erkenntnisse entschieden. ²Über das Vorliegen der Voraussetzungen des § 60 Absatz 5 und 7 entscheidet die Ausländerbehörde auf der Grundlage der ihr vorliegenden und im Bundesgebiet zugänglichen Erkenntnisse und, soweit es im Einzelfall erforderlich ist, der den Behörden des Bundes außerhalb des Bundesgebiets zugänglichen Erkenntnisse.

(2) Beantragt ein Ausländer, gegen den wegen des Verdachts einer Straftat oder einer Ordnungswidrigkeit ermittelt wird, die Erteilung oder Verlängerung eines Aufenthaltstitels, ist die Entscheidung über den Aufenthaltstitel bis zum Abschluss des Verfahrens, im Falle einer gerichtlichen Entscheidung bis zu deren Rechtskraft auszusetzen, es sei denn, über den Aufenthaltstitel kann ohne Rücksicht auf den Ausgang des Verfahrens entschieden werden.

(3) [1]Wird ein Aufenthaltstitel gemäß § 36a Absatz 1 zum Zwecke des Familiennachzugs zu einem Ausländer beantragt,

1. gegen den ein Strafverfahren oder behördliches Verfahren wegen einer der in § 27 Absatz 3a genannten Tatbestände eingeleitet wurde,

2. gegen den ein Strafverfahren wegen einer oder mehrerer der in § 36a Absatz 3 Nummer 2 genannten Straftaten eingeleitet wurde, oder

3. bei dem ein Widerrufsverfahren nach § 73b Absatz 1 Satz 1 des Asylgesetzes oder ein Rücknahmeverfahren nach § 73b Absatz 3 des Asylgesetzes eingeleitet wurde,

ist die Entscheidung über die Erteilung des Aufenthaltstitels gemäß § 36a Absatz 1 bis zum Abschluss des jeweiligen Verfahrens, im Falle einer gerichtlichen Entscheidung bis zu ihrer Rechtskraft, auszusetzen, es sei denn, über den Aufenthaltstitel gemäß § 36a Absatz 1 kann ohne Rücksicht auf den Ausgang des Verfahrens entschieden werden. [2]Im Fall von Satz 1 Nummer 3 ist bei einem Widerruf oder einer Rücknahme der Zuerkennung des subsidiären Schutzes auf das Verfahren zur Entscheidung über den Widerruf des Aufenthaltstitels des Ausländers nach § 52 Absatz 1 Satz 1 Nummer 4 abzustellen.

(4) [1]Beantragt ein Ausländer, gegen den wegen des Verdachts einer Straftat ermittelt wird, die Erteilung oder Verlängerung einer Beschäftigungsduldung, ist die Entscheidung über die Beschäftigungsduldung bis zum Abschluss des Verfahrens, im Falle einer gerichtlichen Entscheidung bis zu deren Rechtskraft, auszusetzen, es sei denn, über die Beschäftigungsduldung kann ohne Rücksicht auf den Ausgang des Verfahrens entschieden werden.

(5) [1]Beantragt ein Ausländer, gegen den wegen einer Straftat öffentliche Klage erhoben wurde, die Erteilung einer Ausbildungsduldung, ist die Entscheidung über die Ausbildungsduldung bis zum Abschluss des Verfahrens, im Falle einer gerichtlichen Entscheidung bis zu deren Rechtskraft, auszusetzen, es sei denn, über die Ausbildungsduldung kann ohne Rücksicht auf den Ausgang des Verfahrens entschieden werden.

A. Allgemeines

1   Die Vorschrift regelt zum einen, welche Erkenntnisquellen bei Entscheidungen der Ausländerbehörden über den Aufenthalt und insbesondere über das Vorliegen von Abschiebungsverboten heranzuziehen sind. Zum anderen geht es um die Aussetzung von Entscheidungen über den Aufenthalt für den Fall, dass ein Ermittlungsverfahren, sonstige behördliche Verfahren eingeleitet sind oder ein Widerruf oder eine Rücknahme im Raum stehen. Dabei wurde 2018 mit der Einführung des Abs. 3 insbesondere die Aussetzung des Familiennachzugs zu subsidiär Schutzberechtigten angeordnet, wodurch sich Fragen nach einer gleichheitswidrigen Schlechterstellung dieser Statusgruppe stellen (zu den verfassungsrechtlichen Bedenken → Rn. 11).

2   Abs. 1 wurde bereits mit dem ZuwG (Zuwanderungsgesetz v. 30.7.2004, BGBl. I 1950) eingeführt (BT-Drs. 15/420, 30). Abs. 1 S. 2 wurde 2013 mit dem Gesetz zur Umsetzung der RL 2011/95/EU (Qualifikations-RL v. 28.8.2013, BGBl. I 3474) an die unionsrechtlichen Standards insoweit angepasst, als dass das BAMF über die Gewährung von subsidiärem Schutz allein entscheidet. Abs. 2 wurde 2017 durch das Gesetz zur besseren Durchsetzung der Ausreisepflicht (v. 20.7.2017, BGBl. I 2780) neu geregelt. Abs. 3 wurde 2018 aufgrund des Familiennachzugsneuregelungsgesetz (v. 12.7.2018, BGBl. I 1147) eingeführt. Abs. 4 und Abs. 5 wurden mit dem Gesetz über Duldung bei Ausbildung und Beschäftigung neu gefasst (v. 8.7.2019, BGBl. I. 1021).

B. Im Einzelnen

I. Anwendungsbereich der Norm

3   Die Vorschrift findet keine Anwendung auf freizügigkeitsberechtigte Unionsbürger / EWR-Bürger und deren Familienangehörige (§§ 11, 12 FreizügG/EU). Aufgrund der Stillhalteklauseln im Assoziationsrecht EU-Türkei gilt dies auch für die von Art. 41 EWGTRAssZusProt und Art. 13 ARB 1/80 begünstigten türkischen Staatsangehörigen, da § 79 gegenüber der Rechtslage nach dem AuslG 1965 (Ausländergesetz v. 28.4.1965, BGBl. I 353) Verschärfungen hinsichtlich der Einreise und des Aufenthalts enthält (NK-AuslR/Hofmann Rn. 2).

4   Die in § 79 vorgesehenen Beschränkungen sind vom Unionsrecht nicht abgedeckt, insbesondere finden sie keine Grundlage in der Daueraufenthalts-RL (RL 2003/109/EG v. 25.11.2003, ABl. 2004 L 16, 44) und Familienzusammenführungs-RL (RL 2003/86/EG v. 22.9.2003, ABl. 2003

L 251, 12). Beide Richtlinien fordern eine effiziente und angemessene Verfahrensgestaltung (Erwägungsgrund 13 Familienzusammenführungs-RL, Erwägungsgrund 10 Daueraufenthalts-RL) und die Berücksichtigung von Informationen über die Situation im Herkunftsland (NK-AuslR/Hofmann Rn. 10 f.).

II. Erkenntnisquellen bei aufenthaltsrechtlichen Entscheidungen (Abs. 1)

Nach Abs. 1 ist bei aufenthaltsrechtlichen Entscheidungen der Ausländerbehörde auf Grundlage **5** der im Bundesgebiet bekannten Umstände und zugänglichen Erkenntnisse zu entscheiden. Diese Beschränkung der zulässigen Erkenntnismittel stößt auf verfassungsrechtliche Bedenken. Das Recht auf effektiven Rechtsschutz gem. Art. 19 Abs. 4 GG gebietet indes eine restriktive Auslegung der Norm, da die Amtsermittlungspflicht (§ 86 VwGO) nicht so weit eingeschränkt werden darf, wenn mit der Beschränkung der Entscheidungsgrundlage eine unangemessene Verkürzung der Richtigkeitsgewähr der behördlichen und gerichtlichen Entscheidungen einhergeht (vgl. GK-AufenthG/Funke-Kaiser Rn. 10; Bergmann/Dienelt/Samel Rn. 6 f.). Nach einer verfassungskonformen Auslegung von Abs. 1 gehören zu den im Bundesgebiet zugänglichen Erkenntnissen auch solche Informationen, die sich eine im Bundesgebiet ansässige Institution, das Auswärtige Amt oder der Bundesnachrichtendienst im konkreten Einzelfall erst über Mittelspersonen aus dem Ausland beschaffen muss (BayVGH BeckRS 2008, 28532 Rn. 7; VG Berlin Urt. v. 23.11.2012 – 30 K 2177.11, juris Rn. 15, BeckRS 2012, 60661).

III. Aussetzung bei Ermittlungsverfahren und sonstigen Verfahren (Abs. 2)

Nach Abs. 2 muss die Behörde die Entscheidung über die Erteilung oder Verlängerung eines **6** Aufenthaltstitels aussetzen, wenn gegen den Ausländer wegen des Verdachts einer Straftat oder einer Ordnungswidrigkeit ermittelt wird. Die Aussetzung erfolgt bis zum Abschluss des Verfahrens, im Falle einer gerichtlichen Entscheidung bis zu deren Rechtskraft, es sei denn, über den Aufenthaltstitel kann ohne Rücksicht auf den Ausgang des Verfahrens entschieden werden.

Bei anderen Entscheidungen als die über Erteilung oder Verlängerung eines Aufenthaltstitels, **7** zB über eine Ausweisung, muss keine Aussetzung erfolgen. Allerdings darf die Ausländerbehörde die laufenden Ermittlungsverfahren ebenso wenig zur Begründung der Ausweisung heranziehen wie sie eigene Ermittlung hinsichtlich des Tatvorwurfs durchführen darf (BeckOK AuslR/Kluth Rn. 25 f.).

Die Aussetzung des Verfahrens bewirkt keine materielle Schlechterstellung des Antragstellers, **8** insbesondere führt sie nicht zum Verlust aufenthaltsrechtlicher Ansprüche (GK-AufenthG/Funke-Kaiser, Stand: 1.12.2014, Rn. 36). Der Aufenthaltstitel ist im Zweifel rückwirkend zu erteilen. Der Rechtsstatus während der Aussetzung hängt von der aufenthaltsrechtlichen Situation bei Antragstellung ab. Bei Personen, die sich bereits rechtmäßig bzw. mit einem Aufenthaltstitel im Bundesgebiet aufhalten, tritt die Fiktionswirkung gem. § 81 Abs. 3 bzw. Abs. 4 ein. Die Folgen der Aussetzung für Antragsteller, die noch keinen rechtmäßigen Aufenthalt in Deutschland haben, sind gewichtiger. Allerdings ist zumindest von einem rechtlichen Abschiebungshindernis nach § 60a Abs. 2 iVm Art. 6 Abs. 1 GG auszugehen, sodass eine Duldung zu erteilen ist (BT-Drs. 16/3291, 16).

Streitig ist, ob bei einer Aussetzung eine Untätigkeitsklage zulässig ist. Es wird vertreten, dass **9** die Gründe, aus denen die Aussetzung nach § 79 Abs. 2 erfolgt ist, einen sachlichen Grund iSv § 75 S. 1 VwGO für die nicht erfolgte Entscheidung darstellen (OVG RhPf BeckRS 2016, 41505 Rn. 5).

IV. Aussetzung beim Familiennachzug subsidiär Schutzberechtigter (Abs. 3)

Der 2018 neu eingeführte Abs. 3 sieht vor, dass die Entscheidung über den Familiennachzug **10** nach § 36a auszusetzen ist, wenn gegen den Ausländer, zu dem der Familiennachzug beantragt wurde, wegen eines der in § 27 Abs. 3a genannten Gründe oder einer der in § 36a Abs. 3 Nr. 2 genannten Straftaten ein Strafverfahren eingeleitet wurde, dieses aber noch nicht abgeschlossen ist. Eine Aussetzung erfolgt auch, wenn der Ausländer, zu dem der Familiennachzug beantragt wurde, zu den Leitern eines Vereins gehört und zu diesem Verein ein behördliches Verbotsverfahren nach § 3 Abs. 1 S. 1 VereinsG eingeleitet wurde. Eine Aussetzung erfolgt zudem bei Einleitung eines Widerrufs- oder Rücknahmeverfahrens (BT-Drs. 19/2438, 26).

Die Regelung des Abs. 3 stellt eine Ungleichbehandlung von subsidiär Schutzberechtigten dar **11** im Vergleich zu anderen Statusgruppen, die ihren Anspruch auf Familiennachzug geltend machen. Diese Ungleichbehandlung wie auch die Beschränkung des Familiennachzugs zu subsidiär Schutzberechtigten insgesamt (s. insbesondere die Kontingentierung gem. § 36a) werfen verfassungs- und menschenrechtliche Zweifel auf (vgl. Bartolluci/Pelzer ZAR 2018, 133). Die jüngste Rechtsprechung des EGMR sieht eine Verletzung des Diskriminierungsverbotes gem. Art. 14 EMRK iVm Art. 8 EMRK als gegeben an, wenn verschiedene Statusgruppen beim Familiennachzug unterschiedlich behandelt werden und es keine objektive oder vernünftige Rechtfertigung für die Unterscheidung gibt (EGMR BeckRS 2008, 3369 Rn. 175 – D.H. und andere / Tschechische Republik; BeckRS 2009, 23631 Rn. 60 – Burden / Vereinigtes Königreich). Der Einwanderungsstatus an sich ist kein Grund, der eine unterschiedliche Behandlung rechtfertigen kann (EGMR BeckRS 2011, 144279 – Ponomaryov / Bulgarien; BeckRS 2011, 143619 – Bah / Vereinigtes Königreich; Urt. v. 6.11.2012 – 22341/09 – Hode und Abdi / Vereinigtes Königreich). Hervorzuheben ist die EGMR-Entscheidung Hode und Abdi, in der Regelungen, die eine unterschiedliche Behandlung von Familien vorsahen, die bereits im Herkunftsland bestanden, und solchen, die erst nach der Flucht begründet worden sind, als Verstoß gegen das Diskriminierungsverbot gewertet wurden (EGMR Urt. v. 6.11.2012 – 22341/09 Rn. 42 – Hode und Abdi / Vereinigtes Königreich).

V. Aussetzung bei Duldungserteilung (Abs. 4 und Abs. 5)

12 Während eines laufenden strafrechtlichen Ermittlungsverfahrens, ist nach Abs. die Entscheidung über eine beantragte Beschäftigungsduldung (§ 60c) bis zum Abschluss des Verfahrens, im Falle einer gerichtlichen Entscheidung bis zu deren Rechtskraft auszusetzen, es sei denn, über die Beschäftigungsduldung kann ohne Rücksicht auf den Ausgang des Verfahrens entschieden werden (Abs. 4). Problematisch ist, dass anders als bei einer Aussetzung über die Erteilung einer Aufenthaltserlaubnis keine Fiktionswirkung durch die Antragstellung eintritt (Bergmann/Dienelt/Samel Rn. 20). Da auch für Drittstaatsangehörige die Unschuldsvermutung gilt, kommt bis zum Abschluss des Ermittlungsverfahrens eine Duldung aus dringenden persönlichen Gründen in Betracht (vgl. Bergmann/Dienelt/Samel Rn. 20).

13 Nach Abs. 5 ist die Entscheidung über die Erteilung einer Ausbildungsduldung (§ 60c) auszusetzen, wenn die Staatsanwaltschaft bereits Klage erhoben hat. Die Aussetzung gilt bis zum Abschluss des Verfahrens, im Falle einer gerichtlichen Entscheidung bis zu deren Rechtskraft, auszusetzen. Auch hier gilt die Rückausnahme, dass die Aussetzung nicht gilt, wenn über die Ausbildungsduldung kann ohne Rücksicht auf den Ausgang des Verfahrens entschieden werden.

14 In der Literatur wird zurecht darauf hingewiesen, dass dadurch, dass auch geringfügige Delikte miterfasst werden, die Regelung gegen den Grundsatz der Verhältnismäßigkeit verstößt (Huber/Mantel AufenthG/Huber Rn. 6).

§ 80 Handlungsfähigkeit

(1) Fähig zur Vornahme von Verfahrenshandlungen nach diesem Gesetz ist ein Ausländer, der volljährig ist, sofern er nicht nach Maßgabe des Bürgerlichen Gesetzbuchs geschäftsunfähig oder in dieser Angelegenheit zu betreuen und einem Einwilligungsvorbehalt zu unterstellen wäre.

(2) [1]Die mangelnde Handlungsfähigkeit eines Minderjährigen steht seiner Zurückweisung und Zurückschiebung nicht entgegen. [2]Das Gleiche gilt für die Androhung und Durchführung der Abschiebung in den Herkunftsstaat, wenn sich sein gesetzlicher Vertreter nicht im Bundesgebiet aufhält oder dessen Aufenthaltsort im Bundesgebiet unbekannt ist.

(3) [1]Bei der Anwendung dieses Gesetzes sind die Vorschriften des Bürgerlichen Gesetzbuchs dafür maßgebend, ob ein Ausländer als minderjährig oder volljährig anzusehen ist. [2]Die Geschäftsfähigkeit und die sonstige rechtliche Handlungsfähigkeit eines nach dem Recht seines Heimatstaates volljährigen Ausländers bleiben davon unberührt.

(4) Die gesetzlichen Vertreter eines Ausländers, der minderjährig ist, und sonstige Personen, die an Stelle der gesetzlichen Vertreter den Ausländer im Bundesgebiet betreuen, sind verpflichtet, für den Ausländer die erforderlichen Anträge auf Erteilung und Verlängerung des Aufenthaltstitels und auf Erteilung und Verlängerung des Passes, des Passersatzes und des Ausweisersatzes zu stellen.

(5) Sofern der Ausländer das 18. Lebensjahr noch nicht vollendet hat, müssen die zur Personensorge berechtigten Personen einem geplanten Aufenthalt nach Kapitel 2 Abschnitt 3 und 4 zustimmen.

A. Allgemeines

Die Vorschrift legt fest, wann die verfahrensrechtliche Handlungsfähigkeit einer Person im **1** Rahmen des AufenthG vorliegt, sie regelt zudem die Möglichkeit von Rückführungsmaßnahmen gegenüber Handlungsunfähigen und nach welchem Maßstab die Volljährigkeit zu bestimmen ist sowie die Pflichten gesetzlicher Vertreter von Minderjährigen.

Im Bereich der Handlungsfähigkeit hat der Gesetzgeber aufgrund der Rücknahme der auslän- **2** derrechtlichen Vorbehalte zur UN-Kinderrechtskonvention im Jahr 2010 eine langjährig erhobene Forderung nach Anpassung des § 80 umgesetzt und die Handlungsfähigkeit auf 18 Jahre festgesetzt. Bis 2015 galten Minderjährige im Rahmen in Verfahren nach dem AufenthG ab einem Alter von 16 Jahren als handlungsfähig. Das heißt, sie waren auch ohne rechtliche Vertretung zur Vornahme von Verfahrenshandlungen in der Lage. Mit dem Gesetz zur Verbesserung der Unterbringung, Versorgung und Betreuung ausländischer Kinder und Jugendlicher (v. 28.10.2015, BGBl. I 1802) wurde die Verfahrensfähigkeit von 16 auf 18 Jahre angehoben. Damit verfolgt der Gesetzgeber das Ziel, auch für die über 16-jährigen ausländischen Minderjährigen den Vorrang des Kinder- und Jugendhilferechts zu betonen (BR-Drs. 349/15, 2). Praktisch heißt dies, dass Minderjährige nun auch im Alter von 16 und 17 Jahren vor den nachteiligen Folgen von Verfahrenshandlungen geschützt sind. Mit der Rechtsanpassung wird der Forderung nach Beachtung der UN-Kinder- rechtskonvention Rechnung getragen (→ AsylG § 12 Rn. 2). Mit dem Fachkräfteeinwanderungs- gesetz (15.8.2019, BGBl. I 1307) wurde Abs. 5 eingefügt.

B. Im Einzelnen

I. Handlungsfähigkeit

Nach Abs. 1 liegt Handlungsfähigkeit im Verfahren nach dem AufenthG vor, wenn der Auslän- **3** der volljährig ist, sofern er nicht geschäftsunfähig oder in dieser Angelegenheit zu betreuen und einem Einwilligungsvorbehalt zu unterstellen wäre.

Umfasst ist sowohl die aktive als auch die passive Verfahrenshandlungsfähigkeit, dh sowohl die **4** Fähigkeit, selbst Verfahrenshandlungen vornehmen zu können, als auch Fähigkeit, Verfahrenserklä- rungen und -entscheidungen entgegenzunehmen. Die aktive Handlungsfähigkeit umfasst die Fähigkeit, selbst Anträge stellen und die nötigen Erklärungen abgeben zu können. Die passive Handlungsfähigkeit bezieht sich auf die Fähigkeit, rechtsverbindlich Erklärungen, Bescheide oder Urteile entgegennehmen zu können. Die Zustellung eines Verwaltungsakts an einen Handlungsun- fähigen muss an den gesetzlichen Vertreter erfolgen.

Ob eine Person handlungsfähig ist oder nicht, muss die Behörde oder das Gericht in jedem **5** Stadium des Verfahrens von Amts wegen prüfen (§ 24 VwVfG, § 86 Abs. 1 VwGO, § 62 Abs. 4 VwGO).

Die fehlende Handlungsfähigkeit hat zur Folge, dass keine wirksame Verfahrenshandlung vor- **6** liegt. Allerdings kann der Mangel der fehlenden Handlungsfähigkeit geheilt werden, indem der gesetzliche Vertreter, Betreuer oder Pfleger die Verfahrenshandlung genehmigt. Ist eine vertre- tungsberechtigte Person nicht vorhanden, so kann das Verfahren ausgesetzt und ein Vertreter, Pfleger oder Betreuer gerichtlich eingesetzt werden. Nach § 16 VwVfG ist die Behörde selbst in Hinblick auf die Einsetzung eines Vertreters, Betreuers oder Pflegers antragsberechtigt. Eine Pflicht zur Antragstellung besteht, wenn die Rechte des Betroffenen in anderer Weise nicht ausreichend sichergestellt werden können (Kopp/Ramsauer VwVfG § 16 Rn. 8). Stellt ein unbegleiteter, minderjähriger Ausländer einen Antrag im aufenthaltsrechtlichen Verfahren, so muss in entspre- chender Anwendung von § 16 VwVfG iVm § 57 ZPO von Amts wegen ein Vertreter oder Ergänzungspfleger bestellt werden, um den Mangel zu beseitigen (BeckOK VwVfG/Gerstner- Heck VwVfG § 12 Rn. 21).

II. Zurückweisung/-schiebung, Abschiebung von Handlungsunfähigen

Nach Abs. 2 soll die mangelnde Handlungsfähigkeit eines Minderjährigen seiner Zurückwei- **7** sung und Zurückschiebung ebenso wenig wie der Androhung und Durchführung der Abschiebung in den Herkunftsstaat entgegenstehen

Eine Zurückweisung und Zurückschiebung soll nach dem Wortlaut möglich sein, ohne dass **8** der gesetzliche Vertreter eingeschaltet werden muss, selbst wenn sich dieser im Bundesgebiet aufhält. Eine solche aktive Familientrennung ist weder mit Art. 6 Abs. 2 GG noch Art. 8 EMRK vereinbar.

9   Aber auch die Abschiebung von unbegleiteten Minderjährigen, bei denen der Aufenthalt der
Eltern nicht bekannt ist, ist mit den hohen Standards des GG, der EMRK sowie der GRCh
hinsichtlich des Schutzes Minderjähriger und der Familie ist diese Regelung nicht vereinbar
(ebenso NK-AuslR/Hofmann Rn. 24–26). Eine Abschiebung eines unbegleiteten Minderjährigen
stellt stets eine gravierende Gefährdung des Kindeswohls dar, so dass der Vollzug einer solchen
stets im Spannungsverhältnis zum Schutz des Kindes steht. Für das Dublin-Verfahren hat der
EuGH unter Heranziehung von Art. 24 Abs. 2 GRCh entschieden, dass aus Gründen des Schutzes
des Kindeswohls eine Überstellung eines unbegleiteten Minderjährigen in einen anderen Mitgliedstaat zu unterbleiben hat und der Mitgliedstaat, in dem sich der Minderjährige bereits aufhält, für
das Asylverfahren zuständig ist (EuGH BeckRS 2013, 81155 Rn. 57 – MA, BT, DA / Secretary
of State for the Home Department; zum Dublin-Verfahren bei Minderjährigen vgl. Bender ASYL-
MAGAZIN 2011, 112).

10   Zum Schutze des Kindeswohl legt Art. 10 Abs. 2 Rückführungs-RL (RL 2008/115/EG v.
16.12.2008, ABl. 2008 L 348, 98) fest, dass eine Abschiebung eines unbegleiteten Minderjährigen
nicht erfolgen darf, wenn sich die Behörden nicht vorab vergewissert haben, dass der Minderjährige
von einem Mitglied seiner Familie, einem offiziellen Vormund oder einer geeigneten Aufnahmeeinrichtung im Rückkehrstaat übergeben werden kann. § 58 Abs. 1a setzt diese unionsrechtliche
Vorgabe ins innerstaatliche Recht um. Die Anforderungen sind in der Praxis regelmäßig nicht
erfüllt, so dass aus Kindeswohlschutzgründen eine Abschiebung unterbleiben muss.

III. Feststellung der Volljährigkeit

11   Für die Feststellung der Volljährigkeit sind die Vorschriften des BGB maßgeblich (§§ 104 ff.
BGB), wobei im Übrigen für die Geschäftsfähigkeit und die sonstige rechtliche Handlungsfähigkeit
des Ausländers das Recht des Heimatstaates gilt (Abs. 2; sa Art. 7 EGBGB).

IV. Pflichten der gesetzlichen Vertreter / der Betreuungsperson

12   Abs. 4 regelt die Pflichten des gesetzlichen Vertreters bzw. sonstiger Personen, die eine Betreuung übernommen haben. Sie sind verpflichtet, für den Ausländer die erforderlichen Anträge auf
Erteilung und Verlängerung des Aufenthaltstitels und auf Erteilung und Verlängerung des Passes,
des Passersatzes und des Ausweisersatzes zu stellen. Ein Verstoß gegen diese Verpflichtung stellt
eine Ordnungswidrigkeit iSv § 98 Abs. 3 Nr. 6 dar.

13   Aufgrund der Komplexität vieler aufenthaltsrechtlicher Fragestellungen ist die Beurteilung,
wann ein Antrag zu stellen ist, oftmals schwierig, jedenfalls nicht eindeutig. Auch wenn die
Motivation des Gesetzgebers zu begrüßen ist, die Interessen der Handlungsunfähigen zu wahren,
indem der gesetzliche Vertreter oder die Betreuungspersonen in die Pflicht genommen werden,
ist zu bezweifeln, dass das Regelungsziel hierdurch erreicht wird.

14   Ungewöhnlich ist die Einbeziehung von Betreuungspersonen in den Kreis der Verpflichteten.
Wer aus humanitären oder karitativen Gründen die Betreuung eines Minderjährigen übernimmt,
erwartet in der Regel nicht, bußgeldbewehrte Pflichten zur Antragstellung im Rahmen eines
Verwaltungsverfahrens auferlegt zu bekommen (krit. Bergmann/Dienelt/Samel Rn. 11).

V. Zustimmung zum Aufenthalt

15   Sofern der Ausländer das 18. Lebensjahr noch nicht vollendet hat, müssen die zur Personensorge
berechtigten Personen einen geplanten Aufenthalt nach Kapitel 2 Abschnitt 3 und 4 zustimmen
(Abs. 5). Umfasst sind Aufenthalte zum Zweck der Ausbildung (§§ 16 ff.), der Erwerbstätigkeit
(§§ 18 ff.). Die Vorschrift stellt zugleich die Umsetzung von Art. 7 Abs. 1 lit. b RL 2016/801/
EU, der sog. REST-Richtlinie, dar. Für die nach dieser Richtlinie geregelten Aufenthalte muss
der Drittstaatsangehörige eine Erlaubnis der Eltern oder ein gleichwertiges Dokument für den
geplanten Aufenthalt vorlegen, wenn er oder sie minderjährig ist.

§ 81 Beantragung des Aufenthaltstitels

**(1) Ein Aufenthaltstitel wird einem Ausländer nur auf seinen Antrag erteilt, soweit
nichts anderes bestimmt ist.**

(2) ¹**Ein Aufenthaltstitel, der nach Maßgabe der Rechtsverordnung nach § 99 Abs. 1
Nr. 2 nach der Einreise eingeholt werden kann, ist unverzüglich nach der Einreise oder
innerhalb der in der Rechtsverordnung bestimmten Frist zu beantragen.** ²**Für ein im**

Bundesgebiet geborenes Kind, dem nicht von Amts wegen ein Aufenthaltstitel zu erteilen ist, ist der Antrag innerhalb von sechs Monaten nach der Geburt zu stellen.

(3) [1]Beantragt ein Ausländer, der sich rechtmäßig im Bundesgebiet aufhält, ohne einen Aufenthaltstitel zu besitzen, die Erteilung eines Aufenthaltstitels, gilt sein Aufenthalt bis zur Entscheidung der Ausländerbehörde als erlaubt. [2]Wird der Antrag verspätet gestellt, gilt ab dem Zeitpunkt der Antragstellung bis zur Entscheidung der Ausländerbehörde die Abschiebung als ausgesetzt.

(4) [1]Beantragt ein Ausländer vor Ablauf seines Aufenthaltstitels dessen Verlängerung oder die Erteilung eines anderen Aufenthaltstitels, gilt der bisherige Aufenthaltstitel vom Zeitpunkt seines Ablaufs bis zur Entscheidung der Ausländerbehörde als fortbestehend. [2]Dies gilt nicht für ein Visum nach § 6 Absatz 1. [3]Wurde der Antrag auf Erteilung oder Verlängerung eines Aufenthaltstitels verspätet gestellt, kann die Ausländerbehörde zur Vermeidung einer unbilligen Härte die Fortgeltungswirkung anordnen.

(5) Dem Ausländer ist eine Bescheinigung über die Wirkung seiner Antragstellung (Fiktionsbescheinigung) auszustellen.

(5a) [1]In den Fällen der Absätze 3 und 4 gilt die in dem künftigen Aufenthaltstitel für einen Aufenthalt nach Kapitel 2 Abschnitt 3 und 4 beschriebene Erwerbstätigkeit ab Veranlassung der Ausstellung bis zur Ausgabe des Dokuments nach § 78 Absatz 1 Satz 1 als erlaubt. [2]Die Erlaubnis zur Erwerbstätigkeit nach Satz 1 ist in die Bescheinigung nach Absatz 5 aufzunehmen.

(6) Wenn der Antrag auf Erteilung einer Aufenthaltserlaubnis zum Familiennachzug zu einem Inhaber einer ICT-Karte oder einer Mobiler-ICT-Karte gleichzeitig mit dem Antrag auf Erteilung einer ICT-Karte oder einer Mobiler-ICT-Karte gestellt wird, so wird über den Antrag auf Erteilung einer Aufenthaltserlaubnis zum Zweck des Familiennachzugs gleichzeitig mit dem Antrag auf Erteilung einer ICT-Karte oder einer Mobiler-ICT-Karte entschieden.

Überblick

§ 81 enthält einerseits Bestimmungen bezüglich der Beantragung eines Aufenthaltstitels, zum anderen Regelungen zu den aufenthaltsrechtlichen Wirkungen einer (verspäteten) Antragstellung. Abs. 1 regelt das Antragserfordernis (→ Rn. 4 ff.), Abs. 2 bestimmt, wann der Antrag zu stellen ist (→ Rn. 8 ff.), Abs. 5 verpflichtet die Behörde zur Ausstellung einer Bescheinigung über die Wirkungen der Antragstellung (→ Rn. 35 ff.). Abs. 3 (→ Rn. 17 ff.) und Abs. 4 (→ Rn. 26 ff.) regeln, unter welchen Umständen die Antragstellung die Erlaubnis-, Duldungs- und Fortgeltungsfiktion auslöst.

Übersicht

A. Allgemeines

I. Entstehungsgeschichte

1 Die zum 1.1.2005 in Kraft getretene Fassung der Vorschrift wurde in der Zwischenzeit wesentlich geändert. Durch das Gesetz zur Umsetzung aufenthalts- und asylrechtlicher Richtlinien der Europäischen Union (v. 19.8.2007, BGBl. I 1970) ist Abs. 1 dahingehend konkretisiert worden, dass der Ausländer selbst den Antrag zu stellen hat (BT-Drs. 16/5065, 194). Zum 1.8.2012 wurde in Abs. 4 eine Härtefallregelung eingeführt, wonach die Ausländerbehörde bei verspäteter Antragstellung zur Vermeidung einer unbilligen Härte die Fortgeltungsfiktion anordnen kann (BT-Drs. 17/8682, 22). Eine weitere Änderung des Abs. 4 erfolgte zum 6.9.2013. Das Visum nach § 6 Abs. 1 wurde von der Fortgeltungsfiktion ausgenommen (BT-Drs. 17/13563, 15). Abs. 6 (→ Rn. 39) wurde durch das Gesetz zur Umsetzung aufenthaltsrechtlicher Richtlinien der Europäischen Union zur Arbeitsmigration (v. 12.5.2017, BGBl. I 1106) angefügt. Abs. 5a wurde durch Art. 7 des Gesetzes zur Stärkung der Sicherheit im Pass-, Ausweis- und ausländerrechtlichen Dokumentenwesen (v. 3.12.2020, BGBl. I 2744) eingefügt (→ Rn. 38).

II. Anwendungsbereich

2 Die Norm findet **keine Anwendung auf Unionsbürger** sowie auf freizügigkeitsberechtigte Schweizer und deren Familienangehörige (§§ 11, 12 Abs. 1 FreizügG/EU, Art. 3 FreizügAbk EG-CH).

3 Bei **türkischen Staatsangehörigen,** die **eine Rechtsstellung nach Art. 6 oder 7 ARB 1/80** besitzen, hat der auszustellende Aufenthaltstitel nur **deklaratorische Wirkung,** sodass § 81 überwiegend keine Anwendung findet. Zudem ist Art. 13 ARB 1/80 zu berücksichtigen.

B. Antragserfordernis (Abs. 1)

I. Form des Antrags

4 Abs. 1 regelt das grundsätzliche **Antragserfordernis.** Der Antrag ist durch den Ausländer selbst zu stellen. Er kann hierzu eine Vollmacht erteilen (Nr. 81.1.2 AufenthGAVwV; → Rn. 4.1).

4.1 Der Gesetzgeber hat sich bewusst dafür entschieden, die Erteilung eines Aufenthaltstitels im Grundsatz – soweit nichts anderes bestimmt ist – nur auf Antrag des Betroffenen zu ermöglichen. Nach Art. 5 Abs. 1 Familienzusammenführungs-RL können die Mitgliedstaaten festlegen, ob ein Antrag auf Einreise oder Aufenthalt entweder vom Zusammenführenden oder von einem Familienangehörigen gestellt werden muss. Der Gesetzgeber hat die ursprüngliche Fassung des § 81 Abs. 1 („Die Erteilung eines Aufenthaltstitels erfolgt nur auf Antrag) dahingehend abgeändert, dass nunmehr „der Aufenthaltstitel einem Ausländer nur auf seinen Antrag erteilt wird" (VGH BW BeckRS 2015, 52985).

5 Die Antragstellung ist **nicht an eine besondere Form,** insbesondere Formularvordrucke, **gebunden.** Auch eine **mündliche Antragstellung** ist möglich (GK-AufenthG/Funke-Kaiser Rn. 14; NK-AuslR/Hofmann Rn. 7). Bei einem **Antrag auf Ausstellung eines Schengen-Visums** sind Art. 9 ff. Visakodex zu beachten. Eine **Online-Terminvereinbarung** stellt noch keinen Antrag dar (Bergmann/Dienelt/Bauer Rn. 8).

6 Aus der Antragstellung muss sich erkennen lassen, für welchen **Aufenthaltszweck** eine Aufenthaltserlaubnis beantragt wird. (OVG Bln-Bbg BeckRS 2021, 980). Dabei kommt es darauf an, wie die Erklärung aus der **Sicht des objektiven Empfängers** zu verstehen ist (Bergmann/Dienelt/Sußmann § 4 Rn. 43). Bedeutung gewinnt die Bestimmung des Aufenthaltszwecks wegen des sog. **Trennungsprinzips,** wonach der Verfahrens- und Streitgegenstand bei einem Antrag auf Erteilung eines Aufenthaltstitels durch den Aufenthaltszweck begrenzt wird (BVerwG NVwZ 2008, 333).

II. Ausnahmen vom Antragserfordernis

7 Einem **im Bundesgebiet geborenen Kind,** dessen Elternteile bzw. allein personensorgeberechtigter Elternteil eine Aufenthaltserlaubnis, Niederlassungserlaubnis oder Daueraufenthaltserlaubnis-EU besitzt, wird die **Aufenthaltserlaubnis von Amts wegen erteilt (§ 33 Abs. 1 S. 2,** → § 33 Rn. 7).

C. Einholung des Aufenthaltstitels im Inland (Abs. 2)

I. Allgemeines

Das AufenthG geht davon aus, dass ein **Aufenthaltstitel grundsätzlich vor der Einreise** 8
einzuholen ist. In Abs. 2 werden Fälle geregelt, in denen durch Rechtsverordnung bestimmt
ist, dass **der Aufenthaltstitel innerhalb einer bestimmten Frist nach der Einreise eingeholt**
werden kann. Die entsprechenden Regelungen finden sich in §§ 39–41 AufenthV. Eine ausdrückliche Fristbestimmung enthält § 41 Abs. 3 AufenthV. In allen übrigen Fällen ist der Antrag
unverzüglich zu stellen. Für im Bundesgebiet geborene Kinder ist der Antrag sechs Monate nach
der Geburt zu stellen (Abs. 2 S. 2).

II. Einzelheiten

In den Fällen des **§ 39 Nr. 1 AufenthV** muss der Ausländer den Antrag stellen, **solange er** 9
das Visum nach § 6 Abs. 3 oder den Aufenthaltstitel besitzt, dh es muss noch gültig sein.
Eine Antragsfrist wird dadurch nicht bestimmt, vielmehr ist der Antrag **unverzüglich** zu stellen
(GK-AufenthG/Funke-Kaiser Rn. 31). Maßgeblicher Zeitpunkt für den Besitz ist der Zeitpunkt
der Antragstellung (BayVGH BeckRS 2020, 20621).

Die Fiktionswirkung des § 81 Abs. 4 S. 1 steht iRd § 39 Nr. 1 nicht dem Besitz einer Aufenthaltserlaubnis **9.1**
gleich (SchlHOVG BeckRS 2016, 44032).

Ein Ausländer, dem nach Rücknahme seines Asylantrags eine Aufenthaltserlaubnis nach § 25 Abs. 5 **9.2**
erteilt wurde, kann nach § 39 Nr. 1 AufenthV die Neuerteilung einer Aufenthaltserlaubnis zu einem
anderen Zweck vom Inland aus begehren (BVerwG BeckRS 2020, 11171).

§ 39 Nr. 3 AufenthV begünstigt sog. **Positivstaater,** dh Ausländer, die nach Art. 1 Abs. 2 **10**
EU-Visum-VO 2001 für einen Aufenthalt, der 90 Tage je Zeitraum von 180 Tagen nicht überschreitet, von der Visumpflicht befreit sind (Alt. 1), ferner Inhaber eines Schengen-Visums, wenn
die Voraussetzungen eines Anspruchs auf Erteilung einer Aufenthaltserlaubnis nach der Einreise
entstanden sind (Alt. 2). Der Anspruch muss während der **Gültigkeitsdauer des Visums** bzw.
während des rechtmäßigen Aufenthalts entstanden sein. Einem Rechtsanspruch steht nicht gleich,
wenn das Ermessen im Einzelfall auf Null reduziert ist (BVerwG NVwZ 2011, 495; → Rn. 10.1).

Mit Einreise ist die letzte Einreise in die Bundesrepublik Deutschland und nicht die Einreise in den **10.1**
Schengen-Raum gemeint (BVerwG NVwZ 2011, 871 Rn. 25; BayVGH BeckRS 2021, 5341). Diese
Entscheidung führt dazu, dass bei den sog. Dänemark-Ehen, bei denen ein Ausländer mit einem Schengen-
Visum ins Bundesgebiet eingereist ist, dann in Dänemark geheiratet hat, wieder ins Bundesgebiet zurückgekehrt ist und hier einen Aufenthaltstitel zum Zweck der Familienzusammenführung beantragt hat, § 39
Nr. 3 AufenthV nicht zur Anwendung kommt (→ § 30 Rn. 10, → § 28 Rn. 26.1). Für die Beurteilung,
wann die Voraussetzungen eines Anspruchs iSd § 39 Nr. 3 AufenthV entstanden sind, ist auf den Zeitpunkt
abzustellen, in dem das zentrale Merkmal der jeweiligen Anspruchsnorm, das den Aufenthaltszweck kennzeichnet, entstanden ist (BVerwG NVwZ 2011, 871 Rn. 26; BayVGH BeckRS 2014, 56706).

Im Fall des **§ 39 Nr. 4 AufenthV** muss der Antrag auf Erteilung eines Aufenthaltstitels spätestens **11**
bis zum **Erlöschen der Gestattungswirkung** gestellt werden (§ 67 AsylG). Auf den Besitz
der Bescheinigung über die Aufenthaltsgestattung (§ 63 AsylG) kommt es nicht an, da sie nur
deklaratorische Wirkung hat.

§ 39 Nr. 5 AufenthV setzt ebenso wie § 39 Nr. 3 AufenthV einen **strikten Rechtsanspruch** **12**
voraus (BVerwG NVwZ-RR 2015, 313; SächsOVG 2021, 4401). Der Ausländer muss im maßgeblichen Zeitpunkt der Entscheidung über seinen Antrag **noch geduldet** sein (OVG Bln-Bbg
BeckRS 2013, 47326; aA GK-AufenthG/Funke-Kaiser Rn. 35). Ferner muss die Aussetzung der
Abschiebung aus anderen Gründen als der Eheschließung erfolgt sein (OVG RhPf BeckRS 2021,
809; BayVGH BeckRS 2020, 15546; NdsOVG BeckRS 2019, 33373; 2018, 1067; HmbOVG
BeckRS 2014, 52410; OVG Bln-Bbg BeckRS 2013, 47326). Die Vorschrift setzt eine im Inland
geschlossene Ehe voraus (BayVGH BeckRS 2021, 5341).

Nach **§ 40 AufenthV** können **Positivstaater** für einen **weiteren Aufenthalt von drei Mona-** **13**
ten einen Aufenthaltstitel einholen, wenn sie – § 17 Abs. 2 AufenthV ausgenommen – keiner
Erwerbstätigkeit nachgehen und ein Ausnahmefall vorliegt. Als Ausnahmefall können höhere
Gewalt oder humanitäre Gründe in Betracht kommen (NK-AuslR/Hofmann Rn. 26).

§ 41 AufenthV begünstigt die Staatsangehörigen bestimmter Staaten, indem auch für einen **14**
Aufenthalt, der kein Kurzaufenthalt ist, der Aufenthaltstitel im Inland eingeholt werden darf. § 41

Abs. 3 AufenthV sieht eine **eigene Antragsfrist** vor, die in der Regel drei Monate nach der letzten Einreise endet.

III. Antragsfrist für hier geborene Kinder (Abs. 2 S. 2)

15 Die Antragsfrist von **sechs Monaten nach Geburt** gilt nur für in der Bundesrepublik Deutschland geborene Kinder, denen nicht nach § 33 S. 2 von Amts wegen eine Aufenthaltserlaubnis zu erteilen ist und die nicht mit der Geburt die deutsche Staatsangehörigkeit erwerben (§ 4 Abs. 3 StAG). In den Fällen des **§ 33 S. 3** (→ § 33 Rn. 16) gilt ggf. eine kürzere Frist, wenn das Visum bzw. der visumfreie Aufenthalt vorher ablaufen (GK-AufenthG/Funke-Kaiser Rn. 40). Für die Stellung des Antrags ist § 80 Abs. 4 zu beachten.

IV. Unverzügliche Antragstellung

16 Ergeben sich aus § 39 ff. AufenthV oder § 81 Abs. 2 S. 2 keine besonderen Antragsfristen, so ist der Antrag **unverzüglich** nach Einreise zu stellen. Unverzüglich heißt **ohne schuldhaftes Zögern (§ 121 BGB)**. Es ist auf die **Umstände des Einzelfalls** abzustellen. Der Ausländer darf mit der Stellung des Antrags nicht bis zum Ende des rechtmäßigen Aufenthalts warten, wenn er bereits vorher den Entschluss gefasst hat, einen Aufenthaltstitel zu beantragen.

D. Erlaubnis- und Duldungsfiktion (Abs. 3)

I. Erlaubnisfiktion (S. 1)

17 Diese Regelung bewirkt, dass der Aufenthalt eines Ausländers, der sich ohne Aufenthaltstitel rechtmäßig im Bundesgebiet aufhält, ab Antragstellung **als erlaubt gilt.** In erster Linie betrifft dies die sog. **Positivstaater.** Ein rechtmäßiger Aufenthalt liegt nicht vor, wenn der Antragsteller **unerlaubt iSd § 14 Abs. 1 Nr. 1 eingereist** ist. Eine visumfreie Einreise ist nur dann als erlaubt anzusehen, wenn der **beabsichtigte Aufenthaltszweck nur auf einen Kurzaufenthalt iSd Art. 1 Abs. 2 EU-Visum-VO 2001 gerichtet ist** (VGH BW BeckRS 2021, 4677; BayVGH BeckRS 2020, 26730; HessVGH BeckRS 2016, 55440). Ein nur **geduldeter Aufenthalt** ist nicht rechtmäßig im Sinne der Vorschrift (Nr. 81.3.0 AufenthGAVwV). Erfasst von S. 1 ist nur die erstmalige Beantragung eines Aufenthaltstitels (OVG LSA BeckRS 2019, 35877).

17.1 Reist eine drittstaatsangehörige Inhaberin eines von einem anderen Schengen-Staat ausgestellten nationalen Aufenthaltstitels mit der Absicht dauerhaften Verbleibs in das Bundesgebiet ein, ist sie nicht gem. § 4 Abs. 1 iVm Art. 21 Abs. 1 SDÜ von der vorherigen Einholung des für Daueraufenthalte erforderlichen nationalen Visums befreit. Ihr durch die Einreise begründeter Aufenthalt ist von Beginn an nicht rechtmäßig (BayVGH BeckRS 2019, 3423; OVG Bln-Bbg BeckRS 2019, 2896; HmbOVG BeckRS 2018, 13375;2018, 13375).

17.2 Im Anwendungsbereich des § 38 Abs. 5, Abs. 1 S. 3 genügt es für den Eintritt der Fiktionswirkung, dass die Erteilung eines Aufenthaltstitels nach § 38 Abs. 5 ernsthaft in Betracht kommt.

18 Umstritten ist, ob die Erlaubnisfiktion auch dann entsteht, wenn der Antrag bei der unzuständigen Behörde gestellt wird (vgl. Hailbronner AuslR Rn. 21).

19 Mit der Erlaubnisfiktion entsteht ein **gesetzliches Aufenthaltsrecht,** das keine weitergehenden Rechte als der beantragte Aufenthaltstitel vermittelt. Gemäß § 12 Abs. 4 können **Nebenbestimmungen** verfügt werden. In der Regel ist die **Erwerbstätigkeit** nicht gestattet (zur Frage, ob die Erlaubnisfiktion zur Wiedereinreise berechtigt s. BeckOK AuslR/Kluth Rn. 21). Das gesetzliche Aufenthaltsrecht **erlischt** mit der **Entscheidung über den Antrag.**

20 Während eines **laufenden Asylverfahrens** löst der Antrag auf Erteilung einer Aufenthaltserlaubnis keine Fiktionswirkung nach § 81 Abs. 3 S. 1 aus, § 55 Abs. 2 AsylG und § 43 Abs. 2 AsylG verdrängen die Wirkung des Abs. 3 S. 1 bzw. schränken sie ein (VGH BW BeckRS 2020, 14108; NdsOVG BeckRS 2018, 22297; BayVGH BeckRS 2016, 45794).

21 Inhaber eines von einem Mitgliedstaat ausgestellten **Schengen-Visums** besitzen einen Aufenthaltstitel iSd Abs. 3 S. 1, sodass sie sich nicht auf die Erlaubnisfiktion berufen können (OVG Bln-Bbg BeckRS 2014, 50004; BayVGH BeckRS 2013, 48084; VG Stuttgart BeckRS 2017, 146261; aA VGH BW BeckRS 2018, 13629; 2018, 6543).

22 Abs. 3 S. 1 kommt für **türkische Staatsangehörige,** die eine Rechtsposition nach EWG-Türkei (Beschluss Nr. 1/80 des Assoziationsrates v. 19.9.1980 über die Entwicklung der Assoziation) besitzen, begrifflich nicht in Betracht, weil bereits aus materiell-rechtlichen Gründen ein

Aufenthaltsrecht besteht. Auf Wunsch wird eine Fiktionsbescheinigung nach Abs. 3 S. 1 erteilt, damit sie in der Lage sind, ihr Aufenthaltsrecht vorläufig nachzuweisen (Nr. 81.3.5 Aufenth-GAVwV).

II. Duldungsfiktion (S. 2)

Wird der **Antrag verspätet gestellt,** gilt ab dem Zeitpunkt der Antragstellung die **Abschie- 23 bung als ausgesetzt.** Der Ausländer wird so behandelt, als ob er in Besitz einer Duldung nach § 60a Abs. 2 S. 1 wäre, dh die Ausreisepflicht bleibt vollziehbar (§ 58 Abs. 2, → § 58 Rn. 2 ff.) und die Abschiebungsandrohung rechtmäßig. Der Ausländer darf nur nicht abgeschoben werden. Sein Aufenthalt ist auf das Gebiet des Landes beschränkt (§ 61 Abs. 1 S. 1).

Eine verspätete Antragstellung liegt vor, wenn der **Antrag nach Ablauf des rechtmäßigen 24 Aufenthalts bzw. der Antragsfrist gestellt** wird (→ Rn. 24.1). Unerheblich ist, ob die Frist nur ganz knapp versäumt wurde.

Eine entsprechende Anwendung des Abs. 3 S. 2 auf Fälle der verspäteten Antragstellung nach Erlöschen **24.1** eines Aufenthaltstitels, die in Abs. 4 geregelt sind, scheidet aus, da Abs. 3 nur die erstmalige Beantragung eines Aufenthaltstitels erfasst (OVG LSA BeckRS 2019, 35877). Die Regelungen des Abs. 3 und Abs. 4 stehen in einem sich ausschließenden Alternativverhältnis (BVerwG BeckRS 2019, 36255).

Die Duldungsfiktion **erlischt,** wenn der Ausländer aus dem Bundesgebiet ausreist (§ 60a Abs. 5 **25** S. 1). Ein nach Ablehnung des Antrags gestellter **Wiederholungsantrag** löst nicht erneut die Duldungsfiktion aus.

E. Fortgeltungsfiktion (Abs. 4)

I. Fortgeltungsfiktion

Mit der Fiktion, dass der ursprünglich erteilte Aufenthaltstitel fort gilt, bleibt die **Rechtsstel- 26 lung, die der Ausländer innehatte, bis zur Entscheidung über den Antrag erhalten** (OVG NRW BeckRS 2019, 31007). Die Fortgeltungsfiktion umfasst den Titel inklusive aller Nebenbestimmungen. Insbesondere bleibt auch die Beschäftigung im bisherigen Umfang erlaubt (BT-Drs. 15/420, 96).

Übt ein türkischer Staatsangehöriger eine Beschäftigung nur auf der Basis der Fiktionswirkung des **26.1** Abs. 4 S. 1 aus, ist diese nicht ordnungsgemäß iSv Art. 6 Abs. 1 ARB 1/80, wenn eine Verlängerung des Aufenthaltstitels nicht erfolgt (NdsOVG BeckRS 2020, 1989).

Die Fiktionswirkung tritt **nicht** ein in den Fällen eines **Visums nach § 6 Abs. 1 (Abs. 4 27 S. 2)** und einer **Aufenthaltserlaubnis nach § 104a Abs. 5** (§ 104a Abs. 5 S. 5). Auch ein Antrag eines assoziationsberechtigten türkischen Staatsangehörigen nach § 4 Abs. 5 löst die Fiktionswirkung nicht aus (BayVGH BeckRS 2018, 4344; → Rn. 27.1).

Die Regelung in Abs. 4 S. 2 gilt auch für Schengen-Visa, die von anderen Mitgliedstaaten ausgestellt **27.1** wurden (BVerwG BeckRS 2019, 36255; OVG RhPf BeckRS 2019, 11102; VG Stuttgart BeckRS 2017, 146261) und nationale Visa anderer Mitgliedstaaten der EU nach Art. 18 Abs. 1 SDÜ (OVG Bln-Bbg BeckRS 2021, 6786; VGH BW BeckRS 2021, 4677).

Der Eintritt der Fortgeltungsfiktion setzt voraus, dass der Antrag **vor Ablauf des bisherigen 28 Aufenthaltstitels gestellt** wird (BVerwG BeckRS 2011, 53362; BayVGH BeckRS 2019, 17439). Bei einer **verspäteten Antragstellung** ist Abs. 3 S. 2 nicht analog anzuwenden (OVG LSA BeckRS 2019, 35877). Vielmehr hat der Gesetzgeber nunmehr ausdrücklich vorgesehen, dass eine verspätete Antragstellung über die **Härtefallregelung des Abs. 4 S. 3** zu lösen ist (BT-Drs. 17/8682, 22 f.; vgl. BayVGH BeckRS 2013, 48084). Die Härtefallregelung ist allerdings nicht anzuwenden, wenn der Ablauf des Aufenthaltstitels und der verspätete Antrag vor dem 1.8.2012 erfolgt sind (OVG Brem BeckRS 2019, 276).

Die Fortgeltungsfiktion **endet** mit der **vollständigen Entscheidung der Behörde über den 29 Antrag.** Wenn der Ausländer neben der Verlängerung seines bisherigen Aufenthaltstitels auch die Erteilung einer Aufenthaltserlaubnis zu einem anderen Aufenthaltszweck beantragt, erlischt die Fiktionswirkung nur, wenn die Behörde über beide Anträge entschieden hat (OVG NRW BeckRS 2019, 31007; zur Frage des Erlöschens der Fortgeltungsfiktion bei Rücknahme des als fortbestehend geltenden Titels und Ablehnung seiner Verlängerung NdsOVG BeckRS 2018, 22861). Macht der Ausländer erst nach Erlass des Ablehnungsbescheids einen anderen Aufenthaltszweck geltend, ist er auf die Durchführung eines erneuten Verwaltungsverfahrens zu verweisen, mit der Konsequenz, dass der neue Antrag keine Fiktionswirkung mehr auslöst (NdsOVG BeckRS 2018, 3152).

30   Ein **weiterer Antrag nach Ablehnung des ersten Antrags** löst die Fiktionswirkung nicht mehr aus (Nr. 81.3.4 AufenthGAVwV; Hailbronner AuslR Rn. 41; BeckOK AuslR/Kluth Rn. 39 mwN).

II. Aufenthaltsverfestigung

31   Setzt die Erteilung einer Niederlassungserlaubnis den Besitz einer Aufenthaltserlaubnis für einen bestimmten Zeitraum voraus (§ 26 Abs. 3, → § 26 Rn. 12 ff.; § 26 Abs. 4, → § 26 Rn. 21 ff.; § 9 Abs. 2), so werden **die Zeiten eines fiktiven Aufenthaltsrechts gem. § 81 Abs. 4 S. 1 angerechnet, wenn einem Verlängerungsantrag später stattgegeben wird** (Bergmann/ Dienelt/Dienelt § 9 Rn. 32; NK-AuslR/Müller § 9 Rn. 8; BayVGH BeckRS 2016, 44266). Wird der Verlängerungsantrag abgelehnt, so sind Fiktionszeiten den Zeiten eines Titelbesitzes nicht gleichzusetzen (BVerwG BeckRS 2014, 49307; → Rn. 31.1).

31.1   Das BVerwG erläutert in der Entscheidung v. 30.3.2010 (BeckRS 2010, 49673) ausführlich, dass Sinn und Zweck der Regelung des § 81 Abs. 4 und des § 26 Abs. 4 sowie die Gesamtsystematik des AufenthG gegen eine Gleichstellung von Fiktionszeiten mit den Zeiten des Titelbesitzes sprechen. Sinn und Zweck der Neugestaltung des § 81 Abs. 4 sei es gewesen, der Neuordnung des Arbeitsgenehmigungsrechts gerecht zu werden und eine Fortsetzung der Erwerbstätigkeit während eines noch ungeklärten Anspruchs auf Verlängerung einer Aufenthaltserlaubnis durch eine fiktive Aufrechterhaltung des Titels sicherzustellen. Es sei nicht ersichtlich, dass durch § 81 Abs. 4 die aufenthaltsrechtlichen Verfestigungsmöglichkeiten unabhängig von der materiellen Rechtslage verbessert werden sollten. Auch unter dem Gesichtspunkt des effektiven Rechtsschutzes sei die Anrechnung von Fiktionszeiten nicht notwendig.

III. Härtefallregelung (Abs. 4 S. 3)

32   Da bei einer **verspäteten Antragstellung auf Verlängerung / Erteilung einer Aufenthaltserlaubnis** die Fiktionswirkung nach § 81 Abs. 4 S. 1 nicht eintritt, hat der Gesetzgeber zunächst durch das Gesetz zur Umsetzung der Hochqualifizierten-Richtlinie der Europäischen Union (v. 1.6.2012, BGBl. I 1224) mWz 1.8.2012 als S. 2 und später durch das Gesetz zur Verbesserung der Rechte von international Schutzberechtigten und ausländischen Arbeitnehmern (v. 29.8.2013, BGBl. I 3484) mWz 6.9.2013 als S. 3 den Ausländerbehörden die Befugnis verliehen, die **Fortgeltungsfiktion** bei verspäteter Antragstellung **anzuordnen.** Ohne einen die Fiktionswirkung anordnenden Verwaltungsakt wird dieser Status nicht begründet (NdsOVG BeckRS 2020, 32810).

33   Voraussetzung ist in materieller Hinsicht das **Vorliegen einer unbilligen Härte** (NdsOVG BeckRS 2020, 32810 mwN; BayVGH BeckRS 2019, 13693 mwN; OVG LSA BeckRS 2019, 17870). Die AufenthGAVwV nennen beispielhaft das **nur geringfügige Überschreiten** der Frist für die Antragsstellung, lediglich **fahrlässiges Überschreiten der Antragsfrist** und dass bei summarischer Überprüfung des Antrags zu erwarten ist, dem Antragsteller werde die beantragte Aufenthaltserlaubnis erteilt (Nr. 81.4.2.3 AufenthGAVwV). Die **bloße Unterbrechung der Rechtmäßigkeit des Aufenthalts** infolge der verspäteten Antragstellung stellt keine unbillige Härte dar (Hailbronner AuslR Rn. 40). Der Antragsteller hat **vorzutragen und glaubhaft zu machen,** warum ihm eine rechtzeitige Antragstellung nicht möglich war oder die Fristüberschreitung lediglich auf Fahrlässigkeit beruht (→ Rn. 33.1).

33.1   Es ist nicht ermessensfehlerhaft, wenn die Behörde einem erst sechs Monate nach Ablauf der erteilten Aufenthaltserlaubnis gestellten Antrag keine Fiktionswirkung mehr beimisst (OVG Bln-Bbg BeckRS 2017, 110286). In der Rechtsprechung noch nicht eindeutig geklärt ist, ob es sich bei der Anordnung der Fortgeltungsfiktion um eine gebundene oder eine Ermessensentscheidung handelt (BayVGH BeckRS 2019, 13693 mwN).

34   Stellt die Ausländerbehörde **trotz verspäteter Antragstellung** dem Ausländer eine **Fiktionsbescheinigung gem. Abs. 5** aus, so kann darin eine konkludente Anordnung der Fortgeltung gem. Abs. 4 S. 3 liegen. Maßgeblich sind immer die Umstände des Einzelfalls (→ Rn. 34.1).

34.1   Nach der Rechtsprechung kann alleine aus der Erteilung einer Fiktionsbescheinigung nicht darauf geschlossen werden, dass die Ausländerbehörde die Fortgeltungsfiktion angeordnet hat, weil die Fiktionsbescheinigung lediglich deklaratorischen Charakter besitzt (NdsOVG BeckRS 2017, 106807). Ob die Erteilung einer Fiktionsbescheinigung bei verspäteter Antragstellung eine Anordnung der Fortgeltungswirkung darstellt, ist durch Auslegung zu ermitteln. Dabei ist grundsätzlich auf den objektiven Empfängerhorizont abzustellen, dh darauf, wie der Adressat den Verwaltungsakt nach Treu und Glauben unter Berücksichtigung der erkennbaren und bekannten Umstände verstehen durfte (VGH BW 2021, 3482; NdsOVG BeckRS 2017, 106807; HessVGH BeckRS 2016, 110638). Besondere Bedeutung hat dabei der Umstand, ob der Behörde die verspätete Antragstellung bei der Ausstellung der Fiktionsbescheinigung bekannt bzw. bewusst war. Vereinbart ein Ausländer über eine Online-Terminvereinbarung rechtzeitig vor Ablauf der Geltungsdauer seiner bisherigen Aufenthaltserlaubnis einen Vorsprachetermin und sichert die Behörde sinngemäß die Ausstellung einer Fiktionsbescheinigung zu, kann in der Ausstellung der Fiktionsbescheinigung bei Stellung des Verlängerungsantrags eine konkludente Anordnung nach Abs. 4 S. 3 gesehen werden (BVerwG BeckRS 2019, 22298).

F. Fiktionsbescheinigung (Abs. 5)

Die Fiktionsbescheinigung, die auf einem **einheitlichen Vordruck** nach § 58 S. 1 Nr. 3 **35** AufenthV, auszustellen ist, hat lediglich deklaratorischen Charakter (BeckOK AuslR/Kluth Rn. 44) und vermag nicht konstitutiv einen bestimmten Rechtsstatus zu begründen (VGH BW BeckRS 2021, 3482). Im Verfahren des vorläufigen Rechtsschutzes ist daher stets zu prüfen, ob die Voraussetzungen für eine Fortgeltungs- oder Erlaubnisfiktion vorliegen.

In die Bescheinigung ist aufzunehmen, ob der Aufenthalt des Antragstellers als **erlaubt (Abs. 3** **36** **S. 1)**, **geduldet (Abs. 3 S. 2)** oder **fortbestehend (Abs. 4 S. 1) gilt** und in welchen Umfang eine **Erwerbstätigkeit** erlaubt ist.

Die in der Fiktionsbescheinigung angegebene **Geltungsdauer** hat keinen Einfluss auf das **37** **Fortbestehen der Fiktionswirkung.** Diese endet mit der Entscheidung über den Antrag auf Erteilung / Verlängerung der Aufenthaltserlaubnis (Nr. 81.5.2 AufenthGAVwV). Dies gilt auch dann, wenn der Ausländer gegen eine ablehnende Entscheidung einen Rechtsbehelf einlegt. Eine **Sonderregelung** trifft **§ 84 Abs. 2 S. 2** (→ § 84 Rn. 26 ff.) für die Zwecke der Ausübung oder Aufnahme einer Erwerbstätigkeit.

G. Erlaubnis zur Erwerbstätigkeit; Familiennachzug (Abs. 5a und Abs. 6)

Nach Abs. 5a gilt in den Fällen, in denen die Ausländerbehörde die Ausstellung des Dokuments **38** nach § 78 Abs. 1 S. 1 für einen Aufenthalt zur Ausbildung oder Erwerbstätigkeit veranlasst hat, die Erwerbstätigkeit in dem Umfang, wie sie in diesem Aufenthaltstitel vorgesehen sein wird, als erlaubt. Damit wird die Möglichkeit geschaffen, bereits in der Zeit zwischen Veranlassung der Ausstellung und der Ausgabe des elektronischen Aufenthaltstitels die angestrebte Erwerbstätigkeit aufzunehmen. Diese Erlaubnis ist in die Fiktionsbescheinigung in Abs. 5 aufzunehmen (BT-Drs. 19/24007, 22).

Die Regelung in Abs. 6 dient der Umsetzung von Art. 19 Abs. 4 ICT-RL (RL 2014/66/EU **39** v. 15.5.2014, ABl. 2014 L 157, 1), wonach die Anträge auf Erteilung einer Aufenthaltserlaubnis zum Zweck des Familiennachzugs zu einem unternehmensintern Transferierten gleichzeitig mit dem Antrag auf Erteilung einer ICT-Karte oder Mobiler-ICT-Karte zu bearbeiten sind, wenn die Anträge gleichzeitig gestellt wurden (BT-Drs. 18/11136, 58).

H. Rechtsschutzfragen

Hat die Ausländerbehörde den **Antrag auf Erteilung / Verlängerung abgelehnt,** so hat eine **40** **Verpflichtungsklage** auf Erteilung der beantragten Aufenthaltserlaubnis **keine aufschiebende Wirkung** (§ 84 Abs. 1 S. 1, → § 84 Rn. 1 ff.). Im vorläufigen Rechtsschutzverfahren ist der Antrag nach § 80 Abs. 5 VwGO statthaft, wenn der Antragsteller vor der Ablehnungsentscheidung eine Fiktionswirkung für sich in Anspruch nehmen konnte. Während der Dauer der Fortgeltungsfiktion nach Abs. 4 können die Durchführung des aufenthaltsrechtlichen Verwaltungsverfahrens, das durch den rechtzeitigen Antrag auf Verlängerung des bisherigen Aufenthaltstitels eingeleitet worden ist, und die durch die Fiktionswirkung vermittelte Rechtsposition gem. § 123 VwGO geltend gemacht werden (VGH BW BeckRS 2020, 3047).

Selbst wenn im gerichtlichen Verfahren die **aufschiebende Wirkung der Klage** gegen den **41** Ablehnungsbescheid **angeordnet** wird, **lebt die Fiktionswirkung nach Abs. 3 oder Abs. 4 nicht mehr auf** (HmbOVG BeckRS 2017, 101308; → Rn. 40.1).

Dies folgt aus der Konzeption des Gesetzgebers in § 84 Abs. 2 S. 1, wonach der Widerspruch und die **41.1** Klage unabhängig von ihrer aufschiebenden Wirkung die Wirksamkeit des Verwaltungsakts unberührt lassen. Durch die behördliche Ablehnung der Erteilung einer Aufenthaltserlaubnis wird die Rechtmäßigkeit des Aufenthalts beendet und der Ausländer vollziehbar ausreisepflichtig. Lediglich die Vollziehbarkeit der Ausreisepflicht ist bei Anordnung der aufschiebenden Wirkung ausgeschlossen (OVG LSA BeckRS 2017, 116081).

42   In den Fällen, in denen **keine Fiktionswirkung** eingetreten war, wird einstweiliger Rechtsschutz nach § 123 VwGO gewährt (BeckOK AuslR/Kluth Rn. 51).

43   Eine **Anfechtungsklage** auf Aufhebung der ablehnenden Entscheidung **ohne Verpflichtungsbegehren ist nur in Ausnahmefällen zulässig,** wenn sich durch die schlichte Aufhebung die Rechtsstellung des Ausländers verbessern würde (vgl. § 84 Abs. 2 S. 3, → § 84 Rn. 30 ff.). In der Praxis betrifft dies in erster Linie Fallkonstellationen, in denen während des laufenden gerichtlichen Verfahrens ein anderer Rechtsträger zuständig wird (zB Umzug), sodass der Verpflichtungsklage gegen den ursprünglich passivlegitimierten Rechtsträger der Erfolg versagt bliebe (Hailbronner AuslR Rn. 67).

§ 81a Beschleunigtes Fachkräfteverfahren

(1) Arbeitgeber können bei der zuständigen Ausländerbehörde in Vollmacht des Ausländers, der zu einem Aufenthaltszweck nach den §§ 16a, 16d, 18a, 18b und 18c Absatz 3 einreisen will, ein beschleunigtes Fachkräfteverfahren beantragen.

(2) Arbeitgeber und zuständige Ausländerbehörde schließen dazu eine Vereinbarung, die insbesondere umfasst
1. Kontaktdaten des Ausländers, des Arbeitgebers und der Behörde,
2. Bevollmächtigung des Arbeitgebers durch den Ausländer,
3. Bevollmächtigung der zuständigen Ausländerbehörde durch den Arbeitgeber, das Verfahren zur Feststellung der Gleichwertigkeit der im Ausland erworbenen Berufsqualifikation einleiten und betreiben zu können,
4. Verpflichtung des Arbeitgebers, auf die Einhaltung der Mitwirkungspflicht des Ausländers nach § 82 Absatz 1 Satz 1 durch diesen hinzuwirken,
5. vorzulegende Nachweise,
6. Beschreibung der Abläufe einschließlich Beteiligter und Erledigungsfristen,
7. Mitwirkungspflicht des Arbeitgebers nach § 4a Absatz 5 Satz 3 Nummer 3 und
8. Folgen bei Nichteinhalten der Vereinbarung.

(3) [1]Im Rahmen des beschleunigten Fachkräfteverfahrens ist es Aufgabe der zuständigen Ausländerbehörde,
1. den Arbeitgeber zum Verfahren und den einzureichenden Nachweisen zu beraten,
2. soweit erforderlich, das Verfahren zur Feststellung der Gleichwertigkeit der im Ausland erworbenen Berufsqualifikation oder zur Zeugnisbewertung des ausländischen Hochschulabschlusses bei der jeweils zuständigen Stelle unter Hinweis auf das beschleunigte Fachkräfteverfahren einzuleiten; soll der Ausländer in einem im Inland reglementierten Beruf beschäftigt werden, ist die Berufsausübungserlaubnis einzuholen,
3. die Eingangs- und Vollständigkeitsbestätigungen der zuständigen Stellen dem Arbeitgeber unverzüglich zur Kenntnis zu übersenden, wenn ein Verfahren nach Nummer 2 eingeleitet wurde; bei Anforderung weiterer Nachweise durch die zuständige Stelle und bei Eingang der von der zuständigen Stelle getroffenen Feststellungen ist der Arbeitgeber innerhalb von drei Werktagen ab Eingang zur Aushändigung und Besprechung des weiteren Ablaufs einzuladen,
4. soweit erforderlich, unter Hinweis auf das beschleunigte Fachkräfteverfahren die Zustimmung der Bundesagentur für Arbeit einzuholen,
5. die zuständige Auslandsvertretung über die bevorstehende Visumantragstellung durch den Ausländer zu informieren und
6. bei Vorliegen der erforderlichen Voraussetzungen, einschließlich der Feststellung der Gleichwertigkeit oder Vorliegen der Vergleichbarkeit der Berufsqualifikation sowie der Zustimmung der Bundesagentur für Arbeit, der Visumerteilung unverzüglich vorab zuzustimmen.
[2]Stellt die zuständige Stelle durch Bescheid fest, dass die im Ausland erworbene Berufsqualifikation nicht gleichwertig ist, die Gleichwertigkeit aber durch eine Qualifizierungsmaßnahme erreicht werden kann, kann das Verfahren nach § 81a mit dem Ziel der Einreise zum Zweck des § 16d fortgeführt werden.

(4) Dieses Verfahren umfasst auch den Familiennachzug des Ehegatten und minderjähriger lediger Kinder, deren Visumanträge in zeitlichem Zusammenhang gestellt werden.

(5) Die Absätze 1 bis 4 gelten auch für sonstige qualifizierte Beschäftigte.

Überblick

§ 81a bietet die Möglichkeit eines besonderen beschleunigten Verwaltungsverfahrens für Fachkräfte, bei dem die Ausländerbehörde in enger Zusammenarbeit mit dem zukünftigen Arbeitgeber die Anforderungen des Zuwanderungskonzeptes erarbeitet und gegenüber den übrigen beteiligten Behörden als Verfahrensmittler fungiert.

Übersicht

A. Allgemeines

Mit § 81a hat der Gesetzgeber im Rahmen der Umsetzung des FachkEinwG (Fachkräfteein- **1** wanderungsgesetz 15.8.2019, BGBl. I 1307) erstmals ein besonderes Verfahren für die Zuwanderung von Fachkräften eingeführt. Bereits seit Jahren haben Arbeitgeber, Wirtschaftsverbände und andere mit dem Verfahren vertraute Personen festgestellt, dass sich der größte Flaschenhals in der Zuwanderung von Fachkräften bei den Behörden gebildet hatte, die mit veralteten Verwaltungsstrukturen den Ansprüchen einer modernen Einwanderungsgesellschaft nicht gewachsen waren (KHK ZuwanderungsR-HdB/Hornung § 4 Rn. 271; Breidenbach GewArch 2020, 89 (91); BeckOK AuslR/Breidenbach Überblick). Als Reaktion hierauf hat sich der Gesetzgeber entschieden, mit dem FachkEinwG ein beschleunigtes Zuwanderungsverfahren für diese Personengruppe anzubieten. Dabei orientiert sich das Verfahren an ähnlichen Konzepten aus anderen Einwanderungsländern, insbesondere dem ursprünglichen Fast Track Verfahren der Niederlande, das aber zwischenzeitlich durch eine arbeitgeberzentrierte (Sponsor) Lösung ersetzt wurde.

B. Verfahren

I. Übersicht

Das Verfahren ist in seinem gesamten Ablauf in § 81a skizziert. Auf Antrag des vom Ausländer **2** bevollmächtigten Arbeitgebers (Abs. 1) schließt die Ausländerbehörde mit dem Arbeitgeber eine Vereinbarung (Abs. 2), die alle für das Verfahren relevanten Vorgänge und Informationen umfasst. Nach Abschluss der Vereinbarung berät die Behörde den Arbeitgeber bezüglich der vorzulegenden Unterlagen, stößt die ggf. erforderliche Anerkennung der beruflichen Qualifikationen an, holt bei Bedarf die Zustimmung der Bundesagentur für Arbeit ein und informiert die zuständige Auslandsvertretung vorab über das Verfahren. Von dem Verfahren umfasst ist auch die Entscheidung über die Zuwanderung der Familienangehörigen des Stammberechtigten, soweit die Visumanträge zusammengestellt werden sollen.

Die Beteiligung der Ausländerbehörde im beschleunigten Verfahren endet in der Erklärung der **3** Vorabzustimmung zur Erteilung des Visums. Hiernach ist die Auslandsvertretung noch an die in § 31a AufenthV normierten beschleunigten Antrags- und Bescheidungsfristen gebunden. Das beschleunigte Verfahren selbst findet seinen Abschluss mit der Ausstellung des Visums. Im Falle der Befassung einer zentralen Ausländerbehörde (§ 71 Abs. 1 S. 5) geht deren Kompetenz mit der Erteilung des Visums und nach der erfolgten Einreise und Anmeldung an die am Wohnsitz der neu zugewanderten Fachkraft belegene Ausländerbehörde für alle weiteren ausländerrechtlichen Belange über.

II. Antrag (Abs. 1)

1. Antragsbefugnis

4   Abs. 1 sieht vor, dass Arbeitgeber in Vollmacht für eine im Ausland befindliche Fachkraft einen Antrag auf Eröffnung des beschleunigten Fachkräfteverfahrens stellen.

5   **a) Bevollmächtigung.** Trotz des klaren Wortlauts des Gesetzes ist die genaue rechtliche Einordnung dieser Konstruktion strittig. Mit dem Hinweis darauf, dass dem Vollmachtgeber selbst ein eigenes Tätigwerden im Verfahren verwehrt sei, wird angenommen, dass die Bevollmächtigung des Arbeitgebers keine rechtsgeschäftliche Beauftragung zum Tätigwerden in fremden Angelegenheiten mit Wirkung für und gegen den Vertretenen sei (BeckOK AuslR/Breidenbach Rn. 3). Vielmehr handele es sich bei der Erteilung der Bevollmächtigung auf dem von den Behörden zur Verfügung gestellten Formular durch den Ausländer um eine Art Einwilligung (Hammer/Klaus ZAR 2019, 137 (144)). Demgegenüber geht die hM davon aus, dass der Arbeitgeber von der Fachkraft im klassischen Sinne bevollmächtigt wird (Muster für die Vollmacht nach § 81a Abs. 1, abrufbar unter https://www.bmi.bund.de/SharedDocs/downloads/DE/veroeffentlichungen/themen/migration/feg-anwendungshinweise-anlagen/anlage4.pdf?__blob=publicationFile&v=4; KHK ZuwanderungsR-HdB/Hornung § 4 Rn. 275; Tonn ZAR 2020, 69 (70)), die notwendigen Verfahrenshandlungen wie bspw. ein Anerkennungsverfahren für berufliche Abschlüsse, im Rahmen des beschleunigten Verfahrens vorzunehmen. Dem ist zuzustimmen. Tatsächlich schließt der Wortlaut des § 81a eine Antragstellung durch den Ausländer selbst nicht aus, sondern kann rechtstechnisch als Ausnahmeregelung iSd § 1 Abs. 3 RDG verstanden werden, durch die es explizit Arbeitgebern trotz des generellen Verbotes der Erbringung außergerichtlicher Rechtsdienstleistungen aus § 3 RDG möglich ist, den zukünftigen Mitarbeiter gegenüber den Behörden zu vertreten.

6   Selbst die Annahme, dass die ausländische Fachkraft nicht berechtigt wäre, die Eröffnung des beschleunigten Verfahrens eigenständig zu beantragen, steht einer klassischen Bevollmächtigung nicht im Wege, denn das deutsche Recht kennt bspw. im Prozessrecht die Einschränkung der Postulationsfähigkeit, die dem Schutz rechtsunkundiger Laien ebenso dient, wie der Funktionsfähigkeit der Rechtspflege. Die Situation wäre im beschleunigten Fachkräfteverfahren durchaus vergleichbar, dessen erklärtes Ziel es ist, das reguläre Zuwanderungsverfahren zu vereinfachen und zu beschleunigen (Tonn ZAR 2020, 69), und das auf die Zuwanderung einer Person abzielt, der das deutsche Rechtssystem nicht vertraut sein dürfte. Allerdings wäre hier nicht nachvollziehbar, weshalb eine Begrenzung auf die Vertretung durch den Arbeitgeber erfolgt, während die als Organe der Rechtspflege zur Rechtsdienstleistung berufenen Rechtsanwälte als direkte Bevollmächtigte das Verfahren für den Ausländer nicht beantragen dürften. Tatsächlich ist aufgrund der offenen Formulierung von Abs. 1 aus dem Gesetzestext nicht abschließend zu entscheiden, ob eine direkte Beantragung durch den Ausländer, vertreten durch einen inländischen Rechtsdienstleister, möglich wäre (verneinend Bergmann/Dienelt/Samel Rn. 5). Eine direkte Beteiligung des Arbeitgebers im Verfahren – und damit auch bei der Beantragung der Verfahrenseröffnung – ist aber in jedem Falle mit Blick auf seine Anteile bei der zu schließenden Vereinbarung erforderlich (→ Rn. 14).

7   **b) Zuständige Behörde.** Sachlich zuständig für das beschleunigte Verfahren sind die nach § 71 Abs. 1 Abs. 5 jeweils eingerichteten zentralen Ausländerbehörden – soweit die Länder der Aufforderung des Gesetzgebers zur Einrichtung derselben nachgekommen sind – andernfalls die regulären Ausländerbehörden. Die örtliche Zuständigkeit ergibt sich aus § 31 Abs. 4 AufenthV für die Ausländerbehörde, in deren Zuständigkeitsbereich die Betriebsstätte fällt, bei der die Fachkraft tätig werden soll.

2. Entscheidung über den Antrag

8   Die Ausländerbehörde entscheidet über den Antrag auf Eröffnung des beschleunigten Verfahrens. Sie ist bei Vorliegen der Antragsvoraussetzungen zur Verfahrenseröffnung verpflichtet (Nr. 81a.1.1 der Anwendungshinweise des Bundesministeriums des Innern, für Bau und Heimat zum Fachkräfteeinwanderungsgesetz v. 30.1.2020, abrufbar unter https://www.bmi.bund.de/SharedDocs/downloads/DE/veroeffentlichungen/themen/migration/anwendungshinweise-fachkraefteeinwanderungsgesetz.pdf?__blob=publicationFile&v=3; Tonn ZAR 2020, 69; KMO

Neues FachkräfteeinwanderungsR Rn. 264). Im Falle einer ablehnenden Entscheidung ergeht diese konsequenterweise in Form eines justiziablen Bescheides (vgl. Tonn ZAR 2020, 69).

III. Vereinbarung (Abs. 2)

Die Ausländerbehörde gibt dem Antrag nach Abs. 1 statt, indem sie das Verfahren zum Abschluss **9** der in Abs. 2 beschriebenen Vereinbarung eröffnet. Auch wenn in der Praxis der Abschluss der Vereinbarung unter Nutzung des vom Bundesministerium des Innern, für Bau und Heimat zur Verfügung gestellten Musters oftmals ohne weitere Verhandlungen zwischen der Behörde und dem Arbeitgeber abläuft, so bietet das in § 81a normierte Verfahren die rechtliche Möglichkeit eines Verwaltungshandelns, dass zum Zwecke der Fachkräftegewinnung weniger als klassisches Ordnungsrecht und mehr als modernes Steuerungsmittel erscheint. Bei allem Bemühen um Flexibilisierung und Beschleunigung der behördlichen Vorgänge bedingt die Entscheidung des Gesetzgebers, von den etablierten Instrumenten des Ausländerrechts abzuweichen, allerdings einige Unklarheiten.

1. Vertragspartner der Vereinbarung

Abs. 2 definiert als Vertragspartner der zu schließenden Vereinbarung den Arbeitgeber und **10** wertet damit die Rolle des Arbeitgebers im beschleunigten Verfahren auf (BeckOK AuslR/Breidenbach Rn. 7; Tonn ZAR 2020, 69 (70)). Dies ist angesichts der als zwingendem Inhalt vorgegebenen Begründung der Mitwirkungspflichten des Arbeitgebers für das Verfahren in Nr. 7 auch erforderlich, da die Vereinbarung natürlich nur für die Parteien Rechtspflichten begründen kann. Dem steht auch nicht entgegen, dass das Verfahren für die Erteilung eines Aufenthaltstitels regelmäßig nur von der ausländischen Fachkraft als Antragsteller eröffnet werden kann. Denn die vom Gesetzgeber gewählte Konstruktion der Vereinbarung zwischen dem Arbeitgeber und der Ausländerbehörde prüft als verwaltungsintern vorgeschalteter Akt lediglich die Machbarkeit und veranlasst die Beschleunigung der Zuwanderung. Die am Ende des Verfahrens ergehende Vorabzustimmung ist als rein interner Mitwirkungsakt belanglos und entfaltet keine Außenwirkung, bis der Ausländer durch Antragstellung bei der deutschen Auslandvertretung das Verfahren auf Erteilung eines Aufenthaltstitels in Gang setzt und die Beschleunigungswirkung nutzt.

2. Rechtsnatur der Vereinbarung

Unklar ist auch die Rechtsnatur der Vereinbarung, die Arbeitgeber und Ausländerbehörde **11** miteinander abschließen. Das Gesetz selbst gibt in Abs. 2 den obligatorischen Inhalt vor, lässt den Beteiligten aber bspw. hinsichtlich der vorzulegenden Nachweise (Nr. 5) und der Beschreibung der Abläufe (Nr. 6) die Möglichkeit, die individuelle Ausgestaltung zu vereinbaren. Da die Zuwanderung insgesamt den Vorgaben des AufenthG zu folgen hat, erscheint hier die Annahme eines öffentlich-rechtlichen Vertrags nach §§ 54 ff. VwVfG sinnvoll (Mastmann/Offer BB 2019, 2937 (2938)). Dieser bietet als flexibles Instrument des Verwaltungshandelns (BeckOK VwVfG/Spieth VwVfG § 56 Überblick) den Beteiligten die Möglichkeit, sich auf die Form und den Inhalt der vorzulegenden Nachweise und Prozessschritte zu verständigen und damit das Verfahren insgesamt zu beschleunigen. So können sich beide Parteien unter Würdigung des Sachverhalts und der Rechtslage gemeinsam bspw. auf die vorzulegenden Nachweise (Form und Inhalt) einigen und das Verfahren individuell abschließend definieren. Gerade bei der Beantragung kommt der Behörde ein Ermessensspielraum in der Entscheidung zu, der zum Gegenstand des Vertrages gemacht werden kann. Die Annahme eines öffentlich-rechtlichen Vertrages wird dagegen unter Verweis darauf, dass es nicht in einem Verwaltungsakt mündet und keine originären Pflichten begründet werden, kritisch gesehen (Bergmann/Dienelt/Samel Rn. 7; Hammer/Klaus ZAR 2019, 137 (143); KHK ZuwanderungsR-HdB/Hornung § 4 Rn. 275). Vielmehr soll es sich bei der Vereinbarung in § 81a um eine Vereinbarung sui generis handeln.

Diese Ansicht verkennt, dass die in Nr. 7 benannte Mitwirkungspflicht des Arbeitgebers nach **12** § 4a Abs. 5 S. 3 Nr. 3 eigentlich erst im Anschluss an die Erteilung des Aufenthaltstitels und den Beginn des Arbeitsverhältnisses besteht, so dass die Vereinbarung hier eine Vorverlagerung verlangt, unter die sich der Arbeitgeber vertraglich unterwerfen muss. Auch ist in der Praxis die Frage, welche Nachweise in welcher Form vorzulegen sind, durchaus verfahrensrelevant. Ähnlich wie in anderen Zweigen der öffentlichen Verwaltung, die einem öffentlich-rechtlichen Vertrag zugänglich sind, kann hier durch Vergleichsvertrag zwischen den Parteien bspw. festgehalten werden, ob deutsche Übersetzungen ausländischer Arbeitsverträge oder Krankenversicherungspolicen vonnöten sind, oder eine deutschsprachige Bestätigung der wesentlichen Vertragsbedingungen ausreichend ist, oder auch wie ein rechtlich ungeklärter Tatbestand (zB der Begriff der „qualifikationsan-gemessenen Beschäftigung") von den Parteien verstanden wird. Die am Ende des beschleunigten Verfahrens stehende Vorabzustimmung der Ausländerbehörde hat zwar als behördeninterne Mit-wirkungshandlung nicht die Qualität eines Verwaltungsaktes, stellt aber in Hinblick auf die von der Ausländerbehörde geprüften und zum Gegenstand der Vereinbarung gemachten Tatbestände gleichwohl eine abschließende Entscheidung dar. Letztlich relevant wird die Frage beim Thema Rechtsschutz. Während ein solcher hinsichtlich der Vereinbarung sui generis ungeklärt ist, sind Streitigkeiten aus öffentlich-rechtlichen Vertrag nach § 40 Abs. 2 S. 1 VwGO den Verwaltungsge-richten zugewiesen.

3. Inhalt der Vereinbarung

13   Das Gesetz umreist in Abs. 2 den obligatorischen Inhalt, den alle individuell getroffenen Verein-barungen nach § 81a haben müssen. So sind zwingend die Kontaktdaten des Ausländers, des Arbeitgebers und der Behörde anzugeben (Nr. 1) und die Bevollmächtigung des Arbeitgebers durch den Ausländer zu belegen (Nr. 2). Diese ist vorrangig für die Durchführung etwaig erforder-licher Anerkennungsverfahren vonnöten, sollte aber auch Hinweise zur Verwendung der persönli-chen Daten des Ausländers enthalten. Entsprechend muss der Arbeitgeber die Behörde zur Betrei-bung der Anerkennungsverfahren unterbevollmächtigen (Nr. 3). Nr. 4 verlangt, dass der Arbeitgeber den Ausländer über die in § 82 Abs. 1 S. 1 normierten Mitwirkungspflichten aufklärt und auf dessen Einhaltung hinwirkt, also Verantwortlichkeiten übernimmt, die im regulären Ver-fahren der Behörde obliegen. Eine Einigung über die vorzulegenden Nachweise (Nr. 5) hat ebenso zu erfolgen wie eine Beschreibung der Abläufe einschließlich der Benennung der Verantwortlichen und der Zeitabläufe (Nr. 6). Diese kann natürlich nur in Bezug auf die Parteien Verbindlichkeit entfalten.

14   Das Gesetz verlangt auch, dass sich der zukünftige Arbeitgeber verpflichtet, in Ausdehnung von § 4 a Abs. 5 S. 3 bereits vor Beginn des Arbeitsverhältnisses die Behörde zu informieren, falls während des Verfahrens und damit vor Antritt des Arbeitsverhältnisses der Arbeitsvertrag aufgeho-ben oder gekündigt werden sollte (Nr. 7).

15   Schließlich fordert § 81a, dass die Parteien vereinbaren, welche Folgen das Nichteinhalten der Vereinbarung haben soll (Nr. 8).

16   Angesichts des vom Gesetzgeber vorgegebenen zwingenden Inhalts stellt sich die Frage, welche Folgen es für die Wirksamkeit der Vereinbarung hat, wenn einer oder mehrere der vorgeschriebe-nen Regelungsinhalte fehlen. Dies ist insbesondere mit Blick auf Nr. 8 relevant, da die Parteien es oftmals scheuen, Folgen für die Nichteinhaltung zu definieren und auch das vom Bundesminis-terium des Innern, für Bau und Heimat veröffentlichte Muster einer Vereinbarung hierzu keine Angaben macht. Demgegenüber sieht das Vertragsmuster des Landesamts für Einwanderung Berlin vor, dass bei mehrmaligen Verstößen gegen die in der Vereinbarung festgehaltenen Mitwirkungs-pflichten die Behörde berechtigt sein soll, in Zukunft die Eröffnung eines beschleunigten Verfah-rens gegenüber dem Arbeitgeber zu verweigern, was ein weiterer Beleg dafür ist, dass der Arbeitge-ber und nicht etwa der Ausländer Partei der Vereinbarung wird.

17   Seitens des Arbeitgebers besteht sicherlich das berechtigte Interesse, bei einer Pflichtverletzung der Behörde, die zu einer Verzögerung oder gar dem Scheitern der beabsichtigten Zuwanderung führt, zumindest die verauslagte Gebühr derzeit iHv 411 EUR erstattet zu bekommen, wogegen die Behörde regelmäßig weitergehende Schadensersatzansprüche ausschließen will. Dabei ist abzu-grenzen, ob die Behörde in ihrer übermächtigen Stellung überhaupt berechtigt sein sollte, weiter-gehende Schadens- oder gar Amtshaftungsansprüche vertraglich auszuschließen. Ob und in wel-chem Umfang hierbei eine AGB-Kontrolle zu beachten ist, muss bei der Verwendung von Vereinbarungsvorlagen zudem im Einzelfall geprüft werden.

18   Diese Fragen sind keinesfalls nur theoretischer Natur. So stellt Tonn in ihrem Resümee zur Umsetzung der Vorschriften zum beschleunigten Fachkräfteverfahren fest, dass manche Ausländer-behörden sich gegen die Verwendung des vom Bundesministerium des Innern, für Bau und Heimat erarbeiteten Vorabzustimmungsmuster entschieden haben. Die Nutzung alternativer Formulare mit teils unvollständigen Angaben hat in der Folge zu unnötigen Verzögerungen bei der Visumer-teilung geführt, die bei den Arbeitgebern teilweise mit der Gefahr wirtschaftlichen Schadens einhergingen (Tonn ZAR 2021, 14 (18)).

IV. Aufgaben der Beteiligten (Abs. 3)

19   Der Ausländerbehörde kommt im beschleunigten Verfahren nach Abschluss der Vereinbarung die Aufgabe der Verfahrensmittlerin zu.

1. Beratungspflichten (Nr. 1)

Die Ausländerbehörde ist zur Beratung des Arbeitgebers verpflichtet. Da der Arbeitgeber im **20** regulären Zuwanderungsverfahren nicht Antragsteller ist, hat er jenseits des beschleunigten Verfahrens kein Anrecht auf die in § 25 VwVfG normierten Beratungs- und Aufklärungsleistungen der Ausländerbehörde. Das FachkEinwG schließt diese Lücke in § 81a über die Beteiligung des Arbeitgebers im beschleunigten Verfahren, in dem er als Vereinbarungspartei agiert.

2. Führung von Anerkennungsverfahren (Nr. 2, Nr. 3)

In der Rolle als Verfahrensmittlerin leitet die Ausländerbehörde in Vertretung des Ausländers **21** bei Bedarf und unter Hinweis auf die verkürzten Bearbeitungsfristen im beschleunigten Verfahren die notwendigen Anerkennungsverfahren für ausländische Berufsabschlüsse ein und beantragt eine Berufsausübungserlaubnis. Sie leitet die Mitteilungen der im Anerkennungs- bzw. Berufsausübungserlaubnisverfahren an den Arbeitgeber unverzüglich, je nach Art der Mitteilung sogar binnen von drei Werktagen, weiter. Auch innerhalb von drei Werktagen nach Zugang ist der Arbeitgeber bei Vorliegen der Feststellung der beteiligten Behörden von der Ausländerbehörde einzuladen, damit der Fortgang des beschleunigten Verfahrens besprochen werden kann. Stellt die zuständige Behörde fest, dass die Gleichwertigkeit der Berufsqualifizierung nicht vorliegt aber durch eine Qualifizierungsmaßnahme erreicht werden kann, kann das beschleunigte Verfahren auf das Ziel der Zuwanderung nach § 16d umgestellt werden (Abs. 3 S. 2).

3. Zustimmung der Bundesagentur für Arbeit (Nr. 4)

Die Ausländerbehörde ist verantwortlich für die Einholung der Zustimmung der Bundesagentur **22** für Arbeit, soweit diese erforderlich ist (§ 18 Abs. 2 Nr. 2) und noch nicht vorliegt. Die Zustimmung der Bundesagentur gilt nach § 36 Abs. 2 als erteilt, wenn sie nicht innerhalb von einer Woche anzeigt, dass die übermittelten Daten unvollständig sind oder eine Erteilung nicht erfolgen kann.

4. Vorabzustimmung und Information der Auslandvertretung

Schließlich stimmt die Ausländerbehörde bei Vorliegen der erforderlichen Voraussetzungen der **23** Visumerteilung vorab zu und informiert die zuständige Auslandsvertretung über die bevorstehende Antragstellung. Mit der Vorlage der Vorabzustimmung bei der Auslandsvertretung (Tonn ZAR 2021, 14 (15)) verkürzt sich die Wartezeit auf einen Termin zur Visumantragstellung auf drei Wochen (§ 31a Abs. 1 AufenthV). Auch die Entscheidung über den Visumantrag ist auf die Zeit von regelmäßig drei Wochen verkürzt (§ 31a Abs. 2 AufenthV).

V. Familiennachzug

Von dem beschleunigten Verfahren für die Zuwanderung des Arbeitnehmers umfasst ist auch **24** der Familiennachzug des Ehegatten und der minderjährigen ledigen Kinder, soweit ihre Anträge im zeitlichen Zusammenhang mit dem des Ausländers gestellt werden. Dabei ist als zeitlicher Zusammenhang ein Zeitraum von bis zu sechs Monaten zu verstehen. Dies fußt darauf, dass ein gemeinsames Übersiedeln noch vorliegen soll, auch wenn Ehegatten ihr eigenes Arbeitsverhältnis innerhalb von Kündigungsfristen zu Ende bringen und Kinder ein Schul(halb)jahr abschließen.

Hinsichtlich der in § 47 Abs. 1 Nr. 15 AufenthV veranschlagten Gebühr ist darauf hinzuweisen, **25** dass für das beschleunigte Verfahren nach § 81a eine Gebühr iHv 411 EUR angesetzt ist. Diese beinhaltet aufgrund der Eigenständigkeit der Anerkennungsbehörden zwar nicht die Verfahrensgebühren bei den ggf. beteiligten Anerkennungsbehörden wohl aber die Erteilung der Vorabzustimmung an mitreisende Familienangehörige nach Abs. 4 (aA Landesamt für Einwanderung Berlin in gegenwärtiger Praxis), da es sich um einheitliches beschleunigtes Verfahren handelt, das in einer Vereinbarung dokumentiert ist (Tonn ZAR 2021, 14 (17)).

VI. Anwendungsbereich (Abs. 1, Abs. 5)

Vom sachlichen Anwendungsbereich der Vorschrift umfasst sind nach Abs. 1 Aufenthaltszwecke, **26** die auf eine Berufsausbildung bzw. berufliche Weiterbildung (§ 16a), Maßnahmen zur Anerkennung ausländischer Berufsqualifikationen (§ 16d), Beschäftigung als Fachkraft mit beruflicher (§ 18a) oder akademischer (§ 18b) bzw. hoch qualifizierter akademischer (§ 18c) Qualifikation angestrebt werden. Darüber hinaus eröffnet Abs. 5 den Anwendungsbereich auch für sonstige qualifizierte Beschäftigte. Damit steht das Verfahren auch offen für Antragsteller, die auf Basis von § 19c (sonstige Beschäftigte) in Verbindung mit einer Vorschrift der BeschV ihren Antrag auf Erteilung eines Aufenthaltstitels stellen wollen. Grundsätzlich sind von dieser Personengruppe alle umfasst, die für die Tätigkeit in Deutschland Fertigkeiten, Kenntnisse und Fähigkeiten benötigen, die regelmäßig in einem Studium oder in einer qualifizierten Berufsausbildung erworben werden (§ 2 Abs. 12b). Dabei findet § 18 Abs. 2 Nr. 4, der die Gleichwertigkeit der Qualifikation voraussetzt, keine Anwendung, so dass im Ergebnis das beschleunigte Verfahren nach der Vorgabe des Gesetzes in Abs. 5 all denen offensteht, die ein Studium oder eine mehrjährige Ausbildung zur Qualifizierung für die gewünschte und durch die Vorschriften der BeschV ermöglichte Tätigkeit absolviert haben. Auch eine Einschränkung auf inländische Beschäftigungsverhältnisse sieht das Gesetz nicht vor. Hiervon abweichend und im Widerspruch zu der Annahme, dass für die Behörde ein Kontrahierungszwang besteht (→ Rn. 8), bieten Ausländerbehörden das beschleunigte Fachkräfteverfahren derzeit neben den in Abs. 1 genannten Kategorien nur für einige der in der BeschV möglichen Zuwanderungszwecke an.

§ 82 Mitwirkung des Ausländers

(1) ¹Der Ausländer ist verpflichtet, seine Belange und für ihn günstige Umstände, soweit sie nicht offenkundig oder bekannt sind, unter Angabe nachprüfbarer Umstände unverzüglich geltend zu machen und die erforderlichen Nachweise über seine persönlichen Verhältnisse, sonstige erforderliche Bescheinigungen und Erlaubnisse sowie sonstige erforderliche Nachweise, die er erbringen kann, unverzüglich beizubringen. ²Die Ausländerbehörde kann ihm dafür eine angemessene Frist setzen. ³Sie setzt ihm eine solche Frist, wenn sie die Bearbeitung eines Antrags auf Erteilung eines Aufenthaltstitels wegen fehlender oder unvollständiger Angaben aussetzt, und benennt dabei die nachzuholenden Angaben. ⁴Nach Ablauf der Frist geltend gemachte Umstände und beigebrachte Nachweise können unberücksichtigt bleiben. ⁵Der Ausländer, der eine ICT-Karte nach § 19b beantragt hat, ist verpflichtet, der zuständigen Ausländerbehörde jede Änderung mitzuteilen, die während des Antragsverfahrens eintritt und die Auswirkungen auf die Voraussetzungen der Erteilung der ICT-Karte hat.

(2) Absatz 1 findet im Widerspruchsverfahren entsprechende Anwendung.

(3) ¹Der Ausländer soll auf seine Pflichten nach Absatz 1 sowie seine wesentlichen Rechte und Pflichten nach diesem Gesetz, insbesondere die Verpflichtungen aus den §§ 44a, 48, 49 und 81 hingewiesen werden. ²Im Falle der Fristsetzung ist er auf die Folgen der Fristversäumung hinzuweisen.

(4) ¹Soweit es zur Vorbereitung und Durchführung von Maßnahmen nach diesem Gesetz und nach ausländerrechtlichen Bestimmungen in anderen Gesetzen erforderlich ist, kann angeordnet werden, dass ein Ausländer bei der zuständigen Behörde sowie den Vertretungen oder ermächtigten Bediensteten des Staates, dessen Staatsangehörigkeit er vermutlich besitzt, persönlich erscheint sowie eine ärztliche Untersuchung zur Feststellung der Reisefähigkeit durchgeführt wird. ²Kommt der Ausländer einer Anordnung nach Satz 1 nicht nach, kann sie zwangsweise durchgesetzt werden. ³§ 40 Abs. 1 und 2, die §§ 41, 42 Abs. 1 Satz 1 und 3 des Bundespolizeigesetzes finden entsprechende Anwendung.

(5) ¹Der Ausländer, für den nach diesem Gesetz, dem Asylgesetz oder den zur Durchführung dieser Gesetze erlassenen Bestimmungen ein Dokument ausgestellt werden soll, hat auf Verlangen

1. ein aktuelles Lichtbild nach Maßgabe einer nach § 99 Abs. 1 Nr. 13 und 13a erlassenen Rechtsverordnung vorzulegen oder bei der Aufnahme eines solchen Lichtbildes mitzuwirken und

2. bei der Abnahme seiner Fingerabdrücke nach Maßgabe einer nach § 99 Absatz 1 Nummer 13 und 13a erlassenen Rechtsverordnung mitzuwirken.

²Das Lichtbild und die Fingerabdrücke dürfen in Dokumente nach Satz 1 eingebracht und von den zuständigen Behörden zur Sicherung und einer späteren Feststellung der Identität verarbeitet werden.

(6) ¹Ausländer, die im Besitz einer Aufenthaltserlaubnis nach Kapitel 2 Abschnitt 3 oder 4 sind, sind verpflichtet, der zuständigen Ausländerbehörde innerhalb von zwei Wochen ab Kenntnis mitzuteilen, dass die Ausbildung oder die Erwerbstätigkeit, für

die der Aufenthaltstitel erteilt wurde, vorzeitig beendet wurde. ²Der Ausländer ist bei Erteilung des Aufenthaltstitels über seine Verpflichtung nach Satz 1 zu unterrichten.

Überblick

Die Vorschrift regelt die über die allgemeine Mitwirkungspflicht im Verwaltungsverfahren (§ 24 VwVfG) hinausgehenden Mitwirkungspflichten von Ausländern im Verfahren vor der Ausländerbehörde. Abs. 1 (→ Rn. 3 ff.) legt dem Ausländer eine besonders ausgestaltete Darlegungs- und Nachweisverpflichtung auf. Für die Behörde besteht die Möglichkeit, verspätetes Vorbringen – nach entsprechender Fristsetzung – im Verwaltungs- und Widerspruchsverfahren zurückzuweisen (→ Rn. 12 ff.). Abs. 3 (→ Rn. 21 ff.) normiert zusätzliche Belehrungs- und Hinweispflichten der Behörde. Gemäß Abs. 4 kann das persönliche Erscheinen des Ausländers bei den zuständigen Behörden bzw. Auslandsvertretungen sowie die Durchführung einer ärztlichen Untersuchung zur Feststellung der Reisefähigkeit angeordnet und ggf. zwangsweise durchgesetzt werden (→ Rn. 22 ff.). Abs. 5 (→ Rn. 31 f.) ergänzt die allgemeinen Mitwirkungspflichten des § 82 um spezielle Mitwirkungspflichten bei der Erhebung von Lichtbildern und Fingerabdrücken bei der Ausstellung eines Dokuments nach einem einheitlichen Vordruckmuster (§§ 59, 60 AufenthV). Abs. 6 (→ Rn. 33) enthält besondere Mitteilungspflichten für Inhaber einer Blauen Karte und befristeten Aufenthaltserlaubnissen zum Zweck der Erwerbstätigkeit.

Übersicht

A. Entstehungsgeschichte

Ausgehend von der Fassung, die am 1.1.2005 in Kraft getreten ist, hat die Vorschrift wesentliche **1** Änderungen durch das Gesetz zur Umsetzung aufenthalts- und asylrechtlicher Richtlinien der Europäischen Union (v. 19.8.2007, BGBl. I 1970) erfahren. Abs. 5 wurde neu eingefügt. Abs. 4 S. 2 wurde als Reaktion auf die Rechtsprechung um den Begriff „ermächtigten Bediensteten" ergänzt, um klarzustellen, dass Maßnahmen nach Abs. 4 S. 1 auch außerhalb der diplomatischen Vertretung von dazu ermächtigtem Personal durchgeführt werden können (BT-Drs. 16/5065, 194). Neu eingeführt wurde auch Abs. 1 S. 3. Abs. 6 dient der Umsetzung von RL 2009/50/EG durch das Gesetz zur Umsetzung der Hochqualifizierten-Richtlinie der Europäischen Union (v. 1.6.2012, BGBl. I 1224). Eine Änderung des Abs. 1 und Abs. 6 erfolgte durch das Gesetz zur Umsetzung aufenthaltsrechtlicher Richtlinien der Europäischen Union zur Arbeitsmigration (v. 12.5.2017, BGBl. I 1106). Mit dem Zweiten Gesetz zur besseren Durchsetzung der Ausreisepflicht (v. 15.8.2019, BGBl. I 1294) wurden in Abs. 3 S. 1 die Wörter „und die Möglichkeit der Antragstellung nach § 11 Abs. 1 Satz 3" gestrichen. In Abs. 5 S. 2 wurden durch das Zweite Datenschutz-Anpassungs- und Umsetzungsgesetz EU v. 20.11.2019 (BGBl. I 1626) die Wörter „und genutzt" gestrichen. Es handelt sich hierbei um eine redaktionelle Anpassung an die Begriffsbestimmungen des Art. 4 Nr. 2 DS-GVO (BT-Drs. 19/4674). Abs. 6 S. 1 wurde durch das FachkEinwG (Fachkräfteeinwanderungsgesetz v. 15.8.2019, BGBl. I 1307) neu gefasst.

B. Anwendungsbereich

Die in Abs. 1 statuierten Mitwirkungs-, Darlegungs- und Beweisführungspflichten gelten **nur** **2** **für das Verwaltungs- und ggf. Widerspruchsverfahren** (Abs. 2). Der Ausländer ist ohne entsprechendes Verwaltungsverfahren nicht verpflichtet, seine Belange gegenüber der Ausländerbehörde geltend zu machen bzw. zu offenbaren. Allerdings kann sich eine Offenbarungspflicht **außerhalb des laufenden Verwaltungsverfahrens** unabhängig von Abs. 1 oder § 26 Abs. 2 VwVfG aus einer **Selbstverpflichtung des Betroffenen** (zB der Behörde gegenüber unverzüglich die Beendigung der ehelichen Lebensgemeinschaft mitzuteilen) ergeben (BVerwG BeckRS 2013, 52182). Auch im **gerichtlichen Verfahren** findet Abs. 1 keine Anwendung (OVG Bln-Bbg BeckRS 2021, 2154 mwN; BayVGH BeckRS 2014, 56705). Für die Mitwirkungspflichten im **Asylverfahren** gelten die §§ 15, 16, 23 und 25 AsylG.

C. Einzelheiten

I. Abs. 1

1. Darlegungspflicht

3 Durch die dem Ausländer auferlegten Mitwirkungspflichten wird die **behördliche Pflicht zur Amtsermittlung** (§ 24 VwVfG) modifiziert, aber nicht suspendiert (VGH BW BeckRS 2021, 4097; OVG Bln-Bbg BeckRS 201, 2154). Der **Ausländer** ist verpflichtet **für ihn günstige Umstände** geltend zu machen, dh er ist nicht zur Mitteilung negativer Umstände verpflichtet. Auch müssen die Umstände in einem **Zusammenhang mit dem laufenden Verwaltungsverfahren** stehen (Bergmann/Dienelt/Samel Rn. 6; NK-AuslR/Hofmann Rn. 12).

4 Die Darlegungspflicht bemisst sich nach den jeweils **konkret vorhandenen individuellen Fähigkeiten.** Gegebenenfalls besteht eine Verpflichtung der Behörde, nachzufragen und die Möglichkeit zur Ausräumung von Versäumnissen und Widersprüchen zu geben (GK-AufenthG/Funke-Kaiser Rn. 33; Hailbronner AuslR Rn. 16). Allerdings ist die **behördliche Hinweispflicht nach Abs. 3 nicht konstitutiv für die Mitwirkungspflicht nach Abs. 1** (BeckOK AuslR/Kluth Rn. 16).

5 **Beispiele für zu offenbarende günstige Umstände** sind die Verbesserung der wirtschaftlichen Umstände, wenn die Sicherung des Lebensunterhalts fraglich ist, Erkrankungen oder die Verhältnisse im Heimatland, falls es um die Rückkehr ins Heimatland geht. Umstände, die den persönlichen Lebensbereich des Ausländers betreffen und entscheidungserheblich sind, müssen dargelegt werden, weil diese ohne Mitwirkung des Ausländers nicht ermittelbar bzw. aufklärbar sind (SchlHOVG BeckRS 2020, 31739; BayVGH BeckRS 2019, 13684). Auch die Teilnahme an einer **Sicherheitsbefragung** gehört zu den Mitwirkungspflichten nach Abs. 1, wenn es um die Frage geht, ob die allgemeine Regelerteilungsvoraussetzung des § 5 Abs. 1 Nr. 2 vorliegt (SächsOVG BeckRS 2020, 12684; BayVGH BeckRS 2014, 52340; → Rn. 5.1).

5.1 Aus Abs. 1 folge die grundsätzliche Rechtspflicht zur Mitwirkung an der Sicherheitsbefragung, um der Ausländerbehörde darzulegen, dass keine Ausweisungsgründe vorliegen, insbesondere um bestehende Sicherheitsbedenken auszuräumen, denn es handle sich um für den Ausländer günstige Umstände (BayVGH BeckRS 2016, 45083; aA GK-AufenthG/Funke-Kaiser § 5 Rn. 28, § 82 Rn. 28.1; offengelassen SächsOVG BeckRS 2017, 106610). Geht es aber darum, ob der Ausländer Anspruch auf Ausstellung eines Reiseausweises nach Art. 28 GFK hat, folge die Verpflichtung zur Teilnahme an der Sicherheitsbefragung nicht aus Abs. 1, weil die Ausländerbehörde das Vorliegen der den regelhaften Anspruch auf Ausweiserteilung vernichtenden Einwendung zwingender Gründe der öffentlichen Sicherheit und Ordnung nachzuweisen habe und es sich daher nicht um für den Ausländer günstige Umstände handle (SächsOVG BeckRS 2017, 106610).

2. Offenkundige und bekannte Umstände

6 Nicht geltend zu machen sind offenkundige oder bekannte Umstände. Das sind solche Umstände, die der zuständigen Behörde aus **den Akten oder anderweitig bekannt** sind. **Nicht als bekannt** können Tatsachen angesehen werden, wenn sich die diesbezüglichen Akten im Besitz einer anderen Behörde befinden (GK-AufenthG/Funke-Kaiser Rn. 25; NK-AuslR/Hofmann Rn. 13).

3. Unverzügliche Geltendmachung

7 Der Ausländer muss **ohne schuldhaftes Zögern** tätig werden. Wann ein Zögern schuldhaft ist, hängt von der **individuellen Erkenntnis- und Leistungsfähigkeit** des Ausländers ab (BeckOK AuslR/Kluth Rn. 18). Zu berücksichtigen ist bei diesem individualisierten Maßstab aber auch, ob die Ausländerbehörde den Betroffenen auf seine Mitwirkungspflicht und deren Umfang hingewiesen hat.

4. Erbringung von Nachweisen

Abs. 1 verpflichtet den Ausländer neben der Geltendmachung ihn begünstigender Umstände **8** auch **zur Beibringung der erforderlichen Nachweise** und begründet damit zusätzlich eine **Beweispflicht.** Dies beruht darauf, dass es gerade bei Umständen aus dem persönlichen Lebensbereich in der Regel nur dem Ausländer möglich ist, die entsprechenden Dokumente zu beschaffen, oder er sie mit bedeutend geringerem Aufwand beschaffen kann (GK-AufenthG/Funke-Kaiser Rn. 34).

Strittig ist, ob dann, wenn der Nachweis von der **vorherigen Zustimmung des Ausländers 9** abhängt, dieser aufgrund seiner Mitwirkungspflicht verpflichtet ist, die entsprechende Zustimmung zu erteilen. Bedeutung erlangt diese Frage bei der **Entbindung von der ärztlichen Schweigepflicht** (befürwortend: Hailbronner AuslR Rn. 18; aA NK-AuslR/Hofmann Rn. 15).

5. Zumutbarkeit

Die Mitwirkungs- / Darlegungs- und Nachweispflicht findet ihre Grenze in der Zumutbarkeit. **10** Hierbei ist ein **strenger, individualisierter Zumutbarkeitsmaßstab** anzulegen (BeckOK AuslR/Kluth Rn. 19).

Die **Beschaffung von Dokumenten** kann unzumutbar sein, wenn dies für den Ausländer **11** mit unverhältnismäßigen **Kosten oder Gefahren** für seine eigene Person oder Angehörige verbunden ist (Hailbronner AuslR Rn. 24). Übersetzungskosten hat in der Regel der Ausländer zu tragen (GK-AufenthG/Funke-Kaiser Rn. 38; → Rn. 11.1).

Die sog. Freiwilligkeitserklärung bei einer Rückkehr in das Heimatland nach negativ abgeschlossenen **11.1** Asylverfahren wird von der Rechtsprechung als zumutbar angesehen, weil der Ausländer aufenthaltsrechtlich gehalten ist, die Bundesrepublik freiwillig zu verlassen (BVerwG BeckRS 2010, 46633; OVG Bln-Bbg BeckRS 2017, 104237 26 ff. unter besonderer Berücksichtigung der gegenteiligen Auffassung des BSG BeckRS 2014, 68240, wonach die „erzwungene" Abgabe einer Freiwilligkeitserklärung eine Verletzung des allgemeinen Persönlichkeitsrechts darstellt; BayVGH BeckRS 2015, 42412).

6. Fristsetzung und Präklusion

Das Vorbringen des Ausländers kann ausgeschlossen werden, wenn die Behörde den Ausländer **12** auf seine **Mitwirkungspflicht hingewiesen** hat, ihm für die Geltendmachung und den Nachweis fehlender Angaben eine **angemessene Frist gesetzt** hat und er **innerhalb dieser Frist nicht die geforderten Angaben und Nachweise erbracht** hat. Der Betroffene muss über die **Folgen einer Fristversäumnis belehrt worden** sein (Abs. 3 S. 2).

Die **Angemessenheit der Frist** richtet sich nach den **Umständen des Einzelfalls.** Es kommt **13** auf die Schwierigkeiten bei der Beschaffung der geforderten Angaben und Nachweise und die persönlichen Fähigkeiten des Ausländers an (Hailbronner AuslR Rn. 28; GK-AufenthG/Funke-Kaiser Rn. 44).

Ist eine **unangemessen kurze Frist** gesetzt, so liegt **keine wirksame Fristsetzung** vor. **14** Strittig sind die **Folgen einer unwirksamen Fristsetzung.** Nach überwiegender Meinung ist eine wirksame Fristsetzung ausschließlich Voraussetzung für die Möglichkeit der Präklusion (Hailbronner AuslR Rn. 28; BeckOK AuslR/Kluth Rn. 22; aA GK-AufenthG/Funke-Kaiser Rn. 44, der bei unwirksamer Fristsetzung auch die Möglichkeit einer Verletzung der Mitwirkungspflicht des Ausländers ausschließt).

Die Präklusion **wirkt nur für das Verwaltungsverfahren** (BT-Drs. 11/6321, 80 f.), im **15** gerichtlichen Verfahren ist der Ausländer mit dem präkludierten Vorbringen nicht ausgeschlossen (GK-AufenthG/Funke-Kaiser Rn. 73; BeckOK AuslR/Kluth Rn. 26, Bergmann/Dienelt/Samel Rn. 23). Gegebenenfalls erweitert sich dadurch die Entscheidungsgrundlage im gerichtlichen Verfahren.

Die Präklusionswirkung tritt nur ein, soweit der **Ausländer zur Mitwirkung verpflichtet 16** war (GK-AufenthG/Funke-Kaiser Rn. 74) und ist auf **Umstände und Nachweise beschränkt, die vor Ablauf der gesetzten Frist bekannt oder entstanden** waren (NK-AuslR/Hofmann Rn. 26).

Ob die Ausländerbehörde bei **Vorliegen der Voraussetzungen für eine Nichtberücksichti- 17 gung** verspäteten **Vorbringens** davon Gebrauch macht, liegt in ihrem **Ermessen.** Bei der

Ermessensentscheidung sind das Verschulden des Ausländers an der Fristversäumnis und die Folgen für das Verwaltungsverfahren bei Zulassung des verspäteten Vorbringens zu berücksichtigen.

18   Beruft sich die Behörde nicht auf Abs. 1 S. 4 und kommt der Betroffene seinen Mitwirkungs- pflichten nicht nach, kann die Behörde dies im Rahmen der **Beweiswürdigung** und/oder einer ggf. notwendigen **Beweislastentscheidung** berücksichtigen (GK-AufenthG/Funke-Kaiser Rn. 96; BeckOK AuslR/Kluth Rn. 27).

19   Die Zurückweisung verspäteten Vorbringens ist **gerichtlich nicht gesondert überprüfbar** (§ 44a VwGO). Die behördliche Verfahrenshandlung kann nur im Rahmen eines Rechtsmittels gegen die Entscheidung angegriffen werden.

20   Abs. 1 S. 3 trifft eine verfahrensrechtliche Regelung in Verfahren auf Erteilung eines Aufent- haltstitels. Die Behörde kann das Verfahren **aussetzen,** wenn die Entscheidung über den Antrag aufgrund fehlender Angaben oder Nachweise nicht möglich ist.

II. Hinweispflichten (Abs. 3)

21   Diese Regelung statuiert eine umfassende Informations- und Hinweispflicht der Ausländerbe- hörde über die Rechte und Pflichten des Ausländers, die über die Beratungspflicht in § 25 VwVfG hinausgeht. Der Umfang der Hinweispflicht orientiert sich an den Erfordernissen des konkreten Einzelfalls (→ Rn. 21.1).

21.1   Die zuständige Behörde hat dem Ausländer mitzuteilen, dass und in welchem Umfang er zur Erbringung von Handlungen verpflichtet ist (Hinweispflicht). Diese Hinweise müssen dabei so gehalten sein, dass es für den Ausländer hinreichend erkennbar ist, welche Schritte er zu unternehmen hat. Ein bloßer allgemeiner Verweis auf bestehende Mitwirkungspflichten oder die Wiedergabe des Gesetzestextes wird diesen Anforde- rungen nicht gerecht. Daneben ist die Behörde auch gehalten, von sich aus das Verfahren weiter zu betreiben und auf weitere, dem Antragsteller ggf. nicht bekannte Möglichkeiten aufmerksam zu machen und diese Möglichkeiten mit dem betroffenen Ausländer bei Bedarf zu erörtern (Anstoßpflicht). Eine Ausländerbehörde kann es nicht allein dem Ausländer überlassen, den weiteren Gang des Verfahrens zu beeinflussen. Grund hierfür ist, dass sie in aller Regel über bessere Kontakte und Kenntnisse verfügt. Sie ist angesichts ihrer organisatorischen Überlegenheit und sachlichen Nähe viel besser in der Lage, die bestehenden Möglichkeiten zu erkennen und die entsprechenden Schritte in die Wege zu leiten. Es ist dem Ausländer nur dann möglich, diese Schritte zu ergreifen, wenn er von der Ausländerbehörde hierzu angehalten (angestoßen) wird (BayVGH BeckRS 2007, 20248; 2006, 20169). Die Behörde muss die gesetzlichen Mitwirkungspflichten gegenüber dem Betroffenen aktualisiert haben, um aus der mangelnden Mitwirkung negative aufenthaltsrechtliche Folgen ziehen zu können (BayVGH BeckRS 2018, 8608 mwN).

III. Besondere Mitwirkungspflichten (Abs. 4)

22   Durch die Ermächtigung zur Anordnung des persönlichen Erscheinens und einer ärztlichen Untersuchung zur Feststellung der Reisefähigkeit wird eine **weitergehende Mitwirkungspflicht des Ausländers iSd § 26 Abs. 2 S. 3 VwVfG** begründet (zum Verhältnis zu § 15 Abs. 2 AsylG, insbesondere bei abgelehnten Asylbewerbern vgl. GK-AufenthG/Funke-Kaiser Rn. 100; HmbOVG BeckRS 2015, 41536). Abs. 4 umfasst keine Anordnungen, die unmittelbar die Durch- setzung der Ausreisepflicht betreffen (OVG Bln-Bbg BeckRS 2020, 21117).

1. Persönliches Erscheinen bei der Behörde

23   Die Anordnung des persönlichen Erscheinens erfolgt in der Regel dann, wenn die **weitere Sachverhaltsaufklärung** auf schriftlichem Wege nicht erreicht werden kann oder unverhältnis- mäßig erschwert würde. Hauptanwendungsfall für eine derartige Anordnung sind **bestehende Identitätszweifel** oder die **Mitwirkung bei der Passbeschaffung.** Weitergehende Mitwir- kungs- oder Verhaltenspflichten lassen sich aus dieser Vorschrift nicht herleiten (GK-AufenthG/ Funke-Kaiser Rn. 108).

24   Zuständige Behörde im Sinne dieser Regelung ist die für die Durchführung des AufenthG bzw. AsylG zuständige Behörde. Ausdrücklich aufgeführt sind zudem die **Vertretungen oder ermächtigten Bediensteten des Staates, dessen Staatsangehörigkeit der Ausländer ver- mutlich besitzt.** Der Ausländer muss nicht zwingend persönlich in der Auslandsvertretung erscheinen, es reicht aus, wenn er einen ermächtigten Bediensteten in den Amtsräumen der Ausländerbehörde trifft (BT-Drs. 16/5065, 194). Erforderlich sind **nachvollziehbare Anhalts- punkte für das Bestehen der Staatsangehörigkeit.** Solche Anhaltspunkte können zB eigene Erklärungen des Ausländers oder Informationen aus dem Asylverfahren sein (NK-AuslR/Hof- mann Rn. 47).

Zu beachten ist der **Verhältnismäßigkeitsgrundsatz.** Der Ausländer muss vorher erfolglos 25 aufgefordert worden sein, entsprechende Verfahrenshandlungen vorzunehmen. Auch darf die Anordnung des persönlichen Erscheinens nicht von vornherein aussichtlos sein, weil bekannt ist, dass der betreffende Staat keine Heimreisepapiere ausstellt oder eine Ausreise des Ausländers in sein Heimatland in absehbarer Zeit nicht möglich ist (NdsOVG BeckRS 2013, 564919). Zu berücksichtigen ist ferner, ob sich der Betroffene durch die Vorsprache in der Botschaft einer Gefahr für Leib, Leben oder Freiheit aussetzt (→ Rn. 25.1).

Wird der ausreisepflichtige Ausländer durch Bescheid unter Fristsetzung zur Vorlage gültiger Reisedoku- 25.1 mente aufgefordert, für den Fall, dass er keine Ausweispapiere besitzt, zur Passbeantragung bei der Botschaft eines bestimmten Staates, zur Vorlage der Heimreisedokumente und zum Nachweis der Vorsprache bei der genannten Botschaft aufgefordert und darüber hinaus ihm bei Nichterfüllung der Anordnungen die zwangsweise Vorführung bei der Botschaft angedroht sowie für den Fall der Ablehnung der Passersatzzustellung wegen fehlender Staatsangehörigkeit des bestimmten Staates die zwangsweise Vorführung bei Vertretungen weiterer Staaten angedroht, ist die Androhung rechtswidrig, weil ihr die notwendige Grundverfügung fehlt und die Androhung unbestimmt ist (OVG MV BeckRS 2013, 49503).

2. Reiseunfähigkeitsuntersuchung

Die Anordnung zur Durchführung der Untersuchung umfasst sowohl das **persönliche** 26 **Erscheinen beim Arzt** als auch die **Duldung der Untersuchung** (GK-AufenthG/Funke-Kaiser Rn. 122).

Der Zweck der Untersuchung ist auf die **Feststellung der Reisefähigkeit** beschränkt. Sie 27 dient nicht der Überprüfung sonstiger inlands- oder zielstaatsbezogener Abschiebungshindernisse (BeckOK AuslR/Kluth Rn. 42; NK-AuslR/Hofmann Rn. 54; etwas anderes könnte sich aus der Gesetzesbegründung ergeben, BT-Drs. 15/420, 96). Ihre Anordnung darf nur erfolgen, wenn die Ausländerbehörde tatsächlich **aufenthaltsbeendende Maßnahmen plant** und sie **für den Betroffenen nicht mit gesundheitlichen Risiken verbunden** ist.

Der Begriff der Reisefähigkeit ist weit zu verstehen und umfasst auch die gesundheitlichen Vorausset- 27.1 zungen, um in das Zielland der geplanten Rückführung einreisen zu dürfen (zB negativer Covid-19 Test; OVG RhPf BeckRS 2020, 34209).

3. Verfahrensrechtliche Fragen

Die Anordnung des persönlichen Erscheinens bzw. der Durchführung einer Untersuchung 28 stellt einen **Verwaltungsakt** dar, der dem Ausländer zunächst eine durch ihn zu erfüllende Verpflichtung auferlegt. Die **Vollstreckung der Anordnung** erfolgt im Wege des **Verwaltungszwangs nach den Vorschriften der Landesvollstreckungsgesetze.** Soweit Abs. 4 S. 3 auf **§§ 40 ff. BPolG** verweist, bedeutet dies nicht, dass die Vollstreckung vorrangig im Wege des unmittelbaren Zwangs zu erfolgen hat. Der Verweis auf die Vorschriften des BPolG dient alleine dazu, eine Rechtsgrundlage für die **zwangsweise Vorführung** zu schaffen (OVG Bln-Bbg BeckRS 2021, 6146; 2014, 52708). Es handelt sich um eine Rechtsgrundverweisung (SächsOVG BeckRS 2012, 45477).

Die Androhung unmittelbaren Zwangs setzt voraus, dass das insoweit mildere Zwangsmittel 29 des Zwangsgeldes – Ersatzvornahme scheidet mangels vertretbarer Handlung aus – nicht zum Ziel führt. Insoweit darf auch der Zeitfaktor berücksichtigt werden.

Die Anordnung des persönlichen Erscheinens erledigt sich durch das Verstreichen des dort 30 genannten Termins nicht (OVG NRW BeckRS 2017, 104861).

IV. Anfertigung und Vorlage von Lichtbildern und Fingerabdrücken (Abs. 5)

Mit Abs. 5 besteht eine eindeutige Rechtsgrundlage für das Anfertigen von Lichtbildern und 31 Fingerabdrücken und **eine gegenüber § 86 spezielle Vorschrift zur Datenerhebung.**

Die Datenverwendung ist darauf begrenzt, dass die erhobenen Daten in einem Dokument 32 sowie zur Sicherung und späteren Feststellung der Identität verwendet werden (Hailbronner AuslR Rn. 86). Nähere Bestimmungen zur Anfertigung der Lichtbilder und Abnahme der Fingerabdrücke enthalten §§ 60 und 61a AufenthV (→ Rn. 32.1).

Eine Anordnung, wonach die betroffene Ausländerin für die Anfertigung eines Passfotos für ihren 32.1 iranischen Pass ein Kopftuch tragen muss, ist nicht unzumutbar (BayVGH BeckRS 2000, 20863).

V. Mitteilungspflicht bei Beendigung der Beschäftigung (Abs. 6)

33   Bislang bestand die Pflicht, die Ausländerbehörde vom vorzeitigen Ende des Aufenthaltszwecks zu unterrichten, nur für Inhaber einer Aufenthaltskarte zur Erwerbstätigkeit nach §§ 18a oder 18b aF, einer Blauen Karte-EU oder einer ICT-Karte, nicht jedoch für Auszubildende, Studierende oder Erwerbstätige mit einer Aufenthaltserlaubnis nach §§ 18d, 20, 20b oder 21 aF. Dies dient der Kontrolle, ob die Erteilungsvoraussetzungen noch vorliegen. Mit dem FachkEinwG (Fachkräfteeinwanderungsgesetz v. 15.8.2019, BGBl. I 1307) wurde diese Verpflichtung auf den in S. 1 genannten Personenkreis erweitert. Der Ausländer ist über seine **Mitteilungspflichten zu unterrichten** (Abs. 6 S. 2).

§ 83 Beschränkung der Anfechtbarkeit

(1) ¹Die Versagung eines nationalen Visums und eines Passersatzes an der Grenze sind unanfechtbar. ²Der Ausländer wird bei der Versagung eines nationalen Visums und eines Passersatzes an der Grenze auf die Möglichkeit einer Antragstellung bei der zuständigen Auslandsvertretung hingewiesen.

(2) Gegen die Versagung der Aussetzung der Abschiebung findet kein Widerspruch statt.

(3) Gegen die Anordnung und Befristung eines Einreise- und Aufenthaltsverbots durch das Bundesamt für Migration und Flüchtlinge findet kein Widerspruch statt.

Überblick

    Die Vorschrift schränkt die Anfechtbarkeit der Versagung eines nationalen Visums und eines Passersatzes an der Grenze (→ Rn. 2 ff.), der Aussetzung der Abschiebung (→ Rn. 6 f.) sowie der Anordnung und Befristung eines Einreise- und Aufenthaltsverbots durch das Bundesamt (→ Rn. 8 ff.) ein.

A. Entstehungsgeschichte

1   In der bis 25.11.2011 gültigen Fassung der Vorschrift war in Abs. 1 die Versagung des Visums zu touristischen Zwecken und eines Passersatzes an der Grenze nicht anfechtbar. Durch das Gesetz zur Umsetzung aufenthaltsrechtlicher Richtlinien der Europäischen Union und zur Anpassung nationaler Rechtsvorschriften an den EU-Visakodex (v. 22.11.2011, BGBl. I 2258) schloss der Gesetzgeber die Anwendbarkeit der Vorschrift auf Schengen-Visa aus, um den Anforderungen von Art. 32 Abs. 3 Visakodex gerecht zu werden. Abs. 2 wurde durch das Gesetz zur Änderung des Aufenthaltsgesetzes und weiterer Gesetze (v. 14.3.2005, BGBl. I 721), Abs. 3 durch das Gesetz zur Neubestimmung des Bleiberechts und der Aufenthaltsbeendigung (v. 27.7.2015, BGBl. I 1386) eingefügt.

B. Ausschluss der Anfechtbarkeit (Abs. 1)

I. Allgemeines

2   Die Vorschrift steht in Zusammenhang mit **§ 14 Abs. 2**, wonach die mit der Kontrolle des grenzüberschreitenden Verkehrs beauftragten Behörden Ausnahme-Visa und Passersatzpapiere ausstellen können. Mit dem Rechtsmittelausschluss in Abs. 1 soll verhindert werden, dass die **ausnahmsweise tätig werdenden Polizeibehörden mit Rechtsmitteln gegen Versagungen belastet werden** und eine **Verlagerung des Rechtsschutzes** stattfindet. Die Betroffenen sollen auf die für die Visaerteilung zuständigen Auslandsvertretungen verwiesen werden (Hailbronner AuslR Rn. 4).

3   Der Ausschluss der Anfechtbarkeit der Versagung eines nationalen Visums oder Passersatzes an der Grenze wird in der Kommentarliteratur teilweise für **verfassungswidrig** gehalten, weil ein Verstoß gegen Art. 19 Abs. 4 GG vorliege (GK-AufenthG/Funke-Kaiser Rn. 4; NK-AuslR/Hofmann Rn. 15; Bergmann/Dienelt/Samel Rn. 4; aA Hailbronner AuslR Rn. 9 ff., der darauf abstellt, dass § 14 Abs. 2 kein subjektives Recht gewährt und der Betroffene Rechtsschutz erlangen kann, wenn er bei der Auslandsvertretung bzw. Ausländerbehörde das Visum oder den Passersatz beantragt).

II. Einzelheiten

Der **Ausschluss der Anfechtbarkeit** betrifft nur das **nationale Visum** (§ 6 Abs. 3). Die **4** **Versagung eines Schengen-Visums ist dagegen anfechtbar** (Art. 32 Abs. 3 Visakodex). Der Ausländer kann gegen die Verweigerung des Visums mit Widerspruch und Verpflichtungsklage vorgehen (→ Rn. 4.1).

§ 77 Abs. 2 entbindet bei der Versagung eines Visums und eines Passersatzes an der Grenze auch von **4.1** der Begründungspflicht. Für das Schengen-Visum gilt jedoch Art. 35 Abs. 7 Visakodex.

Mit Passersatz ist der sog. **Notreiseausweis (§ 13 AufenthV)** gemeint, der zur Vermeidung **5** einer unbilligen Härte oder bei Bestehen eines besonderen öffentlichen Interesses auch von den Grenzbehörden ausgestellt werden kann.

C. Ausschluss des Widerspruchs (Abs. 2, Abs. 3)

I. Abs. 2

Diese Regelung schließt entsprechend der gesetzlichen Ermächtigung in § 68 Abs. 1 S. 2 **6** VwGO die Einleitung und Durchführung eines Widerspruchsverfahrens bei der Versagung einer Duldung aus.

Soweit nach den jeweiligen **landesgesetzlichen Regelungen ein Widerspruchsverfahren** **7** **im Aufenthaltsrecht noch besteht,** bleibt der Widerspruch statthaftes Rechtsmittel, falls der Betroffene gegen eine **selbstständig anfechtbare Nebenbestimmung in einer Duldung oder die Rücknahme / den Widerruf der Duldung** vorgehen will (BeckOK AuslR/Kluth Rn. 12 f.; GK-AufenthG/Funke-Kaiser Rn. 7 f.; NK-AuslR/Hofmann Rn. 20). Selbstständig anfechtbar sind die Nebenbestimmungen eine Erwerbstätigkeit betreffend, die Befristung und die auflösende Bedingung.

II. Abs. 3

Nach dieser Vorschrift findet gegen ein vom Bundesamt angeordnetes Einreise- und Aufent- **8** haltsverbot und dessen Befristung kein Widerspruchsverfahren statt.

Der Ausschluss des Widerspruchsverfahrens bezieht sich nur auf **Entscheidungen des Bundes-** **9** **amts nach § 11 Abs. 7** (BT-Drs. 18/4097, 44). § 11 AsylG findet insoweit keine Anwendung, weil es sich um keine Streitigkeit nach dem AsylG handelt (aA GK-AufenthG/Funke-Kaiser Rn. 11).

Da das Bundesamt aber auch für die in **§ 75 Nr. 12** genannten Befristungen nach **§ 11 Abs. 2** **10** in den Fällen der §§ 34, 34a und 35 AsylG zuständig ist, ist fraglich, ob der Ausschluss des Widerspruchs nach Abs. 3 auch für diese Befristungsentscheidungen gilt oder ob in diesen Fällen § 11 AsylG anzuwenden ist (vgl. NK-AuslR/Hofmann Rn. 23 f.).

§ 84 Wirkungen von Widerspruch und Klage

(1) [1]Widerspruch und Klage gegen
1. **die Ablehnung eines Antrages auf Erteilung oder Verlängerung des Aufenthaltstitels,**
1a. **Maßnahmen nach § 49,**
2. **die Auflage nach § 61 Absatz 1e, in einer Ausreiseeinrichtung Wohnung zu nehmen,**
2a. **Auflagen zur Sicherung und Durchsetzung der vollziehbaren Ausreisepflicht nach § 61 Absatz 1e,**
3. **die Änderung oder Aufhebung einer Nebenbestimmung, die die Ausübung einer Erwerbstätigkeit betrifft,**
4. **den Widerruf des Aufenthaltstitels des Ausländers nach § 52 Abs. 1 Satz 1 Nr. 4 in den Fällen des § 75 Absatz 2 Satz 1 des Asylgesetzes,**
5. **den Widerruf oder die Rücknahme der Anerkennung von Forschungseinrichtungen für den Abschluss von Aufnahmevereinbarungen nach § 18d,**
6. **die Ausreiseuntersagung nach § 46 Absatz 2 Satz 1,**
7. **die Befristung eines Einreise- und Aufenthaltsverbots nach § 11,**
8. **die Anordnung eines Einreise- und Aufenthaltsverbots nach § 11 Absatz 6 sowie**
9. **die Feststellung nach § 85a Absatz 1 Satz 2.**

haben keine aufschiebende Wirkung. ²**Die Klage gegen die Anordnung eines Einreise-und Aufenthaltsverbots nach § 11 Absatz 7 hat keine aufschiebende Wirkung.**

(2) ¹**Widerspruch und Klage lassen unbeschadet ihrer aufschiebenden Wirkung die Wirksamkeit der Ausweisung und eines sonstigen Verwaltungsaktes, der die Rechtmä-ßigkeit des Aufenthalts beendet, unberührt.** ²**Für Zwecke der Aufnahme oder Ausübung einer Erwerbstätigkeit gilt der Aufenthaltstitel als fortbestehend, solange die Frist zur Erhebung des Widerspruchs oder der Klage noch nicht abgelaufen ist, während eines gerichtlichen Verfahrens über einen zulässigen Antrag auf Anordnung oder Wiederher-stellung der aufschiebenden Wirkung oder solange der eingelegte Rechtsbehelf aufschie-bende Wirkung hat.** ³**Eine Unterbrechung der Rechtmäßigkeit des Aufenthalts tritt nicht ein, wenn der Verwaltungsakt durch eine behördliche oder unanfechtbare gerichtliche Entscheidung aufgehoben wird.**

Überblick

Die Vorschrift bestimmt in Abs. 1 (→ Rn. 2 ff.), bei welchen ausländerrechtlichen Maßnahmen Widerspruch und Anfechtungsklage als Ausnahme vom Regelfall des § 80 Abs. 1 VwGO keine aufschiebende Wirkung haben und stellt damit eine Regelung iSd § 80 Abs. 2 Nr. 3 VwGO dar. Abs. 2 regelt die Reichweite der aufschiebenden Wirkung der genannten Rechtsbehelfe und damit verbunden des vorläufigen Rechtsschutzes nach § 80 Abs. 5 VwGO (→ Rn. 20 ff.). Zugleich trifft er eine Regelung für die Ausübung einer Erwerbstätigkeit, solange über die Ableh-nung der entsprechenden Aufenthaltserlaubnis noch nicht gerichtlich entschieden ist (→ Rn. 26 ff.). Nach Abs. 3 S. 3 (→ Rn. 30 ff.) entfällt die Unterbrechung der Rechtmäßigkeit des Aufenthalts rückwirkend.

Übersicht

A. Entstehungsgeschichte

1   Seit Inkrafttreten der Norm ist sie durch zahlreiche Änderungen wesentlich erweitert worden. War anfänglich nur für die in Abs. 1 Nr. 1–3 genannten Maßnahmen die aufschiebende Wirkung von Widerspruch und Klage ausgeschlossen, so wurde der Katalog durch das Gesetz zur Umsetzung aufenthalts- und asylrechtlicher Richtlinien der Europäischen Union (v. 19.8.2007, BGBl. I 1970) um die Nr. 4–6 erweitert. Nr. 6 wurde durch das Gesetz zur Umsetzung aufenthaltsrechtlicher Richtlinien der Europäischen Union und zur Anpassung nationaler Rechtsvorschriften an den EU-Visakodex (v. 22.11.2011, BGBl. I 2258) wegen der erforderlichen Anpassung an den Visako-dex wieder gestrichen und zum 6.9.2013 (Gesetz zur Verbesserung der Rechte von international Schutzberechtigten und ausländischen Arbeitnehmern v. 29.8.2013, BGBl. I 3484) die Ausreiseun-tersagung nach § 46 Abs. 2 als Nr. 6 aufgenommen. Nr. 7 und Nr. 8 sowie S. 2 wurden durch das Gesetz zur Neubestimmung des Bleiberechts und der Aufenthaltsbeendigung (v. 27.7.2015,

BGBl. I 1385) angefügt, Nr. 9 durch das Gesetz zur besseren Durchsetzung der Ausreisepflicht (v. 20.7.2017, BGBl. I 2780). Mit dem Zweiten Gesetz zur besseren Durchsetzung der Ausreisepflicht (v. 15.8.2019, BGBl. I 1294) wurde in Abs. 1 Nr. 2a eingefügt.

B. Ausnahmen vom Suspensiveffekt (Abs. 1)

I. Ablehnung des Antrags auf Verlängerung oder Erteilung eines Aufenthaltstitels (Nr. 1)

Richtige Klageart gegen die Versagung eines Aufenthaltstitels ist die Verpflichtungsklage, die **2** keinen Suspensiveffekt nach § 80 Abs. 1 VwGO auslöst. Der (eigentlich systemwidrige) Ausschluss des Suspensiveffekts eines Rechtsmittels gegen die Versagung eines Aufenthaltstitels beruht darauf, dass **mit der Antragstellung eine Erlaubnis-, Duldungs- oder Fortgeltungsfiktion** (§ 81 Abs. 3, → § 81 Rn. 17 ff.; § 81 Abs. 4, → § 81 Rn. 26 ff.) **eintreten** kann und die **Ablehnung dieses Antrags zum Erlöschen der Fiktionswirkung** führt, sodass mit der Versagung des Aufenthaltstitels zugleich eine **Belastung** verbunden ist (GK-AufenthG/Funke-Kaiser Rn. 12). Der Ausländer wird **vollziehbar ausreisepflichtig** (§ 58 Abs. 2 S. 2, → § 58 Rn. 2 ff.).

Abs. 1 Nr. 1 betrifft auch **türkische Staatsangehörige,** deren Antrag auf Ausstellung / Verlänge- **3** rung einer Aufenthaltserlaubnis nach § 4 Abs. 5 abgelehnt worden ist (HmbOVG BeckRS 2019, 12249 mwN; SächsOVG BeckRS 2018, 97100). Unter Beachtung der Stand-Stillklausel des Art. 13 ARB 1/80 ist keine Verschlechterung im Vergleich zum AuslG 1965 eingetreten (GK-AufenthG/Funke-Kaiser Rn. 23). Auch auf Familienangehörige von Unionsbürgern, die nicht unter § 3 Abs. 2 FreizügG/EU fallen, findet Abs. 1 Nr. 1 Anwendung (HmbOVG BeckRS 2019, 21053).

II. Maßnahmen nach § 49 (Nr. 1a)

Diese Vorschrift wurde erst mWz 4.2.2016 durch Art. 6 Nr. 5 des Gesetzes zur Verbesserung **4** der Registrierung und des Datenaustausches zu aufenthalts- und asylrechtlichen Zwecken eingeführt und hat klarstellende Funktion (BT-Drs. 18/7043, 50).

III. Wohnsitzauflage und Auflagen zur Sicherung und Durchsetzung der Ausreisepflicht nach § 61 Abs. 1e (Nr. 2 und Nr. 2a)

Der Ausschluss des Suspensiveffekts galt nach der ursprünglichen Fassung nur für die Auflage, **5** **in einer Ausreiseeinrichtung Wohnung zu nehmen.** Rechtsbehelfe gegen andere Bedingungen oder Auflagen nach § 61 Abs. 1e hatten aufschiebende Wirkung (NK-AuslR/Hofmann Rn. 16). Dies hat der Gesetzgeber zum Anlass genommen, mit dem Zweiten Gesetz zur besseren Durchsetzung der Ausreisepflicht (v. 15.8.2019, BGBl. I 1294) für alle in § 61 Abs. 1e vorgesehenen Möglichkeiten, Auflagen zur Sicherung und Durchsetzung der vollziehbaren Ausreisepflicht anzuordnen, den Suspensiveffekt auszuschließen (BT-Drs. 19/10047, 48; BR-Drs. 179/19, 48; zu einer Auflage nach § 61 Abs. 1c S. 2 vgl. OVG LSA BeckRS 2018, 13070).

Ob es sich bei der **Auflage, in einer Ausreiseeinrichtung Wohnung zu nehmen,** um **6** eine **(selbstständig anfechtbare) Nebenbestimmung zu einem Verwaltungsakt** handelt, ist strittig (verneinend GK-AufenthG/Funke-Kaiser Rn. 27; aA BeckOK AuslR/Kluth Rn. 13; NK-AuslR/Hofmann Rn. 16).

IV. Nebenbestimmung zur Ausübung einer Erwerbstätigkeit (Nr. 3)

Die Bestimmung umfasst sowohl Nebenbestimmungen zur Ausübung einer **unselbstständigen 7** als auch solche zur Ausübung einer **selbstständigen Tätigkeit** (NK-AuslR/Hofmann Rn. 19; Bergmann/Dienelt/Samel Rn. 8).

Sie kann sich aber nur auf Fallkonstellationen beziehen, in denen die **Erwerbstätigkeit mittels 8** **Nebenbestimmung zugelassen** wird, weil das AufenthG die Erlaubnis zur Beschäftigung entweder als **integralen Bestandteil der Aufenthaltserlaubnis** regelt (zB § 9 Abs. 1, § 25 Abs. 1 und Abs. 2) oder **gesonderte Aufenthaltserlaubnisse zur Ausübung einer Beschäftigung** (zB § 18) erteilt werden. Einschränkungen sind in diesen Fällen **nur über eine(n) (teilweisen) Rücknahme / Widerruf** des jeweiligen Aufenthaltstitels möglich (NK-AuslR/Hofmann Rn. 21; vgl. auch § 52 Abs. 2 S. 2).

Anwendbar ist Nr. 3 daher auf eine Erlaubnis zur **Ausübung einer selbstständigen Tätigkeit 9** **nach § 21 Abs. 6** oder wenn einem **Duldungsinhaber eine Beschäftigung nach § 32 BeschV erlaubt** worden ist (GK-AufenthG/Funke-Kaiser Rn. 34, 36; → Rn. 9.1).

9.1   Kein Fall der Nr. 3 liegt vor, wenn eine zum Zweck der Erwerbstätigkeit nach § 18 erteilte Aufenthaltser-laubnis mit einer auflösenden Bedingung versehen wird (VGH BW BeckRS 2014, 46012). Die Geltungs-dauer der Beschäftigungserlaubnis wird begrenzt durch die Geltungsdauer des Aufenthaltstitels (VGH BW BeckRS 2017, 118394).

V. Widerruf des Aufenthaltstitels in den Fällen des § 75 Abs. 2 S. 1 AsylG (Nr. 4)

10   Die Verweisungskette führt zu dem Ergebnis, dass die Klage gegen den Widerruf einer Anerken-nung als Asylberechtigter, Flüchtling oder subsidiär Schutzberechtigter nach § 52 Abs. 1 S. 1 Nr. 4 dann keine aufschiebende Wirkung hat, wenn der Widerruf oder die Rücknahme wegen der in § 60 Abs. 8 (→ § 60 Rn. 1 ff.) bzw. § 3 Abs. 2 AsylG genannten Gründe erfolgt ist.

VI. Widerruf oder Rücknahme der Anerkennung von Forschungseinrichtungen (Nr. 5)

11   Der Ausschluss des Suspensiveffekts bezieht sich **nur auf den Rechtsbehelf gegen den Rück-nahme- / Widerrufsbescheid bezüglich der Anerkennung der Forschungseinrichtung,** nicht auf die aufgrund der Anerkennung erteilten Aufenthaltstitel nach § 18d.

12   Ziel der Regelung ist, die Erteilung von Aufenthaltstiteln nach § 18d, die auf der Anerkennung der Forschungseinrichtung beruhen, möglichst schnell zu unterbinden.

VII. Ausreiseuntersagung nach § 46 Abs. 2 S. 1 (Nr. 6)

13   Damit wird die bereits für Deutsche, denen gegenüber ein Ausreiseverbot nach § 10 PaßG verhängt wurde, geltende Rechtslage (§ 14 PaßG) auf Ausländer erstreckt (BT-Drs. 17/13022, 34).

VIII. Befristung eines Einreise- und Aufenthaltsverbots nach § 11 (Nr. 7)

14   Der Regelungsgehalt dieser Vorschrift ist unklar, weil die Befristung eines nach der ursprüngli-chen Fassung des § 11 Abs. 1 S. 1 bei einer Ausweisung oder Abschiebung kraft Gesetzes eintreten-den Einreise- und Aufenthaltsverbots eine für den Betroffenen begünstigende Regelung darstellte. Eine Verkürzung der Befristung konnte nur mit einer Verpflichtungsklage bzw. einem Antrag nach § 123 VwGO (NdsOVG NVwZ-RR 2016, 276) erreicht werden. Abs. 1 Nr. 7 war daher so zu verstehen, dass sich **der Betroffene für die Dauer des Rechtsbehelfsverfahrens gegen die Befristungsentscheidung nicht auf ein Recht auf Einreise und Aufenthalt berufen konnte** (BayVGH BeckRS 2016, 50099).

15   Durch die Neufassung des § 11 Abs. 1 S. 1 durch das Zweite Gesetz zur besseren Durchsetzung der Ausreisepflicht (v. 15.8.2019, BGBl. I 1294) tritt das Einreise- und Aufenthaltsverbot jedoch nicht mehr als unmittelbare Folge der Ausweisung oder Abschiebung ein, sondern es bedarf des Erlasses einer entsprechenden Anordnung. Das Einreise- und Aufenthaltsverbot ist gem. § 11 Abs. 2 S. 3 zu befristen. Es handelt sich dabei wohl um einen einheitlichen Verwaltungsakt, der nicht in die Anordnung des Verbots und dessen Befristung aufgespalten werden kann (NdsOVG BeckRS 2020, 782; VGH BW BeckRS 2020, 1992; 2019, 29732). Eine Anpassung des Wortlauts der Nr. 7 an die gesetzliche Neukonzeption des § 11 Abs. 1 ist nicht erfolgt. Es spricht daher vieles dafür, Nr. 7 auf die Anfechtungsklage gegen die Anordnung eines befristeten Einreise- und Aufenthaltsverbots anzuwenden (VGH BW BeckRS 2019, 29732), mit der Folge, dass die Klage keine aufschiebende Wirkung hat und die Titelerteilungssperre der Erteilung einer Aufenthaltser-laubnis entgegensteht (zum daraus folgenden Prüfungsumfang für einen Antrag nach § 80 Abs. 5 VwGO gegen die Ablehnung der Aufenthaltserlaubnis wegen der Titelerteilungssperre VGH BW BeckRS 2020, 1992).

IX. Anordnung eines Einreise- und Aufenthaltsverbots nach § 11 Abs. 6 (Nr. 8)

16   Der Gesetzgeber hat von der Möglichkeit des § 80 Abs. 2 Nr. 3 VwGO Gebrauch gemacht.

X. Feststellung nach § 85a Abs. 1 S. 2 (Nr. 9)

17   Nr. 9 bezieht sich auf die Regelung des § 60a Abs. 2 S. 13. Mit dieser Vorschrift soll gewährleistet werden, dass keine Abschiebung erfolgt, solange eine Ausländerbehörde das Vorliegen einer miss-bräuchlichen Vaterschaftsanerkennung nach § 85a prüft und deswegen die Beurkundung der Aner-kennung oder der Zustimmung der Mutter ausgesetzt ist. § 60a Abs. 2 S. 13 findet jedoch grundsätzlich keine Anwendung, wenn einer Feststellung nach § 85a Abs. 1 S. 2 ein Widerspruchs-

oder Klageverfahren folgt. Daher ordnet Nr. 9 an, dass Widerspruch und Klage gegen eine Missbrauchsfeststellung keine aufschiebende Wirkung entfalten (BT-Drs.18/12415, 16).

XI. Einreise und Aufenthaltsverbot nach § 11 Abs. 7, Abs. 1 S. 2

Hier hat der Gesetzgeber nur das Entfallen der aufschiebenden Wirkung der Klage angeordnet. **18** Dies beruht darauf, dass nach **§ 83 Abs. 3** (→ § 83 Rn. 8 ff.) in diesen Fällen kein Widerspruchsverfahren stattfindet.

XII. Rechtsschutz und Rechtsfolgen

Haben Widerspruch und Klage keine aufschiebende Wirkung, besteht für den Betroffenen die **19** Möglichkeit, nach § 80 Abs. 4 VwGO bei der Behörde die Aussetzung der Vollziehung bzw. nach § 80 Abs. 5 VwGO beim Verwaltungsgericht die Anordnung der aufschiebenden Wirkung zu beantragen. Anordnungen nach § 80 Abs. 4 oder Abs. 5 VwGO wirken sich ausschließlich auf die Vollziehbarkeit des jeweiligen Verwaltungsakts aus.

C. Abs. 2

I. Wirksamkeit eines die Rechtmäßigkeit des Aufenthalts beendenden Verwaltungsakts (S. 1)

Mit Abs. 2 S. 1 hat der Gesetzgeber bezüglich der Bedeutung und Reichweite der aufschieben **20** den Wirkung eines Rechtsbehelfs gegen einen die Rechtmäßigkeit des Aufenthalts beendenden Verwaltungsakt entschieden, dass **die (innere) Wirksamkeit eines solchen Verwaltungsakts trotz der aufschiebenden Wirkung des Rechtsbehelfs nicht berührt wird** (allg. zur aufschiebenden Wirkung BVerwG BeckRS 2016, 43785).

Verwaltungsakte, die die Rechtmäßigkeit des Aufenthalts beenden, sind neben der **Ausweisung** **21** (auch wenn sie ein assoziationsrechtliches Aufenthaltsrecht zum Erlöschen bringt NdsOVG BeckRS 2021, 807) die **Versagung der Erteilung oder Verlängerung einer Aufenthaltserlaubnis** (§ 81 Abs. 3 und Abs. 4), die **nachträgliche zeitliche Beschränkung eines Aufenthaltstitels** (§ 7 Abs. 2 S. 2), die **Beschränkung eines rechtmäßigen Aufenthalts** ohne Aufenthaltstitel (§ 12 Abs. 4), der **Widerruf** (§ 53) und die **Rücknahme** (§ 48 VwGO) eines Aufenthaltstitels. **Nicht** dazu gehören der Ablauf eines befristeten Aufenthaltstitel sowie die auflösende Bedingung (GK-AufenthG/Funke-Kaiser Rn. 56; NK-AuslR/Hofmann Rn. 38; aA Hailbronner AuslR Rn. 36).

Abs. 2 S. 1 erfasst lediglich Verwaltungsakte, bei denen mit deren Erlass aufgrund des daraus erfolgenden **21.1** Erlöschens des Aufenthaltstitels nach § 51 Abs. 1 die gesetzliche Ausreisepflicht eintritt. Die auflösende Bedingung beendet hingegen nicht unmittelbar die Rechtmäßigkeit des Aufenthalts, dazu führt erst der Eintritt der Bedingung (VGH BW BeckRS 2014, 46012).

Bleibt der betreffende Verwaltungsakt trotz des Suspensiveffekts wirksam, beendet er die Recht **22** mäßigkeit des Aufenthalts und führt zum **Entstehen der Ausreiseverpflichtung** (Bergmann/Dienelt/Samel Rn. 22; Hailbronner AuslR Rn. 34). Die **gesetzliche Ausreisepflicht** nach § 50 Abs. 1 ist nach Eintritt der aufschiebenden Wirkung lediglich **nicht vollziehbar** und eine Vollstreckung der Ausreisepflicht damit unzulässig. Diese Konzeption wird bekräftigt durch Abs. 2 S. 3; danach tritt eine Unterbrechung der Rechtmäßigkeit des Aufenthalts (nur dann) ein, wenn der Verwaltungsakt durch eine behördliche oder gerichtliche Entscheidung aufgehoben wird (OVG LSA BeckRS 2017, 116081 Rn. 12). Für die Dauer der aufschiebenden Wirkung wird der Ausländer geduldet (Verfahrensduldung; Bergmann/Dienelt/Samel Rn. 17).

Die **Anordnung der aufschiebenden Wirkung** des Widerspruchs gegen die Versagung der **23** Verlängerung der Aufenthaltserlaubnis hat **nicht zur Folge, dass die mit der Versagung beendete Fiktionswirkung des § 81 Abs. 4** (→ § 81 Rn. 26 ff.) **und § 81 Abs. 3** (→ § 81 Rn. 17 ff.) **wiederauflebt** (HmbOVG BeckRS 2017, 101308; OVG Bln-Bbg BeckRS 2016, 52683) und die Ausreisepflicht aufgehoben wird. Der Antragsteller ist auch nicht so zu behandeln, als ob die frühere Fiktionswirkung des Antrags weiter bestünde (Hailbronner AuslR Rn. 44; aA BayVGH BeckRS 2009, 43729), dh er hat keinen Anspruch auf Ausstellung einer Fiktionsbeschenigung (HmbOVG BeckRS 2017, 101308). Nur im Fall des Abs. 2 S. 2 hat er Anspruch auf Ausstellung einer sog. **Fortgeltungsbescheinigung.**

Da gem. Abs. 2 S. 1 Widerspruch und Klage unbeschadet ihrer aufschiebenden Wirkung die **24** Wirksamkeit der Ausweisung unberührt lassen, greift auch die **Sperrwirkung des § 11 Abs. 1.**

Dies führt dazu, dass im **Verfahren des vorläufigen Rechtsschutzes** gegen die gem. Abs. 1 S. 1 Nr. 1 sofort vollziehbare Antragsablehnung **auch die der Ablehnung zu Grunde liegende Ausweisungsverfügung summarisch auf ihre Rechtmäßigkeit zu prüfen ist,** um den Anforderungen des Art. 19 Abs. 4 S. 1 GG zu genügen (SächsOVG BeckRS 2016, 42573; GK-AufenthG/Funke-Kaiser Rn. 48 f. mwN).

25 Auf **assoziationsberechtigte türkische Staatsangehörige** ist Abs. 2 S. 1 nicht anzuwenden. Dies gilt auch unter Berücksichtigung des Besserstellungsverbots aus Art. 59 EWGTRAssZusProt (GK-AufenthG/Funke-Kaiser Rn. 67 f.).

II. Abs. 2 S. 2

26 Ausländer, denen gegenüber eine Ausweisungsentscheidung ergangen ist oder deren rechtmäßiger Aufenthalt durch eine Entscheidung der Behörde beendet wurde, können eine **Erwerbstätigkeit** weiter ausüben, soweit **vor Erlass der Entscheidung ein Aufenthaltstitel bestand, nach dem die Ausübung der Erwerbstätigkeit zulässig war,** solange die in S. 2 genannten Sachverhalte vorliegen (Nr. 4.3.1.2 AufenthGAVwV). Nicht davon erfasst ist die Beschäftigungserlaubnis oder Erlaubnis nach § 21 Abs. 6 (BeckOK AuslR/Kluth Rn. 37; GK-AufenthG/Funke-Kaiser Rn. 72).

26.1 Solange die eingeschränkte Fortgeltungsfiktion gilt, ist der Ausländer nicht auf das Verfahren für geduldete Ausländer nach § 32 BeschV zu verweisen (OVG LSA BeckRS 2019, 5039).

26.2 Die Beschäftigung eines türkischen Staatsangehörigen, die auf Basis der Fiktion nach Abs. 2 S. 2 erfolgt, stellt keine ordnungsgemäße Beschäftigung iSv Art. 6 Abs. 1 erster Gedankenstrich EWG-Türkei dar (NdsOVG BeckRS 2020, 1989).

27 Ihnen wird eine sog. **Fortgeltungsbescheinigung** erteilt, die sich nur auf die Ausübung der Erwerbstätigkeit bezieht und daher keine Bescheinigung nach § 81 Abs. 5 (→ § 81 Rn. 35) darstellt (Bergmann/Dienelt/Samel Rn. 25; Hailbronner AuslR Rn. 53). Diese Bescheinigung regelt nicht die Rechtslage, sondern dokumentiert nur den bestehenden Rechtszustand und ist daher **kein Verwaltungsakt** (BVerwG BeckRS 2010, 465167 Rn. 7; → Rn. 27.1).

27.1 Im Rahmen einer Bescheinigung nach Abs. 2 S. 2 können aufenthaltsrechtliche Regelungen auch nicht in Gestalt von Nebenbestimmungen nach § 12 Abs. 2 getroffen werden. Besondere Vorschriften wie die Bescheinigung auszugestalten ist existieren nicht. Eine Befristung ist zulässig (Hailbronner AuslR Rn. 58).

28 Die Fortgeltungsbescheinigung wird erteilt, solange die **Frist für die Erhebung des Rechtsmittels** noch nicht abgelaufen ist, während eines gerichtlichen Verfahrens über einen **zulässigen Antrag auf Anordnung oder Wiederherstellung der aufschiebenden Wirkung** oder **solange der eingelegte Rechtsbehelf aufschiebende Wirkung hat.** Entfaltet der eingelegte Rechtsbehelf aufschiebende Wirkung, so endet die Fiktion daher erst mit der **Unanfechtbarkeit der Hauptsache.** Probleme werfen diejenigen Fälle auf, in denen die Frist für den Rechtsbehelf versäumt und ein Wiedereinsetzungsantrag gestellt wurde, über den noch nicht entschieden ist, oder der Antrag nach § 80 Abs. 5 VwGO nicht zulässig ist oder ein Antrag nach § 80b VwGO gestellt wird (vgl. GK-AufenthG/Funke-Kaiser Rn. 78 f.; → Rn. 28.1).

28.1 Ist die Fiktionswirkung des Abs. 2 S. 2 eingetreten, so erlischt sie durch die kurzfristige Ausreise des Ausländers für einen vorübergehenden Zweck nicht (BayVGH BeckRS 2012, 25891; 2011, 32550). Abs. 2 S. 2 sehe einen Erlöschenstatbestand für den Fall einer nur vorübergehenden Ausreise nicht vor. Zudem habe der Ausländer unmittelbar aus Art. 2 Abs. 1 GG iVm Art. 19 Abs. 4 S. 1 GG ein Recht auf erlaubnisfreie Wiedereinreise. Die Ausreisepflicht sei erst dann vollziehbar, wenn der Bescheid, durch den der Ausländer ausreisepflichtig wird, vollziehbar ist.

29 **Einstweiliger Rechtsschutz** in Bezug auf die Fortgeltungsfiktion ist über einen Antrag nach § 123 VwGO auf **vorläufige Gestattung der Erwerbstätigkeit** möglich (VGH BW BeckRS 2006, 26637).

III. Abs. 2 S. 3

30 Wird der Verwaltungsakt durch eine behördliche oder gerichtlich unanfechtbare Entscheidung aufgehoben, so **entfällt die Unterbrechung der Rechtmäßigkeit mit ex-tunc-Wirkung.** Die Fiktionswirkung tritt wieder ein (OVG Bln-Bbg BeckRS 2016, 52683). Der Ausländer hat **Anspruch auf Ausstellung einer Fiktionsbescheinigung** (BeckOK AuslR/Kluth Rn. 42). Dies gilt allerdings nur dann, wenn der Aufenthalt vorher rechtmäßig war, dh ein Verlängerungsantrag die Fortgeltungs- oder Erlaubnisfiktion ausgelöst hat (Bergmann/Dienelt/Samel Rn. 23).

Probleme ergeben sich dann, wenn die **Aufenthaltserlaubnis befristet** war, die **Aufhebung** 31
erst nach Ablauf der Geltungsdauer erfolgt und der Ausländer innerhalb der Geltungsdauer
keinen Verlängerungsantrag gestellt hat. Denn über Abs. 2 S. 3 kann die Rechtmäßigkeit des
Aufenthalts nur für die Geltungsdauer der Aufenthaltserlaubnis wiederhergestellt werden. Gegebenenfalls kann die eingetretene Unterbrechung der Rechtmäßigkeit des Aufenthalts nach § 85
außer Betracht bleiben (vgl. GK-AufenthG/Funke-Kaiser Rn. 84).

Abs. 2 S. 3 hat in erster Linie Bedeutung für die **Aufenthaltsverfestigung,** weil der Zeitraum 32
des laufenden Rechtsbehelfsverfahrens rückwirkend als rechtmäßiger Aufenthalt betrachtet wird,
obwohl trotz des Suspensiveffekts die die Rechtmäßigkeit des Aufenthalts beendende Entscheidung
wirksam war.

§ 85 Berechnung von Aufenthaltszeiten

**Unterbrechungen der Rechtmäßigkeit des Aufenthalts bis zu einem Jahr können
außer Betracht bleiben.**

Überblick

Durch die Vorschrift wurde die Möglichkeit geschaffen, Unterbrechungen in der Rechtmäßigkeit des Aufenthalts (→ Rn. 1 ff.) zu überbrücken. Sie dient der Vermeidung von Unbilligkeiten,
die sich bei formalen Nachlässigkeiten des Ausländers ergeben würden. § 85 findet auf Unterbrechungen des erforderlichen Titelbesitzes entsprechende Anwendung (→ Rn. 6 f.). Über die
Unbeachtlichkeit der Unterbrechung entscheidet die Behörde nach Ermessen (→ Rn. 8).

A. Unterbrechung der Rechtmäßigkeit des Aufenthalts

Eine Unterbrechung rechtmäßigen Aufenthalts erfordert **Zeiten unrechtmäßigen Aufent-** 1
halts, die zwischen solchen rechtmäßigen Aufenthalts liegen (Nr. 85.3 AufenthGAVwV).
Die Zeit der Unterbrechung wird nicht als rechtmäßiger Aufenthalt angerechnet (Bergmann/
Dienelt/Samel Rn. 2; Hailbronner AuslR Rn. 6).

Eine Unterbrechung des rechtmäßigen Aufenthalts kann zB dann eintreten, wenn der Ausländer 2
nicht rechtzeitig einen Antrag auf Verlängerung der Aufenthaltserlaubnis gestellt hat und
nicht die Fortgeltung des Aufenthaltstitels angeordnet wird (Bergmann/Dienelt/Samel Rn. 4).

§ 85 ist **nicht anwendbar** auf die Berechnung der Zeiten **ordnungsgemäßer Beschäftigung** 3
iSd Art. 6 ARB 1/80 (BeckOK AuslR/Kluth Rn. 9 mwN). Strittig ist, ob die Vorschrift auf
die Ordnungsgemäßheit des Aufenthalts iSv Art. 3 Abs. 3 EuNiederlAbk Anwendung findet
(GK-AufenthG/Funke-Kaiser Rn. 8; Hailbronner AuslR Rn. 10). Keine Anwendung findet die
Vorschrift auch auf Lücken zwischen Duldungszeiten (zB bei § 25b Abs. 1 S. 1 BVerwG BeckRS
2019, 37863).

Keine Anwendung findet § 85, wenn **nur ein rechtmäßiger Aufenthalt** von einer gewissen 4
Dauer gefordert wird, der aber nicht ununterbrochen sein muss (Hailbronner AuslR Rn. 12;
BeckOK AuslR/Kluth Rn. 10).

Die Jahresfrist bestimmt die **Höchstdauer der Unterbrechung** der Rechtmäßigkeit des Auf- 5
enthalts **je Einzelfall,** es können daher auch mehrere Fälle der Unterbrechung als unerheblich
behandelt werden, auch wenn sie zusammen die Frist von einem Jahr überschreiten (BeckOK
AuslR/Kluth Rn. 7; NK-AuslR/Hofmann Rn. 11).

B. Unterbrechung der Zeiten des Titelbesitzes

Die Vorschrift erfasst zwar ihrem Wortlaut nach nur Unterbrechungen der Rechtmäßigkeit des 6
Aufenthalts, ist aber nach Systematik, Sinn und Zweck der Regelung **entsprechend auch auf
Unterbrechungen in Zeiten des Titelbesitzes anwendbar** (BVerwG BeckRS 2010, 46634;
→ Rn. 6.1).

Für eine Erstreckung auf Unterbrechungen in Zeiten des Titelbesitzes spricht auch der Umstand, dass 6.1
der Gesetzgeber selbst als einen von zwei Beispielsfällen für die Anwendung der Vorschrift den verspäteten
Antrag auf Verlängerung einer Aufenthaltsgenehmigung angeführt hat (BT-Drs. 15/420, 97). Wenn er die
Vorschrift in dem vergleichsweise häufiger vorkommenden Fall des Erfordernisses von Besitzzeiten des
Aufenthaltstitels nicht für einschlägig gehalten hätte, hätte es nahegelegen, auf eine derart eingeschränkte
Wirkung der Vorschrift bei verspäteter Antragstellung hinzuweisen. Entscheidend sprechen schließlich der

Sinn und Zweck der Bestimmung für eine solche Auslegung. Sie soll es der Ausländerbehörde ermöglichen, im Rahmen ihres Ermessens Unterbrechungszeiten bis zu einem Jahr außer Betracht zu lassen und damit flexibel etwa auf unverschuldete oder auch nur geringfügige Unterbrechungen – auch im Sinne des Grundsatzes der Verhältnismäßigkeit – zu reagieren. Warum diese Flexibilität, insbesondere bei geringfügigen Bagatellunterbrechungen, nur der Berechnung von Zeiten des rechtmäßigen Aufenthalts vorbehalten bleiben sollte, nicht aber die Berechnung von Besitzzeiten des Aufenthaltstitels ergreifen sollte, leuchtet nicht ein (BVerwG BeckRS 2010, 46634).

7 **Tatsächliche Unterbrechungen** des Aufenthalts können nach § 85 nicht außer Betracht bleiben (NdsOVG BeckRS 2012, 49142; VGH BW BeckRS 2010, 45236 Rn. 25).

C. Ermessen

8 Über die **Unbeachtlichkeit der Unterbrechung** hat die Ausländerbehörde nach **pflichtgemäßem Ermessen** zu entscheiden. Hierbei können die **Gründe** und insbesondere die **Anzahl und Gesamtdauer der Unterbrechungen** Berücksichtigung finden (Nr. 85.3 AufenthGAVwV). Auch das **Verschulden des Ausländers** für die Unterbrechung sowie die Folgen einer Unterbrechung für den weiteren Aufenthalt des Ausländers können berücksichtigt werden (Hailbronner AuslR Rn. 14 f.).

§ 85a Verfahren bei konkreten Anhaltspunkten einer missbräuchlichen Anerkennung der Vaterschaft

(1) ¹Wird der Ausländerbehörde von einer beurkundenden Behörde oder einer Urkundsperson mitgeteilt, dass konkrete Anhaltspunkte für eine missbräuchliche Anerkennung der Vaterschaft im Sinne von § 1597a Absatz 1 des Bürgerlichen Gesetzbuchs bestehen, prüft die Ausländerbehörde, ob eine solche vorliegt. ²Ergibt die Prüfung, dass die Anerkennung der Vaterschaft missbräuchlich ist, stellt die Ausländerbehörde dies durch schriftlichen oder elektronischen Verwaltungsakt fest. ³Ergibt die Prüfung, dass die Anerkennung der Vaterschaft nicht missbräuchlich ist, stellt die Ausländerbehörde das Verfahren ein.

(2) ¹Eine missbräuchliche Anerkennung der Vaterschaft wird regelmäßig vermutet, wenn

1. der Anerkennende erklärt, dass seine Anerkennung gezielt gerade einem Zweck im Sinne von § 1597a Absatz 1 des Bürgerlichen Gesetzbuchs dient,
2. die Mutter erklärt, dass ihre Zustimmung gezielt gerade einem Zweck im Sinne von § 1597a Absatz 1 des Bürgerlichen Gesetzbuchs dient,
3. der Anerkennende bereits mehrfach die Vaterschaft von Kindern verschiedener ausländischer Mütter anerkannt hat und jeweils die rechtlichen Voraussetzungen für die erlaubte Einreise oder den erlaubten Aufenthalt des Kindes oder der Mutter durch die Anerkennung geschaffen hat, auch wenn das Kind durch die Anerkennung die deutsche Staatsangehörigkeit erworben hat,
4. dem Anerkennenden oder der Mutter ein Vermögensvorteil für die Anerkennung der Vaterschaft oder die Zustimmung hierzu gewährt oder versprochen worden ist

und die Erlangung der rechtlichen Voraussetzungen für die erlaubte Einreise oder den erlaubten Aufenthalt des Kindes, des Anerkennenden oder der Mutter ohne die Anerkennung der Vaterschaft und die Zustimmung hierzu nicht zu erwarten ist. ²Dies gilt auch, wenn die rechtlichen Voraussetzungen für die erlaubte Einreise oder den erlaubten Aufenthalt des Kindes durch den Erwerb der deutschen Staatsangehörigkeit des Kindes nach § 4 Absatz 1 oder Absatz 3 Satz 1 des Staatsangehörigkeitsgesetzes geschaffen werden sollen.

(3) ¹Ist die Feststellung nach Absatz 1 Satz 2 unanfechtbar, gibt die Ausländerbehörde der beurkundenden Behörde oder der Urkundsperson und dem Standesamt eine beglaubigte Abschrift mit einem Vermerk über den Eintritt der Unanfechtbarkeit zur Kenntnis. ²Stellt die Behörde das Verfahren ein, teilt sie dies der beurkundenden Behörde oder der Urkundsperson, den Beteiligten und dem Standesamt schriftlich oder elektronisch mit.

(4) Im Ausland sind für die Maßnahmen und Feststellungen nach den Absätzen 1 und 3 die deutschen Auslandsvertretungen zuständig.

Überblick

Mit dieser Vorschrift wird ein verwaltungsrechtliches Prüfverfahren eingeführt, mit dem die zuständige Ausländerbehörde feststellt, ob eine missbräuchliche Vaterschaftsanerkennung vorliegt. Sofern Anhaltspunkte für eine missbräuchliche Vaterschaftsanerkennung nach § 1597a Abs. 1 BGB vorliegen, muss die beurkundende Behörde die Beurkundung aussetzen und dies der Ausländerbehörde mitteilen (Abs. 1 → Rn. 3). Die Ausländerbehörde prüft ua anhand der in Abs. 2 (→ Rn. 11 ff.) genannten Kriterien, ob die beabsichtigte Anerkennung der Vaterschaft missbräuchlich ist. Ergibt die Prüfung, dass die Anerkennung missbräuchlich ist, stellt sie dies durch Verwaltungsakt fest (→ Rn. 7), andernfalls stellt sie das Verfahren ein (→ Rn. 8). Abs. 3 regelt Mitteilungspflichten der Ausländerbehörde gegenüber der beurkundenden Behörde und den Beteiligten. Im Ausland sind die deutschen Auslandvertretungen für das Verfahren nach Abs. 1 und 3 zuständig (→ Rn. 17).

A. Entstehungsgeschichte

Die Vorschrift wurde durch das Gesetz zur besseren Durchsetzung der Ausreisepflicht v. **1** 20.7.2017 (BGBl. I 2780) eingefügt. Vorgegangen war der **Beschluss des BVerfG v. 17.12.2013** (BeckRS 2014, 46474), mit dem der mit Wirkung zum 1.6.2008 (BGBl. I 313) in Kraft getretene § 1600 Abs. 1 Nr. 5 BGB für verfassungswidrig und nichtig erklärt wurde. Mit dieser Regelung hatte der Gesetzgeber ein behördliches Anfechtungsrecht für Vaterschaftsanerkennungen ausländischer Kinder zum Zwecke der Erlangung eines Aufenthaltsrechts bzw. der deutschen Staatsangehörigkeit (§ 4 StAG) eingeführt.

Mit der Neuregelung wird ein **präventiver Ansatz zur Verhinderung missbräuchlicher 2 Vaterschaftsanerkennungen** gewählt. Sie sollen bereits im Vorfeld mithilfe einer Missbrauchskontrolle durch die Ausländerbehörde verhindert werden, um die daran anknüpfenden statusrechtlichen Folgen erst gar nicht entstehen zu lassen (BT-Drs. 18/12415, 16). Mit § 1597a BGB wurde eine zivilrechtliche Verbotsnorm geschaffen. Gleichzeitig wird mit § 85a ein verwaltungsrechtliches Prüfverfahren eingeführt.

B. Verfahren, Abs. 1 und 3

I. 1. Stufe des Prüfverfahrens

Das Verfahren beginnt mit einer Verdachtsprüfung der beurkundenden Stelle gem. § 1579a **3** Abs. 2 BGB. Bestehen **Anzeichen für das Vorliegen konkreter Anhaltspunkte für eine missbräuchliche Vaterschaftsanerkennung,** wird die Erforderlichkeit einer weiteren Prüfung durch die beurkundende Stelle indiziert. Dies ist insofern problematisch, als die Feststellung der Anzeichen teilweise nicht von den Prüf- und Kontrollkompetenzen der beurkundenden Stelle erfasst ist und andererseits praktische Probleme aufwirft (näher: BeckOK AuslR/Tewocht Rn. 12 ff.). Die in § 1579a Abs. 2 BGB genannten Anzeichen (→ Rn. 3.1) genügen nicht, um bereits konkrete Anhaltspunkte iSv Abs. 1 anzunehmen (BT-Drs. 18/12415, 21). Bestehen für die nach § 1597a BGB für die öffentliche Beurkundung zuständige Behörde oder Urkundsperson nach der Prüfung **Anhaltspunkte, die auf eine missbräuchliche Anerkennung der Vaterschaft** hinweisen, ist dies nach Anhörung des Anerkennenden und der Mutter (Bergmann/Dienelt/Samel AufenthG § 85a Rn. 10) der Ausländerbehörde mitzuteilen und die **Beurkundung auszusetzen.** Die Aussetzung der Beurkundung ist der Mutter und dem Anerkennenden mitzuteilen (§ 1597a Abs. 2 S. 3 BGB).

Anzeichen für das Vorliegen konkreter Anhaltspunkte sind das Bestehen einer vollziehbaren Ausreise- **3.1** pflicht des Anerkennenden, der Mutter oder des Kindes (§ 1579a Abs. 2 S. 2 Nr. 1 BGB), die Tatsache, dass der Anerkennende, die Mutter oder das Kind aus einem sicheren Herkunftsstaat iSv § 29a AsylG stammen und einen Asylantrag gestellt haben (Nr. 2), das Fehlen persönlicher Beziehungen zwischen dem Anerkennenden und der Mutter oder dem Kind (Nr. 3), der Verdacht, dass der Anerkennende bereits mehrfach die Vaterschaft von Kindern verschiedener ausländischer Mütter anerkannt hat und jeweils die rechtlichen Voraussetzungen für die erlaubte Einreise oder den erlaubten Aufenthalt des Kindes oder der Mutter durch die Anerkennung geschaffen hat (Nr. 4) und der Verdacht, dass dem Anerkennenden oder der Mutter ein Vermögensvorteil für die Anerkennung der Vaterschaft oder die Zustimmung hierzu gewährt oder versprochen worden ist (Nr. 5).

Für die **Dauer der Aussetzung** ist die **Beurkundung** durch eine andere Behörde oder **4** Urkundsperson **ausgeschlossen** (§ 1579a Abs. 3 und 4 BGB). Solange das Prüfverfahren bei der

Ausländerbehörde läuft, darf also die beurkundende Stelle die Beurkundung der Vaterschaft nicht durchführen. Auch von einer anderen beurkundenden Behörde oder Urkundsperson kann die Vaterschaft nicht wirksam beurkundet werden (OVG Bln-Bbg FamRZ 2020, 508 = BeckRS 2019, 29942; VG Bremen BeckRS 2020, 13211). Eine dennoch vorgenommene Beurkundung ist unwirksam (VG Schleswig BeckRS 2018, 4043). Wird der **Beurkundungsantrag** nach Anhörung der Betroffenen vor Aussetzung des Beurkundungsverfahrens **zurückgenommen,** kann keine Aussetzungsentscheidung mehr ergehen, so dass die Anerkennung durch eine andere beurkundende Stelle nicht gesperrt ist (Bergmann/Dienelt/Samel Rn. 11).

5   Die **Entscheidung über die Aussetzung des Beurkundungsverfahrens** ist nicht anfechtbar, da es sich nur um eine **verwaltungsinterne Entscheidung** handelt (Bergmann/Dienelt/Samel Rn. 21; BeckOK AuslR/Tewocht Rn. 28). Rechtsfolge der Aussetzungsentscheidung ist, dass für die Dauer der Prüfung die **Abschiebung ausgesetzt** ist (§ 60a Abs. 2 S. 13; VG Schleswig BeckRS 2018, 4043) und der Betroffene für diesen Zeitraum unmittelbar kraft Gesetzes geduldet ist (BeckOK AuslR/Tewocht Rn. 35). Eine Verteilung nach § 15a ist in diesem Zeitraum zulässig (OVG Brem BeckRS 2021, 4784).

6   Setzt die beurkundende Stelle die Beurkundung nicht aus, obwohl Anhaltspunkte für eine missbräuchliche Vaterschaftsanerkennung vorliegen, und führt sie die Beurkundung durch, wird die Beurkundung nicht unwirksam (BeckOK AuslR/Tewocht Rn. 28b).

II. 2. Stufe des Prüfverfahrens

7   In der 2. Stufe prüft die Ausländerbehörde, ob eine missbräuchliche Anerkennung vorliegt. Hierbei handelt es sich um die **eigentliche Missbrauchsprüfung.** Ergibt die Prüfung eine missbräuchliche Anerkennung, stellt die Behörde dies durch Verwaltungsakt fest. Vor Erlass des Feststellungsbescheids ist derjenige, an den der Feststellungsbescheid gerichtet wird, anzuhören (→ Rn. 7.1). Sobald der **Feststellungsbescheid** unanfechtbar geworden ist, teilt die Ausländerbehörde dies der beurkundenden Stelle mit, diese lehnt die Beurkundung ab (Abs. 3 S. 1; § 1579a Abs. 2 S. 4).

7.1   Fehler bei der Anhörung sind gem. § 46 VwVfG/Art. 46 (L)VwVfG unbeachtlich, weil es sich bei der Missbrauchsfeststellung nach Abs. 1 und Abs. 2 um eine gebundene Entscheidung handelt. Der Behörde wird weder ein Ermessensspielraum eingeräumt noch kommt ihr bei dem gerichtlich voll überprüfbaren Begriff der missbräuchlichen Vaterschaftsanerkennung ein Beurteilungsspielraum zu (VG Berlin BeckRS 2018, 26555).

8   Andernfalls **stellt sie das Verfahren ein** (Abs. 1 S. 3). Da das Prüfverfahren von Amts wegen eingeleitet wird, kann die Ausländerbehörde das Verfahren einstellen, wenn sie zum Ergebnis gelangt, dass sich der mitgeteilte Verdacht nicht bestätigt. Eine Zustimmung der Beteiligten ist nicht erforderlich. Sie sind lediglich über die Einstellung zu informieren (Abs. 3 S. 3; BT-Drs. 18/12415, 17).

9   Anfechtbar ist vom Anerkennenden und der Mutter des Kindes nur der Feststellungsbescheid, Widerspruch und Klage gegen den Feststellungsbescheid haben keine aufschiebende Wirkung (§ 84 Abs. 1 S. 1 Nr. 9, → § 84 Rn. 1 ff.). Statthaft ist daher ein Antrag nach § 80 Abs. 5 VwGO auf Anordnung der aufschiebenden Wirkung der Klage. Ggf. ist auch ein Antrag nach § 123 VwGO möglich, um eine Verlängerung der Duldung zu erwirken.

9.1   Strittig ist, wie die Einstellung des Verfahrens nach § 85a erreicht werden kann. VG Bremen BeckRS 2020, 13211: Leistungsklage; OVG Bln-Bbg BeckRS 2020, 7547: Verpflichtungsklage.

10   Wird die Ausländerbehörde eigeninitiativ tätig, ohne dass es vorher zu einer Aussetzung durch die beurkundende Stelle gekommen ist, stellt sich die Frage, ob ein Betroffener durch die Nichtbeachtung des Abs. 1 in eigenen Rechten verletzt ist (vgl. BeckOK AuslR/Tewocht Rn. 28a).

C. Missbräuchliche Anerkennung der Vaterschaft, Abs. 2

11   Abs. 2 begründet die **gesetzliche Vermutung** einer missbräuchlichen Anerkennung der Vaterschaft in den dort genannten Fällen. Sie schließen mit dem Merkmal „regelmäßig" andere Konstellationen missbräuchlicher Vaterschaftsanerkennungen nicht aus. Bei Vorliegen der Tatbestände wird regelmäßig eine missbräuchliche Vaterschaftsanerkennung vermutet. Diese **Vermutung ist allerdings widerlegbar** (VG Dresden FamRZ 2019, 248). Die genannten Fälle begründen eine Vermutungswirkung, die aber bei atypischen Konstellationen an den allgemeinen Beweisregeln im Verwaltungsverfahren nichts ändert. Danach trägt die Behörde grundsätzlich die Beweislast für das Vorliegen der Voraussetzungen für die von ihr geplanten Maßnahmen. Das Vorliegen der Voraussetzungen eines der in Abs. 2 genannten Tatbestände bewirkt jedoch eine Erleichterung der Anforderungen an den zu führenden Beweis. Eine **abweichende Bewertung** kann sich trotz des Vorliegens eines Regelfalls daraus ergeben, dass der anerkennende Vater **nachweisbar eine sozial-familiäre Beziehung zu dem Kind** begründet hat (BT-Drs. 18/12415, 17). Die Kriterien für die der Regelfall begründet wird, greifen die Vorgaben im Beschluss des BVerfG vom 17.12.2013 auf. Motivbündel sind unschädlich (BT-Drs. 18/12415, 17).

Auch wenn einer der in Abs. 2 genannten Tatbestände vorliegt, greift die Regelvermutung **12** nicht, wenn nicht **kumulativ** die Voraussetzung vorliegt, dass die **Erlangung der rechtlichen Voraussetzungen für die erlaubte Einreise oder den erlaubten Aufenthalt des Kindes, des Anerkennenden oder der Mutter** ohne Vaterschaftsanerkennung und die Zustimmung der Mutter hierzu nicht zu erwarten ist. Die Regelvermutung greift also dann nicht, wenn Ausländer beteiligt sind, die unabhängig von der Vaterschaftsanerkennung bereits über ein Aufenthaltsrecht verfügen (BeckOK AuslR/Tewocht Rn. 40).

I. Nr. 1 und Nr. 2

Danach ist in der Regel von einer missbräuchlichen Anerkennung auszugehen, wenn der **13** Anerkennende oder die Mutter des anzuerkennenden Kindes erklärt, dass seine Anerkennung gerade einem in § 1597a Abs. 1 BGB genannten Zweck dient. Dafür ist erforderlich, dass der Anerkennende bzw. die Mutter dies **gegenüber der Ausländerbehörde deutlich zum Ausdruck bringen.** Nicht ausreichend ist, wenn er/sie angibt, die Anerkennung diene auch einem in § 1597a BGB genannten Zweck. Zu Beweiszwecken soll eine Niederschrift gefertigt werden, deren Richtigkeit von den Beteiligten durch Unterschrift bestätigt wird (BT-Drs. 18/12415, 18).

II. Nr. 3

Nr. 3 benennt als weiteren Regelfall, dass ein Anerkennender bereits mehrfach die Anerkennung **14** der Vaterschaft für Kinder ausländischer Mütter erklärt hat, bei denen die rechtlichen Voraussetzungen für die erlaubte Einreise oder den erlaubten Aufenthalt nicht vorlagen. Dabei handelt es sich um einen objektiven Anhaltspunkt, der eine missbräuchliche Motivlage indizieren kann (BT-Drs. 18/12415, 18). Macht der Anerkennende aber einen Ausnahmefall geltend und erklärt er, der **leibliche Vater des Kindes** zu sein, muss dies im Wege der Beweiserhebung vom Verwaltungsgericht aufgeklärt werden (NdsOVG BeckRS 2019, 33562). In § 1597a Abs. 5 BGB ist ausdrücklich geregelt, dass eine Anerkennung nicht missbräuchlich sein kann, wenn der Anerkennende der leibliche Vater des Kindes ist.

III. Nr. 4

Ein Regelfall liegt weiter vor, wenn einem Beteiligten für die Abgabe einer Anerkennungserklä- **15** rung oder Zustimmung ein Vermögensvorteil gewährt worden ist. **Motivbündel** sind auch hier unschädlich. Verspricht sich der Anerkennende von der Anerkennung einen Vermögensvorteil, will aber dennoch Fürsorge für das Kind übernehmen, liegt keine missbräuchliche Anerkennung vor.

IV. Missbräuchliche Anerkennung in anderen Fällen

Indizien für eine missbräuchliche Anerkennung der Vaterschaft können **über die gesetzlich 16 geregelten Vermutungsfälle** hinaus beispielsweise sein, dass kein Hinweis auf eine tatsächliche Begegnung der Mutter mit dem Anerkennenden oder auf eine zwischen ihnen bestehende **soziale oder emotionale Verbindung** existiert, wenn das aus der Anerkennung folgende Aufenthaltsrecht die einzige zu erwartende Möglichkeit eines rechtmäßigen Aufenthalts im Bundesgebiet ist. Auch das **Fehlen von persönlichen Kontakten** zwischen Mann und Kind kann Indiz für eine missbräuchliche Anerkennung sein (BT-Drs. 18/12415; VG Dresden FamRZ 2019, 710). Weitere Anzeichen können zB sich **widersprechende Angaben zu wichtigen Tatsachen** wie die Häufigkeit der Begegnungen oder das **Fehlen einer gemeinsam gesprochenen Sprache** sein, wenn eine soziale oder emotionale Verbindung behauptet wird (VG Düsseldorf BeckRS 2018, 24260).

D. Zuständigkeit im Ausland, Abs. 4

Für die Durchführung des in Abs. 1 und Abs. 3 genannten Verfahrens ist für Vaterschaftsaner- **17** kennungen, die im Ausland vorgenommen werden, die jeweilige Auslandsvertretung des Auswärtigen Amtes zuständig. Die Auslandsvertretungen führen beide Stufen der Prüfung durch.

Abschnitt 4. Datenschutz

§ 86 Erhebung personenbezogener Daten

[1]**Die mit der Ausführung dieses Gesetzes betrauten Behörden dürfen zum Zweck der Ausführung dieses Gesetzes und ausländerrechtlicher Bestimmungen in anderen Gesetzen personenbezogene Daten erheben, soweit dies zur Erfüllung ihrer Aufgaben nach diesem Gesetz und nach ausländerrechtlichen Bestimmungen in anderen Gesetzen erforderlich ist.** [2]**Personenbezogene Daten, deren Verarbeitung nach Artikel 9 Absatz 1 der Verordnung (EU) 2016/679 untersagt ist, dürfen erhoben werden, soweit dies im Einzelfall zur Aufgabenerfüllung erforderlich ist.**

Überblick

§ 86 ist der Ausgangspunkt für die bereichsspezifischen datenschutzrechtlichen Vorschriften im Ausländerrecht. Eingriffe des Staates in das Recht auf informationelle Selbstbestimmung des Einzelnen (BVerfGE 65, 1 ff. = NJW 1984, 419 ff.) bedürfen einer Rechtfertigung.

A. Allgemeines

1   § 86 erhält nur eine Befugnis **zur Erhebung** der personenbezogenen Daten, nicht zu deren Übermittlung (diese ist in §§ 87 f. geregelt). Die Erhebung muss durch die **zuständige Ausländerbehörde** (→ § 71 Rn. 1) erfolgen und erforderlich sein, um **deren Aufgabenerfüllung** zu gewährleisten. Wobei das Kriterium der Erforderlichkeit eng auszulegen ist, nur wenn eine konkrete ausländerrechtliche Entscheidung oder Maßnahme ansteht und eine Datenerhebung hierzu erforderlich ist, kann dies bejaht werden. Es darf keine mildere Maßnahme ergreifbar sein, die gleich geeignet ist (Müller ZAR 2019, 185 (186)). Andernfalls ist die **Datenerhebung rechtswidrig** (OVG Hamburg BeckRS 2015, 42853).

2   Beispielsweise dürfen Ausländerbehörden Daten der Ehepartner erheben, um zu prüfen, ob beabsichtigt ist, eine familiäre Lebensgemeinschaft herzustellen (OVG Brem NVwZ-RR 2018, 283 Rn. 35).

3   S. 2 dieser Vorschrift ermöglicht die **Erhebung besonderer Kategorien personenbezogener Daten,** also Daten aus denen die rassische oder ethnische Herkunft, politische Meinungen, religiöse oder politische Überzeugungen hervorgehen und Gesundheitsdaten (→ DS-GVO Art. 9 Rn. 1), soweit dies im Einzelfall zur Aufgabenerfüllung erforderlich ist. Beispiele für eine **im Einzelfall** zulässige Datenverarbeitung sind: Entscheidung über **Ausweisung, Aussetzung der Abschiebung** oder über die Gewährung eines **Aufenthaltstitels aus humanitären Gründen.** In diesen Fällen liegt ein erhebliches öffentliches Interesse vor (BT-Drs. 19/4674, 273).

B. Rechtsfolgen bei Verstoß

4   Immer dann, wenn die Datenverarbeitung in rechtswidriger Weise erfolgte, hat der Betroffene einen Anspruch auf **Löschung der Daten** gem. Art. 17 DS-GVO (→ DS-GVO Art. 17 Rn. 1), gegebenenfalls auf **Einschränkung der Verarbeitung** (→ BDSG § 35 Rn. 1).

5   Bei einem Verstoß der öffentlichen Stelle gegen die datenschutzrechtlichen Bestimmungen stehen dem Betroffenen **Schadensersatzansprüche** gem. § 83 BDSG zu. Dies ist insbesondere auch der Fall, wenn ein Schaden entsteht, weil die verantwortliche Stelle es bei der Verarbeitung besonderer Kategorien personenbezogener Daten an der gebotenen Sorgfalt misse ließ, wobei der Maßstab Art. 32 DS-GVO sein könnte.

6   Um in den Genuss einer Sachverhaltsaufklärung zu gelangen, ist es empfehlenswert bei vermuteten Verstößen den zuständigen Landesdatenschutzbeauftragten oder den BfDI im **Beschwerdewege** zu involvieren (→ DS-GVO Art. 77 Rn. 1; → BDSG § 60 Rn. 1).

§ 86a Erhebung personenbezogener Daten zu Förderungen der freiwilligen Ausreise und Reintegration

(1) [1]**Die Ausländerbehörden und alle sonstigen öffentlichen Stellen sowie privaten Träger, die staatlich finanzierte rückkehr- und reintegrationsfördernde Maßnahmen**

selbst oder im Auftrag der öffentlichen Hand durchführen oder den dafür erforderlichen Antrag entgegennehmen, erheben personenbezogene Daten, soweit diese Daten erforderlich sind, zum Zweck der Durchführung der rückkehr- und reintegrationsfördernden Maßnahmen, der Koordinierung der Programme zur Förderung der freiwilligen Rückkehr durch das Bundesamt für Migration und Flüchtlinge sowie zur Sicherstellung einer zweckgemäßen Verwendung der Förderung und erforderlichenfalls zu deren Rückforderung. ²Dabei handelt es sich um folgende Daten:

1. Familienname, Geburtsname, Vornamen, Schreibweise der Namen nach deutschem Recht, Familienstand, Geburtsdatum, Geburtsort und -bezirk, Geschlecht, Staatsangehörigkeiten,
2. Angaben zum Zielstaat,
3. Angaben zur Art der Förderung und
4. Angaben, ob die Person freiwillig ausgereist ist oder abgeschoben wurde.

³Angaben zum Umfang und zur Begründung der Förderung müssen ebenfalls erhoben werden.

(2) Die Ausländerbehörden und die mit grenzpolizeilichen Aufgaben betrauten Behörden erheben zur Feststellung der Wirksamkeit der Förderung der Ausreisen Angaben zum Nachweis der Ausreise, zum Staat der Ausreise und zum Zielstaat.

Überblick

Diese Vorschrift wurde eingefügt, um eine bessere Steuerung der freiwilligen Ausreise und der Reintegration zu gewährleisten. Es erfolgt eine zentrale Datenspeicherung im AZR, um allen am Förderverfahren beteiligten Behörden deren Abruf zu ermöglichen. So soll auch eine unzulässige mehrfache Inanspruchnahme im Falle von Wiedereinreisen durch den Ausländer verhindert werden (BT-Drs. 19/8752, 52).

A. Allgemeines

Daten zu Programmen zur Förderung der freiwilligen Ausreise und Reintegration werden auf 1 Grundlage von Abs. 1 erhoben und im AZR gespeichert. Zur Erhebung dieser Daten sind sämtliche **öffentlichen** (Erläuterung des Begriffes → § 87 Rn. 1 ff.) und **privaten Stellen** (Erläuterung des Begriffes → § 87 Rn. 1 ff.) verpflichtet, die einen **Antrag auf Förderung der freiwilligen Ausreise** entgegennehmen und an die entscheidende Stelle **übermitteln**.

Die **Informationsweitergabe hat schnell zu erfolgen.** So kann, um eine schnelle Ausreise 2 zu gewährleisten, eine zusätzliche Förderung mit öffentlichen Mitteln erfolgen (BT-Drs. 19/8752, 52).

B. Zwecke und Kategorien der erhobenen Daten (Abs. 1)

In Abs. 1 S. 1 werden **allgemein Ausführungen zum Zweck der Datenerhebung** getätigt. 3 Konkret sollen durch die Erfassung der Zielstaaten, die Art der Förderung und die Erfassung der Merkmale „freiwillige Ausreise" oder „Abschiebung" **eine Förderung und Optimierung freiwilliger Ausreisen** erfolgen.

Neufassung ab 1.11.2021: In Abs. 1 S. 2 werden die möglichen Zwecke der Datenerhebung 4 aufgelistet. Gemäß Abs. 1 S. 3 muss sowohl der Zielstaat der Fördermaßnahme als auch der Zielstaat der Ausreise erhoben werden, denn es ist nicht ausgeschlossen, dass der Zielstaat, der bei Beantragung der Fördermaßnahme angegeben wurde, mit dem tatsächlichen Zielstaat der Ausreise nicht übereinstimmt (BT-Drs. 19/28170, 100).

Neufassung ab 1.11.2021: In Abs. 1 S. 4 ist die Pflicht verankert, sowohl den Umfang der 5 gewährten Förderung als auch die Begründung für deren Gewährung zu erheben. Somit kann im Falle der **erneuten Inanspruchnahme** von Mitteln zur Förderung der freiwilligen Ausreise durch den Flüchtling geprüft werden, ob diesem eine weitere Förderung zu gewähren ist. Das BAMF ist nunmehr in der Lage, sich Kenntnis über die konkrete Fördertätigkeit der Landesbehörden zu verschaffen.

Neufassung ab 1.11.2021: Abs. 1 S. 5 bestimmt eine „Sonderlöschfrist" (BT-Drs. 19/28170, 6 100) von **zehn Jahren.** Somit sind die Daten über einen längeren Zeitraum zu speichern, damit eine Doppelförderung bei Wiedereinreisen ausgeschlossen werden kann. Nach diesem Zeitraum hat die Löschung spätestens zu erfolgen, denn danach überwiegen die Persönlichkeitsrechte des Betroffenen.

C. Verifikation der Ausreise (Abs. 2)

7   Den Ausländerbehörden sowie den für die Grenzüberwachung zuständigen Behörden obliegt es, von dem Flüchtling die gesamte Ausreiseroute einschließlich Zielstaat sowie die dazugehörigen Nachweise zu erheben. Auch dies dient zur **Prävention einer unzulässigen Inanspruchnahme** der Ausreiseförderung.

§ 87 Übermittlungen an Ausländerbehörden

(1) Öffentliche Stellen mit Ausnahme von Schulen sowie Bildungs- und Erziehungseinrichtungen haben ihnen bekannt gewordene Umstände den in § 86 Satz 1 genannten Stellen auf Ersuchen mitzuteilen, soweit dies für die dort genannten Zwecke erforderlich ist.

(2) ¹Öffentliche Stellen im Sinne von Absatz 1 haben unverzüglich die zuständige Ausländerbehörde zu unterrichten, wenn sie im Zusammenhang mit der Erfüllung ihrer Aufgaben Kenntnis erlangen von

1.   dem Aufenthalt eines Ausländers, der keinen erforderlichen Aufenthaltstitel besitzt und dessen Abschiebung nicht ausgesetzt ist,
2.   dem Verstoß gegen eine räumliche Beschränkung,
2a. der Inanspruchnahme oder Beantragung von Sozialleistungen durch einen Ausländer, für sich selbst, seine Familienangehörigen oder für sonstige Haushaltsangehörige in den Fällen des § 7 Absatz 1 Satz 2 Nummer 2 oder Satz 4 des Zweiten Buches Sozialgesetzbuch oder in den Fällen des § 23 Absatz 3 Satz 1 Nummer 2 oder 3, Satz 3, 6 oder 7 des Zwölften Buches Sozialgesetzbuch oder
3.   einem sonstigen Ausweisungsgrund;

in den Fällen der Nummern 1 und 2 und sonstiger nach diesem Gesetz strafbarer Handlungen kann statt der Ausländerbehörde die zuständige Polizeibehörde unterrichtet werden, wenn eine der in § 71 Abs. 5 bezeichneten Maßnahmen in Betracht kommt; die Polizeibehörde unterrichtet unverzüglich die Ausländerbehörde. ²Öffentliche Stellen sollen unverzüglich die zuständige Ausländerbehörde unterrichten, wenn sie im Zusammenhang mit der Erfüllung ihrer Aufgaben Kenntnis erlangen von einer besonderen Integrationsbedürftigkeit im Sinne einer nach § 43 Abs. 4 erlassenen Rechtsverordnung. ³Die für Leistungen nach dem Zweiten oder Zwölften Buch Sozialgesetzbuch zuständigen Stellen sind über die in Satz 1 geregelten Tatbestände hinaus verpflichtet, der Ausländerbehörde mitzuteilen, wenn ein Ausländer mit einer Aufenthaltserlaubnis nach Kapitel 2 Abschnitt 3 oder 4 für sich oder seine Familienangehörigen entsprechende Leistungen beantragt. ⁴Die Auslandsvertretungen übermitteln der zuständigen Ausländerbehörde personenbezogene Daten eines Ausländers, die geeignet sind, dessen Identität oder Staatsangehörigkeit festzustellen, wenn sie davon Kenntnis erlangen, dass die Daten für die Durchsetzung der vollziehbaren Ausreisepflicht gegenüber dem Ausländer gegenwärtig von Bedeutung sein können.

(3) ¹Die Beauftragte der Bundesregierung für Migration, Flüchtlinge und Integration ist nach den Absätzen 1 und 2 zu Mitteilungen über einen diesem Personenkreis angehörenden Ausländer nur verpflichtet, soweit dadurch die Erfüllung der eigenen Aufgaben nicht gefährdet wird. ²Die Landesregierungen können durch Rechtsverordnung bestimmen, dass Ausländerbeauftragte des Landes und Ausländerbeauftragte von Gemeinden nach den Absätzen 1 und 2 zu Mitteilungen über einen Ausländer, der sich rechtmäßig in dem Land oder der Gemeinde aufhält oder der sich bis zum Erlass eines die Rechtmäßigkeit des Aufenthalts beendenden Verwaltungsaktes rechtmäßig dort aufgehalten hat, nur nach Maßgabe des Satzes 1 verpflichtet sind.

(4) ¹Die für die Einleitung und Durchführung eines Straf- oder eines Bußgeldverfahrens zuständigen Stellen haben die zuständige Ausländerbehörde unverzüglich über die Einleitung des Strafverfahrens sowie die Erledigung des Straf- oder Bußgeldverfahrens bei der Staatsanwaltschaft, bei Gericht oder bei der für die Verfolgung und Ahndung der Ordnungswidrigkeit zuständigen Verwaltungsbehörde unter Angabe der gesetzlichen Vorschriften zu unterrichten. ²Satz 1 gilt entsprechend für die Einleitung eines Auslieferungsverfahrens gegen einen Ausländer. ³Satz 1 gilt nicht für Verfahren wegen einer Ordnungswidrigkeit, die nur mit einer Geldbuße bis zu eintausend Euro geahndet werden kann, sowie für Verfahren wegen einer Zuwiderhandlung im Sinne des § 24 des

Straßenverkehrsgesetzes oder wegen einer fahrlässigen Zuwiderhandlung im Sinne des § 24a des Straßenverkehrsgesetzes. [4]Die Zeugenschutzdienststelle unterrichtet die zuständige Ausländerbehörde unverzüglich über Beginn und Ende des Zeugenschutzes für einen Ausländer.

(5) Die nach § 72 Abs. 6 zu beteiligenden Stellen haben den Ausländerbehörden
1. von Amts wegen Umstände mitzuteilen, die einen Widerruf eines nach § 25 Abs. 4a oder 4b erteilten Aufenthaltstitels oder die Verkürzung oder Aufhebung einer nach § 59 Absatz 7 gewährten Ausreisefrist rechtfertigen und
2. von Amts wegen Angaben zur zuständigen Stelle oder zum Übergang der Zuständigkeit mitzuteilen, sofern in einem Strafverfahren eine Beteiligung nach § 72 Abs. 6 erfolgte oder eine Mitteilung nach Nummer 1 gemacht wurde.

(6) Öffentliche Stellen sowie private Träger, die staatlich finanzierte rückkehr- und reintegrationsfördernde Maßnahmen selbst oder im Auftrag der öffentlichen Hand durchführen oder den hierfür erforderlichen Antrag entgegennehmen, haben nach § 86a Absatz 1 erhobene Daten an die zuständige Ausländerbehörde zu übermitteln, soweit dies für die in § 86a genannten Zwecke erforderlich ist.

Überblick

§ 87 regelt die Amtshilfepflicht öffentlicher Stellen gegenüber der Ausländerbehörde. Abs. 1 regelt die Verpflichtung zur Auskunftserteilung auf Ersuchen einer Ausländerbehörde. Abs. 2 regelt die Mitteilungspflicht ohne vorherige Anfrage einer Stelle (§ 86 S. 1).

A. Befugnis zur Datenübermittlung und Zweckänderung

Eine **Verarbeitung personenbezogener Daten** durch öffentliche Stellen **zu einem anderen** 1 **Zweck** als demjenigen, zu dem sie erhoben wurden, ist nur zulässig, wenn sie zu einem in § 45 BDSG oder einer anderen Norm, wie § 87, geregelten Zweck, erfolgt. Wie sich aus § 46 Nr. 2 BDSG ergibt, ist von der Verarbeitung auch die Offenlegung durch **Übermittlung** umfasst.

Diese Vorschrift **verpflichtet nicht zur Datenerhebung**. Es gilt auch hier die allgemeine 1a Rechenschaftspflicht des Art. 5 DS-GVO.

B. Mitteilungspflicht durch öffentliche Stelle

Begriff „öffentliche Stelle" ist in § 2 BDSG definiert; mangels einer Definition im AufenthG 2 ist diese Regelung heranzuziehen. **Öffentliche Stellen** des Bundes und der Länder sind **unter anderem** die Behörden, die Organe der Rechtspflege – insbesondere **Staatsanwaltschaften** – (BT-Drs. 19/28170, 101) und andere öffentlich-rechtlich organisierte Einrichtungen des Bundes, der Länder, der Gemeinden, der bundesunmittelbaren Körperschaften. Als öffentliche Stellen gelten auch Vereinigungen des privaten Rechts, die Aufgaben der öffentlichen Verwaltung wahrnehmen.

Schulen sowie Bildungs- und Erziehungseinrichtungen unterliegen keiner Mitteilungs- 3 pflicht. Damit soll vermieden werden, dass Kinder aus Angst vor Entdeckung des unerlaubten Aufenthalts keine Schulen oder Bildungs- und Erziehungseinrichtungen besuchen.

Die öffentliche Stelle muss **positive Kenntnis** von den mitteilungspflichtigen Umständen 4 haben.

C. Mitteilungspflicht durch nichtöffentliche Stelle

Da auch private Träger staatlich finanzierte rückkehr- und integrationsfördernde Maßnahmen 5 selbst oder im Auftrag der öffentlichen Hand durchführen, bedarf es einer gesetzlichen Regelung für die Mitteilungspflicht, durch eine nichtöffentliche Stelle. Der Begriff „nichtöffentliche Stelle" ist in § 2 Abs. 4 und Abs. 5 BDSG definiert. Rechtsgrundlage für die Schaffung von Abs. 6, der diese Mitteilungspflicht schafft, ist Art. 23 Abs. 1 lit. e DS-GVO (Gesetzentwurf der Bundesregierung, Zweites Datenaustauschverbesserungsgesetz – 2. DAVG).

D. Mitzuteilende Erkenntnisse und zu erhebende Daten

Der Behörde obliegt eine Mitteilungspflicht hinsichtlich eines **fehlenden Aufenthaltstitels** 6 (Abs. 2 Nr. 1).

7   Wird gegen eine **räumliche Beschränkung,** die unter anderem aus § 61 Abs. 1 S. 1 resultieren kann, zuwidergehandelt, hat die Behörde dies ebenfalls mitzuteilen (Abs. 2 Nr. 2).

8   Sollte ein Ausländer **Sozialleistungen in Anspruch nehmen oder beantragen,** sei es für sich selbst oder für seine Familienangehörigen, besteht ebenfalls eine Mitteilungspflicht (Abs. 2 Nr. 2a).

9   Die Behörde unterliegt einer Mitteilungspflicht, wenn sie Kenntnis davon hat, dass ein **objektiver Tatbestand eines Ausweisungsgrundes verwirklicht** ist (Abs. 2 Nr. 3).

10   Die Behörde soll ihr vorliegende Erkenntnisse der zuständigen Behörde übermitteln, wenn sie bei einem Ausländer eine **besondere Integrationsbedürftigkeit,** insbesondere bei Kindern von Ausländern, festgestellt hat (Abs. 2 S. 2).

11   Die Auslandsvertretungen müssen der zuständigen Ausländerbehörde personenbezogene Daten eines Ausländers mitteilen, wenn dies der **Durchsetzung der Ausreisepflicht** der betroffenen Person dient (Abs. 2 S. 3).

12   Strafverfolgungsbehörden und Bußgeldbehörden haben die Ausländerbehörde ebenfalls über die Einleitung eines Bußgeldverfahrens und das Verfahrensergebnis in Straf- und Ordnungswidrigkeiten-Sachen zu informieren (Abs. 4). Da das Grundrecht auf informationelle Selbstbestimmung des Betroffenen durch eine solche Mitteilung tangiert wird, dürfen keine Übermittlungen bei nur schwachem Anfangsverdacht, bei nur geringfügigen Verfehlungen und ohne aufenthaltsrechtliche Relevanz erfolgen (NK–AuslR/Sönke/Hilbrans Rn. 23). **Bagatell-Ordnungswidrigkeiten,** die mit einer Geldbuße von bis zu 1.000 EUR geahndet werden, und bestimmte Straßenverkehrsverstöße sind nicht mitteilungspflichtig. Gleiches gilt für **geringfügige Verurteilungen** wegen einer Straftat zu einer Geldstrafe bis zu 30 Tagessätzen (SächsOVG BeckRS 2020, 8805 Rn. 9).

13   **Neufassung ab 1.11.2021:** Strafverfolgungsbehörden und Bußgeldbehörden haben die Ausländerbehörde ebenfalls über die Einleitung eines Bußgeldverfahrens, den Erlass und die Aufhebung eines Haftbefehls, die Anklageerhebung und das Verfahrensergebnis in Straf- und Ordnungswidrigkeiten-Sachen zu informieren (Abs. 4). **Anfragen der zuständigen Ausländerbehörde** nach dem Verfahrensstand sind jederzeit durch die Strafverfolgungsbehörden zu beantworten (BT-Drs. 19/28170, 101). Da das Grundrecht auf informationelle Selbstbestimmung des Betroffenen durch eine solche Mitteilung tangiert wird, dürfen keine Übermittlungen bei nur schwachem Anfangsverdacht, bei nur geringfügigen Verfehlungen und ohne aufenthaltsrechtliche Relevanz erfolgen (NK–AuslR/Sönke/Hilbrans Rn. 23). **Bagatell-Ordnungswidrigkeiten,** die mit einer Geldbuße von bis zu 1.000 EUR geahndet werden, und bestimmte Straßenverkehrsverstöße sind nicht mitteilungspflichtig. Gleiches gilt für **geringfügige Verurteilungen** wegen einer Straftat zu einer Geldstrafe bis zu 30 Tagessätzen (SächsOVG BeckRS 2020, 8805 Rn. 9).

14   Der mit dem 2. DAVG (Zweites Gesetz zur Verbesserung der Registrierung und des Datenaustausches zu aufenthalts- und asylrechtlichen Zwecken v. 4.8.2019, BGBl. I 1131) eingeführte § 86a (→ § 86a Rn. 1) regelt die Erhebungspflicht für öffentliche Stellen und private Träger von Daten im Zusammenhang mit Programmen zur Förderung der freiwilligen Ausreise und Reintegration. Nur Stellen, die über staatliche finanziell rückkehr- und reintegrationsfördernde Maßnahmen entscheiden, sind gehalten, die Daten an die zuständige Ausländerbehörde zu übermitteln (Abs. 6); so sollen **Doppelmeldungen** vermieden werden (BT-Drs. 19/28170, 101).

§ 88 Übermittlungen bei besonderen gesetzlichen Verarbeitungsregelungen

(1) Eine Übermittlung personenbezogener Daten und sonstiger Angaben nach § 87 unterbleibt, soweit besondere gesetzliche Verarbeitungsregelungen entgegenstehen.

(2) Personenbezogene Daten, die von einem Arzt oder anderen in § 203 Absatz 1 Nummer 1, 2, 4 bis 7 und Absatz 4 des Strafgesetzbuches genannten Personen einer öffentlichen Stelle zugänglich gemacht worden sind, dürfen von dieser übermittelt werden,

1. wenn dies zur Abwehr von erheblichen Gefahren für Leib und Leben des Ausländers oder von Dritten erforderlich ist, der Ausländer die öffentliche Gesundheit gefährdet und besondere Schutzmaßnahmen zum Ausschluss der Gefährdung nicht möglich sind oder wenn dem Ausländer nicht eingehalten werden oder
2. soweit die Daten für die Feststellung erforderlich sind, ob die in § 54 Absatz 2 Nummer 4 bezeichneten Voraussetzungen vorliegen.

(3) ¹Personenbezogene Daten, die nach § 30 der Abgabenordnung dem Steuergeheimnis unterliegen, dürfen übermittelt werden, wenn der Ausländer gegen eine Vorschrift des Steuerrechts einschließlich des Zollrechts und des Monopolrechts oder des

Außenwirtschaftsrechts oder gegen Einfuhr-, Ausfuhr-, Durchfuhr- oder Verbringungs-
verbote oder -beschränkungen verstoßen hat und wegen dieses Verstoßes ein strafrechtliches Ermittlungsverfahren eingeleitet oder eine Geldbuße von mindestens fünfhundert
Euro verhängt worden ist. [2]In den Fällen des Satzes 1 dürfen auch die mit der polizeilichen Kontrolle des grenzüberschreitenden Verkehrs beauftragten Behörden unterrichtet
werden, wenn ein Ausreiseverbot nach § 46 Abs. 2 erlassen werden soll.

(4) Auf die Übermittlung durch die mit der Ausführung dieses Gesetzes betrauten
Behörden und durch nichtöffentliche Stellen finden die Absätze 1 bis 3 entsprechende
Anwendung.

Überblick

§ 88 stellt besondere Anforderungen an die Zulässigkeit einer Übermittlung personenbezogener
Daten an die zuständigen Ausländerbehörden durch öffentliche Stellen und nichtöffentliche Stellen
(Abs. 4).

A. Besondere gesetzliche Verarbeitungsregelungen (Abs. 1)

Öffentliche und nichtöffentliche Stellen dürfen keine personenbezogenen Daten übermitteln,   1
wenn der Zweck der ursprünglichen Verarbeitung überschritten, kein Zweckänderungstatbestand
des § 23 BDSG einschlägig wäre und somit gegen das **datenschutzrechtliche Zweckbindungs-
gebot** verstoßen würde oder eine Übermittlungssperre aufgrund **spezialgesetzlich geregelter
Berufs- und Amtsgeheimnisse** (§ 203 StGB, § 35 SGB I iVm §§ 67 ff. SGB X, § 65 SGB
VIII) vorliegt. So dürfen Jugendämter Einzelheiten der Anbahnung des begleiteten Umgangs des
Kindesvaters mit seinen minderjährigen Kindern grundsätzlich nicht weitergegeben werden (VG
Bremen NVwZ-RR 2012, 143).

B. Schutz bestimmter Berufsgeheimnisse (Abs. 2)

Personenbezogene Daten, die von Ärzten oder anderen Geheimnisträgern iSv § 203 StGB an   2
öffentliche Stellen übermittelt wurden, die **keiner speziellen Geheimhaltungsvorschrift** (vgl.
Huber AufenthG/Weichert/Stoppa, 2. Aufl. 2016, Rn. 5) unterliegen, dürfen von diesen unter
bestimmten Umständen weiterübermittelt werden:

Sollte eine **erhebliche Gefahr für Leib und Leben** des Ausländers dies erfordern (Abs. 2   3
Nr. 1 Alt 1), also wenn der drohende Schaden nach Art und Ausmaß **besonders schwerwiegend**
sein könnte, oder wenn der betroffene Ausländer die **öffentliche Gesundheit** gefährdet (Abs. 2
Nr. 1 Alt. 2) und besondere Schutzmaßnahmen erforderlich sind.

Schließlich rechtfertigt eine **Betäubungsmittelabhängigkeit eines nicht zu einer Rehabili-   4
tation** bereiten Ausländers die Datenweitergabe (Abs. 2 Nr. 2, der auf § 54 Abs. 2 Nr. 4 verweist).

Gesundheitsdaten, die von einem Arzt erhoben werden, welcher auf Veranlassung der Auslän-   5
derbehörde tätig wird, um die Reisefähigkeit eines Betroffenen festzustellen, werden auf Grundlage
von § 82 Abs. 4 (→ § 82 Rn. 27) an die Ausländerbehörde übermittelt (VG Gelsenkirchen
BeckRS 2020, 31550 Rn. 38).

C. Steuergeheimnis (Abs. 3)

Wenn gegen einen Ausländer ein **strafrechtliches Ermittlungsverfahren** eingeleitet worden   6
ist oder eine **Geldbuße von mindestens 500 EUR** verhängt wurde, dürfen personenbezogene
Daten, die dem Steuergeheimnis unterliegen, übermittelt werden. Eine Übermittlung dieser Daten
darf nicht nur an die Ausländerbehörden erfolgen, sondern auch im Falle eines **Ausreiseverbots**
an die – mit der Grenzkontrolle befassten – Behörden.

§ 88a Verarbeitung von Daten im Zusammenhang mit Integrationsmaßnahmen

(1) [1]Bei der Durchführung von Integrationskursen ist eine Übermittlung von teilnehmerbezogenen Daten, insbesondere von Daten der Bestätigung der Teilnahmeberechtigung, der Zulassung zur Teilnahme nach § 44 Absatz 4 sowie der Anmeldung zu und
der Teilnahme an einem Integrationskurs, durch die Ausländerbehörde, die Bundesagentur für Arbeit, den Träger der Grundsicherung für Arbeitsuchende, die Träger der

Leistungen nach dem Asylbewerberleistungsgesetz, das Bundesverwaltungsamt und die für die Durchführung der Integrationskurse zugelassenen privaten und öffentlichen Träger an das Bundesamt für Migration und Flüchtlinge zulässig, soweit sie für die Erteilung einer Zulassung oder Berechtigung zum Integrationskurs, die Feststellung der ordnungsgemäßen Teilnahme, die Feststellung der Erfüllung der Teilnahmeverpflichtung nach § 44a Absatz 1 Satz 1, die Bescheinigung der erfolgreichen Teilnahme oder die Abrechnung und Durchführung der Integrationskurse erforderlich ist. [2]Die für die Durchführung der Integrationskurse zugelassenen privaten und öffentlichen Träger dürfen die zuständige Ausländerbehörde, die Bundesagentur für Arbeit, den zuständigen Träger der Grundsicherung für Arbeitsuchende oder den zuständigen Träger der Leistungen nach dem Asylbewerberleistungsgesetz über eine nicht ordnungsgemäße Teilnahme eines nach § 44a Absatz 1 Satz 1 zur Teilnahme verpflichteten Ausländers informieren. [3]Das Bundesamt für Migration und Flüchtlinge darf die nach Satz 1 übermittelten Daten auf Ersuchen den Ausländerbehörden, der Bundesagentur für Arbeit, den Trägern der Grundsicherung für Arbeitsuchende oder den Trägern der Leistungen nach dem Asylbewerberleistungsgesetz und den Staatsangehörigkeitsbehörden übermitteln, soweit dies für die Erteilung einer Zulassung oder Berechtigung zum Integrationskurs, zur Kontrolle der Erfüllung der Teilnahmeverpflichtung, für die Verlängerung einer Aufenthaltserlaubnis, für die Erteilung einer Niederlassungserlaubnis oder einer Erlaubnis zum Daueraufenthalt – EU, zur Überwachung der Eingliederungsvereinbarung, zur Integration in den Arbeitsmarkt oder zur Durchführung des Einbürgerungsverfahrens erforderlich ist. [4]Darüber hinaus ist eine Verarbeitung dieser Daten durch das Bundesamt für Migration und Flüchtlinge nur für die Durchführung und Abrechnung der Integrationskurse sowie für die Durchführung eines wissenschaftlichen Forschungsvorhabens nach § 75 Nummer 4a unter den Voraussetzungen des § 8 Absatz 7 und 8 der Integrationskursverordnung zulässig.

(1a) [1]Absatz 1 gilt entsprechend für die Verarbeitung von Daten aus dem Asylverfahren beim Bundesamt für Migration und Flüchtlinge, soweit die Nutzung für die Entscheidung über die Zulassung zum Integrationskurs erforderlich ist. [2]Zur Feststellung der Voraussetzungen des § 44 Absatz 4 Satz 2 im Rahmen der Entscheidung über die Zulassung zum Integrationskurs gilt dies entsprechend auch für die Verarbeitung von Daten aus dem Ausländerzentralregister.

(2) Bedient sich das Bundesamt für Migration und Flüchtlinge gemäß § 75 Nummer 9 privater oder öffentlicher Träger, um ein migrationsspezifisches Beratungsangebot durchzuführen, ist eine Übermittlung von aggregierten Daten über das Beratungsgeschehen von den Trägern an das Bundesamt für Migration und Flüchtlinge zulässig.

(3) [1]Bei der Durchführung von Maßnahmen der berufsbezogenen Deutschsprachförderung nach § 45a ist eine Übermittlung teilnehmerbezogener Daten über die Anmeldung, die Dauer der Teilnahme und die Art des Abschlusses der Maßnahme durch die Ausländerbehörde, die Bundesagentur für Arbeit, den Träger der Grundsicherung für Arbeitsuchende, das Bundesverwaltungsamt und die mit der Durchführung der Maßnahmen betrauten privaten und öffentlichen Träger an das Bundesamt für Migration und Flüchtlinge zulässig, soweit dies für die Erteilung einer Zulassung zur Maßnahme, die Feststellung und Bescheinigung der ordnungsgemäßen Teilnahme oder die Durchführung und Abrechnung der Maßnahme erforderlich ist. [2]Das Bundesamt für Migration und Flüchtlinge darf die nach Satz 1 übermittelten Daten auf Ersuchen den Ausländerbehörden, der Bundesagentur für Arbeit, den Trägern der Grundsicherung für Arbeitsuchende und den Staatsangehörigkeitsbehörden übermitteln, soweit dies für die Erteilung einer Zulassung oder Berechtigung zur Maßnahme, zur Kontrolle der ordnungsgemäßen Teilnahme, für die Erteilung einer Niederlassungserlaubnis oder einer Erlaubnis zum Daueraufenthalt-EU, zur Überwachung der Eingliederungsvereinbarung, zur Integration in den Arbeitsmarkt oder zur Durchführung des Einbürgerungsverfahrens erforderlich ist. [3]Die mit der Durchführung der berufsbezogenen Deutschsprachförderung betrauten privaten und öffentlichen Träger dürfen die zuständige Ausländerbehörde, die Bundesagentur für Arbeit oder den zuständigen Träger der Grundsicherung für Arbeitsuchende über eine nicht ordnungsgemäße Teilnahme informieren.

Überblick

§ 88a regelt die Übermittlung personenbezogener Daten zwischen Behörden (BAMF, Träger der Integrationskurse, Ausländerbehörden, Träger der Grundsicherung), die für die Integrationsverwaltung und Integrationsmaßnahmen zuständig sind.

A. Datenübermittlung bei Integrationskursen und bei migrationsspezifischen Beratungsangeboten

Eine Übermittlung personenbezogener Daten im Zusammenhang mit der Anmeldung von **1** Teilnehmern, der Durchführung, der Abrechnung und der Qualitätskontrolle von Integrationskursen, zur Integration in den Arbeitsmarkt und migrationsspezifischen Beratungsangeboten zwischen den Trägern der Integrationskurse, der Ausländerbehörden, den Trägern der Grundsicherung und dem BAMF ist zulässig (Abs. 1, Abs. 1a, Abs. 2). Die Einzelheiten hinsichtlich der erhobenen Daten sind in § 7 Abs. 1 IntV geregelt (Bergmann/Dienelt/Winkelmann Rn. 2–5), während § 8 IntV die Datenverarbeitung und die Datenübermittlung regelt. Abs. 1 S. 4 stellt eine **Einschränkung** der Befugnis zum Umgang mit teilnehmerbezogenen Daten dar (BT-Drs. 19/4674, 274).

B. Datenübermittlung bei berufsbezogener Deutschsprachförderung

Ähnliches gilt hinsichtlich der Übermittlung von Daten im Zusammenhang mit berufsbezoge- **2** ner Deutschsprachförderung (Abs. 3). Das BAMF darf die Daten nur auf Ersuchen der in Abs. 3 aufgezählten Behörden weitergeben, wenn dies erforderlich ist. Insbesondere ist eine Datenübermittlung erforderlich, damit die Ausländerbehörde über die Erteilung einer Niederlassungserlaubnis oder einer Erlaubnis zum Daueraufenthalt-EU entscheiden kann.

Im Falle einer **nicht ordnungsgemäßen Teilnahme** an einer Deutschsprachförderung, kön- **3** nen der Träger der Sprachförderung, die zuständige Ausländerbehörde, die Bundesagentur für Arbeit oder der zuständige Träger der Grundsicherung für Arbeitsuchende informiert werden (Abs. 3 S. 3).

Neufassung ab 1.11.2021: Abs. 4 soll dazu dienen, „die Wirkung der Berufssprachkurse auf **4** die Erfolgschancen am Arbeits- und Ausbildungsmarkt angemessen evaluieren zu können" (BT-Drs. 19/28170, 101). Insbesondere Hochschulen und Forschungseinrichtungen sollen Zugang zu den Daten haben. Dies führt dazu, dass die Daten mindestens zu Pseudonymisieren sind. Es handelt sich um eine zulässige **Zweckänderung** im Sinne von Art. 5 Abs. 1 lit. b DSG-VO (BT-Drs. 19/28170, 101). **Abs. 4 ist nicht eindeutig,** denn **einerseits** soll eine Datenübermittlung dann **zulässig** sein, wenn die Voraussetzungen von Abs. 4 S. 1 Nr. 1–4 erfüllt sind, insbesondere das öffentliche Interesse in der speziellen Form des wissenschaftlichen Interesses, die schutzwürdige Interessen des Betroffenen erheblich überwiegt. Eine Ähnlichkeit zu Art. 6 Abs. 1 lit. f DSG-VO ist unübersehbar. **Andererseits** ist eine Übermittlung der Daten ohne Einwilligung des Betroffenen **nicht zulässig** sein (Abs. 4 S. 3).

§ 89 Verfahren bei identitätsüberprüfenden, -feststellenden und -sichernden Maßnahmen

(1) ¹Das Bundeskriminalamt leistet Amtshilfe bei der Auswertung der nach § 49 von den mit der Ausführung dieses Gesetzes betrauten Behörden erhobenen und nach § 73 übermittelten Daten. ²Es darf hierfür auch von ihm zur Erfüllung seiner Aufgaben gespeicherte erkennungsdienstliche Daten verwenden. ³Die nach § 49 Abs. 3 bis 5 sowie 8 und 9 erhobenen Daten werden getrennt von anderen erkennungsdienstlichen Daten gespeichert. ⁴Die Daten nach § 49 Abs. 7 werden bei der aufzeichnenden Behörde gespeichert.

(1a) ¹Im Rahmen seiner Amtshilfe nach Absatz 1 Satz 1 darf das Bundeskriminalamt die erkennungsdienstlichen Daten nach Absatz 1 Satz 1 zum Zwecke der Identitätsfeststellung auch an die für die Überprüfung der Identität von Personen zuständigen öffentlichen Stellen von Drittstaaten mit Ausnahme des Herkunftsstaates der betroffenen Person sowie von Drittstaaten, in denen die betroffene Person eine Verfolgung oder einen ernsthaften Schaden zu befürchten hat, übermitteln. ²Die Verantwortung für die Zulässigkeit der Übermittlung trägt das Bundeskriminalamt. ³Das Bundeskriminalamt hat die Übermittlung und ihren Anlass aufzuzeichnen. ⁴Die empfangende Stelle personenbezogener Daten ist darauf hinzuweisen, dass sie nur zu dem Zweck verarbeitet werden dürfen, zu dem sie übermittelt worden sind. [5]Ferner ist ihr der beim Bundeskriminalamt vorgesehene Löschungszeitpunkt mitzuteilen. [6]Die Übermittlung unterbleibt, wenn tatsächliche Anhaltspunkte dafür vorliegen, dass

1. unter Berücksichtigung der Art der Daten und ihrer Erhebung die schutzwürdigen Interessen der betroffenen Person, insbesondere ihr Interesse, Schutz vor Verfolgung zu erhalten, das Allgemeininteresse an der Übermittlung überwiegen oder
2. die Übermittlung der Daten zu den Grundrechten, dem Abkommen vom 28. Juli 1951 über die Rechtsstellung der Flüchtlinge sowie der Konvention zum Schutz der Menschenrechte und Grundfreiheiten in Widerspruch stünde, insbesondere dadurch, dass durch die Verarbeitung der übermittelten Daten im Empfängerstaat Verletzungen von elementaren rechtsstaatlichen Grundsätzen oder Menschenrechtsverletzungen drohen.

(2) [1]Die Verarbeitung der nach § 49 Absatz 3 bis 5 oder Absatz 7 bis 9 erhobenen Daten ist auch zulässig zur Feststellung der Identität oder der Zuordnung von Beweismitteln im Rahmen der Strafverfolgung oder zur polizeilichen Gefahrenabwehr. [2]Sie dürfen, soweit und solange es erforderlich ist, den für diese Maßnahmen zuständigen Behörden übermittelt oder bereitgestellt werden.

(3) [1]Die nach § 49 Abs. 1 erhobenen Daten sind von allen Behörden unmittelbar nach Beendigung der Prüfung der Echtheit des Dokuments oder der Identität des Inhabers zu löschen. [2]Die nach § 49 Abs. 3 bis 5, 7, 8 oder 9 erhobenen Daten sind von allen Behörden, die sie speichern, zu löschen, wenn

1. dem Ausländer ein gültiger Pass oder Passersatz ausgestellt und von der Ausländerbehörde ein Aufenthaltstitel erteilt worden ist,
2. seit der letzten Ausreise, der versuchten unerlaubten Einreise oder der Beendigung des unerlaubten Aufenthalts zehn Jahre vergangen sind,
3. in den Fällen des § 49 Abs. 5 Nr. 3 und 4 seit der Zurückweisung oder Zurückschiebung drei Jahre vergangen sind oder
4. im Falle des § 49 Abs. 5 Nr. 5 seit der Beantragung des Visums sowie im Falle des § 49 Abs. 7 seit der Sprachaufzeichnung zehn Jahre vergangen sind.

[3]Die Löschung ist zu protokollieren.

(4) Absatz 3 gilt nicht, soweit und solange die Daten im Rahmen eines Strafverfahrens oder zur Abwehr einer Gefahr für die öffentliche Sicherheit oder Ordnung benötigt werden.

Überblick

Der Umgang mit biometrischen Daten, welche nach § 49 gewonnen wurden, ist in § 89 geregelt.

A. Amtshilfe durch das Bundeskriminalamt (Abs. 1)

1   Das **Bundeskriminalamt leistet Amtshilfe** bei der Auswertung von biometrischen Daten, die aufgrund von § 49 erhoben worden sind. Diese Amtshilfe ist für die Entscheidungsfindung im Visumverfahren und bei der Erteilung von Aufenthaltstiteln wichtig (§ 73). Wie sich aus Abs. 1 S. 2 ergibt, darf das Bundeskriminalamt biometrischen Daten (zB Fingerabdrücke, Lichtbilder) mit den bereits gespeicherten Daten vergleichen. Hiermit soll die Praxis der Schaffung von Doppelidentitäten unterbunden werden.

2   Abs. 1 S. 3, der eine **räumliche Trennung** dieser Daten verlangt, wird in der Praxis nicht beachtet. Vielmehr erfolgt lediglich eine technische Trennung. Diese kann rückgängig gemacht werden (so ausführlich: Huber AufenthG/Weichert/Stoppa, 2. Aufl. 2016, Rn. 7).

B. Mitteilung von Daten an öffentliche Stellen von Drittstaaten (Abs. 1a)

3   Abs. 1a erlaubt es dem Bundeskriminalamt, **an öffentliche Stellen in Drittstaaten** die personenbezogenen Daten im Sinne von Abs. 1 mitzuteilen.

4   In einem solchen Fall muss das Bundeskriminalamt die öffentliche Stelle des Drittstaates auf die **Zweckbindung**, dh dass die Daten nur zu dem Zweck verwendet werden dürfen, zu welchem sie der empfangenden Stelle mitgeteilt wurden, hinweisen und einen **Löschungszeitpunkt** mitteilen.

Eine solche Weiterleitung darf aber **nicht an** öffentliche Stellen des **Herkunftsstaates** des 5
Betroffenen sowie an öffentliche Stellen eines Drittstaates erfolgen, in dem der Betroffene **eine
Verfolgung oder einen ernsthaften Schaden** zu befürchten hat.

Wenn durch die Verarbeitung der personenbezogenen Daten im Empfängerstaat die Verletzung 6
von **elementaren rechtsstaatlichen Grundsätzen, Grundrechtsverletzungen, ein Verstoß
gegen die GFK oder Menschenrechtsverletzungen** droht, und zwar nicht zwingend in der
Person des Betroffenen, muss die Datenübermittlung unterbleiben (Abs. 1a Nr. 2). Sollte das
Allgemeininteresse an der Übermittlung der Daten nicht so schwer wiegen wie die **schutzwürdigen Interessen des Betroffenen**, so hat eine Übermittlung ebenfalls zu unterbleiben (Abs. 1a
Nr. 1).

C. Zweckänderung

Die biometrischen Daten dürfen auch zu einem anderen als dem ursprünglichen Zweck verar- 7
beitet werden. Strafverfolgungsbehörden dürfen sich dieser Daten zur Gefahrenabwehr, zur Identitätsfeststellung und zur Zuordnung von Beweismitteln bedienen.

D. Löschung der Daten

Abs. 3 sieht vor, dass Daten, die aufgrund von § 49 Abs. 1 S. 1 erhoben werden, **unmittelbar** 8
nach erfolgter Prüfung der Echtheit des Dokuments oder der Identität des Ausländers und
somit nach Zweckerreichung zu löschen sind.

Eine **sofortige Löschung** der biometrischen Daten hat auch zu erfolgen, sobald dem Ausländer 9
ein **Ausweisdokument und ein Aufenthaltstitel ausgestellt** wurden (Abs. 3 S. 2 Nr. 1).

Eine Löschung hat zu erfolgen, wenn seit der Zurückschiebung oder Zurückweisung des 10
Ausländers **drei Jahre** vergangen sind (Abs. 3 S. 2 Nr. 3).

Die Löschfrist hinsichtlich der biometrischen Daten beträgt **zehn Jahre** seit der letzten Ausreise 11
oder der unerlaubten Einreise des Ausländers (Abs. 3 S. 2 Nr. 2) oder der Beantragung eines
Visums oder der Anfertigung einer Sprachaufzeichnung (Abs. 3 S. 2 Nr. 4). Die **Dauer der
Aufbewahrung** ist fachlich nicht zu rechtfertigen (so ausdrücklich: Huber AufenthG/Weichert/
Stoppa, 2. Aufl. 2016, Rn. 16 mwN).

Die Löschung der Daten ist zu dokumentieren (Abs. 3 S. 3). 12

Die sofortige Löschung der Daten bzw. der Beginn der Löschfrist wird gehemmt, solange 13
die biometrischen Daten im Rahmen eines **konkreten** Strafverfahrens oder zur Abwehr einer
konkreten Gefahr für die öffentliche Sicherheit und Ordnung benötigt werden (Abs. 4).

§ 89a [aufgehoben]

§ 90 Übermittlungen durch Ausländerbehörden

(1) Ergeben sich im Einzelfall konkrete Anhaltspunkte für
1. **eine Beschäftigung oder Tätigkeit von Ausländern ohne erforderlichen Aufenthaltstitel nach § 4,**
2. **Verstöße gegen die Mitwirkungspflicht nach § 60 Abs. 1 Satz 1 Nr. 2 des Ersten
Buches Sozialgesetzbuch gegenüber einer Dienststelle der Bundesagentur für Arbeit,
einem Träger der gesetzlichen Kranken-, Pflege-, Unfall- oder Rentenversicherung,
einem Träger der Grundsicherung für Arbeitsuchende oder der Sozialhilfe oder Verstöße gegen die Meldepflicht nach § 8a des Asylbewerberleistungsgesetzes,**
3. **die in § 6 Absatz 4 Nummer 1 bis 4, 7, 12 und 13 des Schwarzarbeitsbekämpfungsgesetzes bezeichneten Verstöße,**
**unterrichten die mit der Ausführung dieses Gesetzes betrauten Behörden die für die
Verfolgung und Ahndung der Verstöße nach den Nummern 1 bis 3 zuständigen Behörden, die Träger der Grundsicherung für Arbeitsuchende oder der Sozialhilfe sowie die
nach § 10 des Asylbewerberleistungsgesetzes zuständigen Behörden.**

**(2) Bei der Verfolgung und Ahndung von Verstößen gegen dieses Gesetz arbeiten die
mit der Ausführung dieses Gesetzes betrauten Behörden insbesondere mit den anderen
in § 2 Absatz 4 des Schwarzarbeitsbekämpfungsgesetzes genannten Behörden zusammen.**

(3) Die mit der Ausführung dieses Gesetzes betrauten Behörden teilen Umstände und Maßnahmen nach diesem Gesetz, deren Kenntnis für Leistungen nach dem Asylbewerberleistungsgesetz erforderlich ist, sowie die ihnen mitgeteilten Erteilungen von Zustimmungen zur Aufnahme einer Beschäftigung an Leistungsberechtigte nach dem Asylbewerberleistungsgesetz und Angaben über das Erlöschen, den Widerruf oder die Rücknahme von erteilten Zustimmungen zur Aufnahme einer Beschäftigung den nach § 10 des Asylbewerberleistungsgesetzes zuständigen Behörden mit.

(4) Die Ausländerbehörden unterrichten die nach § 72 Abs. 6 zu beteiligenden Stellen unverzüglich über

1. die Erteilung oder Versagung eines Aufenthaltstitels nach § 25 Abs. 4a oder 4b,
2. die Festsetzung, Verkürzung oder Aufhebung einer Ausreisefrist nach § 59 Absatz 7 oder
3. den Übergang der Zuständigkeit der Ausländerbehörde auf eine andere Ausländerbehörde; hierzu ist die Ausländerbehörde verpflichtet, die zuständig geworden ist.

(5) Zu den in § 755 der Zivilprozessordnung genannten Zwecken übermittelt die Ausländerbehörde dem Gerichtsvollzieher auf Ersuchen den Aufenthaltsort einer Person.

(6) [1]Zur Durchführung eines Vollstreckungsverfahrens übermittelt die Ausländerbehörde der Vollstreckungsbehörde auf deren Ersuchen die Angabe über den Aufenthaltsort des Vollstreckungsschuldners. [2]Die Angabe über den Aufenthaltsort darf der Ausländerbehörde nur übermittelt werden, wenn sich die Vollstreckungsbehörde die Angabe nicht durch Abfrage bei der Meldebehörde beschaffen kann und dies in ihrem Ersuchen gegenüber der Ausländerbehörde bestätigt.

Überblick

§ 90 verpflichtet die Ausländerbehörden, andere Behörden über bestimmte Sachverhalte zu informieren.

A. Unterrichtungspflicht

1   Sowohl die Ausländerbehörden als auch sämtliche Behörden, denen eine Aufgabe im Rahmen des AufenthG zukommt, müssen die zuständigen Behörden darüber informieren, wenn **konkrete Anhaltspunkte** dafür vorliegen, dass eine rechtswidrige Beschäftigung von Ausländern erfolgt, also gegen das Arbeitserlaubnisrecht und gegen das Sozialrecht verstoßen wird (Bergmann/Dienelt/Winkelmann Rn. 4).

B. Zusammenarbeit der Behörden

2   Die für die Durchführung des AufenthG zuständigen Behörden sind verpflichtet, mit anderen Behörden, insbesondere denjenigen, die mit der **Bekämpfung der Schwarzarbeit** gem. § 2 Abs. 2 SchwarzArbG betraut sind, zusammenzuarbeiten.

3   Abs. 4 verpflichtet die Ausländerbehörden dazu, die gem. § 72 Abs. 6 hinzuzuziehenden Staatsanwaltschaften und Strafgerichte über die dort aufgezählten Maßnahmen zu errichten.

4   Die Ausländerbehörden müssen den **Gerichtsvollziehern** den Aufenthaltsort des Ausländers mitteilen (Abs. 5), wenn dies auf Grund eines **Vollstreckungsauftrages** oder der Übergabe der vollstreckbaren Ausfertigung erforderlich ist. Das Gegenstück zu dieser Vorschrift ist § 755 Abs. 2 ZPO.

5   Für die **Zwangsvollstreckung durch Behörden** gilt Abs. 6. Die Ausländerbehörde darf jedoch den Aufenthaltsort des Ausländers erst mitteilen, wenn eine vorherige Abfrage bei der Meldebehörde fruchtlos war und die Vollstreckungsbehörde dies in dem Ersuchen bestätigt.

§ 90a Mitteilungen der Ausländerbehörden an die Meldebehörden

(1) [1]Die Ausländerbehörden unterrichten unverzüglich die zuständigen Meldebehörden, wenn sie Anhaltspunkte dafür haben, dass die im Melderegister zu meldepflichtigen Ausländern gespeicherten Daten unrichtig oder unvollständig sind. [2]Sie teilen den Meldebehörden insbesondere mit, wenn ein meldepflichtiger Ausländer

1. sich im Bundesgebiet aufhält, der nicht gemeldet ist,
2. dauerhaft aus dem Bundesgebiet ausgereist ist.
[3]Die Ausländerbehörde unterrichtet die zuständige Meldebehörde über die Erteilung einer Niederlassungserlaubnis oder einer Erlaubnis zum Daueraufenthalt-EU.

(2) Die Mitteilungen nach Absatz 1 sollen folgende Angaben zum meldepflichtigen Ausländer enthalten:
1. Familienname, Geburtsname und Vornamen,
2. Tag, Ort und Staat der Geburt,
3. Staatsangehörigkeiten,
4. letzte Anschrift im Inland,
5. Datum und Zielstaat der Ausreise sowie
6. zum Zweck der eindeutigen Zuordnung die AZR-Nummer in den Fällen und nach Maßgabe des § 10 Absatz 4 Satz 2 Nummer 4 des AZR-Gesetzes.

A. Allgemeines

Da es erhebliche Diskrepanzen zwischen der Anzahl der Ausländer (Ausländerstatistik), die aus **1** dem Ausländerzentralregister gewonnen wird, und der Bevölkerungsfortschreibung, die sich aus Angaben der Melderegister der jeweiligen Meldebehörden und Standesämtern speist, gab, wurde § 90a geschaffen: Die Ausländerbehörden sind verpflichtet, die zuständigen Meldebehörden über relevante Sachverhalte zu unterrichten (Bergmann/Dienelt/Winkelmann Rn. 1 f.).

Hierzu ist die AZR-Nummer zu verwenden. Denn diese ermöglicht eine eindeutigere, verlässli- **2** chere und weniger fehleranfällige Zuordnung beim elektronischen und automatisierten Datenaustausch (BT-Drs. 19/8752, 72).

B. Unterrichtungspflicht der Ausländerbehörde

Die Unterrichtungspflicht besteht immer. Die Ausländerbehörde kann ihre Mitteilungspflicht **3** nicht auf Fälle unrichtiger oder unvollständiger Angaben stützen.

Die Ausländerbehörde besitzt keine Abmeldebefugnis. Die Meldebehörde ist hierfür zuständig **4** (§ 6 Abs. 1 BMG). Gleiches gilt für die Löschung der AZR-Nummer, auch hier hat die Meldebehörde diese Pflicht (§ 14 Abs. 4 BMG). Die Löschung hat immer dann zu erfolgen, wenn dem Ausländer ein Aufenthaltstitel in Form der Niederlassungserlaubnis oder der Erlaubnis zum Daueraufenthalt-EU erteilt wurde (§ 10 Abs. 4 S. 2 Nr. 4 AZRG).

§ 90b Datenabgleich zwischen Ausländer- und Meldebehörden

[1]Die Ausländer- und Meldebehörden übermitteln einander jährlich die in § 90a Abs. 2 genannten Daten zum Zweck der Datenpflege, soweit sie denselben örtlichen Zuständigkeitsbereich haben. [2]Die empfangende Behörde gleicht die übermittelten Daten mit den bei ihr gespeicherten Daten ab, ein automatisierter Abgleich ist zulässig. [3]Die übermittelten Daten dürfen nur für die Durchführung des Abgleichs sowie die Datenpflege verwendet werden und sind sodann unverzüglich zu löschen; überlassene Datenträger sind unverzüglich zurückzugeben oder zu vernichten.

Überblick

§ 90b trägt Sorge, dass sich die Qualität der Ausländerstatistik sowie der Bevölkerungsfortschreibung verbessert (BT-Drs. 16/5065, 196).

A. Erfordernis des Datenabgleichs

„Der Zensustest hat gezeigt, dass trotz der im Zensustestgesetz geregelten Maßnahmen nach **1** wie vor eine Übererfassungsrate von 2,3 % und eine Fehlbestandsrate von 1,7 % besteht, sodass zusätzliche Maßnahmen ergriffen werden müssen, um die Qualität der Melderegister zu verbessern. Der Datenabgleich zwischen den Ausländerbehörden und den Meldebehörden ist eine dieser Maßnahmen zur Ertüchtigung der Melderegister." (BT-Drs. 16/5065, 197).

B. Automatisierter Datenabgleich

2   Der Datenabgleich soll **einmal jährlich** in automatisierter Form zwischen den jeweils örtlich zuständigen Ausländer- und Meldebehörden erfolgen. Eine Ausländerbehörde kann sich deshalb wegen diesem langen Intervall für eine **öffentliche Zustellung** entscheiden (VG Köln BeckRS 2015, 130591 Rn. 14).

3   Die ausgetauschten Daten unterliegen einer **Zweckbindung**. Es besteht eine Pflicht zur Löschung der Daten und der Rückgabe der Datenträger, nachdem der Abgleich erfolgt ist.

4   Bislang erfolgt der Datenabgleich „mit einem hohen Maß an Handarbeit bei den beteiligten Behörden" (BT-Drs. 19/8752, 93). Mit der Einführung der **AZR-Nummer** soll eine **verbesserte Unterstützung des automatisierten Datenabgleichs** der Personenregister, die sowohl von der Ausländerbehörde als auch der Meldebehörde geführt werden, gewährleistet werden.

5   **Neufassung ab 1.11.2021:** Die Pflicht zum Datenabgleich besteht nicht nur zwischen den Ausländer- und Meldebehörden. Zur Gewährleistung der „**Datensynchronität**" müssen die Ausländerbehörden diese Änderungen dem AZR mitteilen und zwar „unmittelbar und unverzüglich nach Bekanntwerden und Speicherung in den entsprechenden Datenbestand" (BT-Drs. 19/28170, 101).

§ 90c Datenübermittlungen im Visumverfahren über das Auswärtige Amt

    (1) ¹Die Übermittlung von Daten im Visumverfahren von den Auslandsvertretungen an die im Visumverfahren beteiligten Behörden und von diesen zurück an die Auslandsvertretungen erfolgt automatisiert über eine vom Auswärtigen Amt betriebene technische Vorrichtung zur Unterstützung des Visumverfahrens. ²Die technische Vorrichtung stellt die vollständige, korrekte und fristgerechte Übermittlung der Daten nach Satz 1 sicher. ³Zu diesem Zweck werden die Daten nach Satz 1 in der technischen Vorrichtung gespeichert.

    (2) In der technischen Vorrichtung dürfen personenbezogene Daten nur verarbeitet werden, soweit dies für den in Absatz 1 Satz 1 und 2 genannten Zweck erforderlich ist.

    (3) Die nach Absatz 1 Satz 3 gespeicherten Daten sind unverzüglich zu löschen, wenn die Daten nicht mehr zu dem in Absatz 1 Satz 1 und 2 genannten Zweck benötigt werden, spätestens nach Erteilung oder Versagung des Visums oder Rücknahme des Visumantrags.

Überblick

    Normadressat ist das Auswärtige Amt, welches die technischen Mittel zur automatisierten Datenübermittlung im Visumverfahren vorzuhalten hat.

A. Datenübermittlung im Visumverfahren (Abs. 1)

1   Das Auswärtige Amt stellt die notwendige Infrastruktur zur Verfügung, damit der Datenaustausch zwischen den Behörden, die am Visumverfahren beteiligt sind, vollständig, korrekt und fristgerecht erfolgen kann. Somit kann das Auswärtige Amt auch seinen Verpflichtungen aus § 73 Abs. 1 und § 73a Abs. 1 nachkommen.

B. Zweckbindung, Löschungspflichten (Abs. 2, Abs. 3)

2   Die personenbezogenen Daten, die über dieses System ausgetauscht werden, unterliegen einer **Zweckbindung** und sind nach Zweckerreichung, spätestens nach Erteilung oder Versagung des Visums oder Rücknahme des Visumsantrages, **zu löschen.**

§ 91 Speicherung und Löschung personenbezogener Daten

    (1) ¹Die Daten über die Ausweisung, Zurückschiebung und Abschiebung sind zehn Jahre nach Ablauf der in § 11 Absatz 2 bezeichneten Frist zu löschen. ²Sie sind vor diesem Zeitpunkt zu löschen, soweit sie Erkenntnisse enthalten, die nach anderen gesetzlichen Bestimmungen nicht mehr gegen den Ausländer verwertet werden dürfen.

(2) Mitteilungen nach § 87 Abs. 1, die für eine anstehende ausländerrechtliche Entscheidung unerheblich sind und voraussichtlich auch für eine spätere ausländerrechtliche Entscheidung nicht erheblich werden können, sind unverzüglich zu vernichten.

Überblick

Diese Vorschrift macht bereichsspezifische Vorgaben über die Löschung und Vernichtung von Daten. Diese haben allesamt von Amts wegen und ohne Antrag des Betroffenen zu erfolgen.

A. Löschungspflichten (Abs. 1)

Die Löschung der Daten, abgesehen von der Zehnjahresfrist, hat ebenfalls nach **fünf Jahren** 1 nach **Versterben** des Betroffenen oder spätestens **mit Ablauf dessen 90. Lebensjahres** zu erfolgen (Nr. 91.1.1 S. 3 AVwV). Schließlich besteht auch eine Pflicht zur vorzeitigen Löschung, wenn ein Verwertungsverbot (§ 51 BZRG) einschlägig ist.

B. Vernichtungspflichten (Abs. 2)

Die personenbezogenen Daten, die über dieses System ausgetauscht werden, unterliegen einer 2 **Zweckbindung** und sind nach Zweckerreichung, spätestens nach Erteilung oder Versagung des Visums oder Rücknahme des Visumsantrages, **zu vernichten**. Ist die Behörde, die die Abschiebung oder Zurückschiebung veranlasst hat, nicht die Behörde, die die Ausweisung verfügt hat (§ 87 Abs. 1), ist die Akte an die Behörde zurückzugeben, die die Ausweisung verfügt hat. Dieser obliegt die Vernichtung der Unterlagen über Ausweisung, Zurückschiebung und Abschiebung (Nr. 91.1.4 AVwV).

Dem Betroffenen stehen zusätzlich die Ansprüche aus der **DS-GVO** zu (Recht auf Berichti- 3 gung, → DS-GVO Art. 16 Rn. 1 und Recht auf Löschung, → DS-GVO Art. 17 Rn. 1).

§ 91a Register zum vorübergehenden Schutz

(1) Das Bundesamt für Migration und Flüchtlinge führt ein Register über die Ausländer nach § 24 Abs. 1, die ein Visum oder eine Aufenthaltserlaubnis beantragt haben, und über deren Familienangehörige im Sinne des Artikels 15 Abs. 1 der Richtlinie 2001/55/EG zum Zweck der Aufenthaltsgewährung, der Verteilung der aufgenommenen Ausländer im Bundesgebiet, der Wohnsitzverlegung aufgenommener Ausländer in andere Mitgliedstaaten der Europäischen Union, der Familienzusammenführung und der Förderung der freiwilligen Rückkehr.

(2) Folgende Daten werden in dem Register gespeichert:
1. zum Ausländer:
   a) die Personalien, mit Ausnahme der früher geführten Namen und der Wohnanschrift im Inland, sowie der letzte Wohnort im Herkunftsland, die Herkunftsregion und freiwillig gemachte Angaben zur Religionszugehörigkeit,
   b) Angaben zum Beruf und zur beruflichen Ausbildung,
   c) das Eingangsdatum seines Antrages auf Erteilung eines Visums oder einer Aufenthaltserlaubnis, die für die Bearbeitung seines Antrages zuständige Stelle und Angaben zur Entscheidung über den Antrag oder den Stand des Verfahrens,
   d) Angaben zum Identitäts- und Reisedokument,
   e) die AZR-Nummer und die Visadatei-Nummer,
   f) Zielland und Zeitpunkt der Ausreise,
2. die Personalien nach Nummer 1 Buchstabe a mit Ausnahme der freiwillig gemachten Angaben zur Religionszugehörigkeit der Familienangehörigen des Ausländers nach Absatz 1,
3. Angaben zu Dokumenten zum Nachweis der Ehe, der Lebenspartnerschaft oder der Verwandtschaft.

(3) Die Ausländerbehörden und die Auslandsvertretungen sind verpflichtet, die in Absatz 2 bezeichneten Daten unverzüglich an die Registerbehörde zu übermitteln, wenn
1. eine Aufenthaltserlaubnis nach § 24 Abs. 1 oder
2. ein Visum zur Inanspruchnahme vorübergehenden Schutzes im Bundesgebiet beantragt wurden.

(4) Die §§ 8 und 9 des AZR-Gesetzes gelten entsprechend.

(5) Die Daten dürfen auf Ersuchen an die Ausländerbehörden, Auslandsvertretungen und andere Organisationseinheiten des Bundesamtes für Migration und Flüchtlinge einschließlich der dort eingerichteten nationalen Kontaktstelle nach Artikel 27 Abs. 1 der Richtlinie 2001/55/EG zum Zweck der Erfüllung ihrer ausländer- und asylrechtlichen Aufgaben im Zusammenhang mit der Aufenthaltsgewährung, der Verteilung der aufgenommenen Ausländer im Bundesgebiet, der Wohnsitzverlegung aufgenommener Ausländer in andere Mitgliedstaaten der Europäischen Union, der Familienzusammenführung und der Förderung der freiwilligen Rückkehr übermittelt werden.

(6) ^{1}Die Registerbehörde hat über Datenübermittlungen nach Absatz 5 Aufzeichnungen zu fertigen. ^{2}§ 13 des AZR-Gesetzes gilt entsprechend.

(7) ^{1}Die Datenübermittlungen nach den Absätzen 3 und 5 erfolgen schriftlich, elektronisch oder im automatisierten Verfahren. ^{2}§ 22 Abs. 2 bis 4 des AZR-Gesetzes gilt entsprechend.

(8) ^{1}Die Daten sind spätestens zwei Jahre nach Beendigung des vorübergehenden Schutzes des Ausländers zu löschen. ^{2}Für die Auskunft an die betroffene Person und für die Einschränkung der Verarbeitung der Daten gelten § 34 Abs. 1 und 2 und § 37 des AZR-Gesetzes entsprechend.

Überblick

Mit § 91a wird ein Register für Ausländer eingerichtet, die nach der Schutzgewährungs-RL (RL 2001/55/EG v. 20.7.2001, ABl. 2001 L 212, 12) aufzunehmen sind.

A. Register

1   Die Auslandsvertretungen und die Ausländerbehörden führen in einem Register die personenbezogenen Daten von Ausländern, die eine Aufenthaltserlaubnis gem. § 24 Abs. 1 beantragt haben (→ § 24 Rn. 1).

2   Die registerführenden Behörden haben ua die Datenbank zu pflegen, die zu speichernden Daten zuvor auf deren Schlüssigkeit zu überprüfen und bei jedem Speicherungsvorgang die übermittelten Daten, die übermittelnde Dienststelle, die für die Übermittlung verantwortliche Person und den Übermittlungszeitpunkt zu speichern (Abs. 4, der auf die Vorschriften des AZR verweist).

3   Die Angaben zur Ausbildung und zur beruflichen Bildung sind nicht aufgrund der Richtlinienvorgabe zu speichern. Sie werden erhoben, um dem Ausländer die Ausübung einer selbstständigen Tätigkeit zu ermöglichen (§ 24 Abs. 6, → § 24 Rn. 9).

4   Die registerführenden Stellen müssen die Daten an Ausländerbehörden, Auslandsvertretungen und andere Organisationseinheiten des Bundesamtes für Migration und Flüchtlinge übermitteln (Abs. 5). Diese Übermittlungen sind zu protokollieren (Abs. 6). Aus Abs. 7 folgt, dass die einzig per se ausgeschlossene Übermittlungsart, die **mündliche Übermittlung** ist.

B. Löschung und Beauskunftung (Abs. 8)

5   Die Daten müssen **zwei Jahre** nach Beendigung des vorübergehenden Schutzes gelöscht werden, es sei denn diese werden zu Zwecken der Datensicherung oder Datenschutzkontrolle benötigt, dann sind diese Daten in der Verarbeitung einzuschränken (§ 37 AZR). Gleiches gilt, wenn die Daten zB zur Wahrnehmung einer Aufgabe, die im öffentlichen Interesse liegt, benötigt werden (Art. 17 Abs. 3, Art. 18 Abs. 2 DS-GVO).

6   Wie der Verweis auf § 34 Abs. 2 AZR klargestellt, besteht ua bei einer Aufgabengefährdung der öffentlichen Stelle, einer Gefährdung der öffentlichen Sicherheit und Ordnung oder dem überwiegenden Interesse eines Dritten **kein Recht auf Auskunft** der betroffenen Person.

§ 91b Datenübermittlung durch das Bundesamt für Migration und Flüchtlinge als nationale Kontaktstelle

Das Bundesamt für Migration und Flüchtlinge als nationale Kontaktstelle nach Artikel 27 Abs. 1 der Richtlinie 2001/55/EG darf die Daten des Registers nach § 91a zum Zweck der Verlegung des Wohnsitzes aufgenommener Ausländer in andere Mitgliedstaaten der Europäischen Union oder zur Familienzusammenführung an folgende Stellen übermitteln:

1. nationale Kontaktstellen anderer Mitgliedstaaten der Europäischen Union,
2. Organe und Einrichtungen der Europäischen Union,
3. sonstige ausländische oder über- und zwischenstaatliche Stellen nach Maßgabe des Kapitels V der Verordnung (EU) 2016/679 und den sonstigen allgemeinen datenschutzrechtlichen Vorschriften.

Überblick

Zweck dieser Vorschrift ist die Datenübermittlung zur Wohnsitzverlegung oder zur Familienzusammenführung.

A. BAMF als Kontaktstelle

Das BAMF ist aufgrund § 91b Kontaktstelle iSv Art. 27 Abs. 1 Schutzgewährungs-RL   **1**
(RL 2001/55/EG v. 20.7.2001, ABl. 2001 L 212, 12).

B. Datenübermittlung

Die Daten, die sich im Register nach § 91a (→ § 91a Rn. 1 ff.) befinden, dürfen an Kontaktstel-   **2**
len anderer Mitgliedstaaten, Organe und Einrichtungen der EU und an Stellen in Drittstaaten
übermittelt werden, sofern die allgemeinen datenschutzrechtlichen Vorschriften eingehalten werden und ein angemessenes Datenschutzniveau nach Art. 44 ff. DS-GVO besteht (→ DS-GVO
Art. 44 Rn. 1).

§ 91c Innergemeinschaftliche Auskünfte zur Durchführung der Richtlinie 2003/109/EG

(1) [1]Das Bundesamt für Migration und Flüchtlinge unterrichtet als nationale Kontaktstelle im Sinne des Artikels 25 der Richtlinie 2003/109/EG die zuständige Behörde eines
anderen Mitgliedstaates der Europäischen Union, in dem der Ausländer die Rechtsstellung eines langfristig Aufenthaltsberechtigten besitzt, über den Inhalt und den Tag einer
Entscheidung über die Erteilung oder Verlängerung einer Aufenthaltserlaubnis nach
§ 38a Abs. 1 oder über die Erteilung einer Erlaubnis zum Daueraufenthalt – EU. [2]Die
Behörde, die die Entscheidung getroffen hat, übermittelt dem Bundesamt für Migration
und Flüchtlinge unverzüglich die hierfür erforderlichen Angaben. [3]Der nationalen Kontaktstelle können die für Unterrichtungen nach Satz 1 erforderlichen Daten aus dem
Ausländerzentralregister unter Nutzung der AZR-Nummer automatisiert übermittelt
werden.

(1a) [1]Das Bundesamt für Migration und Flüchtlinge leitet von Amts wegen Auskunftsersuchen der Ausländerbehörden über das Fortbestehen des internationalen Schutzes
im Sinne § 2 Absatz 13 in einem anderen Mitgliedstaat an die zuständigen Stellen
des betroffenen Mitgliedstaates der Europäischen Union weiter. [2]Hierzu übermittelt die
jeweils zuständige Ausländerbehörde dem Bundesamt für Migration und Flüchtlinge
die erforderlichen Angaben. [3]Das Bundesamt für Migration und Flüchtlinge leitet die
auf die Anfragen eingehenden Antworten an die jeweils zuständige Ausländerbehörde
weiter.

(2) [1]Das Bundesamt für Migration und Flüchtlinge leitet von Amts wegen an die
zuständigen Stellen des betroffenen Mitgliedstaates der Europäischen Union Anfragen
im Verfahren nach § 51 Absatz 8 unter Angabe der vorgesehenen Maßnahme und der
von der Ausländerbehörde mitgeteilten wesentlichen tatsächlichen und rechtlichen
Gründe der vorgesehenen Maßnahme weiter. [2]Hierzu übermittelt die Ausländerbehörde
dem Bundesamt für Migration und Flüchtlinge die erforderlichen Angaben. [3]Das Bundesamt für Migration und Flüchtlinge leitet an die zuständige Ausländerbehörde die in
diesem Zusammenhang eingegangenen Antworten von Stellen anderer Mitgliedstaaten
der Europäischen Union weiter.

(3) [1]Das Bundesamt für Migration und Flüchtlinge teilt der zuständigen Behörde
eines anderen Mitgliedstaates der Europäischen Union von Amts wegen mit, dass einem

Ausländer, der dort die Rechtsstellung eines langfristig Aufenthaltsberechtigten besitzt, die Abschiebung oder Zurückschiebung

1. in den Mitgliedstaat der Europäischen Union, in dem der Ausländer langfristig aufenthaltsberechtigt ist, oder
2. in ein Gebiet außerhalb der Europäischen Union

angedroht oder eine solche Maßnahme durchgeführt wurde oder dass eine entsprechende Abschiebungsanordnung nach § 58a erlassen oder durchgeführt wurde. ²In der Mitteilung wird der wesentliche Grund der Aufenthaltsbeendigung angegeben. ³Die Auskunft wird erteilt, sobald die deutsche Behörde, die nach § 71 die betreffende Maßnahme anordnet, dem Bundesamt für Migration und Flüchtlinge die beabsichtigte oder durchgeführte Maßnahme mitteilt. ⁴Die in Satz 3 genannten Behörden übermitteln hierzu dem Bundesamt für Migration und Flüchtlinge unverzüglich die erforderlichen Angaben.

(4) ¹Zur Identifizierung des Ausländers werden bei Mitteilungen nach den Absätzen 1 bis 3 seine Personalien übermittelt. ²Sind in den Fällen des Absatzes 3 Familienangehörige ebenfalls betroffen, die mit dem langfristig Aufenthaltsberechtigten in familiärer Lebensgemeinschaft leben, werden auch ihre Personalien übermittelt.

(5) ¹Das Bundesamt für Migration und Flüchtlinge leitet an die zuständigen Ausländerbehörden Anfragen von Stellen anderer Mitgliedstaaten der Europäischen Union im Zusammenhang mit der nach Artikel 22 Abs. 3 zweiter Unterabsatz der Richtlinie 2003/109/EG vorgesehenen Beteiligung weiter. ²Die zuständige Ausländerbehörde teilt dem Bundesamt für Migration und Flüchtlinge folgende ihr bekannte Angaben mit:

1. Personalien des betroffenen langfristig aufenthaltsberechtigten Ausländers,
2. aufenthalts- und asylrechtliche Entscheidungen, die gegen oder für diesen getroffen worden sind,
3. Interessen für oder gegen die Rückführung in das Bundesgebiet oder einen Drittstaat oder
4. sonstige Umstände, von denen anzunehmen ist, dass sie für die aufenthaltsrechtliche Entscheidung des konsultierenden Mitgliedstaates von Bedeutung sein können.

³Anderenfalls teilt sie mit, dass keine sachdienlichen Angaben bekannt sind. ⁴Diese Angaben leitet das Bundesamt für Migration und Flüchtlinge von Amts wegen an die zuständige Stelle des konsultierenden Mitgliedstaates der Europäischen Union weiter.

(5a) Das Bundesamt für Migration und Flüchtlinge gibt den zuständigen Stellen der anderen Mitgliedstaaten der Europäischen Union auf Ersuchen innerhalb eines Monats nach Eingang des Ersuchens Auskunft darüber, ob ein Ausländer in der Bundesrepublik Deutschland weiterhin die Rechtsstellung eines international Schutzberechtigten genießt.

(5b) Enthält die durch einen anderen Mitgliedstaat der Europäischen Union ausgestellte langfristige Aufenthaltsberechtigung – EU eines international Schutzberechtigten den Hinweis, dass dieser Staat dieser Person internationalen Schutz gewährt, und ist die Verantwortung für den internationalen Schutz im Sinne von § 2 Absatz 13 nach Maßgaben der einschlägigen Rechtsvorschriften auf Deutschland übergegangen, bevor dem international Schutzberechtigten eine Erlaubnis zum Daueraufenthalt – EU nach § 9a erteilt wurde, so ersucht das Bundesamt für Migration und Flüchtlinge die zuständige Stelle des anderen Mitgliedstaates, den Hinweis in der langfristigen Aufenthaltsberechtigung – EU entsprechend zu ändern.

(5c) Wird einem in einem anderen Mitgliedstaat der Europäischen Union langfristig Aufenthaltsberechtigten in Deutschland internationaler Schutz im Sinne von § 2 Absatz 13 gewährt, bevor ihm eine Erlaubnis zum Daueraufenthalt – EU nach § 9a erteilt wurde, so ersucht das Bundesamt für Migration und Flüchtlinge die zuständige Stelle des anderen Mitgliedstaates, in die dort ausgestellte langfristige Aufenthaltsberechtigung – EU den Hinweis aufzunehmen, dass Deutschland dieser Person internationalen Schutz gewährt.

(6) Das Bundesamt für Migration und Flüchtlinge teilt der jeweils zuständigen Ausländerbehörde von Amts wegen den Inhalt von Mitteilungen anderer Mitgliedstaaten der Europäischen Union mit,

1. wonach der andere Mitgliedstaat der Europäischen Union aufenthaltsbeendende Maßnahmen beabsichtigt oder durchführt, die sich gegen einen Ausländer richten, der eine Erlaubnis zum Daueraufenthalt – EU besitzt,

2. wonach ein Ausländer, der eine Erlaubnis zum Daueraufenthalt – EU besitzt, in einem anderen Mitgliedstaat der Europäischen Union langfristig Aufenthaltsberechtigter geworden ist oder ihm in einem anderen Mitgliedstaat der Europäischen Union ein Aufenthaltstitel erteilt oder sein Aufenthaltstitel verlängert wurde.

Überblick

§ 91c regelt die nach der Daueraufenthalts-RL (RL 2003/109/EG v. 25.11.2003, ABl. 2004 L 16, 44) zwischen den Mitgliedstaaten der EU auszutauschenden Auskünfte und Mitteilungen (BT-Drs. 16/5065, 197).

A. BAMF als Kontaktstelle

Das BAMF ist nationale Kontaktstelle hinsichtlich Anfragen von Behörden anderer Mitgliedstaaten der EU, um diesen Behörden die Ermittlung der örtlich zuständigen Ausländerbehörde zu ersparen (BT-Drs. 16/5065, 197).   1

B. Mitteilungspflichten und Konsultationspflichten

Abs. 1 regelt die Konstellation, dass Deutschland – als Zweitstaat – dem Erststaat Mitteilungen   2
über die Erteilung und die Verlängerung des Aufenthaltstitels nach § 38a (→ § 38a Rn. 1) oder die Erteilung einer Erlaubnis zum Daueraufenthalt-EG zu machen hat (Nr. 91c.0.2.1 AufenthGAVwV).

Abs. 2 regelt die Konsultationspflicht Deutschlands (Zweitstaat) gegenüber dem anderen Mit-   3
gliedstaat (Erststaat) in den Fällen, in denen nach § 51 Abs. 8 (→ § 51 Rn. 26) eine Abschiebung in ein Land außerhalb des Geltungsbereichs der Daueraufenthalts-RL (RL 2003/109/EG v. 25.11.2003, ABl. 2004 L 16, 44) beabsichtigt ist (Nr. 91c. 0.2.2 AufenthGAVwV).

Abs. 3 regelt die Mitteilungspflicht Deutschlands (Zweitstaat) gegenüber dem anderen Mit-   4
gliedstaat (Erststaat) in den Fällen der Androhung (§ 59) und des Vollzugs der Abschiebung (§ 58), Zurückschiebung (§ 57) und der Abschiebungsanordnung (§ 58a) (Nr. 91c.0.2.3 AufenthGAVwV).

Abs. 4 regelt den Umfang der zu übermittelnden Daten.   5

Abs. 5 regelt die Mitteilungspflicht Deutschlands (Erststaat) gegenüber dem anderen Mitglied-   6
staat (Zweitstaat), wenn der andere Mitgliedstaat (Zweitstaat) Deutschland (Erststaat) wegen der beabsichtigten Abschiebung in ein Land außerhalb des Geltungsbereichs der Daueraufenthalts-RL konsultiert (Nr. 91c.0.2.4 AufenthGAVwV).

Abs. 6 regelt die Mitteilungspflicht des BAMF an die Ausländerbehörden der Länder in den   7
Fällen, in denen der andere Mitgliedstaat (Zweitstaat) den Aufenthaltstitel erteilt oder verlängert (Abs. 6 Nr. 1) bzw. aufenthaltsbeendende Maßnahmen gegen den Ausländer bevorstehen oder ergriffen worden sind (Abs. 6 Nr. 2; Nr. 91c.0.2.5 AufenthGAVwV).

§ 91d Auskünfte zur Durchführung der Richtlinie (EU) 2016/801

(1) ¹Das Bundesamt für Migration und Flüchtlinge nimmt Anträge nach § 18f entgegen und leitet diese Anträge an die zuständige Ausländerbehörde weiter. ²Es teilt dem Antragsteller die zuständige Ausländerbehörde mit.

(2) ¹Das Bundesamt für Migration und Flüchtlinge erteilt der zuständigen Behörde eines anderen Mitgliedstaates der Europäischen Union auf Ersuchen die erforderlichen Auskünfte, um den zuständigen Behörden des anderen Mitgliedstaates der Europäischen Union eine Prüfung zu ermöglichen, ob die Voraussetzungen für die Mobilität des Ausländers nach den Artikeln 28 bis 31 der Richtlinie (EU) 2016/801 vorliegen. ²Die Auskünfte umfassen
1. die Personalien des Ausländers und Angaben zum Identitäts- und Reisedokument,
2. Angaben zu seinem gegenwärtigen und früheren Aufenthaltsstatus in Deutschland,
3. Angaben zu abgeschlossenen oder der Ausländerbehörde bekannten strafrechtlichen Ermittlungsverfahren,
4. sonstige den Ausländer betreffende Daten, sofern sie im Ausländerzentralregister gespeichert werden oder die aus der Ausländer- oder Visumakte hervorgehen und der andere Mitgliedstaat der Europäischen Union um ihre Übermittlung ersucht hat.

[3]Die Ausländerbehörden und die Auslandsvertretungen übermitteln hierzu dem Bundesamt für Migration und Flüchtlinge auf dessen Ersuchen die für die Erteilung der Auskunft erforderlichen Angaben.

(3) [1]Die Auslandsvertretungen und die Ausländerbehörden können über das Bundesamt für Migration und Flüchtlinge Ersuchen um Auskunft an zuständige Stellen anderer Mitgliedstaaten der Europäischen Union richten, soweit dies erforderlich ist, um die Voraussetzungen der Mobilität nach den §§ 16c und 18e und der Erteilung einer Aufenthaltserlaubnis nach § 18f oder eines entsprechenden Visums zu prüfen. [2]Sie können hierzu

1. die Personalien des Ausländers,
2. Angaben zu seinem Identitäts- und Reisedokument und zu seinem im anderen Mitgliedstaat der Europäischen Union ausgestellten Aufenthaltstitel sowie
3. Angaben zum Gegenstand des Antrags auf Erteilung des Aufenthaltstitels und zum Ort der Antragstellung

übermitteln und aus besonderem Anlass den Inhalt der erwünschten Auskünfte genauer bezeichnen. [3]Das Bundesamt für Migration und Flüchtlinge leitet eingegangene Auskünfte an die zuständigen Ausländerbehörden und Auslandsvertretungen weiter. [4]Die Daten, die in den Auskünften der zuständigen Stellen anderer Mitgliedstaaten der Europäischen Union übermittelt werden, dürfen die Ausländerbehörden und Auslandsvertretungen zu diesem Zweck verarbeiten.

(4) [1]Das Bundesamt für Migration und Flüchtlinge unterrichtet die zuständige Behörde eines anderen Mitgliedstaates der Europäischen Union, in dem der Ausländer einen Aufenthaltstitel nach der Richtlinie (EU) 2016/801 besitzt, über den Inhalt und den Tag einer Entscheidung über

1. die Ablehnung der nach § 16c Absatz 1 und § 18e Absatz 1 mitgeteilten Mobilität nach § 19f Absatz 5 sowie
2. die Erteilung einer Aufenthaltserlaubnis nach § 18f.

[2]Wenn eine Ausländerbehörde die Entscheidung getroffen hat, übermittelt sie dem Bundesamt für Migration und Flüchtlinge unverzüglich die hierfür erforderlichen Angaben. [3]Die Ausländerbehörden können der nationalen Kontaktstelle die für die Unterrichtungen nach Satz 1 erforderlichen Daten aus dem Ausländerzentralregister unter Nutzung der AZR-Nummer automatisiert übermitteln.

(5) [1]Wird ein Aufenthaltstitel nach § 16b Absatz 1, den §§ 16e, 18d oder 19e widerrufen, zurückgenommen, nicht verlängert oder läuft er nach einer Verkürzung der Frist gemäß § 7 Absatz 2 Satz 2 ab, so unterrichtet das Bundesamt für Migration und Flüchtlinge unverzüglich die zuständigen Behörden des anderen Mitgliedstaates, sofern sich der Ausländer dort im Rahmen des Anwendungsbereichs der Richtlinie (EU) 2016/801 aufhält und dies dem Bundesamt für Migration und Flüchtlinge bekannt ist. [2]Die Ausländerbehörde, die die Entscheidung getroffen hat, übermittelt dem Bundesamt für Migration und Flüchtlinge unverzüglich die hierfür erforderlichen Angaben. [3]Die Ausländerbehörden können der nationalen Kontaktstelle die für die Unterrichtungen nach Satz 1 erforderlichen Daten aus dem Ausländerzentralregister unter Nutzung der AZR-Nummer automatisiert übermitteln. [4]Wird dem Bundesamt für Migration und Flüchtlinge durch die zuständige Behörde eines anderen Mitgliedstaates mitgeteilt, dass ein Aufenthaltstitel eines Ausländers, der sich nach den §§ 16c, 18e oder 18f im Bundesgebiet aufhält, der in den Anwendungsbereich der Richtlinie (EU) 2016/801 fällt, widerrufen, zurückgenommen oder nicht verlängert wurde oder abgelaufen ist, so unterrichtet das Bundesamt für Migration und Flüchtlinge unverzüglich die zuständige Ausländerbehörde.

Überblick

§ 91d regelt den Informationsaustausch zwischen den Mitgliedstaaten auf Grundlage der REST-RL (RL (EU) 2016/801 v. 11.5.2016, ABl. 2016 L 132, 21).

A. BAMF zuständige Behörde für Auskünfte

1　　Wie sich aus **Abs. 1** und **Abs. 2** ergibt, ist das BAMF dafür zuständig, die Anträge iSv § 18f (→ § 18f Rn. 1) hinsichtlich des Wechsels der Forschungsstätten von Studenten und Forschern zwischen den Mitgliedstaaten anzunehmen und an die zuständigen Ausländerbehörden weiterzuleiten.

B. Konstellationen

Abs. 3 regelt den Fall, dass ein Forscher oder Student, der in Deutschland bereits zum Studium   2
oder zur Forschung zugelassen worden ist, diese Tätigkeit nunmehr in einem zweiten Mitgliedstaat
fortsetzen will. Auf Ersuchen der zuständigen Behörden des zweiten Mitgliedstaates erteilt das
BAMF als nationale Kontaktstelle die erforderlichen Auskünfte.

Abs. 4 regelt den Fall, dass ein Forscher oder Student, der in einem anderen Mitgliedstaat   3
bereits zum Studium oder zur Forschung zugelassen wurde, diese Tätigkeit nunmehr in Deutschland fortsetzen will. Das BAMF holt für die deutschen Auslandsvertretungen und Ausländerbehörden die erforderlichen Auskünfte bei den Stellen des Mitgliedstaates ein.

Abs. 5 wurde nötig, um den ordnungsgemäßen Datenaustausch mit dem jeweils weiteren   4
Mitgliedsstaate im Verfahren der Erteilung eines Aufenthaltstitels für langfristige Mobilität von
Forschern (Art. 29 Abs. 5 RL (EU) 2016/801) sowie hinsichtlich der Mobilität von Familienmitgliedern von Forschern (Art. 30 Abs. 2 RL (EU) 2016/801) zu gewähren.

§ 91e Gemeinsame Vorschriften für das Register zum vorübergehenden Schutz und zu innergemeinschaftlichen Datenübermittlungen

Im Sinne der §§ 91a bis 91g sind
1. **Personalien: Namen, insbesondere Familienname, Geburtsname, Vornamen und früher geführte Namen, Geburtsdatum, Geburtsort, Geschlecht, Staatsangehörigkeiten und Wohnanschrift im Inland,**
2. **Angaben zum Identitäts- und Reisedokument: Art, Nummer, ausgebende Stelle, Ausstellungsdatum und Gültigkeitsdauer.**

Überblick

Mit dieser Vorschrift sollen die Begrifflichkeiten der Übermittlungsvorschriften vereinheitlicht
werden (BT-Drs. 16/5056, 198).

A. Definition der Personalien

Mit Rücksicht auf den Umstand, dass sich Namen in einigen Rechtsordnungen nicht aus   1
Familien- und Vornamen zusammensetzen und kein Geburtsname festgelegt ist, sondern abweichend gebildet werden, wurde nunmehr festgelegt, dass der Name im Sinne der Vorschriften
insbesondere aus Familien-, Vornamen und Geburtsnamen besteht (BT-Drs. 16/5065, 198).

B. Keine Definition der Mitgliedstaaten erforderlich

Eine Definition der Mitgliedstaaten sowie des Gebietes der Europäischen Union hielt der   2
Gesetzgeber für nicht erforderlich (BeckOK AuslR/Kluth, 29. Ed. 1.1.2021, Rn. 5). Der
Umstand, dass die Richtlinien, die mit den §§ 91a–91d umgesetzt werden, nicht in sämtlichen
Mitgliedstaaten Anwendung finden, und dass die Mitgliedstaaten, in denen die Richtlinien jeweils
nicht Anwendung finden, so zu behandeln sind, als handele es sich nicht um Mitgliedstaaten der
EU, ergibt sich bereits aus den Voraussetzungen für die Übermittlung der jeweiligen Daten (BT-Drs. 16/5065, 198).

§ 91f Auskünfte zur Durchführung der Richtlinie 2009/50/EG innerhalb der Europäischen Union

(1) ¹**Das Bundesamt für Migration und Flüchtlinge unterrichtet als nationale Kontaktstelle im Sinne des Artikels 22 Absatz 1 der Richtlinie 2009/50/EG die zuständige Behörde eines anderen Mitgliedstaates der Europäischen Union, in dem der Ausländer eine Blaue Karte EU besitzt, über den Inhalt und den Tag einer Entscheidung über die Erteilung einer Blauen Karte EU. ²Die Behörde, die die Entscheidung getroffen hat,**

übermittelt der nationalen Kontaktstelle unverzüglich die hierfür erforderlichen Angaben. [3]Der nationalen Kontaktstelle können die für Unterrichtungen nach Satz 1 erforderlichen Daten aus dem Ausländerzentralregister durch die Ausländerbehörden unter Nutzung der AZR-Nummer automatisiert übermittelt werden.

(2) Das Bundesamt für Migration und Flüchtlinge übermittelt den zuständigen Organen der Europäischen Union jährlich

1. die Daten, die nach der Verordnung (EG) Nr. 862/2007 des Europäischen Parlaments und des Rates vom 11. Juli 2007 zu Gemeinschaftsstatistiken über Wanderung und internationalen Schutz und zur Aufhebung der Verordnung (EWG) Nr. 311/76 des Rates über die Erstellung von Statistiken über ausländische Arbeitnehmer (ABl. L 199 vom 31.7.2007, S. 23) im Zusammenhang mit der Erteilung von Blauen Karten EU zu übermitteln sind, sowie

2. ein Verzeichnis der Berufe, für die nach § 18b Absatz 2 Satz 2 ein Gehalt nach Artikel 5 Absatz 5 der Richtlinie 2009/50/EG bestimmt wurde.

Überblick

§ 91f regelt die Auskunftserteilung im Zuge der BlueCard-RL (RL 2009/50/EG v. 25.5.2009, ABl. 2009 L 155, 17).

A. BAMF als nationale Kontaktstelle

1   Das BAMF ist als nationale Kontaktstelle für den Eingang und die Übermittlung von Informationen im Rahmen der Umsetzung der BlueCard-RL (RL 2009/50/EG v. 25.5.2009, ABl. 2009 L 155, 17) zuständig.

B. Jährliche Übermittlungspflichten

2   Gemäß **Abs. 2 Nr. 1** muss das BAMF die Anzahl der Angehörigen von Drittstaaten mitteilen, die eine Blaue Karte EU erhalten haben, deren blaue Karten verlängert oder entzogen wurden.

3   Gemäß **Abs. 2 Nr. 2** muss das BAMF jährlich ein Verzeichnis der Berufe erstellen, in denen ein besonderer Bedarf an Drittstaatsangehörigen besteht.

§ 91g Auskünfte zur Durchführung der Richtlinie 2014/66/EU

(1) [1]Das Bundesamt für Migration und Flüchtlinge nimmt Anträge nach § 19b entgegen und leitet diese Anträge an die zuständige Ausländerbehörde weiter. [2]Es teilt dem Antragsteller die zuständige Ausländerbehörde mit.

(2) [1]Das Bundesamt für Migration und Flüchtlinge erteilt der zuständigen Behörde eines anderen Mitgliedstaates der Europäischen Union auf Ersuchen die erforderlichen Auskünfte, um den zuständigen Behörden des anderen Mitgliedstaates der Europäischen Union eine Prüfung zu ermöglichen, ob die Voraussetzungen für die Mobilität des Ausländers nach der Richtlinie 2014/66/EU vorliegen. [2]Die Auskünfte umfassen

1. die Personalien des Ausländers und Angaben zum Identitäts- und Reisedokument,

2. Angaben zu seinem gegenwärtigen und früheren Aufenthaltsstatus in Deutschland,

3. Angaben zu abgeschlossenen oder der Ausländerbehörde bekannten strafrechtlichen Ermittlungsverfahren,

4. sonstige den Ausländer betreffende Daten, sofern sie im Ausländerzentralregister gespeichert werden oder sie aus der Ausländer- oder Visumakte hervorgehen und der andere Mitgliedstaat der Europäischen Union um ihre Übermittlung ersucht hat.

[3]Die Ausländerbehörden und die Auslandsvertretungen übermitteln hierzu dem Bundesamt für Migration und Flüchtlinge auf dessen Ersuchen die für die Erteilung der Auskunft erforderlichen Angaben.

(3) [1]Die Auslandsvertretungen und die Ausländerbehörden können über das Bundesamt für Migration und Flüchtlinge Ersuchen um Auskunft an zuständige Stellen anderer Mitgliedstaaten der Europäischen Union richten, soweit dies erforderlich ist, um die Voraussetzungen der Mobilität nach § 19a oder der Erteilung einer Mobiler-ICT-Karte zu prüfen. [2]Sie können hierzu

1. die Personalien des Ausländers,
2. Angaben zu seinem Identitäts- und Reisedokument und zu seinem im anderen Mitgliedstaat der Europäischen Union ausgestellten Aufenthaltstitel sowie
3. Angaben zum Gegenstand des Antrags auf Erteilung des Aufenthaltstitels und zum Ort der Antragstellung

übermitteln und aus besonderem Anlass den Inhalt der erwünschten Auskünfte genauer bezeichnen. ³Das Bundesamt für Migration und Flüchtlinge leitet eingegangene Auskünfte an die zuständigen Ausländerbehörden und Auslandsvertretungen weiter. ⁴Die Daten, die in den Auskünften der zuständigen Stellen anderer Mitgliedstaaten der Europäischen Union übermittelt werden, dürfen die Ausländerbehörden und Auslandsvertretungen zu diesem Zweck verarbeiten.

(4) ¹Das Bundesamt für Migration und Flüchtlinge unterrichtet die zuständige Behörde eines anderen Mitgliedstaates der Europäischen Union, in dem der Ausländer eine ICT-Karte besitzt, über den Inhalt und den Tag einer Entscheidung über
1. die Ablehnung der nach § 19a Absatz 1 mitgeteilten Mobilität gemäß § 19a Absatz 4 sowie
2. die Erteilung einer Mobiler-ICT-Karte nach § 19b.

²Wird eine ICT-Karte nach § 19 widerrufen, zurückgenommen oder nicht verlängert oder läuft sie nach einer Verkürzung der Frist gemäß § 7 Absatz 2 Satz 2 ab, so unterrichtet das Bundesamt für Migration und Flüchtlinge unverzüglich die Behörde des anderen Mitgliedstaates, in dem der Ausländer von der in der Richtlinie 2014/66/EU vorgesehenen Möglichkeit, einen Teil des unternehmensinternen Transfers in einem anderen Mitgliedstaat der Europäischen Union durchzuführen, Gebrauch gemacht hat, sofern dies der Ausländerbehörde bekannt ist. ³Die Behörde, die die Entscheidung getroffen hat, übermittelt dem Bundesamt für Migration und Flüchtlinge unverzüglich die hierfür erforderlichen Angaben. ⁴Die Ausländerbehörden können der nationalen Kontaktstelle die für die Unterrichtungen nach Satz 1 erforderlichen Daten aus dem Ausländerzentralregister unter Nutzung der AZR-Nummer automatisiert übermitteln. ⁵Wird dem Bundesamt für Migration und Flüchtlinge durch die zuständige Behörde eines anderen Mitgliedstaates mitgeteilt, dass ein Aufenthaltstitel eines Ausländers, der sich nach den §§ 19a oder 19b im Bundesgebiet aufhält, und der in den Anwendungsbereich der Richtlinie (EU) 2014/66 fällt, widerrufen, zurückgenommen oder nicht verlängert wurde oder abgelaufen ist, so unterrichtet das Bundesamt für Migration und Flüchtlinge unverzüglich die zuständige Ausländerbehörde.

(5) Das Bundesamt für Migration und Flüchtlinge übermittelt den zuständigen Organen der Europäischen Union jährlich
1. die Zahl
   a) der erstmals erteilten ICT-Karten,
   b) der erstmals erteilten Mobiler-ICT-Karten und
   c) der Mitteilungen nach § 19a Absatz 1,
2. jeweils die Staatsangehörigkeit des Ausländers und
3. jeweils die Gültigkeitsdauer oder die Dauer des geplanten Aufenthalts.

Überblick

Die Vorschrift hält bestimmte prozessuale Zuständigkeiten und Vorgehensweisen (→ Rn. 1 ff.) fest und regelt Verpflichtungen der deutschen Behörden, um statistische Zwecke zu unterstützen (→ Rn. 6 f.). § 91g bezieht sich dabei ausschließlich auf die ICT-RL (RL 2014/66/EU v. 15.5.2014, ABl. 2014 L 157, 1) – umgesetzt werden insbesondere Art. 22 Abs. 6 ICT-RL, Art. 23 Abs. 2 ICT-RL, Art. 24 Abs. 1 ICT-RL und Art. 26 Abs. 1 ICT-RL – und die dazu entsprechend in deutsches Recht umgesetzten §§ 19b–19d. Die Norm ist im Wesentlichen inhaltsgleich mit § 91d, welcher sich auf die Mobilität von Studenten (§ 16a) und Forschern (§§ 20a, 20b) bezieht.

A. Mobiler-ICT-Karte

Das BAMF ist auch für die **kurzfristige Mobilität ICT** (§ 19a) und die **langfristige Mobilität** **1** (§ 19b Mobiler-ICT-Karte) die zuständige **nationale Kontaktstelle**. Damit übernimmt das BAMF als zentrale Bundesbehörde die entsprechenden Aufgaben, wie auch schon im Rahmen für andere aufenthaltsrechtliche Vorschriften, welche auf europäischen Vorgaben basieren (zB Blaue Karte EU, Forschung).

2   Seit dem 1.3.2020 ist das BAMF für die Durchführung der Mitteilungsverfahren bei der (kurz-fristigen) Mobilität zuständig – nicht mehr nur für die Entgegennahme der Mitteilung. Der Regelungsgehalt des Abs. 1 beschränkt sich daher nunmehr nur noch auf die Mobiler-ICT-Karte.

3   Es wird mit Abs. 1 klargestellt, dass das BAMF Anträge für eine Mobiler-ICT-Karte annehmen kann, aber keine inhaltliche Prüfung vornimmt, sondern die Anträge lediglich an die zuständige Ausländerbehörde weiterleitet. Die inhaltliche Überprüfung lag in der Verantwortlichkeit der lokal zuständigen Ausländerbehörde. Die Festlegung, dass das BAMF den Antrag daher an die Ausländerbehörde weiterleitet, ist insoweit eine reine Klarstellung.

4   Entscheidend ist die Antragsannahme für die **Erlaubnisfiktion** des § 19b Abs. 3. Mit einem Antrag beim BAMF mindestens 20 Tage vor Beginn des Aufenthalts tritt die entsprechende Rechtsfolge ein.

5   Dem Antragssteller, also dem Ausländer selbst, wird mitgeteilt, bei welcher Ausländerbehörde sein Antrag zur endgültigen Entscheidung nunmehr anhängig ist. Hiermit wird gewährleistet, dass dieser informiert ist, welche Behörde letztendlich die Entscheidung treffen wird.

B. Datenübermittlung an Behörde erster Mitgliedsstaat

6   Mit Abs. 3 wird der Umfang festgelegt, in welchem das BAMF die zuständige Behörde des ersten Mitgliedsstaates auf deren Anfrage über Mobilität nach Deutschland innerhalb der ICT-Regeln informiert.

7   Damit das BAMF alle hierfür erforderlichen Daten zur Verfügung hat, wird eine entsprechende Pflicht der Ausländerbehörden und Auslandsvertretungen festgehalten, das BAMF auf dessen Anfrage mit entsprechenden Informationen zu unterstützen.

C. Datenanfrage an Behörde erster Mitgliedsstaat

8   Abs. 4 ist die Umkehrung der Vorschrift des Abs. 3. Soweit Ausländerbehörden oder Auslands-vertretungen Daten benötigen, um die kurzfristige oder langfristige Mobilität zu überprüfen, können sie sich an das BAMF wenden, welches wiederum eine Anfrage an die Behörde im ersten Mitgliedsstaat stellt.

9   Neben den Informationen, die von den Behörden des ersten Mitgliedsstaates im Rahmen der Anfrage mitgeteilt werden, dürfen die Ausländerbehörden und Auslandsvertretungen auch Daten nutzen, die der Zentralen Stelle der Europäischen Union von zuständigen Stellen anderer Mit-gliedsstaaten mitgeteilt worden sind.

10   Bei § 91g Abs. 2 und Abs. 3 handelt es sich somit neben prozessualen Vorgaben vorrangig auch um datenschutzrechtliche Bestimmungen.

D. Automatische Informationspflicht

11   Auch wenn im Rahmen der ICT-Vorschriften mit der kurzfristen und langfristigen Mobilität grenzüberschreitende Sachverhalte geregelt werden, ist doch immer noch das jeweilige nationale Recht entscheidend. Dafür ist es aber regelmäßig notwendig, dass die Behörden im jeweiligen ersten und zweiten Mitgliedsstaat schnell und ohne zu große administrative Hürden relevante Daten des entsprechenden Immigration-Status im anderen Mitgliedsstaat zur Verfügung haben.

12   Mit S. 1 wird festgelegt, dass das BAMF die Behörde im ersten Mitgliedsstaat informiert, wenn eine kurzfristige Mobilität von den deutschen Behörden abgelehnt bzw. eine langfristige Mobilität positiv entschieden wurde.

13   In S. 2 wird geregelt, dass der andere, zweite Mitgliedsstaat, informiert wird, wenn Deutschland als erster Mitgliedsstaat eine ICT-Karte widerruft, zurücknimmt oder nicht verlängert. Vorausset-zung ist natürlich, dass eine entsprechende Mobilität auf Basis der deutschen ICT-Karte genutzt wird und die deutschen Behörden darüber informiert sind.

14   Die zuständige deutsche Behörde übermittelt die erforderlichen Daten unverzüglich an das BAMF. Nach entsprechender Kenntnis besteht somit eine Pflicht der Behörden die Daten schnellst-möglich an das BAMF weiterzuleiten. In der Praxis könnte das aufgrund der Auslastung der Behörden schwierig sein. Insoweit ist zu erwarten, dass die meisten Behörden die Möglichkeit der automatisierten Übermittlung von Daten aus dem Ausländerzentralregister gem. S. 4 nutzen werden.

15   Abs. 4 S. 5 regelt den umgekehrten Informationsfluss bei Mitteilungen des ersten Mitgliedstaates an das BAMF weiter an die zuständige Ausländerbehörde.

E. Statistiken

Um auf Ebene der EU eine **statistische Auswertung** zu ermöglichen, und damit auch eine **16** Einordnung über den potentiellen Erfolg / Misserfolg der ICT-RL, muss das BAMF jährlich festgelegte Standarddaten an die zuständigen Organe der EU übermitteln.

Kapitel 8. Beauftragte für Migration, Flüchtlinge und Integration

§ 92 Amt der Beauftragten

(1) Die Bundesregierung bestellt eine Beauftragte oder einen Beauftragten für Migration, Flüchtlinge und Integration.

(2) ¹Das Amt der Beauftragten wird bei einer obersten Bundesbehörde eingerichtet und kann von einem Mitglied des Deutschen Bundestages bekleidet werden. ²Ohne dass es einer Genehmigung (§ 5 Abs. 2 Satz 2 des Bundesministergesetzes, § 7 des Gesetzes über die Rechtsverhältnisse der Parlamentarischen Staatssekretäre) bedarf, kann die Beauftragte zugleich ein Amt nach dem Gesetz über die Rechtsverhältnisse der Parlamentarischen Staatssekretäre innehaben. ³Die Amtsführung der Beauftragten bleibt in diesem Falle von der Rechtsstellung nach dem Gesetz über die Rechtsverhältnisse der Parlamentarischen Staatssekretäre unberührt.

(3) ¹Die für die Erfüllung der Aufgaben notwendige Personal- und Sachausstattung ist zur Verfügung zu stellen. ²Der Ansatz ist im Einzelplan der obersten Bundesbehörde nach Absatz 2 Satz 1 in einem eigenen Kapitel auszuweisen.

(4) Das Amt endet, außer im Falle der Entlassung, mit dem Zusammentreten eines neuen Bundestages.

Überblick

Die Vorschrift regelt das Amt der Beauftragten für Migration, Flüchtlinge und Integration. Während Abs. 1 die Ernennung regelt (→ Rn. 3), enthält Abs. 2 organisationsrechtliche Vorgaben (→ Rn. 4). Abs. 3 trifft Aussagen zur Personal- und Sachausstattung (→ Rn. 7). Die Amtszeit ist in Abs. 4 normiert (→ Rn. 8).

A. Allgemeines

Das Amt wurde bereits 1978 eingerichtet, damals noch mit dem Titel „Beauftragter zur Förde- **1** rung der Integration der ausländischen Arbeitnehmer und ihrer Familienangehörigen", bald abgekürzt als „Ausländerbeauftragter". Bis 2005 war das Amt bei verschiedenen Bundesministerien angesiedelt. 2005 wurde es dann dem Bundeskanzleramt zugeordnet. Seither trägt die Bundesbeauftragte im Rang einer Parlamentarischen Staatssekretärin (§ 92 Abs. 2) den Titel Staatsministerin (§ 8 ParlStG). Umgangssprachlich wird auch von Integrationsbeauftragter gesprochen.

Die §§ 92 ff. wurde im Rahmen der Schaffung des AufenthG durch das ZuwG (Zuwanderungs- **2** gesetz v. 30.7.2004, BGBl. I 1950; BT-Drs.15/420, 33, 98) eingeführt. Vorgängerbestimmungen waren die §§ 91a ff. AuslG.

B. Im Einzelnen

I. Beauftragte der Bundesregierung (Abs. 1)

§ 92 Abs. 1 regelt die Ernennung der Beauftragten. Darin sind zwei normative Aussagen **3** enthalten: erstens, dass die Bundesregierung – als Kollegialorgan – zuständig ist für die Bestellung, und zweitens, dass die Bundesregierung hierzu verpflichtet ist. Dadurch ist die Bundesbeauftragte als Institution normativ abgesichert und steht nicht im Belieben der Bundesregierung. Dies ergibt sich aus dem Wortlaut und der Verwendung des Indikativs in Abs. 1 („bestellt") und in Abs. 2 („Das Amt [...] wird eingerichtet").

II. Organisatorisches (Abs. 2)

4   § 92 Abs. 2 trifft verschiedene Aussagen organisatorischer Art. So wird festgelegt, dass das Amt der Beauftragen bei einer obersten Bundesbehörde eingerichtet wird. Derzeit ist es dem Kanzleramt zugeordnet (→ Rn. 1). Durch die Formulierung „bei" ist klargestellt, dass die Beauftragte nicht Teil der obersten Bundesbehörde ist, also nicht in die Weisungshierarchie eingebunden ist. Dies korrespondiert mit der typischen Stellung von Beauftragten der Bundesregierung: Sie sollen die Bundesregierung bzw. das Bundesministerium in unabhängiger und beratender Form unterstützen (vgl. § 21 GGO).

5   Weiter wird die Kompatibilität des Amtes der Beauftragten mit einem Abgeordnetenmandat zum Deutschen Bundestag (Abs. 2 S. 1) und zum Status eines Parlamentarischen Staatssekretärs (S. 2) erklärt.

6   Das Amt der Bundesbeauftragten ist ein Ehrenamt. Dies folgt aus dem Umstand, dass für die Beauftragte kein öffentlich-rechtliches Amtsverhältnis normiert ist (anders beim Bundesbeauftragten für den Datenschutz, vgl. § 12 Abs. 1 BDSG) bzw. keine Besoldung vorgesehen ist (anders für den Bundesbeauftragten für den Datenschutz, vgl. § 12 Abs. 4 BDSG). Bestätigt wird dies durch die erwähnte Kompatibilitätsregelung, die insoweit eine materielle persönliche Absicherung der Beauftragten sicherstellt. Dies gilt insbesondere für die Möglichkeit, ohne Genehmigung das Amt eines Parlamentarischen Staatsekretärs inne haben zu können. Damit dennoch die Unabhängigkeit der Beauftragten gewahrt bleibt (→ Rn. 4), bestimmt Abs. 2 S. 3 explizit, dass die Amtsführung der Bundesbeauftragten von der ggf. zeitgleich innegehabten Rechtsstellung eines Parlamentarischen Staatssekretärs, der dem jeweiligen Bundesminister bzw. dem Bundeskanzler unterstellt ist, unberührt bleibt.

III. Ausstattung (Abs. 3)

7   § 92 Abs. 3 enthält Bestimmungen zur personellen und materiellen Ausstattung des Amts der Bundesbeauftragten. Dabei ist der Beauftragten die zur Erfüllung ihrer Aufgaben notwendige Personal- und Sachausstattung zur Verfügung zu stellen. Der Arbeitsstab genannte Apparat besteht mittlerweile aus mehreren Fachreferaten.

IV. Amtszeit (Abs. 4)

8   § 92 Abs. 4 regelt die Amtszeit. Sie ist maximal auf die Wahlperiode des Bundestags (Art. 39 Abs. 1 GG) ausgelegt. Daneben endet das Amt im Falle der Entlassung. Als actus contrarius muss die Entlassung entsprechend der Bestellung durch die Bundesregierung geschehen. Ein Rücktritt der Bundesbeauftragten ist nicht in Abs. 4 erwähnt. Er kann jedoch als Antrag auf Entlassung gewertet werden.

§ 93 Aufgaben

Die Beauftragte hat die Aufgaben,
1.   **die Integration der dauerhaft im Bundesgebiet ansässigen Migranten zu fördern und insbesondere die Bundesregierung bei der Weiterentwicklung ihrer Integrationspolitik auch im Hinblick auf arbeitsmarkt- und sozialpolitische Aspekte zu unterstützen sowie für die Weiterentwicklung der Integrationspolitik auch im europäischen Rahmen Anregungen zu geben;**
2.   **die Voraussetzungen für ein möglichst spannungsfreies Zusammenleben zwischen Ausländern und Deutschen sowie unterschiedlichen Gruppen von Ausländern weiterzuentwickeln, Verständnis füreinander zu fördern und Fremdenfeindlichkeit entgegenzuwirken;**
3.   **nicht gerechtfertigten Ungleichbehandlungen, soweit sie Ausländer betreffen, entgegenzuwirken;**
4.   **den Belangen der im Bundesgebiet befindlichen Ausländer zu einer angemessenen Berücksichtigung zu verhelfen;**
5.   **über die gesetzlichen Möglichkeiten der Einbürgerung zu informieren;**
6.   **auf die Wahrung der Freizügigkeitsrechte der im Bundesgebiet lebenden Unionsbürger zu achten und zu deren weiterer Ausgestaltung Vorschläge zu machen;**
7.   **Initiativen zur Integration der dauerhaft im Bundesgebiet ansässigen Migranten auch bei den Ländern und kommunalen Gebietskörperschaften sowie bei den gesellschaftlichen Gruppen anzuregen und zu unterstützen;**

8. die Zuwanderung ins Bundesgebiet und in die Europäische Union sowie die Entwicklung der Zuwanderung in anderen Staaten zu beobachten;
9. in den Aufgabenbereichen der Nummern 1 bis 8 mit den Stellen der Gemeinden, der Länder, anderer Mitgliedstaaten der Europäischen Union und der Europäischen Union selbst, die gleiche oder ähnliche Aufgaben haben wie die Beauftragte, zusammenzuarbeiten;
10. die Öffentlichkeit zu den in den Nummern 1 bis 9 genannten Aufgabenbereichen zu informieren.

Überblick

Die Vorschrift regelt die Aufgaben der Beauftragten für Migration, Flüchtlinge und Integration.

A. Allgemeines

Die Vorschrift entspricht der Fassung, die sie im Rahmen des Erlasses des AufenthG erhalten **1** hat (→ § 92 Rn. 2). Gegenüber der Vorgängerbestimmung § 91b AuslG hat sie keine großen Änderungen erfahren (BT-Drs. 15/420, 98).

B. Im Einzelnen

§ 92 listet in einzelnen Nummern die Aufgaben der Beauftragten auf. Nach dem Wortlaut der **2** Norm sind die Aufgaben abschließend aufgeführt („hat die Aufgaben"). Ein großer Teil der Aufgaben betrifft den Themenkomplex der Integration im weiteren Sinne (Nr. 1, Nr. 2, Nr. 5 und Nr. 7). Der Handlungsauftrag umfasst das Fördern von erwünschten Verhalten (nämlich Integration), das Entgegenwirken von unerwünschten Zuständen (Fremdenfeindlichkeit), das Informieren (über Einbürgerungsmöglichkeiten) sowie die Anregung und Unterstützung von Initiativen zur Integration.

Des Weiteren kann man aus den Aufgaben aus Nr. 3 und Nr. 4 und der Amtsbefugnis aus § 95 **3** Abs. 3 ableiten, dass der Beauftragten auch eine Funktion als Interessenvertretung und Ombudsmann bzw. -frau bezüglich der Migranten zukommt. In diesem Zusammenhang steht auch die Zuständigkeit der Bundesbeauftragten, Personen, die sich nach § 1 AGG benachteiligt fühlen, bei der Durchsetzung ihrer Rechte nach dem AGG zu unterstützen. Hierzu hat die Antidiskriminierungsstelle des Bundes die Anliegen der Betroffenen mit deren Einverständnis an die Beauftragte weiterzuleiten (§ 27 Abs. 2 S. 3 AGG; → Rn. 3.1).

§ 27 Abs. 3, Abs. 4 und Abs. 5 AGG enthalten weitere Zuständigkeitsvorbehalte gegenüber der Beauf- **3.1** tragten.

§ 93 Nr. 6 enthält eine Aufgabe speziell zur Wahrung der Freizügigkeitsrechte der Unionsbürger **4** im Bundesgebiet.

Im Hinblick auf Fragen der Zuwanderung hat die Beauftragte nur die Aufgabe zur Beobach- **5** tung. Eine Förderung der Zuwanderung oder Ähnliches ist insoweit somit nicht vom Mandat gedeckt. Die Ergebnisse der Beobachtung sind im Bericht nach § 94 Abs. 2 aufzunehmen. Schließlich ist noch die Zusammenarbeit mit anderen Stellen (Nr. 9) und die Öffentlichkeitsarbeit (Nr. 10) als Aufgabe zu nennen.

§ 94 Amtsbefugnisse

(1) ¹Die Beauftragte wird bei Rechtsetzungsvorhaben der Bundesregierung oder einzelner Bundesministerien sowie bei sonstigen Angelegenheiten, die ihren Aufgabenbereich betreffen, möglichst frühzeitig beteiligt. ²Sie kann der Bundesregierung Vorschläge machen und Stellungnahmen zuleiten. ³Die Bundesministerien unterstützen die Beauftragte bei der Erfüllung ihrer Aufgaben.

(2) Die Beauftragte für Migration, Flüchtlinge und Integration erstattet dem Deutschen Bundestag mindestens alle zwei Jahre einen Bericht.

(3) ¹Liegen der Beauftragten hinreichende Anhaltspunkte vor, dass öffentliche Stellen des Bundes Verstöße im Sinne des § 93 Nr. 3 begehen oder sonst die gesetzlichen Rechte von Ausländern nicht wahren, so kann sie eine Stellungnahme anfordern. ²Sie kann

diese Stellungnahme mit einer eigenen Bewertung versehen und der öffentlichen und deren vorgesetzter Stelle zuleiten. ³Die öffentlichen Stellen des Bundes sind verpflichtet, Auskunft zu erteilen und Fragen zu beantworten. ⁴Personenbezogene Daten übermitteln die öffentlichen Stellen nur, wenn sich der Betroffene selbst mit der Bitte, in seiner Sache gegenüber der öffentlichen Stelle tätig zu werden, an die Beauftragte gewandt hat oder die Einwilligung des Ausländers anderweitig nachgewiesen ist.

Überblick

Die Vorschrift regelt die Amtsbefugnisse der Beauftragten. Abs. 1 enthält die Beteiligungsrechte der Beauftragten (→ Rn. 3), Abs. 2 sieht die Berichterstattung gegenüber dem Bundestag vor (→ Rn. 7) und Abs. 3 befasst sich mit den speziellen Befugnissen der Beauftragten bei ihrer Aufgabe als Ombudsmann bzw. -frau (→ Rn. 9).

A. Allgemeines

1   Die Vorschrift entspricht der Fassung, die sie im Rahmen des Erlasses des AufenthG erhalten hat (→ § 92 Rn. 2). Durch das Gesetz zur Neubestimmung des Bleiberechts und der Aufenthaltsbeendigung v. 27.7.2015 (BGBl. I 1386, 1397) wurde in § 94 Abs. 2 die inhaltliche Vorgabe des Berichts, dass dieser die Lage der Ausländer beschreiben soll, gestrichen.

2   Die Amtsbefugnisse der Beauftragten für Migration, Flüchtlinge und Integration sind beschränkt. Dies erklärt sich aus der Stellung der Beauftragten als ein Beratungsorgan. Sie ist zwar ein unabhängiger (im Sinne von nicht weisungsgebundener) Teil der Exekutive, aber eben nur in beratender Funktion; sie ist kein Vollzugsorgan, das über Rechtsgrundlagen zum Handeln gegenüber den Bürgern verfügt. Diese beschränkte Funktion spiegelt sich in den Befugnissen der Beauftragten wider, die sich letztlich in der Abgabe von Stellungnahmen erschöpfen. Anders formuliert: Das Mittel der Beauftragten ist allein das Wort.

B. Im Einzelnen

I. Beteiligungsrechte (Abs. 1)

3   § 94 Abs. 1 regelt die Beteiligungsrechte der Beauftragten. Nach Abs. 1 S. 1 ist sie bei allen Rechtsetzungsvorhaben der Bundesregierung oder einzelner Bundesministerien sowie bei sonstigen Angelegenheiten, die ihren Aufgabenbereich betreffen, möglichst frühzeitig zu beteiligen. Dem entspricht § 21 Abs. 1 GGO. Unter Rechtsetzungsvorhaben fällt der Erlass von materiellen Normen, also von Gesetzen und Rechtsverordnungen.

4   Der Begriff der sonstigen Vorhaben ist – als Auffangtatbestand – weit zu verstehen. Beschränkt wird das Beteiligungsrecht in beiden Aspekten (also auch bezüglich der Rechtsetzungsvorhaben, → Rn. 3) durch die Bezugnahme auf die Aufgaben der Bundesbeauftragten nach § 93. Der Zeitpunkt der „möglichst frühzeitigen Beteiligung" wird durch den Zweck des Beteiligungsrechts näher konturiert. Es muss auf der einen Seite ausreichend Zeit zur Verfügung sein, noch Vorschläge und Stellungnahmen (Abs. 1 S. 2) abgeben zu können. Dies bedingt freilich auf der anderen Seite, dass die Vorhaben schon ein gewisses Maß an Konkretheit erreicht haben müssen, um inhaltliche Aussagen hierzu überhaupt treffen zu können.

5   Abs. 1 S. 2 normiert die zentrale Befugnis der Beauftragen (→ Rn. 2), nämlich Vorschläge und Stellungnahmen der Bundesregierung zuleiten zu können (vgl. § 22 Abs. 1 Nr. 6 GGO). Freilich erschöpft sich damit ihre Befugnis. Die Bundesregierung ist nicht verpflichtet, den Vorschlägen zu folgen oder die Stellungnahme inhaltlich zu berücksichtigen.

6   In Abs. 1 S. 3 wird den Bundesministerien die Pflicht auferlegt, die Beauftragte bei Erfüllung ihrer Aufgaben zu unterstützen. Diese sehr allgemein gehaltene Pflicht dürfte sich vor allem auf das Erteilen von Informationen durch die Bundesministerien beschränken, etwa um den Bericht nach Abs. 2 zu verfassen. Wie sich aus § 94 Abs. 3 S. 3 e contrario ergibt, geht die Unterstützungspflicht nicht so weit, dass die Bundesministerien – abgesehen von den Fällen des Abs. 3 – zu Auskünften zu bestimmten Vorgängen verpflichtet sind.

II. Berichterstattung (Abs. 2)

7   Nach § 94 Abs. 2 erstattet die Beauftragte dem Bundestag mindestens alle zwei Jahre einen Bericht. Damit ist zugleich eine Befugnis und eine Pflicht der Beauftragten normiert. Der Inhalt

des Berichts ist mittlerweile nicht mehr gesetzlich geregelt. Ursprünglich war normativ vorgesehen, dass der Bericht sich mit der Lage der Ausländer befasst (→ Rn. 1; BT-Drs. 15/420, 33). Diese Beschränkung ist weggefallen. Der Inhalt wird jetzt nur noch durch die Aufgaben der Beauftragten nach § 93 konturiert.

Tatsächlich orientieren sich die Berichte der Integrationsbeauftragten noch an der alten Vorgabe **8** und erstatten Bericht über die Lage der Ausländer. Der Bericht wäre aber auch ein Ort, in dem die in § 93 von der Beauftragten zu machenden Vorschläge angebracht werden können – und zwar (anders als nach Abs. 1) gegenüber dem Bundestag. Zudem könnten auch Informationen über die Tätigkeit der Beauftragten im vergangenen Berichtszeitraum aufgenommen werden.

III. Befugnisse als Ombudsmann bzw. -frau (Abs. 3)

§ 94 Abs. 3 stellt eine spezielle Befugnis für die Beauftragte dar, um ihrer Funktion als Ombuds- **9** mann bzw. -frau für Migranten (→ § 93 Rn. 3) nachkommen zu können. So kann die Beauftragte nach Abs. 3 S. 1 eine Stellungnahme von einer öffentlichen Stelle des Bundes anfordern, wenn tatsächliche Anhaltspunkte vorliegen, dass diese Stelle einen Ausländer diskriminiert hat oder sonstige gesetzliche Rechte eines Ausländers nicht gewahrt hat. Die öffentliche Stelle trifft insoweit eine Auskunftspflicht (Abs. 3 S. 3).

Abs. 3 S. 4 sorgt dafür, dass bei dieser Auskunft auch die Belange des Datenschutzes des **10** Ausländers gewahrt werden. Das heißt, die öffentliche Stelle darf der Beauftragten nur dann personenbezogene Daten (s. Art. 4 Nr. 1 DS-GVO) übermitteln, wenn die Beauftragte der öffentlichen Stelle darlegt, dass die Übermittlungsvoraussetzungen des Abs. 3 S. 4 gewahrt sind. Bei Abs. 3 S. 4 iVm S. 3 handelt es sich um eine Verarbeitungsbefugnis iSv Art. 6 Abs. 1 UAbs. 1 lit. c DS-GVO. Unabhängig davon kann die öffentliche Stelle die Daten übermitteln, wenn der Betroffene gegenüber der öffentlichen Stelle seine wirksame Einwilligung nach Art. 6 Abs. 1 UAbs. 1 lit. a DS-GVO, Art. 7 DS-GVO erteilt hat.

Nach dem Wortlaut beschränken sich die Befugnisse des Abs. 3 auf Aktionen gegenüber öffent- **11** lichen Stellen des Bundes. Dies entspricht auch der kompetenziellen Stellung der Beauftragten im föderalen System.

Als (einzige) Sanktion kann die Beauftragte die Stellungnahme der öffentlichen Stelle mit einer **12** eigenen Bewertung versehen und der öffentlichen und deren vorgesetzten Stelle zuleiten (Abs. 1 S. 2). Hierin manifestiert sich die beschränkte Funktion der Beauftragten (→ Rn. 2).

Kapitel 9. Straf- und Bußgeldvorschriften

§ 95 Strafvorschriften

(1) Mit Freiheitsstrafe bis zu einem Jahr oder mit Geldstrafe wird bestraft, wer
1. **entgegen § 3 Abs. 1 in Verbindung mit § 48 Abs. 2 sich im Bundesgebiet aufhält,**
2. **ohne erforderlichen Aufenthaltstitel nach § 4 Absatz 1 Satz 1 sich im Bundesgebiet aufhält, wenn**
   a) **er vollziehbar ausreisepflichtig ist,**
   b) **ihm eine Ausreisefrist nicht gewährt wurde oder diese abgelaufen ist und**
   c) **dessen Abschiebung nicht ausgesetzt ist,**
3. **entgegen § 14 Abs. 1 Nr. 1 oder 2 in das Bundesgebiet einreist,**
4. **einer vollziehbaren Anordnung nach § 46 Abs. 2 Satz 1 oder 2 oder § 47 Abs. 1 Satz 2 oder Abs. 2 zuwiderhandelt,**
5. **entgegen § 49 Abs. 2 eine Angabe nicht, nicht richtig oder nicht vollständig macht, sofern die Tat nicht in Absatz 2 Nr. 2 mit Strafe bedroht ist,**
6. **entgegen § 49 Abs. 10 eine dort genannte Maßnahme nicht duldet,**
6a. **entgegen § 56 wiederholt einer Meldepflicht nicht nachkommt, wiederholt gegen räumliche Beschränkungen des Aufenthalts oder sonstige Auflagen verstößt oder trotz wiederholten Hinweises auf die rechtlichen Folgen einer Weigerung der Verpflichtung zur Wohnsitznahme nicht nachkommt oder entgegen § 56 Abs. 4 bestimmte Kommunikationsmittel nutzt oder bestimmte Kontaktverbote nicht beachtet,**
7. **wiederholt einer räumlichen Beschränkung nach § 61 Abs. 1 oder Absatz 1c zuwiderhandelt oder**

8. im Bundesgebiet einer überwiegend aus Ausländern bestehenden Vereinigung oder Gruppe angehört, deren Bestehen, Zielsetzung oder Tätigkeit vor den Behörden geheim gehalten wird, um ihr Verbot abzuwenden.

(1a) Ebenso wird bestraft, wer vorsätzlich eine in § 404 Abs. 2 Nr. 4 des Dritten Buches Sozialgesetzbuch oder in § 98 Abs. 3 Nr. 1 bezeichnete Handlung begeht, für den Aufenthalt im Bundesgebiet nach § 4 Abs. 1 Satz 1 eines Aufenthaltstitels bedarf und als Aufenthaltstitel nur ein Schengen-Visum nach § 6 Abs. 1 Nummer 1 besitzt.

(2) Mit Freiheitsstrafe bis zu drei Jahren oder mit Geldstrafe wird bestraft, wer
1. entgegen § 11 Absatz 1 oder in Zuwiderhandlung einer vollziehbaren Anordnung nach § 11 Absatz 6 Satz 1 oder Absatz 7 Satz 1
   a) in das Bundesgebiet einreist oder
   b) sich darin aufhält,
1a. einer vollstreckbaren gerichtlichen Anordnung nach § 56a Absatz 1 zuwiderhandelt und dadurch die kontinuierliche Feststellung seines Aufenthaltsortes durch eine in § 56a Absatz 3 genannte zuständige Stelle verhindert oder
2. unrichtige oder unvollständige Angaben macht oder benutzt, um für sich oder einen anderen einen Aufenthaltstitel oder eine Duldung zu beschaffen oder das Erlöschen oder die nachträgliche Beschränkung des Aufenthaltstitels oder der Duldung abzuwenden oder eine so beschaffte Urkunde wissentlich zur Täuschung im Rechtsverkehr gebraucht.

(3) In den Fällen des Absatzes 1 Nr. 3 und der Absätze 1a und 2 Nr. 1 Buchstabe a ist der Versuch strafbar.

(4) Gegenstände, auf die sich eine Straftat nach Absatz 2 Nr. 2 bezieht, können eingezogen werden.

(5) Artikel 31 Abs. 1 des Abkommens über die Rechtsstellung der Flüchtlinge bleibt unberührt.

(6) In den Fällen des Absatzes 1 Nr. 2 und 3 steht einem Handeln ohne erforderlichen Aufenthaltstitel ein Handeln auf Grund eines durch Drohung, Bestechung oder Kollusion erwirkten oder durch unrichtige oder unvollständige Angaben erschlichenen Aufenthaltstitels gleich.

(7) In Fällen des Absatzes 2 Nummer 1a wird die Tat nur auf Antrag einer dort genannten zuständigen Stelle verfolgt.

Überblick

§ 95 enthält in Abs. 1–2 13 migrationsstrafrechtliche Tatvarianten (Kretschmer NStZ 2021, 83). Diese reichen von dem praxisrelevanten Fall des unerlaubten Aufenthalts in § 95 Abs. 1 Nr. 2 bis zu dem gegenüber § 95 Abs. 2 Nr. 2 subsidiären und seltenen Fall eines Verstoßes gegen § 49 Abs. 2 in § 95 Abs. 1 Nr. 5. Alle Tatbestände bis auf § 95 Abs. 1 Nr. 8 und § 95 Abs. 2 Nr. 2 kennzeichnet, dass sie einen konkreten Verstoß gegen ausländerverwaltungsrechtliche Regelungen unter Strafe stellen. Es handelt sich um **verwaltungsakzessorische Straftatbestände.** Anschaulich stellt § 95 Abs. 1 Nr. 3 den Ausländer unter Strafe, der entgegen § 14 ohne den erforderlichen Aufenthaltstitel einreist. Wann welcher Aufenthaltstitel erforderlich ist, das regeln die §§ 4 ff. Die **Verwaltungsakzessorietät** des § 95 wird deutlich. Die strafrechtliche Problematik ist daher nicht ohne Blick auf das Ausländerverwaltungsrecht zu lösen. Migrationsstrafrecht ist eine Mischung aus Ausländerverwaltungsrecht und dem Strafrecht. Hinzu treten flüchtlingsrechtliche (§ 95 Abs. 5) und vielfältige europarechtliche (bspw. § 95 Abs. 1a) Bezüge. Grundlage für die europarechtlichen Regelungen der EU sind die Art. 77–79 AEUV. Die stete Frage bei Strafvorschriften ist die nach dem **geschützten Rechtsgut der Norm.** Die Strafvorschriften des AufenthG und vor allem § 95 dienen der Durchsetzung der sich aus dem AufenthG für Ausländer enthaltenen Verhaltenspflichten (BeckOK AuslR/Hohoff Überblick; MüKoStGB/Gericke Rn. 1). Daher sind eigentlicher **Schutzzweck** des § 95 die in § 1 genannten materiellen Interessen des AufenthG. Aber nicht jede Ausländerin und jeder Ausländer ist von § 95 erfasst. § 1 Abs. 2 bestimmt den persönlichen Anwendungswendungsbereich des Gesetzes. Insbesondere zwei Personengruppen sind **nicht Normadressat:** Ausländer, deren Rechtsstellung von dem FreizügG/EU (Freizügigkeitsgesetz/EU v. 30.7.2004, BGBl. I 1950) geregelt ist, also für **Unionsbürger** und gleichgestellte Personen. Und zudem enthält das **AsylG eigenständige und vorrangige strafrechtliche Regelungen** für **Asylbewerber und Flüchtlinge** (§ 1 Abs. 1 AsylG). Allein für § 95 Abs. 2 Nr. 2 kommen

Deutsche als Täter in Betracht (MüKoStGB/Gericke Rn. 11). Die Teilnahme iSd §§ 26 und 27 StGB ist jedermann möglich. Die Tatbestandsvarianten des § 95 haben einen verschiedenen Praxisbezug. Die Migrationsbewegung und die Flüchtlingsbewegungen haben zu einer Zunahme der **Fallzahlen in der Polizeilichen Kriminalstatistik** (PKS) geführt. **2017 gehen die Zahlen** zurück. Die PKS 2016 nennt 487.711 Fälle an Straftaten gegen das AufenthG, das AsylG und das FreizügG/EU (PKS 2015: 402.741). **2017:** 179.848 – ein Rückgang um 63,1 %! Den Schwerpunkt bilden Fälle der unerlaubten Einreise nach § 95 Abs. 1 Nr. 3: 247.188 und Fälle des unerlaubten Aufenthalts nach § 95 Abs. 1 Nr. 1 und Nr. 2: 223.970. **2017:** 47.660 und 114.613. Erwähnenswert noch die 3.575 Fälle des Erschleichens eines Aufenthaltstitels nach § 95 Abs. 2 Nr. 2. **2017:** 5.594 und für **2018:** insgesamt 163.063 (§ 95 Abs. 1 Nr. 3: 36.990; § 95 Abs. 1 Nr. 1 und Nr. 2: 105.004; § 95 Abs. 2 Nr. 2: 7.196). Und **2019:** insgesamt 165.619 (§ 95 Abs. 1 Nr. 3: 35.963; § 95 Abs. 1 Nr. 1 und Nr. 2: 106.222; § 95 Abs. 2 Nr. 2: 8.461). Und jetzt **2020:** insgesamt 147.085 (§ 95 Abs. 1 Nr. 3: 36.422; § 95 Abs. 1 Nr. 1 und 2: 91.033; § 95 Abs. 2 Nr. 2: 6.829).

Übersicht

A. Die einzelnen Vorschriften

I. § 95 Abs. 1 Nr. 1: Passloser Aufenthalt

§ 95 Abs. 1 Nr. 1 ist ein **echtes Unterlassungsdelikt.** Unter Strafe steht der – vorsätzliche – **1** Verstoß gegen die §§ 3, 48 Abs. 2. **Sinn und Zweck der Norm** ist die Sicherung der kurzfristigen Verfügbarkeit des Identitätsnachweises, der Nationalität sowie der verwaltungsrechtlich erforderlichen Rückkehrberechtigung des Ausländers in einen anderen Staat (OLG Frankfurt a. M. BeckRS 2014, 00474; Bergmann/Dienelt/Winkelmann/Stephan Rn. 21). Die verwaltungsrechtliche Verknüpfung wird durch den Verweis auf § 3 deutlich. Die Strafnorm ist auch erfüllt, wenn der Ausländer mit einem gültigen Pass einreist und nach Ablauf des Passes ihm zumutbare Bemühungen um eine Passverlängerung unterlässt (§ 48 Abs. 2).

Praxisrelevant ist der Maßstab der **Zumutbarkeit** in § 48 Abs. 2. Hier wird auf § 5 AufenthV **2** verwiesen (OLG Frankfurt a. M. BeckRS 2014, 00474). Strafbar macht sich nur, wer zumutbare Bemühungen unterlässt und passlos bleibt. Für den Fall, dass die Bemühungen unzumutbar sind oder aber nicht zum Erfolg führen, muss es für die Straflosigkeit genügen, wenn der Ausländer einen verwaltungsrechtlichen Anspruch auf einen deutschen Ausweisersatz hat und dessen Erteilung beantragt hat (Bergmann/Dienelt/Winkelmann/Stephan Rn. 23; KHK ZuwanderungsR-HdB/Mosbacher § 10 Rn. 5). Die Strafbarkeit ist grundsätzlich zu bejahen, wenn der Ausländer nicht in zumutbarer Weise seinen ausweisrechtlichen Pflichten nach § 48 Abs. 2 nachkommt und daher keinen Anspruch auf Erteilung einer Duldung in Form eines Ausweisersatzes hat (OLG Frankfurt a. M. BeckRS 2014, 00474). Grundvoraussetzung bei nicht gegebener Unzumutbarkeit ist also stets das Erbringen der zumutbaren Obliegenheit. Der in § 48 Abs. 2 erwähnte Passersatz wird nur ausgestellt, wenn der Ausländer weder einen Pass noch einen Passersatz hat und diesen auch nicht in zumutbarer Weise erlangen kann. Durch das zumutbare Verhalten hat es der Ausländer selbst in der Hand, einen Anspruch auf Erteilung eines Ausweisersatzes zu erlangen und damit der Strafbarkeit zu entgehen (OLG Frankfurt a. M. BeckRS 2014, 00474). Mindesterfordernis für die zumutbaren Bemühungen ist die Antragstellung (KG BeckRS 2013, 15143).

3   **Unzumutbarkeit** liegt vor, wenn dem Ausländer von seinen Heimatbehörden ein Pass verweigert wird oder wenn er ihn nicht in angemessener Zeit oder nur unter schwierigen Bedingungen erhalten kann (OLG Düsseldorf BeckRS 2020, 11648; OLG München NStZ 2013, 484). Das Zumutbarkeitskriterium soll lediglich der Nachlässigkeit und Bequemlichkeit des Ausländers Einhalt gebieten. Ein Ausländer genügt nicht seiner zumutbaren Obliegenheit, wenn er zu seiner Person falsche oder unvollständige Angaben macht (Identitätstäuschung; OLG München NStZ 2013, 484). Zu beachten ist, dass bei dem passlosen Aufenthalt nicht auf das Einreiseverschulden abgestellt werden darf (NK-AuslR/Fahlbusch Rn. 13).

3.1   Von besonderer Bedeutung im Rahmen der Zumutbarkeit ist das Problem, wenn der ausländische Staat die Passerteilung von der Ableistung des **Wehrdienstes** abhängig macht. Nach § 5 Abs. 2 Nr. 3 AufenthV gilt die Wehrpflicht als zumutbar, sofern deren Erfüllung nicht aus zwingenden Gründen unzumutbar ist. Die Rechtsprechung hat sich in diesem Punkt zuletzt leider verschärft (OLG Stuttgart NStZ-RR 2011, 28; OLG Celle NStZ 2010, 173; anders noch OLG Celle StraFo 2005, 434). Das verkennt die Schutzwirkung des Art. 4 Abs. 3 GG. Art. 4 Abs. 3 GG kann auch für ausländische Staatsangehörige in Deutschland eine Schutzwirkung zugunsten der Kriegsdienstverweigerung aus Gewissensgründen begründen (MüKoStGB/Gericke Rn. 20). Es ist aber stets die persönliche Situation des Betroffenen zu berücksichtigen und abzuwägen, ob der Wehr- oder Kriegsdienst zumutbar ist (NdsOVG NVwZ-RR 2011, 498; BeckOK AuslR/Hohoff Rn. 8). Aber: Über eine Strafbarkeit nach § 95 Abs. 1 Nr. 1 würde sich die deutsche Hoheitsgewalt an der Durchsetzung der hoheitlichen Zwangsgewalt eines anderen Staates beteiligen. Das ist sachfremd (Huber/Mantel AufenthG/Hörich/Bergmann Rn. 29; Kretschmer NStZ 2013, 570 (571)).

4   Im Vorgriff auf § 95 Abs. 1 Nr. 2 ist zu beachten, dass weder ein Anspruch auf **Duldung** nach § 60a noch der verwaltungsrechtliche Vorrang der **Rückführungs-RL** (RL 2008/115/EG v. 16.12.2008, ABl. 2008 L 348, 98) der Strafbarkeit für den passlosen Aufenthalt entgegenstehen. Es handelt sich bei § 95 Abs. 1 Nr. 1 um eine selbstständige Strafnorm mit einem eigenständigen Schutzzweck. Die Duldung hat in Bezug auf den passlosen Aufenthalt keine Ausschlusswirkung (KG NStZ-RR 2013, 358; Huber/Mantel AufenthG/Hörich/Bergmann Rn. 4; Schmidt, Verteidigung von Ausländern, 4. Aufl. 2016, Rn. 175). Das zeigt in Wortlaut und Systematik auch der Blick auf § 95 Abs. 1 Nr. 2 lit. c. Wenn selbst der Ausländer, der einen Aufenthaltstitel hat, sich wegen passlosen Aufenthalts strafbar machen kann, muss das erst recht für einen – hypothetisch – Geduldeten gelten. Die Passpflicht erstreckt sich auch auf Ausländer mit einem Aufenthaltstitel (BVerfG NVwZ 2006, 80). Eine Duldung kann nach § 48 Abs. 2 aber als Ausweisersatz erteilt werden. Das bedarf der spezifischen Bezeichnung. Aber: Ein Anspruch auf einen Ausweisersatz steht der Strafbarkeit entgegen (OLG Düsseldorf BeckRS 2020, 11648; BeckOK AuslR/Hohoff Rn. 9).

5   Die **Rückführungs-RL** verbietet die Strafbarkeit nach § 95 Abs. 1 Nr. 1 nicht, da die Strafvorschrift den ordnungsgemäßen Ablauf des Rückführungsverfahrens nicht beeinträchtigt (OLG Düsseldorf BeckRS 2020, 11648; OLG München NStZ 2013, 484; Erbs/Kohlhaas/Senge Rn. 4). Die Verhängung einer Strafe beeinträchtige in einem solchen Fall nicht das Rückführungsverfahren und gefährde auch die nicht die mit der Rückführungs-RL verfolgten Ziele. Infolge der Passlosigkeit könne ein Rückführungsverfahren im Sinne der Richtlinie nicht betrieben werden, eine Ausreise des Drittstaatsangehörigen bzw. dessen Abschiebung werde dadurch dauerhaft verhindert. Daher hat die Strafbarkeit nach § 95 Abs. 1 Nr. 1 keinen direkten Bezug zum Rückführungsverfahren, da die Strafvorschrift gerade unabhängig von Legalität und Illegalität des Aufenthalts erfüllt werden kann (krit. Huber/Mantel AufenthG/Hörich/Bergmann Rn. 26; NK-AuslR/Fahlbusch Rn. 25).

6   § 95 Abs. 1 Nr. 1 ist wie der gesamte § 95 ein **Vorsatzdelikt** (§ 15 StGB). Es gilt die allgemeine Irrtumslehre des Allgemeinen Teils des Strafrechts. Aufgrund seiner Mischung aus Strafrecht und Ausländerverwaltungsrecht mit Bezügen zu weiteren Rechtsgebieten und mit europäischen Bezügen ist das Migrationsstrafrecht besonders **irrtumsanfällig** – eine Chance für die **Strafverteidigung** (Kretschmer AuslStrafR § 9 Rn. 1 ff.). Vorsatz ist der Wille der Tatbestandsverwirklichung im Wissen um die objektiven Tatbestandsmerkmale. Die Wissensseite erfordert zum einen, dass der Täter die das Tatbestandsmerkmal ausfüllenden Tatsachen kennt, und zum anderen muss der Täter die unter das Tatbestandsmerkmal zu subsumierenden Sachverhaltselemente in ihrem für die Unrechtsbegründung wesentlichen Bedeutungsgehalt erfassen (MüKoStGB/Joecks StGB § 16 Rn. 70 f.). Und gerade das Letztere ist in der komplizierten und schwer überschaubaren Materie des Migrationsstrafrecht für den sprachunkundigen Normadressaten nicht einfach – im Gegenteil. Oder (AG Hannover BeckRS 2011, 07331): „Im Übrigen kann man von einem rechts- und sprachunkundigen Ausländer nicht verlangen, dass er die mögliche Strafbarkeit seines Tuns erkennt oder erkennen musste, wenn die Frage der visumsfreien Einreise schon von deutschen Juristen unterschiedlich beantwortet wird. Es kann dahinstehen, ob dies ein Tatbestands- oder ein Verbots-irrtum ist."

II. § 95 Abs. 1 Nr. 2: Aufenthalt ohne Aufenthaltstitel

1. Tathandlung

Es handelt sich um ein **echtes Unterlassungsdelikt.** Das Verbleiben im Bundesgebiet trotz 7 Ausreisepflicht ist Tathandlung und strafbar unter den weiter genannten ausländerwaltungsrechtli-chen Bedingungen. So bestimmt sich die Ausreisepflicht nach § 50 und deren Vollziehbarkeit nach § 58 Abs. 2 – wie gesagt, das Migrationsstrafrecht ist verwaltungsakzessorisch.

2. Verwaltungsakzessorietät

Das Prinzip der Rechtsprechung und der überwiegenden Ansichten im Schrifttum ist: **Wirk-** 8 **sam ist wirksam.** „Eine nach verwaltungsrechtlichen Regeln wirksam erlassene Erlaubnis entfal-tet aber im Ausländerrecht, wie auch sonst bei verwaltungsakzessorischen Straftatbeständen, Tatbe-standswirkung", sagt der BGH (NJW 2005, 2095 (2096)). Die Strafvorschriften des AufenthG sind überwiegend **verwaltungsakzessorisch.** § 95 Abs. 1 Nr. 1 begründet eine grundsätzliche Passpflicht und § 95 Abs. 1 Nr. 2 verlangt als Grundvoraussetzung für die Strafbarkeit, dass sich der Ausländer ohne den erforderlichen Aufenthaltstitel nach § 4 Abs. 1 S. 1 im Bundesgebiet aufhält. Der Aufenthaltstitel ist daher als Verwaltungsakt die Erlaubnis für den Aufenthalt. Die Voraussetzungen für den Aufenthaltstitel regeln verwaltungsakzessorisch die einschlägigen Vor-schriften des Ausländerverwaltungsrechts. Von dem Fehlen des erforderlichen Verwaltungsaktes ist das strafbare Verhalten des Ausländers abhängig. Oder: Hat die Ausländerin einen – wirksamen - Aufenthaltstitel, entfällt deren Strafbarkeit. In dieser strengen Abhängigkeit herrscht in der Rechts-praxis der Grundsatz: „**Wirksam ist wirksam**". Wenn ein Verwaltungsakt verwaltungsrechtlich wirksam ist, und zwar unabhängig davon, ob er wie ein Aufenthaltstitel von begünstigender oder ob er wie ein Ausreiseverbot nach § 46 Abs. 2 belastender Rechtsnatur ist, folgt dem das Strafrecht in strenger Akzessorietät (BGH NStZ 2018, 289; NJW 2005, 2095; BeckOK AuslR Hohoff Rn. 13; MüKoStGB/Gericke Rn. 3 ff.). Strafrechtlich wird daher allein ein verwaltungsrechtlich **formell wirksames Handeln** gefordert. Das Verwaltungshandeln muss daher nicht nach verwal-tungsrechtlichen Maßstäben materiell-rechtlich rechtmäßig sein. Das bedeutet, dass allein verwal-tungsrechtlich **nichtiges** (§ 44 VwVfG) Handeln **strafrechtlich unbeachtlich** ist (MüKoStGB/ Gericke Rn. 3).

Aus dieser verwaltungsrechtlichen Akzessorietät ergibt sich, dass § 95 Abs. 1 Nr. 2 nicht vorliegt, 9 wenn der Ausländer einen verwaltungsrechtlich formal wirksamen Aufenthaltstitel nach § 4 hat. Der Maßstab für die gesetzliche Erforderlichkeit ist ein **objektiver und nicht ein subjektiver Maßstab** (BGH NJW 2005, 2095 (2097); OLG Celle BeckRS 2014, 10853). Danach scheiden unerlaubte Einreise und unerlaubter Aufenthalt bereits aus, wenn irgendein formal wirksamer Aufenthaltstitel vorliegt, unabhängig von seiner materiell-rechtlichen Richtigkeit.

„Verfügt ein Ausländer über einen rechtmäßig erworbenen nationalen Aufenthaltstitel eines Schengen- 9.1 Mitgliedsstaates, das ihn zur Einreise als Tourist nach Deutschland berechtigt, liegt eine unerlaubte Einreise im Sinne des § 95 Abs. 1 Nr. 3 AufenthG auch dann nicht vor, wenn diese zum Zwecke der illegalen Arbeitsaufnahme erfolgt" so das OLG Celle (BeckRS 2014, 10853). Der Fall zeigt uns anschaulich die verwaltungsrechtlichen und unionsrechtlichen Implikationen des Migrationsstrafrechts. Im vorliegenden Fall hatten die vietnamesischen Staatsangehörigen ein sog. Schengen-Visum eines EU-Mitgliedsstaates, Tschechien (s. §§ 2 Abs. 5, 6 Abs. 1). Nach Art. 19 SDÜ haben Drittausländer das Recht, mit einem solchen Schengen-Visum bis zu 90 Tage je Zeitraum von 180 Tagen im Schengen-Raum aufzuhalten. Die Voraussetzungen regelt der Schengener Grenzkodex (VO (EU) 2016/399 v. 9.3.2016, ABl. 2016 L 77, 1) unter anderem in Art. 6 Schengener Grenzkodex. Weitere Regeln bestimmen der sog. Visakodex (VO (EG) 810/2009 v. 13.7.2009, ABl. 2009 L 243, 1) und die EU-Visum-VO (VO (EU) 2018/1806 v. 14.11.2018, ABl. 2018 L 303, 39), in der die Drittausländer bestimmt werden, die für den dreimonatigen Kurzaufenthalt ein sog. Schengen-Visum benötigen – **Negativstaater** – und die Ausnahmen dazu – **Positivstaater** (Kretschmer AuslStrafR § 4 Rn. 41 ff; MüKoStGB/Gericke Rn. 38 ff.). Vietnam steht auf der Negativliste. Im vorliegenden Fall hatten die Vietnamesen ein solches Schengen-Visum, das nach Art. 19 SDÜ zu Einreise und Aufenthalt in Deutschland ermächtigt.

Aber: Ein solches Schengen-Visum erlaubt keine Erwerbstätigkeit – das sagt § 6 Abs. 2a. Wie würde 9.2 es sich auswirken, wenn die vietnamesischen Antragsteller bei der Beantragung des Schengen-Visums über den Zweck ihres Aufenthalts gelogen hätten? Und wie wirkt es sich auf die Wirksamkeit des Schengen-

Visums aus, dass sie tatsächlich eine Erwerbstätigkeit aufnehmen? Der erforderliche Aufenthaltstitel für eine Erwerbstätigkeit bestimmt sich nach §§ 18 ff. Wer subjektiv von vornherein eine Erwerbstätigkeit aufnehmen will, muss einen solchen Aufenthaltstitel beantragen, das wäre der subjektiv erforderliche Titel. Es gilt aber in der Rechtspraxis ein **objektiver Maßstab** (BGH NJW 2005, 2095 (2097); OLG Celle BeckRS 2014, 10853; BeckOK AuslR/Hohoff Rn. 16; Erbs/Kohlhaas/Senge Rn. 11; Schott ZAR 2012, 276). Es ist darauf abzustellen, dass die betroffenen Ausländer einen wirksamen Aufenthaltstitel haben, die Motivation des Antragstellers bei seiner Einreise ist für die Frage des strafbaren Verhaltens unbeachtlich. Die strenge Verwaltungsakzessorietät wird durch § 95 Abs. 6 durchbrochen. Dieser verlangt aber, dass nachweisbar bereits bei der Antragstellung unrichtige Angaben gemacht wurden. Hat demnach der Negativstaater bereits bei der Antragstellung des Schengen-Visums verschwiegen, dass er in Deutschland einer Erwerbstätigkeit nachgehen will, führt das zur Strafbarkeit nach § 95 Abs. 1 Nr. 2. Im Übrigen sprechen gerade § 95 Abs. 6 und auch die eigenständige Strafnorm des § 95 Abs. 2 Nr. 2 für die objektive Sichtweise. Zuletzt ist darauf hinzuweisen, dass allein die tatsächliche Aufnahme einer Erwerbstätigkeit den Aufenthaltstitel nicht unwirksam macht. Das sog. Schengen-Visum kann und muss erst nach Art. 34 Visakodex annulliert werden. Die ursprüngliche Strafbarkeitslücke schließt seit 2007 der § 95 Abs. 1a – im Fall des OLG Celle ging es nicht um die Strafbarkeit der Ausländer, sondern um die Strafbarkeit der Schleuser nach § 96.

9.3   Schauen wir parallel auf die sog. Positivstaater, die für den Kurzaufenthalt im Schengenraum kein Visum benötigen. Macht deren Absicht zur Erwerbstätigkeit den kurzfristigen Aufenthalt visumspflichtig? Erneut geht es um die Frage nach einer objektiven oder subjektiven Sichtweise. Die Rechtspraxis folgt erneut der objektiven Sichtweise (OLG Bremen StV 2002, 552; BeckOK AuslR/Hohoff Rn. 16; Erbs/Kohlhaas/ Senge Rn. 6; anders MüKoStGB/Gericke Rn. 40; wohl auch OLG München BeckRS 2012, 17370). Das schafft Rechtssicherheit und vermeidet Beweisführungsschwierigkeiten. Erst mit der tatsächlichen Aufnahme einer Erwerbstätigkeit innerhalb des genehmigungsfreien Kurzaufenthalts entfällt die Grundlage des § 17 AufenthV und der Aufenthalt wird unerlaubt und damit strafbar unter den weiteren Voraussetzungen nach § 95 Abs. 1 Nr. 2 (BGH BeckRS 2019, 17173 Rn. 18; NJW 2017, 1624; Erbs/Kohlhaas/Senge Rn. 7). Die Aufnahme der Prostitution soll darunterfallen (BGH BeckRS 2019, 17173 Rn. 18; NStZ 1990, 443), nicht aber der Drogenhandel (MüKoStGB/Gericke Rn. 41).

10   Die **objektive Sicht bestätigt der BGH mit einer aktuellen Entscheidung** (BeckRS 2021, 5118): „Bei der Prüfung, ob eine unerlaubte Einreise oder ein unerlaubter Aufenthalt nach § 95 Abs. 1 Nr. 2 und 3, § 96 Abs. 1 AufenthG vorliegt, ist bei einem von einem anderen Mitgliedstaat der Europäischen Union ausgestellten Aufenthaltstitel im Sinne von Art. 21 Abs. 1 SDÜ – vorbehaltlich der Regelung in § 95 Abs. 6 AufenthG – allein auf das objektive Kriterium eines gültigen Aufenthaltstitels abzustellen; auf den individuell verfolgten Aufenthaltszweck kommt es nicht an." Und weiter (BeckRS 2021, 5118 Rn. 49): „Die formelle Betrachtung beansprucht auch für den Fall des von einem (anderen) Mitgliedstaat der Europäischen Union ausgestellten nationalen Aufenthaltstitels Geltung, für den nichts anderes gelten kann als für das Schengen-Visum. Auch insoweit ist lediglich auf das Vorliegen eines gültigen Aufenthaltstitels abzustellen, welcher nach Art. 21 Abs. 1 SDÜ das Recht auf freien Personenverkehr im Hoheitsgebiet der anderen Mitgliedstaaten beinhaltet und damit auch zur Einreise und zum Kurzaufenthalt im Bundesgebiet berechtigt."

10.1   Sechs Angeklagte wurden vom Landgericht München I zu Freiheitsstrafen zwischen anderthalb und vier Jahren und drei Monaten verurteilt, weil sie Menschen aus Nepal nach Deutschland geschleust hatten. Vorgesehen war jeweils, dass die Nepalesen mit einem zeitlich befristeten Aufenthaltstitel einreisten, dann in Dänemark eine Scheinehe mit einem EU-Bürger schlossen, um anschließend - auf die Ehe gestützt - einen längerfristigen Aufenthaltstitel in der Bundesrepublik zu erwerben. Eine Frau besaß **einen polnischen Aufenthaltstitel für 90 Tage –** karta pobytu -, der bei der Einreise nach Deutschland noch galt -, sie plante aber von vornherein, sich über das Ablaufdatum hinaus hier aufzuhalten. Davon war einem ihrem Schleuser aber nichts bekannt. Das LG sprach die beiden Angeklagten insoweit frei. Dagegen erhob die Staatsanwaltschaft Revision: Sie war der Ansicht, dass auch in diesen Fällen eine Strafbarkeit gegeben sei, weil von vornherein der Plan bestanden habe, die Titel zu missbrauchen.

11   Ein maßgebendes Argument (BGH BeckRS 2021, 5118 Rn. 51) für diese objektive Sichtweise ist Art. 103 Abs. 2 GG: „Für ein derartiges Verständnis spricht – worauf der Bundesgerichtshof auch bei dem Schengen-Visum maßgeblich abgestellt hat – entscheidend das in Art. 103 Abs. 2 GG verfassungsrechtlich **verankerte Bestimmtheitsgebot.** Dem Normadressaten ist es anhand des Wortlauts der in Art. 6 Abs. 1 SGK normierten Einreisevoraussetzungen nicht möglich vorauszusehen, ob sein Verhalten strafbar ist. Gemessen an dem Bestimmtheitsgebot bleibt unklar, wann er im Sinne des Art. 6 Abs. 1 Buchst. c) SGK über „ausreichende Mittel zur Bestreitung des Lebensunterhalts sowohl für die Dauer des beabsichtigten Aufenthalts als auch für die Rückreise in den Herkunftsstaat oder für seine Durchreise, in dem seine Zulassung gewährleistet ist" verfügt, zumal diese nach Maßgabe des Art. 6 Abs. 4 SGK unter anderem nach „dem Zweck des Aufenthalts und unter Zugrundelegung der Ausgaben für Unterkunft und Verpflegung in dem/den betreffenden Mitgliedstaat(en) nach Maßgabe eines mittleren Preisniveaus für preisgünstige Unterkünfte" bewertet werden." Neben anderen Gründen spreche auch **der in Art. 67 AEUV primärrechtlich verankerte Grundsatz der gegenseitigen Anerkennung von staatlichen Rechts- und Verwaltungsakten innerhalb der Europäischen Union** und das Prinzip wechselseitigen Vertrauens in die Grundrechtskonformität des Verhaltens sämtlicher Mitgliedstaaten, denen im Unionsrecht bei der Schaffung und Aufrechterhaltung eines Raums der Freiheit, der Sicherheit und des Rechts ohne Binnengrenzen fundamentale Bedeutung zukomme, für ein formelles Verständnis (BGH BeckRS 2021, 5118 Rn. 51). Nur so sei gewährleistet, dass (ausländerrechtliche) Verwaltungsakte anderer Mitgliedstaaten über ihren territorial bestimmten Geltungsbereich hinaus im EU-Raum Anwendung finden. Die Entscheidung zeigt sehr schön die **Einflüsse des EU-Rechts auf das Migrationsrecht – Art. 21 SDÜ.** Das ist dann alles sehr **irrtumsanfällig** für die geschleuste Person selbst und für die Schleuser als Täter des § 96. Wenn der Gehilfe irrig davon ausgeht, dass sich die Haupttäterin auf Grund einer nationalen ausländischen – polnischen – Aufenthaltsbewilligung im Bundesgebiet aufhalten darf, handelt er bezogen auf die vorsätzliche Haupttat des § 95 nicht vorsätzlich (so BGH BeckRS 2021, 5118). Für den Gehilfen könne nichts anderes gelten als für die Haupttäterin. Deren Fehlvorstellung, die ihr vorliegende Erlaubnis erlaube einen Aufenthalt im Bundesgebiet, stelle einen Tatumstandsirrtum nach § 16 StGB dar. Darin ist dem BGH voll und ganz zuzustimmen.

3. Duldung (§ 60a) und Untertauchen

Gemäß § 95 Abs. 1 Nr. 2 lit. c steht die Strafbarkeit unter der negativen Voraussetzung, dass **12** die Abschiebung nicht ausgesetzt ist. Es ist anerkannt, dass das Strafgericht eigenständig prüfen muss, ob bei nicht vorliegender Duldung die Voraussetzungen nach § 60a hypothetisch gegeben sind. Eine Strafbarkeit liegt nicht vor, wenn der Ausländer einen materiell-rechtlichen Anspruch auf Erteilung der Aussetzung der Abschiebung nach § 60a hat (BVerfG NStZ 2003, 488; OLG Frankfurt a. M. NStZ-RR 2009, 257; BeckOK AuslR Hohoff Rn. 18; MüKoStGB/Gericke Rn. 34). Darin zeigt sich die menschenrechtliche und humanitäre Verpflichtung (§ 1). Im Streit steht die Rechtslage, wenn der Ausländer **untergetaucht** ist, da in diesem Fall die Ausländerbehörde auch hypothetisch keine Duldung aussprechen könnte. Durch das Untertauchen entzieht sich die Betroffene den gesetzlichen und behördlichen Regelungen, wenn den Behörden ihr Aufenthalt unbekannt ist. Steht das einer – hypothetischen – Duldung entgegen? Die überwiegende Ansicht sagt „ja" (BGH NStZ 2010, 171; OLG Frankfurt a. M. NStZ-RR 2009, 257; BeckOK AuslR Hohoff Rn. 19; MüKoStGB/Gericke Rn. 35; KHK ZuwanderungsR-HdB/ Mosbacher § 10 Rn. 9; dagegen OLG Schleswig NStZ 2005, 257 (258)). Wer sich den ausländerrechtlichen Instrumentarien und Kontrollen entzieht, kann sich nicht auf deren Schutz berufen. Und das eben auch, wenn an sich die materiell-rechtlichen Voraussetzungen des § 60a vorliegen. Die Ausländerin soll nicht durch ihr pflichtwidriges Untertauchen die Voraussetzungen der Duldung selbst schaffen. Anders natürlich, wenn die Nichterteilung in der Verantwortung der Behörde liegt. **Diese straffreundliche Sicht überzeugt nicht.** In diesem Fall erschöpft sich der strafrechtliche Schutz in einem bloßen Formalismus. Ist das formelle Verwaltungsverfahren nach § 60a geschützt, da dessen Voraussetzungen materiell-rechtlich vorliegen. Hier erschöpft sich die Strafdrohung allein im **Verwaltungsungehorsam.** Das muss sich, folgt man meiner Ansicht der Tatbestandslosigkeit (Kretschmer NStZ 2013, 570 (572)) nicht, zumindest in der Strafzumessung und vor allem in der Einstellungspraxis nach den §§ 153 ff. StPO zeigen.

4. Einfluss der Rückführungs-RL

Der europarechtliche Einfluss auf das Ausländerrecht zeigt sich anschaulich in der dogmatischen **13** Wirkung der Rückführungs-RL (RL 2008/115/EG v. 16.12.2008, ABl. 2008 L 348, 98) auf § 95 Abs. 1 Nr. 2. Es gilt eine **europarechtskonforme Auslegung.** Im Beispielsfall (BGH NJW 2017, 1624 mAnm Kretschmer) waren die Betroffenen Venezolanerinnen und durften daher als Positivstaater – EU-Visum-VO (VO (EU) 2018/1806 v. 14.11.2018, ABl. 2018 L 303, 39) – visumsfrei zu einem dreimonatigen Kurzaufenthalt einreisen. Hier übten die Frauen die Prostitution aus. Wir erinnern uns: Allein die subjektive Absicht einer Aufnahme der Erwerbstätigkeit macht die erlaubte visumsfreie Einreise nicht unerlaubt. Aber im Moment der tatsächlichen Aufnahme der Erwerbstätigkeit wird bei einem Positivstaater der Aufenthalt unerlaubt, da er in diesem Moment einen Aufenthaltstitel zur Erwerbstätigkeit bedarf (§ 17 AufenthV). Der betroffene Ausländer ist ausreisepflichtig nach § 50 Abs. 1. Und jetzt kommt die sog. **Rückführungs-RL** ins

Spiel. Die Rückführungs-RL (RL 2008/115/EG v. 16.12.2008, ABl. 2008 L 348, 98) verfolgt das Ziel, eine wirksame Rückkehr- und Rücknahmepolitik in Bezug auf illegal aufhältige Drittstaatsangehörige zu schaffen. Es regelt ein **abgestuftes Rückführungsverfahren:** Erlass einer Rückkehrentscheidung – freiwillige Ausreise – zwangsweise Abschiebung – Abschiebehaft. Menschlichkeit und Verhältnismäßigkeit sollen das Verfahren regeln. In europarechtlicher Auslegung schließt die Rückführungs-RL die Bestrafung nach § 95 Abs. 1 Nr. 2 aus, wenn und soweit einem Ausländer, dessen Aufenthalt den Ausländerbehörden bekannt ist, ein illegaler Aufenthalt allein während des laufenden Rückführungsverfahrens vorzuwerfen ist (BGH BeckRS 2019, 17173 Rn. 19; KG NStZ-RR 2012, 347; OLG Hamburg BeckRS 2012, 03849; BeckOK AuslR/ Hohoff Rn. 27; Gericke NStZ-RR 2014, 297 (299)). Auf den unerlaubten Aufenthalt sollen und müssen die Mitgliedstaaten mit verwaltungsrechtlichen Maßnahmen reagieren und ggf. die ausländerrechtlichen Zwangsmaßnahmen ergreifen. Die Verhängung einer Strafe als ultima-ratio für unbotgemäßes Verhalten während des Rückführungsverfahrens sieht die Richtlinie gerade nicht vor. Es gilt ein **unbedingter Vorrang des verwaltungsrechtlichen Rückführungsverfahrens** vor dem Strafrecht bei einem unerlaubten Aufenthalt.

14   Und auch in diesem Problemkreis stellt sich das Rechtsproblem, wie es sich auf die Strafbarkeit auswirkt, dass der betroffene Ausländer sich durch **Untertauchen selbst außerhalb des Rückführungsverfahrens** stellt. Und die Antwort der Rechtsprechung ist dieselbe wie bei der Duldung. Wer sich der Aufsicht der Ausländerbehörde durch Untertauchen entzieht und dadurch verhindert, dass die Zuwanderung effektiv kontrolliert und der Prozess der Veränderung der Bevölkerungsstruktur und der Integration in geordnete Bahnen gelenkt werden kann, der kann sich nicht auf den Strafausschluss durch die Rückführungs-RL berufen (OLG Hamburg BeckRS 2012, 03849; KG NStZ-RR 2012, 347; BeckOK AuslR/Hohoff Rn. 27; Bergmann/Dienelt/ Winkelmann/Stephan Rn. 20). Wer das Rückführungsverfahrens durch aktives Sich-Entziehen unterläuft, kann nicht gleichzeitig den Schutz dieses Verfahrens vor strafrechtlichen Schutz in Anspruch nehmen (OLG Hamburg BeckRS 2012, 03849). Voraussetzung für eine Strafbarkeit nach § 95 Abs. 1 Nr. 2 ist in Umsetzung der Rückführungs-RL die vollständige Einhaltung des Rückführungsabkommens und dessen entsprechende Darlegung im Urteil sowie Ausführungen dazu, dass sich der Angeklagte außerhalb dieses Verfahrens gestellt hat (KG NStZ-RR 2012, 347; MüKoStGB/Gericke Rn. 30 ff.). Erst mit erfolgloser **Beendigung des Rückführungsverfahrens** greift § 95 Abs. 1 Nr. 2. Mit dem Untertauchen des Ausländers endet nach Rechtspraxis und überwiegendem Schrifttum das laufende Rückführungsverfahren, so dass ein unerlaubter Aufenthalt gegeben ist – der Vorrang des Rückführungsverfahrens kann sich nicht durchsetzen. Und dieses ursprüngliche Rückführungsverfahren wird nicht durch ein Strafverfahren wegen unerlaubten Aufenthalts verzögert. Wenn nach dem Auftauchen ein neues Rückführungsverfahren begonnen wird, kann es auf dessen Verzögerung nicht ankommen, da das bei jeden anderen Tatvorwurf auch der Fall wäre (MüKoStGB/Gericke Rn. 30 ff.).

15   Das steht nach Ansicht der Rechtspraxis auch nicht der Rechtsprechung des EuGH entgegen. Der EuGH (NJOZ 2012, 837 – El Dridi): „Die Richtlinie 2008/115/EG des Europäischen Parlaments und des Rates vom 16.12.2008 über gemeinsame Normen und Verfahren in den Mitgliedstaaten zur Rückführung illegaler Drittstaatsangehöriger, insbesondere ihre Art. 15 und 16, ist dahin auszulegen, dass sie einer Regelung eines Mitgliedstaats wie der im Ausgangsverfahren streitigen entgegensteht, die vorsieht, dass gegen einen illegal aufhältigen Drittstaatsangehörigen allein deshalb eine Haftstrafe verhängt werden kann, weil er entgegen einer Anordnung, das Hoheitsgebiet des betreffenden Mitgliedstaats innerhalb einer bestimmten Frist zu verlassen, ohne berechtigten Grund in dessen Hoheitsgebiet bleibt". Das ist der unbedingte Vorrang des ausländerrechtlichen Rückführungsverfahrens vor dem Strafrecht bei einem unerlaubten Aufenthalt. Und dann führt der EuGH (NJOZ 2012, 837 Rn. 52 – El Dridi) aus, dass es den Mitgliedstaaten, wenn mit den ausländerrechtlichen Zwangsmaßnahmen das angestrebte Ziel der Abschiebung des Drittstaatsangehörigen, gegen den sie sich richten, nicht erreicht werden konnte, freisteht, Maßnahmen – auch strafrechtlicher Art – zu treffen, die es insbesondere ermöglichen, Drittstaatsangehörige vom Verbleib in ihrem Hoheitsgebiet abzuhalten. Hier zeigt sich der Gedanke, dass erst mit Beendigung des verwaltungsrechtlichen Rückführungsverfahrens das Strafrecht greifen kann und darf – „ultima-ratio"-Gedanke des Strafrechts. Das bestätigt der EuGH (ZAR 2012, 443 – Achughbabian) in einer weiteren Entscheidung. Danach steht die Rückführungs-RL einer nationalen Regelung nicht entgegen, soweit diese die Inhaftierung eines Drittstaatsangehörigen zur Strafvollstreckung zulässt, auf den das mit dieser Richtlinie geschaffene Rückführungsverfahren angewandt wurde und der sich ohne einen Rechtfertigungsgrund in dem genannten Hoheitsgebiet aufhält. Nach all diesen Grundsätzen müssen die Behörden bei einem unerlaubten Aufenthalt die verwaltungsrechtlichen Regularien und Zwangsmaßnahmen ausschöpfen, bevor das Strafrecht

greift. Aber der Streit entzündet sich an der Frage, in welchem Moment nach der Formulierung des EuGH das Rückführungsabkommen angewandt wurde. Zur Klarstellung: Wenn der Drittstaatsangehörige eine Straftat wie Diebstahl oder Drogenhandel begeht, kann weiterhin ein Strafverfahren geführt werden (s. BGH NJW 2020, 2816). Dem steht die Rückführungs-RL nicht entgegen, bezieht sich ihr Anwendungsbereich doch nur auf den unerlaubten Aufenthalt und die unerlaubte Einreise.

Wie bei der hypothetischen Duldung ist die Rechtsfrage beim Untertauchen des Ausländers auch beim **15.1** Rückführungsverfahren umstritten. Aus Sicht der **Strafverteidigung** ist stets nach einer beschuldigtenfreundlichen Argumentation zu suchen. Endet das Rückführungsverfahren im Moment des Untertauchens oder aber wird das ursprüngliche Verfahren mit dem Auftauchen des Ausländers fortgesetzt, so dass erst mit dem endgültigen Scheitern der Rückführung nach Ausschöpfung aller Zwangsmaßnahmen eine Strafbarkeit nach § 95 Abs. 1 Nr. 2 rechtlich möglich ist? So gibt es die Rechtsansicht, dass ein Sich-Entziehen oder eben ein Untertauchen des Drittstaatsangehörigen allein kein Ende des Rückführungsverfahrens bedeuten soll (Hörich/Bergmann NJW 2012, 3339; Huber/Mantel AufenthG/Hörich/Bergmann Rn. 55 ff.). Die Effektivität der verwaltungsrechtlichen Rückführung werde gerade durch ein Strafverfahren wegen unerlaubten Aufenthalts im Falle des Untertauchens beeinträchtigt. Losgelöst davon bleibt die Frage, ob bloßer Verwaltungsungehorsam eine strafrechtliche Norm legitimiert (Hörich/Bergmann NJW 2012, 3339 (3342); Kretschmer NStZ 2013, 570 (572); s. MüKoStGB/Gericke Rn. 15). Eine Entscheidung des EuGH – in den beiden obigen Fällen geht es ersichtlich nicht um Fälle des Untertauchens – nach Art. 267 AEUV ist wünschenswert (Huber/Mantel AufenthG/Hörich/Bergmann Rn. 58; als jetzt entbehrlich aber MüKoStGB/Gericke Rn. 32).

Der Strafausschluss durch den Vorrang eines geordneten Rückführungsverfahrens ist dogmatisch **16** als **persönlicher Strafaufhebungsgrund** für den betroffenen Ausländer einzuordnen (BGH NStZ 2018, 286 mAnm Kudlich; NJW 2017, 1624 mAnm Kretschmer; BeckOK AuslR/Hohoff Rn. 27; MüKoStGB/Gericke Rn. 33). Das hat Konsequenzen für die Teilnahme, da diese eine vorsätzliche rechtswidrige Haupttat voraussetzt, die bestehen bleibt.

Der Angeklagte, der eine albanische Staatsangehörigkeit besitzt, reist zu einem nicht näher bestimmten **16.1** Zeitpunkt vor dem 11.11.2016 in das Gebiet der Bundesrepublik ein. Am 11.11.2016 wird er von der Polizei kontrolliert. Er verfügt nicht über einen gültigen Reisepass oder über ein sonstiges Reisedokument, das ihm zum Überschreiten der Grenze berechtigt hätte. Für den Angeklagten besteht eine Ausschreibung im Schengener Informationssystem (SIS), wonach er zur Einreiseverweigerung in das Gebiet der Schengenstaaten ausgeschrieben ist. Der 5. Strafsenat (NJW 2020, 2816 mAnm Kretschmer) wiederholt die ständige Rechtsprechung. Die Strafnormen des unerlaubten Aufenthalts und der unerlaubten Einreise (§ 95 Abs. 1 Nr. 2 und Nr. 3) sind europarechtskonform auszulegen – Vorrang des Rückführungsverfahrens. Um den Vorrang des Rückführungsverfahrens praktisch wirksam zu sichern, sollen gegen Drittstaatsangehörige, die sich illegal in einem Mitgliedstaat aufhalten oder dort illegal eingereist sind, keine freiheitsentziehenden Sanktionen verhängt oder vollstreckt werden, weil diese geeignet sind, das Rückführungsverfahren zu verzögern. Das gilt auch wegen der Ersatzfreiheitsstrafe nach § 43 StGB für eine Geldstrafe. Daher kommt nach dem 5. Strafsenat des BGH wegen § 95 Abs. 1 Nr. 2 und Nr. 3 allein im Absehen von Strafe bei gleichzeitigem Schuldspruch als Sanktion in Betracht. Im Gegensatz zu den Stimmen, die den Vorrang des Rückführungsverfahrens **materiell-rechtlich als persönlichen Strafaufhebungsgrund** ansehen, vertritt der 5. Strafsenat **eine strafprozessuale Lösung.** Prozessual soll der Vorrang des Rückführungsverfahrens durch eine europarechtskonforme Anwendung von § 154b Abs. 3 StPO und § 153b StPO erfolgen. Das begangene Unrecht könne durch einen Schuldspruch mit entsprechender Kostenfolge nach § 465 Abs. 1 S. 2 StPO erfasst werden, und das gerade in den Fällen, in denen das Strafverfahren wegen anderer Delikte geführt werde. Und wichtig: Nach einem beendeten Rückführungsverfahren greifen die migrationsstrafrechtlichen Normen wieder. Reist der betroffene Drittstaatsländer unter Verstoß gegen ein Einreiseverbot anschließend erneut in das Bundesgebiet ein und hält er sich hier illegal auf, kann er mit freiheitsentziehenden Sanktionen belegt werden (BGH NJW 2020, 2816; EuGH NVwZ-RR 2015, 952).

Es gibt mit Beschluss v. 4.11.2020 des LG Schweinfurt (BeckRS 2020, 31375) eine Folgeentscheidung **16.2** zu der vorstehenden Entscheidung des BGH: Die Staatsanwaltschaft Schweinfurt beantragt gegen den Angeschuldigten den Erlass eines Strafbefehls, weil sich dieser am 24.2.2020 unerlaubt in der Bundesrepublik aufgehalten habe. Obwohl seine Abschiebung am 8.5.2019 angeordnet worden sei, habe der Angeschuldigte sich am 24.2.2020 am Flughafen geweigert, das Dienstflugzeug der Polizei zu verlassen, sich gegen ein Führen aus (?) dem Flugzeug gesperrt und geäußert, auf keinen Fall nach Italien zu fliegen. Durch dieses Verhalten habe er sich außerhalb des Rückführungsverfahrens gestellt und die Abschiebung habe nicht durchgeführt werden können (= § 95 Abs. 1 Nr. 2). Das AG Schweinfurt lehnt den beantragten Strafbefehl ab. Als Grund führt es den Vorrang des Rückführungsverfahrens an. Der Beschluss des LG Schweinfurt ergeht auf sofortige Beschwerde der Staatsanwaltschaft. Diese ist erfolgreich. Das LG Schweinfurt wiederholt die gängige Rechtsprechung, nach der eine Bestrafung nach § 95 Abs. 1 Nr. 2 unter der Rückführungs-RL während eines laufenden Rückführungsverfahrens nicht möglich ist. Aber: Nach Ansicht des Landgerichts habe sich der Angeschuldigte durch sein Verhalten außerhalb des Rückführungsverfahrens gestellt, so dass eine Bestrafung wegen unerlaubten Aufenthalts möglich sei. Wie einem „Untertauchen" habe sich der Angeschuldigte durch seine Weigerung, das Polizeifahrzeug zu verlassen und das Flugzeug zu besteigen, außerhalb des Rückführungsverfahrens gestellt und dieses so beendet. Überzeugt das? Die Polizei hätte den Widerstand durch verhältnismäßige Zwangsmaßnahmen brechen können. Das erlaubt Art. 8 Rückführungs-RL und das Polizeirecht. Und nach der heutigen Rechtslage wäre das Verhalten des Angeschuldigten auch ein Haftgrund nach § 62 Abs. 3a Nr. 5 oder Nr. 6 (→ § 62 Rn. 19). Eine Beendigung des Rückführungsverfahrens durch das Verhalten des Angeschuldigten überzeugt mich nicht. Und auch unabhängig davon hätte das Amtsgericht den Strafbefehlsantrag nach Ansicht des LG Schweinfurt nicht ablehnen dürfen, sondern nach § 408 Abs. 3 StPO verfahren müssen. Warum? Die Rückführungs-RL könne einem Absehen von Strafe bei gleichzeitigem Schuldspruch als nicht freiheitsentziehende Sanktion nicht entgegenstehen (BGH NJW 2020, 2816).

III. § 95 Abs. 1 Nr. 3: unerlaubte Einreise

1. Einreise als Tathandlung

17   Es handelt sich um ein **Begehungsdelikt.** Strafbar ist das Zuwiderhandeln nach § 14. Der Begriff der **Einreise ist in § 13** definiert. Auf dem Landweg ist mit Abschaffung der Grenzkontrollen im Schengen-Raum (Art. 22 Schengener Grenzkodex) die Einreise nach § 13 Abs. 2 S. 3 mit Grenzüberschritt vollendet (BGH NStZ 2015, 402 (404); Huber/Mantel AufenthG/Westphal/ Huber § 13 Rn. 4 f.). Bei Binnenflügen innerhalb des Schengen-Raums ist die Einreise mit dem Betreten des Hoheitsgebietes des Flughafens vollendet (BGH NStZ 2015, 402; Art. 2 Nr. 1 lit. b Schengener Grenzkodex). Ein Hinweis: Strafbar macht sich, wer **entgegen § 14 Abs. 1 Nr. 1 oder Nr. 2** einreist. Der Wortlaut verlangt einen Verstoß gegen § 14. § 14 regelt, dass die Einreise eines Ausländers unerlaubt ist, wenn er den erforderlichen Aufenthaltstitel nicht besitzt. „Entgegen" handelt demnach derjenige, der einen solchen besitzt. Das ist natürlich nicht der Gesetzeszweck. Aber im Strafrecht gilt das **Bestimmtheitsprinzip** des Art. 103 Abs. 2 GG (Bergmann/Dienelt/Winkelmann/Stephan Rn. 43; Kretschmer NStZ 2021, 83 (85)).

2. § 95 Abs. 5 – Art. 31 Abs. 1 GFK

18   Nach Art. 31 Abs. 1 GFK darf wegen unrechtmäßiger Einreise oder wegen unrechtmäßigen Aufenthalts keine Strafe gegen Flüchtlinge verhängt werden, die unmittelbar aus einen Gebiet kommen, in dem ihr Leben oder ihre Freiheit iSv Art. 1 GFK bedroht waren und die ohne Erlaubnis in das Gebiet der vertragsschließenden Staaten einreisen oder sich dort aufhalten, vorausgesetzt, dass sie sich unverzüglich bei den Behörden melden und Gründe darlegen, die ihre unrechtmäßige Einreise oder ihren unrechtmäßigen Aufenthalt rechtfertigen. Dieses **Bestrafungsverbot** bildet den **Kern der menschenrechtlichen Flüchtlingspolitik** (Fischer-Lescano/Horst ZAR 2011, 81). Der personale und sachliche Anwendungsbereich ist daher weit zu verstehen.

19   Der **personale Anwendungsbereich** ist im flüchtlingspolitischen Sinn ein weiter. Für die Anwendung des Art. 31 GFK ist eine schutzsuchende Person solange als Flüchtling anzuerkennen und als Flüchtling zu behandeln, wie die endgültige Rechtsstellung als Flüchtling nicht endgültig abgelehnt wurde (Fischer-Lescano/Horst ZAR 2011, 81 (85)). Flüchtlinge sind nach Art. 1 GFK Personen, die sich wegen begründeter Furcht vor Verfolgung wegen ihrer Rasse, Religion, Nationalität, Zugehörigkeit zu einer sozialen Gruppe oder wegen ihrer politischen Überzeugung außerhalb ihres Landes befinden und dessen Schutz nicht in Anspruch nehmen können. Darunter fallen anerkannte Asylberechtigte nach Art. 16a GG und Ausländer, bei denen behördlich oder gerichtlich unanfechtbar festgestellt worden ist, dass ein Abschiebungsverbot nach § 60 besteht (§ 3 AsylG) und Asylbewerber (MüKoStGB/Gericke Rn. 122). Der Strafaufhebungsgrund endet mit der unanfechtbaren Ablehnung der Flüchtlingseigenschaft (MüKoStGB/Gericke Rn. 126). Aufgrund der **Verwaltungsakzessorietät** ist die Entscheidung des BAMF im Strafverfahren bindend. Die rechtskräftige Anerkennung des Asylantrags ist bindend (§ 6 AsylG). Sowohl die Anerkennung als Asylberechtigte nach § 2 AsylG als auch die Zuerkennung der Flüchtlingseigenschaft nach § 3 AsylG begründen Straffreiheit nach Art. 31 Abs. 1 GFK. Das gilt auch, wenn im Asylverfahren Anerkennung oder Zuerkennung nicht erfolgen (Schiedermair/Wollenschläger AuslR-Hdb/Waßmer, 2019, Rn. 298). Wer in einem rechtsstaatlichen Verfahren seine Rechte aus Art. 16a GG bzw. Art. 1 GFK verfolgt, unterliegt keiner Strafdrohung. Eine Ausnahme soll in evidenten Fällen

des Rechtsmissbrauchs gelten (s. Schiedermair/Wollenschläger AuslR-Hdb/Waßmer, 2019 Rn. 301). Als Maßstab wird § 95 Abs. 6 AufenthG angenommen. Stelle sich heraus, dass der Antrag von vornherein offensichtlich unbegründet war, gelte Art. 31 Abs. 1 GFK nicht (Erbs/Kohlhaas/Senge Rn. 69; MükoStGB/Gericke Rn. 126). Das Strafverfahren kann – folgt man dieser Einschränkung – bis zur Entscheidung des BAMF bzw. bis zum rechtskräftigen Abschluss des verwaltungsgerichtlichen Verfahrens ausgesetzt werden (§§ 154d, 262 StPO). Ich habe verfassungsrechtliche Bedenken, dass aus dem Gedanken des verwaltungsrechtlichen Rechtsmissbrauchs die Strafbarkeit begründet werden darf und kann – Art. 103 Abs. 2 GG.

Wer sich auf der Flucht eines **Schleusers** bedient, verwirkt den Schutz nicht (Kretschmer **20** AuslStrafR § 4 Rn. 105; Fischer-Lescano/Horst ZAR 2011, 81 (86 f.)). Wer Verfolgung, Krieg, Not, Hunger entflieht, bedarf vielfach der Hilfe von humanitären, aber auch professionellen Schleusern mit Bezug zur Organisierten Kriminalität. Wie soll man sonst aus Syrien fliehen? Hier stehen beispielhaft das OLG Stuttgart (BeckRS 2010, 18830) gegen das OLG Köln (NStZ-RR 2004, 25). Der flüchtlingspolitische Zweck der Art. 31 GFK streitet für ein weites Verständnis (BeckOK AuslR/Hohoff Rn. 111; NK-AuslR/Fahlbusch Rn. 260; MüKoStGB/Gericke Rn. 124). Die Strafbarkeit von Flüchtlingen darf nicht in einem akzessorischen Verhältnis zum Tun etwaiger Fluchthelfer stehen. Ein Blick in die deutsche Vergangenheit – Flucht vor dem Nationalsozialismus und Flucht aus der DDR – zeigt die Vielfältigkeit der rechtlichen und politischen Bewertung professioneller Fluchthelfer oder Schleuser.

Art. 31 GFK verlangt die unmittelbare Einreise aus dem Verfolgerstaat (**Unmittelbarkeitsprin-** **21** **zip**). Wie wirkt es sich aus, wenn die Flucht aus Syrien über die Türkei, Italien, Österreich nach Deutschland geht? Wie ist Art. 31 GFK mit Art. 16a Abs. 2 GG in Einklang zu bringen? **Art. 31 GFK** enthält jedoch **keine Drittstaatenklausel** wie Art. 16a GG. Das deutsche Asylrecht und der Flüchtlingsschutz folgen eigenständigen Regeln (Fischer-Lescano/Horst ZAR 2011, 81 (88 f.)). Das zeigen im Übrigen auch die AufenthGAVwV (Allgemeine Verwaltungsvorschrift zum Aufenthaltsgesetz). In Nr. 95.5.4 AufenthGAVwV heißt es, dass die Voraussetzungen des Art. 31 Abs. 1 GFK nicht nur bei Ausländern vorliegen, die direkt aus dem Verfolgerstaat, sondern grundsätzlich auch bei Personen vorliegen, die über einen Drittstaat einreisen. Die Flucht darf danach nicht bereits im Drittstaat beendet sein. Die Durchquerung von Transitstaaten schließt daher den Schutz des Art. 31 GFK nicht automatisch aus (OLG Stuttgart BeckRS 2010, 18830; BeckOK AuslR/Hohoff Rn. 109; Fischer-Lescano/Horst ZAR 2011, 81 (88 f.)). Der Anwendung von Art. 31 Abs. 1 GFK stehe nicht entgegen, dass der Flüchtling aus einem sicheren Drittstaat nach Deutschland komme, den er nur als Durchgangsland durchquert habe, sofern dort kein schuldhaft verzögerter Aufenthalt vorgelegen habe (OLG Stuttgart BeckRS 2010, 18830). Allerdings seien in einem solchen Fall gesteigerte Anforderungen an die Unverzüglichkeit der Meldung und an die Darlegung der Gründe zu stellen, die die unrechtmäßige Einreise und den unrechtmäßigen Aufenthalt rechtfertigen sollen.

In vielen Fällen einer Lkw-Schleusung werden die Flüchtlinge für mehrere Tage in einen Lkw gesperrt, **21.1** in dem sich – hoffentlich – ausreichende Lebensmittel für die Fahrt und Behältnisse für die Notdurft befinden (so in OLG Stuttgart BeckRS 2010, 18830). Die Flüchtlinge dürfen während der Fahrt den Lkw nicht verlassen. Hier kann man bereits an der Handlungsqualität der Einreise zweifeln, da der Flüchtling zwar einerseits Täter, aber gleichzeitig Opfer (§ 97) ist. Das OLG Stuttgart verlangt Feststellungen zur Dauer der Fahrt und dazu, ob der Flüchtling den Lkw verlassen konnte und sich eventuell in einem sicheren Drittstaat aufgehalten hat, um die Frage der Unmittelbarkeit zu klären. Der vorübergehende Aufenthalt in einem Drittstaat kann anderweitigen Flüchtlingsschutz gewährleisten. Das verlangt aber auf Seiten der Strafgerichte und bereits auf Seiten der Polizei und der anklagenden Staatsanwaltschaft genauer Feststellungen zur tatsächlichen und zumutbaren Möglichkeit anderweitigen Flüchtlingsschutzes im Drittstaat. Dem können Kontrolle und Aufsicht durch Schleuser gerade entgegenstehen.

Das BVerfG (NVwZ 2015, 361) vertritt heute ein flüchtlingsrechtlich weit gefasstes Verständnis **22** des § 95 Abs. 5. Nach Art. 31 Abs. 1 GFK geht ein Flüchtling seines Schutzes demnach nicht dadurch verlustig, dass er aus einem Drittstaat einreist und nicht direkt aus dem Herkunftsstaat, sofern er diesen Drittstaat nur als Durchgangsland nutzt und sich der Aufenthalt in diesem nicht schuldhaft verzögert. So auch das OLG Stuttgart (BeckRS 2010, 18830). Durch das Merkmal der Unmittelbarkeit will Art. 31 Abs. 1 GFK gerade verhindern, dass Flüchtlinge, die sich bereits in einem anderen Staat niedergelassen haben, unter Berufung auf die GFK ungehindert weiterreisen können. Eine Gefährdung dieses Schutzzwecks bestehe bei einer solchen Durchreise hingegen nicht. Im gegebenen Fall hatte sich der Flüchtling auf seiner Flucht aus dem Iran 40 Tage in Griechenland aufgehalten. Das genügt dem BVerfG nicht. Das BVerfG setzt einen neuen Akzent. Der betroffene Flüchtling habe sich nicht niedergelassen. Sein Ziel sei stets die Weiterreise nach

Deutschland gewesen, er habe sich stets um Weiterreisemöglichkeiten gekümmert und Griechenland nur als Durchgangsland genutzt. Mit der **Niederlassung und Niederlassungsabsicht** setzt das BVerfG erfreulicherweise einen im Vergleich zur bisherigen Rechtsprechung strengeren Maßstab. Das müssen im Rahmen des Legalitätsprinzips bereits Polizei und Staatsanwaltschaft beachten.

23   Umstritten ist die **sachliche Weite** des Bestrafungsverbots. Mit einer unerlaubten Einreise entgegen § 14 geht oft einher, dass Flüchtlinge zur Flucht falsche Papiere verwenden. Regelmäßig geht es neben § 95 auch um § 267 StGB. Meine Antwort liegt nach dem hier vertretenen Verständnis auf der Hand. Erneut sprechen Sinn und Zweck der Norm für ein weites Verständnis, nach der sich die **strafbefreiende Wirkung des Art. 31 GFK auch auf typische Begleitdelikte der Flucht erstreckt** (El-Ghazi/Fischer-Lescano StV 2015, 386; NK-AuslR/Fahlbusch Rn. 263; Fischer-Lescano/Horst ZAR 2011, 81 (87); Huber/Mantel AufenthG/Hörich/Bergmann Rn. 281). Die Effektivität des menschenrechtlichen und flüchtlingsrechtlichen Schutzes von Flüchtlingen ist Auslegungsmaßstab. Das Pönalisierungsverbot bezieht sich auf die **strafprozessuale Tat „Flucht" nach § 264 StPO.** Diese einheitliche Beurteilung wird von einer **einschränkenden Sichtweise** durchbrochen (OLG Bamberg BeckRS 2014, 20098; BeckOK AuslR/Hohoff Rn. 108; KHK ZuwanderungsR-HdB/Mosbacher § 10 Rn. 13; MüKoStGB/Gericke Rn. 123).

24   Diese einschränkende Sichtweise findet bedauerlicherweise Zustimmung beim BVerfG (NVwZ 2015, 361 mkritAnm Hörich/Bergmann), so dass die Rechtspraxis dem weiterhin folgen wird. Nach Wortlaut und Sinn und Zweck deutet nach Ansicht des BVerfG der Art. 31 Abs. 1 GFK auf eine Beschränkung der strafbefreienden Wirkung auf einreise- und aufenthaltsrechtliche Delikte hin. Das BVerfG (NVwZ 2015, 361 Rn. 53 mkritAnm Hörich/Bergmann) knüpft Art. 31 Abs. 1 GFK an eine notstandsähnliche Situation der Unmöglichkeit oder Unzumutbarkeit, angesichts einer bestehenden Verfolgungssituation die für die Einreise erforderlichen Modalitäten zu erfüllen. Das gelte auch für die Begleitdelikte wie vor allem die Urkundendelikte. Mit Blick auf § 13 AsylG sei das kaum der Fall – es ging um eine Einreise auf dem Luftweg. Das steht im Gegensatz zur Stellungnahme des UNHCR v. 19.3.2013 (ANA-ZAR 2013, 16). Unter das Bestrafungsverbot sollen danach auch Urkundendelikte fallen, zumal es heute angesichts von Restriktionen die typische Situation sei, dass Menschen mit gefälschten Papieren einreisten. Es ist zu bedauern, dass die das Pönalisierungsverbot einschränkende Sichtweise vom BVerfG abgesegnet ist. Wenn § 95 Abs. 1 Nr. 3 AufenthG und § 267 StGB bei der Einreise tateinheitlich (§ 52 StGB) zusammenfallen, geht es um den Schutz des einreiserechtlichen Rechtsverkehrs. Und dieser strafrechtliche Schutz ist im Interesse des Flüchtlingsschutzes nach Art. 31 Abs. 1 GFK aufhoben. Maßstab für den sachlichen Umfang des Pönalisierungsverbots nach Art. 31 GFK ist meiner Meinung nach die **prozessuale Tat iSd § 264 StPO.** In der Rechtspraxis ist wegen des fehlenden Strafbedürfnisses stets auf § 153 StPO hinzuwirken (NK-AuslR/Fahlbusch Rn. 264).

25   Fast einhellig wird das Bestrafungsverbot dogmatisch als **persönlicher Strafaufhebungsgrund** verstanden (BVerfG NVwZ 2015, 361; BGH NStZ 2018, 286 mAnm Kudlich; NStZ 2015, 402; OLG Köln NStZ-RR 2004, 24; BeckOK AuslR/Hohoff Rn. 106; MüKoStGB/Gericke Rn. 123; als Rechtfertigungsgrund: El-Ghazi/Fischer-Lescano StV 2015, 386 (388); Fischer-Lescano/Horst ZAR 2011, 81 (89 f.); NK-AuslR/Fahlbusch Rn. 253). Dem liegt vor allem eine Folgenbetrachtung zugrunde. Flüchtlingsrechtlich soll der Flüchtling geschützt werden, nicht aber der Schleuser. Dessen strafrechtliche Teilnahme soll dogmatisch erhalten bleiben. Und das verlangt eine vorsätzliche rechtswidrige Haupttat des Flüchtlings (§ 27 StGB und § 96) – daher also der **persönliche Strafaufhebungsgrund.**

IV. § 95 Abs. 1 Nr. 4

26   In verwaltungsakzessorischer Weise pönalisiert Nr. 4 eine vorsätzliche Zuwiderhandlung gegen vollziehbare Anordnungen eines **Ausreiseverbots** (§ 46 Abs. 2) und **des Verbots der politischen Betätigung** (§ 47). Der praktische Anwendungsbereich ist gering (MüKoStGB/Gericke Rn. 61 f.). Bei allem gesetzlichen Formalismus muss gerade das Strafrecht selbstkritisch mit Blick auf den Normadressaten des Migrationsstrafrechts auf seine Bestimmtheit nach Art. 103 Abs. 2 GG achten, was bei verwaltungsrechtlichen Verweisungsketten wie § 46 zweifelhaft ist (NK-AuslR/Fahlbusch Rn. 85). Ebenso lässt sich an der Vereinbarkeit des § 47 mit Art. 5 und 18 GG zweifeln (NK-AuslR/Fahlbusch Rn. 86 f.). Solche Bedenken geben Argumentationsmaterial für die §§ 153 ff. StPO.

27   Achtung: Es heißt mit Verweis auf § 11 FreizügG/EU wiederholt, dass diese Vorschrift auch für Unionsbürger gilt (Erbs/Kohlhaas/Senge Rn. 26; MüKoStGB/Gericke Rn. 60). Richtig ist, dass dort unter anderem § 95 Abs. 1 Nr. 4 genannt ist. Aber im Gegensatz zu § 46 Abs. 2 gilt

gerade die Verweisungsnorm des § 47 nicht für Unionsbürger. Daher kann sich die Strafnorm nicht darauf beziehen. Wortlaut und Systematik sprechen dagegen (Art. 103 Abs. 2 GG). Hier wie auch sonst gilt: Lesen Sie das Gesetz genau.

V. § 95 Abs. 1 Nr. 5

Die Strafvorschrift stellt vorsätzliche Verstöße **gegen § 49 Abs. 2 – Falschangaben bezüglich** 28 **der Identität** – unter Strafe. Für Asylbewerber gilt die Sonderregelung des § 15 AsylG.

VI. § 95 Abs. 1 Nr. 6

Nach § 95 Abs. 1 Nr. 6 macht sich strafbar, wer die **erkennungsdienstlichen Maßnahmen** 29 **nach § 49 Abs. 10** nicht duldet. **Bloßer Ungehorsam** als Passivität darf **nicht strafbar** sein. Als Tathandlung ist daher **aktiver Widerstand** erforderlich (KHK ZuwanderungsR-HdB/Mosbacher § 10 Rn. 17; MüKoStGB/Gericke Rn. 69; weiter Erbs/Kohlhaas/Senge Rn. 34). Strafbar soll auch das bereits bekannte Untertauchen sein (MüKoStGB/Gericke Rn. 69; anders BeckOK AuslR/Hohoff Rn. 52). Das überzeugt nicht, da das im Verhältnis zum aktiven Widerstand nicht mehr als Ungehorsam ist.

Eine Anordnung nach § 49 ist ein belastender polizeilicher oder behördlicher Verwaltungsakt. 30 Es gelten in der Rechtspraxis die Grundsätze der **Verwaltungsakzessorietät,** nach der die verwaltungsrechtliche Maßnahme materiell-rechtlich wirksam sein muss, aber eben nicht materiellrechtlich rechtmäßig – die Grenze ist die verwaltungsrechtliche Nichtigkeit (BGHSt 23, 86 = BeckRS 9998, 110077; BeckOK AuslR/Hohoff Rn. 54; MüKoStGB/Gericke Rn. 71). Die Maßnahme muss aber nach Verwaltungsgrundsätzen vollziehbar sein.

Bei belastenden wirksamen, aber rechtswidrigen Verwaltungsakten erschöpft sich die Strafbarkeit in 30.1 einem bloßen Formalismus – ein rechtswidriger Staatswille ist strafbewehrt. Rechtsschutz soll der Betroffene auf dem Verwaltungsrechtsweg erlangen. Strafbar ist der bloße Verwaltungsungehorsam. In einem Rechtsstaat sollte der Staat das „Risiko" tragen. Ist das hoheitliche Handeln verwaltungsrechtlich rechtswidrig, darf der Staat dem Bürger keinem Pönalisierungsrisiko aussetzen (Kretschmer AuslStrafR § 4 Rn. 27 ff.).

VII. § 95 Abs. 1 Nr. 6a

§ 56 enthält einen umfassenden Katalog von **Überwachungsmaßnahmen gegen aus Grün-** 31 **den der inneren Sicherheit ausgewiesene Ausländer.** Im Wiederholungsfall bzw. nach wiederholtem Hinweis stehen Verstöße unter Strafdrohung.

VIII. § 95 Abs. 1 Nr. 7

Die Norm pönalisiert den wiederholten Verstoß gegen § 61 Abs. 1und Abs. 1c. Dort sind 32 Fälle der gesetzlichen und behördlichen **räumlichen Beschränkung des Aufenthalts** für den vollziehbar ausreisepflichtigen Ausländer geregelt.

Nach der Rechtsprechung (BGH NJW 2011, 3174; BeckOK AuslR/Hohoff Rn. 65; KHK 33 ZuwanderungsR-HdB/Mosbacher § 10 Rn. 23) erfordert das Tatbestandsmerkmal der **Wiederholung** nicht, dass der vorherige gleichartige Verstoß in irgendeiner Weise gerichtlich oder behördlich geahndet wurde. Mag das auch mit dem Wortlaut im Einklang stehen, sollte aus Gründen der Rechtsklarheit und als Warnfunktion irgendeine hoheitliche Reaktion auf den Erstverstoß festgestellt sein (NK-AuslR/Fahlbusch Rn. 160).

IX. § 95 Abs. 1 Nr. 8

Die **Zugehörigkeit zu einem geheimen Ausländerverein** steht unter Strafe. Praktische 34 Bedeutung hat die Norm nicht. Täter können nur Ausländer sein, für die das AufenthG gilt. Deutsche können Mitglieder sein, unterfallen aber wie Unionsbürger (Art. 18 AEUV) nicht der Strafdrohung (Bergmann/Dienelt/Winkelmann/Stephan Rn. 76 f.). Teilnahme ist aber wie stets möglich.

X. § 95 Abs. 1a

Die Strafbarkeit einer **Erwerbstätigkeit eines Inhabers eines sog. Schengen-Visums** 35 schließt eine Strafbarkeitslücke. **Normadressat** ist der sog. **Negativstaater.** Der **Negativstaater,** der für einen Kurzaufenthalt ein Schengen-Visum nach § 6 Abs. 1 Nr. 1 benötigt, darf nicht arbeiten (§ 6 Abs. 2a). Mit Aufnahme einer unselbstständigen Beschäftigung oder einer selbstständigen Tätigkeit behält verwaltungsrechtlich das Schengen-Visum als **transnationaler Rechtsakt** seine Wirksamkeit und kann und muss von den nationalen Behörden aufgehoben werden (BGH NJW 2005, 2095; Erbs/Kohlhaas/Senge Rn. 47; Art. 34 Visakodex). Sie erinnern sich an den Streit aus § 95 Abs. 1 Nr. 2 um die objektive (BGH BeckRS 2021, 5118; OLG Celle BeckRS 2014, 10853; BeckOK AuslR/Hohoff Rn. 16) und subjektive Auslegung der Erforderlichkeit? Daher bestimmt § 95 Abs. 1a eine eigenständige Strafbarkeit. Der **Positivstaater** macht sich im Moment der Aufnahme der Tätigkeit strafbar, da in diesem Moment sein Aufenthalt unerlaubt ist (§ 95 Abs. 1 Nr. 2).

36 Der Ausländer, der keinen Aufenthaltstitel hat, und entgegen § 4a Abs. 4 eine selbstständige Tätigkeit ausübt, begeht eine Ordnungswidrigkeit nach § 98 Abs. 3 Nr. 1.

XI. § 95 Abs. 2

37 Eine erhöhte Strafandrohung enthält § 95 Abs. 2 in drei Fällen.

1. § 95 Abs. 2 Nr. 1

38 § 95 Abs. 2 Nr. 1 ist eine Qualifikation zu § 95 Abs. 1 Nr. 1–3. Das Qualifikationsmerkmal ist der Verstoß gegen § 11 Abs. 1 S. 1 (**Verstoß gegen ein Einreise- und Aufenthaltsverbot** nach Ausweisung, Zurückschiebung und Abschiebung) und gegen § 11 Abs. 6 oder Abs. 7.

39 Nach dem Prinzip der **Verwaltungsakzessorietät** kommt es auf die verwaltungsrechtliche materielle Rechtmäßigkeit des belastenden Verwaltungsakts der Ausweisung usw nicht an (MüKoStGB/Gericke Rn. 97). Der Verwaltungsakt muss wirksam, er darf nicht nichtig sein. Das wird aber selbst von Anhängern der Verwaltungsakzessorietät als **Durchbrechung der Verwaltungsakzessorietät** auch anders bewertet (BeckOK AuslR/Hohoff Rn. 84; Erbs/Kohlhaas/Senge Rn. 51; Huber/Mantel AufenthG/Hörich/Bergmann Rn. 215). Damit folgt man der verwaltungsrechtlichen Rechtsprechung, nach der das Einreise- und Aufenthaltsverbot nur eingreift, wenn die Maßnahme **rechtmäßig** ist. Diese Frage hat das Strafgericht dann selbst zu prüfen.

39.1 Das steht in inhaltlicher Übereinstimmung mit meiner Ansicht, nach der bei belastenden Verwaltungsakten die materiell-rechtliche Rechtmäßigkeit eh Voraussetzung für die Strafbarkeit ist, da ansonsten bloßer Verwaltungsungehorsam gegen einen rechtswidrigen Staatswillen bestraft werden würde (NK-AuslR/Fahlbusch Rn. 195; Kretschmer AuslStrafR § 4 Rn. 5 ff., 132). Das aber ist eines Rechtsstaats unwürdig.

40 **Tathandlung** ist eine illegale Einreise oder ein illegaler Aufenthalt. Sind diese legal, scheitert eine Strafbarkeit. Daher hindert auch ein erschlichenes, aber eben wirksames Schengen-Visum die Strafbarkeit (MüKoStGB/Gericke Rn. 96). § 96 Abs. 6 erfasst im Wortlaut § 95 Abs. 2 Nr. 1 nicht.

2. § 95 Abs. 2 Nr. 1a

41 Tathandlung dieser Tatvariante in § 95 ist das Zuwiderhandeln gegen eine vollstreckbare gerichtliche Anordnung nach § 56a Abs. 1. Taterfolg ist die Verhinderung der kontinuierlichen Feststellung des Aufenthaltsortes durch eine in § 56a Abs. 3 genannte zuständige Stelle. Die Tat ist nach Abs. 7 nur auf Antrag (§§ 77–77d StGB) einer genannten zuständigen – Ausländerbehörde oder sonstigen nach Landesrecht – Stelle verfolgbar.

42 § 56a regelt die **elektronische Aufenthaltsüberwachung** bei bestimmten – gefährlichen – Ausländern, um eine erhebliche Gefahr für die innere Sicherheit oder für Leib oder Leben Dritter abzuwehren. Diese kann und darf allein gegen eine als besonders gefährlich angesehene Gruppe von Ausländern angeordnet werden: § 56 Abs. 2 und Abs. 3 oder § 56 Abs. 4. Diese Normen verweisen ihrerseits auf die §§ 54 Abs. 1 Nr. 2–5 und 58a. So unterliegt eine Person, gegen die das Ausweisungsinteresse nach § 54 Abs. 1 Nr. 5 – Aufruf zu Hass gegen Teile der Bevölkerung – besteht, der räumlichen Beschränkung nach § 56 Abs. 2. Und hier greift dann die mögliche elektronische Aufenthaltsüberwachung nach § 56a, die strafbewehrt ist. Das ist – unabhängig von verfassungsrechtlichen Bedenken gegen diese Totalüberwachung als Bewegungsprofil (keine Bedenken bei BeckOK AuslR/Fleuß § 56a Rn. 2; Hörich/Tewocht NVwZ 2017, 1153 (1157)) – kompliziert und unüberschaubar geregelt, vor allem mit Blick auf sprachliche Schwierigkeiten des Betroffenen. Das ist besonders irrtumsanfällig nach den §§ 16 und 17 StGB – eine Chance für die **Strafverteidigung.**

43 Eine Zuwiderhandlung kann vor allem in der technischen Beeinflussung der Funktionsfähigkeit liegen (MüKoStGB/Gericke Rn. 102). Was aber eine kontinuierliche Beeinträchtigung sein soll, erschließt sich nicht (Art. 103 Abs. 2 GG). Ab welchem zeitlichen Maß soll das gelten? Und wie ist das bei wiederholten kurzzeitigen Beeinflussungen? Der Wille des Gesetzgebers (BT-Drs. 18/11546, 22), dass allein bedeutsame Zuwiderhandlungen bestraft werden, kann nicht durch das Antragserfordernis nach Abs. 7 aufgefangen werden. Das muss der Gesetzgeber selbst verantwortlich regeln.

3. § 95 Abs. 2 Nr. 2

Die Strafvorschrift des Erschleichens einer Aufenthaltserlaubnis und das Gebrauchen einer **44** Urkunde hat mit 3.575 Verdachtsfällen in der PKS 2016 bzw. 5.594 für 2017 bzw. 7.196 für 2018 und 8.461 für 2019 und **6.829 für 2020** eine gewisse **Praxisrelevanz.** Strafbar macht sich vor allem, wer unrichtige oder unvollständige Angaben macht oder benutzt, um für sich oder einen anderen einen Aufenthaltstitel oder eine Duldung zu erlangen. § 95 Abs. 2 Nr. 2 ist eine der wenigen Normen des Ausländerstrafrechts, die auch von **Deutschen als Täter** begangen werden können. **Unrichtig** sind Angaben, wenn sie nicht dem wahren Sachverhalt entsprechen.

Die Strafvorschrift ist **abstraktes Gefährdungsdelikt** (BGH NJW 2016, 419 mAnm Kretsch- **45** mer; BayObLG BeckRS 2020, 2282; BeckOK AuslR/Hohoff Rn. 91). Das wirkt sich nach der Rechtsprechung auf die Auslegung aus, was unrichtige und unvollständige Angaben sind. Nach dem BGH (NJW 2016, 419; ebenso MüKoStGB/Gericke Rn. 106) ist es zur Erfüllung des Tatbestandes nicht erforderlich, dass die falschen Angaben der Antragstellerin zur Beschaffung des Aufenthaltstitels konkret geeignet sind; es genüge die allgemeine Eignung zur Verschaffung eines unrechtmäßigen Aufenthaltstitels. Es kommt danach auch nicht darauf an, ob ein Anspruch auf den Titel bestehe. Das folgt aus dem **Schutzzweck der Norm.** Nach ihrem Zweck stelle sie den Rechtsmissbrauch zur Erlangung eines Aufenthaltstitels im Vorfeld der behördlichen Entscheidung unter Strafe. Es genüge daher, wenn der Antragsteller solche Angaben mache, die im Allgemeinen zur Verschaffung eines unrechtmäßigen Aufenthaltstitels geeignet sind. Zum **Anwendungsbereich** siehe OLG Brandenburg (BeckRS 2019, 28322): „§ 95 Abs. 2 Nr. 2 AufenthG erfasst nicht falsche Angaben zur Erlangung einer Aufenthaltsgestattung nach § 55 AsylG, da diese weder einen Aufenthaltstitel noch eine Duldung darstellt. Die Strafbarkeit von **Asylbewerbern** im Asylverfahren bemisst sich nach den §§ 84 ff. AsylG. Gemäß § 84 Abs. 1 AsylG werden jedoch nur diejenigen bestraft, die den Asylbewerber zu den Falschangaben „verleiten oder unterstützen". Der **Asylbewerber** hingegen macht sich **nicht strafbar.**" Wortlaut und Systematik sind in diesem Fall eindeutig (ebenfalls BayObLG BeckRS 2020, 2282). Es verwundert, wenn das teilweise in der Strafrechtspraxis nicht erkannt wird. Siehe umfassend zu dieser Rechtsfrage → AsylG § 84 Rn. 2.

Diese extensive Auslegung des § 95 Abs. 2 Nr. 2 überzeugt nicht. Abstrakte Gefährdungsdelikte haben **45.1** die Tendenz, auch absolut ungefährliche Verhaltensweisen unter Strafe zu stellen, mag auch die Gefährdung des geschützten Rechtsguts absolut ausgeschlossen sein. Das ist bspw. bekannt aus § 306a Abs. 1 Nr. 1 StGB oder aus § 153 StGB. In solchen Fällen ist bereits im objektiven Tatbestand an eine teleologische Reduktion der Strafvorschrift zu denken. Bei § 95 Abs. 2 Nr. 2 gilt das vor allem, wenn der „lügende" Antragsteller einen materiell-rechtlichen Anspruch auf den Aufenthaltstitel hat bzw. die unrichtigen Angaben für das konkrete Verwaltungsverfahren keine entscheidungserhebliche Bedeutung haben, also **unwesentlich** sind. Eine solche gesetzliche Regelung enthält vorbildlich § 42 StAG (BGH NJW 2017, 899 mAnm Kretschmer). Nur aufenthaltsrelevante Angaben sind in § 95 Abs. 2 Nr. 2 normrelevant (NK-AuslR/Fahlbusch Rn. 219; Kretschmer NJW 2017, 899; Schmidt, Verteidigung von Ausländern, 4. Aufl. 2016, Rn. 205). Daher sind Angaben zum Beruf des Vaters oder zum Alter der Geschwister nicht unter die Norm zu subsumieren.

Praxisrelevant ist § 95 Abs. 2 Nr. 2 in den Fällen der sog. **Scheinvaterschaft** und der sog. **46** **Scheinehe.** Einzelheiten sind wie stets umstritten und erlauben eine Argumentation in beide Richtungen (Kretschmer AuslStrafR § 4 Rn. 150 ff.; Schiedermair/Wollenschläger AuslR.-HdB/Waßmer, Stand: 2019, Rn. 249 ff.). Wer Vater eines Kindes ist, ergibt sich nach dem OLG Hamm (NJW 2008, 1240) aus der abschließenden Vorschrift des § 1592 BGB. Für die Wirksamkeit einer Anerkennung der Vaterschaft komme es auf die tatsächliche biologisch-genetische Abstammung nicht an. Aus Gründen der Einheit der Rechtsordnung sind die Strafgerichte an die durch die Anerkennung entstandenen rechtlichen Auswirkungen der Vaterschaft gebunden. Das gilt demnach auch für ein bewusst unrichtiges Vaterschaftsanerkenntnis (OLG Hamm NJW 2008, 1240; BeckOK AuslR/Hohoff Rn. 94; anders LG Hildesheim NStZ 2006, 360; MüKoStGB/Gericke Rn. 113). Die Vaterschaftsanerkennung muss rechtswirksam sein (beachte § 1597a BGB). Anders soll das bei der **Scheinehe** sein (BeckOK AuslR/Hohoff Rn. 95; erst recht MüKoStGB/Gericke Rn. 112; kritisch Huber/Mantel AufenthG/Hörich/Bergmann Rn. 245). Bei der Scheinehe genügt nicht wie bei der Scheinvaterschaft nach § 1592 BGB die formale Erklärung, sondern es geht um das materielle Element des Eingehens einer ehelichen Lebensgemeinschaft nach § 1353 BGB, die bei einer Scheinehe zur Erlangung eines Aufenthaltstitels vorgetäuscht wird (s. § 27 Abs. 1a). Bei diesen grundrechtssensiblen Bereichen der Privat- und Intimsphäre ist vor allem im Strafverfahren auf den unantastbaren Kernbereich der privaten Lebensgestaltung als Grenze der Ermittlungen zu achten (Art. 1 GG). Insbesondere bei der **Scheinehe** kommt auch die **Täter-schaft** des und der **deutschen Partners oder Partnerin** in Betracht.

47   § 95 Abs. 2 Nr. 2 konsumiert die mittelbare Falschbeurkundung (BGH NJW 2016, 419).

48   § 95 Abs. 4 erlaubt die **Einziehung** als Rechtsfolge.

XII. Versuch

49   Die versuchte Einreise nach § 95 Abs. 1 Nr. 3 und Abs. 2 Nr. 1 lit. a und der Versuch nach § 95 Abs. 1a ist strafbar. Migrationsstrafrecht ist Strafrecht, so dass die allgemeinen Regeln des Versuchs nach §§ 22 ff. StGB gelten.

XIII. § 95 Abs. 6

50   „Durch arglistige Täuschung der zuständigen Behörden des Ausstellermitgliedstaats über den wahren Reisezweck erlangte, jedoch formell bestandskräftige Visa für Drittstaatsangehörigen schließen deren Strafbarkeit wegen illegaler Einreise und illegalen Aufenthalts (§ 95 Abs. 1 Nr. 2, 3 AufenthG) sowie eine Strafbarkeit gemäß den hieran anknüpfenden Schleusertatbeständen der §§ 96, 97 AufenthG nach § 95 VI AufenthG verfassungsrechtlich unbedenklich nicht aus; Unions-recht steht dem nicht entgegen." (so der BGH NStZ 2012, 644; → Rn. 51.1).

51   Wichtig ist das Datum (2012). Wichtig ist § 95 Abs. 6, der 2007 in das AufenthG eingeführt wurde, und zwar als gesetzgeberische Reaktion auf die bereits mehrfach angesprochene Entschei-dung des BGH (BGHSt 50, 105 = NJW 2005, 2095), nach der eine verwaltungsrechtlich wirksam erteilte Aufenthaltserlaubnis, auch wenn sie rechtsmissbräuchlich erlangt wurde. Dem steht § 95 Abs. 6 entgegen. In § 95 Abs. 6 liegt eine **Durchbrechung der Verwal-tungsakzessorietät** (BGH BeckRS 2021, 5118 Rn. 60; 2018, 1433; NStZ 2012, 644 (646); BeckOK AuslR/Hohoff Rn. 20; Kretschmer NStZ 2013, 570 (576 f.)). Mag auch verwaltungs-rechtlich der Aufenthaltstitel als Verwaltungsakt wirksam sein, so wird die Täterin strafrechtlich – und darin liegt die Durchbrechung – so behandelt, als hätte sie keinen Aufenthaltstitel. § 95 Abs. 6 enthält eine **Gleichstellungsklausel** für das Strafrecht. Derjenige, der rechtsmissbräuchlich einen Aufenthaltstitel erlangt, steht strafrechtlich demjenigen gleich, der einen solchen bei Einreise und Aufenthalt gar nicht hatte. Diese Gleichstellungsklausel erweitert so den Anwendungsbereich des § 95 Abs. 1 Nr. 2 und Nr. 3 auf solche Fälle des Rechtsmissbrauchs.

51.1   Der Sachverhalt aus BGH NStZ 2012, 644: Es ging um vietnamesische Banden, die vietnamesische Staatsbürger gegen Bezahlung aus Vietnam illegal nach Deutschland brachten. Dabei wurde der ungarischen Botschaft in Vietnam vorgespiegelt, bei den zu schleusenden Vietnamesen handle es sich um Mitglieder touristischer Reisegruppen. In dieser irrigen Annahme erteilte die ungarische Botschaft Schengen-Visa, die einen bis zu dreimonatigen Kurzaufenthalt im Schengen-Raum zulassen. Wie von vornherein beabsichtigt, blieben die so nach Deutschland geschleusten Migranten länger als die erlaubten drei Monate, um zu arbeiten.

52   Wie wir bereits wissen, erlaubt ein sog. Schengen-Visum (§ 6 Abs. 1 Nr. 1) den kurzfristigen Aufenthalt im Schengen-Raum. Nach Art. 21 Visakodex muss das Konsulat vor allem prüfen, ob die Angaben der Antragstellerin zum Zweck und zu den Bedingungen des beabsichtigten Aufent-halts begründet sind. Zu prüfen ist auch, ob beim Antragsteller das Risiko der illegalen Einreise besteht und ob er beabsichtigt, vor Ablauf der Geltungsdauer des beantragten Visums das Hoheits-gebiet der Mitgliedstaaten zu verlassen. In diesem Punkt waren die Angaben der vietnamesischen Antragsteller unrichtig. Das erfüllt zwar § 95 Abs. 2 Nr. 2. Aber Angaben im Ausland erfüllen den Tatbestand des § 95 Abs. 2 Nr. 2 nicht (MüKoStGB/Gericke Rn. 107; Schott ZAR 2012, 276; § 3 StGB).

53   Erfüllt sind die Voraussetzungen des § 95 Abs. 6. Es handelt sich **nicht um einen eigenstän-digen Straftatbestand,** sondern um eine **Gleichstellungsklausel** (BGH BeckRS 2021, 5118 Rn. 60; NStZ 2012, 644; BeckOK AuslR/Hohoff Rn. 21; Erbs/Kohlhaas/Senge Rn. 11a, 19a, 63; Schott ZAR 2012, 276). § 95 Abs. 6 stellt für die Fälle des unerlaubten Aufenthalts und der unerlaubten Einreise (§ 95 Abs. 1 Nr. 2 und Nr. 3) ein Handeln aufgrund eines solchermaßen erlangten Aufenthaltstitels einem Handeln ohne den erforderlichen Aufenthaltstitel gleich. Die

Vorschrift bewirkt in den relevanten Fällen trotz Vorhandenseins eines verwaltungsrechtlich formell bestandskräftigen Aufenthaltstitels eine Strafbarkeit nach § 95 Abs. 1 Nr. 2 und Nr. 3.

Diese **Durchbrechung der Verwaltungsakzessorietät** ist im **fehlenden Vertrauensschutz** 54 gerechtfertigt. Beim rechtsmissbräuchlichen Erwerb des Aufenthaltstitels können sich die geschleusten Personen und die diese unterstützenden Mitglieder der Schleuserorganisationen nicht auf Vertrauensschutz berufen (BGH NStZ 2012, 644 (646)). Das Strafrecht folgt an dieser Stelle bei rechtsmissbräuchlichem Verhalten nach § 95 Abs. 6 eigenen Regeln und löst sich vom Verwaltungsrecht. Auf das **Verwaltungsrecht hat § 95 Abs. 6 keine rechtliche Auswirkung.**

Die rechtlichen Wirkungen für § 95 Abs. 1 Nr. 2 sind umstritten. § 95 Abs. 1 Nr. 2 hat neben dem 54.1 Tatbestandsmerkmal „ohne erforderlichen Aufenthaltstitel" weitere Voraussetzungen in Abs. 1 Nr. 2 lit. a–c. Verwaltungsrechtlich hat der Migrant weiterhin einen Aufenthaltstitel. Das veranlasst dazu, diese verwaltungsrechtlichen Voraussetzungen nicht durch § 96 Abs. 6 ersetzt zu sehen (MüKoStGB/Gericke Rn. 37; Schott ZAR 2012, 276 (278); zweifelnd Huber/Mantel AufenthG/Hörich/Bergmann Rn. 63), so dass die Erweiterung des § 95 Abs. 6 für den illegalen Aufenthalt wirkungslos wäre. Das sieht der BGH (NStZ 2012, 644 (645); BeckOK AuslR/Hohoff Rn. 21; Erbs/Kohlhaas/Senge Rn. 11a) nicht so (vollständige Fiktion des § 95 Abs. 1 Nr. 2 über § 95 Abs. 6). Letztendlich geht es darum, inwieweit das Strafrecht wegen § 95 Abs. 6 eigenständigen Regeln folgt oder inwieweit eine Bindung an das Verwaltungsrecht gilt. Das ist eine Frage des Art. 103 Abs. 2 GG (NK-AuslR/Fahlbusch Rn. 274). Das alles überrascht nicht, da das Migrationsstrafrecht wie im Übrigen das Umweltstrafrecht (dort § 330d Nr. 5 StGB) eine Mischung aus Strafrecht und Verwaltungsrecht ist.

Gesetzlich geregelte Fälle des Rechtsmissbrauchs sind Drohung (§ 240 StGB), Bestechung, 55 Kollusion und das Erschleichen eines Aufenthaltstitels. Die Tatmodalität des Erschleichens eines Aufenthaltstitels im Wege falscher oder unvollständiger Angaben wird wie bei § 95 Abs. 2 Nr. 2 ausgelegt (NK-AuslR/Fahlbusch Rn. 272; Schott ZAR 2012, 276). Das spezifische Erschleichen verlangt aber zudem ein von List und Täuschung geprägtes Vorgehen (Schott ZAR 2012, 276). Im Strafverfahren ist aufzuklären, ob die Verhaltensweisen kausal für die Erteilung des Aufenthaltstitels waren (BGH BeckRS 2018, 1433). Dazu bedarf es **strafgerichtlicher Feststellungen.**

XIV. Teilnahme

Unabhängig von den §§ 96 und 97 ist eine Teilnahme an den Haupttaten des § 95 rechtlich 56 möglich.

Als **Hilfeleistung** iSd § 27 StGB ist nach dem BGH (NStZ 2017, 337; 2016, 419) grundsätzlich 57 jede Handlung anzusehen, welche die Herbeiführung des Taterfolgs des Haupttäters objektiv fördert, ohne dass sie für den Erfolg selbst ursächlich sein muss. „Der Annahme einer Beihilfe (§ 27 StGB) zum unerlaubten Aufenthalt eines Ausländers nach § 95 I Nr. 2 AufenthG durch tätige Hilfeleistung steht es nicht entgegen, dass der Haupttäter auch ungeachtet der Hilfeleistung zur Fortsetzung des unerlaubten Aufenthalts entschlossen ist", formuliert der BGH (NStZ 2010, 171 mzustAnm Mosbacher NStZ 2010, 457) in einem extensiven Rechtsverständnis. Einen Freiraum bei der **Wohnungsunterbringung** deutet der BGH (NJW 1990, 2207) an, wenn sich der Teilnehmer darauf beschränkt, durch die Beherbergung in Unterbringung in menschenunwürdigen Verhältnissen zu ersparen. Die Teilnahme an einer Straftat unterliegt wie auch die Täterschaft der die Kausalität einschränkenden Zurechnungsebene der objektiven Zurechnung (Kretschmer JURA 2008, 265). Oder: Anstiftung und Beihilfe müssen eine rechtlich missbilligte bzw. qualifizierte Gefahr für die Begehung der Haupttat durch den Täter schaffen – qualifizierte Risikoerhöhung für die durch die Haupttat geschützte Rechtsgut. Hier bietet sich **Spielraum für die Strafverteidigung.**

Unterkunft, Kirchenasyl, Transport, Verpflegung, Kleidung, Sprachunterricht, medizinische 58 Hilfe, Geld, Beschäftigung: all das können Tätigkeiten sein, die als Beihilfe nach § 27 StGB zur unerlaubten Einreise oder zum unerlaubten Aufenthalt nach § 95 Abs. 1 Nr. 1–3 strafbar ist. Andererseits wird mit diesen **humanitären Tätigkeiten** oft, nicht immer ein Beitrag zu einem menschenwürdigen Dasein geschaffen. Wo ist die Grenze zur Strafbarkeit? Wann ist ein humanitärer Beitrag eine Handlung, die eine rechtlich missbillige, qualifizierte Gefahr für die Begehung einer Haupttat schafft?

Voraussetzung der Beihilfe ist, dass etwa der illegale Aufenthalt objektiv erleichtert oder geför- 59 dert wird. Wie bereits angeführt soll es dabei unbeachtlich sein, dass der Ausländer als Haupttäter ungeachtet der Hilfeleistung bereits zur Fortsetzung seines Aufenthalts entschlossen ist (BeckOK AuslR/Hohoff Rn. 26; MüKoStGB/Gericke Rn. 48). Das wurde aber auch anders gesehen. Nach dem BayObLG (NJW 2002, 1663; OLG Düsseldorf StV 2002, 312; NK-AuslR/Fahlbusch

Rn. 61 ff.) liegt eine konkrete Förderung oder Erleichterung der Haupttat durch die Bestärkung des Tatentschlusses regelmäßig dann nicht vor, wenn bei einem Dauerdelikt wie einem Vergehen des unerlaubten Aufenthalts der Täter zur Fortsetzung seines Verhaltens unter allen Umständen entschlossen ist. Würden einem solchermaßen in seinem Tatentschluss endgültig gefestigten Täter Umstände geboten, die ihm das illegale Verweilen im Bundesgebiet erleichtern (wie Unterkunft und Erwerbsmöglichkeit), von denen er aber seinen Aufenthalt nicht abhängig mache, so vermöge das die durch den Täter verwirklichte Rechtsgutsverletzung nicht mehr konkret fördern. Wirke sich der Beitrag des Gehilfen bei der Tatbestandsverwirklichung nicht aus, liege keine Beihilfehandlung vor. Hier lässt sich der einschränkende Gedanke der objektiven Zurechnung erkennen. Sozialadäquates Handeln überschreitet die Grenze zur Strafbarkeit nicht.

60   Nach einem straffreundlichen Verständnis soll es im Rahmen der Teilnahme keinen Freiraum bei **Unterstützungshandlungen aus humanitären und karitativen Gründen** geben (BeckOK AuslR/Hohoff Rn. 26; MüKoStGB/Gericke Rn. 48). Das trifft vor allem auf **medizinische Hilfe** zu, die Menschen anonym gewährt wird (Lehmann ZAR 2008, 24 spricht sich für § 34 StGB aus). Zu erwähnen ist die Malteser Migranten Medizin. Rein formal ist die Subsumtion unter § 95 Abs. 1 Nr. 1 und Nr. 2 iVm § 27 StGB unproblematisch. Insbesondere bei den anonymen medizinischen Anlaufstellen liegt auch der Gehilfenvorsatz auf der Hand. Die straffreundliche Sichtweise betont, dass die Straffreiheit humanitärer Handlungen die Ausnahme ist und besonders legitimiert werden muss – ggf. nur auf dem strafprozessualen Weg der §§ 153 ff. StPO. Die **beschuldigtenfreundliche Sicht** verlangt eine spezielle Begründung für die Strafbarkeit humanitären Handelns. Es darf nicht vergessen werden, dass nach § 1 im AufenthG auch die **humanitäre Verpflichtung** zum Ausdruck kommt. Das gilt auch für Auslegung und Anwendung der Strafvorschriften. Und dahinter steht letztendlich der Art. 1 GG. Medizinische Hilfe schafft die **Grundlage für ein menschenwürdiges Dasein** des Ausländers, der sich unerlaubt in Deutschland aufhält. Das betrifft in vielen Fällen auch Hilfe durch Kleidung, Sprachunterricht oder Unterbringung. Und die Straflosigkeit der Rechtsberatung erklärt sich in einem Rechtsstaat von selbst (NK-AuslR/Fahlbusch Rn. 44 f.) Der Beihilfecharakter wird deutlich. Wer die Sprache des Landes spricht, fällt bei Polizeikontrollen und auch sonst nicht auf. Und wer nicht auffällt, dem ist der Aufenthalt erleichtert. Den Gedanken eines strafrechtlichen Freiraums kennt auch das AufenthG selbst. So sind Schulen sowie Bildungs- und Erziehungseinrichtungen von der Mitwirkungspflicht des § 87 ausgenommen. Wer an der Erziehung, an Sprachunterricht, an Integration teilnimmt, soll und muss straffrei sein.

61   Medizinisch und soziale Betreuung von Migranten, Verpflegung und Bereitstellen von Kleidung und Wohnraum, Sprachunterricht, Rechtsberatung (s. KHK ZuwanderungsR-HdB/Mosbacher § 10 Rn. 35; NK-AuslR/Fahlbusch Rn. 44 f; Schiedermair/Wollenschläger AuslR-HdB/Waßmer, Stand: 2019, Rn. 73 ff.) tragen zu einem menschenwürdigen Dasein und Leben bei. Derartige Hilfe schafft **keine rechtlich missbillige Gefahr.** Es fehlt an der objektiven Zurechnung (NK-AuslR/Fahlbusch Rn. 44 f.; Kretschmer ZAR 2013, 278; Kretschmer FS Rogall, 2018, 194). Als Auslegungshilfe kann erneut auf die AufenthGAVwV verwiesen werden. Unter Vor 95.1.4 AufenthGAVwV heißt es, dass Handlungen von Personen, die im Rahmen ihres Berufes oder ihres sozial anerkannten Ehrenamtes tätig werden, regelmäßig keine Beteiligung leisten, soweit die Handlungen sich objektiv auf die Erfüllung ihrer rechtlich festgelegten bzw. anerkannten berufs- und ehrenamtlichen Pflichten beschränken. Exemplarisch werden Apotheker, Ärzte, Hebammen, Angehörige von Pflegeberufen, Psychiater, Seelsorger, Lehrer, Sozialarbeiter, Richter und Rechtsanwälte genannt. Näher wird ausgeführt, dass zum Rahmen dieser Aufgaben auch die soziale Betreuung und Beratung aus humanitären Gründen gehören kann, mit dem Ziel, Hilfen zu einem menschenwürdigen Leben und zu einer Milderung von Not und Hilflosigkeit der betroffenen Ausländer zu leisten. Klarer kann der normative Gedanke der objektiven Zurechnung als rechtlich missbilligte Gefahrschaffung der Risikoerhöhung nicht formuliert werden. Das gilt es bereits bei der Bewertung eines Anfangsverdachts einschränkend zu berücksichtigen. Ein Appell an Staatsanwaltschaft und Polizei.

62   Die **Grenze der Strafbarkeit** ist erst überschritten, wenn der Hilfeleistende **sozialinadäquat** handelt. Das ist der Fall bei der Beschaffung gefälschter Papiere oder bei unredlichen Vielfacheinladungen (NK-AuslR/Fahlbusch Rn. 45). Weiter sind zu nennen das Verbergen von Migranten, das Befördern über die Grenze und die Gewährung von Erwerbsarbeit. Das kann als Beihilfe zur unerlaubten Einreise nach § 95 Abs. 1 Nr. 3 oder zum unerlaubten Aufenthalt nach § 95 Abs. 1 Nr. 1 und Nr. 2 strafbar sein. Oder unter den Voraussetzungen des § 96 nach dieser Norm.

62.1   In diesem Problemkreis steht auch das rechtspolitisch umstrittene Thema **Kirchenasyl** (Botta ZAR 2017, 434). Auch hier stehen sich straffreundliche (LG Osnabrück NStZ 2002, 604; BeckOK AuslR/

Hohoff Rn. 26; Bergmann/Dienelt/Winkelmann/Stephan Rn. 40, Bergmann/Dienelt § 96 Rn. 12; MüKoStGB/Gericke Rn. 48; auch Larsen ZAR 2017, 121) und flüchtlingsfreundliche (Huber/Mantel AufenthG/Hörich/Bergmann Rn. 73; NK-AuslR/Fahlbusch Rn. 64, NK-AuslR § 96 Rn. 45) Ansichten gegenüber. In einer säkularen Rechtsordnung steht Kirchenasyl außerhalb des Rechts und ändert an der ausländerverwaltungsrechtlichen Rechtslage nichts. So entschied das OLG München am 3.5.2018 (BeckRS 2018, 7252 mAnm Bieda ZAR 2018, 272): „Kirchenasyl ist kein in der geltenden Rechtsordnung anerkanntes Rechtsinstitut. Der Eintritt in ein Kirchenasyl begründet deshalb keinen Anspruch auf Erteilung einer Duldung." Aber: Beim sog. stillen und offenen Kirchenasyl (die Ausländerbehörde hat in diesen Fällen Kenntnis vom Aufenthalt, sieht aber von einer Rückführung ab), liegt eine konkludente Duldung vor (NK-AuslR/Fahlbusch Rn. 64; Kretschmer AuslStrafR § 4 Rn. 212; Pfaff ZAR 2003, 148). Die Schriftform der Duldung nach § 60a Abs. 4 steht dem nicht entgegen (NK-AuslR/Bruns § 60a Rn. 4). Sieht die Behörde im Einzelfall von der Durchsetzung der Ausreisepflicht ab, liegt eine Duldung vor. Ein mit Billigung der Ausländerbehörde bestehender aufenthaltsrechtlicher Status unterhalb der Duldung ist rechtlich nicht möglich. Anders dagegen das bereits erwähnte Urteil des OLG München (BeckRS 2018, 7252): „Unterlässt die Ausländerbehörde die Vollziehung der Abschiebung, weil sie Kirchenasyl grundsätzlich als christlich-humanitäre Tradition toleriert, so liegt darin weder eine Ermessensduldung noch eine stillschweigende bzw. faktische Duldung und führt dies auch nicht zum Wegfall der Strafbarkeit." Das übersieht jedoch, dass das bewusste Nichthandeln der Ausländerbehörde, die gleichsam Schutzgarantin des Ausländerrechts ist, einen schlüssigen Erklärungswert hat. Im Einzelfall gelangte auch das OLG München aufgrund einer zwischen dem BAMF und der katholischen und evangelischen Kirche getroffenen Vereinbarung v. 24.2.2015 zur Straflosigkeit – aber eben allein aus diesem Grund.

63 Unabhängig vom materiell-rechtlichen Aspekt ist auch in diesem Bereich auf die §§ 153 ff. StPO hinzuweisen (BeckOK AuslR/Hohoff Rn. 26; MüKoStGB/Gericke Rn. 48).

B. Prozessuales

64 Die nicht einfache Rechtsmaterie aus nationalem und europäischem Recht des Migrationsstrafrechts erfordert die Bestellung eines **Pflichtverteidigers** (NK-AuslR/Fahlbusch Rn. 37, 264; Hörich/Bergmann NJW 2012, 3339 (3343); Schmidt, Verteidigung von Ausländern, 4. Aufl. 2016, Rn. 325 ff.) nach § 140 Abs. 2 StPO.

§ 96 Einschleusen von Ausländern

(1) Mit Freiheitsstrafe von drei Monaten bis zu fünf Jahren, in minder schweren Fällen mit Freiheitsstrafe bis zu fünf Jahren oder mit Geldstrafe wird bestraft, wer einen anderen anstiftet oder ihm dazu Hilfe leistet, eine Handlung
1. nach § 95 Abs. 1 Nr. 3 oder Abs. 2 Nr. 1 Buchstabe a zu begehen und
   a) dafür einen Vorteil erhält oder sich versprechen lässt oder
   b) wiederholt oder zugunsten von mehreren Ausländern handelt oder
2. nach § 95 Abs. 1 Nr. 1 oder Nr. 2, Abs. 1a oder Abs. 2 Nr. 1 Buchstabe b oder Nr. 2 zu begehen und dafür einen Vermögensvorteil erhält oder sich versprechen lässt.

(2) ¹Mit Freiheitsstrafe von sechs Monaten bis zu zehn Jahren wird bestraft, wer in den Fällen des Absatzes 1
1. gewerbsmäßig handelt,
2. als Mitglied einer Bande, die sich zur fortgesetzten Begehung solcher Taten verbunden hat, handelt,
3. eine Schusswaffe bei sich führt, wenn sich die Tat auf eine Handlung nach § 95 Abs. 1 Nr. 3 oder Abs. 2 Nr. 1 Buchstabe a bezieht,
4. eine andere Waffe bei sich führt, um diese bei der Tat zu verwenden, wenn sich die Tat auf eine Handlung nach § 95 Abs. 1 Nr. 3 oder Abs. 2 Nr. 1 Buchstabe a bezieht, oder
5. den Geschleusten einer das Leben gefährdenden, unmenschlichen oder erniedrigenden Behandlung oder der Gefahr einer schweren Gesundheitsschädigung aussetzt.
²Ebenso wird bestraft, wer in den Fällen des Absatzes 1 Nummer 1 Buchstabe a zugunsten eines minderjährigen ledigen Ausländers handelt, der ohne Begleitung einer personensorgeberechtigten Person oder einer dritten Person, die die Fürsorge oder Obhut für ihn übernommen hat, in das Bundesgebiet einreist.

(3) Der Versuch ist strafbar.

(4) Absatz 1 Nr. 1 Buchstabe a, Nr. 2, Absatz 2 Satz 1 Nummer 1, 2 und 5 und Absatz 3 sind auf Zuwiderhandlungen gegen Rechtsvorschriften über die Einreise und den Aufenthalt von Ausländern in das Hoheitsgebiet der Mitgliedstaaten der Europäischen Union oder eines Schengen-Staates anzuwenden, wenn

1. sie den in § 95 Abs. 1 Nr. 2 oder 3 oder Abs. 2 Nr. 1 bezeichneten Handlungen entsprechen und

2. der Täter einen Ausländer unterstützt, der nicht die Staatsangehörigkeit eines Mitgliedstaates der Europäischen Union oder eines anderen Vertragsstaates des Abkommens über den Europäischen Wirtschaftsraum besitzt.

(5) § 74a des Strafgesetzbuchs ist anzuwenden.

Überblick

„Tödliche Flucht übers Mittelmeer – Schleuser vor Gericht" – titelt die Süddeutsche Zeitung am 27.6.2017. Angeklagt ist vor dem LG Traunstein ein Fall der bandenmäßigen Schleusung mit Todesfolge. Das Urteil: Die Strafen reichen von zwei Jahre Freiheitsstrafe auf Bewährung bis zu vier Jahre Freiheitsstrafe. Zur selben Zeit läuft in Ungarn ein Strafprozess um den Erstickungstod von 71 Flüchtlingen. Schleuser hatten die Flüchtlinge in einen Kühllaster gepfercht, an einer Autobahn in Österreich wurden ihre Leichen entdeckt. Die Bande steht nun in Ungarn vor Gericht. Die beiden aktuellen Beispiele zeigen, dass Migranten Täter und Opfer zugleich sind. Das zeigt sich deutlich in den beiden Schleusertatbeständen der §§ 96 und 97.

Die PKS 2016 weist 3.666 Verdachtsfälle nach § 96 auf: Abs. 1 iVm Abs. 4 2.988 und Abs. 2 678. Die PKS 2017 nennt 2.500 Verdachtsfälle nach § 96: Abs. 1 iVm Abs. 4 1.917 und Abs. 2 583. Für § 97 werden 2016 250 Fälle (alle nach § 97 Abs. 2) genannt und 2017 121 Fälle (ein Fall nach § 97 Abs. 1). Und 2018: 3.070 nach § 96: Abs. 1 iVm Abs. 4 2.643 und Abs. 2 427. Für § 97 223 (kein bekannter Fall nach § 97 Abs. 1). **2019:** 2.550 nach Abs. 1 iVm Abs. 4 und Abs. 2: 500 = 3.050. Für § 97 165 (ein Fall nach § 97 Abs. 1). Und jetzt **2020:** 2.434 nach Abs. 1 iVm Abs. 4 und Abs. 2: 561 = 2.995. Für § 97 110 (kein bekannter Fall nach § 97 Abs. 1).

§ 96 Abs. 1 (→ Rn. 2 ff.) ist Grundtatbestand, § 96 Abs. 2 (→ Rn. 18 ff.) und § 97 (→ § 97 Rn. 1 ff.) enthalten Qualifikationen. Die §§ 96 und 97 sind von **Jedermann** begehbar. Die Norm dient der **Bekämpfung der Schleuserkriminalität** (BGH BeckRS 2019, 12921 Rn. 12; Erbs/ Kohlhaas/Senge Rn. 2; NK-AuslR/Fahlbusch Rn. 3) und dient so auch dem Schutzzweck des § 95 – Steuerung des Zuzugs von Ausländern (§ 1). Das ist bei ihrer rechtsgutsbezogenen Auslegung restriktiv zu berücksichtigen, vor allem, wenn es um humanitär geleitetes Handeln geht. Schleuserwesen ist eben nicht immer Teil der Organisierten Kriminalität. Menschen fliehen vor Krieg, Verfolgung, Hunger, Not – Verwandte, Freunde, Landsleute helfen (Nagler ANA-ZAR 2014, 13 (25)).

Übersicht

A. Allgemeine Struktur

1 § 96 Abs. 1 bildet dogmatisch **eine zur Täterschaft verselbstständigte Form der Anstiftung und Beihilfe** (BGH NJW 2018, 3658 mAnm Kretschmer; NJW 2017, 1624 mAnm Kretschmer; NJW 2012, 2821; Bergmann/Dienelt/Winkelmann/Stephan Rn. 8; Erbs/ Kohlhaas/Senge Rn. 3; NK-AuslR/Fahlbusch Rn. 5; Schott ZAR 2012, 276 (279)). In ihrer systematischen Struktur ist die Vorschrift dreigliedrig:

- **Haupttat** nach § 95 Abs. 1 Nr. 3 oder Abs. 2 Nr. 1 lit. a bzw. Haupttat nach § 95 Abs. 1 Nr. 1 oder Nr. 2 oder Abs. 1a oder Abs. 2 Nr. 1 lit. b oder Nr. 2. Vornehmlich geht es um den Sachverhalt der unerlaubten Einreise und des unerlaubten Aufenthalts.
- **Schleusermerkmal** jeweils bezogen auf die entsprechende Haupttat – genau lesen.
- **Schleuserhandlung** der Anstiftung oder Beihilfe. Da es sich dogmatisch um eine Form der Teilnahme handelt, muss die entsprechende Haupttat nach § 95 des Ausländers eine vorsätzliche und rechtswidrige Tat sein (BeckOK AuslR/Hohoff Rn. 1; Bergmann/Dienelt/Winkelmann/Stephan Rn. 6). Es gelten die **allgemeinen Regeln der Teilnahme des Grundsatzes der limitierten Akzessorietät** (BGH NJW 2018, 3658; 2017, 1624). Oder: Ausländerstrafrecht ist eben echtes Strafrecht. Die Haupttat liegt auch vor, wenn die erfasste Haupttat nach § 95 Abs. 3 als Versuch strafbar ist (§§ 95 Abs. 1 Nr. 3 und Abs. 1a und Abs. 2 Nr. 1 lit. a). Auch ein strafbarer Versuch ist eine vorsätzliche und rechtswidrige Haupttat, die zu einer vollendeten Teilnahme führt.

Wenn § 96 daran scheitert, dass der Täter kein Schleusermerkmal aufweist, ist eine allgemeine 2 Teilnahme nach den §§ 26 und 27 StGB an § 95 möglich (Erbs/Kohlhaas/Senge Rn. 3; anders NK-AuslR/Fahlbusch Rn. 19).

§ 96 ist **Vorsatzdelikt.** 3

B. Kommentierung im Einzelnen

I. Haupttat – Akzessorietät

Wie bei § 95 aufgezeigt haben der verwaltungsrechtliche Vorrang des **Rückführungsabkom-** 4 **mens** und das **flüchtlingsrechtliche Privileg des Art. 31 Abs. 1 GFK** dogmatisch die Bedeutung eines **persönlichen Strafaufhebungsgrundes.** „Die sogenannte Rückführungsrichtlinie steht der Strafbarkeit des Schleusers nach § 96 AufenthG nicht entgegen", sagt daher zu Recht der BGH (NJW 2017, 1624 mAnm Kretschmer*)*. Es liegt eben trotz des verwaltungsrechtlichen Vorrangs des Rückführungsabkommens eine vorsätzliche und rechtswidrige Tat vor. Die Rückführungs-RL (RL 2008/115/EG v. 16.12.2008, ABl. 2008 L 348, 98) und das auf ihrer Grundlage durchgeführte Rückführungsverfahren machen das mit einem unerlaubten Aufenthalt verbundene Unrecht nicht ungeschehen. Es zeigt sich, dass § 96 der Bekämpfung der Schlepperkriminalität dient. Die persönliche Straffreiheit des Flüchtlings kann und darf nicht zur Straflosigkeit des Schleusers nach § 96 führen. Der Schleuser ist weder Schutzobjekt des Art. 31 GFK noch der Rückführungs-RL.

Nach dem **Grundsatz der limitierten Akzessorietät** setzt die Strafbarkeit wegen Einschleu- 4a sens von Ausländern das Vorliegen einer **vorsätzlichen und rechtwidrigen Haupttat** des Geschleusten voraus (BGH NJW 2018, 3658). Das verlangt eine tatsächliche und rechtliche Feststellung im Strafverfahren.

Ein Schleuser transportiert eine Gruppe von syrischen und irakischen Personen von Budapest über 4a.1 Österreich nach Deutschland. Zu den geschleusten Personen gehören auch Kinder im Alter unter sieben Jahren und verschiedene Kinder und Jugendliche in einem Alter bis zu 18 Jahren (so BGH NJW 2018, 3658 mAnm Kretschmer = NStZ 2019, 283 mAnm Mitsch). Nach dem BGH können das jugendliche und erst recht ein geringeres Alter und die Unreife der Haupttäter gegen eine Vorsatztat sprechen. Auch die Wertungen von § 3 JGG und § 19 StGB könnten dafürsprechen, den Tatvorsatz von Jugendlichem und vor allem von Kindern kritisch zu prüfen. Übrigens werden Kleinkinder bis zur Vollendung des siebten Lebensjahres als nicht handlungsfähig angesehen, so dass sie keine tauglichen Haupttäter nach § 95 sind (NK-AuslR/Fahlbusch § 97 Rn. 4; Schiedermair/Wollenschläger AuslR-HdB/Waßmer, Stand: 2019, Rn. 10). Das Problem vorsätzlichen Handelns bezüglich der in § 96 Abs. 1 erwähnten Haupttaten stellt sich auch an weiteren Stellen des § 96. § 96 Abs. 1 Nr. 1 lit. b nennt in den erwähnten Fällen der unerlaubten Einreise „das Handeln zugunsten mehrerer Ausländer" als Qualifikationsmerkmal. Und zu nennen ist auch der weitere Qualifikationstatbestand nach § 96 Abs. 2 S. 2. Auch in diesen Fällen muss der Haupttäter vorsätzlich und rechtswidrig handeln (Kretschmer NJW 2018, 3658 (3660)).

Der strafrechtliche Schwerpunkt des § 96 liegt in der **Rechtspraxis** vor allem in der Akzessorie- 5 tät zu § 95 und in den dortigen verwaltungsakzessorischen Bezügen, wie BGH NStZ 2012, 644; NJW 2017, 1624 zeigen. „Durch arglistige Täuschung der zuständigen Behörden des Ausstellermitgliedstaats über den wahren Reisezweck erlangte, jedoch formell bestandskräftige Visa von Drittstaatsangehörigen schließen deren Strafbarkeit wegen illegaler Einreise und illegalen Aufenthalts (§ 95 Abs. 1 Nr. 2 und Nr. 3 AufenthG) sowie eine Strafbarkeit gemäß den hieran anknüpfenden Schleusertatbeständen der §§ 96, 97 AufenthG nach § 95 Abs. 4 verfassungsrechtlich unbedenklich nicht aus", sagt der BGH (NStZ 2012, 644) – richtig ist § 95 Abs. 6. Nach den verwaltungsakzessorischen Grundsätzen schließt ein wirksamer Verwaltungsakt – Aufenthaltstitel – die Strafbarkeit wegen unerlaubter Einreise oder unerlaubten Aufenthalts aus. Die Verwaltungsakzessorietät wird durch § 95 Abs. 6 durchbrochen. Ein erschlichener Aufenthaltstitel steht im Strafrecht einem fehlenden Aufenthaltstitel gleich. Und diese strafrechtliche Gleichstellung über § 95 Abs. 6 gilt nach dem BGH auch iRd § 96 bezogen auf die Haupttaten aus § 95 Abs. 1 Nr. 2 und Nr. 3: „Denn nach dem [...] eingeführten § 95 Abs. 6 steht für die Tatbestände nach § 95 Abs. 1 Nr. 2 und Nr. 3 AufenthG einem Handeln ohne erforderlichen Aufenthaltstitel ein Handeln auf Grund eines durch falsche Angaben erschlichenen Aufenthaltstitel gleich." § 95 Abs. 6 bewirkt nach Ansicht des BGH (NStZ 2012, 644) in den relevanten Fällen trotz Vorhandenseins eines verwaltungsrechtlich formell bestandskräftigen Aufenthaltstitels eine Strafbarkeit nach § 95 Abs. 1 Nr. 2 und Nr. 3, die ihrerseits den Anknüpfungspunkt für die „Schleusertatbestände" nach den §§ 96, 97 bilden können.

5.1   Diese Rechtsansicht überzeugt nicht (Kretschmer ZAR 2019, 263 (267); NK-AuslR/Fahlbusch Rn. 15; Schiedermair/Wollenschläger AuslR-HdB/Waßmer, Stand: 2019, Rn. 16; Schott ZAR 2012, 276 (279 ff.); anders KHK ZuwanderungsR-HdB/Mosbacher § 10 Rn. 34; MüKoStGB/Gericke Rn. 16), § 95 Abs. 6 wird in § 96 nicht genannt (Wortlaut schlägt Normzweck). Sachverhalt von BGH (NStZ 2012, 644): Der Angeklagte gehörte vietnamesischen Banden an, deren Ziel es war, vietnamesische Staatsangehörige illegal nach Deutschland zu bringen. Eine Bande ging derart vor, dass der ungarischen Botschaft in Hanoi vorgespiegelt wurde, bei gegen ein Entgelt von 11.000–15.000 USD zu schleusenden vietnamesischen Staatsbürgern handele es sich um Teilnehmer touristischer Reisegruppen. In diesem Glauben erteilte die ungarische Botschaft sog. Schengen-Visa nach § 6 Abs. 1 Nr. 1 für einen kurzfristigen Aufenthalt im Schengen-Raum. Die Vietnamesen wollten von vornherein dauerhaft in Deutschland bleiben und arbeiten. § 95 Abs. 2 Nr. 2 kann vorliegend nicht Haupttat für § 95 Abs. 1 Nr. 2 sein, da die Tat in Vietnam geschah (§§ 3, 9 StGB; Schott ZAR 2012, 276). Der tatbestandliche Gebrauch – Zugänglichmachung der visuellen Wahrnehmung – nach § 95 Abs. 2 Nr. 2 muss an der – grenzenlosen – Binnengrenze zu Deutschland geschehen.

5.2   Die Erweiterung über § 95 Abs. 6 gilt nicht iRd § 96. Im Strafrecht gilt Art. 103 Abs. 2 GG – Bestimmtheitsgrundsatz. Der Normadressat – der Schleuser in § 96 – muss im Regelfall allein anhand des Wortlauts der Norm vorhersehen können, ob sein Verhalten strafbar ist. Zur effektiven Bekämpfung der Schleuserkriminalität ist die Bezugnahme des § 95 Abs. 6 auf § 96 nachvollziehbar. Aber der Normadressat des § 96 kann die wesentliche Erweiterung des § 95 durch die Gleichstellungsklausel des § 95 Abs. 6 nicht erkennen. Die Wortlautgrenze ist im Strafrecht absolut. Wer geht den Weg zum BVerfG?

II. Schleusermerkmal

6   Nach § 96 Abs. 1 Nr. 1 verlangt die Haupttat der illegalen Einreise als Schleusermerkmal,
* dass der Schleuser einen Vorteil erhält oder sich versprechen lässt oder
* dass er wiederholt oder zugunsten mehrerer Ausländer handelt.

Die Haupttat des illegalen Aufenthalts usw. beschränkt sich nach § 96 Abs. 1 Nr. 2 auf den Erhalt oder das Sichversprechenlassen eines Vermögensvorteils. Bereits aus dem Wortlaut lassen sich **restriktive Schlüsse** ziehen. Die Teilnahme am illegalen Aufenthalt fällt nur unter § 96, wenn der Schleuser einen Vermögensvorteil erhält. Die Hilfe vom illegalen Aufenthalt aus humanitären Motiven fällt daher eindeutig aus dem Anwendungsbereich des § 96 heraus. Humanitäre Hilfe zum unerlaubten Aufenthalt wie medizinische Versorgung, Wohnungsunterkunft, Kirchenasyl fällt daher nicht unter § 96 Abs. 1 Nr. 2. Das steht im Einklang mit dem Schutzzweck des § 96. Humanitäre Hilfe ist nicht Teil der organisierten Schleuserkriminalität.

1. § 96 Abs. 1 Nr. 1

7   **Vorteil** als Schleusermerkmal ist jede Leistung materieller oder immaterieller Art, die den Täter besserstellt und auf die er keinen Rechtsanspruch hat. Der Begriff geht über den Vermögensvorteil hinaus, der natürlich erst recht tatbestandlich ist.

7.1   Es wird in den Medien häufig berichtet, dass Flüchtlingen, die das Schlauchboot über das Mittelmeer steuern, ein „Preisnachlass" für die Überfahrt von den Schleppern gewährt wird. § 96 Abs. 1 Nr. 1? Kann der Täter des § 95 gleichzeitig Täter des § 96 sein? Bezogen auf die eigene Tat nicht, aber bezogen auf fremde Taten nach § 95 ist das möglich, wenn der Täter gleichsam auf die Seite des Schleusers tritt (NK-AuslR/Fahlbusch Rn. 9; MüKoStGB/Gericke Rn. 4).

8   **Wiederholtes Handeln** erfordert, dass der Schleuser bereits zu einer Straftat nach § 95 Abs. 1 Nr. 3 oder Abs. 2 Nr. 1 lit. a angestiftet oder Hilfe geleistet hat (BeckOK AuslR/Hohoff Rn. 9).

Die besonderen Voraussetzungen des § 96 müssen damals nicht erfüllt sein (BGH NStZ 1999, 466; BeckOK AuslR/Hohoff Rn. 9). Das überzeugt nicht. In restriktiver Auslegung – Stichwort: Bekämpfung der Schleuserkriminalität – muss auch die Vortat mit einem Schleusermerkmal begangen sein (NK-AuslR/Fahlbusch Rn. 28). Wer zuerst sein Kind und später seine Ehefrau aus Syrien oder Afghanistan herausschleust, ist vom Schutzzweck der Norm nur formal erfasst. Eine vorherige strafrechtliche Verfolgung oder Verurteilung ist dagegen nicht erforderlich (BGH NStZ 1999, 466; NK-AuslR/Fahlbusch Rn. 29).

Zugunsten von **mehreren Ausländern** verlangt als Mindestzahl zwei Personen (BGH NJW **9** 2018, 3658; NStZ 2004, 45). Teilweise wird angenommen, dass nur einer der beteiligten Ausländer eine vorsätzliche Tat begehen muss (MüKoStGB/Gericke Rn. 19). Aber Wortlaut und Systematik verlangen, dass die mehreren Ausländer vorsätzlich und rechtswidrig handeln (BGH NJW 2018, 3658 Rn. 18; Kretschmer ZAR 2019, 263 (265); NK-AuslR/Fahlbusch Rn. 34). Erfolgs- und Handlungsunrecht werden durch die Vielzahl der akzessorischen Haupttaten geprägt. Wer einer Mutter mit ihrem Kleinstkind hilft, macht sich nicht nach § 96 strafbar.

2. § 96 Abs. 1 Nr. 2

Vermögensvorteil ist jede günstigere Gestaltung der Vermögenslage (BGH NStZ 2018, 477; **10** BeckOK AuslR/Hohoff Rn. 12). Der Vermögensvorteil kann vom Flüchtling stammen, erfasst ist aber auch die Bezahlung durch die Schlepperorganisation.

Die Angeklagte verpflichtete sich zur Mitarbeit in einer Schleuserorganisation. Als Gegenleistung wurde **10.1** vereinbart, dass die Schleuserorganisation Mutter und Bruder der Angeklagten aus dem Irak nach Deutschland schleust. Das LG Krefeld hat die Angeklagte wegen gewerbs- und bandenmäßigen Einschleusens von Ausländern nach § 97 Abs. 2, 96 Abs. 1 Nr. 2, 95 Abs. 1 Nr. 2 verurteilt (BGH NStZ 2018, 477). Ist das richtig? Der Wortlaut ist dahingehend eindeutig, dass der Täter selbst den Vermögensvorteil erhält – kein Drittvorteil wie etwa in den §§ 331 ff. StGB. Die Bereicherung eines Dritten erfüllt nach dem BGH den Tatbestand allein dann, wenn der Täter dadurch von Verbindlichkeiten gegenüber dem Empfänger freigestellt wird. Das ist vorliegend nicht der Fall, da die Angeklagte rechtlich nicht verpflichtet ist, für die Schleusung ihrer Angehörigen nach Deutschland zu sorgen. Wortlaut schlägt Schutzzweck.

III. Schleuserhandlung

Da Ausländerstrafrecht Strafrecht ist, sind Anstiftung und Beihilfe im strafrechtlichen Sinn der **11** §§ 26 und 27 StGB zu verstehen (BGH NJW 2012, 2821; BeckOK AuslR/Hohoff Rn. 2 f.). Anstiftung bedeutet das vorsätzliche Wecken eines Tatentschlusses. Beihilfe leistet, wer einen anderen bei dessen vorsätzlich begangener rechtswidriger Tat vorsätzlich unterstützt.

1. Teilnahme an illegaler Einreise (§ 96 Abs. 1 Nr. 1)

Als Beihilfe fällt jede Handlung unter den Tatbestand des § 96 Abs. 1 Nr. 1, die den unerlaubten **12** Grenzübertritt eines Ausländers in irgendeiner Weise objektiv fördert (BGH NJW 2012, 2821; BeckOK AuslR/Hohoff Rn. 5). Dabei muss die Beihilfe nicht unmittelbar zum oder beim Grenzübertritt geleistet werden. typischerweise reicht auch eine fördernde Unterstützung in der Vorbereitungsphase.

Darunter fallen beispielhaft die Beschaffung und Weiterleitung von Informationen zum Grenzübertritt, **12.1** die Organisation von Reisemöglichkeiten, die Beschaffung gefälschter Reisedokumente, die Anwerbung von Transithelfern.

2. Teilnahme an unerlaubtem Aufenthalt usw (§ 96 Abs. 1 Nr. 2)

Nach Nr. 96.1.0.2 AufenthGAVwV unterfällt dem Hilfeleisten jede Hilfe oder Förderung, die **13** dazu beiträgt, dass der Ausländer gegen die in § 96 Abs. 1 genannten Vorschriften verstoßen kann. Beispielhaft werden aufgezählt die Beschaffung von Beförderungsmöglichkeiten, Unterkünften, Informationen über den Grenzübertritt, das Zusammenführen mit Personen, die sich dem unerlaubt einreisenden Ausländer annimmt, Übersetzungsdienste zum Verdecken der Illegalität, das Verstecken und die Beschäftigung des Ausländers und die Vermittlung und Anbahnung sog. Scheinehen.

Bereits über das Schleusermerkmal des Vermögensvorteils **entfällt altruistisches, humanitä- 14 res Handeln zugunsten des Ausländers.** Und zudem ist in rechtsgutsbezogener Auslegung § 96 einschränkend auszulegen. Das sehen auch die Verwaltungsvorschriften, die als Auslegungshilfe dienen und in denen der gesetzgeberische Wille zum Ausdruck kommt. So können Hilfeleistungen unter dem Gesichtspunkt der Zumutbarkeit normgemäßen Verhaltens straflos sein, wenn hierdurch eine akute Gefährdung höchstpersönlicher Rechtsgüter des Ausländers (zB des notwendigen Lebensstils) abgewendet oder abgemildert wird.

15   Letztendlich geht es um die **objektive Zurechnung.** Auch das Teilnahmeunrecht steht unter diesem normativ einschränkenden Merkmal. Die Teilnahmehandlung, vor allem die Beihilfe, muss eine rechtlich missbilligte Gefahr für die Tatbegehung durch den Haupttäter schaffen, die sich in deren Begehung verwirklicht. Nicht nur im allgemeinen Strafrecht, sondern auch und erst recht im Migrationsstrafrecht mit seinen humanitären und flüchtlingsrechtlichen Bezügen ist die Grenze der Beihilfestrafbarkeit umstritten, wenn es um sozialadäquate, berufstypische, neutrale, humanitäre motivierte Verhaltensweisen geht (NK-AuslR/Fahlbusch Rn. 40 ff.). Die Abgrenzung ist dogmatisch nicht einfach und zweifelsohne vom politischen Vorverständnis mitgeprägt. Die einen sprechen sich für eine weiten **strafrechtlichen Freiraum** bei **Teilnahme aus karitativen und humanitären Motiven** aus (NK-AuslR/Fahlbusch Rn. 44 ff.; Schiedermair/Wollenschläger AuslR-HdB/Waßmer, Stand: 2019, Rn. 24), andere sind zurückhaltend und verweisen auf die strafprozessualen Möglichkeiten der §§ 153 ff. StPO (MüKoStGB/Gericke § 95 Rn. 45). Medizinische und soziale Betreuung von Migranten, Verpflegung, Bereitstellen von Kleidung oder Wohnraum, Sprachunterricht, Rechtsberatung, Schulunterricht – all das trägt zu einem menschenwürdigen Dasein und Leben bei (= Art. 1 GG). Solche Hilfe ist nicht die Schaffung einer rechtlich missbilligten Gefahr iSd § 27 StGB oder eben des § 96 (NK-AuslR/Fahlbusch Rn. 44; Kretschmer ZAR 2013, 278; Kretschmer FS Rogall, 2018, 193). Unter Vor 95.1.2 AufenthGAVwV heißt es, dass Handlungen von Personen, die im Rahmen ihres Berufes oder ihres sozial anerkannten Ehrenamtes tätig werden, regelmäßig keine Beteiligung leisten, soweit die Handlungen sich objektiv auf die Erfüllung ihrer rechtlich festgelegten bzw. anerkannten berufs- und ehrenamtlichen Pflichten beschränken. Exemplarisch werden Apotheker, Ärzte, Hebammen, Angehörige von Pflegeberufen, Psychiater, Seelsorger, Lehrer, Sozialarbeiter, Richter und Rechtsanwälte genannt. Näher wird ausgeführt, dass zum Rahmen dieser Aufgaben auch die soziale Betreuung und Beratung aus humanitären Gründen gehören kann, mit dem Ziel, Hilfen zu einem menschenwürdigen Leben und zu einer Milderung von Not und Hilflosigkeit der betroffenen Ausländer zu leisten. Handeln und Hilfe, die die Grundlage für ein menschenwürdiges Dasein schaffen, sollte straffrei sei. Nicht die Straflosigkeit humanitären Handelns, sondern dessen ausnahmsweise Strafbarkeit bedarf der Begründung.

16   Bei sog. Massengeschäften wie Vermietungen und Taxifahren lässt sich einschränkend mit § 19 AGG argumentieren (NK-AuslR/Fahlbusch Rn. 23).

IV. Qualifikation (§ 96 Abs. 2)

17   § 96 Abs. 2 enthält jetzt sechs Qualifikationsvarianten, die bis auf eine aus dem allgemeinen Strafrecht hinreichend bekannt sind.

1. Gewerbsmäßig

18   Gewerbsmäßig handelt, wem es darauf ankommt, sich aus wiederholter Begehung eine fortlaufende Haupt- oder auch nur Nebeneinnahmequelle von einiger Dauer und einigem Umfang zu schaffen (Lackner/Kühl/Kühl, Strafgesetzbuch, 29. Aufl. 2018, StGB Vor § 52 Rn. 20).

2. Bande

19   Der Begriff der Bande setzt den Zusammenschluss von mindestens drei Personen voraus, die sich mit dem Willen verbunden haben, künftig für eine gewisse Dauer mehrere selbstständige, im Einzelnen noch ungewisse Straftaten des im Gesetz genannten Deliktstypus zu begehen (BGH NJW 2001, 2266). Im Gegensatz etwa zu § 244 StGB ist ein Mitwirkungselement nicht in § 96 Abs. 2 Nr. 2 enthalten.

3. Schusswaffe oder andere Waffe

20   Im Gegensatz zu Nr. 1 und Nr. 2 bezieht sich das Qualifikationsmerkmal der Bewaffnung allein auf die unerlaubte Einreise als Haupttat. Bei der Schusswaffe genügt das bloße Beisichführen, bei der anderen Waffe verlangt das Gesetz zudem eine Verwendungsabsicht.

21   Das Merkmal des Beisichführens ist erfüllt, wenn der Täter die Waffe zu einem Zeitpunkt der Tatbestandsverwirklichung vom Ansetzen der Tat (§ 22 StGB) bis zur Vollendung einsatzbereit bei sich hat. In § 96 Abs. 2 Nr. 3 und Nr. 4 ist wie etwa auch in § 244 StGB umstritten, ob

auch die sog. Beendigungsphase einbezogen ist (BeckOK AuslR/Hohoff Rn. 19; MüKoStGB/ Gericke Rn. 31). Wie bei § 244 StGB (Hoffmann-Holland, Strafrecht Besonderer Teil/Kretschmer, 2016, Rn. 854 ff.) überzeugt das auch hier nicht. Es ist unbestimmt, wann diese gesetzlich unbestimmte Phase der Beendigung beginnt und wann sie endet und wie sie bei der Einreise überhaupt von der Vollendung zeitlich oder örtlich abzugrenzen ist (Art. 103 Abs. 2 GG).

Bei Auslegung der Schusswaffe und der Waffe als Begriff kann man sich am WaffG orientieren. **22** Darüber hinaus sollen auch Waffen im strafrechtlichen Sinn erfasst sein, wenn sie objektiv geeignet sind, bei dem beabsichtigten Einsatz zumindest eine Leibesgefahr hervorzurufen, bzw. bewegliche Sachen, die ihrer Art nach zur Verursachung erheblicher Verletzungen von Personen generell geeignet und bestimmt sind (BeckOK AuslR/Hohoff Rn. 19; MüKoStGB/Gericke Rn. 33). Und so werden dann auch Stöcke, größere Steine und der Baseballschläger unter Waffe iSd § 96 Abs. 2 Nr. 4 subsumiert (MüKoStGB/Gericke Rn. 33).

Mit dieser weiten Auslegung wird der Wortlaut überschritten (Kretschmer AuslStrafR § 4 Rn. 273 ff.; **22.1** Kretschmer ZAR 2019, 263 (269)). Das Strafrecht kennt neben Schusswaffen und Waffen auch den Begriff des gefährlichen Werkzeugs. Das ist vor allem in den §§ 244 und 250 StGB in Abgrenzung zueinander umstritten. Die Auslegung der Waffe in § 96 darf sich aber nicht der Auslegung des gefährlichen Werkzeugs annähern, da dieser strafrechtliche Begriff gerade nicht enthalten ist. Stock und Stein und Baseballschläger sind keine Waffen im technischen Sinn. Nach dem BVerfG (NStZ 2009, 83) bezeichnet der allgemeine Sprachgebrauch Gegenstände als Waffen, wenn ihre primäre Zweckbestimmung darin liegt, im Wege des Angriffs oder der Verteidigung zur Bekämpfung anderer eingesetzt zu werden, oder wenn eine solche Verwendung zumindest typisch ist. Die bloße Möglichkeit, einen Gegenstand auch in zweckentfremdender Benutzung zur Bekämpfung von Zielen zu verwenden, genüge zur Begründung der Waffeneigenschaft nicht. Eine derartig weite Definition würde den Begriff der Waffe ufer- und konturenlos machen. Und eben nur ihre Zweckentfremdung macht Stöcke, Steine und Baseballschläger zu gefährlichen Werkzeugen.

4. Lebensgefährdende Behandlung

Die Nr. 5 enthält mehrere qualifizierende Handlungsweisen in Vorstufe zu § 97. Sie dienen **23** dem Schutz des Flüchtlings (BGH BeckRS 2019, 12921 Rn. 12; MüKoStGB/Gericke Rn. 35), der Täter und Opfer zugleich ist, was rechtspolitisch generell am Sinn des § 95 zweifeln lässt (zum Begriff des Geschleusten → § 97 Rn. 3).

Eine lebensgefährdende Behandlung liegt vor, wenn die Behandlung, der der Ausländer wäh- **24** rend der Schleusung ausgesetzt ist, nach den Umständen des Einzelfalls konkret geeignet ist, ihn in Lebensgefahr zu bringen (BGH BeckRS 2019, 33317 Rn. 22; 2019, 12921 Rn. 7; MüKoStGB/ Gericke Rn. 36). Wie in § 224 Abs. 1 Nr. 5 StGB sollte man auch hier meiner Ansicht nach auf eine konkrete Lebensgefahr abstellen.

Eine unmenschliche oder erniedrigende Behandlung liegt vor, wenn dem Geschleusten **25** Zustände zugemutet werden, die zu körperlichen oder seelischen Qualen führen, die über das für die Schleusung notwendige Maß hinausgehen, bzw. wenn bei dem Ausländer Gefühle der Angst, Ohnmacht, Minderwertigkeit erzeugt werden und er so herabgewürdigt oder gedemütigt wird (MüKoStGB/Gericke Rn. 37). Das gilt beispielhaft für die Unterbringung in einem luftdicht abgeschlossenen Container oder Lkw (möglicherweise eine lebensgefährdende Behandlung), wenn keine Möglichkeit zum Urinieren gegeben ist.

Und zuletzt handelt es sich um die Gefahr einer schweren Gesundheitsschädigung, wenn durch **26** die Schleusung die konkrete Gefahr eintritt, dass der Geschleuste in eine ernste, langwierige Krankheit verfällt, eine ernsthafte Störung der Körperfunktionen erleidet oder in seiner Arbeitskraft erheblich beeinträchtigt wird (BGH BeckRS 2019, 12921 Rn. 9; → Rn. 26.1; MüKoStGB/ Gericke Rn. 38).

Der Angeklagte beförderte im Februar 2017 35 Personen türkischer, syrischer und irakischer Staatsange- **26.1** hörigkeit ohne erforderliche Aufenthaltstitel für die Bundesrepublik Deutschland auf der Ladefläche eines Sattelgespanns von Rumänien über Ungarn und Österreich nach Deutschland. Die Fahrt dauerte etwa 20 Stunden. Während der Fahrt herrschten durchgehend Außentemperaturen um oder unter dem Gefrierpunkt. Die Ladefläche war nicht beheizt. Sie verfügte nicht über eine feste Außenkonstruktion und war nur durch eine Außenplane vor Fahrtwind und Außentemperaturen geschützt. Obwohl sich die Geschleusten alle verfügbaren Kleidungsstücke anzogen, froren viele von ihnen extrem. Ihre Notdurft mussten sie in Plastiktüten oder -flaschen verrichten. Auf der Ladefläche befand sich ungesicherte Fracht in Form von Paletten mit Möbelstücken und Kisten (BGH BeckRS 2019, 12921). Hier zeigt sich der Unterschied in der Rechtsprechung des BGH zu § 96 Abs. 2 Nr. 5: Während es für die Lebensgefährdung genügt, dass die Behandlung nach den Umständen des Einzelfalls geeignet ist, eine Lebensgefahr herbeizuführen, ist bei der Gesundheitsschädigung eine konkrete Gefahr erforderlich. Für letztere sieht der BGH keine hinreichenden Feststellungen des Landgerichts. Wichtig ist zudem, dass nach dem BGH eine **Einwilligung in die Qualifikation des § 96 Abs. 2 Nr. 5 nicht möglich** ist. Warum? § 96 schützt nach seiner Ansicht nicht allein ein Individualrechtsgut, sondern auch das Allgemeininteresse an einer Bekämpfung der Schleuserkriminalität. Und dieses Allgemeininteresse ist nicht disponibel. Für die Unwirksamkeit der Einwilligung spreche auch, dass mit einer Schleusung typischerweise Gefahren für Leib und Leben der Geschleusten verbunden seien und im Fall illegaler Migration typischerweise eine Schwächesituation des Geschleusten gegenüber dem Schleuser gegeben sei.

5. Schleusung eines minderjährigen Ausländers (S. 2)

27   Mit dem Familiennachzugsneuregelungsgesetz (v. 12.7.2018, BGBl. I 1147) wurde ein weiterer Qualifikationstatbestand eingeführt. Dieser knüpft an § 96 Abs. 1 Nr. 1 lit. a an und erfasst das eigennützige Handeln zugunsten eines **unbegleiteten minderjährigen ledigen Ausländers.** Das Obhuts- oder Fürsorgeverhältnis muss elternähnlich sein. Der Schleuser kann nicht die sorgeberechtigte Begleitperson sein. Die Gesetzesbegründung verweist als Schutzzweck auf die besonders hohe Gefahr für Leib oder Leben, denen gerade Minderjährige auf der Flucht ausgesetzt sind (BT-Drs. 19/2438, 26). Aber dafür gibt es die Nr. 5. Das Strafbedürfnis bleibt daher unklar (BeckOK AuslR/Hohoff Rn. 20e). In der Praxis ist vor allem bei Minderjährigen der Vorsatz kritisch zu würdigen. Die Haupttat der geschleusten Person muss nach den Grundsätzen der Akzessorietät eine vorsätzliche sein. Gegen eine solche Vorsatztat können im Einzelfall das jugendliche Alter und die Unreife des Haupttäters sprechen (BGH NJW 2018, 3658 mAnm Kretschmer).

V. Versuch nach § 96 Abs. 3

28   Nach § 22 StGB versucht eine Straftat derjenige, der nach seiner Vorstellung von der Tat zur Verwirklichung des Tatbestandes unmittelbar ansetzt. Das tatbestandliche Handeln ist in der zur Täterschaft verselbstständigten Form der Teilnahme in § 96 Anstiftung oder Beihilfe zu den aufgezählten Haupttaten. Deren Versuch ist nach § 96 Abs. 3 strafbar. In Wortlaut und Systematik geht es demnach um eine Form der versuchten Anstiftung und der versuchten Beihilfe als Versuch der Teilnahme (Kretschmer NStZ 2013, 570 (577)). Im allgemeinen Strafrecht ist diese nach § 30 Abs. 1 StGB als versuchte Anstiftung zu einem Verbrechen strafbar, während die versuchte Beihilfe straflos ist. Das ist eben strafausdehnend nach § 96 Abs. 3 anders. Hintergrund für diese Erweiterung ist die Gefährlichkeit des Schlepperunwesens (Erbs/Kohlhaas/Senge Rn. 2). Die versuchte Teilnahme setzt voraus, dass es weder zu einer vollendeten noch zu einer versuchten Haupttat nach § 96 Abs. 1 Nr. 1 oder Nr. 2 gekommen ist. Der Schleuser bereitet alles vor, besorgt falsche Papiere, heuert Zwischenleute an, besticht Grenzbeamte. Die Flüchtlinge aber suchen sich eine andere Schleuserin oder kehren wieder um oder entscheiden sich zu bleiben. Das ist eine versuchte Beihilfe nach § 96 Abs. 3, da es gänzlich an der Haupttat fehlt. Kommt es dagegen zumindest zu einem strafbaren – § 95 Abs. 3 – Versuch der Einreise, ist die Beihilfe vollendet, da auch ein Versuch eine vorsätzliche rechtswidrige Tat ist. Das zeigen die allgemeine Strafrechtsdogmatik und die §§ 26 und 27 StGB. Demnach ist genau zu trennen zwischen einer vollendeten Teilnahme: Es kommt zu einer vollendeten oder wenigstens versuchten – strafbaren – Haupttat. Und einer versuchten Teilnahme, bei der die Haupttat gänzlich fehlt. Im AufenthG zeigt sich der Unterschied in den §§ 95 Abs. 3 und 96 Abs. 3.

28.1   Der BGH (NJW 2012, 2821) sieht das anders, liegt aber dogmatisch falsch: „Findet die unerlaubte Einreise nicht statt oder wird sie nur versucht, kommt beim mit Schleusermerkmalen handelnden Unterstützer eine Strafbarkeit wegen versuchten Hilfeleistens nach § 96 Abs. 1 Nr. 1, Abs. 3 AufenthG in Betracht". Ein Versuch iSd § 96 Abs. 3 soll – auch – vorliegen, wenn eine der in § 96 Abs. 1 genannten Haupttaten in das strafbare Versuchsstadium tritt (Erbs/Kohlhaas/Senge Rn. 29; NK-AuslR/Fahlbusch Rn. 12, 78). In diesem Fall der versuchten Haupttat liegt jedoch dogmatisch eine vollendete Teilnahme vor: Anstiftung bzw. Beihilfe zum strafbaren Versuch (= § 96 Abs. 1 und nicht § 96 Abs. 3). Voraussetzung ist natürlich, dass der Versuch der Haupttat auch strafbar ist (§ 95 Abs. 3). Es kann keine versuchte Teilnahme zu einem straflosen Versuch geben. Migrationsstrafrecht folgt der allgemeinen Strafrechtsdogmatik und bei § 96 gelten die allgemeinen Teilnahmeregeln.

29   Für das unmittelbare Ansetzen zur Teilnahme gelten die allgemeinen Regeln mit Bezug auf § 30 Abs. 1 StGB (BGH NJW 2012, 2821). Maßgeblich für die versuchte Hilfeleistung ist, wie weit sich der Täter bereits dem von ihm anvisierten Unterstützungserfolg angenähert hat und durch sein Handeln die Gefahr für das betroffene Rechtsgut begründet hat (NK-AuslR/Fahlbusch Rn. 78). Der zum Täter verselbstständigte Teilnehmer muss zumindest unmittelbar (§ 22

StGB) eine qualifizierte Gefahr für die Tatbegehung der Haupttäters geschaffen haben, die sich dann gerade nicht realisiert.

VI. Auslandstaten nach § 96 Abs. 4

Die EU ist ein Raum der Freiheit, der Sicherheit und des Rechts. In einem einheitlichen **30** Rechtsraum und zur effektiven Bekämpfung der Schleuserkriminalität gewährt § 96 Abs. 4 eine unionsweite bzw. schengenweite Strafgewalt für die aufgezählten eigennützigen Delikte, sofern die Haupttat des Drittstaatsangehörigen (§ 96 Abs. 4 Nr. 2) den Taten der Einreise oder des Aufenthalts ohne Aufenthaltstitel entspricht (Erbs/Kohlhaas/Senge Rn. 30 ff.). Das ist die Umsetzung von Art. 1 RL 2002/90/EG (EG-Menschenhandelbeihilfe-Definitions-RL v. 28.11.2002, ABl. 2002 L 328, 17). Die Tat muss demnach gegen vergleichbare Bestimmungen des betreffenden Landes verstoßen, wobei es sich nicht um Strafvorschriften handeln muss (BGH NStZ 2015, 399). Die Entsprechensklausel bezieht sich so auf die Haupttat (zum EU-weiten Grundsatz des „ne bis in idem" s. Kretschmer ZAR 2011, 384). Der BGH (BeckRS 2019, 21921) betont die unmittelbare Anwendung des § 96 Abs. 4 – ohne §§ 3 ff. StGB. Für internationale Strafrechtsfälle wird vielfach ein **nationaler Anknüpfungspunkt** gefordert (BeckOK AuslR/Hohoff Rn. 24). Das können ein Wohnsitz oder die Festnahme in Deutschland oder auch nur die Gefahr einer Weiterreise nach Deutschland sein. Das scheint der BGH skeptisch zu sehen (BeckRS 2019, 21921 Rn. 10; abl. Kretschmer ZAR 2019, 263 (270); Schiedermair/Wollenschläger AuslR-HdB/Waßmer, Stand: 2019, Rn. 72).

VII. Rechtsfolgen

Es gilt umfassend § 74a StGB. **31**

C. Prozessuales

Wegen der hohen Straferwartung kommt es regelmäßig zu Anklagen vor dem Landgericht **32** (§ 140 Abs. 1 Nr. 1 StPO). Ansonsten ist auf § 140 Abs. 2 StPO zu achten (LG Stade BeckRS 2019, 1684; Kretschmer ZAR 2019, 263 (271); NK-AuslR/Fahlbusch Rn. 6).

Schleuserkriminalität (§§ 96 Abs. 2, 97) ist zudem **Gegenstand heimlicher strafprozessualer** **33** **Ermittlungsmaßnahmen:** § 100a Abs. 2 Nr. 5 StPO, § 100b Abs. 2 Nr. 3 StPO (seit 24.8.2017 die Online-Durchsuchung), § 100c Abs. 1 Nr. 1 StPO, § 100f StPO, § 100g Abs. 1 und Abs. 2 Nr. 2 StPO, § 110a StPO. Auf die strafprozessuale Rechtslage ist der Mandant hinzuweisen.

Bei einer unter staatlicher Beobachtung und Überwachung stehenden Einreise liegt nur eine versuchte **33.1** Tat vor (NK-AuslR/Fahlbusch Rn. 23; Kretschmer AuslStrafR § 4 Rn. 124 ff.). Das geschützte Rechtsgut – Schutz vor unerlaubter Einreise – wird in diesem Fall nicht verletzt.

§ 97 Einschleusen mit Todesfolge; gewerbs- und bandenmäßiges Einschleusen

(1) Mit Freiheitsstrafe nicht unter drei Jahren wird bestraft, wer in den Fällen des § 96 Abs. 1, auch in Verbindung mit § 96 Abs. 4, den Tod des Geschleusten verursacht.

(2) Mit Freiheitsstrafe von einem Jahr bis zu zehn Jahren wird bestraft, wer in den Fällen des § 96 Abs. 1, auch in Verbindung mit § 96 Abs. 4, als Mitglied einer Bande, die sich zur fortgesetzten Begehung solcher Taten verbunden hat, gewerbsmäßig handelt.

(3) In minder schweren Fällen des Absatzes 1 ist die Strafe Freiheitsstrafe von einem Jahr bis zu zehn Jahren, in minder schweren Fällen des Absatzes 2 Freiheitsstrafe von sechs Monaten bis zu zehn Jahren.

(4) § 74a des Strafgesetzbuches ist anzuwenden.

Die schärfste strafrechtliche Norm im AufenthG ist § 97. Als Verbrechenstatbestand (§ 12 StGB) **1** ist der Versuch strafbar.

Nach § 97 Abs. 1 wird bestraft, wer durch das vorsätzliche Grunddelikt des § 96 Abs. 1 auch **2** mit § 96 Abs. 4 – Auslandstat – den Tod des Geschleusten verursacht. Das Delikt ist erfolgsqualifiziertes Delikt (BGH NStZ 2019, 287; Erbs/Kohlhaas/Senge Rn. 1). Es gilt § 18 StGB. Bezüglich der schweren Folge muss der Täter des § 96 zumindest fahrlässig handeln. Zwischen dem Grunddelikt und der schweren Folge des Todes muss ein **sog. deliktsspezifischer Schutzzweckzusammenhang** bestehen.

2.1　　Sachverhalt entspricht BGH NStZ 2019, 287 = JR 2019, 252 mAnm Kretschmer; ebenso Kretschmer ZAR 2019, 263 (269 f.)): Der Angeklagte entschloss sich, Syrien zu verlassen und nach Deutschland zu fliehen. Um das für die Überfahrt von der Türkei nach Griechenland für sich und seine Familienangehörigen nötige Geld zu verdienen, half er einer Schleuserorganisation und vermittelte dieser mehrere schleusungswillige Personen. Er brachte diese in ein bestimmtes Hotel, verwaltete deren Geld und informierte diese über ihre Schleuserfahrt. Der Angeklagte wusste, dass die Fahrt über das Mittelmeer auf vollbesetzten und nicht hochseetauglichen Schlauchbooten geschah. Auf einer dieser Fahrten kam es zur Katastrophe. Das Schiff sank. Es starben 13 von 40 Menschen. Für diese Fahrt hatte der Angeklagte fünf Schleusungswillige angeworben. Diese überlebten. Das LG Traunstein hat eine Verurteilung aus § 97 Abs. 1 abgelehnt. Es könne nicht festgestellt werden, dass der Angeklagte bezüglich der verstorbenen Personen irgendeinen Tatbeitrag im Rahmen der Bandenstruktur erbracht hätte. Der BGH (NStZ 2019, 287): „Beteiligen sich mehrere Täter an dem Grunddelikt (hier die Hilfeleistung zur unerlaubten Einreise, also der Schleusung), so kann für die schwere Folge, die einer der Tatbeteiligten durch seine Handlungen herbeiführt, auch derjenige weitere Beteiligte bestraft werden, der den Grundtatbestand (hier bezüglich der nicht vom Angeklagten angeworbenen geschleusten Personen) nicht selbst erfüllt hat, jedoch auf Grund eines gemeinsamen Tatentschlusses mit dem Willen zur Tatherrschaft zur Verwirklichung des Grunddeliktes beiträgt. Voraussetzung ist, dass die zur schweren Folge führende Handlung des anderen im Rahmen des beiderseitigen ausdrücklichen oder stillschweigenden Einverständnisses lag und dem Mittäter hinsichtlich des Erfolges Fahrlässigkeit zur Last fällt." Entscheidend ist, dass der BGH – wohl entgegen der Vorinstanz – die Tat als einheitliche Schleusung ansieht. Wer dagegen das Tatgeschehen in mehrere Schleuservorgänge aufteilt, erkennt, dass sich im Schleuservorgang, für den der Angeklagte verantwortlich ist, die tödliche Gefahr nicht verwirklicht hat. Bei erfolgsqualifizierten Delikten ist auf Grund ihres hohen Strafrahmens an den geforderten deliktsspezifischen Zusammenhang ein strenger Maßstab zu stellen – eine **Chance für die Strafverteidigung.**

3　　Wer zählt zu den **Geschleusten** in § 97 Abs. 1? Eindeutig nicht erfasst sind Grenzbeamte oder unbeteiligte Opfer wie Verkehrsunfallopfer. Aber erfasst § 97 Abs. 1 jede geschleuste Person, unabhängig von Alter und Vorsatz? Diese weite Ansicht wird vertreten (**Schutzzweck der Norm;** KHK ZuwanderungsR-HdB/Mosbacher § 10 Rn. 45; MüKoStGB/Gericke Rn. 5). Der BGH (BeckRS 2019, 33317 Rn. 24) zeigt Sympathie mit dieser Rechtsauffassung (anders der 1. Strafsenat in BGH BeckRS 2018, 33169 Rn. 26 = JR 2019, 252 mAnm Kretschmer). Aber **Wortlaut und Systematik** streiten dagegen. Jede geschleuste Person iSd § 96 Abs. 1 ist geschützt. Und nach dem Grundsatz der limitierten Akzessorietät muss der Geschleuste vorsätzlich und rechtswidrig handeln (BeckOK AuslR/Hohoff Rn. 4; NK-AuslR/Fahlbusch Rn. 4; Schiedermair/Wollenschläger AuslR-HdB/Waßmer, Stand: 2019, Rn. 10). Das **Prinzip der eigenverantwortlichen Selbstgefährdung bzw. eine rechtfertigende Einwilligung können nicht zur Straflosigkeit** führen (BeckOK AuslR/Hohoff Rn. 7a). In jeder Flucht liegt ein Moment der Selbstgefährdung. Das Gesetz verlagert die strafrechtliche Verantwortung auf den Schleuser, wenn sich die Gefahren der Flucht verwirklichen (Kretschmer JR 2019, 252). Der Normbefehl lautet: „Du sollst keine Menschen schleusen, weil sie dabei zu Schaden kommen können". Und zudem dient § 97 neben dem individuellen Rechtsgut der geschleusten Menschen auch dem **Allgemeininteresse der Bekämpfung der Schleuserkriminalität.** Und dieses Rechtsgut ist nach dem BGH (BeckRS 2019, 12921 Rn. 12) nicht disponibel (→ Rn. 3.1).

3.1　　Der BGH setzt seine extensive Rechtsprechung zu § 97 fort. Sachverhalt nach BGH BeckRS 2019, 33317 (krit. BeckOK AuslR/Hohoff Rn. 5 mit Bedenken gegen die Vorhersehbarkeit): Im November 2015 trat der Angeklagte, ein afghanischer Staatsbürger, seine von Schleusern organisierte Ausreise aus Afghanistan in die Türkei an, für die er 1.500 EUR bezahlte. In I. traf er auf einen Schleuser, mit dem er die Weiterschleusung nach Griechenland zum Preis von 2.000 EUR vereinbarte. Die Schleusung wurde so organisiert, dass der Gruppe der insgesamt zu schleusenden Personen in weitere kleinere Gruppen aufgeteilt wurde, für die jeweils ein männlicher Ansprechpartner als Kontaktperson gegenüber dritten Personen zuständig war. Vor diesem Hintergrund fragte der Schleuser den Angeklagten, ob er für zwei erwachsene Frauen und deren vier ein- bis siebenjährige Kinder als männlicher Ansprechpartner zur Verfügung stehen und ihnen auf ihrer Weiterreise nach Österreich behilflich sein könne. Der Angeklagte sagte dem Schleuser zu. In der Folgezeit organisierte der Schleuser die Überfahrt über das Mittelmeer. Dabei nahmen es der Schleuser und der Angeklagte billigend in Kauf, dass das für die Überfahrt verwendete Schiff kentern und die von den Angeklagten betreuten Frauen und Kinder Gefahr laufen könnten zu ertrinken. Beide hätten zudem erkennen und vermeiden können, dass die Frauen und Kinder infolge der Havarie während der von dem Schleuser organisierten Bootsüberfahrt tatsächlich zu Tode kamen. Wie vereinbart war der Angeklagte in der Folgezeit Ansprechpartner für die Frauen und versorgte diese mit Lebensmitteln, wobei die Frauen diese selbst bezahlten. In der Nacht vom 21. auf den 22.1.2016 trat eine

Gruppe von insgesamt mindestens 60 schleusungswilligen Personen, darunter der Angeklagte sowie die beiden Frauen und ihre vier Kinder, die Überfahrt von B. nach Griechenland auf einem kleinen circa 15 bis 20 Meter langen Boot an, das maximal 40 Personen hätte befördern können. Es kam zur tödlichen Katastrophe. Das Boot kenterte in griechischen Hoheitsgewässern. Mindestens 35 Personen, darunter die beiden Frauen mit ihren Kindern, ertranken. Der Angeklagte wurde gerettet. Der BGH bestätigt die Verurteilung des Angeklagten wegen Beihilfe zur Einschleusung von Ausländern mit Todesfolge gem. § 97 Abs. 1, § 96 Abs. 4, Abs. 2 S. 1 Nr. 5, Abs. 1 Nr. 1 lit. b, § 95 Abs. 1 Nr. 3, § 14 Abs. 1 Nr. 1 und Nr. 2, § 4, § 27 StGB. Die Haupttat für den Angeklagten liegt verkürzt in § 97 Abs. 1 durch den Schleuser. Problematisch ist die strafrechtliche Einordnung des Verhaltens des Angeklagten als selbständige Beihilfe zu dieser Haupttat des Schleusers. Der Angeklagte, der selbst geschleuste Person ist, hilft dem Schleuser mit seiner Zusage, als Ansprechpartner der Frauen zu fungieren, zu dessen Tat der Schleusung. Diese Zusage förderte und erleichterte nach dem BGH die Schleusung, weil sich der Schleuser auf die Zusage des Angeklagten verließ und daher keinen anderen Mann für die von ihm als notwendig erachtete und aus kulturellen Gründen auch tatsächlich erforderliche Begleitung der Frauen und Kinder suchen und bestellen musste. Mit diesem Verhalten übertritt der Angeklagte seine Rolle als geschleuste Person. Mit diesem Verhalten geht er über das zur Erfüllung des Tatbestandes seiner unerlaubten Einreise Notwendige hinaus. Wie stets betont der BGH, dass es für die Annahme einer Beihilfe nicht erforderlich ist, dass die Handlung des Gehilfen für den Eintritt des Erfolges in seinem konkreten Gepräge in irgendeiner Weise kausal wird. In der Medienberichterstattung zu diesem Fall wurde betont und kritisiert, dass das Koffertragen und die Nahrungsmittelbeschaffung für die Frauen und deren Kinder durch den Angeklagten strafbar sind. Als alleinige Unterstützung der anderen geschleusten Personen auf der gemeinsamen Flucht wäre dieses Verhalten des Angeklagten meines Erachtens eine sozialübliche, humanitäre Hilfe und daher straffrei. Der BGH stellt aber darauf ab, dass die Zusage des Angeklagten dem Schleuser gegenüber erfolgt, dem dadurch seine Schleusertätigkeit erleichtert wird. Der Angeklagte hilft nicht nur den anderen Geschleusten auf der gemeinsamen Flucht, sondern er hilft durch seine Zusage auch dem Schleuser bei dessen selbständiger Tat nach § 96. Aber: Ist die Zusage menschlicher Hilfe die Schaffung einer rechtlich missbilligten Gefahr? Als Beihilfe zur Beihilfe liegt hier eine sog. **Kettenbeihilfe** vor. Nach der dogmatischen Konstruktion des § 96 (→ § 96 Rn. 1 ff.) kann es eine Beihilfe zu den §§ 96, 97 an sich nicht geben. Jede Form der Teilnahme ist täterschaftliches Handeln nach § 96 (Bergmann/Dienelt/Winkelmann/Stephan § 96 Rn. 11; Schiedermair/Wollenschläger AuslR-HdB/Waßmer, Stand: 2019, § 96 Rn. 82). Das erkennt auch der BGH (BeckRS 2019, 33317 Rn. 33; dazu Kretschmer NStZ 2021, 83 (90)). Aus revisionsrechtlichen Gründen kann er das aber nicht ändern.

§ 97 Abs. 2 kombiniert banden- und gewerbsmäßiges Handeln zur eigenständigen Qualifikation. **4**

§ 97 Abs. 3 enthält die Regelung eines minder schweren Falls. Es gilt § 74a (§ 97 Abs. 4). **5**

Beachte die strafprozessualen Ermittlungsmaßnahmen: § 100a Abs. 2 Nr. 5 StPO, § 100b Abs. 2 **6** Nr. 3 StPO (seit 24.8.2017 die Online-Durchsuchung), § 100c Abs. 1 Nr. 1 StPO, § 100f StPO, § 100g Abs. 1 und Abs. 2 Nr. 2 StPO, § 110a StPO. Auf die strafprozessuale Rechtslage ist der Mandant hinzuweisen.

§ 97a Geheimhaltungspflichten

¹**Informationen zum konkreten Ablauf einer Abschiebung, insbesondere Informationen nach § 59 Absatz 1 Satz 8 sind Geheimnisse oder Nachrichten nach § 353b Absatz 1 oder Absatz 2 des Strafgesetzbuches. ²Gleiches gilt für Informationen zum konkreten Ablauf, insbesondere zum Zeitpunkt von Anordnungen nach § 82 Absatz 4 Satz 1.**

§ 97a wurde mit dem **Zweiten Gesetz zur besseren Durchsetzung der Ausreisepflicht 1** (v. 15.8.2019, BGBl. I 1294; BT-Drs. 19/10047) eingeführt. § 97a legt fest, dass Informationen zum konkreten Ablauf einer Abschiebung Geheimnisse oder Nachrichten nach **§ 353b Abs. 1 oder Abs. 2 StGB** sind. Das allein ist ziemlich unbestimmt (Art. 103 Abs. 2 GG). Zur näheren Konkretisierung benennt § 97a die Informationen nach § 59 Abs. 1 S. 8 und § 82 Abs. 4 S. 1. Ob auch weitere Informationen unter die Norm fallen, ist zweifelhaft. Eine Überstellung nach der Dublin III-VO ist keine Abschiebung iSd § 97a – Wortlautgrenze im Strafrecht nach Art. 103 Abs. 2 GG (s. Kretschmer ZAR 2020, 33; Öztürkyilmaz ASYLMAGAZIN-Beil. 8-9/2019, 60 (61)).

Nach § 59 Abs. 1 S. 8 ist zur Verhinderung des Untertauchens geregelt, dass nach Ablauf der **2** freiwilligen Ausreisefrist der Termin der Abschiebung dem Ausländer nicht angekündigt werden darf. Nach der Gesetzesbegründung (BT-Drs. 19/10047, 48) wird das in § 59 Abs. 1 S. 8 enthaltene

Normziel, den rechtsstaatlichen Vollzug des Aufenthaltsrechts sicherzustellen, beeinträchtigt, wenn Amtsträger oder sonstige Täter nach § 353b StGB den Abzuschiebenden, aber auch Dritten entsprechende Informationen zugänglich machen. Das gelte vor allem, wenn Dritte solche ihnen weitergegebene Informationen öffentlich machen oder diese an die betroffenen Ausländer weitergeben. Die **Bewährung des Rechtsstaates** soll es daher gebieten, Handlungen zu unterbinden, die die Durchführung der Ausreisepflicht behindern. Gleiches gilt nach dem Willen des Gesetzgebers für Informationen über geplante Maßnahmen zur Feststellung der Identität ausreisepflichtiger Ausländer, die bei Gewahrwerden der betroffenen Personen deren Identifizierung und damit die Durchsetzung der Ausreisepflicht behindern. Namentlich gelte dies für Vorführungen zur Identitätsfeststellung durch die Botschaft des Herkunftsstaates nach § 82 Abs. 4 S. 1. Solche Informationen fallen nach § 97a unter die Strafnorm des § 353b StGB. Als relevante Informationen zählt der Gesetzgeber auf: Zeitpunkte und Orte und Namen betroffener Personen, Vorhaben und geplante Behördenabläufe (BT-Drs. 19/10047, 48).

3   Täter nach § 353b StGB sind Amtsträger und für den öffentlichen Dienst besonders Verpflichtete. Für Personen, die diese Täterqualität des § 353b StGB nicht haben, kann **„im Rahmen der Bestimmungen des Strafgesetzbuches eine Strafbarkeit wegen Anstiftung oder Beihilfe zur Haupttat in Betracht kommen"** (BT-Drs. 10/10047, 48; s. Öztürkyilmaz ASYLMAGAZIN-Beil. 8-9/2019, 60 (62 f.); Bergmann/Dienelt/Winkelmann/Stephan Rn. 3; Huber/Mantel AufenthG/Bergmann Rn. 6). So kann es eine strafbare Beihilfe sein, wenn jemand ein ihm offenbartes Geheimnis veröffentlicht und dadurch eine konkrete Gefährdung verwirklicht (aber → Rn. 3.1). Strafbar ist das Hervorrrufen des Tatentschlusses iSd § 353b StGB oder das bewusste Zusammenwirken zwischen Amtsträger und der anderen Person gem. § 27 StGB, auch durch finanzielle Zuwendungen und Zureden.

3.1   Es ist ein allgemeines strafrechtliches Rechtsproblem, ob man sich nach Tatvollendung noch an der Straftat beteiligen oder straferschwerende Tatumstände erfüllen kann – Stichwort: **Beendigungsphase** (s. Mitsch JA 2017, 407). Dieses Rechtsproblem kennen wir auch aus § 96 (→ § 96 Rn. 21). Diese dogmatische Frage stellt sich auch bei § 353b StGB. Ist eine Teilnahme durch Dritte wie Journalisten oder Mitarbeitern von NGOs durch Veröffentlichung der ihnen offenbarten Geheimnisse normativ möglich? Mit der unbefugten Offenbarung durch den Amtsträger ist das Delikt vollendet (Leipold/Tsambikakis/Zöller/Tsambikakis, AnwaltKommentar StGB, 3. Aufl. 2019, StGB § 353b Rn. 50; Satzger/Schluckebier/Widmaier/Bosch, StGB: Kommentar zum Strafgesetzbuch, 4. Aufl. 2019, StGB § 353b Rn. 15 f.), sofern – wie der Tatbestand fordert – dadurch wichtige öffentliche Interessen gefährdet sind. Eine konkrete Gefahr ist gegeben, wenn der Eintritt der Beeinträchtigung allein vom Zufall abhängt (Leipold/Tsambikakis/Zöller/Tsambikakis, AnwaltKommentar StGB, 3. Aufl. 2019, StGB § 353b Rn. 23). Die konkrete Gefahr der Veröffentlichung des Geheimnisses stellt die Tatvollendung dar. Die folgende Veröffentlichung vertieft die Rechtsgutsverletzung (Beendigung der Tat). Das ist wie beim Diebstahl: Die Wegnahme in Zueignungsabsicht führt zur Tatvollendung, Abtransport bzw. Verkauf der gestohlenen Sache intensivieren die Verletzung des Eigentums. Die strafbegründende bzw. straferschwerende Tatbeteiligung an einem vollendeten Delikt ist in Rechtsprechung und Wissenschaft (dagegen Hoffmann-Holland, Strafrecht Besonderer Teil/Kretschmer, 2016, Rn. 854 ff.; Lackner/Kühl/Kühl, StGB, 29. Aufl. 2018, StGB § 244 StGB Rn. 2; Mitsch JA 2017, 407) umstritten. Hauptargument gegen eine solch strafrechtlich relevante Beendigungsphase ist Art. 103 Abs. 2 GG: Es ist nicht zu bestimmen, wann eine solche tatbestandsspezifische Beendigungsphase beginnt und wann sie endet. Das gilt auch für § 353b StGB (Leipold/Tsambikakis/Zöller/Tsambikakis, AnwaltKommentar StGB, 3. Aufl. 2019, StGB § 353b Rn. 51 ff.; Lackner/Kühl/Heger, StGB, 29. Aufl. 2018, StGB § 353b Rn. 13a). Die Rechtsprechung dagegen ist straffreundlich, indem sie der Beendigungsphase eine strafrechtlich relevante Bedeutung gibt (BGH NStZ 2010, 327 zu § 250 Abs. 2 Nr. 1 StGB; NJW 1992, 2103 zu § 251 StGB). Im Ernstfall wird die Rechtsprechung dieser extensiven Rechtsanwendung wohl auch in § 353b StGB folgen.

4   Das Rechtsgut des § 353b StGB schützt besonders wichtige öffentliche Interessen vor der Gefährdung durch die kraft Amtes oder besonderer Verpflichtung zur Verschwiegenheit verpflichteten Geheimnisträger (Satzger/Schluckebier/Widmaier/Bosch, StGB: Kommentar zum Strafgesetzbuch, 4. Aufl. 2019, StGB § 353b Rn. 1). Laut Gesetzesbegründung ist das im Zusammenspiel mit § 97a die Durchsetzung der Ausreisepflicht. Tathandlung ist vor allem die unbefugte Offenbarung des Geheimnisses. Dadurch müssen wichtige öffentliche Interessen gefährdet werden. Offenbart wird ein Geheimnis, wenn der Täter es in irgendeiner Weise an die Öffentlichkeit oder an einen anderen gelangen lässt (Satzger/Schluckebier/Widmaier/Bosch, StGB: Kommentar zum Strafgesetzbuch, 4. Aufl. 2019, StGB § 353b Rn. 6). **Kein Offenbaren** liegt vor, wenn lediglich eine zur Aufgabenerfüllung notwendige verwaltungsinterne Mitteilung auf dem dafür innerdienstlich vorgesehenen Mitteilungsweg erfolgt (Satzger/Schluckebier/Widmaier/Bosch, StGB: Kommentar zum Strafgesetzbuch, 4. Aufl. 2019, StGB § 353b Rn. 6). Eine rechtlich missbilligte oder unerlaubte Gefahr für das Rechtsgut wird eben nicht **durch behördeninternes oder verwaltungsmäßiges Handeln** geschaffen. Solches verwaltungsgemäße Handeln kann und darf nicht tatbestandsmäßig sein. Wenn daher Informationen zur Abschiebung im ordnungsgemäßen Verwaltungs- oder Rechtsverkehr an Rechtsanwälte oder Sozialarbeiter oder ehrenamtliche Helfer bekannt gemacht werden, liegt keine unbefugte Offenbarung vor. Nun verbietet § 59 Abs. 1 S. 8 die Ankündigung des Abschiebungstermins, aber auch nicht mehr. Ankündigung ist etwas anderes als Mitteilung – etwa auf Anfrage durch den Betroffenen oder Rechtsanwalt (NK-AuslR/Hocks § 59 Rn. 24). Die Behörde ist daher nicht gehindert, den Abschiebetermin auf Anfrage oder durch Akteneinsicht preiszugeben. Das gilt vor allem unter humanitären Aspekten (NK-AuslR/Hocks § 59 Rn. 24). Verwaltungseffizienz darf nicht der alleinige Maßstab sein. Eine unangekündigte Abschiebung schutzbedürftiger Personen, von Familien oder Kindern ist unverhältnismäßig. Und generell darf durch „heimliches" Abschieben der effektive gerichtliche und anwaltliche Rechtsschutz nicht beeinträchtigt werden (BayVGH BeckRS 2018, 26784; → § 59 Rn. 29). Da dieses Bekanntwerden verwaltungsgemäß erfolgt, kann und darf es nicht unter § 353b StGB fallen. Es ist zudem widersinnig (absurd) Anordnungen nach § 82 Abs. 1 S. 4 als Geheimnis einzuordnen. Eine Anordnung nach § 82 Abs. 1 S. 4 muss dem betroffenen Ausländer mitgeteilt werden, damit er sie befolgen kann. Und außerdem kann er dagegen klagen. Wie soll das jetzt ein durch § 353b StGB geschütztes Geheimnis sein (Pro Asyl, Stellungnahme zum Entwurf eines Zweiten Gesetzes zur besseren Durchsetzung der Ausreisepflicht v. 15.4.2019, 21)? Ein unbefugt offenbartes Geheimnis ist diese Ankündigung im Verwaltungsweg nicht.

Unabhängig von der **einschränkenden Auslegung der Tathandlung in § 353b StGB** fordert **5** eine mögliche Strafbarkeit wegen Anstiftung oder Beihilfe zu § 353b StGB durch außenstehende Dritte wie hauptamtliche oder ehrenamtliche Helfer eine vorsätzliche und rechtswidrige Haupttat nach § 353b StGB durch den Amtsträger, also vor allem durch die Mitarbeiterin oder Mitarbeiter der Ausländerbehörde. Das tatsächliche und rechtliche Strafbarkeitsrisiko lässt sich durch eine einschränkende Auslegung der Tathandlung – kein unbefugtes Offenbaren bei verwaltungsgemäßem Handeln – einschränken. Und zudem wird der **hinreichende Nachweis einer vorsätzlichen und rechtwidrigen Haupttat** nach § 353b StGB gegen einen bestimmten Haupttäter nur schwer zu machen sein. Nichtsdestotrotz führt die mögliche Strafdrohung nach §§ 353b, 26 oder 27 StGB über § 97a bei haupt- und ehrenamtlichen Helfern zivilgesellschaftlicher Organisationen zu Verunsicherung (s. Öztürkyilmaz Asylmagazin-Beil. 8–9/2019, 60 (63). Und allein ein strafprozessuales Ermittlungsverfahren belastet engagierte humanitäre Arbeit. Vielleicht ist gerade diese **Verunsicherung der Zivilgesellschaft** das rechtspolitische Anliegen des Gesetzgebers (Pro Asyl, Stellungnahme zum Entwurf eines Zweiten Gesetzes zur besseren Durchsetzung der Ausreisepflicht v. 15.4.2019, 21)?

Noch eine Anmerkung: Der Gesetzentwurf nennt die Bewährung des Rechtsstaates als Argu- **6** ment für § 97a (BT-Drs. 19/10047, 48). Der **Rechtsstaat** verlangt aber auch **Transparenz und öffentliche Diskussion.** Geheimhaltung (§ 59 Abs. 1 S. 8) und Strafdrohung (§ 97a) widerstreiten dem. Es kann und darf nicht sein, dass in – womöglich nächtlichen (NK-AuslR/Hocks § 58 Rn. 32) – Abschiebungen Grundrechte und Justizgrundrechte wie anwaltlicher Beistand oder Art. 19 Abs. 4 GG unverhältnismäßig im Interesse der ausländerverwaltungsrechtlichen Effizienz beeinträchtigt werden. Abschiebungen nach Afghanistan oder in den Irak, aber nicht nur diese, verlangen nach einer demokratischen und gesellschaftlichen Diskussion in Öffentlichkeit und Medien und Zivilgesellschaft. **Pressefreiheit** als Schranke des § 97a findet keine Erwähnung im Gesetzentwurf (s. § 353b Abs. 3a StGB; BeckOK AuslR/Hohoff Rn. 2; Leipold/Tsambikakis/Zöller/Tsambikakis, AnwaltKommentar StGB, 3. Aufl. 2019, StGB § 353b Rn. 52a; Satzger/Schluckebier/Widmaier/Bosch, StGB: Kommentar zum Strafgesetzbuch, 4. Aufl. 2019, StGB § 353b Rn. 16). Nach § 353b Abs. 3a StGB sind Beihilfehandlungen einer in § 53 Abs. 1 Nr. 5 StPO genannten Person nicht rechtswidrig, wenn sie sich auf die Entgegennahme, Auswertung oder Veröffentlichung des Geheimnisses beschränken. Es besteht insgesamt ein öffentliches Interesse der Zivilgesellschaft am Bekanntwerden von Abschiebungsterminen, um die demokratischen Grundrechte der Meinungs- und Versammlungsfreiheit effektiv wahrzunehmen. Inwieweit dieses öffentliche und demokratische Gegeninteresse innerhalb des § 353b StGB strafbarkeitseinschränkend berücksichtigt wird, wird sich in der Rechtspraxis erst noch zeigen. Wir, die Rechtsanwälte, werden dafür streiten müssen!

§ 98 Bußgeldvorschriften

(1) Ordnungswidrig handelt, wer eine in § 95 Abs. 1 Nr. 1 oder 2 oder Abs. 2 Nr. 1 Buchstabe b bezeichnete Handlung fahrlässig begeht.

(2) Ordnungswidrig handelt, wer

1. entgegen § 4 Absatz 2 Satz 1 einen Nachweis nicht führt,
2. entgegen § 13 Abs. 1 Satz 2 sich der polizeilichen Kontrolle des grenzüberschreitenden Verkehrs nicht unterzieht,
2a. entgegen § 47a Satz 1, auch in Verbindung mit Satz 2, oder entgegen § 47a Satz 3, ein dort genanntes Dokument nicht oder nicht rechtzeitig vorlegt oder einen Abgleich mit dem Lichtbild nicht oder nicht rechtzeitig ermöglicht,
3. entgegen § 48 Abs. 1 oder 3 Satz 1 eine dort genannte Urkunde oder Unterlage oder einen dort genannten Datenträger nicht oder nicht rechtzeitig vorlegt, nicht oder nicht rechtzeitig aushändigt oder nicht oder nicht rechtzeitig überlässt,
4. einer vollziehbaren Anordnung nach § 44a Abs. 1 Satz 1 Nr. 3, Satz 2 oder 3 zuwiderhandelt oder
5. entgegen § 82 Absatz 6 Satz 1, auch in Verbindung mit § 60d Absatz 3 Satz 4, eine Mitteilung nicht oder nicht rechtzeitig macht.

(2a) Ordnungswidrig handelt, wer vorsätzlich oder leichtfertig

1. entgegen § 4a Absatz 5 Satz 1 einen Ausländer mit einer nachhaltigen entgeltlichen Dienst- oder Werkleistung beauftragt, die der Ausländer auf Gewinnerzielung gerichtet ausübt,
2. entgegen § 4a Absatz 5 Satz 3 Nummer 3 oder § 19a Absatz 1 Satz 2 oder 3 eine Mitteilung nicht, nicht richtig oder nicht rechtzeitig macht,
3. entgegen § 19b Absatz 7 eine Anzeige nicht, nicht richtig, nicht vollständig oder nicht rechtzeitig erstattet oder
4. entgegen § 60c Absatz 5 Satz 1 oder § 60d Absatz 3 Satz 3 eine Mitteilung nicht, nicht richtig, nicht vollständig, nicht in der vorgeschriebenen Weise oder nicht rechtzeitig macht.

(3) Ordnungswidrig handelt, wer vorsätzlich oder fahrlässig

1. entgegen § 4a Absatz 3 Satz 4 oder Absatz 4, § 6 Absatz 2a, § 7 Absatz 1 Satz 4 erster Halbsatz, § 16a Absatz 3 Satz 1, § 16b Absatz 3, auch in Verbindung mit Absatz 7 Satz 3, § 16b Absatz 5 Satz 3 zweiter Halbsatz, § 16c Absatz 2 Satz 3, § 16d Absatz 1 Satz 4, Absatz 3 Satz 2 oder Absatz 4 Satz 3, § 16f Absatz 3 Satz 4, § 17 Absatz 3 Satz 1, § 20 Absatz 1 Satz 4, auch in Verbindung mit Absatz 2 Satz 2, § 23 Absatz 1 Satz 4 erster Halbsatz oder § 25 Absatz 4 Satz 3 erster Halbsatz, Absatz 4a Satz 4 erster Halbsatz oder Absatz 4b Satz 4 erster Halbsatz eine selbständige Tätigkeit ausübt,
2. einer vollziehbaren Auflage nach § 12 Abs. 2 Satz 2 oder Abs. 4 zuwiderhandelt,
2a. entgegen § 12a Absatz 1 Satz 1 den Wohnsitz nicht oder nicht für die vorgeschriebene Dauer in dem Land nimmt, in dem er zu wohnen verpflichtet ist,
2b. einer vollziehbaren Anordnung nach § 12a Absatz 2, 3 oder 4 Satz 1 oder § 61 Absatz 1c zuwiderhandelt,
3. entgegen § 13 Abs. 1 außerhalb einer zugelassenen Grenzübergangsstelle oder außerhalb der festgesetzten Verkehrsstunden einreist oder ausreist oder einen Pass oder Passersatz nicht mitführt,
4. einer vollziehbaren Anordnung nach § 46 Abs. 1, § 56 Absatz 1 Satz 2 oder Abs. 3 oder § 61 Absatz 1e zuwiderhandelt,
5. entgegen § 56 Absatz 1 Satz 1 eine Meldung nicht, nicht richtig oder nicht rechtzeitig macht,
5a. einer räumlichen Beschränkung nach § 56 Absatz 2 oder § 61 Absatz 1 Satz 1 zuwiderhandelt,
5b. entgegen § 60b Absatz 1 Satz 2 nicht alle zumutbaren Handlungen vornimmt, um einen anerkannten und gültigen Pass oder Passersatz zu erlangen,
6. entgegen § 80 Abs. 4 einen der dort genannten Anträge nicht stellt oder
7. einer Rechtsverordnung nach § 99 Absatz 1 Nummer 3a Buchstabe d, Nummer 7, 10 oder 13a Satz 1 Buchstabe j zuwiderhandelt, soweit sie für einen bestimmten Tatbestand auf diese Bußgeldvorschrift verweist.

(4) In den Fällen des Absatzes 2 Nr. 2 und des Absatzes 3 Nr. 3 kann der Versuch der Ordnungswidrigkeit geahndet werden.

(5) Die Ordnungswidrigkeit kann in den Fällen des Absatzes 2a Nummer 1 mit einer Geldbuße bis zu fünfhunderttausend Euro, in den Fällen des Absatzes 2a Nummer 2, 3 und 4 mit einer Geldbuße bis zu dreißigtausend Euro, in den Fällen des Absatzes 2 Nr. 2

und des Absatzes 3 Nr. 1 und 5b mit einer Geldbuße bis zu fünftausend Euro, in den Fällen der Absätze 1 und 2 Nr. 1, 2a und 3 und des Absatzes 3 Nr. 3 mit einer Geldbuße bis zu dreitausend Euro und in den übrigen Fällen mit einer Geldbuße bis zu tausend Euro geahndet werden.

(6) Artikel 31 Abs. 1 des Abkommens über die Rechtsstellung der Flüchtlinge bleibt unberührt.

Überblick

§ 98 enthält eine vielfältige und kaum überschaubare und zuletzt durch das FachkEinwG (Fachkräfteeinwanderungsgesetz v. 15.8.2019, BGBl. I 1307) zum 1.3.2020 erneut erweiterte Zusammenstellung von **Bußgeldtatbeständen.** Aber damit nicht genug. Änderungen und Ergänzungen brachte zudem das Siebte Gesetz zur Änderung des Vierten Buches Sozialgesetzbuch und andere Gesetze v. 12.6.2020 (BGBl. I 1248). Lieber Gesetzgeber, diese häufigen Änderungen nerven und machen § 98 für – uns – Rechtsanwender und Normadressaten unüberschaubar. Es handelt sich um typisches **Verwaltungsunrecht.** Es handelt sich teilweise um eigenständige Bußgeldtatbestände und teilweise um Grundnormen zu dem Straftatbestand des § 95. Es gilt dem **Opportunitätsprinzip** (§ 47 OWiG). Täterin ist die von der migrationsverwaltungsrechtlichen Vorschrift erfasste Ausländerin. Beachte § 11 FreizügG/EU. **Deutsche** können Täter bei § 98 Abs. 2a und Abs. 3 Nr. 6 sein. Ansonsten ist Teilnahme möglich. Im Ordnungswidrigkeitenrecht gilt nach § 14 OWiG das Einheitstäterprinzip.

A. Die einzelnen Vorschriften

I. § 98 Abs. 1

Der **fahrlässige Aufenthalt** aus § 95 Abs. 1 Nr. 1 oder Nr. 2 oder Abs. 2 Nr. 1 lit. b ist ein **1** Bußgeldtatbestand und wird bei vorsätzlichem Handeln zu einer Straftat. Es gilt die allgemeine Fahrlässigkeitsdogmatik. Mit Blick auf § 95 Abs. 1 Nr. 2 ist auch hier die Rückführungs-RL (RL 2008/115/EG v. 16.12.2008, ABl. 2008 L 348, 98) zu berücksichtigen. Ordnungswidrig handelt nur, wer fahrlässig die Durchführung der Rückführung endgültig verhindert (Hörich/Bergmann InfAuslR 2013, 252).

II. § 98 Abs. 2

§ 98 Abs. 2 sanktioniert **vorsätzliche** – § 10 OWiG – **eigenständige Verstöße** gegen auslän- **2** derverwaltungsrechtliche Verhaltenspflichten als Ordnungswidrigkeit. Erfasst ist die Verletzung der Nachweispflicht aus § 4 Abs. 2 S. 1 (s. NK-AuslR/Fahlbusch Rn. 9 ff.). Erfasst ist die Entziehung der polizeilichen Kontrolle des grenzüberschreitenden Verkehrs entgegen § 13 Abs. 1 S. 2. Hier ist Art. 22 Schengener Grenzkodex (VO (EU) 2016/399 v. 9.3.2016, ABl. 2016 L 77, 1) zu beachten: „Die Binnengrenzen dürfen unabhängig von der Staatsangehörigkeit der betreffenden Personen an jeder Stelle ohne Personenkontrolle überschritten werden." **Grenzkontrollen** sind an den Binnengrenzen des Schengen-Raums abgeschafft. Die Norm findet daher dort keine Anwendung (BeckOK AuslR/Hohoff Rn. 9; NK-AuslR/Fahlbusch Rn. 15). Aber: Nach Art. 25 ff. Schengener Grenzkodex ist eine vorübergehende Wiedereinführung von Kontrollen an den Binnengrenzen zulässig. Das ist zuletzt wegen **„Corona"** mehrfach geschehen – im Februar 2021 an der deutsch-tschechischen Grenze. Der Anwendungsbereich der Norm ist eröffnet (Bergmann/Dienelt/Winkelmann/Stephan Rn. 11; Huber/Mantel AufenthG/Bergmann Rn. 27 f.; anders NK-AuslR/Fahlbusch Rn. 15). Erfasst ist weiterhin die Verletzung der Mitwirkungspflicht nach § 47a. Weiter ist erfasst die Verletzung ausweisrechtlicher Pflichten nach § 48 Abs. 1 oder Abs. 3 S. 1. Und es wird in diesem Sammelbecken die Verletzung der Pflicht zur Teilnahme an einem Integrationskurs entgegen einer vollziehbaren Anordnung nach § 44a Abs. 1 S. 1 Nr. 3, S. 2 oder S. 3 als Bußgeldtatbestand sanktioniert. Neu ist die Nr. 5. Eingeführt durch das FachkEinwG (Fachkräfteeinwanderungsgesetz v. 15.8.2019, BGBl. I 1307) zum 1.3.2020. Nach § 82 Abs. 6 unterliegt die Ausländerin, die im Besitz einer Aufenthaltserlaubnis nach Kapitel 2 Abschnitt 3 oder 4 ist, einer Mitteilungspflicht über die Beendigung des Ausbildungs- bzw. Beschäftigungsverhältnisses – lesen Sie stets die erfassten verwaltungsrechtlichen Vorschriften ganz genau. Durch das Siebte Gesetz zur Änderung des Vierten Buches Sozialgesetzbuch und andere Gesetze v. 12.6.2020 (BGBl. I 1248) wird die inhaltsgleiche Mitteilungspflicht eines Ausländers mit einer Beschäftigungsduldung nach § 60d Abs. 3 S. 4 gesetzlich gleichgestellt.

III. § 98 Abs. 2a

3   Ein eigenständiges Problemfeld ist die illegale Beschäftigung von Ausländern (Kretschmer AuslStrafR § 8 Rn. 1 ff.). Ein Teilelement ist § 98 Abs. 2a: Die **vorsätzliche oder leichtfertige Beauftragung eines Ausländers zu einer unerlaubten Dienst- oder Werkleistung.** Es muss sich um eine selbstständige Tätigkeit handeln, da die entsprechende Beschäftigung eines Ausländers nach § 404 Abs. 2 Nr. 3 SGB III bußgeldbewährt ist. Die beiden Normen erfassen als Täter den – auch deutschen – Auftraggeber bzw. den Arbeitgeber. Zu beachten ist § 11 Abs. 1 Nr. 2 Schwarz-ArbG (Kretschmer ZWH 2016, 341) für den Fall, dass die Tat beharrlich wiederholt wird. Jetzt wird die Ordnungswidrigkeit zu einer Straftat.

4   Nr. 2 und Nr. 3 sanktionieren Mitteilungspflichten nach den §§ 19a und 19b. Dortiger Adressat und daher Täter ist die **Niederlassung** in einem anderen Mitgliedstaat (BeckOK AuslR/ Klaus § 19a Rn. 11). Die Verantwortlichkeit bestimmt sich nach § 9 OWiG. In Nr. 2 ist jetzt die neue Mitteilungspflicht in § 4a Abs. 5 S. 3 Nr. 3 geregelt – Folge des FachkEinwG. Normadressat ist derjenige, der einen Ausländer beschäftigt. Die Begründung (BT-Drs. 19/8285, 116) ist wie stets und immer die bezweckte effektive Wirksamkeit der neuen Mitteilungspflicht.

5   Der vorsätzliche oder leichtfertige Verstoß gegen die **Mitteilungspflichten nach § 60c Abs. 5 S. 1 und § 60d Abs. 3 S. 3** ist bußgeldbewehrt. Diese Erweiterung kam durch das Gesetz über Duldung bei Ausbildung und Beschäftigung v. 8.7.2019 (BGBl. I 1021). Adressaten sind zum einen die Bildungseinrichtung und zum anderen der Arbeitgeber. Es gilt § 9 OWiG. Der Bußgeld-tatbestand ist exemplarisch für die Indienststellung des „Strafrechts" für das ausländerrechtliche Verwaltungsverfahren und für eine sanktionsrechtliche Überreglementierung.

IV. § 98 Abs. 3

6   Ein vielfältiges Sammelbecken vorsätzlicher und fahrlässiger Ordnungswidrigkeiten enthält § 98 Abs. 3.

7   Ein weiteres Mosaik aus dem Problemfeld der illegalen Beschäftigung von Ausländern bildet § 98 Abs. 3 Nr. 1: **Ausübung einer Erwerbstätigkeit.** Durch das Siebte Gesetz zur Änderung des Vierten Buches Sozialgesetzbuch und andere Gesetze v. 12.6.2020 (BGBl. I 1248) erfolgt eine gesetzliche Verweisung auf die erfassten Normen des AufenthG wie in § 404 Abs. 2 Nr. 4 SGB III. Eine inhaltliche Änderung ist damit nicht verbunden (BT-Drs. 19/19037, 63). Erfasst ist auch hier die **selbstständige Erwerbstätigkeit** ohne eine entsprechende Berechtigung (Bergmann/ Dienelt/Winkelmann/Stephan Rn. 23 ff.; Schiedermair/Wollenschläger AuslR-HdB/Waßmer, Stand: 2019, Rn. 53 ff.). Die Ausübung einer unerlaubten Beschäftigung erfasst § 404 Abs. 2 Nr. 4 SGB III (OLG Karlsruhe NStZ 2018, 291) als eigentlicher Grundtatbestand der illegalen Beschäftigung (Kretschmer AuslStrafR § 8 Rn. 3 ff.). Beachte die vorrangige Regelung des § 95 Abs. 1a. Hier geht es also um die ausländischen Arbeitnehmer bzw. den Dienstleistenden als Täter. Und auch hier ist § 11 Abs. 1 Nr. 2 SchwarzArbG zu beachten (beharrliches Wiederholen der Tathandlung).

7.1   Betteln – auch als Straßenmusikant oder in der Bahn – ist keine selbstständige wirtschaftliche Tätigkeit (NK-AuslR/Fahlbusch Rn. 36). Unter Achtung des ProstG ist das bei Prostitution eher anders (BGH NJW 2005, 2095; abhängig vom Einzelfall NK-AuslR/Fahlbusch Rn. 36).

8   Weiter geht es mit Zuwiderhandlungen gegen eine vollziehbare Auflage nach § 12 Abs. 2 S. 2 und Abs. 4 in § 98 Abs. 3 Nr. 2, gegen die gesetzliche Verpflichtung zur Wohnsitznahme nach § 12a Abs. 1 S. 1 in § 98 Abs. 3 Nr. 2a und gegen eine vollziehbare Anordnung nach § 12a Abs. 2, Abs. 3 oder Abs. 4 S. 1 oder § 61 Abs. 1c in § 98 Abs. 3 Nr. 2b. Beachte die Grundsätze der **Verwaltungsakzessorietät.** Es bleibt stets die Frage, wie Integration (§ 12a) mit Zwang gefordert und gefördert werden kann. Die Bundesländer handhaben § 12a nicht einheitlich. Das verstärkt die Zweifel an einer Sanktionierung des § 12a.

9   § 98 Abs. 3 Nr. 3 bestimmt als Ordnungswidrigkeit, wenn der Ausländer entgegen § 13 Abs. 1 außerhalb einer ausgewiesenen Grenzübergangstelle ein- oder ausreist und gegen seine Passmitführungspflicht verstößt. Mit Abschaffung der Binnengrenzen im Schengen-Raum ist die Tathandlung dort nicht erfasst (BeckOK AuslR/Hohoff Rn. 30; NK-AuslR/Fahlbusch Rn. 46; Art. 22 Schengener Grenzkodex – VO (EU) 2016/399 v. 9.3.2016, ABl. 2016 L 77, 1). Eine Personenkontrolle nach § 23 Abs. 1 Nr. 3 BPolG innerhalb des Grenzgebiets von 30 km ist keine Kontrolle des grenzüberschreitenden Verkehrs. Nach dem EuGH (BeckRS 2017, 113667) dürfen anlasslose Kontrollen nicht der früheren Grenzüberwachung entsprechen.

10   § 98 Abs. 3 Nr. 4 erfasst Zuwiderhandlungen gegen vollziehbare Anordnungen nach § 46 Abs. 1 oder § 56 Abs. 1 S. 2 oder Abs. 3 oder § 61 Abs. 1e (zu Letzterem s. Schiedermair/

Wollenschläger AuslR-Hdb/Waßmer, Stand: 2019, Rn. 79). Den Verstoß gegen die gesetzliche Meldepflicht nach § 56 Abs. 1 S. 1 erfasst § 98 Abs. 3 Nr. 5. Zuwiderhandlungen gegen räumliche Beschränkungen gem. § 56 Abs. 2 oder § 61 Abs. 1 S. 1 erfasst § 98 Abs. 5a. Im Fall der Wiederholung einschlägiger Verstöße nach § 56 stuft § 95 Abs. 1 Nr. 6a die Tathandlungen zu Straftaten hoch. Hier zeigt sich das Verhältnis Grundnorm und strafrechtliche Qualifikation.

Die Nichtvornahme der zumutbaren Handlungen zur Erfüllung der besonderen Passbeschaf- **11** fungspflicht nach § 60b Abs. 1 S. 2 wird sanktioniert (§ 98 Abs. 3 Nr. 5b). Lesen Sie § 60b Abs. 1 S. 2. Es muss doch wohl auf Abs. 2 S. 1 verwiesen werden, oder? Die gesetzliche Verweisung geht ins Leere und ist unwirksam (BeckOK AuslR/Hohoff Rn. 38a; KHK ZuwanderungsR-HdB/ Mobsbacher § 10 Rn. 68). Gute Gesetzgebung sieht anders aus.

Eine Ordnungswidrigkeit nach § 98 Abs. 3 Nr. 6 begeht, wer einen Antrag nach § 80 Abs. 4 **12** nicht stellt: Nichtstellen eines Antrags für minderjährige Ausländer.

Und zuletzt bestimmt § 98 Abs. 3 Nr. 7 den Verstoß gegen in Rechtsverordnung nach § 99 **13** Abs. 1 Nr. 3a lit. d, Nr. 7 oder Nr. 10 oder Nr. 13a S. 1 lit. j enthaltene Bußgeldtatbestände als Ordnungswidrigkeit (s. § 77 AufenthV).

V. § 98 Abs. 4

Der Versuch ist in § 98 Abs. 2 Nr. 2 und Abs. 3 Nr. 3 strafbar. **14**

VI. § 98 Abs. 5

Die Höhe der Geldbuße reicht gegliedert nach den einzelnen Vorschriften von 1.000–500.000 **15** EUR.

VII. § 98 Abs. 6

Es gilt auch bei § 98 der persönliche Strafaufhebungsgrund des Art. 31 Abs. 1 GFK. **16**

B. Prozessuales

Wie aufgezeigt sind für die Bußgeldtatbestände komplexe ausländerverwaltungsrechtliche Vor- **17** fragen zu klären. Daher bedarf es auch in diesen Fällen regelmäßig nach § 140 Abs. 2 StPO eines Pflichtverteidigers (NK-AuslR/Fahlbusch Rn. 4).

Kapitel 9a. Rechtsfolgen bei illegaler Beschäftigung

§ 98a Vergütung

(1) ¹**Der Arbeitgeber ist verpflichtet, dem Ausländer, den er ohne die nach § 284 Absatz 1 des Dritten Buches Sozialgesetzbuch erforderliche Genehmigung oder ohne die nach § 4a Absatz 5 erforderliche Berechtigung zur Erwerbstätigkeit beschäftigt hat, die vereinbarte Vergütung zu zahlen. ²Für die Vergütung wird vermutet, dass der Arbeitgeber den Ausländer drei Monate beschäftigt hat.**

(2) **Als vereinbarte Vergütung ist die übliche Vergütung anzusehen, es sei denn, der Arbeitgeber hat mit dem Ausländer zulässigerweise eine geringere oder eine höhere Vergütung vereinbart.**

(3) **Ein Unternehmer, der einen anderen Unternehmer mit der Erbringung von Werk- oder Dienstleistungen beauftragt, haftet für die Erfüllung der Verpflichtung dieses Unternehmers nach Absatz 1 wie ein Bürge, der auf die Einrede der Vorausklage verzichtet hat.**

(4) **Für den Generalunternehmer und alle zwischengeschalteten Unternehmer ohne unmittelbare vertragliche Beziehung zu dem Arbeitgeber gilt Absatz 3 entsprechend, es sei denn, dem Generalunternehmer oder dem zwischengeschalteten Unternehmer war nicht bekannt, dass der Arbeitgeber Ausländer ohne die nach § 284 Absatz 1 des Dritten Buches Sozialgesetzbuch erforderliche Genehmigung oder ohne die nach § 4a Absatz 5 erforderliche Berechtigung zur Erwerbstätigkeit beschäftigt hat.**

(5) Die Haftung nach den Absätzen 3 und 4 entfällt, wenn der Unternehmer nachweist, dass er auf Grund sorgfältiger Prüfung davon ausgehen konnte, dass der Arbeitgeber keine Ausländer ohne die nach § 284 Absatz 1 des Dritten Buches Sozialgesetzbuch erforderliche Genehmigung oder ohne die nach § 4a Absatz 5 erforderliche Berechtigung zur Erwerbstätigkeit beschäftigt hat.

(6) Ein Ausländer, der im Geltungsbereich dieses Gesetzes ohne die nach § 284 Absatz 1 des Dritten Buches Sozialgesetzbuch erforderliche Genehmigung oder ohne die nach § 4a Absatz 5 erforderliche Berechtigung zur Erwerbstätigkeit beschäftigt worden ist, kann Klage auf Erfüllung der Zahlungsverpflichtungen nach Absatz 3 und 4 auch vor einem deutschen Gericht für Arbeitssachen erheben.

(7) Die Vorschriften des Arbeitnehmer-Entsendegesetzes bleiben unberührt.

1   § 98a steht im Kanon mit außerstrafrechtlichen Sanktionen, die erhebliche wirtschaftliche Nachteile für strafrechtliches Verhalten haben können (Kretschmer ZWH 2013, 481). Illegale Beschäftigung nach dem AufenthG und anderen Vorschriften wie dem SchwarzArbG stehen auch im Zusammenhang mit dem Wirtschaftsstrafrecht und dessen Sanktionen.

2   Bei § 98a handelt es sich um eine arbeitsrechtliche Anspruchsnorm (BeckOK AuslR/Breidenbach Rn. 1), die den Arbeitgeber trifft. Die Haftung erweitert sich beim Einsatz von Subunternehmen (§ 98a Abs. 3) und auf den Generalunternehmer (§ 98a Abs. 4). § 98a Abs. 5 ermöglicht auf diesen unternehmerischen Zwischenebenen einen Haftungsausschluss. Hier kann ein effektives Compliance-Management greifen.

§ 98b Ausschluss von Subventionen

(1) ¹Die zuständige Behörde kann Anträge auf Subventionen im Sinne des § 264 des Strafgesetzbuches ganz oder teilweise ablehnen, wenn der Antragsteller oder dessen nach Satzung oder Gesetz Vertretungsberechtigter
1. nach § 404 Absatz 2 Nummer 3 des Dritten Buches Sozialgesetzbuch mit einer Geldbuße von wenigstens Zweitausendfünfhundert Euro rechtskräftig belegt worden ist oder
2. nach den §§ 10, 10a oder 11 des Schwarzarbeitsbekämpfungsgesetzes zu einer Freiheitsstrafe von mehr als drei Monaten oder einer Geldstrafe von mehr als 90 Tagessätzen rechtskräftig verurteilt worden ist.
²Ablehnungen nach Satz 1 können je nach Schwere des der Geldbuße oder der Freiheits- oder der Geldstrafe zugrunde liegenden Verstoßes in einem Zeitraum von bis zu fünf Jahren ab Rechtskraft der Geldbuße, der Freiheits- oder der Geldstrafe erfolgen.

(2) Absatz 1 gilt nicht, wenn
1. auf die beantragte Subvention ein Rechtsanspruch besteht,
2. der Antragsteller eine natürliche Person ist und die Beschäftigung, durch die der Verstoß nach Absatz 1 Satz 1 begangen wurde, seinen privaten Zwecken diente, oder
3. der Verstoß nach Absatz 1 Satz 1 darin bestand, dass ein Unionsbürger rechtswidrig beschäftigt wurde.

1   § 98b regelt den Ausschluss von Subventionen bei Verstößen gegen die aufgezählten rechtskräftigen Verurteilungen der illegalen Beschäftigung und kann daher wie auch § 98c erhebliche wirtschaftliche Folgen haben (Hörich/Bergmann ZAR 2012, 327). Auch auf solche außerstrafrechtlichen Sanktionen ist bei der Führung eines strafrechtlichen Mandats zu achten.

§ 98c Ausschluss von der Vergabe öffentlicher Aufträge

(1) ¹Öffentliche Auftraggeber nach § 99 des Gesetzes gegen Wettbewerbsbeschränkungen können einen Bewerber oder einen Bieter vom Wettbewerb um einen Liefer-, Bau- oder Dienstleistungsauftrag ausschließen, wenn dieser oder dessen nach Satzung oder Gesetz Vertretungsberechtigter
1. nach § 404 Absatz 2 Nummer 3 des Dritten Buches Sozialgesetzbuch mit einer Geldbuße von wenigstens Zweitausendfünfhundert Euro rechtskräftig belegt worden ist oder

2. nach den §§ 10, 10a oder 11 des Schwarzarbeitsbekämpfungsgesetzes zu einer Freiheitsstrafe von mehr als drei Monaten oder einer Geldstrafe von mehr als 90 Tagessätzen rechtskräftig verurteilt worden ist. ²Ausschlüsse nach Satz 1 können bis zur nachgewiesenen Wiederherstellung der Zuverlässigkeit, je nach Schwere des der Geldbuße, der Freiheits- oder der Geldstrafe zugrunde liegenden Verstoßes in einem Zeitraum von bis zu fünf Jahren ab Rechtskraft der Geldbuße, der Freiheits- oder der Geldstrafe erfolgen.

(2) Absatz 1 gilt nicht, wenn der Verstoß nach Absatz 1 Satz 1 darin bestand, dass ein Unionsbürger rechtswidrig beschäftigt wurde.

(3) Macht ein öffentlicher Auftraggeber von der Möglichkeit nach Absatz 1 Gebrauch, gilt § 21 Absatz 2 bis 5 des Arbeitnehmer-Entsendegesetzes entsprechend.

§ 98c erlaubt bei den genannten rechtskräftigen Verurteilungen den Ausschluss von der Vergabe 1 öffentlicher Aufträge. Die vergaberechtliche Sanktion erfordert eine entsprechende rechtskräftige Verurteilung. Sie ist daher wesentlich rechtsstaatlicher als der vergleichbare § 21 SchwarzArbG. Bei der Führung des strafrechtlichen Mandats ist auch auf die wirtschaftlich belastenden außerstrafrechtlichen Sanktionen zu achten. Eine Einstellung nach §§ 153 ff. StPO hindert die vergaberechtliche Sanktion. Bei der Wiederherstellung der Zuverlässigkeit kann ein effektives Compliance-Management helfen.

Kapitel 10. Verordnungsermächtigungen; Übergangs- und Schlussvorschriften

§ 99 Verordnungsermächtigung

(1) Das Bundesministerium des Innern, für Bau und Heimat wird ermächtigt, durch Rechtsverordnung mit Zustimmung des Bundesrates
1. zur Erleichterung des Aufenthalts von Ausländern Befreiungen vom Erfordernis des Aufenthaltstitels vorzusehen, das Verfahren für die Erteilung von Befreiungen und die Fortgeltung und weitere Erteilung von Aufenthaltstiteln nach diesem Gesetz bei Eintritt eines Befreiungsgrundes zu regeln sowie zur Steuerung der Erwerbstätigkeit von Ausländern im Bundesgebiet Befreiungen einzuschränken,
2. zu bestimmen, dass der Aufenthaltstitel vor der Einreise bei der Ausländerbehörde oder nach der Einreise eingeholt werden kann,
3. zu bestimmen, in welchen Fällen die Erteilung eines Visums der Zustimmung der Ausländerbehörde bedarf, um die Mitwirkung anderer beteiligter Behörden zu sichern,
3a. Näheres zum Verfahren zur Erteilung von Aufenthaltstiteln an Forscher nach § 18d zu bestimmen, insbesondere
   a) die Voraussetzungen und das Verfahren sowie die Dauer der Anerkennung von Forschungseinrichtungen, die Aufhebung der Anerkennung einer Forschungseinrichtung und die Voraussetzungen und den Inhalt des Abschlusses von Aufnahmevereinbarungen nach § 18d Absatz 1 Satz 1 Nummer 1 zu regeln,
   b) vorzusehen, dass die für die Anerkennung zuständige Behörde die Anschriften der anerkannten Forschungseinrichtungen veröffentlicht und in den Veröffentlichungen auf Erklärungen nach § 18d Absatz 3 hinweist,
   c) Ausländerbehörden und Auslandsvertretungen zu verpflichten, der für die Anerkennung zuständigen Behörde Erkenntnisse über anerkannte Forschungseinrichtungen mitzuteilen, die die Aufhebung der Anerkennung begründen können,
   d) anerkannte Forschungseinrichtungen zu verpflichten, den Wegfall von Voraussetzungen für die Anerkennung, den Wegfall von Voraussetzungen für Aufnahmevereinbarungen, die abgeschlossen worden sind, oder die Änderung sonstiger bedeutsamer Umstände mitzuteilen,
   e) beim Bundesamt für Migration und Flüchtlinge einen Beirat für Forschungsmigration einzurichten, der es bei der Anerkennung von Forschungseinrichtungen unterstützt und die Anwendung des § 18d beobachtet und bewertet,

f) den Zeitpunkt des Beginns der Bearbeitung von Anträgen auf Anerkennung von Forschungseinrichtungen,

3b. selbständige Tätigkeiten zu bestimmen, für deren Ausübung stets oder unter bestimmten Voraussetzungen kein Aufenthaltstitel nach § 4a Absatz 1 Satz 1 erforderlich ist,

4. Ausländer, die im Zusammenhang mit der Hilfeleistung in Rettungs- und Katastrophenfällen einreisen, von der Passpflicht zu befreien,

5. andere amtliche deutsche Ausweise als Passersatz einzuführen oder zuzulassen,

6. amtliche Ausweise, die nicht von deutschen Behörden ausgestellt worden sind, allgemein als Passersatz zuzulassen,

7. zu bestimmen, dass zur Wahrung von Interessen der Bundesrepublik Deutschland Ausländer, die vom Erfordernis des Aufenthaltstitels befreit sind und Ausländer, die mit einem Visum einreisen, bei oder nach der Einreise der Ausländerbehörde oder einer sonstigen Behörde den Aufenthalt anzuzeigen haben,

8. zur Ermöglichung oder Erleichterung des Reiseverkehrs zu bestimmen, dass Ausländern die bereits bestehende Berechtigung zur Rückkehr in das Bundesgebiet in einem Passersatz bescheinigt werden kann,

9. zu bestimmen, unter welchen Voraussetzungen ein Ausweisersatz ausgestellt werden kann und wie lange er gültig ist,

10. die ausweisrechtlichen Pflichten von Ausländern, die sich im Bundesgebiet aufhalten, zu regeln hinsichtlich der Ausstellung und Verlängerung, des Verlustes und des Wiederauffindens sowie der Vorlage und der Abgabe eines Passes, Passersatzes und Ausweisersatzes sowie der Eintragungen über die Einreise, die Ausreise, das Antreffen im Bundesgebiet und über Entscheidungen der zuständigen Behörden in solchen Papieren,

11. Näheres zum Register nach § 91a sowie zu den Voraussetzungen und dem Verfahren der Datenübermittlung zu bestimmen,

12. zu bestimmen, wie der Wohnsitz von Ausländern, denen vorübergehend Schutz gemäß § 24 Abs. 1 gewährt worden ist, in einen anderen Mitgliedstaat der Europäischen Union verlegt werden kann,

13. für die bei der Ausführung dieses Gesetzes zu verwendenden Vordrucke festzulegen:
   a) Näheres über die Anforderungen an Lichtbilder und Fingerabdrücke,
   b) Näheres über das Verfahren und die technischen Anforderungen für die Aufnahme, elektronische Erfassung, Echtheitsbewertung und Qualitätssicherung des Lichtbilds,
   c) Regelungen für die sichere Übermittlung des Lichtbilds an die zuständige Behörde sowie einer Registrierung und Zertifizierung von Dienstleistern zur Erstellung des Lichtbilds,
   d) Näheres über Form und Inhalt der Muster und über die Ausstellungsmodalitäten,
   e) Näheres über die Aufnahme und die Einbringung von Merkmalen in verschlüsselter Form nach § 78a Absatz 4 und 5,

13a. Regelungen für Reiseausweise für Ausländer, Reiseausweise für Flüchtlinge und Reiseausweise für Staatenlose mit elektronischem Speicher- und Verarbeitungsmedium nach Maßgabe der Verordnung (EG) Nr. 2252/2004 des Rates vom 13. Dezember 2004 über Normen für Sicherheitsmerkmale und biometrische Daten in von den Mitgliedstaaten ausgestellten Pässen und Reisedokumenten (ABl. L 385 vom 29.12.2004, S. 1) und der Verordnung (EG) Nr. 444/2009 des Europäischen Parlaments und des Rates vom 28. Mai 2009 zur Änderung der Verordnung (EG) Nr. 2252/2004 des Rates über Normen für Sicherheitsmerkmale und biometrische Daten in von den Mitgliedstaaten ausgestellten Pässen und Reisedokumenten (ABl. L 142 vom 6.6.2009, S. 1) zu treffen sowie Näheres über die Ausfertigung von Dokumenten mit elektronischem Speicher- und Verarbeitungsmedium nach § 78 nach Maßgabe der Verordnung (EG) Nr. 1030/2002 des Rates vom 13. Juni 2002 zur einheitlichen Gestaltung des Aufenthaltstitels für Drittstaatenangehörige (ABl. L 157 vom 15.6.2002, S. 1) in der jeweils geltenden Fassung zu bestimmen und insoweit für Reiseausweise und Dokumente nach § 78 Folgendes festzulegen:
   a) das Verfahren und die technischen Anforderungen für die Aufnahme, elektronische Erfassung, Echtheitsbewertung und Qualitätssicherung des Lichtbilds und

der Fingerabdrücke sowie Regelungen für die sichere Übermittlung des Lichtbilds an die zuständige Behörde sowie für die Registrierung und Zertifizierung
von Dienstleistern zur Erstellung des Lichtbilds sowie den Zugriffsschutz auf
die im elektronischen Speicher- und Verarbeitungsmedium abgelegten Daten,

b) Altersgrenzen für die Erhebung von Fingerabdrücken und Befreiungen von der
Pflicht zur Abgabe von Fingerabdrücken und Lichtbildern,

c) die Reihenfolge der zu speichernden Fingerabdrücke bei Fehlen eines Zeigefin-
gers, ungenügender Qualität des Fingerabdrucks oder Verletzungen der Finger-
kuppe,

d) die Form des Verfahrens und die Einzelheiten über das Verfahren der Übermittlung sämtlicher Antragsdaten von den Ausländerbehörden an den Hersteller
der Dokumente sowie zur vorübergehenden Speicherung der Antragsdaten bei
der Ausländerbehörde und beim Hersteller,

e) die Speicherung der Fingerabdrücke und des Lichtbildes in der Ausländerbehörde bis zur Aushändigung des Dokuments,

f) das Einsichtsrecht des Dokumenteninhabers in die im elektronischen Speichermedium gespeicherten Daten,

g) die Anforderungen an die zur elektronischen Erfassung des Lichtbildes und der
Fingerabdrücke, deren Qualitätssicherung sowie zur Übermittlung der Antragsdaten von der Ausländerbehörde an den Hersteller der Dokumente einzusetzenden technischen Systeme und Bestandteile sowie das Verfahren zur Überprüfung der Einhaltung dieser Anforderungen,

h) Näheres zur Verarbeitung der Fingerabdruckdaten und des digitalen Lichtbildes,

i) Näheres zur Seriennummer und zur maschinenlesbaren Personaldatenseite,

j) die Pflichten von Ausländern, die sich im Bundesgebiet aufhalten, hinsichtlich
der Ausstellung, Neubeantragung und Verlängerung, des Verlustes und Wiederauffindens sowie der Vorlage und Abgabe von Dokumenten nach §78.

Das Bundesministerium des Innern, für Bau und Heimat wird ferner ermächtigt, durch
Rechtsverordnung mit Zustimmung des Bundesrates Einzelheiten des Prüfverfahrens
entsprechend §34 Nummer 4 des Personalausweisgesetzes und Einzelheiten zum elektronischen Identitätsnachweis entsprechend §34 Nummer 5 bis 7 des Personalausweisgesetzes festzulegen,

14. zu bestimmen, dass die

a) Meldebehörden,

b) Staatsangehörigkeits- und Bescheinigungsbehörden nach §15 des Bundesvertriebenengesetzes,

c) Pass- und Personalausweisbehörden,

d) Sozial- und Jugendämter,

e) Justiz-, Polizei- und Ordnungsbehörden,

f) Bundesagentur für Arbeit,

g) Finanz- und Hauptzollämter,

h) Gewerbebehörden,

i) Auslandsvertretungen und

j) Träger der Grundsicherung für Arbeitssuchende

ohne Ersuchen den Ausländerbehörden personenbezogene Daten von Ausländern,
Amtshandlungen und sonstige Maßnahmen gegenüber Ausländern sowie sonstige
Erkenntnisse über Ausländer mitzuteilen haben, soweit diese Angaben zur Erfüllung der
Aufgaben der Ausländerbehörden nach diesem Gesetz und nach ausländerrechtlichen
Bestimmungen in anderen Gesetzen erforderlich sind; die Rechtsverordnung bestimmt
Art und Umfang der Daten, die Maßnahmen und die sonstigen Erkenntnisse, die mitzu-
teilen sind; Datenübermittlungen dürfen nur insoweit vorgesehen werden, als die Daten
zur Erfüllung der Aufgaben der Ausländerbehörden nach diesem Gesetz oder nach
ausländerrechtlichen Bestimmungen in anderen Gesetzen erforderlich sind,

15. Regelungen über die fachbezogene elektronische Datenübermittlung zwischen den
mit der Ausführung dieses Gesetzes beauftragten Behörden zu treffen, die sich auf
Folgendes beziehen:

a) die technischen Grundsätze des Aufbaus der verwendeten Standards,

b) das Verfahren der Datenübermittlung und

   c) die an der elektronischen Datenübermittlung im Ausländerwesen beteiligten Behörden,

16. Regelungen für die Qualitätssicherung der nach § 49 Absatz 6, 8 und 9 erhobenen Lichtbilder und Fingerabdruckdaten festzulegen.

(2) ¹Das Bundesministerium des Innern, für Bau und Heimat wird ferner ermächtigt, durch Rechtsverordnung mit Zustimmung des Bundesrates zu bestimmen, dass

1. jede Ausländerbehörde ein Dateisystem über Ausländer führt, die sich in ihrem Bezirk aufhalten oder aufgehalten haben, die bei ihr einen Antrag gestellt oder die Einreise und Aufenthalt angezeigt haben und für und gegen die sie eine ausländerrechtliche Maßnahme oder Entscheidung getroffen hat,

2. jede Auslandsvertretung ein Dateisystem über beantragte, erteilte, versagte, zurückgenommene, annullierte, widerrufene und aufgehobene Visa sowie zurückgenommene Visumanträge führen darf und die Auslandsvertretungen die jeweils dort gespeicherten Daten untereinander sowie mit dem Auswärtigen Amt und mit dem Bundesamt für Auswärtige Angelegenheiten austauschen dürfen sowie

3. die mit der Ausführung dieses Gesetzes betrauten Behörden ein sonstiges zur Erfüllung ihrer Aufgaben erforderliches Dateisystem führen.

²Nach Satz 1 Nr. 1 werden erfasst die Personalien einschließlich der Staatsangehörigkeit und der Anschrift des Ausländers, Angaben zum Pass, über ausländerrechtliche Maßnahmen und über die Erfassung im Ausländerzentralregister sowie über frühere Anschriften des Ausländers, die zuständige Ausländerbehörde und die Abgabe von Akten an eine andere Ausländerbehörde. ³Erfasst werden ferner Angaben zur lichtbildaufnehmenden Stelle und zur Nutzung eines Dokuments nach § 78 Absatz 1 zum elektronischen Identitätsnachweis einschließlich dessen Ein- und Ausschaltung sowie Sperrung und Entsperrung. ⁴Die Befugnis der Ausländerbehörden, weitere personenbezogene Daten zu speichern, richtet sich nach der Verordnung (EU) 2016/679 und nach den datenschutzrechtlichen Bestimmungen der Länder.

(3) Das Bundesministerium des Innern, für Bau und Heimat wird ermächtigt, durch Rechtsverordnung im Einvernehmen mit dem Auswärtigen Amt ohne Zustimmung des Bundesrates die zuständige Stelle im Sinne des § 73 Absatz 1 und des § 73a Absatz 1 zu bestimmen.

(3a) Das Bundesministerium des Innern, für Bau und Heimat wird ermächtigt, durch Rechtsverordnung im Einvernehmen mit dem Auswärtigen Amt ohne Zustimmung des Bundesrates nach Maßgabe von Artikel 3 Absatz 2 der Verordnung (EG) Nr. 810/2009 die Staaten festzulegen, deren Staatsangehörige zur Durchreise durch die internationalen Transitzonen deutscher Flughäfen im Besitz eines Visums für den Flughafentransit sein müssen.

(4) ¹Das Bundesministerium des Innern, für Bau und Heimat kann Rechtsverordnungen nach Absatz 1 Nr. 1 und 2, soweit es zur Erfüllung einer zwischenstaatlichen Vereinbarung oder zur Wahrung öffentlicher Interessen erforderlich ist, ohne Zustimmung des Bundesrates erlassen und ändern. ²Eine Rechtsverordnung nach Satz 1 tritt spätestens drei Monate nach ihrem Inkrafttreten außer Kraft. ³Ihre Geltungsdauer kann durch Rechtsverordnung mit Zustimmung des Bundesrates verlängert werden.

(5) Das Bundesministerium des Innern, für Bau und Heimat wird ferner ermächtigt, durch Rechtsverordnung zum beschleunigten Fachkräfteverfahren nach § 81a

1. mit Zustimmung des Bundesrates Näheres zum Verfahren bei den Ausländerbehörden sowie

2. im Einvernehmen mit dem Auswärtigen Amt ohne Zustimmung des Bundesrates Näheres zum Verfahren bei den Auslandsvertretungen

zu bestimmen.

(6) Die Bundesregierung wird ermächtigt, durch Rechtsverordnung mit Zustimmung des Bundesrates Staaten zu bestimmen, an deren Staatsangehörige bestimmte oder sämtliche Aufenthaltstitel nach Kapitel 2 Abschnitt 3 und 4 nicht erteilt werden, wenn bei diesen Staatsangehörigen ein erheblicher Anstieg der Zahl der als offensichtlich unbegründet abgelehnten Asylanträge im Zusammenhang mit einem Aufenthalt nach Kapitel 2 Abschnitt 3 oder 4 zu verzeichnen ist.

Überblick

Die Norm ermächtigt das Bundesministerium des Innern, für Bau und Heimat mit Zustimmung des Bundesrates (Abs. 1, Abs. 2 und Abs. 5 Nr. 1), im Einvernehmen mit dem Auswärtigen Amt ohne Zustimmung des Bundesrates (Abs. 3, Abs. 3a und Abs. 5 Nr. 2) und ohne Zustimmung des Bundesrates (Abs. 4) Rechtsverordnungen zu erlassen. Davon wurde durch Erlass der Aufenthaltsverordnung und der Beschäftigungsverordnung Gebrauch gemacht. Mit dem Abs. 6 wird die Bundesregierung ermächtigt, mit einer Rechtsverordnung, die der Zustimmung des Bundesrates bedarf, eine Zuwanderungssperre für die Herkunftsstaaten einzuführen, deren Staatsangehörige nach der Einreise zu Bildungs- oder Erwerbstätigkeitszwecken in signifikanter Zahl Asylanträge stellen, die dann als offensichtlich unbegründet abgelehnt werden.

A. Entstehungsgeschichte der Norm

Die Norm hat bereits im Gesetzgebungsverfahren im Vergleich zum Gesetzesentwurf (BT-Drs. **1** 15/420, 35) diverse Änderungen erfahren (BT-Drs. 15/3479, 12 f.). Weitere Änderungen erfuhr die Regelung durch das Gesetz zur Änderung des Aufenthaltsgesetzes und weiterer Gesetze v. 14.3.2005 (BGBl. I 721, 723), die Bekanntmachung der Neufassung des AufenthG v. 25.2.2008 (BGBl. I 162, 210), das Gesetz zur Umsetzung aufenthalts- und asylrechtlicher Richtlinien der Europäischen Union v. 19.8.2007 (BGBl. I 1970, 1989), das Arbeitsmigrationssteuerungsgesetz v. 20.12.2008 (BGBl. I 2846 f.), das Gesetz zur Anpassung des deutschen Rechts an die Verordnung (EG) Nr. 380/2008 des Rates vom 18.4.2008 zur Änderung der Verordnung (EG) Nr. 1030/2002 zur einheitlichen Gestaltung des Aufenthaltstitels für Drittstaatenangehörige v. 12.4.2011 (BGBl. I 610, 612 f.), das Gesetz zur Umsetzung aufenthaltsrechtlicher Richtlinien der Europäischen Union und zur Anpassung nationaler Rechtsvorschriften an den EU-Visakodex v. 22.11.2011 (BGBl. I 2258, 2266), das Zweite Gesetz zur Verbesserung der Registrierung und des Datenaustausches zu aufenthalts- und asylrechtlichen Zwecken v. 4.8.2019 (BGBl. I 1131), das Zweite Datenschutz-Anpassungs- und Umsetzungsgesetz EU v. 20.11.2019 (BGBl. I 1626), das FachkEinwG (Fachkräfteeinwanderungsgesetz v. 15.8.2019, BGBl. I 1307), das Dritte Gesetz zur Änderung des Waffengesetzes und weiterer Vorschriften v. 17.2.2020 (BGBl. I 166), die Elfte Zuständigkeitsanpassungsverordnung v. 19.6.2020 (BGBl. I 1328) und das Gesetz zur Stärkung der Sicherheit im Pass-, Ausweis- und ausländerrechtlichen Dokumentenwesen v. 3.12.2020 (BGBl. I 2744).

B. Inhalt der Norm

Die Norm ermächtigt das Bundesministerium des Innern, für Bau und Heimat mit Zustim- **2** mung des Bundesrates (Abs. 1, Abs. 2 und Abs. 5 Nr. 1), im Einvernehmen mit dem Auswärtigen Amt ohne Zustimmung des Bundesrates (Abs. 3, Abs. 3a und Abs. 5 Nr. 2) und ohne Zustimmung des Bundesrates (Abs. 4) die jeweils enthaltenen Bereiche durch Rechtsverordnung zu regeln.

Davon wurde durch Erlass der Aufenthaltsverordnung mit Verordnung zur Durchführung des **3** Zuwanderungsgesetzes v. 25.11.2004 (BGBl. I 2945) Gebrauch gemacht. Zudem beruht die mit Verordnung zur Änderung des Ausländerbeschäftigungsrechts v. 6.6.2013 (BGBl. I 1499) erlassene BeschV (Beschäftigungsverordnung v. 6.6.2013, BGBl. I 1499) teilweise auf der Verordnungsermächtigung in § 99 Abs. 1 Nr. 1.

Die Bundesregierung wird in Abs. 6 ermächtigt, mit einer Rechtsverordnung, die der Zustim- **4** mung des Bundesrates bedarf, eine Zuwanderungssperre für die Herkunftsstaaten einzuführen, deren Staatsangehörige nach der Einreise zu Bildungs- oder Erwerbstätigkeitszwecken in signifikanter Zahl Asylanträge stellen, die dann als offensichtlich unbegründet abgelehnt werden.

§ 99 findet auf Unionsbürger und ihre Familienangehörige gem. § 11 Abs. 1 S. 1 FreizügG/ **5** EU entsprechende Anwendung. Dem Verordnungsgeber wird dadurch ermöglicht, auch Regelungen für diese Personengruppe zu treffen (s. § 79 AufenthV).

§ 100 Sprachliche Anpassung

¹Das Bundesministerium des Innern, für Bau und Heimat kann durch Rechtsverordnung ohne Zustimmung des Bundesrates die in diesem Gesetz verwendeten Personenbezeichnungen, soweit dies ohne Änderung des Regelungsinhalts möglich und sprachlich sachgerecht ist, durch geschlechtsneutrale oder durch maskuline und feminine Personenbezeichnungen ersetzen und die dadurch veranlassten sprachlichen Anpassungen

vornehmen. ²Das Bundesministerium des Innern, für Bau und Heimat kann nach Erlass einer Verordnung nach Satz 1 den Wortlaut dieses Gesetzes im Bundesgesetzblatt bekannt machen.

1   Die Verordnungsermächtigung in § 100 ermöglicht, dass das Bundesministerium des Innern, für Bau und Heimat – ohne Änderung der Regelungsinhalte – sprachliche Anpassungen vornehmen kann, die dem § 1 Abs. 2 BGleiG 2001 (Gesetz zur Gleichstellung von Frauen und Männern in der Bundesverwaltung und in den Gerichten des Bundes v. 30.11.2001, BGBl. I 3234) Rechnung tragen (BT-Drs. 15/420, 99). Von dieser Verordnungsermächtigung wurde bislang kein Gebrauch gemacht.

§ 101 Fortgeltung bisheriger Aufenthaltsrechte

(1) ¹Eine vor dem 1. Januar 2005 erteilte Aufenthaltsberechtigung oder unbefristete Aufenthaltserlaubnis gilt fort als Niederlassungserlaubnis entsprechend dem ihrer Erteilung zu Grunde liegenden Aufenthaltszweck und Sachverhalt. ²Eine unbefristete Aufenthaltserlaubnis, die nach § 1 Abs. des Gesetzes über Maßnahmen für im Rahmen humanitärer Hilfsaktionen aufgenommene Flüchtlinge vom 22. Juli 1980 (BGBl. I S. 1057) oder in entsprechender Anwendung des vorgenannten Gesetzes erteilt worden ist, und eine anschließend erteilte Aufenthaltsberechtigung gelten fort als Niederlassungserlaubnis nach § 23 Abs. 2.

(2) Die übrigen Aufenthaltsgenehmigungen gelten fort als Aufenthaltserlaubnisse entsprechend dem ihrer Erteilung zu Grunde liegenden Aufenthaltszweck und Sachverhalt.

(3) Ein Aufenthaltstitel, der vor dem 28. August 2007 mit dem Vermerk „Daueraufenthalt-EG" versehen wurde, gilt als Erlaubnis zum Daueraufenthalt – EU fort.

(4) Ein Aufenthaltstitel nach Kapitel 2 Abschnitt 3 und 4, der vor dem 1. März 2020 erteilt wurde, gilt mit den verfügten Nebenbestimmungen entsprechend dem der Erteilung zu Grunde liegenden Aufenthaltszweck und Sachverhalt im Rahmen seiner Gültigkeitsdauer fort.

Überblick

Die Vorschrift regelt die Fortgeltung bisheriger Aufenthaltsrechte. Abs. 1 normiert, welche bisherigen Aufenthaltsrechte als Niederlassungserlaubnisse fortgelten (→ Rn. 4 ff.). Die übrigen Aufenthaltstitel, die nicht unter Abs. 1 fallen, gelten gem. Abs. 2 als Aufenthaltserlaubnisse fort (→ Rn. 7). Abs. 3 ordnet an, dass ein Aufenthaltstitel, der vor dem 28.8.2007 mit dem Vermerk „Daueraufenthalt-EG" versehen wurde, als Erlaubnis zum Daueraufenthalt-EU fortgilt (→ Rn. 8). Abs. 4 regelt die Fortgeltung von vor dem 1.3.2020 erteilten Aufenthaltstiteln zu Bildungs- oder Erwerbstätigkeitszwecken (→ Rn. 9).

A. Entstehungsgeschichte der Norm

1   Die Norm wurde in ihrer ursprünglichen Fassung entsprechend dem Gesetzesentwurf (BT/Drs. 15/420, 36) durch das ZuwG (Zuwanderungsgesetz v. 30.7.2004, BGBl. I 1950, 1985) als Bestandteil des AufenthG eingeführt. Ihr wurde durch Art. 1 Nr. 80 des Gesetzes zur Umsetzung aufenthalts- und asylrechtlicher Richtlinien der Europäischen Union (v. 19.8.2007, BGBl. I 1970, 1990) Abs. 3 angefügt. Dieser wurde durch Art. 1 Nr. 32 des Gesetzes zur Verbesserung der Rechte von international Schutzberechtigten und ausländischen Arbeitnehmern (v. 29.8.2013, BGBl. I 3484, 3487) dahingehend geändert, dass das Wort „Daueraufenthalt-EG" durch das Wort „Daueraufenthalt-EU" ersetzt wurde.

B. Inhalt der Norm

I. Allgemeines

2   Anders als das AuslG knüpft das AufenthG nicht an unterschiedliche Titel, sondern an unterschiedliche Aufenthaltszwecke an (BT-Drs. 15/420, 90). Bei der Überleitung von nach dem AuslG erteilten Aufenthaltsgenehmigungen (§ 5 Abs. 1 AuslG) auf die nach dem AufenthG vorgesehenen

Titel ist zweistufig zu verfahren. Zunächst muss der Aufenthaltstitel als solcher in einen Titel nach neuem Recht übergeleitet werden. Zusätzlich muss der Aufenthaltstitel den Aufenthaltszwecken zugeordnet werden. Hierbei orientiert sich die Ausländerbehörde an dem mit dem Aufenthalt verfolgten Zweck und an dem konkreten Sachverhalt (BT-Drs. 15/420, 90 f.).

Es ist grundsätzlich nicht erforderlich und auch nicht vorgesehen, bestehende Aufenthaltsgeneh- **3** migungen nach dem AuslG vor Ablauf ihrer Geltungsdauer durch Erteilung eines Aufenthaltstitels nach dem AufenthG zu ersetzen (Nr. 101.0 AufenthGAVwV).

II. Fortgeltung von Aufenthaltsberechtigungen und anderen unbefristeten Aufenthaltserlaubnissen (Abs. 1)

§ 101 Abs. 1 S. 1 legt fest, welche bisherigen Aufenthaltsrechte als Niederlassungserlaubnisse **4** fortgelten. Entsprechend dem ihrer Erteilung zugrunde liegenden Aufenthaltszweck und Sachverhalt gelten die vor Inkrafttreten des AufenthG (vor dem 1.1.2005) erteilten **Aufenthaltsberechtigungen** (§ 5 Abs. 1 Nr. 2 AuslG, § 27 AuslG) und **unbefristete Aufenthaltserlaubnisse** (§ 5 Abs. 1 Nr. 1 AuslG, §§ 24–26 AuslG) als Niederlassungserlaubnisse fort.

Als Niederlassungserlaubnis nach § 23 Abs. 2 gilt gem. § 101 Abs. 1 S. 2 eine **unbefristete** **5** **Aufenthaltserlaubnis, die** nach **§ 1 Abs. 3 FlüchtlmG** (Gesetz über Maßnahmen für im Rahmen humanitärer Hilfsaktionen aufgenommene Flüchtlinge v. 22.7.1980, BGBl. I 1057; durch Art. 5 Nr. 1 lit. c des Gesetzes zur Neuregelung des Ausländerrechts v. 9.7.1990, BGBl. I 1354, mWv 1.1.1991 eingefügt) erteilt worden ist oder eine **unbefristete Aufenthaltserlaubnis, die in entsprechender Anwendung des vorgenannten Gesetzes erteilt worden ist** (betrifft die jüdischen Emigranten aus der ehemaligen Sowjetunion), und eine **anschließend erteilte Aufenthaltsberechtigung** fort.

Die Nennung der Personengruppe, der in entsprechender Anwendung des FlüchtlmG (Gesetz **6** über Maßnahmen für im Rahmen humanitärer Hilfsaktionen aufgenommene Flüchtlinge v. 22.7.1980, BGBl. I 1057) eine unbefristete Aufenthaltserlaubnis erteilt wurde, erfolgt aus Gründen der Klarstellung, um spezielle Überleitungsregelungen überflüssig zu machen. Aufenthaltsrechtlich werden die Personen, die den Kontingentflüchtlingsstatus gesetzlich erworben haben (§ 103), und solche, auf die das FlüchtlmG nur entsprechend angewendet worden ist (§ 101 Abs. 1 S. 2), gleichbehandelt. Nur ein gesetzlich erworbener Kontingentflüchtlingsstatus besteht aber über den 1.1.2005 hinaus fort (BVerwG BeckRS 2012, 60250 Rn. 14).

III. Fortgeltung von übrigen Aufenthaltsgenehmigungen (Abs. 2)

Die übrigen Aufenthaltstitel gelten gem. § 101 Abs. 2 entsprechend dem ihrer Erteilung **7** zugrunde liegenden Aufenthaltszweck und Sachverhalt als Aufenthaltserlaubnisse (§ 7) fort (§ 101 Abs. 2). Darunter fallen gem. § 5 Abs. 1 AuslG die **befristete Aufenthaltserlaubnis** (§ 5 Abs. 1 Nr. 1 AuslG), die **Aufenthaltsbewilligung** (§ 5 Abs. 1 Nr. 3 AuslG) und die **Aufenthaltsbefugnis** (§ 5 Abs. 1 Nr. 4 AuslG).

IV. Fortgeltung von Aufenthaltstiteln mit dem Vermerk „Daueraufenthalt-EG" (Abs. 3)

Ein **Aufenthaltstitel,** der vor dem 28.8.2007 **mit dem Vermerk „Daueraufenthalt-EG"** **8** **versehen** wurde, gilt als Erlaubnis zum Daueraufenthalt-EU (§ 9a) fort. Dies gilt nicht nur für Aufenthaltstitel von Ausländern, die die Voraussetzungen zur Anerkennung der Rechtsstellung eines langfristig Aufenthaltsberechtigten erfüllen, mit dem Vermerk „Daueraufenthalt-EG", sondern auch für den Fall einer befristeten Aufenthaltserlaubnis, die mit dem Zusatz versehen wurde (BT-Drs. 16/5065, 201).

V. Fortgeltung von vor dem 1.3.2020 erteilten Aufenthaltstiteln zu Bildungs- oder Erwerbstätigkeitszwecken (Abs. 4)

Die Norm regelt die Fortgeltung von vor dem 1.3.2020 erteilten Aufenthaltstiteln zu Bildungs- **9** oder Erwerbstätigkeitszwecken. Die Regelung ist erforderlich, da die Aufenthaltstitel zu Bildungs- und Erwerbstätigkeitszwecken durch das FachkEinwG (Fachkräfteeinwanderungsgesetz v. 15.8.2019, BGBl. I 1307) umbenannt worden sind und alle Inhaber entsprechender Aufenthaltstitel einen neuen Aufenthaltstitel aufgrund der geänderten Rechtsgrundlage beantragen müssten. Diese Aufenthaltstitel gelten für den jeweiligen Aufenthaltszweck, zu dem sie erteilt wurden, mit den verfügten Nebenbestimmungen fort (BT-Drs. 19/8285, 116).

§ 102 Fortgeltung ausländerrechtlicher Maßnahmen und Anrechnung

(1) ¹Die vor dem 1. Januar 2005 getroffenen sonstigen ausländerrechtlichen Maßnahmen, insbesondere zeitliche und räumliche Beschränkungen, Bedingungen und Auflagen, Verbote und Beschränkungen der politischen Betätigung sowie Ausweisungen, Abschiebungsandrohungen, Aussetzungen der Abschiebung und Abschiebungen einschließlich ihrer Rechtsfolgen und der Befristung ihrer Wirkungen sowie begünstigende Maßnahmen, die Anerkennung von Pässen und Passersatzpapieren und Befreiungen von der Passpflicht, Entscheidungen über Kosten und Gebühren, bleiben wirksam. ²Ebenso bleiben Maßnahmen und Vereinbarungen im Zusammenhang mit Sicherheitsleistungen wirksam, auch wenn sie sich ganz oder teilweise auf Zeiträume nach Inkrafttreten dieses Gesetzes beziehen. ³Entsprechendes gilt für die kraft Gesetzes eingetretenen Wirkungen der Antragstellung nach § 69 des Ausländergesetzes.

(2) Auf die Frist für die Erteilung einer Niederlassungserlaubnis nach § 26 Abs. 4 wird die Zeit des Besitzes einer Aufenthaltsbefugnis oder einer Duldung vor dem 1. Januar 2005 angerechnet.

Überblick

Während § 101 die Fortgeltung bisheriger Aufenthaltsrechte regelt, ordnet § 102 Abs. 1 S. 1 die Fortgeltung der vor dem 1.1.2005 getroffenen ausländerrechtlichen Maßnahmen an (→ Rn. 2). In § 102 Abs. 1 S. 2 findet sich eine Regelung zur Fortgeltung von Maßnahmen und Vereinbarungen im Zusammenhang mit Sicherheitsleistungen (→ Rn. 3). § 102 Abs. 1 S. 3 hat die Fiktionswirkungen nach § 69 AuslG bei Antragstellung vor dem 1.1.2005 zum Gegenstand (→ Rn. 4). § 102 Abs. 2 regelt die Anrechnung von Zeiten des Besitzes einer Aufenthaltsbefugnis oder einer Duldung vor dem 1.1.2005 auf die Frist für die Erteilung einer Niederlassungserlaubnis nach § 26 Abs. 4 (→ Rn. 5).

A. Entstehungsgeschichte der Norm

1   Der Entwurf des § 102 (BT-Drs. 15/420, 36) wurde im Laufe des Gesetzgebungsverfahrens leicht abgeändert (BT-Drs. 15/3479, 13), insbesondere wurde dem Abs. 1 der S. 3 angefügt. Seit dem Inkrafttreten hat die Norm keine inhaltliche Änderung erfahren.

B. Inhalt der Norm

I. Fortgeltung sonstiger vor dem 1.1.2005 getroffener ausländerrechtlicher Maßnahmen (Abs. 1 S. 1)

2   Während § 101 die Fortgeltung bisheriger Aufenthaltsrechte regelt, ordnet § 102 Abs. 1 S. 1 die Fortgeltung der vor dem 1.1.2005 getroffenen ausländerrechtlichen Maßnahmen an. Ausdrücklich genannt sind die vor dem 1.1.2005 angeordneten zeitlichen und räumlichen Beschränkungen (§ 3 Abs. 5 AuslG, § 12 Abs. 1 und Abs. 2 AuslG), Bedingungen und Auflagen (§ 14 AuslG), Verbote und Beschränkungen der politischen Betätigung (§ 37 AuslG), sowie Ausweisungen (§§ 45–47 AuslG), Abschiebungsandrohungen (§ 50 AuslG), Aussetzungen der Abschiebung (§ 55 Abs. 1 AuslG) und Abschiebungen (§ 49 AuslG) einschließlich ihrer Rechtsfolgen (insbesondere Sperrwirkung nach § 8 Abs. 2 S. 1 und S. 2 AuslG) und der Befristung ihrer Wirkungen (Befristung der Sperrwirkung nach § 8 Abs. 2 S. 3 AuslG) sowie begünstigende Maßnahmen, die Anerkennung von Pässen und Passersatzpapieren und Befreiungen von der Passpflicht (§ 4 Abs. 2 AuslG in Verbindung mit der DVAuslG) und Entscheidungen über Kosten und Gebühren (§ 81 AuslG in Verbindung mit der AuslGebV, §§ 82 ff. AuslG). Laut dem Gesetzeswortlaut ist die Auflistung nicht abschließend.

II. Fortgeltung vor dem 1.1.2005 getroffener Maßnahmen und Vereinbarungen im Zusammenhang mit Sicherheitsleistungen (Abs. 1 S. 2)

3   Die vor dem 1.1.2005 getroffenen Maßnahmen und Vereinbarungen im Zusammenhang mit Sicherheitsleistungen (§ 82 AuslG) bleiben gem. § 102 Abs. 1 S. 2 wirksam, auch wenn sie sich ganz oder teilweise auf Zeiträume nach Inkrafttreten des AufenthG beziehen.

III. Fiktionswirkungen nach § 69 AuslG bei Antragstellung vor dem 1.1.2005 (Abs. 1 S. 3)

Für die kraft Gesetzes eingetretenen Wirkungen der Antragstellung nach § 69 AuslG gilt gem. **4** § 102 Abs. 1 S. 3, dass sich diese ganz oder teilweise auf Zeiträume nach Inkrafttreten des AufenthG erstrecken, wenn die Antragstellung noch vor dem 1.1.2005 erfolgt. Nach Ablauf der Geltungsdauer einer Fiktionsbescheinigung nach § 69 Abs. 2 AuslG ist eine Fiktionsbescheinigung nach § 81 Abs. 5 AufenthG auszustellen, selbst wenn nach § 81 Abs. 3 oder Abs. 4 keine Fiktionswirkung eintreten würde (Nr. 102.1.3 AufenthGAVwV).

IV. Anrechnung von Zeiten für die Erteilung einer Niederlassungserlaubnis nach § 26 Abs. 4

Auf die Frist für die Erteilung einer Niederlassungserlaubnis nach § 26 Abs. 4 wird die Zeit **5** des Besitzes einer Aufenthaltsbefugnis (§ 5 Abs. 1 Nr. 4 AuslG, § 30 AuslG) oder einer Duldung vor dem 1.1.2005 angerechnet. Um die Ausländer nicht zu benachteiligen, die nach dem AufenthG eine Aufenthaltserlaubnis bekommen, jedoch nach dem AuslG – zum Teil seit vielen Jahren – lediglich eine Duldung erhielten, werden nach § 102 Abs. 2 wie bei der Berücksichtigung der Dauer eines Asylverfahrens (§ 26 Abs. 4 S. 2) die Zeiten der Duldung vor dem Inkrafttreten dieses Gesetzes angerechnet. Auch die Zeit des Besitzes einer Aufenthaltsbefugnis wird auf die Frist für die Erteilung einer Niederlassungserlaubnis angerechnet (BT-Drs. 15/420, 100).

§ 103 Anwendung bisherigen Rechts

[1]Für Personen, die vor dem Inkrafttreten dieses Gesetzes gemäß § 1 des Gesetzes über Maßnahmen für im Rahmen humanitärer Hilfsaktionen aufgenommene Flüchtlinge vom 22. Juli 1980 (BGBl. I S. 1057) die Rechtsstellung nach den Artikeln 2 bis 34 des Abkommens über die Rechtsstellung der Flüchtlinge genießen, finden die §§ 2a und 2b des Gesetzes über Maßnahmen für im Rahmen humanitärer Hilfsaktionen aufgenommene Flüchtlinge in der bis zum 1. Januar 2005 geltenden Fassung weiter Anwendung. [2]In diesen Fällen gilt § 52 Abs. 1 Satz 1 Nr. 4 entsprechend.

Das FlüchtlmG (Gesetz über Maßnahmen für im Rahmen humanitärer Hilfsaktionen aufge- **1** nommene Flüchtlinge v. 22.7.1980, BGBl. I 1057) trat am 31.12.2014 außer Kraft (Art. 15 Abs. 3 Nr. 3 des Zuwanderungsgesetzes v. 30.7.2004, BGBl. I 1950, 2010). Mit der Übergangsregelung in § 103 wird sichergestellt, dass mit dem Außerkrafttreten die speziellen Regelungen für das Erlöschen und den Widerruf der Rechtsstellung weiterhin für den Personenkreis der Kontingentflüchtlinge nach altem Recht Anwendung finden. Durch die Norm wird klargestellt, dass nur ein gesetzlich erworbener Kontingentflüchtlingsstatus über den 1.1.2005 hinaus fortbesteht (BVerwG BeckRS 2012, 60250 Rn. 14).

S. 2 verweist auf den Widerrufstatbestand des § 52 Abs. 1 S. 1 Nr. 4. **2**

§ 104 Übergangsregelungen

(1) [1]Über vor dem 1. Januar 2005 gestellte Anträge auf Erteilung einer unbefristeten Aufenthaltserlaubnis oder einer Aufenthaltsberechtigung ist nach dem bis zu diesem Zeitpunkt geltenden Recht zu entscheiden. [2]§ 101 Abs. 1 gilt entsprechend.

(2) [1]Bei Ausländern, die vor dem 1. Januar 2005 im Besitz einer Aufenthaltserlaubnis oder Aufenthaltsbefugnis sind, ist es bei der Entscheidung über die Erteilung einer Niederlassungserlaubnis oder einer Erlaubnis zum Daueraufenthalt – EU hinsichtlich der sprachlichen Kenntnisse nur erforderlich, dass sie sich auf einfache Art in deutscher Sprache mündlich verständigen können. [2]§ 9 Abs. 2 Satz 1 Nr. 3 und 8 findet keine Anwendung.

(3) Bei Ausländern, die sich vor dem 1. Januar 2005 rechtmäßig in Deutschland aufhalten, gilt hinsichtlich der vor diesem Zeitpunkt geborenen Kinder für den Nachzug § 20 des Ausländergesetzes in der zuletzt gültigen Fassung, es sei denn, das Aufenthaltsgesetz gewährt eine günstigere Rechtsstellung.

(4) [aufgehoben]

(5) Auch für Ausländer, die bis zum Ablauf des 31. Juli 2015 im Rahmen des Programms zur dauerhaften Neuansiedlung von Schutzsuchenden einen Aufenthaltstitel nach § 23 Absatz 2 erhalten haben, sind die Regelungen über den Familiennachzug, das Bleibeinteresse, die Teilnahme an Integrationskursen und die Aufenthaltsverfestigung auf Grund des § 23 Absatz 4 entsprechend anzuwenden.

(6) ¹§ 23 Abs. 2 in der bis zum 24. Mai 2007 geltenden Fassung findet in den Fällen weiter Anwendung, in denen die Anordnung der obersten Landesbehörde, die auf Grund der bis zum 24. Mai 2007 geltenden Fassung getroffen wurde, eine Erteilung einer Niederlassungserlaubnis bei besonders gelagerten politischen Interessen der Bundesrepublik Deutschland vorsieht. ²§ 23 Abs. 2 Satz 5 und § 44 Abs. 1 Nr. 2 sind auf die betroffenen Ausländer und die Familienangehörigen, die mit ihnen ihren Wohnsitz in das Bundesgebiet verlegen, entsprechend anzuwenden.

(7) Eine Niederlassungserlaubnis kann auch Ehegatten, Lebenspartnern und minderjährigen ledigen Kindern eines Ausländers erteilt werden, die vor dem 1. Januar 2005 im Besitz einer Aufenthaltsbefugnis nach § 31 Abs. 1 des Ausländergesetzes oder einer Aufenthaltserlaubnis nach § 35 Abs. 2 des Ausländergesetzes waren, wenn die Voraussetzungen des § 26 Abs. 4 erfüllt sind und die weiterhin die Voraussetzungen erfüllen, wonach eine Aufenthaltsbefugnis nach § 31 des Ausländergesetzes oder eine Aufenthaltserlaubnis nach § 35 Abs. 2 des Ausländergesetzes erteilt werden durfte.

(8) § 28 Absatz 2 in der bis zum 5. September 2013 geltenden Fassung findet weiter Anwendung auf Familienangehörige eines Deutschen, die am 5. September 2013 bereits einen Aufenthaltstitel nach § 28 Absatz 1 innehatten.

(9) ¹Ausländer, die eine Aufenthaltserlaubnis nach § 25 Absatz 3 besitzen, weil das Bundesamt oder die Ausländerbehörde festgestellt hat, dass Abschiebungsverbote nach § 60 Absatz 2, 3 oder 7 Satz 2 in der vor dem 1. Dezember 2013 gültigen Fassung vorliegen, gelten als subsidiär Schutzberechtigte im Sinne des § 4 Absatz 1 des Asylgesetzes und erhalten von Amts wegen eine Aufenthaltserlaubnis nach § 25 Absatz 2 Satz 1 zweite Alternative, es sei denn, das Bundesamt hat die Ausländerbehörde über das Vorliegen von Ausschlusstatbeständen im Sinne des § 25 Absatz 3 Satz 2 Buchstabe a bis d in der vor dem 1. Dezember 2013 gültigen Fassung unterrichtet. ²Die Zeiten des Besitzes der Aufenthaltserlaubnis nach § 25 Absatz 3 Satz 1 in der vor dem 1. Dezember 2013 gültigen Fassung stehen Zeiten des Besitzes einer Aufenthaltserlaubnis nach § 25 Absatz 2 Satz 1 zweite Alternative gleich. ³§ 73b des Asylgesetzes gilt entsprechend.

(10) Für Betroffene nach § 73b Absatz 1, die als nicht entsandte Mitarbeiter des Auswärtigen Amts in einer Auslandsvertretung tätig sind, findet § 73b Absatz 4 ab dem 1. Februar 2016 Anwendung.

(11) Für Ausländer, denen zwischen dem 1. Januar 2011 und dem 31. Juli 2015 subsidiärer Schutz nach der Richtlinie 2011/95/EU oder der Richtlinie 2004/38/EG unanfechtbar zuerkannt wurde, beginnt die Frist nach § 29 Absatz 2 Satz 2 Nummer 1 mit Inkrafttreten dieses Gesetzes zu laufen.

(12) Im Falle einer Abschiebungsandrohung nach den §§ 34 und 35 des Asylgesetzes oder einer Abschiebungsanordnung nach § 34a des Asylgesetzes, die bereits vor dem 1. August 2015 erlassen oder angeordnet worden ist, sind die Ausländerbehörden für die Anordnung eines Einreise- und Aufenthaltsverbots nach § 11 zuständig.

(13) ¹Die Vorschriften von Kapitel 2 Abschnitt 6 in der bis zum 31. Juli 2018 geltenden Fassung finden weiter Anwendung auf den Familiennachzug zu Ausländern, denen bis zum 17. März 2016 eine Aufenthaltserlaubnis nach § 25 Absatz 2 Satz 1 zweite Alternative erteilt worden ist, wenn der Antrag auf erstmalige Erteilung eines Aufenthaltstitels zum Zwecke des Familiennachzugs zu dem Ausländer bis zum 31. Juli 2018 gestellt worden ist. ²§ 27 Absatz 3a findet Anwendung.

(14) *[aufgehoben]*

(15) Wurde eine Duldung nach § 60a Absatz 2 Satz 4 in der bis zum 31. Dezember 2019 geltenden Fassung erteilt, gilt §§ 19d Absatz 1 Nummer 4 und 5 nicht, wenn zum Zeitpunkt der Antragstellung auf eine Aufenthaltserlaubnis nach §§ 19d Absatz 1a der Ausländer die erforderlichen und ihm zumutbaren Maßnahmen für die Identitätsklärung ergriffen hat.

(16) Für Beschäftigungen, die Inhabern einer Duldung bis zum 31. Dezember 2019 erlaubt wurden, gilt § 60a Absatz 6 in der bis zu diesem Tag geltenden Fassung fort.

Überblick

Die Norm enthält unterschiedlichste Übergangsregelungen.

Übersicht

A. Vor dem 1.1.2005 gestellte und bis dahin noch nicht verbeschiedene Anträge auf Erteilung einer unbefristeten Aufenthaltserlaubnis oder einer Aufenthaltsberechtigung (Abs. 1)

§ 104 Abs. 1 stellt klar, dass Anträge auf Erteilung einer unbefristeten Aufenthaltserlaubnis oder **1** einer Aufenthaltsberechtigung, die vor dem 1.1.2005 gestellt wurden, nach dem bis zu diesem Zeitpunkt geltenden Recht zu entscheiden sind. In § 104 Abs. 1 S. 2 wird die entsprechende Anwendung des § 101 Abs. 1 angeordnet, sodass bei Erteilung der beantragten Aufenthaltsgenehmigung nach dem 1.1.2005 diese als Niederlassungserlaubnis entsprechend dem ihrer Erteilung zu Grunde liegenden Aufenthaltszweck und Sachverhalt fort gilt.

B. Eingeschränkte Voraussetzungen für die Erteilung einer Niederlassungserlaubnis: Sprachkenntnisse, Beiträge zur Rentenversicherung, Grundkenntnisse der Rechts- und Gesellschaftsordnung (Abs. 2)

§ 104 Abs. 2 befasst sich zum einen mit den erforderlichen Sprachkenntnissen von Ausländern, **2** die vor dem 1.1.2005 im Besitz einer Aufenthaltserlaubnis oder Aufenthaltsbefugnis sind und die Erteilung einer Niederlassungserlaubnis beantragt haben (§ 9 Abs. 2 S. 1 Nr. 7). Für diese Personengruppe reicht die mündliche Verständigung auf einfache Art in deutscher Sprache aus.

Zum anderen ordnet die Norm in S. 2 an, dass § 9 Abs. 2 S. 1 Nr. 3 und Nr. 8 bei der **3** Entscheidung über die Erteilung einer Niederlassungserlaubnis keine Anwendung findet. Die Erfüllung der Vorgaben des § 9 Abs. 1 S. 1 Nr. 3 müssen nicht vorliegen, da diese nach § 24 AuslG keine Voraussetzung zur Erteilung einer unbefristeten Aufenthaltserlaubnis darstellen (BT-Drs. 15/420, 100). § 9 Abs. 2 S. 1 Nr. 8 stellt an die weitere Verfestigung des Aufenthalts strengere Integrationsanforderungen. Diese gehen einher mit dem gleichzeitig neu geschaffenen staatlichen Grundangebot zur Integration (vgl. § 43). Dieses konnte der hier angesprochene Personenkreis jedoch nicht wahrnehmen. Daraus sollte kein Rechtsnachteil erwachsen (BT-Drs. 15/420, 100).

C. Übergangsregelung bei Kindernachzug (Abs. 3)

4   § 104 Abs. 3 regelt den Kindernachzug von Ausländern, die sich vor dem 1.1.2005 rechtmäßig in Deutschland aufhalten. Durch die Herabsetzung des Kindernachzugsalters im AufenthG ergibt sich für die Kinder bereits rechtmäßig in Deutschland lebender Ausländer eine gravierende Rechtsänderung, auf die sich die Betroffenen in ihrer Lebensplanung nicht einstellen konnten. Der Gesetzgeber wollte durch eine weite Übergangsregelung, die alle vor Inkrafttreten des Gesetzes geborene Kinder erfasst, den familienbezogenen Belangen hinreichend Rechnung tragen (BT-Drs. 15/420, 100).

D. Volljährig gewordene Kinder (Abs. 4)

5   § 104 Abs. 4 wurde durch Art. 50 des Zweiten Gesetzes über die weitere Bereinigung von Bundesrecht v. 8.7.2016 (BGBl. I 1594, 1600) aufgehoben, da sie nicht mehr erforderlich war (BT-Drs. 18/7989, 58).

6   Die Norm enthielt eine Übergangsbestimmung für volljährige ledige Kinder eines Ausländers, bei dem bis zum Inkrafttreten des AufenthG unanfechtbar das Vorliegen der Voraussetzungen des § 51 Abs. 1 AuslG festgestellt wurde, die zum Zeitpunkt der Asylantragstellung des Ausländers minderjährig waren und sich mindestens seit der Unanfechtbarkeit der Feststellung der Voraussetzungen des § 51 Abs. 1 AuslG im Bundesgebiet aufgehalten haben und ihre Integration zu erwarten war.

E. Programm zur dauerhaften Neuansiedlung von Schutzsuchenden (Abs. 5)

7   § 104 Abs. 5 wurde durch das Gesetz zur Änderung des Aufenthaltsgesetzes und weiterer Gesetze v. 14.3.2005 (BGBl. I 721, 724) eingefügt. Durch Gesetz zur Neubestimmung des Bleiberechts und der Aufenthaltsbeendigung v. 27.7.2015 wurde Abs. 5 neu gefasst (BGBl. 2015 I 1386, 1397).

8   Abs. 5 aF gab Ausländern, denen im Zeitraum zwischen dem 1.1.2004 und 31.12.2004 eine der in der Norm genannten Schutzformen zuerkannt worden war, einen Anspruch auf einmalige kostenlose Teilnahme an einem Integrationskurs nach § 44 Abs. 1. Es bestand kein Bedürfnis, die Regelung noch länger aufrechtzuerhalten, da die Betroffenen seit dem Inkrafttreten der Regelung am 1.1.2005 ausreichend Zeit hatten, von dieser Möglichkeit Gebrauch zu machen (BT-Drs. 18/4097, 59).

9   § 104 Abs. 5 nF ordnet an, dass auch für Ausländer, die bis zum 31.7.2015 im Rahmen des Programms zur dauerhaften Neuansiedlung von Schutzsuchenden einen Aufenthaltstitel nach § 23 Abs. 2 erhalten haben, die Regelungen über den Familiennachzug, das Bleibeinteresse, die Teilnahme am Integrationskursen und die Aufenthaltsverfestigung aufgrund des § 23 Abs. 4 entsprechend anzuwenden sind. Die Verbesserungen der Rechtsstellung für Resettlement-Flüchtlinge sollten auch für den hier genannten Personenkreis gelten (BT-Drs. 18/4097, 59).

F. Aufenthaltsgewährung durch die obersten Landesbehörden (Abs. 6)

10   § 104 Abs. 6 wurde durch das Siebte Gesetz zur Änderung des Bundesvertriebenengesetzes v. 16.5.2007 (BGBl. I 748, 751) eingefügt.

11   Die Norm sieht vor, dass § 23 Abs. 2 in der bis zum 24.5.2007 geltenden Fassung in den Fällen weiter Anwendung findet, in denen die Anordnung der obersten Landesbehörde, die aufgrund der bis zum 24.5.2007 geltenden Fassung getroffen wurde, eine Erteilung einer Niederlassungserlaubnis bei besonders gelagerten politischen Interessen der Bundesrepublik Deutschland vorsieht. Die Überleitung ist erforderlich, da in § 23 Abs. 2 eine dem § 23 Abs. 1 nachgebildete Anordnungsbefugnis lediglich für den Bund geschaffen wurde (BT-Drs. 16/4444, 7).

G. Niederlassungserlaubnis für Ehegatten, Lebenspartner und minderjährige Kinder (Abs. 7)

12   § 104 Abs. 7 wurde durch Gesetz zur Umsetzung aufenthalts- und asylrechtlicher Richtlinien der Europäischen Union v. 19.8.2007 (BGBl. I 1970, 1990) eingefügt.

13   Die Norm dient dazu, den Ehegatten, Lebenspartnern und minderjährigen ledigen Kindern, die vor dem 1.1.2005 im Besitz einer Aufenthaltsbefugnis nach § 31 Abs. 1 AuslG oder § 35 Abs. 2 AuslG waren und denen nach fünf bzw. acht Jahren gem. § 35 Abs. 1 AuslG eine unbefristete

Aufenthaltserlaubnis hätte erteilt werde können, auch nach dem AufenthG eine Verfestigung ihres Aufenthaltsstatus unter Anrechnung ihrer Aufenthaltsbefugniszeiten zu ermöglichen (BT-Drs. 16/5065, 201).

H. Übergangsbestimmung für Familienangehörige eines Deutschen (Abs. 8)

§ 104 Abs. 8 wurde durch Gesetz zur Verbesserung der Rechte von international Schutzberech- **14** tigten und ausländischen Arbeitnehmern v. 29.8.2013 (BGBl. I 3484, 3487) eingefügt.

Die Norm ordnet an, dass § 28 Abs. 2 in der bis zum 5.9.2013 geltenden Fassung weiter **15** Anwendung auf Familienangehörige eines Deutschen findet, die am 5.9.2013 bereits einen Aufenthaltstitel nach § 28 Abs. 1 innehatten. Sie soll Rechtsnachteile für die genannte Personengruppe in der Umstellungszeit vermeiden (BT-Drs. 17/13022, 23).

I. Übergangsbestimmung bei Aufenthaltserlaubnis aufgrund festgestellten Abschiebungsverbots nach § 60 Abs. 2, Abs. 3 oder Abs. 7 S. 2 (Abs. 9)

§ 104 Abs. 9 wurde durch das Gesetz zur Umsetzung der Richtlinie 2011/95/EU v. 28.8.2013 **16** (BGBl. I 3474, 3481 f.) eingefügt.

Die Norm ist auf Ausländer anwendbar, die eine Aufenthaltserlaubnis nach § 25 Abs. 3 besitzen, **17** weil das Bundesamt oder die Ausländerbehörde festgestellt hat, dass Abschiebungsverbote nach § 60 Abs. 2, Abs. 3 oder Abs. 7 S. 2 in der vor dem 1.12.2013 gültigen Fassung vorliegen. Die Übergangsvorschrift hat den Zweck, diese Ausländer international subsidiär Schutzberechtigten iSd § 4 Abs. 1 AsylG gleichzustellen und berücksichtigt deshalb auch die bisherigen Zeiten des Besitzes der Aufenthaltserlaubnis nach § 25 Abs. 3 in der früheren Fassung. Für den Widerruf und die Rücknahme bei Altfällen gilt § 73b AsylG (§ 104 Abs. 9 S. 3).

J. Übergangsbestimmung für Ortskräfte (Abs. 10)

Abs. 10 wurde durch das Gesetz zur Neubestimmung des Bleiberechts und der Aufenthaltsbeen- **18** digung v. 27.7.2015 (BGBl. I 1386, 1397) eingefügt.

Die Norm enthält eine Übergangsregelung für Betroffene nach § 73b Abs. 1, also Personen, **19** denen bereits vor Inkrafttreten des AufenthG als Beschäftigte des Auswärtigen Amtes in einer Auslandsvertretung die Erfüllung einer oder mehrerer Aufgaben im Visumverfahren anvertraut gewesen ist ("Ortskräfte"). Diese können entgegen § 73b Abs. 4 ihre Tätigkeit auch nach Inkrafttreten des AufenthG und vor Abschluss einer Zuverlässigkeitsprüfung fortführen, damit eine ordnungsgemäße Durchführung der Visafahren nach Inkrafttreten des AufenthG auch in den Auslandsvertretungen sichergestellt wird und erhebliche Wartezeiten der Antragsteller vermieden werden (BT-Drs. 18/4097, 59).

K. Übergangsregelung für subsidiär Schutzberechtigte (Abs. 11)

§ 104 Abs. 11 wurde durch das Gesetz zur Neubestimmung des Bleiberechts und der Aufent- **20** haltsbeendigung v. 27.7.2015 (BGBl. I 1386, 1397) eingefügt.

Die Norm ordnet an, dass für Ausländer, denen zwischen dem 1.1.2011 und dem 31.7.2015 **21** subsidiärer Schutz nach der Qualifikations-RL (RL 2011/95/EU v.13.12.2011, ABl. 2011 L 337, 9) oder der Freizügigkeits-RL (RL 2004/38/EG v. 29.4.2004, ABl. 2004 L 158, 77) unanfechtbar zuerkannt wurde, die Frist nach § 29 Abs. 2 S. 2 Nr. 1 mit Inkrafttreten dieses Gesetzes – am Tag der Verkündung (31.7.2015) – zu laufen beginnt. Da die Regelung auf diese Gruppe bislang keine Anwendung fand, wurden keine entsprechenden Anträge gestellt worden. Daher sollte die Frist für diese Personengruppe einheitlich zu laufen beginnen.

L. Zuständigkeit für nachträgliche Befristungsentscheidung (Abs. 12)

§ 104 Abs. 12 wurde durch das Asylverfahrensbeschleunigungsgesetz v. 20.10.2015 **22** (BGBl. I 1722, 1730) eingefügt und durch Art. 1 Nr. 32 des Zweiten Gesetzes zur besseren Durchsetzung der Ausreisepflicht v. 15.8.2019 (BGBl. I 1294) geändert.

Aus Gründen der Verfahrensbeschleunigung und -ökonomie wurde in § 104 Abs. 12 angeord- **23** net, dass die Ausländerbehörden für die Befristung eines Einreise- und Aufenthaltsverbotes zuständig sind, wenn das Bundesamt für Migration und Flüchtlinge die Abschiebung bereits angedroht bzw. angeordnet hat und die Befristungsentscheidung nachträglich erlassen müsste (BT-Drs. 18/

6185, 52). Die Änderung der Vorschrift war infolge der Änderungen des § 11 erforderlich geworden, wonach ein Einreise- und Aufenthaltsverbot nur durch Anordnung eintreten kann.

M. Familiennachzug zu subsidiär Schutzberechtigten (§ 104 Abs. 13)

24   § 104 Abs. 13 AufenthG wurde durch das Gesetz zur Einführung beschleunigter Asylverfahren
v. 11.3.2016 (BGBl. I 390, 392) eingefügt. Die Regelung wurde durch das Gesetz zur Verlängerung
der Aussetzung des Familiennachzugs zu subsidiär Schutzberechtigten v. 8.3.2018 (BGBl. I 342)
zum ersten Mal neu gefasst. Eine weitere Neufassung erfolgte durch das Familiennachzugsneuregelungsgesetz v. 12.7.2018 (BGBl. I 1147, 1149).

25   Die Norm regelt, unter welchen Voraussetzungen ab dem 1.8.2018 ausländische Familienangehörige der Kernfamilie zu subsidiär Schutzberechtigten in das Bundesgebiet nachziehen können.
Soweit die Familienangehörigen nach der bis zum 17.3.2016 geltenden Rechtslage eine Aufenthaltserlaubnis zum Familiennachzug zu einem subsidiär Schutzberechtigten erhalten haben, gilt
die damalige Rechtslage auch für die Verlängerung der Aufenthaltserlaubnis fort (BT-Drs. 19/
2438, 26).

N. Übergangsbestimmung zur Wohnsitzregelung (Abs. 14)

26   Abs. 14 war durch das Integrationsgesetz v. 31.7.2016 (BGBl. I 1939, 1946) eingefügt worden
und stellte eine Folgeänderung zur Einfügung von § 12a dar (BR-Drs. 266/16, 50).
27   Die Norm ordnete an, dass § 12a (Wohnsitzregelung) in der bis zum 6.8.2019 geltenden Fassung
weiter Anwendung auf Ausländer findet, für die vor dem 6.8.2019 eine Verpflichtung nach § 12a
Abs. 1–4 oder Abs. 6 begründet wurde.
28   Abs. 14 wurde durch Art. 1 Nr. 3 des Gesetzes zur Entfristung des Integrationsgesetzes v.
4.7.2019 (BGBl. I 914) mWv 12.7.2019 aufgehoben. Aufgrund der Entfristung von § 12a war
die Regelung zur Fortgeltung einer Wohnsitzverpflichtung nach Auslaufen von § 12a nicht mehr
erforderlich (BT-Drs. 19/8692, 11).

O. Übergangsregelung zu § 19d für Duldungen nach § 60a Abs. 2 S. 4, die in der bis zum 31.12.2019 geltenden Fassung erteilt wurden (Abs. 15)

29   § 104 Abs. 15 wurde durch Art. 1 Nr. 8 des Gesetzes über Duldung bei Ausbildung und
Beschäftigung v. 8.7.2019 (BGBl. I 1021, 1023 f.) eingefügt und durch das FachkEinwG (Fachkräfteeinwanderungsgesetz v. 15.8.2019, BGBl. I 1307) geändert.
30   Mit der Norm wird der Bruch behoben, der sich aus den derzeit noch unterschiedlichen
Voraussetzungen für die Erteilung der Ausbildungsduldung nach § 60a Abs. 2 S. 4–12 und der
Aufenthaltserlaubnis nach § 19d Abs. 1a (vorher § 18a Abs. 1a aF) ergibt. Im Gegensatz zu § 19d
war die Erteilung der Ausbildungsduldung nach den bis zum 31.12.2019 bestehenden Regelungen
auch dann möglich, wenn der Ausländer, bevor ihm eine Beschäftigungserlaubnis erteilt wurde,
über seine Identität getäuscht hat oder es zu vertreten hatte, dass aufenthaltsbeendende Maßnahmen
nicht vollzogen werden konnten. Hiervon musste er zwar Abstand genommen haben, da anderenfalls wegen § 60a Abs. 6 Nr. 2 die für die Erteilung der Ausbildungsduldung erforderliche Beschäftigungserlaubnis nicht hätte erteilt werden können. Die spätere Erteilung der Aufenthaltserlaubnis
nach § 19d schließt jedoch alle Fälle aus, in denen in der Vergangenheit über die Identität getäuscht
wurde oder es der Ausländer zu vertreten hatte, dass aufenthaltsbeendende Maßnahmen nicht
vollzogen werden konnten. Somit wären Fälle möglich, in denen zwar die Ausbildungsduldung
erteilt werden konnte, nicht aber nach erfolgreichem Abschluss der Berufsausbildung die Aufenthaltserlaubnis nach § 19d. Dieser Widerspruch wird mit der Regelung des Abs. 15 aufgelöst.
Erfasst sind hier im Zuge der Ermessensausübung auch die Fälle, in denen die Klärung der Identität
nicht herbeigeführt werden konnte, obwohl der Ausländer alle erforderlichen und ihm zumutbaren
Maßnahmen für die Identitätsklärung ergriffen hat (BT-Drs. 19/8286, 19).

P. Übergangsregelung zu § 60a für Beschäftigungen, die bis zum 31.12.2019 erlaubt wurden (Abs. 16)

31   § 104 Abs. 16 wurde durch Art. 1 Nr. 8 des Gesetzes über Duldung bei Ausbildung und
Beschäftigung v. 8.7.2019 (BGBl. I 1021, 1024) eingefügt.
32   Mit der Norm wird eine Übergangsregelung zu § 60a für die Fälle getroffen, in denen bereits
vor Inkrafttreten dieses Gesetzes eine Beschäftigungserlaubnis erteilt wurde. Diese Übergangsrege-

lung hat zur Folge, dass die neuen tatbestandlichen Versagungsgründe nicht zu einer nachträglichen Versagung der Beschäftigungserlaubnis führen (BT-Drs. 19/8286, 19).

Q. Übergangsregelung zu § 60c für vor dem 1.1.2017 eingereiste Ausländer (Abs. 17 aF)

§ 104 Abs. 17 aF wurde durch Art. 1 Nr. 8 des Gesetzes über Duldung bei Ausbildung und **33** Beschäftigung v. 8.7.2019 (BGBl. I 1021, 1024) eingefügt und trat am 2.10.2020 außer Kraft (Art. 3 des Gesetzes über Duldung bei Ausbildung und Beschäftigung v. 8.7.2019, BGBl. I 1021; BT-Drs. 19/8286, 19).

Die Norm beinhaltete eine Übergangsregelung zu § 60c für Ausländer, die vor dem 1.1.2017 **34** in das Bundesgebiet eingereist sind. Die Übergangsregelung galt für die Aufnahme von Berufsausbildungen bis zum 1.10.2020. In diesen Fällen wurde vom Besitz einer Duldung abgesehen.

Ein vor dem 1.1.2017 eingereister Ausländer, der in der Folgezeit aus dem Bundesgebiet ausge- **35** reist war und in einem anderen Land einen Asylantrag unter Verwendung von Aliaspersonalien gestellt hatte, konnte sich nach seiner Wiedereinreise in das Bundesgebiet nicht mehr auf die Übergangsregelung berufen, weil er das Bundesgebiet nicht nur „kurzzeitig" oder „vorübergehend" verlassen hatte (OVG RhPf BeckRS 2020, 8719 Rn. 23).

§ 104a Altfallregelung

(1) ¹Einem geduldeten Ausländer soll abweichend von § 5 Abs. 1 Nr. 1 und Abs. 2 eine Aufenthaltserlaubnis erteilt werden, wenn er sich am 1. Juli 2007 seit mindestens acht Jahren oder, falls er zusammen mit einem oder mehreren minderjährigen ledigen Kindern in häuslicher Gemeinschaft lebt, seit mindestens sechs Jahren ununterbrochen geduldet, gestattet oder mit einer Aufenthaltserlaubnis aus humanitären Gründen im Bundesgebiet aufgehalten hat und

1. über ausreichenden Wohnraum verfügt,
2. über hinreichende mündliche Deutschkenntnisse im Sinne des Niveaus A2 des Gemeinsamen Europäischen Referenzrahmens für Sprachen verfügt,
3. bei Kindern im schulpflichtigen Alter den tatsächlichen Schulbesuch nachweist,
4. die Ausländerbehörde nicht vorsätzlich über aufenthaltsrechtlich relevante Umstände getäuscht oder behördliche Maßnahmen zur Aufenthaltsbeendigung nicht vorsätzlich hinausgezögert oder behindert hat,
5. keine Bezüge zu extremistischen oder terroristischen Organisationen hat und diese auch nicht unterstützt und
6. nicht wegen einer im Bundesgebiet begangenen vorsätzlichen Straftat verurteilt wurde, wobei Geldstrafen von insgesamt bis zu 50 Tagessätzen oder bis zu 90 Tagessätzen wegen Straftaten, die nach dem Aufenthaltsgesetz oder dem Asylgesetz nur von Ausländern begangen werden können, grundsätzlich außer Betracht bleiben.

²Wenn der Ausländer seinen Lebensunterhalt eigenständig durch Erwerbstätigkeit sichert, wird die Aufenthaltserlaubnis nach § 23 Abs. 1 Satz 1 erteilt. ³Im Übrigen wird sie nach Satz 1 erteilt; sie gilt als Aufenthaltstitel nach Kapitel 2 Abschnitt 5; die §§ 9 und 26 Abs. 4 finden keine Anwendung. ⁴Von der Voraussetzung des Satzes 1 Nr. 2 kann bis zum 1. Juli 2008 abgesehen werden. ⁵Von der Voraussetzung des Satzes 1 Nr. 2 wird abgesehen, wenn der Ausländer sie wegen einer körperlichen, geistigen oder seelischen Krankheit oder Behinderung oder aus Altersgründen nicht erfüllen kann.

(2) ¹Dem geduldeten volljährigen ledigen Kind eines geduldeten Ausländers, der sich am 1. Juli 2007 seit mindestens acht Jahren oder, falls er zusammen mit einem oder mehreren minderjährigen ledigen Kindern in häuslicher Gemeinschaft lebt, seit mindestens sechs Jahren ununterbrochen geduldet, gestattet oder mit einer Aufenthaltserlaubnis aus humanitären Gründen im Bundesgebiet aufgehalten hat, kann eine Aufenthaltserlaubnis nach § 23 Abs. 1 Satz 1 erteilt werden, wenn es bei der Einreise minderjährig war und gewährleistet erscheint, dass es sich auf Grund seiner bisherigen Ausbildung und Lebensverhältnisse in die Lebensverhältnisse der Bundesrepublik Deutschland einfügen kann. ²Das Gleiche gilt für einen Ausländer, der sich als unbegleiteter Minderjähriger seit mindestens sechs Jahren ununterbrochen geduldet, gestattet oder mit einer Aufenthaltserlaubnis aus humanitären Gründen im Bundesgebiet aufgehalten hat und bei dem

gewährleistet erscheint, dass er sich auf Grund seiner bisherigen Ausbildung und Lebensverhältnisse in die Lebensverhältnisse der Bundesrepublik Deutschland einfügen kann.

(3) [1]Hat ein in häuslicher Gemeinschaft lebendes Familienmitglied Straftaten im
Sinne des Absatzes 1 Satz 1 Nr. 6 begangen, führt dies zur Versagung der Aufenthaltserlaubnis nach dieser Vorschrift für andere Familienmitglieder. [2]Satz 1 gilt nicht für den
Ehegatten eines Ausländers, der Straftaten im Sinne des Absatzes 1 Satz 1 Nr. 6 begangen hat, wenn der Ehegatte die Voraussetzungen des Absatzes 1 im Übrigen erfüllt und
es zur Vermeidung einer besonderen Härte erforderlich ist, ihm den weiteren Aufenthalt
zu ermöglichen. [3]Sofern im Ausnahmefall Kinder von ihren Eltern getrennt werden,
muss ihre Betreuung in Deutschland sichergestellt sein.

(4) Die Aufenthaltserlaubnis kann unter der Bedingung erteilt werden, dass der Ausländer an einem Integrationsgespräch teilnimmt oder eine Integrationsvereinbarung
abgeschlossen wird.

(5) [1]Die Aufenthaltserlaubnis wird mit einer Gültigkeit bis zum 31. Dezember 2009
erteilt. [2]Sie soll um weitere zwei Jahre als Aufenthaltserlaubnis nach § 23 Abs. 1 Satz 1
verlängert werden, wenn der Lebensunterhalt des Ausländers bis zum 31. Dezember
2009 überwiegend eigenständig durch Erwerbstätigkeit gesichert war oder wenn der
Ausländer mindestens seit dem 1. April 2009 seinen Lebensunterhalt nicht nur vorübergehend eigenständig sichert. [3]Für die Zukunft müssen in beiden Fällen Tatsachen die
Annahme rechtfertigen, dass der Lebensunterhalt überwiegend gesichert sein wird. [4]Im
Fall des Absatzes 1 Satz 4 wird die Aufenthaltserlaubnis zunächst mit einer Gültigkeit
bis zum 1. Juli 2008 erteilt und nur verlängert, wenn der Ausländer spätestens bis dahin
nachweist, dass er die Voraussetzung des Absatzes 1 Satz 1 Nr. 2 erfüllt. [5]§ 81 Abs. 4
findet keine Anwendung.

(6) [1]Bei der Verlängerung der Aufenthaltserlaubnis kann zur Vermeidung von Härtefällen von Absatz 5 abgewichen werden. [2]Dies gilt bei
1. Auszubildenden in anerkannten Lehrberufen oder in staatlich geförderten Berufsvor-
   bereitungsmaßnahmen,
2. Familien mit Kindern, die nur vorübergehend auf ergänzende Sozialleistungen angewiesen sind,
3. Alleinerziehenden mit Kindern, die vorübergehend auf Sozialleistungen angewiesen
   sind, und denen eine Arbeitsaufnahme nach § 10 Abs. 1 Nr. 3 des Zweiten Buches
   Sozialgesetzbuch nicht zumutbar ist,
4. erwerbsunfähigen Personen, deren Lebensunterhalt einschließlich einer erforderlichen Betreuung und Pflege in sonstiger Weise ohne Leistungen der öffentlichen Hand
   dauerhaft gesichert ist, es sei denn, die Leistungen beruhen auf Beitragszahlungen,
5. Personen, die am 31. Dezember 2009 das 65. Lebensjahr vollendet haben, wenn sie
   in ihrem Herkunftsland keine Familie, dafür aber im Bundesgebiet Angehörige (Kinder oder Enkel) mit dauerhaftem Aufenthalt bzw. deutscher Staatsangehörigkeit
   haben und soweit sichergestellt ist, dass für diesen Personenkreis keine Sozialleistungen in Anspruch genommen werden.

(7) [1]Die Länder dürfen anordnen, dass aus Gründen der Sicherheit der Bundesrepublik Deutschland eine Aufenthaltserlaubnis nach den Absätzen 1 und 2 Staatsangehörigen
bestimmter Staaten zu versagen ist. [2]Zur Wahrung der Bundeseinheitlichkeit bedarf die
Anordnung des Einvernehmens mit dem Bundesministerium des Innern, für Bau und
Heimat.

Überblick

Die Altfallregelung des § 104a sieht vier verschiedene, eigenständige Rechtsgrundlagen für
Aufenthaltsrechte vor. Sie bezieht sich auf geduldete Ausländer (Abs. 1 S. 1 und S. 2, → Rn. 5 ff.),
auf geduldete volljährige ledige Kinder eines geduldeten Ausländers (Abs. 2 S. 1, → Rn. 9) und
unbegleitete Minderjährige (Abs. 2 S. 2, → Rn. 10). Die minderjährigen ledigen Kinder von
Ausländern mit einer Aufenthaltserlaubnis sind nach der gesetzlichen Altfallregelung mit einbezogen, wenn sie mit ihnen in häuslicher Gemeinschaft leben.

A. Entstehungsgeschichte der Norm

Die Norm wurde durch Art. 1 Nr. 82 des Gesetzes zur Umsetzung aufenthalts- und asylrechtli- 1
cher Richtlinien der Europäischen Union (v. 19.8.2007, BGBl. I 1970, 1990) in das AufenthG
eingefügt und durch das Gesetz zur Umsetzung aufenthaltsrechtlicher Richtlinien der Europäischen Union und zur Anpassung nationaler Rechtsvorschriften an den EU-Visakodex (v.
22.11.2011, BGBl. I 2258), das Asylverfahrensbeschleunigungsgesetz (v. 20.10.2015, BGBl. I 1722)
und die Elfte Zuständigkeitsanpassungsverordnung v. 19.6.2020 (BGBl. I 1328) nur geringfügig
geändert.

B. Inhalt der Norm

I. Allgemeines

Die Altfallregelung des § 104a sieht vier verschiedene, eigenständige Rechtsgrundlagen für 2
Aufenthaltsrechte vor.

Sie wurde in das AufenthG aufgenommen, um den seit Jahren im Bundesgebiet geduldeten 3
und hier integrierten Ausländern eine dauerhafte Perspektive in Deutschland zu bieten. Da die
Norm nur einen begrenzten Anwendungszeitraum abdeckt, ausgehend vom maßgeblichen Stichtag 1.7.2007, ist die praktische Bedeutung immer weiter zurückgegangen.

Die Aufenthaltserlaubnis wird grundsätzlich bis zum 31.12.2009 erteilt (§ 104a Abs. 5 S. 1). 4
Eine Verlängerung ist um weitere zwei Jahre als Aufenthaltserlaubnis nach § 23 Abs. 1 S. 1 gem.
§ 104a Abs. 5 S. 2 möglich. Bei einem Antrag auf – weitere – Verlängerung einer nach § 23
Abs. 1 erteilten Aufenthaltserlaubnis „auf Probe" ist § 104a Abs. 5 S. 5 nicht anwendbar (VGH
BW BeckRS 2017, 103475 Rn. 8). Zur Vermeidung von Härtefällen sah § 104a Abs. 6 eine
Verlängerungsmöglichkeit vor.

II. Aufenthaltserlaubnis auf Probe (Abs. 1 S. 1)

Die Aufenthaltserlaubnis nach § 104a Abs. 1 S. 1 wird als Aufenthaltserlaubnis auf Probe 5
bezeichnet. Diese gilt als Aufenthaltstitel nach Kapitel 2 Abschnitt 5 des AufenthG (§ 104a Abs. 1
S. 3 Hs. 2).

Einem **geduldeten Ausländer,** der sich am 1.7.2007 seit mindestens acht Jahren oder, falls er 6
zusammen mit einem oder mehreren minderjährigen ledigen Kindern in häuslicher Gemeinschaft
lebt, seit mindestens sechs Jahren ununterbrochen geduldet, gestattet oder mit einer Aufenthaltserlaubnis aus humanitären Gründen im Bundesgebiet aufgehalten hat, soll eine Aufenthaltserlaubnis
gem. § 104a Abs. 1 S. 1 erteilt werden, wenn er die übrigen Voraussetzungen der Norm erfüllt.
Die Sicherung des Lebensunterhaltes ist dafür nicht Voraussetzung.

Die **minderjährigen ledigen Kinder** von Ausländern mit einer Aufenthaltserlaubnis sind 7
nach der gesetzlichen Altfallregelung mit einbezogen, wenn sie mit ihnen in häuslicher Gemeinschaft leben. Die Kinder erhalten ein von der Aufenthaltserlaubnis der Eltern bzw. eines Elternteiles
abhängiges Aufenthaltsrecht auf der gleichen Rechtsgrundlage wie die Eltern. Sie müssen die
Voraussetzungen zur Erteilung der Aufenthaltserlaubnis – bis auf die Voraufenthaltszeit und die
eigenständige Erwerbstätigkeit – auch in eigener Person erfüllen (Nr. 104a.1.9 AufenthGAVwV).

III. Aufenthaltserlaubnis nach § 23 Abs. 1 S. 1 iVm § 104a Abs. 1 S. 2

Kann der Ausländer seinen Lebensunterhalt selbst sichern und erfüllt auch die übrigen Voraus- 8
setzungen des § 104a Abs. 1 S. 1, wird ihm eine Aufenthaltserlaubnis nach § 23 Abs. 1 S. 1 (§ 104a
Abs. 1 S. 2) erteilt.

IV. Aufenthaltserlaubnis nach § 23 Abs. 1 S. 1 iVm § 104a Abs. 2 S. 1

Nach § 104a Abs. 2 S. 1 kann einem **geduldeten volljährigen ledigen Kind eines geduldeten** 9
ten Ausländers iSd § 104a Abs. 1 S. 1 eine Aufenthaltserlaubnis nach § 23 Abs. 1 S. 1 erteilt
werden, wenn der Antragsteller bei der Einreise minderjährig war und gewährleistet erscheint,
dass es sich aufgrund der bisherigen Ausbildung und Lebensverhältnisse in die Lebensverhältnisse
der Bundesrepublik Deutschland einfügen kann.

V. Aufenthaltserlaubnis nach § 23 Abs. 1 S. 1 iVm § 104a Abs. 2 S. 2

10   § 104a Abs. 2 S. 2 sieht die Möglichkeit der Erteilung einer Aufenthaltserlaubnis nach § 23 Abs. 1 S. 1 für **unbegleitete Minderjährige** vor.

§ 104b Aufenthaltsrecht für integrierte Kinder von geduldeten Ausländern

Einem minderjährigen ledigen Kind kann im Fall der Ausreise seiner Eltern oder des allein personensorgeberechtigten Elternteils, denen oder dem eine Aufenthaltserlaubnis nicht nach § 104a erteilt oder verlängert wird, abweichend von § 5 Abs. 1 Nr. 1, Abs. 2 und § 10 Abs. 3 Satz 1 eine eigenständige Aufenthaltserlaubnis nach § 23 Abs. 1 Satz 1 erteilt werden, wenn
1. es am 1. Juli 2007 das 14. Lebensjahr vollendet hat,
2. es sich seit mindestens sechs Jahren rechtmäßig oder geduldet in Deutschland aufhält,
3. es die deutsche Sprache beherrscht,
4. es sich auf Grund seiner bisherigen Schulausbildung und Lebensführung in die Lebensverhältnisse der Bundesrepublik Deutschland eingefügt hat und gewährleistet ist, dass es sich auch in Zukunft in die Lebensverhältnisse der Bundesrepublik Deutschland einfügen wird und
5. seine Personensorge sichergestellt ist.

1   § 104b sieht ein Aufenthaltsrecht für minderjährige ledige Kinder von geduldeten Ausländern vor, denen eine Aufenthaltserlaubnis nach § 104a nicht erteilt oder verlängert wurde. Im Fall der Ausreise der Eltern oder des allein personensorgeberechtigten Elternteils kann dem Kind eine Aufenthaltserlaubnis unter erleichterten Voraussetzungen nach § 23 Abs. 1 S. 1 erteilt werden, wenn die Voraussetzungen des § 104b vorliegen.

§ 105 Übergangsregelung zur Duldung für Personen mit ungeklärter Identität

(1) Die Ausländerbehörde entscheidet bei geduldeten Ausländern über die Ausstellung einer Bescheinigung über die Duldung nach § 60a Absatz 4 mit dem Zusatz „für Personen mit ungeklärter Identität" frühestens aus Anlass der Prüfung einer Verlängerung der Duldung oder der Erteilung der Duldung aus einem anderen Grund.

(2) Auf geduldete Ausländer findet § 60b bis zum 1. Juli 2020 keine Anwendung, wenn sie sich in einem Ausbildungs- oder Beschäftigungsverhältnis befinden.

(3) Ist ein Ausländer Inhaber einer Ausbildungsduldung oder einer Beschäftigungsduldung oder hat er diese beantragt und erfüllt er die Voraussetzungen für ihre Erteilung, findet § 60b keine Anwendung.

Überblick

Die Norm wurde durch Art. 1 Nr. 33 des Zweiten Gesetzes zur besseren Durchsetzung der Ausreisepflicht v. 15.8.2019 (BGBl. 2019 I 1294) eingefügt und enthält Übergangsregelungen für die Anwendung des gleichzeitig eingeführten § 60b (Duldung für Personen mit ungeklärter Identität).

A. Erstmalige Anwendung des § 60b bei zuvor bereits geduldeten Ausländern (Abs. 1)

1   § 105 Abs. 1 sieht vor, dass bei bereits geduldeten Ausländern eine Duldungsbescheinigung (§ 60a Abs. 4) erst mit dem Zusatz „für Personen mit ungeklärter Identität" (§ 60b) versehen werden kann, wenn die ausgestellte Duldungsbescheinigung verlängert oder eine Duldung aus einem anderen Grund erteilt wird.

B. Erweiterter Übergangszeitraum für geduldete Ausländer in einem Ausbildungs- oder Beschäftigungsverhältnis (Abs. 2)

§ 105 Abs. 2 enthält einen erweiterten Übergangszeitraum für geduldete Ausländer, die sich 2
zum Zeitpunkt der Prüfung der Voraussetzungen des Vorliegens des § 60b (s. § 105 Abs. 1) in
einem Ausbildungs- oder Beschäftigungsverhältnis befinden. Für diese Personengruppe erfolgt bis
zum 1.7.2020 keine Anwendung des § 60b.

C. Anwendungsausschluss (Abs. 3)

§ 60b gilt nicht für Ausländer, die eine Ausbildungs- oder Beschäftigungsduldung bis zum 3
Zeitpunkt der Erteilung der Duldung nach dem § 60b beantragt haben und die Voraussetzungen
für die Erteilung erfüllen oder eine solche Duldung bereits besitzen. Der Anwendungsausschluss
gilt auch für die in der Ausbildungs- oder Beschäftigungsduldung vorgesehenen Zeiten für die
Suche eines neuen Ausbildungs- oder Arbeitsplatzes (BT-Drs. 19/10047, 49).

§ 105a Bestimmungen zum Verwaltungsverfahren

**Von den in § 4 Absatz 2 Satz 2, § 15a Abs. 4 Satz 2 und 3, § 23 Abs. 1 Satz 3, § 23a
Abs. 1 Satz 1, Abs. 2 Satz 2, § 43 Abs. 4, § 44a Abs. 1 Satz 2, Abs. 3 Satz 1, § 61
Absatz 1d, § 72 Absatz 2, § 73 Abs. 2, Abs. 3 Satz 1 und 2, den §§ 78, 78a, § 79 Abs. 2,
§ 81 Abs. 5, § 82 Abs. 1 Satz 3, Abs. 3, § 87 Absatz 1, 2 Satz 1 und 2, Absatz 4 Satz 1,
2 und 4 und Absatz 5, § 89 Abs. 1 Satz 2 und 3, Abs. 3 und 4, den §§ 90, 90a, 90b, 91
Abs. 1 und 2, § 91a Abs. 3, 4 und 7, § 91c Abs. 1 Satz 2, Abs. 2 Satz 2, Abs. 3 Satz 4
und Abs. 4 Satz 2, § 99 Absatz 1 bis 4 und § 104a Abs. 7 Satz 2 getroffenen Regelungen
und von den auf Grund von § 43 Abs. 4 und § 99 Absatz 1 bis 4 getroffenen Regelungen
des Verwaltungsverfahrens kann durch Landesrecht nicht abgewichen werden.**

Die Norm wurde durch Art. 1 Nr. 83 des Gesetzes zur Umsetzung aufenthalts- und asylrechtli- 1
cher Richtlinien der Europäischen Union v. 19.8.2007 (BGBl. I 1970) in das AufenthG eingefügt
und durch Art. 3 Nr. 12 des Zweiten Gesetzes zur Verbesserung der Registrierung und des
Datenaustausches zu aufenthalts- und asylrechtlichen Zwecken v. 4.8.2019 (BGBl. I 1131) sowie
das FachkEinwG (Fachkräfteeinwanderungsgesetz v. 15.8.2019, BGBl. I 1307) geändert. Sie legt
fest, von welchen Bestimmungen zum Verwaltungsverfahren durch Landesrecht nicht abgewichen
werden kann. Sie beruht auf Art. 84 Abs. 1 S. 5 GG. Die Erwägungen, die zur Annahme eines
besonderen Bedürfnisses nach bundeseinheitlicher Regelung geführt haben, können der Gesetzesbegründung entnommen werden (BT-Drs. 16/5065, 204 ff.).

§ 105b Übergangsvorschrift für Aufenthaltstitel nach einheitlichem Vordruckmuster

**[1]Aufenthaltstitel nach § 4 Absatz 1 Satz 2 Nummer 2 bis 4, die bis zum Ablauf des
31. August 2011 nach einheitlichem Vordruckmuster gemäß § 78 in der bis zu diesem
Zeitpunkt geltenden Fassung dieses Gesetzes ausgestellt wurden, sind bei Neuausstellung, spätestens aber bis zum Ablauf des 31. August 2021 als eigenständige Dokumente
mit elektronischem Speicher- und Verarbeitungsmedium nach § 78 auszustellen. [2]Unbe-
schadet dessen können Inhaber eines Aufenthaltstitels nach § 4 Absatz 1 Satz 2 Nummer 2 bis 4 ein eigenständiges Dokument mit elektronischem Speicher- und Verarbeitungsmedium nach § 78 beantragen, wenn sie ein berechtigtes Interesse an der
Neuausstellung darlegen.**

Die Norm wurde durch Art. 1 Nr. 10 des Gesetzes zur Anpassung des deutschen Rechts an 1
die Verordnung (EG) Nr. 380/2008 des Rates vom 18.4.2008 zur Änderung der Verordnung (EG)
Nr. 1030/2002 zur einheitlichen Gestaltung des Aufenthaltstitels für Drittstaatenangehörige (v.
12.4.2011, BGBl. I 610 (613)) in das AufenthG eingefügt. Sie regelt, ab wann Aufenthaltstitel
(außer Visa iSd § 4 Abs. 1 S. 2 Nr. 1) als eigenständige Dokumente mit elektronischem Speicher-
und Verarbeitungsmedium nach § 78 ausgestellt werden müssen.

§ 105c Überleitung von Maßnahmen zur Überwachung ausgewiesener Ausländer aus Gründen der inneren Sicherheit

> Maßnahmen und Verpflichtungen nach § 54a Absatz 1 bis 4 in der bis zum 31. Dezember 2015 geltenden Fassung, die vor dem 1. Januar 2016 bestanden, gelten nach dem 1. Januar 2016 als Maßnahmen und Verpflichtungen im Sinne von § 56 in der ab dem 1. Januar 2016 geltenden Fassung.

1   Die Norm wurde durch Art. 3 Nr. 19 des Asylverfahrensbeschleunigungsgesetzes (v. 20.10.2015, BGBl. I 1722 (1730)) in das AufenthG eingefügt. Sie ordnet an, dass die Maßnahmen und Verpflichtungen nach § 54a Abs. 1–4 in der bis zum 31.12.2015 geltenden Fassung, die vor dem 1.1.2016 bestanden, nach dem 1.1.2016 als Maßnahmen und Verpflichtungen iSv § 56 in der ab dem 1.1.2016 geltenden Fassung fortgelten. Durch das Gesetz zur Neubestimmung des Bleiberechts und der Aufenthaltsbeendigung (v. 27.7.2015, BGBl. I 1386) erfolgte eine grundlegende Neuregelung des Ausweisungsrechts (§§ 53–56) zum 1.1.2016. Die Überwachung ausgewiesener Ausländer aus Gründen der inneren Sicherheit ist seit diesem Zeitpunkt in § 56 geregelt.

§ 106 Einschränkung von Grundrechten

> (1) Die Grundrechte der körperlichen Unversehrtheit (Artikel 2 Abs. 2 Satz 1 des Grundgesetzes) und der Freiheit der Person (Artikel 2 Abs. 2 Satz 2 des Grundgesetzes) werden nach Maßgabe dieses Gesetzes eingeschränkt.
>
> (2) ¹Das Verfahren bei Freiheitsentziehungen richtet sich nach Buch 7 des Gesetzes über das Verfahren in Familiensachen und in den Angelegenheiten der freiwilligen Gerichtsbarkeit. ²Ist über die Fortdauer der Zurückweisungshaft oder der Abschiebungshaft zu entscheiden, so kann das Amtsgericht das Verfahren durch unanfechtbaren Beschluss an das Gericht abgeben, in dessen Bezirk die Zurückweisungshaft oder Abschiebungshaft jeweils vollzogen wird.

1   Die Norm wurde entsprechend des Wortlauts des Gesetzesentwurfs (BT-Drs. 15/420, 37) eingeführt (BGBl. 2004 I 1950, 1986). Durch Art. 1 Nr. 84 des Gesetzes zur Umsetzung aufenthalts- und asylrechtlicher Richtlinien der Europäischen Union (v. 19.8.2007, BGBl. I 1970, 1991) wurde Abs. 2 geändert, da die Zurückweisungshaft in § 15 Abs. 5 und Abs. 6 eingefügt wurde (BT-Drs. 16/5065, 208). Durch Art. 19 FGG-RG (FGG-Reformgesetz v. 17.12.2008, BGBl. I 2586, 2694) wurde Abs. 2 S. 1 wegen der Übernahme des Inhalts des Gesetzes über das gerichtliche Verfahren bei Freiheitsentziehungen in Buch 7 des FamFG geändert (BT-Drs. 16/6308, 317).

2   Die Regelung schränkt in seinem Abs. 1 die Grundrechte der körperlichen Unversehrtheit (Art. 2 Abs. 2 S. 1 GG) und der Freiheit der Person (Art. 2 Abs. 2 S. 2 GG) nach Maßgabe des AufenthG ein. Abs. 1 entspricht dem Zitiergebot des Art. 19 Abs. 1 S. 2 GG.

3   Abs. 2 entsprach in seiner ursprünglichen Fassung § 103 Abs. 2 AuslG. Er stellt nunmehr in S. 1 klar, dass sich das Verfahren bei Freiheitsentziehungen nach Buch 7 des FamFG richtet (§§ 415–432 FamFG). Zudem eröffnet Abs. 2 S. 2 dem Amtsgericht bei Entscheidungen über die Fortdauer der Zurückweisungshaft oder der Abschiebungshaft die Möglichkeit, das Verfahren durch unanfechtbaren Beschluss an das Gericht abzugeben, in dessen Bezirk die Zurückweisungshaft oder Abschiebungshaft jeweils vollzogen wird. Nach höchstrichterlicher Rechtsprechung begründet eine wirksame Verfahrensabgabe gem. § 106 Abs. 2 S. 2 eine umfassende Zuständigkeit des aufnehmenden Gerichts für alle künftig erforderlich werdenden Entscheidungen, sodass auch anhängige Beschwerdeverfahren gegen eine frühere Entscheidung des abgebenden Gerichts mit der Abgabe an das dem aufnehmenden Gericht übergeordnete Beschwerdegericht übergehen (BGH BeckRS 2020, 21372 Rn. 19 ff. mit Darstellung der unterschiedlichen Auffassungen). Die Haftgerichte haben zu prüfen, ob der Betroffene vollziehbar ausreisepflichtig ist. Beruht die vollziehbare Ausreisepflicht auf einer Ausweisungsverfügung, umfasst diese Prüfung den Erlass und die Bekanntmachung der Verfügung sowie die rechtlichen Voraussetzungen ihrer Vollziehbarkeit. In erster Linie ist der erforderliche äußere Tatbestand festzustellen. Ob der festgestellte äußere Tatbestand einer vollziehbaren Ausweisungsverfügung den verwaltungsrechtlichen Anforderungen genügt, ist – abgesehen von Fällen evidenter Rechtsverletzung – nicht zu prüfen (BGH BeckRS 2020, 22392 Rn. 8).

§ 107 Stadtstaatenklausel

Die Senate der Länder Berlin, Bremen und Hamburg werden ermächtigt, die Vorschriften dieses Gesetzes über die Zuständigkeit von Behörden dem besonderen Verwaltungsaufbau ihrer Länder anzupassen.

Die Norm ermächtigt die Senate der Stadtstaaten, die Vorschriften des Aufenthaltsgesetzes über 1 die Zuständigkeit von Behörden (§§ 71, 71a) dem besonderen Verwaltungsaufbau ihrer Länder anzupassen. Die Stadtstaatenklausel entspricht der Regelung in § 105 AuslG.

Aufenthaltsverordnung (AufenthV)

Vom 25. November 2004
(BGBl. I S. 2945)
FNA 26-12-1
– in Auszügen kommentiert –

Kapitel 2. Einreise und Aufenthalt im Bundesgebiet

Abschnitt 1. Passpflicht für Ausländer

§ 5 Allgemeine Voraussetzungen der Ausstellung des Reiseausweises für Ausländer

(1) Einem Ausländer, der nachweislich keinen Pass oder Passersatz besitzt und ihn nicht auf zumutbare Weise erlangen kann, kann nach Maßgabe der nachfolgenden Bestimmungen ein Reiseausweis für Ausländer ausgestellt werden.

(2) Als zumutbar im Sinne des Absatzes 1 gilt es insbesondere,
1. derart rechtzeitig vor Ablauf der Gültigkeit eines Passes oder Passersatzes bei den zuständigen Behörden im In- und Ausland die erforderlichen Anträge für die Neuerteilung oder Verlängerung zu stellen, dass mit der Neuerteilung oder Verlängerung innerhalb der Gültigkeitsdauer des bisherigen Passes oder Passersatzes gerechnet werden kann,
2. in der den Bestimmungen des deutschen Passrechts, insbesondere den §§ 6 und 15 des Passgesetzes in der jeweils geltenden Fassung, entsprechenden Weise an der Ausstellung oder Verlängerung mitzuwirken und die Behandlung eines Antrages durch die Behörden des Herkunftsstaates nach dem Recht des Herkunftsstaates zu dulden, sofern dies nicht zu einer unzumutbaren Härte führt,
3. die Wehrpflicht, sofern deren Erfüllung nicht aus zwingenden Gründen unzumutbar ist, und andere zumutbare staatsbürgerliche Pflichten zu erfüllen oder
4. für die behördlichen Maßnahmen die vom Herkunftsstaat allgemein festgelegten Gebühren zu zahlen.

(3) Ein Reiseausweis für Ausländer wird in der Regel nicht ausgestellt, wenn der Herkunftsstaat die Ausstellung eines Passes oder Passersatzes aus Gründen verweigert, auf Grund derer auch nach deutschem Passrecht, insbesondere nach § 7 des Passgesetzes oder wegen unterlassener Mitwirkung nach § 6 des Passgesetzes, der Pass versagt oder sonst die Ausstellung verweigert werden kann.

(4) ¹Ein Reiseausweis für Ausländer soll nicht ausgestellt werden, wenn der Antragsteller bereits einen Reiseausweis für Ausländer missbräuchlich verwendet hat oder tatsächliche Anhaltspunkte dafür vorliegen, dass der Reiseausweis für Ausländer missbräuchlich verwendet werden soll. ²Ein Missbrauch liegt insbesondere vor bei einem im Einzelfall erheblichen Verstoß gegen im Reiseausweis für Ausländer eingetragene

Beschränkungen oder beim Gebrauch des Reiseausweises für Ausländer zur Begehung oder Vorbereitung einer Straftat. ³Als Anhaltspunkt für die Absicht einer missbräuchlichen Verwendung kann insbesondere auch gewertet werden, dass der wiederholte Verlust von Passersatzpapieren des Antragstellers geltend gemacht wird.

(5) Der Reiseausweis für Ausländer ohne elektronisches Speicher- und Verarbeitungsmedium darf, soweit dies zulässig ist, nur verlängert werden, wenn die Ausstellungsvoraussetzungen weiterhin vorliegen.

Überblick

Die Vorschrift des § 5 enthält (im Zusammenhang mit denjenigen der §§ 6 f.) Regelungen über die Ausstellung von Reiseausweisen für Ausländer (→ Rn. 5). Es handelt sich demzufolge um Vorschriften, die den wesentlichen Regelungsgegenstand des ersten Abschnitts des zweiten Kapitels der AufenthV bilden, der insgesamt die Zulassung und Einführung von Passersatzpapieren für Ausländer betrifft (→ Rn. 1 ff.). Abzugrenzen ist der Reiseausweis für Ausländer hinsichtlich des begünstigten Personenkreises dabei von den übrigen durch deutsche Behörden ausgestellten Passersatzpapieren für Ausländer iSd § 4 Abs. 1 (→ Rn. 6). Voraussetzung der im Ermessen (→ Rn. 19 f.) der zuständigen Behörde (→ Rn. 8) stehenden Erteilung eines Reiseausweises ist der nachweisliche Nichtbesitz (→ Rn. 9) eines Passes oder (anderen) Passersatzes und die Unzumutbarkeit seiner Beschaffung (→ Rn. 10 f.). Grundsätzlich ist nach den Umständen des Einzelfalls zu beurteilen, welche konkreten Anforderungen an das Vorliegen einer solchen Unzumutbarkeit zu stellen sind (→ Rn. 12 ff.). Wann eine Passbeschaffung nicht unzumutbar ist, bestimmen überdies die Regelbeispiele des § 5 Abs. 2 (→ Rn. 15 ff.). Neben den Voraussetzungen des § 5 Abs. 1 und 2 für die Ausstellung von Reiseausweisen für Ausländer bestimmt § 5 Abs. 3 und 4 diesbezügliche Regelversagungsgründe (→ Rn. 21 ff.). Gemäß § 5 Abs. 5 dürfen Reiseausweise für Ausländer ohne elektronisches Speicher- und Verarbeitungsmedium, soweit dies zulässig ist, schließlich nur verlängert werden, wenn die Ausstellungsvoraussetzungen weiterhin vorliegen (→ Rn. 24).

Übersicht

A. Allgemeines

1 §§ 5–7 enthalten Regelungen über die Ausstellung von Reiseausweisen für Ausländer. Es handelt sich um Vorschriften, die den wesentlichen Regelungsgegenstand des ersten Abschnitts des zweiten Kapitels der AufenthV bilden, der insgesamt die Zulassung und Einführung von Passersatzpapieren für Ausländer betrifft. Ihre Verordnungsermächtigung finden die betreffenden Vorschriften in § 99 Abs. 1 Nr. 5 und Nr. 6 AufenthG, wonach durch Rechtsverordnung andere amtliche deutsche Ausweise als Passersatz eingeführt oder zugelassen werden können und die Zulassung nichtdeutscher amtlicher Ausweise als Passersatz im Wege einer Rechtsverordnung ermöglicht werden kann. Den Vorschriften des ersten Abschnitts des zweiten Kapitels wurde im Rahmen der Novellierung des Ausländerrechts durch das ZuwG (Zuwanderungsgesetz v. 30.7.2004, BGBl. I 1950) besondere Aufmerksamkeit gewidmet: Um eine bessere Kontrolle über die Verwendung der von deutschen Behörden ausgestellten Passersatzdokumente zu ermöglichen und Missbräuchen entgegenzuwirken, wurden insbesondere die Modalitäten ihrer Ausstellung und Entziehung neu geregelt (BR-Drs. 731/04, 141).

2 Im Allgemeinen ist ein Passersatzpapier (Passersatz) ein Papier, das nach der Bestimmung der ausstellenden Stelle zumindest auch zum Grenzübertritt geeignet und bestimmt ist, ohne dass es sämtliche Merkmale eines Passes aufweist (dazu auch OVG Bln-Bbg BeckRS 2017, 101619, wonach ein libanesisches Laissez-Passer kein Passersatzpapier iSd §§ 5, 6 darstellt). Passersatz bedeu-

tet ferner, dass das in Frage stehende Ausweispapier im Rahmen und im zeitlichen und inhaltlichen Umfang seiner Geltung im Wesentlichen alle Funktionen eines originären Nationalpasses erfüllt. Ein Unterschied wird lediglich insoweit angenommen, als das Passersatzpapier nicht die Staatsangehörigkeit des Inhabers bestätigt (GK-AufenthG/Funke-Kaiser AufenthG § 3 Rn. 27 ff.). Insoweit unterscheidet sich der Passersatz auch vom Ausweisersatz iSd § 48 Abs. 2 AufenthG, dessen Erteilung sich nach § 55 richtet (§ 55 Abs. 1 S. 3 verweist hinsichtlich der Erteilungsvoraussetzungen auf § 5 Abs. 2) und der weder zum Grenzübertritt berechtigt, noch zur Einhaltung der Passpflicht nach § 3 Abs. 1 AufenthG genügt (GK-AufenthG/Grünewald AufenthG § 48 Rn. 10). Gleiches gilt mit Blick auf § 63 Abs. 1 AsylG, wonach Asylbewerbern, deren Aufenthalt während des Asylverfahrens nach § 55 Abs. 1 AsylG gestattet ist, eine diesbezügliche Bescheinigung auszustellen ist. Damit bezweckt der Gesetzgeber nämlich, diesem Personenkreis ein Dokument zur Verfügung zu stellen, mit dem sie im Sinne eines (bloßen) Ausweisersatzes ihre Identität nachweisen können, ohne dass es sich hierbei um einen Passersatz handelt, der – anders als die Bescheinigung gem. § 64 Abs. 2 AsylG – namentlich auch die Ausreise ermöglichen würde.

Zu unterscheiden ist ferner zwischen der Zulassung eines Passersatzes einerseits und der Einführung eines Passersatzes andererseits (BR-Drs. 731/04, 147 f.; zum Ganzen auch GK-AufenthG/Funke-Kaiser AufenthG § 3 Rn. 30 ff.): § 3 betrifft die gleichsam abstrakt-generelle normative Zulassung nichtdeutscher amtlicher Ausweise als Passersatz, während § 71 Abs. 6 AufenthG eine Regelung über die Zuständigkeit zur Anerkennung von Passersatzpapieren enthält. Die Zulassung nichtdeutscher amtlicher Ausweise als Passersatz gem. § 3 wirkt mithin als Zulassung durch Rechtsverordnung, die eine behördliche Anerkennung iSd § 71 Abs. 6 AufenthG entbehrlich macht; lediglich in Einzel- und Ausnahmefällen nach § 3 Abs. 2 kann aufgrund einer Entscheidung des Bundesministeriums des Innern die Anerkennung entfallen. § 71 Abs. 6 AufenthG schafft im Gegensatz dazu die Möglichkeit einer Einzelanerkennung (BR-Drs. 731/04, 149 f.). § 3 Abs. 3 enthält dabei ausweislich des Wortlautes der Vorschrift keine abschließende Aufzählung von Passersatzpapieren, denn § 3 Abs. 1 erfasst alle Ausweise, zu deren Anerkennung die Bundesrepublik Deutschland völker- oder unionsrechtlich verpflichtet ist (GK-AufenthG/Funke-Kaiser AufenthG § 3 Rn. 31 mit dem Hinweis, in § 3 Abs. 3 Nr. 1 und 2 seien auch Passersatzpapiere genannt, die von der Bundesrepublik Deutschland selbst ausgestellt werden könnten). Die Einführung eines Passersatzes bezieht sich in Abgrenzung dazu allein auf deutsche Ausweise, da der deutsche Gesetzgeber ausländische Papiere nicht „einführen" kann. § 4 enthält insoweit eine abschließende Aufzählung der von deutschen Behörden auszustellenden Passersatzpapiere (BR-Drs. 731/04, 147 f.).

Ist ein Passersatz in der Bundesrepublik Deutschland zugelassen oder eingeführt, so genügt ein **4** Ausländer auch mit dem Passersatz der Passpflicht: Nach § 3 Abs. 1 AufenthG kann ein Ausländer, der in das Bundesgebiet einreist oder sich darin aufhält, die Passpflicht durch Besitz eines anerkannten und gültigen Passes oder Passersatzes erfüllen, sofern nicht durch Rechtsverordnung eine Befreiung geregelt oder im Einzelfall nach § 3 Abs. 2 AufenthG eine Ausnahme zugelassen wurde. Kann ein Ausländer einen anerkannten und gültigen Pass oder Passersatz nicht in zumutbarer Weise erlangen, genügt der Ausländer gem. § 48 Abs. 2 AufenthG – im Inland, aber nicht beim Grenzübertritt – seiner Ausweispflicht durch Besitz eines Ausweisersatzes (BR-Drs. 731/04, 147). Zudem erfüllt der Ausländer die in § 5 Abs. 1 AufenthG normierte Voraussetzung für die Erteilung eines Aufenthaltstitels (HTK-AuslR/Zeitler Rn. 1).

B. Ausstellung eines Reiseausweises für Ausländer

Im Zusammenhang mit den Vorschriften über Passersatzpapiere regelt § 5 die Erteilung eines **5** Reiseausweises für Ausländer iSd § 4 Abs. 1 Nr. 1. Dabei handelt es sich um das wichtigste in diesem Zusammenhang hervorzuhebende Passersatzpapier, den früheren sog. Fremdenpass (§ 4 AuslG) bzw. das sog. Reisedokument (§ 14 Abs. 1 Nr. 1 DVAuslG). Der Reiseausweis für Ausländer hat die Funktion, in den Fällen, in denen es dem Ausländer nachweislich unmöglich oder jedenfalls unzumutbar ist, ein originäres Passpapier von den Heimatbehörden zu erhalten, einen gesicherten aufenthaltsrechtlichen Status sowie Reisemöglichkeiten ins Ausland zu ermöglichen (GK-AufenthG/Funke-Kaiser AufenthG § 3 Rn. 33).

I. Allgemeines

Einem Ausländer, der nachweislich keinen Pass oder Passersatz besitzt und ihn nicht auf zumut- **6** bare Weise erlangen kann, kann – unter Beachtung der weiteren Voraussetzungen der §§ 6, 7 – nach § 5 Abs. 1 ein Reiseausweis für Ausländer ausgestellt werden. Abzugrenzen ist der Reiseausweis für Ausländer hinsichtlich des begünstigten Personenkreises dabei von den übrigen durch deutsche Behörden ausgestellten Passersatzpapieren für Ausländer iSd § 4 Abs. 1. Während namentlich für unanfechtbar anerkannte Asylberechtigte und Flüchtlinge abgesehen davon, dass im Rahmen der Erteilung einer Aufenthaltserlaubnis nach § 25 Abs. 1, Abs. 2 AufenthG gem. § 5 Abs. 3 AufenthG von der Erfüllung der Passpflicht abzusehen ist, § 4 Abs. 1 Nr. 3 die Ausstellung eines Reiseausweis für Flüchtlinge iSv Art. 28 GFK vorsieht, wird mit Blick auf subsidiär Schutzberechtigte auf Art. 25 Abs. 2 Qualifikations-RL hingewiesen und in Ermangelung spezieller unionsrechtlicher oder national-rechtlicher Bestimmungen ebenfalls die Ausstellung eines Reiseausweises für Ausländer für notwendig erachtet (GK-AufenthG/Funke-Kaiser AufenthG § 3 Rn. 35 f.).

7   Voraussetzung der im Ermessen der zuständigen Behörde stehenden Erteilung eines Reiseausweises ist der nachweisliche Nichtbesitz eines Passes oder (anderen) Passersatzes und die Unzumutbarkeit ihrer Beschaffung. Damit wird der Vorrang der Beschaffung ausländischer Reisedokumente betont. Die Ausstellung eines Reiseausweises für Ausländer soll eine Ausnahme sein (BR-Drs. 731/04, 155). Eine zweifelsfrei geklärte Identität des Ausländers ist hingegen nicht zwingende Erteilungsvoraussetzung. Dies ergibt sich aus den Vorschriften des § 4 Abs. 6 S. 1 iVm § 5 Abs. 1, wonach Passersatzpapiere mit dem einschränkenden Hinweis ausgestellt werden können, dass die Personendaten auf den eigenen Angaben des Antragstellers beruhen (s. dazu BayVGH NVwZ 2016, 1501).

8   Zuständig für die Ausstellung von Reiseausweisen für Ausländer (oder deren Ablehnung) sind im Inland gem. § 6 die allgemeinen Ausländerbehörden iSd § 71 Abs. 1 S. 1 AufenthG. Für die Ausstellung eines Reiseausweises im Ausland nach § 7 sind gem. § 71 Abs. 2 AufenthG die Auslandsvertretungen zuständig, wobei die besonderen Zustimmungserfordernisse des § 11 zu berücksichtigen sind. Für grundsätzlich erforderlich wird ein dahingehender Antrag erachtet, sofern nicht ein Fall des § 6 Abs. 1 Nr. 2 vorliegt. Die Versagung eines Reiseausweises für Ausländer bedarf gem. § 77 Abs. 1 AufenthG (vorbehaltlich der Regelung des § 77 Abs. 2 AufenthG) der Schriftform. Gleiches soll für dessen Entziehung gelten (GK-AufenthG/Funke-Kaiser AufenthG § 3 Rn. 42 f.)

II. Nachweislicher Nichtbesitz eines Passes oder (anderen) Passersatzes

9   Einen Pass oder (anderen) Passersatz besitzt der Ausländer insbesondere dann nicht, wenn ihm ein solcher nicht ausgestellt worden ist, des Weiteren (ausweislich § 5 Abs. 2 Nr. 1) wenn ein ausgestellter Pass oder (anderer) Passersatz seine Gültigkeit verloren hat oder wenn er eines ausgestellten Passes oder (anderen) Passersatzes verlustig gegangen ist. Dass der Ausländer keinen Pass oder Passersatz besitzt, ist ein für ihn günstiger Umstand, der folglich dem. § 82 Abs. 1 AufenthG unter Angabe nachprüfbarer Umstände unverzüglich geltend zu machen ist (HTK-AuslR/Zeitler Rn. 5). Als nachprüfbarer Umstand wird insoweit etwa eine schriftliche Bescheinigung des Herkunftsstaates genannt, aus der sich ergibt, dass für den Betroffenen kein Pass ausgestellt wurde, wobei die aus der Ausstellung einer derartigen Bescheinigung zu schließende Kooperationsbereitschaft des betreffenden Staates gegen die Annahme einer Unzumutbarkeit der Passbeschaffung sprechen soll (HTK-AuslR/Zeitler Rn. 5 f. mit dem Hinweis, von dem Ausländer dürfe insoweit nichts Unmögliches oder Unzumutbares verlangt werden).

III. Unzumutbarkeit der Passbeschaffung

1. Allgemeines

10   Des Weiteren darf dem Ausländer die Beschaffung eines Passes oder (anderen) Passersatzes nicht zumutbar sein. Auch die Unzumutbarkeit der Passbeschaffung ist grundsätzlich (→ Rn. 14) ein für den Ausländer günstiger Umstand iSd § 82 Abs. 1 AufenthG (HTK-AuslR/Zeitler Rn. 11; s. zuletzt auch HessVGH InfAuslR 2016, 416 f. = BeckRS 2016, 51378 mit dem Hinweis, darlegungs- und beweislastpflichtig für die Frage, ob er nicht auf zumutbare Weise einen Reisepass seines Heimatstaates erlangen könne, sei grundsätzlich der Ausländer; ferner NdsOVG ASYLMAGAZIN 2014, 273 ff. = BeckRS 2014, 50008 unter Bezugnahme auf NdsOVG BeckRS 2005, 26091; 2012, 49267; 2012, 51870; NVwZ-RR 2011, 498 f. mit dem Hinweis, bei den Anforderungen an den Nachweis sei zu differenzieren: Je gewichtiger die vom Ausländer plausibel vorgebrachten Umstände seien, desto geringer seien die Anforderungen an das Vorliegen einer daraus resultierenden Unzumutbarkeit; dazu auch VGH BW AuAS 1996, 159 ff.; OVG NRW BeckRS 2016, 48657; HTK-AuslR/Zeitler Rn. 12).

11   Der Begriff der Unzumutbarkeit weist zahlreiche Bezüge zum materiellen Ausländerrecht auf. Gemäß § 25 Abs. 5 S. 1 AufenthG kann einem vollziehbar ausreisepflichtigen Ausländer eine

Aufenthaltserlaubnis erteilt werden, wenn seine Ausreise aus rechtlichen oder tatsächlichen Gründen unmöglich ist und mit dem Wegfall der Ausreisehindernisse in absehbarer Zeit nicht zu rechnen ist, jedoch darf sie nur erteilt werden, wenn der Ausländer unverschuldet an der Ausreise gehindert ist. Unverschuldet an der Ausreise in diesem Sinne gehindert ist der Ausländer aber gerade nicht, wenn er sich nicht um einen gültigen Pass bemüht hat und trotz seiner Bemühungen ein Pass nicht ausgestellt worden ist (BayVGH AuAS 2015, 111 ff. = BeckRS 2015, 44288). Der Ausländer muss mithin ohne Erfolg alle ihm zumutbaren Anstrengungen unternommen haben, um ein (neues) Reisedokument zu erhalten (BVerwGE 135, 219 ff. = BeckRS 2010, 46633 mit dem Hinweis, dass keine Unzumutbarkeit in Fällen vorliege, in denen der Betreffende eine von den Heimatbehörden verlangte sog. „Freiwilligkeitserklärung" nicht abgeben wolle). Nach § 5 Abs. 1 kommt es allerdings darauf an, dass der jeweilige Ausländer einen Pass oder Passersatz nicht auf zumutbare Weise erlangen kann; ob er ihn in der Vergangenheit unter Aufwendung zumutbarer Anstrengungen hätte erlangen können, spielt nach dieser Regelung – anders, als dies bei der Frage des Verschuldens iRd § 25 Abs. 5 S. 3 und S. 4 AufenthG der Fall ist (dazu BVerwG AuAS 2011, 182 ff. = BeckRS 2011, 51723) – keine Rolle (NdsOVG ASYLMAGAZIN 2014, 273 ff. = BeckRS 2014, 50008). Aus § 5 Abs. 3 S. 1 AufenthG lässt sich überdies nach der Rechtsprechung für die Frage nach der Zumutbarkeit iSv § 5 Abs. 1 nichts ableiten. § 5 Abs. 3 S. 1 AufenthG ordnet an, dass allen allgemeinen Voraussetzungen für die Erteilung eines Aufenthaltstitels nach § 5 Abs. 1 und 2 AufenthG und damit auch der Erfüllung der aufenthaltsrechtlichen Passpflicht (§ 3 AufenthG) gem. § 5 Abs. 1 Nr. 4 AufenthG im Zusammenhang mit der Erteilung bestimmter Aufenthaltstitel aus humanitären Gründen kein entscheidendes Gewicht zukommt. Diese gesetzliche Wertung sei – so die Argumentation – nicht auf die Frage übertragbar, ob ein aufenthaltsberechtigter Ausländer namentlich einen Reiseausweis für Ausländer erhalten kann, ohne sich zunächst um die Erteilung eines Passes oder Passersatzpapiers bemühen zu müssen. Bei der Erteilung eines (allein inlandsbezogenen) Aufenthaltstitels einerseits und bei der Ausstellung eines deutschen Reiseausweises für Ausländer andererseits, der es einem Ausländer ermöglichen solle, in andere Länder zu reisen und damit ein grenzüberschreitendes Moment aufweise, handele es sich um unterschiedliche Maßnahmen, die unterschiedlichen Zwecken dienten (HmbOVG InfAuslR 2012, 217 = BeckRS 2012, 48821; zur Bedeutung von § 5 Abs. 2, 3 im Anwendungsbereich des § 5 Abs. 1 Nr. 4 AufenthG hingegen VG Münster BeckRS 2020, 27080).

2. Zum Begriff der Unzumutbarkeit

Grundsätzlich ist nach den Umständen des Einzelfalls zu beurteilen, welche konkreten Anforderungen an das – gerichtlich vollständig überprüfbare, wobei statthaft die Verpflichtungsklage ist, weswegen es grundsätzlich auf die Sach- und Rechtslage im Zeitpunkt der letzten Tatsachenentscheidung ankommt (NdsOVG ASYLMAGAZIN 2014, 273 ff. = BeckRS 2014, 50008) – Vorliegen einer Unzumutbarkeit zu stellen sind. Zu § 25 Abs. 5 S. 4 AufenthG hat das BVerwG ausgeführt, dass über die Zumutbarkeit der dem Ausländer obliegenden Handlungen unter Berücksichtigung aller Umstände und Besonderheiten des Einzelfalles zu entscheiden ist; von vornherein erkennbar aussichtslose Handlungen dürften – so die Rechtsprechung – dem Ausländer nicht abverlangt werden (BVerwG BeckRS 2006, 23900; sa OVG NRW AuAS 2007, 221 f. = BeckRS 2007, 24399; AuAS 2008, 208 ff. = BeckRS 2008, 37214). Dabei soll es im Hinblick auf den mit der Ausstellung eines Passes regelmäßig verbundenen Eingriff in die Personalhoheit eines anderen Staates grundsätzlich nicht zu beanstanden sein, wenn die Ausländerbehörde den Ausländer zunächst auf die Möglichkeit der Ausstellung eines Passes durch seinen Heimatstaat verweist und die Erteilung eines Reiseausweises erst dann in Betracht zieht, wenn diese Bemühungen nachweislich ohne Erfolg geblieben sind. Eine Unzumutbarkeit, sich zunächst um die Ausstellung eines Nationalpasses des Heimatstaates zu bemühen, kommt danach nur in Ausnahmefällen in Betracht (OVG NRW NVwZ-RR 2016, 678 f.; sa NdsOVG BeckRS 2005, 26091; 2012, 49267; 2012, 51870; NVwZ-RR 2011, 498 f.; ASYLMAGAZIN 2014, 273 ff. = BeckRS 2014, 50008; ferner BayVGH BeckRS 2011, 33987; HmbOVG InfAuslR 2012, 217 ff. = BeckRS 2012, 48821). Der Ausländer muss mithin alle Möglichkeiten wahrnehmen, an der Erlangung eines Passes mitzuwirken, die ihm bei objektiver Betrachtungsweise bekannt sein können, entweder weil die Ausländerbehörde sie zulässigerweise von ihm verlangt oder weil sie ihm sonst bekannt sein können oder bekannt sind (BayVGH BeckRS 2011, 33987; 2014, 51259; ferner OVG MV BeckRS 2010, 50632).

Im Hinblick auf das Kriterium der Unzumutbarkeit dürfte § 72 Abs. 1 Nr. 1 AsylG nicht gänzlich irrelevant sein, wonach die Anerkennung als Asylberechtigter und die Zuerkennung der Flüchtlingseigenschaft erlöschen, wenn der Ausländer sich freiwillig durch Annahme oder

Erneuerung eines Nationalpasses oder durch sonstige Handlungen erneut dem Schutz des Staates, dessen Staatsangehörigkeit er besitzt, unterstellt. Für eine analoge Anwendung des § 72 Abs. 1 Nr. 1 AsylG auf den subsidiären Schutz nach § 4 AsylG ist schon angesichts des eindeutigen Wortlauts des § 72 Abs. 1 Nr. 1 AsylG indes kein Raum (OVG NRW NVwZ-RR 2016, 678 f. unter Hinweis darauf, dass aus Art. 25 Qualifikations-RL folge, dass einem subsidiär Schutzberechtigten eine Vorsprache bei den nationalen Behörden zwecks Erlangung eines nationalen Passes nicht per se unzumutbar sei). Allerdings wird mit Blick auf Art. 25 Abs. 2 Qualifikations-RL, wonach subsidiär Schutzberechtigte, die keinen nationalen Pass erhalten können, ein Reisedokument unter denselben Voraussetzungen beanspruchen können wie anerkannte Flüchtlinge einen Reiseausweis, es sei denn, dass zwingende Gründe der nationalen Sicherheit oder öffentlichen Ordnung dem entgegenstehen, auch darauf hingewiesen, dass § 5 Abs. 1 im Lichte dieser Vorschrift auszulegen und anzuwenden sei. Es soll demzufolge – unter den in Art. 25 Abs. 2 Qualifikations-RL genannten Voraussetzungen – ein Anspruch auf die Ausstellung von Reisedokumenten bestehen, der an keine weitere Voraussetzungen – wie etwa eine bevorstehende Reise – geknüpft ist. Dies folge – so die Argumentation – aus einem Vergleich mit dem Wortlaut der Vorgängerregelung in Art. 25 Abs. 2 Qualifikations-RL 2004, da der in dieser Vorgängerregelung enthaltene Halbsatz, dass Reisedokumente zumindest dann ausgestellt werden sollten, wenn schwerwiegende humanitäre Gründe die Anwesenheit in einem anderen Staat erforderten, entfallen sei (dazu BayVGH NVwZ 2016, 1501 f.). Danach macht auch das Vorliegen von Abschiebungsverboten Bemühungen um die Ausstellung eines Passes des Staates, für den diese bestehen, mithin nicht per se, sondern allenfalls nach den konkreten Umständen des Einzelfalls unzumutbar (sa HmbOVG InfAuslR 2012, 217 ff. = BeckRS 2012, 48821; OVG NRW NVwZ-RR 2016, 678 f.; ferner BayVGH BeckRS 2016, 47761; 2016, 47763, wonach Ausländer, bei denen Abschiebungsverbote nach § 60 Abs. 7 S. 1 AufenthG festgestellt worden sind, aus Art. 25 Abs. 2 Qualifikations-RL nichts für sich herleiten können; zuletzt etwa BayVGH NVwZ-RR 2019, 484 ff.; mit Blick auf die Bewilligung von Prozesskostenhilfe aber auch HessVGH InfAuslR 2020, 131 f.; ferner VGH BW InfAuslR 2020, 179 f.). Es müssten – so die Schlussfolgerung – vielmehr Anhaltspunkte dafür vorliegen, dass sich die konkreten Gefahren für Leib, Leben oder Freiheit, die dem Ausländer nach den Feststellungen des Bundesamts für Migration und Flüchtlinge einer Rückkehr in sein Heimatland drohten, bereits verwirklichten, wenn er in dessen konsularischer Vertretung in der Bundesrepublik Deutschland die Ausstellung eines Passes beantrage (BayVGH BeckRS 2014, 51259). Umstritten ist dabei, ob die verfolgungsrechtliche Situation bei einer wertenden Betrachtung im materiellen Kern und vom Ergebnis her mit der eines Flüchtlings vergleichbar sein muss (bejahend BayVGH BeckRS 2011, 55434; NVwZ-RR 2019, 484 (485); VG Köln BeckRS 2019, 33705; VG Aachen BeckRS 2020, 39532; ablehnend VG Hannover ASYLMAGAZIN 2020, 268 f.; AuAS 2020, 159 f.).

14   Überdies greift die Rechtsprechung bei der Beurteilung, welche konkreten Mitwirkungshandlungen dem Ausländer hinsichtlich der Beschaffung eines Passes seines Herkunftsstaates zuzumuten sind, auf Maßstäbe zurück, die in Verfahren, in denen es um die Aufklärung der Staatsangehörigkeit geht, entwickelt wurden und der Ausländerbehörde und dem Ausländer wechselseitige Verpflichtungen auferlegen: Generell treffe – so die Überlegungen – zunächst den Ausländer eine Mitwirkungspflicht sowie eine Initiativpflicht. Dies bedeute, dass er an allen Handlungen mitwirken müsse, die die Behörden von ihm verlangten. Daneben dürfe der Ausländer nicht völlig untätig und passiv bleiben. Ihn treffe die Pflicht, eigenständig die Initiative zu ergreifen. Der Ausländer habe sich mithin Gedanken darüber zu machen und diese dann auch in die Tat umzusetzen, welche Möglichkeiten für ihn bestünden, noch offene Punkte aufzuklären und zu beweisen. Eine erste Grenze bilde dabei allerdings die Frage, welche Möglichkeiten ihm bei objektiver Betrachtungsweise bekannt sein könnten. Eine zweite Grenze der zu fordernden Initiativen bildeten daneben die Fälle, in welchen weitere Handlungen nicht zugemutet werden könnten. Dies sei etwa dann der Fall, wenn der Ausländer durch Nachfragen in seiner Heimat Familienangehörige in akute Lebensgefahr bringe (allg. VGH BW AuAS 1996, 159 ff.; ferner HTK-AuslR/Zeitler Rn. 10), wenn mit weiteren Ermittlungen so erhebliche Kosten verbunden seien, dass sie von ihm nicht aufgebracht werden könnten oder wenn er gesundheitlich etwa nicht in der Lage sei, erforderliche Handlungen durchzuführen. Auf der anderen Seite bestünden aber auch Pflichten der Ausländerbehörde. Ihr obliege die Erfüllung einer Hinweis- sowie einer Anstoßpflicht. Sie müsse dem Ausländer insbesondere mitteilen, dass und in welchem Umfang er zur Erbringung von Handlungen verpflichtet sei, wobei diese Hinweise so gehalten sein müssten, dass es für den Ausländer hinreichend erkennbar sei, welche Schritte er zu unternehmen habe. Daneben sei die Ausländerbehörde auch gehalten, von sich aus das Verfahren weiter zu betreiben und auf weitere, dem Ausländer gegebenenfalls nicht bekannte Möglichkeiten aufmerksam zu machen und diese

Möglichkeiten mit dem betroffenen Ausländer bei Bedarf zu erörtern. Denn sie sei angesichts ihrer organisatorischen Überlegenheit und sachlichen Nähe besser in der Lage, die bestehenden Möglichkeiten zu erkennen und die entsprechenden Schritte in die Wege zu leiten. Diese „Überlegenheit" führe dazu, dass in erster Linie die Ausländerbehörde nach Möglichkeiten zu suchen habe, Hindernisse zu beseitigen. Die Pflichten stünden schließlich in einem Verhältnis der Wechselseitigkeit. Überdies obliege es trotz der Regelung des § 82 Abs. 1 AufenthG (→ Rn. 10) auch der Ausländerbehörde nachzuweisen, dass sie ihren Pflichten (Hinweis- und Anstoßpflicht) nachgekommen sei (NdsOVG ASYLMAGAZIN 2014, 273 ff. = BeckRS 2014, 50008; sa OVG Bln-Bbg BeckRS 2012, 45010).

3. Regelbeispiele

Wann eine Passbeschaffung nicht unzumutbar ist, bestimmen die Regelbeispiele des § 5 Abs. 2, **15** wobei sich aus dem Begriff „insbesondere" ergibt, dass die Aufzählung in dieser Vorschrift nicht abschließend ist. Nach der Begründung des Verordnungsentwurfs werden dabei deutlicher als in § 15 DVAuslG die an den Ausländer gestellten Anforderungen hervorgehoben (BR-Drs. 731/04, 155). § 5 Abs. 2 Nr. 1, 2 und 4 betrifft Umstände, die mit dem Verfahren der Passbeschaffung in unmittelbarem Zusammenhang stehen. Dem Ausländer ist es danach zumutbar, rechtzeitig vor Ablauf der Gültigkeit eines Passes oder Passersatzes bei den zuständigen Behörden im In- und Ausland die erforderlichen Anträge für die Neuerteilung oder Verlängerung zu stellen. Gleiches gilt für die Vornahme von Mitwirkungshandlungen betreffend die Ausstellung oder Verlängerung, die dem deutschen PaßG entsprechen, sowie die Duldung der Behandlung eines Antrags auf Ausstellung oder Verlängerung durch die Behörden des Herkunftsstaates nach dem Recht des Herkunftsstaates, sofern dies nicht zu einer unzumutbaren Härte führt; Belastungen durch die Art und Weise der Weiterverarbeitung des Antrages müssen danach durch den Ausländer im Rahmen der Anforderungen an die Zumutbarkeit, wie sie durch die Rechtsprechung zum bisherigen § 30 Abs. 3 und Abs. 4 AuslG und zu § 15 AsylVfG entwickelt wurden, hingenommen werden (BR-Drs. 731/04, 155). Schließlich muss der Ausländer für die behördlichen Maßnahmen die vom Herkunftsstaat allgemein festgelegten Gebühren zahlen, wobei auf willkürlicher Grundlage erhobene Gebühren oder sogar eine erforderliche Zahlung von Bestechungsgeldern nicht zumutbar sein sollen (BR-Drs. 731/04, 156; zur Zumutbarkeit der Zahlung einer „Aufbausteuer" an den eritreischen Staat VG Wiesbaden BeckRS 2020, 45289 mit dem Hinweis, die Abgabe einer sog. „Reueerklärung" gehe über die zumutbare Erfüllung staatsbürgerlicher Pflichten iSd § 5 Abs. 2 Nr. 3 hinaus; dazu auch VG Hannover ASYLMAGAZIN 2020, 268 f.; AuAS 2020, 159 f.). Nach § 5 Abs. 2 Nr. 3 gilt es überdies als zumutbar, die Wehrpflicht, sofern deren Erfüllung nicht aus zwingenden Gründen unzumutbar ist, und andere zumutbare staatsbürgerliche Pflichten zu erfüllen. Als staatsbürgerliche Pflichten sollen im Einzelfall die Erfüllung zumutbarer Anforderungen im Rahmen einer Registrierung bei Auslandsvertretungen auswärtiger Staaten einschließlich der Erteilung zumutbarer Auskünfte, die Beantragung einer Befreiung von Präsenzpflichten im Herkunftsstaat, die Zahlung von Steuern und Abgaben, die Erfüllung von Zivilschutzaufgaben nach dem Recht des Herkunftsstaates oder die Ableistung von Zivildienst in Betracht kommen (BR-Drs. 731/04, 155 f.).

Im Einzelnen ist ein Ausländer, der keinen gültigen Pass oder Passersatz besitzt, nach § 48 **16** Abs. 3 S. 1 AufenthG verpflichtet, an der Beschaffung eines Identitätspapiers mitzuwirken. Dementsprechend gilt es nach § 5 Abs. 2 Nr. 2 als iSv § 5 Abs. 1 zumutbar, in der den Bestimmungen des deutschen Passrechts, insbesondere den §§ 6 und 15 PaßG, entsprechenden Weise an der Ausstellung eines Passes mitzuwirken und die Behandlung eines Antrags durch die Behörden des Herkunftsstaates nach dessen Recht zu dulden, sofern dies nicht zu einer unzumutbaren Härte führt. Zumutbar ist es danach insbesondere, in § 6 Abs. 2 PaßG entsprechender Weise in einem Passantrag alle Tatsachen anzugeben, die zur Feststellung der Identität des Passbewerbers und seiner Eigenschaft als Staatsangehöriger seines Herkunftsstaats notwendig sind (§ 6 Abs. 2 S. 1 PaßG) und die entsprechenden Nachweise zu erbringen (§ 6 Abs. 2 S. 2 PaßG).

Im Hinblick auf § 5 Abs. 2 Nr. 3, wonach es insbesondere als zumutbar gilt, die Wehrpflicht **17** (dazu schon BVerwGE 42, 143 ff. = BeckRS 1973, 30436668), sofern deren Erfüllung nicht aus zwingenden Gründen unzumutbar ist, und andere zumutbare staatsbürgerliche Pflichten zu erfüllen, hat das BVerwG ausgeführt, dass es sich bei dem Erfordernis der Unzumutbarkeit der Erfüllung der Wehrpflicht aus zwingenden Gründen um einen gerichtlich voll überprüfbaren unbestimmten Rechtsbegriff handelt. Die Gerichte seien bei dessen Auslegung und Anwendung namentlich nicht an hierzu erlassene norminterpretierende Verwaltungsvorschriften gebunden, weshalb auch die Frage, ob die Verwaltungsvorschriften, die das Bundesministerium des Innern zum Erfordernis der unzumutbaren Bedingungen für die Entlassung aus der ausländischen Staatsangehörigkeit in § 12 Abs. 1 S. 2 Nr. 3 StAG erlassen habe, für die Auslegung der Unzumutbarkeit aus zwingenden Gründen im Rahmen von § 5 Abs. 2 Nr. 3 im gerichtlichen Verfahren maßgeblich seien, ohne Weiteres zu verneinen sei. Ob die Ableistung des Wehrdienstes aus zwingenden Gründen unzumutbar sei, müsse vielmehr im jeweiligen Einzelfall auf Grund einer Gesamtbetrachtung aller relevanten Umstände beurteilt werden, wobei zu beachten sei, dass § 5 Abs. 2 Nr. 3 mit der Formulierung „aus zwingenden Gründen unzumutbar" schon dem Wortlaut nach höhere Anforderungen an die Unzumutbarkeit der Erfüllung der Wehrpflicht stelle als § 12 Abs. 1 S. 2 Nr. 3 StAG mit der Formulierung „unzumutbare Bedingungen" (BVerwG InfAuslR 2011, 339 f. = BeckRS 2011, 52159).

18   Für die Frage der Zumutbarkeit der Ableistung des Wehrdienstes sollen allerdings die Wertungen des deutschen Gesetzgebers zu Wehrpflichtangelegenheiten zu berücksichtigen sein. Es sei daher – so die Argumentation – in Rechnung zu stellen, dass sich die engen Vorgaben in § 5 Abs. 2 Nr. 3 spiegelbildlich mit dem Umstand deckten, dass auch das deutsche Recht zur Durchsetzung der Wehrpflicht deutscher Staatsangehöriger nach § 7 Abs. 1 Nr. 7 und 8 PaßG zwingende Passversagungsgründe kenne. Mithin sei insbesondere dann ein strenger Maßstab bei der Frage der Unzumutbarkeit anzulegen, wenn es um die Ausstellung eines Passersatzes für Ausländer gehe, mit der ein unmittelbarer Eingriff in die Passhoheit des Heimatstaates verbunden sei (die Ausstellung eines Ausweisersatzes soll deswegen in Betracht kommen, wenn bei einem deutschen Wehrpflichtigen ein Zurückstellungsgrund aufgrund einer begonnenen Berufsausbildung gegeben wäre, s. NdsOVG NVwZ-RR 2011, 498 ff. mit dem Hinweis, bei entsprechender Anwendung des § 5 Abs. 2 Nr. 3 im Rahmen der Prüfung der Voraussetzungen für die Ausstellung eines Ausweisersatzes nach § 55 Abs. 1 könne tendenziell ein weniger strenger Maßstab zur Anwendung gelangen. Nach der Rechtsprechung soll ausgehend davon der Frage keine alleinige Bedeutung beizumessen sein, ob im Herkunftsstaat des Ausländers ein Wehrdienstverweigerungsrecht bestehe (OVG NRW BeckRS 2010, 56707; s. aber auch HTK-AuslR/Zeitler Rn. 14; zur Zumutbarkeit der Leistung einer Geldzahlung zur Verkürzung des Wehrdienstes OVG NRW BeckRS 2016, 48657). Zugleich wird indes auch darauf hingewiesen, dass eine Unzumutbarkeit der Ableistung des Wehrdienstes dann in Betracht komme, wenn der Ausländer aus Gewissensgründen am Ableisten des Wehrdienstes gehindert sei, da die Grundentscheidung des Art. 4 Abs. 3 GG auch bei Sachverhalten zu berücksichtigen sei, die nicht dem Anwendungsbereich des nationalen Wehrrechts unterlägen (s. aber auch OVG NRW BeckRS 2010, 56707). Darüber hinaus sollen außergewöhnlich schicksalhafte Lebenslagen zu berücksichtigen sein, die dem Ausländer eine Rückkehr in die Heimat zum Wehrdienst jedenfalls zeitweise als (zwingend) unmöglich erscheinen lassen – etwa unabweisbare persönliche Belange wie die notwendige Behandlung einer Krankheit, die nur im Bundesgebiet möglich ist, oder unabweisbare familiäre Ereignisse, beispielsweise eine schwere Krankheit eines nahen Verwandten, der auf die Lebenshilfe des Ausländers angewiesen ist. Gleiches soll anzunehmen sein, wenn den Ausländer bei einer Wehrdienstentziehung eine unverhältnismäßig lange Freiheitsstrafe erwarte und er aufgrund dessen mehrere Jahre von seiner in Deutschland lebenden Frau bzw. seinen dort lebenden Kindern getrennt leben müsste (zum Ganzen GK-AufenthG/Grünewald AufenthG § 48 Rn. 35 unter Hinweis auf VG Berlin InfAuslR 1985, 314, wonach zu prüfen sein soll, ob die Ableistung des Wehrdienstes vom Heimatstaat nicht nur vorgeschoben wird und der Ausländer aus politischen Gründen zur Rückkehr gezwungen werden soll).

IV. Ermessen

19   Die Ausstellung eines Reiseausweises für Ausländer steht gem. § 5 Abs. 1 im Ermessen der Behörde (zur Ermessensausübung allgemein etwa OVG Bln-Bbg BeckRS 2017, 101619; zur Ermessensreduzierung auf Null in Ansehung von Art. 25 Abs. 2 Qualifikations-RL etwa VGH BW BeckRS 2020, 351; sa VG Köln BeckRS 2019, 33705; ferner VG Hannover ASYLMAGAZIN 2020, 268 f.; AuAS 2020, 159 f.; zur Frage, ob das Ermessen dahingehend intendiert ist, dass aus Verhältnismäßigkeitsgründen grundsätzlich ein Reiseausweis zu erteilen ist, BayVGH BeckRS 2014, 52914; krit. hingegen VG Augsburg BeckRS 2012, 58774; s. ferner GK-AufenthG/Funke-Kaiser AufenthG § 3 Rn. 34 mit dem Hinweis, auch wenn die – hohe – Schwelle des § 6 S. 1 Nr. 4 nicht erreicht sei, könnten insbesondere Billigkeits- und Härtegesichtspunkte entscheidend für den Ausländer streiten, während im Falle des § 6 S. 1 Nr. 4 in der Regel von einer Ermessensreduzierung auszugehen sei). Die Begründung des Verordnungsentwurfs weist darauf hin, dass die Behörde neben der Berücksichtigung der in der AufenthV genannten Kriterien weitere Erwägungen anstellen kann. Allgemein soll – vor allem im Hinblick auf die Passhoheit des Herkunftsstaates, die erhebliche abstrakte Missbrauchsgefahr und die Interessen der Bundesrepublik Deutschland –

die Ausstellung des Reiseausweises für Ausländer danach zurückhaltend gehandhabt werden (BR-Drs. 731/04, 155 f.).

Auch nach der Rechtsprechung stehen bei der Ermessensentscheidung die öffentlichen Interes- **20** sen der Bundesrepublik Deutschland im Vordergrund, die durch die Ausweisausstellung regelmäßig berührt werden. Dazu gehöre – so die Rechtsprechung – insbesondere die Personalhoheit des Herkunftsstaates, in die die deutsche Ausländerbehörde mit der Ausweisausstellung eingreife, wenn der Ausländer nicht staatenlos sei (dazu auch GK-AufenthG/Funke-Kaiser AufenthG § 3 Rn. 34). Das Gewicht dieses Ermessensgesichtspunktes hänge im Einzelfall davon ab, mit welchem Nachdruck der Herkunftsstaat seine Personalhoheit über die Passhoheit gegenüber der Bundesrepublik Deutschland geltend mache; zudem sei bedeutsam, ob die Ausweisausstellung die zwischenstaatlichen Beziehungen zum Herkunftsstaat oder zu anderen Staaten belasten könne. Ferner dürfe die Ausländerbehörde als öffentliches Interesse berücksichtigen, dass eine erhebliche abstrakte Missbrauchsgefahr im Umgang mit Reiseausweisen für Ausländer bestehe. Diese und weitere Ermessensgesichtspunkte, etwa integrationspolitische Gründe, rechtfertigten regelmäßig eine generelle Ermessenspraxis der Ausländerbehörde, die Ausstellung solcher Reiseausweise zurückhaltend zu handhaben oder darauf gerichteten Anträgen nur in Ausnahmefällen zu entsprechen. Das in dieser Weise allgemein gekennzeichnete öffentliche Interesse müsse die Ausländerbehörde im Einzelfall konkret gewichten und gegen das private Interesse des Ausländers an der Ausweisausstellung abwägen. Zu den privaten Interessen des Ausländers könnten etwa der Schutz von Ehe und Familie gehören, aber auch humanitäre Gründe sowie das Interesse des Ausländers an der Ermöglichung von Urlaubsreisen ins Ausland (zum Ganzen OVG NRW InfAuslR 2008, 301 ff. = BeckRS 2008, 35363 unter Bezugnahme auf BR-Drs. 731/04, 151 f. sowie die § 4 Abs. 1 AuslG, der die Ausstellung eines Fremdenpasses in das Ermessen der zuständigen Behörde stellte, betreffende Rechtsprechung des BVerwG BeckRS 1973, 30436668; NVwZ 1983, 226; InfAuslR 1988, 317 ff. = BeckRS 1988, 31231794 und mit dem Hinweis, die Ausländerbehörde übe ihr Ermessen fehlerhaft aus, wenn sie die Ausstellung eines Reiseausweises für Ausländer mit der Erwägung versage, der Antragsteller beziehe Leistungen nach dem SGB XII oder nach dem AsylbLG).

C. Verweigerung der Ausstellung eines Reiseausweises

Neben den Voraussetzungen des § 5 Abs. 1 und 2 für die Ausstellung von Reiseausweisen für **21** Ausländer enthalten – abseits der Möglichkeit der Entziehung nach § 4 Abs. 7 (wobei es sich bei § 4 Abs. 7 S. 1 um eine (nur) § 49 Abs. 2 Nr. 3 VwVfG verdrängende Spezialregelung handeln soll, die eine stärkere Ermessensbindung in der Weise regelt, dass im Regelfall ein Reiseausweis entzogen bzw. widerrufen werden muss, während § 4 Abs. 7 S. 2 eine Rücknahme wie Widerruf gleichermaßen betreffende Sonderregelung darstellen soll und im Übrigen die allgemeinen Regelungen über die Rücknahme bzw. den Widerruf begünstigender Verwaltungsakte gelten sollen, s. GK-AufenthG/Funke-Kaiser AufenthG § 3 Rn. 44) – § 5 Abs. 3 und 4 diesbezügliche Regelversagungsgründe (die für atypische Fallgestaltungen offen sind, s. GK-AufenthG/Funke-Kaiser AufenthG § 3 Rn. 34). Von diesen Versagungsgründen kann nach § 6 Abs. 3 im Ermessenswege abgesehen werden, wenn der Reiseausweis zur endgültigen Ausreise iSd § 6 S. 1 Nr. 3 ausgestellt werden soll, vom Versagungsgrund des § 5 Abs. 3 überdies auch dann, wenn iSd § 6 S. 1 Nr. 4 bei Asylbewerbern ein dringendes öffentliches Interesse besteht, zwingende Gründe oder eine unbillige Härte vorliegen und die Durchführung des Asylverfahrens nicht gefährdet wird.

Danach wird zum einen – weitestgehend deckungsgleich mit § 15 Abs. 3 DVAuslG – ein **22** Reiseausweis für Ausländer in der Regel nicht ausgestellt, wenn der Herkunftsstaat die Ausstellung eines Passes oder Passersatzes aus Gründen verweigert, auf Grund derer auch nach deutschem Passrecht (beispielhaft werden §§ 6 und 7 PaßG genannt) der Pass versagt oder sonst die Ausstellung verweigert werden kann. Betont wird dadurch die Passhoheit des Herkunftsstaates. Entspricht die Ausübung der ausländischen Passhoheit, die zur Verweigerung der Ausstellung eines Passes oder Passersatzes führt, den im deutschen Recht hierfür vorgesehenen Gründen, ist die Ausstellung eines Reiseausweises für Ausländer regelmäßig ausgeschlossen (BR-Drs. 731/04, 156). Allerdings soll bei einer sinngemäßen Anwendung der Bestimmungen des PaßG zu bedenken sein, dass – so die Überlegungen – die Betroffenen bereits aus ihrem Heimatland ausgereist seien und die Heimatbehörden durch die Verweigerung der Passausstellung nicht mehr verhindern könnten, dass infolge der Passausstellung und der anschließenden Ausreise sich die jeweils benannte Gefahr realisiere; deswegen könne es – so die Argumentation – nur darum gehen, dass durch die Verweigerung der Passausstellung ein vertretbarer und zumutbarer Druck ausgeübt werde, wieder in das Heimatland zurückzukehren mit der Folge, dass dann etwa eine Strafvollstreckung oder eine

Wehrdienstleistung wieder realisiert bzw. durchgesetzt werden könne (GK–AufenthG/Funke-Kaiser AufenthG § 3 Rn. 34). Zudem könne der Verweigerungsgrund des § 7 Abs. 1 Nr. 1 PaßG im Falle eines autoritären, wenn nicht gar diktatorischen Regimes im Herkunftsstaat der Betroffenen zu erheblichen Unzuträglichkeiten führen, weswegen es einer genauen Prüfung bedürfe, ob nicht im Gewande einer Passverweigerung politische Verfolgung betrieben werde und/oder eine menschenrechtswidrige Behandlung im Falle der Rückkehr drohe (GK–AufenthG/Funke-Kaiser AufenthG § 3 Rn. 34).

23   Zum anderen soll ein Reiseausweis für Ausländer nicht ausgestellt werden, wenn der Antragsteller bereits einen Reiseausweis für Ausländer missbräuchlich verwendet hat oder tatsächliche Anhaltspunkte dafür vorliegen, dass der Reiseausweis für Ausländer missbräuchlich verwendet werden soll. Ein Missbrauch liegt insbesondere vor bei einem im Einzelfall erheblichen Verstoß gegen im Reiseausweis für Ausländer eingetragene Beschränkungen (wobei insoweit für problematisch gehalten wird, dass ggf. die Verweigerung des Reiseausweises das entsprechende Verhalten nicht verhindern kann oder nicht zumindest dieses Verhalten mit dem Reiseausweis erheblich erleichtert werden kann, s. GK–AufenthG/Funke-Kaiser AufenthG § 3 Rn. 34) oder beim Gebrauch des Reiseausweises für Ausländer zur Begehung oder Vorbereitung einer Straftat. Als Anhaltspunkt für die Absicht einer missbräuchlichen Verwendung kann insbesondere der Umstand gewertet werden, dass der wiederholte Verlust von Passersatzpapieren geltend gemacht wird. Nach der Begründung des Verordnungsentwurfs ist ein Missbrauch beispielsweise auch im Falle eines Handels mit Reiseausweisen für Ausländer oder einer Verwendung zur Verschleierung der Identität anzunehmen. Mit der Bezugnahme auf einen wiederholten Verlust in § 5 Abs. 3 S. 3 soll überdies der in der Praxis häufige Fall des Missbrauchsverdachts erfasst werden. Allerdings dürfe – so die Begründung des Verordnungsentwurfs weiter – eine schematische Anwendung der in § 5 Abs. 4 genannten Fallgruppen nicht erfolgen; vielmehr seien stets die Umstände des Einzelfalles zu würdigen (BR-Drs. 731/04, 156).

D. Verlängerung von Reiseausweisen

24   Gemäß § 5 Abs. 5 dürfen Reiseausweise für Ausländer ohne elektronisches Speicher- und Verarbeitungsmedium, soweit dies zulässig ist, nur verlängert werden, wenn die Ausstellungsvoraussetzungen weiterhin vorliegen. Diesbezüglich wird eine erneute Prüfung für erforderlich gehalten (BayVGH BeckRS 2008, 28320).

Abschnitt 2. Befreiung vom Erfordernis eines Aufenthaltstitels

Unterabschnitt 1. Allgemeine Regelungen

§ 15 Gemeinschaftsrechtliche Regelung der Kurzaufenthalte

Die Befreiung vom Erfordernis eines Aufenthaltstitels für die Einreise und den Aufenthalt von Ausländern für Kurzaufenthalte richtet sich nach dem Recht der Europäischen Union, insbesondere dem Schengener Durchführungsübereinkommen und der Verordnung (EU) 2018/1806 in Verbindung mit den nachfolgenden Bestimmungen.

Überblick

Die Vorschrift des § 15 steht am Anfang des zweiten Abschnitts des zweiten Kapitels der AufenthV, der Regelungen über die Befreiungen vom Erfordernis eines Aufenthaltstitels für Kurzaufenthalte und für spezielle Sonderfälle längeren Aufenthaltes enthält (→ Rn. 1). Den Vorschriften liegt im Allgemeinen – was § 15 deutlich zum Ausdruck bringt – der Gedanke zugrunde, dass insbesondere unmittelbar geltendes europäisches Recht nicht im nationalen Recht wiederholt werden soll (→ Rn. 2). Bezugspunkt der Bestimmung des § 15 ist der Kurzaufenthalt im Bundesgebiet, der im nationalen Recht (den vorstehenden Gedanken relativierend) in § 1 Abs. 2 legaldefiniert wird (→ Rn. 4). Inhaltlich nimmt § 15 auf Art. 20 Abs. 1 SDÜ Bezug, der als Recht der Europäischen Union iSd § 15 die Befreiung vom Erfordernis eines deutschen Aufenthaltstitels bei

Kurzaufenthalten gemeinschaftsrechtlich regelt; danach können sichtvermerkfreie Drittausländer sich im Hoheitsgebiet der Schengen-Staaten frei bewegen, höchstens jedoch 90 Tage je Zeitraum von 180 Tagen (→ Rn. 11) und soweit sie die in Art. 6 Abs. 1 lit. a, lit. c–e Schengener Grenzkodex aufgeführten Einreisevoraussetzungen (→ Rn. 12 ff.) erfüllen (→ Rn. 5). Ein sichtvermerkfreier Drittausländer ist dabei ein Ausländer, der (ausgehend von Art. 1 SDÜ) nicht Angehöriger eines Mitgliedstaates der Europäischen Union ist und der beim Überschreiten der Außengrenzen nicht im Besitz eines Visums sein muss (→ Rn. 6). Da Art. 20 Abs. 1 SDÜ lediglich für solche sichtvermerkfreien Drittausländer gilt, wird die Reichweite der Regelung maßgeblich durch Art. 4 Abs. 1 EU-Visum-VO (VO (EU) 2018/1806 v. 14.11.2018, ABl. 2018 L 303, 39) mitbestimmt, wonach sog. Anhang-II-Staater für einen Aufenthalt bis zu 90 Tagen je Zeitraum von 180 Tagen die Außengrenzen ohne Visum überschreiten dürfen (→ Rn. 7). Erhebliche Unsicherheiten bestehen insoweit allerdings hinsichtlich der Frage, ob diesbezüglich den subjektiven Absichten des Ausländers Bedeutung beizumessen ist (→ Rn. 8 ff.). Ebenfalls nicht abschließend geklärt sind die Rechtsfolgen, die namentlich an einen späteren Wegfall der Einreisevoraussetzungen des Art. 6 Abs. 1 lit. a, c–e Schengener Grenzkodex anknüpfen (→ Rn. 16 f.).

A. Allgemeines

§ 15 steht am Anfang des zweiten Abschnitts des zweiten Kapitels der AufenthV. Geregelt sind **1** in diesem Abschnitt die Befreiungen vom Erfordernis eines Aufenthaltstitels für Kurzaufenthalte und für spezielle Sonderfälle längeren Aufenthaltes. Die Ermächtigungsgrundlage für den Erlass der betreffenden Vorschriften enthält § 99 Abs. 1 Nr. 1 AufenthG, wonach das Bundesministerium des Innern mit Zustimmung des Bundesrates zur Erleichterung des Aufenthalts von Ausländern Befreiungen vom Erfordernis des Aufenthaltstitels vorsehen und weiter nach § 99 Abs. 1 Nr. 2 AufenthG bestimmen kann, dass der Aufenthaltstitel auch nach der Einreise eingeholt werden kann. Teilweise werden hinsichtlich dieser Verordnungsermächtigung(en) grundsätzliche Bedenken im Hinblick auf deren Verfassungsmäßigkeit nach Art. 80 Abs. 1 GG angemeldet. Während dahingehende Defizite durch die überkommene Regelungspraxis wohl überwiegend für kompensiert erachtet werden (Bergmann/Dienelt/Süßmann/Samel AufenthG § 4 Rn. 31; sa SächsOVG BeckRS 2010, 51995), wird diesbezüglich kritisch angemerkt, dass zumindest hinsichtlich der Visumpflicht gegenüber der vormaligen Rechtslage ein grundsätzlicher Wandel stattgefunden habe. Überdies sei – so der Vorwurf – ein materielles Entscheidungsprogramm betreffend die Befreiung vom Aufenthaltstitelerfordernis hinsichtlich der Auswahl von Staaten und hinsichtlich des Umfangs der Freistellungen in § 99 Abs. 1 Nr. 1 und Nr. 2 AufenthG nicht vorgegeben. Der Handlungsspielraum des Verordnungsgebers sei daher grenzenlos und durch keinerlei Kriterien determiniert bzw. eingeschränkt. Dem Verordnungsgeber werde insbesondere die Möglichkeit eröffnet, mit dem Instrumentarium der Freistellung vom Erfordernis des Aufenthaltstitels in Kernbereichen mit sowohl innen- als auch außenpolitischen Bezügen in zentralen Punkten Zuwanderungs- und auch Wirtschaftspolitik zu betreiben (zum Ganzen GK-AufenthG/Funke-Kaiser AufenthG § 4 Rn. 27 ff. mit der Schlussfolgerung, § 99 Abs. 1 Nr. 1 und Nr. 2 AufenthG sei nichtig mit der Folge, dass auch die AufenthV insoweit nicht gültig sei).

I. Befreiungen vom Erfordernis eines Aufenthaltstitels

Den Vorschriften liegt im Allgemeinen der Gedanke zugrunde, dass insbesondere unmittelbar **2** geltendes europäisches Recht nicht im nationalen Recht wiederholt werden soll (sa GK-AufenthG/Funke-Kaiser AufenthG § 4 Rn. 30 mit dem Hinweis, der in § 15 erfolgten Bezugnahme auf die EU-Visum-VO fehle wegen des Anwendungsvorrangs des Unionsrechts konstitutive Charakter: Schon nach Art. 3 Abs. 1 EU-Visum-VO benötigen die Staatsangehörigen der Drittstaaten, die in Anhang I EU-Visum-VO aufgeführt sind, beim Überschreiten der Außengrenzen der Mitgliedstaaten ein Visum. Zugleich regelt die EU-Visum-VO im Einzelnen – vorrangig in Art. 4 Abs. 1 EU-Visum-VO, wonach die Staatsangehörigen der in Anhang II EU-Visum-VO aufgeführten Staaten von der Visumpflicht nach Art. 3 Abs. 1 EU-Visum-VO für einen Aufenthalt, der 90 Tage je Zeitraum von 180 Tagen nicht überschreitet, befreit sind –, ob für Kurzaufenthalte für die Zwecke der Einreise ein Visum erforderlich ist oder aber unter bestimmten weiteren Voraussetzungen eine visumfreie Einreise möglich ist (GK-AufenthG/Funke-Kaiser AufenthG § 6 Rn. 26). Das Bestehen oder Nichtbestehen einer Visumpflicht richtet sich in Abhängigkeit von der Art des Aufenthalts mithin nach der unmittelbar anzuwendenden EU-Visum-VO. Die Voraussetzungen und Modalitäten der Einreise von Staatsangehörigen der Mitgliedstaaten der Europäischen Union und deren drittstaatszugehörigen Familienangehörigen richten sich hingegen nach den Vorschriften des FreizügG/EU. Für türkische Staatsangehörige sind überdies die diesbezüglichen Standstill-Klauseln zu berücksichtigen (ausf. dazu GK-AufenthG/Funke-Kaiser AufenthG § 14 Rn. 22 ff.). Die Erteilung eines entsprechenden Visums regeln sodann die Vorschriften des Visakodex (VO (EG) 810/2009 v. 13.7.2009, ABl. 2009 L 243, 1). Eine Regelung, wonach im Anschluss an die Einreise auch für den Aufenthalt ein Aufenthaltstitel erforderlich ist, enthält die EU-Visum-VO hingegen nicht. Denn aufenthaltsrechtliche Fragen, die sich nach der Einreise stellen, sind nicht Gegenstand der Verordnung und dürfen dies auch nicht sein (GK-AufenthG/Funke-Kaiser AufenthG § 4 Rn. 34). Diese werden vielmehr im SDÜ, AufenthG und ergänzend auf nationaler Ebene geregelt (GK-AufenthG/Funke-Kaiser AufenthG § 6 Rn. 26), wobei sich die Vorschrift des § 15 auf die Bezugnahme auf die unionsrechtlich verbindliche und auch unmittelbar anwendbare Bestimmung des Art. 20 Abs. 1 SDÜ beschränkt (GK-AufenthG/Funke-Kaiser AufenthG § 4 Rn. 34).

3   Hinsichtlich des Aufenthalts im Schengen-Gebiet im Anschluss an die Einreise gilt vornehmlich der Grundsatz des § 4 Abs. 1 AufenthG, wonach für den Aufenthalt ein Aufenthaltstitel erforderlich ist. § 4 Abs. 1 AufenthG greift allerdings nur ein, sofern nicht – unter anderem – im Recht der Europäischen Union Abweichendes geregelt ist. Entsprechende Regelungen enthalten zuvörderst Art. 18 SDÜ (Durchreise für Inhaber langfristiger nationaler Titel), Art. 19 Abs. 1 SDÜ (Kurzaufenthalte für Inhaber eines Schengen-Visums) und Art. 21 SDÜ (Kurzaufenthalte für Inhaber langfristiger nationaler Titel). Somit sind bereits kraft Unionsrechts die Inhaber von Aufenthaltstiteln anderer Schengen-Staaten für bestimmte Aufenthalte vom Erfordernis eines deutschen Aufenthaltstitels befreit. Schließlich können sich nach Art. 20 Abs. 1 SDÜ (→ Rn. 5 ff.) unter näher bestimmten Voraussetzungen die Staatsangehörigen der Staaten, die im Anhang II EU-Visum-VO aufgeführt sind, für einen Zeitraum von drei Monaten innerhalb von sechs Monaten, gerechnet vom Tag der ersten Einreise, auch im gemeinsamen Gebiet der Schengen-Staaten frei bewegen (zum Ganzen BR-Drs. 731/04, 165).

II. Kurzaufenthalt im Bundesgebiet

4   Bezugspunkt der Vorschrift des § 15 ist der Kurzaufenthalt im Bundesgebiet. Der Begriff des Kurzaufenthalts ist in § 1 Abs. 2 legaldefiniert; ein Kurzaufenthalt ist danach ein Aufenthalt im gemeinsamen Gebiet der Schengen-Staaten von höchstens 90 Tagen je Zeitraum von 180 Tagen, wobei der Zeitraum von 180 Tagen, der jedem Tag des Aufenthalts vorangeht, berücksichtigt wird (s. dazu GK-AufenthG/Funke-Kaiser AufenthG § 4 Rn. 35 mit dem Hinweis, Ein- und Ausreisetag zählten nach der eindeutigen Formulierung jeweils mit, weil auch diese Tage Aufenthaltstage seien, der Bezugszeitraum gelte für jeden einzelnen Aufenthaltstag gesondert und rechtmäßige Aufenthalte aufgrund eines Aufenthaltstitels oder eines nationalen Visums seien auf die erlaubten 90 Tage nicht anzurechnen). Auch Kurzaufenthalte und die diesbezügliche Einreise sind – wie gezeigt – im Wesentlichen bereits durch Unionsrecht geregelt. § 15 beschränkt sich vor diesem Hintergrund auf die Feststellung, dass sich die Befreiung vom Erfordernis eines Aufenthaltstitels für die Einreise und den Aufenthalt von Ausländern für Kurzaufenthalte nach dem Recht der Europäischen Union richtet (BR-Drs. 731/04, 166) – allerdings in Verbindung mit den nachfolgenden Bestimmungen der AufenthV (insbesondere § 17, s. HTK-AuslR/Zeitler Rn. 2). Einen Spielraum für – in § 15 ausdrücklich in Bezug genommene – nationale Regelungen eröffnen Art. 20 Abs. 2 SDÜ und Art. 6 EU-Visum-VO. Von diesem Spielraum wurde durch die § 15 nachfolgenden Vorschriften der AufenthV dahingehend Gebrauch gemacht, dass in bestimmten Fällen für die Einreise und den Aufenthalt kein Aufenthaltstitel benötigt wird. Ohne eine solche ausdrückliche Ausnahmeregelung auf nationaler Ebene würde die EU-Visum-VO Geltung beanspruchen und im dort geregelten Umfang ohne nationale Ausnahmen die Visumpflicht für die Einreise gelten (BR-Drs. 731/04, 166).

B. Befreiung vom Erfordernis eines Aufenthaltstitels für die Einreise und den Aufenthalt von Ausländern für Kurzaufenthalte nach Art. 20 Abs. 1 SDÜ

5   Für die Einreise und für den Aufenthalt im Bundesgebiet ist ein Aufenthaltstitel erforderlich, sofern nicht insbesondere durch Recht der Europäischen Union etwas anderes bestimmt ist (§ 4 Abs. 1 S. 1 AufenthG). Nach Art. 20 Abs. 1 SDÜ, der als Recht der Europäischen Union gem. § 15 die Befreiung vom Erfordernis eines deutschen Aufenthaltstitels bei Kurzaufenthalten gemeinschaftsrechtlich regelt, können sichtvermerkfreie Drittausländer sich im Hoheitsgebiet der Schengen-Staaten frei bewegen, höchstens jedoch 90 Tage je Zeitraum von 180 Tagen und soweit sie die in Art. 6 Abs. 1 lit. a, lit. c–e Schengener Grenzkodex aufgeführten Einreisevoraussetzungen

erfüllen. Drittausländer ist dabei gem. Art. 1 SDÜ eine Person, die nicht Staatsangehöriger eines der Mitgliedstaaten der Europäischen Union ist. Von diesen Drittausländern sind gem. Art. 4 Abs. 1 EU-Visum-VO die Staatsangehörigen der in Anhang II EU-Visum-VO aufgeführten Staaten für einen Aufenthalt, der 90 Tage je Zeitraum von 180 Tagen nicht überschreitet, sichtvermerkfrei.

I. Kurzaufenthalt im Hoheitsgebiet der Schengen-Staaten

Der Begriff „Sichtvermerk" ist die frühere nationale Bezeichnung für ein Visum. Ein sichtver- 6 merkfreier Drittausländer ist somit ein Ausländer, der (ausgehend von Art. 1 SDÜ) nicht Angehöriger eines Mitgliedstaates der Europäischen Union ist und der beim Überschreiten der Außengrenzen nicht im Besitz eines Visums sein muss (HTK-AuslR/Zeitler Rn. 7). Für diese Personen regelt Art. 20 Abs. 1 SDÜ den Kurzaufenthalt im (gesamten) Schengen-Gebiet – wohl aber hingegen nicht ausschließlich in einem Vertragsstaat. Demzufolge soll – was auch § 1 Abs. 2 für das nationale Recht vorgibt – ein Kurzaufenthalt schon durch eine Einreise über die Außengrenze begründet und beendet werden durch Ausreise wiederum über die Außengrenze. Art. 20 Abs. 1 SDÜ soll demnach namentlich keine Anwendung auf bereits im Hoheitsgebiet eines Schengen-Staates ansässige Drittstaatsangehörige finden, da – so die Argumentation – Voraufenthalte in anderen ·Schengen-Staaten grundsätzlich anzurechnen seien (HTK-AuslR/Zeitler Rn. 8 f. unter Hinweis auf VG Darmstadt InfAuslR 2008, 340 ff. = BeckRS 2008, 36511).

II. Sichtvermerkfreie Einreise

Da Art. 20 Abs. 1 SDÜ lediglich für sichtvermerkfreie Drittausländer gilt, wird die Reichweite 7 der Regelung maßgeblich durch Art. 4 Abs. 1 EU-Visum-VO mitbestimmt, wonach die Staatsangehörigen der in Anhang II EU-Visum-VO aufgeführten Staaten für einen Aufenthalt bis zu 90 Tage je Zeitraum von 180 Tagen die Außengrenzen ohne Visum überschreiten dürfen. Ob ein Drittstaatsangehöriger im Falle eines angestrebten längerfristigen Aufenthalts visumpflichtig ist, regelt das nationale Recht, wobei nach § 4 Abs. 1 AufenthG eine grundsätzliche Titelpflicht besteht und Ausnahmen etwa in § 41 für Angehörige bestimmter Staaten geregelt sind (HTK-AuslR/Zeitler EU-Visum-VO Art. 1 Abs. 2 Rn. 1). Für sich genommen betrifft die Regelung mithin lediglich den visumfreien Grenzübertritt (HTK-AuslR/Zeitler Rn. 10), daran knüpft Art. 20 Abs. 1 SDÜ unmittelbar an und regelt den (visumfreien) Aufenthalt im Schengen-Gebiet.

Fragen stellen sich mit Blick auf die Visumfreiheit nach Art. 4 Abs. 1 EU-Visum-VO vornehm- 8 lich im Falle tatsächlich längerfristiger Aufenthalte; Gleiches gilt im Hinblick auf die unerlaubte Einreise gem. § 14 Abs. 1 Nr. 2 AufenthG sowie auch auf die Einreisevoraussetzungen für Drittstaatsangehörige gem. Art. 6 Abs. 1 lit. c Schengener Grenzkodex, wonach der Ausländer den Zweck und die Umstände des beabsichtigten Aufenthalts belegen muss. Für entsprechende Daueraufenthalte gilt die EU-Visum-VO nicht. Vielmehr ist für einen angestrebten Daueraufenthalt – vorbehaltlich der Regelung namentlich des § 39 S. 1 Nr. 3 – ein grundsätzlich vor der Einreise einzuholendes, dem angestrebten Aufenthaltszweck entsprechendes nationales Visum erforderlich (§ 4 Abs. 1 S. 1 iVm § 6 Abs. 3 AufenthG). Bereits mit Blick auf § 1 Abs. 1 DVAuslG war umstritten, ob die Frage nach der Visumfreiheit allein nach objektiven Kriterien zu beantworten war oder ob eine Befreiung von der Visumpflicht bereits entfiel, wenn bei der Einreise die Absicht eines Aufenthaltes von mehr als drei Monaten bestand (zur Frage, worauf es im Anwendungsbereich des § 17 hinsichtlich der Aufnahme einer Erwerbstätigkeit ankommt, → § 17 Rn. 5 f.). Damit im – nicht untrennbaren – Zusammenhang stand die Frage, ob eine unerlaubte Einreise iSd § 14 AufenthG auch dann anzunehmen war, wenn der Betreffende bei der Einreise überhaupt irgendeinen Aufenthaltstitel besaß, oder ob im Anwendungsbereich des § 14 AufenthG bezogen auf den Zeitpunkt der Einreise grundsätzlich maßgeblich war, zu welchen konkreten subjektiv angestrebten und verfolgten Aufenthaltszwecken die Einreise erfolgen sollte und ob der betreffende Titel gerade für diesen Aufenthaltszweck erteilt worden war (ausf. unter Bezugnahme auf die zu § 5 Abs. 2 S. 1 AufenthG vertretene Auffassung, die eine unmittelbare Verknüpfung zwischen dem konkreten Aufenthaltszweck und dem erteilten Titel herstellt, BVerwGE 138, 353 ff. = BeckRS 2011, 48919, GK-AufenthG/Funke-Kaiser AufenthG § 14 Rn. 14 ff. unter Hinweis auch auf die Begründung des Gesetzentwurfs zu § 14 AufenthG (BT-Drs. 15/420, 73), wonach durch den Verweis in § 14 Abs. 1 Nr. 2 AufenthG auf die Erforderlichkeit des Aufenthaltstitels nach § 4 AufenthG angesichts der unterschiedlichen Auffassungen in Rechtsprechung und Lehre klargestellt werden sollte, dass sich die Erforderlichkeit des Aufenthaltstitels nach objektiven Kriterien und nicht nach dem beabsichtigten Aufenthaltszweck bemisst).

9   Klarheit hinsichtlich der Visumfreiheit hat namentlich die Vorschrift des § 15 nicht gebracht (ausf. GK-AufenthG/Funke-Kaiser AufenthG § 4 Rn. 39 f., § 6 Rn. 30 f. mit dem Hinweis, die Frage, ob ein sog. Negativstaater, der mit einem Schengen-Visum einreise, obwohl er die Absicht zu einem 90 Tage übersteigenden Aufenthalt im Bundesgebiet habe, unerlaubt iSd § 14 Abs. 1 Nr. 2 AufenthG einreise, sei zu verneinen). Der Wortlaut des Art. 4 Abs. 1 EU-Visum-VO soll zunächst zwar den Eindruck erwecken, als ob dann, wenn bei der Einreise bereits die Absicht besteht, länger als 90 Tage im Geltungsbereich der Verordnung zu verbleiben, den insoweit überschießenden subjektiven Vorstellungen keine Bedeutung beizumessen ist mit der Folge, dass der Aufenthalt erst später bei objektivem Überschreiten der Frist von 90 Tagen illegal wird. Dies ließe aber – so eine Lesart – außer Acht, dass die EU-Visum-VO nur den Aspekt der Einreise und nicht den des späteren Aufenthalts regele; daher müsse sich die Frage der Visumfreiheit bei der Einreise entscheiden, was es aber nahelege, die bei der Einreise verfolgten Zwecke in den Blick zu nehmen (eingehend GK-AufenthG/Funke-Kaiser AufenthG § 6 Rn. 30, § 14 Rn. 17 f. mit dem Hinweis, sofern beim Überschreiten einer Binnengrenze die Absicht bestehe, die maximale Aufenthaltszeit zu überschreiten, stelle Art. 20 Abs. 1 SDÜ anders als bei der erstmaligen Einreise über die Außengrenze nicht auf diese subjektiven Absichten ab, weswegen der Aufenthalt erst bei Überschreiten der maximal zulässigen Aufenthaltsdauer unerlaubt werde; ferner Bergmann/ Dienelt/Winkelmann AufenthG § 14 Rn. 14; sa Ostgathe/Nowicki ZAR 2005, 360 (365)). Deshalb soll – so die Schlussfolgerung – ein Staatsangehöriger eines in Anhang II EU-Visum-VO aufgeführten Staates, der von der Visumpflicht für einen Aufenthalt, der insgesamt drei Monate nicht übersteigt, befreit ist, unerlaubt einreisen (diff. GK-AufenthG/Funke-Kaiser AufenthG § 14 Rn. 14 ff. unter Hinweis darauf, dass es dem Normgeber unbenommen bleibe, bei der Schaffung von Tatbeständen zur Befreiung vom Erfordernis des Aufenthaltstitels die Befreiung im jeweiligen konkreten Einzelfall von bestimmten subjektiven Zwecksetzungen bzw. deren Fehlen abhängig zu machen, weshalb dann bei der Beurteilung, ob bei der Einreise überhaupt ein Aufenthaltstitel erforderlich sei, durchaus subjektive Zwecksetzungen zum Tragen kommen könnten und müssten; ähnlich Renner ZAR 2005, 299 (301)), wenn er schon bei der Einreise über die Außengrenze der Europäischen Union die Absicht hat, länger als drei Monate im Geltungsbereich der Verordnung zu bleiben (grdl. VGH BW AuAS 2011, 256 ff. = BeckRS 2011, 54725 mwN; zuletzt etwa SächsOVG BeckRS 2020, 21310; sa HmbOVG AuAS 2013, 242 ff. = BeckRS 2013, 57320; BayVGH BeckRS 2013, 53428; OVG LSA BeckRS 2015, 40783; ferner OVG NRW BeckRS 2015, 54903 mit dem Hinweis, dass unter dem Aspekt der Aufenthaltsdauer für die Frage, ob eine Befreiung von der Visumpflicht nach Art. 4 Abs. 1 EU-Visum-VO bestehe, maßgeblich sei, welche Absichten bzw. Vorstellungen der Ausländer im Zeitpunkt der Einreise habe; zu § 21 Abs. 1 SDÜ HessVGH BeckRS 2014, 55611; OVG LSA BeckRS 2014, 55105; OVG NRW NVwZ-RR 2016, 354; HmbOVG BeckRS 2018, 13375; BayVGH BeckRS 2019, 3423; OVG Bln-Bbg BeckRS 2019, 2896; BremOVG BeckRS 2020, 3969).

10   Nach gegenteiliger Auffassung soll nicht der bei der Einreise bestehenden Absicht, sondern vielmehr objektiven Kriterien Bedeutung beizumessen sein: Abgesehen von dem Bestehen eines großen öffentlichen Interesses an einer effektiven Überwachung und vor allem zweifelsfreien Bestimmung des aufenthaltsrechtlichen Status von Drittstaatsangehörigen soll allein die Bezugnahme auf objektive Kriterien zu praktisch brauchbaren Ergebnissen führen. Würde man – so die Überlegung – auf subjektive Absichten abstellen, reise ein Staatsangehöriger eines in Anhang II EU-Visum-VO aufgeführten Staates auch dann unerlaubt ein und sei somit gem. §§ 50 Abs. 1, 58 Abs. 2 S. 1 Nr. 1 AufenthG vollziehbar ausreisepflichtig, wenn er den Plan eines längerfristigen Aufenthalts nach der Einreise revidiere (HTK-AuslR/Zeitler EU-Visum-VO Art. 1 Abs. 2 Rn. 12 ff.; sa Benassi InfAuslR 2006, 178 (181)).

III. Kurzaufenthalt für die Dauer von 90 Tagen

11   Das Aufenthaltsrecht nach Art. 20 Abs. 1 SDÜ gilt für 90 Tage je Zeitraum von 180 Tagen. Art. 20 Abs. 1 SDÜ berührt nach Art. 20 Abs. 2 SDÜ allerdings nicht das Recht der Schengen-Staaten, den Aufenthalt eines Drittausländers in ihrem Hoheitsgebiet in Ausnahmefällen (Staatsangehörige der in Anhang II EU-Visum-VO aufgeführten Staaten können gem. § 40 nach der Einreise eine Aufenthaltserlaubnis für einen weiteren Aufenthalt von längstens drei Monaten, der sich an einen Kurzaufenthalt anschließt, einholen, → § 40 Rn. 3 ff.) oder in Anwendung der Bestimmungen eines bilateralen Abkommens – auf die auch § 16 Bezug nimmt –, das bereits vor dem Inkrafttreten des Schengener Durchführungsübereinkommens zustande gekommen ist, über drei Monate hinaus zu verlängern (dazu HTK-AuslR/Zeitler Rn. 14 ff. unter Hinweis auf bilaterale Abkommen der Bundesrepublik Deutschland, die zwar einen maximalen visumfreien Aufenthalt von drei Monaten, aber keinen Bezugszeitraum vorsehen, weswegen sich Drittausländer aus diesen Staaten ohne Rücksicht auf einen eventuellen Voraufenthalt (in einem anderen Schengen-Staat) bis zu drei Monaten visumfrei in Deutschland aufhalten können und lediglich Kettenaufenthalte von jeweils bis zu drei Monaten Dauer, die mit der Verlagerung des gewöhnlichen Aufenthalts in das Bundesgebiet einhergehen, nicht unter die Privilegierung des § 15 fallen sollen). Der Bezugszeitraum ist anders als zuvor nicht mehr kalendarisch fixiert, sondern von jedem Tag des Aufenthalts an neu zu bestimmen. Dies folgt aus Art. 6 Abs. 1 Schengener Grenzkodex, wonach der Zeitraum von 180 Tagen, der jedem Tag des Aufenthalts vorangeht, berücksichtigt wird. Der Aufenthalt ist folglich nur dann rechtmäßig, wenn die Gesamtaufenthaltsdauer in dem betreffenden Zeitraum nicht mehr als 90 Tage beträgt. Ein – vormals grundsätzlich möglicher – Aufenthalt von sechs Monaten unter Berufung auf die Zulässigkeit von Kurzaufenthalten wird dadurch ausgeschlossen (HTK-AuslR/Zeitler Rn. 12 f.). Eine diesbezügliche Kontrolle wird durch Art. 11 Schengener Grenzkodex ermöglicht, der die Grenzbehörden verpflichtet, die Einreisedokumente eines Drittstaatsangehörigen sowohl bei der Einreise als auch bei der Ausreise abzustempeln. Für den Fall, dass das Reisedokument nicht mit einem Einreisestempel versehen ist, enthält Art. 12 Abs. 1 Schengener Grenzkodex eine Vermutung, dass der Inhaber des Reisedokuments die Voraussetzungen hinsichtlich der Aufenthaltsdauer nicht oder nicht mehr erfüllt (dazu HTK-AuslR/Zeitler Rn. 20 ff.).

IV. Einreisevoraussetzungen gem. Art. 6 Schengener Grenzkodex

Gemäß Art. 20 Abs. 1 SDÜ setzt ein (rechtmäßiger) Kurzaufenthalt im Schengen-Gebiet auch **12** voraus, dass die Einreisevoraussetzungen nach dem Schengener Grenzkodex vorliegen (dazu GK-AufenthG/Funke-Kaiser AufenthG § 4 Rn. 50 mit dem Hinweis, dass im Falle einer Einreise eines sog. Positivstaaters, der diese Voraussetzungen nicht erfülle, der Anschlussaufenthalt unerlaubt sei, ohne dass hierdurch aber unmittelbar der Visumfreiheit entfalle). Art. 20 Abs. 1 SDÜ verweist insoweit noch auf Art. 5 Abs. 1 lit. a, lit. c–e SDÜ. Die Verweisung auf Art. 5 SDÜ gilt nunmehr allerdings als Verweisung auf Art. 6 Schengener Grenzkodex, da Art. 5 SDÜ zunächst durch Art. 5 Schengener Grenzkodex ersetzt wurde und insoweit gem. Art. 39 Abs. 3 Schengener Grenzkodex 2006 Bezugnahmen auf gestrichene Artikel des SDÜ als Bezugnahmen auf den Schengener Grenzkodex galten und nunmehr gemäß Art. 44 Schengener Grenzkodex Verweise auf die vormals geltende Fassung als Verweise auf die inzwischen gültige Fassung des Schengener Grenzkodex gelten (HTK-AuslR/Zeitler Rn. 34). Art. 6 Abs. 1 Schengener Grenzkodex regelt die Anforderungen an die Einreise in das Schengen-Gebiet zum Zwecke des visumfreien Kurzaufenthalts. Liegen dessen Voraussetzungen nicht vor, ist Drittstaatsangehörigen gem. Art. 14 Abs. 1 Schengener Grenzkodex die Einreise zu verweigern. Diese Regelung dürfte Anwendungsvorrang vor § 15 Abs. 2 Nr. 3 AufenthG iVm Art. 13 Abs. 1 S. 1, 5 Abs. 1 Schengener Grenzkodex genießen. Denn § 15 Abs. 2 AufenthG stellt die Einreiseverweigerung in das Ermessen der zuständigen Behörde, während Art. 14 Abs. 1 Schengener Grenzkodex eine zwingende Einreiseverweigerung vorschreibt (Bergmann/Dienelt/Winkelmann AufenthG § 15 Rn. 9). Nur in den Fällen des Art. 6 Abs. 5 Schengener Grenzkodex kann ein Aufenthalt, beschränkt auf das Hoheitsgebiet der jeweiligen Vertragspartei, zugelassen werden.

1. Existenzsicherung (Art. 6 Abs. 1 lit. c Schengener Grenzkodex)

Im Hinblick auf die Einreisevoraussetzung von besonderer Bedeutung dürfte vorrangig die **13** Existenzsicherung iSv Art. 6 Abs. 1 lit. c Schengener Grenzkodex sein. Art. 6 Abs. 4 Schengener Grenzkodex bestimmt diesbezüglich, dass die Mittel zur Bestreitung des Lebensunterhalts nach der Dauer und dem Zweck des Aufenthalts und unter Zugrundelegung der Ausgaben für Unterkunft und Verpflegung in dem / den betreffenden Mitgliedstaat(en) nach Maßgabe eines mittleren Preisniveaus für preisgünstige Unterkünfte bewertet werden, die mit der Zahl der Aufenthaltstage multipliziert werden, wobei von den Mitgliedstaaten festgesetzte Richtbeträge der Europäischen Kommission gem. Art. 39 Schengener Grenzkodex übermittelt werden. Die Feststellung ausreichender Mittel zur Bestreitung des Lebensunterhalts kann anhand von Bargeld, Reiseschecks und Kreditkarten erfolgen, die sich im Besitz des Drittstaatsangehörigen befinden. Sofern in den nationalen Rechtsvorschriften vorgesehen, können auch Verpflichtungserklärungen und im Falle des Aufenthalts eines Drittstaatsangehörigen bei einem Gastgeber Bürgschaften im Sinne des nationalen Rechts Nachweise für das Vorhandensein ausreichender Mittel zur Bestreitung des Lebensunterhalts darstellen. Die Bundesrepublik Deutschland hat keine verbindlichen Tagessätze im vorstehenden Sinne festgesetzt, weswegen es in jedem Einzelfall einer gesonderten Prüfung bedarf, wobei die jeweiligen persönlichen Umstände wie Art und Zweck der Reise, Dauer des

Aufenthalts, etwaige Unterbringung bei Angehörigen oder Freunden sowie Kosten für Verpflegung zu berücksichtigen sind; kann der Drittstaatsangehörige für diese Umstände keine Belege vorweisen oder zumindest glaubhafte Angaben machen, so müssen für jeden Tag 45 EUR zu seiner Verfügung stehen (zu Art. 5 Schengener Grenzkodex 2006 s. ABl. 2006 C 247, 19; zum Ganzen HTK-AuslR/Zeitler Schengener Grenzkodex Art. 6 Rn. 33 f.). Gemäß Art. 6 Abs. 1 lit. c Schengener Grenzkodex kann das Vorhandensein ausreichender Mittel insbesondere auch dann angenommen werden, wenn der Ausländer in der Lage ist, diese Mittel rechtmäßig zu erwerben. Das Unionsrecht steht einer Erwerbstätigkeit des Betreffenden mithin nicht grundsätzlich ablehnend gegenüber (mit Blick auf Art. 21 SDÜ, in dessen Anwendungsbereich namentlich § 17 nicht gilt, dazu auch VG Düsseldorf BeckRS 2012, 57752; ferner VG Darmstadt BeckRS 2008, 36511; VG Frankfurt a. M. BeckRS 2011, 50722). Allerdings wird insoweit auch darauf hingewiesen, dass auch der von der Visumpflicht befreite Drittstaatsangehörige gem. § 17 iVm § 4 Abs. 3 AufenthG einen Aufenthaltstitel benötige, der ihm die Beschäftigung erlaube. Deswegen soll – so die Schlussfolgerung – ihm die Einreise zu verweigern sein, wenn er einen solchen Aufenthaltstitel nicht besitzt (HTK-AuslR/Zeitler Schengener Grenzkodex Art. 6 Rn. 40 ff. unter Hinweis auf VG Stuttgart BeckRS 2013, 199632).

2. Vorhandensein ausreichender Mittel (Art. 6 Abs. 1 lit. e Schengener Grenzkodex)

14   Bedeutung erlangt die Frage nach dem Vorhandensein ausreichender Mittel aufgrund von Erwerbstätigkeit auch mit Blick auf Art. 6 Abs. 1 lit. e Schengener Grenzkodex, wonach der Ausländer keine Gefahr für die öffentliche Ordnung, die innere Sicherheit, die öffentliche Gesundheit oder die internationalen Beziehungen eines Mitgliedstaates darstellen darf und insbesondere nicht in den nationalen Datenbanken der Mitgliedstaaten zur Einreiseverweigerung aus denselben Gründen ausgeschrieben worden sein darf. Demzufolge ließe sich argumentieren, dass auch die Ausübung einer Erwerbstätigkeit entgegen § 4 Abs. 3 AufenthG eine Gefahr für die öffentliche Ordnung iSd Art. 6 Abs. 1 lit. e Schengener Grenzkodex darstellt (s. dazu HTK-AuslR/Zeitler Schengener Grenzkodex Art. 6 Rn. 43; ferner auch VG Düsseldorf BeckRS 2012, 51626). Allerdings ist unklar, ob unter Heranziehung der Rechtsprechung des Europäischen Gerichtshofs zur Ausweisung von Unionsbürgern eine Störung der öffentlichen Ordnung erst dann zu bejahen ist, wenn eine Gesetzesverletzung vorliegt, die eine tatsächliche und hinreichend schwere Gefährdung darstellt, so dass ein Grundinteresse der Gemeinschaft berührt ist (dazu Jobs InfAuslR 2008, 9 (10); ausf. HTK-AuslR/Zeitler Schengener Grenzkodex Art. 6 Rn. 47 ff.). Kritisch angemerkt wird insoweit nämlich, dass berücksichtigt werden müsse, dass es im Anwendungsbereich des Art. 6 Abs. 1 lit. e Schengener Grenzkodex nicht um die Beschränkung der Freizügigkeit aus Gründen der öffentlichen Ordnung gehe; im Kontext des Schengener Grenzkodexes verlange der Begriff der öffentlichen Ordnung daher nicht die vom Europäischen Gerichtshof in anderem Zusammenhang geforderte enge Auslegung (OVG Bln-Bbg BeckRS 2010, 45117; sa GK-AufenthG/Funke-Kaiser AufenthG § 6 Rn. 45).

3. Ausschreibung zur Einreiseverweigerung (Art. 6 Abs. 1 lit. d Schengener Grenzkodex)

15   Dass der Ausländer nach Art. 6 Abs. 1 lit. d Schengener Grenzkodex nicht im Schengener Informationssystem zur Einreiseverweigerung ausgeschrieben sein darf, dürfte schließlich Fragen dahingehend aufwerfen, ob der Umstand, dass eine Ausschreibung möglicherweise rechtswidrig oder falsch ist, hinsichtlich der Verweigerung der Einreise ohne Bedeutung bleibt und aufgrund des verfassungsrechtlichen Bestimmtheitsgrundsatzes im Hinblick auf die Strafbarkeit wegen unerlaubter Einreise „durch einfachen Blick in den Computer" erkennbar sein muss, ob ein Drittausländer einreisen darf oder nicht (dazu mit Blick auf Art. 21 Abs. 1 SDÜ VG Stuttgart BeckRS 2014, 58318). Im Übrigen ist zu berücksichtigen, dass der Ausländer nicht nur keine Gefahr für die öffentliche Ordnung iSd Art. 6 Abs. 1 lit. e Alt. 1 Schengener Grenzkodex darstellen darf, sondern der Ausländer nach Art. 6 Abs. 1 lit. e Alt. 2 Schengener Grenzkodex auch nicht in den nationalen Datenbanken der Mitgliedstaaten zur Einreiseverweigerung aus denselben Gründen ausgeschrieben worden sein darf. Unerheblich dürfte insoweit sein, ob eine Gefahr für die öffentliche Ordnung iSd Art. 6 Abs. 1 lit. e Alt. 1 Schengener Grenzkodex vorliegt, wenn ein iSd Art. 6 Abs. 1 lit. e Alt. 2 Schengener Grenzkodex ausgeschriebener Ausländer gleichwohl versucht einzureisen und dadurch den Straftatbestand des § 95 Abs. 1 Nr. 3, Abs. 3 AufenthG verwirklicht, wonach bestraft wird, wer versucht, entgegen § 14 Abs. 1 Nr. 1 oder Nr. 2 AufenthG in das Bundesgebiet einzureisen.

4. Nichterfüllung und Wegfall der Einreisevoraussetzungen des Art. 6 Abs. 1 Schengener Grenzkodex

Das Vorliegen der Einreisevoraussetzungen des Art. 6 Abs. 1 Schengener Grenzkodex ist **16** zunächst konstitutiv für die Entstehung des Einreise- und Aufenthaltsrechts nach Art. 20 SDÜ. Dem steht nicht entgegen, dass Art. 4 Abs. 1 EU-Visum-VO die Erfüllung dieser Einreisevoraussetzungen nicht verlangt (dazu auch GK-AufenthG/Funke-Kaiser AufenthG § 14 Rn. 18 mit dem Hinweis, dass zwar der Anschlussaufenthalt unerlaubt sei, nicht aber unmittelbar die Visumfreiheit dadurch entfalle, dass die Einreisevoraussetzungen des Art. 6 Abs. 1 Schengener Grenzkodex nicht vorlägen). Die EU-Visum-VO beantwortet nämlich lediglich die Frage, ob ein Drittausländer für die Überschreitung der Außengrenzen der EU-Mitgliedstaaten ein Visum benötigt oder ob er visumfrei einreisen darf. Bedarf er hiernach keines Visums, bedeutet dies jedoch nicht, dass er nunmehr ohne weiteres über die Außengrenze der Mitgliedstaaten einreisen darf. Vielmehr müssen sowohl diejenigen Drittausländer, die ein Visums benötigen, als auch diejenigen, denen nach Art. 4 Abs. 1 EU-Visum-VO eine visumfreie Einreise gestattet ist, die Einreisevoraussetzungen des Art. 6 Abs. 1 Schengener Grenzkodex erfüllen – wobei diejenigen, die der Visumpflicht unterliegen, neben den Voraussetzungen des Art. 6 Abs. 1 lit. a, lit. c–e Schengener Grenzkodex auch die des Art. 6 Abs. 1 lit. b Schengener Grenzkodex erfüllen müssen. Für den anschließenden Aufenthalt in den Schengen-Staaten bzw. das Überschreiten der Binnengrenzen greifen die Regelungen der Art. 19 f. SDÜ ein und legen durch den Verweis auf die insoweit nicht unmittelbar geltende Bestimmung des Art. 6 Abs. 1 Schengener Grenzkodex fest, dass die Voraussetzungen, unter denen ein Drittstaatsangehöriger die Außengrenze überschreiten darf, auch für den gesamten sich anschließenden Aufenthalt in den Vertragsstaaten gelten (OVG NRW BeckRS 2015, 54903, wobei die Frage offengelassen wurde, ob eine unerlaubte Einreise iSd § 14 Abs. 1 Nr. 2 AufenthG ausnahmsweise dann nicht vorliegt, wenn für den Ausländer nicht erkennbar sein konnte, dass er eine Einreisevoraussetzung nicht (mehr) erfüllt).

Sofern die Voraussetzungen des Art. 6 Abs. 1 Schengener Grenzkodex nachträglich entfallen, **17** soll – so wird argumentiert – die Befreiung vom Erfordernis eines Aufenthaltstitels zumindest in den Fällen des Art. 6 Abs. 1 lit. a und lit. d Schengener Grenzkodex gleichsam automatisch entfallen (s. dazu VG München BeckRS 2010, 36095; ferner aber auch VG Darmstadt BeckRS 2008, 36511; VG Frankfurt a. M. BeckRS 2011, 50722; VG Düsseldorf BeckRS 2012, 51626) mit der Konsequenz, dass sich – so die Argumentation weiter – der betroffene Staatsangehörige der in Anhang II EU-Visum-VO aufgeführten Staaten rechtswidrig im Schengen-Gebiet aufhalte und gem. §§ 50 Abs. 1, 58 Abs. 2 S. 1 Nr. 1 AufenthG vollziehbar ausreisepflichtig sei. Zur Aufenthaltsbeendigung bedürfe es lediglich einer Abschiebungsandrohung (dazu aber auch GK-AufenthG/Funke-Kaiser AufenthG § 14 Rn. 18 mit dem Hinweis, dass aus rechtstaatlichen Gründen die Beendigung des Rechts aus Art. 20 Abs. 1 SDÜ von einer Einzelfallentscheidung abhängig zu machen sei). Im Übrigen wird eine verbindliche Feststellung des Fehlens der Einreisevoraussetzungen und damit des Wegfalls der Reisefreiheit für sinnvoll erachtet, wobei als Rechtsgrundlage dafür Art. 6 Schengener Grenzkodex genannt wird (zum Ganzen HTK-AuslR/Zeitler Rn. 37 ff. unter Hinweis auf die nach Art. 6 Abs. 1 Rückführungs-RL bestehende Verpflichtung, gegen illegal in ihrem Hoheitsgebiet aufhältige Drittstaatsangehörige eine Rückkehrentscheidung zu erlassen).

§ 17 Nichtbestehen der Befreiung bei Erwerbstätigkeit während eines Kurzaufenthalts

(1) Für die Einreise und den Kurzaufenthalt sind die Personen nach Artikel 4 Absatz 1 der Verordnung (EU) 2018/1806 in der jeweils geltenden Fassung und die Inhaber eines von einem Schengen-Staat ausgestellten Aufenthaltstitels oder nationalen Visums für den längerfristigen Aufenthalt vom Erfordernis eines Aufenthaltstitels nicht befreit, sofern sie im Bundesgebiet eine Erwerbstätigkeit ausüben.

(2) ¹Absatz 1 findet keine Anwendung, soweit der Ausländer im Bundesgebiet bis zu 90 Tage innerhalb von zwölf Monaten lediglich Tätigkeiten ausübt, die nach § 30 Nummer 2 und 3 der Beschäftigungsverordnung nicht als Beschäftigung gelten, oder diesen entsprechende selbständige Tätigkeiten ausübt. ²Die zeitliche Beschränkung des Satzes 1 gilt nicht für Kraftfahrer im grenzüberschreitenden Straßenverkehr, die lediglich Güter oder Personen durch das Bundesgebiet hindurchbefördern, ohne dass die Güter oder Personen das Transportfahrzeug wechseln. ³Die Frist nach Satz 1 beträgt für Tätigkeiten nach § 15a und § 30 Nummer 1 der Beschäftigungsverordnung 90 Tage innerhalb von

180 Tagen. [4]Selbständige Tätigkeiten nach den Sätzen 1 und 2 dürfen unter den dort genannten Voraussetzungen ohne den nach § 4a Abs. 1 Satz 1 des Aufenthaltsgesetzes erforderlichen Aufenthaltstitel ausgeübt werden.

Überblick

Als Ausnahme vom Grundsatz des § 15 (→ Rn. 1) bestimmt § 17 Abs. 1, dass im Einzelnen näher benannte Personen für die Einreise und den Kurzaufenthalt vom Erfordernis eines Aufenthaltstitels nicht befreit sind, sofern sie im Bundesgebiet eine Erwerbstätigkeit ausüben. Eine entsprechende Ausnahmeregelung ist auf der Grundlage des Art. 6 Abs. 3 EU-Visum-VO (VO (EU) 2018/1806 v. 14.11.2018, ABl. 2018 L 303, 39) zulässig (→ Rn. 2, → Rn. 4). Die Ausübung einer Tätigkeit iSd § 17 Abs. 1 hat daher zur Folge, dass der Aufenthalt illegal ist (→ Rn. 3). Umstritten ist dabei, ob im Anwendungsbereich des § 17 Abs. 1 auf die Aufnahme einer Erwerbstätigkeit oder bereits auf dahingehende subjektive Absichten abzustellen ist (→ Rn. 5 f.). Schließlich gilt im Sinne einer Rückausnahme (→ Rn. 1) das Erfordernis eines Aufenthaltstitels nach § 17 Abs. 2 S. 1 unter den dort genannten Voraussetzungen nicht (→ Rn. 7).

A. Allgemeines

1   § 17 Abs. 1 bestimmt als Ausnahme vom Grundsatz des § 15, dass Personen nach Art. 4 Abs. 1 EU-Visum-VO (GK-AufenthG/Funke-Kaiser AufenthG § 4 Rn. 38) und ferner auch die Inhaber eines von einem Schengen-Staat ausgestellten Aufenthaltstitels oder nationalen Visums für den längerfristigen Aufenthalt vom Erfordernis eines Aufenthaltstitels nicht befreit sind, sofern sie im Bundesgebiet eine Erwerbstätigkeit ausüben. Im Sinne einer Rückausnahme gilt das Erfordernis eines Aufenthaltstitels nach § 17 Abs. 2 S. 1 indes nicht, soweit der Ausländer im Bundesgebiet bis zu 90 Tage innerhalb von zwölf Monaten lediglich Tätigkeiten verrichtet, die nach § 30 Nr. 2 und Nr. 3 BeschV nicht als Beschäftigung gelten, oder diesen entsprechende selbstständige Tätigkeiten ausübt. Weiterhin grundsätzlich visumpflichtig ist folglich, wer für eine längeren Zeitraum als 90 Tage in einem Gesamtzeitraum von zwölf Monaten im Bundesgebiet derartige Tätigkeiten ausübt (BR-Drs. 731/04, 168).

2   Die Vorschrift des § 17 sieht zur Steuerung der Erwerbstätigkeit von Ausländern eine Beschränkung der Visumfreiheit gem. § 15 vor, da namentlich die Staatsangehörigen der in Anhang II EU-Visum-VO aufgeführten Staaten ohne eine entsprechende nationale Regelung auch im Falle der Ausübung einer Erwerbstätigkeit für Kurzaufenthalte visumfrei einreisen könnten. Eine solche Ausnahme ist hinsichtlich der Staatsangehörigen der in Anhang II EU-Visum-VO aufgeführten Staaten nach Art. 6 Abs. 3 EU-Visum-VO zulässig (BR-Drs. 731/04, 167; sa GK-AufenthG/Funke-Kaiser AufenthG § 4 Rn. 38; HTK-AuslR/Fehrenbacher Abs. 1 Rn. 2), die diesbezügliche Verordnungsermächtigung enthält § 99 Abs. 1 Nr. 1 AufenthG. Ein Visum, mit dem – für das Hoheitsgebiet des das Visum ausstellenden Mitgliedstaates – auch die Ausübung einer Erwerbstätigkeit erlaubt wird, verliert hierdurch indes nicht seinen Charakter als Schengen-Visum. Gleiches gilt für ein Visum, das wegen des auf der Grundlage von Art. 6 Abs. 3 EU-Visum-VO bestimmten Fortfalls der Befreiung erteilt wird; dieses wird allerdings zum Zwecke der Ausübung einer Beschäftigung erteilt (GK-AufenthG/Funke-Kaiser AufenthG § 6 Rn. 29). Der Begriff der Erwerbstätigkeit ist in § 2 Abs. 2 AufenthG legaldefiniert. Allerdings wird § 42 Abs. 1 Nr. 5 AufenthG das Bundesministerium für Wirtschaft und Arbeit ermächtigt, durch Rechtsverordnung mit Zustimmung des Bundesrats Tätigkeiten zu bestimmen, die nicht als Beschäftigung anzusehen sind. Hieraus ergeben sich wiederum Auswirkungen auf die Frage nach der Visumfreiheit, die in § 17 Abs. 2 näher geregelt sind (BR-Drs. 731/04, 167).

3   Weder ein von einem Schengen-Staat ausgestellter Aufenthaltstitel noch ein nationales Visum für den längerfristigen Aufenthalt erlöschen, wenn der Inhaber nach der Einreise eine Erwerbstätigkeit aufnimmt. Die Konsequenz der Aufnahme einer Erwerbstätigkeit ist lediglich, dass der Aufenthalt zum Zwecke der Erwerbstätigkeit nicht von dem betreffenden Visum gedeckt und daher illegal ist. Ein visumfreier Aufenthalt wird infolge der Aufnahme einer Erwerbstätigkeit gem. § 17 Abs. 1 unmittelbar visumpflichtig (GK-AufenthG/Funke-Kaiser AufenthG § 6 Rn. 111). Etwas anderes gilt allerdings für den Personenkreis nach § 41 Abs. 1 (→ § 41 Rn. 4 ff.) – und zwar auch dann, wenn die dort benannten Staatsangehörigen nur zu einem Kurzaufenthalt einreisen wollen (GK-AufenthG/Funke-Kaiser AufenthG § 4 Rn. 40 mit dem Hinweis, Unionsrecht stehe dem nicht entgegen, weil es die Frage einer Erwerbstätigkeit während des Kurzaufenthalts nicht regele). Das Einreise- und Aufenthaltsrecht aus Art. 21 SDÜ steht nach der Rechtsprechung schließlich ebenfalls nicht von vornherein einen Aufenthalt zum Zweck der Erwerbstätigkeit

entgegen (VG Düsseldorf BeckRS 2012, 51626; 2012, 57752; sa VG Frankfurt a. M. BeckRS 2011, 50722; ferner VG Darmstadt BeckRS 2008, 36511).

B. Notwendigkeit eines Aufenthaltstitels im Falle der Erwerbstätigkeit

Gemäß Art. 6 Abs. 3 EU-Visum-VO können für Personen, die während ihres Aufenthalts einer **4** Erwerbstätigkeit nachgehen, Ausnahmen von der Visumfreiheit vorgesehen werden. Eine solche Ausnahme regelt § 17 Abs. 1, indem eine grundsätzliche Visumpflicht im Falle der Ausübung einer Erwerbstätigkeit bestimmt wird. Das Schengener Durchführungsübereinkommen steht dem nicht entgegen. Zwar ist dort ein entsprechendes Verbot nicht vorgesehen, zugleich aber auch nicht ausgeschlossen. Dass Art. 6 Abs. 1 lit. c Schengener Grenzkodex vorsieht, dass der Ausländer über ausreichende Mittel zur Bestreitung des Lebensunterhalts sowohl für die Dauer des Aufenthalts als auch für die Rückreise in den Herkunftsstaat verfügen oder in der Lage sein muss, diese Mittel auf legale Weise zu erwerben, wird überdies nicht als Regelung verstanden, die ein Recht zur Ausübung einer Erwerbstätigkeit begründet (HTK-AuslR/Zeitler § 15 Rn. 25).

In der Rechtsprechung ist darauf hingewiesen worden, dass im Zeitpunkt der Einreise, auf den **5** es für die Frage nach der Visumpflicht ankommt, beschäftigungslose Personen naturgemäß keine „Erwerbstätigkeit im Bundesgebiet" ausüben. Auch eine künftige Aufnahme einer Erwerbstätigkeit liege – so die Argumentation – im Zeitpunkt der Einreise (noch) nicht vor. Subjektive Absichten mache § 17 Abs. 1 überdies nicht zur Voraussetzung für das Bestehen einer Visumpflicht (zur Frage, ob es mit Blick auf Kurzaufenthalte im Anwendungsbereich des § 15 auf eine subjektive Absicht ankommt, sich länger als drei Monate im Schengen-Gebiet aufzuhalten, → § 15 Rn. 8 ff.). Maßgeblich sei daher, ob der Ausländer im Zeitpunkt der Einreise bereits in einem festen Anstellungsverhältnis zu einem bestimmten Arbeitgeber stehe. Auf Absichten oder Pläne, mithin auf subjektive Beweggründe des Betroffenen, habe der Verordnungsgeber hingegen nicht abgestellt. Die sprachlich missglückte Formulierung des § 17 Abs. 1 erfasse folglich beschäftigungslose, im Bundesgebiet erst noch nach Arbeit suchende Personen, nicht (VG Darmstadt BeckRS 2008, 36511; zum Ganzen auch HTK-AuslR/Zeitler § 15 Rn. 28 f. mit dem Hinweis, die Regelung des § 17 Abs. 1 sei zwar nicht ganz eindeutig, da im Gegensatz zu § 1 DVAuslG die Einreise neben dem Aufenthalt ausdrücklich erwähnt werde, entscheidend sei aber die Anknüpfung nicht an die Absicht der Erwerbstätigkeit, sondern an die tatsächliche Ausübung der Erwerbstätigkeit). Da mithin der Ausländer (erst) im Zeitpunkt der Ausübung einer Erwerbstätigkeit der Befreiung von der Visumpflicht und damit der Befreiung vom Erfordernis des Aufenthaltstitels nach § 4 Abs. 1 AufenthG verlustig gehe (und zwar dass es einer ausdrücklichen Entscheidung der Ausländerbehörde bedürfe), sei er ab diesem Zeitpunkt gem. §§ 50 Abs. 1, 58 Abs. 2 S. 1 Nr. 1 AufenthG vollziehbar ausreisepflichtig (HTK-AuslR/Zeitler § 15 Rn. 27; sa Bergmann/Dienelt/ Winkelmann AufenthG § 14 Rn. 17; ferner SächsOVG BeckRS 2019, 39268 Rn. 12).

Dem wird entgegnet, dass nach § 17 die Befreiung von der Visumpflicht bereits dann entfalle, **6** wenn bei der Einreise die Absicht zur Aufnahme einer – auch selbstständigen – Erwerbstätigkeit bestehe. § 17 Abs. 1 verknüpfe nämlich – so diese gegenläufige Auffassung – mit der Formulierung „für die Einreise und den Kurzaufenthalt" ausdrücklich bereits den Einreisezeitpunkt mit der erst später aufzunehmenden Erwerbstätigkeit, denn zum Zeitpunkt der Einreise könne naturgemäß in aller Regel noch keine Erwerbstätigkeit tatsächlich aufgenommen werden mit der Folge, dass es bezogen auf den Einreisezeitpunkt nur darauf ankommen könne, was von den Betreffenden geplant bzw. beabsichtigt sei. Dass es naheliege, auf die bei der Einreise verfolgten Aufenthaltszwecke abzustellen, liege auch darin begründet, dass das Visumregime unionsrechtlich nur den Fragenkomplex der Einreise und nicht den des anschließenden Aufenthalts regele und daher zum Zeitpunkt der Einreise die Weichenstellung erfolgen müsse, ob eine Visumpflicht bestehe oder nicht, was es aber notwendig mache, die mit der Einreise verfolgten Zwecke zu berücksichtigen (s. Ostgathe/Nowicki ZAR 2005, 360 (365); ferner Maor ZAR 2005, 185 (187); zur vormaligen Rechtslage etwa OVG NRW NVwZ-RR 2001, 538; NdsOVG BeckRS 2002, 21214; HessVGH NVwZ-RR 2003, 897). Daran habe sich auch nichts dadurch geändert, dass in § 15 Abs. 2 Nr. 2a AufenthG eine Zurückweisung für den Fall geregelt werde, dass der Ausländer nur über ein Schengen-Visum verfüge oder für einen kurzfristigen Aufenthalt von der Visumpflicht befreit sei und beabsichtige, entgegen § 4a Abs. 1 S. 1 AufenthG eine Erwerbstätigkeit auszuüben. Zum einen sei diese Vorschrift in erster Linie gemünzt auf den Personenkreis, der mit einem Schengen-Visum für Kurzaufenthalte einzureisen versuche und der insoweit nicht unerlaubt einreisen könne, auch wenn er mit dem Aufenthalt abweichende Ziele verfolge. Zum anderen gelte die Bestimmung allgemein für den Fall, dass der entsprechende Befreiungstatbestand – abweichend von der aktuellen Rechtslage – vom Verordnungsgeber nicht mit einem subjektiven Einschlag gefasst werde (zum

Ganzen GK-AufenthG/Funke-Kaiser AufenthG § 6 Rn. 28, § 14 Rn. 17 mit dem Hinweis, dass etwas anderes im Falle sog. Negativstaater gelte, die mit einem Schengen-Visum einreisen und dabei die Absicht hätten, eine Erwerbstätigkeit aufzunehmen, da – obschon ein anderes Visum benötigt werde – in diesem Falle keine illegale Einreise vorliege, weshalb der Betreffende die Freizügigkeit im Schengen-Raum nach Art. 19 Abs. 1 SDÜ genieße, während nach nationalem Recht im Falle des Überschreitens der Binnengrenze durch sog. Positivstaater die Absicht, einer nicht gestatteten Erwerbstätigkeit nachzugehen, die Einreise und den Aufenthalt unerlaubt mache, was mit Rücksicht auf Art. 6 Abs. 3 EU-Visum-VO unionsrechtskonform sei).

C. Ausnahmsweise Visumfreiheit im Falle der Erwerbstätigkeit

7　　Von der in § 17 Abs. 1 angeordneten Notwendigkeit eines Aufenthaltstitels im Falle der Erwerbstätigkeit macht § 17 Abs. 2 für bestimmte, in § 30 Nr. 2 und Nr. 3 BeschV genannte, grundsätzlich auch nicht unter den Zustimmungsvorbehalt der Bundesagentur für Arbeit fallende und als „Nichtbeschäftigung" fingierte (GK-AufenthG/Funke-Kaiser AufenthG § 4 Rn. 41) Tätigkeiten eine Ausnahme, wobei dies gem. § 17 Abs. 2 S. 4 sowohl für unselbstständige als auch selbstständige Tätigkeiten gilt. Dass nach § 21 AufenthG ein Aufenthaltstitel zur selbstständigen Erwerbstätigkeit nur unter den dort genannten Voraussetzungen erteilt werden kann, steht der Erteilung eines Visums für einen Kurzaufenthalt zum Zwecke selbstständiger Erwerbstätigkeit folglich nicht entgegen (GK-AufenthG/Funke-Kaiser AufenthG § 4 Rn. 42).

8　　§ 17 Abs. 2 S. 2 und S. 3 enthält insoweit abweichende Fristbestimmungen für Kraftfahrer im grenzüberschreitenden Straßenverkehr (§ 17 Abs. 2 S. 2) sowie für (vormals in § 17 Abs. 2 S. 1 in Bezug genommene) saisonabhängige Beschäftigte (§ 17 Abs. 2 S. 3 iVm § 15a BeschV) und Führungskräfte und Geschäftsreisende (§ 17 Abs. 2 S. 3 iVm § 30 Nr. 1 BeschV), wodurch insbesondere auch die saisonabhängige Beschäftigung, die durch § 30 BeschV nicht als „Nichtbeschäftigung" fingiert wird, in den Anwendungsbereich der Ausnahme des § 17 Abs. 2 S. 1 einbezogen wird. In der Sache bezieht sich namentlich § 17 Abs. 2 S. 2 dabei auf den Transit von Waren oder Personen (HTK-AuslR/Fehrenbacher AufenthG § 18 Rn. 11 – Kurzaufenthalt), wobei zum Transport teilweise auch das Be- und Entladen der Ware gezählt wird, während weitergehende Tätigkeiten wie etwa das Einsortieren der gelieferten Fracht oder der Einbau gelieferter Teile nicht für zulässig erachtet werden (HTK-AuslR/Fehrenbacher AufenthG § 18 Rn. 7 – Kurzaufenthalt). Die Begründung des Verordnungsentwurfs geht demgegenüber davon aus, dass von § 17 Abs. 2 S. 2 nur dasjenige Personal erfasst wird, das die Bundesrepublik Deutschland im Rahmen von Transitfahrten durchfährt, also im grenzüberschreitenden Verkehr, bei dem lediglich Güter durch das Bundesgebiet hindurchbefördert werden, ohne sie im Bundesgebiet zu laden oder zu entladen, oder Personen durch das Bundesgebiet durchreisen, ohne – außer für kurze Pausen oder Übernachtungen – ein- und auszusteigen. Die „Durchbeförderung" lasse sich – so die Begründung weiter – am sinnvollsten dadurch beschreiben, dass das Transportfahrzeug nicht wechselt (BR-Drs. 731/04, 168; sa GK-AufenthG/Funke-Kaiser AufenthG § 4 Rn. 43 mit dem Hinweis, Personen dürften nicht im Bundesgebiet neu aufgenommen werden oder endgültig aussteigen, wohingegen Unterbrechungen für kurze Pausen oder Übernachtungen unschädlich seien). Die Ausnahme von der Befristung hat zur Folge, dass sich zeitliche Grenzen der visumfreien Einreise und des visumfreien Aufenthalts zu diesen Zwecken nur aus den allgemeinen Visumbestimmungen des Schengener Durchführungsübereinkommens ergeben (BR-Drs. 731/04, 168).

9　　Staatsangehörige der im Anhang I EU-Visum-VO aufgeführten Staaten benötigen demgegenüber bereits für die Einreise ein Visum. Zwar bestimmt § 4 Abs. 1 S. 2 Nr. 1 AufenthG, dass auch ein Schengen-Visum ein nationaler Aufenthaltstitel ist. Gemäß § 4a Abs. 1 S. 1 AufenthG darf ein Ausländer, der einen Aufenthaltstitel besitzt, überdies auch eine Erwerbstätigkeit ausüben, es sei denn, ein Gesetz bestimmt ein Verbot. Ein solches Verbot statuiert im Falle eines Schengen-Visums allerdings § 6 Abs. 2a AufenthG, wonach dieses nicht zur Ausübung einer Erwerbstätigkeit berechtigt, es sei denn, es wurde zum Zwecke der Erwerbstätigkeit erteilt. § 30 BeschV enthält nun auch von diesem Grundsatz Ausnahmen, weswegen ein Schengen-Visum daher auch nicht gem. § 39 der Zustimmung der Bundesagentur für Arbeit bedarf. Eine Beschäftigung iSd § 30 BeschV kann mithin auch mit einem Schengen-Visum ausgeübt werden (HTK-AuslR/Fehrenbacher Abs. 2 Rn. 6 f.).

Unterabschnitt 2. Befreiungen für Inhaber bestimmter Ausweise

§ 18 Befreiung für Inhaber von Reiseausweisen für Flüchtlinge und Staatenlose

[1]Inhaber von Reiseausweisen für Flüchtlinge oder für Staatenlose sind für die Einreise und den Kurzaufenthalt vom Erfordernis eines Aufenthaltstitels befreit, sofern
1. der Reiseausweis von einem Mitgliedstaat der Europäischen Union, einem anderen Vertragsstaat des Abkommens über den Europäischen Wirtschaftsraum, der Schweiz oder von einem in Anhang II der Verordnung (EU) 2018/1806 aufgeführten Staat ausgestellt wurde,
2. der Reiseausweis eine Rückkehrberechtigung enthält, die bei der Einreise noch mindestens vier Monate gültig ist und
3. sie keine Erwerbstätigkeit mit Ausnahme der in § 17 Abs. 2 bezeichneten ausüben. [2]Satz 1 Nr. 2 gilt nicht für Inhaber von Reiseausweisen für Flüchtlinge, die von einem der in Anlage A Nr. 3 genannten Staaten ausgestellt wurden.

Überblick

Gemäß § 18 sind – unter bestimmten Voraussetzungen (→ Rn. 6 f.) – Inhaber von Reiseausweisen für Flüchtlinge oder für Staatenlose (→ Rn. 4) für die Einreise und den Kurzaufenthalt vom Erfordernis eines Aufenthaltstitels befreit. Die Vorschrift steht als erste Vorschrift des für die Inhaber bestimmter Ausweise geltenden zweiten Unterabschnitts des zweiten Abschnitts des zweiten Kapitels im Zusammenhang mit den übrigen Vorschriften der AufenthV über Befreiungen vom Erfordernis eines Aufenthaltstitels (→ Rn. 1). Während die Inhaber von Reiseausweisen für Flüchtlinge oder für Staatenlose grundsätzlich gem. § 4 Abs. 1 AufenthG für die Einreise und den Aufenthalt einen Aufenthaltstitel benötigen, enthält § 18 für Kurzaufenthalte (→ Rn. 5) eine diesbezügliche Befreiung. Unsicher ist dabei, ob die Vorschrift abweichend von ihrem Wortlaut auf Personen mit Flüchtlingsstatus, die Inhaber eines von einem Mitgliedstaat der Europäischen Union ausgestellten Reiseausweises sind und ihren Wohnsitz in diesem Mitgliedstaat haben, keine Anwendung findet (→ Rn. 3). Dass nach § 18 S. 2 die Voraussetzung des § 18 S. 1 Nr. 2, dass der Reiseausweis eine Rückkehrberechtigung enthalten muss, die bei der Einreise noch mindestens vier Monate gültig ist, nicht für Inhaber von Reiseausweisen für Flüchtlinge gilt, die von einem der in Nr. 3 der Anlage A zur AufenthV genannten Staaten ausgestellt wurden, sollte vormals die Regelung des § 18 von derjenigen des § 16 abgrenzen; inzwischen dürfte der Anwendungsbereich des § 18 S. 2 indes fraglich geworden sein (→ Rn. 2, → Rn. 8).

A. Allgemeines

§ 18 regelt in thematischem Zusammenhang mit den übrigen Vorschriften der AufenthV **1** über Befreiungen vom Erfordernis eines Aufenthaltstitels als erste Vorschrift des für die Inhaber bestimmter Ausweise geltenden zweiten Unterabschnitts des zweiten Abschnitts des zweiten Kapitels, dass die Inhaber von Reiseausweisen für Flüchtlinge oder für Staatenlose für die Einreise und den Kurzaufenthalt vom Erfordernis eines Aufenthaltstitels befreit sind, sofern diese von bestimmten, im Einzelnen abschließend aufgeführten Staaten ausgestellt wurden, der Ausweis im Zeitpunkt der Einreise noch mindestens vier Monate zur Rückkehr berechtigt und die Betreffenden keine Erwerbstätigkeit, ausgenommen eine solche iSd § 17 Abs. 2, ausüben (GK-AufenthG/Funke-Kaiser AufenthG § 4 Rn. 48). Grundsätzlich benötigen die Inhaber von Reiseausweisen für Flüchtlinge oder für Staatenlose gem. § 4 Abs. 1 AufenthG für die Einreise und den Aufenthalt einen Aufenthaltstitel. Lediglich für die Einreise und den Kurzaufenthalt und zudem nur unter den Voraussetzungen des § 18 sind sie hingegen vom Erfordernis eines Aufenthaltstitels befreit. Die Befreiung vom Erfordernis eines Aufenthaltstitels ist aufgrund von Art. 6 Abs. 2 lit. b EU-Visum-VO (VO (EU) 2018/1806 v. 14.11.2018, ABl. 2018 L 303, 39) zulässig (BR-Drs. 731/04, 168). Danach können die Mitgliedstaaten der Europäischen Union Personen mit Flüchtlingsstatus und Staatenlose von der Visumpflicht ausschließen, wenn der Drittstaat, in dem sie ihren Wohnsitz haben und der ihnen ihr Reisedokument ausgestellt hat, in Anhang II EU-Visum-VO aufgeführt ist.

Das Verhältnis der Regelung des § 18 zu derjenigen des § 16, wonach die Inhaber der in **2** Anlage A zur AufenthV genannten Dokumente für die Einreise und den Aufenthalt im Bundesgebiet, auch bei Überschreitung der zeitlichen Grenze eines Kurzaufenthalts, vom Erfordernis eines Aufenthaltstitels befreit sind, soweit völkerrechtliche Verpflichtungen, insbesondere aus einem Sichtvermerksabkommen, die vor dem 1.9.1993 gegenüber den in Anlage A zur AufenthV aufgeführten Staaten eingegangen wurden, dem Erfordernis des Aufenthaltstitels oder dieser zeitlichen Begrenzung entgegenstehen, wurde in der Begründung des Verordnungsentwurfs noch dahingehend beschrieben, dass § 18 weiter gehe als § 16, da die GFK durch weitaus mehr Ausstellerstaaten, und zwar auch solche, die in Anhang II EU-Visum-VO aufgeführt seien, ratifiziert worden sei als das Europäische Abkommen über die Aufhebung des Sichervermerkszwangs für Flüchtlinge v. 20.4.1959, auf das § 16 Bezug nehme. Der von § 16 erfasste Personenkreis sei daher mit demjenigen, der durch § 18 erfasst werde, nur teilidentisch, weshalb die besondere Regelung des § 18 erforderlich sei und das Verhältnis zwischen § 16 und § 18 demzufolge durch § 18 S. 2 klargestellt werde (BR-Drs. 731/04, 168; sa GK-AufenthG/Funke-Kaiser AufenthG § 4 Rn. 49). Demgegenüber wird allerdings auch darauf hingewiesen, dass inzwischen alle in Nr. 3 der Anlage A zur AufenthV aufgeführten Staaten – mit Ausnahme der Schweiz – Mitgliedsstaaten der Europäischen Union seien und somit von § 18 S. 1 Nr. 1 erfasst würden (HTK-AuslR/Zeitler Rn. 6). Ferner wird angemerkt, dass sich § 16 und die dort in Bezug genommene Nr. 3 der Anlage A zur AufenthV auch insofern von § 18 unterscheide, als den Inhabern von Reiseausweisen, welche von einem der in Nr. 3 der Anlage A zur AufenthV genannten Staaten ausgestellt worden seien, die Möglichkeit eines dreimonatigen visumfreien Aufenthalts eingeräumt werde, ohne Bezugszeitraum sowie Anrechnung von Voraufenthalten, da dies im Europäischen Übereinkommen v. 20.4.1959 über die Aufhebung des Sichtvermerkszwangs für Flüchtlinge nicht vorgesehen sei; ein Vorbehalt im Hinblick auf zukünftige Rechtsänderungen bestehe überdies nur für Regelungen, die Flüchtlinge begünstigten (HTK-AuslR/Zeitler Rn. 7). Schließlich soll zu berücksichtigen sein, dass sich § 18 anders als § 16 nicht auf eine völkerrechtliche Absprache beziehe, sondern konstitutiv ein nationales Aufenthaltsrecht gewähre (HTK-AuslR/Zeitler Rn. 14).

B. Befreiung vom Erfordernis eines Aufenthaltstitels für die Einreise und den Kurzaufenthalt

I. Inhaber von Reiseausweisen für Flüchtlinge oder für Staatenlose

3   Mit Blick auf die Reichweite der in § 18 geregelten Befreiung vom Erfordernis eines Aufenthaltstitels für die Einreise und den Kurzaufenthalt ergeben sich Unklarheiten zuvörderst im Hinblick auf den in Bezug genommenen Personenkreis. Nach der Rechtsprechung soll die Vorschrift nämlich abweichend von ihrem Wortlaut auf Personen mit Flüchtlingsstatus, die Inhaber eines von einem Mitgliedstaat der Europäischen Union ausgestellten Reiseausweises sind und ihren Wohnsitz in diesem Mitgliedstaat haben, keine Anwendung finden. Mit §§ 15 ff., die eine Befreiung vom Erfordernis eines Aufenthaltstitels für die Einreise und den anschließenden Kurzaufenthalt regeln, habe – so die Argumentation – die Bundesrepublik Deutschland von der ihr durch die EU-Visum-VO eingeräumten Möglichkeit Gebrauch gemacht, Ausnahmen von der Visumpflicht nach Art. 3 Abs. 1 EU-Visum-VO und Ausnahmen von der Befreiung von der Visumpflicht nach Art. 4 Abs. 1 EU-Visum-VO festzulegen. Allerdings ermächtige Art. 6 Abs. 2 lit. b EU-Visum-VO lediglich hinsichtlich derjenigen Flüchtlinge, die ihren Wohnsitz in einem in Anhang II EU-Visum-VO aufgeführten Drittstaat hätten und im Besitz eines von diesem Staat ausgestellten Reisedokuments seien, zu einer nationalen Regelung über die Befreiung von der Visumpflicht (OVG NRW BeckRS 2015, 54903). Nach gegenläufiger Auffassung soll dem Umstand vorrangige Bedeutung beizumessen sein, dass die EU-Visum-VO die Visumpflicht beim Überschreiten der Außengrenzen regele, während vom Regelungsbereich des § 18 auch Binnenreisen erfasst würden. Außerdem – so diese Auffassung weiter – ergebe sich die Befreiung von der Visumpflicht für Inhaber von Reiseausweisen für Flüchtlinge eines Mitgliedstaats der Europäischen Union unmittelbar aus Art. 4 Abs. 1 EU-Visum-VO (HTK-AuslR/Zeitler Rn. 5).

4   Der Begriff des Reiseausweises für Flüchtlinge wird in § 1 Abs. 3 legaldefiniert. Im Allgemeinen sind danach Reiseausweise für Flüchtlinge Ausweise aufgrund des Abkommens v. 15.10.1946 betreffend die Ausstellung eines Reiseausweises an Flüchtlinge, die unter die Zuständigkeit des zwischenstaatlichen Ausschusses für die Flüchtlinge fallen (BGBl. 1951 II 160) oder der Art. 28 GFK in Verbindung mit dem Anhang der GFK. Art. 28 GFK bestimmt, dass die vertragschließenden Staaten den Flüchtlingen, die sich rechtmäßig in ihrem Gebiet aufhalten, Reiseausweise ausstellen werden, die ihnen Reisen außerhalb dieses Gebietes gestatten, es sei denn, dass zwingende Gründe der öffentlichen Sicherheit oder Ordnung entgegenstehen. Ferner können die vertragschließenden Staaten einen solchen Reiseausweis jedem anderen Flüchtling ausstellen, der

sich in ihrem Gebiet befindet; sie werden ihre Aufmerksamkeit dabei besonders jenen Flüchtlingen zuwenden, die sich in ihrem Gebiet befinden und nicht in der Lage sind, einen Reiseausweis von dem Staat zu erhalten, in dem sie ihren rechtmäßigen Aufenthalt haben. Schließlich werden Reiseausweise, die aufgrund früherer internationaler Abkommen von den Unterzeichnerstaaten ausgestellt worden sind, von den vertragschließenden Staaten anerkannt und so behandelt, als ob sie den Flüchtlingen aufgrund von Art. 28 GFK ausgestellt worden wären. Reiseausweise für Staatenlose sind demgegenüber Ausweise aufgrund Art. 28 GFK in Verbindung mit dem Anhang des StaatenlosenÜ (Übereinkommen über die Rechtsstellung der Staatenlosen v. 28.9.1954, BGBl. 1976 II 473). Danach stellen – ähnlich wie nach Art. 28 GFK – die Vertragsstaaten den Staatenlosen, die sich rechtmäßig in ihrem Hoheitsgebiet aufhalten, Reiseausweise aus, die ihnen Reisen außerhalb dieses Hoheitsgebietes gestatten, es sei denn, dass zwingende Gründe der Staatssicherheit oder der öffentlichen Ordnung dem entgegenstehen. Die Vertragsstaaten können ferner auch jedem anderen in ihrem Hoheitsgebiet befindlichen Staatenlosen einen solchen Reisepass ausstellen; sie werden insbesondere wohlwollend die Möglichkeit prüfen, solche Reiseausweise denjenigen in ihrem Hoheitsgebiet befindlichen Staatenlosen auszustellen, die von dem Land, in dem sie ihren rechtmäßigen Aufenthalt haben, keinen Reiseausweis erhalten können. Hinsichtlich des Begriffs des rechtmäßigen Aufenthalts wird insoweit darauf hingewiesen, dass ein solcher Aufenthalt eine besondere Beziehung des Betroffenen zu dem Vertragsstaat durch eine mit dessen Zustimmung begründete Aufenthaltsverfestigung voraussetze. Es genüge nicht die faktische Anwesenheit, selbst wenn sie dem Vertragsstaat bekannt sei und von diesem hingenommen werde (zum Ganzen HTK-AuslR/Zeitler Rn. 9 ff.). Des Weiteren ist zu beachten, dass die Legaldefinition des § 1 Abs. 3 durch § 18 S. 1 Nr. 1 eine Einschränkung dahingehend erfährt, dass im Anwendungsbereich des § 18 lediglich solche Reiseausweise für Flüchtlinge oder Staatenlose von Bedeutung sind, die von einem Mitgliedstaat der Europäischen Union, einem anderen Vertragsstaat des Abkommens über den Europäischen Wirtschaftsraum, der Schweiz oder von einem in Anhang II EU-Visum-VO aufgeführten Staat ausgestellt wurden.

II. Befreiung für die Einreise und den Kurzaufenthalt vom Erfordernis eines Aufenthaltstitels

§ 18 befreit unter im Einzelnen näher benannten Voraussetzungen die Inhaber von Reiseausweisen für Flüchtlinge oder für Staatenlose für die Einreise und den Kurzaufenthalt vom Erfordernis eines Aufenthaltstitels. Die Bemessung des Kurzaufenthalts soll sich dabei an den nationalen Bestimmungen, insbesondere an § 1 Abs. 2 zu orientieren haben (HTK-AuslR/Zeitler Rn. 14), wonach ein Kurzaufenthalt ein Aufenthalt im gemeinsamen Gebiet der Schengen-Staaten von höchstens 90 Tagen je Zeitraum von 180 Tagen ist, wobei der Zeitraum von 180 Tagen, der jedem Tag des Aufenthalts vorangeht, berücksichtigt wird. Der Kurzaufenthalt ist danach ein Aufenthalt von maximal 90 Tagen während der vergangenen 180 Tage, wobei Aufenthalte außerhalb des Ausstellerstaates anzurechnen sind (HTK-AuslR/Zeitler Rn. 15; sa GK-AufenthG/ Funke-Kaiser AufenthG § 4 Rn. 48). Darüber hinaus knüpft der Begriff des Kurzaufenthalts an § 15 an (sa OVG NRW BeckRS 2015, 54903 – mit dem Hinweis, §§ 15 ff. beträfen nur die Visumpflicht bzw. diesbezügliche Befreiungen, nicht aber eine Befreiung von den Einreisevoraussetzungen des Schengener Grenzkodexes bzw. des SDÜ; ebenso OVG Brem BeckRS 2020, 3969 Rn. 15, wonach § 18 Abs. 1 keinen gegenüber den Befreiungstatbeständen der EU-Visum-VO 2001 abweichenden Regelungsgehalt (mehr) hat). Auch für die Inhaber von Reiseausweisen für Flüchtlinge und Staatenlose müssen daher – mit Ausnahme der Sichtvermerksfreiheit gem. Art. 6 Abs. 1 lit. b Schengener Grenzkodex – die Voraussetzungen und der Kurzaufenthalt iSd § 15 erfüllt sein, mithin diejenigen gem. Art. 20 Abs. 1 SDÜ und Art. 6 Abs. 1 lit. a, lit. c–e Schengener Grenzkodex (BR-Drs. 731/04, 168 f. mit dem Hinweis, eine Ausschreibung zur Einreiseverweigerung berechtige zur Zurückweisung und regelmäßig könne mit einer Ausschreibung zur Einreiseverweigerung oder Maßnahmen nach § 12 Abs. 4 AufenthG eine dem Regelungsgedanken des § 1 Abs. 3 DVAuslG entsprechende Steuerung erfolgen; zum Ganzen HTK-AuslR/Zeitler Rn. 15; ferner GK-AufenthG/Funke-Kaiser AufenthG § 4 Rn. 50). Des Weiteren dürfte ebenso wie im Anwendungsbereich des § 15 (→ § 15 Rn. 8 ff.) maßgeblich sein, dass auch § 18 Daueraufenthalte nicht ermöglichen soll und sich demzufolge ein Ausländer nicht auf die Vorschrift berufen kann, wenn er tatsächlich einen entsprechenden Aufenthalt anstrebt (s. VG Berlin Urt. v. 29.1.2009 – 24 A 328.08).

Neben den Vorgaben der Art. 20 Abs. 1 SDÜ und Art. 6 Abs. 1 lit. a, lit. c–e Schengener Grenzkodex normiert § 18 S. 1 weitere Voraussetzungen für eine Befreiung von Inhabern von Reiseausweisen für Flüchtlinge oder für Staatenlose für die Einreise und den Kurzaufenthalt vom

Erfordernis eines Aufenthaltstitels. Vornehmlich muss der Reiseausweis nach § 18 S. 1 Nr. 2 eine Rückkehrberechtigung enthalten, die bei der Einreise noch mindestens vier Monate gültig ist. Grundsätzlich wird die Regelung zunächst dahingehend verstanden, dass Gültigkeit und Rückkehrberechtigung gleichzustellen sein sollen, da – so die Überlegung – ein die Rückkehrberechtigung ausschließender Reiseausweis (sa § 3 Abs. 1 S. 2) namentlich im Hinblick auf Art. 28 GFK völkerrechtlich fragwürdig sei (HTK-AuslR/Zeitler Rn. 17). Sodann soll § 18 S. 1 Nr. 2 inhaltlich die von Art. 6 Abs. 1 lit. a Schengener Grenzkodex aufgestellten Anforderungen an das Reisedokument verdrängen: Während Art. 6 Abs. 1 lit. a Schengener Grenzkodex vorschreibe, dass das Reisedokument noch drei Monate nach der geplanten Ausreise aus dem Hoheitsgebiet der Mitgliedstaaten gültig sein müsse, begnüge sich § 18 S. 1 Nr. 2 mit einer Gültigkeit von vier Monaten ab dem Zeitpunkt der Einreise. Zur Begründung wird darauf hingewiesen, dass das Unionsrecht den Mitgliedstaaten für ihr jeweiliges Hoheitsgebiet die Möglichkeit der Befreiung von der Visumpflicht für die Inhaber bestimmter Reiseausweise einräume, weswegen die Anforderungen an das Reisedokument abweichend von den für das gesamte Schengen-Gebiet geltenden Einreisevoraussetzungen geregelt werden könnten (HTK-AuslR/Zeitler Rn. 17). Allerdings regelt die EU-Visum-VO lediglich, ob Drittausländer für die Überschreitung der Außengrenzen der EU-Mitgliedstaaten ein Visum benötigen oder visumfrei einreisen dürfen. Benötigen sie kein Visum, bedeutet dies jedoch nicht, dass sie ohne weiteres über die Außengrenze der Mitgliedstaaten einreisen dürfen (→ § 15 Rn. 16).

7   Ferner dürfen die Inhaber von Reiseausweisen für Flüchtlinge oder für Staatenlose keine Erwerbstätigkeit mit Ausnahme der in § 17 Abs. 2 bezeichneten Tätigkeiten ausüben. Insoweit soll es auf eine bei der Einreise bestehende Absicht, eine Erwerbstätigkeit auszuüben, nicht ankommen (zur Bedeutung subjektiver Absichten im Anwendungsbereich des § 17 → § 17 Rn. 5 f.). Dies wird abgesehen vom Wortlaut auch aus Art. 1 Abs. 1 lit. b, 2 des Europäischen Abkommens über die Aufhebung des Sichtvermerkszwangs gefolgert (GK-AufenthG/Funke-Kaiser AufenthG § 4 Rn. 48). Ebenso wie im Anwendungsbereich des § 15 (→ § 15 Rn. 8 ff.) hat die Regelung des § 17 Abs. 2 ferner zur Folge, dass die Anforderungen des Art. 6 Abs. 1 lit. c Schengener Grenzkodex, wonach der Ausländer über die für den Aufenthalt und die Rückreise erforderlichen Mittel verfügen oder in der Lage sein muss, diese Mittel rechtmäßig zu erwerben, nur durch eine genehmigungsfreie Erwerbstätigkeit nach § 17 Abs. 2 erfüllt werden können (HTK-AuslR/Zeitler Rn. 16).

III. Unerheblichkeit der Rückkehrberechtigung

8   Nach der Begründung des Verordnungsentwurfs soll § 18 S. 2 das Verhältnis zu § 16 klarstellen (→ Rn. 2). Abgesehen von den diesbezüglichen Fortentwicklungen (→ Rn. 2) wird auch aus anderen Gründen § 18 S. 2 keine Bedeutung (mehr) beigemessen: Nach § 18 S. 2 muss der Reiseausweis keine Rückkehrberechtigung iSd § 18 S. 1 Nr. 2 enthalten, die bei der Einreise noch mindestens vier Monate gültig ist. Da aber Art. 6 Abs. 1 lit. a Schengener Grenzkodex für den Kurzaufenthalt voraussetzt, dass ein Reisedokument eine Gültigkeit von mindestens drei Monaten ab dem Zeitpunkt der geplanten Ausreise besitzt, und § 18 nicht von diesen Vorgaben dispensiert und überdies gem. Art. 4 Abs. 1 des Europäischen Übereinkommens über die Aufhebung des Sichtvermerkszwangs für Flüchtlinge v. 20.4.1959 die Rechts- und Verwaltungsvorschriften über den Aufenthalt von Ausländern im Hoheitsgebiet jeder der Vertragsparteien unberührt bleiben, wird § 18 S. 2 für praktisch obsolet erachtet (HTK-AuslR/Zeitler Rn. 19).

Abschnitt 3. Visumverfahren

§ 31 Zustimmung der Ausländerbehörde zur Visumerteilung

(1) [1]Ein Visum bedarf der vorherigen Zustimmung der für den vorgesehenen Aufenthaltsort zuständigen Ausländerbehörde, wenn
1. der Ausländer sich zu anderen Zwecken als zur Erwerbstätigkeit oder zur Arbeits- oder Ausbildungsplatzsuche länger als 90 Tage im Bundesgebiet aufhalten will,
2. der Ausländer im Bundesgebiet
    a) eine selbständige Tätigkeit ausüben will,
    b) eine Beschäftigung nach § 19c Absatz 3 des Aufenthaltsgesetzes ausüben will oder

c) eine sonstige Beschäftigung ausüben will und wenn er sich entweder bereits zuvor auf der Grundlage einer Aufenthaltserlaubnis, die nicht der Saisonbeschäftigung diente, einer Blauen Karte EU, einer ICT-Karte, einer Mobiler-ICT-Karte, einer Niederlassungserlaubnis, einer Erlaubnis zum Daueraufenthalt-EG, einer Duldung oder einer Aufenthaltsgestattung im Bundesgebiet aufgehalten hat oder wenn gegen ihn aufenthaltsbeendende Maßnahmen erfolgt sind oder

d) eine Beschäftigung gemäß § 14 Absatz 1a der Beschäftigungsverordnung ausüben will und dabei einen Fall des § 14 Absatz 1a Satz 2 der Beschäftigungsverordnung geltend macht, oder

3. die Daten des Ausländers nach § 73 Absatz 1 Satz 1 des Aufenthaltsgesetzes an die Sicherheitsbehörden übermittelt werden, soweit das Bundesministerium des Innern die Zustimmungsbedürftigkeit unter Berücksichtigung der aktuellen Sicherheitslage angeordnet hat.

²Das Visum des Ehegatten oder Lebenspartners und der minderjährigen Kinder eines Ausländers, der eine sonstige Beschäftigung ausüben will, bedarf in der Regel nicht der Zustimmung der Ausländerbehörde, wenn

1. das Visum des Ausländers nicht der Zustimmungspflicht der Ausländerbehörde nach Satz 1 Nummer 2 Buchstabe c unterliegt,

2. das Visum des Ehegatten oder Lebenspartners nicht selbst der Zustimmungspflicht der Ausländerbehörde nach Satz 1 Nummer 2 Buchstabe a bis c unterliegt,

3. die Visumanträge in zeitlichem Zusammenhang gestellt werden und

4. die Ehe oder Lebenspartnerschaft bereits bei der Visumbeantragung des Ausländers besteht.

³Im Fall des Satzes 1 Nr. 3 gilt die Zustimmung als erteilt, wenn nicht die Ausländerbehörde der Erteilung des Visums binnen zehn Tagen nach Übermittlung der Daten des Visumantrages an sie widerspricht oder die Ausländerbehörde im Einzelfall innerhalb dieses Zeitraums der Auslandsvertretung mitgeteilt hat, dass die Prüfung nicht innerhalb dieser Frist abgeschlossen wird. ⁴Dasselbe gilt im Fall eines Ausländers, der eine sonstige Beschäftigung ausüben will, und seiner Familienangehörigen nach Satz 2, wenn das Visum nur auf Grund eines Voraufenthalts im Sinne von Satz 1 Nummer 2 Buchstabe c der Zustimmung der Ausländerbehörde bedarf. ⁵Dasselbe gilt bei Anträgen auf Erteilung eines Visums zu einem Aufenthalt nach § 16b Absatz 1 oder Absatz 5, § 17 Absatz 2 oder § 18d des Aufenthaltsgesetzes, soweit das Visum nicht nach § 34 Nummer 3 bis 5 zustimmungsfrei ist, mit der Maßgabe, dass die Frist drei Wochen und zwei Werktage beträgt.

(2) ¹Wird der Aufenthalt des Ausländers von einer öffentlichen Stelle mit Sitz im Bundesgebiet vermittelt, kann die Zustimmung zur Visumerteilung auch von der Ausländerbehörde erteilt werden, die für den Sitz der vermittelnden Stelle zuständig ist. ²Im Visum ist ein Hinweis auf diese Vorschrift aufzunehmen und die Ausländerbehörde zu bezeichnen.

(3) Die Ausländerbehörde kann insbesondere im Fall eines Anspruchs auf Erteilung eines Aufenthaltstitels, eines öffentlichen Interesses, in den Fällen der §§ 18a, 18b, 18c Absatz 3, §§ 19, 19b, 19c oder 21 des Aufenthaltsgesetzes, in denen auf Grund von Absatz 1 Satz 1 Nummer 2 eine Zustimmung der Ausländerbehörde vorgesehen ist, oder in dringenden Fällen der Visumerteilung vor der Beantragung des Visums bei der Auslandsvertretung zustimmen (Vorabzustimmung).

(4) In den Fällen des § 81a des Aufenthaltsgesetzes ist für die Erteilung der nach § 81a Absatz 3 Satz 1 Nummer 6 des Aufenthaltsgesetzes erforderlichen Vorabzustimmung die Ausländerbehörde zuständig, die für den Ort der Betriebsstätte zuständig ist, an der der Ausländer beschäftigt werden soll.

Überblick

§ 31 benennt im Einzelnen diejenigen Fälle, in denen die Erteilung eines Visums iSd § 6 Abs. 1, Abs. 3 AufenthG von einer Zustimmung der Ausländerbehörde abhängig ist. §§ 32 ff. regeln sodann Ausnahmen von dieser Zustimmungsbedürftigkeit (→ Rn. 1). Die als behördeninterner Mitwirkungsakt zu qualifizierende Zustimmung (→ Rn. 3 f.) ist dabei grundsätzlich in den in § 31 Abs. 1 S. 1 genannten Fällen erforderlich, wobei § 31 Abs. 1 S. 2–5 diesbezüglich modifizierende Regelungen enthalten (→ Rn. 6 ff.). § 31 Abs. 2 regelt sodann in Sonderfällen eine örtliche

Zuständigkeit der Ausländerbehörde, die für den Sitz einer den Aufenthalt des Ausländers vermittelnden öffentlichen Stelle mit Sitz im Bundesgebiet zuständig ist (→ Rn. 5). § 31 Abs. 3, Abs. 4 betrifft schließlich die in der ausländerbehördlichen Praxis schon zuvor relevante Möglichkeit der Erteilung einer sogenannten Vorabzustimmung (→ Rn. 14 ff.).

A. Allgemeines

1 § 31 enthält eine zentrale Regelung über das Visumverfahren. Ganz grundsätzlich unterscheidet das Aufenthaltsrecht zwischen zustimmungspflichtigen Visa und Visa, die von der deutschen Auslandsvertretung ohne Beteiligung der Ausländerbehörde erteilt werden (HTK-AuslR/Fehrenbacher Abs. 1 Rn. 1). Unter den in § 31 Abs. 1 im Einzelnen benannten Voraussetzungen bedarf ein Visum der vorherigen Zustimmung der für den vorgesehenen Aufenthaltsort zuständigen Ausländerbehörde, wobei § 31 Abs. 2 S. 1 eine besondere Bestimmung zur örtlichen Zuständigkeit enthält und § 31 Abs. 3, 4 die sog. Vorabzustimmung regelt. Besondere Ausnahmen vom Zustimmungserfordernis normieren daran anschließend §§ 32–37. Die Vorschriften über das Visumverfahren der § 31 ff. beruhen auf § 99 Abs. 1 Nr. 3 AufenthG, der zum Erlass einer Rechtsverordnung ermächtigt, in der Fallgestaltungen festgelegt werden, bei denen die (für den künftigen Aufenthaltsort) zuständige Ausländerbehörde der Visumerteilung zustimmen muss.

2 Im Regelungszusammenhang des § 31 ist eine Differenzierung zwischen sog. Schengen-Visa iSd § 6 Abs. 1 Nr. 1 AufenthG und nationalen Visa gem. § 6 Abs. 3 AufenthG kaum weiterführend. Sogenannte Schengen-Visa sind Visa, die für längstens 90 Tage innerhalb des Bezugszeitraums von 180 Tagen erteilt werden (§ 6 Abs. 1 Nr. 1 AufenthG). Die Voraussetzung und das Verfahren für ihre Erteilung regelt der Visakodex (VO (EG) 810/2009 v. 13.7.2009, ABl. 2009 L 243, 1). Auch sog. Schengen-Visa können indes zustimmungspflichtig sein. Zwar fallen sie aufgrund der Bezugnahme des § 31 Abs. 1 S. 1 Nr. 1 auf § 6 Abs. 3 AufenthG nicht in dessen Anwendungsbereich. Etwas anderes gilt aber, wenn die Aufnahme einer bestimmten Erwerbstätigkeit iSv § 31 Abs. 1 S. 1 Nr. 2 beabsichtigt ist oder die Voraussetzungen des § 31 Abs. 1 S. 1 Nr. 3 vorliegen (HTK-AuslR/Fehrenbacher Abs. 1 Rn. 1, 10).

B. Die Zustimmung der Ausländerbehörde als behördeninterner Mitwirkungsakt

3 Die Zustimmung der Ausländerbehörde, für die keine besonderen Formvorschriften normiert wurden, die regelmäßig aber schriftlich erteilt wird, ist ein behördeninterner Mitwirkungsakt, auf den im Außenverhältnis kein Rechtsanspruch besteht und der daher auch nicht isoliert erstritten werden kann (zu § 5 Abs. 5 DVAuslG BVerwGE 70, 127 = BeckRS 9998, 45175 unter Hinweis auf die notwendige Beiladung nach § 65 Abs. 2 VwGO und die Notwendigkeit, erforderlichenfalls darüber mitzuentscheiden, ob eine Zustimmung zu Recht versagt worden ist; zu § 31 GK-AufenthG/Funke-Kaiser AufenthG § 6 Rn. 169; ferner etwa VG München BeckRS 2009, 49138; sa VG Berlin BeckRS 2015, 46319 mit dem Hinweis, bei der Ladung des Ehegatten zu einem Vorsprachetermin bei der Ausländerbehörde im Visumverfahren handele es sich um eine unselbstständige Verfahrenshandlung zur Aufklärung des Sachverhalts und zur Vorbereitung der von der örtlichen Ausländerbehörde gem. § 31 Abs. 1 zu treffenden Zustimmungsentscheidung gegenüber der Auslandsvertretung; zur Statthaftigkeit der Untätigkeitsklage in vorliegendem Zusammenhang schließlich OVG Bln-Bbg BeckRS 2019, 14276 Rn. 4). Obschon im Falle der Verweigerung der Zustimmung die Auslandsvertretung rechtlich gehindert ist, das Visum zu erteilen (s. BVerwGE 70, 127 = BeckRS 9998, 45175), wird ein ohne Zustimmung der Ausländerbehörde erteiltes Visum für rechtswidrig und deswegen rücknehmbar, nicht aber für nichtig erachtet (GK-AufenthG/Funke-Kaiser AufenthG § 6 Rn. 170 unter Hinweis auf § 44 Abs. 3 Nr. 4 VwVfG; HTK-AuslR/Fehrenbacher Abs. 1 Rn. 12). Gewissermaßen umgekehrt kommt entsprechend § 45 Abs. 1 Nr. 5, Abs. 2 VwVfG eine Heilung durch nachträgliche Zustimmung in Betracht (GK-AufenthG/Funke-Kaiser AufenthG § 6 Rn. 170 mit dem Hinweis, eine Anfechtung des Visums durch die zuständige Ausländerbehörde scheide mangels Verletzung in eigenen Rechten aus). Eine in der Praxis übliche Nachfrage der Auslandsvertretung in Fällen, in denen kein Zustimmungserfordernis nach § 31 Abs. 1 besteht, ob Tatsachen einer Erteilung des Visums entgegenstehen könnten, wird regelmäßig nicht als ausreichend für die Einhaltung des Zustimmungsverfahrens erachtet (GK-AufenthG/Funke-Kaiser AufenthG § 6 Rn. 179). Fraglich dürfte auch sein, ob ein Schweigen der Ausländerbehörde als konkludente Zustimmung nach § 31 Abs. 1 gewertet werden kann (s. VG Berlin BeckRS 2014, 59058). Wird die Zustimmung versagt, kann die Auslandsvertretung lediglich ein anderes, nicht zustimmungsbedürftiges Visum erteilen (GK-AufenthG/Funke-Kaiser

AufenthG § 6 Rn. 171). Sofern die Auslandsvertretung die Ablehnung eines beantragten Visums beabsichtigt, bedarf es einer Wahrung des Zustimmungserfordernisses überdies nicht. Denn nur die Erteilung, nicht aber die Versagung des Visums ist zustimmungsbedürftig (GK-AufenthG/ Funke-Kaiser AufenthG § 6 Rn. 171; sa HTK-AuslR/Fehrenbacher Abs. 1 Rn. 12). Ferner ist die Auslandsvertretung auch nicht an eine erteilte Zustimmung gebunden (dazu, dass auch in einem die Visumerteilung betreffenden verwaltungsgerichtlichen Verfahren keine Bindungswirkung besteht, VG Berlin BeckRS 2014, 58222), weswegen sie die Erteilung eines Visums auch im Falle des Vorliegens einer Zustimmung (aus anderen Gründen) ablehnen kann (zu § 5 Abs. 5 DVAuslG BVerwG NVwZ 1985, 497 f.; zu § 31 GK-AufenthG/Funke-Kaiser AufenthG § 6 Rn. 171; HTK-AuslR/Fehrenbacher Abs. 1 Rn. 12). In der Sache hat die Ausländerbehörde über die Erteilung der Zustimmung wie im Falle einer Entscheidung über die Erteilung einer Aufenthaltserlaubnis zu befinden, ohne dass die Zustimmung dadurch selbstständig einklagbar würde (zu § 5 Abs. 5 DVAuslG BVerwGE 70, 127 = BeckRS 9998, 45175; zu § 31 GK-AufenthG/ Funke-Kaiser AufenthG § 6 Rn. 172). Mit dem Zustimmungsverfahren wird folglich eine umfassende Feststellung des entscheidungserheblichen Sachverhalts im Inland sichergestellt (HTK-AuslR/Fehrenbacher Abs. 1 Rn. 12; zur Frage der Prüfung von Integrationsaspekten VG Berlin BeckRS 2020, 100 Rn. 16 f.; Beschl. v. 16.1.2020 – 38 L 502.19 V). Im Hinblick auf grundsätzlich zulässige und mögliche Nebenbestimmungen iSd § 12 Abs. 2 AufenthG kann eine Zustimmung auch mit bestimmten Einschränkungen verbunden werden, wonach das Visum mit einer oder mehreren Nebenbestimmungen zu versehen ist, woran die Auslandsvertretung wiederum gebunden ist (GK-AufenthG/Funke-Kaiser AufenthG § 6 Rn. 173; zum Ganzen auch Teipel ZAR 1995, 162 (164)).

Darüber hinaus ist fraglich, ob die Ausländerbehörde ihre Zustimmung befristet erteilen kann. **4** Nr. 6.4 AufenthGAVwV enthält dazu anders als Nr. 64.4.1.2. AuslG-VwV keine ausdrückliche Regelung (mehr). Nach Nr. 64.4.1.2. AuslG-VwV sollte die Zustimmung der Ausländerbehörde abgesehen von begründeten Ausnahmefällen, in denen diese eine abweichende Frist bestimmen konnte und auch ausdrücklich bestimmen musste, (nur) für die Dauer von sechs Monaten wirksam bleiben. Nach Ablauf der ab dem Datum der Erteilung der Zustimmung laufenden Frist sollte die Auslandsvertretung das Visum nicht mehr erteilen dürfen, wobei ein gleichwohl erteiltes Visum zwar verfahrensfehlerhaft und damit rechtswidrig, nichtsdestotrotz aber – solange es nicht zurückgenommen wurde – das nach § 5 Abs. 2 S. 1 Nr. 1 AufenthG erforderliche Visum sein sollte (GK-AufenthG/Funke-Kaiser AufenthG § 6 Rn. 177 mit dem Hinweis, auch weiterhin sei davon auszugehen, dass die Zustimmung nur befristet erteilt werden könne). Unsicher ist des Weiteren, wie zu verfahren ist, wenn die Ausländerbehörde ihre Zustimmung nachträglich, dh nach Erteilung des Visums widerruft. Insoweit soll sich aus dem Grundsatz, dass mit Wirksamwerden des Verwaltungsakts ein Mitwirkungsakt nicht mehr zurückgezogen werden kann, ergeben, dass ein erteiltes Visum nicht nachträglich rechtswidrig wird. Auch wird § 71 Abs. 3 Nr. 3 AufenthG insoweit keine Bedeutung beigemessen, da die Vorschrift – so die Argumentation – lediglich eine Zuständigkeitsregelung zugunsten der mit der Kontrolle des grenzüberschreitenden Verkehrs beauftragten Behörden zum Widerruf eines mit Zustimmung der Ausländerbehörde ausgestellten Visums auf deren Ersuchen begründe, nicht aber die Voraussetzungen eines entsprechenden Widerrufs (des Visums) regele (GK-AufenthG/Funke-Kaiser AufenthG § 6 Rn. 178 unter Hinweis darauf, dass nach Nr. 52.1.3.3 AufenthGAVwV ein Widerruf gegenüber der Grenzbehörde bis zur Einreise des Ausländers möglich ist; sa Bergmann/Dienelt/Winkelmann AufenthG § 6 Rn. 66 mit dem Hinweis, die Zustimmung sei bis zur Erteilung des Visums rücknehmbar oder widerrufbar, falls die Voraussetzungen nicht vorgelegen hätten oder nachträglich entfallen seien, während später die Rücknahme ausgeschlossen sei; zum Ganzen auch Teipel ZAR 1995, 162 (164); ferner VG Würzburg BeckRS 2012, 55301 mit dem Hinweis, dass sich nach dem Zustimmungserteilung tatsächliche Umstände verändern könnten).

Sachlich zuständig für die Erteilung einer notwendigen Zustimmung ist grundsätzlich die untere **5** Ausländerbehörde (GK-AufenthG/Funke-Kaiser AufenthG § 6 Rn. 167). Abweichend davon bestimmt § 32, dass ein Visum nicht der Zustimmung der Ausländerbehörde nach § 31 bedarf, wenn die oberste Landesbehörde der Visumerteilung zugestimmt hat; erfasst sollen von dieser Regelung Fälle sein, mit denen die oberste Landesbehörde bereits anderweitig befasst war oder in denen sie aufgrund anderer Regelungen ohnehin die Zustimmung zur Erteilung des Aufenthaltstitels erteilen muss (GK-AufenthG/Funke-Kaiser AufenthG § 6 Rn. 167). Die örtliche Zuständigkeit bestimmt sich grundsätzlich nach dem beabsichtigten Aufenthaltsort (GK-AufenthG/Funke-Kaiser AufenthG § 6 Rn. 168). Eine diesbezügliche Ausnahmeregelung enthält § 31 Abs. 2 S. 1, wonach die Zustimmung zur Visumerteilung auch von der Ausländerbehörde erteilt werden kann, die für den Sitz der vermittelnden Stelle zuständig ist, wenn der Aufenthalt des Ausländers von einer öffentlichen Stelle mit Sitz im Bundesgebiet vermittelt wird. Durch die Verwendung des Begriffs „auch" im Wortlaut der Vorschrift wird eine parallele Zuständigkeit der Ausländerbehörde am Sitz der vermittelnden öffentlichen Stelle (wie der Bundesagentur für Arbeit oder bestimmter Wissenschaftsorganisationen) begründet (BR-Drs. 731/04, 180; GK-AufenthG/Funke-Kaiser AufenthG § 6 Rn. 168). Die in § 11 Abs. 3 DVAuslG noch nicht enthaltene Beschränkung auf öffentliche Stellen trägt nach der Begründung des Verordnungsentwurfs der Befürchtung Rechnung, dass infolge der erweiterten Zulassung der privaten Arbeitsvermittlung in unvertretbar vielen Fällen ein Auseinanderfallen der örtlichen Zuständigkeit von Ausländerbehörde und Arbeitsagentur zu erwarten sein könnte (BR-Drs. 731/04, 180). Zum Zwecke der Unterrichtung der nach der Einreise zuständigen Ausländerbehörde ist die Anwendung der Regelung sowie die Ausländerbehörde, die die Zustimmung erteilt hat, gem. § 31 Abs. 2 S. 2 im Visum anzugeben (BR-Drs. 731/04, 180).

C. Notwendigkeit einer Zustimmung zur Visumerteilung

I. Aufenthalt zu anderen Zwecken als zur Erwerbstätigkeit oder zur Arbeitsplatz- oder Ausbildungsplatzsuche länger als 90 Tage im Bundesgebiet

6 § 31 Abs. 1 S. 1 enthält (in Übereinstimmung mit § 11 Abs. 1 DVAuslG) zunächst drei Fallgestaltungen, in denen eine Zustimmung der Ausländerbehörde zur Visumerteilung notwendig ist. § 31 Abs. 1 S. 2–5 enthält diesbezüglich sodann modifizierende Regelungen. Nach § 31 Abs. 1 S. 1 Nr. 1 ist eine Zustimmung der Ausländerbehörde zur Visumerteilung dann erforderlich, wenn sich der Ausländer zu anderen Zwecken als zur Erwerbstätigkeit oder zur Arbeitsplatz- oder Ausbildungsplatzsuche (wobei die Inbezugnahme der Ausbildungsplatzsuche gem. Art. 6 Abs. 4 der Verordnung zur Änderung der Beschäftigungsverordnung und der Aufenthaltsverordnung v. 23.3.2020, BGBl. I 655, am 2.3.2025 außer Kraft tritt, da die diesbezügliche Regelung des § 17 Abs. 1 AufenthG gem. Art. 54 Abs. 2 FachkEinwG ihrerseits befristet ist und mit dem Außerkrafttreten dieser Regelung zur Ausbildungsplatzsuche auch die betreffende Änderung des § 31 Abs. 1 S. 1 Nr. 1 rückgängig gemacht wird, s. BR-Drs. 110/20, 37) länger als 90 Tage im Bundesgebiet aufhalten will. Vorrangige Bedeutung kommt dabei der Maßgabe einer beabsichtigten Aufenthaltsdauer von mehr als 90 Tagen zu. Die Regelung knüpft damit an § 6 Abs. 3 AufenthG an, wonach ein Visum für längerfristige Aufenthalte als nationales Visum vor der Einreise erteilt wird. Derartige Visa bedürfen nach der Regelungskonzeption des § 31 Abs. 1 S. 1 Nr. 1 grundsätzlich der Zustimmung der Ausländerbehörde, soweit die Aufenthaltsverordnung keine speziellen Ausnahmen vorsieht (HTK-AuslR/Fehrenbacher Abs. 1 Rn. 4). Dies gilt nach der Vorschrift allerdings nur dann, wenn es sich um einen Aufenthalt zu anderen Zwecken als zur Erwerbstätigkeit oder zur Arbeitsplatz- oder Ausbildungsplatzsuche handelt. Dies erklärt sich daraus, dass § 31 Abs. 1 S. 1 Nr. 2 eine Regelung für entsprechende Fälle enthält. Demzufolge kann die Regelung des § 31 Abs. 1 S. 1 Nr. 1 wohl nicht dahingehend verstanden werden, dass Visa grundsätzlich zustimmungsfrei erteilt werden können, wenn sich der Ausländer zur Beschäftigung oder zur Arbeitsplatz- oder Ausbildungsplatzsuche länger als 90 Tage im Bundesgebiet aufhalten will (s. aber HTK-AuslR/Fehrenbacher Abs. 1 Rn. 5). Zwar sind Visa zur Arbeitsplatzsuche gem. § 20 AufenthG und zur Ausbildungsplatzsuche gem. § 17 Abs. 1 AufenthG in § 31 Abs. 1 S. 1 Nr. 2 nicht genannt und bedürfen daher nicht der Zustimmung der Ausländerbehörde (HTK-AuslR/Fehrenbacher Abs. 1 Rn. 6). In den in § 31 Abs. 1 S. 1 Nr. 2 genannten Fällen ist indes gerade wegen einer beabsichtigten Erwerbstätigkeit die Erteilung einer Zustimmung der Ausländerbehörde im Visumverfahren erforderlich.

7 Ersichtlich kommt es hinsichtlich der Aufenthaltsdauer von mehr als 90 Tagen iSd § 31 Abs. 1 S. 1 Nr. 1 auf die Absicht des Betreffenden an (zur Bedeutung subjektiver Absichten im Anwendungsbereich des § 15 → § 15 Rn. 8 ff.). Von einer entsprechenden Aufenthaltsdauer soll überdies auch dann auszugehen sein, wenn bei einer sachgerechten Prognose ungewiss ist, ob der beabsichtigte Aufenthaltszweck innerhalb von 90 Tagen überhaupt erfüllt werden kann. Denn nur bei einer solchen Interpretation könne – so die Argumentation – dem Zweck des Zustimmungserfordernisses sachgerecht Rechnung getragen werden. Dem Ausländer obliege in Zweifelsfällen die Darlegung, dass er den Zweck innerhalb von drei Monaten erreichen könne und werde (GK-AufenthG/Funke-Kaiser AufenthG § 6 Rn. 162). Ferner kommt es grundsätzlich darauf an, dass die betreffende Absicht zum Zeitpunkt der Antragstellung und/oder Visumerteilung bestand. Wurde ein Visum ohne Zustimmung der Ausländerbehörde erteilt und entschließt sich der Betreffende danach zu einem Aufenthalt iSv § 31 Abs. 1 S. 1 Nr. 1, reist er — nicht anders als dann, wenn eine dahingehende Absicht von vornherein bestand — zumindest nicht gem. § 14 Abs. 1

Nr. 2 ohne den nach § 4 AufenthG erforderlichen Aufenthaltstitel ein, da die Vorschrift des § 31 Abs. 1 S. 1 Nr. 1 gerade auch den subjektiven Vorstellungen des Ausländers rechtliche Relevanz beimisst (GK-AufenthG/Funke-Kaiser AufenthG § 6 Rn. 161). Indes liegt in einem solchen Fall bei einer Beantragung der Erteilung eines (weiteren) Aufenthaltstitels die Voraussetzung des § 5 Abs. 2 S. 1 Nr. 1 AufenthG nicht vor, wonach die Erteilung eines Aufenthaltstitels voraussetzt, dass der Ausländer mit dem erforderlichen Visum eingereist ist, sodass lediglich die Möglichkeit der Berufung auf § 39 S. 1 Nr. 3 oder § 5 Abs. 2 S. 2 AufenthG verbleibt (GK-AufenthG/Funke-Kaiser AufenthG § 6 Rn. 161 mit dem Hinweis, dass ausgehend von der Rspr. des BVerwG, wonach sich die Beantwortung der Frage, welches Visum iSv § 5 Abs. 2 S. 1 Nr. 1 AufenthG als das erforderliche Visum anzusehen ist, nach dem Aufenthaltszweck, der mit der im Bundesgebiet beantragten Aufenthaltserlaubnis verfolgt wird, bestimmt, s. zuletzt BVerwGE 138, 353 = BeckRS 2011, 48919, die Voraussetzung des § 5 Abs. 2 S. 1 Nr. 1 AufenthG mithin auch dann nicht vorliege, wenn der Betreffende den Entschluss erst nach der Einreise fasse).

II. Aufenthalt aus Gründen der Erwerbstätigkeit

Neben § 31 Abs. 1 S. 1 Nr. 1 regelt § 31 Abs. 1 S. 1 Nr. 2 weitere Fallgruppen, in denen die **8** Erteilung eines Visums eine Zustimmung der Ausländerbehörde voraussetzt. Gemeinsam ist diesen im Einzelnen benannten Fallgruppen das Bestehen einer Absicht, im Bundesgebiet einer bestimmten Erwerbstätigkeit nachgehen zu wollen. Schon grundsätzlich ist dabei allerdings zu berücksichtigen, dass einzelne Erwerbstätigkeiten gar nicht als Erwerbstätigkeit im Sinne des Aufenthaltsrechts gelten, so dass diese auch mit einem nicht zustimmungspflichtigen sog. Schengen-Visum ausgeübt werden können (HTK-AuslR/Fehrenbacher Abs. 1 Rn. 2, 7 unter Hinweis auf § 37, §§ 15a, 30 BeschV sowie – was fraglich sein dürfte – § 17 Abs. 2 S. 4). Bei allen anderen – in § 31 Abs. 1 S. 1 Nr. 2 nicht genannten – Erwerbstätigkeiten ist überdies keine Zustimmung der Ausländerbehörde erforderlich und zwar unabhängig von der beabsichtigten Aufenthaltsdauer und unabhängig davon, ob die Zulassung der Beschäftigung der Zustimmung der Arbeitsagentur bedarf (HTK-AuslR/Fehrenbacher Abs. 1 Rn. 8).

Im Einzelnen bedarf nach § 31 Abs. 1 S. 1 Nr. 2 lit. a die Erteilung eines Visums zum **9** Zwecke der beabsichtigten Ausübung einer selbstständigen Erwerbstätigkeit ausnahmslos einer Zustimmung der Ausländerbehörde. Hinsichtlich einer beabsichtigten unselbstständigen Erwerbstätigkeit (zum Anwendungsbereich der Regelung GK-AufenthG/Funke-Kaiser AufenthG § 6 Rn. 164) bedarf es gem. § 31 Abs. 1 S. Nr. 2 lit. b demgegenüber nur im Falle einer Beschäftigung iSd § 19c Abs. 3 AufenthG einer Zustimmung – mithin dann, wenn es sich um eine Beschäftigung handelt, die eine qualifizierte Berufsausbildung voraussetzt und im begründeten Einzelfall ein öffentliches, insbesondere ein regionales, wirtschaftliches oder arbeitsmarktpolitisches Interesse an der Beschäftigung besteht. Darüber hinaus bedarf die Erteilung eines Visums gem. § 31 Abs. 1 S. 1 Nr. 2 lit. c in Fällen einer beabsichtigten sonstigen Beschäftigung der Zustimmung der Ausländerbehörde, wenn der Ausländer sich entweder bereits zuvor auf der Grundlage einer Aufenthaltserlaubnis, die nicht der Saisonbeschäftigung diente (womit Saisonarbeiter iSv § 15a BeschV auch im Falle der Wiedereinreise vom Erfordernis einer Zustimmung der Ausländerbehörde ausgenommen werden, s. HTK-AuslR/Fehrenbacher Abs. 1 Rn. 7), einer Blauen Karte EU, einer ICT-Karte, einer Mobilen-ICT-Karte, einer Niederlassungserlaubnis, einer Erlaubnis zum Daueraufenthalt-EG, einer Duldung oder einer Aufenthaltsgestattung im Bundesgebiet aufgehalten hat oder wenn gegen ihn aufenthaltsbeendende Maßnahmen erfolgt sind. Allerdings gilt in den Fällen des § 31 Abs. 1 S. 1 Nr. 2 lit. c gem. § 31 Abs. 1 S. 4 die Fiktion der Zustimmung binnen zehn Tage nach Übermittlung der Daten des Visumantrages iSd § 31 Abs. 1 S. 3 (→ Rn. 13). Dies soll dem Umstand Rechnung tragen, dass die Aktenversendung, die erforderlich wird, wenn der Ausländer in den Bereich einer anderen Ausländerbehörde einreisen möchte, erheblichen Zeitbedarf auslöst. Durch die Geltung des Schweigefristverfahrens auch für die Visumanträge von Fachkräften (und Familienangehörigen) soll den Ausländerbehörden die Möglichkeit belassen werden, das Ausländerzentralregister einzusehen und zu bewerten, ob zusätzlich die Ausländerakte herangezogen werden soll, um den Fall besser beurteilen zu können. Zugleich soll eine Beschleunigung der Verfahren bewirkt werden, da sich die Ausländerbehörden innerhalb von zehn Tagen zu dem jeweiligen Fall äußern müssen, gilt andernfalls die Zustimmung doch als erteilt (BR-Drs. 534/15, 16). Im Ergebnis ist bei einer beabsichtigten sonstigen unselbstständigen Erwerbstätigkeit eine Zustimmung der Ausländerbehörde im Visumverfahren mithin dann nicht erforderlich, wenn sich der Betroffene zuvor noch nicht im Bundesgebiet aufgehalten hat (GK-AufenthG/Funke-Kaiser AufenthG § 6 Rn. 164). Bei visumfreien Voraufenthalten, Aufenthalten mit einem Schengen-Visum oder einem nationalen Visum erfolgt mangels einer Nennung in § 31 Abs. 1 S. 1 Nr. 2

ebenfalls keine Beteiligung der Ausländerbehörde (HTK-AuslR/Fehrenbacher Abs. 1 Rn. 9). Schließlich bedarf gem. § 31 Abs. 1 S. 1 Nr. 2 lit. d, der durch die Verordnung zur Änderung der Beschäftigungsverordnung und der Aufenthaltsverordnung mWz 1.10.2020 Eingang in die Vorschrift gefunden hat, die Erteilung eines Visums auch dann einer Zustimmung der Ausländerbehörde, wenn der Ausländer im Bundesgebiet eine Beschäftigung gem. § 14 Abs. 1a BeschV ausüben will und er dabei einen Fall des § 14 Abs. 1a S. 2 BeschV geltend macht. Die Regelung des § 14 Abs. 1a BeschV zu Personen, die aus vorwiegend religiösen Gründen beschäftigt werden, sieht in § 14 Abs. 1a S. 2 BeschV eine Ausnahmeregelung vor, um den Fällen Rechnung zu tragen, in denen es dem aus religiösen Gründen Beschäftigten aufgrund besonderer Umstände des Einzelfalles nicht möglich oder nicht zumutbar ist, vor der Einreise Bemühungen zum Erwerb hinreichender bzw. – während der Übergangsfrist – einfacher Kenntnisse der deutschen Sprache zu unternehmen. Eine Unzumutbarkeit kann nach der Begründung des Entwurfs der Verordnung zur Änderung der Beschäftigungsverordnung und der Aufenthaltsverordnung etwa dann angenommen werden, wenn über eine Zeitspanne von mehr als einem Jahr vor der Einreise besondere Umstände vorliegen, die das Erlernen der Sprache verhindern, ohne dass diese der angestrebten Tätigkeit aus vorwiegend religiösen Gründen in der Bundesrepublik Deutschland entgegenstehen. Zu berücksichtigen sollen dabei Krankheiten, außergewöhnliche familiäre Belastungen oder ähnliche Umstände, nicht aber finanzielle Aspekte sein. Darüber hinaus sind hinreichende bzw. – während der Übergangsfrist – einfache deutsche Sprachkenntnisse vor der Einreise in die Bundesrepublik Deutschland auch dann nicht erforderlich, wenn in Abwägung der Gesamtumstände das Sprachnachweiserfordernis im Einzelfall eine besondere Härte darstellen würde. Eine besondere Härte liegt nach der Begründung des Entwurfs der Verordnung zur Änderung der Beschäftigungsverordnung und der Aufenthaltsverordnung etwa vor, wenn eine Gemeinde belegt, dass nur der konkrete Geistliche die Ausübung von Glaubenshandlungen wahrnehmen kann, diesem der Spracherwerb vor Einreise über einen angemessenen Zeitraum, regelmäßig über sechs Monate aber nicht möglich oder nicht zumutbar ist. Die betreffende Gemeinde soll – so die Begründung des Entwurfs der Verordnung zur Änderung der Beschäftigungsverordnung und der Aufenthaltsverordnung weiter – den Bedarf an einem konkreten Geistlichen insbesondere dadurch belegen können, dass es ihr trotz Bemühens nicht gelungen ist, die Stelle des Geistlichen mit Deutsch sprechendem Personal zu besetzen. Nach längstens sechs Monaten Suche soll davon auszugehen sein, dass es nicht gelingt, die Stelle anderweitig zu besetzen. Die Klärung der inlandsbezogenen Sachverhalte (etwa gemeindebezogener Fragen) obliegt dabei der örtlich zuständigen Ausländerbehörde, der Auslandsvertretung die Klärung der auslandsbezogenen Sachverhalte (etwa die Unzumutbarkeit oder Unmöglichkeit des Spracherwerbs durch den Antragsteller; BR-Drs. 110/20, 33).

10 Zu § 31 Abs. 1 S. 1 Nr. 2 lit. b enthält § 31 Abs. 1 S. 2 und S. 4 ergänzende Regelungen, die mit der Verordnung zur Änderung der Aufenthaltsverordnung und der AZRG-Durchführungsverordnung (v. 18.12.2015, BGBl. I 2467) der Vorschrift angefügt wurden. Nach § 31 Abs. 1 S. 1 bedarf das Visum des Ehegatten oder Lebenspartners und der minderjährigen Kinder eines Ausländers, der eine sonstige Beschäftigung ausüben will, unter im Einzelnen benannten Voraussetzungen in der Regel nicht der Zustimmung der Ausländerbehörde. Voraussetzung dafür ist gem. § 31 Abs. 1 S. 2 Nr. 1 insbesondere, dass das Visum des Ausländers nicht der Zustimmungsbedürftigkeit gem. § 31 Abs. 1 S. 1 Nr. 2 lit. c unterfällt. In diesen Fällen bedarf folglich auch die Erteilung des Visums des Ehegatten oder Lebenspartners und der minderjährigen Kinder eines Ausländers einer Zustimmung durch die Ausländerbehörde, wobei gem. § 31 Abs. 1 S. 4 auch insoweit die Fiktion der Zustimmung binnen zehn Tagen nach Übermittlung der Daten des Visumantrages iSd § 31 Abs. 1 S. 3 (→ Rn. 13) gilt. Nach der Begründung des Entwurfs der Verordnung zur Änderung der Aufenthaltsverordnung und der AZRG-Durchführungsverordnung reagiert der Verordnungsgeber damit darauf, dass sich nach der Deregulierung des Zustimmungserfordernisses im Bereich der Erwerbstätigkeit gezeigt hatte, dass sich der Anteil der verheirateten oder in Lebenspartnerschaft lebenden Ausländer, die zum Zweck der Beschäftigung einreisen, gegenüber der vormaligen Lage erhöht hatte und die insoweit zuvor noch erforderliche Zustimmung der Ausländerbehörde zur Visumerteilung an den die ausländische Fachkraft begleitenden Ehegatten oder Lebenspartner das Visumverfahren in den Fällen verzögerte, in denen die Fachkraft die gemeinsame Einreise beabsichtigte. Das Ziel der Einreisebeschleunigung könne daher – so die Schlussfolgerung – in den betreffenden Fällen nicht erreicht werden. Mit der Maßgabe, dass insoweit „in der Regel" auf die Zustimmung der Ausländerbehörde verzichtet wird, könnten – so die Begründung wohl im Sinne eines intendierten Ermessens – besondere Familienkonstellationen oder besondere Umstände des Einzelfalls berücksichtigt werden, in denen die Prüfung aller Visumerteilungsvoraussetzungen nicht abschließend von der deutschen Auslandsvertretung durchgeführt werden könne und Inlandssachverhalte durch die örtlich zuständige Ausländerbehörde geprüft werden müssten. Nicht verzichtet werden könne überdies auf die in § 31 Abs. 1 S. 2 Nr. 3 normierte Voraussetzung, dass Visumanträge in zeitlichem Zusammenhang gestellt würden. Ein solcher Zusammenhang sei dann anzunehmen, wenn Visumanträge zwar nicht am gleichen Tag gestellt würden, aber zu erwarten sei, dass eine gemeinsame Einreise erfolgen werde. Eine gemeinsame Einreise liege dabei auch dann vor, wenn die Einreise nicht am gleichen Tag, sondern in der Geltungsdauer des erteilten Einreisevisums der Fachkraft, somit in der Regel innerhalb von drei Monaten, erfolgen solle (BR-Drs. 534/15, 15 f.).

III. Anordnung der Zustimmungsbedürftigkeit durch das Bundesministerium des Innern, für Bau und Heimat

Schließlich ist eine Zustimmung der Ausländerbehörde im Visumverfahren gem. § 31 Abs. 1 **11** S. 1 Nr. 3 erforderlich, wenn Daten des Ausländers nach § 73 Abs. 1 S. 1 AufenthG an die Sicherheitsbehörden übermittelt werden, soweit das Bundesministerium des Innern, für Bau und Heimat die Zustimmungsbedürftigkeit unter Berücksichtigung der aktuellen Sicherheitslage angeordnet hat. Allein aufgrund der Übermittlung von Daten gem. § 73 Abs. 1 S. 1 AufenthG ist die Erteilung eines Visums mithin noch nicht zustimmungsbedürftig. Vielmehr kommt es zwar nicht auf die Dauer und den Zweck des geplanten Aufenthalts an, eine Zustimmung der Ausländerbehörde im Visumverfahren ist gleichwohl nur dann erforderlich, wenn zuvor das Bundesministerium des Innern, für Bau und Heimat unter Beachtung der allgemeinen Sicherheitslage im konkreten Fall die Zustimmungsbedürftigkeit angeordnet hat (GK-AufenthG/Funke-Kaiser AufenthG § 6 Rn. 165).

In den Fällen des § 31 Abs. 1 S. 1 Nr. 3 gilt gem. § 31 Abs. 1 S. 3 die Zustimmung als erteilt, **12** wenn nicht die Ausländerbehörde der Erteilung des Visums binnen zehn Tagen nach Übermittlung der Daten des Visumantrages an sie widerspricht oder die Ausländerbehörde im Einzelfall innerhalb dieses Zeitraums der Auslandsvertretung mitgeteilt hat, dass die Prüfung nicht innerhalb dieser Frist abgeschlossen ist. Dadurch soll eine Verfahrensbeschleunigung in den Fällen erreicht werden, in denen auch für Kurzaufenthalte aus Sicherheitsgründen die Zustimmung der Ausländerbehörde einzuholen ist. Insoweit wird – ausweislich der Begründung des Verordnungsentwurfs – berücksichtigt, dass in der Praxis die Auslandsvertretungen die Daten des Visumantrages zumeist elektronisch übermitteln, diese Daten – ergänzt um Informationen aus dem Ausländerzentralregister und aus dem Schengener Informationssystem – in ein Formular einfügt werden, das dann wiederum automatisiert an die Ausländerbehörden weitergeleitet wird. Die Zeitpunkte des Abgangs der Anfrage von der Auslandsvertretung und des Eingangs bei der Ausländerbehörde seien – so die Begründung – damit fast identisch (BR-Drs. 731/04, 180). Gleichwohl dürfte der Begriff der Übermittlung nicht den Vorgang des Absendens oder Übersendens meinen, sondern den Eingang bei der Ausländerbehörde (GK-AufenthG/Funke-Kaiser AufenthG § 6 Rn. 176 mit dem Hinweis, dass andernfalls die Frist bereits zum Zeitpunkt des Eingangs abgelaufen sein könne). Sofern ein Visumantrag sowohl dem Zustimmungserfordernis des § 31 Abs. 1 S. 1 Nr. 1 bzw. Nr. 2 und dem mit fingierter Zustimmung versehenen Zustimmungsvorbehalt nach § 31 Abs. 1 S. 1 Nr. 3 unterfällt, sollen trotz Zustimmungsfiktion die sicherheitsmäßigen Bedenken im Rahmen der weiteren Zustimmung nach § 31 Abs. 1 S. 1 Nr. 1 bzw. Nr. 2 berücksichtigt werden können (HTK-AuslR/Fehrenbacher Abs. 1 Rn. 11).

IV. Zustimmungsfiktion nach § 31 Abs. 1 S. 5

Über die auf § 31 Abs. 1 S. 1 Nr. 2 lit. c, Nr. 3 bezogenen Fälle der Zustimmungsfiktion nach **13** § 31 Abs. 1 S. 3 und S. 4 hinaus enthält § 31 Abs. 1 S. 5 eine weitere Zustimmungsfiktion betreffend Visaverfahren für einen Studienaufenthalt (§ 16b Abs. 1, Abs. 5 AufenthG), eine Studienbewerbung (§ 17 Abs. 2 AufenthG) sowie einen Forschungsaufenthalt (§ 18d AufenthG). Zu berücksichtigen ist insoweit, dass bestimmte Visaverfahren ohnehin gem. § 34 S. 1 Nr. 3–5 zustimmungsfrei sind (GK-AufenthG/Funke-Kaiser AufenthG § 6 Rn. 176). Darüber hinaus gilt gem. § 31 Abs. 1 S. 5 die Zustimmung ebenfalls als erteilt, wenn der Zustimmung nicht innerhalb von drei Wochen und zwei Werktagen widersprochen wurde (HTK-AuslR/Fehrenbacher Abs. 1 Rn. 11). Dadurch sollte ausweislich der Begründung des Verordnungsentwurfs Nr. 28.5.1.1.2 AuslG-VwV in eine verordnungsrechtliche Regelung überführt werden (BR-Drs. 731/04, 180). Gemäß Nr. 6.4.3.4 AufenthGAVwV ist die Regelung des § 31 Abs. 1 S. 5 überdies als abschließend zu verstehen, sodass weitergehend die Annahme einer Zustimmungsfiktion nicht in Betracht kommt (GK-AufenthG/Funke-Kaiser AufenthG § 6 Rn. 176).

D. Vorabzustimmung

14 § 31 Abs. 3 betrifft das schon zuvor in der Verwaltungspraxis bedeutsame (BR–Drs. 731/04, 180; sa GK–AufenthG/Funke-Kaiser AufenthG § 6 Rn. 174) Instrument der Vorabzustimmung: Die Ausländerbehörde kann insbesondere im Fall eines Anspruchs auf Erteilung eines Aufenthaltstitels, eines öffentlichen Interesses (dazu schon Nr. 64.4.5.1 AuslG-VwV), in den Fällen der §§ 18a, 18b, 18c Abs. 3, 19, 19b, 19c oder 21 AufenthG, in denen aufgrund von § 31 Abs. 1 S. 1 Nr. 2 eine Zustimmung der Ausländerbehörde vorgesehen ist, oder in dringenden Fällen der Visumerteilung schon vor der Beantragung des Visums bei der Auslandsvertretung zustimmen. Da auch die Vorabzustimmung keinen eigenständigen Verwaltungsakt darstellt, handelt es sich auch bei ihrer Versagung nicht um einen Verwaltungsakt, weswegen diese nicht selbstständig mit Rechtsbehelfen angegriffen werden kann (BR–Drs. 731/04, 180; HTK-AuslR/Fehrenbacher Abs. 3 Rn. 1). Eine Vorabzustimmung ist wie jede Zustimmung (→ Rn. 3 f.) jedenfalls bis zur Erteilung des Visums auch rücknehmbar bzw. widerrufbar (GK-AufenthG/Funke-Kaiser AufenthG § 6 Rn. 174). Durch § 31 Abs. 3 werden schließlich ebenso wenig subjektive Rechte eingeräumt (GK-AufenthG/Funke-Kaiser AufenthG § 6 Rn. 174) und durch ihre Erteilung auch kein Vertrauensschutz oder ein Recht auf Einreise und Aufenthalt begründet (HTK-AuslR/ Fehrenbacher Abs. 3 Rn. 1; eingehend zum Ganzen zuletzt etwa OVG Bln-Bbg BeckRS 2019, 4848).

15 In § 31 Abs. 4 wird geregelt, welche Ausländerbehörde im Fall des beschleunigten Fachkräfteverfahrens nach § 81a AufenthG für die Erteilung der Vorabzustimmung zuständig ist. Mit § 81a AufenthG wurde durch das FachkEinwG (Fachkräfteeinwanderungsgesetz v. 15.8.2019, BGBl. I 1307) die Möglichkeit geschaffen, dass ein Arbeitgeber in Vollmacht eines Ausländers, der zu einem Aufenthaltszweck nach §§ 16a, 16d, 18a, 18b und 18c Abs. 3 AufenthG einreisen will, die Durchführung eines beschleunigten Fachkräfteverfahrens beantragen kann. Diese gesetzliche Regelung zur Erteilung einer Vorabzustimmung vor Durchführung des Visumverfahrens überlagert die Bestimmungen des § 31 Abs. 1 auch insoweit, als dieses Vorabzustimmungsverfahren auf alle Ausländer anzuwenden ist, für die die Durchführung eines beschleunigten Fachkräfteverfahrens beantragt wird. Das Erfordernis der Vorabzustimmung beschränkt sich somit nicht nur auf die in § 31 Abs. 1 Nr. 2 genannten Fälle und insbesondere nicht nur auf die in § 31 Abs. 1 Nr. 2 lit. c genannten Fallgestaltungen des Voraufenthalts im Bundesgebiet. § 81a Abs. 3 S. 1 Nr. 6 AufenthG sieht in diesem Zusammenhang vor, dass die zuständige Ausländerbehörde der Visumerteilung unverzüglich vorab zustimmt, sobald alle durch Behörden im Inland zu prüfenden Voraussetzungen, einschließlich der Feststellung der Gleichwertigkeit oder des Vorliegens der Vergleichbarkeit der Berufsqualifikation sowie der Zustimmung der Bundesagentur für Arbeit, vorliegen. Dazu zählt auch, dass durch die örtlich zuständige Ausländerbehörde die allgemeinen aufenthaltsrechtlichen Voraussetzungen geprüft wurden. Gemäß § 31 Abs. 1 S. 1 wäre die Ausländerbehörde am vorgesehenen Aufenthaltsort des Ausländers für diese Vorabzustimmung örtlich zuständig. Da im beschleunigten Fachkräfteverfahren der künftige Aufenthaltsort des Ausländers jedoch noch nicht bekannt ist, wird die örtliche Zuständigkeit für die Durchführung des beschleunigten Fachkräfteverfahrens der für den Ort der Betriebsstätte zuständigen Ausländerbehörde zugewiesen. Dies ist die örtliche Ausländerbehörde, wenn nicht in dem Land, in dem die Betriebsstätte belegen ist, für die Durchführung des beschleunigten Fachkräfteverfahrens nach § 81a AufenthG eine zentrale Ausländerbehörde (§ 71 Abs. 1 S. 3 AufenthG) zuständig ist (BR–Drs. 110/20, 33 f.).

16 Bezweckt wird mit der Möglichkeit der Erteilung einer Vorabzustimmung eine Verfahrensbeschleunigung, weswegen eine entsprechende Zustimmung insbesondere in von § 31 Abs. 3 in Bezug genommenen dringlichen Fällen in Betracht kommt, gleichwohl aber den Ausnahmefall bildet. Hinsichtlich des Kriteriums der Dringlichkeit dürfte sich eine Heranziehung des Gedankens der Unzumutbarkeit der Nachholung des Visumverfahrens iSd § 5 Abs. 2 S. 2 AufenthG (→ Rn. 16 f.) anbieten (sa VG Augsburg BeckRS 2012, 48345). Da grundlegend der Gedanke der Beschleunigung ist, soll nach der Begründung des Verordnungsentwurfs die Ausländerbehörde die Erteilung einer Vorabzustimmung aber vor allem wegen einer damit verbundenen besonderen Arbeitsbelastung auch versagen können (zum Ganzen BR–Drs. 731/04, 180 f. mit dem Hinweis, im Falle der Arbeitsmigration könne von der Vorabzustimmung Gebrauch gemacht werden, wenn es die Ausländerbehörden einem Arbeitgeber mit Sitz im Bundesgebiet zur Erleichterung des Verfahrens ermöglichen wollten, für den ausländischen Arbeitnehmer die Einreiseformalitäten zu erledigen und damit auch die erforderlichen Zustimmungen der Ausländerbehörde und der Arbeitsverwaltung einzuholen; ausf. zur Bedeutung des § 31 Abs. 3 für den Bereich der Arbeitsmigration Klaus ZAR 2013, 242 (247 f.)).

Die in § 31 Abs. 3 genannten Fälle, in denen die Ausländerbehörde eine Vorabzustimmung **17** erteilen kann, haben lediglich beispielhaften Charakter (GK-AufenthG/Funke-Kaiser AufenthG § 6 Rn. 174). Die Erteilung der Vorabzustimmung steht überdies im Ermessen der Ausländerbehörde (HTK-AuslR/Fehrenbacher Abs. 3 Rn. 2, 6 mit dem Hinweis, nach § 6 Abs. 2 AdÜbAG bestehe ausnahmsweise ein Anspruch auf Vorabzustimmung; ferner VG München BeckRS 2009, 49138; sa Klaus ZAR 2013, 242 (248) mit dem Hinweis, etwaige Ermessensfehler seien mit Blick darauf, dass es sich bei der Zustimmung der Ausländerbehörde um einen behördeninternen Mitwirkungsakt handele, nicht justiziabel). Da die Ausländerbehörden nach § 5 Abs. 2 S. 2 AufenthG unter bestimmten, dort geregelten Umständen vom Erfordernis des Visumverfahrens absehen können, muss ihnen nämlich erst recht im Zusammenhang mit der Erteilung von Vorabzustimmungen überdies eine hohe Flexibilität eingeräumt werden (BR-Drs. 731/04, 181).

Die Vorabzustimmung hat mit Blick auf § 5 Abs. 2 S. 2 AufenthG gewissermaßen umgekehrt **18** aber auch insoweit Bedeutung, als sich die Zumutbarkeit der Nachholung des Visumverfahrens auch danach richten kann, ob eine Vorabzustimmung erteilt worden ist oder sich die Ausländerbehörde zu deren Erteilung bereiterklärt hat. Denn die Dauer des Visumverfahrens richtet sich dann lediglich noch nach den bei der jeweiligen Auslandsvertretung vorherrschenden Umständen (s. etwa NdsOVG BeckRS 2009, 36319; OVG RhPf BeckRS 2012, 50178; ferner VG Saarbrücken BeckRS 2016, 51460 mit dem Hinweis, dass der Umstand, dass Botschaften nicht an die Vorabzustimmung gebunden seien und gegenteilige Entscheidungen treffen könnten, dem nicht entgegenstehe). Insoweit hat die Rechtsprechung formuliert, dass eine Ausländerbehörde, die im Rahmen ihres nach § 5 Abs. 2 S. 2 AufenthG bestehenden Ermessens rechtsfehlerfrei entscheidet, nicht von der Durchführung des Visumverfahrens abzusehen, durch die Erteilung der Vorabzustimmung dafür Sorge zu tragen haben soll, dass das Visumverfahren zügig betrieben werden kann (OVG Brem BeckRS 2010, 48719; 2010, 51799; 2010, 52709; 2011, 53540; 2012, 45794). Den maßgeblichen Bezugspunkt bildet dabei der Schutz von Ehe und Familie iSd Art. 6 GG, den das BVerfG zum Anlass für den Hinweis genommen hat, dass gerade im Falle von Kleinkindern auch schon eine verhältnismäßig kurze Trennungszeit die Nachholung des Visumverfahrens unzumutbar machen kann (grdl. BVerfG BeckRS 1999, 22630; 2002, 20891; ferner BeckRS 2008, 33618). Die die Vorabzustimmung betreffende Rechtsprechung wird in diesem Zusammenhang indes nicht dahingehend verstanden, dass sich aus § 31 Abs. 3 ein subjektives Recht des Einzelnen auf Erteilung einer Vorabzustimmung ergeben soll, da nicht von einem Anspruch des Ausländers ausgegangen werde, sondern nur davon, dass die Ausländerbehörde mit Blick auf Art. 6 GG „dafür Sorge zu tragen ha[be]", dass das Visumverfahren durch eine entsprechende Vorabzustimmung zügig betrieben werden könne (VG Würzburg BeckRS 2012, 55301).

Abschnitt 4. Einholung des Aufenthaltstitels im Bundesgebiet

§ 39 Verlängerung eines Aufenthalts im Bundesgebiet für längerfristige Zwecke

[1]Über die im Aufenthaltsgesetz geregelten Fälle hinaus kann ein Ausländer einen Aufenthaltstitel im Bundesgebiet einholen oder verlängern lassen, wenn
1.   er ein nationales Visum (§ 6 Absatz 3 des Aufenthaltsgesetzes) oder eine Aufenthaltserlaubnis besitzt,
2.   er vom Erfordernis des Aufenthaltstitels befreit ist und die Befreiung nicht auf einen Teil des Bundesgebiets oder auf einen Aufenthalt bis zu längstens sechs Monaten beschränkt ist,
3.   er Staatsangehöriger eines in Anhang II der Verordnung (EU) 2018/1806 aufgeführten Staates ist und sich rechtmäßig im Bundesgebiet aufhält oder ein gültiges Schengen-Visum für kurzfristige Aufenthalte (§ 6 Absatz 1 Nummer 1 des Aufenthaltsgesetzes) besitzt, sofern die Voraussetzungen eines Anspruchs auf Erteilung eines Aufenthaltstitels nach der Einreise entstanden sind, es sei denn, es handelt sich um einen Anspruch nach den §§ 16b, 16e oder 19e des Aufenthaltsgesetzes,
4.   er eine Aufenthaltsgestattung nach dem Asylgesetz besitzt und die Voraussetzungen des § 10 Abs. 1 oder 2 des Aufenthaltsgesetzes vorliegen,

5. seine Abschiebung nach § 60a des Aufenthaltsgesetzes ausgesetzt ist und er auf Grund einer Eheschließung oder der Begründung einer Lebenspartnerschaft im Bundesgebiet oder der Geburt eines Kindes während seines Aufenthalts im Bundesgebiet einen Anspruch auf Erteilung einer Aufenthaltserlaubnis erworben hat,

6. er einen von einem anderen Schengen-Staat ausgestellten Aufenthaltstitel besitzt und auf Grund dieses Aufenthaltstitels berechtigt ist, sich im Bundesgebiet aufzuhalten, sofern die Voraussetzungen eines Anspruchs auf Erteilung eines Aufenthaltstitels erfüllt sind; § 41 Abs. 3 findet Anwendung,

7. er seit mindestens 18 Monaten eine Blaue Karte EU besitzt, die von einem anderen Mitgliedstaat der Europäischen Union ausgestellt wurde, und er für die Ausübung einer hochqualifizierten Beschäftigung eine Blaue Karte EU beantragt. Gleiches gilt für seine Familienangehörigen, die im Besitz eines Aufenthaltstitels zum Familiennachzug sind, der von demselben Staat ausgestellt wurde wie die Blaue Karte EU des Ausländers. Die Anträge auf die Blaue Karte EU sowie auf die Aufenthaltserlaubnisse zum Familiennachzug sind innerhalb eines Monats nach Einreise in das Bundesgebiet zu stellen,

8. er die Verlängerung einer ICT-Karte nach § 19 des Aufenthaltsgesetzes beantragt,

9. er
   a) einen gültigen Aufenthaltstitel eines anderen Mitgliedstaates besitzt, der ausgestellt worden ist nach der Richtlinie 2014/66/EU des Europäischen Parlaments und des Rates vom 15. Mai 2014 über die Bedingungen für die Einreise und den Aufenthalt von Drittstaatsangehörigen im Rahmen eines unternehmensinternen Transfers (ABl. L 157 vom 27.5.2014, S. 1), und
   b) eine Mobiler-ICT-Karte nach § 19b des Aufenthaltsgesetzes beantragt oder eine Aufenthaltserlaubnis zum Zweck des Familiennachzugs zu einem Inhaber einer Mobiler-ICT-Karte nach § 19b des Aufenthaltsgesetzes beantragt,

10. er
   a) einen gültigen Aufenthaltstitel eines anderen Mitgliedstaates besitzt, der ausgestellt worden ist nach der Richtlinie (EU) 2016/801 des Europäischen Parlaments und des Rates vom 11. Mai 2016 über die Bedingungen für die Einreise und den Aufenthalt von Drittstaatsangehörigen zu Forschungs- oder Studienzwecken, zur Absolvierung eines Praktikums, zur Teilnahme an einem Freiwilligendienst, Schüleraustauschprogrammen oder Bildungsvorhaben und zur Ausübung einer Au-pair-Tätigkeit (ABl. L 132 vom 21.5.2016, S. 21), und
   b) eine Aufenthaltserlaubnis nach § 18f des Aufenthaltsgesetzes beantragt oder eine Aufenthaltserlaubnis zum Zweck des Familiennachzugs zu einem Inhaber einer Aufenthaltserlaubnis nach § 18f des Aufenthaltsgesetzes beantragt oder

11. er vor Ablauf der Arbeitserlaubnis oder der Arbeitserlaubnisse zum Zweck der Saisonbeschäftigung, die ihm nach § 15a Absatz 1 Satz 1 Nummer 1 der Beschäftigungsverordnung erteilt wurde oder wurden, einen Aufenthaltstitel zum Zweck der Saisonbeschäftigung bei demselben oder einem anderen Arbeitgeber beantragt; dieser Aufenthaltstitel gilt bis zur Entscheidung der Ausländerbehörde als erteilt.

[2]Satz 1 gilt nicht, wenn eine ICT-Karte nach § 19 des Aufenthaltsgesetzes beantragt wird.

Überblick

Als in der ausländerrechtlichen Praxis wohl wichtigste Vorschrift der AufenthV regelt § 39 auf der Grundlage der Verordnungsermächtigung des § 99 Abs. 1 Nr. 2 AufenthG Ausnahmen vom Visumerfordernis. Neben der Regelung des § 5 Abs. 2 S. 2 AufenthG, wonach von der Durchführung eines Visumverfahrens abgesehen werden kann, wenn die Voraussetzungen eines Anspruchs auf Erteilung erfüllt sind oder es aufgrund besonderer Umstände des Einzelfalls nicht zumutbar ist, das Visumverfahren nachzuholen, bestimmt § 39 (im Verbund mit §§ 40, 41), dass in den dort im Einzelnen benannten Fällen (→ Rn. 3 ff.) ein Aufenthaltstitel im Bundesgebiet erteilt oder verlängert werden kann, eine Ausreise und die Durchführung eines Visumverfahrens mithin entgegen § 5 Abs. 2 S. 1 Nr. 1 AufenthG nicht erforderlich sind (→ Rn. 1 f.).

Übersicht

A. Allgemeines

Gemäß § 5 Abs. 2 S. 1 AufenthG darf ein Aufenthaltstitel nach der Einreise grundsätzlich nur **1** erteilt werden, wenn der Ausländer mit dem erforderlichen Visum eingereist ist und die Angaben zu dem beabsichtigten Aufenthaltszweck bereits im Visumantrag gemacht hat. Ausnahmen hiervon sind in den §§ 39–41 geregelt, die auf der Verordnungsermächtigung des § 99 Abs. 1 Nr. 2 AufenthG beruhen. Während sich die Erforderlichkeit eines Visums für kurzfristige Aufenthalte nach Unionsrecht richtet, regelt § 6 Abs. 4 AufenthG für längerfristige Aufenthalte, dass hierfür grundsätzlich ein (nationales) Visum erforderlich ist. Insoweit hat der Gesetzgeber mit dem AufenthG an der Wertung festgehalten, wonach der für den jeweils beabsichtigten Aufenthaltszweck erforderliche Aufenthaltstitel grundsätzlich vom Ausland aus, also vor der Einreise in einem Visumverfahren (als wichtiges Steuerungsinstrument der Zuwanderung) zu beantragen ist. Damit soll sichergestellt werden, dass vor der Einreise eine (erste) Prüfung erfolgt, ob dem Ausländer der von ihm angestrebte Aufenthaltszweck ein Aufenthaltstitel erteilt werden darf (s. nur OVG NRW InfAuslR 2008, 129 ff. = BeckRS 2008, 30343). Gleichwohl regelt § 39 ebenso wie zuvor § 9 DVAuslG diesbezügliche Ausnahmen. In den in der Vorschrift im Einzelnen benannten Fällen steht die fehlende Erfüllung der Voraussetzungen nach § 5 Abs. 2 S. 1 AufenthG einer Erteilung oder Verlängerung eines Aufenthaltstitels mithin nicht entgegen. Dass der Ausländer nach dem Wortlaut des § 39 S. 1 einen Aufenthaltstitel im Bundesgebiet einholen oder verlängern lassen kann, eröffnet der Behörde insoweit allerdings keinen Entscheidungsspielraum (s. etwa OVG NRW InfAuslR 2008, 129 ff. = BeckRS 2008, 30343; zuletzt ferner etwa OVG LSA BeckRS 2018, 4313; BeckRS 2019, 5033; OVG Bln-Bbg BeckRS 2019, 5297; SächsOVG BeckRS 2020, 9855). Die Formulierung verdeutlicht lediglich, dass der Ausländer die Möglichkeit hat, nach der Einreise den Aufenthaltstitel im Bundesgebiet zu beantragen und zu erhalten (HTK-AuslR/Fehrenbacher Rn. 2). Darüber hinaus sieht das AufenthG vor, dass für bestimmte Fallgruppen vom Erfordernis des § 5 Abs. 2 S. 1 AufenthG abgesehen werden kann oder abgesehen werden muss, so dass auch in diesen Fällen eine Erteilung einer Aufenthaltserlaubnis ohne vorherige Ausreise möglich ist. Auf derartige Fälle weist § 39 ebenfalls hin. Liegt danach keine Befreiung vom Visumerfordernis vor, kann einem Ausländer, der das erforderliche Visum nicht besitzt, ohne vorherige Ausreise gem. § 5 Abs. 2 S. 2 AufenthG eine Aufenthaltserlaubnis erteilt werden, wenn dies im Einzelfall aufgrund besonderer Umstände eine unnötige Zumutung darstellt (zum Ganzen BR-Drs. 731/04, 184 f.).

Änderungen hat § 39 insbesondere wie folgt erfahren: Während § 39 S. 1 Nr. 8 vom Visumerfor- **2** dernis auch im Falle der Verlängerung einer ICT-Karte nach § 19 AufenthG befreit (→ Rn. 26) und § 39 S. 1 Nr. 9 für Familienangehörige von Inhabern einer Mobiler-ICT-Karte eine ausdrückliche Regelung trifft (→ Rn. 27), gilt gem. § 39 S. 2 etwas anderes für die Erteilung einer ICT-Karte: Danach findet § 39 S. 1 keine Anwendung, wenn eine solche Karte nach § 19 AufenthG beantragt wird. Die Regelung wurde der Vorschrift des § 39 durch die Verordnung zur Umsetzung aufenthaltsrechtlicher Richtlinien der Europäischen Union zur Arbeitsmigration (v. 1.8.2017, BGBl. I 3066) angefügt, die ihrerseits der Umsetzung des Gesetzes zur Umsetzung aufenthaltsrechtlicher Richtlinien der Europäischen Union zur Arbeitsmigration (v. 12.5.2017, BGBl. I 1106) dient, mit dem namentlich die ICT-RL (RL 2014/66/EU v. 15.5.2014, ABl. 2014 L 157, 1) umgesetzt wurde, die die Einreise und den Aufenthalt von unternehmensintern transferierten

Arbeitnehmern betrifft. § 39 S. 2 dient insoweit der Umsetzung von Art. 11 Abs. 2 ICT-RL, wonach die Erteilung einer ICT-Karte nur aus dem Ausland beantragt werden kann. Maßgeblich ist dabei, dass der Wohnort bzw. Lebensmittelpunkt sich in dem Drittstaat befindet; eine bloße Anwesenheit dort zur Antragstellung reicht nicht aus (BR-Drs. 10/17, 39). § 5 Abs. 2 S. 3 AufenthG schließt insoweit überdies auch eine Anwendung von § 5 Abs. 2 S. 2 AufenthG aus. Für Familienangehörige von Inhabern einer ICT-Karte sollen hingegen die allgemeinen Regelungen gelten. Beim Familiennachzug zum Inhaber einer ICT-Karte sollen mithin die Ausnahmevorschriften des § 39 S. 1 AufenthV und § 5 Abs. 2 S. 2 AufenthG zur Anwendung gelangen können (ausf. dazu HTK-AuslR/Fehrenbacher Rn. 5 ff.).

B. Befreiungen vom Visumerfordernis

I. Besitz eines nationalen Visums oder einer Aufenthaltserlaubnis (§ 39 S. 1 Nr. 1)

3   Der Ausländer kann gem. § 39 S. 1 Nr. 1 einen Aufenthaltstitel im Bundesgebiet einholen oder verlängern, wenn er ein nationales Visum (§ 6 Abs. 3 AufenthG) oder eine Aufenthaltserlaubnis besitzt. § 39 S. 1 Nr. 1 nimmt lediglich auf ein nationales Visum und eine Aufenthaltserlaubnis Bezug, nicht aber auf einen Aufenthaltstitel im Allgemeinen. Personen, die ein Schengen-Visum besitzen oder die für Kurzaufenthalte visumfrei sind, fallen mithin nicht in den Anwendungsbereich der Vorschrift; sie können lediglich bei Bestehen eines entsprechenden Anspruchs den Aufenthaltstitel im Inland gem. § 39 S. 1 Nr. 3 einholen. Demzufolge zielt § 39 S. 1 Nr. 1 darauf ab, dass ein Ausländer, der bereits im Bundesgebiet ansässig ist, einen Aufenthaltstitel bei der Ausländerbehörde einholen kann, ohne zuvor ausreisen zu müssen (BR-Drs. 731/04, 185). Maßgeblich dafür ist der Besitz eines Aufenthaltstitels, der gerade die Perspektive für einen Daueraufenthalt eröffnet (SchlHOVG BeckRS 2016, 44032). Inhaber eines nationalen Visums besitzen ebenfalls einen derartigen Aufenthaltstitel, der bereits im Ausland für einen Daueraufenthalt ausgestellt wurde; folgerichtig muss die Erteilung eines Aufenthaltstitels möglich sein (BR-Drs. 731/04, 185; die Zusicherung einer Visumerteilung ist dabei allerdings nicht gleichzusetzen mit dem Besitz eines entsprechenden Visums iSd § 39 S. 1 Nr. 1, s. VG Bayreuth BeckRS 2015, 41677). Ausweislich der Begründung des Verordnungsentwurfs kommt es dabei nicht darauf an, ob der Ausländer ursprünglich erlaubt eingereist ist (sa GK-AufenthG/Funke-Kaiser AufenthG § 5 Rn. 109). Dies habe – so die Begründung – insbesondere für Ausländer Bedeutung, die einen Aufenthaltstitel zu humanitären Zwecken besitzen (BR-Drs. 731/04, 185). Auch bei der humanitären Aufenthaltserlaubnis nach § 25 Abs. 5 AufenthG handelt es sich demzufolge um eine „Aufenthaltserlaubnis" iSv § 39 S. 1 Nr. 1. Umstritten war vormals gleichwohl, ob § 39 S. 1 Nr. 1 im Wege teleologischer Reduktion einschränkend auszulegen ist, dass er diejenigen Fälle nicht erfasst, in denen eine humanitäre Aufenthaltserlaubnis anstelle der dem Aufenthaltszweck gemäßen Aufenthaltserlaubnis erteilt worden ist, weil es für Letztere an der Erfüllung der Voraussetzungen des § 5 Abs. 2 S. 1 AufenthG fehlte (VG Potsdam BeckRS 2017, 117212; unter Hinweis auf die Sperrwirkung des § 10 Abs. 3 S. 1 AufenthG ebenso VG Potsdam BeckRS 2016, 41537; anders VG Aachen BeckRS 2010, 47045 mit dem Hinweis, dem Ausländer könne eine Entscheidung der Ausländerbehörde nicht zum Nachteil gereichen, nach der bei der Erteilung einer Aufenthaltserlaubnis nach § 25 Abs. 5 AufenthG Umstände als Abschiebungshindernis berücksichtigt werden, diese aber hingegen nicht auch im Rahmen der Frage nach der Erteilung einer Aufenthaltserlaubnis – etwa nach §§ 27, 28 Abs. 1 Nr. 3 AufenthG – als besondere Umstände zu einem Verzicht auf das Nachholen des Visumverfahrens führen; ferner VG Schleswig BeckRS 2017, 161987). Inzwischen hat das BVerwG einer einschränkenden Auslegung der Vorschrift eine Absage erteilt und § 39 S. 1 Nr. 1 auch dann für anwendbar erklärt, wenn dem Ausländer nach Rücknahme eines Asylantrages zunächst eine Aufenthaltserlaubnis nach § 25 Abs. 5 AufenthG erteilt wurde und dieser nachfolgend die Neuerteilung einer Aufenthaltserlaubnis nach § 28 Abs. 1 S. 1 Nr. 3 AufenthG begehrt (BVerwGE 168, 159 ff.; sa OVG Bln-Bbg BeckRS 2019, 5297; BayVGH BeckRS 2020, 20621; OVG LSA BeckRS 2020, 32469).

4   Unterschiedlich wird hingegen beurteilt, ob es ausreicht, dass ein nationales Visum oder eine Aufenthaltserlaubnis gem. § 84 Abs. 4 S. 1 AufenthG zum – maßgeblichen (s. BayVGH BeckRS 2020, 20621 mit dem Hinweis, abweichend vom „Regelfall" bei der Verpflichtungsklage und von Fällen des § 39 S. 1 Nr. 4 und 5; dazu → Rn. 14, → Rn. 17) komme es nicht auf den Zeitpunkt der behördlichen oder einer gerichtlichen Entscheidung an, da der Ausländer nach Antragstellung keinen Einfluss mehr auf diesen Entscheidungszeitpunkt habe) – Zeitpunkt der Antragstellung als fortbestehend gilt (s. dazu GK-AufenthG/Funke-Kaiser AufenthG § 4 Rn. 75, AufenthG § 81 Rn. 31 mit dem Hinweis, dass das Visum bzw. die Aufenthaltserlaubnis zum

Zeitpunkt der Antragstellung noch Gültigkeit haben müsse und durch das Kriterium des „Besitzes" mittelbar auch das Merkmal der „Unverzüglichkeit" iSd § 81 Abs. 2 S. 1 AufenthG konkretisiert (und modifiziert) werde, mithin die Betreffenden nicht etwa unverzüglich nach der Einreise einen Antrag auf Erteilung einer Aufenthaltserlaubnis stellen müssten, sondern lediglich vor Ablauf der Geltungsdauer). Soweit es um die materiell-rechtlichen Voraussetzungen für die Erteilung eines Aufenthaltstitels geht, steht diese Fiktion dem Besitz der Aufenthaltserlaubnis im Allgemeinen allerdings nur dann gleich, wenn es tatsächlich zu einer Verlängerung namentlich einer Aufenthaltserlaubnis kommt (BVerwGE 136, 211 ff. = BeckRS 2010, 50186; BVerwG AuAS 2014, 86 f. = BeckRS 2014, 49307). Denn die Fiktionswirkung zielt darauf ab, dass ein Antragsteller durch die verspätete Entscheidung über seinen Antrag nicht schlechter, aber auch nicht besser gestellt werden soll, als wenn die Behörde alsbald entschieden hätte (BVerwGE 136, 211 ff. = BeckRS 2010, 50186). Dementsprechend wird auch im Anwendungsbereich des § 39 S. 1 Nr. 1 angenommen, dass die Fortbestehensfiktion, die im Sinne einer Überbrückungsfunktion lediglich für einen vorübergehenden Zeitraum bis zur Entscheidung über den Verlängerungsantrag Rechtswirkungen entfaltet, den Tatbestand der Norm nicht ausfüllen kann (ausf. zuletzt BayVGH BeckRS 2020, 20621; ferner SchlHOVG BeckRS 2016, 44032; HessVGH InfAuslR 2020, 157 (158 f.)). Das BVerwG hat weitergehend gleichwohl ausgeführt, dass es jedenfalls dann, wenn ungeachtet des Vorliegens der Erteilungsvoraussetzungen und des Fehlens von Versagungsgründen zwar nicht die Neuerteilung einer beantragten, gleichwohl aber die Verlängerung einer vormaligen Aufenthaltserlaubnis zugesichert worden ist, der Ausländer so zu behandeln ist, als wäre er weiterhin iSd § 39 S. 1 Nr. 1 im Besitz der als fortgeltend fingierten Aufenthaltserlaubnis (BVerwGE 168, 159 ff.; zu denkbaren Ausnahmen von dem Grundsatz, dass die Erteilung einer Aufenthaltserlaubnis einen zum Zeitpunkt der Antragstellung gültigen Aufenthaltstitel voraussetzt, auch VGH BW BeckRS 2021, 4045; allg. zur Frage, ob die Ausländerbehörde durch eine Einzelfallentscheidung nach § 85 AufenthG in Bezug auf die privilegierenden Voraussetzungen des § 39 S. 1 Nr. 1 die Rechtsfolge des erlaubten Aufenthalts herbeiführen kann, schließlich GK-AufenthG/Funke-Kaiser AufenthG § 81 Rn. 62).

Hingewiesen wird des Weiteren darauf, dass bei abgelehnten Asylbewerbern § 10 Abs. 3 Auf- **5** enthG zu beachten sei (HTK-AuslR/Fehrenbacher S. 1 Nr. 1 Rn. 2). Auch soll § 39 S. 1 Nr. 1 bei der Erteilung einer Aufenthaltserlaubnis zwecks Arbeitsplatzsuche nur eingeschränkt Anwendung finden: Da der Wechsel von einem Aufenthaltstitel zu einer Aufenthaltserlaubnis zwecks Arbeitssuche gem. § 18c Abs. 3 AufenthG grundsätzlich ausgeschlossen sei und von diesem Ausschluss Ausländer ausgenommen seien, die im Besitz einer Aufenthaltserlaubnis zwecks Erwerbstätigkeit seien, finde – so die Argumentation – § 39 S. 1 Nr. 1 nur dann Anwendung, wenn der Ausländer unmittelbar vor der Erteilung der Aufenthaltserlaubnis zur Arbeitsplatzsuche Inhaber einer Aufenthaltserlaubnis zwecks Erwerbstätigkeit gewesen sei (HTK-AuslR/Fehrenbacher S. 1 Nr. 1 Rn. 3).

II. Befreiung vom Erfordernis des Aufenthaltstitels (§ 39 S. 1 Nr. 2)

Gemäß § 39 S. 1 Nr. 2 gilt die Privilegierung des § 39 S. 1 für einen Ausländer, der vom **6** Erfordernis des Aufenthaltstitels befreit ist und bei dem die Befreiung nicht auf einen Teil des Bundesgebiets oder auf einen Aufenthalt bis zu längstens sechs Monaten beschränkt ist. § 39 S. 1 Nr. 2 entspricht § 9 Abs. 5 Nr. 1 DVAuslG und betrifft – ausweislich der Begründung des Verordnungsentwurfs – etwa Personen, die zuvor als Familienangehörige eines Unionsbürgers, als Ortskräfte ausländischer Missionen oder aus anderen Gründen keines Aufenthaltstitels bedurften (BR-Drs. 731/04, 185). Verallgemeinernd sollen in den Anwendungsbereich des § 39 S. 1 Nr. 2 Personen fallen, die ursprünglich vom Erfordernis eines Aufenthaltstitels befreit waren, während ihres rechtmäßigen Aufenthalts im Bundesgebiet (dazu auch GK-AufenthG/Funke-Kaiser AufenthG § 4 Rn. 76, AufenthG § 81 Rn. 32 mit dem Hinweis, der Antrag auf Erteilung einer Aufenthaltserlaubnis sei spätestens mit Ablauf des letzten Tags zu stellen, an dem die Befreiung noch gilt) aber titelpflichtig wurden (zuletzt etwa OVG RhPf BeckRS 2021, 809, wonach ein unionsrechtliches Aufenthaltsrecht in Ableitung aus Art. 20 AEUV nicht in den Anwendungsbereich des § 39 Abs. 1 Nr. 2 fällt; ferner HTK-AuslR/Fehrenbacher S. 1 Nr. 2 Rn. 1 unter Hinweis auf familienangehörige Drittstaater von Unionsbürgern, die ihr Freizügigkeitsrecht verloren haben; sa GK-AufenthG/Funke-Kaiser AufenthG § 4 Rn. 76, AufenthG § 81 Rn. 32 mit dem Hinweis, die Vorschrift betreffe bei einer notwendigen erweiternden Auslegung auch die Fälle, in denen ein Ausländer sich ohne Titel im Bundesgebiet schon deshalb aufhalten durfte, weil auf ihn das AufenthG vormals gar nicht anwendbar war). Nicht erfasst werden danach – so die weitergehende Auslegung der Vorschrift – von der Visumpflicht und der Aufenthaltstitelpflicht befreite sog.

Anhang-II-Staater (für die die Regelung des § 39 S. 1 Nr. 3 gilt) sowie Inhaber einer Grenzgänger-karte iSd § 12, da diese – so die Überlegung – in der Bundesrepublik Deutschland keinen gewöhn-lichen Aufenthalt haben (HTK-AuslR/Fehrenbacher S. 1 Nr. 2 Rn. 2 f.).

III. Kurzfristige Aufenthalte (§ 39 S. 1 Nr. 3)

7   Gemäß § 39 S. 1 Nr. 3 ist die Durchführung eines Visumverfahrens entbehrlich, wenn der Ausländer Staatsangehöriger eines in Anhang II EU-Visum-VO (VO (EU) 2018/1806 v. 14.11.2018, ABl. 2018 L 303, 39) aufgeführten Staates ist (sichtvermerkfreie Drittausländer) und sich rechtmäßig im Bundesgebiet aufhält oder ein gültiges Schengen-Visum für kurzfristige Auf-enthalte (§ 6 Abs. 1 Nr. 2 AufenthG) besitzt, sofern die Voraussetzungen eines Anspruchs auf Erteilung eines Aufenthaltstitels nach der Einreise entstanden sind, es sei denn, es handelt sich um einen Anspruch nach den §§ 16b, 16e oder 19e AufenthG. Anders als nach § 39 S. 1 Nr. 5 privilegiert die Vorschrift nicht nur einzelne Anspruchsfälle wie die Eheschließung im Bundesge-biet oder die Geburt eines Kindes während des Aufenthalts im Bundesgebiet, sondern alle Fälle, in denen der Anspruch auf Erteilung eines Aufenthaltstitels nach der Einreise entsteht. Unstreitig ist dabei, dass sich der Halbsatz „oder ein gültiges Schengen-Visum für kurzfristige Aufenthalte (§ 6 Absatz 1 Nummer 1 des Aufenthaltsgesetzes) besitzt" nicht auf die einleitend in § 39 S. 1 Nr. 3 genannten sichtvermerkfreien Drittausländer bezieht. Es handelt sich vielmehr um eine eigenständige Anwendungsalternative der Vorschrift. § 39 S. 1 Nr. 3 soll mithin sowohl sichtver-merkfreien Drittausländern als auch jedem Inhaber eines Schengen-Visums im Falle des Entstehens eines Anspruchs auf Erteilung eines Aufenthaltstitels den Übergang vom Kurzaufenthalt zum Daueraufenthalt ohne vorherige Ausreise ermöglichen (nach dem BVerwG sind Schengen-Visa allerdings Aufenthaltstitel iSd § 4 Abs. 1 S. 2 Nr. 1 AufenthG, für die die Fortgeltungsfiktion nach § 81 Abs. 4 S. 2 AufenthG ausgeschlossen ist, weswegen § 39 S. 1 Nr. 3 einen eigenständigen Anwendungsbereich (lediglich) in denjenigen Fällen haben soll, in denen – so die Erwägungen – ein Aufenthaltstitel so rechtzeitig beantragt wird, dass dessen Erteilung noch vor Auslaufen eines betreffenden Schegen-Visums erwartet werden kann, s. BVerfGE 167, 90 ff.). Die Vorschrift knüpft an entsprechende detaillierte Befreiungstatbestände in § 9 Abs. 2 Nr. 1–4 DVAuslG an und verein-facht diese im Sinne einer Deregulierung in Gestalt von zwei Tatbestandsalternativen (BR-Drs. 731/04, 182 f.). Eine Beschränkung des Anwendungsbereichs der Vorschrift auf sichtvermerkfreie Drittausländer liefe dieser Zielsetzung zuwider (grdl. etwa VGH BW InfAuslR 2008, 444 ff. = BeckRS 2008, 38169; OVG RhPf BeckRS 2009, 33836; OVG Bln-Bbg BeckRS 2009, 38800; sa HTK-AuslR/Fehrenbacher S. 1 Nr. 3 Rn. 2).

8   Wesentliche Voraussetzung für die Befreiung vom Visumverfahren ist gem. § 39 S. 1 Nr. 3, dass ein Rechtsanspruch auf die Erteilung eines Aufenthaltstitels (mit Ausnahme derjenigen nach §§ 16b, 16e oder 19e AufenthG, s. dazu HTK-AuslR/Fehrenbacher S. 1 Nr. 3 Rn. 30 f.) nach der Einreise entstanden ist. Im Anwendungsbereich des § 39 S. 1 Nr. 3 ist (wie auch im Übrigen) zunächst allein ein strikter Rechtsanspruch relevant. Ein derart strikter Rechtsanspruch setzt nach dem BVerwG voraus, dass alle zwingenden und regelhaften Tatbestandsvoraussetzungen erfüllt sind, weil nur dann – so die Überlegungen – der Gesetzgeber selbst eine Entscheidung über das zu erteilende Aufenthaltsrecht getroffen hat. Ein Ausnahmefall oder eine Ermessensreduzierung auf null zugunsten des Ausländers reichen danach nicht; ebenso genügen Regelansprüche oder ein Anspruch aufgrund einer „Soll"-Regelung auch dann nicht, wenn kein atypischer Fall vorliegt (s. BVerwGE 138, 122 ff. = BeckRS 2011, 47344; BVerwGE 138, 353 ff. = BeckRS 2011, 48919). Für beachtlich hat das BVerwG insoweit namentlich auch falsche Angaben hinsichtlich der beabsichtigten Aufenthaltsdauer im Rahmen des Visumverfahrens gehalten. Die Auffassung, dass § 39 S. 1 Nr. 3 gerade bei einer Eheschließung nach der Einreise auch den Fall eines von vornherein beabsichtigten Daueraufenthalts erfasse (OVG NRW Beschl. v. 16.9.2008 – 19 B 871/ 08), hat das BVerwG nicht geteilt und betont, dass § 39 S. 1 Nr. 3 nur von der Erteilungsvorausset-zung des § 5 Abs. 2 AufenthG befreie, die selbstständige Regelerteilungsvoraussetzung des Nicht-vorliegens eines Ausweisungsgrundes nach § 5 Abs. 1 Nr. 2 AufenthG aber weiterhin zu beachten bleibe (BVerwGE 138, 122 ff. = BeckRS 2011, 47344 unter Hinweis auf OVG NRW BeckRS 2010, 49984; ferner VGH BW InfAuslR 2008, 444 ff. = BeckRS 2008, 38169; BeckRS 2009, 33529; 2010, 46039; BayVGH InfAuslR 2009, 291 ff. = BeckRS 2009, 34254; 2009, 43794; 2010, 36782; BeckRS 2010, 53795; OVG LSA BeckRS 2009, 37916; 2019, 33663; SächsOVG BeckRS 2010, 55374; ferner HTK-AuslR/Fehrenbacher S. 1 Nr. 3 Rn. 28 f.; GK-AufenthG/ Funke-Kaiser AufenthG § 4 Rn. 78).

9   Weiter differenzierend wurde allerdings teilweise angenommen, dass § 39 S. 1 Nr. 3 nur auf das objektive Entstehen der Anspruchsvoraussetzungen nach der Einreise, nicht aber auch darauf

abstelle, dass der Ausländer vor der Einreise keinen längerfristigen Aufenthalt beabsichtigt haben dürfe (zur Einreise zu dem Zweck, eine Ehe bzw. Lebenspartnerschaft im Bundesgebiet überhaupt erst zu schließen, aus materiell-rechtlicher Perspektive OVG Bln-Bbg BeckRS 2011, 56613). Auf die Frage, ob der Ausländer, insbesondere entgegen seinen Angaben im Antrag auf Erteilung eines Schengen-Visums für einen kurzfristigen Aufenthalt, von vornherein einen längerfristigen Aufenthalt beabsichtigt habe, komme es – so die Argumentation – nach dem eindeutigen und daher auch keiner teleologisch reduzierenden Auslegung zugänglichen Wortlaut des § 39 S. 1 Nr. 3 nicht an. Lediglich falsche oder unvollständige Angaben im Visumverfahren könnten zum Vorliegen eines Ausweisungsgrundes führen und damit – nach der vorstehend skizzierten Rechtsprechung des BVerwG – den Anspruch auf Erteilung eines Aufenthaltstitels ausschließen (VGH BW InfAuslR 2008, 444 ff. = BeckRS 2008, 38169; BeckRS 2009, 39419; sa HTK-AuslR/ Fehrenbacher S. 1 Nr. 3 Rn. 21 f.). Denn ungeachtet eines beabsichtigten langfristigen Aufenthalts im Bundesgebiet hielten sich Personen, die von der Visumpflicht befreit seien, nach Art. 4 Abs. 1 EU-Visum-VO während der ersten drei Monate nach der Einreise rechtmäßig auf. Auch der Inhaber eines Schengen-Visums, der den Behörden seine langfristige Aufenthaltsabsicht verschwiegen habe, könne sich, solange das Visum nicht zurückgenommen werde (dazu, dass § 39 S. 1 Nr. 3 nicht einer Rücknahme eines Visums wegen falscher Angaben entgegensteht, BayVGH BeckRS 2011, 46422), auf den erschlichenen, aber gleichwohl wirksamen Aufenthaltstitel berufen (BayVGH BeckRS 2009, 34254; 2009, 39469; zum Ganzen auch OVG NRW BeckRS 2008, 30343; BeckRS 2010, 49984; OVG Brem InfAuslR 2009, 380 ff. = BeckRS 2010, 46396; ferner GK-AufenthG/Funke-Kaiser AufenthG § 4 Rn. 78). Inzwischen scheint sich (auch) im Anwendungsbereich des § 39 S. 1 Nr. 3 die Auffassung (allg. → § 15 Rn. 8) durchzusetzen, dass die Voraussetzungen des Art. 20 Abs. 1 SDÜ, der das Recht der sichtvermerksfreien Drittausländer normiert, sich bis zu 90 Tage je Zeitraum von 180 Tagen frei im Hoheitsgebiet der anderen Mitgliedstaaten zu bewegen, bei einem von Anfang an beabsichtigten Daueraufenthalt im Bundesgebiet nicht vorliegen (zuletzt etwa VGH BW BeckRS 2021, 4677; sa NdsOVG BeckRS 2009, 36319; OVG RhPf BeckRS 2009, 33836; unter Hinweis auf das Bestehen eines (schwerwiegenden) Ausweisungsinteresses im Falle unzutreffender bzw. unvollständiger Angaben im Rahmen des Visumverfahren ebenso BayVGH BeckRS 2021, 5341).

Geklärt ist in der Rechtsprechung des BVerwG überdies, dass für die Beurteilung, wann die **10** Voraussetzungen eines Anspruchs iSd § 39 S. 1 Nr. 3 entstanden sind, auf den Zeitpunkt abzustellen ist, in dem das zentrale Merkmal der jeweiligen Anspruchsnorm, das den Aufenthaltszweck kennzeichnet, erfüllt worden ist (dazu auch HTK-AuslR/Fehrenbacher S. 1 Nr. 3 Rn. 17 ff.; ausf. zur vorangegangenen Diskussion, bis wann die „Voraussetzungen des Anspruchs" iSd § 39 S. 1 Nr. 3 spätestens entstanden sein müssen, wenn dies jedenfalls nach der Einreise geschehen ist, GK-AufenthG/Funke-Kaiser AufenthG § 4 Rn. 78). Mit Blick auf das diesbezügliche Anliegen des Gesetzgebers, von vornherein beabsichtigte Daueraufenthalte nicht länger visumrechtlich zu privilegieren, ist nach dem BVerwG insbesondere eine Differenzierung danach, ob die notwendigen Kenntnisse der deutschen Sprache (§ 28 Abs. 1 S. 5 AufenthG iVm § 30 Abs. 1 S. 1 Nr. 2 AufenthG) vor oder nach Einreise in das Bundesgebiet erworben worden sind, nicht zu vereinbaren (BVerwGE 138, 353 ff. = BeckRS 2011, 48919; zur Frage, ob bei einem mehrgliedrigen, verschiedene Voraussetzungen normierenden Tatbestand sämtliche dieser Voraussetzungen erst nach der Einreise und bis zum Ablauf der Geltungsdauer des Schengen-Visums erfüllt werden müssen – teilweise differenzierend etwa mit Blick auf das Erfordernis der Vollendung des 18. Lebensjahrs – auch HessVGH InfAuslR 2009, 14 ff. = BeckRS 2008, 39907; BeckRS 2010, 49084; OVG RhPf BeckRS 2009, 33836; NdsOVG BeckRS 2010, 47454; 2017, 137185; s. aber auch noch NdsOVG BeckRS 2009, 36319; OVG Brem InfAuslR 2009, 380 ff. = BeckRS 2010, 46396; HmbOVG BeckRS 2010, 55924; sa OVG NRW BeckRS 2009, 41359; ferner OVG NRW BeckRS 2009, 41359; 2010, 49984; 2011, 46883; BayVGH BeckRS 2009, 34254; 2009, 43794; 2010, 06148; 2014, 56706; anders VGH BW InfAuslR 2008, 444 ff. = BeckRS 2008, 38169; BeckRS 2009, 39419; sa Singer InfAuslR 2010, 231 ff.; die Frage offen lassend SächsOVG BeckRS 2010, 55374; zum Ganzen auch GK-AufenthG/Funke-Kaiser AufenthG § 4 Rn. 78).

Darüber hinaus wird überwiegend gefordert, dass ein strikter Rechtsanspruch während eines **11** rechtmäßigen Aufenthalts im Bundesgebiet bzw. der Geltungsdauer des Schengen-Visums entstanden sein muss. Hingewiesen wird insoweit vor allem auf den Gebrauch des Präsens im Wortlaut des § 39 S. 1 Nr. 3. Ferner befreie – so die weitergehende Argumentation – § 39 S. 1 Nr. 3 Ausländer von der Durchführung des Visumverfahrens, bei denen sich die Nachholung des Visumverfahrens als bloße Förmelei darstellen würde, weil der Betroffene vor Beendigung seines rechtmäßigen Aufenthalts einen materiellen Anspruch auf einen Aufenthaltstitel erworben habe; die Vorschrift knüpfe damit an einen Anspruch auf Erteilung eines Aufenthaltstitels an, der schon während des visumfrei gestatteten Besuchsaufenthalts bzw. der Geltung des Schengen-Visums für kurzfristige Aufenthalte entstanden sei, wobei der Ausländer aufgrund der Fiktionswirkung gem. § 81 Abs. 4 AufenthG vor willkürlichen Verzögerungen durch die Behörde hinreichend geschützt werde (HessVGH InfAuslR 2009, 14 ff. = BeckRS 2008, 39907; BeckRS 2010, 49084; NdsOVG BeckRS 2009, 36319; 2019, 8481; OVG RhPf BeckRS 2009, 33836; ausf. unter Hinweis auf eine Parallelität zwischen § 39 S. 1 Nr. 3 und Nr. 6 OVG NRW BeckRS 2011, 46883; 2011, 48575; zuvor noch OVG NRW BeckRS 2009, 41359; 2010, 49984; ferner BeckRS 2008, 30343; 2008, 39603; OVG Bln-Bbg BeckRS 2009, 38800; sa NdsOVG BeckRS 2010, 55074; BayVGH BeckRS 2015, 47040; BeckRS 2021, 5341; ferner HTK-AuslR/Fehrenbacher S. 1 Nr. 3 Rn. 20). Sog. Anhang-I-Staater müssen danach im Zeitpunkt der Antragstellung im Besitz eines Visums sein und während des Geltungsdauer des Visums einen Anspruch auf Erteilung der Aufenthaltserlaubnis erwerben. Sogenannte Anhang-II-Staater müssen sich hingegen rechtmäßig im Bundesgebiet aufhalten und während des rechtmäßigen Aufenthalts einen Anspruch auf Erteilung eines Aufenthaltstitels erwerben. Die diesbezügliche Gegenauffassung beruft sich darauf, dass § 39 S. 1 Nr. 3 im Gegensatz zu den Vorgängerregelungen in § 9 Abs. 2 Nr. 2 und Nr. 3 DVAuslG keine ausdrückliche zeitliche Einschränkung dahingehend enthalte, dass die Voraussetzungen des Anspruchs noch während des rechtmäßigen Aufenthalts im Bundesgebiet eingetreten sein müssten (VGH BW InfAuslR 2008, 444 ff. = BeckRS 2008, 38169; s. aber auch VGH BW BeckRS 2009, 39419; zul. ferner auch VGH BW BeckRS 2018, 6543).

12 Schließlich ist bedeutsam, dass (nach der seit dem 28.8.2007 geltenden Fassung des Gesetzes zur Umsetzung aufenthalts- und asylrechtlicher Richtlinien der Europäischen Union v. 19.8.2007, BGBl. I 1970, Art. 7 Abs. 4 Nr. 13 EUAsylUmsG) ein derartiger Rechtsanspruch nach der Einreise entstanden sein muss. In der Rechtsprechung des BVerwG ist insoweit anerkannt, dass bei der Prüfung des § 39 S. 1 Nr. 3 auf die letzte Einreise des Ausländers in das Bundesgebiet abzustellen ist (dazu auch BayVGH BeckRS 2008, 28729; 2009, 34254; 2009, 43794; 2010, 06148; 2010, 31510; 2010, 36782; 2010, 36789; 2010, 53446; 2011, 33952; 2011, 34066; 2021, 5341; VGH BW BeckRS 2008, 38169; BeckRS 2009, 39419; HessVGH BeckRS 2008, 39907; NdsOVG BeckRS 2008, 38781; 2010, 47454; OVG Bln-Bbg BeckRS 2009, 38800; 2014, 46969; zuvor noch OVG Bln-Bbg BeckRS 2009, 38581; OVG NRW BeckRS 2009, 41359; Beschl. v. 2.8.2010 – 17 B 107/10; BeckRS 2011, 46883; OVG Brem InfAuslR 2009, 380 ff. = BeckRS 2010, 46396; OVG MV BeckRS 2010, 51948; HmbOVG BeckRS 2010, 55924; OVG RhPf BeckRS 2019, 11102; sa GK-AufenthG/Marx AufenthG § 27 Rn. 17, 106). Auch wenn der Wortlaut der Norm – so das BVerwG – eine andere Lesart zulasse, deute die Stellung der Vorschrift im vierten Abschnitt der AufenthV, der nur Ausnahmen vom Visumerfordernis für die Erteilung nationaler Aufenthaltstitel regle, § 6 Abs. 4 AufenthG betreffe, darauf hin, dass mit dem Tatbestandsmerkmal der Einreise nicht die Einreise in den Schengen-Raum, sondern die (letzte) Einreise in das Bundesgebiet gemeint sei. Werde namentlich eine Ehe im Schengen-Raum geschlossen, verbleibe es daher bei der in § 6 Abs. 4 S. 1 AufenthG angeordneten Visumpflicht. Hätten die Eheleute in der Bundesrepublik Deutschland geheiratet, ermögliche es § 39 S. 1 Nr. 3 hingegen, die Aufenthaltserlaubnis im Bundesgebiet einzuholen (BVerwGE 138, 353 ff. = BeckRS 2011, 48919; sa Welte InfAuslR 2008, 387 ff.; HTK-AuslR/Fehrenbacher S. 1 Nr. 3 Rn. 6 ff.; ferner – mit ausdrücklichem Hinweis auf die Eheschließung mit einem Deutschen in Dänemark – BT-Drs. 16/5056, S. 240, wonach mit der Neufassung des § 39 S. 1 Nr. 3 deutlicher als zuvor zum Ausdruck gebracht werden sollte, dass die Ausnahmeregelung nur auf solche Fälle anzuwenden ist, in denen zum Zeitpunkt des Visumantrags der eigentliche Aufenthaltszweck noch nicht beabsichtigt und die Schaffung der Voraussetzungen des längerfristigen Aufenthaltsrechts noch nicht konkret geplant waren, so dass die entsprechenden Angaben nicht erwartet werden konnten; aA Benassi InfAuslR 2008, 127 ff.).

IV. Besitz einer Aufenthaltsgestattung (§ 39 S. 1 Nr. 4)

13 Einen Aufenthaltstitel im Bundesgebiet einholen können gem. § 39 S. 1 Nr. 4 ferner Ausländer, die eine Aufenthaltsgestattung nach dem Asylgesetz besitzen, sofern die Voraussetzungen des § 10 Abs. 1 oder Abs. 2 AufenthG vorliegen. Abgesehen vom Vorliegen der Voraussetzungen des § 10 Abs. 1, Abs. 2 AufenthG erfordert § 39 S. 1 Nr. 4 zunächst, dass der Ausländer im Besitz einer Aufenthaltsgestattung ist (sa GK-AufenthG/Funke-Kaiser AufenthG § 4 Rn. 79, AufenthG § 81 Rn. 34 mit dem Hinweis, der Antrag auf Erteilung einer Aufenthaltserlaubnis müsse spätestens bis zur kraft Gesetzes eintretenden Beendigung der Gestattungswirkung gestellt werden). Dies ist gem. § 55 Abs. 1 S. 1 AsylG der Fall, sobald ihm ein Ankunftsnachweis iSd § 63a Abs. 1 AsylG ausgestellt wurde. In den Fällen, in denen kein Ankunftsnachweis ausgestellt wird, entsteht die

Aufenthaltsgestattung mit der Stellung des Asylantrags, § 55 Abs. 1 S. 3 AsylG. Ferner führt ein Asylfolgeantrag gem. § 71 Abs. 1 S. 1 AsylG nicht kraft Gesetzes, sondern erst durch eine Entscheidung des Bundesamtes für Migration und Flüchtlinge zu einem (weiteren) Asylverfahren iSd § 55 Abs. 1 S. 1 AsylG (dazu in vorliegendem Zusammenhang VG Berlin BeckRS 2012, 45681). Gemäß § 67 Abs. 1 Nr. 6 AsylG erlischt die Aufenthaltsgestattung insbesondere mit der Unanfechtbarkeit der Entscheidung des Bundesamtes für Migration und Flüchtlinge über den Asylantrag. Ausgehend davon erfasst § 39 S. 1 Nr. 4 lediglich den Zeitraum, in dem der Ausländer im Besitz einer Aufenthaltsgestattung ist und über den gestellten Asylantrag noch nicht bestands- oder rechtskräftig entschieden worden ist (sa BayVGH BeckRS 2013, 46115). Für die Zeit vor der Aufenthaltsgestattung und nach dem bestands- bzw. rechtskräftigen Abschluss des Asylverfahrens ist ihr Anwendungsbereich hingegen nicht eröffnet (HTK-AuslR/Fehrenbacher S. 1 Nr. 4 Rn. 4). Des Weiteren setzt § 39 S. 1 Nr. 4 nicht nur den Besitz einer Bescheinigung über die Aufenthaltsgestattung, sondern auch eine materiell-rechtlich bestehende Aufenthaltsgestattung voraus. Ein nach dem Erlöschen der Aufenthaltsgestattung vollziehbar ausreisepflichtiger Ausländer kann sich daher auf § 39 S. 1 Nr. 4 selbst dann nicht berufen, wenn er noch im Besitz der Bescheinigung über die Aufenthaltsgestattung ist (VG Augsburg BeckRS 2011, 30737).

Umstritten ist insoweit, ob maßgeblicher Zeitpunkt für das Vorliegen der Voraussetzungen des **14** § 39 S. 1 Nr. 4 der Zeitpunkt der behördlichen Entscheidung über die Erteilung des Aufenthaltstitels und im Falle eines sich anschließenden Gerichtsverfahrens der Zeitpunkt der letzten mündlichen Verhandlung in der Tatsacheninstanz und in Verfahren des vorläufigen Rechtsschutzes derjenige der gerichtlichen Entscheidung ist (dazu auch HTK-AuslR/Fehrenbacher S. 1 Nr. 4 Rn. 5 ff.). Mit Blick auf § 39 S. 1 Nr. 4 soll sich in materiell-rechtlicher Hinsicht nichts Abweichendes von diesen allgemeinen Grundsätzen ergeben, da – so die Argumentation – § 39 eine Ausnahme von der Visumpflicht gem. § 5 Abs. 2 S. 1 AufenthG regle, der der Ausländer im Zeitpunkt der letzten mündlichen Verhandlung zu genügen habe. Ein Bedürfnis, eine Aufenthaltserlaubnis im Bundesgebiet einzuholen, habe der Verordnungsgeber ferner für die Fälle gesehen, in denen nach § 10 Abs. 1 und Abs. 2 AufenthG ein Aufenthaltstitel erteilt werden könne. Denn in diesen Fällen könne der Aufenthalt des Ausländers ohnehin nicht beendet werden, und es sei diesem angesichts des offenen Ausgangs des Asylverfahrens auch nicht zuzumuten, das Visumverfahren durchzuführen. Mit dem erfolglosen Abschluss des Asylverfahrens und dem Erlöschen der Aufenthaltsgestattung entfalle jedoch dieser Hinderungsgrund. Auch könne das Visumverfahren seine Zielsetzung, die mit Blick auf das Asylverfahren zunächst unterbliebene Steuerung und Kontrolle der Zuwanderung im Bundesgebiet sicherzustellen, dann erfüllen (mit dem Hinweis, dass der Umstand, dass der Ausländer die Dauer des Verwaltungsverfahrens nicht beeinflussen könne, zu keinem anderen Ergebnis führe, OVG NRW BeckRS 2010, 49100; 2011, 56559; zuvor schon OVG NRW BeckRS 1999, 17641; 2002, 20139; dazu aber auch HessVGH BeckRS 2005, 20009; VGH BW BeckRS 2008, 33384). Nach gegenteiliger Auffassung ist demgegenüber derjenige Zeitpunkt maßgeblich, in dem der Ausländer den Antrag auf Erteilung der Aufenthaltserlaubnis gestellt hat. Insoweit wird darauf hingewiesen, dass § 39 S. 1 Nr. 4 nicht auf die nach Abschluss des Asylverfahrens geltende Regelung des § 10 Abs. 3 AufenthG Bezug nehme, so dass allein durch den Fortgang des Asylverfahrens eine nicht hinnehmbare Verschlechterung der Rechtsposition des Ausländers eintreten würde (VG Darmstadt BeckRS 2013, 52923).

Abgesehen vom Besitz einer Aufenthaltsgestattung nach dem AsylG erfordert § 39 S. 1 Nr. 4 **15** das Vorliegen der Voraussetzungen des § 10 Abs. 1 oder Abs. 2 AufenthG. Danach kann während eines Asylverfahrens eine Aufenthaltserlaubnis nur bei Bestehen eines gesetzlichen Anspruchs oder im Falle einer Zustimmung der obersten Landesbehörde erteilt werden, während die Stellung eines Asylantrages für die Verlängerung eines bereits erteilten Aufenthaltstitels grundsätzlich unschädlich ist. Obschon sich dies bereits im Rahmen der Auslegung des § 10 Abs. 1 AufenthG ergibt, wird diesbezüglich darauf hingewiesen, dass auch im Anwendungsbereich des § 39 S. 1 Nr. 4 (zu § 39 S. 1 Nr. 3 → Rn. 8) unter einem „gesetzlichen Anspruch" nur ein strikter Rechtsanspruch zu verstehen ist, der sich unmittelbar aus dem Gesetz ergibt (ausf. – unter Würdigung unionsrechtlicher Aspekte – zuletzt etwa BayVGH BeckRS 2020, 4499). Auch mit Blick auf § 39 S. 1 Nr. 4 dürfte sich mithin vor allem die Frage stellen, ob im Falle einer unerlaubten Einreise gem. § 14 Abs. 1 Nr. 2 AufenthG oder eines unerlaubten Aufenthalts ein Ausweisungsinteresse besteht, das gem. § 5 Abs. 1 Nr. 2 AufenthG der Annahme eines derartigen Anspruchs entgegensteht (dazu HTK-AuslR/Fehrenbacher S. 1 Nr. 4 Rn. 9 ff.; ausf. etwa VG Darmstadt BeckRS 2013, 52923; ferner VG Augsburg InfAuslR 2005, 318 ff. = BeckRS 2005, 37005; BeckRS 2010, 54815; VG Gießen InfAuslR 2007, 86 ff.; sa BayVGH BeckRS 2010, 53438).

V. Familiäre Gründe im Falle geduldeter Ausländer (§ 39 S. 1 Nr. 5)

16   Einen Aufenthaltstitel im Bundesgebiet einholen kann ein Ausländer gem. § 39 S. 1 Nr. 5 (ebenso wie zuvor nach § 9 Abs. 2 Nr. 1 DVAuslG, s. BR–Drs. 731/04, 186; dazu ferner GK-AufenthG/Funke-Kaiser AufenthG § 4 Rn. 80 mit dem Hinweis, § 39 S. 1 Nr. 5 sei entsprechend anwendbar, wenn die Ausreisepflicht des Ausländers nicht vollziehbar sei) auch dann, wenn seine Abschiebung nach § 60a AufenthG ausgesetzt ist und er aufgrund einer Eheschließung oder der Begründung einer Lebenspartnerschaft im Bundesgebiet oder der Geburt eines Kindes während seines Aufenthalts im Bundesgebiet einen Anspruch auf Erteilung einer Aufenthaltserlaubnis erworben hat (dazu, dass in den Fällen des § 39 S. 1 Nr. 5 mit der Antragstellung weder eine Erlaubnis- noch eine Aussetzungsfiktion entstehen können soll, GK-AufenthG/Funke-Kaiser AufenthG § 81 Rn. 48). Der Regelung liegt der Gedanke zugrunde, dass eine Verweisung auf das Visumverfahren stets auch eine unnötige und kostenträchtige Belastung sowohl des Ausländers als auch der Auslandsvertretungen darstellt, sobald eine Ermessensausübung (hinsichtlich der Erteilung eines Aufenthaltstitels) aufgrund gesetzlicher Regelungen von vornherein ausscheidet, während der Prüfungsumfang der Ausländerbehörden unabhängig vom Ort der Antragstellung derselbe bleibt (BR–Drs. 731/04, 186 mit dem Hinweis, eine Beschränkung auf Eheschließungen „im Bundesgebiet" sei entbehrlich, da der Ausländer bei Eheschließungen außerhalb des Bundesgebietes ausreisen müsse, was ohnehin nach § 60a Abs. 5 S. 1 AufenthG zum Erlöschen der Duldung führe).

17   Voraussetzung für eine Anwendbarkeit der Vorschrift ist zunächst, dass die Abschiebung des Ausländers nach § 60a AufenthG ausgesetzt ist. Nach dem Wortlaut der Vorschrift kommt es wohl darauf an, dass die Abschiebung ausgesetzt ist, nicht hingegen, dass sie auszusetzen ist (mit dem Hinweis, allein ein Anspruch auf Erteilung einer Duldung reiche nicht aus, VG München BeckRS 2017, 119603; diff. GK-AufenthG/Funke-Kaiser AufenthG § 4 Rn. 80). Die Abschiebung muss zudem gerade auch in dem für die Beurteilung der Sach- und Rechtslage maßgeblichen Zeitpunkt ausgesetzt sein (allg. etwa OVG Bln-Bbg BeckRS 2011, 53662). Als maßgeblicher Zeitpunkt wird dabei derjenige der behördlichen Entscheidung bzw. in einem sich anschließenden Klageverfahren derjenige der letzten mündlichen Verhandlung in der Tatsacheninstanz benannt, während in Verfahren des vorläufigen Rechtsschutzes (zum Vorliegen eines Anordnungsgrundes in Fällen des § 39 S. 1 (Nr. 5) OVG LSA BeckRS 2018, 42213) derjenige der gerichtlichen Entscheidung maßgeblich sein soll (OVG NRW Beschl. v. 14.3.2007 – 19 B 2225/06; BeckRS 2011, 56560; 2012, 53834; sa OVG Bln-Bbg BeckRS 2008, 39807; Beschl. v. 16.1.2008 – 2 S 4.08; BeckRS 2011, 53662; 2013, 47326; SächsOVG BeckRS 2010, 51995; 2011, 49436; BeckRS 2020, 9855; HmbOVG BeckRS 2010, 56892; BayVGH BeckRS 2014, 49131; OVG LSA BeckRS 2018, 42213; anders noch OVG NRW BeckRS 2008, 34514; sa VGH BW BeckRS 2008, 33384; ferner GK-AufenthG/Funke-Kaiser AufenthG § 4 Rn. 80).

18   Obschon § 39 S. 1 Nr. 5 ganz allgemein auf § 60a AufenthG Bezug nimmt, sieht die Rechtsprechung ferner Einschränkungen des Anwendungsbereichs der Vorschrift in mehrfacher Hinsicht vor: Zum einen soll § 39 S. 1 Nr. 5 nicht zur Anwendung gelangen, wenn dem Ausländer lediglich eine sog. Verfahrensduldung erteilt worden ist (VGH BW BeckRS 2008, 33384; HmbOVG BeckRS 2010, 56892; 2012, 51612; 2014, 52410; 2019, 15987; OVG NRW BeckRS 2010, 49100; Beschl. v. 14.12.2010 – 18 B 1244/10; 5.12.2011 – 18 B 911/10; BeckRS 2011, 48575; 2011, 56559; 2011, 56560; SächsOVG BeckRS 2010, 51995; 2019, 18267; 2020, 9855; OVG Bln-Bbg BeckRS 2012, 45850; BayVGH BeckRS 2013, 46115; 2014, 49131; sa HTK-AuslR/ Fehrenbacher S. 1 Nr. 5 Rn. 2). Hingewiesen wird insoweit darauf, dass es mit dem Sinn der Regelung des § 39 S. 1 Nr. 5 unvereinbar sei, dass eine Aufenthaltserlaubnis auch dann im Bundesgebiet beantragt werden könne, wenn gerade eine dahingehende Berechtigung in Streit stehe und dem betroffenen Ausländer nur wegen dieses Streits einstweilen ermöglicht werde, im Bundesgebiet um entsprechenden Rechtsschutz nachzusuchen. Zum anderen wird § 39 S. 1 Nr. 5 dann nicht für anwendbar gehalten, wenn die Abschiebung lediglich wegen einer bevorstehenden Eheschließung ausgesetzt ist; es müsse – so die Überlegungen – ein anderweitiges Abschiebungshindernis gegeben sein (ausf. zuletzt etwa OVG RhPf BeckRS 2021, 809; sa BayVGH BeckRS 2018, 21841; mit Blick auf die Herstellung der familiären Lebensgemeinschaft mit einem Kind überdies NdsOVG BeckRS 2019, 33373; 2018, 1067; BayVGH BeckRS 2020, 14546; ferner OVG Saarl BeckRS 2008, 34698; 2008, 37323; HmbOVG BeckRS 2010, 56892; EzAR NF 34 Nr. 34; EzAR NF 22 Nr. 15; OVG Bln-Bbg BeckRS 2011, 45835; 2011, 49959; 2012, 45850; 2013, 47326; sa HTK-AuslR/Fehrenbacher S. 1 Nr. 5 Rn. 3; anders VGH BW BeckRS 2008, 33384). Anderenfalls werde die Eheschließung bzw. die Geburt eines deutschen Kindes gewissermaßen doppelt berücksichtigt, nämlich im Rahmen der Feststellung der Abschiebungsaussetzung

und zusätzlich zur Begründung des Anspruchs auf ein Aufenthaltsrecht. Damit aber entfalle die eigenständige rechtliche Bedeutung einer vorangehenden Duldung. Privilegiert würden nämlich nur Ausländer, die sich mit einer Duldung im Bundesgebiet aufhielten und sodann die Ehe schlössen bzw. ein Kind bekämen, nicht aber diejenigen, denen eine Duldung nur aus entsprechenden Gründen erteilt werde.

Neben einer Aussetzung der Abschiebung des Ausländers setzt § 39 S. 1 Nr. 5 voraus, dass die **19** Eheschließung oder die Begründung einer Lebenspartnerschaft im Bundesgebiet oder die Geburt eines Kindes während eines Aufenthalts im Bundesgebiet erfolgt sein muss (darauf, ob die Eheschließung, die Begründung einer Lebenspartnerschaft oder die Geburt eines Kindes zu einem Zeitpunkt erfolgt, in dem die Abschiebung ausgesetzt ist, soll es hingegen nicht ankommen, s. GK-AufenthG/Funke-Kaiser AufenthG § 4 Rn. 80, AufenthG § 81 Rn. 35). Eine Eheschließung, Begründung einer Lebenspartnerschaft oder Geburt eines Kindes im Ausland und anschließende (Wieder-) Einreise (mit Blick auf § 39 S. 1 Nr. 3 → Rn. 12) ermöglichen die Einholung des Aufenthaltstitels im Inland demgegenüber nicht (mit Blick auf eine Eheschließung in Dänemark zuletzt etwa BayVGH BeckRS 2021, 5341; ferner BayVGH BeckRS 2013, 51404; SächsOVG BeckRS 2014, 52244; sa HTK-AuslR/Fehrenbacher S. 1 Nr. 5 Rn. 6 ff.; GK-AufenthG/Funke-Kaiser AufenthG § 4 Rn. 80, AufenthG § 81 Rn. 35 mit dem Hinweis, der Geburtsort des Kindes müsse hingegen nicht im Bundesgebiet liegen; anders wohl noch VGH BW BeckRS 2006, 22608; zu den Anforderungen an eine Eheschließung iSd § 39 S. 1 Nr. 5 überdies SächsOVG BeckRS 2020, 9855; zur sog. „Handschuhehe" im Besonderen SächsOVG BeckRS 2011, 49436; HmbOVG BeckRS 2019, 15987).

Unter einem Anspruch iSd § 39 S. 1 Nr. 5 ist schließlich ebenso wie im Anwendungsbereich **20** namentlich von § 39 S. 1 Nr. 3 (→ Rn. 8) nur ein strikter Rechtsanspruch zu verstehen. Ein solcher Rechtsanspruch liegt nur dann vor, wenn alle zwingenden und regelhaften Tatbestandsvoraussetzungen erfüllt sind und die Behörde kein Ermessen mehr auszuüben hat (BVerwG InfAuslR 2015, 135; sa BVerwGE 162, 349 ff. mit dem Hinweis, ein möglicher unionsrechtlicher Anspruch aus Art. 20 AEUV (mit Blick auf § 39 S. 1 Nr. 2 dazu → Rn. 6) auf Sicherung des Aufenthaltsrechts der von Drittstaatsangehörigen abhängigen Kinder in der Europäischen Union sei kein nationaler Rechtsanspruch iSv § 39 S. 1 Nr. 5). Demzufolge stellt sich auch im Anwendungsbereich des § 39 S. 1 Nr. 5 (mit Blick auf § 39 S. 1 Nr. 3 → Rn. 8) namentlich die Frage, ob ein unerlaubter Aufenthalt im Bundesgebiet und überdies eine unerlaubte Einreise der Annahme eines strikten Rechtsanspruchs im vorstehenden Sinne entgegenstehen. Einerseits hat die (uneinheitliche) Rechtsprechung dazu ausgeführt, dass § 39 S. 1 Nr. 5 der Bewertung eines Visumverstoßes als Ausweisungsgrund nach § 5 Abs. 1 Nr. 2 AufenthG nicht entgegenstehe. Die Regelung eröffne gesetzessystematisch Ausnahmen vom Anwendungsbereich des § 5 Abs. 2 AufenthG, entbinde jedoch nicht von den sonstigen Voraussetzungen für die Erteilung von Aufenthaltstiteln und insbesondere nicht von den allgemeinen Erteilungsvoraussetzungen des § 5 Abs. 1 AufenthG (OVG NRW BeckRS 2012, 53834 unter Hinweis auf OVG NRW BeckRS 2010, 49984; zuletzt dazu etwa BayVGH BeckRS 2020, 14546). Andererseits wird angenommen, dass § 39 S. 1 Nr. 5 geduldete Ausländer erfasse, die iSd § 14 Abs. 1 Nr. 2 AufenthG unerlaubt eingereist seien, ebenso wie solche, die mit dem nach § 6 Abs. 4 S. 1 AufenthG erforderlichen nationalen Visum eingereist seien. Das ergebe sich – so die Argumentation – daraus, dass der Wortlaut des § 39 S. 1 Nr. 5 nicht zwischen den unterschiedlichen Arten der Einreise differenziere (OVG NRW Beschl. v. 16.9.2008 – 19 B 871/08 unter Hinweis auf OVG NRW BeckRS 2008, 30343; sa HTK-AuslR/Fehrenbacher S. 1 Nr. 5 Rn. 5, 12 ff.).

VI. Aufenthaltstitel eines anderen Schengen-Staates (§ 39 S. 1 Nr. 6)

Wenn der Ausländer einen von einem anderen Schengen-Staat ausgestellten Aufenthaltstitel **21** besitzt und aufgrund dieses Aufenthaltstitels berechtigt ist, sich im Bundesgebiet aufzuhalten, ist gem. § 39 S. 1 Nr. 6 die Durchführung eines Visumverfahrens entbehrlich, sofern die Voraussetzungen eines Anspruchs auf Erteilung eines Aufenthaltstitels erfüllt sind; § 41 Abs. 3 (→ § 41 Rn. 6) findet dabei Anwendung, wonach der erforderliche Aufenthaltstitel innerhalb von 90 Tagen nach der Einreise zu beantragen ist und die Antragsfrist vorzeitig endet, wenn der Ausländer ausgewiesen wird oder sein Aufenthalt nach § 12 Abs. 4 AufenthG zeitlich beschränkt wird. Die Regelung wurde durch die Verordnung zur Änderung der Aufenthaltsverordnung und der AZRG-Durchführungsverordnung (v. 18.12.2015, BGBl. I 2982) in § 39 eingefügt und bezweckt – ausweislich der Begründung des Verordnungsentwurfs – eine Gleichstellung mit den unter § 39 S. 1 Nr. 3 fallenden Drittstaatsangehörigen (BR-Drs. 659/05, 6 f.; sa OVG Bln-Bbg BeckRS 2019, 2896).

22   Obwohl nach dem Wortlaut des § 39 S. 1 Nr. 6 ein Aufenthaltstitel ausreichend ist, um sich auf die Privilegierung der Vorschrift berufen zu können, genügt der Besitz lediglich eines Schengen-Visums eines anderen Schengen-Staates nicht (krit. zum Wortlaut der Regelung auch GK-AufenthG/Funke-Kaiser AufenthG § 81 Rn. 77). Insoweit ist § 39 S. 1 Nr. 3 nämlich die speziellere Regelung, die einen Rückgriff auf diejenige des § 39 S. 1 Nr. 6 ausschließt (grdl. NdsOVG InfAuslR 2009, 388 ff. = BeckRS 2009, 36319; OVG RhPf BeckRS 2009, 33836; sa OVG LSA BeckRS 2019, 33663; ferner HTK-AuslR/Fehrenbacher S. 1 Nr. 6 Rn. 9).

23   Ob sich der Ausländer aufgrund des Aufenthaltstitels berechtigterweise im Bundesgebiet aufhält, soll sich des Weiteren nur unter Berücksichtigung des Schengen-Rechts beantworten lassen (dazu und zum Folgenden VG Aachen BeckRS 2016, 53980; mit Blick auf die Erfüllung der Einreisevoraussetzungen, namentlich falsche Angaben über den Zweck der Einreise und des Aufenthalts im Visumverfahren, ferner OVG LSA BeckRS 2014, 55105 mit dem Hinweis, § 39 S. 1 Nr. 6 solle nur diejenigen Ausländer begünstigen, die im Visumverfahren zutreffende Angaben gemacht hätten und bei denen sich aufgrund nach der Einreise eingetretener neuer Umstände der Aufenthaltszweck geändert habe). Dies habe – so die Argumentation – der Normgeber mit der Begründung des Verordnungsentwurfs klargestellt, da er darauf hingewiesen habe, dass die Möglichkeit der Beantragung eines Aufenthaltstitels ohne vorheriges Visumverfahren für Fälle eingeführt werde, in denen der Drittstaatsangehörige einen Aufenthaltstitel eines anderen Schengen-Staates besitze, der ihn nach Art. 21 SDÜ berechtige, sich ohnehin visum- und grundsätzlich kontrollfrei für einen auf drei Monate befristeten Zeitraum im Bundesgebiet aufzuhalten (BR-Drs. 659/05, 1 f.). Zugleich sei klargestellt worden, dass bei der Beantragung wirklich ein Aufenthaltsrecht in der Bundesrepublik Deutschland bestehen müsse, was beispielsweise (gem. Art. 21 Abs. 1 SDÜ iVm Art. 6 Abs. 1 lit. a Schengener Grenzkodex) nicht der Fall sei, wenn der betreffende Ausländer zwar im Besitz eines Aufenthaltstitels eines anderen Schengen-Staates, nicht aber eines in der Bundesrepublik Deutschland anerkannten Passes oder Passersatzes sei (BR-Drs. 659/05, 6 f.). Maßgeblich sei mithin, ob der Ausländer sich nach Art. 21 Abs. 1 SDÜ als Inhaber eines gültigen, von einem der Mitgliedstaaten ausgestellten Aufenthaltstitels aufgrund dieses Dokuments und eines gültigen Reisedokuments bis zu 90 Tage je Zeitraum von 180 Tagen frei im Hoheitsgebiet der anderen Mitgliedstaaten bewegen dürfe, was voraussetze, dass er die in Art. 6 Abs. 1 lit. a, lit. c und lit. e Schengener Grenzkodex aufgeführten Einreisevoraussetzungen erfülle und nicht auf der nationalen Ausschreibungsliste des betroffenen Mitgliedstaats stehe (ausf. dazu VG Aachen BeckRS 2016, 53980 mit dem Hinweis, dass die EU-Visum-VO in maßgeblicher Weise zwischen den Fallgruppen der Ausländer, die ihr Aufenthaltsrecht aus Art. 20 SDÜ ableiteten, und denen, die sich auf Art. 21 SDÜ beriefen, differenziere und Art. 21 Abs. 1 SDÜ sowie Art. 6 Abs. 1 lit. a, lit. c und lit. e Schengener Grenzkodex einschränkend dahingehend auszulegen seien, dass sich die Vorschriften auf den zulässigen Kurzaufenthalt bezögen; s. dazu unter Hinweis auf das Verständnis von Art. 20 Abs. 1 SDÜ allgemein aber auch VG Stuttgart BeckRS 2014, 51707). Ausgehend davon scheint allerdings nicht abschließend geklärt, was namentlich für Personen gilt, die in einem anderen Mitgliedstaat der EU die Rechtsstellung eines langfristig Aufenthaltsberechtigten innehaben und sich länger als 90 Tage in einem Zeitraum von 180 Tagen (mit Blick auf § 39 S. 1 Nr. 3 dazu → Rn. 9) im Bundesgebiet aufhalten wollen (s. dazu auch GK-AufenthG/Marx AufenthG § 38a Rn. 17 f.; NK-AuslR/Müller AufenthG § 38a Rn. 15; zum Nachzug zu einem Daueraufenthaltsberechtigten ferner BayVGH InfAuslR 2015, 284 f. = BeckRS 2015, 45994). Wohl überwiegend wird insoweit darauf hingewiesen, dass namentlich Art. 21 Abs. 1 SDÜ die Einreise und den Aufenthalt im Bundesgebiet nur für Kurzaufenthalte erlaube. Wenn ein Ausländer in der Absicht einreise, sich dauerhaft und nicht nur für maximal 90 Tage in einem Zeitraum von 180 Tagen im Bundesgebiet aufzuhalten, könne sich dieser – so die Schlussfolgerung – nicht auf § 39 S. 1 Nr. 6 iVm Art. 21 Abs. 1 SDÜ berufen (zuletzt etwa OVG Bln-Bbg BeckRS 2019, 2896; BayVGH BeckRS 2019, 3423; ferner VG Freiburg BeckRS 2016, 41620; anders VG Aachen BeckRS 2016, 53980).

24   In der Sache ist unter einem Anspruch iSv § 39 S. 1 Nr. 6 ebenso wie im Anwendungsbereich namentlich von § 39 S. 1 Nr. 3 (→ Rn. 8) grundsätzlich nur ein strikter Rechtsanspruch zu verstehen (OVG Brem BeckRS 2011, 53540; sa HTK-AuslR/Fehrenbacher S. 1 Nr. 6 Rn. 3). Ferner ist der Verweisung auf § 41 Abs. 3 in mehrfacher Hinsicht Bedeutung beizumessen: Dass der Antrag auf Erteilung eines Aufenthaltstitels innerhalb von 90 Tagen ab der Einreise zu stellen ist, wird nahezu einhellig dahingehend verstanden, dass die Erteilungsvoraussetzungen sowohl innerhalb der Geltungsdauer der ausländischen Aufenthaltserlaubnis (BayVGH BeckRS 2011, 49351) als auch innerhalb des Zeitraums, in dem der Ausländer aufgrund dieser ausländischen Aufenthaltserlaubnis sich in der Bundesrepublik Deutschland aufhalten darf, erfüllt sein müssen. Der Ausländer muss also im Zeitpunkt des Eintritts der letzten Anspruchsvoraussetzung für die

Erteilung der von ihm begehrten Aufenthaltserlaubnis noch über die Berechtigung zum Aufenthalt im Bundesgebiet aufgrund eines von einem anderen Schengen-Staat ausgestellten Aufenthaltstitels verfügen. Die Frist soll sich demgegenüber nicht durch die rechtzeitige Antragstellung in entsprechender Anwendung von § 81 Abs. 3 S. 1 AufenthG verlängern (zum Ganzen HTK-AuslR/ Fehrenbacher S. 1 Nr. 6 Rn. 7). Zur Begründung wird darauf hingewiesen, dass schon die Verwendung des Präsens in § 39 S. 1 Nr. 6 zeige, dass der Ausländer sowohl im Zeitpunkt der Antragstellung als auch im Zeitpunkt des Eintritts der letzten Anspruchsvoraussetzung für die Erteilung der von ihm begehrten Aufenthaltserlaubnis noch über die Berechtigung zum Aufenthalt im Bundesgebiet aufgrund des von einem anderen Schengen-Staats ausgestellten Aufenthaltstitels verfügen müsse. Gleiches folge aus der Verweisung auf die Vorschrift des § 41 Abs. 3, mit der der Verordnungsgeber in Abweichung von § 81 Abs. 2 S. 1 AufenthG zwar lediglich habe klarstellen wollen, dass der Antrag analog zu den Fällen des § 41 nicht unverzüglich zu stellen ist (BR-Drs. 659/05, 7). Der insoweit benannte Zeitraum von drei Monaten entspreche indes dem Zeitraum, in welchem sich ein Drittausländer gem. Art. 21 Abs. 1 SDÜ höchstens im Hoheitsgebiet einer anderen Vertragspartei frei bewegen dürfe, sofern er Inhaber eines gültigen, von einer der Vertragsparteien ausgestellten Aufenthaltstitels sei. Dieser Zeitraum werde durch die Beantragung eines Aufenthaltstitels in der Bundesrepublik Deutschland nicht verlängert. Der Antragsteller müsse daher, um sich auf § 39 S. 1 Nr. 6 berufen zu können, den Antrag auf Erteilung eines solchen Aufenthaltstitels spätestens am letzten Gültigkeitstag des von einem anderen Schengen-Staat ausgestellten Aufenthaltstitels stellen. Versäume er diese Frist, könne der Antrag zwar die Fiktion des allenfalls anwendbaren § 81 Abs. 3 S. 2 AufenthG auslösen (dazu auch HessVGH InfAuslR 2013, 424 ff. = BeckRS 2013, 54901; sa GK-AufenthG/Funke-Kaiser AufenthG § 4 Rn. 81, AufenthG § 81 Rn. 36 mit dem Hinweis, die Antragsfrist von drei Monaten gelte nur dann, wenn der betreffende Aufenthaltstitel zum Zeitpunkt der Einreise noch mindestens drei Monate gültig gewesen sei, da der Antrag auf Erteilung eines Aufenthaltstitels spätestens am letzten Gültigkeitstag des Aufenthaltstitels iSd § 39 S. 1 Nr. 6 gestellt werden müsse). Zu einer Befreiung von der Visumpflicht nach § 39 S. 1 Nr. 6 führe dies jedoch nicht. Denn die Erlaubnisfiktion des § 81 Abs. 3 S. 1 AufenthG vermittele nicht den nach § 39 S. 1 Nr. 6 erforderlichen Aufenthaltsstatus (eingehend OVG NRW BeckRS 2011, 45637; ferner HessVGH InfAuslR 2013, 424 ff. = BeckRS 2013, 54901; sa VG Aachen BeckRS 2014, 51803 mit dem Hinweis, dass § 39 S. 1 Nr. 6 nicht bezwecke, dass Ausländer, die sich einmal rechtmäßig aufgrund eines Aufenthaltstitels eines anderen Schengen-Staates im Bundesgebiet aufgehalten hätten, sich noch auf diesen rechtmäßigen Aufenthalt berufen dürfen, wenn die Voraussetzungen eines Anspruchs auf Erteilung eines Aufenthaltstitels in keinem zeitlichen Zusammenhang mehr zu dem rechtmäßigen Aufenthalt stünden; zum Ganzen etwa auch OVG Brem BeckRS 2012, 45794; BayVGH InfAuslR 2015, 284 f. = BeckRS 2015, 45994; BayVGH BeckRS 2011, 49351).

VII. Besitz einer Blauen Karte EU (§ 39 S. 1 Nr. 7)

§ 39 S. 1 Nr. 7 sieht eine Befreiung von der Durchführung eines Visumverfahrens für Fälle **25** vor, in denen ein Ausländer seit mindestens 18 Monaten eine Blaue Karte EU besitzt, die von einem anderen Mitgliedstaat der EU ausgestellt wurde, und er für die Ausübung einer hochqualifizierten Beschäftigung eine Blaue Karte EU in der Bundesrepublik Deutschland beantragt. Gleiches gilt für seine Familienangehörigen, die im Besitz eines Aufenthaltstitels zum Familiennachzug sind, der von demselben Staat ausgestellt wurde wie die Blaue Karte EU des Ausländers (dazu GK-AufenthG/Funke-Kaiser AufenthG § 4 Rn. 82, der die Regelung als missverständlich erachtet, da der Familienangehörige nicht notwendiger Weise seinen Titel 18 Monate besessen haben müsse, sodass nicht angenommen werden dürfe, dass vom Familienangehörigen verlangt werde, dass er ebenfalls schon mindestens 18 Monate im Besitz des Titels sein müsse). Die Anträge auf Erteilung einer Blauen Karte EU sowie auf Aufenthaltserlaubnisse zum Familiennachzug sind innerhalb eines Monats nach Einreise in das Bundesgebiet zu stellen, wobei zumindest nach dem Wortlaut der Vorschrift unklar bleibt – was gleichwohl zu bejahen sein dürfte –, ob diese Frist als Ausschlussfrist zu verstehen ist mit der Folge, dass im Falle ihrer Versäumung der Antrag nur nach Ausreise vom ersten Mitgliedstaat aus gestellt werden kann (ausf. GK-AufenthG/Funke-Kaiser AufenthG § 4 Rn. 82 mit dem Hinweis, demzufolge erweise sich § 39 S. 1 Nr. 7 als lex specialis gegenüber § 39 S. 1 Nr. 6). Die Regelungen gehen auf Art. 18 Abs. 1, Abs. 2 RL 2009/50/EG und Art. 19 Abs. 1, Abs. 2 RL 2009/50/EG zurück, wonach Inhaber einer Blauen Karte EU nach 18 Monaten ihres Besitzes das Recht haben, sich zusammen mit ihren Familienangehörigen in einem anderen Mitgliedstaat niederzulassen und eine Blaue Karte EU für eine die Anforderungen des § 19a AufenthG erfüllende Beschäftigung in dem entsprechenden Mitgliedstaat zu beantragen (s. dazu auch HTK-AuslR/Fehrenbacher S. 1 Nr. 7 Rn. 2 f.; ferner GK-AufenthG/Funke-Kaiser AufenthG § 4 Rn. 82). Ein Visumverfahren ist für den Inhaber einer Blauen Karte EU nach dem ausdrücklichen Wortlaut der Regelung folglich nur dann entbehrlich, wenn er für den Aufenthalt im Bundesgebiet eine Blaue Karte EU beantragt; auf andere Aufenthaltstitel findet § 39 S. 1 Nr. 7 hingegen keine Anwendung (HTK-AuslR/Fehrenbacher S. 1 Nr. 7 Rn. 4 f.). Darüber hinaus muss der Besitz einer Blauen Karte EU für 18 Monate ununterbrochen angedauert haben (dazu GK-AufenthG/Funke-Kaiser AufenthG § 4 Rn. 82 mit dem Hinweis, Unterbrechungen, die dadurch eingetreten seien, dass trotz rechtzeitiger Stellung eines Verlängerungsantrags eine Verlängerung erst nach Ablauf der Geltungsdauer erfolgt sei, seien ebenso unschädlich wie der Umstand, dass während des Genehmigungsverfahrens eine Blaue Karte EU ablaufe, und ausnahmsweise könne ferner auch eine kurzfristige Unterbrechung unbeachtlich sein, wenn der ausstellende Mitgliedstaat diese nicht beanstandet und die Verlängerung ohne weiteres ausgesprochen habe).

VIII. Verlängerung einer ICT-Karte nach § 19 AufenthG (§ 39 S. 1 Nr. 8)

26   Gemäß § 39 S. 1 Nr. 8 kann der Ausländer die Verlängerung einer ICT-Karte nach § 19 AufenthG ohne Durchführung eines Visumverfahrens im Bundesgebiet beantragen (zur Erteilung einer ICT-Karte und der diesbezüglichen Regelung des § 39 S. 2 → Rn. 2). Die mit der Verordnung zur Umsetzung aufenthaltsrechtlicher Richtlinien der Europäischen Union zur Arbeitsmigration in § 39 eingefügte Regelung des § 39 S. 1 Nr. 8 dient (ebenfalls) der Umsetzung der ICT-RL (RL 2014/66/EU v. 15.5.2014, ABl. 2014 L 157, 1). Mit ihr wird klargestellt, dass eine Verlängerung einer ICT-Karte anders als deren erstmalige Erteilung auch im Bundesgebiet erfolgen kann (HTK-AuslR/Fehrenbacher S. 1 Nr. 8 Rn. 3). Während § 39 S. 1 Nr. 9 für Familienangehörige von Inhabern einer Mobiler-ICT-Karte eine ausdrückliche Regelung trifft (→ Rn. 27), sollen für Familienangehörige von Inhabern einer ICT-Karte die allgemeinen Vorschriften gelten, weswegen namentlich die Ausnahmevorschrift des § 39 S. 1 und des § 5 Abs. 2 S. 2 AufenthG für anwendbar gehalten werden (HTK-AuslR/Fehrenbacher S. 1 Nr. 8 Rn. 4).

IX. Beantragung einer Mobiler-ICT-Karte (§ 39 S. 1 Nr. 9)

27   Die ebenfalls mit der Verordnung zur Umsetzung aufenthaltsrechtlicher Richtlinien der Europäischen Union zur Arbeitsmigration in § 39 eingefügte Bestimmung des § 39 S. 1 Nr. 9 regelt, dass eine Mobiler-ICT-Karte nach § 19b AufenthG ebenso wie eine Aufenthaltserlaubnis zum Zweck des Familiennachzugs zu einem Inhaber einer Mobiler-ICT-Karte iSd § 19b AufenthG im Bundesgebiet beantragt werden können, sofern der Ausländer einen gültigen Aufenthaltstitel eines anderen Mitgliedstaates besitzt, der ausgestellt worden ist nach der ICT-RL (RL 2014/66/EU v. 15.5.2014, ABl. 2014 L 157, 1). Umgesetzt werden dadurch Art. 11 Abs. 2 ICT-RL und Art. 22 Abs. 2 lit. c ICT-RL (BR-Drs. 10/17, 38; sa HTK-AuslR/Fehrenbacher S. 1 Nr. 9 Rn. 1). Die Regelung des § 39 S. 1 Nr. 9 wird auch in Ansehung derjenigen des § 39 S. 1 Nr. 6 für erforderlich gehalten, da – so die Argumentation – nicht alle Mitgliedstaaten der EU, die die ICT-RL umgesetzt hätten, zugleich Schengen-Staaten seien (HTK-AuslR/Fehrenbacher S. 1 Nr. 9 Rn. 4). Auch für Familienangehörige von Inhabern einer Mobiler-ICT-Karte ermöglicht § 39 S. 1 Nr. 9 ausdrücklich die Beantragung einer Aufenthaltserlaubnis im Inland, wenn sie einen gültigen Aufenthaltstitel eines anderen Mitgliedstaats der EU besitzen und den Familiennachzug zu einem Inhaber einer Mobiler-ICT-Karte begehren. Eine Ausreise ist insoweit nicht erforderlich, die Beantragung und Erteilung einer entsprechenden Aufenthaltserlaubnis ist im Bundesgebiet möglich (BR-Drs. 10/17, 38; sa HTK-AuslR/Fehrenbacher S. 1 Nr. 9 Rn. 3).

X. Erteilung einer Aufenthaltserlaubnis an mobile Forscher (§ 39 S. 1 Nr. 10)

28   Zur Umsetzung von Art. 29 Abs. 2 lit. c RL (EU) 2016/801 (BR-Drs. 10/17, 38) ermöglicht die (ebenfalls) mit der Verordnung zur Umsetzung aufenthaltsrechtlicher Richtlinien der Europäischen Union zur Arbeitsmigration eingefügte Vorschrift des § 39 S. 1 Nr. 10, dass Ausländer, die einen gültigen Aufenthaltstitel eines anderen Mitgliedstaates der EU besitzen, der ausgestellt worden ist nach der RL (EU) 2016/801, eine Aufenthaltserlaubnis nach § 18f AufenthG beantragen können; Gleiches gilt mit Blick auf eine Aufenthaltserlaubnis zum Zweck des Familiennachzugs zu einem Inhaber einer Aufenthaltserlaubnis nach § 18f AufenthG. Auch insoweit ist keine Ausreise erforderlich, Antragstellung und Erteilung können im Bundesgebiet erfolgen (BR-Drs. 10/17, 38; sa HTK-AuslR/Fehrenbacher S. 1 Nr. 10 Rn. 2 f.).

XI. Aufenthaltstitel zum Zweck der Saisonbeschäftigung (§ 39 S. 1 Nr. 11)

Schließlich kann der Ausländer vor Ablauf der Arbeitserlaubnis oder der Arbeitserlaubnisse zum **29** Zweck der Saisonbeschäftigung, die ihm nach § 15a Abs. 1 S. 1 Nr. 1 BeschV erteilt wurde oder wurden, im Bundesgebiet einen Aufenthaltstitel zum Zweck der Saisonbeschäftigung bei demselben oder einem anderen Arbeitgeber beantragen. Dass die Vorschrift sowohl auf (eine) Arbeitserlaubnis als auch (mehrere) Arbeitserlaubnisse Bezug nimmt, ist dem Umstand geschuldet, dass im Falle der ein- oder mehrmaligen Verlängerung des Beschäftigungsverhältnisses nach § 15a Abs. 5 BeschV mehrere Arbeitserlaubnisse erteilt werden können (BR-Drs. 10/17, 39). Umgesetzt wurde mit der (ebenfalls) durch die Verordnung zur Umsetzung aufenthaltsrechtlicher Richtlinien der Europäischen Union zur Arbeitsmigration in § 39 eingefügten Bestimmung des § 39 S. 1 Nr. 11 die Saisonarbeiter-RL (RL 2014/36/EU v. 26.2.2014, ABl. 2014 L 94, 375), die die Bedingungen für die Einreise und den Aufenthalt von Drittstaatsangehörigen zum Zwecke einer Beschäftigung als Saisonarbeitnehmer und die Rechte von Saisonarbeitnehmern festlegt. Zwar findet diese Richtlinie gem. Art. 2 Abs. 1 S. 2 Saisonarbeiter-RL keine Anwendung auf Drittstaatsangehörige, die sich zum Zeitpunkt der Antragstellung im Hoheitsgebiet der Mitgliedstaaten aufhalten; eine Ausnahme gilt allerdings nach Art. 15 Saisonarbeiter-RL, der die Verlängerung des Aufenthalts oder die Erneuerung der Genehmigung zum Zwecke der Saisonarbeit betrifft (s. dazu BR-Drs. 10/17, 39).

Die Regelung des § 39 S. 1 Nr. 11 steht im engem Zusammenhang mit den Vorschriften der Auf- **30** enthV über den Kurzaufenthalt (ausf. dazu und zum Nachfolgenden HTK-AuslR/Fehrenbacher S. 1 Nr. 11 Rn. 3 ff.): Staatsangehörige der in Anhang II EU-Visum-VO genannten Staaten (sog. Anhang-I-Staater müssen hingegen stets im Besitz eines Aufenthaltstitels zum Zwecke der Saisonbeschäftigung nach § 18 Abs. 3 AufenthG sein, dessen Verlängerung im Falle einer weiteren Beschäftigungszeit gem. § 39 Nr. 1 möglich ist) sind für einen Aufenthalt, der 90 Tage je Zeitraum von 180 Tage nicht überschreitet, von der Visumpflicht befreit. Zwar gilt dies nach § 17 Abs. 1 im Falle einer Erwerbstätigkeit grundsätzlich nicht. Etwas anderes gilt gem. § 17 Abs. 2 aber für als „Nichtbeschäftigung" fingierte Tätigkeiten, zu denen gem. § 17 Abs. 2 S. 3 auch Tätigkeiten nach § 15a BeschV zählen, wobei die dort geregelte und auch im Anwendungsbereich des § 39 S. 1 Nr. 11 angesprochene saisonabhängige Beschäftigung lediglich für 90 Tage innerhalb von 180 Tagen ausgeübt werden darf. Für die Ausübung einer solchen Tätigkeit bedürfen sog. Anhang-II-Staater gem. § 15 auch keiner Aufenthaltserlaubnis, sie müssen lediglich im Besitz einer Arbeitserlaubnis der Bundesagentur für Arbeit iSd § 15a BeschV sein. Soll nun die saisonabhängige Beschäftigung über 90 Tage hinaus andauern, muss der Ausländer einen Aufenthaltstitel zum Zwecke der Beschäftigung vor Ablauf der 90 Tage beantragen. Dieser Antrag kann gem. § 39 S. 1 Nr. 11 im Inland gestellt werden, wobei ein entsprechender Aufenthaltstitel danach bis zur Entscheidung der Ausländerbehörde als erteilt gilt. Die saisonabhängige Beschäftigung darf gem. § 15a Abs. 1 S. 2 BeschV sechs Monate innerhalb eines Zeitraums von zwölf Monaten allerdings nicht überschreiten.

§ 40 Verlängerung eines visumfreien Kurzaufenthalts

Staatsangehörige der in Anhang II der Verordnung (EU) 2018/1806 aufgeführten Staaten können nach der Einreise eine Aufenthaltserlaubnis für einen weiteren Aufenthalt von längstens 90 Tagen, der sich an einen Kurzaufenthalt anschließt, einholen, wenn

1. ein Ausnahmefall im Sinne des Artikels 20 Abs. 2 des Schengener Durchführungsübereinkommens vorliegt und

2. der Ausländer im Bundesgebiet keine Erwerbstätigkeit mit Ausnahme der in § 17 Abs. 2 genannten Tätigkeiten ausübt.

Überblick

Neben § 39 enthält § 40 eine weitere Ausnahme von der Regelung des § 5 Abs. 2 S. 1 Nr. 1 AufenthG, wonach ein Aufenthaltstitel nach der Einreise grundsätzlich nur erteilt werden darf, wenn der Ausländer mit dem für den Aufenthaltszweck erforderlichen Visum eingereist ist (→ Rn. 1). Danach können Staatsangehörige der in Anhang II EU-Visum-VO (VO (EU) 2018/1806 v. 14.11.2018, ABl. 2018 L 303, 39) aufgeführten Staaten nach der Einreise eine Aufenthaltserlaubnis (→ Rn. 3) für einen weiteren Aufenthalt von längstens 90 Tagen, der sich an einen Kurzaufenthalt anschließt, einholen (→ Rn. 4), wenn ein Ausnahmefall iSd Art. 20 Abs. 2 SDÜ vorliegt (→ Rn. 5) und der Ausländer im Bundesgebiet keine Erwerbstätigkeit mit Ausnahme der in § 17 Abs. 2 genannten Tätigkeiten ausübt (→ Rn. 5).

A. Allgemeines

1   § 40 regelt die Verlängerung eines visumfreien Kurzaufenthaltes und entspricht § 9 Abs. 4 DVAuslG (BR-Drs. 731/04, 186). Als Vorschrift des vierten Abschnitts des zweiten Kapitels der AufenthV über die Einholung des Aufenthaltstitels im Bundesgebiet steht die Regelung zwar im Zusammenhang mit den Vorschriften der AufenthV über den Kurzaufenthalt, vornehmlich regelt sie aber hinsichtlich der Verlängerung eines solchen Aufenthalts und der Erteilung einer diesbezüglichen Aufenthaltserlaubnis eine Ausnahme von der Regelung des § 5 Abs. 2 S. 1 Nr. 1 AufenthG, wonach ein Aufenthaltstitel nach der Einreise grundsätzlich nur erteilt werden darf, wenn der Ausländer mit dem für den Aufenthaltszweck erforderlichen Visum eingereist ist. § 40 betrifft hingegen nicht die Verlängerung von Schengen-Visa insbesondere gem. § 6 Abs. 2 S. 2 AufenthG, wonach für weitere 90 Tage innerhalb des betreffenden Zeitraums von 180 Tagen ein Schengen-Visum aus den in Art. 33 Visakodex (VO (EG) 810/2009 v. 13.7.2009, ABl. 2009 L 243, 1) genannten Gründen, zur Wahrung politischer Interessen der Bundesrepublik Deutschland oder aus völkerrechtlichen Gründen als nationales Visum verlängert werden kann (dazu HTK-AuslR/ Fehrenbacher Rn. 4 ff.).

2   In der Sache verweist die Vorschrift dabei ausdrücklich auf Art. 20 Abs. 2 SDÜ, wonach von der Regelung des Art. 20 Abs. 1 SDÜ das Recht jeder Vertragspartei unberührt bleibt, den Aufenthalt eines Drittausländers in ihrem Hoheitsgebiet in Ausnahmefällen oder in Anwendung der Bestimmungen eines bilateralen Abkommens, das bereits vor dem Inkrafttreten des Schengener Durchführungsübereinkommens zustande gekommen ist, über 90 Tage hinaus zu verlängern (s. dazu auch OVG NRW InfAuslR 2009, 74 ff. = BeckRS 2008, 39603 mit dem Hinweis, dass Art. 20 Abs. 2 SDÜ die Befugnis einschließe, die Wirkungen eines Schengen-Visums begrenzt auf das Gebiet der Bundesrepublik Deutschland nach nationalem Recht fortbestehen zu lassen, wie es mit der Fortbestandsfiktion nach § 81 AufenthG geschehe, die ein Aufenthaltsrecht eigener Art darstelle, das abweichend von den Einreise- und Aufenthaltsrechten einen vorübergehenden Aufenthalt bis zu Entscheidung über einen Antrag auf Erteilung eines Aufenthaltstitels gewähre). Ermöglicht wird auf dieser Grundlage ein weiterer Aufenthalt von längstens 90 Tagen (dazu etwa VG München BeckRS 2011, 31277; 2012, 51595; 2016, 50981; sa NK-AuslR/Hofmann AufenthG § 81 Rn. 27) – wobei eine Beschränkung auf (weitere) 90 Tage von Art. 20 Abs. 2 SDÜ nicht vorgegeben wird. Eine Verlängerung des Aufenthalts über (weitere) 90 Tage hinaus ist – nach nationalem Recht – hingegen nur möglich, wenn der Ausländer einen Aufenthaltstitel gem. § 39 im Bundesgebiet einholen oder verlängern lassen kann (HTK-AuslR/Fehrenbacher Rn. 8).

B. Verlängerung des visumfreien Kurzaufenthaltes

3   Gemäß § 40 können Staatsangehörige der in Anhang II EU-Visum-VO aufgeführten Staaten nach der Einreise (und mithin im Bundesgebiet) eine Aufenthaltserlaubnis für einen weiteren Aufenthalt von längstens 90 Tagen, der sich an einen Kurzaufenthalt anschließt, einholen. Die Vorschrift bezieht sich damit auf Ausländer, die nach Art. 4 Abs. 1 EU-Visum-VO visumfrei in das Schengen-Gebiet einreisen dürfen und deren kurzfristiger Aufenthalt gem. § 15, Art. 20 Abs. 1 SDÜ zulässig ist. Eine Rechtsgrundlage für die Erteilung einer entsprechenden Aufenthaltserlaubnis soll sich in § 7 Abs. 1 S. 3 AufenthG finden (HTK-AuslR/Fehrenbacher Rn. 3), wonach in begründeten Fällen eine Aufenthaltserlaubnis auch für einen von diesem Gesetz nicht vorgesehenen Aufenthaltszweck erteilt werden kann (s. aber auch NK-AuslR/Hofmann AufenthG § 81 Rn. 27 mit dem Hinweis auf § 25 Abs. 4 S. 1 AufenthG oder § 25 Abs. 5 AufenthG). Die Erteilung einer solchen Aufenthaltserlaubnis steht im Ermessen der Behörde, da § 40 nur die Befugnis zur Einholung einer Aufenthaltserlaubnis für Staatsangehörige der in Anhang II EU-Visum-VO aufgeführten Staaten nach der Einreise regelt.

4   Voraussetzung für die Erteilung einer entsprechenden Aufenthaltserlaubnis ist zunächst, dass sich der Aufenthalt von längstens 90 Tagen an einen Kurzaufenthalt anschließt. Zum einen soll § 40 folglich keine Anwendung (mehr) finden, wenn zum Zeitpunkt der Antragstellung die zulässige Dauer des Kurzaufenthalts von 90 Tagen bereits überschritten wurde (so auch NK-AuslR/Hofmann AufenthG § 81 Rn. 27 mit dem Hinweis, frühestens könne ein Antrag nach Eintritt eines Ausnahmefalls gestellt werden). Des Weiteren soll sich der weitere Aufenthalt unmittelbar und nahtlos an einen Kurzaufenthalt anschließen müssen (GK-AufenthG/Funke-Kaiser AufenthG § 4 Rn. 83, AufenthG § 81 Rn. 38 mit dem Hinweis, dass unerheblich sei, ob die Einreisevoraussetzungen nach Art. 20 Abs. 1 SDÜ iVm Art. 6 Abs. 1 lit. a, lit. c–e Schengener Grenzkodex (VO (EU) 2016/399 v. 9.3.2016, ABl. 2016 L 77, 1) gegeben seien, da bei deren Fehlen zwar die Einreise verweigert werden könne, nicht aber die Visumfreiheit tangiert sei).

Des Weiteren setzt § 40 voraus, dass ein Ausnahmefall iSv Art. 20 Abs. 2 SDÜ vorliegt und 5 der Ausländer keine Erwerbstätigkeit – ausgenommen Tätigkeiten nach § 17 Abs. 2, die auch im Rahmen des visumfreien Kurzaufenthalts iSv § 15, Art. 20 Abs. 1 SDÜ ausgeübt werden können – ausübt. Ein Ausnahmefall iSv Art. 20 Abs. 2 SDÜ wird dann für gegeben erachtet, wenn wichtige persönliche Belange (etwa eine Krankenhausbehandlung, familiäre Hilfeleistungen, ein Todesfall eines nahen Verwandten oder Termine bei Gerichten und Behörden), humanitäre Gründe oder Fälle höherer Gewalt (HTK-AuslR/Fehrenbacher Rn. 2 mit dem Hinweis, bei Besuchsreisen zu Verwandten sei ein den Belangen des Einzelfalls angemessener Maßstab anzulegen, etwa der Grad der Verwandtschaft oder die Verfestigung des Aufenthalts des im Bundesgebiet lebenden Ausländers) vorliegen. Unklar bleibt insoweit der Hinweis in der Begründung des Verordnungsentwurfs, wonach die Vorgaben des Beschlusses des Exekutivausschusses v. 14.12.1993 bezüglich der Verlängerung des einheitlichen Visums, an dessen Stelle inzwischen Art. 33 Visakodex getreten ist (HTK-AuslR/Fehrenbacher Rn. 7), zu beachten sein sollen (BR-Drs. 731/04, 186 f.). Denn der Begriff des Ausnahmefalls im Sinne des Art. 20 Abs. 2 SDÜ dürfte zumindest im Grundsatz nach einer autonomen Auslegung verlangen. Allerdings definiert Art. 20 Abs. 2 SDÜ den Begriff des Ausnahmefalls in keiner Weise (GK-AufenthG/Funke-Kaiser AufenthG § 4 Rn. 83, AufenthG § 81 Rn. 38). Daher dürften auf die Erteilung einer Aufenthaltserlaubnis im Anschluss an einen visumfreien Kurzaufenthalt die Maßstäbe des Art. 33 Visakodex gleichermaßen Anwendung finden (NK-AuslR/Hofmann AufenthG § 81 Rn. 27).

§ 41 Vergünstigung für Angehörige bestimmter Staaten

(1) [1]Staatsangehörige von Australien, Israel, Japan, Kanada, der Republik Korea, von Neuseeland, des Vereinigten Königreichs Großbritannien und Nordirland im Sinne des § 1 Absatz 2 Nummer 6 des Freizügigkeitsgesetzes/EU und der Vereinigten Staaten von Amerika können auch für einen Aufenthalt, der kein Kurzaufenthalt ist, visumfrei in das Bundesgebiet einreisen und sich darin aufhalten. [2]Ein erforderlicher Aufenthaltstitel kann im Bundesgebiet eingeholt werden.

(2) Dasselbe gilt für Staatsangehörige von Andorra, Brasilien, El Salvador, Honduras, Monaco und San Marino, die keine Erwerbstätigkeit mit Ausnahme der in § 17 Abs. 2 genannten Tätigkeiten ausüben wollen.

(3) [1]Ein erforderlicher Aufenthaltstitel ist innerhalb von 90 Tagen nach der Einreise zu beantragen. [2]Die Antragsfrist endet vorzeitig, wenn der Ausländer ausgewiesen wird oder sein Aufenthalt nach § 12 Abs. 4 des Aufenthaltsgesetzes zeitlich beschränkt wird.

(4) Die Absätze 1 bis 3 gelten nicht, wenn eine ICT-Karte nach § 19 des Aufenthaltsgesetzes beantragt wird.

Überblick

§ 41 regelt Privilegierungen für Staatsangehörige im Einzelnen benannter Staaten, die nach dem Wortlaut der Vorschrift auch für einen Aufenthalt, der kein Kurzaufenthalt ist, visumfrei in das Bundesgebiet einreisen und sich darin aufhalten können. Anders als der Wortlaut suggeriert, bestimmt die Vorschrift neben derjenigen des § 39 allerdings zuvörderst, dass ein erforderlicher Aufenthaltstitel auch im Bundesgebiet eingeholt werden kann; § 41 ermöglicht hingegen keine visumfreie Einreise und keinen visumfreien Aufenthalt (→ Rn. 1 ff.). Weitergehende Bedeutung hat die Vorschrift des § 41 zudem im Zusammenhang mit den Vorschriften des Aufenthaltsgesetzes über den Familiennachzug (→ Rn. 8 ff.): Ein von Staatsangehörigen der im Einzelnen benannten Staaten im Bundesgebiet gestellter Antrag auf Erteilung einer Aufenthaltserlaubnis kann gem. § 41 Abs. 1 S. 2 nicht unter Hinweis auf das Erfordernis der Durchführung eines Visumverfahrens abgelehnt werden. Die Regelung dispensiert allerdings nicht vom Vorliegen der Voraussetzungen für die Erteilung eines entsprechenden Aufenthaltstitels (→ Rn. 5). Zudem muss ein dahingehender Antrag gem. § 41 Abs. 3 innerhalb von 90 Tagen nach der Einreise gestellt werden (→ Rn. 6). Des Weiteren kommt die Aufnahme einer Beschäftigung iSv § 17 Abs. 1 gem. § 4 Abs. 3 S. 1 AufenthG erst in Betracht, wenn der Ausländer im Besitz eines Aufenthaltstitels ist (→ Rn. 7). Die Privilegierung des § 41 Abs. 1 gilt gem. § 41 Abs. 2 überdies auch für Staatsangehörige weiterer Staaten, wobei allerdings die einschränkende Voraussetzung hinzukommt, dass die betreffenden Staatsangehörigen keine Erwerbstätigkeit mit Ausnahme der in § 17 Abs. 2 genannten Tätigkeiten ausüben dürfen (→ Rn. 11). Eine Einschränkung der Privilegierung des § 41 Abs. 1, Abs. 2

normiert schließlich § 41 Abs. 4, wonach diese nicht gilt, wenn eine ICT-Karte nach § 19 AufenthG beantragt wird (→ Rn. 12 ff.).

A. Allgemeines

1   Im Anschluss an die Vorschrift des § 40, der die Verlängerung eines Kurzaufenthalts von Staatsangehörigen der in Anhang II EU-Visum-VO (VO (EU) 2018/1806 v. 14.11.2018, ABl. 2018 L 303, 39) aufgeführten Staaten im Schengen-Gebiet betrifft, regelt § 41, dass die Staatsangehörigen bestimmter privilegierter Staaten auch für einen Aufenthalt, der kein Kurzaufenthalt ist (unabhängig von dem verfolgten Aufenthaltszweck, s. GK-AufenthG/Funke-Kaiser AufenthG § 81 Rn. 26), visumfrei in das Bundesgebiet einreisen und sich darin aufhalten können und – über die Vorschrift des § 39 hinaus auch insoweit – ein erforderlicher Aufenthaltstitel im Bundesgebiet eingeholt werden kann. Auch die Vorschrift des § 41 enthält damit zuvörderst eine Ausnahme vom Grundsatz des § 5 Abs. 2 S. 1 AufenthG, wonach ein Aufenthaltstitel nach der Einreise grundsätzlich nur erteilt werden darf, wenn der Ausländer mit dem für den Aufenthaltszweck erforderlichen Visum eingereist ist.

2   Aus diesem Grund wird der Wortlaut der Vorschrift, wonach eine visumfreie Einreise und ein visumfreier Aufenthalt gestattet zu sein scheinen, als missverständlich erachtet. § 41 soll indes selbst keine visumfreie Einreise und keinen visumfreien Aufenthalt ermöglichen, sondern nur eine Ausnahme vom grundsätzlichen Erfordernis der Durchführung eines Visumverfahrens nach § 5 Abs. 2 AufenthG regeln. Dies soll sich aus der systematischen Stellung der Vorschrift ergeben: Die Befreiungen vom Erfordernis eines Aufenthaltstitels seien – so die Argumentation – in den §§ 15–30 normiert, wohingegen in den §§ 31 ff. das Visumverfahren adressiert werde und in §§ 39–41 Fälle geregelt seien, in denen ohne Durchführung eines Visumverfahrens im Inland ein erforderlicher Aufenthaltstitel erteilt werden könne (HTK-AuslR/Fehrenbacher Abs. 1 Rn. 2; s. aber auch VG Oldenburg BeckRS 2008, 34551 mit dem Hinweis, die Regelung des § 41 Abs. 1 verschaffe nach Wortlaut und Systematik eine Erleichterung insoweit, als die dort aufgeführten Personengruppen ohne Visum in die Bundesrepublik Deutschland einreisen und sich auch ohne Aufenthaltstitel für die Dauer von drei Monaten dort aufhalten dürften, selbst dann, wenn sie von vornherein einen länger als drei Monate andauernden Aufenthalt anstrebten, die Pflicht zur Einholung des Aufenthaltstitels für einen anschließenden Aufenthalt aber gleichwohl nicht entfalle).

3   Eine Rechtsgrundlage für die visumfreie Einreise wird auch für die in § 41 genannten Staatsangehörigen demzufolge in Art. 4 Abs. 1 EU-Visum-VO und für den visumfreien Aufenthalt in Art. 20 SDÜ erblickt. Selbst wenn die betreffenden Staatsangehörigen von Anfang an einen langfristigen Aufenthalt mit der Aufnahme einer Erwerbstätigkeit anstreben (zur Frage, ob es auf die Absichten des Ausländers hinsichtlich eines längerfristigen Aufenthalts oder der Aufnahme einer Erwerbstätigkeit im Anwendungsbereich der §§ 15, 17 ankommt, → § 15 Rn. 8 ff., § 17 Rn. 5 f.), wird ihre Einreise für zulässig erachtet: Zwar regele Art. 4 Abs. 1 EU-Visum-VO eine Befreiung vom Erfordernis eines Visums nur für Aufenthalte, die 90 Tage je Zeitraum von 180 Tagen nicht überschritten, daraus sei indes nicht zu folgern, dass diese Vorschrift nicht zur Anwendung gelange, wenn eine nationale Regelung die Erteilung eines langfristigen Aufenthaltstitels ohne Durchführung eines Visumverfahren zulasse und der Ausländer die Staatsangehörigkeit dieses Staates habe (HTK-AuslR/Fehrenbacher Abs. 1 Rn. 3).

B. Uneingeschränkte Privilegierung (§ 41 Abs. 1)

I. Ausnahme vom grundsätzlich erforderlichen Visumverfahren nach § 5 Abs. 2 AufenthG

4   Gemäß § 41 Abs. 1 können Staatsangehörige von Australien, Israel, Japan, Kanada, der Republik Korea, von Neuseeland, des Vereinigten Königreichs Großbritannien und Nordirland iSd § 1 Abs. 2 Nr. 6 FreizügG/EU und der Vereinigten Staaten von Amerika auch für einen Aufenthalt, der kein Kurzaufenthalt ist, visumfrei in das Bundesgebiet einreisen und sich darin aufhalten und ein erforderlicher Aufenthaltstitel kann im Bundesgebiet eingeholt werden. Die Regelung entspricht im Wesentlichen § 9 Abs. 1 DVAuslG, wobei die Staatsangehörigen der Europäischen Mitgliedsstaaten nicht mehr gesondert erwähnt werden, da deren Rechtsstellung durch europäisches Recht und das FreizügG/EU (Gesetz über die allgemeine Freizügigkeit von Unionsbürgern v. 30.7.2004, BGBl. I 1950) geregelt ist. Ebenso war die Nennung der Schweiz entbehrlich, da hierzu das diesbezügliche Freizügigkeitsabkommen die entsprechenden Regelungen enthält. Die

Aufnahme der Republik Korea beruht ausweislich der Begründung des Verordnungsentwurfs hinsichtlich der Inhaber dienstlicher Pässe dieses Staates schließlich auf einer völkerrechtlichen Verpflichtung der Bundesrepublik Deutschland aufgrund eines Notenwechsels v. 6.11. und 11.12.1961 (BGBl. 1998 II 1390), hinsichtlich anderer Staatsangehöriger auf positiven Erfahrungen sowie der gewachsenen Bedeutung der Wirtschaftsbeziehungen mit der Republik Korea (BR-Drs. 731/04, 187). Auf Großbritannien und Nordirland wurde die Regelung schließlich infolge ihres Austritts aus der EU erstreckt, um deren Staatsangehörigen, die nicht bereits unter diesbezügliche Vorschriften des Austrittsabkommens fallen, eine visumfreie Einreise und die Einholung des für einen längerfristigen Aufenthalt erforderlichen Aufenthaltstitels im Inland zu ermöglichen (BR-Drs. 747/20, 2 f., 8).

Ein von Staatsangehörigen der privilegierten Staaten iSd § 41 Abs. 1 S. 1 im Bundesgebiet **5** gestellter Antrag auf Erteilungen einer Aufenthaltserlaubnis kann gem. § 41 Abs. 1 S. 2 nicht unter Hinweis auf das Erfordernis der Durchführung eines Visumverfahrens abgelehnt werden. Sind alle Voraussetzungen erfüllt (dazu, dass § 41 keinen Anspruch auf Erteilung einer Aufenthaltserlaubnis verleiht, VG Oldenburg BeckRS 2008, 34551 mit dem Hinweis, das Vorliegen der Voraussetzungen des § 41 Abs. 1 stelle ebenso wenig wie die Staatsangehörigkeit der in § 41 Abs. 1 S. 1 genannten Staaten einen begründeten Fall iSd § 7 Abs. 1 S. 3 AufenthG dar; s. dazu auch GK-AufenthG/Discher AufenthG § 7 Rn. 250; die Voraussetzungen für die Erteilung einer Aufenthaltserlaubnis richten sich vielmehr nach den Bestimmungen des Aufenthaltsgesetzes, s. etwa NdsOVG BeckRS 2006, 26610; OVG RhPf BeckRS 2007, 24206), wird dem Ausländer eine Aufenthaltserlaubnis in der Bundesrepublik Deutschland erteilt, dessen Aufenthalt fortan auf jener Aufenthaltserlaubnis und nicht (länger) auf den Vorschriften über Kurzaufenthalte beruht. Ferner kann sich der betreffende Ausländer nachfolgend auf Art. 21 SDÜ (und nicht mehr lediglich auf Art. 20 SDÜ) berufen (HTK-AuslR/Fehrenbacher Abs. 1 Rn. 3). Als unsicher wird hingegen betrachtet, ob die Regelung des § 41 Abs. 1 S. 2 für Staatsangehörige der in § 41 Abs. 1 S. 1 genannten Staaten auch dann gilt, wenn diese nicht direkt aus dem Herkunftsstaat bzw. über einen Nicht-Schengen-Staat einreisen. Da die Vorschrift lediglich eine Ausnahme vom grundsätzlichen Erfordernis der Durchführung eines Visumverfahrens nach § 5 Abs. 2 AufenthG regelt (→ Rn. 2), ist eine diesbezügliche Einschränkung zumindest dem Wortlaut des § 41 Abs. 1 S. 2 nicht zu entnehmen. In wohl verunklarender Weise wird weiter insoweit danach differenziert, ob ein „Durchreisestaat" von der Regelung des Art. 6 Abs. 3 EU-Visum-VO Gebrauch gemacht hat. Bei einer mit § 17 Abs. 1 vergleichbaren nationalen Reglung in einem anderen Schengen-Staat soll auch die Ein- und Durchreise visumfrei möglich sein, da – so die Argumentation – im „anderen Schengen-Staat" keine Erwerbstätigkeit aufgenommen werden solle (HTK-AuslR/Fehrenbacher Abs. 1 Rn. 4).

Für die Stellung eines Antrages auf Erteilung einer entsprechenden Aufenthaltserlaubnis **6** bestimmt – auf der Grundlage von § 81 Abs. 2 AufenthG und übereinstimmend mit § 9 Abs. 6 DVAuslG – § 41 Abs. 3, dass der Antrag nicht unverzüglich nach der Einreise gestellt werden muss, sondern spätestens nach 90 Tagen. Die Frist des § 41 Abs. 3 soll allerdings nicht für brasilianische Staatsangehörige gelten, die zwar für einen Kurzaufenthalt gem. Art. 4 Abs. 1 EU-Visum-VO und auch für längerfristige Aufenthalte sichtvermerkfrei einreisen dürfen, jedoch aufgrund einer Verbalnote der deutschen Botschaft in Brasilien v. 26.6.1956 und demzufolge gem. § 16 unverzüglich nach der Einreise einen Aufenthaltstitel einholen müssen und nicht für einen bestimmten Zeitraum vom Erfordernis, einen Aufenthaltstitel besitzen zu müssen, befreit sind (GK-AufenthG/Funke-Kaiser AufenthG § 4 Rn. 46 f., 84, AufenthG § 81 Rn. 30; eingehend zuletzt OVG RhPf BeckRS 2019, 6356; zuvor schon OVG Saarl BeckRS 2009, 36044; OVG NRW BeckRS 2009, 35519). Die Frist zur Stellung eines entsprechenden Antrags stimmt dabei mit der Dauer eines Kurzaufenthalts iSv § 15, Art. 20 Abs. 1 SDÜ überein. Die Frist endet allerdings vorzeitig, wenn der Ausländer ausgewiesen oder sein Aufenthalt nachträglich zeitlich beschränkt wurde (§ 12 Abs. 4 AufenthG). Bei rechtzeitiger Stellung eines Antrags auf Erteilung eines Aufenthaltstitels gilt der Aufenthalt des Weiteren gem. § 81 Abs. 3 S. 1 AufenthG bis zur Entscheidung der Ausländerbehörde als erlaubt (GK-AufenthG/Funke-Kaiser AufenthG § 81 Rn. 56; sa OVG RhPf BeckRS 2007, 24206; die Frist von drei Monaten iSd § 41 Abs. 3 wird ihrerseits zur Konkretisierung des § 81 Abs. 4 S. 1 herangezogen, s. OVG NRW BeckRS 2010, 55530; der Ausländer ist also nicht gem. § 58 Abs. 2 Nr. 2 AufenthG vollziehbar ausreisepflichtig (zur Frage, ob dem Ausländer zur vorläufigen Ausübung einer unselbstständigen Erwerbstätigkeit ergänzender Rechtsschutz durch den Erlass einer einstweiligen Anordnung nach § 123 Abs. 1 VwGO gewährt werden kann, VGH BW BeckRS 2006, 26637). Ein nicht rechtzeitig innerhalb von 90 Tagen nach der Einreise gestellter Antrag auf Erteilung einer Aufenthaltserlaubnis löst hingegen lediglich eine Duldungsfiktion nach § 81 Abs. 3 S. 2 AufenthG aus (s. etwa OVG Bln-

Bbg BeckRS 2017, 109741). Nichtsdestotrotz dürfte ein Ausländer, um sich in der Sache auf § 41 Abs. 1 S. 2 berufen zu können, einen Antrag auf Erteilung eines Aufenthaltstitels gleichwohl spätestens am letzten Tag des vorangegangenen Kurzaufenthalts stellen müssen, weil die Antragstellung die Dauer eines Kurzaufenthalts nicht zu verlängern vermag (im Hinblick auf die Berechnung der Ehebestandzeit dazu VG Saarlouis BeckRS 2009, 34999; zu § 39 Nr. 6, der auf § 41 Abs. 3 verweist und auf eine Berechtigung zum Aufenthalt im Bundesgebiet Bezug nimmt, grdl. OVG NRW BeckRS 2011, 45637). Zwar soll es sich bei § 41 Abs. 3 nicht um eine Ausschlussfrist, sondern um eine gesetzliche Frist iSd § 32 VwVfG handeln, weshalb an sich ein mangelndes Verschulden zur Wiedereinsetzung führen können soll. Eine verspätete (unverschuldete) Antragstellung durch den Ausländer habe allerdings – so die Überlegung – zur Folge, dass die unerlässlichen Voraussetzungen für die privilegierte Erteilung einer Aufenthaltserlaubnis vom Bundesgebiet aus nicht mehr vorliegen und eine Erteilung dann allenfalls nach den allgemeinen Bestimmungen, namentlich nach § 5 Abs. 2 S. 2 AufenthG in Betracht kommt (zum Ganzen GK-AufenthG/Funke-Kaiser AufenthG § 81 Rn. 55 ff.)

7   Überdies kommt die Aufnahme einer Beschäftigung iSv § 17 Abs. 1 gem. § 4 Abs. 3 S. 1 AufenthG erst in Betracht, wenn der Ausländer im Besitz eines Aufenthaltstitels ist (s. GK-AufenthG/Funke-Kaiser AufenthG § 4 Rn. 40, 84, AufenthG § 81 Rn. 26; zum Ganzen BR-Drs. 731/04, 187). Allerdings können sich Staatsangehörige der in § 41 Abs. 1 S. 1 genannten Staaten im Inland bereits auf Arbeitssuche begeben und eine konkrete Arbeitsstelle iSd § 18 Abs. 2 Nr. 1 AufenthG nachweisen sowie das Zustimmungsverfahren nach § 39 Abs. 2 AufenthG im Inland betreiben (s. OVG RhPf BeckRS 2007, 24206). Staatsangehörige der in § 41 Abs. 1 S. 1 genannten Staaten haben demzufolge ein diesbezügliches Wahlrecht und können sich auch für die Durchführung eines Visumverfahrens entscheiden. Dies hat den Vorteil, dass unmittelbar nach der Einreise mit der Arbeitsaufnahme begonnen werden kann (HTK-AuslR/Fehrenbacher Abs. 1 Rn. 7).

II. Weitere Privilegierung beim Familiennachzug

8   Weitergehende Bedeutung hat die Vorschrift des § 41 überdies im Zusammenhang mit den Vorschriften des Aufenthaltsgesetzes über den Familiennachzug: Beim Ehegattennachzug können sich Staatsangehörige der in § 41 Abs. 1 genannten Staaten auf die Begünstigung des § 30 Abs. 1 S. 2 Nr. 4 AufenthG berufen. Sie unterfallen damit nicht den Sprachanforderungen nach § 30 Abs. 1 Nr. 2 AufenthG. Anknüpfungspunkt für die Privilegierung des § 30 Abs. 1 S. 2 Nr. 4 AufenthG ist dabei die Staatsangehörigkeit des Stammberechtigten. Unerheblich ist hingegen die Staatsangehörigkeit des den Nachzug anstrebenden Ehegatten (GK-AufenthG/Marx AufenthG § 33 Rn. 81 f. mit dem Hinweis, dass der gewöhnliche Aufenthalt ebenso wenig maßgeblich sei wie der Geburtsort, ein langjähriger Aufenthalt oder eine etwaige Staatenlosigkeit).

9   Das BVerwG hat dazu ausgeführt, dass sich die Ausnahmeregelung des § 30 Abs. 1 S. 3 Nr. 4 AufenthG auf Stammberechtigte bezieht, die nach § 41 auch für längere Aufenthalte visumfrei einreisen und einen erforderlichen Aufenthaltstitel im Bundesgebiet einholen können (sa BT-Drs. 16/5065, 175; ferner GK-AufenthG/Marx AufenthG § 33 Rn. 80). Namentlich beim Ehegattennachzug zu einem Deutschen komme der Regelung daher – so die Folgerung – über den Verweis in § 28 Abs. 1 S. 5 AufenthG keine Bedeutung zu, da ein Deutscher keinen Aufenthaltstitel zur Einreise und zum Aufenthalt im Bundesgebiet benötige. Denn bei einer Übertragung der Ausnahmeregelung auf deutsche Stammberechtigte würde das Spracherfordernis beim Nachzug zu einem Deutschen leerlaufen, was dem Willen des Gesetzgebers, auch in diesen Fällen vom nachziehenden Ehegatten grundsätzlich den Nachweis einfacher Deutschkenntnisse zu verlangen, zuwiderlaufe. Des Weiteren sei mit Blick auf § 30 Abs. 1 S. 2 Nr. 4 AufenthG ein Verstoß namentlich gegen Art. 3 Abs. 1 GG (dazu auch schon BVerwGE 136, 231 = BeckRS 2010, 49673; ferner GK-AufenthG/Marx AufenthG § 28 Rn. 67) auch dann nicht zu erblicken, wenn Ehegatten, die aufgrund ihrer Staatsangehörigkeit auch für einen Aufenthalt, der kein Kurzaufenthalt sei, visumfrei in das Bundesgebiet einreisen dürften und einen erforderlichen Aufenthaltstitel innerhalb von drei Monaten nach der Einreise beantragen könnten. Dadurch seien die betreffenden Ehegatten gegenüber anderen zwar insoweit im Vorteil, als sie das Spracherfordernis nicht schon vor der Einreise, sondern erst bei der erstmaligen Beantragung einer Aufenthaltserlaubnis im Bundesgebiet erfüllen müssten. Diese Ungleichbehandlung sei verfassungsrechtlich hinreichend gerechtfertigt (zum Ganzen BVerwGE 144, 141 = BeckRS 2012, 58531). Soweit nachziehende Ehegatten aufgrund ihrer visumfreien Einreise das Spracherfordernis erst nach der Einreise erfüllen müssen bzw. wegen ihrer Ehe mit einem visumrechtlich privilegierten Stammberechtigten nach § 30 Abs. 1 S. 3 Nr. 4 AufenthG von der Nachweispflicht gänzlich ausgenommen sind,

beruht dies nach dem BVerwG auch nicht auf Gründen ihrer Heimat und Herkunft iSd Art. 3 Abs. 3 GG (bzw. derjenigen ihrer Ehegatten), da maßgeblich für die Privilegierungen die auf der Staatsangehörigkeit beruhende visumrechtliche Besserstellung des nachziehenden bzw. des stammberechtigten Ehegatten sei (BVerwGE 136, 231 = BeckRS 2010, 49673).

Nach der Rechtsprechung des BVerwG können sich türkische Staatsangehörige auch auf der **10** Grundlage der insoweit geltenden Stillhalteklauseln nicht auf § 30 Abs. 1 S. 3 Nr. 4 AufenthG berufen. Denn diese Ausnahmeregelung beziehe sich – so das BVerwG – nach Wortlaut und Zweck nur auf Stammberechtigte, die nach § 41 visumrechtlich begünstigt seien. Türkische Staatsangehörige würden von dieser Regelung gerade nicht erfasst (BVerwGE 136, 231 = BeckRS 2010, 49673).

C. Eingeschränkte Privilegierung (§ 41 Abs. 2)

Die Privilegierung des § 41 Abs. 1 gilt gem. § 41 Abs. 2 auch für Staatsangehörige von Andorra, **11** Brasilien, El Salvador, Honduras, Monaco und San Marino, wobei allerdings die einschränkende Voraussetzung hinzukommt, dass die betreffenden Staatsangehörigen keine Erwerbstätigkeit mit Ausnahme der in § 17 Abs. 2 genannten Tätigkeiten ausüben dürfen. Die Vorschrift entspricht in der Sache § 9 Abs. 3 DVAuslG, die zusätzliche Aufnahme Andorras erfolgte ausweislich der Begründung des Verordnungsentwurfs denn im Hinblick auf praktische Bedürfnisse (BR-Drs. 731/04, 187). Die Staatsangehörigen der in § 41 Abs. 2 genannten Staaten sind insoweit gegenüber den in § 41 Abs. 1 in Bezug genommenen Staaten eingeschränkt privilegiert. Denn eine Aufenthaltserlaubnis kann von ihnen nicht zum Zwecke der Erwerbstätigkeit erlangt werden (dazu, dass sie bei Einreise nicht die Absicht haben dürfen, eine Erwerbstätigkeit ausgenommen einer solchen nach § 17 Abs. 2 aufzunehmen, GK-AufenthG/Funke-Kaiser AufenthG § 4 Rn. 84, AufenthG § 81 Rn. 27 mit dem Hinweis, es sei hinsichtlich der Privilegierung unmittelbar schädlich, wenn bei der Einreise die Absicht bestehe, eine Erwerbstätigkeit aufzunehmen). Im Übrigen ergibt sich hingegen keine Schlechterstellung, weswegen etwa eine Aufenthaltserlaubnis zum Zwecke eines Studiums oder des Familiennachzugs nach Maßgabe des § 41 Abs. 1 S. 2, Abs. 3 im Bundesgebiet beantragt werden kann (HTK-AuslR/Fehrenbacher Abs. 2 Rn. 4).

D. Nichtgeltung der Privilegierung (§ 41 Abs. 4)

Eine Einschränkung der Privilegierungen iSd § 41 Abs. 1, Abs. 2 normiert § 41 Abs. 4, wonach **12** diese gerade nicht gelten, wenn eine ICT-Karte nach § 19 AufenthG beantragt wird. In diesen Fällen muss der entsprechende Antrag immer im Herkunftsstaat des Ausländers gestellt werden (HTK-AuslR/Fehrenbacher Abs. 1 Rn. 5). Unberührt davon bleibt die Möglichkeit zur Beantragung eines anderen Aufenthaltstitels zu Erwerbszwecken (HTK-AuslR/Fehrenbacher Abs. 1 Rn. 5). Ausweislich des ausdrücklichen Wortlautes nicht erfasst ist auch die Beantragung einer mobilen ICT-Karte gem. § 19d AufenthG.

Die Regelung wurde durch die Verordnung zur Umsetzung aufenthaltsrechtlicher Richtlinien **13** der Europäischen Union zur Arbeitsmigration (v. 1.8.2017, BGBl. I 3066) der Vorschrift des § 41 angefügt, die ihrerseits der Umsetzung des Gesetzes zur Umsetzung aufenthaltsrechtlicher Richtlinien der Europäischen Union zur Arbeitsmigration (v. 12.5.2017, BGBl. I 1106) dient, mit dem namentlich die ICT-RL (RL 2014/66/EU v. 15.5.2014, ABl. 2014 L 157, 1) umgesetzt wurde, die die Einreise und den Aufenthalt von unternehmensintern transferierten Arbeitnehmern betrifft (HTK-AuslR/Fehrenbacher Abs. 4 Rn. 1). Die diesbezüglich wesentlichen Regelungen enthält allerdings bereits das Aufenthaltsgesetz, weswegen § 41 Abs. 4 im Kontext des Regelungsgegenstandes des § 41 Abs. 1 und Abs. 2 wohl lediglich klarstellende Bedeutung zukommt: Der Antrag auf Erteilung einer ICT-Karte, die gem. § 4 Abs. 1 S. 2 Nr. 2b AufenthG einen Aufenthaltstitel darstellt, setzt gem. § 5 Abs. 2 S. 1 Nr. 1 und Nr. 3 AufenthG voraus, dass der Ausländer mit dem erforderlichen Visum eingereist ist. Es bedarf mithin eines Antrages im jeweiligen Herkunftsstaat. Demzufolge schließt auch § 39 S. 2 die Beantragung einer ICT-Karte im Inland aus, und § 41 Abs. 4 ordnet an, dass die Privilegierung des § 41 Abs. 1, Abs. 2 nicht gilt. Den Hintergrund bildet dabei Art. 11 Abs. 2 ICT-RL, wonach der Antrag gestellt werden muss, solange der Ausländer seinen Aufenthalt noch außerhalb des Hoheitsgebiets des Mitgliedstaats hat, für den eine Zulassung beantragt wird (HTK-AuslR/Fehrenbacher Abs. 4 Rn. 2 f.).

Für Familienangehörige sollen demgegenüber die Ausnahmetatbestände namentlich des § 5 **14** Abs. 2 S. 2 AufenthG und § 39 S. 1 gelten (HTK-AuslR/Fehrenbacher Abs. 4 Rn. 6). Entsprechendes dürfte auch mit Blick auf § 41 Abs. 4 gelten. Für Familienangehörige von Inhabern einer mobilen ICT-Karte trifft § 39 S. 1 Nr. 9 überdies eine ausdrückliche Regelung (→ § 39 Rn. 27; sa HTK-AuslR/Fehrenbacher Abs. 4 Rn. 7).

Asylrecht

Grundgesetz für die Bundesrepublik Deutschland

Vom 23. Mai 1949

(BGBl. S. 1)

BGBl. III/FNA 100-1

– in Auszügen kommentiert –

Art. 4 [Glaubens-, Gewissens- und Bekenntnisfreiheit, Kriegsdienstverweigerung]

(1) Die Freiheit des Glaubens, des Gewissens und die Freiheit des religiösen und weltanschaulichen Bekenntnisses sind unverletzlich.

(2) Die ungestörte Religionsausübung wird gewährleistet.

(3) [1]Niemand darf gegen sein Gewissen zum Kriegsdienst mit der Waffe gezwungen werden. [2]Das Nähere regelt ein Bundesgesetz.

Überblick

Das in Art. 4 verbriefte Grundrecht der Religionsfreiheit ist weit auszulegen (→ Rn. 3 ff.). Im Lichte von Art. 4 werden unter anderem Regelungen zum Schächten von Tieren (→ Rn. 9 ff.), Kopftuchverbote (→ Rn. 12), Burkaverbote (→ Rn. 13), verpflichtende Teilnahme am Sportunterricht (→ Rn. 14) sowie Kruzifixe in öffentlichen Gebäuden (→ Rn. 15) diskutiert.

A. Allgemeines

1   Die in Art. 4 verbriefte Religionsfreiheit ist ein zentrales Grundrecht in der pluralistischen Migrationsgesellschaft. Das Zusammenleben von Menschen mit unterschiedlichen Religionszugehörigkeiten ist nichts Neues, wenngleich sich die rechtliche Auseinandersetzung um Grenzen und Reichweiten der Religionsfreiheit im stetigen Fluss befindet. Im Lichte von Art. 4 werden unter anderem Regelungen zum Schächten von Tieren, Kopftuchverbote, Burkaverbote, verpflichtende Teilnahme am Sportunterricht, sowie Kruzifixe in öffentlichen Gebäuden diskutiert.

2   Art. 4 enthält neben der Glaubens- bzw. Religionsfreiheit und Gewissensfreiheit in Abs. 3 das Grundrecht auf Kriegsdienstverweigerung.

B. Religionsfreiheit

I. Schutzbereich, Eingriff, Rechtfertigung

3   Da die „Religionsausübung" zentrale Bedeutung für jeden Glauben und jedes Bekenntnis hat, muss dieser Begriff gegenüber seinem historischen Inhalt extensiv ausgelegt werden (BVerfGE 24, 236 (246)).

4   Die Religionsfreiheit nach Art. 4 Abs. 1 und Abs. 2 schützt den Glauben, also religiöse Anschauungen. Darunter werden sowohl Erklärungsmodelle vom Wesen der Welt, die insbesondere durch eine Gottesvorstellung und einen Jenseitsbezug geprägt sind, als auch Weltanschauungen, durch welche die Stellung des Menschen in der Welt auf antireligiöse oder atheistische Weise erklärt wird, verstanden (Sodan/Sodan, Grundgesetz, 4. Aufl. 2018, Rn. 2). Geschützt wird zum einen die innere Überzeugungsbildung (forum internum) und zum anderen die Verwirklichung und Betätigung der Überzeugung nach außen (forum externum).

5   Der Staat darf nicht bestimmte Religionen bevorzugen. Denn dem GG liegt der Grundsatz religiös-weltanschaulicher Neutralität zugrunde, welcher es dem Staat verbietet, Glauben und Lehre einer Religionsgemeinschaft als solche zu bewerten (BVerfGE 108, 282 = BeckRS 2003, 24120 Rn. 43).

Nicht nur Individuen, sondern auch Vereinigungen, deren Zweck die Pflege oder Förderung   **6**
eines religiösen Bekenntnisses oder die Verkündung des Glaubens ihrer Mitglieder ist, können
Träger des Grundrechts aus Art. 4 sein (BVerfG BeckRS 2007, 20639 Rn. 17). Denn geschützt
wird auch die Freiheit des organisatorischen Zusammenschlusses zum Zweck des gemeinsamen
öffentlichen Bekenntnisses, wobei die Eigenschaft einer Religionsgemeinschaft nicht nur behauptet werden darf, sondern es sich bei dem Bekenntnis und der Gemeinschaft auch tatsächlich nach
geistigem Gehalt und äußerem Erscheinungsbild um eine Religion und eine Religionsgemeinschaft handeln muss (BVerfG BeckRS 2007, 20639 Rn. 17).

Ein Eingriff ist jedes hoheitliche Handeln, das dem Einzelnen ein Verhalten, das in den Schutz-   **7**
bereich von Art. 4 fällt, unmöglich macht bzw. erschwert.

Das Grundrecht auf Religionsfreiheit ist ohne Gesetzesvorbehalt gewährleistet, so dass Ein-   **8**
schränkungen nur aufgrund von kollidierendem Verfassungsrecht gerechtfertigt werden können.
In jedem Fall bedarf es einer ausführlichen Verhältnismäßigkeitsprüfung.

II. Eingriffe mit Bezug zur pluralistischen Migrationsgesellschaft

Beim **Schächten** handelt es sich um das rituelle Schlachten von Tieren, welches im Judentum   **9**
und Islam gefordert wird. Staatliche Beschränkungen stellen einen Eingriff in die Religionsfreiheit
dar. Ebenfalls ist die Berufsfreiheit muslimischer Metzger gem. Art. 12 Abs. 1 bzw. für Ausländer
gem. Art. 2 Abs. 1 betroffen (BVerfG Urt. v. 15.1.2002 – 1 BvR 1783/99, juris Rn. 43, BVerfGE
104, 337 (350)). Nach dem TierSchG (Tierschutzgesetz v. 18.5.2006, BGBl. I 1206) ist das
Schächten unter bestimmten Voraussetzungen aus religiösen Gründen ausnahmsweise erlaubt.

Das Verfassungsziel des Tierschutzes und die Religionsfreiheit müssen laut BVerwG zu einem   **10**
Ausgleich gebracht werden, sodass beides Wirkung entfalten kann (BVerwG BeckRS 2007, 21389
Rn. 12).

Ebenso ermöglicht das Unionsrecht ausnahmsweise das Schächten von Tieren, wenn es aus   **11**
religiösen Gründen erfolgt. Das Schlachten von Tieren nach religiösen Riten ist nach Art. 4 Abs. 4
Tierschlachtungs-VO (VO (EG) 1099/2009 v. 24.9.2009, ABl. 2009 L 303, 1) zulässig, wenn es
auf zugelassenen Schlachthöfen durchgeführt wird. Diese Einschränkung wurde vom EuGH als
gerechtfertigt angesehen, da sie dem Tierschutz und der Lebensmittelsicherheit diene (EuGH
BeckRS 2018, 9671). Im privaten Umfeld darf ein Tier hiernach nicht geschächtet werden.

Nach der Rechtsprechung des BVerfG lässt sich das **Tragen eines Kopftuchs** dem Schutzbe-   **12**
reich von Art. 4 zuordnen. Daher können sich Musliminnen, die ein in der für ihren Glauben
typischen Weise gebundenes Kopftuch tragen, sich dafür auch bei der Ausübung ihres Berufs in
der öffentlichen bekenntnisoffenen Gemeinschaftsschule, aber auch für das Tragen einer sonstigen
Bekleidung, durch die Haare und Hals nachvollziehbar aus religiösen Gründen bedeckt werden,
auf den Schutz der Glaubens- und Bekenntnisfreiheit aus Art. 4 Abs. 1 und Abs. 2 berufen (BVerfG
BeckRS 2015, 42522 Rn. 87). Lehrerinnen darf das Tragen des Kopftuchs nicht allein mit dem
Argument verboten werden, der Schulfrieden sei hierdurch gefährdet, da dies unverhältnismäßig
ist (BVerfG BeckRS 2015, 42522 Rn. 87). Nach der Rechtsprechung des BVerfG müssen konkrete
Umstände vorliegen, dass das Kopftuch schulische Konflikte erzeuge oder verschärfe (BVerfG
BeckRS 2015, 42522 Rn. 87) Es bedarf also einer konkreten Einzelfallprüfung, die die Religions-
freiheit der Lehrerin gebührend in die Erwägung mit einbezieht.

Teilweise wird in Deutschland die Einführung eines **Burkaverbots** diskutiert. Der EGMR   **13**
hatte in mehreren Fällen zu entscheiden, ob das Verbot der Vollverschleierung mit den menschenrechtlichen Gewährleistungen der EMRK zu vereinbaren ist (zu Frankreich EGMR NLMR 2014,
309; zu Belgien EGMR NVwZ 2018, 1037). Ein Burkaverbot stellt nach Auffassung des EGMR
einen Eingriff in die Ausübung des Rechts auf Achtung des Privatlebens gem. Art. 8 EMRK
sowie der Religionsfreiheit nach Art. 9 EMRK dar (EGMR NLMR 2014, 309 Rn. 107–109),
welchen er aber als gerechtfertigt angesehen hat. Dabei akzeptiert der EGMR nicht alle von der
französischen Regierung vorgetragene Gründe, wie etwa das der Geschlechtergleichstellung oder
der Menschenwürde (EGMR NLMR 2014, 309 Rn. 119 f.). Der EGMR sieht das Burkaverbot
indes deswegen als gerechtfertigt an, weil die Vollverschleierung das gesellschaftliche Zusammenleben verhindere: „Der Gerichtshof kann daher akzeptieren, dass die durch einen das Gesicht
bedeckenden Schleier errichtete Barriere gegen andere vom belangten Staat als Verletzung des
Rechts anderer angesehen wird, in einem Raum der Sozialisation zu leben, der das Zusammenleben erleichtert" (EGMR NLMR 2014, 309 Rn. 122). Inwiefern hierdurch die „Rechte und
Freiheiten anderer" – wie von Art. 9 Abs. 2 EMRK gefordert – geschützt werden, ist indes nicht
nachvollziehbar (krit. Walther, Die Bedeutung der Religionsfreiheit für die Sicherheits- und die
Integrationspolitik, Analysen und Argumente Nr. 218, 9/2016, 1 ff.). Ein pauschales Verbot der

Vollverschleierung ist jedenfalls mit der Gewährleistung der Religionsfreiheit nach dem GG nicht vereinbar, da dies nicht als ein grundrechtsschonender Eingriff im Sinne einer praktischen Konkordanz angesehen werden kann (Walther, Die Bedeutung der Religionsfreiheit für die Sicherheits- und die Integrationspolitik, Analysen und Argumente Nr. 218, 9/2016, 1 ff.).

14   Wird eine Schülerin zum **Sportunterricht** verpflichtet, obwohl dies mit den sittlichen Vorstellungen ihrer Glaubensrichtung nicht vereinbar ist, so kann dies einen Eingriff in die Religionsfreiheit darstellen. Als verfassungsimmanente Schranke steht der Religionsfreiheit hier die allgemeine Schulpflicht aus Art. 7 Abs. 1 gegenüber. Damit der Staat seinen Bildungs- und Erziehungsauftrag – auch unabhängig von den Vorstellungen der betroffenen Eltern – wirksam und umfassend wahrnehmen kann, darf er eine allgemeine Schulpflicht einführen und die Möglichkeit einer Befreiung auf besonders begründete Ausnahmefälle beschränken (BVerwG Urt. v. 25.8.1993 – 6 C 8/91, juris Rn. 13, BeckRS 9998, 170423). Die beiden Verfassungspositionen müssen zu einem schonenden Ausgleich gebracht werden. Dabei trifft die Betroffene die Darlegungslast dafür, dass sie in einen Gewissenskonflikt gestürzt würde, wenn sie entgegen den Ge- oder Verboten ihres Glaubens die gesetzliche Pflicht erfüllen müsste (BVerwG Urt. v. 25.8.1993 – 6 C 8/91, juris Rn. 18, BeckRS 9998, 170423). Stehen keine grundrechtsschonenden Möglichkeiten der Teilnahme am Sportunterricht zur Verfügung, kann die vollständige Befreiung vom Sportunterricht aus Art. 4 Abs. 1, Abs. 2 geboten sein, wenn nur so der Glaubensfreiheit hinreichend Rechnung getragen wird (BVerwG Urt. v. 25.8.1993 – 6 C 8/91, juris Rn. 27, BeckRS 9998, 170423). In jüngerer Rechtsprechung wird auf das Tragen eines Burkinis verwiesen, welcher die Teilnahme am Schwimmunterricht ermögliche, ohne gegen islamische Bekleidungsvorschriften zu verstoßen (HessVGH BeckRS 2012, 57742; vgl. auch BVerfG BeckRS 2016, 55410)

15   Mit seiner **Kruzifix-Entscheidung** hat das BVerfG klargestellt, dass es mit der negativen Glaubensfreiheit der Schüler/innen nicht vereinbar ist, wenn in öffentlichen, bekenntnisfreien Schulen Kruzifixe in Klassenzimmern aufgehängt werden, weil ansonsten im Rahmen der allgemeinen Schulpflicht ein Zwang bestehe, „unter dem Kreuz" zu lernen (BVerfG Beschl. v. 16.5.1995 – 1 BvR 1087/91, juris Rn. 39, BeckRS 9998, 166694). Nach Dauer und Intensität ist die Wirkung von Kreuzen in Unterrichtsräumen noch größer als diejenige von Kreuzen in Gerichtssälen (BVerfG Beschl. v. 16.5.1995 – 1 BvR 1087/91, juris Rn. 39, BeckRS 9998, 166694). Letztere hatte das das Bundesverfassungsgericht ebenfalls als Eingriff in die Glaubensfreiheit eingestuft, wenn es um einen jüdischen Prozessbeteiligten geht, der darin eine Identifikation des Staates mit dem christlichen Glauben erblickte (BVerfGE 35, 366 (375)).

Art. 16 [Ausbürgerung, Auslieferung]

(1) ¹Die deutsche Staatsangehörigkeit darf nicht entzogen werden. ²Der Verlust der Staatsangehörigkeit darf nur auf Grund eines Gesetzes und gegen den Willen des Betroffenen nur dann eintreten, wenn der Betroffene dadurch nicht staatenlos wird.

(2) ¹Kein Deutscher darf an das Ausland ausgeliefert werden. ²Durch Gesetz kann eine abweichende Regelung für Auslieferungen an einen Mitgliedstaat der Europäischen Union oder an einen internationalen Gerichtshof getroffen werden, soweit rechtsstaatliche Grundsätze gewahrt sind.

1   Abs. 1 S. 1 schützt deutsche Staatsangehörige vor einer zwangsweisen Ausbürgerung. Es handelt sich vorbehaltlich des Abs. 1 S. 2 um ein absolutes Verbot. Es schützt deutsche Staatsangehörige davor, dass das Staatsangehörigkeitsrecht willkürlich instrumentalisiert wird und verhindert, dass der Staat über den Fortbestand der Staatsangehörigkeit frei verfügen kann.

2   Unter **Entziehung** der deutschen Staatsangehörigkeit wird jede Verlustzufügung verstanden, die die Funktion der Staatsangehörigkeit als verlässliche Grundlage gleichberechtigter Zugehörigkeit beeinträchtigt (BVerfGE 116, 44; 135, 61 f.). Eine solche Beeinträchtigung liegt insbesondere in jeder Verlustzufügung, die der Betroffene nicht oder nicht auf zumutbare Weise beeinflussen kann (BVerfGE 116, 44; 135, 61 f.).

3   Personen mit einer weiteren Staatsangehörigkeit als der deutschen sind ebenfalls vor der Zwangsausbürgerung geschützt. Wurde die Einbürgerung erschlichen, ist eine Rücknahme der rechtswidrig erworbenen Staatsangehörigkeit zulässig. Art. 16 Abs. 1 schützt nur vor dem Entzug der rechtlich einwandfrei erworbenen Staatsangehörigkeit (BVerfGE 116, 36 ff.). Hatte der Betroffene auf die Rechtswidrigkeit der Einbürgerung keinen Einfluss, ist der Entzug der Staatsangehörigkeit nicht zulässig (BVerwGE 118, 216 (221) = BeckRS 2003, 24319).

Die 2008 eingeführte **behördliche Anfechtung der Vaterschaft** (§ 1600 Abs. 1 Nr. 5 BGB, **4**
Art. 229 § 16 EGBGB aF) wurde vom BVerfG als verfassungswidrig für nichtig erklärt, da der
Verlust der Staatsangehörigkeit aufgrund der Vaterschaftsanfechtung automatisch erfolgte, ohne
dass das Kind oder seine Eltern dies zumutbar hätten beeinflussen können (BVerfGE 135, 58 ff.;
s. Pelzer NVwZ 2014, 700).

Nach Abs. 1 S. 2 ist der **Verlust** der Staatsangehörigkeit auf Grundlage eines Gesetzes zulässig. **5**
Es bedarf der Abgrenzung von der nach S. 1 verbotenen Entziehung. Der Verlust stellt einen vom
Betroffenen selbst oder seinem gesetzlichen Vertreter willentlich gesetzten, also vermeidbaren und
seinem Wesen nach auf Abkehr vom deutschen Staatenverbund gerichteten Tatbestand dar, wobei
ihm der Verlust der Staatsangehörigkeit bewusst sein muss (BVerfGE 116, 45). Bejaht wird ein
solcher Verlust, wenn der Betroffene die Entlassung aus der deutschen Staatsangehörigkeit beantragt, er auf sie verzichtet oder aufgrund des Erwerbs einer anderen Staatsangehörigkeit der Verlust
der deutschen Staatsangehörigkeit automatisch eintritt.

Art. 16a [Asylrecht]

(1) Politisch Verfolgte genießen Asylrecht.

(2) ¹Auf Absatz 1 kann sich nicht berufen, wer aus einem Mitgliedstaat der Europäischen Gemeinschaften oder aus einem anderen Drittstaat einreist, in dem die Anwendung des Abkommens über die Rechtsstellung der Flüchtlinge und der Konvention
zum Schutze der Menschenrechte und Grundfreiheiten sichergestellt ist. ²Die Staaten
außerhalb der Europäischen Gemeinschaften, auf die die Voraussetzungen des Satzes 1
zutreffen, werden durch Gesetz, das der Zustimmung des Bundesrates bedarf,
bestimmt. ³In den Fällen des Satzes 1 können aufenthaltsbeendende Maßnahmen unabhängig von einem hiergegen eingelegten Rechtsbehelf vollzogen werden.

(3) ¹Durch Gesetz, das der Zustimmung des Bundesrates bedarf, können Staaten
bestimmt werden, bei denen auf Grund der Rechtslage, der Rechtsanwendung und der
allgemeinen politischen Verhältnisse gewährleistet erscheint, dass dort weder politische
Verfolgung noch unmenschliche oder erniedrigende Bestrafung oder Behandlung stattfindet. ²Es wird vermutet, dass ein Ausländer aus einem solchen Staat nicht verfolgt
wird, solange er nicht Tatsachen vorträgt, die die Annahme begründen, dass er entgegen
dieser Vermutung politisch verfolgt wird.

(4) ¹Die Vollziehung aufenthaltsbeendender Maßnahmen wird in den Fällen des
Absatzes 3 und in anderen Fällen, die offensichtlich unbegründet sind oder als offensichtlich unbegründet gelten, durch das Gericht nur ausgesetzt, wenn ernstliche Zweifel
an der Rechtmäßigkeit der Maßnahme bestehen; der Prüfungsumfang kann eingeschränkt werden und verspätetes Vorbringen unberücksichtigt bleiben. ²Das Nähere ist
durch Gesetz zu bestimmen.

(5) Die Absätze 1 bis 4 stehen völkerrechtlichen Verträgen von Mitgliedstaaten der
Europäischen Gemeinschaften untereinander und mit dritten Staaten nicht entgegen,
die unter Beachtung der Verpflichtungen aus dem Abkommen über die Rechtsstellung
der Flüchtlinge und der Konvention zum Schutze der Menschenrechte und Grundfreiheiten, deren Anwendung in den Vertragsstaaten sichergestellt sein muss, Zuständigkeitsregelungen für die Prüfung von Asylbegehren einschließlich der gegenseitigen Anerkennung von Asylentscheidungen treffen.

Überblick

Mit dem Grundrecht auf Asyl gewährleistet das GG ein subjektives öffentliches Recht auf Asyl,
welches über das Völkerrecht und das Recht anderer Staaten hinausgeht (→ Rn. 2 ff.). Nicht auf
das Asylgrundrecht berufen kann sich, wer über einen sicheren Drittstaat einreist (→ Rn. 11 ff.).
Einschränkungen erfährt das Asylrecht insoweit, als dass Asylbewerber aus für sicher erklärten
Herkunftsstaaten nur noch ein verkürztes Asylverfahren durchlaufen (→ Rn. 15 ff.).

A. Allgemeines

Das Grundrecht auf Asyl wurde 1949 als subjektives Recht ins GG der Bundesrepublik Deutsch- **1**
land aufgenommen, nicht zuletzt um dem obersten Verfassungsprinzip der Unverletzlichkeit der

Menschenwürde Genüge zu tun. Damit wurden die Lehren aus den Verbrechen des Nationalsozialismus und dem unendlichen Leid der Flüchtlinge gezogen, die vor dem Faschismus in Deutschland fliehen mussten. Das Asylgrundrecht war auch eine Antwort auf das Scheitern der Staatenkonferenz von Evian im Jahr 1938, auf welcher sich die Staaten nicht auf eine effektive Aufnahme der Flüchtlinge einigen konnten. Mit der Ausgestaltung des Asylrechts als subjektives Recht sollte sichergestellt werden, dass künftig eine Zurückweisung in den Verfolgerstaat ausgeschlossen ist. Im Zuge aufgeheizter innenpolitischer Debatten um das Asylrecht wurde am 1993 das Asylgrundrecht in einen neu gefassten Art. 16a überführt und mit weitreichenden Einschränkungen versehen. Insbesondere aufgrund der Drittstaatenregelung hat es seither weitgehend seine praktische Bedeutung eingebüßt. Seit der Übertragung von Gesetzgebungskompetenzen auf die EU für den Bereich des Asylrechts mit dem Amsterdamer Vertrag von 1999 wird die deutsche Ausgestaltung des Asylrechts vom unionsrechtlichen Konzept des internationalen Schutzes überlagert, welches vorrangig anzuwenden ist und in §§ 3 ff. AsylG seine innerstaatliche Umsetzung erfahren hat. Von praktischer Bedeutung sind heutzutage die Anwendung der Drittstaatenregelung auf Personen, die in einem anderen EU-Staat als international Schutzberechtigt anerkannt worden sind, da auf diese das europäische Asylzuständigkeitssystem nach der Dublin III-VO nicht zur Anwendung kommt.

B. Asylgrundrecht

2   Mit dem Grundrecht auf Asyl gewährleistet das GG subjektives öffentliches Recht auf Asyl, welches über das Völkerrecht und das Recht anderer Staaten hinausgeht (BVerfG Beschl. v. 2.7.1980 – 1 BvR 147, 181, 182/8, juris Rn. 43, BeckRS 1980, 106635). An das Asylgrundrecht sind Gesetzgebung, Verwaltung und Rechtsprechung gebunden (BVerfG Beschl. v. 2.7.1980 – 1 BvR 147, 181, 182/8, juris Rn. 43, BeckRS 1980, 106635).

3   Ein entsprechendes Recht im Völkerrecht zu verankern scheiterte. Initiativen auf UN-Ebene seit den 1960er Jahren, seit den späten 1970er Jahren und im Europarat zur Schaffung eines Rechts auf ein sog. territoriales Asyl, also auf Schutz im Staatsgebiet des Aufnahmestaates, konnten sich nicht durchsetzen (vgl. Hurwitz, The Collective Responsibility of States to Protect Refugees, 2009).

4   Asylrechtlichen Schutz genießt jeder, der aus politischen Gründen Verfolgungsmaßnahmen mit Gefahr für Leib und Leben oder Beschränkungen seiner persönlichen Freiheit ausgesetzt wäre oder – allgemein gesagt – politische Repressalien zu erwarten hätte (BVerfG Beschl. v. 2.7.1980 – 1 BvR 147, 181, 182/8, juris Rn. 44, BeckRS 1980, 106635).

5   Eine **Verfolgung** liegt vor, wenn absolute Rechtsgüter beeinträchtigt werden, wie Leib, Leben, persönliche Freiheit, wodurch der Betroffene in eine ausweglose Lage versetzt wird. Dabei ist die Verfolgung als politisch anzusehen, wenn sie dem Einzelnen in Anknüpfung an ein asylerhebliches Merkmal Rechtsgutverletzungen zufügt, die ihn ihrer Intensität nach aus der übergreifenden Friedensordnung der staatlichen Einheit ausgrenzen. Als solche asylerheblichen Merkmale erkennt das BVerfG die in Art. 1 A Nr. 2 GFK genannten fünf Verfolgungsgründe an – unter andere Religion und politische Überzeugung (BVerfG Beschl. v. 2.7.1980 – 1 BvR 147, 181, 182/8, juris Rn. 47, BeckRS 1980, 106635). Der politische Charakter der Verfolgung geht nicht dadurch verloren, dass der Verfolger auch noch asylneutrale Zwecke verfolgt. Die Verletzung der Religionsfreiheit kann auch eine Verfolgung darstellen, wenn die freie Religionsausübung und ungehinderte berufliche und wirtschaftliche Betätigung gefährdet sind, wenn sie nach ihrer Intensität und Schwere die Menschenwürde verletzen und über das hinausgehen, was die Bewohner des Heimatstaats aufgrund des dort herrschenden Systems allgemein hinzunehmen haben (BVerfG Beschl. v. 2.7.1980 – 1 BvR 147, 181, 182/8, juris Rn. 47, BeckRS 1980, 106635).

6   Ebenfalls kann eine Verfolgung aufgrund einer **Gruppenverfolgung** drohen. In diesem Fall muss der Asylbewerber eine konkrete Gefahr nachweisen, die sich zumindest aus einer gewissen Verfolgungsdichte für die Gruppe ergibt, welche die „Regelvermutung" eigener Verfolgung rechtfertigt. Hierfür ist die Gefahr einer so großen Vielzahl von Eingriffshandlungen in asylrechtlich geschützte Rechtsgüter erforderlich, dass es sich dabei nicht mehr nur um vereinzelt bleibende individuelle Übergriffe oder um eine Vielzahl einzelner Übergriffe handelt (BVerwG Urt. v. 5.7.1994 – 9 C 158/94, juris Rn. 18, BeckRS 9998, 170519).

7   Als politische Verfolgung im Sinne des GG wird grundsätzlich nur **staatliche Verfolgung** anerkannt. Die Verfolgung muss dem Staat zurechenbar sein, was nicht der Fall ist, wenn er nicht in der Lage oder willens ist, den Schutz gegen Übergriffe privater Organisationen, Personengruppen oder Einzelpersonen zu gewährleisten (BVerwG Urt. v. 17.2.1978 – 1 B 261.77). Anders als nach dem Flüchtlingsbegriff der GFK fallen nach dieser engen Definition Schutzsuchende aus

zerfallenden Staaten (GFK) oder Frauen, die vor nichtstaatlicher Verfolgung fliehen, aus dem asylrechtlichen Schutzsystem heraus. Eine Relativierung hat dieses Konzept mit der Anerkennung der Taliban als quasi-staatliche Verfolgungsakteure erfahren (BVerfG BeckRS 2000, 30126239). Dementgegen entsteht der Schutzanspruch nach der GFK unabhängig davon, ob von einem staatlichen oder nichtstaatlichen Akteur die Verfolgung ausgeht. Hier bleibt also das GG hinter völkerrechtlichen Standards, die auch ins Unionsrecht übernommen wurden, zurück.

Der asylrechtliche Anspruch setzt voraus, dass zwischen Verfolgung und Flucht eine Kausalität **8** besteht. Ausnahmsweise ist dies nicht erforderlich, wenn der Betreffende objektive oder subjektive Nachfluchttatbestände geltend machen kann. **Objektive Nachfluchttatbestände** können durch eine Veränderung im Herkunftsland etwa durch einen Machtwechsel an der Spitze des Staates entstehen (BVerfGE 74, 64 f.). **Subjektive Nachfluchttatbestände** liegen Veränderungen in der Person des Asylantragstellers zugrunde, wie etwa die Konversion zu einem neuen Glauben, exilpolitische Aktivitäten oder das Outen als Homosexueller.

Das Asylgrundrecht steht nach hM unter einem **Terrorismusvorbehalt,** wonach vom grund- **9** rechtlichen Schutz ausgeschlossen ist, wer terroristische Aktivitäten von Deutschland aus beginnen bzw. fortführen möchte oder Verbrechen gegen die Menschlichkeit begangen hat (HK-GG/Antoni Rn. 4).

Das Asylgrundrecht schützt vor Zurückweisung an der Grenze und vor Abschiebung in den **10** Verfolgerstaat. Die materiell-rechtlichen Verbürgungen haben eine verfahrensrechtliche Entsprechung in ihrer verfassungsrechtlichen Gewährleistung. Als asylrechtliche Vorwirkung ist dem Asylbewerber bereits während des Asylverfahrens ein vorläufiges Bleiberecht in Form einer Aufenthaltsgestattung zu erteilen.

C. Sichere Drittstaaten

Das Konzept des sicheren Drittstaats, welches 1993 eingeführt wurde, sieht vor, dass sich nicht **11** auf das Asylgrundrecht berufen kann, wer über einen sicheren Drittstaat einreist.

Steht fest, dass die Einreise auf dem Landweg erfolgt ist, ist eine Berufung auf das Asylgrundrecht **12** ausgeschlossen, auch wenn sein Reiseweg nicht im Einzelnen bekannt ist, da alle Nachbarstaaten Deutschlands als sichere Drittstaaten gelten. Eine Berufung auf das Asylgrundrecht ist nur noch nach Einreise per Flugzeug oder Schiff denkbar, wenn zuvor nicht ein sicherer Drittstaat passiert wurde.

Das BVerfG hat diese Einschränkung des Asylgrundrechts für verfassungsgemäß erklärt (BVerfG **13** NVwZ 1996, 700). Demnach folgt der Regelungsgehalt des Abs. 2 aus dem mit dieser Verfassungsnorm verfolgten Konzept einer **normativen Vergewisserung** über die Sicherheit im Drittstaat. „Diese normative Vergewisserung bezieht sich darauf, daß der Drittstaat einem Betroffenen, der sein Gebiet als Flüchtling erreicht hat, den nach der Genfer Flüchtlingskonvention und der Konvention zum Schutze der Menschenrechte und Grundfreiheiten gebotenen Schutz vor politischer Verfolgung und anderen ihm im Herkunftsstaat drohenden schwerwiegenden Beeinträchtigungen seines Lebens, seiner Gesundheit oder seiner Freiheit gewährt; damit entfällt das Bedürfnis, ihm Schutz in der Bundesrepublik Deutschland zu bieten. Insoweit ist die Sicherheit des Flüchtlings im Drittstaat generell festgestellt" (BVerfG Urt. v. 14.5.1996 – 2 BvR 1938/93, 2 BvR 2315/93, juris Rn. 181, NVwZ 1996, 700). Hier führt das BVerfG das Konzept des Normativen im Verhältnis zur Tatsachenfeststellung ad absurdum. Die Normativität stellt den rechtlichen Maßstab dar, während erst durch die Subsumtion festgestellt werden kann, ob die tatsächlichen Verhältnisse – hier drohende Menschenrechtsverletzungen – den rechtlichen Anforderungen entsprechen.

Der Anwendungsbereich der Drittstaatenregelung wird durch die Dublin III-VO stark einge- **14** schränkt, da sich die Zuständigkeit für das Asylverfahren von Asylbewerbern allein nach den Kriterien der Dublin III-VO bestimmt. Eine Zurückweisung von Asylbewerbern an der Landgrenze aufgrund der Drittstaatenregelung ist daher unzulässig. Nach den Verfahrensvorschriften der Dublin III-VO ist ein Aufnahme- bzw. Wiederaufnahmeverfahren durchzuführen.

D. Sichere Herkunftsländer

Abs. 3 schränkt das Asylrecht insoweit ein, als dass Asylbewerber aus für sicher erklärten Her- **15** kunftsstaaten nur noch ein verkürztes Asylverfahren durchlaufen. Der Bundestag kann mit Zustimmung des Bundesrates Staaten festlegen, die als sichere Herkunftsstaaten gelten sollen. Neben Ghana und dem Senegal sind dies die sechs Westbalkanstaaten Serbien, Bosnien-Herzegowina, Mazedonien, Albanien, Kosovo und Montenegro (Anlage II zu § 29a AsylG).

Das BVerfG hatte nach der Einführung dieser Regelung im Rahmen von Verfassungsbeschwer- **16** den über die Vereinbarkeit der GG-Änderung mit dem GG zu entscheiden. Zwar erklärte es

Abs. 3 nicht für verfassungswidriges Verfassungsrecht, es formulierte jedoch eine Reihe von Anforderungen für die Anwendung des Konzepts (BVerfG NVwZ 1996, 691).

17 Die Vermutung der Verfolgungssicherheit steht unter dem Vorbehalt, dass der Asylbewerber Tatsachen vorträgt, die die Annahme begründen, dass er entgegen dieser Vermutung politisch verfolgt wird. Gelingt dem Antragsteller ein solcher Vortrag, greift in seinem Einzelfall die Vermutung des Art. 16a Abs. 3 S. 2 Hs. 1 nicht; über seinen Asylantrag ist nach den allgemeinen Vorschriften zu befinden. Gelingt ihm dies nicht, wird der Asylantrag ist als offensichtlich unbegründet abgelehnt (zu den Auswirkungen im Einzelnen BVerfG Urt. v. 14.5.1996 – 2 BvR 1507/93, 2 BvR 1508/93, juris Rn. 97 ff., NVwZ 1996, 691).

18 Nach den abweichenden Meinungen von Limbach, Böckenförde und Sommer muss der Gesetzgeber auf die Qualifizierung eines Staates als sicher verzichten, wenn er sich wegen der Unübersichtlichkeit der Verhältnisse ein hinreichend sicheres, inhaltlich vertretbares Urteil nicht bilden kann.

E. Rechtsschutz

19 Abs. 4 normiert für bestimmte Fälle qualifizierte Anforderungen an die Aussetzung der Vollziehung und ermächtigt den Gesetzgeber, sowohl den Prüfungsumfang als auch die Berücksichtigung verspäteten Vorbringens des Ausländers im gerichtlichen Verfahren einzuschränken (BT-Drs. 12/4152, 3). Nur wenn ernstliche Zweifel an der Rechtmäßigkeit der aufenthaltsbeendenden Maßnahme bestehen, wird im Wege des vorläufigen Rechtsschutzes die Vollziehung ausgesetzt. Dies gilt für Asylbewerber aus einem sicheren Herkunftsland, für die die gesetzliche Vermutung nicht widerlegt wird, und für Asylbewerber, deren Anträge ebenfalls als offensichtlich unbegründet abgelehnt worden sind (BT-Drs. 12/4152, 3).

F. Völkervertragliche Öffnungsklausel

20 Abs. 5 ermöglicht es, in Abweichung von Abs. 1–4 völkerrechtliche Verträge zu schließen. Damit sollten Asylzuständigkeitsabkommen, wie das SDÜ (Schengener Durchführungsübereinkommen v. 19.6.1990, ABl. 2000 L 239, 19) und das Dubliner-Übereinkommen (Übereinkommen über die Bestimmung des zuständigen Staates für die Prüfung eines in einem Mitgliedstaat der Europäischen Gemeinschaften gestellten Asylantrags v. 15.6.1990, BGBl. 1994 II 791) ermöglicht werden, welche inzwischen durch die Dublin III-VO ersetzt worden sind.

Asylgesetz (AsylG)

In der Fassung der Bekanntmachung vom 2. September 2008
(BGBl. I S. 1798)
FNA 26-7

Abschnitt 1. Geltungsbereich

§ 1 Geltungsbereich

(1) Dieses Gesetz gilt für Ausländer, die Folgendes beantragen:
1. **Schutz vor politischer Verfolgung nach Artikel 16a Absatz 1 des Grundgesetzes oder**
2. **internationalen Schutz nach der Richtlinie 2011/95/EU des Europäischen Parlaments und des Rates vom 13. Dezember 2011 über Normen für die Anerkennung von Drittstaatsangehörigen oder Staatenlosen als Personen mit Anspruch auf internationalen Schutz, für einen einheitlichen Status für Flüchtlinge oder für Personen mit Anrecht auf subsidiären Schutz und für den Inhalt des zu gewährenden Schutzes (ABl. L 337 vom 20.12.2011, S. 9); der internationale Schutz im Sinne der Richtlinie 2011/95/EU umfasst den Schutz vor Verfolgung nach dem Abkommen vom 28. Juli 1951 über die Rechtsstellung der Flüchtlinge (BGBl. 1953 II S. 559, 560) und den**

subsidiären Schutz im Sinne der Richtlinie; der nach Maßgabe der Richtlinie 2004/ 83/EG des Rates vom 29. April 2004 **über Mindestnormen für die Anerkennung und den Status von Drittstaatsangehörigen oder Staatenlosen als Flüchtlinge oder als Personen, die anderweitig internationalen Schutz benötigen, und über den Inhalt des zu gewährenden Schutzes (ABl. L 304 vom 30.9.2004, S.** 12) **gewährte internationale Schutz steht dem internationalen Schutz im Sinne der Richtlinie 2011/95/EU gleich; § 104 Absatz 9 des Aufenthaltsgesetzes bleibt unberührt.**

(2) Dieses Gesetz gilt nicht für heimatlose Ausländer im Sinne des Gesetzes über die Rechtsstellung heimatloser Ausländer im Bundesgebiet in der im Bundesgesetzblatt Teil III, Gliederungsnummer 243-1, veröffentlichten bereinigten Fassung in der jeweils geltenden Fassung.

Überblick

§ 1 regelt den sachlichen Anwendungsbereich des AsylG durch positive (→ Rn. 5 ff.) und negative Abgrenzung (→ Rn. 17) des Personenkreises, für den dort besonders normierten Verfahrensvorschriften bzw. Rechte und Pflichten gelten. Er definiert zugleich den Oberbegriff des „internationalen Schutzes" (→ Rn. 10 f.) und benennt die Schutzformen, deren Prüfung ausschließlich dem Bundesamt für Migration und Flüchtlinge vorbehalten ist (Konzentrationswirkung des Asylverfahrens; → Rn. 12 ff.).

Übersicht

A. Allgemeines

§ 1 regelt den sachlichen Anwendungsbereich des AsylG.   **1**

Mit Gesetz v. 28.8.2013 (BGBl. I 3474) wurde der Wortlaut des Abs. 1 Nr. 1 sprachlich **2** angepasst (Schutz vor politischer Verfolgung statt „als politisch Verfolgter") und der **Begriff** des **„internationalen Schutzes"** in das deutsche Recht eingeführt (Abs. 1 Nr. 2). Durch die **Einbeziehung des zuvor nur als Abschiebungsverbot ausgestalteten subsidiären Schutzstatus'** (→ § 4 Rn. 7) wurde dieser förmlich in das Asylverfahren integriert, dem asylrechtlichen Verfahrensvorbehalt unterstellt und eine ausschließliche Prüfzuständigkeit des BAMF begründet (→ Rn. 12 ff.; vgl. zur Entstehungsgeschichte ausf. Bergmann/Dienelt/Bergmann Rn. 1 f., 4 ff.; GK-AsylG/Funke-Kaiser Rn. 1 ff.).

In der Sache regelt das AsylG in erster Linie das zur Feststellung des jeweiligen Status durchzu- **3** führende **Statusfeststellungsverfahren.** Die Bezeichnung als „Asylverfahrensgesetz" wurde dennoch im Jahr 2015 aufgegeben, weil das AsylG neben Verfahrensbestimmungen auch materielle Schutzvoraussetzungen regelt und einzelne nur mittelbar verfahrensbezogene Rechte und Pflichten der Schutzbegehrenden normiert.

Tatsächlich sind die **materiellen Schutzvoraussetzungen** im AsylG jedoch nur unvollständig **4** wiedergegeben: Während die Voraussetzungen der Rechtsstellung nach der GFK und des subsidiären Schutzstatus' – abgesehen von einzelnen Umsetzungsdefiziten, die durch unmittelbare Anwendung der Bestimmungen der Qualifikations-RL (RL 2011/95/EU v. 13.12.2011, ABl. 2011 L 337, 9) kompensiert werden müssen (→ § 3 Rn. 30 ff.; → § 4 Rn. 85) – in §§ 3 ff. vollständig benannt sind, finden sich zu Art. 16a GG nur punktuelle Ergänzungsregelungen (zB §§ 26–28 ff.). Die rein ausländerrechtlichen Abschiebungsverbote der § 60 Abs. 5 und Abs. 7 AufenthG, die im Asylverfahren nur als Annex zum eigentlichen Statusfeststellungsverfahren zu prüfen sind (§ 24 Abs. 2), sind ohnehin vollständig im AufenthG kodifiziert.

B. Positive Anwendungsvoraussetzungen

I. Begriff des Ausländers

5   In der Sache gilt das AsylG für **Ausländer,** dh für natürliche Personen, die nicht zumindest auch über die deutsche Staatsangehörigkeit verfügen (GK-AsylG/Funke-Kaiser Rn. 19 f.). Maßgeblich ist insoweit die in § 2 Abs. 1 AufenthG enthaltene Legaldefinition, die wiederum auf Art. 116 Abs. 1 GG verweist (BeckOK AuslR/Preisner Rn. 4).

6   Einbezogen sind daher auch **Staatenlose** (zum Begriff → § 3 Rn. 16) und – anders als nach Art. 2 lit. d Qualifikations-RL – **Unionsbürger,** die aufgrund der Einstufung der Mitgliedsstaaten als sichere Herkunftsstaaten (§ 29a Abs. 2) allerdings nur selten über einen materiellen Schutzanspruch verfügen dürften (Bergmann/Dienelt/Bergmann Rn. 24; NK-AuslR/Keßler Rn. 10; Hailbronner AuslR Rn. 12).

7   Einer Zuerkennung eines durch das nationale Recht prinzipiell gewährleisteten materiellen Asyl- und Flüchtlingsschutzanspruchs auch für Unionsbürger (→ § 3 Rn. 14 ff.) steht allerdings in der Regel das Protokoll über die Gewährung von Asyl für Staatsangehörige von Mitgliedstaaten der Europäischen Union (v. 2.10.1997, ABl. 1997 C 340, 103) entgegen, das eine Sachprüfung nur in den dort ausdrücklich genannten Ausnahmefällen vorsieht (BeckOK AuslR/Heusch § 29a Rn. 28; GK-AsylG/Funke-Kaiser Rn. 31).

7.1   Dieser kategorische Ausschluss dürfte mit den Bestimmungen der GFK unvereinbar sein (vgl. NK-AuslR/Keßler Rn. 10; aA Bergmann/Dienelt/Bergmann Rn. 24), die nach Art. 18 GRCh und Art. 78 Abs. 1 S. 2 AEUV den Rang primären Unionsrechts genießt. Da das Protokoll über die Gewährung von Asyl für Staatsangehörige von Mitgliedstaaten der Europäischen Union aber ebenfalls dem Primärrecht zuzuordnen ist, kann eine Auflösung der Problematik wohl nur durch eine extensive Anwendung des lit. d des Einzigen Artikels des EU-Asyl-Protokolls erzielt werden.

7.2   Inhaltlich erstreckt sich die Ausschlussklausel des Protokolls über die Gewährung von Asyl für Staatsangehörige von Mitgliedstaaten der Europäischen Union nur auf „Asyl" im unionsrechtlichen Sinne, steht einer Prüfung eines **subsidiären Schutzanspruchs** für Unionsbürger also nicht entgegen. Auch aus Art. 2 lit. f Qualifikations-RL, der die Gewährung subsidiären Schutzes nur gegenüber Drittstaatsangehörigen vorsieht, ergibt sich insoweit keine (materielle) Sperrwirkung, da Art. 3 der Qualifikationsrichtlinie insoweit eine günstigere Ausgestaltung ermöglicht (→ § 3 Rn. 14 ff.).

II. Antrag auf politisches Asyl

8   Nach § 1 Abs. 1 Nr. 1 gilt das AsylG für Ausländer, die Schutz vor politischer Verfolgung nach Art. 16a Abs. 1 GG beantragen. Ob die sachlichen Voraussetzungen des Asylgrundrechts vorliegen, ist insoweit ohne Bedeutung; maßgeblich ist, dass der Betroffene – unabhängig vom Wortlaut oder der Form des Gesuchs – **Schutz vor vermeintlicher oder tatsächlicher politischer Verfolgung** begehrt (Bergmann/Dienelt/Bergmann Rn. 12).

9   Über den Wortlaut des § 1 Abs. 1 Nr. 1 hinaus gilt das AsylG auch in Fällen, in denen der Betroffene seine vermeintliche **Rechtsstellung aus einfachgesetzlichen Rechtsnormen** herleitet, die den verfassungsrechtlichen Asylanspruch erweitern (vgl. § 26 Abs. 1–3; OVG NRW DVBl 2015, 1543 = BeckRS 2015, 46876 zu § 26a Abs. 1 S. 3 Nr. 2). Es gilt nach § 73a auch für im Ausland anerkannte Flüchtlinge, wenn die Flüchtlingsverantwortung nach Art. 2 des Europäischen Übereinkommens über den Übergang der Verantwortung für Flüchtlinge vom 16.10.1980 auf die Bundesrepublik Deutschland übergegangen ist.

III. Antrag auf internationalen Schutz

10   Der Antrag auf internationalen Schutz umfasst – wie auch die Neufassung von § 13 Abs. 2 S. 1 zeigt – sowohl den **Antrag auf Flüchtlingsschutz** nach Maßgabe der GFK als auch den Antrag auf **subsidiären Schutz** im Sinne der Qualifikations-RL (RL 2011/95/EU v. 13.12.2011, ABl. 2011 L 337, 9; § 1 Abs. 1 Nr. 2 Hs. 1). Hs. 2 und Hs. 3 regeln die Einbeziehung der Vorgängerfassung der Qualifikationsrichtlinie und verweisen auf die Übergangsregelung für auf Grundlage dieser Vorschrift anerkannte subsidiär Schutzberechtigte.

10a   Nicht mit dem subsidiären Schutz iSd § 1 Nr. 2 verwechselt werden dürfen andere gegenüber der Flüchtlingsanerkennung nachrangige Schutzformen, die nicht auf den jeweiligen Fassungen der Qualifikationsrichtlinie, sondern – wie zB Abschiebeverbote nach § 60 Abs. 5 und 7 AufenthG, Formen der aufenthaltsrechtlichen Schutzgewährung nach §§ 23 ff. AufenthG, die Aussetzung der Abschiebung nach § 60a Abs. 1 oder der „subsidiäre" bzw. „temporäre" Schutz nach dänischem

Recht – auf eigenständigen Schutzkonzepten der jeweiligen Rechtsordnung beruhen. Sie sind nicht Gegenstand eines Asylantrags iSd § 1 AsylG und können einen verfahrensrechtlichen Anspruch auf Prüfung von Schutzformen nach der Qualifikationsrichtlinie auch nicht verdrängen, wenn der Betroffene im Ausland schon entsprechenden Schutz genießt (ausf. VG Magdeburg BeckRS 2020, 5270 Rn. 19 ff. auch zu Möglichkeiten der Umdeutung einer Unzulässigkeitsentscheidung nach § 29 Abs. 1 Nr. 2).

Mit der Neufassung der §§ 2, 13 ist der **Flüchtlingsstatus endgültig in den Fokus des** **11** **Flüchtlingsrechts gerückt:** Während der Flüchtlingsstatus auch unabhängig von der Anerkennung als Asylberechtigter beantragt werden kann, ist sowohl eine isolierte Beantragung politischen Asyls im Sinne des Art. 16a GG als auch eine isolierte Beantragung subsidiären Schutzes ausgeschlossen (§ 13 Abs. 2). Der subsidiäre Schutzstatus ist zudem nachrangig gegenüber der Schutzgewährung nach der GFK und kann daher nur dann geprüft werden, wenn ein Schutzanspruch nach der GFK nicht vorliegt (vgl. Art. 2 lit. f Qualifikations-RL sowie → § 31 Rn. 32).

IV. Konzentrationswirkung des AsylG

Mit der Volleingliederung des subsidiären Schutzstatus wurde die **Prüfung flüchtlingsrechtli-** **12** **cher Schutzelemente** nunmehr **vollständig auf das Asylverfahren konzentriert;** eine Inzidentprüfung durch die Ausländerbehörden zB im Rahmen des Abschiebe- oder Titelerteilungsverfahrens ist ausgeschlossen (→ § 4 Rn. 7). Ausnahmen gelten lediglich in den in § 60 Abs. 1 S. 2 AufenthG genannten Fällen, in denen die Flüchtlingseigenschaft feststeht bzw. eine ausländische Flüchtlingsanerkennung anerkannt wird (→ § 3 Rn. 62 ff.).

Demgegenüber sind die originär ausländerrechtlichen **Abschiebungsverbote** des § 60 Abs. 5 **13** und Abs. 7 AufenthG **nur** dann **als Annex** durch das Bundesamt zu prüfen, wenn der Betroffene vorrangig Asyl oder internationalen Schutz beantragt hat (§ 24 Abs. 2); eine isolierte Beantragung beim Bundesamt ist ausgeschlossen (Bergmann/Dienelt/Bergmann Rn. 3). Dieses ist allerdings gem. § 72 Abs. 2 AufenthG im Verfahren vor der Ausländerbehörde zu beteiligen (→ AufenthG § 72 Rn. 53 ff.).

Ist die **Zuständigkeit** hingegen durch Stellung eines Asyl- oder internationalen Schutzantrags **14** **auf das Bundesamt übergegangen,** bleibt sie auch bei Rücknahme oder nach Ablehnung des Asylantrags erhalten (§§ 32 S. 1, 42 S. 1); der Betroffene muss daher ggf. ein isoliertes Folgeschutzverfahren einleiten, wenn er die Abänderung einer für ihn ungünstigen Entscheidung des Bundesamts begehrt (vgl. HTK-AuslR/Diesterhöft § 71 / Abschiebungsverbote Rn. 6 f.). Anderes gilt nur dann, wenn der Betroffene ein Abschiebungsverbot hinsichtlich eines Zielstaates geltend macht, den das Bundesamt bislang weder als (vermeintlichen) Herkunftsstaat noch als in der Abschiebungsandrohung benannten Zielstaat in den Blick genommen hat (vgl. GK-AufenthG/ Wittmann AufenthG § 25 Rn. 133 ff.).

Aus der Konzentrationsfunktion des AsylG folgt im Übrigen, dass dem Betroffenen **kein Wahl-** **15** **recht** zwischen einer Prüfung durch die Ausländerbehörde und das Bundesamt zukommt (BVerwGE 134, 124 Rn. 34 = BeckRS 2009, 38019 Rn. 34). Ein in der Sache auf potentiell statusbegründende Umstände gestützter Antrag an die Ausländerbehörden ist daher – auch wenn er formal lediglich auf die Prüfung von Abschiebungsverboten abzielt – als Asylgesuch zu bewerten, so dass der Betroffene auf eine Prüfung durch das Bundesamt zu verweisen ist (§ 13 Abs. 1, § 18 Abs. 1, § 19 Abs. 1; vgl. BayVGH BeckRS 2014, 46390 Rn. 5).

Dies wirft seit der vollständigen **Einbeziehung des subsidiären Schutzes** in das Asylverfahren **16** **erhebliche Abgrenzungsprobleme** auf, da sich der Schutzumfang des subsidiären Schutzes zwar nicht vollständig mit dem durch § 60 Abs. 5 AufenthG iVm Art. 3 EMRK gewährleisteten Abschiebungsschutz deckt, beide Schutzinstrumente aber erhebliche strukturelle und inhaltliche Parallelen aufweisen (→ § 4 Rn. 41; → § 4 Rn. 99). In der Sache dürfte ein Vorrang des Asylverfahrens daher – nicht zuletzt aufgrund der Einheitlichkeit des Streitgegenstandes bei Abschiebungsverboten nach § 60 Abs. 5 und Abs. 7 AufenthG (BVerwGE 140, 319 Rn. 17 = BeckRS 2011, 55580) – nunmehr schon dann gegeben sein, wenn eine Gefährdung durch einen potentiellen Gefährdungsakteur – und nicht lediglich durch allgemeine Lebensumstände – behauptet wird.

Aufgrund der Struktur der in §§ 3 ff. geregelten Schutzansprüche kann der Vorrang des Asylver- **16a** fahrens allerdings **nur dann eingreifen, wenn sich die geltend machten Gefahren auf das** **Herkunftsland des Betroffenen** – dh das Land, dessen Staatsangehörigkeit der Betroffene besitzt bzw. in dem er als Staatenloser seinen vorherigen gewöhnlichen Aufenthalt hatte – **beziehen** (→ § 3 Rn. 18 ff.). In anderen Fällen ist die Ausländerbehörde nur dann nicht zur Inzidentprüfung berechtigt und verpflichtet, wenn das Bundesamt im Rahmen des § 24 Abs. 2 AsylG zuvor tatsächlich über zielstaatsbezogene Abschiebungsverbote hinsichtlich des jeweiligen Drittstaats entschieden hatte (vgl. GK-AufenthG/Wittmann AufenthG § 25 Rn. 130, 133 ff.).

C. Negative Voraussetzungen

17   Nach Abs. 2 sind **heimatlose Ausländer** im Sinne des Gesetzes über die Rechtsstellung heimatloser Ausländer im Bundesgebiet von der Anwendung des AsylG **ausgeschlossen.** Betroffen sind hiervon vor allem während des 2. Weltkriegs verschleppte Personen und ihre Nachkommen, deren Rechtsstellung sich sowohl im Hinblick auf Schutzmöglichkeiten als auch auf sonstige Rechte und Pflichten nach dem in Bezug genommenen Gesetz richtet (vgl. Bergmann/Dienelt/Bergmann Rn. 11, 18 ff.; Hailbronner AuslR Rn. 16 f.; NK-AuslR/Keßler Rn. 14). Rechtsgrund für den Ausschluss ist der Umstand, dass die Rechtsordnungen den Betroffenen einen insgesamt günstigeren Rechtsstatus vermittelt (Marx AsylG Rn. 17).

Abschnitt 2. Schutzgewährung

Unterabschnitt 1. Asyl

§ 2 Rechtsstellung Asylberechtigter

(1) Asylberechtigte genießen im Bundesgebiet die Rechtsstellung nach dem Abkommen über die Rechtsstellung der Flüchtlinge.

(2) Unberührt bleiben die Vorschriften, die den Asylberechtigten eine günstigere Rechtsstellung einräumen.

(3) Ausländer, denen bis zum Wirksamwerden des Beitritts in dem in Artikel 3 des Einigungsvertrages genannten Gebiet Asyl gewährt worden ist, gelten als Asylberechtigte.

Überblick

Die – äußerst fragmentarisch gehaltene (→ Rn. 3) – Regelung des § 2 konkretisiert die Rechte, die anerkannten Asylberechtigten (→ Rn. 4 f.) zukommen. Abs. 1 erklärt dabei die in der GFK normierten Rechte zum asylrechtlichen Mindeststandard (→ Rn. 8 f.), den die in Abs. 2 enthaltene Meistbegünstigungsklausel durch Verweis auf die durch andere Normen gewährten Rechte erweitert (→ Rn. 10 f.). Abs. 3 fingiert eine Asylberechtigung für auf Grundlage früheren DDR-Rechts anerkannte Asylberechtigte (→ Rn. 7).

Übersicht

A. Allgemeines

1   Abs. 1 und Abs. 2 regeln die **Rechtsstellung** von Ausländern, die im Rahmen eines innerstaatlichen Statusfeststellungsverfahrens als asylberechtigt iSd Art. 16a GG anerkannt wurden. Abs. 3 stellt dem oben genannten Personenkreis jene Personen gleich, denen durch die frühere DDR Asyl gewährt wurde.

2   In ihrem Wortlaut entspricht die Regelung – abgesehen von einer redaktionellen Änderung im Jahr 2007 – der ursprünglichen Gesetzesfassung des AsylG 1992 (BGBl. I 1126).

Vergleiche zur Gesetzgebungsgeschichte näher Bergmann/Dienelt/Bergmann Rn. 1 f.; Hailbronner **2.1**
AuslR Rn. 1.

Inhaltlich treffen Abs. 1 und Abs. 2 allenfalls eine **fragmentarische Regelung:** Abs. 1 nimmt **3**
auf die einschlägigen Bestimmungen der GFK (→ GFK Art. 3 Rn. 1 ff.) Bezug, ohne hierzu
selbst nähere Ausführungen zu enthalten, wohingegen Abs. 2 – nicht minder allgemein – auf die
Anwendung günstigerer Normen verweist, ohne diese näher aufzuzählen oder deren Inhalt zu
erläutern. Inhaltlich entspricht diese fragmentarische Regelungstechnik der Regelung zu den
Voraussetzungen für die Anerkennung als Asylberechtigter, die – abgesehen von einzelnen Ergänzungsregelungen – ebenfalls nicht im AsylG geregelt sind (vgl. BeckOK AuslR/Preisner Rn. 1
sowie zB §§ 26, 28).

B. Asylberechtigte

I. Asylberechtigung kraft Anerkennungsakts (Abs. 1)

Asylberechtigt iSd Abs. 1 und Abs. 2 sind Ausländer, die **im Rahmen eines Statusfeststel-** **4**
lungsverfahrens durch das Bundesamt als Asylberechtigte anerkannt wurden (Bergmann/
Dienelt/Bergmann Rn. 6). Zwar stehen die Kernbereichsrechte des Art. 16a Abs. 1 GG, die sich
im Wesentlichen in der Beachtung des Refoulementverbots und der Gewährleistung eines sicheren
und menschenwürdigen Aufenthalts für die Dauer des Asylverfahrens erschöpfen, dem Betroffenen
bereits unmittelbar nach der Einreise verfassungsunmittelbar zu (Bergmann/Dienelt/Bergmann
Rn. 10 f.; BeckOK AuslR/Preisner Rn. 3, 8); im Übrigen stehen die mit dem Asylgrundrecht
verknüpften Rechte jedoch – in verfassungsrechtlich zulässiger Weise – unter **Verfahrensvorbe-**
halt (BVerfG NJW 1982, 2425 (2428); Bergmann/Dienelt/Bergmann Rn. 11 f.; Hailbronner
AuslR Rn. 4 f.; Marx AsylG Rn. 1, 3 f.). Maßgeblich ist insoweit nicht ein möglicher Verpflich-
tungsausspruch durch das Verwaltungsgericht, sondern dessen Umsetzung durch das Bundesamt
durch Erlass eines Anerkennungsbescheids (GK-AufenthG/Wittmann AufenthG § 25 Rn. 36;
BeckOK AuslR/Preisner Rn. 3; aA NK-AuslR/Keßler Rn. 4), soweit Ausnahmen nicht ausdrücklich geregelt sind (vgl. § 58 Abs. 4 S. 1).

Die frühere Regelung des § 1 Abs. 3 S. 1 Nr. 2 AsylbLG, die einen Entfall der Sperrwirkung des **4.1**
AsylbLG gegenüber dem allgemeinen Recht der Sozialleistungen bereits bei (nicht notwendigerweise
rechtskräftiger) gerichtlicher Verpflichtung zur Asylanerkennung – nicht aber bei Verpflichtung zur Zuerkennung der Flüchtlingseigenschaft – vorgesehen hatte, ist mit Wirkung zum 1.9.2019 entfallen (BGBl. I
1290 sowie BT-Drs. 19/10052 S. 7, 18).

Eine **Anerkennung ausländischer Asylentscheidungen** kommt – anders als nach § 60 Abs. 1 **5**
S. 2 Alt. 4 AufenthG hinsichtlich der Zuerkennung der Flüchtlingseigenschaft (→ § 3 Rn. 65) –
schon deswegen nicht in Betracht, weil ein Asylrecht iSd Art. 16a GG im Ausland nicht begründet
werden kann; sie ist auch einfachgesetzlich nicht vorgesehen (vgl. Bergmann/Dienelt/Bergmann
Rn. 5; BeckOK AuslR/Preisner Rn. 2; Hailbronner AuslR Rn. 6). Der Sonderfall einer Anerkennung auf dem ehemaligen Staatsgebiet der DDR ist in Abs. 3 geregelt.

Der Geltungsbereich der durch Abs. 1 gewährleisteten Rechte ist auf das Bundesgebiet **6**
beschränkt; dies folgt in der Sache jedoch schon aus den Bestimmungen der GFK (Bergmann/
Dienelt/Bergmann Rn. 5).

II. Asylberechtigung kraft Fiktion (Abs. 3)

Nach Abs. 3 wird eine Asylberechtigung für solche Ausländer fingiert, die vor dem 3.10.1990 **7**
auf dem **Staatsgebiet der DDR** auf Grundlage des Art. 23 Abs. 3 der DDR-Verfassung von
1968 bzw. der DDR-Asylverordnung **als asylberechtigt anerkannt** wurden (vgl. Bergmann/
Dienelt/Bergmann Rn. 9).

C. Rechtsstellung

I. Rechtsstellung nach der GFK (Abs. 1)

Durch Verweisung auf die Bestimmung der GFK begründet Abs. 1 einen **Mindestbestand** **8**
der Rechte, die Asylberechtigten im oben genannten Sinne zukommen. Aufgrund der Verweisung
können Asylberechtigte diese Rechte unabhängig davon beanspruchen, ob sie die Voraussetzungen
der Flüchtlingseigenschaft nach der GFK erfüllen (BVerwG NVwZ 1992, 180 (181)). Inhaltlich

entspricht die Rechtsstellung der Asylberechtigten damit der Rechtsstellung von Flüchtlingen im Sinne des Unionsrechts (vgl. BVerwG InfAuslR 2016, 63 (64); NVwZ 2011, 1450 (1454); BeckOK AuslR/Preisner Rn. 6, 12).

9   Inhaltlich handelt es sich dabei insbesondere um die Rechte aus Art. 12 (Personalstatut; → GFK Art. 12 Rn. 19 ff.), Art. 17 f. GFK (Erwerbstätigkeit), Art. 23 f. GFK (Fürsorge und Sozialversicherung; → GFK Art. 23 Rn. 15 ff.), Art. 26 GFK (Freizügigkeit; → GFK Art. 26 Rn. 5 ff.) und Art. 28 GFK (Reiseausweis; → GFK Art. 28 Rn. 16 ff.; vgl. BeckOK AuslR/Preisner Rn. 10).

II. Weitergehende Rechte (Abs. 2)

10   Abs. 2 erweitert die nach Abs. 1 iVm den Bestimmungen der GFK gewährleisteten Mindestrechte, ohne die begünstigenden Rechtsnormen im Einzelnen zu benennen. Eine vergleichbare **Meistbegünstigungsklausel** ist auch in Art. 5 GFK enthalten (→ GFK Art. 5 Rn. 1 ff.).

11   Gegenüber der GFK **günstigere Rechtsfolgen** räumt die Rechtsordnung anerkannten Asylberechtigten insbesondere im Hinblick auf die Verleihung eines förmlichen Aufenthaltsstatus ein (vgl. Hailbronner AuslR Rn. 8). Hinzu kommen zB Ansprüche auf Integrationshilfen, die durch das bloße Inländergleichbehandlungsgebot des Art. 23 GFK nicht gewährleistet wären. Da die Rechtsordnung diese Vergünstigungen im Rahmen der jeweiligen Bestimmungen in der Regel auch auf Flüchtlinge nach der GFK erstreckt, ergeben sich hieraus im Ergebnis jedoch keine unterschiedlichen Rechtspositionen (→ Rn. 18).

III. Gesamtschau der Rechtspositionen

12   § 60 Abs. 1 S. 2 Alt. 1 iVm S. 1 AufenthG begründet ein materiell-rechtliches Abschiebungsverbot, wenn die Voraussetzungen für die Annahme einer politischen Verfolgung iSd Art. 16a Abs. 1 GG vorliegen und keiner der verfassungsunmittelbaren Ausschlussgründe greift. Verfahrensrechtlich kann ein solches **Abschiebungsverbot** jedoch nur im Rahmen eines Asylverfahrens geltend gemacht werden (§ 60 Abs. 1 S. 3 AufenthG), das entweder mit der Einstellung des Verfahrens (§§ 32, 33), der Ablehnung des Asylantrags oder der Zuerkennung eines Schutzstatus iSd Art. 16a GG (oder der §§ 3 ff.) endet.

13   Die Anerkennung als Asylberechtigter begründet ein vorläufiges **Bleiberecht** und einen gebundenen **Anspruch auf Erteilung einer Aufenthaltserlaubnis,** wenn der Betroffene nicht auf Grund eines besonders schwerwiegenden Ausweisungsinteresses nach § 54 Abs. 1 AufenthG ausgewiesen worden ist (vgl. GK-AufenthG/Wittmann AufenthG § 25 Rn. 29 ff., 45 ff. zu § 25 Abs. 1 S. 1–3 AufenthG). Die Aufenthaltserlaubnis berechtigt zur selbstständigen und abhängig beschäftigten **Erwerbstätigkeit** (§ 4a Abs. 1 S. 1 AufenthG) und eröffnet den Zugang zu den **Sozialsystemen** (vgl. § 7 SGB II; §§ 19, 23 SGB XII sowie ausführlich GK-AufenthG/Wittmann AufenthG § 25 Rn. 115 ff.; Hailbronner AuslR Rn. 44). Sie wird zunächst auf drei Jahre erteilt und kann bis zum Erlöschen (§§ 72, 73a Abs. 1) bzw. dem Widerruf oder der Rücknahme der Statusentscheidung (§§ 73, 73a Abs. 2) weiter verlängert werden. Da Asylberechtigte aber gem. § 26 Abs. 3 AufenthG **privilegierten Zugang zur Erteilung einer Niedererlaubnis** genießen, wird die Erteilung einer Niederlassungserlaubnis in der Regel vorrangig zu prüfen sein.

14   Ansprüche auf **Integrationsleistungen** ergeben sich aus § 44 ff. AufenthG.

15   **Familiennachzug** zu anerkannten Asylberechtigten wird gem. §§ 29, 30, 32 und 36 AufenthG gewährt, wobei die Privilegierungsvorschriften des § 29 Abs. 2 und des § 32 Abs. 2 S. 2 Nr. 1 AufenthG Anwendung finden. Eine ähnliche Funktion können die Vorschriften des § 26 Abs. 1–3 über die **Gewährung von Familienasyl** erfüllen, die aber selbst keinen Anspruch auf Gestattung der Einreise begründen; insoweit kann sich aber ggf. ein Anspruch auf Übernahme im Rahmen der Dublin-Überstellung (vgl. Art. 8 ff. Dublin III-VO – VO (EU) 604/2013 v. 26.6.2013, ABl. 2013 L 180, 31) ergeben.

16   Ein **Reiseausweis für Flüchtlinge** ist dem Betroffenen nach § 2 Abs. 2 iVm § 1 Abs. 3 AufenthV, Art. 28 GFK auszustellen (→ GFK Art. 28 Rn. 16 ff.). Hieraus folgt ein privilegierter Ermessensanspruch auf Einbürgerung (vgl. zur Ermessensausübung BVerwG NJW 1975, 2156 ff.) unter Hinnahme der Mehrstaatigkeit (§§ 8, 12 Abs. 1 S. 1 Nr. 6 StAG).

17   Unter den Voraussetzungen des § 72 Abs. 1 **erlischt** die bestandskräftige Anerkennungsentscheidung – nicht aber notwendigerweise auch die materiellrechtliche Rechtsposition – kraft Gesetzes; sie kann zudem unter den in § 73 geregelten Voraussetzungen **zurückgenommen** oder **widerrufen** werden.

18   Insgesamt **entspricht** die **Rechtsstellung des anerkannten Asylberechtigten** daher **nahezu vollständig der Rechtsstellung eines anerkannten Flüchtlings** (BeckOK AuslR/Preisner

Rn. 12; Hailbronner AuslR Rn. 3, 13; Dörig MigrationsR-HdB § 10 Rn. 13), so dass die Rechtsprechung das Vorliegen eines Rechtsschutzbedürfnisses für die gesonderte Anerkennung als Asylberechtigter bei bereits erfolgter Flüchtlingsanerkennung bezweifelt (BVerwG InfAuslR 2016, 63).

Eine Begünstigung von Asylberechtigten im Unterschied zu Flüchtlingen ergab sich aus § 1 Abs. 3 **18.1** Nr. 2 AsylbLG aF, der den Zeitpunkt des Übergangs von Leistungsansprüchen nach dem Asylbewerberleistungsgesetz auf reguläre Sozialleistungen auf den Zeitpunkt des Wirksamwerdens eines gerichtlichen Verpflichtungsurteils auf Anerkennung als Asylberechtigter – dh einen Zeitpunkt vor der tatsächlichen Umsetzung des (ggf. noch nicht rechtskräftigen) Urteils durch das BAMF – vorverlegt hatte. Ob diese Vorschrift auf Berechtigte nach § 3 ff. entsprechend angewendet werden müsste, war indes umstritten (LPK-SGB XII/Birk, 11. Aufl. 2018, AsylbLG § 1 Rn. 16). Mit dem 3. Gesetz zur Änderung des Asylbewerberleistungsgesetzes vom 13.8.2019 (BGBl. 2019 I 1290) hat der Gesetzgeber jedoch auch diese Privilegierung gestrichen, um Schwierigkeiten bei der Rückabwicklung nach Aufhebung des Verpflichtungsurteils im Instanzenzug zu vermeiden (BT-Drs. 19/10052, 18).

Unterabschnitt 2. Internationaler Schutz

§ 3 Zuerkennung der Flüchtlingseigenschaft

(1) **Ein Ausländer ist Flüchtling im Sinne des Abkommens vom 28. Juli 1951 über die Rechtsstellung der Flüchtlinge (BGBl. 1953 II S. 559, 560), wenn er sich**
1. **aus begründeter Furcht vor Verfolgung wegen seiner Rasse, Religion, Nationalität, politischen Überzeugung oder Zugehörigkeit zu einer bestimmten sozialen Gruppe**
2. **außerhalb des Landes (Herkunftsland) befindet,**
   a) **dessen Staatsangehörigkeit er besitzt und dessen Schutz er nicht in Anspruch nehmen kann oder wegen dieser Furcht nicht in Anspruch nehmen will oder**
   b) **in dem er als Staatenloser seinen vorherigen gewöhnlichen Aufenthalt hatte und in das er nicht zurückkehren kann oder wegen dieser Furcht nicht zurückkehren will.**

(2) ¹**Ein Ausländer ist nicht Flüchtling nach Absatz 1, wenn aus schwerwiegenden Gründen die Annahme gerechtfertigt ist, dass er**
1. **ein Verbrechen gegen den Frieden, ein Kriegsverbrechen oder ein Verbrechen gegen die Menschlichkeit begangen hat im Sinne der internationalen Vertragswerke, die ausgearbeitet worden sind, um Bestimmungen bezüglich dieser Verbrechen zu treffen,**
2. **vor seiner Aufnahme als Flüchtling eine schwere nichtpolitische Straftat außerhalb des Bundesgebiets begangen hat, insbesondere eine grausame Handlung, auch wenn mit ihr vorgeblich politische Ziele verfolgt wurden, oder**
3. **den Zielen und Grundsätzen der Vereinten Nationen zuwidergehandelt hat.**
²**Satz 1 gilt auch für Ausländer, die andere zu den darin genannten Straftaten oder Handlungen angestiftet oder sich in sonstiger Weise daran beteiligt haben.**

(3) ¹**Ein Ausländer ist auch nicht Flüchtling nach Absatz 1, wenn er den Schutz oder Beistand einer Organisation oder einer Einrichtung der Vereinten Nationen mit Ausnahme des Hohen Kommissars der Vereinten Nationen für Flüchtlinge nach Artikel 1 Abschnitt D des Abkommens über die Rechtsstellung der Flüchtlinge genießt.** ²**Wird ein solcher Schutz oder Beistand nicht länger gewährt, ohne dass die Lage des Betroffenen gemäß den einschlägigen Resolutionen der Generalversammlung der Vereinten Nationen endgültig geklärt worden ist, sind die Absätze 1 und 2 anwendbar.**

(4) **Einem Ausländer, der Flüchtling nach Absatz 1 ist, wird die Flüchtlingseigenschaft zuerkannt, es sei denn, er erfüllt die Voraussetzungen des § 60 Abs. 8 Satz 1 des Aufenthaltsgesetzes oder das Bundesamt hat nach § 60 Absatz 8 Satz 3 des Aufenthaltsgesetzes von der Anwendung des § 60 Absatz 1 des Aufenthaltsgesetzes abgesehen.**

Überblick

§ 3 Abs. 1 regelt die positiven Tatbestandsvoraussetzungen des Flüchtlingsbegriffs, die in den darauffolgenden Vorschriften zum Teil näher ausgestaltet bzw. konkretisiert werden (→ Rn. 12).

Der für den Flüchtlingsbegriff zentrale Begriff der „begründeten Furcht" ist jedoch weder in § 3 noch in § 3a–3e legaldefiniert, so dass insoweit unmittelbar auf die Regelungen der Qualifikations-RL (RL 2011/95/EU v. 13.12.2011, ABl. 2011 L 337, 9) und die einschlägige Rechtsprechung des EuGH zurückgegriffen werden muss (→ Rn. 25 ff.). Dies gilt insbesondere im Hinblick auf die Vorverfolgungsvermutung des Art. 4 Abs. 4 Qualifikations-RL, die der nationale Gesetzgeber nicht bzw. nicht vollständig umgesetzt hat (→ Rn. 30 ff.). Abs. 2 und Abs. 3 enthalten Ausschlusstatbestände, die – übereinstimmend mit den Vorgaben der GFK und der Qualifikations-RL – den Betroffenen trotz Vorliegens der Tatbestandsvoraussetzungen des Abs. 1 von der Qualifikation als Flüchtling ausschließen (→ Rn. 41 ff., → Rn. 57 ff.). Abs. 4 begründet einen Anspruch auf förmliche Zuerkennung der Flüchtlingseigenschaft und nennt weitere Ausschlussgründe (→ Rn. 67 ff.). Im Unterschied zu den in Abs. 2 und Abs. 3 geregelten Tatbeständen schränkt Abs. 4 aber nicht den Flüchtlingsbegriff tatbestandlich ein, sondern betrifft lediglich die nachgelagerte Statusentscheidung: Der Betroffene ist zwar Flüchtling, ist von der Zuerkennung der Flüchtlingseigenschaft aber aufgrund seines eigenen Verhaltens ausgeschlossen (→ Rn. 68).

Übersicht

A. Allgemeines

I. Entstehungsgeschichte und Prägung durch höherrangiges Recht

1   § 3 aF (BGBl. 1992 I 1126) sah ursprünglich nur vor, dass eine behördliche oder gerichtliche Feststellung eines Abschiebungsverbots nach § 51 Abs. 1 AuslG zugleich das Vorliegen der Flüchtlingseigenschaft im Sinne der GFK begründet. Die mit Art. 3 ZuwG (Zuwanderungsgesetz v. 30.7.2004, BGBl. I 1950) zunächst nur an das AufenthG angepasste Norm wurde mit Art. 3 des Gesetzes zur Umsetzung aufenthalts- und asylrechtlicher Richtlinien der Europäischen Union (v. 19.8.2007, BGBl. I 1970) erstmals grundlegend umgestaltet, da § 3 Abs. 4 seither einen **gesetzlichen Anspruch auf Zuerkennung der Flüchtlingseigenschaft in Form einer Statusentscheidung** des BAMF begründet. Zugleich wurden die vorher in § 60 Abs. 8 S. 2 AufenthG geregelten **Ausschlusstatbestände** aus systematischen Gründen in § 3 Abs. 2 überführt (BT-Drs. 16/5065, 187, 213 f.) und in Abs. 3 um den Ausschlussgrund des anderweitigen Schutzes ergänzt. Mit Art. 1 des Gesetzes zur Umsetzung der Richtlinie 2011/95/EU (v. 28.8.2013, **2** BGBl. I 3474) und Art. 2 des Gesetzes zur erleichterten Ausweisung von straffälligen Ausländern und zum erweiterten Ausschluss der Flüchtlingsanerkennung bei straffälligen Asylbewerbern (v. 11.3.2016, BGBl. I 394) wurden die bis dato in § 60 Abs. 1 AufenthG geregelten **tatbestandlichen Voraussetzungen** des Flüchtlingsbegriffs unmittelbar in § 3 Abs. 1 übernommen und der Ausnahmetatbestand des Abs. 4 um einen Verweis auf den ebenfalls neu gefassten § 60 Abs. 8 S. 3 AufenthG erweitert.

Inhaltlich entspricht Abs. 1 bis auf redaktionelle Änderungen dem Wortlaut des Art. 1 A Nr. 2 **3** GFK und des Art. 2 lit. d Qualifikations-RL (Marx AsylG Rn. 1).

Der **Ausschlussgrund des Abs. 2 entspricht im Wesentlichen den in Art. 1 F GFK 4 genannten Ausschlussgründen,** ergänzt diese jedoch um ein Regelbeispiel für den in Art. 1 F lit. b GFK genannten Ausschlussgrund des „schweren politischen Verbrechens außerhalb des Aufnahmelandes". Dies begegnet keinen rechtlichen Bedenken, zumal Art. 12 Abs. 2 lit. b Qualifikations-RL eine vergleichbare Ergänzung enthält. Problematisch ist allerdings der gegenüber Art. 1 F lit. b GFK weiter gefasste Wortlaut des in Art. 12 Abs. 2 lit. b Qualifikations-RL geregelten Ausschlussgrunds (→ Rn. 49, → Rn. 51.1).

Der weitere Ausschlusstatbestand des Abs. 3 S. 1 greift den in Art. 1 D GFK und Art. 12 Abs. 1 **5** Qualifikations-RL übereinstimmend geregelten **Ausschlussgrund des anderweitigen Schutzes durch die Vereinten Nationen** auf (→ Rn. 57 ff.). Nicht ohne weiteres mit höherrangigem Recht vereinbar ist allerdings S. 2 dieser Regelung, im Fall eines nachträglichen Entfalls dieses Schutzes lediglich ein Wiederaufleben der Anwendbarkeit der Abs. 1 und Abs. 2 vorsieht. Er bedarf insoweit der unionsrechtskonformen Auslegung (→ Rn. 62).

Abs. 4 hat im Hinblick auf die dort vorgesehene Statusentscheidung kein Vorbild in der GFK, **6** die – anders als Art. 13 Qualifikations-RL – eine **ausdrückliche Statusfeststellung** weder fordert noch vorsieht (Marx AsylG Rn. 2; Bergmann/Dienelt/Bergmann Rn. 4). Die in Abs. 4 in Bezug genommenen **weiteren Ausschlussgrunde** der § 60 Abs. 8 S. 1 und S. 3 AufenthG orientieren sich inhaltlich aber an Art. 33 Abs. 2 GFK (vgl. EuGH BeckRS 2019, 8404 Rn. 93).

Das Vorliegen der in § 60 Abs. 8 S. 1 oder S. 3 genannten Ausschlussgründe führt nach **6a** nationalem Recht aber – anders als die in § 3 Abs. 2 geregelten Ausschlusstatbestände (→ Rn. 43 ff.) – nicht zum Verlust oder Ausschluss der Flüchtlingseigenschaft – sondern zum **Ausschluss des Anspruchs auf Statusfeststellung** (→ Rn. 67) und damit jener Rechte, die nach der nationalen Rechtsordnung bzw. dem Unionsrecht anerkannten Flüchtlingen vorbehalten bleiben.

Hierbei handelt es sich insbesondere um die in Kapitel VII der Qualifikations-RL genannten Rechte, **6a.1** die zum Teil über die Ansprüche nach der GFK hinausgehen und unionsrechtlich solchen Flüchtlingen vorbehalten sind, die als solche anerkannt wurden (vgl. GA Wathelet BeckRS 2018, 12755 Rn. 104 f.).

Dies schließt aber nicht aus, dass der Betroffene materiell den Flüchtlingsbegriff erfüllt und **6b** somit – auch ohne förmliche Statusfeststellung – sämtliche Rechte aus der GFK geltend machen kann, die nicht an die Legalität des Aufenthalts anknüpfen (vgl. Art. 14 Abs. 6 Qualifikations-RL sowie EuGH BeckRS 2019, 8404 Rn. 97 ff.; vgl. auch → Rn. 69b f.).

Zu berücksichtigen ist hierbei, dass sich die Legalität des Aufenthalts ggf. auch aus einem nicht flücht- **6b.1** lingsschutzbezogenen Aufenthaltstitel ergeben kann. So lange der Betroffene diesen nicht – zB durch eine Ausweisung – verliert, kann er sich auch auf jene Rechte der GFK berufen, die Flüchtlingen mit rechtmäßigem Aufenthaltsstatus vorbehalten sind (EuGH BeckRS 2019, 8404 Rn. 106).

Dies entspricht der Normsystematik des Art. 14 Abs. 4 und Abs. 5 Qualifikations-RL und **6c** begegnet auch im Hinblick auf Art. 14 Abs. 6 Qualifikations-RL keinen Bedenken, wenn die Wahrung der dort genannten Rechte durch die allgemeine Rechtsordnung sichergestellt ist. Insoweit kann der Betroffene ggf. Rechte aus § 60 Abs. 1–7 AufenthG iVm § 60 Abs. 9 S. 2 AufenthG, aus einer unmittelbaren Anwendung des Art. 14 Abs. 6 Qualifikations-RL oder ggf. sogar unmittelbar aus der GFK oder den Unionsgrundrechten herleiten (vgl. EuGH BeckRS 2019, 8404 Rn. 101 ff.; vgl. zu Zweifeln an der Vereinbarkeit dieses normsystematischen Ansatzes mit Art. 1 GFK UNHCR v. 21.5.2007, Innenausschuss des Deutschen Bundestags, Ausschuss-Drs. 16(4)209g, 9 f.; dagegen Hailbronner AuslR Rn. 79).

Eine Besonderheit gilt dabei im Hinblick auf das Refoulement-Verbot des Art. 33 GFK: Zwar **6d** würde Art. 33 Abs. 2 GFK es erlauben, gerade in den in § 60 Abs. 8 S. 1 und S. 3 AufenthG genannten Fällen auch vom Refoulement-Verbot des Art. 33 Abs. 1 GFK abzuweichen. Dem kann ggf. jedoch das primärrechtlich in Art. 4 GRCh und Art. 19 Abs. 2 GRCh garantierte Verbot der grausamen und unmenschlichen Behandlung entgegenstehen, das einer gefahrenab-wehrrechtlichen Relativierung nicht zugänglich ist (EuGH BeckRS 2019, 8404 Rn. 93 ff.). Der Schutz der Unionsgrundrechte wirkt insoweit – anders als der des konventionsrechtlichen Refoulement-Verbots – absolut.

II. Normsystematik

7   Abs. 1–3 regeln die tatbestandlichen Voraussetzungen des Flüchtlingsbegriffs: Abs. 1 benennt die **positiven Statusvoraussetzungen** (→ Rn. 12 ff.), während Abs. 2 und Abs. 3 die negativen Fälle der **Schutzunwürdigkeit** (→ Rn. 41 ff.) und des **anderweitigen internationalen Schut-zes** (→ Rn. 57 ff.) regeln. Abs. 4 begründet einen gebundenen **Anspruch auf Erlass einer Statusentscheidung** über das Vorliegen der Flüchtlingseigenschaft und normiert verhaltensge-bundene, auf die Statusentscheidung bezogene **Ausschlussgründe** (→ Rn. 67 ff.). Das Vorliegen der Ausschlussgründe nach Abs. 2 und Abs. 4 führt zwingend zur Antragsablehnung als offensicht-lich unbegründet (§ 30 Abs. 4, → § 30 Rn. 86 f.).

7.1   § 30 Abs. 4 soll nach dem Willen des Gesetzgebers zum Ausdruck bringen, dass die gesetzlichen Ausschlussgründe auch zum **Entfall der Asylberechtigung nach Art. 16a GG** führen (BT-Drs. 16/5065, 213; BVerwGE 139, 272 = NVwZ 2011, 1456 (1461 f.)).

8   Die in Abs. 1 genannten **positiven Statusvoraussetzungen** werden in § 3a (Verfolgungshand-lungen; → § 3a Rn. 2 ff.), § 3b (Verfolgungsgründe; → § 3b Rn. 1 ff.), § 3c (Verfolgungsakteure; → § 3c Rn. 2 ff.) und §§ 3d, 3e (interner Schutz vor Verfolgung; → § 3d Rn. 2 ff.; → § 3e Rn. 7 ff.) konkretisiert.

9   Die in Abs. 2 und Abs. 4 geregelten Ausschlussgründe betreffen sowohl den Flüchtlingsbegriff bzw. die Flüchtlingsanerkennung auf Grundlage von Abs. 1 als auch die Eigenschaft als „ipso-facto"-Flüchtling iSd Abs. 3 S. 2. Eine entsprechende, teilweise aber weiter gefasste Regelung zum Ausschluss von der Gewährung **subsidiären Schutzes** findet sich in § 4 Abs. 2 (→ Rn. 11.1, → § 4 Rn. 88 ff.).

10   Die Bestimmungen zu **nationalen Abschiebungsverboten** enthalten als menschenrechtlicher Mindeststandard **keine entsprechenden Ausschlussklauseln** (§ 60 Abs. 8 S. 2; → AufenthG § 60 Rn. 48; Hailbronner AuslR Rn. 42; Dörig MigrationsR-HdB § 10 Rn. 15); die den Ausschlussgründen zugrunde liegenden Überlegungen könnten jedoch ggf. bei Ausübung des nach § 60 Abs. 7 S. 1 AufenthG eingeräumten Ausnahmeermessens („soll") Berücksichtigung finden (vgl. BeckOK AuslR/Koch AufenthG § 60 Rn. 39). Jedenfalls im Fall einer drohenden unmenschlichen Behandlung (Art. 1 GG; Art. 3 EMRK) oder **extremer individueller Gefah-rensituationen** dürfte das Ermessen hier jedoch auch unabhängig von möglichen Ausschluss-gründen zugunsten des Ausländers verdichtet sein (vgl. BVerwGE 122, 103 = NVwZ 2005, 462 (463)).

III. Flüchtlingsbegriff und Zuerkennung der Flüchtlingseigenschaft

11   Der Vergleich zwischen den (enger gefassten) Unwürdigkeitsgründen des Abs. 2 und den (weiter gefassten) gefährderbezogenen Ausschlussgründen des Abs. 4 zeigt, dass das AsylG **auch materiell zwischen dem Flüchtlingsbegriff und der Zuerkennung der Flüchtlingseigen-schaft unterscheidet:** Während die Ausschlussgründe aus Abs. 2 und Abs. 3 als negative Tatbe-standsmerkmale schon das Vorliegen der Flüchtlingseigenschaft ausschließen, sind nach Abs. 4 Fälle denkbar, in denen der Betroffene zwar Flüchtling ist, er von der Zuerkennung eines entspre-chenden Status (und den damit verbundenen Vergünstigungen) aber ausgeschlossen bleibt (vgl. EuGH BeckRS 2019, 8404 Rn. 84 ff., 97). Das Vorliegen der materiellen Voraussetzungen kann dann aber – wegen § 3 Abs. 4 – nicht im Rahmen des Asylverfahrens festgestellt werden, sondern ist im Rahmen nachfolgender ausländer- oder sozialrechtlicher Verfahren ggf. inzident zu prüfen (vgl. § 60 Abs. 9 S. 2 AufenthG; → Rn. 69b f.).

11.1   Bei Vorliegen der in Abs. 2 und Abs. 4 genannten Ausschlussgründe scheidet die **Zuerkennung subsidiären Schutzes** ebenfalls aus, da der in § 4 Abs. 2 geregelte Katalog der Ausschlussgründe weiter gefasst ist als die entsprechenden flüchtlingsschutzbezogenen Ausschlusstatbestände (→ § 4 Rn. 89 ff.). Die gefahrenabwehrrechtlich motivierte Ermessensklausel des § 60 Abs. 8 S. 3 AufenthG ist auf § 60 Abs. 2 AufenthG iVm § 4 zwar nicht anzuwenden und findet in § 4 Abs. 2 auch keine unmittelbare Entsprechung, entspricht in der Sache allerdings dem – hier aber zwingend ausgestalteten – Ausschlussgrund des § 4 Abs. 2 Nr. 4 (→ § 4 Rn. 94). Dem Betroffenen bleibt jedoch die Möglichkeit einer Berufung auf nationale Abschiebungsverbote nach § 60 Abs. 5 und Abs. 7 AufenthG, wenn deren – insbesondere im Hinblick auf das Erfordernis einer landesweiten Gefahr enger gefasste – Tatbestandsvoraussetzungen vorliegen und das BAMF das durch § 60 Abs. 7 S. 1 AufenthG ausnahmsweise eingeräumte Ermessen nicht zu seinen Lasten ausübt (→ Rn. 10).

B. Positive Voraussetzungen des Flüchtlingsbegriffs (Abs. 1)

I. Allgemeines

Einzelne der **positiven Tatbestandsmerkmale des Flüchtlingsbegriffs** sind in §§ 3a–3e **12** näher definiert, so dass auf die entsprechenden Kommentierungen verwiesen werden kann: § 3a konkretisiert den Begriff der Verfolgung bzw. der **Verfolgungshandlungen** (→ § 3a Rn. 2 ff.), § 3b die **Verfolgungsgründe** (→ § 3b Rn. 5 ff.), § 3c die tauglichen **Verfolgungsakteure** (→ § 3c Rn. 2 ff.) und §§ 3d–3e die Modalitäten des **internen Schutzes** (→ § 3d Rn. 1 ff., → § 3e Rn. 1 ff.).

Nicht anderweitig definiert sind allerdings die Begriffe des „Ausländers" (→ Rn. 14), des **13** „Staatenlosen" (→ Rn. 16 f.), des „Herkunftslandes" (→ Rn. 18 ff.) und der für die erforderliche Gefahrenprognose zentrale Begriff der „begründeten Furcht" (→ Rn. 25 ff.).

Zu beachten ist dabei, dass die Rechtsfolgenverweisung des § 3 Abs. 3 S. 2 die Flüchtlingseigen- **13a** schaft auch unabhängig davon begründen kann, ob der Betroffene die Tatbestandsmerkmale der Flüchtlingsdefinition des § 3 Abs. 1 tatsächlich erfüllt; sie begründet mit der Rechtsfigur des „ipso-facto"-Flüchtlings daher **eine von § 3 Abs. 1 unabhängige Umschreibung des Flüchtlingsbegriffs** (vgl. BVerwG BeckRS 2019, 13667, Rn. 18; → Rn. 40b).

II. Ausländer

Ausländer iSd § 3 Abs. 1 ist jede natürliche Person, die **nicht Deutscher iSd Art. 116 14 Abs. 1 GG** ist (§ 2 Abs. 1 AufenthG). Auch **Angehörige von Mitgliedsstaaten der EU** sind Ausländer im Sinne des AsylG (Bergmann/Dienelt/Bergmann § 1 Rn. 13; NK-AuslR/Keßler § 1 Rn. 10): Zwar regelt die Qualifikations-RL nur Ansprüche von „Drittstaatsangehörigen" und Staatenlosen und sieht eine Flüchtlingsanerkennung von EU-Bürgern folglich nicht vor (Art. 13 Qualifikations-RL); die Öffnungsklausel des Art. 3 Qualifikations-RL erlaubt aber eine weitere nationale Ausgestaltung des Flüchtlingsbegriffs.

Nach Art. 3 Qualifikations-RL können die Mitgliedstaaten den Flüchtlingsbegriff gegenüber dem **14.1** Flüchtlingsbegriff des Unionsrechts erweitern, „sofern die mit der Qualifikationsrichtlinie vereinbar ist". Der EuGH hat diese teilweise tautologische Formulierung dahingehend interpretiert, dass auch günstigere Normen die allgemeine Systematik oder die Ziele der Richtlinie nicht gefährden dürfen. Insbesondere sind Normen verboten, die die Flüchtlingseigenschaft oder den subsidiären Schutzstatus Drittstaatsangehörigen oder Staatenlosen zuerkennen sollen, die sich in Situationen befinden, die keinen Zusammenhang mit dem Zweck des internationalen Schutzes aufweisen. Auch die in Art. 12 Qualifikations-RL Ausschlussgründe dürfen nicht untergraben werden (EuGH NVwZ 2019, 541 Rn. 71 ff. – Ahmedbekov).

Da der Qualifikations-RL kein ausdrückliches (mit der GFK in dieser Pauschalität ohnehin nicht **14.2** vereinbares) Verbot einer Flüchtlingsanerkennung von EU-Angehörigen entnommen werden kann, sondern diese lediglich annimmt, dass hierfür innerhalb des gemeinsamen Raums der Freiheit, der Sicherheit und des Rechts kein Bedarf besteht, ist die nationale Erweiterung des Flüchtlingsbegriffs unproblematisch (aA ohne nähere Begründung Dörig MigrationsR-HdB § 13 Rn. 34).

Da die GFK eine entsprechende territoriale Einschränkung nicht vorsieht und das AsylG – **15** anders als Art. 2 lit. d Qualifikations-RL – EU-Ausländer nicht ausdrücklich von seinem Anwendungsbereich ausnimmt (vgl. Münch ASYLMAGAZIN-Beil. 7-8/2013, 7), steht auch Unionsbürgern grundsätzlich ein **materieller Schutzanspruch** zu, der allerdings regelmäßig an der Nichtverfolgungsvermutung des § 29a Abs. 1 und Abs. 2 scheitern wird (→ § 29a Rn. 1 ff.). Der einzige Artikel des **Protokolls über die Gewährung von Asyl für Staatsangehörige von Mitgliedstaaten der Europäischen Union schließt eine Sachprüfung dieses Anspruchs jedoch aus,** solange die in lit. a–d genannten Ausnahmefälle nicht vorliegen (vgl. → § 1 Rn. 7 ff.).

III. Staatenlose

„Staatenlos" iSd Abs. 1 sind nur natürliche Personen, die kein Staat aufgrund seines Rechts als **16** eigene Staatsangehörige ansieht (**„de jure-Staatenlose"**; vgl. BVerwGE 133, 203 = NVwZ-RR 2010, 252 (253)). Demgegenüber kann die faktische Verweigerung der staatsbürgerlichen Rechte durch einen Staat, der den Betroffenen rechtlich aber weiterhin als Staatsangehörigen ansieht („**de facto-Staatenlosigkeit**"), zwar ggf. als Verfolgungshandlung iSd § 3a zu bewerten sein (→ § 3a Rn. 11.6); sie führt jedoch nicht zur „Staatenlosigkeit" iSd Abs. 1 (BVerwGE 133, 203 = NVwZ-RR 2010, 252 (253)).

17 Rechtlich ist die **Unterscheidung zwischen Staatsangehörigen und Staatenlosen** im oben genannten Sinne von mitunter **erheblicher Bedeutung:** Ein de-facto-Staatenloser, der (zB in Folge der Rechtsverweigerung durch seinen Herkunftsstaat) mehrere Jahre in einem Drittstaat verbracht hat, kann eine Prüfung der Flüchtlingseigenschaft trotz seines langjährigen Drittstaatsaufenthalts nur im Hinblick auf Verfolgungshandlungen in jenem Staat beanspruchen, dessen Staatsangehörigkeit er besitzt (§ 3 Abs. 1 Nr. 2 lit. a), wohingegen die Schutzansprüche eines de-jure-Staatenlosen stets im Hinblick auf den Staat des vorherigen gewöhnlichen Aufenthalts zu prüfen sind (§ 3 Abs. 1 Nr. 2 lit. b; → Rn. 18.1). Anderes gilt nur dann, wenn die behauptete Verfolgungshandlung gerade in der Ausbürgerung durch das ursprüngliche Herkunftsland besteht (BVerwGE 133, 203 = NVwZ-RR 2010, 252 (253)).

17a Inhaltlich hat sich die Prüfung der Staatsangehörigkeit eines Ausländers am status quo im Zeitpunkt der jeweiligen Entscheidung zu orientieren: Der Umstand, dass ein staatenloser Ausländer eine Staatsangehörigkeit in Zukunft (zB aufgrund seiner Abstammung mütterlicherseits) erst erwerben könnte, lässt die Staatenlosigkeit daher nicht entfallen (vgl. → Rn. 24a).

IV. Herkunftsland

1. Bestimmung des Herkunftslands als Ausgangspunkt der Schutzprüfung

18 Der in Abs. 1 Nr. 2 definierte Begriff des Herkunftslands gibt den Ausgangspunkt der Schutzprüfung vor: Denn auch wenn Verfolgungshandlungen nach § 3c Nr. 2 und Nr. 3 auch von nichtstaatlichen Akteuren ausgehen können, kann der Betroffene die Zuerkennung der Flüchtlingseigenschaft nur dann beanspruchen, wenn ihm die befürchtete **Verfolgung gerade in seinem Herkunftsland** droht.

18.1 Der Vortrag eines serbischen Staatsangehörigen, er werde von mazedonischen Behörden mit dem Tode bedroht und habe seinen langjährigen Wohnsitz in Mazedonien daher aufgeben müssen, ist daher etwa von vorneherein flüchtlingsrechtlich unerheblich. Dies gilt selbst dann, wenn eine Rückkehr nach Serbien aus anderen – nicht selbst flüchtlingsschutzrelevanten – Gründen nicht in Betracht kommt. Gleichermaßen ist ohne Bedeutung, wenn der von Rechts wegen Staatenlose eine diskriminierende Behandlung durch einen Durchreisestaat geltend macht.

18.2 Wenn eine Abschiebung in den Drittstaat ausnahmsweise ernsthaft in Betracht kommt, sind in diesem Zusammenhang allerdings nationale Abschiebungsverbote nach § 60 Abs. 5 und Abs. 7 AufenthG zu prüfen (BVerwGE 133, 203 = ZAR 2009, 319 (322)). Ist eine Rückkehr weder in das Herkunftsland noch in Drittstaaten möglich, ohne dass dies auf schutzrelevanten Gründen beruht, kommt die Erteilung einer Duldung in Betracht (§ 60a Abs. 2 S. 1 AufenthG).

19 Der **Begriff des „Herkunftslandes"** ist bewusst weiter als der völkerrechtliche Staatenbegriff gewählt. Er umfasst daher neben Staaten im völkerrechtlichen Sinne – dh bestimmten Gebieten, in denen sich ein dort sesshaftes Volk unter einer selbstgesetzten, von keinem Staat abgeleiteten und dauerhaften Ordnung organisiert hat – teilautonome Hoheitsträger, die über Einreise und Aufenthalt in dem von ihnen beherrschten Gebiet bestimmen können (NdsOVG AuAS 2018, 38 (39 ff.) = BeckRS 2017, 138723; zu den palästinensischen Autonomiegebieten vgl. NdsOVG AuAS 2018, 38 (40 f.) = BeckRS 2017, 138723).

20 Die Bezugnahme auf das „Herkunftsland" darf dabei nicht zu dem Trugschluss verleiten, dass nur landesweite Verfolgung schutzbegründend wirken kann. Anknüpfungspunkt ist vielmehr zunächst die **Herkunftsregion** des Betroffenen (→ Rn. 37 f.), während im Hinblick auf andere Landesteile neben der Verfolgungssicherheit auch die Zumutbarkeit einer Verweisung auf interne Schutzalternativen zu prüfen ist (→ § 3e Rn. 12 ff.).

2. Bestimmung des Herkunftslands bei Staatenlosen

21 Für **de-jure-Staatenlose** (→ Rn. 16) ist das Vorliegen einer begründeten Furcht vor Verfolgung nach Abs. 1 Nr. 2 lit. b im Hinblick auf jenes Land zu prüfen, in dem sie als Staatenlose ihren **vorherigen gewöhnlichen Aufenthalt** hatten. Ein gewöhnlicher Aufenthalt setzt dabei voraus, dass der Betroffene im jeweiligen Land nicht nur vorübergehend verweilt, sondern seinen **tatsächlichen Lebensmittelpunkt** gefunden hatte, ohne dass aufenthaltsbeendende Maßnahmen eingeleitet wurden. Auf die Rechtmäßigkeit des Aufenthalts kommt es nicht entscheidend an (BVerwGE 133, 203 = NVwZ-RR 2010, 252 (254 f.)).

Das Land des vorherigen gewöhnlichen Aufenthalts verliert seine Bedeutung als Bezugspunkt der **21.1** Prüfung allerdings dann, wenn es seine **Beziehungen mit dem Staatenlosen durch dauerhafte Verweigerung der Wiedereinreise** aus nicht flüchtlingsschutzrelevanten Gründen **löst** (BVerwG BeckRS 2008, 32572 Rn. 8; Hailbronner AuslR Rn. 17).

Eine Option auf die Annahme einer Staatsangehörigkeit lässt die Staatenlosigkeit demgegenüber erst **21.2** dann entfallen, wenn der Betroffene hiervon tatsächlich Gebrauch gemacht hat ($\rightarrow$ Rn. 17a, $\rightarrow$ Rn. 24a).

Hat der Betroffene vor seiner Einreise in **mehr als einem Staat** nicht nur vorübergehend **22** gelebt, so ist die Flüchtlingseigenschaft nur im Hinblick auf den Staat des **letzten gewöhnlichen Aufenthalts** zu prüfen (BVerwGE 133, 203 = ZAR 2009, 319 (322) mN auch zur Gegenauffassung).

Besondere Bedeutung kommt der Bestimmung des Herkunftslandes eines Staatenlosen im Kontext der **22.1** Prüfung des Ausschlussgrundes des anderweitigen Schutzes durch Einrichtungen der Vereinten Nationen (Abs. 3 S. 1) sowie der Prüfung des Status als „ipso-facto-Flüchtling" (Abs. 3 S. 2) zu. Denn beide Rechtswirkungen einer Schutzgewährung durch Einrichtungen der Vereinten Nationen entfallen bei Staatenlosen schon dann, wenn der Betroffene seinen letzten gewöhnlichen Aufenthalt außerhalb des Mandatsgebiets der Einrichtung der Vereinten Nationen hatte (zutr. angedeutet in BVerwG BeckRS 2019, 13667 Rn. 20 ff.). Denn in diesem Fall ist – anders als bei Nicht-Staatenlosen, deren Herkunftsland stets der Staat ist, über dessen Staatsangehörigkeit sie verfügen – auch das Vorliegen der Voraussetzungen des Abs. 3 im Hinblick auf den Staat des letzten gewöhnlichen Aufenthalts zu prüfen. Dies ist in der Praxis von erheblicher Bedeutung, da Palästinaflüchtlinge – der einzige praktische Anwendungsfall des Abs. 3 – regelmäßig staatenlos sind (vgl. BVerwG BeckRS 2019, 13667 Rn. 18).

Vorrangig zu prüfen ist jedoch stets, ob der Asylantrag nicht schon nach § 29 Abs. 1 Nr. 4 **22a** (Aufnahmebereitschaft eines sonstigen Drittstaats, in dem der Betroffene **vor Verfolgung sicher** war) unzulässig ist (EuGH ZAR 2019, 33 Rn. 131 ff. – Alheto). Dieser **Unzulässigkeitstatbestand** ist im gerichtlichen Verfahren selbst dann zu prüfen, wenn das BAMF sich nicht auf diesen gestützt und zur Sache entschieden hat (BVerwG BeckRS 2019, 13667 Rn. 12 ff.). Allerdings ist zu berücksichtigen, dass der Staat des letzten gewöhnlichen Aufenthalts für einen Staatenlosen schon begrifflich kein „Drittstaat" sein kann (BVerwG BeckRS 2019, 13667 Rn. 14).

3. Bestimmung des Herkunftslands bei nicht-staatenlosen Ausländern

Sieht mindestens ein Staat den Betroffenen von Rechts wegen als seinen Staatsangehörigen an, **23** so ist das Vorliegen der übrigen Voraussetzungen der § 3 ff. auch dann im Hinblick auf diesen Staat zu prüfen, wenn der Betroffene zuvor seinen Lebensmittelpunkt in einem Drittstaat hatte (BVerwGE 133, 203 = NVwZ-RR 2010, 252 (253)).

Ein früherer Lebensmittelpunkt in einem Drittstaat kann allerdings Anlass zur Prüfung bieten, ob dieser **23.1** anderweitige Sicherheit vor Verfolgung iSd § 27 geboten hatte ($\rightarrow$ § 27 Rn. 1 ff.) und bereit ist, den Ausländer wieder aufzunehmen. In diesem Fall kann der Unzulässigkeitstatbestand des § 29 Abs. 1 Nr. 4 ($\rightarrow$ § 29 Rn. 18) selbst dann eingreifen, wenn sich das Bundesamt nicht auf diesen beruft bzw. schon eine Entscheidung zur Sache getroffen hat (BVerwG BeckRS 2019, 13667 Rn. 12 ff.).

Verfügt der Betroffene über **mehrere Staatsangehörigkeiten (Mehrstaater),** so ist das Vorliegen der Schutzvoraussetzungen im Hinblick auf sämtliche Herkunftsländer zu prüfen. Die **24** Zuerkennung der Flüchtlingseigenschaft kommt dabei nur dann in Betracht, wenn der Betroffene in sämtlichen Staaten, über deren Staatsangehörigkeit er von Rechts wegen verfügt, begründete Furcht vor Verfolgung hat und staatlichen Schutz nicht in Anspruch nehmen kann (BVerwGE 133, 203 BeckRS 2009, 33330 Rn. 36; Marx AsylG Rn. 10 ff.; Hailbronner AuslR Rn. 19).

Völlig unklar ist indes, ob die Verweisung auf jenen Herkunftsstaat im oben genannten Sinne, in dem **24.1** sich der Mehrfachstaater vor seiner Flucht nicht aufgehalten hat, dem in § 4 Abs. 3 S. 1 iVm § 3e Abs. 1 Nr. 2 genannten Zumutbarkeitsvorbehalt unterliegt. Hierfür spricht schon die Parallelwertung zu Art. 1 A Nr. 2 S. 2 GFK, der „stichhaltige Gründe" bzw. nicht näher qualifizierte „begründete Befürchtungen" zur Rechtfertigung der Nichtinanspruchnahme des jeweiligen Zweitstaates genügen lässt. Auch wertungsmäßig erschiene es schwer vertretbar, zwar die Verweisung auf innerstaatliche Fluchtalternativen von Zumutbarkeitserwägungen abhängig zu machen ($\rightarrow$ § 3e Rn. 24 ff.), den Mehrstaater aber ggf. auch auf die Inanspruchnahme nicht zumutbarer externer Schutzalternativen zu verweisen.

Für eine entsprechende Anwendung der in § 3e Abs. 1 Nr. 2 kodifizierten Zumutbarkeitsmaßstäbe **24.2** spricht insbesondere auch Art. 4 Abs. 3 lit. e Qualifikations-RL, der eine „Berücksichtigung" der Frage einfordert, ob vom Antragsteller vernünftigerweise erwartet werden kann, dass er den Schutz eines anderen

Staates in Anspruch nimmt, dessen Staatsangehörigkeit er für sich geltend machen könnte. Auch wenn die Qualifikations-RL (RL 2011/95/EU v. 13.12.2011, ABl. 2011 L 337, 9) diese Kriterien im Rahmen der Darstellung der materiellen Schutzvoraussetzungen (Art. 5 ff. Qualifikations-RL) nicht mehr aufgreift, macht sie nicht zuletzt durch die Verwendung der auch in Art. 8 Abs. 1 lit. b Qualifikations-RL verwendeten Formulierung des vernünftigerweise Erwartbaren deutlich, dass eine Verweisung auf einen weiteren Herkunftsstaat nicht unter geringeren Voraussetzungen als die Verweisung auf eine interne Schutzalternative erfolgen kann.

24a   Nicht ausreichend für die Annahme eines (weiteren) Herkunftsstaates iSd § 3 Abs. 1 Nr. 2 lit. a ist es indes, wenn der Betroffene lediglich über die **Option auf den Erwerb einer (weiteren) Staatsangehörigkeit** besitzt. Denn der allgemeine Subsidiaritätsgedanke des Flüchtlingsrechts kann sich insoweit nicht gegenüber dem eindeutigen Wortlaut und der Systematik der GFK durchsetzen, die einen Verlust der Flüchtlingseigenschaft erst bei tatsächlichem Erwerb einer neuen Staatsangehörigkeit vorsieht (Art. 1 C Nr. 3 GFK). Dies schließt es aus, den Ausländer im – in der GFK nicht vorgesehenen – Statusfeststellungsverfahren bereits dann auf den Schutz eines anderen Staates zu verweisen, wenn er dessen Schutz erst durch Annahme seiner Staatsangehörigkeit erwerben könnte.

24a.1   Hieran vermag auch die – inhaltlich ohnehin nicht eindeutige – Formulierung des Art. 4 Abs. 3 lit. e Qualifikations-RL nichts zu ändern, die von der Inanspruchnahme des Schutzes eines anderen Staates spricht, „dessen Staatsangehörigkeit er für sich geltend machen könnte" (offengelassen in BVerwGE 131, 186 = BeckRS 2008, 38423 Rn. 34; unklar BVerwG BeckRS 2009, 30612 Rn. 7). Dies folgt schon daraus, dass Art. 4 Abs. 3 lit. e Qualifikations-RL lediglich einen an die Mitgliedsstaaten gerichteten Prüfauftrag formuliert, ohne die materiell anzuwendenden Maßstäbe inhaltlich zu verändern. Eine solche Verschärfung der materiellen Prüfungsmaßstäbe gegenüber den Vorgaben der GFK könnte angesichts des Charakters der Qualifikations-RL als europäisches Sekundärrecht schon deswegen nicht erfolgen, weil die GFK nach Art. 78 Abs. 1 S. 2 AEUV den Rang europäischen Primärrechts genießt (→ GFK Art. 1 Rn. 8). Dementsprechend sieht auch zB Art. 2 lit. n Qualifikations-RL eindeutig nur solche Staaten als Herkunftsländer an, über deren Staatsangehörigkeit der Betroffene tatsächlich verfügt. Art. 4 Abs. 3 lit. e Qualifikations-RL darf daher lediglich als Hinweis darauf verstanden werden, dass ein Verweis auf die Inanspruchnahme des Schutzes eines weiteren Herkunftslandes nur unter Beachtung des Zumutbarkeitsmaßstabs des „vernünftigerweise Erwartbaren" erfolgen kann (→ Rn. 24.1 f.).

V. Begründete Furcht vor Verfolgung

1. Einheitlicher Prognosemaßstab der „beachtlichen Wahrscheinlichkeit"

25   Der für den anzuwendenden Prognosemaßstab zentrale Begriff der **„begründeten Furcht"** ist im AsylG nicht näher definiert, so dass auf die in der Rechtsprechung unter Anlehnung an die Vorschriften der GFK und des Unionsrechts entwickelten Maßstäbe zurückgegriffen werden muss (GK-AsylG/Treiber Vor § 3a–3e Rn. 4; Marx AsylG Rn. 8).

26   Der im Tatbestandsmerkmal der „begründeten Furcht vor Verfolgung" enthaltene **Wahrscheinlichkeitsmaßstab** orientiert sich an der Rechtsprechung des Europäischen Gerichtshofs für Menschenrechte. Dieser stellt bei der Prüfung des Art. 3 EMRK auf den Maßstab der **„tatsächlichen Gefahr" („real risk")** ab (vgl. EGMR NVwZ 2008, 1330 (1331) – Saadi), der dem in der deutschen Rechtsprechung entwickelten Maßstab der beachtlichen Wahrscheinlichkeit entspricht (BVerwGE 140, 22 = NVwZ 2011, 1463 (1466) mwN). Die Frage einer vor der Ausreise erlittenen Vorverfolgung hat daher im Hinblick auf das Vorliegen der Flüchtlingseigenschaft keine materiellrechtliche, sondern lediglich beweisrechtliche Bedeutung (vgl. BVerwGE 140, 22 = NVwZ 2011, 1463 (1465 f.); BVerwGE 136, 377 = NVwZ 2011, 51 (53 f.); → Rn. 26.1, → Rn. 30.1).

26.1   Die bei Anwendung der § 3 (iVm Art. 1 A Nr. 2 GFK und Art. 2 lit. d Qualifikations-RL), § 4, § 60 Abs. 5 und Abs. 7 AufenthG zugrunde zu legenden Wahrscheinlichkeitsmaßstäbe sind daher – trotz ihrer unterschiedlichen normativen Ausgangspunkte und inhaltlichen Bezugspunkte – identisch. Demgegenüber bleibt es bei der Anwendung des Art. 16a GG bei dem in der Rechtsprechung des BVerfG entwickelten, gespaltenen Wahrscheinlichkeitsmaßstab, der bereits auf Ebene des materiellen Rechts zwischen der unverfolgten Ausreise (Prüfungsmaßstab der „beachtlichen Wahrscheinlichkeit") und Fällen der Vorverfolgung (abgesenkter Prüfungsmaßstab der „hinreichenden Sicherheit" vor erneuter Verfolgung) unterscheidet (vgl. NK-AuslR/Möller GG Art. 16a Rn. 18 f.).

27   Mit dieser begrifflichen Vereinheitlichung ist für die Praxis jedoch nur wenig geholfen, weil **eine allgemeinverbindliche numerische Gefahrenschwelle weder benannt noch im Tat-**

sächlichen präzise ermittelt werden kann. Zwar wird man sagen können, dass eine statistisch überwiegende Verfolgungswahrscheinlichkeit von über (oder auch nur annähernd) 50 % nicht erforderlich ist und abhängig von der Intensität der drohenden Verfolgungsmaßnahme ggf. auch eine vergleichsweise geringe mathematische Wahrscheinlichkeit ausreichen kann, um eine begründete Furcht vor Verfolgung zu begründen (BVerwG BeckRS 2019, 19682 Rn. 13; VGH BW BeckRS 2017, 117727 Rn. 36 ff.; Berlit ZAR 2017, 110 (113); Hailbronner AuslR Rn. 8 f.). Letztlich bleibt die Feststellung der „beachtlichen Wahrscheinlichkeit" einer schutzrelevanten Verfolgung aber ein **„Akt der wertenden tatrichterlichen Erkenntnis auf möglichst gesicherter Tatsachengrundlage"** (vgl. BVerwG BeckRS 2019, 19682 Rn. 15 ff.; Berlit ZAR 2017, 110 (113 f., 118 f.)).

Richtigerweise ist auch hier zu fragen, ob die objektiv feststellbare Ausgangslage einen rational **28** abwägenden Akteur in der Situation des Betroffenen dazu veranlassen kann, sich zur Vermeidung der flüchtlingsrechtlich beachtlichen Gefahren außerhalb seines Herkunftslandes zu begeben (vgl. BVerwG NVwZ 2018, 1408 Rn. 14). Nur so lassen sich insbesondere **Motivbündel** „aufschnüren" und **flüchtlingsrechtlich unbeachtliche Hauptmotive** ausscheiden, die eine Schutzgewährung trotz ihrer individuellen Nachvollziehbarkeit nicht rechtfertigen könnten (vgl. → § 3a Rn. 8 f.). Zudem „verdient" der Betroffene die Gewährung internationalen Schutzes nur dann, wenn ihm angesichts der ihm drohenden flüchtlingsrechtlich beachtlichen Gefahren eine Rückkehr in den Herkunftsstaat nicht zugemutet werden kann (vgl. zum Zumutbarkeitsaspekt VGH BW BeckRS 2017, 117727 Rn. 37; BeckOK AuslR/Kluth Rn. 11).

Von Bedeutung ist dabei neben der **Wahrscheinlichkeit einer schutzrelevanten Verfolgung** **29** auch die **relative Schwere** der zu befürchtenden Verfolgungshandlungen (vgl. VGH BW BeckRS 2017, 141174 Rn. 22; Dörig MigrationsR-HdB § 13 Rn. 110).

2. Beweismaß

Von der Bewertung der Verfolgungsgefahr, die stets eine mit tatsächlichen Unsicherheiten **29a** behaftete Prognose darstellt, zu unterscheiden sind indes die Anforderungen an die behördliche bzw. tatrichterliche Überzeugung von den der Verfolgungsprognose zugrundeliegenden tatsächlichen Annahmen (BVerwG BeckRS 2019, 19682 Rn. 19). Insoweit dürfen in Ansehung der asyltypischen Tatsachenermittlungs- und -bewertungsprobleme zwar keine unerfüllbaren Beweisanforderungen gestellt werden; in der Sache bleibt es indes jedoch – bezogen auf die Anknüpfungstatsachen – beim Erfordernis der vollen tatrichterlichen Überzeugung (§ 108 VwGO). Zwar können aus der besonderen Beweissituation Geflüchteter ggf. – bei Ausschöpfung auch der gesteigerten Mitwirkungspflichten des Schutzsuchenden – auch besondere Anforderungen an die behördliche bzw. gerichtliche Amtsermittlung folgen; bei auch nach Ausschöpfung aller verfügbaren Beweismittel nicht ausräumbaren – vernünftigen – Zweifeln trägt die Beweislast für das Vorliegen einer beachtlichen Verfolgungswahrscheinlichkeit jedoch der Schutzsuchende (BVerwG BeckRS 2019, 19682 Rn. 16 ff.).

3. Vorverfolgungsvermutung des Art. 4 Abs. 4 Qualifikations-RL

Eine besondere Bedeutung kommt in diesem Zusammenhang der unionsrechtlich geregelten **30** **Vorverfolgungsvermutung** zu: Nach Art. 4 Abs. 4 Qualifikations-RL ist die Tatsache, dass ein Antragsteller bereits verfolgt wurde bzw. von solcher Verfolgung unmittelbar bedroht war, ein „ernsthafter Hinweis" darauf, dass die Furcht des Antragstellers vor Verfolgung begründet ist. Diese tatsächliche Vermutung kann nur durch **„stichhaltige Gründe"** widerlegt werden, die dagegen sprechen, dass der Antragsteller erneut von solcher Verfolgung bedroht wird.

Im Bereich des Flüchtlingsrechts tritt die Vorverfolgungsvermutung des Art. 4 Abs. 4 Qualifikations- **30.1** RL als **Beweisregel** an die Stelle des vom BVerfG entwickelten materiell-rechtlichen Ansatzes, der im Fall der nachgewiesenen Vorverfolgung von einem herabgesetzten Prognosemaßstab ausgeht (vgl. BVerwGE 136, 377 = NVwZ 2011, 51 (53 f.)).

Der Gesetzgeber hatte die unionsrechtliche Vorverfolgungsvermutung ursprünglich durch die direkte **30.2** Bezugnahme auf Art. 4 Abs. 4 RL 2005/83/EG umgesetzt (§ 60 Abs. 1 S. 5 AufenthG aF). Bei der Übertragung der ursprünglich in § 60 Abs. 1 AufenthG geregelten Voraussetzungen des Flüchtlingsschutzes in § 3 durch Art. 1 des Gesetzes zur Umsetzung der Richtlinie 2011/95/EU (v. 28.8.2013, BGBl. I 3474) wurde diese Verweisung nicht (bzw. nur unvollständig; vgl. § 3e Abs. 2) übernommen; nach allgemeinen Grundsätzen des Unionsrechts ist Art. 4 Abs. 4 Qualifikations-RL seither jedoch unmittelbar anzuwenden (GK-AsylG/Treiber Vor §§ 3a–3e Rn. 4, 9).

31   Im Tatsächlichen erfordert die **Verfolgungsvermutung** den Nachweis, dass der Betroffene vor seiner Ausreise Verfolgungshandlungen iSd § 3a erlitten hat bzw. von Verfolgungshandlungen unmittelbar bedroht war, die an Verfolgungsgründe iSd § 3b anknüpften. Abweichend von der früheren Rechtsprechung zu Art. 16a GG und Art. 1 A Nr. 2 GFK (vgl. BVerfGE 80, 315 (334 f.) = NVwZ 1990, 151 (154); BVerwG BeckRS 2005, 21946) greift die **Beweiserleichterung** des Art. 4 Abs. 4 Qualifikations-RL auch dann ein, wenn dem Betroffenen zum Zeitpunkt der Ausreise eine sichere Flucht- oder Schutzalternative zur Verfügung stand (BVerwGE 133, 55 = NVwZ 2009, 982 (985 f.)).

31.1   Indes kann die Verfolgungsvermutung in diesen Fällen nicht weiter reichen als die für die Ausreise anlassgebende Verfolgungssituation: Bestand zum Zeitpunkt der Ausreise eine zumutbare interne Flucht- oder Schutzalternative, so kann der Betroffene nur dann als Flüchtling anerkannt werden, wenn diese Schutz- oder Fluchtalternative im Zeitpunkt der Entscheidung nicht mehr besteht. Die erlittene Vorverfolgung (nur) in einem Landesteil kann dabei für sich genommen schon aus logischen Gründen nicht als „ernsthafter Hinweis" darauf verstanden werden, dass der Antragsteller nunmehr auch in anderen Landesteilen begründete Furcht vor Verfolgung hat (vgl. BVerwGE 136, 360 = NVwZ 2011, 56 (60); unklar insoweit aber BVerwGE 133, 55 = NVwZ 2009, 982 (985 f.)).

32   Die Beweiserleichterung greift nur ein, wenn ein **innerer Zusammenhang zwischen der erlittenen oder unmittelbar drohenden Verfolgung und der befürchteten künftigen Verfolgung** besteht (BVerwGE 136, 360 = NVwZ 2011, 56 (59 f.); Dörig MigrationsR-HdB § 13 Rn. 115; Pettersson ZAR 2021, 100 (106)). Eine früher bestehende, aber nachweislich (zB durch eine Entmachtung des Verfolgerregimes) entfallene Verfolgungsgefahr kann daher nicht zur Erleichterung des Nachweises herangezogen werden, dass eine Gefahr einer anderweitigen Verfolgung besteht (Hailbronner AuslR Rn. 14). Die widerlegliche Vermutung entlastet den Vorverfolgten daher letztlich nur (aber immerhin) von der Notwendigkeit, stichhaltige Gründe dafür darzulegen, dass sich die verfolgungsbegründenden Umstände bei Rückkehr in sein Herkunftsland erneut realisieren werden (BVerwG NVwZ 2018, 1408 Rn. 13).

33   Widerlegt werden kann die Verfolgungsvermutung nur durch „stichhaltige Gründe" für die Annahme, dass der Betroffene bei einer Rückkehr nicht in gleicher oder vergleichbarer Weise verfolgt werden wird. In der Sache begründet Art. 4 Abs. 4 Qualifikations-RL daher eine Art Beweislastumkehr (so Pettersson ZAR 2021, 100 (105 ff.)) oder – wohl richtiger – eine Art prima-facie-Beweis der beachtlichen Wahrscheinlichkeit einer erneuten Verfolgung, der – abgesehen von dem praktisch nie zu leistenden Beweis einer absoluten Verfolgungssicherheit – nur durch den Nachweis einer beachtlichen Änderung der Umstände erschüttert werden kann.

33.1   Insoweit dürften erhebliche Parallelen zum Maßstab des „Wegfalls der Umstände" iSd Art. 11 Abs. 1 lit. e und f Qualifikations-RL bestehen, der in der Sache ebenfalls an eine erlittene (und behördlich anerkannte) Vorverfolgung anknüpft. Dieser setzt allerdings den Vollbeweis des Wegfalls der Umstände voraus und lässt lediglich Umstände genügen, die nach der Anerkennung als Flüchtling eingetreten sind. Demgegenüber können sich „stichhaltige Gründe" im Sinne des Art. 4 Abs. 4 Qualifikationsrichtlinie schon aus der Natur der Sache – etwa der Art der Verfolgungshandlung oder des Verfolgungsgrundes – ergeben, die eine Wiederholung des Verfolgungsgeschehens nicht als beachtlich wahrscheinlich erscheinen lassen.

33a   Die Beurteilung obliegt tatrichterlicher Würdigung im Rahmen der freien Beweiswürdigung, wobei eine „hinreichende Sicherheit vor Verfolgung" im Sinne der früheren Rechtsprechung zum herabgestuften Wahrscheinlichkeitsmaßstabe in Fällen der Vorverfolgung nicht notwendigerweise erreicht werden muss (BVerwGE 136, 360 = NVwZ 2011, 56 (54)).

4. Gruppenverfolgung

34   Als weitere Beweiserleichterung (vgl. BVerwG NVwZ 2009, 1237 (1238)) hat die Rechtsprechung – insoweit ohne normativen Anknüpfungspunkt in Unionsrecht, der GFK oder dem nationalen Recht – das Konzept der **„Gruppenverfolgung"** entwickelt: Gehört der Betroffene einer sozialen Gruppe an, deren Mitglieder als solche verfolgt werden, so greift auch zu seinen Gunsten die Regelvermutung einer eigenen Verfolgung (BVerwG BeckRS 2011, 50188 Rn. 3).

35   Eine solche alle Gruppenmitglieder erfassende Verfolgung kann zunächst angenommen werden, wenn hinreichend sichere Anhaltspunkte für ein **staatliches Verfolgungsprogramm** vorliegen, dessen Umsetzung bereits eingeleitet ist oder unmittelbar bevorsteht (BVerwG NVwZ 2009, 1237; BVerwGE 96, 200 (204) = NVwZ 1995, 175 (176)). Auch ohne Feststellung einer konkreten Verfolgungsdichte kann hier in der Regel davon ausgegangen werden, dass ein (formal) geordnetes Staatswesen in der Lage ist, ein beschlossenes Verfolgungsprogramm auch tatsächlich umzusetzen.

Abseits der Fälle eines staatlichen Verfolgungsprogramms setzt die Annahme einer Gruppenver- **36** folgung hingegen die Feststellung einer **hinreichenden Verfolgungsdichte** voraus, die die Regelvermutung eigener Verfolgung rechtfertigt (vgl. BVerwG BeckRS 2011, 50188 Rn. 3: „Hierfür ist die Gefahr einer so großen Vielzahl von Eingriffshandlungen in flüchtlingsrechtlich geschützte Rechtsgüter erforderlich, dass es sich dabei nicht mehr nur um vereinzelt bleibende individuelle Übergriffe oder um eine Vielzahl einzelner Übergriffe handelt. Die Verfolgungshand-lungen müssen vielmehr im Verfolgungszeitraum und Verfolgungsgebiet auf alle sich dort aufhal-tenden Gruppenmitglieder zielen und sich in quantitativer und qualitativer Hinsicht so ausweiten, wiederholen und um sich greifen, dass daraus für jeden Gruppenangehörigen nicht nur die Mög-lichkeit, sondern ohne Weiteres die aktuelle Gefahr eigener Betroffenheit entsteht. Voraussetzung für die Annahme einer Gruppenverfolgung ist ferner, dass die festgestellten Verfolgungsmaßnah-men die von ihnen Betroffenen gerade in Anknüpfung an asylerhebliche Merkmale treffen. Ob Verfolgungshandlungen gegen eine bestimmte Gruppe von Menschen die Voraussetzungen der Verfolgungsdichte erfüllen, ist von den Tatsachengerichten aufgrund einer wertenden Betrachtung im Sinne der Gewichtung und Abwägung aller festgestellten Umstände und ihrer Bedeutung zu entscheiden. Dabei muss zunächst die Gesamtzahl der Angehörigen der von Verfolgungshandlun-gen betroffenen Gruppe ermittelt werden. Weiter müssen Anzahl und Intensität aller Verfolgungs-maßnahmen, gegen die Schutz weder von staatlichen Stellen noch von staatsähnlichen Herrschafts-organisationen [...] zu erlangen ist, möglichst detailliert festgestellt und hinsichtlich der Anknüpfung an ein oder mehrere unverfügbare Merkmale [...] nach ihrer objektiven Gerichtetheit zugeordnet werden. Alle danach gleichgearteten, auf eine nach denselben Merkmalen zusammen-gesetzte Gruppe bezogenen Verfolgungsmaßnahmen müssen schließlich zur ermittelten Größe dieser Gruppe in Beziehung gesetzt werden."

Eine hinreichende Verfolgungs- bzw. Gefährdungsdichte wurde unter anderem bejaht in Fällen der **36.1** Verfolgung von Yeziden durch Angehörige des IS in einzelnen irakischen Provinzen im Jahr 2014 (VG Berlin Urt. v. 25.1.2018 – 29 K 140.17 A, juris Rn. 31; VG Oldenburg BeckRS 2017, 114999 Rn. 23), der Christen in nicht kurdisch kontrollierten Teilen des Nordiraks im Jahr 2007 (VG München Urt. v. 8.2.2007 – M 4 K 06.50441, juris Rn. 58 ff., BeckRS 2007, 35708) und der aus Deutschland nach Syrien zurückkehrenden Asylsuchenden im Jahr 2012 (OVG NRW BeckRS 2012, 47626).

5. Herkunftsregion als geographischer Anknüpfungspunkt der Verfolgungsprognose

Geographischer Anknüpfungspunkt für die Verfolgungsprognose sind weder das gesamte **37** Staatsgebiet des Herkunftslandes im oben genannten Sinne (→ Rn. 18 ff.) noch die Region, in die der Betroffene im Fall einer Rückkehr wahrscheinlich zurückkehren wird. Denn die Normsys-tematik der §§ 3 ff. zeigt auf, dass der Betroffene auf eine andere als seine Herkunftsregion nur verwiesen werden kann, wenn dort neben Verfolgungssicherheit auch die in § 3e Abs. 1 Nr. 2 genannten weiteren Voraussetzungen gegeben sind (interne Schutzalternative; vgl. → § 3e Rn. 13 ff.). Ob der Betroffene innerstaatlichen oder internationalen Schutz benötigt, ist daher zunächst im Hinblick auf dessen **Herkunftsregion** zu prüfen (BVerwGE 146, 12 = NVwZ 2013, 1167 (1168)).

Herkunftsregion in diesem Sinne ist die Region, in der der Betroffene vor der Ausreise seinen **38** **Lebensmittelpunkt** hatte (VGH BW BeckRS 2017, 139485 Rn. 68 ff.). Ein Abweichen von der Herkunftsregion kann insbesondere nicht damit begründet werden, dass der Ausländer den personalen Bezug zu seiner Herkunftsregion durch Verfolgungshandlungen oder infolge eines bewaffneten Konflikts verloren hat. Die (ursprüngliche) Herkunftsregion verliert ihre **Bedeutung als Ordnungs- und Zurechnungsmerkmal** vielmehr erst dann, wenn sich der Ausländer schon vor der Ausreise und unabhängig von den fluchtauslösenden Umständen freiwillig von ihr gelöst und in einem anderen Landesteil mit dem Ziel niedergelassen hatte, dort auf unabsehbare Zeit zu leben (BVerwGE 146, 12 = NVwZ 2013, 1167 (1168)).

Aus der Normsystematik der §§ 3 ff. AsylG bzw. der Qualifikations-RL nicht unmittelbar **39** beantworten lässt sich die Frage, ob Schutz auch in solchen Fällen gewährt werden kann, in denen Verfolgung nicht in der Herkunftsregion droht, der Betroffene diese aber nur unter **Durchque-rung einer verfolgungsgefährdeten Region** erreichen kann. Da diese oft letztlich von Zufällig-keiten der verfügbaren Reiserouten abhängen dürfte, liegt es hier näher, den Betroffen auf Schutz nach § 60a Abs. 2 AufenthG zu verweisen (aA aber der Französische Conseil d'État Entsch. v. 16.10.2017, OFPRA, N°401585, B zum subsidiären Schutzstatus).

Hiervon zu unterscheiden sind Fälle, in denen die **Aussperrung** aus einem „sicheren" Landes- **40** teil als **gezieltes Verfolgungsinstrument** eingesetzt wird (vgl. zur faktischen Ausbürgerung → § 3a Rn. 11.6 f.). Im Fall einer feststehenden Verfolgungsgefahr in der Herkunftsregion kann der

Betroffene schließlich ebenfalls nicht auf interne Schutzalternativen verwiesen werden, wenn diese nicht sicher erreichbar sind (→ § 3e Rn. 26 ff.).

C. Ipso-facto-Flüchtlinge (Abs. 3 S. 2)

I. Funktion der Regelung

40a   Abs. 3 S. 2 regelt die Rechtsstellung von Schutzsuchenden, die aufgrund der Schutzgewährung durch Einrichtung der Vereinten Nationen nicht als Flüchtlinge zu betrachten waren (Abs. 3 S. 1, → Rn. 57 ff.), nach Wegfall des durch die Vereinten Nationen gewährten Schutzes.

40b   Die Regelung des Abs. 3 S. 2 ist missverständlich. Denn der Wegfall des Schutzes bzw. Beistands ohne endgültige Klärung der Lage des Betroffenen durch die Generalversammlung der Vereinten Nationen vermittelt nach Art. 1 D Abs. 2 GFK nicht lediglich einen Anspruch auf Sachprüfung des Schutzanspruchs, sondern begründet – vorbehaltlich der in Art. 1 F GFK und Art. 33 Nr. 2 GFK genannten Ausschlussgründe – die **Flüchtlingseigenschaft auch ohne Prüfung der tatbestandlichen Voraussetzungen des Flüchtlingsbegriffs ("ipso-facto-Flüchtling").** Bei unionsrechtskonformer Auslegung enthält Abs. 3 S. 2 daher eine Rechtsgrundverweisung nur im Hinblick auf Abs. 2, im Übrigen aber eine Rechtsfolgenverweisung (EuGH NVwZ-RR 2013, 160 (162 f.) – El Kott und andere; BVerwG BeckRS 2019, 13667 Rn. 18; GK-AsylG/Funke-Kaiser Rn. 20; Hailbronner AuslR Rn. 72 f., 75; NK-AuslR/Keßler Rn. 16).

II. Voraussetzung der Eigenschaft als „ipso-facto"-Flüchtling

40c   Ein Fall des S. 2 liegt allerdings nicht schon dann vor, wenn der Betroffene den Schutz des UNRWA faktisch nicht mehr genießt. Der Schutz wird vielmehr nur dann „nicht länger gewährt", wenn der **Wegfall des Schutzes auf vom Willen des Betroffenen unabhängigen Umständen** (wie der Beendigung des Schutzmandats oder der individuellen Unzumutbarkeit eines Verbleibs im Schutzgebiet) beruht.

40c.1   Wenn die Voraussetzungen des S. 2 nicht vorliegen, dh der Betroffene sich zB freiwillig des Schutzes durch die UNRWA begeben hat, kann der Betroffene die Zuerkennung zwar nicht „ipso facto" beanspruchen; dies steht einer Prüfung der Voraussetzungen des § 3 Abs. 1 im Rahmen eines regulären Statusverfahrens aber nicht entgegen. Wegen der Sperrwirkung des § 3 Abs. 3 S. 1 kommt die Zuerkennung der Flüchtlingseigenschaft in derartigen Fällen aber nur in Betracht, wenn das ursprünglich schutzbereite Territorium dem Betroffenen zB aufgrund seiner freiwilligen Ausreise keinen Schutz mehr gewährt, ihn also zB nicht mehr einreisen lässt (missverständlich insoweit die Vorauflage(n) dieser Kommentierung bis zur 7. Edition; vgl. GK-AsylG/Funke-Kaiser Rn. 20; aA VG Hamburg 19.2.2021 – 14 A 3392/17, juris, Rn. 21 f., 24). Vergleiche hierzu ausführlich → Rn. 64a ff.

40c.2   Bei der Prüfung des „ipso-facto"-Flüchtlingsstatus staatenloser Personen ist in besonderer Weise zu berücksichtigen, dass auch dieser stets im Hinblick auf das Land des letzten gewöhnlichen Aufenthalts zu prüfen ist. Begründet ein Staatenloser daher einen gewöhnlichen Aufenthalt außerhalb des Mandatsgebiets der Einrichtung der Vereinten Nationen, kommt es auf die Ursachen für die Ausreise aus dem (bisherigen) Herkunftsland nicht mehr an (vgl. BVerwG BeckRS 2019, 13667 Rn. 20 ff.; → Rn. 22.1).

40d   Dies kann auch dann der Fall sein, wenn – und solange – die Organisation nicht in der Lage ist, vor Ort Lebensverhältnisse zu gewährleisten, die mit der ihr übertragenen Aufgabe im Einklang stehen (EuGH NVwZ-RR 2013, 160 (162 f.) – El Kott und andere). Auch die fehlende Fähigkeit, Sicherheit vor flüchtlingsrelevanter Verfolgung oder ernsthaften Schäden iSd § 4 zu gewährleisten, führt zu einem „Wegfall des Schutzes" im Sinne der Bestimmung (ausf. HessVGH BeckRS 2018, 18206 Rn. 26 ff. zum bürgerkriegsbedingten Wegfall des Schutzes durch die UNRWA in Syrien; allg. BVerwG BeckRS 2019, 13667 Rn. 28 ff. unter Aufgabe entgegenstehender älterer Rechtsprechung).

40d.1   Zusammengefasst geht der EuGH vom Vorliegen der Voraussetzungen des Art. 12 Abs. 1 lit. a S. 2 Qualifikations-RL, der § 3 Abs. 2 S. 2 inhaltlich entspricht, immer dann aus, wenn sich auf der Grundlage einer individuellen Beurteilung aller maßgeblichen Umstände herausstellt, dass sich der Betroffene im Zeitpunkt der Ausreise in einer sehr unsicheren persönlichen Lage befunden hat und ein UNRWA, um dessen Beistand er ersucht hat, unmöglich ist, ihm Lebensverhältnisse zu gewährleisten, die mit der Aufgabe des UNRWA im Einklang stehen, so dass dieser sich aufgrund von Umständen, die von seinem Willen unabhängig sind, dazu gezwungen gesehen hat, das Einsatzgebiet des UNRWA zu verlassen (vgl. EuGH BeckRS 2021, 74 Rn. 51).

Abzustellen ist dabei grundsätzlich auf alle Operationsgebiete, die dem jeweiligen Einsatzgebiet zuge- **40d.2** rechnet werden (→ Rn. 59.1). Ein Betroffener kann daher ggf. auf den Aufenthalt in einem der anderen Operationsgebiete verwiesen werden, wenn sich der Aufenthalt im ursprünglichen Operationsgebiet als unzumutbar darstellt (vgl. EuGH BeckRS 2021, 74 Rn. 54, 63 ff.). Voraussetzung hierfür ist jedoch stets, dass dem Betroffenen die Einreise in andere Operationsgebiete tatsächlich möglich ist. Dies ist nicht selbstverständlich, da das UNRWA selbst nicht über die Befugnis verfügt, Staatenlosen Palästinensern den Zugang zu seinen jeweiligen Operationsgebieten zu erlauben, die jeweils auf dem Territorium unterschiedlicher Staaten oder autonomer Gebieter liegen (vgl. EuGH BeckRS 2021, 74 Rn. 57 ff.).

Hat der Betroffene eines der Operationsgebiete freiwillig verlassen und sich im Anschluss daran – ohne **40d.3** Rückkehroption – in ein anderes Operationsgebiet begeben, in dem er keinen angemessenen Beistand im o.g. Sinne erlangt, stellt der EuGH auf die subjektive Situation des Betroffenen im Zeitpunkt der Ausreise aus dem ersten Operationsgebiet ab: Konnte er in diesem Zeitpunkt vernünftigerweise nicht damit rechnen, im zweiten Operationsgebiet Schutz oder Beistand des UNRWA zu erfahren oder in absehbarer Zeit in das erste Operationsgebiet zurückkehren zu können, gilt seine Ausreise aus dem zweiten Operationsgebiet auch dann als „freiwillig", wenn seine Ausreise aus dem zweiten Operationsgebiet nicht auf Freiwilligkeit beruht (vgl. EuGH BeckRS 2021, 74 Rn. 74 ff.).

Maßgeblicher Zeitpunkt für die Prüfung des Abs. 3 S. 2 ist dabei zunächst der Zeit- **40e** **punkt, in dem der Betroffene das Operationsgebiet der Organisation der Vereinten** **Nationen verlassen hatte** (vgl. EuGH BeckRS 2021, 74 Rn. 72 ff.). Hat sich der Betroffene in diesem Zeitpunkt freiwillig seines Schutzes begeben, kann er die Anerkennung als ipso-facto-Flüchtling daher auch dann nicht beanspruchen, wenn sich die Situation im jeweiligen Operationsgebiet nachträglich in einer Weise verschlechtert, dass von einer ausreichenden Schutz- oder Beistandsgewährung nicht mehr ausgegangen werden kann (insoweit zutreffend VG Hamburg 19.2.2021 – 14 A 3392/17, juris Rn. 24). In diesen Fällen bleibt allerdings ein Rückgriff auf die allgemeinen Bestimmungen des § 3 Abs. 1 möglich (vgl. → Rn. 64a ff.).

Dieser für die Prüfung des Abs. 3 S. 2 grundsätzlich maßgebliche Zeitpunkt schließt es indes **40f** nicht aus, dass ein „nicht länger gewährter" Schutz (und hiermit verbunden die Ausschlusswirkung des Abs. 3 S. 1) **nachträglich wieder aufleben** kann, wenn – etwa in Folge einer Verbesserung der Lebensverhältnisse vor Ort – eine Rückkehr in den Schutz der Organisation der Vereinten Nationen wieder zumutbar wird. Denn maßgeblicher Zeitpunkt für die Prüfung des Abs. 3 S. 1 ist jeweils der Zeitpunkt der letzten behördlichen Entscheidung (→ Rn. 61a). Die Sperrwirkung des S. 1 tritt in diesem Fall wieder ein (EuGH NVwZ-RR 2013, 160 (163) – El Kott und andere; GK-AsylG/Funke-Kaiser Rn. 20); eine zuvor ggf. ergangene Statusentscheidung nach Abs. 4 ist gem. § 73 Abs. 1 zu widerrufen (vgl. EuGH BeckRS 2021, 74 Rn. 42; BVerwG BeckRS 2019, 13667 Rn. 26; GK-AsylG/Funke-Kaiser Rn. 20). Voraussetzung für ein Wiederaufleben der Sperrwirkung ist allerdings stets, dass das Aufnahmeterritorium den Betroffenen wieder einreisen lässt (vgl. EuGH BeckRS 2021, 74 Rn. 57 ff.).

Zusammengefasst wird die Rechtsstellung eines ipso-facto-Flüchtlings daher nur dann gewährt **40g** werden, wenn **der Wegfall des Schutzes im Zeitpunkt der Ausreise auf vom Willen des** **Betroffenen unabhängigen Umständen beruhte** und der Betroffene **auch im Zeitpunkt der** **gerichtlichen Entscheidung nicht auf die Inanspruchnahme des Schutzes der Vereinten** **Nationen verwiesen werden kann** (Doppelprüfung; vgl. VG Bremen 8.12.2020 – 1 V 1087/ 20, juris Rn. 26 ff.).

D. Ausschlussgründe (Abs. 2, Abs. 3)

I. Unwürdigkeit (Abs. 2)

Abs. 2 regelt Fälle, in denen sich der Betroffene **durch eigenes Verhalten als schutzunwür-** **41** **dig erwiesen** hat. Entsprechende Unwürdigkeitstatbestände sehen auch Art. 1 lit. d GFK und Art. 12 Abs. 2 Qualifikations-RL vor. Gemeinsamer Zweck der genannten Vorschriften ist es, zu verhindern, dass sich Täter einer entsprechenden Straftat durch die Stellung eines Schutzantrags im Ausland einer strafrechtlichen Verantwortung entziehen (EuGH NVwZ 2011, 285 (288)). Da die Vorschriften darüber hinaus vermeiden wollen, dass die Unterschutzstellung zB von Kriegsverbrechern das Institut des Flüchtlingsschutzes an sich diskreditiert, ist ein spezifischer Zusammenhang zwischen den Ausschlussgründen und den geltend gemachten Verfolgungsgründen nicht erforderlich (BVerwGE 135, 252 = NVwZ 2010, 979 (983)).

Aus dieser Zielsetzung folgt unmittelbar, dass die in Abs. 2 genannten Ausschlussgründe selbst dann **41.1** eingreifen, wenn dem Betroffenen im Hinblick auf die zum Ausschluss führenden Straftaten eine unverhältnismäßige Bestrafung in seinem Herkunftsland droht (vgl. Hailbronner AuslR Rn. 39). In derartigen Fällen sind allerdings – wie bei Anwendung der in Abs. 2 und Abs. 4 genannten Ausschlussgründe stets – nationale Abschiebungsverbote nach § 60 Abs. 5 und Abs. 7 AufenthG als menschenrechtliche Mindeststandards zu prüfen, denen das Konzept der Schutzunwürdigkeit fremd ist (Hailbronner AuslR Rn. 42).

41a   Die Schutzunwürdigkeit nach Abs. 2 betrifft sowohl Flüchtlinge nach Abs. 1 als auch ipso-facto-Flüchtlinge nach Abs. 3 S. 2 (EuGH BeckRS 2018, 16229 Rn. 90 – Alheto).

42   Der Ausschluss setzt immer die **persönliche Verantwortung** für die genannten Handlungen voraus, die sich nicht allein aus der Zugehörigkeit zu einer Regierung oder Organisation ableiten lässt (Bergmann/Dienelt/Bergmann Rn. 7).

43   Da die Ausschlusstatbestände des Abs. 2 und der korrespondierende Tatbestand des § 4 Abs. 2 dem Betroffenen jeglichen Anspruch auf internationalen Schutz auch dann entziehen, wenn ihm bei einer Rückkehr in sein Herkunftsland schwerwiegende Menschenrechtsverletzungen oder ernsthafte Schäden drohen, ist eine **restriktive Auslegung der gesetzlichen Ausschlussgründe** geboten (BeckOK AuslR/Kluth Rn. 19; Marx AsylG Rn. 15). Da Abs. 2 – anders als § 60 Abs. 8 AufenthG – keine gefahrenabwehrrechtliche Zielsetzung verfolgt und die ethische Verwirkung des Schutzanspruchs ausspricht, ist eine **gegenwärtige Gefahr** für den Aufnahmestaat jedoch **nicht erforderlich** (EuGH NVwZ 2011, 285 (288); BVerwG NVwZ 2011, 1450 (453)). Allerdings können Zeitablauf, Nachtatverhalten und insbesondere die Verbüßung einer aus Anlass der Straftat verhängten Strafe im Einzelfall dazu führen, dass die **für die Annahme der Schutzunwürdigkeit erforderliche Schwere der Tat** nicht (mehr) erreicht wird (VGH BW BeckRS 2015, 42258, Rn. 51 ff.; Marx AsylG Rn. 31).

44   Wenn die tatbestandlichen Voraussetzungen eines Ausschlussgrundes auch bei der gebotenen restriktiven Auslegung vorliegen, findet eine **nachgelagerte individuelle Verhältnismäßigkeitsprüfung** (etwa im Hinblick auf die konkreten Auswirkungen der Schutzversagung auf den Betroffenen) nicht mehr statt (BVerwGE 140, 114 = NVwZ 2011, 1450 (1453)); nach nationalem Recht kann aber durch Anwendung des § 60 Abs. 5 und Abs. 7 AufenthG begegnet werden (vgl. Hailbronner AuslR Rn. 42).

1. Unwürdigkeitsgründe

45   **a) Kriegsverbrechen und Verbrechen gegen den Frieden bzw. die Menschlichkeit.** Nach Nr. 1 ausgeschlossen sind die Täter von Verbrechen gegen den Frieden, Kriegsverbrechen und von Verbrechen gegen die Menschlichkeit.

46   Der Inhalt der Begriffe der „Kriegsverbrechen" oder der „Verbrechen gegen die Menschlichkeit" bestimmt sich in erster Linie nach den im IStGH-Statut (BGBl. 2000 II 1394) ausgeformten Tatbeständen. Erfasst sind daher Verstöße gegen das **„ius in bello"**, nicht aber die Gewaltanwendung gegen Kämpfer der gegnerischen Partei an sich (ausf. BVerwGE 135, 252 = NVwZ 2010, 979 (982 f.)). Kampfhandlungen gegen Kombattanten können jedoch dann Kriegsverbrechen darstellen, wenn – wie zB im Fall der meuchlerischen Tötung oder der Misshandlung von Kriegsgefangenen – zwingende Gebote des Kriegsvölkerrechts verletzt werden (vgl. Marx AsylG Rn. 19 ff.).

46.1   Zu den Verbrechen gegen die Menschlichkeit gehören dabei unter anderem die vorsätzliche Tötung, Inhaftierung oder Folter im Rahmen eines zielgerichteten Angriffs gegen die Zivilbevölkerung (BVerwGE 135, 252 = NVwZ 2010, 979 (983); vgl. zB von Kriegsverbrechen im Rahmen des Tschetschenienkonflikts auch OVG LSA NVwZ-RR 2012, 984 (992 ff.)).

47   Demgegenüber erfassen Verbrechen gegen den Frieden u.a. die **Planung, die Vorbereitung oder das Führen eines Angriffskrieges** bzw. eines Krieges, durch den international Verträge, Abkommen oder Zusicherungen verletzt werden (ausf. Marx AsylG Rn. 18; BeckOK AuslR/Kluth Rn. 22; Bergmann/Dienelt/Bergmann Rn. 8).

48   **b) Schwere nichtpolitische Straftaten.** Nr. 2 schließt den Täter einer schweren nichtpolitischen Straftat von der Unterschutzstellung als Flüchtling aus. Der Tatbestand dient – ebenso wie die Parallelbestimmungen des Art. 1 F lit. b GFK und des Art. 12 Abs. 2 Qualifikations-RL – dem Zweck, den Flüchtlingsbegriff nicht durch Einbeziehung **„gemeiner Straftäter"** in Misskredit zu bringen. Erforderlich ist daher ein Kapitalverbrechen oder sonstige Straftat, die in den meisten Rechtsordnungen als **besonders schwerwiegend** angesehen und entsprechend verfolgt wird (BVerwGE 135, 252 = NVwZ 2010, 979 (983)). In Betracht kommen etwa Mord, Vergewaltigung oder – wohl mit Einschränkungen – bewaffneter Raub, nicht aber Alltagskriminalität wie zB Diebstähle (Marx AsylG Rn. 26).

Dass § 3 Abs. 2 S. 1 Nr. 2 und Art. 12 Abs. 2 lit. b Qualifikations-RL den durch Art. 1 F **49** lit. b GFK vorgegebenen Begriff des „schweren Verbrechens" durch den jedenfalls nach nationalem Begriffsverständnis potentiell weiteren Begriff der „schweren Straftat" (vgl. § 12 Abs. 1 und Abs. 2 StGB) ersetzt, ist angesichts der jeweils autonom auszulegenden Rechtsbegriffe nicht von vornherein bedenklich; es nötigt jedoch zu einem **tendenziell restriktiven Verständnis des Begriffs der „schweren Straftaten"** (vgl. EuGH BeckRS 2018, 21392 Rn. 52 – Ahmed). Die Schwere der jeweiligen Straftat muss dabei im Einzelfall unter Prüfung sämtlicher Umstände des Einzelfalls gewürdigt werden und kann nicht alleine unter Bezugnahme auf das gesetzlich vorgesehene Strafmaß bejaht werden (EuGH BeckRS 2018, 21392 Rn. 53 ff. – Ahmed).

Zu den schweren nichtpolitischen Straftaten gehören zB die vorsätzliche und schuldhafte Tötung oder **49.1** erhebliche Verletzung, soweit diese nicht durch zB Notwehr gerechtfertigt ist. Eine Rechtfertigung nach dem Prinzip des überwiegenden Interesses scheidet hingegen – jedenfalls außerhalb des Anwendungsbereichs des Kriegsvölkerrechts – aus (BVerwGE 144, 127 = NVwZ-RR 2013, 431 (434)).

Nichtpolitisch ist eine Tat, wenn sie überwiegend aus nichtpolitischen Motiven, dh zB aus **50** persönlichen Beweggründen oder Gewinnstreben begangen wird. Der Charakter als nichtpolitisches Delikt kann sich auch aus dem Umstand ergeben, dass keine eindeutige Verbindung zwischen dem Verbrechen und dem angeblichen politischen Ziel besteht oder sich die betreffende Handlung in Bezug auf das behauptete politische Ziel als unverhältnismäßig erweist (ausf. Hailbronner AuslR Rn. 34 ff.). Insoweit ist nicht die Beurteilung durch die nationalen Sicherheitsbehörden, sondern die tatsächliche Motivation des Täters maßgeblich (BVerwGE 136, 89 = NVwZ 2010, 974 (978)).

In diesem Sinne sind **„terroristische" Straftaten** in der Regel nichtpolitische Straftaten, zumal sie **50.1** regelmäßig das Regelbeispiel der „grausamen" Handlung erfüllen (BVerwGE 144, 127 = NVwZ-RR 2013, 431 (433)).

Besondere Vorsicht ist bei der Bewertung von **Straftaten im Rahmen innerstaatlicher bewaffneter** **50.2** **Konflikte** geboten. Zwar schließt dies das Vorliegen einer schweren nichtpolitischen Straftat nicht aus; die Anwendbarkeit der Regelungen des humanitären Völkerrechts kann jedoch ggf. mit Auswirkungen auf die Bewertung der Verhältnismäßigkeit einzelner Maßnahmen verbunden sein. Insoweit ist wertungsmäßig ein Gleichklang mit Nr. 1 (Kriegsverbrechen) herzustellen (BVerwGE 144, 127 = NVwZ-RR 2013, 431 (433); BVerwGE 135, 252 = NVwZ 2010, 979 (984)).

Anders als Nr. 1 und Nr. 3 erfasst Nr. 2 nur Straftaten, die „vor der Aufnahme als Flüchtling" **51** und „außerhalb des Aufnahmelandes" begangen wurden. Maßgeblich ist insoweit der **Zeitpunkt der Einreise** „als Flüchtling", da die der Norm zugrunde liegende GFK die Unterscheidung zwischen materieller Flüchtlingseigenschaft und formeller Statusentscheidung nicht kennt (Marx AsylG Rn. 34).

Die offenkundige Wortlautdivergenz zwischen Art. 1 F lit. b GFK und Art. 12 Abs. 2 lit. b Qualifikati- **51.1** ons-RL, der auf den „Zeitpunkt der Ausstellung eines Aufenthaltstitels aufgrund der Zuerkennung der Flüchtlingseigenschaft" abstellen will, wird durch den Umstand gemildert, dass auch Art. 12 Abs. 2 lit. b Qualifikations-RL nur Straftaten „außerhalb des Aufnahmelandes" erfasst und Art. 3 Qualifikations-RL Raum für eine konventionsfreundliche Auslegung der Nr. 2 lässt (vgl. Marx AsylG Rn. 34). In Fällen einer nach der Einreise begangenen schweren Straftat wird zudem oft die Annahme eines Falles des § 3 Abs. 4 iVm § 60 Abs. 8 S. 1 oder S. 3 AufenthG naheliegen, die allerdings – anders als Abs. 2 – erst auf Rechtsfolgenseite eingreifen und das Vorliegen einer (gegenwärtigen) Gefahr für die Allgemeinheit voraussetzen (→ AufenthG § 60 Rn. 43 f.).

c) Zuwiderhandlung gegen die Ziele und Grundsätze der Vereinten Nationen. Die **52** Ziele und Grundsätze der Vereinten Nationen sind in der Präambel und den Art. 1 und 2 UNO **(Charta der Vereinten Nationen)** niedergelegt und unter anderem in den Resolutionen der Vereinten Nationen zu Antiterrormaßnahmen verankert (EuGH NVwZ 2011, 285 (286)).

Im Widerspruch zu diesen Zielen und Grundsätzen stehen dabei zB die **wissentliche Finanzierung** **52.1** **und Planung von Handlungen des internationalen Terrorismus** (BVerwG NVwZ-RR 2014, 283 (284)). Der Ausschlussgrund ist dabei nicht auf die Begehung terroristischer Handlungen im Sinne der Resolutionen der Vereinten Nationen bzw. des Art. 1 Abs. 1 RB 2002/475/JI beschränkt, sondern kann ggf. auch die Anwerbung, Organisation, Beförderung oder Ausrüstung von Personen umfassen, die terroristische Handlungen planen oder vorbereiten oder durchgeführt haben (EuGH NVwZ 2017, 457 (458 ff.)).

Der Tatbestand bedarf aufgrund seiner Unbestimmtheit einer **restriktiven Auslegung,** um **53** die einschränkenden Wertungen der Nr. 1 und Nr. 2 nicht zu überspielen (ausf. Marx AsylG Rn. 35 ff.).

2. Teilnehmerverantwortlichkeit

54   Abs. 2 S. 2 erstreckt die Ausschlusswirkung auf **Tatbeteiligte im weiteren Sinne,** dh auf den Anstifter und in sonstiger Weise Tatbeteiligte. Eine Anlehnung der Auslegung des Begriffs des Tatbeteiligten an die Teilnahmeformen der §§ 26 f. StGB ist dabei nicht unproblematisch, da Abs. 2 S. 2 auf den unionsrechtlichen Vorgaben des Art. 12 Abs. 3 Qualifikations-RL beruht und daher eine **autonome Begriffsauslegung** erfordert (Bergmann/Dienelt/Bergmann Rn. 10; aA aber wohl BeckOK AuslR/Kluth Rn. 26; NK-AuslR/Keßler Rn. 15; BVerwGE 144, 127 = NVwZ-RR 2013, 431 (433–435)).

55   Hinsichtlich der „Beteiligung" an den nicht notwendigerweise strafbaren Handlungen nach Nr. 3 ist eine Beteiligung im strafrechtlichen Sinne nicht erforderlich; vielmehr können auch **rein logistische Unterstützungshandlungen** im Vorfeld konkreter Taten oder **ideologische bzw. propagandistische Aktivitäten** zugunsten einer terroristischen Vereinigung genügen. In diesem Fall muss das Gewicht der Unterstützungshandlung aber wertungsmäßig dem Gewicht einer Beteiligung an einer schweren nichtpolitischen Straftat iSd Nr. 2 entsprechen. Auch wenn ein spezifischer Bezug zu einzelnen Terrorakten bei Anwendung des Nr. 3 – anders als bei den Ausschlussgründen aus Nr. 1 und Nr. 2 – nicht erforderlich ist (vgl. BVerwGE 144, 127 = NVwZ-RR 2013, 431 (433 f.)), muss es im Zeitraum der Unterstützungshandlungen doch tatsächlich zu entsprechenden Zuwiderhandlungen gekommen sein (BVerwG NVwZ-RR 2014, 283 (284)). Der Nachweis der **Mitgliedschaft in einer terroristischen Vereinigung** genügt für die Annahme einer Beteiligung iSd Nr. 3 nicht (BVerwG NVwZ-RR 2014, 283 (284)).

3. Erforderliche Tatsachenbasis

56   Auch wenn Nr. 1 und Nr. 2 an „Verbrechen" bzw. „Straftaten" anknüpfen, setzten die Ausschlussgründe des Abs. 2 keine strafgerichtliche Verurteilung voraus (BeckOK AuslR/Kluth Rn. 20); auch eine volle Überzeugungsgewissheit iSd § 108 Abs. 1 S. 1 VwGO ist insoweit nicht erforderlich (BVerwG NVwZ 2009, 595 (597)). Dem Erfordernis der **„auf schwerwiegende Gründe gestützten Annahme"** ist vielmehr auch dann genügt, wenn die Annahme einer Mitwirkung an einschlägigen Handlungen auf tatsachengestützte Feststellungen von einigem Gewicht gestützt werden kann (GK-AuslR/Kluth Rn. 20; NK-AuslR/Keßler Rn. 11). Das erforderliche Beweismaß bleibt jedoch im Einzelnen umstritten (ausf. Marx AsylG Rn. 48 ff.; Hailbronner AuslR Rn. 54).

II. Anderweitiger Schutz durch Einrichtungen der Vereinten Nationen (Abs. 3)

1. Ausschluss der Flüchtlingseigenschaft für die Dauer anderweitiger Schutzgewährung durch Einrichtungen der Vereinten Nationen

57   Abs. 3 betrifft das Konkurrenzverhältnis zur **Schutz- oder Beistandsgewährung durch Einrichtungen der Vereinten Nationen.** Anders als § 32a (→ § 32a Rn. 10 ff.) suspendiert § 3 Abs. 3 nicht den Verfahrensanspruch des anderweitig Geschützten, sondern wirkt als materieller Anspruchsausschluss, so dass der Schutzantrag für die Dauer der Unterschutzstellung unbegründet (und entscheidungsreif) ist. Vorrangig ist jedoch zu prüfen, ob der Asylantrag nicht schon wegen Schutzgewährung durch einen nichteuropäischen Drittstaat nach § 29 Nr. 4 iVm § 27 unzulässig ist (vgl. EuGH ZAR 2019, 31 Rn. 136 ff. – Alheto). In diesem Fall ist der Asylantrag bereits insgesamt – dh sowohl im Hinblick auf die Zuerkennung der Flüchtlingseigenschaft als auch im Hinblick auf die Prüfung subsidiären Schutzes – unzulässig, ohne dass es auf § 3 Abs. 3 als materiellen Ausschlussgrund ankommt.

58   Wenn der in Abs. 3 geregelte materielle Ausschlussgrund eine Zuerkennung der Flüchtlingseigenschaft ausschließt, sind die **Voraussetzungen des subsidiären Schutzstatus dennoch weiterhin zu prüfen,** da Abs. 3 insoweit keine Sperrwirkung entfaltet (EuGH NVwZ-RR 2013, 160 Rn. 68 – El Kott und andere; ZAR 2019, 31 Rn. 89 – Alheto; → § 4 Rn. 89). Der Normzweck des § 3 Abs. 3 (und der diesem zugrunde liegenden Bestimmungen des Art. 12 Abs. 1 lit. a S. 1 Qualifikations-RL bzw. des Art. 1 D GFK) wird durch diese – nach dem Wortlaut und der Systematik der jeweiligen Bestimmungen allerdings zwingende – Auslegung zwar weitgehend verfehlt; dies wird in der Regel jedoch durch den Unzulässigkeitsgrund des § 29 Abs. 1 Nr. 4 iVm § 27 (Sicherheit in einem sonstigen Drittstaat) kompensiert (vgl. EuGH ZAR 2019, 31 Rn. 136 ff. – Alheto). Dennoch wäre eine entsprechende Ergänzung des Art. 17 Qualifikations-RL zweckmäßig, um eine einheitliche Handhabung zu ermöglichen und den Subsidiaritätsgedanken effektiv zu verwirklichen.

Im Tatsächlichen wurde Schutz oder Beistand iSd Abs. 3 bislang nur durch die United Nations **59** Korean Reconstruction Agency (UNKRA) und das Hilfswerk der Vereinten Nationen für Palästinaflüchtlinge im Nahen Osten (UNRWA) gewährt. Da die UNKRA ihre Tätigkeit im Jahr 1958 eingestellt hat, stellt der Beistand durch die UNRWA den einzigen aktuellen Anwendungsfall der Vorschrift dar (BVerwG BeckRS 2019, 13667 Rn. 18; Generalanwalt Sharpston BeckRS 2012, 81895 Rn. 84 Fn. 6 – El Kott und andere; vgl. zu Umfang und Voraussetzungen der tatsächlichen Beistandsgewährung durch das UNRWA Marx AsylG Rn. 69 f., 2 zu den Begriffen des „Schutzes" bzw. „Beistands").

Begrifflich unterscheidet das UNRWA zwischen dem Einsatzgebiet („area of operation") und seinen **59.1** derzeit fünf Operationsgebieten („fields") Gazastreifen, Westjordanland, Jordanien, Libanon und Syrien (vgl. EuGH BeckRS 2021, 74 Rn. 6). Abzustellen ist dabei grundsätzlich darauf, ob dem Betroffenen in einem der Operationsgebiete angemessener Beistand gewährt wird, so dass ein Betroffener ggf. auf den Aufenthalt in einem der anderen Operationsgebiete verwiesen werden kann, wenn sich der Aufenthalt im ursprünglichen Operationsgebiet als unzumutbar darstellt (vgl. EuGH BeckRS 2021, 74 Rn. 54, 63 ff.).

S. 1 schließt den Flüchtlingsstatus – und damit auch die förmliche Zuerkennung der Flüchtlings- **60** eigenschaft im Rahmen eines Statusverfahrens nach Abs. 4 – aus, solange der Betroffene den Beistand einer der in Abs. 3 genannten Einrichtungen der Vereinten Nationen genießt. Die – grundsätzlich eng auszulegende – Ausschlussnorm des S. 1 setzt dabei voraus, dass der Betroffene **den Schutz oder Beistand tatsächlich genießt** (bzw. ihn in der Vergangenheit genossen hat; vgl. → Rn. 63 f.); ein abstrakter Verweis auf die Möglichkeit eines solchen Schutzes, die der Betroffene hätte in Anspruch nehmen können, genügt nicht (EuGH NVwZ 2010, 1211 (1212) – Bolbol).

Als Nachweis der tatsächlichen Inanspruchnahme derartigen Schutzes genügt der **Nachweis** **61** **einer förmlichen Registrierung** durch die UNRWA; der Nachweis kann aber auch auf andere Weise erbracht werden (EuGH NVwZ 2010, 1211 (1211 f.) – Bolbol).

Maßgeblicher Zeitpunkt für das Vorliegen der Voraussetzungen des Abs. 3 S. 1 ist – wie sich **61a** aus dem Wortlaut des Art. 1 D S. 1 GFK eindeutig ergibt – der Zeitpunkt der letzten behördlichen bzw. gerichtlichen Entscheidung („Dieses Abkommen findet keine Anwendung auf Personen, die **zur Zeit** den Schutz oder Beistand einer Organisation oder einer Institution der Vereinten Nationen mit Ausnahme des Hohen Kommissars der Vereinten Nationen für Flüchtlinge genießen.").

2. Eigenständiger Status als „ipso-facto-Flüchtling" nach Wegfall des Schutzes durch die Vereinten Nationen

Die Sperrwirkung des Abs. 3 S. 1 entfällt, wenn der Betroffene den Schutz der Einrichtungen **62** der Vereinten Nationen nicht mehr genießt. Ausdrücklich geregelt sind dabei (nur) jene Fälle, in denen ein solcher Schutz oder Beistand „nicht länger gewährt" wird, ohne dass die Lage des Betroffenen gemäß den einschlägigen Resolutionen der Generalversammlung der Vereinten Nationen endgültig geklärt worden ist (Abs. 3 S. 2). In diesem Fall lebt nicht nur – wie es der missverständliche Gesetzeswortlaut nahelegt – der Anspruch auf Prüfung der Voraussetzungen der Flüchtlingseigenschaft nach Abs. 1 wieder auf; vielmehr kann der Wegfall des Schutzes bzw. Beistands ohne endgültige Klärung der Lage des Betroffenen durch die Generalversammlung der Vereinten Nationen dem Betroffenen ggf. einen Anspruch auf Zuerkennung der **Flüchtlingseigenschaft** **auch unabhängig davon vermitteln, ob dieser die tatbestandlichen Voraussetzungen des Abs. 1 erfüllt** („**ipso-facto-Flüchtling**"; vgl. im Einzelnen → Rn. 40a f.).

Ein Fall des S. 2 liegt allerdings nicht schon dann vor, wenn der Betroffene den Schutz der **63** UNRWA faktisch nicht mehr genießt. Der Schutz wird vielmehr nur dann „nicht länger gewährt", wenn der **Wegfall des Schutzes auf vom Willen des Betroffenen unabhängigen Umständen** (wie der Beendigung des Schutzmandats oder der individuellen Unzumutbarkeit eines Verbleibs im Schutzgebiet) beruht (vgl. im Einzelnen → Rn. 40c f.).

Hieraus folgt allerdings auch, dass ein „nicht länger gewährter" Schutz (und hiermit verbunden **64** die Ausschlusswirkung des Abs. 3) **nachträglich wiederaufleben** kann, wenn – etwa in Folge einer Verbesserung der Lebensverhältnisse vor Ort – im Rückkehr in den Schutz der Organisation der Vereinten Nationen wieder zumutbar wird. Die Sperrwirkung des S. 1 tritt in diesem Fall wieder ein (EuGH NVwZ-RR 2013, 160 (163) – El Kott und andere; GK-AsylG/Funke-Kaiser Rn. 20); eine zuvor ggf. ergangene Statusentscheidung nach Abs. 4 ist gem. § 73 Abs. 1 zu widerrufen (BVerwG BeckRS 2019, 13667 Rn. 26; GK-AsylG/Funke-Kaiser Rn. 20). Voraussetzung für ein Wiederaufleben der Sperrwirkung ist allerdings stets, dass das Aufnahmeterritorium den Betroffenen wieder einreisen lässt (vgl. EuGH BeckRS 2021, 74 Rn. 57).

3. Entfall der Sperrwirkung bei tatsächlichem Wegfall des Schutzes nach freiwilliger Ausreise aus dem Einsatzgebiet?

64a   Nicht ausdrücklich geregelt sind Fälle, in denen der **Wegfall des Schutzes** (zB im Fall einer Verweigerung der Wiedereinreise) **nicht auf Umständen beruht, die einen Anspruch auf ipso-facto-Schutz im Sinne des Abs. 3 S. 2 begründen.** Zwar könnte Abs. 3 insoweit als abschließend verstanden werden, dass die Sperrwirkung des S. 1 nur dann überwunden werden kann, wenn die Voraussetzungen des S. 2 vorliegen (so VG Bremen 8.12.2020 – 1 V 1087/20, juris Rn. 23; VG Hamburg 19.2.2021 – 14 A 3392/17, juris Rn. 21, 24; ähnlich möglicherweise EuGH BeckRS 2021, 74 Rn. 50). Diese Auffassung nimmt jedoch nicht in den Blick, dass ein Ausländer den Schutz oder Beistand einer Organisation nach Abs. 3 S. 1 auch dann nicht mehr genießt, wenn er sich dessen zwar zunächst freiwillig begeben hat, er an einer Rückkehr in das jeweilige Einsatzgebiet (einschließlich aller in Betracht kommender Operationsgebiete) aber nunmehr gehindert ist (vgl. EuGH BeckRS 2021, 74 Rn. 57 ff.). Eine solche Auslegung wäre auch mit dem Umstand unvereinbar, dass der ursprünglich in Art. 1 D S. 1 GFK geregelte Ausschlussgrund ausdrücklich an die anderweitige Schutzgewährung im Zeitpunkt der behördlichen oder gerichtlichen Entscheidung anknüpft („zurzeit"), wohingegen der EuGH bei Bestimmung der Freiwilligkeit der Ausreise aus einem Operationsgebiet ausdrücklich auf den Zeitpunkt der Ausreise abstellt (vgl. EuGH BeckRS 2021, 74 Rn. 72 ff. sowie allgemein → Rn. 40e ff., → Rn. 61a zur Frage des jeweils maßgeblichen Zeitpunkts).

64b   Bei Anwendung der Sperrklausel des Abs. 3 S. 1 auch auf diese Fälle **ergäbe sich daher eine Schutzlücke, da der Betroffene weder in das (ursprünglich freiwillig verlassene) Operationsgebiet zurückkehren noch den Schutz der Mitgliedstaaten als ipso-facto-Flüchtling beanspruchen könnte.** Diese Schutzlücke kann nicht unter Hinweis darauf relativiert werden, dass der Betroffene sich seines ursprünglichen Schutzes freiwillig begeben hatte und das unabhängig von Art. 1 D S. 1 GFK geltende Refoulementverbot ggf. auch durch Feststellung nationaler Abschiebungsverbote verwirklicht werden könnte. Denn das Unionsrecht sieht – anders als das nationale Asylrecht (vgl. § 26a Abs. 1 S. 1 und 2, § 27 AsylG) – eine Verweisung auf die Inanspruchnahme des Schutzes anderer Staaten nur dann vor, wenn der erste Asylstaat oder der sichere Drittstaat entsprechenden Schutz auch weiterhin gewährt und eine Einreise in sein Hoheitsgebiet ermöglicht (vgl. Art. 35 S. 1, Art. 38 Abs. 4, Art. 39 Abs. 6 Asylverfahrens-RL sowie § 29 Nr. 3 und 4 AsylG).

64c   Für die Anwendung des Ausschlusstatbestands des § 3 Abs. 3 S. 1, der auf Art. 12 Abs. 1 lit. a S. 1 iVm Art. 1 D S. 1 GFK beruht, kann daher im Ergebnis nichts anderes gelten. **Zwar kann der Betroffene im Fall einer im og Sinne freiwilligen Ausreise aus dem Einsatzgebiet einer Organisation der Vereinten Nationen keinen Status als ipso-facto-Flüchtling nach Maßgabe des § 3 Abs. 3 S. 2 beanspruchen; er kann sich jedoch auf das Vorliegen der Voraussetzungen des § 3 Abs. 1 im Einzelfall berufen, ohne dass § 3 Abs. 3 S. 1 dem entgegenstünde.** Etwas anderes gilt nur dann, wenn der Betroffene den Schutz oder Beistand der Vereinten Nationen im Zeitpunkt der behördlichen oder gerichtlichen Entscheidung auch tatsächlich wieder beanspruchen kann (→ Rn. 40f). Insoweit bildet die Regelung des § 3 Abs. 3 daher ein sich ergänzendes System, das aber nur unter Hinzunahme des § 3 Abs. 1 als ein in sich geschlossenes System gedacht werden kann.

III. Flüchtlingsanerkennung im Ausland

65   Eine **ausländische Flüchtlingsanerkennung** entfaltet nach § 60 Abs. 1 S. 2 AufenthG eine **auf die Gewährung von Abschiebungsschutz beschränkte Bindungswirkung,** schließt die Durchführung eines nationalen Anerkennungsverfahrens – und damit verbunden die Zuerkennung der Flüchtlingseigenschaft nach § 3 Abs. 4 – aber aus (§ 60 Abs. 1 S. 3 AufenthG; vgl. BVerwGE 150, 29 = NVwZ 2014, 1460 (1463 f.)). Ein entsprechender Asylantrag ist daher als unzulässig abzulehnen (§ 29 Abs. 1 Nr. 2, → § 29 Rn. 5 ff.).

65.1   Die (mögliche) Unzulässigkeit des Asylantrags ist dabei selbst dann noch im gerichtlichen Verfahren zu prüfen, wenn das Bundesamt – ggf. sogar positiv – zur Sache entschieden hat. Denn der in § 60 Abs. 1 S. 2 AufenthG und § 29 Abs. 1 Nr. 2 AsylG geregelte Ausschlussgrund ist auch für das Bundesamt nicht disponibel und steht einer Anerkennung im Inland entgegen (BVerwG BeckRS 2019, 13667 Rn. 11 ff.).

66   Eine entsprechende **Sperrwirkung** tritt aufgrund der umfassenden Bezugnahme auf die Gewährung „internationalen Schutzes" (vgl. zum Begriff → § 1 Rn. 10 ff.) in § 29 Abs. 1 Nr. 2 auch dann ein, wenn dem Betroffenen in einem Mitgliedstaat der EU **lediglich subsidiärer Schutz gewährt wurde,** er aber die Zuerkennung der Flüchtlingseigenschaft begehrt. Ihm wird insoweit zugemutet, seinen Anspruch ggf. in dem Unionsstaat weiterzuverfolgen, der ihm bereits subsidiären Schutz gewährt (→ § 29 Rn. 10; BeckOK AuslR/Günther § 29 Rn. 76; zur Rechtslage vor Inkrafttreten des Integrationsgesetzes vgl. VGH BW BeckRS 2015, 46839).

E. Zuerkennung der Flüchtlingseigenschaft (Abs. 4)

I. Anspruch auf Statusentscheidung

Die nach Abs. 4 zu treffende **Statusentscheidung** entfaltet nach § 60 Abs. 1 S. 3 AufenthG   **67** **Bindungswirkung für alle nationalen Behörden und Gerichte.** Zwar kann der Betroffene bereits vor der förmlichen Zuerkennung der Flüchtlingseigenschaft Flüchtling iSd § 3, des Art. 1 A Nr. 2 GFK bzw. des Art. 2 lit. d Qualifikations-RL sein; er kann die hiermit verbundenen Vergünstigungen (mit Ausnahme des bereits während des Verfahrens der Statusprüfung geltenden Refoulement-Verbots) aber erst nach förmlichem Abschluss des Statusfeststellungsverfahrens in Anspruch nehmen (Bergmann/Dienelt/Bergmann Rn. 3 f.). Der in Art. 13 Qualifikations-RL und § 60 Abs. 1 S. 3 AufenthG geregelte **Verfahrensvorbehalt** und die damit partiell verbundene Vorenthaltung flüchtlingsrechtlicher Privilegierungen während der Dauer des Statusprüfungsverfahrens erscheint zwar nicht unproblematisch, soll mit den Vorgaben der GFK aber vereinbar sein (GK-AsylG/Funke-Kaiser Rn. 25).

Durchbrochen wird die Bindungswirkung der Statusentscheidung – ebenso wie die negative Bindungs-   **67.1** wirkung einer ablehnenden Entscheidung des Bundesamtes – allerdings durch den Erlass einer Abschiebungsanordnung nach § 58a AufenthG. Das zuständige Innenministerium ist im Rahmen der Vollstreckung allerdings gehalten, das Vorliegen der Schutzvoraussetzungen selbstständig zu prüfen (§ 58a Abs. 3 S. 3 AufenthG; vgl. BVerwG NVwZ 2017, 1057 (1063); Bergmann/Dienelt/Dollinger AufenthG § 58a Rn. 44 ff.).

II. Ausschlussgründe

Abs. 4 verweist auf den zwingenden Ausschlussgrund des § 60 Abs. 8 S. 1 AufenthG und die   **68** durch § 60 Abs. 8 S. 3 AufenthG eingeräumte Möglichkeit, nach pflichtgemäßem Ermessen von der Anwendung des § 60 Abs. 1 AufenthG abzusehen. Beide **Ausschlussgründe** beruhen – anders als die in § 3 Abs. 2, Art. 12 Abs. 2 und Abs. 3 Qualifikations-RL und Art. 1 F GFK geregelten Ausschlussgründe – nicht auf dem Gedanken der Schutzunwürdigkeit, sondern – wie auch die zugrunde liegenden Bestimmungen des Art. 33 Nr. 2 GFK und des Art. 14 Abs. 4 und Abs. 5 Qualifikations-RL – auf **gefahrenabwehrrechtlichen Überlegungen.** Sie sanktionieren daher nicht vergangenes Verhalten, sondern setzen eine – wenngleich in der Regel aus der Begehung schwerwiegender Straftaten abgeleiteten – **fortwirkende Gefährlichkeitsprognose** hinsichtlich des Betroffenen voraus.

Wegen der Einzelheiten kann auf die einschlägige Kommentierung zu § 60 AufenthG verwiesen   **69** werden (→ AufenthG § 60 Rn. 41 ff.).

Zu beachten ist in diesem Zusammenhang allerdings, dass § 3 Abs. 4 nicht das Vorliegen der   **69a** materiellen Schutzvoraussetzungen, sondern lediglich die Zuerkennung der Flüchtlingseigenschaft ausschließt (→ Rn. 11). Hieraus folgt zwar, dass der Betroffene zB die in Kapitel VII der Qualifikations-RL genannten Rechte nicht geltend machen kann. Denn diese sind unionsrechtlich Flüchtlingen vorbehalten, die im Rahmen eines förmlichen Statusfeststellungsverfahrens als solche anerkannt wurden (vgl. GA Wathelet BeckRS 2018, 12755 Rn. 104 f.).

Dies schließt aber nicht aus, dass der Betroffene materiell den Flüchtlingsbegriff erfüllt und   **69b** somit – auch ohne förmliche Statusfeststellung – sämtliche Rechte aus der GFK geltend machen kann, die nicht an die Legalität des Aufenthalts anknüpfen (vgl. Art. 14 Abs. 6 Qualifikations-RL sowie EuGH BeckRS 2019, 8404 Rn. 97 ff.). Insbesondere kann sich der Betroffene weiterhin auf Abschiebungsverbote nach § 60 Abs. 2–7 AufenthG berufen, die dann ggf. im ausländerrechtlichen Verfahren inzident zu prüfen sind (§ 60 Abs. 9 S. 2 AufenthG).

Zu berücksichtigen ist hierbei, dass sich die Legalität des Aufenthalts ggf. auch aus einem nicht flücht-   **69b.1** lingsschutzbezogenen Aufenthaltstitel ergeben kann. So lange der Betroffene diesen nicht – zB durch eine Ausweisung – verliert, kann er sich auch auf jene Rechte der GFK berufen, die Flüchtlingen mit rechtmäßigem Aufenthaltsstatus vorbehalten sind (EuGH BeckRS 2019, 8404 Rn. 106).

Eine Besonderheit gilt dabei im Hinblick auf das Refoulement-Verbot des Art. 33 GFK: Zwar   **69c** würde Art. 33 Abs. 2 GFK es erlauben, gerade in den in § 60 Abs. 8 S. 1 und S. 3 AufenthG genannten Fällen vom Refoulement-Verbot des Art. 33 Abs. 1 GFK abzuweichen. Dem kann ggf. jedoch das primärrechtlich in Art. 4 GRCh und Art. 19 Abs. 2 GRCh garantierte Verbot der grausamen und unmenschlichen Behandlung entgegenstehen, das einer gefahrenabwehrrechtlichen Relativierung nicht zugänglich ist (EuGH BeckRS 2019, 8404 Rn. 93 ff.). Der Schutz der Unionsgrundrechte wirkt insoweit – anders als der des konventionsrechtlichen Refoulement-Verbots – absolut.

F. Rechtsfolgen der Zuerkennung der Flüchtlingseigenschaft (Übersicht)

70   Die Zuerkennung der Flüchtlingseigenschaft durch das BAMF führt unmittelbar zur **Fiktion der Rechtmäßigkeit des Aufenthalts** (§ 25 Abs. 2 S. 2, Abs. 1 S. 3 AufenthG) und begründet in der Regel einen **gebundenen Anspruch auf Erteilung einer Aufenthaltserlaubnis** mit einer (verlängerbaren) dreijährigen Geltungsdauer, die zur **Ausübung einer Erwerbstätigkeit** berechtigt (§ 25 Abs. 2 S. 2, Abs. 1 S. 1 und S. 4 AufenthG, § 26 Abs. 1 S. 2 AufenthG; vgl. → AufenthG § 25 Rn. 1 ff.; Bergmann/Dienelt/Bergmann Rn. 13 ff.).

70.1   Eine verwaltungsgerichtliche Verurteilung zur Zuerkennung der Flüchtlingseigenschaft begründet zwar einen Anspruch auf Erlass einer positiven Statusentscheidung, führt deren Wirkungen aber nicht selbst herbei.

71   Unter den in § 26 geregelten Voraussetzungen können Ehegatten, Lebenspartner und minderjährige Kinder eines anerkannten Flüchtlings selbst die Zuerkennung der Flüchtlingseigenschaft beanspruchen (**Familienasyl** bzw. internationaler Schutz für Familienangehörige; → § 26 Rn. 2 ff.); § 29 Abs. 2 AufenthG ermöglicht zudem den erleichterten **Familiennachzug** nach ausländerrechtlichen Grundsätzen (→ AufenthG § 29 Rn. 8 ff.).

72   Aufgrund der **Tatbestandswirkung der Zuerkennungsentscheidung** wirkt diese auch nach Wegfall der Zuerkennungsvoraussetzungen fort; sie kann unter den in § 73 geregelten Voraussetzungen aber zurückgenommen oder widerrufen werden (→ § 73 Rn. 1 ff.).

73   Insgesamt entspricht die Rechtsstellung anerkannter Flüchtlinge im Wesentlichen der **Rechtsstellung anerkannter Asylbewerber,** sodass auf die entsprechende Kommentierung verwiesen werden kann (→ § 2 Rn. 13 ff.).

§ 3a Verfolgungshandlungen

(1) Als Verfolgung im Sinne des § 3 Absatz 1 gelten Handlungen, die
1. **auf Grund ihrer Art oder Wiederholung so gravierend sind, dass sie eine schwerwiegende Verletzung der grundlegenden Menschenrechte darstellen, insbesondere der Rechte, von denen nach Artikel 15 Absatz 2 der Konvention vom 4. November 1950 zum Schutze der Menschenrechte und Grundfreiheiten (BGBl. 1952 II S. 685, 953) keine Abweichung zulässig ist, oder**
2. **in einer Kumulierung unterschiedlicher Maßnahmen, einschließlich einer Verletzung der Menschenrechte, bestehen, die so gravierend ist, dass eine Person davon in ähnlicher wie der in Nummer 1 beschriebenen Weise betroffen ist.**

(2) Als Verfolgung im Sinne des Absatzes 1 können unter anderem die folgenden Handlungen gelten:
1. **die Anwendung physischer oder psychischer Gewalt, einschließlich sexueller Gewalt,**
2. **gesetzliche, administrative, polizeiliche oder justizielle Maßnahmen, die als solche diskriminierend sind oder in diskriminierender Weise angewandt werden,**
3. **unverhältnismäßige oder diskriminierende Strafverfolgung oder Bestrafung,**
4. **Verweigerung gerichtlichen Rechtsschutzes mit dem Ergebnis einer unverhältnismäßigen oder diskriminierenden Bestrafung,**
5. **Strafverfolgung oder Bestrafung wegen Verweigerung des Militärdienstes in einem Konflikt, wenn der Militärdienst Verbrechen oder Handlungen umfassen würde, die unter die Ausschlussklauseln des § 3 Absatz 2 fallen,**
6. **Handlungen, die an die Geschlechtszugehörigkeit anknüpfen oder gegen Kinder gerichtet sind.**

(3) Zwischen den in § 3 Absatz 1 Nummer 1 in Verbindung mit den in § 3b genannten Verfolgungsgründen und den in den Absätzen 1 und 2 als Verfolgung eingestuften Handlungen oder dem Fehlen von Schutz vor solchen Handlungen muss eine Verknüpfung bestehen.

Überblick

§ 3a definiert den in § 3 Abs. 1 vorausgesetzten Begriff der „Verfolgung" als Handlungen iSd Abs. 1 (→ Rn. 3 ff.), die einen Konnex (→ Rn. 60 ff.) zu den in § 3b (→ § 3b Rn. 1 ff.) legaldefinierten Verfolgungsgründen aufweisen. Abs. 1 Nr. 1 regelt dabei den Grundfall der schwerwiegenden Verletzung grundlegender Menschenrechte (→ Rn. 6 ff.), während Abs. 1 Nr. 2 den Fall der kumulativen Beeinträchtigung anderer Rechte betrifft, die eine mit den in Nr. 1 geregelten Fällen vergleichbare Intensität aufweist („Kumulationsansatz"; → Rn. 21 ff.). Abs. 2 benennt – nicht abschließend – Beispielsfälle, die bei Vorliegen der übrigen Voraussetzungen des § 3 die Anerkennung als Flüchtling rechtfertigen können (→ Rn. 24 ff.). Allen in § 3a Abs. 1 und Abs. 2 genannten Fällen ist dabei der Umstand gemein, dass nur die Gefahr auch im Einzelfall schwerwiegender Menschenrechtsverletzungen die Zuerkennung der Flüchtlingseigenschaft rechtfertigt. Menschenrechtsverletzungen geringerer Intensität sind demgegenüber – selbst bei grundlegenden Menschenrechten – flüchtlingsrechtlich ohne Belang, solange die Schwelle des Abs. 1 Nr. 1 nicht durch jedenfalls durch Kumulation entsprechender Maßnahmen (Abs. 1 Nr. 2) erreicht wird. Hieran wird der grundlegende Unterschied zwischen grund- und menschenrechtlichen Anforderungen an den Herkunftsstaat und dem spezifisch flüchtlingsrechtlichen Schutzansatz deutlich (→ Rn. 7).

Übersicht

A. Allgemeines

Die §§ 3a–3e wurden mit Art. 1 des Gesetzes zur Umsetzung der Richtlinie 2011/95/EU (v. **1** 28.8.2013, BGBl. I 3474) in das AsylG eingefügt. § 3a dient der Umsetzung von Art. 9 Qualifikations-RL (RL 2011/95/EU v. 13.12.2011, ABl. 2011 L 337, 9) und **definiert den in § 3 Abs. 1 vorausgesetzten Begriff der „Verfolgung".** Inhaltlich entspricht die Bestimmung bis auf kleinere sprachliche Anpassungen dem Wortlaut des Art. 9 Qualifikations-RL, sodass die hierauf bezogenen Erwägungsgründe– schon aus Gründen der unionsrechtskonformen Auslegung – ggf. ergänzend zur Auslegung herangezogen werden können.

Zuvor hatte der Gesetzgeber die Voraussetzungen für die Zuerkennung der Flüchtlingseigenschaft zwar **1.1** in § 3 geregelt, die einzelnen Tatbestandsmerkmale aber in § 60 Abs. 1 S. 3 und S. 4 AufenthG definiert und in § 60 Abs. 1 S. 5 AufenthG ergänzend auf einzelne Bestimmungen der Qualifikations-RL 2004 (RL 2004/83/EG v. 29.4.2004, ABl. 2004 L 304, 12) verwiesen. Sachliche Änderungen waren mit der Einfügung der §§ 3a–3e aber nicht verbunden, weil deren Wortlaut den Vorgaben des früheren § 60 Abs. 1 bzw. der – nunmehr gültigen – Neufassung der Qualifikations-RL (RL 2011/95/EU) weitestgehend entspricht. Vergleiche zur Nichtumsetzung des – früher ausdrücklich in § 60 Abs. 1 S. 5 AufenthG in Bezug **1.2** genommenen – Art. 4 Abs. 4 Qualifikations-RL allerdings → § 3 Rn. 30 ff.

B. Definition der Verfolgungshandlungen

2   § 3a Abs. 1 definiert den Begriff der Verfolgung als **Handlungen** iSd Abs. 1, **die einen Konnex zu den in § 3b aufgeführten Verfolgungsgründen** aufweisen (Abs. 3). Abs. 2 benennt einzelne **typische Anwendungsbeispiele,** in denen die nach Abs. 1 erforderliche Verletzungsintensität erreicht sein kann (→ Rn. 24 ff.).

I. Begriff der Handlung

1. Erfordernis der Zielgerichtetheit

3   Dem Begriff der Handlung ist das Erfordernis der **doppelten Zielgerichtetheit** immanent: So muss das rechtsgutsgefährdende Verhalten des verfolgungsmächtigen Akteurs nicht nur **an die in § 3b genannten Verfolgungsgründe anknüpfen** (§ 3a Abs. 3), sondern gerade auch **auf die durch die Handlung bewirkte Rechtsgutsverletzung abzielen** (BVerwGE 133, 55 = NVwZ 2009, 982 (983 f.); GK-AsylG/Treiber Rn. 19 ff.).

3.1   So weist die **Vorenthaltung lebenswichtiger medizinischer Behandlungsmöglichkeiten** ohne Weiteres den nach § 3a Abs. 1 erforderlichen Grundrechtsbezug und die erforderliche Intensität auf. Sie kann die Annahme einer Verfolgungshandlung jedoch nur dann rechtfertigen, wenn sie selektiv zB gegenüber einzelnen ethnischen Gruppen erfolgt und zugleich auf eine erhebliche Gesundheitsbeeinträchtigung abzielt (verneint zB in BVerwGE 133, 55 = NVwZ 2009, 982 (983 f.)) im Fall der Verweigerung der örtlichen Registrierung als Voraussetzung für die Inanspruchnahme von Gesundheitsleistungen, die der Erschwerung des (für sich genommen nicht verfolgungsrelevanten) Zuzugs einzelner Volksgruppen dient (krit. Lübbe ZAR 2011, 164 (164 ff.); GK-AsylG/Treiber Rn. 21; allg. Huber AufenthG/Göbel-Zimmermann/Hruschka, 2. Aufl. 2016, Rn. 5)).

3.2   Nicht im oben genannten Sinne doppelt zielgerichtete faktische Grundrechtseingriffe können dennoch **Ansprüche auf subsidiären Schutz** (→ § 4 Rn. 3 ff.) oder auf **Feststellung von Abschiebungsverboten** begründen (→ AufenthG § 60 Rn. 33 ff.).

3a   Nicht erforderlich ist indes, dass die Verfolgungshandlung auch planvoll – etwa im Sinne eines strukturierten Verfolgungsprogrammes erfolgt (zutreffend GK-AsylG/Treiber Rn. 24). Taugliche Verfolgungshandlungen sind daher zB auch spontane Übergriffe, die aus an taugliche Verfolgungsgründe anknüpfenden Motiven (wie zB rassistischen Motiven) erfolgen. In Fällen nicht planvoller Verfolgungshandlungen kann allerdings fraglich sein, ob eine „beachtliche Wahrscheinlichkeit" entsprechender Übergriffe gegenüber dem konkreten Betroffenen besteht.

2. Unterlassen von Schutzmaßnahmen als Handlung?

4   Scheinbar nicht vom Begriff der Verfolgung erfasst ist das (staatliche) **Unterlassen menschenrechtsschützender Maßnahmen,** das die Verwirklichung tauglicher Verfolgungshandlungen durch Dritte ermöglicht bzw. jedenfalls nicht verhindert. Dies ist unproblematisch bei Verfolgungshandlungen Privater, die an Verfolgungsgründe iSd § 3b anknüpfen. Denn infolge der Aufnahme nichtstaatlicher Akteure in den Kreis der tauglichen Verfolgungsakteure (§ 3c Nr. 3) können deren Verfolgungshandlungen unmittelbar anspruchsbegründend wirken, wenn der Staat bzw. die das Staatsgebiet beherrschenden Organisationen nicht schutzbereit sind (§§ 3c Nr. 3, § 3d Abs. 1). Die Frage, ob auch die staatliche Untätigkeit eine „Handlung" iSd Abs. 1 begründen kann, wäre insoweit daher rein akademisch.

5   Probleme werfen allerdings Fälle auf, in denen **private Verfolgungshandlungen** nicht an Verfolgungsgründe iSd § 3c Abs. 1 anknüpfen und daher auch bei fehlender staatlicher Schutzbereitschaft (§ 3d Abs. 1) selbst keinen Schutzanspruch begründen könnten. Insoweit macht Abs. 3 aber deutlich, dass auch die **staatliche Schutzverweigerung** als taugliche Verfolgungs„handlung" – in Gestalt des qualifizierten Unterlassens – verstanden werden kann, wenn sie auf Verfolgungsgründen beruht und die Gefahr schwerwiegender Menschenrechtsverletzungen begründet (so ausdrücklich KOM(2009) 551, 8; vgl. auch NK-AuslR/Keßler Rn. 22; Hailbronner/Thym EU Immigration/Dörig Teil D III Art. 9 Rn. 54; allg. Lübbe ZAR 2011, 164 (166)).

II. Schwerwiegende Verletzung grundlegender Menschenrechte (Abs. 1 Nr. 1)

6   § 3a Abs. 1 Nr. 1 gibt als Grundfall der tauglichen Verfolgungshandlungen einen **strengen Maßstab** vor: Die Beschränkung auf **„schwerwiegende Verletzungen"** zeigt, dass selbst eine Verletzung grundlegender Menschenrechte nur dann einen Schutzanspruch begründen kann,

wenn die Verletzung auch im Einzelfall schwer wiegt. Es sind daher Fälle denkbar, in denen dem Betroffenen eine Rückkehr in das Herkunftsland zugemutet wird, obwohl ihm dort die Verletzung grundlegender Menschenrechte droht (EuGH NVwZ 2012, 1612 (1614) – Y + Z / Bundesrepublik Deutschland).

Insoweit unterscheidet sich der Ansatz des Menschenrechtsschutzes, der auf die größtmögliche **7** Freiheitsgewährleistung abzielt, grundlegend vom **flüchtlingsrechtlichen Ansatz der Schutzgewährung nur gegenüber gravierenden Rechtsverletzungen** (Marx NVwZ 2012, 1615 (1616)). Das Maß der geforderten Intensität bestimmt sich dabei nach der humanitären Intention des Asyl- bzw. Flüchtlingsrechts, demjenigen Aufnahme und Schutz zu gewähren, der sich angesichts gezielter, an schutzrelevante Merkmale anknüpfender Verfolgungshandlungen in einer „ausweglosen Lage" befindet (vgl. GK-AsylG/Treiber Rn. 43; GK-AufenthG/Treiber § 60 Rn. 111; BVerfGE 80, 315 (334) zu Art. 16a GG).

Bei einer Übertragung der anhand des Asylgrundrechts entwickelten Formel von der „ausweg- **8** losen Lage" auf das Flüchtlingsrecht darf nicht übersehen werden, dass die Qualifikations-RL gegenüber Art. 16a GG einen **teilweise breiteren Schutzansatz** verfolgt und zB vor an die Religionsausübung anknüpfenden Verfolgungshandlungen auch dann schützt, wenn der Betroffene sie durch einen Verzicht auf die öffentliche Religionsausübung vermeiden könnte (vgl. EuGH NVwZ 2012, 1613 (1615) – Y + Z / Bundesrepublik Deutschland; aA BVerfGE 76, 143 (158 ff.) zu Art. 16a GG). Sie ist dennoch geeignet, insbesondere **im Fall von Motivbündeln flüchtlingsrechtlich irrelevante Fallgestaltungen auszuscheiden:** Entscheidet sich der Betroffene trotz bestehender inländischer Flucht- und Schutzalternativen (vgl. → § 3d Rn. 1 ff.; → § 3e Rn. 1 ff.) oder trotz – im Verhältnis zu den mit einer Fluchtentscheidung stets verbundenen Belastungen – vergleichsweise geringer Eingriffsschwere zu einer Flucht ins Ausland, so liegt der Rückschluss auf eine nicht primär flüchtlingsrechtlich motivierte Motivlage nahe (vgl. → § 3 Rn. 28).

Die Problematik tritt insbesondere im Fall der ethnischen Minderheiten in den Balkanstaaten deutlich **8.1** zutage: So leben Volkszugehörige der Roma etwa in Serbien oft unter desaströsen wirtschaftlichen und sozialen Rahmenbedingungen, die regelmäßig nicht eindeutig auf konkrete Verfolgungshandlungen zurückgeführt werden können. In diesen Fällen kann oft zweifelhaft sein, ob eine konkrete, vergleichsweise niederschwellige Diskriminierungserfahrung (zB beim Zugang zu Arbeit oder sozialer Sicherung) den eigentlichen Fluchtgrund bildet oder lediglich ein – wenngleich verständlicher – Auslöser für die Entscheidung ist, sich der ohnehin wirtschaftlich katastrophalen Lage durch Migration zu entziehen.

1. Grundlegende Menschenrechte

Hinsichtlich des Begriffs der **grundlegenden Menschenrechte** verweist Abs. 1 zunächst auf **9** die in Art. 15 Abs. 2 EMRK genannten Grundrechte, von denen auch im Notstandsfall unter keinen Umständen abgewichen werden kann **(notstandsfeste Rechte).** Hierbei handelt es sich um das **Folterverbot** (Art. 3 EMRK), das **Verbot von Sklaverei, Leibeigenschaft und Zwangs- oder Pflichtarbeit** (Art. 4 EMRK) sowie das **Verbot der Strafe ohne Gesetz** (Art. 7 EMRK).

Nicht zum Katalog der absolut abweichungsfesten Grundrechte gehört dabei das **Recht auf 10 Leben** (Art. 2 EMRK), von dem – unabhängig von den in Art. 2 Abs. 2 EMRK genannten Fällen gerechtfertigter Eingriffe – nach Art. 15 Abs. 2 EMRK zumindest im Zusammenhang mit rechtmäßigen Kriegshandlungen abgewichen werden kann (aA BeckOK AuslR/Lluth Rn. 6; NK-AuslR/Keßler Rn. 4; Dörig MigrationsR-HdB § 13 Rn. 36; im Einzelnen irrelevant).

Der Verweis auf die in Art. 15 Abs. 2 EMRK genannten Rechte ist indes nicht abschließend **11** („insbesondere"). Er hat daher keine unmittelbar begrenzende Funktion (Marx AsylG Rn. 9), gibt aber – wie auch das kumulative Erfordernis einer schwerwiegenden Verletzung – einen tendenziell strengen Maßstab vor. Zu den grundlegenden Rechten iSd Abs. 1 Nr. 1 sind dabei insbesondere

- das **Recht auf Leben** (→ Rn. 11.1)
- einzelne Ausprägungen des **Rechts auf Freiheit** (→ Rn. 11.2)
- einzelne Ausprägungen des **Rechts auf faires Verfahren** (→ Rn. 11.3)
- die **Gedanken-, Gewissens- und Religionsfreiheit** (→ Rn. 11.4 f.) und
- der Schutz vor **willkürlicher Entziehung der Staatsangehörigkeit** (→ Rn. 11.6 f.)
zu zählen.

BVerfGE 54, 357 zu Art. 16a GG; Marx NVwZ 2012, 1615 (1616); Bergmann/Dienelt/Bergmann **11.1** Rn. 5

Art. 5 EMRK; vgl. BVerfGE 54, 357 zu Art. 16a GG; Marx NVwZ 2012, 1615 (1616); Bergmann/ **11.2** Dienelt/Bergmann Rn. 5. Die Erstreckung auf den Schutz vor dem Entzug der persönlichen Bewegungsfreiheit (Freiheitsentziehung) ergibt sich letztlich schon unmittelbar aus Art. 33 Abs. 1 GFK, der das Recht auf Freiheit als Schutzgut der GFK benennt (zutreffend Dörig MigrationsR-HdB § 13 Rn. 37).

11.3   Dies gilt insbesondere für einzelne der durch Art. 6 EMRK gewährleisteten **strafprozessualen Mindestgarantien** (vgl. EGMR NJW 1999, 2183 (2188) – Soering) und andere grundlegende rechtsstaatliche Mindeststandards (vgl. BeckOK AuslR/Kluth Rn. 6; Marx AsylG Rn. 33.)

11.4   Deren Schutz umfasst sowohl die Glaubensfreiheit nach Innen („forum internum") als auch deren Betätigung nach außen (forum externum); vgl. EuGH NVwZ 2012, 1611 (1614) – Y und Z/Bundesrepublik Deutschland.

11.5   Auch die zwangsweise politische Umerziehung bzw. Indoktrination kann einen schutzrelevanten Eingriff begründen; vgl. BVerwG NVwZ 1991, 790 (791) zu Art. 16a GG.

11.6   Art. 15 Abs. 2 AEMR; Art. 16 Abs. 1 GG; vgl. BVerwGE 133, 203 = NVwZ-RR 2010, 252 (252 f.); England and Wales Court of Appeal, Urt. v. 31.7.2007 – EB (Ethiopia) v. Secretary of State for the Home Department (2007) – EWCA Civ 809, Rn. 54, 75; vgl. zum **Schutz des „staatsangehörigkeitsrechtlichen Minimums"** auch schon BVerwG NVwZ-RR 1996, 602.

11.7   Vergleiche zur **Entziehung der Staatsangehörigkeit** („de-jure-Staatenlosigkeit") und zur **gezielten Vorenthaltung der mit der Staatsangehörigkeit verbundenen Rechte** ohne formale Ausbürgerung („de-facto-Staatenlosigkeit") → § 3 Rn. 16 f.

12   Nicht zu den „grundlegenden Rechten" gehören demgegenüber zB
  • das **Recht auf Freizügigkeit innerhalb des Staatsgebiets** nach Art. 2 des 4. Zusatzprotokolls zur EMRK (vgl. BVerwGE 133, 55 = NVwZ 2009, 982 (984))
  • oder das **Recht auf Zugang zu Bildungseinrichtungen** (vgl. BVerwGE 146, 67 = NVwZ 2013, 936 (941)).

13   Die genauere Abgrenzung erweist sich indes oft als müßig, da auch Eingriffe in grundlegende Rechte nur bei hinreichender Intensität im Einzelfall schutzrelevant sind und Verletzungen nichtgrundlegender Menschenrechte oder gar nicht durch spezielle Grundrechte abgesicherter Rechtspositionen nach Abs. 1 Nr. 2 schutzrelevant sein können, wenn sie im Einzelfall eine mit Abs. 1 Nr. 1 vergleichbare Intensität aufweisen. Auch die Rechtsprechung lässt daher mitunter offen, ob ein Fall der Nr. 1 oder Nr. 2 vorliegt (zB EuGH NVwZ 2014, 132 (133) – X, Y und Z im Fall einer Verletzung von Art. 8 Abs. 1 EMRK (Privatleben) durch die strafrechtliche Sanktionierung homosexueller Handlungen).

2. Im Einzelfall schwerwiegend

14   Aus dem spezifisch flüchtlingsrechtlichen Schutzansatz folgt, dass selbst die Gefahr der Verletzung grundlegender Menschenrechte einen Schutzanspruch nur dann begründen kann, **wenn die Verletzung auch im Einzelfall schwer** wiegt (→ Rn. 5 f.). Das Erfordernis einer schwerwiegenden Verletzung der genannten Rechte erfordert dabei eine fallbezogene Konkretisierung (BVerwGE 146, 67 = NVwZ 2013, 936 (942)).

15   Die erforderliche **Schwere der Verletzung** kann sich dabei sowohl **in qualitativer als auch in quantitativer Hinsicht** ergeben (HTK-AuslR/Zeitler Verfolgungshandlung, 4/2016, Nr. 2.1). Im Unterschied zu Nr. 2 setzt eine **quantitative Betrachtung** jedoch voraus, dass eine konkrete – für sich genommen nicht ausreichend schwere – Menschenrechtsverletzung „wiederholt" wird (BeckOK AuslR/Kluth Rn. 9, 13; Huber AufenthG/Göbel-Zimmermann/Hruschka, 2. Aufl. 2016, Rn. 8), zB bei wiederholt rechtswidrigen Wohnungsdurchsuchungen oder einer Durchdringung des höchstpersönlichen Lebensbereichs nach Art der Ausforschungsmaßnahmen des Staatssicherheitsdienstes der ehemaligen DDR, die den Betroffenen der Willkür und Verfügbarkeit staatlicher Sicherheitsorgane aussetzt (vgl. UNHCR, Kommentar des Hohen Flüchtlingskommissars der Vereinten Nationen (UNHCR) zur Richtlinie 2004/83/EG des Rates vom 29. April 2004 über Mindestnormen für die Anerkennung und den Status von Drittstaatsangehörigen oder Staatenlosen als Flüchtlinge oder als Personen, die anderweitig internationalen Schutz benötigen, und über den Inhalt des zu gewährenden Schutzes, 2005, Qualifikations-RL 2004 Art. 9 (2); Huber/Göbel-Zimmermann AuslR Rn. 1699; skeptisch wohl GK-AufenthG/Treiber AufenthG § 60 Rn. 112.2).

16   **Ausgangspunkt** der Betrachtung muss dabei die **Bedeutung des betroffenen Grund- oder Menschenrechts** sein. Da Abs. 1 Nr. 1 auch bei der Verletzung grundlegender Menschenrechte eine „schwerwiegende" Verletzung fordert, kann aus der Natur des betroffenen Rechtsguts jedoch nur ausnahmsweise unmittelbar auf das Vorliegen einer tauglichen Verfolgungshandlung geschlossen werden (HTK-AuslR/Zeitler Verfolgungshandlung, 4/2016, Nr. 2.1).

17   Allerdings weisen zB **Misshandlungen und Folter** iSd Art. 3 ERMK stets die erforderliche Schwere auf. Schon bei sonstigen Beeinträchtigungen der körperlichen Unversehrtheit ist jedoch jedenfalls zu fordern, dass diese im Einzelfall „nicht ganz unerheblich" sind (vgl. jeweils BVerfG NVwZ-Beil. 1999, 81 zu Art. 16a GG).

Ein staatliches **Verbot homosexueller Handlungen** – als Eingriff in das nach Art. 8 Abs. 1 **18** EMRK geschützte Privatleben – weist demgegenüber für sich genommen nicht die erforderliche Schwere auf; es begründet jedoch dann eine hinreichend gravierende Verfolgungshandlung, wenn seine Verletzung tatsächlich mit Strafsanktionen (hier: mit Freiheitsstrafen) geahndet wird (EuGH NVwZ 2014, 132 [133] – X, Y und Z). Gleiches gilt für ein **strafbewehrtes Verbot des Glaubensabfalls (Apostasie),** ohne dass es auf dessen Rechtmäßigkeit nach dem Recht des Herkunftsstaats ankommt (EuGH NVwZ 2019, 634 (640 Rn. 96, 99, 101) – Fathi).

Nicht schwerwiegend sind jedenfalls Beeinträchtigungen, die auch **nach Maßgabe der euro-** **19** **päischen Grundrechtskodifikationen gerechtfertigt** werden könnten (EuGH NVwZ 2012, 1613 Rn. 60; BeckOK AuslR/Kluth Rn. 7; NK-AuslR/Keßler Rn. 7; GK-AsylG/Treiber Rn. 56; GK-AufenthG/Treiber AufenthG § 60 Rn. 112.1). Dies scheidet bei Folter oder unmenschlicher Behandlung grundsätzlich aus (EGMR NJW 2010, 3145 Rn. 107 – Gäfgen), ist im Übrigen aber unter sinngemäßer Anwendung der Rechtfertigungsbedingungen der EMRK zu prüfen. Dies gilt unabhängig davon, ob der potentielle Verfolgerstaat selbst an die Bestimmungen der EMRK gebunden ist. Während die Feststellung einer schwerwiegenden Beeinträchtigung bei (hypothetischer) Rechtmäßigkeit der Handlung ausschiedet, kann aus der Rechtswidrigkeit der Beeinträchtigung nicht auf das Vorliegen einer schwerwiegenden Menschenrechtsverletzung geschlossen werden. Dies gebieten die unterschiedlichen Schutzansätze des Menschenrechts- bzw. Flüchtlingsschutzes (→ Rn. 6 f.).

Bei der Beantwortung der Frage, ob eine Handlung als Verfolgung zu werten ist, sind gem. **20** Art. 4 Abs. 3 lit. c Qualifikations-RL auch die **individuelle Lage** sowie die **persönlichen Umstände des Ausländers** (einschließlich seines familiären und sozialen Hintergrunds, seines Geschlechts und seines Alters) zu beachten. Bei der Bewertung der Eingriffsschwere sind dabei sowohl ihr intendierter Zweck als auch ihre tatsächlichen Auswirkungen zu berücksichtigen (EGMR NJW 2011, 413 Rn. 220 – M.S.S. / Belgien und Griechenland; vgl. zum Finalitätserfordernis allerdings → Rn. 3 ff.).

III. Kumulierung von Maßnahmen mit vergleichbarer Intensität (Abs. 1 Nr. 2)

Abs. 1 Nr. 2 ermöglicht die Berücksichtigung einer Kumulation unterschiedlicher Eingriffs- **21** handlungen, die einzeln nicht die Intensität einer gravierenden Verletzung grundlegender Menschenrechte aufweisen (**„Kumulationsansatz"**).

Ausgangspunkt der Betrachtung ist dabei die vom BVerwG stets eingeforderte **„fallbezogene** **22** **Konkretisierung"** des Maßstabs für die Annahme einer schwerwiegenden Menschenrechtsverletzung iSd Abs. 1 Nr. 1, da der von Nr. 2 geforderten Vergleichsbetrachtung („Betroffenheit in ähnlicher wie der in Nr. 1 beschriebenen Weise") sonst der normative Anknüpfungspunkt fehlt (BVerwGE 146, 67 = NVwZ 2013, 936 (941)).

Voraussetzung für die Annahme einer Verfolgungshandlung ist dabei, dass die Eingriffe in ihrer **23** Gesamtheit eine Betroffenheit des Einzelnen bewirken, die der **Intensität einer schwerwiegenden Verletzung grundlegender Menschenrechte** gleichkommt. In die Gesamtbetrachtung können dabei insbesondere verschiedenartige Diskriminierungen gegenüber den Angehörigen einer sozialen Gruppe (wie zB Beschränkungen des Zugangs zu Bildungs- oder Gesundheitseinrichtungen oder existenzielle berufliche oder wirtschaftliche Einschränkungen) einbezogen werden, auch wenn sie für sich genommen die Intensität einer Menschenrechtsverletzung nicht erreichen (vgl. zum Ganzen BVerwGE 146, 67 = NVwZ 2013, 936 (941)).

Vergleiche zur Frage eines hinreichenden Eingriffsgewichts des gezielten Ausschlusses zweit- oder dritt- **23.1** geborener Kinder von der Teilhabe am Bildungs- und Gesundheitssystem der VR China (**„Ein-Kind-Politik"**) aber zB VGH BW BeckRS 2016, 52590 Rn. 37 ff. einerseits (bejahend) und VG Bayreuth Urt. v. 4.11.2014 – B 3 K 13.30190, juris Rn. 5 andererseits (verneinend).

Vergleiche zur potentiellen Relevanz des Umgangs der VR Vietnam mit Dissidenten („Telefon- und **23.2** Mailüberwachung, Hausarrest, Aufnahme in eine schwarze Liste bis hin zur Verbringung in „Umerziehungslager") VG Lüneburg BeckRS 2007, 26092.

C. Beispiele für Verfolgungshandlungen (Abs. 2)

I. Funktion der Regelbeispiele

Abs. 2 benennt einzelne Handlungen, die als Verfolgungshandlungen iSd Abs. 1 gewertet **24** werden können. Der Katalog des Abs. 2 hat dabei **lediglich Beispielscharakter** und entbindet nicht von einer Prüfung der Eingriffsschwere im konkreten Einzelfall. So ist es möglich, dass Handlungen iSd Abs. 2 im konkreten Fall nicht die erforderliche Schwere aufweisen, um eine Verfolgungshandlung iSd Abs. 1 begründen zu können.

24.1   Besonders deutlich wird dies an den Beispielen der diskriminierenden (Nr. 2) oder an die Geschlechtszugehörigkeit anknüpfenden (Nr. 6) Handlungen. Offenkundig liegt eine hinreichende Eingriffsschwere hier etwa bei der Zwangsverheiratung (vgl. BayVGH NVwZ 2016, 1271 (1272) zu § 4 AsylG und Art. 3 EMRK) oder auch der aus dem indischen Kulturkreis bekannten „Witwenverbrennung" vor. Ebenso offenkundig stellt zB eine geschlechtsdiskriminierende Erstattungspraxis der staatlichen Beihilfestellen (vgl. BVerwG NJW 2002, 2045) hingegen auch dann keine taugliche Verfolgungshandlung dar, wenn sie gemessen an den besonderen Diskriminierungsverboten des Art. 3 Abs. 2 und Abs. 3 GG nicht zu rechtfertigen wäre. Der Zwang, sich einem „traditionellen" Sitten- und Rollenbild von Frauen im islamischen Kulturkreis anzupassen, kann demgegenüber die erforderliche Intensität aufweisen, wenn die Betroffene einen westlichen Lebensstil lebt und dieser auf einer ernsthaften und nachhaltigen Überzeugung beruht (NdsOVG EZAR NF 69 Nr. 24, 1 (3 ff.) = BeckRS 2015, 53134); er begründet für die (duldsame) Angehörige der Mehrheitsgesellschaft aber – trotz auch insoweit vorliegender Geschlechtsdiskriminierung – keinen Anerkennungsgrund.

24.2   Vergleiche auch BVerwGE 133, 55 = NVwZ 2009, 982 (984) zur fehlenden Verfolgungsrelevanz einer nach Ethnien diskriminierenden Beschränkung der Freizügigkeit innerhalb des Staatsgebiets sowie Lübbe ZAR 2011, 164 (165) zum (fiktiven) Beispiel der ethnisch diskriminierenden Sportförderung.

25   Zugleich kann aber auch eine Handlung die von Abs. 1 geforderte Intensität aufweisen, die nicht unter den Beispielskatalog des Abs. 2 subsumiert werden kann. Dieser ist schon seinem Wortlaut nach **nicht abschließend** („insbesondere"). Auch ein e-contrario-Schluss aus den in Abs. 2 genannten Beispielen ist nicht zulässig. Denn die Kodifizierung der in Abs. 2 genannten Beispielsfälle dient lediglich dem Zweck, häufig auftretende Verfolgungshandlungen herauszuheben und leichter qualifizierbar zu machen (BeckOK AuslR/Kluth Rn. 2).

25.1   So kann die Bestrafung wegen Wehrdienstverweigerung auch dann eine Verfolgungshandlung darstellen, wenn eine Mitwirkung an Kriegsverbrechen nicht zu erwarten war (Nr. 5), die Wehrdienstverweigerung selbst aber unverhältnismäßig hart und unter Anknüpfung an flüchtlingsrechtlich erhebliche Merkmale (sog. „Politmalus") sanktioniert wird (vgl. BVerwG NVwZ 2018, 1408 (1410 Rn. 21 ff.); BayVGH BeckRS 2017, 105498 Rn. 86 f.; allg. Lehmann NVwZ 2018, 293 (293 ff.)).

25.2   Auch die Verweigerung gerichtlichen Rechtsschutzes kann auch dann eine Verfolgungshandlung darstellen, wenn sie nicht zu einer unverhältnismäßigen oder diskriminierenden Bestrafung führt (Nr. 4). Zu denken wäre hier etwa an die systematische, an die ethnische Zugehörigkeit der Betroffenen anknüpfende Weigerung, gegen Übergriffe Dritter einzuschreiten bzw. diese zu verfolgen (vgl. → Rn. 5).

II. Einzelne Regelbeispiele

1. Anwendung psychischer oder physischer Gewalt

26   **Die Anwendung psychischer oder psychischer Gewalt** weist stets die erforderliche Schwere auf, wenn die Kriterien für die Annahme von **Folter oder einer erniedrigenden Behandlung** iSd Art. 3 EMRK erfüllt sind (vgl. im Einzelnen → § 4 Rn. 41 ff.).

26.1   Als **erniedrigende Behandlung** ist dabei eine Behandlung anzusehen, die bei den Opfern Gefühle von Furcht, Todesangst und Minderwertigkeit verursacht, die geeignet sind, zu erniedrigen oder zu entwürdigen und ggf. ihren physischen oder moralischen Widerstand zu brechen (vgl. BayVGH NVwZ 2016, 1271 (1272) mwN).

26.2   **Folter** ist demgegenüber eine besonders intensive Form der vorsätzlichen unmenschlichen Behandlung, die schwere und grausame Leiden verursacht (EGMR 1996-VI, 2261 Rn. 63 f. - Aksoy), wobei - abhängig von den Umständen des Einzelfalls - bereits die Androhung von Folter als Folter qualifiziert werden kann (EGMR NJW 2010, 3145 Rn. 108 – Gäfgen). Für die Anwendung des § 3a Abs. 1 und Abs. 2 ist die Abgrenzung zur „einfachen" unmenschlichen Behandlung jedoch ohne Bedeutung, weil diese bereits für sich genommen eine hinreichende Schwere aufweist.

27   Letzteres ist insbesondere bei **sexueller Gewalt** – wie zB bei Vergewaltigung oder sonstigen nonkonsensualen sexuell erniedrigenden Handlungen – regelmäßig zu bejahen (Marx AsylG Rn. 25 f.; Bergmann/Dienelt/Bergmann Rn. 6; EGMR Urt. v. 25.9.1997 – 23178/94 Rn. 83 f., 86 – Aydin), zumal diese zudem in der Regel den Tatbestand der Nr. 6 verwirklichen.

28   Bei der Bewertung **polizeilicher Eingriffsmaßnahmen** ist insbesondere der Grundsatz der Verhältnismäßigkeit zu berücksichtigen. Notwendige und angesichts des Vorverhaltens des Betroffenen angemessene Maßnahmen sind dabei nicht geeignet, einen Schutzanspruch zu begründen (HK-EMRK/Meyer-Ladewig/Lehnert EMRK Art. 3 Rn. 60 f. mwN sowie → Rn. 19). Bei der Bewertung rechtswidriger – dh insbesondere unverhältnismäßiger – Maßnahmen ist zu berücksichtigen, dass nicht jede (Grund-) Rechtsverletzung einen flüchtlingsrechtlichen Schutzanspruch auslöst, solange die Verletzung nicht auch im Einzelfall schwer wiegt.

2. Diskriminierende gesetzliche, administrative, polizeiliche oder justizielle Maßnahmen

Als weitaus problematischer erweist sich das in Nr. 2 benannte Beispiel der **diskriminierenden** **29** **gesetzlichen, administrativen, polizeilichen oder justiziellen Maßnahmen,** da die Diskriminierung unterhalb der Schwelle der schwerwiegenden Menschenrechtsverletzung gerade keinen Anspruch auf Flüchtlingsschutz vermitteln kann. Dies wird etwa am Fall ethnischer Zuzugsbeschränkungen innerhalb des Staatsgebiets deutlich, die nach BVerwGE 133, 55 = NVwZ 2009, 982 (984) typischerweise nicht die erforderliche Verfolgungsintensität aufweisen.

Richtigerweise meint Abs. 2 Nr. 2 jedoch ohnehin nicht jedwede Form der an die Zugehörig- **30** keit zu sozialen Gruppen anknüpfenden unterschiedlichen Behandlung (zB aufgrund von Vorurteilen gegen einzelne Ethnien oder überkommenen Geschlechterstereotypen), sondern **gezielte, auf eine Ausgrenzung oder Vertreibung der jeweiligen Gruppe gerichtete staatliche Maßnahmen.**

Anderer Ansicht wohl Marx ASYLMAGAZIN 2013, 233 (235 ff.), der alleine auf die Schwere der **30.1** Beeinträchtigung abstellen will; vgl. aber Marx AsylG Rn. 29 zum besonderen Eingriffsgewicht des Einsatzes wirtschaftlicher und beruflicher Sanktionen zur politischen Unterdrückung des Gegners.

Dies ergibt sich schon aus dem Umstand, dass Abs. 2 spezifische Fälle der Verfolgungshandlun- **31** gen regelt und eine Verknüpfung zu den in § 3b genannten Verfolgungsgründen ohnehin voraussetzt, so dass sich bei weiterer Auslegung der Nr. 2 unnötige und in der Sache nicht zielführende Doppelungen ergäben.

Bei der nötigen Gewichtung des Eingriffs darf allerdings nicht verkannt werden, dass die von **32** Abs. 2 Nr. 2 alleine adressierte **staatliche Diskriminierung** insbesondere im Fall ihrer systematischen Durchführung und Erstreckung auf verschiedene Lebensbereiche zu einer zermürbenden und persönlichkeitszerstörenden Wirkung führen kann, die die Intensität einer erniedrigenden Behandlung erreicht (vgl. BeckOK AuslR/Kluth Rn. 13; Marx ASYLMAGAZIN 2013, 233 (235 ff.)). Dies kann etwa dann der Fall sein, wenn der Staat Angehörige einer sozialen Gruppe gezielt Beschränkungen des Zugangs zu Bildungs- oder Gesundheitseinrichtungen oder existenziellen beruflichen oder wirtschaftlichen Einschränkungen unterwirft (vgl. BVerwGE 146, 67 = NVwZ 2013, 936 (941); Marx AsylG Rn. 27 ff.).

Aufgrund der besonderen Betonung des staatlichen Charakters der beeinträchtigenden Maßnahmen **32.1** kann der Beispielsfall des Abs. 2 Nr. 2 nur von staatlichen oder quasistaatlichen Akteuren verwirklicht werden (§ 3c Nr. 1 und Nr. 2), da der Organisationsgrad und offizielle Charakter der Diskriminierungshandlung dieser eine besondere Schwere verleiht. Eine Schutzrelevanz systematischer Diskriminierungshandlungen privater Verfolgungsakteure (§ 3c Nr. 3) kann zwar nicht von vornherein ausgeschlossen werden, liegt aber – sofern sie nicht ohnehin mit der Verletzung anderer asylrelevanter Schutzgüter einhergeht – eher fern. Sie wäre jedenfalls unmittelbar durch Subsumtion unter Abs. 1 Nr. 2 zu begründen, ohne dass es des Rückgriffs auf das in Abs. 2 Nr. 2 genannte Regelbeispiel bedarf.

Ob und unter welchen Umständen der **gezielte Ausschluss von der Teilhabe am Bildungs- und** **32.2** **Gesundheitssystem** als diskriminierende Verfolgungshandlung qualifiziert werden kann, ist umstritten (vgl. VGH BW BeckRS 2016, 52590 Rn. 37 ff. einerseits (bejahend) und VG Bayreuth Urt. v. 4.11.2014 – B 3 K 13.30190, juris Rn. 5 (verneinend)).

3. Unverhältnismäßige oder diskriminierende Strafverfolgung oder Bestrafung

Die Fallgruppe der **unverhältnismäßigen oder diskriminierenden Strafverfolgung oder** **33** **Bestrafung** betrifft die anerkannte Fallgruppe des „Politmalus", dh die an die Zugehörigkeit zu einer sozialen Gruppe anknüpfende Verfolgung Unschuldiger bzw. die überharte Strafverfolgung aufgrund der (vermeintlichen) Zugehörigkeit zu einer spezifischen sozialen Gruppe (BVerwG NVwZ 2018, 1408 (1410 Rn. 22); NdsOVG EZAR NF 62 Nr. 39, 1 (3 f.) = BeckRS 2016, 47530 mwN; vgl. auch BVerfG NVwZ 2009, 1035 (1036) zu Art. 16a GG; vgl. zB zur Bestrafung der Wehrdienstentziehung in Eritrea BVerwG NVwZ 2018, 1408 Rn. 22 f., im Ergebnis verneinend).

34   Der **Begriff der „Strafverfolgung"** darf dabei nicht zu eng verstanden werden; er umfasst neben dem eigentlichen Strafverfahren insbesondere auch polizeiliche Maßnahmen im Zusammenhang mit der Festnahme des Beschuldigten (vgl. BVerfG NVwZ 2009, 1035 (1036) zu Art. 16a GG). Dies ist insbesondere für die Frage der Indizwirkung einer „unverhältnismäßigen" Strafverfolgung für das Vorliegen eines **Politmalus** von Bedeutung (vgl. → Rn. 35). Der Begriff der Bestrafung umfasst demgegenüber die Verhängung der Strafe einschließlich der Umstände ihrer tatsächlichen Vollstreckung (Marx AsylG Rn. 30).

35   Die besondere Intensität der in Abs. 2 Nr. 3 genannten Beeinträchtigung ergibt sich in diesen Fällen daraus, dass der Staat eines der schärfsten ihm zu Gebote stehenden Sanktions- und Interventionsinstrumente – das Strafrecht – in sachfremder Weise gegen Angehörige spezifischer sozialer Gruppen wendet oder das eigentlich legitime staatliche Sanktionsinteresse mit sachfremden, gruppenfeindlichen Erwägungen vermengt (**diskriminierende Strafverfolgung oder Bestrafung**). Die „unverhältnismäßige" Bestrafung kann dabei – wie stets – einen Schutzanspruch nur dann begründen, wenn sie einen Konnex zu den in § 3b genannten Verfolgungsgründen aufweist (§ 3 Abs. 3). Sie kann jedoch insbesondere dann eine Indizwirkung für das Vorliegen eines Politmalus entfalten, wenn der staatliche Strafexzess nicht anders als durch gruppenfeindliche Motive erklärt werden kann (BeckOK AuslR/Kluth Rn. 16; VGH BW BeckRS 2017, 115850 Rn. 60 ff.; vgl. auch BVerfG NVwZ 2009, 1035 (1036) zu Art. 16a GG).

35.1   Aufgrund des offiziellen Charakters der „Strafverfolgung" bzw. der „Bestrafung" kann auch dieses Regelbeispiel nur von staatlichen oder quasistaatlichen Verfolgungsakteuren (§ 3c Nr. 1 und Nr. 2) verwirklicht werden (vgl. → § 4 Rn. 34 f. zum Begriff der Todesstrafe). Da privaten Verfolgungsakteuren ein unmittelbarer Strafanspruch ohnehin nicht zusteht, kann die private „Bestrafung" an Leib, Leben oder Freiheit aber auch unabhängig von Fragen ihrer „Verhältnismäßigkeit" oder eines Politmalusses eine taugliche Verfolgungshandlung iSd Abs. 1 begründen, wenn der erforderliche Konnex zu den in § 3b genannten Verfolgungsgründen besteht. Eines Rückgriffes auf die in Abs. 2 Nr. 3 kodifizierte Fallgruppe bedarf es insoweit nicht.

36   Aufgrund der besonderen Eingriffsintensität staatlicher Sanktionen mit Sanktionscharakter dürfte eine im oben genannten Sinne diskriminierende Strafverfolgung oder Bestrafung regelmäßig – insbesondere im Fall der gezielten Verfolgung Unschuldiger – auch eine hinreichend schwerwiegende Menschenrechtsverletzung iSd Abs. 1 darstellen. Dennoch geht etwa das BVerfG davon aus, dass jedenfalls im Fall des Strafexzesses nur der „deutlich" härteren als der allgemein üblichen Bestrafung Asylrelevanz zukommt (BVerfG NVwZ-RR 2008, 643 (644) zu Art. 16a GG). Diese Einschränkung erscheint angesichts der Besonderheiten des flüchtlingsrechtlichen Schutzansatzes ohne Weiteres auf § 3 Abs. 1 übertragbar, sollte angesichts der einschneidenden Wirkung strafrechtlicher Sanktionen (und der im Ausland oft ungleich härteren Haftbedingungen) aber nicht überbetont werden.

36.1   Einen Fall der unverhältnismäßigen oder diskriminierenden Bestrafung nimmt EuGH zB im Fall der tatsächlichen Verhängung von Freiheitsstrafen für homosexuelle Handlungen an (EuGH NVwZ 2014, 132 (133 f.) – X, Y, Z).

37   Hinsichtlich des diskriminierenden Charakters einer Strafnorm ist zunächst vom Wortlaut der ausländischen Strafvorschriften auszugehen. Letztlich maßgeblich ist jedoch die **tatsächliche geübte Anwendungspraxis** (Bergmann/Dienelt/Bergmann Rn. 6; vgl. auch BVerfGE 76, 143 (161) zu Art. 16a GG). Soweit sich ein „Politmalus" nicht von vorneherein ausschließen lässt, haben die Fachgerichte den diesbezüglichen Sachverhalt mit besonderer Sorgfalt aufzuklären (NK-AuslR/Keßler Rn. 14; BVerfG NVwZ 2013, 500 zu Art. 16a GG).

4. Verweigerung gerichtlichen Rechtsschutzes mit dem Ergebnis einer unverhältnismäßigen oder diskriminierenden Bestrafung

38   Die Fallgruppe der **Verweigerung gerichtlichen Rechtsschutzes mit dem Ergebnis einer unverhältnismäßigen oder diskriminierenden Bestrafung** hat aufgrund ihrer Beschränkung auf Fälle der gerichtlichen Rechtsschutzverweigerung, die eine – bereits von Abs. 2 Nr. 3 erfasste – unverhältnismäßige oder diskriminierende Bestrafung zur Folge hat, nur einen sehr geringen Anwendungsbereich (Hailbronner/Thym EU Immigration/Dörig Teil D III Art. 9 Rn. 45). Einen typischen Fall bildet etwa die Verwaltungshaft ohne Möglichkeit einer effektiven richterlichen Überprüfung (vgl. Marx AsylG Rn. 33 zB der Inhaftierung „feindlicher Kämpfer" in Guantanamo Bay), da das Fehlen einer effektiven richterlichen Kontrolle hier in besonderer Weise eingriffsverschärfend wirkt.

Eine gewisse **eigenständige Bedeutung** vermag sie potentiell **in Fällen der drohenden 39 Kettenabschiebung** zu entfalten, in denen dem Betroffenen die unverhältnismäßige oder diskriminierende Bestrafung nicht seitens des Zielstaats, sondern in Folge einer ihm drohenden Auslieferung in einen dritten Staat droht. In diesen Fällen kann die drohende Rechtsschutzverweigerung gegenüber eigenen Staatsangehörigen zudem – ähnlich wie bei Abs. 2 Nr. 3 – Indizwirkung für eine Anknüpfung an Verfolgungsgründe iSd § 3b entfalten (vgl. Hailbronner/Thym EU Immigration/Dörig Teil D III Art. 9 Rn. 45; Marx AsylG Rn. 33).

Die tatbestandlich Enge der Fallgruppe lässt jedoch nicht den Schluss zu, dass die **(diskriminie- 40 rende) Rechtsschutzverweigerung** nur dann als Verfolgungshandlung verstanden werden kann, wenn sie eine unverhältnismäßige oder diskriminierende Bestrafung zur Folge hat. Vielmehr kann die Rechtsschutzverweigerung – ob durch Polizei, Staatsanwaltschaften oder Gerichte – unter unmittelbarem Rückgriff auf Abs. 1 bzw. auf Abs. 2 Nr. 3 auch dann eine Verfolgungshandlung darstellen, wenn dem Betroffenen eine hinreichend gewichtige Gefährdung schutzrelevanter Schutzgüter seitens nichtstaatlicher Dritter droht (vgl. NK-AuslR/Keßler Rn. 16). Insbesondere kann die an Verfolgungsgründe anknüpfende Schutzgewährung auch in Fällen schutzbegründend wirken, in denen die eigentliche Gefahr nicht auf Verfolgungsgründen beruht (→ Rn. 5). Erforderlich für die Annahme einer Verfolgungshandlung ist in diesen Fällen aber ein nicht lediglich punktuelles Schutzversagen, sondern eine systematische und auf die Hinnahme von Rechtsgutverletzungen gerichtete Rechtsschutzverweigerung (vgl. im Kontext des § 3d Abs. 2 OVG NRW BeckRS 2017, 108256 Rn. 6 ff.).

5. Strafverfolgung oder Bestrafung wegen Verweigerung des Militärdienstes in einem Konflikt, der die Mitwirkung an Kriegsverbrechen umfasst

Die Fallgruppe der Strafverfolgung oder Bestrafung wegen Verweigerung des Militärdienstes 41 in einem Konflikt, der die Mitwirkung an Kriegsverbrechen umfasst, regelt ebenso wie die Fallgruppe des Abs. 2 Nr. 4 (→ Rn. 40) lediglich einen Teilausschnitt des von ihr betroffenen potentiell flüchtlingsschutzrelevanten Lebensbereichs. Aus dieser Beschränkung kann nicht gefolgert werden, dass alleine Fälle der Bestrafung der Kriegsdienstverweigerung eine taugliche Verfolgungshandlung begründen können; deren Anerkennung folgt vielmehr lediglich unmittelbar den in Abs. 1 und Abs. 3 genannten Kriterien (vgl. EuGH NVwZ 2015, 575 (578 f.) – Shepherd; GK-AsylG/Treiber Rn. 173 ff.; unklar BVerwG BeckRS 2019, 9614 (Rn. 13)).

Dies ergibt sich auch unmittelbar aus der weiter gefassten Formulierung des – zumindest mittelbar 41.1 interpretationsleitenden – UNHCR-HdB Rn. 170 (vgl. GK-AsylG/Treiber Vor §§ 3a–3e Rn. 18). Dass eine ursprünglich in Art. 11 Abs. 1 lit. d des Kommissionsentwurfs KOM(2001) 510, 22 f. vorgesehene weitere Fassung des Art. 9 Abs. 2 lit. e Qualifikations-RL sich nicht durchgesetzt hatte, erlaubt aufgrund des lediglich beispielhaften Charakters der dort genannten Fallgruppen keine (negativen) Rückschlüsse auf die Anerkennungsfähigkeit derartiger, nicht von Abs. 2 Nr. 5 erfasster Fälle der Wehrdienstverweigerung (Marx AsylG Rn. 36 f.).

Die Besonderheit dieses Beispielsfalls liegt darin, dass Abs. 2 Nr. 5 keine unverhältnismäßige 42 oder diskriminierende Bestrafung fordert, sondern – vorbehaltlich der stets erforderlichen Prüfung der hinreichenden Eingriffsschwere nach Abs. 1 – die **bloße Tatsache einer Strafverfolgung oder Bestrafung** genügen lässt, wenn die Erfüllung des Militärdienstes die Gefahr der Mitwirkung an Kriegsverbrechen mit sich bringt.

Dies ist nicht zuletzt dem Umstand geschuldet, dass die Rechtsordnung Teilnehmern an Kriegs- 43 verbrechen die Zuerkennung der Flüchtlingseigenschaft selbst bei Vorliegen der Zuerkennungsvoraussetzungen im Übrigen versagt (→ § 3 Rn. 45 ff.). Insoweit wäre es widersprüchlich, einem Kriegsdienstverweigerer in den von § 3 Abs. 2 erfassten Fällen die Flüchtlingsanerkennung unter Berufung auf die mangelnde Eingriffsintensität der ihm drohenden Bestrafung zu versagen und ihn so zur Teilnahme an entsprechenden Kriegshandlungen zu veranlassen (vgl. EuGH BeckRS 2020, 31285 Rn. 58; NK-AuslR/Keßler Rn. 17).

Aufgrund der besonderen Betonung der Fallgruppe der Bestrafung der Wehrdienstverweigerung 44 in Fällen der drohenden Teilnahme an Kriegsverbrechen hat die Rechtsprechung teilweise die Frage aufgeworfen, ob Konstellationen des Abs. 2 Nr. 5 neben der Feststellung einer tauglichen Verfolgungshandlung auch den nach Abs. 3 an sich stets erforderlichen Konnex zu Verfolgungsgründen – in der Regel ein Anknüpfen an eine tatsächliche oder dem Betroffenen zumindest unterstellte Gewissensentscheidung – erfordern. Hiergegen wird eingewandt, dass der Wehrdienstentziehung in diesen Fällen stets der Charakter des kriminellen Unrechts fehle, so dass dessen strafrechtliche Sanktionierung per se als illegitim und damit unverhältnismäßig anzusehen sei (vgl.

VG Sigmaringen BeckRS 2016, 55991; VG Magdeburg BeckRS 2016, 53863; offen gelassen bei VG Freiburg BeckRS 2017, 104692 Rn. 31).

45   Dem steht allerdings schon die Systematik des § 3 Abs. 1 iVm § 3a entgegen, der in § 3a Abs. 3 ausdrücklich für alle Fälle des § 3a Abs. 1 – dh auch für die in Abs. 2 genannten Beispielsfälle – einen Konnex zwischen Verfolgungshandlungen und den in § 3b genannten Verfolgungsgründen fordert. Eine solche Auslegung widerspricht zudem der Intention des ursprünglichen Kommissionsentwurfs zu Art. 9 Qualifikations-RL, der auch für den Fall der verweigerten Mitwirkung an Kriegsverbrechen forderte, dass die Verweigerung auf echter und tief empfundener moralischer, religiöser oder politischer Überzeugungen oder aus sonstigen berechtigten Gewissensgründen beruht (KOM(2001) 510, 23). Auch die These der Rechtsprechung, dass die Qualifikations-RL die generelle asylrechtliche Unbeachtlichkeit einer staatlichen Sanktionierung von Fahnenflucht und Desertion mit der Aufnahme der genannten Fallgruppe aufgehoben habe (vgl. VG Magdeburg BeckRS 2016, 53863), lässt sich vor diesem Hintergrund nicht halten (vgl. hierzu im Gegenteil KOM(2001) 510, 23). Auch in Fällen des Abs. 3 Nr. 5 liegt eine beachtliche Verfolgungshandlung daher nur dann vor, wenn die Strafverfolgung oder Bestrafung auf einem der in § 3b Abs. 1 genannten Verfolgungsgründe beruht (vgl. EuGH BeckRS 2020, 31285 Rn. 41 ff.; VGH BW BeckRS 2018, 27342 Rn. 39, 42).

46   Allerdings lassen sich derartige Gewissensgründe, an die die drohende Verfolgungshandlung anknüpfen soll, dann leichter nachweisen, wenn das vom Dienstverpflichteten geforderte Verhalten den Grundregeln des menschlichen Verhaltens widerspricht oder von der Völkergemeinschaft verurteilt worden ist (so ausdrücklich KOM(2001) 510, 23; ähnlich VG Freiburg BeckRS 2017, 104692 Rn. 31). Insoweit gilt nichts anderes als im Fall der Indizwirkung einer unverhältnismäßigen Bestrafung für das Vorliegen eines Politmalus (→ Rn. 35).

46.1   Stets zu berücksichtigen ist in diesem Zusammenhang, dass nach § 3b Abs. 2 auch eine dem Betroffenen lediglich unterstellte politische Überzeugung den notwendigen Konnex zwischen Verfolgungshandlung und Verfolgungsgründen begründen kann (vgl. EuGH BeckRS 2020, 31285 Rn. 60 sowie allgemein → § 3b Rn. 42 ff.).

46.2   Zu weitgehend aber dennoch GK-AsylG/Treiber Rn. 181; GK-AufenthG/Treiber AufenthG § 60 Rn. 169; VGH BW BeckRS 2018, 27342 Rn. 42, die in Fällen des Abs. 2 Nr. 5 stets oder zumindest regelmäßig eine dem Betroffenen jedenfalls unterstellte Gewissensüberzeugung annehmen will. Denn es gibt mannigfaltige Gründe dafür, sein Leben nicht im Kampf für ein ungeliebtes und zudem verbrecherisches Regime gefährden zu wollen, die – trotz ihrer individuellen Nachvollziehbarkeit und Berechtigung – nicht auf politischen Überzeugungen iSd § 3b Abs. 1 Nr. 5 beruhen (vgl. EuGH BeckRS 2020, 31285 Rn. 47 ff.). Diesen Gründen versagt das Flüchtlingsrecht jedoch auch sonst die Anerkennung (vgl. OVG Lüneburg BeckRS 2019, 13578 Rn. 55; VGH BW BeckRS 2017, 115850 Rn. 64 ff. mwN). Soweit der EuGH dennoch eine „starke Vermutung" dafür angenommen hat, dass die Verweigerung des Militärdienstes unter den in Art. 9 Abs. 2 lit. e Qualifikations-RL genannten Voraussetzungen mit einem Verfolgungsgrund in Zusammenhang steht (vgl. EuGH BeckRS 2020, 31285 Rn. 57 ff.), ist dies in dieser Allgemeinheit kaum plausibel (vgl. OVG NRW BeckRS 2021, 7611) und kann kaum als Form einer rechtlichen Vermutungsregel – etwa iSd Art. 4 Abs. 4 Qualifikations-RL – verstanden werden; es verweist vielmehr nur auf die Notwendigkeit, die Plausibilität entsprechenden Vorbringens in Anbetracht sämtlicher in Rede stehender Umstände zu prüfen (so letztlich auch EuGH BeckRS 2020, 31285 Rn. 61) und die Darlegungsanforderungen insoweit – wie stets – nicht zu überspannen.

46.3   Vergleiche zur rechtlich umstrittenen Bewertung der Situation einer Rückkehr wehrpflichtiger Männer nach Syrien OVG NRW 22.3.2021 – 14 A 3439/18.A, juris Rn. 46 ff.; VGH BW 4.5.2021 – A 4 S 468/21, A 4 S 469/21, A 4 S 470/21; OVG Bln-Bbg 29.1.2021 – OVG 3 B 109.18, juris Rn. 24 ff.; Huber NVwZ 2021, 324; Lehmann NVwZ 2018, 293 (293 ff.), jeweils mwN.

47   Inhaltlich setzt Abs. 2 Nr. 5 voraus, dass der Betroffene den Militärdienst „innerhalb eines Konflikts", dh **in unmittelbarem Zusammenhang mit einem bestimmten Konflikt** verweigert (vgl. SchlHOVG BeckRS 2021, 6561 Rn. 3). In den Genuss der Privilegierung des Abs. 2 Nr. 5 kommen dabei neben Angehörigen der eigentlichen Kampftruppen auch zB Angehörige unterstützender Einheiten, wenn es bei vernünftiger Betrachtung plausibel erscheint, dass sie sich bei der Ausübung ihrer Funktionen in hinreichend unmittelbarer Weise an völkerrechtswidrigen Handlungen beteiligen müssten (vgl. zum Ganzen auch EuGH NVwZ 2015, 575 (Rn. 37) – Shepherd). Soweit dem Betroffenen sein künftiger militärischer Einsatzbereich nicht bekannt ist, kann sich eine hinreichende Gefahr einer Verpflichtung zur Mitwirkung an Kriegsverbrechen jedenfalls dann angenommen werden, wenn die Einsätze der jeweiligen Armee durch wiederholte und systematische Kriegsverbrechen gekennzeichnet sind (vgl. EuGH BeckRS 2020, 31285 Rn. 36 f.).

Nach der Rechtsprechung des EuGH ist darüber hinaus zu fordern, dass die Dienstverweigerung **48** für den Betroffenen das einzige zumutbare Mittel darstellt, um einer Beteiligung an zu erwartenden Kriegsverbrechen zu entgehen (zu Recht krit. insoweit Marx ZAR 2016, 579 (581 f.)). Der Betroffene soll daher insbesondere gehalten sein, zunächst ein innerstaatliches Verfahren zur Anerkennung als Kriegsdienstverweigerer zu betreiben, sofern dies ihm in der konkreten Situation zur Verfügung steht (vgl. zum Ganzen ausf. EuGH NVwZ 2015, 575 (577 f.) – Shepherd). Da das Flüchtlingsrecht ein solches Subsidiaritätskriterium jedoch als solches nicht kennt, kann die Frage nach der Möglichkeit einer Kriegsdienstverweigerung allerdings nur als (weiteres) Element der Prüfung der „beachtlichen Wahrscheinlichkeit" einer Verfolgung verstanden werden. Dies setzt entsprechend belastbare Anhaltspunkte dafür voraus, dass ein solches Vorgehen Erfolg versprochen hätte und dem Betroffenen nach einer Rückkehr in sein Herkunftsland auch weiterhin zur Verfügung stünde.

In seiner jüngeren Rechtsprechung hat der EuGH ausdrücklich klargestellt, dass es **eines förm-** **48a** **lichen Verweigerungsaktes jedenfalls dann nicht bedarf, wenn eine Möglichkeit bzw. ein Verfahren zur Kriegsdienstverweigerung im Herkunftsstaat nicht vorgesehen ist** (vgl. EuGH BeckRS 2020, 31285 Rn. 29 ff.). Soweit eine Wehrdienstverweigerung nach dem Recht des Herkunftsstaates strafbar ist, kann dem Betroffenen auch eine sonstige Erklärung gegenüber der Militärverwaltung nicht abverlangt werden. Allerdings muss der Betroffene in einem solchen Fall glaubhaft darlegen, dass seine Ausreise in der Sache mit der (innerlichen) Weigerung in Zusammenhang steht, im Rahmen des Militärdienstes an völkerrechtswidrigen Kriegshandlungen mitzuwirken (vgl. EuGH BeckRS 2020, 31285 Rn. 30 f.).

6. An die Geschlechtszugehörigkeit anknüpfende oder gegen Kinder gerichtete Handlungen

Die als einheitliche Fallgruppe gestaltete Nr. 6 des Abs. 2 umfasst zwei eigentlich disparate **49** Fallgestaltungen: Bei **an die Geschlechtszugehörigkeit anknüpfenden Handlungen** handelt es sich im Kern um eine Unterfallgruppe der – allerdings nicht notwendigerweise staatlichen – diskriminierenden Behandlung, die gezielt als Verfolgungsmaßnahme eingesetzt wird. Eine besondere Schwere der Beeinträchtigung kann sich hier im Einzelfall aus der besonderen Verletzlichkeit von Frauen und Mädchen für sexuell motivierte bzw. ausgerichtete Erniedrigungshandlungen ergeben (GK-AsylG/Treiber Rn. 12).

Die Berechtigung der Unterfallgruppe der **gegen Kinder gerichteten Handlungen** ergibt **50** sich demgegenüber weniger aus deren besonderer Anfälligkeit für diskriminierende Behandlungen, zumal zB die üblichen Fälle der Altersdiskriminierung die für die Annahme einer schwerwiegenden Grundrechtsverletzung erforderliche Intensität offenkundig nicht erreichen. In Betracht kommen hier allenfalls Maßnahmen, die sich gegen einzelne Untergruppen – zB gegen Kinder aus sozial unerwünschten Familien (vgl. VGH BW EZAR NF 62 Nr. 40, 1 (4 f.) = BeckRS 2016, 52590 zur chinesischen Ein- bzw. Zwei-Kind-Politik) richten. Die besondere Erwähnung der Kinder gerade im Rahmen der tauglichen Verfolgungshandlung ist vielmehr dem Umstand geschuldet, dass diese zielgerichteten Verfolgungsmaßnahmen in der Regel besonders schutzlos ausgesetzt sind und gegen Kinder gerichtete Handlungen oftmals zur Verfolgung der Eltern eingesetzt werden (vgl. auch GK-AsylG/Treiber Rn. 12).

a) An die Geschlechtszugehörigkeit anknüpfende Handlungen. Einen typischen Fall der **51** an die Geschlechtszugehörigkeit anknüpfenden Handlung stellt die – in der Regel religiös motivierte – Beschneidung der Genitalien insbesondere weiblicher Kinder dar (BeckOK-AuslR/Kluth Rn. 19; NK-AuslR/Keßler Rn. 19). Ein plausibler Grund, die **religiös motivierte Zwangsbeschneidung** männlicher Kinder begrifflich nicht als diskriminierende Praxis iSd Abs. 2 Nr. 6 anzusehen, ist dabei nicht ersichtlich; sie wird aufgrund der geringeren körperlichen Intensität des Eingriffs und seiner in der Regel geringeren psychosozialen und körperlichen Folgen jedoch regelmäßig – anders als bei der weiblichen Genitalbeschneidung – nicht die nach Abs. 1 erforderliche Eingriffsintensität erreichen.

Auch die **drohende Zwangsverheiratung** (sowie die Pflicht zur Aufrechterhaltung einer **52** ungewollten ehelichen Lebensgemeinschaft) stellt regelmäßig einen Anwendungsfall des Abs. 2 Nr. 6 dar, in dem nach Abs. 1 erforderliche Verletzungsintensität erreicht wird (BeckOK-AuslR/Kluth Rn. 19; NK-AuslR/Keßler Rn. 19 sowie BayVGH NVwZ 2016, 1271 (1272) zu § 4 AsylG und Art. 3 EMRK). Insoweit können zwar Überschneidungen mit Abs. 2 Nr. 1 bestehen (→ Rn. 27); der Beispielsfall Nr. 6 erfasst jedoch unabhängig von dem Betroffenen in der Ehe drohender körperlicher oder sexueller Gewalt bereits die Beeinträchtigung des Rechts auf Privatlebens (in Gestalt des Rechts auf Eheschließungsfreiheit und eine selbstbestimmte

Lebensführung; vgl. NK-AuslR/Keßler Rn. 19; VG Hannover Urt. v. 30.1.2008 – 1 A 4835/05, juris Rn. 8). Auch die häusliche Gewalt soll einen typischen Anwendungsfall der Nr. 6 darstellen (NK-AuslR/Keßler Rn. 19; vgl. aber → Rn. 55).

53   Weitere Formen der geschlechtsspezifischen Verfolgung können die **unfreiwillige Sterilisierung, der Zwang zur Abtreibung und die Zwangsprostitution** darstellen (BeckOK-AuslR/Kluth Rn. 19; NK-AuslR/Keßler Rn. 19). Eine besondere Form des sexuellen Missbrauchs männlicher Jugendlicher stellt dabei der in Afghanistan teilweise verbreitete „Brauch" der „Knabenspiele" bzw. „Tanzjungen" („Bacha Bazi") dar (vgl. VG Karlsruhe BeckRS 2017, 120388 Rn. 89; VG München BeckRS 2014, 47525; VG Berlin, Urteil v. 21.3.2013 – 9 K 9.13 A, juris Rn. 21 ff., BeckRS 2013, 49575).

54   Schließlich stellt auch der **Zwang, sich dem „traditionellen" Sitten- und Rollenbild von Frauen im islamischen Kulturkreis anzupassen,** eine Form der geschlechtsspezifischen Diskriminierung dar (VG Gelsenkirchen BeckRS 2017, 117675, Rn. 25 ff.). Die erforderliche Eingriffsintensität wird hier jedoch nur erreicht, wenn die Betroffene einen westlichen Lebensstil lebt und dieser auf einer ernsthaften und nachhaltigen Überzeugung beruht (vgl. NdsOVG EZAR NF 69 Nr. 24, 1 (3 ff.) = BeckRS 2015, 53134; → Rn. 24.1). Im Fall der **sog. „Ehrenmorde"** stellt sich die Frage nach einer Anwendbarkeit des Abs. 2 Nr. 6 nicht, weil die gezielte Tötung die nach Abs. 1 Nr. 1 erforderliche Intensität ohne Weiteres erreicht.

55   Insbesondere bei den **sog. „Ehrenmorden" und im Fall der häuslichen Gewalt** kann jedoch fraglich sein, ob diese den nach Abs. 3 erforderlichen Konnex zu Verfolgungsgründen iSd § 3b aufweisen (vgl. GK-AufenthG/Treiber AufenthG § 60 Rn. 188, 200; Marx AsylG § 3b Rn. 33). Denn die jeweiligen Handlungen werden das jeweilige Familienmitglied bzw. den jeweiligen Partner regelmäßig **nicht als Angehörigen einer bestimmten sozialen Gruppe, sondern als Angehörigen bzw. Angehörige der jeweiligen Täter treffen** (vgl. zu dieser Problematik ausf. House of Lords Urt. v. 25.3.1999 – Islam (A.P.) v. Secretary of State for the Home Department; R v. Immigration Appeal Tribunal and Another, Ex Parte Shah (A.P.), 4 ff.). Im Fall der „Ehrenmorde" kann die Tat jedoch auch auf der Überzeugung beruhen, dass die Verletzung geschlechtsspezifischer Verhaltensregeln generell mit einer Bestrafung oder gar Tötung durch Familienmitglieder bzw. nahestehende Personen zu ahnden ist. In diesen Fällen liegt eine Verfolgungshandlung iSd § 3 Abs. 1, Abs. 3 vor, weil die Betroffene als Angehörige einer bestimmten sozialen Gruppe iSd § 3b Abs. 1 Nr. 4 betroffen ist.

56   Unabhängig davon kann in der **Versagung staatlichen Schutzes** eine **eigenständige Verfolgungshandlung** gesehen werden, wenn diese auf einem Verfolgungsgrund iSd § 3b beruht (→ Rn. 5). Die oft individual- und familienbezogenen Motive der eigentlichen Täter werden hier staatlicherseits oft nicht vorliegen. Ein Staat, der zB selbstbestimmten Frauen mit westlichem Lebensstil den gebotenen Schutz gezielt versagt und so private Demütigungs-, Züchtigungs- und Tötungshandlungen billigt, ist daher selbst Täter einer flüchtlingsschutzrelevanten Verfolgungshandlung (lesenswert insoweit House of Lords Urt. v. 25.3.1999 – Islam (A.P.) v. Secretary of State for the Home Department; R v. Immigration Appeal Tribunal and Another, Ex Parte Shah (A.P.), 17, 19 (Lord Hoffman)).

57   **b) Gegen Kinder gerichtete Handlungen.** Typische Fälle der gegen Kinder gerichteten Handlungen sind – neben den gegen die Kinder als „Stellvertreter" ihrer Eltern gerichteten politischen Verfolgungshandlungen – die Zwangsrekrutierung von Kindersoldaten (BeckOK AuslR/Kluth Rn. 19), die Zwangsbeschneidung (→ Rn. 51) und die Zwangsprostitution minderjähriger Knaben und Mädchen (→ Rn. 53; vgl. zur Schutzrelevanz der gezielten rechtlichen, sozialen und wirtschaftlichen Ausgrenzung der unter Verstoß gegen die Ein- bzw. Zwei-Kind-Politik der VR China gezeugten „Geisterkinder" VGH BW EZAR NF 62 Nr. 40, 1 (4 f.) = BeckRS 2016, 52590).

57.1   Vergleiche zum Sonderfall der Tötung der Eltern als gegen die Kinder gerichtete Verfolgungshandlung – allerdings nur teilweise überzeugend – VG Frankfurt a. M. BeckRS 2015, 45688 Rn. 13 f.

58   Ihren besonderen Charakter als Verfolgungshandlungen iSd § 3a Abs. 1 und Abs. 3 – im Unterschied zu den bereits in § 3b geregelten Verfolgungsgründen – erhalten auch die hier genannten Fälle der geschlechts- bzw. altersbezogenen Diskriminierung dadurch, dass sie **gezielt auf eine Benachteiligung und Ausgrenzung der betroffenen sozialen Gruppen ausgerichtet sind,** dh die Diskriminierung gezielt als Verfolgungsmittel eingesetzt wird.

59   Auch in den hier genannten Fällen kann fraglich sein, ob die Verfolgungshandlungen an flüchtlingsrechtlich erhebliche Merkmale anknüpfen. Denn auch wenn etwa die Zwangsrekrutierung von Kindersoldaten tatsächlich (in der Regel männliche) Minderjährige spezifisch betrifft, ist sie doch regelmäßig nicht auf „Verfolgung" der Zwangsrekruten als Angehörige einer spezifischen

sozialen Gruppe, sondern auf die (wenngleich rücksichtslose) Gewinnung zusätzlichen Menschenmaterials gerichtet (vgl. NdsOVG BeckRS 2010, 48041; GK-AufenthG/Treiber AufenthG § 60 Rn. 158.2).

D. Konnexitätserfordernis (Abs. 3)

I. Allgemeines

Das in Abs. 3 geregelte **Konnexitätserfordernis** spiegelt **die zentralen Wesensmerkmale** 60 **des flüchtlingsrechtlichen Schutzansatzes** wider: Erreicht die an ein Merkmal des § 3b anknüpfende Maßnahme nicht die für die Annahme einer Verfolgungshandlung iSd § 3a Abs. 1 erforderliche Intensität, so liegt ein Fall der − flüchtlingsrechtlich irrelevanten − **bloßen Beeinträchtigung mit diskriminierender Zielrichtung** vor. Beruht die Verletzungshandlung iSd Abs. 1 hingegen nicht auf den in § 3b genannten Gründen, so kommt − auch bei schwersten Menschenrechtsverletzungen − die Gewährung von Schutz nur nach Maßgabe des § 4 bzw. der § 60 Abs. 5 und Abs. 7 AufenthG in Betracht.

Bei einzelnen Verfolgungshandlung kann allerdings bereits die Art oder Intensität der Verfol- 61 gungshandlung eine tatsächliche Vermutung einer Schutzrelevanz der Verfolgung begründen, so etwa bei staatlichen Strafexzessen (→ Rn. 35) oder der gezielten Aussperrung eigener Staatsangehöriger (BVerwG NVwZ-RR 1996, 602 (603)).

Durch die ausdrückliche Erwähnung des „**Fehlens von Schutz**" in Abs. 3 macht dieser 62 zugleich deutlich, dass die an Verfolgungsmerkmale anknüpfende Schutzversagung auch dann einen flüchtlingsrechtlichen Schutzanspruch begründen kann, wenn die eigentlichen Übergriffe nicht auf flüchtlingsrechtlich beachtlichen Motiven beruhen (→ Rn. 5).

II. Inhaltliche Anforderungen

Ob die nach Abs. 3 erforderliche Verknüpfung zwischen den Verfolgungsgründen und den 63 erlittenen oder bevorstehenden Rechtsgutverletzungen bzw. dem fehlenden Schutz vor solchen Handlungen besteht, ist nach der Rechtsprechung im Sinne einer „**objektiven Gerichtetheit**" festzustellen (BVerwGE 133, 55 = NVwZ 2009, 982 (984 f.); BVerwG NVwZ 2018, 1408 (1409 Rn. 13)). Die Verknüpfung soll demnach nicht nach den subjektiven Gründen oder Motiven des Verfolgenden, sondern anhand ihres inhaltlichen Charakters nach der erkennbaren Gerichtetheit der Maßnahme selbst zu beurteilen sein (BVerwG NVwZ 2009, 1237).

Der Annahme einer „objektiven Gerichtetheit" im oben genannten Sinne steht dabei nicht 64 entgegen, dass mit der Verfolgungshandlung **zugleich flüchtlingsrechtlich neutrale Zwecke** verfolgt werden. Dies machen nicht zuletzt die Fälle des „**Politmalus**" deutlich, der zB der überharten Strafverfolgung bzw. der exzessiven Terrorbekämpfung das Gepräge einer flüchtlingsrechtlich relevanten Verfolgung verleihen kann (vgl. BVerwGE 135, 252 = NVwZ 2010, 979 (980); VGH BW BeckRS 2017, 117727 Rn. 29).

Die Frage nach dem **erforderlichen Maß der Intensität der flüchtlingsrelevanten Ziel-** 65 **richtung des Handelns** ist umstritten (vgl. im Einzelnen Marx AsylG Rn. 53 f.). Sie ist in der Praxis jedoch ohne größere Bedeutung, zumal eine Form der Mit-Kausalität („but-for-Test") jedenfalls für die Annahme eines hinreichenden Verfolgungskonnexes genügt (vgl. BVerwG NVwZ 2018, 1408 (1409 Rn. 13); VGH BW BeckRS 2017, 117727 Rn. 26 mwN).

Nicht erforderlich ist dabei, dass der Betroffene die Merkmale der verfolgungsbetroffenen 66 Gruppe tatsächlich aufweist. Nach § 3b Abs. 2 (→ § 3b Rn. 42 ff.) genügt es insoweit vielmehr, dass der Verfolger ihm die in § 3b Abs. 1 genannten Merkmale zuschreibt.

§ 3b Verfolgungsgründe

(1) Bei der Prüfung der Verfolgungsgründe nach § 3 Absatz 1 Nummer 1 ist Folgendes zu berücksichtigen:
1. **der Begriff der Rasse umfasst insbesondere die Aspekte Hautfarbe, Herkunft und Zugehörigkeit zu einer bestimmten ethnischen Gruppe;**
2. **der Begriff der Religion umfasst insbesondere theistische, nichttheistische und atheistische Glaubensüberzeugungen, die Teilnahme oder Nichtteilnahme an religiösen Riten im privaten oder öffentlichen Bereich, allein oder in Gemeinschaft mit anderen, sonstige religiöse Betätigungen oder Meinungsäußerungen und Verhaltensweisen**

Einzelner oder einer Gemeinschaft, die sich auf eine religiöse Überzeugung stützen oder nach dieser vorgeschrieben sind;

3. der Begriff der Nationalität beschränkt sich nicht auf die Staatsangehörigkeit oder das Fehlen einer solchen, sondern bezeichnet insbesondere auch die Zugehörigkeit zu einer Gruppe, die durch ihre kulturelle, ethnische oder sprachliche Identität, gemeinsame geografische oder politische Herkunft oder ihre Verwandtschaft mit der Bevölkerung eines anderen Staates bestimmt wird;

4. eine Gruppe gilt insbesondere als eine bestimmte soziale Gruppe, wenn
   a) die Mitglieder dieser Gruppe angeborene Merkmale oder einen gemeinsamen Hintergrund, der nicht verändert werden kann, gemein haben oder Merkmale oder eine Glaubensüberzeugung teilen, die so bedeutsam für die Identität oder das Gewissen sind, dass der Betreffende nicht gezwungen werden sollte, auf sie zu verzichten, und
   b) die Gruppe in dem betreffenden Land eine deutlich abgegrenzte Identität hat, da sie von der sie umgebenden Gesellschaft als andersartig betrachtet wird;
   als eine bestimmte soziale Gruppe kann auch eine Gruppe gelten, die sich auf das gemeinsame Merkmal der sexuellen Orientierung gründet; Handlungen, die nach deutschem Recht als strafbar gelten, fallen nicht darunter; eine Verfolgung wegen der Zugehörigkeit zu einer bestimmten sozialen Gruppe kann auch vorliegen, wenn sie allein an das Geschlecht oder die geschlechtliche Identität anknüpft;

5. unter dem Begriff der politischen Überzeugung ist insbesondere zu verstehen, dass der Ausländer in einer Angelegenheit, die die in § 3c genannten potenziellen Verfolger sowie deren Politiken oder Verfahren betrifft, eine Meinung, Grundhaltung oder Überzeugung vertritt, wobei es unerheblich ist, ob er auf Grund dieser Meinung, Grundhaltung oder Überzeugung tätig geworden ist.

(2) Bei der Bewertung der Frage, ob die Furcht eines Ausländers vor Verfolgung begründet ist, ist es unerheblich, ob er tatsächlich die Merkmale der Rasse oder die religiösen, nationalen, sozialen oder politischen Merkmale aufweist, die zur Verfolgung führen, sofern ihm diese Merkmale von seinem Verfolger zugeschrieben werden.

Überblick

§ 3 Abs. 1 erläutert und konkretisiert den Begriff der Verfolgungsgründe, ohne ihn abschließend zu definieren (→ Rn. 1 ff.). Abs. 2 stellt klar, dass für die Frage einer auf Verfolgungsgründen beruhenden Verfolgung die Verfolgerperspektive maßgeblich ist, dh der Betroffene das ihm zugeschriebene Merkmal nicht notwendigerweise auch tatsächlich aufweisen muss (→ Rn. 42 ff.).

Übersicht

A. Allgemeines

1   Die §§ 3a–3e wurden mit Art. 1 des Gesetzes zur Umsetzung der Richtlinie 2011/95/EU (v. 28.8.2013, BGBl. I 3474) in das AsylG eingefügt. § 3b dient der Umsetzung von Art. 10 Qualifikations-RL (RL 2011/95/EU v. 13.12.2011, ABl. 2011 L 337, 9) und **konkretisiert die in § 3 Abs. 1 Nr. 1 vorausgesetzten und in § 3a Abs. 3 in Bezug genommenen Verfolgungs-**

gründe, die den in § 3a Abs. 1 und Abs. 2 genannten rechtsgutsverletzenden Handlungen ihren flüchtlingsschutzrelevanten Charakter verleihen. Vor Gefährdungen bzw. Verletzungshandlungen, die nicht auf Verfolgungsgründen iSd § 3a beruhen, bietet die Rechtsordnung nur nach Maßgabe des § 4 (→ § 4 Rn. 3 ff.) und des § 60 Abs. 5 und Abs. 7 AufenthG (→ AufenthG § 60 Rn. 31 ff.) Schutz.

Zuvor hatte der Gesetzgeber die Voraussetzungen für die Zuerkennung der Flüchtlingseigenschaft zwar **1.1** in § 3 geregelt, die einzelnen Tatbestandsmerkmale aber in § 60 Abs. 1 S. 3 und S. 4 AufenthG definiert und in § 60 Abs. 1 S. 5 AufenthG ergänzend auf einzelne Bestimmungen der Qualifikations-RL 2004 (RL 2004/83/EG v. 29.4.2004, ABl. 2004 L 304, 12) verwiesen. Sachliche Änderungen waren mit der Einfügung der §§ 3a–3e aber nicht verbunden, weil deren Wortlaut den Vorgaben des früheren § 60 Abs. 1 AufenthG bzw. der – nunmehr gültigen – Neufassung der Qualifikations-RL (RL 2011/95/EU v. 13.12.2011, ABl. 2011 L 337, 9) weitestgehend entspricht.

Im Unterschied zu den ebenfalls normkonkretisierenden Vorschriften des § 3a Abs. 1 und der **2** §§ 3c–3e hat § 3b Abs. 1 schon seinem Wortlaut nach („zu berücksichtigen"; „insbesondere") **keinen abschließenden, sondern lediglich beispielhaften Charakter** (BVerwG NVwZ 2018, 1408 (1409 Rn. 11); NK-AuslR/Möller Rn. 3). Abschließend ist allerdings die Grundnorm des § 3 Abs. 1 Nr. 1, so dass dort nicht ausdrücklich genannte Verfolgungsgründe stets auf die Begriffe der „Rasse, Religion, Nationalität, politischen Überzeugung oder Zugehörigkeit zu einer bestimmten sozialen Gruppe" zurückgeführt werden müssen (ähnlich Hailbronner AuslR Rn. 4).

Inhaltlich entspricht die Bestimmung bis auf kleinere sprachliche Anpassungen dem Wortlaut **3** des Art. 10 Qualifikations-RL, so dass die hierauf bezogenen Erwägungsgründe – schon aus Gründen der unionsrechtskonformen Auslegung – ggf. ergänzend zur Auslegung herangezogen werden können. Lediglich das Beispiel der allein an das Geschlecht oder die geschlechtliche Identität anknüpfenden Handlung (Abs. 1 Nr. 4) geht über die – schon nach dem Wortlaut des Art. 10 Qualifikations-RL nicht abschließende – Regelung des Art. 10 Abs. 1 lit. d S. 4 Qualifikations-RL hinaus, die lediglich eine „angemessene Berücksichtigung" geschlechtsbezogener Aspekte einfordert (Hailbronner AuslR Rn. 2).

In der GFK haben die normkonkretisierenden Vorschriften des Art. 10 Qualifikations-RL und **4** die Umsetzungsvorschrift des § 3b kein unmittelbares Vorbild. Dies ist an sich unproblematisch, da beide Vorschriften lediglich Anwendungsbeispiele der einzelnen Verfolgungsmerkmale enthalten und nicht abschließend gefasst sind (→ Rn. 2).

Vergleiche zur Sonderproblematik der gegenüber Art. 10 Qualifikations-RL weiterer Auslegung des **4.1** Merkmals der „Zugehörigkeit zu einer bestimmten sozialen Gruppe" in Teilen der Literatur und einzelnen Konventionsstaaten aber → Rn. 18 ff.

B. Einzelne Verfolgungsgründe (Abs. 1)

Das **Erfordernis eines Verfolgungsgrundes** bildet – nicht anders als das Erfordernis eines **5** „politischen" Charakters der Verfolgung im Rahmen der Anwendung des Asylgrundrechts – ein **zentrales Wesensmerkmal des flüchtlingsrechtlichen Schutzansatzes:** Selbst die Gefahr schwerster Rechtsgutsverletzungen kann nur dann einen flüchtlingsrechtlichen Schutzanspruch begründen, wenn sie von einem tauglichen Verfolgungsakteur ausgeht (→ § 3c Rn. 2 f.) und – im Sinne einer „objektiven Gerichtetheit" – auf einer entsprechenden Verfolgungsmotivation beruht (→ § 3a Rn. 60 ff.). Ohne eine solche Konnexität kann der Betroffene Schutz nur nach Maßgabe des § 4 (→ § 4 Rn. 3) oder der in § 60 Abs. 5 und Abs. 7 AufenthG geregelten nationalen Abschiebungsverbote beanspruchen.

I. Verfolgungsmerkmal der „Rasse" (Nr. 1)

Das Verfolgungsmerkmal der **„Rasse" knüpft in erster Linie an die (tatsächliche oder** **6** **zugeschriebene) Zugehörigkeit zu einer ethnischen Gruppe an,** wobei die Aspekte der „Hautfarbe" und der „Herkunft" lediglich Beispiele typischer Zuschreibungsmerkmale bezeichnen. Die Verwendung des – auch durch Art. 10 Abs. 1 lit. a Qualifikations-RL vorgegebenen – Rassebegriffs ist trotz seiner wissenschaftlichen Unexaktheit und politischen Vorbelastung sachgerecht, weil er den praktischen Verfolgungsrealitäten entspricht.

Ob das Opfer einer Verfolgungshandlung der verfolgten „Rasse" tatsächlich angehört bzw. eine **7** derart biologistische Abgrenzung tatsächlich geleistet werden kann, ist für die Frage des Anknüpfens an ein reales oder zugeschriebenes Merkmal indes unerheblich (vgl. → Rn. 42 ff.). Eine trennscharfe Abgrenzung des Begriffs ist zudem oft schon aufgrund der begrifflichen Überschneidungen mit den in Nr. 3 und Nr. 4 genannten Verfolgungsgründen entbehrlich (vgl. Hailbronner AuslR Rn. 3, 7).

7.1   „Bestes" Beispiel sind insoweit die staatlichen Pogrome des „Dritten Reiches", die sich unter anderem gegen Angehörige der (vermeintlich) jüdischen „Rasse" richtete. Hieran wird zudem deutlich, dass das Verfolgungsmerkmal Nr. 1 im Einzelfall auch Überschneidungen mit den Verfolgungsmerkmalen Nr. 2, Nr. 4 oder ggf. auch Nr. 5 aufweisen kann.

8   Die mit der Annahme einer **Gruppenverfolgung** verbundene Beweiserleichterung ist im Kontext der rassenbezogenen Verfolgung von besonderer Bedeutung, weil sich eine an dieses Merkmal anknüpfende Verfolgung oftmals unterschiedslos gegen alle vermeintlichen oder tatsächlichen Angehörigen einer ethnischen Gruppe richten wird (vgl. → § 3 Rn. 34 ff.).

II. Verfolgungsmerkmal der Religion (Nr. 2)

9   Das Verfolgungsmerkmal der „Religion" ist nicht auf die „klassischen" Weltreligionen beschränkt, sondern umfasst neben diesen auch sonstige theistische, nichttheistische und atheistische Glaubensüberzeugungen. Ggf. kann daher auch eine Glaubensüberzeugung Anknüpfungspunkt von Verfolgungshandlungen sein, die nicht mit der Zugehörigkeit zu einer Religionsgemeinschaft oder sonstigen Gemeinschaft einhergeht (EuGH NVwZ 2019, 639 (638 Rn. 80) – Fathi). **Eine Überzeugung ist dann eine Glaubensüberzeugung, wenn ihr ein System metaphysisch geprägter Anschauungen über das Wesen von Leben und Welt zugrunde liegt** (vgl. NK-AuslR/Möller Rn. 5; BeckOK AuslR/Kluth Rn. 3). Die – an sich begrifflich erforderliche – Abgrenzung zu „nur" politischen Überzeugungen (vgl. Hailbronner AuslR Rn. 9) ist wegen Nr. 5 allerdings in der Praxis weitgehend entbehrlich.

10   Die Einbeziehung des Anknüpfens an die Teilnahme oder Nichtteilnahme an religiösen Riten „auch im öffentlichen Bereich" zeigt, dass der flüchtlingsrechtliche Schutz vor Verfolgung **nicht auf den Schutz vor Eingriffen in das religiöse Existenzminimum beschränkt ist** („forum internum"), sondern auch im Fall eines Verbots der öffentlichen Religionsausübung („forum externum") einschlägig sein kann (vgl. → § 3a Rn. 11.4; EuGH NVwZ 2012, 1613 (1614 Rn. 63) – Y. und Z.; EuGH NVwZ 2019, 639 (638 Rn. 81) – Fathi).

10.1   Insoweit geht der Flüchtlingsschutz über den Schutzumfang des Asylgrundrechts hinaus, das nur das religiöse Existenzminimum schützt (vgl. Hailbronner AuslR Rn. 10).

11   Maßgeblich ist insoweit, ob die entsprechenden **Verhaltensweisen nach der jeweiligen Glaubensüberzeugung vorgeschrieben sind oder der Betroffene sie aus individuellen Gründen für sich als unverzichtbar empfindet** (vgl. EuGH NVwZ 2012, 1613 Rn. 71). Der Umstand, dass dieses Verständnis von anderen Angehörigen der Glaubensgemeinschaft geteilt wird, kann dabei ein starkes Indiz dafür darstellen, dass die entsprechende Handlung auch für den Betroffenen unverzichtbar ist; letztlich entscheidend ist aber die **individuelle Glaubensüberzeugung.** Diese kann zwar auf ihre Glaubhaftigkeit (im Hinblick auf eine Überprüfung des tatsächlichen Vorliegens einer solchen Überzeugung), nicht aber auf ihre logische Stringenz oder Vereinbarkeit mit offiziellen Lehr- und Glaubenssätzen überprüft werden (BVerwG NVwZ 2015, 1678 (1679)).

11a   Nach allgemeinen Grundsätzen obliegt es dabei dem Schutzsuchenden, seine Überzeugungen gebührend zu substantiieren. Soweit – wie regelmäßig – ein Vollbeweis durch Vorlage von Unterlagen oder Angabe konkreter Beweismittel nicht gelingt, muss der Betroffene zumindest kohärente und plausible Angaben machen und ggf. auch das Fehlen von Beweismitteln oder Widersprüche zu bekannten Länderinformationen schlüssig erklären. Seine Rechtsprechung zu Grenzen des richterlichen und behördlichen Fragerechts im Bereich der Intimsphäre, die der EuGH im Kontext der Verfolgung aufgrund sexueller Orientierung entwickelt hat, hat der Gerichtshof (bislang) nicht auf die Verfolgung aufgrund religiöser Überzeugungen übertragen (vgl. EuGH NVwZ 2019, 634 (638 Rn. 89) – Fathi mit EuGH NVwZ 2015, 132 (134 Rn. 64 ff.) – A., B. und C.), so dass hier ggf. umfassender Vortrag erforderlich sein kann (vgl. aber → Rn. 12.1).

12   Besondere Probleme werfen in der Praxis **Fälle der nachträglichen Konversion** auf. Zwar erlaubt § 28 Abs. 1a die Berücksichtigung selbstgeschaffener Nachfluchttatbestände „insbesondere" (aber nicht nur) dann, wenn diese Ausdruck einer bereits im Herkunftsland bestehenden Überzeugung oder Ausrichtung sind (→ § 28 Rn. 42 ff.), und steht damit auch einer Anerkennung auf Grundlage einer erst im Aufnahmestaat gewonnenen Überzeugung nicht entgegen. Die Behauptung einer nachträglichen Konversion zu einem im Herkunftsland verfolgten Bekenntnis kann jedoch insbesondere dann erheblichen Bedenken begegnen, wenn sie in Ansehung einer ansonsten zu erwartenden Ablehnung des Schutzantrags aufgestellt wird. Hier trifft den Ausländer daher eine **erhebliche Plausibilisierungslast** insbesondere im Hinblick auf den Anlass und den Verlauf des Konversionsprozesses, der Bedeutung der Religion für das Leben des Betroffenen und dessen Überlegungen für den Fall eines Bekanntwerdens des Glaubenswechsels im sozialen Umfeld und Herkunftsland des Betroffenen (vgl. Berlit/Dörig/Storey ZAR 2016, 281 (285 f.)).

Nicht unproblematisch ist dabei eine vorwiegend an die Kenntnis einzelner Glaubensinhalte anknüp- **12.1** fende Prüfung. Zwar ist – insbesondere in Ansehung einer dem Betroffenen bekannten Verfolgungsgefahr im Herkunftsland – zu erwarten, dass sich der Betroffene im Vorfeld der Konversion nachhaltig mit den Inhalten des anzunehmenden Glaubens auseinandersetzt; entscheidend sind jedoch letztlich nicht die theologische Fundiertheit und Reflektiertheit der Kenntnisse des Betroffenen, sondern dessen innere Glaubensüberzeugung. Schematisch auswendiggelernte Glaubenssätze können hier ebenso Indiz für die fehlende Ernsthaftigkeit des Glaubenswechsels sein wie lediglich oberflächlich oder klischeehaft vorgetragene Kenntnisse.

Die **Angaben religiöser Amts- und Würdenträger zur Ernsthaftigkeit einer Glaubens-** **13** **überzeugung** sind im Rahmen der freien Beweiswürdigung zu berücksichtigen; ihnen kommt aber auch unter Berücksichtigung des Selbstbestimmungsrechts der Religionsgemeinschaften kein gesteigerter Beweiswert zu: Denn in Rede steht nicht die Frage, ob die Religionsgemeinschaft den Betroffenen als Mitglied ansieht, sondern die Ernsthaftigkeit der vom Betroffenen vorgebrachten individuellen Überzeugungen (BVerwG NVwZ 2015, 1678 (1679)).

Stets zu beachten ist allerdings, dass auch der **nur zum Schein oder ohne echte Überzeu-** **14** **gung vorgenommene Glaubenswechsel** Anknüpfungspunkt für Verfolgungsmaßnahmen sein kann, wenn der potentielle Verfolger von einem tatsächlichen Glaubenswechsel ausgeht (→ Rn. 42 ff.) oder bereits den Anschein eines Glaubenswechsels bzw. -abfalls zum Anlass für Verfolgungsmaßnahmen nimmt (Berlit/Dörig/Storey ZAR 2016, 281 (284)). Dies muss der Schutzsuchende jedoch ggf. jedoch durch konkrete Darlegungen plausibilisieren.

III. Verfolgungsmerkmal der Nationalität (Nr. 3)

Das Verfolgungsmerkmal der „Nationalität" bezieht sich nicht in erster Linie auf Fragen der **15** Staatsangehörigkeit, sondern bezeichnet einen **Sonderfall der Zugehörigkeit zu einer zB durch ihre kulturelle Identität definierten sozialen Gruppe** iSd Nr. 4. Im Unterschied zu Nr. 1 knüpft die Verfolgung nach Nr. 3 nicht vorrangig an untrennbar mit der betroffenen Person verbundene, sondern an (jedenfalls zum Teil) willensgeprägte bzw. erst nachträglich erworbene Ordnungsmerkmale an (vgl. HTK-AuslR/Zeitler Rn. 18). Er weist dennoch erhebliche Überschneidungspunkte mit den in Nr. 1 („ethnische Gruppe"), Nr. 4 („bestimmte soziale Gruppe") und Nr. 5 („politische Überzeugung") genannten Verfolgungsmerkmalen auf, ohne dass es insoweit einer trennscharfen Abgrenzung bedürfte (vgl. NK-AuslR/Möller Rn. 9; Hailbronner AuslR Rn. 21; Bergmann/Dienelt/Bergmann Rn. 2).

Typische an die „Nationalität" in diesem Sinne anknüpfende Verfolgungshandlung sind neben gegen **15.1** einzelne Bevölkerungsteile gerichteten Pogromen die systematische Verweigerung staatsbürgerlicher Rechte („de facto-Staatenlosigkeit") oder die gezielte Ausbürgerung von Angehörigen einzelner Bevölkerungsgruppen („de jure-Staatenlosigkeit"; vgl. Hailbronner AuslR Rn. 22 sowie → § 3a Rn. 11.6 f.; → § 3 Rn. 16 f.).

IV. Verfolgungsmerkmal der Zugehörigkeit zu einer bestimmten sozialen Gruppe (Nr. 4)

1. Bedeutung der Vorschrift für die Auslegung des § 3 Abs. 1 Nr. 1

Das auch in Art. 1 A Nr. 2 GFK – hier auch in den Rechtssetzungsmaterialien ohne jegliche **16** näheren Erläuterungen – genannte Verfolgungsmerkmal der „Zugehörigkeit zu einer bestimmten sozialen Gruppe" gilt als das am schwersten auszulegende Verfolgungsmerkmal und wirft auch in der Praxis erhebliche Abgrenzungsschwierigkeiten auf (Marx AsylG Rn. 16; Hruschka/Löhr NVwZ 2009, 205). Auch wenn es ursprünglich auf Fälle der Verfolgung im Hinblick auf eine ständisch-soziale Abstammung oder die Zugehörigkeit zu einer bestimmten sozialen Schicht (wie zB die Verfolgung „Bürgerlicher" in der Sowjetunion) abzielte, besteht Einigkeit über die Entwicklungsoffenheit des Begriffs der „Zugehörigkeit zu einer bestimmten sozialen Gruppe" (Hailbronner AuslR Rn. 23).

Vergleiche zu den Hintergründen der Aufnahme des Verfolgungsmerkmals in die GFK GK-AufenthG/ **16.1** Treiber AufenthG § 60 Rn. 171 mwN.

17   Einigkeit besteht zunächst darüber, dass die Zugehörigkeit zu einer bestimmten sozialen Gruppe **ein von der Verfolgung unabhängiges Gruppenmerkmal voraussetzt.** Nicht erforderlich ist hingegen, dass die verfolgte Gruppe einen inneren Zusammenhang (Binnenkohärenz) aufweist; ausreichend ist vielmehr eine Zuschreibung einer spezifischen Gruppenidentität von außen (Außenkohärenz; vgl. Marx AsylG Rn. 17; Hruschka/Löhr NVwZ 2009, 205 (206)).

18   Umstritten ist demgegenüber, ob die **erforderliche Gruppenidentität** über das Vorliegen gemeinsamer unabänderlicher bzw. normativ schützenswerter Gruppenmerkmale, die gesellschaftliche Wahrnehmung als gegenüber der übrigen Bevölkerung andersartige Gruppe oder – zur Vermeidung von Schutzlücken – durch eine alternative Anwendung beider Ansätze hergestellt werden kann (ausf. Hruschka/Löhr NVwZ 2009, 205 (206 ff.), Hailbronner/Thym EU Immigration/Dörig Teil D III Art. 10 Rn. 13 und Marx ZAR 2005, 177 (178 ff.) mN zur internationalen Rspr. und Lit.).

19   Die insoweit mit Art. 10 lit. d S. 1 Qualifikations-RL wortlautidentische Regelung des § 3b Abs. 1 Nr. 4 ist dabei kaum geeignet, die in der Praxis der Konventionsstaaten aufgetretenen Schwierigkeiten bei der Auslegung des Art. 1 A Nr. 2 GFK aufzulösen: Zwar enthalten beide Vorschriften abweichend von den oben genannten Auffassungen einen kumulativen Ansatz, erfordern also sowohl das Vorliegen unabänderlicher bzw. normativ schützenswerter Gruppenmerkmale als auch eine gesellschaftliche Wahrnehmung als von der übrigen Bevölkerung andersartige Gruppe. Die Vorschriften benennen damit aber nur Voraussetzungen, bei deren Vorliegen jedenfalls vom Vorliegen einer „bestimmten sozialen Gruppe" im Sinne des Flüchtlingsrechts ausgegangen werden kann (positive Wirkung); aufgrund ihres nicht abschließenden Charakters („insbesondere") sind die Normen aber nicht aus sich heraus geeignet, eine Verfolgung als Angehöriger einer bestimmten sozialen Gruppe bei Nichtvorliegen der dort genannten Voraussetzungen auszuschließen (negative Wirkung; Hruschka/Löhr NVwZ 2009, 205 (208) sowie allg. → Rn. 2).

20   Dessen ungeachtet **scheint der EuGH das kumulative Vorliegen beider Schutzvoraussetzungen zu fordern** und der Bestimmung des Art. 10 lit. d S. 1 Qualifikations-RL daher insoweit auch eine negative Wirkung beizumessen (vgl. EuGH NVwZ 2014, 132 (133) – X, Y, Z); auch das BVerwG hat sich dem ohne nähere Prüfung angeschlossen (BVerwG NVwZ 2018, 1408 (1411 Rn. 29); BeckRS 2019, 9614 (Rn. 9)). Für die Praxis ist folglich – ungeachtet der fortbestehenden Zweifel an der Vereinbarkeit eines solchen Ansatzes mit den Vorschriften der GFK (vgl. GK-AufenthG/Treiber AufenthG § 60 Rn. 174; Hruschka/Löhr NVwZ 2009, 205 (208)) – von einem kumulativen Prüfungsansatz auszugehen (Hailbronner AuslR Rn. 30; Hailbronner/Thym EU Immigration/Dörig Teil D III Art. 10 Rn. 16).

20.1   Für eine erweiternde Auslegung der Richtlinie im Lichte der GFK zB auch House of Lords Urt. v. 18.10.2006 – SSHD v. K. and Fornah – (2006) UKHL 46, Rn. 16 (Lord Bingham), 118 (Lord Brown). Hiergegen wiederum Asylum and Immigration Tribunal, Urt. v. 31.10.2007 – SB (Moldova) v. SSHD – (2008) UKAIT 00002, Rn. 69 ff.

2. Gruppenbezogene Verfolgung und Gruppenverfolgung

21   Nicht verkannt werden darf, dass die **Verfolgung „wegen der Zugehörigkeit zu einer bestimmten sozialen Gruppe" nicht die Feststellung einer Gruppenverfolgung** – dh einer unterschiedslos gegen alle Mitglieder der jeweiligen sozialen Gruppe gerichteten Verfolgung – **voraussetzt** (unklar Bergmann/Dienelt/Bergmann Rn. 3). Denn der Begriff der Gruppenverfolgung bezeichnet eine in der Rechtsprechung entwickelte Beweiserleichterung und betrifft daher die Frage der Verfolgungsprognose bzw. -wahrscheinlichkeit (→ § 3 Rn. 34 ff.), die Verfolgung „wegen" der Gruppenzugehörigkeit hingegen die Anknüpfung der drohenden rechtsgutsverletzenden Handlungen an ein flüchtlingsschutzrelevantes Merkmal (GK-AufenthG/Treiber AufenthG § 60 Rn. 171; Marx AsylG Rn. 18). Sie setzt jedoch gerade nicht voraus, dass alle Angehörigen der jeweiligen Gruppe auch tatsächlich verfolgt werden (VGH BW BeckRS 2016, 52590 Rn. 20).

3. Kohärenzerfordernis

22   Bei Anwendung des in § 3b Abs. 1 Nr. 4 kodifizierten kumulativen Prüfungsansatzes (→ Rn. 19 ff.) setzt der Verfolgungsgrund der „Zugehörigkeit zu einer bestimmten sozialen Gruppe" zunächst voraus, dass die in Betracht kommende Personengruppe in dem betreffenden Land eine **deutlich abgegrenzte Identität hat, da sie von der sie umgebenden Gesellschaft als andersartig betrachtet wird.** Es genügt daher nicht, dass die Betroffenen nur den Umstand gemeinsam haben, dass sie verfolgt werden (BVerwG BeckRS 2019, 9614 Rn. 10; BayVGH

BeckRS 2014, 55287 Rn. 7); vielmehr muss zumindest ein von der Verfolgung unabhängiges Gruppenmerkmal bestehen (Hruschka/Löhr NVwZ 2009, 205 (206)).

Dies schließt zB eine Flüchtlingsanerkennung in Fällen der **Sippenhaft** oder der **Blutrache** 23 regelmäßig aus, da sich die Familie als „soziale Gruppe" in den Augen der Gesellschaft regelmäßig nicht wesentlich von anderen Familien unterscheidet (vgl. SchlHOVG NordÖR 2007, 326 (327 f.); VG Lüneburg BeckRS 2017, 114085 Rn. 43; VG München BeckRS 2016, 52997).

Der Fall der Blutrache macht die Auswirkungen eines kumulativen Prüfungsansatzes (vgl. → Rn. 18 ff.) **23.1** in besonderer Weise deutlich: Ließe man im Rahmen eines alternativen Prüfungsansatzes das Vorliegen eines gemeinsamen angeborenen Merkmals genügen, so könnten von der Blutrache bedrohte Familienangehörige als Angehörige einer bestimmten sozialen Gruppe ggf. die Zuerkennung des Flüchtlingsstatus beanspruchen. Fordert man demgegenüber – übereinstimmend mit der wohl überwiegenden Rechtsprechung – kumulativ eine gesellschaftliche Wahrnehmung der fraglichen Gruppe als „andersartig", so kommt in Ermangelung einer deutlich abgegrenzten Gruppenidentität einzelner Familien regelmäßig nur die Zuerkennung subsidiären Schutzes in Betracht (→ § 4 Rn. 36.1).

Drohende **Sippenhaft** kann aber zB im Einzelfall eine Verfolgung aufgrund einer tatsächlichen oder **23.2** zugeschriebenen politischen oder religiösen Überzeugung begründen (vgl. VG Lüneburg BeckRS 2017, 114085 Rn. 44; GK-AufenthG/Treiber AufenthG § 60 Rn. 173).

Die erforderliche Gruppenkohärenz fehlt zB auch der „Gruppe der Gewerbetreibenden, die 24 nicht bereit sind, Schutzgeld zu zahlen" (BayVGH BeckRS 2008, 28221 Rn. 3).

Bejaht wurde die erforderliche Gruppenkohärenz zB bei der Gruppe der „Schwarzkinder" bzw. 25 der kinderreichen Familien in China (VGH BW BeckRS 2016, 52590 Rn. 18 f. mN auch zur Gegenauffassung).

4. Schutzwürdigkeitserwägungen

Eine solchermaßen definierte soziale Gruppe ist aus Sicht des Flüchtlingsrechts zunächst dann 26 **schützenswert, wenn die Gruppenidentität auf angeborenen oder unveräußerlichen bzw. unabänderlichen Merkmalen beruht.** Derartige Gruppen sind ohne Weiteres schutzwürdig, da die Verfolgung nicht durch Aufgabe des Merkmals vermieden werden kann.

Als Beispiel kommen zB die Verfolgung wegen des **Alters, des Geschlechts, der Abstammung** 26.1 **oder der sozialen Herkunft** (vgl. jeweils GK-AufenthG/Treiber § 60 AufenthG Rn. 173), wegen einer **Behinderung** (HTK-AuslR/Zeitler Rn. 24), **genetischer Besonderheiten** (vgl. VG Aachen BeckRS 2013, 46438 zur Verfolgung von Albinos in Kamerun) oder der **Zugehörigkeit zu einer bestimmten Kaste** (vgl. HTK-AuslR/Zeitler Rn. 24) in Betracht.

Den unabänderlichen Gruppenzugehörigkeitsmerkmalen **stehen solche Merkmale oder** 27 **Glaubensüberzeugungen gleich, die so bedeutsam für die Identität oder das Gewissen sind, dass der Betreffende nicht gezwungen werden sollte, auf sie zu verzichten.**

In der Regel werden derartige Merkmale oder Überzeugungen eine gewisse Nähe zu den 28 bereits von Nr. 2 und Nr. 5 umfassten Verfolgungsmerkmalen aufweisen. Ebenso schutzwürdig sind allerdings zB Merkmale wie die in Nr. 4 ausdrücklich genannten Merkmale der sexuellen Orientierung bzw. Identität, soweit man diese nicht ohnehin als angeboren begreift.

Zum Schwur kommt es allerdings etwa in Fällen der Verfolgung als Angehörige der sozialen 29 Gruppe der **„Frauen mit westlichem Lebensstil"** (vgl. → § 3a Rn. 24.1, → § 3a Rn. 54) oder von **Angehörigen sozialer Subkulturen** (wie zB „Emos" oder „Gothics") zB in islamisch geprägten Ländern: Auch wenn die Unterdrückung alternativer Lebensentwürfe mit dem grund- und menschenrechtlichen Selbstverständnis eines liberalen Rechtsstaats (Art. 2 Abs. 1 GG, Art. 1 Abs. 1 GG; Art. 8 EMRK) unvereinbar erscheint, kann Schutz im Sinne des flüchtlingsrechtlichen Schutzansatzes (→ § 3a Rn. 7) nur dann gewährt werden, wenn das verfolgungsbegründende Merkmal so bedeutsam für die Identität des Betroffenen ist, dass er nicht gezwungen werden sollte, dieses aufzugeben (vgl. NdsOVG EZAR NF 69 Nr. 24, 1 (3, 6 f.) = BeckRS 2015, 53134).

5. Sonderfall: Anknüpfen an die sexuelle Orientierung

Als ersten Beispielsfall benennt § 3b Abs. 1 Nr. 4 Gruppen, die eine **gemeinsame sexuelle** 30 **Identität** aufweisen. Schon die Formulierung „kann gelten" zeigt dabei, dass auch dieses Gruppenmerkmal eine individuelle Prüfung der Gruppenkohärenz und der Schutzwürdigkeit erfordert; dies wird insbesondere auch am ausdrücklichen Ausschluss der Verfolgung wegen strafbarer (sexueller) Handlungen deutlich.

31   Inhaltlich setzt das Beispiel der Gruppen mit gemeinsamer sexueller Orientierung Art. 10 lit. d S. 2 Qualifikations-RL weitgehend wortlautgetreu um, verzichtet aber auf eine Wiedergabe des dort genannten Verweises auf die **Gegebenheiten im Herkunftsland**. Nach der allgemeinen Definition des § 3b Abs. 1 Nr. 4 lit. b sind diese aber ohnehin auch bei Anwendung der ausdrücklich in der Richtlinie bzw. in § 3b genannten Beispielsfälle zu prüfen.

32   Die gleichberechtigte Erwähnung angeborener und unverzichtbarer Merkmale und die ausdrückliche Erwähnung der sexuellen Orientierung in § 3b Abs. 1 Nr. 4 zeigen auf, dass der Betroffene **nicht auf ein Verschweigen oder ein Nichtausleben seiner sexuellen Orientierung verwiesen werden kann** (EuGH NVwZ 2014, 132 (134 f.) – X, Y, Z). Schutzbegründend kann daher sowohl die Verfolgung der betroffenen sexuellen Orientierung an sich als auch die Strafbarkeit entsprechender sexueller Handlungen oder auf die sexuelle Orientierung bezogener Äußerungen sein (vgl. zur erforderlichen Intensität der Verfolgungshandlung → § 3a Rn. 18).

32.1   Die erforderliche Verfolgungsgefahr kann allerdings dann fehlen, wenn der Betroffene aus nicht verfolgungsbezogenen – zB persönlichen oder familiären – Gründen auf ein Ausleben der im Herkunftsstaat sanktionierten sexuellen Orientierung verzichten wird (VGH BW BeckRS 2013, 49512).

33   Nicht erfüllt ist das Merkmal der Schutzwürdigkeit allerdings dann, wenn die Gruppenzugehörigkeit **an Handlungen anknüpft, die nach deutschem Recht als strafbar gelten.** Die Bezugnahme auf das nationale Strafrecht ist mit Art. 10 lit. d S. 3 Qualifikations-RL vereinbar, der ausdrücklich auf das nationale Recht der Mitgliedstaaten verweist. Die offenkundige Problematik einer solchen Bezugnahme auf das nationale Recht, die die Schutzwürdigkeit einzelner Verfolgungsmerkmale in das Belieben der jeweiligen Konventionsstaaten zu stellen scheint, wird durch die Bindung der (europäischen) Konventionsstaaten an Art. 8 EMRK und die hierzu ergangene Rechtsprechung des EGMR entschärft (Marx AsylG Rn. 24).

33.1   Vergleiche EGMR Urt. v. 22.10.1981 – 7525/76 Rn. 40 ff., NJW 1984, 541 – Dudgeon / UK zur Unvereinbarkeit der Strafbarkeit konsensualer homosexueller Handlungen mit Art. 8 Abs. 1 EMRK (Privatleben); vgl. aber auch BVerfGE 120, 224 = BeckRS 2008, 33171 mit zutreffendem Sondervotum Hassemer zur Strafbarkeit des Geschwisterbeischlafs nach deutschem Recht.

34   Zu den nach deutschem Strafrecht strafbaren Handlungen gehören zB der sexuelle Missbrauch von Kindern und Jugendlichen (§§ 176, 182 StGB), die Vergewaltigung (§ 177 Abs. 6 StGB) und die Nutzung von Tieren zu sexuellen Handlungen (§ 3 S. 1 Nr. 13 TierSchG). Für die Frage der Strafbarkeit nach deutschem Recht ist die Frage der territorialen Anwendbarkeit des StGB ohne Bedeutung (BT-Drs. 17/13063, 19 f.), da die Ausschlussklausel **nicht die Sanktionierung strafbaren Verhaltens, sondern dem Ausschluss objektiv nicht schutzwürdiger Konstellationen bezweckt.**

35   Der Ausschluss strafbarer Handlungen **schließt allerdings nicht aus, die Verfolgung aufgrund einer entsprechenden – nicht ausgelebten – sexuellen Orientierung als schutzbegründend anzusehen.** Folglich dürfte – entsprechend der Fallgruppe des „Politmalus" (→ § 3a Rn. 33 ff.) – im Einzelfall auch die exzessive Strafverfolgung sozialethisch verwerflicher sexueller Handlungen schutzbegründend sein können, wenn diese nicht (allein) auf den flüchtlingsrechtlich unbedenklichen Schutz von Rechtsgütern Dritter, sondern zugleich auf die Bestrafung der sexuellen Orientierung an sich abzielt (vgl. GK-AufenthG/Treiber AufenthG § 60 Rn. 184).

36   Im Rahmen der Prüfung, ob der Betroffene die **verfolgungsbegründende sexuelle Orientierung tatsächlich aufweist,** darf sich der Betroffene nicht auf bloße Behauptungen zu seiner sexuellen Orientierung beschränken. Die Prüfung darf sich aber ihrerseits nicht auf Befragungen stützen, die alleine auf stereotypen Vorstellungen der entsprechenden sexuellen Orientierung beruhen, darf keine detaillierten Befragungen zu sexuellen Praktiken umfassen und auch „Tests" oder bildliche Nachweise entsprechender Handlungen nicht fordern oder entgegennehmen. Entsprechender Vortrag darf nicht alleine deswegen als unglaubhaft angesehen werden, weil der Betroffene seine behauptete sexuelle Ausrichtung nicht zum frühestmöglichen Zeitpunkt geltend gemacht hat (vgl. jeweils EuGH NVwZ 2015, 132 (133 ff.) – A, B, C).

36.1   Vergleiche im Einzelnen Berlit/Dörig/Storey ZAR 2016, 332 (333 ff.), Gärditz DVBl 2015, 167 (167 ff.) sowie Markard NVwZ 2015, 135.

36.2   Seine Rechtsprechung zur (Un-)Zulässigkeit psychologischer Tests zur Prüfung der sexuellen Orientierung von Schutzsuchenden hat der EuGH in EuGH ZAR 2018, 79 (80 f.) – F. weiter konkretisiert: So kann die Einholung psychologischer Gutachten zwar zulässig sein; Gerichte und Behörden dürfen ihre Entscheidung aber nicht ausschließlich auf dessen Ergebnisse stützen oder an diese rechtlich gebunden sein. Die Begutachtung muss zudem die Intimsphäre des Betroffenen achten und auch in Ansehung anderer

Beweismittel und Indizien erforderlich zur Prüfung der Verfolgungsbehauptung sein. Angesichts der im Einzelnen unklaren, in der Tendenz aber streng gehandhabten Anforderungen sieht zB die deutsche Rechtspraxis von derartigen Begutachtungen vollständig ab (vgl. Dörig ZAR 2019, 99 (101) mwN).

6. Sonderfall: Anknüpfen an das Geschlecht oder die geschlechtliche Identität

Mit dem weiteren Beispielsfall der „allein an das Geschlecht oder die geschlechtliche 37 Identität anknüpfenden Handlungen" geht § 3b über die in Art. 10 lit. d Qualifikations-RL geregelten Mindestvoraussetzungen hinaus, die lediglich eine „angemessene Berücksichtigung" geschlechtsbezogener Aspekte (einschließlich der geschlechtlichen Identität) fordern. Da Art. 3 Qualifikations-RL den Mitgliedstaaten die Befugnis einräumt, **günstigere Normen über die Reichweite des Flüchtlingsbegriffs** zu erlassen, ist dies trotz des Charakters der Qualifikations-RL als (grundsätzlich) vollharmonisierende Bestimmung zulässig (vgl. GK-AsylG/Treiber Vor § 3a Rn. 25).

Anderer Ansicht wohl Dörig (Dörig MigrationsR-HdB § 13 Rn. 8), der Art. 3 Qualifikations-RL ein 37.1 generelles Abweichungsverbot von den Vorgaben der Richtlinie entnehmen will, soweit der Schutz aus flüchtlingsschutzbezogenen Gründen gewährt wird. Dies kann so jedoch weder Art. 3 Qualifikations-RL noch der hierzu ergangenen Rechtsprechung genommen werden (vgl. EuGH NVwZ 2019, 541 (544 Rn. 71 ff.) – Ahmedbekov). Vergleiche zur Auslegung des Art. 3 Qualifikations-RL aber BVerwG EuGH-Vorlage v. 18.12.2019 – 1 C 2/19, juris Rn. 20 ff.).

In Betracht kommen insoweit etwa Eingriffe wie die **Zwangsbeschneidung** (HessVGH Urt. 38 v. 23.3.2005 – 3 UE 3457/04.A, juris Rn. 44, EZAR NF 62 Nr. 2), die **Zwangsverheiratung** oder **Maßnahmen zur Unterdrückung eines selbstgewählten – in der Regel westlichen – Lebensstils bei Frauen** (→ § 3a Rn. 24.1; → § 3a Rn. 54) sowie die in der Regel nur auf volljährige Männer abzielende **allgemeine Wehrpflicht** (→ § 4 Rn. 52.4; unkrit. insoweit Lehmann NVwZ 2018, 293). Zu beachten bleibt jedoch, dass eine geschlechtsdiskriminierende, dh an Verfolgungsgründe iSd § 3b Abs. 1 Nr. 4 anknüpfende Praxis nicht notwendigerweise die für die Annahme einer Verfolgungshandlung erforderliche Intensität erreicht (vgl. → § 3a Rn. 13 ff., → § 3a Rn. 24.1 sowie → § 3a Rn. 19 zur Frage der Rechtfertigkeit von Eingriffen).

In Fällen der **häuslichen Gewalt** stellt sich oftmals die Frage, ob die jeweiligen Handlungen 39 das Familienmitglied bzw. den Partner als Angehörigen einer bestimmten sozialen Gruppe oder – was regelmäßig näher liegen dürfte – als Angehörigen bzw. Angehörige der jeweiligen Täter treffen (→ § 3a Rn. 55). Ein Schutzanspruch kann sich in jenen Fällen aber ggf. daraus ergeben, dass der Herkunftsstaat **den an sich gebotenen Schutz vor gewalttätigen Übergriffen aus geschlechtsdiskriminierenden Gründen verweigert und so selbst als Verfolgungsakteur auftritt** (→ § 3a Rn. 56).

V. Verfolgungsmerkmal der politischen Überzeugung (Nr. 5)

Eine **Überzeugung ist dann politisch, wenn sie sich im weitesten Sinne auf die Ausei-** 40 **nandersetzung um die Gestaltung des Zusammenlebens von Menschen und Menschengruppen im gesellschaftlichen und staatlichen Raum bezieht** und damit einen öffentlichen Bezug aufweist (NK-AuslR/Möller Rn. 23). Die Verfolgung wegen vermeintlicher oder tatsächlicher politischer Überzeugungen wird sich daher – ungeachtet der Einbeziehung auch privater Verfolgungsakteure – regelmäßig auf Fragen staatlicher oder gesellschaftlicher Machtausübung beziehen (vgl. Hailbronner AuslR Rn. 39 ff.).

Besondere Probleme wirft die Frage nach der **Abgrenzung zwischen flüchtlingsrechtlich** 41 **neutralen staatlichen Maßnahmen zum Schutz des Staates einerseits und seiner Einrichtungen einerseits und der flüchtlingsschutzbegründenden politischen Verfolgung andererseits** auf. Eine potentielle Verfolgungsmaßnahme knüpft dann nicht an die politische Überzeugung iSd Nr. 5 an, wenn der Staat mit Mitteln des Ordnungsrechts gegen gewaltsame Angriffe auf seinen Gebietsbestand, seine Grundordnung, seine politischen Institutionen oder die innere Sicherheit vorgeht. Den Charakter politischer Verfolgung erhält eine solche Maßnahme aber dann, wenn im Hinblick auf die politische Überzeugung unverhältnismäßige oder diskriminierende Sanktionen verhängt werden (vgl. Hailbronner AuslR Rn. 45 ff. sowie → § 3a Rn. 33 ff. zum sog. „Politmalus").

C. Zugeschriebene Verfolgungsmerkmale (Abs. 2)

42   Abs. 2 bringt zum Ausdruck, dass für die Frage der Verfolgung „wegen" eines der in Abs. 1 genannten Merkmale nicht die Opfer- sondern **die Verfolgerperspektive maßgeblich** ist (Marx AsylG Rn. 76): Entscheidend ist, ob der Verfolger dem Betroffenen die jeweiligen Verfolgungsmerkmale zuschreibt. Allerdings kann es im Fall eines lediglich zugeschriebenen Verfolgungsmerkmals zumutbar sein, den Irrtum des Verfolgungsakteurs richtigzustellen, wenn dies im Einzelfall auch aussichtsreich erscheint.

43   Ein Fall der Zuschreibung von Verfolgungsmerkmalen liegt allerdings auch dann vor, wenn Verfolgungshandlungen darauf abzielen, einen vom Verfolger gehegten Verdacht der Trägerschaft eines geschützten Merkmals aufzuklären (VGH BW BeckRS 2017, 123022 Rn. 23; Marx AsylG Rn. 77).

44   Eine Verfolgungshandlung liegt dann nicht vor, wenn der Betroffene auch nach der Vorstellung des Verfolgers kein flüchtlingsschutzrelevantes Merkmal aufweist. Eine abweichende Betrachtung kann nur dann gerechtfertigt sein, wenn der Verfolger zB zur Disziplinierung von Angehörigen einer bestimmten sozialen Gruppe iSd Nr. 5 auch Nichtgruppenangehörige in Verfolgungsmaßnahmen einbezieht (Hailbronner AuslR Rn. 50).

§ 3c Akteure, von denen Verfolgung ausgehen kann

Die Verfolgung kann ausgehen von
1. **dem Staat,**
2. **Parteien oder Organisationen, die den Staat oder einen wesentlichen Teil des Staatsgebiets beherrschen, oder**
3. **nichtstaatlichen Akteuren, sofern die in den Nummern 1 und 2 genannten Akteure einschließlich internationaler Organisationen erwiesenermaßen nicht in der Lage oder nicht willens sind, im Sinne des § 3d Schutz vor Verfolgung zu bieten, und dies unabhängig davon, ob in dem Land eine staatliche Herrschaftsmacht vorhanden ist oder nicht.**

Überblick

Der Kreis der potentiellen Verfolger, von denen Verfolgungshandlungen iSd § 3a (→ § 3a Rn. 2 ff.) ausgehen können, umfasst neben staatlichen (§ 3c Nr. 1; → Rn. 7) und quasistaatlichen (§ 3c Nr. 2; → Rn. 8 ff.) Akteuren auch nichtstaatliche Akteure unter den in § 3c Nr. 3 genannten Bedingungen (→ Rn. 13 ff.). Dieser gegenüber dem Schutz nach Art. 16a GFK weiter gefasste Personenkreis ist Ausdruck der dem Flüchtlingsrecht der GFK und des Unionsrechts zugrunde liegenden Schutzlehre (→ § 3d Rn. 20) und erlaubt mittelbare Rückschlüsse auf die Auslegung des sowohl in Nr. 3 als auch in § 3e Abs. 1 Nr. 1 enthaltenen Kriteriums der Schutzwilligkeit und -fähigkeit (→ § 3d Rn. 18 ff.). Zugleich ist der in Nr. 3 enthaltene Verweis auf den Vorrang internen Schutzes Ausdruck des allgemeinen Subsidiaritätsgedankens des Flüchtlingsrechts (→ § 3d Rn. 1).

Übersicht

A. Allgemeines

1   Die §§ 3a–3e wurden mit Art. 1 des Gesetzes zur Umsetzung der Richtlinie 2011/95/EU (v. 28.8.2013, BGBl. I 3474) in das AsylG eingefügt.

Zuvor hatte der Gesetzgeber die Voraussetzungen für die Zuerkennung der Flüchtlingseigenschaft zwar **1.1** in § 3 geregelt, die einzelnen Tatbestandsmerkmale aber in § 60 Abs. 1 S. 3 und S. 4 AufenthG definiert und in § 60 Abs. 1 S. 5 AufenthG ergänzend auf einzelne Bestimmungen der Qualifikations-RL 2004 (RL 2004/83/EG) verwiesen. Sachliche Änderungen waren mit der Einfügung der §§ 3a–3e aber nicht verbunden, weil deren Wortlaut den Vorgaben des früheren § 60 Abs. 1 bzw. der – nunmehr gültigen – Neufassung der Qualifikations-RL (RL 2011/95/EU) weitestgehend entspricht.

§ 3c dient der Umsetzung von Art. 6 Qualifikations-RL (RL 2011/95/EU v. 13.12.2011, ABl. **2** 2011 L 337, 9) und **enthält mit dem Erfordernis des Verfolgungs- bzw. Gefährdungsakteurs das zentrale Unterscheidungsmerkmal zwischen den flüchtlingsrechtlichen Schutzformen des Art. 16a GG und der §§ 3 ff. einerseits und den in § 60 Abs. 5 und Abs. 7 AufenthG geregelten „einfachen" Abschiebungsverboten andererseits,** die auch vor nicht menschengemachten – quasi schicksalshaften – Gefahren (wie zB Krankheiten oder den Auswirkungen von Naturkatastrophen) schützen (vgl. Hailbronner AuslR Rn. 3).

Zugleich erweitert § 3c den Umfang des internationalen Schutzes auf den **Schutz vor Verfol- 3 gungshandlungen privater Verfolgungs- bzw. Gefährdungsakteure, vor denen Art. 16a GG jedenfalls unmittelbar keinen Schutz gewährleistet** (vgl. Bergmann/Dienelt/Bergmann Rn. 1; BeckOK AuslR/Kluth Überblick).

Inhaltlich entspricht die Bestimmung – jedenfalls iVm der Verweisungsnorm des § 4 Abs. 2, **4** die deren Geltung auf den subsidiären Schutzstatus erstreckt – im Wesentlichen dem Wortlaut des Art. 6 Qualifikations-RL, so dass die hierauf bezogenen Erwägungsgründe schon aus Gründen der unionsrechtskonformen Auslegung ggf. ergänzend zur Auslegung herangezogen werden können.

Der in Art. 6 Qualifikations-RL nicht enthaltene Hinweis darauf, dass der Schutz vor nichtstaat- **5** licher Verfolgung **unabhängig vom Bestehen staatlicher Herrschaftsstrukturen im Herkunftsstaat** gewährt wird, hat gegenüber der Richtlinie nur klarstellende Funktion; er macht aber deutlich, das Anknüpfungspunkt des § 3c Nr. 3 nicht das staatliche Schutzversagen als eigenständige Verfolgungshandlung (vgl. → § 3a Rn. 5 f.; → § 3a Rn. 62), sondern originär private Verfolgungshandlungen sind. Dementsprechend ist auch die Beschränkung des Schutzes auf Fälle des staatlichen Schutzversagens nicht Ausdruck eines Zurechnungsprinzips, sondern des allgemeinen Subsidiaritätsgedankens des Flüchtlingsrechts (HTK-AuslR/Zeitler, 4/2016, Nr. 4.1).

In der GFK haben die normkonkretisierenden Vorschriften des Art. 6 Qualifikations-RL und **6** die Umsetzungsvorschrift des § 3c kein unmittelbares Vorbild. **Das Erfordernis eines Verfolgungsakteurs ist allerdings im Begriff der „Verfolgung" angelegt** (Marx AsylG Rn. 1) und in der Rechtsprechung zu Art. 1 A Nr. 2 GFK anerkannt (→ GFK Art. 1 Rn. 33 ff.); der – in § 3c Nr. 3 auf die Verfolgung durch private Akteure beschränkte – Subsidiaritätsgedanke entspringt unmittelbar dem Wortlaut des Art. 1 A Nr. 2 GFK.

B. Staatliche Verfolgungsakteure

Der Begriff der staatlichen Verfolgung geht vom **völkerrechtlichen Staatenbegriff** aus und **7** erfasst daher nur solche Akteure, derer sich ein völkerrechtlich anerkannter Staat zur Ausübung von Herrschaftsmacht bedient (BeckOK AuslR/Kluth Rn. 2; Marx AsylG Rn. 8, 10).

Da nichtstaatliche Akteure mit einem gewissen Organisationsgrad den staatlichen Akteuren rechtlich **7.1** dann gleichgestellt sind, wenn sie zumindest faktisch die Kontrolle über einen wesentlichen Teil des Staatsgebiets ausüben (Nr. 2), ist die **Abgrenzung zwischen (verfolgungsmächtigen) staatlichen und quasistaatlichen Akteuren regelmäßig nicht von entscheidender Bedeutung.**

Gleiches gilt für die rechtliche Einordnung von **Amtswalterexzessen,** da jedenfalls Nr. 3 eingreift **7.2** und eine Zurechnung von Amtswalterexzessen (ebenso wie eine Schutzgewährung wegen Verfolgung durch private Verfolgungsakteure) jedenfalls dann ausscheidet, wenn der Staat hiergegen selbst effektiven Schutz gewährleistet (vgl. NK-AuslR/Möller Rn. 5; Hailbronner AuslR Rn. 8; ähnlich wohl auch Marx AsylG Rn. 8 f., 14).

C. Quasistaatliche Verfolgungsakteure

Staatlichen Akteuren gleichgestellt sind nach § 3c Nr. 2 Parteien oder Organisationen, die den **8** Staat oder einen wesentlichen Teil des Staatsgebiets beherrschen. Dies entspricht im Wesentlichen der Rechtsprechung zu Art. 16a GG (vgl. BVerfG NVwZ 2000, 1165 (1166 f.)) und ist Ausdruck der grundlegenden Erwägung, dass die **Legitimität der staatlichen Herrschaft für die Frage des Schutzes vor politischer Verfolgung keine Rolle spielen kann:** Für den Verfolgten ist es letztlich ohne Bedeutung, ob ihm seitens einer demokratisch gewählten Regierung, seitens der

Akteure eines erfolgreichen Militärputsches oder seitens einzelner Bürgerkriegsparteien unmenschliche Behandlung droht: Entscheidet ist vielmehr, ob der jeweilige Akteur dem Schutzsuchenden **mit zumindest staatsähnlicher Herrschaftsgewalt gegenübertritt** und ihn so in eine ausweglose Lage bringt.

9   Der **Begriff der „Partei"** ist dabei – ebenso wie der Begriff der „Organisation" – nicht als Verweis auf den politischen Parteibegriff zu sehen, sondern kennzeichnet eine Gruppe oder einen Zusammenschluss von Personen mit einem Mindestmaß an Organisationsgrad, das der Gruppe als solcher die Ausübung von quasistaatlicher Herrschaftsmacht zumindest in einem Teil des Herkunftslandes ermöglicht.

9.1   Beispiele hierfür sind oder waren etwa der **„Islamische Staat" in Teilen Syriens** und des Zentraliraks oder die Kämpfer der **Al Quaeda in Afghanistan.** Die zunehmende Verstaatlichung der **kurdischen Autonomieregion im Nordirak** und die faktische **Präsenz kurdischer Peschmerga-Truppen in Teilen Syriens und der Türkei** zeigen dabei, dass die Übergänge zwischen staatlicher und quasistaatlicher Herrschaft oftmals fließend sein können; die Unterscheidung ist im Rahmen des Flüchtlingsrechts jedoch letztlich ohne Bedeutung (vgl. → Rn. 8).

10   Für die Anerkennung **potentieller Verfolgungsmacht** ist es ausreichend, dass die Partei oder Organisation einen wesentlichen Teil des Staatsgebiets beherrscht. Im Hinblick auf das Erfordernis der „beachtlichen Verfolgungswahrscheinlichkeit" (→ § 3 Rn. 25 ff.) unterliegt der Begriff der „Wesentlichkeit" dabei **keiner quantitativen, sondern einer qualitativen Betrachtung** (vgl. Bergmann/Dienelt/Bergmann Rn. 4; NK-AuslR/Möller Rn. 6). Nichts anderes gilt für die Qualifikation als möglicher Schutzakteur iSd § 3d Abs. 1 Nr. 2 (Marx AsylG § 3d Rn. 17).

10.1   Dem Begriff der „Wesentlichkeit" kommt bei Anwendung des § 3c Nr. 2 aber in der Regel keine entscheidende Bedeutung zu, da im Hinblick auf die nicht beherrschten übrigen Landesteile stets – nicht anders als bei Verfolgungsakteuren nach Nr. 1 und Nr. 3 – das Vorliegen einer **internen Schutzalternative** zu prüfen ist (→ § 3e Rn. 7 ff.) und der betroffenen Organisation bei nur geringer Größe des beherrschten Staatsgebiets – etwa der Beherrschung lediglich einzelner Stadtviertel durch Bürgerkriegsparteien oder Straßengangs – in der Regel die erforderliche Verfolgungsmacht im Hinblick auf andere Landesteile fehlen wird. Bedeutung erlangt der Wesentlichkeitsbegriff allerdings bei Anwendung des insoweit gleichlautenden § 3d Abs. 1 Nr. 2, da eine mit § 3c Nr. 3 vergleichbare Auffangbestimmung hier fehlt (vgl. → § 3d Rn. 14).

11   Von einer „Beherrschung" zumindest eines Teils des Staatsgebiets kann nur dann die Rede sein, wenn der **Machtanspruch der Partei oder Organisation in ihrem geographischen Einflussbereich nicht von anderen Organisationen wirksam in Frage gestellt wird.** Die entsprechende Partei oder Organisation kann dann zwar Verfolgungsakteur iSd Nr. 3 sein, ist als wirksamer Schutzgarant iSd § 3d Abs. 1 Nr. 2, Abs. 2 aber untauglich (Marx AsylG § 3d Rn. 16).

12   Im Ergebnis keinen Bedenken begegnet der Umstand, dass § 3c Nr. 2 – anders als der insoweit abweichend formulierte § 3d Abs. 1 Nr. 2 – **internationale Organisationen** nicht ausdrücklich als taugliche Verfolgungsakteure benennt (insoweit kritisch aber Marx AsylG § 3d Rn. 21). Zwar trifft es zu, dass auch Angehörige internationaler Friedenstruppen faktisch als Verfolgungsakteure in Betracht kommen; diese können jedoch auch ohne ausdrückliche Erwähnung im Normtext des § 3c unter § 3c Nr. 2 oder ggf. – bei fehlender Beherrschung von Teilen des Staatsgebiets – unter die Auffangklausel des § 3c Nr. 3 subsumiert werden.

D. Nichtstaatliche Verfolgung

13   § 3c Nr. 3 bezieht – abweichend von Art. 16a GG (vgl. Dörig MigrationsR-HdB § 13 Rn. 19) – auch **nichtstaatliche Akteure** in den Kreis der potentiell verfolgungsmächtigen Akteure ein und erweitert den Anwendungsbereich des Flüchtlingsschutzes (und des subsidiären Schutzstatus) damit erheblich.

I. Private Verfolgungsakteure

14   Da § 3c Nr. 3 im Unterschied zu Nr. 2 keinen besonderen Organisationsgrad des privaten Verfolgungsakteurs fordert, kann im Prinzip auch eine **Einzelperson** – etwa ein politischer Gegner, ein Ex-Partner oder ein Angehöriger einer verfeindeten Familie – als Verfolgungsakteur in Betracht kommen (BVerwGE 126, 243 = NVwZ 2006, 1420 (1422)). Insbesondere kann aus dem Begriff der „Verfolgung" nicht abgeleitet werden, dass sich der Verfolgungsakteur gegenüber dem Verfolgten in einer strukturellen Überlegenheitssituation befinden muss (aA GK-AsylG/

Treiber § 3a Rn. 23); vielmehr genügt es, dass vom jeweiligen Akteur eine beachtliche Verfolgungswahrscheinlichkeit ausgeht (→ § 3 Rn. 25 ff.) und die in Nr. 1 und Nr. 2 genannten staatlichen bzw. quasistaatlichen Akteure erwiesenermaßen nicht in der Lage oder nicht willens sind, iSd § 3d Schutz vor Verfolgung zu bieten. Erstes ist bei verfolgenden Einzelpersonen, die sich gegenüber dem Betroffenen nicht in einer besonderen Machtposition befinden, zwar ggf. besonders kritisch zu hinterfragen, ist aber auch hier – zB im Fall eines gewaltbereiten Widersachers oder Ex-Partners – nicht strukturell ausgeschlossen.

II. Fehlende Schutzbereitschaft und -fähigkeit staatlicher oder quasistaatlicher Akteure

1. Inhaltliche Anforderungen

Wegen der inhaltlichen Anforderungen an die Feststellung der **Schutzbereitschaft und** 15
-fähigkeit dieser Akteure kann im Wesentlichen auf die Kommentierung zu § 3d verwiesen werden (→ § 3d Rn. 15 ff.), der – in Verbindung mit der allgemeinen Legaldefinition des § 3 Abs. 1 – das Fehlen staatlichen oder quasistaatlichen Schutzes als allgemeine Schutzvoraussetzung postuliert.

2. Darlegungsanforderungen

Das Erfordernis der „erwiesenen" Schutzunfähigkeit bzw. -unwilligkeit begründet **keine Ver-** 16
schiebung der Beweislast zu Lasten des Betroffenen, wie die englische („if it can be demonstrated that") und französische („s'il peut être démontré que") Sprachfassung des Art. 6 lit. c Qualifikations-RL zeigen (Bergmann/Dienelt/Bergmann Rn. 3; BeckOK AuslR/Kluth Rn. 6 ff.; HTK-AuslR/Zeitler, 4/2016, Nr. 4.2). Dennoch ist es Ausdruck einer auf die Prinzipien der Staatlichkeit und des Gewaltmonopols gestützten tatsächlichen Vermutung des ausreichenden staatlichen oder quasistaatlichen Schutzes gegenüber privaten Verfolgungsakteuren, die nur durch individuellen Vortrag oder entsprechende Lageerkenntnisse widerlegt werden kann. Insofern trifft den Schutzsuchenden eine **gesteigerte Darlegungslast,** wenn er die staatliche Schutzunfähigkeit oder -willigkeit gegenüber privaten Nachstellungen behauptet (Hailbronner AuslR Rn. 14 f.; Erbs/Kohlhaas/Hadamitzky/Senge Rn. 3; aA zB NK-AuslR/Möller Rn. 11 f.).

Die Gegenauffassung, die dem Erfordernis der „erwiesenen" Schutzunfähigkeit und -willigkeit auch **16.1**
für die Darlegungslast keine besondere Bedeutung zuweist, begründet dies mit dem sachtypischen Beweisnotstand, in dem der Schutzsuchende sich regelmäßig befindet (BeckOK AuslR/Kluth Rn. 6 ff.; HTK-AuslR/Zeitler, 4/2016, Nr. 4.2). Dieser ist selbstverständlich auch bei Anwendung des § 3 Nr. 3 zu berücksichtigen, ohne dass dies der Annahme gesteigerter Darlegungsanforderungen – etwa im Hinblick auf die **Darlegung individueller Bemühungen, kriminelle Übergriffe zur Anzeige zu bringen** – entgegenstünde.

In der Praxis wird dem Schutzsuchenden jedenfalls im Fall einer existierenden Herrschaftsmacht ange- **16.2**
sonnen, sich zunächst **auch tatsächlich an potentielle Schutzakteure** (wie Polizeien und Staatsanwaltschaften) **im Herkunftsstaat zu wenden** und dies durch entsprechenden Vortrag zu dokumentieren (→ § 3d Rn. 23 ff.; → § 3d Rn. 5). Dies stellt eine erhebliche Hürde für die Anerkennung etwa von schutzsuchende Minderheiten aus dem Balkan dar, wenn eine Diskriminierung bzw. Verfolgung durch private Akteure behauptet wird (zB BayVGH BeckRS 2017, 133336 Rn. 4 f.; OVG NRW BeckRS 2017, 108256 Rn. 6 ff.).

3. Bedeutung der Anerkennung privater Akteure als unmittelbare Verfolgungsakteure

Von besonderer Bedeutung ist dabei der Umstand, dass die Gefahr einer schutzrelevanten 17
Verfolgung durch private Akteure auch dann schutzbegründend wirken kann, wenn die **Schutzunfähigkeit staatlicher und quasistaatlicher Akteure auf dem Fehlen einer staatlichen Herrschaftsgewalt beruht.** Dies macht deutlich, dass die Gewährung von Schutz in Ansehung privater Verfolgung nicht Ausdruck einer Zurechnung privater Verfolgungshandlungen, sondern Ausdruck eines Bemühens um Schutz vor jedweder – auch privater – Verfolgung ist (Marx AsylG Rn. 16 f.).

Der Zurechnungsgedanke ist dem GFK- und unionsrechtlich geprägten Flüchtlingsrecht zwar 18
nicht fremd, wie § 3a Abs. 3 zeigt (→ § 3a Rn. 5; → § 3a Rn. 62). Er schließt indes – anders als nach der Rechtsprechung zu Art. 16a GG (vgl. BVerfG NJW 1990, 151 (152)) – im Fall privater Verfolgungshandlungen eine Schutzgewährung im Fall fehlender staatlicher oder quasistaatlicher Herrschaftsmacht nicht aus, sondern **ermöglicht ggf. eine Schutzgewährung sowohl wegen**

zielgerichteter staatlicher Schutzverweigerung gegenüber privaten Übergriffen (als Ausdruck einer mittelbaren staatlichen Verfolgung) **als auch – alternativ oder kumulativ – unmittelbar wegen nichtstaatlicher Verfolgungshandlungen.**

19   Zu beachten ist dabei, dass die **gezielte staatliche Schutzversagung** eine Verfolgungshandlung iSd § 3a auch dann darstellen kann, wenn nur die staatliche Schutzversagung auf flüchtlingsschutzrelevanten Gründen beruht (→ § 3a Rn. 5, → § 3a Rn. 62). Dies ist jedoch kein Fall des § 3c Nr. 3, sondern ggf. ein Fall der mittelbaren staatlichen Verfolgung im Sinne der von der früheren Rechtsprechung entwickelten Zurechnungslehre (BVerwG NVwZ 1995, 391 (392)).

§ 3d Akteure, die Schutz bieten können

(1) Schutz vor Verfolgung kann nur geboten werden
1. vom Staat oder
2. von Parteien oder Organisationen einschließlich internationaler Organisationen, die den Staat oder einen wesentlichen Teil des Staatsgebiets beherrschen, sofern sie willens und in der Lage sind, Schutz gemäß Absatz 2 zu bieten.

(2) ¹**Der Schutz vor Verfolgung muss wirksam und darf nicht nur vorübergehender Art sein.** ²**Generell ist ein solcher Schutz gewährleistet, wenn die in Absatz 1 genannten Akteure geeignete Schritte einleiten, um die Verfolgung zu verhindern, beispielsweise durch wirksame Rechtsvorschriften zur Ermittlung, Strafverfolgung und Ahndung von Handlungen, die eine Verfolgung darstellen, und wenn der Ausländer Zugang zu diesem Schutz hat.**

(3) Bei der Beurteilung der Frage, ob eine internationale Organisation einen Staat oder einen wesentlichen Teil seines Staatsgebiets beherrscht und den in Absatz 2 genannten Schutz bietet, sind etwaige in einschlägigen Rechtsakten der Europäischen Union aufgestellte Leitlinien heranzuziehen.

Überblick

§ 3d, der Art. 7 Qualifikations-RL nahezu wortlautidentisch umsetzt (→ Rn. 3), konkretisiert die insoweit entwicklungsoffenen (→ Rn. 4, → Rn. 11) Bestimmungen der GFK durch eine abschließende Regelung zum Kreis der in Betracht zu ziehenden Schutzakteure: Schutz vor Verfolgung im Sinne des § 3a bzw. vor Gefährdungen iSd § 4 können neben staatlichen Akteuren (→ § 3c Rn. 7) nur solche Akteure bieten, die – insoweit staatsähnlich – den Staat oder einen wesentlichen Teil des Staatsgebiets beherrschen (→ § 3c Rn. 8 ff.). Abs. 2 enthält Bestimmungen zur erforderlichen Qualität des staatlichen oder quasistaatlichen Schutzes, die inhaltlich über die in der bisherigen Rechtsprechung zu Art. 16a GG entwickelten Anforderungen hinausgehen (→ Rn. 16 ff.); Abs. 3 enthält eine – bislang kaum bedeutsame – Auslegungshilfe für die Anwendung des § 3d Abs. 1 Nr. 2 im Hinblick auf den Schutz durch internationale Organisationen (→ Rn. 32).

Übersicht

A. Allgemeines

Die §§ 3a–3e wurden mit Art. 1 des Gesetzes zur Umsetzung der Richtlinie 2011/95/EU (v. **1** 28.8.2013, BGBl. I 3474) in das AsylG eingefügt. § 3d dient der Umsetzung von Art. 7 Qualifikations-RL (RL 2011/95/EU v. 13.12.2011, ABl. 2011 L 337, 9) und führt – im Zusammenspiel mit § 3c Nr. 3, § 3e Abs. 1 Nr. 1 – den **Subsidiaritätsgedanken** in das System des Flüchtlingsrechts ein: Schutz vor Verfolgung kann nur derjenige erlangen, der nicht innerhalb seines Herkunftsstaates wirksamen staatlichen oder quasistaatlichen Verfolgungsschutz beanspruchen kann (vgl. zum Subsidiaritätsgedanken Marx AsylG Rn. 5).

Zuvor hatte der Gesetzgeber die Voraussetzungen für die Zuerkennung der Flüchtlingseigenschaft zwar **1.1** in § 3 geregelt, die einzelnen Tatbestandsmerkmale aber in § 60 Abs. 1 S. 3 und S. 4 AufenthG definiert und in § 60 Abs. 1 S. 5 AufenthG ergänzend auf einzelne Bestimmungen der Qualifikations-RL 2004 (RL 2004/83/EG v. 29.4.2004, ABl. 2004 L 304, 12) verwiesen. Sachliche Änderungen waren mit der Einfügung der §§ 3a–3e aber nicht verbunden, weil deren Wortlaut den Vorgaben des früheren § 60 Abs. 1 bzw. der – nunmehr gültigen – Neufassung der Qualifikations-RL (RL 2011/95/EU v. 13.12.2011, ABl. 2011 L 337, 9) weitestgehend entspricht.

§ 3d **bestimmt den Kreis der potentiellen Schutzakteure abschließend** und ist dabei **2** bewusst weniger umfassend als § 3c angelegt: Taugliche Schutzakteure sind nicht sämtliche Akteure, die faktisch effektiven Schutz vor Verfolgung verheißen, sondern nur staatliche oder quasistaatliche Akteure. Die in § 3c Nr. 3 genannten nichtstaatlichen Akteure kommen daher nur als potentielle Verfolger, nicht aber als Schutzgaranten in Betracht – selbst dann nicht, wenn der durch sie gewährleistete Schutz ausnahmsweise das nach Abs. 2 geforderte Schutzniveau erreichen würde (→ Rn. 14).

Inhaltlich entspricht die Bestimmung bis auf kleinere sprachliche Anpassungen dem Wortlaut **3** des Art. 7 Qualifikations-RL, so dass die hierauf bezogenen Erwägungsgründe – schon aus Gründen der unionsrechtskonformen Auslegung – ggf. ergänzend zur Auslegung herangezogen werden können.

In der GFK haben die normkonkretisierenden Vorschriften des Art. 7 Qualifikations-RL und **4** die Umsetzungsvorschrift des § 3d kein unmittelbares Vorbild. Der in Art. 1 A Nr. 2 GFK enthaltene Verweis auf den „Schutz dieses Landes" zeigt jedoch auf, dass **die GFK jedenfalls vorrangig staatliche Akteure als Schutzakteure in der Pflicht sieht** (vgl. Marx AsylG Rn. 1; vgl. zur Problematik der Vereinbarkeit der Einbeziehung nichtstaatlicher Schutzakteure mit der GFK → Rn. 11 f.).

B. Bedeutung der Norm im Kontext

Normativ ist die Bestimmung des § 3d über geeignete Schutzakteure **sowohl bei Anwendung 5 des § 3c Nr. 3 als auch des § 3e heranzuziehen.** Der Umstand, dass § 3c nur im Hinblick auf Verfolgungsakteure nach Nr. 3 auf den Vorrang der innerstaatlichen Schutzgewährung verweist, darf daher nicht dahingehend missverstanden werden, dass die Möglichkeit innerstaatlichen Schutzes gegenüber sonstigen Verfolgungsakteuren generell nicht geprüft werden müsste. Die Regelungstechnik des AsylG bzw. der Qualifikationsrichtlinie rezipiert insoweit lediglich den tatsächlichen Umstand, dass staatlicher oder quasistaatlicher Schutz gegenüber Verfolgungsakteuren nach Nr. 1 oder Nr. 2 regelmäßig nicht verfügbar oder ausreichend wirksam sein wird. Dies kann sich jedoch insbesondere in Fällen eines „mehrgesichtigen" Verfolgungsstaates oder nur regional verfolgungsmächtiger quasistaatlicher Verfolgungsakteure auch anders darstellen (→ § 3e Rn. 7 ff.).

Der unterschiedlichen normativen Anknüpfung des Konzepts des innerstaatlichen Schutzes in **6** § 3c Nr. 3 und § 3e Abs. 1 Nr. 1 kommt daher die Funktion einer **Regelung über die Verteilung der Darlegungs- und Beweislast** zu (Marx AsylG § 3c Rn. 6, 8, § 3d Rn. 34): Zwar steht das Vorhandensein innerstaatlicher Schutzakteure der Zuerkennung der Flüchtlingseigenschaft stets entgegen. Im Fall nichtstaatlicher Verfolgungsakteure ohne besondere Verfolgungsmacht (§ 3c Nr. 3) geht das Gesetz jedoch davon aus, dass gegen deren Verfolgungshandlung regelmäßig Schutz durch staatliche oder quasistaatliche Schutzakteure erlangt werden kann; dementsprechend ist es grundsätzlich am Betroffenen, das Fehlen entsprechenden Schutzes individuell darzulegen (HTK-AuslR/Zeitler, 4/2016, § 3c Nr. 4.2). Im Fall staatlicher oder quasistaatlicher Verfolgung spricht hingegen prima facie nur wenig dafür, dass gegen die Verfolgung durch Akteure nach § 3c Nr. 1 und 2 Schutz durch den (ggf. selbst verfolgenden) Staat oder die das Staatgebiet beherrschenden Akteure erlangt werden kann (Marx AsylG Rn. 11, 23). Hier liegt die Darlegungs- und ggf.

auch die materielle Beweislast dafür, dass ausnahmsweise doch innerstaatlicher Schutz beansprucht werden kann, daher grundsätzlich bei der das Schutzbegehren prüfenden Behörde (vgl. hierzu schon KOM(2001) 510, 51).

7   Abweichungen von dieser Verteilung der Darlegungslast sind in beiden Richtungen denkbar: Ist der Behörde der Zusammenbruch innerstaatlicher Strukturen im Herkunftsland ohnehin bekannt, so muss der Betroffene die Unzugänglichkeit staatlichen Schutzes nicht individuell darlegen. Beschränkt sich die Herrschaftsmacht eines Akteurs im Sinne des § 3c Nr. 2 jedoch auf einzelne Teile des Staatsgebiets oder geht die Verfolgung ersichtlich von einzelnen Amtswaltern aus, so muss der Betroffene jedenfalls in Ansätzen darlegen, warum ihm Verfolgung auch in anderen Landesteilen droht bzw. innerstaatlicher Schutz auch dort nicht erlangt werden kann (vgl. Marx AsylG Rn. 39).

C. Schutzakteure (Abs. 1)

I. Kreis der in Betracht kommenden Schutzakteure

1. Staatliche und quasistaatliche Schutzakteure

8   Nach § 3d Abs. 1 kann Schutz vor Verfolgung im Sinne des § 3 Abs. 1 bzw. des § 3c Nr. 3 nur von staatlichen Akteuren und den diesen gleichgestellten quasistaatlichen Akteuren – dh von Akteuren mit einem gewissen Organisationsgrad und einer zumindest faktischen Kontrolle über wesentliche Teile des Staatsgebiets – geboten werden. Wegen der jeweiligen Begriffe kann im Wesentlichen auf die entsprechende Kommentierung zu § 3c Nr. 1 und 2 (→ § 3c Rn. 7 ff.) verwiesen werden. Hinzu kommt jedoch das Erfordernis der Schutzwilligkeit und -fähigkeit iSd Abs. 2.

2. Einbeziehung internationaler Organisationen

9   Allerdings bezieht § 3d Abs. 1 Nr. 2 ausdrücklich – insoweit abweichend vom ansonsten identisch formulierten § 3c Nr. 2 – auch internationale Organisationen in den Kreis der potentiellen Schutzakteure ein.

9.1   Eine inhaltliche Abweichung ist hiermit allerdings nicht verbunden, da internationale Organisationen zwanglos unter § 3c Nr. 2 oder Nr. 3 subsumiert werden können (→ § 3c Rn. 12). Die Hervorhebung in § 3d Abs. 1 Nr. 2 hat daher lediglich **klarstellenden Charakter.**

10   Gemeint sind hiermit **Organisationen, die im Rahmen friedenserzwingender oder -erhaltender Maßnahmen im Herkunftsland eingesetzt werden** (Marx AsylG Rn. 18), ggf. einschließlich multinationaler Schutztruppen (EuGH NVwZ 2010, 505 Rn. 76 ff. – Abdulla, vgl. zur Schutzeignung der KFOR- und UNMIK-Mission Hailbronner AuslR Rn. 14; Marx AsylG Rn. 19).

3. Vereinbarkeit der Einbeziehung quasistaatlicher Schutzakteure mit der GFK

11   Die **Einbeziehung quasistaatlicher Schutzakteure** (einschließlich internationaler Organisationen) **wird insbesondere in Teilen der völkerrechtlichen Literatur als unvereinbar mit der GFK erachtet** (vgl. UNHCR, Kommentar des Hohen Flüchtlingskommissars der Vereinten Nationen (UNHCR) zur Richtlinie 2004/83/EG des Rates vom 29. April 2004 über Mindestnormen für die Anerkennung und den Status von Drittstaatsangehörigen oder Staatenlosen als Flüchtlinge oder als Personen, die anderweitig internationalen Schutz benötigen, und über den Inhalt des zu gewährenden Schutzes, 2005, 18; Klug GJIL 2004, 594 (607); Marx AsylG Rn. 9, 12 ff.).

12   **Dieser Kritik ist nicht zu folgen.** Zwar trifft es zu, dass Art. 1 A Nr. 2 GFK ausdrücklich auf den „Schutz des (Herkunfts)Landes" Bezug und damit jedenfalls vorrangig staatliche Schutzakteure in den Blick nimmt (Marx AsylG Rn. 12 mwN). Dreh- und Angelpunkt der flüchtlingsrechtlichen Schutzgewährung ist jedoch nicht das Fehlen staatlichen Schutzes, sondern das Vorliegen einer begründeten Verfolgungsfurcht, der ggf. auch durch effektive Schutzmaßnahmen quasistaatlicher Schutzakteure begegnet werden kann (vgl. Hailbronner AuslR Rn. 10 ff.). Insoweit ist auch nicht entscheidend, dass quasistaatliche Akteure völkerrechtlich regelmäßig nicht rechtsfähig sind bzw. nicht zur Schutzgewährung verpflichtet sind (so aber Marx AsylG Rn. 12); maßgeblich ist vielmehr, ob der durch Abs. 2 geforderte Schutz tatsächlich dauerhaft und wirksam gewährleistet ist (vgl. Zimmermann 1951 Convention/Zimmermann/Mahler GFK Art. 1 A para. 2 Rn. 667).

Insoweit erweist sich die in Art. 7 Abs. 1 Qualifikations-RL angelegte Kompromisslösung einer potentiellen Einbeziehung quasistaatlicher Schutzakteure unter kategorischem Ausschluss der Anerkennung sonstiger (privater) Schutzakteure (ungeachtet ihrer tatsächlichen Schutzfähigkeit) als **plausible Fortentwicklung bzw. Konkretisierung des konventionsrechtlichen Schutzansatzes.**

Für die Praxis ist die grundsätzliche Geeignetheit quasistaatlicher Schutzakteure ohnehin – ungeachtet **12.1** der Streitigkeiten über die richtige Auslegung der GFK – durch deren ausdrückliche Erwähnung in Art. 7 Abs. 1 lit. b Qualifikations-RL und deren implizite Billigung durch den EuGH (NVwZ 2010, 505 Rn. 74 ff. – Abdulla) geklärt.

Den Kritikern der Einbeziehung quasistaatlicher Schutzakteure ist allerdings zuzugeben, **dass 13 eine Schutzbereitschaft und -fähigkeit derartiger Akteure angesichts fehlender staatlicher Verfestigung und des Nichtbestehens völkerrechtlicher Schutzverpflichtungen nicht ohne Weiteres angenommen werden kann.** Dies gilt insbesondere für internationale Organisationen, deren Schutzauftrag nicht notwendigerweise den Schutz der Zivilbevölkerung umfasst (Marx AsylG Rn. 18 f.). Letztlich ist jedoch auch hier alleine maßgeblich, ob der potentielle Schutzakteur gegenüber der konkret im Raum stehenden Verfolgungsmaßnahme wirksamen Schutz iSd Abs. 2 gewährleisten kann. Dies bedarf bei quasistaatlichen Akteuren angesichts der strukturellen Unterschiede zwischen staatlichen und nichtstaatlichen Akteuren regelmäßig der genaueren Prüfung, kann auch bei staatlichen Akteuren aber – wie schon die Beispiele aktiver Verfolgerstaaten oder von Staaten ohne effektive Kontrolle des Staatsgebiets zeigen – ebenfalls nicht ungeprüft angenommen werden. Insoweit bedarf es stets der Einzelfallprüfung unter Berücksichtigung der Angaben des Betroffenen, der über das Herkunftsland verfügbaren Erkenntnisse (Art. 4 Abs. 3 lit. a und lit. b Qualifikations-RL) und ggf. einschlägiger Rechtsakte (Art. 7 Abs. 3 Qualifikations-RL).

4. Bewusste Nichteinbeziehung sonstiger Schutzakteure

Das Fehlen einer Parallelvorschrift zu § 3c Nr. 3 macht deutlich, dass der Schutzsuchende **14 selbst dann nicht auf den Schutz privater Akteure** – dh den Schutz nichtstaatlicher Akteure ohne hinreichenden Organisationsgrad bzw. ohne Herrschaftsmacht über zumindest Teile des Staatsgebiets – **verwiesen werden kann, wenn diese im Einzelfall zur Gewährleistung effektiven Schutzes in der Lage wären.** Dies erlangt insbesondere im Hinblick auf die entsprechende Anwendung des § 3d auf die Gewährung subsidiären Schutzes Bedeutung, da hier zB ein Verweis auf die Flucht in private Frauenhäuser (gegenüber häuslicher Gewalt), auf den Schutz mafiöser Strukturen (gegenüber Bandengewalt) oder den Schutz privater Leibwächter (gegenüber individuellen kriminellen Übergriffen) kategorisch ausscheidet (vgl. hierzu ausdrücklich KOM(2009) 551, 7).

II. Schutzwilligkeit

Der nach § 3d Abs. 1 Nr. 1 oder Nr. 2 taugliche Schutzakteur muss willens sein, das nach **15** Abs. 2 erforderliche Schutzniveau (→ Rn. 16 ff.) auch tatsächlich zu gewährleisten. Die Schutzwilligkeit darf dabei nicht lediglich abstrakt bestehen, sondern muss auch im Hinblick auf die konkret von Verfolgung bedrohte Person oder Personengruppe gegeben sein. Ansonsten fehlt dem Betroffenen der nach Abs. 2 S. 2 erforderliche **„Zugang zu diesem Schutz"** (vgl. KOM(2009) 551, 7).

Im Fall einer fehlenden Schutzwilligkeit des Staates (insbesondere gegenüber einzelnen Personengrup- **15.1** pen) ist stets zu prüfen, ob nicht bereits diese Schutzversagung die Intensität einer Verfolgungshandlung erreicht und auf einem Verfolgungsgrund im Sinne des § 3b beruht. In diesem Fall kommt eine Anerkennung selbst dann in Betracht, wenn die eigentliche Verfolgungshandlung, auf die sich die staatliche Schutzverweigerung bezieht, selbst keine Bezüge zu schutzrelevanten Verfolgungsgründen aufweist (→ § 3a Rn. 5, → § 3a Rn. 62 sowie ausdrücklich KOM(2009) 551, 8).

III. Schutzfähigkeit

Grundlegende Probleme wirft das Kriterium der Schutzfähigkeit auf. Denn **schon funktionie- 16 rende Rechtsstaaten westlicher Prägung sind regelmäßig kaum in der Lage, zB gegenüber Strukturen der organisierten Kriminalität über einen unübersehbaren Zeitraum absoluten Schutz zu gewährleisten.** Auf die Spitze getrieben könnte daher etwa ein politischer

Flüchtling Schutz vor den Geheimdiensten seines Herkunftslandes beanspruchen, obwohl ein anderer Staat ebenso wenig Sicherheit vor gezielten Tötungshandlungen desselben Geheimdienstes gewährleisten kann (vgl. → Rn. 30).

16.1   Vergleiche etwa den weithin bekannten Fall des KGB-Auftragsmörders Bogdan Staschinski in den 1950er Jahren (BGHSt 18, 87 = NJW 1963, 355) oder die Tötung des früheren FSB-Agenten Litwinenko in London 2006.

17   Dementsprechend stellt sich in Staaten mit weniger verfestigter Staatlichkeit, traditionell korruptionsbelasteten Polizeibehörden oder strukturellen Vollzugsdefiziten zB gegenüber der organisierten Kriminalität erst recht die Frage, welches **Maß an staatlicher Schutzgewährung** verlangt werden kann.

18   In der Rechtsprechung des Bundesverwaltungsgerichts zu Art. 16a GG hatte sich dabei die Formel entwickelt, dass **kein Staat einen schlechthin perfekten, lückenlosen Schutz gewährleisten könne.** Deshalb schließe weder die Lückenhaftigkeit des Systems staatlicher Schutzgewährung noch eine Schutzversagung gegenüber dem Betroffenen im Einzelfall die Annahme staatlicher Schutzbereitschaft und -fähigkeit aus, wenn der Staat die Polizeibehörden zur Schutzgewährung ohne Ansehen der Person verpflichte und sich der Einzelfall der tatsächlichen Schutzverweigerung als ein von der Regierung nicht gewolltes Fehlverhalten einzelner Behörden oder Amtswalter darstelle (BVerwG NVwZ 1995, 351 (352)).

19   Diese Formel erscheint vor dem Hintergrund der Art. 16a GG zugrunde liegenden **Zurechnungslehre** zunächst folgerichtig: Da die Rechtsprechung zu Art. 16a GG im Grunde nur staatliche Verfolgung anerkennt und private Verfolgungshandlungen dem Staat nur dann zurechnet, wenn er zur Schutzgewährung nicht bereit ist oder er sich nicht in der Lage sieht, die ihm an sich verfügbaren Mittel im konkreten Fall einzusetzen, kann die Lückenhaftigkeit des Systems staatlicher Schutzgewährung einen Asylanspruch nicht begründen (vgl. BVerwG NVwZ 1990, 151 (152)).

20   Die überkommene Formel **sollte allerdings nicht vorschnell auf den Schutz nach § 3 ff. übertragen werden,** der nach übereinstimmender Auffassung der sog. „Schutzlehre" folgt: Anlass für die Gewährung von Flüchtlingsschutz angesichts privater Verfolgungshandlungen ist **nicht die willentliche Versagung tatsächlich möglichen Schutzes, sondern das Fehlen wirksamen Schutzes ungeachtet der im Herkunftsstaat im Einzelfall gegebenen Umstände und Machtstrukturen.** Dies ergibt sich unmittelbar aus der – überschießenden – Umsetzung des Art. 6 Qualifikations-RL in § 3c Nr. 3 (vgl. → § 3c Rn. 5), entspricht aber auch der Grundkonzeption der GFK und der Qualifikations-RL in ihrer Auslegung durch die Rechtsprechung (vgl. EuGH NVwZ 2010, 505 Rn. 70 f. – Abdulla; Marx AsylG Rn. 31 ff.).

D. Maß des zu gewährleistenden Schutzes (Abs. 2)

I. Allgemeines

21   Dementsprechend (→ Rn. 20) lässt § 3d Abs. 2 zurechnungsausschließende – wenngleich objektiv unzureichende – Schutzbemühungen des Herkunftsstaates nicht genügen, sondern **fordert „wirksamen" und „nicht nur vorübergehenden" Schutz vor Verfolgung.** An der vor dem Hintergrund der Rechtsprechung zu Art. 16a GG entwickelte Formel des BVerwG, das weder die (generelle) Lückenhaftigkeit des Systems staatlichen Schutzes noch die auf Amtswalterexzessen beruhende Schutzversagung im Einzelfall einen Entfall der Schutzbereitschaft- und Willigkeit bewirke, kann daher in dieser Pauschalität nicht festgehalten werden (überzeugend Marx AsylG Rn. 31 ff.; unkritisch aber Dörig MigrationsR-HdB § 13 Rn. 127).

21.1   **Insbesondere in der erstinstanzlichen Rechtsprechung hat sich diese Erkenntnis allerdings noch nicht durchgesetzt** (vgl. – stellvertretend für Viele – VG Oldenburg BeckRS 2017, 133533 Rn. 26; VG Bayreuth BeckRS 2017, 122969, Rn. 12 ff.; VG Gelsenkirchen BeckRS 2014, 56771, juris Rn. 45 ff.; VG Freiburg BeckRS 2014, 53661, juris Rn. 18; VG Sigmaringen BeckRS 2015, 43863, juris Rn. 48; VG Regensburg BeckRS 2013, 50147 Rn. 133 jeweils unter ausdrücklicher Bezugnahme auf die – im flüchtlingsrechtlichen Kontext überholte – Zurechnungslehre).

22   **Für die Annahme einer staatlichen Schutzwilligkeit und -fähigkeit genügt es daher nicht, dass „der Staat mit den ihm zur Verfügung stehenden Mitteln im Großen und Ganzen Schutz gewährt"** (so aber ausdrücklich zB VG Münster BeckRS 2015, 45562); vielmehr muss der Schutz schon nach den ausdrücklichen Vorgaben des Abs. 2 wirksam, nicht lediglich vorübergehender Art und dem Betroffenen auch tatsächlich – dh im konkreten Einzelfall – zugänglich sein.

II. Bedeutung der generellen Schutzfähigkeit und -willigkeit

Dessen ungeachtet behält die auch in Abs. 2 S. 2 angesprochene Frage der **generellen Schutz-**   **23** **fähigkeit und -bereitschaft** eine gewisse Bedeutung: Steht nämlich die grundsätzliche Schutzbereitschaft und -fähigkeit des Herkunftsstaates gegenüber entsprechenden Übergriffen fest, so liegt es am Antragstellenden, hiervon abweichende individuelle Umstände – etwa in Bezug auf die Person des konkreten Verfolgers oder des Verfolgten – darzulegen (Marx AsylG Rn. 31, 35). Hierzu kann im Einzelfall auch das Erfordernis der Darlegung gehören, ob und mit welchem Nachdruck (insbesondere unter Vorlage aussagekräftiger Beweismittel etc) sich der Betroffene an staatliche oder quasistaatliche Sicherheitsorgane gewandt und er staatlichen Schutz auch eingefordert hat. Im Fall eines vermeintlichen **Amtswalterexzesses** – dh einer staatlich nicht gewollten oder geförderten Schutzversagung durch einzelne Amtsträger – kann hierzu schließlich auch die Darlegung gehören, sich an etwaige übergeordnete Behörden gewandt und die Verwirklichung des innerstaatlichen Schutzauftrags selbst eingefordert zu haben (insoweit zutr. VG Würzburg BeckRS 2016, 42448).

Abhängig von den allgemeinen rechtsstaatlichen Verhältnissen im Herkunftsland kann sich **24** dieses Unterfangen jedoch auch – was dann ggf. ebenfalls darzulegen wäre – als von vornherein aussichtslos erweisen, wenn entsprechende Aufsichtsstrukturen nicht bestehen oder zur Verwirklichung effektiven – dh auch zeitnahen und nachhaltigen – Schutzes nicht geeignet sind.

Schließlich kann das an sich gebotene **nachdrückliche Einfordern innerstaatlichen Schut-** **25** **zes dem Betroffenen auch nach seinen individuellen Verhältnissen unzumutbar sein,** wenn dieser – etwa aufgrund unzureichender Schulbildung, unzureichender finanzieller Mittel zur Rechtsdurchsetzung oder fehlender Vertrautheit mit dem innerstaatlichen Rechtssystem – effektiv keinen Zugang zu den an sich gegebenen innerstaatlichen Rechtsschutzmöglichkeiten hat (Abs. 2 letzter Hs.; vgl. zur Zumutbarkeit auch Marx AsylG Rn. 37 ff.).

Hierbei darf jedoch nicht übersehen werden, dass auch die Ermöglichung der Ausreise bzw. der Weiter- **25.1** reise in das Bundesgebiet regelmäßig nicht unerheblichen wirtschaftlichen und organisatorischen Aufwand erfordert, der die Behauptung der persönlichen Unfähigkeit zur Inanspruchnahme an sich gegebener innerstaatlicher Schutzmöglichkeiten zumindest als begründungsbedürftig erscheinen lässt.

III. Inhaltliche Anforderungen an die Schutzgewährung

In der Sache soll der nach Abs. 2 S. 1 geforderte wirksame und nicht nur vorübergehende **26** Schutz generell gewährleistet sein, wenn die in Abs. 1 genannten Schutzakteure **geeignete** **Schritte einleiten, um die Verfolgung zu verhindern.** Inhaltlich unverständlich erscheint dabei zunächst, dass Abs. 2 S. 2 als Beispiel für derartige „geeignete Schritte" zur Verhinderung von Verfolgungshandlungen ausschließlich Maßnahmen benennt, die die nachträgliche Ahndung bereits geschehener Verfolgungshandlung betreffen. Der Qualifikationsrichtlinie liegt dabei erkennbar die Vorstellung zugrunde, dass die Aussicht auf eine effektive Strafverfolgung geneigte Verfolgungsakteure von der Begehung entsprechender Verfolgungshandlungen abhalten kann (Generalprävention). Dies dürfte in vielen Fällen zutreffen, greift aber zB gegenüber Beziehungs- und Überzeugungstätern zu kurz. Dies kommt in der einschränkenden Formulierung zum Ausdruck, dass wirksamer Schutz im Sinne des Abs. 2 S. 1 „generell" – dh nicht notwendigerweise auch im Einzelfall – gewährleistet ist, wenn die in S. 2 benannten Anforderungen erfüllt sind.

Dessen ungeachtet erscheint bemerkenswert, dass der ursprüngliche Kommissionsentwurf zur Qualifika- **26.1** tions-RL 2004 neben Maßnahmen der Strafverfolgung auch ein (präventives) **„innerstaatliches Schutz-** **system"** gefordert hatte, diese Formulierung sich aber nicht durchgesetzt hat (vgl. KOM(2001) 510, 19, 50). Indes ist der Katalog der in Abs. 2 S. 2 genannten Beispiele nicht abschließend.

Dies führt letztlich zurück auf die tatsächliche Problematik, dass auch ein funktions- und **27** durchsetzungsfähiger Rechtsstaat westlicher Prägung zB gegenüber besonders verfolgungsgeneigten oder -mächtigen Akteuren – wie religiösen Fanatikern oder mafiösen Strukturen – keinen absoluten Schutz gewährleisten kann. **Hier kann es mit dem Hinweis auf die faktische** **Unmöglichkeit absoluten Schutzes jedoch kein Bewenden haben.** Denn auch wenn dieser Befund tatsächlich zutrifft, bleibt es dabei, dass die Schutzgewährung gegenüber tatsächlichen Verfolgungsgefahren nur dann ausscheidet, wenn hiergegen innerstaatlicher **wirksamer** Schutz gewährleistet ist.

28   Insoweit ist es irreführend, wenn Abs. 2 S. 2 insbesondere in der englischen Sprachfassung auf die „Angemessenheit" oder „Vernünftigkeit" („reasonableness") staatlicher Schutzbemühungen verweist. Denn Abs. 2 S. 2 regelt lediglich beispielhaft, welche staatlichen Schutzbemühungen sich „generell" als ausreichend erweisen, um das nach Abs. 2 S. 1 erforderliche effektive Schutzniveau zu verwirklichen. **Letztlich maßgeblich ist jedoch, ob sich das Niveau der staatlichen Schutzgewährung im konkreten Einzelfall als ausreichend wirksam erweist, um die beachtliche Wahrscheinlichkeit einer schutzrelevanten Verfolgung bzw. Gefährdung auszuschließen.** Sind die „vernünftigen" bzw. „geeigneten" Maßnahmen im Einzelfall nicht ausreichend, um das Niveau einer „beachtlichen Wahrscheinlichkeit" der Verfolgung oder Gefährdung zu unterschreiten, ist dem Betroffenen flüchtlingsrechtlicher Schutz zu gewähren (Marx AsylG Rn. 33; ähnlich wohl auch HTK-AuslR/Zeitler, 4/2016, § 3c Nr. 4.2).

28.1   Vergleiche hierzu schon KOM(2001) 510, 19: „Einen wirksamen Schutz gibt es nur, wenn der Staat in der Lage und willens ist, dieses System so zu handhaben, dass die Gefahr der Verfolgung oder eines sonstigen ernsthaften Schadens minimal ist" (zu Art. 9 Qualifikations-RL 2004).

29   Letztere Auffassung ist indes umstritten. So wird in Teilen der Literatur weiterhin darauf verwiesen, dass nach der Qualifikationsrichtlinie nicht der Schutzerfolg, sondern lediglich das Vorliegen geeigneter Schutzmaßnahmen gefordert sei (vgl. Hailbronner AuslR Rn. 19, 21; unklar HTK-AuslR/Armbruster, 4/2016, AufenthG § 60 zu Abs. 1– alternativer Schutz, Nr. 3.2). Auch von „geeigneten" Maßnahmen kann jedoch nur dann gesprochen werden, **wenn das Gefährdungsniveau einer „beachtlichen Wahrscheinlichkeit" im Ergebnis auch im Einzelfall unterschritten wird.** Die hierin zum Ausdruck kommende „engste Verknüpfung" der „Furcht vor Verfolgung" mit dem „Schutz vor Verfolgungshandlungen" hat auch der EuGH zuletzt betont (EuGH BeckRS 2021, 300 = NVwZ-RR 2021, 465 Rn. 56 ff. (Secretary of State for the Home Department/OA)).

30   Dass ggf. auch der Aufnahmestaat in Extremfällen keinen hinreichend wirksamen Verfolgungsschutz zur Verfügung stellen kann, ist dann zwar Ausdruck allgemeiner Lebensrisiken des Verfolgten; es steht einer Anerkennung des Willens des Betroffenen, sich in Ansehung einer existenziellen Bedrohung in die Obhut des Aufnahmestaats zu begeben, aber rechtlich nicht entgegen.

31   Der zu gewährende Schutz darf „nicht nur vorübergehender Art" sein, muss also **im Prinzip dauerhaft angelegt** sein. Insoweit strebt die Neufassung der Qualifikations-RL Deckungsgleichheit zwischen den in Art. 7 Abs. 2 Qualifikations-RL geregelten Anforderungen an die innerstaatliche Schutzgewährung und die in Art. 11 Abs. 2 Qualifikations-RL benannten Voraussetzungen für einen nachträglichen Entfall des Schutzbedarfs aufgrund einer „Änderung der Umstände" an (vgl. KOM(2009) 551, 8).

E. Ergänzende Heranziehung europäischer Rechtsakte als Auslegungshilfe (Abs. 3)

32   Abs. 3 sieht für die Beantwortung der Frage, ob eine internationale Organisation einen Staat oder einen wesentlichen Teil seines Staatsgebiets beherrscht und den in Abs. 2 genannten Schutz bietet, die **Heranziehung etwaiger in einschlägigen Rechtsakten der Europäischen Union aufgestellter Leitlinien vor.** Praktische Bedeutung hat diese Bestimmung – soweit ersichtlich – bislang weder in Literatur noch Rechtsprechung erlangt (vgl. nur Hailbronner AuslR Rn. 14).

§ 3e Interner Schutz

(1) Dem Ausländer wird die Flüchtlingseigenschaft nicht zuerkannt, wenn er
1. in einem Teil seines Herkunftslandes keine begründete Furcht vor Verfolgung oder Zugang zu Schutz vor Verfolgung nach § 3d hat und
2. sicher und legal in diesen Landesteil reisen kann, dort aufgenommen wird und vernünftigerweise erwartet werden kann, dass er sich dort niederlässt.

(2) [1]Bei der Prüfung der Frage, ob ein Teil des Herkunftslandes die Voraussetzungen nach Absatz 1 erfüllt, sind die dortigen allgemeinen Gegebenheiten und die persönlichen Umstände des Ausländers gemäß Artikel 4 der Richtlinie 2011/95/EU zum Zeitpunkt der Entscheidung über den Antrag zu berücksichtigen. [2]Zu diesem Zweck sind genaue und aktuelle Informationen aus relevanten Quellen, wie etwa Informationen des Hohen Kommissars der Vereinten Nationen für Flüchtlinge oder des Europäischen Unterstützungsbüros für Asylfragen, einzuholen.

Überblick

§ 3e schließt – als weitere Konkretisierung des allgemeinen Subsidiaritätsgedankens (→ Rn. 1) – das Vorliegen der Flüchtlingseigenschaft aus, wenn der Betroffene in anderen Teilen des Herkunftslandes in zumutbarer Weise innerstaatlichen Schutz erlangen kann. Abs. 1 Nr. 1 fordert dabei eine Prüfung der dort bestehenden Verfolgungsgefahr bzw. der Möglichkeit der Inanspruchnahme wirksamen internen Schutzes (→ Rn. 7 ff.), während Abs. 1 Nr. 2 kumulativ eine Prüfung der Zumutbarkeit eines Ausweichens in diese Landesteile vorsieht (→ Rn. 24 ff.). Abs. 2 betont den Umfang der Prüfverantwortlichkeit des Bundesamtes und der Darlegungsanforderungen des Betroffenen und enthält eine differenzierte Regelung über die Verteilung der Darlegungs- und materiellen Beweislast zwischen dem Bundesamt und den Schutzbegehrenden (→ Rn. 60 ff.).

Übersicht

A. Allgemeines

Die §§ 3a–3e wurden mit Art. 1 des Gesetzes zur Umsetzung der Richtlinie 2011/95/EU (v. **1** 28.8.2013, BGBl. I 3474) in das AsylG eingefügt. § 3e dient der Umsetzung von Art. 8 Qualifikations-RL (RL 2011/95/EU v. 13.12.2011, ABl. 2011 L 337, 9) und führt – in Ergänzung der §§ 3c Nr. 3, 3d – den **Subsidiaritätsgedanken** in das System des Flüchtlingsrechts ein: Schutz vor Verfolgung kann nur derjenige erlangen, der nicht innerhalb seines Herkunftsstaates wirksamen staatlichen oder quasistaatlichen Verfolgungsschutz beanspruchen kann (vgl. zum Subsidiaritätsgedanken BVerfGE 80, 315 (343 f.) = NVwZ 1990, 151; Hailbronner AuslR Rn. 4, 6).

Zuvor hatte der Gesetzgeber die Voraussetzungen für die Zuerkennung der Flüchtlingseigenschaft zwar **1.1** in § 3 geregelt, die einzelnen Tatbestandsmerkmale aber in § 60 Abs. 1 S. 3 und S. 4 AufenthG definiert und in § 60 Abs. 1 S. 5 AufenthG ergänzend auf einzelne Bestimmungen der Qualifikations-RL 2004 (RL 2004/83/EG v. 29.4.2004, ABl. 2004 L 304, 12) verwiesen.

Während diese Umstellung im Hinblick auf den Inhalt der §§ 3a–3d im Wesentlichen redaktionellen **1.2** Charakter hat, waren mit der Umsetzung des Art. 8 Qualifikations-RL durch § 3e sachliche Änderungen verbunden (vgl. BT-Drs. 17/13063, 20): § 60 Abs. 1 S. 5 und S. 6 AufenthG aF hatten ursprünglich lediglich die Notwendigkeit der Prüfung einer „innerstaatlichen Fluchtalternative" postuliert und wegen der Einzelheiten pauschal auf **Art. 8 Qualifikations-RL 2004** verwiesen. Dieser **enthielt jedoch gegenüber Art. 8 Qualifikations-RL weniger strenge Anforderungen an die Zumutbarkeit und Erreichbarkeit der „internen Fluchtalternative"** (vgl. → Rn. 25 ff.; vgl. auch NK-AuslR/Möller Rn. 6). Die nunmehrige Bezeichnung als „interner Schutz" (statt „interner Fluchtalternative") macht zudem deutlich, dass maßgeblich für die Beurteilung nicht der Zeitpunkt der Flucht oder der Ausreise aus dem Herkunftsland, sondern der Zeitpunkt der Entscheidung über das Vorliegen der Flüchtlingseigenschaft ist (→ Rn. 9 ff.).

Mit der Regelung des § 3e hat der Gesetzgeber von seinem **nationalen Umsetzungsspiel- 2 raum** Gebrauch gemacht, da Art. 8 Qualifikations-RL es den Mitgliedstaaten freistellt, Schutzbegehrende auf die Möglichkeit der Inanspruchnahme interner Schutzalternativen zu verweisen (vgl. BVerwG NVwZ 2009, 1308 (1310); BeckOK AuslR/Kluth Rn. 1; NK-AuslR/Möller Rn. 1; missverständlich Marx AsylG Rn. 1: „Ermessensklausel").

3   Hierdurch betont der nationale Gesetzgeber die Bedeutung des in der Richtlinie zwar angelegten, aber nur teilweise – in Art. 6 lit. c Qualifikations-RL (vgl. → § 3c Rn. 4, Rn. 13 f.) –
zwingend vorgegebenen **Subsidiaritätsgedankens.**

4   Auch wenn die Bestimmung formal anders untergliedert ist als Art. 8 Qualifikations-RL, finden
sich – jedenfalls unter Einbeziehung der Verweisungsnorm des § 4 Abs. 3, die die Geltung des
§ 3e auf den subsidiären Schutz erstreckt – inhaltlich keine wesentlichen Unterschiede (Bergmann/
Dienelt/Bergmann Rn. 2; Marx AsylG Rn. 1).

5   **In der GFK** haben die normkonkretisierenden Vorschriften des Art. 8 Qualifikations-RL und
die Umsetzungsvorschrift des § 3e **kein unmittelbares Vorbild.** Der Verweis auf die Möglichkeit
der Inanspruchnahme internen Schutzes entspricht jedoch einer älteren Rechtsprechungslinie
unter anderem des BVerfG bei der Auslegung des Art. 1 A Nr. 2 GFK, der zufolge Asyl nur bei
landesweiter Verfolgung bzw. Schutzlosigkeit gewährt werden kann (BVerfGE 80, 315 (342) =
NVwZ 1990, 151; BVerwG JZ 1984, 294; vgl. BeckOK AuslR/Kluth Rn. 1; Hailbronner AuslR
Rn. 4; NK-AuslR/Möller Rn. 2; Marx ZAR 2017, 304).

6   Da Art. 1 A Nr. 2 GFK ebenfalls vorrangig auf den **„Schutz dieses Landes"** verweist (vgl.
zu dieser Anknüpfung Hathaway/Foster, The Law of Refugee Status, 2014, 333, 335 ff.) und
eine Verweisung auf andere Landesteile jedenfalls unter den in Art. 8 Qualifikations-RL genannten
Bedingungen konventionsrechtlich unbedenklich erscheint, **bestehen hinsichtlich der Vereinbarkeit der Bestimmungen mit der GFK oder sonstigem Völkerrecht keine durchgreifenden Bedenken** (ausf. Marx AsylG Rn. 2 f.; Hailbronner AuslR Rn. 6 mwN).

6.1   Den Bedenken hinsichtlich der **Vereinbarkeit** der in Art. 8 Qualifikations-RL 2004 genannten Kriterien **mit Art. 3 EMRK** wurde im Rahmen der Neufassung der Qualifikations-RL 2011 gezielt Rechnung
getragen (vgl. Hailbronner AuslR Rn. 1 sowie KOM(2009) 551, 8, jeweils unter Verweis auf EGMR Urt.
v. 11.1.2007 – 1984/04 Rn. 141 – Salah Sheekh / Niederlande).

6.2   Bei näherer Betrachtung erweist sich das Kriterium der Zumutbarkeit sogar als nicht von der GFK
vorgegeben, soweit es sich nicht in einer Prüfung des Non-Refoulement-Ansatzes (→ Rn. 46) erschöpft.
Mit seiner Aufnahme in die in Art. 8 Abs. 1 Qualifikations-RL vorgegebenen Kriterien hat sich der
Richtliniengeber daher bewusst für einen **erweiterten Schutzansatz** entschieden (überzeugend Hatha-
way/Foster, The Law of Refugee Status, 2014, 347 f., 351 ff. mwN), der in der Praxis jedoch erhebliche
Auslegungsprobleme aufwirft (→ Rn. 38 ff.).

B. Verfolgungssicherheit in anderen Landesteilen

I. Allgemeines

1. Interner Schutz und inländische Fluchtalternative

7   Die Rechtsfigur des „internen Schutzes" knüpft gedanklich an die in der Rechtsprechung zu
Art. 16a GG entwickelte Rechtsfigur der „inländischen Fluchtalternative" an, ohne mit dieser
deckungsgleich zu sein (Bergmann/Dienelt/Bergmann Rn. 2). Beiden Rechtsfiguren liegt der
tatsächliche Befund zugrunde, dass staatliche Verfolgung insbesondere in Fällen zerfallender
oder zumindest politisch „mehrgesichtiger" Staaten – wie zB im Fall des von der jeweiligen
irakischen Regierung beherrschten Zentralirak und der von der kurdischen Regionalregierung
kontrollierten irakischen Nordgebiete – auf einzelne Regionen beschränken kann (vgl. BeckOK
AuslR/Kluth Rn. 2; vgl. zur asylrechtlichen Rspr. BVerfG BeckRS 2008, 40880; BVerfGE 80,
315 (342) = NVwZ 1990, 151; BVerfGE 81, 58 (65) = BeckRS 1989, 110318; BVerwG NVwZ
1994, 1123 (1124); vgl. zu aktuelleren Beispielen „mehrgesichtiger" bzw. politisch gespaltener
Staaten VG Düsseldorf BeckRS 2017, 122588 Rn. 25 ff. – Syrien; VG Augsburg BeckRS 2017,
128516 Rn. 31 ff. – Irak).

8   Sie erlangen im Fall **lediglich regional verfolgungsmächtiger quasistaatlicher** (§ 3c Nr. 2)
oder sonstiger Verfolgungsakteure (§ 3c Nr. 3) **besondere Bedeutung,** da sich die Verfolgungsgefahr hier von vornherein auf einzelne Landesteile beschränken oder der an sich schutzbereite Staat zumindest in einzelnen Landesteilen auch effektiv schutzfähig sein kann (BeckOK
AuslR/Kluth Rn. 2; Marx AsylG Rn. 18).

2. Inhaltliche Unterschiede beider Rechtsfiguren

9   **Inhaltliche Unterschiede zwischen beiden Rechtsfiguren** ergeben sich zunächst aus der
einzunehmenden Beurteilungsperspektive: Während die am Maßstab des Asylgrundrechts
entwickelte Rechtsfigur der „inländischen Fluchtalternative" (zunächst) die Frage aufwirft, ob der

Betroffene **im Zeitpunkt der Fluchtentscheidung auf einen innerstaatlichen Zufluchtsort verwiesen werden konnte,** ist für die Frage nach dem Bestehen einer **internen Schutzalternative im Sinne der Qualifikations-RL nur maßgeblich, ob der Betroffene im Zeitpunkt der Sachentscheidung auf internen Schutz in anderen Landesteilen verwiesen werden kann** (vgl. Hathaway/Foster, The Law of Refugee Status, 2014, 334). Ob im Zeitpunkt der Fluchtentscheidung eine interne Schutzalternative bestand, ist bei Anwendung der § 3 ff. daher allenfalls von indizieller Bedeutung.

Auch bei Anwendung des Art. 16a GG kann der Betroffene letztendlich nicht auf die Inanspruchnahme **9.1** einer im Zeitpunkt der Ausreise bestehenden Fluchtalternative verwiesen werden, die im Entscheidungszeitpunkt nicht mehr besteht. Die Anknüpfung an den Begriff der Fluchtalternative führt hier jedoch dazu, dass der abgesenkte Wahrscheinlichkeitsmaßstab bei erlittener Vorverfolgung nur demjenigen zugutekommt, dem schon im Ausreisezeitpunkt keine interne Fluchtalternative zur Verfügung stand. Die Beweiserleichterung des Art. 4 Abs. 4 Qualifikations-RL greift hingegen unabhängig davon ein, ob im Zeitpunkt der Flucht eine interne Schutzalternative bestand (vgl. BVerwGE 133, 55 = NVwZ 2009, 982 (985 f.); im Einzelnen → § 3 Rn. 30 ff.).

Überdies weichen die inhaltlichen Anforderungen an die Zumutbarkeit der internen Schutzal- **10** ternative von den in der Rechtsprechung zu Art. 16a GG entwickelten Kriterien ab: Während als Fluchtalternative nur Landesteile ausscheiden, in denen der Betroffene in eine „ausweglose Lage" zu geraten droht, die am Herkunftsort so nicht bestünde (BVerfGE 80, 315 (343 f.) = NVwZ 1990, 151), kommen als interne Schutzalternative nur solche Landesteile in Betracht, die den § 3e Abs. 1 Nr. 2 genannten, für den Betroffenen günstigeren Zumutbarkeitsanforderungen genügen (vgl. im Einzelnen → Rn. 24 ff.).

II. Normstruktur

Art. 8 Qualifikations-RL und der ihm nachempfundene § 3e unterscheiden – anders als noch **11** die Qualifikations-RL 2004 – zwischen der **„begründeten Furcht vor Verfolgung"** (Art. 8 Abs. 1 lit. a Qualifikations-RL) und dem **„Zugang zum Schutz vor Verfolgung"** (Art. 8 Abs. 1 lit. b Qualifikations-RL). Inhaltlich ist hiermit jedoch keine Änderung gegenüber der früheren Normfassung verbunden, da das Fehlen innerstaatlichen Schutzes für sich genommen – dh ohne den Nachweis einer die Schutznotwendigkeit begründenden Verfolgungsgefahr in der Herkunftsregion – keinen Schutzanspruch begründet und Schutz iSd Art. 7 Qualifikations-RL nur dann „wirksam" ist, wenn das Maß der „beachtlichen Wahrscheinlichkeit" von Verfolgungshandlungen jedenfalls unter Berücksichtigung der staatlichen oder quasistaatlichen Schutzangebote nicht mehr erreicht wird (→ § 3d Rn. 28).

Das **Prüfprogramm** des § 3e Abs. 1 Nr. 1 entspricht – allerdings bezogen nicht auf die **12** Herkunftsregion des Betroffenen (→ Rn. 20), sondern auf als Schutzalternative in Betracht kommenden anderen Landesteile – dem in §§ 3a–3d geregelten Prüfprogramm, wobei sich aufgrund der negativen Formulierung des § 3e Abs. 1 Besonderheiten hinsichtlich der Beweisführungs- und Beweislast ergeben (→ Rn. 21). Zu prüfen ist daher, ob dem Betroffenen **im jeweiligen Landesteil mit beachtlicher Wahrscheinlichkeit Verfolgungshandlungen iSd § 3a drohen,** gegen die er keinen innerstaatlichen Schutz iSd §§ 3c Nr. 3, 3d erlangen kann.

Demgegenüber berücksichtigt das von § 3e Abs. 1 Nr. 2 vorgegebene Prüfprogramm auch **13** **Umstände, die** – wie zB allgemeine humanitäre Notlagen oder Zumutbarkeitserwägungen – **für sich genommen keinen entsprechenden Schutzanspruch begründen könnten** (→ Rn. 24 ff., → Rn. 40). Gedanklicher Hintergrund dieses **vordergründigen Systembruchs** ist der Gedanke, dass sich der Betroffene in Ansehung existenzieller Gefahren am Zielort veranlasst sehen könnte, in die verfolgungsgefährdete Region zurückzukehren. Die in § 3e Abs. 1 Nr. 2 genannten Kriterien sind daher letztlich (jedenfalls auch) Ausdruck des allgemeinen Refoulement-Verbots (vgl. Hathaway/Foster, The Law of Refugee Status, 2014, 347 f.; → Rn. 46).

Schon im Hinblick auf die Rechtsfigur der „internen Fluchtalternative" ist irreführend, wenn **14** als Voraussetzung für die Anerkennung als Asylberechtigter eine **„landesweite" Verfolgung** gefordert wird. Da es nach der Normsystematik der §§ 3 ff. genügt, wenn die Verfolgungsgefahr (nur) in der Herkunftsregion des Betroffenen besteht und er aus anderen, nicht notwendigerweise verfolgungsbezogenen Gründen nicht auf die Niederlassung in anderen Landesteilen verwiesen werden kann, **ist eine „landesweite" Verfolgung auch in Ansehung der Rechtsfigur des „internen Schutzes" nicht Voraussetzung für die Zuerkennung der Flüchtlingseigenschaft.** Da im Hinblick auf das Bestehen einer Verfolgungsgefahr in der Herkunftsregion und das Bestehen einer zumutbaren internen Fluchtalternative zudem **unterschiedliche Darlegungsan-**

forderungen und **eine abweichende Beweislastverteilung** bestehen (→ Rn. 65), sollte der Begriff der „landesweiten" Verfolgung bei der Prüfung der §§ 3 ff. tunlichst vermieden werden (überzeugend Hathaway/Foster, The Law of Refugee Status, 2014, 337).

15   Selbstverständlich reicht es für die Zuerkennung der Flüchtlingseigenschaft allerdings aus, wenn die behauptete Verfolgungsgefahr für den Betroffenen landesweit besteht.

III. Begriff des „Landesteils"

16   Der **Begriff des „Landesteils"** ist nicht legaldefiniert (BeckOK AuslR/Kluth Rn. 2). Auch wenn es üblich ist, bei der Subsumtion an vorhandene geopolitische Untergliederungen – wie etwa an einzelne Regionen oder Provinzen – anzuknüpfen, ist eine solche Anknüpfung nicht zwingend; entscheidend ist vielmehr, dass der dem Betroffenen faktisch als verfolgungssicherer Ort zur Verfügung stehende Bereich eine hinreichende Größe aufweist, um nachhaltige Sicherheit zu verheißen und eine Lebensgrundlage zu gewährleisten (vgl. zu den Anforderungen insoweit → Rn. 38 ff.).

16.1   Dies wird in der Regel der Fall sein, wenn einzelne Provinzen oder Regionen zuverlässig der Kontrolle des Verfolgungsakteurs entzogen sind, kann aber ggf. auch schon bei größeren Städten der Fall sein (vgl. zB OVG NRW BeckRS 2014, 56825, Rn. 116 ff. zur Stadt Kabul als interner Schutzalternative innerhalb Afghanistans). Einzelne verfolgungssichere Dörfer oder Verwaltungseinheiten ähnlicher Größe dürften in der Regel aber schon deswegen nicht ausreichend sein, weil die notwendige Stabilität der Sicherheitslage nicht gewährleistet sein bzw. eine auf wenige sichere Straßenzüge beschränkte dauerhafte Niederlassung nicht zumutbar sein dürfte.

17   Zu berücksichtigen hierbei, dass es sich bei der Bezugsregion trotz eines ggf. bestehenden Verlusts der Gebietskontrolle durch die Zentralregierung völkerrechtlich **noch um einen Teil des Herkunftslandes handeln muss,** da Art. 1 A Nr. 2 GFK eine Verweisung auf Verfolgungssicherheit in einem Drittstaat nur bei Mehrstaatigkeit bzw. dauerhaftem Voraufenthalt vorsieht. Eine endgültige Auftrennung der staatlichen Anbindung einer Zielregion kann etwa im Fall der förmlichen Sezession oder Gebietsannexion gegeben sein (vgl. BVerwGE 108, 84 = NVwZ 1999, 544 (545 f.) zu Art. 16a GG). Schon § 3c Nr. 2 zeigt jedoch auf, dass jedenfalls der zeitweilige Verlust der Gebietsgewalt einer Aufrechterhaltung der Zurechnung zum Staatsgebiet nicht entgegensteht.

IV. Inhaltliche Anforderungen an die Verfolgungssicherheit

18   Hinsichtlich der inhaltlichen Anforderungen an die **„begründete Furcht vor Verfolgung"** bzw. den **„Zugang zu Schutz vor Verfolgung"** kann zunächst auf die einschlägige Kommentierung zu §§ 3–3d verwiesen werden: Dass der Betroffene nicht auf die Niederlassung in Teilen des Landes verwiesen werden kann, in denen er den befürchteten Verfolgungshandlungen in gleicher Weise schutzlos ausgesetzt ist, bedarf keiner näheren Begründung; gleiches gilt selbstverständlich auch dann, wenn dem Betroffenen in diesen Landesteilen andersartige Verfolgungshandlungen drohen (Hathaway/Foster, The Law of Refugee Status, 2014, 347 f.).

18.1   Der Verweis auf die Niederlassung in einer anderen als der Herkunftsregion ist daher zunächst etwa dann ausgeschlossen, wenn die befürchtete Verfolgung dem Betroffenen in sämtlichen Landesteilen droht. Ein (nur) in der Hauptstadt von politischer Verfolgung bedrohter Oppositionspolitiker kann aber auch dann nicht auf die Wohnsitznahme in einer äußeren Provinz verwiesen werden, wenn er dort seitens der Regionalregierung von (anderweitiger) Verfolgung aufgrund seiner Ethnie oder Weltanschauung bedroht ist.

19   Nicht die nach § 3a Abs. 1 erforderliche Verfolgungsintensität erreichende, nicht auf Verfolgungsgründen iSd § 3b beruhende oder nicht auf Verfolgungsakteure iSd § 3c zurückzuführende Gefahren müssen bei Anwendung des § 3e Abs. 1 Nr. 1 ebenso außer Betracht bleiben wie bei Prüfung der Verfolgungsgefahr in der Herkunftsregion des Betroffenen; sie erlangen aber ggf. im Rahmen der Zumutbarkeitsprüfung nach § 3e Abs. 1 Nr. 2 Bedeutung (vgl. → Rn. 40).

20   Unterschiede ergeben sich allerdings im Hinblick auf die in den Blick zu nehmende Region: Während **im Hinblick auf die behauptete Verfolgungsgefahr zunächst nur die Herkunftsregion des Betroffenen in den Blick zu nehmen ist,** in der dieser sich vor seiner Ausreise dauerhaft niedergelassen hatte (vgl. BVerwGE 146, 12 = NVwZ 2013, 1167 (1168)), **sind bei Anwendung des § 3e die Verfolgungsgefahr bzw. Schutzakteure in der jeweiligen Zielregion in den Blick zu nehmen, auf die der Betroffene verwiesen werden soll.**

Hiermit korrespondiert der Umstand, dass der Gesetzgeber die Rechtsfigur des „internen **21** Schutzes" **anspruchsausschließend ausgestaltet und die Beweisführungs- und materielle Beweislast daher im Grunde der prüfenden Behörde auferlegt hat:** Nicht der Schutzbegehrende muss darlegen (und ggf. beweisen), dass er landesweit verfolgt ist; vielmehr obliegt der Behörde die Darlegung bzw. der Nachweis, dass der in seiner Herkunftsregion Verfolgte bzw. Gefährdete auf die Inanspruchnahme internen Schutzes in anderen Landesteilen verwiesen werden kann (vgl. BVerwG BeckRS 2021, 2077 Rn. 46). Eine Darlegungslast des Betroffenen lässt sich nur in jenen Fällen annehmen, in denen sich Zweifel an einer überregionalen Verfolgungsfähig- und Willigkeit des Verfolgungsakteurs schon aufgrund der Natur des Verfolgungsakteurs ergeben. Wurde der Betroffene etwa in seiner Herkunftsregion von lokalen Gruppierungen oder örtlich verwurzelten Einzelpersonen bedroht, hat er ggf. darzulegen, warum er eine Verfolgung auch außerhalb seiner Herkunftsregion fürchtet (vgl. im Einzelnen → Rn. 60 ff.).

Obwohl die thematisch verwandte Rechtsfigur der „internen Fluchtalternative" ursprünglich **22** anhand von Fällen mittelbarer oder unmittelbarer staatlicher Verfolgung entwickelt wurde (vgl. BVerfGE 80, 315 (343 f.) = NVwZ 1990, 151), dürften die Voraussetzungen für die Annahme einer **internen Schutzalternative bei staatlicher Verfolgung nur selten** – etwa in Fällen „mehrgesichtiger" oder politisch gespaltener Staaten – vorliegen (vgl. Marx ZAR 2017, 304 (305), Hathaway/Foster, The Law of Refugee Status, 2014, 345 ff. sowie Erwägungsgrund 27 S. 2 Qualifikations-RL; vgl. auch schon BVerwG NVwZ 1994, 1123 (1124) zu Art. 16a GG).

Näher liegt die Annahme interner Schutzalternativen bei einer Verfolgung durch nur regional **23** verfolgungsmächtige quasistaatliche oder private Verfolgungsakteure (Hailbronner AuslR Rn. 8; → Rn. 8).

C. Zumutbarkeit der Inanspruchnahme internen Schutzes

I. Allgemeines

Von besonderer Bedeutung ist das in Abs. 1 Nr. 2 geregelte Erfordernis der **Zumutbarkeit** **24** der Inanspruchnahme internen Schutzes: Auch auf im oben genannten Sinne sichere, dh nicht von Verfolgung iSd § 3a bedrohte Landesteile kann der Betroffene nur dann verwiesen werden, wenn die in § 3e Abs. 1 Nr. 2 genannten weiteren Umstände vorliegen. **Hiermit gebietet § 3e Abs. 1 jedoch die Berücksichtigung von Umständen, die bei der eigentlichen Prüfung der Furcht vor Verfolgung in der Herkunftsregion unbeachtlich wären.** Auch hieran wird die besondere Normstruktur der §§ 3 ff., die sich nicht in einer Prüfung der „landesweiten" Verfolgung erschöpft, deutlich (→ Rn. 14).

Die Zuerkennung der Flüchtlingseigenschaft kann ein Betroffener daher etwa auch dann beanspruchen, **24.1** wenn er nur in seiner Herkunftsregion flüchtlingsschutzrelevant verfolgt wird, ihm in den verfolgungsfreien Landesteilen aber ernsthafte Schäden iSd § 4 oder Gefahren iSd § 60 Abs. 5 und Abs. 7 AufenthG drohen, die – für sich genommen – keinen Anspruch nach § 3 ff. begründen könnten. Auch nicht verfolgungsrelevante Gefahren sind bei Anwendung des § 3e daher ggf. zumutbarkeitsrelevant (→ Rn. 26 ff., → Rn. 40).

Mit der Umsetzung der Neufassung der Qualifikations-RL war eine erhebliche Verschärfung **25** des Prüfungsmaßstabs (zugunsten des Schutzbegehrenden) gegenüber der ursprünglichen Fassung der Qualifikations-RL verbunden: Während diese ursprünglich lediglich verlangte, dass ein „Aufenthalt" im sicheren Landesteil vernünftigerweise erwartet werden kann, und sie bewusst war, dem Betroffenen das Risiko „praktischer Hindernisse" für eine Rückkehr in das Herkunftsland zuzumuten, fordert Art. 8 Qualifikations-RL nunmehr neben der sicheren und legalen Reisemöglichkeit auch, dass eine Niederlassung – im Unterschied zum bloßen „Aufenthalt" – am Zielort vernünftigerweise erwartet werden kann. Auch wenn die Regelungsintention einer Verschärfung der Anforderung an eine Verweisung auf interne Schutzalternativen hierin deutlich zu Tage tritt, sind die praktischen und rechtlichen Implikationen der Neuregelung im Einzelnen nur zum Teil geklärt (vgl. NK-AuslR/Möller Rn. 7). Zwar hat das BVerwG einzelne Fragen im Jahr 2021 geklärt (und die im Normwortlaut angelegte Verschärfung des Prüfungsmaßstabs dabei weitgehend nivelliert), von einer Vorlage an den EuGH aber abgesehen (vgl. BVerwG BeckRS 2021, 2077 Rn. 60 ff.).

II. Reisemöglichkeiten

1. Tatsächliche Erreichbarkeit

25a   Als interne Schutzalternative kommen jedenfalls nur solche Landesteile in Betracht, die für den Betroffenen **tatsächlich erreichbar** sind. Dies setzt voraus, dass es **nutzbare Verkehrsverbindungen zum Ort des internen Schutzes gibt, die – auch z. B. im Hinblick auf die erforderlichen Transitkosten – ohne unverhältnismäßige Schwierigkeiten genutzt werden können.** Durch § 3e Abs. 1 Nr. 2 AsylG/Art. 8 Abs. 1 Qualifikations-RL überholt ist eine zu einer früheren Rechtslage ergangene Rechtsprechung, die vorübergehende Rückkehrhindernisse – wie zB unterbrochene Verkehrsverbindungen – als unbeachtlich angesehen hatte (vgl. BVerwG BeckRS 2021, 2077 Rn. 18; anders noch BVerwG NVwZ 2008, 1246 = BVerwGE 131, 186 Rn. 20).

25b   Da maßgeblicher Zeitpunkt für die Frage der Zumutbarkeit einer Verweisung auf Möglichkeiten des internen Schutzes der Zeitpunkt der behördlichen bzw. gerichtlichen Entscheidung ist (→ Rn. 9), ist **hinsichtlich der Verfügbarkeit und Sicherheit von Verkehrsverbindungen auf den tatsächlichen Aufenthaltsort im Zeitpunkt dieser Entscheidung – dh in der Regel das Aufnahmeland – abzustellen** (vgl. BVerwG BeckRS 2021, 2077 Rn. 21; unklar Rn. 18). Mängel der Verfügbarkeit und Sicherheit der Verkehrsverbindungen zwischen Herkunftsregion im Zeitpunkt der Ausreise können zwar ggf. eine tatsächliche Vermutung begründen, dass diese Mängel zu einem späteren Zeitpunkt fortbestehen (vgl. Art. 4 Abs. 4 Qualifikations-RL); dem kommt für die Frage der Erreichbarkeit einer internen Schutzalternative im Zeitpunkt der Entscheidung über das Schutzgesuch aber nur dann Bedeutung zu, wenn auch eine freiwillige Rückkehr nur über die Herkunftsregion erfolgen könnte (vgl. → Rn. 9.1 → § 3 Rn. 30 ff.).

2. Sicherheit der Einreise

26   Das Erfordernis des Bestehens **sicherer Reisemöglichkeiten** in die Zielregion setzt zunächst voraus, dass dem Betroffenen in den Transitregionen weder Verfolgung iSd § 3a noch Gefahren iSd § 4, § 60 Abs. 5 und Abs. 7 AufenthG drohen. Insoweit wäre es widersprüchlich, den Betroffenen auf die Inkaufnahme zielstaatsbezogener Risiken zu verweisen, die die Rechtsordnung im Übrigen als nicht hinnehmbar erachtet (vgl. Hailbronner AuslR Rn. 18 sowie BVerwG NVwZ 1999, 311 (313) zu § 53 Abs. 4 AuslG).

26.1   Soweit das BVerwG die „Sicherheit" der Erreichbarkeit einer internen Schutzalternative in seiner jüngsten Entscheidung demgegenüber nur **vom Nichtbestehen einer beachtlichen Wahrscheinlichkeit des Zugriffs verfolgungsmächtiger Akteure oder eines ernsthaften Schadens** abhängig zu machen scheint (vgl. BVerwG BeckRS 2021, 2077 Rn. 20), ist dies ersichtlich zu eng (und so wohl auch nicht gemeint). Denn **für die Zumutbarkeit der Inanspruchnahme internen Schutzes ist ohne Bedeutung, ob die Gefährdung von einem verfolgungsmächtigen Akteur oder den äußeren Umständen ausgeht** (so – in leicht anderem Kontext – auch BVerwG BeckRS 2021, 2077 Rn. 30). Auch kann von einer „sicheren" Reisemöglichkeit schon begrifflich nicht gesprochen werden, wenn dem Betroffenen auf dem Reiseweg zwar keine Folter, aber doch – von Art. 3 EMRK indes nicht grundsätzlich erfasste (→ § 4 Rn. 52.1) – Gefahren für Leib und Leben drohen.

27   Insoweit sind **sämtliche in Betracht kommende Reiserouten** in die Zielregion – dh neben Direktflügen auch sämtliche Möglichkeiten des innerstaatlichen Transits – zu prüfen. Der Verweis auf eine an sich sichere und zumutbare Zielregion scheidet nur dann aus, wenn diese auf keiner denkbaren Reiseroute sicher erreicht werden kann (vgl. BVerwG BeckRS 2021, 2077 Rn. 19; BeckOK AuslR/Kluth Rn. 5).

28   Der **nicht näher legaldefinierte Begriff der „Sicherheit"** schließt es an sich nicht aus, auch unter den Gefahrenschwellen der §§ 3 ff., § 60 Abs. 5 und Abs. 7 AufenthG liegende Gefahren – etwa allgemeine Bürgerkriegsgefahren unterhalb der Schwelle einer „ernsthaften individuellen Bedrohung" iSd § 4 Abs. 1 S. 2 Nr. 3 – zu berücksichtigen. Da die Neufassung des Art. 8 Qualifikations-RL jedoch der Umsetzung der Rechtsprechung des EGMR zu Art. 3 EMRK dient (→ Rn. 6.1) und dieser Gefahren unterhalb der Schwelle einer „beachtlichen Wahrscheinlichkeit" als konventionsrechtlich unbeachtlich ansieht, **dürfte sich die Prüfung der „Sicherheit" vor zielstaatsbezogenen Transitgefahren in einer (sinngemäßen) Prüfung von Gefahren nach §§ 3 ff., § 60 Abs. 5 und Abs. 7 AufenthG erschöpfen** (vgl. Hailbronner AuslR Rn. 19 sowie BVerwG BeckRS 2021, 2077 Rn. 20 spezifisch zur Schwelle der „beachtlichen Wahrscheinlichkeit").

Hiervon zu unterscheiden ist die Frage, ob bei der Anwendung des § 3e Abs. 1 Nr. 2 **auch 29 innerstaatliche Abschiebungs- bzw. Ausreisehindernisse iSd § 60a Abs. 2 AufenthG** – wie zB die Reiseunfähigkeit im engeren oder im weiteren Sinne (vgl. zum Begriff → AufenthG § 60a Rn. 35) – **zu berücksichtigen sind.** Hiergegen spricht, dass das Flüchtlingsrecht allgemein und § 3e Abs. 2 im Speziellen („bei der Prüfung der Frage, ob ein Teil des Herkunftslandes die Voraussetzungen des Abs. 1 erfüllt") eine zielstaatsbezogene Perspektive einnehmen und dem Anliegen des Betroffenen durch die Rechtsfolge des § 60a Abs. 2 AufenthG (ggf. iVm § 25 Abs. 5, § 18a AufenthG) hinreichend Rechnung getragen werden kann (zur faktischen Nichterreichbarkeit des gesamten Staatsgebiets in Folge fehlender Verkehrsverbindungen (zu Art. 16a GG) vgl. BVerwG NVwZ 1997, 1127 (1130 f.); aA insoweit Marx AsylG Rn. 12).

3. Legalität der Einreise

Eine erhebliche Verschärfung des Prüfungsmaßstabs stellt das **Erfordernis der legalen Reise- 30 möglichkeit** dar: Während dem Betroffenen ursprünglich zugemutet wurde, sich ggf. auch illegal in die sichere Zielregion „durchzuschlagen", lässt § 3e Abs. 1 Nr. 2 nunmehr **nur noch eine Möglichkeit der Einreise unter Beachtung aller rechtlichen Ein- und Durchreisemodalitäten genügen** (BeckOK AuslR/Kluth Rn. 5).

Rechtliche Hindernisse für das Aufsuchen interner Schutzregionen können sich zunächst in 31 Herkunftsländern ergeben, in denen die **innerstaatliche Reisefreiheit** generell oder für einzelne Personengruppen eingeschränkt oder aufgehoben ist. Zwar kann vom Betroffenen insoweit erwartet werden, dass er sich – ggf. auch erst nach seiner Rückkehr in das Herkunftsland – um die Legalisierung seiner Weiterreise bemüht; die Bejahung einer internen Schutzalternative dürfte aber jedenfalls die Prognose voraussetzen, dass diese Bemühungen begründete Aussicht auf Erfolg haben (vgl. BVerwG BeckRS 2021, 2077 Rn. 19; BeckOK AuslR/Kluth Rn. 6; Marx AsylG Rn. 10; Hailbronner AuslR Rn. 22 ff.; zu Art. 16a GG und Art. 8 Qualifikations-RL 2004 vgl. BVerwG NVwZ 2008, 1246 (1247 f.)).

In besonderer Weise stellt sich die Frage nach der Legalität einer Ein- bzw. Weiterreise in die 32 Zielregion **in ethnisch, religiös oder politisch gespaltenen Krisenstaaten** wie zB im Irak, in denen gerade die krisenhafte Entwicklung zu einer Beschränkung der innerstaatlichen Reisefreiheit geführt hat: Hier ist ggf. im Detail zu prüfen, inwieweit die Einreise in die unterschiedlichen Regionen migrations- oder sicherheitspolitischen Beschränkungen unterliegt (zu Beschränkungen des Zuzugs in die KRG-Region im Norden Iraks vgl. zB VG Aachen BeckRS 2017, 131652 Rn. 53 ff.).

III. Aufnahme

Der **Begriff der „Aufnahme"** korrespondiert mit dem ebenfalls in § 3 Abs. 1 Nr. 2 – 33 in bewusster Abgrenzung zum früher in Art. 8 Qualifikations-RL 2004 gewählten Begriff des „Aufenthalts" – genannten Begriff der „Niederlassung" und impliziert, dass dem Betroffenen **neben dem reinen Aufenthalt auch eine Wohnsitznahme möglich und zumutbar sein muss** (→ Rn. 36 ff.). Auch wenn die Legalität der Niederlassung in § 3 Abs. 1 Nr. 2 nicht ausdrücklich gefordert wird, umfasst der Begriff der Aufnahme ein „mehr" gegenüber der bloßen behördlichen Duldung der Wohnsitznahme (Hailbronner AuslR Rn. 21; ähnlich Marx AsylG Rn. 28 f.). Ob an der bisherigen Rechtsprechung zu Art. 8 Abs. 1 Qualifikations-RL 2004 noch festgehalten werden kann, der zufolge die Gewährung eines förmlichen Aufenthaltsrechts auch unter Zumutbarkeitsgesichtspunkten nicht zwingend erforderlich sei (vgl. BVerwG BeckRS 2009, 36674 Rn. 15), könnte dementsprechend fraglich sein.

Schon in der bisherigen Rechtsprechung war anerkannt, dass ein **Leben in der Illegalität,** 34 das den Betroffenen jederzeit der Gefahr polizeilicher Kontrollen und der strafrechtlichen Sanktionierung aussetze, keine zumutbare Schutzalternative darstellt (BVerwG NVwZ 2007, 590 (591)). In seiner jüngeren Rechtsprechung hat das BVerwG darüber hinaus gefordert, dass der Betroffene am Zielort legal seinen gewöhnlichen Aufenthalt begründen kann. Der dauernde Aufenthalt darf mithin nicht kraft Gesetzes oder durch administrative Beschränkungen vollständig untersagt oder von Voraussetzungen abhängig sein, die von dem Ausländer tatsächlich nicht oder nur unter für ihn unzumutbaren Bedingungen erfüllt werden können. Es darf mithin kein illegaler und in dem Sinne unbeständiger Aufenthalt sein, mit dessen Beendigung der Ausländer jederzeit rechnen muss. Unschädlich sollen aber aufenthaltsbegrenzende Maßnahmen, Befristungen oder sonstige Voraussetzungen sein, die tatsächlich nicht durchgesetzt werden und deren Nichtbeachtung geduldet wird (vgl. jeweils BVerwG BeckRS 2021, 2077 Rn. 23).

34.1   Eine **förmliche Legalisierung des Aufenthalts** wird allerdings dann zu fordern sein, wo eine solche in der Rechtspraxis vor Ort üblicherweise eingefordert wird. Genießen die Staatsangehörigen hingegen generell Freizügigkeit bzw. folgen zB auf Meldeverstöße in der Praxis keinerlei Sanktionen, kann von einer „Aufnahme" selbstverständlich auch ohne förmliche Legalisierung des Aufenthalts die Rede sein. Droht dem betroffenen hingegen die Rückschiebung in verfolgungsbetroffene Landesteile, ist eine interne Schutzalternative nicht gegeben (Hathaway/Foster, The Law of Refugee Status, 2014, 343).

35   Dass die „Aufnahme" mehr als ein **Mindestmaß an gesellschaftlicher Integration und Akzeptanz** erfordert, kann der der Rechtsprechung des EGMR nachgebildeten Richtlinie hingegen nicht entnommen werden, zumal die englische und französische Sprachfassung lediglich auf die Gestattung des Zutritts bzw. des Aufenthalts verweisen (vgl. BVerwG BeckRS 2021, 2077 Rn. 24 sowie unten → Rn. 51.1; aA wohl BeckOK AusR/Kluth Rn. 8; Marx AsylG Rn. 19); diese Frage wäre richtigerweise jedoch zumindest im Rahmen der Prüfung der Zumutbarkeit der Niederlassung zu berücksichtigen.

IV. Zumutbarkeit der Niederlassung

1. Begriff der Niederlassung

36   **Zentraler Bezugspunkt der Zumutbarkeitsprüfung** ist – anders als noch unter Geltung der Qualifikations-RL 2004 (RL 2004/83/EG v. 29.4.2004, ABl. 2004 L 304, 12) – der **Begriff der „Niederlassung"** in der beabsichtigten Zielregion. Nach dem Bundesverwaltungsgericht folgt aus dem Begriff der Niederlassung zunächst, dass – in zeitlicher Hinsicht – am Ort des internen Schutzes ein perspektivisch dauerhafter Aufenthalt begründet werden können muss, so dass die Möglichkeit eines nur vorübergehenden Verweilens unter kurzzeitiger Unterbrechung einer fortdauernden Flucht nicht ausreicht. Dies prägt auch den Zeitraum, der im Rahmen der erforderlichen Prognose einer Möglichkeit der wirtschaftliche Existenzsicherung in den Blick zu nehmen ist (BVerwG BeckRS 2021, 2077 Rn. 37).

36a   Richtigerweise ist darüber hinaus jedoch zu fordern, dass neben dem bloßen Aufenthalt auch eine **dauerhafte Wohnsitznahme in der jeweiligen Zielregion** möglich sein muss (vgl. Marx AsylG Rn. 19; Hailbronner AuslR Rn. 10). Mindestvoraussetzung ist dabei der Zugang zu einem witterungsfesten Obdach, durch den Obdachlosigkeit mit hinreichender Sicherheit vermieden werden kann (BVerwG BeckRS 2021, 2077 Rn. 37). Soweit das Bundesverwaltungsgericht auch die Unterbringung in Sammel- oder Lagerunterkünften für ausreichend hält, entspricht dies der Lebensrealität vieler Flüchtlinge weltweit (zB in Operationsgebieten der UNRWA) und ist auch angesichts der Funktion der in § 3e Abs. 1 AsylG geregelten Zumutbarkeitsvorbehalte nicht grundsätzlich zu beanstanden; es übersieht jedoch, dass jedenfalls bei einer Unterbringung in stetig wechselnden Unterkünften schon begrifflich nicht von einer „Niederlassung" gesprochen werden kann (vgl. aber BVerwG BeckRS 2021, 2077 Rn. 37; richtiger insoweit OVG Brem BeckRS 2020, 20036 Rn. 73, 88).

37   Die Niederlassung in der Zielregion in diesem Sinne muss zunächst **objektiv möglich** sein, darf also weder am Fehlen finanzieller Mittel für die Wohnsitznahme (unter Einbeziehung eigener Erwerbsmöglichkeiten, familiärer Unterstützung und ggf. vorhandener Systeme der sozialen Sicherung) noch an **rechtlichen Zuwanderungsbeschränkungen** scheitern. Die Möglichkeit einer lediglich vor den örtlichen Behörden geheim gehaltenen Aufenthaltsnahme genügt dem Erfordernis der „Aufnahme" bzw. der „Niederlassung" insoweit nicht. Auch ein lediglich geduldeter Langzeitaufenthalt ohne förmliche Aufenthaltslegalisierung kann eine (zumutbare) „Niederlassung" nur dann begründen, wenn eine förmliche Aufenthaltslegalisierung in der Rechtspraxis vor Ort allgemein auch üblich ist (vgl. → Rn. 34 f.).

2. Zumutbarkeitsmaßstäbe

38   Darüber hinaus muss vom Betroffenen **„vernünftigerweise erwartet"** werden können, **dass er sich in der in Frage kommenden Zielregion niederlässt.** Der hierin enthaltene Zumutbarkeitsmaßstab **geht offenkundig über das Fehlen einer existenziellen Notlage** iSd § 4, § 60 Abs. 5 und Abs. 7 AufenthG **hinaus** (so jedenfalls noch BVerwGE 131, 186 = NVwZ 2008, 1246 (1248 f.); BVerwGE 146, 12 = NVwZ 2013, 1167 (1169)). Dies zeigt schon der Umstand, dass Art. 8 Abs. 1 der Qualifikations-RL nicht an die Definition des „ernsthaften Schadens" (Art. 15 lit. a Qualifikations-RL) anknüpft und – anders als zB Art. 9 Abs. 1 lit. a Qualifikations-RL) – auch nicht unmittelbar auf Bestimmungen der EMRK verweist. **Welche darüber hinausgehenden wirtschaftlichen und sozialen Standards erfüllt sein müssen, hatte das BVerwG**

aber über lange Jahre offengelassen (BVerwGE 146, 12 = NVwZ 2013, 1167 (1169)) und war auch in der übrigen Rechtsprechung weitgehend ungeklärt (vgl. OVG Brem BeckRS 2020, 20036 Rn. 66 ff.; VGH BW BeckRS 2017, 135067 Rn. 62 f. mwN).

Diese Unsicherheit in der nationalen Rechtsprechung spiegelt sich auch in der internationalen Recht- **38.1** sprechung entsprechend wider (vgl. Hathaway/Foster, The Law of Refugee Status, 2014, 347 f., 352 ff.).

Im Jahr 2021 hat das BVerwG indes eine Kehrtwende vollzogen und die gesetzlichen Zumutbar- **39** keitsanforderungen jedenfalls **im Hinblick auf die Frage der materiellen Existenzsicherung auf eine Prüfung elementarer humanitärer Mindestanforderungen zurückgeführt** (vgl. BVerwG BeckRS 2021, 2077 Rn. 27 ff.). Auch wenn diese Rechtsprechung in dieser Absolutheit kaum überzeugen kann, bleibt sie jedenfalls vorbehaltlich einer abweichenden Entscheidung des EuGH für die Praxis verbindlich und soll daher nachfolgend zunächst dargestellt werden; sie verdient zudem jedenfalls insoweit Gefolgschaft, als eine interne Schutzalternative jedenfalls bei Unterschreitung der hier skizzierten Mindestanforderungen keinesfalls als „zumutbar" angesehen werden kann.

a) Mindestanforderungen. Unzumutbar ist die Niederlassung in einem verfolgungssicheren **40** Landesteil daher jedenfalls dann, wenn dem Betroffenen dort **Gefahren iSd § 4 Abs. 1 oder iSd § 60 Abs. 5 und Abs. 7 AufenthG** drohen. Diese wären zwar selbst nicht geeignet, dem Betroffenen einen Schutzanspruch nach §§ 3 ff. zu vermitteln, schließen eine Verweisung auf die Inanspruchnahme internen Schutzes an derart gefahrbelasteten Orten aber aus (vgl. VGH BW BeckRS 2017, 135067 Rn. 63 f.; Bergmann/Dienelt/Bergmann Rn. 3; Lehmann NVwZ 2007, 508 (509)).

In völker- bzw. unionsrechtlicher Hinsicht im Ausgangspunkt konsequent hat das BVerwG in **40a** jüngerer Zeit versucht, **diesen Schutz vor nicht selbst flüchtlingsschutzrelevanten Gefahren unmittelbar aus Art. 3 EMRK herzuleiten** (vgl. BVerwG BeckRS 2021, 2077 Rn. 33 ff.). Es verliert dabei jedoch aus dem Blick, dass bloße Gefahren für Leib und Leben weder von Art. 3 EMRK noch von Art. 33 Abs. 1 GFK erfasst werden, so dass man – wenn man den Zumutbarkeitsmaßstab des § 3e Abs. 1 Nr. 1 ausschließlich an diesen Maßstäben prüfen wollte – selbst die Niederlassung in einem Gebiet, in dem dem Betroffenen mit beachtlicher Wahrscheinlichkeit Lebensgefahren drohen, als „vernünftigerweise erwartbar" ansehen müsste. Die ergänzende Bezugnahme auf die ihres flüchtlingsrechtlichen Kontexts entkleideten Maßstäbe der §§ 3a Abs. 1, § 4 Abs. 1 Satz 2 vermag dies nur zum Teil zu kompensieren, da § 3a Abs. 1 für nicht verfolgungsbezogene Gefährdungslagen kaum adäquate Maßstäbe bereithält (vgl. → Rn. 42) und § 4 Abs. 1 S. 2 neben der Todesstrafe nur Gefahren im Rahmen bewaffneter Konflikte erfasst. In der Sache dürfte daher daran festzuhalten sein, dass auch die beachtliche Wahrscheinlichkeit von Gefahren „lediglich" für Leib und Leben die Zumutbarkeit der Niederlassung nicht erst dann ausschließt, wenn der Betroffene „sehenden Auges in den Tod geschickt" würde. Mit dem vom BVerwG zuletzt gewählten Begründungsansatz, den dieses allerdings auch selbst nicht generell als abschließend begreift (vgl. BVerwG BeckRS 2021, 2077 Rn. 30), lässt sich dies jedoch jedenfalls systemgerecht kaum begründen.

Aus der Heranziehung von Art. 3 EMRK als Prüfungsmaßstab folgt unmittelbar, dass dem **41** Betroffenen am Zielort das **wirtschaftliche Existenzminimum** zur Verfügung stehen muss. Eine interne Schutzalternative ist daher jedenfalls dann nicht zumutbar, wenn der Betroffene dort auf Dauer ein Leben zu erwarten hat, das zu Hunger, Verelendung und schließlich zum Tode führt oder er dort nichts anderes zu erwarten hat als ein **„Dahinvegetieren am Rande des Existenzminimums"** (so schon BVerwG BeckRS 2002, 23092 = InfAuslR 2002, 455 (456) mwN). In seiner jüngeren Rechtsprechung hat das Bundesverwaltungsgericht dies – unter fragwürdiger Heranziehung der vom EuGH im Kontext der Auslegung und Anwendung der Dublin III-VO entwickelten (und ihrerseits fragwürdigen) Maßstäbe für eine Überstellung in einen Mitgliedstaat der Europäischen Union oder andere Dublin-Staaten (vgl. → Rn. 44b.1) – **dahingehend konkretisiert, dass der Betroffene nicht in eine Situation versetzt werden darf, in der er seinen existenziellen Lebensunterhalt nicht sichern kann, kein Obdach findet oder keinen Zugang zu einer medizinischen Basisbehandlung erhält** bzw. er sich unabhängig von ihrem Willen und ihren persönlichen Entscheidungen in einer Situation extremer materieller Not befindet, die es ihr nicht erlaubte, ihre elementarsten Bedürfnisse zu befriedigen (vgl. BVerwG BeckRS 2021, 2077 Rn. 65 unter Bezugnahme auf EuGH BeckRS 2019, 3603 Rn. 90 ff. – Ibrahim sowie ZAR 2019, 192 Rn. 92 f. = BeckRS 2019, 3600 – Jawo). Gewährleistet sein muss daher (nur) die Möglichkeit sich zu ernähren, sich zu waschen und eine Unterkunft zu finden.

Schon nach der bisherigen Rechtsprechung galt das wirtschaftliche Existenzminimum als gesi- **42** chert, wenn der Betroffene **durch eigene, notfalls auch wenig attraktive und seiner Vorbil-**

dung nicht entsprechende Arbeit oder durch Zuwendungen von dritter Seite jedenfalls nach Überwindung von Anfangsschwierigkeiten das zu seinem Lebensunterhalt unbedingt Notwendige erlangen kann. Als zumutbar sah das BVerwG dabei auch Tätigkeiten an, für die es keine Nachfrage auf dem allgemeinen Arbeitsmarkt gibt oder die nur zeitweise – etwa zur Deckung eines kurzfristigen Bedarfs – ausgeübt werden können. Als zumutbar wurden insbesondere auch Tätigkeiten im Bereich einer „Schatten- oder Nischenwirtschaft" angesehen; nicht aber der Verweis auf eine kriminelle Arbeit etwa im Rahmen mafiöser Strukturen (BVerwG BeckRS 2006, 24127). Insoweit enthält auch die jüngere Rechtsprechung keine Anhaltspunkte dafür, dass im Lichte der Neuregelung des Art. 8 Abs. 1 Qualifikations-RL eine weniger strenge Betrachtung geboten sein könnte (vgl. OVG Brem BeckRS 2020, 20036 Rn. 72).

43   Zur Ausfüllung des Zumutbarkeitsmaßstabs hat das Bundesverwaltungsgericht darüber hinaus die für die Annahme einer flüchtlingsschutzrelevanten Verfolgung maßgeblichen Maßstäbe zur Bestimmung einer **schwerwiegenden Verletzung grundlegender Menschenrechte** (§ 3a Abs. 1 und 2) **entsprechend herangezogen**, sie dabei aber ihrer spezifischen flüchtlingsrechtlichen Einkleidung – in Form des Erfordernisses objektiver Gerichtetheit der Verfolgung und des Zusammenhangs mit einem Verfolgungsgrund – entkleidet (vgl. BVerwG BeckRS 2021, 2077 Rn. 30). Dies ist insofern konsequent, als eine – vom BVerwG im Übrigen allerdings propagierte – Verengung des Zumutbarkeitsmaßstabs auf eine Art. 3 EMRK-Prüfung dem gesetzlichen Erfordernis der Zumutbarkeit des Niederlassens ersichtlich nicht genügt, ist in der Praxis aber kaum besser (oder schlechter) handhabbar als eine „freischwebende" Zumutbarkeitsprüfung, da sich die Flüchtlingsschutzrelevanz der in § 3a Abs. 1 umschriebenen Verfolgungshandlungen oftmals gerade aus ihrer Zielgerichtetheit oder diskriminierenden Anwendung ergibt (vgl. zB § 3a Abs. 2 Nr. 1–6). Welche über Art. 3 EMRK hinausgehenden Mindestanforderungen aus diesen ergänzenden Maßstäben folgen, hat das Bundesverwaltungsgericht zudem offengelassen (vgl. BVerwG BeckRS 2021, 2077 Rn. 30). Im Hinblick auf wirtschaftliche Mindestanforderungen an die Zumutbarkeit der Existenzsicherung begreift es den Maßstab des Art. 3 EMRK indes mittlerweile als abschließend (vgl. BVerwG BeckRS 2021, 2077 Rn. 33).

44   **b) Weitergehende wirtschaftliche und soziale Mindestanforderungen?** Ob und ggf. welche über die Gewährleistung des wirtschaftlichen Existenzminimums im oben genannten Sinne hinausgehenden wirtschaftlichen und sozialen Standards erfüllt sein müssen, um eine Niederlassung als „vernünftig erwartbar" erscheinen zu lassen, war in der Rechtsprechung lange ungeklärt (jeweils offengelassen in BVerwGE 131, 186 = NVwZ 2008, 1246 (1248 f.); BVerwGE 146, 12 = NVwZ 2013, 1167 (1169); VGH BW BeckRS 2017, 135067 Rn. 70 mwN). Genährt wurden diese Zweifel nicht zuletzt durch die Rechtsprechung des Bundesverwaltungsgerichts, das über Jahre hinweg einen über das Fehlen einer abschiebeschutzrelevanten existenziellen Notlage hinausgehenden Zumutbarkeitsmaßstab angedeutet, die anzuwendenden Maßstäbe aber wiederholt offen gelassen hatte (vgl. BVerwGE 146, 12 = NVwZ 2013, 1167 (1169); angedeutet schon in BVerwGE 131, 186 = NVwZ 2008, 1246 (1248 f.)). Dies erschien insbesondere angesichts des gegenüber der Vorgängerfassung noch verschärften Wortlauts des Art. 8 Abs. 1 Qualifikations-RL (vgl. → Rn. 33), der neben der „Niederlassung" auf die „vernünftige Erwartbarkeit" (und nicht lediglich die Möglichkeit) eines solchen Niederlassung am Zielort abstellt, ohne Weiteres überzeugend (Marx AsylG Rn. 28 f.; NK-AuslR/Möller Rn. 7).

44a   In der Rechtsprechung wurde das Vorliegen dieser Voraussetzungen jedoch **zum Teil auch weiterhin als ausreichend angesehen, um die Zumutbarkeit einer internen Schutzalternative zu bejahen** (VGH BW BeckRS 2017, 135067 Rn. 65; VGH BW BeckRS 2019, 35921 Rn. 43 ff.; ähnlich Hailbronner AuslR Rn. 12 ff., 29). Teile der Rechtsprechung (vgl. zB OVG Brem BeckRS 2020, 20036 Rn. 66 ff.) und der weit überwiegende Teil der Literatur (vgl. die – nunmehr weitgehend historischen – Nachweise bei BVerwG BeckRS 2021, 2077 Rn. 33) nahmen demgegenüber an, dass die Wahrung des wirtschaftlichen und sozialen Existenzminimums eine zwar notwendige, aber nicht hinreichende Bedingung für die Verweisung auf eine interne Schutzalternative darstellt.

44b   Für **die Praxis scheint diese Frage nunmehr zunächst überholt, da das Bundesverwaltungsgericht seine jedenfalls in Ansätzen großzügigere Rechtsprechung mit Urteil vom 18.2.2021 (1 C 4/20) aufgegeben hat** und die Sicherung eines wirtschaftlichen Existenzminimums auf einem mit Art. 3 EMRK vereinbaren Mindestniveau nunmehr doch als ausreichend erachtet. Von einer Vorlage an den EuGH hat das BVerwG indes abgesehen, obwohl die einschlägigen Rechtsfragen unionsrechtlich jedenfalls bislang nicht eindeutig geklärt waren. Da die Entscheidung des BVerwG vor dem Hintergrund von Wortlaut und Systematik des Art. 8 Abs. 1 Qualifikations-RL indes erheblichen Zweifeln begegnet (so dass jedenfalls von einem „Acte-clair" im Sinne der Rechtsprechung zur Vorlagepflicht nach Art. 267 AEUV kaum die Rede sein kann; vgl.

→ Rn. 44b.1 ff.), sollen die Gründe gegen eine Beschränkung des Zumutbarkeitsmaßstabs auf einen bloßen humanitären Mindeststandard nachfolgend – in Anerkennung ihrer geringen derzeitigen Praxisrelevanz – auch weiterhin dargestellt werden. Dies gilt um so mehr, als auch das BVerwG unionsrechtlichen Klärungsbedarf jedenfalls in Fällen einräumt, in denen die vom Betroffenen vor Ort angetroffenen (schlechten) Aufnahmebedingungen nicht den allgemeinen Lebensverhältnissen vor Ort entsprechen (vgl. BVerwG BeckRS 2021, 2077 Rn. 63). Zum erforderlichen Maß an sozialer und gesellschaftlicher Integration in die aufnehmende Gesellschaft (etwa im Hinblick auf Wahlrecht, Zugang zu Schulbildung und gesellschaftliche Akzeptanz) hat sich das Bundesverwaltungsgericht zudem auch weiterhin nicht verhalten, auch wenn die im Hinblick auf das wirtschaftliche Existenzminimum entfalteten Maßstäbe auch hier eine restriktive Handhabung nahelegen (vgl. BVerwG BeckRS 2021, 2077 Rn. 33).

Nicht überzeugen kann zunächst die inhaltliche Anlehnung an die vom EuGH zur Frage der Möglich- **44b.1** keit der Verweisung auf die Inanspruchnahme des Schutzes eines anderen Dublin-Staates entwickelten Maßstäbe (vgl. BVerwG BeckRS 2021, 2077 Rn. 65 unter Bezugnahme auf EuGH BeckRS 2019, 3603 Rn. 90 ff. – Ibrahim sowie ZAR 2019, 192 Rn. 92 f. – Jawo). Denn diese stehen jeweils unter dem Vorbehalt, dass eine Wahrung weitergehende Rechte sekundärrechtlich verbürgt ist und – innerhalb der EU bzw. anderer Dublin-Staaten – ggf. auch auf dem Rechtsweg praktisch erzwungen werden kann. Demgegenüber verweist die Beschränkung des Zumutbarkeitsmaßstabs des § 3e Abs. 1 Nr. 2 auf humanitäre Mindeststandards den Betroffenen ggf. dauerhaft auf Lebensumstände, die allenfalls das blanke Überleben sichern. Dies perpetuiert die mittelbaren Folgen lokal begrenzter Verfolgungshandlungen jedoch insbesondere dann, wenn der Betroffene durch die Inanspruchnahme internen Schutzes auf Lebensumstände verwiesen wird, die weit unter den Lebensumständen in seiner Herkunftsregion anzusiedeln sind. Sieht man die „Vertreibung in einen anderen Landesteil" indes schon als (objektiv) zielgerichtete Verfolgungshandlung an, kann interner Schutz vor dieser Art der Verfolgung schon begrifflich nicht gewährt werden.

Dass das Unionsrecht mit den im Zusammenhang mit der Aufnahme durch einen anderen Mitgliedsstaat **44b.2** eingeräumten Gewährleistungen über das „flüchtlings- und menschenrechtlich gebotene" hinausgeht (vgl. zu diesem Einwand BVerwG BeckRS 2021, 2077 Rn. 49), trifft zwar zu; es übersieht jedoch, dass Art. 3 Abs. 2 UAbs. 2 Dublin III-VO– anders als der für § 3e Abs. 1 Nr. 2 maßstabsbildende Art. 8 Abs. 1 RL 2011/95/EU – eine ausdrückliche Beschränkung auf die durch Art. 3 EMRK (in Gestalt des Art. 4 EUV) gewährleisteten Mindestgarantien enthält. Es kann insbesondere nicht erklären, warum der – zudem bewusst strenger als seine Vorgängernorm formulierte – Art. 8 Abs. 1 Qualifikations-RL seinem Wortlaut nach gerade nicht auf die (an anderer Stelle der Richtlinie unmittelbar in Bezug genommenen) Maßstäbe des Art. 3 EMRK verweist.

Soweit das BVerwG sich insoweit um eine historische Herleitung bemüht, bringt es zwar durchaus **44b.3** beachtliche Erwägungen hervor, verliert sich aber – wie oftmals in Ansehung einer nur lückenhaften dokumentierten Gesetzgebungsgeschichte – letztlich im Spekulativen (vgl. (BVerwG BeckRS 2021, 2077 Rn. 55 ff.). Dass Art. 8 Abs. 1 Qualifikations-RL bei Heranziehung vermeintlich dem „flüchtlingsrechtlichen Kontext" geschuldeter humanitärer Extremmaßstäbe letztlich jegliche materielle Funktion verliert (bzw. er sich auf eine klarstellende Regelung beschränkt, die im Ergebnis alleine auf das – in der Norm noch nicht einmal erwähnte – Refoulement-Verbot verweist), lässt sich so nicht erklären. Dies gilt umso mehr, als Art. 8 Qualifikations-RL – anders als die vom BVerwG zitierte Rechtsprechung des EGMR – nicht auf die bloße Möglichkeit der Niederlassung verweist, sondern die Zumutbarkeit der Niederlassung fordert (vgl. zu einer anderen Deutung der Entstehungsgeschichte daher schon OVG Brem BeckRS 2020, 20036 Rn. 69).

Inhaltlich rührt die Frage nach den Anforderungen an die Zumutbarkeit einer Verweisung auf **45** die Inanspruchnahme internen Schutzes an das Grundverständnis der Funktion des Zumutbarkeitsbegriffs. Sieht man die Anforderungen an die Lebensverhältnisse am Ort des internen Schutzes als Surrogat für die ausländische Schutzgewährung (bzw. diese als Surrogat für das Fehlen des eigentlich seitens des Herkunftsstaats geschuldeten Schutzniveaus) an, so läge es eigentlich nahe, die Zumutbarkeit der Verweisung auf interne Schutzalternativen jedenfalls mittelbar an den Anforderungen der Art. 3 ff. GFK zu messen (Hathaway/Foster, The Law of Refugee Status, 2014, 357 ff. mwN; dagegen aber Marx AsylG Rn. 21; Hailbronner AuslR Rn. 11).

Angesichts der oftmals desolaten sozioökonomischen und menschenrechtlichen Situation in Krisenstaa- **45.1** ten wäre eine solche Sichtweise mit einer erheblichen Ausweitung des Kreises der Schutzberechtigten verbunden, da die „grundlegenden zivilen, politischen und sozioökonomischen Rechte" dort oftmals auch für nichtverfolgte Angehörige der Bevölkerung nicht oder nicht ausreichend gewährleistet sind. Unter Umständen könnte sich so die Tatsache einer regional begrenzten Verfolgung sogar als „Glücksfall" erweisen, der einen Ausweg aus den generell desaströsen Lebensumständen im Herkunftsstaat eröffnet (vgl. zu diesem Einwand nunmehr auch BVerwG BeckRS 2021, 2077 Rn. 42).

46   Sieht man die Anforderungen an die Zumutbarkeit der internen Fluchtalternative hingegen als **Ausprägung des Refoulement-Verbots** an und lässt es genügen, dass sich der Betroffene durch die Umstände vor Ort nicht zur Rückkehr in nicht verfolgungssichere Gebiete genötigt sieht (so VGH BW BeckRS 2017, 135067 Rn. 66; Marx ZAR 2017, 304 (306 f.); mit aber teilweise anderen Schlussfolgerungen), muss sich der Betroffene ggf. mit Lebensumständen begnügen, die kaum mehr als ein kärgliches Überleben gewährleisten (vgl. zu dieser Deutung nunmehr auch BVerwG BeckRS 2021, 2077 Rn. 29, 42).

47   Indes sind **beide Denkansätze jedenfalls in der Qualifikations-RL nicht in Reinform verwirklicht.** So hast sich die Rechtsprechung gerade unter Berufung auf Art. 8 Qualifikations-RL von der zu Art. 16a GG vorherrschenden relativen Betrachtung gelöst, der zufolge der Betroffene einer Verweisung in einen sicheren Landesteil nur solche (nicht verfolgungsbedingte) Nachteile entgegenhalten könne, die in dieser Weise am Herkunftsort nicht bestünden (vgl. BVerwGE 131, 186 = NVwZ 2008, 1246 (1248 f.); NVwZ 2008, 1246 (1247) zur Fortgeltung der relativen Betrachtung im Hinblick auf die Prüfung von Art. 16a GG).

48   Dies wäre mit einer streng am Non-Refoulement-Ansatz orientierten Betrachtung nicht vereinbar, da zB im Falle einer landesweit gleich desaströsen wirtschaftlichen Lage keine Anreize für eine Rückkehr in die verfolgungsgefährdete Herkunftsregion bestünden. Zudem ist zu berücksichtigen, dass der Non-Refoulement-Ansatz das konventionsrechtlich gebotene Mindestschutzniveau darstellt, die Neufassung der Qualifikations-RL sich demgegenüber an den – jedenfalls nach Auffassung der Europäischen Kommission – höheren Anforderungen der Rechtsprechung zu Art. 3 EMRK orientiert (KOM(2009) 551, 8) und bewusst strengere Voraussetzungen als Art. 8 Qualifikations-RL 2004 enthält (vgl. → Rn. 33). **Die Zumutbarkeit einer internen Schutzalternative kann daher richtigerweise nicht erst dann verneint werden, wenn sich der Betroffene durch die Lebensumstände in der Zielregion zu einer Rückkehr in die verfolgungsbedrohte Herkunftsregion veranlasst sehen müsste** (vgl. die Entscheidung des EGMR v. 25.5.2007 – 1948/04 Rn. 141 – Salah Sheekh / Niederlande, in der der EGMR die Gefahr einer faktisch erzwungenen Rückkehr in die Verfolgerregion als eine von mehreren möglichen Ursachen für eine Konventionsverletzung benennt).

49   Zugleich gebietet Art. 8 Abs. 2 Qualifikations-RL die **Berücksichtigung der „allgemeinen Gegebenheiten" im jeweiligen Herkunftsland.** Dies darf zwar nicht als Hinweis auf eine – in der älteren Rechtsprechung des BVerwG allerdings vertretene – generalisierende Betrachtung missverstanden werden (vgl. Marx AsylG Rn. 19; Hailbronner AuslR Rn. 27 mwN), kann aber doch als Beleg dafür verstanden werden, dass die Vergleichssituation nichtverfolgter Angehöriger des jeweiligen Herkunftsstaats jedenfalls im Hinblick auf die Zumutbarkeit einer objektiv möglichen Niederlassung in die Betrachtung einbezogen werden kann. Dies alleine als Hinweis auf die Notwendigkeit einer umfassenden Sachverhaltsermittlung im Rahmen der Rückkehrprognose zu verstehen, erscheint insbesondere vor dem Hintergrund der bewussten Verschärfung der in Art. 8 Abs. 1 Qualifikations-RL deutlich zu eng.

49.1   Soweit die Rechtsprechung zur Rechtfertigung einer Beschränkung auf die Einhaltung humanitärer Mindeststandards darauf verweist, dass Art. 8 Abs. 2 Qualifikations-RL lediglich verfahrensrechtliche Vorgaben für den Prüfungsumfang normiere, materielle Prüfungsmaßstäbe aber nicht begründe (vgl. VGH BW BeckRS 2019, 35921 Rn. 48; ähnlich nunmehr auch BVerwG BeckRS 2021, 2077 Rn. 39), ist dies jedenfalls unergiebig, weil sich die Anhebung der materiellen Mindeststandards gegenüber dem bloßen Existenzminimum unmittelbar aus Art. 8 Abs. 1 Qualifikations-RL ergibt, der ausdrücklich – bewusst über die Vorgaben früherer Normfassung hinausgehend – auf die Möglichkeit einer „Aufnahme" und die Zumutbarkeit des sich dort „Niederlassens" Bezug nimmt.

49.2   Der materielle Einwand, dass die Berücksichtigung der „allgemeinen Lebensverhältnisse" keinen hinreichend bestimmten Subsumtionsmaßstab begründe, trifft im Hinblick auf den im Schrifttum zum Teil vorgeschlagenen Maßstab der Möglichkeit, ein „relativ normales Leben" führen zu können, zu (vgl. hierzu BVerwG BeckRS 2021, 2077 Rn. 40); er rechtfertigt jedoch nicht die Verengung der gesetzlich vorgegebenen Prüfung des „vernünftigerweise Erwartbaren" auf eine bloße Prüfung übergesetzlicher Mindeststandards. Er verliert zudem aus dem Blick, dass auch die vom BVerwG vorgeschlagene „Einbettung in den flüchtlingsrechtlichen Zusammenhang" (vgl. BVerwG BeckRS 2021, 2077 Rn. 30) keine verlässliche Maßstabsbildung ermöglicht (→ Rn. 43).

50   Richtigerweise wäre daher zunächst zu fordern, dass der Betroffene – jeweils unter Berücksichtigung seiner individuellen Mittel, Fähigkeiten und Lebensumstände – **in der zu prüfenden Region Lebensumstände vorfindet, die ihm neben dem blanken Überleben jedenfalls mittelfristig die Begründung eines dauerhaften Wohnsitzes ermöglichen** (vgl. OVG Brem BeckRS 2020, 20036 Rn. 75, 90). Die (dauerhafte) Zuflucht in Behelfsunterkünften genügt daher – unabhängig von den allgemeinen Lebensumständen in der Herkunfts- oder Zielregion – ebenso wenig wie die Unterbringung in Flüchtlingslagern, bei denen von einer „Niederlassung" in der Regel nicht gesprochen werden kann (vgl. zur Abgrenzung zwischen Niederlassung und Aufenthalt → Rn. 33; → Rn. 36 f.).

Inwieweit im Rahmen der Prüfung der Zumutbarkeit dieser Niederlassung auch grundlegende **51** zivile, politische oder sozioökonomische Rechte gewährleistet sein müssen, kann indes nicht unabhängig von den allgemeinen Lebensumständen im Herkunftsland bzw. in der Zielregion beantwortet werden. Wird dem Betroffenen der **Zugang zu Schulbildung, Wahlrecht oder sozialer Teilhabe** verweigert, der bereits niedergelassenen Bewohnern der Zielregion an sich eröffnet ist, dürfte eine an sich mögliche Niederlassung regelmäßig nicht zumutbar sein (vgl. BeckOK AuslR/Kluth Rn. 8; Marx Rn. 19 f.).

Bis zur 7. Edition wurde an dieser Stelle die Auffassung vertreten, **dass das Erfordernis der Gewähr-** **51.1** **rung eines Mindestmaßes an sozialer Teilhabe schon aus dem Begriff der „Aufnahme" folge.** Dem wurde zu Recht entgegengehalten, dass die französische und englische britische Sprachfassung der Qualifikations-RL insoweit lediglich auf die Gestattung des Zutritts bzw. Aufenthalts verweisen („gain admittance" bzw. „obtenir l'autorisation d'y pénétrer"; vgl. BVerwG BeckRS 2021, 2077 Rn. 24). **An diesem Begründungsstrang wird daher nicht festgehalten.**

Sind die entsprechenden Rechte am Zielort hingegen generell nicht gewährleistet, eine Nieder- **52** lassung im oben genannten Sinne im Übrigen aber möglich, ist die interne Schutzalternative in aller Regel zumutbar (Marx AsylG Rn. 26).

Hierbei ist zu berücksichtigen, dass die Neufassung des Art. 8 Abs. 1 Qualifikations-RL an die **53** Rechtsprechung des EGMR zu Art. 3 EMRK angelehnt ist, der als Verbot unter anderem der grausamen und unmenschlichen Behandlung nur äußerste humanitäre Mindeststandards gewähr- leistet (vgl. (KOM(2009) 551, 8). **Eine möglichst umfassende Gewährleistung ziviler, politi- scher und sozioökonomischer Rechte im Herkunftsland mag zwar rechtspolitisch wün- schenswert sein, überfordert den begrenzten Schutzauftrag des Flüchtlingsrechts aber bei weitem** (ähnlich Hathaway/Foster, The Law of Refugee Status, 2014, 354).

Relativen Unterschieden zwischen den Lebensumständen in Herkunfts- und Zielregi- **54** **onen** ist dabei allerdings durch Berücksichtigung des Non-Refoulement-Gedankens (vgl. → Rn. 46) Rechnung zu tragen: Zwar dürfte es etwa verfolgten Angehörigen der Oberschicht in der Regel zumutbar sein, ggf. auch eine signifikante Verringerung des Lebensstandards (ein- schließlich der Möglichkeiten der sozialen und politischen Teilhabe) hinzunehmen, soweit diese nicht selbst die Intensität einer auch am Zielort fortwirkenden kumulativen Verfolgungshandlung erreicht (vgl. → § 3a Rn. 21 ff.). Ist das Maß der Beeinträchtigung des Lebensstandards hingegen ausnahmsweise geeignet, die Betroffenen zu einer Rückkehr in ihre Herkunftsregionen (unter Inkaufnahme der fortbestehenden Verfolgungsgefahren) zu veranlassen, so kann die Niederlassung am Ort der internen Schutzalternative nicht als zumutbar angesehen werden.

Die Behauptung, dass bereits die Möglichkeit einer Existenzsicherung auf einem humanitär **54a** unverzichtbaren Mindestniveau stets (!) ausschließt, dass der Betroffene sich aufgrund äußerer Umstände zur Rückkehr in die Verfolgungsregion veranlasst sieht (so BVerwG BeckRS 2021, 2077 Rn. 42), dürfte dabei aus tatsächlichen Gründen nicht haltbar sein; sie verkennt insbesondere, dass sowohl § 3a Abs. 1 als auch § 4 Abs. 1 S. 2 zum Teil auch Gefährdungslagen erfassen, die das Maß einer grausamen und unmenschlichen Behandlung unterschreiten. Sie verweist den Betroffe- nen zudem mittelbar darauf, eine ggf. sogar erhebliche Verschlechterung seiner Lebensumstände hinzunehmen, obwohl diese mittelbar auf einer (wenngleich regional begrenzten) flüchtlings- schutzrelevanten Verfolgung beruht. Richtigerweise verlangt die Frage, ob eine Niederlassung am Ort des internen Schutzes „vernünftigerweise erwartet" werden kann, daher **eine individuelle Prüfung, ob sich der Betroffene in Ansehung der ihm im der Herkunftsregion drohenden Verfolgungsgefahr und der ihn (und ggf. seiner Familie!) am (vermeintlichen) Ort des internen Schutzes erwartenden Lebensumstände veranlasst sehen könnte, die durch § 3a missbilligten Gefahren dem Aufenthalt an einem zwar „sicheren", aber ggf. auch lang- fristig perspektivlosen internen Schutzort vorzuziehen.**

Bedeutung erlangt diese Prüfung etwa dann, wenn zB minderjährigen Kindern des Schutzsuchenden ein **54a.1** Zugang zu ausreichender Schulbildung nur bei einem Verbleib bzw. einer Rückkehr in die Verfolgerregion ermöglicht werden kann. Hier erschiene es ohne weiteres nachvollziehbar, die Verfolgungsgefahren im Interesse der Zukunft der eigenen Kinder am Herkunftsort in Kauf zu nehmen oder von einer politischen Betätigung in der Herkunftsregion abzusehen, obwohl ihm dies nach § 3b Abs. gerade nicht abverlangt werden könne. Eine Niederlassung am Ort des „internen Schutzes" ist dem Betroffenen in dieser Situation zwar objektiv möglich, kann aber – unter Berücksichtigung der Wertungen der §§ 3 ff. – nicht „vernünftigerweise erwartet" werden.

55   **c) Familienbezogene Zumutbarkeitserwägungen.** Bei der Prüfung der Zumutbarkeit einer Niederlassung in der jeweiligen Zielregion ist weiterhin der **grundrechtliche Schutz von Ehe und Familie** zu berücksichtigen.

55.1   Ob der grundrechtliche Schutz von Ehe und Familie vorliegend ausschließlich aus Art. 7, 9 und 33 GRCh bzw. Art. 8 EMRK hergeleitet werden kann (vgl. Art. 51 Abs. 1 S. 1 GRCh) oder die Grundrechte des Grundgesetzes trotz der Harmonisierung der unionsrechtlichen Schutzanforderungen durch die Bestimmungen der Qualifikations-RL (RL 2011/95/EU v. 13.12.2011, ABl. 2011 L 337, 9) jedenfalls ergänzend herangezogen werden können, soweit das unionsrechtlich gebotene Schutzniveau hierdurch nicht eingeschränkt wird, kann an dieser Stelle nicht vertieft werden.

56   Dies führt zunächst dazu, dass die Familie des Betroffenen – jedenfalls insoweit, als die **grundrechtlich besonders geschützte Kernfamilie** betroffen oder eine **intensive Form der Beistandsgemeinschaft zwischen entfernteren Verwandten** gegeben ist (vgl. BVerfG NJW 2014, 2853 (2854 f.)) – **bei der Frage der Lebensunterhaltssicherung in die Betrachtung einbezogen werden muss:** Eine Niederlassung am Ort der internen Schutzalternative kann daher ggf. auch dann unzumutbar sein, wenn der Betroffene den Lebensunterhalt zwar für sich, nicht aber für ein Zusammenleben mit seiner Familie sichern könnte (VGH BW BeckRS 2017, 135067 Rn. 154 f.).

57   Schließlich kann die Niederlassung in einem sicheren Landesteil auch dann unzumutbar sein, **wenn die eheliche oder familiäre Lebensgemeinschaft dort aus anderen Gründen langfristig nicht verwirklicht werden könnte.** Insoweit kann sich etwa – zB bei gemischtethnischen Ehen – die nur dem Ehepartner drohende Verfolgung oder ein nur für den Ehepartner geltendes regionales Niederlassungsverbot mittelbar auch auf die Zumutbarkeit der internen Schutzalternative der den nicht unmittelbar betroffenen Ehepartner auswirken (BVerfG NJW 1207 (1208); Marx AsylG Rn. 32).

58   Besonderheiten gelten schließlich auch im Hinblick auf die Schutzbegehren **unbegleiteter minderjähriger Flüchtlinge.** Hier ist im Rahmen der Prüfung der Zumutbarkeit und Verfügbarkeit interner Schutzalternativen auch zu prüfen, inwieweit angemessene Betreuungsmöglichkeiten und Sorgerechtsregelungen zur Verfügung stehen, die dem Wohl des unbegleiteten Minderjährigen dienen (Erwägungsgrund 27 S. 3 Qualifikations-RL).

D. Maßgeblicher Zeitpunkt

59   Auch wenn die Rechtsfigur des internen Schutzes wertungsmäßige Parallelen zur in der Rechtsprechung zu Art. 16a GG entwickelten Rechtsfigur der „innerstaatlichen Fluchtalternative" aufweist, sollten beide Begriffe nicht austauschbar verwendet werden (→ Rn. 9). Denn ausweislich der Formulierung des § 3e Abs. 1 im Präsens und der ausdrücklichen Bezugnahme des Abs. 2 auf den Zeitpunkt der Entscheidung über den Antrag ist für die Prüfung nicht – auch nicht im Hinblick auf die Frage der Geltung einer Vorverfolgungsvermutung nach Art. 4 Abs. 4 Qualifikations-RL (vgl. aber → § 3 Rn. 31 f.) – maßgeblich, ob dem Antragsteller zum Zeitpunkt der Flucht eine innerstaatliche Fluchtalternative zur Verfügung stand; maßgeblich ist vielmehr, **ob er zum Zeitpunkt der Entscheidung auf eine interne Schutzalternative verwiesen werden kann** (treffend Marx AsylG Rn. 1; ähnlich Bergmann/Dienelt/Bergmann Rn. 2; vgl. → Rn. 9).

E. Prüfanforderungen und Beweislast (Abs. 2)

I. Prüfanforderungen

60   Abs. 2 der Vorschrift benennt sowohl **Berücksichtigungs-** als auch **Ermittlungspflichten des Bundesamtes für Migration und Flüchtlinge.** Die Erwähnung der in Abs. 2 S. 1 genannten Berücksichtigungspflichten des Bundesamts ist angesichts der generellen Kognitionspflicht des Bundesamts nach § 24 Abs. 1 S. 1 weitgehend redundant. Sie erlauben lediglich den Rückschluss darauf, dass sich **die Prüfung der Zumutbarkeit einer internen Schutzalternative nicht auf eine „generalisierende Betrachtungsweise" beschränken kann** (NK-AuslR/Möller Rn. 7; Bergmann/Dienelt/Bergmann Rn. 3).

61   Von Bedeutung sind jedoch die in S. 2 genannten **aktiven Ermittlungspflichten des Bundesamtes,** die die Natur des internen Schutzes als anspruchsvernichtendem Einwand unterstreichen:

Soweit sich die schutzrelevanten Umstände auf die Situation außerhalb der Herkunftsregion des Betroffenen beziehen, ist dieser seiner sonst bestehenden Darlegungslast weitestgehend enthoben (vgl. Marx AsylG Rn. 33 sowie schon BVerwG NVwZ 1994, 1123 zu Art. 16a GG). Das Bundesamt muss daher ggf. durch eigene Ermittlungen unter anderem anhand der in der Norm genannten Erkenntnisquellen ermitteln, ob der Betroffene auf die Inanspruchnahme internen Schutzes verwiesen kann.

Keine besonderen Ermittlungspflichten bestehen hingegen im Hinblick auf Umstände, die – **62** wie der familiäre und soziale Hintergrund der Betroffenen im Herkunftsland – der **eigenen Sphäre des Betroffenen** entstammen: Er muss daher zB erläutern, wie er seinen Lebensunterhalt in der Herkunftsregion gesichert hat, und ggf. zumindest skizzenhaft darlegen, warum ihm die dort bestehenden Erwerbsmöglichkeiten in einem anderen Landesteil möglicherweise nicht zur Verfügung stehen. Im Fall einer individuellen Verfolgung zB im Rahmen einer Stammesfehde, über die ein Außerstehender in der Regel keine näheren Erkenntnisse erlangen kann, kann hierzu im Einzelfall auch die Darlegung gehören, warum eine Verfolgung auch in anderen Landesteilen zu gewärtigen ist bzw. sich der Einfluss der Verfolger auf die nationalen Behörden auf andere Landesteile erstreckt. Geht der Betroffene davon aus, dass ihm an sich vorhandene Schutzmechanismen aus individuellen Gründen nicht zur Verfügung stehen werden, hat er dies ebenfalls darzulegen.

Von Bedeutung ist dies insbesondere in Fällen, in denen die Möglichkeit der Existenzsicherung **62a** von der Eingliederung in den Familienverbund oder sonstige vor Ort vorhandene soziale Strukturen abhängt: Zwar trägt das Bundesamt im Fall der Unaufklärbarkeit grundsätzlich die materielle Beweislast dafür, dass die ggf. erforderliche Unterstützung dem Betroffenen am Zielort tatsächlich zur Verfügung steht (vgl. → Rn. 65); auch können dem Betroffenen Darlegungen zu den (gegenwärtigen!) Lebensumständen in Landesteilen, zu denen er allenfalls schwache Bezüge aufweist, auch im Rahmen seiner sekundären Darlegungslast nicht generell abverlangt werden. Der Betroffene muss aber zumindest (zB durch Darlegungen zum Verbleib und den ihm bekannten Lebensumständen seiner Familienmitglieder) darlegen, auf welche Unterstützungsleistungen er ggf. vor Ort zurückgreifen könnte, und kann sich nicht auf ein pauschales Bestreiten jedweder sozialer Beziehungen innerhalb des Herkunftslandes beschränken (vgl. – allerdings im Kontext des § 60 Abs. 5 AufenthG – VGH BW BeckRS 2020, 40584 Rn. 108).

Sind die persönlichen Umstände des Betroffenen dem Bundesamt hingegen **schon aus einem** **63** **anderen Kontext** – zB einer Befragung von Familienangehörigen – **bekannt,** sind diese bei der Prüfung selbstverständlich zugrunde zu legen (Abs. 2 S. 1; Kognitionspflicht); auch ist der Betroffene ggf. im Rahmen der Anhörung auch zu jenen persönlichen Umständen zu befragen, die einer Verweisung auf interne Schutzalternativen entgegenstehen könnten (vgl. Marx ZAR 2017, 304 (309)).

II. Besondere Erkenntnisquellen

Die Aufzählung der in Abs. 2 S. 2 genannten Erkenntnisquellen hat **lediglich beispielhaften** **64** **und nicht abschließenden Charakter.** Die hier ausdrücklich genannten Quellen sind dabei solche, die nach der Vorstellung des Richtliniengebers regelmäßig – aber nicht automatisch – die gesetzlichen Anforderungen an die Genauigkeit und Aktualität erfüllen dürften. Ihnen kommt daher eine herausgehobene, aber keine allein ausschlaggebende Bedeutung zu (vgl. VG Düsseldorf BeckRS 2017, 122588 Rn. 5 zu Art. 10 Abs. 3 lit. b Asylverfahrens-RL).

III. Beweislastverteilung

Auf **Fragen der materiellen Beweislastverteilung** kommt es erst dann an, wenn der ent- **65** scheidungserhebliche Sachverhalt auch unter Berücksichtigung der oben genannten Darlegungslasten und nach Ausschöpfung der behördlichen Ermittlungspflichten nicht vollständig aufgeklärt werden kann. Da § 3e den Einwand der internen Fluchtalternative ausdrücklich anspruchsvernichtend ausgestaltet und es Art. 8 Qualifikations-RL den Mitgliedstaaten explizit freistellt, die Antragsteller auf die Inanspruchnahme interner Schutzalternativen zu verweisen, kann das Fehlen einer innerstaatlichen Fluchtalternative nicht als anspruchsbegründender Umstand verstanden werden. Anders als unter Geltung des Art. 16a GG (vgl. BVerwG NVwZ 1994, 1123) wirken unbehebbare Zweifel am Vorliegen einer internen Schutzalternative daher zu Gunsten des Schutzbegehrenden (Marx AsylG Rn. 36; BeckOK AuslR/Kluth Rn. 9; ausf. Marx ZAR 2017, 304 (310 f.); so nunmehr auch BVerwG BeckRS 2021, 2077 Rn. 46). Auch insoweit unterscheidet sich die Rechtsfigur – trotz weitgehender Parallelität der inhaltlichen Maßstäbe – vom Anspruch auf Feststellung nationaler Abschiebungsverbote, die jeweils den Nachweis einer landesweiten Gefährdung voraussetzen (vgl. zur – abweichenden! – Beweislast in diesen Fällen daher VGH BW VGH BW BeckRS 2020, 40584 Rn. 109).

§ 4 Subsidiärer Schutz

(1) ¹Ein Ausländer ist subsidiär Schutzberechtigter, wenn er stichhaltige Gründe für die Annahme vorgebracht hat, dass ihm in seinem Herkunftsland ein ernsthafter Schaden droht. ²Als ernsthafter Schaden gilt:
1. die Verhängung oder Vollstreckung der Todesstrafe,
2. Folter oder unmenschliche oder erniedrigende Behandlung oder Bestrafung oder
3. eine ernsthafte individuelle Bedrohung des Lebens oder der Unversehrtheit einer Zivilperson infolge willkürlicher Gewalt im Rahmen eines internationalen oder innerstaatlichen bewaffneten Konflikts.

(2) ¹Ein Ausländer ist von der Zuerkennung subsidiären Schutzes nach Absatz 1 ausgeschlossen, wenn schwerwiegende Gründe die Annahme rechtfertigen, dass er
1. ein Verbrechen gegen den Frieden, ein Kriegsverbrechen oder ein Verbrechen gegen die Menschlichkeit im Sinne der internationalen Vertragswerke begangen hat, die ausgearbeitet worden sind, um Bestimmungen bezüglich dieser Verbrechen festzulegen,
2. eine schwere Straftat begangen hat,
3. sich Handlungen zuschulden kommen lassen hat, die den Zielen und Grundsätzen der Vereinten Nationen, wie sie in der Präambel und den Artikeln 1 und 2 der Charta der Vereinten Nationen (BGBl. 1973 II S. 430, 431) verankert sind, zuwiderlaufen oder
4. eine Gefahr für die Allgemeinheit oder für die Sicherheit der Bundesrepublik Deutschland darstellt.
²Diese Ausschlussgründe gelten auch für Ausländer, die andere zu den genannten Straftaten oder Handlungen anstiften oder sich in sonstiger Weise daran beteiligen.

(3) ¹Die §§ 3c bis 3e gelten entsprechend. ²An die Stelle der Verfolgung, des Schutzes vor Verfolgung beziehungsweise der begründeten Furcht vor Verfolgung treten die Gefahr eines ernsthaften Schadens, der Schutz vor einem ernsthaften Schaden beziehungsweise die tatsächliche Gefahr eines ernsthaften Schadens; an die Stelle der Flüchtlingseigenschaft tritt der subsidiäre Schutz.

Überblick

Mit der Schaffung des § 4 wurde die Prüfung des subsidiären Schutzstatus erstmals vollständig in das Verfahren nach dem AsylG überführt (→ Rn. 1 ff.). Abs. 1 regelt dabei die spezifischen sachlichen Voraussetzungen für die Gewährung subsidiären Schutzes (→ Rn. 23 ff.), während Abs. 3 im Übrigen auf eine entsprechende Anwendung der Bestimmungen über taugliche Verfolgungs- bzw. Gefährdungsakteure, die taugliche Schutzakteure und den internen Schutz verweist (→ Rn. 98 ff.). Abs. 2 enthält einen mit § 3 Abs. 2 im Wesentlichen vergleichbaren Katalog von Ausschlusskriterien, die eine Zuerkennung des subsidiären Schutzstatus trotz bestehender Schutzbedürftigkeit im Einzelfall ausschließen (→ Rn. 89 ff.).

Übersicht

A. Allgemeines

I. Unionsrechtliche Vorgaben und Gesetzgebungsgeschichte

§ 4 wurde mit Art. 1 des Gesetzes zur Umsetzung der Richtlinie 2011/95/EU (v. 28.8.2013, **1**
BGBl. I 3474) in das AsylG eingefügt. Er dient der Umsetzung von Art. 2 lit. f Qualifikations-
RL iVm Art. 15 und 17 Qualifikations-RL und **regelt die sachlichen Voraussetzungen für
die Zuerkennung des subsidiären Schutzstatus** in dem in § 60 Abs. 2 S. 2 AufenthG iVm
§ 60 Abs. 1 S. 3 und S. 4 AufenthG geregelten Verfahren.

Zuvor waren die sachlichen Voraussetzungen für die Zuerkennung subsidiären Schutzes in § 60 Abs. 2, **1.1**
Abs. 3 und Abs. 7 S. 2 AufenthG idF v. 19.8.2007 (BGBl. I 1970) geregelt, wobei § 60 Abs. 11 AufenthG
einzelne Bestimmungen der Qualifikations-RL 2004 (RL 2004/83/EG v. 29.4.2004, ABl. 2004 L 304,
12) ergänzend für anwendbar erklärte. In der Sache war der subsidiäre Schutz dabei als bloßes Abschiebungsverbot ausgestaltet, das von der Ausländerbehörde oder – nach Maßgabe der damaligen §§ 24 Abs. 2, 31
Abs. 3 aF – vom Bundesamt für Migration und Flüchtlinge zu prüfen war. Ein förmliches Statusfeststellungsverfahren war nicht vorgesehen (Marx AsylG Rn. 1; HTK-AuslR/Armbruster, 3/2016, RL-Umsetzungsgesetz 2013 Nr. 1).

Für Flüchtlinge, denen vor dem 1.12.2013 ein Abschiebungsverbot auf Grundlage der § 60 Abs. 2, **1.2**
Abs. 3 und Abs. 7 S. 2 AufenthG zuerkannt wurde, enthält § 104 Abs. 9 AufenthG eine Übergangsregelung
(vgl. Hailbronner AuslR Rn. 4; → AufenthG § 104 Rn. 16 f.).

Der vormalige Inhalt des § 4 – die Regelung über die Verbindlichkeit asylrechtlicher Entscheidungen – **1.3**
wurde im Wesentlichen unverändert in § 6 übernommen (→ § 6 Rn. 1 ff.).

Inhaltlich hat der Gesetzgeber die Bestimmungen der **Qualifikations-RL** (RL 2011/95/EU v. **2**
13.12.2011, ABl. 2011 L 337, 9) über die Zuerkennung subsidiären Schutzes **nahezu vollständig
umgesetzt;** es fehlt allerdings – wie auch im Hinblick auf die Zuerkennung der Flüchtlingseigenschaft – die noch in § 60 Abs. 11 AufenthG aF enthaltene Umsetzung der in Art. 4 Abs. 4
Qualifikations-RL enthaltenen Vermutungsregelung bei erlittener Vorgefährdung (vgl. → § 3
Rn. 30 ff. sowie → Rn. 85 ff.). Diese ist daher unmittelbar zugunsten des Schutzbegehrenden
anzuwenden (→ § 3 Rn. 30.2 sowie Bergmann/Dienelt/Bergmann Rn. 16; NK-AuslR/Keßler
Rn. 19; Hailbronner AuslR Rn. 71 f.).

II. Funktion des subsidiären Schutzstatus

Der subsidiäre Schutzstatus dient der **Ergänzung des in der Genfer Flüchtlingskonvention 3
festgelegten Schutzes** für Flüchtlinge um Bestimmungen zum Schutz vor einzelnen Gefahren,
die nicht an Verfolgungsgründe iSd § 3b anknüpfen, aber eine mit Verfolgungshandlungen nach
§ 3a vergleichbare Intensität aufweisen (vgl. BeckOK AuslR/Kluth Rn. 2 f.). Er ist daher zwar
subsidiär zum flüchtlingsrechtlichen Schutz nach Art. 16a GG und § 3 ff. zu prüfen (NK-AuslR/
Keßler Rn. 1; Marx AsylG Rn. 3, 7), begründet aber – anders als die thematisch verwandten, in
§ 60 Abs. 5 und Abs. 7 AufenthG geregelten zielstaatsbezogenen Abschiebungshindernisse –
nicht lediglich ein Abschiebungsverbot, sondern einen **positiven Schutzstatus mit für den
Betroffenen günstigeren Rechtsfolgen.**

Zugleich dient die Schaffung eines unionsweit einheitlichen subsidiären Schutzstatus der Ein- **4**
dämmung der dem „forum shopping" dienenden Sekundärmigration durch international
Schutzsuchende (Erwägungsgrund 13 Qualifikations-RL; Bast ZAR 2018, 41 (43)).

In der **Genfer Flüchtlingskonvention** hat der subsidiäre Schutzstatus **kein Vorbild.** Er geht **5**
unmittelbar auf die Bestimmungen der Qualifikations-RL 2004 (RL 2004/83/EG v. 29.4.2004,
ABl. 2004 L 304, 12) zurück und lehnt sich mit seinen Schutzvoraussetzungen eng an die Rechtsprechung des EGMR zu Art. 3 EMRK an, ohne sich aber vollständig mit dem konventionsrechtlichen Abschiebungsverbot nach § 60 Abs. 5 AufenthG zu decken (→ Rn. 100.1) oder auf die
Gewährleistung des konventionsrechtlichen Mindestschutzniveaus beschränkt zu sein (→ Rn. 42).

III. Verfahrensrechtliche Einordnung

6   Mit dem Gesetz zur Umsetzung der Richtlinie 2011/95/EU (v. 28.8.2013, BGBl. I 3474) wurde der subsidiäre Schutzstatus zusammen mit der Flüchtlingseigenschaft unter dem Sammelbegriff des „**internationalen Schutzes**" zusammengefasst und auch förmlich in die Prüfung des Asylantrags eingegliedert (§ 13 Abs. 2, § 1 Abs. 1 Nr. 2).

7   Verfahrensrechtlich kann der subsidiäre Schutzstatus nunmehr (vgl. zur früheren Rechtslage → Rn. 1.1) nur noch im Rahmen eines **förmlichen Statusfeststellungsverfahrens** vor dem Bundesamt für Migration und Flüchtlinge zuerkannt werden (§ 60 Abs. 2 S. 2 AufenthG iVm § 60 Abs. 1 S. 3 AufenthG). Eine Inzidentprüfung im Rahmen des ausländerrechtlichen Titelerteilungs- oder Abschiebungsverfahrens ist ausgeschlossen (§ 60 Abs. 2 S. 2 AufenthG iVm §§ 60 Abs. 1 S. 3, 25 Abs. 2 AufenthG; vgl. auch Bergmann/Dienelt/Bergmann Rn. 2; Marx AsylG Rn. 2; HTK-AuslR/Armbruster, 3/2016, RL-Umsetzungsgesetz 2013 Nr. 1).

7.1   Eine Inzidentprüfung sieht allerdings § 58a Abs. 3 AufenthG bei der Prüfung der Vollziehung einer auf § 58a Abs. 1 AufenthG gestützten **Abschiebungsanordnung** vor. Dies ist zwingend notwendig, da § 58a Abs. 3 S. 3 AufenthG die Bindung der zuständigen Behörde an Entscheidungen des Bundesamts für Migration und Flüchtlinge beseitigt; die im Interesse einer effektiven Gefahrenabwehr getroffene Regelung ist angesichts der Nichteinbeziehung des Bundesamts für Migration und Flüchtlinge und der fehlenden Landes- und Sachkunde der jeweiligen obersten Landesbehörde bzw. des Bundesministeriums des Innern aber nur wenig zweckmäßig.

8   Da der subsidiäre Schutzstatus ein gesetzesunmittelbares Bleiberecht und einen Anspruch auf Erteilung einer Aufenthaltserlaubnis vermittelt (§ 60 Abs. 2 AufenthG iVm § 60 Abs. 1 S. 3 AufenthG), ist er **logisch vorrangig vor bloßen Abschiebungsverboten nach § 60 Abs. 5 und Abs. 7 AufenthG zu prüfen;** § 31 Abs. 3 erlaubt allerdings auch die parallele Feststellung von Abschiebungsverboten neben der Zuerkennung des subsidiären Schutzstatus (→ § 31 Rn. 57 ff.).

9   Eine Anerkennung als „**ipso-facto-Schutzberechtigter**" oder eine Anerkennung ausländischer Statusentscheidungen ist im Hinblick auf den subsidiären Schutzstatus nicht vorgesehen, da § 60 Abs. 2 S. 2 AufenthG auf § 60 Abs. 1 S. 2 AufenthG nicht verweist (vgl. im Kontext der Flüchtlingseigenschaft → § 3 Rn. 62, → § 3 Rn. 65). Allerdings schließt die Anerkennung als subsidiär Schutzberechtigter durch einen anderen Mitgliedstaat der Europäischen Union die Durchführung eines Statusfeststellungsverfahrens im Bundesgebiet aus (→ § 3 Rn. 65).

IV. Normstruktur

10   § 4 Abs. 1 S. 1 benennt die positiven Voraussetzungen für das Bestehen einer subsidiären Schutzberechtigung, die in S. 2 – durch abschließende Legaldefinition des Rechtsbegriffs des „ernsthaften Schadens" (→ Rn. 30 ff.) – näher konkretisiert werden (→ Rn. 23 ff.). Er tritt – verglichen mit den Bestimmungen über die Zuerkennung der Flüchtlingseigenschaft – an die Stelle der §§ 3a und 3b.

11   Abs. 2 enthält **Ausschlussgründe,** die den in § 3 Abs. 2 (vgl. → § 3 Rn. 41 ff.) und § 60 Abs. 8 AufenthG benannten, nur für die Flüchtlingseigenschaft bedeutsamen Ausschlussgründen inhaltlich nachgebildet sind (→ Rn. 89 ff.).

12   § 4 Abs. 3 verweist auf eine entsprechende Anwendung der §§ 3c–3e zur Bestimmung der tauglichen Gefährdungsakteure, der tauglichen Schutzakteure und zur Prüfung der Möglichkeit der Inanspruchnahme internen Schutzes (→ Rn. 98 ff.).

13   Ein von der eigenen Gefährdungssituation unabhängiger Anspruch auf **subsidiären Schutz für Familienangehörige** ist in § 26 Abs. 5 geregelt (→ § 26 Rn. 6).

V. Rechtsfolgen

1. Parallele Ausgestaltung zum Flüchtlingsstatus

14   § 60 Abs. 2 AufenthG begründet ein **materiell-rechtliches Abschiebungsverbot,** wenn die in § 4 Abs. 1 und Abs. 3 genannten Voraussetzungen vorliegen und die in § 4 Abs. 2 genannten Ausschlussgründe nicht gegeben sind. **Verfahrensrechtlich kann** ein solches **Abschiebungsverbot** jedoch **nur im Rahmen eines Asylverfahrens geltend gemacht werden** (§ 60 Abs. 2 S. 2 AufenthG iVm § 60 Abs. 1 S. 3 AufenthG), das entweder mit der Einstellung des Verfahrens (§§ 32, 33), der Ablehnung des Asylantrags, der Zuerkennung eines Schutzstatus iSd Art. 16a GG und der §§ 3 ff. oder – subsidiär hierzu – der Zuerkennung des subsidiären Schutzstatus endet (vgl. zur Notwendigkeit der Inzidentprüfung bei der Vollziehung von Entscheidungen nach § 58a Abs. 1 AufenthG aber → Rn. 7.1).

Die Zuerkennung des subsidiären Schutzstatus begründet ein vorläufiges **Bleiberecht** und **15** einen gebundenen **Anspruch auf Erteilung einer Aufenthaltserlaubnis,** wenn der Betroffene nicht aus schwerwiegenden Gründen der öffentlichen Sicherheit und Ordnung ausgewiesen worden ist (§ 60 Abs. 2 AufenthG iVm § 60 Abs. 1 S. 2–4 AufenthG). Die Aufenthaltserlaubnis berechtigt zur selbstständigen und abhängig beschäftigten **Erwerbstätigkeit** (§ 60 Abs. 2 S. 2 AufenthG iVm § 60 Abs. 1 S. 4 AufenthG) und eröffnet den Zugang zu den **Sozialsystemen** (vgl. § 7 SGB II; §§ 19, 23 SGB XII; vgl. auch HTK-AuslR/Armbruster, 3/2016, subsidiärer Schutz Nr. 10). Sie ist zunächst auf ein Jahr zu befristen, kann bis zum Widerruf oder der Rücknahme der Statusentscheidung (§ 73b) aber um je zwei Jahre verlängert werden (§ 26 Abs. 1 S. 3 AufenthG). Ansprüche auf **Integrationsleistungen** ergeben sich aus §§ 44 ff. AufenthG.

2. Detailunterschiede

Die Vorschriften über den privilegierten Zugang zu einer Niederlassungserlaubnis für aner- **16** kannte Flüchtlinge und Asylberechtigte finden auf subsidiär Schutzberechtigte keine Anwendung (§ 9 Abs. 3 AufenthG), für die Erteilung einer **Niederlassungserlaubnis** nach § 9 AufenthG gilt § 26 Abs. 4 AufenthG einschließlich der dort genannten besonderen Anrechnungsvorschriften.

Der **Familiennachzug** zu subsidiär Schutzberechtigten war bis zum 31.7.2018 nach Maßgabe **17** des § 104 Abs. 13 AufenthG aF eingeschränkt; nunmehr findet sich dort eine Übergangsregelung für die von dieser Einschränkung Betroffenen. Im Übrigen können subsidiär Schutzberechtigte Familiennachzug nunmehr – anders als sonstige anerkannte Flüchtlinge und selbst Inhaber „einfacher" Abschiebungsverbote (§ 30 Abs. 1 Nr. 3 lit. c–e AufenthG; § 32 Abs. 1 und Abs. 2 AufenthG) – nur noch nach Maßgabe des § 36a AufenthG bzw. dann beanspruchen, wenn sie selbst über eine Niederlassungserlaubnis verfügen (§ 30 Abs. 1 Nr. 3 lit. a AufenthG; § 32 Abs. 1 Nr. 6 AufenthG). Die Vorschriften sind – nicht anders als die vorherige Aussetzung des Familiennachzugs für subsidiär Schutzberechtigte – rechtlich und rechtspolitisch stark umstritten.

Im Hinblick auf die – rechtspolitisch in dieser Form unsinnige – **Schlechterstellung subsidiär 17.1 Schutzberechtigter gegenüber Inhabern rein nationaler Abschiebungsverbote** kann es zweckmäßig sein, im Asylverfahren neben der Zuerkennung subsidiären Schutzes ausdrücklich auch die Feststellung von Abschiebungsverboten anzustreben (vgl. zu dieser Möglichkeit § 31 Abs. 3 sowie → § 31 Rn. 57 ff.). Dies gilt jedenfalls dann, wenn sich die Behauptung von Abschiebungsverboten nicht in einer Wiederholung der für die Zuerkennung subsidiären Schutzes maßgeblichen Schutzgründe erschöpft, da dem Betroffenen dann auch bei Beantragung von sowohl auf § 25 Abs. 2 S. 1 Alt. 2 AufenthG als auch § 25 Abs. 3 AufenthG gestützten parallelen Aufenthaltstiteln keine Umgehung der gesetzgeberischen Intention vorgeworfen werden kann. Dies kann etwa dann der Fall sein, wenn dem Betroffenen neben allgemeinen Kriegsgefahren auch individuelle gesundheitliche Nachteile (zB wegen im Ausland nicht behandelbare Erkrankungen) drohen (→ § 31 Rn. 61.1 ff.).

Eine ähnliche Funktion wie die Vorschriften zum Familiennachzug für subsidiär Schutzberech- **18** tigte können allerdings die Vorschriften des § 26 Abs. 4 iVm § 26 Abs. 3 über die **Gewährung von internationalem Schutz für Familienangehörige** erfüllen, die aber selbst keinen Anspruch auf Gestattung der Einreise begründen; insoweit kann sich aber ggf. ein Anspruch auf Übernahme im Rahmen der Dublin-Überstellung (vgl. Art. 8 ff. Dublin III-VO – VO (EU) 604/2013 v. 26.6.2013, ABl. 2013 L 180, 31) ergeben.

Weitere Unterschiede ergeben sich im Hinblick auf die **Gültigkeitsdauer der ersten zur 19 Statusverwirklichung zu erteilenden Aufenthaltserlaubnis** (§ 26 Abs. 3 AufenthG). Auch die Ausstellung eines **Reiseausweises für Flüchtlinge** ist für subsidiär Schutzberechtigte nicht vorgesehen (§ 1 Abs. 3 AufenthV); insoweit bleibt es bei der allgemeinen Möglichkeit der Beantragung eines Reiseausweises für Ausländer (§ 5 AufenthV; zu den unionsrechtlichen Hintergründen dieser Regelung vgl. Bast ZAR 2018, 41 (44 f.)).

Eine mit § 72 vergleichbare Regelung über das **Erlöschen des Schutzstatus kraft Gesetzes 20** ist im Hinblick auf den subsidiären Schutzstatus nicht geregelt; auch eine analoge Anwendung scheidet aus (BeckOK-AuslR/Fleuß Rn. 3; VGH BW NVwZ-Beil. 1999, 108 (109)).

Insgesamt hat die Rechtsordnung die Rechtsstellung des (lediglich) subsidiär Schutzberechtigten **21 stark der Rechtsstellung anerkannter Asylbewerber und Flüchtlinge angenähert** (vgl. Münch ASYLMAGAZIN-Beil. 7-8/2013, 7 (11) sowie ausf. Marx AsylG Rn. 79 ff.; HTK-AuslR/Armbruster, 3/2016, RL-Umsetzungsgesetz 2013 Nr. 4). Für die **„Aufstockung"** eines bindend festgestellten subsidiären Schutzstatus hin zur „vollen" Flüchtlingseigenschaft besteht dennoch ohne Weiteres ein Rechtsschutzinteresse (vgl. BeckOK AuslR/Kluth Rn. 4; NK-AuslR/ Keßler Rn. 29; anders BVerwG InfAuslR 2016, 63 im Verhältnis von Art. 16a GG zu § 3 ff.). In Folge der Neuregelung des Familiennachzugs mit Gesetz v. 12.7.2018 (BGBl. I 1147), die subsidiär Schutzberechtigte gegenüber Inhabern rein nationaler Abschiebungsverbote schlechter stellt, kann nunmehr aber auch dann ein Rechtsschutzbedürfnis für eine auf Feststellung von Abschiebungsverboten gerichtete Klage bestehen, wenn der Betroffene bereits als subsidiär Schutzberechtigter anerkannt ist (→ Rn. 17 f.).

22   Der in der Medienöffentlichkeit teilweise in Gebrauch geratene Begriff des **„eingeschränkten Schutzstatus"** erscheint wenig sachgerecht, weil sich die eigentlichen Schutzwirkungen des § 4 nicht von dem durch § 3 gewährleisteten Schutz unterscheiden (vgl. Bast ZAR 2018, 41 (44 f.)), die Rechtsfolgen des subsidiären Schutzstatus auch im Übrigen nur punktuell von den Rechtsfolgen des Flüchtlingsschutz abweichen und die Begrifflichkeit das Ergebnis des Streits um die Einschränkung des Familiennachzugs zu subsidiär Schutzberechtigten (→ Rn. 16 f.) einseitig vorwegnimmt. Er sollte daher keine Verwendung finden.

B. Spezifische Voraussetzung des subsidiären Schutzes (Abs. 1)

I. Allgemeines

23   § 4 Abs. 1 regelt die **spezifischen Voraussetzungen** für die Gewährung subsidiären Schutzes. Hiermit sind die positiven Schutzvoraussetzungen nicht abschließend benannt, da Abs. 3 einzelne Bestimmungen zur Flüchtlingseigenschaft für entsprechend anwendbar erklärt (→ Rn. 98 ff.). § 4 Abs. 1 **konkretisiert** aber **die Schutzrichtung der Norm** und **definiert** damit **den Wesenskern des subsidiären Schutzes:** Subsidiärer Schutz wird gewährt, wenn der Betroffene zwar die Voraussetzungen der Flüchtlingseigenschaft nicht erfüllt, ihm in seinem Herkunftsland aber ein „ernsthafter Schaden" im Sinne des Gesetzes droht (und keine gesetzlichen Ausschlussgründe vorliegen).

24   In der Sache tritt § 4 Abs. 1 dabei **an die Stelle der flüchtlingsrechtlichen Bestimmungen über taugliche Verfolgungshandlungen** (§ 3a) und macht dabei deutlich, dass subsidiärer Schutz – anders als der vorrangig zu prüfende Flüchtlingsschutz – unabhängig von möglichen Verfolgungsgründen gewährt wird. Zu § 3b enthält § 4 daher bewusst keine Entsprechung.

25   Nach Maßgabe des § 26 Abs. 5 wird **internationaler Schutz für Familienangehörige** subsidiär Schutzberechtigter gewährt, auch wenn diese die Schutzvoraussetzungen selbst nicht erfüllen (vgl. → § 26 Rn. 6).

II. Begriff des „Ausländers"

26   Ausländer iSd § 4 Abs. 1 ist jede natürliche Person, die nicht Deutscher iSd Art. 116 Abs. 1 GG ist (§ 2 Abs. 1 AufenthG). Auch Angehörige von Mitgliedsstaaten der EU sind Ausländer im Sinne des AsylG (Bergmann/Dienelt/Bergmann § 1 Rn. 13; NK-AuslR/Keßler § 1 Rn. 10): Zwar regelt die Qualifikations-RL nur Ansprüche von „Drittstaatsangehörigen" und Staatenlosen und sieht eine Zuerkennung internationalen Schutzes für EU-Bürger folglich nicht vor (Art. 13 Qualifikations-RL); die Öffnungsklausel des Art. 3 Qualifikations-RL erlaubt aber eine weitere nationale Ausgestaltung des Flüchtlingsbegriffs.

27   Dieser Schutzanspruch **unterfällt** auch **nicht** – anders als nationale Asylansprüche und der Anspruch auf Zuerkennung der Flüchtlingseigenschaft – **der im** Protokoll über die Gewährung von Asyl für Staatsangehörige von Mitgliedsstaaten der Europäischen Union **enthaltenen Einschränkung der Sachprüfungsbefugnis für Schutzansprüche von Unionsbürgern** (vgl. → § 3 Rn. 15), da der subsidiäre Schutz hier nicht erwähnt wird und er dem asyl- oder flüchtlingsschutzrechtlichen Status auch inhaltlich nicht gleichsteht.

28   Die Zuerkennung des subsidiären Schutzstatus gegenüber Unionsbürgern wird aber regelmäßig an der – allerdings widerleglichen – **Nichtverfolgungsvermutung des § 29a Abs. 1 und Abs. 2** scheitern, die in Folge der förmlichen Einbeziehung des subsidiären Schutzstatus in die Prüfung des „Asylantrags" (vgl. § 13 Abs. 1 sowie → § 1 Rn. 10 ff.) auch das Nichtvorliegen der Voraussetzungen des § 4 Abs. 1 indiziert.

III. Begriff des „Herkunftslandes"

29   Der „ernsthafte Schaden" im unten genannten Sinne muss dem Betroffenen in seinem **„Herkunftsland"** drohen. Insoweit kann – auch ohne ausdrückliche gesetzliche Verweisung – auf die in § 3 Abs. 1 Nr. 2 enthaltene Legaldefinition zurückgegriffen werden: Herkunftsland ist im

Regelfall – unabhängig vom tatsächlichen Aufenthalt des Betroffenen – das Land, dessen Staatsangehörigkeit er besitzt; im Sonderfall der Staatenlosigkeit aber das Land des vorherigen gewöhnlichen Aufenthalts (so im Ergebnis auch BeckOK AuslR/Kluth Rn. 28; NK-AuslR/Keßler Rn. 6; ausf. Hailbronner AuslR Rn. 5 f.). Auf die entsprechende Kommentierung kann daher verwiesen werden (→ §3 Rn. 18 ff.).

Der Fall der **Mehrstaatigkeit** ist in §4 – nicht anders als in §3 – nicht ausdrücklich geregelt. **29.1** Trotz der Verwendung des Herkunftslandsbegriffs in der Einzahl ist jedoch davon auszugehen, dass die Voraussetzungen des §4 im Hinblick auf sämtliche „Herkunftsstaaten" vorliegen müssen, um einen Schutzanspruch begründen zu können.

Völlig unklar ist indes, ob die Verweisung auf jenen Herkunftsstaat im oben genannten Sinne, in dem **29.2** sich der Mehrfachstaater vor seiner Flucht nicht aufgehalten hat, dem in §4 Abs. 3 S. 1 iVm §3e Abs. 1 Nr. 2 genannten **Zumutbarkeitsvorbehalt** unterliegt. Hierfür spricht wiederum die Parallelwertung zur – im subsidiären Schutzkontext allerdings nicht unmittelbar einschlägigen – Bestimmung des Art. 1 A Nr. 2 S. 2 GFK, die „stichhaltige Gründe" bzw. nicht näher qualifizierte „begründete Befürchtungen" zur Rechtfertigung der Nichtinanspruchnahme des jeweiligen Zweitstaates genügen lässt.

IV. Begriff des „ernsthaften Schadens"

Der Begriff des „**ernsthaften Schadens**" ist in §4 Abs. 1 S. 2 **abschließend** legaldefiniert: **30** Subsidiärer Schutz wird nur gewährt, wenn dem Betroffenen bei einer Rückkehr in sein Herkunftsland die in Nr. 1–3 benannten Schäden drohen. Der Schadensbegriff des §Abs. 1 ist daher anders als der in §3a geregelte Begriff der Verfolgungshandlungen nicht offen, sondern abschließend definiert, so dass andersartige Gefahren bei der Prüfung außer Betracht bleiben müssen (Marx AsylG Rn. 8).

Insbesondere eignen sich auch die Tatbestände der Nr. 2 und Nr. 3 kaum als Auffangtatbestände **31** (missverständlich insoweit BeckOK AuslR/Kluth Rn. 7: Nr. 3 als „vergleichsweise offener Auffangtatbestand"), da Nr. 2 Verletzungen sonstiger Menschenrechte (wie zB des Rechts auf Ehe und Familie, des Rechts auf Privatleben oder des Rechts auf Freiheit) nur bei Verletzung des absoluten Menschenwürdekerns erfasst und Nr. 3 neben der Verletzung des Lebens oder der Unversehrtheit der Person stets einen Bezug zu bewaffneten Konflikten voraussetzt. Jenseits dieser Grenzen kann Schutz daher – wenn nicht ohnehin asyl- oder flüchtlingsschutzrelevante Verfolgung vorliegt – nur nach Maßgabe der §60 Abs. 5 und Abs. 7 AufenthG gewährt werden.

1. Verhängung oder Vollstreckung der Todesstrafe

Die Fallgruppe Nr. 1 schützt vor der „**Verhängung oder Vollstreckung der Todesstrafe**" **32** im Ausland und begründet – anders als nach früherer Rechtslage – nicht lediglich ein Abschiebungsverbot, sondern einen positiven Schutzanspruch einschließlich eines Anspruchs auf Zuerkennung eines entsprechenden Schutzstatus (BeckOK AuslR/Kluth Rn. 8).

Von besonderer Bedeutung ist dabei der Umstand, dass die **Legalität der Todesstrafe** nach **33** innerstaatlichem Recht für die Gewährung subsidiären Schutzes **ohne Bedeutung** ist. Dies ist angesichts des konventionsrechtlichen Hintergrunds der Bestimmungen über den subsidiären Schutz (→ Rn. 41) und der in Art. 2 Abs. 1 S. 2 EMRK enthaltenen Vorbehaltsklausel nicht selbstverständlich, vollzieht aber Art. 2 Abs. 2 GRCh sowie das 6. und 13. Zusatzprotokoll zur EMRK nach und entspricht auch nationalem Recht den Wertungen der Art. 1 Abs. 1 GG, Art. 2 Abs. 2 S. 1 GG und Art. 102 GG sowie des §60 Abs. 3 AufenthG.

Archetypisch bezeichnet der Begriff der Todesstrafe dabei zunächst die Verhängung bzw. Voll- **34** streckung einer **Tötungssanktion** in Anknüpfung an vorangegangenes (tatsächliches oder zugeschriebenes) Verhalten **im Rahmen staatlicher oder zumindest staatsähnlicher Strukturen** (vgl. Marx AsylG Rn. 11).

Die „Verhängung" oder „Vollstreckung" der Todesstrafe setzt daher zwar **nicht notwendiger- 35 weise die Verurteilung in einem formal rechtsstaatlichen Verfahren** voraus (aA aber teilweise Marx AsylG Rn. 12), kann mit der bloßen „Tötung" aber begrifflich dennoch nicht gleichgesetzt werden (vgl. Bergmann/Dienelt/Bergmann Rn. 4; NK-AuslR/Keßler Rn. 7 und Hailbronner AuslR Rn. 9 zur „extralegalen" Tötung bzw. Hinrichtung). Zu fordern ist daher zumindest, dass der Gefährdungsakteur die Tötung nicht lediglich zB als Racheakt, sondern jedenfalls im Prinzip als an – wenngleich archaischen – Gerechtigkeitsprinzipien orientierte Sanktion für vorangegangenes Verhalten begreift (ähnlich BeckOK AuslR/Kluth Rn. 9; Hailbronner AuslR Rn. 9; enger Marx AsylG Rn. 11: nur Tötungen aufgrund gerichtlicher Urteile).

36   Die tatbestandlichen Voraussetzungen der Nr. 1 stehen damit aber begrifflich in einem Spannungsfeld zur durch § 4 Abs. 3 ausdrücklich in Bezug genommenen Bestimmung des § 3c Nr. 3,
die **auch nichtstaatliche Verfolgungsakteure ohne quasistaatliche Strukturen** oder Herrschaftsmacht **als taugliche Gefährdungsakteure** benennt. Aufgrund der eindeutigen Begrifflichkeit des Nr. 1 kann dieses Spannungsfeld allenfalls zum Teil aufgelöst werden: Eine „Vollstreckung"
der „Todesstrafe" durch Gefährdungsakteure iSd § 3c Nr. 3 dürfte zwar zB in einzelnen Fällen
der Blutrache noch angenommen werden können, in denen archaisches Gewohnheitsrecht gesellschaftlicher Subkulturen die Tötung als Sanktion für vorangegangene Ehrverletzungen „vorschreibt", dürfte im Übrigen aber ausscheiden.

36.1   Deutlich entschärft wird die vorstehend skizzierte Problematik durch den Umstand, dass die absehbare
und gezielte Tötung in vielen Fällen zumindest eine Form der unmenschlichen oder erniedrigenden
Behandlung im Sinne der zweiten Fallgruppe darstellen dürfte, die ohne weiteres auch von nichtstaatlichen
Gefährdungsakteuren ausgehen kann (vgl. BayVGH BeckRS 2014, 54442 Rn. 7; NK-AuslR/Keßler Rn. 7;
Marx AsylG Rn. 12; → Rn. 52.1).

37   Für die Frage nach der Gefahr einer Verhängung oder Vollstreckung der Todesstrafe ist nicht
alleine die nationale Gesetzeslage, sondern vor allem die **nationale Vollzugspraxis** in den Blick
zu nehmen (BeckOK AuslR/Kluth Rn. 10). Maßgeblich ist nicht die abstrakte Möglichkeit einer
entsprechenden Verurteilung bzw. Vollstreckung, sondern die nach allgemeinen Maßstäben zu
bestimmende „beachtliche Wahrscheinlichkeit" (vgl. Bergmann/Dienelt/Bergmann Rn. 3, 5;
Hailbronner AuslR Rn. 10; Marx AsylG Rn. 15 ff. sowie BVerfG NVwZ-RR 2016, 201 (203)
zu grundrechtlichen Anforderungen im Auslieferungsverfahren).

38   Einer möglicherweise an sich bestehenden praktischen Verurteilungsgefahr oder kann ggf. durch
staatliche Zusicherungen begegnet werden, an deren Verlässlichkeit jedoch strenge Anforderungen zu stellen sind (BeckOK AuslR/Kluth Rn. 10; Bergmann/Dienelt/Bergmann Rn. 7 f.). Die
Zusicherung, dass eine bereits verhängte oder ggf. noch zu verhängende Todesstrafe faktisch nicht
vollstreckt werde, kann wegen der ausdrücklichen Benennung der „Verhängung" der Todesstrafe
als eigenständigem Schutzanlass hingegen nicht genügen (NK-AuslR/Keßler Rn. 7, Marx AsylG
Rn. 21; → Rn. 40).

38.1   Zu den verfassungsrechtlichen Anforderungen im Rahmen der Auslieferung vgl. BVerfGE 140, 317 =
NJW 2016, 1149 (1155).

39   Überdies kann auch die **überlange Wartezeit** bzw. **Ungewissheit bei einer Inhaftierung
im „Todesstrakt"** eine grausame und unmenschliche Behandlung darstellen, die dann aber ggf.
unter § 4 Abs. 1 S. 2 Nr. 2 zu subsumieren ist (vgl. BeckOK AuslR/Kluth Rn. 10; Bergmann/
Dienelt/Bergmann Rn. 8; Marx AsylG Rn. 13; allg. → Rn. 47 ff.). Auch die Vollstreckung einer
**(tatsächlich) lebenslangen Freiheitsstrafe ohne die praktische Möglichkeit, die Freiheit
wiederzuerlangen**, stellt wegen Nr. 2 keine zulässige Alternative dar (→ Rn. 56).

40   Allerdings kann der drohenden Gefahr einer Verurteilung zur Todesstrafe ohnehin nicht entgegengehalten werden, dass eine praktische Vollstreckung der Strafe im Zielstaat unwahrscheinlich
ist. Denn Nr. 1 schützt ausdrücklich auch vor der **Verhängung der Todesstrafe unabhängig
von ihrer tatsächlichen Vollstreckung** („oder"; vgl. NK-AuslR/Keßler Rn. 7; Hailbronner
AuslR Rn. 7 f.). Insoweit geht der nach § 4 Abs. 1 S. 2 Nr. 1 gewährleistete Schutz über den
durch § 4 Abs. 1 S. 2 Nr. 2 bzw. durch § 60 Abs. 5 AufenthG (iVm Art. 3 EMRK) gewährleisteten
Schutz hinaus, da Art. 3 EMRK vor der Verhängung der Todesstrafe unmittelbar nur dann schützt,
wenn auch eine Vollstreckung als möglich bzw. sogar als beachtlich wahrscheinlich erscheint (vgl.
BVerfG BeckRS 2018, 7600 Rn. 47 ff. mwN).

40.1   Die gegenüber der Rechtsprechung zu Art. 2 Abs. 2 GG bzw. zu Art. 3 EMRK überschießende
Regelung des § 4 Abs. 1 S. 2 Nr. 2 entlastet den Betroffenen um den Nachweis der tatsächlichen Vollstreckungswahrscheinlichkeit und um das Restrisiko einer Vollstreckung unter Verletzung einer Zusicherung
oder Aufhebung eines Vollstreckungsmoratoriums. Sie greift daher – unabhängig vom tatsächlichen Vollstreckungsrisiko – auch dann ein, wenn eine Verteilung zur Todesstrafe nicht lediglich droht, sondern bereits
erfolgt ist. Anderes dürfte erst dann gelten, wenn die verhängte Strafe endgültig in eine Haftstrafe umgewandelt oder der Betroffene unwiderruflich begnadigt wurde.

2. Folter oder unmenschliche Behandlung

41   Zur Auslegung der Fallgruppe der **„Folter oder unmenschlichen oder erniedrigenden
Behandlung oder Bestrafung"**, die Art. 3 EMRK unmittelbar nachgebildet ist, kann auf die
einschlägige Rechtsprechung des EGMR zurückgegriffen werden (BeckOK AuslR/Kluth

Rn. 11). Da Art. 3 EMRK und Art. 15 lit. b Qualifikations-RL zudem enge Bezüge zur Menschenwürdegarantie des GG aufweisen (vgl. EGMR BeckRS 2016, 81358 Rn. 81, 87 ff. – Bouyid / Belgien), kann auch die hierzu ergangene Rechtsprechung – wenngleich unter Beachtung des Grundsatzes der autonomen Auslegung des Unionsrechts – jedenfalls ergänzend herangezogen werden.

Weiterhin zu beachten ist, dass der Schutz vor Folter oder unmenschlicher oder erniedrigender **42** Behandlung auch durch den wortlautidentischen **Art. 4 GRCh** gewährleistet wird, der – anders als die für sämtliche Konventionsstaaten verbindlichen Bestimmungen der EMRK – **nicht auf die Gewährleistung eines menschenrechtlich unerlässlichen Mindeststandards beschränkt ist** (vgl. Art. 52 Abs. 3 S. 2 GRCh). Die Rechtsprechung des EGMR begründet daher Mindestanforderungen an die Auslegung des § 4 Abs. 1 S. 2 Nr. 2, steht einer großzügigeren Auslegung im Lichte des Art. 4 GRCh aber nicht entgegen (vgl. KOM(2001) 510, 30 endgültig; Marx AsylG Rn. 23 sowie allg. BVerfG NJW 2018, 686 (688 f.). Dies hat der EuGH in jüngeren Entscheidungen allerdings wiederholt verkannt (EuGH ZAR 2019, 192 (196 Rn. 91) – Jawo; EuGH BeckRS 2019, 3603 Rn. 89 – Ibrahim).

a) Folter. Als „Folter" gilt die **vorsätzliche Zufügung großer Schmerzen oder Leiden** **43** mit dem Ziel, ein Geständnis zu erlangen, zu strafen oder einzuschüchtern (EGMR NJW 2001, 2001 Rn. 114). Objektiv weist die Folter damit gegenüber der „lediglich" grausamen und unmenschlichen Behandlung eine besondere Schwere auf, die in der Verursachung sehr starker und grausamer Leiden zum Ausdruck kommt. Da die Gefahr einer unmenschlichen oder erniedrigenden Behandlung von § 4 Abs. 1 S. 2 Nr. 2 aber ebenfalls erfasst wird und auch der EGMR die Abgrenzung lediglich deswegen vornimmt, um einzelne Misshandlungen als besonders schändlich zu brandmarken (EGMR NJW 2001, 2001 Rn. 114), ist eine **genaue Abgrenzung in der Praxis entbehrlich.**

Subjektiv ist der Begriff der Folter durch das Element der **absichtlichen Misshandlung** **44** geprägt, die in der Regel auf zielgerichtetem Handeln zur Erreichung von Erzwingungs-, Bestrafungs- oder Einschüchterungszwecken beruht (EGMR NJW 2001, 2001 Rn. 114; Marx AsylG Rn. 29). Auch insoweit ist eine genaue Abgrenzung jedoch in der Regel verzichtbar, zumal der EGMR – anders als der oftmals ebenfalls in Bezug genommene Art. 1 UN-Antifolterkonvention – der Natur des mit der Misshandlung verfolgten Fernziels keine besondere Bedeutung zuzumessen scheint (EGMR NJW 2001, 56 Rn. 98; unklar Hailbronner AuslR Rn. 19, 22; aA wohl BeckOK AuslR/Kluth Rn. 15; Bergmann/Dienelt/Bergmann Rn. 10; NK-AuslR/Keßler Rn. 9; Marx AsylG Rn. 27, 30). Die mit diskriminierender Absicht erfolgende Folter dürfte überdies in der Regel schon unter § 3 ff. zu subsumieren sein.

Die in der **UN-Antifolterkonvention** (Übereinkommen gegen Folter und andere grausame, **45** unmenschliche oder erniedrigende Behandlung oder Strafe v. 10.12.1984) weiter enthaltene Einschränkung, dass Folter nur von „in amtlicher Eigenschaft handelnden Personen" ausgehen könne, findet in der Qualifikations-RL bzw. in § 4 Abs. 1 S. 2 Nr. 2 keine Entsprechung und hat aufgrund der ausdrücklichen Einbeziehung **nichtstaatlicher Gefährdungsakteure** durch § 4 Abs. 3 iVm § 3c Nr. 2 und Nr. 3 im Kontext des subsidiären Schutzes keine Bedeutung (so im Ergebnis auch Bergmann/Dienelt/Bergmann Rn. 10; zumindest missverständlich Erbs/Kohlhaas/Hadamitzky/Senge Rn. 4; im Einzelnen unklar Marx AsylG Rn. 31).

Auf die Zurechenbarkeit der Folter zu staatlichem Handeln kommt es ebenfalls nicht an, da der Verweis **45.1** auf die Unverfügbarkeit staatlichen Schutzes in § 3c Nr. 3 nicht als Ausprägung der Zurechnungslehre verstanden werden kann (vgl. → § 3c Rn. 5; → § 3c Rn. 18 f. sowie Hailbronner AuslR Rn. 15; aA NK-AuslR/Keßler Rn. 10).

Ebenso ohne Bedeutung ist die in Art. 1 Nr. 1 S. 2 UN-Antifolterkonvention noch enthaltene **46** Ausnahmeklausel für „gesetzlich zulässige Sanktionen", die der Absolutheit des Folterverbots der EMRK widerspricht (Bergmann/Dienelt/Bergmann Rn. 10; Hailbronner AuslR Rn. 19).

Auch die **Androhung von Folter** kann selbst Folter oder jedenfalls unmenschliche Behandlung **47** darstellen (HK-EMRK/Lehnert EMRK Art. 3 Rn. 21).

b) Unmenschliche oder erniedrigende Behandlung oder Bestrafung. „Behandlung" **48** ist jedes Tun oder Unterlassen in Bezug auf die betroffene Person. Es umfasst daher die Sonderform der „Bestrafung", so dass sich eine nähere Abgrenzung in der Regel erübrigt (BeckOK StPO/Valerius EMRK Art. 3 Rn. 2). Zu berücksichtigen ist allerdings, dass der Bestrafung ein gewisses Maß an Demütigung immanent ist, das nicht schon für sich genommen den Vorwurf einer erniedrigenden Behandlung begründen kann; dies ist bei der Prüfung der Schwere des Eingriffs angemessen zu berücksichtigen (→ Rn. 54, vgl. zudem BeckOK StPO/Valerius EMRK Art. 3 Rn. 4.1).

49   Eine Behandlung kann dann unmenschlich sein, wenn sie **körperliche Verletzungen** oder doch wenigstens **intensive körperliche oder geistige Leiden** verursacht (EGMR NJW 1990, 2183 Rn. 100 – Soering). Sie kann – auch ohne derartige Beeinträchtigungen – erniedrigend sein, wenn sie bei dem Betroffenen **Gefühle von Furcht, Todesangst und Minderwertigkeit** verursacht, die geeignet sind, zu erniedrigen oder zu entwürdigen und möglicherweise ihren physischen oder moralischen Widerstand zu brechen (EGMR BeckRS 2016, 121215 Rn. 98 – Muršić / Kroatien; NJW 1990, 2183 Rn. 100 – Soering).

50   Allerdings muss die Behandlung stets ein gewisses **Mindestmaß an Schwere** erreichen, um Art. 3 EMRK zu verletzen. Die Beurteilung dieses Mindestmaßes ist relativ und hängt von allen Umständen des Einzelfalls – also etwa der Natur und dem Zusammenhang der Behandlung, der Art und Weise ihrer Durchführung, ihrer Dauer, ihrer physischen und geistigen Wirkungen und ggf. dem Geschlecht, dem Alter und dem Gesundheitszustand des Betroffenen – ab (EGMR NJW 2001, 2694 Rn. 91 – Kudla / Polen).

51   Die mit der jeweiligen Behandlung verbundene **Intention** – insbesondere eine ggf. vorhandene Absicht, den Betroffenen zu erniedrigen oder zu entwürdigen – ist in die vorgenannte Einzelfallabwägung einzustellen. Eine Verletzung von Art. 3 EMRK kann aber auch dann vorliegen, wenn die unmenschliche oder erniedrigende Behandlung **lediglich fahrlässig** erfolgt (EGMR BeckRS 2016, 121215 Rn. 100 – Muršić / Kroatien; Marx AsylG Rn. 29, 32 mwN; unklar Hailbronner AuslR Rn. 22).

52   Eine unmenschliche oder erniedrigende Behandlung hat die Rechtsprechung unter anderem in den folgenden Fallgruppen angenommen. Maßgeblich sind jedoch stets die Umstände des Einzelfalls.

52.1   Die **Tötung eines Menschen** stellt – wie schon der Vergleich mit § 4 Abs. 1 S. 2 Nr. 3 AsylG und Art. 2 EMRK zeigt – nicht schon aus sich heraus eine unmenschliche oder erniedrigende Behandlung dar (BVerwG NVwZ 2011, 56 (60)). Die absehbare und gezielte Tötung kann jedoch – schon aufgrund der mit der mit ihrer Androhung verbundenen Todesangst – ggf. dennoch die Annahme einer unmenschlichen oder erniedrigenden Behandlung begründen (vgl. zur Blutrache BayVGH BeckRS 2014, 54442 Rn. 7; allg. NK-AuslR/Keßler Rn. 7; Marx AsylG Rn. 12).

52.2   Die innerhalb der russischen Armee verbreitete Praktik der „Dedowschtschina" („Herrschaft der Großväter"), die unter anderem auf die **systematische Unterwerfung und Brechung junger Rekruten** durch ältere Rekruten und Vorgesetzte abzielt, kann als Form der grausamen und unmenschlichen Behandlung angesehen werden (VG Bremen BeckRS 2016, 116383, Rn. 45 ff.).

52.3   Die Vertreibung einer 70-Jährigen durch Zerstörung ihres Wohnhauses vor ihren Augen ohne Bereitstellung einer Ersatzunterkunft oder sonstiger Unterstützung kann Art. 3 EMRK verletzen (EGMR Urt. v. 30.1.2001 – 25801/94 Rn. 54 – Dulaş / Türkei).

52.4   Die **Zwangsrekrutierung zum Militärdienst** soll aus sich heraus nicht gegen Art. 3 EMRK verstoßen; eine unmenschliche oder erniedrigende Behandlung kann sich aber aus den jeweiligen Umständen des Einzelfalls – sowohl im Hinblick auf die Rekrutierung und den Wehrdienst selbst als auch im Hinblick auf mögliche Sanktionen für die eigenmächtige Entziehung – ergeben (BVerwG NVwZ 2011, 56 (59 f.); Marx AsylG Rn. 35).

52.5   **Schlechte humanitäre Bedingungen im Zielstaat** können ebenfalls die Annahme einer unmenschlichen und erniedrigenden Behandlung begründen. Aufgrund des in § 4 Abs. 3 iVm § 3c geregelten Erfordernisses eines Gefährdungsakteurs kann subsidiärer Schutz jedoch nur dann eingreifen, wenn ein **Zurechnungszusammenhang zwischen den schlechten humanitären Bedingungen und den Handlungen – dh aktivem Tun – eines Gefährdungsakteurs besteht** (→ Rn. 99 → Rn. 99 f.). Dieser Zurechnungszusammenhang kann auch nicht – anders als in der unmittelbar auf Art. 3 EMRK gestützten Rechtsprechung (vgl. zusf. VGH BW BeckRS 2017, 141178 Rn. 20 ff.) – durch ein Anknüpfen an staatliche Schutzversagen oder -verweigerung hergestellt werden, da eine Verweisung auf die Entsprechungsklausel in § 3a Abs. 3 (vgl. → § 3a Rn. 4 ff.) fehlt (vgl. VG Lüneburg BeckRS 2017, 111420 Rn. 50).

52.6   Ähnlich VGH BW BeckRS 2017, 139485 Rn. 54 ff., der das gezielte Vorenthalten notwendiger Versorgungsgüter allerdings genügen lassen will (BeckRS 2017, 139485 Rn. 87). Ob hiermit nur die aktive Versorgungsunterbrechung oder auch das reine Nichtzurverfügungstellen von Leistungen gemeint sein soll, bleibt allerdings unklar; vgl. hierzu nunmehr aber EuGH BeckRS 2018, 6060 Rn. 57 f. – MP / Secretary of State for the Home Department: subsidiärer Schutz wg. drohender Gesundheitsverschlechterung nur bei absichtlicher Verletzung einer gesetzlichen Schutz- oder Behandlungspflicht. Vgl. hierzu im Einzelnen → Rn. 101d f.

53   **Bestrafung** ist die Verhängung bzw. Vollstreckung einer Sanktion in Anknüpfung an vorangegangenes (tatsächliches oder zugeschriebenes) Verhalten.

Eine Bestrafung kann dabei allerdings nur dann als „unmenschlich" oder „erniedrigend" angese- 54
hen werden, wenn die damit verbundenen Leiden oder Erniedrigungen über das in rechtmäßigen
Bestrafungsmethoden enthaltene, unausweichliche Leidens- oder Erniedrigungselement hinausgehen (EGMR NJW 1990, 2183 Rn. 100 – Soering).

Zu den aus **sich heraus missbilligten Sanktionen** gehören unter anderem die Prügelstrafe 55
und andere **Körperstrafen** (Hailbronner AuslR Rn. 24; Marx AsylG Rn. 34). Die Gefahr der
Verhängung oder Vollstreckung der **Todesstrafe** ist bereits von § 4 Abs. 1 S. 2 Nr. 1 erfasst und
daher bei Anwendung der Nr. 2 nicht von praktischer Bedeutung. Auch die Vollstreckung einer
(tatsächlich) **lebenslangen Freiheitsstrafe** ohne die praktische Möglichkeit, die Freiheit wiederzuerlangen, kann aber – auch unabhängig von der Angemessenheit des Strafmaßes im Einzelfall –
Art. 3 EMRK verletzen (vgl. BVerfGE 113, 154 (166 f.) = BeckRS 2005, 29876; EGMR BeckRS
2015, 16144 Rn. 112 ff., 136 ff. – Trabelsi / Belgien).

Auch die Verhängung oder Vollstreckung nicht aus sich heraus unmenschlicher Strafen kann 56
gegen Art. 3 EMRK verstoßen, wenn diese in **grobem Missverhältnis** zum jeweiligen Tatvorwurf stehen. Da der EGMR die Angemessenheit einer Haftstrafe jedoch grundsätzlich nicht
hinterfragt, kann die relative Länge einer drohenden Haftstrafe nur „unter seltenen und einzigartigen Umständen" eine Konventionsverletzung begründen (EGMR NVwZ 2013, 925 Rn. 235 ff. –
Babar Ahmad).

Unabhängig von dem bereits durch § 4 Abs. 1 S. 2 Nr. 1 gewährleisteten Schutz vor der 57
Verhängung und Vollstreckung der Todesstrafe an sich kann auch eine **lange Zeitdauer zwischen
Verurteilung und Vollstreckung** – insbesondere aufgrund der damit verbundenen Ungewissheit
und der Haftbedingungen in der „Todeszelle" – eine unmenschliche Bestrafung darstellen (EGMR
NJW 1990, 2183 Rn. 111 – Soering).

Eine unangemessene Bestrafung kann sich schließlich nicht nur aus der Haftdauer, sondern 58
auch aus **individuellen Haftbedingungen** ergeben. Eine nicht lediglich kurzfristige Inhaftierung
in Gemeinschaftszellen mit weniger als 3 qm individueller Inhaftierungsfläche ist dabei regelmäßig
als Verletzung von Art. 3 EMRK anzusehen, wohingegen weniger beengte Haftbedingungen eine
Gesamtbetrachtung der übrigen Haftbedingungen (etwa im Hinblick auf den allgemeinen Zustand
der Haftanstalt, tägliche Einschlusszeiten, den Zugang zu privaten Sanitäreinrichtungen und die
allgemeinen Lebens- und Hygienebedingungen in der Anstalt) erfordern (vgl. die Konsolidierung
der Rspr. in EGMR BeckRS 2016, 121215 Rn. 136 ff. – Muršić / Kroatien; BVerwG NVwZ
2017, 1798 (1803)).

In der auf Art. 1 Abs. 1 GG gestützten deutschen Rechtsprechung haben sich demgegenüber 59
tendenziell **strengere** – dh für den Betroffenen günstigere – **Anforderungen an die Zumutbarkeit von Haftbedingungen etabliert** (vgl. BVerfG NJW 2016, 3228 (3229 f.) mwN). Diese
Rechtsprechung ist für die Auslegung des auf Unionsrecht basierenden § 4 zwar nicht unmittelbar
maßgeblich. Eine großzügigere Handhabung des § 4 erscheint dennoch nicht ausgeschlossen, da
der mit Art. 3 EMRK begrifflich übereinstimmende Art. 4 GRCh – anders als die für sämtliche
Konventionsstaaten verbindlichen Bestimmungen der EMRK – nicht darauf beschränkt ist, einen
menschenrechtlich unerlässlichen Mindeststandard zu gewährleisten (vgl. Art. 52 Abs. 3 S. 2
GRCh; BVerfG NJW 2018, 686 (688 f.) im Kontext des Auslieferungsrechts).

3. Ernsthafte individuelle Bedrohung im Rahmen eines bewaffneten Konflikts

Die in § 4 Abs. 1 S. 2 Nr. 3 geregelte Fallgruppe der ernsthaften individuellen Bedrohung im 60
Rahmen eines bewaffneten Konflikts wirft in der Praxis erhebliche Auslegungs- und Anwendungs-
fragen auf. Diese beziehen sich weniger auf die nachstehend zu erörternden Rechtsbegriffe der
„Zivilperson", der „willkürlichen Gewalt" oder des „internationalen oder innerstaatlichen bewaffneten Konflikts" als auf die Frage nach dem Vorliegen einer „ernsthaften individuellen Bedrohung", deren rechtliche Voraussetzungen kaum geklärt sind und die sich in der praktischen Rechtsanwendung als nahezu unhandhabbar erwiesen hat (zur Gesamtproblematik vgl. Berlit ZAR 2017,
110; Markard ZAR 2014, 565).

a) Internationaler oder innerstaatlicher bewaffneter Konflikt. Nach der Rechtsprechung 61
des EuGH ist vom Vorliegen eines **innerstaatlichen bewaffneten Konflikts** auszugehen, wenn
die regulären Streitkräfte eines Staates auf eine oder mehrere bewaffnete Gruppen treffen oder
mehrere bewaffnete Gruppen aufeinandertreffen. Eine Einstufung dieses Konflikts als bewaffneter
Konflikt ohne internationalen Charakter im Sinne des humanitären Völkerrechts ist ebenso wenig
erforderlich wie eine bestimmte Intensität der bewaffneten Auseinandersetzungen, ein bestimmter
Organisationsgrad der vorhandenen bewaffneten Streitkräfte oder eine bestimmte Dauer des Konflikts. Vielmehr sind die letztgenannten Kriterien alleine bei der Beurteilung der Frage zu berück-

sichtigen, ob der Betroffene in Folge willkürlicher Gewalt im Rahmen dieses Konflikts einer ernsthaften individuellen Bedrohung des Lebens oder der körperlichen Unversehrtheit ausgesetzt ist (vgl. zum Ganzen EuGH NVwZ 2014, 573 (575) – Diakité). Nicht von § 4 Abs. 1 S. 2 Nr. 3 erfasst sind allerdings Gewaltakte krimineller Gruppen ohne spezifischen Konfliktbezug (vgl. VGH BW BeckRS 2012, 48611; Bergmann/Dienelt/Bergmann Rn. 14, 16).

62   Dementsprechend unterliegt auch die Annahme eines internationalen Konflikts keinen gesteigerten Anforderungen an die Intensität der Auseinandersetzungen oder den Organisationsgrad der Konfliktbeteiligten.

63   Der internationale oder innerstaatliche bewaffnete Konflikt **muss sich nicht auf gesamte Staatsgebiet erstrecken,** wie die in § 4 Abs. 3 geregelte Verweisung auf § 3e zeigt (Marx AsylG Rn. 68). Ob der Betroffene in Ansehung eines lediglich regionalen Konflikts auf die Inanspruchnahme internen Schutzes verwiesen werden kann, ist vielmehr an den Voraussetzungen des § 3e zu messen (vgl. → Rn. 101, allg. → § 3e Rn. 11 ff.).

64   **b) Zivilperson.** Der **Begriff der „Zivilperson"** ist im AsylG und den einschlägigen Unionsrechtsakten nicht legaldefiniert. Als Auslegungshilfe kann insoweit auf Art. 50 Abs. 1 Genfer Zusatzprotokoll I zurückgegriffen werden, der als Zivilperson jede Person definiert, die nicht den Streitkräften, Milizen, Freiwilligenkorps oder organisierten Widerstandsbewegungen einer der Konfliktparteien angehört (NK-AuslR/Keßler Rn. 15; Broscheit InfAuslR 2021, 138 (139)). Nicht zu den Zivilpersonen gehören daher auch Angehörige der Bevölkerung eines nicht besetzten Gebiets, die eindringende Truppen aus eigenem Antrieb bekämpfen (Art. 4 A. Nr. 6 Genfer Zusatzprotokoll III).

65   Allerdings besteht kein Anlass dafür, Angehörige der Konfliktparteien in oben genannten Sinne generell von der Gewährung des subsidiären Schutzstatus auszuschließen. Wer daher – durch Gefangenahme, Verwundung oder Niederlegung der Waffen – dauerhaft aus dem Kampfgeschehen ausscheidet, kann unter Berücksichtigung des Schutzzwecks des § 4 durchaus subsidiären Schutz beanspruchen; er kann sich lediglich nicht auf eine Beweiserleichterung nach Art. 4 Abs. 4 Qualifikations-RL für Vorschädigungen berufen, die er als Teilnehmer an den Kampfhandlungen erlitten hat oder Schutz vor Schädigungen beanspruchen, die er im Rahmen einer zukünftigen Mitwirkung am Kampfgeschehen erleiden wird (vgl. Marx AsylG Rn. 65 ff.; vgl. Broscheit InfAuslR 2021, 138 (139)).

65.1   Zu berücksichtigen ist allerdings, dass der Betroffene nach § 4 Abs. 2 S. 1 Nr. 1 von der Zuerkennung subsidiären Schutzes ausgeschlossen sein kann (→ Rn. 89 f.).

66   **c) Ernsthafte individuelle Bedrohung.** Eine **„ernsthafte individuelle Bedrohung"** iSd § 4 Abs. 1 S. 2 Nr. 3 liegt dann vor, wenn die **beachtliche Wahrscheinlichkeit** des Eintritts einer Beeinträchtigung von Leib oder Leben im Rahmen eines bewaffneten Konfliktes im oben genannten Sinne festgestellt werden kann. Insoweit entspricht der Maßstab der „ernsthaften Bedrohung" dem zum Flüchtlingsrecht bzw. zu Art. 3 EMRK entwickelten Maßstab des „real risk" bzw. der „beachtlichen Wahrscheinlichkeit" (BVerwG NVwZ 2012, 454 (455)).

67   Das Erfordernis einer „individuellen" Bedrohung korrespondiert dabei mit Erwägungsgrund 35 Qualifikations-RL, dem zufolge **Gefahren, denen die Bevölkerung oder eine Bevölkerungsgruppe eines Landes allgemein ausgesetzt sind, für sich genommen normalerweise nicht die Annahme einer individuellen Gefahr eines ernsthaften Schadens begründen.** Es steht jedoch in einem gewissen Spannungsfeld zum Erfordernis einer Bedrohung durch „willkürliche" Gewalt, die in der Regel nicht an individuelle Merkmale anknüpft und zumindest Teilen der Bevölkerung in gleicher Weise droht (vgl. EuGH NVwZ 2009, 705 (707) – Elgafaji; Hailbronner AuslR Rn. 45).

68   Die Rechtsprechung prüft daher zunächst, ob der Betroffene gegenüber der übrigen Zivilbevölkerung **besondere gefahrerhöhende Merkmale** aufweist, die ihn gegenüber der allgemeinen, ungezielten Gewalt stärker betroffen erscheinen lassen (BVerwG NVwZ 2012, 454 (455)). In Betracht kommen dabei insbesondere Angehörige besonderer Berufsgruppen, die sich im Rahmen ihrer Tätigkeit – etwa als Ärzte oder Journalisten – notwendigerweise in die Nähe der jeweiligen Gefahrenquellen begeben (BVerwG NVwZ 2012, 454 (455)). Die Zugehörigkeit zu einer besonderen Berufsgruppe wirkt dabei jedoch nicht aus sich heraus gefahrerhöhend; vielmehr ist stets in Ansehung der konkreten Konfliktlage zu prüfen, inwieweit sich die konkrete Tätigkeit des Betroffenen gefahrerhöhend auswirkt (vgl. Broscheit InfAuslR 2021, 138 (139)). Ebenfalls aufzuwerfen ist dabei die Frage, ob der Betroffene den entsprechenden Beruf auch in Ansehung der hiermit verbundenen Gefahren auch nach einer Rückkehr weiterhin ausüben wird (vgl. zu den anzuwendenden Maßstäben Broscheit InfAuslR 2021, 138 ((140 f.)).

Als gefahrerhöhende Merkmale kommen allerdings auch solche **persönlichen Umstände** in **69** Betracht, die den Betroffenen in besonderer Weise der Gefahr gezielter konfliktspezifischer Gewaltakte aussetzen. Auch insoweit kommt – neben Merkmalen wie „Ethnie" oder „Religion", die zunächst vorrangig bei der Prüfung der Flüchtlingseigenschaft zu berücksichtigen sind – vorrangig die Zugehörigkeit zu Berufsgruppen in Betracht, die zB als vermeintliche oder tatsächliche Repräsentanten eines Regimes (zB Regierungsbedienstete, Sicherheitskräfte oder politische Führer) oder eines missbilligten – zB westlichen – Lebensstils (zB Lehrer, Friseure, Prostituierte) besonders im Fokus einzelner Konfliktparteien stehen (vgl. BVerwG NVwZ 2012, 454 (455); Marx AsylG Rn. 59, 61).

Insbesondere bei Angehörigen der Sicherheitskräfte ist allerdings zu berücksichtigen, dass § 4 Abs. 1 **69.1** S. 2 Nr. 3 nur Zivilpersonen schützt (vgl. zum Begriff → Rn. 64). Dies schließt die Anerkennung einer besonderen Gefährdung zB von Polizisten nicht aus, verlangt aber stets nach einer vorgelagerten Prüfung, ob der Betroffene nicht gerade als Angehöriger der Streitkräfte oder Milizen gefährdet ist. Der Begriff ist insoweit unionsrechtlich autonom auszulegen, so dass es auf die Selbstbezeichnung der jeweiligen Sicherheitskräfte nicht entscheidend ankommt. Eine erhöhte Gefährdungslage zB für Soldaten kommt daher nur zum Tragen, wenn diese auch nach einer Rückkehr des Betroffenen ins Zivilleben fortbesteht (→ Rn. 65).

Auch die Zugehörigkeit zu allgemein ausgegrenzten Bevölkerungsgruppen oder der Umstand, **69a** bereits früher in den Fokus einzelner Konfliktparteien geraten zu sein, kann eine Zuspitzung der individuellen Gefahrensituation begründen (BayVGH BeckRS 2016, 49255 Rn. 28 ff.). Gefahrerhöhende Umstände können sich ggf. auch aus Erkrankungen ergeben, die – wie zB eine Blutererkrankung – die Behandlung erlittener Verletzungen erschweren (vgl. Broscheit InfAuslR 2021, 138 (140)).

Auch das Vorliegen individueller gefahrerhöhender Umstände begründet einen subsidiären **70** Schutzanspruch jedoch nur dann, wenn in der betroffenen Konfliktregion ein zumindest **hohes Niveau willkürlicher Gewalt** vorliegt, das sich in Verbindung mit den individuellen Umständen zu einer beachtlichen Wahrscheinlichkeit einer Verletzung von Leib und Leben verdichtet (BVerwG NVwZ 2011, 56 (60)). Das Bundesverwaltungsgericht fordert insoweit stets eine „jedenfalls annäherungsweise quantitative Ermittlung der Gesamtzahl der in dem betreffenden Gebiet lebenden Zivilpersonen einerseits und der Akte willkürlicher Gewalt andererseits, die von den Konfliktparteien gegen Leib oder Leben von Zivilpersonen in diesem Gebiet verübt werden", sowie „eine wertende Gesamtbetrachtung mit Blick auf die Anzahl der Opfer und die Schwere der Schädigungen bei der Zivilbevölkerung" (BVerwG NVwZ 2011, 56 (60 f.)).

Die mithin in einem ersten Prüfungsschritt gebotene **quantitative Betrachtung** setzt dabei **71** zunächst eine möglichst auf möglichst aktuelle und zuverlässige Erkenntnisquellen gestützte Ermittlung des Ausmaßes der Beeinträchtigung der Zivilbevölkerung – in Form der numerischen Erfassung der durch einschlägige Gewaltakte Getöteten und Verletzten – voraus (BVerfG NVwZ 2017, 1702).

Als **Erkenntnisquellen** kommen dabei insbesondere die Berichte von UN-Organisationen, der EASO **71.1** oder internationaler Hilfsorganisationen in Betracht. Hinsichtlich einzelner Konfliktregionen kann zudem auf umfangreiche statistische Erhebungen zurückgegriffen werden, die im Internet – oft tagesaktuell – zur Verfügung stehen (vgl. zB https://www.iraqbodycount.org/ zum Irak oder www.understandingwar.org für den Irak, Syrien und Afghanistan).

Stets zu berücksichtigen ist dabei die **Dunkelziffer,** die sich durchaus – stets abhängig von der **72** Art der Quelle und der Natur des Konflikts – auf ein Vielfaches der berichteten Zahlen belaufen kann (vgl. NdsOVG BeckRS 2017, 101573: 100–330 % in Kabul/Afghanistan; HessVGH BeckRS 2014, 48268: 200 % in Afghanistan; OVG NRW BeckRS 2014, 56827, Rn. 10: 200 % in den Provinzen Lorgar und Kabul/Afghanistan).

Im Rahmen der weiterhin gebotenen **„wertenden Gesamtbetrachtung"** ist unter anderem **73** die medizinische Versorgungslage im jeweiligen Konfliktgebiet zu würdigen, von deren Qualität und Erreichbarkeit die den Opfern dauerhaft verbleibenden Verletzungsfolgen abhängen können (BVerwG NVwZ 2012, 454 (456)).

Auch in Abwesenheit besonderer gefahrenerhöhender Merkmale kann die Gefahrendichte in **74** einer Herkunftsregion ausnahmsweise ein **besonders hohes Niveau** willkürlicher Gewalt erreichen, das allen Angehörigen der Zivilbevölkerung gleichermaßen droht. Die an sich erforderliche Individualisierung wird dabei durch den Umstand erreicht (bzw. substituiert), dass aufgrund der Zuspitzung des Gefahrengrades in der betroffenen Region jede Zivilperson allein durch ihre Anwesenheit tatsächlich Gefahr liefe, einer schutzrelevanten Bedrohung ausgesetzt zu sein (BVerwG NJW 2010, 196 (197 f.)). Insoweit handelt es sich um eine „außergewöhnliche Situation", die eine Abweichung von dem in Erwägungsgrund 35 Qualifikations-RL für den „Normalfall" niedergelegten Grundsatz rechtfertigt (→ Rn. 67).

75   Auch in Fällen einer allgemeinen Gefahr ist die jeweilige Gefahrendichte nach den allgemeinen Prinzipien – quantitative Ermittlung des konflikt- und regionsspezifischen Tötungs- und Verletzungsrisikos iVm einer wertenden Gesamtbetrachtung der Umstände des Einzelfalls (→ Rn. 70 ff.) – zu ermitteln.

76   Hinsichtlich des erforderlichen Gefahrenniveaus hat sich die obergerichtliche Rechtsprechung bislang allerdings außerordentlich bedeckt gehalten. In der Rechtsprechung des BVerwG findet sich nur die sybillinische Aussage, dass eine numerisch ermittelte Gefahrendichte von 1:800 (dh ein jährliches Tötungs- und Verletzungsrisiko von 0,125 %) „so weit von der Schwelle der beachtlichen Wahrscheinlichkeit entfernt (sei)", dass eine Schutzgewährung auch bei Einbeziehung der an sich stets erforderlichen wertenden Betrachtung nicht in Betracht komme (BVerwG NVwZ 2012, 454 (456)). Die Rechtsprechung der Oberverwaltungsgerichte hat dies dahingehend weiterentwickelt, dass eine individuelle Gefährdungsquote von 0,19 % (OVG NRW BeckRS 2010, 55489) oder sogar von „deutlich unter 1 %" (NdsOVG BeckRS 2017, 135599 Rn. 37) nicht für die Annahme eines „besonders hohen Gefahrenniveaus" genüge (allg. krit. Markard NVwZ 2014, 565 (568)). **Konkrete numerische Schwellen, ab der positiv vom Vorliegen eines „besonders hohen Gefahrenniveaus" ausgegangen werden könnte, hat die Rechtsprechung – soweit ersichtlich – allerdings nicht entwickelt.** Die auf internationaler Ebene diskutierte Schwelle von „jedenfalls 10%" dürfte angesichts der grundlegenden Bedeutung der Rechtsgüter Leib und Leben jedenfalls deutlich zu hoch gegriffen sein (vgl. aber Dörig MigrationsR-HdB § 13 Rn. 258).

77   **Diese Rechtslage ist inhaltlich außerordentlich unbefriedigend.** Denn zu den tatsächlichen Unsicherheiten hinsichtlich der jeweiligen Tötungs- und Verletzenzahlen und mitunter selbst der hierzu in Bezug zu setzenden Bevölkerungszahl, die die Ermittlung des jeweiligen Gefährdungsniveaus betreffen, kommen **erhebliche Unsicherheiten bei der Bewertung der ohnehin oft auf äußert schwankender Tatsachengrundlage beruhenden numerischen Gefahrenwerte.**

78   Zwar dürfte es schon aufgrund der Wertungsabhängigkeit des Begriffs der „beachtlichen Wahrscheinlichkeit" **kaum möglich sein, einen konkreten Umschlagpunkt mit numerischer Präzision zu benennen.** Eine jedenfalls **grobe Annäherung** an die Größenordnung, in der sich die numerische Gefahrendichte bewegen muss, um – bei Anstellung der vom BVerwG eingeforderten Gesamtbetrachtung – die Annahme einer „besonders hohen Gefahr" rechtfertigen zu können, **wäre jedoch mehr als wünschenswert.** Die Feststellung, dass – einerseits – „eine schutzbegründende Gefahrendichte evident bei weit unter 50 % beginn[e]", andererseits aber auch „nicht jedes Risiko im Promillebereich bereits schutzbegründend wirke [...]" (so Berlit ZAR 2017, 110 (116)), ist dabei zweifellos richtig, hilft dem Rechtsanwender aber gerade aufgrund der Evidenz der jeweiligen Extremaussagen und des sich ergebenden Zahlenkorridors dazwischen kaum weiter.

79   Letztlich beschränkt sich der Erkenntnisgewinn aus der bisherigen Rechtsprechung auf die Anwendung einer **gleitenden Skala** (vgl. EuGH NVwZ 2009, 705 (707) – Elgafaji; Markard NVwZ 2014, 565 (566)): Mit steigender Intensität des Konflikts verringern sich die Anforderungen an die Individualisierung der konfliktbezogenen Gefahren, so dass in Extremfällen auch vollständig auf das Erfordernis individuell gefahrerhöhender Umstände verzichtet werden kann. Hierbei kann die Vermutungsregelung des Art. 4 Abs. 4 Qualifikations-RL ggf. Indizwirkung entfalten, wenn der Betroffene eine entsprechende Vorschädigung erlitten hat. Welche Anforderungen jedoch an beide Elemente im Einzelfall zu stellen sind bzw. in welchen Größenordnungen (bezogen auf die Qualität der individuellen Faktoren und Intensität der allgemeinen Konfliktlage) sich die einzelnen, in die ohnehin gebotene Einzelfallbetrachtung einzustellenden Kenngrößen bewegen, kann der Rechtsprechung kaum entnommen werden.

80   Insgesamt sind Fälle der Anerkennung einer ernsthaften individuellen Bedrohung ohne individuell gefahrerhöhende Begleitumstände außerordentlich selten (vgl. aus der Rspr. aber zB VG Lüneburg BeckRS 2017, 122145 Rn. 29 ff.: Bezirk Musa Qala / Provinz Helmand/Afghanistan 2017).

81   **d) Willkürliche Gewalt.** Als **Akte willkürlicher Gewalt** sind dabei nicht lediglich solche Gewaltakte zu berücksichtigen, die die Regeln des humanitären Völkerrechts verletzen. **Auch völkerrechtlich „hinnehmbare" Kollateralschäden an der Zivilbevölkerung sind daher geeignet, einen individuellen Schutzanspruch zu tragen** (BVerwG NVwZ 2011, 56 (61); Markard NVwZ 2014, 565 (566)). Rein kriminelle Gewalttaten, die nicht von einer der Konfliktparteien ausgehen – also zB Gewalttaten im Zusammenhang mit Plünderungen in Folge des Zusammenbruchs der staatlichen Ordnung – finden bei Anwendung des § 4 Abs. 1 S. 2 Nr. 3

allerdings keine Berücksichtigung (vgl. BVerwG NVwZ 2008, 1241 (1244); Bergmann/Dienelt/ Bergmann Rn. 14, 16; tendenziell weiter Hailbronner AuslR Rn. 53 sowie Marx AsylG Rn. 50 f.).

e) Maßgebliche Bezugsregion. Bezugspunkt der Prüfung der Gefahrendichte ist nicht das **82** gesamte Staatsgebiet des Herkunftsstaates, sondern die **Zielregion,** an der sich der Betroffene vor seiner Ausreise aufgehalten hat (Marx AsylG Rn. 68). Ob andere Regionen des Herkunftsstaates eine vergleichbare Gefahrendichte aufweisen bzw. dem Betroffenen dort in anderer Weise ernsthafte Schäden drohen, ist im Rahmen der Anwendung des § 4 Abs. 3 iVm § 3e – zusätzlich zu den in § 3e Abs. 1 Nr. 2 genannten weiteren Voraussetzungen – gesondert zu prüfen (vgl. → Rn. 102 sowie allg. → § 3e Rn. 18 ff.).

V. „Stichhaltige Gründe" für die Annahme eines drohenden Schadens

Der Begriff der **„drohenden Gefahr"** ist inhaltlich identisch mit dem Begriff der „beachtli- **83** chen Wahrscheinlichkeit", der wiederum dem in der Rechtsprechung des EGMR entwickelten Begriff des „real risk" entspricht (Marx AsylG Rn. 9, Hailbronner AuslR Rn. 61, 63). Insoweit kann daher auf die Ausführungen zu § 3 verwiesen werden (→ § 3 Rn. 25 ff.).

Das Tatbestandsmerkmal des **„Vorbringens stichhaltiger Gründe"** weist auf die allgemeine **84** **Darlegungslast** des Betroffenen hin, die die in seine Sphäre fallenden Umstände betrifft (vgl. BeckOK AuslR/Kluth Rn. 32 f.; Hailbronner AuslR Rn. 61 f.; Marx AsylG Rn. 18, 39 f.). Insgesamt entspricht die Darlegungs- und Beweislast den zum Flüchtlingsschutz entwickelten Kriterien.

Auch im Kontext des subsidiären Schutzes hat der Gesetzgeber eine Umsetzung der Vorverfol- **85** gungs- bzw. **Vorgefährdungsvermutung** des Art. 4 Abs. 4 Qualifikations-RL unterlassen (Marx AsylG Rn. 8); diese ist daher unmittelbar anwendbar (vgl. → Rn. 2).

In der Sache begründet Art. 4 Abs. 4 Qualifikations-RL eine **tatsächliche Vermutung** dafür, **86** dass dem Betroffenen nach seiner Rückkehr mit beachtlicher Wahrscheinlichkeit ein ernsthafter Schaden im oben genannten Sinne droht. Voraussetzung für das Eingreifen dieser tatsächlichen Vermutung ist dabei zunächst, dass der Betroffene vor seiner Ausreise einen ersthaften Schaden erlitten hat oder er von diesem unmittelbar bedroht war (BVerwGE 136, 360 = NVwZ 2011, 56 (59)). Liegen diese Voraussetzungen vor, so kann diese tatsächliche Vermutung nur durch stichhaltige Gründe widerlegt werden, die gegen eine Wiederholung der jeweiligen Gefährdung sprechen.

In diesem Sinne muss das von der Rechtsprechung entwickelte weitere Kriterium eines **„sach-** **87** **lichen Zusammenhangs"** der Vorschädigung mit der nunmehr behaupteten Bedrohung (vgl. BVerwG NVwZ 2012, 454 (455 f.); Hailbronner AuslR Rn. 72) verstanden werden: Liegt ein solcher Zusammenhang nicht vor, so greift die Vermutung zwar hinsichtlich der bereits erlittenen Vorgefährdung ein; es besteht jedoch kein Anlass für die Vermutung, dass der Betroffene zugleich (erstmals) in anderer Weise gefährdet werden wird. Das Kriterium des „sachli- chen Zusammenhangs" entbindet daher nicht vom Erfordernis der Widerlegung der Vorverfol- gungsvermutung im Einzelfall, begrenzt deren Wirkung aber auf die konkret erlittene Vorgefähr- dung und mit ihr vergleichbare Gefährdungssituationen.

C. Ausschlussgründe (Abs. 2)

Innerhalb der in Abs. 2 genannten Ausschlussgründe kann zwischen Gründen der Schutzun- **88** würdigkeit (Nr. 1–3) und dem gefahrenabwehrrechtlich motivierten Ausschlussgrund der Nr. 4 unterschieden werden. Auch diese schließen nur die Gewährung subsidiären Schutzes aus und sind nicht auf die Prüfung nationaler Abschiebungsverbote nach § 60 Abs. 5 und 7 AufenthG übertragbar, die jeweils absolut formuliert sind (Dörig MigrationsR-HdB § 10 Rn. 15).

Zwar ist das Abschiebungsverbot des § 60 Abs. 7 AufenthG als „soll"-Tatbestand formuliert, sodass die **88.1** einzelnen Ausschlussgründen zugrundeliegenden Erwägungen ggf. in die Prüfung eines atypischen Falles einfließen können; der Schutz des § 60 Abs. 5 AufenthG kann hierdurch jedoch nicht und der Schutz des § 60 Abs. 7 jedenfalls nicht strukturell relativiert werden (→ § 3 Rn. 10; → § 3 Rn. 44).

I. Schutzunwürdigkeit (Nr. 1–3)

1. Parallelen zu § 3 Abs. 2

Nach Abs. 2 S. 1 Nr. 1–3 ist der Betroffene von der Zuerkennung subsidiären Schutzes ausge- **89** schlossen, wenn er die dort genannten **Ausschlusstatbestände** verwirklicht hat. Inhaltlich ent- sprechen die dort genannten Gründe im Wesentlichen den in § 3 Abs. 2 genannten Ausschlussgründen, so dass wegen der Einzelheiten auf die einschlägige Kommentierung verwiesen werden kann (→ § 3 Rn. 41 ff.; Hailbronner AuslR Rn. 75; Marx AsylG Rn. 73).

89.1   Ein mit § 3 Abs. 3 (Ausschluss wegen anderweitigen Schutzes durch die Vereinten Nationen) vergleichbarer Ausschlussgrund existiert im Hinblick auf die Gewährung subsidiären Schutzes nicht (EuGH NVwZ-RR 2013, 160 Rn. 66 ff. – El Kott und andere; → § 3 Rn. 57).

90   Da Nr. 1–3 auch hier keine gefahrenabwehrrechtliche Zielsetzung verfolgen, setzen die jeweiligen Tatbestände **keine gegenwärtige Gefahr** für nationale Sicherheitsinteressen voraus; maßgeblich ist alleine die – ggf. allerdings durch Zeitablauf, Nachtatverhalten und erlittene Sanktionen abgemilderte – Schutzunwürdigkeit des Betroffenen (vgl. EuGH NVwZ 2019, 119 (121 Rn. 52) – Ahmed sowie im Einzelnen → § 3 Rn. 43). Auch hier ist eine restriktive Auslegung der jeweiligen Normen geboten, da der materielle Schutzbedarf auch bei Schutzunwürdigkeit fortbesteht und der Betroffene bei Ausschluss des subsidiären Schutzes nur unter den Voraussetzungen der § 60 Abs. 5 und Abs. 7 AufenthG zielstaatsbezogenen Abschiebungsschutz beanspruchen kann (ähnlich EuGH NVwZ 2019, 119 (121 Rn. 52) – Ahmed).

2. Inhaltliche Abweichungen

91   Inhaltliche Abweichungen zu § 3 Abs. 2 ergeben sich zunächst im Hinblick auf die Ausschlussklausel des § 4 Abs. 2 S. 1 Nr. 2 („schwere Straftaten"), die – anders als § 3 Abs. 2 S. 1 Nr. 2 – **keine Einschränkung auf nichtpolitische Straftaten** enthält. Inhaltlich erklärt sich die weitere Fassung des § 4 Abs. 2 durch den Umstand, dass der Bestrafung wegen politischer Delikte notwendigerweise die Gefahr der politischen Verfolgung durch missbräuchliche Strafverfolgung innewohnt, § 4 aber aufgrund der Subsidiarität des subsidiären Schutzes nur zur Anwendung kommt, wenn kein Fall der politischen Verfolgung vorliegt (Marx AsylG Rn. 75). Dennoch ist bei Anwendung des § 4 Abs. 2 S. 1 Nr. 2 selbstverständlich zu prüfen, ob der Betroffene die ihm vorgeworfene Tat tatsächlich begangen hat; eine Bindung an ausländische Strafurteile besteht insoweit nicht.

91a   In Fällen des § 4 Abs. 2 S. 1 Nr. 2 ist dabei stets unter Berücksichtigung aller Umstände des Einzelfalls zu prüfen, ob sich die festgestellte Straftat auch als „schwere" Straftat darstellt. Dies steht einer schematischen Prüfung (nur) anhand des in den strafrechtlichen Bestimmungen des Mitgliedsstaates vorgesehenen Strafmaßes bzw. -rahmens entgegen, auch wenn diesem ggf. eine indizielle Bedeutung zukommen kann (EuGH NVwZ 2019, 119 Rn. 48 ff. – Ahmed).

92   Darüber hinaus enthält der Ausschlusstatbestand des Nr. 2 – anders als § 3 Abs. 2 S. 1 Nr. 2 – nicht die **zeitliche Einschränkung** einer vor der Aufnahme als Flüchtling begangenen Straftat (vgl. → § 3 Rn. 51).

93   Von der durch Art. 17 Abs. 3 Qualifikations-RL eröffneten Möglichkeit, den Ausschluss des subsidiären Schutzes auch bei minderschweren Straftaten anzuordnen, wenn der Betroffene sein Herkunftsland nur aus Furcht vor der strafrechtlichen Sanktionierung seines Verhaltens verlassen hat, hat der Bundesgesetzgeber keinen Gebrauch gemacht. Insoweit ist allerdings zu berücksichtigen, dass die dem Betroffenen drohende gesetzmäßige Bestrafung nicht aus sich heraus einen „ernsthaften Schaden" darstellt (vgl. Hailbronner AuslR Rn. 74).

II. Gefahrenabwehrrechtliche Ausschlussgründe

94   Der – anders als die Nr. 1–3 – originär **gefahrenabwehrrechtlich motivierte Ausschlusstatbestand** der Nr. 4 findet in § 3 Abs. 2 keine Entsprechung. Er korrespondiert allerdings inhaltlich aber mit der – allerdings restriktiver bzw. konkreter gefassten – flüchtlingsrechtlichen Bestimmung des § 60 Abs. 8 AufenthG, auf die auch § 3 Abs. 4 verweist (→ AufenthG § 60 Rn. 41 ff.).

95   Anders als die in Nr. 1–3 normierten Ausschlusstatbestände setzt Nr. 4 voraus, dass die entsprechende **Gefahr im Zeitpunkt der behördlichen bzw. gerichtlichen Entscheidung fortbesteht.** Er erfordert daher eine in die Zukunft gerichtete Prognose, ob das zukünftige Verhalten des Betroffenen die Allgemeinheit oder die Sicherheit der Bundesrepublik Deutschland beeinträchtigen wird. Diese Prognose setzt – anders als die nach § 60 Abs. 8 S. 1 und S. 3 AufenthG erforderliche Prognose – nicht notwendigerweise eine rechtskräftige Verurteilung wegen begangener Straftaten voraus, muss aber auf „schwerwiegende Gründe" gestützt sein (BeckOK AuslR/Kluth Rn. 37, 39 f.; Bergmann/Dienelt/Bergmann Rn. 17 f.; Hailbronner AuslR Rn. 78).

96   Eine **Gefahr für die Allgemeinheit** ist eine Rechtsgutgefährdung, die nicht nur eine Einzelperson betrifft und das gesellschaftliche Zusammenleben gefährdet. Die **Sicherheit der Bundesrepublik Deutschland** wird gefährdet, wenn das Verhalten des Betroffenen staatliche Einrichtungen und Infrastrukturen in ihrem Bestand oder in ihrem ungestörten Funktionieren beeinträchtigt (BeckOK AuslR/Kluth Rn. 38; Hailbronner AuslR Rn. 76).

In Betracht kommt – neben der Gefahr einer wiederholten Begehung schwerwiegender Indivi- **97** dualdelikte – in erster Linie die Mitgliedschaft in einer terroristischen Vereinigung (vgl. Erwägungsgrund 17 Qualifikations-RL), wenn hieraus eine konkrete Gefahr im oben genannten Sinne folgt (vgl. Hailbronner AuslR Rn. 76 f.). Angesichts der potentiell schwerwiegenden Folgen eines Ausschlusses von der Schutzberechtigung ist der Begriff der „schweren" Straftat eng und unter Beachtung des Verhältnismäßigkeitsprinzips im Einzelfall auszulegen (Marx AsylG Rn. 77 f.).

D. Entsprechende Anwendung der §§ 3c–3e (Abs. 3)

Nach Abs. 3 gelten die §§ 3c–3e gelten entsprechend. An die Stelle des Begriffs der Verfolgung **98** tritt dabei die Gefahr eines ernsthaften Schadens (§ 4 Abs. 1), an die Stelle des Schutzes vor Verfolgung bzw. der begründeten Furcht vor Verfolgung treten der Schutz vor einem ernsthaften Schaden bzw. die tatsächliche Gefahr eines ernsthaften Schadens und der subsidiäre Schutz an die Stelle der Flüchtlingseigenschaft.

Aus § 4 Abs. 3 iVm § 3c folgt dabei zunächst das Erfordernis eines **Gefährdungsakteurs.** **99** Auch wenn die in § 4 Abs. 1 entwickelten Fallgruppen eines „ernsthaften Schadens" inhaltlich stark an die Rechtsprechung zu Art. 3 EMRK angelehnt sind, sind der Schutzumfang des § 4 und des in § 60 Abs. 5 AufenthG enthaltenen Verweises auf konventionsrechtliche Abschiebungsverbote daher nicht identisch (Broscheit/Gornik ZAR 2018, 302 (304 f.)).

§ 4 erfasst inhaltlich nur jene Gefahren, die von menschlichen Gefährdungsakteuren ausgehen, **100** während § 60 Abs. 5 AufenthG iVm Art. 3 EMRK auch vor solchen Gefahren schützt, die sich alleine aus der individuellen Disposition des Betroffenen – zB behandlungsbedürftige Krankheiten – oder der schlechten Versorgungslage im Zielland – zB einer lebensgefährlichen Ernährungslage – ergeben (ausf. EuGH NVwZ-RR 2015, 158 (159 f.) – Bodj; VGH BW BeckRS 2017, 139485 Rn. 54 ff.; VG Lüneburg BeckRS 2017, 111420 Rn. 50; Hailbronner AuslR Rn. 14, 40 ff.; aA NK-AuslR/Keßler Rn. 11).

Die Gegenauffassung, die das Erfordernis eines Gefährdungsakteurs als mit der Rechtsprechung des **100.1** EGMR zu Art. 3 EMRK unvereinbar ansieht (vgl. AsylG Marx Rn. 32), verkennt die Normstruktur des § 4 und der ihm zugrunde liegenden Qualifikations-RL. Zwar ist der Begriff des „ernsthaften Schadens" ersichtlich an die Rechtsprechung zu Art. 3 EMRK angelehnt; darüber hinaus normieren § 4 Abs. 3 iVm § 3c bzw. Art. 6 Qualifikations-RL aber weitere positive Voraussetzungen für die Zuerkennung des subsidiären Schutzstatus. Der durch die Konvention darüber hinaus gebotene Schutz vor allgemeinen Lebensgefahren kann durch § 60 Abs. 5 AufenthG gewährleistet werden, ohne dass dies Art. 3 EMRK verletzt (ausf. Broscheit/Gornik ZAR 2018, 302 (304 f.); zur Möglichkeit der Zurechnung humanitärer Gefährdungslagen vgl. allerdings → Rn. 52.5 f.)

Allerdings macht § 4 Abs. 3 iVm § 3c Nr. 3 deutlich, dass auch Gefahren seitens nichtstaatlicher **101** Gefährdungsakteure in Betracht zu ziehen sind. Hinsichtlich des **Vorrangs der Inanspruchnahme innerstaatlichen Schutzes** bei Gefährdungen seitens nichtstaatlicher Gefährdungsakteure ohne besondere Verfolgungsmacht (§ 3c Nr. 3) gelten die Ausführungen zu § 3c Nr. 3 bzw. § 3d entsprechend (→ § 3c Rn. 13 ff.; → § 3d Rn. 1 ff.).

Die unterbliebene Verweisung auf die in § 3a bezeichneten Verfolgungshandlungen erklärt sich **101a** dadurch, dass § 4 Abs. 1 die einen Schutzanspruch begründenden Gefahren eigenständig definiert; ein Verweis auf § 3a wäre daher systemwidrig.

Die bewusste Nichtverweisung auf die in § 3b geregelten Verfolgungsgründe konstituiert – **101b** zusammen mit den in § 3a und § 4 Abs. 1 unterschiedlich geregelten Gefahrenprofilen – das zentrale Abgrenzungskriterium des subsidiären Schutzes zum Flüchtlingsschutz: Während Schutz nach §§ 3 ff. in Fällen von Verfolgungshandlungen gewährt wird, die auf spezifischen Verfolgungsgründen beruhen, schützt § 4 vor der Gefahr ernsthafter Schäden durch menschliche Gefährdungsakteure und unabhängig von den Gründen der Gefährdung.

Aus dem Verzicht auf ein Erfordernis spezifischer Verfolgungsgründe folgt jedoch zugleich, **101c** dass § 4 ein zielgerichtetes Handeln des Gefährdungsakteurs richtigerweise nicht voraussetzt – es genügt vielmehr, dass die Gefahr eines ernsthaften Schadens von einem Akteur nach § 3c „ausgeht". Dies zeigt auch der Umstand, dass § 4 Abs. 1 S. 2 Nr. 3 gerade auch vor Gefahren schützt, die auf „willkürlicher" Gewalt beruhen (zutr. VG Köln BeckRS 2017, 145935 Rn. 36; aA BVerwG NVwZ 2021, 327 (329); VGH BW BeckRS 2018, 27989 Rn. 53; VG Wiesbaden BeckRS 2019, 5448 Rn. 38 ff.). Eine objektive Zielgerichtetheit der Gefährdungshandlungen kann daher – anders als im Rahmen der Anwendung der §§ 3 ff. – gerade nicht verlangt werden.

Das etwa von Broscheit/Gornik ZAR 2018, 302 (306 f.) vorgebrachte Gegenargument, dass das nur **101c.1** in § 4 Abs. 1 S. 2 Nr. 3 geregelte Tatbestandsmerkmal der „willkürlichen" Gewalt gerade deutlich mache, dass die übrigen Gefährdungstatbestände ein zielgerichtetes Handeln voraussetzten, ist systematisch unstimmig. Denn insbesondere der Gefährdungstatbestand der „grausamen und unmenschlichen Behandlung" (Nr. 1) ist unmittelbar an die Rechtsprechung zu Art. 3 EMRK angelehnt, die unter Umständen auch fahrlässiges Verhalten genügen lässt und eine mögliche Schädigungsabsicht lediglich bei der Gewichtung des Eingriffs berücksichtigt (→ Rn. 51). Anknüpfungspunkt für eine Abweichung von der Rechtsprechung zu Art. 3 EMRK kann alleine das in § 4 Abs. 3 iVm § 3c geregelte Erfordernis eines Gefährdungsakteurs sein, das ein zielgerichtetes Vorgehen aber – wie § 4 Abs. 1 S. 2 Nr. 3 aufzeigt – nicht voraussetzt. Insoweit kann gerade keine Parallele zu den Voraussetzungen der Flüchtlingsanerkennung gezogen werden, da § 4 Abs. 3 gerade nicht auf § 3a verweist (insoweit schwer nachvollziehbar daher die entsprechende Argumentation bei BVerwG NVwZ 2021, 327 (329) sowie Broscheit/Gornik ZAR 2018, 302 (307)).

101d Allerdings ist insoweit zu differenzieren: Für die Gewährung subsidiären Schutzes reicht es nicht aus, dass die drohende Gefahr eines ernsthaften Schadens historisch auf Handlungen eines Verfolgungsakteurs zurückgeführt werden kann, auch wenn dieser gegenwärtig nicht mehr auf die Lebenssphäre des Betroffenen einwirkt. Sie muss vielmehr auch gegenwärtig von einem Gefährdungsakteur iSd § 3c „ausgehen". Eine Gesundheitsgefahr, die auf der Verschlechterung der allgemeinen Lebensverhältnisse durch frühere Konflikthandlungen beruht, begründet daher ebenso wenig einen subsidiären Schutzanspruch wie in der Vergangenheit erlittene unmenschliche Behandlungen, deren psychische oder körperliche Auswirkungen weiterhin behandlungsbedürftig sind (so im Ergebnis auch BVerwG NVwZ 2021, 327 (329); VGH BW BeckRS 2018, 27989 Rn. 53; EuGH BeckRS 2018, 6060 Rn. 47 ff. – MP / Secretary of State for the Home Department mit jeweils abweichender Begründung).

101e Warum insbesondere der EuGH der „absichtlichen" Vorenthaltung medizinischer Versorgungsleistungen dennoch in der Vergangenheit eine besondere Bedeutung beigemessen hat (vgl. EuGH NVwZ-RR 2015, 158 (159 f.) – Bodj), ist auch der Systematik der Qualifikationsrichtlinie heraus nicht zu erklären, da insoweit richtigerweise nach dem Bestehen einer Behandlungspflicht zu fragen gewesen wäre (so mittlerweile andeutungsweise auch EuGH BeckRS 2018, 6060 Rn. 57 – MP / Secretary of State for the Home Department). Nur soweit eine solche besteht, kann ein bloßes Unterlassen eine zurechenbare Gefährdung begründen; der hinter einer Pflichtverletzung stehenden Absicht kann dann nur hinsichtlich der Frage Bedeutung zukommen, ob diese das Maß einer „grausamen und unmenschlichen" Behandlung erreicht (→ Rn. 44, → Rn. 51). Keinesfalls kann aus den genannten Entscheidungen aber gefolgert werden, dass sich der Schutz des § 4 generell nur auf zielgerichtete Gefährdungshandlungen erstreckt (so aber mittlerweile – in Fortschreibung der og Rechtsprechung des EuGH BVerwG NVwZ 2021, 327 (329) sowie VGH BW BeckRS 2018, 27989 Rn. 53).

102 Hinsichtlich der Verweisung auf § 3d und § 3e ergeben sich keine Besonderheiten (BeckOK AuslR/Kluth Rn. 31), so dass auf die einschlägige Kommentierung verwiesen werden kann (→ § 3d Rn. 1 ff.; → § 3e Rn. 1 ff.). Die hierdurch aus dem Flüchtlingsrecht übernommene Normsystematik zeigt auf, dass sich auch die Prüfung des subsidiären Schutzanspruchs auf die Prüfung einer Gefährdungslage in der **Herkunftsregion** – nicht notwendigerweise zugleich die tatsächlich wahrscheinliche Rückkehrregion – konzentriert und die Möglichkeit der Verweisung auf die Rückkehr in andere Regionen unter dem Vorbehalt der in § 3e genannten Bedingungen steht (vgl. NK-AuslR/Keßler Rn. 28 sowie ausf. → § 3 Rn. 37 ff.; → § 3e Rn. 14).

Abschnitt 3. Allgemeine Bestimmungen

§ 5 Bundesamt

(1) ¹**Über Asylanträge entscheidet das Bundesamt für Migration und Flüchtlinge (Bundesamt). ²Es ist nach Maßgabe dieses Gesetzes auch für ausländerrechtliche Maßnahmen und Entscheidungen zuständig.**

(2) ¹**Das Bundesministerium des Innern, für Bau und Heimat bestellt den Leiter des Bundesamtes. ²Dieser sorgt für die ordnungsgemäße Organisation der Asylverfahren.**

(3) ¹**Der Leiter des Bundesamtes soll bei jeder Zentralen Aufnahmeeinrichtung für Asylbewerber (Aufnahmeeinrichtung) mit mindestens 1 000 dauerhaften Unterbringungsplätzen in Abstimmung mit dem Land eine Außenstelle einrichten. ²Er kann in Abstimmung mit den Ländern weitere Außenstellen einrichten.**

(4) ¹Der Leiter des Bundesamtes kann mit den Ländern vereinbaren, ihm sachliche und personelle Mittel zur notwendigen Erfüllung seiner Aufgaben in den Außenstellen zur Verfügung zu stellen. ²Die ihm zur Verfügung gestellten Bediensteten unterliegen im gleichen Umfang seinen fachlichen Weisungen wie die Bediensteten des Bundesamtes. ³Die näheren Einzelheiten sind in einer Verwaltungsvereinbarung zwischen dem Bund und dem Land zu regeln.

(5) ¹Der Leiter des Bundesamtes kann mit den Ländern vereinbaren, dass in einer Aufnahmeeinrichtung Ausländer untergebracht werden, deren Verfahren beschleunigt nach § 30a bearbeitet werden sollen (besondere Aufnahmeeinrichtungen). ²Das Bundesamt richtet Außenstellen bei den besonderen Aufnahmeeinrichtungen nach Satz 1 ein oder ordnet sie diesen zu. ³Auf besondere Aufnahmeeinrichtungen finden die für Aufnahmeeinrichtungen geltenden Regelungen Anwendung, soweit nicht in diesem Gesetz oder einer anderen Rechtsvorschrift etwas anderes bestimmt wird.

A. Allgemeines

Das Bundesamt für Migration und Flüchtlinge (BAMF) ist eine Bundesbehörde mit Sitz in **1** Nürnberg, die dem Bundesministerium des Innern, für Bau und Heimat nachgeordnet ist.

Für die **Entstehungsgeschichte** des Bundesamtes ist das Jahr 1953 bedeutsam, da die damalige **2** Bundesrepublik Deutschland mit ihrem Beitritt zur GFK die Bundesdienststelle für die Anerkennung ausländischer Flüchtlinge schuf (Asylverordnung v. 6.1.1953, BGBl. I 3). Mit dem 1965 in Kraft getretenen AuslG wurde das Bundesamt für die Anerkennung ausländischer Flüchtlinge (BAFl) errichtet, welches dem Bundesministerium des Innern unterstellt wurde (Kreienbrink ZAR 2013, 397 (400)).

Im Rahmen des **ZuwG** (Zuwanderungsgesetz v. 30.7.2004, BGBl. I 1950) wurden 2005 **3** nicht nur der Name des Bundesamtes, sondern auch zentrale Organisationsstrukturen der Behörde verändert. Neben der Ausweitung der Kompetenzen des Bundesamtes – etwa im Bereich Integration und Forschung – wurde das Asylverfahren wesentlich verändert. Zum einen wurde die die Weisungsunabhängigkeit der Entscheider und zum anderen der Bundesbeauftragte für Asylangelegenheiten abgeschafft. Die Weisungsunabhängigkeit, die die Entscheider im Asylverfahren von politischen Einflussnahmen schützen sollte, war als ein Grund für mangelnde Effektivität der Asylverfahren in die Kritik geraten. Laut Gesetzesbegründung des ZuwG sei die Weisungsunabhängigkeit der Einzelentscheider für eine uneinheitliche Entscheidungspraxis verantwortlich, so dass zur Wahrung der Rechtseinheitlichkeit der Rechtsweg beschritten werden müsse – entweder durch den Asylbewerber oder den Bundesbeauftragten für Asylangelegenheiten, was wiederum zu Verfahrensverzögerungen führe (ZuwG-E, BT-Drs. 15/430, 107).

Die Reform von 2005 sollte durch eine **Schaffung einer „monokratischen Behörden-** **4** **struktur"** sicherstellen, dass eine einheitliche Entscheidungspraxis hierarchisch sicher zu stellen (ZuwG-E, BT-Drs. 15/430, 107). Allerdings wurde das Ziel, die Zahl der Klageverfahren zu senken, nicht erreicht: 2019 klagten 49,5 % aller Antragsteller gegen ihren Bescheid (https://www.bamf.de/SharedDocs/Meldungen/DE/2020/20200330-am-gerichtsstatistik-2019.html?nn=282388).

B. Im Einzelnen

I. Zuständigkeit des Bundesamtes (Abs. 1)

1. Entscheidungsmonopol für Asylanträge (S. 1)

Die Vorschrift weist dem Bundesamt die Aufgabe zu, über Asylanträge zu entscheiden. Die **5** Zuständigkeit des Bundesamtes erstreckt sich auf das gesamte Bundesgebiet. Der sachliche Umfang der Entscheidungskompetenz des Bundesamtes umfasst die Entscheidung darüber, ob dem Ausländer die Flüchtlingseigenschaft (§ 3 Abs. 4) oder der subsidiäre Schutz (§ 4 Abs. 1) zuerkannt wird und ob er als Asylberechtigter (Art. 16a Abs. 1 GG) anerkannt wird (§ 31 Abs. 2).

Ebenfalls umfasst ist die Entscheidung über den abgeleiteten Status des Familienasyls und inter- **6** nationalen Schutzes für Familienangehörige nach § 26. Die Zuständigkeit des Bundesamtes erstreckt sich zudem auf Folge- und Zweitanträge bzw. das Wiederaufgreifen eines Verfahrens (§ 71, § 71a), auf die Rücknahme oder den Widerruf der Asylberechtigung, eines internationalen Schutzstatus oder von Abschiebungsverboten (§§ 73–73c).

7   Das Bundesamt ist auch für die Verfahrensabwicklung zuständig, wie die Sachverhaltsaufklärung, Informationspflichten gegenüber dem Antragsteller sowie die Anhörung (§ 24). In Ausnahmesituationen – bei großen Zahlen von Asylantragstellungen – kann das Bundesamt die Anhörung vorübergehend von einer anderen Behörde durchführen lassen (§ 24 Abs. 1a). Entsprechend Art. 4 Abs. 3 Asylverfahrens-RL müssen die eingesetzten Bediensteten „geschult" sein. Angesichts der komplexen Rechtsmaterie des Asylrechts dürfen die Anforderungen an die Schulung nicht zu gering ausfallen.

8   Es besteht ein **Entscheidungsmonopol des Bundesamtes für Asylanträge.** Dies steht im Einklang mit Art. 4 Abs. 1 S. 1 Asylverfahrens-RL, wonach die Mitgliedstaaten „eine Asylbehörde" bestimmen, die für eine angemessene Prüfung der Anträge zuständig ist. Der Anfang der 1980er Jahre schwelende Streit, ob auch den Ausländerbehörden asylrechtliche Entscheidungskompetenzen zugestanden werden sollen (GK-AsylG, 55. EL, Rn. 2), ist inzwischen beigelegt. Dem Entscheidungsmonopol liegt der Gedanke zugrunde, dass durch die Konzentration der Verfahren bei einer Bundesbehörde eine einheitliche Anwendung asylrechtlicher Grundsätze und damit eine gleiche Behandlung aller Asylbewerber erreicht werden kann (BVerfGE 56, 216 = BeckRS 1981, 5507 Rn. 80). Zudem wird einer zentralen Behörde eine kompetente Aufklärung der Situation in den Herkunftsländern zugetraut.

2. Ausländerrechtliche Maßnahmen und Entscheidungen (S. 2)

9   Soweit das AsylG es vorsieht, ist das Bundesamt auch für ausländerrechtliche Maßnahmen und Entscheidungen zuständig. Bei der Prüfung des Asylantrags entscheidet das Bundesamt auch über das Vorliegen von zielstaatsbezogenen Abschiebungsverboten nach § 60 Abs. 5 und Abs. 7 AufenthG (§ 31 Abs. 3).

10   Das Bundesamt ist für die Abschiebungsandrohung in den Fällen der Ablehnung, Rücknahme und Aufhebung des Asylantrags (§§ 34, 35, 36, 38 und 39) und die Abschiebungsanordnung (§ 34a) zuständig.

11   Grundsätzlich besteht nach § 5 Abs. 1 S. 1, § 24 Abs. 2, § 71 Abs. 1 AufenthG die Aufgabenverteilung, dass das Bundesamt zielstaatsbezogene Aspekte und die Ausländerbehörde sonstige der Abschiebung entgegenstehende Vollzugshindernisse zu untersuchen hat (vgl. BVerwGE 105, 322 = BeckRS 9998, 170969; BVerwGE 105, 383 = BeckRS 9998, 170968). Eine Ausnahme bildet die Prüfung **inländischer Vollstreckungshindernisse in Dublin-Verfahren.** Ist ein anderer Mitgliedstaat nach der Dublin III-VO für die Durchführung des Asylverfahrens zuständig, lehnt das Bundesamt nach § 29 den Asylantrag als unzulässig ab und ordnet gem. § 34a die Abschiebung in den zuständigen Staat an. Die Abschiebungsanordnung nach § 34a setzt zudem tatbestandsmäßig voraus, dass die Abschiebung in tatsächlicher und rechtlicher Hinsicht durchgeführt werden kann.

12   Nach der Rechtsprechung des BVerfG ist es allein Sache des Bundesamtes zu prüfen, ob die Abschiebung durchgeführt werden kann. Das Bundesamt habe damit sowohl zielstaatsbezogene Abschiebungshindernisse als auch der Abschiebung entgegenstehende inlandsbezogene Vollzugshindernisse zu prüfen (BVerfG Beschl. v. 17.9.2014 – 2 BvR 732/14, juris Rn. 11, BeckRS 2014, 569). Dies gilt auch für den Zeitraum nach Erlass der Abschiebungsanordnung entstandene Abschiebungshindernisse und Duldungsgründe (OVG NRW BeckRS 2012, 46075). In diesen Fallkonstellationen entstehen in der Praxis die meisten Probleme, da ein Informationsfluss zwischen Vollzugsbehörde und Bundesamt – etwa über krankheitsbedingte Vollstreckungshindernisse – nicht immer gewährleistet ist. Das Bundesamt muss jedoch organisatorisch sicherstellen, in jedem Verfahrensstadium von Amts wegen das Bestehen von Vollstreckungshindernissen feststellen zu können, um ggf. die Ausländerbehörden anzuweisen, den Vollzug abzubrechen.

II. Leiter des Bundesamtes (Abs. 2)

13   Nach Abs. 2 S. 1 bestellt das Bundesinnenministerium den Leiter des Bundesamtes. Dieser führt den Titel Präsident des Bundesamtes. Seit dem 21.6.2018 leitet Dr. Hans-Eckhard Sommer das Bundesamt.

14   Der Leiter des Bundesamtes hat für die ordnungsgemäße Organisation der Asylverfahren zu sorgen (Abs. 2 S. 2). Er muss dabei Art. 4 Abs. 1 S. 1 Asylverfahrens-RL beachten, wonach sicherzustellen ist, „dass diese Behörde zur Erfüllung ihrer Aufgaben nach Maßgabe dieser Richtlinie angemessen ausgestattet ist und über kompetentes Personal in ausreichender Zahl verfügt."

15   Die Organisationsstruktur des Bundesamtes sieht vor, dass die **Asylverfahren dezentral in Außenstellen** durchgeführt werden. Seit Herbst 2015 hat das Bundesamt **Ankunftszentren** eingeführt, in denen Schritte im Asylverfahren gebündelt durchgeführt werden: die ärztliche Untersuchung durch die Länder, die Aufnahme der persönlichen Daten und der Identitätsprüfung,

Antragstellung und Anhörung und schließlich Entscheidung über den Asylantrag. Eine andere Verwaltungseinheit stellen **Entscheidungszentren** dar, in denen entscheidungsreife Verfahren entschieden werden. Anhörungen finden hier nicht statt. Das Auseinanderfallen von Anhörer und Entscheider, was seit Einführung der elektronischen Akte zugenommen hat, stellt in Hinblick auf die **Qualität** der Asylentscheidung ein Problem dar. Die für das Asylverfahren zentrale Prüfung der Glaubhaftigkeit des Vortrags des Antragstellers ist nach Aktenlage kaum möglich. Ein faires Asylverfahren ist am besten gewährleistet, wenn Anhörung und Entscheidung durch dieselbe Person erfolgt.

Das Bundesamt gliedert sich **hierarchisch in Abteilungen, Gruppen und Referate.** Dabei 16
bilden die Referate die „organisatorischen Grundeinheiten des Bundesamtes" und sind nach Sachzusammenhängen zu Gruppen zusammengeschlossen (s. Organigramm auf http:// www.bamf.de/DE/DasBAMF/Aufbau/Organigramm/organigramm-node.html).

Zu den organisatorischen Aufgaben gehören die Organisation des Betreibens der Außenstellen, 17
die Qualifizierung von Mitarbeitern, die Bereitstellung von Länderinformationen und die Sicherstellung der Prozessvertretung (Marx AsylG Rn. 15). Instrumente der Organisation der Asylverfahren sind Dienstanweisungen und Arbeitsanleitungen. Dazu gehören **Herkunftsländer-Leitsätze,** die jedoch nicht öffentlich zugänglich sind, da das Bundesamt sie als Verschlusssachen des Geheimhaltungsgrades „VS – Nur für den Dienstgebrauch" einstuft. Eine Klage nach dem IFG (Informationsfreiheitsgesetz v. 5.9.2005, BGBl. I 2722) auf Zugang zu den Leitsätzen wurde abgewiesen (VG Ansbach BeckRS 2008, 46647). Die Herkunftsländer-Leitsätze geben die Richtung für Entscheidungen bezogen auf einzelne Herkunftsländer zu unter anderem folgenden Themen vor: Bestehen inländischer Fluchtalternativen, Gruppenverfolgung oder Sippenhaft.

III. Außenstellen des Bundesamtes (Abs. 3, Abs. 4)

Der Leiter des Bundesamtes soll bei jeder zentralen Aufnahmeeinrichtung für Asylbewerber 18
(Aufnahmeeinrichtung) mit mindestens 1.000 dauerhaften Unterbringungsplätzen in Abstimmung mit dem Land eine Außenstelle einrichten. Er kann in Abstimmung mit den Ländern weitere Außenstellen einrichten.

Eine Außenstelle soll bei jeder Aufnahmeeinrichtung (§ 44) mit mindestens 1.000 dauerhaften 19
Unterbringungsplätzen eingerichtet werden. Die Erstaufnahmeeinrichtungen werden von den Ländern bereitgestellt. Aus Effektivitätsgesichtspunkten wird eine Mindestkapazität von Unterbringungsplätzen vorausgesetzt. Allerdings ist es nicht ausgeschlossen, dass mehrere kleinere Einrichtungen in räumlicher Nähe zusammen eine Aufnahmeeinrichtung bilden können (BT-Drs. 18/7538, 15 zu Abs. 5). 2016 wurde die Grenze von 500 auf 1.000 heraufaufgesetzt, um die Organisationseinheiten zu vergrößern und die Einrichtung von Außenstellen zu flexibilisieren (BT-Drs. 18/8615, 50).

IV. Besondere Aufnahmeeinrichtungen (Abs. 5)

Der Leiter des Bundesamtes kann mit den Ländern vereinbaren, an bestimmten Standorten 20
besondere Aufnahmeeinrichtungen einzurichten. Diese unterscheiden sich von den Aufnahmeeinrichtungen nach § 5 Abs. 3 S. 1 nur durch die in ihnen untergebrachte besondere Personengruppe nach § 30a Abs. 1 (BT-Drs. 18/7538, 15).

§ 6 Verbindlichkeit asylrechtlicher Entscheidungen

[1]**Die Entscheidung über den Asylantrag ist in allen Angelegenheiten verbindlich, in denen die Anerkennung als Asylberechtigter oder die Zuerkennung des internationalen Schutzes im Sinne des § 1 Absatz 1 Nummer 2 rechtserheblich ist.** [2]**Dies gilt nicht für das Auslieferungsverfahren sowie das Verfahren nach § 58a des Aufenthaltsgesetzes.**

A. Allgemeines

Die Vorschrift enthält die Verbindlichkeitsanordnung für die Anerkennung als Asylberechtigter 1
oder die Zuerkennung des internationalen Schutzes (also dem Flüchtlingsschutz oder subsidiären Schutz) und die Durchbrechung der Verbindlichkeitsanordnung in Auslieferungsverfahren sowie Verfahren nach § 58a AufenthG.

Aufgrund der Einführung eines einheitlichen Schutzstatus durch das Unionsrecht wurde mit 2
dem Gesetz zur Umsetzung der Richtlinie 2011/95/EU (v. 28.8.2013, BGBl. I 3474) § 6 angepasst

und der (ehemals durch § 4 normierte) Anwendungsbereich entsprechend erweitert (vgl. Marx AsylG Rn. 2). Die Bindungswirkung der Entscheidungen des Bundesamtes gem. § 60 Abs. 5 oder Abs. 7 AufenthG (Abschiebungsverbote) ist in § 42 geregelt (→ § 42 Rn. 3 ff.).

B. Im Einzelnen

I. Bindungswirkung

3   Ein Verwaltungsakt entfaltet grundsätzlich nur Wirkungen zwischen den Verfahrensbeteiligten. Allerdings kann kraft gesetzlicher Anordnung ein Verwaltungsakt auch Bindungswirkung über diesen Kreis hinaus entfalten. Bei § 6 handelt es sich um einen **gesetzlich geregelten Fall** von Tatbestandswirkung (SBS/Sachs VwVfG § 43 Rn. 158). Eine solche **Tatbestandswirkung im engeren Sinne** bewirkt, dass auch andere Behörden oder Personen in der Weise an Existenz und in der Regel auch Inhalt des Verwaltungsaktes gebunden sind (GK-AsylG/Funke-Kaiser Rn. 6).

4   Die Reichweite der Bindungswirkung erstreckt sich insbesondere auch auf die Ausländerbehörden und Leistungsverwaltungen (Marx AsylG Rn. 3).

II. Rechtserheblichkeit der Bindungswirkung

5   Rechtserheblich ist eine solche Entscheidung immer dann, wenn die Rechtsordnung ausdrücklich oder implizit an die Statuszuerkennung anknüpft, indem sie diese zur Tatbestandsvoraussetzung einer Rechtsfolge macht (NK-AuslR/Hocks Rn. 7). Dies ist unter anderem für folgende Fälle von Bedeutung:
- Erteilung eines Aufenthaltstitels nach § 25 Abs. 1 und Abs. 2 AufenthG,
- Recht auf Familiennachzug nach §§ 30 Abs. 1 S. 1 Nr. 3 lit. c, 32 Abs. 2 Nr. 1 AufenthG,
- Ausweisungsschutz nach § 53 Abs. 3 lit. a und Abs. 3 lit. b AufentG,
- Anspruch auf Sozialleistungen (insbesondere Beendigung der Leistungsberechtigung nach § 1 Abs. 3 AsylbLG),
- Vorliegen eines persönlichen Strafaufhebungsgrundes nach § 95 Abs. 5 AufenthG iVm Art. 31 Abs. 1 GFK

(s. GEB AsylR Rn. 356; NK-AuslR/Hocks Rn. 8 ff.).

III. Entscheidung über den Asylantrag (S. 1)

6   Nach S. 1 geht die Bindungswirkung von allen Entscheidungen des Bundesamtes nach § 31 Abs. 2 aus. Erfasst sind auch die Entscheidungen nach § 26 über **Familienasyl und internationaler** Schutz für Familienangehörige. Bindend ist allein die Entscheidung des Bundesamtes über den Asylantrag, eine gerichtliche Verpflichtung zur Statuserteilung reicht nicht aus.

7   Es ist umstritten, ob die Bindungswirkung nur von positiven oder auch negativen Entscheidungen des Bundesamtes ausgeht. Der Wortlaut unterstützt die Auffassung, dass nur positive Entscheidungen erfasst sein sollen. In systematischer Hinsicht trifft die Vorschrift über den Folgeantrag nach § 71 die Regelungen zu der Frage, welche Bindungswirkung von einer negativen Entscheidung über einen Asylantrag ausgeht (s. Marx AsylG Rn. 4; dagegen für eine Bindungswirkung auch bez. negativer Entscheidungen Bergmann/Dienelt/Bergmann Rn. 6).

8   Rücknahme- und Widerrufsentscheidungen werden von der Bindungswirkung nicht erfasst, da sie nicht als Entscheidungen über den Asylantrag zu werden sind. Sie beseitigen vielmehr die Bindungswirkung der ursprünglichen positiven Statusentscheidung (NK-AuslR/Hocks Rn. 5; aA Bergmann/Dienelt/Bergmann Rn. 4).

IV. Beginn und Ende der Bindungswirkung

9   Die Bindungswirkung tritt mit Bestandskraft des Bescheides ein (vgl. zum früheren Streit über den Beginn der Bindungswirkung Marx AsylG Rn. 3).

10   Die Bindungswirkung endet mit Erlöschen der Anerkennung (§ 72 Abs. 1), dem Widerruf oder der Rücknahme der Asylanerkennung bzw. der Zuerkennung der Flüchtlingseigenschaft nach § 73. Liegt eine bestandskräftige Rücknahme oder ein bestandskräftiger Widerruf vor, entfällt die Bindungswirkung nicht rückwirkend, sondern ex nunc. Nach § 73 Abs. 2c entfällt bereits vor Bestandskraft von Widerruf und Rücknahme für Einbürgerungsverfahren die Verbindlichkeit der Entscheidung über den Asylantrag.

V. Durchbrechung der Bindungswirkung in Auslieferungsverfahren (S. 2 Alt. 1)

Nach S. 2 Alt. 1 wird in Auslieferungsverfahren die Bindungswirkung durchbrochen. Das heißt, **11** dass die für die Prüfung des Auslieferungsersuchens zuständigen Behörden und Gerichte nicht an die Entscheidung des Bundesamtes gebunden sind. Für die Vorbereitung der Entscheidung über die Auslieferung sowie für deren Durchführung ist die Staatsanwaltschaft beim Oberlandesgericht zuständig (§ 13 Abs. 2 IRG). Die gerichtliche Entscheidung über die Auslieferung trifft das Oberlandesgericht zuständig (§ 13 Abs. 1 IRG). Nach § 6 Abs. 2 IRG ist eine Auslieferung nicht zulässig, wenn ernstliche Gründe für die Annahme bestehen, dass der Verfolgte im Fall seiner Auslieferung wegen seiner Rasse, seiner Religion, seiner Staatsangehörigkeit, seiner Zugehörigkeit zu einer bestimmten sozialen Gruppe oder seiner politischen Anschauungen verfolgt oder bestraft oder dass seine Lage aus einem dieser Gründe erschwert werden würde. Hier wird also auf den Flüchtlingsbegriff der GFK Bezug genommen.

Unabhängig vom Ergebnis der gerichtlichen Prüfung entscheidet – auf politischer Ebene – das **12** Bundesministerium der Justiz und für Verbraucherschutz als Bewilligungsbehörde nach § 79 Abs. 2 IRG, ob es im Falle einer vom Gericht für rechtlich zulässig erklärten Auslieferung Bewilligungshindernisse sieht oder nicht und begründet diese Entscheidung. War Anfang der 1980er Jahre in Hinblick auf Flüchtlinge aus der Türkei die Durchbrechung der asylrechtlichen Bindungswirkung noch Gegenstand heftiger politischer Diskussionen (Marx AsylG Rn. 8), so hat sich der politische Umgang mit Auslieferungsanträgen aus der Türkei gewandelt. Auf eine Kleine Anfrage antwortete die Bundesregierung im Jahr 2012: „Bei Verfolgten, die in Deutschland Asyl genießen, wird im Regelfall von einer Umsetzung der Fahndung in Deutschland wegen eines türkischen Fahndungsersuchens in die deutschen Fahndungssysteme abgesehen" (BT-Drs. 17/10400, 4). Das heißt, bei türkischen Staatsangehörigen, die vom Bundesamt anerkannt worden sind, gibt es eine politische Grundentscheidung, nicht auszuliefern. Anders sieht es bei türkischen Staatsangehörigen aus, die in einem anderen Mitgliedstaat einen internationalen Schutzstatus erhalten haben. Hier sei ein regelmäßiger Abgleich der Interpol-Fahndungsdateien mit den Daten der Personen nicht möglich, da es keine gemeinsame Datei gibt, in der alle Daten von in der EU als schutzbedürftig anerkannten Personen gespeichert sind (BT-Drs. 17/10400, 4). Angesichts dessen, dass nach der neuen VO (EU) 603/2013 (v. 26.6.2013, ABl. 2013 L 180, 1) nun auch der Schutzstatus von Anerkannten in der Eurodac-Datei gespeichert wird, hat dieser Einwand keine mehr Grundlage mehr.

Es ist umstritten, ob die Durchbrechung der Bindungswirkung bei anerkannten Asylberechtig- **13** ten oder international Schutzberechtigten mit verfassungs- bzw. völkerrechtlichen Vorgaben in Einklang steht (ausf. GK-AsylG/Funke-Kaiser Rn. 36 ff.). Das BVerfG hat die Durchbrechung der Bindungswirkung als verfassungsrechtlich unbedenklich eingestuft, da mit dem Oberlandesgericht eine unabhängige, richterliche Instanz zur Verfügung stehe, die in einem justizförmigen Verfahren Einwände des Auszuliefernden prüfe (BVerfG NJW 1983, 1721).

VI. Durchbrechung der Bindungswirkung in Verfahren nach § 58a AufenthG (S. 2 Alt. 2)

Die Bindungswirkung wird bei Vorliegen einer Abschiebungsanordnung nach § 58a AufenthG **14** durchbrochen. Damit korrespondierend ist weder der Widerruf oder die Rücknahme einer Statusfeststellung nötig, noch bedarf es der Ausweisung oder der Abschiebungsandrohung. Allerdings ist die für die Prüfung zuständige Behörde materiell-rechtlich an den asylrechtlichen und internationalen Schutz gebunden. Angesichts der schwachen verfahrensrechtlichen Stellung der Betroffenen ist jedoch die Gesamtkonstruktion des § 58a AufenthG als menschenrechtlich problematisch einzustufen.

§ 7 Erhebung personenbezogener Daten

(1) [1]Die mit der Ausführung dieses Gesetzes betrauten Behörden dürfen zum Zwecke der Ausführung dieses Gesetzes personenbezogene Daten erheben, soweit dies zur Erfüllung ihrer Aufgaben erforderlich ist. [2]Personenbezogene Daten, deren Verarbeitung nach Artikel 9 Absatz 1 der Verordnung (EU) 2016/679 des Europäischen Parlaments und des Rates vom 27. April 2016 zum Schutz natürlicher Personen bei der Verarbeitung personenbezogener Daten, zum freien Datenverkehr und zur Aufhebung der Richtlinie 95/46/EG (Datenschutz-Grundverordnung) (ABl. L 119 vom 4.5.2016, S. 1; L 314 vom 22.11.2016, S. 72; L 127 vom 23.5.2018, S. 2) in der jeweils geltenden Fassung untersagt

ist, dürfen erhoben werden, soweit dies im Einzelfall zur Aufgabenerfüllung erforderlich ist.

(2) ¹Die Daten sind bei der betroffenen Person zu erheben. ²Sie dürfen auch ohne Mitwirkung der betroffenen Person bei anderen öffentlichen Stellen, ausländischen Behörden und nichtöffentlichen Stellen erhoben werden, wenn

1. dieses Gesetz oder eine andere Rechtsvorschrift es vorsieht oder zwingend voraussetzt,
2. es offensichtlich ist, dass es im Interesse der betroffenen Person liegt und kein Grund zu der Annahme besteht, dass sie in Kenntnis der Erhebung ihre Einwilligung verweigern würde,
3. die Mitwirkung der betroffenen Person nicht ausreicht oder einen unverhältnismäßigen Aufwand erfordern würde,
4. die zu erfüllende Aufgabe ihrer Art nach eine Erhebung bei anderen Personen oder Stellen erforderlich macht oder
5. es zur Überprüfung der Angaben der betroffenen Person erforderlich ist.

³Nach Satz 2 Nr. 3 und 4 sowie bei ausländischen Behörden und nichtöffentlichen Stellen dürfen Daten nur erhoben werden, wenn keine Anhaltspunkte dafür bestehen, dass überwiegende schutzwürdige Interessen der betroffenen Person beeinträchtigt werden.

(3) ¹Die Asylverfahrensakten des Bundesamtes sind spätestens zehn Jahre nach unanfechtbarem Abschluss des Asylverfahrens zu vernichten sowie in den Datenverarbeitungssystemen des Bundesamtes zu löschen. ²Die Fristen zur Vernichtung und Löschung aufgrund anderer Vorschriften bleiben davon unberührt

A. Allgemeines

1   Die Vorschrift stellt zusammen mit § 8 die **bereichsspezifischen Datenverarbeitungsregelungen** für die Erhebung und Verarbeitung von personenbezogenen Daten bei der Durchführung des AsylG dar. Die Erhebung personenbezogener Daten im Asylverfahren unterliegt den durch die Rechtsprechung des BVerfG entwickelten Anforderungen an den Schutz der informationellen Selbstbestimmung und zum anderen den Vorgaben der EU, welche mit der DS-GVO (VO (EU) 2016/679 v. 27.4.2016, ABl. 2016 L 119, 1) unmittelbar anwendbares Recht geschaffen hat. Ebenfalls sind die Garantien der GRCh, insbesondere der **Schutz personenbezogener Daten** (Art. 8 GRCh), zu beachten, da sich das Asylrecht seit Inkrafttreten des Amsterdamer Vertrags 1999 im Anwendungsbereich des Unionsrechts befindet (Art. 51 Abs. 1 GRCh).

2   Das **Grundrecht auf informationelle Selbstbestimmung** (Art. 2 Abs. 1 GG iVm Art. 1 Abs. 1 GG), welches auch für Asylbewerber gilt, schützt die Befugnis des Einzelnen, grundsätzlich selbst über die Preisgabe und Verwendung seiner persönlichen Daten zu bestimmen (BVerfG BeckRS 2016, 44719 Rn. 56; grdl. BVerfGE 65, 1 = NJW 1984, 419 – Volkszählungsurteil). Jede Verarbeitung personenbezogener Daten stellt einen Grundrechtseingriff dar, denn unter den Bedingungen der automatischen Datenverarbeitung kann es kein „belangloses" Datum mehr geben (BVerfGE 65, 1 Rn. 98 = NJW 1984, 419). Das Grundrecht ist jedoch nicht schrankenlos gewährleistet, Einschränkungen müssen im überwiegenden Allgemeininteresse sein. Erforderlich ist eine (verfassungsmäßige) gesetzliche Grundlage, aus der sich die Voraussetzungen und der Umfang der Beschränkungen klar und für den Bürger erkennbar ergeben und die damit dem rechtsstaatlichen Gebot der Normenklarheit entspricht (BVerfGE 65, 1 Rn. 97 = NJW 1984, 419). Es muss der Grundsatz der Verhältnismäßigkeit gewahrt werden.

B. DS-GVO

3   Seit dem 25.5.2018 gilt die DS-GVO. Der Unionsgesetzgeber hat dabei eine Handlungsform gewählt, die keiner Umsetzung ins nationale Recht bedarf. Als Verordnung hat die DS-GVO gem. Art. 288 Abs. 2 AEUV allgemeine Geltung, ist in allen ihren Teilen verbindlich und gilt unmittelbar in jedem Mitgliedstaat (EuGH BeckRS 2005, 70788 Rn. 13 – Dahms). Dem mitgliedstaatlichen Datenschutzrecht kommt lediglich eine ergänzende Funktion zu (Gola/Klug NJW 2018, 2608). Das neu gefasste BDSG ist nur insoweit anwendbar, als die DS-GVO keine Regelung getroffen hat (s. § 1 Abs. 5 BDSG). Insgesamt sind mitgliedstaatliche Regelungen nur noch anwendbar, soweit es die Öffnungsklauseln der DS-GVO ausdrücklich zulassen, zB aufgrund von Art. 6 Abs. 2 DS-GVO können „spezifischere Bestimmungen zur Anpassung der Anwendung" der DS-GVO beibehalten oder eingeführt werden (ausf. Kühling/Martini/Heberlein/Kühl/Nink/Weinzierl/Wenzel, Die Datenschutz-Grundverordnung und das nationale Recht, 2016).

Nach der DS-GVO umfasst der Schutz personenbezogener Daten die Verarbeitung der perso- 4
nenbezogenen Daten aller natürlichen Personen **ungeachtet ihrer Staatsangehörigkeit oder
ihres Aufenthaltsortes** (Erwägungsgrund 14 DS-GVO). Es handelt sich also um ein Menschenrecht (Paal/Pauly/Ernst DS-GVO Art. 1 Rn. 7), auf das sich auch Asylantragsteller während des
Asylverfahrens berufen können.

Rechte der Betroffenen Person nach der DS-GVO: 5
• Auskunft über die Speicherung und Verarbeitung (Art. 15 DS-GVO),
• Recht auf Berichtigung falscher Daten (Art. 16 DS-GVO),
• Recht auf Löschung nicht mehr benötigter Daten (Art. 17 DS-GVO),
• Einschränkung der Verarbeitung (Art. 18 DS-GVO),
• Recht auf Datenübertragbarkeit (Art. 20 DS-GVO),
• Widerspruch gegen die Verarbeitung (Art. 21 DS-GVO).
Die im Asylverfahren erhobenen personenbezogenen Daten sind regelmäßig besonders sensibel, 6
sodass ihre Verarbeitung nach Art. 9 DS-GVO besonders strengen Anforderungen unterliegt.

C. Im Einzelnen

I. Erhebung personenbezogener Daten (Abs. 1)

Personenbezogene Daten sind nach Art. 4 Nr. 1 DS-GVO alle Informationen, die sich auf 7
eine identifizierte oder identifizierbare natürliche Person beziehen; als identifizierbar wird eine
natürliche Person angesehen, die direkt oder indirekt, insbesondere mittels Zuordnung zu einer
Kennung wie einem Namen, zu einer Kennnummer, zu Standortdaten, zu einer Online-Kennung
oder zu einem oder mehreren besonderen Merkmalen, die Ausdruck der physischen, physiologischen, genetischen, psychischen, wirtschaftlichen, kulturellen oder sozialen Identität dieser natürlichen Person sind, identifiziert werden kann.

Die Vorschrift ermächtigt zur **Erhebung** von Daten, was lediglich eine Variante der **Verarbei-** 8
tung von Daten iSv Art. 4 Nr. 2 DS-GVO darstellt. Angesichts dessen, dass das BAMF mit
vollständig digitalisierten Asylakten arbeitet (Pressemitteilung des BAMF v. 7.9.2016, https://
www.bamf.de/SharedDocs/Pressemitteilungen/DE/2016/20160907-040-pm-digitale-
asylakten.html?nn=1366068), greift die Befugnisnorm zu kurz und wird den verfassungsrechtlichen Anforderungen an die Bestimmtheit und Normenklarheit nicht gerecht (zum Datenaustauschverbesserungsgesetz v. 2.2.2016, BGBl. I 130, Eichenhofer NVwZ 2016, 431 ff.).

Als **Zweck der Datenerhebung** verweist § 7 auf die Erfüllung der durch das AsylG zugewiese- 9
nen Aufgaben. Die Zweckbestimmung ist damit recht allgemein gehalten und stößt daher auf
verfassungsrechtliche Bedenken hinsichtlich der Bestimmtheit (GK-AsylG/Petri Rn. 46; aA
BeckOK AuslR/Kluth Rn. 4). Nach Art. 5 Abs. 1 lit. b DS-GVO dürfen personenbezogene
Daten nur für festgelegte, eindeutige und legitime Zwecke erhoben werden und dürfen nicht in
einer mit diesen Zwecken nicht zu vereinbarenden Weise weiterverarbeitet werden.

Zur **Erhebung befugte Behörden** sind nicht nur das Bundesamt und seine Außenstellen 10
(§ 5), sondern auch die Ausländerbehörden und die Polizei, die nach § 19 Abs. 1 die Aufgaben
haben, um Asyl nachsuchende Ausländer an die nächstgelegene Aufnahmeeinrichtung zur Meldung weiterzuleiten (VG Hamburg BeckRS 2013, 56607).

Hinsichtlich des **Verfahrens** zur Datenspeicherung, -verarbeitung und -nutzung sind die Vor- 11
schriften der DS-GVO zu beachten. Der bislang erfolgte Rückgriff auf die Landesdatenschutzgesetze (zB bezüglich eines Anspruchs auf Löschung eines Anhörungsprotokolls, vgl. VG Hamburg
BeckRS 2013, 56607) ist nicht mehr möglich, soweit die DS-GVO das Verfahren und die Rechte
der Betroffenen regelt.

Nach S. 2 dürfen besonders sensible Daten – die nunmehr in Art. 9 DS-GVO geregelt sind – 12
nur erhoben werden, wenn und soweit dies im Einzelfall zur Aufgabenerfüllung erforderlich ist.
Nach Art. 9 Abs. 2 lit. f DS-GVO ist die Verarbeitung **sensibler personenbezogener Daten**
zulässig, wenn dies zur Geltendmachung, Ausübung oder Verteidigung von Rechtsansprüchen
oder bei Handlungen der Gerichte im Rahmen ihrer justiziellen Tätigkeit erforderlich ist. Die
Erhebung sensibler personenbezogener Daten dient der Verwirklichung des Grundrechts auf Asyl.
Hieraus ergibt sich eine Zweckbindung der Datenverarbeitung. Eine (konkludente) Einwilligung
zur Datenerhebung kann sich von vornherein nur auf den Zweck der Prüfung des Schutzantrages
beziehen (ebenso NK-AuslR/Hilbrans Rn. 6). Die besondere Qualität der personenbezogenen
Daten, die sich zB aus der Schilderung von Verfolgungssituationen ergibt, begründet das **Asylge-**
heimnis, welches einen besonderen Anspruch auf Vertraulichkeit und Diskretion begründet

(BeckOK AuslR/Kluth Rn. 5). Die Achtung des Vertraulichkeitsgrundsatzes ergibt sich aus Art. 48 Asylverfahrens-RL.

II. Erhebungsmodalitäten (Abs. 2)

13   Vorrangig sind die Daten **beim Betroffenen** zu erheben (S. 1). Dies entspricht dem Verhältnismäßigkeitsgrundsatz, da auf diese Weise Transparenz über den Inhalt der erhobenen Daten sowie Kontrolle über die Richtigkeit der Daten gewährleistet sind (ähnlich GK-AufenthG/Petri AufenthG Vor §§ 86 ff. Rn. 19).

14   Mit diesem Grundsatz korrespondieren die Regelungen zu den Mitwirkungspflichten (§ 15) sowie die Befugnis zur Durchführung erkennungsdienstliche Maßnahmen (§ 16).

15   Erhebungen bei **ausländischen Behörden** sind nach dem Wortlaut von Abs. 2 S. 2 nur dann zulässig, wenn keine Anhaltspunkte dafür bestehen, dass überwiegende schutzwürdige Interessen des Betroffenen beeinträchtigt werden. Allerdings sind Auskunftsersuchen gegenüber ausländischen Behörden des Herkunftsstaates des Asylbewerbers als schlechthin ungeeignet anzusehen, weil ihnen zwangsläufig ein so hohes Maß nicht klärbarer Zweifel an ihrer Richtigkeit innewohnen würde (BVerwG Buchholz 402.25 § 1 AsylVfG Nr. 9 = BeckRS 1983, 31276443). Nach Art. 44–50 DS-GVO dürfen personenbezogene Daten an Drittländer nur unter der Voraussetzung übermittelt werden, dass die Kommission einen Angemessenheitsbeschluss getroffen hat, welcher unter anderem die Überprüfung der Menschenrechtslage in dem Drittland vorsieht. Unter Übermittlung ist jede Offenlegung personenbezogener Daten gegenüber einem Empfänger in einem Drittland zu verstehen (Paal/Pauly/Pauly DS-GVO Art. 44 Rn. 4). Da eine Erhebung von Daten mit der Übermittlung von Daten einhergeht, unterliegt auch die Erhebung von Daten in Drittländern den besagten Vorschriften.

16   Die Erhebung personenbezogener Daten bei **öffentlichen oder nichtöffentlichen Stellen** ist in den in Abs. 2 S. 2 Hs. 2 genannten Fällen ausnahmsweise erlaubt. Eine Datenerhebung ohne Mitwirkung des Betroffenen ist zulässig, wenn eine Rechtsvorschrift dies ausdrücklich vorsieht (Nr. 1). Hierfür muss die Vorschrift besonders festlegen, welche Daten bei Dritten erhoben werden dürfen (Hailbronner AuslR § 7 Rn. 24). Eine mutmaßliche Einwilligung soll ausreichen, wenn die Datenerhebung offensichtlich im Interesse des Betroffenen ist (Nr. 2). Steht der Einholung einer tatsächlichen Einwilligung nichts im Wege, so ist diese vorrangig (GK-AsylG/Petri Rn. 68). Die dritte Fallgruppe setzt voraus, dass die Mitwirkung des Betroffenen nicht ausreicht oder diese einen unverhältnismäßigen Aufwand erfordern würde (Nr. 3). Schließlich sind Ausnahmen noch wegen der Art der Erhebung (Nr. 4) und aufgrund der Überprüfungsbedürftigkeit der Angaben des Betroffenen (Nr. 5) vorgesehen.

17   **Öffentliche Stellen des Bundes** sind die Behörden, die Organe der Rechtspflege und andere öffentlich-rechtlich organisierte Einrichtungen des Bundes, der bundesunmittelbaren Körperschaften, der Anstalten und Stiftungen des öffentlichen Rechts sowie deren Vereinigungen ungeachtet ihrer Rechtsform (§ 1 Abs. 1 BDSG). **Öffentliche Stellen der Länder** sind die Behörden, die Organe der Rechtspflege und andere öffentlich-rechtlich organisierte Einrichtungen eines Landes, einer Gemeinde, eines Gemeindeverbandes oder sonstiger der Aufsicht des Landes unterstehender juristischer Personen des öffentlichen Rechts sowie deren Vereinigungen ungeachtet ihrer Rechtsform (§ 2 Abs. 2 BDSG). In diesem Sinne sind unter öffentliche Stellen insbesondere die Polizeibehörden von Bund und Ländern, die Ordnungsbehörden, Strafverfolgungs-, Strafvollstreckungs- und Strafvollzugsbehörden, Gerichte, Auslandsvertretungen, das Bundesamt für Migration und Flüchtlinge, die Meldebehörden, Standesämter, Einwohnermeldeämter, Finanzämter, die Bundesagentur für Arbeit, Träger der Sozialhilfe, Träger der Grundsicherung für Arbeitsuchende, Jugendämter und öffentliche Stellen in den Bereichen Erziehung, Bildung und Wissenschaft zu verstehen (Marx AsylG Rn. 14). **Nichtöffentliche Stellen** sind natürliche und juristische Personen, Gesellschaften und andere Personenvereinigungen des privaten Rechts (§ 2 Abs. 4 S. 1 BDSG).

III. Aktenvernichtungsanordnung (Abs. 3)

18   Abs. 3 S. 1 ordnet die Vernichtung der Asylverfahrensakte und die Löschung der entsprechenden Datensätze spätestens zehn Jahre nach unanfechtbarem Abschluss des Asylverfahrens an. Diese Regelung wurde mit dem Asylverfahrensbeschleunigungsgesetz (v. 20.1.2015, BGBl. I 1722) mit folgender Begründung eingeführt: „Da der Aufenthalt eines Ausländers in der Regel mit der Entscheidung über den Asylantrag nicht unmittelbar endet, ist es erforderlich, dass das Bundesamt die Verfahrensakten für einen [bestimmten Zeitraum] aufbewahrt. Dies ist notwendig, um Rückfragen der Ausländerbehörden beantworten zu können, insbesondere aber, um im Falle eines Folgeantrags den Inhalt des vorherigen Verfahrens nachweisen zu können. Nach Ablauf von zehn

Jahren ist nicht mehr mit einem Folgeantrag zu rechnen. Im Gegensatz zu den erkennungsdienstlichen Unterlagen enthält das Gesetz bislang keine ausdrückliche Löschfrist für die Asylverfahrensakten des Bundesamts. Im Sinne der Rechtssicherheit soll eine solche nunmehr aufgenommen werden" (BT-Drs. 18/6185, 46).

Die Asylakte ist neben dem Folgeantrag auch für einen Widerruf oder die Rücknahme der   **19** Anerkennung als Asylberechtigter und der Zuerkennung der Flüchtlingseigenschaft nach § 73 bedeutsam, da die Tatsachenfeststellung der Ausgangsbescheide regelmäßig entscheidungserheblich ist. Zwingend sind beim Vorliegen der Tatbestandsvoraussetzungen ein Widerruf bzw. die Rücknahme nur innerhalb der ersten drei Jahre nach Unanfechtbarkeit der Entscheidung auszusprechen – danach stehen diese Entscheidungen im Ermessen der Behörde.

§ 8 Übermittlung personenbezogener Daten

(1) Öffentliche Stellen haben auf Ersuchen (§ 7 Abs. 1) den mit der Ausführung dieses Gesetzes betrauten Behörden ihnen bekannt gewordene Umstände mitzuteilen, soweit besondere gesetzliche Verarbeitungsregelungen oder überwiegende schutzwürdige Interessen der betroffenen Person dem nicht entgegenstehen.

(1a) Die für die Einleitung eines Strafverfahrens zuständigen Stellen haben in Strafsachen gegen die betroffene Person das Bundesamt unverzüglich zu unterrichten über
1. die Einleitung des Strafverfahrens, soweit dadurch eine Gefährdung des Untersuchungszwecks nicht zu erwarten ist, und die Erhebung der öffentlichen Klage, wenn eine Freiheitsstrafe von mindestens drei Jahren zu erwarten ist,
2. die Einleitung des Strafverfahrens, soweit dadurch eine Gefährdung des Untersuchungszwecks nicht zu erwarten ist, und die Erhebung der öffentlichen Klage wegen einer oder mehrerer vorsätzlicher Straftaten gegen das Leben, die körperliche Unversehrtheit, die sexuelle Selbstbestimmung, das Eigentum oder wegen Widerstands gegen Vollstreckungsbeamte, sofern die Straftat mit Gewalt, unter Anwendung von Drohung mit Gefahr für Leib oder Leben oder mit List begangen worden ist oder eine Straftat nach § 177 des Strafgesetzbuches ist, wenn eine Freiheits- oder Jugendstrafe von mindestens einem Jahr zu erwarten ist, und
3. die Erledigung eines Strafverfahrens
   a) durch eine rechtskräftige Verurteilung zu einer Freiheitsstrafe von mindestens drei Jahren,
   b) durch eine rechtskräftige Verurteilung zu einer Freiheits- oder Jugendstrafe von mindestens einem Jahr wegen einer oder mehrerer vorsätzlicher Straftaten gegen das Leben, die körperliche Unversehrtheit, die sexuelle Selbstbestimmung, das Eigentum oder wegen Widerstands gegen Vollstreckungsbeamte, sofern die Straftat mit Gewalt, unter Anwendung von Drohung mit Gefahr für Leib oder Leben oder mit List begangen worden ist oder eine Straftat nach § 177 des Strafgesetzbuches ist, oder
   c) in sonstiger Weise im Falle einer vorausgegangenen Unterrichtung nach Nummer 1 oder 2.

(1b) [1]Die oberste Landesbehörde oder die von ihr bestimmte Stelle kann dem Bundesamt personenbezogene Daten über körperliche, seelische, geistige oder Sinnesbeeinträchtigungen eines Ausländers übermitteln, deren Kenntnis für das Bundesamt zur ordnungsgemäßen Durchführung der Anhörung erforderlich ist. [2]Die Daten dürfen nur zu diesem Zweck verarbeitet werden und sind anschließend zu löschen.

(1c) [1]Die Träger der Grundsicherung für Arbeitsuchende, die mit der polizeilichen Kontrolle des grenzüberschreitenden Verkehrs beauftragten Behörden, die Ausländerbehörden und die deutschen Auslandsvertretungen teilen den mit der Ausführung dieses Gesetzes betrauten Behörden mit, wenn sie von Umständen Kenntnis erlangt haben, dass ein Asylberechtigter oder ein Ausländer, dem internationaler Schutz im Sinne des § 1 Absatz 1 Nummer 2 zuerkannt worden ist, in sein Herkunftsland (§ 3 Absatz 1 Nummer 2) gereist ist. [2]Die nach Satz 1 übermittelten personenbezogenen Daten dürfen nur für die Prüfung verarbeitet werden, ob die Voraussetzungen für einen Widerruf oder eine Rücknahme der Asylberechtigung oder des internationalen Schutzes vorliegen.

(2) Die zuständigen Behörden unterrichten das Bundesamt unverzüglich über ein förmliches Auslieferungsersuchen und ein mit der Ankündigung des Auslieferungsersuchens verbundenes Festnahmeersuchen eines anderen Staates sowie über den Abschluss des Auslieferungsverfahrens, wenn der Ausländer einen Asylantrag gestellt hat.

(2a) Die mit der Ausführung dieses Gesetzes betrauten Behörden teilen Umstände und Maßnahmen nach diesem Gesetz, deren Kenntnis für die Leistung an Leistungsberechtigte des Asylbewerberleistungsgesetzes erforderlich ist, sowie die ihnen mitgeteilten Erteilungen von Arbeitserlaubnissen an diese Personen und Angaben über das Erlöschen, den Widerruf oder die Rücknahme der Arbeitserlaubnisse den nach § 10 des Asylbewerberleistungsgesetzes zuständigen Behörden mit.

(3) ¹Die nach diesem Gesetz erhobenen Daten dürfen auch
1. zur Ausführung des Aufenthaltsgesetzes,
2. zur gesundheitlichen Betreuung und Versorgung von Asylbewerbern,
3. für Maßnahmen der Strafverfolgung,
4. zur Abwehr von erheblichen Gefahren für Leib und Leben des Asylbewerbers oder von Dritten und
5. auf Ersuchen zur Verfolgung von Ordnungswidrigkeiten
den damit betrauten öffentlichen Stellen, soweit es zur Erfüllung der in ihrer Zuständigkeit liegenden Aufgaben erforderlich ist, übermittelt und von diesen dafür verarbeitet werden. ²Sie dürfen an eine in § 35 Abs. 1 des Ersten Buches Sozialgesetzbuch genannte Stelle übermittelt und von dieser verarbeitet werden, soweit dies für die Aufdeckung und Verfolgung von unberechtigtem Bezug von Leistungen nach dem Zwölften Buch Sozialgesetzbuch, von Leistungen der Kranken- und Unfallversicherungsträger oder von Arbeitslosengeld oder Leistungen zur Sicherung des Lebensunterhalts nach dem Zweiten Buch Sozialgesetzbuch erforderlich ist und wenn tatsächliche Anhaltspunkte für einen unberechtigten Bezug vorliegen. ³Die nach diesem Gesetz erhobenen Daten dürfen der Bundesagentur für Arbeit übermittelt und von dieser verarbeitet werden, soweit dies zur Erfüllung von Aufgaben nach dem Dritten Buch Sozialgesetzbuch erforderlich ist. ⁴§ 88 Abs. 1 bis 3 des Aufenthaltsgesetzes findet entsprechende Anwendung.

(4) Die Verarbeitung der im Asylverfahren erhobenen Daten ist zulässig, soweit die Verarbeitung dieser Daten für die Entscheidung des Bundesamtes über die Zulassung zum Integrationskurs nach § 44 Absatz 4 des Aufenthaltsgesetzes oder zu einer Maßnahme der berufsbezogenen Deutschsprachförderung nach § 45a Absatz 2 Satz 3 und 4 des Aufenthaltsgesetzes erforderlich ist.

(5) Eine Datenübermittlung auf Grund anderer gesetzlicher Vorschriften bleibt unberührt.

A. Allgemeines

1   Die Vorschrift stellt zusammen mit § 7 die **bereichsspezifischen Datenverarbeitungsregelungen** für die Verarbeitung von personenbezogenen Daten bei der Durchführung des AsylG dar. Die Regelungen wurde 1992 eingeführt, um die „datenschutzrechtliche Erfordernisse bei der Übermittlung personenbezogener Daten" zu berücksichtigen (BT-Drs. 12/2062, 29). Im Laufe der Zeit wurden die Regelungen nach und nach ergänzt, um den Bedürfnissen von Strafverfolgungsbehörden oder Sozialleistungsträgern gerecht zu werden. Die Befugnisnorm zur Datenübermittlung wird ergänzt durch weitere Vorschriften des AsylG (§§ 18a, 20 und 21).

2   Bei der Übermittlung von personenbezogenen Daten handelt es sich um eine Form der Datenverarbeitung nach Art. 4 Nr. 2 DS-GVO. Sie unterliegt den Rechtmäßigkeitsanforderungen des Art. 6 Abs. 1 DS-GVO.

B. Im Einzelnen

I. Übermittlung auf Ersuchen (Abs. 1)

3   Eine Ermittlung von personenbezogenen Daten erfolgt nach Abs. 1 auf Ersuchen der mit der Durchführung des AsylG befassten Behörde. Ohne Ersuchen findet keine Übermittlung der Daten statt. Neben den allgemeinen Rechtmäßigkeitsanforderungen nach Art. 6 Abs. 1 DS-GVO sieht Art. 6 Abs. 2 DS-GVO spezifisch vor, dass der gesetzliche Verwendungszweck sowie überwiegende schutzwürdige Interessen des Betroffenen nicht entgegenstehen.

4   Bei den **schutzwürdigen überwiegenden Interessen des Betroffenen** kann es sich zB um Daten handeln, die deswegen vertraulich zu behandeln sind, weil ihre Preisgabe zu einer

Gesundheitsgefährdung des Betroffenen führen kann. Ein überwiegendes Interesse kann auch dann vorliegen, wenn die Intimsphäre des Betroffenen betroffen ist, wenn es zB um ein Tagebuch geht. Es muss im Einzelfall eine Abwägung getroffen werden, ob das Interesse an einer allumfassenden Aufklärung der asylrechtlich relevanten Umstände oder schutzwürdige Belange des Betroffenen überwiegen.

Besondere gesetzliche Verwendungsregelungen umfassen unter anderem das Steuerge- 5 heimnis (§ 30 AO), das Sozialdatengeheimnis (§ 35 SGB I), das Statistikgeheimnis (vgl. § 16 BStatG) und das Meldegeheimnis (vgl. § 4 MRRG) und die durch § 203 StGB begründeten Berufsgeheimnisse (BeckOK AuslR/Kluth Rn. 6).

Gegenstand der Übermittlungspflicht sind die den öffentlichen Stellen **bekannt gewordenen** 6 **Umstände.** Es besteht keine Pflicht, neue Daten zu erheben, vielmehr sind also nur die bereits vorhandenen, rechtmäßig erhobenen Daten zu übermitteln (Marx AsylG Rn. 6; Weichert InfAuslR 1993, 385).

II. Datenübermittlung in Strafverfahren (Abs. 1a)

Die Übermittlungspflichten nach Abs. 1a beziehen sich auf die Erhebung der öffentlichen Klage 7 sowie auf Verurteilungen in Hinblick auf bestimmte Straftaten. Die Datenübermittlung kann für die Anwendung von § 60 Abs. 8 AufenthG relevant sein, wonach der Ausschluss von der Zuerkennung der Flüchtlingseigenschaft bei Vorliegen bestimmter Straftaten für zulässig erklärt wird. Indes ist die Vereinbarkeit mit den völkerrechtlichen Vorgaben der GFK fraglich.

III. Datenübermittlung über Sinnesbeeinträchtigungen (Abs. 1b)

Die Kenntnis über körperliche, seelische, geistige oder Sinnesbeeinträchtigungen eines Auslän- 8 ders soll die ordnungsgemäße Durchführung der Anhörung gewährleisten. Art. 1 S. 2 UN-Behindertenrechtskonvention versteht unter „Menschen mit Behinderungen" solche Menschen, die langfristige körperliche, seelische, geistige oder Sinnesbeeinträchtigungen haben, welche sie in Wechselwirkung mit verschiedenen Barrieren an der vollen, wirksamen und gleichberechtigten Teilhabe an der Gesellschaft hindern können.

Die Norm dient dem **Schutz von Menschen mit Behinderungen,** die das Asylverfahren 9 durchlaufen. Liegen dem Bundesamt Informationen über eine Behinderung vor, so kann die Anhörung auf die Bedürfnisse der angehörten Person ausgerichtet werden. Die übermittelten Daten unterliegen der strikten Zweckbindung zur Durchführung der Anhörung.

IV. Informationen über die Reise ins Herkunftsland (Abs. 1c)

Verschiedene öffentliche Stellen sind verpflichtet, vorhandene Informationen über Reisen eines 10 Ausländers in sein Herkunftsland zu übermitteln. Die Reise ins Herkunftsland stellt regelmäßig einen Widerrufsgrund gem. § 73 dar (s. Bank NVwZ 2011, 401; Marx ZAR 2012, 281).

V. Datenübermittlung in Auslieferungsverfahren (Abs. 2)

Die Übermittlungspflicht über ein eingeleitetes Auslieferungsverfahren hat den Zweck, eine 11 sachgerechte Anwendung des § 60 Abs. 4 AufenthG zu gewährleisten (BT-Drs. 12/2062, 29). Danach darf der Ausländer bis zur Entscheidung über die Auslieferung nur mit Zustimmung des Bundesministeriums der Justiz und für Verbraucherschutz, welches nach § 74 IRG für Auslieferungsentscheidungen zuständig ist, in diesen Staat abgeschoben werden. Ohne Kenntnis über das bestehende Auslieferungsverfahren kann das Bundesamt dieses gesetzliche Abschiebungsverbot nicht berücksichtigen. Zuständig für die Übermittlung sind die für die Durchführung des Auslieferungsverfahrens zuständigen Behörden, nämlich die Generalstaatsanwaltschaften.

VI. Übermittlung an Sozialleistungsträger (Abs. 2a)

Abs. 2a regelt die Übermittlungspflicht an den Sozialleistungsträger, der für die Anwendung 12 des AsylbLG zuständig ist. Übermittelt werden sollen leistungsrechtlich relevante Informationen sowie Angaben über den Aufenthaltsstatus sowie das Erlöschen, den Widerruf oder die Rücknahme einer Aufenthaltserlaubnis. Entsprechende Regelungen finden sich in § 90 Abs. 3 AufenthG und § 71 Abs. 2 S. 1 Nr. 1 lit. a SGB X.

VII. Übermittlung zur zweckfremden Datenverarbeitung (Abs. 3)

13   Abs. 3 ermächtigt die zuständigen Behörden, die nach dem AsylG erhobenen Daten anderen
Behörden zu übermitteln. Aufgrund des Erforderlichkeitsgrundsatzes dürfen nur solche Daten
übermittelt werden, die für die konkrete Aufgabenwahrnehmung erforderlich sind.

VIII. Zulassung zu Integrationskursen (Abs. 4)

14   Der Abs. 4 wurde 2016 neu eingeführt, um die Daten aus dem Asylverfahren an das System
des Integrationsbereichs im BAMF übermitteln zu können. Zweck dieser Datenübermittlung ist,
dass eine frühzeitige Teilnahme an Integrationskursen oder an einer Maßnahme der berufsbezogenen Deutschsprachförderung sichergestellt werden soll (BT-Drs. 18/7043, 39). Aufgrund dieses
vom Gesetzgeber verfolgten Zwecks dürfen nur solche Daten weitergegeben werden, die für die
Entscheidung über die Teilnahme an einem entsprechenden Kurs erforderlich sind.

IX. Anderweitige Übermittlungsbefugnisse (Abs. 5)

15   Eine Datenübermittlung aufgrund anderer gesetzlicher Vorschriften bleibt unberührt bleibt. In
der Praxis kommt es zB zu einem Informationsaustausch mit den Nachrichtendiensten, die in der
Zentrale des Bundesamtes teilweise eigene Befragungen von Asylbewerbern durchführen (BT-
Drs. 12/4805, 145). Rechtsgrundlage für die Übermittlung von personenbezogenen Daten stellen
§§ 18 f. BVerfSchG, § 10 MADG, § 8 BNDG dar. Mit den Schutzansprüchen von Flüchtlingen
ist es nicht vereinbar, wenn aufgrund der internationalen Zusammenarbeit von Nachrichtendiensten die Angaben im Asylverfahren den Behörden der Herkunftsstaaten bekannt werden, so dass
sich die Verfolgungsgefahr intensiviert (BeckOK AuslR/Kluth Rn. 18).

X. Unwirksamer Ausschluss des Widerspruchsrechts (Abs. 6)

16   Der in Abs. 6 ursprünglich vorgesehene Ausschluss des Widerspruchsrechts muss unangewendet
bleiben. Einerseits ist die Norm, auf die er verweist (§ 20 Abs. 5 BDSG aF) nicht mehr in Kraft.
Der Gesetzgeber hat eine redaktionelle Anpassung bislang unterlassen. Andererseits sieht nun
Art. 21 Abs. 1 DS-GVO iVm Art. 6 Abs. 1 lit. e oder lit. f DS-GVO eine eigene Anspruchsgrundlage für ein Widerspruchsrecht vor, welche der betroffene Person das Recht einräumt, aus Gründen, die sich aus ihrer besonderen Situation ergeben, jederzeit gegen die Verarbeitung sie betreffender personenbezogener Daten Widerspruch einzulegen. Diese Regelung ist unmittelbar
anwendbar.

§ 9 Hoher Flüchtlingskommissar der Vereinten Nationen

**(1) ¹Der Ausländer kann sich an den Hohen Flüchtlingskommissar der Vereinten
Nationen wenden. ²Dieser kann in Einzelfällen in Verfahren beim Bundesamt Stellung
nehmen. ³Er kann Ausländer aufsuchen, auch wenn sie sich in Gewahrsam befinden
oder sich im Transitbereich eines Flughafens aufhalten.**

**(2) Das Bundesamt übermittelt dem Hohen Flüchtlingskommissar der Vereinten
Nationen auf dessen Ersuchen die erforderlichen Daten zur Erfüllung seiner Aufgaben
nach Artikel 35 des Abkommens über die Rechtsstellung der Flüchtlinge.**

**(3) Entscheidungen über Asylanträge und sonstige Angaben, insbesondere die vorge-
tragenen Verfolgungsgründe, dürfen, außer in anonymisierter Form, nur übermittelt
werden, wenn sich der Ausländer selbst an den Hohen Flüchtlingskommissar der Vereinten Nationen gewandt hat oder die Einwilligung des Ausländers anderweitig nachgewiesen ist.**

**(4) Die Daten dürfen nur zu dem Zweck verarbeitet werden, zu dem sie übermittelt
wurden.**

**(5) Die Absätze 1 bis 4 gelten entsprechend für Organisationen, die im Auftrag des
Hohen Flüchtlingskommissars der Vereinten Nationen auf der Grundlage einer Vereinbarung mit der Bundesrepublik Deutschland im Bundesgebiet tätig sind.**

A. Allgemeines

Der Hohe Flüchtlingskommissar der Vereinten Nationen (United Nations High Commissioner 1
for Refugees – UNHCR) überwacht gem. Art. 35 f. GFK die Durchführung der Bestimmungen
der GFK. Dabei müssen die Vertragsstaaten UNHCR unterstützen und ihm die erforderlichen
Auskünfte erteilen. Diesen völkerrechtlichen Verpflichtungen kommt Deutschland als Vertragsstaat
der GFK mit § 9 nach. Die Vorschrift regelt das Recht eines Asylbewerbers, zu UNHCR Kontakt
aufzunehmen sowie die **Modalitäten der Zusammenarbeit** zwischen UNCHR und dem Bundesamt. Aufgrund der Asylverfahrens-RL (RL 2013/32/EU v. 26.6.2013, ABl. 2013 L 180, 60)
wurden die Regelungen zur Zusammenarbeit zwischen UNHCR und dem Bundesamt 2007
modifiziert und auf von UNCHR beauftragte Organisationen ausgeweitet (BT-Drs. 16/5065,
416).

Der Schwerpunkt der UNHCR-Aktivitäten in Deutschland liegt im Bereich des **Rechtsschut-** 2
zes für Asylsuchende und anerkannte Flüchtlinge. Mitarbeiter der UNHCR-Büros in Berlin
und Nürnberg nehmen Stellung zu geplanten Änderungen des Asylrechts aus internationaler Sicht.
Auf Bitten von Behörden, Gerichten, Anwälten oder Asylsuchenden beziehungsweise Flüchtlingen
nehmen sie im Rahmen ihrer Möglichkeiten Stellung zu individuellen Fällen (s. www.unhcr.de).

Die UNHCR-Vertretung in Deutschland befindet sich in Berlin (Zimmerstr. 79/80, 10117 3
Berlin, Tel. 030-2022020) und mit einem Sub-Office bei der Zentrale des Bundesamtes für
Migration und Flüchtlinge in Nürnberg (Frankenstr. 210, 90461 Nürnberg, Tel. 0911-442100).

UNHCR wurde durch die Resolution 428 (V) der UN-Vollversammlung v. 14.12.1950 4
gegründet und begann seine Arbeit zum 1.1.1951.

UNHCR gibt ein regelmäßig aktualisiertes **Handbuch** über Verfahren und Kriterien zur 5
Feststellung der Flüchtlingseigenschaft heraus, mit denen Interpretationshinweise zur einheitlichen
Auslegung der GFK gegeben werden. Ergänzt wird dies durch **„Richtlinien zum Internationa-**
len Schutz". Allerdings weist das BVerwG einen Gesetzesrang dieser Dokumente zurück (Beschl.
v. 29.7.1996 – 9 B 245/96). Der EuGH betont die große Bedeutung der von UNCHR herausgegeben Dokumente für die Auslegung der unionsrechtlichen Asylvorschriften (EuGH BeckRS
2013, 81101 Rn. 44 – Halaf; ausf. zur Rolle von UNHCR für das EU-Asylrecht Zwaan, UNHCR
and the European Asylum Law, 2005).

B. Im Einzelnen

I. Kontaktaufnahme und Möglichkeit zur Stellungnahme (Abs. 1)

Die Vorschrift normiert einen Anspruch eines jeden Asylbewerbers auf Kontaktaufnahme mit 6
dem in Deutschland lokalisierten Büro des UNHCR. Die näheren **Modalitäten der Kontaktauf-**
nahme werden nicht geregelt, allerdings müssen insbesondere bei Inhaftierung eines Ausländers
praktische Vorkehrungen getroffen werden, dass eine Kontaktaufnahme auch tatsächlich möglich
ist. Die betreffende Person muss Zugang zu den Kontaktdaten haben und die Möglichkeit haben,
per Telefon oder Post Kontakt zu UNHCR-Mitarbeitern aufzunehmen.

S. 2 und S. 3 stellen eine Umsetzung von Art. 29 Asylverfahrens-RL dar. Demnach ist UNHCR 7
die **Möglichkeit zur Stellungnahme** zu einzelnen Anträgen auf internationalen Schutz in jedem
Verfahrensabschnitt zu geben (Art. 29 Abs. 1 lit. c Asylverfahrens-RL). Damit wird das Ziel
verfolgt, dass UNHCR seinen Überwachungsbefugnissen nach Art. 35 GFK nachkommen kann.
Zudem muss UNCHR auch dann Zugang zu Asylbewerbern gewährt werden, wenn diese sich
in Gewahrsam befinden oder ihr Antrag im Flughafenverfahren geprüft wird (Art. 29 Abs. 1 lit. a
Asylverfahrens-RL).

II. Übermittlung von Daten und Entscheidungen (Abs. 2, Abs. 3, Abs. 4)

Abs. 2 regelt die allgemeinen Übermittlungspflichten des Bundesamtes im Rahmen der Pflicht 8
zur Zusammenarbeit nach Art. 35 GFK. Gegenstand der Übermittlungspflicht nach Art. 35 Nr. 2
GFK ist es, Auskünfte und statistische Angaben zu liefern über
• die Lage der Flüchtlinge (Art. 35 Nr. 2 lit. a GFK),
• die Durchführung dieses Abkommens (Art. 35 Nr. 2 lit. b GFK) und
• die Gesetze, Verordnungen und Verwaltungsvorschriften, die in Bezug auf Flüchtlinge jetzt oder
  künftig in Kraft sind (Art. 35 Nr. 2 lit. c GFK).
Für die Übermittlung personenbezogenen Daten, die einzelne Asylanträge betreffen, ist Abs. 3 9
einschlägig. Hiernach bedarf es der Zustimmung des Asylbewerbers, wenn Entscheidungen über
seinen Asylantrag an UNHCR weitergegeben werden (Art. 29 Abs. 1 lit. b Asylverfahrens-RL).

Lässt die Entscheidung keine Rückschlüsse auf einen bestimmten Asylbewerber zu, darf diese ebenfalls weitergegeben werden. Entsprechendes gilt für sonstige Angaben mit Personenbezug (BT-Drs. 16/5065, 416).

III. Andere Organisationen (Abs. 5)

10   Abs. 5 wird sieht vor, dass UNHCR die Wahrnehmung seiner Aufgaben nach Art. 35 GFK auch auf andere Organisationen übertragen kann, sofern eine entsprechende Vereinbarung zwischen dem Mitgliedstaat und dem Hohen Flüchtlingskommissar besteht (Art. 29 Abs. 2 Asylverfahrens-RL).

§ 10 Zustellungsvorschriften

(1) Der Ausländer hat während der Dauer des Asylverfahrens vorzusorgen, dass ihn Mitteilungen des Bundesamtes, der zuständigen Ausländerbehörde und der angerufenen Gerichte stets erreichen können; insbesondere hat er jeden Wechsel seiner Anschrift den genannten Stellen unverzüglich anzuzeigen.

(2) ¹Der Ausländer muss Zustellungen und formlose Mitteilungen unter der letzten Anschrift, die der jeweiligen Stelle auf Grund seines Asylantrags oder seiner Mitteilung bekannt ist, gegen sich gelten lassen, wenn er für das Verfahren weder einen Bevollmächtigten bestellt noch einen Empfangsberechtigten benannt hat oder diesen nicht zugestellt werden kann. ²Das Gleiche gilt, wenn die letzte bekannte Anschrift, unter der der Ausländer wohnt oder zu wohnen verpflichtet ist, durch eine öffentliche Stelle mitgeteilt worden ist. ³Der Ausländer muss Zustellungen und formlose Mitteilungen anderer als der in Absatz 1 bezeichneten öffentlichen Stellen unter der Anschrift gegen sich gelten lassen, unter der er nach den Sätzen 1 und 2 Zustellungen und formlose Mitteilungen des Bundesamtes gegen sich gelten lassen muss. ⁴Kann die Sendung dem Ausländer nicht zugestellt werden, so gilt die Zustellung mit der Aufgabe zur Post als bewirkt, selbst wenn die Sendung als unzustellbar zurückkommt.

(3) ¹Betreiben Familienangehörige im Sinne des § 26 Absatz 1 bis 3 ein gemeinsames Asylverfahren und ist nach Absatz 2 für alle Familienangehörigen dieselbe Anschrift maßgebend, können für sie bestimmte Entscheidungen und Mitteilungen in einem Bescheid oder einer Mitteilung zusammengefasst und einem Familienangehörigen zugestellt werden, sofern er volljährig ist. ²In der Anschrift sind alle volljährigen Familienangehörigen zu nennen, für die die Entscheidung oder Mitteilung bestimmt ist. ³In der Entscheidung oder Mitteilung ist ausdrücklich darauf hinzuweisen, gegenüber welchen Familienangehörigen sie gilt.

(4) ¹In einer Aufnahmeeinrichtung hat diese Zustellungen und formlose Mitteilungen an die Ausländer, die nach Maßgabe des Absatzes 2 Zustellungen und formlose Mitteilungen unter der Anschrift der Aufnahmeeinrichtung gegen sich gelten lassen müssen, vorzunehmen. ²Postausgabe- und Postverteilungszeiten sind für jeden Werktag durch Aushang bekannt zu machen. ³Der Ausländer hat sicherzustellen, dass ihm Posteingänge während der Postausgabe- und Postverteilungszeiten in der Aufnahmeeinrichtung ausgehändigt werden können. ⁴Zustellungen und formlose Mitteilungen sind mit der Aushändigung an den Ausländer bewirkt; im Übrigen gelten sie am dritten Tag nach Übergabe an die Aufnahmeeinrichtung als bewirkt.

(5) Die Vorschriften über die Ersatzzustellung bleiben unberührt.

(6) ¹Müsste eine Zustellung außerhalb des Bundesgebiets erfolgen, so ist durch öffentliche Bekanntmachung zuzustellen. ²Die Vorschriften des § 10 Abs. 1 Satz 2 und Abs. 2 des Verwaltungszustellungsgesetzes finden Anwendung.

(7) Der Ausländer ist bei der Antragstellung schriftlich und gegen Empfangsbestätigung auf diese Zustellungsvorschriften hinzuweisen.

Übersicht

A. Allgemeines

Die Vorschrift normiert ein Sonderregime für die Zustellung im Rahmen des AsylG, die **1** erheblich von den regulären Verfahrensvorgaben nach § 41 VwVfG, der Verwaltungszustellungsgesetze und des § 56 VwGO abweicht. Dem Asylbewerber werden Mitwirkungsobliegenheiten auferlegt, deren Nichtbeachtung mit einer Zustellungsfiktion sanktioniert wird. Allerdings muss eine qualifizierte Belehrung des Asylbewerbers erfolgt sein, damit eine Fiktionswirkung zulässig ist (BVerfG (K) NVwZ-Beil. 1994, 25 = DVBl 1994, 631). Begründet wird die Sonderregelung unter anderem mit der erschwerten Erreichbarkeit von Asylbewerbern wegen ungesicherter Wohnverhältnisse und der fehlenden Kenntnisse über das Verwaltungsverfahren (Bergmann/Dienelt/Bergmann Rn. 4). Gilt ein Bescheid als zugestellt, hat aber eine tatsächliche Kenntnisnahme nicht stattgefunden, kann sich dies gravierend auf die Rechtspositionen des Asylbewerbers auswirken, wenn zB Rechtsmittel nicht rechtzeitig eingelegt werden. Bei der Anwendung der Norm ist daher stets zu beachten, dass die verfassungsrechtlichen Grundätze, wie die des rechtlichen Gehörs und eines effektiven Rechtsschutzes, auch im Asylverfahren zu gewährleisten sind.

B. Im Einzelnen

I. Mitwirkungspflichten

Die Sonderregeln über besondere Mitwirkungspflichten gelten nur für das Verfahren nach dem **2** AsylG und nur in Hinblick auf das BAMF, die Ausländerbehörde und das Asylgericht. Sie erstrecken sich nicht auf Verfahren nach dem AufenthG, Auslieferungsverfahren oder Strafverfahren.

Abs. 1 betrifft Mitwirkungspflichten hinsichtlich der Erreichbarkeit des Asylbewerbers. Die **3** Möglichkeit, Mitteilungen von BAMF, Ausländerbehörde und Asylgericht zu erhalten, muss sichergestellt werden.

Insbesondere muss jeder Wohnungswechsel unverzüglich, dh ohne schuldhaftes Zögern, ange- **4** zeigt werden. Teilweise wird hier eine Woche für ausreichend gehalten – allerdings ist aus systematischen Gründen anzunehmen, dass ein Handeln innerhalb von 14 Tagen noch als unverzüglich anzusehen ist, da dies auch ansonsten den Maßstab für die Unverzüglichkeit darstellt (vgl. NK-AuslR/Bruns Rn. 7). Ein Wohnungswechsel liegt erst dann vor, wenn die Erreichbarkeit betroffen ist, also wenn man tatsächlich in einer anderen Wohnung lebt und dort erreichbar ist (Bergmann/Dienelt/Bergmann Rn. 7).

Die Erreichbarkeit ist unter anderem durch eine deutliche Namensangabe an Wohnung und **5** Briefkasten zu ermöglichen. Besteht eine Untermiete, muss der Name des Hauptmieters angegeben werden, bei Heimunterbringung muss sich der Asylbewerber selbstständig beim Heimleiter und anderen Empfangsberechtigten erkundigen, ob Post eingegangen ist; bei Umzug muss der Asylbewerber einen Nachsendeauftrag einrichten (Bergmann/Dienelt/Bergmann Rn. 6).

II. Zustellungs- und Bekanntgabeerleichterung

Die Vorschrift normiert verschiedene Konstellationen, in denen eine Zustellung bzw. Bekannt- **6** gabe als erfolgt gilt – also fingiert wird –, obwohl sie unter den allgemeinen Verwaltungsverfahrensvorschriften als gescheitert anzusehen wäre.

1. Zustellung und Bekanntgabe

Unter **Zustellung** ist gem. § 2 VwZG die Bekanntgabe eines schriftlichen oder elektronischen **7** Dokuments in der gesetzlich bestimmten Form zu verstehen, welche nach dem VwZG durch die

Post mit Zustellungsurkunde oder mittels Einschreiben sowie durch die Behörde selbst gegen Empfangsbekenntnis erfolgen kann (zu den einzelnen Zustellungsformen vgl. NK-AuslR/Bruns Rn. 14–22).

8   Eine **formlose Mitteilung** bedarf nicht der Zustellung.

2. Zustellungsfiktion bei Nichtmitteilung von Adressänderungen

9   Zustellungs- und Bekanntgabeerleichterungen bestehen nach Abs. 2 dann, wenn der Asylbewerber weder einen Bevollmächtigten bestellt noch einen Empfangsberechtigten benannt hat. Dann muss er die Zustellung bzw. formlose Mitteilung unter der letzten bekannten Anschrift gegen sich gelten lassen.

10   Für das Eintreten der Fiktionswirkung ist das Scheitern der Zustellung vorausgesetzt. Dies setzt einen Zustellungsversuch selbst dann voraus, wenn die Behörde weiß, dass der Asylbewerber nicht mehr unter der zuletzt bekannten Adresse wohnt (BeckOK AuslR/Preisner Rn. 31).

11   Die Sendung gilt, wenn sie nicht zugestellt werden kann, mit der Aufgabe zur Post als zugestellt, dh die Fiktionswirkung tritt rückwirkend ein.

3. Zustellung in Aufnahmeeinrichtungen

12   Die Bekanntgabe bzw. Zustellung in Aufnahmeeinrichtungen (iSv § 44) unterliegt den spezifischen Regelungen des Abs. 4, wonach der Asylbewerber die Zustellung und formlose Mitteilung unter der Anschrift der Aufnahmeeinrichtung gegen sich gelten lassen muss. Dabei sind die Postausgabe und -verteilung durch Aushang bekannt zu machen. Notwendig ist eine Bekanntmachung in der jeweiligen Sprache, in der sich der betroffene Asylbewerber verständigen kann (str., vgl. OVG LSA NVwZ-Beil. 2001, 57 ff.). Der Asylbewerber muss selbst dafür sorgen, dass ihm die Posteingänge ausgehändigt werden. Die Zustellungsfiktionswirkung tritt also auch dann ein, wenn der Asylbewerber die Post nicht selbst erhalten hat.

13   Mit der Sonderregelung der Zustellung in Aufnahmeeinrichtungen entfällt die Möglichkeit der Ersatzzustellung.

4. Zustellungszurechnungen unter Familienangehörigen

14   Abs. 3 sieht eine Zustellungserleichterung an Familienangehörige (iSv § 26 Abs. 1–3) vor, wenn diese dieselbe Anschrift haben. Die Zustellung kann an nur einen volljährigen Familienangehörigen erfolgen, wobei in der Mitteilung alle adressierten Familienangehörigen zu nennen sind. Das ansonsten geltende Zustellungsrecht kennt eine kollektiv wirkende Zustellung an nur ein Mitglied einer Familie nicht.

15   Vorausgesetzt wird, dass die Familienangehörigen ein gemeinsames Asylverfahren im formellen Sinne unter einem gemeinsamen Aktenzeichen durchlaufen (BeckOK AuslR/Preisner Rn. 41).

5. Öffentliche Zustellung

16   Müsste eine Zustellung außerhalb des Bundesgebietes erfolgen, so ist nach Abs. 6 durch öffentliche Bekanntmachung zuzustellen.

III. Ausschluss der Zustellungs- und Bekanntgabeerleichterung

17   Die Regelungen über die Zustellungs- und Bekanntgabeerleichterungen sind insgesamt nach Abs. 2 nicht anwendbar, wenn der Asylbewerber einen Bevollmächtigten bestellt oder einen Empfangsberechtigten benannt hat. Der Ausschluss der Zustellungs- und Bekanntgabeerleichterungen besteht nur dann, wenn eine Zustellung an den Bevollmächtigten oder Empfangsberechtigten auch tatsächlich möglich ist.

18   Hintergrund dafür ist, dass hier die für Asylbewerber angenommene erschwerte Erreichbarkeit bzw. die Unkenntnis über das deutsche Verwaltungsverfahren nicht vorliegen.

19   Die Benennung eines Bevollmächtigten liegt vor, wenn der Asylbewerber den Namen, die Anschrift und die Funktion des Bevollmächtigten der zuständigen Stelle schriftlich oder mündlich mitgeteilt hat (BeckOK AuslR/Preisner Rn. 21). Die Bevollmächtigung kann auch auf die Empfangsberechtigung beschränkt sein. Die Bevollmächtigung endet, wenn die Vollmacht widerrufen worden ist. Wurde ein Rechtsanwalt bevollmächtigt, endet das Mandatsverhältnis, wenn die Beendigung gegenüber der Behörde nachgewiesen worden ist.

IV. Belehrungspflichten

Nach Abs. 7 muss der Asylbewerber bei der Antragstellung schriftlich und gegen Empfangsbe- **20** kenntnis auf die Zustellungsvorschriften hingewiesen werden. Nach der Rechtsprechung des BVerfG bedarf es einer qualifizierten Belehrung, damit eine Fiktionswirkung zulässig ist (BVerfG (K) NVwZ-Beil. 1994, 25 = DVBl 1994, 631). Dem Asylbewerber muss durch eine erläuternde Belehrung vor Augen geführt werden, welche Obliegenheiten ihn im Einzelnen treffen und welche Folgen bei deren Nichtbeachtung entstehen können (vgl. Art. 12 Abs. 1 lit. a Asylverfahrens-RL). Die Belehrung muss in einer Sprache erfolgen, deren Verständnis beim Asylbewerber vorausgesetzt werden kann (Art. 10 Abs. 1 lit. a Asylverfahrens-RL).

Ist eine Belehrung in diesem Sinne unterblieben, tritt die Zustellungsfiktion nach § 10 nicht **21** ein.

§ 11 Ausschluss des Widerspruchs

Gegen Maßnahmen und Entscheidungen nach diesem Gesetz findet kein Widerspruch statt.

A. Allgemeines

Aus Gründen der Verfahrensbeschleunigung hat der Gesetzgeber den Widerspruch im Anwen- **1** dungsbereich des AsylG generell ausgeschlossen (BT-Drs. 12/2062, 30). Es handelt sich um einen gesetzlichen Ausschluss des Vorverfahrens nach § 68 Abs. 1 S. 2 VwGO. Die dem Widerspruchsverfahren zukommende rechtschutzfördernde Wirkung ist damit im Asylverfahren nicht gegeben. Bei Ermessensentscheidungen entfällt eine weitere Prüfung der Zweckmäßigkeit, was insbesondere problematisch ist, wenn – wie bei einer Zuweisungsentscheidung – der Bescheid ohne vorherige Anhörung ergeht (NK-AuslR/Bruns Rn. 2). Das Ziel der Verfahrensbeschleunigung wird verfehlt, da der Wegfall der Selbstkontrolle durch die Verwaltung die Korrektur fehlerhafter Entscheidungen auf die Verwaltungsgerichte verlagert.

B. Im Einzelnen

Die Reichweite des Widerspruchsausschlusses ist im Einzelnen umstritten. Ob § 11 anwendbar **2** ist, hängt davon ab, ob es um eine Streitigkeit nach dem AsylG handelt. Es kommt dabei darauf an, ob die angefochtene oder begehrte Maßnahme oder Entscheidung ihre **rechtliche Grundlage im AsylG** hat (BVerwG NVwZ 1998, 299 (300)). Dies ist bei Entscheidungen des Bundesamts für die Anerkennung ausländischer Flüchtlinge, die es in Wahrnehmung der ihm vom AsylG übertragenen Aufgaben getroffen hat, immer der Fall (BVerwG Buchholz 402.25 § 78 AsylVfG Nr. 3 = NVwZ-RR 1997, 255).

Bei Maßnahmen oder Entscheidungen anderer Behörden kommt es darauf an, ob diese nach **3** dem **Gefüge und dem Sinnzusammenhang der einzelnen Regelungen** ihre rechtliche Grundlage im AsylG haben (BVerwG NVwZ 1998, 299 (300)). Dies ist bei der Weiterleitung eines Ausländers, der um Asyl nachsucht, immer zu bejahen (§ 19), ebenfalls bei der Unterbringung und Verteilung Asylsuchender (§§ 44 ff.) oder für Entscheidungen zur Aufenthaltsgestattung (§§ 55 ff.) und Ankunftsnachweis (§ 63a). Keine Rechtsstreitigkeit nach dem AsylG liegt vor, wenn es um die **Erteilung eines Reiseausweises** nach der Anerkennung als Asylberechtigter bzw. Flüchtling geht, da hierfür die Rechtsgrundlage ausschließlich Art. 28 Abs. 1 GFK ist (OVG NRW NVwZ-RR 1999, 402).

Bei Maßnahmen, die sich dem Asylverfahren anschließen, ist es teilweise umstritten, ob sie als **4** Rechtsstreitigkeit nach dem AsylG einzuordnen sind. Nach der Rechtsprechung des BVerwG liegt keine Streitigkeit nach dem AsylG vor, wenn ein Ausländer, dem nach erfolglosem Asylverfahren die Abschiebung angedroht worden ist, eine **Duldung** begehrt (BVerwG NVwZ 1998, 299 (300)). Gleiches gilt für die Erteilung einer **Aufenthaltserlaubnis aus humanitären Gründen** nach § 25 AufenthG (NK-AuslR/Bruns Rn. 5; aA Bergmann/Dienelt/Bergmann Rn. 5; GK-AsylG/Funke-Kaiser § 80 Rn. 17 f. mwN). Eine übermäßige Verkürzung von Rechtsschutzmöglichkeiten, indem der Widerspruchsausschluss auf Rechtsstreitigkeiten nach dem AufenthG ausgedehnt wird, ist vom Sinn und Zweck der Beschleunigung des Asylverfahrens nicht abgedeckt.

§ 11a Vorübergehende Aussetzung von Entscheidungen

¹Das Bundesministerium des Innern, für Bau und Heimat kann Entscheidungen des Bundesamtes nach diesem Gesetz zu bestimmten Herkunftsländern für die Dauer von sechs Monaten vorübergehend aussetzen, wenn die Beurteilung der asyl- und abschiebungsrelevanten Lage besonderer Aufklärung bedarf. ²Die Aussetzung nach Satz 1 kann verlängert werden.

A. Allgemeines

1   Mit dem ZuwG (Zuwanderungsgesetz v. 30.7.2004, BGBl. I 1950) wurde 2005 eine Rechtsgrundlage für die Aussetzung von Asylentscheidungen eingeführt und damit eine bereits bestehende Praxis des Bundesamts auf eine rechtliche Grundlage gestellt. Laut Begründung des Gesetzgebers soll mit derartigen – untechnisch gesprochen – Entscheidungsstopps erreicht werden, dass Asylverfahren zu bestimmten Herkunftsländern ausgesetzt werden können, in denen die Beurteilung der asyl- und abschiebungsrelevanten Lage, bspw. aufgrund temporärer Bürgerkriegssituationen, besondere Schwierigkeiten bereitet (BT-Drs. 15/420, 108). Entscheidungsstopps dürfen indes das subjektive Recht auf Schutzgewährung nicht unterlaufen.

B. Im Einzelnen

2   Die Entscheidung über die Aussetzung von Entscheidungen trifft das Bundesministerium des Innern, für Bau und Heimat. Ausgesetzt sind die Entscheidungen über den Asylantrag. Nicht erfasst sind dagegen die entscheidungsvorbereitenden Maßnahmen des Bundesamts, wie zB die Durchführung von Anhörungen (§ 25), um nach Beendigung der Aussetzung die Entscheidungstätigkeit unverzüglich wieder aufnehmen zu können (BT-Drs. 15/420, 108).

3   Voraussetzung für den Erlass eines Entscheidungsstopps ist eine Situation, in der die Beurteilung der asyl- und abschiebungsrelevanten Lage eines Herkunftslandes besonderer Aufklärung bedarf. Dies ist typischerweise in Umbruchsituationen – zB nach einem Putsch – der Fall. Nicht zulässig ist eine Aussetzung von Entscheidungen mit dem Hinweis auf ausstehende obergerichtliche Entscheidungen in Deutschland oder im Hinblick auf die Erwartung, dass eine tatsächlich vorliegende Gefährdung in absehbarer Zeit wegfalle (Bericht der Beauftragten der Bundesregierung für Ausländerfragen über die Lage der Ausländer in der Bundesrepublik Deutschland, 2002, 132).

4   Die Aussetzung muss sich auf das gesamte Herkunftsland beziehen. Sie darf nicht auf eine bestimmte Region oder eine bestimmte Bevölkerungsgruppe beschränkt werden (Renner/Bergmann/Dienelt/Bergmann, 10. Aufl. 2013, Rn. 8; NK-AuslR/Bruns Rn. 5; GK-AsylG/Fritz Rn. 5; aA Hailbronner AuslR/Schenk Rn. 5). Ein Entscheidungsstopp, der zB nur libysche Staatsangehörige betrifft, die früher dem gestürzten al-Gaddafi-Regime nahestanden, ist rechtswidrig (VG Dresden Urt. v. 4.12.2013 – A 1 K 831/13; Urt. v. 18.12.2013 – A 1 K832/13).

5   Die Aussetzung erfolgt für eine Dauer von sechs Monaten, wobei die Aussetzung verlängert werden kann. Einer beliebig langen Kettenaussetzung sind jedoch in mehrfacher Hinsicht Grenzen gesetzt. Sie widerspricht zum einen dem Beschleunigungsgrundsatz (Art. 31 Abs. 2 Asylverfahrens-RL). Zum anderen sieht Art. 31 Abs. 3 Asylverfahrens-RL eine Frist für die Durchführung des Asylverfahren von sechs Monaten vor, die bei komplexen tatsächlichen bzw. rechtlichen Fragen um maximal neun weitere Monate verlängert werden kann. In Ausnahmefällen wird ein weiterer Zuschlag von drei Monaten nach Art. 31 Abs. 3 Asylverfahrens-RL gewährt. Unionsrechtlich darf also eine Aussetzung nicht länger als 18 Monate andauern.

6   Gerichte sind an die Aussetzungsentscheidungen des Bundesministeriums des Innern, für Bau und Heimat nicht gebunden. Sie können indes das Ruhens des Verfahrens nach § 173 VwGO iVm § 271 ZPO anordnen.

7   Die Rechtsschutzmöglichkeiten gegen einen Entscheidungsstopp sind begrenzt. Asylbewerber, über deren Asylantrag aufgrund eines Entscheidungsstopps längerfristig nicht entschieden wird, können eine Untätigkeitsklage nach § 75 VwGO erheben.

Abschnitt 4. Asylverfahren

Unterabschnitt 1. Allgemeine Verfahrensvorschriften

§ 12 Handlungsfähigkeit

(1) Fähig zur Vornahme von Verfahrenshandlungen nach diesem Gesetz ist ein volljähriger Ausländer, sofern er nicht nach Maßgabe des Bürgerlichen Gesetzbuches geschäftsunfähig oder in dieser Angelegenheit zu betreuen und einem Einwilligungsvorbehalt zu unterstellen wäre.

(2) ¹Bei der Anwendung dieses Gesetzes sind die Vorschriften des Bürgerlichen Gesetzbuches dafür maßgebend, ob ein Ausländer als minderjährig oder volljährig anzusehen ist. ²Die Geschäftsfähigkeit und die sonstige rechtliche Handlungsfähigkeit eines nach dem Recht seines Heimatstaates volljährigen Ausländers bleiben davon unberührt.

(3) Im Asylverfahren ist vorbehaltlich einer abweichenden Entscheidung des Familiengerichts jeder Elternteil zur Vertretung eines minderjährigen Kindes befugt, wenn sich der andere Elternteil nicht im Bundesgebiet aufhält oder sein Aufenthaltsort im Bundesgebiet unbekannt ist.

A. Allgemeines

Die Vorschrift legt fest, wann die verfahrensrechtliche Handlungsfähigkeit einer Person im **1** Rahmen des AsylG vorliegt und inwiefern auch einzelne Elternteile zur Vertretung ihres minderjährigen Kindes berechtigt sind.

Bis 2015 galten Minderjährige im Rahmen des Asylverfahrens ab einem Alter von 16 Jahren **2** als handlungsfähig, dh sie waren auch ohne rechtliche Vertretung zur Vornahme von Verfahrenshandlungen in der Lage. Diese besondere Asylmündigkeit stand in der Kritik, da Minderjährige über 16 Jahre nicht vor nachteiligen Verfahrenshandlungen geschützt wurden, worin eine Verletzung von Art. 22 UN-Kinderrechtskonvention gesehen wurde (Löhr ZAR 2010, 378 (380)). Nachdem Deutschland seine ausländerrechtlichen Vorbehalte zur UN-Kinderrechtskonvention 2010 zurückgezogen hatte (BGBl. 2011 II 600), sah der Gesetzgeber schließlich einen Bedarf für eine rechtliche Anpassung der deutschen Regelung zur Asylmündigkeit. Daher wurde mit dem Asylverfahrensbeschleunigungsgesetz die Handlungsfähigkeit im Asylverfahren auf 18 Jahre hochgesetzt (BGBl. 2015 I 1722). Entsprechend wurde die korrespondierende Norm gem. § 80 AufenthG geändert.

B. Unionsrecht

Das Unionsrecht sieht neben den Vorgaben aus dem Primärrecht (Art. 24 GRCh – Rechte **3** des Kindes) im asylrechtliche Sekundärrecht verschiedene Garantien für minderjährige Asylbewerber vor. Mit der sog. Zweiten Phase der Harmonisierung, innerhalb derer bis 2013 die Neufassung der Verordnungen und Richtlinien abgeschlossen wurde, wurden die Rechte von Minderjährigen tendenziell gestärkt. Die Stärkung der Minderjährigenrechte ging dabei nicht unwesentlich auch von der Rechtsprechung des EuGH aus. Bezogen auf das Dublin-Verfahren entschied der EuGH bspw. am 6.6.2013 unter Heranziehung von Art. 24 Abs. 2 GRCh, dass aus Gründen des Schutzes des Kindeswohls eine Überstellung eines unbegleiteten Minderjährigen in einen anderen Mitgliedstaat zu unterbleiben hat und der Mitgliedstaat, in dem sich der Minderjährige bereits aufhält, für das Asylverfahren zuständig ist (EuGH BeckRS 2013, 81155 Rn. 57 – MA, BT, DA / Secretary of State Vereinigtes Königreich; zum Dublin-Verfahren bei Minderjährigen vgl. Bender ASYLMAGAZIN 2011, 112). Die kinderrechtsfreundliche Rechtsprechungslinie des EuGH zeigt sich in einem weiteren Urteil, mit dem der EuGH die Rechte von Minderjährigen mit Flüchtlingsstatus gestärkt hat. Am 12.4.2018 entschied er, dass anerkannte minderjährige Flüchtlinge ihr Recht auf Nachzug ihrer Eltern auch dann behalten, wenn sie während des Asylverfahrens volljährig werden (EuGH BeckRS 2018, 5023 – A, S / Staatssecretaris van Veiligheid en Justitie). Nach der davor geltenden deutschen Rechtslage kam es darauf an, ob das Kind im Zeitpunkt der Zuerkennung der Flüchtlingseigenschaft noch minderjährig war. Rechtsgrundlage für die EuGH-Entscheidung war hier die Familienzusammenführungs-RL (RL 2003/86/EG v. 22.9.2003, ABl. 2003 L 251,

12; Art. 10 Abs. 3 lit. a Familienzusammenführungs-RL). Laut EuGH müssen die asyl- und migrationsrechtlichen Richtlinien so angewandt werden, dass im Einklang mit Art. 24 Abs. 2 GRCh das Wohl des Kindes tatsächlich eine vorrangige Erwägung darstellt (EuGH BeckRS 2018, 5023 Rn. 58 – A, S / Staatssecretaris van Veiligheid en Justitie; s. Besprechung des Urteils Hruschka NVwZ 2018, 1451).

4   Mit der Neufassung der Asylverfahrens-RL (RL 2013/32/EU v. 26.6.2013, ABl. 2013 L 180, 60) musste innerhalb des Umsetzungszeitraums von zwei Jahren bis zum 20.7.2015 das AsylG an die unionsrechtlichen Vorgaben angepasst werden. Art. 2 lit. l Asylverfahrens-RL, die im AsylG ihre Umsetzung findet, gibt seit ihrer Neufassung 2013 vor, dass ein „Minderjähriger" ein Drittstaatsangehöriger oder Staatenloser unter 18 Jahren ist. Allerdings überlässt es der Unionsgesetzgeber den Mitgliedstaaten, ob sie auch Minderjährige insofern als verfahrensfähig einstufen, als diese selbst ihren Asylantrag stellen können (Art. 7 Abs. 3 Asylverfahrens-RL). Unabhängig davon ist bei unbegleiteten Minderjährigen so bald wie möglich ein Vertreter zu bestellen, der den unbegleiteten Minderjährigen vertritt und unterstützt, damit dieser die Rechte aus dieser Richtlinie in Anspruch nehmen und den sich aus dieser Richtlinie ergebenden Pflichten nachkommen kann (Art. 25 Abs. 1 lit. a Asylverfahrens-RL). Die Richtlinie gibt darüber hinaus vor, dass der Vertreter seine Aufgaben im Interesse des Kindeswohls wahrnimmt und hierfür über die erforderliche Fachkenntnis verfügt. Hieraus folgt, dass zwingend ein Ergänzungspfleger für asyl- und aufenthaltsrechtliche Fragen zu bestellen ist, da bei Vormündern in der Regel nicht von ausreichender Fachkenntnis auszugehen ist.

5   Zur verfahrensrechtlichen Absicherung der Rechte von besonders schutzbedürftigen Antragstellern, zu denen unbegleitete Minderjährige gehören, sieht das Unionsrecht vor, dass innerhalb eines angemessenen Zeitraums geprüft wird, ob ein Antragsteller oder eine Antragstellerin besondere Verfahrensgarantien benötigt (Art. 24 Abs. 1 Asylverfahrens-RL). Besteht ein solcher Bedarf, muss sichergestellt werden, dass die Minderjährigen die angemessene Unterstützung erhalten, damit sie während der Dauer des Asylverfahrens ihre Rechte in Anspruch nehmen können (Art. 24 Abs. 3 S. 1 Asylverfahrens-RL). Zwar ist bei unbegleiteten minderjährigen Asylsuchenden in der Regel ein Clearing-Verfahren vorgesehen. In diesem stehen jedoch andere Gesichtspunkte als spezifische Fragen des Asylverfahrens im Vordergrund (wie die Bestellung eines Vormunds, gesundheitliche und schulische Fragen), so dass es bislang an einer umfassenden Umsetzung mangelt.

C. Im Einzelnen

I. Handlungsfähigkeit

6   Die **Handlungsfähigkeit** im Verfahren ist regelmäßig von der Geschäftsfähigkeit abhängig, dh es kommt in der Regel auf die Volljährigkeit an. Entsprechend sieht Abs. 1 vor, dass ein volljähriger Ausländer Verfahrenshandlungen nach dem AsylG vornehmen kann, sofern er nicht geschäftsunfähig oder in dieser Angelegenheit zu betreuen und einem Einwilligungsvorbehalt zu unterstellen wäre. Die **fehlende Handlungsfähigkeit** hat zur Folge, dass keine wirksame Verfahrenshandlung vorliegt. Ein von einem Handlungsfähigen gestellter Asylantrag ist unwirksam, so dass ein später gestellter Asylantrag nicht als Folgeantrag gewertet werden kann (NK-AuslR/ Bruns § 11 Rn. 15). Eine spätere **Heilung** des Verfahrensmangels ist möglich, indem der Asylantrag vom gesetzlichen Vertreter oder dem volljährig gewordenen Antragsteller genehmigt wird.

7   Für die Feststellung der **Volljährigkeit** sind die Vorschriften des BGB maßgeblich (§§ 104 ff. BGB), wobei im Übrigen für die Geschäftsfähigkeit und die sonstige rechtliche Handlungsfähigkeit des Ausländers das Recht des Heimatstaates gilt (Abs. 2, sa Art. 7 EGBGB). Muss das Vorliegen der Handlungsfähigkeit erst noch geklärt werden, etwa weil das Alter umstritten ist, so gilt die betroffene Person bis zum Abschluss der unanfechtbaren Entscheidung über die Handlungsfähigkeit vorläufig als handlungsfähig (GK-AsylG/Funke-Kaiser Rn. 43).

8   Umfasst ist sowohl die **aktive als auch die passive Verfahrenshandlungsfähigkeit,** dh sowohl die Fähigkeit, selbst Verfahrenshandlungen vornehmen zu können, als auch die Fähigkeit, Verfahrenserklärungen und -entscheidungen entgegenzunehmen. Dabei geht es um alle Verfahrenshandlungen nach dem AsylG, also solche im Rahmen des Verfahrens vor dem Bundesamt und solche, die in Verfahren nach dem AsylG gegenüber den Ausländerbehörden, Grenzbehörden oder Verteilungsbehörden abzugeben bzw. entgegenzunehmen sind (Bergmann/Dienelt/Bergmann Rn. 4). Die **Anhörung** des Minderjährigen setzt keine Handlungsfähigkeit voraus (BeckOK AuslR/Neundorf Rn. 11). Allerdings muss vor der Anhörung ein Vormund bestellt werden (vgl. § 42 SGB VIII) und dieser bzw. ein bestellter Rechtsanwalt muss bei der Anhörung des unbegleiteten Minderjährigen anwesend sein. Das BAMF lässt auch ausreichen, dass ein Beistand (§ 14

Abs. 1 S. 1 VwVfG) den Minderjährigen begleitet, wobei dieser zwar Fragen stellen darf, aber keine Verfahrenshandlungen für den Minderjährigen vornehmen kann (BAMF, Dienstanweisung Asyl, Stand: 11/2015, Unbegleitete Minderjährige, 5).

II. Altersbestimmung

Ob eine Person handlungsfähig ist oder nicht, muss die Behörde oder das Gericht **von Amts** 9 **wegen** prüfen (§ 24 VwVfG, §§ 86 Abs. 1, 62 Abs. 4 VwGO). Insbesondere bei unbegleiteten Minderjährigen ist die Altersbestimmung von entscheidender Bedeutung. Indes gestaltet sich die Feststellung des Alters oftmals als schwierig, da es an aussagekräftigen Dokumenten fehlt. Dabei gibt es keine zentrale Zuständigkeit einer Behörde für die Altersbestimmung, vielmehr kann jede Behörde im Rahmen der Sachverhaltsermittlung das Alter bestimmen. Die Altersbestimmung einer Behörde hat also keine Bindungswirkung für eine andere Behörde (BeckOK AuslR/Neundorf Rn. 15). In der Praxis legt das BAMF für das Asylverfahren das Ergebnis der Altersbestimmung der zuständigen Landesbehörden zugrunde, die im Rahmen der Prüfung einer Inobhutnahme erfolgt ist (BT-Drs. 18/5564, 73). Das Verfahren zur Feststellung der Minderjährigkeit im Rahmen der Inobhutnahme ist seit dem 1.11.2015 in § 42f Abs. 1 und Abs. 2 SGB VIII geregelt (BGBl. 2015 I 1802), wonach ein dreistufiges Verfahren vorgesehen ist. Vorrangig ist das Alter durch Einsichtnahme in die Ausweispapiere festzustellen oder hilfsweise mittels einer qualifizierten Inaugenscheinnahme einzuschätzen und festzustellen. Eine solche qualifizierte Inaugenscheinnahme ist stets nach dem Vier-Augen-Prinzip von mindestens zwei beruflich erfahrenen Mitarbeitern des Jugendamts durchzuführen (BayVGH BeckRS 2016, 51383 Rn. 13; Bundesarbeitsgemeinschaft der Landesjugendämter, Handlungsempfehlungen zum Umgang mit unbegleiteten minderjährigen Flüchtlingen, 2014, 14). Das Ergebnis dieses Verfahrens ist in nachvollziehbarer und überprüfbarer Weise zu dokumentieren, insbesondere muss die Gesamtwürdigung in ihren einzelnen Begründungsschritten transparent sein (Bundesarbeitsgemeinschaft der Landesjugendämter, Handlungsempfehlungen zum Umgang mit unbegleiteten minderjährigen Flüchtlingen, 2014, 14). In Zweifelsfällen ist auf Antrag des Betroffenen bzw. seines Vertreters oder von Amts wegen durch das Jugendamt eine ärztliche Untersuchung zur Altersbestimmung zu veranlassen (vgl. Kirchhoff/Rudolf NVwZ 2017, 1167; OVG Brem BeckRS 2016, 44705). Untersuchungen der Genitalien sind nicht zulässig, da dies einen Verstoß gegen die Menschenwürde bedeuten würde.

Im Rahmen einer EU-weiten Studie hat das Europäische Asylunterstützungsbüro **EASO** (Euro- 10 pean Asylum Support Office) die rechtliche und praktische Seite der Altersbestimmung untersucht und folgende **Empfehlungen** abgegeben:

„Die wichtigsten Empfehlungen lassen sich folgendermaßen zusammenfassen:
- Bei allen vorgenommenen Maßnahmen ist das Kindeswohl vorrangig zu berücksichtigen;
- Altersbestimmung soll nur bei Zweifeln am angegebenen Alter zum legitimen Zweck der Feststellung, ob eine Person ein Erwachsener oder ein Kind ist, vorgenommen werden;
- die Bestimmung soll mit interdisziplinärem und ganzheitlichem Ansatz erfolgen;
- vor der Nutzung der ärztlichen Untersuchung sollten zuerst Dokumente oder andere Formen verfügbarer Nachweise berücksichtigt werden;
- Altersbestimmung sollte mit vollem Respekt für die Würde der Person durchgeführt werden und die am wenigsten zudringlichen Methoden sollten dafür ausgewählt werden;
- die Personen und/oder deren Vertreter sollen der Bestimmung zustimmen und sollen entsprechend ihrem Alter und ihrer Reife befragt werden. Die Verweigerung der Vornahme einer Altersbestimmung soll an sich nicht zur Verweigerung des Anspruchs auf Schutz führen;
- damit die Personen aufgeklärte Zustimmung geben können, müssen sie und/oder ihr Vertreter über die Methoden, mögliche Konsequenzen des Resultats der Untersuchung sowie der Konsequenzen der Verweigerung der Vornahme einer ärztlichen Untersuchung aufgeklärt werden. Solche Informationen sind kostenlos und in einer Sprache mitzuteilen, die sie verstehen oder von der vernünftigerweise angenommen werden darf, dass sie sie verstehen;
- ist eine Person mit dem Ergebnis einer Altersbestimmung nicht einverstanden, muss sie eine Möglichkeit zur Anfechtung der Entscheidung haben;
- alle Personen, die damit zu tun haben, sollten eine für ihr Fachwissen relevante Grundausbildung und fortlaufende Schulung erhalten. Das sollte auch eine Schulung zu den Bedürfnissen von Kindern miteinschließen." (EASO, Praxis der Altersbestimmung in Europa, 2013, 6 f.)

III. Vertretung durch einen Elternteil

In Abweichung von der gemeinschaftlichen gesetzlichen Vertretung beider Elternteile ihres 11 Kindes (§ 1629 Abs. 1 BGB), ist im Rahmen des Geltungsbereichs des AsylG jeder Elternteil zur Vertretung eines minderjährigen Kindes befugt, wenn sich der andere Elternteil nicht im Bundesgebiet aufhält oder sein Aufenthaltsort im Bundesgebiet unbekannt ist.

IV. Vertretung von unbegleiteten Minderjährigen

12   Reisen minderjährige Asylbewerber ohne ihre Eltern ein, ist ein Vormund nach § 1733 BGB vom Familiengericht zu bestellen, der an Stelle der Eltern die rechtliche Vertretung des Minderjährigen übernimmt. In der Praxis überwiegt der Einsatz von Amtsvormündern der Jugendämter. Um sicherzustellen, dass es zu keinen Fehlern hinsichtlich der im Asylverfahren vorzunehmenden Verfahrenshandlungen kommt, war es bis zur Entscheidung des BGH v. 29.5.2013 (BeckRS 2013, 10424) in manchen Bundesländern üblich, einen auf das Asylrecht spezialisierten Rechtsanwalt als Ergänzungspfleger für die asylrechtlichen Belange einzusetzen. Diese Arbeitsteilung zwischen Amtsvormündern und Ergänzungspfleger hat eine effektive Interessenswahrnehmung von unbegleiteten Minderjährigen sichergestellt. Der BGH urteilte, dass die Besorgung ausländer- und asylrechtlicher Angelegenheiten des Mündels als Teil der Personensorge zum Aufgabengebiet des bestellten Vormunds gehört; für die Bestellung eines Ergänzungspflegers bestehe kein Anlass (BGH BeckRS 2013, 10424 Rn. 14). Eine sachkundige Vertretung des Minderjährigen sei durch das Jugendamt als Vormund gewährleistet (BGH BeckRS 2014, 02116 Rn. 9). Die Rechtsprechung des BGH ist lebensfremd, da Amtsvormünder vielfach so viele Mündel zu betreuen haben, dass es auch angesichts fehlender asylrechtlicher Kenntnisse ausgeschlossen ist, dass Asylverfahren und die sich anschließenden aufenthaltsrechtlichen Fragen kompetent begleitet werden. Die Situation, in der sich unbegleitete minderjährige Asylbewerber befinden, ist vom Ausmaß der zu treffenden rechtlichen Entscheidungen her nicht vergleichbar mit derjenigen, in der sich inländische unter Vormundschaft stehende Kinder befinden. Aus diesem Grund schreibt das Unionsrecht eine rechtliche Vertretung von unbegleiteten Minderjährigen durch entsprechend qualifizierte Fachkräfte vor. Die gesetzliche Vertretung durch Amtsvormünder des Jugendamts verletzt daher Art. 25 Abs. 1 lit. a Asylverfahrens-RL und auch Art. 6 Abs. 2 Dublin III-VO, die die Gewährleistung einer Vertretung mit der erforderlichen Fachkenntnis vorschreiben (ebenso NK-AuslR/Bruns Rn. 19).

§ 12a Asylverfahrensberatung

¹Das Bundesamt führt eine für die Asylsuchenden freiwillige, unabhängige staatliche Asylverfahrensberatung durch. ²Diese erfolgt in zwei Stufen. ³Auf der ersten Stufe werden allen Asylsuchenden vor Antragstellung in Gruppengesprächen Informationen zum Ablauf des Asylverfahrens sowie zu Rückkehrmöglichkeiten zur Verfügung gestellt. ⁴Auf der zweiten Stufe erhalten alle Asylsuchenden in Einzelgesprächen eine individuelle Asylverfahrensberatung, die durch das Bundesamt oder durch Wohlfahrtsverbände durchgeführt wird.

Überblick

Die im Juni 2019 noch kurz vor der zweiten und dritten Lesung in den Gesetzentwurf für eine Zweites Gesetz zur besseren Durchsetzung der Ausreisepflicht eingefügte Vorschrift ist ein politischer Kompromiss zwischen SPD und CDU/CSU (→ Rn. 1). Vorbild für die unabhängige Verfahrensberatung war ein erfolgreiches Modellprojekt 2017 des Bundes mit den Verbänden der freien Wohlfahrtspflege (→ Rn. 2). Dem Bund bleibt es dabei überlassen, ob er die „unabhängige, staatliche Asylverfahrensberatung" mit eigenem Personal des Bundesamtes durchführt oder die Aufgabe auf die Verbände der freien Wohlfahrtspflege überträgt. Durch die Asylverfahrens-RL (RL 2013/32/EU v. 26.6.2013, ABl. 2013 L 180, 60) gibt es eine Pflicht zu unentgeltlichen rechts- und verfahrenstechnischen Auskünften (→ Rn. 5). Eine „unabhängige" Asylverfahrensberatung durch Mitarbeitende der Behörde, die über das Asylverfahren entscheidet, ist für ein faires und rechtsstaatliches Asylverfahren problematisch; vor allem ist die Frage, ob die Asylsuchenden in eine solche Beratung durch Bedienstete des Bundesamtes das notwendige Vertrauensverhältnis aufbauen können (→ Rn. 8). Die Asylverfahrensberatung besteht aus zwei Stufen: eine Gruppeninformationsveranstaltung (→ Rn. 15) und einer individuellen Asylverfahrensberatung, die durch das BAMF (→ Rn. 18) oder die Wohlfahrtsverbände durchgeführt werden kann (→ Rn. 25). Das zuständige Bundesministerium für Inneres, Bau und Heimat finanziert die Beratung durch das Bundesamt, während es in einzelnen Bundesländern eine Asylverfahrensberatung der Verbände gibt, die über Landesmittel finanziert werden (→ Rn. 23). Inhalte und Qualifikation der Beraterinnen und Berater sind unterschiedlich (zur Asylverfahrensberatung durch das BAMF → Rn. 18, durch die Verbände → Rn. 25).

Übersicht

A. Allgemeines

I. Entstehungsgeschichte und Funktion

Die Einführung einer flächendeckenden, kostenlosen und qualifizierten Asylverfahrens- und **1** Rechtsberatung in einem frühen Stadium des Verfahrens ist eine langjährige Forderung der Wohlfahrtsverbände und von UNHCR Deutschland (Weinzierl ASYLMAGAZIN-Beil. 7-8/2017, 9). Sie dient einem effizienten Verfahren, der Verfahrensfairness, da den Schutzsuchenden häufig ohne eine entsprechende Beratung das Verständnis für die Erfordernisse des Asylverfahrens fehlt (UNHCR, Forderungen für die Stärkung des Flüchtlingsschutzes, Eckpunktepapier zur Bundestagswahl 2017, abrufbar unter https://www.unhcr.org/dach/wp-content/uploads/sites/27/2017/04/20170328_UNHCR-Eckpunkte-zur-Bundestagswahl-2017_final.pdf). Gerade angesichts der Verfahrensbeschleunigung und verstärkten Mitwirkungsverpflichtungen der Asylsuchenden im Verwaltungs- und Gerichtsverfahren für die Durchsetzung des Rechts auf Schutz kommt es ganz entscheidend auf eine gute Rechtsberatung und Rechtsvertretung von Anfang an (Maidowski/Hanschmidt ASYLMAGAZIN-Beil. 7-8/2017, 27). Wichtig ist dabei eine frühzeitige Asylverfahrensberatung, die schon vor der Anhörung (→ § 25 Rn. 1) einsetzt und die Betroffenen bis hin zur Beratung über mögliche Rechtsmittel im gesamten Verfahren begleitet, berät und unterstützt. Rechtsberatung und Rechtsvertretung durch Rechtsanwälte sind für die meisten Asylbewerber schon aus finanziellen Gründen kaum erreichbar, hinzu kommen tatsächliche Probleme der geographischen Erreichbarkeit und des fehlenden zeitlichen Spielraums in beschleunigten Verfahren (→ § 29 Rn. 1, → § 30 Rn. 1, → § 30a Rn. 1) sowie die Überlastung der im Migrationsrecht spezialisierten Rechtsanwälte. Wenn der Asylsuchende nicht bereits wegen der Zugehörigkeit zu einer bestimmten Gruppe einer Gruppenverfolgung unterworfen ist, kommt es letztendlich auf seine individuellen Fluchtgründe und die in seiner Person bestehenden Gefährdungsmomente an, um beurteilen zu können, ob er eine begründete Furcht vor Verfolgung hat bzw. mit einem ernsthaften Schaden iSd Art. 15 Qualifikations-RL zu rechnen hat (Weinzierl ASYLMAGAZIN-Beil. 7-8/2017, 9).

Um Erkenntnisse über die notwendige Ausgestaltung einer Asylverfahrensberatung zu gewin **2** nen, wurde im Frühjahr 2017 durch das BAMF in Kooperation mit dem UNHCR, der Diakonie Deutschland, dem Deutschen Caritasverband und dem Deutschen Roten Kreuz das Pilotprojekt „Asylverfahrensberatung" in drei Ankunftszentren in Bonn, Gießen und in Lebach durchgeführt. Das Pilotprojekt verfolgte das Ziel, durch eine unabhängige, unentgeltliche, fachlich qualifizierte und individuelle Asylverfahrensberatung die Rechtsstaatlichkeit und Fairness, Qualität und Effizienz des Asylverfahrens zu verbessern. Inhaltlich umfasste die pilotierte Asylverfahrensberatung die allgemeine und einzelfallbezogene Information, Beratung und Unterstützung zum Asyl- und Dublin-Verfahren, einschließlich Antragstellung, Anhörung und Bescheid sowie Rechtsschutzmöglichkeiten. Darüber hinaus erhielten Asylsuchende Informationen, Beratung und ggf. Unterstützung zu Alternativen zum Asylverfahren. Die Unterstützung beinhaltete Leistungen wie die Begleitung zu mündlichen Verfahrensterminen oder Hilfe bei der Beibringung medizinischer Gutachten / Atteste, sofern diese vom BAMF im Rahmen des Asylverfahrens verlangt wurden.

3   Die Evaluation des Forschungszentrums des BAMF und den UNHCR Deutschland kommt zum Ergebnis, dass grundsätzlich ein hoher Informations- und Beratungsmangel vonseiten der Asylsuchenden besteht. Die allgemeinen Informationen des BAMF sind nicht ausreichend, da die Asylsuchenden sie häufig nicht erfassen bzw. auf ihre individuellen Umstände anwenden können. Die Asylverfahrensberatung trägt dazu bei, dass Asylsuchende die einzelnen Schritte des Behördenverfahrens und deren Bedeutung kennen, ihre Rechte besser verstehen und ihren Pflichten besser nachkommen können. Die Verfahrensberatung hilft, einen effektiven Zugang zu Verfahrensgarantien und zum Rechtsschutz zu gewährleisten. Zudem verfügt sie über das Potential, eine Unterstützung bei der frühzeitigen Identifizierung von besonderen Bedarfen zu leisten. Eine unabhängige Beratung zur Bedeutung und zum Ablauf der Anhörung ist für Asylsuchende von großer Wichtigkeit. Sie kann zu einem effektiveren Sachvortrag und folglich zu einer besseren Aufklärung des Sachverhalts in der Anhörung beitragen. Die Asylverfahrensberatung unterstützt zudem die Erfüllung von weiteren durch das BAMF auferlegten Mitwirkungspflichten (zB die frist- und formgerechte Beschaffung und Einreichung von verfahrensrelevanten Dokumenten) und fördert so die Qualität der im Asylverfahren getroffenen Entscheidungen. Durch die Kooperation zwischen Beratungsstellen und Ankunftszentren sind frühzeitige Hinweise auf verfahrensrelevante Informationen zu Einzelfällen möglich. Insbesondere in komplexen Fällen und bei Personen mit besonderen Bedarfen kann die Kooperation die Effizienz des Behördenverfahrens steigern. Durch Umsetzung der Asylverfahrensberatung sind keine zeitlichen Verzögerungen des Verfahrens zu verzeichnen. Dieser Evaluationsbericht (https://www.nds-fluerat.org/wp-content/uploads/2018/05/FB_Asylverfahrensberatung_Entwurf170925.pdf) wurde vom Bundesministerium des Inneren nicht veröffentlicht; stattdessen beabsichtige das Bundesministerium für Inneres, Bau und Heimat in der neuen Legislaturperiode ein neues Pilotprojekt einer Asylverfahrensberatung durch Mitarbeitende des Bundesamtes durchzuführen.

4   Die Forderung nach einer unabhängigen und flächendeckenden Asylverfahrensberatung wurde von Seiten der SPD aufgegriffen und als ein gemeinsames Vorhaben der Koalition zwischen SPD und CDU/CSU im Koalitionsvertrag vom Februar 2018 vereinbart. Im Rahmen der Verhandlungen über eines Zweiten Gesetz zur besseren Durchsetzung der Ausreisepflicht wurde im Juni 2019 im Innenausschuss unmittelbar vor der zweiten und dritten Lesung in einer Nachtsitzung im kleinsten Kreis von Innenpolitikern ausgehandelte Kompromissformulierung für einen neuen § 12a in den Gesetzentwurf eingefügt. Mit der gefundenen Gesetzesformulierung wurde versucht, sehr gegensätzliche Vorstellungen über die Ausgestaltung einer „unabhängigen" Asylverfahrensberatung in einen Kompromiss zu verwandeln, damit die SPD bereit war, andere massive Verschärfungen des Migrationspaketes mitzutragen. Während die SPD-Seite glaubte, damit eine unabhängige Asylverfahrensberatung durchgesetzt zu haben, waren zumindest Teile der CDU/CSU davon überzeugt, damit eine wirklich unabhängige Asylverfahrensberatung erfolgreich verhindert zu haben. Die weitere Ausgestaltung und Umsetzung der Regelung ist nach wie vor hoch umstritten.

II. Regelungen im Unionsrecht

5   Deutschland ist europarechtlich gem. Art. 19 Abs. 1 Asylverfahrens-RL (RL 2013/32/EU v. 26.6.2013, ABl. 2013 L 180, 60) verpflichtet, im behördlichen Asylverfahren zu gewährleisten, dass den Antragstellern auf Antrag unentgeltlich rechts- und verfahrenstechnische Auskünfte erteilt werden. Diese sollen auch die besonderen Umstände des Antragstellers berücksichtigen. Die Auskunftserteilung soll den Antragstellern unter anderem dazu verhelfen, das Verfahren besser zu verstehen, um sie so stärker in die Lage zu versetzen, den ihnen obliegenden Pflichten nachzukommen. Im Fall einer ablehnenden Entscheidung zu einem Antrag im erstinstanzlichen Verfahren erteilen die Mitgliedstaaten dem Antragsteller auf Antrag zusätzlich zu den Auskünften nach Art. 11 Abs. 2 Asylverfahrens-RL und Art. 12 Abs. 1 lit. f Asylverfahrens-RL Auskünfte über die Gründe einer solchen Entscheidung und erläutern, wie die Entscheidung angefochten werden kann.

6   Nach Art. 12 Abs. 1 lit. c Asylverfahrens-RL darf Asylsuchenden generell nicht die Möglichkeit verwehrt werden, mit dem UNHCR oder einer anderen Organisation, die für Antragsteller nach Maßgabe des Rechts des betreffenden Mitgliedstaats Rechtsberatung oder sonstige Beratungsleistungen erbringt, Verbindung aufzunehmen.

B. Freiwilligkeit der Beratung

7   Die Asylverfahrensberatung nach § 12a ist ein ausdrücklich „freiwilliges" Beratungsangebot, dass der Asylsuchende nicht in Anspruch nehmen muss. Diese Freiwilligkeit bezieht sich sowohl

auf die erste Stufe, die Gruppenberatungsgespräche, wie auch die die zweite Stufe, die individuellen Beratungsgespräche. Auf keinen Fall darf bei den Asylsuchenden der Eindruck entstehen, als hätte die Nicht-Teilnahme einen negativen Einfluss auf das Asylverfahren.

C. Unabhängige, staatliche Asylverfahrensberatung

Die Asylverfahrensberatung nach §12a ist nach dem Gesetzeswortlaut eine „staatliche, unabhängige" Beratung. Der Bund geht dabei davon aus, dass die Unabhängigkeit der Beratung bereits dadurch gewährleistet ist, dass die Mitarbeitenden des Bundesamtes, die die Beratung durchführen sollen, zur gleichen Zeit nicht als Entscheider im Asylverfahren tätig sind und organisationsintern sichergestellt ist, dass diese keine Asylverfahren anhören oder entscheiden, bei denen sie die Antragsteller im Rahmen des Einsatzes in der Asylverfahrensberatung beraten haben. **8**

Dieses Verständnis der Unabhängigkeit der Asylverfahrensberatung ist aus rechtsstaatlichen Erwägungen höchst problematisch und wird auch der besonderen Situation der Asylsuchenden nicht gerecht. Insgesamt ist das Asylverfahren – aus der Perspektive der Schutzsuchenden – eine Sondersituation mit hohem Informations- und Beratungsbedarf, die ein – aus der Perspektive der zuständigen Behörde – normales, verdichtetes, auf Effizienz optimiertes Verwaltungsverfahren zu durchlaufen haben, an dessen Ende eine zugleich möglichst schnelle und richtige Entscheidung stehen soll. **9**

Im Asylverfahren geht es für die Antragsteller um existentielle Fragen – auch dann, wenn letztlich keine schutzbegründenden Umstände vorliegen. Es ist für sie kein „normales" Verwaltungsverfahren (Berlit, Stellungnahme v. 28.4.2019 zur Anhörung des BT-Ausschusses für Inneres und Heimat am 6.5.2019). Berlit führt dazu aus: **10**
- Die Antragsteller kommen weit überwiegend aus Regionen, in denen staatlichen Instanzen nicht oder allenfalls begrenzt zu vertrauen ist.
- Die Antragsteller haben auf der Flucht oft traumatisierende Erlebnisse gehabt.
- Sie befinden sich – ungeachtet aller über das Internet, die eigene „Nationalitätencommunity" sowie Fluchthelfer oder „Schlepper" erreichbaren Informationen – in einem für sie meist sprachlich, kulturell und auch sonst fremden Umfeld.
- Zumindest die Feinheiten des Asylverfahrens sind ihnen nicht geläufig und auch durch Merkblätter, Informationsbroschüren und andere mehr kurzfristig nicht zu vermitteln.
- Oftmals bestehen auch falsche Vorstellungen über das Asylverfahren und den in Deutschland für sie erreichbaren Schutz.

Der erhebliche Beratungsbedarf der Schutzsuchenden ist – ungeachtet fortbestehender, überwiegend auch unionsrechtlich vorgegebener Informations- und Aufklärungspflichten des BAMF – besser durch eine auch institutionell behördenunabhängige Beratungsinstitution zu decken. Eine Asylverfahrensberatung durch eine gesonderte Abteilung des BAMF kann den spezifischen Beratungserfordernissen selbst dann nicht in gleicher Weise entsprechen, wenn sie fachlich, binnenorganisatorisch und hinsichtlich des Informationsflusses von den anderen Bereichen des BAMF abgeschottet wird (und unterstellt wird, dass diese Abschottung wirksam organisiert wird), so Berlit weiter. **11**

Qualifizierte Asylverfahrensberatung ist ergebnisoffen in dem Sinne, dass sie über bestehende Rechte aufklärt und deren Wahrnehmung unterstützt, nicht aber „Rechte" erfindet oder zu – vermeintlichem oder tatsächlichem – Fehlgebrauch von Rechten auffordert. Sie umfasst insbesondere **12**
- die allgemeine und einzelfallbezogene Information (zB zu Ablauf, Inhalt, Zuständigkeiten sowie zu den Rechten und Pflichten der Beratenen und des BAMF),
- Beratung und Unterstützung zur faktischen Durchsetzung normativ eingeräumter Verfahrensrechte im Asyl- und Dublin-Verfahren (einschließlich Antragstellung, Anhörung und Bescheid sowie Rechtsschutzmöglichkeiten),
- Informationen, Beratung und ggf. Unterstützung zu Alternativen zum Asylverfahren,
- Unterstützung wie zB die Begleitung zu mündlichen Verfahrensterminen oder Hilfe bei der Beibringung medizinischer Gutachten / Atteste, sofern diese vom BAMF im Rahmen des Asylverfahrens verlangt wurden, sowie
- Verweis an spezielle Beratungsstellen, an weitere Beratungsangebote (zB an die Migrations- oder Rückkehrberatung) oder an eine Rechtsberatung durch Rechtsanwälte.

Für diese vielschichtige Informations- und Beratungsaufgabe kann das für eine ergebnisoffene Beratung notwendige Vertrauensverhältnis regelmäßig nicht zu einer Teileinheit just jener Behörde aufgebaut werden, die abschließend über ein Schutzgesuch zu entscheiden und damit auch darüber zu befinden hat, ob es zu dem angestrebten Schutz im Bundesgebiet oder zur Aufenthaltsbeendi- **13** gung kommt. Unabhängigkeit, Neutralität und Vertraulichkeit der Beratenden sind zentrale Erfolgsvoraussetzungen von Beratung, die über bloße Sachinformationen hinausgeht und durch offene Kommunikation Fragen, Irritationen oder Probleme der zu Beratenden einer Lösung zuführen soll, ohne deren Entscheidungsautonomie zu beeinträchtigen (Berlit, Stellungnahme v. 28.4.2019 zur Anhörung des Ausschusses für Inneres und Heimat am 6.5.2019 sowie Studie Modellprojekt Asylverfahrensberatung → Rn. 2).

D. Inhalte und Durchführung der Asylverfahrensberatung nach § 12a

14   Nach § 12a S. 2 erfolgt die Asylverfahrensberatung des Bundes in zwei Stufen:

I. Gruppenberatungsgespräche

15   Nach § 12a S. 3 wird auf der ersten Stufe allen Asylsuchenden vor Antragstellung in Gruppengesprächen Informationen zum Ablauf des Asylverfahrens sowie zu Rückkehrmöglichkeiten zur Verfügung gestellt. Diese allgemeine Asylverfahrensberatungsstufe 1 findet in der Praxis des BAMF in Kleingruppen bis zu sechs Personen statt mit einer Dauer von 60–120 min (Gesamtkonzeption und Dienstanweisung Asylverfahrensberatung des BAMF, Stand: 8.11.2019).

16   Inhalte sind allgemeine Informationen zu:
- Asyl,
- Asylverfahren,
- Akteuren (einschließlich Funktionen / Befugnisse),
- Folgeschritten bzw. Rechtsfolgen,
- Rechten und Pflichten,
- relevanten Vulnerabilitäten,
- Alternativen zum Asylverfahren (einschließlich Rückkehrhinweis),
- Hinweis auf andere Beratungsangebote, Fachstellen, usw.

II. Individuelle Beratungsgespräche – Asylverfahrensberatung durch das Bundesamt

17   Auf der zweiten Stufe erhalten nach § 12a S. 4 alle Asylsuchenden in Einzelgesprächen eine individuelle Asylverfahrensberatung, die durch das Bundesamt oder durch Wohlfahrtsverbände durchgeführt wird.

1. Individuelle Asylverfahrensberatung durch das Bundesamt – Inhalte

18   Die individuelle Asylverfahrensberatung des Bundesamtes sind Einzelgespräche mit einer Dauer von 15–60 min. Folgegespräche sind möglich und können kürzer ausfallen. Die Inhalte beziehen sich auf weitere Erläuterungen zu den in den Gruppenberatungen behandelten Themen; es geht dabei eher um Auskünfte zum Verfahren (wie allgemein die Auskünfte und Beratung durch eine Behörde zum Ablauf des Behördenverfahrens nach § 26 VwVfG), statt um individuelle Beratungsprozesse im rechtlichen Kontext des Asylverfahrens. Individuelle Unterstützung kann erfolgen zB bei Begleitung zu Verfahrensterminen, Beschaffung von relevanten Dokumenten, Hinweis auf Beratungs- und Unterstützungsangebote Dritter.

19   Aufgrund des Neutralitätsgebotes erfolgt keine Rechtsberatung gemäß RDG (Rechtsdienstleistungsgesetz v. 12.12.2007, BGBl. I 2840), Sachverhaltsermittlung, Glaubhaftigkeitsprüfung, Einzelfallprüfung, Begleitung als Beistand zu Anhörungen, Einschätzung über Erfolgsaussichten im Behörden- oder Klageverfahren und keine parteiliche Beratung (zum Ganzen s. Gesamtkonzeption und Dienstanweisung Asylverfahrensberatung des BAMF, Stand: 8.11.2019).

2. Qualifikationsniveau der Berater/innen

20   Die Mitarbeitenden der Asylverfahrensberatung des BAMF sind Mitarbeitende des Asylbereichs (gehobener Dienst, höherer Dienst), die für einen kürzeren Zeitraum der Asylverfahrensberatung zugeteilt sind.

3. Trennung vom Asylbereich

21   Die Dienstanweisung Asylverfahrensberatung des BAMF schreibt vor, dass die Mitarbeitenden des Bundesamtes, die die Beratung durchführen sollen, zur gleichen Zeit nicht als Entscheider im Asylverfahren tätig sind und organisationsintern sichergestellt ist, dass diese keine Asylverfahren anhören oder entscheiden, bei denen sie die Antragsteller im Rahmen des Einsatzes in der

Asylverfahrensberatung beraten haben (s. Gesamtkonzeption und Dienstanweisung Asylverfahrensberatung des BAMF, Stand: 8.11.2019).

III. Individuelle Beratungsgespräche – Asylverfahrensberatung durch die Wohlfahrtsverbände

1. Finanzierung der Asylverfahrensberatung durch die Verbände

§ 12a S. 4 sieht vor, dass die individuelle Asylverfahrensberatung auf der zweiten Stufe alle **22** Asylsuchenden in Einzelgesprächen erhalten, „die durch das Bundesamt oder durch Wohlfahrtsverbände durchgeführt wird." Wie aus den Diskussionen um die Ausgestaltung der Norm zu ersehen ist, war damit zumindest eine Wahlfreiheit für die Asylsuchenden intendiert, ob sie die Asylverfahrensberatung des BAMF oder der Verbände in Anspruch nehmen möchten (Gesetzesbegründung zu § 12a, BT-Innenausschuss, Ausschuss-Drs. 19(4)307).

Das Bundesministerium für Inneres, Bau und Heimat hat entschieden, dass bisher nur finanzielle **23** Ressourcen bereitgestellt werden, um beim BAMF die Personal- und Sachkosten für die notwendigen Stellen zu finanzieren. An der Finanzierung der Personalkosten der Asylverfahrensberatung bei den Verbänden will sich der Bund finanziell nicht beteiligen. Hier sollten den Verbänden lediglich Räumlichkeiten und Sachmittel zur Verfügung gestellt werden und der Zugang zum Gelände der Erstaufnahmeeinrichtung gewährleistet werden (Gesetzesbegründung zu § 12a, BT-Innenausschuss, Ausschuss-Drs. 19(4)307).

Die Finanzierung der Asylverfahrensberatung durch die Verbände erfolgt bisher nur in einzelnen **24** Bundesländern über Landesprogramme und ist in vielen Ländern zumeist bei weitem nicht bedarfsdeckend. Über Landesprogramme finanziert sind zB
- die unabhängige Verfahrens- und Sozialberatung der Liga der freien Wohlfahrtspflege in Baden-Württemberg gem. § 6 Abs. 2 BWFlüAG,
- die unabhängige Asylverfahrensberatung im Ankunftszentrum in Berlin, finanziert aus dem Haushalt der Senatsverwaltung für Integration, Arbeit und Soziales,
- die „Unabhängige Geflüchtetenberatung" in Brandenburg; hierbei handelt es sich um eine Rechtsmittelberatung, die erst nach Erlass des Asylbescheids stattfindet,
- die Verfahrensberatung in Nordrhein-Westfalen gemäß der Richtlinien über die Gewährung von Zuwendungen zur sozialen Beratung von Geflüchteten in Nordrhein-Westfalen (Runderlass des Ministeriums für Kinder, Familie, Flüchtlinge und Integration v. 25.9.2020 – 531-26.18.00-000001, MBl. NRW. 624),
- die unabhängige Asylverfahrensberatung in den Erstaufnahmeeinrichtungen von Rheinland-Pfalz gemäß der „Rahmenkonzeption der LIGA der Freien Wohlfahrtspflege in Rheinland-Pfalz für eine behördenunabhängige Sozial- und Verfahrensberatung in den Aufnahmeeinrichtungen für Asylbegehrende des Landes Rheinland-Pfalz und deren Außenstellen" (Mai 2020) und die „Fördergrundsätze – Ergänzende Sozial- und Verfahrensberatung [...] in Aufnahmeeinrichtungen für Asylbegehrende des Landes Rheinland-Pfalz" des Ministeriums für Familie, Frauen, Jugend, Integration und Verbraucherschutz des Landes Rheinland-Pfalz (geltend ab Januar 2020).

2. Inhalte der Asylverfahrensberatung durch die Verbände

Schwerpunkte der verbandlichen Asylverfahrensberatung ist die individuelle (Rechts-) Beratung **25** und damit Anwendung allgemeiner Informationen in Bezug auf den konkreten Einzelfall; ganzheitliche, auch sozialrechtliche Beratung auch zu sozialpädagogischen Bedarfen aufgrund besonderer Vulnerabilitäten.

Diese individuelle (Rechts-) Beratung nach dem RDG anhand des konkreten Einzelfalles bein- **26** haltet
- Asyl, Asylverfahren und Akteure im Verfahren (einschließlich Funktionen / Befugnisse),
- Rechten, Pflichten und relevante Vulnerabilitäten,
- Folgeschritte bzw. Rechtsfolgen,
- Alternativen zum Asylverfahren,
- Hinweis auf andere Beratungsangebote, Fachstellen usw,
- Einschätzung der individuellen Erfolgsaussichten und ggf. Alternativen zum Asylverfahren,
- Vorbereitung auf die Anhörung (→ § 25 Rn. 14): Aufarbeitung der individuellen Fluchtgeschichte, chronologische Einordnung, Sortieren nach relevanten und nicht relevanten Inhalten,
- ganzheitliche Beratung zu unterschiedlichen Bedarfen (zB aufgrund besonderer Vulnerabilität entsprechend den Beratungsstandards der Sozialen Arbeit), konkrete Prüfung und Identifizie-

rung, ob Vulnerabilitäten gemäß EU-Aufnahme-RL vorliegen, ggf. Mitteilung an zuständige Behörden,
- Nachbereitung der Anhörung Prüfung des Anhörungsprotokolls (→ § 25 Rn. 60) auf Richtigkeit und Vollständigkeit relevanter Inhalte; ggf. Nachreichen von Dokumenten,
- Erläuterung des behördlichen Asylbescheides und Rechtsfolgen, Klärung der weiteren Perspektiven einschließlich möglicher Rechtsmittel (→ § 34 Rn. 1 ff., → § 74 Rn. 1 ff.),
- Rechtliche Prüfung von Leistungsansprüchen (→ AsylbLG § 1 Rn. 1), Arbeitsmarktzugang (→ § 61 Rn. 1), (Dublin-) Familienzusammenführung, Bewegungsfreiheit und Umverteilungsmöglichkeiten im Asylverfahren (→ Dublin III-VO Art. 9 Rn. 1), Beratung im Asylverfahren zu aufenthaltsrechtlichen Begleitfragen, zB Familienzusammenführung (→ AufenthG § 29 Rn. 1), Familienasylanträgen (→ § 26 Rn. 1).

27 Individuelle Unterstützung zB bei
- Begleitung in die Anhörung als Beistand (§ 14 VwVfG, → § 25 Rn. 51),
- Beschaffung von relevanten Dokumenten,
- Herstellung von Kontakten und stellvertretenden Absprachen mit Dritten (zB Behörden),
- Unterstützung bei Rechtsbehelfen (s. Diakonie-Schnittstellenpapier „Asylverfahrensberatung (§ 12 AsylG) Umsetzung und Beratungsinhalte von BAMF und Wohlfahrtsverbänden").

3. Qualifikationsniveau der Berater/innen

28 Die hauptberuflichen Beraterinnen und Berater haben ein abgeschlossenes Hochschulstudium der Rechts- oder Sozialwissenschaft, Sozialen Arbeit oder eine vergleichbare Qualifikation, sowie Fort- und Weiterbildung im Sinne des RDG, Anleitung durch Volljuristen (zB Mitgliedern der Rechtsberaterkonferenz der Verbände; s. Diakonie-Schnittstellenpapier „Asylverfahrensberatung (§ 12 AsylG) Umsetzung und Beratungsinhalte von BAMF und Wohlfahrtsverbänden").

§ 13 Asylantrag

(1) Ein Asylantrag liegt vor, wenn sich dem schriftlich, mündlich oder auf andere Weise geäußerten Willen des Ausländers entnehmen lässt, dass er im Bundesgebiet Schutz vor politischer Verfolgung sucht oder dass er Schutz vor Abschiebung oder einer sonstigen Rückführung in einen Staat begehrt, in dem ihm eine Verfolgung im Sinne des § 3 Absatz 1 oder ein ernsthafter Schaden im Sinne des § 4 Absatz 1 droht.

(2) [1]Mit jedem Asylantrag wird die Anerkennung als Asylberechtigter sowie internationaler Schutz im Sinne des § 1 Absatz 1 Nummer 2 beantragt. [2]Der Ausländer kann den Asylantrag auf die Zuerkennung internationalen Schutzes beschränken. [3]Er ist über die Folgen einer Beschränkung des Antrags zu belehren. [4]§ 24 Absatz 2 bleibt unberührt.

(3) [1]Ein Ausländer, der nicht im Besitz der erforderlichen Einreisepapiere ist, hat an der Grenze um Asyl nachzusuchen (§ 18). [2]Im Falle der unerlaubten Einreise hat er sich unverzüglich bei einer Aufnahmeeinrichtung zu melden (§ 22) oder bei der Ausländerbehörde oder der Polizei um Asyl nachzusuchen (§ 19). [3]Der nachfolgende Asylantrag ist unverzüglich zu stellen.

A. Allgemeines

1 Die Vorschrift regelt, wann ein Asylantrag im materiellen Sinne vorliegt, während § 14 die formale Antragstellung normiert. Mit dem Vorliegen eines Asylantrags ist sowohl der Anwendungsbereich des AsylG als auch der Dublin III-VO eröffnet, wobei für letztere allein die unionsrechtliche Definition für das Vorliegen eines Asylantrags maßgeblich ist.

2 Aufgrund des Unionsrechts wurden der Flüchtlingsstatus und der subsidiäre Schutz zu einem einheitlichen Status, dem Internationalen Schutz, zusammengefasst. Der Asylantrag bezieht sich unionsrechtlich und auch nach dem AsylG immer auch auf den subsidiären Schutz.

B. Im Einzelnen

I. Stellung des Asylgesuchs

3 Ein Asylantrag unterliegt keinen Formerfordernissen. Er kann nach Abs. 1 sowohl mündlich, schriftlich als auch auf andere Weise gestellt werden. Umfasst sind die Antragstellung per Telefon,

Telefax, E-Mail sowie das Überbringen des Antrags durch einen Boten oder Vertreter (NK-AuslR/Bruns Rn. 4). Eine persönliche Antragstellung ist nicht erforderlich. Die Antragstellung ist auch nicht fristgebunden.

Ein Asylantrag kann auch konkludent gestellt werden. Begehrt etwa der Ehegatte eines Asylbe- **4** werbers einen Aufenthaltstitel, so ist hierin konkludent der Antrag auf Erteilung eines Familienflüchtlingsstatus bzw. subsidiären Schutzstatus zu sehen. Inhaltlich muss sich das geäußerte Begehren auf den Internationalen Schutz und nicht lediglich auf den nationalen Schutz iSv § 60 Abs. 5 oder Abs. 7 S. 1 AufenhtG beziehen (BeckOK AuslR/Sieweke/Kluth Rn. 3).

Der Asylantrag kann gegenüber jeder staatlichen Stelle gestellt werden. Auch das Stellen eines **5** Asylantrags bei einer unzuständigen Behörde führt dazu, dass der Aufenthalt gestattet ist (§ 55 Abs. 1).

Die Asylantragstellung löst die Durchführung des Asylverfahrens durch das Bundesamt aus (s. **6** dagegen ein Abweichen vom Antragserfordernis gem. § 14a).

Unter Asylantrag ist nicht nur der Erstantrag, sondern auch der Folgeantrag (§ 71) sowie der **7** Zweitantrag (§ 71a) zu verstehen.

Ob eine Asylantragstellung vom Ausland aus möglich ist, ist umstritten (dagegen BeckOK **8** AuslR/Sieweke/Kluth Rn. 8). Die Asylantragstellung in einer deutschen Auslandsvertretung wird nicht als zulässig erachtet (BVerwG BeckRS 9998, 45178), da eine Asylantragstellung grundsätzlich nur möglich ist, wenn sich der Asylantragsteller an der Grenze oder im Bundesgebiet aufhält. Allerdings ist die Fortführung des Asylverfahrens eines während des Asylverfahrens ins Ausland Abgeschobenen möglich (NK-AuslR/Bruns Rn. 12).

Ein Asylantrag nach § 13 kann bis zur Stellung eines förmlichen Asylantrags nach § 14 formlos **9** zurückgenommen werden (BVerwG BeckRS 9998, 47134).

II. Antrag auf internationalen Schutz und Beschränkungsmöglichkeit

Abs. 2 sieht vor, dass ein Asylantrag grundsätzlich die Anerkennung als Asylberechtigter, die **10** Zuerkennung der Flüchtlingseigenschaft und die Zuerkennung des subsidiären Schutzes umfasst. Der Gesetzgeber gibt vor, dass eine Beschränkung des Asylantrags auf die die Zuerkennung der Flüchtlingseigenschaft und des subsidiären Schutzes möglich ist, nicht jedoch auf die Anerkennung als Asylberechtigten. Abs. 2 enthält also eine Einschränkung der Dispositionsbefugnis des Asylbewerbers über den Antragsgegenstand.

Eine Beschränkung des Asylantrags muss ausdrücklich erfolgen. **11**

Ob eine Beschränkung des Antrags nur auf die Zuerkennung des subsidiären Schutzes zulässig **12** ist, ist umstritten. Eine Beschränkung des Asylantrags auf den subsidiären Schutz ist laut Abs. 2 nicht mehr vorgesehen. Indes kann der Antrag auf die Abschiebungsverbote nach § 60 Abs. 5 und Abs. 7 AufenthG beschränkt werden, über den die Ausländerbehörde unter zwingender Beteiligung des Bundesamtes entscheidet (§ 72 Abs. 2 AufenthG). Wird der Antrag erst im Nachhinein auf die nationalen Abschiebungsverbote beschränkt, bleibt das Bundesamt zuständig (§ 13 Abs. 2 S. 3 iVm § 24 Abs. 2).

III. Einreise ohne Einreisepapiere

Nach Abs. 3 hat ein Asylbewerber, der nicht im Besitz der erforderlichen Einreisepapiere ist, **13** an der Grenze um Asyl nachzusuchen. Es besteht also die Pflicht zur Asylantragstellung unmittelbar mit der Einreise und – wenn dies nicht erfolgt ist – zur unverzüglichen Nachholung derselben. Mit dieser Bestimmung bezweckte der Gesetzgeber 1993, dass die Drittstaatenregelung nicht umgangen wird und damit die Möglichkeit, den Asylsuchenden direkt an der Grenze zurückzuweisen, gegeben ist. Allerdings ist die Zurückweisung von Asylbewerbern an den EU-Binnengrenzen inzwischen aufgrund des vorrangigen Unionsrechts, nämlich der Dublin III-VO, nicht mehr zulässig, da im Rahmen des Zuständigkeitsbestimmungsverfahrens festzustellen ist, welcher Mitgliedstaat zuständig ist. Ausschließlich in den zuständigen Staat darf eine Abschiebung erfolgen (Thym NJW 2018, 2353; Bast/Möllers Verfassungsblog v. 16.1.2016; Lübbe Verfassungsblog v. 3.4.2016; Brings/Farahat/Oehl Verfassungsblog v. 3.9.2016).

Erfüllt ein Asylbewerber nicht seine Pflicht nach Abs. 3, unverzüglich einen Asylantrag zu **14** stellen, hat dies zur Folge, dass die Asylgestattung erst mit der formalen Asylantragstellung gem. § 14 (§ 55 Abs. 1 S. 3) Wirkung entfaltet.

Eine verspätete Asylantragstellung stellt jedoch keine Grundlage dafür dar, die Glaubhaftigkeit **15** des Asylbegehrens in Zweifel zu ziehen, wenngleich bei einem besonders langen Zeitraum zwischen Einreise und Antragstellung dies als Indiz für mangelnde Glaubwürdigkeit des Antragstellers gewertet wird (BVerfG BeckRS 2004, 22489; vgl. BeckOK AuslR/Sieweke/Kluth Rn. 17).

§ 14 Antragstellung

(1) [1]Der Asylantrag ist bei der Außenstelle des Bundesamtes zu stellen, die der für die Aufnahme des Ausländers zuständigen Aufnahmeeinrichtung zugeordnet ist. [2]Das Bundesamt kann den Ausländer in Abstimmung mit der von der obersten Landesbehörde bestimmten Stelle verpflichten, seinen Asylantrag bei einer anderen Außenstelle zu stellen. [3]Der Ausländer ist vor der Antragstellung schriftlich und gegen Empfangsbestätigung darauf hinzuweisen, dass nach Rücknahme oder unanfechtbarer Ablehnung seines Asylantrags die Erteilung eines Aufenthaltstitels gemäß § 10 Abs. 3 des Aufenthaltsgesetzes Beschränkungen unterliegt. [4]In Fällen des Absatzes 2 Satz 1 Nr. 2 ist der Hinweis unverzüglich nachzuholen.

(2) [1]Der Asylantrag ist beim Bundesamt zu stellen, wenn der Ausländer
1. einen Aufenthaltstitel mit einer Gesamtgeltungsdauer von mehr als sechs Monaten besitzt,
2. sich in Haft oder sonstigem öffentlichem Gewahrsam, in einem Krankenhaus, einer Heil- oder Pflegeanstalt oder in einer Jugendhilfeeinrichtung befindet, oder
3. minderjährig ist und sein gesetzlicher Vertreter nicht verpflichtet ist, in einer Aufnahmeeinrichtung zu wohnen.
[2]Die Ausländerbehörde leitet einen bei ihr eingereichten schriftlichen Antrag unverzüglich dem Bundesamt zu. [3]Das Bundesamt bestimmt die für die Bearbeitung des Asylantrags zuständige Außenstelle.

(3) [1]Befindet sich der Ausländer in den Fällen des Absatzes 2 Satz 1 Nr. 2 in
1. Untersuchungshaft,
2. Strafhaft,
3. Vorbereitungshaft nach § 62 Absatz 2 des Aufenthaltsgesetzes,
4. Sicherungshaft nach § 62 Absatz 3 Satz 1 Nummer 2 des Aufenthaltsgesetzes, weil er sich nach der unerlaubten Einreise länger als einen Monat ohne Aufenthaltstitel im Bundesgebiet aufgehalten hat,
5. Sicherungshaft nach § 62 Absatz 3 Satz 1 Nummer 1 und 3 des Aufenthaltsgesetzes,
6. Mitwirkungshaft nach § 62 Absatz 6 des Aufenthaltsgesetzes,
7. Ausreisegewahrsam nach § 62b des Aufenthaltsgesetzes,
steht die Asylantragstellung der Anordnung oder Aufrechterhaltung von Abschiebungshaft nicht entgegen. [2]Dem Ausländer ist unverzüglich Gelegenheit zu geben, mit einem Rechtsbeistand seiner Wahl Verbindung aufzunehmen, es sei denn, er hat sich selbst vorher anwaltlichen Beistands versichert. [3]Die Abschiebungshaft endet mit der Zustellung der Entscheidung des Bundesamtes, spätestens jedoch vier Wochen nach Eingang des Asylantrags beim Bundesamt, es sei denn, es wurde auf Grund von Rechtsvorschriften der Europäischen Gemeinschaft oder eines völkerrechtlichen Vertrages über die Zuständigkeit für die Durchführung von Asylverfahren ein Auf- oder Wiederaufnahmeersuchen an einen anderen Staat gerichtet oder der Asylantrag wurde als unzulässig nach § 29 Absatz 1 Nummer 4 oder als offensichtlich unbegründet abgelehnt.

A. Allgemeines

1   Die Vorschrift regelt die förmliche Asylantragstellung. Zuständig für die Entgegennahme des Asylantrags ist ausschließlich das Bundesamt, welches zentral über den Antrag entscheidet.

B. Im Einzelnen

I. Persönliche Antragstellung bei der Außenstelle

2   Der Asylantrag muss persönlich beim Bundesamt gestellt werden. Zuständig ist die Außenstelle, die für die Aufnahme des Ausländers zuständigen Aufnahmeeinrichtung zugeordnet ist. Dem Asylbewerber steht es also nicht frei, in welcher Außenstelle er seinen Asylantrag einreicht.

3   Reicht der Asylbewerber seinen Antrag bei sonstigen staatlichen Stellen ein, so leiten diese den Asylantrag an das Bundesamt weiter. Nach Art. 6 Abs. 1 S. 2 Asylverfahrens-RL besteht hierfür eine Frist von sechs Tagen, sofern es sich um eine Stelle handelt, die typischerweise Asylanträge entgegennimmt wie zB die Polizei oder Ausländerbehörde (NK-AuslR/Bruns § 13 Rn. 3). Sodann bestimmt das Bundesamt die zuständige Außenstelle bzw. Aufnahmeeinrichtung, wo binnen dreier

Tage Gelegenheit zur persönlichen Antragstellung gegeben sein muss (NK-AuslR/Bruns § 13 Rn. 3).

II. Schriftliche Antragstellung

Abs. 2 definiert Ausnahmen, in denen die Asylantragstellung nicht bei der Außenstelle des **4** Bundesamtes erfolgt, sondern schriftlich an die Zentrale gerichtet wird.

Dies ist zum einen der Fall, wenn der Asylbewerber im Besitz eines Aufenthaltstitels mit einer **5** Geltungsdauer von mehr als sechs Monaten ist (Abs. 2 S. 1 Nr. 1). Denn in einem solchen Fall soll der Asylbewerber nicht gezwungen werden, in einer Aufnahmeeinrichtung zu wohnen. Ausreichend ist es, wenn auch bei kürzerer Restlaufzeit die ursprüngliche Geltungsdauer des Aufenthaltstitels mehr als sechs Monate betragen hat.

Als Aufenthaltstitel gelten die in § 4 AufenthG genannten Titel und die Fiktion nach § 81 **6** Abs. 4 AufenthG (NK-AuslR/Bruns Rn. 4).

Ein schriftlicher Asylantrag ist ebenso an die Zentrale des Bundesamtes zu richten, wenn sich **7** der Asylbewerber in Haft oder sonstigem öffentlichen Gewahrsam, in einem Krankenhaus, einer Heil- oder Pflegeanstalt oder in einer Jugendhilfeeinrichtung befindet (Abs. 2 S. 1 Nr. 2).

Schließlich hat auch der minderjährige Asylantragsteller seinen Asylantrag bei der Zentrale des **8** Bundesamtes zu stellen, wenn sein gesetzlicher Vertreter nicht verpflichtet ist, in einer Aufnahmeeinrichtung zu wohnen (Abs. 2 S. 1 Nr. 3).

Wird ein schriftlicher Asylantrag bei der Ausländerbehörde eingereicht, ist diese verpflichtet, **9** diesen unverzüglich an das Bundesamt weiterzuleiten.

III. Antragstellung bei Inhaftierung

Abs. 3 regelt die Fälle, in denen die Asylantragstellung aus der Haft heraus stattfindet. Findet die **10** Asylantragstellung aus der Haft heraus statt – Untersuchungshaft, Strafhaft oder Abschiebungshaft, worunter nach der Rechtsprechung auch Zurückweisungshaft fällt, sowie Mitwirkungshaft und Ausreisegewahrsam –, so steht die Asylantragstellung der Anordnung oder Aufrechterhaltung von Abschiebungshaft nicht entgegen. Dies stellt eine Ausnahme davon dar, dass die mit der Asylantragstellung verbundene Erteilung einer Aufenthaltsgestattung grundsätzlich zur Folge hat, dass Abschiebungshaft unzulässig ist. Denn es handelt sich um einen erlaubten Aufenthalt.

Der Gesetzgeber begründet diese Ausnahmeregelung damit, dass eine Haftentlassung aus Grün- **11** den der Aufenthaltsgestattung dazu führen könnte, dass der Ausländer untertaucht oder Straftaten begehen könnte, was vermieden werden soll (BT-Drs. 13/4948, 10).

Nicht vom Anwendungsbereich des Abs. 3 sind Fälle erfasst, in denen eine Inhaftierung im **12** Rahmen des Dublin-Verfahrens nach Art. 28 Dublin III-VO angeordnet worden ist (vgl. NK-AuslR/Bruns Rn. 9).

Im Fall der Asylantragstellung aus der Sicherungshaft gem. Abs. 3 S. 1 Nr. 4 heraus darf die **13** Haft nach der Asylantragstellung nur fortgesetzt werden, wenn sich der Antragsteller schon länger als einen Monat ohne Aufenthaltstitel im Bundesgebiet aufgehalten hat. Denn ansonsten würde die Inhaftierung von neu eingereisten Asylbewerbern, die ohne Aufenthaltstitel eingereist sind und aufgegriffen wurden, de facto zur regelmäßigen Inhaftierung von Asylbewerbern führen. Dies würde jedoch dem Grundgedanken von Art. 31 Abs. 1 GFK, welcher die Sanktionierung der illegalen Einreise von schutzbedürftigen Flüchtlingen verbietet, zuwiderlaufen.

Die Abschiebungshaft endet mit der Zustellung des Bescheids des Bundesamts, spätestens jedoch **14** vier Wochen nach Eingang des Asylantrags beim Bundesamt. Verfahrensverzögerungen sollen nicht zulasten des Asylbewerbers gehen. Der Asylbewerber ist zu entlassen, wenn keine Zustellung des Bescheides vor Ablauf der Vier-Wochen-Frist erfolgt ist (NK-AuslR/Bruns Rn. 12).

Von der maximalen Dauer von Abschiebungshaft während des Asylverfahrens von vier Wochen **15** werden besteht jedoch eine Rückausnahme: Wenn ein Übernahmeersuchen im Rahmen des Dublin-Verfahrens erfolgt ist, besteht kein Anspruch auf Haftentlassung nach Ablauf von vier Wochen. Wird das Ersuchen abgelehnt, endet die Haft (zum Ganzen NK-AuslR/Bruns Rn. 12 f.).

§ 14a Familieneinheit

(1) Mit der Asylantragstellung nach § 14 gilt ein Asylantrag auch für jedes minderjäh-rige ledige Kind des Ausländers als gestellt, das sich zu diesem Zeitpunkt im Bundesge-biet aufhält, ohne freizügigkeitsberechtigt oder im Besitz eines Aufenthaltstitels zu sein, wenn es zuvor noch keinen Asylantrag gestellt hatte.

(2) ¹Reist ein minderjähriges lediges Kind des Ausländers nach dessen Asylantragstellung ins Bundesgebiet ein oder wird es hier geboren, so ist dies dem Bundesamt unverzüglich anzuzeigen, wenn ein Elternteil eine Aufenthaltsgestattung besitzt oder sich nach Abschluss seines Asylverfahrens ohne Aufenthaltstitel oder mit einer Aufenthaltserlaubnis nach § 25 Abs. 5 des Aufenthaltsgesetzes im Bundesgebiet aufhält. ²Die Anzeigepflicht obliegt neben dem Vertreter des Kindes im Sinne von § 12 Abs. 3 auch der Ausländerbehörde. ³Mit Zugang der Anzeige beim Bundesamt gilt ein Asylantrag für das Kind als gestellt.

(3) ¹Der Vertreter des Kindes im Sinne von § 12 Abs. 3 kann bis zur Zustellung der Entscheidung des Bundesamtes auf die Durchführung eines Asylverfahrens für das Kind verzichten, indem er erklärt, dass dem Kind keine Verfolgung im Sinne des § 3 Absatz 1 und kein ernsthafter Schaden im Sinne des § 4 Absatz 1 drohen. ²§ 13 Absatz 2 Satz 2 gilt entsprechend.

(4) Die Absätze 1 bis 3 sind auch anzuwenden, wenn der Asylantrag vor dem 1. Januar 2005 gestellt worden ist und das Kind sich zu diesem Zeitpunkt im Bundesgebiet aufgehalten hat, später eingereist ist oder hier geboren wurde.

A. Allgemeines

1   Mit dem ZuwG (Zuwanderungsgesetz v. 30.7.2004, BGBl. I 1950) wurde die Vorschrift 2005 erstmals eingeführt. Ziel der Regelung ist es ausweislich der Gesetzesbegründung, eine sukzessive Asylantragstellung verschiedener Mitglieder einer Familie zu verhindern (BT-Drs. 15/420, 108). Mit der automatischen Antragsfiktion der Kinder von Asylantragstellern wird das zeitliche Auseinanderfallen der Asylanträge der Eltern und der Kinder vermieden. Laut Begründung sollen überlange Aufenthaltszeiten der betroffenen Familien verhindert werden, die keine aufenthaltsrechtliche Perspektive haben (BT-Drs. 15/420, 108). Motivation für die Vorschrift war also die Verkürzung von Aufenthaltszeiten, die durch sukzessiv gestellte Asylanträge vermeintlich oder tatsächlich bewirkt worden sind.

2   Auf Unionrechtsebene wurden entsprechende Handlungsspielräume in die Norm zur Regelung von Asylanträgen Minderjähriger aufgenommen (Art. 7 Abs. 5 lit. c Asylverfahrens-RL). In Deutschland wurde wiederum mit dem Gesetz zur Umsetzung aufenthalts- und asylrechtlicher Richtlinien der Europäischen Union (v. 19.8.2007, BGBl. I 1970) der Anwendungsbereich der Norm um Altfälle durch Hinzufügung des Abs. 4 erweitert. Schließlich wurde mit dem Asylverfahrensbeschleunigungsgesetz (v. 20.10.2015, BGBl. I 1722) die Altersgrenze der einbezogenen minderjährigen Kinder von 16 auf 18 Jahre erhöht. Die letzte Ausweitung wurde mit der Heraufsetzung der Handlungsfähigkeit von 16 auf 18 Jahre nach § 12 begründet (BT-Drs. 18/6185, 32).

B. Im Einzelnen

I. Fiktion der Antragstellung (Abs. 1)

3   Abs. 1 bewirkt mit der Asylantragstellung eines Elternteils die Fiktion der Asylantragstellung auch für jedes minderjährige ledige Kind, das sich in Deutschland aufhält und keine Aufenthaltserlaubnis besitzt und nicht freizügigkeitsberechtigt ist.

4   Umfasst sind laut Wortlaut des Abs. 1 nur Asylanträge nach § 14, nicht jedoch Asylfolgeanträge.

5   Die Fiktion der der Antragstellung tritt automatisch ein. Sie ersetzt damit die Antragstellung für das minderjährige Kind.

II. Anzeigepflicht (Abs. 2)

6   Nach Abs. 2 wird die Fiktionswirkung der Antragstellung auch auf Kinder ausgedehnt, die bei Asylantragstellung der Eltern entweder noch nicht geboren worden oder sich nicht in Deutschland aufgehalten haben. Um dies zu erreichen, ist nach Abs. 2 die Einreise oder Geburt eines Kindes, nachdem ein Asylantrag gestellt wurde, gegenüber dem Bundesamt anzeigepflichtig. Die Anzeigepflicht obliegt neben dem Vertreter des Kindes iSv § 12 Abs. 3 auch der Ausländerbehörde. Die Fiktionswirkung tritt mit Zugang der Anzeige beim Bundesamt ein.

III. Verzichtserklärungen (Abs. 3)

7   Abs. 3 regelt das Recht der Eltern, auf die Durchführung des Asylverfahrens zu verzichten. Die Verzichtserklärung kann bis zur Zustellung der Entscheidung des Bundesamtes erfolgen. Durch

diese zeitliche Begrenzung sollen Verfahrensverzögerungen vermieden werden (BT-Drs. 17/13063, 20). Ist das bei Antragstellung der Eltern minderjährige Kind inzwischen volljährig geworden, kann es auch selbst den Verzicht erklären (BeckOK AuslR/Sieweke/Kluth Rn. 8). Abs. 2 S. 2 sieht vor, dass die Fiktionswirkung auf die Beantragung der Zuerkennung internationalen Schutzes beschränkt werden kann.

§ 15 Allgemeine Mitwirkungspflichten

(1) ¹**Der Ausländer ist persönlich verpflichtet, bei der Aufklärung des Sachverhalts mitzuwirken. ²Dies gilt auch, wenn er sich durch einen Bevollmächtigten vertreten lässt.**

(2) **Er ist insbesondere verpflichtet,**
1. **den mit der Ausführung dieses Gesetzes betrauten Behörden die erforderlichen Angaben mündlich und nach Aufforderung auch schriftlich zu machen;**
2. **das Bundesamt unverzüglich zu unterrichten, wenn ihm ein Aufenthaltstitel erteilt worden ist;**
3. **den gesetzlichen und behördlichen Anordnungen, sich bei bestimmten Behörden oder Einrichtungen zu melden oder dort persönlich zu erscheinen, Folge zu leisten;**
4. **seinen Pass oder Passersatz den mit der Ausführung dieses Gesetzes betrauten Behörden vorzulegen, auszuhändigen und zu überlassen;**
5. **alle erforderlichen Urkunden und sonstigen Unterlagen, die in seinem Besitz sind, den mit der Ausführung dieses Gesetzes betrauten Behörden vorzulegen, auszuhändigen und zu überlassen;**
6. **im Falle des Nichtbesitzes eines gültigen Passes oder Passersatzes an der Beschaffung eines Identitätspapiers mitzuwirken und auf Verlangen alle Datenträger, die für die Feststellung seiner Identität und Staatsangehörigkeit von Bedeutung sein können und in deren Besitz er ist, den mit der Ausführung dieses Gesetzes betrauten Behörden vorzulegen, auszuhändigen und zu überlassen;**
7. **die vorgeschriebenen erkennungsdienstlichen Maßnahmen zu dulden.**

(3) **Erforderliche Urkunden und sonstige Unterlagen nach Absatz 2 Nr. 5 sind insbesondere**
1. **alle Urkunden und Unterlagen, die neben dem Pass oder Passersatz für die Feststellung der Identität und Staatsangehörigkeit von Bedeutung sein können,**
2. **von anderen Staaten erteilte Visa, Aufenthaltstitel und sonstige Grenzübertrittspapiere,**
3. **Flugscheine und sonstige Fahrausweise,**
4. **Unterlagen über den Reiseweg vom Herkunftsland in das Bundesgebiet, die benutzten Beförderungsmittel und über den Aufenthalt in anderen Staaten nach der Ausreise aus dem Herkunftsland und vor der Einreise in das Bundesgebiet sowie**
5. **alle sonstigen Urkunden und Unterlagen, auf die der Ausländer sich beruft oder die für die zu treffenden asyl- und ausländerrechtlichen Entscheidungen und Maßnahmen einschließlich der Feststellung und Geltendmachung einer Rückführungsmöglichkeit in einen anderen Staat von Bedeutung sind.**

(4) ¹**Die mit der Ausführung dieses Gesetzes betrauten Behörden können den Ausländer und Sachen, die von ihm mitgeführt werden, durchsuchen, wenn der Ausländer seinen Verpflichtungen nach Absatz 2 Nr. 4 und 5 nicht nachkommt sowie nicht gemäß Absatz 2 Nummer 6 auf Verlangen die Datenträger vorlegt, aushändigt oder überlässt und Anhaltspunkte bestehen, dass er im Besitz solcher Unterlagen oder Datenträger ist. ²Der Ausländer darf nur von einer Person gleichen Geschlechts durchsucht werden.**

(5) **Durch die Rücknahme des Asylantrags werden die Mitwirkungspflichten des Ausländers nicht beendet.**

A. Allgemeines

Die Vorschrift normiert zentral, welche Mitwirkungspflichten Asylbewerber bis zum unanfecht- 1
baren Abschluss des Asylverfahrens haben. Allerdings finden sich darüber hinaus im AsylG weitere Regelungen von Mitwirkungspflichten (vgl. Marx AsylG Rn. 1: § 13 Abs. 3, § 20, § 22 Abs. 1 S. 1, § 23 Abs. 1, § 25 Abs. 1 und Abs. 2, § 47 Abs. 3, § 50 Abs. 6).

Der Umfang der Mitwirkungspflichten wird begrenzt durch den Amtsermittlungsgrundsatz des 2
Bundesamtes nach § 24 Abs. 1 S. 1 (zum Verhältnis siehe Gies ZAR 2017, 406 (407)). Denn im

Asylverfahren kommt dem Vortrag des Asylbewerbers eine ganz zentrale Rolle zu, da oftmals andere Beweismittel zur Aufklärung des Sachverhalts und zur Prüfung des bestehenden Schutzanspruches nicht zur Verfügung stehen.

B. Im Einzelnen

3   Nach Abs. 1 besteht eine als **Darlegungsverpflichtung ausgestaltete Mitwirkungspflicht** des Asylbewerbers, an der für die Asylentscheidung notwendigen Sachverhaltsaufklärung persönlich mitzuwirken. Die Darlegungspflicht in der Anhörung ergibt sich auch aus § 25 Abs. 1 und Abs. 2, wodurch sich auch der Inhalt der Darlegungslast bestimmt. Die Mitwirkungspflicht besteht in dem erschöpfenden Vortrag (Vollständigkeitspflicht) des tatsächlich zugrunde liegenden Sachverhaltes (Wahrheitspflicht; Gies ZAR 2017, 406 (408)).

4   Abs. 2 listet spezielle Mitwirkungspflichten nicht abschließend auf. In Abs. 2 Nr. 2 wird die Darlegungspflicht insoweit spezifiziert, als dass die Angaben sowohl mündlich als auch schriftlich zu erfolgen haben. Die Mitwirkungspflicht besteht gegenüber allen mit der Ausführung des AsylG betrauten Behörden.

5   Abs. 2 Nr. 2 verpflichtet den Asylbewerber, das Bundesamt unverzüglich zu unterrichten, wenn ihm ein Aufenthaltstitel (§ 4 AufenthG) erteilt worden ist. Über das Bestehen einer Aufenthaltsgestattung oder Duldung muss der Betreffende also nicht informieren. Neben der Klärung von Fragen (zB Passfragen) wird das Bundesamt durch Information über bestehende Aufenthaltstitel in die Lage versetzt, die rechtswidrige Verfügung einer Abschiebungsandrohung zu vermeiden (Marx AsylG Rn. 8; NK-AuslR/Koch Rn. 12).

6   Nach Abs. 2 Nr. 3 ist der Asylbewerber verpflichtet, den gesetzlichen und behördlichen Anordnungen, sich bei bestimmten Behörden oder Einrichtungen zu melden oder dort persönlich zu erscheinen, Folge zu leisten. Dabei sind unter Einrichtung sowohl Aufnahmeeinrichtungen (§ 30a, § 47) und als auch Gemeinschaftsunterkünfte nach § 53 Abs. 1 zu verstehen. Werden diese privat betrieben, so können ihre Betreiber keine Anordnungen iSd Abs. 2 Nr. 3 erlassen (Marx AsylG Rn. 9).

7   Nach Abs. 2 Nr. 4 ist der Asylsuchende verpflichtet, seinen Pass oder Passersatz den zuständigen Behörden vorzulegen, auszuhändigen und zu überlassen. Eine Prüfung der Erforderlichkeit ist nicht vorgeschrieben (anders als bei der entsprechenden Regelung des § 48 AufenthG). Es ist dem Asylbewerber indes nicht zuzumuten, an die Behörden seines Herkunftslandes zum Zwecke der Passbeschaffung heranzutreten, da er damit sein weiteres Asylvorbringen abrücken würde (Bergmann/Dienelt/Bergmann Rn. 11; ausf. Heinhold ASYLMAGAZIN 2018, 7).

8   Nach Abs. 2 Nr. 5 hat der Asylsuchende alle erforderlichen Urkunden und sonstigen Unterlagen, die in seinem Besitz sind, den zuständigen Behörden vorzulegen, auszuhändigen und zu überlassen.

9   Abs. 2 Nr. 6 verpflichtet einen Asylbewerber im Falle des Nichtbesitzes eines gültigen Passes oder Passersatzes, auch Datenträger, die in seinem Besitz und für die Feststellung seiner Identität oder Staatsangehörigkeit von Bedeutung sein können, den zuständigen Behörden auf Verlangen zur Verfügung zu stellen. Damit zielt die Regelung auf die Auswertung von Datenträgern wie Mobiltelefonen, Tablets und Laptops. Rückschlüsse auf eine mögliche Staatsangehörigkeit sollen dabei zB die Adressdaten in dem Mobiltelefon bzw. gespeicherte Verbindungsdaten aufgrund der Auslandsvorwahl liefern (BR-Drs. 179/17, 21).

10   Nach Abs. 2 Nr. 7 sind die vorgeschriebenen erkennungsdienstlichen Maßnahmen zu dulden (§ 16).

11   Abs. 4 ermächtigt die mit der Ausführung des AsylG betrauten Behörden, die vom Ausländer mitgeführten Sachen zu durchsuchen, wenn dieser seinen Verpflichtungen nach Abs. 2 Nr. 4 und Nr. 5 oder nach Abs. 2 Nr. 6 nicht nachkommt.

§ 15a Auswertung von Datenträgern

(1) ¹**Die Auswertung von Datenträgern ist nur zulässig, soweit dies für die Feststellung der Identität und Staatsangehörigkeit des Ausländers nach § 15 Absatz 2 Nummer 6 erforderlich ist und der Zweck der Maßnahme nicht durch mildere Mittel erreicht werden kann.** ²**§ 48 Absatz 3a Satz 2 bis 7 und § 48a des Aufenthaltsgesetzes gelten entsprechend.**

(2) Für die in Absatz 1 genannten Maßnahmen ist das Bundesamt zuständig.

A. Allgemeines

Die Ermächtigungsgrundlage zur Auswertung von Datenträgern wurde durch das Gesetz zur **1** besseren Durchsetzung der Ausreisepflicht vom 20.7.2017 eingeführt (BGBl. I 2780). Die Vorschrift ist am 29.7.2017 in Kraft getreten.

Sinn und Zweck der Auswertung von Datenträgern ist die Feststellung der Identität und Staats- **2** angehörigkeit des Ausländers. Zu anderen Zwecken, etwa zur Feststellung des Reiseweges, ist die Datenauswertung nicht vorgesehen.

Im Rahmen des Gesetzgebungsverfahrens wurden von verschiedenen Seiten verfassungsrechtli- **3** che Bedenken gegen die Neuregelung vorgebracht. U.a. die Bundesbeauftragte für den Datenschutz und die Informationsfreiheit hat in ihrer Stellungnahme darin einen Verstoß gegen Art. 2 Abs. 1 iVm Art. 1 Abs. 1 GG gesehen, da in Hinblick auf dessen Schwere der Eingriff unverhältnismäßig sei (Bundesdatenschutzbeauftragte, BT Innenausschuss, Ausschussdrucksache 18(4)831, 6). Eine Klärung der verfassungsrechtlichen Fragen durch das Bundesverfassungsgericht ist bislang noch nicht erfolgt.

B. Im Einzelnen

I. Auswertung von Datenträgern (Abs. 1)

§15a ergänzt §15 Abs. 2 Nr. 6 um Regelungen zur Auswertung von Datenträgern. §48 Abs. 3a **4** S. 2–7 und §48a AufenthG sind ergänzend anwendbar.

Das BAMF wird zur Auswertung von Datenträgern ermächtigt, soweit dies für die Feststellung **5** der Identität und Staatsangehörigkeit eines Ausländers erforderlich und die Maßnahme verhältnismäßig ist. Zu einem anderen Zweck, wie etwa die Ermittlung des Reisewegs, darf die Auswertung von Datenträgern nicht erfolgen.

Als **relevante Datenträger** kommen aktuell insbesondere Handys, Featurephones, Smartpho- **6** nes, SIM-Karten, Tablets oder Laptops in Betracht.

Nach §48 Abs. 3a S. 3 AufenthG ist der Ausländer verpflichtet, die notwendigen **Zugangsda-** **7** **ten** für eine zulässige Auswertung von Datenträgern zur Verfügung zu stellen. Wenn der Ausländer dieser Verpflichtung nicht nachkommt, ist die Behörde durch den Verweis auf §48a AufenthG berechtigt, diese Zugangsdaten bei dem zuständigen Telekommunikationsdienstleister zu erheben. Dieser ist verpflichtet, die Daten unverzüglich zu übermitteln.

Zur **Vermeidung heimlicher Maßnahmen** ist der Ausländer von der Behörde vorab über **8** das Auskunftsverlangen zu informieren (BT Drs. 18/11546, 23).

Unzulässig ist die Auswertung der Datenträger, wenn tatsächliche Anhaltspunkte für die **9** Annahme vorliegen, dass durch die Auswertung von Datenträgern allein Erkenntnisse aus dem **Kernbereich privater Lebensgestaltung** erlangt würden (§48a AufenthG). Das BVerfG leitet aus der Unantastbarkeit der Menschenwürde zum. Art. 1 Abs. 1 GG einen absolut geschützter Kernbereich privater Lebensgestaltung ab (BVerfG BeckRS 2004, 21087 = NJW 2004, 999 Ls. 2). Zur Entfaltung der Persönlichkeit im Kernbereich privater Lebensgestaltung gehört die Möglichkeit, innere Vorgänge wie Empfindungen und Gefühle sowie Überlegungen, Ansichten und Erlebnisse höchstpersönlicher Art zum Ausdruck zu bringen, und zwar ohne Angst, dass staatliche Stellen dies überwachen. Vom Schutz umfasst sind auch Gefühlsäußerungen, Äußerungen des unbewussten Erlebens sowie Ausdrucksformen der Sexualität (BeckRS 2004, 21087 Rn. 119 = NJW 2004, 999). Solche Daten dürfen nicht verwertet werden. Aufzeichnungen hierüber sind unverzüglich zu löschen. Die Tatsache ihrer Erlangung und Löschung ist aktenkundig zu machen.

Vorausgesetzt für eine zulässige Datenträgerauswertung wird, dass der Ausländer im **Nichtbe-** **10** **sitz eines Passes oder eines Passersatzes** ist.

Weiterhin wird die **Erforderlichkeit** der Auswertung der Datenträger verlangt. Die Auswer- **11** tung eines bestimmten Datenträgers muss zur Feststellung der Identität und Staatsangehörigkeit geeignet sein.

Der Zweck darf nicht durch ein **milderes Mittel** erreichbar sein. Dabei ist auf eine ex ante **12** Sicht abzustellen (GK-AsylG/Funke-Kaiser, 115. EL 2018, Rn. 11). Ein milderes Mittel liegt dann vor, wenn es zur Feststellung der Identität oder Staatsangehörigkeit gleich geeignet ist, jedoch eine geringere Eingriffsintensität bezüglich der betroffenen Grundrechte nach sich zieht. Als milderes Mittel stehen die Auswertung eingereichter Unterlagen (Tazkira, Heiratsurkunde und Bescheinigung der afghanischen Botschaft in Athen), die Durchführung von Registerabgleichen, Abfragen anderer Behörden oder Nachfragen beim Sprachmittler nach Sprachauffälligkeiten zur Verfügung (VG Berlin BeckRS 2021, 14390 Rn. 31 f.).

13   Die Auswertung der Datenträger muss durch Bedienstete erfolgen, die die Befähigung zum Richteramt haben (§ 48 Abs. 3a S. 4). Der **Volljuristenvorbehalt** bezieht sich nach Sinn und Zweck der Regelung, welche im präventiven Grundrechtsschutz zu sehen ist, bereits auf die Anordnung der Maßnahme (Heimann/Bodenbenner ZAR 2020, 284 (287)).

14   Der **Begriff der Auswertung** von Datenträgern in § 15a Abs. 1 S. 1 AsylG neben der Datenanalyse auch die notwendigen Zwischenschritte der Datenerhebung und der Datenspeicherung umfasst, mithin das Auslesen des Mobiltelefons, das Generieren des Ergebnisreports und dessen Speicherung im Datentresor bereits als Datenträgerauswertung zu qualifizieren sind (GK-AsylG/Funke-Kaiser, 115. EL 2018, Rn. 10; BeckOK AuslR/Houben, 29. Ed. 1.4.2021, Rn. 3b; Heimann/Bodenbenner ZAR 8/2020, 284 (285); zur Anwendungspraxis: Beckmann/Biselli, Das Smartphone, bitte – Digitalisierung von Migrationskontrolle in Deutschland und Europa, 2019).

15   Sind die durch die Auswertung der Datenträger erlangten personenbezogenen Daten für die Zweckerreichung nicht mehr erforderlich, sind sie unverzüglich zu **löschen** (§ 48 Abs. 3a 8).

II. Zuständigkeit (Abs. 2)

16   Für die in Abs. 1 genannten Maßnahmen ist das Bundesamt für Migration und Flüchtlinge (BAMF) zuständig.

III. Verfassungsrechtliche Bewertung

17   Wie die Bundesbeauftragte für den Datenschutz und die Informationsfreiheit im Gesetzgebungsverfahren richtigerweise kritisiert hat, handelt es sich bei der Auswertung der Datenträger um einen massiven Eingriff in das **Recht auf Gewährleistung der Vertraulichkeit und Integrität informationstechnischer Systeme** (→ Rn. 1). Die Regelung führt zwangsläufig dazu, dass auf Vorrat und in großem Umfang, teils höchstpersönliche Daten, ausgewertet werden. Von der Datenverarbeitung sind auch unbeteiligte Dritte betroffen, wenn Telefondaten und gespeicherte Adressdaten ausgewertet werden.

18   **Verfassungsrechtliche Bedenken** ergeben sich zunächst aus dem Umstand, dass zweifelhaft ist, ob die Auswertung von Datenträgern wie Smartphones geeignet ist, um Identität bzw. Staatsangehörigkeit festzustellen. Das VG Berlin verweist darauf, dass der Datenträger zumindest Hinweise zur Identität und Staatsangehörigkeit erbringen können, sodass deren Auswertung nicht schlechthin ungeeignet sind (VG Berlin BeckRS 2021, 14390 Rn. 24). In der Literatur wird hierzu jedoch kritisch angemerkt, dass es von der Art der vorhandenen Datenträger und der Daten abhängt, ob überhaupt Erkenntnisse zur Identität oder Staatsangehörigkeit gewonnen werden können (Bruckermann SRa 2018, 133 (135 f.); kritisch ebenso Huber/Mantel AufenthG/Lehnert Rn. 4). Dem ist zuzustimmen. Das Vorhandensein eines bestimmten Dialekts stellt uU ein Indiz für eine bestimmte Staatsangehörigkeit dar, jedoch ermöglicht es keine eindeutige Feststellung, da Dialekte zB durch Transitaufenthalte und andere Faktoren beeinflusst werden können. Angesichts des weltweiten Migrationsgeschehens lassen auch Telefonverbindungsdaten keine eindeutigen Rückschlüsse über die Herkunft einer Person zu.

19   Eine **Verhältnismäßigkeit im engeren Sinne** liegt regelmäßig nicht vor. Es geht weder um die Prävention noch die Verfolgung von Straftaten, sondern darum, staatliche Verwaltungstätigkeit zu erleichtern und möglicherweise zu effektivieren (Huber/Mantel AufenthG/Lehnert Rn. 4). Angesichts der Tiefe des Grundrechtseingriffs, zumal keine effektiven Verfahren zur Vermeidung von Datenerhebungen aus dem Kernbereich der privaten Lebensgestaltung vorgesehen sind, ist dieser nicht durch das angestrebte Ziel zu legitimieren.

§ 16 Sicherung, Feststellung und Überprüfung der Identität

(1) **[1]Die Identität eines Ausländers, der um Asyl nachsucht, ist durch erkennungsdienstliche Maßnahmen zu sichern. [2]Nach Satz 1 dürfen nur Lichtbilder und Abdrucke aller zehn Finger aufgenommen werden; soweit ein Ausländer noch nicht das sechste Lebensjahr vollendet hat, dürfen nach Satz 1 nur Lichtbilder aufgenommen werden. [3]Zur Bestimmung des Herkunftsstaates oder der Herkunftsregion des Ausländers kann das gesprochene Wort außerhalb der förmlichen Anhörung des Ausländers auf Ton- oder Datenträger aufgezeichnet werden. [4]Diese Erhebung darf nur erfolgen, wenn der Ausländer vorher darüber in Kenntnis gesetzt wurde. [5]Die Sprachaufzeichnungen werden beim Bundesamt gespeichert.**

(1a) ¹Zur Prüfung der Echtheit des Dokumentes oder der Identität des Ausländers dürfen die auf dem elektronischen Speichermedium eines Passes, anerkannten Passersatzes oder sonstigen Identitätspapiers gespeicherten biometrischen und sonstigen Daten ausgelesen, die benötigten biometrischen Daten erhoben und die biometrischen Daten miteinander verglichen werden. ²Biometrische Daten nach Satz 1 sind nur die Fingerabdrücke, das Lichtbild und die Irisbilder.

(2) Zuständig für die Maßnahmen nach den Absätzen 1 und 1a sind das Bundesamt und, sofern der Ausländer dort um Asyl nachsucht, auch die in den §§ 18 und 19 bezeichneten Behörden sowie die Aufnahmeeinrichtung, bei der sich der Ausländer meldet.

(3) ¹Das Bundeskriminalamt leistet Amtshilfe bei der Auswertung der nach Absatz 1 Satz 1 erhobenen Daten zum Zwecke der Identitätsfeststellung. ²Es darf hierfür auch von ihm zur Erfüllung seiner Aufgaben gespeicherte erkennungsdienstliche Daten verarbeiten. ³Das Bundeskriminalamt darf den in Absatz 2 bezeichneten Behörden den Grund der Speicherung dieser Daten nicht mitteilen, soweit dies nicht nach anderen Rechtsvorschriften zulässig ist.

(3a) ¹Im Rahmen seiner Amtshilfe nach Absatz 3 Satz 1 darf das Bundeskriminalamt die nach Absatz 1 Satz 1 erhobenen Daten auch an die für die Überprüfung der Identität von Personen zuständigen öffentlichen Stellen mit Ausnahme des Herkunftsstaates der betroffenen Person sowie von Drittstaaten, in denen die betroffene Person eine Verfolgung oder einen ernsthaften Schaden zu befürchten hat, übermitteln. ²Die Verantwortung für die Zulässigkeit der Übermittlung trägt das Bundeskriminalamt. ³Das Bundeskriminalamt hat die Übermittlung und ihren Anlass aufzuzeichnen. ⁴Die empfangende Stelle personenbezogener Daten ist darauf hinzuweisen, dass sie nur zu dem Zweck verarbeitet werden dürfen, zu dem sie übermittelt worden sind. ⁵Ferner ist ihr der beim Bundeskriminalamt vorgesehene Löschungszeitpunkt mitzuteilen. ⁶Die Übermittlung unterbleibt, wenn tatsächliche Anhaltspunkte dafür vorliegen, dass
1. unter Berücksichtigung der Art der Daten und ihrer Erhebung die schutzwürdigen Interessen der betroffenen Person, insbesondere ihr Interesse, Schutz vor Verfolgung zu erhalten, das Allgemeininteresse an der Übermittlung überwiegen oder
2. die Übermittlung der Daten zu den Grundrechten, dem Abkommen vom 28. Juli 1951 über die Rechtsstellung der Flüchtlinge sowie der Konvention zum Schutz der Menschenrechte und Grundfreiheiten in Widerspruch stünde, insbesondere dadurch, dass durch die Verarbeitung der übermittelten Daten im Empfängerstaat Verletzungen von elementaren rechtsstaatlichen Grundsätzen oder Menschenrechtsverletzungen drohen.

(4) Die nach Absatz 1 Satz 1 erhobenen Daten werden vom Bundeskriminalamt getrennt von anderen erkennungsdienstlichen Daten gespeichert.

(5) ¹Die Verarbeitung der nach Absatz 1 erhobenen Daten ist auch zulässig zur Feststellung der Identität oder Zuordnung von Beweismitteln für Zwecke des Strafverfahrens oder zur Gefahrenabwehr. ²Die Daten dürfen ferner für die Identifizierung unbekannter oder vermisster Personen verarbeitet werden.

(6) Die nach Absatz 1 erhobenen Daten sind zehn Jahre nach unanfechtbarem Abschluss des Asylverfahrens, die nach Absatz 1a erhobenen Daten unverzüglich nach Beendigung der Prüfung der Echtheit des Dokumentes oder der Identität des Ausländers zu löschen.

Übersicht

A. Allgemeines

1   Die Vorschrift wurde 1992 eingeführt mit der Absicht, Mehrfachantragstellungen von Asylbewerbern unter Verwendung verschiedener Personalien zu verhindern (BT-Drs 12/2062, 30 f.). Seither hat der Gesetzgeber zahlreiche Änderungen vorgenommen, mit denen die Befugnis zur Datenverarbeitung zur Identitätsfeststellung ausgeweitet wurde (s. Bergmann/Dienelt/Bergmann Rn. 1). Zuletzt wurde durch das 2. Datenaustauschverbesserungsgesetz (BGBl. 2019 I 1131) das Alter von bisher 14 Jahren auf sechs Jahre in Abs. 1 S. 2 herabgesetzt sowie Abs. 4a aufgehoben.

2   § 16 stellt die gesetzliche Grundlage für die Durchführung erkennungsdienstlicher Maßnahmen durch Lichtbildaufnahmen, die Speicherung von Fingerabdrücken und Sprachaufzeichnungen sowie weiterer Maßnahmen zur Sicherung, Feststellung und Überprüfung der Identität von Asylbewerbern dar. Es handelt sich also um eine bereichsspezifische Befugnisnorm zur Datenverarbeitung.

3   Dabei kommt die seit dem 25.5.2018 geltende DS-GVO als vorrangiges Unionsrecht zur Anwendung. Soweit die Regelungen des § 16 AsylG der DS-GVO nicht entgegenstehen und es sich bei § 16 um eine Öffnungsklausel nach Art. 6 Abs. 2 DS-GVO handelt, bleibt dieser anwendbar.

4   Mit der Aufnahme und Speicherung der Fingerabdrücke aller Asylbewerber wird der Pflicht nach Art. 9 VO (EU) 603/2013 (Eurodac-VO v. 26.6.2013, ABl. 2013 L 180, 1) nachgekommen, wonach die Fingerabdruckdaten von allen Asylbewerbern über 14 Jahre spätestens 72 Stunden nach Antragstellung an das Zentralsystem zu übermitteln sind. Nach Art. 1 VO (EU) 603/2013 ist es Aufgabe der Datenbank, zum einen die Anwendung der Dublin III-VO zu erleichtern. Daneben werden Bedingungen definiert, unter denen ein Datenabgleich auch zur Gefahrenabwehr und zur Strafverfolgung stattfinden darf. Dies stellt eine erhebliche Zweckerweiterung dar, die erst mit der Reform der Eurodac-VO 2013 neu eingeführt worden ist, und welche auf erhebliche Bedenken des Europäischen Datenschutzbeauftragten wegen des Grundsatzes der Zweckbindung, der in Art. 7 GRCh geregelt ist, stieß (Stellungnahme des Europäischen Datenschutzbeauftragten zum ersten Reformpaket zur Überarbeitung des Gemeinsamen Europäischen Asylsystems, 2017/ C 9/04 Rn. 71, ABl. 2017 C 9, 3).

B. Im Einzelnen

I. Datenverarbeitung zur Identitätsfeststellung (Abs. 1, Abs. 1a)

5   Während § 16 den **Begriff der Identität** nicht definiert, lässt sich nach Art. 4 Nr. 1 DS-GVO eine natürliche Person als identifizierbar ansehen, die direkt oder indirekt, insbesondere mittels Zuordnung zu einer Kennung wie einem Namen, zu einer Kennnummer, zu Standortdaten, zu einer Online-Kennung oder zu einem oder mehreren besonderen Merkmalen identifiziert werden kann, die Ausdruck der physischen, physiologischen, genetischen, psychischen, wirtschaftlichen, kulturellen oder sozialen Identität dieser natürlichen Person sind.

6   Bei der Asylantragstellung werden soweit vorhanden Personendaten wie Name, Geburtsname, Geburtsdatum, Geburtsort, Geschlecht, Staatsangehörigkeit, Geburtsland, Land des gewöhnlichen Aufenthalts, Familienstand sowie Volks- und Religionszughörigkeit erfasst. Damit findet eine Erfassung von Identitätsmerkmalen statt.

7   Mittels erkennungsdienstlicher Behandlung nach Abs. 1 wird die angegebene Identität einer Person kontrolliert. Nach Abs. 1 S. 1 ist grundsätzlich bei jedem Asylsuchenden eine **Identitätskontrolle** durchzuführen. Als Maßnahmen zur Kontrolle der Identität führt die Vorschrift die Aufnahme von Lichtbildern und der Abdrucke aller zehn Finger auf. Nach den allgemeinen Mitwirkungspflichten besteht nach § 15 Abs. 2 Nr. 7 die Pflicht, die erkennungsdienstlichen Maßnahmen zu dulden. Asylantragsteller sollen verpflichtet sein, eine Vereitelung der Identitätsprüfung, einschließlich der Manipulation der Fingerkuppen, zu unterlassen (BVerwG InfAuslR 2014, 20 = BeckRS 2013, 57598).

8   Für die Aufnahme und **Speicherung von Lichtbildausweisen** besteht seit Änderung durch das Datenaustauschverbesserungsgesetz (v. 2.2.2016, BGBl. I 130) keine Mindestaltersgrenze mehr, um allen Minderjährigen einen Ankunftsnachweis (§ 63a) mit Lichtbild ausstellen zu können (BT-Drs. 18/7043, 40). Seit Erlass des 2. Datenaustauschverbesserungsgesetz mit Wirkung zum 1.4.2021 werden auch Kindern bereits mit Vollendung des sechsten Lebensjahrs **Fingeabdrücke** abgenommen. Laut Gesetzesbegründung dient die Herabsetzung des Mindestalters von 14 Jahren auf sechs Jahre dem Minderjährigenschutz, um eine schnelle Identifizierung von unbegleiteten Minderjährigen zu ermöglichen, die aus Jugendhilfeeinrichtungen verschwinden (BT-Drs. 19/

8753, 36). Diese Zweckbestimmung wirft Fragen nach der Verhältnismäßigkeit auf, zumal die Datenverarbeitung nicht auf diesen Zweck begrenzt ist.

Ebenfalls gehört zur Identitätskontrolle nach Abs. 1 S. 2 die **Aufzeichnung des gesprochenen** 9 **Wortes** auf Ton- oder Datenträger, um den Herkunftsstaat oder die Herkunftsregion des Asylsuchenden zu bestimmen. Derartige Aufnahmen dürfen laut Gesetz auch außerhalb der Anhörung stattfinden, allerdings muss die Behörde den Betroffenen zuvor in Kenntnis setzen (S. 4). Widerspricht der Antragsteller der Aufzeichnung, darf diese nicht durchgeführt werden (Marx AsylG Rn. 11; GK-AsylG/Jobs Rn. 18.1; aA BeckOK AuslR/Sieweke/Kluth Rn. 6; Hailbronner AuslR Rn. 11).

Das Gesetz ermöglicht auf diese Weise, dass mittels einer **Sprachanalyse** das Herkunftsland 10 bestimmt werden soll. Allerdings sind derartige Sprachanalysen unter Linguistikexperten umstritten, da sich Sprache durch vielfache Einflüsse – auch über einen längeren Fluchtzeitraum – verändern kann (Biselli ZEIT ONLINE v. 17.3.2017, abrufbar unter https://www.zeit.de/digital/internet/2017-03/bamf-asylbewerber-sprach-analyse-software-computerlinguistik). Es ist zudem fraglich, welchen Erkenntnisgewinn die Bestimmung der Herkunftsregion für das Asylverfahren bringt, da es auf die Staatsangehörigkeit – etwa für die Abschiebungsandrohung – ankommt (VG Stuttgart NVwZ-RR 2012, 495; zum Ganzen Marx AsylG Rn. 8).

Beim Einsatz von **Software zur Spracherkennung** ist die Geeignetheit der Maßnahme – 11 und damit die Verhältnismäßigkeit – nach bisherigem Stand der Wissenschaft und Technik höchst zweifelhaft. Wie Studien zur arabischen Sprache (vgl. Ali/Dehak/Cardinal/Khurana/Harsha Yella/Glass/Bell/Renals, Automatic Dialect Detection in Arabic Broadcast Speech, 2016, abrufbar unter http://www.cstr.ed.ac.uk/downloads/publications/2016/is2016-automatic-dialect-detection.pdf) gezeigt haben, sind derartige automatisierte Spracherkennungssoftwares nicht zuverlässig, da zB in Herkunftsländern wie Syrien viele verschiedene Sprachen und Dialekte gesprochen werden und Sprache zudem einem ständigen Entwicklungsprozess unterliegt. Eine automatische Sprachauswertung durch eine Spracherkennungssoftware ist deswegen und mangels spezifischer Rechtsgrundlage unzulässig.

Die Aufzählung der in Abs. 1 aufgeführten erkennungsdienstlichen Maßnahmen ist **abschlie-** 12 **ßend,** sodass andere, zB die Aufnahme von **Handflächenabdrücken** oder die Feststellung des **DNA-Identifizierungsmusters,** zum Zwecke der Identitätssicherung unzulässig sind (Marx AsylG Rn. 6; GK-AsylG/Jobs Rn. 11; Hailbronner AuslR Rn. 9).

Nach Abs. 1a dürfen zur Prüfung der Echtheit des Dokumentes oder der Identität des Auslän- 13 ders die auf dem elektronischen Speichermedium eines Passes, anerkannten Passersatzes oder sonstigen Identitätspapiers gespeicherten **biometrischen und sonstigen Daten** ausgelesen, die benötigten biometrischen Daten erhoben und die biometrischen Daten miteinander verglichen werden.

Eine Speicherung, Übermittlung oder sonstige Nutzung ist ausgeschlossen (NK-AuslR/Hil- 14 brans Rn. 6). Biometrische Daten nach S. 1 sind nur die Fingerabdrücke, das Lichtbild und die Irisbilder.

II. Zuständige Behörde (Abs. 2)

Zuständige Behörde ist nicht nur das Bundesamt, sondern auch die übrigen in Abs. 2 15 benannten Behörden. Eine mehrfache Identitätskontrolle ist deswegen grundsätzlich nicht gerechtfertigt. Etwas anderes gilt nur, wenn die Notwendigkeit einer erneuten Identitätskontrolle wegen neuer Erkenntnisse oder veränderter Tatsachengrundlage besteht (Bergmann/Dienelt/Bergmann Rn. 25).

III. Amtshilfe durch das Bundeskriminalamt (Abs. 3–4)

Nach Abs. 3 S. 1 leistet das Bundeskriminalamt Amtshilfe bei der Auswertung der nach Abs. 1 16 S. 1 erhobenen Daten zum Zwecke der Identitätsfeststellung. Hierfür dürfen alle beim Bundeskriminalamt gespeicherten erkennungsdienstlichen Daten, wie solche nach § 81b StPO, verwendet werden (S. 2). Das Bundeskriminalamt darf den anfragenden Behörden nicht mitteilen, zu welchem Zweck die erkennungsdienstlichen Daten beim Bundeskriminalamt gespeichert sind (S. 3).

Die in Abs. 3a vorgesehene Regelung zur Weitergabe von **personenbezogenen Daten an** 17 **Drittstaaten** durch das Bundeskriminalamt muss unangewendet bleiben, da sie unionsrechtswidrig ist.

Nach Art. 44–50 DS-GVO dürfen personenbezogene Daten an Drittländer nur unter der 18 Voraussetzung übermittelt werden, dass die Kommission einen Angemessenheitsbeschluss getroffen hat, welcher unter anderem die Überprüfung der Menschenrechtslage in das Drittland vorsieht.

Eine Kommissionsentscheidung liegt nicht vor, sodass keine Datenweitergabe durch das Bundes-kriminalamt an Drittstaaten erfolgen darf (ebenso Bergmann/Dienelt/Bergmann Rn. 23).

IV. Datenverarbeitung für Zwecke des Strafverfahrens oder zur Gefahrenabwehr (Abs. 5)

19   Die nach Abs. 1 erhobenen Daten dürfen zur Feststellung der Identität oder Zuordnung von Beweismitteln für Zwecke des Strafverfahrens oder zur Gefahrenabwehr und zur Identifizierung unbekannter oder vermisster Personen verarbeitet werden.

V. Speicherfristen und Löschung der Daten (Abs. 6)

20   Abs. 5 sieht eine Löschungsfrist von zehn Jahren nach unanfechtbarem Abschluss des Asylverfah-rens vor. Damit wird eine Speicherungshöchstdauer und keine Speicherungspflicht normiert (NK-AuslR/Hilbrans Rn. 13).

21   Nach Art. 5 Abs. 1 lit. e DS-GVO müssen personenbezogene Daten in einer Form gespeichert werden, die die Identifizierung der betroffenen Personen nur so lange ermöglicht, wie es für die Zwecke, für die sie verarbeitet werden, erforderlich ist. Sind die erkennungsdienstlichen Daten nicht mehr zur Identifizierung erforderlich, sind sie also zu löschen.

22   Nach Art. 12 VO (EU) 603/2013 ist eine automatische Löschung der Daten zehn Jahre nach der Aufnahme der Fingerabdrücke vorgesehen. Eine vorzeitige Löschung findet bei Erwerb der Staatsangehörigkeit eines Mitgliedstaates der Europäischen Union statt (Art. 13 VO (EU) 603/2013).

§ 17 Sprachmittler

(1) Ist der Ausländer der deutschen Sprache nicht hinreichend kundig, so ist von Amts wegen bei der Anhörung ein Dolmetscher, Übersetzer oder sonstiger Sprachmittler hinzuzuziehen, der in die Muttersprache des Ausländers oder in eine andere Sprache zu übersetzen hat, deren Kenntnis vernünftigerweise vorausgesetzt werden kann und in der er sich verständigen kann.

(2) Der Ausländer ist berechtigt, auf seine Kosten auch einen geeigneten Sprachmitt-ler seiner Wahl hinzuzuziehen.

A. Allgemeines

1   Die Vorschrift normiert einen Anspruch auf Hinzuziehung eines Dolmetschers im Asylverfah-ren. Ein Sprachmittler ist von Amts wegen hinzuzuziehen, wenn ausreichende Deutschkenntnisse nicht vorliegen. Die Kosten hierfür trägt die Behörde. Die Regelung setzt die Vorgaben von Art. 12 Asylverfahrens-RL in deutsches Recht um. Nach Art. 12 Abs. 1 lit. b Asylverfahrens-RL trägt die öffentliche Hand die Kosten für den Dolmetscher. Das Recht auf einen Dolmetscher im Asylverfahren kann als Ausprägung des dem Rechtsstaatsprinzips immanenten Rechts auf ein faires Verfahren angesehen werden, da hierdurch das rechtlichen Gehör im Asylverfahren verwirklicht wird.

B. Im Einzelnen

I. Hinzuziehung eines Sprachmittlers von Amts wegen (Abs. 1)

2   Unter Sprachmittler wird eine Person verstanden, die befähigt sind, in eine Sprache zu überset-zen, in der der Asylsuchende sich mündlich verständigen kann, auch wenn sie keine qualifizierte Sprachausbildung und keinen formellen Ausbildungsabschluss hat (NK-AuslR/Fränkel Rn. 3). Unter Dolmetscher versteht man eine Person, die mündliche Äußerungen simultan oder konseku-tiv in die andere Sprache überträgt, während der Übersetzer schriftlich fixierte Texte schriftlich in die andere Sprache überträgt (Jaber ZAR 2017, 318).

3   Als Sprachmittler dürfen also auch Personen ohne qualifizierte Berufsausbildung als Dolmet-scher eingesetzt werden, jedoch sind aufgrund der zentralen Bedeutung der Darlegungen des Asylbewerbers für das Asylverfahren gewisse Kompetenzen unabdingbar, wie Kenntnisse der Spracheigentümlichkeiten der Herkunftsregion sowie der Kultur, Gesellschaftsordnung und Staats-organisation des Herkunftslandes (NK-AuslR/Fränkel Rn. 3).

Bei der Auswahl des Sprachmittlers kommt es darauf an, dass er sich der Asylsuchende mit **4** ihm in dieser Sprache tatsächlich verständigen kann. Die Zuziehung eines Dolmetschers in der Muttersprache ist nicht in jedem Fall nicht erforderlich (VGH BW BeckRS 2009, 33099).

Außerdem muss der Dolmetscher unvoreingenommen sein. Verfälschungen bei der Sprachmitt- **5** lung aufgrund dessen, dass der Dolmetscher persönlich involviert ist oder in einem religiösen, ethnischen oder politischen Konflikt mit dem Asylbewerber steht, sind auszuschließen. Ansonsten hat der Asylbewerber hat das Recht, analog § 191 GVG einen Dolmetscher wegen Besorgnis der Befangenheit abzulehnen (NK-AuslR/Fränkel Rn. 6; Marx AsylVfG Rn. 13).

Wenn der Asylantragsteller der deutschen Sprache nicht hinreichend kundig ist, ist vom Bundes- **6** amt bei der Anhörung von Amts wegen ein Sprachmittler hinzuziehen. Hierbei hat das Bundesamt kein Ermessen. Die Deutschkenntnisse sind dann nicht ausreichend, wenn der Antragsteller nicht in der Lage ist, das Vorbringen des Bundesamts sprachlich zu verstehen und seine Asylgründe vollständig und richtig auszudrücken (BeckOK AuslR/Sieweke/Kluth Rn. 3).

Umstritten ist, ob die Pflicht zum Einsatz von Sprachmittlern nur für die Anhörung gilt oder **7** auch für die übrigen Verfahrensschritte. Mit Verweis auf den Wortlaut von § 17 wird die Pflicht in anderen Verfahrensabschnitten abgelehnt (BeckOK AuslR/Sieweke/Kluth Rn. 3). Allerdings bedarf es hier einer unionsrechtskonformen Auslegung der Norm. Nach Art. 12 Abs. 1 lit. a Asylverfahrens-RL besteht das Recht auf einen Dolmetscher auch im Rahmen der Belehrung des Asylbewerbers (NK-AuslR/Fränkel Rn. 2)

II. Sprachmittler eigener Wahl (Abs. 2)

Nach Abs. 2 ist der Asylbewerber berechtigt, auf eigene Kosten einen Sprachmittler seiner **8** Wahl hinzuziehen. Dadurch wird der durch das Bundesamt von Amts wegen hinzuzuziehende Dolmetscher nicht ersetzt. Die Möglichkeit, einen Sprachmittler eigener Wahl hinzuzuziehen, ermöglicht eine Kontrolle des vom Bundesamt bestellten Sprachmittlers.

Unterabschnitt 2. Einleitung des Asylverfahrens

§ 18 Aufgaben der Grenzbehörde

(1) Ein Ausländer, der bei einer mit der polizeilichen Kontrolle des grenzüberschreitenden Verkehrs beauftragten Behörde (Grenzbehörde) um Asyl nachsucht, ist unverzüglich an die zuständige oder, sofern diese nicht bekannt ist, an die nächstgelegene Aufnahmeeinrichtung zur Meldung weiterzuleiten.

(2) Dem Ausländer ist die Einreise zu verweigern, wenn
1. er aus einem sicheren Drittstaat (§ 26a) einreist,
2. Anhaltspunkte dafür vorliegen, dass ein anderer Staat auf Grund von Rechtsvorschriften der Europäischen Gemeinschaft oder eines völkerrechtlichen Vertrages für die Durchführung des Asylverfahrens zuständig ist und ein Auf- oder Wiederaufnahmeverfahren eingeleitet wird, oder
3. er eine Gefahr für die Allgemeinheit bedeutet, weil er in der Bundesrepublik Deutschland wegen einer besonders schweren Straftat zu einer Freiheitsstrafe von mindestens drei Jahren rechtskräftig verurteilt worden ist, und seine Ausreise nicht länger als drei Jahre zurückliegt.

(3) Der Ausländer ist zurückzuschieben, wenn er von der Grenzbehörde im grenznahen Raum in unmittelbarem zeitlichem Zusammenhang mit einer unerlaubten Einreise angetroffen wird und die Voraussetzungen des Absatzes 2 vorliegen.

(4) Von der Einreiseverweigerung oder Zurückschiebung ist im Falle der Einreise aus einem sicheren Drittstaat (§ 26a) abzusehen, soweit
1. die Bundesrepublik Deutschland auf Grund von Rechtsvorschriften der Europäischen Gemeinschaft oder eines völkerrechtlichen Vertrages mit dem sicheren Drittstaat für die Durchführung eines Asylverfahrens zuständig ist oder
2. das Bundesministerium des Innern, für Bau und Heimat es aus völkerrechtlichen oder humanitären Gründen oder zur Wahrung politischer Interessen der Bundesrepublik Deutschland angeordnet hat.

(5) Die Grenzbehörde hat den Ausländer erkennungsdienstlich zu behandeln.

Überblick

Sofern ein Ausländer bei der Grenzbehörde – in der Regel der Bundespolizei – (→ Rn. 7) um Asyl nachsucht (vgl. § 13 Abs. 1→ § 13 Rn. 1), ist dieser – soweit Abs. 2 und Abs. 3 nicht greifen – an die zuständige bzw. die nächste Erstaufnahmeeinrichtung weiterzuleiten (→ Rn. 2; → Rn. 11). Nach Abs. 2 ist die Einreise zu verweigern (→ Rn. 21) bzw. nach Abs. 3 die Zurückschiebung (→ Rn. 33) vorzunehmen, sofern der Ausländer aus einem sicheren Drittstaat einreist oder nach der Dublin III-VO ein anderer EU- bzw. Dublin-Staat für die Durchführung des Asylverfahrens zuständig ist und ein Aufnahmeersuchen bzw. Wiederaufnahmeersuchen eingeleitet wird (→ Dublin III-VO Art. 1 Rn. 1). Allerdings werden die Vorschriften über die Einreiseverweigerung bei der Einreise aus einem sicheren Drittstaat, der zugleich auch ein Dublin-Staat ist, durch die Regelungen der Dublin III-VO überlagert, die aufgrund des Vorrangs des Gemeinschaftsrechts strikt zu beachten sind (→ Rn. 18); im Flughafenverfahren ist die Vorschrift nicht anwendbar (→ Rn. 21). Eine Einreiseverweigerung bzw. Zurückschiebung hat auch zu erfolgen, wenn der Ausländer eine Gefahr für die Allgemeinheit wegen einer besonders schweren Straftat bedeutet (→ Rn. 27). Allerdings ist von der Einreiseverweigerung und Zurückschiebung bei der Einreise aus einem sicheren Drittstaat abzusehen, wenn Deutschland nach der Dublin III-VO für die Durchführung des Asylverfahrens zuständig ist (→ Rn. 30) oder das Bundesministerium des Innern aus völkerrechtlichen oder humanitären Gründen oder zur Wahrung politischer Interessen der Bundesrepublik Deutschland dies angeordnet hat (→ Rn. 31). Abs. 5 sieht zwingend vor, dass die Bundespolizei den Ausländer erkennungsdienstlich behandeln muss (→ Rn. 37). Gegen die Einreiseverweigerung wäre eine isolierte Anfechtungsklage nicht ausreichend, vorläufiger Rechtschutz müsste nach § 123 VwGO beantragt werden; örtlich zuständig ist das Verwaltungsgericht am Sitz der Grenzbehörde (→ Rn. 38).

Übersicht

A. Allgemeines

1   Die Vorschrift in ihrer heutigen Form geht vor allem zurück auf die Änderung durch das Gesetz zur Umsetzung aufenthalts- und asylrechtlicher Richtlinien der Europäischen Union (v. 19.8.2007, BGBl. I 1970). Damals wurde Abs. 2 Nr. 2 neu gefasst.

§ 18 regelt, wie zu verfahren ist, wenn ein Ausländer bei der Grenzbehörde, in der Regel der 2
Bundespolizei (→ Rn. 7), an der Grenze um Asyl nachsucht, in welchen Fällen eine Weiterleitung
an die Erstaufnahmeeinrichtung erfolgt und in welchen Fällen eine Einreiseverweigerung bzw.
eine Zurückschiebung stattfindet. Die Zurückweisungshaft ist in § 15 AufenthG geregelt (→
AufenthG § 15 Rn. 23 ff.). Sofern die Einreise über einen Flughafen aus einem Nicht-Schengen-
Staat erfolgt und die Voraussetzungen des § 18a vorliegen, ist eventuell das Flughafenverfahren
der Einreise vorgelagert (→ § 18a Rn. 1). Erfolgt die Einreise und wird dann der Asylantrag
gestellt, tritt die Wirkung der Aufenthaltsgestattung ein (§ 55; → § 55 Rn. 1).

B. Recht auf Einreise und Pflicht zur Weiterleitung an die Erstaufnahmeeinrichtung

I. Recht auf Einreise und vorläufigen Aufenthalt

§ 18 Abs. 1 trägt dem Non-Refoulement-Verbot, dem Verbot der Zurückschiebung und 3
Zurückweisung bzw. Abschiebung in den Verfolgerstaat nach Art. 33 GFK Rechnung – auf welche
Weise auch immer diese erfolgen würde. Das Non-Refoulement-Verbot aus Art. 33 GFK ist das
zentrale völkerrechtliche Grundprinzip des internationalen Flüchtlingsrechts. Auch aus Art. 3
EMRK ergibt sich ein Refoulementverbot, wenn dem Ausländer im Fall der Zurückschiebung
eine grausame, erniedrigende oder unmenschliche Behandlung droht. Gleiches gilt für Art. 2
EMRK, sofern Gefahren für Leib und Leben bestehen. Der Schutz vor Abschiebung in den
Verfolgerstaat, der letztlich im Refoulement-Verbot des Art. 33 GFK wurzelt, bildet gleichzeitig
den Kern des Asylgrundrechts nach Art. 16a GG (Bergmann/Dienelt/Bergmann GG Art. 16a
Rn. 9). Das Schutzbedürfnis des politisch Verfolgten verbietet jedwede Form der Verbringung in
den Verfolgerstaat, sei es durch direkte Zurückweisung dorthin oder dadurch, dass der Schutz-
chende dem Risiko einer Kettenabschiebung ausgesetzt wird. Auf welche Art und Weise der
Verfolgte dem (erneuten) Zugriff des Verfolgerstaats ausgesetzt wird, ist unerheblich.

Das Refoulement-Verbot greift nicht nur nach erfolgter Einreise, sondern auch bereits dann, 4
wenn der Schutzsuchende an der Grenze steht oder das Territorium erreicht hat. Der EGMR hat
im Fall Hirsi mittlerweile klargestellt, dass das Non-Refoulement auch auf hoher See gilt, also
außerhalb des Hoheitsgebietes eines Mitgliedstaates, sofern ein Staat durch sein einheitliches Handeln die Zurückweisung vornimmt – im konkreten Fall, in dem das Küstenwache-Schiff unter
italienischer Flagge fährt (vgl. EGMR Entsch. v. 23.2.2012 – 27765/09 – Hirsi Jamaa und andere /
Italien). Aus der Geltung der Refoulement-Verbote an der Grenze ergibt sich die Verpflichtung,
der betreffenden Person jedenfalls zum Zweck der Prüfung des Antrags auf internationalen Schutz
die Einreise zu gestatten und sicheren Aufenthalt zu gewähren. Ein solcher sicherer Aufenthalt,
mit dem die Menschenrechte der Antragsteller geschützt werden, kann faktisch nur auf dem
Staatsgebiet gewährt werden. Davon geht auch die Asylverfahrensrichtlinie aus (vgl. Art. 3 Asylverfahrens-RL), die den Antragstellern grundsätzlich das Recht verleiht, bis zur Prüfung ihres Antrags
im Mitgliedstaat bzw. an der Grenze oder in der Transitzone zu verbleiben (vgl. Weinzierl/Lisson,
Grenzschutz und Menschenrechte, 2007, 14).

Das Recht auf einen effektiven Zugang zum Asylverfahren besteht immer dann, wenn der 5
Ausländer direkt oder unmittelbar aus dem potentiellen Verfolgerstaat nach Deutschland gereist
ist. Die Durchreise durch andere Staaten, die nicht sichere Drittstaaten iSv Art. 16a Abs. 2 GG
sind, ist dabei unproblematisch, außer es handelt sich um Staaten, in denen die Flucht beendet
und die Person dort sicher war (zum Konzept des ersten Asyllandes iSv § 27 → § 27 Rn. 1;
BVerwG BeckRS 1992, 31229365).

Folglich bestimmt § 18, dass im Fall eines Asylgesuchs – sofern eine Einreiseverweigerung und 6
Zurückweisung nicht zulässig ist – die Grenzbehörde die Einreise zu gestatten hat und den Ausländer an die Erstaufnahmeeinrichtung weiterleiten muss.

II. Bei der Grenzbehörde

Grenzbehörde ist nach der Legaldefinition in § 18 Abs. 1 die „mit der polizeilichen Kontrolle 7
des grenzüberschreitenden Verkehrs beauftragten Behörde". Dies sind die Bundespolizei oder an
dessen Stelle oder an dessen Stelle Behörden der Länder (Bsp.: Hamburg, Bayern, im Bremer Hafen
Bremen) oder der Zoll (vgl. § 71 AufenthG und ausf. Onlinekommentar Migrationsrecht.net/
Winkelmann, AufenthG § 71, Stand: 14.3.2012, Rn. 13; → AufenthG § 71 Rn. 1).

Die Kontrolle des grenzüberschreitenden Verkehrs findet nicht nur an den Grenzkontrollstellen, 8
also den offiziellen Grenzübergängen statt, sondern auch die Kontrollen im Hinterland gehören

dazu. Allerdings gehören hierzu nicht Kontrollen im Hinterland von Schengen-Binnengrenzen. Die an den Schengener Grenzkodex gebundenen Mitgliedstaaten der EU sind verpflichtet, die Einhaltung des Unionsrechts durch die Schaffung und Wahrung eines „Rechtsrahmens" zu sichern, der gewährleistet, dass die praktische Ausübung der Befugnis zur Durchführung von Identitätskontrollen im Grenzraum (sog. Schleierfahndung) nicht die gleiche Wirkung wie Grenzübertrittskontrollen haben kann. Diesen Vorgaben genügt der Identitätsfeststellungen regelnde § 23 Abs. 1 Nr. 3 BPolG allein nicht (VGH BW BeckRS 2018, 1909 in Anschluss an EuGH BeckRS 2017, 113667). Wird ein Asylsuchender im Rahmen dieser Grenzkontrollen aufgegriffen, ohne gültige Dokumente für die Einreise ins Bundesgebiet vorweisen zu können, dann hat er die Möglichkeit, um Asyl nachzusuchen. Sofern dies geschieht, findet § 18 Anwendung. Der Gesetzgeber wollte Ausländer, die die Grenze illegal außerhalb des Grenzübergangs überschritten haben, grundsätzlich nicht besser stellen als Ausländer, die sich ordnungsgemäß der Grenzkontrolle unterziehen. Deshalb sollen sie genauso, wenn sie im grenznahen Raum angetroffen werden, bei Vorliegen der Voraussetzungen des Abs. 2 zurückgeschoben werden, im Übrigen sind sie an die Aufnahmeeinrichtung weiterzuleiten (BT-Drs. 12/2062, 31).

III. Das Nachsuchen um Asyl

9   Gemäß § 13 Abs. 3 S. 1 hat ein Ausländer, der nicht im Besitz der erforderlichen Einreisepapiere ist, an der Grenze um Asyl nachzusuchen (→ § 13 Rn. 13 ff.). Allerdings ergibt sich aus den in § 13 Abs. 3 S. 2 und S. 3 nachfolgend normierten Verpflichtungen, im Falle der unerlaubten Einreise sich unverzüglich bei einer Aufnahmeeinrichtung zu melden (→ § 22 Rn. 1) oder bei der Ausländerbehörde oder der Polizei um Asyl nachzusuchen (→ § 19 Rn. 1), dass diese Möglichkeiten alternativ zu sehen sind. Der Strafaufhebungsgrund in Art. 31 GFK verlangt im Kontext der unerlaubten Einreise nur, dass sich der Ausländer unverzüglich an die Behörden wendet, um Asyl nachzusuchen. Gerade eine Person, die Schutz vor politischer Verfolgung sucht, wird sich aus Angst, möglicherweise doch zurückgewiesen zu werden, nicht unbedingt schon an der Grenze als schutzsuchende Person ohne Einreisepapiere zu erkennen geben. Es ist von daher unproblematisch, wenn der asylbegehrende Ausländer nicht bereits bei der Einreise über eine Grenzkontrollstelle um Asyl nachsucht, sofern das Asylgesuch dann unverzüglich nach Einreise erfolgt. In der Praxis spielt daher § 18 vor allem dann eine Rolle, wenn der Ausländer im Rahmen der Grenzkontrolle dadurch auffällt, dass er keine gültigen Einreisepapiere besitzt und deshalb zurückgewiesen werden soll. In diesem Fall ist der Ausländer, möchte er Asyl bzw. die Flüchtlingseigenschaft beantragen, dann gezwungen, um Asyl nachzusuchen, um seine Zurückschiebung zu verhindern.

10   Nach § 13 Abs. 1 liegt ein Asylantrag vor, wenn sich aus dem schriftlich, mündlich oder auf andere Weise geäußerten Willen des Ausländers entnehmen lässt, dass er im Bundesgebiet Schutz vor politischer Verfolgung sucht oder dass er Schutz vor Abschiebung oder einer sonstigen Rückführung in einen Staat begehrt, in dem ihm eine Verfolgung iSd § 3 Abs. 1 (→ § 3 Rn. 1) oder ein ernsthafter Schaden iSd § 4 Abs. 1 (→ § 4 Rn. 1) droht (→ § 13 Rn. 1 ff.). Der Begriff des Asylgesuchs bezieht sich auf die Absicht, einen solchen Antrag zu stellen. Sofern der Ausländer zu erkennen gibt, dass er Schutz vor politischer Verfolgung bzw. einer begründeten Furcht vor Verfolgung wegen den in der GFK genannten Gründen oder wegen eines ernsthaft drohenden Schadens iSv Art. 15 Qualifikations-RL sucht und deshalb die Einreise begehrt, liegt ein Asylgesuch vor. Bei der Frage, ob ein Asylgesuch vorliegt, darf die Grenzbehörde nicht etwa eine Schlüssigkeitsprüfung des Antrags vornehmen, dies ist allein Aufgabe der Asylbehörde, dem BAMF, das dafür mit dem erforderlichen qualifizierten Personal ausgestattet ist (vgl. BVerfG BeckRS 1981, 5507; NJW 1981, 1436; so auch GK-AufenthG/Funke-Kaiser Rn. 11). Wenn es sich bei dem Begehren von seinem Inhalt her nicht um einen Asylantrag iSd § 13 Abs. 1 handelt, dann ist der Antrag vom Bundesamt als offensichtlich unbegründet abzulehnen (§ 30 Abs. 5). Damit obliegt aber auch hier die Bewertung des Antrages der fachlich zuständigen Behörde, dem Bundesamt, und nicht der Grenzbehörde.

IV. Die Pflicht zur Weiterleitung

1. Registrierung

11   Sofern keine Einreiseverweigerung bzw. Zurückschiebung erfolgt, ist der um Asyl nachsuchende Ausländer unverzüglich an die zuständige oder, sofern diese nicht bekannt ist, an die nächstgelegene Aufnahmeeinrichtung zur Meldung weiterzuleiten (siehe dazu auch im Kontext

der Frage der Zulässigkeit von Zurückschiebungshaft, LG Osnabrück Beschl. v. 5.11.2019 – 11 T 613/19). Unverzüglich bedeutet „ohne schuldhaftes Zögern". Da ein längeres Festhalten ohne Haftbefehl nicht zulässig wäre und auch vor dem Grundsatz der Verhältnismäßigkeit Bedenken aufwirft, hat die Weiterleitung zügig noch am gleichen Tag zu erfolgen. Sofern die Bearbeitung längere Zeit in Anspruch nimmt, müsste der Asylsuchende ggf. erneut einbestellt werden; ggf. wäre ihm ein Unterbringungsplatz anzubieten und er mit den Nötigsten zu versorgen. Insoweit bestehen ggf. Ansprüche nach den §§ 3, 6 AsylbLG (→ AsylbLG § 6 Rn. 1 ff.). Zu beachten sind ferner die Vorgaben der EU-Aufnahme-RL (RL 2013/33/EU v. 26.6.2013, ABl. 2013 L 180, 96). Auf keinen Fall darf er ohne richterliche Anordnung länger als bis zum Ende des Tages nach dem Ergreifen gegen seinen Willen festgehalten werden (vgl. Art. 104 GG).

Zunächst ist das Asylgesuch aufzunehmen und aktenkundig zu machen. Bei der Registrierung **12** von Asylsuchenden werden persönliche Daten, ein Lichtbild und Fingerabdrücke (letztere nur von Personen über 14 Jahren) erfasst. Diese erkennungsdienstliche Behandlung hat soweit möglich ab dem ersten Behördenkontakt zu erfolgen (vgl. §§ 2 und 6 AZRG). Die Anhörung und Befragung durch die Grenzbehörde dient der Ermittlung des Reisewegs zum Zweck der Prüfung, ob eine Zurückweisung bzw. Überstellung in einen anderen Dublin-Staat in Betracht kommt. Sie muss sicherstellen, dass sorgsam ermittelt wird, was der Ausländer möchte und ob ein Asylgesuch vorliegt (→ Rn. 10). Gegebenenfalls ist es erforderlich, einen vereidigten Dolmetscher, zumindest einen Sprachmittler (§ 17) zuzuziehen, um sicherzustellen, dass sowohl das Anliegen richtig verstanden wird als auch die Daten korrekt aufgenommen werden. In der Praxis wird über das Asylgesuch eine Niederschrift erstellt.

Von besonderer Bedeutung ist in der Praxis das Suchen nach Reiseunterlagen und sonstigen **13** Dokumenten zur Klärung der Identität (sofern sich der Ausländer nicht ausweisen kann) oder um Nachweismittel zu erlangen, um einem anderen Dublin-Staat seine Zuständigkeit zur Durchführung des Asylverfahrens nachzuweisen (von anderen Staaten ausgestellte Visa, Dokumente über Behördenkontakte mit anderen Staaten, Flug-, Bahn- oder Bustickets, Taxiquittungen, Hotelrechnungen, Kassenbons, Fotos etc; s. hierzu insbesondere die Mitwirkungspflichten in § 15 Abs. 2 Nr. 4–7). Dazu kann der Ausländer durchsucht werden (§ 15 Abs. 4). Eine Auswertung von Datenträgern aufgrund von § 15a wäre nur durch das Bundesamt zulässig (§ 15a Abs. 2).

2. Weiterleitung an die nächstgelegene oder zuständige Erstaufnahmeeinrichtung

Nach der Registrierung erfolgt die Weiterleitung an die nächstgelegene oder die zuständige **14** Erstaufnahmeeinrichtung. Für die Frage, welche Erstaufnahmeeinrichtung die „zuständige" ist, sind die folgenden Regelungen von Bedeutung: Bestimmte Herkunftsländer werden nur in bestimmten Außenstellen des BAMF, also in bestimmten Bundesländern bearbeitet (vgl. EASY-Herkunftsländerliste des BAMF in der aktuellen Fassung). Ansonsten ergibt sich die zuständige Erstaufnahmeeinrichtung aufgrund der Verteilentscheidung nach dem Quotensystem „EASY" (Erstverteilung von Asylbegehrenden) auf die Bundesländer auf Grundlage des sog. Königsteiner Schlüssels (vgl. § 45 Abs. 1). In der Praxis leitet die Ausländerbehörde die Asylsuchenden an die im jeweiligen Bundesland für die Registrierung von Asylsuchenden zuständige Erstaufnahmeeinrichtung weiter. Diese bestimmt mit Hilfe des EASY-Systems die zuständige Erstaufnahmeeinrichtung und leitet in diesen Fällen die Asylsuchenden dann ggf. in die zuständige Erstaufnahmeeinrichtung in einem anderen Bundesland weiter. Nach der gesetzlichen Regelung müsste die Bundespolizei zunächst die zuständige Aufnahmeeinrichtung ermitteln. De-facto erfolgt in der Praxis die Weiterleitung meist direkt im jeweiligen Bundesland, in dem der Aufgriff stattfindet, an die dort räumlich nächste oder an die vom Bundesland hierfür bestimmte Erstaufnahmeeinrichtung. Dort erfolgt dann die Registrierung und die Verteilung auf das zuständige Bundesland nach dem EASY-System und somit die Weiterleitung an die eigentlich zuständige Erstaufnahmeeinrichtung. Zur Bestimmung der zuständigen Aufnahmeeinrichtung nach § 46 Abs. 2 AsylG sind in analoger Anwendung von § 15a Abs. 1 S. 6 AufenthG die Belange des Asylsuchenden zu berücksichtigen (→ § 46 Rn. 1; → AufenthG § 15a Rn. 6; dazu auch VG Bremen Beschl. v. 26.10.2020 – 4 V 1980/20, asyl.net https://www.asyl.net/rsdb/m29240/).

3. Weiterleitungsentscheidung

Die Weiterleitung erfolgt durch eine Weiterleitungsverfügung, mit der der Ausländer aufgefor- **15** dert wird, sich unverzüglich, spätestens innerhalb einer bestimmten Frist zu der bestimmten Erstaufnahmeeinrichtung zu begeben, sich dort zu melden bzw. registrieren zu lassen. Diese Verfügung ist ein Verwaltungsakt. Die Befolgungspflicht ist in § 20 (→ § 20 Rn. 3) geregelt, die Meldepflicht in § 22 (→ § 22 Rn. 1). Über die Rechtsfolgen bei Nichtbefolgung (Regelung über das Nichtbetreiben des Verfahrens; entsprechende Anwendung von § 33 Abs. 1, Abs. 5 und Abs. 6; → § 22 Rn. 1) erfolgt eine Belehrung.

16   Die „Weiterleitung" hat der Ausländer selbst in Eigenregie vorzunehmen. Das heißt, er trägt auch selbst die Kosten. Soweit er hierzu nicht in der Lage ist, müssen die Leistungsbehörden der Länder nach dem AsylbLG die Kosten übernehmen (§ 6 AsylbLG).

17   Die Grenzbehörde hat die Aufnahmeeinrichtung über die Weiterleitung schriftlich zu informieren (vgl. § 20 Abs. 2 S. 1, → § 20 Rn. 11) und auch die erfolgte Belehrung mit zu übersenden. Gleichzeitig müssen die in § 15 Abs. 2 Nr. 4 und Nr. 5 bezeichneten Unterlagen (Pass, Passersatz und alle weiteren erforderlichen Unterlagen) der Aufnahmeeinrichtung übersandt werden (zu den Rechtsfolgen bei Nichtbefolgen der Weiterleitungspflicht s. § 20 Abs. 1 S. 2, → § 20 Rn. 4).

C. Einreiseverweigerung – Absehen von der Einreiseverweigerung

I. Allgemeines – Verhältnis zur Dublin III-VO und zu § 18a AsylG

18   Die sicheren Drittstaaten nach Art. 16a Abs. 2 GG – die EU-Staaten sowie die in der Anlage I zum AsylG bestimmten Nicht-EU-Staaten Schweiz und Norwegen – sind zugleich alles Staaten, für die die Dublin III-VO Anwendung findet. Als EU-Verordnung ist sie unmittelbar anwendbar und verdrängt entgegenstehendes nationales Recht. Nach Art. 3 Dublin III-VO (→ Dublin III-VO Art. 3 Rn. 1) ist bei jedem Antrag auf internationalen Schutz (gemeint ist hier das Asylgesuch) der Antrag zu prüfen und es wird dazu nach den Regelungen in der Dublin III-VO der zuständige Mitgliedstaat bestimmt. Dabei ist das Verfahren zur Bestimmung des zuständigen Mitgliedstaates einzuleiten, sobald in einem Mitgliedstaat erstmals ein Antrag auf internationalen Schutz gestellt wird (Art. 20 Abs. 1 Dublin III-VO → Dublin III-VO Art. 20 Rn. 1). Das asylrechtliche Dublin-Verfahren ist mit der Schaffung des einheitlichen europäischen Asylsystems im Jahr 2003 entstanden und ersetzt von seinem Normzweck her § 18 in gewisser Weise. Der Gesetzgeber hat § 18 aber nicht aufgehoben, sondern die Regelungen 2007 in Abs. 2 Nr. 2 und Abs. 4 Nr. 1 an das Dublin-System angepasst. Um die praktische Wirksamkeit des Europäischen Gemeinschaftsrechts zu gewährleisten, sind die Regelungen der Dublin III-VO – wegen des Vorrangs des Gemeinschaftsrechts – klar vorrangig, die die älteren innerstaatlichen Regeln über die grenzpolizeiliche Zurückweisung überlagern. Hierfür spricht auch vor allem, dass § 18 Abs. 2 Nr. 2 seit 2007 auf ein Dublin-Zuständigkeitsbestimmungsverfahren verweist, das nach dem Willen des Gesetzgebers vor der Einreise anzuwenden ist (vgl. NK-AuslR/Bruns Rn. 21–23). Befindet sich eine Person auf dem Hoheitsgebiet eines Mitgliedsstaats der Dublin-Verordnung und äußert dort ein Asylgesuch, so ist zunächst ausschließlich die Dublin-III-VO als Spezialgesetz anwendbar. Wegen Art. 1 und 20 Abs. 2 S. 2 Dublin III-VO und dem „effet utile"-Grundsatz, wonach EU-Recht wirksam umzusetzen ist, besteht dann zunächst die Pflicht der Grenzbehörde zur Weiterleitung des Asylgesuchs an die zuständige Asylbehörde, um die Anwendung der Dublin-III-VO zu gewährleisten. Würde man ein „Pre-Dublin-Verfahrens" für zulässig erachten besteht die Gefahr, dass die Betroffenen nach der Rückführung nicht als Dublin-Rückkehrende behandelt, sondern als auf sonstige Weise Zurückgeführte. Dies birgt die Gefahr, dass der ursprüngliche Asylantrag nur als Folgeantrag gewertet wird und Betroffene ohne Prüfung der materiellen Asylgründe ins Herkunftsland zurückgeführt werden. Dies widerspricht dem Verbot der Nichtzurückweisung nach Art. 33 GFK (→ GFK Art. 33 Rn. 1) und somit auch der Zielsetzung der Dublin III-VO. Würde man es für zulässig halten, der Bundespolizei – gestützt auf § 18 Abs. 2 Nr. 2 AsylG – die Befugnis einzuräumen den Asylsuchenden zurückzuschieben, handelte es bei der Bundespolizei um die sachlich unzuständige Behörde. Denn für das Einleiten eines Auf- und Wiederaufnahmeverfahrens ist das BAMF zuständig und hätte zumindest beteiligt werden müssen. Dies ist auch sinnvoll, da die Zuständigkeitsregelungen der Dublin III-VO eine komplexe Materie darstellt, die von ungeschulten Personen in einem auf höchste Geschwindigkeit ausgelegten Einreiseverweigerungs- und Zurückschiebungsverfahren nicht ausreichend geprüft werden können. Diese Zuständigkeitsregelungen können auch nicht durch das Verwaltungsabkommen zwischen Griechenland und Deutschland v. 17./18.8.2018 abgeändert werden (VG München Beschl. v. 8.8.2019 – M 18 E 19.32238 und Anmerkung Bellinda Bartolucci zur Einreiseverweigerung nach dem sog. „Seehofer-Deal" ASYLMAGAZIN 10–11/2019, 334 ff.).

19   Im Dublin-Verfahren muss eine Dublin-Anhörung erfolgen (vgl. Art. 5 Dublin III-VO → Dublin III-VO Art. 5 Rn. 1); das Verfahren erfordert einen schriftlichen Überstellungsbescheid, der eine Rechtsbehelfsbelehrung umfasst und nach der Rechtsprechung des EuGH erst erlassen werden darf, nachdem der zuständige Mitgliedstaat ggf. binnen kurzer Zeit zugestimmt hat. Sofern der Rechtsbehelf keine aufschiebende Wirkung hat, besteht das Recht, die aufschiebende Wirkung

beantragen zu können, und für die Rechtsbehelfe müssen angemessene Fristen vorgesehen werden (vgl. Art. 27 Abs. 2 Dublin III-VO, → Dublin III-VO Art. 27 Rn. 1).

Da im Dublin-Verfahren verschiedene Fristen einzuhalten sind (zB für das Aufnahmeersuchen **20** bei Eurodac-Treffern die Zwei-Monats-Frist nach Art. 21 Abs. 1 UAbs. 2 Dublin III-VO), wird in den meisten Fallkonstellationen gar nicht erreichbar sein, dass eine Einreiseverweigerung ausgesprochen werden kann, weil eine Dublin-Überstellung mangels Zustimmung des für zuständig gehaltenen Mitgliedstaates gar nicht durchgeführt werden kann. In solchen Fällen ist der Asylsuchende an die Erstaufnahmeeinrichtung weiterzuleiten; eine Zurückschiebung wäre gemeinschaftsrechts- und auch völkerrechtswidrig. Das BAMF kann dann im durchzuführenden Asylverfahren eine Dublin-Entscheidung treffen und – sobald diese vollziehbar ist – die Person auch überstellen.

Soweit man § 18 Abs. 2 AsylG überhaupt für anwendbar ansieht, ermöglicht dieser von seinem **20a** Wortlaut her eine Zurückschiebung nur „im grenznahen Raum". Von daher ist § 18 Abs. 2 nicht auf Personen anwendbar, die auf dem Luftweg eingereist sind. Hierfür gilt allein § 18a AsylG (→ § 18a Rn. 1). Hierfür spricht neben gesetzessystematischen Gründen auch die Auslegung der Norm unter Berücksichtigung des nationalrechtlichen Grenzbegriffs, wonach die Einreise auf dem Luftweg bereits mit Überfliegen der Grenzlinie erfolgt und abgeschlossen ist. Auch in diesem Kontext ist nach europarechtskonformer Auslegung unter Anwendung des Schengener Grenzkodex, der Dublin III-Verordnung sowie der Rückführungs-RL § 18 AsylG nicht anwendbar. Denn zum einen dürfen bei EU-Binnenflügen keine Grenzkontrollen stattfinden, wenn keine vorübergehenden Grenzkontrollen nach Art. 25 SGK eingeführt wurden. Zum anderen handelt es sich nicht um Außengrenzen, so dass auch § 14 SGK, wonach an Außengrenzen Einreiseverweigerungen vorgenommen werden können, nicht anwendbar ist (unter Bezug auf: EuGH BeckRS 2019, 3617 – Arib/Frankreich). Nach Stellung eines Asylantrags hat die betroffene Person ein Recht auf Aufenthalt und Schutz vor Zurückschiebung so lange, bis ein Rechtsbehelf gegen eine Wiederaufnahmeentscheidung des BAMF abgeschlossen ist bzw. die Bundesrepublik zuständig für die Bearbeitung des Asylantrags wird (VG Köln BeckRS 2019, 30648).

II. Gründe für die Einreiseverweigerung

1. Einreise aus einem sicheren Drittstaat gem. § 26

Wenn ein Ausländer um Asyl nachsucht, ist ihm gem. § 18 Abs. 1 Nr. 1 die Einreise zu **21** verweigern, wenn er aus einem sicheren Drittstaat nach § 26a einreist. Sichere Drittstaaten sind alle Staaten der EU (Art. 16a Abs. 2 GG) sowie die in Anlage I des AsylG aufgeführten Staaten (Schweiz und Norwegen). Sofern der Ausländer in einem anderen Staat schon registriert worden war und dieser Staat eindeutig zuständig ist, hält der BayVGH eine Einreiseverweigerung wohl für zulässig (vgl. BayVGH BeckRS 2017, 121551, allerdings ohne Begründung, die sich mit der Frage des Verhältnisses zur Dublin III-VO auseinandersetzt). Dies ist nach der hier vertretenen Auffassung mit Unionsrecht nicht zu vereinbaren. Liegt ein Asylgesuch vor, ist nach den Regelungen der Dublin III-VO das Verfahren zur Bestimmung des zuständigen Mitgliedstaates einzuleiten. Selbst wenn ein Mitgliedstaat den anderen Mitgliedstaat für zuständig hält, berechtigt ihn das nur, an diesen Mitgliedstaat ein Aufnahmeersuchen zu richten. Ohne dass der andere Mitgliedstaaten dem Aufnahmeersuchen zustimmt oder wegen fehlender Antwort die Zustimmungsfiktion eintritt, wird der andere Mitgliedstaat nicht zuständig. In der Praxis gibt es immer wieder – auf den erste Blick möglicherweise klare – Fallkonstellationen, in denen der andere Mitgliedstaat die Zuständigkeit verweigert. Wäre in solchen Fall die Einreiseverweigerung zulässig, müsste ernsthaft befürchtet werden, dass es zu einer refugee-in-orbit-Situation kommt, was nach den Grundprinzipien des EU-Asylrechts (Asylverfahrens-RL, Dublin III-VO) gerade verhindert werden sollte.

Die Anwendung der Drittstaatenregelung steht unter dem Vorbehalt, dass mit dem jeweils **22** betroffenen Drittstaat nicht eine anderweitige Regelung der Zuständigkeit für die Durchführung des Asylverfahrens besteht, die grundsätzlich vorgeht. Da sämtliche sicheren Drittstaaten iSd § 26a mittlerweile Staaten sind, die das Dublin-System anwenden, gibt es für § 18 Abs. 2 Nr. 1 derzeit keinen Anwendungsbereich mehr (vgl. NK-AuslR/Bruns Rn. 20).

2. Anhaltspunkte für die Zuständigkeit eines anderen Dublin-Staates

Eine Einreiseverweigerung hat im Falle eines Asylgesuchs gemäß dem Wortlaut nach § 18 **23** Abs. 2 Nr. 2 auch dann zu erfolgen, wenn Anhaltspunkte dafür vorliegen, dass ein anderer Staat auf der Grundlage von Rechtsvorschriften der EU oder eines völkerrechtlichen Vertrages für die Durchführung des Asylverfahrens zuständig ist und ein Aufnahme- oder Wiederaufnahmeverfahren eingeleitet wird. Diese Regelung ist nach hier vertretener Auffassung mit Unionsrecht unvereinbar und damit nicht anzuwenden (→ Rn. 21).

24   Hält man die Regelung überhaupt für anwendbar, wären Anhaltspunkte nur dann gegeben, wenn eine vorzunehmende Gesamtschau ergibt, dass nach den Zuständigkeitsregelungen der Dublin III-VO mit großer Wahrscheinlichkeit ein anderer Dublin-Staat für das Verfahren zuständig ist. In einem rechtsstaatlichen Verfahren sind Anhaltspunkte dabei mehr als Vermutungen. In der Praxis sind dies Eurodac-Treffer, Beweis- oder Glaubhaftmachungsmittel nach der Dublin III-VO, die geeignet sind, ein erfolgreiches Aufnahmeersuchen an den anderen Dublin-Staat zu stellen. Zumindest aber müssen es Anhaltspunkte sein, die erwarten lassen, dass ein Dublin-Request möglicherweise zu einem positiven Ergebnis führt und dann ein Aufnahmeersuchen erfolgreich gestellt werden kann.

25   Dass das Aufnahme- oder Wiederaufnahmeverfahren eingeleitet worden sein muss, stellt klar, dass es allein gerade nicht ausreicht, dass die Grenzbehörde aufgrund von Anhaltspunkten einen anderen Dublin-Staat für zuständig hält. Der nach den Regelungen der Dublin III-VO zuständige Dublin-Staat muss konkret ermittelt worden sein, das Aufnahme- oder Wiederaufnahmeersuchen an diesen Staat muss gestellt worden sein oder in Kürze gestellt werden. Um eine refugee-in-orbit-Situation zu verhindern – eine der zentralen Zielsetzungen der Dublin III-VO – muss auch zu erwarten sein, dass der andere ersuchte Mitgliedstaat dem Ersuchen zustimmt und die Überstellung dann auch vollzogen werden kann. Im Prinzip handelt es sich zunächst nur um eine erst einmal vorläufige Zurückweisung, um das Aufnahme- bzw. Wiederaufnahmeersuchen an den anderen Dublin-Staat stellen zu können. Sobald dann – in kurzer Zeit – der Asylsuchende in den anderen Staat überstellt werden kann, muss zunächst eine (anfechtbare) Überstellungsentscheidung nach Art. 26 Abs. 1 Dublin III-VO ergehen, bevor dann die Überstellung erfolgen kann. Letztendlich ist es mit dem Dublin-System nur vereinbar, eine Einreiseverweigerung auszusprechen, wenn aufgrund entsprechender objektiver Anhaltspunkte und einer Art „Dublin-Kurzprüfung" sich ein anderer Staat für zuständig erklärt hat und der Ausländer dorthin unverzüglich überführt werden kann, soweit das BAMF nach § 1 AsylZBV dies so entschieden hat (vgl. Bergmann/Dienelt/Winkelmann Rn. 23). Stellt sich heraus, dass der Schutzsuchende für den für zuständig gehaltenen anderen Mitgliedstaat gar nicht übernommen wird bzw. dorthin nicht einreisen kann, ist spätestens dann die Einreiseverweigerung aufzuheben und die Einreise zu gestatten.

26   Die Vorschrift ist nur anwendbar, wenn in Deutschland bei der Grenzbehörde ein Asylgesuch gestellt wurde. Wurde nur in dem anderen EU-Staat / Dublin-Staat ein Asylantrag / Asylgesuch gestellt, nicht aber in Deutschland, so ist ein Wiederaufnahmeverfahren möglich (Art. 18 Abs. 1 lit. b Dublin III-VO iVm Art. 24 Dublin III-VO, → Dublin III-VO Art. 18 Rn. 1 ff.). Rechtsgrundlage der Zurückweisung ist dann aber § 15 Abs. 1 AufenthG. Das AsylG ist dann nach § 1 nicht anwendbar.

3. Gefahr für die Allgemeinheit wegen schwerer Straftaten

27   Die Zurückweisung nach § 18 Abs. 2 Nr. 3 setzt zunächst voraus, dass der Ausländer, der um Asyl nachsucht, in der Bundesrepublik Deutschland (nicht im Ausland) wegen einer besonders schweren Straftat zu einer Freiheitsstrafe von mindestens drei Jahren rechtskräftig verurteilt worden ist. Eine besonders schwere Straftat setzt nicht voraus, dass es sich um ein Verbrechen handelt (Mindestfreiheitsstrafe von einem Jahr), auch bei einem Vergehen bei einer Verurteilung zu einer Freiheitsstrafe von drei Jahren und mehr kann es sich um eine besonders schwere Straftat handeln.

28   Allein eine Verurteilung zu einer solchen Strafe ist nicht ausreichend. Zusätzlich muss der Ausländer eine Gefahr für die Allgemeinheit bedeuten. Dabei muss eine konkrete Gefahrenprognose aufgestellt werden. Die Gefahr muss weiterhin bestehen, zumindest eine Wiederholung (auch anderer Straftaten) darf nicht ausgeschlossen sein, worauf die Präsensformulierung „eine Gefahr […] bedeutet" hinweist.

29   Die Zurückweisung ist bei Vorliegen einer solchen Gefahr nur zulässig, wenn die Ausreise des Ausländers nicht länger als drei Jahre zurückliegt. Dabei muss die Ausreisepflicht erfüllt worden sein, indem sich der Ausländer auch im Ausland aufgehalten hat, und die Straftat zeitlich vor der Ausreise liegen.

III. Absehen von der Einreiseverweigerung

1. Zuständigkeit der Bundesrepublik Deutschlands aufgrund von Rechtsvorschriften der EU oder eines völkerrechtlichen Vertrages

Von der Einreiseverweigerung ist zwingend abzusehen, wenn Deutschland aufgrund Rechtsvor- **30** schriften der EU für die Durchführung des Asylverfahrens zuständig ist. Das ist dann der Fall, wenn nach den Regelungen der Dublin III-VO Deutschland für die Durchführung des Asylverfahrens zuständig ist.

2. Anordnung des Bundesministeriums des Innern, für Bau und Heimat aus völkerrechtlichen oder humanitären Gründen oder zur Wahrung politischer Interessen

Das Bundesministerium für Inneres, Bau und Heimat hat hier ein breites politisches Ermessen **31** anzuordnen, dass aus völkerrechtlichen oder humanitären Gründen oder zur Wahrung politischer Interessen von der Einreiseverweigerung abgesehen wird. Deutschland hat auch im Rahmen des Selbsteintrittsrechts nach der Dublin III-VO die Möglichkeit, das Asylverfahren in Deutschland durchzuführen, insoweit wäre dann Nr. 1 einschlägig.

3. Rechtliche und tatsächliche Hinderungsgründe

Soweit sich aus Art. 3 EMRK ergibt, dass eine Zurückweisung bzw. Zurückschiebung unzuläs- **32** sig ist, weil sie gegen das Non-Refoulement-Verbot verstoßen würde, dürfte keine Einreiseverweigerung vorgenommen werden; die Einreise ist dann zu gestatten. Weiterhin kann zB der Gesundheitszustand des Ausländers eine Zurückweisung verbieten (Schutzwirkungen aus Art. 2 Abs. 2 GG, die zu einem Abschiebungsverbot nach § 60 Abs. 7 AufenthG führen). Würde die Kernfamilie durch die Zurückschiebung des einen Familienmitglieds von einem anderen Familienmitglied getrennt, bei dem die Zurückschiebung aus anderen Gründen unzulässig wäre, wäre eine Zurückschiebung einzelner Familienmitglieder mit Art. 6 GG nicht vereinbar.

D. Zurückschiebung

Die Zurückschiebung setzt kumulativ voraus: **33**
- die Einreise ins Bundesgebiet muss bereits abgeschlossen sein,
- die Voraussetzungen des Abs. 2 müssen vorliegen,
- der Ausländer muss im zeitlichen Zusammenhang mit der Einreise und
- im grenznahen Raum aufgegriffen worden sein.

I. Einreise bereits abgeschlossen

Soweit der Ausländer noch nicht eingereist ist, kommt nur die Zurückweisung in Betracht. **34**

II. Zeitlicher Zusammenhang mit der Einreise

Ein unmittelbarer zeitlicher Zusammenhang wird in der Literatur auch dann noch gesehen, **35** wenn der Ausländer nicht sozusagen „auf frischer Tat" ertappt wird (Hailbronner AuslR Rn. 39), wenn sich der Ausländer – aus welchen Gründen – im grenznahen Raum noch länger aufhält, dürften auch wenige Tage unschädlich sein. Eine äußere zeitliche Grenze liegt auf jeden Fall dann vor, wenn der Ausländer bei der Aufnahmeeinrichtung um Asyl nachsucht (so GK-AsylG/Funke-Kaiser Rn. 48) bzw. schon, wenn er bei der Ausländerbehörde wegen seines Asylgesuchs vorspricht (Westphal/Stoppa, Ausländerrecht für die Polizei, 3. Aufl. 2007, 426).

III. Im grenznahen Raum

Es ist davon auszugehen, dass sich der Gesetzgeber dabei auf die Begrifflichkeit des § 2 Abs. 2 **36** Nr. 3 BPolG Bezug nimmt. Nach § 2 Abs. 1 BPolG obliegt der Bundespolizei der grenzpolizeiliche Schutz des Bundesgebietes (Grenzschutz). Der Grenzschutz umfasst dabei im Grenzgebiet bis zu einer Tiefe von 30 Kilometern und von der seewärtigen Begrenzung an bis zu einer Tiefe von 50 Kilometern die Abwehr von Gefahren, die die Sicherheit der Grenze beeinträchtigen. Nach § 14 Abs. 1 ZollVG erstreckt sich der grenznahe Raum am deutschen Teil der Zollgrenze der

Gemeinschaft bis zu einer Tiefe von 30 Kilometern, von der seewärtigen Begrenzung des Zollgebiets der Gemeinschaft an bis zu einer Tiefe von 50 Kilometern.

E. Erkennungsdienstliche Behandlung

37   Nach § 18 Abs. 5 ist jede aufgegriffene Person erkennungsdienstlich zu behandeln, die das 14. Lebensjahr vollendet hat (14 Jahre und älter ist), unabhängig davon, ob sie weitergeleitet wird oder die Einreise verweigert oder sie zurückgeschoben wird. Hintergrund ist die VO (EU) 603/2013 (v. 26.6.2013, ABl. 2013 L 180, 1), die vorschreibt, dass von allen im Rahmen der illegalen Einreise aufgegriffenen Personen und von allen Asylantragsstellern alle am Eurodac-System angeschlossene Staaten (die Dublin-Staaten) Fingerabdrücke nehmen müssen und im Zentralcomputer speichern müssen. Weitere Einzelheiten sind in § 16 geregelt.

F. Rechtsschutz

I. Hauptsacheverfahren

1. Kein Vorverfahren

38   Gegen die Einreiseverweigerung / Zurückweisung nach § 18 Abs. 2 bzw. die Zurückschiebung nach Abs. 3 findet kein Vorverfahren statt (vgl. § 11).

2. Statthafte Klageart und vorläufiger Rechtsschutz

39   Soll gegen die Einreiseverweigerung bzw. die Zurückweisung vorgegangen werden, ist das Rechtsschutzziel – wie bei § 15 AufenthG – auf die Gestattung der Einreise gerichtet, so dass die statthafte Klageart die Verpflichtungsklage wäre. Die Zurückweisung wirkt gleichzeitig auch als belastender Verwaltungsakt, so dass auch eine isolierte Anfechtungsklage statthaft sein könnte. Damit kann aber keine Einreise erstritten werden, so dass mit der Klage immer auch eine Verpflichtung der Behörde, die Einreise zu gestatten, begehrt werden sollte.

3. Örtlich zuständiges Gericht

40   Örtlich zuständig ist das Gericht, in dessen Bezirk die Einreise verweigert wird (§ 52 Nr. 2 S. 3, Nr. 3 S. 1 VwGO). Maßgeblich ist nicht der Sitz der Grenzbehörde, sondern der Ort, an dem die Einreiseverweigerung ausgesprochen wird (HmbOVG NVwZ 1983, 434; HessVGH NVwZ 1988, 274; VG Trier BeckRS 2011, 56414).

4. Erledigung

41   Eine Erledigung tritt nicht ein, soweit die Zurückweisung oder die Rückführung vollzogen wurde (HessVGH BeckRS 2012, 57696).

II. Vorläufiger Rechtsschutz

42   Da eine isolierte Anfechtungsklage nicht ausreichend ist, um das Rechtsschutzziel der Einreise zu erreichen, wäre vorläufiger Rechtsschutz nach § 123 VwGO zu beantragen (Hailbronner AuslR AufenthG § 15; HmbOVG BeckRS 9998, 44747; HessVGH NVwZ 1988, 274). Die Beschwerde gegen die Entscheidungen im vorläufigen Rechtsschutz ist ausgeschlossen (§ 80).

43   Trotz der Regelungen im gemeinsamen europäischen Asylrecht kann es in der Rechtspraxis in einzelnen Mitgliedstaaten im Asylverfahren oder bei den Aufnahmebedingungen Schwachstellen geben, die im Einzelfall dazu führen würden, dass die Überstellung gegen Art. 3 EMRK bzw. Art. 4 GRCh verstößt. Vor diesem Hintergrund hat die im Juni 2013 verabschiedete Neufassung der Dublin III-VO die Gewährung effektiven gerichtlichen Rechtsschutzes vor dem Vollzug einer Überstellungsentscheidung unionsrechtlich vorgeschrieben. Entsprechend ist § 34a Abs. 2 nF mit dem Gesetz zur Umsetzung der Richtlinie 2011/95/EU (v. 28.8.2013, BGBl. I 3474) den Vorschriften der Verordnung angepasst worden. Vorläufiger Rechtsschutzes nach § 80 Abs. 5 VwGO gegen Dublin-Entscheidungen des BAMF können jetzt innerhalb einer Frist von einer Woche beantragt werden. Die Garantien des Art. 47a GRCh iVm Art. 27 Abs. 3 Dublin III-VO lassen den vollständigen Suspensiveffekt zu. Zumindest muss gewährleistet sein, dass die aufschiebende Wirkung der Klage beantragt werden kann. Entsprechende Vorgaben höherrangigen Rechts gelten auch für Entscheidungen nach § 18, die zur Folge haben, dass ein Asylsuchender in einen anderen Staat überstellt wird.

G. Alternative Handlungsoptionen für die Grenzbehörde

I. Dublin-Haft

Siehe dazu § 62 AufenthG. 44

II. Zurückweisungshaft

Die Zurückweisungshaft gem. § 15 Abs. 5 AufenthG kommt in Fällen eines Asylgesuches nicht 45
in Betracht (vgl. → AufenthG § 15 Rn. 23) bzw. wäre auch mit Art. 25 EU-Aufnahme-RL nicht vereinbar.

§ 18a Verfahren bei Einreise auf dem Luftwege

(1) [1]Bei Ausländern aus einem sicheren Herkunftsstaat (§ 29a), die über einen Flughafen einreisen wollen und bei der Grenzbehörde um Asyl nachsuchen, ist das Asylverfahren vor der Entscheidung über die Einreise durchzuführen, soweit die Unterbringung auf dem Flughafengelände während des Verfahrens möglich oder lediglich wegen einer erforderlichen stationären Krankenhausbehandlung nicht möglich ist. [2]Das Gleiche gilt für Ausländer, die bei der Grenzbehörde auf einem Flughafen um Asyl nachsuchen und sich dabei nicht mit einem gültigen Pass oder Passersatz ausweisen. [3]Dem Ausländer ist unverzüglich Gelegenheit zur Stellung des Asylantrags bei der Außenstelle des Bundesamtes zu geben, die der Grenzkontrollstelle zugeordnet ist. [4]Die persönliche Anhörung des Ausländers durch das Bundesamt soll unverzüglich stattfinden. [5]Dem Ausländer ist danach unverzüglich Gelegenheit zu geben, mit einem Rechtsbeistand seiner Wahl Verbindung aufzunehmen, es sei denn, er hat sich selbst vorher anwaltlichen Beistands versichert. [6]§ 18 Abs. 2 bleibt unberührt.

(2) Lehnt das Bundesamt den Asylantrag als offensichtlich unbegründet ab, droht es dem Ausländer nach Maßgabe der §§ 34 und 36 Abs. 1 vorsorglich für den Fall der Einreise die Abschiebung an.

(3) [1]Wird der Asylantrag als offensichtlich unbegründet abgelehnt, ist dem Ausländer die Einreise zu verweigern. [2]Die Entscheidungen des Bundesamtes sind zusammen mit der Einreiseverweigerung von der Grenzbehörde zuzustellen. [3]Diese übermittelt unverzüglich dem zuständigen Verwaltungsgericht eine Kopie ihrer Entscheidung und den Verwaltungsvorgang des Bundesamtes.

(4) [1]Ein Antrag auf Gewährung vorläufigen Rechtsschutzes nach der Verwaltungsgerichtsordnung ist innerhalb von drei Tagen nach Zustellung der Entscheidungen des Bundesamtes und der Grenzbehörde zu stellen. [2]Der Antrag kann bei der Grenzbehörde gestellt werden. [3]Der Ausländer ist hierauf hinzuweisen. [4]§ 58 der Verwaltungsgerichtsordnung ist entsprechend anzuwenden. [5]Die Entscheidung soll im schriftlichen Verfahren ergehen. [6]§ 36 Abs. 4 ist anzuwenden. [7]Im Falle der rechtzeitigen Antragstellung darf die Einreiseverweigerung nicht vor der gerichtlichen Entscheidung (§ 36 Abs. 3 Satz 9) vollzogen werden.

(5) [1]Jeder Antrag nach Absatz 4 richtet sich auf Gewährung der Einreise und für den Fall der Einreise gegen die Abschiebungsandrohung. [2]Die Anordnung des Gerichts, dem Ausländer die Einreise zu gestatten, gilt zugleich als Aussetzung der Abschiebung.

(6) Dem Ausländer ist die Einreise zu gestatten, wenn
1. das Bundesamt der Grenzbehörde mitteilt, dass es nicht kurzfristig entscheiden kann,
2. das Bundesamt nicht innerhalb von zwei Tagen nach Stellung des Asylantrags über diesen entschieden hat,
3. das Gericht nicht innerhalb von vierzehn Tagen über einen Antrag nach Absatz 4 entschieden hat oder
4. die Grenzbehörde keinen nach § 15 Abs. 6 des Aufenthaltsgesetzes erforderlichen Haftantrag stellt oder der Richter die Anordnung oder die Verlängerung der Haft ablehnt.

Überblick

Die Norm regelt das Flughafenverfahren, das mit dem Asylkompromiss von 1993 in das Gesetz eingefügt wurde (→ Rn. 1). Damit sollen Asylsuchende aus den als sicher eingestuften Herkunftsländern und Asylsuchende, denen es mit Hilfe von gefälschten Dokumenten trotz verschiedener Maßnahmen gelingt, auf dem Luftweg bis zum Flughafen zu kommen (→ Rn. 2), einem beschleunigten Verfahren im Transitbereich des Flughafens vor der Gestattung der Einreise unterworfen werden. Im Falle der Ablehnung ihres Asylbegehrens soll ihnen die Einreise verweigert werden (→ Rn. 4). Die Regelung ist mit Verfassungs- (→ Rn. 5) und Unionsrecht (→ Rn. 13)vereinbar. Der Asylsuchende ist nur dann dem Flughafenverfahren unterworfen, wenn er noch nicht eingereist ist (→ Rn. 16). Eine menschenwürdige Unterbringung am Flughafen muss möglich sein (→ Rn. 21). Das Flughafenverfahren findet Anwendung auf Asylsuchende aus sicheren Herkunftsländern (→ Rn. 26) sowie auf Asylsuchende, die sich nicht mit einem gültigen Pass oder Passersatz ausweisen (→ Rn. 27). Das behördliche Asylverfahren ist innerhalb von zwei Tagen nach Asylantragsstellung durchzuführen (→ Rn. 69), zu der dem Asylsuchenden unverzüglich Gelegenheit zu geben ist (→ Rn. 31). Entsprechend den Anforderungen an ein rechtsstaatliches Verfahren ist die Anhörung durchzuführen (→ Rn. 33). Bei Ablehnung des Asylantrages als offensichtlich unbegründet wird die Einreise verweigert (→ Rn. 41); vorsorglich ergeht für den Fall der Einreise die Abschiebungsandrohung (→ Rn. 44). Im Falle der Ablehnung des Asylantrags als offensichtlich unbegründet mit der verbundenen Einreiseverweigerung können innerhalb der Drei-Tages-Frist (→ Rn. 50) Klage und Antrag auf vorläufigen Rechtsschutz – in diesem Fall die einstweilige Anordnung (→ Rn. 51) – beim Verwaltungsgericht oder der Grenzschutzbehörde eingereicht werden (→ Rn. 49). Das Verwaltungsgericht entscheidet innerhalb der 14-Tages-Frist über den vorläufigen Rechtsschutz. Eine Stattgabe erfordert ernstliche Zweifel (→ Rn. 54). Bei nicht fristgerechter Entscheidung ist die Einreise zu gestatten (→ Rn. 71). Die Einreise ist auch zu gestatten, wenn der nach Ablehnung wegen der fehlenden Möglichkeit des kurzfristigen Vollzugs der Einreiseverweigerung erforderliche Haftantrag nicht gestellt oder abgelehnt wird (→ Rn. 73).

Übersicht

A. Allgemeines

I. Normzweck und Entstehungsgeschichte

Die Vorschrift als Rechtsgrundlage für das Flughafenverfahren wurde durch das Gesetz zur 1
Änderung asylverfahrens-, ausländer- und staatsangehörigkeitsrechtlicher Vorschriften (v.
30.6.1993, BGBl. I 1062) im Anschluss an die Änderung von Art. 16a Abs. 2 GG (sog. „Asylkompromiss") eingefügt – in Kraft getreten ist sie am 1.7.1993.

Ziel der Regelung ist es, Personen aus als sicher eingestuften Herkunftsländern bzw. Personen 2
ohne gültige Einreisepapiere durch ein Asylverfahren vor der Einreise einfacher wieder in die
Herkunfts- bzw. aufnahmeverpflichten Drittstaaten zurückführen zu können (vgl. BT-Drs. 12/
2062, 8, 31). In diesem Kontext ist Standard 3.36.1 des Chicagoer Abkommens (Abkommen über
die Internationale Zivilluftfahrt v. 7.12.1944) relevant. Demnach sind die Vertragsstaaten bei einer
illegalen Einreise verpflichtet, die Person zurückzunehmen. Auf die damals schon praktizierten
Modelle in den Niederlanden, in Dänemark und Frankreich wurde im Gesetzgebungsverfahren
verwiesen.

Die Regelung ist im engen Kontext zu sehen mit den Regelungen im Europäischen Asylrecht, 3
für alle Hauptherkunftsländer von Asylsuchenden die Visapflicht einzuführen bzw. aufrechtzuerhalten (s. EU-Visum-VO 2001 – VO (EG) 539/2001 v. 15.3.2001, ABl. 2001 L 81, 1). Gleichzeitig
müssen Beförderungsunternehmen, die Ausländer ohne gültiges Visum mitreisen lassen, mit hohen
Bußgeldern rechnen (BGH BeckRS 2018, 17700). Fluggesellschaften wie auch Reedereien haben
die Obliegenheit, das Vorhandensein der notwendigen Dokumente zu überprüfen, und zwar
schon vor Abflug. Auf diese Weise ist die Einreisekontrolle auf die Abflughäfen vorverlagert. Die
Regelungen im Visakodex (VO (EG) 810/2009 v.13.7.2009, ABl. 2009 L 243, 1) sehen vor,
dass alle EU-Vertretungen im Rahmen der Visaerteilung sehr sorgsam darauf achten, ob beim
Antragsteller das Risiko der rechtswidrigen Einwanderung besteht, ob er eine Gefahr für die
Mitgliedstaaten darstellt und ob er beabsichtigt, vor Ablauf der Gültigkeit des beantragten Visums
das Hoheitsgebiet zu verlassen (Art. 21 Abs. 1 Hs. 2 Visakodex; BVerwG BeckRS 2012, 45869
Rn. 17). Da die Visastellen der deutschen Auslandsvertretungen in aller Regel von den Sicherheitskräften der Gaststaaten bewacht werden, ist es gerade für eine im Verfolgerstaat gesuchte Person
schwierig bis gefährlich, eine Visastelle aufzusuchen. Eine Visaerteilung erfordert zudem die Vorlage eines gültigen Passes des Verfolgerstaates. Sofern der politisch Verfolgte bisher mangels beabsichtigter Ausreise gar nicht im Besitz eines Reisepasses war, wird er kaum bei den Passbehörden
des Verfolgerstaates vorsprechen, um einen Pass zu besorgen. Vor diesem Hintergrund ist es in
der Praxis sehr selten, dass Personen, die sich vor dem Hintergrund (staatlicher) politischer Verfolgung durch den Herkunftsstaat zur Flucht entschließen, mit einem gültigen Pass des Verfolgerstaates einreisen. Nachdem über die Drittstaatenregelung die Einreise über den Landweg erschwert
werden sollte, zielt die Regelung des Flughafenverfahrens auf diejenigen Asylsuchenden, denen
es mit Hilfe von Dokumenten einer anderen Person oder gefälschten Dokumenten dennoch
gelingt, ein Flugzeug zu besteigen.

II. Flughafenverfahren als Verfahren vor der Einreise

Das Flughafenverfahren ist ein spezielles Verfahren, das rechtlich der Einreise vorgelagert ist 4
und im Transitbereich des Flughafens stattfinden soll. Damit soll die Abschiebung bzw. Zurückschiebung der Ausländer vereinfacht werden. Allerdings wird auch in diesem verkürzten Verfahren
ein Asylverfahren durchgeführt, zumindest ein Dublin-Verfahren zur Bestimmung des zuständigen
Mitgliedstaats; eine Zurückschiebung auf der Grundlage von § 18 Abs. 2 AsylG ist bei der Einreise
auf dem Luftweg nicht möglich (→ § 18 Rn. 20). Auch bei einer Ablehnung des Asylantrags als
unzulässig nach § 29 AsylG kann im Flughafenverfahren keine Einreiseverweigerung erfolgen. Es
gibt keine Gründe für die Anwendung von § 18a Abs. 3 S. 1 AsylG entgegen seines Wortlauts in
solchen Fällen. In § 18a Abs. 3 S. 1 AsylG wird vorgesehen, dass die Einreise nur im Fall der
Ablehnung des Asylantrags als offensichtlich unbegründet verweigert werden darf. Die nach § 18
Abs. 2 Nr. 2 AsylG aF früher an der Grenze vorgesehene Einreiseverweigerung für den Fall der
offensichtlichen Verfolgungssicherheit in einem sonstigen Drittstaat (§ 27 Abs. 1 und 2, § 29 AsylG
aF zu unbeachtlichen Asylanträgen) ist heute weder nach § 18 Abs. 2 Nr. 2 AsylG nF an der
Grenze noch nach § 18a AsylG im Flughafenverfahren möglich (siehe dazu VG Frankfurt a. M.
Beschl. v. 29.6.2018 – 8 L 2631/18.F.A. und 22.5.2018 – 8 L 2042/18.F.A.).

III. Verfassungsrechtliche Vorgaben

5   Art. 16a Abs. 4 GG und die auf ihm beruhende Regelung des § 18a Abs. 4 iVm § 36 Abs. 4 S. 1 und S. 2 über das Verfahren des vorläufigen Rechtsschutzes sind mit dem Grundgesetz vereinbar (BVerfG BeckRS 9998, 170716). In den Sonderregeln für den Flughafen liegt auch kein Verstoß gegen Art. 33 GFK und Art. 3 EMRK. Völker-, unions- und verfassungsrechtlich sei kein bestimmtes Prüfungsverfahren vorgeschrieben, sondern es werde lediglich eine Überprüfung des Begehrens vorausgesetzt, die eine wirksame Durchsetzung dieser Refoulementverbote ermöglicht und bei der rechtliches Gehör gewährt wird. Beides sei gewährleistet, weil beide Verbote vom BAMF geprüft werden; der Unterschied zum normalen Verfahren bestehe nur darin, dass das Flughafenverfahren rechtlich vor der Einreise und örtlich auf dem Flughafengelände stattfindet. Die gerichtliche Überprüfung sei gegenüber dem normalen Verfahren gestrafft, sie sei aber ohnehin nicht zwingend durch GFK oder EMRK vorgeschrieben (Hailbronner AuslR Rn. 15–17). Mittlerweile ist jedoch in diesem Zusammenhang Art. 46 Abs. 1 lit. a Ziff. iii Asylverfahrens-RL zu berücksichtigen, die zumindest einen gerichtlichen Eilrechtsschutz vorsieht.

6   Das BVerfG hat in seiner Grundsatzentscheidung zum Flughafenverfahren die Regelung selbst nicht verfassungsrechtlich beanstandet, aber eine Reihe von verfassungsrechtlichen Anforderungen an ein rechtsstaatliches Verfahren formuliert, die auch generell für beschleunigte Asylverfahren von Bedeutung sind (unter anderem Qualität der Sprachmittler, asylrechtskundige Beratung, Übersetzung von Entscheidungen, Rücksichtnahme auf den körperlichen und seelischen Zustand der Antragsteller, Durchführung der Anhörung verständnisvoll mit der nötigen Zeit und Ruhe; Ausgestaltung der Unterbringung so, dass ein faires Verfahren gewährleistet ist).

7   Mit dem Begriff der „ernstlichen Zweifel" werden zwar qualifizierte Anforderungen an eine Aussetzung des Vollzuges durch das Gericht gestellt. Ferner wird der Gesetzgeber ermächtigt, Regelungen über eine Einschränkung des Prüfungsumfangs und eine Präklusion verspäteten Vorbringens im vorläufigen Rechtsschutzverfahren zu treffen. Bei der Regelung des Art. 16a Abs. 4 GG handelt es sich „um eine Begrenzung des verfahrensrechtlichen Schutzbereichs des Asylgewährleistung, die der einfache Gesetzgeber konkretisieren darf" (vgl. BT-Drs. 12/4152, 4). Art. 16a Abs. 4 GG nimmt damit das im Asylgrundrecht wurzelnde Recht des Asylbewerbers, bis zu einer bestandskräftigen Entscheidung über sein Asylbegehren in der Bundesrepublik Deutschland zu bleiben, ein Stück weit zurück. Der Vollzug aufenthaltsbeendender Maßnahmen wird durch ein Gericht nur ausgesetzt, wenn ernstliche Zweifel an der Rechtmäßigkeit der Maßnahme bestehen. Dem liegt eine Abwägung zwischen den Belangen des Staates – namentlich im Blick auf die Bewältigung der aus der großen Zahl der – vor allem auch missbräuchlichen – Asylanträge erwachsenden Probleme – und dem Interesse des Asylsuchenden an wirksamem Schutz vor politischer Verfolgung zugrunde. Diese Abwägung erfolgt unter Bedingungen, unter denen bereits eine hohe Gewissheit besteht, dass mit der Zurückweisung des Asylgesuchs ein materieller Asylanspruch nicht verletzt wird. Der Verfassungsgeber lässt mit Art. 16a Abs. 4 GG das vorläufige Bleiberecht nunmehr nicht erst dann entfallen, wenn das Verwaltungsgericht sich von der Richtigkeit des Offensichtlichkeitsurteils des Bundesamtes überzeugt hat, wovon die Entscheidung des BVerfG v. 2.5.1984 (BVerfGE 67, 43 (61) = BeckRS 9998, 101420) ausgegangen ist, sondern schon dann, wenn es an der Richtigkeit dieser Entscheidung keine ernstlichen Zweifel hat.

8   Art. 16a Abs. 4 GG gilt für die Fälle des Abs. 3 und für andere Fälle, die offensichtlich unbegründet sind oder als offensichtlich unbegründet gelten. Das Verständnis dieser Merkmale richtet sich an ihrer Funktion aus, das vorläufige Bleiberecht zu beschränken. Dieses tritt in Abwägung der Individualinteressen des Asylsuchenden mit den Belangen des Staates bei eindeutig aussichtslosen Asylanträgen zurück (vgl. BVerfGE 56, 216 (236) = BeckRS 1981, 5507).

9   Die Entscheidung des Gesetzgebers, ein besonderes Verfahren für bestimmte Gruppen von auf dem Luftwege eintreffenden Asylsuchenden zu schaffen, hält einer verfassungsrechtlichen Prüfung am Maßstab des Art. 3 Abs. 1 GG stand.

10   Kommt ein Asylbewerber aus einem vom Gesetzgeber als sicher bezeichneten Staat, so wird sein Asylantrag regelmäßig ohne größeren Prüfungsaufwand in einem abgekürzten Verfahren bearbeitet werden können. Im Hinblick darauf, dass die Möglichkeiten der zeitnahen Rückführung von Asylsuchenden nach Ablehnung ihrer Anträge als offensichtlich unbegründet nur effektiv genutzt werden können, wenn das Asylverfahren vor der Gewährung der Einreise beschleunigt abgewickelt wird, hat der Gesetzgeber das Flughafenverfahren auch auf solche Personen erstreckt, die zwar nicht aus sicheren Herkunftsstaaten kommen, aber ohne Papiere oder mit gefälschten Papieren um Asyl nachsuchen. Diese Regelung verstößt nicht gegen den Gleichheitssatz. Genügt die Prüfung eines Asylantrags nach den Regeln des Flughafenverfahrens den verfassungsrechtlichen Mindestanforderungen, so darf der Gesetzgeber das Flughafenverfahren auch für Asylsuchende ohne Papiere oder ohne gültige Papiere vorsehen. Denn diese Personen können nach einer Ablehnung ihres Asylantrags nur dann unverzögert – unter Ausnutzung von Rücktransportverpflichtungen der Fluggesellschaften und völkerrechtlichen Rücknahmepflichten der Abflug- oder Herkunftsstaaten – in den Staat des Abflughafens zurückgeführt werden, wenn das Asylverfahren vor ihrer Einreise durchgeführt wird. Vor diesem Hintergrund wurde die Flughafenregelung vom BVerfG als solche aus verfassungsrechtlichen Gründen nicht beanstandet (BVerfG BeckRS 9998, 170716).

Die Begrenzung des Aufenthalts von Asylsuchenden während des Verfahrens nach § 18a auf **11** die für ihre Unterbringung vorgesehenen Räumlichkeiten im Transitbereich des Flughafens stellt keine Freiheitsentziehung oder Freiheitsbeschränkung (Art. 104 GG iVm Art. 2 Abs. 2 S. 2 GG) dar. Das Grundrecht des Art. 2 Abs. 2 S. 2 GG schützt die im Rahmen der geltenden allgemeinen Rechtsordnung gegebene tatsächliche körperliche Bewegungsfreiheit vor staatlichen Eingriffen. Sein Gewährleistungsinhalt umfasst von vornherein nicht eine Befugnis, sich unbegrenzt überall aufzuhalten und hinbewegen zu dürfen. Demgemäß liegt eine Freiheitsbeschränkung nur vor, wenn jemand durch die öffentliche Gewalt gegen seinen Willen daran gehindert wird, einen Ort oder Raum aufzusuchen oder sich dort aufzuhalten, der ihm an sich (tatsächlich und rechtlich) zugänglich ist (vgl. Maunz/Dürig/Dürig GG Art. 104 Rn. 12). Der Tatbestand einer Freiheitsentziehung (Art. 104 Abs. 2 GG) kommt ohnehin nur in Betracht, wenn die – tatsächlich und rechtlich an sich gegebene – körperliche Bewegungsfreiheit durch staatliche Maßnahmen nach jeder Richtung hin aufgehoben wird. Die Staatsgrenze ist als Hindernis der freien Bewegung nach der allgemeinen Rechtsordnung vorgegeben. Jeder Staat ist berechtigt, den freien Zutritt zu seinem Gebiet zu begrenzen und für Ausländer die Kriterien festzulegen, die zum Zutritt an das Staatsgebiet berechtigen. Rechtliche und tatsächliche Hindernisse für das freie Überschreiten der Staatsgrenze berühren deshalb nicht den Gewährleistungsinhalt der durch Art. 2 Abs. 2 S. 2 GG geschützten körperlichen Bewegungsfreiheit.

Daran ändert auch die Stellung eines Asylantrags nichts. Dieser begründet weder nach Völker- **12** recht noch nach deutschem innerstaatlichem Recht einen Anspruch auf Einreise. Der Raum der Bundesrepublik Deutschland ist Asylbewerbern, die ihn ohne entsprechende Reisedokumente erreichen, vor der Feststellung ihrer Asylberechtigung rechtlich nicht zugänglich. Die Tatsache, dass sie sich bei Ankunft auf einem Flughafen schon auf deutschem Staatsgebiet befinden, ändert nichts daran, dass über die Gewährung der Einreise erst noch zu entscheiden ist. Abgesehen davon ergibt sich für Asylsuchende am Flughafen die tatsächliche Begrenzung ihrer Bewegungsfreiheit aus ihrer Absicht, in der Bundesrepublik Deutschland um Schutz nachzusuchen und das hierfür vorgesehene Verfahren zu durchlaufen. Zwar kann ihnen in dieser Lage eine Rückkehr in den Staat, der sie möglicherweise verfolgt, nicht angesonnen werden. Die hieraus folgende Einschränkung der Bewegungsfreiheit ist jedoch nicht Folge einer der deutschen Staatsgewalt zurechenbaren Maßnahme (BVerfG BeckRS 9998, 170716).

Allerdings, auch wenn der Transitaufenthalt wegen der Möglichkeit, auf dem Luftweg abzureisen, keine Freiheitsentziehung im Sinne des Art. 104 Abs. 2 S. 1 GG, Art. 5 Abs. 1 EMRK dar- **12a** stellt, steht das Festhalten des Ausländers auf dem Flughafen nach einer gewissen Dauer und wegen der damit verbundenen Eingriffsintensität einer Freiheitsentziehung gleich. Deshalb gilt das in Haftsachen zu beachtende Beschleunigungsgebot auch für die den Aufenthalt des Ausländers auf den Transitbereich des Flughafens beschränkende Anordnung nach § 15 Abs. 6 AufenthG. Der den über 30 Tage hinausgehenden Transitaufenthalt des Ausländers anordnende Haftrichter hat daher von Amts wegen zu prüfen, ob die Grenzbehörde die Zurückweisung ernstlich und gemäß dem Grundsatz der Verhältnismäßigkeit mit der größtmöglichen Beschleunigung betreibt. Das Beschleunigungsgebot gebietet, dass der Betroffene unverzüglich nach seinem Einreiseversuch – und nicht ohne nachvollziehbare Gründe erst nach mehreren Tagen – befragt wird und dass die für die Zurückweisung erforderlichen Maßnahmen unverzüglich in die Wege geleitet werden (BGH NVwZ-RR 2011, 875 und BeckRS 2016, 19834).

IV. Vereinbarkeit mit europäischem Gemeinschaftsrecht

Nach Art. 43 Asylverfahrens-RL können die Mitgliedstaaten nach Maßgabe der Grundsätze **13** und Garantien nach Kapitel II Verfahren festlegen, um an der Grenze oder in Transitzonen des Mitgliedstaats über sowohl die Zulässigkeit eines an derartigen Orten gestellten Antrags gem. Art. 33 Asylverfahrens-RL und / oder die Begründetheit eines Antrags in einem Verfahren nach Art. 31 Abs. 8 Asylverfahrens-RL zu entscheiden. Nach Art. 31 Abs. 8 Asylverfahrens-RL können die Mitgliedfestlegen für bestimmte Fallgruppen vorsehen, dass das Prüfungsverfahren im Einklang mit den Grundsätzen und Garantien nach Kapitel II beschleunigt und / oder an der Grenze oder in Transitzonen nach Maßgabe von Art. 43 Asylverfahrens-RL durchgeführt wird.

14   Dieses Verfahren ist nach Art. 31 Abs. 8 Asylverfahrens-RL unter anderem zulässig, wenn der Antragsteller

- nur Umstände vorgebracht hat, die für den Anspruch auf internationalen Schutz nicht von Belang sind,
- aus einem sicheren Herkunftsstaat im Sinne der Asylverfahrens-RL kommt,
- die Behörden durch falsche Angaben oder Dokumente oder durch Verschweigen wichtiger Informationen oder durch Zurückhalten von Dokumenten über seine Identität und / oder Staatsangehörigkeit, die sich negativ auf die Entscheidung hätten auswirken können, getäuscht hat,
- angenommen werden kann, dass der Antragsteller ein Identitäts- oder ein Reisedokument, das die Feststellung seiner Identität oder Staatsangehörigkeit ermöglicht hätte, mutwillig vernichtet oder beseitigt hat,
- eindeutig unstimmige und widersprüchliche, eindeutig falsche oder offensichtlich unwahrscheinliche Angaben gemacht hat, die im Widerspruch zu hinreichend gesicherten Herkunftslandinformationen stehen, so dass die Begründung für seine Behauptung, dass er eine Person mit Anspruch auf internationalen Schutz ist, offensichtlich nicht überzeugend ist,
- bei unrechtmäßiger Einreise bzw. Verlängerung es ohne stichhaltigen Grund versäumt hat, zum angesichts der Umstände seiner Einreise frühestmöglichen Zeitpunkt bei den Behörden vorstellig zu werden,
- der Antrag nur zur Verzögerung oder Behinderung der Vollstreckung einer bereits getroffenen oder unmittelbar bevorstehenden Entscheidung führt,
- sich weigert, Fingerabdrücke nehmen zu lassen oder
- nicht rechtzeitig und unverschuldet es ohne stichhaltigen Grund versäumt hat, zum angesichts der Umstände seiner Einreise frühestmöglichen Zeitpunkt bei den Behörden vorstellig zu werden.

Nach § 18a Abs. 1 S. 2 ist das Flughafenverfahren auch für Ausländer anwendbar, die bei der Grenzbehörde auf einem Flughafen um Asyl nachsuchen und sich dabei nicht mit einem gültigen Pass oder Passersatz ausweisen. Art. 31 Abs. 8 Asylverfahrens-RL erfordert aber ein bewusstes Zurückhalten von Dokumenten oder ein mutwilliges Vernichten oder Beseitigen von Pässen, insoweit erfasst die Asylverfahrens-RL nicht jede Passlosigkeit. Soweit die Fallkonstellation nicht von Art. 31 Abs. 8 Asylverfahrens-RL erfasst ist, können die entgegenstehenden nationalen Regelungen keine Anwendung finden. Ein verkürztes Verfahren ist dann wegen entgegenstehendem Unionsrecht nicht zulässig.

B. Anwendungsbereich des Flughafenverfahrens

I. Einreise auf dem Luftweg

15   Das Flughafenverfahren findet nach § 18a Abs. 1 nur bei der Einreise auf dem Luftweg Anwendung.

II. Vor der Einreise

16   Das Verfahren ist nach Abs. 1 vor der Entscheidung über die Einreise durchzuführen. Nach § 13 Abs. 2 AufenthG ist ein Ausländer erst eingereist, wenn er an einer zugelassenen Grenzübergangsstelle die Grenze überschritten und die Grenzübergangsstelle passiert hat. Mit Grenze ist gem. Art. 1 und 5 Abs. 1 Schengener Grenzkodex (VO (EU) 2016/399 v. 9.3.2016, ABl. 2016 L 77, 1) die gemeinsame Außengrenze des Schengen-Raumes gemeint.

17   Die Grenzübergangsstelle ist passiert und damit der Ausländer eingereist, wenn der Ausländer sie in Richtung Inland verlassen hat. Die Möglichkeit der Zurückweisung wie das Flughafenverfahren nach § 18a knüpft daran an, dass der Ausländer noch nicht eingereist ist. Ob die Einreise nach § 13 Abs. 1 AufenthG ordnungsgemäß verlaufen ist, also sich der Ausländer ausgewiesen hat bzw. das Fehlen der erforderlichen Einreisedokumente bzw. eines echten Dokumentes erkannt wurde, ist unerheblich. Entscheidend ist allein, dass er die Grenzübergangsstelle schon passiert hat. Hat er diese passiert, kann keine Einreiseverweigerung mehr erfolgen und die Regelung des § 18a AufenthG ist nicht anwendbar (vgl. Renner, Ausländerrecht, 9. Aufl. 2011, § 59 Rn. 7; GK-AsylG/Fitz Rn. 8). Das Flughafenverfahren findet also statt, solange der Ausländer noch im Transitbereich des Flughafens ist. Welche Zonen als Transitbereich bestimmt werden, entscheidet die Bundespolizei.

18   Ist ein Ausländer eingereist, dann ist es der Bundespolizei nicht gestattet, den Ausländer wieder in den Transitbereich zurückzubringen, um bei ihm noch das Flughafenverfahren durchzuführen.

Eine so weitreichende Befugnis ist von der gesetzlichen Regelung in § 18 Abs. 3 AsylG oder § 57 AufenthG nicht gedeckt (GK-AsylG/Fitz Rn. 10).

III. Möglichkeit der Unterbringung am Flughafen

1. Einrichtung des Flughafenverfahrens nur an bestimmten Flughäfen

Das Flughafenverfahren wurde und wird in Deutschland an fünf Flughäfen durchgeführt: 19
- Frankfurt a. M.,
- Düsseldorf,
- München,
- Berlin-Schönefeld/jetzt Flughafen Berlin/Brandenburg (BER) und
- Hamburg.

Nur soweit die Unterbringung auf dem Flughafen im Transitbereich möglich ist, ist die Vorschrift anwendbar.

2. Zuständigkeit für die Unterbringung

Entgegen einer früher vertretenen Ansicht, dass die Bundespolizei nach der Natur der Sache 20 auf für die Versorgung und Betreuung der Asylsuchenden zuständig sei, denen sie die Einreise verweigert, hat der BGH entschieden, dass es bei der allgemeinen Regelung verbleibt, nach der für die Unterbringung und Versorgung und den damit einhergehenden Kosten die Länder zuständig sind (BGH NVwZ 1999, 801 (803)).

3. Anforderungen an die Art der Unterbringung

Für die Unterbringung von Asylantragstellern während des Flughafenverfahrens verlangt § 18a 21 Abs. 1 S. 1, dass sie auf dem Flughafengelände „möglich" ist. Diese Regelung lässt ausreichend Raum dafür, die Unterbringung so zu gestalten, dass nicht nur die Anforderungen an eine menschenwürdige Behandlung gewahrt bleiben, sondern dass auch möglichen nachteiligen Auswirkungen der Unterbringungssituation auf das Asylverfahren und sein Ergebnis entgegengewirkt werden kann (BVerfG BeckRS 9998, 170716).

Soweit die Unterbringung den Anforderungen nicht genügt oder die Kapazität nicht ausreichend ist, ergibt sich hieraus ein Anspruch auf Einreise zur Durchführung des Asylverfahrens. 22 Dies ergibt sich zwingend aus dem Wortlaut des § 18a Abs. 1 „soweit die Unterbringung auf dem Flughafengelände während des Verfahrens möglich ist".

4. Stationäre Krankenhausbehandlung als Nicht-Einreise

Lange Zeit war unklar, ob bei einem Verlassen des Flughafengeländes aus krankheitsbedingten 23 Gründen, einem Transfer in eine Justizvollzugsanstalt oder dem Erscheinen vor Gericht auf entsprechende Ladung von einer Einreise auszugehen und somit dem Flughafenverfahren die rechtliche Grundlage entzogen ist.

Teilweise wurde aber auch darauf abgestellt, ob das Verlassen des Transitbereichs und der Aufent- 24 halt im Bundesgebiet unter Kontrolle der Grenzbehörden, dh durch Begleitung zu einem Arzt- oder Gerichtstermin und Bewachung des Asylsuchenden, erfolgte und ihm daher eine freie Entscheidung über einen Ortswechsel im Inland genommen war.

Durch Gesetz v. 29.10.1997 wurde § 18a Abs. 1 S. 1 ergänzt und das Flughafenverfahren auf 25 jene Asylsuchenden erstreckt, deren Unterbringung auf dem Flughafengelände „lediglich wegen einer erforderlichen stationären Krankenhausbehandlung nicht möglich ist". Eine entsprechende Erweiterung findet sich in § 13 Abs. 2 S. 2 AufenthG. Hieraus ergibt sich, dass in diesen Fällen der Asylsuchende wieder in den Transitbereich zurückgebracht werden darf.

IV. Betroffener Personenkreis – Voraussetzungen

1. Asylsuchende aus einem sicheren Herkunftsland gem. § 29a

Gemäß § 18a Abs. 1 S. 1 unterliegen dem Flughafenverfahren vor allem Staatsangehörige aus 26 einem sicheren Herkunftsland entsprechend der Liste in Anlage II.

2. Asylsuchende ohne gültigen Pass oder Passersatz

27   Nach Abs. § 18a Abs. 1 S. 2 gilt das gleiche für Ausländer, die bei der Grenzbehörde auf einem Flughafen um Asyl nachsuchen und sich dabei nicht mit einem gültigen Pass oder Passersatz ausweisen. Die Einreise ohne gültige Einreisepapiere kann zwar dem Flüchtling nicht vorgeworfen werden (vgl. unter anderem Art. 31 GFK), die Unterwerfung unter ein asylrechtliches Sonderverfahren hält das BVerfG aber für zulässig, wenn der Asylsuchende seiner Passpflicht nicht genügt. Ihm darf allerdings die Inanspruchnahme des Asylrechts nicht unmöglich gemacht oder unzumutbar erschwert werden (BT-Drs. 12/4984, 48). Im Hinblick auf die Vorgaben der Asylverfahrens-RL darf das beschleunigte Asylverfahren allerdings nicht in allen Fällen der Passlosigkeit Anwendung finden. Die Regelung in § 18a Abs. 1 S. 2 ist nur teilweise durch die Voraussetzungen des Art. 31 Abs. 8 Asylverfahrens-RL gedeckt und insoweit ist ein beschleunigtes Asylverfahren nach der Asylverfahrens-RL mit den damit verbundenen prozessualen Einschränkungen auch nicht zulässig (→ Rn. 14).

28   Sinn und Zweck der Regelung sprechen dafür, den Gesetzestext „sich ausweisen" wörtlich dahin auszulegen, dass es allein darauf ankommt, dass kein gültiger Pass oder Passersatz vorgelegt wird. Auch wenn der Ausländer einen Pass hat, aber ihn – aus welchen Gründen auch immer – nicht vorlegt, weist er sich nicht mit einem gültigen Pass oder Passersatz aus (Bergmann/Dienelt/Winkelmann Rn. 9–13; VG München Beschl. v. 29.3.1994 – M 24 ES 94. 60198).

29   Für die Frage, ob ein gültiger Pass vorliegt, kann auf die Regelungen im Passgesetz zurückgegriffen werden, da der ausländische Pass für die Frage des Grenzübertritts die gleiche Funktion erfüllt wie der deutsche Pass (§ 13 Abs. 1 S. 2 AufenthG und § 11 PaßG; VG Frankfurt a. M. Beschl. v. 17.9.1993 – 13 G 20229/93). Ein Pass ist ungültig, wenn er eine einwandfreie Feststellung der Identität des Passinhabers nicht zulässt. Dies ist der Fall, wenn die auf dem Lichtbild abgebildete Person und der Besitzer des Passes auch unter Berücksichtigung von Veränderungen im Aussehen nicht zweifelsfrei identisch sind (Allgemeine Verwaltungsvorschrift zur Durchführung des Passgesetzes v. 2.1.1988; PassVwV zu § 11 PaßG) oder wenn Eintragungen, die mindestens erforderlich sind, nicht mehr festgestellt werden können. Ein Pass ist weiter ungültig, wenn er verändert worden ist (§ 11 Nr. 1 Alt. 2 PaßG). Bezug genommen wird hier auf unbefugte Eintragungen, die geeignet sind, den Pass zu verfälschen (Auswechseln des Lichtbildes, Heraustrennen mehrerer Seiten), auch wenn die Veränderungen des Passes dennoch eine Identitätsfeststellung des Inhabers ermöglichen (VG Frankfurt a. M. Beschl. v. 17.12.2016 – 15 G 50747/96).

30   Die Grenzbehörden werden bei der Beurteilung der Echtheit der ihnen vorgelegten Papiere besondere Sorgfalt anzuwenden haben. Nach dem Willen des Gesetzgebers soll das Flughafenverfahren auf Asylsuchende beschränkt bleiben, die nicht über ausreichende Reisedokumente verfügen oder deren Pässe tatsächlich – und nicht nur vermeintlich – gefälscht sind. Lässt sich die Unechtheit des Passes nicht kurzfristig feststellen, ist dem Asylbewerber die Einreise zu gestatten (BVerfG BeckRS 9998, 170716).

C. Behördliches Asylverfahren

I. Möglichkeit zur Stellung des Asylantrages

31   Sofern ein Asylgesuch vorliegt (→ § 18 Rn. 6) bzw. die Befragung durch die Grenzbehörde ergeben hat, dass der Ausländer Schutz vor Verfolgung finden möchte, ist dem Ausländer unverzüglich Gelegenheit zur Stellung des Asylantrags bei der Außenstelle des Bundesamtes zu geben, die der Grenzkontrollstelle zugeordnet ist (§ 18a Abs. 1 S. 3). Mit dem Begriff „unverzüglich" wollte der Gesetzgeber sicherstellen, dass das Verfahren beschleunigt durchgeführt wird. Im Hinblick auf den Charakter der Maßnahme, die zumindest einer Gewahrsamsnahme gleichkommt, ist es geboten, sich bei der Auslegung der Begrifflichkeit an Art. 104 Abs. 2 S. 2 GG zu orientieren (so GK-AsylG/Fritz Rn. 47). Jede Verzögerung, die nicht aus sachlichen Gründen gerechtfertigt ist, stellt eine Verletzung des Gebots zu unverzüglichem Tätigwerden dar. Es kommt zwar auch hier auf die Umstände des Einzelfalles an (Art. 6 Abs. 1 UAbs. 2 Asylverfahrens-RL – die dort geregelte Sechs-Tages-Frist dürfte auf jeden Fall zu beachten sein). Andererseits muss – gerade im Hinblick auf Ermüdung und Erschöpfung durch die bisherige Reise – auf den körperlichen und seelischen Zustand eines Antragstellers angemessen Rücksicht genommen werden, um den rechtsstaatlichen Grundsätzen eines fairen Verfahrens zu genügen.

II. Anhörung

Nach § 18a Abs. 1 S. 4 soll nach der Asylantragstellung unverzüglich die persönliche Anhörung **32** durch das Bundesamt stattfinden. Da nach Abs. 6 S. 2 die Einreise zu gestatten ist, wenn das Bundesamt nicht innerhalb von zwei Tagen nach Stellung des Asylantrages entschieden hat, muss das Bundesamt innerhalb von zwei Tagen anhören und eine Entscheidung treffen. Für die Anhörung gelten die allgemeinen Regelungen der § 24 (→ § 24 Rn. 1) und § 25 (→ § 25 Rn. 1). Sofern nach 30 Tagen eine Zurückschiebungshaft beantragt wird, ist es für die Einhaltung des im Haftrecht auch hier zwingend zu beachtenden Beschleunigungsgrundsatzes zwingend, dass diese Anhörung unverzüglich stattfindet. Eine Befragung, die ohne zwingende und nachvollziehbare Gründe erst nach mehreren Tagen stattfindet, genügt dem Beschleunigungsgebot nicht (BGH BeckRS 2016, 19834; → Rn. 12).

Zu beachten sind die Mindeststandards eines fairen rechtsstaatlichen Verwaltungsverfahrens **33** (dazu BVerfG BeckRS 9998, 170716). Insbesondere betont das BVerfG, dass die Anhörung erst dann durchzuführen ist, wenn der Antragsteller über ihre Bedeutung für das von ihm geltend gemachte Schutzbegehren Klarheit gewonnen hat und die erforderlichen Angaben machen kann. Jedenfalls zu Beginn der Anhörung soll er darüber ins Bild gesetzt werden, worauf es für ihn und die Entscheidung über sein Schutzsuchen ankommt. Insgesamt gelten die allgemeinen Vorgaben für jede Asylanhörung (→ § 25 Rn. 4 ff.). Zu beachten sind ferner die Vorgaben in der Asylverfahrens-RL (Art. 43 Asylverfahrens-RL iVm Art. 14 ff. Asylverfahrens-RL; → § 25 Rn. 23).

III. Recht auf Rechtsbeistand

Nach der Anhörung ist dem Ausländer unverzüglich Gelegenheit zu geben, mit einem Rechts- **34** beistand seiner Wahl Verbindung aufzunehmen, es sei denn, er hat sich selbst vorher anwaltlichen Beistands versichert (§ 18a Abs. 1 S. 5). Das BVerfG hält es für verfassungsrechtlich nicht geboten, dem Antragsteller schon vor der Anhörung Gelegenheit zur Kontaktaufnahme mit einem Rechtsbeistand zu geben (BVerfG NVwZ 1996, 678). Die Bestimmung steht der Beiziehung eines Rechtsbeistandes vor der Anhörung nicht entgegen (vgl. S. 5 Hs. 2; vgl. Hailbronner AuslR Rn. 65). Einen Rechtsbeistand zu verweigern, wäre mit den heutigen Vorgaben der Asylverfahrens-RL nicht vereinbar. Gemäß Art. 23 Asylverfahrens-RL ist einem Antragsteller zu gestatten, sich bei der Anhörung von einem Rechtsanwalt oder Rechtsberater begleiten zu lassen.

IV. Allgemeine Verfahrensrechte

Verfassungsrechtlich muss der Gesetzgeber sicherstellen, dass der Staat den wirklich Verfolgten **35** ein Bleiberecht zum Schutz vor politischer Verfolgung in ihren Heimatstaaten gewährt (vgl. BVerfGE 54, 341 (357) = BeckRS 1980, 106633; BVerfGE 76, 143 (157 f.) = BeckRS 1987, 111203; BVerfGE 80, 315 (333) = BeckRS 1989, 110351). Er muss durch die Ausgestaltung des Asylverfahrens dafür sorgen, dass die politisch Verfolgten die für die Anerkennung ihres Asylrechts nach der getroffenen gesetzlichen Regelung ausschlaggebende förmliche Feststellung in einem Bescheid des Bundesamtes auch erlangen können. Die vollziehende Gewalt muss diese Verfahrensregelungen im Einklang mit dem Grundrecht anwenden (vgl. BVerfGE 56, 216 (240) = BeckRS 1981, 5507). Hierbei ist den sachtypischen Besonderheiten Rechnung zu tragen, unter denen das Asylrecht in Anspruch genommen wird.

Der Asylbewerber befindet sich typischerweise in Beweisnot (→ § 25 Rn. 14). Er ist als „Zeuge **36** in eigener Sache" zumeist das einzige Beweismittel. Auf die Glaubhaftigkeit seiner Schilderung und die Glaubwürdigkeit seiner Person kommt es entscheidend an. Wer durch Vortrag eines Verfolgungsschicksals um Asyl nachsucht, ist in der Regel der deutschen Sprache nicht mächtig und deshalb auf die Hilfe eines Sprachmittlers (§ 17) angewiesen, um sich mit seinem Begehren verständlich zu machen. Zudem ist er in aller Regel mit den kulturellen und sozialen Gegebenheiten des Aufnahmelandes, mit Behördenzuständigkeiten und Verfahrensabläufen sowie mit den sonstigen geschriebenen und ungeschriebenen Regeln, auf die er nunmehr achten soll, nicht vertraut (vgl. auch BVerfGE 60, 253 (293) = BeckRS 9998, 103062).

Andererseits werden in der Regel auch dem über den Asylantrag entscheidenden Bediensteten **37** des Bundesamtes (→ § 25 Rn. 10) weder die sozialen und kulturellen Gegebenheiten im Herkunftsland des Asylbewerbers noch die sprachlichen Ausdrucksformen, deren sich der Asylsuchende bedient, aus eigener Erfahrung geläufig sein. Es kommt hinzu, dass die Asylbewerber, die alsbald nach ihrer Ankunft angehört werden, etwaige physische und psychische Auswirkungen einer Verfolgung und Flucht möglicherweise noch nicht überwunden haben, und dies ihre Fähigkeit zu einer überzeugenden Schilderung ihres Fluchtgrundes beeinträchtigen kann.

38   Wird das Verfahren zur Prüfung des Asylantrags gem. § 18a innerhalb kürzester Zeit nach der Ankunft des Asylbewerbers auf einem deutschen Flughafen im Transitbereich noch vor der Entscheidung über die Einreise (vgl. § 18a Abs. 6 Nr. 2) durchgeführt, so erlangen Sprachunkundigkeit, Fremdheit sowie physische und psychische Beanspruchung des Asylantragstellers durch die Reise und – möglicherweise – auch durch Verfolgung und Flucht ein besonderes Gewicht. Unter solchen Bedingungen kann der Asylsuchende sonst gegebene Möglichkeiten, sich zu orientieren und Rechtsrat einzuholen, allenfalls sehr eingeschränkt nutzen. Insofern unterscheiden sich die Verhältnisse im Flughafenverfahren wesentlich von denjenigen im regulären Verfahren (vgl. zu diesem BVerfGE 60, 253 (294) = BeckRS 9998, 103062).

39   Einem asylsuchenden Ausländer sind allerdings grundsätzlich erhöhte Sorgfalt und Mühe, die etwa durch Verständigungsschwierigkeiten bedingt sind, zuzumuten (vgl. BVerfGE 86, 280 (285 f.) = BeckRS 1992, 08097). Die Grenze ist aber jedenfalls dann überschritten, wenn die Einforderung des Asylrechts praktisch unmöglich wird (vgl. BVerfGE 60, 253 (293) = BeckRS 9998, 103062).

40   Aus alledem ergeben sich für das Verwaltungsverfahren – allerdings nur relativ unbestimmte – Leitlinien: Sowohl bei der Wahl des Zeitpunkts der Anhörung, auf deren Grundlage das Bundesamt über den Antrag entscheidet, als auch bei der erforderlichen Vorbereitung des Antragstellers auf die Anhörung und bei deren Durchführung ist auf seine physische und psychische Verfassung Rücksicht zu nehmen. Ferner ist – soweit möglich – alles zu vermeiden, was zu Irritationen und in deren Gefolge zu nicht hinreichend zuverlässigen Vorbringen in der Anhörung beim Bundesamt führen kann. Auch im Übrigen ist – etwa in Bezug auf den Einsatz hinreichend geschulten und sachkundigen Personals und zuverlässiger Sprachmittler oder die Art der Unterbringung der Asylbewerber während des Verfahrens – auf die Schaffung von Rahmenbedingungen Bedacht zu nehmen, unter denen tragfähige Entscheidungsgrundlagen erzielt und die Asylantragsteller vollständige und wahrheitsgetreue Angaben machen können (BVerfG BeckRS 9998, 170716).

V. Entscheidung des Bundesamtes und Einreiseverweigerung

41   Im Flughafenverfahren tritt die Einreiseverweigerung an die Stelle einer Abschiebungsandrohung. Sie stützt sich darauf, dass der im Transitbereich des Flughafens befindliche Asylbewerber noch nicht im Rechtssinne eingereist ist. Im Verfahren nach § 18a Abs. 4 und Abs. 5 ist daher Anknüpfungspunkt der gerichtlichen Prüfung der sofortige Vollzug der Einreiseverweigerung und die diesem zugrundeliegende Beurteilung des Asylantrags als offensichtlich unbegründet.

42   Zunächst ergeben sich für die Entscheidung des Bundesamtes keine Besonderheiten.

43   Nur dann, wenn der Asylantrag als offensichtlich unbegründet abgelehnt wird – dh die Voraussetzungen für die Anerkennung als Asylberechtigter und für die Zuerkennung der Flüchtlingseigenschaft offensichtlich nicht vorgelegen haben (§ 30 Abs. 1, → § 30 Rn. 1) – ist dem Ausländer die Einreise zu verweigern (§ 18a Abs. 3 S. 1).

44   In diesem Fall spricht die Bundespolizei im Wege eines Verwaltungsaktes dann die Einreiseverweigerung aus. Diese tritt an die Stelle der Abschiebungsandrohung (§ 34). Das Bundesamt erlässt aber als Teil des Bundesamtsbescheides „auf Vorrat" dennoch auch eine Abschiebungsandrohung (BVerfG NVwZ-Beil. 1994, 51) für den Fall der Einreise (§ 18a Abs. 2 iVm §§ 34 und 36 Abs. 1).

45   Hält das Bundesamt den Asylantrag lediglich für „einfach" unbegründet oder sogar für begründet, ist dem Ausländer mit sofortiger Wirkung die Einreise zu gestatten.

46   Ob eine Ablehnung als offensichtlich unbegründet in Betracht kommt, richtet sich nach den § 29a (→ § 29a Rn. 1 ff.) und § 30 (→ § 30 Rn. 1). Die Einreiseverweigerung nach § 18a Abs. 3 S. 1 ist zwingende Folge der qualifizierten Ablehnung des Asylantrags. Sie ist ebenfalls zu erlassen, wenn das Bundesamt im Folgeverfahren entweder schon den Antrag auf Durchführung eines weiteren Asylverfahrens nach § 29 Abs. 1 Nr. 5 als unzulässig oder den Folgeantrag in der Sache als offensichtlich unbegründet ablehnt. Die ablehnenden Entscheidungen des Bundesamtes und der Grenzbehörde ergehen schriftlich und werden durch die Grenzbehörde zugestellt (§ 18a Abs. 3 S. 2). In der Praxis erfolgt die Zustellung durch Aushändigung gegen Empfangsbekenntnis (§ 5 Abs. 1 VwZG; GK-AsylG/Fritz Rn. 62). Dem zuständigen Verwaltungsgericht ist unverzüglich eine Kopie der Entscheidung über die Einreiseverweigerung und der Verwaltungsvorgang zu übermitteln (§ 18a Abs. 3 S. 3). Nur so wird es dem Verwaltungsgericht ermöglicht, das Verfahren beschleunigt zu bearbeiten, was gerade im Hinblick auf § 18a Abs. 6 Nr. 3 zweckdienlich ist.

47   Bundesamt und Bundespolizei müssen im Sinne einer Vorwirkung der Rechtsschutzgarantie des Art. 19 Abs. 4 GG Vorkehrungen dafür treffen, dass verwaltungsgerichtlicher Rechtsschutz nicht durch die Umstände des Flughafenverfahrens unzumutbar erschwert oder vereitelt wird. Durch organisatorische Maßnahmen ist sicherzustellen, dass die Bescheide dem Antragsteller in geeigneter Weise eröffnet werden. Er muss deren Inhalt verstehen und erkennen können, aus welchen Gründen sein Antrag abgelehnt wurde, und vergegenwärtigen können, dass er dagegen um Rechtsschutz nachsuchen kann. Außerdem muss er Gelegenheit erhalten, kostenlose Rechtsberatung, zumindest asylrechtskundige Beratung einer unabhängigen Verfahrensberatungsstelle in Anspruch zu nehmen (zum Beratungskonzept am Frankfurter Flughafen vgl. Marx AsylG Rn. 59). Vergleichbare Verfahrensgarantien finden sich in Art. 12, 13, 46 Abs. 7 lit. a Asylverfahrens-RL.

D. Gerichtliches Verfahren

I. Allgemeines

Zunächst gelten die allgemeinen Vorschriften der VwGO einschließlich der Besonderheiten **48** für das gerichtliche Asylverfahren.

Der Rechtsschutzantrag kann – wie üblich – bei dem örtlich zuständigen Verwaltungsgericht, **49** aber auch bei der Grenzbehörde (vgl. § 18a Abs. 4 S. 2) gestellt werden. Im letzteren Fall hat die Grenzbehörde den Antrag wegen der Zeitvorgabe in Abs. 6 Nr. 3 schnellstmöglich an das zuständige Gericht weiterzuleiten. Auf die Möglichkeit der Antragstellung bei der Grenzbehörde ist der Ausländer hinzuweisen (§ 18a Abs. 4 S. 3).

Entgegen den sonst üblichen Fristen im Asylprozessrecht von zwei Wochen bzw. einer Woche **50** (§ 74 Abs. 1) gilt im Flughafenverfahren nach § 18 Abs. 4 S. 1 die verkürzte Antragsfrist von drei Tagen nach Zustellung des Bescheides. Das BVerfG verlangt – gestützt auf Art. 19 Abs. 4 GG und Art. 103 Abs. 1 GG –, dass das Gericht dem Antragsteller auf Verlangen eine kurz zu bemessende Nachfrist – regelmäßig vier Tage – zur Begründung zu gewähren hat. Die daraus folgende Begründungsfrist von insgesamt einer Woche genügt unionsrechtlichen Anforderungen (Art. 46 Abs. 7 lit. a Asylverfahrens-RL). Die Frist läuft nur bei einer ordnungsgemäßen Rechtsbehelfsbelehrung (§ 18a Abs. 4 S. 4 iVm § 58 VwGO).

Die Klage richtet sich gegen die ausgesprochene Einreiseverweigerung nach § 18 a Abs. 3 **51** S. 1. Da sich der vorläufige Rechtsschutz auf die Gewährung der Einreise richtet, ist vorläufiger Rechtsschutz auf Grundlage von § 123 VwGO zu beantragen. Auch wenn vorsorglich mit dem Bescheid des Bundesamtes noch eine Ausreiseaufforderung ergeht, bedarf es daneben nicht noch zusätzlich eines Antrages nach § 80 Abs. 5 VwGO. Wird dem § 123 VwGO-Antrag stattgegeben, so gilt diese gerichtliche Anordnung kraft Gesetzes zugleich als Aussetzung der Abschiebung (VG Düsseldorf BeckRS 2012, 55662; VG München BeckRS 2006, 32654). Wird der Antrag gegen die Einreiseverweigerung abgelehnt, wird die Maßnahme vollzogen. Der Antrag auf einstweilige Anordnung ist gegen die Bundesrepublik Deutschland, vertreten durch die zuständige Bundespolizeibehörde, zu richten, die den Bescheid über die Einreiseverweigerung erlassen hat. Das Bundesamt ist in diesem einstweiligen Rechtsschutzverfahren nicht beteiligt. Ein Antrag gegen den Bescheid des Bundesamtes wäre mangels Rechtsschutzbedürfnisses unzulässig (vgl. VG Frankfurt a. M. BeckRS 2014, 53045).

Die örtliche Zuständigkeit richtet sich nicht nach der Sonderregelung des § 52 Nr. 2 S. 3 **52** VwGO, weil der Asylsuchende vor der abschließenden Entscheidung über die Einreise noch keinen Aufenthalt im Bundesgebiet nehmen darf. Er wird vor dieser Entscheidung weder an eine Erstaufnahmeeinrichtung weitergeleitet noch erhält er einen Zuweisungsbescheid. Vielmehr bestimmt sich die Zuständigkeit gem. § 52 Nr. 2 S. 3 Hs. 2 VwGO nach § 52 Nr. 3 S. 1 und S. 5 VwGO. Örtlich zuständig ist daher das Gericht, in dessen Bezirk der Bescheid der Grenzbehörde erlassen wurde; das ist das für den Sitz des Flughafens zuständige Gericht (GK-AsylG/Fritz Rn. 65).

II. Besonderheiten im vorläufigen Rechtsschutzverfahren

Im Flughafenverfahren tritt die Einreiseverweigerung an die Stelle einer Abschiebungsandro- **53** hung. Sie stützt sich darauf, dass der im Transitbereich des Flughafens befindliche Asylbewerber noch nicht im Rechtssinne eingereist ist. Im Verfahren nach § 18a Abs. 4 und Abs. 5 ist daher Anknüpfungspunkt der gerichtlichen Prüfung der sofortige Vollzug der Einreiseverweigerung und die diesem zugrunde liegende Beurteilung des Asylantrags als offensichtlich unbegründet (BVerfG BeckRS 9998, 170716).

In Art. 16a Abs. 4 Hs. 1 GG hat der verfassungsändernde Gesetzgeber dem Fachgericht für **54** das Verfahren des einstweiligen Rechtsschutzes den Entscheidungsmaßstab vorgegeben. Das Gericht darf die Vollziehung aufenthaltsbeendender Maßnahmen nur noch bei „ernstlichen Zweifeln" an der Rechtmäßigkeit der Maßnahme aussetzen. „Geringe Zweifel reichen nicht aus" (vgl.

BT-Drs. 12/4450, 24 zu § 36 Abs. 4). Mit dieser Regelung soll bei Asylanträgen, die vom
Bundesamt als offensichtlich unbegründet abgelehnt worden sind, die Reichweite der fachgerichtlichen Prüfung im Eilverfahren gegenüber den bisher geltenden Anforderungen (vgl. dazu
BVerfGE 67, 43 (61 f.) = BeckRS 9998, 101420) zurückgenommen werden. Der verfassungsändernde Gesetzgeber legt dabei zugrunde, nach den gemachten Erfahrungen laufe ein Asylbewerber
nicht Gefahr, einen begründeten Asylanspruch durch den sofortigen Vollzug aufenthaltsbeendender Maßnahmen tatsächlich zu verlieren, oder das öffentliche Interesse am Sofortvollzug überwiege
aus anderen Gründen. Art. 16a Abs. 4 S. 1 GG nimmt die Garantie des Art. 19 Abs. 4 GG, die
grundsätzlich auch effektiven einstweiligen Rechtsschutz umfasst (vgl. BVerfGE 35, 382 (401 f.) =
BeckRS 9998, 107693; BVerfGE 79, 69 (74 ff.) = BeckRS 9998, 165078), auf und gestaltet sie
wegen der hohen Zahl asylbegehrender Ausländer um.

55   Der Begriff der „ernstlichen Zweifel" ist im Zusammenhang der Gesamtregelung des Art. 16a
Abs. 1 GG eigenständig zu bestimmen. Maßgeblich ist nicht ein – wie auch immer zu qualifizieren-
der – innerer Zustand des Zweifelns, dessen Intensität nicht messbar ist. Es kommt vielmehr auf
das Gewicht der Faktoren an, die Anlass zu Zweifeln geben. „Ernstliche Zweifel" iSd Art. 16a
Abs. 4 S. 1 GG liegen dann vor, wenn erhebliche Gründe dafür sprechen, dass die Maßnahme
einer rechtlichen Prüfung wahrscheinlich nicht standhält. Von besonderer Bedeutung ist dabei,
dass sich die „ernstlichen Zweifel" nicht auf die Ablehnungsentscheidung selbst, sondern auf das
Offensichtlichkeitsverdikt beziehen müssen.

56   Eine verfassungsgerichtliche Prüfung des im Verfahren des vorläufigen Rechtsschutzes am Maßstab des Art. 16a Abs. 4 GG, § 18a Abs. 4 iVm § 36 Abs. 4 ergangenen fachgerichtlichen Beschlusses
richtet sich darauf, ob die Entscheidung, dass „ernstliche Zweifel an der Rechtmäßigkeit des
angegriffenen Verwaltungsaktes" nicht bestehen, verfassungsrechtlich zu beanstanden ist. Dabei ist
in Bezug auf die Tatsachenermittlung zu berücksichtigen, dass die Entscheidung des Verwaltungsgerichts gem. § 18a Abs. 4 S. 5 (vgl. auch § 36 Abs. 3 S. 4) im schriftlichen Verfahren ergehen
soll. Das Verwaltungsgericht wird also regelmäßig nach Aktenlage (aufgrund der Bescheide und
Protokolle der Behörden einerseits und der schriftsätzlichen Äußerung des Asylbewerbers im
Eilverfahren andererseits) entscheiden und keine eigene Sachverhaltsermittlung durchführen. Diese
Verfahrensweise findet in Art. 16a Abs. 4 Abs. 1 Hs. 2 und S. 2 GG ihre verfassungsrechtliche
Grundlage. Sie ist auch bei der Nachprüfung fachgerichtlicher Beschlüsse im Eilverfahren durch
das BVerfG zu beachten. Die Entscheidung des Verwaltungsgerichts kann auf einer grundsätzlich
unrichtigen Anschauung von der Bedeutung des Grundrechts des Art. 16a Abs. 1 GG, insbesondere
vom Umfang seines Schutzbereichs beruhen (vgl. BVerfGE 18, 85 (92 f.) = BeckRS 9998,
113389).

57   Meist wird der Asylsuchende jedoch entweder eine fehlerhafte Sachverhaltsfeststellung (etwa
Außerachtlassung oder Missdeutung neuester Erkenntnisse über Entwicklungen im Herkunftsland
oder Verstoß gegen die Mindestanforderungen an ein faires und grundrechtseffektives Verfahren)
oder die fehlerhafte Wertung seines Vorbringens (insbesondere unbegründete Zweifel an der
Glaubhaftigkeit seiner Aussagen oder der Glaubwürdigkeit seiner Person) rügen. Soweit solche
Rügen sich auf Art. 3 Abs. 1 GG und Art. 103 Abs. 1 GG stützen, gelten die allgemeinen
Maßstäbe. Soweit eine Verletzung des Art. 16a Abs. 1 GG geltend gemacht wird, kann das
BVerfG – unter Beachtung der begrenzten Prüfungspflichten des Verwaltungsgerichts – nur eingreifen, wenn das Verwaltungsgericht bei der Gestaltung des Verfahrens oder bei der Entwicklung
seines Rechtsmaßstabes die Bedeutung und Tragweite des Grundrechts auf Asyl verkannt hat, oder
wenn es aufgrund der Verkennung von Bedeutung und Tragweite dieses Grundrechts Tatsachen
für rechtserheblich oder -unerheblich gehalten hat (BVerfG BeckRS 9998, 170716).

58   Die Entscheidung soll im schriftlichen Verfahren – also regelmäßig nach Aktenlage – ergehen
(§ 18a Abs. 4 S. 5). Der Beschluss des Gerichts bedarf nach allgemeinen prozessualen Grundsätzen
der Begründung (§ 122 Abs. 2 S. 2 VwGO). Durch diese Begründungspflicht soll sichergestellt
werden, dass der Richter seine Entscheidung aufgrund sorgfältiger rechtlicher Prüfung, verlässlicher Tatsachenfeststellung und ausgewogener Tatsachenwürdigung trifft (BVerfG NVwZ 1996,
678 (684)).

59   Bis zur Entscheidung des Gerichts darf die Einreiseverweigerung und Zurückweisung nicht
vollzogen werden, § 18a Abs. 4 S. 7. Mit der Verweisung auf § 36 Abs. 3 S. 9 ist klargestellt, dass
die gerichtliche Entscheidung ergangen ist, wenn die vollständig unterschriebene Entscheidungsformel der Geschäftsstelle der Kammer vorliegt. Das BVerfG verlangt, dass dem Betroffenen die
ablehnende gerichtliche Entscheidung beim Vollzug der Einreiseverweigerung in einer ihm verständlichen Weise mitgeteilt wird (NVwZ 1996, 678 (683 f.)).

60   Mit dem ablehnenden Gerichtsbeschluss entfällt das Vollstreckungshemmnis; dem Ausländer ist
die Einreise zu verweigern. Eine stattgebende einstweilige Anordnung des Gerichts bewirkt, dass
dem Ausländer die Einreise zu gestatten ist (vgl. § 18a Abs. 5 S. 1).

III. Rechtsbehelfe

§ 80 schließt eine Beschwerde in Rechtsstreitigkeiten nach dem AsylG generell aus. Maßgebend **61** ist, ob die angegriffene Maßnahme – des Bundesamtes oder einer anderen zuständigen Behörde – ihre rechtliche Grundlage im AsylG hat. Das ist bei Entscheidungen nach § 18a der Fall.

Eine Verfassungsbeschwerde hemmt die Rechtskraft des Beschlusses nicht. Eine einstweilige **62** Anordnung durch das BVerfG (§ 32 BVerfGG) soll nur in seltenen Ausnahmefällen ergehen (dazu im Einzelnen BVerfG NVwZ 1996, 678 (683 f.)).

IV. Besonderheiten im Hauptsacheverfahren

Zur Entscheidung berufen ist kraft Gesetzes der Einzelrichter (§ 76 Abs. 4 S. 1). Er ist im **63** asylgerichtlichen vorläufigen Rechtsschutzverfahren – dh auch im Flughafen-Eilverfahren – originär zuständig; eines Übertragungsbeschlusses der Kammer bedarf es nicht. Unter den Voraussetzungen des S. 2 überträgt der Einzelrichter den Rechtsstreit auf die Kammer (§ 76; GK-AsylG/ Fritz Rn. 85).

Eine Entscheidungsfrist für das Gericht gibt es mangels Verweisung auf § 36 nicht. Jedoch ist **64** dem Antragsteller die Einreise in das Bundesgebiet zu gestatten, wenn das Gericht nicht innerhalb von 14 Tagen über den Eilantrag entschieden hat.

E. Vollzug der Einreiseverweigerung

Kann die Entscheidung infolge der ablehnenden gerichtlichen Entscheidung vollstreckt werden, **65** so ist die Einreiseverweigerung als Zurückweisung gem. § 15 AufenthG zu vollziehen, und zwar regelmäßig in den Staat, aus dem der Ausländer eingereist ist. Identitätspapiere sind für die Rückverbringung grundsätzlich nicht erforderlich. Sollten sie doch ausnahmsweise nötig sein, wird der Ausländer in die zuständige Botschaft oder das Konsulat verbracht, ohne dass darin eine Einreise zu sehen ist (§ 13 Abs. 2 S. 2 AufenthG).

Ist eine kurzfristige Rückführung nicht möglich, dann muss nach § 15 Abs. 6 S. 2 AufenthG **66** spätestens 30 Tage nach Ankunft am Flughafen die richterlichen Anordnung des Aufenthalts des Ausländers im Transitbereich eines Flughafens oder in einer Unterkunft nach § 15 Abs. 6 S. 1 AufenthG erfolgen. Diese ergeht zur Sicherung der Abreise und ist nur zulässig, wenn die Abreise innerhalb der Anordnungsdauer zu erwarten ist (s. § 15 AufenthG).

Eine Freiheitsentziehung liegt auch nach Ablehnung des Asylgesuchs nicht vor, unabhängig **67** davon, ob der Zeitraum von 30 Tagen bereits abgelaufen ist oder nicht, der Ausländer erwerbe „durch die Dauer der Unterbringung im Transitbereich keine weitergehende Freiheit, die er vorher nicht hatte" (GK-AsylG/Fritz Rn. 92.1; offengelassen von BVerfG BeckRS 2014, 59300; aA Marx AsylG Rn. 90). Der BGH sieht den Transitaufenthalt nach § 15 Abs. 6 AufenthG (→ AufenthG § 15 Rn. 29) nicht als Freiheitsentziehung an, stellt ihn jedoch „nach einer gewissen Dauer und wegen der damit verbundenen Eingriffsintensität" einer Freiheitsentziehung gleich (BGH NVwZ-RR 2011, 855 (877); BeckRS 2013, 21524). Daher sei bei einem über 30 Tage hinausgehenden Transitaufenthalt im Rahmen der richterlichen Anordnung zu prüfen, „ob die Grenzbehörde die Zurückweisung ernstlich und gemäß dem Grundsatz der Verhältnismäßigkeit mit der größtmöglichen Beschleunigung" betreibe (BGH NVwZ-RR 2011, 875 (877)). Bei Anlegung dieser Maßstäbe an eine Transitunterbringung nach erfolglosem Asylverfahren bestehen auch vor dem Hintergrund der Entscheidung des EGMR v. 29.1.2008 (NVwZ 2009, 375 – Saadi / Vereinigte Königreich) keine völkerrechtlichen Bedenken. Wegen der gesetzlichen Anforderungen an die gerichtliche Anordnung (§ 15 Abs. 6 S. 3 AufenthG) und bei Beachtung der Vorgaben des BGH führt die Dauer des Aufenthalts in aller Regel nicht zu einer Unverhältnismäßigkeit der Unterbringung im Transitbereich.

F. Gestattung der Einreise

I. Allgemeines

§ 18a Abs. 6 regelt die Fälle, bei denen dem Ausländer die Einreise zu gestatten ist. Den **68** Tatbeständen liegt der Gedanke zugrunde, dass die prinzipiell vorgesehene Einreiseverweigerung dann nicht in Betracht kommt, wenn der verfahrensbeschleunigende Effekt des Flughafenverfahrens im Einzelfall nicht erreicht werden kann (Hailbronner AuslR Rn. 75).

II. Keine Möglichkeit zur kurzfristigen Entscheidung bzw. innerhalb von zwei Tagen

69 Dem Ausländer ist nach § 18a Abs. 6 Nr. 1 und Nr. 2 die Einreise zu gestatten, wenn das Bundesamt der Grenzbehörde mitteilt, dass es nicht kurzfristig entscheiden kann oder das Bundesamt nicht innerhalb von zwei Tagen nach Stellung des Asylantrags über diesen entschieden hat.

70 Die Frist – innerhalb von zwei Tagen – in Nr. 2 beginnt mit der Stellung des Asylantrages nach § 18a Abs. 1 S. 3; sie endet mit der Bekanntgabe der Entscheidung an den Betroffenen (vgl. § 43 Abs. 1 VwVfG). Die Berechnung des Fristbeginns und des Fristendes richtet sich nach den allgemeinen Fristbestimmungen des VwVfG (§ 31 VwVfG iVm §§ 187–193 BGB). Für den Fristbeginn wird der Tag der Asylantragstellung nicht mitgerechnet (§ 31 Abs. 1 VwVfG iVm § 187 Abs. 1 BGB). Fällt das Ende der Frist auf einen Samstag, einen Sonntag oder einen gesetzlichen Feiertag, endet die Frist mit dem Ablauf des darauf folgenden Werktages (§ 31 Abs. 3 S. 1 VwVfG; VG Frankfurt a. M. AuAS 2001, 118; aA VG Frankfurt a. M. AuAS 2001, 46, das die Frist von zwei Tagen im Hinblick auf den Beschleunigungsgedanken als absolute Zeitgrenze ansieht).

III. Keine Entscheidung des Gerichts über den vorläufigen Rechtsschutzantrag innerhalb von 14 Tagen

71 Nach § 18a Abs. 6 Nr. 3 ist die Einreise zu gestatten, wenn das Gericht nicht innerhalb von vierzehn Tagen über einen Antrag nach Abs. 4 entschieden hat.

72 Die Frist beginnt mit der Stellung des Eilantrages, dh mit Eingang bei Gericht oder bei der Grenzbehörde (§ 18a Abs. 4 S. 1 bzw. S. 2). Für das Einhalten der Frist ist ausreichend, dass innerhalb der Frist die vollständig unterschriebene Entscheidungsformel der Geschäftsstelle der Kammer vorliegt (§ 18a Abs. 4 S. 7 iVm § 36 Abs. 3 S. 9). Die Frist endet in diesem Fall mit Ablauf des nächstfolgenden Werktages, wenn das Fristende auf einen Samstag, einen Sonntag oder einen gesetzlichen Feiertag fällt (§ 57 Abs. 3 VwGO iVm § 222 Abs. 2 ZPO).

IV. Kein erforderlicher Haftantrag gestellt, Haftantrag bzw. Haftverlängerungsantrag abgelehnt

73 Nach § 18a Abs. 6 Nr. 4 ist die Einreise auch zu gestatten, wenn die Grenzbehörde keinen nach § 15 Abs. 6 AufenthG erforderlichen Haftantrag stellt oder der Richter die Anordnung oder die Verlängerung der Haft ablehnt (eingefügt durch das Gesetz zur Umsetzung aufenthalts- und asylrechtlicher Richtlinien der Europäischen Union v. 19.8.2007, BGBl. I 1970).

74 Die Regelung betrifft Ausländer, die das Flughafenverfahren erfolglos durchlaufen haben, deren Zurückweisung aber nicht unmittelbar vollzogen werden kann (vgl. BR-Drs. 224/07, 400). Im Transitbereich kann der Ausländer in einem solchen Fall nach dem Gesetzeswortlaut ohne richterliche Anordnung längstens 30 Tage verbleiben, mit richterlicher Anordnung und unter den Voraussetzungen des § 15 Abs. 6 S. 3–5 AufenthG auch länger (→ AufenthG § 15 Rn. 23). Das BVerfG (BeckRS 2014, 59300) hat nunmehr klargestellt, dass der mit Wirkung vom 28.8.2007 eingeführte § 15 Abs. 6 AufenthG keine Klärung der Frage herbeigeführt hat, ob es sich bei der vorliegenden Unterbringung der Betroffenen in der Transitzone des Flughafens Frankfurt a. M. gegen deren Willen nach Ablehnung ihres Asylantrages und vor Ablauf der in § 15 Abs. 6 AufenthG genannten 30-Tage-Frist um eine Freiheitsentziehung iSv Art. 2 Abs. 2 S. 2 GG handelt, die gemäß § 104 Abs. 2 S. 1 GG einer richterlichen Anordnung bedarf. Das OLG Frankfurt a. M. geht nunmehr davon aus, dass auch eine kurzfristige Unterbringung im Transitbereich des Flughafens Frankfurt am Main aufgrund der Regelung des § 15 Abs. 5 AufenthG auch bis zum Ablauf von 30 Tagen eine Freiheitsentziehung darstellt. Die rechtliche Situation eines nach Beendigung des Flughafenasylverfahrens gegen seinen Willen im Transitbereich des Flughafens untergebrachten Ausländers stelle sich daher nicht anders dar als die eines sonstigen Ausländers, der vollziehbar ausreisepflichtig ist und zur Sicherung der Ausreise in Haft genommen wird (OLG Frankfurt a. M. BeckRS 2016, 6412).

74a Wird ein Haftantrag auf Unterbringung im Transitbereich von der Grenzbehörde nicht gestellt oder vom Gericht abgelehnt, so ist die Einreise zu gestatten. Auffallend ist hier, dass der Gesetzgeber von Haft spricht, explizit darauf hinweist, dass der Transitgewahrsam keine Freiheitsentziehung darstellt (BR-Drs. 224/07, 278).

74b Sofern nach 30 Tagen bzw. auch früher eine Zurückschiebungs- oder Abschiebungshaft beantragt wird, ist es für die Einhaltung des im Haftrecht auch hier zwingend zu beachtenden Beschleunigungsgrundsatzes zwingend, dass die Anhörung durch das Bundesamt im Flughafenverfahren unverzüglich nach der Antragstellung stattgefunden hat. Eine Befragung, die ohne zwingende und nachvollziehbare Gründe erst nach mehreren Tagen stattfindet, genügt dem Beschleunigungs-gebot nicht (BGH BeckRS 2016, 19834; → Rn. 12).

Nicht haltbar ist die frühere – zeitlich vor dem Grundsatzurteil v. 14.5.1996 (NVwZ 1996, **75** 678) ergangene – Rechtsprechung des BVerfG, die maximale Aufenthaltsdauer im Transitbereich betrage 19 Tage (BVerfG BeckRS 1993, 08458). Nach Ablauf dieser Frist könne der Ausländer an der Einreise nicht gehindert werden. Diese 19 Tage errechnen sich wohl aus den Regelungen, dass das Bundesamt innerhalb von zwei Tagen über den Asylantrag zu entscheiden hat, der Eilantrag innerhalb von drei Tagen zu stellen ist und das Verwaltungsgericht dann innerhalb von 14 Tagen entscheiden muss. Schon bei gesetzeskonformer Anwendung der Regelungen werden die 19 Tage nicht einzuhalten sein, schon der Lauf der Entscheidungsfrist für das Bundesamt beginnt nämlich erst mit der Stellung des Asylantrages. Dann kann das Ende auf ein Wochenende fallen (zum Ganzen s. GK-AsylG/Fritz Rn. 106 mit weiteren Beispielen zur Verlängerung des Zeitraums). Die 19-Tages-Spanne ist durch Inkrafttreten des § 15 Abs. 6 AufenthG obsolet geworden, mit dem seither eine gesetzliche Grundlage für eine Aufenthaltsdauer im Transitbereich von 30 Tagen (ohne richterliche Anordnung) und darüber hinaus (mit richterlicher Anordnung) existiert.

Etwas anderes ergibt sich auch nicht aus Unionsrecht. Art. 43 Abs. 2 Asylverfahrens-RL **76** bestimmt für das Verfahren an der Grenze oder in Transitzonen, dass ein Einreiseanspruch entsteht, wenn innerhalb von vier Wochen keine Entscheidung über das Schutzgesuch ergangen ist. Höchst-staufenthaltsdauern nach Ablehnung des Asylantrags ergeben sich aus der Richtlinie nicht.

§ 19 Aufgaben der Ausländerbehörde und der Polizei

(1) Ein Ausländer, der bei einer Ausländerbehörde, bei der Bundespolizei oder bei der Polizei eines Landes um Asyl nachsucht, ist in den Fällen des § 14 Abs. 1 unverzüglich an die zuständige oder, soweit diese nicht bekannt ist, an die nächstgelegene Aufnahme-einrichtung zur Meldung weiterzuleiten.

(2) In den Fällen des Absatzes 1 hat die Behörde, bei der ein Ausländer um Asyl nachsucht, diesen vor der Weiterleitung an die Aufnahmeeinrichtung erkennungsdienst-lich zu behandeln (§ 16 Absatz 1).

(3) ¹Ein Ausländer, der aus einem sicheren Drittstaat (§ 26a) unerlaubt eingereist ist, kann ohne vorherige Weiterleitung an eine Aufnahmeeinrichtung nach Maßgabe des § 57 Abs. 1 und 2 des Aufenthaltsgesetzes dorthin zurückgeschoben werden. ²In diesem Falle ordnet die Ausländerbehörde die Zurückschiebung an, sobald feststeht, dass sie durchgeführt werden kann.

(4) Vorschriften über die Festnahme oder Inhaftnahme bleiben unberührt.

Überblick

Die Vorschrift regelt parallel zu § 18, wie zu verfahren ist, wenn der Ausländer nicht bei der Grenzbehörde, sondern bei der Ausländerbehörde, der Bundespolizei oder der Polizei eines Landes um Asyl nachsucht (→ Rn. 1). Parallel zu § 18 besteht grundsätzlich die Pflicht zur Weiterleitung an die Erstaufnahmeeinrichtung (→ Rn. 3) nach vorheriger erkennungsdienstlicher Behandlung (→ Rn. 11). Bei Nichtbefolgen der Weiterleitungspflicht droht eine Beendigung des Asylverfah-rens bzw. die Durchsetzung der Verlassenspflicht durch unmittelbaren Zwang (→ Rn. 10). Bei unerlaubter Einreise aus dem sicheren Drittstaat kann der Ausländer nach dem Wortlaut von Abs. 3 nach Maßgabe des § 57 Abs. 1 und Abs. 2 AufenthG dorthin zurückgeschoben werden. Die Zurückschiebungsanordnung setzt voraus, dass sie durchgeführt werden kann, was wegen überlagernden Unionsrechts allenfalls dann denkbar wäre, wenn nach der Dublin III-VO der nach dem Dublin-System zuständige Staat zugestimmt hat und eine Dublin-Überstellung erfolgen kann. Allerdings handelt es sich auch hier dann weiterhin um eine Dublin-Überstellung nach Unions-recht und um keine Zurückschiebung nach nationalem Recht, so dass dann § 19 Abs. 3 S. 1 komplett funktionslos bzw. nur deklaratorisch ist (→ Rn. 12). Die Haftvorschriften bleiben unbe-rührt (→ Rn. 13).

A. Allgemeines

Die Vorschrift regelt parallel zu § 18 (→ § 18 Rn. 2), wie zu verfahren ist, wenn der Ausländer **1** nicht bei der Grenzbehörde (→ § 18 Rn. 7), sondern bei der Ausländerbehörde, der Bundespolizei oder der Polizei eines Landes um Asyl nachsucht.

2   Durch das Gesetz zur Umsetzung aufenthaltsrechtlicher Richtlinien der Europäischen Union und zur Anpassung nationaler Rechtsvorschriften an den EU-Visakodex (v. 22.11.2011, BGBl. I 2258) wurde in Abs. 3 S. 1 die Verweisung auf § 57 Abs. 2 AufenthG erweitert, damit die Regelung mit der aufgrund von Unionsrecht veränderten Regelung in § 57 AufenthG (→ AufenthG § 57 Rn. 1) korrespondiert. Durch Art. 5 des Zweiten Datenaustauschverbesserungsgesetzes (2. DAVG v. 9.8.2019) wurde in Abs. 1 die Weiterleitungspflicht auf Fälle erweitert, in denen das Asylgesuch bei der Bundespolizei erfolgt und Abs. 2 geändert, um auch in diesen Fällen die erkennungsdienstliche Behandlung vorzuschreiben.

B. Weiterleitungspflicht in die Erstaufnahmeeinrichtung (Abs. 1)

I. Verpflichtung zur Antragsstellung beim BAMF

3   Abs. 1 bezweckt eine schnelle und zuverlässige Weiterleitung des asylsuchenden Ausländers an die zuständige Erstaufnahmeeinrichtung, wo er bei der dort angesiedelten Außenstelle des Bundesamtes für Migration und Flüchtlinge dann den eigentlichen Asylantrag stellt. Entsprechend normiert Abs. 1 die Weiterleitungspflicht, wenn ein Ausländer bei der Ausländerbehörde, der Bundespolizei oder der Landespolizei um Asyl nachsucht (zum Begriff des Asylgesuchs → § 18 Rn. 9).

4   Eine Weiterleitung erfolgt nur in den Fällen, in denen der Ausländer den Asylantrag bei der Außenstelle des BAMF in einer Erstaufnahme persönlich zu stellen hat (§ 14 Abs. 1 → § 14 Rn. 1) und nicht in den Fällen des § 14 Abs. 2, in denen der Ausländer berechtigt ist, den Antrag beim BAMF schriftlich zu stellen (vgl. § 14 Abs. 2 → § 14 Rn. 4).

5   Nach § 13 Abs. 1 ist derjenige Schutzsuchende, der sich materiell auf Asylgründe beruft, zwingend auf das – alle Schutzersuchen und Schutzformen erfassende – Asylverfahren zu verweisen; hiermit ist ausschließlich das besonders sachkundige Bundesamt für Migration und Flüchtlinge (BAMF) zu befassen (→ § 13 Rn. 6). Wegen § 30 Abs. 5 genügt ein „formelles" Asylgesuch. Ein „Wahlrecht" des Ausländers zwischen asylrechtlichem oder ausländerrechtlichem Schutz vor Verfolgung im Heimatland besteht nicht (BVerwG BeckRS 2006, 22401).

II. Durchführung der Weiterleitung

6   Eine Protokollierung des Gesuchs ist nicht zwingend (NK-AuslR/Wolff Rn. 3). Die Asylsuchenden werden informiert, so dass sie selbst sich zur Erstaufnahmeeinrichtung begeben können. Ist der Asylsuchende mittellos, sind gem. § 6 AsylbLG ggf. die Fahrtkosten zu übernehmen (→ AsylbLG § 6 Rn. 18).

7   Die Weiterleitung selbst ist ein Verwaltungsakt nach § 35 VwVfG mit den folgenden Rechtsfolgen:
- **Folgepflicht:** dieser unverzüglich oder bis zu einem ihm von der Behörde genannten Zeitpunkt zu folgen (vgl. § 20 Abs. 1 bzw. § 22 Abs. 3);
- **Meldepflicht:** sich in einer Aufnahmeeinrichtung persönlich zu melden (§ 22 Abs. 1);
- Konkretisierung der räumlichen Beschränkung nach § 56;
- ggf. **Verlassenspflicht:** ein Ausländer hat den Teil des Bundesgebiets, in dem er sich ohne Erlaubnis der Ausländerbehörde einer räumlichen Beschränkung zuwider aufhält, unverzüglich zu verlassen (§ 12 Abs. 3 AufenthG).

7a   Gemäß § 59 Abs. 1 S. 2 sollen bei der Umsetzung der Verlassenspflicht Reisewege und Beförderungsmittel vorgeschrieben werden.

8   In der Verfügung muss die konkrete Erstaufnahmeeinrichtung benannt werden (einschließlich Anschrift etc), und zwar in einer verständlichen Form, sodass der Ausländer weiß, wohin er sich zu begeben hat.

9   Soll die Rechtsfolge des § 20 Abs. 1 S. 2 eintreten, bedarf es einer Belehrung nach § 20 Abs. 1 S. 4 über die Rücknahmefiktion nach § 33 (→ § 33 Rn. 5).

10   Folgt der Ausländer der Weiterleitung nicht, droht über die Rechtsfolge des § 20 Abs. 1 S. 2 iVm § 33 die Beendigung des Asylverfahrens (→ § 33 Rn. 5) und gem. § 66 Abs. 1 Nr. 1 (→ § 66 Rn. 1) die Ausschreibung zur Aufenthaltsermittlung. Nach § 59 Abs. 1 S. 1 (→ § 59 Rn. 1) kann die Verlassenspflicht nach § 12 Abs. 3 AufenthG (→ AufenthG § 12 Rn. 10) anders als die Folge- und Meldepflicht durch unmittelbaren Zwang durchgesetzt werden.

C. Erkennungsdienstliche Behandlung (Abs. 2)

Ausländerbehörde und Polizei haben auf jeden Fall den Ausländer unter den Voraussetzungen **11**
und nach den Vorgaben von § 16 Abs. 1 erkennungsdienstlich zu behandeln (→ § 16 Rn. 2 ff.).
Mit den durch das Zweites Datenaustauschverbesserungs-gesetz (2. DAVG v. 9.8.2019) erfolgten
Änderungen in § 19 Abs. 1 S. 1 und Abs. 2 AsylG erhielt die Bundespolizei die Befugnis zur
erkennungsdienstlichen Behandlung von Asylsuchenden auch dann, wenn ihr gegenüber im Rahmen ihrer erweiterten gesetzlichen Aufgabenwahrnehmung ein Asylgesuch geäußert wird, um bei
diesem Erstkontakt eine unverzügliche und lückenlose asylrechtliche Feststellung und Sicherung
der Identität zu ermöglichen. Die Bundespolizei ist dann auch Behörde iSv § 19 Abs. 2 AsylG.
So wird auch sichergestellt, dass mit der Registrierung etwaige automatisierte Sicherheitsüberprüfungsverfahren frühzeitiger anlaufen können (siehe Gesetzesbegründung; BR-Drs. 54/19).

D. Fälle der Zurückschiebung (Abs. 3)

Im Falle der unerlaubten Einreise aus einem sicheren Drittstaat, sieht Abs. 3 im Ermessenswege **12**
(„kann") ohne vorherige Weiterleitung eine Zurückschiebung in den sicheren Drittstaat vor. Da
die sicheren Drittstaaten iSd § 26a allesamt Staaten sind, die zu dem System der Dublin III-VO,
dem Dublin-System, gehören, überlagert dieses System wegen des Vorrangs des Gemeinschaftsrechts diese Regelung und sie kann allenfalls im Rahmen des Dublin-Systems Anwendung finden.
Die Zurückschiebungsanordnung setzt voraus, dass sie durchgeführt werden kann, was wegen
überlagernden Unionsrechts allenfalls dann denkbar wäre, wenn nach der Dublin III-VO der nach
dem Dublin-System zuständige Staat zugestimmt hat und eine Dublin-Überstellung erfolgen kann
(→ Dublin III-VO Art. 1 Rn. 1). Allerdings handelt es sich auch hier dann weiterhin um eine
Dublin-Überstellung nach Unionsrecht und um keine Zurückschiebung nach nationalem Recht.
In der Folge wäre dann § 19 Abs. 3 S. 1 komplett funktionslos bzw. nur deklaratorisch (→ § 18
Rn. 18; zu den allgemeinen Regelungen über die Zurückschiebung → AufenthG § 57 Rn. 1).

E. Haft (Abs. 4)

Zur Zurückschiebungs- und Abschiebungshaft s. § 57 Abs. 3 AufenthG und §§ 62 ff. AufenthG **13**
(→ AufenthG § 57 Rn. 1 ff.; → AufenthG § 62 Rn. 1 ff.).

§ 20 Weiterleitung an eine Aufnahmeeinrichtung

(1) [1]Der Ausländer ist verpflichtet, der Weiterleitung nach § 18 Abs. 1 oder § 19 Abs. 1
unverzüglich oder bis zu einem ihm von der Behörde genannten Zeitpunkt zu folgen.
[2]Kommt der Ausländer der Verpflichtung nach Satz 1 nicht nach, so findet § 33 Absatz 1,
5 und 6 entsprechend Anwendung [3]Dies gilt nicht, wenn der Ausländer unverzüglich
nachweist, dass das Versäumnis auf Umstände zurückzuführen war, auf die er keinen
Einfluss hatte. [4]Auf die Verpflichtung nach Satz 1 sowie die Rechtsfolgen einer Verletzung dieser Verpflichtung ist der Ausländer von der Behörde, bei der er um Asyl nachsucht, schriftlich und gegen Empfangsbestätigung hinzuweisen. [5]Kann der Hinweis nach
Satz 4 nicht erfolgen, ist der Ausländer zu der Aufnahmeeinrichtung zu begleiten.

(2) [1]Die Behörde, die den Ausländer an eine Aufnahmeeinrichtung weiterleitet, teilt
dieser unverzüglich die Weiterleitung, die Stellung des Asylgesuchs und den erfolgten
Hinweis nach Absatz 1 Satz 4 schriftlich mit. [2]Die Aufnahmeeinrichtung unterrichtet
unverzüglich, spätestens nach Ablauf einer Woche nach Eingang der Mitteilung nach
Satz 1, die ihr zugeordnete Außenstelle des Bundesamtes darüber, ob der Ausländer in
der Aufnahmeeinrichtung aufgenommen worden ist, und leitet ihr die Mitteilung nach
Satz 1 zu.

Überblick

§ 20 Abs. 1 regelt die gesetzliche Verpflichtung, der Weiterleitung zu folgen (→ Rn. 3).
Bei Nichtbefolgen droht die Beendigung des Verfahrens unter entsprechender Anwendung der
Regelungen über das Nichtbetreiben des Verfahrens nach § 33 (→ Rn. 4). Dies gilt nicht, wenn
das Versäumnis auf Umstände zurückzuführen ist, auf die der Asylsuchende keinen Einfluss hatte
(→ Rn. 6). S. 4 und S. 5 regeln die notwendige Belehrung über diese Rechtsfolgen (→ Rn. 8).

Abs. 2 regelt die Information der Erstaufnahmeeinrichtung über eine erfolgte Weiterleitung (→ Rn. 11) bzw. dann die entsprechende Weiterleitung der Information an die Bundesamtsaußenstelle einschließlich der Tatsache, ob der Ausländer dort aufgenommen wurde (→ Rn. 12).

A. Allgemeines

1   Art. 28 Abs. 1 lit. b Asylverfahrens-RL regelt, dass ein „Antrag" als stillschweigend zurückgezogen oder als Nichtbetreiben behandelt werden kann, wenn der Asylsuchende seinen Melde- und anderen Mitteilungspflichten nicht innerhalb einer angemessenen Frist nachgekommen ist, es sei denn, der Antragsteller weist nach, dass dies auf Umstände zurückzuführen war, auf die er keinen Einfluss hatte. Entsprechend regelt § 20 die Verletzung der Weiterleitungspflicht unter Bezugnahme auf die Regelungen über die Rechtsfolgen beim Nichtbetreiben des Verfahrens in § 33 (→ § 33 Rn. 1).

2   Nach deutschem Rechtsverständnis liegt in dieser Phase des Verfahrens gar kein echter Antrag vor, sondern nur ein Asylgesuch (→ § 13 Rn. 1); dennoch ordnet auch das deutsche Recht eine Fiktion der Antragsrücknahme an. Damit soll offenbar erreicht werden, dass die gleichen Rechtsfolgen greifen wie bei einer Antragsrücknahme.

B. Weiterleitungspflicht und Rechtsfolgen bei Versäumung

3   § 20 Abs. 1 enthält die gesetzliche Verpflichtung, der Weiterleitung zu folgen. Die Pflicht ist unverzüglich oder bis zu einem von der Behörde benannten Zeitpunkt zu befolgen. Dieser Zeitpunkt muss so gewählt sein, dass die Befolgung der Pflicht auch möglich und zumutbar ist. In der Praxis wird aufgegeben, der Pflicht unverzüglich, spätestens bis zu einem bestimmten Datum zu folgen. Unverzüglich bedeutet „ohne schuldhaftes Zögern".

4   Bei Nichtbefolgen der Weiterleitungspflicht nach § 18 Abs. 1 (→ § 18 Rn. 1 ff.) oder § 19 Abs. 1 (→ § 19 Rn. 1 ff.) finden die Regelungen über das Nichtbetreiben des Verfahrens in § 33 Abs. 1, Abs. 5 und Abs. 6 entsprechende Anwendung (→ § 33 Rn. 13). Nach § 33 Abs. 1 gilt dann die Rücknahmefiktion des Asylantrages mit der Einstellung des Verfahrens (§ 33 Abs. 5 S. 1; → § 33 Rn. 62), dessen Wiederaufnahme (vgl. § 33 Abs. 5 S. 2) innerhalb von neun Monaten (vgl. § 33 Abs. 5 S. 6 Nr. 1) einmal (vgl. § 33 Abs. 5 S. 6 Nr. 2) beantragt werden kann, ansonsten ist das Wiederaufgreifen des Verfahrens nur unter den Voraussetzungen eines Folgeantrags möglich (§ 33 Abs. 5 S. 6, → § 33 Rn. 71.1).

5   Die Rechtsfolgen der Behandlung nach § 33 greifen dann nicht, wenn der Ausländer unverzüglich nachweist, dass das Versäumnis auf Umstände zurückzuführen war, auf die er keinen Einfluss hatte (§ 20 Abs. 1 S. 3; → § 33 Rn. 33).

6   Die Beweislast trägt der Asylsuchende. Zudem muss er unverzüglich aktiv werden, sobald er bemerkt bzw. bemerken konnte, dass er die Weiterleitungspflicht nicht ordnungsgemäß befolgt hat. Für ihn gelten hohe Mitwirkungspflichten. In der Praxis empfiehlt sich, der Erstaufnahmeeinrichtung sowie dem Bundesamt sofort aktenkundig mitzuteilen, warum man sich nicht innerhalb der gesetzten Frist bei der Erstaufnahmeeinrichtung gemeldet hat, und glaubhaft zu machen, dass das nicht auf einer Säumnis beruht, die man zu vertreten hat.

7   Parallel zur Weiterleitung werden die nach § 15 Abs. 2 Nr. 4 und Nr. 5 bezeichneten Unterlagen in Verwahrung genommen und der Aufnahmeeinrichtung zugeleitet (→ § 21 Rn. 1 ff).

C. Belehrung über die Rechtsfolgen

I. Belehrungspflicht

8   Gemäß § 20 Abs. 1 S. 4 ist der Ausländer über die Verpflichtung und die Rechtsfolgen gegen Empfangsbestätigung zu belehren (→ § 33 Rn. 52).

9   Das Gebot eines fairen, rechtsstaatlichen Verfahrens erfordert gerade im Hinblick auf den Ausnahmecharakter der Norm, für Rechtsklarheit zu sorgen und muss den Besonderheiten des Adressatenkreises Rechnung tragen. Es ist zu berücksichtigen, dass der Asylbewerber sich in einer ihm fremden Umgebung befindet, mit dem Ablauf des deutschen Asylverfahrens nicht vertraut und in aller Regel der deutschen Sprache nicht mächtig ist. Demnach ist erforderlich, dass dem Asylbewerber durch eine erläuternde Belehrung mit der gebotenen Deutlichkeit vor Augen geführt wird, welche Obliegenheiten ihn im Einzelnen treffen und welche Folgen bei deren Nichtbeachtung entstehen können. Eine bloße Wiedergabe des Gesetzeswortlautes vor dem Hintergrund des Verständnishorizonts des Asylbewerbers reicht nicht aus. Vielmehr bedarf es einer verständlichen

Umschreibung des Inhalts der gesetzlichen Bestimmungen. Diesem Gebot wird in aller Regel schon durch die in der ganz überwiegenden Anzahl der Fälle erforderliche Übersetzung der Vorschriften in eine dem Asylbewerber geläufige Sprache genügt werden, weil sich dabei allein aus Gründen der Praktikabilität eine sinngemäße, nicht strikt an juristischen Begrifflichkeiten orientierte Übertragung anbietet. Insoweit reicht es allerdings aus, dem Asylbewerber, sofern er des Lesens kundig ist, die erforderlichen Hinweise in schriftlicher Form zugänglich zu machen (BVerfG NVwZ-Beil. 1994, 25; → § 33 Rn. 57).

II. Bei Unmöglichkeit der Belehrung Begleitung zur Erstaufnahme

Kann die Belehrung nicht so erfolgen, dass die Befolgung der Weiterleitungspflicht gewährleistet **10** und zu erwarten ist, ist gem. § 20 Abs. 1 S. 5 der Ausländer ersatzweise zur Aufnahmeeinrichtung zu begleiten. Die Vorschrift ist den Erfordernissen der Praxis geschuldet und eher in Form einer Hilfestellung aus Praktikabilitätsgründen zu verstehen (vgl. GK-AsylG/Treiber Rn. 48). Es ist damit keine zwangsweise Verbringung in die Erstaufnahmeeinrichtung gemeint. Wenn entsprechende Belehrungs- und Hinweisblätter in der Sprache des Asylsuchenden nicht zur Verfügung stehen, es zu kompliziert wird, dem Ausländer das so zu erklären, dass er den Weg dort hinfindet, kann es im öffentlichen Interesse einer zügigen Durchführung des Asylverfahrens praktisch sein, den Antragsteller dorthin zu belgeiten bzw. ihn dorthin bringen zu lassen. Dies gilt insbesondere bei einer größeren Zahl von Personen, die bei einer Grenzschutzstelle, bei der Polizei oder einer Ausländerbehörde um Asyl nachsuchen.

D. Information der Erstaufnahmeeinrichtung und der BAMF-Außenstelle über die erfolgte und befolgte Weiterleitungspflicht

I. Information der Erstaufnahmeeinrichtung

Die weiterleitende Behörde hat nach § 20 Abs. 2 S. 1 die zuständige Erstaufnahmeeinrichtung, **11** an die weitergeleitet wird, unverzüglich über das Asylgesuch und die erfolgte Belehrung nach S. 4 zu unterrichten. In der Praxis wird hierzu eine Kopie des Asylgesuchs, eines angefertigten Protokolls, der Weiterleitungsverfügung sowie der erfolgten Belehrung (Original mit Übersetzung) an die Erstaufnahmeeinrichtung übermittelt.

II. Information des Bundesamtes durch die Erstaufnahmeeinrichtung

Nach Eingang der Mitteilung nach § 20 Abs. 2 S. 1 bei der Erstaufnahmeeinrichtung, wird **12** diese prüfen, ob der erkennungsdienstlich behandelte Asylsuchende innerhalb der gesetzten Frist in der Erstaufnahmeeinrichtung aufgenommen wurde. Erscheint der Asylsuchende zur Aufnahme in der Erstaufnahmeeinrichtung und ist dort aufgenommen worden, leitet die Erstaufnahmeeinrichtung die Unterlagen mit den Unterlagen über die erfolgte Aufnahme an die Bundesamtsaußenstelle weiter. Erscheint der Asylsuchende nicht innerhalb der Frist bei der Erstaufnahmeeinrichtung und wird er dort nicht aufgenommen, sieht Abs. 2 S. 2 ebenfalls eine Mitteilungspflicht an das Bundesamt vor; die Unterlagen werden an das Bundesamt weitergeleitet mit dem Vermerk, dass er nicht aufgenommen wurde, so dass dann das Bundesamt entsprechend eine Einstellungsverfügung nach § 33 erlassen kann.

§ 21 Verwahrung und Weitergabe von Unterlagen

(1) Die Behörden, die den Ausländer an eine Aufnahmeeinrichtung weiterleiten, nehmen die in § 15 Abs. 2 Nr. 4 und 5 bezeichneten Unterlagen in Verwahrung und leiten sie unverzüglich der Aufnahmeeinrichtung zu.

(2) Meldet sich der Ausländer unmittelbar bei der für seine Aufnahme zuständigen Aufnahmeeinrichtung, nimmt diese die Unterlagen in Verwahrung.

(3) Die für die Aufnahme des Ausländers zuständige Aufnahmeeinrichtung leitet die Unterlagen unverzüglich der ihr zugeordneten Außenstelle des Bundesamtes zu.

(4) Dem Ausländer sind auf Verlangen Abschriften der in Verwahrung genommenen Unterlagen auszuhändigen.

(5) Die Unterlagen sind dem Ausländer wieder auszuhändigen, wenn sie für die weitere Durchführung des Asylverfahrens oder für aufenthaltsbeendende Maßnahmen nicht mehr benötigt werden.

Überblick

Parallel zur Weiterleitung (→ § 20 Rn. 3) werden die nach § 15 Abs. 2 Nr. 4 und Nr. 5 bezeichneten Unterlagen (→ Rn. 7) in Verwahrung genommen und der Aufnahmeeinrichtung zugeleitet. Diese leitet sie an die Außenstelle des Bundesamtes weiter. Abs. 4 enthält die in der Praxis sehr wichtige Vorschrift, dass dem Ausländer eine Kopie der Unterlagen auszuhändigen ist (→ Rn. 17). Abs. 5 regelt die Pflicht zur Aushändigung der Unterlagen, sobald sie zur Durchführung des Asylverfahrens nicht mehr benötigt werden (→ Rn. 20). Bei den Unterlagen handelt es sich zum Teil um hochsensible Unterlagen, bei denen die notwendigen datenschutzrechtlichen Vorkehrungen zu beachten sind (→ Rn. 6).

Übersicht

A. Allgemeines

1   Den Ausländer, der um Asyl nachsucht, treffen umfassende Mitwirkungspflichten (vgl. §§ 15 und 16). Er muss unter anderem sämtliche Unterlagen, die seinen Asylantrag begründen, vorlegen. Er ist verpflichtet, Pass, Identitätsdokumente etc der Grenzbehörde, der Polizei oder Ausländerbehörde im Rahmen des Asylgesuchs zu überlassen, bzw. diese kann ihn durchsuchen oder auf andere Weise in den Besitz dieser Dokumente kommen.

2   § 21 bestimmt, dass diese Unterlagen in Verwahrung zu nehmen sind und dann im Kontext mit der Weiterleitung des Ausländers an die Erstaufnahmeeinrichtung dieser zuzuleiten sind bzw. dann im Kontext der Asylantragsstellung an die jeweilige BAMF-Außenstelle. Damit wird verhindert, dass wichtige Unterlagen, die die Asyl- und Ausländerbehörden benötigen, vor allem um sicher die Identität der Person feststellen und diese Person im Falle einer Ablehnung des Antrages auch wieder zurückführen zu können, auch in die Akte der Behörde gelangen.

3   Die Vorschrift beruht auf Art. 13 Abs. 2 lit. b Asylverfahrens-RL.

B. Pflicht zur Verwahrung der Unterlagen nach § 15 Abs. 2 Nr. 4 und Nr. 5 und Weiterleitung

I. Pflicht zur Verwahrung

4   Voraussetzung für das Eintreten der Pflicht zur Verwahrung ist, dass eine Weiterleitungsverfügung durch die Grenzschutzbehörde, die Ausländerbehörde oder die Polizei erlassen wurde. Nach § 21 Abs. 1 besteht in diesem Fall für die weiterleitende Behörde eine Pflicht, die Unterlagen und Dokumente nach § 15 Abs. 2 Nr. 4 und Nr. 5 in Verwahrung zu nehmen. Es besteht kein Ermessen.

II. Öffentlich-rechtliches Verwahrungsverhältnis

5   Durch die Verwahrung der Unterlagen entsteht ein kurzfristiges öffentlich-rechtliches Verwahrungsverhältnis. Die Behörde hat mit den Unterlagen pfleglich umzugehen. Sie haftet ggf. bei

Verlust, Zerstörung oder Beschädigung. Nach allgemeiner Auffassung finden die Regelung über die Haftungsmilderung gem. § 690 BGB im öffentlich-rechtlichen Verwahrungsverhältnis keine Anwendung (BGHZ 4, 192 = NJW 1952, 301). Mit der Annahme eines öffentlich-rechtlichen Verwahrungsverhältnisses ist die analoge Anwendung der Haftungsregeln der §§ 278, 280, 282 BGB neben § 839 BGB, Art. 34 GG verbunden, die Regelungen der Amtshaftung werden damit vermieden (vgl. Maurer, Allgemeines Verwaltungsrecht, 18. Aufl. 2011, § 28 Rn. 1–5; GGK-AsylG/Treiber Rn. 18, 90 ff.).

Alle in Verwahrung genommenen Unterlagen sind vor unbefugter Kenntnisnahme durch Dritte **6** zu schützen (Hailbronner AuslR Rn. 8; → BDSG EinflDatSR Rn. 1; → DS-GVO Art. 1 Rn. 1).

III. Zu verwahrende und weiterzuleitende Unterlagen

Die Regelung bezieht sich auf die folgenden Unterlagen: **7**
- Pass oder Passersatz (§ 15 Abs. 2 Nr. 4; → § 15 Rn. 7);
- alle erforderlichen Urkunden und sonstigen Unterlagen (§ 15 Abs. 2 Nr. 5):
  - alle Urkunden und Unterlagen, die neben dem Pass oder Passersatz für die Feststellung der Identität und Staatsangehörigkeit von Bedeutung sein können,
  - von anderen Staaten erteilte Visa, Aufenthaltstitel und sonstige Grenzübertrittspapiere,
  - Flugscheine und sonstige Fahrausweise,
  - Unterlagen über den Reiseweg vom Herkunftsland in das Bundesgebiet, die benutzten Beförderungsmittel und über den Aufenthalt in anderen Staaten nach der Ausreise aus dem Herkunftsland und vor der Einreise in das Bundesgebiet sowie
  - alle sonstigen Urkunden und Unterlagen, auf die der Ausländer sich beruft oder die für die zu treffenden asyl- und ausländerrechtlichen Entscheidungen und Maßnahmen einschließlich der Feststellung und Geltendmachung einer Rückführungsmöglichkeit in einen anderen Staat von Bedeutung sind.

Die erkennungsdienstlichen Unterlagen werden nunmehr zwischen den beteiligten Behörden **8** elektronisch übermittelt (vgl. die Begründung des Entwurfs eines Datenaustauschverbesserungsgesetzes, BT-Drs. 18/7043, 40).

IV. Erlangung der Unterlagen

Die Behörde kann einerseits den Asylbewerber auffordern, seiner in § 15 Abs. 2 geregelten **9** Mitwirkungspflicht nachzukommen.

In Betracht kommt auch eine Durchsuchung unter den Voraussetzungen des § 15 Abs. 4 S. 1 **10** (→ § 15 Rn. 11).

Für die Auswertung von Datenträgern ist § 15a als Rechtsgrundlage geschaffen worden, nach **11** § 15a Abs. 2 ist hierfür aber das Bundesamt zuständig, so dass die Vorschrift für die Grenzbehörde, Ausländerbehörde und Landespolizei keine ausreichende Ermächtigungsgrundlage darstellt.

Über die oben genannten Maßnahmen hinaus ist eine zwangsweise Durchsetzung zB in Form **12** einer Beschlagnahme nicht möglich.

C. Verwahrung der Unterlagen durch die Erstaufnahmeeinrichtung

Meldet sich der Ausländer unmittelbar bei der für seine Aufnahme zuständigen Aufnahmein- **13** richtung, nimmt nach § 21 Abs. 2 diese die Unterlagen in Verwahrung.

D. Weiterleitung der Unterlagen an die Außenstelle des Bundeamtes

Nach § 21 Abs. 3 muss die für die Aufnahme des Ausländers zuständige Aufnahmeeinrichtung, **14** sobald sie die Unterlagen erhält und der Asylsuchende dort aufgenommen ist, die Unterlagen unverzüglich der ihr zugeordneten Außenstelle des Bundesamtes weiterleiten.

E. Quittung und Abschriften

I. Quittung

Der Asylsuchende hat das Recht, eine Quittung zu bekommen für die Unterlagen, die er an **15** die Behörde abgibt. § 368 BGB ist auch auf öffentlich-rechtliche Schuldverhältnisse anwendbar. Da der Asylsuchende zur Aushändigung der Unterlagen verpflichtet ist, hat er nach § 369 Abs. 1 Hs. 2 BGB die Kosten für die Quittung zu tragen. Der Grundsatz, dass eine Quittung auszustellen ist, findet sich auch für das Strafprozessrecht in § 107 StPO verankert; entsprechende Regelungen gibt es auch in den Landespolizeigesetzen.

16   Für die Behörde ist es empfehlenswert, im Fall der Aushändigung einer Quittung eine Kopie zu den Akten zu nehmen.

II. Abschriften

17   Gemäß § 21 Abs. 4 hat der Ausländer das Recht, dass ihm Abschriften der in Verwahrung genommenen Unterlagen ausgehändigt werden. Der Asylsuchende muss darauf hingewiesen werden. Ein formloses Verlangen genügt.

18   Die Aushändigung der Kopien hat kostenlos zur erfolgen. Sie darf auch nicht von anderen Gegenleistungen abhängig gemacht werden. Ebenso wenig ist es zulässig, dass die Abschrift davon abhängig gemacht wird, dass zunächst andere beim Ausländer vermutete Unterlagen herausgegeben werden (VG Saarlouis InfAuslR 1982, 314 (316)).

19   Für den Fall, dass gerade Originaldokumente verloren gehen, sollten die Kopien mit einem Vermerk versehen werden, dass sie vom Original gefertigt wurden, mit diesem übereinstimmen und wann und von wem das Original in Verwahrung genommen wurde (optimalerweise noch mit dem Hinweis, an welche Außenstelle sie weitergeleitet wurden), am Besten in Form einer beglaubigten Kopie.

F. Rückgabepflicht

I. Rückgabepflicht

20   Der Ausländer hat nach § 21 Abs. 5 ein Recht darauf, dass ihm die Unterlagen wieder ausgehändigt werden, wenn sie für die weitere Durchführung des Asylverfahrens oder für aufenthaltsbeendende Maßnahmen nicht mehr benötigt werden.

21   Normalerweise sind die Unterlagen spätestens mit Abschluss des Asylverfahrens wieder herauszugeben.

22   Allerdings enthält Abs. 5 die Einschränkung, dass die Herausgabepflicht nur dann besteht, wenn die Unterlagen auch für aufenthaltsbeendende Maßnahmen nicht mehr benötigt werden. Im Falle der Ablehnung des Asylantrags und einer bestehenden Rückkehrverpflichtung sind Passdokumente, Ausweisdokumente und möglicherweise auch alle Unterlagen ggf. erforderlich, um den Herkunftsstaat zur Ausstellung von entsprechenden Rückreisedokumenten zu bewegen.

II. Rechtliche Durchsetzung der Rückgabepflicht

23   Der Aushändigungsanspruch kann vor dem Verwaltungsgericht im Wege der allgemeinen Leistungsklage geltend gemacht werden. Wird das Verlangen abgelehnt, wäre die zulässige Klageart die kombinierte Anfechtungs- und Leistungsklage; aber auch die Verpflichtungsklage wird vertreten. Vorläufiger Rechtsschutz wäre ggf. nach § 123 VwGO zu beantragen (vgl. VG Hamburg BeckRS 2013, 52589; GK-AsylG/Treiber Rn. 88 f.).

III. Schadensersatz

24   In der Praxis kommt ein Schadensersatz allenfalls in Geld in Betracht, der zumindest die Kosten und Mühen einer Wiederbeschaffung durch den Ausländer abdecken muss (zur Frage der Haftung → Rn. 5).

25   Zuständig für Schadensersatzklagen ist nach § 40 Abs. 2 S. 1 VwGO die ordentliche Gerichtsbarkeit.

§ 22 Meldepflicht

(1) ¹Ein Ausländer, der den Asylantrag bei einer Außenstelle des Bundesamtes zu stellen hat (§ 14 Abs. 1), hat sich in einer Aufnahmeeinrichtung persönlich zu melden. ²Diese nimmt ihn auf oder leitet ihn an die für seine Aufnahme zuständige Aufnahmeeinrichtung weiter; im Falle der Weiterleitung ist der Ausländer, soweit möglich, erkennungsdienstlich zu behandeln.

(2) [1]Die Landesregierung oder die von ihr bestimmte Stelle kann bestimmen, dass
1. die Meldung nach Absatz 1 bei einer bestimmten Aufnahmeeinrichtung erfolgen muss,
2. ein von einer Aufnahmeeinrichtung eines anderen Landes weitergeleiteter Ausländer zunächst eine bestimmte Aufnahmeeinrichtung aufsuchen muss.
[2]Der Ausländer ist während seines Aufenthaltes in der nach Satz 1 bestimmten Aufnahmeeinrichtung erkennungsdienstlich zu behandeln. [3]In den Fällen des § 18 Abs. 1 und des § 19 Abs. 1 ist der Ausländer an diese Aufnahmeeinrichtung weiterzuleiten.

(3) [1]Der Ausländer ist verpflichtet, der Weiterleitung an die für ihn zuständige Aufnahmeeinrichtung nach Absatz 1 Satz 2 oder Absatz 2 unverzüglich oder bis zu einem ihm von der Aufnahmeeinrichtung genannten Zeitpunkt zu folgen. [2]Kommt der Ausländer der Verpflichtung nach Satz 1 nicht nach, so findet § 33 Absatz 1, 5 und 6 entsprechend Anwendung. [3]Dies gilt nicht, wenn der Ausländer unverzüglich nachweist, dass das Versäumnis auf Umstände zurückzuführen war, auf die er keinen Einfluss hatte. [4]§ 20 Absatz 1 Satz 4 und Absatz 2 findet entsprechend Anwendung.

Überblick

Im Falle einer Verpflichtung zur persönlichen Asylantragsstellung bei einer Außenstelle des Bundesamtes – Fälle des § 14 Abs. 1 – verpflichtet § 22 den asylsuchenden Ausländer, sich in der Erstaufnahmeeinrichtung zu melden, um das Erstaufnahmeverfahren zu durchlaufen (→ Rn. 3). Dem korrespondiert eine rechtlich durchsetzbare Aufnahmepflicht der Aufnahmeeinrichtung (→ Rn. 5). Die Länder können, wenn im jeweiligen Bundesland mehrere Aufnahmeeinrichtungen bestehen, regeln, bei welcher Aufnahmeeinrichtung sich der asylsuchende Ausländer zu melden hat bzw. an welche Aufnahmeeinrichtung er weitergeleitet wird (→ Rn. 6). Abs. 3 verweist bei Nichtbefolgung auf die Vorschriften über das Nichtbetreiben des Verfahrens in § 33 (→ Rn. 8).

A. Allgemeines

§ 22 verpflichtet Ausländer, die nach § 14 Abs. 1 ihren Asylantrag persönlich bei der Außenstelle **1** des Bundesamtes in einer Erstaufnahmeeinrichtung zu stellen haben, sich bei der Erstaufnahmeeinrichtung persönlich zu melden. Sofern sie an eine andere zuständige Erstaufnahmeeinrichtung weitergeleitet werden, müssen sie sich dorthin begeben und dort melden. Verstöße führen ggf. zur Einstellung des Verfahrens nach § 33, außer der Ausländer weist nach, dass das Versäumnis auf Umstände zurückzuführen war, auf die er keinen Einfluss hatte.

Die Vorschrift bezweckt, dass asylsuchende Ausländer von den Erstaufnahmeeinrichtungen **2** aufgenommen und vorläufig untergebracht werden, sowie dass die notwendigen Schritte des Aufnahmeverfahrens (einschließlich frühzeitiger erkennungsdienstlicher Erfassung, Untersuchungen nach dem IfSG etc) eingeleitet und die Asylsuchenden entsprechend der Verteilung auf die Erstaufnahmeeinrichtungen zügig in die für zuständig erklärte Erstaufnahmeeinrichtung weitergeleitet werden.

B. Persönliche Meldepflicht in der Erstaufnahmeeinrichtung

I. Meldepflicht

Nach § 22 Abs. 1 S. 1 hat sich der Asylsuchende, der unter die Regelung in § 14 Abs. 1 fällt, **3** in einer Aufnahmeeinrichtung persönlich zu melden. Diese Meldepflicht gilt unabhängig von der Frage, ob eine Weiterleitung nach § 20 (→ § 20 Rn. 3) stattgefunden hat.

Die Meldepflicht gilt nur für Personen, die nach § 14 Abs. 1 den Asylantrag persönlich bei der **4** Außenstelle des Bundesamtes zu stellen haben (für Folgeantragsteller s. § 71). Die persönliche Meldung erfordert das persönliche Erscheinen bei der Aufnahmeeinrichtung zur Registrierung des Schutzersuchens. Der eigentliche Asylantrag ist bei der zuständigen Außenstelle des Bundesamtes zu stellen (s. § 23 Abs. 1). Das Gesetz selbst bestimmt nicht die zuständige Aufnahmeeinrichtung, sondern spricht lediglich von „einer" Aufnahmeeinrichtung. Der Asylbewerber kann, wenn er nach § 20 nicht weitergeleitet wurde, im Prinzip erst einmal wählen. Allerdings kann es sein, dass er dann auf ein anderes Bundesland verteilt wird, wenn die Aufnahmequote des betreffenden Landes nach dem sog. Königsteiner Schlüssel bereits erfüllt ist (vgl. § 45; → § 46 Rn. 1). Die Ersterfassung wird mit Hilfe der IT-Systeme „Integriertes Identitätsmanagement" und EASY (Erstverteilung der Asylbegehrenden) durchgeführt, die Grundlage für eine eventuelle Weiterverteilung sind. Ist die Aufnahmeeinrichtung, bei der Asylsuchende sich meldet, nach Maßgabe des EASY-Systems nicht zuständig, leitet sie den Ausländer an die zuständige Aufnahmeeinrichtung weiter (§ 22 Abs. 1 S. 2). In diesem Falle soll die für die Aufnahme zuständige Einrichtung den Asylsuchenden möglichst erkennungsdienstlich zu behandeln (§ 22 Abs. 1 S. 2 Hs. 2).

II. Aufnahmepflicht

5   Neben der Meldepflicht normiert § 22 Abs. 1 S. 2 Hs. 1 die Aufnahmepflicht der zuständigen Einrichtung (Bergmann/Dienelt/Bergmann Rn. 2). Diese kann ggf. gerichtlich erstritten werden (Marx AsylG Rn. 5).

C. Bestimmung der zuständigen Aufnahmeeinrichtung durch das Bundeslandes (Abs. 2)

6   § 22 Abs. 2 ermöglicht der Landesregierung des betreffenden Bundeslandes oder einer von ihr bestimmten Stelle, eine Regelung zu erlassen, dass die Meldung nach Abs. 1 bei einer bestimmten Aufnahmeeinrichtung zu erfolgen hat. Diese Regelung kann sich auch auf die Fälle beziehen, in denen Asylsuchende aus anderen Bundesländern in das Bundesland weitergeleitet werden. Entsprechend dieser Bestimmung muss dann ggf. auch die Grenzschutzstelle, Ausländerbehörde oder die Landespolizei im Falle der Weiterleitung nach § 18 bzw. § 19 an diese Aufnahmeeinrichtung weiterleiten. Die Vorschrift ermöglicht zB eine Bündelung der Meldungen bei einer zentralen Anlaufstelle, wenn in einem Bundesland mehrere Aufnahmeeinrichtungen bestehen (Bergmann/Dienelt/Bergmann Rn. 4; GK-AsylG/Treiber Rn. 51). Denkbar ist auch, dass die Länder nach anderen Kriterien festlegen, welche Asylsuchenden sich bei welcher Erstaufnahmeeinrichtung melden müssen.

7   Der Asylsuchende ist in der zentral zur Meldung bzw. zur Aufnahme bestimmten Aufnahmeeinrichtung erkennungsdienstlich zu behandeln.

D. Rechtsfolgen bei Nichtbefolgung (Abs. 3)

8   Seit der Neufassung durch Gesetz zur Einführung beschleunigter Asylverfahren (v. 11.3.2016, BGBl. I 390) führt das Nichtbefolgen der Pflicht nach Abs. 1 zu einer Rücknahmefiktion und Verfahrenseinstellung nach § 33 Abs. 1 (→ § 33 Rn. 4). Gemäß § 22 Abs. 3 S. 2 sind in diesem Fall § 33 Abs. 1, Abs. 5 und Abs. 6 entsprechend anzuwenden. Folglich gilt dann der Antrag als zurückgenommen und das Verfahren wird durch das Bundesamt förmlich eingestellt, wenn der Asylsuchende sich nicht innerhalb der bestimmten Frist bei der benannten Aufnahmeeinrichtung meldet.

9   Der Asylsuchende kann beim Eintreten der Einstellungsfiktion einmalig einen Wiederaufnahmeantrag iSd § 33 Abs. 5 S. 2 stellen. Wird das Verfahren ein weiteres Mal nach § 33 Abs. 1 eingestellt, ist jeder weitere Asylantrag als Folgeantrag zu werten (→ § 33 Rn. 1).

10   Die Rechtsfolge der Rücknahmefiktion tritt nicht ein, wenn der Ausländer unverzüglich nachweist, dass die Versäumnis auf Umstände zurückzuführen war, auf die er keinen Einfluss hatte (§ 22 Abs. 3 S. 3; → § 33 Rn. 33).

§ 22a Übernahme zur Durchführung eines Asylverfahrens

¹Ein Ausländer, der auf Grund von Rechtsvorschriften der Europäischen Gemeinschaft oder eines völkerrechtlichen Vertrages zur Durchführung eines Asylverfahrens übernommen ist, steht einem Ausländer gleich, der um Asyl nachsucht. ²Der Ausländer ist verpflichtet, sich bei oder unverzüglich nach der Einreise zu der Stelle zu begeben, die vom Bundesministerium des Innern, für Bau und Heimat oder der von ihm bestimmten Stelle bezeichnet ist.

Überblick

Durch § 22a wird ein Ausländer, der im Rahmen der Dublin III-VO nach Deutschland als für sein Asylverfahren zuständiger Mitgliedstaat überstellt wird (→ Rn. 5), einem Asylsuchenden gleichgestellt (→ Rn. 4). Die übernommene Person hat sich unverzüglich zu der bestimmten Stelle zu begeben, in der dann ihr Asylantrag weiter bearbeitet wird (→ Rn. 12). Ist bereits eine erkennungsdienstliche Behandlung im anderen Dublin-Staat erfolgt, muss diese nicht erneut durchgeführt werden (→ Rn. 11). Folgt der Asylsuchende dieser Folgepflicht nicht, droht die Einstellung des Verfahrens nach § 33 (→ Rn. 14).

A. Allgemeines

§ 22a wurde durch das Gesetz zur Änderung asylverfahrens-, ausländer- und staatsangehörig- **1** keitsrechtlicher Vorschriften (v. 30.6.1993, BGBl. I 1062) in das AsylG aufgenommen.

Die Vorschrift diente als einfachgesetzliche Grundlage, um zur Umsetzung der damals geschaffe- **2** nen völkerrechtlichen Verpflichtungen Asylbewerber von anderen Vertragsstaaten des Dubliner-Übereinkommen (Übereinkommen über die Bestimmung des zuständigen Staates für die Prüfung eines in einem Mitgliedstaat der Europäischen Gemeinschaften gestellten Asylantrags v. 15.6.1990) im Bundesgebiet übernehmen zu können (vgl. BT-Drs. 12/4450, 15).

Seit der Schaffung der Regelungen im Unionsrecht über ein gemeinsames Asyl- und Migrati- **3** onsrecht ist das Dubliner Übereinkommen durch die Dublin III-VO abgelöst worden. Der Umsetzung dieser unmittelbar geltenden Dublin-Verordnungen dient nunmehr § 22a, der durch Art. 3 Nr. 15 EUAsylUmsG (Gesetz zur Umsetzung aufenthalts- und asylrechtlicher Richtlinien der Europäischen Union v. 19.8.2007, BGBl. I 1970) um den Verweis auf „Rechtsvorschriften der Europäischen Gemeinschaft" ergänzt wurde (vgl. GK-AsylG/Treiber Rn. 1 ff.).

§ 22a S. 1 enthält eine Rechtsfolgenverweisung. Bei einem von einem anderen Vertragsstaat **4** übernommenen Ausländer liegt zunächst noch kein Asylgesuch vor. Um die asylrechtlichen Regelungen gleichwohl anwenden zu können, wird das Asylersuchen daher fingiert. S. 2 sorgt für die Gleichstellung des übernommenen Ausländers auch hinsichtlich des räumlichen Aufenthalts. Er normiert die Pflicht, sich bei oder unverzüglich nach der Einreise zu der ihm bezeichneten Stelle zu begeben, von der aus er zur Meldung, Wohnsitznahme und Asylantragstellung weitergeleitet wird (GK-AsylG/Treiber Rn. 9 ff.).

B. Übernommene Personen aufgrund von Rechtsvorschriften der EU oder eines völkerrechtlichen Vertrages

Ist aufgrund der Regelungen in der Dublin III-VO Deutschland für die Durchführung des **5** Asylverfahrens zuständig, ist Deutschland verpflichtet, diese Person zu übernehmen, um in Deutschland das Asylverfahren durchzuführen. Grundprinzip des Dublin-Systems ist, dass der Anspruch auf internationalen Schutz nur in einem einzelnen Mitgliedsstaat geprüft und eine Refugee-in-Orbit-Situation verhindert wird (vgl. Art. 3 Abs. 1 S. 2 Dublin III-VO).

Mangels anderer völkervertraglicher Regelungen kommt daher zurzeit eine Verpflichtung zur **6** Übernahme von Personen gegenwärtig nur aufgrund von „Rechtsvorschriften der Europäischen Gemeinschaft" in Betracht. Die Schweiz, Lichtenstein, Norwegen und Island sind durch Verträge der EU mit diesen Staaten in das Dublin-System mit einbezogen. Insoweit handelt es sich auch um „Rechtsvorschriften" der EU und nicht um eine völkervertragliche Regelung, die (allein) Deutschland mit einem Dublin-Staat geschlossen hat.

Wird ein Ausländer von Deutschland zur Durchführung eines Asylverfahrens übernommen, **7** greift die Regelung in § 22a S. 1, dass die übernommene Person einem Ausländer gleichsteht, der im Bundesgebiet um Asyl nachsucht.

Mit der Dublin-Überstellung nach Deutschland ist der Asylsuchende iSv § 22a S. 1 „übernom- **8** men". „Zur Durchführung eines Asylverfahrens" setzt dabei zwingend voraus, dass der Asylsuchende nach den Regelungen der Dublin III-VO ein Asylgesuch bzw. einen Asylantrag in dem anderen Dublin-Staat gestellt haben muss.

Durch die Gleichstellung mit einer Person, die in Deutschland „um Asyl nachsucht", wird der **9** Schutzsuchende, der in einem anderen Dublin-Staat bereits um Schutz nachgesucht hat bzw. einen Asylantrag gestellt hat, im Stadium des Asylgesuchs in das deutsche Asylverfahren überführt. Daraus folgt, dass die deutschen Behörden nicht erneut prüfen dürfen, ob ein Asylgesuch vorliegt (GK-AsylG/Treiber Rn. 41). Will der Asylsuchende kein Asylverfahren durchführen und stellt er keinen Asylantrag, hat dies zur Folge, dass dann letztendlich die Regelungen des § 33 zum Tragen kommen und das Verfahren eingestellt wird. Er kann auch den Asylantrag zurücknehmen. Nach den Regelungen des gemeinsamen EU-Asylrechts kann der Asylsuchende das Asylverfahren nur in einem Mitgliedstaat durchführen und diesen nicht auswählen, sondern dieser wird nach den Regelungen der Dublin III-VO bestimmt. Führt der Asylsuchende im zuständigen Mitgliedstaat das Asylverfahren nicht ordnungsgemäß durch, führt dies in der Konsequenz dazu, dass er keinen Flüchtlingsstatus in einem Mitgliedstaat der EU erlangen kann. In der Praxis wichtig ist auch, dass nach § 15 Abs. 5 durch die Rücknahme des Asylantrags die Mitwirkungspflichten des Ausländers nicht beendet werden.

10   Gemäß § 22a S. 1 ist die Rechtsstellung des übernommenen Ausländers mit der des „inländischen" Asylsuchenden identisch. Er steht hinsichtlich aller Rechte und Pflichten einer Person gleich, die unmittelbar im Bundesgebiet Asyl begehrt hat. Es gelten insbesondere die Befolgungs- und Meldepflichten aus § 20 Abs. 1 (→ § 20 Rn. 3).

11   Soweit der Asylsuchende bereits im anderen Dublin-Staat erkennungsdienstlich behandelt wurde und die entsprechenden Dokumente mit übermittelt wurden, ist eine erneute erkennungsdienstliche Behandlung entbehrlich und im Hinblick auf den Verhältnismäßigkeitsgrundsatz auch nicht zulässig (GK-AsylG/Treiber Rn. 48 f.).

C. Folgepflicht (S. 2)

12   Gemäß § 22a S. 2 besteht für den übernommenen Asylsuchenden die Verpflichtung, sich bei oder unverzüglich nach der Einreise zu der Stelle zu begeben, die vom Bundesministerium des Innern, Bau und Heimat oder der von ihm bestimmten Stelle bestimmt ist. Dies sind in der Praxis entweder die Grenzbehörde, die Ausländerbehörde, die Polizei und vor allem die Aufnahmeeinrichtungen (BT-Drs. 12/4450, 20). Die Folgepflicht entsteht, sobald dem Schutzsuchenden die Stelle mitgeteilt worden ist, zu der er sich begeben soll. Da kein Schriftformerfordernis besteht, würde auch eine mündliche Mitteilung genügen.

13   Der Asylsuchende muss sich zu der bezeichneten Stelle begeben, dort persönlich erscheinen. Die Verpflichtungen entsprechen der Meldepflicht in § 22 Abs. 1 (→ § 22 Rn. 1 ff.).

14   Im Hinblick auf die Gleichstellung mit anderen Asylsuchenden (S. 1) greifen die Sanktionsfolgen bei Nichtbefolgung in gleicher Weise. Erfolgt keine unverzügliche Meldung bei der bestimmten Stelle, wird die Antragsrücknahme fingiert (→ § 20 Rn. 12; → § 22 Rn. 1 ff.). Aufgrund der Gleichstellung gilt auch die Belehrungspflicht nach § 20 Abs. 1 S. 4 (→ § 20 Rn. 8).

Unterabschnitt 3. Verfahren beim Bundesamt

§ 23 Antragstellung bei der Außenstelle

(1) Der Ausländer, der in der Aufnahmeeinrichtung aufgenommen ist, ist verpflichtet, unverzüglich oder zu dem von der Aufnahmeeinrichtung genannten Termin bei der Außenstelle des Bundesamtes zur Stellung des Asylantrags persönlich zu erscheinen.

(2) [1]Kommt der Ausländer der Verpflichtung nach Absatz 1 nicht nach, so findet § 33 Absatz 1, 5 und 6 entsprechend Anwendung. [2]Dies gilt nicht, wenn der Ausländer unverzüglich nachweist, dass das Versäumnis auf Umstände zurückzuführen war, auf die er keinen Einfluss hatte. [3]Auf diese Rechtsfolgen ist der Ausländer von der Aufnahmeeinrichtung schriftlich und gegen Empfangsbestätigung hinzuweisen. [4]Die Aufnahmeeinrichtung unterrichtet unverzüglich die ihr zugeordnete Außenstelle des Bundesamtes über die Aufnahme des Ausländers in der Aufnahmeeinrichtung und den erfolgten Hinweis nach Satz 3.

Überblick

Nach § 23 Abs. 1 hat der Ausländer, der in der Erstaufnahmeeinrichtung aufgenommen wurde, unverzüglich oder zu dem von der Aufnahmeeinrichtung genannten Termin bei der Außenstelle des Bundesamtes zur eigentlichen Asylantragsstellung persönlich zu erscheinen (→ Rn. 3 ff.). Hierüber und über die Rechtsfolgen ist der Asylsuchende zu belehren. Bei Verstoß gegen diese Pflicht droht die Einstellung des Verfahrens gem. § 33 (→ Rn. 8 ff.).

A. Allgemeines

1   § 23 verfügt eine Rechtspflicht des Ausländers, zur Stellung des förmlichen Asylantrags iSd § 14 Abs. 1 in der für ihn zuständigen Außenstelle des Bundesamtes persönlich zu erscheinen. Für einen Asylsuchenden besteht ein Anspruch auf Einräumung einer Gelegenheit zur Stellung des förmlichen Asylantrags (VG Regensburg Beschl. v. 3.2.2016 – RN 7 E 16.30119, www.asyl.net/rsdb/m23586/).

§ 23 setzt in seiner Funktionsweise voraus, dass die Länder zusammen mit dem BAMF die **2** Terminbestimmungen möglichst effektiv und professionell organisieren, auch im Hinblick auf die europarechtlichen Verpflichtungen Deutschlands hinsichtlich der Registrierung von Asylbewerbern (vgl. Art. 6 Abs. 1 S. 1 Asylverfahrens-RL). Mit § 23 verfolgt der Gesetzgeber das Ziel, dem häufigen Verhalten entgegenzuwirken, dass Ausländer eine förmliche Asylantragstellung unterlassen, um so das Asylverfahren zu verzögern und ihre faktische Aufenthaltsdauer möglichst selbst zu bestimmen (sog. „Kalkül des Bleibens").

B. Erscheinenspflicht zur förmlichen Asylantragstellung

Die Anordnung des persönlichen Erscheinens ist zwingend, weil von dem Ausländer bei der **3** Antragstellung unvertretbare Handlungen zu leisten sind, etwa die Mitwirkung bei der erkennungsdienstlichen Behandlung (§ 16, → § 16 Rn. 7). Die Befolgung der Erscheinenspflicht gehört zu den allgemeinen gesetzlichen Mitwirkungspflichten des Ausländers (§ 15 Abs. 2). In § 23 Abs. 1 gemeint ist die nur beim Bundesamt zulässige förmliche Asylantragstellung nach § 14 Abs. 1 im Sinne des Erstantrages (zur Behandlung weiterer Anträge vgl. Hailbronner AuslR Rn. 21 ff.), nicht das formlose Asylgesuch gem. § 13. Die förmliche Asylantragstellung erfolgt gem. § 24 Abs. 1 S. 3 möglichst im Rahmen einer persönlichen – mündlichen – Anhörung, über die gem. § 25 Abs. 7 eine Niederschrift zu fertigen ist, „die die wesentlichen Angaben des Ausländers enthält". Diese Niederschrift ist als öffentliche Urkunde Kern der (elektronischen) Asylakte als Grundlage für die Entscheidung über das Asylbegehren (vgl. Hailbronner AuslR Rn. 16a ff.).

Soweit kein Termin bestimmt wurde, hat sich der Ausländer „unverzüglich" bei der Außenstelle **4** zur Antragsstellung zu melden (vgl. auch § 15 Abs. 2 Nr. 3). Unverzüglich bedeutet „ohne schuldhaftes Zögern" (§ 121 BGB). Unabhängig davon hat das Bundesamt die allgemeine Pflicht, für eine rasche Asylantragstellung und -verbescheidung zu sorgen. Das Bundesamt sollte daher durch Terminbestimmungen von Amts wegen zur Asylantragstellung und möglichst gleichzeitigen Anhörung (§ 25 Abs. 4) sicherstellen, dass alle Ausländer möglichst umgehend zur Asylantragstellung erscheinen; auf die selbstständige Erfüllung der Pflicht zum „unverzüglichen" Erscheinen sollte es nicht vertrauen. Die Aufnahmeeinrichtung wiederum hat die Dienstpflicht, beim Bundesamt dafür einzutreten, dass umgehend der Termin bestimmt wird, so dass dieser dem Ausländer von der Aufnahmeeinrichtung genannt werden kann. Soweit ein Ausländer verpflichtet ist, sich „unverzüglich" selbst zu melden, ist ratsam, innerhalb weniger Tage diese Meldung vorzunehmen. Ein schuldhaftes Zögern ist nicht anzunehmen, wenn er sich vor der Antragsstellung beraten lässt oder zunächst von den Strapazen der Flucht erholen muss, soweit es sich hierfür um einen angemessenen Zeitraum handelt.

Da (nur) das Bundesamt für das Asylverfahren zuständig ist, obliegt auch nur ihm die Terminbe- **5** stimmung, nicht der Aufnahmeeinrichtung. Wenn der Gesetzgeber in § 23 Abs. 1 anordnet, dass die Aufnahmeeinrichtung dem Ausländer den Termin nennt, dürfte dies einerseits eher als besondere Fürsorglichkeit des Gesetzgebers zugunsten des Ausländers anzusehen sein. Die bundesamtliche Terminbestimmung soll nach dem Zweck des Gesetzes möglichst rasch, rechtssicher und verlässlich bis zu dem Adressaten gelangen (Beschleunigungsgesichtspunkt). Welche Außenstelle in der Terminbestimmung genannt wird, entscheidet das Bundesamt in eigener Zuständigkeit. § 23 bestimmt nicht die gesetzliche Festlegung einer örtlichen Zuständigkeit, so dass im Verhältnis zu asylsuchenden Ausländern jede Außenstelle stets einen Antrag rechtswirksam aufnehmen, eine Anhörung durchführen und entscheiden kann (Hailbronner AuslR Rn. 6, 8, 10). Eine „örtliche Zuständigkeit" beim BAMF im rechtlichen Sinne gibt es auch nicht, da das BAMF eine einzige Bundesbehörde ist mit mehreren unselbstständigen Außenstellen, die nur im Innenverhältnis eine Aufgabenverteilung haben.

Die Terminmitteilung selbst kann schriftlich, mündlich oder in jeder anderen Form erfolgen **6** (Bergmann/Dienelt/Bergmann Rn. 8). Sie kann auch zB durch einen Aushang erfolgen, sollte jedoch besser individuell ausgestaltet sein, etwa durch dokumentierte Übergabe eines Schriftstücks. Bundesamt und Aufnahmeeinrichtung haben als Dienstpflicht die Terminmitteilung sorgfältig zu dokumentieren, um die Durchsetzung der Pflichten nach § 23 Abs. 2 und die Sanktionierung von Verstößen sicherzustellen.

Die Erscheinenspflicht gilt aufgrund der eindeutigen Bezugnahme auf den Abs. 1 nicht für die **7** in § 14 Abs. 2 bezeichnen Personengruppen, die ihren Antrag schriftlich beim Bundesamt stellen können. Diese Personen sind auch nicht verpflichtet, in einer Aufnahmeeinrichtung zu wohnen.

C. Rechtsfolge bei Verstoß gegen die Erscheinenspflicht

8   Durch Neufassung des § 23 Abs. 2 S. 1 und S. 2 durch das Gesetz zur Einführung beschleunigter Asylverfahren (v. 11.3.2016, BGBl. I 390) hat der Gesetzgeber die Rechtsfolge eines Verstoßes gegen die Erscheinenspflicht geändert, indem dieses Verhalten nunmehr als Fall des Nichtbetreibens des Verfahrens nach § 33 Abs. 1, Abs. 5 und Abs. 6 behandelt wird. Damit sollte die Vorschrift an die die Asylverfahrens-RL angeglichen werden (vgl. NK-AuslR/Fränkel Rn. 5). Wird der Asylantrag nicht innerhalb der gesetzten Frist bzw. nicht unverzüglich gestellt, gilt er nach § 33 Abs. 1 als zurückgenommen (→ § 33 Rn. 1).

9   Für den Fall, dass ein Ausländer nicht von sich aus bei der Außenstelle erscheint, sondern eine Terminbestimmung des Bundesamtes abwartet, wird teilweise vertreten, es stelle kein schuldhaftes Zögern des Ausländers dar, wenn er auf eine Aufforderung zum Termin warte (NK-AuslR/Fränkel Rn. 2). Dagegen spricht, dass die nach dem Wortlaut festgelegte vorrangige Rechtspflicht zum unverzüglichen Erscheinen ohne Terminbestimmung außer Acht gelassen würde. Wenn das Nichtbefolgen darauf beruht, dass der Ausländer die komplizierten Abläufe in der Erstaufnahmeeinrichtung nicht durchschaut, wird es im Einzelfall möglicherweise am Vertretenmüssen des Asylsuchenden scheitern.

10   Nach § 23 Abs. 2 S. 2 kann der Ausländer sich gewissermaßen exkulpieren, indem er unverzüglich nachweist, dass das Versäumnis auf Umstände zurückgeht, auf die er keinen Einfluss hatte. Krankheit ist nur dann ein solcher Umstand, wenn Verhandlungsunfähigkeit nachgewiesen wird (zur parallelen Lage bei der Anhörung VG München BeckRS 2017, 100655 Rn. 23). Die Beweislast für das Vorliegen von Umständen, auf die der Asylsuchende keinen Einfluss hatte, liegt bei ihm (ausf. → § 33 Rn. 33 ff.).

11   Nach § 23 Abs. 2 S. 3 muss die Aufnahmeeinrichtung die Ausländer auf die Rechtsfolge hinweisen, die eintritt, wenn ein Ausländer der Pflicht zum Erscheinen zur Stellung eines Asylantrags bei der zuständigen Außenstelle nicht nachkommt (zu den Rechtsfolgen → § –20 Rn. 4).

§ 24 Pflichten des Bundesamtes

(1) ¹Das Bundesamt klärt den Sachverhalt und erhebt die erforderlichen Beweise. ²Nach der Asylantragstellung unterrichtet das Bundesamt den Ausländer in einer Sprache, deren Kenntnis vernünftigerweise vorausgesetzt werden kann, über den Ablauf des Verfahrens und über seine Rechte und Pflichten im Verfahren, insbesondere auch über Fristen und die Folgen einer Fristversäumung. ³Es hat den Ausländer persönlich anzuhören. ⁴Von einer Anhörung kann abgesehen werden, wenn das Bundesamt den Ausländer als asylberechtigt anerkennen will oder wenn der Ausländer nach seinen Angaben aus einem sicheren Drittstaat (§ 26a) eingereist ist. ⁵Von einer Anhörung kann auch abgesehen werden, wenn das Bundesamt einem nach § 13 Absatz 2 Satz 2 beschränkten Asylantrag stattgeben will. ⁶Von der Anhörung ist abzusehen, wenn der Asylantrag für ein im Bundesgebiet geborenes Kind unter sechs Jahren gestellt und der Sachverhalt auf Grund des Inhalts der Verfahrensakten der Eltern oder eines Elternteils ausreichend geklärt ist.

(1a) ¹Sucht eine große Zahl von Ausländern gleichzeitig um Asyl nach und wird es dem Bundesamt dadurch unmöglich, die Anhörung in zeitlichem Zusammenhang mit der Antragstellung durchzuführen, so kann das Bundesamt die Anhörung vorübergehend von einer anderen Behörde, die Aufgaben nach diesem Gesetz oder dem Aufenthaltsgesetz wahrnimmt, durchführen lassen. ²Die Anhörung darf nur von einem dafür geschulten Bediensteten durchgeführt werden. ³Die Bediensteten dürfen bei der Anhörung keine Uniform tragen. ⁴§ 5 Absatz 4 gilt entsprechend.

(2) Nach Stellung eines Asylantrags obliegt dem Bundesamt auch die Entscheidung, ob ein Abschiebungsverbot nach § 60 Absatz 5 oder 7 des Aufenthaltsgesetzes vorliegt.

(3) Das Bundesamt unterrichtet die Ausländerbehörde unverzüglich über
1. die getroffene Entscheidung und
2. von dem Ausländer vorgetragene oder sonst erkennbare Gründe
  a) für eine Aussetzung der Abschiebung, insbesondere über die Notwendigkeit, die für eine Rückführung erforderlichen Dokumente zu beschaffen, oder
  b) die nach § 25 Abs. 3 Satz 2 Nummer 1 bis 4 des Aufenthaltsgesetzes der Erteilung einer Aufenthaltserlaubnis entgegenstehen könnten.

(4) Ergeht eine Entscheidung über den Asylantrag nicht innerhalb von sechs Monaten, hat das Bundesamt dem Ausländer auf Antrag mitzuteilen, bis wann voraussichtlich über seinen Asylantrag entschieden wird.

Überblick

Nach § 24 Abs. 1 hat das Bundesamt den Sachverhalt im Asylverfahren umfassend zu klären (→ Rn. 1) und die notwendigen Beweise zu erheben (→ Rn. 8). Die Sachverhaltsaufklärung erfolgt – unter Berücksichtigung der Verpflichtungen aus der Asylverfahrens-RL (→ Rn. 3) von Amts wegen, allerdings treffen den Asylsuchenden umfassende Mitwirkungspflichten (→ Rn. 4). Nach der Asylantragsstellung ist der Asylbewerber über den Ablauf des Verfahrens und seine Recht und Pflichten zu unterrichten (→ Rn. 10). Zentrales Element der Sachverhaltsaufklärung ist die persönliche Anhörung zu den Fluchtgründen (→ Rn. 13). § 24 Abs. 1 S. 4–6 regelt Gründe für das Absehen von der persönlichen Anhörung (→ Rn. 14). § 24 Abs. 1a enthält eine Ausnahmevorschrift, dass – in Abweichung vom Grundsatz, dass nur Mitarbeitende einer für die Asylentscheidung besonders spezialisierten Behörde die Anhörung zu den Fluchtgründen durchführen dürfen – Mitarbeitenden anderer Behörden unter bestimmten Vorgaben die Aufgabe der Anhörung übertragen werden darf (→ Rn. 18). Nach Abs. 2 entscheidet das Bundesamt nach gestelltem Asylantrag über das Vorliegen von Abschiebungsverboten nach § 60 Abs. 5 oder Abs. 7 AufenthG (→ Rn. 21). Abs. 3 regelt die Information der Ausländerbehörde über den Verfahrensstand (→ Rn. 22). Nach Abs. 4 ist der Asylsuchende zu informieren, falls die nach der Asylverfahrens-RL vorgesehene maximale grundsätzliche Bearbeitungsfrist von sechs Monaten nicht eingehalten werden kann (→ Rn. 23).

Übersicht

A. Allgemeines

§ 24 regelt in kurzer Form den Kern des Verfahrens beim Bundesamt. Zugleich wurden **1** in § 24 verschiedene Verpflichtungen des Bundesamtes normiert, die auf Regelungen in der Asylverfahrens-RL zurückgehen. Von besonderer Bedeutung ist die Ermittlung und Sichtung des Sachverhaltes um festzustellen, ob der Antragssteller eine begründete Furcht vor Verfolgung hat und ob ihm im Sinne des materiellen Flüchtlingsrechts ein Schutzstatus zuzuerkennen ist. Soweit die Regelungen im AsylG, insbesondere die §§ 23–25, keine Sonderregelungen beinhalten, gelten die allgemeinen Vorschriften des VwVfG auch für das Asylverfahren. Viele Detailregelungen über das Verfahren beim Bundesamt sind in der Dienstanweisung Asyl (DA-Asyl) des BAMF enthalten (sa § 5 Abs. 2 S. 2; → § 5 Rn. 1).

B. Pflicht zur Sachverhaltsaufklärung

Das Bundesamt hat nach Abs. 1 den Sachverhalt zu klären und die Beweise zu erheben. Das **2** Bundesamt muss – soweit erforderlich – möglichst alle relevanten Umstände des Einzelfalles von Amts wegen ermitteln.

I. Pflichten nach der Asylverfahrens-RL

Nach Art. 10 Abs. 3 Asylverfahrens-RL stellen die Mitgliedstaaten sicher, dass die Asylbehörde **3** ihre Entscheidung über einen Antrag auf internationalen Schutz nach angemessener Prüfung trifft. Zu diesem Zweck ist sicherzustellen, dass

- die Anträge einzeln, objektiv und unparteiisch geprüft und entschieden werden;
- genaue und aktuelle Informationen aus verschiedenen Quellen, wie etwa EASO und UNHCR sowie einschlägigen internationalen Menschenrechtsorganisationen, eingeholt werden, die Aufschluss geben über die allgemeine Lage in den Herkunftsstaaten der Antragsteller und ggf. in den Staaten, durch die sie gereist sind, und diese Informationen den für die Prüfung und Entscheidung der Anträge zuständigen Bediensteten zur Verfügung stehen;
- die für die Prüfung und Entscheidung der Anträge zuständigen Bediensteten die anzuwendenden Standards im Bereich Asyl- und Flüchtlingsrecht kennen.

II. Sachverhaltsaufklärung von Amts wegen und Mitwirkungspflichten des Asylbewerbers

4   Im Asylverfahren wird einerseits der Sachverhalt vom Bundesamt – soweit es um die objektiven Umstände im Herkunftsland geht – von Amts wegen ermittelt; dies entspricht dem allgemeine Untersuchungsgrundsatz des § 24 VwVfG. Den Asylbewerber treffen aber andererseits weitgehende Darlegungs- und Mitwirkungspflichten (s. §§ 15 und 25). Insbesondere Umstände, die in seine Sphäre fallen, muss er selbst darlegen. Es obliegt dem Asylsuchenden, die für die Erstellung einer Gefährdungsprognose relevanten Umstände glaubhaft vorzubringen. Dies bringt § 25 Abs. 1 zum Ausdruck, nach dem der Asylbewerber selbst die Tatsachen vortragen muss, die seine Furcht vor Verfolgung oder die Gefahr eines ihm drohenden ernsthaften Schadens begründen, und die erforderlichen Angaben machen muss.

5   Diese Begrenzung der Sachverhaltsaufklärung trägt der besonderen Situation im Flüchtlingsrecht Rechnung, dass es sich um die Aufklärung eines Sachverhaltes im Ausland handelt und oft nur der Asylbewerber selbst in der Lage ist, die entscheidungserheblichen Umstände des Einzelfalles, vor allem persönlich Erlebtes, zu schildern. Allerdings ist auch immer die Beweisnot des Asylbewerbers zu berücksichtigen; gerade Menschen, die Opfer von politischer Verfolgung oder von Menschenrechtsverletzungen sind, werden allenfalls bedingt in der Lage sein, entsprechende Beweismittel vorzulegen. Die Staaten, aus denen sie geflohen sind, dürften kaum ein Interesse haben, dass ihr Verhalten publik wird (vgl. BVerwG BeckRS 9998, 105419; BVerfGE 94, 166 (200) = BeckRS 9998, 170716).

6   Nach Art. 4 Abs. 1 S. 1 Qualifikations-RL können die Mitgliedstaaten es als Pflicht des Antragstellers betrachten, so schnell wie möglich alle zur Begründung des Antrags auf internationalen Schutz erforderlichen Anhaltspunkte darzulegen. Nach Art. 4 Abs. 1 S. 2 Qualifikations-RL ist es aber die Pflicht des Mitgliedstaats, unter Mitwirkung des Antragstellers die für den Antrag maßgeblichen Anhaltspunkte zu prüfen. Zu diesen Anhaltspunkten gehören nach Art. 4 Abs. 2 Qualifikations-RL Angaben des Antragstellers zu Alter und familiären und sozialen Verhältnissen – auch der betroffenen Verwandten – , Identität, Staatsangehörigkeit(en), Land / Ländern und Ort(en) des früheren Aufenthalts, früheren Asylanträgen, Reisewegen und Reisedokumenten sowie zu den Gründen für seinen Antrag auf internationalen Schutz und sämtliche ihm zur Verfügung stehenden Unterlagen zu diesen Angaben.

7   Art. 4 Abs. 3 Qualifikations-RL schreibt dann in Konkretisierung der Sachverhaltsaufklärungspflicht vor, dass die Anträge individuell zu prüfen sind. Dabei sind alle mit dem Herkunftsland verbundenen Tatsachen, die zum Zeitpunkt der Entscheidung über den Antrag relevant sind, einschließlich der Rechts- und Verwaltungsvorschriften des Herkunftslandes und der Weise, in der sie angewandt werden, zu prüfen. In der Praxis hat sich hier das Bundesamt aller ihm zugänglichen Erkenntnismittel zu bedienen. Das Bundesamt verfügt hierzu über eine umfassende Datenbank mit Herkunftsländerinformationen, aber auch alle anderen verfügbaren Quellen mit Herkunftsländerinformationen sind heranzuziehen (zB www.ecoi.net). Die Sachverhaltsaufklärung durch das Bundesamt bezieht sich dabei immer auf die individuelle Lage und die persönlichen Umstände des Antragstellers, einschließlich solcher Faktoren wie familiärer und sozialer Hintergrund, Geschlecht und Alter, um bewerten zu können, ob in Anbetracht seiner persönlichen Umstände die Handlungen, denen er ausgesetzt war oder ausgesetzt sein könnte, einer Verfolgung oder einem sonstigen ernsthaften Schaden gleichzusetzen sind (vgl. Art. 4 Abs. 3 lit. c Qualifikations-RL).

III. Beweiserhebung

8   Aus der Pflicht zur Sachverhaltsaufklärung kann sich die Notwendigkeit ergeben, generelle oder fallbezogene Beweise zu erheben. Nach § 15 Abs. 2 Nr. 5 iVm § 15 Abs. 3 ist der Asylbewerber verpflichtet, in seinem Besitz befindliche Schriftstücke vorzulegen, soweit sie für das Verfahren relevant sind. Es kann auch vorkommen, dass er sich auf bestimmte Schriftstücke beruft. Auch in diesem Kontext kann es erforderlich sein, weiter Beweis zu erheben (zB vorgelegte Dokumente auf ihre Echtheit zu überprüfen).

Die Beweismittel nach § 26 VwVfG bzw. der ZPO können auch im Asylverfahren angewandt **9** werden: Zeugenbeweis, Sachverständigenbeweis oder der Beweis mit Hilfe von Urkunden (§§ 373 ff., 402 ff., 415 ff. ZPO).

Für die Frage, wieweit die Mitwirkungspflichten gehen und der Asylbewerber Nachweise erbringen **9.1** muss, enthält Art. 4 Abs. 5 Qualifikations-RL weitere Regelungen:

Soweit die Mitgliedstaaten den Grundsatz anwenden, wonach der Antragsteller seinen Antrag **9a** auf internationalen Schutz begründen muss (in Deutschland ist dies der Fall) und fehlen für Aussagen des Antragstellers Unterlagen oder sonstige Beweise, so bedürfen diese Aussagen keines Nachweises, wenn der Antragsteller sich offenkundig bemüht hat, seinen Antrag zu begründen; alle dem Antragsteller verfügbaren Anhaltspunkte vorliegen und eine hinreichende Erklärung für das Fehlen anderer relevanter Anhaltspunkte gegeben wurde; festgestellt wurde, dass die Aussagen des Antragstellers kohärent und plausibel sind und zu den für seinen Fall relevanten, verfügbaren besonderen und allgemeinen Informationen nicht in Widerspruch stehen; der Antragsteller internationalen Schutz zum frühestmöglichen Zeitpunkt beantragt hat, es sei denn, er kann gute Gründe dafür vorbringen, dass dies nicht möglich war; und die generelle Glaubwürdigkeit des Antragstellers festgestellt worden ist."

C. Unterrichtungs- und Informationspflichten

Nach § 24 Abs. 1 S. 2 unterrichtet das Bundesamt nach der Asylantragstellung den Ausländer **10** in einer Sprache, deren Kenntnis vernünftigerweise vorausgesetzt werden kann (→ § 33 Rn. 82), über den Ablauf des Verfahrens und über seine Rechte und Pflichten im Verfahren, insbesondere auch über Fristen und die Folgen einer Fristversäumung.

§ 24 Abs. 1 S. 2 enthält die allgemeine Unterrichtungspflicht. Spezielle Regelungen sind **11** daneben zu finden in den § 10 Abs. 7 (im Hinblick auf die Zustellungsvorschriften), § 25 Abs. 3 S. 2 (im Hinblick auf die Präklusion bei verspätetem Vorbringen), § 33 (die Rücknahmefiktion bei Nichtbetreiben → § 33 Rn. 1).

Generell ist zu beachten, dass dann, wenn das Gesetz in einer speziellen Vorschrift Rechtsfolgen **12** an ein bestimmtes Verhalten knüpft, die Belehrung bzw. Unterrichtung in einer Sprache erfolgen muss, deren Kenntnis vernünftigerweise vorausgesetzt werden kann (VG Minden BeckRS 2017, 122134 Rn. 25; VG Greifswald BeckRS 2017, 101535) bzw. von der vorausgesetzt werden kann, dass die betreffende Person sie ausreichend beherrscht (VG Gießen Beschl. v. 30.5.2017 – 1 L 4386/17.GI.A, www.asyl.net/rsdb/m25139/).

Die Informationspflicht bezieht sich ua auch auf die Information über die Folgen des Verzichts auf die **12.1** Durchführung eines Asylverfahrens für ein Kind iSd § 14a Abs. 3 AsylG (→ § 14a Rn. 1). Die Pflicht zur Information von Asylsuchenden über ihre Rechte und Pflichten gemäß § 24 Abs. 1 S. 2 AsylG dient dem individuellen Schutz und ist im Lichte der Informationspflicht aus Art. 12 Abs. 1 lit. a Asylverfahrens-RL auszulegen. Im Verzicht auf die Durchführung des eigenen oder für ein Kind eingeleiteten Asylverfahrens ist eine „Rücknahme" iSv Art. 12 Abs. 1 lit. a und Art. 27 Abs. 1 Asylverfahrens-RL zu sehen. Die Pflicht zur Information muss sich nicht nur zu den aufenthaltsrechtlichen Folgen, sondern gerade auch zu den asylrechtlichen Folgen der Rücknahme bzw. eines Verzichts verhalten (VG Minden BeckRS 2020, 5423 = https://www.asyl.net/rsdb/m28321/).

Eine Belehrung über die Rechtsfolgen eines Fernbleibens von der Anhörung ist irreführend, wenn der **12.2** Eindruck entsteht, Hinderungsgründe könnten nur vor der Anhörung geltend gemacht werden. Sie ist zudem fehlerhaft, wenn sie besagt, dass die Nichtwahrnehmung der Anhörung nachteilige Folgen haben „könne", da eine solche Formulierung gegen den zwingenden Wortlaut von § 33 Abs. 1 AsylG verstößt. Die Belehrung ist stets in einer Sprache zu erteilen, von der vorausgesetzt werden kann, dass die betreffende Person sie ausreichend beherrscht. Die Voraussetzung, die Belehrung „gegen Empfangsbestätigung" zu erteilen, erfordert eine Erklärung des Antragstellers oder eins Dritten („Bestätigung"), mit dem Inhalt, dass der Hinweis „empfangen", also persönlich entgegengenommen wurde. Ein schlichter Zugang oder eine Zustellung ist nicht ausreichend (VG Gießen Beschl. v. 30.5.2017 - 1 L 4386/17.GI.A, www.asyl.net/rsdb/m25139/)..

D. Pflicht zur persönlichen Anhörung

Nach § 24 Abs. 1 S. 3 ist der Asylbewerber in seinem Verfahren persönlich anzuhören (→ **13** § 25 Rn. 1).

14 § 24 Abs. 1 S. 4–6 regelt verschiedene Fallgruppen, wann auf persönliche Anhörung zum Inhalt des Antrags verzichtet werden kann:
- wenn das Bundesamt den Ausländer als asylberechtigt anerkennen will (Ermessen);
- wenn der Ausländer nach seinen Angaben aus einem sicheren Drittstaat (§ 26a) eingereist ist (Ermessen);
- wenn das Bundesamt einem nach § 13 Abs. 2 S. 2 auf den internationalen Schutz beschränkten Asylantrag stattgeben will (Ermessen);
- wenn der Asylantrag für ein im Bundesgebiet geborenes Kind unter sechs Jahren gestellt und der Sachverhalt auf Grund des Inhalts der Verfahrensakten der Eltern oder eines Elternteils ausreichend geklärt ist (zwingend).

15 In Art. 14 Abs. 2 Asylverfahrens-RL ist geregelt, in welchen Fällen nach der Richtlinie auf die Anhörung verzichtet werden kann. Diese sind nicht deckungsgleich mit der Regelung in § 24. Soweit die Asylverfahrens-RL einen Verzicht auf die Anhörung nicht erlaubt, sind die Regelungen in § 24 als mit dem Unionsrecht unvereinbar nicht anzuwenden.

16 Danach kann nach Art. 14 Abs. 2 lit. b Asylverfahrens-RL auch auf die Anhörung verzichtet werden, wenn die Asylbehörde der Auffassung ist, dass der Antragsteller aufgrund dauerhafter Umstände, die sich seinem Einfluss entziehen, nicht zu einer Anhörung in der Lage ist. Im Zweifelsfall konsultiert die Asylbehörde medizinisches Fachpersonal, um festzustellen, ob es sich bei dem Umstand, der dazu führt, dass der Antragsteller nicht zu einer Anhörung in der Lage ist, um einen vorübergehenden oder dauerhaften Zustand handelt (→ § 25 Rn. 43).

17 Findet eine persönliche Anhörung des Antragstellers – oder ggf. der vom Antragsteller abhängigen Person – gem. Art. 14 Abs. 2 lit. b Asylverfahrens-RL nicht statt, so müssen angemessene Bemühungen unternommen werden, damit der Antragsteller oder die von ihm abhängige Person weitere Informationen unterbreiten können.

17a Ist im Fall des § 24 Abs. 1 S. 6 AsylG von der Anhörung abzusehen, besteht keine Pflicht des minderjährigen Ausländers oder eines seiner gesetzlichen Vertreter, einer dennoch angeordneten Anhörung nachzukommen mit der Folge, dass die hierauf gestützte Einstellung des Asylverfahrens nach § 33 Abs. 1 und 2 S. 1 Nr. 1 AsylG nebst der auf § 34 Abs. 1 und § 38 Abs. 2 AsylG gestützten Abschiebungsandrohung rechtswidrig sind (VG Frankfurt/Oder 14.12.2018 – 6 L 1232/18.A, www.asyl.net/rsdb/m26978/).

E. Anhörung durch Mitarbeitende einer anderen Behörde bei hohen Zugangszahlen

18 § 24 Abs. 1a regelt als Sonderfall eine Abweichung vom Grundsatz, dass nur Mitarbeitende einer für die Asylentscheidung besonders spezialisierten Behörde – in Deutschland das Bundesamt für Migration und Flüchtlinge – die Anhörung zu den Fluchtgründen durchführen dürfen (vgl. → § 25 Rn. 8). Diese Vorschrift entspricht Art. 14 Abs. 1 UAbs. 2 Asylverfahrens-RL.

19 Voraussetzung für die Anwendung dieser Sondervorschrift ist, dass „eine große Zahl von Ausländern gleichzeitig um Asyl nachsucht und es dem Bundesamt dadurch unmöglich wird, die Anhörung in zeitlichem Zusammenhang mit der Antragstellung durchzuführen". In diesem Fall kann das Bundesamt die Anhörung vorübergehend von einer anderen Behörde, die Aufgaben nach diesem Gesetz oder dem Aufenthaltsgesetz wahrnimmt, durchführen lassen. Dabei darf nach § 24 Abs. 1a S. 2 die Anhörung nur von einem dafür geschulten Bediensteten durchgeführt werden. Die Bediensteten dürfen bei der Anhörung keine Uniform tragen. § 5 Abs. 4 gilt entsprechend.

20 Schon aus der Formulierung in der Asylverfahrens-RL und in § 24 Abs. 1a („vorübergehend von einer anderen Behörde") wird deutlich, dass die Vorschrift nur für Situationen zu Anwendung kommen kann, wenn sehr plötzlich die Antragszahlen sehr stark ansteigen und schnell auf die Situation regiert werden muss. Steigen Antragszahlen von einem Jahr zum anderen stark an und ist das eine kontinuierliche Entwicklung, die vorhersehbar ist, ist fraglich, ob hier die Voraussetzungen des § 24 Abs. 1a vorliegen, zumal es hier auch für die Funktionsfähigkeit des Asylsystems wesentlich zweckmäßiger ist, das Fachpersonal beim Bundesamt für Migration und Flüchtlinge selbst – ggf. erst einmal nur vorübergehend – aufzustocken, als mit Mitarbeitern anderer Behörden zu arbeiten, was möglicherweise zu Qualitätseinbußen führt und die Sachverhaltsaufklärung dann zu Lasten der Funktionsfähigkeit des Gesamtsystems auf die Verwaltungsgerichtsbarkeit verschiebt.

F. Bündelung aller zielstaatsbezogener Entscheidungen beim BAMF

21 § 24 Abs. 2 regelt, dass das Bundesamt im Falle, dass ein Asylantrag iSd § 13 gestellt wurde, auch entscheidet, ob ein Abschiebungsverbot nach § 60 Abs. 5 oder Abs. 7 AufenthG (→ AufenthG § 60 Rn. 23) vorliegt. Damit werden alle zielstaatsbezogenen Aspekte beim Bundesamt konzentriert (hierzu sa § 42 S. 1 und § 31; → § 25 Rn. 8 ff.).

G. Mittteilungspflichten an die Ausländerbehörde

Nach § 24 Abs. 3 unterrichtet das Bundesamt die Ausländerbehörde unverzüglich über **22**
• die getroffene Entscheidung und
• von dem Ausländer vorgetragene oder sonst erkennbare Gründe für eine Aussetzung der Abschiebung, insbesondere über die Notwendigkeit, die für eine Rückführung erforderlichen Dokumente zu beschaffen, oder Gründe, die nach § 25 Abs. 3 S. 2 Nr. 1–4 AufenthG der Erteilung einer Aufenthaltserlaubnis entgegenstehen könnten.

H. Bearbeitungsfrist

§ 24 Abs. 4 verpflichtet das Bundesamt, wenn eine Entscheidung über den Asylantrag nicht **23** innerhalb von sechs Monaten ergeht, dem Ausländer auf Antrag mitzuteilen, bis wann voraussichtlich über seinen Asylantrag entschieden wird.

Art. 31 Abs. 3 Asylverfahrens-RL sieht vor, dass das Prüfverfahren über den Asylantrag innerhalb **24** von sechs Monaten zum Abschluss gebracht wird. Art. 31 Abs. 3 Asylverfahrens-RL enthält allerdings die Möglichkeit, die Bearbeitungsfrist um höchstens weitere neun Monate zu verlängern. Dies ist zum einen möglich, wenn sich in tatsächlicher und / oder rechtlicher Hinsicht komplexe Fragen ergeben. Andererseits kann die Bearbeitungsfrist verlängert werden, wenn eine große Anzahl von Personen gleichzeitig internationalen Schutz beantragt. Ein weiterer Grund ist eine Verzögerung, die eindeutig darauf zurückzuführen ist, dass der Antragsteller seinen Pflichten nach Art. 13 Asylverfahrens-RL nicht nachgekommen ist.

Art. 31 Abs. 4 Asylverfahrens-RL enthält eine Regelung für das Aufschieben des Prüfverfahrens, **25** wenn es vor dem Hintergrund „einer aller Voraussicht nach vorübergehenden ungewissen Lage im Herkunftsstaat" vernünftig ist, mit der Entscheidung abzuwarten.

Nach Art. 31 Abs. 5 Asylverfahrens-RL ist das Prüfverfahren auf jeden Fall innerhalb einer **26** maximalen Frist von 21 Monaten nach förmlicher Asylantragsstellung abzuschließen.

Nach Art. 31 Abs. 6 Asylverfahrens-RL ist sicherzustellen, dass der betreffende Antragsteller **27** für den Fall, dass innerhalb von sechs Monaten keine Entscheidung ergehen kann, über die Verzögerung informiert wird und auf sein Ersuchen hin über die Gründe für die Verzögerung und über den zeitlichen Rahmen, innerhalb dessen mit einer Entscheidung über seinen Antrag zu rechnen ist, unterrichtet wird. Der Anspruch auf Auskunftserteilung nach § 24 Abs. 4 AsylG kann im Rahmen der allgemeinen Leistungsklage geltend gemacht werden. Die Regelung des § 44a VwGO, wonach die isolierte Geltendmachung von Verfahrenshandlungen in einem laufenden Verfahren nicht zulässig ist, ist auf den Auskunftsanspruch nach § 24 Abs. 4 AsylG nicht anwendbar. Dem Asylantragsteller fehlt auch nicht das erforderliche Rechtsschutzinteresse für eine Klage auf Auskunftserteilung: auch wenn die Auskunftspflicht nur einen Anspruch auf Zwischenmitteilung umfasst, mit welcher Verfahrensdauer zu rechnen ist, ohne dass sich die Behörde selbst eine verbindliche Frist setzt, ist der Auskunftsanspruch geeignet, dem Asylantragsteller Klarheit über die voraussichtliche Verfahrensdauer zu verschaffen und dem Bundesamt gleichzeitig eine gewisse Rechtfertigungslast für die Verfahrensdurchführung aufzuerlegen. Auch unter Berücksichtigung hoher Asylantragszahlen seit dem Jahr 2015 ist eine Verfahrensdauer von über drei Jahren ohne nähere Konkretisierung eines voraussichtlichen Entscheidungsdatums im Lichte der Regelung des § 24 Abs. 4 AsylG nicht zu rechtfertigen (VG Hannover BeckRS 2018, 28951 = www.asyl.net/rsdb/m26992/).

Wurde über den Asylantrag ohne zureichenden Grund nicht in angemessener Frist entschieden, **28** besteht auch ein Rechtsschutzbedürfnis für eine Untätigkeitsklage mit dem Ziel, das Bundesamt für Migration und Flüchtlinge zur Bescheidung seines Antrages zu verpflichten, wenn noch keine Anhörung beim Bundesamt stattgefunden hat (BVerwGNVwZ 2018, 1875 in Modifikation seiner früheren Rechtsprechung, BVerwG NVwZ 1998, 861 und ZAR 2017, 236). Dabei ließ das BVerwG offen, ob der Asylantragsteller auf die Möglichkeit der Bescheidungsklage beschränkt ist oder er die Untätigkeitsklage auch mit dem Ziel erheben kann, das Bundesamt zur Gewährung internationalen Schutzes zu verpflichten. Zur Zulässigkeit der Untätigkeitsklage in solchen Fällen und zur Frage der Kostentragungspflicht bei Erledigung siehe auch: VG München NVwZ 2016, 486; VG Lüneburg BeckRS 2016, 44899; VG Gießen, Urt. v. 05.04.2016 - 8 K 4132/15.GI.A, www.asyl.net/rsdb/m23793/; VG München NVwZ 2016, 486.

§ 25 Anhörung

(1) [1]Der Ausländer muss selbst die Tatsachen vortragen, die seine Furcht vor Verfolgung oder die Gefahr eines ihm drohenden ernsthaften Schadens begründen, und die erforderlichen Angaben machen. [2]Zu den erforderlichen Angaben gehören auch solche über Wohnsitze, Reisewege, Aufenthalte in anderen Staaten und darüber, ob bereits in anderen Staaten oder im Bundesgebiet ein Verfahren mit dem Ziel der Anerkennung als ausländischer Flüchtling, auf Zuerkennung internationalen Schutzes im Sinne des § 1 Absatz 1 Nummer 2 oder ein Asylverfahren eingeleitet oder durchgeführt ist.

(2) Der Ausländer hat alle sonstigen Tatsachen und Umstände anzugeben, die einer Abschiebung oder einer Abschiebung in einen bestimmten Staat entgegenstehen.

(3) [1]Ein späteres Vorbringen des Ausländers kann unberücksichtigt bleiben, wenn andernfalls die Entscheidung des Bundesamtes verzögert würde. [2]Der Ausländer ist hierauf und auf § 36 Abs. 4 Satz 3 hinzuweisen.

(4) [1]Bei einem Ausländer, der verpflichtet ist, in einer Aufnahmeeinrichtung zu wohnen, soll die Anhörung in zeitlichem Zusammenhang mit der Asylantragstellung erfolgen. [2]Einer besonderen Ladung des Ausländers und seines Bevollmächtigten bedarf es nicht. [3]Entsprechendes gilt, wenn dem Ausländer bei oder innerhalb einer Woche nach der Antragstellung der Termin für die Anhörung mitgeteilt wird. [4]Kann die Anhörung nicht an demselben Tag stattfinden, sind der Ausländer und sein Bevollmächtigter von dem Anhörungstermin unverzüglich zu verständigen. [5]Erscheint der Ausländer ohne genügende Entschuldigung nicht zur Anhörung, entscheidet das Bundesamt nach Aktenlage, wobei auch die Nichtmitwirkung des Ausländers zu berücksichtigen ist.

(5) [1]Bei einem Ausländer, der nicht verpflichtet ist, in einer Aufnahmeeinrichtung zu wohnen, kann von der persönlichen Anhörung abgesehen werden, wenn der Ausländer einer Ladung zur Anhörung ohne genügende Entschuldigung nicht folgt. [2]In diesem Falle ist dem Ausländer Gelegenheit zur schriftlichen Stellungnahme innerhalb eines Monats zu geben. [3]Äußert sich der Ausländer innerhalb dieser Frist nicht, entscheidet das Bundesamt nach Aktenlage, wobei auch die Nichtmitwirkung des Ausländers zu würdigen ist. [4]§ 33 bleibt unberührt.

(6) [1]Die Anhörung ist nicht öffentlich. [2]An ihr können Personen, die sich als Vertreter des Bundes, eines Landes oder des Hohen Flüchtlingskommissars der Vereinten Nationen ausweisen, teilnehmen. [3]Anderen Personen kann der Leiter des Bundesamtes oder die von ihm beauftragte Person die Anwesenheit gestatten.

(7) [1]Über die Anhörung ist eine Niederschrift aufzunehmen, die die wesentlichen Angaben des Ausländers enthält. [2]Dem Ausländer ist eine Kopie der Niederschrift auszuhändigen oder mit der Entscheidung des Bundesamtes zuzustellen.

Überblick

Die persönliche Anhörung des Asylbewerbers ist das Herzstück des Asylverfahrens, um auf dessen Grundlage die Entscheidung über den Asylantrag zu treffen (→ Rn. 1). Die Anhörung zu den Fluchtgründen ist von anderen Befragungen, wie zB der Reisewegbefragung oder dem persönlichen Gespräch vor Erlass einer Dublin-Entscheidung, zu unterscheiden (→ Rn. 5). Den Asylbewerber treffen weitgehende Darlegungspflichten (→ Rn. 14), während das Bundesamt den Sachverhalt aufklären muss. Die Anhörung ist von einem besonders qualifizierten Mitarbeiter des Bundesamtes durchzuführen (→ Rn. 11), der auch über den Antrag entscheiden sollte (→ Rn. 13). Für die Durchführung der Anhörung gibt es unter anderem in der Asylverfahrens-RL verschiedene Vorgaben, um die Qualität der Entscheidungsfindung zu gewährleisten (→ Rn. 23; → § 17 Rn. 1). Ehepartner sind in der Regel getrennt anzuhören (→ Rn. 26), Kinder nur in bestimmten Fällen (→ Rn. 27). Der Asylbewerber muss alle wesentlichen Umstände vorbringen, um nicht zu riskieren, dass seine Angaben als unglaubhaft eingestuft werden oder ein weiterer Vortrag präkludiert ist (→ Rn. 32). Die Nicht-Teilnahme an der Anhörung trotz ordnungsgemäßer Terminbestimmung (→ Rn. 34) bzw. Ladung (→ Rn. 36), soweit den Asylsuchenden kein Verschulden trifft (→ Rn. 41), führt zur Einstellung des Verfahrens wegen Nichtbetreibens oder sogar zur Ablehnung des Asylantrages als offensichtlich unbegründet (→ Rn. 44). Der Asylsuchende hat das Recht, dass sein Bevollmächtigter (→ Rn. 50) oder ein Beistand an der Anhörung teilnimmt (→ Rn. 51). Über die Anhörung wird eine Niederschrift gefertigt (→ Rn. 60), diese muss rückübersetzt oder dem Asylbewerber ausgehändigt werden (→ Rn. 65).

Übersicht

A. Allgemeines

I. Funktion

Die persönliche Anhörung zu den Fluchtgründen eröffnet dem Asylbewerber die in der Praxis **1** einzige Möglichkeit, die in seine Sphäre fallenden Tatsachen, die für die Entscheidung von Relevanz sind, vorzutragen und „auf den Tisch zu legen" (BVerfG BeckRS 9998, 170716). Wenn der Asylsuchende nicht bereits wegen der Zugehörigkeit zu einer bestimmten Gruppe einer Gruppenverfolgung unterworfen ist, kommt es letztendlich auf seine individuellen Fluchtgründe und die in seiner Person bestehenden Gefährdungsmomente an, um beurteilen zu können, ob er eine begründete Furcht vor Verfolgung hat bzw. mit einem ernsthaften Schaden iSd Art. 15 Qualifikations-RL zu rechnen hat.

Die Anhörung iSd § 25 bezieht sich nur auf die Ermittlung der Tatsachen zum **2** Asylantrag iSd § 13 Abs. 2 S. 1 iVm § 1 Abs. 1 Nr. 2, §§ 3, 4, dh das Begehren auf Anerkennung als Asylberechtigter, Zuerkennung der Flüchtlingseigenschaft bzw. Gewährung subsidiären Schutzes.

Das Bundesamt muss den Sachverhalt möglichst vollständig, wenn auch nicht notwendig in **3** jedem Einzelfall, ermitteln (BVerwG InfAuslR 1999, 526 = BeckRS 1999, 30065069). Dabei geht es in der Praxis auch darum festzustellen, ob die Angaben des Asylbewerbers zu Identität, Herkunft, bisherigen Wohnorten und vor allem der Kern der Gründe für das Schutzgesuch glaubhaft sind. Sicherheitsaspekte spielen dabei eine zunehmende Bedeutung.

II. Regelungen im Unionsrecht

Die Asylverfahrens-RL regelt die Anhörung als Herzstück des Asylverfahrens recht umfassend. **4** Für ein rechtsstaatliches und faires Asylverfahren sind diese Mindeststandards von besonderer Bedeutung. In Art. 14 Asylverfahrens-RL ist die grundsätzliche Pflicht verankert, eine persönliche

Anhörung durchzuführen, damit der Asylbewerber die Gelegenheit erhält, umfassend zu seinen Fluchtgründen und seiner Furcht vor Verfolgung bzw. einem ernsthaften Schaden vorzutragen. Art. 14 Abs. 2 Asylverfahrens-RL regelt die Fälle, in denen von einer Abhörung abgesehen werden kann (→ § 24 Rn. 18 ff.). Art. 15 Asylverfahrens-RL regelt die Anforderungen an die persönliche Anhörung und zentrale Verfahrensrechte des Asylsuchenden. Art. 16 Asylverfahrens-RL definiert den Inhalt der Anhörung. Art. 17 Asylverfahrens-RL enthält die Regelungen in Bezug auf die Niederschrift.

III. Anhörung – weitere Fälle

5   § 25 regelt die persönliche Anhörung zu den Asylgründen.

6   Im Rahmen des Verfahrens finden weitere Befragungen des Antragstellers statt, die der Sachverhaltsaufklärung zu Beginn des Verfahrens dienen, bzw. erfolgen in speziellen Verfahrensarten; bspw.:
- die Erhebung der Daten im Rahmen der formalen Asylantragstellung beim Bundesamt zur Fertigung der Niederschrift über die Asylantragsstellung,
- die Reisewegbefragung,
- ggf. das persönliche Gespräch iSd Art. 5 Dublin III-VO (→ Dublin III-VO Art. 5 Rn. 1).

B. Absehen von der Anhörung

7   Nach § 24 Abs. 1 S. 3 ist der Asylbewerber in seinem Verfahren persönlich anzuhören. In § 24 Abs. 1 S. 4 sind die Fallgruppen geregelt, in denen im Erstverfahren keine Anhörung stattfindet. Im Folgeantrags- und Zweitantragsverfahren findet eine persönliche Anhörung nur in bestimmten Fällen statt (→ § 24 Rn. 14).

C. Durchführung der Anhörung, Darlegungspflichten und Pflicht zur Sachverhaltsaufklärung

I. Durchführung durch Bediensteten des Bundesamtes

1. Qualifikation

8   Das Bundesamt ist die für die Beurteilung von Asylanträgen speziell zuständige und sachkundige Behörde (§ 5, → § 5 Rn. 1), die entsprechend den Vorgaben in Art. 4 Asylverfahrens-RL für eine angemessene Prüfung der Asylanträge gemäß dieser Richtlinie zuständig ist. Sie muss nach den Vorgaben der Richtlinie angemessen ausgestattet sein und über kompetentes Personal in ausreichender Zahl verfügen.

9   Die Bediensteten des Bundesamtes entscheiden seit dem ZuwG (Zuwanderungsgesetz v. 30.7.2004, BGBl. I 1950) nicht mehr weisungsungebunden, sondern unterliegen den Weisungen der Leitungsebenen im Bundesamt für Migration und Flüchtlinge und unterstehen dem Bundesminister für Inneres, Bau und Heimat. In der Praxis wird über die Dienstanweisung Asyl (im Folgenden: „DA-Asyl"), weitere Verfahrensregelungen, interne Schulungen, das Verfahren zur Qualitätssicherung, Herkunftsländerleitsätze etc versucht, eine möglichst einheitliche Entscheidungspraxis zu gewährleisten. Durch die Aufhebung der Weisungsungebundenheit ist der politische Einfluss auf die Entscheidungspraxis – was die grundsätzliche Linie betrifft – gestiegen.

10   Die Anhörung ist von Mitarbeitenden der Asylbehörde durchzuführen, die dazu besonders geschult sind (vgl. Art. 14 Abs. 1 S. 2 Asylverfahrens-RL). Bei einer großen Zahl von gleichzeitig eingehenden Anträgen kann hiervon ausnahmsweise abgewichen werden, wenn die betrauten Mitarbeitenden dafür ausreichend geschult werden (vgl. Art. 14 Abs. 1 UAbs. 2 Asylverfahrens-RL; → § 24 Rn. 18).

11   Die Mitarbeiter, die Anhörungen durchführen, bedürfen hierzu einer besonderen Qualifikation. Beim Bundesamt werden hierfür Mitarbeitende eingesetzt, die die Ausbildung zum Entscheider haben. Sie sind Bedienstete des höheren, zumindest gehobenen Verwaltungsdienstes, die für diese Aufgabe besonders geschult werden. 2015/2016 wurde beim Bundesamt eine Vielzahl neuer Mitarbeitenden eingestellt, die ohne große Schulung und Einweisung Anhörungen in der Praxis durchgeführt haben. Von Seiten der Verbände wurde in einem „Memorandum für faire und sorgfältige Asylverfahren in Deutschland" (veröffentlicht in 2016, abrufbar unter www.amnesty.de) bezüglich vieler praktischer Fragen eine Vielzahl von Verbesserungsvorschlägen vorgelegt.

Vor dem Hintergrund, dass die Anhörung von einer qualifizierten – speziell für diese Aufgabe **12** geschulten – Behörde durchzuführen ist, ist eine Anhörung Asylsuchender durch die Ausländerbehörde zu den Gründen und Umständen der Einreise nach Stellung des Asylantrags im laufenden Asylverfahren grundsätzlich rechtswidrig. Es besteht ein Anspruch auf Löschung eines entsprechenden Protokolls und darauf, dass die Ausländerbehörde diejenigen Stellen, denen das Protokoll übermittelt wurde, von der Löschung unterrichtet (HmbOVG BeckRS 2015, 42853 = ASYLMAGAZIN 2015, 38 f.).

Das Bundesamt setzt zur Prüfung der Asylanträge von besonders schutzbedürftigen Personen **12a** sogenannte Sonderbeauftragte ein. Diese sind zusätzlich geschult und verfügen über besonderes Wissen im Umgang mit diesem Personenkreis. Nach Art. 15 Abs. 3 lit. a Asylverfahrens-RL gewährleisten die Mitgliedstaaten, dass die anhörende Person befähigt ist, die persönlichen und allgemeinen Umstände des Antrags einschließlich der kulturellen Herkunft, der Geschlechtszugehörigkeit, der sexuellen Ausrichtung, der Geschlechtsidentität oder der Schutzbedürftigkeit des Antragstellers zu berücksichtigen. Eine Anhörung im Asylverfahren, die unter Verletzung wesentlicher Verfahrensvorschriften durchgeführt wurde, ist einer nicht erfolgten Anhörung gleichzustellen.

Handelt es sich bei der antragstellenden Person mutmaßlich um ein Opfer sexualisierter Gewalt, **12b** so gebietet es die Asylverfahrensrichtlinie, die Anhörung durch eine entsprechend geschulte Person und unter Wahrung der gebotenen Sensibilität durchzuführen. Erfolgt dies nicht, so handelt es sich um einen durch das Gericht nicht heilbaren Verfahrensfehler mit der Folge, dass der streitgegenständliche Bescheid durch das Gericht aufzuheben ist siehe dazu VG Berlin (30.3.2021 – 31 K 324/20).

2. Auseinanderfallen von Anhörer/in und Entscheider

Aus den Vorschriften des § 25 einerseits und § 31 andererseits lässt sich nicht entnehmen, dass **13** Anhörer und Entscheider identisch sein müssen (VG Frankfurt a. M. AuAS 2001, 155 = LSK 2001, 370108; VG Schleswig Urt. v. 26.6.2006 – 1 A 8/06; wohl auch BVerwG JurionRS 1996, 21040 zur damaligen Praxis, bei der das absolute Ausnahmen waren). Wenn die Entscheidung ganz wesentlich auf der Glaubwürdigkeitsbeurteilung beruht, spricht aber sehr vieles dafür, dass bei Auseinanderfallen von Anhörer und Entscheider eine fehlerhafte Entscheidung nicht ausgeschlossen werden kann (vgl. VG Frankfurt (Oder) AuAS 2000, 126; VG Göttingen BeckRS 2011, 49269). Eine Ablehnung als offensichtlich unbegründet ist rechtswidrig, wenn die Zweifel am Sachvortrag des Antragstellers lediglich Ausfluss der subjektiven Einschätzung des Entscheiders sind, welcher selbst die Anhörung nicht durchgeführt hat (VG Meiningen Beschl. v. 9.1.2018 – 8 E 22401/17 Me, asyl.net: M25848; VG Braunschweig ASYLMAGAZIN 2018, 90 f. = asyl.net: M25434). Der VGH BW hat einen Antrag auf Zulassung der Berufung des BAMF zur grundsätzlichen Bedeutung der Rechtsfrage, ob die Personenverschiedenheit von Anhörer und Entscheider zulässig ist, wegen nicht ausreichender Darlegung der grundsätzlichen Bedeutung nicht zugelassen. Der Antrag habe sich nicht mit der Rechtsprechung des BVerwG (Beschl. v. 13.5.1996 – 9 B 174.96, JurionRS 1996, 21040 mit Hinweis auf § 5 Abs. 2 S. 1, § 24 Abs. 1 S. 2 AsylVfG aF) befasst, welches die Frage bereits als nicht klärungsbedürftig bezeichnet hat, weil sich die Antwort unmittelbar aus dem Gesetz ergebe, wonach die Anhörung nicht zwingend zu den Aufgaben von Entscheidern gehöre, obwohl dies sinnvoll wäre. Aus dieser Rechtsprechung des BVerwG ergebe sich zudem, dass es auf das persönliche Erinnerungsvermögen des Anhörers bei der Entscheidung nicht ankomme und daher die vom VG Stuttgart vorgenommene Übertragung der fünfmonatigen Höchstfrist zur Abfassung von Urteilen (§ 551 Abs. 2 S. 3 ZPO) offensichtlich ausscheide. Für eine vergleichbare Frist im behördlichen Asylverfahren gebe es keinen gesetzlichen Anhaltspunkt (VGH BW BeckRS 2017, 102172). Ob diese ältere Entscheidung des BVerwG ohne Berücksichtigung der neueren Regelungen in der AsylVfRL und den EASO-Qualitätsstandards für eine sachgerechte Entscheidung im Asylverfahren, in der es entscheidend auf die Glaubhaftmachung und den persönlichen Eindruck von der angehörten Person ankommt, so noch heranziehen lässt, um eine sehr problematische Praxis des Bundesamtes nicht genauer zu untersuchen, ist recht fraglich.

II. Darlegungspflichten und Pflicht zur Sachverhaltsaufklärung

1. Berücksichtigung der Beweisnot des Asylbewerbers

Der Asylbewerber befindet sich typischerweise in Beweisnot. Er ist als „Zeuge in eigener **14** Sache" zumeist das einzige Beweismittel. Auf die Glaubhaftigkeit seiner Schilderung und die Glaubwürdigkeit seiner Person kommt es entscheidend an (BVerfG BeckRS 9998, 170716).

15   Wer durch Vortrag eines Verfolgungsschicksals um Asyl nachsucht, ist in der Regel der deutschen Sprache nicht mächtig und deshalb auf die Hilfe eines Sprachmittlers angewiesen, um sich
mit seinem Begehren verständlich zu machen. Zudem ist er in aller Regel mit den kulturellen
und sozialen Gegebenheiten des Aufnahmelandes, mit Behördenzuständigkeiten und Verfahrensabläufen sowie mit den sonstigen geschriebenen und ungeschriebenen Regeln, auf die er nunmehr
achten soll, nicht vertraut. Andererseits werden in der Regel auch dem über den Asylantrag
entscheidenden Bediensteten des Bundesamtes weder die sozialen und kulturellen Gegebenheiten
im Herkunftsland des Asylbewerbers noch die sprachlichen Ausdrucksformen, deren sich der
Asylsuchende bedient, aus eigener Erfahrung geläufig sein (BVerfGE 60, 253 = BeckRS 9998,
103062).

16   Es kommt hinzu, dass Asylbewerber, die alsbald nach ihrer Ankunft angehört werden, etwaige
physische und psychische Auswirkungen einer Verfolgung und Flucht möglicherweise noch nicht
überwunden haben, und dies ihre Fähigkeit zu einer überzeugenden Schilderung ihres Fluchtgrundes beeinträchtigen kann.

17   Es ist naheliegend, die Anhörung durch das Bundesamt, die für die Entscheidung über den
Asylantrag ausschlaggebend ist, erst dann durchzuführen, wenn der Antragsteller über ihre Bedeutung für das von ihm geltend gemachte Schutzbegehren Klarheit gewinnen konnte und er die
erforderlichen Angaben machen kann. Wichtig ist, dass ein Asylsuchender in einer seiner Person
gemäßen Art und Weise jedenfalls zu Beginn der Anhörung darüber ins Bild gesetzt wird, worauf
es nun für ihn und die Entscheidung über sein Schutzersuchen ankommt, und dass der Bedienstete
des Bundesamtes die Anhörung loyal und verständnisvoll führt. Die Anhörung muss aufgeschlosse-
nen und mit der nötigen Zeit und Ruhe geführt werden, insbesondere müssen bei gegebenem
Anlass auch klärende und verdeutlichende Rückfragen gestellt werden (BVerfG BeckRS 9998,
1707169). Um den Asylbewerber über die Anhörung und ihre Bedeutung ins Bild zu setzen, ist
die behördenunabhängige Verfahrensberatung vor der Anhörung von besonderer Bedeutung (→
§ 12a Rn. 1).

18   Einem asylsuchenden Ausländer sind allerdings grundsätzlich erhöhte Sorgfalt und Mühe, die
etwa durch Verständigungsschwierigkeiten bedingt sind, zuzumuten (vgl. BVerfGE 86, 280
(285 f.) = BeckRS 1992, 08097). Die Grenze ist aber jedenfalls dann überschritten, wenn die
Einforderung des Asylrechts praktisch unmöglich wird (vgl. BVerfGE 60, 253 = BeckRS 9998,
103062).

19   Aus alldem ergeben sich für das Verwaltungsverfahren − allerdings nur relativ unbestimmte −
Leitlinien: Sowohl bei der Wahl des Zeitpunkts der Anhörung, auf deren Grundlage das Bundesamt
über den Antrag entscheidet, als auch bei der erforderlichen Vorbereitung des Antragstellers auf
die Anhörung und bei deren Durchführung ist auf seine physische und psychische Verfassung
Rücksicht zu nehmen. Ferner ist − soweit möglich − alles zu vermeiden, was zu Irritationen und
in deren Gefolge zu nicht hinreichend zuverlässigem Vorbringen in der Anhörung beim Bundesamt führen kann. Auch im Übrigen ist − etwa auf den Einsatz hinreichend geschulten
und sachkundigen Personals und zuverlässiger Sprachmittler oder die Art der Unterbringung der
Asylbewerber während des Verfahrens − auf die Schaffung von Rahmenbedingungen Bedacht
zu nehmen, unter denen tragfähige Entscheidungsgrundlagen erzielt und die Asylantragsteller
vollständige und wahrheitsgetreue Angaben machen können (BVerfG BeckRS 9998, 170716).

20   Um dieser Anforderung nachzukommen, hat das Bundesamt nach § 24 den Sachverhalt von
Amts wegen aufzuklären und die erforderlichen Beweise zu erheben und in diesem Kontext in
der Regel den Asylantragsteller persönlich anzuhören. § 17 (→ § 17 Rn. 1)gewährleistet, dass
der deutschen Sprache nicht hinreichend kundige Asylantragsteller sich in der Anhörung eines
Sprachmittlers bedienen können, um sich verständlich zu machen und ihr Anliegen zu Gehör zu
bringen (→ § 24 Rn. 18).

21   Wird das Verfahren zur Prüfung des Asylantrags zB im Ankunftszentrum innerhalb kürzester
Zeit nach der Ankunft des Asylbewerbers durchgeführt, so erlangen Sprachunkundigkeit, Fremd-
heit sowie physische und psychische Beanspruchung des Asylantragstellers durch die Reise und −
möglicherweise − auch durch Verfolgung und Flucht ein besonderes Gewicht. Unter solchen
Bedingungen kann der Asylsuchende sonst gegebene Möglichkeiten, sich zu orientieren und
Rechtsrat einzuholen, allenfalls sehr eingeschränkt nutzen. Diese Grundgedanken des BVerfG in
seiner Entscheidung zum Flughafenverfahren sind auch auf schnelle Verfahren kurz nach der
Ankunft in einem Anker- und Ankunftszentrum übertragbar und müssen bei der Ausgestaltung
des Verfahrens berücksichtigt werden (BVerfG BeckRS 9998, 170716).

2. Darlegungspflichten

Der Asylbewerber muss insbesondere seine persönlichen Erlebnisse vortragen, aus denen sich **22**
seiner Furcht vor Verfolgung ableitet. Bezüglich all der der Umstände, die für die Glaubhaftmachung seiner Gründe von Bedeutung sind und die in seiner persönlichen Sphäre liegen, obliegt
es ihm, diese vorzutragen. Die entsprechenden Mitwirkungspflichten sind in den §§ 15, 23,
25 (→ § 15 Rn. 1, → § 23 Rn. 1) geregelt. Die Sachaufklärungspflicht und die gerichtliche
Aufklärungspflicht finden dort ihre Grenze, wo das Vorbringen des Asylbewerbers keinen tatsächlichen Anlass zu weiterer Sachverhaltsaufklärung bietet (BVerwG BeckRS 9998, 27839).

III. Durchführung der Anhörung

1. Mindeststandards nach der Asylverfahrens-RL

In Art. 15 Asylverfahrens-RL sind wichtige Anforderungen an die Anhörung beschrieben: **23**
- Die persönliche Anhörung findet in der Regel ohne die Anwesenheit von Familienangehörigen
  statt, soweit nicht die Asylbehörde die Anwesenheit solcher Angehörigen zwecks einer angemessenen Prüfung für erforderlich hält.
- Die Anhörung erfolgt unter Bedingungen, die eine angemessene Vertraulichkeit gewährleisten.
- Die Mitgliedstaaten ergreifen geeignete Maßnahmen, um sicherzustellen, dass persönliche
  Anhörungen unter Bedingungen durchgeführt werden, die Antragstellern eine umfassende Darlegung der Gründe ihrer Anträge gestatten. Zu diesem Zweck
    - gewährleisten die Mitgliedstaaten, dass die anhörende Person befähigt ist, die persönlichen
      und allgemeinen Umstände des Antrags einschließlich der kulturellen Herkunft, der
      Geschlechtszugehörigkeit, der sexuellen Ausrichtung, der Geschlechtsidentität oder der
      Schutzbedürftigkeit des Antragstellers zu berücksichtigen;
    - sehen die Mitgliedstaaten, soweit möglich, vor, dass die Anhörung des Antragstellers von einer
      Person gleichen Geschlechts durchgeführt wird, wenn der Antragsteller darum ersucht, es sei
      denn, die Asylbehörde hat Grund zu der Annahme, dass das Ersuchen auf Gründen beruht,
      die nicht mit den Schwierigkeiten des Antragstellers in Verbindung stehen, die Gründe für
      seinen Antrag umfassend darzulegen;
    - wählen die Mitgliedstaaten einen Dolmetscher, der eine angemessene Verständigung zwischen
      dem Antragsteller und der anhörenden Person zu gewährleisten vermag. Die Verständigung
      erfolgt in der vom Antragsteller bevorzugten Sprache, es sei denn, es gibt eine andere Sprache,
      die er versteht und in der er sich klar ausdrücken kann (→ § 24 Rn. 18). Die Mitgliedstaaten
      stellen, soweit möglich, einen Dolmetscher gleichen Geschlechts bereit, wenn der Antragsteller
      darum ersucht, es sei denn, die Asylbehörde hat Grund zu der Annahme, dass das Ersuchen
      auf Gründen beruht, die nicht mit den Schwierigkeiten des Antragstellers in Verbindung
      stehen, die Gründe für seinen Antrag umfassend darzulegen (insgesamt zum Thema Sprachmittler/Dolmetscher → § 17 Rn. 1);
    - stellen die Mitgliedstaaten sicher, dass die Person, die die Anhörung zum Inhalt des Antrags
      auf internationalen Schutz durchführt, keine Militär- oder Polizeiuniform trägt;
    - stellen die Mitgliedstaaten sicher, dass Anhörungen von Minderjährigen kindgerecht durchgeführt werden.

Zur praktischen Durchführung der Anhörung enthält der „EASO Practical Guide: Personal inter- **24**
view" wichtige Hinweise.

2. Vorgaben des Bundesamtes

Vorgaben zur Durchführung der Anhörung enthält die Dienstanweisung des Bundesamtes zur **25**
Durchführung der Asylverfahren, sowie das Handbuch für Einzelentscheider, Teil I, Qualitätsstandards Anhörung.

3. Anzuhörende Personen

Erwachsene Familienmitglieder werden in der Regel getrennt angehört (s. Art. 15 Asylverfah- **26**
rens-RL). Das ermöglicht es zum einen, dass ein Ehepartner höchstpersönliche Fluchtgründe, die
der Ehepartner nicht wissen soll oder darf, vorbringen kann bzw. auch vorbringen muss, da
später vorgebrachte Gründe in der Regel zumindest als gesteigertes Vorbringen als nicht glaubhaft
eingestuft werden könnten. Zum anderen wird es so dem Bundesamt ermöglicht, gemeinsam

erlebte Fluchtgründe in der Schilderung der getrennt angehörten Ehepartner auf Widersprüche abzugleichen.

27   Eine Verpflichtung zur Anhörung begleiteter Kinder besteht nach der DA-Asyl nicht. Die Vorschriften des AsylG selbst regeln nicht, wann Minderjährige von dem Bundesamt für Migration und Flüchtlinge anzuhören sind. § 24 Abs. 1 S. 6 AsylG regelt lediglich, dass in dem dort genannten Fall eine Anhörung der Eltern des minderjährigen Kindes entbehrlich ist. Nach Art. 14 Abs. 1 UAbs. 3 und 4 Asylverfahrens-RL können die Mitgliedstaaten in den nationalen Rechtsvorschriften festlegen, in welchen Fällen einem Minderjährigen Gelegenheit zu einer persönlichen Anhörung gegeben wird. Das BAMF muss seine Entscheidung, ob es eine Anhörung des Minderjährigen durchführt, an der ihr obliegenden Aufklärungspflicht (§ 24 Abs. 1 S. 1 AsylG) auszurichten. Dabei liegt es nahe, zwischen Fällen von unbegleiteten und begleiteten Minderjährigen zu differenzieren, da in den letztgenannten Fällen eine persönliche Anhörung des Minderjährigen vielfach unter dem Gesichtspunkt der Sachverhaltsaufklärung nicht angezeigt sein wird, wenn für ihn von seinen Eltern keine besonderen Gründe geltend gemacht werden (NdsOVG BeckRS 2020, 5673). Kinder, die in Begleitung ihrer Eltern sind, werden in der Regel nur angehört, wenn sie es selbst oder ihre Eltern es wünschen, weil sie eigene relevante Fluchtgründe geltend machen möchten, soweit sie aufgrund ihres Alters, Wissenstandes und ihrer Reife hierzu in der Lage sind. Die Eltern haben das Recht, anwesend zu sein.

28   Bei Vorliegen von Anhaltspunkten für rein kindspezifische Fluchtgründe (zB Zwangsheirat, Genitalverstümmelung oder häusliche Gewalt) erfolgt hingegen eine Anhörung des Kindes, wenn dies aufgrund seines Alters, Wissenstandes und Reifegrades erfolgversprechend erscheint. Dabei soll insbesondere auch eine mögliche Beteiligung der Eltern aufgeklärt werden. Die Anhörung erfolgt in Abwesenheit der Eltern (vgl. DA-Asyl, Stand: 18.1.2016, Anhörung 6.). Bei Anhaltspunkten von Problemen in der Familie (zB Anzeichen für eine Verwahrlosung oder psychische Auffälligkeiten) oder wenn die Eltern als Täter in Frage kommen, erfolgt ebenfalls eine eigene Anhörung des Kindes.

29   Die Anhörung ist immer kindgerecht durchzuführen, wobei dessen Alter zu berücksichtigen ist. Das Bundesamt für Migration und Flüchtlinge zieht in diesen Fällen gesondert geschulte Sonderentscheider hinzu (vgl. DA-Asyl, Stand: 18.1.2016, Anhörung 6.).

30   Gegebenenfalls ist das Jugendamt zu informieren (vgl. § 8a SGB VIII; DA-Asyl, Stand: 18.1.2016, Anhörung 6.).

4. Mobiltelefone – Verbot der Aufzeichnung

31   Im Rahmen der Belehrung zu Beginn der Anhörung werden die Asylsuchenden aufgefordert, mitgebrachte Ton- und Bildaufzeichnungsgeräte (zB Mobilfunkgeräte) auszuschalten und darauf hingewiesen, dass die Aufzeichnung strafbar ist (§ 201 Abs. 1 Nr. 1 StGB; vgl. DA-Asyl, Stand: 18.1.2016, Anhörung 1). Die Praxis in den EU-Staaten hierzu ist uneinheitlich (in Schweden zB ist die Aufnahme der Anhörung im Asylverfahren erlaubt).

D. Präklusion verspäteten Vorbringens

32   Nach § 25 Abs. 3 kann ein späteres Vorbringen unberücksichtigt bleiben, wenn anderenfalls die Entscheidung des Bundesamtes verzögert würde. Darauf ist der Asylbewerber hinzuweisen wie auch auf § 36 Abs. 4 S. 3, dass dieses dann dementsprechend auch im ggf. anschließenden gerichtlichen Verfahren unberücksichtigt bleibt. Mit dieser Vorschrift soll verhindert werden, dass die zentrale Bedeutung der Anhörung zur umfassenden Erfassung des gesamten relevanten individuellen Vorbringens leer läuft, wenn der Asylsuchende die Möglichkeit hätte, sukzessiv weitere Aspekte vorzutragen. Ereignisse nach der Anhörung oder Kenntnisse von Ereignissen, die der Antragsteller erst nach der Anhörung erlangt hat oder später erhaltene Beweis- und Glaubhaftmachungsmittel sind von der Präklusion nicht betroffen. Zudem ist erforderlich, dass dadurch die Entscheidung des Bundesamtes verzögert würde.

E. Terminierung, Ladung, Folgen eines Fernbleibens

I. Terminierung und Ladung von Personen, die verpflichtet sind, in der Erstaufnahmeeinrichtung zu wohnen

33   Nach § 25 Abs. 4 S. 1 soll bei Personen, die verpflichtet sind, in der Erstaufnahmeeinrichtung zu wohnen, die Anhörung in zeitlichem Zusammenhang mit der Antragstellung erfolgen.

Eine besondere Ladung des Antragstellers und auch seines Bevollmächtigten ist laut Abs. 4 S. 2 **34**
nicht erforderlich. Erfolgt die Anhörung nicht am gleichen Tag wie die Antragstellung, müssen
der Asylbewerber und sein Bevollmächtigter unverzüglich über den Anhörungstermin verständigt
werden (Abs. 4 S. 4).

II. Terminierung und Ladung von Personen, die nicht mehr in der Erstaufnahmeeinrichtung sein müssen

Die Regelung, dass es keiner besonderen Ladung bedarf (s. Abs. 4 S. 2), gilt auch dann entspre- **35**
chend, wenn einem Antragsteller, der außerhalb der Einrichtung wohnt, innerhalb einer Woche
ab Antragstellung der Termin mitgeteilt wird.

Ansonsten ist die Person zur Anhörung zu laden. Folgt der Asylbewerber der Ladung ohne **36**
genügende Entschuldigung nicht, kann das Bundesamt von der persönlichen Anhörung absehen
(Abs. 5 S. 1). In diesem Fall wird dem Asylbewerber Gelegenheit zur Stellungnahme innerhalb
eines Monats gegeben (Abs. 5 S. 2). Äußert sich der Ausländer innerhalb der Frist nicht, entscheidet
das Bundesamt nach Aktenlage, wobei auch die Nichtmitwirkung des Ausländers zu berücksichtigen ist (Abs. 5 S. 3). Das Bundesamt kann auch die Regelungen des § 33 anwenden (Abs. 5 S. 4;
→ § 24 Rn. 18).

III. Ladung in Fällen einer Bevollmächtigung eines Rechtsanwaltes

Bei einem rechtsanwaltlich vertretenen Ausländer reicht es aus, wenn die Hinweise nach § 33 **37**
Abs. 1–3 dem Bevollmächtigten in deutscher Sprache gegen Empfangsbestätigung erteilt werden.
Es bedarf in diesem Fall weder einer Zustellung der Hinweise an den Ausländer persönlich noch
einer Übersetzung in eine für den Ausländer verständliche Sprache (OVG MV BeckRS 2017,
122404).

IV. Belehrung über die Folgen des Nichterscheines

Die Belehrung über die Folgen eines Nichterscheinens zur Anhörung muss in einer dem **38**
Antragsteller verständlichen Sprache erfolgen. Dies ist eine Sprache, die er versteht oder von der
vernünftigerweise angenommen werden darf, dass er sie versteht. Eine bloße Wiedergabe des
Gesetzeswortlauts in deutscher Sprache reicht nicht aus (VG Aachen BeckRS 2017, 107234; VG
Stuttgart BeckRS 2017, 101661). Der Asylantrag gilt dann auch nicht nach § 33 Abs. 1 als
zurückgenommen (VG Düsseldorf BeckRS 2017, 101912; → § 24 Rn. 18).

Der im Ladungsschreiben zur Anhörung angebrachte Hinweis auf die mögliche Verfahrensein- **39**
stellung bei verpasster Anhörung entspricht nicht den Anforderungen an die Belehrung nach § 33
Abs. 4. Eine solche Belehrung muss den Besonderheiten des Adressatenkreises der Asylsuchenden,
denen das Asylverfahren nicht vertraut ist und die in der Regel der deutschen Sprache nicht
mächtig sind, gerecht werden. Sie muss in einer den Asylsuchenden geläufigen Sprache erfolgen
und bedarf einer verständlichen Umschreibung des Inhalts der gesetzlichen Bestimmung; eine
bloße Wiedergabe des Gesetzeswortlauts genügt nicht (VG Aachen Beschl. v. 5.7.2017 – 7 L
1014/17.A, asyl.net: M25239; VG Gießen Beschl. v. 30.5.2017 – 1 L 4386/17.GI.A, asyl.net:
M25139).

V. Terminverlegungen

Wünschen nach Terminverlegungen ist nur zu entsprechen, wenn dafür erhebliche Gründe **40**
vorgebracht werden, die es trotz des Beschleunigungsgebotes angezeigt lassen, den Termin zu
verschieben (zB im Hinblick auf die Teilnahme eines Rechtsanwaltes; DA-Asyl, Stand: 18.1.2016,
Anhörung 4.).

VI. Terminversäumung

Bei der Anhörung hat der Antragsteller rechtzeitig zum geladenen Termin zu erscheinen. **41**
Kann er an der Anhörung aus wichtigem Grund nicht teilnehmen oder verspätet er sich (zB
aufgrund eines Zugausfalles oder eines Verkehrsunfalles), ist es sinnvoll, das Asylverfahrenssekreta-
riat der Außenstelle schon vorab telefonisch zu verständigen und die Gründe auch sobald wie
möglich schriftlich mitzuteilen, damit dies aktenkundig wird und nicht der Eindruck entsteht,
der Asylsuchende möchte den Termin nicht wahrnehmen.

Erscheint der Antragstellende nicht pünktlich, wird er ggf. noch angehört, wenn er noch **42**
erscheint, allerdings regelt die Dienstanweisung bei einer Verspätung von mehr als zwei Stunden,

dass die Anhörung grundsätzlich nur noch dann durchgeführt wird, wenn sie ohne Behinderung des Arbeitsablaufes noch am selben Arbeitstag durchgeführt werden kann.

43   Erscheint der Antragsteller aus wichtigem persönlichen Grund nicht, der nachgewiesen, zumindest aber glaubhaft gemacht wird, wie zB eine akute Erkrankung, ein fieberhafter Infekt, Beinbruch oder Ähnliches, wird nach der Dienstanweisung ein neuer Termin bestimmt (DA-Asyl, Stand: 18.1.2016, Anhörung 5.2.3.).

VII. Folgen eines Fernbleibens

44   Nach § 30 Abs. 3 Nr. 5 (→ § 30 Rn. 66) führt eine gröbliche Verletzung der Pflicht, an der Anhörung teilzunehmen, zur Ablehnung des Asylantrages als „offensichtlich" unbegründet. Gröblich ist nur eine besonders schwerwiegende Verletzung der Mitwirkungspflicht, bei einer schlichten Verwechslung oder Versäumung eines Termins ist von einer schwerwiegenden Verletzung nicht auszugehen. Es kommt dabei insgesamt auf das Verhalten des Asylbewerbers an, ob er zB bemüht war, einen neuen Termin zu bekommen.

45   Die Ablehnung eines Asylantrags als „offensichtlich unbegründet" allein wegen des verschuldeten Nichterscheinens zur Anhörung ist in der Asylverfahrens-RL (im Gegensatz zur alten Fassung Asylverfahrens-RL 2005) nicht vorgesehen (VG Berlin ASYLMAGAZIN 2017, 164 f.). In Betracht kommt das schriftliche Verfahren nach § 25 Abs. 5 S. 2 (→ Rn. 36) oder auch die Einstellung nach § 33 (→ § 24 Rn. 18; → § 24 Rn. 18; → § 33 Rn. 1).

46   Lässt sich anhand der Bundesamtsakte nicht feststellen, dass eine Person ohne genügende Entschuldigung der Anhörung ferngeblieben ist, darf ein schriftliches Verfahren gem. § 25 Abs. 5 S. 3 nicht durchgeführt werden, s. VG Düsseldorf BeckRS 2015, 41967: „Voraussetzung für dieses schriftliche Verfahren ist nach § 25 Abs. 5 S. 1 AsylVfG, dass der Ausländer einer Ladung zur Anhörung ohne genügende Entschuldigung nicht folgt. Das lässt sich hier anhand der Akten nicht feststellen. Der erste Termin konnte von der Antragstellerin zu 1. unstreitig nicht wahrgenommen werden, weil ein Transport von der damals noch bewohnten Sammelunterkunft nicht zur Verfügung stand. Als sie am nächsten Tag ohne Ladung erschien, konnte die Anhörung nach einem Aktenvermerk nicht durchgeführt werden, weil der erforderliche Dolmetscher für die türkische Sprache nicht anwesend war. Ihr Erscheinen zu den folgenden drei Terminen entschuldigte die Antragstellerin zu 1. jeweils durch die Vorlage eines ärztlichen Attestes. In Aktenvorgängen des Bundesamtes ist dazu jeweils festgehalten, das Nichterscheinen der Antragstellerin zu 1. zu den fraglichen drei Anhörungsterminen sei als entschuldigt anzusehen. Dass das inhaltlich falsch wäre, ist nicht ersichtlich. Ebenso wenig nachvollziehbar ist die plötzlich im Bescheid wiedergegebene Auffassung, die Antragstellerin zu 1. sei lediglich „teilweise entschuldigt" nicht zur Anhörung erschienen. Welche Termine aus welchem Grund unentschuldigt versäumt wurden, ist nicht ersichtlich. Es drängt sich vielmehr der Schluss auf, nach Auffassung des Bundesamtes sei das Verfahren jetzt ohne Rücksicht auf die Voraussetzungen dafür zu erledigen. Dieser Verstoß gegen eine zwingende Verfahrensvorschrift macht den angefochtenen Bescheid rechtswidrig. Der Fehler schlägt zudem auf die inhaltliche Würdigung des Falles durch, da in dem Bescheid mehrfach von einem fehlenden Interesse der Antragstellerin zu 1. an einer Förderung des Verfahrens ausgegangen wird, welches aus ihrem wiederholten, bis dahin für entschuldigt gehaltenen Fernbleiben von der Anhörung abzuleiten sei."

F. Nicht-Öffentlichkeit, Teilnahme von Beiständen und anderen Personen

I. Grundsatz der Nichtöffentlichkeit und Teilnahme von Personen im Einzelfall

47   Die Anhörung ist gem. § 25 Abs. 6 nicht öffentlich.

48   Teilnehmen können ein Vertreter des UNHCR, des Bundes oder eines Landes, wenn sie sich als solche ausweisen. Anderen Personen kann der Leiter des Bundesamtes oder eine vom ihm beauftragte Person die Anwesenheit gestatten.

II. Sprachmittler

49   Nach § 17 Abs. 1 stellt das Bundesamt einen Sprachmittler, der bei der Anhörung anwesend ist. Nach § 17 Abs. 2 kann der Asylbewerber auf eigene Kosten auch einen eigenen dafür geeigneten Sprachmittler – zusätzlich zur Anhörung mitbringen (vgl. → § 24 Rn. 18, → § 17 Rn. 1).

III. Teilnahme eines Rechtsanwaltes

Hat der Asylbewerber einen Rechtsanwalt, hat er das Recht, dass sein Anwalt an der Anhörung   **50**
teilnimmt. Im Hinblick auf die Grundsätze für die Durchführung eines rechtsstaatlichen Verfahrens
ist das Bundesamt gehalten, bei einer Terminsverhinderung des bevollmächtigten Anwalts, die
dieser rechtzeitig mitteilt und begründet, die Anhörung ggf. zu verlegen, um dem Rechtsanwalt
eine Teilnahme zu ermöglichen.

IV. Teilnahme eines Beistandes gem. § 14 Abs. 4 VwVfG

1. Möglichkeit der Teilnahme eines Beistandes

Nach § 14 Abs. 4 VwVfG kann ein Beteiligter zu Verhandlungen und Besprechungen mit   **51**
einem Beistand erscheinen. Das von dem Beistand Vorgetragene gilt als von dem Beteiligten
vorgebracht, soweit dieser nicht unverzüglich widerspricht.

In der DA-Asyl ist ausdrücklich geregelt, dass Beistände nach § 14 Abs. 4 VwVfG an der   **52**
Anhörung teilnehmen können, wenn sie sich ausweisen und der / die Asylsuchende dies wünscht.
Hierauf wurden alle Entscheider/innen Ende 2016 nochmals hingewiesen, auch auf das Recht
der Beistände, Fragen an den Asylsuchenden zu richten (s. DA-Asyl, Stand: 18.1.2016, Anhörung
5. und 7.).

2. Geeignetheit einer Person als Beistand

Rechtlich ist Voraussetzung, dass der Beistand zu einem sachgemäßen Vortrag fähig ist. Im   **53**
Prinzip kann der Asylsuchende jede geschäftsfähige Person als Beistand mit zu seiner Anhörung
mitnehmen. Dies kann ein Sozialarbeiter sein genauso wie jemand, der diese Aufgabe ehrenamtlich
übernimmt. Teilweise werden von den Wohlfahrtsverbänden und den Refugee Law Clinics gezielt
solche Personen für diese Aufgabe geschult.

Da der Asylsuchende selbst in der Anhörung alles genau schildern muss, was er individuell   **54**
erlebt hat und seine Furcht vor Verfolgung begründet, sollte sehr gut überlegt werden, welche
Person im konkreten Einzelfall gut als Beistand fungieren kann. Auf jeden Fall muss der Asylsuchende dieser Person vertrauen. Es sollte auf jeden Fall vermieden werden, dass eine Person als
Beistand an der Anhörung teilnimmt, in deren Anwesenheit der Asylsuchende Angst hat, seine
höchstpersönlichen Gründe zu schildern. Letztendlich ist es eine Entscheidung des Asylsuchenden,
wen er als Person seines Vertrauens mit zur Anhörung nimmt. Die Person, die den Asylsuchenden
zur Anhörung begleitet, sollte aber im Vorfeld mit dem Asylsuchenden genau besprechen, ob das
notwendige Vertrauensverhältnis vorhanden ist. Der Beistand sollte die deutsche Sprache beherrschen.

Personen, die eine enge Bindung zum Asylsuchenden haben, bringen erfahrungsgemäß nicht   **55**
die notwendige Distanz mit, um die Funktion als Beistand ausüben zu können. Zudem kann der
Asylsuchende gehemmt sein, unter Anwesenheit von Verwandten, Bekannten oder Landsleuten
bestimmte Dinge zu erzählen, vor allem wenn diese mit Scham verbunden sind. Von daher sind
Verwandte oder Personen, zu denen eine zu enge Beziehung besteht, oder Mitbewohner in einer
Unterkunft als Beistand nicht zu empfehlen.

Wenn Asylsuchender und Beistand aus dem gleichen Herkunftsland kommen und dorthin enge   **56**
Beziehungen haben, ist je nach politischem Kontext möglicherweise ein gewisses Risiko gegeben,
dass Informationen an den Verfolgerstaat weitergegeben werden könnten. Sofern dies nicht ausgeschlossen werden kann, kann dies zumindest subjektiv dazu führen, dass der Asylsuchende seine
Verfolgungsgründe nicht umfassend äußert.

3. Funktion und Rolle des Beistands

Die Anhörung als Grundlage für die Asylentscheidung ist für das Asylgesuch des Antragstellers /   **57**
der Antragstellerin von existenzieller Bedeutung. Ein Beistand in der Anhörung trägt dazu bei,
dass die Verfahren durch Objektivierung auf einem qualitativ hohen Niveau durchgeführt werden.
Er unterstützt den / die Antragsteller/in in der Wahrnehmung seiner Rechte und Mitwirkungspflichten (vgl. Hinweise für Asylsuchende, www.asyl.net). Als Vertrauensperson kann der Beistand
für den Antragsteller eine psychologische Stütze sein. Die Anwesenheit einer vertrauten Person
in der ungewohnten Anhörungssituation kann sich unterstützend auf den Gesprächsverlauf auswirken.

58   Der Beistand hat zunächst erst einmal die Funktion, aufmerksam zuzuhören, ob alles Verfolgungsrelevante vorgetragen und auch nach der Übersetzung verständlich wurde. Er kann dazu beitragen, eine vertrauensvolle Atmosphäre zu schaffen, damit sich der / die Asylsuchende öffnen kann. Sollte ihm auffallen, dass die Verständigung unzureichend ist oder – soweit er dies aufgrund seiner eigenen Fremdsprachenkenntnisse beurteilen kann – etwas nicht, unverständlich, nur verkürzt oder falsch übersetzt wird, ist es wichtig, dieses dem Anhörer direkt mitzuteilen. Er kann zu gegebener Zeit ergänzende Fragen an den Antragsteller richten, wenn wichtige Punkte im Vortrag aus seiner Sicht nicht ausreichend beleuchtet wurden. Eine wichtige Funktion ist es insbesondere, auf eine richtige Protokollierung zu achten.

59   Sofern ein bevollmächtigter Rechtsanwalt – auch aus Kostengründen – den Termin nicht selbst mit wahrnehmen kann, besteht die Möglichkeit, einem Beistand eine Vollmacht zu erteilen (→ Rn. 59.1).

59.1   Die Liga der freien Wohlfahrtspflege hat ein Informationsblatt für haupt- und ehrenamtliche Beistände erarbeitet, dass im Vorfeld mit dem Bundesamt abgestimmt wurde. Es ist unter www.ekiba.de/migration unter „Rechtliches", „Flüchtlingsrecht" abrufbar.

G. Niederschrift

I. Niederschrift über die Anhörung, Pflicht zur Dokumentation aller wesentlichen Umstände

60   § 25 Abs. 7 verpflichtet das Bundesamt – obwohl schon immer praktiziert – eine Niederschrift – ein Protokoll über die Anhörung zu erstellen. Diese Verpflichtung findet sich auch entsprechend in Art. 17 Abs. 1 Asylverfahrens-RL.

61   Das Protokoll enthält zunächst die Angabe aller Personen, die an der Anhörung teilgenommen haben. Zum Schutz des Sprachmittlers ist es mittlerweile Praxis, dass eventuell dieser nur als Nummer aufgeführt wird und nicht mit Namen. Soweit erforderlich, muss das Bundesamt aber gegenüber dem Gericht mitteilen, welche Person sich hinter der Nummer verbirgt.

62   Zentraler Inhalt des Protokolls sind die Angaben des Asylbewerbers, vor allem zu den Fluchtgründen, seine diesbezüglich vorgetragenen Tatsachen. Protokolliert werden müssen die konkret gestellten Fragen und die Antworten des Asylbewerbers. Auch wenn das Protokoll kein reines Wortprotokoll ist, müssen die Aussagen des Asylsuchenden, soweit es darauf entscheidend ankommt, gerade auch um seine Glaubwürdigkeit festzustellen, so protokolliert werden, wie er sich äußert.

63   Sollte dies nicht entsprechend umfassend protokolliert werden, besteht die Gefahr, dass später das Vorbringen als unglaubwürdig eingestuft wird, weil detailarm und oberflächlich. Problematisch ist hier zudem die Praxis des Bundesamts, dass die Person, die die Anhörung durchführt, nicht personenidentisch sein muss, mit der Person, die über den Antrag entscheidet. Sollte der Antrag abgelehnt werden und das Verwaltungsgericht erneut über das Vorliegen eines glaubhaften Vorbringens entscheiden müssen, wird das Gericht in der Praxis häufig davon ausgehen, dass das Vorbringen korrekt und vollständig protokolliert wurde und dem Asylbewerber nicht glauben, dass er das ausführlicher vorgebracht hat. Vor diesem Hintergrund empfiehlt es sich für einen an der Anhörung teilnehmenden Anwalt oder Beistand, auf einer vollständigen Protokollierung zu bestehen. Gegebenenfalls kann auch im Protokoll ein Hinweis aufgenommen werden, dass das Protokoll an dieser Stelle die Angaben nur kurz zusammenfassend protokolliert.

64   Auch Besonderheiten im Ablauf der Anhörung sind aufzunehmen. Kommt es zu Verständigungsschwierigkeiten und wird dies bemerkt, ist das selbstverständlich im Protokoll zu vermerken. Weiter sollten auch sonstige Auffälligkeiten, wie zB beobachte emotionale Reaktionen, gesundheitliche Einschränkungen etc in der Niederschrift vermerkt werden, vor allem wenn nicht ausgeschlossen werden kann, dass sie das Aussageverhalten des Asylsuchenden beeinflussen könnten.

II. Aushändigung oder Übersendung der Niederschrift

65   Nach § 25 Abs. 7 S. 2 ist dem Asylsuchenden eine Kopie der Niederschrift auszuhändigen oder spätestens mit der Entscheidung zuzustellen. Es empfiehlt sich, mit dem Entscheider zu vereinbaren, dass der Asylsuchende zunächst eine Kopie der Niederschrift erhält, damit er diese nochmals innerhalb einer Frist auf Richtigkeit prüfen kann, bevor dann die Entscheidung zugestellt wird. Trägt der Asylbewerber erst nach negativer Entscheidung über den Asylantrag vor, sein Vorbringen sei nicht korrekt protokolliert, wird man ihm das möglicherweise nicht mehr glauben.

Nach Art. 17 Abs. 3 Asylverfahrens–RL ist zwingend vorzusehen, dass der Asylsuchende nach **66** Abschluss der persönlichen Anhörung oder innerhalb einer bestimmten Frist, bevor die Asylbehörde ihre Entscheidung trifft, Gelegenheit erhält, sich mündlich und / oder schriftlich zu Übersetzungsfehlern oder missverständlichen Formulierungen in der Niederschrift oder dem Wortprotokoll zu äußern und / oder diese zu klären. Eine Möglichkeit besteht darin, dass unmittelbar im Anschluss an die Anhörung eine Rückübersetzung des Protokolls stattfindet. Dabei besteht aber die Schwierigkeit, dass gerade nach einer langen Anhörung die Konzentration aller Verfahrensbeteiligten möglicherweise nachlässt, insbesondere gilt dies auch für den eingesetzten Sprachmittler. Von daher kann es sinnvoll sein, dass das Protokoll erst geschrieben und dann dem Asylbewerber zugesandt wird, damit er sich dazu äußern kann. Auf jeden Fall ist das Protokoll dem Asylbewerber auszuhändigen. Das Bundesamt muss aber – sollte es das Protokoll nicht vor Entscheidung zusenden (s. dazu § 25 Abs. 7 Alt. 2) – zumindest eine Vorabkorrektur zB direkt nach der Anhörung ermöglichen.

§ 26 Familienasyl und internationaler Schutz für Familienangehörige

(1) [1]Der Ehegatte oder der Lebenspartner eines Asylberechtigten wird auf Antrag als Asylberechtigter anerkannt, wenn
1. die Anerkennung des Asylberechtigten unanfechtbar ist,
2. die Ehe oder Lebenspartnerschaft mit dem Asylberechtigten schon in dem Staat bestanden hat, in dem der Asylberechtigte politisch verfolgt wird,
3. der Ehegatte oder der Lebenspartner vor der Anerkennung des Ausländers als Asylberechtigter eingereist ist oder er den Asylantrag unverzüglich nach der Einreise gestellt hat und
4. die Anerkennung des Asylberechtigten nicht zu widerrufen oder zurückzunehmen ist.
[2]Für die Anerkennung als Asylberechtigter nach Satz 1 ist es unbeachtlich, wenn die Ehe nach deutschem Recht wegen Minderjährigkeit im Zeitpunkt der Eheschließung unwirksam oder aufgehoben worden ist; dies gilt nicht zugunsten des im Zeitpunkt der Eheschließung volljährigen Ehegatten.

(2) Ein zum Zeitpunkt seiner Asylantragstellung minderjähriges lediges Kind eines Asylberechtigten wird auf Antrag als asylberechtigt anerkannt, wenn die Anerkennung des Ausländers als Asylberechtigter unanfechtbar ist und diese Anerkennung nicht zu widerrufen oder zurückzunehmen ist.

(3) [1]Die Eltern eines minderjährigen ledigen Asylberechtigten oder ein anderer Erwachsener im Sinne des Artikels 2 Buchstabe j der Richtlinie 2011/95/EU werden auf Antrag als Asylberechtigte anerkannt, wenn
1. die Anerkennung des Asylberechtigten unanfechtbar ist,
2. die Familie im Sinne des Artikels 2 Buchstabe j der Richtlinie 2011/95/EU schon in dem Staat bestanden hat, in dem der Asylberechtigte politisch verfolgt wird,
3. sie vor der Anerkennung des Asylberechtigten eingereist sind oder sie den Asylantrag unverzüglich nach der Einreise gestellt haben,
4. die Anerkennung des Asylberechtigten nicht zu widerrufen oder zurückzunehmen ist und
5. sie die Personensorge für den Asylberechtigten innehaben.
[2]Für zum Zeitpunkt ihrer Antragstellung minderjährige ledige Geschwister des minderjährigen Asylberechtigten gilt Satz 1 Nummer 1 bis 4 entsprechend.

(4) [1]Die Absätze 1 bis 3 gelten nicht für Familienangehörige im Sinne dieser Absätze, die die Voraussetzungen des § 60 Absatz 8 Satz 1 des Aufenthaltsgesetzes oder des § 3 Absatz 2 erfüllen oder bei denen das Bundesamt nach § 60 Absatz 8 Satz 3 des Aufenthaltsgesetzes von der Anwendung des § 60 Absatz 1 des Aufenthaltsgesetzes abgesehen hat. [2]Die Absätze 2 und 3 gelten nicht für Kinder eines Ausländers, der selbst nach Absatz 2 oder Absatz 3 als Asylberechtigter anerkannt worden ist.

(5) [1]Auf Familienangehörige im Sinne der Absätze 1 bis 3 von international Schutzberechtigten sind die Absätze 1 bis 4 entsprechend anzuwenden. [2]An die Stelle der Asylberechtigung tritt die Flüchtlingseigenschaft oder der subsidiäre Schutz. [3]Der subsidiäre Schutz als Familienangehöriger wird nicht gewährt, wenn ein Ausschlussgrund nach § 4 Absatz 2 vorliegt.

(6) Die Absätze 1 bis 5 sind nicht anzuwenden, wenn dem Ausländer durch den Familienangehörigen im Sinne dieser Absätze eine Verfolgung im Sinne des § 3 Absatz 1

oder ein ernsthafter Schaden im Sinne des § 4 Absatz 1 droht oder er bereits einer solchen Verfolgung ausgesetzt war oder einen solchen ernsthaften Schaden erlitten hat.

Überblick

Die Regelung des § 26 stellt sicher, dass über die Asylanträge der Mitglieder einer Flüchtlingsfamilie ohne großen Verwaltungsaufwand einheitlich entschieden werden kann und die Familienmitglieder einen einheitlichen Status erhalten, auch wenn ihnen individuell möglicherweise selbst keine eigene Verfolgung droht (→ Rn. 1). Abs. 1–4 regeln das Familienasyl, damit Familienangehörige von Asylberechtigten ebenfalls den Asylstatus erhalten (→ Rn. 9). Abs. 5 regelt die entsprechende Anwendung der Regelungen des Familienasyls zur Gewährung eines einheitlichen Status für die Familienangehörigen von anerkannten Flüchtlingen nach der GFK und den Inhabern des subsidiären Schutzes. Diese erhalten über die Vorschriften des internationalen Schutzes für Familienangehörige nach den gleichen Regelungen wie beim Familienasyl den Flüchtlingsstatus oder subsidiären Schutzstatus für Familienangehörige (→ Rn. 6). Auch hier gelten ggf. die Ausschlussgründe (→ Rn. 6; → Rn. 55). Nach Abs. 1 erhält der Ehegatte (→ Rn. 20) oder Lebenspartner (→ Rn. 30) – bei bereits bestehender Ehe im Verfolgerstaat (→ Rn. 31) – ebenfalls die Anerkennung als Asylberechtigter, bei vorheriger Einreise bzw. unverzüglicher Asylantragsstellung nach der Einreise (→ Rn. 33), soweit die Anerkennung des Stammberechtigten nicht zu widerrufen bzw. zurückzunehmen ist (→ Rn. 15). Abs. 2 erstreckt das Familienasyl auf zum Zeitpunkt der Antragsstellung minderjährige ledige Kinder (→ Rn. 42). Abs. 3 regelt das Familienasyl abgeleitet für die Eltern bzw. den Sorgeberechtigten eines minderjährigen ledigen Asylberechtigten bzw. für die minderjährigen ledigen Geschwister (→ Rn. 50). Nach Abs. 4 ist von der Anerkennung über das Familienasyl auch ausgeschlossen, wer die Ausschussgründe erfüllt, die den Ausschluss von der Asylberechtigung zur Folge hätten (→ Rn. 55). Abs. 6 stellt sicher, dass die Familienasylregelung nicht zur Anwendung kommt, wenn dem Stammberechtigten selbst Verfolgung durch den Familienangehörigen drohen würde.

Übersicht

A. Allgemeines

I. Ziel der Regelung

Im deutschen Asylverfahren musste vor Einführung der Regelung über das Familienasyl für **1** jedes Familienglied eine **individuelle Prüfung** erfolgen, ob diesem bei Rückkehr politische Verfolgung droht (Asylberechtigung) bzw. eine begründete Furcht vor Verfolgung wegen der in der GFK genannten Gründe (Flüchtlingseigenschaft) oder ein ernsthafter Schaden wegen der in Art. 15 Qualifikations-RL genannten Gründe (subsidiärer Schutz).

Die Regelung des § 26 zielt auf einen **einheitlichen Status.** Sie stellt sicher, dass über die **2** Asylanträge der Mitglieder einer Flüchtlingsfamilie ohne großen Verwaltungsaufwand einheitlich entschieden werden kann und die Familienmitglieder einen einheitlichen Status erhalten, auch wenn ihnen individuell möglicherweise selbst keine eigene Verfolgung droht.

Die Regelung wurde 1992 eingeführt. Zuvor konnte der Familienangehörige (wie zB der **3** Ehegatte oder die minderjährigen Kinder) nur dann ebenfalls als Asylberechtigter anerkannt werden, wenn ihm ebenfalls aufgrund individueller Umstände selbst politische Verfolgung drohte. Denkbar war dies zB im Rahmen der Sippenhaft oder wenn zB alle Angehörigen einer ethnischen Gruppe einschließlich der Kinder befürchten mussten, Verfolgungsmaßnahmen unterworfen zu werden (Gruppenverfolgung). Da häufig nur ein Familienmitglied mit der erforderlichen Wahrscheinlichkeit schweren Verfolgungsmaßnahmen ausgesetzt sein würde, kam es daher häufig vor, dass nur ein Familienmitglied den Asylstatus erhielt und die weiteren Angehörigen der Familie abgelehnt werden mussten. Diese konnten dann zwar meist nach den Regelungen des Ausländerrechts über den **Aufenthalt aus familiären Gründen** eine Aufenthaltserlaubnis erhalten, waren aber rechtlich nicht gleichgestellt. Insbesondere erhielten sie keinen Reiseausweis für Flüchtlinge nach Art. 28 GFK.

Vor diesem Hintergrund wurde vor allem zur **Verwaltungsvereinfachung** die Regelung des **4** Familienasyls eingeführt und entsprechend dann die Regelung über den internationalen Schutz für Familienangehörige geschaffen, letztere bezogen auf den Flüchtlingsstatus und den subsidiären Schutz nach der Qualifikations-RL. Dadurch muss das Bundesamt nicht zwingend für jedes Familienmitglied die Gefährdungslage und die Anerkennungsvoraussetzungen prüfen. Sofern ein Familienmitglied die Voraussetzungen für den Asylstatus, den Flüchtlingsstatus oder den subsidiären Schutzstatus, erfüllt, kann für die weiteren Familienangehörigen, sofern die Voraussetzungen des Familienasyls bzw. des internationalen Schutzes für Familienangehörige vorliegen, auf die individuelle Prüfung der Gefährdung verzichtet werden.

II. Die Ausdehnung der Regelung des Familienasyls auf den internationalen Schutz für Familienangehörige

Die Regelung betraf zunächst die an wenige Voraussetzungen geknüpfte Gleichstellung der **5** Familienangehörigen mit dem stammberechtigten Asylberechtigten, ohne dass diese selbst eine drohende politische Verfolgung glaubhaft machen mussten. Die Anerkennung als Asylberechtigter ist seit der Einführung der Drittstaatenregelung im Jahre 1993 jedoch zahlenmäßig nur noch von geringer Bedeutung.

Der Grundgedanke des Familienasyls wurde mit dem ZuwG (Zuwanderungsgesetz v. **6** 30.7.2004, BGBl. I 1950) zum 1.1.2005 auf die Flüchtlingseigenschaft und 2013 mit der damaligen Neufassung auch auf den subsidiären Schutz nach der Qualifikations-RL erweitert. Nach § 26 Abs. 5 S. 1 finden die Vorschriften über das Familienasyl entsprechend Anwendung auf die Zuerkennung der Flüchtlingseigenschaft und den subsidiären Schutz. S. 2 bestimmt, dass an die Stelle der Asylberechtigung die Flüchtlingseigenschaft oder der subsidiäre Schutz tritt. Nach S. 3 wird auch der subsidiäre Schutz als Familienangehöriger nicht gewährt, wenn ein Ausschlussgrund nach § 4 Abs. 2 vorliegt.

Kann ein Familienangehöriger den subsidiären Schutz über die Regelung des internationalen **7** Schutzes für Familienangehörige erhalten, weil der Stammberechtigte „nur" den subsidiären Schutzstatus hat, so kann der Familienangehörige selbstverständlich auch die Anerkennung der Flüchtlingseigenschaft oder sogar die Asylberechtigung begehren. In diesem Fall müsste er dann aber glaubhaft machen, dass er / sie individuell die Voraussetzung der Flüchtlingsanerkennung bzw. der Asylberechtigung erfüllt. Genügt ihm selbst auch „nur" der subsidiäre Schutzstatus, kann er den Antrag auf internationalen Schutz auf den subsidiären Schutz beschränken, den er über die Regelung des internationalen Schutzes für Familienangehörige ohne Prüfung einer individuellen begründeten Furcht vor Verfolgung erhalten kann.

8   Der Grundsatz, dass Familienangehörige den gleichen Status erhalten sollen wie der Stammbe-
     rechtigte, ist mangels gesetzlicher Regelung nicht auf die Fälle des nationalen Abschiebungsverbots
     nach § 60 Abs. 5 bzw. Abs. 7 AufenthG übertragbar (BVerwG NVwZ 2004, 1371 f.; BayVGH
     BeckRS 2009, 43405 Rn. 21 ff.).

B. Status beim Familienasyl bzw. beim gewährten internationalen Schutz für den Familienangehörigen

9   Wer über die Regelung des Familienasyls als Asylberechtigter anerkannt wird, hat denselben
     Status wie der Stammberechtigte. Es handelt sich ebenso um eine uneingeschränkte Asylberechti-
     gung mit den identischen Rechtsfolgen: Anspruch auf Ausstellung eines Reiseausweises nach der
     GFK, Aufenthaltserlaubnis gem. § 25 Abs. 1 AufenthG, § 25 Abs. 2 Alt. 1 AufenthG bzw. § 25
     Abs. 2 Alt. 2 AufenthG etc. Mit der Gewährung des Familienasyls wird daher auch der Asylklage
     erschöpfend stattgegeben (BVerwGE 88, 326 = BeckRS 9998, 170141). Gleiches gilt für die
     Gewährung des Flüchtlingsstatus bzw. den subsidiären Schutz über die Regelung des internationa-
     len Schutzes für Familienangehörige nach Abs. 5.

10   Allerdings gilt hier, dass der Asylantragssteller die Möglichkeit hat, über die Gewährung des
     subsidiären Schutzstatus hinaus die Flüchtlingseigenschaft anzustreben, wenn er hierfür die Voraus-
     setzungen in eigener Person erfüllt. Die Flüchtlingseigenschaft begründet einen besseren Status
     als der subsidiäre Schutz. Vor allem gelten hier nicht die Beschränkungen des Familiennachzugs,
     soweit der Nachzug weiterer Familienangehöriger noch angestrebt werden sollte. Entsprechend
     kann der Antragsteller auch aus eigenem Recht die Asylberechtigung begehren und erhalten,
     wenn er die Voraussetzungen hierfür erfüllt. Der Status als Asylberechtigter und der Status als
     Flüchtling nach der GFK sind allerdings bezüglich der Rechtsfolgen komplett identisch, so dass
     ein solches Verfahren in der Praxis wenig Sinn macht.

C. Gemeinsame Voraussetzungen für Ehegattenasyl und Minderjährigenasyl

11   Sowohl beim Ehegattenasyl (Abs. 1) als auch beim Minderjährigenasyl (Abs. 2) müssen die
     folgenden Voraussetzungen vorliegen:

I. Rechts- und Bestandskraft der Anerkennung beim Stammberechtigten

12   Seit der Neufassung der Vorschrift des Familienasyls durch die Änderung 1997 darf das Famili-
     enasyl nur noch gewährt werden, wenn der Stammberechtigte unanfechtbar anerkannt ist.

13   Liegt eine rechtskräftige gerichtliche Verpflichtung zur Anerkennung vor, ist aber der Bescheid
     des Bundesamtes noch nicht ergangen, so ist diese rechtskräftige gerichtliche Verpflichtung einem
     rechtskräftigen Bescheid des Bundesamtes gleichzustellen (BVerwG NVwZ 2009, 1308; VG Lüne-
     burg BeckRS 2017, 125610).

14   Sind im verwaltungsgerichtlichen Verfahren auf Verpflichtung zur Asylberechtigung bzw.
     Flüchtlingsanerkennung bzw. subsidiärer Schutzgewährung die Verfahren zur gemeinsamen Ver-
     handlung und Entscheidung verbunden, muss das Verfahren der Familienangehörige – sofern
     keine unmittelbare Anerkennung erfolgen kann – ggf. nach § 94 VwGO abgetrennt und ausgesetzt
     werden, um die Unanfechtbarkeit einer Anerkennung des Berechtigten abzuwarten. Diese Auffas-
     sung vertritt das OVG NRW (BeckRS 2001, 22036). Das BVerwG (BeckRS 2003, 21521 =
     InfAuslR 2003, 215) hält das offenbar im Hinblick auf das Beschleunigungsgebot für nötig. Dage-
     gen spricht allerdings, dass ein dann ggf. notwendiges Folgeantragsverfahren viel länger dauert.
     Nach anderer Auffassung erfolgt eine Verurteilung unter der aufschiebenden Bedingung des Ein-
     tritts der Rechtskraft der bezüglich des Stammberechtigten getroffenen Entscheidung zur Zuerken-
     nung der Flüchtlingseigenschaft (VG Stuttgart BeckRS 2017, 128247). Denkbar wäre auch ein
     Teilurteil gem. § 110 VwGO. Ist nur ein Teil des Streitgegenstands zur Entscheidung reif, so kann
     demnach das Gericht ein Teilurteil erlassen.

II. Kein Widerruf oder Rücknahme

15   Die Gewährung von Familienasyl setzt voraus, dass die Anerkennung des Asylberechtigten nicht
     zu widerrufen (→ § 73 Rn. 1) oder zurückzunehmen (→ § 73 Rn. 1) ist. Von daher muss vor
     jeder Stellung eines Asylantrages, bei dem die Gewährung des Familienasyls in Betracht kommt,
     sehr sorgfältig in der Beratung des Asylsuchenden abgewogen werden, ob das Bundesamt mögli-
     cherweise aufgrund einer veränderten Situation im Herkunftsland ein Widerrufsverfahren oder
     gar ein Rücknahmeverfahren beim Stammberechtigten einleiten könnte. Die Rücknahme bzw.

zumindest ein Widerruf der Asylberechtigung / Flüchtlingseigenschaft / des subsidiären Schutzes dürfte zumindest dann sehr naheliegend sein, wenn die Familienangehörigen im Familiennach-zugsverfahren, das dem Familienasylantrag vorausging, Angaben gemacht haben, die zum vorgetra-genen Verfolgungsschicksal bzw. der Gefährdungssituation beim Stammberechtigten im Wider-spruch stehen.

III. Verhältnis zur Dublin III-VO und sicheren Drittstaatenregelung

Reist der Familienangehörige über einen sicheren Drittstaat iSv § 26 ein, steht dies einer **16** Asylanerkennung über die Regelung des Familienasyls nicht entgegen. § 26a Abs. 1 S. 2 sperrt nur Art. 16a GG, die Anerkennung als Asylberechtigter, nicht aber die Anerkennung über § 26. § 31 Abs. 4 S. 2, wonach in den Fällen des § 26 Abs. 1–4 der § 26 Abs. 5 unberührt bleibt, **17** stellt klar, dass die Einreise aus einem sicheren Drittstaat der Gewährung von internationalem Schutz für Familienangehörige iSd § 26 nicht entgegensteht. Reist ein Familienangehöriger über einen sicheren Drittstaat in das Bundesgebiet zu einem hier lebenden Stammberechtigten ein, steht dies der Gewährung von Familienflüchtlingsschutz nicht entgegen. Dies gilt auch dann, wenn die Zurückführung in den sicheren Drittstaat möglich wäre. Ein Drittstaatenbescheid nach § 26a darf in diesen Fällen nicht erlassen werden.

Bei der Einreise über einen anderen EU-Staat nach der Dublin III-VO ist die Gewährung **18** von Familienasyl bzw. internationalem Schutz für Familienangehörige nicht ausgeschlossen, wenn Deutschland nach Art. 7 Dublin III-VO für die Durchführung des Asylverfahrens zuständig ist.

IV. Familienasyl und internationaler Schutz für Familienangehörige bei internationalem Schutz in anderem Mitgliedstaat der EU

Wurde dem Asylbewerber internationaler Schutz in einem anderen Mitgliedstaat der EU **18a** gewährt, steht dies der Anwendung des § 26 AsylG nicht entgegen (§ 29 Abs. 1 Nr. 2 AsylG) ist in diesem Fall nicht anwendbar (BVerwG NVwZ 2021, 796). Wie sich aus der Entstehungsgeschichte ergibt – so das BVerwG –, bezweckt § 26 AsylG, dass den Angehörigen der (Klein-)Familie des Schutzberechtigten die Herstellung der Familieneinheit auf der Grundlage eines einheitlichen Schutzstatus ermöglicht werden sollte. Dabei wird nicht differenziert zwischen Angehörigen, die schutzlos sind, und solchen, denen bereits in einem anderen Staat internationaler Schutz zuerkannt wurde. Haben Mitglieder einer Kernfamilie (Eltern und ihre minderjährigen Kinder) – aus wel-chen Gründen auch immer – in unterschiedlichen Mitgliedstaaten internationalen Schutz erhalten, steht der Hauptzweck des § 29 Abs. 1 Nr. 2 AsylG – die Verhinderung von Sekundärmigration – einem abgeleiteten Schutzstatus indes nicht entgegen. In diesem Fall kann ein gemeinsames Famili-enleben naturgemäß nur in einem Mitgliedstaat verwirklicht werden. Damit führt die Wiederher-stellung der Familieneinheit in einem Mitgliedstaat, der einem Familienmitglied internationalen Schutz gewährt hat, nicht zu einer unionsrechtlich unerwünschten Sekundärmigration, die durch Rückführung in einen anderen Mitgliedstaat verhindert werden muss. Gegen die Annahme einer unionsrechtlich unerwünschten Sekundärmigration sprechen auch die bei der Bestimmung des zuständigen Mitgliedstaats vorrangig anzuwendenden familienbezogenen Zuständigkeitskriterien in Art. 8–10 Dublin III-VO, die gerade zum Schutz des Wohles des Kindes und des Familienver-bands beitragen sollen (EuGH NVwZ 2019, 870).

Die statusrechtliche Begünstigung des bereits in einem anderen Mitgliedstaat der Europäischen **18b** Union schutzberechtigten Familienangehörigen steht auch im Einklang mit Art. 3 Qualifikations-RL. Danach können die Mitgliedstaaten günstigere Normen zur Entscheidung darüber, wer als Flüchtling gilt und zur Bestimmung des Inhalts des internationalen Schutzes erlassen oder beibehal-ten, sofern sie mit dieser Richtlinie vereinbar sind. Eine günstigere Norm ist mit der Qualifikati-ons-RL vereinbar, wenn sie die allgemeine Systematik oder die Ziele der Richtlinie nicht gefähr-det. Unvereinbar sind demgegenüber nationale Normen, die die Zuerkennung der Flüchtlingseigenschaft an Drittstaatsangehörige oder Staatenlose vorsehen, die sich in Situationen befinden, die keinen Zusammenhang mit dem Zweck des internationalen Schutzes aufweisen (EuGH NVwZ-RR 2015, 158 Rn. 44 – M'Bodj). Unterfallen Familienangehörige eines aner-kannten Flüchtlings keinem der in Art. 12 Annerkennungs-RL geregelten Ausschlussgründe und weist ihre Situation wegen der Notwendigkeit, den Familienverband zu wahren, einen Zusammen-hang mit dem Zweck des internationalen Schutzes auf, so gestattet es Art. 3 Annerkennungs-RL einem Mitgliedstaat, diesen Schutz auf andere Angehörige dieser Familie zu erstrecken (EuGH NVwZ 2019, 541 Rn. 74 – Ahmedbekova und Ahmedbekov).

V. Familienasylgewährung bei einer (weiteren) Staatsangehörigkeit als der des Verfolgerstaates

18c   Bei Familienangehörigen, die eine weitere oder andere Staatsangehörigkeit haben als der Stammberechtigte (im Vorlagefall an den EuGH das minderjährige tunesische Kind eines in Deutschland anerkannten syrischen Vaters) stellt sich die Frage, ob durch die ggf. bestehende Schutzmöglichkeit des anderen Staates, Familienflüchtlingsschutz gemäß § 26 Abs. 5 S. 1 iVm Abs. 2 AsylG ausgeschlossen ist. Das VG Cottbus (BeckRS 2019, 1316) vertrat die Auffassung, dass vorrangiges Unionsrecht und namentlich dem auch dort geltenden Grundsatz der Subsidiarität, der ein allgemeines Prinzip des Asyl- und internationalen Flüchtlingsrechts sei, es verbiete, den internationalen Schutz auf Personen zu erstrecken, die – wie die Klägerin – bereits aufgrund ihres Personalstatuts als Angehörige eines schutzfähigen anderen Staates – und damit gleichsam a priori – keines Schutzes bedürften. Das im Revisionsverfahren angerufene BVerwG hat dem EuGH nun die Frage zur Entscheidung vorgelegt, ob Art. 3 Qualifikations-RL in einer Situation wie der des Ausgangsverfahrens dahin auszulegen ist, dass er der in § 26 Abs. 2 iVm Abs. 5 S. 1 und 2 AsylG getroffenen Regelung entgegensteht, nach der die nationalen Behörden verpflichtet sind, dem minderjährigen ledigen Kind eines anerkannten Flüchtlings die – von diesem abgeleitete – Flüchtlingseigenschaft auch für den Fall zuzuerkennen, dass das Kind und sein anderer Elternteil die Staatsangehörigkeit eines anderen Landes besitzen, welches nicht mit dem Herkunftsland des anerkannten Flüchtlings identisch ist, und dessen Schutz sie in Anspruch nehmen können (BVerwG BeckRS 2019, 37866).

D. Ehegattenasyl

19   Die Gewährung von Familienasyl kommt nach § 26 Abs. 2 nur für den „Ehegatten eines Asylberechtigten" in Betracht, dessen „Ehe" bereits im Verfolgerstaat bestanden hat.

I. Ehepartner

1. Gültige Ehe

20   Mit „Ehe" ist in Übereinstimmung mit dem allgemeinen Sprachgebrauch die mit Eheschließungswillen eingegangene, staatlich anerkannte Lebensgemeinschaft gemeint (BVerwG Urt. v. 15.12.1992 – 9 C 61/91, jurion Rn. 7, NVwZ 1993, 792).

21   Ob nach deutschem Recht eine gültige Ehe vorliegt, bestimmt sich nach dem Recht, das bei der Eheschließung gegolten hat und zwar nach dem Recht des Herkunftsstaates, wenn die Ehe dort geschlossen wurde (VGH BW Urt. v. 17.1.1995 – A 12 S 64/92, juris Rn. 22; Koisser/Nicolaus ZAR 1991, 31). Entscheidend sind die Regelungen des Internationalen Privatrechts.

22   Eine nur nach religiösem Ritus mit Eheschließungswillen eingegangene Verbindung, die der Heimatstaat nicht anerkennt, ist dagegen keine Ehe iSd § 26 Abs. 1 (BVerwG BeckRS 9998, 171099).

23   Zum Beispiel ist die Anerkennung einer nach islamischem Ritus in der Türkei geschlossenen Ehe (sog. Imam-Ehe) – ungeachtet ihrer langen Tradition, ihrer Verbreitung, ihrer staatlichen Tolerierung und ihres Ansehens – mit Blick auf die fehlende Rechtsgültigkeit einer solchen Eheschließung abgelehnt worden (OVG RhPf NVwZ 1994, 514 = BeckRS 9998, 49314; VGH BW Urt. v. 17.1.1995 – A 12 S 64/92, juris Rn. 22).

24   Ist es nach dem Recht des Herkunftsstaates möglich, mit mehreren Frauen eine rechtsgültige Ehe einzugehen (Mehrehe), so wird diese grundsätzlich auch als wirksame Ehe anerkannt. Fraglich ist jedoch, ob die Ausführungen des BVerwG zu den aufenthaltsrechtlichen Folgen der Mehrehe (BVerwG BeckRS 9998, 163710) auf das Familienasyl übertragbar sind. Der Gesetzeswortlaut selbst sieht hier keine Einschränkung vor. Dass der Gesetzgeber den Nachzug auf engste Familienangehörige beschränken wollte, ist kein überzeugendes Argument, um den Anwendungsbereich der Regelung entgegen dem klaren Wortlaut der Vorschrift einzuschränken (so aber GK-AufenthG/Bodenbender AufenthG § 26 Rn. 46). Auch würde dann eine Regelung fehlen, welcher Ehegatte in den Genuss der Familienasylanerkennung kommen würde. Soweit eine Ehe nach dem Heimatrecht nicht als rechtsgültige Ehe anerkannt ist (so zB die lediglich vor einem Imam geschlossene „Imam-Ehe" in der Türkei), liegt insoweit keine wirksame Ehe vor.

25   Eine Ehe, bei deren Schließung ein Ehegatte unter 16 Jahre alt war, ist allerdings nach Art. 13 Abs. 3 Nr. 1 EGBGB in der Neufassung durch das Gesetz zur Bekämpfung von Kinderehen (v. 17.7.2017, BGBl. I 2429) unwirksam. Dabei handelt es sich um eine sog. „Nichtehe". Zu unterscheiden davon sind aufhebbare Ehen. Das sind gem. Art. 13 Abs. 3 Nr. 2 EGBGB Ehen, bei deren Schließung mindestens ein Ehegatte zwar 16, aber noch nicht 18 Jahre alt war. Die Unwirksamkeit oder Aufhebbarkeit dieser Ehen soll sich gem. § 26 Abs. 1 S. 2 im asylrechtlichen Bereich aber lediglich zu Ungunsten des bei der Eheschließung volljährigen Ehegatten auswirken. Personen, die als Minderjährige geheiratet haben, sollen infolge der Unwirksamkeit oder der Aufhebung ihrer Ehe keine asyl- und aufenthaltsrechtlichen Nachteile erleiden. Allerdings steht die Wirksamkeit des Gesetzes zur Bekämpfung von Kinderehen in Frage (BGH BeckRS 2018, 32048).

In diesem Kontext spielen die Überleitungsvorschriften in Art. 229 § 44 EGBGB eine wichtige **26** Rolle. Nach Art. 229 § 44 Abs. 1 EGBGB richtet sich die Aufhebbarkeit einer vor dem 22.7.2017 geschlossenen Ehe nach dem bis 22.7.2017 geltenden Recht. Nach Art. 229 § 44 Abs. 4 Nr. 1 EGBGB besteht keine Unwirksamkeit gem. Art. 13 Abs. 3 Nr. 1 EGBGB bei einer von einem im Zeitpunkt der Eheschließung noch nicht 16 Jahre alten Ehegatten geschlossenen Ehe, wenn der minderjährige Ehegatte vor dem 22.7.1999 geboren worden ist. Nach Art. 229 § 44 Abs. 4 Nr. 2 EGBGB besteht keine Unwirksamkeit gem. Art. 13 Abs. 3 Nr. 1 EGBGB, wenn die nach ausländischem Recht wirksame Ehe bis zur Volljährigkeit des minderjährigen Ehegatten geführt worden ist und kein Ehegatte seit der Eheschließung bis zur Volljährigkeit des minderjährigen Ehegatten seinen gewöhnlichen Aufenthalt in Deutschland hatte.

2. Tod des Ehepartners

Verstirbt der Stammberechtigte während des Asylverfahrens, kommt kein Familienasyl in **27** Betracht (Marx AsylG Rn. 21; Bergmann/Dienelt/Bergmann Rn. 13, aA NK-AuslR/Schröder Rn. 12). Tritt der Tod nach Gewährung des abgeleiteten Status über die Familienasylregelung ein, liegt kein Widerrufsgrund vor. Die Widerrufsgründe sind abschließend in § 73 geregelt (Marx AsylG Rn. 21; NK-AuslR/Hocks/Leuschner § 73 Rn. 40; Bergmann/Dienelt/Bergmann § 73 Rn. 19; anders OVG Saarl BeckRS 2014, 56625 = ASYLMAGAZIN 2015, 32 ff.; folgend VG Hamburg BeckRS 2017, 107487). Vor allem ist auch immer zu bedenken, dass die Gefährdung des Familienangehörigen – je nach Praxis des Verfolgerstaates – durch den Tod des Stammberechtigten nicht automatisch wegfällt.

3. Folgen der Scheidung

Ist die Scheidung zum Zeitpunkt der Entscheidung über den Familienasylantrag schon erfolgt, **28** liegt keine gültige Ehe mehr vor. Stellt man allein auf den Wortlaut ab, ist dann eine Gewährung des Ehegattenasyls bzw. des internationalen Schutzstatus für den Ehegatten nicht mehr möglich. Nach dem Zweck der Regelung ändert die Scheidung in der Praxis der Verfolgerstaaten wenig an der der Flucht der Familie bzw. des Ehepartners zugrunde liegenden Gefährdungssituation. Die Nähe des Ehegatten zum Verfolgungsgeschehen besteht weiterhin, was dafür spricht, auch in diesem Fall dem (Ex-) Ehegatten denselben Schutzstatus zu gewähren, sofern die Ehe zumindest bei Einreise noch bestand. Dies trägt auch der Schutzsituation des Familienasyls am besten Rechnung, gerade wenn man bedenkt, dass Ehen gerade in der Situation von Flucht und Exil leicht auseinandergehen können und der Ehepartner dadurch nicht schutzlos gestellt werden soll, wenn er durch die Verfolgung des Ehepartners zum Flüchtling wurde (vgl. Marx AsylG Rn. 14 f.).

Erfolgt die Scheidung nach Gewährung des abgeleiteten Schutzstatus durch die Regelung des **29** Familienasyls, liegt deshalb kein Widerrufgrund vor. Die Widerrufsgründe sind abschließend in § 73 geregelt.

II. Gleichgeschlechtliche Lebenspartnerschaft

Gleichgestellt ist auch die gleichgeschlechtliche Lebenspartnerschaft nach dem LPartG. Unter **30** Lebenspartner im Sinne des LPartG sind Personen zu verstehen, die bereits im Herkunftsland mit dem Stammberechtigten eine auf Lebenszeit angelegte gleichgeschlechtliche Partnerschaft eingegangen sind. Voraussetzung hierfür ist, dass das betreffende Herkunftsland das Rechtsinstitut der gleichgeschlechtlichen Lebenspartnerschaft anerkennt und die Eingehung einer solchen Partnerschaft ermöglicht (DA-Asyl, Stand: 18.1.2016, Familienasyl/internationaler Schutz für Familienangehörige, 1/4 – Begünstigter Personenkreis). Da diese aber bereits im Verfolgerstaat bestanden haben muss und in den in der Praxis relevanten Verfolgerstaaten eine gleichgeschlechtliche Lebenspartnerschaft bzw. Ehe nach dem dortigen Recht nicht eingegangen werden kann, hat diese Regelung in der Praxis in der Regel keine Bedeutung.

III. Bestehen der Ehe schon im Verfolgerstaat

31　　Nach § 26 Abs. 1 S. 1 Nr. 2 muss die Ehe oder Lebenspartnerschaft schon in dem Staat bestanden haben, in dem der Asylberechtigte politisch verfolgt wird. § 26 Abs. 1 greift zwar nur beim Bestehen einer rechtsgültigen Ehe, eine rechtsgültige formal geschlossene Ehe muss aber nicht zwingend schon im Verfolgerstaat bestanden haben, sofern die Ehe dort bereits gelebt wurde. Auch durch das weitere Tatbestandserfordernis, dass die Ehe schon im Verfolgerstaat „bestanden" haben muss, wird zum Ausdruck gebracht, dass es auf das tatsächliche Bestehen einer ehelichen Gemeinschaft, nicht aber auf die rechtliche Gültigkeit oder Rechtswirksamkeit des familienrechtlichen Rechtsgeschäfts „Eheschließung" im Heimatland ankommt. Dieses Verständnis wird schließlich auch allein dem hinter dem Tatbestandserfordernis des § 26 Abs. 1 stehenden Grundgedanken gerecht, dass die Gewährung des Familienasyls an den Ehegatten – auch – wegen dessen Nähe zum Verfolgungsgeschehen und damit wegen der daraus gleichfalls für ihn herrührenden Gefahr gerechtfertigt ist. Eine Nähe des Ehegatten zum Verfolgungsgeschehen und eine eigene Gefährdung setzen aber voraus, dass die Ehegatten bereits im Verfolgerland zusammengelebt haben (BVerwG Urt. v. 15.12.1992 – 9 C 61/91, jurion Rn. 7, NVwZ 1993, 792).

IV. Zeitpunkt der Antragsstellung

32　　Die Gewährung des Familienasyls setzt voraus, dass der Ehegatte oder der Lebenspartner vor der Anerkennung des Stammberechtigten als Asylberechtigter eingereist ist oder er den Asylantrag unverzüglich nach der Einreise gestellt hat.

33　　Reist der Ehegatte mit dem Stammberechtigten gemeinsam ein oder erfolgt die Einreise, solange das Asylverfahren des Stammberechtigten noch nicht abgeschlossen ist, muss der Asylantrag nicht unverzüglich nach der Einreise gestellt worden sein. Erfolgt die Einreise aber erst nach der Anerkennung des Stammberechtigten als Asylberechtigter, muss die Asylantragsstellung unverzüglich erfolgen. Häufig wird in diesen Fällen einer der Ehegatten über die Regelungen des Familiennachzugs gem. den §§ 30, 29 Abs. 2, 27, 5, 10, 11 AufenthG mit einem nationalen Visum einreisen. Dieses wird regelmäßig mit einer Geltungsdauer von drei Monaten ausgestellt; in Deutschland wird dann das Visum als Aufenthaltserlaubnis gem. § 30 AufenthG verlängert.

34　　Oft ist es gerade in den Fällen eines Familiennachzugs mit einem entsprechenden Visum die Frage, ob es ratsam ist, unmittelbar nach der Einreise Familienasyl zu beantragen. Dabei sind die Rechtsfolgen einer Asylantragsstellung zu beachten (unter anderem § 55 Abs. 2; → § 55 Rn. 1). Mit der Stellung eines Asylantrags erlöschen demnach eine Befreiung vom Erfordernis eines Aufenthaltstitels und ein Aufenthaltstitel mit einer Gesamtgeltungsdauer bis zu sechs Monaten sowie die in § 81 Abs. 3 und Abs. 4 AufenthG (→ § 81 Rn. 1) bezeichneten Wirkungen eines Antrags auf Erteilung eines Aufenthaltstitels. § 81 Abs. 4 AufenthG bleibt unberührt, wenn der Ausländer einen Aufenthaltstitel mit einer Gesamtgeltungsdauer von mehr als sechs Monaten besessen und dessen Verlängerung beantragt hat. Weiterhin ist im Kontext der Beratung der Betroffenen § 14 Abs. 2 von Bedeutung (→ § 14 Rn. 1). Nach § 14 Abs. 2 S. 1 Nr. 1 ist der Asylantrag beim Bundesamt schriftlich zu stellen, wenn der Ausländer einen Aufenthaltstitel mit einer Gesamtgeltungsdauer von mehr als sechs Monaten besitzt. Die Vorschriften im AsylG über die Verpflichtung, sich in Aufnahmeeinrichtungen aufzuhalten (→ § 47 Rn. 1), die länderübergreifende Verteilung (→ § 51 Rn. 1), die landesinterne Verteilung (→ § 50 Rn. 1), die Pflicht, in einer Gemeinschaftsunterkunft zu leben (→ § 53 Rn. 1), betreffen jeweils Personen, die den Antrag nach § 14 Abs. 1 S. 1 persönlich bei der Außenstelle des Bundesamtes zu stellen haben, die der für die Aufnahme des Ausländers zuständigen Aufnahmeeinrichtung zugeordnet ist. Ausländer, die den Asylantrag nach § 14 Abs. 2 schriftlich stellen können, unterliegen diesem strengen Regime nicht und können sich weiterhin unproblematisch dort aufhalten, wo ihr Familienangehöriger lebt. Je nach der Zuteilungspraxis der Landesbehörden kann sich diese Problematik aber auch gar nicht stellen (wenn zB solche Personen über die Erstaufnahmeeinrichtungen unmittelbar an den Wohnort des Stammberechtigten wieder zurückverteilt werden, um die Person auf die Aufnahmequote anrechnen zu können und Kostenpauschalen nach dem Landes-Flüchtlingsaufnahmegesetz erhalten zu können). Je nach der Folge, die eine Asylantragsstellung bei Nicht-Vorliegen der Voraussetzungen des § 14 Abs. 2 mit sich bringen kann, kann es durchaus ratsam sein, zunächst das Visum zur Einreise als Aufenthaltserlaubnis verlängern zu lassen, bevor der Ausländer dann den Familienasylantrag nach § 14 Abs. 2 stellen kann. In der Praxis benötigt die Ausländerbehörde für die Verlängerung des Einreisevisums in der Form der Aufenthaltserlaubnis aber oft mindestens mehrere Wochen, vor allem wenn wie zB bei syrischen Staatsangehörigen zeitlich langwierige Sicherheitsüberprüfungen über die dafür zuständigen Behörden stattfinden.

Dies kann dann wiederum dazu führen, dass keine „unverzügliche Asylantragsstellung" mehr vorliegt und nicht auf der Grundlage der Familienasylregelung die Anerkennung erfolgen kann.

Eine unverzügliche Antragstellung bedeutet nach der auch im öffentlichen Recht heranzuzie- **35** henden Legaldefinition des § 121 Abs. 1 BGB „ohne schuldhaftes Zögern". Erforderlich ist nicht eine sofortige, aber eine alsbaldige Antragstellung.

Nach der Verwaltungspraxis des BAMF, das sich auf die obergerichtliche Rechtsprechung **36** beruft, setzt das Erfordernis der Unverzüglichkeit grundsätzlich eine Antragstellung innerhalb von zwei Wochen voraus, soweit nicht besondere Umstände ersichtlich sind, die den Asylbewerber gehindert haben, den Asylantrag früher zu stellen (unter Berufung unter anderem auf BVerwG NVwZ 1997, 1137 = BeckRS 9998, 170775).

Diesen Entscheidungen lagen Sachverhalte zugrunde, in denen das entweder im Ausland oder **37** in Deutschland geborene Kind den Asylantrag vor der Rechtskraft der Anerkennung des Stammberechtigten gestellt hatte. Die Gesichtspunkte, die für das Bundesverwaltungsgericht dazu geführt haben, eine Frist von zwei Wochen in der Regel für angemessen und ausreichend anzusehen (rasche Integration der Familie durch Vereinfachung des Verfahrens; über die Asylanträge aller Familienmitglieder soll möglichst in einem Verfahren entschieden werden; eine verzögerte Stellung des Asylantrages soll verhindert werden), sind aber in Fällen der vorliegenden Art, in denen der Stammberechtigte bei Stellung des Asylantrages durch das Kind bzw. die Ehefrau bereits unanfechtbar als Asylberechtigter anerkannt ist, Ehefrau und Kind mit Visa zum Zwecke der Familienzusammenführung eingereist sind und nach der Einreise Aufenthaltserlaubnisse erhalten haben, ohne Bedeutung.

Bei der Frage, ob ein Asylsuchender seinen Asylantrag „unverzüglich" iSv § 26 Abs. 1 gestellt **38** hat, ist darauf abzustellen, ob er das getan hat, was man billigerweise von ihm verlangen kann. „Unverzüglich" heißt in diesem Sinne nicht nur „möglichst schnell", sondern auch „sachgemäß". Sachgemäß ist es aber, dass ein rechtsunkundiger Asylsuchender mit einem Rechtsanwalt Kontakt aufnimmt, um sich von ihm beraten zu lassen (HessVGH Beschl. v. 24.6.2003 – 10 UE 843/ 03.A). Wie lange das Zögern mit einer Antragstellung dauern darf, bevor es schuldhaft wird, hängt grundsätzlich von einer Würdigung der besonderen Verhältnisse im konkreten Fall ab.

Eine grundsätzlich am Einzelfall orientierte Auslegung der „Unverzüglichkeit" iSd § 26 wird **39** darüber hinaus durch Sinn und Zweck des Familienasyls nahegelegt. Neben einer Verfahrensvereinfachung und -beschleunigung hat der Gesetzgeber eine Förderung der Integration der nahen Familienangehörigen durch Gleichstellung mit dem Stammberechtigten und Gewährung eines einheitlichen Status für die gesamte (Kern-) Familie beabsichtigt. Er hat sich bewusst dafür entschieden, die Angehörigen eines Asylberechtigten, die die Voraussetzungen des individuellen Grundrechts auf Asyl in eigener Person nicht erfüllen, einfachgesetzlich zu begünstigen und sie dem asylberechtigten Ehegatten oder Elternteil gleichzustellen (OVG NRW BeckRS 2001, 22036 Rn. 23 = AuAS 2001, 188).

Ein schuldhaftes Zögern liegt nach hier vertretener Auffassung auch dann nicht vor, wenn **40** der mit einem nationalen Visum einreisende Ehegatte zunächst bei der Ausländerbehörde die Verlängerung des Aufenthaltstitels auf Grundlage von § 30 AufenthG beantragt und erst nach erfolgter Verlängerung der Aufenthaltserlaubnis von mehr als sechs Monaten den Familienasylantrag stellt (zur Problematik ausf. → Rn. 34). In solchen Fällen kann nämlich nach § 14 Abs. 2 der Asylantrag schriftlich gestellt werden. Die Vorschriften über die länderübergreifende Verteilung, die landesinterne Verteilung, die Pflicht in einer Erstaufnahmeeinrichtung zu wohnen etc finden in den Fällen des § 14 Abs. 2 keine Anwendung. Würde man dem Familienangehörigen nicht zubilligen, zunächst die Aufenthaltserlaubnis verlängern zu lassen, müsste der Familienangehörige riskieren, von seinem engsten Familienangehörigen, dem Stammberechtigten, durch die Asylantragsstellung nach § 14 Abs. 1 wieder getrennt zu werden und einem anderen Wohnort / einer anderen Unterkunft zugewiesen zu werden. Eine Trennung der Familie zur Erlangung des Familienasyls wäre weder mit Art. 6 GG vereinbar und auch schwerlich mit der Intention der Familienasylregelung in Einklang zu bringen.

Ein schuldhaftes Zögern wird man auch dann nicht annehmen können, wenn der Familienange- **41** hörige sich sofort an die Ausländerbehörde wendet, um das Visum als Aufenthaltserlaubnis verlängern zu lassen, und die Ausländerbehörde für die Bearbeitung des Verlängerungsantrags längere Zeit benötigt bzw. zunächst noch eine Sicherheitsüberprüfung durchgeführt wird, die sich längere Zeit hinzieht. Dies sind Umstände, die nicht in die vom Asylbewerber beeinflussbare Sphäre fallen.

E. Minderjährigenasyl

I. Allgemeines

42   Nach § 26 Abs. 2 wird ein zum Zeitpunkt seiner Asylantragstellung minderjähriges lediges Kind eines Asylberechtigten auf Antrag als asylberechtigt anerkannt, wenn die Anerkennung des Ausländers als Asylberechtigter unanfechtbar ist und diese Anerkennung nicht zu widerrufen oder zurückzunehmen ist.

II. Kind

43   Kind in diesem Sinn ist das eheliche, nichteheliche wie adoptierte Kind (vgl. die Definition in Art. 2 lit. j Qualifikations-RL). Das Unions- wie das deutsche Recht stellt eheliche und nichteheliche Kinder gleich. Ob das nichteheliche Kind im Recht und der Praxis der Herkunftsstaates ehelichen gleichgestellt ist, ist unerheblich (VG Sigmaringen Urt. v. 7.5.1996 – A 9 K 12128/94).

44   Ist das Kind im Bundesgebiet als eheliches Kind geboren, dann ist der mit der Mutter verheiratete Mann der Vater. Bei im Bundesgebiet geborenen nichtehelichen Kindern, die das Familienasyl vom Vater ableiten wollen, ist eine gültige Vaterschaftsanerkennung oder Vaterschaftsfeststellung erforderlich. Unerheblich ist, ob auch eine genetische Vaterschaft besteht (vgl. VG München BeckRS 2001, 26870).

45   Schwierig ist die Situation von Stiefkindern. Das BVerwG geht davon aus, dass Familienasylberechtigte generell ihrerseits kein Familienasyl weitervermitteln können. In Abs. 3 Nr. 1 sei die Familienasyl vermittelnde Person als „Asylberechtigter" definiert, der „politisch verfolgt wird". § 26 Abs. 4 S. 2 schließt auch die Gewährung von Familienasyl an Kinder eines Ausländers, der seinerseits nur als Familienasylberechtigter anerkannt wurde, aus (so BVerwG InfAuslR 1995, 301 = BeckRS 9998, 49832). Nach aA habe der Gesetzgeber mit § 26 Abs. 4 die Gewährleistung von Familienasyl nur insoweit ausschließen wollen, als es um die Weitervermittlung des Anspruchs an Kinder von Asylberechtigten geht, die wiederum ihre eigene Rechtsstellung als Asylberechtigte „nur" im Wege des Familienasyls erlangt haben. Dass ein Ehegatte, der § 26 Abs. 1 eine Familienasylberechtigung von dem Stammberechtigten ableitet, seinen Kindern Familienasyl vermittelt, sei nach der Regelung von ihrem Wortlaut her eben gerade nicht erfasst (VGH BW Urt. v. 12.1.1993 – A 14 S 1994/91). Für diese Auffassung spricht auch gerade der Gedanke der Integrationsförderung und auch der Gedanke des Gleichklangs mit den familienrechtlichen Regelungen, die ebenfalls eine unterschiedliche Behandlung von Stiefkindern vermeiden. Würde das Stiefkind vom anderen Elternteil adoptiert, dann wäre es als eigenes Kind familienasylberechtigt. Dafür spricht auch Erwägungsgrund 18 Qualifikations-RL, wonach insbesondere dem Grundsatz des Familienverbandes Rechnung getragen werden soll.

III. Minderjährig und ledig

46   Das Kind muss zum Zeitpunkt seiner Asylantragstellung minderjährig und ledig sein. Nach Art. 12 Abs. 2 GFK bestimmt sich die Minderjährigkeit nach deutschem Recht, dh nach § 2 BGB. Familienasyl erhalten danach nur Kinder, die das achtzehnte Lebensjahr noch nicht vollendet haben. Entscheidend ist insoweit der Zeitpunkt der Asylantragstellung des Kindes. Insoweit ist der Wortlaut eindeutig. Dabei ist die Grenze des Art. 3 der Qualifikations-RL bezüglich Art. 23 Abs. 2 Qualifikations-RL nicht überschritten (EuGH EuGH NVwZ 2019, 541 Rn. 74 – Ahmedbekova). Unschädlich ist, wenn das Kind im Laufe des Verfahrens volljährig wird. Im **Folgeantragsverfahren** kommt es auf es auf den Zeitpunkt der Folgeantragstellung an (BVerwGE 101, 341 = BeckRS 9998, 170870).

47   Seit der Neuregelung zum 29.10.1997 ist Voraussetzung, dass die Anerkennung des Stammberechtigten bestandskräftig ist. Das Bundesamt wie die Verwaltungsgerichte lehnten in der Praxis Familienasylanträge von Kindern schon dann ab, wenn die Entscheidung über den Antrag des Stammberechtigten noch nicht unanfechtbar war. Konsequenz war, dass dann nach unanfechtbarer Anerkennung des Stammberechtigten ein Folgeantrag gestellt werden musste, wollte der Familienangehörige dann nach Unanfechtbarkeit der positiven Entscheidung beim Stammberechtigten in den Genuss des Familienasyls kommen. In diesen Fällen waren die Kinder dann häufig bereits volljährig. Nach der Rechtsprechung des BVerwG ist Antragsstellern, die als Minderjährige im zeitlichen Zusammenhang mit ihrer Einreise oder mit der Antragstellung des Stammberechtigten Asylanträge gestellt haben, Familienasyl auch dann zu gewähren, wenn sie ihre Folgeanträge wegen der Dauer des Verfahrens zur Anerkennung des Stammberechtigten erst nach Eintritt der Volljährigkeit stellen konnten (BVerwGE 117, 283 = BeckRS 2003, 21521).

Die **Feststellung des Alters** des Kindes hat von Amts wegen zu erfolgen (sa Art. 25 Asylverfahrens-RL; vgl. zur Frage des Aussagegehalts einer Taskira VG Ansbach BeckRS 2013, 51755).   **48**

Keine Voraussetzung für die Gewährung des minderjährigen Asyls ist es, dass die Lebensgemeinschaft im Bundesgebiet angestrebt oder gar tatsächlich gelebt wird (so OVG Bln-Bbg BeckRS 2020, 35839; diese Frage aber aufgerufen durch Vorlage an den EuGH, s. BVerwG BeckRS 2019, 24858, EuGH BeckEuRS 2019, 621735.   **48a**

IV. Tod des Stammberechtigten

Verstirbt der Stammberechtigte vor Entscheidung über das Familienasyl bzw. den internationalen Schutz für Familienangehörige, gilt nichts anderes als beim Ehegattenasyl (→ Rn. 27).   **49**

F. Eltern- und Geschwisterasyl

I. Allgemeines

Gemäß § 26 Abs. 3 können auch   **50**
- die Eltern eines minderjährigen ledigen Stammberechtigten,
- ein anderer Erwachsener, der für den minderjährigen ledigen Stammberechtigten verantwortlich ist, oder
- zum Zeitpunkt der Antragstellung minderjährige ledige Geschwister des minderjährigen ledigen Stammberechtigten

Familienasyl erhalten, wenn darüber hinaus die folgenden Voraussetzungen vorliegen:
- Die Anerkennung des stammberechtigten Minderjährigen muss unanfechtbar sein (§ 26 Abs. 3 S. 1 Nr. 1),
- die Familie iSd Art. 2 lit. j Qualifikations-RL muss schon in dem Staat bestanden haben, in dem der Asylberechtigte politisch verfolgt wird (§ 26 Abs. 3 S. 1 Nr. 2),
- die Eltern bzw. der verantwortliche Erwachsene bzw. die Geschwister müssten vor der Anerkennung des Stammberechtigten eingereist sein oder den Asylantrag unverzüglich nach der Einreise gestellt haben (§ 26 Abs. 3 S. 1 Nr. 3),
- die Anerkennung des Stammberechtigten darf nicht zu widerrufen oder zurückzunehmen sein (§ 26 Abs. 3 S. 1 Nr. 4) und
- bei den Eltern bzw. der verantwortlichen Person: Sie müssen die Personensorge für den Stammberechtigten innehaben (§ 26 Abs. 3 S. 1 Nr. 5).

II. Eltern eines minderjährigen, ledigen Stammberechtigten

Die Vorschrift begünstigt nur die Elternteile eines Minderjährigen, der originär als Asylberechtigter anerkannt ist bzw. die Flüchtlingseigenschaft oder den subsidiären Schutz zuerkannt bekommen hat.   **51**

Der Stammberechtigte, von dem die Eltern den gleichen Status ableiten wollen, muss noch   **52**
minderjährig und ledig sein. Dabei kommt es im Rahmen des Elternasyls / des Elternschutzes maßgeblich auf den Zeitpunkt der Asylantragsstellung der Eltern und nicht auf den Zeitpunkt der letzten mündlichen Verhandlung an (VG Karlsruhe BeckRS 2018, 3431; VG Hamburg BeckRS 2014, 48003; aA OVG Bln-Bbg BeckRS 2016, 110825). Dies ergibt sich aus Sinn und Zweck von Art. 23 Abs. 1 Qualifikations-RL, nach dem die Mitgliedstaaten dafür Sorge zu tragen haben, dass der Familienverband aufrechterhalten werden kann. Es macht von diesem Hintergrund keinen Unterschied, ob die Kinder zu ihren Eltern nachziehen oder die Eltern zu ihren Kindern (ausf. s. VG Karlsruhe BeckRS 2018, 3431; sa Marx AsylG Rn. 36; Bergmann/Dienelt/Bergmann Rn. 16). Die Frage, ob das Elternasyl noch zu gewähren ist, wenn die Einreise des Elternteils zwar noch zurzeit der Minderjährigkeit erfolgte, das Asylgesuch ebenso, der förmliche Asylantrag aber erst kurz nach Erreichen der Volljährigkeit des stammberechtigten Kindes, hat das BVerwG dem EuGH zur Entscheidung vorgelegt (BVerwG BeckRS 2019, 24858 und BeckRS 2020, 21370; EuGH BeckEuRS 2019, 621735 noch nicht entschieden). Zu den unterschiedlichen Auffassungen siehe auch VG Hamburg BeckRS 2019, 4337 und BeckRS 2014, 48003; VG Karlsruhe BeckRS 2018, 3431, Antragstellung reicht und zur Gegenposition, OVG NRW BeckRS 2020, 3903 Rn. 53.

III. Anderer für den Minderjährigen verantwortlicher Erwachsener

53   Unter die Definition des anderen Erwachsenen fallen nur Personen, die nach deutschem Recht bzw. deutscher Praxis für den Stammberechtigten verantwortlich sind und bereits im Herkunftsland für den Stammberechtigten verantwortlich waren. Eine Verantwortlichkeit nach deutschem Recht bzw. deutscher Praxis setzt eine entsprechende gerichtliche Entscheidung voraus.

IV. Minderjährige, ledige Geschwister des minderjährigen Stammberechtigten

54   Auch die minderjährigen, ledigen Geschwister des minderjährigen Stammberechtigten erhalten unter den gleichen Voraussetzungen Familienasyl bzw. den internationalen Schutz für Familienangehörige. Die begünstigten Geschwister müssen im Zeitpunkt ihrer Antragstellung minderjährig sein. Wie bei den Eltern muss die Einreise vor der Anerkennung des Stammberechtigten stattgefunden haben oder der Asylantrag unverzüglich nach der Einreise gestellt worden sein. Für die Anspruchsvoraussetzungen kommt es auf den Zeitpunkt der Antragstellung an, die inzwischen eingetretene Volljährigkeit ist unschädlich (Marx AsylG Rn. 38; VG Sigmaringen BeckRS 2017, 110231).

G. Ausschluss

I. Ausschluss wegen Straftaten bzw. Gefährdungen für die öffentliche Sicherheit und Ordnung

55   Die Vorschriften über das Familienasyl und den internationalen Schutz für Familienangehörige gelten nicht für Familienangehörige im Sinne dieser Absätze, die Ausschlussgründe nach § 60 Abs. 8 S. 1 AufenthG (→ AufenthG § 60 Rn. 1) oder des § 3 Abs. 2 (→ § 3 Rn. 41) erfüllen oder bei denen das Bundesamt nach § 60 Abs. 8 S. 3 AufenthG (→ AufenthG § 60 Rn. 1) von der Anwendung des § 60 Abs. 1 AufenthG abgesehen hat.

II. Keine Ableitung für die Kinder von Kindern, die über das Familienasyl den Schutzstatus erhalten haben

56   Die Vorschriften über das Familienasyl und den internationalen Schutz für Familienangehörige gelten nach § 26 Abs. 4 S. 2 nicht für Kinder eines Ausländers, der selbst nach § 26 Abs. 2 oder Abs. 3 als Asylberechtigter anerkannt worden ist bzw. internationalen Schutz erhalten hat. Dadurch wird ausgeschlossen, dass ein familienasylberechtigtes Kind, Elternteil, sonstige Erwachsene und Geschwister ihrerseits Familienasyl an ihre Kinder, zB an die Enkel des Stammberechtigten vermitteln. Daneben wird die Vorschrift aber auch herangezogen, um den Willen des Gesetzgebers zu verdeutlichen, dass grundsätzlich nur ein wegen eigener politischer Verfolgung Asylberechtigter, nicht aber ein allein Familienasylberechtigter in der Lage ist, als Stammberechtigter Familienasyl zu vermitteln.

III. Kein Familienasyl, wenn vom Familienangehörigen Gefährdungen für den Stammberechtigten ausgehen würden

57   Nach § 26 Abs. 6 wird kein Familienasyl und kein internationaler Schutz für Familienangehörige gewährt, wenn dem Stammberechtigten durch den Familienangehörigen iSv § 26 Abs. 1–3 eine Verfolgung iSd § 3 Abs. 1 oder ein ernsthafter Schaden iSd § 4 Abs. 1 droht oder er bereits einer solchen Verfolgung ausgesetzt war oder einen solchen ernsthaften Schaden erlitten hat.

H. Familienasyl und Folgeantragsverfahren

58   Wenn der Ehegatte bzw. Elternteil nach erfolglosem Erstverfahren des Antragstellers anerkannt wird, ist diese Anerkennung ein neuer Umstand, der einen erfolgreichen Folgeantrag ermöglicht. Die Drei-Monats-Frist im Folgeantragsverfahren ist in der Praxis des Bundesamtes einzuhalten. Die Drei-Monats-Frist gilt auch noch für den am 20.7.2015 gestellte Anträge. Art. 42 Abs. 2 lit. a Asylverfahrens-RL ermöglicht dem nationalen Recht Vorschriften für die erste Prüfung des Folgeantrags. Dies setze – so ein Teil der Rechtsprechung – denklogisch voraus, dass auch eine Ausschlussfrist vorgesehen werden kann. Auch aus der Streichung des früheren Art. 34 Abs. 2 UAbs. 1 lit. b Asylverfahrens-RL 2005 ergebe sich nichts anderes (VG Karlsruhe BeckRS 2017, 100564). Die Gegenauffassung verweist darauf, dass die Asylverfahrens-RL selbst keine Frist setzte

und die früher bestehende Frist gestrichen wurde (so Marx AsylG § 71 Rn. 85; GK-AsylG/
Funke-Kaiser § 71 Rn. 283; NK-AuslR/Müller § 71 Rn. 39; NK-AuslR/Bruns § 71a Rn. 2;
Bethke/Hocks ASYLMAGAZIN 2017, 94 (103)).

Im Folgeantragsverfahren ist maßgeblich die Minderjährigkeit des Kindes im Zeitpunkt des **59**
ersten Asylantrags, wenn über den Erstantrag erst mehrere Jahre im Rahmen einer gemeinsamen
Klage aller Familienangehörigen nur für den Stammberechtigten positiv entschieden wurde und
dabei die gleichzeitige Gewährung von Familienasyl für die anderen Familienmitglieder nur wegen
der erforderlichen Unanfechtbarkeit der Asylanerkennung des Stammberechtigten ausgeschlossen
war (BVerwG InfAuslR 2003, 215 = BeckRS 2003, 21521: „jedenfalls in diesen Fällen"). Ansonsten müsste das Kind zumindest zum Zeitpunkt der Folgeantragstellung noch minderjährig gewesen sein (vgl. BVerwG BeckRS 9998, 170870; Marx AsylG Rn. 32).

I. Beendigung des Familienasyl und des internationalen Schutzes für Familienangehörige

Auch eine aufgrund des Familienasyls erlangte Asylberechtigung kann nur widerrufen werden, **60**
wenn der Berechtigte nicht – mehr – von politischer Verfolgung bedroht oder nicht – mehr –
schutzbedürftig ist (BVerwGE 88, 326 = BeckRS 9998, 170141).

Wurden falsche Angaben zB zum Verwandtschaftsverhältnis gemacht, kommt eine Rücknahme **61**
in Betracht (vgl. HmbOVG BeckRS 1993, 09865).

§ 26a Sichere Drittstaaten

(1) ¹Ein Ausländer, der aus einem Drittstaat im Sinne des Artikels 16a Abs. 2 Satz 1
des Grundgesetzes (sicherer Drittstaat) eingereist ist, kann sich nicht auf Artikel 16a
Abs. 1 des Grundgesetzes berufen. ²Er wird nicht als Asylberechtigter anerkannt. ³Satz 1
gilt nicht, wenn
1. der Ausländer im Zeitpunkt seiner Einreise in den sicheren Drittstaat im Besitz eines
Aufenthaltstitels für die Bundesrepublik Deutschland war,
2. die Bundesrepublik Deutschland auf Grund von Rechtsvorschriften der Europäischen
Gemeinschaft oder eines völkerrechtlichen Vertrages mit dem sicheren Drittstaat für
die Durchführung des Asylverfahrens zuständig ist oder
3. der Ausländer auf Grund einer Anordnung nach § 18 Abs. 4 Nr. 2 nicht zurückgewiesen oder zurückgeschoben worden ist.

(2) Sichere Drittstaaten sind außer den Mitgliedstaaten der Europäischen Union die
in Anlage I bezeichneten Staaten.

(3) ¹Die Bundesregierung bestimmt durch Rechtsverordnung ohne Zustimmung des
Bundesrates, dass ein in Anlage I bezeichneter Staat nicht mehr als sicherer Drittstaat
gilt, wenn Veränderungen in den rechtlichen oder politischen Verhältnissen dieses Staates die Annahme begründen, dass die in Artikel 16a Abs. 2 Satz 1 des Grundgesetzes
bezeichneten Voraussetzungen entfallen sind. ²Die Verordnung tritt spätestens sechs
Monate nach ihrem Inkrafttreten außer Kraft.

Überblick

Die Regelung in § 26a dient der einfachgesetzlichen Umsetzung von Art. 16a Abs. 2 GG
(→ Rn. 1). Reist der Betroffene aus einem sicheren – von seinem Herkunftsland iSd § 3 Abs. 1
Nr. 2 AsylG verschiedenen – Drittstaat (→ Rn. 7 ff.) iSd Abs. 2 in das Bundesgebiet ein, wird
ihm grundsätzlich die Anerkennung als Asylberechtigter verwehrt. Unter der Geltung des Dublin-
Regimes ist diese Regel jedoch zur absoluten Ausnahme geworden (→ Rn. 19 ff.). Stammt der
Betroffene aus einem sicheren Herkunftsland iSd Art. 16a Abs. 3 GG, kommt § 29a AsylG zur
Anwendung (→ Rn. 6).

Übersicht

A. Allgemeines

I. Verfassungsrechtlicher Hintergrund

1   Die Regelung in § 26a dient der einfachgesetzlichen Umsetzung der Drittstaatenregelung des Art. 16a Abs. 2 GG. Diese wurde im Rahmen des sog. Asylkompromisses im Jahr 1993 in das GG eingefügt. Danach hat ein vor politischer Verfolgung Flüchtender in dem ersten Staat um Schutz nachzusuchen, in dem ihm dies möglich ist.

2   Die Regelung wurde mit Entscheidung des BVerfG vom 14.5.1996 (BVerfGE 94, 49 = NVwZ 1996, 700) als mit dem Grundgesetz vereinbar angesehen.

II. Unionsrecht

3   Die Anerkennung als Asylberechtigter nach Art. 16a GG ist eine rein innerstaatliche Angelegenheit, die auf die Zuerkennung internationalen Schutzes ohne Einfluss ist. Daher ist § 26a in seinem unmittelbaren Anwendungsbereich – anders bei der Inbezugnahme durch § 29 Abs. 1 Nr. 3 – nicht an den Vorgaben der Verfahrens-RL zu messen und insbesondere nicht mit Blick auf den Vorrang des Unionsrechts dahingehend einschränkend auszulegen, dass nur die in Anlage I angeführten Drittstaaten, nicht aber die Mitgliedstaaten der Europäischen Union sichere Drittstaaten sind (→ § 29 Rn. 20).

4   Mit dem Gesetz zur Umsetzung aufenthalts- und asylrechtlicher Richtlinien der Europäischen Union (v. 19.8.2017, BGBl. I 1970) wurde § 26a Abs. 1 indes dahingehend verändert, dass auf das Zuständigkeitsbestimmungssystem im europäischen Gemeinschaftsrecht – auf das System der Dublin III-VO – Bezug genommen wird. Mittlerweile besteht mit dem Dublin-System, in das auch Island, Liechtenstein, Norwegen und die Schweiz assoziationsrechtlich eingebunden sind, ein gemeinsames europäisches Asylsystem mit einer gemeinsamen Regelung zur Bestimmung der Zuständigkeit, welcher Mitgliedstaat das Asylverfahren durchführt (→ Rn. 19 ff.). In der Praxis hat daher § 26a nur sehr geringe praktische Bedeutung.

III. Verhältnis zu § 29 Abs. 1 Nr. 3

5   § 26a regelt unmittelbar nur den Ausschluss der Anerkennung als Asylberechtigter (vgl. Abs. 1 S. 2 → Rn. 15). Die Ablehnung des gesamten Asylantrags iSd § 13 Abs. 2, einschließlich der unionsrechtlich determinierten Flüchtlingseigenschaft und des subsidiären Schutzes, als unzulässig nach § 29 Abs. 1 Nr. 3 ist an zusätzliche Anforderungen geknüpft (→ § 29 Rn. 20).

IV. Verhältnis zu § 29a

6   Stammt der Betroffene aus einem sicheren Herkunftsland iSd Art. 16a Abs. 3 GG, geht § 29a AsylG als lex specialis vor. Handelt es sich dabei um einen Mitgliedstaat der Europäischen Union, ist überdies das Protokoll Nr. 24 zum AEVU über die Gewährung von Asyl für Staatsangehörige von Mitgliedstaaten der Europäischen Union zu beachten.

B. Einreise aus einem sicheren Drittstaat

I. Sichere Drittstaaten (Abs. 2)

Sichere Drittstaaten sind kraft Verfassungsrechts die Mitgliedstaaten der EU sowie die durch **7** einfaches Gesetz festgelegten weiteren Staaten. Nach Anlage I sind dies derzeit Norwegen und die Schweiz. Daneben ist zu beachten, dass Liechtenstein und Island assoziationsrechtlich in das Dublin-System einbezogen sind, ohne in Anlage I aufgeführt zu sein. Maßgeblicher Zeitpunkt dürfte ausweislich des Wortlauts insofern der Zeitpunkt der Ausreise aus dem Drittstaat sein (zur vergleichbaren Fragestellung bei § 27 → § 27 Rn. 23).

II. Einreise aus einem sicheren Drittstaat

Art. 38 Abs. 2 lit. a Verfahrens-RL verlangt für die Anwendbarkeit des Konzeptes des sonstigen **8** sicheren Drittstaates „eine Verbindung zwischen dem Antragsteller und dem betreffenden Dritt-staat", „so dass es aufgrund dieser Verbindung vernünftig erscheint, dass diese Person sich in diesen Staat begibt", ist im unmittelbaren, auf das Asylgrundrecht bezogenen Anwendungsbereich des § 26a jedoch nicht maßgeblich (→ Rn. 3). Die Vorstellung des nationalen Gesetzgebers, wie sie in den Gesetzgebungsmaterialien zum Ausdruck kommt, deutet jedoch ebenfalls darauf hin, dass ihm eine solche konkrete Verbindung vor Augen stand (vgl. BT-Drs. 12/4450, 20, wonach die Regelung des § 26a die Rückkehr des Betroffenen in den schutzbietenden Drittstaat zum Ziel hat).

1. Gebietskontakt mit objektiver Möglichkeit, Schutz zu finden

Der Ausländer muss zunächst in den Drittstaat, von dem aus er nach Deutschland eingereist **9** ist, selbst überhaupt eingereist sein. Andernfalls liegt keine Einreise aus einem sicheren Drittstaat vor.

Erforderlich, aber auch ausreichend, ist nach der Rechtsprechung des BVerwG, dass der Betrof- **10** fene einen hinreichenden „Gebietskontakt" zu dem sicheren Drittstaat gehabt hat. Ob es sich hierbei um eine Einreise im Sinne des Ausländerrechts des Drittstaats gehandelt hat, spielt keine Rolle (BVerwGE 105, 194 = NVwZ 1999, 313 (314)). Die Drittstaatenregelung geht vielmehr davon aus, dass der Ausländer den im Drittstaat für ihn möglichen Schutz in Anspruch nehmen muss und dafür gegebenenfalls auch die von ihm geplante Reise zu unterbrechen hat; selbst zu verantwortende Hindernisse, ein Schutzgesuch anzubringen, bleiben außer Betracht (BVerfGE 94, 49 = NVwZ 1996, 700 (704)).

Unklar geblieben ist die Einschränkung des BVerfG, dass es nicht genüge, wenn der Betroffene **11** „den Drittstaat mit öffentlichen Verkehrsmitteln durchfuhr, ohne dass es einen Zwischenhalt gegeben hat" (BVerfG 94, 49 = NVwZ 1996, 700 (704)). Das BVerwG interpretiert diesen Vorbehalt sehr eng und betont die vom BVerfG hervorgehobene Verantwortlichkeit des Betroffe-nen, weshalb die auf dem freien Willen des Betroffenen beruhende individuelle Unfähigkeit, während des Gebietskontakts mit dem Drittstaat ein Schutzgesuch zu äußern, der Anwendung der Drittstaatenregelung nicht entgegenstehe (BVerwGE 105, 194 = NVwZ 1999, 313 (314) mit dem Beispiel eines verplombten Lkw). Denkt man diesen Ansatz zu Ende, wäre allerdings auch die Wahl eines ohne Zwischenhalt durch den Drittstaat verkehrenden öffentlichen Verkehrsmittels an Stelle eines mit Zwischenhalt unter Zurechnungsgesichtspunkten schädlich, was mit den Aus-führungen des BVerfG zumindest in einem Spannungsverhältnis steht.

Die – in praktischer Hinsicht sicherlich bedeutsamere – Frage, ob bei einem Zwischenaufenthalt **12** im Transitbereich eines Flughafens von einem „hinreichenden Gebietskontakt" auszugehen ist, wird nur mit Blick auf die Umstände des Einzelfalles zu beantworten sein: Maßgeblich ist, ob der Betroffene am Flughafen die Möglichkeit gehabt hat, den Transitbereich in Richtung Drittstaat zu verlassen bzw. an dieser „Grenze" ein Schutzgesuch zu äußern (vgl. BeckOK AuslR/Günther Rn. 21). Denn die Drittstaatenregelung des Art. 16a Abs. 2 GG und damit auch § 26a AsylG beruht darauf, dass ein vor politischer Verfolgung Flüchtender in dem ersten Staat um Schutz nachsuchen muss, in dem ihm dies möglich ist (vgl. BT-Drs. 12/4450, 20).

2. Drittstaat als Zwischenstation

Dabei muss der fragliche Drittstaat nicht die letzte Station der Flucht gewesen sein. Ausreichend **13** ist vielmehr, dass der Betroffene vor seiner Einreise nach Deutschland in einem Drittstaat Sicherheit vor Verfolgung hätte finden können (BVerfGE 94, 49 = NVwZ 1996, 700 (704))

14   An einer Einreise aus dem sicheren Drittstaat fehlt es allerdings dann, wenn der Ausländer zwischenzeitlich wieder in ein anderes Land oder das Herkunftsland zurückgekehrt war und nun auf einem anderen Weg nach Deutschland einreist (vgl. OVG NRW BeckRS 2006, 20076 Rn. 9).

III. Rechtsfolge: Ausschluss der Anerkennung als Asylberechtigter

15   Da die Drittstaaten kraft einer unwiderleglichen verfassungsrechtlichen Vermutung als sicher eingestuft sind, können sich Ausländer, die über sie nach Deutschland eingereist sind, nicht auf das Asylgrundrecht nach Art. 16a Abs. 1 GG berufen. Gleichwohl kommt die Zuerkennung der Flüchtlingseigenschaft nach der GFK oder des subsidiären Schutzes in Betracht.

16   Ob – über die bereits gesetzlich in S. 3 vorgesehenen Ausnahmen hinaus – weitere Ausnahmen – im Sinne einer Durchbrechung des Konzepts normativer Vergewisserung – zu machen sind (in diesem Sinne Bergmann/Dienelt/Bergmann Rn. 14; BeckOK AuslR/Günther Rn. 9), erscheint fraglich. So hat das BVerfG mit Blick auf Art. 16 Abs. 2 GG ausdrücklich festgehalten, dass der verfassungsändernde Gesetzgeber – anders als bei den sicheren Herkunftsstaaten in Art. 16 Abs. 3 GG – bewusst nicht vorgesehen hat, dass die durch den Gesetzgeber festgestellte Sicherheit im Drittstaat doch im Einzelfall zur Prüfung gestellt werden kann (vgl. BVerfGE 94, 49 = NVwZ 1996, 700 (705)). Die für eine Durchbrechung angeführte Passage, in der das BVerfG verschiedene Konstellationen anspricht, in denen gleichwohle Schutz gewährt werden muss (Todesstrafe, staatlicherseits nicht zu verhindernde Verbrechen, individuelle Schutzversagung, Aufgabe jeglicher Flüchtlingsüberprüfung oder kurzfristige generelle Lageänderung), stehen in einem anderen Kontext. Sie beziehen sich allein auf die Frage, ob bei einer Einreise aus einem sicheren Drittstaat auch der Zugang zu den Abschiebungsverboten nach § 51 oder 53 AuslG (nunmehr: im Wesentlichen § 60 Abs. 1 AufenthG) eröffnet ist (wie hier GEB AsylR Rn. 87).

C. Ausnahmen (Abs. 1 S. 3)

17   Die praktische Relevanz der Vorschrift ist vergleichsweise gering. Das liegt daran, dass die in Abs. 1 S. 3 statuierten Ausnahmen vom Ausschluss der Anerkennung als Asylberechtigter in der Praxis oftmals erfüllt sind.

I. Einreise in Drittstaat mit Aufenthaltstitel für die Bundesrepublik

18   Die Drittstaatenregelung greift gemäß § 26a Abs. 1 S. 3 Nr. 1 nicht, wenn der Betroffene im Zeitpunkt seiner Einreise in den sicheren Drittstaat im Besitz eines Aufenthaltstitels für die Bundesrepublik Deutschland war. Der Gesetzgeber geht davon aus, dass wegen dieses Umstandes – wie im Fall von Nr. 2 – das Asylverfahren durch das Bundesamt durchgeführt werden muss (BT-Drs. 12/4450, 20).

II. Zuständigkeit der Bundesrepublik für den Asylantrag nach Unions- oder Völkerrecht

19   Die praktisch bedeutsamste Ausnahme enthält § 26a Abs. 1 S. 3 Nr. 2. Danach greift der Ausschluss von der Asylanerkennung nicht, wenn die Bundesrepublik Deutschland auf Grund von Rechtsvorschriften der Europäischen Gemeinschaft (lies: der Europäischen Union) oder eines völkerrechtlichen Vertrages mit dem sicheren Drittstaat für die Durchführung des Asylverfahrens zuständig ist.

20   Damit ist derzeit das sogenannte Dublin-Regime in Bezug genommen. Wenn das Bundesamt den Asylantrag nicht aus einem der in § 29 Nr. 1 genannten Gründe als unzulässig zurückweisen muss, weil die Zuständigkeit des anderen (Dritt- oder Mitglied-)Staats für den Asylantrag – etwa infolge Ablaufs der Überstellungsfrist nach Art. 29 Dublin III-VO (→ § 29 Rn. 15) oder systemischer Mängel bzw. unzumutbarer Lebensbedingungen gem. Art. 3 Abs. 2 Dublin III-VO (→ Dublin III-VO Art. 3 Rn. 12) – auf die Bundesrepublik übergegangen ist, liegt ein Fall des § 26a Abs. 1 S. 3 Nr. 2 vor.

21   Versteht man die völkerrechtliche Öffnungsklausel des Art. 16a Abs. 5 GG als gegenüber der Drittstaatenregelung in Art. 16a Abs. 2 GG vorrangig und sieht auch die Dublin III-VO als hiervon gedeckt an (vgl. Moll/Pohl ZAR 2012, 102 (108 f.); in diesem Sinne auch Bergmann/Dienelt/Bergmann Rn. 10), steht § 26a einer („vollwertigen") Anerkennung als Asylberechtigter iSd Art. 16a Abs. 1 GG nicht entgegen, auch wenn der Betroffene über einen sicheren Drittstaat eingereist ist. Andernfalls kommt es – wie in den anderen von S. 3 erfassten Fällen – zu einer „einfachgesetzliche" Asylanerkennung (Bergmann/Dienelt/Bergmann Rn. 10).

§ 26a Abs. 1 S. 3 Nr. 2 stellt nur darauf ab, dass die Bundesrepublik – im gem. § 77 Abs. 1 **22** maßgeblichen Zeitpunkt der Entscheidung – aufgrund der Dublin III-VO im Zeitpunkt der Entscheidung über den Asylantrag zuständig ist. Auch wenn die Mängel im Dublin-Staat, die den Zuständigkeitsübergang begründen, während des Aufenthalts des Betroffenen noch nicht bestanden haben, kommt§ 26a Abs. 1 S. 1 und 2 nicht zur Anwendung (aA BeckOK AuslR/Günther Rn. 9).

Damit beschränkt sich der Anwendungsbereich des § 26a wegen § 26a Abs. 1 S. 3 Nr. 2 im **23** Wesentlichen auf eine Konstellation: Die Einreise aus einem sicheren Drittstaat, der Teil des Dublin-Systems ist, wenn der Asylantrag des Betroffenen gleichwohl nicht in den Anwendungsbereich der Dublin-Verordnung fällt. Hieran ist zu denken, wenn ihm im Drittstaat bereits ein Schutzstatus zuerkannt worden ist (vgl. OVG RhPf BeckRS 2016, 43342 Rn. 18 ff.). Zwar ist der Asylantrag eigentlich gem. § 29 Nr. 2 als unzulässig abzulehnen, wenn es sich um einen Mitgliedstaat der Europäischen Union handelt; andernfalls nach § 29 Nr. 3 AsylG, wenn eine Aufnahmebereitschaft des Drittstaats besteht. Allerdings kommt eine solche Ablehnung in beiden Fällen nicht in Betracht, wenn der Betroffene ungeachtet seines Schutzstatus im Drittstaat unzumutbare Lebensumstände vorfinden würde (→ § 29 Rn. 15 f.). In diesem Fall folgt die Zuständigkeit der Bundesrepublik für den Asylantrag (wohl) nicht aus der Dublin III-VO (Art. 2 lit. c Dublin III-VO).

Darüber hinaus geht Bergmann davon aus, dass die Drittstaatenregelung zur Anwendung **24** kommt, wenn mangels hinreichender Anhaltspunkte für die Zuständigkeit eines bestimmten anderen Dublin-Staates ein „Dublin-Vorverfahren" nicht durchgeführt und unmittelbar in die Sachprüfung eingetreten wird (Bergmann/Dienelt/Bergmann Rn. 12). Dazu kann es kommen, wenn zwar feststeht, dass der Betroffene über den Landweg eingereist ist, aber nicht geklärt werden kann, über welchen Nachbarstaat dies geschehen ist. Allerdings dürfte sich die Zuständigkeit der Bundesrepublik in diesem Fall aus Art. 3 Abs. 2 und/oder Art. 21 Dublin III-VO ergeben, so dass § 26 Abs. 1 S. 3 Nr. 2 doch eingreift.

Eine weitere Konstellation betrifft Einreisen aus einem sicheren Drittstaat, der nicht Teil des **25** Dublin-Systems ist. Einen solchen gibt es freilich derzeit nicht, weil die in Anlage I genannten Staaten – Norwegen und Schweiz – am Dublin-System teilnehmen. Allerdings könnte sich ein solcher Zustand durch Veränderung der Anlage I oder Ausscheiden eines dieser Staaten aus dem Dublin-System zukünftig einstellen.

III. Anordnung iSd § 18 Abs. 4 Nr. 2

§ 26a S. 3 Nr. 3 greift schließlich die – unter der Geltung des Dublin-Regimes wohl kaum **26** relevante – Konstellation auf, in der das Bundesministerium des Innern, für Bau und Heimat nach § 18 Abs. 4 Nr. 2 aus völkerrechtlichen oder humanitären Gründen oder zur Wahrung politischer Interessen der Bundesrepublik Deutschland das Absehen von einer Einreiseverweigerung oder Zurückschiebung angeordnet hat.

§ 27 Anderweitige Sicherheit vor Verfolgung

(1) Ein Ausländer, der bereits in einem sonstigen Drittstaat vor politischer Verfolgung sicher war, wird nicht als Asylberechtigter anerkannt.

(2) Ist der Ausländer im Besitz eines von einem sicheren Drittstaat (§ 26a) oder einem sonstigen Drittstaat ausgestellten Reiseausweises nach dem Abkommen über die Rechtsstellung der Flüchtlinge, so wird vermutet, dass er bereits in diesem Staat vor politischer Verfolgung sicher war.

(3) ¹Hat sich ein Ausländer in einem sonstigen Drittstaat, in dem ihm keine politische Verfolgung droht, vor der Einreise in das Bundesgebiet länger als drei Monate aufgehalten, so wird vermutet, dass er dort vor politischer Verfolgung sicher war. ²Das gilt nicht, wenn der Ausländer glaubhaft macht, dass eine Abschiebung in einen anderen Staat, in dem ihm politische Verfolgung droht, nicht mit hinreichender Sicherheit auszuschließen war.

Überblick

Die Regelung schließt die Anerkennung als Asylberechtigter aus, wenn der Ausländer bereits in einem sonstigen Drittstaat vor Verfolgung sicher war. Damit wird – wie bei § 26a – ein negatives

Tatbestandsmerkmal des Anspruchs auf Asylanerkennung aus Art. 16 Abs. 1 GG nachgezeichnet
(→ Rn. 1). Sonstige Drittstaaten können – das ergibt sich aus der systematischen Stellung der
Vorschrift – nur solche sein, die nicht zu den sicheren Drittstaaten iSd § 26a Abs. 2 gehören. Ein
Aufenthalt in einem Transitstaat genügt – anders als bei einem sicheren Drittstaat iSv § 26a (→
§ 26a Rn. 9 ff.) – allein nicht aus, vielmehr muss die Flucht dort beendet gewesen sein
(→ Rn. 16 ff.). Verfolgungssicherheit setzt zwar keine Flüchtlingsanerkennung, wohl aber die
gesicherte Beachtung des Refoulementverbots (→ Rn. 26 ff.) sowie zumutbare Lebensbedingungen voraus (→ Rn. 31 ff.). Damit entspricht die Regelung im Wesentlichen dem „ersten Asylstaat"
im Gemeinsamen Europäischen Asylsystem (→ Rn. 4 f.).

Übersicht

A. Allgemeines

I. Verfassungsrechtlicher Hintergrund

1 § 27 greift die bereits tatbestandlich den grundrechtlichen Anspruch auf Anerkennung als
Asylberechtigter ausschließende anderweitige Verfolgungssicherheit auf. Denn das Asylgrundrecht
setzt nach der Rechtsprechung des BVerfG (vgl. statt vieler BVerfG NVwZ 1992, 659 mwN) von
seinem Tatbestand her grundsätzlich einen kausalen Zusammenhang zwischen Verfolgung und
Flucht voraus. Wer gezwungen war, in begründeter Furcht vor einer auf politischer Verfolgung
beruhenden ausweglosen Lage sein Heimatland zu verlassen, bedarf des Schutzes durch das Asylgrundrecht in der Bundesrepublik Deutschland nicht, wenn er nicht (mehr) als Flüchtender das
Bundesgebiet erreicht. Das kann vor allem dann der Fall sein, wenn er in einem Drittstaat, in
dem er sich nach dem Verlassen des Herkunftsstaates aufgehalten hat, vor politischer Verfolgung
hinreichend sicher ist bzw. wäre und ihm dort jedenfalls auch keine anderen Nachteile und
Gefahren drohen, die nach ihrer Intensität und Schwere einer asylerheblichen Rechtsgutsbeein-
trächtigung aus politischen Gründen gleichkommen. Zur Annahme anderweitiger Sicherheit ist
daher – abgesehen von der selbstverständlichen Voraussetzung, dass der Drittstaat den Flüchtling
nicht ebenfalls politisch verfolgt – zumindest erforderlich, dass der vom Drittstaat erkennbar tatsächlich gewährte Schutz so beschaffen ist, dass er dem Flüchtling eine hinreichende Sicherheit
vor weiterer Verfolgung durch den Herkunftsstaat und zur Zurückschiebung dorthin oder Weiterschiebung in einen unsicheren anderen Staat gewährleistet.

2 Im Ergebnis sollen durch § 27 Doppel- und Mehrfachanerkennungen ausgeschlossen (BVerwGE
69, 290 = NVwZ 1984, 732) und zugleich einer als unerwünscht betrachteten „Weiterwanderung"
von Flüchtlingen entgegengewirkt werden.

II. Unionsrecht

§ 27 betrifft – wie § 26a – in seinem unmittelbaren Anwendungsbereich nur die Anerkennung **3** als Asylberechtigter iSv Art. 16a Abs. 1 GG; die Zuerkennung der Flüchtlingseigenschaft oder des subsidiären Schutzstatus wird von ihr nicht berührt (vgl. BVerwGE 122, 376 = NVwZ 2005, 1087 (1090)). Die Anerkennung als Asylberechtigter nach Art. 16a GG ist eine rein innerstaatliche Angelegenheit, die auf die Zuerkennung internationalen Schutzes ohne Einfluss ist.

Anders liegen die Dinge, wenn die Frage zu beantworten ist, ob der Asylantrag im Ganzen **4** gemäß § 29 Abs. 1 Nr. 4 iVm § 27 wegen der anderweitigen Verfolgungssicherheit unzulässig ist. Diese Regelung findet ihre Grundlage in Art. 35 Verfahrens-RL. Demnach kann ein Staat als „erster Asylstaat" für einen Antragsteller angesehen werden, wenn der Antragsteller in dem betreffenden Staat als Flüchtling anerkannt wurde und er diesen Schutz weiterhin in Anspruch nehmen darf oder ihm in dem betreffenden Staat anderweitig ausreichender Schutz, einschließlich der Anwendung des Grundsatzes der Nicht-Zurückweisung, gewährt wird, vorausgesetzt, dass er von diesem Staat wiederaufgenommen wird. Es kommt also nicht allein auf die Verhältnisse im Zeitpunkt der Ausreise aus dem Drittstaat, sondern auch auf eine fortbestehende Rückkehrperspektive dorthin an.

Nach Art. 35 Abs. 2 S. 2 Verfahrens-RL muss der Antragsteller die Möglichkeit haben, „die **5** Anwendung des Konzepts des ersten Asylstaats unter Berufung auf seine besonderen Umstände anzufechten". Diesem Erfordernis trägt § 27 Rechnung: Die in den Abs. 2 und 3 enthaltenen Vermutungen der Verfolgungssicherheit können widerlegt werden, und auch im Übrigen ist die positive Feststellung der Verfolgungssicherheit erforderlich (Abs. 1).

III. Verhältnis zu § 29 Abs. 1 Nr. 4

Ein Zwischenaufenthalt in einem Drittstaat kann dazu führen, dass der Asylantrag gem. § 29 **6** Abs. 1 Nr. 4 als unzulässig abgelehnt wird. Hierfür müssen über die nachfolgend beschriebenen Voraussetzungen hinaus weitere Anforderungen erfüllt sein, insbesondere muss eine konkrete Rückkehrperspektive in diesen Drittstaat bestehen (→ Rn. 4; → § 29 Rn. 24).

IV. Verhältnis zu § 26a

Wie bei § 26a geht es auch bei § 27 darum, dass ein in seinem Herkunftsland Verfolgter des **7** Schutzes in Deutschland nicht bedarf, wenn er bereits an einem anderen Ort Sicherheit gefunden hatte. Dann erscheint die Einreise in die Bundesrepublik bei wertender Betrachtung nicht mehr als durch die politische Verfolgung motiviert.

§ 27 bezieht sich nur auf Drittstaaten, die keine sicheren Drittstaaten iSv § 26a sind. Das folgt **8** bereits daraus, dass in Abs. 1 von einem sonstigen Drittstaat die Rede ist. Anders als bei § 26a muss die anderweitige Verfolgungssicherheit im Einzelfall festgestellt werden, auch wenn diese in den in Abs. 2 und 3 beschriebenen Fällen – widerleglich – vermutet wird. Umgekehrt gibt es keinen festen Katalog der in Betracht kommenden Staaten; auch insofern ist auf den Einzelfall abzustellen.

B. Voraussetzungen für die gefundene Verfolgungssicherheit in einem sonstigen Drittstaat

I. Sonstiger Drittstaat

1. Abgrenzung zum internen Schutz innerhalb des Herkunftstaates

Der Drittstaat muss im Verhältnis zum Herkunftsstaat des Asylsuchenden ein selbstständiger **9** Staat sein und aus dessen rechtlicher Perspektive als Ausland und nicht als Inland anzusehen sein. Diese Frage ist nach der Sach- und Rechtslage zum Zeitpunkt des Aufenthaltes in diesem Staat zu beurteilen (VG Schleswig BeckRS 2013, 56720). Ob der Asylsuchende sich an einen anderen Ort innerhalb seines Herkunftsstaates hätte begeben können, um dort Schutz zu erlangen, ist dagegen eine Frage der inländischen Fluchtalternative, des internen Schutzes (→ § 3e Rn. 16 ff.).

Beim internen Schutz genügt es bereits, dass der Asylsuchende sich dorthin hätte begeben **10** können, soweit er dort vor Verfolgung sicher gewesen wäre, sicher und legal in diesen Landesteil hätte reisen können, dort aufgenommen worden wäre und vernünftigerweise erwartet werden konnte, dass er sich dort niederlässt. Dagegen muss sich der Asylsuchende, damit sein Anspruch auf Asylanerkennung nach § 27 abgelehnt werden kann, tatsächlich in dem anderen Staat aufgehalten und Verfolgungssicherheit gefunden haben. Allein die Möglichkeit, dort Verfolgungssicherheit finden zu können, steht der Anerkennung als Asylberechtigter also nicht entgegen.

11   Der Heimatstaat eines Asylsuchenden bestimmt sich grundsätzlich nach seiner Staatsangehörigkeit, nicht nach seinem gewöhnlichem Aufenthaltsort vor der Flucht (BVerwGE 68, 106 (107) = NVwZ 1984, 244). Dies ergibt sich aus der zur Auslegung des Art. 16 Abs. 2 S. 2 GG verwertbaren (vgl. BVerwGE 68, 171 (172 f.) = NVwZ 1984, 182) Umschreibung des Flüchtlingsbegriffs in Art. 1 A Nr. 2 GFK, der auch in § 3 Abs. 1 AsylG Niederschlag gefunden hat. Danach sind Personen nur dann Flüchtlinge, wenn sie den Schutz desjenigen Staates entbehren, dem sie angehören. Lediglich für Staatenlose kommt es auf die Verhältnisse im Land des gewöhnlichen Aufenthaltes an. Diese eindeutige Unterscheidung zwischen Staatsangehörigen einerseits und Staatenlosen andererseits schließt es aus, einen Asylsuchenden auf einen Drittstaat als inländische Fluchtalternative zu verweisen, nur weil er dorthin stärkere persönliche Beziehungen unterhalten hat als zu seinem Heimatstaat (BVerwGE 68, 106 (107) = NVwZ 1984, 244; BVerwG NVwZ 1986, 485).

12   Soweit der Heimatstaat auf dem Gebiet des Drittstaates effektive Gebietsgewalt ausübt, ist das Verlassen des Drittstaates nicht nach § 27 zu beurteilen. Hier verlässt der Asylsuchende den Heimatstaat erst mit Verlassen des Gebietes, in dem dieser effektive Gebietsgewalt ausübt. Hat der Heimatstaat im Drittland nicht die effektive Gebietsgewalt inne, stellt bereits die Ausreise aus dem Heimatstaat in das Drittland die – möglicherweise dort noch nicht beendete – Flucht dar. Hingegen haben Übergriffe, die der Verfolgerstaat auf dem Territorium des Drittstaates gegen seine dorthin geflüchteten Staatsbürger unternimmt, ohne im Drittstaat im Besitz der effektiven Gebietsgewalt zu sein, nur Bedeutung für die Frage, ob der Flüchtling iSd § 27 im Drittland vor Verfolgung sicher war (BVerwGE 89, 171 = NVwZ 1992, 382).

2. Praktische Bedeutung

13   § 27 regelt, wie bereits dargelegt (→ Rn. 8), die Sicherheit in einem sonstigen Drittstaat, also einem Staat, der nicht bereits vom Gesetzgeber als sicherer Drittstaat iSd Art. 16a Abs. 2 GG iVm § 26 Abs. 2 und Anlage I eingestuft ist.

14   Vor diesem Hintergrund erlangt § 27 – wie freilich insgesamt die Asylanerkennung – nur geringe praktische Bedeutung. Allerdings ist ihr Anwendungsbereich eröffnet, wenn der Betroffene zwar, wie regelmäßig, über (irgend-)einen sicheren Drittstaat iSd § 26a eingereist ist, ihm aber wegen einer der in § 26a Abs. 1 S. 3 genannten Gründe, namentlich des Zuständigkeitsübergangs im Rahmen des Dublin-Systems (→ § 26a Rn. 19 ff.), dieser Umstand nicht entgegengehalten werden kann.

II. Keine unmittelbare Einreise erforderlich

15   § 27 verlangt – ebenso wenig wie § 26a –, dass der Asylsuchende unmittelbar aus dem sonstigen Drittstaat eingereist ist. Entscheidend ist, dass er dort nach dem fluchtauslösenden Ereignis Sicherheit gefunden, sich dieser aber freiwillig wieder begeben hat.

III. Beendigung der Flucht

1. Abgrenzung zur Nutzung des Drittstaats zur Durchreise

16   Art. 16 Abs. 2 S. 2 GG gewährleistet jedem politisch Verfolgten, der als Flüchtender, also im Zustand der Flucht, in die Bundesrepublik Deutschland kommt, Schutz. Dieser Zustand ändert sich nicht dadurch, dass der Verfolgte einen anderen Staat, der ihm Sicherheit hätte bieten können, lediglich als Fluchtweg benutzt. Verfolgungssicherheit iSd § 27 kann nur bestehen, wenn die Flucht im Drittstaat ihr Ende gefunden hatte, so dass bei wertender Betrachtung kein Zusammenhang mehr zwischen dem Verlassen des Heimatstaates und der Einreise in die Bundesrepublik Deutschland besteht (vgl. BVerwGE 78, 332 (344) = NVwZ 1988, 737 (740)).

2. Objektive Würdigung des manifestierten Willens des Flüchtenden

17   Einem Ende der Flucht im Drittstaat steht nicht schon der bloße Wille, gerade in der Bundesrepublik Schutz zu finden, entgegen. Entscheidend ist, ob bei objektiver Würdigung der gesamten Umstände, insbesondere des tatsächlich gezeigten Verhaltens des Betroffenen während seines Zwischenaufenthalts im Drittstaat, nach noch von einer „Flucht" gesprochen werden kann. Das ist nicht mehr der Fall, wenn der Aufenthalt stationären Charakter angenommen hat (vgl. BVerwGE 79, 347 = NVwZ 1988, 1136 (1137)).

Umgekehrt muss nicht bereits zu Beginn der Flucht die Bundesrepublik als Zielland in den **18** Blick genommen werden. Das würde den Besonderheiten einer Flucht nicht gerecht werden. Deshalb ist es auch unschädlich, wenn bei Fluchtantritt nur das Erreichen des fraglichen Drittstaates vor Augen stand und ein auf Weiterreise gerichteter Wille erst dort gebildet worden ist. Denn die Vorstellungen des Flüchtlings über das Ziel seiner Flucht können sich durchaus bis zur Ankunft im Drittland oder erst dort ändern. Maßgeblich ist, ob die Fortsetzung der Flucht erfolgte, bevor der Aufenthalt durch Zeitablauf oder auf Eingliederung gerichtete Verhaltensweisen stationären Charakter angenommen hatte. Das BVerwG (BVerwG BeckRS 1990, 312660) weist zurecht darauf hin, dass Flüchtende vor allem unter dem Eindruck eines akuten Verfolgungsdrucks in der Eile und den Wirren der Flucht häufig kein anderes Ziel haben werden als das Nachbarland und erst nach der Ankunft dort Überlegungen über den weiteren Verbleib anstellen.

Der Zwischenaufenthalt im Drittstaat gibt – anders als im Fall eines sicheren Drittstaats iSd **19** § 26a – (nur) dann zur Prüfung anderweitiger Verfolgungssicherheit Anlass, wenn der Betroffene – den äußeren Umständen nach erkennbar – den Beschluss gefasst hatte, sich dort niederzulassen. Entschließt er sich später zur Weiterreise, war die Flucht beendet (vgl. BVerwG BeckRS 1990, 31266008). Zu prüfen bleibt freilich, ob die Umstände, die nunmehr zum Verlassen des Drittstaats geführt haben, geeignet sind, das Vorliegen von Verfolgungssicherheit im engeren Sinne (→ Rn. 27 ff.) oder zureichenden Lebensverhältnisse (→ Rn. 31 ff.) infrage zu stellen.

3. Stationärer Charakter des Aufenthalts

Für die Feststellung eines derart stationären Charakters des Aufenthalts eines Flüchtlings in **20** einem Drittstaat kommt der Dauer des Aufenthalts nach der Rechtsprechung des BVerwG eine entscheidende Bedeutung zu (vgl. BVerwGE 79, 347 = NVwZ 1988, 1136 (1137 f.)): Je länger der Aufenthalt im Drittstaat dauert, umso mehr gehe das äußere Erscheinungsbild einer Flucht verloren. Eine Flucht könne daher allein schon aufgrund bloßen Zeitablaufs in einem objektiv sicheren Drittstaat ihr Ende finden. Bei einem Aufenthalt von mehr als drei Monaten (vgl. Abs. 3) soll im Wege der Vermutung grundsätzlich auch davon auszugehen sein, dass die Flucht – allein durch Zeitablauf – ihr Ende gefunden hat (→ Rn. 39). Bei Aufenthalten von weniger als drei Monaten erscheine eine Beendigung der Flucht in gleichem Maße möglich wie das Gegenteil.

Für die Prüfung, ob ein Aufenthalt im Drittstatt nach den Umständen des Verweilens im **21** Drittland zur Fluchtbeendigung führt, zieht das BVerwG (BVerwGE 79, 347 = NVwZ 1988, 1136 (1138)) unter anderem die folgenden Kriterien heran:
• Existenzgründungsversuche (zB Aufnahme einer auf Dauer angelegten Arbeit, Eröffnung eines Gewerbebetriebs),
• Wohnraumbeschaffung auf Dauer,
• Bemühungen um Aufnahme in ein Flüchtlingslager und
• ein längerer Aufenthalt ohne erkennbare Hindernisse für eine Weiterreise.
Unschädlich sind umgekehrt Zwischenaufenthalte, die allein auf das vorübergehende Unvermögen **22** des Betroffenen zurückzuführen sind, seine Flucht fortzusetzen, etwa Krankheiten oder Mittellosigkeit. Wenn der Betroffene in dieser Lage den Schutz des Drittstaats erkennbar vorübergehend in Anspruch nimmt, um einer Abschiebung zu entgehen, liegt kein Ende der Flucht vor (vgl. VGH BW NVwZ 1983, 432 (433 f.)).

IV. Verfolgungssicherheit

1. Maßgeblicher Zeitpunkt

Abs. 1 stellt seinem Wortlaut nach allein darauf ab, ob der Antragsteller im Drittstaat vor **23** politischer Verfolgung sicher war. Es kommt also abweichend von § 77 Abs. 1 AsylG auf die Verhältnisse im Zeitpunkt der Entscheidung über den Asylantrag – gleich ob dies für den Antragsteller günstiger oder ungünstiger wäre – nicht an. Dies wäre mit dem klaren Wortlaut der Vorschrift (und seinem Sinn und Zweck, dazu sogleich) nicht zu vereinbaren. Zu beachten ist, dass abweichend hiervon für eine Abweisung des gesamten Asylantrags als unzulässig nach § 29 Abs. 1 Nr. 4 über die Wiederaufnahmebereitschaft des Drittstaats hinaus auch die (ungeschriebene) Voraussetzung erfüllt sein muss, dass der Betroffene im Drittstaat auch zukünftig sicher sein wird (→ § 29 Rn. 24).

Schwieriger zu beurteilen ist die Frage, ob es genügt, dass der Antragsteller irgendwann nach **24** seiner Einreise in den Drittstaat Verfolgungssicherheit (und eine ausreichende Lebensgrundlage) gefunden hatte. Das wäre vom Wortlaut der Vorschrift gedeckt, führte aber zu unbefriedigenden, vom Gesetzgeber sicher nicht gewollten Ergebnissen, etwa wenn dem Betroffenen nach einer Weile des sicheren Aufenthalts aufgrund veränderter Umstände im Drittstaat doch ein Refoulement oder die Verelendung drohte. Dementsprechend hat das BVerwG zu der – allerdings abweichend gefassten (vgl. hierzu Bergmann/Dienelt/Bergmann Rn. 20) – Vorgängervorschrift des § 2 Abs. 2 AsylVfG aF ausgeführt, dass der Ausschlussgrund der anderweitigen Verfolgungssicherheit nicht einschlägig ist, wenn die im Aufnahmestaat zunächst gegebene Lebensgrundlage später wieder entzogen wird (BVerwG BeckRS 1984, 31255308).

25   Zu angemessenen und methodisch vertretbaren Ergebnissen führt die Überlegung, dass es nach dem Sinn und Zweck des § 27, die Asylanerkennung (nur) demjenigen zu verweigern, der sich freiwillig des anderweitigen Verfolgungsschutzes begeben hat, darauf ankommen muss, ob der Antragsteller zu dem Zeitpunkt, in dem er das Gebiet des Drittstaats verließ, vor politischer Verfolgung sicher war und sein Existenzminimum sichern konnte (idS etwa BeckOK AuslR/ Günther Rn. 24 ff.; zu der Behandlung von Nachfluchtgründen vgl. Bergmann/Dienelt/Bergmann Rn. 25).

2. Keine Rechtsstellung als Flüchtling erforderlich

26   Verfolgungssicherheit bedeutet nicht, dass der Verfolgte im sonstigen Drittstaat einen Status genießen muss, der dem eines Asylberechtigten entspricht. Entscheidend ist der Schutz vor politischer Verfolgung im Drittstaat, der Kerngehalt des Asylrechts (vgl. BVerwGE 69, 289 = NVwZ 1984, 732 (733) unter Verweis auf BT-Drs. 9/875, 13 f.).

3. Sicherheit vor Verfolgung durch den Herkunftsstaat

27   Sicherheit bedeutet zunächst, dass der Flüchtling in dem anderen Staat vor weiterer oder erneuter Verfolgung und vor (Ketten-)Abschiebung in einen möglichen Verfolgerstaat (BVerwGE 49, 202 (205 f.) = NJW 1976, 490) sicher sein muss; anderenfalls hat er dort von vornherein noch keinen Verfolgungsschutz gefunden (vgl. BVerwGE 69, 289 = NVwZ 1984, 732 (733)).

28   Weiter muss sich der Verfolgte im Drittstaat mehr als nur vorübergehend aufhalten dürfen (vgl. BVerwGE 69, 289 = NVwZ 1984, 732 (733)).

29   Bei drohenden Übergriffen des Verfolgerstaates im Drittstaat (HessVGH NVwZ 1988, 274 (276)) kann ebenso wenig von Verfolgungssicherheit die Rede sein wie bei berechtigter Furcht davor, dass der Verfolgerstaat seinen Herrschaftsbereich auf den Drittstaat ausdehnt (vgl. BVerfG NVwZ 1991, 979).

4. Sicherheit durch Verfolgung durch den Drittstaat

30   Wenn der Flüchtling befürchten muss, dass der Drittstaat ihn – aus welchen Gründen auch immer – verfolgt, kann selbstredend ebenfalls nicht von einer anderweitigen Verfolgungssicherheit gesprochen werden.

V. Zumutbare Lebensbedingungen

31   Schließlich genügt der Schutz vor politischer Verfolgung für sich genommen nicht, um dem Betroffenen den Anspruch auf Asylanerkennung abzusprechen. Vielmehr muss das vom Drittstaat gewährte Recht zum Aufenthalt eine gewissen Bewegungsfreiheit und die Möglichkeit bieten, eine zureichende Lebensgrundlage zu finden.

32   Maßstab sind dabei einerseits nicht die Lebensverhältnisse für Asylbewerber in Deutschland. Andererseits sind sie sicher dann unzureichend, wenn der Betroffene dem Tod durch Hunger oder Seuche ausgesetzt ist oder wenn er auf nicht absehbare Zeit nichts anderes zu erwarten hat als ein Dahinvegetieren am Rand des Existenzminimums. Dann hat er als Flüchtling noch keinen Aufenthalt gefunden, der ausreicht, ihm den aus der Sicht des Asylrechts erforderlichen Verfolgungsschutz zu vermitteln (so BVerwGE 69, 289 = NVwZ 1984, 732 (733)).

33   Es spricht manches dafür, entsprechend der Frage danach, ob vom Betroffenen iSd § 3e Abs. 1 Nr. 2 zumutbarer Weise erwartet werden kann, an einem Ort innerhalb seines Herkunftslandes internen Schutz zu suchen (vgl. hierzu BVerwG BeckRS 2021, 2077), darauf abzustellen, dass das wirtschaftliche Existenzminimum im Drittstaat ohne Verstoß gegen Art. 3 EMRK gewährleistet gewesen ist. Ob dabei Hilfe durch den Aufnahmestaat oder durch internationale Organisationen gewährt wird, ist unerheblich (BVerwG NVwZ 1990, 81 (82)).

VI. Mitwirkungspflichten, Beweislast

Der Flüchtling ist hinsichtlich der externen Fluchtalternative darlegungspflichtig (§ 25 Abs. 1 **34** S. 2) und hat auch in seinem Besitz befindliche Urkunden hierüber vorzulegen (§ 15 Abs. 2 Nr. 5, Abs. 3).

Nach der Rechtsprechung des BVerwG soll der Antragsteller die materielle Beweislast für den **35** Umstand tragen, dass seine Flucht im Drittstaat nicht beendet gewesen, er also „im Zustand der Flucht" in die Bundesrepublik gelangt sei (BVerwG BeckRS 1988, 31287656; aA Bergmann/ Dienelt/Bergmann Rn. 44 mit Verweis darauf, dass die Nichtinanspruchnahme einer externen Fluchtalternative nicht als negatives Tatbestandsmerkmal des Asylgrundrechts verstanden werden dürfe).

C. Vermutung der Sicherheit bei einem ausgestellten GFK-Pass (Abs. 2)

Bei einem ausgestellten GFK-Pass (→ GFK Art. 28 Rn. 1 ff.) spricht eine Vermutung dafür, **36** dass der im Herkunftsland politisch Verfolgte im Drittstaat Sicherheit gefunden hat. Die Vermutung ist, auch wenn ihr anders als Abs. 3 kein ausdrücklicher Vorbehalt beigefügt ist, widerleglich (vgl. § 173 VwGO iVm § 292 ZPO). Unklar ist, welche Anforderungen an die Widerlegung der Vermutung zu stellen sind (Vollbeweis des Gegenteils, wie von § 292 ZPO gefordert, oder Analogie zu Abs. 3 S. 2, vgl. Bergmann/Dienelt/Bergmann Rn. 44 mwN). Der Hinweis von Bergmann (Bergmann/Dienelt/Bergmann Rn. 44), dass die Richtigkeitsgewähr der Vermutung stark vom Ausstellerstaat abhängt, ist zutreffend. Vor allem weil die Flüchtlingsanerkennung idR höchstens zu einer Inländergleichbehandlung verpflichtet (→ GFK Art. 23 Rn. 20 ff.), dürfen etwa hinsichtlich des Vorhandenseines zumutbarer Lebensbedingungen keine zu hohen Anforderungen gestellt werden.

D. Vermutung der Sicherheit bei einem Aufenthalt von mehr als drei Monaten (Abs. 3)

Gemäß § 27 Abs. 3 wird vermutet, dass der Betroffene in einem sonstigen Drittstaat vor **37** politischer Verfolgung sicher war, wenn er sich vor der Einreise in das Bundesgebiet länger als drei Monate in einem sonstigen Drittstaat, in dem ihm keine politische Verfolgung droht, aufgehalten hat; es sei denn, dass er glaubhaft macht (vgl. § 173 VwGO iVm § 294 ZPO), dass eine Abschiebung in einen anderen Staat, in dem ihm politische Verfolgung droht, nicht mit hinreichender Sicherheit auszuschließen war.

I. Vermutungstatbestand und -inhalt

Die Regelung ist nicht einfach zu handhaben, vor allem, weil – wie dargelegt – nach der **38** Rechtsprechung des BVerwG die Anwendung von Abs. 1 nicht allein Verfolgungssicherheit ieS (insbesondere Refoulementverbot), sondern auch hinreichende Lebensverhältnisse voraussetzt. Bergmann schlägt vor, zum Vermutungstatbestand – für den das Bundesamt die materielle Beweislast trägt – allein den ununterbrochenen Aufenthalt von drei Monaten, während dessen keine Verfolgung bzw. Verfolgungsgefahr bestand, zu zählen, bei dessen Vorliegen die anderen Tatbestandselemente (ausreichende Lebensverhältnisse, Fortbestand der Verfolgungssicherheit für die voraussichtliche Dauer der Verfolgungsgefahr) vermutet würden (Bergmann/Dienelt/Bergmann Rn. 54 f.); demgegenüber zählt Günther die ausreichenden Lebensverhältnisse zum Vermutungstatbestand (BeckOK AuslR/Günther Rn. 34).

II. Erstreckung der Vermutung: Beendigung der Flucht

Der Gesetzgeber ist bei der Festlegung dieser Sicherheitsvermutung davon ausgegangen, dass **39** eine Frist von drei Monaten für eine Orientierung des politisch Verfolgten nach dem Verlassen des Machtbereichs seines Heimatstaats grundsätzlich ausreichend ist. Dem entnimmt das BVerwG, dass ein längerer als dreimonatiger Aufenthalt in einem Drittstaat nicht nur die Vermutungsbasis für eine erreichte Sicherheit vor der Verfolgungsgefahr im Heimatstaat darstellt, sondern dass bei einem Aufenthalt des politisch Verfolgten im Drittstaat von mehr als drei Monaten im Wege der Vermutung grundsätzlich auch von einer Beendigung der Flucht auszugehen ist (→ Rn. 20; ebenso Bergmann/Dienelt/Bergmann Rn. 55; BeckOK AuslR/Günther Rn. 34).

III. Widerlegung der Vermutung

40 Hinsichtlich der von der Vermutung erfassten Tatbestandselemente steht dem Betroffenen die Möglichkeit der Widerlegung gem. Abs. 3 S. 2 offen. Erforderlich ist nicht der Vollbeweis des Gegenteils; es genügt, wenn die Vermutungsgrundlage dadurch erschüttert wird, dass ausreichende Zweifel glaubhaft gemacht (§ 173 VwGO iVm § 294 ZPO) werden (vgl. Bergmann/Dienelt/Bergmann Rn. 58 ff.).

§ 27a [aufgehoben]

§ 28 Nachfluchttatbestände

(1) ¹Ein Ausländer wird in der Regel nicht als Asylberechtigter anerkannt, wenn die Gefahr politischer Verfolgung auf Umständen beruht, die er nach Verlassen seines Herkunftslandes aus eigenem Entschluss geschaffen hat, es sei denn, dieser Entschluss entspricht einer festen, bereits im Herkunftsland erkennbar betätigten Überzeugung. ²Satz 1 findet insbesondere keine Anwendung, wenn der Ausländer sich auf Grund seines Alters und Entwicklungsstandes im Herkunftsland noch keine feste Überzeugung bilden konnte.

(1a) Die begründete Furcht vor Verfolgung im Sinne des § 3 Absatz 1 oder die tatsächliche Gefahr, einen ernsthaften Schaden im Sinne des § 4 Absatz 1 zu erleiden, kann auf Ereignissen beruhen, die eingetreten sind, nachdem der Ausländer das Herkunftsland verlassen hat, insbesondere auch auf einem Verhalten des Ausländers, das Ausdruck und Fortsetzung einer bereits im Herkunftsland bestehenden Überzeugung oder Ausrichtung ist.

(2) Stellt der Ausländer nach Rücknahme oder unanfechtbarer Ablehnung eines Asylantrags erneut einen Asylantrag und stützt diesen auf Umstände, die er nach Rücknahme oder unanfechtbarer Ablehnung seines früheren Antrags selbst geschaffen hat, kann in einem Folgeverfahren in der Regel die Flüchtlingseigenschaft nicht zuerkannt werden.

Überblick

Voraussetzung für die Asylrechtsgewährung ist grundsätzlich ein unmittelbarer Kausalzusammenhang zwischen drohender Verfolgung und Flucht. Dieser Kausalzusammenhang ist regelmäßig unterbrochen in Fällen, in denen der Ausländer unverfolgt aus dem Herkunftsland ausreist und erst durch selbst geschaffene – subjektive – Nachfluchtgründe eine Verfolgung im Herkunftsland auslöst. Vor diesem Hintergrund normiert § 28 Abs. 1 S. 1, dass ein Ausländer in der Regel nicht als Asylberechtigter anerkannt wird, wenn die Gefahr politischer Verfolgung auf Umständen beruht, die er nach Verlassen seines Herkunftslandes aus eigenem Entschluss geschaffen hat, es sei denn dieser Entschluss entspricht einer festen, bereits im Herkunftsland erkennbar betätigten Überzeugung (→ Rn. 1). Der Ausschluss von Nachfluchttatbeständen im gemeinsamen EU-Asylrecht wurde in Art. 5 Qualifikations-RL geregelt (→ Rn. 3). Eine verfolgungsbedingte Ausreise setzt voraus, dass ein enger zeitlicher und kausaler Zusammenhang zwischen drohender Verfolgungshandlung und Ausreise besteht; insoweit bedarf es der Abgrenzung von Vorflucht- und Nachfluchttatbeständen (→ Rn. 13). Vorflucht- und Nachfluchtgründe unterscheiden sich voneinander durch den Zeitpunkt ihres Entstehens: Vor oder nach Verlassen des Verfolgerstaats (→ Rn. 16). Grundsätzlich führen Nachfluchtgründe nicht zur Anerkennung. Der Grundsatz wird allerdings durchbrochen bei bereits im Herkunftsland erkennbar betätigter Überzeugung (→ Rn. 23); bei der Unmöglichkeit der Bildung einer festen Überzeugung im Herkunftsland (→ Rn. 28), bei einer latenten Gefährdungslage (→ Rn. 31). Daneben gibt es weitere Sonderkonstellationen, wie zB die der Wahl des Ehepartners, bei der der subjektive Nachfluchtgrund nicht zwingend einen Anknüpfungspunkt im Heimatstaat des Asylbewerbers besitzen muss (→ Rn. 32). Bei exilpolitischen Aktivitäten müssen die selbstgeschaffenen Nachfluchttatbestände sich als Ausdruck und Fortführung einer schon während des Aufenthalts im Heimatstaat vorhandenen und erkennbar betätigten festen Überzeugung darstellen, mithin als notwendige Konsequenz einer dauernden, die eigene Identität prägenden und nach außen kundgegebenen Lebenshaltung erscheinen (→ Rn. 35). In Fällen der Konversion im Aufnahmeland ist entscheidend das Vorliegen einer glaubhaften ernsthaften Zuwendung zum christlichen Glauben, das Vorliegen einer identitätsprägenden festen Glaubensüberzeugung, die, würde sie im Heimatland gelebt, zu Verfolgung führen würde (→ Rn. 41). Bei der Flüchtlingsanerkennung und beim subsidiären Schutz liegt die entscheidende zeitliche Zäsur nicht in der Ausreise, sondern im erfolglosen Abschluss eines Asylverfahrens. Bei allen vom Ausländer nach diesem Zeitpunkt geschaffenen Nachfluchttatbeständen wird regelmäßig ein Missbrauch der Inanspruchnahme des Flüchtlingsschutzes vermutet und insoweit sind diese Gründe in der Regel unerheblich (→ Rn. 42). Nach Abschluss eines Asylverfahrens selbst geschaffene Nachfluchttatbestände führen nach § 28 Abs. 2 in der Regel nicht zur Flüchtlingsanerkennung. Dies ist insbesondere im Folgeantragsverfahren zu beachten (→ Rn. 46, → § 71 Rn. 1).

Übersicht

A. Allgemeines

I. Zweck der Regelung

Das Asylgrundrecht ist darauf gerichtet, demjenigen Aufnahme und Schutz zu gewähren, der **1** sich in einer für ihn ausweglosen Lage befindet (BVerfGE 74, 51 (64) = BeckRS 9998, 169627). Voraussetzung für die Asylrechtsgewährung ist daher grundsätzlich ein unmittelbarer Kausalzusammenhang zwischen drohender Verfolgung und Flucht. Dabei ist die Reihenfolge „Verfolgung – Flucht – Zuflucht" entscheidend (BVerfG NVwZ 1987, 311). Dieser Kausalzusammenhang ist regelmäßig unterbrochen in Fällen, in denen der Ausländer unverfolgt aus dem Herkunftsland ausreist und erst durch selbst geschaffene – subjektive – Nachfluchtgründe eine Verfolgung im Herkunftsland auslöst (zB herausgehobene exilpolitische Tätigkeit in der Bundesrepublik Deutschland; s. BT-Drs. 15/420, 109 f. zu Abs. 2). Vor diesem Hintergrund normiert § 28 Abs. 1 S. 1, dass ein Ausländer in der Regel nicht als Asylberechtigter anerkannt wird, wenn die Gefahr politischer Verfolgung auf Umständen beruht, die er nach Verlassen seines Herkunftslandes aus eigenem Entschluss geschaffen hat, es sei denn dieser Entschluss entspricht einer festen, bereits im Herkunftsland erkennbar betätigten Überzeugung.

II. Veränderungen der Vorschrift

Die Vorschrift über die Unbeachtlichkeit von Nachfluchttatbeständen wurde mit dem Gesetz **2** zur Änderung asylverfahrensrechtlicher, arbeitserlaubnisrechtlicher und ausländerrechtlicher Vorschriften (v. 6.1.1987, BGBl. I 89) damals als § 1a in das Gesetz eingefügt. Am 30.7.2004 (durch Art. 3 Nr. 18 ZuwG – Zuwanderungsgesetz v. 30.7.2004, BGBl. I 1950) wurde die Vorschrift um Abs. 2 ergänzt, um Nachfluchtgründe, die im Rahmen eines Folgeantragverfahrens geltend gemacht wurden, vom Ausschluss auch von der Flüchtlingseigenschaft zu erfassen. Mit der Qualifikations-RL 2004 (RL 2004/83/EG v. 29.4.2004, ABl. 2004 L 304, 12) wurde der Ausschluss von Nachfluchttatbeständen im gemeinsamen EU-Asylrecht gemeinschaftsrechtlich in Art. 5 Qualifikations-RL 2004 – allerdings abweichend von der bisherigen deutschen Regelung – geregelt

(→ Rn. 3). Mit dem Gesetz zur Umsetzung aufenthalts- und asylrechtlicher Richtlinien der Europäischen Union (v. 19.8.2007, BGBl. I 1970; Art. 3 Nr. 21 EUAsylUmsG) wurde Abs. 1a eingefügt und Abs. 2 neu gefasst. Mit Art. 1 Nr. 1 des Gesetzes zur Umsetzung der Richtlinie 2011/95/EU (v. 28.8.2013, BGBl. I 3474) wurde Abs. 1a geändert, damit der Verweis sowohl den Ausschluss aus der Flüchtlingseigenschaft wie den subsidiären Schutz umfasst.

III. Europäisches Gemeinschaftsrecht

3   Mit der Qualifikations-RL (zunächst RL 2004/83/EG v. 29.4.2004, ABl. 2004 L 304, 12, jetzt RL 2011/95/EU v. 13.12.2011, ABl. 2011 L 337, 9) wurde der Ausschluss von Nachfluchttatbeständen im gemeinsamen EU-Asylrecht gemeinschaftsrechtlich in Art. 5 Qualifikations-RL geregelt. Wie sich aus der systematischen Stellung und der Überschrift „Aus Nachfluchtgründen entstehender Bedarf an internationalem Schutz" ergibt, bezieht sich der Ausschluss sowohl auf die Flüchtlingseigenschaft wie den subsidiären Schutz.

4   Art. 5 Abs. 1 Qualifikations-RL stellt zunächst klar: „Die begründete Furcht vor Verfolgung oder die tatsächliche Gefahr, einen ernsthaften Schaden zu erleiden, kann auf Ereignissen beruhen, die eingetreten sind, nachdem der Antragsteller das Herkunftsland verlassen hat." Art. 5 Abs. 2 Qualifikations-RL erweitert diesen Grundsatz auch auf Aktivitäten und zwar auf „Aktivitäten des Antragstellers nach Verlassen des Herkunftslandes, insbesondere wenn die Aktivitäten, auf die er sich stützt, nachweislich Ausdruck und Fortsetzung einer bereits im Herkunftsland bestehenden Überzeugung oder Ausrichtung sind". Art. 5 Abs. 3 Qualifikations-RL ermöglicht dann einen allerdings nur Regel-Ausschluss von selbstgeschaffenen Nachfluchtgründen, die in einem Folgeantragsverfahren geltend gemacht werden: „Unbeschadet der Genfer Flüchtlingskonvention können die Mitgliedstaaten festlegen, dass ein Antragsteller, der einen Folgeantrag stellt, in der Regel nicht als Flüchtling anerkannt wird, wenn die Verfolgungsgefahr auf Umständen beruht, die der Antragsteller nach Verlassen des Herkunftslandes selbst geschaffen hat." Hier bezieht sich der Ausschluss auf die Zuerkennung der Flüchtlingseigenschaft, nicht auf den subsidiären Schutz.

5   Dabei ist hier der Nachfluchtgrund nicht so streng formuliert wie im deutschen Recht. Er wird ersichtlich nicht als materieller Ausnahmefall verstanden, für den besonders hohe Beweisanforderungen gestellt werden müssten, wie sie das BVerfG im Hinblick auf das Asylgrundrecht formuliert hatte (BVerfG BeckRS 9998, 169627; → Rn. 9; zu diesem Unterschied GK-AsylG/Funke-Kaiser Rn. 13 und zu den auch geringeren Anforderungen für die Annahme des Ausschlussgrundes s. Marx, Handbuch zur Qualifikationsrichtlinie, 2009, § 30 Rn. 6).

6   Im Flüchtlingsvölkerrecht (s. UNHCR, Handbuch über Verfahren und Kriterien zur Feststellung der Flüchtlingseigenschaft, 1979) werden Personen, die zum Zeitpunkt des Verlassens des Heimatstaates keine Flüchtlinge nach der GFK waren, sondern erst später zu Flüchtlingen wurden, als „sur place"-Flüchtlinge bezeichnet.

B. Ausschluss subjektiver Nachfluchtgründe vom Asylgrundrecht nach Art. 16a GG

I. Asylgrundrecht und Nachfluchtgründe in der Rechtsprechung des BVerfG

7   In seiner Entscheidung v. 26.11.1986 hat das BVerfG die maßgeblichen Grundsätze zur Auslegung des Asylgrundrechts in Art. 16a Abs. 1 GG im Hinblick auf die Frage der Erheblichkeit von Nachfluchtgründen entwickelt (BVerfG BeckRS 9998, 169627). Das Asylgrundrecht des Art. 16a GG setzt – so das BVerfG – von seinem Tatbestand her grundsätzlich den kausalen Zusammenhang zwischen Verfolgung und Flucht voraus. Es ist nach seinem Ansatz darauf gerichtet, vor politischer Verfolgung Flüchtenden Zuflucht und Schutz zu gewähren. Eine Erstreckung auf Nachfluchttatbestände kommt somit nur insoweit in Frage, als sie nach dem Sinn und Zweck der Asylverbürgung, wie sie dem Normierungswillen des Verfassungsgebers entspricht, gefordert ist.

8   Unter diesem Gesichtspunkt lässt sich – so das BVerfG – für sog. objektive Nachfluchttatbestände, die durch Vorgänge oder Ereignisse im Heimatland unabhängig von der Person des Asylbewerbers ausgelöst werden, eine Asylrelevanz in Betracht ziehen. Deren Grundlage ist eine Änderung des politischen Regimes im Heimatland (oder der dortigen Strafgesetze oder Ähnliches) in der Weise, dass nunmehr dem aus anderen Gründen im Gastland befindlichen Staatsangehörigen für den Fall seiner Rückkehr ins Heimatland Verfolgung droht (zB wegen seiner früheren dort gezeigten politischen Haltung oder wegen seiner Zugehörigkeit zu einer nunmehr im Heimatstaat verfolgten Gruppe). Bei solchen objektiven Nachfluchttatbeständen fehlt zwar der kausale Zusammenhang zwischen Verfolgung und Flucht, weil eine Flucht im eigentlichen Sinn gar nicht vorliegt.

Aber es liefe Sinn und Zweck der Asylgewährleistung und auch ihrer humanitären Intention zuwider, in solchen Fällen die Asylanerkennung zu versagen: Die Verfolgungssituation ist ohne eigenes (neues) Zutun des Betroffenen entstanden – in Anknüpfung an frühere politische Betätigung im Heimatland oder an Gruppenmerkmale; es erschiene unzumutbar, ihn zunächst in das Verfolgerland zurückzuschicken und ihm das Risiko aufzubürden, ob er der ihm widerfahrenden Verfolgung entfliehen und so die bislang nicht gegebene Flucht nachholen und damit die Asylanerkennung erreichen kann.

Bei subjektiven Nachfluchttatbeständen, die der Asylbewerber nach Verlassen des Heimatstaates **9** aus eigenem Entschluss geschaffen hat (sog. selbstgeschaffene Nachfluchttatbestände), ist – so das BVerfG – hingegen größte Zurückhaltung geboten: Ein kausaler Zusammenhang zwischen Verfolgung und Flucht ist hier nicht gegeben. Der Verfolgungstatbestand wird – anders als bei den vorgenannten objektiven Nachfluchttatbeständen – vom Ausländer selbst aus eigenem Willensentschluss, und ohne dass ein Risiko damit verbunden wäre, hervorgerufen. Das muss zwar nicht notwendig dazu führen, solche Tatbestände von vornherein und ausnahmslos von der Asylerheblichkeit auszuschließen. Ihre Anerkennung als Asylgrund iSd Art. 16a GG kann aber, wie das BVerfG schon früher betont hat (vgl. BVerfGE 9, 174 (181) = BeckRS 9998, 118322), nur für Ausnahmefälle in Frage kommen, an die – im Hinblick auf Schutzbereich und Inhalt der Asylrechtsgarantie – ein besonders strenger Maßstab anzulegen ist. Dies gilt ebenso in materieller Hinsicht wie für die Darlegungslast und die Beweisanforderungen.

Hieraus ergibt sich – so das BVerfG – als allgemeine – nicht notwendig abschließende – Leitlinie, **10** die im Hinblick auf die verschiedenen Fallgruppen selbstgeschaffener Nachfluchttatbestände näher zu präzisieren ist, dass eine Asylberechtigung in aller Regel nur dann in Betracht gezogen werden kann, wenn die selbstgeschaffenen Nachfluchttatbestände sich als Ausdruck und Fortführung einer schon während des Aufenthalts im Heimatstaat vorhandenen und erkennbar betätigten festen Überzeugung darstellen, mithin als notwendige Konsequenz einer dauernden, die eigene Identität prägenden und nach außen kundgegebenen Lebenshaltung erscheinen.

Für die im konkreten Fall in Frage stehende Fallgruppe einer exilpolitischen Betätigung und **11** Zugehörigkeit zu Emigrantenorganisationen folgt daraus, dass eine Asylrelevanz solcher Aktivitäten grundsätzlich ausscheidet. Eine Ausnahme kann dann in Frage kommen, wenn vom Asylbewerber hinreichend dargetan oder sonst erkennbar ist, dass diese Aktivitäten sich als Fortführung einer entsprechenden, schon während des Aufenthalts im Heimatstaat vorhandenen und erkennbar betätigten festen politischen Überzeugung darstellen. Dabei darf – so das BVerfG – nicht übersehen werden, dass das Asylrecht iSd Art. 16a GG nicht die einzige Rechtsgrundlage für einen Aufenthalt von Ausländern im Bundesgebiet oder jedenfalls für ihren Schutz vor Abschiebung darstellt. Diese gesetzlichen, teilweise auch völkerrechtlich begründeten Rechtsbindungen (wie zB Art. 3 EMRK) sind selbstverständlich auch in allen Fällen von Nachfluchttatbeständen, die der Asylrelevanz ermangeln, zu beachten.

Diese Entscheidung mit ihren tragenden Erwägungen ist nach § 31 Abs. 1 BVerfGG für die **12** Fachgerichte im Hinblick auf die Auslegung des Asylgrundrechts bindend und auch nicht beschränkt auf die Gruppe der exilpolitischen Betätigung (BVerwG BeckRS 9998, 47093). Die Bindungswirkung endet aber dort, wo sich der Entscheidung keine hinreichend konkreten, einer Bindung fähigen Aussagen mehr entnehmen lassen oder die Fachgerichte die allgemeine Leitlinie des BVerfG fortentwickeln müssen (GK-AsylG/Funke-Kaiser Rn. 9; vgl. auch Brunn NVwZ 1987, 301). Diese Rechtsprechung entbindet die die Fachgerichte insbesondere nicht, die Auslegung des Flüchtlingsbegriffs nach der GFK entsprechend der veränderten Vorgaben durch die Qualifikations-RL in Umsetzung und Anwendung des Gemeinschaftsrechts in richtlinienkonformer Auslegung weiterzuentwickeln.

II. Abgrenzung Vorflucht- und Nachfluchtgründe

Ist der Asylsuchende unverfolgt ausgereist, dann stellt sich die Frage, ob dieser nach der Flucht **13** entstandene Grund von Relevanz ist. Bei der Differenzierung kommt es entscheidend auf die Verhältnisse im Verfolgerstaat zum Zeitpunkt der Ausreise an (s. Wortlaut Art. 5 Abs. 1 Qualifikations-RL; Marx, Handbuch zur Qualifikationsrichtlinie, 2009, § 30 Rn. 11).

Ist der Asylsuchende verfolgt ausgereist, bestehen die fluchtbegründenden Verfolgungsgründe **14** fort, bleibt die Asylberechtigung auch dann weiterbestehen, solange die Gefahr einer erneut einsetzenden Verfolgung – sollte der Asylsuchende zurückkehren – noch nicht mit hinreichender Sicherheit ausgeschlossen werden kann (BVerwG BeckRS 2010, 50794). Nur wenn die Sicherheitsrisiken oder Bedenken auf völlig geänderten Umständen beruhen, die mit der früheren Verfolgung in keinem inneren Zusammenhang mehr stehen, handelt es sich um einen Nachfluchttatbestand (BVerwG BeckRS 9998, 170773). Ein Wechsel des Verfolgers kann diesen Zusammenhang zB die Asylberechtigung entfallen lassen.

15   Eine verfolgungsbedingte Ausreise setzt weiter voraus, dass ein enger zeitlicher und kausaler Zusammenhang zwischen drohender Verfolgungshandlung und Ausreise besteht (vgl. unter anderem BVerwG BeckRS 9998, 170052). Die Verfolgung im engeren Sinne muss ausreisebestimmend gewesen sein. Entscheidend ist dabei, dass nach dem äußeren Erscheinungsbild der Ausreise noch von einer Flucht gesprochen werden kann. Dabei kommt es auf die konkreten Umstände des Einzelfalles an (BVerwG BeckRS 9998, 45551). Auch wenn seit der Verfolgungshandlung schon ein längerer Zeitraum verstrichen ist und kurz vor der Ausreise ein Ereignis eingetreten ist, das die asylrechtliche Intensitäts-Schwelle noch nicht überschritten hat, aber an die früher erlittene Verfolgung anknüpft, reist der Asylsuchende vorverfolgt aus (vgl. BVerfG NVwZ-Beil. 1995, 10).

III. Abgrenzung Objektive und subjektive Nachfluchtgründe

16   Vorflucht- und Nachfluchtgründe unterscheiden sich voneinander durch den Zeitpunkt ihres Entstehens: Vor oder nach Verlassen des Verfolgerstaats. Ein objektiver Nachfluchttatbestand liegt vor, wenn es sich um nachträglich entstandene Vorgänge oder Ereignisse im Heimatland unabhängig von der Person des Asylbewerbers handelt. Die Verfolgungsgefahr entsteht allein aufgrund der äußeren Verhältnisse, losgelöst von der Person des Asylsuchenden und dessen Verhaltensweisen. Die Person bzw. Personen bzw. die Situation, die den Verfolgungsgrund verursacht / verursachen, dürfen nicht identisch sein mit der Person des Asylsuchenden. Das BVerfG bezeichnet in seinem grundlegenden Beschluss v. 26.11.1986 (BVerfGE 74, 51 = BeckRS 9998, 169627) als selbstgeschaffene Nachfluchtgründe diejenige Verfolgung auslösenden Umstände, „die der Asylbewerber nach Verlassen des Heimatlandes aus eigenem Entschluss geschaffen hat" und als objektive Nachfluchtgründe die Umstände, die „eine Verfolgungssituation ohne eigenes (neues) Zutun des Betroffenen" begründet haben. Damit erweist sich das „eigene Zutun" des von der Verfolgung Bedrohten bei der Entstehung der ihm drohenden Gefahr politischer Verfolgung als das maßgebliche Kriterium für die Abgrenzung der selbstgeschaffenen von den objektiven Nachfluchttatbeständen. Ein von einem andern aus dem Asylbewerber nach dessen Ausreise gezeigtes, eine Verfolgung des Asylbewerbers auslösendes Verhalten ist deshalb kein selbstgeschaffener, sondern ein objektiver Nachfluchttatbestand.

17   Ein solcher objektiver Nachfluchtgrund ist zB anzunehmen, wenn dem aus anderen Gründen im Ausland befindlichen Staatsangehörigen wegen einer zwischenzeitlichen Änderung des politischen Regimes nunmehr für den Fall der Rückkehr ins Heimatland politische Verfolgung droht, etwa wegen seiner früher dort gezeigten politischen Haltung oder wegen seiner Zugehörigkeit zu einer nunmehr im Heimatstaat verfolgten Gruppe (vgl. BVerwG BeckRS 9998, 28001).

18   Auch Ereignisse bzw. Verhaltensweisen Dritter außerhalb des Verfolgerstaates können einen objektiven Nachfluchttatbestand darstellen. Das Nachfluchtverhalten eines Familienangehörigen, das die Verfolgung eines anderen Familienangehörigen auslöst, ist als objektiver Nachfluchtgrund zu werten. Eine familiäre Verbundenheit zwischen dem die Verfolgung auslösenden Dritten und dem von der Verfolgung Betroffenen vermag das Kriterium des „eigenen (neuen) Zutuns" des Betroffenen nicht zu ersetzen (BVerwG BeckRS 9998, 170142). Auch ist unerheblich, dass die Ehe, die zur Gefahr einer Sippenhaft führt, erst im Bundesgebiet geschlossen wurde (BVerwG BeckRS 9998, 48749).

19   Das Unterlassen verfolgungshindernder Verhaltensweisen durch den Asylbewerber ist ebenfalls kein selbstgeschaffener Nachfluchtgrund. Dass der Asylsuchende aufgrund einer inzwischen drohenden Verfolgung wegen einer veränderten Verfolgungspraxis aufgrund dieser Entwicklung nur deshalb zu den Verfolgungsgefährdeten gehört, weil er nicht aus seiner früheren Partei ausgetreten sei oder sich öffentlich zum neuen Regime bekannt habe, ändert nichts am objektiven Charakter des die Verfolgung auslösenden Nachfluchtgeschehens (BVerwG BeckRS 9998, 28001).

20   Dagegen sieht das BVerwG in einem Unterlassen, den Wehrdienst abzuleisten, unter Umständen einen subjektiven Nachfluchtgrund. Die möglichen Folgen, die der Asylsuchende wegen seiner erst nach Verlassen seines Heimatstaates durch Verbleiben im Ausland vollzogenen Wehrdienstentziehung bei einer Rückkehr befürchtet, sind in diesem Sinne asylrechtlich unerheblich, wenn der Asylsuchende den Herkunftsstaat nicht in der Absicht der Wehrdienstentziehung und aus Furcht vor der Ableistung dieses Dienstes verlassen hat. Wenn die Verweigerung des Wehrdienstes durch den Asylsuchenden mit der Einschätzung, es handele sich um eine Wehrdienstleistung für einen völkerrechtswidrigen Krieg zur Verbreitung des islamischen Glaubens, auf Erwägungen des Asylsuchenden erst während seines Aufenthaltes in Deutschland zurückgehe, beruhe sie daher nicht im Sinne des Beschlusses des BVerfG v. 26.11.1986 (BeckRS 9998, 169627) auf der Fortführung

einer schon während des Aufenthalts im Heimatstaat vorhandenen und erkennbar betätigten Überzeugung, die wesentlich die eigene Identität des Asylsuchenden in Bezug auf seine in diesem Zusammenhang allein maßgebende Einstellung zu seiner Heranziehung zum Wehrdienst prägt. Weil es deshalb an einer Kontinuität seiner Einstellung zum Wehrdienst einerseits in seinem Heimatland und andererseits in Deutschland fehlt, müssten die Folgen, die sich aus der Wehrdienstentziehung ergeben, für eine Asylanerkennung außer Betracht bleiben. Auf die Frage, ob die Reaktion des Heimatstaates (hier Iran) auf die Wehrdienstentziehung politisch motiviert wäre, kommt es unter diesen Umständen nicht an. Gleiches gelte im Ergebnis für die Republikflucht und die Asylantragstellung des Asylsuchenden. Beides seien subjektive Nachfluchtgründe (BVerwG BeckRS 9998, 169951). Wenn der drohende Verfolgungseingriff (zB drohende Zwangsbeschneidung eines Christen beim türkischen Militär) selbst mit der Ableistung des Wehrdienstes verbunden gewesen wäre und der im Ausland lebende Asylsuchende über die Altersgrenze in die Verfolgungslage hineinwächst, dann handelt es sich nicht um einen selbstgeschaffenen Nachfluchtgrund (BVerwG BeckRS 9998, 170180).

Ein bei den Behörden des Heimatstaates entstandener, politische Verfolgung auslösender Verdacht, der Asylsuchende habe – nach seiner Ausreise – eine Straftat begangen, ist ein selbstgeschaffener Nachfluchttatbestand, wenn seine Entstehung dem Asylsuchenden aufgrund seines Verhaltens – über dessen bloße Ursächlichkeit hinaus – zuzurechnen ist. Asylbegründend kann die in einem Verdacht, an einer regimekritischen Aktion oder einem Attentatsversuch beteiligt gewesen, wurzelnde Gefahr politischer Verfolgung indessen nur sein, wenn es sich bei diesem Verdacht um einen objektiven, nicht aber um einen asylrechtlich grundsätzlich unerheblichen selbstgeschaffenen Nachfluchttatbestand handelt. Maßgebend ist, ob der die Verfolgung auslösende Umstand von demjenigen Ausländer geschaffen worden ist, der unter Berufung auf ihn Asyl begehrt. Bei einem „Verdacht" als verfolgungsauslösendem Umstand ist jedoch zu berücksichtigen, dass es auf die bloße Ursächlichkeit des Verhaltens des Asylsuchenden für die Verdachtsentstehung nicht ankommen kann. Der Verfolgerstaat kann nämlich, etwa je nach dem Grad seines Misstrauens und seiner Voreingenommenheit, völlig harmlose und unverfängliche Verhaltensweisen zum Anlass für Sanktionen nehmen. Entscheidend ist deshalb, ob die Entstehung des Verdachts dem Asylsuchenden über die bloße Ursächlichkeit seines Verhaltens hinaus aufgrund einer wertenden Betrachtung zurechenbar ist. Von Bedeutung für die Frage, ob dem Asylsuchenden die Entstehung des gegen ihn gerichteten Verdachts zuzurechnen ist, kann aber sein, ob auch die deutschen Strafverfolgungsbehörden im Verhalten des Asylsuchenden einen Anlass gesehen haben, ihn der genannten Taten zu verdächtigen, und mit welchem Ergebnis ein etwaiges Ermittlungsverfahren geendet hat (vgl. BVerwG BeckRS 9998, 50208). 21

IV. Ausschluss bei den subjektiven Nachfluchtgründen und Ausnahmen

1. Grundsatz: In der Regel Ausschluss

Subjektive Nachfluchttatbestände fallen nicht in den Schutzbereich von Art. 16a GG. §28 Abs. 1 S. 1 setzt dies um, indem der Ausländer in der Regel nicht als Asylberechtigter anerkannt wird, wenn die Gefahr politischer Verfolgung auf Umständen beruht, die er nach Verlassen seines Herkunftslandes aus eigenem Entschluss geschaffen hat (subjektive Nachfluchtgründe). 22

2. Durchbrechung des Grundsatzes bei bereits im Herkunftsland erkennbar betätigter Überzeugung

Die Regel wird dann in Hs. 2 durchbrochen für den Fall, dass dieser Entschluss einer festen, bereits im Herkunftsland erkennbar betätigten Überzeugung entspricht. Hier greift die Gesetzesformulierung die Ausnahme des BVerfG auf, nach der bei den selbstgeschaffenen Nachfluchtgründen eine Asylberechtigung in aller Regel nur dann in Betracht gezogen werden kann, wenn die selbstgeschaffenen Nachfluchttatbestände sich als Ausdruck und Fortführung einer schon während des Aufenthalts im Heimatstaat vorhandenen und erkennbar betätigten festen Überzeugung darstellen, mithin als notwendige Konsequenz einer dauernden, die eigene Identität prägenden und nach außen kundgegebenen Lebenshaltung erscheinen (BVerfGE 74, 51 (66) = BeckRS 9998, 169627). 23

In diesen Fällen ist kein Missbrauch zu befürchten. Der Asylbewerber muss aufgrund seiner politischen Überzeugung nicht schon vor der Ausreise (potentiell) bedroht gewesen sein. Ein Missbrauch läge dagegen vor, wenn ein Asylbewerber in Deutschland **erstmals** nach außen hin politisch tätig wird, um auf diese Weise ein Bleiberecht zu erwirken. Die geforderte Kontinuität muss in Bezug auf dasjenige Merkmal bestehen, an das in asylerheblicher Weise mit Verfolgungsmaßnahmen angeknüpft wird (BVerfG InfAuslR 1990, 197). 24

25   Auch ein Vorflucht-Engagement von untergeordneter Bedeutung stellt die Kontinuität nicht in Frage (BVerfG InfAuslR 1989, 31; 1990, 197; 1992, 142). Zudem ist nicht erforderlich, dass den Heimatbehörden dieses Engagement vor der Ausreise bekannt geworden ist. Keinesfalls muss es seinerseits die Schwelle überwunden haben, dass es als Vorfluchtgrund zu bewerten wäre (BVerfG InfAuslR 1989, 31; 1990, 197).

26   Die geforderte Kontinuität zwischen der betätigten Überzeugung im Herkunftsland und der exilpolitischen Tätigkeit muss nicht nur in zeitlicher, sondern vor allem auch in inhaltlicher Hinsicht gegeben sein.

27   Ist der Ausländer über einen längeren Zeitraum nach seiner Einreise politisch nicht aktiv, kann auch dadurch die notwendige Kontinuität unterbrochen sein. Allerdings darf dies nicht automatisch so gesehen werden. Hat der Ausländer zB Folter im Herkunftsland erlitten und ist er deshalb nach erfolgter Flucht nicht weiter aktiv und nimmt dann die Aktivitäten aber wieder auf, kann aus der nachvollziehbaren Inaktivität nicht automatisch auf eine fehlende Kontinuität geschlossen werden (vgl. BVerfG InfAuslR 1992, 142).

28   Dies gilt in materieller Hinsicht wie für die Darlegungslast und die Beweisanforderungen (BVerfG NVwZ 1987, 311 (313)). Entsprechend hat der Asylbewerber auch nach der gesetzlichen Regelung des § 28 Abs. 1 S. 1 schlüssig darzulegen, dass er bereits im Herkunftsland eine feste Überzeugung bezogen auf das relevante Merkmal hatte und diese auch erkennbar betätigt hat. Verbleibende Zweifel gehen hier zu seinen Lasten.

3. Ausnahme: Unmöglichkeit der Bildung einer festen Überzeugung im Herkunftsland

29   Als weitere Ausnahme vom Ausschluss wird dann in Abs. 1 S. 2 „insbesondere" aufgeführt der Fall, dass sich der Ausländer auf Grund seines Alters und Entwicklungsstandes im Herkunftsland noch keine feste Überzeugung bilden konnte.

30   Dabei ging die Rechtsprechung des BVerwG davon aus, dass in aller Regel bereits mit Vollendung des 16. Lebensjahres, spätestens jedoch mit Vollendung des 18. Lebensjahres die Herausbildung einer festen politischen Überzeugung möglich sei. Ein Anhaltspunkt dafür, dass diese Reife regelmäßig schon von einem 16-Jährigen erwartet werden kann, wurde vom BVerwG aus § 12 Abs. 1 abgeleitet. Danach war ein Ausländer im Asylverfahren grundsätzlich mit Vollendung des 16. Lebensjahres handlungsfähig. Daraus wurde vom BVerwG abgeleitet, dass der Gesetzgeber davon ausging, dass ein Jugendlicher typischerweise bereits mit 16 Jahren in der Lage sei, selbst ein Asylverfahren durchzuführen und die damit verbundenen Chancen und Risiken einzuschätzen. Dann spreche dies auch dafür, dass er in diesem Alter in aller Regel auch schon die Reife zum Innehaben einer festen politischen Überzeugung besitze (vgl. BVerwG BeckRS 2010, 45403 Rn. 22). Dieses Argument überzeugt mittlerweile nicht mehr, nachdem der Gesetzgeber die Handlungsfähigkeit auch für das Ausländer- und Flüchtlingsrecht auf die Vollendung des 18. Lebensjahres heraufgesetzt hat (Änderung mWv 24.10.2015 durch das Asylverfahrensbeschleunigungsgesetz v. 20.10.2015, BGBl. I 1722). Im Übrigen ist spätestens mit Vollendung des 18. Lebensjahres „Politikmündigkeit" anzunehmen. Der Gesetzgeber hat an diese Altersgrenze nicht nur den Eintritt der Volljährigkeit (vgl. § 2 BGB), sondern auch das aktive und das (allgemeine) passive Wahlrecht geknüpft (vgl. Art. 38 Abs. 2 GG; vgl. BVerwG BeckRS 2010, 45403 Rn. 22). Von daher kann von einer – zudem noch – **festen** politischen Überzeugung erst bei Erreichen der Volljährigkeit ausgegangen werden.

4. Ausnahmen latente Gefährdungslage

31   Der Grundsatz der bereits im Herkunftsland erkennbar betätigten Überzeugung als allgemeine Leitlinie des BVerfG ist auf die exilpolitische Tätigkeit zugeschnitten. Sie ist nicht abschließend und deshalb im Hinblick auf die verschiedenen Fallgruppen selbstgeschaffener Nachfluchtgründe näher zu präzisieren (vgl. BVerwG BeckRS 9998, 48590; für die Asylantragstellung, die Republikflucht und die Wehrdienstentziehung vgl. zusf. BVerwGE 87, 187 = NVwZ 1991, 790; BVerwG NVwZ 1992, 274 = InfAuslR 1991, 310). In allen diesen Fällen hat das BVerwG als Ersatz für eine fehlende Vorverfolgung eine Anknüpfung an einen früheren „Verfolgungskeim" gefordert und diesen in einer „latenten Gefährdungslage" als Erscheinungsform einer Zwangslage im Heimatstaat gesehen. Unter „latenter Gefährdungslage" ist eine Lage zu verstehen, in der dem Ausländer vor seiner Ausreise im Herkunftsland politische Verfolgungsmaßnahmen zwar noch nicht mit beachtlicher Wahrscheinlichkeit drohten, nach den gesamten Umständen aber auf absehbare Zeit auch nicht hinreichend sicher auszuschließen waren, weil Anhaltspunkte vorlagen, die ihren Eintritt als nicht ganz entfernt erscheinen ließen (BVerwG NVwZ 1989, 777 (778)). Wer in dieser

Situation – so das BVerwG – aus Furcht sein Herkunftsland verlässt und einen – seine politische Verfolgung nach sich ziehenden – Asylantrag stellt, erbringt aus Sicht des Verfolgerstaates den endgültigen Beweis für eine bereits zuvor vermutete, auf abweichender politischer Gesinnung beruhende politische Gegnerschaft (BVerwG NVwZ 1989, 777 (778); 1990, 267 (269)).

5. Weitere Ausnahmen vom Ausschluss ohne Anknüpfungspunkt im Heimatstaat – Drohende Verfolgung aufgrund höchstpersönlicher Entscheidung

Der subjektive Nachfluchtgrund muss nicht zwingend einen Anknüpfungspunkt im Heimatstaat **32** des Asylbewerbers besitzen, wie dies zB bei einer dort entfalteten politischen Betätigung oder einer dort vorhandenen latenten Gefährdungslage der Fall ist. Vielmehr kann ein nach dem Verlassen des Heimatstaates aufgrund eigenen Entschlusses gezeigtes Verhalten, das eine Verfolgung auslöst, unter atypischen Umständen – soweit ähnlich wie bei objektiven Nachfluchtgründen – auch ohne jede Anknüpfung an eine frühere latente Gefährdungslage oder ein sonstiges Verhalten asylrelevant sein kann. Das ist dann der Fall, wenn die zur grundsätzlichen Unerheblichkeit subjektiver Nachfluchtgründe aufgestellten Rechtssätze ihrem Grundgedanken nach auf den gegebenen Sachverhalt nicht passen und bei wertender Betrachtung die asylrechtliche Erheblichkeit des geltend gemachten subjektiven Nachfluchtgrundes „nach dem Sinn und Zweck der Asylverbürgung, wie sie dem Normierungswillen des Verfassungsgebers entspricht, gefordert ist" (BVerfGE 74, 51 = BeckRS 9998, 169627; BVerwGE 81, 41 (46) = BeckRS 9998, 169882).

Die Zurückhaltung bei der Anerkennung subjektiver Nachfluchtgründe ist in der Rechtspre- **33** chung des BVerfG in erster Linie von der Erwägung getragen, dass sich ein Ausländer oder Staatenloser bei Fehlen des Kausalzusammenhanges Verfolgung / Flucht / Asyl nicht durch eine „risikolose Verfolgungsprovokation vom gesicherten Ort aus" ein grundrechtlich verbürgtes Aufenthaltsrecht in der Bundesrepublik Deutschland praktisch selbst erzwingen können soll (BVerfGE 74, 51 (64) = BeckRS 9998, 169627). Diese Erwägung trifft auf die – politische Verfolgung nach sich ziehende – **Wahl des Ehepartners,** wenn überhaupt, dann nur sehr bedingt zu: Die Annahme, jemand wähle seinen Ehepartner, der einer anderen Religion angehört, zu dem Zwecke aus, um seinen Heimatstaat zu provozieren, liegt typischerweise gänzlich fern. In ähnlicher Weise passt das Erfordernis, dass der subjektive Nachfluchtgrund einen Anknüpfungspunkt im Heimatstaat haben muss, nicht auf den Fall, dass der moslemische Asylbewerber außerhalb seines islamischen Heimatstaates – wie hier – eine Christin kennenlernt und diese dort heiratet. Unter diesen Umständen stehen Sinn und Zweck der Asylverbürgung nicht entgegen, den vom Kläger geltend gemachten subjektiven Nachfluchtgrund als asylrechtlich erheblich einzustufen: In der übereinstimmenden Rechtsprechung von BVerfG und BVerwG ist stets der Schutz der Menschenwürde und ihre Unverletzlichkeit sowie die humanitäre Intention betont, die der Asylrechtsgewährung zugrunde liegt (vgl. BVerfGE 54, 341 (360) = NJW 1980, 2641; BVerfGE 74, 51 (64) = BeckRS 9998, 169627; BVerwGE 67, 184 (187) = BeckRS 9998, 44825; BVerwGE 79, 143 = BeckRS 9998, 169786; BVerwGE 87, 187 = BeckRS 9998, 170094). Diese ist darauf gerichtet, demjenigen Aufnahme und Schutz zu gewähren, der sich wegen asylerheblicher Merkmale in einer für ihn ausweglosen Lage befindet. Mit dem Schutz der Menschenwürde und der persönlichen Freiheit wird zum Ausdruck gebracht, „daß kein Staat das Recht hat, Leib, Leben oder die persönliche Freiheit des Einzelnen aus Gründen zu gefährden oder zu verletzen, die allein in [...] jedem Menschen von Geburt an anhaftenden Merkmalen liegen" (BVerfGE 76, 143 (157 f.) = BeckRS 1987, 111203). Eingriffe in die Menschenwürde und die persönliche Freiheit sind dann asylrelevant, wenn sie „solches Gewicht haben, dass sie in den elementaren Bereich der sittlichen Person eingreifen, in dem für ein menschenwürdiges Dasein die Selbstbestimmung möglich bleiben muss, sollen nicht die metaphysischen Grundlagen menschlicher Existenz zerstört werden" (BVerfGE 76, 143 (158) = BeckRS 1987, 111203).

Wenn ein Staat eine Verfolgung allein daran knüpft, dass sein Staatsangehöriger einen Menschen **34** mit anderer Religion oder Nationalität heiratet – also faktische und rechtliche Heiratsverbote verhängt –, greift er in schwerer Weise in das allgemeine Persönlichkeitsrecht ein und verletzt die Würde des Menschen in erheblichem Maße. Denn das Recht auf Heirat zwischen Menschen aus freiem, staatlich unbeeinflusstem Entschluss gehört als eine der wesentlichen Lebensentscheidungen zum Kernbereich persönlicher Freiheit und Menschenwürde. Die freie Wahl des Ehepartners ist eine Grundforderung des Lebens und muss unabhängig von seiner Rasse, Religion, politischen Überzeugung oder Abstammung aus einer bestimmten sozialen Gruppe sanktionslos möglich sein. Liebe und Heirat dürfen nicht von Staats wegen ge- oder verboten oder mit asylerheblichen Sanktionen belegt werden, weil sie gleichsam „unentrinnbares" Phänomen menschlichen Lebens sind, dem auch das Asylrecht Rechnung tragen muss. Eine nach Intensität und Schwere asylerhebliche Verfolgungsmaßnahme, die an die bloße Tatsache der Heirat eines bestimmten Menschen einer bestimmten Religion oder an eine bestimmte Kindererziehung anknüpft, verletzt die Menschenwürde in besonders schwerer Weise und muss nach Sinn und Zweck der Asylverbürgung regelmäßig auch dann asylrelevant sein, wenn die Eheschließung nach der Ausreise des Asylbewerbers aus seinem Heimatstaat im Ausland stattgefunden hat. Etwas anderes kann freilich dann anzunehmen sein, wenn durch eine Heirat ein Asylrecht gewissermaßen erschlichen werden soll, dh wenn der maßgebliche Zweck einer Heirat die Erlangung eines Asylrechts ist, das unter normalen Umständen nicht zu erlangen gewesen wäre (BVerwG BeckRS 9998, 48590).

V. Fallgruppen

1. Exilpolitische Tätigkeiten

35   Die selbstgeschaffenen Nachfluchttatbestände müssen sich als Ausdruck und Fortführung einer schon während des Aufenthalts im Heimatstaat vorhandenen und erkennbar betätigten festen Überzeugung darstellen, mithin als notwendige Konsequenz einer dauernden, die eigene Identität prägenden und nach außen kundgegebenen Lebenshaltung erscheinen (BVerfGE 74, 51 (66) = BeckRS 9998, 169627). Dies ist auf jeden Fall der Fall bei einer gefestigten, über lange Jahre bis zur Ausreise hin gleichbleibenden politischen Einstellung. Dagegen würde eine schwankende oder nur opportunistische Haltung nicht ausreichen (vgl. HessVGH BeckRS 2005, 23516).

36   Wichtig ist bei der Prüfung, den Bildungsstand und die intellektuellen Fähigkeiten des Asylsuchenden zu berücksichtigen. Maßstab sind die konkreten politischen Verhältnisse im Heimatland, seine Traditionen und politische Kultur, auch der jeweiligen Partei oder Gruppierung bzw. ethnischen oder religiösen Gruppe (vgl. GK-AsylG/Funke-Kaiser Rn. 30).

37   Es bedarf einer zusammenhängenden identitätsbildenden Überzeugung einerseits und einer inhaltlichen Kontinuität und Übereinstimmung der politischen Betätigung andererseits. Die für die Asylrelevanz exilpolitischer Betätigung hiernach erforderliche „Fortführung" der Überzeugung verlangt daher eine prinzipielle Übereinstimmung des Inhalts der früher betätigten mit der fortgeführten Überzeugung; die vor dem Verlassen des Heimatlandes gezeigte politische Überzeugung muss der Sache nach dieselbe sein, die auch im Gastland an den Tag gelegt wird. Eine derartige Übereinstimmung der Überzeugung wird aber nicht bereits dadurch begründet, dass die Exilorganisation, in der sich der Ausländer betätigt, diejenige Regierung bekämpft, die auch die Organisation verboten hat, in welcher der Ausländer früher Mitglied war. Die Tatsache, dass die Regierung des Heimatstaates einerseits von der Exilorganisation, in der sich der Ausländer nunmehr betätigt, als Gegner bekämpft wird, und dass sie andererseits der Unterdrücker der Organisation ist, welcher der Ausländer früher angehört hat, mag eine äußerliche Verbindung zwischen den beiden Organisationen begründen; eine Kontinuität der politischen Überzeugung des Ausländers ist mit dieser Konstellation allein nicht dargetan. In Übereinstimmung hiermit hat das BVerwG in seinem Urteil v. 20.10.1987 (Buchholz 402.25 § 1 AsylVfG Nr. 75 = BeckRS 1987, 31281066) in einem Fall, in dem die Kontinuität der Überzeugung der nunmehr exilpolitisch tätigen Asylbewerberin aufgrund ihrer früheren Tätigkeit als Parteibote im Heimatland in Frage stand, ausgeführt, dass das Merkmal der „Fortführung" einer politischen Überzeugung nicht bereits dann erfüllt ist, wenn der Asylbewerber in der Bundesrepublik Deutschland an irgendeine äußerlich mit einer politischen Gruppierung in Verbindung stehende Auslandtätigkeit anknüpft, sondern erst dann, wenn es sich um die Betätigung einer eigenen, die Identität des Asylsuchenden prägenden politischen Einstellung gehandelt hat (s. zum Ganzen BVerwG BeckRS 9998, 46522).

38   Für die Frage der Kontinuität ist von besonderer Bedeutung, ob sie in Bezug auf das Merkmal besteht, an das in asylerheblicher Weise mit Verfolgungsmaßnahmen angeknüpft wird (zB Verfolgung wegen der Zugehörigkeit zu einer ethnischen / kulturellen Minderheit und Pflege des kulturellen Volkstums, das auch im Herkunftsland verfolgt wird; vgl. BVerfG InfAuslR 1990, 197).

39   Für die Asylerheblichkeit einer exilpolitischen Tätigkeit kommt es nicht darauf an, ob eine frühere politische Aktivität bereits im Verfolgerstaat den dortigen Behörden bekanntgeworden ist (BVerfG InfAuslR 1989, 31; BVerwG BeckRS 9998, 170094 im Anschluss an BVerwG InfAuslR 1990, 127; BeckRS 1990, 31274823).

40   Auch ein Engagement von untergeordneter Bedeutung kann, je nach der individuellen Lebenshaltung des Betreffenden, den Umständen der Herausbildung seiner politischen Überzeugung der Dauerhaftigkeit oder sonstigen die Identität des Betreffenden prägenden Umständen, die Betätigung einer festen politischen Überzeugung sein (BVerfG InfAuslR 1989, 31).

2. Konversion

Wenn sich ein Moslem nach seiner Einreise in die Bundesrepublik Deutschland aus innerer **41** Überzeugung dem christlichen Glauben zuwendet und ihm aus diesem Grund eine Rückkehr in die Heimat nicht zuzumuten ist, dann ist ein solcher subjektiver Nachfluchttatbestand relevant, ohne dass es einer entsprechenden Vorprägung im Heimatland bedürfte (VG Augsburg BeckRS 2016, 52409; VG Würzburg BeckRS 2016, 42831). Entscheidend ist in diesen Fällen das Vorliegen einer glaubhaften ernsthaften Zuwendung zum christlichen Glauben, das Vorliegen einer identitätsprägenden festen Glaubensüberzeugung, die, würde sie im Heimatland gelebt, zu Verfolgung führen würde (vgl. VG Karlsruhe v. 1.12.2011 – A 6 K 1302/11; HessVGH BeckRS 2007, 27116).

C. Ausschluss von selbstgeschaffenen Nachfluchtgründen bei der Flüchtlingsanerkennung und beim subsidiären Schutz

Die Beachtlichkeit selbstgeschaffener Nachfluchttatbestände richtet sich bei der Zuerkennung **42** der Flüchtlingseigenschaft nach den Vorgaben der Qualifikations-RL (→ Rn. 3) und deren Umsetzung durch den deutschen Gesetzgeber in § 28 Abs. 1a und Abs. 2. Danach sind hier – anders als beim Grundrecht auf Asyl – selbstgeschaffene Nachfluchttatbestände, die bis zur Unanfechtbarkeit des Erstverfahrens verwirklicht worden sind, uneingeschränkt zu berücksichtigen (vgl. § 28 Abs. 1a iVm Art. 5 Abs. 2 Qualifikations-RL). Mit der Neuregelung des § 28 Abs. 2 hat der deutsche Gesetzgeber aber – in Ausübung der den Mitgliedstaaten in Art. 5 Abs. 3 Qualifikations-RL eingeräumten Regelungsoption (→ Rn. 3) – festgelegt, dass einem Ausländer in einem Folgeverfahren in der Regel die Flüchtlingseigenschaft nicht zuerkannt werden darf, wenn der Folgeantrag auf Umstände gestützt ist, die der Ausländer nach Rücknahme oder unanfechtbarer Ablehnung eines früheren Asylantrags selbst geschaffen hat (BVerwG BeckRS 2010, 45403).

Schafft ein Ausländer in Kenntnis der Erfolglosigkeit eines oder gar mehrerer Asylverfahren **43** einen Nachfluchtgrund, spricht viel dafür, dass er mit diesem Verhalten nur die Voraussetzungen herbeiführen will, um in einem (weiteren) Folgeverfahren seinem Begehren auf Zuerkennung der Flüchtlingseigenschaft doch noch zum Erfolg zu verhelfen. Der Gesetzgeber hat deshalb mit der – im Einzelfall widerlegbaren – Regelvermutung des § 28 Abs. 2 die Berufung auf Nachfluchttatbestände, die **nach negativem Abschluss eines Asylverfahrens** von dem Betreffenden selbst geschaffen werden, unter Missbrauchsverdacht gestellt. Die für das Verständnis der Vorschrift **entscheidende zeitliche Zäsur** liegt hier also – anders als beim Grundrecht auf Asyl – nicht in der Ausreise, sondern im erfolglosen Abschluss eines Asylverfahrens. Bei allen vom Ausländer **nach diesem Zeitpunkt geschaffenen Nachfluchttatbeständen wird regelmäßig ein Missbrauch** der Inanspruchnahme des Flüchtlingsschutzes **vermutet**. Damit erübrigt sich ein positiver Nachweis des finalen Zusammenhangs zwischen dem selbst geschaffenen Nachfluchttatbestand und dem erstrebten Flüchtlingsstatus im Einzelfall (BVerwG BeckRS 2010, 45403 Rn. 21; → Rn. 50).

§ 28 Abs. 2 verlagert die Substantiierungs- und die objektive Beweislast auf den Ausländer, der **44** die gesetzliche Vermutung widerlegen muss, um in den Genuss der Flüchtlingsanerkennung zu gelangen (vgl. BVerwG BeckRS 2009, 32295 Rn. 14).

Bei Ausländern, die als Jugendliche eingereist sind und sich in einem Folgeverfahren auf neue **45** exilpolitische Aktivitäten berufen, kann § 28 Abs. 2 nicht bereits dann außer Betracht bleiben, wenn sie sich bei Verlassen des Herkunftslands auf Grund ihres Alters und Entwicklungsstands noch keine feste politische Überzeugung bilden konnten. Die entsprechende, für das Asylgrundrecht geltende Regelung in § 28 Abs. 1 S. 2 findet im Rahmen von § 28 Abs. 2 keine Anwendung. Die Regelvermutung des § 28 Abs. 2 gilt vielmehr auch in Fällen, in denen sich der Ausländer alters- und entwicklungsbedingt im Herkunftsland noch keine feste Überzeugung bilden konnte, diesen Entwicklungsstand aber vor Abschluss des vorangegangenen Asylverfahrens erreicht hat (BVerwG BeckRS 2010, 45403 Rn. 22). Dabei kommt es auf das Erreichen der Volljährigkeit an (→ Rn. 30).

D. Relevanz im Folgeantragsverfahren

Nach Abschluss eines Asylverfahrens selbst geschaffene Nachfluchttatbestände führen nach § 28 **46** Abs. 2 in der Regel nicht zur Flüchtlingsanerkennung.

Die Regelung ist mit Art. 5 Abs. 3 Qualifikations-RL vereinbar (BVerwG BeckRS 2009, **47** 32295; → Rn. 3).

Die Vorschrift ist nur dann von Relevanz, wenn ansonsten Wiederaufgreifensgründe nach § 71 **48** Abs. 1 S. 1 iVm § 51 Abs. 1–3 VwVfG vorliegen würden (vgl. generell zu den Voraussetzungen § 71; → § 71 Rn. 1 ff.).

49   Für eine Ausnahme von dieser Regel ist in Fällen exilpolitischer Betätigung die inhaltliche und zeitliche Kontinuität der nach außen betätigten Überzeugung zwar ein wichtiges Indiz, sie reicht aber zur Widerlegung der gesetzlichen Regelvermutung allein nicht aus. Vielmehr muss der Asylbewerber gute Gründe dafür anführen, warum er nach einem erfolglosen Asylverfahren erstmalig exilpolitisch aktiv geworden ist oder seine bisherigen Aktivitäten intensiviert hat (BVerwG BeckRS 2009, 32295).

50   Mit § 28 Abs. 2 hat der Gesetzgeber die risikolose Verfolgungsprovokation durch Nachfluchtgründe, die der Betreffende nach Abschluss des ersten Asylverfahrens selbst geschaffen hat, regelhaft unter Missbrauchsverdacht gestellt. Das ergibt sich aus der Begründung des Gesetzentwurfs, die darauf abzielt, den bislang bestehenden Anreiz zu nehmen, nach unverfolgter Ausreise und abgeschlossenem Asylverfahren aufgrund neu geschaffener Nachfluchtgründe ein weiteres Asylverfahren zu betreiben (vgl. BT-Drs. 15/420, 110). Demgegenüber greift kein Filter für subjektive Nachfluchttatbestände, die bereits während des Erstverfahrens verwirklicht worden sind; für die Flüchtlingsanerkennung müssen diese – anders als bei der Asylanerkennung gem. § 28 Abs. 1 – nicht einmal auf einer festen, bereits im Herkunftsland erkennbar betätigten Überzeugung beruhen. **In dem (erfolglosen) Abschluss des Erstverfahrens liegt** die für das Verständnis der Vorschrift **entscheidende zeitliche Zäsur;** für nach diesem Zeitpunkt selbst geschaffene Nachfluchtgründe wird ein Missbrauch der Inanspruchnahme des Flüchtlingsschutzes in der Regel vermutet. Damit erübrigt sich ein positiver Nachweis des finalen Zusammenhangs zwischen selbst geschaffenem Nachfluchttatbestand und erstrebtem Flüchtlingsstatus im Einzelfall. § 28 Abs. 2 verlagert die Substantiierungs- sowie die objektive Beweislast auf den Asylbewerber, der die gesetzliche Missbrauchsvermutung widerlegen muss, um in den Genuss der Flüchtlingsanerkennung zu gelangen.

51   Die am 1.1.2005 in Kraft getretene Vorschrift ist auch auf bereits zuvor geschaffene Nachfluchttatbestände anwendbar. Die tatbestandliche Rückanknüpfung der neuen Regelung wird durch die Absicht des Gesetzgebers gestützt, mit der Vorschrift den bislang bestehenden Anreiz zu nehmen, nach unverfolgter Ausreise und abgeschlossenem Asylverfahren aufgrund neu geschaffener Nachfluchtgründe ein weiteres Asylverfahren zu betreiben (vgl. BT-Drs 15/420, 110). Diese Ziele werden durch die Erstreckung der Neuregelung auf im Zeitpunkt ihres Inkrafttretens bereits verwirklichte subjektive Nachfluchttatbestände wesentlich effektiver erreicht. Verfassungsrechtlicher Vertrauensschutz wird durch die unechte Rückwirkung der Vorschrift nicht verletzt, denn schutzwürdig kann nur das betätigte Vertrauen sein, dh die „Vertrauensinvestition", die zur Erlangung einer Rechtsposition oder zu entsprechenden anderen Dispositionen geführt hat (vgl. dazu BVerwG BeckRS 2009, 32295 mit Verweis auf BVerfG Beschl. v. 12.9.2007 – 1 BvR 58/06, juris Rn. 20; BVerfGE 69, 272 (273) = BeckRS 9998, 169515; BVerfGE 75, 246 (280) = BeckRS 9998, 98995).

§ 29 Unzulässige Anträge

(1) **Ein Asylantrag ist unzulässig, wenn**
1. **ein anderer Staat**
   a) **nach Maßgabe der Verordnung (EU) Nr. 604/2013 des Europäischen Parlaments und des Rates vom 26. Juni 2013 zur Festlegung der Kriterien und Verfahren zur Bestimmung des Mitgliedstaats, der für die Prüfung eines von einem Drittstaatsangehörigen oder Staatenlosen in einem Mitgliedstaat gestellten Antrags auf internationalen Schutz zuständig ist (ABl. L 180 vom 29.6.2013, S. 31) oder**
   b) **auf Grund von anderen Rechtsvorschriften der Europäischen Union oder eines völkerrechtlichen Vertrages**
   für die Durchführung des Asylverfahrens zuständig ist,
2. **ein anderer Mitgliedstaat der Europäischen Union dem Ausländer bereits internationalen Schutz im Sinne des § 1 Absatz 1 Nummer 2 gewährt hat,**
3. **ein Staat, der bereit ist, den Ausländer wieder aufzunehmen, als für den Ausländer sicherer Drittstaat gemäß § 26a betrachtet wird,**
4. **ein Staat, der kein Mitgliedstaat der Europäischen Union und bereit ist, den Ausländer wieder aufzunehmen, als sonstiger Drittstaat gemäß § 27 betrachtet wird oder**
5. **im Falle eines Folgeantrags nach § 71 oder eines Zweitantrags nach § 71a ein weiteres Asylverfahren nicht durchzuführen ist.**

(2) ¹Das Bundesamt hört den Ausländer zu den Gründen nach Absatz 1 Nummer 1 Buchstabe b bis Nummer 4 persönlich an, bevor es über die Zulässigkeit eines Asylantrags entscheidet. ²Zu den Gründen nach Absatz 1 Nummer 5 gibt es dem Ausländer Gelegenheit zur Stellungnahme nach § 71 Absatz 3.

(3) ¹Erscheint der Ausländer nicht zur Anhörung über die Zulässigkeit, entscheidet das Bundesamt nach Aktenlage. ²Dies gilt nicht, wenn der Ausländer unverzüglich nachweist, dass das in Satz 1 genannte Versäumnis auf Umstände zurückzuführen war, auf die er keinen Einfluss hatte. ³Führt der Ausländer diesen Nachweis, ist das Verfahren fortzuführen.

(4) Die Anhörung zur Zulässigkeit des Asylantrags kann gemäß § 24 Absatz 1a dafür geschulten Bediensteten anderer Behörden übertragen werden.

Überblick

Nach § 29 ist ein Asylantrag in bestimmten Fällen nicht in der Sache zu prüfen, sondern als unzulässig abzulehnen. Das betrifft Asylanträge, für die ein anderer Dublin-Staat zuständig ist (Nr. 1 → Rn. 7 ff.), von Antragstellern, denen ein anderer EU-Staat bereits internationalen Schutz gewährt hat (Nr. 2 → Rn. 11 ff.) oder die sich zuvor in einem (weiterhin) aufnahmebereiten sicheren Drittstaat iSd § 26a aufgehalten (Nr. 3 → Rn. 20 ff.) bzw. in einem (weiterhin) aufnahmebereiten sonstigen Drittstaat tatsächlich anderweitige Sicherheit nach § 27 gefunden haben (Nr. 4 → Rn. 23 ff.). Auch unzulässig sind unbeachtliche Folge- und Zweitanträge (Nr. 5 → Rn. 26 ff.). Unberührt bleibt gem. § 31 Abs. 3 S. 1 die Verpflichtung, das Vorliegen von Abschiebungsverboten zu prüfen (→ § 31 Rn. 45 ff.). Vor Ablehnung als unzulässig muss eine Anhörung erfolgen bzw. Gelegenheit zur schriftlichen Stellungnahme gegeben werden (→ Rn. 30 ff.).

Übersicht

A. Allgemeines

§ 29 wurde im Jahr 2016 völlig neu gefasst. Der Gesetzgeber hat die vormals va in § 27a AsylG **1** (nunmehr § 29 Abs. 1 Nr. 1) und § 29 AsylG aF (nunmehr § 29 Abs. 1 Nr. 3 und 4) enthaltenen Regelungen zusammengeführt und zugleich die Kategorie der Unbeachtlichkeit eines Asylantrags aufgegeben.

Das Unionsrecht ermöglicht es den Mitgliedstaaten in bestimmten Konstellationen, Asylanträge **2** ohne Sachprüfung als unzulässig abzulehnen.

So erlaubt es die Dublin III-VO den Mitgliedstaaten, einen Asylantrag nicht in der Sache zu **3** prüfen, wenn der für die Sachprüfung nach den Art. 7 ff. Dublin III-VO zuständige Mitgliedstaat der (Wieder-)Aufnahme des Antragstellers zustimmt (vgl. Art. 26 Abs. 1 Dublin III-VO = § 29 Abs. 1 Nr. 1, → Rn. 7 ff.).

Art. 33 Asylverfahrens-RL ermöglicht eine Unzulässigkeitsentscheidung darüber hinaus, **4**
- wenn ein anderer Mitgliedstaat internationalen Schutz gewährt hat (Art. 33 Abs. 2 lit. a Asylverfahrens-RL = § 29 Abs. 1 Nr. 2, → Rn. 11 ff.),
- wenn ein Drittstaat als „erster Asylstaat" iSv Art. 35 Asylverfahrens-RL betrachtet wird, in dem der Antragsteller als Flüchtling anerkannt war oder anderweitig ausreichenden Schutz gefunden hat (Art. 33 Abs. 2 lit. b Asylverfahrens-RL = § 29 Abs. 1 Nr. 4 iVm § 27, → Rn. 20 ff.),
- wenn ein Drittstaat als sicherer Drittstaat iSv Art. 38 Asylverfahrens-RL betrachtet wird (Art. 33 Abs. 2 lit. c Asylverfahrens-RL = § 29 Abs. 1 Nr. 3 iVm § 26a, → Rn. 23 ff.) und

- wenn es sich um einen unbeachtlichen Folgeantrag handelt (Art. 33 Abs. 2 lit. d Asylverfahrens-RL = § 29 Abs. 1 Nr. 5 iVm §§ 71, 71a, → Rn. 26 ff.).

5   Nur Art. 33 Abs. 2 lit. e Asylverfahrens-RL hat im AsylG keine Entsprechung, weil der Gesetzgeber das zugrunde liegende Modell des Asylantrags im Namen abhängiger Personen (Art. 7 Abs. 2 Asylverfahrens-RL) nicht umgesetzt hat.

B. Fallgruppen

6   Die Konstellationen, in denen ein Asylantrag ohne Sachprüfung als unzulässig abzulehnen ist, lassen sich grob in drei Gruppen einteilen: Fehlende Zuständigkeit (Nr. 1), anderweitige Sicherheit (Nr. 2–4) und bestandskräftiger Abschluss eines vorangegangenen Asylverfahrens (Nr. 5).

I. Unzuständigkeit der Bundesrepublik (va Dublin III-VO)

7   Der Antrag ist als unzulässig abzulehnen, wenn nach den Regelungen der Dublin III-VO ein anderer Staat für die Prüfung des Asylantrages zuständig ist (§ 29 Abs. 1 Nr. 1 lit. a). In diesem Fall ergeht – wenn weder Abschiebungsverbote noch innerstaatliche Abschiebungshindernisse entgegenstehen – gem. § 34a eine Abschiebungsanordnung in den anderen Staat. Wegen der Einzelheiten ist auf die Kommentierung zur Dublin III-VO, zur Abschiebungsanordnung (→ § 34a Rn. 1 ff.) und zur aus § 31 Abs. 3 S. 1 folgenden Verpflichtung, Abschiebungsverbote zu prüfen (→ § 31 Rn. 54) verwiesen. An dieser Stelle soll nur auf die in der Praxis bedeutsame Frage hingewiesen werden, ob die Dublin III-VO eine Zuständigkeit für in Deutschland geborene Kinder enthält, deren Eltern in einem anderen Mitgliedstaat als international Schutzberechtigte anerkannt worden sind. Diese ist noch nicht abschließend geklärt, häufig fehlt es aber bereits am erforderlichen Aufnahmegesuch (vgl. zum Streitstand BVerwG NVwZ 2021, 251 Rn. 15 ff.).

8   Aus der Formulierung „ein anderer Staat" ergibt sich, dass der andere Staat nicht zwingend ein EU-Staat sein muss. Umfasst sind vielmehr auch die Nicht-EU-Staaten, die in das Dublin-System einbezogen sind: die Schweiz, Norwegen, Island und Lichtenstein. Nach dem Austritt des Vereinigten Königreichs aus der EU handelt es sich bei diesem um einen Drittstaat.

9   Gemäß § 29 Abs. 1 Nr. 1 lit. b kann sich die Zuständigkeit auch „auf Grund von anderen Rechtsvorschriften der Europäischen Union oder eines völkerrechtlichen Vertrages für die Durchführung des Asylverfahrens" ergeben. Diese Vorschrift hat derzeit keinen Anwendungsbereich. Sie stellt allerdings sicher, dass Unionsrecht, das vor der Dublin III-VO galt oder diese womöglich in Zukunft ersetzt, ohne weiteres anwendbar ist. Ob das Dubliner Übereinkommen vom 15.6.1990 (BGBl. II 1994, 791 (792)), das als völkerrechtlicher Vertrag ua zwischen der Bundesrepublik Deutschland und dem Vereinigten Königreich geschlossen und seither nicht formal aufgehoben wurde, in dieser Hinsicht „wiederauflebt", obgleich die VO (EG) Nr. 343/2003 (Dublin II-VO) sich in Art. 24 Dublin II-VO zumaß, dieses Übereinkommen zu ersetzen, ist noch nicht abschließend geklärt.

10 In verfassungsrechtlicher Perspektive findet die Ablehnung des Asylantrags ihre Grundlage in Art. 23 GG und – va hinsichtlich § 29 Abs. 1 Nr. 1 lit. b – in Art. 16a Abs. 5 GG (näher BeckOK AuslR/Günther Rn. 2).

II. Internationaler Schutz in einem anderen EU-Staat

1. Voraussetzungen

11 Unzulässig ist ein Antrag nach Nr. 2, wenn ein EU-Staat dem Ausländer bereits internationalen Schutz iSd § 1 Abs. 1 Nr. 2 gewährt hat. Vom Grundprinzip des gemeinsamen europäischen Asylrechts her gedacht, besteht dann keine Notwendigkeit, dem Schutzsuchenden in Deutschland nochmals den Flüchtlingsstatus oder subsidiären Schutzstatus zu gewähren. Die Regelung bezieht sich ihrem Wortlaut nach allein auf die Mitgliedstaaten der EU. Somit kann sie auf die im Dublin-System assoziierten Staaten Schweiz, Norwegen, Island und Lichtenstein keine Anwendung finden (BeckOK AuslR/Günther Rn. 75).

12 Es genügt, dass dem Betroffenen „internationaler Schutz (...) gewährt" wurde. Damit knüpft der Gesetzgeber an die Terminologie des Unionsrechts an (Qualifikations-RL, Asylverfahrens-RL, Dublin III-VO), das unter diesem Begriff die Anerkennung als Flüchtling iSd GFK und die Zuerkennung des subsidiären Schutzstatus zusammenfasst. Dass bereits die Zuerkennung des subsidiären Schutzstatus den Asylantrag im Ganzen unzulässig macht und auch einer Prüfung des Flüchtlingsstatus entgegensteht, entspricht Art. 33 Abs. 2 lit. a Asylverfahrens-RL (vgl. OVG LSA BeckRS 2017, 108666 Rn. 31). Da der Ausländer mit der Gewährung subsidiären Schutzes durch

den anderen Mitgliedstaat die Möglichkeit hat, dort Aufenthalt zu nehmen, ist es für ihn auch zumutbar, dort den weitergehenden Antrag auf Flüchtlingsanerkennung zu verfolgen.

2. Ausnahmen

Zwei im Gesetzeswortlaut nicht angelegte Ausnahmen sind zu beachten: Der Vorrang des **13** Familienasyls und der Vorbehalt der Zumutbarkeit einer Rückkehr in den Staat der Schutzgewährung.

Hat ein Angehöriger des Antragstellers in Deutschland einen Asylstatus erlangt und sind die **14** Voraussetzungen des § 26 erfüllt, steht nach der Rechtsprechung des BVerwG der Umstand, dass der Antragsteller bereits in einem anderen Mitgliedstaat internationalen Schutz erlangt hat, der Gewährung von Familienasyl nicht entgegen (vgl. BVerwG BeckRS 2020, 41029 Rn. 23 ff.). Das BVerwG begründet die Spezialität von § 26 gegenüber § 29 Abs. 1 Nr. 2 vor allem damit, dass das nationalrechtliche Institut des Familienasyls das auch im Unionsrecht angelegte Anliegen, ein Zusammenleben der Kernfamilie zu ermöglichen, verwirklicht.

Ferner steht die Ablehnung des Asylantrags als unzulässig unter dem richterrechtlich entwickel- **15** ten Vorbehalt, dass dem Antragsteller die Rückkehr in den anderen EU-Staat zumutbar ist. Art. 33 Abs. 2 lit. a Asylverfahrens-RL, auf dem § 29 Abs. 1 Nr. 2 fußt, ist dahin auszulegen, dass er es einem Mitgliedstaat verbietet, von der durch diese Vorschrift eingeräumten Befugnis Gebrauch zu machen, einen Antrag auf internationalen Schutz als unzulässig abzulehnen, weil dem Antragsteller bereits von einem anderen Mitgliedstaat die Flüchtlingseigenschaft oder subsidiärer Schutz zuerkannt worden ist, wenn die Lebensverhältnisse, die ihn in dem anderen Mitgliedstaat erwarten würden, ihn der ernsthaften Gefahr aussetzen würden, eine unmenschliche oder erniedrigende Behandlung nach Art. 4 GRCh bzw. dem diesem entsprechenden Art. 3 EMRK zu erfahren (EuGH BeckRS 2019, 3603 Rn. 81 ff.; NVwZ 2020, 137 Rn. 34 ff.). Systemische Mängel des Asylverfahrens, die etwa dazu führen, dass zwar subsidiärer Schutz gewährt, der Zugang zur Flüchtlingsanerkennung aber verweigert wird, sollen nach der Rechtsprechung des EuGH einer Unzulässigkeitsentscheidung dagegen nicht entgegenstehen (EuGH BeckRS 2019, 3603 Rn. 95 ff.; eingehend BVerwG BeckRS 2020, 18319).

Als unzumutbar wird die Lage von anerkannten Schutzberechtigten, vor allem wenn es um **16** Familien mit Kindern geht, in Italien (vgl. zuletzt HessVGH BeckRS 2021, 1059) und Griechenland beurteilt (vgl. zuletzt OVG NRW BeckRS 2021, 836; NdsOVG BeckRS 2021, 7743). In der Praxis hat es sich eingebürgert, zwischen Angehörigen „vulnerabler" Gruppen, die zumindest für eine Übergangszeit auf staatliche Hilfe bei der Integration in den Aufnahmestaat angewiesen sind (vgl. BVerfG NVwZ-RR 2019, 209 Rn. 24); EGMR NVwZ 2011, 413 (415 f.)), und anderen Antragstellern zu unterscheiden. Bei arbeitsfähigen Alleinstehenden, vor allem Männern, werden tendenziell strengere Maßstäbe angelegt. Auch hier ist aber stets zu prüfen, ob individuelle Umstände in der Person des Antragstellers verhindern, dass vorhandene Erwerbsmöglichkeiten und Hilfsangebote wahrgenommen werden können (vgl. VG Ansbach BeckRS 2020, 36476).

3. Abschiebungsverbote und -hindernisse

Nach § 31 Abs. 3 S. 1 hat das Bundesamt zugleich darüber zu befinden, ob beim Antragteller **17** mit Blick auf den – gemäß § 35 in der Regel allein in Betracht kommenden – Staat, in dem er als Schutzberechtigter anerkannt worden ist, die Voraussetzungen für ein Abschiebungsverbot nach § 60 Abs. 5 oder 7 S. 1 AufenthG vorliegen. Innerstaatliche Abschiebungshindernisse sind – anders als im Fall der Abschiebungsanordnung nach § 34a – durch das Bundesamt nicht zu prüfen.

4. Abschiebungsandrohung

Die Rückführung von Asylantragsstellern, die schon in einem anderen EU-Staat internationalen **18** Schutz erhalten haben, wird durch die Dublin III-VO nicht geregelt. Vielmehr sind – in der Regel bilaterale – völkerrechtliche Rückführungsabkommen maßgeblich.

Es erfolgt – anders als in Dublin-Fällen nach § 29 Abs. 1 Nr. 1 – keine Abschiebungsanordnung **19** nach § 34a, sondern eine Abschiebungsandrohung nach § 34, und zwar dem § 35 in den Staat, in dem ihm der internationale Schutz anerkannt worden ist. Die Ausreisefrist beträgt eine Woche (§ 36 Abs. 1). Die Abschiebungsandrohung ist kraft Gesetzes sofort vollziehbar (§ 75 Abs. 1 S. 1). Ordnet das Verwaltungsgericht die aufschiebende Wirkung an, werden gem. § 37 Abs. 1 S. 1 die Unzulässigkeitsentscheidung und die Abschiebungsandrohung ipso jure unwirksam (→ § 37 Rn. 2). Das Bundesamt muss das Verfahren fortführen, kann dabei aber nach Auseinandersetzung mit der verwaltungsgerichtlichen Entscheidung erneut zur Unzulässigkeitsentscheidung kommen

(BVerwG BeckRS 2019, 11001 Rn. 12 mit Vorschlägen, wie eine endgültige Sachentscheidung herbeigeführt werden kann).

III. Aufnahmebereiter sicherer Drittstaat nach § 26a

20   Unzulässig ist der Antrag nach § 29 Abs. 1 Nr. 3, wenn ein Staat, der bereit ist, den Ausländer wieder aufzunehmen, als für den Ausländer sicherer Drittstaat gem. § 26a betrachtet wird. Dabei ist dreierlei zu beachten: Als sicherer Drittstaat können in richtlinienkonformer Auslegung nicht die Mitgliedstaaten der EU angesehen werden (eingehend BVerwG BeckRS 2017, 111628 Rn. 13). Es müssen die in § 26a enthaltenen Voraussetzungen vorliegen (insofern dürfte eine Umsetzung von Art. 38 Asylverfahrens-RL vorliegen, vgl. BVerwG BeckRS 2017, 111628 Rn. 13, aA Huber/Mantel AufenthG/Vogt/Nestler § 26a Rn. 10; zu den daraus folgenden Anforderungen EuGH ZAR 2020, 426 Rn. 36 ff. mAnm Pfersich), wobei der Wortlaut von § 29 Abs. 1 Nr. 3 und von Art. 38 Asylverfahrens-RL dafür spricht, dass die Verhältnisse im Zeitpunkt der Entscheidung – und nicht wie im direkten Anwendungsbereich von § 26a zum Zeitpunkt der Ausreise aus dem Drittstaat (→ § 26a Rn. 7) – maßgeblich sind. Und schließlich muss der Drittstaat zur Wiederaufnahme bereit sein (Bergmann/Dienelt/Bergmann Rn. 13).

21   Die Vorschrift geht, wie § 29 Abs. 1 Nr. 2, auf Art. 33 Asylverfahrens-RL zurück. Vor diesem Hintergrund dürfte die hierzu ergangene Rechtsprechung des EuGH zu den Voraussetzungen, unter denen wegen der Unzumutbarkeit der Rückkehr eine Unzulässigkeitsentscheidung nicht in Betracht kommt, ebenfalls zu berücksichtigen sein (→ Rn. 15).

22   Wie in den Dublin-Fällen ergeht, sobald die Durchführbarkeit der Abschiebung feststeht, eine Abschiebungsanordnung nach § 34a Abs. 1, allerdings mit dem Drittstaat als Zielstaat. Folglich ist vom Bundesamt nicht nur gem. § 31 Abs. 3 S. 1 (→ § 31 Rn. 54) über Abschiebungsverbote mit Blick auf den sicheren Drittstaat (die freilich bereits einer Unzulässigkeitsentscheidung entgegenstehen dürften), sondern auch über innerstaatliche Abschiebungshindernisse zu entscheiden (→ § 34a Rn. 14). Dies gilt nur dann nicht, wenn ausnahmsweise gem. § 34a Abs. 1 S. 4 eine Abschiebungsandrohung ergeht.

IV. Aufnahmebereiter sonstiger sicherer Drittstaat nach § 27

23   Unzulässig ist der Antrag nach § 29 Abs. 1 Nr. 4, wenn ein Staat, der kein Mitgliedstaat der EU und bereit ist, den Ausländer wiederaufzunehmen, als sonstiger Drittstaat gem. § 27 betrachtet wird. Die Regelung geht auf Art. 33, 35 Asylverfahrens-RL zurück. Zum einen müssen die Voraussetzungen des § 27 (→ § 27 Rn. 16 ff.) und zusätzlich die Wiederaufnahmebereitschaft des Drittstaats vorliegen.

24   Anders als im unmittelbaren Anwendungsbereich des § 27 (→ § 27 Rn. 23 ff.) muss in unionsrechtskonformer Auslegung der Vorschrift zusätzlich feststehen, dass der Antragsteller im Drittstaat auch künftig vor Verfolgung sicher sein wird (vgl. auch BeckOK AuslR/Heusch Rn. 82). Denn Art. 35 Asylverfahrens-RL macht eine Unzulässigkeitsentscheidung davon abhängig, dass der Antragsteller den ihm vom Drittstaat gewährten Schutz als Flüchtling in Anspruch nehmen **darf** bzw. ihm dort ausreichender Schutz gewährt **wird**.

25   Im Unterschied zur Ablehnung unter Verweis auf einen sicheren Drittstaat iSd § 29 Abs. 1 Nr. 3 iVm § 26a ergeht bei einer auf diese Vorschrift gestützten Unzulässigkeitsentscheidung eine Abschiebungsandrohung nach § 34 und zwar bezüglich des aufnahmebereiten Drittstaats. Auch insofern ist gem. § 31 Abs. 3 S. 1 (→ § 31 Rn. 54) über Abschiebungsverbote mit Blick auf diesen Staat zu entscheiden, die wiederum einer Unzulässigkeitsentscheidung regelmäßig entgegenstehen dürften. Die Ausreisefrist beträgt eine Woche (§ 36 Abs. 1). Bei einem erfolgreichen Eilrechtsschutzantrag ist § 37 Abs. 1 zu beachten (→ Rn. 19).

V. Folgeantrag und Zweitantrag

26   Führt ein gestellter Folge- oder Zweitantrag nicht zur Durchführung eines weiteren Verfahrens (→ § 71 Rn. 11 ff.; → § 71a Rn. 13 ff.), wird der Asylantrag als unzulässig abgelehnt.

27   Dabei ist zu beachten, dass die Ablehnung eines Asylantrags gem. § 29 Abs. 1 Nr. 5 iVm § 71a insofern keine ausreichende Stütze in Art. 33 Asylverfahrens-RL findet, als das erfolglose Asylverfahren in einem Drittstaat geführt worden ist. Das gilt selbst dann, wenn dieser – wie Island, Liechtenstein, Norwegen und die Schweiz – am Dublin-System teilnehmen (EuGH BeckRS 2021, 11382). Zu der Frage, ob das Konzept des Zweitantrags, wie es § 71a zugrunde liegt, wenigstens bei unionsinterner Sekundärmigration mit der Asylverfahrens-RL vereinbar ist, hat der EuGH in der vorgenannten Entscheidung ausdrücklich keine Stellung bezogen (abl. → § 71a

Rn. 1 mwN; bejahend BeckOK AuslR/Dickten § 71a Rn. 1b, ebenso Generalanwalt beim EuGH BeckRS 2021, 4593 Rn. 99)).

Handelt es sich um einen unbeachtlichen Zweitantrag iSd § 71a, ergeht gem. § 71a Abs. 4 **28** iVm § 34 eine Abschiebungsandrohung (Bergmann/Dienelt/ Bergmann § 71a Rn. 10) und zwar in der Regel hinsichtlich des Herkunftsstaats. Eine etwaige vom ersten Asylstaat ausgesprochene Abschiebungsandrohung kann in der Bundesrepublik keine Wirkung entfalten. Aus den gleichen Gründen muss das Bundesamt vAw gem. § 31 Abs. 3 S. 1 das Vorliegen von Abschiebungsverboten prüfen, ohne dass es auf das Vorliegen der Voraussetzungen für ein Wiederaufgreifen iSv § 51 Abs. 1 oder 5 VwVfG ankäme.

Liegt ein Folgeantrag vor, bedarf es unter den Voraussetzungen des § 71 Abs. 5 S. 1 keiner **29** neuerlichen Abschiebungsandrohung nach § 71 Abs. 4 iVm § 34. Im Rahmen der nach § 31 Abs. 3 S. 1 auch in dieser Konstellation vAw gebotenen Entscheidung über das Vorliegen von Abschiebungsverboten müssen die Voraussetzungen für ein Wiederaufgreifen vorliegen (→ § 31 Rn. 55; vgl. BeckOK AuslR/Heusch § 31 Rn. 14 mwN auch zur Gegenansicht).

C. Gewährung rechtlichen Gehörs

Nach Abs. 2 ist der Asylsuchende vor der Ablehnung des Asylantrags als „unzulässig" zu diesen **30** Umständen der Zulässigkeitsentscheidung in den Fallgruppen des Abs. 1 Nr. 1 lit. b, Nr. 2–4 persönlich anzuhören. Im Folge- und Zweitantragsverfahren erhält er Gelegenheit zur Stellungnahme.

Einen durch die unterbliebene oder fehlerhafte Anhörung durch das Bundesamt begründeten **31** Verfahrensfehler mit Blick auf das gerichtliche Verfahren – und hier insbesondere die informatorische Anhörung in der mündlichen Verhandlung – gem. § 46 VwVfG für unbeachtlich zu halten, soll zwar nicht von vornherein ausscheiden, darf aber wegen der besonderer Bedeutung der verfahrensrechtlichen Garantien (Vertraulichkeit, Qualifikation und Geschlecht des Anhörenden) nicht ohne Weiteres angenommen werden (vgl. EuGH ZAR 2020, 376 mAnm Pfersich).

Erscheint der Asylsuchende nicht zur Anhörung, entscheidet das Bundesamt nach Aktenlage **32** (Abs. 3 S. 1), außer der Asylsuchende weist unverzüglich – dh ohne schuldhaftes Zögern – nach, dass das Versäumnis auf Umstände zurückzuführen war, auf die er keinen Einfluss hatte (S. 2). In diesem Fall ist das Verfahren fortzuführen (S. 3). Das Verhältnis zur – kraft Gesetzes eintretenden und damit nicht zur Disposition des Bundesamts stehenden (BVerwG BeckRS 2019, 11017 Rn. 23 ff.; → § 31 Rn. 61) – Rücknahmefiktion des § 33 Abs. 1, Abs. 2 S. 1 Nr. 1 ist ungeklärt. Das Fehlen einer § 25 Abs. 5 S. 4 entsprechenden Regelung könnte dafürsprechen, Abs. 3 als lex specialis zu betrachten.

Die Anhörung zur Zulässigkeit des Asylantrags kann nach § 29 Abs. 4 gem. § 24 Abs. 1a dafür **33** geschulten Bediensteten anderer Behörden übertragen werden.

D. Rechtsschutz

I. Hauptsache

Gegen jede Form der Unzulässigkeitsentscheidung ist die Anfechtungsklage statthaft; das Ver- **34** waltungsgericht ist, auch wenn der Antragsteller im Kern ein Verpflichtungsbegehren verfolgt, mit Blick auf die im Unionsrecht wurzelnden besonderen Verfahrensgarantien nicht verpflichtet, die Sache spruchreif zu machen (vgl. BVerwG ZAR 2017, 236 mAnm Pfersich). Der Anspruch auf Feststellung von Abschiebungsverboten kann als Hilfsantrag für den Fall des Scheiterns der Anfechtungsklage im Wege der Verpflichtungsklage verfolgt werden.

Klage (und Eilantrag) sind in den Fällen des § 29 Abs. 1 Nr. 1–4 binnen einer Woche zu **35** erheben (§§ 74 Abs. 1 Hs. 2, 34a Abs. 2 S. 1, 36 Abs. 3 S. 1); in den Fällen des § 29 Abs. 1 Nr. 5 gilt dies (aufgrund der Verweisung in § 71 Abs. 4 Hs. 1 und § 71a Abs. 4 auf § 36) (nur) in den Fällen, in denen eine neue Abschiebungsandrohung ergeht (vgl. VG Düsseldorf BeckRS 2021, 5256 Rn. 7 f.; BeckOK AuslR/Dickten § 71 Rn. 32 mwN; aA ohne Begründung BayVGH BeckRS 2020, 20532 Rn. 6). Im Fall des § 34a Abs. 1 S. 4 und wenn die Ablehnung des Folgeantrags nicht mit einer neuen Abschiebungsandrohung verbunden wird (§ 71 Abs. 5 S. 1), beträgt die Klagefrist zwei Wochen (§ 74 Abs. 1 Hs. 1).

II. Eilrechtsschutz

Nach der – wegen der Verweisung auf § 38 Abs. 1 mit seinem nicht leicht zu überblickenden **36** Anwendungsbereich nur schwer verständlichen – Regelung des § 75 Abs. 1 kommt einer Klage

gegen eine (mit einer Unzulässigkeitsentscheidung in der Regel verbundene) Abschiebungsandrohung oder –anordnung nur im Ausnahmefall aufschiebende Wirkung zu, und zwar dann, wenn –
in den Fällen des § 29 Abs. 1 Nr. 1 und 3 – gem. § 34a Abs. 1 S. 4 keine Abschiebungsanordnung,
sondern eine Abschiebungsandrohung ergeht. Denn in den übrigen Fällen des § 29 Abs. 1 Nr. 1
und 3 ist gemäß § 34a Abs. 1 S. 3 gar keine und in den Fällen des § 29 Abs. 1 Nr. 2 und 4
iVm § 36 Abs. 1, sowie bei Entscheidungen nach § 29 Abs. 1 Nr. 5, wenn ihnen eine neue
Abschiebungsandrohung beigefügt wurde (vgl. §§ 71 Abs. 4, 71a Abs. 4 iVm § 36 Abs. 1; vgl.
VG Greifswald BeckRS 2020, 25838 Rn. 13; aA BayVGH BeckRS 2020, 20532 Rn. 6) eine
Ausreisefrist von einer Woche zu gewähren.

37 Wird die Unzulässigkeitsentscheidung mit einer Abschiebungsanordnung oder –androhung verbunden, ist danach (außer in den Fällen des § 34a Abs. 1 S. 4) ein Antrag auf Anordnung der
aufschiebenden Wirkung der Anfechtungsklage, soweit sie gegen diese gerichtet ist, gem. § 80
Abs. 5 S. 1 Hs.1, Abs. 2 S. 1 Nr. 3 VwGO statthaft (zu Folge- und Zweitantrag BVerwG BeckRS
2016, 111567 Rn. 16; VG Greifswald BeckRS 2020, 25838 Rn. 13; aA BayVGH BeckRS 2020,
20532 Rn. 6, VG Regensburg BeckRS 2020, 21537 Rn. 17 ff.).

38 In den Fällen des § 29 Abs. 1 Nr. 2 und 4 gelten die verschärften Anforderungen an die
Durchführung und Entscheidung des Eilantrags aus § 36 Abs. 4 (→ § 36 Rn. 18 ff.). Bei Dublin-
Fällen und wenn die Unzulässigkeitsentscheidung auf die Einreise aus einem (wiederaufnahmebereiten) sicheren Drittstaat bzw. das Vorliegen eines unbeachtlichen Folge- oder Zweitantrags
gestützt wurde (§ 29 Abs. 1 Nr. 1, 3 und 5) verbleibt es bei den allgemeinen Vorschriften. Die
praktische Bedeutung dieser – wenig überzeugenden – Differenzierung darf freilich nicht überschätzt werden. Nur in den Fällen des § 29 Abs. 1 Nr. 2 und 4 greift die Vorschrift des § 37
Abs. 1 (→ Rn. 19).

39 In Dublin-Fällen gilt es für den Betroffenen zu bedenken, dass ein Antrag auf einstweiligen
Rechtsschutz die Überstellungsfrist unterbricht, deren Ablauf gem. Art. 29 Dublin III-VO der
Ablehnungsentscheidung die Grundlage entzieht (vgl. → Dublin III-VO Art. 29 Rn. 7; 15). Wird
gar gem. § 34a Abs. 1 S. 4 nur eine Abschiebungsandrohung erlassen, so dass einer gegen die
Abschiebungsandrohung gerichteten Klage aufschiebende Wirkung zukommt (→ Rn. 36), ist
bereits zu erwägen, die Abschiebungsandrohung von einer Anfechtung explizit auszunehmen
(zumal das Bundesamt selbst zum Ausdruck gebracht hat, nicht mit einer baldigen Überstellung
zu rechnen).

40 Hat das Bundesamt einen Folgeantrag als unzulässig abgelehnt, ohne eine neuerliche Abschiebungsandrohung zu erlassen, ist Rechtsschutz nach überwiegender Auffassung im Wege der einstweiligen Anordnung nach § 123 VwGO – gerichtet auf die Mitteilung an die Ausländerbehörde,
dass eine Abschiebung bis zum Abschluss des Hauptsacheverfahrens nicht zulässig ist – zu suchen
(vgl. die umfassende Darstellung des Streitstandes bei BeckOK AuslR/Dickten § 71 Rn. 34 ff
mwN). Dieser ist – anders als der Antrag nach § 80 Abs. 5 VwGO – nicht fristgebunden (§ 36
Abs. 3 greift nicht). Der Anordnungsanspruch ist glaubhaft zu machen (§ 123 Abs. 3 VwGO iVm
§ 920 Abs. 2 ZPO), weshalb in der Sache kein von § 36 Abs. 4 abweichender Entscheidungsmaßstab bestehen dürfte (vgl. BeckOK AuslR/Dickten § 71 Rn. 38).

§ 29a Sicherer Herkunftsstaat; Bericht; Verordnungsermächtigung

**(1) Der Asylantrag eines Ausländers aus einem Staat im Sinne des Artikels 16a Abs. 3
Satz 1 des Grundgesetzes (sicherer Herkunftsstaat) ist als offensichtlich unbegründet
abzulehnen, es sei denn, die von dem Ausländer angegebenen Tatsachen oder Beweismittel begründen die Annahme, dass ihm abweichend von der allgemeinen Lage im
Herkunftsstaat Verfolgung im Sinne des § 3 Absatz 1 oder ein ernsthafter Schaden im
Sinne des § 4 Absatz 1 droht.**

**(2) Sichere Herkunftsstaaten sind die Mitgliedstaaten der Europäischen Union und
die in Anlage II bezeichneten Staaten.**

**(2a) Die Bundesregierung legt dem Deutschen Bundestag alle zwei Jahre, erstmals
zum 23. Oktober 2017 einen Bericht darüber vor, ob die Voraussetzungen für die Einstufung der in Anlage II bezeichneten Staaten als sichere Herkunftsstaaten weiterhin vorliegen.**

**(3) ¹Die Bundesregierung bestimmt durch Rechtsverordnung ohne Zustimmung des
Bundesrates, dass ein in Anlage II bezeichneter Staat nicht mehr als sicherer Herkunftsstaat gilt, wenn Veränderungen in den rechtlichen oder politischen Verhältnissen dieses**

Staates die Annahme begründen, dass die in Artikel 16a Abs. 3 Satz 1 des Grundgesetzes bezeichneten Voraussetzungen entfallen sind. ²Die Verordnung tritt spätestens sechs Monate nach ihrem Inkrafttreten außer Kraft.

Überblick

Die Regelung wurde mit dem sog. Asylkompromiss der GG-Änderung 1993 in das Gesetz eingefügt. Auf dieser Grundlage wurde in § 29a Abs. 2 bestimmt, dass die Mitgliedstaaten der EU sowie die durch den Gesetzgeber in Anlage II bestimmten Staaten sichere Herkunftsstaaten im Sinne dieser Vorschrift sind. 1993 wurden neben den Mitgliedstaaten der EU Ghana und Senegal als sichere Herkunftsstaaten festgelegt. Mit Wirkung zum 6.11.2014 wurden zusätzlich die Westbalkanstaaten Serbien, Mazedonien, Bosnien-Herzegowina, Montenegro sichere Herkunftsstaaten. Mit Wirkung zum 24.10.2015 wurden auch die Westbalkanstaaten Kosovo und Albanien zu sicheren Herkunftsstaaten erklärt. Zum Zeitpunkt des Erscheinens der Erstedition dieses Kommentars beabsichtigte der Gesetzgeber, die Staaten Marokko, Algerien, Tunesien und Georgien zu weiteren sicheren Herkunftsstaaten zu erklären (→ Rn. 12 ff.). Stammt ein Asylbewerber aus einem als sicher eingestuften Herkunftsland nach dieser Regelung, wird gesetzlich vermutet, dass ihm dort keine Verfolgung iSd § 3 Abs. 1 oder ein ernsthafter Schaden iSd § 4 Abs. 1 droht. Diese Vermutung kann im Einzelfall widerlegt werden (→ Rn. 16 ff.). Soweit keine Widerlegung erfolgt, wird der Antrag als offensichtlich unbegründet abgelehnt; das verwaltungsgerichtliche Klageverfahren hat dann keine aufschiebende Wirkung (→ Rn. 19, → § 30 Rn. 2). Mit Inkrafttreten der Neuregelung in § 11 Abs. 7 AufenthG hat diese Ablehnung als offensichtlich unbegründet ein Einreise- und Aufenthaltsverbot zur Folge. Nach Abs. 3 kann die Bundesregierung durch Rechtsverordnung sehr schnell auf veränderte Situationen im als sicher eingestuften Herkunftsstaat reagieren, sofern die Einstufung als solche nicht mehr gerechtfertigt ist.

A. Zweck der Vorschrift, Verfassungs- und unionrechtliche Zulässigkeit

I. Zweck der Vorschrift

Mit dem „Asylkompromiss" von 1993 wurde mit der Änderung in Art. 16a Abs. 3 und Abs. 4 **1** GG das Konzept der sog. sicheren Herkunftsländer eingeführt. Die Regelung zielt darauf ab, bei zahlenmäßig relevanten Herkunftsländern, in denen in aller Regel keine politische Verfolgung stattfindet und auch keine Gründe bestehen, den subsidiären Schutz zu gewähren, ein beschleunigtes Verfahren durchzuführen. Auf eine umfassende und individuelle Prüfung eines jeden Asylgesuchs im Einzelfall sollte dadurch verzichtet werden, indem bereits der Gesetzgeber eine Art „antizipierte Tatsachen- und Beweiswürdigung" hinsichtlich der allgemeinen Verhältnisse in einem bestimmten Staat vornimmt (vgl. BVerfG BeckRS 1996, 119716).

Auf dieser Grundlage wird vermutet, dass im Grundsatz der Herkunftsstaat grundsätzlich sicher **2** ist. Diese gesetzliche Vermutung kann aber ein Einzelfall widerlegt werden. Der Asylsuchende muss jedoch individuell zu seinen individuellen Fluchtgründen angehört werden, um ihm die Möglichkeit zu geben, Besonderheiten in seinem Fall vorzutragen und die vermute Verfolgungssicherheit zu widerlegen (zur Pflicht zur Anhörung siehe auch VGH BW BeckRS 2021, 3511). Soweit keine Besonderheiten vorliegen und die vermute Verfolgungssicherheit nicht widerlegt wurde, wird der Antrag als offensichtlich unbegründet abgelehnt, mit der Folge, dass ein eventuell angestrebtes Klageverfahren keine aufschiebende Wirkung hat.

II. Verfassungsrechtliche Grundlagen und Vorgaben

Art. 16a Abs. 3 S. 1 GG ermächtigt den Gesetzgeber, durch Gesetz, das der Zustimmung des **3** Bundesrates bedarf, sog. „sichere Herkunftsstaaten" zu bestimmen. Dabei muss es sich um Staaten handeln, „bei denen aufgrund der Rechtslage, der Rechtsanwendung und der allgemeinen politischen Verhältnisse gewährleistet erscheint, dass dort weder politische Verfolgung noch unmenschliche oder erniedrigende Bestrafung oder Behandlung stattfindet". Die Bestimmung eines Staates zum sicheren Herkunftsstaat hat für das Asylverfahren des einzelnen Antragstellers, der aus einem solchen Land kommt, unmittelbare Auswirkungen. Gemäß Art. 16a Abs. 3 S. 2 GG wird vermutet, dass ein Ausländer aus einem sicheren Herkunftsstaat nicht verfolgt wird, solange er nicht Tatsachen vorträgt, die die Annahme begründen, dass er entgegen dieser Vermutung politisch verfolgt wird (BVerfG BeckRS 1996, 119716).

4 Art. 16a Abs. 3 GG iVm Art. 16a Abs. 4 GG enthält keine Beschränkung des persönlichen Geltungsbereichs des Grundrechts aus Art. 16a Abs. 1 GG und seines Schutzziels, wohl aber eine Beschränkung seines verfahrensbezogenen Gewährleistungsinhalts. Die Verfassung ermöglicht für Asylanträge von Flüchtlingen aus sicheren Herkunftsstaaten ein modifiziertes (verkürztes) Verfahren. Um dieses Ziel zu erreichen, sieht Art. 16a Abs. 3 GG eine „Arbeitsteilung" zwischen dem Gesetzgeber einerseits und den Behörden und Gerichten im Rahmen des jeweiligen Einzelverfahrens andererseits vor: Indem der Gesetzgeber nach vorhergehender Prüfung einzelne Staaten bestimmen kann, in denen – gemäß den in Art. 16a Abs. 3 S. 1 GG vorgegebenen Kriterien – gewährleistet erscheint, dass dort weder politische Verfolgung noch unmenschliche oder erniedrigende Bestrafung oder Behandlung stattfindet, wird ihm ein Ausschnitt aus der von Art. 16a Abs. 1 GG geforderten umfassenden Prüfung übertragen, die bislang in jedem Einzelfall dem Bundesamt und den Gerichten oblag. Dabei nimmt er für den jeweiligen Staat eine Analyse und Beurteilung der allgemeinen Verhältnisse im Hinblick auf deren asylrechtliche Erheblichkeit abstrakt-generell in Form einer antizipierten Tatsachen- und Beweiswürdigung vor. Stellt der Gesetzgeber nach dieser Prüfung fest, dass ein bestimmter Herkunftsstaat sicher iSd Art. 16a Abs. 3 S. 1 GG ist, sind Bundesamt und Gerichte hieran bei der Prüfung des Einzelfalls gebunden und haben den Asylantrag grundsätzlich – mit den sich daraus ergebenden verfahrensrechtlichen Folgen – als offensichtlich unbegründet zu behandeln. Für die Gerichte findet diese Bindung eine Grenze dort, wo sich die Bestimmung eines Landes zum sicheren Herkunftsstaat (oder deren Beibehaltung) nach ihrer Überzeugung als verfassungswidrig erweist; sofern dies im Einzelfall entscheidungserheblich ist, hat das Gericht nach Art. 100 Abs. 1 S. 1 GG das Verfahren auszusetzen und die Entscheidung des BVerfG einzuholen.

5 Die dem Bundesamt und den Gerichten bei der Bearbeitung des jeweiligen Einzelfalls im Rahmen der „Arbeitsteilung" mit dem Gesetzgeber verbleibende Aufgabe wird in Art. 16a Abs. 3 S. 2 GG umschrieben: Sie haben zu prüfen, ob der einzelne Asylbewerber Tatsachen vorgetragen hat, welche entgegen der Vermutung, die an seine Herkunft aus einem sicheren Staat anknüpft, die Annahme begründen, er werde dort gleichwohl politisch verfolgt. Mit der Beschränkung auf diese Prüfungsaufgabe wird das Verfahren im Einzelfall in bestimmter Weise geprägt, ohne dass sich hieraus – unter Berücksichtigung der abstrakt-generellen Prüfung des Herkunftsstaates durch den Gesetzgeber – eine Beschränkung des materiellen Gewährleistungsinhalts von Art. 16a Abs. 1 GG ergibt.

6 Das BVerfG stellt sodann in seiner Grundsatzentscheidung Kriterien auf, was der Gesetzgeber zu beachten hat, wenn er einen Staat als sicheren Herkunftsstaat einstuft. Insoweit wird auf die Entscheidung verwiesen (BVerfG BeckRS 1996, 119716 unter C. 2.). Die verfassungsgerichtliche Nachprüfung, ob ein Staat zu Recht als sicherer Herkunftsstaat eingestuft wurde, beschränkt dann das BVerfG auf die Vertretbarkeit der vom Gesetzgeber getroffenen Entscheidung. Die Unvertretbarkeit der Entscheidung des Gesetzgebers, einen Staat zum sicheren Herkunftsstaat zu bestimmen, und damit die Verfassungswidrigkeit eines solchen Gesetzes kann demnach das BVerfG nur feststellen, wenn eine Gesamtwürdigung ergibt, dass der Gesetzgeber sich bei seiner Entscheidung „nicht von guten Gründen hat leiten lassen" (BVerfG BeckRS 1996, 119716 unter C. 2. aE).

III. Vorgaben im Unionsrecht

7 Nach den Vorgaben in Art. 36 und 37 Asylverfahrens-RL können die Mitgliedstaaten das Konzept der sicheren Herkunftsländer anwenden und nach Art. 37 Abs. 1 Asylverfahrens-RL in ihrem nationalen Recht Staaten zu sicheren Herkunftsstaaten bestimmen. Nach Art. 37 Abs. 3 Asylverfahrens-RL müssen die Mitgliedstaaten bei der Beurteilung der Frage, ob ein Staat als sicherer Herkunftsstaat gem. Art. 37 Asylverfahrens-RL bestimmt werden kann, verschiedene Informationsquellen, insbesondere Informationen anderer Mitgliedstaaten, des EASO, des UNHCR, des Europarates und anderer einschlägiger internationaler Organisationen heranziehen. Art. 36 Asylverfahrens-RL verlangt dann dennoch eine individuelle Prüfung des Antrags. Der Drittstaat darf dann nur dann als für einen bestimmten Antragsteller sicherer Herkunftsstaat betrachtet werden, wenn der Antragsteller die Staatsangehörigkeit des betreffenden Staates besitzt oder wenn der Antragsteller staatenlos ist und zuvor seinen gewöhnlichen Aufenthalt in dem betreffenden Staat hatte und der Antragsteller keine schwerwiegenden Gründe dafür vorgebracht hat, dass der Staat in seinem speziellen Fall im Hinblick auf die Anerkennung als Person mit Anspruch auf internationalen Schutz im Sinne der Qualifikations-RL nicht als sicherer Herkunftsstaat zu betrachten ist.

8 Die Regelung in Art. 29 Asylverfahrens-RL 2005, die noch eine „gemeinsame Minimalliste der als sicher geltenden Herkunftsstaaten" enthielt, wurde vom EuGH für nichtig angesehen, weil sie nicht dem Gesetzesvorbehalt genügte, sie nicht im ordentlichen Gesetzgebungsverfahren beschlossen worden war (EuGH BeckRS 2008, 70509 – Parlament / Rat).

Nach Unionsrecht bezieht sich die normative Vermutung, dass der Herkunftsstaat allgemein **9** sicher ist, auch auf das Fehlen einer Gefährdung iSv Art. 15 Qualifikations-RL, nur wenn eine solche Gefährdung „generell und durchgängig" (vgl. Anhang I Asylverfahrens-RL) nicht vorkommt, kann der Staat als sicherer Herkunftsstaat eingestuft werden.

Der Anhang I Asylverfahrens-RL („Bestimmung sicherer Herkunftsstaaten im Sinne des Arti- **10** kels 37 Absatz 1") stellt unionsrechtliche Vorgaben auf, welche bei der Einstufung eines Herkunftslandes als „sicher" zu beachten sind.

Ein besonderes unionsrechtliches Problem ergibt sich im Hinblick auf „Altlisten", also Länder, **11** die bereits vor Inkrafttreten der unionsrechtlichen Vorgaben zu sicheren Herkunftsländern erklärt worden waren. Art. 30 Abs. 2 Asylverfahrens-RL 2005 ermöglichte es den Mitgliedstaaten noch, Alt-Listen beizubehalten, wenn sie zumindest dem damals noch niedrigeren Standard genügten. Mit der neuen Asylverfahrens-RL war es nicht mehr möglich, zu sicheren Herkunftsstaaten erklärte Staaten auf der Liste zu belassen oder sie dorthin überzuleiten, die nicht nach dem Standard im Anhang I Asylverfahrens-RL bestimmt worden waren. Die Einstufung von Ghana und Senegal zum „sicheren Herkunftsstaat" ist eben gerade nicht am Maßstab des Flüchtlingsbegriffs nach der Qualifikations-RL erfolgt, was aber nach Anhang I Asylverfahrens-RL zwingend gewesen wäre. Funke-Kaiser sieht deshalb die Aufnahme von Ghana und Senegal in die Liste der sicheren Herkunftsstaaten als unvereinbar mit Unionsrecht an (GK-AsylG/Funke-Kaiser Rn. 87, 31 f., 55).

B. Als sicher eingestufte Herkunftsländer

Auf Grundlage von Art. 16a Abs. 3 und Abs. 4 GG wurde in § 29a Abs. 2 bestimmt, dass die **12** Mitgliedstaaten der EU sowie die durch den Gesetzgeber in Anlage II zum AsylG bestimmten Staaten sichere Herkunftsstaaten im Sinne dieser Vorschrift sind. Mit dem Gesetz zur Änderung asylverfahrens-, ausländer- und staatsangehörigkeitsrechtlicher Vorschriften (v. 30.6.1993, BGBl. I 1062) wurden neben einigen osteuropäischen Staaten (die heute EU-Staaten sind) Ghana, Senegal und Gambia zu sicheren Herkunftsstaaten bestimmt. Zum 7.4.1995 wurde Gambia aus der Liste herausgenommen, Senegal zunächst vorläufig durch Rechtsverordnung mWz 4.4.1996. Von den 1993 festgelegten sicheren Herkunftsstaaten blieben mit Wirkung ab dem 28.8.2007 seit den EU-Osterweiterungen 2004/2007 und dem Gesetz zur Umsetzung aufenthalts- und asylrechtlicher Richtlinien der Europäischen Union (v. 19.8.2007, BGBl. I 1970) neben den EU-Mitgliedstaaten noch Ghana und Senegal (erneut, weil die Rechtsverordnung ausgelaufen war) in Anlage II aufgeführt.

Mit Wirkung zum 6.11.2014 wurden zusätzlich die Westbalkanstaaten Bosnien-Herzegowina, **13** Mazedonien (ehemalige jugoslawische Republik) und Serbien aufgenommen. Mit Wirkung zum 24.10.2015 (Asylverfahrensbeschleunigungsgesetz v. 20.10.2015, BGBl. I 1722) wurden zusätzlich Albanien sowie Kosovo wie auch Montenegro zu sicheren Herkunftsstaaten erklärt; seit diesem Datum sind nun alle Westbalkanstaaten sichere Herkunftsstaaten.

Zum Zeitpunkt des Erscheinens der Erstedition dieses Kommentars beabsichtigte der Gesetzge- **14** ber, die Staaten Marokko, Algerien, Tunesien und Georgien zu weiteren sicheren Herkunftsstaaten zu erklären (vgl. BR-Drs. 380/18).

Die Einstufung all dieser Staaten zu „sicheren" Herkunftsstaaten ist umstritten, insbesondere **15** ob die tatsächliche Menschenrechtslage in diesen Staaten so ist, dass sie den Kriterien des Anhangs I Asylverfahrens-RL und den verfassungsrechtlichen Vorgaben genügt. Die ausführlichen Begründungen des Gesetzgebers zur Einstufung als sichere Drittstaaten finden sich in den entsprechenden Bundestagsdrucksachen. In den unterschiedlichen Stellungnahmen, die in den Gesetzgebungsverfahren abgegeben wurden, finden sich zahlreiche Belege für in diesen Staaten durchaus noch stattfindende Menschenrechtsverletzungen, die teilweise belegen, dass nach den unions- und verfassungsrechtlichen Kriterien die Einstufung zum sicheren Herkunftsland zumindest fraglich ist. Bei einer genauen Analyse der Geschäftsstatistik des Bundesamtes oder der Daten von Eurostat im Hinblick auf Anerkennungsquoten fällt auf, dass in einem Teil dieser Länder es doch noch in nicht ganz unerheblichem Umfang zu Schutzgewährungen im Rahmen des Asylverfahrens kommt. Aus anwaltlicher Sicht kann es im Einzelfall – gerade auch wenn es um die Widerlegung einer angenommenen Verfolgungssicherheit geht – entscheidend sein, darauf sehr konkret Bezug zu nehmen.

C. Widerlegliche Vermutung

16   Der Antrag darf gem. § 29a Abs. 1 Hs. 2 nicht – jedenfalls nicht aufgrund der mit der Sicherheit des Herkunftsstaates verbundenen Vermutungswirkung – als offensichtlich unbegründet abgelehnt werden, wenn die von dem Ausländer angegebenen Tatsachen oder Beweismittel die Annahme begründen, dass ihm abweichend von der allgemeinen Lage im Herkunftsstaat Verfolgung iSv § 3 Abs. 1 oder ein ernsthafter Schaden iSv § 4 Abs. 1 droht.

17   Der Asylbewerber muss aufgrund der Sachaufklärungspflicht des Bundesamtes angehört werden und es muss ihm Gelegenheit gegeben werden, individuelle Gründe vorzubringen, die gegen die vermutete Verfolgungssicherheit sprechen. Bringt der Asylsuchende glaubhaft entsprechende Gründe vor, ist dem weiter nachzugehen und zu prüfen, ob diese Gründe nicht doch dafür sprechen, dass er die Voraussetzungen für eine Flüchtlingsanerkennung oder die Gewährung des subsidiären Schutzes erfüllt (vgl. BVerfG NVwZ 1996, 691 (696)). Jedoch kann die Furcht vor individueller politischer Verfolgung bzw. einem ernsthaften Schaden auch ihre Wurzel in den allgemeinen Verhältnissen haben (vgl. BVerfG NVwZ 1996, 691 (696)). Die Vermutung der Sicherheit im Herkunftsland gilt dann als widerlegt, wenn die Personen Tatsachen vorbringen, die eine flüchtlingsrelevante Verfolgung im Sinne von § 3 AsylG oder einen Anspruch auf subsidiären Schutz oer ein Abschiebungsverbot begründen können. Hiervon ist zB grundsätzlich auszugehen, wenn eine Antragstellerin glaubhaft vorträgt, in ihrem Herkunftsstaat (hier Ghana) einer geschlechtsspezifischen Verfolgung durch nichtstaatliche Akteure ausgesetzt zu sein (VG Chemnitz 13.1.2021 – 4 L 659/20.A, www.asyl.net/rsdb/m29224/), ähnlich bei einer Ablehnung des Asylantrags eines bisexuellen Mannes aus Ghana als offensichtlich unbegründet. Da in Ghana homosexuelle Handlungen von Politik und Gesellschaft stark missbilligt werden, sei eine Verfolgung durch nichtstaatliche Dritte, gegen die von staatlicher Seite kein Schutz zur Verfügung steht, nach der aktuellen Erkenntnislage nicht ausgeschlossen (VG Berlin BeckRS 2018, 46689).

18   Die Anforderungen an das Vorbringen des Asylbewerbers dürfen nicht so überspannt werden, dass die in Verfassung und Gesetz vorgesehene Widerlegungsmöglichkeit in der Praxis unerreichbar ist. Vielmehr genügt zur Ausräumung der Vermutung bereits deren Erschütterung. Keinesfalls ist in diesem Verfahrensstadium eine positive Feststellung individueller politischer Verfolgung bzw. eines drohenden ernsthaften Schadens zur Widerlegung der Vermutung erforderlich, mag auch andererseits die bloß entfernt liegende Möglichkeit einer Verfolgung nicht genügen. Gelingt es dem Asylbewerber, die Vermutung zu erschüttern, ist über seinen Asylantrag – gewissermaßen auf einer zweiten Stufe des Verfahrens – nach den allgemeinen Vorschriften zu befinden (vgl. BeckOK AuslR/Heusch Rn. 37–41a).

D. Rechtsfolgen und Besonderheiten für das gerichtliche Verfahren

19   Kann die vermutete Verfolgungssicherheit nicht widerlegt werden, wird der Asylantrag als offensichtlich unbegründet abgelehnt. Die Klage gegen die Ablehnung hat keine aufschiebende Wirkung. Klage und Antrag auf vorläufigen Rechtschutz haben innerhalb einer Woche zu erfolgen. Insoweit bestehen keine Unterschiede auf andere Verfahren, in denen der Antrag als „offensichtlich unbegründet" abgelehnt wurde (→ § 30 Rn. 2).

§ 30 Offensichtlich unbegründete Asylanträge

(1) Ein Asylantrag ist offensichtlich unbegründet, wenn die Voraussetzungen für eine Anerkennung als Asylberechtigter und die Voraussetzungen für die Zuerkennung des internationalen Schutzes offensichtlich nicht vorliegen.

(2) Ein Asylantrag ist insbesondere offensichtlich unbegründet, wenn nach den Umständen des Einzelfalles offensichtlich ist, dass sich der Ausländer nur aus wirtschaftlichen Gründen oder um einer allgemeinen Notsituation zu entgehen, im Bundesgebiet aufhält.

(3) Ein unbegründeter Asylantrag ist als offensichtlich unbegründet abzulehnen, wenn

1. in wesentlichen Punkten das Vorbringen des Ausländers nicht substantiiert oder in sich widersprüchlich ist, offenkundig den Tatsachen nicht entspricht oder auf gefälschte oder verfälschte Beweismittel gestützt wird,

2. der Ausländer im Asylverfahren über seine Identität oder Staatsangehörigkeit täuscht oder diese Angaben verweigert,

3. er unter Angabe anderer Personalien einen weiteren Asylantrag oder ein weiteres Asylbegehren anhängig gemacht hat,

4. er den Asylantrag gestellt hat, um eine drohende Aufenthaltsbeendigung abzuwenden, obwohl er zuvor ausreichend Gelegenheit hatte, einen Asylantrag zu stellen,

5. er seine Mitwirkungspflichten nach § 13 Abs. 3 Satz 2, § 15 Abs. 2 Nr. 3 bis 5 oder § 25 Abs. 1 gröblich verletzt hat, es sei denn, er hat die Verletzung der Mitwirkungspflichten nicht zu vertreten oder ihm war die Einhaltung der Mitwirkungspflichten aus wichtigen Gründen nicht möglich,

6. er nach §§ 53, 54 des Aufenthaltsgesetzes vollziehbar ausgewiesen ist oder

7. er für einen nach diesem Gesetz handlungsunfähigen Ausländer gestellt wird oder nach § 14a als gestellt gilt, nachdem zuvor Asylanträge der Eltern oder des allein personensorgeberechtigten Elternteils unanfechtbar abgelehnt worden sind.

(4) Ein Asylantrag ist ferner als offensichtlich unbegründet abzulehnen, wenn die Voraussetzungen des § 60 Abs. 8 Satz 1 des Aufenthaltsgesetzes oder des § 3 Abs. 2 vorliegen oder wenn das Bundesamt nach § 60 Absatz 8 Satz 3 des Aufenthaltsgesetzes von der Anwendung des § 60 Absatz 1 des Aufenthaltsgesetzes abgesehen hat.

(5) Ein beim Bundesamt gestellter Antrag ist auch dann als offensichtlich unbegründet abzulehnen, wenn es sich nach seinem Inhalt nicht um einen Asylantrag im Sinne des § 13 Abs. 1 handelt.

Überblick

Die Regelung über offensichtlich unbegründete Asylanträge ist ein wichtiges – vor allem prozessuales Instrument – um offensichtlich wenig erfolgversprechende Asylanträge sehr schnell entscheiden zu können, um damit bei aussichtslosen Asylanträgen schnell zu einer Aufenthaltsbeendigung kommen zu können (→ Rn. 1). Die Einstufung eines Asylantrags als offensichtlich unbegründet hat zur Konsequenz, dass ein eventuell angestrebtes verwaltungsgerichtliches Verfahren keine aufschiebende Wirkung entfaltet und, sofern die Überprüfung der Offensichtlichkeit im vorläufigen Rechtsschutzverfahren bestätigt wird, dann sofort auch die Abschiebung vollzogen werden kann (→ Rn. 2). Die Verwaltungsgerichte haben dabei auch sehr sorgfältig von Verfassungswegen zu prüfen, ob die Offensichtlichkeit weiter Bestand haben kann (→ Rn. 4). Durch Art. 32 Abs. 2 Asylverfahrens-RL iVm Art. 31 Abs. 8 Asylverfahrens-RL wird das Konzept offensichtlicher Asylanträge zur Durchführung beschleunigter Verfahren auch im Unionsrecht verankert (→ Rn. 5). Eine Ablehnung als „offensichtlich unbegründet" kommt nur in Betracht, wenn das Schutzbegehren im Hinblick auf die Asylberechtigung, die Flüchtlingsanerkennung wie auch die Voraussetzungen des subsidiären Schutzes sich als „offensichtlich unbegründet" darstellt (→ Rn. 9). Eine Ablehnung als offensichtlich unbegründet kommt nur in Frage, wenn die in Art. 31 Abs. 8 Asylverfahrens-RL genannten Fallgruppen vorliegen (→ Rn. 11). Im Falle der Geltendmachung einer kollektiven Verfolgungssituation setzt die Ablehnung als offensichtlich unbegründet in aller Regel voraus, dass eine gefestigte obergerichtliche Rechtsprechung vorliegt (→ Rn. 14). Eine Ablehnung als „offensichtlich unbegründet" kommt bei den folgenden Fallgruppen in Frage:

- Asylantrag nur aus wirtschaftlichen Gründen oder um einer allgemeinen Notsituation zu entgehen (→ Rn. 18);
- Mängel im Vortrag bzw. der Darlegung, gefälschte oder verfälsche Beweismittel (→ Rn. 24);
- Täuschung bzw. Verweigerung von Angaben über Identität oder Staatsangehörigkeit (→ Rn. 45);
- weiterer Asylantrag unter anderer Identität (→ Rn. 54);
- Asylantragsstellung zur Vermeidung der Abschiebung (→ Rn. 59);
- gröbliche Verletzung von bestimmten Mitwirkungspflichten (→ Rn. 66);
- vollziehbare Ausweisung (nicht anwendbare Regelung → Rn. 80);
- Asylantrag eines nachgeborenen Kindes nach Ablehnung der Eltern (→ Rn. 83);
- schwerwiegende Gründe für die Annahme einer Gefahr für die Sicherheit der Bundesrepublik Deutschland oder Gefahr für die Allgemeinheit wegen Kriegsverbrechen, Straftaten in bestimmten Fällen (→ Rn. 86);
- Fälle mit ausschließlich asylfremden Gründen (→ Rn. 90).

Übersicht

A. Allgemeines

I. Zweck der Vorschrift

1   Mit der Regelung der Ablehnung eines Asylantrags als offensichtlich unbegründet wurde ein wichtiges Instrument eingeführt, um aussichtslose oder gar missbräuchliche Asylanträge sehr schnell entscheiden zu können. Ziel der Regelung war es, „eine unberechtigte Berufung auf das Asylrecht zu verhindern und diejenigen Ausländer von einem langwierigen Asylverfahren auszuschließen, die unseres Schutzes deswegen nicht bedürfen, weil sie offensichtlich nicht oder nicht mehr aktuell politisch verfolgt sind" (BT-Drs. 12/4152, 2).

II. Prozessuale Folgen des Offensichtlichkeitsurteils

2   Die Regelung ermöglicht es dem Bundesamt, in bestimmten Fallgruppen eine qualifizierte Ablehnung des Antrages als offensichtlich unbegründet auszusprechen. Prozessuale Folge dieses Offensichtlichkeitsurteils ist zum einen die verkürzte Klage- und Antragsfrist von nur einer Woche nach Zustellung der Entscheidung, vor allem aber ist die Folge, dass die möglicherweise angestrebte Klage gegen die Entscheidung der Behörde keine aufschiebende Wirkung entfaltet (→ § 36 Rn. 3). Der Asylsuchende kann innerhalb der Wochenfrist Klage einlegen und muss auch innerhalb der Wochenfrist Antrag auf vorläufigen Rechtsschutz in Form des Antrags auf Anordnung der aufschiebenden Wirkung beim zuständigen Verwaltungsgericht stellen (vgl. § 36 Abs. 1, → § 36 Rn. 4). Über diesen Antrag soll das Verwaltungsgericht innerhalb einer Woche entscheiden (vgl. § 36 Abs. 3 S. 5, → § 36 Rn. 14). Lehnt das Verwaltungsgericht in diesem rein schriftlichen Verfahren (§ 36 Abs. 3 S. 4, → § 36 Rn. 13) den Antrag auf Anordnung der aufschiebenden

Wirkung ab und bestätigt es damit die offensichtliche Unbegründetheit des Asylantrags, kann die Aufenthaltsbeendigung sofort vollzogen werden, sobald der Asylsuchende über den Tenor der Entscheidung informiert wurde (vgl. § 36 Abs. 3 S. 8, → § 36 Rn. 15). Dadurch wird der Rechtsschutz in der Praxis erheblich weiter verkürzt, zumal beim Verwaltungsgericht regelmäßig ein Einzelrichter entscheidet (vgl. § 76 Abs. 4, → § 76 Rn. 9).

Erste verwaltungsgerichtliche Entscheidungen sehen hier eine Unvereinbarkeit mit Unionsrecht **2a** und den Vorgaben in der Rückführungsrichtlinie nach dem EuGH-Urteils »Gnandi« (EuGH NVwZ 2018, 1625 – Gnandi/Belgien; dazu VG Arnsberg BeckRS 2019, 30905; vgl. auch vgl. auch VG Aachen BeckRS 2019, 337). Bei der Bewertung, ob die deutsche Rechtslage europarechtskonform ist, kommt der einwöchigen Ausreisepflicht eine besondere Bedeutung zu. Deren Beginn wird vom BAMF häufig mit Bekanntgabe des Bescheids festgesetzt. Sie läuft damit parallel zur einwöchigen Rechtsbehelfsfrist, sodass sich hier Schwierigkeiten in Hinblick auf die vom EuGH geforderte volle Wirksamkeit des Rechtsbehelfs ergeben. In diesem Zusammenhang wird argumentiert, dass eine einwöchige Frist zur Einlegung eines Eilantrags nur dann vorgegeben werden könne, wenn, wie es Art. 46 Abs. 7 AsylVfRL bestimmt, unentgeltlicher Rechtsbeistand und Übersetzung gewährleistet sind. Außerdem würde der eingeschränkte Prüfungsrahmen Art. 74 GRCh nicht genügen, der eine umfassende inhaltliche Prüfung fordert. Da der EuGH vorgegeben hat, dass Betroffenen ein Rechtsbehelf mit aufschiebender Wirkung zwar nicht gegen Asylentscheidungen, wohl aber gegen Rückkehrentscheidungen, zur Verfügung stehen muss, wird teilweise davon ausgegangen, dass § 75 AsylG gegen EU-Recht verstößt (Hupke ASYLMAGAZIN 8–9/2019, 322–324 und Hruschka ASYLMAGAZIN 9/2018, 290–293).

Eine Ablehnung als „offensichtlich" unbegründet nehmen einige Bundesländer auch zum **2b** Anlass, in diesen Fällen die Personen gezielt in den Erstaufnahmeeinrichtungen zu belassen und nicht auf die Kreise oder Gemeindeebene zu verteilen (Politik der AnkER-Zentren oder AnkER-ähnliche Zentren, die aber teilweise auch nur Landeseinrichtungen oä heißen; siehe dazu zB Weisung NRW vom 16.7.2019 – 531-39.18.03-17/175, www.asyl.net/rsdb/m27418; dazu auch → § 47 Rn. 1 ff.).

III. Verfassungsrechtliche Vorgaben

Das BVerfG hat keine verfassungsrechtlichen Bedenken gesehen, wenn der Gesetzgeber unter **3** der Wahrung rechtsstaatlicher Anforderungen einen besonderen Verfahrensweg bereithält, unberechtigte Asylverfahren einem beschleunigten Abschluss zuzuführen, und damit die Möglichkeit eröffnet, eine Beendigung des Aufenthalts kurzfristig zu ermöglichen (BeckRS 9998, 101420).

Allerdings gibt das BVerfG den Verwaltungsgerichten auf, im Rahmen der Entscheidung über **4** vorläufige Rechtsschutzanträge aufgrund einer eigenständigen Beurteilung insbesondere zu prüfen, ob das Offensichtlichkeitsurteil des Bundesamtes auch weiterhin Bestand haben kann (s. dazu unter anderem BVerfG BeckRS 1993, 8428). Das Verwaltungsgericht darf sich dabei nicht mit einer bloßen Prognose zur voraussichtlichen Richtigkeit des Offensichtlichkeitsurteils begnügen, sondern muss die Frage der Offensichtlichkeit – will es sie bejahen – erschöpfend, wenngleich mit Verbindlichkeit allein für das Eilverfahren klären und insoweit über eine lediglich summarische Prüfung hinausgehen. Dabei muss das Verwaltungsgericht überprüfen, ob das Bundesamt aufgrund einer umfassenden Würdigung der ihm vorgetragenen oder sonst erkennbaren maßgeblichen Umstände unter Ausschöpfung aller ihm vorliegenden oder zugänglichen Erkenntnismittel entschieden und in der Entscheidung klar zu erkennen gegeben hat, weshalb der Antrag nicht als schlicht unbegründet, sondern als offensichtlich unbegründet abgelehnt worden ist, ferner, ob die Ablehnung als offensichtlich unbegründet auch weiterhin Bestand haben kann. Auch die sich unmittelbar aus Art. 16a Abs. 12 GG ergebenden verfahrensrechtlichen Anforderungen müssen berücksichtigt werden (vgl. BVerfGE 76, 143 (161 f.) = BeckRS 1987, 111203). Diese sind jedenfalls nicht geringer, als sie in der Rechtsprechung des BVerfG für die aus Art. 103 Abs. 1 GG folgenden Pflichten der Gerichte allgemein entwickelt wurden. Hiernach ist das wesentliche der Rechtsverfolgung und Rechtsverteidigung dienende Vorbringen in den Entscheidungsgründen zu verarbeiten (BVerfG InfAuslR 1991, 179 (180)). Steht wie hier eine Instanz zur Verfügung, so erhöht dies die verfassungsrechtlichen Anforderungen an die Ausgestaltung des Verfahrens im Hinblick auf die Wahrheitserforschung. Das Verwaltungsgericht muss in einer eigenständigen Beurteilung insbesondere prüfen, ob die Ablehnung des Asylantrags als offensichtlich unbegründet durch das Bundesamt weiterhin Bestand haben kann. Hierfür muss es im Eilverfahren die Frage der Offensichtlichkeit erschöpfend klären und insoweit über eine lediglich summarische Prüfung hinausgehen (BVerfG BeckRS 2019, 2694).

IV. Offensichtlich unbegründete Asylanträge im Unionsrecht

5   Durch Art. 32 Abs. 2 Asylverfahrens-RL iVm Art. 31 Abs. 8 Asylverfahrens-RL wird das Konzept offensichtlicher Asylanträge zur Durchführung beschleunigter Verfahren auch im Unionsrecht verankert.

6   Danach können die Mitgliedstaaten festlegen, dass das Prüfungsverfahren im Einklang mit den Grundsätzen und Garantien nach Kapitel II Asylverfahrens-RL beschleunigt und / oder an der Grenze oder in Transitzonen nach Maßgabe von Art. 43 Asylverfahrens-RL durchgeführt wird, wenn eine der folgenden Fallgruppen vorliegt:

- Der Antragsteller hat bei der Einreichung seines Antrags und der Darlegung der Tatsachen nur Umstände vorgebracht, die für die Prüfung der Frage, ob er als Flüchtling oder Person mit Anspruch auf internationalen Schutz im Sinne der Qualifikations-RL anzuerkennen ist, nicht von Belang sind (Art. 31 Abs. 8 lit. a Asylverfahrens-RL).
- Der Antragsteller kommt aus einem sicheren Herkunftsstaat im Sinne der Asylverfahrens-RL (Art. 31 Abs. 8 lit. b Asylverfahrens-RL).
- Der Antragsteller hat die Behörden durch falsche Angaben oder Dokumente oder durch Verschweigen wichtiger Informationen oder durch Zurückhalten von Dokumenten über seine Identität und / oder Staatsangehörigkeit, die sich negativ auf die Entscheidung hätten auswirken können, getäuscht (Art. 31 Abs. 8 lit. c Asylverfahrens-RL).
- Es kann angenommen werden, dass der Antragsteller ein Identitäts- oder ein Reisedokument, das die Feststellung seiner Identität oder Staatsangehörigkeit ermöglicht hätte, mutwillig vernichtet oder beseitigt hat (Art. 31 Abs. 8 lit. d Asylverfahrens-RL).
- Der Antragsteller hat eindeutig unstimmige und widersprüchliche, eindeutig falsche oder offensichtlich unwahrscheinliche Angaben gemacht, die im Widerspruch zu hinreichend gesicherten Herkunftslandinformationen stehen, so dass die Begründung für seine Behauptung, dass er als Person mit Anspruch auf internationalen Schutz im Sinne der Qualifikations-RL anzusehen ist, offensichtlich nicht überzeugend ist (Art. 31 Abs. 8 lit. e Asylverfahrens-RL).
- Der Antragsteller hat einen Folgeantrag auf internationalen Schutz gestellt, der gem. Art. 40 Abs. 5 Asylverfahrens-RL nicht unzulässig ist (Art. 31 Abs. 8 lit. f Asylverfahrens-RL).
- Der Antragsteller stellt den Antrag nur zur Verzögerung oder Behinderung der Vollstreckung einer bereits getroffenen oder unmittelbar bevorstehenden Entscheidung, die zu seiner Abschiebung führen würde (Art. 31 Abs. 8 lit. g Asylverfahrens-RL).
- Der Antragsteller ist unrechtmäßig in das Hoheitsgebiet des Mitgliedstaats eingereist oder hat seinen Aufenthalt unrechtmäßig verlängert und ist ohne stichhaltigen Grund versäumt, zum angesichts der Umstände seiner Einreise frühestmöglichen Zeitpunkt bei den Behörden vorstellig zu werden oder einen Antrag auf internationalen Schutz zu stellen (Art. 31 Abs. 8 lit. h Asylverfahrens-RL).
- Der Antragsteller weigert sich, der Verpflichtung zur Abnahme seiner Fingerabdrücke gemäß VO (EU) 603/2013 (v. 26.6. 2013, ABl. 2013 L 180, 1) nachzukommen (Art. 31 Abs. 8 lit. i Asylverfahrens-RL).
- Es gibt schwerwiegende Gründe für die Annahme, dass der Antragsteller eine Gefahr für die nationale Sicherheit oder die öffentliche Ordnung des Mitgliedstaats darstellt oder dass er aus schwerwiegenden Gründen der öffentlichen Sicherheit oder öffentlichen Ordnung nach nationalem Recht zwangsausgewiesen wurde (Art. 31 Abs. 8 lit. j Asylverfahrens-RL).

7 Wird der Antrag als offensichtlich unbegründet abgelehnt, ist es möglich, die aufschiebende Wirkung des Rechtsbehelfsverfahrens nach Art. 46 Abs. 6 Asylverfahrens-RL entfallen zu lassen.

8   Zu beachten ist, dass die Fallgruppen es den Mitgliedstaaten nur ermöglichen, unter diesen Voraussetzungen einen Asylantrag mit den genannten prozessualen Folgen als offensichtlich unbegründet abzulehnen. Ist im nationalen Recht die Ablehnung als offensichtlich unbegründet nicht normiert, können diese Fallgruppen in der Praxis nicht angewandt werden. Sind die Fallgruppen im nationalen Recht enthalten, ist unionsrechtlich die Ablehnung als offensichtlich unbegründet rechtlich nur dann möglich, wie die im nationalen Recht normierte Fallgruppe mit dem Richtlinienrecht in Einklang zu bringen ist. Die nationale Regelung ist gemeinschaftsrechtskonform auszulegen.

B. Ablehnung der Asylberechtigung und des internationalen Schutzes bei Offensichtlichkeit

I. Gegenstand der Offensichtlichkeitsentscheidung

Nach § 30 Abs. 1 bezieht sich die Ablehnung des Asylantrags als offensichtlich unbegründet **9** sowohl auf die Asylberechtigung wie auch auf den internationalen Schutz, also die Flüchtlingsanerkennung und den subsidiären Schutz. Nur wenn die Ablehnung des Asylantrages im Hinblick auf die Voraussetzungen dieser drei Verfahrensgegenstände offensichtlich unbegründet ist, ist der Antrag insgesamt als offensichtlich unbegründet abzulehnen (BVerfG NVwZ-Beil. 1997, 9; BeckRS 2018, 8252).

Bei der Geltendmachung von mehreren selbstständig tragenden Verfolgungsgründen muss sich **10** das Offensichtlichkeitsurteil für jeden selbstständig zu beurteilenden Verfolgungsgrund als tragfähig erweisen und entsprechend auch begründet werden (BVerfG NVwZ-Beil. 1997, 42). Eine Urteilsbegründung ist formell verfassungswidrig, wenn die Ausführungen zum offensichtlichen Nichtvorliegen der Flüchtlingseigenschaft (wegen Widersprüchlichkeit des Vorbringens der asylsuchenden Person) nicht geeignet sind, die Klageabweisung als offensichtlich unbegründet auch im Hinblick auf den subsidiären Schutz zu tragen. Die Gefahren, die für die Gewährung subsidiären Schutzes vorausgesetzt werden, beziehen sich nämlich vorrangig auf allgemeine Verhältnisse im Herkunftsland und nicht auf individuelle Verfolgungsgründe. Weiter liegt auch eine materielle Verfassungswidrigkeit vor, wenn zum allein in Betracht gezogenen Abschiebungsverbot nach § 60 Abs. 7 S. 1 AufenthG nur rudimentäre Erwägungen vorgenommen wurden, obwohl dessen Vorliegen zumindest im konkreten Fall naheliegend war. Im konkreten Fall wurden vom Verwaltungsgericht – so das BVerfG – die rechtlichen Voraussetzungen des subsidiären Schutzes vollständig unberücksichtigt gelassen. Dies könne schon die einfache Abweisung der Klage auf Zuerkennung des subsidiären Schutzes nicht rechtfertigen und erst recht nicht die Abweisung als offensichtlich unbegründet. Das Verwaltungsgericht habe die Abweisung der Klage auf Zuerkennung des subsidiären Schutzes als offensichtlich unbegründet auch nicht unter Bezug auf gefestigte Rechtsprechung rechtfertigen können, da eine solche im Hinblick auf die Bedrohung im Rahmen eines bewaffneten Konflikts in Afghanistan nicht vorliege. Bei einem Land mit einer äußerst volatilen und regional unterschiedlichen Sicherheitslage seien die Verwaltungsgerichte verpflichtet, sich laufend über die tatsächlichen Entwicklungen zu unterrichten und nur auf der Grundlage aktueller Erkenntnisse zu entscheiden (BVerfG NVwZ 2018, 1563 unter Bezug auf BVerfG NVwZ 2017, 1702 und NVwZ 2016, 1242).

Bei einem Offensichtlichkeitsurteil nach § 30 AsylG darf auch ein möglicherweise abzuleitender **10a** Anspruch auf Familienschutz nach § 26 AsylG (→ § 26 Rn. 1) offensichtlich nicht vorliegen. Diese Voraussetzung ist nicht gegeben, wenn der Asylantrag einer Referenzperson „einfach" unbegründet abgelehnt wurde und gegen diese Entscheidung ein Klageverfahren anhängig ist. Ein Verweis auf die Möglichkeit eines Folgeantrags für den Fall, dass die Referenzperson internationalen Schutz erhält, sowie auf das Vorliegen von Duldungsgründen entspricht nicht den Erfordernissen des Grundrechts auf effektiven Rechtsschutz nach Art. 19 Abs. 4 GG (VG Berlin 2.3.2021 – 35 L 31/21, www.asyl.net/rsdb/m29507/ entgegen VG Berlin BeckRS 2020, 12810).

II. Begriff der Offensichtlichkeit

1. Allgemeines

In der deutschen Rechtsprechung wurden Kriterien entwickelt, unter welchen Voraussetzungen **11** ein Antrag offensichtlich unbegründet ist. Nach den Vorgaben in Art. 31 Abs. 8 Asylverfahrens-RL kommt eine Ablehnung als offensichtlich unbegründet aber nur noch in Frage, wenn die dort genannten Fallgruppen vorliegen. Somit können die von der deutschen Rechtsprechung herausgearbeiteten Kriterien nur noch dann Anwendung finden, wenn zugleich die Voraussetzungen des Art. 31 Abs. 8 lit. a, lit. c, lit. e Asylverfahrens-RL erfüllt sind. Bei der Auslegung dieser Offensichtlichkeitsgründe müssen die verfassungsrechtlichen Vorgaben für das Offensichtlichkeitsurteil weiter berücksichtigt werden.

Nach der Rechtsprechung des BVerfG (BVerfG BeckRS 1994, 23317; vgl. auch BVerfGE 65, **12** 76 (95 f.) = BeckRS 9998, 102417; BVerfGE 71, 276 (296) = BeckRS 1985, 108907; BVerfG BeckRS 9998, 101420) kann eine Asylklage nur dann als offensichtlich unbegründet abgewiesen werden, wenn – bezogen auf den maßgeblichen Zeitpunkt der Entscheidung des Verwaltungsgerichts (vgl. § 77 Abs. 1, → § 77 Rn. 1) – an der Richtigkeit der tatsächlichen Feststellungen des

Gerichts vernünftigerweise keine Zweifel bestehen und bei einem solchen Sachverhalt nach allgemein anerkannter Rechtsauffassung (nach dem Stand von Rspr. und Lehre) sich die Abweisung der Klage geradezu aufdrängt.

13   Unter welchen Voraussetzungen im Einzelnen sich eine Asylklage als offensichtlich aussichtslos erweisen kann, bedarf der jeweiligen Beurteilung im Einzelfall. Bei individuell konkretisierten Beeinträchtigungen kann eine Abweisung der Klage als offensichtlich unbegründet unter anderem dann in Frage kommen, wenn sich das Vorbringen des Asylbewerbers insgesamt als unglaubwürdig erweist (vgl. BVerfGE 65, 76 = BeckRS 9998, 102417). In einem solchen Fall prüft das BVerfG allerdings nicht umfassend, ob die vom Verwaltungsgericht angenommenen Widersprüche bzw. sonstigen Unstimmigkeiten tatsächlich vorliegen und inwieweit sie die gezogenen Schlüsse tragen. Es überprüft jedoch, ob die fachgerichtliche Beurteilung anhand der gegebenen Begründung nachvollziehbar ist und auf einer verlässlichen Grundlage beruht (vgl. BVerfG InfAuslR 1991, 85 (88); 1992, 231 (233); stRspr).

13a   Eine auf einer Verletzung der Sachverhaltsaufklärungspflicht des Bundesamtes gemäß § 24 Abs. 1 S. 1 AsylG (→ § 24 Rn. 1, → § 25 Rn. 1) beruhender Bescheid kann der Rechtmäßigkeit des Offensichtlichkeitsurteils entgegenstehen. Denn ohne korrektes Verwaltungsverfahren bestehen Zweifel an einem materiell-rechtlich zutreffenden Inhalt der Behördenentscheidung. Wird bei der Anhörung im Asylverfahren ein ungeeigneter Dolmetscher eingesetzt, so ist das rechtliche Gehör verletzt. Kann oder will zB das BAMF bei Hinweisen auf Verständigungsschwierigkeiten die Identität des Dolmetschers gegenüber dem Verwaltungsgericht nicht offenlegen, so ist die Ablehnung des Asylantrags als offensichtlich unbegründet offensichtlich rechtswidrig (VG Potsdam BeckRS 2020, 23603; zu Anforderungen an die Qualität des Dolmetschens auch → § 17 Rn. 1).

2. Offensichtlich keine kollektive Verfolgungssituationen

14   Im Falle der Geltendmachung einer kollektiven Verfolgungssituation setzt die Ablehnung als offensichtlich unbegründet in aller Regel voraus, dass eine gefestigte obergerichtliche Rechtsprechung vorliegt. Dies schließt nicht aus, dass auch bei Sachverhalten, bei denen von einer „anerkannten Rechtsauffassung" nicht gesprochen werden kann, die Unbegründetheit der Asylklage offensichtlich sein kann; dazu wird es aber einer eindeutigen und widerspruchsfreien Auskunftslage sachverständiger Stellen bedürfen (vgl. BVerfGE 65, 76 (97) = BeckRS 9998, 102417). Vergleichbare Anforderungen gelten, wenn – außerhalb einer kollektiven Verfolgungssituation – Sachverhalte zu beurteilen sind, die die allgemeinen Verhältnisse im Herkunftsland oder sonst eine Vielzahl ähnlicher oder vergleichbarer Sachverhalte betreffen; hierfür kommt auch die Beurteilung exilpolitischer Aktivitäten und ihrer Folgen in Betracht (BVerfG NVwZ-Beil. 1994, 58).

15   Gibt es abweichende Meinungen einzelner Verwaltungsgerichte zu einer kollektiven Verfolgungssituation, ist aber die große Mehrheit der Obergerichte und Verwaltungsgerichte in ihrer Bewertung einheitlich, ist das allein noch nicht ausreichend, um von einer unterschiedlichen Bewertung in der Gerichtsbarkeit auszugehen (vgl. BVerfG Beschl. v. 4.3.1996 – 2 BvR 2409/95). Ein Offensichtlichkeitsurteil kommt aber nicht in Betracht, wenn es andere, vor allem auch neuere Erkenntnisse gibt, mit denen sich die Fachgerichtsbarkeit noch nicht auseinandersetzen konnte. Dies gilt vor allem bei einer wesentlich geänderten Sachlage (vgl. BVerfG NVwZ-Beil. 1995, 1). Ebenso wenig kann eine angenommene gefestigte obergerichtliche Rechtsprechung ein „Offensichtlichkeitsurteil" tragen, wenn im Hinblick auf die Pflicht zur gleichsam „tagesaktuellen" Erfassung und Bewertung der entscheidungserheblichen Tatsachengrundlagen bei einer sich im Herkunftsland immer wieder verändernden Situation (Bsp.: Afghanistan) angesichts der begrenzten Belastbarkeit der Tatsachengrundlagen eine solche gar nicht herausbilden kann (BVerfG BeckRS 2018, 8252).

16   Dies schließt nicht aus, dass auch bei Sachverhalten, bei denen von einer „anerkannten Rechtsauffassung" noch nicht ausgegangen werden kann, die Unbegründetheit der Asylklage offensichtlich sein kann; dazu wird es aber regelmäßig eindeutiger und widerspruchsfreier Auskünfte und Stellungnahmen sachverständiger Stellen bedürfen, auf denen die Erkenntnis beruht, eine asylrechtlich relevante politische Verfolgung der Angehörigen einer kollektiv bezeichneten Gruppe liege offensichtlich nicht vor (BVerfG BeckRS 9998, 102417).

17   Das BVerfG spricht dabei von „eindeutigen und widerspruchsfreien Auskünften und Stellungnahmen sachverständiger Stellen". Von daher bedarf es nicht nur einer vereinzelten Auskunft (zB des Auswärtigen Amtes), zumindest wäre das hoch problematisch, wenn Auskünfte anderer Stellen zu einem anderen Bild der Lage kommen.

C. Offensichtlichkeit wegen nur wirtschaftlicher Gründe oder allgemeiner Notsituation

I. Notwendiges Offensichtlichkeitsurteil

$\S$ 30 Abs. 2 enthält zwei typische Beispielsfälle („nur wirtschaftlicher Gründe oder um einer **18** allgemeiner Notsituation zu entgehen"), die zur Ablehnung des Asylantrages als „offensichtlich unbegründet" führen. $\S$ 30 Abs. 2 verlangt ein eigenes Offensichtlichkeitsurteil, „wenn es nach dem Umständen des Einzelfalles offensichtlich ist". Ein solches Offensichtlichkeitsurteil verlangt eine vollständige Erforschung des Sachverhalts und eine zu begründende sichere Überzeugung davon, dass nur die in $\S$ 30 Abs. 2 genannten Aufenthaltsmotive vorliegen. Die vom Gesetz vorausgesetzte Beziehung zum Aufenthalt in Deutschland kann missverständlich wirken; in Wahrheit geht es um die Gründe des Asylgesuchs (vgl. Renner, Ausländerrecht, 7. Aufl. 1999, Rn. 8). Die qualifizierte Asylablehnung nach Maßgabe des $\S$ 30 Abs. 2 ist nur dann zulässig, wenn neben den dort genannten Aufenthaltsmotiven keine asylrechtlich relevanten vorgetragen oder sonst ersichtlich sind (vgl. GK-AsylG/Funke-Kaiser Rn. 42; Hailbronner AuslR Rn. 34; s. dazu BVerfG BeckRS 2001, 22956).

II. Nur aus wirtschaftlichen Gründen oder um einer allgemeinen Notsituation zu entgehen

Allgemein ist anerkannt, dass das Asylgrundrecht bzw. der Flüchtlingsschutz nicht die Funktion **19** hat, jeder Person, die im Heimatstaat in materieller Not lebt, die Möglichkeit zu eröffnen, durch Zuflucht in einen anderen Staat ihre Lebenssituation zu verbessern (vgl. BVerfGE 80, 315 = BeckRS 1989, 110351).

Allerdings ist immer zu beachten, dass auch Beeinträchtigungen der beruflichen Betätigung **20** asylbegründend wirken können, wenn die wirtschaftliche Existenz bedroht und damit jenes Existenzminimum nicht mehr gewährleistet ist, das ein menschenwürdiges Dasein erst ausmacht (BVerwG NVwZ 1986, 572; Beschl. v. 12.1.1983 – 1 BvR 1360/82; Beschl. v. 30.1.1987 – 2 BvR 1393/86 zum Verlust der Möglichkeit, im früheren Beruf als Journalist tätig zu sein). Es mag denkbar sein, dass neben der Vernichtung der wirtschaftlichen Existenz auch schon andere Beeinträchtigungen der beruflichen Betätigung die Menschenwürde verletzen und damit asylrelevant werden können, etwa das Verbot einer die Persönlichkeit des Betroffenen in besonderem Maße prägenden beruflichen Betätigung oder die mit einer beruflichen Umsetzung verbundene gezielte Bloßstellung und Herabwürdigung des Einzelnen (vgl. zum Ganzen BVerwG BeckRS 9998, 46373).

In diesem Kontext von Bedeutung ist auch, dass nach Art. 9 Abs. 1 lit. b Qualifikations-RL **21** eine Verfolgung sich aus einer Kumulierung unterschiedlicher Maßnahmen, einschließlich einer Verletzung der Menschenrechte, ergeben kann, die so gravierend ist, dass eine Person davon in ähnlicher wie in der unter Art. 9 Abs. 1 lit. a Qualifikations-RL beschriebenen Weise betroffen ist. Ein Offensichtlichkeitsurteil ist daher nur dann gerechtfertigt, wenn es nur um wirtschaftliche Gründe oder eine allgemeine Notsituation geht, die offensichtlich nicht die Schwelle einer Verfolgung nach Art. 9 Qualifikations-RL erreicht bzw. an Verfolgungsgründe nach Art. 10 Qualifikations-RL anknüpft.

III. Kriegerische Auseinandersetzung

Diese Fallgruppe wurde mit dem Gesetz zur Umsetzung der Richtlinie 2011/95/EU (v. **22** 28.8.2013, BGBl. I 3474) gestrichen, da kriegerische Auseinandersetzungen die Zuerkennung der Flüchtlingseigenschaft nicht ausschließen und vor allem auch durchaus die Gefahr eines ernsthaften Schadens iSd Art. 15 Qualifikations-RL begründen und somit zum subsidiären Schutzstatus führen können.

D. Fallgruppen des Abs. 3

I. Funktionsweise der Regelung

In den Fallgruppen des Abs. 3 wird anhand typisierender Merkmale festgelegt, dass ein Asylan- **23** trag, der unbegründet ist, als offensichtlich unbegründet abgelehnt wird, ohne materiell selbst offensichtlich unbegründet sein zu müssen. Die Regelung geht zurück auf die Ermächtigung in

Art. 16a Abs. 4 GG zur Einführung beschleunigter Verfahren in Fällen, die offensichtlich unbegründet sind oder als offensichtlich unbegründet gelten. Da die Fallgruppen immer voraussetzen, dass der Antrag unbegründet sein muss, um aufgrund der typisierenden Tatbestände dann als offensichtlich unbegründet abgelehnt zu werden, muss im ersten Schritt im Detail geprüft werden, ob der Antrag unbegründet ist.

II. Mängel im Vortrag bzw. der Darlegung, gefälschte oder verfälsche Beweismittel (Nr. 1)

1. Unionsrechtkonforme Auslegung

24   Nach § 30 Abs. 3 Nr. 1 wird ein unbegründeter Asylantrag als offensichtlich unbegründet abgelehnt, wenn in wesentlichen Punkten das Vorbringen des Ausländers nicht substantiiert oder in sich widersprüchlich ist, offenkundig den Tatsachen nicht entspricht oder auf gefälschte oder verfälschte Beweismittel gestützt wird.

25   Nach Art. 31 Abs. 8 lit. e Asylverfahrens-RL kann der Antrag einem beschleunigten Verfahren unterworfen und nach Art. 32 Abs. 2 Asylverfahrens-RL als offensichtlich unbegründet abgelehnt werden, wenn der Antragsteller **eindeutig** unstimmige und widersprüchliche, **eindeutig** falsche oder offensichtlich unwahrscheinliche Angaben gemacht hat, die im Widerspruch zu hinreichend gesicherten Herkunftslandinformationen stehen, so dass die Begründung für seine Behauptung, dass er als Person mit Anspruch auf internationalen Schutz im Sinne der Qualifikations-RL anzusehen ist, **offensichtlich nicht überzeugend** ist.

25.1   Nach Art. 23 Abs. 4 lit. g Asylverfahrens-RL 2005 reichte es, wenn der Antragsteller inkohärente, widersprüchliche, unwahrscheinliche oder unvollständige Angaben gemacht hat, die als Begründung dafür, dass ihm eine Verfolgung im Sinne der Qualifikations-RL droht, offensichtlich nicht überzeugend sind. Art. 31 Abs. 8 lit. e Asylverfahrens-RL verlangt nun „eindeutig" unstimmige und widersprüchliche bzw. falsche Angaben. Diese erhöhten Anforderungen an die Prüfung müssen im Einzelfall vorliegen (vgl. NK-AuslR/Schröder Rn. 17).

2. Fehlende Substantiiertheit, Widersprüchlichkeit

26   Die Widersprüchlichkeit oder die falschen Tatsachen müssen sich auf **wesentliche Punkte des Vorbringens** beziehen. Wesentlich dabei sind nur solche Aspekte, welche für die Asylentscheidung von grundlegender Bedeutung sind. Wenn die Tatsachen für die Sachentscheidung keine Bedeutung haben oder diese nur am Rande berühren, dann ist eine Widersprüchlichkeit unerheblich. Das Vorbringen muss also im Kern des Sachvorbringens unsubstantiiert oder widersprüchlich sein und dies muss dem Asylbewerber auch subjektiv vorwerfbar sein (VG Sigmaringen BeckRS 2015, 43863). Die Regelung über die Ablehnung eines Asylantrags als offensichtlich unbegründet nach § 30 Abs. 3 AsylG ist wegen ihres vorgesehenen Sanktionscharakters restriktiv auszulegen. Es muss eine grobe Verletzung der Mitwirkungspflichten vorliegen. Eine qualifizierte Ablehnung kommt danach nur in Betracht, wenn die Widersprüche und die Unsubstantiiertheit die Evidenzschwelle überschreiten (VG Berlin BeckRS 2018, 54902).

27   **Angaben zum Reiseweg** sind in der Regel **nicht wesentlich,** wenn sie für die Erstellung der Gefährdungsprognose bei Rückkehr keine Bedeutung haben (vgl. auch VG Sigmaringen BeckRS 2015, 43863). Wenn Asylsuchende widersprüchliche und auch sonst unglaubhafte Angaben zum Fluchtweg machen, kann daraus nicht gleich darauf geschlossen werden, dass dann auch die vorgetragenen Fluchtgründe unglaubhaft sind. Politisch Verfolgte sind in der Regel nur mit Hilfe von Schleppern in der Lage, den Verfolgerstaat zu verlassen und den Zufluchtsstaat zu erreichen. Diese haben regelmäßig kein Interesse daran, dass Fluchtrouten und noch weitergehende Informationen den Ermittlungs- und Strafverfolgungsbehörden bekannt werden. Von daher werden viele Asylsuchende schon von Seiten der Schlepperorganisationen gebrieft, hierzu auf keinen Fall korrekte Angaben zu machen, sofern sie dazu überhaupt verwertbare Informationen besitzen. Generell bestehen gerade zu den Konsequenzen eines Vorbringens im Rahmen der Reisewegebefragung sehr viele Unsicherheiten auf Seiten der neu angekommenen Asylsuchenden, was die Sachverhaltsaufklärung in diesem Kontext erheblich erschwert.

28   Widersprüchliche Angaben, die dazu führen, dass der Vortrag nicht glaubhaft ist, führen zunächst zur Ablehnung des Antrages als unbegründet. Nur wenn die Schilderungen des Geschehensablaufes an offenkundigen, gravierenden inneren Widersprüchen leiden und in sich überhaupt nicht schlüssig sind, tragen sie das Offensichtlichkeitsurteil (s. VG Frankfurt a. M. Beschl. v. 3.3.2003 – 9 G 759/03.AF, openJur 2012, 23993). Allein ein Widerspruch führt noch nicht

insgesamt zu einem widersprüchlichen Vortrag, der das Offensichtlichkeitsurteil trägt, wie sich aus der Pluralformulierung „in wesentlichen Punkten" ergibt (VG Lüneburg Beschl. v. 5.8.2009 – 6 B 25/09).

Bei der Offensichtlichkeitsbeurteilung ist zu berücksichtigen, dass möglicherweise auf den ersten **29** Blick bestehende Widersprüche auf Kommunikationsprobleme oder Übersetzungsfehler zurückzuführen sein können, die sich möglicherweise dann im Rahmen der mündlichen Verhandlung beim Verwaltungsgericht – würde der Antrag nur unbegründet abgelehnt – bei möglichen Nachfragen auch problemlos aufklären lassen würden. Ist dies nicht auszuschließen, ist der Antrag nicht offensichtlich widersprüchlich (vgl. BVerfG InfAuslR 1991,171; 1989, 349 = BeckRS 9998, 47446).

Gerade im Zusammenhang mit widersprüchlichen Zeitangaben ist zu berücksichtigen, dass das **30** Aufnahme- und Merkvermögen je nach der intellektuellen Fähigkeit, des Bildungsstandes oder auch der kulturell bedingten Ausdrucksweise des Asylsuchenden sehr unterschiedlich sein kann (HessVGH Urt. v. 26.9.1994 – 12 UE 170/94, juris Rn. 53, BeckRS 1994, 23286).

Widersprüchliche Angaben können auch krankheitsbedingt sein. Insbesondere bei Personen, **31** bei denen diagnostisch eine posttraumatische Belastungsstörung PTBS (Posttraumatischen Belastungsstörung) vorliegt, sind Besonderheiten bei der Glaubhaftmachung der Fluchtgründe zu berücksichtigen. Hier kann das Aussageverhalten und gerade das Erinnerungsvermögen krankheitsbedingt stark eingeschränkt sein. Insbesondere Sprünge von einem Geschehen in ein anderes sind typisch (Hinckeldey/Fischer, Psychotraumatologie der Gedächtnisleistung, 2002; Birck, Traumatisierte Flüchtlinge, 2002; Birck ZAR 2002, 28 ff.; NdsOVG BeckRS 2007, 25181).

Unsubstantiiert ist ein Vortrag vor allem, wenn keine Gründe geltend gemacht werden, die **32** für eine begründete Furcht vor Verfolgung aus den in der GFK genannten Gründen bzw. vor einem Schaden iSd Art. 15 Qualifikations-RL relevant sein könnten.

Ein detailarmes und wenig konkretes Vorbringen allein reicht für eine Ablehnung als offensicht- **33** lich unbegründet iSv §30 Abs. 3 nicht aus; vielmehr muss der Kern des Sachvorbringens in einer Weise unsubstantiiert sein, dass dem Betroffenen über die Ablehnung des Asylbegehrens hinaus die von §30 Abs. 3 Nr. 1 vorausgesetzte grobe Verletzung seiner Mitwirkungspflichten vorgeworfen werden kann (VG Frankfurt (Oder) BeckRS 2012, 53706).

Eine Ablehnung wegen offensichtlich fehlendender Substantiiertheit setzt voraus, dass das Bun- **34** desamt zuvor im Rahmen seiner Sachaufklärungspflicht nach §24 (→ §24 Rn. 2 ff.) und vor allem in der Anhörung nach §25 (→ §25 Rn. 1 ff.) dem Asylsuchenden ausreichend Gelegenheit gegeben hat, den Vortrag zu substantiieren. Erst wenn das Bundesamt damit erfolglos geblieben ist und trotz entsprechender Nachfragen kein ausführlicherer Vortrag erfolgte und Widersprüche auch vorgehalten wurden, können hieraus die entsprechenden Konsequenzen gezogen werden.

Sofern die Person beim Bundesamt, die die Anhörung durchführt, und die Person, die über **35** den Antrag entschieden hat, nicht identisch sind, ist höchst fraglich, ob ein widersprüchlicher Vortrag, der in der Anhörung vom Entscheider dem Asylsuchenden gar nicht vorgehalten wurde, ein Offensichtlichkeitsurteil trägt, wenn die Entscheidung nicht auf dem persönlichen Eindruck beruht (VG Göttingen BeckRS 2011, 49269).

Ausführungen zum offensichtlichen Nichtbestehen individueller Verfolgungsgründe sind nicht **36** geeignet, das Offensichtlichkeitsurteil im Hinblick auf die Versagung des subsidiären Schutzes zu tragen, soweit dieser Anspruch damit begründet wird, dass dem Antragsteller als Zivilperson aufgrund schlechter humanitärer Verhältnisse ein ernsthafter Schaden in Form einer unmenschlichen oder erniedrigenden Behandlung oder aufgrund der allgemeinen Gefahrenlage wegen einer ernsthaften Bedrohung des Lebens oder der Unversehrtheit infolge willkürlicher Gewalt im Rahmen eines innerstaatlichen Konflikts drohe (BVerfG BeckRS 2018, 8252).

Lehnt das Bundesamt einen Antrag auf subsidiären Schutz als offensichtlich unbegründet ab, **36a** so kann zur Begründung nicht die Unsubstantiiertheit und Widersprüchlichkeit des individuellen Vortrags des Asylbewerbers herangezogen werden, da es insoweit um allgemeine Gründe für das Schutzersuchen geht, die nicht mit dem individuellen Vortrag des Asylbewerbers zusammenhängen. Das Bundesamt hatte in dem vom BVerfG zu entscheidenden Fall (hier Afghanistan) den Asylantrag auch bezogen auf die Gewährung subsidiären Schutzes als offensichtlich unbegründet abgelehnt, ohne die Offensichtlichkeitsentscheidung bezogen auf §4 Abs. 1 S. 1, S. 2 Nr. 3 gesondert zu begründen, das Verwaltungsgericht war auf die bereits im fachgerichtlichen Eilrechtsschutzverfahren erhobenen Einwand nicht konkret eingegangen. Im Bescheid des Bundesamts wie auch im Beschluss des Verwaltungsgerichts gab es zwar ausführliche Erwägungen dazu, weshalb das individuelle Vorbringen des Beschwerdeführers als in wesentlichen Punkten nicht substantiert, in sich widersprüchlich und offenkundig den Tatsachen nicht entsprechend zu erachten und der Asylantrag deshalb nach §30 Abs. 3 Nr. 1 als offensichtlich unbegründet abzulehnen sei. Das BVerfG stellte dazu fest, dass diese Erwägungen jedoch nicht geeignet sind zu begründen, dass der Asylantrag auch im Hinblick auf die Gewährung subsidiären Schutzes wegen ernsthafter individueller Bedrohung einer Zivilperson infolge willkürlicher Gewalt im Rahmen eines innerstaatlichen bewaffneten Konflikts nach § 4 Abs. 1 S. 1, S. 2 Nr. 3 nicht lediglich „einfach" unbegründet, sondern – mit den sich aus § 36 ergebenden asylverfahrensrechtlichen Konsequenzen – offensichtlich unbegründet sein soll. Denn insoweit geht es um allgemeine Gründe für das Schutzersuchen einer aus Afghanistan stammenden Zivilperson, die nicht mit dem individuellen Vortrag des Asylsuchenden zusammenhängen (zu dieser Unterscheidung vgl. BVerfG Beschl. v. 22.5.2000 – 2 BvR 349/97, Juris Rn. 5 f., BeckRS 2000, 30112997; 2017, 115434).

3. Offenkundig den Tatsachen widersprechend

37   Tatsachen sind alle konkreten Geschehnisse in der Vergangenheit, die der Asylsuchende vorträgt.

38   Auch innere Tatsachen sind von der Regelung umfasst. Trägt zB der Asylsuchende vor, wann er den Entschluss zur Ausreise gefasst hat (eine innere Tatsache), und stellt sich dann später heraus, dass die Vorbereitungen zur Ausreise bereits viel früher waren, ist der Vortrag den Tatsachen widersprechend.

39   Ein offenkundiger Widerspruch zu den vorgetragenen Tatsachen liegt nur dann vor, wenn gesicherte Erkenntnismittel zu Tatsachenfeststellungen führen, die den sicheren Schluss erlauben, dass die vorgetragene Tatsache unwahr ist. Eine Ablehnung als offensichtlich unbegründet nach § 30 Abs. 3 setzt ein missbräuchliches Verhalten durch den Asylsuchenden voraus. § 30 Abs. 3 Nr. 1 trifft dann zu, wenn bereits aus dem Vortrag des Asylsuchenden selbst der Schluss auf eine offenkundig den Tatsachen nicht entsprechende Sachlage gezogen werden kann (VG Stuttgart Beschl. v. 11.7.2012 – A 4 K 1143/12, asyl.net: M19905).

4. Gefälschte oder verfälsche Beweismittel

40   Beweismittel sind die in § 26 VwVfG genannten, soweit sie eine Fälschung bzw. Verfälschung zulassen. Dies sind in erster Linie Urkunden bzw. Auskünfte.

41   Ist nur der Inhalt einer Urkunde falsch (eine Lüge), wurde die Urkunde tatsächlich aber von der Person, die sie ausgestellt hat, geschrieben, liegt keine Fälschung vor. Gefälligkeitsschreiben von Familienmitgliedern, Freunden, Anwälten aus dem Herkunftsland sind keine gefälschten Beweismittel, wenn sie nur einen unrichtigen Inhalt haben. Sie können aber offenkundig den Tatsachen widersprechen, so dass dann der Asylantrag ebenfalls als offensichtlich unbegründet abgelehnt werden müsste.

42   Der Asylsuchende stützt seinen Vortrag nur dann auf ein gefälschtes oder verfälschtes Beweismittel, wenn er die Fälschung bzw. Verfälschung kannte oder erkennen konnte. Legt er eine Urkunde aus dem Herkunftsland vor, bei der nicht offensichtlich ist, woher sie besorgt wurde, obliegt ihm im Rahmen seiner Mitwirkungspflichten die Obliegenheit, sich über die Herkunft der Urkunde zu informieren. Tut er dies nicht, hätte er so die möglicherweise vorliegende Fälschung erkennen können. Auch dann kann der Antrag als offensichtlich unbegründet abgelehnt werden (Hailbronner AuslR Rn. 73).

43   Das vorgelegte gefälschte oder verfälschte Beweismittel muss einen wesentlichen Aspekt des Asylvorbringens erfassen, damit davon ausgegangen werden kann, dass der Asylsuchende sich darauf stützt (BVerfG BeckRS 9998, 102417).

44   Das Vorliegen einer Fälschung / Verfälschung muss zur Überzeugung des Bundesamtes bzw. des Gerichts feststehen. Eine starke Vermutung in diese Richtung ist nicht ausreichend (so auch VG Lüneburg 14.3.2018 – 5 B 2/18, www.asyl.net/rsdb/m26078/).

III. Täuschung bzw. Verweigerung von Angaben über Identität oder Staatsangehörigkeit (Nr. 2)

45   Der Antrag ist nach § 30 Abs. 3 Nr. 2 als offensichtlich unbegründet abzulehnen, wenn der Ausländer im Asylverfahren über seine Identität oder Staatsangehörigkeit täuscht oder diese Angaben verweigert. Dies entspricht einem Teil der Regelung in Art. 31 Abs. 8 lit. c Asylverfahrens-RL.

46   Dem Schutzsuchenden wird grundsätzlich zugemutet, spätestens gegenüber dem für die Entscheidung zuständigen Bundesamt für Migration und Flüchtlinge seine Identität oder Staatsangehörigkeit darzulegen oder Angaben dazu zu machen (BT-Drs. 12/4450, 22).

Täuschen bedeutet dabei das Erregen eines Irrtums. Der Irrtum kann entweder durch unwahre **47** Behauptungen hervorgerufen werden oder dadurch, dass ein bereits entstandener Irrtum bewusst aufrechterhalten wird.

Die Einstufung des Asylantrags als offensichtlich unbegründet knüpft an bewusst falsche Anga- **48** ben des Asylsuchenden über seine Identität oder Staatsangehörigkeit im Asylverfahren an. Eine rein fahrlässige Täuschung führt nicht zur Einstufung des Asylantrages als offensichtlich unbegründet.

Eine Täuschung über die Identität besteht in der Praxis meist in der Verwendung eines falschen **49** Namens, dem Namen einer anderen Person. Auch wenn der Name bewusst in einer veränderten falschen Schreibweise verwendet wird, um zu verhindern, dass festgestellt wird, dass diese Person bereits in den Datenbanken im EU-Asylsystem wiedergefunden wird, um zB einen früheren Aufenthalt bzw. eine Asylantragsstellung in einem anderen EU-Staat zu verschleiern, ist eine relevante Täuschung über die Identität. Ein weiteres Beispiel ist die Vorlage einer gefälschten Identitätskarte (VG München BeckRS 2016, 3283).

Ebenso erfasst wird von § 30 Abs. 3 Nr. 2 die Täuschung über die Staatsangehörigkeit oder **50** wenn der Asylbewerber diese Angaben verweigert. In der Praxis werden vom BAMF oft Sprachauf- nahmen gemacht und ein Gutachten hinsichtlich der Herkunft des Asylsuchenden eingeholt. Wenn die durchgeführte Analyse mit Sicherheit ergibt, dass eine sprachliche Zuordnung des Antragstellers zu dem behaupteten Herkunftsland nicht möglich ist, ist dies ein Unterfall der Täuschung über die Staatsangehörigkeit (VG Augsburg BeckRS 2016, 47456: Tunesier gibt sich als Syrer aus).

Allerdings kommt auch bei angenommenen Täuschungen über Identität und Staatsangehörig- **51** keit das Offensichtlichkeitsurteil nur in Betracht, wenn das Bundesamt seiner Sachaufklärungs- pflicht ausreichend nachgekommen ist. Erforderlich ist eine vollständige Erforschung des Sachver- halts; es darf kein Zweifel an der Richtigkeit der tatsächlichen Feststellungen bestehen und es muss sich bei einem solchen Sachverhalt die Ablehnung des Antrags nach allgemeiner Auffassung geradezu aufdrängen. Unzureichend ist es zB, wenn das Bundesamt nach vorhandenen Zweifeln aufgrund der Verständigungsschwierigkeiten der Antragsteller in der von ihnen gewählten Sprache Kurmanci nicht das ursprünglich vorgesehene Sprachgutachten einholt, sondern dieses storniert und damit auf eine weitere Sachaufklärung der tatsächlichen Herkunft der Antragsteller verzichtet hat. Die Behörde hat damit den Sachverhalt nicht vollständig aufgeklärt und sich mit der ausdrück- lichen Vermutung begnügt, dass die Antragsteller über ihre Identität getäuscht hätten. Dies reicht für eine Ablehnung des Antrages auf Zuerkennung internationalen Schutzes als offensichtlich unbegründet nicht aus (VG Hannover BeckRS 2018, 17615). Stellt das Bundesamt dem Asylan- tragsteller in der Anhörung nur wenige Fragen zu den Verhältnissen im angeblichen Herkunftsstaat, die er zumindest teilweise richtig beantwortet, und wertet es ohne Angaben von Gründen eine bereits eingeholte Sprachanalyse nicht aus, ist eine Ablehnung des Antrages als offensichtlich unbegründet, die auf eine Täuschung über Identität oder Staatsangehörigkeit hinweist, ausge- schlossen (VG Hannover BeckRS 2018, 18986).

Werden von einer Familie mit minderjährigen Kindern durch die Eltern falsche Angaben zur **52** Identität und Staatsangehörigkeit gemacht, müssen sich die minderjährigen Kinder, die aufgrund ihres Alters keine eigenen Angaben gemacht und deshalb auch in Person keine eigenen Täu- schungshandlungen vornehmen konnten, ein Fehlverhalten ihrer Eltern zurechnen lassen. Die Zurechenbarkeit folgt zum einen aus familienrechtlichen Regelungen. Denn den Eltern steht im Rahmen der elterlichen Sorge nach § 1626 BGB auch das Aufenthaltsbestimmungsrecht für ihre Kinder zu. Außerdem teilen minderjährige Kinder ausländerrechtlich das Verhalten ihrer Eltern (vgl. NdsOVG BeckRS 2009, 32690; 2008, 37465; OVG NRW AuAS 2007, 87 = BeckRS 2006, 27637; VGH BW BeckRS 2006, 23807).

Wenn der Asylsuchende eine zunächst falsche Angabe im Asylverfahren korrigiert und richtige **53** Angaben macht, spricht vieles dafür, dass dann die qualifizierte Ablehnung seines Antrags nicht auf § 30 Abs. 3 Nr. 2 nicht in Frage kommt, zumindest bis zum Ende der Anhörung beim Bundesamt (Hailbronner AuslR Rn. 77). Lässt man eine solche Korrektur zu, dann werden dadurch Asylsuchende ermutigt, noch rechtzeitig falsche Angaben bei der Antragsstellung zu korrigieren. Sobald das Bundesamt die falschen Angaben über Identität und Staatsangehörigkeit des Ausländers selbst aufgedeckt hat, ist eine solche Korrektur nicht mehr möglich (VG Regens- burg BeckRS 2017, 101515).

IV. Weiterer Asylantrag unter anderer Identität (Nr. 3)

1. Voraussetzungen

54   Der Antrag ist nach § 30 Abs. 3 Nr. 3 als offensichtlich unbegründet abzulehnen, wenn der Asylsuchende unter Angabe anderer Personalien einen weiteren Asylantrag oder ein weiteres Asylbegehren anhängig gemacht hat.

55   Auch wenn sich die Regelung nicht direkt wörtlich in dem Katalog von Art. 31 Abs. 8 Asylverfahrens-RL wiederfindet, werden diese Konstellationen weiterer Antragsstellungen regelmäßig falsche Angaben zur Identität oder Staatsangehörigkeit enthalten oder unter die anderen Gründe von Art. 31 Abs. 8 lit. c Asylverfahrens-RL subsumierbar sein.

56   Erfasst sind auch Fälle, in denen der Asylsuchende ein Asylgesuch gestellt hat, es aber noch zu gar keiner Antragsstellung kam und er dann unter Angabe anderer Personalien ein weiteres Asylgesuch anhängig gemacht hat und es auch hier noch zu keiner Asylantragsstellung gekommen ist.

57   Weiter muss das Verhalten dem Asylsuchenden vorwerfbar sein. Die Einleitung eines weiteren Verfahrens unter falschen Personalien muss in seine Verantwortungssphäre fallen.

2. Vorgehen bei unerkanntem Doppelantrag im gerichtlichen Verfahren

58   Die Regelung des § 30 Abs. 3 Nr. 3 kann nur greifen, wenn der Doppelantrag bekannt wird, bevor das Bundesamt über den Asylantrag entschieden hat. Wird die Tatsache erst bekannt, wenn gegen die Ablehnung im Erstverfahren Klage erhoben wurde, ist die Regelung für die Gerichte nicht anwendbar. Der zweite Antrag, der Doppelantrag, führt beim Bundesamt aktentechnisch zu einem weiteren Verfahren, im gerichtlichen Verfahren handelt es sich um einen einheitlichen Verfahrensgegenstand. Auch der unter dem falschen Namen gestellte Antrag ist nur einem individualisierbaren Kläger zuzuordnen. Wird der Doppelantrag bekannt, ist dieser dorthin weiterzuleiten, wo die Akte des ersten Antrags anhängig ist, dort werden die Verfahren verbunden und der doppelte Antrag ist als Teil des ersten Verfahrens zu behandeln (Bergmann/Dienelt/Bergmann Rn. 14; Hailbronner AuslR Rn. 79; GK-AsylG/Funke-Kaiser Rn. 101; zum Problem Doppelantrag, der erst im Folgeantragsverfahren bekannt wird, → § 71 Rn. 6).

V. Asylantragsstellung zur Vermeidung der Abschiebung (Nr. 4)

1. Asylantragsstellung zur Abwendung der Abschiebung

59   Der Antrag ist nach § 30 Abs. 3 Nr. 4 als offensichtlich unbegründet abzulehnen, wenn der Asylsuchende den Asylantrag gestellt hat, um eine drohende Aufenthaltsbeendigung abzuwenden, obwohl er zuvor ausreichend Gelegenheit hatte, einen Asylantrag zu stellen.

60   In der Asylverfahrensrichtlinie findet die Regelung in Art. 31 Abs. 8 lit. g Asylverfahrens-RL ihre Entsprechung. Dort ist Voraussetzung, dass der Antragsteller den Antrag nur zur Verzögerung oder Behinderung der Vollstreckung einer bereits getroffenen oder unmittelbar bevorstehenden Entscheidung stellt, die zu seiner Abschiebung führen würde. Sachlich bestehen keine Unterschiede.

61   Die Regelung in § 30 Abs. 3 Nr. 2 setzt voraus, dass er einen Asylantrag gestellt hat, der dazu geführt hat, dass er nicht abgeschoben werden konnte. Deshalb musste eine drohende Abschiebung nicht durchgeführt worden sein. Es ist nicht erforderlich, dass durch die Asylantragsstellung zwingend von der Aufenthaltsbeendigung abgesehen werden musste. Der Wortlaut der Vorschrift stellt allein auf die Absicht des Ausländers ab, die drohende Abschiebung abzuwenden. Die Vorschrift zielt darauf ab, den Ausländer zu sanktionieren, weil er den Asylantrag nicht unverzüglich gestellt hat (vgl. BT-Drs. 12/4450, 22 zur Neueinführung des Abs. 3 und GK-AsylG/Funke-Kaiser Rn. 104 f.).

62   Ob die Abschiebung droht, muss im Einzelfall auf der Grundlage objektiver Kriterien beurteilt werden. Die Asylantragstellung muss in einem relativ engen zeitlichen Zusammenhang mit der zu erwartenden Abschiebung erfolgen. Der Ausländer muss zudem subjektiv von der drohenden Abschiebung Kenntnis haben und den Asylantrag zum Zeitpunkt der Antragstellung zu dem Zweck einsetzen, die drohende Aufenthaltsbeendigung abzuwenden. Die Ablehnung nach § 30 Abs. 3 Nr. 4 AsylG setzt voraus, dass das Bundesamt für Migration und Flüchtlinge über das Vorliegen dieser genannten Voraussetzungen verlässliche tatsächliche Feststellungen trifft und darlegt. Bei der Feststellung, ob der Ausländer zuvor ausreichend Gelegenheit hatte, einen Asylantrag zu stellen, ist auch zu berücksichtigen, ob er zuvor subjektiv Anlass hatte, einen Asylantrag zu

stellen. Dieser Anlass kann etwa bei einem anderweitig gesicherten Aufenthalt entfallen (VG Freiburg BeckRS 2019, 1415).

Der Aufenthalt muss nicht zwingend bei der Asylantragsstellung schon illegal gewesen sein. **63** Auch zB während des Laufens einer Ausreisefrist oder bei einer bald ablaufenden Duldung liegt die drohende Abschiebung so in zeitlicher Nähe zur Asylantragsstellung, dass eine Antragsstellung zur Vermeidung der Abschiebung in Betracht kommt.

2. Ausreichende Gelegenheit zur Asylantragsstellung

Das Offensichtlichkeitsurteil kommt nur in Betracht, wenn der Asylsuchende zuvor ausreichend **64** Gelegenheit hatte, einen Asylantrag zu stellen. Keine ausreichende Gelegenheit hatte der Asylsuchende, wenn er ein Unterlassen nicht zu vertreten hat oder die Antragsstellung aus wichtigen Gründen nicht möglich war.

Bei einer illegalen Einreise verlangt das AsylG, dass der Asylsuchende unverzüglich zur Stellung **65** des Asylgesuchs bzw. der Asylantragsstellung bei der Grenzbehörde, der Ausländerbehörde oder bei der Erstaufnahmeeinrichtung vorspricht (s. § 18, → § 18 Rn. 9). Verletzt der Ausländer diese Pflicht und stellt erst später einen Asylantrag, ist dies abschließend nach § 30 Abs. 3 Nr. 5 zu bewerten.

VI. Gröbliche Verletzung von bestimmten Mitwirkungspflichten (Nr. 5)

1. Die sanktionierten Mitwirkungspflichten

Der Antrag ist nach § 30 Abs. 3 Nr. 5 als offensichtlich unbegründet abzulehnen, wenn der **66** Asylsuchende seine Mitwirkungspflichten nach § 13 Abs. 3 S. 2 (→ § 13 Rn. 13), § 15 Abs. 2 Nr. 3–5 (→ § 15 Rn. 1) oder § 25 Abs. 1 (→ § 25 Rn. 1) gröblich verletzt hat, es sei denn, er hat die Verletzung der Mitwirkungspflichten nicht zu vertreten oder ihm war die Einhaltung der Mitwirkungspflichten aus wichtigen Gründen nicht möglich.

Die Regelung findet ihre Entsprechung in Art. 31 Abs. 8 lit. c und lit. d Asylverfahrens-RL. **67**

Sanktioniert wird die gröbliche Verletzung der im Gesetz durch Verweisung benannten nachfol- **68** gend aufgezählten Mitwirkungspflichten. Die Regelung ist abschließend:
- Verletzung der Pflicht, bei bzw. nach unerlaubter Einreise unverzüglich bei der Grenzbehörde oder der Ausländerbehörde oder in der Erstaufnahme um Asyl nachzusuchen (vgl. § 13 Abs. 3);
- Nicht-Folgeleisten einer gesetzlichen oder behördlichen Anordnung, sich bei bestimmten Behörden oder Einrichtungen zu melden oder dort persönlich zu erscheinen (vgl. § 15 Abs. 2 Nr. 3);
- Verletzung der Pflicht zur Vorlage, Aushändigung oder Überlassung des Passes oder Passersatzes (vgl. § 15 Abs. 2 Nr. 4);
- Verletzung der Pflicht zur Vorlage, Aushändigung oder Überlassung aller im Besitz befindlichen erforderlichen Urkunden oder sonstigen Unterlagen (vgl. § 15 Abs. 2 Nr. 5);
- Verletzung der Pflicht, die erforderlichen Tatsachen in der Asylanhörung vorzutragen (vgl. § 25 Abs. 1).

2. Gröbliche Verletzung

Gröblich ist die Verletzung der Mitwirkungspflicht, wenn sie im Hinblick auf das Ergebnis der **69** Entscheidung (ihre materielle Richtigkeit) oder die zügige Durchführung des Asylverfahrens von so großem Gewicht ist, dass das Verhalten des Asylsuchenden den Schluss zu tragen geeignet ist, dass das Asylverfahren missbräuchlich betrieben wird (Marx AsylG Rn. 9). Ob das Verhalten gröblich ist, ist allein aufgrund objektiver Maßstäbe zu bestimmen.

Dass ein Asylsuchender aus Angst vor einer Überstellung in einen anderen EU-Staat keine **70** ausreichenden Angaben zum Reiseweg macht, zumal wenn er dort befürchtet oder sogar befürchten muss, unzureichende Aufnahmebedingungen vorzufinden oder keinen Zugang zu einem fairen Asylverfahren zu haben, stellt keine gröbliche Verletzung der Mitwirkungspflicht dar (NK-AuslR/ Schröder Rn. 32; VG Karlsruhe Beschl. v. 9.12.2013 – A 3 K 3037/13).

3. Nicht zu vertreten oder aus anderen Gründen nicht möglich

Ein Vertretenmüssen scheidet immer dann schon aus, wenn der Asylsuchende ohne Verschulden **71** gehindert war, seiner Mitwirkungspflicht nachzukommen. Ein Verschulden liegt vor, wenn der Asylsuchende die nach den Umständen gebotene und auch zumutbare Sorgfalt außer Acht lässt, die für einen gewissenhaft und sachgemäß sein Asylverfahren betreibenden Asylsuchenden geboten ist.

72   Ein Verschulden setzt Vorsatz oder zumindest grobe Fahrlässigkeit voraus. Dies ergibt sich bereits aus dem Erfordernis einer „gröblichen" Verletzung.

73   Aus der Formulierung „„es sei denn" ergibt sich, dass der Asylsuchende insoweit die Darlegungs- und Beweislast trägt.

74   Über die Mitwirkungspflichten nach § 15 wird der Asylsuchende schriftlich belehrt. Ist diese Belehrung in verständlicher Form erfolgt, kann sich der Asylsuchende nicht mehr darauf berufen, er habe von der Mitwirkungspflicht keine Kenntnis besessen.

75   Im Hinblick auf die Mitwirkungspflicht aus § 13 Abs. 3 S. 2 ist zu berücksichtigen, dass es für den unrechtmäßig einreisenden Ausländer auch ohne gesonderte Belehrung naheliegend sein muss, sich unverzüglich zu den offiziellen Stellen zu begeben, um einen Asylantrag zu stellen, zumindest sich schriftlich an die Behörden zu wenden und um Schutz nachzusuchen.

76   Die Pflicht zur Erfüllung der höchstpersönlichen Mitwirkungspflichten besteht auch dann, wenn der Asylsuchende anwaltlich vertreten ist. Eine Zurechnung des Verschuldens des Rechtsanwalts ist jedoch nicht gerechtfertigt, wenn zB ein bestellter Prozessvertreter die Ladung zur persönlichen Anhörung nicht weiterleitet. Aus dem Verschulden des Bevollmächtigten kann nicht auf eine missbräuchliche Asylantragstellung geschlossen werden, die ja letztlich durch § 30 sanktioniert werden soll (VG Regensburg BeckRS 2013, 56132).

77   Ob eine Unzumutbarkeit vorliegt, muss aufgrund aller Umstände des Einzelfalles entschieden werden, zu berücksichtigen sind zB familiäre oder gesundheitliche Gründe.

4. Beispielsfälle

78   Lässt der Asylsuchende vor der Einreise nach Deutschland seinen Pass zurück und nimmt diesen auf der weiteren Flucht nicht mit und kommt dieser abhanden, liegt darin keine gröbliche Verletzung der Mitwirkungspflicht. Nach § 15 Abs. 2 Nr. 4 ist der Ausländer verpflichtet, seinen Pass oder Passersatz den mit der Ausführung dieses Gesetzes betrauten Behörden vorzulegen, auszuhändigen und zu überlassen. Diese Verpflichtung setzt jedoch voraus, dass sich der Ausländer tatsächlich im Besitz eines Passes befindet (vgl. OVG NRW BeckRS 2004, 21406; BayVGH BeckRS 2000, 22196; BeckOK AuslR/Sieweke/Kluth § 15 Rn. 5). Dies ergibt sich zum einen aus dem Wortlaut, wonach es heißt, dass er „seinen" Ausweis zu überlassen hat und geht zudem aus der Systematik der numerisch in § 15 Abs. 2 aufgezählten Mitwirkungspflichten hervor. Ist der Ausländer nämlich nicht im Besitz der Dokumente, hat er gestuft nach § 15 Abs. 2 Nr. 6 ausschließlich die Pflicht, an deren Beschaffung mitzuwirken. Im Übrigen begründet § 15 ausschließlich Mitwirkungspflichten von Ausländern im laufenden Asylverfahren und statuiert keine Pflichten im Vorgriff auf ein Asylverfahren (VG München BeckRS 2018, 7566).

79   Ein vom Asylsuchenden zu vertretendes Ausbleiben zum Termin zur persönlichen Anhörung ist – für sich genommen – noch nicht als gröbliche Verletzung der Mitwirkungspflichten nach § 25 Abs. 1 S. 1 anzusehen, wonach er nebst weiteren erforderlichen Angaben selbst die Tatsachen vortragen muss, die seine Furcht vor politischer Verfolgung begründen. Aus den Gesamtumständen des Einzelfalls muss vielmehr eine besonders schwerwiegende Verletzung der in Rede stehenden Mitwirkungspflichten deutlich werden, die ohne weiteres die offensichtliche inhaltliche Unbegründetheit des Asylbegehrens indiziert (Marx AsylG, 7. Aufl. 2008, Rn. 171; Hailbronner AuslR Rn. 68). Ein nicht grob fahrlässiges Ausbleiben des Antragstellers beim Termin zur persönlichen Anhörung lässt mangels weiterer Tatsachen, die dieser Pflichtverletzung erhebliches Gewicht verleihen könnten, nicht den Schluss zu, er hintertreibe die vom Gesetz gewollten Ziele eines richtigen Entscheidungsergebnisses und der zügigen Durchführung des Asylverfahrens (VG Karlsruhe BeckRS 2011, 55400).

VII. Vollziehbare Ausweisung (Nr. 6)

80   Der Antrag ist nach § 30 Abs. 3 Nr. 6 als offensichtlich unbegründet abzulehnen, wenn der Asylsuchende nach §§ 53, 54 des Aufenthaltsgesetzes vollziehbar ausgewiesen ist.

81   Die Regelung korrespondiert mit Art. 31 Abs. 8 lit. j Asylverfahrens-RL, die verlangt, dass jemand aus „schwerwiegenden Gründen der öffentlichen Sicherheit oder der öffentlichen Ordnung nach nationalem Recht „zwangsausgewiesen" wurde. Eine Vollziehbarkeit der Ausweisung wird im Unionsrecht nicht gefordert, muss aber nach der nationalen Umsetzungsvorschrift zwingend vorliegen, um Nr. 6 anwenden zu können. Allerdings ist nach Unionsrecht zwingend, dass im konkreten Einzelfall eine Gefährdung festgestellt worden sein muss, allein dass die Ausweisung verfügt wurde, genügt nicht (GK-AsylG/Funke-Kaiser Rn. 138).

Die Vorschrift ist derzeit unanwendbar. Voraussetzung dieser Fallgruppe ist, dass „der Asylsu- **82** chende nach §§ 53, 54 des Aufenthaltsgesetzes vollziehbar ausgewiesen ist". Das neue Ausweisungs- recht (geändert durch das Gesetz zur Neubestimmung des Bleiberechts und der Aufenthaltsbeendi- gung v. 27.7.2015, BGBl. I 1386) enthält keine vergleichbaren Ausweisungstatbestände mehr, die zwingend oder regelhaft die Ausweisung vorschreiben (vgl. VGH BW BeckRS 2016, 41711). Ohne hinreichend bestimmte gesetzlich normierte Anwendung der Regelung im nationalen Recht hat der Gesetzgeber nicht von der Möglichkeit in Art. 31 Abs. 8 lit. j Asylverfahrens-RL Gebrauch gemacht.

VIII. Asylantrag eines nachgeborenen Kindes nach Ablehnung der Eltern (Nr. 7)

Der Antrag ist nach § 30 Abs. 3 Nr. 7 als offensichtlich unbegründet abzulehnen, wenn er für **83** einen nach diesem Gesetz handlungsunfähigen Ausländer gestellt wird oder nach § 14a als gestellt gilt, nachdem zuvor Asylanträge der Eltern oder des allein personensorgeberechtigten Elternteils unanfechtbar abgelehnt worden sind.

Die Vorschrift bezweckt zu verhindern, dass im Falle der bestandskräftigen Ablehnung der **84** Asylanträge der Eltern oder eines Elternteils bei minderjährigen Kindern Anträge bewusst erst nicht und dann später gestellt werden oder bei nachgeborenen Kindern dann erst später gestellt werden, um die Aufenthaltsbeendigung zu verzögern. Der Bestimmung liegt die Vorstellung zugrunde, dass die hier in Frage stehenden – vor allem kleinen – Kinder keine eigenen Asylgründe haben. Bevor das Bundesamt den Antrag als „offensichtlich" unbegründet auf diese Fallgruppe gestützt ablehnt, muss es prüfen (vgl. dazu VG Würzburg BeckRS 2013, 55884), ob dies nicht ausnahmsweise sich im konkreten Fall anders verhält (zB drohende Zwangsbeschneidung bei Antragstellern aus bestimmten afrikanischen Ländern).

Die Vorschrift steht im engen sachlichen Zusammenhang mit der Antragsfiktion des § 14a, **85** dass mit der Asylantragsstellung nach § 14 der Asylantrag auch für jedes minderjährige Kind als gestellt gilt bzw. bei später eingereisten Kindern oder nachgeborenen Kindern mit der Anzeige durch die Eltern bzw. den Elternteil bzw. die Ausländerbehörde als gestellt gilt (vgl. → § 14a Rn. 3 ff.).

In der Rechtsprechung gibt es Entscheidungen, die die Vorschrift wegen Verstoßes gegen **85a** Unionsrecht für nicht anwendbar erklärt. Nach Art. 32 Abs. 2 RL AsylVfRL können die Mitglied- staaten im Falle von unbegründeten Anträgen, bei denen einer der in Artikel 31 Abs. 8 AsylVfRL aufgeführten Umstände gegeben ist, einen Antrag als offensichtlich unbegründet betrachten, wenn dies so in den nationalen Rechtsvorschriften vorgesehen ist. Dabei ist die in Art. 31 Abs. 8 AsylVfRL erfolgte Aufzählung abschließend, weil Art. 5 AsylVfRL bei Verfahren zur Zuerkennung und Aberkennung des internationalen Schutzes lediglich die Einführung und die Beibehaltung günstigerer Bestimmungen vorsieht (vgl. VG Minden 4.7.2016 – 10 L 898/16.A, juris Rn. 25 ff., BeckRS 2016, 48315); VG Düsseldorf 15.12 2015 – 5 L 3947/15.A, juris Rn. 20 ff., BeckRS 2016, 40217). Art. 31 Abs. 8 AsylVfRL enthält in seiner enumerativen Aufzählung indes keine rechtliche Grundlage, auf die sich eine nationale Vorschrift wie § 30 Abs. 3 Nr. 7 AsylG stützen ließe. Aufgrund der Unvereinbarkeit mit Unionrecht sei daher § 30 Abs. 3 Nr. 7 AsylG nicht anzuwenden (VG Minden BeckRS 2019, 19651).

Ein Teil der Rechtsprechung vertritt dagegen die Auffassung, die Ablehnung eines Asylantrags **85b** eines minderjährigen Asylantragstellers als offensichtlich unbegründet komme dann, aber nur dann in Betracht, wenn auch ein Anspruch auf Familienasyl und internationalen Schutz für Familienan- gehörige offensichtlich ausscheidet. Insofern soll, wenn ein minderjähriger Asylantragsteller – wie hier – sein Verfolgungsschicksal von dem seiner Eltern ableitet, eine Ablehnung als offensichtlich unbegründet erst – aber auch immer dann – möglich sein, wenn der Asylantrag der stammberech- tigten Eltern vom Bundesamt überprüft und ebenfalls qualifiziert als offensichtlich unbegründet oder zwar als „einfach" unbegründet, aber bestandskräftig abgelehnt worden ist (vgl. VG Minden BeckRS 2019, 15828 Rn. 11 ff. mwN).

E. Offensichtlich unbegründet in den Fällen des § 60 Abs. 8 AufenthG (Abs. 4)

Nach § 30 Abs. 4 ist ein Antrag ferner als offensichtlich unbegründet abzulehnen, **86**
• wenn der Ausländer aus schwerwiegenden Gründen als eine Gefahr für die Sicherheit der Bundesrepublik Deutschland anzusehen ist oder eine Gefahr für die Allgemeinheit bedeutet, weil er wegen eines Verbrechens oder besonders schweren Vergehens rechtskräftig zu einer Freiheitsstrafe von mindestens drei Jahren verurteilt worden ist (§ 60 Abs. 8 S. 1 AufenthG), oder

- er nach § 3 Abs. 2 nicht Flüchtling ist, weil aus schwerwiegenden Gründen die Annahme gerechtfertigt ist, dass er
  - ein Verbrechen gegen den Frieden, ein Kriegsverbrechen oder ein Verbrechen gegen die Menschlichkeit begangen hat im Sinne der internationalen Vertragswerke, die ausgearbeitet worden sind, um Bestimmungen bezüglich dieser Verbrechen zu treffen,
  - vor seiner Aufnahme als Flüchtling eine schwere nichtpolitische Straftat außerhalb des Bundesgebiets begangen hat, insbesondere eine grausame Handlung, auch wenn mit ihr vorgeblich politische Ziele verfolgt wurden, oder
  - den Zielen und Grundsätzen der Vereinten Nationen zuwidergehandelt hat bzw. er andere zu den darin genannten Straftaten oder Handlungen angestiftet oder sich in sonstiger Weise daran beteiligt hat **oder**
- das Bundesamt von der Anwendung von § 60 Abs. 1 AufenthG im Ermessenswege abgesehen hat, weil der Ausländer eine Gefahr für die Allgemeinheit bedeutet, weil er wegen einer oder mehrerer vorsätzlicher Straftaten gegen das Leben, die körperliche Unversehrtheit, die sexuelle Selbstbestimmung, das Eigentum oder wegen Widerstands gegen Vollstreckungsbeamte rechtskräftig zu einer Freiheits- oder Jugendstrafe von mindestens einem Jahr verurteilt worden ist, sofern die Straftat mit Gewalt, unter Anwendung von Drohung mit Gefahr für Leib oder Leben oder mit List begangen worden ist oder eine Straftat nach § 177 StGB ist.

87 Mit dem Verweis auf § 3 Abs. 2 nimmt die Regelung auf die Ausschlussgründe in Art. 12 Abs. 2 Qualifikations-RL Bezug. Der abschließende Katalog des Art. 31 Abs. 8 Asylverfahrens-RL, auf den Art. 32 Abs. 2 Asylverfahrens-RL verweist, verweist aber gar nicht auf die Ausschlussgründe des Art. 12 Abs. 2 Qualifikations-RL. Die Rechtsgrundlage in Art. 31 Abs. 8 lit. j Asylverfahrens-RL („es schwerwiegende Gründe für die Annahme gibt, dass der Antragsteller eine Gefahr für die nationale Sicherheit oder die öffentliche Ordnung des Mitgliedstaats darstellt oder er aus schwerwiegenden Gründen der öffentlichen Sicherheit oder öffentlichen Ordnung nach nationalem Recht zwangsausgewiesen wurde") verlangt eine konkrete Gefahr, während der Katalog, auf den § 30 Abs. 4 abstellt, auf Taten in der Vergangenheit abzielt, was nicht zwangsläufig bedeuten muss, dass vom Ausländer auch eine konkrete Gefahr in der Zukunft ausgeht. Eine Ablehnung als offensichtlich unbegründet verkürzt den Rechtsschutz auf das vorläufige Rechtsschutzverfahren. Das Gebot effektiven Rechtsschutzes nach Art. 19 Abs. 4 GG wird durch Art. 16a Abs. 4 GG nicht aufgehoben, sondern lediglich modifiziert (BVerfG BeckRS 9998, 170716). Die danach erforderliche Kontrolle der Entscheidung in tatsächlicher wie rechtlicher Hinsicht ist aber nur dann gewährleistet, wenn die Ermächtigungsnorm für einen so weitgehenden Ausschluss der Person von der Gewährung der Flüchtlingseigenschaft hinreichend bestimmt genug ist und den unionsrechtlichen Anforderungen voll und ganz entspricht. Da dies nicht der Fall ist, ist § 30 Abs. 4 iVm § 3 Abs. 2 wegen Nichtvereinbarkeit mit Unionsrecht derzeit nicht anwendbar (ebenso GK-AsylG/Funke-Kaiser Rn. 143 f.).

88 Eine Ablehnung als offensichtlich unbegründet wegen des Ausschlussgrundes einer schweren nichtpolitischen Straftat ist auch bei schweren Straftaten mit politischem Bezug (im konkreten Fall in der Türkei) auch dann nicht möglich kaum, wenn im Herkunftsland nicht von einer unabhängigen Justiz ausgegangen werden kann (VG Berlin BeckRS 2018, 27046).

89 Die Ausschlussklauseln des § 3 Abs. 2 S. 1 Nr. 2 AsylG wegen Begehung einer schweren nichtpolitischen Straftat und Nr. 3 wegen Zuwiderhandlung gegen Ziele der Vereinten Nationen sind nicht anwendbar, wenn die betroffene Person zur mutmaßlichen Tatzeit noch nicht strafmündig war (VG Hannover BeckRS 2018, 15516).

F. Nach seinem Inhalt kein Asylantrag (Abs. 5)

90 Nach § 30 Abs. 5 werden auch solche Anträge als offensichtlich unbegründet abgelehnt, die zwar unter Nennung des Wortes „Asyl" oder Ähnlichem gestellt werden, aber ausschließlich mit asylfremden Gründen begründet werden, also unter Würdigung aller Umstände kein Asylbegehren zum Gegenstand haben. Beispiele sind: „suche Arbeit" und „besuche Verwandte" (vgl. NdsOVG BeckRS 9998, 46079; OVG NRW BeckRS 9998, 82011).

§ 30a Beschleunigte Verfahren

(1) Das Bundesamt kann das Asylverfahren in einer Außenstelle, die einer besonderen Aufnahmeeinrichtung (§ 5 Absatz 5) zugeordnet ist, beschleunigt durchführen, wenn der Ausländer

1. Staatsangehöriger eines sicheren Herkunftsstaates (§ 29a) ist,
2. die Behörden durch falsche Angaben oder Dokumente oder durch Verschweigen wichtiger Informationen oder durch Zurückhalten von Dokumenten über seine Identität oder Staatsangehörigkeit offensichtlich getäuscht hat,
3. ein Identitäts- oder ein Reisedokument, das die Feststellung seiner Identität oder Staatsangehörigkeit ermöglicht hätte, mutwillig vernichtet oder beseitigt hat, oder die Umstände offensichtlich diese Annahme rechtfertigen,
4. einen Folgeantrag gestellt hat,
5. den Antrag nur zur Verzögerung oder Behinderung der Vollstreckung einer bereits getroffenen oder unmittelbar bevorstehenden Entscheidung, die zu seiner Abschiebung führen würde, gestellt hat,
6. sich geweigert, der Verpflichtung zur Abnahme seiner Fingerabdrücke gemäß der Verordnung (EU) Nr. 603/2013 des Europäischen Parlaments und des Rates vom 26. Juni 2013 über die Einrichtung von Eurodac für den Abgleich von Fingerabdruckdaten zum Zwecke der effektiven Anwendung der Verordnung (EU) Nr. 604/2013 zur Festlegung der Kriterien und Verfahren zur Bestimmung des Mitgliedstaats, der für die Prüfung eines von einem Drittstaatsangehörigen oder Staatenlosen in einem Mitgliedstaat gestellten Antrags auf internationalen Schutz zuständig ist und über der Gefahrenabwehr und Strafverfolgung dienende Anträge der Gefahrenabwehr- und Strafverfolgungsbehörden der Mitgliedstaaten und Europols auf den Abgleich mit Eurodac-Daten sowie zur Änderung der Verordnung (EU) Nr. 1077/2011 zur Errichtung einer Europäischen Agentur für das Betriebsmanagement von IT-Großsystemen im Raum der Freiheit, der Sicherheit und des Rechts (ABl. L 180 vom 29.6.2013, S. 1) nachzukommen, oder
7. aus schwerwiegenden Gründen der öffentlichen Sicherheit oder öffentlichen Ordnung ausgewiesen wurde oder es schwerwiegende Gründe für die Annahme gibt, dass er eine Gefahr für die nationale Sicherheit oder die öffentliche Ordnung darstellt.

(2) ¹Macht das Bundesamt von Absatz 1 Gebrauch, so entscheidet es innerhalb einer Woche ab Stellung des Asylantrags. ²Kann es nicht innerhalb dieser Frist entscheiden, dann führt es das Verfahren als nicht beschleunigtes Verfahren fort.

(3) ¹Ausländer, deren Asylanträge im beschleunigten Verfahren nach dieser Vorschrift bearbeitet werden, sind verpflichtet, bis zur Entscheidung des Bundesamtes über den Asylantrag in der für ihre Aufnahme zuständigen besonderen Aufnahmeeinrichtung zu wohnen. ²Die Verpflichtung nach Satz 1 gilt darüber hinaus bis zur Ausreise oder bis zum Vollzug der Abschiebungsandrohung oder -anordnung bei
1. einer Einstellung des Verfahrens oder
2. einer Ablehnung des Asylantrags
   a) nach § 29 Absatz 1 Nummer 4 als unzulässig,
   b) nach § 29a oder § 30 als offensichtlich unbegründet oder
   c) im Fall des § 71 Absatz 4.
³Die §§ 48 bis 50 bleiben unberührt.

Überblick

In bestimmten Fallgruppen sollen mit der Regelung beschleunigte Asylverfahren (unionsrechtlich in Art. 31 Abs. 8 Asylverfahrens-RL geregelt, → Rn. 3) in besonderen Einrichtungen mit einer zugeordneten Außenstelle des Bundesamtes (→ Rn. 29) schnell durchgeführt werden und verhindert werden, dass Antragssteller, deren Antrag als unzulässig oder offensichtlich unbegründet abgelehnt worden ist, vor Vollzug der Abschiebung auf die kommunale Ebene verteilt werden müssen (→ Rn. 1). Das Bundesamt hat innerhalb einer Woche über den Asylantrag zu entscheiden (→ Rn. 32). Es besteht eine Wohnverpflichtung in der besonderen Aufnahmeeinrichtung im Falle der qualifizierten Ablehnung des Antrags bis zur Ausreise oder Abschiebung (→ Rn. 31). Diesem beschleunigten Verfahren in besonderen Einrichtungen unterworfen sind Staatsangehörige eines sicheren Herkunftsstaates (→ Rn. 7 ff.); Asylsuchende, die die durch falsche Angaben bzw. das Zurückhalten von Dokumenten über ihre Identität oder Staatsangehörigkeit offensichtlich getäuscht haben (→ Rn. 8); die ein Identitäts- oder ein Reisedokument mutwillig vernichtet oder beseitigt haben (→ Rn. 14); Folgeantragssteller (→ Rn. 19); Ausländer, die den Antrag nur zur Verzögerung oder Behinderung der Abschiebung gestellt haben (→ Rn. 20); Ausländer, die sich weigern, sich Fingerabdrücke abnehmen zu lassen (→ Rn. 22); Personen, die aus schwerwiegenden Gründen der öffentlichen Sicherheit oder öffentlichen Ordnung ausgewiesen wurden oder wenn es schwerwiegende Gründe für die Annahme gibt, dass sie eine Gefahr für die nationale Sicherheit oder die öffentliche Ordnung darstellen (→ Rn. 25).

Übersicht

A. Allgemeines

I. Ziel und Zweck der Regelung

1   Die Regelung über die Möglichkeit beschleunigter Verfahren in besonderen Aufnahmeeinrichtungen gem. § 5 Abs. 5 wurde durch das Gesetz zur Einführung beschleunigter Asylverfahren (v. 11.3.2016, BGBl. I 390) in das AsylG eingefügt. Mit der Vorschrift sollen Verfahren von Asylsuchenden mit von vornherein sehr geringen Erfolgsaussichten (vgl. BT-Drs. 18/7578, 16) in besonderen Einrichtungen schnell durchgeführt werden und verhindert werden, dass Antragsteller, deren Antrag als unzulässig oder offensichtlich unbegründet abgelehnt werden, vor Vollzug der Abschiebung auf die kommunale Ebene verteilt werden müssen.

2   Die Regelung weitet für bestimmte Antragsteller die Pflicht, in einer Erstaufnahmeeinrichtung zu wohnen, über § 48 hinaus weiter aus. Gemäß § 5 Abs. 5 kann der Leiter des Bundesamtes mit den Ländern vereinbaren, dass in einer Aufnahmeeinrichtung Ausländer untergebracht werden, deren Verfahren beschleunigt nach § 30a bearbeitet werden soll (besondere Aufnahmeeinrichtungen). Das Bundesamt richtet Außenstellen den besonderen Aufnahmeeinrichtungen nach S. 1 ein oder ordnet sie diesen zu. Nach S. 3 finden auf besondere Aufnahmeeinrichtungen die für Aufnahmeeinrichtungen geltenden Regelungen Anwendung, soweit nicht in diesem Gesetz oder einer anderen Rechtsvorschrift etwas anderes bestimmt wird (→ § 18a Rn. 1).

2a   Gesetzlich wurde das „beschleunigte Verfahren" vorgesehen, welches bisher aber kaum genutzt wird (außer in Manching/Ingolstadt sowie Bamberg in Bayern). Viel weitreichendere Auswirkungen hat die inzwischen bundesweite Durchführung von verkürzten Verfahren in Ankunftszentren. Aufgrund der verlängerten Unterbringungszeit in Erstaufnahmeeinrichtungen können die intendierten Wirkungen auch auf der Grundlage der anderen Regelungen im AsylG erreicht werden, so dass es hierfür der Nutzung der Vorschrift des § 30a AsylG gar nicht bedarf.

II. Europarechtliche Regelung

3   Art. 31 Abs. 8 Asylverfahrens-RL regelt die Durchführung eines solchen beschleunigten Asylverfahrens, das auch in besonderen Einrichtungen stattfinden kann, bei bestimmten Personengruppen. Art. 43 Asylverfahrens-RL regelt, dass ein solches beschleunigtes Verfahren nach Art. 31 Abs. 8 Asylverfahrens-RL auch an der Grenze oder in Transitzonen nach Maßgabe von Art. 43 Asylverfahrens-RL zulässig ist. Auch für die beschleunigten Verfahren gilt, dass das Prüfungsverfahren im Einklang mit den Grundsätzen und Garantien nach Kapitel II der Asylverfahrens-RL durchgeführt werden muss.

4   Das Flughafenverfahren nach § 18a ist ein solches beschleunigtes Verfahren (GK-AsylG/Funke-Kaiser Rn. 2; zum Flughafenverfahren → § 18a Rn. 1). Mit § 30a wird das beschleunigte Asylverfahren nun auch eingeführt für Personen, die in besonderen Einrichtungen nach § 5 Abs. 5 untergebracht sind.

Bei Vorliegen dieser Voraussetzungen kann der nationale Gesetzgeber bestimmen, dass das   **5**
beschleunigte Verfahren durchgeführt wird, muss es aber auch nicht (zum Verhältnis zum Unionsrecht → § 30 Rn. 8). Unionsrechtlich wäre ein solches Verfahren zulässig,
- (Fallgruppe 1) wenn der Antragsteller bei der Einreichung seines Antrags und der Darlegung
  der Tatsachen nur Umstände vorgebracht hat, die für die Prüfung der Frage, ob er als Flüchtling
  oder Person mit Anspruch auf internationalen Schutz im Sinne der Qualifikations-RL
  (RL 2011/95/EU v. 13.12.2011, ABl. 2011 L 337, 9) anzuerkennen ist, nicht von Belang sind
  (Art. 31 Abs. 8 lit. a Asylverfahrens-RL), oder
- (Fallgruppe 2) der Antragsteller aus einem sicheren Herkunftsstaat im Sinne der Asylverfahrens-
  RL kommt (Art. 31 Abs. 8 lit. b Asylverfahrens-RL), oder
- (Fallgruppe 3) der Antragsteller die Behörden durch falsche Angaben oder Dokumente oder
  durch Verschweigen wichtiger Informationen oder durch Zurückhalten von Dokumenten über
  seine Identität und / oder Staatsangehörigkeit, die sich negativ auf die Entscheidung hätten
  auswirken können, getäuscht hat (Art. 31 Abs. 8 lit. c Asylverfahrens-RL), oder
- (Fallgruppe 4) angenommen werden kann, dass der Antragsteller ein Identitäts- oder ein Reisedokument, das die Feststellung seiner Identität oder Staatsangehörigkeit ermöglicht hätte, mutwillig vernichtet oder beseitigt hat (Art. 31 Abs. 8 lit. d Asylverfahrens-RL), oder
- (Fallgruppe 5) der Antragsteller eindeutig unstimmige und widersprüchliche, eindeutig falsche
  oder offensichtlich unwahrscheinliche Angaben gemacht hat, die im Widerspruch zu hinreichend gesicherten Herkunftslandinformationen stehen, so dass die Begründung für seine
  Behauptung, dass er als Person mit Anspruch auf internationalen Schutz im Sinne der Qualifikations-RL anzusehen ist, offensichtlich nicht überzeugend ist (Art. 31 Abs. 8 lit. e Asylverfahrens-
  RL);
- (Fallgruppe 6) der Antragsteller einen Folgeantrag auf internationalen Schutz gestellt hat, der
  gem. Art. 40 Abs. 5 Asylverfahrens-RL nicht unzulässig ist (Art. 31 Abs. 8 lit. f Asylverfahrens-
  RL), oder
- (Fallgruppe 7) der Antragsteller den Antrag nur zur Verzögerung oder Behinderung der Vollstreckung einer bereits getroffenen oder unmittelbar bevorstehenden Entscheidung stellt, die zu
  seiner Abschiebung führen würde (Art. 31 Abs. 8 lit. g Asylverfahrens-RL), oder
- (Fallgruppe 8) der Antragsteller unrechtmäßig in das Hoheitsgebiet des Mitgliedstaats eingereist
  ist oder seinen Aufenthalt unrechtmäßig verlängert hat und es ohne stichhaltigen Grund versäumt
  hat, zum angesichts der Umstände seiner Einreise frühestmöglichen Zeitpunkt bei den Behörden
  vorstellig zu werden oder einen Antrag auf internationalen Schutz zu stellen (Art. 31 Abs. 8
  lit. h Asylverfahrens-RL), oder
- (Fallgruppe 9) der Antragsteller sich weigert, der Verpflichtung zur Abnahme seiner Fingerabdrücke gemäß der VO (EU) 603/2013 (v. 26.6.2013, ABl. 2013 L 180, 1) nachzukommen
  (Art. 31 Abs. 8 lit. i Asylverfahrens-RL), oder
- (Fallgruppe 10) es schwerwiegende Gründe für die Annahme gibt, dass der Antragsteller eine
  Gefahr für die nationale Sicherheit oder die öffentliche Ordnung des Mitgliedstaats darstellt
  oder er aus schwerwiegenden Gründen der öffentlichen Sicherheit oder öffentlichen Ordnung
  nach nationalem Recht zwangsausgewiesen wurde (Art. 31 Abs. 8 lit. j Asylverfahrens-RL).

Der nationale Gesetzgeber hat die Fallgruppen 1, 5 und 8 nicht ins nationale Recht übernommen.   **6**
Hier ist das beschleunigte Verfahren in besonderen Aufnahmeeinrichtungen nicht anwendbar.

B. Anwendbarkeit auf konkrete Fallgruppen

I. Staatsangehörige eines sicheren Herkunftsstaates (Nr. 1)

Die Regelung in § 30a Abs. 1 Nr. 1 entspricht weitestgehend Art. 31 Abs. 8 lit. b Asylverfah-   **7**
rens-RL. Gemeint sind die Staaten, die in Anlage I des AsylG vom Gesetzgeber zum sicheren
Herkunftsstaaten erklärt wurden. Nach § 30a Abs. 3 Nr. 1 genügt es einerseits, wenn der Ausländer
Staatsangehöriger eines sicheren Herkunftslandes ist (zur Regelung sichere Herkunftsländer →
§ 29a Rn. 1 ff.). Andererseits muss die Staatsangehörigkeit feststehen und darf nicht nur vermutet
werden (GK-AsylG/Funke-Kaiser § 31a Rn. 7). Nach Art. 31 Abs. 8 lit. b Asylverfahrens-RL ist
erforderlich, dass der Ausländer aus einem sicheren Herkunftsstaat „kommt". Dafür genügt es,
dass der Ausländer zuletzt seinen gewöhnlichen Aufenthalt dort hatte, auch wenn er die Staatsangehörigkeit eines anderen Staates besitzt oder staatenlos ist. Das Unionsrecht ist hier weiter gefasst.
Mangels der insoweit nicht erfolgten Umsetzung der Asylverfahrens-RL ins nationale Recht ist
in diesen Fallkonstellationen die Vorschrift als Rechtsgrundlage für ein besonderes Verfahren oder

die Unterbringung in einer speziellen Einrichtung nach § 5 Abs. 5 nicht ausreichend (zum Verhältnis zum Unionsrecht → § 30 Rn. 8).

II. Täuschung über Identität und/oder Staatsangehörigkeit (Nr. 2)

8   Die Regelung in § 30a Abs. 1 Nr. 2 ist weitgehend deckungsgleich mit Art. 31 Abs. 8 lit. c Asylverfahrens-RL. Allerdings verlangt die Regelung im § 30a – im nationalen – Recht, dass es sich um eine offensichtliche Täuschung gehandelt hat.

9   In der Asylverfahrens-RL wird verlangt, dass die Täuschungshandlung sich negativ auf die Entscheidung hätte auswirken können. Dies wurde im nationalen Recht nicht übernommen. Unionsrechtskonform kann § 30a Abs. 1 Nr. 2 nur dann angewandt werden, wenn dieses zusätzliche Tatbestandsmerkmal vorliegt (zum Verhältnis zum Unionsrecht → § 30 Rn. 8).

10 Ausdrücklich werden als Täuschungshandlungen im Gesetzestext genannt zum einen falsche Angaben im positiven Sinne (hierunter fallen zB falsche Angaben zu seiner Identität oder Herkunft), zum anderen die Vorlage falscher Dokumente.

11 Ebenso sind klar erfasst als Täuschungshandlungen das Verschweigen wichtiger Informationen oder das Zurückhalten von Dokumenten über die Identität oder Staatsangehörigkeit.

12 Durch die Täuschungshandlung muss der Antragsteller die Behörde offensichtlich getäuscht haben. Erfasst werden nur bewusste offensichtliche Täuschungen, vor allem wenn die Identität oder Herkunft verschleiert werden soll.

13 Macht der Asylsuchende falsche Angaben zu seiner Identität aus Angst vor Spitzeln des Verfolgerstaates in den deutschen Einrichtungen, stellt sich zum einen die Frage, ob die Täuschungshandlung sich negativ auf die Entscheidung hätte auswirken können (s. GK-AsylG/Funke-Kaiser Rn. 9). Zum anderen hat hier eine Täuschungshandlung je nach Situation im Einzelfall nicht das Gewicht, das einen Offensichtlichkeitsvorwurf tragen würde. Dies gilt vor allem dann, wenn aufgrund der Erkenntnisse des Bundesamtes das Offenlegen der wahren Identität den Antragsteller selbst oder im Herkunftsland zurückgebliebene Familienangehörige in Gefahr bringen könnte.

III. Mutwilliges Vernichten oder Beseitigen eines Identitäts-/ oder Reisedokuments(Nr. 3)

14 Die Regelung in § 30a Abs. 1 Nr. 3 ist weitgehend deckungsgleich mit Art. 31 Abs. 8 lit. d Asylverfahrens-RL, findet aber keine unmittelbare Entsprechung in § 30 Abs. 3, der die Fälle regelt, in denen der Antrag dann als „offensichtlich unbegründet" abgelehnt wird. Allerdings wird hier häufig eine Verletzung der Mitwirkungspflicht nach § 15 Abs. 2 Nr. 4 und Nr. 5 vorliegen (→ § 18a Rn. 1), so dass dann § 30 Abs. 3 Nr. 5 erfüllt wäre (zum Verhältnis zum Unionsrecht → § 30 Rn. 8).

15 Erfasst werden ein „Vernichten" oder „Beseitigen" des Identitäts- bzw. Reisedokuments. Nicht erfasst ist damit die bloße Nicht-Vorlage eines solchen, das unter § 30a Abs. 1 Nr. 2 unter den dortigen Voraussetzungen ein beschleunigtes Verfahren ermöglicht. „Beseitigen" umfasst im Gegensatz zum „Vernichten" das Wegwerfen des Dokuments, ohne dass die Vernichtung festgestellt werden kann. Fraglich ist, ob damit auch der Fall erfasst ist, dass der Asylbewerber das Dokument einem Schlepper wieder übergeben bzw. zurückgegeben hat (so GK-AsylG/Funke-Kaiser Rn. 12). Hier wird man – je nach Fallgestaltung – differenzieren müssen. Die Rückgabe eines vom Schlepper zur Verfügung gestellten Dokuments, das wahrscheinlich wiederverwendet werden soll, und bei dem der Schlepper von einer Rückgabepflicht ausgeht, unterfällt nicht einem bewussten Beseitigen, das die Norm voraussetzt.

16 Voraussetzung für die Anwendung von Nr. 3 ist weiterhin, dass im Falle des Nicht-Vernichtens bzw. des Nicht-Beseitigens das Dokument ggf. in Kombination mit weiteren Umständen die Feststellung der Identität oder Staatsangehörigkeit ermöglicht hätte.

17 Nr. 3 findet zudem nur Anwendung, wenn die Handlung „mutwillig" erfolgt. Der Vorsatz muss sich sowohl auf das Vernichten bzw. Beseitigen beziehen, aber auch auf die Absicht, dadurch die Feststellung der Identität oder Staatsangehörigkeit zu verunmöglichen oder zumindest stark zu erschweren. Ein bedingter Vorsatz genügt nicht.

18 Wie bei Nr. 2 ist auch bei Nr. 3 der Tatbestand erfüllt, wenn das Vernichten oder Beseitigen in der Vergangenheit erfolgt ist.

IV. Stellung eines Folgeantrags (Nr. 4)

19 Die Regelung in § 30a Abs. 1 Nr. 4 entspricht Art. 31 Abs. 8 lit. f Asylverfahrens-RL. Nach der Asylverfahrens-RL ist Voraussetzung, dass es sich um einen Folgeantrag handelt (zum Begriff

→ § 71 Rn. 10), der gem. Art. 40 Abs. 5 Asylverfahrens-RL nicht unzulässig ist. In § 30 a Abs. 1 Nr. 4 erfolgt diese Differenzierung so erst einmal nicht, erfasst wird erst einmal jeder Folgeantrag (zum Verhältnis zum Unionsrecht → § 30 Rn. 8). Vom Normzweck her sollen hier alle Folgeanträge erfasst werden, die ein Asylbewerber stellt, der sich in einer solchen besonderen Aufnahmeeinrichtung in einem beschleunigten Verfahren befindet. Er soll nicht durch die Stellung eines Folgeantrages sich dem beschleunigten Verfahren entziehen können. Solange der Asylbewerber keine Gründe geltend macht, die die Durchführung eines weiteren Verfahrens rechtfertigen, ist der Fall auch von der Asylverfahrens-RL rechtlich miterfasst (zum Folgeantragsverfahren ausf. → § 71 Rn. 1 ff.).

V. Antrags nur zur Verzögerung oder Behinderung der Vollstreckung gestellt (Nr. 5)

Die Regelung in § 30a Abs. 1 Nr. 5 ist deckungsgleich mit Art. 31 Abs. 8 lit. g Asylverfahrens- **20** RL. Sie ist nicht ganz identisch mit § 30 Abs. 3 Nr. 4 als Voraussetzung für die Ablehnung als „offensichtlich unbegründet". Dort geht es um die Stellung eines Antrags, „um eine drohende Aufenthaltsbeendigung abzuwenden, obwohl er zuvor ausreichend Gelegenheit hatte, einen Asylantrag zu stellen" (→ § 30 Rn. 59). Dort fehlt die Voraussetzung „nur zur Verzögerung oder zur Behinderung", aber auch dort muss die Absicht verneint werden, wenn andere Zwecke verfolgt wurden (GK-AsylG/Funke-Kaiser Rn. 16).

Die Regelung findet nur Anwendung, wenn der Antrag nur zur Verzögerung oder Behinderung **21** der Vollstreckung einer bereits getroffenen oder unmittelbar bevorstehenden Entscheidung gestellt wurde, die zu seiner Abschiebung führen würde. Dabei muss es nicht sicher sein, dass die Abschiebung auch wirklich zeitnah verfolgt (→ § 30 Rn. 59).

VI. Verweigerung der Abnahme von Fingerabdrücken (Nr. 6)

Nach § 30a Abs. 1 Nr. 6 – entspricht Art. 31 Abs. 8 lit. i Asylverfahrens-RL – kann das **22** beschleunigte Verfahren durchgeführt werden, wenn sich der Asylbewerber weigert, der Verpflichtung zur Abnahme seiner Fingerabdrücke gemäß der VO (EU) 603/2013 (v. 26.6.2013, ABl. 2013 L 180, 1) nachzukommen.

Art. 9 Abs. 1 VO (EU) 603/2013 verpflichtet jeden Mitgliedstaat, unverzüglich bei jeder Person, **23** die das 14. Lebensjahr vollendet hat und einen Antrag auf internationalen Schutz gestellt hat, Fingerabdrücke von allen zehn Fingern abzunehmen und in das System einzuspeisen. Die gleiche Verpflichtung besteht nach Art. 14 Abs. 1 VO (EU) 603/2013 bei illegal eingereisten wie auch illegal aufhältigen Personen. Diese Pflicht ist im nationalen Recht in § 48 Abs. 9 umgesetzt, eine Duldungspflicht in Abs. 10 geregelt (vgl. die Kommentierungen zur VO (EU) 603/2013).

§ 30a Abs. 1 Nr. 6 verlangt ein „sich weigert", wegen der Präsensform muss die Weigerung **24** zum Zeitpunkt der Anordnung des beschleunigten Verfahrens noch anhalten (GK-AsylG/Funke-Kaiser Rn. 19).

VII. Ausweisung oder Gefährdung aus schwerwiegenden Gründen der öffentlichen Sicherheit oder öffentlichen Ordnung (Nr. 7)

§ 30a Abs. 1 Nr. 7 entspricht Art. 31 Abs. 8 lit. j Asylverfahrens-RL. Das beschleunigte **25** Verfahren findet demnach in zwei Fällen Anwendung:

Im ersten Fall muss eine Ausweisung aus „schwerwiegenden Gründen der öffentlichen Sicher- **26** heit und Ordnung" (→ § 30 Rn. 59) bereits erfolgt sein. Diese muss wirksam, aber nicht auch sofort schon vollziehbar sein.

Im zweiten Fall ist eine Ausweisung nicht Voraussetzung, es muss aber schwerwiegende Gründe **27** für die Annahme geben, dass der Ausländer eine Gefahr für die nationale Sicherheit oder die öffentliche Ordnung darstellt. Da hier noch keine Ausweisung erfolgen konnte, lässt das Gesetz die Annahme genügen, die aber nahe an die volle Überzeugung oder den Vollbeweis heranreichen muss (GK-AsylG/Funke-Kaiser Rn. 21). Während die Verwendung des Begriffes der öffentlichen Ordnung (→ § 30 Rn. 59 ff.) auf einen eher weiteren Anwendungsbereich hindeutet, bezieht sich die Verwendung der Begrifflichkeit der „nationalen Sicherheit" auf Einrichtungen des Staates und seiner wichtigen öffentlichen Dienste sowie des Überlebens der Bevölkerung wie der Gefahr der erheblichen Störung der auswärtigen Beziehungen oder des friedlichen Zusammenlebens der Völker oder der Beeinträchtigung der militärischen Interessen (vgl. dazu EuGH BeckRS 2010, 91338 = InfAuslR 2011, 45, allerdings zu Art. 28 Abs. 1 Freizügigkeits-RL; → § 30 Rn. 59). Diese sehr strenge Definition der „zwingenden Gründe der nationalen Sicherheit" auf die Anwendbarkeit eines beschleunigten Verfahrens zu übertragen, würde der gesetzgeberischen

Intention nicht gerecht, andererseits bezieht sich die Begrifflichkeit „nationale Sicherheit" nur auf Gefahren, die über Gefahren im lokalen Bezug hinausreichen.

28   § 30a Abs. 1 Nr. 7 verlangt „schwerwiegende" Gründe und nicht „zwingende Gründe" und auch nicht nur „Gründe", von daher müssen die Gründe von einigem Gewicht sein.

C. Rechtsfolgen

I. Unterbringung in besonderen Aufnahmeeinrichtungen

29   § 30a eröffnet für das Bundesamt Ermessen. Voraussetzung für die Ausgestaltung als beschleunigtes Asylverfahren ist eine Organisationsentscheidung gem. § 5 Abs. 5. Dazu muss der Leiter des Bundesamtes mit den Ländern eine Vereinbarung zur Errichtung einer besonderen Aufnahmeeinrichtung zur Durchführung beschleunigter Asylverfahren treffen. Das Bundesamt ordnet diesen besonderen Aufnahmeeinrichtungen eine bereits bestehende Außenstelle zu oder richtet dort eine neue ein.

30   Bei Vorliegen der tatbestandlichen Voraussetzungen „kann" das Bundesamt im konkreten Einzelfall ein beschleunigtes Verfahren in Abstimmung mit den Ländern einführen, eine rechtliche Pflicht dazu besteht nicht (VG Ansbach BeckRS 2017, 106854 Rn. 4, nicht einmal eine Soll-Vorschrift, vgl. Kluth ZAR 2016, 121). Wenn die Voraussetzungen des § 30a Abs. 1 vorliegen, besteht in der Regel kein subjektives Recht auf Bearbeitung des Asylantrags im regulären Verfahren, das Bundesamt muss im Rahmen seines Ermessens aber berechtigte Anliegen besonders Schutzbedürftiger berücksichtigen (Thym NVwZ 2016, 409). Die besondere Schutzbedürftigkeit muss gerade einem beschleunigten Verfahren entgegenstehen.

31   Für den Asylsuchenden / Asylbewerber wird durch die Zuweisung zu dem beschleunigten Verfahren in der besonderen Aufnahmeeinrichtung eine Wohnverpflichtung in der besonderen Aufnahmeeinrichtung begründet. Zunächst besteht diese nur bis zur Entscheidung des Bundesamtes, die innerhalb einer Woche zu treffen ist (§ 30a Abs. 3 S. 1). Die Wohnverpflichtung gilt aber unbefristet in den in S. 2 geregelten Fallgruppen bis zur Ausreise oder dem Vollzug der Abschiebungsandrohung / -anordnung: bei einer Einstellung, bei einer Ablehnung des Asylantrages nach § 29 Abs. 1 Nr. 4 als unzulässig (→ § 29 Rn. 18), nach § 29a (→ § 29a Rn. 1 ff.) oder § 30 als offensichtlich unbegründet (→ § 30 Rn. 1 ff.) oder im Falle des § 71 Abs. 4 (→ § 71 Rn. 1 ff.).

II. Beschleunigtes Verfahren – Besonderheiten

32   Für das Bundesamt beginnt mit der Zuweisung zu dem beschleunigten Verfahren eine Entscheidungsfrist von einer Woche. Innerhalb dieser mit der Stellung des Asylantrags beginnenden Frist muss nicht nur die Anhörung des Ausländers und ggf. die weitere Sachaufklärung erfolgen, sondern auch die abschließende Entscheidung ergehen. Das Bundesamt hat daher sowohl die nötigen organisatorischen, sächlichen und personellen Voraussetzungen für eine solche zügige Bearbeitung zu schaffen und die entsprechenden Abläufe sicherzustellen. Wird die Frist nicht eingehalten, ist das Verfahren nach § 30a Abs. 2 S. 2 als nicht beschleunigtes Verfahren fortzuführen.

33   Keinesfalls darf die normierte Wochenfrist dazu führen, dass die unter Zeitdruck innerhalb der Frist getroffene Sachentscheidung auf unzureichender Erkenntnisgrundlage erfolgt oder nicht tragfähig begründet ist. Art. 31 Abs. 8 Asylverfahrens-RL verlangt, dass das beschleunigte Verfahren im Einklang mit den Verfahrensstandards, den Grundsätzen und Garantien nach Kapitel II der Asylverfahrens-RL durchzuführen ist. Anders als beim Flughafenverfahren ist dem Ausländer in der besonderen Aufnahmeeinrichtung der Außenkontakt zu Rechtsanwälten oder anderen unterstützenden Personen ohne weiteres möglich (Kluth ZAR 2016, 121 (123 f.)).

34   Für die Anhörung im beschleunigten – wie im regulären – Verfahren wird ein Rechtsbeistand nicht für erforderlich gehalten, da sie sich allein auf Tatsachenvortrag bezieht (so Thym NVwZ 2016, 409). Dies ist sehr fraglich, weil die Bedingungen in besonderen Erstaufnahmeeinrichtungen, was die faktische, rechtzeitige Erreichbarkeit von unabhängigen Beratungseinrichtungen betrifft, sich nicht so sehr von den Bedingungen im Flughafenverfahren unterscheiden und deshalb Art. 19 Abs. 4 GG und die Mindeststandards der Asylverfahrens-RL für ein faires und rechtsstaatliches Asylverfahrens hier Vorkehrungen erfordern, damit der schutzsuchende Flüchtlinge sein Schutzgesuch auch wirksam geltend machen kann (vgl. zu den vom BVerfG entwickelten Standards → § 18a Rn. 6; zu den Pflichten des Bundesamtes für ein faires Asylverfahren allg. → § 24 Rn. 3 ff. und insbesondere zur Anhörung → § 25 Rn. 1 ff.). Wichtig ist, dass der Asylsuchende sich von Anfang an – insbesondere schon im Vorfeld der Anhörung – bewusst ist, worauf es für den Erfolg

seines Antrags ankommt, bzw. – soweit relevant – wonach gezielt nachfragt wird. Ohne eine personell ausreichend ausgestattete qualifizierte unabhängige Verfahrensberatung am Anfang des Verfahrens ist dieser Standard nicht gewährleistet.

Für den Rechtschutz gegen die in der Wochenfrist getroffene Entscheidung des Bundesamtes **35** gelten keine Besonderheiten. In den Fällen der Ablehnung als offensichtlich unbegründet (vgl. § 30 Abs. 3) sind besonders die verkürzten Rechtsschutzfristen nach § 36 Abs. 3 und § 74 Abs. 1 Hs. 2 zu beachten (eine Woche für die Klage und den vorläufigen Rechtsschutz).

§ 31 Entscheidung des Bundesamtes über Asylanträge

(1) [1]Die Entscheidung des Bundesamtes ergeht schriftlich. [2]Sie ist schriftlich zu begründen. [3]Entscheidungen, die der Anfechtung unterliegen, sind den Beteiligten unverzüglich zuzustellen. [4]Wurde kein Bevollmächtigter für das Verfahren bestellt, ist eine Übersetzung der Entscheidungsformel und der Rechtsbehelfsbelehrung in einer Sprache beizufügen, deren Kenntnis vernünftigerweise vorausgesetzt werden kann; Asylberechtigte und Ausländer, denen internationaler Schutz im Sinne des § 1 Absatz 1 Nummer 2 zuerkannt wird oder bei denen das Bundesamt ein Abschiebungsverbot nach § 60 Absatz 5 oder 7 des Aufenthaltsgesetzes festgestellt hat, werden zusätzlich über die Rechte und Pflichten unterrichtet, die sich daraus ergeben. [5]Wird der Asylantrag nur nach § 26a oder § 29 Absatz 1 Nummer 1 abgelehnt, ist die Entscheidung zusammen mit der Abschiebungsanordnung nach § 34a dem Ausländer selbst zuzustellen. [6]Sie kann ihm auch von der für die Abschiebung oder für die Durchführung der Abschiebung zuständigen Behörde zugestellt werden. [7]Wird der Ausländer durch einen Bevollmächtigten vertreten oder hat er einen Empfangsberechtigten benannt, soll diesem ein Abdruck der Entscheidung zugeleitet werden.

(2) [1]In Entscheidungen über zulässige Asylanträge und nach § 30 Abs. 5 ist ausdrücklich festzustellen, ob dem Ausländer die Flüchtlingseigenschaft oder der subsidiäre Schutz zuerkannt wird und ob er als Asylberechtigter anerkannt wird. [2]In den Fällen des § 13 Absatz 2 Satz 2 ist nur über den beschränkten Antrag zu entscheiden.

(3) [1]In den Fällen des Absatzes 2 und in Entscheidungen über unzulässige Asylanträge ist festzustellen, ob die Voraussetzungen des § 60 Absatz 5 oder 7 des Aufenthaltsgesetzes vorliegen. [2]Davon kann abgesehen werden, wenn der Ausländer als Asylberechtigter anerkannt wird oder ihm internationaler Schutz im Sinne des § 1 Absatz 1 Nummer 2 zuerkannt wird.

(4) Wird der Asylantrag nur nach § 26a als unzulässig abgelehnt, bleibt § 26 Absatz 5 in den Fällen des § 26 Absatz 1 bis 4 unberührt.

(5) Wird ein Ausländer nach § 26 Absatz 1 bis 3 als Asylberechtigter anerkannt oder wird ihm nach § 26 Absatz 5 internationaler Schutz im Sinne des § 1 Absatz 1 Nummer 2 zuerkannt, soll von der Feststellung der Voraussetzungen des § 60 Absatz 5 und 7 des Aufenthaltsgesetzes abgesehen werden.

(6) Wird der Asylantrag nach § 29 Absatz 1 Nummer 1 als unzulässig abgelehnt, wird dem Ausländer in der Entscheidung mitgeteilt, welcher andere Staat für die Durchführung des Asylverfahrens zuständig ist.

(7) In der Entscheidung des Bundesamtes ist die AZR-Nummer nach § 3 Absatz 1 Nummer 2 des Gesetzes über das Ausländerzentralregister zu nennen.

Überblick

§ 31 enthält Bestimmungen über den notwendigen Inhalt, die Form und die Bekanntgabe von Entscheidungen über Asylanträge (→ Rn. 25 ff., → Rn. 70 ff., → Rn. 92 ff.) und modifiziert bzw. ergänzt dabei teilweise die allgemeinen Vorschriften der § 37 ff. VwVfG und des VwZG. Über diese Modifikationen hinaus, die neben der Rechtssicherheit vor allem der Verfahrensbeschleunigung dienen sollen (vgl. → Rn. 46, → Rn. 88, → Rn. 96), enthält die Norm besondere Belehrungs- und Hinweispflichten in der Sprache des Schutzsuchenden, die – zum Teil in Umsetzung zwingenden Unionsrechts (→ Rn. 21 ff.) – der besonderen Lebenssituation ausländischer Flüchtlinge Rechnung tragen sollen (→ Rn. 74 ff.).

Übersicht

A. Allgemeines

I. Normzweck und Anwendungsbereich

1   § 31 enthält neben Regelungen über den **notwendigen Inhalt von Entscheidungen über Asylanträge** vor allem Bestimmungen, die die allgemeinen Regelungen der §§ 37, 39, 41 VwVfG zu **Form und Bekanntgabe von Verwaltungsakten** ergänzen und **zum Teil modifizieren.**

2   Die Sonderregelung des § 31 betrifft dabei – wie die amtliche Normüberschrift und ihr systematischer Kontext zeigen – **ausschließlich Entscheidungen des BAMF über Asylanträge,** so dass für andere Entscheidungen des BAMF (wie zB Mitwirkungsanordnungen nach § 15 Abs. 2, Zuweisungsentscheidungen nach § 50 Abs. 4 oder Entscheidungen nach § 61 Abs. 2 S. 1) in der Regel nur die allgemeinen Regeln (§§ 37, 39, 41 VwVfG) oder an anderer Stelle geregelte Sonderbestimmungen gelten (→ Rn. 2.1 f.). Für Entscheidungen über Asylanträge (Asylbescheid) sind die allgemeinen Bestimmungen des VwVfG und des VwZG hingegen nur ergänzend heranzuziehen, soweit § 31 keine speziellen Regelungen enthält (→ Rn. 2.1).

2.1   Abweichende Form- und Zustellungsmodalitäten für andere Entscheidungen des BAMF sind zB in § 50 Abs. 4 (Zuweisungsentscheidung) geregelt.

2.2   Für die lediglich mit der Entscheidung über den Asylantrag zu verbindende Abschiebungsandrohung (§ 34 Abs. 2 S. 1) beansprucht § 31 keine Geltung, wie die Parallelregelung des § 34 Abs. 2 S. 2 zeigt (vgl. Hailbronner AuslR Rn. 7). Ebenfalls spezialgesetzlich geregelt ist der Inhalt von Entscheidungen über die Einstellung des Verfahrens nach § 32, die somit ebenfalls keine „Entscheidungen über den Asylantrag" darstellen.

Der in § 31 vorausgesetzte **Begriff des Asylantrags** ist in § 13 Abs. 2 S. 1 legaldefiniert. Er **3** umfasst seit Inkrafttreten des Gesetzes zur Umsetzung der Richtlinie 2011/95/EU (v. 28.8.2013, BGBl. I 3474) neben dem Antrag auf Anerkennung als Asylberechtigter (Art. 16a GG) und auf Zuerkennung der Flüchtlingseigenschaft (§ 3 ff.) auch den Antrag auf Zuerkennung subsidiären Schutzes (→ § 4 Rn. 6 f.), über den nur bei Nichtzuerkennung der Flüchtlingseigenschaft zu entscheiden ist. Der Antrag kann allerdings nach Maßgabe des § 12 Abs. 2 S. 2 auf die Zuerkennung internationalen Schutzes beschränkt werden.

Mittelbar aus § 29 Abs. 1 Nr. 5 iVm § 31 Abs. 3 S. 1 ergibt sich, dass § 31 auch die Entscheidung **4** umfasst, im **Folgeantragsverfahren** kein weiteres Verfahren durchzuführen. Führt das BAMF hingegen ein weiteres Asylverfahren durch, ist die Entscheidung ohnehin – da eine „Entscheidung über einen Asylantrag" ergeht – an § 31 zu messen (BeckOK AuslR/Heusch Rn. 15).

Nicht in § 31 geregelt ist allerdings der sog. „**isolierte Folgeschutzantrag**", der alleine – **5** ohne auf die Anerkennung als Asylberechtigter oder die Zuerkennung internationalen Schutzes gerichtet zu sein – die Richtigkeit einer früheren Feststellung des Nichtvorliegens von Abschiebungsverboten durch das BAMF in Frage stellt. Dieser ist alleine an §§ 48 ff. VwVfG zu messen (HessVGH BeckRS 2006, 136658 Rn. 4) und folglich nicht nach Maßgabe des § 31 zu bescheiden.

II. Normsystematik

§ 31 Abs. 2, Abs. 3 und Abs. 5 definieren den **notwendigen Umfang des asylrechtlichen 6 Prüfverfahrens.** Sie bestimmen damit zugleich – im Zusammenspiel mit der Spezialvorschrift des Abs. 6 (→ Rn. 39) und den unten genannten weiteren Vorschriften (→ Rn. 12) – den notwendigen Umfang des Tenors eines Asylbescheides.

Abs. 2 spiegelt dabei die Legaldefinition des § 13 Abs. 2 S. 1 und benennt damit die **primären 7 Verfahrensgegenstände des behördlichen Asylverfahrens,** zu deren Prüfung alleine das BAMF – unter Beachtung der in § 13 Abs. 2 S. 2 geregelten Beschränkungsmöglichkeit und des in § 33 Abs. 2 zum Ausdruck kommenden Subsidiaritätsverhältnisses (→ Rn. 32) – berufen ist.

Inhaltlich setzt Abs. 2 dabei die Prüfung der nunmehr in § 29 Abs. 1 genannten Zulässigkeitsvo- **8** raussetzungen voraus, **da eine Sachprüfung der in Abs. 2 genannten Verfahrensgegenstände bei Unzulässigkeit des Asylantrags ausscheidet.** Diese Grundregel wird allerdings durch Abs. 4 teilweise durchbrochen, der eine Zuerkennung internationalen Schutzes für Familienangehörige auch bei Unzulässigkeit des Asylantrags im Übrigen gebietet (→ Rn. 41 ff.).

Demgegenüber regeln Abs. 3 und Abs. 5 eine **Annexzuständigkeit des BAMF auch für 9 die Prüfung der eigentlich originär ausländerrechtlichen nationalen Abschiebungsverbote** und begründen so – auch bei Unzulässigkeit des Asylantrags – eine **Zuständigkeitsverschiebung zu Lasten der Ausländerbehörden,** die weit über den Abschluss des konkreten Asylverfahrens hinauswirken kann (vgl. GK-AsylG/Funke-Kaiser Rn. 27).

§ 34a Abs. 1 S. 1 erweitert den Prüfauftrag des BAMF ausnahmsweise auch auf das Vorliegen **10 innerstaatlicher Abschiebungshindernisse** iSd § 60a Abs. 2 AufenthG, da die vor Erlass einer Abschiebungsanordnung zu prüfende Durchführbarkeit der Abschiebung auch das Nichtbestehen von Duldungsgründen voraussetzt (Hailbronner AuslR Rn. 51).

Im Zusammenspiel der bereits genannten Vorschriften mit der in Abs. 1 S. 2 geregelten Begrün- **11** dungspflicht ergibt sich so der **notwendige Inhalt eines Asylbescheids,** dessen Form in Abs. 1 S. 1 und S. 2 – teilweise abweichend von §§ 37, 39 VwVfG – näher geregelt ist. Vom notwendigen Inhalt eines Asylbescheides sind dabei wiederum die in Abs. 1 S. 4 geregelten **notwendigen Belehrungen bzw. Informationspflichten** im Zusammenhang mit der Zustellung der Entscheidung zu unterscheiden, deren Verletzung die Rechtmäßigkeit des Bescheides ggf. unberührt lässt (→ Rn. 91).

Hinsichtlich des notwendigen Inhalts eines Asylbescheids ist § 31 indes **nicht abschließend: 12** Während § 34 Abs. 2 und § 34a Abs. 1 die Vorbereitung bzw. Anordnung von Abschiebungsmaßnahmen anordnen, gebieten § 11 Abs. 2 S. 4, Abs. 7 AufenthG iVm § 75 Nr. 12 die Anordnung bzw. Befristung von Einreise- und Abschiebungsverboten. Da Abschiebungsanordnungen und -androhungen in der Regel mit der Entscheidung über den Asylantrag verbunden werden (vgl. § 34 Abs. 2 S. 1), beeinflussen die Regelungen des § 31 mittelbar auch die Modalitäten der Zustellung dieser Entscheidungen.

Richtigerweise kann auch § 11 Abs. 2 AufenthG – jedenfalls im Hinblick auf die Rechtsfolgen einer **12.1** Abschiebung – nicht als Ermächtigung zur Befristung gesetzlicher Einreise- und Aufenthaltsverbote, sondern allenfalls – bei unionsrechtskonformer Auslegung – als Ermächtigungsgrundlage für den Erlass eines behördlichen Einreise- und Aufenthaltsverbotes verstanden werden (vgl. BVerwG NVwZ 2017, 1531 Rn. 72). Ob eine solche Umdeutung der Ermächtigungsgrundlage allerdings mit den Grenzen der richterlichen Rechtsfortbildung vereinbar ist, ist zumindest zweifelhaft (vgl. VGH BW BeckRS 2018, 5147 Rn. 13 ff.).

13   Demgegenüber regeln § 31 Abs. 1 S. 3, S. 5 und S. 6 die **Bekanntgabe des Asylbescheides,** während Abs. 7 wiederum – ähnlich den in Abs. 1 S. 4 kodifizierten Belehrungspflichten – Verpflichtungen im Zusammenhang mit der Bekanntgabe des Bescheides begründet, die die Wirksamkeit oder Rechtmäßigkeit der Bekanntgabe unberührt lassen.

14   Die Bekanntgabe asylrechtlicher Entscheidungen wird darüber hinaus durch § 10 modifiziert; im Übrigen geltend die **allgemeinen Bestimmungen des § 41 VwVfG** sowie des **Verwaltungszustellungsgesetzes des Bundes.**

III. Entstehungsgeschichte

15   Die ursprüngliche Fassung des § 31 Abs. 1 und Abs. 2 (idF des Gesetzes zur Neuregelung des Asylverfahrens v. 26.6.1992, BGBl. I 1126, 1133) stimmt – abgesehen von der Interpunktion – wortlautidentisch mit § 12 Abs. 6 AsylVfG 1982 (idF v. 16.7.1982, BGBl. I 946, 948) in seiner zuletzt gültigen Fassung überein. Im Übrigen hat § 31 kein Vorbild in früheren Fassungen des Asyl(Vf)G (Bergmann/Dienelt/Bergmann Rn. 1). Die heutige, vergleichsweise komplexe Normfassung ist **Folge der Integration originär ausländerrechtlicher Verfahrensgegenstände in das asylrechtliche Verfahren** (GK-AsylG/Funke-Kaiser Rn. 1 f.) und der **zunehmenden Überformung des Asylrechts durch sekundäres Unionsrecht** (→ Rn. 21 ff.).

16   Mit dem **Gesetz zur Änderung asylverfahrens-, ausländer- und staatsangehörigkeitsrechtlicher Vorschriften** v. 30.6.1993 (BGBl. I 1361) wurden Abs. 1 S. 3–5 (nunmehr Abs. 1 S. 5–7) und Abs. 4 eingefügt, um die zeitgleich neu eingefügten § 26a (Einreise über einen sicheren Drittstaat) und § 34a (Abschiebungsanordnung) zu implementieren. Zugleich wurde die Regelung des Abs. 3 S. 2 auf Fälle der Feststellung von Abschiebungsverboten nach der GFK und der Unbeachtlichkeit nach § 29 Abs. 3 aF (Zuständigkeit eines anderen Staates) erstreckt (die letztgenannte Änderung wurde mit Gesetz v. 2.9.2008, BGBl. I 1798 revidiert, → Rn. 18).

17   Das **Zuwanderungsgesetz** v. 30.7.2004 (BGBl. I 1950) diente in erster Linie der Anpassung von Normverweisungen an das neu in Kraft getretene AufenthG, fügte aber auch die nunmehr in Abs. 4 enthaltene Regelung als Abs. 4 S. 2 ein.

18   Mit Gesetz v. 2.9.2008 (BGBl. I 1798) wurde Abs. 1 um den heutigen S. 4 (damals S. 3) ergänzt und das Erfordernis der „unverzüglichen" Zustellung in Abs. 1 S. 2 eingefügt. Zugleich wurde ein Verweis auf § 27a aF (heute § 29 Abs. 1 Nr. 1) in S. 4 (heute S. 5) des Abs. 1 aufgenommen. Darüber hinaus enthielt das Gesetz weitere Anpassungen an die förmliche Aufstufung des Abschiebungsverbots nach § 60 Abs. 1 AufenthG zum eigenständigen Schutzstatus, eine Streichung der Unbeachtlichkeit nach § 29 Abs. 3 aF (→ Rn. 16) aus Abs. 3, eine sprachliche Änderung des Abs. 4 („dass" statt „daß"), eine – mittlerweile wieder entfallene – Erweiterung der Absehensregelung des Abs. 5 auf die Prüfung der Flüchtlingseigenschaft bei Zuerkennung von Familienasyl und die erstmalige Einfügung des Abs. 6.

19   Mit dem **Gesetz zur Umsetzung der Richtlinie 2011/95/EU** v. 28.8.2013 (BGBl. I 3474) wurde die Einbeziehung des subsidiären Schutzes in das förmliche Statusprüfungsverfahren nachvollzogen und die Verweisung des Abs. 4 S. 2 (nunmehr Abs. 4) auf § 26 aktualisiert.

20   Die mit dem **Integrationsgesetz** v. 28.8.2016 (BGBl. I 1939) verbundenen Änderungen dienten in erster Linie der Umsetzung der Streichung der „unbeachtlichen" Asylanträge und der Anpassung an den Katalog der nunmehr in § 29 genannten Unzulässigkeitsgründe. In diesem Kontext steht auch die Streichung des – überflüssig gewordenen – Abs. 4 S. 1. Die weitere Streichung der Pflicht zur Rechtsbehelfsbelehrung aus Abs. 1 S. 2 diente lediglich der redaktionellen Straffung des Gesetzes und hatte wegen § 37 Abs. 6 VwVfG keine rechtlichen Konsequenzen (→ Rn. 74); die Beschränkung der Zustellungspflicht auf anfechtbare Entscheidungen, die zur Aufspaltung des Abs. 1 S. 2 in die heutigen S. 2 und S. 3 führte, sollte der Verwaltungsvereinfachung dienen (→ Rn. 97).

20a   Mit dem **2. DAVG** (Zweites Gesetz zur Verbesserung der Registrierung und des Datenaustausches zu aufenthalts- und asylrechtlichen Zwecken v. 4.8.2019, BGBl. I 1131) hat der Gesetzgeber das Bundesamt verpflichtet, die AZR-Nummer nach § 3 Abs. 1 Nr. 2 AZRG in der Entscheidung anzugeben (Abs. 7, → Rn. 89a, → Rn. 91a).

IV. Unionsrechtliche Hintergründe

21   § 31 Abs. 1 S. 1, S. 2 und S. 4 dienen der **Umsetzung von Art. 11 Abs. 1, Abs. 2 Asylverfahrens-RL und Art. 12 Abs. 1 lit. d–f Asylverfahrens-RL** (RL 2013/32/EU v.

26.6.2013, ABl. 2013 L 180, 60), soweit der Asylantrag in der Sache geprüft oder die Entscheidung auf § 29 Abs. 1 Nr. 2–5 gestützt wird; im Übrigen aber der Umsetzung von **Art. 26 Dublin III- VO** (VO (EU) 604/2013 v. 26.6.2013, ABl. 2013 L 180, 31). Abs. 2 beruht, soweit die Ansprüche auf internationalen Schutz in Bezug genommen werden, auf **Art. 13 und 18 Qualifikations- RL** (RL 2011/95/EU v. 13.12.2011, ABl. 2011 L 33, 9). Abs. 6 setzt mittelbar Art. 26 Dublin III-VO um.

Abs. 3–5 haben – soweit ersichtlich – keinen unionsrechtlichen Hintergrund und sind allenfalls **22** an Art. 3 EMRK sowie – im Anwendungsbereich der Rückführungs-RL (RL 2008/115/EG v. 16.12.2008, ABl. 2008 L 348, 98) – an den Bestimmungen der GRCh zu messen.

Soweit die Entscheidung nach § 31 mit einer **Rückkehrentscheidung iSd Art. 3 Nr. 4** **23** **Rückführungs-RL** verbunden wird, sind deren Vorgaben – vorbehaltlich der Spezialität der Dublin III-VO – ergänzend zu beachten.

Nicht umgesetzt wurden unter anderem die Pflicht zur getrennten Bescheidung der Asylanträge **24** von Familienmitgliedern zur Wahrung schutzwürdiger Geheimhaltungsinteressen (Art. 11 Abs. 3 Asylverfahrens-RL), die Pflicht zur Ausstellung eines fremdsprachigen Nachweises bei Verweisung auf einen Drittstaat (Art. 38 Abs. 3 lit. b Asylverfahrens-RL) und die Belehrungspflichten nach Art. 26 Abs. 2 UAbs. 1 Dublin III-VO, die ggf. in unmittelbarer Anwendung der entsprechenden Bestimmungen zu erfüllen sind (NK-AuslR/Schröder Rn. 2, 14; Bergmann/Dienelt/Bergmann Rn. 1; → Rn. 76.1). Auch § 31 Abs. 1 S. 4 Hs. 4 bedarf der richtlinienkonformen Auslegung (→ Rn. 83).

B. Inhalt und Form von Entscheidungen über Asylanträge

I. Form und Tenorierung

1. Schriftform (Abs. 1 S. 1 und S. 2)

Die Anordnung der **Schriftform,** die von der in § 37 Abs. 2 S. 1 VwVfG geregelten Formfrei- **25** heit abweicht, geht – bezogen auf die in Abs. 2 genannten Statusentscheidungen – auf Art. 11 Abs. 1 Asylverfahrens-RL zurück. Sie umfasst unionsrechtlich den **Entscheidungstenor** und – allerdings nur in Ablehnungsfällen – die **Entscheidungsgründe** (Art. 11 Abs. 2 Asylverfahrens- RL), wohingegen § 31 Abs. 1 S. 1 und S. 2 eine Pflicht zur schriftlichen Begründung auch in Stattgabefällen vorsehen (→ Rn. 70 ff.).

Die Erstreckung der Form- und Begründungspflicht auf die Abschiebungsandrohung, die im **26** nationalen Recht durch § 31 Abs. 1 S. 1 iVm § 34 Abs. 2 AsylG und § 39 Abs. 1 VwVfG umgesetzt wird, beruht auf Art. 12 Abs. 1 Rückführungs-RL.

2. Pflicht zur ausdrücklichen Tenorierung?

Ob der in Abs. 2 S. 1 geregelten Verpflichtung, das Vorliegen der Voraussetzungen nach Art. 16a **27** GG, § 3 ff. und § 4 „ausdrücklich" festzustellen, eine **Pflicht zur Tenorierung sämtlicher Statusentscheidungen** entnommen werden kann, mag fraglich sein, da das Verwaltungsverfah- rensrecht – anders als § 117 Abs. 2 VwGO – eine Unterscheidung zwischen verschiedenen Bestandteilen eines Bescheides (Rubrum, Tenor, Tatbestand, Entscheidungsgründe etc) nicht aus- drücklich vorschreibt. Allerdings setzt Abs. 1 S. 4 Hs. 1 (→ Rn. 79 ff.) das Vorliegen einer **gesonderten Entscheidungsformel** voraus, so dass von einer Pflicht zur ausdrücklichen Teno- rierung auszugehen ist (GK-AsylG/Funke-Kaiser Rn. 21 f.; Hailbronner AuslR Rn. 23; BeckOK AuslR/Heusch Rn. 12).

Jedenfalls aber muss aus der Entscheidung des BAMF über Asylanträge iSd § 13 Abs. 2 eindeutig **28** hervorgehen, ob der Betroffene als Asylberechtigter anerkannt wird bzw. ihm subsidiärer Schutz oder die Flüchtlingseigenschaft zuerkannt werden. Auch in der behördlichen Praxis hat es sich daher – zweckmäßigerweise – eingebürgert, der Entscheidung eine ausdrückliche Tenorierung voranzustellen. Das Fehlen einer ausdrücklichen Tenorierung zu einzelnen der oben genannten Verfahrensgegenstände indiziert demnach aber, dass eine Entscheidung insoweit auch in der Sache nicht getroffen wurde (vgl. Marx AsylG Rn. 12; Hailbronner AuslR Rn. 52).

Die Pflicht zur Tenorierung erstreckt sich nach Abs. 3 S. 1 auch auf die Entscheidung über **29** das Vorliegen von Abschiebungsverboten, auch wenn die Norm – anders als Abs. 2 S. 1 – keine „ausdrückliche" Feststellung vorsieht (Hailbronner AuslR Rn. 52; BeckOK AuslR/Heusch Rn. 17). Das Unionsrecht enthält insoweit allerdings keine Vorgaben.

II. Asyl, Flüchtlingseigenschaft und subsidiärer Schutz als primäre Verfahrensgegenstände des Asylverfahrens (Abs. 2)

1. Prüfung der primären Verfahrensgegenstände des Asylverfahrens als Pflichtprogramm (Abs. 1 S. 1)

30   Nach § 31 Abs. 2 S. 1 ist in Entscheidungen über zulässige Asylanträge ausdrücklich festzustellen, ob dem Ausländer die Flüchtlingseigenschaft oder der subsidiäre Schutz zuerkannt wird und ob er als Asylberechtigter anerkannt wird. Gleiches gilt für Entscheidungen nach § 30 Abs. 5 (→ Rn. 40).

31   Mit seiner Bezugnahme auf die in § 13 Abs. 2 S. 1 iVm § 1 Abs. 1 Nr. 2 genannten Verfahrensgegenstände greift § 31 Abs. 1 die **primären Verfahrensgegenstände des behördlichen Asylverfahrens** auf: Bei der Entscheidung über einen zulässigen Antrag sind stets die Voraussetzungen für die Zuerkennung der Flüchtlingseigenschaft, die Anerkennung als Asylberechtigter und – bei Ablehnung des Antrags auf Zuerkennung der Flüchtlingseigenschaft – die Zuerkennung subsidiären Schutzes zu prüfen, wenn der Antrag nicht nach § 13 Abs. 2 S. 2 auf die Prüfung internationalen Schutzes beschränkt wurde. Eine weitergehendere Beschränkung des Asylantrags ist rechtlich nicht zulässig und unbeachtlich (→ Rn. 35 f., → Rn. 46).

32   Die Formulierung des § 31 Abs. 2 S. 1, die Asylberechtigung und Flüchtlingseigenschaft gleichberechtigt neben einander stellt („und"), zwischen Flüchtlingseigenschaft und dem subsidiären Schutzstatus aber ein Alternativitätsverhältnis begründet („oder"), zeigt den **formalen Nachrang des subsidiären Schutzstatus** gegenüber der Flüchtlingseigenschaft auf (BeckOK AuslR/Heusch Rn. 12). Hieraus wird deutlich, dass das nationale Recht die Subsidiarität des Schutzes nach § 4 – anders als das Unionsrecht (Art. 2 lit. f Qualifikations-RL) – nicht materiell, sondern verfahrensrechtlich ausgestaltet: Die Voraussetzungen des subsidiären Schutzes sind daher nur dann zu prüfen, wenn der Betroffene nicht ohnehin als Flüchtling anerkannt wird.

33   Im Verhältnis zur Anerkennung als asylberechtigt besteht kein vergleichbares Nachrangverhältnis, so dass die Anerkennung als Asylberechtigter die Prüfung des subsidiären Schutzstatus nicht ausschließt. Da bei Vorliegen der Voraussetzungen des Art. 16a GG jedoch stets auch die Voraussetzungen für die Zuerkennung der Flüchtlingseigenschaft vorliegen dürften (BVerwG NVwZ 1998, 1085) und ein Verzicht auf die Prüfung der Flüchtlingseigenschaft gesetzlich nicht vorgesehen ist, dürfte eine Zuerkennung des subsidiären Schutzstatus bei feststehender Asylberechtigung praktisch ausgeschlossen sein.

2. Möglichkeit der Beschränkung des Asylantrags (§ 31 Abs. 2 S. 2)

34   Eine nach § 13 Abs. 2 S. 2 wirksame **Beschränkung des Asylantrags auf die Gewährung internationalen Schutzes** entbindet das Bundesamt von der nach § 31 Abs. 2 S. 1 an sich vorgeschriebenen Prüfung des Vorliegens der Voraussetzungen für die Anerkennung als Asylberechtigter nach nationalem Recht. Hieraus folgt für das Bundesamt – entsprechend dem Rechtsgedanken des § 88 VwGO – ein Verbot, über das Vorliegen der Anerkennungsvoraussetzungen nach Art. 16a GG zu entscheiden.

35   Eine **weitergehende Beschränkung** des in § 13 Abs. 2 S. 1 und § 31 Abs. 2 S. 1 übereinstimmend vorgeschriebenen Prüfungs- und Entscheidungsprogramms ist im deutschen Asylverfahren nicht vorgesehen: Eine Beschränkung des Schutzbegehrens auf die Prüfung der Voraussetzungen nur des Art. 16a Abs. 1 GG ist demnach ebenso unzulässig wie ein isolierter Antrag auf Zuerkennung des subsidiären Schutzstatus ohne vorherige Prüfung der Flüchtlingseigenschaft. Wird ein derart beschränkter Schutzantrag dennoch gestellt, ist er als Asylantrag iSd § 13 Abs. 2 S. 1 zu bewerten und folglich nach Maßgabe des § 31 Abs. 2 umfassend zu bescheiden.

36   Eine **isolierte Beantragung der Prüfung des Vorliegens von Abschiebungsverboten** nach § 60 Abs. 5 und Abs. 7 AufenthG ist demgegenüber zulässig, begründet aber keine Zuständigkeit des BAMF: Dieses ist nur dann zuständig, wenn – zumindest auch – ein Asylantrag gestellt wird oder in der Vergangenheit gestellt wurde (NK-AuslR/Fränkel § 24 Rn. 24 ff. sowie allg. § 24 Abs. 2).

3. Ausnahme bei unzulässigen Asylanträgen

37   **a) Regelfall.** Demgegenüber findet in Fällen unzulässiger Asylanträge **keine sachliche Prüfung der in § 31 Abs. 2 in Bezug genommenen Statusvoraussetzungen** statt (BeckOK AuslR/Heusch Rn. 14), da ein anderer Staat für die jeweilige Sachprüfung zuständig ist (§ 29 Abs. 1 Nr. 1), der Ausländer auf bestehende Schutzalternativen in einem anderen Staat verwiesen werden kann (§ 29 Abs. 1 Nr. 2–4) oder das Nichtbestehen der Schutzvoraussetzungen bereits in einem anderen Verwaltungsverfahren geprüft wurde, ohne dass Gründe für eine nachträgliche Abweichung von dieser Entscheidung ersichtlich sind (§ 29 Abs. 1 Nr. 5).

Stattdessen tenoriert das Bundesamt einheitlich „Der Asylantrag ist unzulässig". Eine **ausdrück- 38 liche Tenorierung des Unzulässigkeitsgrundes ist unüblich.** Auf welcher der in § 29 Abs. 1 genannten Fallgruppen die Unzulässigkeitsentscheidung beruht, kann aber der nach § 31 Abs. 1 S. 2 stets erforderlichen Begründung des Bescheids entnommen werden.

In Fällen der Unzulässigkeit nach § 29 Abs. 1 Nr. 1 lit. a und lit. b (Zuständigkeit eines anderen 39 Dublin-Staates) ist neben der Unzulässigkeitsentscheidung auszusprechen, welcher Mitgliedsstaat für die Durchführung des Asylverfahrens zuständig ist (Abs. 6). Dies ist neben der ohnehin zielstaatsbezogenen Abschiebungsanordnung (§ 34a Abs. 1 S. 1) oder der unter den Voraussetzungen des § 34a Abs. 1 S. 4 zu erlassenden Abschiebungsandrohung, in der der entsprechende Staat als Zielstaat zu benennen ist (§ 34 Abs. 1 S. 1 iVm § 59 Abs. 2 AufenthG), überflüssig, betont aber die Möglichkeit einer Überstellung auf eigene Initiative des Antragstellers (vgl. BVerwG NVwZ 2016, 67 (68 ff.)) und soll klarstellend wirken.

Die gesonderte Erwähnung von auf § 30 Abs. 5 gestützten Entscheidungen in § 31 Abs. 2 ist 40 ebenfalls überflüssig, da § 30 Abs. 5 keinen Fall eines unzulässigen Antrags darstellt (vgl. Bergmann/ Dienelt/Bergmann Rn. 2) und sich der Wille des Gesetzgebers, derartige Nicht-Anträge aus verfahrensrechtlichen Gründen als „echte" Asylanträge zu behandeln, mit hinreichender Deutlichkeit aus § 30 Abs. 5 ergibt (Marx AsylG Rn. 11). Die Bezugnahme auf diese Vorschrift hat daher allenfalls klarstellende Funktion (GK-AsylG/Funke-Kaiser Rn. 26; BeckOK AuslR/Heusch Rn. 13; Hailbronner AuslR Rn. 23).

b) Gegenausnahme bei Zuerkennung internationalen Schutzes für Familienangehö- 41 rige (Abs. 4). Bei einer ausschließlich („nur") auf § 26a gestützten Ablehnung des Asylantrags als unzulässig, die – dies unterscheidet die Ablehnung des Antrags als „unzulässig" von einer Ablehnung als unbegründet – eine sachliche Prüfung des Vorliegens der Schutzvoraussetzungen nach Art. 16a GG und §§ 3 ff. an sich ausschießt, soll nach dem Willen des Gesetzgebers eine Zuerkennung internationalen Schutzes für Familienangehörige weiterhin möglich bleiben.

Voraussetzung für die Anwendung des § 31 Abs. 4 ist nicht alleine die in § 26a Abs. 1 geregelte 42 Einreise aus einem „sicheren Drittstaat", da diese zunächst nur die Anerkennung als Asylberechtigter materiell (§ 26a Abs. 1 S. 2: „[…] wird nicht als Asylberechtigter anerkannt") ausschließt. Eine Ablehnung als unzulässig kann demgegenüber nach § 29 Abs. 1 Nr. 3 nur dann erfolgen, wenn der Aufnahmestaat auch zur Wiederaufnahme des Betroffenen bereit ist (BeckOK AuslR/Heusch Rn. 25). **Der Verweis auf § 26a** (statt unmittelbar auf § 29 Abs. 1 Nr. 3) **ist daher unnötig und irreführend** (Hailbronner AuslR Rn. 58).

Inhaltlich können Unzulässigkeitsentscheidungen nach § 29 Abs. 1 Nr. 3 **nur im Hinblick 43 auf die in Anlage I zu § 26a genannten Drittstaaten – Norwegen und Schweiz – ergehen,** da Art. 33 Abs. 2 Asylverfahrens-RL iVm Art. 38 Asylverfahrens-RL eine Anwendung des nationalen Konzepts der sicheren Drittstaaten im Hinblick auf Unionsstaaten ausschließt (BVerwG BeckRS 2017, 111628 Rn. 12 ff.). Im Übrigen bleibt es bei der Anwendung des Regimes der Dublin III-VO (VO (EU) 604/2013 v. 26.6.2013, ABl. 2013 L 180, 31).

In der Sache ist die derzeitige Regelung des § 31 Abs. 4 sinnwidrig, weil bei Ablehnung des 44 Asylantrags als unzulässig nach § 29 Abs. 1 Nr. 3 und paralleler Zuerkennung internationalen Schutzes für Familienangehörige nach § 26a Abs. 5 eine Bleibeberechtigung nach § 25 Abs. 2 S. 2 AufenthG iVm § 25 Abs. 1 S. 3 AufenthG und ein Titelerteilungsanspruch nach § 25 Abs. 2 S. 1 AufenthG entstehen, die eine Abschiebung in den aufnahmebereiten Staat ausschließen. Funktional erschiene es daher zweckmäßiger, die Regelung des § 31 Abs. 4 als materiell-rechtliche Regelung in den Katalog des § 26a Abs. 1 S. 2 aufzunehmen.

III. Annexzuständigkeit des BAMF für die Prüfung von Abschiebungsverboten nach nationalem Recht (§ 31 Abs. 3)

1. Annexzuständigkeit des BAMF (§ 31 Abs. 3 S. 1, § 24 Abs. 2)

Über die in § 31 Abs. 2 genannten primären Verfahrensgegenstände des behördlichen Asylver- 45 fahrens hinaus **erstreckt § 24 Abs. 2 die Zuständigkeit des BAMF auch auf die – an sich originär ausländerrechtliche – Prüfung des Vorliegens von Abschiebungsverboten nach § 60 Abs. 5 und Abs. 7.** Inhalt und Grenzen der Entscheidungsbefugnis des BAMF regeln indes § 31 Abs. 3 S. 1 und Abs. 5: Abhängig vom Ergebnis der Prüfung des eigentlichen Asylantrags kann oder muss das BAMF auch über das Vorliegen der dort geregelten Abschiebungsverbote nach nationalem Recht entscheiden (→ Rn. 49 ff.).

46   Ein Verzicht des Antragstellers auf diese Prüfung (im Sinne einer weiteren Beschränkung des Asylantrags) ist unzulässig, da es sich insoweit um eine zwingende Annexkompetenz des BAMF handelt, die in erster Linie der Verfahrensbeschleunigung dient (Hailbronner AuslR Rn. 43; BeckOK AuslR/Heusch Rn. 11, 19).

47   Anknüpfend an die Bestimmungen aus Abs. 3–5 begründet § 42 S. 1 dabei eine Bindung der Ausländerbehörden an die Entscheidung des Bundesamts über das Vorliegen von Abschiebungsverboten nach nationalem Recht. Mit der Stellung eines Asylantrags iSd § 13 Abs. 2 **geht die Prüfverantwortung für das Vorliegen von Abschiebungsverboten daher – auch nach Abschluss des Asylverfahrens – dauerhaft auf das BAMF über** (BeckOK AuslR/Heusch Rn. 18 f.).

48   Vor Stellung eines Asylantrags ist die Prüfung von Abschiebeverboten nach § 60 Abs. 5 und Abs. 7 hingegen den mit dem Vollzug des AufenthG betrauten Behörden – einschließlich der Grenzschutzbehörden, soweit diese Ab- und Zurückschiebungen vornehmen (→ AufenthG § 71 Rn. 52 ff.) – überantwortet, die lediglich nach § 72 Abs. 2 auf die spezifische Sachkenntnis des BAMF zurückgreifen können (→ AufenthG § 72 Rn. 53 ff.).

2. Entscheidungspflicht des BAMF (§ 31 Abs. 3 S. 1)

49   Nach der Grundregel des Abs. 3 S. 1 ist das BAMF **in allen denkbaren Fällen** – dh bei Unzulässigkeit des Antrags, bei Zulässigkeit des Antrags und selbst bei Vorliegen eines Nicht-Antrags, der nach § 30 Abs. 5 als (offensichtlich) unbegründeter Asylantrag gilt – verpflichtet, über das Vorliegen von Abschiebungsverboten nach nationalem Recht zu entscheiden.

50   Die gesetzliche Prüfpflicht stellt dabei sicher, dass die nach § 34 zu erlassende Abschiebungsandrohung oder eine ggf. zu erlassende Abschiebungsanordnung nach § 34a ohne Verletzung des konventionsrechtlichen Refoulement-Verbots (→ GFK Art. 33 Rn. 7 ff.) oder grundrechtlicher Garantien ergehen kann.

51   Die hiermit einhergehende **Pflicht zur Tenorierung des Entscheidungsergebnisses** (→ Rn. 29) **gewährleistet** – in Verbindung mit der Regelung des § 42 S. 1 – **darüber hinaus, dass in eine ggf. darauffolgenden ausländerrechtlichen Verfahren auf eine Inzidentprüfung verzichtet werden kann.** Dies kann ggf. zu einer erheblichen Verfahrensvereinfachung sowohl des Abschiebungs- als auch des Titelerteilungsverfahrens nach § 25 Abs. 3 AufenthG führen.

52   Eine solche **„Vorratsentscheidung"** ist – abseits der ausdrücklich im Gesetz genannten Fälle – auch dann nicht entbehrlich, wenn aus tatsächlichen Gründen (zB wegen zielstaatsunabhängiger Duldungsgründe) wenig Aussicht auf eine Durchsetzung der Ausreisepflicht besteht (GK-AsylG/Funke-Kaiser Rn. 33; BeckOK AuslR/Heusch Rn. 22; aA NK-AuslR/Schröder Rn. 6). Insoweit dient § 31 Abs. 3 S. 1 der Verfahrenskonzentration und der Vereinfachung behördlicher Entscheidungsprozesse im Fall einer späteren Abschiebung (BVerwG NVwZ 2004, 352 (353); Hailbronner AuslR Rn. 43).

3. Zu prüfender Zielstaat

53   Anders als im Hinblick auf die in Abs. 2 in Bezug genommenen Statusvoraussetzungen, die stets im Hinblick auf das Herkunftsland des Betroffenen zu prüfen sind (→ § 3 Rn. 18 ff.), **orientiert sich die Prüfung von Abschiebungsverboten nach § 60 Abs. 5 und Abs. 7 AufenthG am jeweiligen Zielstaat der ins Auge gefassten Abschiebung.**

54   In den Fällen der Ablehnung des Asylantrags als unbegründet oder bei Ablehnung eines Folgeantrags nach § 29 Abs. 1 Nr. 5 bezieht sich die zu erlassende Abschiebungsandrohung **auf das Herkunftsland bzw. – ausnahmsweise – einen anderen aufnahmebereiten Drittstaat** (→ AufenthG § 59 Rn. 12), so dass auch Abschiebeverbote im Hinblick auf die genannten Staaten zu prüfen sind. In den übrigen Fällen der Ablehnung des Asylantrags als unzulässig kann oder soll eine **Abschiebung aber gerade nicht in den Herkunftsstaat** erfolgen, da die Abschiebung gerade zum Zweck der Durchführung eines Asylverfahrens erfolgt (§ 29 Abs. 1 Nr. 1) oder auf einer Schutzgewährung durch einen Drittstaat beruht (§ 29 Abs. 1 Nr. 2–4). Dementsprechend sind Abschiebungsverbote hier – unabhängig vom Herkunftsstaat des Betroffenen – **nur im Hinblick auf diese Zielstaaten zu prüfen** (vgl. § 35 sowie allg. BVerwG NVwZ 2017, 1207 (1208)). Für die Prüfung der Einhaltung des Refoulement-Verbots hinsichtlich des eigentlichen Herkunftsstaates ist dann der jeweilige Zielstaat verantwortlich.

4. Prüfprogramm in den Fällen des § 29 Abs. 1 Nr. 5, § 71 (Folgeantragsfälle)

Durch die Einbeziehung erfolgloser Folgeanträge (§ 71) in den Kreis der unzulässigen Asylan- **55** träge (§ 29 Abs. 1 Nr. 1 Alt. 1) und die hiermit verbundene Erstreckung des § 31 Abs. 3 S. 1 auch auf Folgeanträge wurde die Frage nach dem Umgang mit der Feststellung von Abschiebungsverboten neu aufgeworfen: Denn bei wortlautgetreuer Auslegung des § 31 Abs. 3 S. 1 könnte dieser so verstanden werden, dass bei Ablehnung eines Folgeantrags als unzulässig Abschiebungsverbote stets – dh ohne Bindung an vorangegangene Entscheidungen über das (Nicht-) Vorliegen von Abschiebungsverboten – vollständig zu prüfen sind (so tatsächlich SächsOVG BeckRS 2017, 123499 Rn. 26).

Richtigerweise verweist § 31 Abs. 3 S. 1 in diesen Fällen jedoch lediglich auf die vom BAMF **56** zu prüfenden Verfahrensgegenstände (allg. Marx AsylG Rn. 1), während sich die Maßstäbe aus § 48 ff. VwVfG iVm § 60 Abs. 5 und Abs. 7 AufenthG ergeben: Das BAMF **bleibt bei seiner Pflichtprüfung der Abschiebungsverbote daher an frühere Entscheidungen über das Nichtvorliegen von Abschiebungsverboten gebunden** bzw. kann sich auf deren Bestandkraft berufen, soweit nicht die Voraussetzungen für ein Wiederaufgreifen des Verfahrens (§ 51 VwVfG) oder eine Rücknahme- bzw. Widerrufsentscheidung (§§ 48 f. VwVfG) gegeben sind (zutr. VG Regensburg BeckRS 2020, 26822 Rn. 26; GK-AsylG/Funke-Kaiser Rn. 50; Hailbronner AuslR Rn. 54; aA SächsOVG BeckRS 2017, 123499 Rn. 26).

5. Absehen von der Entscheidung bei positivem Ausgang des Asylverfahrens (§ 31 Abs. 3 S. 2)

Von der nach Abs. 3 S. 1 an sich gebotenen Entscheidung über das Vorliegen von Abschiebungs- **57** verboten kann nach S. 2 abgesehen werden, wenn der Betroffene als Asylberechtigter anerkannt wird oder ihm internationaler Schutz zuerkannt wird. Die Vorschrift dient der Verfahrensvereinfachung und **beruht auf der Überlegung, dass ein anerkannt schutzberechtigter Ausländer „ohnehin nicht [in den Herkunftsstaat] abgeschoben werden kann"** (BT-Drs. 12/4450, 23; → Rn. 57.1).

Inhaltlich zeigt die Regelung des Abs. 3 S. 2, dass die Prüfung nationaler Abschiebungsverbote gegen- **57.1** über der Prüfung der Asylberechtigung und des internationalen Schutzes **nachrangig** ist (BeckOK AuslR/ Heusch Rn. 24), beide Schutzformen sich aber weder materiell noch verfahrensrechtlich ausschließen. Insoweit unterscheidet sich das Verhältnis zwischen nationalen Abschiebungsverboten und Asyl bzw. internationalem Schutz vom Verhältnis des subsidiären Schutzes zur Feststellung der Flüchtlingseigenschaft (→ Rn. 32).

Diese Überlegung des Gesetzgebers trifft zu, da § 60 Abs. 1 S. 1 und S. 2 AufenthG iVm § 60 **58** Abs. 2 AufenthG in der Regel auch dann ein Abschiebeverbot begründen, wenn der Erteilung eines Aufenthaltstitels nach § 25 Abs. 1 oder Abs. 2 AufenthG Versagungsgründe nach § 25 Abs. 1 S. 2 AufenthG entgegenstehen. Zwar findet das Abschiebungsverbot des § 60 Abs. 1 S. 1 AufenthG keine Anwendung, wenn die in § 60 Abs. 8 S. 1 AufenthG genannten Voraussetzungen vorliegen oder das Bundesamt nach § 60 Abs. 8 S. 3 AufenthG von der Anwendung des § 60 Abs. 1 AufenthG absieht; in diesen Fällen scheitert die Anerkennung als Asylberechtigter bzw. die Zuerkennung internationalen Schutzes jedoch ebenfalls an § 1 Abs. 4 bzw. der in § 4 Abs. 2 enthaltenen Parallelregelung.

Dementsprechend dürfte es **regelmäßig nicht ermessensfehlerhaft sein, von einer Ent-** **59** **scheidung über das Vorliegen von Abschiebungsverboten nach nationalem Recht abzusehen** (BeckOK AuslR/Heusch Rn. 23), zumal § 73 Abs. 3 eine Nachholung der Prüfung in einem ggf. später durchzuführenden Rücknahme- oder Widerrufsverfahren von Amts wegen gebietet. Zu bedenken ist allerdings, dass ein dem Betroffenen zuerkannter Schutzstatus unter den § 72 genannten Voraussetzungen auch kraft Gesetzes erlöschen kann, ohne dass eine gesonderte Prüfung nationaler Abschiebungsverbote erfolgt.

Eine Ermessensausübung zugunsten des Ausländers kommt vor allem dann in Betracht, wenn **60** sich das Vorliegen der Voraussetzungen des § 60 Abs. 5 und Abs. 7 AufenthG bereits aus den dem BAMF bekannten Umständen ergibt oder ein späterer Wegfall der Voraussetzungen für die Zuerkennung des Schutzstatus absehbar ist (→ Rn. 63.1 ff.).

Eine Neubewertung des § 31 Abs. 3 S. 2 und der hiermit verbundenen Ermessensfragen macht **61** indes die Neuregelung des Familiennachzugs zu subsidiär Schutzberechtigten durch Gesetz v. 12.7.2018 (BGBl. I 1147) erforderlich. Da der Gesetzgeber die Anforderungen an die Gewährung von Familiennachzug zu subsidiär Schutzberechtigten nunmehr – rechtspolitisch zweifelhaft – strenger ausgestaltet hat als selbst die Voraussetzungen für den Familiennachzug zu Inhabern natio-

naler Abschiebungsverbote, kann an deren Feststellung parallel zur subsidiären Schutzberechtigung
nunmehr ein anerkennenswertes Interesse bestehen (→ § 4 Rn. 17 f.).

61.1   Unabweisbar ist dieses Interesse dann, wenn der Betroffene Gründe für die Zuerkennung nationaler
Abschiebungsverbote geltend macht, die sich nicht in einer Wiederholung der Gründe für die Zuerkennung
subsidiären Schutzes erschöpfen. Dies gilt etwa dann, wenn der Betroffene Gefahren geltend macht, die –
wie zB Krankheiten oder materielle Not – in Ermangelung eines Gefährdungsakteurs schon strukturell
keine Anerkennung als subsidiär Schutzberechtigter begründen können. In diesen Fällen wäre ein Verzicht
auf Feststellungen zu nationalen Abschiebungsverboten jedenfalls dann ermessensfehlerhaft, wenn der
Betroffene über Familienangehörige verfügt, die von günstigeren Familiennachzugsregelungen profitieren
könnten.

61.2   Anders dürfte der Fall liegen, wenn der Betroffene lediglich Schutzgründe geltend macht, die vorrangig
unter § 4 Abs. 1 zu subsumieren wären. Dies gilt insbesondere für Fälle des § 60 Abs. 5 AufenthG iVm
Art. 3 EMRK, der bei drohenden Schäden nach § 4 Abs. 1 S. 2 Nr. 2 stets parallel einschlägig ist. Hier
dürfte vieles dafür sprechen, den allein durch die Möglichkeit erleichterten Familiennachzugs motivierten
Antrag auf Feststellung auch nationaler Abschiebungsverbote als beabsichtigte Umgehung der Wertungen
des § 36a AufenthG anzusehen, der das BAMF bei Ausübung seines durch § 31 Abs. 3 S. 2 eingeräumten
Ermessens oder die Ausländerbehörde bei Prüfung eines atypischen Falls iSd § 25 Abs. 3 S. 1 AufenthG
(vgl. BVerwG ZAR 2018, 270 Rn. 46; → Rn. 61.3) nicht Vorschub leisten müssen. Anders wäre dies
jedoch zu bewerten, wenn die Rechtsprechung – was derzeit offen ist – erleichterten Familiennachzug
auch in diesen Fällen ermöglichen würde.

61.3   Die dieser Auslegung des § 31 Abs. 3 S. 2 entgegenstehende Entscheidung des BVerwG v. 19.4.2018
(ZAR 2018, 270) ist insoweit durch Wegfall des Moratoriums des § 104a Abs. 13 AufenthG aF zum
1.8.2018 weitgehend überholt, da § 30 Abs. 1 Nr. 3 lit. d und lit. e AufenthG sowie § 32 Abs. 1 Nr. 4
AufenthG – anders als § 104 Abs. 13 S. 1 AufenthG aF – keine Sperrwirkung für den Familiennachzug
auf Grundlage anderer Aufenthaltserlaubnisse entfalten und sie auch nicht – wiederum anders als § 104
Abs. 13 S. 1 AufenthG aF dem lediglich temporären Schutz der staatlichen und gesellschaftlichen Auf-
nahme- und Integrationssysteme vor Überforderung dienen (zu dieser Begründung BVerwG ZAR 2018,
270 Rn. 47). Auch die Annahme eines atypischen Falles, der eine negative Ausübung des durch § 25
Abs. 3 S. 1 AufenthG begründeten intendierten Erteilungsermessens rechtfertigen könnte (vgl. BVerwG
ZAR 2018, 270 Rn. 46) kommt nur dann in Betracht, wenn sich die Gründe für die Zuerkennung
subsidiären Schutzes und die Feststellung nationaler Abschiebungsverbote inhaltlich decken. Denn andernfalls würde ein lebensbedrohliche Erkrankter im Hinblick auf den Familiennachzug dann dauerhaft schlechter gestellt, wenn er zugleich auch noch von ernsthaften Schäden (zB aufgrund Krieg oder drohender
Folter) im Herkunftsland bedroht ist.

6. Negative Ermessensverdichtung bei Gewährung akzessorischen Schutzes (§ 31 Abs. 5)

62   Das durch § 31 Abs. 3 S. 2 eingeräumte Ermessen verdichtet sich nach § 31 Abs. 5, wenn
die Anerkennung als Asylberechtigter auf § 26 Abs. 1–3 (Familienasyl) bzw. die Zuerkennung
internationalen Schutzes auf § 26 Abs. 5 (internationaler Schutz für Familienangehörige) beruht.
Auf diese Weise soll § 31 Abs. 5 es dem BAMF ermöglichen, einen der wesentlichen Normzwecke
des § 26 – die **Verfahrensvereinfachung durch Verzicht auf die individuelle Prüfung des
Verfolgungsschicksals** der Familienangehörigen anerkannter Schutzberechtigter – auch im Hinblick auf die Prüfung von Abschiebungsverboten nach nationalem Recht zu verwirklichen, die
nicht von § 26 erfassten werden (vgl. Hailbronner AuslR Rn. 56; BeckOK AuslR/Heusch Rn. 28
sowie BVerwG NVwZ 1998, 1085 zu § 31 Abs. 5 aF).

63   Aufgrund des durch § 31 Abs. 5 begründeten intendierten Ermessens („soll") hat das Bundesamt
eine Prüfung der Voraussetzungen für die Feststellung nationaler Abschiebungsverbote in aller
Regel ebenso zu unterlassen ist wie eine Tenorierung oder entsprechende Ausführungen in den
Entscheidungsgründen, wenn nicht besondere Gründe eine Ausnahme fordern (vgl. BVerwG
NVwZ 1998, 1085; → Rn. 63.1 ff.).

63.1   Derartige „besondere Gründe" können etwa dann vorliegen, wenn vorhersehbar ist, dass die Vorausset-
zungen für den Widerruf des akzessorischen Schutzstatus in absehbarer Zeit vorliegen werden. In diesem
Fall kann es der Verfahrensökonomie entsprechen, zugleich mit der Anerkennung als Asylberechtigter
oder der Zuerkennung der Flüchtlingseigenschaft über das Vorliegen von – ggf. länger andauernden –
Abschiebungsverboten zu entscheiden (Hailbronner AuslR Rn. 56 sowie andeutungsweise Bergmann/
Dienelt/Bergmann Rn. 3).

Ein vergleichbarer Ausnahmefall kann unter Umständen auch dann gegeben sein, wenn das Vorliegen **63.2** von Abschiebungsverboten – zB aufgrund einer an die allgemeinen Rückkehrumstände anknüpfenden allgemeinen Weisungslage – ohne weiteren Verfahrensaufwand festgestellt werden kann.

Aufgrund der verfahrensrechtlichen Absicherung durch § 72 Abs. 3 dürfte eine Ermessensverdichtung **63.3** zugunsten einer ausdrücklichen Entscheidung auch über das Vorliegen von Abschiebungsverboten in der Regel nicht anzunehmen sein. Dennoch ist das BAMF bei Vorliegen besonderer Gründe im oben genannten Sinne nach allgemeinen Grundsätzen gehalten, das ihm eingeräumte Ermessen pflichtgemäß auszuüben (Hailbronner AuslR Rn. 45; unklar GK-AsylG/Funke-Kaiser Rn. 30, 50).

Auch der betroffene Ausländer hat daher **in der Regel keinen Anspruch auf eine Sachprü- 64 fung bzw. entsprechende Feststellung.** Dies ist für ihn jedoch regelmäßig nicht von Nachteil, weil die Zuerkennung eines positiven Schutzstatus für ihn günstigere Rechtswirkungen entfaltet (vgl. BVerwG NVwZ 1998, 1085) und er im Widerrufs- oder Rücknahmeverfahren sowohl eine Prüfung eigener Verfolgungsgründe (als Rücknahme- oder Widerrufsvoraussetzung) als auch eine Vollprüfung der Voraussetzungen des § 60 Abs. 5 und Abs. 7 AufenthG beanspruchen kann (§ 73 Abs. 3; → Rn. 64.1).

Die spätere Prüfung nationaler Abschiebungsverbote erfolgt dabei unabhängig von den Voraussetzungen **64.1** der §§ 48 ff. VwVfG, da im Ausgangsverfahren weder eine positive noch negative Entscheidung über diesen Teil des Verfahrensgegenstands getroffen wurde (vgl. BVerwG NVwZ 1998, 1085). Nachteile können allerdings dann eintreten, wenn die Rechtsstellung als anerkannter Asylberechtigter bzw. als anerkannter Flüchtling kraft Gesetzes – dh ohne gesonderte Prüfung des Vorliegens von Abschiebungsverboten – erlischt.

7. Rechtsfolgen einer Verletzung der Entscheidungspflicht

Liegen die in Abs. 3 S. 2 oder Abs. 5 genannten Voraussetzungen nicht vor oder leidet die **65** Entscheidung des BAMF unter einem Ermessensfehler, so ist das **Absehen von einer Entscheidung über das Vorliegen von Abschiebungsverboten rechtswidrig.**

Auf die Rechtmäßigkeit der – einer Prüfung des Vorliegens von Abschiebungsverboten notwen- **66** dig vorgelagerten – Entscheidung über das Vorliegen der in Abs. 2 genannten Schutzvoraussetzungen hat das Fehlen einer Entscheidung nach Abs. 3 S. 1 gebotenen Entscheidung allerdings denklogisch keinen Einfluss.

Ob – wie das BVerwG allerdings im Kontext einer auf § 34a Abs. 1 S. 4 gestützten Abschie- **67** bungsandrohung annimmt (BVerwG NVwZ-RR 2017, 887 Rn. 17 ff.) – auch die **Rechtmäßigkeit einer Abschiebungsdrohung vom Fehlen einer Pflichtentscheidung nach Abs. 3 S. 1 unberührt bleibt, erscheint zweifelhaft.** Denn anders als im Anwendungsbereich des § 59 AufenthG, der eine Prüfung von Abschiebungsverboten nur inzident vorsieht und sie selbst bei ihrem Vorliegen nur auf Ebene der Zielstaatsbezeichnung berücksichtigt (§ 59 Abs. 3 AufenthG), wird das Nichtvorliegen von Abschiebungsverboten durch § 34 Abs. 1 Nr. 3 **zur Tatbestandsvoraussetzung erhoben.** Dies wird auch in BVerwG NVwZ-RR 2017, 887 Rn. 19 nicht hinreichend berücksichtigt.

In Verbindung mit § 31 Abs. 3 S. 1, der eine ausdrückliche Prüf- und Tenorierungspflicht **68** begründet (→ Rn. 27 ff.), muss den Vorschriften über den Erlass einer auf das AsylG gestützten Abschiebungsandrohung daher eine **spezifisch asylrechtliche Verfahrensgarantie** entnommen werden, die die unbedingte Beachtung der aus Art. 2 Abs. 1 GG und Art. 3 EMRK folgenden Mindestgarantien sicherstellen soll. Entgegen der wohl vom BVerwG vertretenen Auffassung **führt eine Verletzung des § 31 Abs. 3 S. 1 daher zur Rechtswidrigkeit einer auf § 34 AufenthG gestützten Abschiebungsandrohung,** die im Anfechtungsverfahren folglich der Aufhebung unterliegt (vgl. OVG Saarl BeckRS 2017, 113009 Rn. 30, im Revisionsverfahren aufgehoben; Huber NVwZ 2016, 1503 (1505); aA BeckOK AuslR/Heusch Rn. 20 und wohl auch Bergmann/Dienelt/Bergmann Rn. 3).

Nichts anderes kann jedoch im Hinblick auf die Abschiebungsanordnung nach § 34a gelten **69** (VG Cottbus NVwZ 2016, 1503 mzustAnm Huber; aA BVerwG NVwZ 2017, 1207 (1208)). Denn ohne Prüfung der auf den jeweiligen Zielstaat bezogenen Abschiebungsverbote steht gerade nicht im Sinne des § 34a Abs. 1 S. 1 fest, dass eine Abschiebung in den jeweiligen Zielstaat durchgeführt werden kann. Dies kann durch eine lediglich inzident erfolgende erstmalige Prüfung im gerichtlichen Verfahren nicht adäquat ersetzt werden, zumal eine solche in der Regel zunächst im Rahmen einer summarischen Prüfung im Verfahren nach § 34a Abs. 2 S. 1 iVm § 80 Abs. 5 S. 1 VwGO erfolgen müsste. Eine Pflicht zur gerichtlichen „Spruchreifmachung" der Klage ist mit dem Erfordernis des „Feststehens" der Durchführbarkeit der Abschiebung ebenso wenig vereinbar wie mit dem allgemeinen Beschleunigungs- und Konzentrationsgedanken des Dublin-Verfahrens (OVG Saarl BeckRS 2017, 113009 Rn. 30; Huber NVwZ 2016, 1503 (1505)).

C. Begründungs- und Belehrungspflichten

I. Begründungspflichten

70   Nach Abs. 1 S. 2 ist die Entscheidung des BAMF über Asylanträge schriftlich zu begründen. Hierin liegt eine Abweichung zu § 39 Abs. 2 Nr. 1 VwVfG, der eine Begründung für entbehrlich erklärt, wenn die Behörde einem Antrag entspricht, der nicht in Rechte Dritter eingreift (BeckOK AuslR/Heusch Rn. 3; → Rn. 70.1).

70.1   Art. 11 Asylverfahrens-RL schreibt eine **Begründungspflicht nur bei ablehnenden Entscheidungen vor, enthält insoweit aber keine Vollharmonisierung.** Über Art. 11 Asylverfahrens-RL hinaus umfasst die Begründungspflicht **auch die Entscheidung über das Vorliegen nationaler Abschiebungsverbote** (BeckOK AuslR/Heusch Rn. 3).

71   Die im AsylG geregelte Pflicht zur Begründung auch stattgebender Entscheidungen ist dem Umstand geschuldet, dass im – nach § 73 Abs. 2a S. 1 zwingend durchzuführenden – Widerrufsverfahren ggf. zu prüfen ist, ob die für die Anerkennungsentscheidung maßgeblichen Gründe nachträglich weggefallen sind (§ 73 Abs. 1 S. 2). Dies setzt jedoch voraus, dass ggf. auch Jahre nach Durchführung des Asylverfahrens **eindeutig festgestellt werden kann, auf welchen konkreten Umständen die Anerkennungsentscheidung beruht** (vgl. GK-AsylG/Funke-Kaiser Rn. 8; Hailbronner AuslR Rn. 5; BeckOK AuslR/Heusch Rn. 3; → Rn. 71.1 f.).

71.1   Diesem Normzweck genügt die regelmäßig zu beobachtende Anerkennungspraxis nicht, die lediglich auf „den Vortrag des Asylbewerbers im Rahmen der Anhörung" oder auf die „vorgebrachten und dem Bundesamt bekannten Umstände" verweist und ohne nähere Subsumtion ausspricht, dass die Voraussetzungen für eine positive Statusentscheidung vorliegen. Denn dies macht im Widerrufsverfahren ggf. die Rekonstruktion erforderlich, welchem Teil (zB bei mehreren vorgebrachten Verfolgungsgründen oder Gefährdungen) des Vortrags das BAMF gefolgt ist bzw. auf welcher Erkenntnislage die Entscheidung des BAMF beruhte.

71.2   Dies ist vor allem deswegen problematisch, weil ein „Wegfall der Umstände" (§ 73 Abs. 1 S. 2) nicht damit begründet werden kann, dass die der Anerkennung zugrunde liegenden Umstände von vornherein nicht vorlagen oder der Betroffene jedenfalls jetzt nicht von Verfolgung bedroht ist (vgl. Hailbronner AuslR Rn. 5). Hier wären ggf. § 73 Abs. 2 oder § 48 VwVfG anzuwenden, was jedoch ggf. ebenfalls die Kenntnis der anerkennungsbegründenden Umstände voraussetzt.

72   Inhaltlich gelten für die Begründungspflicht nach Abs. 1 S. 2 dieselben Maßstäbe wie bei Anwendung des allgemeinen Begründungserfordernisses des § 39 Abs. 1 VwVfG: Anzugeben sind die **wesentlichen tatsächlichen und rechtlichen Umstände, die die Behörde tatsächlich zu ihrer Entscheidung bewogen haben** (§ 39 Abs. 1 S. 2 VwVfG). Sie dienen lediglich der Erläuterung des behördlichen Rechtsstandpunkts und sind – vorbehaltlich der Fälle des § 114 S. 1 VwGO – im gerichtlichen Verfahren nur auf ihre Wahrhaftigkeit, nicht aber auf ihre inhaltliche Tragfähigkeit zu prüfen. Dies ist alleine eine Frage der – unabhängig von der gegebenen Begründung – zu prüfenden materiellen Rechtmäßigkeit des Bescheids (BeckOK AuslR/Heusch Rn. 3; → Rn. 72.1).

72.1   Ob bei Verletzung der formalen Begründungspflicht die Unbeachtlichkeitsvorschrift des § 46 VwVfG Anwendung finden kann, dürfte angesichts der unionsrechtlichen Radizierung der Begründungspflicht (→ Rn. 21, → Rn. 70.1) allerdings zweifelhaft sein (vgl. BeckOK VwVfG/Schemmer VwVfG § 46 Rn. 18 f.). Unbedenklich ist eine Anwendung des § 46 VwVfG allerdings insoweit, als § 31 Abs. 1 S. 2 – etwa im Hinblick auf die Prüfung der Asylberechtigung nach Art. 16a GG, die Prüfung nationaler Abschiebungsverbote oder die Pflicht zur Begründung auch stattgebender Entscheidungen – auf einer überschießenden Umsetzung des Unionsrechts beruht (→ Rn. 70.1).

73   Besondere Begründungspflichten gelten im Fall der Ablehnung des Asylantrags als offensichtlich unbegründet (vgl. GK-AsylG/Funke-Kaiser Rn. 8; Bergmann/Dienelt/Bergmann Rn. 6; NK-AuslR/Schröder Rn. 12).

II. Ergänzende Informations- und Belehrungspflichten

1. Rechtsbehelfsbelehrung (§ 37 Abs. 6 VwVfG; § 36 Abs. 3 S. 2 und S. 3)

Nach § 37 Abs. 6 VwVfG ist einem schriftlichen Verwaltungsakt, der der Anfechtung unterliegt **74** (vgl. → Rn. 97 ff.), eine **Rechtsbehelfsbelehrung** beizufügen. Die Streichung der ursprünglich in § 31 Abs. 1 S. 2 aF enthaltenen Parallelregelung durch das Integrationsgesetz v. 31.7.2016 (BGBl. I 1939) hatte daher keine inhaltliche Änderung zur Folge, sondern diente lediglich der Beseitigung einer als überflüssig empfundenen Doppelregelung (BT-Drs. 266/16, 52).

Der **notwendige Inhalt** einer Rechtsbehelfsbelehrung ergibt sich – wenngleich ggf. unter **75** Berücksichtigung der autonomen Begriffsbildung des Unionsrechts – aus § 58 Abs. 1 VwGO (Hailbronner AuslR Rn. 8). Eine asylverfahrensrechtliche Besonderheit ist lediglich die nunmehr in § 31 S. 4 geregelte Pflicht zur Übersetzung der Rechtsbehelfsbelehrung in eine dem Ausländer mutmaßlich bekannte Sprache (→ Rn. 79 ff.; vgl. zu Anforderungen an die inhaltliche Richtigkeit einer Rechtsbehelfsbelehrung BVerwG BeckRS 2018, 23637 Rn. 17 ff.; BeckOK AuslR/Heusch Rn. 4; → Rn. 75.1).

Kein notwendiger Teil der Rechtsbelehrung ist dabei – entgegen NK-AufenthG/Schröder Rn. 17 – **75.1** die **Belehrung über die Modalitäten und Fristen für die Durchführung des Überstellungsverfahrens nach der Dublin III-VO.** Dies ergibt sich sowohl aus dem systematischen Kontext als auch aus der englischen Sprachfassung des Art. 26 Abs. 2 UAbs. 1 Dublin III-VO, der zwar entsprechende Belehrungspflichten vorschreibt, diese aber – anders als der missverständliche Wortlaut der deutschen Normfassung – nicht als Teil der Rechtsbehelfsbelehrung begreift (ähnlich GK-AsylG/Funke-Kaiser Rn. 9).

Nach herkömmlichem Begriffsverständnis umfasst die Pflicht zur Rechtsbehelfsbelehrung **76** **keine Pflicht zur Belehrung auch über die Möglichkeiten der Inanspruchnahme gerichtlichen Eilrechtsschutzes.** Allerdings ist das BAMF nach § 36 Abs. 3 S. 2 in Fällen der Ablehnung als offensichtlich unbegründet und der Unzulässigkeit nach § 29 Abs. 1 Nr. 2 und Nr. 4 zu einem entsprechenden „Hinweis" verpflichtet, für den § 58 VwGO entsprechend gilt (§ 36 Abs. 3 S. 3). Gleiches gilt aufgrund der Verweisungsnorm des § 71 Abs. 3 in Fällen des § 29 Abs. 1 Nr. 5, wenn eine (weitere) Abschiebungsandrohung im Folgeantragsverfahren ergeht (→ Rn. 76.1).

Keine entsprechende Hinweispflicht enthält das AsylG in jenen Fällen, in denen eine auf § 34a gestützte **76.1** Abschiebungsanordnung ergeht (§ 29 Abs. 1 Nr. 1 und Nr. 3). Zumindest im erstgenannten Fall folgt eine entsprechende Verpflichtung jedoch unmittelbar aus Art. 26 Abs. 2 UAbs. 1 Dublin III-VO (→ Rn. 24). Im Fall des § 29 Abs. 1 Nr. 3 ist eine entsprechende Hinweispflicht unionsrechtlich nicht ausdrücklich vorgesehen; allerdings stellt sich vorrangig die Frage nach der Vereinbarkeit des Sofortvollzugs mit Art. 46 Abs. 5 Asylverfahrens-RL, da Art. 33 Abs. 2 lit. c Asylverfahrens-RL iVm Art. 38 Asylverfahrens-RL in Art. 46 Abs. 6 Asylverfahrens-RL nicht erwähnt werden.

Maßgeblich für die **inhaltliche Richtigkeit einer Rechtsbehelfsbelehrung** soll die Rechts- **77** lage im Zeitpunkt der Zustellung der Entscheidung sein (BeckOK AuslR/Heusch Rn. 4; aA VG Bayreuth BeckRS 2014, 56475; NK-VwGO/Kluckert VwGO § 58 Rn. 54; Schoch/Schneider VwGO/Meissner/Schenk VwGO § 58 Rn. 63). Richtigerweise ist insoweit zu differenzieren: Zwar trifft es zu, dass eine anfänglich – im Zeitpunkt der Zustellung als Zeitpunkt des Wirksamwerdens der Entscheidung (§ 43 Abs. 1 VwVfG) – unrichtige Rechtsbehelfsbelehrung nicht nachträglich richtig werden kann; hier gilt § 58 Abs. 2 VwGO (OVG NRW BeckRS 2018, 9945 Rn. 33). Auch kann eine nachträgliche Änderung der zuständigkeitsbegründenden Umstände, die in der Hand des Rechtsschutzsuchenden liegt, die Unrichtigkeit der zutreffend erteilten Rechtsbehelfsbelehrung nicht herbeiführen (vgl. VG Düsseldorf BeckRS 2018, 15405 Rn. 9). Im Übrigen wird der Zweck einer Rechtsbehelfsbelehrung jedoch nur erreicht, wenn sie **78** über die gesamte Klagefrist hinweg inhaltlich zutrifft. Insofern **fällt es in die Risikosphäre der Behörde, mögliche Rechtsänderungen** (Schoch/Schneider VwGO/Meissner/Schenk VwGO § 58 Rn. 63), **Änderungen der gerichtlichen Zuständigkeitsbereiche oder der Zuweisungsentscheidung** (VG Bayreuth BeckRS 2014, 56475) **bei Abfassung der Rechtsbehelfsbelehrung zu antizipieren.**

2. Übersetzung von Entscheidungsformel und Rechtsbehelfsbelehrung (Abs. 1 S. 4 Hs. 1)

Nach Abs. 1 S. 4 Hs. 1 ist, wenn der Antragsteller keinen Bevollmächtigten bestellt hat, der **79** Entscheidung eine **Übersetzung der Entscheidungsformel** (→ Rn. 27 ff.) **und der Rechtsbehelfsbelehrung** (→ Rn. 74 f.) **beizufügen.**

80   Abs. 1 S. 4 Hs. 1 dient der Umsetzung von Art. 12 Abs. 1 lit. f Asylverfahrens-RL, der –
anders als Art. 22 Qualifikations-RL (→ Rn. 83) – entsprechende Informationspflichten ebenfalls
nur gegenüber rechtlich nicht vertretenen Antragstellern vorsieht.

81   Dem Gesetzgeber stand dabei vor Augen, dass eine entsprechende Belehrung ggf. auch mündlich erfolgen kann (BT-Drs. 16/5065, 424). Dies ist mit dem von ihm gewählten Wortlaut („beifü-
gen") aber nicht vereinbar (BeckOK AuslR/Heusch Rn. 5).

82   Die Übersetzung muss in einer Sprache verfasst sein, deren **Kenntnis vernünftigerweise
erwartet werden kann.** Dies muss nicht notwendigerweise die Muttersprache des Betroffenen
sein, wenn dieser sich auch in anderen Sprachen verständigen kann; regelmäßig empfiehlt sich
die Verwendung einer Sprache, in der sich der Ausländer im Rahmen der persönlichen Anhörung
verständigt hat oder die er ausweislich eigener Angaben im Asylverfahren spricht (vgl. BeckOK
AuslR/Heusch Rn. 5; GK-AsylG/Funke-Kaiser Rn. 10). Der Betriff des „vernünftigerweise
erwartbaren" formuliert dabei keine Erwartungshaltung etwa an den Bildungsgrad des Ausländers,
sondern fordert vernünftige Anhaltspunkte dafür, dass der Ausländer die jeweilige Sprache tatsächlich versteht (vgl. GK-AsylG/Funke-Kaiser Rn. 10; Hailbronner AuslR Rn. 9).

3. Rechte und Pflichten bei positiver Entscheidung (Abs. 1 S. 4 Hs. 2)

83   Antragstellern, denen ein Schutzstatus zuerkannt oder bei denen das Vorliegen eines Abschiebungsverbots festgestellt wird, sind darüber hinaus **über die sich hieraus ergebenden Rechte
und Pflichten zu belehren.** Der Wortlaut des Hs. 2 („werden zusätzlich […] unterrichtet")
könnte dabei die Annahme stützen, dass eine solche Unterrichtung nur unter den Voraussetzungen
des Hs. 1 erfolgen muss. Eine richtlinienkonforme Auslegung im Lichte des Art. 22 Qualifikations-
RL, dessen Umsetzung die Bestimmung dient, gebietet eine Erfüllung der Informationspflichten
jedoch auch gegenüber anwaltlich vertretenen Ausländern. Denn anders als Art. 12 Abs. 1 lit. f
Asylverfahrens-RL enthält Art. 22 Qualifikations-RL keine Beschränkung auf nicht rechtlich
vertretene Antragsteller (→ Rn. 83.1).

83.1   In der Praxis erfolgt die Belehrung – zulässigerweise – nicht im Begründungteil des Bescheides, sondern
in **Form einer sog. „Abschlussmitteilung"** ohne eigenen Regelungscharakter (vgl. Bergmann/Dienelt/
Bergmann Rn. 3).

84   Zu den **Rechtspositionen, über die bei Zuerkennung eines Schutzstatus bzw. Feststellung eines Abschiebungsverbots zu belehren ist,** gehören die aufenthaltsrechtliche Stellung
des Betroffenen bis zur Erteilung eines Aufenthaltstitels (§ 25 Abs. 1 S. 3, Abs. 2 S. 2 AufenthG),
die Voraussetzungen und Modalitäten der Erteilung eines Aufenthaltstitels (§ 25 Abs. 1 S. 1, Abs. 2
S. 1, Abs. 3 AufenthG, § 26 Abs. 1 und Abs. 2 AufenthG), die Möglichkeiten der Ausübung einer
Erwerbstätigkeit (§ 25 Abs. 1 S. 4, Abs. 2 S. 2 AufenthG, § 31 BeschV), der Beantragung eines
Reiseausweises (§ 6 AufenthV) und des Erwerbs einer Niederlassungserlaubnis (§ 26 Abs. 3 und
Abs. 4 AufenthG).

85   Zu den Rechten nach Abs. 1 S. 4 Hs. 2 dürften **auch das Recht auf Sozialleistungen
und auf Familiennachzug nach § 29 ff. AufenthG** gehören; hier ist insbesondere über die
Fristenregelung des § 29 Abs. 2 S. 2 und S. 3 AufenthG zu belehren (vgl. Bergmann/Dienelt/
Bergmann Rn. 3). Ob demgegenüber auch über die Erlöschenstatbestände des § 72 belehrt
werden muss, erscheint – obwohl dies zweckmäßig wäre – nach dem Gesetzeswortlaut zweifelhaft
(BeckOK AuslR/Heusch Rn. 6; aA GK-AsylG/Funke-Kaiser Rn. 20; NK-AuslR/Schröder
Rn. 18; Marx AsylG Rn. 6).

86   Bei den Abs. 1 S. 4 Hs. 2 genannten Pflichten handelt es sich unter anderem um die Passpflicht
sowie um die Obliegenheit, eine ggf. erforderliche Verlängerung des ggf. nach § 25 Abs. 1–3 zu
erteilenden Aufenthaltstitels rechtzeitig zu beantragen (GK-AsylG/Funke-Kaiser Rn. 19).

87   Auch die Belehrung nach Abs. 1 S. 4 Hs. 2 muss in einer Sprache verfasst sein, deren Kenntnis
im jeweiligen Einzelfall vernünftigerweise vorausgesetzt werden kann; dies folgt aus der Bezugnahme in Hs. 2 auf die in Hs. 1 genannten Bedingungen („werden zusätzlich unterrichtet").
Insoweit kann auf die vorstehende Kommentierung (→ Rn. 82) verwiesen werden.

4. Übermittlung einer Kopie der Asylakte (§ 36 Abs. 2 S. 1, Abs. 1 S. 1)

88   Nach § 36 Abs. 2 S. 1 ist in den in § 36 Abs. 1 S. 1 genannten Fällen, dh bei Ablehnung
des Asylantrags als offensichtlich unbegründet (§ 30) oder als unzulässig iSd § 29 Abs. 1 Nr. 2
(Schutzgewährung durch einen anderen Unionsstaat) und Nr. 4 (Wiederaufnahme durch einen
sonstigen Drittstaat), **zusammen mit der Zustellung der Entscheidung eine Kopie der**

Asylakte zu übermitteln. Auch wenn die Vorschrift vordergründig der Wahrung von Rechtsschutzinteressen dient, steht sie letztlich doch **im Zeichen der weiteren Verfahrensbeschleunigung unter Wahrung (lediglich) rechtsstaatlicher Mindeststandards** (BT-Drs. 12/4450, 23).

Eine Übersetzung des Akteninhalts hat der Gesetzgeber nicht vorgesehen und ist – anders als **89** in den Fällen der in § 31 Abs. 1 S. 4 geregelten Belehrungspflichten – auch unionsrechtlich nicht geboten. Insoweit ist den Rechtsschutzinteressen durch Übersetzung des Entscheidungstenors nebst Rechtsbehelfsbelehrung (→ Rn. 79 ff.) und die Ermöglichung des Zugangs zu anwaltlicher Beratung und Vertretung hinreichend gedient.

5. Angabe der AZR-Nummer

Nach Abs. 7 ist die AZR-Nummer (§ 3 Abs. 1 Nr. 2 AZRG) in der Entscheidung anzugeben. **89a** Mit der Einführung der AZR-Nummer hat der Gesetzgeber eine veränderungsstabile Kennziffer geschaffen, die eine eindeutige Zuordnung eines Sachverhalts zu einer konkreten Person (bzw. einem konkreten Registereintrag) ermöglichen soll (BT-Drs. 19/8752, 76). Zweckmäßig, aber gesetzlich nicht eindeutig vorgeschrieben ist eine Angabe im Rubrum.

6. Rechtsfolgen einer Verletzung der Informations- und Belehrungspflichten

Bei einer Verletzung von § 37 Abs. 6 VwGO gilt § 58 Abs. 2 VwGO. Eine unrichtige oder **90** fehlende Übersetzung der Rechtsbehelfsbelehrung kann die Unrichtigkeit der – nach § 58 Abs. 2 VwGO allein maßgeblichen – deutschen Fassung der Rechtsbehelfsbelehrung indes nicht begründen; ggf. kann aber eine Wiedereinsetzung in den vorigen Stand geboten sein (GK-AsylG/Funke-Kaiser Rn. 11 und – jedenfalls im Ergebnis – auch Hailbronner AuslR Rn. 11; aA Marx AsylG Rn. 5).

Die in § 31 Abs. 1 S. 4 und § 36 Abs. 2 S. 1 geregelten **Informations- und Belehrungspflich- 91 ten betreffen nicht den notwendigen Inhalt der Entscheidung über den Asylantrag;** dies ergibt sich aus der vom Gesetzgeber gewählten Formulierung des „Beifügens" bzw. des „Übermittelns (zusammen) mit der Zustellung der Entscheidung". Ihr Fehlen führt daher **nicht zu Zustellungsmängeln oder der Rechtswidrigkeit des Bescheides,** sondern kann ggf. Sekundäransprüche (zB auf Wiedereinsetzung in den vorigen Stand im Falle einer Fristversäumnis) oder ggf. sogar Amtshaftungsansprüche (zB im Fall einer schuldhaften Nichtbelehrung über die aus einer Statusanerkennung resultierenden Rechte und Pflichten) begründen (vgl. BeckOK AuslR/Heusch Rn. 5, 7; GK-AsylG/Funke-Kaiser Rn. 18; vgl. zur fehlenden Übersetzung der Rechtsbehelfsbelehrung ausdrücklich BVerwG BeckRS 2018, 23637 Rn. 21 ff.).

Auch eine Verletzung der nunmehr in Abs. 7 geregelten Pflicht zur Angabe der AZR-Nummer **91a** führt nicht zur Aufhebbarkeit des Bescheides. Zwar ist diese „in" der Entscheidung anzugeben und gehört daher zum notwendigen Inhalt des Bescheides; in der Sache dient die Angabe der AZR-Nummer jedoch lediglich der Verwaltungsvereinfachung und soll die Zuordnung und Auffindbarkeit einzelner Dokumente und Datensätze erleichtern (→ Rn. 89a). Ein entsprechender Formfehler führt zwar zur Rechtswidrigkeit der Entscheidung, kann die Entscheidung in der Sache aber nicht beeinflussen und führt nicht zur Aufhebung (§ 46 VwVfG).

D. Bekanntgabe der Entscheidung

Für die Bekanntgabe und Zustellung asylrechtlicher Entscheidungen gelten die allgemeinen **92** Bestimmungen des § 41 VwVfG sowie des Verwaltungszustellungsgesetzes des Bundes, soweit diese nicht durch § 10 oder durch § 31 Abs. 1 S. 5–7 modifiziert werden (BeckOK AuslR/ Heusch Rn. 7).

I. Grundfall

Nach der Grundregel des § 43 Abs. 1 S. 1 VwVfG wird ein Verwaltungsakt mit seiner Bekannt- **93** gabe wirksam, die **sowohl durch formlose Bekanntgabe als auch in Form der Zustellung nach dem VwZG erfolgen kann** (§ 41 Abs. 5 VwVfG, § 1 Abs. 2 VwZG). Während die formlose Bekanntgabe wahlweise gegenüber dem Adressaten oder seinem Bevollmächtigten erfolgen kann (§ 41 Abs. 1 S. 2 VwVfG, § 7 Abs. 1 S. 2 VwZG), ist eine Zustellung bei Vorlage einer schriftlichen Vollmacht **zwingend an den Bevollmächtigten zu richten** (§ 7 Abs. 2 S. 2 VwZG).

Die oben genannten Bekanntgabevorschriften gelten grundsätzlich auch für Entscheidungen **94** über Asylanträge und sonstige Entscheidungen nach dem AsylG. § 31 Abs. 1 sieht hiervon jedoch weitgehende Abweichungen vor, wenn die bekanntzugebende Entscheidung der Anfechtung unterliegt (Abs. 1 S. 3) oder eine Abschiebungsanordnung gem. § 34a enthält (Abs. 1 S. 5–7; → Rn. 101 ff.). Weitere Besonderheiten können sich aus § 10 ergeben (s. NK-AuslR/Bruns § 10 Rn. 14 ff.).

II. Zustellung anfechtbarer Entscheidungen (Abs. 1 S. 3)

1. Gebot der unverzüglichen Zustellung

95   Im Fall **anfechtbarer Entscheidungen** schreibt Abs. 1 S. 3 zwingend deren **förmliche Zustellung** vor, die **nach Maßgabe des VwZG** zu erfolgen hat. Die Zustellung kann demnach – wahlweise – gegenüber dem Adressaten des Verwaltungsakts oder dem von ihm bestellten Bevollmächtigten erfolgen (§ 7 Abs. 1 S. 1 VwZG), ist **bei Vorliegen einer schriftlichen Vollmacht** aber – vorbehaltlich der Sonderregelung des Abs. 1 S. 5 (→ Rn. 101 ff.) – **zwingend an den Bevollmächtigten zu richten** (§ 7 Abs. 1 S. 2 VwZG).

96   Ebenfalls aus Abs. 1 S. 3 folgt das **Gebot einer „unverzüglichen"** Zustellung anfechtbarer Entscheidungen. Auch wenn der Rechtsbegriff der „Unverzüglichkeit" im Einklang mit § 121 Abs. 1 S. 1 BGB („ohne schuldhaftes Zögern") auszulegen sein dürfte (Hailbronner AuslR Rn. 13), wirft die Regelung keine praktischen Rechtsprobleme auf, da eine verzögerte Zustellung **die Rechtmäßigkeit des Bescheides nicht berührt und auch keinen Zustellungsmangel begründen kann** (Hailbronner AuslR Rn. 13; → Rn. 96.1). Das Unverzüglichkeitsgebot kann vielmehr allenfalls als **Ausdruck des allgemeinen Beschleunigungsgedankens** verstanden werden, der insbesondere dem Dublin III-Regime innewohnt (so auch BeckOK AuslR/Heusch Rn. 7; → Rn. 96.1).

96.1   Nicht überzeugen kann die von GK-AsylG/Funke-Kaiser Rn. 14 geäußerte Auffassung, dass der „erkennbare Gesetzeszweck" des Unverzüglichkeitserfordernisses in der Ermöglichung effektiven Rechtsschutzes vor Einleitung konkreter Abschiebungsmaßnahmen zu suchen sei. Zwar ist es in der Tat schon durch Art. 19 Abs. 4 GG geboten, den auch unionsrechtlich erforderlichen wirksamen Rechtsschutz in der Praxis nicht leerlaufen zu lassen (→ Rn. 114). Dies wird jedoch nicht durch eine frühzeitige Zustellung des Bescheides, sondern durch Gewährung ausreichender Fristen zwischen der Begründung der Ausreisepflicht (durch Zustellung des Bescheides) und ihrer tatsächlichen Vollziehung erreicht.

2. Anwendungsbereich

97   Die **Beschränkung der Zustellungspflicht auf anfechtbare Asylentscheidungen** wurde erst mit dem Integrationsgesetz v. 31.7.2016 (BGBl. I 1939) in das AsylG aufgenommen. Sie dient der **Entlastung des BAMF**, da zuvor sämtliche Entscheidungen über Asylanträge der Zustellungspflicht unterlagen.

98   Da die früher in § 6 Abs. 2 S. 3 (idF des Gesetzes zur Neuregelung des Asylverfahrens v. 26.6.1992, BGBl. I 1126, 1128) vorgesehene Möglichkeit der Anfechtung von Asylentscheidungen durch den Bundesbeauftragten für Asylangelegenheiten schon mit dem Zuwanderungsgesetz v. 30.7.2004 (BGBl. I 1950) gestrichen wurde und begünstigende Entscheidungen über Asylanträge nicht unmittelbar in Rechtspositionen Dritter eingreifen (§ 42 Abs. 2 VwGO), **unterliegen nur ablehnende Entscheidungen über Asylanträge der Zustellungspflicht** (→ Rn. 98.1).

98.1   Trotz der potentiell irreführenden bzw. zumindest verkürzenden Bezugnahme auf „anfechtbare" Entscheidungen sind auch solche Entscheidungen zuzustellen, gegen die in der Hauptsache die Verpflichtungsklage (als Versagungsgegenklage) zu erheben wäre. Dies entspricht dem Willen des Gesetzgebers, eine formlose Bekanntgabe nur dann ausreichen zu lassen, wenn das BAMF dem Asylbegehren vollständig entspricht (BT-Drs. 266/16, 52).

99   Zuzustellen sind daher solche Entscheidungen, **in denen der Asylantrag als unzulässig abgelehnt, die Flüchtlingseigenschaft nicht zuerkannt oder** – soweit der Antrag nicht nach § 13 Abs. 2 S. 2 beschränkt wurde – **der Betroffene nicht als Asylberechtigter anerkannt wird.**

100   Die Zustellungspflicht umfasst die Belehrungen nach Abs. 1 S. 4 und § 36 Abs. 2 S. 1 nur mittelbar: Zwar sind diese der Entscheidung des BAMF „beizufügen" bzw. „mit der Zustellung der Entscheidung" zu übermitteln, die nach § 31 Abs. 1 S. 3 selbst der Zustellungspflicht unterliegt; sie lösen jedoch selbst keine Rechtsfolge aus und sind kein förmlicher Teil der zuzustellenden Entscheidung (→ Rn. 91). Dementsprechend kann eine fehlerhafte „Bekanntgabe" oder „Zustellung" der Übersetzungen bzw. der Kopie der Asylakte keine anderen Rechtsfolgen auslösen als ein vollständiges Unterlassen der entsprechenden Belehrungen, das allenfalls Wiedereinsetzungsgründe bzw. Sekundäransprüche begründen kann (Hailbronner AuslR Rn. 14; → Rn. 91).

III. Zustellung bei Erlass einer Abschiebungsanordnung (Abs. 1 S. 5–7)

1. Anwendungsbereich

Im Fall einer Ablehnung des Asylantrags als unzulässig, die auf §26a (Einreise über einen **101** sicheren Drittstaat) oder auf §29 Abs. 1 Nr. 1 (Zuständigkeit eines anderen Staates für die Durchführung des Asylverfahrens) gestützt wird, ist die Abschiebungsanordnung mit der Entscheidung zu verknüpfen (sog. „Zustellungsverbund") und auch dann – **abweichend von §7 Abs. 1 VwZG – dem Ausländer selbst zuzustellen, wenn dem BAMF eine schriftliche Vollmacht eines Bevollmächtigten vorliegt.**

Wortlaut und Entstehungsgeschichte des Gesetzes kann nicht entnommen werden, ob §31 **102** Abs. 1 S. 5 auch das in §6 Abs. 1 VwZG enthaltene Gebot der Zustellung an den gesetzlichen Vertreter verdrängen soll. Hierfür gibt es jedoch keine Anhaltspunkte, zumal dies jedenfalls im Fall unbegleiteter Minderjähriger kaum mit Art. 6 Abs. 2 S. 1 Dublin III-VO vereinbar wäre.

Die Vorschrift dient einer **weiteren Beschleunigung des Asyl- und Abschiebeverfahrens,** **103** da eine Überstellung in den in der Norm genannten Fällen regelmäßig nur innerhalb eines vergleichsweise kurzen Zeitfensters möglich ist (BT-Drs. 12/4450, 23).

In der Sache ist die Bezugnahme auf §26a irreführend, da **eine Entscheidung nach §26a** **104** **nur dann mit einer Abschiebungsanordnung verknüpft werden kann, wenn der Drittstaat auch zur Wiederaufnahme des Flüchtlings bereit ist** (Bergmann/Dienelt/Bergmann Rn. 4). Richtigerweise betrifft §31 Abs. 1 S. 5 daher Fälle des §29 Abs. 1 Nr. 1 oder Nr. 3.

Der Fall einer Unzulässigkeitsentscheidung nach §26a iVm §29 Abs. 1 Nr. 1, die gem. §34a **105** Abs. 1 S. 4 lediglich mit einer Abschiebungsandrohung verbunden wird, ist in §31 nicht geregelt. Da der Abs. 1 S. 5 innewohnende besondere Beschleunigungsgedanke, der der gesetzlichen Regelung zugrunde liegt (BT-Drs. 12/4450, 23), sich bei Erlass einer nicht sofort vollziehbaren (§75 Abs. 1) und mit einer Ausreisefrist von 30 Tagen (§38 Abs. 1) verbundenen Abschiebungsanordnung ohnehin nicht verwirklicht werden kann, bleibt es insoweit bei der Grundregel des §7 Abs. 1 S. 2 VwZG (GK-AsylG/Funke-Kaiser Rn. 17).

2. Besondere Zustellungsmodalitäten (Abs. 1 S. 5, S. 6)

Nach Abs. 1 S. 5 sind Entscheidungen in den oben genannten Fällen dem Ausländer selbst **106** zuzustellen. Dies gilt – abweichend von §7 Abs. 1 VwZG – auch dann, wenn dem BAMF eine schriftliche Vollmacht eines Bevollmächtigten vorliegt. Der Sinn dieser Regelung erschließt sich nur in Verbindung mit der Sonderregelung des Abs. 1 S. 6, der eine **Zustellung** auch durch die mit der Abschiebung befassten Behörden und damit **unmittelbar im Zusammenhang mit der Einleitung der Abschiebung ermöglicht** (→ Rn. 110, → Rn. 112).

Die gesetzliche Anordnung der persönlichen Zustellung an den Ausländer führt **zur Anwend-** **107** **barkeit der Sonderregelungen** des §10 Abs. 2–4 auch dann, wenn er einen Bevollmächtigten oder Empfangsberechtigten bestellt hat (NK-AuslR/Bruns §10 Rn. 23). Dies ist insbesondere aus Gründen anwaltlicher Sorgfalt zu beachten, da der Zeitpunkt der Zustellung innerhalb der lediglich einwöchigen Rechtsbehelfsfristen (§34a Abs. 2 S. 1, §74 Abs. 2) oftmals kaum zuverlässig feststellbar sein wird und ggf. Fristversäumnis droht.

Die unter Verstoß gegen Abs. 1 S. 5 dennoch an den Bevollmächtigten erfolgende Zustellung **108** führt – richtiger Ansicht nach – nicht zur Unwirksamkeit des Verwaltungsakts, wenn dieser dem richtigen Zustellungsadressaten dennoch formlos bekanntgegeben wird (NK-VwGO/Geis VwGO §73 Rn. 56 f.; BeckOK VwGO/Hüttenbrink VwGO §73 Rn. 23; aA VG Oldenburg BeckRS 2013, 58507; NK-AuslR/Schröder Rn. 15). Die in §34a Abs. 2 und §74 Abs. 1 geregelten Fristen beginnen jedoch nicht zu laufen, weil eine ordnungsgemäße Zustellung oder Bekanntgabe nicht erfolgt ist.

Demgegenüber nimmt die Rechtsprechung eine Heilung des Zustellungsmangels nach §8 **109** VwZG an, wenn der Betroffene vom Inhalt des seinem Bevollmächtigten zugestellten Bescheides tatsächlich – zB durch Übermittlung eines Abdrucks durch das BAMF oder im Rahmen der mündlichen Verhandlung – Kenntnis erlangt (vgl. BeckOK AuslR/Heusch Rn. 9; VG Oldenburg BeckRS 2013, 58507 mwN). Dies ist zweifelhaft, da es am Zustellungswillen spezifisch gegenüber dem gesetzlichen Zustellungsadressaten in der Regel fehlt und ein allgemeiner Bekanntgabewille insoweit nicht genügen kann (aA NdsOVG BeckRS 2015, 45445; VG Oldenburg BeckRS 2013, 58507).

110   Ergänzend zu Abs. 1 S. 5 ermöglicht S. 6 eine Zustellung unmittelbar durch die für die Abschiebung oder deren Durchführung zuständigen Behörden, dh die nach dem jeweiligen Landesrecht für die Überstellung zuständigen Ausländer- oder Polizeibehörden (vgl. → AufenthG § 71 Rn. 94). Einer an maximaler Verfahrenseffizienz orientierte Ausgestaltung des Abschiebevorgangs (im Sinne der Durchführung des Abschiebungsvorgangs unmittelbar nach Zustellung der Abschiebungsanordnung durch die Abschiebebehörde) steht aber das (auch unionsrechtlich garantierte) **Erfordernis der Gewährung effektiven Rechtsschutzes** entgegen, das zumindest den Zugang zu anwaltlicher Beratung und die Möglichkeit der Einlegung eines wirksamen Rechtsbehelfs gewährleisten muss (Art. 27 Dublin III-VO).

3. Benachrichtigung des Bevollmächtigten (Abs. 1 S. 7)

111   Kompensatorisch zur in Abs. 1 S. 5 vorgesehenen Zustellung unmittelbar an den Betroffenen sieht Abs. 1 S. 7 eine **„Zuleitung" eines Abdrucks der zuzustellenden Entscheidung an einen Bevollmächtigten oder einen als solchen benannten Empfangsberechtigten** vor (→ Rn. 111.1).

111.1   Rechtstechnisch ist die Vorschrift als Sollvorschrift ausgestaltet. Dies dürfte jedoch nicht auf ein der Zustellungsbehörde eingeräumtes Ermessen hindeuten, da von einem ggf. eingeräumten Absehensermessen kaum rechtmäßigerweise Gebrauch gemacht werden könnte (vgl. GK-AsylG/Funke-Kaiser Rn. 16; aA Hailbronner AuslR Rn. 17). Vielmehr dürfte es als Hinweis darauf zu verstehen sein, dass eine unterlassene Zuleitung die Rechtmäßigkeit der Zustellung ebenso unberührt lässt wie den Ablauf der gesetzlichen Rechtsbehelfsfristen (→ Rn. 91; → Rn. 113).

112   Dieser kompensatorische Zweck kann in der Praxis aber kaum zuverlässig erreicht werden. Denn Abs. 1 S. 7 sieht – anders als Abs. 1 S. 3 für die Zustellung der Entscheidung – keine „unverzügliche" Zuleitung des Entscheidungsabdrucks vor, so dass es ggf. schon auf Absenderseite zu erheblichen Verzögerungen kommen kann. Anders als bei der Zustellung gegen Empfangsbekenntnis (§ 5 Abs. 1 VwZG) ist aber auch auf Empfängerseite nicht gewährleistet, dass der Bevollmächtigte – in der Regel ein mit der Wahrnehmung der rechtlichen Interessen des Ausländers beauftragter Rechtsanwalt – persönlich vom Eingang des Schreibens Kenntnis erlangt. **Dies kann die Erlangung effektiven Rechtsschutzes angesichts der im Überstellungsverfahren nach der Dublin III-VO einzuhaltenden Fristen** – § 34a iVm § 74 Abs. 1 sehen keine Frist zur freiwilligen Ausreise vor und verkürzen die Klage- und Antragsfristen im Rechtsschutzverfahren auf eine Woche – **erheblich erschweren oder sogar vereiteln.** Dies gilt insbesondere in Ansehung der in Abs. 1 S. 6 offensichtlich angedachten Möglichkeit, die Zustellung erst im Zeitpunkt des Beginns der Überstellung vorzunehmen (vgl. Bergmann/Dienelt/Bergmann Rn. 9; NK-AuslR/Schröder Rn. 15; → Rn. 112.1).

112.1   Die – seit ihrem Inkrafttreten unveränderte – Zustellungsvorschrift ist indes vor dem Hintergrund des § 34a Abs. 2 aF zu sehen, der gerichtlichen Eilrechtsschutz – verfassungsrechtlich auch unter Berücksichtigung von Art. 16a Abs. 2 S. 3 GG zweifelhaft – gegen die Überstellungsentscheidungen nach dem Dublin II-Regime ausgeschlossen hatte (NK-AuslR/Schröder Rn. 15). Da diese Beschränkung mittlerweile entfallen ist, muss der durch § 34a Abs. 2 iVm § 80 Abs. 5 S. 1 VwGO gewährte gerichtliche Rechtsschutz aber auch in der Praxis effektiv sein.

113   Dennoch wird man – übereinstimmend mit §§ 34a Abs. 2 S. 1, 74 Abs. 1 und der Grundregel des § 57 Abs. 1 VwVfG – nicht den Empfang des Entscheidungsabdrucks, sondern die Zustellung unmittelbar an den Ausländer als den Fristbeginn auslösendes Ereignis ansehen müssen, da die vom Gesetzgeber intendierten Beschleunigungseffekte sonst nicht zuverlässig erzielt werden könnten. Auch eine verspätete oder vollständig unterbliebene Zuleitung nach Abs. 1 S. 7 steht dem Ablauf der Rechtsbehelfsfristen daher nicht entgegen; dem Betroffenen ist jedoch – ggf. sogar von Amts wegen (§ 60 Abs. 2 S. 4 VwGO) – Wiedereinsetzung in den vorigen Stand zu gewähren, wenn die Kausalität der verspäteten oder unterbliebenen Belehrung für die Versäumung der Antrags- oder Klagefrist glaubhaft gemacht wird (GK-AsylG/Funke-Kaiser Rn. 15).

114   Im Übrigen **sind die Abschiebebehörden verpflichtet, den Zugang zu anwaltlicher Beratung und effektivem gerichtlichem Rechtsschutz zu ermöglichen** (Art. 19 Abs. 4 GG; Art. 27 Abs. 5 Dublin III-VO). Gegebenenfalls kann auch das Gericht gehalten sein, ausreichende Fristen zur Antragsbegründung einzuräumen (GK-AsylG/Funke-Kaiser Rn. 15).

115   Inhaltlich umfasst die Pflicht nach Abs. 1 S. 7 nur einen „Abdruck der Entscheidung" iSd Abs. 1 S. 1 und S. 2, dh des Entscheidungstenors einschließlich der Entscheidungsgründe. Die in Abs. 1 S. 4 Hs. 1 vorgesehene Übersetzung und nach § 37 Abs. 6 VwVfG erforderliche

Rechtsbehelfsbelehrung sind der Entscheidung lediglich „beizufügen" und daher kein notwendiger Inhalt des Entscheidungsabdrucks.

§ 32 Entscheidung bei Antragsrücknahme oder Verzicht

¹Im Falle der Antragsrücknahme oder des Verzichts gemäß § 14a Abs. 3 stellt das Bundesamt in seiner Entscheidung fest, dass das Asylverfahren eingestellt ist und ob ein Abschiebungsverbot nach § 60 Absatz 5 oder 7 des Aufenthaltsgesetzes vorliegt. ²In den Fällen des § 33 ist nach Aktenlage zu entscheiden.

Überblick

§ 32 sieht – für das Verwaltungsverfahren untypisch – eine förmliche Einstellung des Verfahrens bei Antragsrücknahme oder Verfahrensverzicht vor (→ Rn. 4). Während die lediglich deklaratorisch wirkende Einstellungsentscheidung vorrangig Klarstellungszwecken dient (→ Rn. 40), soll die Aufrechterhaltung der Zuständigkeit des BAMF für die Prüfung von Abschiebungsverboten und die Abschiebungsandrohung einer Verzögerung der Aufenthaltsbeendigung entgegenwirken (→ Rn. 2, → Rn. 5). Voraussetzungen und Wirkungen der Antragsrücknahme sind in § 32 hingegen nicht bzw. nur fragmentarisch geregelt (→ Rn. 1, → Rn. 12 ff.). Eine Wiederaufnahme des eingestellten Verfahrens ist nur nach Maßgabe des § 33 Abs. 5 möglich (→ Rn. 31 f.; zum Sonderfall der Dublin-VO → Rn. 33); im Übrigen ist der Betroffene auf das Folgeantragsverfahren verwiesen (→ § 71 Rn. 1 ff.). Gegen die Einstellungsentscheidung und die damit verbundenen Nebenentscheidungen kann der Betroffene nach allgemeinen Grundsätzen Rechtsschutz erlangen (→ Rn. 56 f.).

Übersicht

A. Allgemeines

I. Funktion und Entstehungsgeschichte

Die Möglichkeit der Antragsrücknahme und des Verzichts ist **Ausdruck der Dispositionsfreiheit des Asylsuchenden über die Durchführung des Asylverfahrens** und – damit mittelbar verbunden – über den ihm ggf. zustehenden materiellen Schutzanspruch. § 32 setzt diese Dispositi- **1** onsmöglichkeiten voraus, ohne deren Voraussetzungen selbst zu regeln (BeckOK AuslR/Heusch Rn. 1).

1.1   Die **Dispositionsfreiheit des Asylberechtigten nach förmlicher Asylantragstellung gilt dabei nicht unbegrenzt:** So steht § 13 Abs. 2 einer Beschränkung des Schutzbegehrens auf ein Asylbegehren im engeren Sinne ebenso entgegen wie einer Beschränkung auf die Prüfung des subsidiären Schutzstatus (BeckOK AuslR/Heusch Rn. 10). Zudem kann der Betroffene nach Antragstellung nicht verhindern, dass das BAMF im Interesse der Verfahrensbeschleunigung – mit bindender Wirkung für die hierfür eigentlich originär zuständigen Ausländerbehörden (§ 42 S. 1) – über das Vorliegen nationaler Abschiebungsverbote entscheidet (§ 31 Abs. 3 S. 1, § 32 S. 1; BeckOK AuslR/Heusch Rn. 1, 3).

1.2   Im Sonderfall des **Antragsverzichts nach fiktiver Asylantragstellung** endet die Dispositionsbefugnis des Betroffenen mit der Zustellung der Sachentscheidung des Bundesamts (§ 14a Abs. 3). Diese Einschränkung dient dem Zweck, mit dem nachträglichen Verzicht möglicherweise verbundene Verzögerungen zu vermeiden (BeckOK AuslR/Sieweke § 14a Rn. 8; BT-Drs. 17/13063, 20). Eine entsprechende Beschränkung der Möglichkeit der Rücknahme des Asylantrags nach Zustellung der Sachentscheidung ist gesetzlich nicht geregelt, wird aber teilweise durch die Rechtsfolgenbeschränkung des § 38 Abs. 2 erreicht.

1.3   Während eines **Verfahrens der Zuständigkeitsbestimmung nach der Dublin III-VO** findet § 32 jedenfalls bis zur Übernahmeerklärung des ersuchten Mitgliedsstaates Anwendung; die Rechtslage nach Zustimmung des ersuchten Mitgliedsstaats ist umstritten (→ Rn. 11 f.). Bei im Ausland gestellten Schutzanträgen stellt sich zudem die Frage, ob ein solcher durch Erklärung gegenüber einer deutschen Behörde überhaupt wirksam zurückgenommen werden kann (→ Rn. 11b f.).

2   Die Vorschrift regelt daher vorrangig die **Rechtsfolgen einer wirksamen Antragsrücknahme bzw. eines wirksamen Antragsverzichts.** Sie dient dabei nicht in erster Linie der Verwirklichung individueller Dispositionsbefugnisse, sondern dem geordneten Abschluss des asylrechtlichen Verfahrens unter besonderer Beachtung der vom Gesetzgeber gerade in jüngerer Zeit besonders betonten Beschleunigungsinteressen.

3   Die Möglichkeit einer förmlichen Einstellung des Asylverfahrens nach Rücknahme des Asylantrags war erstmals in § 32 aF vorgesehen (BGBl. 1992 I 1126). Die Vorschrift wurde mit Gesetz v. 30.7.2004 redaktionell an das AufenthG 2004 angepasst und auf den Antragsverzicht nach § 14 Abs. 3 erstreckt (BGBl. 1992 I 1950); mit Gesetz v. 19.8.2007 folgten weitere redaktionelle Änderungen (BGBl. 2007 I 1970). Mit der Beschränkung des Prüfungsumfangs bei Einstellung des Verfahrens auf Abschiebungsverbote nach § 60 Abs. 5 und Abs. 7 AufenthG wurde die Einbeziehung der Prüfung des subsidiären Schutzes in das eigentliche Asylverfahren (§ 13 Abs. 2 S. 1) nachvollzogen (Gesetz v. 28.8.2013, BGBl. I 3474); im Hinblick auf das Inkrafttreten der Asylverfahrens-RL (RL 2013/32/EU v. 26.6.2013, ABl. 2013 L 10, 60) waren – anders als bei § 33 – keine weiteren Anpassungen erforderlich (→ Rn. 6, → Rn. 32, → § 33 Rn. 3 ff.).

4   Inhaltlich weist die Vorschrift **Parallelen zur Einstellung des verwaltungsgerichtlichen Verfahrens bei Klagerücknahme auf** (§ 92 Abs. 3 VwGO), wohingegen das Verwaltungsverfahrensrecht eine förmliche Verfahrenseinstellung im Übrigen nicht kennt (GK-AsylG/Funke-Kaiser Rn. 6; Bergmann/Dienelt/Bergmann Rn. 6; BeckOK AuslR/Heusch Rn. 2). Dies wirft Probleme bei der dogmatischen Einordnung der Vorschrift auf (vgl. Hailbronner AuslR Rn. 3 f.).

5   In der Sache trägt die Regelung der Zweiteilung zwischen Asylverfahren und dem ausländerrechtlichen Verfahren und der damit verbundenen Zuständigkeitsverteilung zwischen BAMF und Ausländerbehörden Rechnung und dient der Verfahrensbeschleunigung: Da mit der Rücknahme des Asylbegehrens die Entscheidungsgrundlage für ein Tätigwerden des BAMF eigentlich – unabhängig vom bis dato erreichten Verfahrensstand – entfallen wäre (Marx AsylG Rn. 3) und die Zuständigkeit der – bislang nicht mit dem Sachverhalt befassten – Ausländerbehörden wieder aufleben würde (vgl. zum Fall des reinen Asylgesuchs → Rn. 9.1), **soll § 32 einen Verfahrensabschluss durch das BAMF ermöglichen, in dessen Rahmen das Bundesamt auch über das Vorliegen von Abschiebungsverboten entscheidet und ggf. eine Abschiebungsandrohung erlässt** (vgl. BVerwG NVwZ-RR 2010, 454; GK-AsylG/Funke-Kaiser Rn. 5). Hierdurch soll insbesondere verhindert werden, dass der Betroffene eine Aufenthaltsbeendigung im Fall der drohenden Antragsablehnung durch strategische Rücknahme des Asylantrags verzögern kann (BVerwG NVwZ-RR 2010, 454; Marx AsylG Rn. 1).

II. Vereinbarkeit mit Unionsrecht

6   Trotz der unterbliebenen Anpassung (→ Rn. 3) ist die Vorschrift **mit den Vorgaben der Asylverfahrens-RL** (RL 2013/32/EU v. 26.6.2013, ABl. 2013 L 10, 60) **vereinbar.** Denn Art. 27 Asylverfahrens-RL räumt den Mitgliedsstaaten ein Wahlrecht ein, das Verfahren im Fall der ausdrücklichen Rücknahme entweder stillschweigend (Art. 27 Abs. 2 Asylverfahrens-RL), durch negative Sachentscheidung (Art. 27 Abs. 1 Alt. 2 Asylverfahrens-RL) oder durch förmliche Einstellung des Verfahrens (Art. 27 Abs. 1 Alt. 1 Asylverfahrens-RL) zu beenden. Eine Möglichkeit zur Wiedereröffnung des Verfahrens nach Einstellung des Verfahrens (vgl. → § 33 Rn. 78 ff.) schreibt Art. 28 Abs. 2 Asylverfahrens-RL nur in Fällen der Einstellung wegen stillschweigender Antragsrücknahme bzw. Nichtbetreibens des Verfahrens vor, so dass für den Fall der „ausdrücklichen Rücknahme" iSd Art. 27 Asylverfahrens-RL kein Umsetzungsbedarf bestand (BeckOK AuslR/Heusch Rn. 5; NK-AuslR/Schröder Rn. 1; aA offenkundig GK-AsylG/Funke-Kaiser Rn. 10, 22, 40).

Problematisch ist allerdings die **Nichtumsetzung des Art. 18 Abs. 2 UAbs. 2 Dublin III-** **7** **VO** in das nationale Recht bzw. dessen unterbliebene Harmonisierung mit Art. 27 f. Asylverfahrens-RL (→ Rn. 33).

B. Anwendungsbereich

I. Allgemeines

§ 32 gibt das **Entscheidungsprogramm des BAMF in Fällen der Rücknahme des förmli-** **8** **chen Asylantrags** sowie bei Verzicht auf die Durchführung eines Asylverfahrens für minderjährige ledige Kinder eines Asylantragstellers (§ 14 Abs. 3) vor.

Die begriffliche Unterscheidung zwischen Antragsrücknahme und -verzicht ist dem Umstand geschul-**8.1** det, dass § 14a Abs. 3 lediglich Fälle der fiktiven Antragstellung für minderjährige ledige Kinder eines Asylantragstellers betrifft. Insoweit handelt es sich nicht um einen Verzicht auf einen möglicherweise materiell-rechtlich bestehenden Schutzanspruch, sondern einen Verzicht auf die Durchführung eines Asylverfahrens, der die Einstellung des – formal bereits eingeleiteten – Asylverfahrens ermöglicht (vgl. Bergmann/Dienelt/Bergmann § 14a Rn. 8).

Er findet auch auf Fälle der nach § 32a Abs. 2, § 33 Abs. 1 und Abs. 3 **fingierten Antragsrück-** **9** **nahme** Anwendung, da diese der ausdrücklichen Antragsrücknahme – mit Ausnahme der durch § 33 Abs. 5 eröffneten Möglichkeit der Wiederaufnahme des Verfahrens (vgl. → § 33 Rn. 78 ff.) – rechtlich gleichsteht (GK-AsylG/Funke-Kaiser Rn. 7; BeckOK AuslR/Heusch Rn. 4). Dies ergibt sich unmittelbar aus § 32 S. 2.

Einer Parallelregelung für die Einstellung des Asylverfahrens bei **Rücknahme eines nichtförmlichen** **9.1** **Asylgesuchs** (§ 13 Abs. 1) bedarf es nicht, weil eine Entscheidungsbefugnis des BAMF grundsätzlich (vgl. aber → Rn. 9.2) erst mit förmlicher Asylantragstellung (§ 14) eröffnet wird und § 67 Abs. 1 Nr. 2 die ausländerrechtliche Sperrwirkung des Asylgesuchs bei verzögerter bzw. unterbliebener Antragstellung beseitigt (GK-AsylG/Funke-Kaiser Rn. 13; BeckOK AuslR/Heusch Rn. 7; ähnlich Marx AsylG Rn. 3; aA wohl Bergmann/Dienelt/Bergmann Rn. 2).

Allerdings hat der Gesetzgeber mit Inkrafttreten der § 20 Abs. 1 S. 2, § 22 Abs. 3 S. 2 idF des Gesetzes **9.2** v. 11.3.2016 (BGBl. I 390) eine **entsprechende Anwendung des § 33 Abs. 1, Abs. 5 und Abs. 6** **angeordnet, wenn der Ausländer einer Weiterleitung an eine Aufnahmeeinrichtung nicht (frist-** **gerecht) folgt** (→ § 33 Rn. 7; → § 20 Rn. 1 f.; → § 22 Rn. 8 ff.). Aus dieser – an sich systemwidrigen – Verweisung kann nicht gefolgert werden, dass § 32 nunmehr generell auf die „Rücknahme" eines bloßen Asylgesuchs anzuwenden wäre; vielmehr bestätigt das Gebot der lediglich entsprechenden Anwendung in den gesetzlich geregelten Spezialfällen dessen generelle Unanwendbarkeit.

Eine Erstreckung des Begriffs der „Antragsrücknahme" auf die „Rücknahme" von Asylgesuchen ist **9.3** auch unionsrechtlich nicht geboten, da auch Art. 6 Abs. 2 Asylverfahrens-RL zwischen der „förmlichen" und der „nichtförmlichen" Antragstellung unterscheidet und bei Nichtstellung eines „förmlichen" Antrags lediglich auf die Möglichkeit der „entsprechenden" Anwendung des Art. 28 Asylverfahrens-RL verweist, ohne eine entsprechende Anwendung des Art. 27 Asylverfahrens-RL anzuordnen. Auch Art. 20 Abs. 2 Dublin III-VO zeigt, dass die nichtförmliche Antragstellung ein (dann ggf. einzustellendes) Asylverfahren nicht eröffnet, sondern lediglich ein Recht auf „Zugang zum Verfahren" (dh zur förmlichen Antragstellung) begründet (vgl. auch Art. 6 Asylverfahrens-RL).

§ 32 gilt auch für die **Rücknahme von Asylfolgeanträgen und Zweitanträgen** (GK- **10** AsylG/Funke-Kaiser Rn. 8; Hailbronner AuslR Rn. 6), nicht aber für die Rücknahme isolierter Folgeschutzanträge. Bei Rücknahme eines Asylfolgeantrags bleibt das Bundesamt zwar wegen § 32 S. 1 verpflichtet, von Amts wegen über das Vorliegen von Abschiebungsverboten zu entscheiden; sein Entscheidungsprogramm wird aber durch § 51 Abs. 1–3 VwVfG bzw. § 51 Abs. 5 VwVfG iVm § 48 f. VwVfG (vgl. zu deren Anwendbarkeit auf die Prüfung von Abschiebungsverboten im Folgeantragsverfahren → § 71 Rn. 49) und durch § 71 Abs. 5 S. 1 modifiziert.

10.1   Ob das BAMF im Fall einer Antragsrücknahme zur Ausübung des durch § 51 Abs. 5 VwVfG iVm § 48 f. VwVfG eingeräumten Wiederaufgreifensermessens im weiteren Sinne hinsichtlich der Feststellung von Abschiebungsverboten verpflichtet ist, erscheint zweifelhaft, wenn der Betroffene solche nicht ausdrücklich geltend macht (vgl. GK-AsylG/Funke-Kaiser Rn. 25 zur Frage des Rechtsschutzbedürfnisses in diesen Fällen).

10.2   § 71 Abs. 5 S. 1 setzt keine negative Entscheidung über den Asylfolgeantrag, sondern lediglich voraus, dass der Asylfolgeantrag nicht zur Durchführung eines weiteren Verfahrens führt. Auch im Fall der Rücknahme eines Folgeantrags kann der Erlass einer Abschiebungsandrohung daher ggf. entbehrlich sein.

II. Verhältnis zur Dublin III-Verordnung

1. Rücknahme in Deutschland gestellter Schutzanträge

11   Die Möglichkeit der **Rücknahme eines in Deutschland gestellten Asylantrags** besteht grundsätzlich auch **während der Durchführung eines Zuständigkeitsbestimmungsverfahrens nach der Dublin III-VO** (VO (EU) 604/2013) fort; sie führt zum Abbruch der Zuständigkeitsprüfung und zur Einstellung des Verfahrens nach Maßgabe des Art. 27 Asylverfahrens-RL bzw. des § 32 S. 1 (zur Dublin II-VO EuGH NVwZ 2012, 817 (817 f.) – Kastrati; aA wohl VG Karlsruhe 24.4.2019 – A 9 K 875/19 Rn. 7).

11a   Ob die **Dispositionsbefugnis des Betroffenen auch nach Zustimmung des ersuchten Mitgliedsstaats zur Aufnahme des Betroffenen fortbesteht,** ist umstritten (abl. HmbOVG BeckRS 2017, 109300 Rn. 26 ff.; BeckOK AuslR/Pietzsch § 34a Rn. 19b; zur Dublin II-VO auch BVerwG NVwZ-RR 2016, 515 (516); aA aber zB NK-AuslR/Schröder Rn. 7; NK-AuslR/Müller § 34a Rn. 7). Der Gesetzgeber hat sich hier für eine Fortführung des Zuständigkeitsbestimmungsverfahrens und den Erlass einer Überstellungsentscheidung entschieden (§ 34a Abs. 1 S. 2; VG Karlsruhe BeckRS 2019, 8617 Rn. 7); hiergegen ist auch unionsrechtlich nichts zu erinnern (vgl. zur Dublin II-VO EuGH NVwZ 2012, 817 Rn. 41, 47 – Kastrati). Dem Bundesamt steht es aber ggf. frei, sein Selbsteintrittsrecht auszuüben und in ein nationales Asylverfahren überzugehen (Art. 17 Abs. 1 Dublin III-VO).

2. Rücknahme im Ausland gestellter Schutzanträge

11b   Hinsichtlich eines im Ausland gestellten (weiteren) Asylantrags stellt sich vorrangig die Frage, ob dieser in Deutschland wirksam zurückgenommen werden kann (so wohl BeckOK AuslR/Pietzsch § 34a Rn. 19a) oder die Rücknahmeerklärung – unabhängig von der ggf. erst noch zu prüfenden Dublin-Zuständigkeit – ausschließlich gegenüber dem (anderen) Antragsstaat erklärt werden kann (so SchlHOVG NVwZ-RR 2016, 116 Rn. 3; Bergmann/Dienelt/Bergmann § 29 Rn. 44 mit Fn. 105). Da im Rahmen des Dublin-Verfahrens nicht zuverlässig geklärt werden kann, ob der (andere) Antragsstaat eine Rücknahmeerklärung als wirksam ansieht und so ggf. divergierende Entscheidungen drohen, ist der letztgenannten Auffassung der Vorzug zu geben und das Dublin-Verfahren (ggf. unter Weiterleitung der Rücknahmeerklärung an den anderen Antragsstaat) fortzuführen. Dies ergibt sich mittelbar auch aus Art. 18 Abs. 1 lit. c Dublin III-VO.

11c   Verweigert der andere Antragsstaat indes eine Übernahme unter Hinweis auf die Rücknahmeerklärung, so erlangt diese allerdings jedenfalls mit Begründung einer Prüfzuständigkeit der Bundesrepublik Wirksamkeit. Das Verfahren ist dann nach § 32 S. 1 einzustellen.

C. Voraussetzungen der Antragsrücknahme und des Antragsverzichts

I. Antragsrücknahme

12   Eine Antragsrücknahme ist **frühestens nach Stellung des förmlichen Asylantrags** (→ Rn. 9.1), danach aber **bis zum Eintritt der Bestandskraft einer Sachentscheidung des Bundesamts** – dh ggf. auch während eines gerichtlichen Verfahrens – **möglich** (GK-AsylG/Funke-Kaiser Rn. 12; NK-AuslR/Schröder Rn. 3; → Rn. 22).

13   Als **actus contrarius zur förmlichen Asylantragsstellung** ist die Rücknahme **schriftlich oder zur Niederschrift gegenüber dem Bundesamt** zu erklären (GK-AsylG/Funke-Kaiser Rn. 15, 17; Hailbronner AuslR Rn. 12 f.; Marx AsylG Rn. 5; NK-AuslR/Schröder Rn. 4; aA

Bergmann/Dienelt/Bergmann Rn. 2: ggf. auch mündliche Antragsrücknahme). Eine Erklärung gegenüber den Ausländerbehörden genügt nicht (Marx AsylG Rn. 5); sie ist ggf. in entsprechender Anwendung des § 14 Abs. 2 S. 2 an das BAMF weiterzuleiten, wenn sich aus ihrem Inhalt mit hinreichender Sicherheit ergibt, dass eine Rücknahmeerklärung gewollt (und nicht lediglich angekündigt) ist (GK-AsylG/Funke-Kaiser Rn. 17; Hailbronner AuslR Rn. 14; Bergmann/Dienelt/Bergmann Rn. 3).

Die **Wirksamkeit einer Rücknahmeerklärung** ist **nicht von einer vorherigen Belehrung** **14** **über die Rechtsfolgen einer Rücknahme abhängig** (BeckOK AuslR/Heusch Rn. 14; aA Marx AsylG Rn. 6); die Nichterfüllung der in § 14 Abs. 1 S. 3 geregelten Belehrungspflicht kann im Einzelfall jedoch Grundlage für eine Anfechtung der Verfahrenserklärung sein (GK-AsylG/Funke-Kaiser Rn. 19).

Die Rücknahmeerklärung kann bis zum Zeitpunkt ihres Eingangs nach allgemeinen Grundsät- **15** zen **widerrufen** werden (§ 130 Abs. 1 S. 2 BGB); eine Anfechtung kommt jedoch nicht nach den Grundsätzen über die Anfechtbarkeit von Willenserklärungen, sondern nur entsprechend den Grundsätzen über die Anfechtbarkeit von Prozesserklärungen – dh nur in seltenen Ausnahmefällen (zB bei arglistiger Täuschung oder Verletzung zwingender Verfahrensgrundsätze) – in Betracht (vgl. hierzu im Einzelnen VG Göttingen BeckRS 2015, 55072; GK-AsylG/Funke-Kaiser Rn. 20 ff.; Hailbronner AuslR Rn. 22; BeckOK AuslR/Heusch Rn. 16; Marx AsylG Rn. 6).

II. Antragsverzicht

Der **Verzicht** auf die Durchführung des Asylverfahrens für minderjährige ledige Kinder kann **16** nach dem eindeutigen Gesetzeswortlaut bis zur Zustellung der Entscheidung des BAMF, dh bis zum Eintritt der Wirksamkeit der Sachentscheidung (§ 43 Abs. 1 S. 1 VwVfG), erklärt werden. Er ist formlos möglich (BeckOK AuslR/Sieweke § 14a Rn. 8), sollte aber aus Beweisgründen stets schriftlich erfolgen.

Zuständig für die Verzichtserklärung sind die **gesetzlichen Vertreter gemeinsam** bzw. der **17** nach § 12 Abs. 3 vertretungsberechtigte Elternteil. Nach Eintritt der Volljährigkeit geht die Befugnis zum Antragsverzicht auf den volljährig gewordenen Ausländer über (BeckOK AuslR/Sieweke § 14a Rn. 8; Hailbronner AuslR § 14a Rn. 20).

Inhaltlich setzt der in § 14a Abs. 3 geregelte Verfahrensverzicht voraus, dass der Berechtigte **18** bzw. die Berechtigten erklären, dass dem Kind keine Verfolgung bzw. kein ernsthafter Schaden drohe (vgl. Bergmann/Dienelt/Bergmann § 14a Rn. 8).

Wie die Antragsrücknahme kann die Verzichtserklärung nur unter engen Voraussetzungen **19** widerrufen oder angefochten werden (VG Göttingen BeckRS 2015, 55072; vgl. im Übrigen → Rn. 15); eine Pflicht zur Belehrung über die Rechtsfolgen des Verzichts ist gesetzlich nicht vorgeschrieben (aA Marx AsylG Rn. 7: „umfassende behördliche Beratungs- und Belehrungspflicht" nach § 25 VwVfG).

D. Wirkungen der Rücknahme und des Verzichts

I. Wirkung der Rücknahme und des Verzichts ex tunc

Antragsrücknahme und -verzicht führen unmittelbar – unabhängig von der lediglich deklarato- **20** rischen Verfahrenseinstellung nach § 32 – zum **Entfall der Rechtshängigkeit des Asylantrags** und damit zum **Entfall der Sachentscheidungsbefugnis des BAMF** (BVerwGE 150, 29 = NVwZ 2014, 1460 (1462)). Diese Wirkung tritt nach allgemeinen Grundsätzen ex tunc, dh mit Rückwirkung auf den Zeitpunkt der Antragstellung ein (GK-AsylG/Funke-Kaiser Rn. 23 mwN auch zur Gegenauffassung; BeckOK AuslR/Heusch Rn. 18). Eine nach Eingang der Rücknahmeerklärung beim Bundesamt getroffene Sachentscheidung ist damit zwar wirksam, unterliegt aber – jedenfalls im Hinblick auf den Ausspruch zur Asylberechtigung, zur Flüchtlingseigenschaft und zum subsidiären Schutzbegehren – ggf. der gerichtlichen Aufhebung (VG Karlsruhe BeckRS 2016, 121039 Rn. 17 f.).

Maßgebliche Beurteilungszeitpunkte sind dabei nach allgemeinen Grundsätzen der Zeitpunkt des **20.1** Zugangs der Rücknahmeerklärung beim BAMF bzw. der Zeitpunkt der Zustellung – nicht des Erlasses – der behördlichen Entscheidung (VG Karlsruhe BeckRS 2016, 121039, Rn. 16 f.).

Ein auf § 11 Abs. 7 S. 1 Nr. 1 gestütztes **Einreise- und Aufenthaltsverbot** ist in Folge der **21** Aufhebung der Ablehnungsentscheidung ebenfalls aufzuheben (ähnlich VG Karlsruhe BeckRS 2016, 121039 Rn. 18: nur klarstellende Wirkung).

II. Auswirkungen auf bereits ergangene Entscheidungen

22   **Nicht zugestimmt werden kann** allerdings **der Auffassung, dass sich eine bereits getroffene Sachentscheidung des Bundesamts mit Wirksamwerden der Rücknahmeerklärung erledigt** (so aber VG Oldenburg BeckRS 2016, 46769, 14 (18); VG Augsburg BeckRS 2016, 46497 Rn. 17; GK-AsylG/Funke-Kaiser Rn. 23 ff.; Bergmann/Dienelt/Bergmann AuslR Rn. 7; BeckOK AuslR/Heusch Rn. 19; Marx AsylG Rn. 8; NK-AuslR/Schröder Rn. 3; BeckOK-Heusch Rn. 19; zweifelnd VG Freiburg BeckRS 2017, 103437 Rn. 9).

23   Denn zum einen betrifft das Fehlen eines notwendigen Antrags regelmäßig – vorbehaltlich der Nichtigkeitsschwelle des § 44 VwVfG – nicht die Wirksamkeit (§ 43 Abs. 2 VwVfG), sondern die Rechtmäßigkeit des Verwaltungsakts (zur fortbestehenden Wirksamkeit eines Anerkennungsbescheids bei Rücknahme des Antrags vgl. BayVGH NVwZ-RR 1992, 328).

24   Zum anderen würde so die Möglichkeit eröffnet, sich den in § 10 Abs. 3 S. 2 AufenthG geregelten Folgen einer qualifizierten Antragsablehnung nach § 30 Abs. 3 Nr. 1–6 nachträglich zu entziehen, da bei bloßer Antragsrücknahme lediglich die Rechtsfolge des § 10 Abs. 3 S. 1 AufenthG einträte. Insoweit besteht jedoch kein Anlass, den Rücknehmenden günstiger zu behandeln als denjenigen, der die – lediglich einwöchige – Klagefrist gegen die qualifizierte Ablehnungsentscheidung verstreichen lässt (vgl. VG Freiburg BeckRS 2017, 103437 Rn. 14; ähnlich GK-AsylG/Funke-Kaiser Rn. 35; so im Ergebnis auch BVerwGE 132, 382 = NVwZ 2009, 789 (790 f.), das allerdings auf eine spezifisch ausländerrechtliche Begründung abstellt).

25   Gleiches gilt für die Anordnung eines **Einreise- und Aufenthaltsverbots** nach § 11 Abs. 7 S. 1 Nr. 2 AufenthG, dem im Fall der Annahme einer Erledigung der Sachentscheidung schon die tatbestandliche Grundlage entzogen würde (vgl. → Rn. 55.1).

25.1   Für das im Fall einer erneuten Antragstellung zu beachtende Procedere ist die Frage allerdings ohne Bedeutung, da § 71 Abs. 1 sowohl bei Rücknahme als auch bei unanfechtbarer Antragsablehnung eingreift.

26   Jedenfalls nicht erledigt ist die **Entscheidung über das (Nicht-) Vorliegen von Abschiebungsverboten,** da das BAMF insoweit auch im Fall einer Rücknahme vor Bekanntgabe einer Sachentscheidung nach § 32 S. 1 zur Entscheidung verpflichtet wäre (vgl. VG Karlsruhe BeckRS 2016, 121039 Rn. 21; VG Oldenburg BeckRS 2016, 46769 Rn. 15; VG Augsburg BeckRS 2016, 46497 Rn. 19; GK-AsylG/Funke-Kaiser Rn. 23; BeckOK/Heusch Rn. 19; unklar Hailbronner AuslR Rn. 16; offen gelassen bei BayVGH BeckRS 2017, 117055 Rn. 10).

27   Gleiches gilt für die stets nach § 34 Abs. 1 S. 1 zu erlassende **Abschiebungsandrohung** (vgl. VG Karlsruhe BeckRS 2016, 121039 Rn. 26; VG Oldenburg BeckRS 2016, 46769 Rn. 17; VG Augsburg BeckRS 2016, 46497 Rn. 23; VG Freiburg BeckRS 2017, 103437 Rn. 12).

28   Dass dem Betroffenen im Fall einer Rücknahme vor Ergehen einer Sachentscheidung ggf. eine **kürzere Ausreisefrist** zu setzen gewesen wäre (§ 38 Abs. 2), kann weder zur Erledigung noch – mangels subjektiver Rechtsverletzung – zu einer gerichtlichen Aufhebung führen (GK-AsylG/Funke-Kaiser Rn. 24). Im Übrigen gilt § 38 Abs. 2 seinem Wortlaut nach ohnehin nur bei Rücknahme des Asylantrags vor Entscheidung des BAMF (VG Oldenburg BeckRS 2016, 46769 Rn. 17). Gegebenenfalls kann der Ausländer aber – auch und gerade nach einer ablehnenden Sachentscheidung des BAMF und ggf. noch während eines Klageverfahrens (GK-AsylG Funke-Kaiser § 38 Rn. 1; BT-Drs. 12/2718, 61) – eine **Verlängerung der Frist nach § 38 Abs. 3** beantragen, wenn er zur freiwilligen Ausreise bereit ist.

29   **Im gerichtlichen Verfahren** führt die Rücknahme des Asylantrags – wenn diese nicht ohnehin mit einer Klagerücknahme verbunden ist – **zum Entfall des Rechtsschutzbedürfnisses** im Hinblick auf die nach § 13 Abs. 2 vom Asylantrag umfassten Statusentscheidungen (BeckOK AuslR/Heusch Rn. 26; Hailbronner AuslR Rn. 27). Ob ein Rechtsschutzbedürfnis für die Feststellung nationaler Abschiebungsverbote, die Anfechtung der Abschiebungsandrohung oder hinsichtlich der Entscheidungen nach § 11 Abs. 2–4, Abs. 7 AufenthG besteht, ist ggf. durch Auslegung der Erklärung unter Würdigung der Gesamtumstände im Einzelfall zu ermitteln; ggf. kann hierin ein Anlass für eine gerichtliche Betreibensaufforderung nach § 81 (durch Aufforderung zur Darlegung der Interessenlage) zu sehen sein.

30   Ein **nachträglicher Verzicht** auf die Durchführung eines Asylverfahrens kann schon deswegen keine Auswirkungen auf bereits ergangene Entscheidungen haben, weil § 14a Abs. 3 S. 1 einen Verzicht nur bis zur Zustellung der Entscheidung zulässt (→ Rn. 1.2, → Rn. 52). In der Sache spricht jedoch – insbesondere im Hinblick auf die Rechtsfolge des § 38 Abs. 3, die auch minderjährigen ledigen Kindern eines Asylantragstellers offen stehen sollte – wenig dagegen, den verspäteten Verzicht **in eine Antragsrücknahme umzudeuten.** Die Alternative, den Betroffenen auf eine Klageerhebung mit sofortiger Rücknahme (§ 38 Abs. 3 Var. 2) oder eine Antragstellung nach

§ 43 Abs. 3 (→ § 43 Rn. 6 ff.) zu verweisen, vermag nicht zu befriedigen, zumal die vom Gesetzgeber befürchtete Gefahr eine Verfahrensverzögerung (→ Rn. 1.2) mit einer nachträglichen Rücknahme nicht verbunden ist (→ Rn. 22 ff.).

III. Möglichkeiten der Wiederaufnahme des Verfahrens

Die Möglichkeit der **Wiederaufnahme des eingestellten bzw. durch Rücknahme des 31 Asylantrags erledigten Verfahrens** (→ § 33 Rn. 78) ist **gesetzlich nur in Fällen der fingierten Antragsrücknahme vorgesehen** (§ 33 Abs. 5 S. 2), dh in Fällen des Nichtbetreibens des Verfahrens (§ 33 Abs. 1), der freiwilligen Rückkehr in den Herkunftsstaat (§ 33 Abs. 3) und in den Fällen, in denen das Gesetz ausdrücklich auf die Rechtsfolgen des § 33 Abs. 1, Abs. 5 und Abs. 6 verweist (§§ 20 Abs. 1 S. 2, § 22 Abs. 3 S. 2). Die ausdrücklich erklärte Antragsrücknahme wirkt demgegenüber jedoch – vorbehaltlich der nur im Ausnahmefall gegebenen Möglichkeit der Anfechtung (→ Rn. 15) – endgültig, so dass dem Betroffenen in der Regel nur die Möglichkeit der Stellung eines Folgeantrags verbleibt (§ 71 Abs. 1).

Zur Möglichkeit der Anfechtung der Rücknahme als Verfahrenserklärung vgl. aber → Rn. 14. **31.1**

Nichts anderes folgt aus den Vorgaben des Unionsrechts, da Art. 28 Abs. 2 Asylverfahrens-RL **32** ein Recht auf Wiedereröffnung des Verfahrens nur in Fällen des Art. 28 Abs. 1 Asylverfahrens-RL, dh bei stillschweigender Rücknahme bzw. bei Nichtbetreiben des Verfahrens vorschreibt. Demgegenüber ermöglicht Art. 27 Abs. 1 Asylverfahrens-RL im Fall der ausdrücklichen Antragsrücknahme eine – vorbehaltlich der Möglichkeit der Stellung eines Folgeantrags – endgültige Verfahrenseinstellung (aA offenkundig GK-AsylG/Funke-Kaiser Rn. 10, 22, 40). **Weitgehend ungeklärte unionsrechtliche Fragen** wirft allerdings die Regelung des **Art. 18 33 Abs. 2 UAbs. 2 Dublin-III-VO** (VO (EU) 604/2013) auf, die „in den in den Anwendungsbereich von Absatz 1 Buchstabe c fallenden Fällen" ein – zeitlich und sachlich unbeschränktes – Recht auf Fortführung eines wegen Antragsrücknahme eingestellten Verfahrens einräumt. Auch wenn der nationale Gesetzgeber diese Regelung nicht umgesetzt hat, wäre sie nach allgemeinen Grundsätzen einer unmittelbaren Anwendung zugänglich (vgl. VGH BW EZAR NF 95 Nr. 44 Ls. 5 = BeckRS 2015, 46263).

Sie setzt nach ihrem Wortlaut lediglich voraus, dass der Betroffene nach Rücknahme des Antrags **34** einen weiteren Asylantrag im Hoheitsgebiet eines Dublin-Staats gestellt bzw. sich dort ohne Aufenthaltstitel aufgehalten hat und die Zuständigkeit der Bundesrepublik nicht (zB nach Art. 13 Abs. 1 S. 1 Dublin III-VO oder Art. 29 Abs. 2 Dublin III-VO) nachträglich entfallen ist. Ob die Norm darüber hinaus einen sachlichen oder zeitlichen Zusammenhang zwischen der Rücknahme des Antrags und der erneuten Antragstellung bzw. dem Aufenthalt im Ausland voraussetzt, ist der Richtlinie nicht zu entnehmen und – soweit ersichtlich – ungeklärt.

E. Entscheidungsprogramm und -verfahren des Bundesamts

I. Entscheidungsprogramm

Im Fall der wirksamen Antragsrücknahme bzw. des wirksamen Antragsverzichts ist das Bundes- **35** amt **zur Feststellung verpflichtet, dass das Verfahren eingestellt ist** (§ 32 S. 1). Daneben entscheidet es über das Vorliegen von **Abschiebungsverboten** nach § 60 Abs. 5 und Abs. 7 AufenthG (§ 32 S. 1), erlässt ggf. eine **Abschiebungsandrohung** unter Setzung einer (in der Regel einwöchigen) Ausreisefrist (§§ 34, 38 Abs. 2) und entscheidet über die Anordnung eines **befristeten Einreise- und Aufenthaltsverbots** nach § 11 Abs. 1–4 AufenthG bei Nichterfüllung der Ausreisepflicht (→ Rn. 53).

II. Verfahren

Im Fall der **ausdrücklichen Antragsrücknahme** kann von einer **Anhörung** im Hinblick **36** auf die eigentliche Einstellungsentscheidung nach § 28 Abs. 2 Nr. 3 VwVfG abgesehen werden, weil das BAMF lediglich dem Antrag des Betroffenen entspricht; eine Anhörung kann dennoch dann zweckmäßig sein, wenn der Inhalt der Rücknahmeerklärung Zweifelsfragen aufwirft. Eine Anhörung im Hinblick auf das Vorliegen von Abschiebungsverboten ist jedenfalls dann zweckmäßig, wenn eine solche noch nicht durchgeführt wurde und der Betroffene sich hierzu auch im Zusammenhang mit der Rücknahmeerklärung nicht aussagekräftig geäußert hat. Insoweit gilt jedoch nicht mehr § 25 VwVfG, sondern § 28 VwVfG (BeckOK AuslR/Heusch Rn. 28). Eine Anhörung zum Erlass einer Abschiebungsandrohung ist nicht erforderlich (§ 34 Abs. 1 S. 2).

37　　Im Fall der **fingierten Antragsrücknahme** ist eine Entscheidung nach Aktenlage ausdrücklich vorgesehen (§ 32 S. 2). Nichts anderes folgt aus § 25 Abs. 5 S. 2 (VG Regensburg Beschl. v. 4.1.2017 – RO 9 S 16.33357, juris Rn. 24; aA VG München BeckRS 2016, 55621; Marx AsylG § 33 Rn. 12). Eine vorherige Anhörung kann dennoch zweckmäßig sein, um überflüssige Verfahrensschritte – etwa die Notwendigkeit einer Aufhebung der Einstellungsentscheidung bei nachträglicher Exkulpation nach § 33 Abs. 2 S. 2 – zu vermeiden; sie kann zudem im Einzelfall aus rechtsstaatlichen Erwägungen heraus – etwa bei Vorliegen konkreter Anhaltspunkte für das Vorliegen von Abschiebungsverboten – geboten sein (GK-AsylG/Funke-Kaiser Rn. 30).

III. Erfordernis der Zustellung

38　　Eine **Zustellung der Einstellungsentscheidung** ist nicht ausdrücklich vorgeschrieben, da es sich hierbei um eine „Entscheidung bei Antragsrücknahme oder Verzicht" (gesetzliche Überschrift des § 32), aber nicht über eine „Entscheidung über Asylanträge" iSd § 31 Abs. 1 S. 3 handelt (aA Marx AsylG Rn. 2, 8: „Sachentscheidung iSv § 31 in der Form des § 32"), die dem BAMF in Folge der Rücknahme gerade verwehrt ist (aA BeckOK AuslR/Heusch Rn. 24; Bergmann/Dienelt/Bergmann Rn. 6; Marx AsylG Rn. 8; NK-AuslR/Schröder Rn. 8: Zustellungserfordernis nach § 31 Abs. 1 S. 3).

39　　Auch § 67 Abs. 1 S. 1 Nr. 3 schreibt eine Zustellung nicht vor, **knüpft die Rechtsfolge des Erlöschens der Aufenthaltsgestattung aber an den Zeitpunkt der förmlichen Zustellung der Einstellungsentscheidung.** Auch wenn die äußere Wirksamkeit der Einstellungsentscheidung (und der damit verknüpften Nebenentscheidungen) auch bei formloser Bekanntgabe der Einstellungsentscheidung eintritt, ist eine – nach § 41 Abs. 5 VwVfG, § 2 VwZG jederzeit mögliche – förmliche Zustellung der Einstellungsentscheidung daher zweckmäßig.

F. Inhalt und Rechtswirkungen der Entscheidung

I. Rechtsnatur und Rechtswirkungen der Einstellungsentscheidung

1. Einstellung mit deklaratorischer Wirkung

40　　Die Einstellungsentscheidung nach § 32 S. 1 setzt – trotz des abweichenden Wortlauts auch in den Fällen des § 33 Abs. 5 S. 1 (BeckOK AuslR/Heusch Rn. 4, 22) – das Vorliegen einer wirksamen Antragsrücknahme bzw. eines wirksamen Verfahrensverzichts voraus und **stellt lediglich fest, dass** – in Folge der wirksamen Rücknahme bzw. des Verzichts – **das Asylverfahren eingestellt ist.** Die Entscheidung nach § 32 Abs. 1 hat daher **lediglich deklaratorische Wirkung.**

41　　Sie entfaltet – dessen ungeachtet – allerdings auch als Feststellungsentscheidung äußere Wirksamkeit (§ 43 Abs. 2 VwVfG), so dass bis zur Aufhebung oder anderweitigen Erledigung des Bescheids mit bindender Wirkung feststeht, dass das Asylverfahren durch Rücknahme beendet wurde (BeckOK AuslR/Heusch Rn. 22; NK-AuslR/Schröder Rn. 9). Sie ist daher **als feststellender Verwaltungsakt der Bestandskraft fähig** (Wittmann ASYLMAGAZIN 2016, 328 (329); Hailbronner AuslR Rn. 5, 16, 28, 30) und kann ggf. mit der Anfechtungsklage angegriffen werden (zum Rechtsschutz vgl. → Rn. 56).

41.1　Zur Frage der Erledigung der Einstellungsentscheidung bei Wiederaufnahme des Verfahrens nach § 33 Abs. 5 S. 2 vgl. → § 33 Rn. 83.

42　　Bedingt durch die lediglich deklaratorische Wirkung der Einstellungsentscheidung hat deren Aufhebung durch das Bundesamt (oder durch gerichtliche Entscheidung) nicht zur Folge, dass ein wirksam zurückgenommener Asylantrag „wieder auflebt". Insoweit ist auch das Bundesamt **nicht** – auch nicht mit Zustimmung oder im mutmaßlichen Interesse des Betroffenen – **dispositionsbefugt** (BVerwGE 150, 29 = NVwZ 2014, 1460 (1462)).

2. Erlöschen der Aufenthaltsgestattung kraft Gesetzes

43　　Konstitutive Wirkung entfaltet die Zustellung der Einstellungsentscheidung – nicht aber die Entscheidung selbst – im Hinblick auf die **Aufenthaltsgestattung** des Asylbewerbers, die gem. § 67 Abs. 1 S. 1 Nr. 3 **mit der Zustellung der Entscheidung des Bundesamts erlischt.**

44　　Bei **formloser Bekanntgabe** der Einstellungsentscheidung, die deren Wirksamkeit unberührt lässt (§ 43 Abs. 2 VwVfG; vgl. VGH BW NVwZ-RR 1997, 582 (583); 1992, 396 (397)), richtet sich das Erlöschen der Aufenthaltsgestattung daher nach § 67 Abs. 1 S. 1 Nr. 4 (Röder/Wittmann ZAR 2017, 345 (347)).

II. Rechtsnatur, Inhalt und Rechtswirkungen der Nebenentscheidungen

1. Rechtsnatur der Nebenentscheidungen

Die nach § 32 S. 1 zu treffende Entscheidung über das Vorliegen von Abschiebungsverboten **45** hat ebenfalls feststellenden Charakter, entfaltet für die Ausländerbehörden (§ 42 S. 1) und ggf. nachfolgende Asylfolgeanträge bzw. isolierte Folgeschutzanträge (vgl. § 71, → § 71 Rn. 48 ff.) aber **Bindungswirkung.**

Die nach § 34 ggf. zu erlassende **Abschiebungsandrohung** bildet die Grundlage für eine **46** spätere Vollstreckung der (durch das Erlöschen der Aufenthaltsgestattung wiederauflebenden) gesetzlichen Ausreisepflicht durch die zuständigen Landesbehörden; sie wirkt daher konstitutiv. Gleiches gilt für Entscheidungen nach § 11 Abs. 1–4 AufenthG (→ Rn. 53).

2. Entscheidung über das Vorliegen von Abschiebungsverboten

Die nach § 32 S. 1 von Amts wegen zu treffende Entscheidung über das Vorliegen von Abschie- **47** bungsverboten folgt inhaltlich den materiell-rechtlichen Maßstäben des § 60 Abs. 5 und Abs. 7 AufenthG. Anders als nach früherer Rechtslage ist das Vorliegen subsidiärer Schutzgründe nicht mehr zu prüfen, da der subsidiäre Schutzstatus vom (zurückgenommenen) Antrag auf Zuerkennung internationalen Schutzes umfasst ist (§ 13 Abs. 2 S. 1, § 1 Abs. 1 Nr. 2; BT-Drs 17/13063, 22; zu Besonderheiten im Fall der Rücknahme eines Asylfolgeantrags vgl. → Rn. 10).

In den Fällen des § 33 ist nach Aktenlage zu entscheiden (§ 32 S. 2); im Übrigen gilt § 28 **48** VwVfG (vgl. → Rn. 36 f.).

3. Abschiebungsandrohung

Nach § 34 Abs. 1 S. 1 erlässt das BAMF in den Fällen des § 32 eine **schriftliche Abschiebungs-** **49** **androhung,** wenn keine Abschiebungsverbote nach § 60 Abs. 5 und Abs. 7 AufenthG festgestellt werden (§ 34 Abs. 1 S. 1 Nr. 3) und der Ausländer keinen Aufenthaltstitel besitzt (§ 34 Abs. 1 S. 1 Nr. 4). Ein Ermessen ist dem Bundesamt insoweit nicht eingeräumt; einer vorherigen Anhörung bedarf es nicht (§ 34 Abs. 1 S. 2; zur Anwendbarkeit des § 34 auf Fälle des § 32 vgl. BVerwG NVwZ-RR 2010, 454; zu Besonderheiten im Fall der Rücknahme eines Asylfolgeantrags vgl. → Rn. 10).

Die zu setzende **Ausreisefrist** beträgt im Fall der Antragsrücknahme **eine Woche** ab Bekannt- **50** gabe der Einstellungsentscheidung (§ 38 Abs. 2), im Fall des Antragsverzichts 30 Tage nach unanfechtbarem Abschluss des Asylverfahrens (§ 38 Abs. 1; vgl. GK-AsylG/Funke-Kaiser Rn. 33).

Die **Antragsrücknahme nach Sachentscheidung** durch das Bundesamt lässt die dem Auslän- **51** der gesetzte Frist unberührt, zumal § 38 Abs. 2 nur den Fall der Rücknahme vor der Entscheidung des Bundesamts regelt. Eine nachträgliche Anpassung (dh Verkürzung) der Ausreisefrist von Amts wegen kommt daher nicht in Betracht (aA GK-AsylG/Funke-Kaiser Rn. 34; BeckOK AuslR/ Heusch Rn. 20); der Ausländer kann allerdings eine behördliche Verlängerung der Ausreisefrist beantragen, wenn er sich nach Rücknahme zur freiwilligen Ausreise bereiterklärt (§ 38 Abs. 3).

Ein **nachträglicher Antragsverzicht** kann sich schon deswegen nicht auf die zu setzende **52** Ausreisefrist auswirken, weil der Verzicht nur bis zur Zustellung der Bundesamtsentscheidung zulässig ist (§ 14a Abs. 3; vgl. BeckOK AuslR/Heusch Rn. 31). Im Übrigen wären die zu setzenden Fristen in der Regel identisch (vgl. GK-AsylG/Funke-Kaiser Rn. 35).

4. Einreise- und Aufenthaltsverbote

Nach § 11 Abs. 2 S. 1, S. 4 AufenthG soll das mit einer Abschiebung verbundene Einreiseverbot **53** (ausf. → AufenthG § 11 Rn. 1 ff.) zusammen mit dem Erlass der Abschiebungsandrohung befristet werden. Die **(Annex-) Zuständigkeit des BAMF** ergibt sich aus § 75 Nr. 12 AufenthG.

Da das BVerwG die eigentlich als **gesetzliches Einreise- und Aufenthaltsverbot** ausgestaltete **54** Regelung des § 11 Abs. 1 AufenthG mittlerweile allenfalls bei Umdeutung in eine Ermächtigungsgrundlage für die **behördliche Anordnung eines befristeten Einreise- und Aufenthaltsverbots** für mit Unionsrecht vereinbar hält (BVerwG NVwZ 2017, 1531 (1538 f.); ähnlich BeckRS 2018, 5147 Rn. 13 ff.), muss das Bundesamt bei Erlass der Abschiebungsandrohung zugleich über Anordnung und Dauer des Verbots entscheiden. Ein Ermessen ist ihm insoweit nur hinsichtlich des Zeitpunkts der Anordnung (§ 11 Abs. 2 S. 4 AufenthG) und der Dauer der Befristung (§ 11 Abs. 3 S. 1 AufenthG) eingeräumt; die eigentliche Anordnung ergeht hingegen als gebundene Entscheidung (Art. 11 Abs. 1 S. 1 lit. b Rückführungs-RL, Art. 3 Nr. 6 Rückführungs-RL iVm § 11 Abs. 1 AufenthG).

55 Demgegenüber kommt die Anordnung eines **Einreise- und Aufenthaltsverbots nach § 11 Abs. 7 S. 1 Nr. 2 AufenthG** nach Rücknahme des Asylantrags nicht mehr in Betracht, weil das nach dieser Vorschrift anzuordnende Einreise- und Aufenthaltsverbot erst mit Eintritt der Bestandskraft der Entscheidung über den Asylantrag wirksam wird (§ 11 Abs. 7 S. 2 AufenthG). Eine solche Sachentscheidung ist dem BAMF jedoch nach Rücknahme des Asylantrags verwehrt, so dass eine entsprechende Anordnung ins Leere ginge bzw. rechtmäßigerweise keine Wirksamkeit erlangen könnte (vgl. VG Oldenburg BeckRS 2016, 46769 Rn. 18; VG Augsburg BeckRS 2016, 46497 Rn. 24 ff.).

55.1 Bei Rücknahme des Asylantrags erst nach Entscheidung des BAMF über den Asylantrag könnte ein Einreise- und Aufenthaltsverbot nach § 11 Abs. 7 S. 1 Nr. 2 AufenthG hingegen aufrechterhalten werden, weil dieser tatbestandlich lediglich voraussetzt, dass Folge- oder Zweitanträge des Betroffenen „wiederholt nicht zur Durchführung eines weiteren Asylverfahrens geführt" haben und sich die Sachentscheidung – entgegen der wohl hM (vgl. → Rn. 22 ff.) – mit der Rücknahme des Asylantrags nicht erledigt. Die Entscheidung dürfte jedoch in der Regel ermessensfehlerhaft (geworden) sein, wenn das BAMF die nachträgliche Rücknahme nicht im Rahmen nachgeschobener Ermessenserwägungen berücksichtigt.

55.2 Schon auf Tatbestandsebene **aA** VG Oldenburg BeckRS 2016, 46769 Rn. 18; VG Augsburg BeckRS 2016, 46497 Rn. 24 ff.

G. Rechtsschutz

56 Hinsichtlich des Hauptsacherechtsschutzes gilt das zu § 33 Gesagte entsprechend: **Gegen die Einstellungsentscheidung, die Feststellung des Nichtvorliegens von Abschiebungsverboten und die Abschiebungsandrohung ist die Anfechtungsklage statthaft;** einer Verpflichtungsklage auf Zuerkennung eines Schutzstatus' steht der Umstand entgegen, dass das BAMF in Folge der Einstellung des Verfahrens zur Sache noch nicht entschieden hatte (vgl. → § 33 Rn. 66 ff.). Die **Feststellung des Nichtvorliegens von Abschiebungsverboten unterliegt** – unabhängig von ihrer inhaltlichen Richtigkeit – **bereits dann der Aufhebung, wenn die Einstellungsentscheidung rechtswidrig und die Feststellungsentscheidung daher verfrüht ergangen ist** (BVerwG ZAR 2017, 236 (238); Hailbronner AuslR Rn. 42). Im Hinblick auf die Feststellung von Abschiebungsverboten kann ein hilfsweise gestellter Verpflichtungsantrag zweckmäßig sein (→ § 33 Rn. 69); hinsichtlich der Verhängung und Befristung von Einreise- und Aufenthaltsverboten gelten keine Besonderheiten.

57 Eilrechtsschutz gegen die Abschiebungsandrohung kann der Betroffene nach § 80 Abs. 5 S. 1 Alt. 1 VwGO erlangen; mangels ausdrücklicher gesetzlicher Verweisung auf § 36 Abs. 3 ist der Antrag – auch in den Fällen der Einstellung nach § 33 Abs. 5 S. 1, § 32 S. 1 – nicht fristgebunden (vgl. im Einzelnen → § 33 Rn. 76; auch GK-AsylG/Funke-Kaiser Rn. 41). Da die Verfahrensduldung des § 36 Abs. 3 S. 8 ebenfalls keine Anwendung findet (GK-AsylG/Funke-Kaiser Rn. 41), kann ggf. bei unmittelbar drohender Abschiebung der Erlass eines gerichtlichen Hängebeschlusses notwendig sein (vgl. Hailbronner AuslR Rn. 33 f.; ähnlich Marx AsylG Rn. 14).

§ 32a Ruhen des Verfahrens

(1) [1]Das Asylverfahren eines Ausländers ruht, solange ihm vorübergehender Schutz nach § 24 des Aufenthaltsgesetzes gewährt wird. [2]Solange das Verfahren ruht, bestimmt sich die Rechtsstellung des Ausländers nicht nach diesem Gesetz.

(2) Der Asylantrag gilt als zurückgenommen, wenn der Ausländer nicht innerhalb eines Monats nach Ablauf der Geltungsdauer seiner Aufenthaltserlaubnis dem Bundesamt anzeigt, dass er das Asylverfahren fortführen will.

Überblick

§ 32a Abs. 1 dient dem Zweck, das BAMF im Fall einer vorübergehenden Schutzgewährung nach den Vorgaben der Schutzgewährungs-RL (RL 2001/55/EG v. 20.7.2001, ABl. 2001 L 212, 12) um die Notwendigkeit der Prüfung individueller Schutzanträge zu entlasten (→ Rn. 1). Zu diesem Zweck ordnet § 32a Abs. 1 das Ruhen des Asylverfahrens kraft Gesetzes an (→ Rn. 10) und suspendiert die im AsylG geregelten Rechtsfolgen der Asylantragstellung (→ Rn. 15). Die in § 32a Abs. 2 geregelte Rücknahmefiktion soll das BAMF nach Ablauf des vorübergehenden Schutzstatus von der Notwendigkeit einer sachlichen Prüfung bereits gestellter Asylanträge entbinden, wenn der Betroffene sein Fortführungsinteresse nicht binnen Monatsfrist anzeigt (→ Rn. 18 ff.). Die Regelung sieht sich jedoch – wie teilweise auch die Regelung des § 32a Abs. 1 (vgl. → Rn. 5 f.) – erheblichen unionsrechtlichen Bedenken ausgesetzt, da sie jedenfalls den Vorgaben der Asylverfahrens-RL (RL 2013/32/EU v. 26.6.2013, ABl. 2013 L 180, 60) nicht vollumfänglich entspricht (→ Rn. 8, → Rn. 19 ff.). Die tatsächliche Bedeutung der Vorschrift ist außerordentlich gering (→ Rn. 4).

Übersicht

A. Normzweck und Entstehungsgeschichte

§ 32a regelt das **Verhältnis der Gewährung vorübergehenden Schutzes nach der** durch **1** § 24 AufenthG idF des Gesetzes v. 30.7.2004 (BGBl. I 1950) umgesetzten **Schutzgewährungs-RL** (RL 2001/55/EG v. 20.7.2001, ABl. 2001 L 212, 12) **zur Schutzgewährung nach dem AsylG.**

Vor Umsetzung der Schutzgewährungs-RL durch § 24 AufenthG war die freiwillige Aufnahme **2** von Kriegsflüchtlingen aus humanitären Gründen in § 32a AuslG geregelt. Für den Fall der Erteilung einer Aufenthaltsbefugnis nach dieser Bestimmung sah § 32a idF des Gesetzes v. 30.6.1993 (BGBl. I 1062) eine Regelung über das Ruhen des Asylverfahrens vor. Dieser ist der mit Gesetz v. 30.7.2004 (BGBl. I 1950) neu gefasste § 32a in der Sache unverändert nachgebildet (zu Recht krit. hierzu GK-AsylG/Funke-Kaiser Rn. 4).

Mit der Neubekanntmachung des Asyl(Vf)G v. 2.9.2008 (BGBl. I 1798) wurde § 32a Abs. 2 lediglich **2.1** an die neue Rechtschreibung angepasst; ansonsten hat die Vorschrift seit Inkrafttreten des AufenthG 2004 keine Änderungen erfahren.

§ 80a enthält eine entsprechende Regelung für das Ruhen des Klageverfahrens in den Fällen **3** des § 24 AufenthG (→ § 80a Rn. 1 f.).

B. Praktische Bedeutung und Vereinbarkeit mit Unionsrecht

Die **praktische Bedeutung der Vorschrift ist außerordentlich gering,** weil die Schutzge- **4** währung nach § 24 AufenthG einen mit qualifizierter Mehrheit zu treffenden Beschluss des Rates der Europäischen Union gem. Art. 5 Schutzgewährungs-RL voraussetzt (Hailbronner AuslR Rn. 3). Von der dort geregelten Möglichkeit, spezifischen Personengruppen im Fall eines Massenzustroms von Vertriebenen ohne Einzelfallprüfung vorübergehenden Schutz zu gewähren, hat der Rat der Europäischen Union bislang keinen Gebrauch gemacht (GK-AsylG/Funke-Kaiser Rn. 5; Hailbronner AuslR Rn. 7; BeckOK AuslR/Heusch Rn. 2; Marx AsylG Rn. 1 f.: zur Frage der Anwendbarkeit des § 32a auch auf Fälle des § 23 Abs. 4 AufenthG vgl. → Rn. 12).

In ihrer gegenwärtigen Fassung ist die Bestimmung des § 32a überdies **partiell unionsrecht-** **5** **widrig** und wäre daher auch im Fall einer tatsächlichen Schutzgewährung nach der Schutzgewährungs-RL weitgehend bedeutungslos. Zwar erlaubt es Art. 19 Abs. 1 Schutzgewährungs-RL den Mitgliedstaaten, **„die sich aus dem Status eines Asylbewerbers, dessen Antrag geprüft wird, ergebenden Rechte" für die für die Dauer der Gewährung vorübergehenden Schutzes zu suspendieren.** Dies dürfte jedoch **lediglich die mit der Asylantragstellung verbundenen aufenthalts- und sozialrechtlichen Vergünstigungen** betreffen, nicht aber das

Recht auf Durchführung eines Asylverfahrens (so auch NK-AuslR/Fränkel Rn. 1; aA Bergmann/ Dienelt/Bergmann Rn. 1; Marx AsylG Rn. 1 ff.; Hailbronner Rn. 2). Denn nach Art. 17 Abs. 1 Schutzgewährungs-RL ist zu gewährleisten, dass Personen, die vorübergehenden Schutz genießen, **jederzeit einen Asylantrag stellen können.**

6   Dies schließt zwar nicht notwendigerweise auch ein Recht ein, dass der gestellte Asylantrag während der Dauer der Schutzgewährung auch tatsächlich geprüft wird.

6.1   In diese Richtung argumentierend Hailbronner AuslR Rn. 2; Hailbronner/Thym EU Immigration/ Skordas Teil D II Art. 17 Rn. 2 f. In dieser Weise könnte auch Art. 17 Abs. 2 Schutzgewährungs-RL verstanden werden, der vom Abschluss der Prüfung „etwaiger bei Ablauf des vorübergehenden Schutzes noch nicht bearbeiteter Asylanträge" nach Ablauf des vorübergehenden Schutzes spricht.

7   Da die Schutzgewährungs-RL jedoch in erster Linie der sofortigen Schutzgewährung und gerechten Lastenverteilung in Fällen des Massenzustroms von Flüchtlingen dient (Erwägungsgrund 2–9, 20 Schutzgewährungs-RL sowie Art. 1 Schutzgewährungs-RL) und die Asylverfahrens-RL (RL 2013/32/EU v. 26.6.2013, ABl. 2013 L 180, 60) in Art. 6 Abs. 5 Asylverfahrens-RL, Art. 14 Abs. 1 UAbs. 2 Asylverfahrens-RL und Art. 31 Abs. 3 UAbs. 3 S. 1 lit. b Asylverfahrens-RL eigene Mechanismen für die Bewältigung einer großen Anzahl von Schutzsuchenden bereitstellt, sprechen die besseren Gründe für ein **Recht auf Prüfung des Asylantrages auch während der Gewährung vorübergehenden Schutzes** (vgl. auch Erwägungsgrund 10 Schutzgewährungs-RL sowie Art. 3 Abs. 1 Schutzgewährungs-RL). Bei unionsrechtskonformer Handhabung des § 32a Abs. 1 wäre das kraft Gesetzes ruhende Asylverfahren daher jedenfalls auf Antrag fortzuführen, auch wenn der Betroffene über eine Aufenthaltserlaubnis nach § 24 Abs. 1 AufenthG verfügt (NK-AuslR/Fränkel Rn. 1).

8   Auch die **Rücknahmefiktion des Abs. 2,** die eintritt, wenn der Ausländer sein Verfahrensfortführungsinteresse nach Ablauf des vorübergehenden Schutzes nicht fristgerecht anzeigt, **begegnet unionsrechtlichen Bedenken.** Zwar dürfte diese Regelung mit Art. 17 Abs. 2 Schutzgewährungs-RL vereinbar sein, da auch die Einstellung des Verfahrens eine zulässige Form des „Abschlusses" der Prüfung eines Asylantrages sein kann (vgl. Art. 27 f. Asylverfahrens-RL).

8.1   So im Einzelnen auch Marx AsylG Rn. 6; aA NK-AuslR/Fränkel Rn. 3 unter Berufung auf Regelungsgehalt und Intention der Richtlinie. Diesen Bedenken wird bei der ohnehin gebotenen unionsrechtskonformen Handhabung des § 32a Abs. 2 (→ Rn. 19 f.) jedoch hinreichend Rechnung getragen.

9   Da das Unterlassen einer Fortführungsanzeige gegenüber dem Bundesamt keine „ausdrückliche" Rücknahme des Antrags iSd Art. 27 Abs. 1 Asylverfahrens-RL darstellt, müsste § 32a Abs. 2 allerdings den Vorgaben des Art. 28 Asylverfahrens-RL genügen. Dies ist jedoch schon hinsichtlich der **Anforderungen an die Annahme einer stillschweigenden Antragsrücknahme** (Art. 28 Abs. 1 Asylverfahrens-RL) zweifelhaft (→ Rn. 20); jedenfalls aber wurden die **Richtlinienvorgaben über die Möglichkeit der Wiedereröffnung des Verfahrens (Art. 28 Abs. 2 Asylverfahrens-RL) nicht umgesetzt** (→ Rn. 21).

C. Rechtsstellung während der Gewährung vorübergehenden Schutzes (Abs. 1)

I. Ruhen des Verfahrens (Abs. 1 S. 1)

1. Voraussetzungen des Ruhens

10   Nach Abs. 1 S. 1 **ruht das Asylverfahren** eines Ausländers, solange ihm vorübergehender Schutz nach § 24 AufenthG gewährt wird. Die Wirkung tritt kraft Gesetzes ein und bedarf keiner behördlichen Entscheidung; auch eine Feststellungsentscheidung über das Ruhen des Verfahrens ist weder zulässig noch vorgesehen. Anders als nach § 32a Abs. 1 S. 1 aF tritt die Wirkung unabhängig davon ein, ob zum Zeitpunkt der Erteilung der Aufenthaltserlaubnis schon ein Asylantrag gestellt war oder dieser erst nach Gewährung vorläufigen Schutzes gestellt wird („solange"; ohne nähere Begründung **aA** GK-AsylG/Funke-Kaiser Rn. 8; Bergmann/Dienelt/Bergmann Rn. 2; Marx AsylG Rn. 1; BeckOK AuslR/Heusch Rn. 3; Hailbronner AuslR Rn. 6; NK-AuslR/Fränkel Rn. 2).

11   Da § 32a das Ruhen des Verfahrens an die Geltungsdauer der nach § 24 Abs. 1 AufenthG erteilten Aufenthaltserlaubnis (und nicht an die in Art. 4 und 6 Schutzgewährungs-RL geregelte Dauer der Gewährung vorübergehenden Schutzes) koppelt, kann die Fortgeltungsfiktion des § 81 Abs. 4 S. 1 AufenthG die Dauer des Ruhens des Verfahrens verlängern.

§ 32a gilt zunächst nur in Fällen, in denen **vorübergehender Schutz unter unmittelbarer** 12
Anwendung des § 24 AufenthG gewährt wurde; nicht aber in Fällen der §§ 23 f., 25 AufenthG
(Hailbronner AuslR Rn. 6; Bergmann/Dienelt/Bergmann Rn. 3). Dass § 32a auch dann nicht
anwendbar sein soll, wenn die zuständige Behörde unter Anwendung des § 23 Abs. 4 AufenthG
die entsprechende Geltung des § 24 AufenthG angeordnet hat, drängt sich hingegen nicht unmit-
telbar auf. Denn § 23 AufenthG beruht auf Art. 7 Abs. 1 Schutzgewährungs-RL (Bergmann/
Dienelt/Dienelt/Bergmann AufenthG § 23 Rn. 2) und soll – ebenso wie § 24 AufenthG – die
Bewältigung größerer Flüchtlingsströme außerhalb des Asylverfahrens ermöglichen (gegen eine
Anwendbarkeit auf Fälle des § 23 Abs. 4 AufenthG aber Hailbronner AuslR Rn. 6 und wohl
auch Bergmann/Dienelt/Bergmann Rn. 3).

2. Rechtsfolgen des Ruhens

Während des **Ruhens des Verfahrens** ist das BAMF daran gehindert, das Asylverfahren (etwa 13
durch Bestimmung eines Anhörungstermins) zu betreiben oder in der Sache über den Asylantrag
zu entscheiden. Bei ausdrücklicher Rücknahme des Asylantrags dürfte eine Einstellung des Verfahrens nach § 32 mit den Zwecken des Ruhens des Verfahrens vereinbar sein; **§ 33 gilt hingegen**
nicht (GK-AsylG/Funke-Kaiser Rn. 8; Bergmann/Dienelt/Bergmann Rn. 3; NK-AuslR/Frän-
kel Rn. 2). Während des Ruhens des Verfahrens besteht auch für den Asylbewerber kein Anlass,
das Asylverfahren zu betreiben; insbesondere sind die im AsylG geregelten **Mitwirkungspflichten**
suspendiert (Abs. 1 S. 2).

Nach der Regelungskonzeption des nationalen Gesetzgebers ist eine **Fortführung des Verfah-** 14
rens vor Ablauf der gesetzlichen Ruhensdauer nicht vorgesehen. Bei unionsrechtskonformer Auslegung der Bestimmung ist das BAMF jedoch gehalten, das Asylverfahren auf ausdrücklichen Antrag des Ausländers auch während der Ruhensdauer fortzuführen (→ Rn. 7).

II. Rechtsstellung während der Gewährung vorläufigen Schutzes (Abs. 1 S. 2)

Während der Ruhensdauer bestimmt sich die Rechtsstellung des Ausländers nicht nach Maß- 15
gabe des AsylG (Abs. 1 S. 2). Dies ist mit den Vorgaben der Schutzgewährungs-RL vereinbar, da
Art. 19 Abs. 1 Schutzgewährungs-RL den Mitgliedstaaten die Möglichkeit einräumt, eine Kumulation des vorläufigen Schutzstatus mit dem Status eines Asylbewerbers auszuschließen (vgl. →
Rn. 5).

Abs. 2 S. 2 stellt den vorläufig Schutzberechtigten daher unter anderem von der **Einhaltung** 16
von Mitwirkungspflichten (→ § 15 Rn. 1 ff.), **räumlicher Beschränkungen** (→ § 56
Rn. 1 ff.) und **Wohnsitzauflagen** (→ § 47 Rn. 1 ff.) frei. Der Verlust der Statusrechte eines
Asylbewerbers wiegt wegen der regelmäßig günstigeren Rechtsstellung des Inhabers einer Aufenthaltserlaubnis nicht schwer (vgl. AsylG Marx Rn. 5).

Nach Ablauf der Geltungsdauer der Aufenthaltserlaubnis lebt die **Aufenthaltsgestat-** 17
tung nach § 55 wieder auf, sofern der Aufenthalt des Ausländers vor Erteilung des Aufenthaltstitels
gestattet war (GK-AsylG/Funke-Kaiser Rn. 9; Bergmann/Dienelt/Bergmann Rn. 3; BeckOK
AuslR/Heusch Rn. 7; unklar Marx AsylG Rn. 5 im Hinblick auf die Notwendigkeit einer Anzeige
nach Abs. 2). Auch die **gesetzlichen Mitwirkungspflichten** leben wieder auf (BeckOK AuslR/
Heusch Rn. 7).

D. Rücknahmefiktion bei nicht rechtzeitiger Verfahrensfortführungsanzeige (Abs. 2)

Nach Abs. 2 **gilt der Asylantrag als zurückgenommen,** wenn der Ausländer dem Bundes- 18
amt **nicht innerhalb eines Monats nach Ablauf der Geltungsdauer seiner Aufenthaltser-**
laubnis sein Verfahrensfortführungsinteresse anzeigt.

I. Vereinbarkeit mit Unionsrecht

Mit Art. 17 Abs. 2 Schutzgewährungs-RL dürfte § 32a Abs. 2 vereinbar sein, da auch die 19
Einstellung des Verfahrens eine zulässige Form des „Abschlusses" der Prüfung eines Asylantrages
sein kann (vgl. Art. 27 f. Asylverfahrens-RL; → Rn. 8). Da das Unterlassen einer Fortführungsanzeige gegenüber dem Bundesamt aber keine „ausdrückliche" Rücknahme des Antrags iSd Art. 27
Abs. 1 Asylverfahrens-RL darstellt, **müsste § 32a Abs. 2 den Vorgaben des Art. 28 Asylverfah-**
rens-RL (RL 2013/32/EU v. 26.6.2013, ABl. 2013 L 180, 60) **genügen.**

20   **Strukturell** dürfte die Regelung dabei **mit Art. 28 Abs. 1 Asylverfahrens-RL vereinbar**
sein, da Art. 28 Abs. 1 UAbs. 2 Asylverfahrens-RL die möglichen Gründe für die Annahme einer
stillschweigenden Antragsrücknahme bzw. eines Nichtbetreibens des Verfahrens nicht abschließend, sondern lediglich beispielhaft regelt (→ § 33 Rn. 13.1, → § 33 Rn. 51). Allerdings ist –
wie auch bei § 33 Abs. 3 (→ § 33 Rn. 44) – **zweifelhaft, ob die Nichtanzeige des Verfahrensfortführungsinteresses binnen einer** – angesichts der in der Regel mehrere Monate bis hin zu
Jahren währenden vorübergehenden Schutzgewährung relativ knapp bemessenen – **Monatsfrist
die Annahme einer stillschweigenden Antragsrücknahme bzw. eines Nichtbetreibens
des Verfahrens** (Art. 28 Abs. 1 UAbs. 1 Asylverfahrens-RL) **rechtfertigen kann,** auch wenn
der Ausländer gem. § 24 Abs. 7 AufenthG über diese Rechtsfolge unterrichtet wurde. Bei unionsrechtskonformer Auslegung könnte § 32a Abs. 2 daher allenfalls dann Anwendung finden, wenn
im Zeitpunkt des Fristablaufs konkrete Anzeichen für einen Wegfall des Verfahrensinteresses (wie
zB das Bestehen eines Rückkehrinteresses oder eines anderweitig dauerhaft gesicherten Aufenthaltsstatus) bestehen.

21   Überdies zwingt Art. 28 Abs. 2 Asylverfahrens-RL den Gesetzgeber dazu, dem Ausländer im
Fall der stillschweigenden bzw. fingierten Antragsrücknahme die Möglichkeit einer **Wiedereröff-
nung des Verfahrens** einzuräumen. Hierfür genügt die durch § 32 Abs. 1 VwVfG eröffnete
Möglichkeit eines verschuldensabhängigen Wiedereinsetzungsantrags binnen Monatsfrist nicht, da
Art. 28 Abs. 2 Asylverfahrens-RL eine nicht an materielle Voraussetzungen gebundene Wiederer-
öffnungsmöglichkeit vorsieht, die nicht auf unter neun Monate befristet werden kann (aA wohl
Bergmann/Dienelt/Bergmann, 11. Aufl. 2016, § 33 Rn. 1). Da Art. 28 Abs. 2 UAbs. 1 Asylverfah-
rens-RL einer unmittelbaren Anwendung zugunsten des Ausländers zugänglich ist (vgl. VGH BW
NVwZ 2015, 1155 (1158)) und der Bundesgesetzgeber von den Beschränkungsmöglichkeiten des
Art. 28 Abs. 2 UAbs. 2 Asylverfahrens-RL im Hinblick auf die Rücknahmefiktion des § 32a
Abs. 2 – anders als im Hinblick auf § 33 Abs. 1 und Abs. 3, § 20 Abs. 1 S. 2 und § 22 Abs. 3
S. 2 – keinen Gebrauch gemacht hat, ist dem Ausländer nach derzeitiger Rechtslage **ein unbe-
schränktes Recht auf Wiedereröffnung des Verfahrens eingeräumt** (NK-AuslR/Fränkel
Rn. 5). Eine analoge Anwendung des § 33 Abs. 5 S. 5 schiene nur dann angebracht, wenn man
§ 32a – entgegen der gesetzlichen Systematik – als Spezialfall des § 33 Abs. 1 ansehen will (vgl.
zu diesem Rechtsgedanken Hailbronner AuslR Rn. 4).

II. Voraussetzungen des § 32a Abs. 2

22   Nach der gesetzlichen Konzeption tritt die Rücknahmefiktion des Abs. 2 bereits dann ein,
wenn der Ausländer die **fristgerechte Anzeige seines Verfahrensfortführungsinteresses versäumt** hat. Allerdings wird man – parallel zur Vorschrift des § 33 Abs. 4 – darüber hinaus fordern
wurden, dass der Ausländer gem. § 24 Abs. 7 AufenthG auch über die **Voraussetzungen und
Rechtsfolgen des § 32a Abs. 2 belehrt** wurde (GK-AsylG/Funke-Kaiser Rn. 11; Marx AsylG
Rn. 7; BeckOK AuslR/Heusch Rn. 10; NK-AuslR/Fränkel Rn. 4 sowie allg. → § 33 Rn. 52).
Zudem bedarf die Vorschrift der unionsrechtskonformen Auslegung (→ Rn. 20).

23   Ebenso wie § 33 Abs. 3 begründet § 32a Abs. 2 eine **Rücknahmefiktion,** die – anders als
die Vermutungstatbestände des § 33 Abs. 2 – nicht widerlegt werden kann.

24   Die **Frist beginnt mit dem Ablauf der Geltungsdauer der Aufenthaltserlaubnis,** dh ggf.
erst mit Entfall der Fortgeltungsfiktion des § 81 Abs. 4 AufenthG. Aufgrund der systematischen
Verknüpfung mit der Schutzgewährung nach § 24 AufenthG beginnt die Frist auch dann zu
laufen, wenn der Ausländer über eine zu einem anderen Aufenthaltszweck erteilte Aufenthaltserlaubnis verfügt oder ihm unter der Geltung der Fortgeltungsfiktion ein Aufenthaltstitel (nur) zu
einem anderen Aufenthaltszweck erteilt wird.

25   Die **Fortführungsanzeige** muss innerhalb der Frist beim Bundesamt eingehen; der rechtzeitige
Eingang bei der Ausländerbehörde genügt nicht (GK-AsylG/Funke-Kaiser Rn. 15). Eine Begrün-
dungspflicht für das Fortbestehen eines Verfahrensinteresses ist gesetzlich nicht vorgesehen (GK-
AsylG/Funke-Kaiser Rn. 15; Hailbronner AuslR Rn. 16; BeckOK AuslR/Heusch Rn. 12; Marx
AsylG Rn. 6), auch wenn die allgemeinen Mitwirkungspflichten mit Ablauf der Geltungsdauer
der Aufenthaltserlaubnis wieder aufleben (§ 32a Abs. 1 S. 2).

26   Bei unverschuldetem Fristversäumnis kann **Wiedereinsetzung in den vorherigen Stand**
beantragt werden (GK-AsylG/Funke-Kaiser Rn. 17; Marx AsylG Rn. 7; BeckOK AuslR/Heusch
Rn. 12; NK-AuslR/Fränkel Rn. 5), wobei § 32a Abs. 2 keine Ausschlussfrist begründet (Hailbronner AuslR Rn. 17).

27   Ohnehin besteht jedenfalls innerhalb von neun Monaten nach Einstellung des Verfahrens (§ 32
S. 1) die Möglichkeit eines **Wiedereröffnungsantrags** nach Art. 28 Abs. 2 UAbs. 2 Asylverfahrens-RL (→ Rn. 21).

III. Rechtsfolgen des §32a Abs. 2

Die Rechtsfolgen der fingierten Rücknahme entsprechen den Folgen der ausdrücklichen **28** Rücknahme des Asylantrags (vgl. → §32 Rn. 20 ff.). §32 S. 2 findet keine Anwendung, da dieser nur auf §33 verweist.

Nach der gesetzlichen Konzeption findet §33 Abs. 5 keine Anwendung; aufgrund der unmittel- **29** baren Anwendbarkeit des Art. 28 Abs. 2 UAbs. 2 Asylverfahrens-RL kann dennoch **Wiedereröffnung des Verfahrens** beantragt werden (→ Rn. 21).

§33 Nichtbetreiben des Verfahrens

(1) **Der Asylantrag gilt als zurückgenommen, wenn der Ausländer das Verfahren nicht betreibt.**

(2) **¹Es wird vermutet, dass der Ausländer das Verfahren nicht betreibt, wenn er**
1. **einer Aufforderung zur Vorlage von für den Antrag wesentlichen Informationen gemäß §15 oder einer Aufforderung zur Anhörung gemäß §25 nicht nachgekommen ist,**
2. **untergetaucht ist oder**
3. **gegen die räumliche Beschränkung seiner Aufenthaltsgestattung gemäß §56 verstoßen hat, der er wegen einer Wohnverpflichtung nach §30a Absatz 3 unterliegt.** ²**Die Vermutung nach Satz 1 gilt nicht, wenn der Ausländer unverzüglich nachweist, dass das in Satz 1 Nummer 1 genannte Versäumnis oder die in Satz 1 Nummer 2 und 3 genannte Handlung auf Umstände zurückzuführen war, auf die er keinen Einfluss hatte.** ³**Führt der Ausländer diesen Nachweis, ist das Verfahren fortzuführen.** ⁴**Wurde das Verfahren als beschleunigtes Verfahren nach §30a durchgeführt, beginnt die Frist nach §30a Absatz 2 Satz 1 neu zu laufen.**

(3) **Der Asylantrag gilt ferner als zurückgenommen, wenn der Ausländer während des Asylverfahrens in seinen Herkunftsstaat gereist ist.**

(4) **Der Ausländer ist auf die nach den Absätzen 1 und 3 eintretenden Rechtsfolgen schriftlich und gegen Empfangsbestätigung hinzuweisen.**

(5) **¹In den Fällen der Absätze 1 und 3 stellt das Bundesamt das Asylverfahren ein.** ²**Ein Ausländer, dessen Asylverfahren gemäß Satz 1 eingestellt worden ist, kann die Wiederaufnahme des Verfahrens beantragen.** ³**Der Antrag ist persönlich bei der Außenstelle des Bundesamtes zu stellen, die der Aufnahmeeinrichtung zugeordnet ist, in welcher der Ausländer vor der Einstellung des Verfahrens zu wohnen verpflichtet war.** ⁴**Stellt der Ausländer einen neuen Asylantrag, so gilt dieser als Antrag im Sinne des Satzes 2.** ⁵**Das Bundesamt nimmt die Prüfung in dem Verfahrensabschnitt wieder auf, in dem sie eingestellt wurde.** ⁶**Abweichend von Satz 5 ist das Asylverfahren nicht wieder aufzunehmen und ein Antrag nach Satz 2 oder Satz 4 ist als Folgeantrag (§71) zu behandeln, wenn**
1. **die Einstellung des Asylverfahrens zum Zeitpunkt der Antragstellung mindestens neun Monate zurückliegt oder**
2. **das Asylverfahren bereits nach dieser Vorschrift wieder aufgenommen worden war.** ⁷**Wird ein Verfahren nach dieser Vorschrift wieder aufgenommen, das vor der Einstellung als beschleunigtes Verfahren nach §30a durchgeführt wurde, beginnt die Frist nach §30a Absatz 2 Satz 1 neu zu laufen.**

(6) **Für Rechtsbehelfe gegen eine Entscheidung nach Absatz 5 Satz 6 gilt §36 Absatz 3 entsprechend.**

Überblick

Die Regelung des §33 enthält in Abs. 1 und Abs. 3 zwei gesetzliche Fiktionstatbestände, die dem BAMF im Fall eines Nichtbetreibens des Verfahrens (→ Rn. 13 ff.) bzw. der Rückkehr in den vermeintlichen Verfolgerstaat (→ Rn. 46 ff.) eine Einstellung des Verfahrens wegen fingierter Rücknahme des Asylantrags ermöglichen (→ Rn. 61 ff.; → §32 Rn. 35). Die in Abs. 2 S. 1 vertypten Vermutungstatbestände dienen dem Zweck, dem Bundesamt die Feststellung eines „Nichtbetreibens" des Verfahrens zu erleichtern (→ Rn. 15 ff.); die hieraus abzuleitende Nichtbetreibensvermutung ist jedoch nach Maßgabe des Abs. 2 S. 2 widerleglich (→ Rn. 33 ff.). Abs. 4

verpflichtet das Bundesamt, die Betroffenen über die Rechtsfolgen der Fiktionstatbestände zu informieren (→ Rn. 52 ff.). Da der Gesetzgeber die erstmalige Einstellung des Verfahrens nach fingierter Antragsrücknahme als Warnschuss an den Asylsuchenden begriffen wissen will, sieht Abs. 5 – übereinstimmend mit Art. 28 Abs. 2 UAbs. 1 und UAbs. 2 Asylverfahrens-RL – ein Verfahren zur (einmaligen) Wiederaufnahme des Verfahrens vor, die innerhalb von neun Monaten nach Bekanntgabe der Einstellungsentscheidung beantragt werden kann und materiell an keine besonderen Voraussetzungen gebunden ist (→ Rn. 78). Der Rechtsschutz gegen Entscheidungen nach § 33 ist in Abs. 6 nur rudimentär (→ Rn. 103 ff.) und wenig durchdacht geregelt, so dass neben Fragen der Gestaltung des Verwaltungsverfahrens auch wesentliche Fragen des gerichtlichen Verfahrens ungeklärt sind (→ Rn. 64 ff.).

Übersicht

A. Entstehungsgeschichte

1 Die ursprüngliche Fassung des § 33 geht auf das AsylVfG 1992 zurück; sie hat im AsylVfG 1982 oder früheren Regelungen **kein unmittelbares Vorbild** (Bergmann/Dienelt/Bergmann Rn. 1; Marx AsylG Rn. 1).

1.1 Die Regelung des § 33 aF (BGBl. 1982 I 946), die in ihren Grundzügen dem heutigen § 81 entspricht, betraf die Einstellung des **gerichtlichen** Verfahrens bei Nichtbetreiben des Verfahrens (im Einzelnen Marx AsylG Rn. 1; Hailbronner AuslR Rn. 1).

2 § 33 AsylVfG 1992 sah eine **fingierte Rücknahme** des Asylantrags vor, wenn der Asylbewerber das Asylverfahren **trotz Aufforderung und Belehrung durch das Bundesamt länger als**

einen Monat nicht betrieben hatte. Mit Gesetz v. 30.6.1993 wurde erstmals auch eine – § 33 Abs. 3 entsprechende – **Rücknahmefiktion bei Rückkehr in den Herkunftsstaat** während des Asylverfahrens aufgenommen (BGBl. 1993 I 1062), die mit Gesetz v. 29.10.1997 (BGBl. I 2584) um eine – nunmehr entfallene – Regelung über die Zurückweisung an der Grenze ergänzt wurde. Bei der weiteren Änderung des Abs. 3 mit Gesetz v. 30.7.2004 (BGBl. I 2584) handelte es sich um eine inhaltlich bedeutungslose Folgeänderung im Hinblick auf das Inkrafttreten des AufenthG 2004.

Mit **Inkrafttreten der Neufassung der Verfahrensrichtlinie** bzw. dem Verstreichen der 3 gesetzlichen Umsetzungsfrist des Art. 51 Abs. 1 Asylverfahrens-RL am 20.7.2015 geriet die Regelung des § 33 aF unter Druck, da sie deren Anforderungen jedenfalls im Hinblick auf die Möglichkeit der Wiedereröffnung des Verfahrens nicht entsprach (zur Unionsrechtswidrigkeit des § 33 aF vgl. NK-AuslR/Schröder Rn. 2, 29 f.; aA Bergmann/Dienelt/Bergmann, 11. Aufl. 2016, Rn. 1 unter Verweis auf die Möglichkeit der Wiedereinsetzung in den vorigen Stand, die den Anforderungen des Art. 28 Abs. 2 UAbs. 2 Asylverfahrens-RL aber im Hinblick auf Fristenbindung und das Erfordernis fehlenden Verschuldens offensichtlich nicht genügte).

Die Neufassung des § 33 mit Gesetz v. 11.3.2016 (BGBl. I 390) diente daher unter anderem 4 der – möglichst wortlautgetreuen – Umsetzung des Art. 28 Asylverfahrens-RL in nationales Recht. Der parallel verfolgte Zweck, durch eine Streichung des Aufforderungserfordernisses und der hiermit verbundenen Einmonatsfrist eine „**deutliche Entlastung**" des Bundesamts herbeizuführen (BT-Drs. 18/7538, 16), **konnte angesichts der Vorgaben des Art. 28 Asylverfahrens-RL ohnehin nur teilweise erreicht werden;** er wurde durch die ungeschickte Umsetzung der unionsrechtlichen Vorgaben aber **letztlich vollends verfehlt.** Da der Gesetzgeber die verbliebenen Umsetzungsspielräume nicht vollständig genutzt und wesentliche Verfahrensfragen offengelassen bzw. missverständlich geregelt hat, muss die Neuregelung des § 33 als misslungen angesehen werden (ausf. Wittmann ASYLMAGAZIN 2016, 328 (332 ff.)).

Obwohl der förmlichen Einstellung des Verfahrens nach § 33 auch schon vor Inkrafttreten der 5 Neuregelung eine **rein deklaratorische Funktion** zukam, weil die Rechtsfolge der fingierten Antragsrücknahme kraft Gesetzes – dh unabhängig von der lediglich nachvollziehenden Einstellungsentscheidung des Bundesamts – eintrat, hing der Eintritt der Rücknahmefiktion nach § 33 Abs. 1 aF von einem voluntativen Element ab: Da die Rücknahmefiktion nur bei Nichtbeachtung einer behördlichen Betreibensaufforderung eintreten konnte, kam dem Bundesamt letztlich ein **Wahlrecht** zu, ob es zB beim Nichterscheinen zur Anhörung zu einer Sachentscheidung nach Aktenlage vordringen (§ 25 Abs. 4 S. 5, Abs. 5 S. 3) oder durch Erlass einer Betreibensaufforderung eine Rücknahmefiktion herbeiführen wollte (BVerwG BeckRS 2019, 11017 Rn. 27).

Diese Möglichkeit ist durch die Streichung der Betreibensaufforderung und die Beibehaltung 6 der Rücknahmefiktion als kraft Gesetzes eintretende Rechtsfolge des Nichtbetreibens des Verfahrens entfallen, so dass **die Neuregelung den Eintritt der Rücknahmefiktion zwar erleichtert, die Handlungsspielräume des Bundesamts aber verengt hat** (GK-AsylG/Funke-Kaiser Rn. 53). Denn auch bei fingierter Rücknahme des Asylantrags sieht sich das Bundesamt an einer Sachentscheidung – zB als offensichtlich unbegründet iSd § 30 Abs. 3 Nr. 5 – gehindert (vgl. BVerwG BeckRS 2019, 11017 Rn. 27; BVerwGE 150, 29 = NVwZ 2014, 1460 (1461 f.); VG Düsseldorf BeckRS 2017, 109387 Rn. 10 f.; Wittmann ASYLMAGAZIN 2016, 328 (335)). Vor dem Hintergrund der – unionsrechtlich durch Art. 28 Abs. 2 UAbs. 1 und UAbs. 2 Asylverfahrens-RL vorgegebenen – Möglichkeit der Wiederaufnahme des Verfahrens auf Antrag des Betroffenen kann sich die Verfahrenseinstellung jedoch unter Umständen als langwieriger als die sofortige Herbeiführung einer Sachentscheidung erweisen, die keine entsprechende Wiederaufnahmemöglichkeit eröffnet.

B. Anwendungsbereich

I. Allgemeines

Da § 33 Abs. 1 eine Rücknahme des Asylantrags fingiert, kommt die **Anwendung des § 33** 7 **vor Stellung eines förmlichen Asylantrags** (→ § 14 Rn. 1) nicht in Betracht (GK-AsylG/Funke-Kaiser Rn. 11 f.; BeckOK AuslR/Heusch Rn. 6). § 20 Abs. 1 S. 2 und § 22 Abs. 3 S. 2 sehen allerdings eine **entsprechende Anwendung** vor, wenn der Asylsuchende einer Weiterleitung nach § 18 Abs. 1, § 19 Abs. 1 oder nach § 22 Abs. 1 S. 2, Abs. 2 nicht folgt; § 67 Abs. 1 Nr. 2 erfüllt bei Nichtstellung eines förmlichen Asylantrags im Anschluss an ein Asylgesuch zudem eine ähnliche Funktion wie § 33, indem er die Möglichkeit einer Aufenthaltsbeendigung nach ausländerrechtlichen Grundsätzen wiedereröffnet (BeckOK AuslR/Heusch Rn. 6).

7.1   „Asylantrag" im Sinne der Vorschrift ist auch der nach § 13 Abs. 2 S. 2 **beschränkte Schutzantrag, der Folgeantrag** (§ 71) und – insoweit sogar kraft ausdrücklicher gesetzlicher Anordnung (§ 71a Abs. 2 S. 1) – der **Zweitantrag** iSd § 71a Abs. 1 (GK-AsylG/Funke-Kaiser Rn. 11 f.; BeckOK AuslR/Heusch Rn. 6). Der allein auf ein Wiederaufgreifen der Prüfung nationaler Abschiebungsverbote gerichtete **isolierte Folgeschutzantrag** kann hingegen nur ausdrücklich zurückgenommen werden, da er kein Asylfolgeantrag im Sinne des Gesetzes ist.

8   Aus dem Fehlen einer Zuständigkeitsregel für Ausländer, die einer Wohnverpflichtung im Zeitpunkt der Einstellungsentscheidung nicht (mehr) unterlagen (§ 47 Abs. 1 S. 1, § 14 Abs. 2, § 48 f.), kann nicht gefolgert werden, dass die Bestimmung des § 33 auf diese generell keine Anwendung findet (so aber Marx AsylG Rn. 29); dies wäre insbesondere in den Fällen des § 14 Abs. 2 S. 1 Nr. 2 sinnwidrig und ist auch aufgrund der Funktion des Abs. 5 S. 3 als reine Zuständigkeitsregel nicht geboten (→ Rn. 79.1).

9   Keine Anwendung findet § 33 während des Ruhens des Asylverfahrens nach Maßgabe des § 32a S. 1 (→ § 32a Rn. 13). Allerdings ist eine entsprechende Anwendung der § 33 Abs. 5 S. 3– 5 im Fall der Rücknahmefiktion nach § 32a S. 2 unionsrechtlich geboten (→ § 32a Rn. 21).

II. Keine Anwendung im Rücknahme- oder Widerrufsverfahren (§§ 73 ff.)

10   **Keine Anwendung findet § 33 im Rücknahme- oder Widerrufsverfahren** (§ 73 ff.) nach erfolgter Statuszuerkennung. Schon tatbestandlich ist § 33 Abs. 1 nicht einschlägig, da für den Betroffenen nach Abschluss des Asylverfahrens kein Anlass besteht, das Verfahren zu „betreiben"; er ist im Widerrufs- bzw. Rücknahmeverfahren zwar mittlerweile auch zur Mitwirkung verpflichtet (§ 73 Abs. 3a S. 1) bzw. erhält zumindest Gelegenheit zur schriftlichen Äußerung (§ 73 Abs. 4 S. 1), hat aber selbst kein eigenes Verfahrensinteresse.

10.1   Auch wenn einzelne der **allgemeinen Mitwirkungspflichten** des § 15, an deren Verletzung der Vermutungstatbestand des § 33 Abs. 2 Nr. 1 anknüpft, nunmehr kraft gesetzlicher Anordnung auch im Widerrufs- und Rücknahmeverfahren Anwendung finden (§ 73 Abs. 3a S. 1 und S. 2), ist die **Rechtsfolge einer Nichtbeachtung einer Aufforderung zur Mitwirkung oder zur schriftlichen Äußerung – Entscheidung nach Aktenlage – in § 73 Abs. 3a S. 4 bzw. Abs. 4 S. 3 und S. 4 spezialgesetzlich geregelt** (BeckOK AuslR/Fleuß § 73 Rn. 64). Die Vermutungstatbestände des Abs. 2 Nr. 2 und Nr. 3 sind auf anerkannte Schutzberechtigte jedenfalls nicht übertragbar, da diese besonderen Meldepflichten bzw. Beschränkungen ihrer räumlichen Bewegungsfreiheit nicht allgemein unterliegen.

11   Überdies ist die in Abs. 5 S. 1 geregelte **Rechtsfolge einer Einstellung des Verfahrens nicht geeignet, eine Widerrufs- oder Rücknahmeentscheidung zu ersetzen oder die materiellrechtliche Grundlage hierfür zu schaffen.** Denn die nachträgliche (fingierte) Rücknahme des Asylantrags ist in § 73 Abs. 1 S. 1 nicht als Widerrufsgrund genannt; sie ist dem in S. 2 genannten Wegfall der verfolgungsbegründenden Umstände auch inhaltlich nicht gleichzustellen.

11.1   Dieser Befund wird durch den **unionsrechtlichen Rahmen** noch bekräftigt: So umfasst die Asylverfahrens-RL (RL 2013/32/EU v. 26.6.2013, ABl. 2013 L 180, 60) zwar neben dem Statusfeststellungsverfahren auch das Verfahren zur Aberkennung internationalen Schutzes (Art. 1 Asylverfahrens-RL), regelt diese aber in vollständig voneinander getrennten Kapiteln, ohne in Art. 44 f. Asylverfahrens-RL auf die Bestimmungen des Art. 28 Asylverfahrens-RL zu verweisen. Insbesondere kann auch der in Art. 45 Abs. 5 S. 1 Asylverfahrens-RL geregelte „eindeutige Verzicht" auf die Anerkennung nicht mit den in Art. 28 Asylverfahrens-RL geregelten Fällen der stillschweigenden Antragsrücknahme oder des Nichtbetreibens des Verfahrens gleichgesetzt werden. Auch Art. 11 Abs. 1 Qualifikations-RL (RL 2011/95/EU v. 13.12.2011, ABl. 2011 L 337, 9) sieht das Nichtbetreiben des Verfahrens nicht als materiellen Erlöschensgrund vor.

12   Das BAMF kann das Widerrufsverfahren daher nicht – erst recht nicht mit der Folge eines Statusverlusts für den Betroffenen – nach § 33 Abs. 5 S. 1 einstellen, wenn der anerkannt Schutzberechtigte das Widerrufs- oder Rücknahmeverfahren auf Aufforderung „nicht betreibt"; **eine entsprechende Ankündigung ist rechtswidrig und geht jedenfalls ins Leere.**

C. Rücknahmefiktion nach § 33 Abs. 1

I. Wesen der Rücknahmefiktion

13   § 33 Abs. 1 begründet – ebenso wie § 33 Abs. 3 und § 32a Abs. 2 und § 33 Abs. 1 aF – eine **unwiderlegliche Fiktion der Rücknahme des Asylantrags,** wenn der Ausländer das Verfahren nicht betreibt. Im Unterschied zur früheren Normfassung knüpft das „Nichtbetreiben" des Verfahrens nach § 33 allerdings nicht mehr an die Nichtbeachtung einer förmlichen Betreibensaufforderung, sondern an die Verletzung der in Abs. 2 genannten Obliegenheiten bzw. Verhaltenspflichten an, die – nach Vorstellung des Gesetzgebers – das Fehlen eines Interesses an der Fortführung des Asylverfahrens indiziert. Der Eintritt der in Abs. 1 geregelten Fiktionswirkung ist daher unmittelbar mit den in Abs. 2 geregelten Vermutungsregelungen verknüpft.

Fraglich ist in diesem Zusammenhang insbesondere, ob ein **„Nichtbetreiben" des Verfahrens auch** **13.1** **bei Verletzung sonstiger Mitwirkungsobliegenheiten angenommen bzw. aus sonstigen Umständen gefolgert werden kann** (bejahend BT-Drs. 18/7538, 17; Hailbronner AuslR Rn. 10, 12; BeckOK AuslR/Heusch Rn. 12). Unionsrechtlich stünde dem nichts entgegen, weil der Katalog des Art. 28 Abs. 2 Asylverfahrens-RL nicht abschließend formuliert ist (GK-AsylG/Funke-Kaiser Rn. 10; Hailbronner AuslR Rn. 9; aA Marx AsylG Rn. 8); auch der Wortlaut der nationalen Regelung, der in Abs. 2 lediglich einzelne Vermutungstatbestände abschließend umschreibt, wäre insoweit offen (Hailbronner AuslR Rn. 3; BeckOK AuslR/Heusch Rn. 12). Letztlich ist der Begriff des „Betreibens" des Verfahrens jedoch – abseits der neu kodifizierten Fallgruppen – unmittelbar mit der Missachtung einer Betreibensaufforderung verknüpft (vgl. § 81, § 92 Abs. 2 VwGO), so dass ungeregelte Fallgruppen des „Nichtbetreibens" schon aus Gründen der Vorhersehbarkeit und Rechtssicherheit – insbesondere angesichts der unmittelbar kraft Gesetzes eintretenden Rücknahmefiktion – nicht angenommen werden können (aA Hailbronner AuslR Rn. 10 ff.; BeckOK AuslR/Heusch Rn. 12, 14). Insbesondere liefe die in § 33 Abs. 4 geregelte Hinweispflicht (vgl. zu deren Reichweite → Rn. 58) im Hinblick auf derartige ungeschriebene Fallgruppen weitgehend leer (Marx AsylG Rn. 8).

Hiervon zu unterscheiden ist die Frage, ob das Bundesamt die Rechtsfolge des § 33 Abs. 1 – wie in **13.2** § 33 Abs. 1 aF vorgesehen – auch weiterhin durch **Erlass einer Betreibensaufforderung** herbeiführen kann. Dies ist zu verneinen, da die fingierte Antragsrücknahme für den Betroffenen mit gravierenden Rechtsfolgen verbunden sein kann und die gesetzliche Ermächtigungsgrundlage für den Erlass einer Betreibensaufforderung mit der Änderung des § 33 entfallen ist (zu Recht krit. Marx AsylG Rn. 8; aA aber zB GK-AsylG/Funke-Kaiser Rn. 9, 14; Hailbronner AuslR Rn. 11). Funktional dürfte § 33 Abs. 2 S. 1 Nr. 1, der ebenfalls eine Konkretisierung von Mitwirkungs- und Verhaltenspflichten durch individuelle Aufforderung voraussetzt, aber viele der denkbaren Fallgestaltungen erfassen (GK-AsylG/Funke-Kaiser Rn. 14; Marx AsylG Rn. 8 sowie → Rn. 17, → Rn. 20).

Demgegenüber begründet **§ 33 Abs. 3 einen eigenständigen Fiktionstatbestand,** der **14** unmittelbar bei Rückkehr in das Herkunftsland eingreift und keine Bezüge zu den in Abs. 2 geregelten Vermutungstatbeständen aufweist.

II. Vermutungstatbestände des Abs. 2 S. 1

In den in Abs. 2 S. 1 der Vorschrift genannten Fällen wird **vermutet,** dass der Ausländer das **15** Verfahren nicht betreibt. Wird die Vermutung nicht nach Maßgabe der S. 2–4 im Einzelfall widerlegt, tritt kraft Gesetzes die – aus sich heraus nicht widerlegliche – Rücknahmefiktion des Abs. 1 ein.

1. Systematik der Vermutungstatbestände

Inhaltlich sind die Vermutungstatbestände aus Nr. 1 und Nr. 2 **eng an die in Art. 28 Abs. 1** **16** **UAbs. 2 Asylverfahrens-RL angelehnten Beispielsfälle angelehnt,** ohne dass dies unionsrechtlich zwingend gewesen wäre. Der Vermutungstatbestand der Nr. 3 hat hingegen kein unmittelbares Vorbild in den Regelungen der Asylverfahrens-RL (→ Rn. 16.1), ist mit den Vorgaben des Unionsrechts aber jedenfalls bei – allerdings gebotener (→ Rn. 32) – restriktiver Auslegung vereinbar (GK-AsylG/Funke-Kaiser Rn. 54, 56; aA Marx AsylG Rn. 16).

§ 33 Abs. 2 S. 1 Nr. 3 weist zwar gewisse inhaltliche Bezüge zu Art. 28 Abs. 1 UAbs. 2 lit. b Alt. 2 **16.1** Asylverfahrens-RL („oder seinen Aufenthaltsort [...] ohne Genehmigung verlassen und nicht innerhalb einer angemessenen Frist die zuständige Behörde kontaktiert hat") auf, ist seinem Anwendungsbereich nach aber auf das beschleunigte Verfahren nach § 30a beschränkt und im Hinblick auf den Verzicht auf die Möglichkeit des „Kontaktierens" der zuständigen Behörde strenger formuliert. Eine Unionsrechtswidrigkeit ergibt sich hieraus nicht, weil die Tatbestände der Richtlinie nicht abschließend formuliert sind; dennoch wird im Hinblick auf die Vergleichbarkeit der Tatbestände und das Erfordernis eines „Grund[es] zu der Annahme, dass ein Antragsteller seinen Antrag stillschweigend zurückgenommen hat" eine restriktive Normauslegung und -anwendung zu fordern sein (→ Rn. 46 ff.).

Die in Nr. 1 geregelten Vermutungstatbestände setzen dabei jeweils ein **Unterlassen von** **17** **Mitwirkungshandlungen voraus, die zuvor durch behördliche Aufforderung konkreti-**

siert wurden. Sie entsprechen dabei strukturell der in § 33 aF geregelten Betreibensaufforderung, verzichten aber auf die zuvor zweistufige Ausgestaltung des Verfahrens und – in nicht unbedenklicher Art und Weise – auf das Erfordernis einer gesetzlichen oder behördlichen Frist für die Erfüllung der jeweiligen Mitwirkungsobliegenheiten (GK-AsylG/Funke-Kaiser Rn. 43, 47 f., 50). Demgegenüber **sanktioniert** der Vermutungstatbestand Nr. 2 **Verhalten des Betroffenen,** mit dem dieser sich aktiv der Erfüllung seiner Mitwirkungspflichten bzw. der Fortführung des Verfahrens entzieht (→ Rn. 27), während Nr. 3 an die **Verletzung einer im Interesse der effizienten Verfahrensführung gesetzlich angeordneten räumlichen Beschränkung anknüpft** (→ Rn. 31).

2. Auslegungsgrundsätze

18   Aufgrund der weitreichenden Rechtsfolgen der Vermutungstatbestände sind deren **Voraussetzungen grundsätzlich restriktiv zu interpretieren.** Dies war im Hinblick auf § 33 aF unstreitig (vgl. Hailbronner AuslR Rn. 6) und entspricht im Hinblick auf die Parallelvorschriften für die Einstellung des Klageverfahrens bei Nichtbetreiben des Verfahrens (§ 81; § 92 Abs. 2 VwGO) auch weiterhin der ganz herrschenden Auffassung (→ § 81 Rn. 3 ff.).

19   Eine „großzügigere" Auslegung der Vermutungstatbestände ist auch in Ansehung der Neuregelung des § 33 nicht angezeigt (aA Hailbronner AuslR Rn. 7, 50). Zwar führt die Rücknahmefiktion wegen der Wiederaufnahmeregelung des § 33 Abs. 5 S. 2 in der Regel nicht zur endgültigen Einstellung des Verfahrens; aufgrund der Beschränkung auf die einmalige Wiederaufnahme (§ 33 Abs. 6 Nr. 2) kann die Rücknahmefiktion jedoch weiterhin zum endgültigen Rechtsverlust führen. Eine „gespaltene" Auslegung der Vermutungstatbestände – im Sinne einer „weiten" Auslegung nur in Fällen, in denen die Möglichkeit der Wiederaufnahme des Verfahrens besteht – wäre systemwidrig und ist daher abzulehnen.

3. Verletzung allgemeiner Mitwirkungsobliegenheiten (Nr. 1)

20   Der Tatbestand der Nr. 1 Alt. 1 **knüpft** dabei **formal an die Verletzung einzelner der in § 15 geregelten „allgemeinen Mitwirkungspflichten" an, setzt aber eine behördliche Konkretisierung der geforderten Mitwirkungshandlung voraus.** Die „Aufforderung" tritt dabei im Wesentlichen an die Stelle der in § 33 Abs. 1 aF vorgesehenen Betreibensaufforderung, erfordert aber – anders als diese – keine Zweifel am Fortbestehen des Rechtsschutz- bzw. Verfahrensinteresses, sondern nur – aber immerhin – ein objektiv bestehendes Aufklärungsinteresse (Tatbestandsmerkmal der „für den Antrag wesentlichen" Informationen; GK-AsylG/Funke-Kaiser Rn. 48; Hailbronner AuslR Rn. 30).

20.1   „Wesentlich" sind dabei nur solche Informationen, die für den Ausgang gerade des Asylverfahrens nicht von vorneherein keine Bedeutung haben können (vgl. BeckOK AuslR/Heusch Rn. 15). Nicht wesentlich sind daher zB solche Informationen, die schon zuvor sicher feststehen oder erst nach Abschluss des Asylverfahrens Bedeutung erlangen können (vgl. VG Göttingen BeckRS 2019, 5308 Rn. 7 f. zur Nichtvorlage eines Personalausweises bei eindeutig geklärter Identität).

21   Die unmittelbar an den Wortlaut der Richtlinie angelehnte **Formulierung der „Vorlage von für den Antrag wesentlichen Informationen gemäß § 15" ist dabei unglücklich gewählt,** weil „Informationen" einer „Vorlage" begrifflich nicht zugänglich sind (aA Hailbronner AuslR Rn. 32) und der Vermutungstatbestand daher wesentliche Mitwirkungspflichten – wie zB die Pflicht, seinen Pass oder Passersatz bzw. Urkunden und sonstige Unterlagen vorzulegen (§ 15 Abs. 1 Nr. 4 und Nr. 5) – schon begrifflich kaum erfassen kann und weitere Pflichten – wie zB die Pflicht, sich bei bestimmten Behörden zu melden oder dort persönlich zu erscheinen bzw. erkennungsdienstliche Maßnahmen zu dulden (§ 15 Abs. 1 Nr. 3 und Nr. 7) – eindeutig nicht erfasst (Hailbronner AuslR Rn. 33). Ob dies in allen Fällen durch geschickte Formulierung der Aufforderung (zB als Aufforderung, dem Bundesamt durch Vorlage eines Reisepasses bzw. durch Herkunftsangaben im Rahmen einer persönlichen Vorsprache Informationen über die eigene Identität zu verschaffen) kompensiert werden kann, erscheint zweifelhaft (unkrit. insoweit aber GK-AsylG/Funke-Kaiser Rn. 46; BeckOK AuslR/Heusch Rn. 14).

22   Jedenfalls muss die Aufforderung **möglichst** – soweit nach Lage der Dinge möglich – **konkrete Angaben** dazu **enthalten, welche Informationen sich die Behörde vom Betroffenen erhofft** bzw. durch Vorlage welcher Urkunden der Betroffene zur Sachverhaltsermittlung beitragen soll. Insoweit kann im Wesentlichen auf die Rechtsprechung zur inhaltlichen Konkretisierung der behördlichen Betreibensaufforderung zurückgegriffen werden (GK-AsylG/Funke-Kaiser

Rn. 44, 47; Bergmann/Dienelt/Bergmann Rn. 4; vgl. auch Marx AsylG Rn. 10 allgemein zu Zweifeln an der Vereinbarkeit der Erstreckung der Nichtbetreibensvermutung auf sämtliche der in § 15 genannten allgemeinen Mitwirkungspflichten mit Unionsrecht. Diesen kann wg. des lediglich beispielhaften Charakters des Art. 28 Abs. 1 UAbs. 2 S. 1 Asylverfahrens-RL zwar nicht vollumfänglich gefolgt werden; dennoch erscheint die tatbestandliche Reichweite der pauschalen Verweisung auf § 15 nicht unbedenklich).

Als problematisch erweist sich in diesem Zusammenhang auch, dass der Gesetzgeber auf die **23** im Verfahren der Betreibensaufforderung vorgesehene Monatsfrist bewusst verzichtet und auch **eine Fristsetzung durch das Bundesamt nicht vorgesehen hat.** Zwar wird man ein „Nichtbetreiben" des Verfahrens zB bei mehrmonatigem Schweigen des Ausländers auf eine Aufforderung, nähere Angaben zu seinen Lebensumständen im Heimatstaat zu machen, unproblematisch annehmen können; ob ein etwa nach einem Monat und drei Tagen eingegangenes Schreiben aber den Anforderungen an die „Vorlage von Informationen" genügt oder – mit der zwingenden Rechtsfolge einer Einstellung des Verfahrens (!) – als verspätete und damit unbeachtliche (!) Mitwirkungshandlung gewertet werden muss, lässt sich rechtssicher kaum beantworten. Selbst in scheinbar eindeutigen Fällen einer dauerhaften Nichtmitwirkung lässt sich aber die – ggf. für die Beachtlichkeit eines späteren Folgeantrags entscheidende (vgl. → Rn. 98 ff.) – Frage nicht rechtssicher beantworten, zu welchem Zeitpunkt die gesetzliche Rücknahmefiktion eingetreten ist. **Richtigerweise muss die konkretisierende „Aufforderung" daher mit einer Fristsetzung verbunden werden, um im Fall ihrer Nichtbeachtung die gesetzliche Rechtsfolge des § 33 Abs. 1 auslösen zu können** (GK-AsylG/Funke-Kaiser Rn. 43, 50; unklar BeckOK AuslR/Heusch Rn. 16).

Von der Möglichkeit, Fristen für die Anwendung des Art. 28 Abs. 1 Asylverfahrens-RL zu bestimmen **23.1** (Art. 28 Abs. 1 UAbs. 2 S. 2 Asylverfahrens-RL), hat der Gesetzgeber keinen Gebrauch gemacht.

4. Nichterscheinen zur Anhörung

a) Sachliche Voraussetzungen. Schon nach dem Wortlaut der Bestimmung setzt der Vermu- **24** tungstatbestand der Nr. 1 Alt. 2 voraus, dass der Betroffene **ordnungsgemäß zur Anhörung geladen bzw. über den Anhörungstermin informiert wurde** („Aufforderung zur Anhörung gemäß § 25"; GK-AsylG/Funke-Kaiser Rn. 52 f.). Mängel der Aufforderung zur Anhörung begründen daher systematisch gesehen keine – vom Betroffenen unverzüglich geltend zu machenden – Exkulpationsgründe iSd Abs. 2 S. 2, sondern hindern bereits den Eintritt der Nichtbetreibensvermutung (BeckOK AuslR/Heusch Rn. 18).

Dass die tatbestandlichen Voraussetzungen der Nichtbetreibensvermutung und die gesetzlichen Exkul- **24.1** pationsgründe in einem gewissen Spannungsfeld zueinander stehen, zeigt nicht zuletzt § 10: Die Zustellungsfiktionen und -erleichterungen der Abs. 2–4 schaffen zunächst die Voraussetzungen dafür, dass die Nichtbetreibensvermutung eintreten kann: Wurden deren Anforderungen – insbesondere die Belehrungsanforderungen des Abs. 7 – nicht eingehalten und die Ladung auch sonst nicht ordnungsgemäß zugestellt bzw. mitgeteilt, so fehlt es an einer ordnungsgemäßen „Aufforderung zur Anhörung". Wurde der Betroffene hingegen ordnungsgemäß geladen und folgt der Aufforderung zur Anhörung dennoch nicht, kann er sich ggf. nur gem. Abs. 2 S. 2 exkulpieren.

Gewendet auf das alltägliche **Beispiel des nicht ordnungsgemäß angezeigten Wohnsitzwechsels 24.2** heißt dies folgendes: Der Hinweis des Ausländers darauf, er habe die an seine alte Wohnadresse gerichtete Ladung tatsächlich nicht erhalten, verfängt wegen § 10 Abs. 2 nicht, wenn die Voraussetzungen des Abs. 7 eingehalten wurden; er muss die Ladung gegen sich gelten lassen. Macht er hingegen geltend, vom Inhalt der – wirksam zugestellten – Ladung keine Kenntnis erlangt zu haben, ist zu differenzieren: Beruht die Unmöglichkeit der Kenntniserlangung auf einem Verstoß gegen § 10 Abs. 1, so muss neben der (durch § 10 Abs. 2–4 ausgeschlossenen) Berufung auf Zustellungsmängel auch die Berufung auf die tatsächliche Unmöglichkeit der Kenntnisnahme vom Ladungsinhalt scheitern. Beruht die Unmöglichkeit der Kenntniserlangung hingegen auf anderen Umständen – etwa einer nicht ordnungsgemäßen Postaufbewahrung und -verteilung am alten Wohnort, die eine Kenntnisnahme auch ohne unangemeldeten Wohnsitznahme vereitelt hätte –, kann der Betroffene sich – trotz wirksamer Zustellungsfiktion – gem. § 33 Abs. 2 S. 2 exkulpieren.

Der Aufforderung kommt der Betroffene jedenfalls dann nicht nach, wenn er – unabhängig **25** von möglicherweise bestehenden Entschuldigungsgründen – zum ihm ordnungsgemäß mitgeteilten Termin **nicht erscheint.** Ob die Vermutungswirkung auch dann eintritt, wenn sich der zur Anhörung erschienene Asylbewerber **nicht zu seiner Identität oder zur Sache äußert,** erscheint angesichts des Normwortlauts zweifelhaft (verneinend BeckOK AuslR/Heusch Rn. 18);

hierin dürfte aber ggf. ein Verstoß gegen die Mitwirkungsobliegenheit nach Nr. 1 Alt. 1 iVm § 15 Abs. 2 Nr. 1 zu sehen sein (Hailbronner AuslR Rn. 20 f., 37). Eine schriftliche Antragsbegründung ist beim Bundesamt zwar bei der Entscheidung über das Vorliegen von Abschiebungsverboten zu berücksichtigen (§ 32), kann das Betreiben des Verfahrens durch Erscheinen zur (persönlichen) Anhörung aber nicht ersetzen (aA Marx AsylG Rn. 13).

26 **b) Verhältnis zu § 25 Abs. 4 S. 5, Abs. 4 S. 3 (Entscheidung nach Aktenlage) und zu § 30 Abs. 3 Nr. 5 (Ablehnung als offensichtlich unbegründet).** Inhaltlich steht der Vermutungstatbestand der Nr. 1 Alt. 2, der die Missachtung einer Aufforderung zur Anhörung gem. § 25 sanktioniert, in einem **Spannungsfeld zu den unverändert in § 25 Abs. 4 S. 5, Abs. 5 S. 3 geregelten Rechtsfolgen des unentschuldigten Nichterscheinens zur Anhörung und der in § 30 Abs. 3 Nr. 5 geregelten gröblichen Verletzung von Mitwirkungspflichten,** die nach der Vorstellung des Gesetzgebers qualifizierte Ablehnungsgründe darstellen (vgl. GK-AsylG/Funke-Kaiser Rn. 53). Da der Gesetzgeber die Regelungstechnik des § 33 aF unbesehen übernommen und die fingierte Rücknahme als unmittelbar kraft Gesetzes eintretende Rechtsfolge der Verwirklichung eines Vermutungstatbestands ausgestaltet hat, **geht § 33 jedoch sämtlichen ebenfalls an das Nichterscheinen zur Anhörung anknüpfenden Regelungen vor,** da diese jeweils einen noch anhängigen – dh nicht zurückgenommenen – Asylantrag voraussetzen (Wittmann ASYLMAGAZIN 2016, 328 (334 f.) sowie nunmehr auch BVerwG BeckRS 2019, 11017 Rn. 28; ähnlich VG Düsseldorf BeckRS 2017, 109387 Rn. 10; VG Regensburg BeckRS 2016, 44934; BeckOK AuslR/Heusch Rn. 20; aA noch VG Minden BeckRS 2018, 24808 Rn. 48). Die hiermit verbundene Verschlechterung der Rechtsposition des Bundesamts (durch den faktischen Entfall des qualifizierten Ablehnungsgrunds des § 30 Abs. 3 Nr. 5 Var. 3) war vom Gesetzgeber zwar nicht beabsichtigt, ist aber notwendige Folge der derzeitigen gesetzlichen Ausgestaltung des § 33 (vgl. BVerwG BeckRS 2019, 11017 Rn. 28 sowie schon Wittmann ASYLMAGAZIN 2016, 328 (334 f.); dagegen VG Minden BeckRS 2018, 24808 Rn. 48 mit ausführlicher Begründung).

26.1 Andere Ansicht Marx AsylG Rn. 12, der aus § 25 Abs. 4 S. 5 iVm § 33 Abs. 2 S. 2 eine Pflicht des Bundesamts herleiten will, den Ausländer zu möglichen Exkulpationsgründen anzuhören. Dies kann jedoch nicht überzeugen, da § 25 die Anhörung zur Sache regelt und eine solche erst dann (wieder) in Betracht kommt, wenn der Ausländer die Nichtbetreibensvermutung durch die Darlegung von Exkulpationsgründen gegenüber dem Bundesamt widerlegt und die Rücknahmefiktion so – rückwirkend – beseitigt hat (→ Rn. 37).

5. Untertauchen

27 Nach Abs. 2 S. 1 Nr. 2 wird ein Nichtbetreiben des Verfahrens vermutet, wenn der Ausländer untergetaucht ist. Der **Begriff des „Untertauchens"** ist im Gesetz nicht definiert. Er erfasst unproblematisch jene Fälle, in denen sich der Betroffene dem Zugriff der Behörde – etwa im Hinblick auf eine anstehende erkennungsdienstliche Behandlung oder andere Aufklärungsmaßnahmen der zuständigen Behörden – durch bewusstes Verhalten **aktiv entzieht.**

27a Ohne Weiteres erfasst sind daher Fälle, in denen der Betroffene sich an einen den zuständigen Behörden unbekannten Ort begibt, um sich deren Zugriff zu entziehen (Brauer ZAR 2019, 256 (257)). Fraglich ist indes, ob Fälle des „Untertauchens" auch ohne Ortsveränderung möglich sind (abl. Brauer ZAR 2019, 256 (257 f.)). Dies scheint durch den Wortlaut nicht zwingend vorgegeben – ein „Untertauchen" ist daher etwa auch dann denkbar, wenn der Betroffene sich durch Beseitigung oder Austausch der Türschilder unauffindbar macht oder er sich in einer anderen Wohnung seiner Unterkunft verbirgt.

27b Voraussetzung ist jedoch stets, dass der Betroffene sich mit Erfolg dem behördlichen Zugriff entzieht – der bloße Vorgang des Untertauchens begründet nach dem Normwortlaut ebenso wenig eine Nichtbetreibensvermutung wie der gescheiterte Versuch. Erhält die zuständige Behörde daher auf anderem Wege Kenntnis vom neuen Aufenthaltsort des Betroffenen, greift § 33 Abs. 2 S. 1 Nr. 1 nicht (Brauer ZAR 2019, 256 (258)). Eine behördliche Nachforschungspflicht besteht jedoch jedenfalls dann nicht, wenn man – wie hier – nur das zielgerichtete Sich-Entziehen durch aktives Tun unter die Norm fassen will (vgl. zum Meinungsstand Brauer ZAR 2019, 256 (258) mwN).

27b.1 Auf die Dauer des erfolgreichen Untertauchens kommt es nach der hier vertretenen Auffassung nicht an, da eine Nichtbetreibensvermutung im Fall eines erfolgreichen Sich-Entziehens durch aktives und zielgerichtetes Handeln stets gerechtfertigt ist. Vgl. hierzu aber unten → Rn. 30.

Ob unter den Begriff des „Untertauchens" darüber hinaus auch Fälle zu fassen sind, in denen **28** der Betroffene **aus Nachlässigkeit oder ohne eigene Mitwirkung bzw.** eigenes Verschulden (zB aufgrund einer unterlassenen Umzugsmitteilung oder eines abgefallenen Türschildes) **faktisch nicht für die Behörden erreichbar bzw. auffindbar ist,** erscheint zweifelhaft (so aber die Gesetzesbegründung, BT-Drs. 18/7538, 17 ff.). Zwar dürfte es für die Behörden faktisch nur schwer rechtssicher feststellbar sein, ob die Nichterreichbarkeit auf gezieltem oder zumindest vorwerfbarem Verhalten des Betroffenen beruht (insoweit zutreffend Brauer ZAR 2019, 256 (259)). Angesichts des eindeutigen und insoweit nicht auslegungsfähigen Wortlautes, der ein aktives Untertauchen fordert (denn ein „passives" oder „versehentliches" Untertauchen gibt es nicht), können diese Fälle jedoch nicht unter Abs. 2 S. 1 Nr. 2 subsumiert werden (so auch Bergmann/ Dienelt/Bergmann Rn. 4; aA aber zB BayVGH BeckRS 2018, 17233 Rn. 17; VG Augsburg BeckRS 2017, 105820 Rn. 23; Brauer ZAR 2019, 256 (259); BeckOK AuslR/Heusch Rn. 21 mit im Wesentlichen teleologischen Überlegungen; diff. Hailbronner AuslR Rn. 25, der in diesen Fällen unmittelbar auf die Rücknahmefiktion des Abs. 1 zurückgreifen will; vgl. aber → Rn. 13.1; wiederum aA Marx AsylG Rn. 14: „Untertauchen" schon bei Unerreichbarkeit des Betroffenen, wenn das Bundesamt alle zumutbaren Anstrengungen zur Aufenthaltsermittlung ausgeschöpft hat).

Etwas anderes kann auch nicht aus Art. 28 Abs. 1 UAbs. 2 lit. a Asylverfahrens-RL gefolgert **29** werden, da dessen – weiter gefasster – Wortlaut in der nationalen Umsetzung ebenso wenig Niederschlag gefunden hat wie das vom Gesetzgeber favorisierte Verständnis des „Untertauchens" (aA GK-AsylG/Funke-Kaiser Rn. 54). Denn Art. 28 Abs. 1 Unterabs. 2 lit. a Asylverfahrens-RL sieht eine Nichtbetreibensvermutung vor, wenn der Betroffene „untergetaucht ist" (1. Alternative), er „seinen Aufenthaltsort oder Ort seiner Ingewahrsamnahme ohne Genehmigung verlassen und nicht innerhalb einer angemessenen Frist die zuständige Behörde kontaktiert hat" (2. Alternative) oder er „seinen Melde- und anderen Mitteilungspflichten nicht innerhalb einer angemessenen Frist nachgekommen ist" (3. Alternative). Dies schließt es aus, ein „Untertauchen" im Sinne der ersten Alternative auch in Fällen anzunehmen, die eigentlich unter die (im nationalen Recht zulässigerweise nicht umgesetzten) 2. und 3. Alternative zu subsumieren wären.

Im Kontext der Dublin III-VO geht schließlich auch der EuGH davon aus, dass der sprachlich **29a** zumindest verwandte Begriff des „flüchtig seins" materiell-rechtlich einen Willen voraussetzt, sich dem Zugriff der zuständigen Behörden zu entziehen (EuGH ZAR 2019, 192 (193 Rn. 55 f.) – Jawo). Da auch der Begriff des „Untertauchens" eine entsprechende Absicht impliziert, sich dem behördlichen Zugriff zu entziehen, kann die bloße Unerreichbarkeit eine Nichtbetreibensvermutung nicht begründen. Anderes ergibt sich auch nicht aus der Gesetzesbegründung, da diese im Gesetzeswortlaut keinen Niederschlag gefunden hat (anders Brauer ZAR 2019, 256 (259)).

Aus dem spezifischen Kontext der Dublin-III-VO und dem dieser innewohnenden besonderen **29a.1** Beschleunigungsgedanken hat der EuGH zwar zugleich eine widerlegliche Vermutung dafür hergeleitet, dass eine an dem ihr zugewiesenen Wohnort nicht angetroffene Person sich dem behördlichen Zugriff entziehen will, wenn diese ordnungsgemäß über ihre Mitwirkungs-, Mitteilungs- und Residenzpflichten belehrt wurde (EuGH ZAR 2019, 192 (193 f. Rn. 57 ff.) – Jawo). Diese Vermutung ist jedoch widerleglich, so dass der Betroffene das Fehlen einer entsprechenden Absicht jederzeit dartun kann (EuGH ZAR 2019, 192 (194 Rn. 65) – Jawo).

Diese Rechtsprechung ist auf § 33 Abs. 2 S. 1 Nr. 2 nicht übertragbar, da die zugrundeliegende Bestim- **29a.2** mung des Art. 28 Abs. 1 RL 2013/33/EU – anders als die Dublin III-VO – kein zwingendes Recht darstellt und in ihrer Auslegung daher nicht in vergleichbarer Weise vom (rechtsdogmatisch ohnehin wertlosen) „effet-utile"-Gedanken geprägt wird. Insbesondere hätte es dem nationalen Gesetzgeber freigestanden, eine entsprechende Vermutung zu konstruieren oder Art. 28 Abs. 1 Unterabs. 2 lit. a) RL 2013/ 33/EU vollständig umzusetzen, der auch das Verlassen des zugewiesenen Aufenthaltsorts ohne rechtzeitige Rückmeldung bzw. die Verletzung individueller Meldepflichten als mögliche Anknüpfungspunkte einer Nichtbetreibensvermutung vorsieht. Eine Übertragung der EuGH-Rechtsprechung zu Art. 29 Abs. 2 S. 2 Dublin III-VO auf Art. 28 der Verfahrensrichtlinie würde zudem eine in sich verschachtelte Vermutung begründen: Es würde vermutet, dass die gesetzlichen Voraussetzungen eines Vermutungstatbestands vorliegen. Dies kann normsystematisch nicht überzeugen und findet im Normtext zudem keinen Anhalt.

Sähe man dies anders, dürfte jedenfalls die vom EuGH verpflichtend vorgesehene Möglichkeit einer **29a.3** Widerlegung der Vermutung jedenfalls nicht mit der – fristgebundenen – Möglichkeit einer Exkulpation nach § 33 Abs. 1 S. 2 und 3 verwechselt werden (so aber Brauer ZAR 2019, 256 (259), der gerade mit diesem Gedanken einen Verzicht auf subjektive Merkmale rechtfertigen will). Denn eine erfolgreiche Widerlegung der Flüchtigkeitsvermutung (hier: der Untertauchensvermutung) widerlegt bereits, dass die tatbestandlichen Voraussetzungen einer Nichtbetreibensvermutung überhaupt vorliegen. Der Betroffene muss daher nicht zugleich widerlegen, dass er die – tatsächlich nie gegeben gewesene – Nichtbetreibensvermutung vorwerfbar herbeigeführt hat(te).

30   Folgt man der Gegenauffassung, so ist weiterhin problematisch, **ab welcher Dauer der Uner-reichbarkeit ein „Untertauchen" angenommen werden kann** (vgl. GK-AsylG/Funke-Kaiser Rn. Rn. 55). Ließe man hier auch nur einen minimalen Zeitraum der – ggf. auch versehentlichen – Unerreichbarkeit genügen, könnte die Rücknahmefiktion im Extremfall bereits bei Scheitern einer einzigen Zustellung am (kurzzeitig) fehlenden Briefkastenschild genügen, wohingegen die Forderung nach einer längerfristigen Unerreichbarkeit unweigerlich Abgrenzungsschwierigkeiten aufwirft. Fordert man hingegen – richtigerweise – ein aktives Untertauchen im Sinne eines planvollen Handelns, so stellt sich die Frage nach der notwendigen Dauer nicht, da die Rücknahmefiktion hier stets gerechtfertigt erscheint.

30a   Zur Konkretisierung des Zeitraums der Unerreichbarkeit, ab dem ein „Untertauchen" angenommen werden kann, wird teilweise die Wertung des § 66 Abs. 1 Nr. 2 herangezogen, der eine Ausschreibung zur Aufenthaltsermittlung nach einer Woche der Abwesenheit aus der Aufnahmeeinrichtung zulässt (BayVGH BeckRS 2018, 17233 Rn. 19; BeckOK AuslR/Heusch Rn. 21; Brauer ZAR 2019, 256 (258)).

30a.1   Dies ist nicht unproblematisch, da der Gesetzgeber eine „Unerreichbarkeit" – die nach der Gesetzesbegründung synonym für ein „Untertauchen" sein soll – zum Teil erst nach zwei Wochen annimmt (§ 66 Abs. 1 Nr. 4). Aus der Norm kann aber jedenfalls gefolgert werden, dass die Annahme eines „Untertauchens" bereits nach kürzeren Abwesenheitszeiträumen jedenfalls dann nicht sachgerecht ist, wenn keine Anhaltspunkte für ein bewusstes Entziehen vorliegen.

30b   Zu berücksichtigen ist weiterhin, dass der Tatbestand des „Untergetauchtseins" die Vermutungswirkung des § 33 Abs. 2 S. 1 – und damit auch die Rücknahmefiktion des § 33 Abs. 1 – auch dann begründet, wenn der Betroffene im Zeitpunkt der behördlichen Entscheidung wieder aufgetaucht ist (BayVGH BeckRS 2018, 17233 Rn. 20 ff.; Brauer ZAR 2019, 256 (258 f.)). Dem Betroffenen bleibt lediglich die Möglichkeit, die gesetzliche Vermutung des Nichtbetreibens des Verfahrens nach Maßgabe des § 33 Abs. 2 S. 2 unverzüglich zu widerlegen (→ Rn. 33 ff.).

6. Verstoß gegen eine räumliche Beschränkung

31   Der **Verstoß gegen eine räumliche Beschränkung** der Aufenthaltsgestattung nach § 56 löst nur dann eine Nichtbetreibensvermutung aus, wenn der Ausländer der räumlichen Beschränkung „wegen einer Wohnverpflichtung nach § 30a Absatz 3" unterliegt. Diese Verweisung ist irreführend. Denn § 30a Abs. 3 ordnet im Fall der Durchführung eines beschleunigten Verfahrens keine spezifische räumliche Beschränkung des Aufenthalts (im Sinne einer Beschränkung der Bewegungsfreiheit), sondern eine Verpflichtung zur Wohnsitznahme in einer „besonderen Aufnahmeeinrichtung" an. Die räumliche Beschränkung der Aufenthaltsgestattung ergibt sich daher auch in diesen Fällen nicht aus § 30a Abs. 3 (und bezieht sich nicht auf das Gelände der „besonderen Aufnahmeeinrichtung"), sondern unmittelbar aus § 56 (und betrifft den Bezirk der Ausländerbehörde, in dem die „besondere Aufnahmeeinrichtung" liegt). In der Sache ist daher gemeint, dass die Nichtbetreibensvermutung nach dem Willen des Gesetzgebers dann eintritt, **wenn der Ausländer im Verlauf des beschleunigten Verfahrens (bzw. während des in § 30a Abs. 3 S. 2 geregelten Anschlusszeitraums) den Bezirk der für ihn zuständigen Ausländerbehörde verlässt.**

32   Bei einer wortlautgetreuen Anwendung der Bestimmung müsste die Nichtbetreibensvermutung zwingend bereits dann eintreten, wenn der Ausländer den ihm zugewiesenen Bereich für einen auch nur minimalen Zeitraum verlassen hat. Dies entspricht auch der ausdrücklichen Intention des Gesetzgebers (BT-Drs. 17/7538, 17), so dass eine – aus Gründen der Verhältnismäßigkeit eigentlich naheliegende – Ausklammerung von Bagatellfällen zunächst kaum begründbar erscheint. Da Art. 28 Abs. 1 UAbs. 2 lit. b Asylverfahrens-RL als Beispiel für die Nichtbetreibensvermutung aber gerade den Fall benennt, dass der Ausländer „seinen Aufenthaltsort ohne Genehmigung verlassen **und nicht innerhalb einer angemessenen Frist die zuständige Behörde kontaktiert hat"** (und diesen ausdrücklich von den Fällen der nachträglichen Exkulpation unterscheidet), wird für die Anwendung des Regelbeispiels eine längerfristige Abwesenheit zu fordern sein, die – bei typisierender Betrachtung – geeignet ist, die Durchführung eines „beschleunigten Verfahrens" zu beeinträchtigen. Da es auch insoweit an geeigneten Fristen oder Leitlinien des Gesetzgebers fehlt (vgl. Art. 28 Abs. 1 UAbs. 2 S. 2 Asylverfahrens-RL), verbleiben auch hier **erhebliche – gesetzgebungstechnisch vermeidbare – Rechtsunsicherheiten,** die durch die Möglichkeit der Exkulpation bzw. der einmaligen Wiederaufnahme kaum kompensiert werden können (vgl. jeweils auch GK-AsylG/Funke-Kaiser Rn. 56).

III. Widerleglichkeit der Vermutung

Es gehört zum Wesen einer gesetzlichen Vermutungsregelung, dass diese im Einzelfall widerlegt 33
werden kann. Bedingt durch die gesetzliche Regelungsstruktur genügt es im Fall des § 33 jedoch
nicht, das Fortbestehen des Verfahrensinteresses des Ausländers trotz Vorliegens der Vermutungstatbestände des § 33 Abs. 2 S. 1 nachzuweisen (Hailbronner AuslR Rn. 45 f.; aA VG Oldenburg
BeckRS 2016, 110095). Denn nach dem Gesetz wird in diesen Fällen nicht vermutet, dass ein
Verfahrensfortführungsinteresse nicht besteht, sondern lediglich ein Nichtbetreiben des Verfahrens
vermutet, das – unabhängig von der Motivlage des Betroffenen – zur unwiderleglichen Rücknahmefiktion führt (§ 33 Abs. 1). **Die gesetzliche Vermutung kann also nur widerlegt werden,
wenn der Ausländer unverzüglich nachweist, dass das Versäumnis oder die Handlung
auf Umstände zurückzuführen war, auf die er keinen Einfluss hatte** (§ 33 Abs. 2 S. 2).

Die gesetzliche Widerlegungsmöglichkeit weist daher zwei bzw. drei getrennte tatbestandliche 34
Erfordernisse auf: Zum einen müssen die die Vermutung begründenden Tatsachen auf Umstände
zurückzuführen sein, auf die er keinen Einfluss hatte **(Vorwerfbarkeitskomponente)**. Zum
anderen müssen dieser Nachweis vom Ausländer geführt werden, und zwar „unverzüglich" **(Nach-
weiskomponente)**.

1. Vorwerfbarkeitskomponente

Mit der Formulierung des § 33 Abs. 2 S. 2 („auf Umstände zurückzuführen war, auf die er 35
keinen Einfluss hat") hat der Gesetzgeber nicht zur Rechtssicherheit beigetragen. Denn die von
§ 25 Abs. 4 S. 5, Abs. 5 S. 1 („ohne genügende Entschuldigung") und § 30 Abs. 3 Nr. 5 („es sei
denn, er hat die Verletzung der Mitwirkungspflichten nicht zu vertreten oder ihm war die Einhaltung der Mitwirkungspflichten aus wichtigen Gründen nicht möglich") abweichende Formulierung ließe die Vermutung zu, dass der Gesetzgeber an die Widerlegung der Vermutung des § 33
Abs. 2 S. 1 andere – potenziell strengere – Maßstäbe anlegen wollte (so möglicherweise Marx
AsylG Rn. 17; Thym NVwZ 2016, 409 (411): reine Kausalitätsprüfung). Die lapidare Gesetzesbegründung enthält hierfür jedoch keinerlei Anhaltspunkte (BT-Drs. 18/7538, 17), so dass die
abweichende Formulierung wohl auf eine unkritische Übernahme des – allerdings nur beispielhaft
formulierten – Wortlauts des Art. 28 Abs. 1 UAbs. 2 S. 1 Asylverfahrens-RL zurückzuführen sein
dürfte. **In der Sache dürfte es sich daher um einen mit § 25 Abs. 4 S. 5, Abs. 5 S. 1 und
§ 30 Abs. 3 Nr. 5 identischen Entschuldigungs- bzw. Vorwerfbarkeitsmaßstab handeln**
(GK-AsylG/Funke-Kaiser Rn. 61; ähnlich BeckOK AuslR/Heusch Rn. 24; Bergmann/Dienelt/
Bergmann Rn. 5; zu Einzelbeispielen vgl. → Rn. 24.2).

2. Nachweiskomponente

Der **Nachweis des fehlenden Verschuldens ist vom Ausländer zu führen**. Hierin liegt 36
nicht nur eine Regelung der materiellen Beweislast, sondern eine – mit einer materiellen Ausschlussfrist gekoppelte – Verschiebung der Beweisführungslast auf den Asylsuchenden (BeckOK
AuslR/Heusch Rn. 23). Auch wenn die Schuldhaftigkeit des Nichtbetreibens des Verfahrens
mithin nicht zu den gesetzlichen Voraussetzungen der Vermutungsregelungen gehört, wird das
Bundesamt allerdings jedenfalls jene Entschuldigungsgründe berücksichtigen müssen, die ihm
ohnehin schon bekannt sind (GK-AsylG/Funke-Kaiser Rn. 84).

Aus der zeitlichen Bindung des Exkulpationsnachweises ist im Übrigen zu folgern, dass das 37
Verfahren zur Widerlegung der Vermutung streng formalisiert ist: Liegt einer der in S. 1
genannten Vermutungstatbestände vor, so löst dies unmittelbar die Fiktionswirkung des Abs. 1
aus, auch wenn dies auf dem Ausländer nicht vorwerfbare (und dem BAMF nicht ohnehin schon
positiv bekannte) Umstände zurückzuführen ist. Gelingt es dem Betroffenen jedoch, die Nichtbetreibensvermutung durch entsprechende Darlegungen zu widerlegen, so entfällt die Vermutungswirkung rückwirkend (GK-AsylG/Funke-Kaiser Rn. 58).

Auch hinsichtlich des **Unverzüglichkeitsgebots** (§ 121 S. 1 BGB: „ohne schuldhaftes 38
Zögern") hat der Gesetzgeber nicht von der Möglichkeit Gebrauch gemacht, die einzuhaltenden
Fristen eindeutiger festzulegen (Art. 28 Abs. 1 UAbs. 2 S. 2 Asylverfahrens-RL). Hiermit sind
erhebliche Rechtsunsicherheiten verbunden, zumal die Nichtbetreibensvermutung auch bei fehlendem Verschulden eintritt und erst mit dem – fristgerechten – Nachweis der Exkulpationsgründe
wieder rückwirkend entfällt.

3. Fortführung des Verfahrens

39　　**a) Allgemeines.** Aufgrund der Vagheit und Situationsabhängigkeit des Unverzüglichkeitskriteriums **kann der Nachweis sowohl vor als auch nach erfolgter Einstellung des Verfahrens** nach § 32 S. 1 **geführt werden.** In beiden Fällen ist das Verfahren fortzuführen (§ 33 Abs. 2 S. 3), wobei ein bereits ergangener Einstellungsbescheid ggf. aus Klarstellungsgründen aufzuheben ist (GK-AsylG-Funke-Kaiser Rn. 39; BeckOK AuslR/Heusch Rn. 25). Eine Wiederaufnahme des Verfahrens iSd § 33 Abs. 5 S. 2, S. 5 liegt hierin nicht; insbesondere gilt die „Fortführung" des Verfahrens iSd Abs. 2 S. 3 nicht als erstmalige „Wiederaufnahme" iSd Abs. 6 Nr. 2 (aA offenbar Marx AsylG Rn. 18, 27).

39.1　　Eine ggf. nach § 67 Abs. 1 S. 1 Nr. 3 erloschene Aufenthaltsgestattung lebt jedenfalls mit Aufhebung des Einstellungsbescheids rückwirkend wieder auf (überzeugend GK-AsylG/Funke-Kaiser Rn. 58). Da in der Darlegung von Exkulpationsgründen stets ein hilfsweiser Antrag auf Wiederaufnahme des Verfahrens zu sehen sein dürfte, tritt die Aufenthaltsgestattung jedoch schon im Zeitpunkt der Antragstellung nach § 67 Abs. 2 Nr. 1 – insoweit allerdings nur mit Wirkung ex nunc – wieder in Kraft (vgl. → Rn. 82.1).

40　　Da das bisherige Verfahren im Fall des Abs. 2 S. 2 unverändert fortgeführt wird, **kann das BAMF die Früchte des bisherigen Asylverfahrens ohne Weiteres verwerten;** insbesondere muss eine bereits durchgeführte Anhörung nicht wiederholt werden. Hat der Betroffene jedoch den Nachweis geführt, zB die Anhörung unverschuldet versäumt zu haben, dürfte ein Vorgehen nach § 25 Abs. 4 S. 5, § 25 Abs. 5 S. 3 (Entscheidung nach Aktenlage) trotz der begrifflich leicht unterschiedlichen Exkulpationsvoraussetzungen regelmäßig ausscheiden. Daher trifft die Asylsuchenden in diesen Fällen **keine erhöhte Mitwirkungslast** (etwa in Form einer Obliegenheit, die individuellen Asylgründe zugleich mit der Geltendmachung der Entschuldigungsgründe vortragen zu müssen; vgl. Wittmann ASYLMAGAZIN 2016, 328 (329)).

41　　**b) Fortführung eines beschleunigten Verfahrens.** Wenn das Verfahren als beschleunigtes Verfahren nach § 30a durchgeführt wurde, soll die dem Bundesamt eingeräumte Entscheidungsfrist von einer Woche (§ 30a Abs. 2 S. 1) nach dem Willen des Gesetzgebers neu zu laufen beginnen (§ 33 Abs. 2 S. 4). Erforderlich ist insoweit zunächst, dass diese Entscheidungsfrist im Zeitpunkt des Eintritts der Rücknahmefiktion noch nicht abgelaufen war, da das Verfahren sonst ohnehin als nicht beschleunigtes Verfahren fortzuführen gewesen wäre (§ 30a Abs. 2 S. 2).

41.1　　Maßgeblich ist insoweit nicht der Zeitpunkt der Wirksamkeit der (deklaratorischen) Einstellungsverfügung, sondern der Zeitpunkt des Eintritts der Rücknahmefiktion kraft Gesetzes. Da dieser Zeitpunkt insbesondere in den Fällen des § 33 Abs. 2 S. 1 Nr. 1 Alt. 1, Nr. 3 oft kaum zuverlässig bestimmbar sein wird und einzelne Tatbestände aus Gründen der Rechtssicherheit zunächst eine behördliche Fristsetzung erfordern (→ Rn. 23), erscheint die dem Gesetzgeber vorschwebende Verfahrensgestaltung dennoch **in der Praxis kaum durchführbar.**

42　　Praktisch völlig **unklar bleibt zudem, ab welchem Zeitpunkt die gesetzliche Entscheidungsfrist erneut zu laufen beginnt.** Aus Gründen der Rechtssicherheit wäre es hier an sich naheliegend, auf den Zeitpunkt des Wirksamwerdens einer förmlichen „Fortführungsentscheidung" des BAMF abzustellen. Eine solche (außenwirksame) Zwischenentscheidung hat der Gesetzgeber jedoch nicht vorgesehen (vgl. zum Parallelproblem bei der Wiederaufnahme des Verfahrens → Rn. 80 ff. → Rn. 95 ff.); zudem läge es so in der Hand des Bundesamts, selbst über den Fristbeginn zu bestimmen. Geht man hingegen – wie möglicherweise implizit der Gesetzgeber (BT-Drs. 18/7538, 17) – von einer lediglich verwaltungsinternen Zwischenentscheidung aus, werden die Zeitpunkte des Fristbeginns und -ablaufs für den Betroffenen absolut unvorhersehbar.

43　　Stellt man hingegen – richtigerweise – auf den Zeitpunkt der Erbringung des Exkulpationsnachweises gegenüber dem Bundesamt ab (BeckOK AuslR/Heusch Rn. 26), wird die Einhaltung der (neu beginnenden) Wochenfrist angesichts der Verfahrenslaufzeiten des Bundesamts jedenfalls in der Praxis undurchführbar. Die – ohnehin angreifbare – Rechtsprechung des BVerwG zur Berechnung der Jahresfrist des § 48 Abs. 4 S. 1 VwVfG (BVerwGE 70, 356 = NJW 1985, 819 (821): Fristbeginn erst mit Kenntnis des zuständigen Amtswalters) erscheint auf die Wochenfrist strukturell aber ebenfalls nicht übertragbar.

IV. Wirkung der Nichtbetreibensvermutung

44　　Liegen die Voraussetzungen des § 33 Abs. 2 S. 1 vor, ohne dass dem Bundesamt das Vorliegen von Exkulpationsgründen iSd S. 2 positiv bekannt ist (→ Rn. 36), so führt die Nichtbetreibensvermutung des Abs. 2 unmittelbar zum Eintritt der Rücknahmefiktion des Abs. 1: Der Asylantrag gilt als zurückgenommen.

Bringt der Betroffene Exkulpationsgründe iSd Abs. 2 S. 2 fristgerecht vor, so entfällt die – **45** bereits eingetretene – Rücknahmefiktion rückwirkend, so dass das Bundesamt das Verfahren (ggf. unter Aufhebung eines bereits ergangenen Einstellungsbescheids) fortführt (→ Rn. 39 ff.); ansonsten geht das Bundesamt nach § 32, §§ 34 Abs. 1, 38 Abs. 2 vor (→ Rn. 61 ff.). **Eine Wahlmöglichkeit, stattdessen nach Aktenlage zu entscheiden (§ 25 Abs. 3 S. 5, Abs. 4 S. 3) oder den Antrag wegen Verletzung von Mitwirkungspflichten als offensichtlich unbegründet abzulehnen (§ 30 Abs. 3 Nr. 5), besteht nicht** (→ Rn. 26).

D. Rücknahmefiktion nach § 33 Abs. 3

Nach § 33 Abs. 3 tritt eine – von der in § 33 Abs. 1 und Abs. 2 geregelten Rücknahmefiktion **46** vollständig unabhängige – **Rücknahmefiktion auch dann ein, wenn der Ausländer während des Asylverfahrens in seinen Herkunftsstaat gereist ist.** Der Grundgedanke der Regelung erweist sich dabei als unmittelbar nachvollziehbar, da der (formal) Schutzsuchende durch seine (freiwillige) Rückkehr das Fehlen einer für seine Ausreise kausalen Furcht vor Verfolgung bzw. ernsthaften Schäden dokumentiert (BeckOK AuslR/Heusch Rn. 27). Dennoch ist die Vorschrift nicht unproblematisch, da der sehr weit gefasste Wortlaut des „Reisens" wenig Auslegungsspielräume für Sonderfälle lässt, in denen die zeitweilige Rückkehr in den Herkunftsstaat den Schluss auf ein Nichtbestehen bzw. den Wegfall des Verfahrensinteresses nicht trägt.

Zwar ist zB die **unfreiwillige Rückkehr** in das Herkunftsland (etwa im Rahmen einer **47** Abschiebung oder Entführung) nicht als „Reise" im Sinne der Bestimmung anzusehen, so dass sich insoweit keine Probleme ergeben (BeckOK AuslR/Heusch Rn. 28; NK-AuslR/Schröder Rn. 16 f. mwN); die Vorschrift lässt allerdings keinen Spielraum für die Prüfung, ob die „Reise" des Betroffenen **auf Gründen beruhte, die** – wie etwa die Reise an das Sterbebett eines nahen Angehörigen – **eine (kurzzeitige) Rückkehr auch in Ansehung einer möglicherweise bestehenden Verfolgungsgefahr als nachvollziehbar erscheinen lassen könnten** (so auch Bergmann/Dienelt/Bergmann Rn. 6; Hailbronner AuslR Rn. 48 f; aA aber NK-AuslR/Schröder Rn. 17; BeckOK AuslR/Heusch Rn. 28 bei verfassungskonformer Auslegung).

Insbesondere verlangt § 33 Abs. 3 – anders als § 72 Abs. 1 Nr. 1a – nicht, dass sich der **48** Betroffene nach seiner Rückkehr im Herkunftsstaat niederlässt, so dass die Rücknahmefiktion nach dem Wortlaut des Gesetzes auch bei **reinen Kurzaufenthalten mit nachvollziehbaren Motiven** eintritt (Hailbronner AuslR Rn. 54, 50; unklar insoweit Bergmann/Dienelt/Bergmann Rn. 6). Auch begründet der Tatbestand des § 33 Abs. 3 – anders als § 33 Abs. 2 – keinen Vermutungstatbestand, sondern eine Rücknahmefiktion, die auch im Einzelfall nicht widerlegt werden kann (Hailbronner AuslR Rn. 47).

Aus unionsrechtlichen Gründen dürfte die Rücknahmefiktion allerdings jedenfalls dann nicht **49** eintreten, wenn der Betroffene über einen im Einzelfall beachtenswerten Rückkehrgrund verfügt und er diesen gegenüber dem Bundesamt vor Antritt seiner Reise geltend gemacht hat. Denn in diesem Fall besteht trotz der zeitweiligen Rückkehr kein „Grund zu der Annahme, dass ein Antragsteller seinen Antrag stillschweigend zurückgenommen hat" iSd Art. 28 Abs. 1 UAbs. 1 Asylverfahrens-RL.

Diese Auslegung beruht auf dem Rechtsgedanken des § 51 Abs. 1 Nr. 6 und Nr. 7 AufenthG. Problema- **49.1** tisch an dieser Auslegung ist jedoch, dass sich die Belehrung des § 33 Abs. 4 nicht auf diesen – seltenen – Sonderfall erstreckt; ähnlich Marx AsylG Rn. 20; vgl. zu inhaltlich weitergehenden unionsrechtlichen Bedenken aber GK-AsylG/Funke-Kaiser Rn. 63.

Eine freiwillige Rückkehr liegt auch dann nicht vor, wenn der Betroffene nach Ablehnung seines **49.2** Asylantrags als offensichtlich unbegründet in sein Herkunftsland abgeschoben wurde (→ Rn. 47). Aus Wertungsgesichtspunkten wird man diesem Fall den Fall der „freiwilligen" Rückkehr in den Herkunftsstaat gleichstellen müssen, wenn diese in Erfüllung einer vollziehbaren Ausreisepflicht und daher zur Vermeidung der ohnehin zu erwartenden Abschiebung erfolgt (vgl. Marx AsylG Rn. 21; GK-AsylG/Funke-Kaiser Rn. 67).

Praktisch wird der Fiktionstatbestand durch die Neuregelung des § 33 mit Gesetz v. 11.3.2016 **50** (BGBl. I 390) allerdings in zweierlei Hinsicht entschärft: Zum einen erstreckt sich das **Belehrungserfordernis des § 33 Abs. 4** nunmehr – anders als nach § 33 Abs. 1 S. 2 aF – auch auf den Fiktionstatbestand des § 33 Abs. 3, so dass der Betroffene zumindest eine informierte Abwägungsentscheidung über die Chancen und Risiken seiner zeitweiligen Rückkehr in sein Herkunftsland treffen kann. Zum anderen steht dem Betroffenen jedenfalls einmalig die Möglichkeit eines –

materiell voraussetzungslosen – Antrags auf Wiederaufnahme des Verfahrens binnen neun Monaten nach Verfahrenseinstellung offen, die eine Fortsetzung des Verfahrens nach Wiedereinreise ermöglicht. Allerdings wird man dem Betroffenen hier zunächst – auf Antrag – **die Einreise durch Erteilung eines Visums ermöglichen** müssen, da die Aufenthaltsgestattung mit der Zustellung der Einstellungsentscheidung erlischt (§ 67 Abs. 1 Nr. 3) und § 33 Abs. 5 S. 3 eine persönliche Antragstellung bei der zuständigen Außenstelle des Bundesamts vorsieht.

50.1   Teilweise aA GK-AsylG/Funke-Kaiser Rn. 75, der ein asylbezogenes Wiedereinreiserecht sui generis annimmt, solange die Wiederaufnahmefrist nicht abgelaufen ist. Hierfür fehlt es jedoch derzeit an einer Rechtsgrundlage, so dass die – in der Sache allerdings unpraktikable – Visumslösung vorzugswürdig ist. Ist aufgrund der Dauer des Visumverfahrens die Antragsfrist des § 33 Abs. 5 S. 6 Nr. 1 verstrichen, muss über eine Wiedereinsetzung in die Neumonatsfrist nachgedacht werden (§ 32 VwVfG).

51   Bei richtlinienkonformer Auslegung im Einzelfall ist die Vorschrift des § 33 Abs. 3 **mit Art. 28 Asylverfahrens-RL vereinbar,** da Art. 28 Abs. 1 UAbs. 2 Asylverfahrens-RL die Gründe für die Annahme einer stillschweigenden Antragsrücknahme nicht abschließend („insbesondere") regelt (Bergmann/Dienelt/Bergmann Rn. 1; NK-AuslR/Schröder Rn. 1; aA Marx AsylG Rn. 8).

E. Hinweispflichten (§ 33 Abs. 4)

I. Ordnungsgemäße Belehrung als Voraussetzung der Rücknahmefiktion

52   Nach § 33 Abs. 4 ist der Ausländer auf die nach Abs. 1 und Abs. 3 eintretenden Rechtsfolgen schriftlich und gegen Empfangsbestätigung hinzuweisen. Die **ordnungsgemäße Belehrung** ist dabei **zwingende Voraussetzung für den Eintritt der gesetzlichen Rücknahmefiktion:** Wenn der Betroffene formell oder inhaltlich nicht ordnungsgemäß belehrt wurde, kann weder das Nichtbetreiben des Verfahrens noch die Rückkehr in den Verfolgerstaat die Rücknahmefiktion auslösen (BVerwG BeckRS 2019, 11017 Rn. 29 ff.; VGH BW BeckRS 2018, 970 Rn. 23; SchlHOVG BeckRS 2017, 110523 Rn. 13). Dies gilt aus Gründen der Rechtssicherheit auch dann, wenn dem Betroffenen die Rechtslage aus anderen Gründen bekannt war (GK-AsylG/Funke-Kaiser Rn. 82).

53   Ebenso wie die Unvollständigkeit der Belehrung hindert auch deren Unrichtigkeit das Eintreten der Rücknahmefiktion, wenn sie geeignet ist, beim Adressaten Fehlvorstellungen über die Rechtslage zu begründen (VGH BW BeckRS 2018, 970 Rn. 28).

II. Formelle Anforderungen

54   **Formell** setzt § 33 Abs. 4 eine Belehrung **in Schriftform und gegen Empfangsbestätigung** – nicht Empfangsbekenntnis – voraus. Das Erfordernis der Schriftlichkeit (ohne Unterschrift) erfasst dabei den gesamten notwendigen Inhalt der nach Abs. 4 erforderlichen Hinweise, nicht aber die – von § 33 Abs. 4 nicht geforderte – Übersetzung in eine dem Ausländer mutmaßlich bekannte Fremdsprache (→ Rn. 57).

55   Die Empfangsbestätigung dient dabei nicht ausschließlich Beweiszwecken, sondern soll eine **persönliche Aushändigung des Schriftstücks sicherstellen** und dem Ausländer **die Bedeutung des ihm übersandten Schriftstücks deutlich vor Augen führen.** Sie ist daher vom Ausländer selbst (oder seinem Bevollmächtigten) zu unterschreiben und kann durch eine Postzustellungsurkunde oder einen anderweitigen Nachweis des tatsächlichen Zugangs grundsätzlich nicht ersetzt werden (VG Köln BeckRS 2019 7767 Rn. 5 f.; VG Lüneburg BeckRS 2017, 114180 Rn. 9; VG München BeckRS 2017, 102455 Rn. 17; VG Magdeburg EZAR NF 95 Nr. 53, 1 (2 f.) = BeckRS 2017, 108684; Marx AsylG Rn. 25; aA VG Düsseldorf BeckRS 2013, 196961 Rn. 26 f.; 2017, 102276 Rn. 10; VG Hannover Urt. v. 17.9.2019 – 7 A 3887/17, juris Rn. 44; diff. VG Lüneburg BeckRS 2017, 129664 Rn. 11 f. zur Postzustellungsurkunde mit persönlicher Übergabe).

56   Aufgrund der unterschiedlichen Normzwecke vermag die Zustellungsfiktion des § 10 Abs. 2 die Empfangsbestätigung nicht zu ersetzen (VG München BeckRS 2017, 126462 Rn. 22).

57   Eine Pflicht zur **Übersetzung des Belehrungsinhalts** ist im Gesetz nicht ausdrücklich vorgeschrieben. Zu § 33 aF hatte das BVerwG allerdings aus § 24 Abs. 1 S. 2 eine Pflicht hergeleitet, jedenfalls nicht anwaltlich vertretene Ausländer in einer für sie verständlichen Sprache über die Voraussetzungen und Rechtsfolgen des Nichtbetreibens des Verfahrens zu unterrichten. Dies muss – schon wegen Art. 12 Abs. 1 lit. a Asylverfahrens-RL – für § 33 nF entsprechend gelten (VGH BW BeckRS 2018, 970 Rn. 22; VG Stuttgart BeckRS 2017, 101661 Rn. 10; GK-AsylG/

Funke-Kaiser Rn. 78; BeckOK AuslR/Heusch Rn. 7 mwN; aA VG Augsburg BeckRS 2017, 105098 Rn. 20). Die „Unterrichtung" unterliegt aber selbst nicht der Formpflicht des Abs. 4 und kann daher ggf. auch mündlich erfolgen; eine schriftliche Übersetzung ist aber – schon aus Nachweisgründen – zweckmäßig.

III. Materielle Anforderungen

Inhaltlich sieht Abs. 4 eine Belehrung nur über die „nach den Absätzen 1 und 3 eintretenden **58** Rechtsfolgen" vor. Insbesondere **der Hinweis auf die Rechtsfolgen des Nichtbetreibens nach Abs. 1 bliebe jedoch unverständlich, wenn nicht zugleich auch auf die** – nach dem hier vertretenen Verständnis derzeit abschließenden ($\rightarrow$ Rn. 13.1 f.) – **Vermutungstatbestände des Abs. 2 hingewiesen würde.** Dies gilt zumal für die Vermutungstatbestände des Abs. 2 S. 1 Nr. 1, bei denen die Aufforderung zur Vorlage von Informationen bzw. zur Anhörung an die Stelle der früheren Betreibensaufforderung tritt ($\rightarrow$ Rn. 17 f.). **In der Sache muss die ordnungsgemäße Belehrung daher sämtliche Voraussetzungen und Rechtsfolgen der Abs. 1–3 umfassen.** Dies schließt den Hinweis auf die Exkulpationsmöglichkeiten nach § 33 Abs. 2 S. 2 mit ein (vgl. VGH BW BeckRS 2018, 970 Rn. 22, 25 f.; GK-AsylG/Funke-Kaiser Rn. 76; Hailbronner AuslR Rn. 61 f.; Marx AsylG Rn. 23 f. sowie – noch zu § 33 aF – BVerwGE 147, 329 = NVwZ 2014, 158 (161); aA aber zB VG Ansbach BeckRS 2019, 907 Rn. 20 sowie BeckOK AuslR/Heusch Rn. 7: Wiedergabe des Gesetzestextes des § 33 Abs. 1 und Abs. 3 ausreichend; vgl. zum Problemfeld auch VG Düsseldorf Beschl. v. 10.3.2017 – 17 L 4129/16.A, juris Rn. 35 ff.: im Einzelnen offengelassen).

Zu den Rechtsfolgen nach Abs. 1 und Abs. 3, auf die sich der Hinweis nach Abs. 4 erstrecken **59** muss, gehören die kraft Gesetzes eintretende Rücknahmefiktion sowie – als allerdings nur mittelbare Rechtsfolgen – die Einstellung des Verfahrens und die Möglichkeit der Entscheidung über das Vorliegen von Abschiebungsverboten nach Aktenlage (BVerwGE 147, 329 = NVwZ 2014, 158 (161); Bergmann/Dienelt/Bergmann Rn. 7; Marx AsylG Rn. 23). Ob aus teleologischen Gesichtspunkten auf einen Hinweis auf den drohenden Erlass einer Abschiebungsandrohung verzichtet werden kann, erscheint zweifelhaft (so aber BVerwGE 147, 329 = NVwZ 2014, 158 (161); Hailbronner AuslR Rn. 63; BeckOK AuslR/Heusch Rn. 8; wie hier wohl Bergmann/Dienelt/ Bergmann Rn. 7).

Demgegenüber erscheint es – auch im Lichte des Art. 12 Abs. 1 lit. a Asylverfahrens-RL – **60** nicht geboten, auch eine Belehrung über die Möglichkeit eines Wiederaufgreifens des Verfahrens nach Abs. 5 S. 2–6 – als lediglich doppelt mittelbare „Rechtsfolge" iSd Abs. 4 – zu fordern (so aber GK-AsylG/Funke-Kaiser Rn. 80). Insoweit genügt es, in der nach § 37 Abs. 6 VwVfG erforderliche Rechtsbehelfsbelehrung zur Einstellungsentscheidung auch auf die Möglichkeit eines Antrags nach § 33 Abs. 5 S. 2 hinzuweisen (vgl. VG Berlin BeckRS 2016, 47904; VG Dresden BeckRS 2016, 48320).

Der unvollständigen Belehrung steht eine inhaltlich unrichtige Belehrung gleich, wenn die Unrichtig- **60.1** keit – abstrakt gesehen – die Wahrnehmung der Rechte des Asylbewerbers erschweren bzw. von deren Ausübung abhalten kann. Auf konkrete Kausalitätserwägungen kommt es – anders als im Hinblick auf Exkulpationsgründe nach § 33 Abs. 2 S. 2 – nicht an.

Hieraus folgt zugleich, dass die Wirkung einer inhaltlich ordnungsgemäßen Belehrung durch **nachfol-** **60.2** **gende irreführende oder unrichtige Belehrungen oder Hinweise** – auch wenn diese nicht der Form des § 33 Abs. 4 entsprechen – vereitelt werden kann. So führt etwa der Hinweis in der Ladung, dass bei Ausbleiben „nach Aktenlage entschieden werden könne" (BVerwG BeckRS 2019, 11017 Rn. 31; VG Düsseldorf BeckRS 2017, 107207 Rn. 13) bzw. „nach Aktenlage über den Asylantrag entschieden werde" (VG Karlsruhe BeckRS 2016, 55735), zur Unrichtigkeit einer zuvor korrekt erteilten Belehrung, da er den Eindruck eines Entscheidungsermessens bzw. einer Sachentscheidung über den Asylantrag (statt nur über das Vorliegen von Abschiebungsverboten) erweckt.

F. Rechtsfolgen der Rücknahmefiktion

Bei Vorliegen ihrer gesetzlichen Voraussetzungen tritt die Rücknahmefiktion **kraft Gesetzes** **61** ein, **ohne** dass eine **Mitwirkung des Bundesamts** erforderlich wäre. Die nach § 32 S. 1 erforderliche **Einstellungsentscheidung** wirkt daher nicht konstitutiv, sondern ist ein – wenngleich nach allgemeinen Regeln der Bestandskraft fähiger – **Formalakt,** der die kraft Gesetzes eintretende Rechtsfolge des Nichtbetreibens des Verfahrens bzw. der Reise in den Herkunftsstaat nicht herbeiführt, sondern lediglich deklaratorisch feststellt (Wittmann ASYLMAGAZIN 2016, 328 (329 f.); nunmehr auch BVerwG BeckRS 2019, 11017 Rn. 28). Ein Wahlrecht des Bundesamts, stattdessen unter Berufung auf § 25 Abs. 4 S. 5 oder Abs. 5 S. 3 nach Aktenlage zur Sache zu entscheiden, besteht nicht (BVerwG BeckRS 2019, 11017 Rn. 28; Wittmann ASYLMAGAZIN 2016, 328 (334 f.)).

62   Die **Wirkung der Rücknahmefiktion** entspricht im Prinzip der Wirkung der ausdrücklich erklärten Rücknahme des Asylantrags: Das Bundesamt stellt das Verfahren nach § 33 Abs. 5 S. 1, § 32 S. 1 deklaratorisch ein, entscheidet von Amts wegen über das Bestehen von Abschiebungsverboten (§ 32 S. 1), erlässt eine Abschiebungsandrohung (§ 34 Abs. 1) und führt mit Zustellung der Einstellungsentscheidung das Erlöschen der Aufenthaltsgestattung herbei (§ 67 Abs. 1 S. 1 Nr. 3).

62.1   Die in der Praxis mitunter zu beobachtende **formlose Bekanntgabe** der Einstellungsentscheidung ändert nichts an der Wirksamkeit der Einstellungsentscheidung, lässt die Aufenthaltsgestattung aber unberührt (Röder/Wittmann ZAR 2017, 345 (347)). Eine Heilung eines Zustellungsmangels durch tatsächlichen Zugang kommt nur in Betracht, wenn das BAMF mit Zustellungswillen gehandelt hat; bei irrtümlicher (einfacher) Bekanntgabe muss daher ggf. eine (erstmalige) förmliche Zustellung veranlasst werden (Schoch/Schneider/Bier/Dolde/Porsch, 35. EL September 2018, VwGO § 73 Rn. 74).

63   Allerdings entscheidet das Bundesamt in den Fällen des § 33 **ohne Anhörung nach Aktenlage** (§ 32 S. 2); zudem besteht bei erstmaliger Verfahrenseinstellung nach § 33 Abs. 5 S. 1 die Möglichkeit, nach Maßgabe des § 33 Abs. 5 S. 2–6 die Wiederaufnahme des Verfahrens zu beantragen (→ Rn. 78 ff.).

G. Rechtsschutz gegen die Einstellungsentscheidung nach § 33 Abs. 5 S. 1

I. Vorverständnis des Gesetzgebers (und tatsächliche Rechtslage)

64   **Gerichtlicher Rechtsschutz gegen die Einstellungsentscheidung** nach Abs. 5 S. 1 ist **weder in § 33 noch in Art. 28, 46 Asylverfahrens-RL vorgesehen,** da sich sowohl § 33 Abs. 6 als auch Art. 46 Abs. 1 lit. b Asylverfahrens-RL auf eine Ablehnung der Wiederaufnahme der Prüfung eines Antrags nach Einstellung des Verfahrens – und damit gerade nicht auf die eigentliche Einstellungsentscheidung – beziehen (illustrativ BT-Drs. 18/7538, 17). Vielmehr geht insbesondere die Asylverfahrens-RL offenkundig davon aus, dass die Möglichkeit der voraussetzungslosen Wiederaufnahme des Verfahrens nach Art. 28 Abs. 2 UAbs. 1 Asylverfahrens-RL (umgesetzt in § 33 Abs. 5 S. 2–5) in Verbindung mit der Möglichkeit des Rechtsschutzes gegen die Ablehnung der Wiederaufnahme nach Art. 28 Abs. 2 UAbs. 2 Asylverfahrens-RL, Art. 46 Abs. 1 lit. b Asylverfahrens-RL (umgesetzt in § 33 Abs. 5 S. 6, Abs. 6) den unionsrechtlichen Anforderungen an das Recht auf einen wirksamen Rechtsbehelf genügt.

65   Mit der **Rechtsschutzgarantie des Art. 19 Abs. 4 GG** und vor allem der **Systematik des verwaltungsgerichtlichen Rechtsschutzes** deutscher Prägung, die einen numerus clausus der Klagegründe nicht vorsieht, **ist dieses Vorverständnis jedoch kaum vereinbar, so dass gegen die Entscheidung nach §§ 32, 33 Abs. 5 S. 5** – schon zur Meidung von Rechtsnachteilen wegen des Eintritts der Bestandskraft – **nach allgemeinen Grundsätzen der verwaltungsgerichtliche Rechtsweg eröffnet ist** (GK-Funke/Kaiser Rn. 39).

65.1   Andere Ansicht Marx AsylG Rn. 34 f., der das Wiederaufnahmeverfahren aber wohl als eine Art Sonderform des – im Asylverfahren ausgeschlossenen (§ 11) – Widerspruchsverfahrens begreift. Dies ist jedoch unzutreffend, da die Rechtmäßigkeit der Einstellungsentscheidung im Rahmen des Wiederaufnahmeverfahrens nicht geprüft wird (→ Rn. 78; vgl. zur Frage des Rechtsschutzbedürfnisses aber → Rn. 71).

II. Hauptsacherechtsschutz

1. Statthafte Rechtsschutzform

66   Im Hinblick auf den Hauptsacherechtsschutz ist dabei die **Anfechtungsklage** gegen die **Einstellungsentscheidung,** gegen die **Feststellung des Nichtvorliegens von Abschiebungsverboten** und gegen die **Ausreiseaufforderung** nebst **Abschiebungsandrohung** statthaft.

67   Die **Anfechtungsklage gegen die** – an sich rein deklaratorische – **Einstellungsentscheidung** dient dabei dem Zweck, den **Eintritt der Bestandskraft der Feststellung über der Rücknahme des Asylantrags zu vermeiden** (BVerwG BeckRS 1995, 31243872; ferner GK-AsylG/ Funke-Kaiser Rn. 39; Wittmann ASYLMAGAZIN 2016, 328 (329 f.)) und die Fortführung des Verfahrens durch das BAMF zu erzwingen.

67.1   Missverständlich insoweit Dörig MigrationsR-HdB/Hocks § 13 Rn. 452, der dem Bescheid insoweit „keine Regelungswirkung" zuschreibt.

Die **Anfechtungsklage gegen die Feststellung des Nichtvorliegens von Abschiebungs-** 68
verboten soll die ggf. „verfrühte" Entscheidung beseitigen (BVerwG BeckRS 1995, 31243872;
ZAR 2017, 236 (238)) und eine erneute Prüfung im sich ggf. anschließenden weiteren Verfahren
ermöglichen.

Da die Einstellungsentscheidung auch dann rechtmäßig sein kann, wenn in der Sache Abschie- 69
bungsverbote nach § 60 Abs. 5 und Abs. 7 AufenthG vorliegen, kann insoweit jedoch eine
ergänzende **Verpflichtungsklage auf Feststellung von Abschiebungsverboten durch das**
Bundesamt zweckmäßig sein (Berlit jurisPR-BVerwG 4/2017, Anm. 2; GK-AsylG/Funke-Kai-
ser Rn. 93, § 32 Rn. 38). **Eine Bescheidungs- oder Verpflichtungsklage auf Fortführung**
des Asylverfahrens oder auf Bescheidung des Asylantrags bzw. auf Zuerkennung einer Statusentscheidung ist demgegenüber – wegen der strikten Trennung zwischen Zulässigkeits- und Sachprü-
fungsverfahren – **nicht statthaft.**

Zur Bescheidungsklage vgl. VGH BW BeckRS 2014, 51025; 1995, 31243872; § 33 aF; (für das 69.1
Folgeantragsverfahren) zur Unzulässigkeit des „Durchentscheidens" BVerwG ZAR 2017, 236 (237).

In der Sache gilt für die Anfechtungs- bzw. Verpflichtungsklage die in § 77 Abs. 1 Hs. 1 70
allgemein geregelte **Zweiwochenfrist,** da § 33 Abs. 6 auf Entscheidungen nach § 33 Abs. 5 S. 5
keine – auch keine entsprechende – Anwendung findet (VG Köln BeckRS 2016, 46611; BeckOK
AuslR/Heusch Rn. 44; Wittmann ASYLMAGAZIN 2016, 228, (330)).

2. Verhältnis zur Wiederaufnahme des Verfahrens

Fraglich ist jedoch, ob angesichts der durch § 33 Abs. 5 S. 2 eröffneten Möglichkeit eines – 71
nicht an materielle Voraussetzungen geknüpften – Antrags auf Wiederaufnahme des Verfahrens das
Rechtsschutzbedürfnis für eine Klage gegen die (erstmalige) Einstellungsentscheidung besteht.

Bei einer **erneuten Verfahrenseinstellung** führt der Wiederaufnahmeantrag nach § 33 Abs. 5 S. 6 71.1
Nr. 2 lediglich zur Durchführung eines Folgeantragsverfahrens, so dass der Asylbewerber hier jedenfalls
nicht auf das Verfahren nach § 33 Abs. 5 S. 2 verwiesen werden kann. Gleiches müsste an sich **nach**
Ablauf der in § 33 Abs. 5 S. 6 Nr. 1 **geregelten Neunmonatsfrist** gelten; in aller Regel ist die gesetzliche
Klagefrist in diesem Zeitpunkt jedoch bereits verstrichen.

Dies ist zu bejahen, da der von der (ersten) Einstellungsentscheidung Betroffene – auch dann, 72
wenn die Rechtmäßigkeit der erstmaligen Verfahrenseinstellung in einem späteren (zweiten) Wiederaufnahmeverfahren inzident geprüft werden könnte (→ Rn. 72.1, → Rn. 93) – ein **schutz-**
würdiges Interesse daran hat, **die Rechtmäßigkeit der Einstellungsentscheidung nicht**
lediglich inzident und vor allem **zeitnah zur ersten Einstellungsentscheidung klären zu**
lassen. Diese wird im (ersten) Wiederaufnahmeverfahren jedoch nicht geprüft (→ Rn. 78) und
könnte in einem sich ggf. Monate oder gar Jahre später anschließenden Klageverfahren gegen die
Ablehnung einer (zweiten) Wiederaufnahme nur noch unter Inkaufnahme von – zeitablaufbeding-
ten – Beweisnachteilen geklärt werden. Der von der Einstellung Betroffene kann im Hauptsacheverfahren daher nicht auf die Möglichkeit eines Wiederaufnahmeantrags verwiesen werden (vgl.
VGH BW BeckRS 2018, 970 Rn. 19).

Richtigerweise **scheitert eine Inzidentprüfung** der Rechtmäßigkeit der ersten Verfahrenseinstellung 72.1
im Rahmen einer Klage gegen die Ablehnung der Wiederaufnahme nach erneuter Verfahrenseinstellung
schon daran, **dass** sich **der Einstellungsbescheid** mit Stellung des (ersten) Wiederaufnahmeantrags nicht
erledigt und folglich **in Bestandskraft erwachsen kann** (bzw. bis zu seiner gerichtlichen Aufhebung
Tatbestandswirkung entfaltet) (→ Rn. 73, → Rn. 85). Unter Zugrundelegung dieser – umstrittenen –
Auffassung folgt das Rechtsschutzbedürfnis für eine Hauptsacheklage unmittelbar aus Art. 19 Abs. 4 GG
(BVerfG BeckRS 2016, 49618 Rn. 8).

Hiervon zu unterscheiden ist die Frage, ob sich die **Einstellungsentscheidung bzw. die** 73
hiermit verbundenen Nebenentscheidungen (Ausreiseaufforderung und Abschiebungsandrohung) **mit der tatsächlichen Stellung des Wiederaufnahmeantrags erledigen.** Dies ist –
wie unten dargelegt – differenziert zu betrachten:

• Da die – an sich deklaratorische – Einstellungsentscheidung den **feststellenden Inhalt** hat,
dass die Voraussetzungen der Rücknahmefiktion im Zeitpunkt der behördlichen Entscheidung
vorlagen, entfaltet diese **auch nach Stellung des Wiederaufnahmeantrags Rechtswirkun-**
gen: Macht der Ausländer nach Wiederaufnahme und erneuter Einstellung des Verfahrens
(wegen erneuten Nichtbetreibens bzw. erneuter Rückkehr in das Herkunftsland) geltend, dass
die erste Verfahrenseinstellung zu Unrecht erfolgt sei, steht die (fortwirkende) Tatbestandswir-

kung der Einstellungsentscheidung einer Inzidentprüfung ihrer Rechtmäßigkeit entgegen. Gegen die (folglich nicht erledigte) Einstellungsentscheidung ist daher auch nach Stellung des Wiederaufnahmeantrags bzw. nach Wiederaufnahme des Verfahrens die Anfechtungsklage eröffnet, mit der der Ausländer die **Tatbestandswirkung** der (ggf. rechtswidrigen) Einstellungsentscheidung beseitigen kann.

- Die Feststellung des **Nichtvorliegens von Abschiebungsverboten** ist nur dann erledigt, wenn im Zeitpunkt der Antragstellung keine Sperrgründe iSd § 33 Abs. 6 vorliegen: Denn in diesem Fall können das Bundesamt und die Ausländerbehörden bis zum Abschluss des Verfahrens keine Konsequenzen aus der (negativen) Feststellungsentscheidung herleiten und müssen bei (negativem) Abschluss des Asylverfahrens stets erneut – dann jedoch auf Grundlage der Sach- und Rechtslage im Zeitpunkt der neuerlichen Entscheidung und nicht lediglich nach Aktenlage – über das Vorliegen von Abschiebungsverboten entscheiden (§§ 31 Abs. 3, 32 S. 1). Ist das Verfahren hingegen nach § 33 Abs. 5 S. 6 als Folgeantragsverfahren fortzuführen, so prüft das Bundesamt in diesem Verfahren lediglich, ob Anlass für die Abänderung der Feststellungsentscheidung nach § 51 Abs. 1–3 VwVfG bzw. nach § 51 Abs. 5 VwVfG iVm § 48 f. VwVfG besteht; dies setzt ein Fortbestehen der abzuändernden Feststellungsentscheidung über das Nichtvorliegen von Abschiebungsverboten jedoch voraus.
- Eine etwaige **Abschiebungsandrohung erledigt sich hingegen** – unabhängig vom Vorliegen von Sperrgründen iSd § 33 Abs. 5 S. 6 – **unmittelbar mit Stellung des Wiederaufnahmeantrags,** da eine Abschiebung während der Prüfung des Wiederaufnahmeantrags nicht in Betracht kommt (→ Rn. 77.2) und eine weitere Abschiebungsandrohung ohne im Zusammenhang mit der Sachentscheidung erlassen werden könnte bzw. müsste (→ Rn. 86).

III. Eilrechtsschutz

74   Gegen die – deklaratorische – **Einstellungsentscheidung** wäre an sich ein Antrag auf Anordnung der aufschiebenden Wirkung statthaft, da auch Entscheidungen mit Feststellungswirkung sofort vollziehbar sein können (vgl. § 80 Abs. 1 S. 1 VwGO). Hierfür ist ein **Rechtsschutzbedürfnis jedoch nicht ersichtlich.**

75   Im Hinblick auf die **Feststellung des Nichtvorliegens von Abschiebungsverboten** wäre ein Antrag auf **Erlass einer einstweiligen Anordnung** zwar regelmäßig zulässig, wegen des Verbots der **Vorwegnahme der Hauptsache** und des regelmäßigen Fehlens eines Anordnungsanspruchs aber unbegründet.

76   Gegen die mit der Einstellungsentscheidung nach § 33 Abs. 5 S. 1 iVm § 32 verbundene **Abschiebungsandrohung** (§§ 34 Abs. 1, 38 Abs. 2) ist schließlich der Antrag auf Anordnung der aufschiebenden Wirkung statthaft, da diese nach § 75 Abs. 1 sofort vollziehbar ist. § 36 Abs. 3 findet insoweit keine Anwendung, da § 33 Abs. 6 lediglich Entscheidungen nach § 33 Abs. 5 S. 6 AsylG erfasst; der Antrag ist daher – an sich systemwidrig – trotz der einwöchigen Ausreisefrist selbst nicht fristgebunden.

77   Fraglich ist jedoch, ob für einen solchen Antrag ein **Rechtsschutzbedürfnis** besteht. Dies wurde in der verwaltungsgerichtlichen Rechtsprechung in der Vergangenheit teilweise im Hinblick auf die Möglichkeit eines Antrags auf Wiederaufnahme des Verfahrens verneint, wird – im Anschluss an ein obiter dictum des BVerfG (BeckRS 2016, 49618 Rn. 8) – mittlerweile aber überwiegend auch für das Eilverfahren angenommen.

77.1   Richtigerweise ist hier jedoch zu differenzieren: Während einer **Hauptsacheklage ein Rechtsschutzbedürfnis nicht abgesprochen werden kann,** weil der Betroffene für ein sich ggf. anschließendes weiteres Wiederaufnahmeverfahren nicht auf die (rechtlich umstrittene und jedenfalls mit praktischen Nachteilen verbundene) Möglichkeit einer Inzidentprüfung der Rechtmäßigkeit der ersten Einstellungsentscheidung verwiesen werden kann (→ Rn. 72), sind diese Überlegungen **auf das Eilrechtsschutzverfahren nicht ohne Weiteres übertragbar.** Denn die parallele Stellung eines behördlichen Wiederaufnahmeantrags und einer verwaltungsgerichtlichen Anfechtungs- bzw. Fortsetzungsfeststellungsklage führt für den Betroffenen jedenfalls nicht zu Rechtsnachteilen, sondern muss schon aus Gründen effektiven Rechtsschutzes ohne weiteres möglich sein. Denn mit Art. 19 Abs. 4 GG wäre es nicht vereinbar, dem Betroffenen zunächst das Abwarten des Ausgangs des gerichtlichen Klageverfahrens zuzumuten, bevor er – ggf. erst nach Verstreichen der in § 33 Abs. 6 S. 6 Nr. 1 genannten Neun-Monats-Frist – Antrag auf Wiederaufnahme des Verfahrens stellen kann. Daher darf die Stellung des Wiederaufnahmeantrags nicht mit Nachteilen für das Klageverfahren verbunden sein.

77.2   **Den mit der Antragstellung nach § 80 Abs. 5 S. VwGO begehrten (rechtlichen) Abschiebungsschutz gewährleistet in diesem Fall jedoch schon der Umstand, dass sich die Abschiebungsandrohung** – richtiger Ansicht (→ Rn. 86) – **mit Stellung des Wiederaufnahmeantrags erledigt** und der Betroffene selbst im Fall eines für ihn negativen Ausgangs des Wiederaufnahmeverfahrens erst nach Entscheidung über seinen (dann als Asylfolgeantrag zu behandelnden) Asylantrag abgeschoben werden könnte (§ 33 Abs. 6 iVm § 71 Abs. 5 S. 2). Nichts anderes kann dann jedoch bis zur Entscheidung über die Wiederaufnahme des Verfahrens gelten, so dass eine Abschiebung des Betroffenen jedenfalls vorerst rechtlich unmöglich ist.

Aus tatsächlichen Gründen droht eine (dann rechtswidrige) Abschiebung zwar dann, wenn der Auslän- **77.3** derbehörde die Stellung des Wiederaufnahmeantrags nicht mitgeteilt wird bzw. diese trotz erfolgter Mitteilung zur Abschiebung ansetzt; insoweit wäre **Eilrechtsschutz jedoch – bei Vorliegen von Anhaltspunkten für ein entsprechendes Vorgehen – nach § 123 Abs. 1 VwGO unmittelbar gegenüber der nach Landesrecht für die Abschiebung zuständigen Behörde zu suchen.** Dieser Antrag ist im Fall einer konkret drohenden Abschiebung trotz ordnungsgemäß gestellten Wiederaufnahmeantrags stets – unabhängig von der Rechtmäßigkeit der Abschiebungsandrohung – begründet, weil sich die erledigte Abschiebungsandrohung nicht als Grundlage für eine Durchführung der Abschiebung eignet bzw. zugunsten des Antragstellers die Verfahrensduldung des § 71 Abs. 5 S. 2 eingreift.

Entgegen der mittlerweile wohl herrschenden Auffassung in der Rechtsprechung fehlt einem **77.4** **Antrag nach § 80 Abs. 5 VwGO daher stets das Rechtsschutzinteresse.** Dem steht auch die Entscheidung BVerfG BeckRS 2016, 49618 Rn. 8 nicht entgegen, da das – zudem in einer Nichtannahmeentscheidung enthaltene – obiter dictum keine Bindungswirkung entfaltet (vgl. BeckOK AuslR/Heusch Rn. 40; allg. MSKB/Graßhof, 25. EL 3/2006, BVerfGG § 93a Rn. 47 f., 50 ff.).

H. Wiederaufnahme des Verfahrens nach § 33 Abs. 5 S. 5

I. Funktion des Wiederaufnahmeverfahrens

In der Sache hat der Gesetzgeber das Wiederaufnahmeverfahren **materiell voraussetzungslos** **78** ausgestaltet. Das Bundesamt prüft also lediglich, ob die Voraussetzungen des § 33 Abs. 5 S. 3 vorliegen und die Sperrgründe des § 33 Abs. 5 S. 6 nicht vorliegen, nicht aber, ob die ursprüngliche Verfahrenseinstellung zu Recht erfolgte und der Ausländer nachträglich hinreichende Exkulpationsgründe vorgetragen hat (GK-AsylG/Funke-Kaiser Rn. 85; aA Marx AsylG Rn. 27 f., 34). Denn auch tatsächlich vorliegende Versäumnisse werden durch die (erstmalige) Stellung eines Wiederaufnahmeantrags „geheilt", so dass der **Gesetzgeber der (erstmaligen) Einstellung des Verfahrens selbst lediglich einen „Warncharakter" zuschreibt** (so ausdrücklich BT-Drs. 18/7538, 17).

II. Formaler Ablauf des Wiederaufnahmeverfahrens

Der Antrag ist persönlich bei der Außenstelle des BAMF zu stellen, die der Aufnahmeeinrich- **79** tung zugeordnet ist, in der der Ausländer bei Einstellung des Verfahrens zu wohnen verpflichtet war (§§ 45 ff.).

Aus dem Fehlen einer Zuständigkeitsregel für Ausländer, die einer Wohnverpflichtung im Zeitpunkt **79.1** der Einstellungsentscheidung nicht (mehr) unterlagen (§ 47 Abs. 1 S. 1, § 14 Abs. 2, § 48 f.), kann nicht gefolgert werden, dass die Bestimmung des § 33 auf diese generell keine Anwendung findet (so aber Marx AsylG Rn. 29); dies wäre insbesondere in den Fällen des § 14 Abs. 2 S. 1 Nr. 2 sinnwidrig und ist auch aufgrund der systematischen Stellung des § 33 Abs. 5 S. 3 fernliegend. Vielmehr ist in diesen Fällen eine schriftliche Antragstellung unmittelbar beim Bundesamt (§ 14 Abs. 2 analog) bzw. eine persönliche Antragstellung bei der zuständig gewesenen bzw. tätig gewordenen Außenstelle ausreichend.

Bei rechtzeitiger und erstmaliger persönlicher Antragstellung **nimmt das Bundesamt die** **80** **Prüfung daher in dem Verfahrensabschnitt wieder auf, in dem sie eingestellt wurde** (§ 33 Abs. 5 S. 5). Fraglich ist indes, ob das BAMF in diesen Fällen **eine Zwischenentscheidung –** ggf. unter Aufhebung der Einstellungsentscheidung nebst Abschiebungsandrohung (dagegen → Rn. 85) – **über die Wiederaufnahme des Verfahrens trifft** oder **das Verfahren lediglich stillschweigend fortsetzt.**

Für eine **Zwischenentscheidung** wohl VG Bayreuth BeckRS 2017, 113141 Rn. 11; VG Berlin **80.1** BeckRS 2016, 47904; VG Regensburg BeckRS 2016, 44934; vgl. auch BT-Drs. 18/7538, 17, die von einer – möglicherweise aber lediglich verwaltungsinternen – „Entscheidung" über die Wiederaufnahme ausgeht.

Für eine **Pflicht zur Aufhebung der Einstellungsentscheidung** BeckOK AuslR/Heusch Rn. 36, **80.2** 40; Bergmann/Dienelt/Bergmann Rn. 10; Marx AsylG Rn. 27; VG Berlin BeckRS 2016, 47904; VG Regensburg BeckRS 2016, 44934; VG Bayreuth BeckRS 2017, 113141 Rn. 11.

80.3   Für eine **stillschweigende Fortführung des Verfahrens** VG Ansbach BeckRS 2016, 52358.

81   Dies ist insbesondere für den Zeitpunkt des Wiederinkrafttretens der nach § 67 Abs. 1 Nr. 3 zunächst erloschenen Aufenthaltsgestattung (§ 67 Abs. 2 Nr. 1), aber auch für die Statthaftigkeit gerichtlichen Rechtsschutzes gegen die Einstellungsentscheidung von erheblicher Bedeutung. Auch wenn der Begriff des „Wiederaufnehmens" eine positive Zwischenbescheidung durch das Bundesamt zu implizieren scheint, sprechen die besseren Gründe für die **Annahme einer lediglich inzidenten Prüfung** der gesetzlichen Sperrgründe im Rahmen der weiteren Antragsprüfung. Denn in der Sache wird das Verfahren bei Vorliegen eines ordnungsgemäßen Wiederaufnahmeantrags stets – sei es als Asylerstverfahren (§ 33 Abs. 6 S. 5) oder als Folgeantragsverfahren (§ 33 Abs. 6 S. 6 iVm § 71) – fortgesetzt, dass **ein Bedürfnis für eine – ggf. selbstständig anfechtbare – Zwischenentscheidung nicht besteht.**

82   Gegen die Notwendigkeit einer Zwischenentscheidung über die Wiederaufnahme spricht zudem die Regelung des § 67 Abs. 2 Nr. 1 über das **Wiederinkrafttreten der** nach § 67 Abs. 1 S. 1 Nr. 3 mit Zustellung der Einstellungsentscheidung erloschenen **Aufenthaltsgestattung.** Denn der der Zeitpunkt der (erneuten) Legalisierung des Aufenthalts des Asylsuchenden kann nicht davon abhängen, wann sich das Bundesamt – ggf. Wochen oder Monate nach Stellung des Wiederaufnahmeantrags – erstmals mit dem Wiederaufnahmeantrag befasst.

82.1   Richtigerweise tritt die Aufenthaltsgestattung daher in den Fällen des § 67 Abs. 2 Nr. 1 **unmittelbar mit Stellung des Wiederaufnahmeantrags wieder in Kraft,** wenn keine Sperrgründe iSd § 33 Abs. 5 S. 6 vorliegen (Röder/Wittmann ZAR 2017, 345 (347)).

82.2   In den Fällen des § 33 Abs. 5 S. 6 kann der Asylbewerber allerdings allenfalls – über die Verweisungsnorm des § 33 Abs. 5 S. 6 – den Status der **Unabschiebbarkeit bis zur Entscheidung über den Asylfolgeantrag** (§ 71 Abs. 5 S. 2) erlangen, da die von § 67 Abs. 2 Nr. 1 vorausgesetzte Wiederaufnahme des Verfahrens hier nicht erfolgt. Nach der hier vertretenen Auffassung ist dies jedoch nur von Bedeutung, wenn die Einstellung des Verfahrens bereits einen Asylfolgeantrag mit vorangegangener – fortgeltender – Abschiebungsandrohung betraf, da sich die Abschiebungsandrohung nach §§ 34, 38 Abs. 2 durch Stellung des Wiederaufnahmeantrag stets erledigt (→ Rn. 86).

III. Folgen der Antragstellung für die Einstellungsentscheidung

1. Keine Erledigung der Einstellungsentscheidung

83   Hieraus kann jedoch **nicht abgeleitet werden, dass sich die** deklaratorische, aber als feststellender Verwaltungsakt an sich der Bestandskraft fähige **Einstellungsentscheidung** (BVerwG BeckRS 1995, 31243872) **mit Stellung des Wiederaufnahmeantrags erledigt.**

83.1   Unklar BeckOK AuslR/Heusch Rn. 36, der sowohl von „Wirkungslosigkeit" als auch von „Aufhebung" des Einstellungsbescheids spricht.

84   Denn die Einstellungsentscheidung **behält in diesem Fall ihren feststellenden Gehalt,** dass die Voraussetzungen der Rücknahmefiktion vorlagen und das Verfahren daher zu Recht eingestellt wurde. Dies kann sowohl im Fall einer späteren – zweiten – Einstellungsentscheidung nach Wiederaufnahme des Verfahrens von Bedeutung sein (→ Rn. 93, vgl. § 33 Abs. 5 S. 6 Nr. 2); zudem bleibt die Einstellungsentscheidung im Fall einer Behandlung als Folgeantrag der Anknüpfungspunkt für die Frage, ob eine Änderung der Sach- und Rechtslage „nachträglich" eingetreten ist oder die vorgelegten Beweismittel „neu" sind (§ 71 Abs. 1 iVm § 51 Abs. 1 Nr. 1 und Nr. 2 VwVfG).

2. Keine Aufhebung der Einstellungsentscheidung

85   Anders als bei Fortführung des Verfahrens nach § 33 Abs. 2 S. 3 (→ Rn. 39) besteht daher bei der Wiederaufnahme des Verfahrens – die sich in der Sache **als Wiederaufnahme des Verfahrens trotz rechtmäßiger Verfahrenseinstellung** darstellt – für das BAMF kein Anlass, die (auch nicht erledigte) Einstellungsentscheidung aufzuheben. Eine solche Aufhebung erscheint vielmehr untunlich, weil sich das BAMF durch die Aufhebung der Feststellungsentscheidung die Möglichkeit entzieht, sich in einem späteren – weiteren – Wiederaufnahmeverfahren (§ 33 Abs. 6 Nr. 2) auf die **Tatbestandswirkung der ersten Einstellungsentscheidung** zu berufen (→ Rn. 72.1 f.).

3. Erledigung der Abschiebungsandrohung

Fraglich ist weiterhin, ob sich im Fall der Antragstellung nach § 33 Abs. 5 S. 2 auch die nach **86**
§§ 34, 38 Abs. 2 erlassene **Abschiebungsandrohung** erledigt. Dies erscheint zunächst nicht
zwingend, da jedenfalls bei Behandlung des Antrags als Folgeantrag (§ 33 Abs. 5 S. 6) eine
**Abschiebung unmittelbar auf Grundlage der vorangegangenen Abschiebungsandrohung
erfolgen könnte** (§ 33 Abs. 5 S. 6 iVm § 71 Abs. 5 S. 1). Letztlich kann dies jedoch nicht
überzeugen, da die auf §§ 34, 38 Abs. 2 gestützte Abschiebungsandrohung so noch während der
Prüfung des Antrags auf Wiederaufnahme des Verfahrens in Bestandskraft zu erwachsen drohte
bzw. der Asylbewerber so zur Vermeidung von Rechtsnachteilen gehalten wäre, die Abschiebungsandrohung rein vorsorglich – dh auch dann, wenn die Verfahrenseinstellung unstreitig zu Recht
erfolgt ist – parallel zur Stellung des Antrags nach Abs. 5 S. 2 gerichtlich anzufechten.

In den Fällen des Abs. 5 S. 5 besteht hingegen erst recht **kein Bedürfnis für eine Fortwirkung** **87**
der im Zusammenhang mit der Verfahrenseinstellung erlassenen Abschiebungsandro-
hung, da eine solche im Zusammenhang mit einer Sachentscheidung über den Asylantrag ggf.
erneut erlassen werden könnte und eine mit § 71 Abs. 5 S. 1 vergleichbare Regelung im Fall der
Wiederaufnahme des Verfahrens nicht existiert. **Die Stellung des Wiederaufnahmeantrags**
führt daher unmittelbar zur Erledigung der mit der Einstellungsentscheidung verbunde-
nen Abschiebungsandrohung (aA VG Augsburg BeckRS 2017, 100420 Rn. 16; BeckOK
AuslR/Heusch Rn. 40).

4. Erledigung der Feststellung des Nichtvorliegens von Abschiebungsverboten?

Die **Feststellung des Nichtvorliegens von Abschiebungsverboten** ist **nur dann erledigt,** **88**
wenn keine Sperrgründe iSd § 33 Abs. 6 vorliegen (→ Rn. 73). Ist das Verfahren hingegen
nach Abs. 5 S. 6 als Folgeantragsverfahren fortzuführen, so prüft das Bundesamt insoweit lediglich,
ob Anlass für die Abänderung der Feststellungsentscheidung nach § 51 Abs. 1–3 VwVfG bzw. nach
§ 51 Abs. 5 VwVfG iVm §§ 48 f. VwVfG besteht; dies setzt ein Fortbestehen der abzuändernden
Feststellungsentscheidung über das Nichtvorliegen von Abschiebungsverboten jedoch voraus.

IV. Wiederaufnahme der Prüfung (§ 33 Abs. 5 S. 5)

Nach § 33 Abs. 5 S. 5 nimmt das Bundesamt die Prüfung ggf. in dem Verfahrensabschnitt **89**
wieder auf, in dem sie eingestellt wurde. Auch hier kann das Bundesamt **an die bisherigen**
Früchte des Verfahrens anknüpfen. Da die Wiederaufnahme der Prüfung aber – anders als die
Fortführung des Verfahrens nach Abs. 2 S. 3 – keine Exkulpation des Betroffenen voraussetzt,
kommt zB im Fall der schuldhaften Versäumung der Anhörung (Abs. 2 S. 1 Nr. 1 Alt. 2) sowohl
eine **Entscheidung nach Aktenlage** (§ 25 Abs. 4 S. 5, Abs. 5 S. 3) als auch eine **Ablehnung**
des (unbegründeten) Asylantrags als offensichtlich unbegründet iSd § 30 Abs. 3 Nr. 5
in Betracht. Für die Praxis empfiehlt es sich daher, zugleich mit Stellung des Antrags auf Wiederaufnahme des Verfahrens zu den individuellen Fluchtgründen bzw. zur Notwendigkeit einer persönlichen Anhörung vorzutragen (Wittmann ASYLMAGAZIN 2016, 328 (330)).

I. Sperrgründe des § 33 Abs. 5 S. 6

Nach § 33 Abs. 5 S. 5 ist das eingestellte Asylverfahren auf – grundsätzlich voraussetzungslosen – **90**
Antrag des Asylbewerbers in dem Verfahrensabschnitt wiederaufzunehmen, in dem es eingestellt
wurde. Dies gilt jedoch dann nicht, wenn die § 33 Abs. 6 genannten **Sperrgründe** vorliegen.

§ 33 Abs. 6 Nr. 1 räumt dem Betroffenen dabei eine – aus zwingenden unionsrechtlichen **91**
Gründen relativ großzügig bemessene (zu Recht krit. Hailbronner AuslR Rn. 7) – **Antragsfrist**
von neun Monaten ein, die allerdings durch die sofortige Vollziehbarkeit der Abschiebungsandrohung, die einwöchige Ausreisefrist und das Erfordernis der persönlichen Antragstellung in der
Praxis stark relativiert wird. Der in § 33 Abs. 6 Nr. 2 geregelte weitere Sperrgrund dient der
Umsetzung der Absicht des Gesetz- bzw. Richtliniengebers, **dem Betroffenen die vorausset-**
zungslose „Heilung" individuellen Fehlverhaltens nur einmal zu ermöglichen (BT-Drs.
18/7538, 10).

Die ab dem Zeitpunkt der Zustellung der Einstellungsentscheidung (§ 43 Abs. 1 S. 1 VwVfG) **92**
zu berechnende Neunmonatsfrist wirft dabei keine praktischen Probleme auf. Nach allgemeinen
Grundsätzen ist hier eine Wiedereinsetzung in den vorigen Stand denkbar (BeckOK AuslR/
Heusch Rn. 35).

93   Im Hinblick auf den Sperrgrund des § 33 Abs. 6 Nr. 2 stellt sich jedoch die Frage, ob dessen Anwendung die **Rechtmäßigkeit der erstmaligen Verfahrenseinstellung** voraussetzt. Dies ist unproblematisch zu verneinen, wenn die erstmalige Verfahrenseinstellung in Bestandskraft erwachsen ist, weil sich eine inzidente Überprüfung der Rechtmäßigkeit des – feststellenden – Verwaltungsakts in diesen Fällen nach allgemeinen Grundsätzen verbietet (vgl. zB BVerwG ZAR 2017, 288 (290 f.)). Ein entsprechendes Verständnis legt der Wortlaut des § 33 Abs. 5 S. 6 Nr. 2 allerdings auch in den übrigen Fällen nahe, da dieser **nicht auf die Rechtmäßigkeit der Einstellungsentscheidung, sondern auf die Tatsache einer vorhergehenden** – von der Rechtmäßigkeit der Einstellungsentscheidung begrifflich unabhängigen – **Wiederaufnahme abstellt** (vgl. BVerfG BeckRS 2016, 49618 Rn. 8). Eine hiervon **abweichende Auslegung der Bestimmung erscheint auch aus Gründen des effektiven Rechtsschutzes nicht geboten,** da sich die Einstellungsentscheidung – richtigerweise (→ Rn. 83) – auch bei Stellung eines Wiederaufnahmeantrags nicht erledigt und daher ohne weiteres mit der verwaltungsgerichtlichen Anfechtungsklage angefochten werden kann.

93.1   Geht man hingegen von einer Erledigung der Einstellungsentscheidung bei Stellung eines Wiederaufnahmeantrags aus, muss die Rechtswidrigkeit der ersten Einstellungsverfügung aus Gründen effektiven Rechtsschutzes jedenfalls dann Beachtung finden, wenn das Verwaltungsgericht diese im Rahmen einer Fortsetzungsfeststellungsklage gegen die erste Einstellungsentscheidung festgestellt hat. Nichts anderes kann jedoch letztlich dann gelten, wenn der Betroffene keinen Rechtsschutz gegen die (nach der vorgenannten Auffassung vor Eintritt der Bestandskraft erledigte) Einstellungsentscheidung gesucht hat, da die Erhebung einer Fortsetzungsfeststellungsklage keine Voraussetzung für die spätere Rechtswahrung ist (vgl. allg. BVerwGE 149, 320 = NVwZ 2014, 781 (783)). Andernfalls müsste der Betroffene neben dem Antrag auf Wiederaufnahme des Verfahrens stets vorsorglich parallel eine Fortsetzungsfeststellungsklage erheben, obwohl die Rechtmäßigkeit der Einstellungsentscheidung nur im Fall einer – im Zeitpunkt der Klageerhebung höchst ungewissen – späteren zweiten Einstellungsentscheidung von Bedeutung ist. Dies wäre mit der Absicht des Gesetzgebers, dem Betroffenen mit der Möglichkeit der Wiederaufnahme nach § 33 Abs. 5 S. 5 einen unbürokratischen Verfahrensweg an die Hand zu geben, nur schwerlich vereinbar.

93.2   Zur Frage der Inzidentprüfung vgl. VG Ansbach BeckRS 2016, 52358 (bejahend), VG Göttingen BeckRS 2019, 5308 Rn. 2; VG Düsseldorf BeckRS 100887 (jeweils verneinend) sowie VG Köln BeckRS 2016, 46611 (tendenziell verneinend).

J. Entscheidung nach § 33 Abs. 5 S. 6

94   In den Fällen des § 33 Abs. 5 S. 6 – dh wenn das Verfahren bereits einmal nach § 33 Abs. 5 S. 5 aufgenommen wurde oder die Verfahrenseinstellung im Zeitpunkt der Antragstellung mindestens neun Monate zurückliegt – ist das Asylverfahren nicht wiederaufzunehmen und ein Antrag nach S. 2 oder S. 4 als Folgeantrag zu behandeln.

I. Notwendigkeit einer Zwischenentscheidung?

95   Unklar ist dabei, in welcher Form dies geschieht: Die Formulierung des § 33 Abs. 5 S. 6 („ist […] als Folgeantrag zu behandeln") legt zunächst die Annahme nahe, dass das Bundesamt das Verfahren **stillschweigend in ein Folgeantragsverfahren überleitet** und über das Vorliegen der Voraussetzungen § 33 Abs. 5 S. 6 inzident im Rahmen der Entscheidung über die Zulässigkeit des Folgeantrags (§ 29 Abs. 1 Nr. 5) entscheidet. Dem scheint jedoch die Formulierung des § 33 Abs. 6 zu widersprechen, der für Rechtsbehelfe gegen eine **„Entscheidung nach § 33 Abs. 5 S. 6"** die entsprechende Anwendung des § 36 Abs. 3 vorsieht. Dieser Verweis wäre indes überflüssig, wenn die Entscheidung über die Wiederaufnahme des Verfahrens inzident im Zusammenhang mit der Entscheidung über den Folgeantrag erginge, da – im Fall einer Ablehnung des Folgeantrags als unzulässig unter Erlass einer Abschiebungsandrohung – § 36 Abs. 3 bereits über die Verweisung in § 71 Abs. 4 Anwendung fände bzw. sich der Rechtsschutz im Fall des § 71 Abs. 5 nach (noch) herrschender Rechtsprechung nach § 123 Abs. 1 VwGO richtet.

95.1   Die Rechtsprechungsänderung des BVerwG, die nunmehr auch im Fall des § 71 Abs. 5 die Gewährung von Rechtsschutz nach Maßgabe des § 80 Abs. 5 S. 1 VwGO (gegen die Unzulässigkeitsentscheidung) iVm § 80 Abs. 5 S. 3 VwGO (auf Widerruf der Mitteilung nach § 71 Abs. 5 S. 2) als plausibel erscheinen lässt (überzeugend HTK-AuslR/Diesterhöft, 1/2017, § 71 Eilverfahren Nr. 1), konnte dem Gesetzgeber bei Erlass des § 33 nF schwerlich vor Augen stehen.

96   Dennoch sprechen die besseren Gründe dafür, als „Entscheidung nach Absatz 5 Satz 6" nicht eine vom Bundesamt zu erlassende Zwischenentscheidung (so aber Bergmann/Dienelt/Bergmann

Rn. 9; GK-AsylG/Funke-Kaiser Rn. 94), sondern die verfahrensabschließende Entscheidung über die Unzulässigkeit des Asylfolgeantrags (§ 29 Abs. 1 Nr. 5) anzusehen. Denn eine Zwischenentscheidung könnte eine Abschiebung vor Entscheidung über die Zulässigkeit des Folgeantrags – schon wegen § 71 Abs. 5 S. 2 – doch nicht ermöglichen, so dass die von § 33 Abs. 6 in den Blick genommenen Eilrechtsschutzanträge ins Leere gingen. Zudem würde der Rechtsschutz durch eine solche „Zwischenentscheidung" auch in der Hauptsache unnötig kompliziert, da der Betroffene so ggf. parallel Rechtsschutz gegen die – der Bestandskraft fähige – Zwischenentscheidung und die darauffolgende Unzulässigkeitsentscheidung des Bundesamts suche müsste, wobei – etwa im Fall einer Abänderung der Zuweisungsentscheidung vor Erlass der Unzulässigkeitsentscheidung – ggf. sogar unterschiedliche Gerichtszuständigkeiten gegeben wären (§ 52 Nr. 2 S. 3 VwGO).

Richtigerweise entscheidet das Bundesamt daher auch in den Fällen des § 33 Abs. 5 **97** **S. 6 lediglich inzident über die (Nicht-) Wiederaufnahme des Verfahrens und trifft keine eigenständige Zwischenentscheidung** (aA Bergmann/Dienelt/Bergmann Rn. 9). Der Verweis des § 33 Abs. 6 auf § 36 Abs. 3 wird damit jedoch – wegen § 71 Abs. 4 – vollständig funktionslos.

Ebenfalls vertretbar – aber nicht unbedingt zweckmäßig und für den Betroffenen rechtsschutzunfreund- **97.1** lich – erscheint es, dem Bundesamt ein Wahlrecht zwischen förmlicher Zwischenentscheidung und inziden- ter Überprüfung zu eröffnen (so wohl BeckOK AuslR/Heusch Rn. 45). In diesem Fall müsste der Betrof- fene jedenfalls Anfechtungsklage gegen die (ablehnende) Entscheidung erheben, um den Eintritt der Bestandskraft der Zwischenentscheidung zu vermeiden, die späteren Einwendungen gegen die Behandlung des Antrags als Folgeantrag entgegenstünde (BeckOK AuslR/Heusch Rn. 45). Ein Bedürfnis für einen – nach § 33 Abs. 6 vorausgesetzten – Antrag auf einstweiligen Rechtsschutz gegen eine mit dem Bescheid möglicherweise verbundene Abschiebungsandrohung bestünde hier – wegen § 71 Abs. 5 S. 2 – jedoch ebenfalls nicht.

II. Behandlung als Folgeantrag

Im Hinblick auf die weitere Behandlung des verspäteten bzw. erneuten Wiederaufnahmeantrags **98** kann – wegen der Behandlung „als Folgeantrag" – im Wesentlichen auf die Kommentierung zu § 71 verwiesen werden (→ § 71 Rn. 10 ff.). Als problematisch erweisen sich in diesem Zusammen- hang allerdings die Wiederaufnahmegründe des § 71 Abs. 1 S. 1 iVm § 51 Abs. 1 Nr. 1 und Nr. 2 VwVfG (nachträgliche Änderung der Sach- und Rechtslage / neue Beweismittel). Während der **Zeitpunkt für die Bestimmung der „Nachträglichkeit" einer Änderung bzw. der „Neu- heit" eines Beweismittels** bei Ablehnung des Asylerstantrags regelmäßig eindeutig feststeht, ist bei Anwendung des § 33 Abs. 5 S. 5 eine differenzierte Betrachtung geboten:

Im Hinblick auf das **eigentliche Asylbegehren** (§ 13 Abs. 2) des Betroffenen ist dabei **nicht** **99** **der Zeitpunkt der Einstellung des Verfahrens** – dh der Zeitpunkt des Erlasses der Einstellungs- entscheidung nach § 32 S. 1 – **maßgeblich, sondern der Zeitpunkt, in dem die durch § 33 Abs. 1 oder Abs. 3 fingierte Rücknahmewirkung eingetreten ist.** Denn die Wirkung der Rücknahme (-fiktion) tritt erst aufgrund der deklaratorischen Einstellungsentscheidung ein, sondern unmittelbar kraft Gesetzes ein, so dass das Bundesamt späteren Asylvortrag nicht mehr hätte berücksichtigen können.

Anders verhält sich dies jedoch im Hinblick auf die **Feststellung des (Nicht-) Vorliegens** **100** **von Abschiebungsverboten,** die nicht unmittelbarer Gegenstand des Asylfolgeantrags, sondern eines hiervon zu unterscheidenden Antrags auf Wiederaufgreifen des Verfahrens (in unmittelbarer Anwendung des § 51 Abs. 1–4 bzw. Abs. 5 VwVfG iVm §§ 48 f. VwVfG) ist (BVerwGE 122, 103 = NVwZ 2005, 462 (463)). Denn im Fall der Verfahrenseinstellung nach § 32 prüft das Bundesamt das Vorliegen von Abschiebungsverboten von Amts wegen, wobei es den Sach- und Streitstand im Zeitpunkt der Einstellungsentscheidung – wenngleich nur „nach Aktenlage" (§ 32 S. 2) – berücksichtigt. Insoweit ist es daher auch dem Schutzsuchenden unbenommen, bis zur Entscheidung des Bundesamtes zum Vorliegen nationaler Abschiebeverbote vorzutragen, so dass **die Einstellungsentscheidung des Bundesamts insoweit den maßgeblichen Zeitpunkt für die Prüfung der Voraussetzungen des § 51 Abs. 1 Nr. 1 und Nr. 2 VwVfG darstellt.**

Im Fall eines **„wiederholten" Wiederaufnahmeantrags** (§ 33 Abs. 6 S. 6 Nr. 2) ergeben **101** sich im Hinblick auf § 51 Abs. 2 VwVfG keine Besonderheiten – es ist lediglich zu beachten, dass der Betroffene in einem etwaigen Klageverfahren gegen die (zweite) Einstellungsentscheidung nur zur Rechtswidrigkeit der Einstellungsentscheidung und zum Vorliegen von Abschiebungsver- boten, nicht aber zum Vorliegen von Asyl- oder sonstigen Schutzgründen hätte vortragen können. Im Hinblick auf das eigentliche Asylbegehren kann ihm daher nicht vorgehalten werden, dass er eine Klage gegen die Einstellungsentscheidung unterlassen bzw. in einem durchgeführten Klage- verfahren nicht zum Vorliegen von Schutzgründen (iSd § 13 Abs. 2) vorgetragen hat.

102   Kommt es hingegen **wegen Verstreichens der gesetzlichen Wiederaufnahmefrist zu einem Folgeantragsverfahren** (§ 33 Abs. 6 S. 6 Nr. 1), so hätte der Betroffene die Wiederaufnahme des Verfahrens in der Regel ohne Weiteres innerhalb der neunmonatigen Wiederaufnahmefrist bewirken können, so dass er in diesem Zeitraum entstandene Wiederaufgreifensgründe daher ohne Weiteres „durch Rechtsbehelf" hätte geltend machen können (§ 51 Abs. 2 VwVfG). Ein auf vor Verstreichen der Antragsfrist eingetretene Umstände gestütztes Folgeantragsgesuch hat daher nur Aussicht auf Erfolg, wenn die Wiederaufgreifensgründe dem Betroffenen unverschuldet unbekannt waren oder er aus anderen Gründen schuldlos daran gehindert war, diese in einem Wiederaufnahmeverfahren geltend zu machen.

102.1   In diesem Fall wird man dem Betroffenen allerdings nicht vorwerfen können, den Wiederaufnahmeantrag nicht „auf Verdacht" gestellt zu haben, um ihm später bekanntwerdende Schutzgründe noch vortragen zu können. Denn mit der Funktion des § 33 wäre es nicht vereinbar, den Betroffenen zur Stellung eines Wiederaufnahmeantrags zu drängen, wenn er nach seinem Kenntnisstand selbst nicht vom Vorliegen von Schutzgründen ausgeht.

K. § 33 Abs. 6

103   Nach § 33 Abs. 6 gilt § 36 Abs. 3 für Rechtsbehelfe gegen eine Entscheidung nach § 33 Abs. 5 S. 6 entsprechend. Im Hinblick auf das Eilrechtsschutzverfahren ist diese Vorschrift jedoch **vollständig funktionslos,** da § 36 Abs. 1–4 nach der hier vertretenen Auffassung aufgrund der Verweisung in § 33 Abs. 5 S. 6 iVm § 71 Abs. 4 auf Verfahren nach § 80 Abs. 5 S. 1 VwGO ohnehin Anwendung finden und sich der Rechtsschutz in den Fällen des § 33 Abs. 5 S. 6 iVm § 71 Abs. 5 nach hM ohnehin nach § 123 Abs. 1 VwGO richtet.

103.1   Nichts anderes gilt, wenn man auch in den Fällen des § 71 Abs. 5 Rechtsschutz nach § 80 Abs. 5 S. 1 VwGO gewähren will (vgl. → Rn. 93.1).

104   Auch **im Hauptsacheverfahren kommt der Vorschrift des § 33 Abs. 6 jedoch keine Bedeutung** zu. Zwar handelt es sich bei der Anfechtungsklage gegen eine etwaige Unzulässigkeitsentscheidung nach § 33 Abs. 5 S. 6 iVm § 29 Abs. 1 Nr. 5 ohne Weiteres um einen „Rechtsbehelf" im Wortsinne des § 33 Abs. 6, so dass eine „entsprechende" Anwendung der – an sich nur auf Eilrechtsschutzverfahren nach § 80 Abs. 5 S. 1 VwGO zugeschnittenen – Vorschrift des § 36 Abs. 3 auch im Hauptsacheverfahren in Betracht käme. Indes sind keine Anhaltspunkte dafür ersichtlich, dass der Gesetzgeber ausgerechnet im Verfahren nach endgültiger Einstellung eines Asylerstverfahrens – anders als etwa nach rechtskräftiger Ablehnung eines Asylerstantrags – eine gerichtliche Hauptsacheentscheidung (!) binnen einer Woche (§ 36 Abs. 3 S. 5) anordnen und zugleich eine Abschiebung vor Entscheidung in der Hauptsache (§ 36 Abs. 3 S. 8) untersagen (!) wollte. Die Verwendung des Begriffs des „Rechtsbehelfs" in § 33 Abs. 6 beruht daher erkennbar auf einem Redaktionsversehen, da sich dieser offenkundig nur auf das Verfahren des gerichtlichen Eilrechtsschutzes beziehen soll.

Unterabschnitt 4. Aufenthaltsbeendigung

§ 34 Abschiebungsandrohung

(1) ¹Das Bundesamt erlässt nach den §§ 59 und 60 Absatz 10 des Aufenthaltsgesetzes eine schriftliche Abschiebungsandrohung, wenn
1. der Ausländer nicht als Asylberechtigter anerkannt wird,
2. dem Ausländer nicht die Flüchtlingseigenschaft zuerkannt wird,
2a. dem Ausländer kein subsidiärer Schutz gewährt wird,
3. die Voraussetzungen des § 60 Absatz 5 und 7 des Aufenthaltsgesetzes nicht vorliegen oder die Abschiebung ungeachtet des Vorliegens der Voraussetzungen des § 60 Absatz 7 Satz 1 des Aufenthaltsgesetzes ausnahmsweise zulässig ist und
4. der Ausländer keinen Aufenthaltstitel besitzt.
²Eine Anhörung des Ausländers vor Erlass der Abschiebungsandrohung ist nicht erforderlich. ³Im Übrigen bleibt die Ausländerbehörde für Entscheidungen nach § 59 Absatz 1 Satz 4 und Absatz 6 des Aufenthaltsgesetzes zuständig.

(2) ¹Die Abschiebungsandrohung soll mit der Entscheidung über den Asylantrag verbunden werden. ²Wurde kein Bevollmächtigter für das Verfahren bestellt, sind die Entscheidungsformel der Abschiebungsandrohung und die Rechtsbehelfsbelehrung dem Ausländer in eine Sprache zu übersetzen, deren Kenntnis vernünftigerweise vorausgesetzt werden kann.

Überblick

Die Vorschrift regelt als Spezialgesetz Einzelheiten und Modalitäten der vom BAMF zu erlassenden Abschiebungsandrohung im Rahmen eines Asylverfahrens. Abs. 1 S. 1 regelt die materiellrechtlichen Voraussetzungen der asylrechtlichen Abschiebungsandrohung und nimmt Bezug auf den für die ausländerrechtliche Abschiebungsandrohung geltenden § 59 AufenthG (→ Rn. 8 ff.). Abs. 1 S. 2 und Abs. 2 enthalten ergänzende verfahrensrechtliche Regelungen für das Asylverfahren (→ Rn. 14 ff.), zB das Verbindungsgebot (→ Rn. 15). Auch legt die Vorschrift die Zuständigkeit für den Erlass der Abschiebungsandrohung im Asylverfahren und die Verlängerung der gesetzten Ausreisefrist fest (→ Rn. 19 ff.).

Übersicht

A. Allgemeines

Die Vorschrift begründet die Sonderzuständigkeit des BAMF für den Erlass der Abschiebungsandrohung für den Fall der Ablehnung des Asylantrages bzw. bei Nichtvorhandensein eines Aufenthaltstitels. Vor der Entscheidung des BAMF über den Asylantrag ist der Aufenthalt des Asylbewerbers gestattet (§ 55). Entsprechendes gilt, wenn das BAMF auf den Zweit- oder Folgeantrag (§§ 70, 71a) hin ein weiteres Asylverfahren eröffnet (BeckOK AuslR/Pietzsch Rn. 4). Der Zweck der Vorschrift liegt in der Beschleunigung des Asylverfahrens durch die Übertragung der Zuständigkeit auf das BAMF. Sie stellt eine lex specialis zu § 59 AufenthG dar, auf den sie Bezug nimmt, aber ergänzende Regelungen bezüglich des Verfahrens trifft. **1**

Die Abschiebungsandrohung hat als Maßnahme des Vollstreckungsverfahrens eine Warnfunktion, indem dem Ausländer deutlich gemacht wird, was er zu befürchten hat, wenn der der Ausreisepflicht nicht nachkommt. Gleichzeitig wird ihm die Möglichkeit einer freiwilligen Ausreise eingeräumt (BVerwG NVwZ 2000, 331). Schließlich bekommt er die Gelegenheit, Rechtsschutz gegen die drohende Abschiebung in Anspruch zu nehmen oder für den Zielstaat bestehende Abschiebungsverbote geltend zu machen (BeckOK AuslR/Pietzsch Rn. 5). **2**

Die Abschiebungsandrohung stellt auch unter Berücksichtigung des EuGH-Urteils v. 30.5.2013 **2.1** (BeckRS 2013, 81102 – Arslan) eine Rückkehrentscheidung iSd Art. 3 Nr. 4 Rückführungs-RL (RL 2008/115/EG v. 16.12.2008, ABl. 2008 L 348, 98) dar (VGH BW BeckRS 2013, 59830). Das gilt auch bei einer Ablehnung als offensichtlich unbegründet (VGH BW BeckRS 2013, 52670). Deshalb soll spätestens vor der Abschiebung auch gem. § 11 Abs. 2 AufenthG eine Befristung von Amts wegen ausgesprochen werden (Bergmann/Dienelt/Bergmann Rn. 13, vgl. auch zum Streitstand BVerwG NVwZ 2016, 67 sowie BeckOK AuslR/Pietzsch Rn. 5a).

B. Anwendungsbereich

Gesetzessystematisch ist § 34 auf das in Abschnitt 2 geregelte Verfahren beschränkt. Er stellt **3** gegenüber § 59 AufenthG die speziellere Regelung dar, verweist zur Ausgestaltung allerdings auf die ergänzenden ausländerrechtlichen Vorschriften. Die Vorschrift ist auch bei der Ablehnung eines Antrages nach § 30 (offensichtlich unbegründeter Antrag) anzuwenden sowie bei einem Folgeantrag nach § 71.

4   Im Falle eines unzulässigen Antrags gilt dagegen § 35(→ § 35 Rn. 1) und im Falle einer Einreise über einen sicheren Drittstaat (§ 26a) oder bei völker- oder europarechtlicher Zuständigkeit ist nach § 34a eine **Abschiebungsanordnung** zu erlassen (→ § 34a Rn. 1 ff.).

5   Keine Anwendung findet § 34 auch auf die Fälle des Erlöschens (§ 72), des Widerrufs oder der Rücknahme der Asylberechtigung (§ 73), des subsidiären Schutzes (§ 73b) oder bei Feststellung eines nationalen Abschiebungshindernisses. Die Abschiebungsandrohung richtet sich dann nach § 59 AufenthG (BVerwG InfAuslR 2000,125= NVwZ 2000, 575; GK-AsylG/Funke-Kaiser Rn. 17; hierzu auch BeckOK AuslR/Pietzsch Rn. 7 ff.).

C. Zuständigkeit

6   Das BAMF ist ab Asylantragstellung ausschließlich für den Erlass der Abschiebungsandrohung zuständig. Ein Asylgesuch reicht nicht aus (Hailbronner AuslR Rn. 32). Die Kompetenz der Ausländerbehörde entfällt. Sie ist nur noch Vollzugsbehörde. Dies gilt auch bei Stellung eines Folgeantrags (→ Rn. 1). Eine durch die Ausländerbehörde erlassene Abschiebungsandrohung ist insoweit rechtswidrig. Nicht zuständig ist das BAMF dagegen im Falle des Erlöschens, des Widerrufs oder der Rücknahme (→ Rn. 5).

D. Erläuterungen im Einzelnen

I. Voraussetzungen der Abschiebungsandrohung

1. Allgemein

7   Die Abschiebungsandrohung nach § 34 ist als Androhung eines Zwangsmittels Voraussetzung für die Rechtmäßigkeit der Durchführung des Zwangsmittels der Abschiebung. Sie ist nach allgemeiner Auffassung ein Verwaltungsakt und daher selbstständig anfechtbar (Hailbronner AuslR Rn. 18 mwN). Sie ist zwingend mit einer Ausreisefrist zu versehen, deren Länge der Frist sich im Einzelnen nach der rechtlichen Einordnung der Asylablehnung bzw. der Beendigung des Asylverfahrens richtet (→ Rn. 19).

8   Das BAMF hat bei Vorliegen der Voraussetzungen des § 34 kein Ermessen. Auch die Ausreisefristen sind zwingend. Nur bei Rücknahme und Verzicht besteht ausnahmsweise Spielraum (§ 38 Abs. 3, → § 38 Rn. 8).

2. Keine Anerkennung als international Schutzberechtigter

9   Wird der Asylbewerber als Asylberechtigter anerkannt, ihm die Flüchtlingseigenschaft nach § 3 Abs. 1 oder der subsidiäre Status nach § 4 zuerkannt, so ist die Abschiebungsandrohung zu unterlassen (§ 34 Abs. 1 Nr. 1, Nr. 2 und Nr. 2a). Der Asylbewerber hat einen Anspruch auf Erteilung einer Aufenthaltserlaubnis nach § 25 Abs. 2 AufenthG.

10   Als aufenthaltsbeendende Maßnahme setzt die Abschiebungsandrohung keine förmliche Ablehnung des Asylantrags voraus, sondern kann auch im Falle einer anderweitigen Verfahrensbeendigung (Einstellung des Asylverfahrens, fingierte Rücknahme des Antrages §§ 32, 33) eingreifen (BVerwG BeckRS 2014, 54339).

3. Kein Abschiebungsverbot gem. § 60 Abs. 5 und Abs. 7 AufenthG

11   Das Vorliegen von Abschiebungsverboten ist grundsätzlich immer zu prüfen. Sie stehen dem Erlass einer Abschiebungsandrohung entgegen. Ist eine Abschiebung aus tatsächlichen Gründen in absehbarer Zeit nicht möglich, darf das BAMF dennoch eine „Vorratsentscheidung" in Bezug auf § 60 Abs. 5 und Abs. 7 AufenthG treffen, um dem Asylbewerber bereits frühzeitig eine gerichtliche Überprüfung zu ermöglichen und weitere behördliche oder gerichtliche Verfahren zu vermeiden (NK-AuslR/Müller Rn. 15).

12   Eine Ausnahme ist in Abs. 1 Nr. 3 Alt. 2 normiert. Er nimmt Bezug auf die Sollvorschrift des § 60 Abs. 7 S. 1 AufenthG. Danach soll eine Abschiebung bei konkreter Gefahr für Leib, Leben oder Freiheit unterbleiben. Da es sich aber um eine Sollvorschrift handelt, kann in atypischen Fällen davon abgewichen werden (BVerwG BeckRS 2008, 30091). Gemeint ist hier die Konstellation, dass zwar ein Abschiebungsverbot für einen bestimmten Zielstaat besteht, aber ausnahmsweise

von der Sollvorschrift des § 60 Abs. 7 AufenthG abgewichen werden soll oder ein weiterer möglicher Zielstaat vorhanden ist. Das BAMF muss in diesem Fall konkret nachweisen, dass die Abschiebung in den zu bestimmenden anderen Zielstaat zulässig ist (Hailbronner AuslR Rn. 27).

4. Kein Besitz eines Aufenthaltstitels

Ist der Ausländer im Besitz eines Aufenthaltstitels, darf eine Abschiebungsandrohung nicht **13** erlassen werden. Über den Wortlaut hinaus gilt dies auch für ein aufgrund von EU-Recht bestehendes Aufenthaltsrecht (FreizügG/EU – Freizügigkeitsgesetz/EU v. 30.7.2004, BGBl. I 1950) sowie für den erlaubnisfreien Aufenthalt (§§ 4 Abs. 1 und 99 AufenthG iVm §§ 15 ff. AufenthV; Bergmann/Dienelt/Bergmann Rn. 8; Hailbronner AuslR Rn. 29). Auch die Fiktion nach § 81 Abs. 4 AufenthG ist umfasst, da der Aufenthaltstitel zunächst fortgilt (Bergmann/Dienelt/Bergmann Rn. 8; NK-AuslR/Müller Rn. 12; Hailbronner AuslR Rn. 30). Eine Aufenthaltsgestattung, ein Anspruch auf Erteilung einer Aufenthaltserlaubnis oder eine Duldung stehen einer Abschiebungsandrohung nicht entgegen (NK-AuslR/Müller Rn. 12 mwN).

II. Form und Verfahren

1. Keine Anhörung

Eine Anhörung ist nach § 34 Abs. 1 S. 2 entbehrlich, da der Asylbewerber bereits bei seiner **14** persönlichen Anhörung vor dem BAMF verpflichtet ist, alle Tatsachen und sonstigen Umstände anzugeben, die einer Abschiebung entgegenstehen (vgl. § 25 Abs. 2, auch §§ 25 Abs. 3 und 36 Abs. 4 S. 3, → § 36 Rn. 26).

2. Verbindungsgebot

Die Abschiebungsandrohung soll mit der Entscheidung über den Asylantrag verbunden werden **15** (Abs. 2 S. 1). Eine Abweichung ist nur in atypischen Fällen möglich, zB wenn die Erteilung eines Aufenthaltstitels im Raum steht, dieser offensichtlich gegeben ist, der Aufenthaltstitel aber noch nicht erteilt wurde (Hailbronner AuslR Rn. 47). In der Regel findet sich die Abschiebungsandrohung zusammen mit der Statusentscheidung im asylablehnenden Bescheid. Subjektive Rechte des Asylbewerbers werden bei Verletzung des Gebots nicht berührt, da es sich um eine reine Ordnungsvorschrift handelt (BVerwG BeckRS 2000, 31351120; Hailbronner AuslR Rn. 48).

3. Schriftform und Übersetzung

Die Abschiebungsandrohung bedarf der Schriftform (§ 34 Abs. 1 S. 1). Dies folgt aus Art. 12 **16** Abs. 1 Rückführungs-RL (RL 2008/115/EG v. 16.12.2008, ABl. 2008 L 348, 98).

Darüber hinaus normiert § 34 Abs. 2 S. 2 eine Übersetzungspflicht, die sich aus Art. 12 **17** Abs. 2 Rückführungs-RL ergibt. Nach dem Wortlaut der Vorschrift muss die Entscheidung und Rechtsbehelfsbelehrung nur übersetzt werden, wenn der Asylsuchende keinen Bevollmächtigten hat. In richtlinienkonformer Auslegung der Rückführungs-RL ist auf Wunsch des Betroffenen eine Übersetzung aber auch dann vorzunehmen, wenn er einen Bevollmächtigten hat (Bergmann/Dienelt/Bergmann Rn. 13).

Art. 12 Abs. 2 Rückführungs-RL (RL 2008/115/EG v. 16.12.2008, ABl. 2008 L 348, 98) lautet: „Die **17.1** Mitgliedstaaten stellen den betroffenen Drittstaatsangehörigen auf Wunsch eine schriftliche oder mündliche Übersetzung der wichtigsten Elemente einer Entscheidung in Bezug auf die Rückkehr nach Absatz 1 einschließlich der Information über mögliche Rechtsbehelfe in einer Sprache zur Verfügung, die der Drittstaatsangehörigen verstehen oder bei der vernünftigerweise davon ausgegangen werden kann, dass sie sie verstehen“. Regelmäßig dürfte das die Sprache sein, in der sich der Ausländer an das Bundesamt gewandt hat und in der die Anhörung durchgeführt wurde. Da Art. 12 Abs. 2 Rückführungs-RL keine Beschränkung auf Ausländer mit Vertretung vorsieht, ist die Übersetzung in richtlinienkonformer Anwendung auf Wunsch des Betroffenen auch bei Vertretung zu leisten. Fehlt die Übersetzung, ist bei fehlerhafter Rechtsbehelfsbelehrung Wiedereinsetzung in den vorigen Stand zu gewähren (§ 60 VwVfG). Nach der Rechtsprechung des EuGH (BeckRS 2013, 81102 – Arslan) ist die Abschiebungsandrohung im Übrigen eine Rückkehrentscheidung iSd Art. 3 Nr. 4 Rückführungs-RL; dies gilt auch bei einer Ablehnung als offensichtlich unbegründet. Spätestens vor der Abschiebung ist deshalb gem. § 11 Abs. 2 S. 2 AufenthG insoweit eine Befristung für die Wiedereinreise von Amts wegen auszusprechen (BVerwG BeckRS 2015, 47992; vgl. auch → AufenthG § 12 Rn. 1 ff.).

18   Gemäß § 25 VwVfG muss der Bescheid darüber hinaus aber immer in Deutsch als Amtssprache wiedergegeben werden.

4. Ausreisefrist

19   Die Abschiebungsandrohung soll mit einer Frist zur Ausreise verbunden werden (§ 34 Abs. 1 S. 1, § 59 AufenthG). Im Asylrecht besteht hier anders als im allgemeinen Ausländerrecht kein Spielraum. Die Frist beträgt regelmäßig 30 Tage (§ 38 Abs. 1 S. 1, → § 38 Rn. 2), bei unzulässigen oder offensichtlich unbegründeten Anträgen eine Woche (§ 36 Abs. 1 S. 1, → § 36 Rn. 4). Sie beginnt mit der Zustellung der Entscheidung.

20   Eine Ausnahme gilt im Falle von § 38 Abs. 3. Bei Rücknahme des Asylantrages bzw. der Klage oder bei Verzicht auf Durchführung des Asylverfahrens nach § 14a Abs. 3 kann das BAMF eine Frist von bis zu drei Monaten setzen (§ 38 Abs. 3, → § 38 Rn. 8).

21   Die Ausländerbehörde kann die vom BAMF bestimmte Frist nach Abs. 1 S. 3 iVm § 59 Abs. 1 S. 4 und Abs. 6 AufenthG verlängern, wenn besondere familiäre oder soziale Bindungen zu berücksichtigen sind (BeckOK AuslR/Pietzsch Rn. 37).

5. Bezeichnung eines Zielstaats

22   Das BAMF hat in der Abschiebungsandrohung den Zielstaat anzugeben, in den der abgelehnte Asylbewerber ausgewiesen werden soll. Dies ergibt sich aus der Verweisung in Abs. 1 S. 1 auf die ausländerrechtlichen Vorschriften der §§ 59 und 60 Abs. 10 AufenthG. In der Regel ist das derjenige Staat, dessen Staatsangehörigkeit der Ausländer besitzt. Es ist jedoch auch eine Abschiebung in einen anderen Staat möglich (zu den Einzelheiten vgl. BeckOK AuslR/Pietzsch Rn. 31 ff. und NK-AuslR/Müller Rn. 21 ff.).

6. Befristung des Einreise- und Aufenthaltsverbots

23   Durch das Asylverfahrensbeschleunigungsgesetz (v. 20.10.2015, BGBl. I 1722) wurde 2015 der § 75 Nr. 12 AufenthG eingeführt, der dem BAMF in asylrechtlichen Verfahren auch die Zuständigkeit für die Befristung des Einreise- und Aufenthaltsverbots nach § 11 Abs. 2 AufenthG zugewiesen hat. Nach § 11 Abs. 2 S. 4 AufenthG soll die Befristung nunmehr mit der Abschiebungsandrohung, spätestens aber bei der Ab- oder Rückschiebung festgesetzt werden (vgl. auch die Rechtslage und die Rechtsschutzmöglichkeiten bei Abschiebungsanordnung → § 34a Rn. 23 bzw. unzulässigen und unbegründeten Asylanträgen → § 36 Rn. 16). Ziel dieser Zuständigkeitsverlagerung ist es, die Aufenthaltsbeendigung beschleunigt und verwaltungsökonomischer durchführen zu können, da nur eine Behörde zuständig ist (zur Frage des Entstehens eines Einreise- und Aufenthaltsverbots kraft Gesetzes (so § 11 Abs. 1 AufenthG in der bis 27.7.2015 geltenden Fassung), das vom BVerwG als unvereinbar mit § 11 Abs. 2 Rückführungs-RL angesehen wurde vgl. Anmerkungen BeckOK AuslR/Pietzsch Rn. 42a.1 f.).

E. Rechtsschutz

24   Gegen die Abschiebungsanordnung als selbstständigen Verwaltungsakt kann isoliert Anfechtungsklage erhoben werden (vgl. BVerwG NVwZ 2014, 1460 (1464)). In der Regel wird aber aufgrund des Verbindungsgebotes (→ Rn. 15) Klage sowohl gegen die Statusentscheidung als auch gegen die Ablehnungsandrohung erfolgen. Maßgeblicher Zeitpunkt für die Rechtmäßigkeit der Abschiebungsandrohung ist nach § 77 Abs. S. 1 der Zeitpunkt der letzten mündlichen Verhandlung.

25   Die **Klagefrist beträgt zwei Wochen** (§ 74 Abs. 1 Hs. 1). Hat die Asylklage Erfolg, wird die Abschiebungsandrohung gegenstandslos. Dies gilt sowohl für die Feststellung der Flüchtlingseigenschaft, als auch den subsidiären Schutz sowie die Feststellung von Abschiebungsverboten. Ist die Asylklage erfolglos, ist die Rechtmäßigkeit der Abschiebungsandrohung gesondert zu prüfen. Die Klage hiergegen wird aber regelmäßig erfolglos bleiben, wenn sich die Begründung darauf beschränkt, Asyl wäre zu Unrecht nicht gewährt worden (NK-AuslR/Müller Rn. 15).

26   Vorläufiger Rechtsschutz ist in den Fällen der §§ 38 Abs. 1, 73, 73b und 73c nicht erforderlich, da die Klage aufschiebende Wirkung hat, wenn ihr eine Ablehnung als „einfach" unbegründet zugrunde liegt (§ 75 Abs. 1). Dies gilt auch, wenn die Abschiebungsandrohung ausnahmsweise nicht mit der ablehnenden Entscheidung verbunden ist und isoliert angefochten wird (Hailbronner AuslR Rn. 54).

Im Falle eines offensichtlich unbegründeten oder unzulässigen Antrags hat die Klage dagegen 27 keine aufschiebende Wirkung. Die **Frist für die Klageerhebung beträgt dann eine Woche** (§ 74 Abs. 1 Hs. 2). Innerhalb derselben Frist ist auch der Antrag nach § 80 Abs. 5 VwGO zu stellen (§ 34a Abs. 2 S. 1, → § 34a Rn. 21; § 36 Abs. 3 S. 1, → § 36 Rn. 11).

In den Fällen vorläufigen Rechtsschutzes ist bei rechtzeitiger Antragstellung eine Abschiebung 28 bis zur Entscheidung des Verwaltungsgerichts im Eilverfahren unzulässig (§ 36 Abs. 3 S. 8). Bei einer isolierten Anfechtung der Abschiebungsandrohung (zB nachträgliche Konkretisierung des Zielstaats) beträgt die Klagefrist zwei Wochen und die Klage hat aufschiebende Wirkung (GK-AsylG/Funke-Kaiser Rn. 110; hierzu auch BeckOK AuslR/Pietzsch Rn. 45a).

§ 34a Abschiebungsanordnung

(1) [1]Soll der Ausländer in einen sicheren Drittstaat (§ 26a) oder in einen für die Durchführung des Asylverfahrens zuständigen Staat (§ 29 Absatz 1 Nummer 1) abgeschoben werden, ordnet das Bundesamt die Abschiebung in diesen Staat an, sobald feststeht, dass sie durchgeführt werden kann. [2]Dies gilt auch, wenn der Ausländer den Asylantrag in einem anderen auf Grund von Rechtsvorschriften der Europäischen Union oder eines völkerrechtlichen Vertrages für die Durchführung des Asylverfahrens zuständigen Staat gestellt oder vor der Entscheidung des Bundesamtes zurückgenommen hat. [3]Einer vorherigen Androhung und Fristsetzung bedarf es nicht. [4]Kann eine Abschiebungsanordnung nach Satz 1 oder 2 nicht ergehen, droht das Bundesamt die Abschiebung in den jeweiligen Staat an.

(2) [1]Anträge nach § 80 Absatz 5 der Verwaltungsgerichtsordnung gegen die Abschiebungsanordnung sind innerhalb einer Woche nach Bekanntgabe zu stellen. [2]Die Abschiebung ist bei rechtzeitiger Antragstellung vor der gerichtlichen Entscheidung nicht zulässig. [3]Anträge auf Gewährung vorläufigen Rechtsschutzes gegen die Befristung des Einreise- und Aufenthaltsverbots durch das Bundesamt nach § 11 Absatz 2 des Aufenthaltsgesetzes sind innerhalb einer Woche nach Bekanntgabe zu stellen. [4]Die Vollziehbarkeit der Abschiebungsanordnung bleibt hiervon unberührt.

Überblick

In der Vorschrift ist der Sonderfall geregelt, dass das BAMF die Abschiebung des Asylbewerbers in einen sicheren Drittstaat oder einen aufgrund unionsrechtlicher oder völkerrechtlicher Regelungen für die Durchführung des Asylverfahrens zuständigen Staat **ohne vorherige Abschiebungsandrohung** anordnet. Abs. 1 S. 1–3 regelt dabei die verfahrens- und materiell-rechtlichen Voraussetzungen für die Abschiebungsanordnung (→ Rn. 5). Abs. 1 S. 4 legt fest, dass bei Nichtvorliegen der Voraussetzungen des S. 1 und S. 2 eine Abschiebungsandrohung zu erlassen ist (→ Rn. 13). Abs. 2 regelt die Möglichkeit gerichtlichen Rechtsschutzes gegen die Abschiebungsandrohung sowie die Auswirkungen eines rechtzeitig eingelegten Eilantrages auf die Durchführung der angeordneten Abschiebung (→ Rn. 18 ff.). In Abs. 2 S. 3 ist eine besondere Antragsfrist normiert für den vorläufigen Rechtsschutz, der sich gegen die vom BAMF gem. § 75 Nr. 12 AufenthG iVm § 11 Abs. 2 AufenthG ausgesprochene Befristung des Einreise- und Aufenthaltsverbotes richtet (→ Rn. 23). In Abs. 2 S. 4 sind die Folgen eines solchen Antrages für die Vollziehbarkeit der Abschiebungsanordnung geregelt (→ Rn. 24).

Übersicht

A. Allgemeines

1   Mit dieser Vorschrift wurde eine Sonderregelung geschaffen für den Fall, dass ein Flüchtling entweder über einen sicheren Drittstaat (§ 26a) oder über einen europa- oder völkerrechtlich zuständigen Staat (§ 29 Abs. 1 Nr. 1 lit. a und lit. b) eingereist ist, ohne dass eine Zurückweisung (§§ 18 Abs. 2 Nr. 1, 18a Abs. 1 Nr. 6) oder eine Zurückschiebung (§ 19 Abs. 3) erfolgt ist. Die Bestimmung gilt auch für Folge- und Zweitanträge (§ 71 Abs. 4 und § 71 a Abs. 4). Ihre Besonderheit liegt darin, dass der Antragsteller ohne besondere inhaltliche Prüfung des Asylantrages in den sicheren Drittstaat oder den nach unions- bzw. völkerrechtlichen Regeln zuständigen Staat abgeschoben werden kann (Hailbronner AuslR, Stand: Rn. 20 f.).

B. Rechtliche Bedeutung

2   Die Abschiebungsanordnung nach § 34a stellt kein rechtliches „Minus" zur Abschiebungsandrohung nach § 34 dar, so dass sie auch nicht in einer Abschiebungsandrohung enthalten ist. Sie ist auch kein milderes Mittel. Dementsprechend besteht kein Wahlrecht für das BAMF zwischen dem Erlass einer Abschiebungsanordnung und einer Abschiebungsandrohung. Die Rechtsprechung folgert daraus, dass bei Vorliegen der Voraussetzungen des § 34a Abs. 1 keine Abschiebungsandrohung ergehen darf (zB OVG LSA BeckRS 2016, 46946). Dies ist auch in Abs. 1 S. 4 angedeutet.

3   Die Begründung für die unmittelbare Anordnung der Abschiebung ohne vorherigen Erlass einer Abschiebungsandrohung wird darin gesehen, dass im Allgemeinen eine sichere Rückkehr des Ausländers in den sicheren Drittstaat nicht möglich sein wird, weil Rückübernahmeübereinkommen kein individuelles Rückkehrrecht ermöglichen würden (BT-Drs 12/4450, 23). Deshalb verlangt § 34a auch, dass die Rückführung nicht nur rechtlich, sondern auch tatsächlich in nächster Zeit möglich ist („sobald"), dh Fristen müssen eingehalten werden und der andere Staat muss seine Zustimmung erteilt haben (Bergmann/Dienelt/Bergmann Rn. 3).

4   Die Abschiebungsanordnung ist eine konkrete Maßnahme zur Aufenthaltsbeendigung, die der Erteilung einer Ausbildungsduldung nach § 60 Abs. 2 S. 4 AufenthG entgegensteht, wenn sie im Zeitpunkt der Beantragung der Ausbildungsduldung vollziehbar ist (VGH BW BeckRS 2017, 100160).

C. Voraussetzungen der Anordnung im Einzelnen

I. Einreise über sicheren Drittstaat oder völker- bzw. europarechtlich zuständigen Staat

1. Einreise aus einem sicheren Drittstaat nach § 26a (§ 34a Abs. 1 S. 1 Alt. 1)

5   Die Anordnung der Abschiebung in einen sicheren Drittstaat ist nur möglich, wenn das BAMF den Antrag nach § 26a als unzulässig abgelehnt hat. Die sicheren Drittstaaten nach § 26a ergeben sich aus Anlage I zum AsylG (derzeit nur Norwegen und Schweiz). Der Drittstaatenregelung liegt das **Konzept der normativen Vergewisserung** über die generelle Sicherheit des Antragstellers im betreffenden Drittstaat zugrunde, wonach die Sicherheit des Flüchtlings im Drittstaat generell festgestellt ist (BeckOK AuslR/Pietzsch Rn. 4). § 26a Abs. 1 S. 3 sieht allerdings eine Ausnahme von der Drittstaatenregelung vor, die auch bei Zuständigkeit eines Dublin-Staates eingreift (§ 26a Abs. 1 S. 3 Nr. 2; Bergmann/Dienelt/Bergmann Rn. 2).

6   Nicht erforderlich ist im Rahmen der Drittstaatenregelung, dass sich der Antragsteller im Drittstaat eine bestimmte Zeit aufgehalten hat. Auch muss dies nicht die letzte Station vor der Einreise in die Bundesrepublik gewesen sein. Ausreichend ist nach der Rechtsprechung des BVerfG, dass sich der Ausländer „während seiner Reise irgendwann in einem sicheren Drittstaat befunden hat und dort Schutz nach den Bestimmungen der Genfer Flüchtlingskonvention hätte finden können" (BVerfGE 94, 49 (94) = BeckRS 1996, 119714).

2. Unionsrechtliche oder völkerrechtliche Zuständigkeit eines anderen Staates (§ 34a Abs. 1 S. 1 Alt. 2)

Alt. 2 bezieht sich auf den Fall, dass ein anderer Staat nach der Dublin III-VO (VO (EU) 604/ **7** 2013 v. 26.6.2013, ABl. 2013 L 180, 31) oder aufgrund anderer unionsrechtlicher Vorschriften oder eines völkerrechtlichen Vertrages für die Durchführung des Asylverfahrens zuständig ist. Die Regelung findet daher vornehmlich im Rahmen der sog. Dublin-Fälle Anwendung. Die hierunter fallenden Staaten sind derzeit alle EU-Staaten, aber auch die Nicht-EU-Staaten Liechtenstein, Island, Norwegen und die Schweiz, die sich völkerrechtlich zur Anwendung der Dublin-Regeln verpflichtet haben (wobei Norwegen und Schweiz auch sichere Drittstaaten nach Alt. 1 sind). Die Dublin III-VO ist unmittelbar und verbindlich in jedem Mitgliedsstaat geltendes sekundäres EU-Recht. Ihre Bestimmungen vermitteln teilweise subjektive Rechte des Ausländers, zB im Zusammenhang mit dem Schutz der Familie oder von unbegleiteten Minderjährigen. Allerdings besteht kein Anspruch auf die Durchführung des Asylverfahrens in einem bestimmten Mitgliedstaat (BVerwG BeckRS 2016, 46151, vgl. hierzu die Ausführungen zum Inhalt der Dublin III-VO bei BeckOK AuslR/Pietzsch Rn. 7 ff.).

II. Form und Verfahren

1. Anhörung

Grundsätzlich ist vor der Abschiebungsanordnung eine Anhörung des Ausländers zu seinem **8** Asylbegehren erforderlich. Das BAMF hat einmal den Reiseweg zu ermitteln, zum anderen ist dem Ausländer Gelegenheit zu geben, Umstände vorzutragen, die ein in seiner Person liegendes Abschiebungshindernis oder das Vorliegen eines Ausnahmefalls vom Konzept der normativen Vergewisserung bzw. die Widerlegung der dem Dublin-System zugrunde liegenden Vermutungen zu begründen vermögen BeckOK AuslR/Pietzsch Rn. 21 mwN). Ist der Flüchtling nach seinen eigenen Angaben über eine sicheren Drittstaat eingereist, kann ausnahmsweise von der Anhörung abgesehen werden (§ 24 Abs. 1 S. 4). Dies gilt allerdings nicht, wenn er unklare oder widersprüchliche Angaben gemacht hat (NK-AuslR/Müller Rn. 27). Für das Dublin-Verfahren ist die Anhörung zwingend vorgesehen (Art. 5 Dublin III-VO).

2. Zustellung

Die Ablehnungsanordnung wird zusammen mit der ablehnenden Entscheidung des Asylantrags **9** zugestellt (§ 31 Abs. 1 S. 4), und zwar an den Ausländer selbst. Dies gilt selbst dann, wenn er einen Bevollmächtigten hat. Dem Bevollmächtigten soll dann nach § 31 Abs. 1 S. 6 lediglich ein Entscheidungsabdruck zugeleitet werden. Dies stellt eine erhebliche Abweichung von § 7 Abs. 1 S. 2 VwZG dar, wonach dem Bevollmächtigten zwingend zuzustellen ist, sofern der eine schriftliche Vollmacht vorgelegt hat. Diese Regelung ist hinsichtlich des Gebots eines effektiven Rechtsschutzes bedenklich. Das Verfahren darf nicht so betrieben werden, dass der Bevollmächtigte ausgeschaltet wird. Dem Bevollmächtigten ist daher nach der Sollvorschrift des § 31 Abs. 1 S. 4 ein Abdruck der Entscheidung so rechtzeitig zuzuleiten, dass eine wirksame Interessenwahrnehmung möglich ist (NK-AuslR/Schröder § 31 Rn. 15)

3. Bezeichnung des Zielstaats

In der Ablehnungsandrohung ist der Zielstaat zu bezeichnen. Dies muss nicht der zuletzt **10** durchreiste Drittstaat sein, sondern kann zB auch der aufnahmebereite Dublin-Staat sein. Wird der Antrag auf internationalen Schutz beschränkt oder der Asylantrag zurückgenommen, wird entsprechend verfahren, damit die Rückführung in einen aufnahmebereiten Dublin-Staat nicht unterlaufen werden kann (§ 34a Abs. 1 S. 2).

4. Keine Androhung oder Fristsetzung (§ 34a Abs. 1 S. 3)

Einer Androhung und Fristsetzung für die freiwillige Ausreise bedarf es nach Abs. 1 S. 3 nicht **11** (vgl. zur Frage der Vereinbarkeit mit Unionsrecht BeckOK AuslR/Pietzsch Rn. 23).

5. Befristung des Einreise- und Aufenthaltsverbots

Aus verwaltungsökonomischen Gründen und wegen der größeren Sachnähe wurde dem BAMF **12** wie in §§ 34 und 35 die Zuständigkeit für den Erlass der Befristungsentscheidung des Einreise-

und Aufenthaltsverbots mit isolierter Anfechtungsmöglichkeit eingeräumt (§ 75 Nr. 12 AufenthG, § 11 Abs. 2 und Abs. 7 AufenthG; Bergmann/Dienelt/Bergmann Rn. 1; → § 34 Rn. 23).

III. Tatsächliche Rückführungsmöglichkeit

13   Die Durchführbarkeit der Rückführung in den sicheren Drittstaat oder den nach EU-Recht zuständigen Staat muss rechtlich zulässig und zeitnah tatsächlich möglich sein (GK-AsylG/Funke-Kaiser Rn. 20). Dies hängt praktisch von der Einhaltung der jeweils vereinbarten Fristen gemäß der Rückführungsübereinkommen bzw. der Dublin II-VO / Dublin III-VO (Fristen für Übernahmeersuchen und Überstellung, vgl. hierzu die übersichtliche Darstellung in BeckOK AuslR/Pietzsch Rn. 13) und der Zustimmung des Aufnahmestaates ab (→ Rn. 15; vgl. hier zum Zuständigkeitsübergang bei Ablauf der Überstellungsfrist EuGH NVwZ 2018, 43 – Shiri).

14   Das BAMF hat auch zu prüfen, ob inlandsbezogene Abschiebungshindernisse der Abschiebung entgegenstehen (BVerfG BeckRS 2014, 56447), dh die Prüfung erstreckt sich ausnahmsweise auch auf § 60a Abs. 2 AufenthG, ob Duldungsgründe bestehen (BVerfGE 94, 49 (95) = BeckRS 1996, 119714; VGH BW BeckRS 2011, 51169; vgl. aber dazu VGH BW BeckRS 2017, 100160; zur Ausbildungsduldung → Rn. 4).

15   Die Übernahmebereitschaft des Drittstaates muss abschließend geklärt sein. Dies setzt jedoch nicht zwingend eine positive Erklärung des Staates voraus, sondern ergibt sich auch aus den zwischenstaatlichen Vereinbarungen oder den unionsrechtlichen Regelungen über Rückführungen (beachte hier zB die Fiktionswirkung nach Art. 22 Abs. 7, 25 Abs. 2 Dublin III-VO; vgl. BeckOK AuslR/Pietzsch Rn. 13).

16   Es dürfen keine zielstaatsbezogenen Abschiebungshindernisse bestehen. Diese können sich nach der Rechtsprechung des BVerfG daraus ergeben, dass der Ausländer Umstände darlegt, die auf eine konkrete Gefahrenlage im Drittstaat hinweisen, die nicht vorab von dem **Konzept der normativen Vergewisserung** (→ Rn. 5) **berücksichtigt** werden konnten (BVerfGE 94, 49 (99) = NVwZ 1996, 700 (705)). Nach der Rechtsprechung des EuGH hat eine Überstellung an den eigentlich nach der Dublin III-VO zuständigen Staat dann zu unterbleiben, wenn dort **systemische Mängel** vorliegen, die die Vermutung der generellen Einhaltung der grundrechtlichen Mindeststandards nach Dublin III-VO widerlegen. Das ist zB der Fall, wenn dort eine unmenschliche oder erniedrigende Behandlung überstellter Asylbewerber festzustellen ist (EuGH NVwZ 2012, 417 (419); auch EGMR NVwZ 2011, 413 (417)). Über die Frage, welche Personengruppen und welche Staaten solche systemischen Mängel aufweisen, gibt es eine Vielzahl von Entscheidungen (vgl. hierzu die Übersicht bei BeckOK AuslR/Pietzsch Rn. 16a).

17   Erscheint eine Rückführung wegen möglicher Abschiebungsverbote oder sonstiger tatsächlicher Hindernisse nicht möglich, ist die Abschiebungsanordnung ausgeschlossen. Das BAMF kann dann eine Abschiebungsandrohung unter den entsprechenden Voraussetzungen erlassen (§ 34a Abs. 1 S. 4). Dies bedingt dann auch eine inhaltliche Prüfung des Asylgesuchs, dh es erfolgt eine Fortführung des Asylverfahrens (NK-AuslR/Müller Rn. 11 ff.).

D. Gerichtliches Verfahren

I. Klage und Eilantrag nach § 80 Abs. 5 VwGO

18   Die Abschiebungsanordnung stellt wie die Abschiebungsandrohung einen belastenden Verwaltungsakt dar, gegen den Anfechtungsklage die statthafte Klageart ist. Neben der Abschiebungsanordnung ergeht im gleichen Bescheid in den Fällen des § 26a der feststellende Verwaltungsakt, dass dem Antragsteller kein Asylrecht zusteht, bzw. in den Fällen des § 29 Abs. 1 Nr. 1 die Entscheidung, dass der Asylantrag unzulässig ist. Hiergegen ist nach inzwischen einhelliger Meinung die Anfechtungsklage richtige Klageart (zum alten Streitstand NK-AuslR/Müller Rn. 32 mwN).

19   Da die Klage keine aufschiebende Wirkung hat und damit die Vollziehung nicht aufgehalten werden kann, ist zwingend ein Eilantrag nach § 80 Abs. 5 VwGO zu stellen. Mit der Neufassung des Abs. 2 durch das Gesetz zur Umsetzung der Richtlinie 2011/95/EU (v. 28.8.2013, BGBl. I 3474) ist diese früher nicht gegebene Möglichkeit nunmehr auch in das Gesetz aufgenommen worden (Hailbronner AuslR Rn. 70).

20   In bestimmten Konstellationen kann auch ein Antrag nach § 123 VwGO in Betracht kommen, etwa wenn dem Asylbewerber die Abschiebungsandrohung und die Ablehnung des Asylantrages unmittelbar erst unmittelbar vor der Abschiebung bekannt gemacht werden oder bei Änderung der Sach- und Rechtslage nach Eintritt der Bestandskraft der Abschiebungsandrohung, zB bei einem nachträglich eintretenden zielstaat- oder inlandsbezogenem Abschiebungshindernis (vgl. BeckOK AuslR/Pietzsch Rn. 33 f.).

II. Klagefrist und Antragsfrist

Die Frist für Klage und Antrag nach § 80 Abs. 5 VwGO beträgt eine Woche (§ 34a Abs. 2 **21** S. 1 iVm § 74 Abs. 1 S. 2). Wird der Antrag rechtzeitig eingelegt, entsteht ein gesetzliches Abschiebungsverbot. Vor Entscheidung des Verwaltungsgerichts über den Eilantrag ist eine Abschiebung dann nicht zulässig (§ 34a Abs. 2 S. 2). Das BAMF hat mit der Unterrichtung der für die Abschiebung zuständigen Ausländerbehörde über die Zustellung der Abschiebungsanordnung zuzuwarten, bis die Wochenfrist zur Beantragung vorläufigen Rechtsschutzes abgelaufen ist oder das Verwaltungsgericht den Antrag mit unanfechtbarem Beschluss abgelehnt hat (§ 80).

III. Prüfungsmaßstab

Der Prüfungsmaßstab ist gesetzlich nicht vorgegeben, so dass hier die allmeinen verwaltungspro- **22** zessualen Regeln anzuwenden sind. Dennoch kann er aber über eine bloße summarische Prüfung, wie sie sonst im einstweiligen Rechtsschutz im Verwaltungsprozess vorgesehen ist, hinausgehen. Wird ein konkretes Risiko für eine unmenschliche Behandlung geltend gemacht (→ Rn. 16), muss das Verwaltungsgericht einen erhöhten Prüfungsaufwand betreiben, der alle erreichbaren und innerhalb vertretbarer Frist überprüfbaren Beweismittel erfasst (Hailbronner AuslR Rn. 78). Insbesondere sind hier Abschiebungsverbote nach § 60 Abs. 5 und Abs. 7 AufenthG zu beachten. Nicht anzuwenden sind die Grundsätze des § 36 Abs. 4 S. 1 (ernstliche Zweifel, → § 36 Rn. 18; vgl. VG Bremen BeckRS 2014, 49169; VG Düsseldorf BeckRS 2014, 48349).

IV. Rechtsschutz gegen Befristungsentscheidung (§ 34a Abs. 2 S. 3 und S. 4)

Durch das Asylverfahrensbeschleunigungsgesetz (v. 20.10.2015, BGBl. I 1722) wurde Abs. 2 **23** durch S. 3 und S. 4 ergänzt, da dem BAMF nach § 75 Nr. 12 AufenthG auch die Kompetenz für den Erlass der Befristungsentscheidung des Einreise- und Aufenthaltsverbots nach § 11 Abs. 2 AufenthG zuerkannt worden ist. Die Vorschriften dienen der Harmonisierung des Rechtsbehelfssystems, indem die Regeln über den Eilrechtsschutz gegen die Abschiebungsanordnung und gegen die Befristung identische Fristen vorsehen (vgl. entsprechend § 36 Abs. 3 S. 10, → § 36 Rn. 16).

§ 34a Abs. 2 S. 4 bestimmt, dass die Vollziehbarkeit der Abschiebungsanordnung durch einen **24** Antrag auf die Gewährung von Eilrechtsschutz gegen die Befristung unberührt bleibt (vgl. die entsprechende Regelung in § 36 Abs. 3 S. 11, → § 36 Rn. 17).

Ohne diese Anpassung könnte der Antragsteller durch Beantragung von einstweiligem Rechts- **25** schutz gegen die Befristung eines mit einer Abschiebungsanordnung verbundenen Einreise- und Aufenthaltsverbots die Zielsetzung der Vorschrift, eine rasche Überstellung an den für die Durchführung des Asylverfahrens zuständigen Mitgliedsstaats zu gewährleisten, unterlaufen (Hailbronner AuslR Rn. 87).

§ 35 Abschiebungsandrohung bei Unzulässigkeit des Asylantrags

In den Fällen des § 29 Absatz 1 Nummer 2 und 4 droht das Bundesamt dem Ausländer die Abschiebung in den Staat an, in dem er vor Verfolgung sicher war.

Überblick

Die Vorschrift regelt die Folgen einer Abschiebungsandrohung, wenn der Asylantrag als offensichtlich unzulässig nach § 29 Abs. 1 Nr. 2 (→ Rn. 2) und Nr. 4 (→ Rn. 3) abgelehnt wurde und bestimmt, in welchen Zielstaat die Abschiebung anzudrohen ist (→ Rn. 5).

A. Allgemeines

§ 35 sieht eine Abschiebungsandrohung für den Fall vor, dass der Asylantrag unzulässig ist. **1** Die Vorschrift ergänzt die Regelungen des § 59 AufenthG und des § 34. Der Unterschied zur Unzulässigkeit nach § 34a besteht darin, dass der Ausländer bereits in einem anderen Staat als Flüchtling anerkannt wurde bzw. dort vor Verfolgung sicher war. Das Besondere bei Unzulässigkeit des Asylantrages ist, dass der Asylantrag nicht abgelehnt wird und keine Sachentscheidung ergeht, dh dass eine umfassende Sachprüfung nicht stattfindet (BVerwG NVwZ-RR 2013, 431). Die Vorschrift enthält keine Regelungen zur Frist, zum Verwaltungsverfahren und zum vorläufigen Rechtsschutz. Diese sind in §§ 36 und 37 enthalten (→ Rn. 8).

1.1   Die Vorgängervorschrift nannte in der Überschrift noch die „Unbeachlichkeit des Asylantrags". Durch das Integrationsgesetz (v. 31.7.2016, BGBl. I 1939) wurde das Wort „Unbeachtlichkeit" in „Unzulässigkeit" geändert und die Nr. 2 und Nr. 4 in den Text von § 29 eingefügt, weil Asylanträge nur noch als unzulässig oder (offensichtlich) unbegründet abgelehnt werden können (NK-AuslR/Müller Rn. 1).

B. Unzulässigkeit des Asylantrags

I. § 29 Abs. 1 Nr. 2

2   § 29 Abs. 1 Nr. 2 betrifft Ausländer, die in einem anderen EU-Mitgliedsstaat internationalen Schutz gem. § 1 Abs. 1 Nr. 2 erhalten haben und in denen eine Überstellung nach den Dublin-Regeln mangels Asylverfahren nicht möglich ist. Gemeint sind sowohl die Fälle, in denen dem Ausländer der Flüchtlingsstatus zuerkannt wurde, als auch Fälle des subsidiären Schutzes. Die bloße Gewährung eines humanitären Aufenthaltsrechts reicht nicht aus (Hailbronner AuslR, Stand: 12/2016, Rn. 3).

II. § 29 Abs. 1 Nr. 4

3   § 29 Abs. 1 Nr. 4 bezieht sich auf die Fälle, in denen ein Ausländer in einem sonstigen Drittstaat vor Verfolgung sicher war und der Staat, der kein EU-Mitgliedsstaat ist, zur Aufnahme des Ausländers bereit ist. Die Vorschrift verweist auf § 27 (anderweitige Verfolgungssicherheit). Die Verfolgungssicherheit wird vermutet nach einem Aufenthalt von mehr als drei Monaten im sonstigen Drittstaat (§ 27 Abs. 3) oder bei Besitz eines Reiseausweises für Flüchtlinge (§ 27 Abs. 2).

4   Das Fortbestehen der Verfolgungssicherheit ist nach dem Wortlaut („vor Verfolgung sicher war") des § 27 Abs. 1 nicht Voraussetzung für den Erlass einer Abschiebungsandrohung, sofern der sonstige Drittstaat noch bereit ist, den Ausländer aufzunehmen (vgl. hierzu BeckOK AuslR/Pietsch Rn. 7; Bergmann/Dienelt/Bergmann Rn. 4).

C. Abschiebungsandrohung

5   In der Abschiebungsandrohung ist der Staat, in den abgeschoben werden soll, konkret zu bezeichnen. Der sichere Erstaufnahmestaat (§ 29 Abs. 1 Nr. 2) oder der weitere Aufnahmestaat (§ 29 Abs. 1 Nr. 4) ergeben sich schon aus den Feststellungen zu § 29, sind aber in der Abschiebungsanordnung nochmals aufzuführen. Die Nennung mehrerer sonstiger Drittstaaten ist zulässig, wenn alle die Voraussetzungen des § 29 Abs. 1 Nr. 2 und Nr. 4 erfüllen (Bergmann/Dienelt/Bergmann Rn. 5 aA NK-AuslR/Müller Rn. 7 unter Verweis auf VG Ansbach Urt. v. 5.4.1999 – AN 12 K 94.49667; diff. Hailbronner AuslR Rn. 11). Im Übrigen ist auch der Staat zu bezeichnen, in den nicht abgeschoben werden darf (§ 34 Abs. 1 S. 1 iVm § 59 Abs. 3 S. 2 AufenthG).

5.1   Das VG Ansbach begründet in nachvollziehbarer Weise, dass die Kumulation gegen das Bestimmtheitsgebot des § 37 Abs. 1 VwVfG verstoße und der Ausländer gar nicht wisse, in welches Land er abgeschoben werden soll. Hailbronner unterscheidet nach Nr. 2 (Kumulation unzulässig) und Nr. 4 (Kumulation zulässig).

6   Bei Entscheidungen über unzulässige Anträge hat das BAMF zwingend über Abschiebungsverbote nach § 60 Abs. 5 und Abs. 7 zu entscheiden (§ 31 Abs. 3 S. 1). Dies bezieht sich nur auf den Zielstaat, nicht auf den Herkunftsstaat des Ausländers (Hailbronner AuslR Rn. 10).

D. Verwaltungsverfahren und Rechtsschutz

7   Eine Anhörung ist wie in § 34 nicht vorgesehen. Sie kann aber ausnahmsweise erforderlich werden, wenn die Verhältnisse im anderen Staat nicht ermittelt werden konnten oder sich verändert haben (Bergmann/Dienelt/Bergmann Rn. 6). Im Übrigen gilt § 36 (→ § 36 Rn. 8 ff.).

8   Gegen die Abschiebungsandrohung ist die Anfechtungsklage statthafte Klageart. Mit ihr kann der Asylbewerber die Feststellung der Unzulässigkeit des Asylantrags, die angedrohte Abschiebung insgesamt oder aber die Abschiebung in ein bestimmtes Land angreifen. Daneben ist zwingend ein Eilantrag nach § 80 Abs. 5 VwGO zu stellen.

Die Frist für Antrag und Klage beträgt eine Woche (§ 36 Abs. 3 S. 1, § 74 Abs. 1 Hs. 2). **9**
Sonderregelungen hinsichtlich des Verfahrens sind in § 36 Abs. 3 und Abs. 4 enthalten (→ § 36
Rn. 13 ff.). Eine Abschiebung bei rechtzeitiger Antragstellung ist vor der gerichtlichen Entscheidung nicht zulässig (§ 36 Abs. 3 S. 8). Entspricht das Verwaltungsgericht dem Eilantrag, so wird
die Entscheidung über die Unzulässigkeit des Asylantrags und der Abschiebungsandrohung
unwirksam. Das Bundesamt hat das Asylverfahren fortzuführen (§ 37 Abs. 1 S. 2; → § 37 Rn. 2).
Das Eilverfahren hat wegen dieser Rechtsfolgen schon rein praktisch Vorrang und die Hauptsache
erledigt sich. Aus demselben Grunde ist eine Verpflichtungsklage auf Fortführen des Asylverfahrens
unzulässig, da das Rechtsschutzinteresse fehlt (Hailbronner AuslR Rn. 13; GK-AsylG/Funke-
Kaiser Rn. 23).

§ 36 Verfahren bei Unzulässigkeit nach § 29 Absatz 1 Nummer 2 und 4 und bei offensichtlicher Unbegründetheit

(1) In den Fällen der Unzulässigkeit nach § 29 Absatz 1 Nummer 2 und 4 und der
offensichtlichen Unbegründetheit des Asylantrages beträgt die dem Ausländer zu setzende Ausreisefrist eine Woche.

(2) ¹Das Bundesamt übermittelt mit der Zustellung der Entscheidung den Beteiligten
eine Kopie des Inhalts der Asylakte. ²Der Verwaltungsvorgang ist mit dem Nachweis
der Zustellung unverzüglich dem zuständigen Verwaltungsgericht zu übermitteln.

(3) ¹Anträge nach § 80 Abs. 5 der Verwaltungsgerichtsordnung gegen die Abschiebungsandrohung sind innerhalb einer Woche nach Bekanntgabe zu stellen; dem Antrag
soll der Bescheid des Bundesamtes beigefügt werden. ²Der Ausländer ist hierauf hinzuweisen. ³§ 58 der Verwaltungsgerichtsordnung ist entsprechend anzuwenden. ⁴Die Entscheidung soll im schriftlichen Verfahren ergehen; eine mündliche Verhandlung, in der
zugleich über die Klage verhandelt wird, ist unzulässig. ⁵Die Entscheidung soll innerhalb
von einer Woche nach Ablauf der Frist des Absatzes 1 ergehen. ⁶Die Kammer des Ver-
waltungsgerichtes kann die Frist nach Satz 5 um jeweils eine weitere Woche verlängern.
⁷Die zweite Verlängerung und weitere Verlängerungen sind nur bei Vorliegen schwerwiegender Gründe zulässig, insbesondere wenn eine außergewöhnliche Belastung des
Gerichts eine frühere Entscheidung nicht möglich macht. ⁸Die Abschiebung ist bei
rechtzeitiger Antragstellung vor der gerichtlichen Entscheidung nicht zulässig. ⁹Die
Entscheidung ist ergangen, wenn die vollständig unterschriebene Entscheidungsformel
der Geschäftsstelle der Kammer vorliegt. ¹⁰Anträge auf Gewährung vorläufigen Rechtsschutzes gegen die Befristung des Einreise- und Aufenthaltsverbots durch das Bundesamt nach § 11 Absatz 2 des Aufenthaltsgesetzes und die Anordnung und Befristung
nach § 11 Absatz 7 des Aufenthaltsgesetzes sind ebenso innerhalb einer Woche nach
Bekanntgabe zu stellen. ¹¹Die Vollziehbarkeit der Abschiebungsandrohung bleibt hiervon unberührt.

(4) ¹Die Aussetzung der Abschiebung darf nur angeordnet werden, wenn ernstliche
Zweifel an der Rechtmäßigkeit des angegriffenen Verwaltungsaktes bestehen. ²Tatsa-
chen und Beweismittel, die von den Beteiligten nicht angegeben worden sind, bleiben
unberücksichtigt, es sei denn, sie sind gerichtsbekannt oder offenkundig. ³Ein Vorbringen, das nach § 25 Abs. 3 im Verwaltungsverfahren unberücksichtigt geblieben ist, sowie
Tatsachen und Umstände im Sinne des § 25 Abs. 2, die der Ausländer im Verwaltungsverfahren nicht angegeben hat, kann das Gericht unberücksichtigt lassen, wenn andernfalls
die Entscheidung verzögert würde.

Überblick

Die Vorschrift enthält eine Reihe von Sonderregeln, die das materielle, das Verwaltungsverfah-
rens-, das Verwaltungsvollstreckungs- und Verwaltungsprozessrecht im Falle der Unzulässigkeit
eines Asylantrags nach § 29 Abs. 1 Nr. 2 und Nr. 4 sowie der offensichtlichen Unbegründetheit
betreffen. In Abs. 1 ist eine besonders kurze Ausreisefrist festgelegt (→ Rn. 4 ff.). In Abs. 2 und
Abs. 3 S. 2 sind besondere Verfahrens- und Hinweispflichten für das BAMF genannt, wenn eine
Abschiebungsandrohung nach §§ 34, 35 oder 36 Abs. 1 ergeht (→ Rn. 8). Hiergegen sieht Abs. 3
S. 1 die Möglichkeit vor, ein Eilverfahren nach § 80 Abs. 5 VwGO durchzuführen (→ Rn. 9).
Hierbei sind die besonderen verwaltungsprozessualen Regeln nach Abs. 3 S. 3–9 zu beachten (→

Rn. 13 ff.). In Abs. 3 S. 10 ist die besondere Antragsfrist für ein vorläufiges Rechtsschutzverfahren gegen die Anordnung und Befristung eines Einreise- und Aufenthaltsverbotes benannt, die das BAMF nach § 11 Abs. 2 und Abs. 7 AufenthG auszusprechen hat (→ Rn. 16). In Abs. 3 S. 11 sind die Folgen des Antrags hinsichtlich der Vollziehbarkeit der Abschiebungsandrohung geregelt (→ Rn. 17). In Abs. 4 sind der Prüfungsumfang des Gerichts, die Entscheidungsgrundlagen sowie eine eingeschränkte Präklusion normiert (→ Rn. 18 ff.).

Übersicht

A. Allgemeines

1   Die Regelung erfasst die Fälle der Unzulässigkeit (§ 29 Abs. 1 Nr. 2 und Nr. 4) und der offensichtlichen Unbegründetheit (§§ 29a, 30) eines Asylantrags und enthält Sonderregeln bezüglich des einzuleitenden Eilverfahrens nach § 80 Abs. 5 VwGO. Sie gilt analog für Folge- und Zweitanträge nach §§ 71 Abs. 4, 71a Abs. 4 (Bergmann/Dienelt/Bergmann Rn. 2).

2   Sie hat ihre verfassungsrechtliche Grundlage in Art. 16a Abs. 4 GG, dessen Vorgaben im Sinne des Beschleunigungsgebotes im einstweiligen Rechtsschutzverfahren durch Einführung des Prüfungsmaßstabes der „ernstlichen Zweifel an der Rechtmäßigkeit der Maßnahme" (§ 36 Abs. 4 S. 1) und die Präklusion (§ 36 Abs. 4 S. 2) umgesetzt werden. Dies führt zu einer erheblichen Verschlechterung der Rechtsschutzmöglichkeiten des Asylbewerbers gegenüber dem regulären Verfahren nach § 38 und § 80 Abs. 5 VwGO. Das BVerfG hat zu Art. 16a Abs. 4 GG und den auf ihm beruhenden Regelungen des § 18a Abs. 5 und § 36 Abs. 4 S. 1 und S. 2 im einstweiligen Rechtsschutzverfahren festgestellt, dass diese verfassungskonform sind (BVerfGE 94, 166 = BeckRS 9998, 170716).

3   Ein Eilrechtsschutzantrag ist für die genannten Fallgruppen notwendig, da die Klage keine aufschiebende Wirkung hat (§ 75).

B. Ausreisefrist (§ 36 Abs. 1)

4   § 36 Abs. 1 schreibt eine verkürzte Ausreisefrist von einer Woche für die nach § 34 (offensichtlich unbegründet) und § 35 (unzulässig § 29 Abs. 1 Nr. 2, Nr. 4) zwingend zu erlassende Abschiebungsandrohung vor. Die Wochenfrist korrespondiert mit den ebenfalls einwöchigen Fristen für die Rechtsmitteleinlegung (Abs. 3 S. 1, § 74 Abs. 1 Hs. 2) und die Entscheidung des Gerichts (Abs. 3 S. 5) und ist Teil des gesetzgeberischen Konzepts der Beschleunigung des Asylverfahrens (Hailbronner AuslR Rn. 11).

5   Die Frist ist zwingend und vom BAMF nicht verlängerbar. Individuelle Besonderheiten können aber von der Ausländerbehörde iRd §§ 34 Abs. 1 S. 3, 43 Abs. 3 oder 60a Abs. 2 AufenthG berücksichtigt werden (NK-AuslR/Müller Rn. 9). Die Frist beginnt mit der Zustellung des Bescheides (GK-AsylG/Funke-Kaiser Rn. 13).

6   Wird dem Antrag auf Anordnung der aufschiebenden Wirkung im Falle der Unzulässigkeit nach § 29 Abs. 1 Nr. 2 oder Nr. 4 stattgegeben, wird die auf Grundlage des § 35 erlassene Abschiebungsandrohung kraft Gesetzes unwirksam. Damit wird die Ausreisefrist gegenstandslos und das BAMF hat das Verfahren als „normales" Asylverfahren von Amts wegen fortzuführen (§ 37 Abs. 1). Bei einem als offensichtlich unbegründet abgelehnten Antrag bleibt die Abschiebungsandrohung dagegen wirksam. Sie wird aber auf 30 Tage nach dem unanfechtbaren Abschluss des Asylverfahrens verlängert (§ 37 Abs. 2).

Mit rechtzeitiger Antragstellung gem. § 80 Abs. 5 VwGO wird die Ausreisepflicht unterbrochen **7** (§ 34 Abs. 1 S. 3 iVm § 59 Abs. 1 S. 6 AufenthG) und beginnt mit der Vollziehbarkeit der Abschiebungsandrohung neu zu laufen (NK-AuslR/Müller Rn. 10; aA Hailbronner AuslR, Stand: 12/2016, Rn. 12). Eine Abschiebung ist bei rechtzeitiger Antragstellung vor Entscheidung des Gerichts nicht zulässig (§ 36 Abs. 3 S. 8). Ist der Antrag nach § 80 Abs. 5 erfolglos, kann die Abschiebung unmittelbar erfolgen, ohne dass es einer erneuten Fristsetzung bedarf (Hailbronner AuslR Rn. 12).

C. Verwaltungsverfahren (§ 36 Abs. 2)

Unter der Prämisse, einer Verfahrensverzögerung durch Akteneinsicht oder Aktenübersendung **8** zu entgegenzuwirken (BT-Drs. 12/4450, 24), steht die Verpflichtung des BAMF, eine Kopie der Akte **den Beteiligten und dem Verwaltungsgericht** zu übermitteln. Dies muss gleichzeitig mit der Zustellung des Bescheids erfolgen. Die Pflicht zur Übersendung an das Verwaltungsgericht besteht unabhängig von der Einlegung eines Rechtsbehelfs (Hailbronner AuslR Rn. 22). Die Akten müssen vollständig vorgelegt werden, Auszüge genügen nicht. Fehlen noch Teile oder Zustellnachweise, sind diese nachzureichen. Die nicht ordnungsgemäße Vorlage bleibt allerdings ohne rechtliche Folgen und steht dem Beginn der Wochenfrist des § 36 Abs. 3 S. 5 nicht entgegen (Bergmann/Dienelt/Bergmann Rn. 27).

D. Vorläufiger Rechtsschutz (§ 36 Abs. 3)

I. Antragsfrist (§ 36 Abs. 3 S. 1)

Die Frist für den Eilantrag beträgt ebenso wie die Klagefrist (§ 74 Abs. 1 Hs. 2) eine Woche. **9** Es handelt sich um eine strikte Wochenfrist, die der Ausreisefrist nach Abs. 1 entspricht. Die Frist wird nur durch Einreichung beim Verwaltungsgericht gewahrt (anders als im Rahmen der früheren Rechtslage, wo Einlegung auch bei der Ausländerbehörde möglich war, § 10 Abs. 3 S. 4 AsylVfG 1982, dazu Bergmann/Dienelt/Bergmann Rn. 7). Die Frist beginnt mit der Zustellung des Bescheides, wobei § 8 VwZG zu beachten ist, nach dem die Zustellung zu dem Zeitpunkt als bewirkt anzusehen ist, zu dem der Empfänger das Dokument nachweislich erhalten hat (NK-AuslR/Müller Rn. 15 mit praktischen Hinweisen zu Zustellungen in Gemeinschaftsunterkünften).

Eine Begründungspflicht des Eilantrages sieht das Gesetz zwar nicht vor. Aufgrund des **10** Beschleunigungsgebotes, insbesondere des Gleichlaufs von Antrags- und Klagefrist und der Verpflichtung des Gerichts, innerhalb einer weiteren Woche zu entscheiden, sollte der Eilantrag praktisch sofort oder sehr rasch begründet werden, wenn er Erfolg haben soll (Bergmann/Dienelt/ Bergmann Rn. 8, Hailbronner AuslR Rn. 30).

Die Verfassungsmäßigkeit sowie die völker- und europarechtliche Konformität der einwöchigen Frist ist **10.1** in der Literatur sehr umstritten. Die Wochenfrist überfordere insbesondere den nicht anwaltlich vertretenen Ausländer in der Regel auch bei einer Belehrung in der Muttersprache und aufgrund des Umstands, dass er sich ohne Genehmigung der Ausländerbehörde nicht zu einer Rechtsberatung oder zu einem Rechtsanwalt in einem anderen als den ihm zugewiesenen Bezirk begeben darf. Dies sei mit dem Grundsatz des effektiven Rechtsschutzes nicht vereinbar. Auch begegne dies im Hinblick auf Art. 39 Asylverfahrens-RL 2005 (RL 2005/85/EG v. 1.12.2005, ABl. 2005 L 326, 13) und Art. 46 Asylverfahrens-RL (RL 2013/ 32/EU v. 26.6.2013, ABl. 2013 L 180, 60), die dem Asylsuchenden ein Recht auf einen wirksamen Rechtsbehelf gewähren, erheblichen Bedenken, insbesondere hinsichtlich Art. 48 Abs. 4 Asylverfahrens-RL, der bestimmt, dass Fristen die Wahrnehmung dieses Rechts nicht unmöglich machen oder übermäßig erschweren dürften. Es werden daher verschiedene Lösungsmöglichkeiten zur faktischen Verlängerung der Frist angeboten, die vom vorläufigen Abschiebungsverbot bis zum Eingang der Akten beim Verwaltungsgericht über leichtere Wiedereinsetzungsmöglichkeiten nach § 60 VwGO bis zur Erteilung einer Duldung durch die Ausländerbehörde, wenn die Einhaltung der Wochenfrist im Streit steht, reichen (ausf. Bergmann/Dienelt/Bergmann Rn. 9–19; Hailbronner AuslR Rn. 27–35 mwN).

Die Art des Rechtsbehelfs richtet sich danach, ob der Asylantrag als unzulässig oder offensicht- **11** lich unbegründet abgelehnt wurde. In Fällen der Unzulässigkeit muss der Asylsuchende binnen Wochenfrist in der Hauptsache Anfechtungsklage erheben und den Antrag nach § 80 Abs. 5 VwGO stellen. Im Hinblick auf die Regelung des § 37 Abs. 1, dass bei positiver Entscheidung die Abschiebungsandrohung unwirksam und das Asylverfahren fortgeführt wird, sind weitere Rechtsbehelfe nicht erforderlich. Bei Ablehnung des Asylantrages als offensichtlich unbegründet hat der Asylsuchende Anfechtungsklage gegen die Abschiebungsandrohung und zur Abwendung der Bestandskraft der Ablehnung des Asylantrages Verpflichtungsklage auf Anerkennung internationalen Schutzes zu erheben. Daneben ist zur Sicherung des vorläufigen Bleiberechts der Antrag nach § 80 Abs. 5 VwGO iVm § 36 Abs. 3 S. 1 zu stellen.

II. Belehrungspflicht (§ 36 Abs. 3 S. 2)

12   S. 2 legt dem BAMF abweichend vom allgemeinen Prozessrecht eine besondere Hinweispflicht auf die kurze Rechtsbehelfsfrist des Abs. 3 S. 1 auf. In der Praxis geschieht das in schriftlicher Form durch die dem Bescheid angehängte Rechtsmittelbelehrung, die aufgrund von § 58 VwGO für die Klagefrist ohnehin erforderlich ist (Hailbronner AuslR Rn. 23). Bei fehlerhafter oder unterbliebenem Hinweis gilt anstelle der Wochenfrist die Jahresfrist des § 58 Abs. 2 S. 1 VwGO (§ 36 Abs. 3 S. 3).

III. Gerichtliches Verfahren und Entscheidungsfrist (§ 36 Abs. 3 S. 4–7)

13   Die Entscheidung soll im schriftlichen Verfahren ergehen und erfolgt in der Regel durch den Einzelrichter. Dies stellt bereits nach allgemeinem Verwaltungsprozessrecht den Regelfall dar (§§ 5 Abs. 3, 101 Abs. 3 VwGO) und entspricht üblicher Praxis. Ausnahmen sind dann geboten, wenn anders als nach mündlicher Verhandlung nicht entschieden werden kann, zB ohne vorherige Vernehmung des Asylsuchenden (Bergmann/Dienelt/Bergmann Rn. 28). Findet eine mündliche Verhandlung statt, so darf das Gericht von Gesetzes wegen jedoch nicht gleichzeitig zur Hauptsache verhandeln und entscheiden (S. 4).

14   Nach der gesetzlichen Regelung ist vorgesehen, dass das Verwaltungsgericht innerhalb einer Woche nach Ablauf der Antragsfrist seine Entscheidung trifft (§ 36 Abs. 3 S. 5). Diese Frist wird in der Praxis jedoch kaum eingehalten, zumal das Gericht durch Kammerbeschluss die Frist mehrmals verlängern kann (§ 36 Abs. 3 S. 6 und S. 7). Ist die erste Fristverlängerung an keinerlei Voraussetzungen geknüpft, so müssen weitere Verlängerungen auf „schwerwiegende Gründe" zurückzuführen sein. Das Gesetz nennt selbst die außergewöhnliche Belastung des Gerichts (S. 7) als Beispiel, was angesichts der aktuell anhängigen Asylverfahren regelmäßig der Grund für die Nichteinhaltung der Entscheidungsfrist sein dürfte. Denkbar sind aber auch andere Fälle, zB dass die Akten dem Gericht nicht vorliegen oder weitere Sachaufklärung notwendig wird (Hailbronner AuslR Rn. 49).

14.1   Teilweise wird in der kurzen Entscheidungsfrist ein verfassungswidriger Eingriff in die richterliche Unabhängigkeit nach Art. 97 Abs. 1 GG gesehen. Zumindest hält man die Vorschrift auch innerhalb der Richterschaft für sinnwidrig, so dass sie in der Praxis kaum zur Anwendung kommt bzw. großzügig gehandhabt wird (dazu einschlägig GK-AsylG/Funke-Kaiser Rn. 111–115 mwN).

IV. Wirksamkeit der Entscheidung (§ 36 Abs. 3 S. 9)

15   Die Entscheidung ist bereits mit Übergabe des vollständig unterzeichneten Tenors an die Geschäftsstelle ergangen, nicht erst mit Zustellung des Beschlusses an die Beteiligten. Dies stellt eine erhebliche Abweichung vom allgemeinen Prozessrecht dar, das die Bindungswirkung von der Bekanntgabe/Zustellung an die Beteiligten abhängig macht (Hailbronner AuslR Rn. 50) und soll dem Beschleunigungsgebot dienen. Die Entscheidung ist nicht zuzustellen, da sie wegen Unanfechtbarkeit (§ 80) keine Rechtsmittelfrist in Gang setzt (§ 56 VwGO). Eine Verfassungsbeschwerde bleibt zwar möglich. Diese stellt jedoch kein ordentliches Rechtsmittel dar (Bergmann/Dienelt/Bergmann Rn. 34). Erforderlich ist allerdings eine formlose Bekanntgabe der Entscheidungsformel an die Beteiligten mittels Telefon, Fax oder Brief, damit sie Außenwirkung entfaltet. Eine Abschiebung ist erst danach möglich (GK-AsylG/Funke-Kaiser Rn. 117).

V. Rechtsschutz bezüglich der Befristung eines Einreise- und Aufenthaltsverbots (§ 36 Abs. 3 S. 10 und S. 11)

16   S. 10 und S. 11 wurden durch das Asylverfahrensbeschleunigungsgesetz (v. 20.10.2015, BGBl. I 1722) eingefügt. S. 10 dient der Harmonisierung der Regeln über den vorläufigen Rechtsschutz gegen die Abschiebungsandrohung einerseits und die Befristung des Einreise- und Aufenthaltsverbotes andererseits, nachdem das BAMF auch für die Befristungsentscheidung zuständig ist (§ 75 Nr. 12 AufenthG iVm § 11 Abs. 2 S. 3, S. 4 und Abs. 7 AufenthG). Es handelt sich um zwei rechtlich getrennte Verwaltungsakte, die aber Bestandteile einer aufenthaltsrechtlichen Gesamtmaßnahme sind und isoliert angefochten werden können. Die Harmonisierung erfolgt durch die Beschränkung der Rechtsmittelfrist für den Antrag nach § 80 Abs. 5 VwGO gegen das

Einreise- und Aufenthaltsverbot auf eine Woche nach Bekanntgabe und entspricht damit der Frist, die auch für den Eilantrag gegen die Abschiebungsandrohung nach § 36 Abs. 3 gilt (vgl. für die Abschiebungsanordnung → § 34a Rn. 23).

Gemäß S. 11 bleibt die Vollziehbarkeit der Abschiebungsanordnung von dem Eilverfahren über **17** die Befristungsentscheidung unberührt, dh eine Abschiebung kann auch während des anhängigen Eilverfahrens über die Befristungsentscheidung erfolgen (NK-AuslR/Müller § 34 Rn. 50).

E. Umfang der gerichtlichen Überprüfung

I. Gerichtlicher Prüfungsmaßstab (§ 36 Abs. 4 S. 1)

Gemäß Abs. 4 S. 1 darf die Aussetzung der Abschiebung aufgrund der verfassungsrechtlichen **18** Vorgaben in Art. 16 a Abs. 4 S. 1 GG nur angeordnet werden, wenn **ernstliche Zweifel** an der Rechtsmäßigkeit des angegriffenen Verwaltungsakts bestehen. Dies schränkt die sonst übliche verwaltungsgerichtliche Kontrolle in Verfahren nach § 80 Abs. 5 VwGO nicht unwesentlich ein (Bergmann/Dienelt/Bergmann Rn. 21). Ernstliche Zweifel sind dann anzunehmen, wenn erhebliche Gründe dafür sprechen, dass die Maßnahme einer rechtlichen Überprüfung nicht standhält (BVerfGE 94, 166 (194) = NVwZ 1996, 678 (680)). Ein geringes Maß an Zweifeln reicht nicht aus, wobei die Abgrenzung teilweise nicht einfach ist (Hailbronner AuslR Rn. 71 ff. mit vielen Beispielen). Der Prüfungsmaßstab der ernstlichen Zweifel bezieht sich auf alle wesentlichen Elemente der Abschiebungsandrohung, dh alle wesentlichen Elemente, die den Verwaltungsakt betreffen (Bergmann/Dienelt/Bergmann Rn. 22). Der Inhalt der Entscheidung des BAMF ist damit mittelbar Gegenstand der verwaltungsgerichtlichen Kontrolle (BeckOK AuslR/Pietzsch Rn. 38)

Bei § 34 Abs. 1 sind dies die dort genannten Voraussetzungen, zB die fehlende Zuerkennung **19** internationalen Schutzes oder der Nichtbesitz einer Aufenthaltserlaubnis. Bei § 35 Abs. 1 müssen die Voraussetzungen des § 29 Abs. 1 Nr. 2 oder Nr. 4 offensichtlich sein, dh anderweitiger Schutz oder Rückführbarkeit. Im Falle des § 30 Abs. 1 und Abs. 2 ist die Offensichtlichkeit der dort genannten Voraussetzungen (Asylberechtigung / Nichtzuerkennung des internationalen Schutzes bzw. Aufenthalt nur aus wirtschaftlichen Gründen) zu überprüfen. Die Offensichtlichkeit ist hier Tatbestandsmerkmal, so dass ernstliche Zweifel hieran zur Aussetzung der Abschiebung führen (Hailbronner AuslR Rn. 78).

Ist Anknüpfungspunkt für die Abschiebungsandrohung dagegen nicht die Offensichtlichkeit **20** (zB § 29a oder § 30 Abs. 3 und Abs. 4), so müssen die Voraussetzungen des Tatbestandes selbst ernstlich zweifelhaft sein, zB in § 30 Abs. 3 das Vorliegen der dort aufgelisteten Mitwirkungspflichten des Asylbewerbers (zB VG Regensburg BeckRS 2013, 56132; vgl. auch BeckOK AuslR/Pietzsch Rn. 40).

Ernstliche Zweifel können sich darüber hinaus aus Verfahrensfehlern ergeben, sofern nicht **21** auszuschließen ist, dass sich diese auf die Entscheidung ausgewirkt haben (NK-AuslR/Müller Rn. 38 mit vielen Beispielen).

Auch Abschiebungsverbote nach § 60 Abs. 5 und Abs. 7 AufenthG sind durch das Verwaltungs- **22** gericht hinsichtlich der Frage überprüfbar, ob das BAMF diese zu Recht verneint hat oder die Abschiebung ungeachtet der Voraussetzungen des § 60 Abs. 7 S. 1 AufenthG ausnahmsweise zulässig ist (VG München BeckRS 2014, 45184; VG Ansbach BeckRS 2013, 49152; Hailbronner AuslR Rn. 80; aA Bergmann/Dienelt/Bergmann Rn. 21; hierzu BeckOK AuslR/Pietzsch Rn. 42.1).

II. Entscheidungsgrundlage (§ 36 Abs. 4 S. 2)

§ 36 Abs. 4 S. 2 findet seine die Ermächtigungsgrundlage in Art. 16a Abs. 4 S. 1 Hs. 2 GG. **23** Die Vorschrift schränkt den Amtsermittlungsgrundsatz dahingehend ein, dass das Gericht seiner Entscheidung ausschließlich das Beteiligtenvorbringen sowie gerichtsbekannte und offenkundige Tatsachen zugrunde legen darf.

Dies bürdet dem Antragsteller eine erhöhte Darlegungslast im Eilverfahren auf. Ziel seines **24** Vortrages muss es sein, Ungereimtheiten und Widersprüche aufzuklären, um dem Gericht eine Überprüfung im Hauptverfahren zu ermöglichen, die ggf. zu einer Aussetzung der Abschiebung im Eilverfahren führen kann (vgl. BeckOK AuslR/Pietzsch Rn. 31). Gerichtsbekannt sind Tatsachen, die mindestens einem Richter der Kammer im Zusammenhang mit seiner amtlichen Tätigkeit zuverlässig zur Kenntnis gelangt sind (BVerwGE NVwZ 1990, 571 = InfAuslR 1989, 351). Dies ist in der Regel die Asyldokumentation des Verwaltungsgerichts, die das aktuelle Basis- und

Hintergrundwissen wiedergeben soll (NK-AuslR/Müller Rn. 30). Offenkundig oder „allgemein-kundig" sind Tatsachen, von denen verständige und erfahrene Menschen regelmäßig ohne weiteres Kenntnis haben oder die man sich aus allgemein zugänglichen Quellen (Medien) unschwer ver-schaffen kann (BVerwG NVwZ 1983, 99 = InfAuslR 1982, 249).

25　Dem Gericht steht kein Ermessen zu und der Ausschluss anderer Tatsachen ist zwingend. Damit ist jedoch eine Beweisaufnahme über die vom Antragsteller vorgebrachten Tatsachen nicht ausgeschlossen (Bergmann/Dienelt/Bergmann Rn. 24).

III. Präklusion

26　§ 36 Abs. 4 S. 3, der ebenfalls auf der Ermächtigung des Art. 16a Abs. 4 S. 1 Hs. 2 GG beruht, eröffnet dem Gericht Ermessen, ob es Vortrag, der im Verwaltungsverfahren gem. § 25 Abs. 3 unberücksichtigt geblieben ist oder gem. § 25 Abs. 2 nicht vorgetragen wurde, außer Acht lässt. Voraussetzung hierfür ist eine nach § 25 Abs. 3 S. 2 ordnungsgemäße Belehrung (hierzu im Einzelnen BeckOK AuslR/Pietzsch Rn. 26). Außerdem ist eine Zurückweisung verspäteten Vor-bringens nur zulässig, wenn dies zu einer Verzögerung des gerichtlichen Verfahrens führen würde (s. GK-AsylG/Funke-Kaiser Rn. 62).

§ 37 Weiteres Verfahren bei stattgebender gerichtlicher Entscheidung

(1) ¹Die Entscheidung des Bundesamtes über die Unzulässigkeit nach § 29 Absatz 1 Nummer 2 und 4 des Antrags und die Abschiebungsandrohung werden unwirksam, wenn das Verwaltungsgericht dem Antrag nach § 80 Abs. 5 der Verwaltungsgerichts-nung entspricht. ²Das Bundesamt hat das Asylverfahren fortzuführen.

(2) Entspricht das Verwaltungsgericht im Falle eines als offensichtlich unbegründet abgelehnten Asylantrages dem Antrag nach § 80 Abs. 5 der Verwaltungsgerichtsordnung, endet die Ausreisefrist 30 Tage nach dem unanfechtbaren Abschluss des Asylverfahrens.

(3) Die Absätze 1 und 2 gelten nicht, wenn auf Grund der Entscheidung des Verwal-tungsgerichts die Abschiebung in einen der in der Abschiebungsandrohung bezeichne-ten Staaten vollziehbar wird.

Überblick

In der Vorschrift werden die asylverfahrensrechtlichen Folgen eines Beschlusses im vorläufigen Rechtsschutzverfahren geregelt, mit dem das Verwaltungsgericht die aufschiebende Wirkung einer in der Hauptsache erhobenen Klage gegen die Ablehnung eines Asylantrages nach § 29 Abs. 1 Nr. 2 oder Nr. 4 als unzulässig oder deren Ablehnung als offensichtlich unbegründet sowie die nach § 34 iVm §§ 35, 36 in diesem Zusammenhang erlassene Abschiebeandrohung angeordnet hat. Abs. 1 behandelt die Rechtsfolgen bei Stattgabe des Eilantrages im Falle der Unzulässigkeit nach § 29 Abs. 1 Nr. 2 oder Nr. 4 (→ Rn. 2), während sich Abs. 2 auf die Rechtsfolgen eines erfolgreichen Antrags gegen die Abschiebungsandrohung bei einer Ablehnung des Asylantrages als offensichtlich unbegründet bezieht (→ Rn. 3). In Abs. 3 ist eine Ausnahme von den Abs. 1 und Abs. 2 bestimmten Folgen stattgebender Eilbeschlüsse normiert, wenn die Abschiebungsandrohung mehrere Zielstaaten benennt (→ Rn. 10).

A. Allgemeines

1　Die Vorschrift regelt die Rechtsfolgen eines stattgebenden verwaltungsgerichtlichen Beschlusses in einem Eilverfahren nach § 80 Abs. 5 VwGO im Falle eines unzulässigen Asylantrages nach § 29 Abs. 1 (§ 37 Abs. 1) oder eines offensichtlich unbegründeten Asylantrages (§ 30). Sie steht in engem Zusammenhang mit § 35 (→ § 35 Rn. 1) und § 36.

2　Ihre Besonderheit besteht darin, dass durch die Entscheidung im verwaltungsgerichtlichen Eilverfahren, die sich im Allgemeinen nur auf die Vollziehbarkeit eines Verwaltungsaktes bezieht, jedoch diesen nicht aufhebt oder ändert (vgl. BVerwG BeckRS 1995, 31243872), sondern durch die Aussetzung der Vollziehung der Abschiebungsandrohung die Abschiebungsandrohung selbst modifiziert, indem sie unwirksam wird (Hailbronner AuslR Rn. 1). Die Hauptsache ist damit erledigt. Das Asylverfahren wird weitergeführt (Abs. 1), nachdem das Verwaltungsgericht das in §§ 35 und 36 vorgesehene beschleunigte Verfahren für nicht anwendbar erklärt hat.

Nach Abs. 2 (Ablehnung Asylantrag als offensichtlich unbegründet) führt die Aussetzung zwar 3
nicht zur Unwirksamkeit des Bescheides, sondern nur zum Ausschluss des beschleunigten Verfahrens. Statt der Ausreisefrist des § 36 Abs. 1 von einer Woche (→ § 36 Rn. 4) gilt nunmehr die
reguläre Ausreisefrist von 30 Tagen nach § 38 Abs. 1 (→ § 38 Rn. 2).

B. Erläuterungen im Einzelnen

I. Unzulässige Asylanträge (§ 37 Abs. 1)

Der uneingeschränkt (anders Abs. 3) dem Antrag nach § 80 Abs. 5 VwGO stattgebende 4
Beschluss bewirkt, dass sowohl die Entscheidung des BAMF über die Unzulässigkeit des Antrags
nach § 29 als auch die nach § 35 erlassene Abschiebungsandrohung kraft Gesetzes unwirksam
werden. Der Streitgegenstand der Hauptsache erledigt sich. Das Ziel der Beschleunigung des
Verfahrens ohne Prüfung der vom Asylbewerber eigentlich vorgebrachten Asylgründe ist nicht
mehr erreichbar. Das Bundesamt ist von Amts wegen verpflichtet, das Asylverfahren fortzuführen
(BVerwG BeckRS 2019, 11011 Rn. 10 ff. = NVwZ 2019, 794).

Es ist unbeachtlich, welche Gründe zur uneingeschränkten Stattgabe im Eilverfahren geführt 5
haben (BVerwG BeckRS 2019, 11001 Rn. 13), zB ernstliche Zweifel an der Unzulässigkeit des
Antrags oder an einer sonstigen Voraussetzung der Abschiebungsandrohung (zB fehlender Besitz
eines Aufenthaltstitels § 34 Abs. 1 S. 1 Nr. 4). Es ist aus dem klaren Wortlaut der Vorschrift nicht
zu entnehmen, ob die Zweifel an der Rechtmäßigkeit die Antragsablehnung nach § 29 Abs. 1
Nr. 2 und 4 oder allein die Abschiebungsandrohung betreffen. Eine teleologische Reduktion des
Anwendungsbereichs der Regelung auf Fälle in denen dem Eilantrag wegen Zweifeln an der
Rechtmäßigkeit der den Asylantrag nach § 29 Abs. 1 Nr. 2 und Nr. 4 ablehnenden Entscheidung
des Bundesamts – und nicht nur hinsichtlich der als voraussichtlich rechtswidrig angesehenen
Abschiebungsandrohung – stattgegeben wurde, scheidet aus (vgl. BVerwG BeckRS 2019, 11011
Rn. 17 = NVwZ 2019, 794 (796 f.) und Anmerkungen zu dieser Entscheidung in BeckOK
AuslR/Pietzsch Rn. 3.1; mwN).

Das Bundesamt kann im fortzuführenden Verfahren den Asylantrag erneut als unzulässig ableh- 5a
nen und ist nicht verpflichtet, aufgrund der Stattgabe der Entscheidung nach § 80 Abs. 5 VwGO
den Asylantrag in der Sache zu prüfen. Sinn der Vorschrift ist allein, das Asylverfahren zu straffen,
da es keiner gerichtlichen Aufhebung der Entscheidung des Bundesamtes im Hauptsacheverfahren
bedarf (BVerwG NVwZ 2019, 794 (799); BeckRS 2019, 11001 Rn. 13). Wäre dies so, würde
es der Grundkonzeption des gemeinsamen europäischen Asylsystems widersprechen, nach der
Asylanträge nur von einem einzigen Mitgliedstaat geprüft und sich widersprechende Entscheidungen über Asylanträge vermieden werden sollen (BVerwG BeckRS 2019, 11001; VGH BW
BeckRS 2018, 3251 Rn. 7; vgl. BeckOK AuslR/Pietsch Rn. 3a ff. mwN).

Zu einem „Durchentscheiden" wie bei asylrelevanten Folgeanträgen ist das Verwaltungsgericht 6
nicht verpflichtet (Hailbronner AuslR § 34 Rn. 6). Analog anwendbar ist § 37 Abs. 1 S. 1 in Fällen
der Verfahrenseinstellung nach § 32 (Rücknahme oder Verzicht) und § 33 (Rücknahmefiktion
bei Nichtbetreiben des Verfahrens; NK-AuslR/Müller Rn. 5; aA Hailbronner AuslR Rn. 23
mwN). Ebenfalls erfasst werden Fälle, in denen das Gericht den Antrag nach § 80 Abs. 5 VwGO
zunächst abgelehnt, aber nach § 80 Abs. 7 VwGO abgeändert und die aufschiebende Wirkung
der Klage angeordnet hat (BayVGH BeckRS 2019, 27542 Rn. 35; dazu BeckOK AuslR/Pietsch
mwN). Stellt der Asylbewerber keinen Antrag nach § 80 Abs. 5 VwGO und gibt das Verwaltungsgericht der Klage in der Hauptsache statt, ist § 37 Abs. 1 S. 1 entsprechend anwendbar

II. Offensichtlich unbegründete Anträge (§ 37 Abs. 2)

Gibt das Verwaltungsgericht einem Antrag nach § 80 Abs. 5 VwGO im Hinblick auf die 7
Ablehnung eines Asylantrags als offensichtlich unbegründet statt, bleibt die Abschiebungsandrohung zunächst wirksam. Lediglich die Ausreisefrist wird modifiziert, indem sich die einwöchige
Frist nach § 36 Abs. 1 in die für „Normalverfahren" geltende Frist von 30 Tagen (§ 38 Abs. 1)
umwandelt.

Auch hier ist es unerheblich, welche Gründe zur Stattgabe im Eilverfahren geführt haben (GK- 8
AsylG/Funke-Kaiser Rn. 12). Für den Beginn der Frist kommt es auf den rechtskräftigen Abschluss
des Asylverfahrens an (Bergmann/Dienelt/Bergmann Rn. 4).

Die Vorschrift findet keine analoge Anwendung, wenn der Asylbewerber den Eilantrag nach 9
§ 36 Abs. 3 nicht gestellt hat oder erfolglos war, und das Verwaltungsgericht im Hauptsacheverfahren der Klage stattgibt, da es am Rechtsschutzinteresse für eine Änderung der Ausreisefrist fehlt.

Der Ausländer bleibt bis zur rechtskräftigen Entscheidung in der Hauptsache vollziehbar ausreisepflichtig (Hailbronner AuslR Rn. 27). Dagegen findet Abs. 2 entsprechend Anwendung in Fällen,
in denen das BAMF einen Folgeantrag als unzulässig abgelehnt und eine Abschiebungsandrohung
erlassen hat und der Antrag des Ausländers nach § 80 Abs. 5 VwGO gegen die Abschiebungsandrohung erfolgreich ist (BVerwGE 114, 122 (127) = BeckRS 2001, 30172612).

III. Zulässigkeit der Abschiebung in einen der bezeichneten Zielstaaten (§ 37 Abs. 3)

10   Die Vorschrift setzt zum einen voraus, dass in der Abschiebungsandrohung mindestens zwei
konkrete Zielstaaten bezeichnet worden sind, zum anderen, dass aufgrund der Entscheidung des
Verwaltungsgerichts mindestens noch in vollziehbarer Weise ein bezeichneter Staat übrig bleibt,
in den abgeschoben werden darf (GK-AsylG/Funke-Kaiser Rn. 17). Die Abschiebungsandrohung
wird daher nur teilweise ausgesetzt, so dass sie im Übrigen auf einen Zielstaat vollziehbar bleibt
(Hailbronner AuslR Rn. 30).

§ 38 Ausreisefrist bei sonstiger Ablehnung und bei Rücknahme des Asylantrags

(1) ¹In den sonstigen Fällen, in denen das Bundesamt den Ausländer nicht als Asylberechtigten anerkennt, beträgt die dem Ausländer zu setzende Ausreisefrist 30 Tage.
²Im Falle der Klageerhebung endet die Ausreisefrist 30 Tage nach dem unanfechtbaren
Abschluss des Asylverfahrens.

(2) Im Falle der Rücknahme des Asylantrages vor der Entscheidung des Bundesamtes
beträgt die dem Ausländer zu setzende Ausreisefrist eine Woche.

(3) Im Falle der Rücknahme des Asylantrags oder des Verzichts auf die Durchführung
des Asylverfahrens nach § 14a Absatz 3 kann dem Ausländer eine Ausreisefrist bis zu
drei Monaten eingeräumt werden, wenn er sich zur freiwilligen Ausreise bereit erklärt.

Überblick

Die Norm behandelt die Ausreisefrist bei nicht qualifizierter Ablehnung oder Rücknahme
eines Asylantrages sowie bei Verzicht auf die Durchführung eines Asylverfahrens nach § 14a Abs. 3.
In Abs. 1 und Abs. 2 sind feste Ausreisefristen für die Nichtanerkennung als Asylberechtigter (→
Rn. 2 ff.) und die Rücknahme des Asylantrages vor der Entscheidung des Bundesamtes (→ Rn. 7)
bestimmt. Abs. 3 räumt dagegen dem BAMF die Möglichkeit ein, die Ausreisefrist im Falle einer
Rücknahme des Asylantrages oder einer Klage sowie beim Verzicht auf die Durchführung des
Asylverfahrens gem. § 14a Abs. 3 nach Ermessen auszudehnen, wenn der Ausländer zur freiwilligen
Ausreise bereit ist (→ Rn. 8).

A. Allgemeines

1   Die Vorschrift regelt die Ausreisefristen bei sonstiger Ablehnung, bei Rücknahme des Asylantrages oder bei Verzicht auf die Durchführung des Asylverfahrens nach § 14a Abs. 3. Über den
Wortlaut hinaus sind hiervon alle Fälle der Nichtanerkennung als Asylberechtigter umfasst, dh
auch die Fälle, in denen internationalen Schutz (§§ 3, 4) sowie die Feststellung von Abschiebungsverboten nach § 60 Abs. 5 und Abs. 7 beantragt wird. Keine Anwendung findet die Vorschrift
nach § 34a und § 36 Abs. 1 und Abs. 2, dh bei der Drittstaatenlösung oder bei unzulässigem bzw.
offensichtlich unbegründetem Asylantrag.

B. Im Einzelnen

I. Fristsetzung bei fehlender Asylanerkennung (§ 38 Abs. 1)

2   Die 30-tägige Ausreisefrist des Abs. 1 betrifft die Fälle, in denen das BAMF den Asylantrag
bzw. den Antrag auf internationalen Schutz als „einfach unbegründet" ablehnt. Sie steht daher in
unmittelbarem Zusammenhang mit der Abschiebungsandrohung nach § 34, die nur unter den
dortigen Voraussetzungen erlassen werden darf (→ § 34 Rn. 9 ff.).

3   Wird keine Klage erhoben, beginnt die Frist mit Zustellung der Entscheidung des BAMF
(Bergmann/Dienelt/Bergmann Rn. 3; aA BeckOK AuslR/Pietsch Rn. 3; Marx AsylG Rn. 6,
der auf Unanfechtbarkeit des Bescheides abstellt). Im Falle der Klage hat diese aufschiebende

Wirkung (§ 75). Die Frist beginnt dann 30 Tage nach Unanfechtbarkeit der letzten gerichtlichen Entscheidung (§ 38 Abs. 1 S. 2).

Lehnt das BAMF einen Asylantrag als offensichtlich unbegründet ab und beurteilt das Verwal- **4** tungsgericht den im Hauptsacheverfahren als einfach unbegründet, so hebt es die einwöchige Frist im Ablehnungsbescheid gem. § 36 Abs. 1 auf, sofern dies nicht schon gem. § 37 Abs. 2 im Eilverfahren geschehen ist (VGH BW AuAS 1998, 144 = LSK 1998, 330383; Hailbronner AuslR Rn. 6). Es handelt sich nicht – wie nach alter Rechtslage – um eine Mindestfrist, sondern um eine fest bestimmte Frist (Bergmann/Dienelt/Bergmann Rn. 3). Allerdings verweist § 34 Abs. 1 S. 3 auf § 59 Abs. 1 S. 4 AufenthG, wonach die Ausreisefrist unter Berücksichtigung der besonderen Umstände des Falles angemessen verlängert oder für einen längeren Zeitraum festgesetzt werden kann (vgl. auch Art. 7 Abs. 2 Rückführungs-RL). Solche Umstände können zB infolge langer Aufenthaltsdauer, bei schulpflichtigen Kindern oder bei Bestehen familiärer und sozialer Bindungen gegeben sein (Hailbronner AuslR Rn. 10).

Zuständig für die Verlängerung ist grundsätzlich die Ausländerbehörde. In richtlinienkonformer **5** Auslegung von Art. 7 Abs. 2 Rückführungs-RL (RL 2008/115/EG v. 16.12.2008, ABl. 2008 L 348, 98) und aus pragmatischen Gründen wird aber vertreten, dass ausnahmsweise auch das BAMF selbst tätig werden darf (so Bergmann/Dienelt/Bergmann Rn. 3; krit. NK-AuslR/Müller Rn. 3).

Bei Familienangehörigen ist § 43 Abs. 3 zu beachten, der unter bestimmten Voraussetzungen **6** die Aussetzung der Abschiebung vorsieht, um eine gemeinsame Ausreise der Familie zu ermöglichen. Dies führt allerdings nicht zu einer Verlängerung der Ausreisefrist, sondern es wird eine Duldung erteilt. § 43 Abs. 3 betrifft nach seinem sachlichen und persönlichen Anwendungsbereich nur einen begrenzten Bereich möglicher Fallgruppen und trägt Art. 6 GG Rechnung. Gegenüber § 60a Abs. 2 AufenthG stellt § 43 Abs. 3 keine abschließende Regelung dar, so dass auch bei anderen denkbaren Fallgruppen die Erteilung einer Duldung in Betracht kommt (Bergmann/ Dienelt/Bergmann Rn. 4; Hailbronner AuslR Rn. 12).

II. Antragsrücknahme (§ 38 Abs. 2)

Die einwöchige Frist gemäß dieser Vorschrift gilt nur für den Fall der Rücknahme des Asylan- **7** trags **vor der Entscheidung des BAMF,** da ansonsten bereits eine Entscheidung nach § 34 Abs. 1 oder § 36 Abs. 1 ergangen ist (Hailbronner Rn. 14). Sie stellt ebenfalls eine feste Frist und keine Mindestfrist dar (Bergmann/Dienelt/Bergmann Rn. 5). Die Fälle der Rücknahme sind in §§ 32 und 33 geregelt.

III. Freiwillige Ausreise (§ 38 Abs. 3)

Die Ausdehnung der Ausreisefrist auf bis zu drei Monate nach Abs. 3 für den Fall, dass sich **8** der Ausländer zur freiwilligen Ausreise bereiterklärt, hat ihre Begründung darin, dass auf etwaige Wünsche des Ausländers eingegangen werden und gerichtliche Vergleichsbemühungen ermöglicht oder erleichtert werden sollen (BT-Drs. 12/2062, 24; Bergmann/Dienelt/Bergmann Rn. 6). Aufgrund des Gesetzes zur Umsetzung der Richtlinie 2011/95/EU (v. 28.8.2013, BGBl. I 3474) gilt die Regelung nunmehr auch für den Verzicht auf die Durchführung eines Asylverfahrens für ein Kind nach § 14a Abs. 3 (Hailbronner AuslR Rn. 16). Abs. 3 ist auch im Falle der Rücknahme vor der Entscheidung des BAMF anwendbar. Die Bereitschaft zur freiwilligen Ausreise ist nicht selbstständig vollstreckbar. Reist der Ausländer nicht freiwillig aus, wird seine Ausreisepflicht durch Abschiebung vollzogen (Bergmann/Dienelt/Bergmann Rn. 7).

C. Rechtsschutz

Gegen die Abschiebungsandrohung ist die Anfechtungsklage richtige Klageart. Diese hat im **9** Falle von Abs. 1 ausnahmsweise aufschiebende Wirkung (§ 75; → § 34 Rn. 26), in den Fällen des Abs. 2 und Abs. 3 nicht (→ § 35 Rn. 8). Die Ausreisefrist ist in Abs. 1 und Abs. 2 auf Rechtsfehler hin überprüfbar. Im Falle des Abs. 3 ist das Ermessen nach Maßgabe des § 114 VwGO gerichtlich zu kontrollieren (Bergmann/Dienelt/Bergmann Rn. 8). Das Rechtsschutzinteresse an einer Anfechtungsklage gegen eine nach §§ 34, 38 Abs. 1 erlassene Abschiebungsandrohung entfällt nicht, wenn der Ausländer nach Erlass der Abschiebungsandrohung eine Aufenthaltserlaubnis erhält, denn die Abschiebungsandrohung bleibt weiter existent (Hailbronner AuslR Rn. 19).

§ 39 [aufgehoben]

§ 40 Unterrichtung der Ausländerbehörde

(1) ¹Das Bundesamt unterrichtet unverzüglich die Ausländerbehörde, in deren Bezirk sich der Ausländer aufzuhalten oder Wohnung zu nehmen hat, über eine vollziehbare Abschiebungsandrohung und leitet ihr unverzüglich alle für die Abschiebung erforderlichen Unterlagen zu. ²Das Gleiche gilt, wenn das Verwaltungsgericht die aufschiebende Wirkung der Klage wegen des Vorliegens der Voraussetzungen des § 60 Absatz 5 oder 7 des Aufenthaltsgesetzes nur hinsichtlich der Abschiebung in den betreffenden Staat angeordnet hat und das Bundesamt das Asylverfahren nicht fortführt.

(2) Das Bundesamt unterrichtet unverzüglich die Ausländerbehörde, wenn das Verwaltungsgericht in den Fällen des § 38 Absatz 2 die aufschiebende Wirkung der Klage gegen die Abschiebungsandrohung anordnet.

(3) Stellt das Bundesamt dem Ausländer die Abschiebungsanordnung (§ 34a) zu, unterrichtet es unverzüglich die für die Abschiebung zuständige Behörde über die Zustellung.

Überblick

Die Vorschrift beinhaltet verschiedene Informationspflichten des BAMF gegenüber der Ausländerbehörde. In Abs. 1 ist die Unterrichtungspflicht über den Eintritt der Vollziehbarkeit einer vom BAMF erlassenen Abschiebungsandrohung geregelt (→ Rn. 3) Abs. 2 soll sicherstellen, dass das BAMF die Ausländerbehörde über die gerichtliche Anordnung der aufschiebenden Wirkung einer gegen eine sofort vollziehbare Abschiebungsandrohung erhobenen Klage unterrichtet (→ Rn. 8). Abs. 3 regelt die Fälle, in denen die Abschiebung des Antragstellers ohne vorherige Androhung angeordnet wird (→ Rn. 9).

A. Allgemeines

1   § 40 ist Konsequenz der Kompetenzverteilung zwischen BAMF (Erlass der Abschiebungsandrohung oder -anordnung) und Ausländerbehörde (Abschiebung) und soll eine möglichst frühzeitige Unterrichtung der Ausländerbehörde als Vollzugsbehörde sichern. Weitere Informationspflichten des BAMF ergeben sich aus § 24 Abs. 3 und für das Folgeverfahren aus § 71 Abs. 5 S. 2. Für das gerichtliche Verfahren ist § 83a zu beachten (NK-AuslR/Müller Rn. 1). Die zuständige Ausländerbehörde ergibt sich aus §§ 47 und 60 Abs. 2.

1.1   Beachte hierzu bestimmte Sonderzuständigkeiten in einigen Bundesländern: zB ist in Baden-Württemberg gem. § 8 BWAAZuVO das Regierungspräsidium Karlsruhe ausschließlich für abgelehnte Asylbewerber zuständig.

2   In den Fällen von Abs. 1 und Abs. 3 sind Regelungen enthalten, die eine möglichst zügige Vollziehung der Abschiebungsandrohung oder -anordnung gewährleisten sollen. In Abs. 2 geht es dagegen um die Beachtung eines gerichtlichen Abschiebestopps (Bergmann/Dienelt/Bergmann Rn. 3). Dabei unterscheidet das Gesetz vier Fallkonstellationen.

B. Die vier verschiedenen Fälle der Unterrichtung

I. § 40 Abs. 1 S. 1

3   Diese Vorschrift erfasst den Regelfall. Das BAMF hat die Ausländerbehörde unverzüglich zu unterrichten und die erforderlichen Unterlagen zuzusenden, wenn die Abschiebungsandrohung vollziehbar geworden ist. Vollziehbarkeit tritt mit Erlass der Abschiebungsandrohung ein, wenn die Klage gegen die Entscheidung des BAMF keine aufschiebende Wirkung hat.

4   Beim einfach unbegründeten Asylantrag § 34 Abs. 1 S. 1 und bei Rücknahme und Widerruf der Anerkennung § 73 ist dies nicht der Fall, da die Klage aufschiebende Wirkung hat (§ 75). Wenn Rechtsmittel eingelegt wurde; ist die Abschiebungsandrohung erst nach Unanfechtbarkeit der gerichtlichen Entscheidung vollziehbar (→ § 34 Rn. 26).

5   Erfasst sind dagegen die Fälle eines unzulässigen oder offensichtlich unbegründeten Asylantrages (§§ 29, 30), sowie der Rücknahme (§ 32). Zu beachten ist aber hier, dass durch einen Antrag nach § 80 Abs. 5 VwGO die Vollziehung bis zur Entscheidung über den Eilantrag gehemmt ist (§ 38 Abs. 3 S. 8). Das BAMF muss also die Bestandskraft der Abschiebungsandrohung abwarten (→ § 34a Rn. 21). Diese tritt mit Ablauf der Wochenfrist nach § 36 Abs. 1 ein, wenn kein

Eilantrag gestellt wird, ansonsten eine Woche nach Rechtskraft der die aufschiebende Wirkung ablehnenden Eilentscheidung des Verwaltungsgerichts (Hailbronner AuslR Rn. 5).

Nicht betroffen sind die Fälle der Einreise aus einem sicheren Drittstaat nach § 26a bzw. aus **6** einem für die nach völker- oder unionsrechtlichen Regelungen zur Durchführung zuständigen Staat nach § 29 Abs. 1 Nr. 1, da dann zwingend eine Abschiebeanordnung statt einer Abschiebeandrohung zu erlassen ist (dafür gilt Abs. 3; → Rn. 9).

II. § 40 Abs. 1 S. 2

Die Regelung erfasst den Fall, dass das BAMF zur Unrecht Abschiebungsverbote nach § 60 **7** Abs. 5 und Abs. 7 verneint und bestimmte Zielstaaten in der Abschiebungsandrohung nicht ausgenommen hat (NK-AuslR/Müller Rn. 5). Andere Abschiebungsverbote wie zB § 60a sind nicht erfasst (Hailbronner AuslR Rn. 2). Die Vorschrift setzt daher eine verwaltungsgerichtliche Aussetzung der Vollziehbarkeit bezüglich eines oder mehrerer Staaten voraus. Sie kommt nur bei einem unzulässigen Asylantrag nach § 29 Abs. 1 Nr. 2 und Nr. 4 in Betracht, da nur dann denkbar ist, dass das BAMF das Verfahren nicht fortführt (NK-AuslR/Müller Rn. 5; vgl. auch § 37 Abs. 3).

III. § 40 Abs. 2

Die Vorschrift erfasst den Fall, dass bei Antragsrücknahme gem. § 38 Abs. 2 ein Eilantrag auf **8** Aussetzung der Abschiebung gestellt wird. Die Mitteilung über den dem Eilantrag stattgebenden Beschluss ist notwendig, damit die Ausländerbehörde nicht sofort vollzieht. Problematisch ist die Phase zwischen der Zustellung der Abschiebungsandrohung und dem Erlass des Stoppbeschlusses durch das Verwaltungsgericht. In dieser Zeit kann die Ausländerbehörde abschieben. Deshalb sollte zusammen mit dem Antrag auf Anordnung der aufschiebenden Wirkung darauf gedrängt werden, die Ausländerbehörde zur Abgabe einer Stillhalteerklärung zu veranlassen (NK-AuslR/Müller Rn. 6).

IV. § 40 Abs. 3

Dieser Absatz betrifft nur die **Abschiebungsanordnung gemäß § 34a,** dh die Fälle einer **9** Einreise aus einem sicheren Drittstaat (§ 26a) oder einem für die Durchführung des Asylverfahrens zuständigen Staat (§ 29 Abs. 1 Nr. 1). Die Unterrichtung ist nur erforderlich, wenn das BAMF die Abschiebungsanordnung erlassen hat. Hat die Ausländerbehörde diese selbst erlassen, bedarf es keiner Mitteilung und sie kann sofort vollziehen (§ 31 Abs. 1 S. 5 und S. 6; Bergmann/Dienelt/Bergmann Rn. 7).

C. Umfang der Unterrichtungspflicht

Die Unterrichtungspflicht soll die Durchführung der Abschiebung sicherstellen. Einer Über- **10** mittlung des gesamten Akteninhalts bedarf es hierfür nicht. Benötigt werden aber die Personalien und die in den Akten beim BAMF befindlichen Dokumente (§ 15 Abs. 2 Nr. 4 und Nr. 5, § 21). Eine Übermittlung der Ablichtungen der Antragsbegründung, der Anhörung, einer schriftlichen Stellungnahme und der Entscheidung sind zweckmäßig (Bergmann/Dienelt/Bergmann Rn. 8).

§ 41 (weggefallen)

§ 42 Bindungswirkung ausländerrechtlicher Entscheidungen

[1]**Die Ausländerbehörde ist an die Entscheidung des Bundesamtes oder des Verwaltungsgerichts über das Vorliegen der Voraussetzungen des § 60 Absatz 5 oder 7 des Aufenthaltsgesetzes gebunden.** [2]**Über den späteren Eintritt und Wegfall der Voraussetzungen des § 60 Abs. 4 des Aufenthaltsgesetzes entscheidet die Ausländerbehörde, ohne dass es einer Aufhebung der Entscheidung des Bundesamtes bedarf.**

Überblick

Die Vorschrift normiert die Bindungswirkung ausländerrechtlicher Entscheidungen des BAMF und der Verwaltungsgerichte auf die grundsätzlich zuständige Ausländerbehörde. Die Abschiebungsverbote wurden aufgrund des Gesetzes zur Umsetzung der Richtlinie 2011/95/EU (v. 28.8.2013, BGBl. I 3474; vgl. auch § 24 Abs. 2) in die Vorschrift eingefügt, nachdem dem BAMF auch die Entscheidung über das Vorliegen von Abschiebungsverboten nach § 60 Abs. 5 und Abs. 7 obliegt, wenn der Ausländer einen Asylantrag gestellt hat. In S. 1 ist die grundsätzliche Bindungswirkung festgelegt (→ Rn. 3), während S. 2 eine Ausnahme für den Fall enthält, dass die Ausländerbehörde über ein Abschiebungsverbot im Rahmen eines Auslieferungsverfahrens zu entscheiden hat (→ Rn. 10).

A. Allgemeines

1   Die Vorschrift trägt der Entwicklung Rechnung, dass in asylrechtlichen Verfahren die Kompetenz immer mehr auf das BAMF übertragen wurde. So wäre für aufenthaltsbeendende Maßnahmen nach § 71 Abs. 1 AufenthG grundsätzlich die Ausländerbehörde zuständig, was auch für die Feststellung von Abschiebungsverboten nach § 60 Abs. 5 und Abs. 7 gilt. Ab Asylantragstellung geht gem. § 24 Abs. 2 die Zuständigkeit jedoch auf das BAMF über, was auch für die nationalen Abschiebungsverbote in § 31 Abs. 1 S. 4 und Abs. 3 normiert ist. In § 6 ist bereits die Bindungswirkung für die Gewährung internationalen Schutzes geregelt. § 42 weitet dies auf das Vorliegen von Abschiebungsverboten aus.

2   Da die Ausländerbehörde nicht mehr Partei im asylverfahrensrechtlichen Streit ist und sich die Rechtskraft der verwaltungsgerichtlichen Entscheidung nach § 121 VwGO nur zwischen den Parteien entfaltet, wurde durch zusätzliche Einfügung des Verwaltungsgerichts in die Vorschrift die Bindungswirkung über diesen Bereich hinaus auf die Ausländerbehörde erweitert (Hailbronner AuslR Rn. 4). Ist kein Asylverfahren anhängig oder hat das BAMF bzw. das Verwaltungsgericht noch nicht in einem abgeschlossenen Verfahren über nationale Abschiebungsverbote befunden, bleibt es bei der Zuständigkeit der Ausländerbehörde (NK-AuslR/Bruns 2 Rn. 2).

B. Die Vorschrift im Einzelnen

I. § 42 S. 1

1. Entscheidung des BAMF und des Verwaltungsgerichts

3   Bindend ist eine Entscheidung des BAMF oder des Verwaltungsgerichts über das Vorliegen von Abschiebungsverboten nach § 60 Abs. 5 und Abs. 7. In der Regel ist dies auch bei Unzulässigkeit des Asylantrags (Ausnahme: Rücküberstellung nach Dublin III-VO) und bei Rücknahme bzw. Verzicht nach § 32 der Fall.

4   Die Bindungswirkung bezieht sich dabei nur auf den Tenor der Entscheidung, nicht auf Feststellungen in den Gründen oder ein obiter dictum (NK-AuslR/Bruns Rn. 4). Für die Bindungswirkung kommt es nicht auf die Bestands- oder Rechtskraft an, da Entscheidungen des BAMF grundsätzlich mit Bekanntgabe wirksam werden und einer dagegen gerichteten Klage gem. § 75 nur in den Fällen des § 38 Abs. 1 aufschiebende Wirkung zukommt (Hailbronner AuslR Rn. 8; Bergmann/Dienelt/Bergmann Rn. 3; aA NK-AuslR/Bruns Rn. 4).

5   Mit gerichtlichen Entscheidungen sind nur Urteile im Klageverfahren gemeint. Beschlüsse im vorläufigen Rechtsschutzverfahren entfalten keine Bindungswirkung, da dies gegen das Verbot der Vorwegnahme der Hauptsache verstoßen würde (BeckOK AuslR/Pietzsch Rn. 5).

2. Inhalt der Bindungswirkung

6   Nach dem Wortlaut der Vorschrift entfaltet auch die negative Entscheidung, dh das Nichtvorliegen von Abschiebungsverboten, Bindungswirkung gegenüber der Ausländerbehörde (Bergmann/Dienelt/Bergmann Rn. 6). Die Ausländerbehörde kann daher bei Versagung später keine Abschiebungsverbote feststellen.

7   Bei Änderung der Sach- oder Rechtslage ist dann ein Wiedereinsetzungsantrag beim BAMF zu stellen (BVerwG BeckRS 1999, 30072040 Rn. 9). Wird er mit einem Antrag auf internationalen Schutz verbunden, besteht eine gesetzliche Duldung nach § 71 Abs. 5 S. 2. Wird er auf das Vorliegen von Abschiebungsverboten beschränkt, sollte ein Antrag nach § 123 VwGO gerichtet auf das Absehen von aufenthaltsbeendenden Maßnahmen vor der Entscheidung des BAMF über den Wiederaufgreifensantrag gestellt werden (Bergmann/Dienelt/Bergmann Rn. 5; NK-AuslR/Bruns Rn. 6).

8   Die Bindungswirkung betrifft nur zielstaatsbezogene Abschiebungshindernisse, da nur diese in die Kompetenz des BAMF fallen. Die Entscheidung über inlandsbezogene Abschiebungsverbote (zB Krankheit, Reiseunfähigkeit) verbleibt bei der Ausländerbehörde. Im Falle von Krankheit, insbesondere posttraumatischer Belastungsstörung, kann es dabei Abgrenzungsprobleme geben (vgl. hierzu NK-AuslR/Bruns Rn. 7).

3. Adressat der Bindungswirkung

Die Entscheidung bindet allein die Ausländerbehörde, nicht andere Behörden und Gerichte 9
wie Staatsanwaltschaft, Bundesregierung oder Oberlandesgericht im Auslieferungsverfahren, Länderminister nach § 58a AufenthG, Sozialamt oder Standesamt (Bergmann/Dienelt/Bergmann Rn. 2).

II. § 42 S. 2

Eine Ausnahme von der Bindungswirkung stellt S. 2 dar. In Auslieferungsverfahren ist die 10
Ausländerbehörde nicht an die Feststellungen des BAMF oder des Verwaltungsgerichts gebunden. In der Sache selbst dürfte ihre Entscheidung durch die Entscheidung der Auslieferungsbehörde präjudiziert sein. Die Ausländerbehörde entscheidet nicht durch gesonderten Bescheid, sondern im Rahmen des Abschiebungsverfahrens (Bergmann/Dienelt/Bergmann Rn. 8).

§ 43 Vollziehbarkeit und Aussetzung der Abschiebung

(1) War der Ausländer im Besitz eines Aufenthaltstitels, darf eine nach den Vorschriften dieses Gesetzes vollziehbare Abschiebungsandrohung erst vollzogen werden, wenn der Ausländer auch nach § 58 Abs. 2 Satz 2 des Aufenthaltsgesetzes vollziehbar ausreisepflichtig ist.

(2) [1]Hat der Ausländer die Verlängerung eines Aufenthaltstitels mit einer Gesamtgeltungsdauer von mehr als sechs Monaten beantragt, wird die Abschiebungsandrohung erst mit der Ablehnung dieses Antrags vollziehbar. [2]Im Übrigen steht § 81 des Aufenthaltsgesetzes der Abschiebung nicht entgegen.

(3) [1]Haben Familienangehörige im Sinne des § 26 Absatz 1 bis 3 gleichzeitig oder jeweils unverzüglich nach ihrer Einreise einen Asylantrag gestellt, darf die Ausländerbehörde die Abschiebung vorübergehend aussetzen, um die gemeinsame Ausreise der Familie zu ermöglichen. [2]Sie stellt dem Ausländer eine Bescheinigung über die Aussetzung der Abschiebung aus.

Überblick

In Abs. 1 und Abs. 2 geht es um das Verhältnis einer asylverfahrensrechtlichen Abschiebungsandrohung zur Ausreisepflicht nach AufenthG. Abs. 1 betrifft den Fall, dass der Asylbewerber vor Erlass der Abschiebungsandrohung im Besitz eines Aufenthaltstitels war (→ Rn. 2), Abs. 2 S. 1 den Fall, dass vor Erlass ein Aufenthaltstitel beantragt wurde (→ Rn. 4) und Abs. 2 S. 2 den Fall, dass dies nach Erlass geschieht (→ Rn. 5). Abs. 3 regelt die Frage der Erteilung einer Duldung, um eine gemeinsame Ausreise von mehreren Familienangehörigen zu gewährleisten, die getrennte Asylverfahren mit unterschiedlichen Verfahrensständen führen (→ Rn. 6).

A. Allgemeines

Die Vorschrift regelt in Abs. 1 und Abs. 2 das Verhältnis der asylverfahrensrechtlichen Abschie- 1
bungsandrohung zu einer Ausreisepflicht nach den Vorschriften des AufenthG. Abs. 3 stellt eine Sondervorschrift außerhalb dieses Systems dar, um die Familieneinheit bei unterschiedlichen Verfahrensständen der Asylverfahren zu gewährleisten. Sie hat ihre Grundlage in Art. 6 GG.

B. Erläuterungen im Einzelnen

I. Besitz eines Aufenthaltstitels (§ 43 Abs. 1)

In den Anwendungsbereich des § 43 Abs. 1 gelangen nur Aufenthaltstitel mit einer Gesamtdauer 2
von über sechs Monaten. Kürzerfristige Aufenthaltstitel erlöschen gem. § 55 Abs. 2 mit Asylantragstellung, genauso die Fiktionswirkungen des § 81 Abs. 3 und Abs. 4 AufenthG (Bergmann/

Dienelt/Bergmann Rn. 2). Nach § 34 Abs. 1 Nr. 4 hindert der Besitz eines Aufenthaltstitels den Erlass einer Abschiebungsandrohung.

3   Der Titel kann dabei vor oder während des Asylverfahrens ausgestellt worden sein (zB Eheschließung mit einem/r Deutschen). Umfasst sind alle Titel nach § 4 Abs. 1 S. 2 AufenthG sowie die Titel nach FreizügG/EU und EWG-Türkei, auch eine als fortbestehend geltende Aufenthaltserlaubnis nach § 81 Abs. 4 AufenthG, nicht dagegen eine fiktive Aufenthaltserlaubnis nach § 81 Abs. 3 AufenthG. Der Aufenthaltstitel muss von der Ausländerbehörde ausgestellt sein (Hailbronner AuslR Rn. 5). Es kommt auf den Zeitpunkt der Asylantragstellung an, nicht den des Erlasses der Abschiebungsandrohung, da diese bei Besitz eines Aufenthaltstitels gem. § 34 Abs. 1 Nr. 4 dann nicht mehr erlassen werden darf (Bergmann/Dienelt/Bergmann Rn. 3; aA Hailbronner AuslR Rn. 6).

II. Antrag auf Erteilung eines Aufenthaltstitels (§ 43 Abs. 2)

4   Der Absatz regelt, welche Rechtswirkungen ein Antrag auf Verlängerung des Aufenthaltstitels zum Zeitpunkt des Erlasses der asylverfahrensrechtlichen Abschiebungsandrohung hat. Aus dem Wortlaut wird bereits deutlich, dass der Verlängerungsantrag den Erlass der Abschiebungsandrohung nicht hindert. Weiterhin ergibt sich aus § 43 Abs. 2 S. 1, dass der Antragsteller bereits im Besitz eines Aufenthaltstitels ist oder war (Hailbronner AuslR Rn. 11; aA Bergmann/Dienelt/Bergmann Rn. 4). Nur wenn der Verlängerungsantrag sich auf einen Aufenthaltstitel mit einer Gesamtgeltungsdauer von mehr als sechs Monaten bezieht, wird der Eintritt der Vollziehbarkeit bis zur Entscheidung der Ausländerbehörde über den Verlängerungsantrag über den in § 36 Abs. 1 und § 38 genannten Zeitpunkt hinausgeschoben. In den übrigen Fällen wird nur der Vollzug der Abschiebung ausgesetzt (Hailbronner AuslR Rn. 12).

5   § 43 Abs. 2 S. 2 soll verhindern, dass die Fiktionswirkung nach § 81 AufenthG in den Fällen eintritt, in denen ein ausreisepflichtiger Ausländer, insbesondere ein Asylbewerber versucht, seine Ausreiseverpflichtung zu umgehen (Hailbronner AuslR Rn. 14). Er ist auf die Fälle reduziert, die nicht schon in Abs. 1 und Abs. 2 S. 1 geregelt sind, dh die erstmalige Beantragung eines Aufenthaltstitels nach Erlass einer Abschiebungsandrohung (BayVGH BeckRS 2009, 41031; OVG NRW BeckRS 2005, 26280).

III. Duldung für Familienangehörige (§ 43 Abs. 3)

6   Familiäre Bindungen des Ausländers zu in Deutschland lebenden nahen Angehörigen können weder bei Erlass einer Abschiebungsandrohung noch bei der Benennung der Ausreisefrist berücksichtigt werden. Abs. 3 soll hier Abhilfe schaffen „entgegen der Vorschriften des AuslG [...] und die gemeinsame Ausreise ermöglichen" (BT-Drs. 12/2062, 34). Voraussetzung ist, dass die Asylverfahren der Familienmitglieder noch nicht abgeschlossen sind (BayVGH BeckRS 2013, 47532).

7   Erfasst sind alle Familienangehörigen iSd § 26 Abs. 1–3, also neben Ehegatten, Eltern und minderjährigen Kindern auch Lebenspartner und minderjährige ledige Geschwister. Auf pflegebedürftige oder volljährige Kinder ist die Regelung nicht anwendbar (VG Braunschweig BeckRS 2004, 22432). Bezüglich der Minderjährigkeit ist auf den Zeitpunkt der beabsichtigten Abschiebung und nicht auf den der Asylantragstellung abzuheben (Bergmann/Dienelt/Bergmann Rn. 6).

8   Die Erteilung einer Duldung verlangt einen gewissen verfahrensrechtlichen Zusammenhang der Familienmitglieder (Bergmann/Dienelt/Bergmann Rn. 6). Sind die Familienangehörigen getrennt eingereist, schaden auch erhebliche Zeitabstände nicht, jedoch muss der jeweilige Asylantrag **unverzüglich** nach Einreise gestellt werden (Bergmann/Dienelt/Bergmann Rn. 6). Ein paar Wochen Verzögerung schaden hier nicht, wohl aber sieben Monate nach Antragstellung (vgl. VG München BeckRS 2012, 46509: sieben Wochen nicht mehr unverzüglich; Hailbronner AuslR Rn. 17). Für minderjährige Kinder dürfte dieses Problem durch die Antragsfiktion nach § 14a keine Rolle mehr spielen (NK-AuslR/Bruns Rn. 6).

9   Die Duldung ist ausschließlich darauf zu richten, eine gemeinsame Ausreise zu ermöglichen. Werden andere Gründe für die Erteilung einer Duldung geltend gemacht (zB Krankheit, Schwangerschaft, Schulbesuch, Ausbildung), können sie nur iRd § 60a Abs. 2 AufenthG Berücksichtigung finden (Bergmann/Dienelt/Bergmann Rn. 7).

10   Für die Entscheidung ist seit dem Gesetz zur Umsetzung aufenthalts- und asylrechtlicher Richtlinien der Europäischen Union (v. 19.8.2007, BGBl. I 1970) nunmehr allein die Ausländerbehörde zuständig. Die Ausländerbehörde hat in pflichtgemäßem Ermessen das Interesse an einer möglichst schnellen Abschiebung mit den Interessen des Ausländers an der Wahrung der Familieneinheit (Art. 6 GG) abzuwägen (Hailbronner AuslR Rn. 22). Sie hat dabei Dauer der voraussehbaren

Trennung, Alter und Angewiesensein auf das familiäre Zusammenleben zu berücksichtigen. Ein öffentliches Interesse an einer gemeinsamen Ausreise beinhaltet die Vorschrift jedoch nicht (Bergmann/Dienelt/Bergmann Rn. 8; aA Marx AsylG Rn. 18).

IV. Rechtsschutz

Ergeht hinsichtlich der beabsichtigten Abschiebung eine **Abschiebungsandrohung,** so kann **11** sich der Asylbewerber hiergegen mit einer Anfechtungsklage nach § 42 Abs. 1 VwGO wehren. Sonst kann er eine vorbeugende Verpflichtungsklage nach § 42 Abs. 2 VwGO, gerichtet auf Unterlassung der Abschiebung erheben. Vorläufigen Rechtsschutz erreicht er dementsprechend über §§ 80 Abs. 5, 123 VwGO.

Die Duldung kann der Asylbewerber dagegen nur im Wege der Verpflichtungsklage bzw. im **12** vorläufigen Rechtsschutz über § 123 VwGO erlangen (Bergmann/Dienelt/Bergmann Rn. 10).

§ 43a (weggefallen)

§ 43b (weggefallen)

Abschnitt 5. Unterbringung und Verteilung

§ 44 Schaffung und Unterhaltung von Aufnahmeeinrichtungen

(1) Die Länder sind verpflichtet, für die Unterbringung Asylbegehrender die dazu erforderlichen Aufnahmeeinrichtungen zu schaffen und zu unterhalten sowie entsprechend ihrer Aufnahmequote die im Hinblick auf den monatlichen Zugang Asylbegehrender in den Aufnahmeeinrichtungen notwendige Zahl von Unterbringungsplätzen bereitzustellen.

(2a) Die Länder sollen geeignete Maßnahmen treffen, um bei der Unterbringung Asylbegehrender nach Absatz 1 den Schutz von Frauen und schutzbedürftigen Personen zu gewährleisten.

(2) Das Bundesministerium des Innern, für Bau und Heimat oder die von ihm bestimmte Stelle teilt den Ländern monatlich die Zahl der Zugänge von Asylbegehrenden, die voraussichtliche Entwicklung und den voraussichtlichen Bedarf an Unterbringungsplätzen mit.

(3) [1]§ 45 des Achten Buches Sozialgesetzbuch (Artikel 1 des Gesetzes vom 26. Juni 1990, BGBl. I S. 1163) gilt nicht für Aufnahmeeinrichtungen. [2]Träger von Aufnahmeeinrichtungen sollen sich von Personen, die in diesen Einrichtungen mit der Beaufsichtigung, Betreuung, Erziehung oder Ausbildung Minderjähriger oder mit Tätigkeiten, die in vergleichbarer Weise geeignet sind, Kontakt zu Minderjährigen aufzunehmen, betraut sind, vor Prüfung, ob sie für die aufgeführten Tätigkeiten geeignet sind, vor deren Einstellung oder Aufnahme einer dauerhaften ehrenamtlichen Tätigkeit und in regelmäßigen Abständen ein Führungszeugnis nach § 30 Absatz 5 und § 30a Absatz 1 des Bundeszentralregistergesetzes vorlegen lassen. [3]Träger von Aufnahmeeinrichtungen dürfen für die Tätigkeiten nach Satz 2 keine Personen beschäftigen oder mit diesen Tätigkeiten ehrenamtlich betrauen, die rechtskräftig wegen einer Straftat nach den §§ 171, 174 bis 174c, 176 bis 180a, 181a, 182 bis 184g, 184i bis 184k, 225, 232 bis 233a, 234, 235 oder 236 des Strafgesetzbuchs verurteilt worden sind. [4]Nimmt der Träger einer Aufnahmeeinrichtung Einsicht in ein Führungszeugnis nach § 30 Absatz 5 und § 30a Absatz 1 des Bundeszentralregistergesetzes, so speichert er nur den Umstand der Einsichtnahme, das Datum des Führungszeugnisses und die Information, ob die das Führungszeugnis betreffende Person wegen einer in Satz 3 genannten Straftat rechtskräftig verurteilt worden ist. [5]Der Träger einer Aufnahmeeinrichtung darf diese Daten nur verarbeiten, soweit dies zur Prüfung der Eignung einer Person für die in Satz 2 genannten Tätigkeiten erforderlich ist. [6]Die Daten sind vor dem Zugriff Unbefugter zu schützen. [7]Sie sind

unverzüglich zu löschen, wenn im Anschluss an die Einsichtnahme keine Tätigkeit nach Satz 2 wahrgenommen wird. [8]Sie sind spätestens sechs Monate nach der letztmaligen Ausübung einer in Satz 2 genannten Tätigkeit zu löschen.

Überblick

§ 44 begründet die Verpflichtung der Länder zur Schaffung und Unterhaltung von Aufnahmeeinrichtungen (→ Rn. 1) und Bereitstellung einer ausreichenden Zahl von Unterbringungsplätzen entsprechend ihrer Aufnahmequote (→ Rn. 4). Zur planbaren Erfüllung dieser Aufgabe regelt Abs. 2 eine delegierbare Informationspflicht des Bundesministeriums des Innern, für Bau und Heimat (→ Rn. 5). Die Aufnahmeeinrichtungen sind von anderen Formen der Unterbringung abzugrenzen (→ Rn. 8) und müssen bestimmten Mindestanforderungen genügen (→ Rn. 9 ff.). Der mit dem Zweiten Gesetz zur besseren Durchsetzung der Ausreisepflicht v. 15.8.2019 (BGBl. I 1294) eingeführte Abs. 2a zielt auf den Schutz von Frauen und besonders schutzbedürftigen Personen ab (→ Rn. 14a). Mit Blick auf die in Aufnahmeeinrichtungen auch erfolgende Unterbringung von Kindern und Jugendlichen befreit Abs. 3 S. 1 vom Erfordernis einer Betriebserlaubnis nach § 45 SGB VIII (→ Rn. 18). Aus Gründen des Minderjährigenschutzes verlangt S. 3 vom Einrichtungsträger in der Regel die Einholung von (erweiterten) Führungszeugnissen für (zukünftiges) haupt- und ehrenamtliches Personal, das Kontakt mit Minderjährigen hat (→ Rn. 19 ff.). S. 3 sieht ein Beschäftigungsverbot für Personen mit einschlägigen strafrechtlichen Verurteilungen vor (→ Rn. 23). S. 4–8 enthalten datenschutzrechtliche Vorgaben für den Umgang mit den in den Führungszeugnissen enthaltenen Informationen (→ Rn. 24).

Übersicht

A. Die Verpflichtungen nach Abs. 1

I. Allgemeines

1   Abs. 1 konkretisiert die den Ländern obliegende Aufgabe der Unterbringung Asylbegehrender, indem er folgende drei Verpflichtungen begründet:
• Schaffung einer Aufnahmeeinrichtung,
• Unterhaltung der Aufnahmeeinrichtung,
• Bereitstellung der notwendigen Zahl an Unterbringungsplätzen in der Aufnahmeeinrichtung.

2   Aufgrund von Abs. 1 muss jedes Bundesland mindestens eine Aufnahmeeinrichtung dauerhaft betreiben. Unter Aufnahmeeinrichtung ist gemäß der in § 5 Abs. 3 S. 1 enthaltenen Legaldefinition eine „Zentrale Aufnahmeeinrichtung für Asylbewerber" zu verstehen. Den Ländern steht es – wie auch § 22 Abs. 2 S. 1 Nr. 1 zeigt – frei, mehrere derartige Aufnahmeeinrichtungen zu betreiben. Im Rahmen ihrer Verwaltungskompetenz dürfen sie auch unselbstständige „Zweigstellen" schaffen, die mit der „Zentrale" eine einheitliche Aufnahmeeinrichtung bilden.

2.1   Befinden sich Zweigstelle und Zentrale in unterschiedlichen Gerichtsbezirken, ist für Asylklagen das Gericht der Zentrale örtlich zuständig (VG Potsdam BeckRS 2018, 307). Das gilt jedenfalls dann, wenn für die Zweigstelle keine die Wohnverpflichtung nach § 47 Abs. 1 S. 1 konkretisierende Wohnsitzauflage verfügt wurde.

3   Wie viele Unterbringungsplätze „notwendig" sind und dementsprechend bereitgestellt werden müssen, bestimmt sich nach der Aufnahmequote des jeweiligen Landes (vgl. § 45). § 5 Abs. 3 S. 1 kann nicht entnommen werden, dass die Errichtung einer Außenstelle wenigstens eine Aufnahmeeinrichtung mit 1.000 Regelunterbringungsplätzen voraussetzt (aA GK-AsylG/Funke-Kaiser Rn. 14). Den Ländern steht es deshalb im Rahmen ihrer Verwaltungskompetenz frei, die erforderliche Anzahl an Unterbringungsplätzen auf kleinere Einheiten zu verteilen, was aus diversen Gründen sinnvoll erscheint.

4   Abs. 2 verpflichtet das Bundesministerium des Innern, für Bau und Heimat oder die von ihm beauftragte Stelle, den Ländern monatlich die Zugänge, die voraussichtliche Entwicklung und

den voraussichtlichen Bedarf an Unterbringungsplätzen als Grundlage für deren Planungen zu übermitteln.

Mit der Aufgabe der Unterbringung verbunden ist die Kostentragungspflicht der Länder **5** (Art. 104a Abs. 1 GG) und zwar auch im Rahmen des Flughafenverfahrens unabhängig davon, ob die dortigen Unterkünfte als Aufnahmeeinrichtung iSd § 44 Abs. 1 zu qualifizieren sind (BGH NVwZ 1999, 801 (803 f.)).

II. Aufnahmeeinrichtungen – Zweck, Abgrenzung und Anforderungen

Nach der Konzeption des AsylG ist die Aufnahmeeinrichtung für Asylbewerber regelmäßig der **6** Ort der **Erst**unterbringung (vgl. §§ 18 Abs. 1, 19 Abs. 1, 47 Abs. 1). Während des Aufenthalts dort soll das Asylverfahren nicht nur wesentlich vorangetrieben (vgl. §§ 14 Abs. 1 S. 1, 16 Abs. 2, 25 Abs. 4), sondern idealerweise schon (vollziehbar) abgeschlossen werden (BT-Drs. 12/2062, 26).

Mit Gemeinschaftsunterkunft (§ 53), besonderer Aufnahmeeinrichtung (§§ 5 Abs. 5, 33 Abs. 1) **7** oder Ausreiseeinrichtung (§ 61 Abs. 2 S. 1 AufenthG) kennt das Gesetz weitere Formen der (Sammel-) Unterbringung, deren Errichtung allerdings nicht verpflichtend, sondern ins Belieben der Länder gestellt oder von einer Vereinbarung mit diesen abhängig ist. Teilweise werden die verschiedenen Unterbringungsformen auf demselben Gelände, ggf. sogar unter demselben Dach betrieben, weshalb eine klare Abgrenzung in der Praxis mitunter nicht einfach, wegen der sich teils erheblich unterscheidenden Rechtsfolgen im Streitfall jedoch unumgänglich ist (für die Aufnahmeeinrichtung vgl. zB §§ 10 Abs. 4 S. 1, 25 Abs. 4, § 3 Abs. 1 AsylbLG).

Das **AsylG stellt keine ausdrücklichen Mindestanforderungen** an Beschaffenheit und Aus- **8** stattung der Aufnahmeeinrichtung. Die (Zwangs-) Unterbringung muss in jedem Einzelfall im Einklang mit den Grundrechten erfolgen. Insbesondere müssen auch im Falle eines unterstellten kurzen Aufenthalts die **Mindestanforderungen an menschenwürdiges Wohnen** gewahrt sein (BVerfGE 132, 134 = ZAR 2012, 339 (342)). Das ist letztlich eine Frage des Einzelfalls. Allgemein erfordert Art. 1 GG iVm Art. 2 Abs. 2 S. 1 GG jedenfalls die Einhaltung gewisser hygienischer und gesundheitlicher Mindeststandards, die etwa eine Unterbringung in von Schimmel oder Ungeziefer befallenen Einrichtungen ausschließen.

Ein Anspruch auf **Individualwohnraum** oder eine bestimmte zur Eigennutzung zur Verfügung **9** stehende **Mindestwohnfläche** mag zwar mit Blick auf den (zunächst) vorläufigen Aufenthalt im Ausgangspunkt nicht bestehen (VGH BW NVwZ 1986, 783). Allerdings ist zu berücksichtigen, dass die Erstaufnahmeeinrichtungen aufgrund der erheblichen Ausdehnung der (verpflichtenden) Verweilzeit für nicht wenige Menschen langfristiger Lebensmittelpunkt sind oder sein werden (vgl. § 47 Abs. 1a und Abs. 1b) und die Einschränkungen der Privat- und Intimsphäre in dieser Unterbringungsform besonders intensiv sind. Vor diesem Hintergrund verschärft sich der Maßstab für ein menschenwürdiges Wohnen mit zunehmender tatsächlicher Aufenthaltsdauer, so dass ein zunächst hinzunehmendes gemeinsames Wohnen und Schlafen in einem Raum später nicht mehr den Anforderungen an ein menschenwürdiges Wohnen genügt (Hohm/Hohm, Gemeinschaftskommentar zum Asylbewerberleistungsgesetz, AsylbLG § 3 Rn. 77; vgl. auch NdsOVG NVwZ-RR 2004, 298). Dass der zu erfüllende Minimalbedarf mit der Zeit größer wird, zeigt im Übrigen auch der nach 18 Monaten vorgesehene **Übergang von Grund- zu Analogleistungen** (vgl. § 2 Abs. 1 AsylbLG), der Folge der Entscheidung des BVerfG zum AsylbLG aus dem Jahr 2012 ist (BVerfGE 132, 134 = NVwZ 2012, 1024).

In einem gemeinschaftlich bewohnten Raum muss – auch mit Blick auf § 3 Abs. 6 S. 1 **10** AsylbLG – jeder einzelne Bewohner zudem von Beginn an die Möglichkeit haben, wertvolle und persönliche Habseligkeiten vor dem Zugriff Dritter zu sichern.

Aus den Grundrechten folgen zudem besondere **Schutzpflichten** zugunsten der unfreiwilli- **11** gen (!), in der Ankunftsphase grundsätzlich besonders schutzbedürftigen, Bewohner der Aufnahmeeinrichtung (LVerfG MV Urt. v. 31.3.2016 – 3/15, juris Rn. 32, BeckRS 2016, 45418; VG Kassel BeckRS 2017, 145584 Rn. 11). Als anspruchsbegründende Grundrechte kommen etwa das Recht auf Privat- und Intimsphäre (Art. 1 GG iVm Art. 2 Abs. 1 GG), körperliche Unversehrtheit, (negative) Religionsfreiheit oder Art. 6 GG in Betracht. Das Land ist insbesondere verpflichtet, den Bewohnern **seitens interner** (andere Bewohner, privates Sicherheitspersonal) **oder externer** (zB Besucher, Dolmetscher) **Dritter** drohenden Gefahren vorzubeugen bzw. abzuwehren. Konkret bedeutet dies etwa, dass Männer und Frauen separat voneinander unterzubringen und geschlechtergetrennte abschließbare Sanitäranlagen einschließlich eines belästigungsfreien Zugangs zu schaffen sind. Auch im Übrigen sind (bauliche) Vorkehrungen zu treffen, die (sexuelle) Übergriffe effektiv ausschließen (vgl. Art. 18 Abs. 4 EU-Aufnahme-RL – RL 2013/33/EU v. 26.6.2013,

ABl. 2013 L 180, 96; ausführlich zum Gewaltschutz in Aufnahmeeinrichtungen Junghans ZAR 2021, 59 ff.;).

12   Soweit es um den Schutz vor externen Dritten geht, ist ggf. auf Grundlage des **Hausrechts** im Einzelfall ein Zutrittsverbot zu der Aufnahmeeinrichtung, bei der es sich um eine öffentliche Einrichtung handelt, auszusprechen (VG Kassel BeckRS 2017, 145584 Rn. 11: Hausverbot für einen Dolmetscher). Das Hausrecht ist dabei Annex der behördlichen Sachkompetenz (VG Kassel BeckRS 2017, 145584 Rn. 11). Bei Einschaltung privater Unternehmen, die sorgsam auszuwählen und fortlaufend zu überwachen sind, muss das originäre Hausrecht beim Hoheitsträger verbleiben (zu einer entsprechenden Vertragsgestaltung vgl. OVG NRW BeckRS 2018, 17113 Rn. 12). Die in der Praxis gegenüber den Bewohnern der Aufnahmeeinrichtung vielfach vorgenommenen tiefgreifenden Alltagsbeschränkungen (dazu ausführlich Cremer/Engelmann, Hausordnungen menschenrechtskonform gestalten, 2020), lassen sich allerdings nicht auf das allgemeine Hausrecht stützen. Nach dem Grundsatz vom Vorbehalt des Gesetzes ist hierfür vielmehr eine **hinreichend bestimmte gesetzliche Eingriffsermächtigung erforderlich.**

13   Ein **generelles ausnahmsloses Besuchs- und Zutrittsverbot** lässt sich weder mit den staatlichen Schutzpflichten noch der Notwendigkeit eines ungestörten Betriebs der Aufnahmeeinrichtung rechtfertigen. Ein solches wäre insbesondere deshalb **unverhältnismäßig,** weil die – nicht selten abgelegene – Landeserstaufnahmeeinrichtung den (verpflichtenden) Lebensmittelpunkt der Bewohner darstellt. Vom Bewohner erwünschte Besuche (Ehrenamtliche, Familienangehörige) sind deshalb grundsätzlich unbürokratisch zuzulassen, sofern nicht im Einzelfall eine Abwägung mit den öffentlichen Interessen bzw. denen anderer Bewohner ausnahmsweise ein Zutrittsverbot rechtfertigt. Aus Abs. 3 S. 1 lässt sich im Übrigen der Schluss ziehen, dass ehrenamtliches Engagement in Erstaufnahmeeinrichtungen grundsätzlich erwünscht ist.

13a   Nachdem die Aufenthaltsdauer in der Aufnahmeeinrichtung in den letzten Jahren erheblich ausgeweitet wurde, bildet die Aufnahmeeinrichtung für viele Asylsuchende während des Asylverfahrens den Lebensmittelpunkt. Das dem einzelnen Bewohner zugewiesene Zimmer dient dabei nicht nur als Schlafstätte, sondern auch als (einziger) Rückzugsort, auch wenn dieser mit anderen Personen geteilt wird. **Angesichts dieser sozialen Funktion steht das dem Einzelnen zugewiesene Zimmer deshalb unter dem Schutz von Art. 13 GG** (VG Kassel BeckRS 2017, 145584 Rn. 11; Engler ZAR 2019, 322 (324 f.); Huber/Mantel AufenthG/Giesler Rn. 2 f.; Cremer/Engelmann, Hausordnungen menschenrechtskonform gestalten, 2020, 16; vgl. ferner die Schriftsätze auf der Homepage der Gesellschaft für Freiheitsrechte zu den vor dem VGH BW geführten Verfahren; sa die Ausarbeitung des wissenschaftlichen Dienstes des Bundestags WD 3-3000-206/19, 3 f.), wovon (inzwischen) auch der Bundesgesetzgeber auszugehen scheint (vgl. § 58 Abs. 5–10 AufenthG). Wenn die Anwendbarkeit von Art. 13 GG teilweise unter Hinweis auf die von vornherein rechtlich stark eingeschränkten Nutzungsmöglichkeiten (zur Notwendigkeit einer gesetzlichen Grundlage → Rn. 12) des Zimmers verneint wird (so VG Stuttgart BeckRS 2021, 4463 Rn. 55), überzeugt dies nicht, weil das Wohnungsgrundrecht bei dieser stark verrechtlichten Bestimmung des Schutzbereichs zur Disposition des Gesetzgebers stünde und damit seiner abwehrrechtlichen Funktion beraubt würde.

14   Verbindliche – in der Praxis allerdings nur teilweise beachtete (vgl. NK-AuslR/Bender/Bethke Rn. 2) – Vorgaben ergeben sich des Weiteren aus der EU-Aufnahme-RL und hier insbesondere aus Art. 18 f. EU-Aufnahme-RL, Art. 21 EU-Aufnahme-RL, der die Berücksichtigung der speziellen Situation besonders Schutzbedürftiger verlangt, Art. 23 EU-Aufnahme-RL, der die (begleitete) Minderjährige betrifft, sowie Art. 24 EU-Aufnahme-RL, der Vorgaben für die Unterbringung unbegleiteter Minderjähriger enthält, insbesondere die Unterbringung in „Aufnahmezentren" für Erwachsene erst ab einem Alter von 16 Jahren erlaubt. Aus Art. 18 Abs. 9 EU-Aufnahme-RL wird dabei gefolgert, dass die EU-Aufnahme-RL für den Regelfall (vgl. Art. 18 Abs. 1 lit. b EU-Aufnahme-RL: „angemessener Lebensstandard") mehr als die Befriedigung von Grundbedürfnissen verlangt (NK-AuslR/Bender/Bethke Rn. 2; Junghans ZAR 2021, 59 (61); zur Aufnahme-RL 2003 vgl. auch GK-AsylG/Funke-Kaiser Rn. 19).

14a   Mit Abs. 2a, der mit dem Zweiten Gesetz zur besseren Durchsetzung der Ausreisepflicht v. 15.8.2019 (BGBl. I 1294) eingefügt wurde, wird die besondere Verletzlichkeit von Frauen und anderen besonders Schutzbedürftigen (→ Rn. 14a.1) in (Massen-) Unterbringungen zwar nunmehr erstmals ausdrücklich bundesgesetzlich anerkannt. Mit der Soll-Vorgabe setzt der Gesetzgeber die europarechtlichen Vorgaben aber nach wie vor nur unzureichend um, denn danach ist die Berücksichtigung der speziellen Situation besonders Schutzbedürftiger obligatorisch (vgl. etwa Art. 21 EU-Aufnahme-RL).

14a.1   Schutzbedürftige Personen iSd Abs. 2a sind laut Gesetzesbegründung insbesondere Minderjährige (ausf. zu den Lebensbedingungen Minderjähriger: González Méndez de Vigo/Schmidt/Klaus für terre des hommes, Kein Ort für Kinder, Zur Lebenssituation von minderjährigen Geflüchteten in Aufnahmebedingungen, 2020), Menschen mit Behinderungen, ältere Menschen, Schwangere, lesbische, schwule, bi-, transoder intersexuelle Personen, Alleinerziehende mit minderjährigen Kindern, Opfer von Menschenhandel, Personen mit schweren körperlichen Erkrankungen, Personen mit psychischen Störungen und Personen, die Folter, Vergewaltigung oder sonstige schwere Formen psychischer, physischer oder sexueller Gewalt erlitten haben, wie zB Opfer geschlechtsspezifischer Gewalt, weiblicher Genitalverstümmelung, Zwangsverheiratung oder Opfer von Gewalt aufgrund sexueller, geschlechtsbezogener, rassistischer oder religiöser Motive. Mit der ausdrücklichen Nennung der sexuellen Orientierung und Sexualität geht die Aufzählung über den in Art. 21 EU-Aufnahme-RL enthaltenen Katalog hinaus, der angesichts des Wortlauts aber auch dort nicht abschließend ist („schutzbedürftige Personen wie").

Wer zur Wohnsitznahme in einer Aufnahmeeinrichtung verpflichtet ist, hat einen subjektiv **15** öffentlich-rechtlichen Anspruch auf Zuweisung in eine den genannten Mindestanforderungen entsprechende Aufnahmeeinrichtung.

Natürlich steht es den Ländern frei, über die genannten Mindeststandards hinausgehende Anfor- **16** derungen festzuschreiben. Nach anderen Gesetzen während der Unterbringung bestehende Leistungsansprüche des Asylsuchenden werden durch die Aufgabenbestimmung des § 44 nicht gesperrt (BVerwGE 109, 155 = NVwZ 2000, 325 (327)). Für das AsylbLG stellt § 9 Abs. 2 AsylbLG dieses Nebeneinander ausdrücklich klar.

B. Minderjährigen- und Datenschutz

Abs. 3 S. 1 erklärt nur § 45 SGB VIII in Bezug auf Aufnahmeeinrichtungen für unanwendbar. **17** Diese bedürfen daher keiner Betriebserlaubnis und sind der Heimaufsicht entzogen. Dadurch wird die (kurzfristige) Erfüllung der nach Abs. 1 bestehenden Verpflichtungen in verfahrensrechtlicher Hinsicht erleichtert. Mit der nur kurzen Aufenthaltsdauer lässt sich diese Lockerung des Minderjährigenschutzes mit Blick auf § 47 Abs. 1a und Abs. 1b und die in der Praxis häufig deutlich über die in § 47 Abs. 1 S. 1 vorgesehene Sechsmonatsfrist hinausgehende Verweildauer allerdings nicht (mehr) rechtfertigen (so aber BeckOK AuslR/Heusch Rn. 15).

Das sonstige – insbesondere dem Wohl der in den Aufnahmeeinrichtungen lebenden begleiteten **18** Minderjährige dienende – Minderjährigenschutzrecht einschließlich Art. 23 EU-Aufnahme-RL berührt der Dispens nicht, wohl aber schließt er die (verpflichtende) Vorlage (erweiterter) Führungszeugnisse für das in der Aufnahmeeinrichtung tätige „Personal" aus (vgl. § 45 Abs. 3 Nr. 2 SGB VIII). Diese kaum nachvollziehbare Schutzlücke wurde mit dem Gesetz zur Einführung beschleunigter Asylverfahren (v. 11.3.2016, BGBl. I 390) weitgehend geschlossen. Seitdem besteht nach S. 2 für die Einrichtungsträger eine Regelpflicht („soll") zur Einholung erweiterter Führungszeugnisse für Personen, die **kinder- und jugendnahe Tätigkeiten** ausüben.

In personeller Hinsicht betrifft die Eignungsprüfung neben hauptamtlich Beschäftigten auch **19** **dauerhaft in der Erstaufnahmeeinrichtung tätige Ehrenamtliche**, die mit den in S. 2 genannten Tätigkeiten betraut sind. Nur sporadische Hilfe, etwa ein nur hin und wieder erfolgender Einsatz als (ehrenamtlicher) Deutschlehrer, soll von der Vorschrift nicht umfasst sein (BT-Drs. 18/7538, 18). Allerdings muss der Einrichtungsträger im Blick behalten und entsprechend handeln, wenn aus einem als vorübergehend geplanten ein **dauerhafter** Einsatz wird. Das Gesetz spricht von „dauerhafter" nicht „regelmäßiger" Tätigkeit, was darauf hindeutet, dass insbesondere Tätigkeiten erfasst werden sollen, die über einen längeren Zeitraum hinweg ausgeübt werden. Gleichwohl dürften angesichts des Normzwecks auch kurze, aber intensive Einsätze, etwa die tägliche, aber nur für einen Monat erfolgende (ehrenamtliche) Betreuung in Ferienzeiten, umfasst sein. Das ebenso wünschenswerte wie unverzichtbare ehrenamtliche Engagement wird hierdurch auch nicht unzumutbar erschwert, zumal die Einholung eines Führungszeugnisses nicht aufwändig und in der Regel gebührenfrei ist. Spontaneinsätze zB in Krisensituationen bleiben aufgrund des auf Rechtsfolgenseite sowohl bezüglich des „Ob" als auch des „Wann" bestehenden Spielraums in atypischen Fällen unbürokratisch möglich.

Ein möglichst effektiver und lückenloser (präventiver) Minderjährigenschutz spricht – auch mit **20** Blick auf die weiterhin mögliche Tätigkeit von einschlägig Verurteilten in Aufnahmeeinrichtungen (→ Rn. 22) – zudem für ein weites Verständnis der in S. 2 genannten Tätigkeiten. Im Sinne des S. 2 mit der Beaufsichtigung Minderjähriger betraut sind die Angestellten der in Erstaufnahmerichtungen regelmäßig eingesetzten privaten Sicherheitsdienste. Sie fallen jedenfalls unter den „Auffangtatbestand" der zur Kontaktaufnahme mit Minderjährigen vergleichbar geeigneten Tätigkeiten.

Die Vorlage des Führungszeugnisses soll grundsätzlich vor der Einstellung bzw. Aufnahme der **21** dauerhaften (ehrenamtlichen) Tätigkeit erfolgen. Die Soll-Vorgabe ermöglicht in besonderen Fällen ggf. aber auch die nachträgliche Vorlage. Die Einholungspflicht gilt auch für im Zeitpunkt des Inkrafttretens des Gesetzes bereits tätige Personen (GK-AsylG/Funke-Kaiser Rn. 24). Dafür spricht neben dem Normzweck auch die Verpflichtung, sich in regelmäßigen Abständen ein erweitertes Führungszeugnis vorlegen zu lassen, die sich dem Wortlaut nach nicht zwingend nur auf Personen bezieht, die bereits einmal ein Führungszeugnis vorgelegt haben.

22   Für gemäß den in S. 3 genannten Straftatbeständen rechtskräftig verurteilte Personen besteht ein **ausnahmsloses Beschäftigungs- und Betrauungsverbot,** unabhängig davon, ob eine dauerhafte Tätigkeit angestrebt wird. Das Verbot gilt nur für die in S. 2 genannten jugend- und kindernahen Tätigkeiten, sonstige Tätigkeiten bleiben zulässig.

23   S. 4–8 enthalten **datenschutzrechtliche Vorgaben** für die Speicherung (S. 4), Verarbeitung (S. 5), Verhinderung unbefugten Zugriffs (S. 6) und Löschung (S. 7 und S. 8) der in den Führungszeugnissen enthaltenen Daten.

24   Über den Verweis in § 53 Abs. 3 gilt Abs. 3 in vollem Umfang auch für von öffentlichen oder privaten Trägern betriebene Gemeinschaftsunterkünfte.

§ 45 Aufnahmequoten

(1) [1]Die Länder können durch Vereinbarung einen Schlüssel für die Aufnahme von Asylbegehrenden durch die einzelnen Länder (Aufnahmequote) festlegen. [2]Bis zum Zustandekommen dieser Vereinbarung oder bei deren Wegfall richtet sich die Aufnahmequote für das jeweilige Kalenderjahr nach dem von dem Büro der Gemeinsamen Wissenschaftskonferenz im Bundesanzeiger veröffentlichten Schlüssel, der für das vorangegangene Kalenderjahr entsprechend Steuereinnahmen und Bevölkerungszahl der Länder errechnet worden ist (Königsteiner Schlüssel).

(2) [1]Zwei oder mehr Länder können vereinbaren, dass Asylbegehrende, die von einem Land entsprechend seiner Aufnahmequote aufzunehmen sind, von einem anderen Land aufgenommen werden. [2]Eine Vereinbarung nach Satz 1 sieht mindestens Angaben zum Umfang der von der Vereinbarung betroffenen Personengruppe sowie einen angemessenen Kostenausgleich vor. [3]Die Aufnahmequote nach Absatz 1 wird durch eine solche Vereinbarung nicht berührt.

Überblick

Die Vorschrift betrifft die Quote zur Aufnahme Asylbegehrender. Abs. 1 regelt, wie diese zu bestimmen ist (→ Rn. 1 ff.). Auf Grundlage von Abs. 2 können Länder die Unterbringung Asylsuchender in einem anderen als dem zur Aufnahme verpflichteten Bundesland vereinbaren (→ Rn. 4 ff.).

A. Aufnahmequote

1   Die für die Erfüllung der Verpflichtung aus § 44 Abs. 1 (→ § 44 Rn. 1 ff.) maßgebliche Aufnahmequote bezweckt eine – aus Sicht der Länder – gerechte Verteilung Asylsuchender und der damit verbundenen Kosten. Insbesondere soll eine überproportionale Belastung der grenznahen Bundesländer, also gewissermaßen ein innerdeutsches faktisches Dublin-Regime verhindert werden. Interessen der Asylsuchenden sind nicht im Spiel.

2   S. 1 überlässt es zunächst den Ländern, im Wege eines **Verwaltungsabkommens** einen Aufnahmeschlüssel zu bestimmen, das bislang allerdings – soweit ersichtlich – nicht geschlossen wurde, weswegen hilfsweise der in S. 2 vorgesehene „**Königsteiner Schlüssel**" zum Einsatz kommt. Mit Hilfe des – ursprünglich zur gerechten Verteilung von Finanzmitteln vorgesehenen – Instruments werden die Asylsuchenden zu 2/3 nach dem Verhältnis der Steueraufkommen und zu 1/3 nach dem Verhältnis der Bevölkerungszahl der Länder verteilt. Der im Bundesanzeiger veröffentlichte Schlüssel wird jährlich neu berechnet, wobei für die Aufnahmequote der jeweilige Schlüssel aus dem Vorjahr maßgeblich ist, der auf der Homepage des Bundesamts (www.bamf.de) eingesehen werden kann.

3   **Auf die jeweilige Quote angerechnet** werden gem. § 52 länderübergreifend umverteilte Asylbegehrende (vgl. § 51), Personen, die ihren Asylantrag gem. § 14 Abs. 2 S. 1 Nr. 2 (unter anderem in Haft bzw. im Krankenhaus befindliche Asylbegehrende) oder § 14 Abs. 2 S. 1 Nr. 3 (unter anderem unbegleitete minderjährige Asylbegehrende) schriftlich bei der Zentrale des Bundesamts stellen müssen sowie minderjährige ledige Kinder, deren Asylantragstellung nach § 14a fingiert wird.

B. Länderkooperation

Unter dem Eindruck der Fluchtbewegungen 2015/2016 wurde durch das Asylverfahrensbe- **4** schleunigungsgesetz (v. 20.10.2015, BGBl. I 1722) Abs. 2 eingefügt, um eine gegenseitige Unterstützung und Entlastung von Bundesländern bei der Unterbringung von Asylbewerbern zu ermöglichen. Dabei dürfte man insbesondere die drei Stadtstaaten vor Augen gehabt haben, für die die Unterbringung innerhalb ihrer Grenzen bei hohen Zugangszahlen eine besondere Herausforderung darstellt.

Abs. 2 erlaubt es, die aus § 44 Abs. 1 erwachsene Verpflichtung durch eine Unterbringung der **5** Asylsuchenden außerhalb der eigenen Landesgrenzen zu erfüllen. Grundlage ist eine **Vereinbarung** zwischen einem oder mehreren Ländern, an die das Gesetz – abgesehen von den in S. 2 genannten Mindestangaben – keine weiteren Anforderungen stellt. Die Aufnahmequote nach Abs. 1 wird durch eine solche Vereinbarung nicht verändert. Die **Kostenträgerschaft verbleibt bei den aufnahmepflichtigen,** also den abgebenden, **Ländern** (BT-Drs. 18/6185, 33).

§ 46 Bestimmung der zuständigen Aufnahmeeinrichtung

(1) ¹Für die Aufnahme eines Ausländers, bei dem die Voraussetzungen des § 30a Absatz 1 vorliegen, ist die besondere Aufnahmeeinrichtung (§ 5 Absatz 5) zuständig, die über einen freien Unterbringungsplatz im Rahmen der Quote nach § 45 verfügt und bei der die ihr zugeordnete Außenstelle des Bundesamtes Asylanträge aus dem Herkunftsland dieses Ausländers bearbeitet. ²Im Übrigen ist die Aufnahmeeinrichtung zuständig, bei der der Ausländer sich gemeldet hat, wenn sie über einen freien Unterbringungsplatz im Rahmen der Quote nach § 45 verfügt und die ihr zugeordnete Außenstelle des Bundesamtes Asylanträge aus dem Herkunftsland des Ausländers bearbeitet. ³Liegen die Voraussetzungen der Sätze 1 und 2 nicht vor, ist die nach Absatz 2 bestimmte Aufnahmeeinrichtung für die Aufnahme des Ausländers zuständig. ⁴Bei mehreren nach Satz 1 in Betracht kommenden besonderen Aufnahmeeinrichtungen (§ 5 Absatz 5) gilt Absatz 2 für die Bestimmung der zuständigen besonderen Aufnahmeeinrichtung entsprechend.

(2) ¹Eine vom Bundesministerium des Innern, für Bau und Heimat bestimmte zentrale Verteilungsstelle benennt auf Veranlassung einer Aufnahmeeinrichtung dieser die für die Aufnahme des Ausländers zuständige Aufnahmeeinrichtung. ²Maßgebend dafür sind die Aufnahmequoten nach § 45, in diesem Rahmen die vorhandenen freien Unterbringungsplätze und sodann die Bearbeitungsmöglichkeiten der jeweiligen Außenstelle des Bundesamtes in Bezug auf die Herkunftsländer der Ausländer. ³Von mehreren danach in Betracht kommenden Aufnahmeeinrichtungen wird die nächstgelegene als zuständig benannt.

(2a) ¹Ergibt sich aus einer Vereinbarung nach § 45 Absatz 2 Satz 1 eine von den Absätzen 1 und 2 abweichende Zuständigkeit, so wird die nach der Vereinbarung zur Aufnahme verpflichtete Aufnahmeeinrichtung mit der tatsächlichen Aufnahme des Ausländers zuständig. ²Soweit nach den Umständen möglich, wird die Vereinbarung bei der Verteilung nach Absatz 2 berücksichtigt.

(3) ¹Die veranlassende Aufnahmeeinrichtung teilt der zentralen Verteilungsstelle nur die Zahl der Ausländer unter Angabe der Herkunftsländer mit. ²Ausländer und ihre Familienangehörigen im Sinne des § 26 Absatz 1 bis 3 sind als Gruppe zu melden.

(4) Die Länder stellen sicher, dass die zentrale Verteilungsstelle jederzeit über die für die Bestimmung der zuständigen Aufnahmeeinrichtung erforderlichen Angaben, insbesondere über Zu- und Abgänge, Belegungsstand und alle freien Unterbringungsplätze jeder Aufnahmeeinrichtung unterrichtet ist.

(5) Die Landesregierung oder die von ihr bestimmte Stelle benennt der zentralen Verteilungsstelle die zuständige Aufnahmeeinrichtung für den Fall, dass das Land nach der Quotenregelung zur Aufnahme verpflichtet ist und über keinen freien Unterbringungsplatz in den Aufnahmeeinrichtungen verfügt.

Überblick

Die Vorschrift ist Grundlage für die (computerbasierte) Erstverteilung der Asylbegehrenden (EASY) im Bundesgebiet (→ Rn. 1). Sie legt Verfahren und Kriterien zur Bestimmung der für die Aufnahme des einzelnen Asylsuchenden konkret zuständigen (besonderen) Aufnahmeeinrichtung fest und konkretisiert damit die quotengemäße Aufnahmeverpflichtung der Länder. Die Bestimmung der zuständigen Einrichtung erfolgt gemäß der in Abs. 1 vorgesehenen Reihenfolge. Abs. 1 S. 1 betrifft Personen, die dem beschleunigten Verfahren gem. § 30a unterliegen. Diese sind in besonderen Aufnahmeeinrichtungen unterzubringen. Welche konkret zuständig ist, bestimmt sich nach Abs. 1 S. 1 bzw. S. 4 iVm Abs. 2 (→ Rn. 3 ff.). Nach S. 2 und S. 3 richtet sich die Zuständigkeitsbestimmung, soweit es um die Unterbringung in „normalen" Aufnahmeeinrichtungen geht (→ Rn. 6 ff.). Im Rahmen von S. 3 wird die zuständige Aufnahmeeinrichtung durch die vom Bundesministerium des Innern, für Bau und Heimat benannte Zentrale Verteilstelle entsprechend der in Abs. 2 S. 2 genannten Kriterien bestimmt (→ Rn. 8 ff.). Dabei sind auch Vereinbarungen nach § 45 Abs. 2 S. 1 zu berücksichtigen (→ Rn. 10). Abs. 3 begründet anlass- und personenbezogene Mitteilungspflichten der veranlassenden Aufnahmeeinrichtung (→ Rn. 13 ff.), Abs. 4 verpflichtet die Landesregierung zur Übermittlung kapazitätsbezogener Informationen (→ Rn. 16). Abs. 5 stellt die Einhaltung der Aufnahmequoten sicher (→ Rn. 11).

Übersicht

A. Allgemeines

1   Auf Grundlage von § 46 wird das quotenbasierte bundesweite Verteilsystem in die Praxis umgesetzt. In Kombination mit den Vorschriften der §§ 18, 19 ff. dient es einer möglichst schnellen Zuführung des Asylsuchenden an die zuständige Aufnahmeeinrichtung als räumlichem Ausgangs- und ggf. Endpunkt des Asylverfahrens. Das Zuständigkeitsbestimmungsverfahren nimmt dabei – mit Ausnahme von Abs. 3 S. 2 – keinerlei Rücksicht auf Interessen und Bedürfnisse der Asylsuchenden, sondern hat ausschließlich eine verhältnismäßige Lastenverteilung und effiziente Verfahrensgestaltung im Blick. Dass das Verteilsystem subjektive Rechte nicht berücksichtigt, heißt aber nicht, dass es sie nicht berührt und ggf. auch verletzt (→ Rn. 17 ff.).

2   Eine zuständige (besondere) Aufnahmeeinrichtung muss nur für diejenigen Asylsuchenden bestimmt werden, die gem. § 14 Abs. 1 ihren Asylantrag bei der Außenstelle des Bundesamts stellen müssen und infolgedessen der Wohnsitzauflage nach § 47 Abs. 1 unterliegen (VG Gelsenkirchen BeckRS 2015, 119718 Rn. 30; NK-AuslR/Bender/Bethke Rn. 2).

B. Bestimmung der zuständigen Aufnahmeeinrichtung

I. Besondere Aufnahmeeinrichtungen

3   Durch das Gesetz zur Einführung beschleunigter Asylverfahren (v. 11.3.2016, BGBl. I 390) wurde mit den besonderen Aufnahmeeinrichtungen (§ 5 Abs. 5) auf Ebene der Erstaufnahme eine neue Unterbringungsform geschaffen, die im Rahmen des Verteilungsverfahrens nun grundsätzlich vorrangig zu berücksichtigen ist (BT-Drs. 18/7538, 18). In ihr sollen Asylbegehrende untergebracht werden, bei denen die Voraussetzungen für ein beschleunigtes Verfahren (§ 30a) vorliegen. Die **Entscheidung** hierüber **liegt** nach der Systematik des § 30a **beim Bundesamt** (vgl. § 30a Abs. 1 und Abs. 2) und muss getroffen sein, bevor der Asylbegehrende einer besonderen Aufnahmeeinrichtung zugewiesen wird. Im Rahmen des EASY-Systems automatisierte Entscheidungen sind hier vor allem – auf Grundlage der Selbstauskunft zur Staatsangehörigkeit – bei Personen aus sicheren Herkunftsstaaten (§ 29a) und ggf. Folgeantragstellern (§ 71) vorstellbar. Im Übrigen wird die Anordnung eines beschleunigten Verfahrens erst zu einem späteren Zeitpunkt im Einzelfall getroffen werden (können). In diesen Fällen ist der Asylsuchende (zunächst) in einer nach Maßgabe von S. 2 und S. 3 (→ Rn. 6 ff.) zu bestimmenden „normalen" Aufnahmeeinrichtung unterzubringen, wobei eine Zuständigkeitsänderung im Falle einer später angeordneten Durchführung eines beschleunigten Verfahrens nicht ausgeschlossen erscheint.

Konkret zuständig ist die besondere Aufnahmeeinrichtung, die im Rahmen der Landesquote **4** über einen freien Unterbringungsplatz verfügt **und** bei der die ihr zugeordnete Außenstelle des Bundesamts Asylanträge aus dem Herkunftsland des Asylsuchenden bearbeitet (Abs. 1 S. 1). Anwendbarkeit und Reichweite der Vorschrift (und des beschleunigten Verfahrens) hängen dementsprechend maßgeblich davon ab, ob bzw. wie viele besondere Aufnahmeeinrichtungen die Bundesländer überhaupt errichtet haben, und welche Kapazitäten diese aufweisen, denn § 44 Abs. 1 verpflichtet nicht zur Schaffung besonderer Aufnahmeeinrichtungen (→ § 44 Rn. 7).

Soweit ersichtlich existieren besondere Aufnahmeeinrichtungen bislang nur in Bayern und Sachsen **4.1** (vgl. Kluth ZRP 2018, 190 (191)).

Kommen danach mehrere besondere Aufnahmeeinrichtungen in Betracht, ist diejenige zustän- **5** dig, welche die von einer Aufnahmeeinrichtung angerufene und vom Bundesministerium des Innern, für Bau und Heimat bestimmte Zentrale Verteilstelle nach Maßgabe von Abs. 2 S. 1 benennt (Abs. 1 S. 4 iVm Abs. 2 S. 1). Die veranlassende Aufnahmeeinrichtung hat dabei gem. Abs. 3 S. 1 die für die Zuständigkeitsbestimmung unabdingbaren Informationen zu übermitteln (→ Rn. 14 ff.).

II. (Allgemeine) Aufnahmeeinrichtungen

Ist (zunächst) keine besondere Aufnahmeeinrichtung zuständig, wird eine (allgemeine) Aufnah- **6** meeinrichtung ermittelt, die zuständig ist. Nach Abs. 1 S. 2 ist dies diejenige, bei der sich der Ausländer (zuerst) – ggf. auf Veranlassung (vgl. §§ 18 Abs. 1 S. 1, 19 Abs. 1) – gemeldet hat (vgl. § 22 Abs. 1 S. 1), sofern **erstens** die Landesquote noch nicht erfüllt ist, **zweitens** die angelaufene Aufnahmeeinrichtung über einen freien Unterbringungsplatz verfügt **und drittens** die ihr zugeordnete Außenstelle Asylanträge aus dem Herkunftsland bearbeitet. Sind die Kriterien kumulativ erfüllt, nimmt die Aufnahmeeinrichtung ihn auf (§ 22 Abs. 1 S. 2 Alt. 1). Auch wenn kein Rechtsanspruch auf Aufenthalt in einem bestimmten Bundesland besteht (§ 55 Abs. 1 S. 2), kann ein Asylsuchender durch die „freiwillige" (vgl. § 20 Abs. 1 S. 1) Erstmeldung seinen weiteren Aufenthaltsort also bis zu einem gewissen Grad beeinflussen.

Ist eine Zuständigkeitsbestimmung nach S. 1 und S. 2 nicht möglich, wird – in der Regel **7** durch die angelaufene Aufnahmeeinrichtung – die in Abs. 2 genannte Zentrale Verteilstelle eingeschaltet („auf Veranlassung"), welche die zuständige Aufnahmeeinrichtung benennt (Abs. 1 S. 3). Dafür werden die in Abs. 3 S. 1 genannten Daten in das vom Bundesamt betriebene EASY-System eingebucht (sog. EASY-Optionierung), welches im Anschluss die zuständige Aufnahmeeinrichtung „auswirft".

Grundlage dieses computerbasierten Prozesses sind dabei die **in Abs. 2 S. 2 genannten** **8** **Kriterien** (Aufnahmequoten, vorhandene freie Unterbringungsplätze, Bearbeitungsmöglichkeiten der jeweiligen Außenstelle in Bezug auf das Herkunftsland), die **in der genannten Reihenfolge** („sodann") anzuwenden sind, wodurch sich der Kreis der Bundesländer und der in Frage kommenden Aufnahmeeinrichtungen sukzessive reduziert. Verbleiben danach mehrere Aufnahmeeinrichtungen, ist nach Abs. 2 S. 3 die **nächstgelegene Aufnahmeeinrichtung** zuständig. Bezugspunkt ist die Aufnahmeeinrichtung in der sich der Asylsuchende gemeldet hat.

Nach der eindeutigen gesetzlichen Konzeption soll eine **Zuständigkeitsbestimmung „von** **9** **außen"** eigentlich erst und **nur auf der Stufe von S. 3** erfolgen. Gesetz und Praxis klaffen hier allerdings auseinander, denn tatsächlich befragt die angelaufene Aufnahmeeinrichtung zur Ermittlung der zuständigen Aufnahmeeinrichtung das EASY-System stets, also schon iRv S. 2 (vgl. auch NK-AuslR/Bender/Bethke Rn. 4). Die so ermittelte Aufnahmeeinrichtung dürfte dabei allenfalls zufällig deckungsgleich mit der Aufnahmeeinrichtung sein, die ohne Einschaltung der Verteilstelle ermittelt worden wäre. Allerdings hat der Asylsuchende **keinen Anspruch auf** **ein korrekt durchgeführtes Zuständigkeitsbestimmungsverfahren.**

Bei der Verteilung nach Abs. 2 wird, soweit nach den Umständen möglich, eine **Vereinbarung** **10** **nach § 45 Abs. 2 S. 1** berücksichtigt (Abs. 2a S. 2). Dadurch wird die durch ein anderes Bundesland zugesagte Aufnahme auf Zuständigkeitsebene nachverfolgt (BT-Drs. 18/6185, 33). In dieser Konstellation **begründet** allerdings nicht schon die Benennung, sondern erst die **tatsächliche Aufnahme** durch die nach der Vereinbarung hierzu verpflichtete Aufnahmeeinrichtung die **Zuständigkeit** (Abs. 2a S. 1).

Abs. 5 verhindert, dass sich ein Bundesland seiner Aufnahmeverpflichtung dadurch entzieht, **11** dass es nicht über die im Rahmen der Quote erforderliche Anzahl an Unterbringungsplätzen verfügt. Trotz ausgeschöpfter Kapazitäten muss die Landesregierung oder eine von ihr bestimmte Stelle der Zentralstelle die zuständige Aufnahmeeinrichtung benennen, an die der Asylsuchende weitergeleitet werden kann.

12   Ist nach durchgeführtem Zuständigkeitsbestimmungsverfahren eine andere als die Meldeeinrichtung zuständig, wird dieses Ergebnis durch eine **Weiterleitungsverfügung** gegenüber dem Ausländer umgesetzt (§ 22 Abs. 1 S. 2 Alt. 2). Andernfalls nimmt sie ihn auf (§ 22 Abs. 1 S. 2 Alt. 1).

C. Informationspflichten

13   Damit die Zentrale Verteilstelle die ihr zugewiesene Aufgabe erfüllen kann, ist sie auf aktuelle Informationen durch die Bundesländer angewiesen.

14   Abs. 3 bezieht sich auf konkret zur Verteilung anstehende Personen, deren **Anzahl und Herkunftsländer** die veranlassende Aufnahmeeinrichtung melden muss (S. 1). Nach S. 2 sind Familienangehörige iSv § 26 Abs. 1–3 als Gruppe zu melden. Dadurch soll ein **Auseinanderreißen der „Kernfamilie"** verhindert und Art. 6 GG/Art. 8 EMRK bzw. Art. 12 EU-Aufnahme-RL Rechnung getragen werden. Die Familieneigenschaft muss nicht förmlich nachgewiesen, sondern kann grundsätzlich auf Grundlage schlüssiger Angaben der Betroffenen angenommen werden.

15   Weitere (personenbezogene) Daten dürfen und müssen mangels einfachgesetzlicher Relevanz für die der Zuständigkeitsbestimmung zugrundeliegenden Kriterien grundsätzlich nicht übermittelt werden. Eine **Ausnahme** ist aber dann zu machen, **wenn** der Ausländer **verfassungsrechtlich „aufgeladene"** – etwa gesundheitliche oder familiäre – **Gründe** nennt, die eine Verteilung an eine bestimmte Aufnahmeeinrichtung zwingend erfordern oder an eine x-beliebige ausschließen (BeckOK AuslR/Heusch Rn. 9).

15.1 Im Verwaltungsvollzug ist die Berücksichtigung gewichtiger Belange des Asylsuchenden Usus. Auf Grundlage des sog. Hamburger Katalogs werden nach vorheriger Verständigung zwischen den beteiligten Bundesländern gezielt Eingriffe in das Verteilsystem vorgenommen (ANA-ZAR 2013, 7). Die Kriterien orientieren sich dabei an den im Rahmen einer länderübergreifenden Verteilung (§ 51) akzeptierten, welche dadurch entbehrlich gemacht werden soll. Sofern zu diesem frühen Zeitpunkt bereits Kontakt mit dem Asylsuchenden besteht, ist dieser dahingehend zu beraten, seine für oder gegen einen bestimmten Verteilort sprechenden (dringenden) Gründe im Rahmen der Erstbefragung durch die Aufnahmeeinrichtung geltend zu machen.

16   Abs. 4 verpflichtet die Länder, die Verteilstelle jederzeit, also auch am Wochenende, über Zu- und Abgänge, Belegungsstand und alle freien Unterbringungsplätze im Bundesland auf dem Laufenden zu halten. Auch diese Informationen werden über das EASY-System übermittelt.

D. Rechtsschutz

17   Die Benennung der zuständigen Aufnahmeeinrichtung hat im Ausgangspunkt **nur innerorganisatorische Bedeutung** und kann unmittelbar nicht angegriffen werden. Sie ist aber zweifelsohne staatlich veranlasste(r) Ursache und Anknüpfungspunkt für anschließende außenwirksame Maßnahmen (§ 22 Abs. 1 S. 2) und Rechtsfolgen (vgl. § 47 Abs. 1 S. 1). Ob das Ergebnis der Zuständigkeitsbestimmung nun in Gestalt einer Weiterleitung (§ 22 Abs. 1 S. 2 Alt. 2), oder – in den Fällen des Abs. 1 S. 2 – durch Aufnahme (§ 22 Abs. 1 S. 2 Alt. 2) umgesetzt wird, den Asylsuchenden betrifft es jetzt spürbar. Insofern kann **nicht zweifelhaft** sein, **dass** schon auf Ebene der Erstverteilung der **Rechtsweg eröffnet** ist (VG Bremen BeckRS 2017, 130468 Rn. 9; zu § 15a AufenthG OVG NRW BeckRS 2013, 47329; Sieweke ZAR 2015, 12 (15); GK-AsylG/Funke-Kaiser Rn. 7; aA Bergmann/Dienelt/Bergmann Rn. 8; wohl auch VG Frankfurt (Oder) BeckRS 2013, 59089); ob der Gang vor die Gerichte in der Sache zielführend ist, steht auf einem anderen Blatt.

18   Dabei dürfte im Ergebnis zweitrangig sein, ob ein (möglicher) Anspruch aus §§ 50 Abs. 4 S. 5, 51 Abs. 1 analog, § 15a Abs. 1 S. 6 AufenthG analog (so HTK-AuslR/Diesterhöft AsylG § 46 Nr. 8) oder unmittelbar aus den Grundrechten (VG Bremen BeckRS 2017, 130468 Rn. 14) folgt. Nach Auffassung des VG Bremen kommt eine „Korrektur" der Verteilentscheidung nur bei schwerwiegenden Grundrechtsverletzungen in Betracht (VG Bremen BeckRS 2017, 130468 Rn. 14). Mit einem typischerweise nur kurzen Aufenthalt in den Aufnahmeeinrichtungen lässt sich dieser **strenge Maßstab** mit Blick auf § 47 Abs. 1 S. 1, Abs. 1a, Abs. 1b jedenfalls nicht (mehr) pauschal rechtfertigen (so aber VG Bremen BeckRS 2017, 130468 Rn. 14). Trotzdem wird regelmäßig begründungsbedürftig sein, warum bereits der vorübergehende Aufenthalt in der

zuständigen Aufnahmeeinrichtung die Belange des Betroffenen unzumutbar beeinträchtigt. Dabei muss auch die **Dauer** eines später ggf. möglichen landesinternen (§ 50) oder länderübergreifenden (§ 51), den Wegfall der gesetzlichen Wohnsitzauflage (§ 47) voraussetzenden **(Um-) Verteilungsverfahrens** berücksichtigt werden.

Statthaft wird meist die **Verpflichtungsklage** (in der Regel in Verbindung mit einem Antrag **19** nach § 123 VwGO) gerichtet auf Erlass einer die Rechte des Klägers wahrenden Weiterleitungsverfügung (§ 22 Abs. 1 S. 2) sein. Gegebenenfalls reicht auch eine Anfechtungsklage in Verbindung mit einem Antrag nach § 80 Abs. 5 VwGO (§ 75 Abs. 1), wenn ausschließlich die Verteilung in die als zuständig benannte Aufnahmeeinrichtung verhindert werden soll. Die Zuständigkeitsbestimmung wird in beiden Fällen nur mittelbar angegriffen.

Welches **Gericht örtlich zuständig** ist, ist umstritten (vgl. GK-AsylG/Funke-Kaiser Rn. 11; **20** NK-AuslR/Bender/Bethke Rn. 13, jeweils mN zur Rspr.).

E. Sonstiges

Für den Asylsuchenden ist die zuständige (besondere) Aufnahmeeinrichtung ua deshalb relevant, **21** weil sich auf sie die **gesetzliche Wohnsitzauflage** (vgl. § 47 Abs. 1 S. 1) und räumliche Beschränkung (vgl. § 56 Abs. 1) beziehen. Außerdem ist die Aufnahmeeinrichtung, auf die der Asylsuchende verteilt wurde, grundsätzlich zuständig für die Ausstellung des **Ankunftsnachweises** (§ 63a Abs. 3 S. 1), der die **Aufenthaltsgestattung** zur Entstehung bringt (§ 55 Abs. 1 S. 1) und regelmäßig Voraussetzung für den Erhalt von **Asylbewerberleistungen** in vollem Umfang ist (§ 11 Abs. 2a AsylbLG).

§ 47 Aufenthalt in Aufnahmeeinrichtungen

(1) [1]**Ausländer, die den Asylantrag bei einer Außenstelle des Bundesamtes zu stellen haben (§ 14 Abs. 1), sind verpflichtet, bis zur Entscheidung des Bundesamtes über den Asylantrag und im Falle der Ablehnung des Asylantrags bis zur Ausreise oder bis zum Vollzug der Abschiebungsandrohung oder -anordnung, längstens jedoch bis zu 18 Monate, bei minderjährigen Kindern und ihren Eltern oder anderen Sorgeberechtigten sowie ihren volljährigen, ledigen Geschwistern, längstens jedoch bis zu sechs Monate, in der für ihre Aufnahme zuständigen Aufnahmeeinrichtung zu wohnen.** [2]**Das Gleiche gilt in den Fällen des § 14 Absatz 2 Satz 1 Nummer 2, wenn die Voraussetzungen dieser Vorschrift vor der Entscheidung des Bundesamtes entfallen.** [3]**Abweichend von Satz 1 ist der Ausländer verpflichtet, über 18 Monate hinaus in einer Aufnahmeeinrichtung zu wohnen, wenn er**
1. **seine Mitwirkungspflichten nach § 15 Absatz 2 Nummer 4 bis 7 ohne genügende Entschuldigung verletzt oder die unverschuldet unterbliebene Mitwirkungshandlung nicht unverzüglich nachgeholt hat,**
2. **wiederholt seine Mitwirkungspflicht nach § 15 Absatz 2 Nummer 1 und 3 ohne genügende Entschuldigung verletzt oder die unverschuldet unterbliebene Mitwirkungshandlung nicht unverzüglich nachgeholt hat,**
3. **vollziehbar ausreisepflichtig ist und gegenüber einer für den Vollzug des Aufenthaltsgesetzes zuständigen Behörde fortgesetzt über seine Identität oder Staatsangehörigkeit täuscht oder fortgesetzt falsche Angaben macht oder**
4. **vollziehbar ausreisepflichtig ist und fortgesetzt zumutbare Anforderungen an die Mitwirkung bei der Beseitigung von Ausreisehindernissen, insbesondere hinsichtlich der Identifizierung, der Vorlage eines Reisedokuments oder der Passersatzbeschaffung, nicht erfüllt.**
[4]**Satz 3 findet keine Anwendung bei minderjährigen Kindern und ihren Eltern oder anderen Sorgeberechtigten sowie ihren volljährigen, ledigen Geschwistern.** [5]**Die §§ 48 bis 50 bleiben unberührt.**

(1a) [1]**Abweichend von Absatz 1 sind Ausländer aus einem sicheren Herkunftsstaat (§ 29a) verpflichtet, bis zur Entscheidung des Bundesamtes über den Asylantrag und im Falle der Ablehnung des Asylantrags nach § 29a als offensichtlich unbegründet oder nach § 29 Absatz 1 Nummer 1 als unzulässig bis zur Ausreise oder bis zum Vollzug der Abschiebungsandrohung oder -anordnung in der für ihre Aufnahme zuständigen Aufnahmeeinrichtung zu wohnen.** [2]**Satz 1 gilt nicht bei minderjährigen Kindern und** ihren Eltern oder anderen Sorgeberechtigten sowie ihren volljährigen, ledigen Geschwistern ³Die §§ 48 bis 50 bleiben unberührt.

(1b) ¹Die Länder können regeln, dass Ausländer abweichend von Absatz 1 verpflichtet sind, bis zur Entscheidung des Bundesamtes über den Asylantrag und im Falle der Ablehnung des Asylantrags als offensichtlich unbegründet oder als unzulässig bis zur Ausreise oder bis zum Vollzug der Abschiebungsandrohung oder -anordnung in der für ihre Aufnahme zuständigen Aufnahmeeinrichtung, längstens jedoch für 24 Monate, zu wohnen. ²Die §§ 48 bis 50 bleiben unberührt.

(2) Sind Eltern eines minderjährigen ledigen Kindes verpflichtet, in einer Aufnahmeeinrichtung zu wohnen, so kann auch das Kind in der Aufnahmeeinrichtung wohnen, auch wenn es keinen Asylantrag gestellt hat.

(3) Für die Dauer der Pflicht, in einer Aufnahmeeinrichtung zu wohnen, ist der Ausländer verpflichtet, für die zuständigen Behörden und Gerichte erreichbar zu sein.

(4) ¹Die Aufnahmeeinrichtung weist den Ausländer innerhalb von 15 Tagen nach der Asylantragstellung möglichst schriftlich und in einer Sprache, deren Kenntnis vernünftigerweise vorausgesetzt werden kann, auf seine Rechte und Pflichten nach dem Asylbewerberleistungsgesetz hin. ²Die Aufnahmeeinrichtung benennt in dem Hinweis nach Satz 1 auch, wer dem Ausländer Rechtsbeistand gewähren kann und welche Vereinigungen den Ausländer über seine Unterbringung und medizinische Versorgung beraten können.

Überblick

Die Vorschrift begründet für das Gros der Asylbewerber eine der Straffung des Asylverfahrens dienende (→ Rn. 1 f.) gesetzliche Wohnverpflichtung in der für sie nach Maßgabe des § 46 als zuständig ermittelten Aufnahmeeinrichtung. Die Wohnverpflichtung gilt für Personen, die ihren Asylantrag bei einer Außenstelle des Bundesamts stellen müssen (→ Rn. 4) sowie für Zweit- und ggf. Folgeantragsteller (→ Rn. 7). Bei Wegfall der Voraussetzung des § 14 Abs. 2 S. 1 Nr. 2 kann die Wohnverpflichtung auch nachträglich entstehen (→ Rn. 5). Keine Wohnverpflichtung besteht für unbegleitete minderjährige Asylsuchende (→ Rn. 6). Durch das Zweite Gesetz zur besseren Durchsetzung der Ausreisepflicht v. 15.8.2019 (BGBl. I 1294) wurden die Höchstfristen, mit deren Ablauf die Wohnverpflichtung automatisch erlischt, neu bestimmt: Eine generelle Obergrenze von sechs Monaten besteht für minderjährige Kinder einschließlich ihrer Eltern oder sonstigen Sorgeberechtigten und volljährigen ledigen Geschwister (→ Rn. 16a ff.). Im Übrigen erlischt die Wohnverpflichtung erst nach spätestens 18 Monaten statt bislang sechs (→ Rn. 16d). Per Landesregelung kann die Wohnverpflichtung noch auf bis zu zwei Jahre ausgedehnt werden (→ Rn. 33 ff.). Kein zeitliches Limit gilt für Antragsteller aus sicheren Herkunftsstaaten, die jedenfalls bis zur Bundesamtsentscheidung, bei Ablehnung nach § 29a bzw. § 29 Abs. 1 Nr. 1 bis zum Verlassen des Bundesgebiets wohnverpflichtet sind (→ Rn. 24 ff.). Seit dem 21.8.2019 besteht zudem auch für Personen, die bestimmte Mitwirkungspflichten verletzen, eine zeitlich unbefristete Wohnverpflichtung (→ Rn. 32a ff.). Abs. 2 erlaubt es einem minderjährigen ledigen Kind, unabhängig von einer eigenen Asylantragstellung in einer Aufnahmeeinrichtung zu wohnen, wenn dessen Eltern nach Abs. 1 S. 1 wohnverpflichtet sind (→ Rn. 8 ff.). Abs. 3 bestimmt, dass der Wohnverpflichtete, für die zuständigen Behörden und Gerichte erreichbar zu sein hat (→ Rn. 15 f.). Abs. 4 regelt Hinweispflichten der Aufnahmeeinrichtung (→ Rn. 38 ff.).

Übersicht

A. Allgemeines

Die Wohnverpflichtung soll – auch in Verbindung mit der daran gekoppelten **räumlichen** 1 **Beschränkung** (§§ 56 Abs. 1, 59a Abs. 1 S. 2), dem jedenfalls für die ersten neun Monate bestehenden strikten **Erwerbstätigkeitsverbot** (§ 61 Abs. 1 S. 1) sowie der **speziellen Zustellungsvorschrift** (§ 10 Abs. 4) – die bessere Erreichbarkeit der Asylsuchenden sicherstellen (vgl. Abs. 3, §§ 56, 59a Abs. 1 S. 2) und die Asylverfahren beschleunigen, die nach der Vorstellung des Gesetzgebers während des Aufenthalts in der Aufnahmeeinrichtung jedenfalls bis zur Anhörung (§ 25 Abs. 4), jedenfalls bei eindeutiger Aussichtslosigkeit sogar vollziehbar zum Abschluss gebracht werden sollen (vgl. §§ 36 Abs. 3, 80, vgl. auch § 50 Abs. 1 S. 1 Nr. 1 aF).

Nachdem diese Erwartung weitgehend unerfüllt blieb, hat der Gesetzgeber unter dem Eindruck 2 der Migrationsbewegungen in den Jahren 2015/2016 nicht nur die regelmäßige Höchstfrist von drei Monaten auf sechs angehoben, sondern zudem für Personen aus sicheren Herkunftsstaaten (§ 29a) eine zeitlich unbegrenzte (Abs. 1a, → Rn. 24 ff.) Wohnsitzverpflichtung und für alle anderen Asylsuchenden die Grundlage für eine auf zwei Jahre erweiterbare Wohnpflicht geschaffen (Abs. 1b, → Rn. 33 ff.). Da in der Konzeption des Gesetzgebers eindeutig aussichtslose Fälle bereits in der sechsmonatigen Regelfrist vollziehbar entschieden werden (sollten), diente die zeitliche Ausweitung insbesondere der **Erleichterung von Abschiebungen unmittelbar aus der Aufnahmeeinrichtung** heraus.

Dieser Zweck dürfte auch bei der erneuten Verlängerung der Wohnverpflichtung auf nunmehr 2a bis zu 18 Monate durch das Zweite Gesetz zur besseren Durchsetzung der Ausreisepflicht v. 15.8.2019 (BGBl. I 1294) im Vordergrund gestanden haben. Dabei dürfte der Gesetzgeber vor allem „Dublin-Fälle", „o.u.-Ablehnungen" nach § 30 sowie in einem anderen „Dublin-Staat" bereits international Schutzberechtigte, also Personen im Blick gehabt haben, deren Rechtsbehelfe im Regelfall keine aufschiebende Wirkung zeitigen. Diese wurden zwar nach teilweiser Länderpraxis schon bislang weit über die einschlägige Sechsmonatsfrist in der Aufnahmeeinrichtung belassen, ohne dass dafür aber eine Rechtsgrundlage bestand oder gem. Abs. 1b geschaffen wurde. Diese – bislang offensichtlich rechtswidrige – Verwaltungspraxis legalisiert der Bundesgesetzgeber nunmehr für die Zukunft und nimmt damit den Druck von den Bundesländern, trotz vollziehbarer Ablehnung des Asylantrags eine Verteilung in die Kommunen vornehmen zu müssen (vgl. § 50 Abs. 4 S. 1), auf die richtigerweise nach Ende der Wohnverpflichtung ein Anspruch besteht (→ Rn. 22 ff.). In Gestalt des ebenfalls durch das Zweite Gesetz zur besseren Durchsetzung der Ausreisepflicht v. 15.8.2019 (BGBl. I 1294) eingefügten Abs. 1 S. 3 setzt der Gesetzgeber die Aufnahmeeinrichtungs-Wohnverpflichtung zudem erstmals als **„Sanktion" für die (wiederholte) Verletzung asylrechtlicher Mitwirkungspflichten** ein (→ Rn. 32a ff.).

Die grundlegende Reform von § 47 geht auf einen Änderungsantrag der Koalitionsfraktionen zurück. 2a.1 Dieser wurde am Tag der öffentlichen Anhörung durch den Innenausschuss eingebracht, am Tag darauf vom Ausschuss für Inneres und Heimat beschlossen (BT-Drs. 19/10706) und zwei Tage darauf im Bundestag verabschiedet. Er war daher weder Gegenstand der öffentlichen Debatte noch der Anhörung.

§ 30a sieht ein in besonderen Aufnahmeeinrichtungen (§ 5 Abs. 5) durchzuführendes beschleu- 3 nigtes Verfahren vor, in dem ebenfalls eine Wohnsitzverpflichtung nach Maßgabe von § 30a Abs. 3 besteht.

B. Persönlicher Anwendungsbereich

Die Wohnverpflichtung des § 47 besteht nur für Personen, die den (förmlichen) Asylantrag 4 nach § 14 Abs. 1 bei einer Außenstelle des Bundesamts, nicht hingegen für solche, die ihn gem. § 14 Abs. 2 direkt beim Bundesamt (Zentrale in Nürnberg) zu stellen haben. Das gilt auch für Asylsuchende aus sicheren Herkunftsstaaten (Abs. 1a) oder Personen, die in den Anwendungsbereich einer auf Grundlage von Abs. 1b erlassenen Landesregelung fallen (→ Rn. 33 ff.), denn beide Vorschriften **erweitern die Wohnverpflichtung des Abs. 1 S. 1 nur in zeitlicher Hinsicht**.

Wurde der Asylantrag nach § 14 Abs. 2 S. 1 Nr. 2 gestellt und entfallen die Voraussetzungen, 5 also die Nr. 2 immanente Ortsbindung (Haft, Krankenhaus, Jugendhilfeeinrichtung etc), bevor eine Entscheidung des Bundesamts ergangen ist, **entsteht die Wohnverpflichtung nachträglich** (Abs. 1 S. 2). S. 2 spricht – etwa im Gegensatz zu § 28 Abs. 2 – nicht von einer unanfechtbaren Entscheidung. Der Asylantragsteller ist deshalb nicht zum Umzug in die Aufnahmeeinrichtung verpflichtet, wenn die Voraussetzung des § 14 Abs. 2 S. 1 Nr. 2 erst nach Zustellung der Bundesamtsentscheidung entfällt (OVG RhPf NVwZ 2018, 91). Eine Wohnverpflichtung besteht ebenfalls nicht, wenn seit Asylantragstellung die Sechs-Monats-Frist des Abs. 1 S. 1 bereits abgelaufen ist (GK-AsylG/Funke-Kaiser Rn. 10; → Rn. 24).

5.1 Aus dem Umstand, dass Abs. 1 S. 2 für den Fall des § 14 Abs. 1 S. 1 Nr. 2 ausdrücklich das nachträgliche Entstehen der Wohnverpflichtung anordnet, ergibt sich, dass ein späterer Wegfall der Voraussetzungen des § 14 Abs. 1 S. 1 Nr. 1 oder Nr. 3 unbeachtlich ist. Fraglich sind die Auswirkungen im umgekehrten Fall, wenn die Voraussetzungen des § 14 Abs. 2 S. 1 nach Asylantragstellung eintreten. Sieht man den sachlichen Grund für die Befreiung von der Wohnverpflichtung in den § 14 Abs. 2 S. 1 beschriebenen tatsächlichen bzw. rechtlichen Lebensumständen, liegt es nahe, im Falle ihres Eintritts, etwa einer Inhaftierung, einem Krankenhausaufenthalt oder der Erteilung eines längerfristigen Aufenthaltstitels, von einem automatischen – dh nicht von einem behördlichen Vorgehen nach § 49 Abs. 2 abhängigen – Ende der Wohnverpflichtung auszugehen, auch wenn der Asylantrag bereits bei der Außenstelle des Bundesamts gestellt wurde. Ansonsten läge etwa bei einem Krankenhausaufenthalt oder einer Inhaftierung bis zu einer Entlassung (vgl. § 49 Abs. 2) objektiv ein Verstoß gegen die Wohnverpflichtung des Abs. 1 S. 1 und die räumliche Beschränkung des § 56 vor (vgl. § 59a Abs. 1 S. 2).

6 **Für unbegleitete minderjährige Asylsuchende gilt** das **asylverfahrensrechtliche Unterbringungs- und Verteilungssystem nicht.** Das in den §§ 42 ff. SGB VIII vorgesehene Inobhutnahme- und Verteilungsverfahren ist insofern vorrangig, was sich im Übrigen aus dem Zusammenspiel der §§ 47 und 14 ergibt (VG Augsburg BeckRS 2018, 135 Rn. 26; BayVGH NVwZ-RR 2014, 959 (960) zu § 14 Abs. 2 S. 1 Nr. 3 aF; VG Schwerin BeckRS 2016, 44989; NK-AuslR/Bender/Bethke Rn. 6, 15; sa BT-Drs. 18/5921, 4 sowie § 12a Abs. 1a AufenthG). Unbegleitet eingereiste minderjährige Ausländer sind ausnahmslos in Obhut zu nehmen, zunächst vorläufig (§ 42a SGB VIII), dann endgültig (§ 42 Abs. 1 S. 1 Nr. 3 SGB VIII). Damit verbunden ist die – auch eine Asylantragstellung umfassende (§ 42 Abs. 2 S. 5 SGB VIII) – Vertretungsbefugnis des Jugendamts, das als gesetzlicher Vertreter (vgl. §§ 42 Abs. 2 S. 4, 42a Abs. 3 S. 1 SGB VIII) iSd § 14 Abs. 2 S. 1 Nr. 3 nicht verpflichtet ist, in einer Aufnahmeeinrichtung zu wohnen. Aus der Regelung des Abs. 1 S. 2 folgt, dass die Wohnverpflichtungen nur in den Fällen des § 14 Abs. 2 S. 1 Nr. 2 nachträglich entstehen, die Beendigung des Inobhutnahmeverhältnisses, etwa nach Eintritt der Volljährigkeit oder Übergabe des (ehemaligen) Mündels an die Erziehungsberechtigten, deshalb nicht zur Anwendbarkeit von § 47 führen kann. Umgekehrt entfällt die Wohnverpflichtung, wenn die Voraussetzungen des § 14 Abs. 2 S. 1 nachträglich entstehen, denn es sind die dort beschriebenen tatsächlichen oder rechtlichen Umstände, welche die Ausklammerung aus dem Anwendungsbereich von § 47 rechtfertigen.

6.1 Die Verteilung von unbegleiteten minderjährigen Ausländern nach dem SGB VIII erfolgt nicht „zur Durchführung eines Asylverfahrens", die im Falle ihrer Anerkennung im Ausgangspunkt deshalb nicht der gesetzlichen Wohnverpflichtung nach § 12a Abs. 1 S. 1 unterliegen (vgl. Röder/Schlotheuber ASYLMAGAZIN 11/2016, 364). Allerdings sieht der mit dem Gesetz zur Entfristung des Integrationsgesetzes v. 4.7.2019 (BGBl. I 914) eingefügte § 12a Abs. 1a AufenthG vor, dass § 12a Abs. 1 mit Eintritt der Volljährigkeit Anwendung findet.

7 **Auf Folge- (§ 71) und Zweitantragsteller (§ 71a) ist Abs. 1 S. 1 nicht unmittelbar,** sondern nur über die in § 71 Abs. 2 S. 2 bzw. § 71a Abs. 2 S. 1, Abs. 5 enthaltenen Verweise **anwendbar.** Für Folgeantragsteller ergibt sich dies auch daraus, dass diese nicht nach § 14 Abs. 1, sondern nach § 71 Abs. 2 S. 1 zur (persönlichen) Asylantragstellung bei der Außenstelle verpflichtet sind. Sie sind zur Wohnsitznahme in einer Aufnahmeeinrichtung nur verpflichtet, wenn sie das Bundesgebiet zwischenzeitlich verlassen hatten (vgl. § 71 Abs. 2 S. 2; zu den statusrechtlichen Folgen des Verweises vgl. → § 55 Rn. 20).

8 Nicht **zur Wohnsitznahme** in einer Aufnahmeeinrichtung verpflichtet, aber **berechtigt sind minderjährige ledige Kinder,** deren Eltern in einer Aufnahmeeinrichtung wohnen müssen, auch wenn das Kind keinen Asylantrag gestellt hat (Abs. 2).

9 Die seit ihrem Inkrafttreten im Jahr 1993 unverändert gebliebene Regelung bewirkt zum einen, dass – in der Sache gar nicht gewollte – Asylanträge allein zur Wahrung oder Herstellung der Familieneinheit gestellt werden (müssen). Vor allem aber trägt sie Art. 6 Abs. 1 und Abs. 2 GG Rechnung (BeckOK AuslR/Heusch Rn. 4). Sie ist deshalb **nicht auf Fälle der gleichzeitigen Einreise oder Asylantragstellung von Eltern und Kind begrenzt** (GK-AsylG/Funke-Kaiser Rn. 16; BeckOK AuslR/Heusch Rn. 4). Davon abgesehen bietet der Wortlaut – anders als der von Art. 12 EU-Aufnahme-RL (RL 2013/33/EU v. 26.6.2013, ABl. 2013 L 180, 96) – keinen Anhaltspunkt dafür, dass nur die Wahrung, nicht aber die Herstellung der Familieneinheit bezweckt ist.

Regelmäßig wird die **Asylantragsfiktion des § 14a** eine Wohnverpflichtung auch des Kindes **10** zur Folge haben, jedenfalls dann, wenn man annimmt, dass der Asylantrag als iSd § 14 gestellt fingiert wird (aA offenbar BeckOK AuslR/Heusch § 52 Rn. 2, der in den Fällen des § 14a keine Wohnverpflichtung annimmt). Einen Anwendungsbereich hat Abs. 3 aber zum einen bei einem Verzicht auf die Durchführung eines Asylverfahrens (§ 14a Abs. 3), zum zweiten in Fällen, in denen ein unbegleitet eingereister Minderjähriger auf Grundlage von § 14 Abs. 2 S. 1 Nr. 3 einen Asylantrag gestellt hat und die Eltern danach einreisen und ebenfalls Asylanträge stellen. Da das nachträgliche Entfallen der Voraussetzungen des § 14 Abs. 2 S. 1 Nr. 3 unbeachtlich ist (→ Rn. 6), ist das Kind nicht zu einem Umzug in die Aufnahmeeinrichtung verpflichtet, wohl aber nach Abs. 2 berechtigt, der nach seinem Normzweck auch Kinder umfasst, für die die Wohnverpflichtung nach Abs. 1 S. 1 nie galt oder nicht mehr gilt, zumal nach dem Wortlaut („auch wenn") das Unterbleiben eines Asylantrags kein zwingendes Tatbestandsmerkmal ist.

Nichts Anderes gilt bei einem **Elternnachzug,** der regelmäßig auf Grundlage von § 36 Abs. 1 **11** AufenthG oder § 36a Abs. 1 S. 2 AufenthG erfolgen wird. Mit Blick auf § 26 Abs. 3, Abs. 5 S. 1 ist hier unter Umständen eine Asylantragstellung der Eltern nach Einreise ratsam. Diese zieht die Wohnverpflichtung des Abs. 1 S. 1 regelmäßig nach sich, weil das den Eltern in der Regel nur für drei Monate ausgestellte Visum nicht den Voraussetzungen des § 14 Abs. 2 S. 1 Nr. 1 entspricht, der seinem Wortlaut nach den Anspruch auf einen Aufenthaltstitel mit einer Gesamtgeltungsdauer von mehr als sechs Monaten nicht ausreichen lässt. Da § 26 Abs. 3 die Eltern zu einer unverzüglichen – aber zum Erlöschen des Aufenthaltstitels führenden (vgl. § 55 Abs. 2) – Asylantragstellung anhält, kann die zeitaufwändige Ausstellung des (elektronischen) Aufenthaltstitels regelmäßig nicht abgewartet werden. Das stammberechtigte Kind, dessen Titel regelmäßig Folge eines von ihm gestellten Asylantrags sein wird, hat hier ein Wohnrecht nach Abs. 2.

In der Praxis wird zur Herstellung der familiären Einheit ein Antrag auf eine Verlassenserlaubnis (§ 57 **11.1** Abs. 1) und / oder zeitnahe Entlassung (§ 49 Abs. 2) und Zuweisung an den Wohnort des Kindes (§ 50 Abs. 4 S. 1 und S. 5) meist zielführender sein. In den Konstellationen des Elternnachzugs wäre zur Vermeidung einer Wohnverpflichtung der gerade erst mit dem aufenthaltsberechtigten Kind zusammengeführten Eltern eine Ergänzung des § 14 Abs. 2 wünschenswert.

Abs. 2 ist ferner entsprechend anzuwenden, wenn sich nur ein Elternteil in Deutschland befindet **12** oder lediglich der allein personensorgeberechtigte Elternteil der Wohnverpflichtung unterliegt (Bergmann/Dienelt/Bergmann Rn. 4; BeckOK AuslR/Heusch Rn. 5).

Ein Wohnrecht des kein Asyl beantragenden Ehegatten sieht Abs. 2 nicht vor, was mit Art. 12 **13** EU-Aufnahme-RL nicht vereinbar ist. Dieser verpflichtet die Mitgliedsstaaten in den Grenzen des Möglichen unmissverständlich zur Wahrung der Familieneinheit (NK-Bender/Bethke Rn. 8; diff. GK-AsylG/Funke-Kaiser Rn. 18; aA BeckOK AuslR/Heusch Rn. 5; Bergmann/Dienelt/Bergmann Rn. 4).

C. Inhalt und Folgen der Wohnverpflichtung

Abs. 1 S. 1 **verpflichtet** den Betroffenen, **in der** ihm zugewiesenen **Aufnahmeeinrichtung 14 zu wohnen,** also dort seinen **gewöhnlichen Aufenthalt zu nehmen.** Sein Bewegungsradius wird durch Abs. 1 S. 1 nicht begrenzt, wohl aber durch § 56 Abs. 1 iVm § 59a Abs. 1 S. 2, welche die Aufenthaltsgestattung (§ 55 Abs. 1) für die Dauer der Wohnverpflichtung auf den Bezirk der Ausländerbehörde beschränken, in dem die für die Aufnahme des Ausländers zuständige Aufnahmeeinrichtung liegt. Für zur Wohnsitznahme in Aufnahmeeinrichtungen verpflichtete **Folge- und Zweitantragsteller** gilt aufgrund der Verweise (§ 71 Abs. 2 S. 2, § 71a Abs. 3 S. 2) dasselbe.

Der **Erstverstoß** gegen die räumliche Beschränkung stellt eine **Ordnungswidrigkeit** (§ 86 Abs. 1), **14.1** die **wiederholte Zuwiderhandlung** eine **Straftat** dar (§ 85 Nr. 2). Die Sanktionen greifen kraft ausdrücklicher Anordnung auch bei Zweitantragstellern, die gegen die räumliche Beschränkung nach § 71a Abs. 3 S. 2 iVm § 56 verstoßen. Die für Folgeantragsteller nach § 71 Abs. 2 S. 2 iVm § 56 bestehende räumliche Beschränkung erwähnen §§ 85 f. dagegen nicht; ein Verstoß gegen sie kann demzufolge nicht sanktioniert werden.

Für die Dauer der Wohnverpflichtung muss der Ausländer nach Abs. 3 für die zuständigen **15** Behörden und Gerichte erreichbar sein. **Die Erreichbarkeit ist insbesondere mit Blick auf §§ 25 Abs. 4, 10 Abs. 4 zu bestimmen.** Nach § 25 Abs. 4 soll die Anhörung im zeitlichen Zusammenhang mit der Asylantragstellung, idealiter am Tag der Antragstellung erfolgen. Ist eine solche „Direktanhörung" nicht möglich, ist dem Ausländer der Anhörungstermin jedenfalls (formlos) mitzuteilen, ggf. ist er sogar förmlich zu laden. Nach § 10 Abs. 4 S. 3 sind dem Ausländer formlose Mitteilungen und Ladungen – nicht nur solche die Anhörung betreffend, sondern etwa auch Mitteilungen über Arzttermine, „Verlegungen" usw – „auszuhändigen". Das zeigt, dass die Kommunikation zwischen Behörde / Gericht und Ausländer typischerweise schriftlich erfolgt. Der **Ausländer genügt seiner Pflicht nach Abs. 3** deshalb, **wenn er sich zu den werktäglichen Postausgabe- und Postverteilzeiten in der Aufnahmeeinrichtung einfindet** (GK-AsylG/ Funke-Kaiser Rn. 11). Ein Verständnis, wonach der Ausländer stets innerhalb weniger Stunden für die Behörden erreichbar sein muss (so BeckOK AuslR/Heusch Rn. 6; ebenso Neundorf ZAR 2018, 437 (438)), liefe auf eine Pflicht zum Daueraufenthalt in der Aufnahmeeinrichtung hinaus, die – wie § 56 Abs. 1 zeigt – weder gewollt noch – mit Blick auf die erheblich ausgeweitete, teilweise unbefristete Wohnverpflichtung – erforderlich und verhältnismäßig ist. Abs. 3 lässt sich deshalb auch **keine generelle Pflicht zur Übernachtung** entnehmen, zumal es bei gesetzeshistorischer Betrachtung fernliegend ist, dass das Erreichbarkeitserfordernis (auch) der Erleichterung einer anstehenden Abschiebung dient.

15.1   In der Rechtsprechung wird die Pflicht nach Abs. 3 teilweise als Argumentationshilfe zu Beantwortung der Frage herangezogen, ob ein Ausländer als flüchtig iSv Art. 29 Abs. 2 S. 2 Dublin III-VO anzusehen ist (vgl. SchlHOVG BeckRS 2018, 5155 Rn. 16). Diesen Vorwurf wird man aber demjenigen, der sich in der oben beschriebenen berechenbaren Weise verhält – auch mit Blick auf § 50 Abs. 4 AufenthG – nicht machen können, selbst wenn man davon ausgeht, dass Abs. 3 auch eine anstehende Abschiebung erleichtern soll.

D. Dauer der Wohnverpflichtung

I. Kraft Bundesrechts befristete Wohnverpflichtung

1. Sechs bzw. 18 Monate

16   Im Ausgangspunkt ist die gesetzliche Wohnverpflichtung befristet. Sie **beginnt** mit dem Tag, an dem sich der Asylsuchende in der für ihn zuständigen Aufnahmeeinrichtung einfindet und besteht zunächst bis zur Entscheidung des Bundesamts über den Asylantrag. Wird dieser abgelehnt **und** enthält der Bescheid eine Abschiebungsandrohung oder Abschiebungsanordnung, bleibt der Betroffene der Wohnverpflichtung bis zu seiner (ggf. zwangsweisen) Ausreise bis zum Ablauf der gesetzlichen Höchstfristen unterworfen. Hinsichtlich der Fristen gelten seit dem Zweiten Gesetz zur besseren Durchsetzung der Ausreisepflicht v. 15.8.2019 (BGBl. I 1294) folgende Grundsätze:

16a   Für **minderjährige Kinder** – gleich ob ledig oder verheiratet – endet die Wohnverpflichtung generell spätestens nach sechs Monaten und zwar auch in den Fällen, in denen das Gesetz ansonsten überhaupt keine zeitliche Begrenzung vorsieht (vgl. Abs. 1 S. 4, Abs. 1a S. 2). Für minderjährige Antragsteller aus sicheren Herkunftsstaaten (§ 29a) bedeutet das eine gewisse Besserstellung gegenüber der bisherigen Rechtslage, die der Gesetzgeber zwar nicht weiter begründet, aber **im Interesse des Kindeswohls** vorgenommen haben dürfte, dem die in Aufnahmeeinrichtungen typischerweise vorherrschenden kärglichen Wohn-, Teilhabe- und Entfaltungsbedingungen nicht entsprechen und denen der Minderjährige herkunftsunabhängig deshalb maximal für sechs Monate ausgesetzt sein soll. Insofern ist die Höchstfrist auch Ausdruck völker- (vgl. etwa Art. 3, 27, 31 UN-Kinderrechtskonvention) und unionsrechtlicher (Art. 23 EU-Aufnahme-RL) Verpflichtungen. Da **keine Altfallregelung** getroffen wurde, beginnt die Sechsmonatsfrist ab dem ersten Tag des Aufenthalts in der Aufnahmeeinrichtung. Mit Inkrafttreten der Regelung dürfte für eine nennenswerte Anzahl Minderjähriger aus sicheren Herkunftsstaaten (und ihre Angehörigen, → Rn. 16b) die Wohnverpflichtung daher entfallen sein.

16b   Aus Gründen der **Familieneinheit** (Art. 6 GG, Art. 12 EU-Aufnahme-RL**)** endet die Wohnverpflichtung auch für die **Eltern** oder andere Erziehungsberechtigte sowie **volljährige ledige Geschwister des Minderjährigen,** deren verkürzte Wohnverpflichtung sich vom Minderjährigen ableitet. Nach dem Wortlaut ist nicht erforderlich, dass der Minderjährige und seine Familienangehörigen in derselben Einrichtung wohnen. Für die Fristbestimmung dürfte angesichts des Schutzzwecks allein auf den Minderjährigen abzustellen sein. Bei **Nachreisen Minderjähriger oder Geburten in der Aufnahmeeinrichtung** endet die Wohnverpflichtung deshalb nicht schon, wenn die Eltern des Kindes bereits sechs Monate (oder länger) einer Aufnahmeeinrichtungs-Wohnverpflichtung unterlagen, sondern erst dann, wenn das minderjährige Kind seinerseits seit sechs Monaten zum Wohnen in der Aufnahmeeinrichtung verpflichtet war.

Eine vorfristige Beendigung der Wohnverpflichtung etwa auf Grundlage von § 50 bleibt der Behörde **16b.1** unbenommen, die angesichts der häufig unzureichenden Versorgungsmöglichkeiten von Neugeborenen in Aufnahmeeinrichtungen regelmäßig auch geboten sein dürfte, um dem besonderen Schutzbedarf adäquat Rechnung zu tragen.

Die **Minderjährigkeit** endet mit Vollendung des 18. Lebensjahrs (§ 12 Abs. 2 S. 1 iVm § 2 **16c** BGB) und muss **zum Zeitpunkt des Ablaufs der Sechs-Monats-Frist** noch bestehen, damit die Wohnverpflichtung vorzeitig endet.

Sind keine minderjährigen Kinder involviert, hängt das Ende der gesetzlichen Wohnverpflich- **16d** tung nach Abs. 1 S. 1 zunächst von der Entscheidung des Bundesamts ab. Im Falle einer Statusgewährung oder der – nicht mit einer Abschiebungsandrohung versehenen – Feststellung von Abschiebungsverboten endet die Wohnverpflichtung. Lehnt das Bundesamt den Asylantrag dagegen vollständig ab, besteht die Wohnverpflichtung fort, längstens jedoch 18 Monate. Dabei kommt es – im Unterschied zu Abs. 1a oder Abs. 1b – nicht darauf an, dass der Asylantrag als offensichtlich unbegründet oder unzulässig abgelehnt wurde. Das überrascht deshalb, weil der Fortbestand der Wohnverpflichtung nach der satzinternen Systematik anscheinend den (erleichterten) Vollzug der Abschiebungsandrohung ermöglichen soll („bis zum Vollzug der Abschiebungsandrohung"). Wird – wie regelmäßig – gegen einen „einfach-unbegründeten" Ablehnungsbescheid aber fristrecht Klage erhoben, hindert diese den Eintritt der Vollziehbarkeit der Abschiebungsandrohung mit der Folge, dass auch die Aufenthaltsgestattung bis zur Unanfechtbarkeit der Entscheidung bestehen bleibt (§ 67 Abs. 1 S. 1 Nr. 6). Angesichts der gerichtlichen Verfahrenslaufzeiten ist es auch eher unwahrscheinlich, dass die Vollziehbarkeit der Abschiebungsandrohung innerhalb der 18 Monate eintritt und der mit der Wohnverpflichtung verfolgte Zweck erreicht werden kann. Da eine Entlassung auf Grundlage von § 49 Abs. 1 eine vollziehbare Abschiebungsandrohung voraussetzt, ist der im Falle einer Klageerhebung nach wie vor gestattete Asylbewerber für eine erhebliche Zeit weiterhin zur Wohnsitznahme in der Aufnahmeeinrichtung verpflichtet, obwohl auch bei ihm absehbar ist, dass eine Abschiebung nicht in angemessener Zeit erfolgen wird. Er steht damit ggf. schlechter als der offensichtlich unbegründet, und damit vollziehbar abgelehnte Asylbewerber, bei dem eine Abschiebung nicht in angemessener Zeit durchgeführt werden kann.

Bestand bei Inkrafttreten der Neuregelung noch eine Wohnverpflichtung, kann sich diese **16e** infolge von Abs. 1 S. 1 auf bis zu 18 Monate verlängern; insoweit handelt es sich um eine – grundsätzlich zulässige – unechte Rückwirkung. War die Wohnverpflichtung bei Inkrafttreten dagegen bereits entfallen, wird diese durch die Neuregelung nicht reaktiviert. Ein Wiederaufleben ist dem Gesetz fremd, das von einer durchgängigen Wohnverpflichtung ausgeht, wie unter anderem § 59a Abs. 1 S. 2 zeigt („**fort**besteht"; → Rn. 32).

Die Wohnverpflichtung **endet** ohne weiteres behördliches Zutun **automatisch** („sind ver- **17** **pflichtet [...] längstens"**) spätestens mit Ablauf der im konkreten Fall einschlägigen Frist (VG Karlsruhe BeckRS 2017, 123833 Rn. 4; GK-AsylG/Funke-Kaiser Rn. 12; aA Bergmann/Dienelt/ Bergmann Rn. 3).

Vor Ablauf der Höchstfristen findet die Wohnverpflichtung darüber hinaus im Fall des § 48 **18** ein automatisches, in den Fällen des § 49 und § 50 Abs. 1 S. 1 ein per Verwaltungsakt bewirktes Ende, dessen Erlass teilweise zwingend, teilweise ermessensabhängig ist.

Mit dem Ende der Wohnverpflichtung entfallen auch die Pflicht nach Abs. 3 (→ Rn. 15), das absolute **17.1** Erwerbstätigkeitsverbot (§ 61 Abs. 1 S. 1), sowie, sofern die Voraussetzungen des § 59a Abs. 1 S. 1 erfüllt sind, die räumliche Beschränkung nach § 56 Abs. 1 (vgl. § 59a Abs. 1 S. 2).

Die Wohnverpflichtung kann per Verwaltungsakt nicht verlängert werden (VG Aachen **19** InfAuslR 1994, 80). § 47 trifft eine abschließende Regelung. Die Verhängung einer Aufnahmeeinrichtungs-Wohnsitzauflage auf Grundlage von § 50 Abs. 4, § 60 Abs. 1 S. 1 scheidet aus systematischen Gründen aus (ergänzend → Rn. 32).

Die Fristen werden durch behördlich veranlasste **Querverlegungen** auf der Ebene der Erstauf- **20** nahme nicht neu in Gang gesetzt. Vielmehr sind die Wohnzeiten zu addieren.

Die bisherige Vorgabe, wonach Asylsuchende bis zu sechs Wochen zum Wohnen in der Aufnahme- **20.1** richtung verpflichtet waren, hat der Gesetzgeber gestrichen. Unmittelbare Außenwirkung erzeugte sie allerdings nicht, da ihr nach allgemeiner Meinung bloße Appellfunktion zukam. Jedoch wurde die Sechswochenfrist iRv § 49 aF als Orientierungshilfe herangezogen, der eine verpflichtende Beendigung der Wohnpflicht vorsah, wenn die Abschiebung eines vollziehbar ausreisepflichtigen Ausländers nicht kurzfristig möglich war. Dieser Ansatz scheidet nunmehr aus.

2. Anspruch auf Erlass einer Zuweisungsentscheidung

21   Mit Fristablauf ist die **zuständige Behörde verpflichtet, den Ausländer** aus der Aufnahmeeinrichtung zu entlassen und nach § 50 **innerhalb des Landes zu verteilen** (so auch BT-Drs. 18/6815, 47). Ein faktisches Belassen des Ausländers in der Aufnahmeeinrichtung kommt nicht in Betracht, denn eine – infolge des Wegfalls der Wohnsitzauflage nach Abs. 1 S. 1 dann bestehende – freie Wohnortwahl ist nach der Systematik des AsylG nur bei gesichertem Lebensunterhalt vorgesehen (vgl. § 60 Abs. 1 S. 1; anders offenbar VG Karlsruhe BeckRS 2017, 123833 Rn. 4). Der Erlass einer Wohnsitzauflage setzt aber gem. § 60 Abs. 1 S. 1 eine Verteilentscheidung voraus.

22   Der objektiv-rechtlichen Verpflichtung zur Verteilung entspricht richtigerweise ein **gerichtlich durchsetzbarer Anspruch auf (rechtzeitige) Entlassung und Verteilung** des Ausländers (VG Aachen InfAuslR 1994, 80; GK-AsylG/Funke-Kaiser Rn. 12; NK-AuslR/Bender/Bethke Rn. 3; aA VG Karlsruhe BeckRS 2017, 123833 Rn. 4; HTK-AuslR/Eisenbarth Rn. 20 mit umfangreichen Hinweisen auf unveröffentlichte Rspr. aus Baden-Württemberg). Mit dem Ende der Verpflichtung, in einer Aufnahmeeinrichtung zu wohnen, ist grundsätzlich ein Zugewinn an Teilhaberechten und -chancen (vgl. zB §§ 61 Abs. 2, 59a Abs. 1 S. 2) verbunden, der auch in tatsächlicher Hinsicht sichergestellt sein muss. Insbesondere wäre der durch Art. 15 Abs. 2 EU-Aufnahme-RL geforderte effektive Zugang zum Arbeitsmarkt bei einer faktischen Konzentration Asylsuchender an einem Ort nicht gewährleistet. Im Übrigen ist zu berücksichtigen, dass die in Aufnahmeeinrichtungen besonders intensiven Beschränkungen unter anderem der Privat- und Intimsphäre mit der nur vorübergehenden Verweildauer gerechtfertigt werden, die der Gesetzgeber innerhalb weniger Jahre von drei auf bis zu 18 Monaten versechsfacht hat. Vor allem spricht für ein **subjektives Recht auf Verteilung,** dass dem Ausländer erst mit der tatsächlichen Unterbringung außerhalb einer Aufnahmeeinrichtung die zur Deckung seines notwendigen persönlichen Bedarfs vorrangig vorgesehenen Geldleistungen zustehen (vgl. § 3 Abs. 2 S. 1, Abs. 3 S. 1 AsylbLG sowie → Rn. 45). Die Umstellung von Sach- auf Geldleistungen erfolgt dabei im Interesse des Ausländers, dem – korrelierend mit dem durch das AsylG selbst gewährten Zuwachs an Rechten – nach Ablauf der in Abs. 1 S. 1 vorgesehenen Höchstfrist ein über die bloße Existenzsicherung hinausgehendes selbstbestimmteres Leben ermöglicht werden soll (BT-Drs. 18/3144, 10). Dieses darf ihm nicht dadurch vorenthalten werden, dass man ihn rechtswidrig in der Aufnahmeeinrichtung wohnen lässt. Der von § 3 Abs. 3 S. 1 AsylbLG vorausgesetzte Auszug aus der Aufnahmeeinrichtung ist nach dem oben Gesagten (→ Rn. 21) aber ohne Verteilentscheidung durch die zuständige Behörde nicht möglich und wäre – selbst bei unterstellter Wohnsitznahmefreiheit – bloße Theorie.

22a   Spätestens seit der Reform des § 47 durch das Zweite Gesetz zur besseren Durchsetzung der Ausreisepflicht v. 15.8.2019 (BGBl. I 1294) kann ein subjektives Recht auf fristgerechte Zuweisung nicht mehr ernsthaft angezweifelt werden, denn die verkürzte Wohnverpflichtung Minderjähriger lässt sich nur so erklären, dass ihnen die für Massenunterbringungen typischen erschwerten Lebensumstände allenfalls für sechs Monate zumutbar sind (ausf. zu den Lebensbedingungen Minderjähriger in Erstaufnahmeeinrichtungen González Méndez de Vigo/Schmidt/Klaus für terre des hommes, Kein Ort für Kinder, Zur Lebenssituation von minderjährigen Geflüchteten in Aufnahmebedingungen, 2020). Vor diesem Hintergrund haben die zuständigen Landesbehörden durch geeignete organisatorische Maßnahmen sicherzustellen, dass dem Aufenthalt in der Aufnahmeeinrichtung mit Fristablauf auch ein tatsächliches Ende gesetzt wird (zu den Prozessvoraussetzungen der (erfolgreichen) Geltendmachung des Anspruchs → Rn. 43).

23   § 55 Abs. 1 S. 2 wird durch den Anspruch auf Verteilung nicht tangiert, denn die Zuweisung an einen bestimmten Ort kann der Ausländer vorbehaltlich der Regelung des § 55 Abs. 4 S. 5 grundsätzlich nicht verlangen (ebenso GK-AsylG/Funke-Kaiser Rn. 12).

II. Unbefristete Wohnverpflichtung

1. Sichere Herkunftsstaaten

24   Mit dem Asylverfahrensbeschleunigungsgesetz v. 20.10.2015 (BGBl. I 1722) wurde in Abs. 1a für **Personen aus sicheren Herkunftsstaaten** (§ 29a) – nur für sie gilt Abs. 1a (!) – eine **Wohnverpflichtung ohne zeitliches Limit geschaffen.** „Auslöser" waren die in den Jahren 2014/2015 massiv gestiegenen Asylbewerberzahlen aus den sog. „Westbalkanstaaten", insbesondere dem Kosovo und Albanien. Die in Abs. 1a angesprochene Abweichung von Abs. 1 besteht dabei (nur) in zeitlicher Hinsicht, ändert also nichts daran, dass unter § 14 Abs. 2 S. 1 fallende Personen keiner Wohnverpflichtung unterliegen. Auch Abs. 1 S. 2 bleibt anwendbar.

Die „Dauerwohnpflicht" soll nicht nur eine schnellere abschließende Antragsbearbeitung, son- **25** dern insbesondere die anschließende Aufenthaltsbeendigung von einer zentralen Stelle aus ermöglichen (BT-Drs. 18/6815, 34). **Adressat der Verpflichtung ist der (ehemalige) Asylbewerber, nicht die Behörde,** die weiterhin eine landesinterne Verteilung vornehmen darf (BT-Drs. 18/6815, 34; VG Düsseldorf BeckRS 2019, 16282 Rn. 39).

Abs. 1a ist zweistufig aufgebaut: Asylantragsteller aus sicheren Herkunftsstaaten sind zunächst **26** bis zur Entscheidung des Bundesamts verpflichtet, in der Aufnahmeeinrichtung zu wohnen. Im Folgenden kommt es auf den Inhalt der Entscheidung an. Lautet diese wie vermutet (vgl. Art. 16a Abs. 3 S. 2 GG, § 29a Abs. 1) auf „offensichtlich unbegründet", besteht die Wohnverpflichtung bis zur Ausreise oder Abschiebung fort. Der Antrag muss gerade „nach § 29a als offensichtlich unbegründet" abgelehnt werden; (nur) auf § 30 gestützte Ablehnungen verlängern die Wohnverpflichtung nicht. Ordnet das Verwaltungsgericht allerdings später die aufschiebende Wirkung der gegen eine „o.u.-Entscheidung" des Bundesamts erhobenen Klage an, ist die Wohnverpflichtung zu beenden, denn § 50 Abs. 1 S. 1 Nr. 2 bleibt gem. Abs. 1a S. 3 unberührt (→ Rn. 31).

Lehnt das Bundesamt den Antrag „nur" als einfach unbegründet ab, entfällt die Wohnverpflich- **27** tung automatisch und der Ausländer ist zu verteilen (VG Berlin BeckRS 2016, 46337). **Auf die Unanfechtbarkeit der Entscheidung kommt es** nach Wortlaut und Systematik **nicht an** (VG Berlin BeckRS 2016, 46337).

Wird zwar der Asylantrag abgelehnt, jedoch ein Abschiebungsverbot nach § 60 Abs. 5 und **28** Abs. 7 AufenthG festgestellt, scheitert eine unbefristete Weitergeltung der Wohnverpflichtung regelmäßig am Fehlen der tatbestandlich vorausgesetzten Abschiebungsandrohung (vgl. § 34 Abs. 1 S. 1 Nr. 3). Ist die achtzehn- bzw. sechsmonatige Höchstfrist noch nicht abgelaufen, ist die Wohnverpflichtung in diesen Fällen gem. § 50 Abs. 1 S. 1 Nr. 1 unverzüglich zu beenden.

Die **Wohnverpflichtung gilt zum zweiten fort, wenn der Asylantrag als unzulässig** **29** „**nach § 29 Absatz 1 Nummer 1",** also insbesondere wegen fehlender Zuständigkeit nach der Dublin III-VO, **abgelehnt wurde.** Die Wohnverpflichtung endet erst mit der – in Dublin-Fällen allerdings nur ausnahmsweise zugelassenen – freiwilligen Ausreise oder dem Vollzug der Abschiebungsanordnung (§ 34a Abs. 1 S. 1) bzw. Abschiebungsandrohung (§ 34a Abs. 1 S. 4). Im zweitgenannten Fall steht die Durchführbarkeit der Abschiebung zwar nicht fest; eine Beendigung der Wohnverpflichtung auf Grundlage von § 49 Abs. 1 kommt gleichwohl nicht in Betracht, wenn gegen den Bescheid fristgerecht Klage erhoben wird, da diese den Eintritt der in § 49 Abs. 1 vorausgesetzten Vollziehbarkeit hinausschiebt. Dasselbe gilt bei gerichtlicher Anordnung der aufschiebenden Wirkung einer gegen die Abschiebungsanordnung erhobenen Klage. Auch § 50 Abs. 1 S. 2 Nr. 2 greift aufgrund der für Unzulässigkeitsentscheidungen nach § 29 Abs. 1 Nr. 1 vorgesehenen Rückausnahme in beiden Fällen nicht (mehr).

Bei (fingierten) Antragsrücknahmen (vgl. § 33) ließe sich mit Blick auf die nach § 32 zu **30** erlassende deklaratorische Einstellungsentscheidung der Fortbestand der Wohnverpflichtung nur mit dem Argument bejahen, dass es bislang an der zum Abschluss vorausgesetzten „Entscheidung über den Asylantrag" fehlt, die wegen der Rücknahme allerdings auch grundsätzlich nicht mehr erfolgen kann. Bei Wiederaufnahmeanträgen nach § 33 Abs. 5 S. 2 ist jedoch zu beachten, dass die Wiederaufnahme in dem Verfahrensabschnitt erfolgt, in dem das Asylverfahren eingestellt wurde (§ 33 Abs. 5 S. 5).

Abs. 1a S. 2 stellt klar, dass die Wohnverpflichtung vorzeitig endet, zu beenden ist oder beendet **31** werden kann, wenn die Voraussetzungen der §§ 48–50 vorliegen, wodurch auch im Anwendungsbereich des Abs. 1a **vermieden werden soll, dass der Aufenthalt in der Aufnahmeeinrichtung zu einem (unverhältnismäßigen) Dauerzustand wird.** Nach der Gesetzesbegründung soll Abs. 1b soll Abs. 1a gegenüber § 49 Abs. 1 lex specialis sein (BT-Drs. 18/11546, 24). Nachdem dies im Gesetzestext allerdings weiterhin keinen Niederschlag findet, § 49 vielmehr weiterhin insgesamt unberührt bleibt, sind Betroffene gem. § 49 Abs. 1 aus der Aufnahmeeinrichtung zu entlassen, wenn eine Abschiebung nicht in angemessener Zeit möglich ist, insbesondere weil längerfristige Duldungsgründe iSd § 60a vorliegen (ergänzend → Rn. 36).

Nach der Rechtsprechung der bayerischen Verwaltungsgerichte sollen vor Inkrafttreten von **32** Abs. 1a bereits aus der Aufnahmeeinrichtung entlassene Personen wieder dorthin „zurückgeschickt" werden können (BayVGH BeckRS 2016, 40766; VG Würzburg BeckRS 2016, 42521; ebenso BeckOK AuslR/Heusch Rn. 12a). **Für eine derartige Rückverteilung in die Aufnahmeeinrichtung fehlt** jedoch eine **Rechtsgrundlage** (aA VG Würzburg BeckRS 2016, 42521). Auf § 50 Abs. 4 kann sie nicht gestützt werden, weil die Vorschrift nach ihrer Systematik von einer Zuweisung an einen anderen Ort als eine Aufnahmeeinrichtung ausgeht. Im Übrigen zeigt die Formulierung „abweichend von", dass durch Abs. 1a die nach Abs. 1 bestehende Wohnverpflichtung verlängert und nicht – im Sinne einer Rückkehrpflicht – neu begründet werden soll.

Bereits aus der Wohnpflicht des § 47 entlassene Personen, deren Herkunftsland später iSd § 29a als sicher eingestuft wird, werden nicht wieder einer Aufnahmeeinrichtung zugewiesen (ergänzend → Rn. 16e). Maßgeblich bleibt vielmehr die regelmäßig für den anderen Ort verfügte Wohnsitzauflage (vgl. §§ 48 Abs. 1 Nr. 1, 50 Abs. 4, 60 Abs. 1 S. 1).

2. Verletzung von Mitwirkungspflichten

32a   Eine zeitlich nicht limitierte Wohnverpflichtung gilt seit Inkrafttreten des Zweiten Gesetzes zur besseren Durchsetzung der Ausreisepflicht v. 15.8.2019 (BGBl. I 1294) gem. S. 3 für Ausländer, welche die in Nr. 1–4 genannten (Mitwirkungs-) Pflichtverletzungen schuldhaft begehen. Dadurch soll offenbar verhindert werden, dass Ausländer mit Blick auf die 18-Monats-Frist das Verfahren gezielt verzögern, um eine dezentrale Unterbringung zu erreichen, die eine Aufenthaltsbeendigung weiter erschweren könnte.

32b   Die Präsensformulierungen zeigen, dass nur ein aktuelles Mitwirkungsfehlverhalten die unbefristete Wohnverpflichtung auslöst, die auch im Falle einer späteren Pflichterfüllung nicht wieder entfällt. Nr. 2–4 setzen zudem wiederholtes bzw. fortgesetztes Fehlverhalten voraus. Eine Zurechnung von Pflichtverletzungen findet nicht statt („seine" Mitwirkungspflichten). Wie sonst auch müssen evidente Mitwirkungshandlungen durch die zuständigen Behörden angestoßen und konkretisiert werden. Die Nichterfüllung unzumutbarer Mitwirkungspflichten kann die verlängerte Wohnverpflichtung nicht auslösen; Nr. 4 gibt diesen allgemeingültigen **Zumutbarkeitsvorbehalt** stellvertretend für sämtliche Tatbestände wieder. Speziell mit Blick auf Nr. 1 und Nr. 4 ist zu beachten, dass der Gesetzgeber in verschiedenen anderen Zusammenhängen eindeutig zu erkennen gegeben hat, dass er die **Kontaktaufnahme mit Behörden des (vermeintlichen) Herkunftsstaates** bis zum unanfechtbaren Abschluss des Asylverfahrens, also nicht nur während der Inhaberschaft einer Aufenthaltsgestattung, als unzumutbar ansieht (vgl. zB § 60b Abs. 2 S. 2 AufenthG). Insbesondere Nr. 3 und Nr. 4 verlangen – etwa im Unterschied zu § 60a Abs. 6 S. 1 Nr. 2 AufenthG – nicht, dass das fortgesetzte Fehlverhalten ursächlich für die Undurchführbarkeit aufenthaltsbeendender Maßnahmen ist. Fehlt die Kausalität, wird die Aufnahmeeinrichtungs-Verpflichtung aber regelmäßig nach § 49 Abs. 1 zu beenden sein, der – ebenso wie § 48 und § 50 – unberührt bleibt (Abs. 1 S. 5).

32c   Für Minderjährige (und die benannten Familienangehörigen) gilt Abs. 1 S. 3 nicht (vgl. Abs. 1 S. 4). Hier bleibt es unabhängig vom Mitwirkungsverhalten für den gesamten Familienverbund bei der zeitlichen Obergrenze von sechs Monaten.

32d   Die unbefristete Wohnverpflichtung tritt kraft Gesetzes ein („ist verpflichtet"). Wegen der einschneidenden Folgen (vgl. § 59a Abs. 1 S. 2) sind die Behörden aus Gründen der Rechtsklarheit und zur Ermöglichung von Rechtsschutz aber zu einer Mitteilung an den Betroffenen verpflichtet, wenn sie vom Vorliegen der Voraussetzungen des Abs. 1 S. 3 ausgehen. Abs. 1 S. 3 knüpft im Übrigen an eine noch bestehende Wohnverpflichtung an („über 18 Monate hinaus"), kann aber bereits beendete oder erloschene Wohnverpflichtungen nicht wieder aufleben lassen (→ Rn. 16e; → Rn. 32).

III. Landesrechtliche Verlängerung

33   **Abs. 1b,** der mit dem Gesetz zur besseren Durchsetzung der Ausreisepflicht v. 20.7.2017 (BGBl. I 2780) eingefügt wurde, **räumt den Ländern** die **Möglichkeit ein,** die **Wohnverpflichtung** für nicht unter Abs. 1a fallende Personen per Landesregelung **auf maximal zwei Jahre auszudehnen** (zu Umsetzungsstand und -praxis in einzelnen Bundesländern vgl. Neundorf ZAR 2018, 437 (441)). Ob sie die Option ziehen, ist grundsätzlich in ihr (politisches) Belieben gestellt. Dadurch werden eine Rechtszersplitterung und – etwa mit Blick auf die fortdauernde Beschränkung (vgl. §§ 56 Abs. 1, 59a Abs. 1 S. 2) – das „Lotteriespiel" im Bereich Teilhabe und Integration (weiter) begünstigt.

34   Eigenständige Bedeutung erlangt eine nach Abs. 1b erlassene Landesregelung, wenn die 18-Monats-Frist nach Abs. 1 S. 1 abgelaufen ist. Nach der Gesetzesbegründung soll die Regelung Personen **„ohne Bleibeperspektive"** erfassen (BT-Drs. 18/11546, 23). Auf eine gesetzliche Konturierung, wie sie etwa in § 44 Abs. 4 S. 2 Nr. 1 AufenthG für die „gute Bleibeperspektive" existiert, wurde allerdings verzichtet. Dem Wortlaut nach kann eine Landesregelung die **Wohnverpflichtung für sämtliche nicht bereits unter Abs. 1a fallende Asylbewerber** auf bis zu zwei Jahre ausdehnen. Die Erwähnung unzulässiger und offensichtlich unbegründeter Asylanträge ist zwar mittelbar ein Fingerzeig auf die anvisierte „Zielgruppe". Allerdings wird sich in der Regel frühestens nach der Anhörung prognostizieren lassen, ob es sich um einen offensichtlich unbegründeten (§ 30) oder unzulässigen (§ 29) Fall handelt.

Der unverändert gebliebene Wortlaut der Öffnungsklausel („abweichend von Abs. 1") ließe es **34a** (weiterhin) zu, die Wohnverpflichtung auch für Minderjährige auf bis zu 24 Monate auszuweiten. Insoweit bedarf es aber einer **einschränkenden Auslegung:** Der Gesetzgeber entlässt – aus Gründen des Kindeswohls (→ Rn. 16a) – „sogar" Minderjährige aus sicheren Herkunftsstaaten nunmehr nach sechs Monaten aus der Wohnverpflichtung (Abs. 1a S. 2), ohne insoweit eine Abweichungsmöglichkeit durch Landesrecht einzuräumen. Diese zeitliche Höchstgrenze muss dann aber erst recht für Minderjährige (und ihre Familienangehörigen) gelten, zu deren Lasten keine gesetzliche Nichtverfolgungsvermutung (§ 29a Abs. 1) eingreift.

Auch iRd Abs. 1b bildet die **Entscheidung des Bundesamts eine Zäsur.** Nur wenn der **35** Asylantrag als offensichtlich unbegründet – in diesem Kontext nach § 30 – oder als unzulässig abgelehnt wird, gilt die Wohnverpflichtung fort. Anders als Abs. 1a umfasst Abs. 1b den gesamten Katalog des § 29 Abs. 1. Im Übrigen endet die Wohnverpflichtung mit der Bundesamtsentscheidung, sofern die Höchstfrist des Abs. 1 S. 1 überschritten ist.

Wie iRv Abs. 1a soll ein **Daueraufenthalt** in der Aufnahmeeinrichtung **über** die **Anwend-** **36** **barkeit von §§ 48–50 vermieden** werden (vgl. Abs. 1b S. 2). Abs. 1b lässt § 49 weiterhin insgesamt unberührt. Insofern kann nun erst recht nicht mehr angenommen werden, dass § 49 Abs. 1 verdrängt werde (so aber BeckOK AuslR/Heusch Rn. 12e; anders noch BeckOK AuslR/ Heusch, 20. Ed. 1.11.2018, Rn. 12e; zum Verhältnis von Abs. 1a und § 49 Abs. 1 → Rn. 31; wie hier schon immer Thym, Stellungnahme zum Entwurf eines Gesetzes zur besseren Durchsetzung der Ausreisepflicht, Ausschuss-Drs. 18(4)825 C, 13).

Mit dem Zweiten Gesetz zur besseren Durchsetzung der Ausreisepflicht v. 15.8.2019 (BGBl. I 1294) **36.1** ist der bisherige S. 3 entfallen: Dieser hob ausdrücklich § 50 Abs. 1 S. 1 Nr. 1 aF hervor, wonach ein Ausländer unverzüglich aus der Aufnahmeeinrichtung zu entlassen war, wenn das Bundesamt nicht oder nicht kurzfristig entscheiden kann, dass der Asylantrag unzulässig oder offensichtlich unbegründet ist (s. Neundorf ZAR 2018, 437 (440)).

Nähere **Anforderungen an die Landesregelung,** insbesondere an ihre Form, **stellt Abs. 1b** **37** **nicht.** Die Gesetzesbegründung verweist auf das Landes(verfassungs-)recht (BT-Drs. 18/11546, 24). Aus dem Wortlaut („regeln") lässt sich schließen, dass die Regelung **Rechtsnormqualität** haben muss. Im Erlasswege kann sie nicht getroffen werden. Wegen der mit der Regelung verbundenen weitreichenden Einschränkungen ist ein formelles Gesetz zu fordern. Inhaltlich fordert der Gesetzgeber die Länder lediglich dazu auf, bei der Schaffung einer Regelung die Auswirkungen auf den Arbeitsmarktzugang der Asylbewerber zu berücksichtigen (BT-Drs. 18/11546, 24). Den unabhängig von der Unterbringungsform geltenden unionsrechtlichen Anforderungen (vgl. Art. 15 EU-Aufnahme-RL) ist der Bundesgesetzgeber – wenngleich unvollkommen – durch die Auflockerung des bisherigen kategorischen Erwerbstätigkeitsverbots inzwischen selbst nachgekommen (vgl. § 61 Abs. 1 S. 2, Abs. 2 S. 5).

E. Informationspflichten

Abs. 4 enthält in Umsetzung von Art. 5 EU-Aufnahme-RL **zwei Informationspflichten.** **38** S. 1 verpflichtet die Aufnahmeeinrichtung, den Ausländer innerhalb von 15 Tagen nach Asylantragstellung auf seine Rechte und Pflichten nach dem AsylbLG hinzuweisen. **Unter Asylantrag ist** in diesem Zusammenhang das **Nachsuchen um Asyl zu verstehen,** da der Ausländer schon vor förmlicher Asylantragstellung zum leistungsberechtigten Personenkreis gehört (vgl. § 1 Abs. 1 Nr. 1, Nr. 1a, Nr. 4 und Nr. 5 AsylbLG, § 55 Abs. 1 S. 1) und die Zeitspanne zwischen Asylgesuch und Asylantrag mitunter durchaus lang sein kann.

Nach S. 2 benennt die Aufnahmeeinrichtung zudem, wer dem Ausländer Rechtsbeistand **39** gewähren kann und welche Vereinigungen den Ausländer über seine Unterbringung und medizinische Versorgung beraten können. Dabei sind **regionale** (vgl. BT-Drs. 16/5065, 218), mit Blick auf §§ 56, 57 Abs. 2 vorzugsweise im Zuständigkeitsbereich der Ausländerbehörde ansässige **Ansprechpartner** anzugeben, die zudem über die für die Beratung **erforderliche Expertise** verfügen müssen (vgl. vgl. BT-Drs. 16/5065, 218: „spezifischer Rechtsbeistand").

Abs. 4 geht von einem einheitlichen Hinweis aus (vgl. S. 2: „in dem Hinweis"), ohne dass **40** Art. 5 EU-Aufnahme-RL dies verlangt. Die von Anfang an bestehende Leistungsberechtigung nach dem AsylbLG sowie insbesondere die Regelung des § 11 Abs. 2a AsylbLG sprechen dafür, dass die Informationspflicht nach S. 1 zumindest auch der zuerst angelaufenen Aufnahmeeinrichtung obliegt. Der Hinweis nach S. 2 wird dagegen sinnvoll regelmäßig nur von der zuständigen ortskundigen Aufnahmeeinrichtung gegeben werden können. Auch knüpft Abs. 4 an Abs. 1 S. 1

an (vgl. BeckOK AuslR/Heusch Rn. 17, der für einen einheitlichen Hinweis durch die zuständige Aufnahmeeinrichtung ist; aA GK-AsylG/Funke-Kaiser Rn. 22).

41   Der Hinweis hat in einer Sprache zu erfolgen, deren Kenntnis vernünftigerweise vorausgesetzt werden kann. Sofern keine gegenteiligen Anhaltspunkte vorliegen, ist dies regelmäßig die **Amtssprache des Herkunftslandes des Asylsuchenden** (NK-AuslR/Bender/Bethke Rn. 11). Der Hinweis soll möglichst schriftlich, kann aber ggf. auch mündlich erfolgen. Mit Blick auf (spätere) Hilfe und Beratung durch Dritte sollte der Hinweis aber in jedem Fall – also auch bei Analphabeten – auch schriftlich erfolgen (vgl. GK-AsylG/Funke-Kaiser Rn. 21).

41.1   Weitere asylverfahrensbezogene allgemeine und individualisierte Informationen erhalten Asylsuchende im Rahmen der vom Bundesamt gem. § 12a durchzuführenden zweistufigen Asylverfahrensberatung.

F. Rechtsschutz

42   Besteht Streit über das Bestehen der Wohnverpflichtung als solches oder über ihr Ende, etwa infolge Fristablaufs, ist die allgemeine Feststellungsklage statthaft. Die Frage kann sich auch inzident im Rahmen eines Rechtsstreits um eine Weiterleitungsverfügung (§§ 18 f.), Beschäftigungserlaubnis (§ 61 Abs. 1 S. 1) und im Rahmen eines Bußgeld- oder Strafverfahrens (→ Rn. 14.1) stellen, wenn dem Ausländer ein (wiederholter) Verstoß gegen die (vermeintliche) räumliche Beschränkung des § 56 Abs. 1 zur Last gelegt wird.

43   Der Anspruch auf Entlassung und Verteilung aus der Aufnahmeeinrichtung ist dagegen mit der **Verpflichtungsklage** in der Regel in Verbindung mit einem Antrag nach § 123 VwGO geltend zu machen. Der **Anspruch entsteht mit** dem (automatischen) Ende der Wohnverpflichtung, im Falle des Abs. 1 S. 1 also mit **Ablauf der (materiell-rechtlichen) Sechs- bzw. Achtzehnmonats-Frist**. Die Verteilung an einen bestimmten Ort kann der Ausländer dabei regelmäßig nicht verlangen (§ 55 Abs. 1 S. 2). Auch wenn die Verteilung von Amts wegen vorzunehmen ist, ist die **landesinterne Verteilung** wegen §§ 68 Abs. 2, 75 VwGO **zuvor bei der zuständigen Landesbehörde zu beantragen,** um die spätere Verneinung des Rechtsschutzbedürfnisses zu vermeiden. Im Hinblick auf § 75 S. 2 VwGO ist man dabei mit einer Antragstellung drei Monate vor dem (automatischen) Ende der Wohnverpflichtung auf jeden Fall auf der sicheren Seite. Allerdings spricht manches dafür, dass angesichts der von der Behörde absehbar spätestens nach Ablauf von sechs bzw. 18 Monaten von Amts wegen zu treffenden Verteilentscheidung eine kürzere Frist ausreichend ist. Die örtliche Zuständigkeit richtet sich im Falle des Endes der Wohnverpflichtung nach § 52 Nr. 2 S. 3 Hs. 2, Nr. 3 VwGO.

G. Sozial- und Teilhaberechte

44   Parallel zur Reform des § 47 hat der Gesetzgeber das bislang an die Wohnverpflichtung gekoppelte strikte Erwerbstätigkeitsverbot des § 61 gelockert: Dieses besteht nunmehr „nur noch" während der ersten neun Monate des verpflichtenden Aufnahmeeinrichtungs-Aufenthalts, während Abs. 1 S. 2 unter den dort genannten Bedingungen bestimmten wohnverpflichteten Personen, insbesondere Inhabern einer Aufenthaltsgestattung, danach einen strikten Rechtsanspruch auf eine Beschäftigungserlaubnis einräumt. Geschmälert wird dieser Anspruch allerdings ggf. durch die **räumliche Beschränkung** des § 56 Abs. 1, die weiterhin für die gesamte Dauer der Wohnverpflichtung fortbesteht (vgl. § 59a Abs. 1 S. 2).

45   Personen, die zur Wohnsitznahme in einer Aufnahmeeinrichtung verpflichtet sind, erhalten regelmäßig Leistungen nach § 3 AsylbLG, die bei nach § 1 Abs. 1 Nr. 1 AsylbLG Leistungsberechtigten grundsätzlich mit der Ausstellung des Ankunftsnachweises einsetzen (§ 11 Abs. 2a S. 1 AsylbLG). Die **Unterbringung in der Aufnahmeeinrichtung beeinflusst** dabei zum einen die **Form der Leistungsgewährung:** So sind die Grundleistungen hinsichtlich des notwendigen Bedarfs zwingend (§ 3 Abs. 2 S. 1 AsylbLG) und hinsichtlich des notwendigen persönlichen Bedarfs im Regelfall als Sachleistung zu erbringen (§ 3 Abs. 2 S. 4 AsylbLG). Anders als etwa §§ 59a Abs. 1 S. 2, 61 Abs. 1 S. 1 knüpft § 3 Abs. 1 AsylbLG nicht an die Verpflichtung zur Wohnsitznahme, sondern an die tatsächliche Unterbringung in einer Aufnahmeeinrichtung iSd § 44 an. Zum anderen beeinflusst die Unterbringung in einer Aufnahmeeinrichtung aber inzwischen auch den **Leistungsumfang** ganz erheblich. Mit einer abenteuerlichen Begründung hat der Gesetzgeber nämlich durch das Dritte Gesetz zur Änderung des Asylbewerberleistungsgesetzes v. 13.8.2019 (BGBl. I 1290) für in Aufnahmeeinrichtungen (§ 44) und Gemeinschaftsunterkünften (§ 53) untergebrachte Leistungsberechtigte eine **Sonderbedarfsstufe** geschaffen (vgl. § 3a Abs. 1 Nr. 2 lit. b, Abs. 2 Nr. 2 lit. b AsylbLG, § 2 S. 4 Nr. 1 AsylbLG): Das gemeinsame Schicksal des Asylverfahrens verlange es Asylsuchenden ab, in Gemeinschaftsunterbringungen tatsächlich oder

vermeintlich vorhandene Einsparpotenziale durch gemeinsames Wirtschaften auch tatsächlich zu heben (BT-Drs. 19/10052, 23); in der Sache behandelt der Gesetzgeber diese Personengruppe daher wie (Ehe-) Partner (zu ersten verfassungsrechtlichen Zweifeln an diesem Ansatz SG Landshut BeckRS 2019, 25804).

Auch für in Aufnahmeeinrichtungen Untergebrachte gilt, dass sich der **Leistungsumfang** **46** **nach 18-monatigem Aufenthalt gem. § 2 Abs. 1 AsylbLG nach dem SGB XII** bestimmt (sog. Analogleistungen) und § 3 AsylbLG keine Anwendung mehr findet. Das betrifft namentlich Personen, die in den Anwendungsbereich von Abs. 1 S. 3, Abs. 1a und Abs. 1b fallen, denen gem. § 2 Abs. 1 S. 1 AsylbLG iVm § 10 Abs. 3 SGB XII nunmehr Geldleistungen zu gewähren sind; das ermessensabhängige Leistungsformbestimmungsrecht in § 2 Abs. 2 AsylbLG (s. BayLSG Beschl. v. 18.11.2018 – L 8 AY 23/18 B ER Rn. 52 ff.) bezieht sich nur auf Gemeinschaftsunterkünfte (§ 53), nicht auf Aufnahmeeinrichtungen. In Aufnahmeeinrichtungen untergebrachte Kinder, Jugendliche und junge Erwachsene haben zusätzlich **Ansprüche nach dem „Bildungs- und Teilhabepaket"** (§ 3 Abs. 4 AsylbLG bzw. § 2 Abs. 1 AsylbLG iVm §§ 34 ff. SGB XII).

Die **Schulpflicht** gilt **nach Maßgabe der jeweiligen Landesschulgesetze.** Überwiegend **47** sind danach auch in Aufnahmeeinrichtungen Untergerbachte schulpflichtig, ggf. nach Ablauf einer Frist (§ 72 Abs. 1 S. 3 BWSchG). Vereinzelt ist vorgesehen, dass die Schulpflicht erst mit Zuweisung in eine Gemeinde (§ 34 Abs. 6 S. 1 NRWSchulG) gilt oder in Besonderen Aufnahmeeinrichtungen (§ 30a) auf spezielle Weise erfüllt wird (Art. 36 Abs. 3 S. 6 BayEUG). **Soweit Schulpflicht besteht,** hat der Ausländer einen **gerichtlich durchsetzbaren Anspruch auf Teilnahme am regulären Schulunterricht** (VG München BeckRS 2018, 14322). Unabhängig davon ist gem. **Art. 14 EU-Aufnahme-RL** minderjährigen Antragstellern nach drei Monaten jedenfalls Zugang zum Bildungssystem in ähnlicher Weise wie den eigenen Staatsangehörigen zu gewähren, solange keine Ausweisungsmaßnahme gegen sie selbst oder ihre Eltern ergangen ist. Der Unterricht kann in Unterbringungszentren erfolgen.

§ 48 Beendigung der Verpflichtung, in einer Aufnahmeeinrichtung zu wohnen

Die Verpflichtung, in einer Aufnahmeeinrichtung zu wohnen, endet vor Ablauf des nach § 47 Absatz 1 Satz 1 bestimmten Zeitraums, wenn der Ausländer
1. **verpflichtet ist, an einem anderen Ort oder in einer anderen Unterkunft Wohnung zu nehmen,**
2. **als Asylberechtigter anerkannt ist oder ihm internationaler Schutz im Sinne des § 1 Absatz 1 Nummer 2 zuerkannt wurde oder**
3. **nach der Antragstellung durch Eheschließung oder Begründung einer Lebenspartnerschaft im Bundesgebiet die Voraussetzungen für einen Rechtsanspruch auf Erteilung eines Aufenthaltstitels nach dem Aufenthaltsgesetz erfüllt.**

Überblick

Die Vorschrift regelt drei weitere Sachverhalte, in denen die Wohnverpflichtung vor Ablauf der in § 47 Abs. 1 S. 1 bestimmten Zeiträume automatisch, also ohne förmlichen Entlassungsakt, erlischt. Nr. 1 betrifft das Ende der Wohnverpflichtung infolge einer auf Grundlage von §§ 50, 51 verfügten Zuweisungs- bzw. Verteilentscheidung (→ Rn. 2). Nr. 2 lässt die Wohnverpflichtung im Falle einer Statusgewährung entfallen (→ Rn. 3 f.). Nr. 3 sieht das Ende der Wohnverpflichtung vor, wenn der Ausländer nach Asylantragstellung infolge Eheschließung bzw. Begründung einer Lebenspartnerschaft einen strikten Rechtsanspruch auf einen Aufenthaltstitel erwirbt (→ Rn. 5 ff.). Die Beendigungstatbestände sind auch anwendbar, wenn eine verlängerte Wohnverpflichtung nach § 47 Abs. 1a bzw. § 47 Abs. 1b in Verbindung mit einer Landesregelung besteht (→ Rn. 9).

A. Allgemeines

Wie im unmittelbaren Anwendungsbereich von § 47, aber anders als bei § 49 endet die Wohn- **1** verpflichtung, ohne dass es eines förmlichen Entlassungsaktes bedarf. In den Fällen der Nr. 1 (→ Rn. 2) und Nr. 2 (→ Rn. 3 f.) hängt das Erlöschen der Wohnverpflichtung aber zumindest mittelbar vom Erlass eines Verwaltungsakts ab. Seit dem „Zweiten Gesetz zur besseren Durchsetzung der Ausreisepflicht" vom 15.8.2019 (BGBl. 2019 I 1294) unterscheidet § 47 Abs. 1 S. 1 zwischen Familien mit minderjährigen Kindern (max. Dauer der Wohnverpflichtung: 6 Monate) und sonstigen Asylsuchenden (max. Dauer der Wohnverpflichtung: 18 Monate). Infolgedessen stellt Abs. 1 seitdem nicht mehr auf einen sechsmonatigen, sondern „den nach § 47 Absatz Satz 1 bestimmten Zeitraum" ab.

B. Die einzelnen Erlöschenstatbestände

I. Zuweisungsentscheidung (Nr. 1)

2   Eine nach § 47 bestehende Wohnpflicht endet vorzeitig, wenn der Ausländer verpflichtet ist, an einem anderen Ort oder in einer anderen Unterkunft Wohnung zu nehmen. Dadurch soll eine Pflichtenkollision vermieden werden (VG Düsseldorf BeckRS 2019, 16282 Rn. 43; BeckOK AuslR/Heusch Rn. 5). In der Sache ist die **Zuweisungsentscheidung des § 50 Abs. 4 S. 1**, also der Fall einer landesinternen Verteilung angesprochen, auch wenn die Zuweisungsentscheidung selbst unmittelbar keine neue Wohnverpflichtung begründet. Die regelmäßig mit der Zuweisungsentscheidung zu verhängende **Wohnsitzauflage** (vgl. § 60 Abs. 1 S. 1, Abs. 3 S. 2) kann aber deshalb **nicht gemeint** sein, weil diese den Wegfall der Wohnverpflichtung des § 47 voraussetzt (BeckOK AuslR/Heusch Rn. 6; GK-AsylG/Funke-Kaiser Rn. 8; aA Bergmann/Dienelt/Bergmann Rn. 3). Ein Abstellen auf die Wohnsitzauflage hätte im Übrigen das fragwürdige Ergebnis zur Folge, dass ein vorzeitiges Ende der Wohnverpflichtung bei gesichertem Lebensunterhalt des Ausländers nicht möglich wäre. Anders als die mit Blick auf § 10a Abs. 1 AsylbLG jedenfalls zu erlassende Zuweisungsentscheidung ist die Verhängung einer Wohnsitzauflage nach § 60 Abs. 1 S. 1 nämlich nur bei ungesichertem Lebensunterhalt zulässig. Ferner könnte der Ausländer seiner Verpflichtung, sich unverzüglich zu der in der Zuweisungsentscheidung benannten Stelle zu begeben (§ 60 Abs. 6 S. 1), regelmäßig nicht ohne vorherige – vom Bundesamt zu erteilende – Verlassenserlaubnis (§ 57) nachkommen (vgl. § 59a Abs. 1 S. 2). Schließlich verweist auch der Gesetzgeber auf die landesinterne Verteilung nach § 50 als Hauptanwendungsfall; die Wohnsitzauflage des § 58 aF bleibt dagegen unerwähnt (vgl. BT-Drs. 12/2062, 36). Nach Normzweck und Systematik **entfällt** die **Wohnverpflichtung des § 47 (schon) mit Zustellung der Zuweisungsentscheidung** (ebenso VG Düsseldorf BeckRS 2019, 16282 Rn. 43).

II. Statusgewährung (Nr. 2)

3   Nach Nr. 2 endet die Wohnverpflichtung vorzeitig, wenn das Bundesamt den Ausländer als Asylberechtigten anerkennt oder ihm internationalen Schutz, also die Flüchtlingseigenschaft oder subsidiären Schutz zuspricht (§ 1 Nr. 2). Abzustellen ist auf die zum Erlöschen der Aufenthaltsgestattung (§ 67 Abs. 1 Nr. 6) und zum Entstehen der Erlaubnisfiktion (§ 25 Abs. 1 S. 3, Abs. 2 S. 2 AufenthG) führenden **Zustellung des Anerkennungsbescheids.**

4   Ein verwaltungsgerichtliches (rechtskräftiges) **Verpflichtungsurteil genügt nicht.** Auch ist **Nr. 2 unanwendbar, wenn „nur" ein Abschiebungsverbot** nach § 60 Abs. 5 und Abs. 7 AufenthG festgestellt wird. Mit Blick auf §§ 49 Abs. 1, 50 Abs. 1 S. 1 liegt es unter Wertungsgesichtspunkten allerdings nahe, den Ausländer schon vor Ablauf der Sechs-Monats-Frist zu entlassen. Hierzu ist die zuständige Behörde unabhängig vom Vorliegen der Voraussetzungen der §§ 49 f. jederzeit berechtigt (so wohl auch BeckOK AuslR/Heusch § 47 Rn. 12a).

III. Ehebedingter Anspruch auf Aufenthaltserlaubnis (Nr. 3)

5   Nr. 3 sieht ein Ende der Wohnverpflichtung vor, wenn der Ausländer **nach (förmlicher) Antragstellung infolge** einer **im Bundesgebiet** (zur analogen Anwendung bei außerhalb des Bundesgebiets begründeten Ehen vgl. GK-AsylG/Funke-Kaiser Rn. 14) begründeten Ehe oder Lebenspartnerschaft nach dem LPartG einen **Anspruch auf Erteilung eines Aufenthaltstitels** nach dem AufenthG erwirbt. Auf dessen Beantragung oder Erteilung kommt es nicht an. Allerdings ist ein **strikter Rechtsanspruch erforderlich.** Nach der Rechtsprechung des BVerwG zu §§ 5 und 10 AufenthG setzt dies voraus, dass alle besonderen (vgl. §§ 27–30 ff. AufenthG), allgemeinen (vgl. § 5 Abs. 2 AufenthG, vgl. aber § 39 Nr. 4 AufenthV) und regelhaft (vgl. § 5 Abs. 1 AufenthG) zu erfüllenden Voraussetzungen gegeben sind (BVerwG NVwZ-RR 2015, 313; NVwZ 2016, 458 (459 f.); 2016, 1498 (1500 f.)). Weder genügt eine Ermessensreduktion „auf Null", noch – im Kontext des § 5 Abs. 1 AufenthG – das Vorliegen eines atypischen Falles (krit. GK-AsylG/Funke-Kaiser Rn. 14).

6   Ihrem **Wortlaut** nach ließe sich **Nr. 3 auch bejahen, wenn** die Ehe / Lebenspartnerschaft zwar vor der Asylantragstellung eingegangen, der **Anspruch** aber erst **nach Asylantragstellung**, etwa durch Erfüllung des Sprachnachweises (vgl. § 30 Abs. 1 S. 1 Nr. 2 AufenthG ggf. iVm

§ 28 Abs. 1 S. 5 AufenthG), **komplettiert** worden ist. Die zu § 39 Nr. 3 AufenthV ergangene Rechtsprechung des BVerwG (BVerwGE 138, 353 = NVwZ 2011, 871), wonach auf den Zeitpunkt der Erfüllung des zentralen Tatbestandsmerkmals, hier die Begründung der Ehe bzw. Lebenspartnerschaft abzustellen ist, ist dabei nicht ohne Weiteres übertragbar.

Entsteht der **Anspruch schon vor Asylantragstellung,** löst letztere unsinnigerweise die 7 Wohnverpflichtung des § 47 aus, sofern noch kein Aufenthaltstitel iSv § 14 Abs. 2 S. 1 Nr. 1 erteilt wurde (zur vergleichbaren Problematik im Falle eines auf §§ 36, 36a Abs. 1 S. 2 AufenthG beruhenden elterlichen Anspruchs vgl. → § 47 Rn. 11). Geht man nicht davon aus, dass die Wohnverpflichtung mit Eintritt der Voraussetzungen des § 14 Abs. 2 S. 1 Nr. 1 automatisch endet (→ § 47 Rn. 5.1), kommt bei Erteilung eines Aufenthaltstitels eine vorzeitige Beendigung wegen eines zwingenden Grundes gem. § 49 Abs. 2 in Betracht (so GK-AsylG/Funke-Kaiser Rn. 12; BeckOK AuslR/Heusch Rn. 11).

Mit Blick auf § 47 Abs. 1a und Abs. 1b dürfte sich die Bedeutung von Nr. 3 ungeachtet der 8 bis zu einer Eheschließung im Bundesgebiet zu überwindenden Hürden tendenziell vergrößern.

C. Sonstiges

§ 48 bleibt gem. § 47 Abs. 1a S. 2 bzw. § 47 Abs. 1b S. 2 unberührt, gilt also auch, wenn die 9 Wohnverpflichtung auf diesen Vorschriften beruht.

Da die Wohnverpflichtung wie iRv § 47 automatisch endet, gelten hinsichtlich des Rechts- 10 schutzes die dortigen Ausführungen sinngemäß (→ § 47 Rn. 42 f.).

§ 49 Entlassung aus der Aufnahmeeinrichtung

(1) Die Verpflichtung, in der Aufnahmeeinrichtung zu wohnen, ist zu beenden, wenn eine Abschiebungsandrohung vollziehbar und die Abschiebung nicht in angemessener Zeit möglich ist oder wenn dem Ausländer eine Aufenthaltserlaubnis nach § 24 des Aufenthaltsgesetzes erteilt werden soll.

(2) Die Verpflichtung kann aus Gründen der öffentlichen Gesundheitsvorsorge sowie aus sonstigen Gründen der öffentlichen Sicherheit oder Ordnung, insbesondere zur Gewährleistung der Unterbringung und Verteilung, oder aus anderen zwingenden Gründen beendet werden.

Überblick

Die Vorschrift regelt Fälle, in denen die Wohnverpflichtung nach § 47 im Einzelfall per Verwaltungsakt vorzeitig beendet werden muss oder kann (→ Rn. 1). Abs. 1 betrifft Personen, bei denen absehbar ist, dass sie Deutschland nicht kurzfristig verlassen werden, entweder weil sie nicht kurzfristig abgeschoben werden können (→ Rn. 2 ff.) oder ihnen eine Aufenthaltserlaubnis nach § 24 AufenthG erteilt werden soll (→ Rn. 7 ff.). Abs. 2 ermöglicht die Entlassung aus der Aufnahmeeinrichtung aus Gründen der öffentlichen Sicherheit und Ordnung (→ Rn. 9) oder wegen anderer zwingender Gründe, insbesondere in individuellen Härtefällen (→ Rn. 12 ff.). § 49 gilt auch im Anwendungsbereich von § 47 Abs. 1a und Abs. 1b (→ Rn. 1, → Rn. 6).

A. Allgemeines

Anders als in den Fällen des § 48 **endet** die **Wohnverpflichtung nicht automatisch,** sondern 1 erst aufgrund einer im jeweiligen Einzelfall vorzunehmenden **Entlassung** („ist zu beenden"), die Verwaltungsaktqualität hat, und **von der Zuweisungsentscheidung** (vgl. § 50 Abs. 4 S. 1) und **Wohnsitzauflage** (vgl. § 60 Abs. 1 S. 1) **zu unterscheiden** ist. Die von der zuständigen Ausländerbehörde zu treffende Entscheidung erfolgt unabhängig von einer Mitwirkung des Bundesamts. Angesichts der erheblich ausgedehnten (vgl. § 47 Abs. 1 S. 1, S. 3, Abs. 1a) bzw. ausdehnbaren (vgl. § 47 Abs. 1b) Wohnverpflichtung dürfte die Bedeutung des auch in diesem Rahmen anwendbaren 49 (vgl. § 47 Abs. 1a S. 2, Abs. 1b S. 2) tendenziell zunehmen.

B. Die einzelnen Beendigungstatbestände

I. Obligatorische Entlassung (Abs. 1)

2   Abs. 1 enthält **zwei Konstellationen,** in denen die **Wohnverpflichtung** des § 47 (oder § 30a Abs. 3 S. 1, vgl. § 30a Abs. 3 S. 2) **zwingend zu beenden** ist. Die in der Alt. 1 zum einen vorausgesetzte **Vollziehbarkeit** einer Abschiebungsandrohung liegt – vom Fall der Bestandskraft abgesehen – vor, **wenn** eine hiergegen gerichtete **Klage keine aufschiebende Wirkung** hat. Davon sind insbesondere Asylanträge umfasst, die als **offensichtlich unbegründet** oder – wegen in einem anderen Mitgliedsstaat bereits gewährten internationalen Schutzes – als unzulässig abgelehnt wurden (vgl. § 75 Abs. 1, § 36 Abs. 3). Die **Abschiebungsandrohung** wird hier ungeachtet des gesetzlichen Vollstreckungsverbots (§ 36 Abs. 3 S. 8) **mit Zustellung des Bescheides vollziehbar,** die gem. § 67 Abs. 1 S. 1 Nr. 4 auch zum Erlöschen der Aufenthaltsgestattung führt (vgl. Röder/Wittmann ZAR 2017, 345 (346)). Eine Ausnahme gilt, wenn das Bundesamt im Bescheid die Vollziehung auf Grundlage von § 80 Abs. 4 S. 1 VwGO ausgesetzt hat.

3   In Dublin-Fällen ergeht in der Regel eine **Abschiebungsanordnung** (vgl. § 34a Abs. 1 S. 1). Auf sie ist **Abs. 1** seinem Wortlaut nach **nicht anwendbar.** Im Falle eines erfolgreichen Eilantrags gegen die Abschiebungsanordnung ist die Wohnverpflichtung auch nicht mehr nach § 50 Abs. 1 S. 1 Nr. 2 (→ § 50 Rn. 10) zu beenden. Ergeht ausnahmsweise eine Abschiebungsandrohung (§ 34a Abs. 1 S. 4), hat eine hiergegen erhobene Klage aufschiebende Wirkung, da ein Fall von § 38 Abs. 1 vorliegt (vgl. § 75 Abs. 1 AsylG); die Abschiebungsandrohung wird daher erst mit Bestandskrafteintritt vollziehbar iSv § 49 Abs. 1.

4   Zweitens muss die angedrohte Abschiebung absehbar zu realisieren sein. Insofern kommt es insbesondere darauf an, ob **Duldungsgründe iSd § 60a AufenthG** (→ AufenthG § 60a Rn. 6 ff.) vorliegen. Seit dem Zweiten Gesetz zur besseren Durchsetzung der Ausreisepflicht v. 15.8.2019 (BGBl. I 1294) entsteht ein Entlassungsanspruch nach Abs. 1 dabei nicht mehr schon, wenn die Abschiebung nicht kurzfristig, sondern erst, wenn sie **nicht in angemessener Zeit** möglich ist (in der Gesetzesbegründung ist allerdings weiterhin von einer kurzfristig nicht möglichen Abschiebung die Rede, vgl. BT-Drs. 19/10706, 15). Die hinsichtlich der Dauer des Vollstreckungshindernisses im Ausgangspunkt weiterhin erforderliche Prognose bezieht sich damit auf einen längeren Zeitraum als bislang, der schon deshalb nicht mehr mit der – ohnehin gestrichenen – Sechswochenfrist des § 47 Abs. 1 S. 1 aF gleichgesetzt werden kann. Einen Orientierungspunkt liefert aber nunmehr § 61 Abs. 1 S. 2 Hs. 2: Danach kann wohnverpflichteten Ausländern nach sechsmonatigem Duldungsbesitz eine Beschäftigungserlaubnis erteilt werden. Die Karenzfrist soll dabei offenkundig eine Abschiebung aus der Aufnahmeeinrichtung heraus erleichtern. Wenn aber im Moment des Eintritts der Vollziehbarkeit der Abschiebungsandrohung bereits absehbar ist, dass eine Abschiebung innerhalb der nächsten sechs Monate nicht möglich ist, erscheint es sachgerecht, den Ausländer sofort aus der Aufnahmeeinrichtung zu entlassen. Ein **kürzerer Prognosezeitraum** ist zugrunde zu legen, wenn das automatische Ende der Wohnverpflichtung in weniger als sechs Monaten eintritt. Hier ist zu fragen, ob die Abschiebung bis zum Ablauf der einschlägigen Höchstfrist möglich ist (so zur bisherigen Rechtslage GK-AsylG/Funke-Kaiser Rn. 8; vgl. auch BeckOK AuslR/Heusch Rn. 6).

5   Auch wenn der Entlassung nicht in angemessener Zeit abschiebbarer Ausländer vor allem Kapazitäten in der Aufnahmeeinrichtung frei machen soll (BT-Drs. 12/2062, 36), korrespondiert mit der behördlichen Entlasspflicht angesichts der mit der Wohnverpflichtung einhergehenden Beschränkungen (vgl. → § 47 Rn. 22) ein gerichtlich durchsetzbarer Anspruch des Ausländers auf Entlassung und Verteilung, der unverzüglich zu erfüllen ist, auch wenn dies – anders als iRv § 50 Abs. 1 S. 1 – nicht ausdrücklich gefordert wird.

6   **Abs. 1** ist entgegen zunächst anderslautender Äußerungen des Gesetzgebers (→ § 47 Rn. 31) nach dem unangetastet gebliebenen eindeutigen Wortlaut **auch iRv § 47 Abs. 1 S. 3, Abs. 1a und Abs. 1b anwendbar** (vgl. § 47 Abs. 1 S. 5, Abs. 1a S. 2 und Abs. 1b S. 2).

7   Nach der Alt. 2 ist die Wohnverpflichtung zu beenden, wenn dem Ausländer aufgrund eines Beschlusses des Rats der EU vorübergehender Schutz nach der Schutzgewährungs-RL (RL 2001/55/EG v. 20.7.2001, ABl. 2001 L 212, 12) durch **Erteilung einer Aufenthaltserlaubnis gem. § 24 AufenthG** gewährt werden soll. Die Titelinhaber werden gem. § 24 Abs. 4 und Abs. 5 AufenthG in Anlehnung an das asylrechtliche Verteilungssystem im Bundesgebiet verteilt. In der Praxis spielt die Vorschrift bislang keine Rolle.

7.1   Hintergrund der Entlasspflicht ist dabei nicht (mehr) das nach – dem inzwischen gestrichenen – § 43a Abs. 1 S. 1 für die Dauer der Wohnverpflichtung bestehende Titelerteilungsverbot (so aber BeckOK AuslR/Heusch Rn. 7).

De lege ferenda wäre in Ergänzung zu § 49 Abs. 1 (und § 48 Abs. 1 Nr. 3) eine einheitliche Regelung **7.2** wünschenswert, die eine zwingende Beendigung der Wohnverpflichtung in allen Fällen vorsieht, in denen der Ausländer einen – trotz laufenden Asylverfahrens einzulösenden (vgl. § 10 Abs. 1 AufenthG) – Anspruch auf ein (nicht nur kurzfristiges) Aufenthaltsrecht hat. Die aktuellen Vorschriften erscheinen nicht (mehr) vollständig aufeinander abgestimmt.

Auch wenn § 49 im Unterschied zu § 48 die Beendigung der Verpflichtung, in „der" Aufnah- **8** meeinrichtung zu wohnen, vorschreibt, ist der Ausländer **auch nach § 49 aus dem Erstaufnahmesystem insgesamt zu entlassen,** was aus dem Normzweck, insbesondere von Abs. 1, sowie daraus folgt, dass sich die zu beendende und kraft Gesetzes entstehende Verpflichtung stets nur auf die nach Maßgabe des § 46 als zuständig bestimmte Aufnahmeeinrichtung bezieht.

II. Optionale Entlassung (Abs. 2)

Abs. 2 nennt verschiedene Gründe, bei deren Vorliegen die Wohnverpflichtung im Ermessens- **9** wege beendet werden kann. Dabei baut Abs. 2 auf Abs. 1 aus. Sind die in Abs. 1 genannten Voraussetzungen erfüllt, ist mit Blick auf den Zweck des Beendigungstatbestandes der Wortlaut „in der Aufnahmeeinrichtung" dahingehend zu verstehen, dass die Person nicht nur aus der konkreten Aufnahmeeinrichtung, sondern aus dem Erstaufnahmesystem insgesamt zu entlassen ist (aA BeckOK AuslR/Heusch Rn. 3). Im Rahmen des Abs. 2 kann daher nichts anderes gelten, zumal die durch § 47 Abs. 1 S. 1 begründete (gesetzliche) Wohnverpflichtung, auf die sich § 49 bezieht, stets nur für die nach den Maßgaben von § 46 als zuständig bestimmte Aufnahmeeinrichtung gilt. Für die Begründung einer Pflicht zum Wohnen in einer anderen als der zuständigen Aufnahmeeinrichtung per Verwaltungsakt fehlt es an einer Ermächtigungsgrundlage.

Nach Abs. 2 kann die Wohnverpflichtung zum einen aus Gründen der öffentlichen Sicherheit **9a** oder Ordnung vorzeitig beendet werden. Aus dem Wortlaut („andere") folgt, dass auch die Gründe der öffentlichen Sicherheit und Ordnung zwingend sein, also ein erhebliches Gewicht aufweisen müssen. Ein beispielhaft („sonstige") genannter Grund der öffentlichen Sicherheit und Ordnung ist die **öffentliche Gesundheitsvorsorge.** Ein Beispiel ist etwa die dem Schutz der übrigen Bewohner dienende Entlassung eines an einer ernsthaften und **ansteckenden Erkrankung** (zB Masern) leidenden Bewohners. Auch kann die Entlassung zum Schutz vor von der Aufnahmeeinrichtung selbst ausgehenden (Gesundheits-) Gefahren erfolgen. Zur Aufrechterhaltung von Sicherheit und Ordnung kann eine Entlassung bspw. bei nicht anders beizulegenden Konflikten zwischen Personen(-gruppen) oder erheblichen Beeinträchtigungen interner Betriebsabläufe erfolgen (GK-AsylG/Funke-Kaiser Rn. 12; vgl. auch VG München BeckRS 2019, 25279 Rn. 20 ff.).

Die „Corona-Krise" hat die Frage aufgeworfen, ob der einzelne Asylbewerber zum (besseren) **9b** Schutz vor einer Ansteckung die Beendigung der Wohnverpflichtung und seine Verteilung in eine seine Gesundheit ausreichend schützende Unterkunft beanspruchen kann. Die Rechtsprechung bejaht dies zu Recht (VG Leipzig BeckRS 2020, 6688; VG Dresden 24.4.2020 – 11 L 269/20.A, becklink 2016163; VG Chemnitz 30.4.2020 – 4 L 224/20.A; VG Münster BeckRS 2020, 8974). Ein solcher Anspruch, der letztlich Folge der staatlichen Verpflichtung zu einer grundrechtskonformen, insbesondere menschenwürdigen Unterbringung ist und zum Wohnen in einer Gemeinschaftsunterkunft (§ 53 AsylG) Verpflichteten gleichermaßen zusteht, ist jedenfalls dann zu bejahen, wenn die zuständige Behörde nicht willens oder – etwa aufgrund der baulichen Gegebenheiten – nicht in der Lage ist, in der konkreten Unterkunft die Einhaltung der nach dem jeweiligen Stand der Wissenschaft der Bevölkerung allgemein empfohlenen Mindest-Schutzmaßnahmen zu ermöglichen, soweit diese auch eine eigene Ansteckung verhindern sollen. Bei den in den einschlägigen Fallgestaltungen in Rede stehenden Abstands- und Hygieneregeln ist das offenkundig der Fall. Dabei ist irrelevant, ob die Schutzmaßnahmen normativ ausgestaltet sind. Da es sich um eine **„Zwangsunterbringung"** handelt, können die Bewohner ihren Gesundheitsschutz nicht selbst in die Hand nehmen, sondern sind darauf angewiesen, dass der Staat sie im Rahmen der bestehenden Möglichkeiten vor in der Aufnahmeeinrichtung drohenden Gesundheitsgefahren schützt. Die mit der Wohnverpflichtung verfolgten Zwecke (Asylverfahrensbeschleunigung, Erleichterung der Abschiebung) führen dabei nicht dazu, dass Asylbewerber mehr Gesundheitsrisiken als andere Menschen hinnehmen müssten; im Rahmen einer Abwägung überwiegt der Schutz von Leben und Gesundheit diese Zwecke deshalb regelmäßig. Nähme man entgegen der bisherigen Rechtsprechung an, dass die Beendigung der Wohnverpflichtung aus Gründen der öffentlichen Gesundheitsvorsorge allein öffentlichen Interessen dient, begründet das Interesse des Asylbewerbers an der Vermeidung einer realen Ansteckungsgefahr jedenfalls einen „zwingenden Grund". Im Übrigen gehören Leben und Gesundheit auch zu den vom Begriff der öffentlichen Sicherheit erfassten Schutzgütern, die eine Beendigung der Wohnverpflichtung ebenfalls erlaubt.

9c   Seit Inkrafttreten des Zweiten Gesetzes zur besseren Durchsetzung der Ausreisepflicht v. 15.8.2019 (BGBl. I 1294) nennt Abs. 2 die Entlassung zur Gewährleistung der Unterbringung und Verteilung als weiteres sonstigen Grund der öffentlichen Sicherheit und Ordnung. Dadurch kann insbesondere einer Überlastung der Kapazitäten der Einrichtung vorgebeugt werden (BT-Drs. 19/10706, 15).

10   Die Wohnverpflichtung kann auch aus anderen **zwingenden Gründen** beendet werden. Der nachträglich eingefügte Tatbestand soll die Berücksichtigung **„besonders gelagerter Härtefälle"** ermöglichen (BT-Drs. 12/2718, 61). In Betracht kommen zB **familiäre Gründe,** wenn etwa ein (enger) Angehöriger außerhalb der Aufnahmeeinrichtung dringend und dauerhaft auf die Unterstützung des Ausländers angewiesen ist und diese nicht (ausreichend) durch Erteilung einer Verlassenserlaubnis (vgl. § 57 Abs. 1) gewährleistet werden kann. Ferner kann eine gravierende – in der Regel durch medizinische Expertise zu belegende – **Erkrankung** die Entlassung erfordern, insbesondere wenn ihre Heilung und Behandlung gerade aufgrund der mit dem Leben in einer Aufnahmeeinrichtung einhergehenden rechtlichen und tatsächlichen „Nebenwirkungen" erschwert oder vereitelt wird (VG München BeckRS 2015, 53145: Chemotherapie und erhöhte Infektneigung).

11   Bei der Beurteilung, ob ein zwingender Grund vorliegt, ist auch ein etwaiger **besonderer Schutzbedarf iSv Art. 21 EU-Aufnahme-RL** (RL 2013/33/EU v. 26.6.2013, ABl. 2013 L 180, 96) zu berücksichtigen, der ggf. zur Entlassung aus der Aufnahmeeinrichtung zwingt, wenn dem Schutzbedarf nicht adäquat Rechnung getragen werden kann. Zu beachten ist, dass die Aufzählung in Art. 21 EU-Aufnahme-RL nicht abschließend ist („Personen wie"), ein die Entlassung rechtfertigender besonderer Schutzbedarf zB auch aus der sexuellen Orientierung oder Identität des Ausländers resultieren kann (sa die Gesetzesbegründung zu § 44 Abs. 2a, BT-Drs. 19/10706, 15).

12   Auf Rechtsfolgenseite steht der zuständigen Behörde Ermessen zu. Angesichts der tatbestandlich vorausgesetzten zwingenden, dem Wortsinn nach also unausweichlichen Gründe dürfte eine Beendigung der Wohnverpflichtung jedoch die regelmäßig zu treffende Entscheidung sein. Wo der zwingende Grund (auch) Folge eines schutzwürdigen Interesses des Asylbewerbers ist, verdichtet sich der Anspruch auf ermessensfehlerfreie Entscheidung regelmäßig zu einem strikten Rechtsanspruch.

C. Rechtsschutz

13   Gegen eine (beabsichtigte) Entlassung ist Rechtsschutz im Wege der Anfechtungsklage zu suchen, die keine aufschiebende Wirkung hat (§ 75 Abs. 1). Die Verpflichtungsklage, in der Regel in Verbindung mit einem Antrag nach § 123 VwGO, ist statthaft, wenn eine Entlassung (und Verteilung) angestrebt wird (zu einem erfolgreichen Eilantrag vgl. VG München BeckRS 2015, 53145). Zuvor ist die Entlassung bei der zuständigen Behörde zu beantragen (§§ 68 Abs. 2, 75 S. 2 VwGO), wobei angesichts der typischerweise bestehenden Dringlichkeit regelmäßig eine kurze Frist genügen wird. Mit Blick auf § 42 Abs. 2 VwGO ist stets zu prüfen (und ggf. darzulegen), ob die Entlassung (auch) im Interesse des zu entlassenden Ausländers erfolgt. Im Übrigen wird man stets begründen müssen, warum ein Abwarten des regulären Endes der Wohnverpflichtung nicht zumutbar ist. Ein Anspruch auf Zuweisung an einen bestimmten Ort besteht grundsätzlich nicht (§ 55 Abs. 1 S. 2). Ein Vorverfahren findet nicht statt (§ 11).

§ 50 Landesinterne Verteilung

(1) ¹**Ausländer sind unverzüglich aus der Aufnahmeeinrichtung zu entlassen und innerhalb des Landes zu verteilen, wenn das Bundesamt der zuständigen Landesbehörde mitteilt, dass**

1. **dem Ausländer Schutz nach den §§ 2, 3 oder 4 zuerkannt wurde oder die Voraussetzungen des § 60 Absatz 5 oder 7 des Aufenthaltsgesetzes in der Person des Ausländers oder eines seiner Familienangehörigen im Sinne des § 26 Absatz 1 bis 3 vorliegen, oder**

2. **das Verwaltungsgericht die aufschiebende Wirkung der Klage gegen die Entscheidung des Bundesamtes angeordnet hat, es sei denn, der Asylantrag wurde als unzulässig nach § 29 Absatz 1 Nummer 1 oder 2 abgelehnt.**
²**Eine Verteilung kann auch erfolgen, wenn der Ausländer aus anderen Gründen nicht mehr verpflichtet ist, in der Aufnahmeeinrichtung zu wohnen.**

(2) Die Landesregierung oder die von ihr bestimmte Stelle wird ermächtigt, durch Rechtsverordnung die Verteilung zu regeln, soweit dies nicht durch Landesgesetz geregelt ist.

(3) Die zuständige Landesbehörde teilt innerhalb eines Zeitraumes von drei Arbeitstagen dem Bundesamt den Bezirk der Ausländerbehörde mit, in dem der Ausländer nach einer Verteilung Wohnung zu nehmen hat.

(4) [1]Die zuständige Landesbehörde erlässt die Zuweisungsentscheidung. [2]Die Zuweisungsentscheidung ist schriftlich zu erlassen und mit einer Rechtsbehelfsbelehrung zu versehen. [3]Sie bedarf keiner Begründung. [4]Einer Anhörung des Ausländers bedarf es nicht. [5]Bei der Zuweisung sind die Haushaltsgemeinschaft von Familienangehörigen im Sinne des § 26 Absatz 1 bis 3 oder sonstige humanitäre Gründe von vergleichbarem Gewicht zu berücksichtigen.

(5) [1]Die Zuweisungsentscheidung ist dem Ausländer selbst zuzustellen. [2]Wird der Ausländer durch einen Bevollmächtigten vertreten oder hat er einen Empfangsbevollmächtigten benannt, soll ein Abdruck der Zuweisungsentscheidung auch diesem zugeleitet werden.

(6) Der Ausländer hat sich unverzüglich zu der in der Zuweisungsverfügung angegebenen Stelle zu begeben.

Überblick

Die Vorschrift ist Grundlage für die landesinterne von Asylsuchenden, die nicht mehr zur Wohnsitznahme in einer Aufnahmeeinrichtung verpflichtet sind (→ Rn. 1). In Abs. 1 werden mit der Feststellung eines Schutzanspruchs (→ Rn. 6 ff.) bzw. einem die aufschiebende Wirkung einer Klage anordnenden Gerichtsbeschluss (→ Rn. 10) zunächst zwei weitere Sachverhalte benannt, in denen Asylsuchende nach einer entsprechenden Mitteilung des Bundesamts unverzüglich aus dieser zu entlassen sind (→ Rn. 6 ff.). Über den Wortlaut von Abs. 1 S. 2 hinaus sind dabei nicht nur die in S. 1 genannten Personen verpflichtend zu verteilen (→ Rn. 11). Ausgenommen sind lediglich Personen mit einer sicheren Aufenthaltsperspektive (→ Rn. 12). Abs. 3 enthält eine Verordnungsermächtigung zur landesrechtlichen Regelung des Verteilungsverfahrens (→ Rn. 13). Über den zugewiesenen Wohnort muss die zuständige Landesbehörde das Bundesamt innerhalb von drei Arbeitstagen informieren (→ Rn. 41). Abs. 4 und Abs. 5 regeln das Zuweisungsverfahren im Einzelfall (→ Rn. 14 ff.), das zur Beschleunigung partiell abweichend von allgemeinen verwaltungsverfahrensrechtlichen Grundsätzen ausgestaltet ist (→ Rn. 17 f.). Nach Abs. 4 S. 5 sind bei der Zuweisungsentscheidung die Haushaltsgemeinschaft der „Kernfamilie" sowie vergleichbar gewichtige humanitäre Gründe zu berücksichtigen (→ Rn. 20 ff.). Nach Abs. 6 ist der Asylsuchende verpflichtet, sich unverzüglich zu der in der Zuweisung angegebenen Stelle zu begeben (→ Rn. 36 f.). Gegen die Zuweisungsentscheidung ist der Rechtsweg für Ausländer und Kommunen eröffnet (→ Rn. 43 f.).

Übersicht

A. Zweck und Anwendungsbereich

Die Vorschrift hat den Zweck, Kapazitäten in den Aufnahmeeinrichtungen freizumachen, die **1** insbesondere in Zeiten hoher Zugangszahlen schnell erschöpft sein können, dient aber auch dem Interesse des Asylbewerbers, der nicht länger als erforderlich den mit der Unterbringung in einer Aufnahmeeinrichtung verbundenen tatsächlichen und rechtlichen Nachteilen ausgesetzt sein soll (→ § 47 Rn. 22). In tatsächlicher Hinsicht freigemacht wird der Aufnahmeplatz dabei durch die Zuweisungsentscheidung iSd Abs. 4 S. 1, welche für den Adressaten die gesetzliche Pflicht auslöst, sich unverzüglich zu der dort angegebenen Stelle zu begeben (Abs. 6). § 50 gilt nur für Personen, die der Wohnverpflichtung des § 47 unterfallen bzw. unterfielen, wie sich unter anderem aus Abs. 1 ergibt (HTK-AuslR/Nottermann AsylG § 50 zu Abs. 1 Rn. 2).

1.1   Allerdings scheint § 60 Abs. 1 S. 1 davon auszugehen, dass eine Zuweisungsentscheidung nach § 50 Abs. 4 auch für Personen ergehen kann, die niemals verpflichtet waren, in einer Aufnahmeeinrichtung zu wohnen.

2   Abs. 1 S. 1 betrifft zum einen Personen, bei denen aufgrund einer positiven Statusentscheidung ein dauerhafter rechtmäßiger Aufenthalt bereits sicher feststeht (Nr. 1), zum anderen Personen, bei denen infolge einer gerichtlichen Eilentscheidung (§ 80 VwGO) nicht mehr von einer schnellen Aufenthaltsbeendigung ausgegangen werden kann (Nr. 2). In beiden Konstellationen besteht kein sachlicher Grund mehr, das reguläre Ende der Wohnverpflichtung abzuwarten, weil sich ihr Zweck entweder erledigt hat bzw. in absehbarer Zeit nicht mehr erreichbar ist. Die Wohnverpflichtung ist deshalb – auch im Interesse des Betroffenen – durch Entlassung aus der Aufnahmeeinrichtung zu beenden. Ausländer, deren Wohnverpflichtung bereits nach Maßgabe der §§ 47–49 erloschen ist bzw. beendet wurde, werden – soweit § 50 auf sie noch anwendbar ist (→ Rn. 12) – auf Grundlage von Abs. 1 S. 2 landesintern verteilt (→ Rn. 11). Auf die landesinterne Verteilung besteht grundsätzlich ein gerichtlich durchsetzbarer Anspruch (→ § 47 Rn. 22, Rn. 43).

3   § 50 gilt grundsätzlich auch für Zweitantragsteller (§ 71a Abs. 2 S. 1), zwischenzeitlich ausgereiste Folgeantragsteller (§ 71 Abs. 2 S. 2) sowie für Personen, die einer verlängerten Wohnverpflichtung unterliegen (§ 47 Abs. 1 S. 3, Abs. 1a S. 2, Abs. 1b S. 2), und solche, die verpflichtet sind bzw. waren, in einer besonderen Aufnahmeeinrichtung zu wohnen (§ 30a Abs. 3 S. 3).

4   Für unbegleitet eingereiste minderjährige Asylantragsteller gelten die §§ 47 ff. aufgrund des Vorrangs des im SGB VIII vorgesehenen Inobhutnahme- und Verteilungsverfahrens nicht (→ § 47 Rn. 6). Eine gleichwohl erfolgte Zuweisung soll mit Inobhutnahme durch das Jugendamt ex nunc rechtswidrig werden (VG München BeckRS 2015, 53173; VG Kassel BeckRS 2019, 15365 Rn. 4).

B. Entlass- und Verteilpflicht

5   Mit Entlassung und Verteilung begründet Abs. 1 S. 1 grundsätzlich **zwei unterschiedliche behördliche Verpflichtungen,** die in der Praxis regelmäßig uno actu erfüllt werden, um eine nahtlose Unterbringung des Asylsuchenden sicherzustellen. In Ergänzung zu § 49 werden zunächst **zwei weitere Fallgruppen** bestimmt, in denen die Wohnverpflichtung des § 47 vorzeitig per Verwaltungsakt zu beenden ist. Sachliche Unterschiede sind mit den verschiedenen Begrifflichkeiten („zu entlassen“, „zu beenden“) dabei nicht verbunden, wie auch die amtliche Überschrift von § 49 zeigt. Die Entlassung ist **in beiden Fallgruppen** von einer vorherigen **Mitteilung des Bundesamts abhängig,** weil beide Tatbestände an Entscheidungen im Asylverfahren anknüpfen, an dem die Landesbehörden nicht (unmittelbar) beteiligt sind. Zu der Mitteilung ist das Bundesamt verpflichtet, wenn die in S. 1 genannten Gründe vorliegen. Die nach Maßgabe des jeweiligen Landesrechts **zuständige Landesbehörde ist an die Mitteilung gebunden.**

6   **Nr. 1** ist durch das Zweite Gesetz zur besseren Durchsetzung der Ausreisepflicht v. 15.8.2019 (BGBl. I 1294) **grundlegend geändert** worden: Diese sah bislang eine Entlassung aus der Aufnahmeeinrichtung bereits dann vor, wenn das Bundesamt mitgeteilt hatte, dass es nicht oder nicht kurzfristig entscheiden konnte, dass der Asylantrag offensichtlich unbegründet bzw. unzulässig ist und ob in der Person des Ausländers oder seiner Familienangehörigen iSd § 26 Abs. 1–3 ein zielstaatsbezogenes Abschiebungsverbot (§ 60 Abs. 5 und Abs. 7) vorliegt, für deren Prüfung das Bundesamt mit Asylantragstellung ausschließlich zuständig ist (§ 24 Abs. 2). Nunmehr erfolgt eine Entlassung erst, wenn das Bundesamt der zuständigen Landesbehörde mitgeteilt hat, dass der Ausländer als Asylberechtigter (§ 2), Flüchtling (§ 3) oder subsidiär Schutzberechtigter (§ 4) anerkannt wurde oder in seiner Person oder in der seiner Familienangehörigen iSd § 26 Abs. 1– 3 die Voraussetzungen des § 60 Abs. 5, Abs. 7 AufenthG vorliegen.

7   Die Neufassung wirft mit Blick auf Asylberechtigte und international Schutzberechtigte die **Frage nach dem Regelungszweck** auf: Gemäß **§ 48 Nr. 2** endet die Wohnverpflichtung bei ihnen nämlich bereits ipso jure ohne behördlichen Entlassakt, wenn ein Schutzstatus zuerkannt „wurde“, also mit Bekanntgabe der Statusentscheidung (→ § 48 Rn. 3). Auf den ersten Blick erscheint Nr. 1 insoweit redundant, die ebenfalls voraussetzt, dass der Schutzstatus zuerkannt „wurde“. Bei näherer Betrachtung könnte sich ein **eigenständiger Anwendungsbereich** aber daraus ergeben, dass die Verpflichtung zur Beendigung der Wohnverpflichtung durch die **bloße Mitteilung über die Zuerkennung eines Schutzstatus** ausgelöst wird, also nicht voraussetzt, dass dem Betroffenen die – nicht in jedem Fall zustellungspflichtige (vgl. § 31 Abs. 1 S. 3) – Statusentscheidung tatsächlich bereits wirksam bekannt gegeben wurde. Da der Gesetzgeber den Rechtsanwender hinsichtlich seines Regelungsmotivs noch mehr als sonst im Dunkeln lässt (→ Rn. 7.1), kann darüber nur spekuliert werden: Es erscheint zumindest nicht gänzlich fernliegend, dass die Änderung Bundesländer, die sich für eine Feinsteuerung des Aufenthaltsorts Schutzberechtigter auf Grundlage von § 12a Abs. 2–4 AufenthG entscheiden, aus einem Dilemma befreien will. Da mit Gewährung eines Schutzstatus die gesetzliche Wohnsitzauflage des § 47 – unionsrechtlich zwingend – gem. § 48 Nr. 2 entfällt, sind diese bis zur Verhängung einer „gemeindescharfen" Wohnsitzauflage auf Grundlage von § 12a AufenthG jedenfalls innerhalb des Zuweisungsbundeslandes rechtlich nicht an einer selbstbestimmten Wohnsitznahme gehindert. Eine kurzfristige Verteilung und Verhängung einer Wohnsitzauflage gem. § 50 Abs. 1 S. 2, Abs. 4 S. 1, § 60 Abs. 1 kommt bei dieser Personengruppe nicht mehr in Frage; ihr Aufenthalt kann vielmehr nur noch nach Maßgabe des AufenthG gesteuert werden, regelmäßig also nach § 12a AufenthG (→ Rn. 12). Das Verfahren zur Bestimmung der zukünftigen Wohnsitzgemeinde (§ 12a) für Personen, die bereits während des Aufenthalts in der Aufnahmeeinrichtung anerkannt werden, ist – auch weil die Betroffenen gem. § 28 VwVfG richtigerweise anzuhören sind – dabei mit erheblichem Zeitaufwand verbunden (vgl. exemplarisch die vorläufigen Anwendungshinweise des baden-württembergischen Ministeriums für Inneres, Digitalisierung und Migration zu § 12a, unter IV., Stand: 24.1.2017). Zur **Verhinderung einer selbstbestimmten Wohnortwahl** in diesem Zeitraum haben manche Bundesländer deshalb zunächst eine Wohnsitzauflage für die Aufnahmeeinrichtung verhängt, um sich die erforderliche Zeit zur Bestimmung der zukünftigen Wohnsitzgemeinde zu verschaffen (vgl. die vorläufigen Anwendungshinweise des baden-württembergischen Ministeriums für Inneres, Digitalisierung und Migration zu § 12a, unter IV., 1.5, Stand: 24.1.2017). Diese – mit erheblichen Rechtmäßigkeitsbedenken behaftete (vgl. Röder/Schlotheuber ASYL-MAGAZIN 11/2016, 364 (368)) – Verfahrenspraxis würde entbehrlich, wenn den Landesbehörden durch eine Bundesamtsmitteilung über einen gewährten Schutzstatus das Verteilungsverfahren des § 50 Abs. 4 und die darauf aufbauende Möglichkeit der Verhängung einer Wohnsitzauflage nach § 60 Abs. 1 eröffnet würde. Freilich würde dies voraussetzen, dass die zuständige Landesbehörde deutlich vor dem Betroffenen vom Ausgang des Asylverfahrens informiert wird. Das Bundesamt müsste dafür mit der Bekanntgabe der in der Sache bereits getroffenen Statusentscheidung bis zur Zuweisungsentscheidung zuwarten, der zuständigen Landesbehörde aber gleichwohl mitteilen, dass ein Schutzstatus bereits gewährt wurde, denn die Mitteilung über eine beabsichtigte Schutzgewährung reicht nach dem Wortlaut gerade nicht. Eine derartige Praxis würde allerdings nicht nur den Grundsätzen einer guten Verwaltung widersprechen (vgl. § 10 S. 2 VwVfG, § 31 Abs. 1 S. 3: anfechtbare „Entscheidungen sind unverzüglich zuzustellen") und dem Schutzberechtigten Vergünstigungen vorenthalten, sondern auch gezielt die speziellen materiellen und formellen Anforderungen des § 12a AufenthG unterlaufen. Es bleibt deshalb die Hoffnung, dass das wahre Regelungsvorhaben hier verkannt wurde.

7.1 Die Neufassung der Nr. 1 geht auf einen Änderungsantrag der Koalitionsfraktionen zurück. Dieser wurde am Tag der öffentlichen Anhörung durch den Innenausschuss eingebracht, am Tag darauf vom Ausschuss für Inneres und Heimat beschlossen (BT-Drs. 19/10706) und zwei Tage darauf im Bundestag verabschiedet. Er war daher weder Gegenstand der öffentlichen Debatte noch der Anhörung.

8 Jedenfalls soweit das Bundesamt „nur" ein Abschiebungsverbot nach § 60 Abs. 5, Abs. 7 AufenthG festgestellt hat und die Landesbehörde hierüber informiert, hat Nr. 1 einen eigenständigen – unbedenklichen – Anwendungsbereich, da die Wohnverpflichtung des § 47 hier nicht gem. § 48 kraft Gesetzes endet, eine Entlassung aus der Aufnahmeeinrichtung angesichts der festgestellten Unabschiebbarkeit gerechtfertigt ist.

9 Die Verpflichtung, die **gesamte „Kernfamilie"** iSd § 26 Abs. 1–3 **aus der Aufnahmeeinrichtung zu entlassen,** bezieht sich ihrem Wortlaut nach nur auf den Fall, dass bei einem Familienmitglied ein Abschiebungsverbot nach § 60 Abs. 5 und Abs. 7 festgestellt worden ist. Das muss aber erst recht gelten, wenn der Asylantrag eines Familienmitglieds zumindest teilweise erfolgreich war, da dieser Status – im Unterschied zu § 60 Abs. 5, Abs. 7 AufenthG – ggf. über § 26 auf die Familienangehörigen erstreckt werden kann, nachdem die Statusentscheidung des „Stammberechtigten" unanfechtbar geworden ist. Der **Verweis auf § 26 Abs. 1–3 bezieht sich richtigerweise nur auf den Familienstatus,** nicht auf die weiteren inhaltlichen Voraussetzungen, etwa den Bestand der Ehe im Verfolgerstaat, die nur im spezifischen Kontext des Familienasyls sinnvoll erscheinen (→ Rn. 25).

10 Nach Nr. 2 ist ein Ausländer ferner zwingend aus der Aufnahmeeinrichtung zu entlassen und zu verteilen, wenn das Verwaltungsgericht die aufschiebende Wirkung gegen die Entscheidung des Bundesamts angeordnet hat; erfasst sind auch Abänderungsbeschlüsse nach § 80 Abs. 7 VwGO. Ausgenommen sind seit dem Zweiten Gesetz zur besseren Durchsetzung der Ausreisepflicht v. 15.8.2019 (BGBl. I 1294) allerdings Stattgaben, die Entscheidungen nach § 29 Abs. 1 Nr. 1 und Nr. 2, also „Dublin-Fälle" und wegen in einem anderen Mitgliedstaat gewährten internationalen Schutzes abgelehnte Asylbewerber betreffen. Diese **Rückausnahme** ist **nur bedingt nachvollziehbar,** denn in den Fällen des § 29 Abs. 1 Nr. 1 führt die Anordnung der aufschiebenden Wirkung (§ 80 Abs. 5 VwGO) einer gegen die Abschiebungsanordnung (§ 34a Abs. 1 S. 1) erhobenen Klage zur rückwirkenden Entstehung der Aufenthaltsgestattung (vgl. Röder/Wittmann ZAR 2017, 345 (346)) bzw. in den Fällen des § 29 Abs. 1 Nr. 2 zur Fortsetzung des Asylverfahrens (vgl. § 37 Abs. 1 S. 2), also stets dazu, dass eine Aufenthaltsbeendigung in weite Ferne rückt. Eine Beendigung der Aufnahmeeinrichtungsverpflichtung nach § 49 Abs. 1 scheidet aus, da dieser Fälle einer Abschiebungsanordnung überhaupt nicht erfasst und sich in den Fällen des § 29 Abs. 1 Nr. 2 die vollziehbare Abschiebungsandrohung mit dem stattgebenden Gerichtsbeschluss gem. § 37 Abs. 1 S. 1 erledigt. Stattgaben in Antragsverfahren nach § 123 VwGO, die etwa bei einer erneuten Abschiebungsandrohung ergangenen Ablehnungen von Asylfolgeanträgen nach wie vor statthaft sind (VG Saarlouis BeckRS 2018, 19335 Rn. 3 f. mwN), werden vom Wortlaut nicht umfasst.

10a   **Zur Vermeidung einer Ungleichbehandlung** wird in der Rechtsprechung eine **analoge Anwendung von Nr. 2** auf Fälle erwogen, in denen einer fristgerecht erhobenen Klage bereits kraft Gesetzes aufschiebende Wirkung zukommt, insbesondere also bei einfach unbegründeten Antragsablehnungen (§§ 75 Abs. 1, 38 Abs. 1; VG Münster BeckRS 2020, 19715 Rn. 5 ff.). Gedanklich setzt die Analogie dabei voraus, dass die Wohnverpflichtung des § 47 Abs. 1 S. 1 nach Bescheidzustellung bestehen bleibt, diese also auch Fälle erfasst, in denen der Asylbewerber mit der behördlichen Ablehnung noch gar nicht ausreisepflichtig wird, der in § 47 Abs. 1 S. 1 angesprochene „Vollzug der Abschiebungsandrohung/-anordnung" also auf unbestimmte Zeit ungewiss und rechtlich unzulässig ist. Unter dieser Prämisse ist für die Benachteiligung eines „nur" einfach unbegründeten Asylbewerbers gegenüber dem als offensichtlich unbegründet abgelehnten Asylbewerber, der die aufschiebende Wirkung gerichtlich erstritten hat, in der Tat **kein sachlicher Grund** ersichtlich, denn der Umstand, dass die aufschiebende Wirkung bei o.u.-Abgelehnten Folge einer gerichtlichen Rechtmäßigkeitskontrolle des Offensichtlichkeitsausspruchs ist, erklärt und rechtfertigt damit nicht, warum nur der einfach abgelehnte Asylbewerber weiter in der Erstaufnahmeeinrichtung wohnen muss (**aA** wohl VG Aachen BeckRS 2020, 29938 Rn. 20 f.). Rechtlich unterscheidet sich ihre Situation aber kaum voneinander: Während dem einfach Abgelehnten die Aufenthaltsgestattung bei fristgerecht erhobener Klage erhalten bleibt, lebt die Aufenthaltsgestattung in den Offensichtlichkeitsfällen bei gerichtlich angeordneter aufschiebender Wirkung aufgrund der Rückwirkung des Beschlusses ex tunc wieder auf. Da die Position „o.u.-Abgelehnter" angesichts der auch antragsunabhängig bestehenden Abänderungsmöglichkeit des Gerichts (§ 80 Abs. 7 S. 1 VwGO) tendenziell sogar eher schwächer ist, besteht das Interesse eines einfach Abgelehnten an einer vorzeitigen Entlassung aus der Wohnverpflichtung erst recht. Allerdings setzt ein Analogieschluss in methodischer Hinsicht neben einer vergleichbaren Interessenlage zusätzlich eine **planwidrige Regelungslücke** voraus. Dass der Gesetzgeber gerade die „Standardablehnung" in seinem Plan übersehen haben soll, erscheint mit Blick auf die Regelung des § 61 Abs. 1 S. 2 Nr. 1 zumindest zweifelhaft (unter Hinweis auf § 6a Abs. 1 S. 2 Nr. 4 ebenso VG Aachen BeckRS 2020, 29938 Rn. 16 ff.). Diese unionsrechtlich motivierte Rückausnahme von dem kategorischen Erwerbstätigkeitsverbot des § 61 Abs. 1 S. 1 geht ganz offensichtlich davon aus, dass auch der einfach Abgelehnte trotz Erhebung einer mit aufschiebender Wirkung versehenen Klage bis zur gesetzlichen Höchstfrist zum Wohnen in der Erstaufnahmeeinrichtung verpflichtet sein kann. Geht man deshalb davon aus, dass die **Ausklammerung** einfach Abgelehnter im Klageverfahren nicht planwidrig ist, ist sie jedenfalls **gleichheits- und damit verfassungswidrig.**

11   Die Verteilung Asylsuchender, deren Wohnverpflichtung aufgrund der §§ 47–49 erloschen ist bzw. beendet wurde, erfolgt auf Grundlage von Abs. 1 S. 2. Dem Wortlaut nach („kann") steht die **Entscheidung, ob der Ausländer überhaupt verteilt wird,** im Ermessen der zuständigen Landesbehörde, ohne dass ein sachlicher Grund für diesen Unterschied auf Rechtsfolgenseite erkennbar ist. Ein ungebundenes Verteilungsermessen würde die gesetzlichen Beendigungs- und Erlöschenstatbestände weitgehend entwerten. Auch ermöglicht die – mit Blick auf das AsylbLG zuständigkeitsbegründende (vgl. § 10a Abs. 1 AsylbLG) – Zuweisungsentscheidung eine gleichmäßige Lastenverteilung innerhalb des Landes (vgl. § 60 Abs. 1 S. 1), ohne dass diese bundesrechtlich vorgegeben wäre. Anderes gilt aber für die Wohnsitzauflage, deren Erlass nach § 60 Abs. 1 S. 1 obligatorisch ist („wird verpflichtet") und eine – mit der Zuweisungsentscheidung identischen – Verteilentscheidung voraussetzt. Schließlich liegt die landesinterne Verteilung auch im Interesse des Asylantragstellers, der diese deshalb beanspruchen kann (→ Rn. 2). Entgegen dem Wortlaut besteht infolgedessen **regelmäßig kein Verteilungsermessen** (ebenso NK-AuslR/Kessler Rn. 10; BeckOK AuslR/Heusch Rn. 9).

Keine Verteilung erfolgt, wenn dem Betroffenen bereits ein Schutzstatus zuerkannt wurde **12** (§ 48 Nr. 2) und bei Erlangung eines unter § 48 Nr. 3 fallenden Rechtsanspruchs auf einen Aufenthaltstitel (GK-AsylG/Funke-Kaiser Rn. 18; BeckOK AuslR/Heusch Rn. 9), außerdem in Fällen, in denen der Asylantragsteller ein sonstiges asylverfahrensunabhängiges Aufenthaltsrecht erwirbt. Zur weiteren Aufenthaltssteuerung sind hier ggf. ausländerrechtliche Regelungen, etwa die §§ 12, 12a AufenthG einschlägig. **Nach bestandskräftiger Ablehnung** soll eine landesinterne Verteilung abgelehnter Asylbewerber nicht mehr auf Grundlage von § 50, sondern landesrechtlicher Vorschriften oder des AufenthG erfolgen (BayVGH BeckRS 2016, 55031 Rn. 10).

C. Das Verteilungsverfahren

I. Ausgestaltung

Die **Ausgestaltung des Verteilungsverfahrens ist Sache der Bundesländer.** Diese können **13** hierzu von der **Verordnungsermächtigung** des Abs. 2 Gebrauch machen, die Verteilung aber auch durch förmliches Landesgesetz regeln, dessen Vorrang Abs. 2 ausdrücklich vorsieht. Es ist diese **landesrechtliche Regelung,** welche die **Aufnahmeverpflichtung der Gebietskörperschaften begründet,** die durch die im Einzelfall erlassene Zuweisungsentscheidung konkretisiert wird (VG Düsseldorf BeckRS 2019, 16282 Rn. 41; HTK-AuslR/Nottermann AsylG § 50 zu Abs. 4 Rn. 1). Vorbehaltlich der in § 50 Abs. 4 S. 5 genannten Vorgaben sind die Verteilungskriterien frei bestimmbar. Regelmäßig bezwecken sie eine **gerechte Lastenverteilung.** Teilweise werden die Erstaufnahmestandorte dabei von der Verteilung ausgenommen (vgl. zB § 1 DVO FlüAG BW).

II. Die Zuweisungsentscheidung

1. Bedeutung und Abgrenzung

Grundlage der Verteilung ist die Zuweisungsentscheidung iSd § 50 Abs. 4, die einen an den **14** betroffenen Ausländer adressierten belastenden **Verwaltungsakt** darstellt, der zugleich Drittwirkung gegenüber der aufnahmepflichtigen Gemeinde hat (VG Düsseldorf BeckRS 2019, 16282 Rn. 44). Die Zuweisungsentscheidung ist gleichbedeutend mit der in § 60 Abs. 1 S. 1 angesprochenen „Verteilentscheidung" und setzt eine intern getroffene Ortswahl für den Ausländer rechtsverbindlich im Einzelfall nach außen um (SächsOVG Beschl. v. 17.1.2012 – A 3 A 93/11, juris Rn. 5). Sie ist zudem **zuständigkeitsrelevant** (vgl. zB § 10a Abs. 1, Abs. 3 S. 4 AsylbLG). Die Verpflichtung des Ausländers, sich bei der in der Zuweisungsentscheidung angegebenen Stelle zu melden (Abs. 6, → Rn. 35 ff.), bewirkt die Verteilung in tatsächlicher Hinsicht.

Von der Zuweisungsentscheidung streng **zu trennen ist die Wohnsitzauflage iSd § 60 15 Abs. 1 S. 1,** die regelmäßig zusammen mit der Zuweisungsentscheidung ergeht (§ 60 Abs. 3 S. 2 und S. 4), aber einen anderen Regelungsgehalt aufweist. Während die Zuweisungsentscheidung im Verhältnis zum Ausländer die Verpflichtung des Abs. 6 auslöst und diese konkretisiert, begründet die Wohnsitzauflage die Verpflichtung, den gewöhnlichen Aufenthalt an einem bestimmten Ort zu nehmen. Erst die Wohnsitzauflage sorgt also für den dauerhaften Verbleib des Ausländers am zugewiesenen Ort. Vor diesem Hintergrund erscheint es auch zweifelhaft, ob allein die Zuweisungsentscheidung die in § 56 Abs. 2 vorgesehene Modifikation der räumlichen Beschränkung nach sich zieht (so HTK-AuslR/Nottermann AsylG § 50 zu Abs. 4 Rn. 2).

§ 50 Abs. 4 gilt bei der Verteilung unerlaubt eingereister Ausländer (§ 15a AufenthG) entspre- **16** chend (vgl. § 15a Abs. 4 S. 5 Hs. 2 AufenthG).

2. Verfahren und Form

Im Interesse einer zügigen Verteilung regeln Abs. 4 und Abs. 5 das Zuweisungsverfahren **im 17 Verhältnis zum Ausländer** teilweise **abweichend vom allgemeinen Verwaltungsverfahrensrecht.** So bedarf die schriftlich zu erlassende und mit einer Rechtsbehelfsbelehrung zu versehende (Abs. 4 S. 2) Zuweisungsentscheidung nach Abs. 4 S. 4 keiner Anhörung, was die Identifizierung der nach Abs. 4 S. 5 zu berücksichtigenden Belange erschwert. Der Ausländer ist deshalb gut beraten, etwaige „Zuweisungswünsche" der Behörde stets von sich aus kundzutun. Nach Abs. 4

S. 3 bedarf es zudem keiner Begründung. Die zuständige Behörde muss aber ihre Gründe spätestens in einem gerichtlichen Verfahren offenlegen (GK-AsylG/Funke-Kaiser Rn. 27). Die Zuweisungs-entscheidung ist **obligatorisch zuzustellen,** allerdings nur **dem Ausländer** selbst (Abs. 5 S. 1), für den die an den tatsächlichen Aufenthalt in einer Aufnahmeeinrichtung anknüpfende, also auch in den Fällen des Abs. 1 S. 2 eingreifende, Vorschrift des § 10 Abs. 4 gilt. Dem – auch durch schriftliche Vollmacht ausgewiesenen – Bevollmächtigten oder einem benannten Empfangsbevoll-mächtigten soll nur ein Abdruck der Entscheidung zugeleitet werden. Eine vergleichbare Regelung enthält § 31 Abs. 1 S. 5 und S. 7 für die Zustellung von aufgrund von § 34a erlassenen Abschie-bungsanordnungen.

18   Zu beachten ist, dass die **Modifikationen** nach Wortlaut und Systematik **nur für die Zuwei-sungsentscheidung, nicht** aber **für** die gem. § 60 Abs. 1 S. 1 zu erlassende **Wohnsitzauflage** gelten. Für diese dürften vielmehr uneingeschränkt die Vorgaben des VwVfG gelten, denn die in § 60 Abs. 2 S. 2–4 enthaltenen Verfahrenserleichterungen beziehen sich systematisch nur auf Wohnsitzauflagen, die auf Grundlage von § 60 Abs. 2 ergangen sind (→ § 60 Rn. 34). Da die Wohnsitzauflage nach § 60 Abs. 1 S. 1 mit der Zuweisungsentscheidung verbunden werden soll (§ 60 Abs. 3 S. 2), ist fraglich, ob die in Abs. 4 und Abs. 5 geregelten Erleichterungen die intendierte Verfahrensbeschleunigung tatsächlich erreichen können.

3. Kriterien

19   Die Zuweisungsentscheidung ist bezüglich des „Wohin" eine **Ermessensentscheidung** der zuständigen Landesbehörde, bei der in Anwendung der landesrechtlich vorgegebenen Kriterien (→ Rn. 13) regelmäßig das **öffentliche Interesse an einer belastungsgerechten Verteilung** auf die verschiedenen Gebietskörperschaften innerhalb des Bundeslandes im Vordergrund stehen wird. Selbstverständlich ist die Behörde aber bei der Entscheidung an die **Grundrechte und** den **Verhältnismäßigkeitsgrundsatz** gebunden (VG München BeckRS 2017, 101509), was Abs. 4 S. 5 für Art. 6 GG ausdrücklich klarstellt und sich bezüglich der anderen Grundrechte dem Hinweis auf vergleichbar gewichtige humanitäre Gründe entnehmen lässt, die in der Regel eben-falls verfassungsrechtlich „aufgeladen" sein werden.

19.1   Der vielfach anzutreffende Hinweis auf § 55 Abs. 1 S. 2 (vgl. zB BeckOK AuslR/Heusch Rn. 13), wonach ein Antragsteller keinen Anspruch hat, sich an einem bestimmten Ort aufzuhalten, ist in diesem Zusammenhang allerdings nicht ganz treffend, weil die Beschränkung des Aufenthaltsrechts genau genom-men erst Folge der – regelmäßig mit der Zuweisungsentscheidung verbundenen (§ 60 Abs. 3 S. 2) – Wohnsitzauflage nach § 60 Abs. 1 S. 1 ist. Da aber die Zuweisungsentscheidung den Inhalt der Wohnsitzauf-lage bestimmt (vgl. § 60 Abs. 1 S. 1), sind die privaten Belange des Ausländers auch schon im Rahmen der Zuweisungsentscheidung zu berücksichtigen.

20   Die in Abs. 4 S. 5 angesprochenen Belange entsprechen (inzwischen) den in § 51 Abs. 1 genannten mit dem Unterschied, dass diesen iRv § 51 Rechnung zu tragen ist, während sie bei der landesinternen Verteilung „nur" zu berücksichtigen sind. Ob der Behörde damit tatsächlich ein nennenswert größerer Spielraum eröffnet ist, erscheint angesichts der Bedeutung der in Rede stehenden Rechtsgüter zweifelhaft. Wie iRv § 51 dürfte das Ermessen bei Vorliegen der in Abs. 4 S. 5 genannten Gründe regelmäßig „auf Null" reduziert sein (BeckOK AuslR/Heusch Rn. 14). Namentlich beim Tatbestandsmerkmal der „anderen humanitären Gründe" ist allerdings auch die inzwischen regelmäßig bestehende Bewegungsfreiheit im gesamten Bundesgebiet zu berücksichti-gen (vgl. § 59a Abs. 1 S. 1).

21   Die Berücksichtigungspflicht bezieht sich nicht nur auf die Wahrung, sondern auch auf die (Wieder-) Herstellung von Haushaltsgemeinschaften von Familienangehörigen iSd § 26 Abs. 1–3 (str., vgl. BeckOK AuslR/Heusch Rn. 15 mwN). Das folgt zwar nicht aus Art. 12 EU-Auf-nahme-RL iVm Art. 2 lit. c erster Gedankenstrich EU-Aufnahme-RL (RL 2013/33/EU v. 26.6.2013, ABl. 2013 L 180, 96), wohl aber aus Art. 6 GG und Art. 8 EMRK sowie einem Vergleich mit § 51, dessen wortgleiche Formulierung nur die (Wieder-) Herstellung meinen kann. Geht es um die Wiederherstellung einer Haushaltsgemeinschaft, spielt der Grund für die zwischenzeitliche Trennung bei übereinstimmend kundgetanem Wunsch nach familiärem Zusam-menleben (in einem fremden Land) eine untergeordnete Rolle (tendenziell strenger BeckOK AuslR/Heusch Rn. 15). Maßgeblich sind letztlich die Umstände des Einzelfalls. Dabei ist auch zu berücksichtigen, dass Asylverfahren häufig einen Zeitraum in Anspruch nehmen, der im Lichte des Art. 6 GG schwerlich noch als vorübergehend bezeichnet werden kann.

22   Zu der „Kernfamilie" iSd § 26 Abs. 1–3 zählen Ehegatten, Lebenspartner, minderjährige ledige Kinder, Eltern sowie ein anderer nach dem Recht des Mitgliedstaats für einen ledigen Minderjäh-

rigen verantwortlicher Erwachsener. Volljährige Kinder rechnen grundsätzlich nicht zur „Kernfamilie". Gleichwohl dürfte ihre zuweisungsbedingte Trennung vom Familienverbund bei gemeinsamer Einreise regelmäßig ermessensfehlerhaft sein.

Der aufenthaltsrechtliche Status des Familienangehörigen ist grundsätzlich unerheblich. Auch **23** die Haushaltsgemeinschaft mit einem **Familienangehörigen mit einem (asylverfahrensunabhängigen) Aufenthaltsrecht** ist zu berücksichtigen. Dasselbe gilt im Falle einer Duldung, die dem Familienangehörigen aus einem seiner Natur nach längerfristigen Grund erteilt wurde. Ist der Familienangehörige zu einer privaten Aufnahme in der Lage und bereit, darf die zuständige Landesbehörde nicht auf die grundsätzlich vorgesehene Unterbringung in Gemeinschaftsunterkünften (vgl. § 53) pochen (Bergmann/Dienelt/Bergmann Rn. 26). Auch wird man den Zuweisungswunsch in der Regel nicht mit dem Hinweis eines möglichen Umzugs des Familienangehörigen an den zugewiesenen Ort ablehnen können.

Bei **ausländischen Ehepartnern** kommt es darauf an, ob die Ehe nach dem Recht des **24** Herkunftsstaats anerkannt ist. Das kann auch bei „nur" nach religiösem Ritus geschlossenen Ehen der Fall sein (vgl. VG Trier BeckRS 2016, 45114: Somalia; VG Oldenburg BeckRS 2018, 114 Rn. 16: Irak; VG Gelsenkirchen BeckRS 2018, 25830 Rn. 26). Unter Hinweis auf Art. 8 EMRK iVm Art. 2 lit. j erster Gedankenstrich Qualifikations-RL wird eine schützenswerte Beziehung teilweise unabhängig von der Frage der Wirksamkeit einer (religiösen) Ehe bejaht (VG Schwerin BeckRS 2017, 127814 Rn. 18: Jesiden aus Syrien).

Der Verweis auf § 26 wird teilweise dahingehend verstanden, dass die Ehe schon im Verfolger- **25** staat bestanden haben muss (VG Trier BeckRS 2016, 45114; VG Düsseldorf BeckRS 2017, 145983 Rn. 14), was im unmittelbaren Anwendungsbereich von § 26, also bei der Frage der Gewährung von Familienasyl (BVerwGE 123, 18 = NVwZ 2005, 1191), eine Berechtigung haben und auch mit Art. 12 EU-Aufnahme-RL vereinbar sein mag (vgl. Art. 2 lit. c EU-Aufnahme-RL), im Lichte von Art. 6 GG aber nicht überzeugend ist, der auch das Zusammenleben im Rahmen auf der Flucht oder in Deutschland wirksam geschlossener Ehen schützt.

Ein **Eltern-Kind-Verhältnis** ist unabhängig davon zu berücksichtigen, ob die Eltern miteinan- **26** der verheiratet sind (VG Karlsruhe BeckRS 2012, 55127). Das gilt auch für den auf einer (vorgeburtlichen) Vaterschaftsanerkennung beruhenden Elternstatus (VG Karlsruhe BeckRS 2012, 55127). Maßgeblich ist letztlich, ob das Eltern-Kind-Verhältnis tatsächlich gelebt werden soll, nicht die formal-rechtliche Bindung (VG Köln BeckRS 2019, 18215 Rn. 5 f.).

Ist eine Zuweisung zu **Angehörigen außerhalb der „Kernfamilie"** beabsichtigt, ist ggf. die **27** Alt. 2 einschlägig, wobei das erforderliche vergleichbare Gewicht des humanitären Grundes nur vorliegt, wenn **zusätzliche Umstände** hinzutreten, etwa dergestalt, dass die betreffende Person aufgrund von Krankheit, Schwangerschaft, Alter, Gebrechlichkeit oder mangelnder Deutschkenntnisse auf die Lebenshilfe des Familienangehörigen angewiesen ist (VGH BW BeckRS 2006, 54014; VG Schwerin BeckRS 2016, 54014). Dasselbe gilt für ein **Verlöbnis,** jedenfalls solange, wie die Eheschließung nicht unmittelbar bevorsteht (VG Augsburg BeckRS 2018, 5400 Rn. 23).

Auch dem beiderseitigen Wunsch nach einem **Zusammenleben (werdender) Eltern** ist **28** grundsätzlich nachzukommen, jedenfalls dann, wenn die (biologische) Vaterschaft zweifelsfrei oder vorgeburtlich wirksam anerkannt ist (VG Augsburg BeckRS 2009, 48102). Das gilt richtigerweise unabhängig davon, ob es sich um eine Risikoschwangerschaft handelt oder ob ein über das „Normalmaß" hinausgehender Unterstützungsbedarf der Ehefrau vorliegt (tendenziell strenger VG Augsburg BeckRS 2009, 48102).

Ferner kann ein **besonderer Schutzbedarf iSd Art. 21 EU-Aufnahme-RL** einen vergleich- **29** bar gewichtigen humanitären Grund darstellen. So kann etwa ein spezieller krankheitsbedingter Behandlungsbedarf die Zuweisung an einen Ort erfordern, an dem eine solche Behandlung gewährleistet ist. Bei der Behandlung von Opfern von Folter, Vergewaltigung oder anderer schwerer Gewalttaten sind zudem die **Vorgaben des Art. 25 EU-Aufnahme-RL** zu beachten.

Ebenso kann **häusliche Gewalt,** etwa durch den Ehepartner, die Zuweisung an einen bestimm- **30** ten Ort erfordern, vor allem wenn die Ehefrau an diesem Ort Familienangehörige oder andere Vertraute hat. Die Ehefrau darf hier nicht auf die Möglichkeit eines Frauenhauses am eigentlich vorgesehenen Zuweisungsort verwiesen werden (VG Göttingen BeckRS 2005, 31017 bezüglich § 51).

Angesichts ihrer Bedeutung für ein selbstbestimmtes und würdevolles Leben kann auch die **31** konkrete Aussicht auf eine, stets erlaubnisbedürftige (§ 61 Abs. 2, § 4 Abs. 3 AufenthG iVm § 32 BeschV), **Beschäftigung** oder eine **Ausbildungsmöglichkeit** einen vergleichbar gewichtigen humanitären Grund darstellen (BT-Drs. 18/3144, 14; sa VG Köln BeckRS 2019, 17793). Dabei wird man Gründe anzugeben haben, warum die Aufnahme einer vergleichbaren Beschäftigung nur an einem bestimmten Ort oder an bestimmten Orten nicht in Betracht kommt. Mit Blick auf den (zunächst) nur vorläufigen Aufenthalt des Ausländers überzogen erscheint jedoch die in der Praxis häufige Forderung nach einem unbefristeten Arbeitsvertrag und einem Einkommensnachweis (so VG Düsseldorf BeckRS 2017, 140562).

31.1   Sichert die angestrebte Beschäftigung den Lebensunterhalt, ist zu bedenken, dass eine Wohnsitzauflage nicht verhängt werden darf (→ § 60 Rn. 14 ff.) und die Zuweisungsentscheidung nur die Pflicht des Abs. 6 auslöst.

32   Der Wunsch, zur Kontaktaufnahme mit Landsleuten an einen bestimmten Ort, etwa in eine Großstadt, verteilt zu werden, ist allein nicht ausreichend (VGH BW BeckRS 2006, 22120; VG München BeckRS 2016, 50643). Das kann aber ggf. anders sein, wenn die Ausübung der Religion des Antragstellers nur an einem ganz bestimmten Ort möglich ist (OVG Bln NVwZ 1993, 296). Bei der Frage, ob die Religion unter Beibehaltung der Zuweisungsentscheidung in zumutbarer Weise ausgeübt werden kann, ist auch der Wegfall der räumlichen Beschränkung nach drei Monaten (§ 59a Abs. 1 S. 1) zu berücksichtigen (vgl. VG Cottbus BeckRS 2017, 105809 Rn. 18).

33   Derzeit droht auch die Frage, ob ein Ausländer die Zuweisung an einen Ort verhindern kann, an dem ihm (rechtsextremistische) Übergriffe drohen, wieder virulent zu werden (vgl. zur überwiegend ablehnenden Rspr. aus den 1990ern die Nachweise bei GK-AsylG/Funke-Kaiser Rn. 38).

34   Bessere Integrationschancen oder eine bereits erfolgte Integration am aktuellen Aufenthaltsort setzen sich gegenüber dem öffentlichen Interesse an einer gerechten Lastenverteilung grundsätzlich nicht durch (zu Beispielen aus der Rspr. vgl. BeckOK AuslR/Heusch Rn. 17). Integrationspolitisch, aber auch unter rein wirtschaftlichen Gesichtspunkten spricht allerdings viel für eine deutlich großzügigere Berücksichtigung dieser Aspekte.

4. Rechtsfolge

35   Mit der Zuweisungsentscheidung und der damit einhergehenden Entlassung aus der Aufnahmeeinrichtung endet die Wohnverpflichtung des § 47 und wird die Verpflichtung des Abs. 6 ausgelöst, sich unverzüglich zu der in der Zuweisungsentscheidung benannten Stelle zu begeben. Dabei ist eine konkrete Anschrift anzugeben.

36   Wenn teilweise formuliert wird, der Ausländer sei aufgrund von Abs. 6 zu einem Umzug verpflichtet (so Bergmann/Dienelt/Bergmann Rn. 31 f.; GK-AsylG/Funke-Kaiser Rn. 39), so ist das zumindest missverständlich, denn eine Pflicht, an der angegebenen Stelle auch Wohnsitz zu nehmen, also dort zu bleiben, wird nicht durch die Zuweisungsentscheidung, sondern die regelmäßig damit verbundene Wohnsitzauflage begründet (§ 60 Abs. 1 S. 1, Abs. 3 S. 2), wie das (seltene) Beispiel eines Ausländers, dessen Lebensunterhalt gesichert ist, zeigt. Die Verpflichtung des Abs. 6 erfüllt der Ausländer hier schon, wenn er sich bei der angegebenen Stelle persönlich meldet. Bleiben muss er dort nicht. Die **Zuweisungsentscheidung hat** weiterhin **sozialrechtliche Bedeutung** (§ 10a Abs. 1, Abs. 3 S. 4 AsylbLG).

37   Unverzüglich bedeutet ohne schuldhaftes Zögern (§ 121 Abs. 1 S. 1 BGB), was grundsätzlich eine Frage des Einzelfalls ist. Schuldlos handelt ein Ausländer, der sich krankheitsbedingt nicht zu der benannten Stelle begeben kann, ohne dass es um eine Reiseunfähigkeit iSd § 60a Abs. 2 S. 1 handeln oder ein Nachweis iSd § 60a Abs. 2c geführt werden müsste. Maßgeblich ist, ob ein verständiger Dritter im Zustand des Ausländers den Wohnort wechseln würde (GK-AsylG/Funke-Kaiser Rn. 41). Auch darf der Ausländer vor Erfüllung der Pflicht einen Rechtsanwalt aufsuchen, um ein mögliches Vorgehen gegen die Zuweisungsentscheidung prüfen zu lassen (NK-AuslR/Kessler Rn. 20). Je nach Sachlage darf er auch den Ausgang des regelmäßig erforderlichen Eilverfahrens (§ 80 Abs. 5 VwGO, § 75) abwarten, ohne sich einen Schuldvorwurf einzuhandeln.

38   Umstritten ist, ob die Behörde dem Ausländer zur Erfüllung der „Begebenspflicht" eine Frist setzen darf (bejahend GK-AsylG/Funke-Kaiser Rn. 39; verneinend HessVGH NVwZ 1986, 149; Bergmann/Dienelt/Bergmann Rn. 32). Auf welche Weise der Ausländer sich zu der Stelle begibt, ist seine Sache. Angemessene Aufwendungen, etwa für ein Zugticket, kann er ggf. nach § 6 Abs. 1 S. 1 Alt. 3 AsylbLG erstattet bekommen.

39   Erfüllt der Ausländer die Verpflichtung des Abs. 6 nicht unverzüglich, macht er sich gem. § 85 Nr. 1 strafbar. Das gilt nach dessen Wortlaut auch für Zweitantragsteller, nicht aber für Folgeantragsteller.

5. Erlöschen der Zuweisungsentscheidung

40   Da das AsylG das **Erlöschen** der Zuweisungsentscheidung nicht regelt, **richtet sich** dieses **nach allgemeinen verwaltungsrechtlichen Grundsätzen.** Die Zuweisungsentscheidung erledigt sich danach nicht schon mit bestandskräftiger Ablehnung oder Rücknahme des Asylantrags, denn die Zuweisungsentscheidung soll auch die durch abgelehnte Asylbewerber bedingte Kostenbelastung gleichmäßig verteilen. Nach der Rechtsprechung des BVerwG erlischt die Zuweisungsentscheidung aber, wenn der Ausländer ausreist oder sein Aufenthalt aus asylverfahrensunabhängigen Gründen ermöglicht wird, was auch bei Erteilung einer Duldung der Fall sein kann, die nicht nur der Abwicklung des asylverfahrensbedingten Aufenthalts dient (BVerwG NVwZ 1993, 276 (278); GK-AsylG/Funke-Kaiser Rn. 29; HTK-AuslR/Nottermann AsylG § 50 Abs. 4 Rn. 34 ff.). Erledigung tritt auch bei einer Statusgewährung durch das Bundesamt ein. Die **Inhaftierung des Ausländers** führt nicht zur Erledigung der Zuweisungsentscheidung, die für den Fall einer Haftentlassung Bedeutung behält (vgl. § 10a Abs. 1 S. 1, Abs. 2 S. 4 AsylbLG sowie VG Karlsruhe BeckRS 2018, 19750 Rn. 2 mwN auch zur Gegenauffassung). Von der Erledigung der Zuweisungsentscheidung zu trennen ist das Erlöschen einer nach § 60 ergangenen Wohnsitzauflage (→ § 51 Rn. 3) und der räumlichen Beschränkung des § 56 (vgl. § 59a).

III. Mitteilung an das Bundesamt

Abs. 3 verpflichtet die zuständige Landesbehörde, dem Bundesamt innerhalb eines Zeitraums **41** von drei Arbeitstagen den Bezirk der Ausländerbehörde mitzuteilen, in dem der Ausländer nach einer Verteilung Wohnsitz zu nehmen hat. Die Vorschrift dient der Verfahrensbeschleunigung und der Erstellung einer ordnungsgemäßen Rechtsbehelfsbelehrung (HTK-AuslR/Nottermann AsylG § 50 zu Abs. 3 Rn. 2). Die Mitteilung, die zweckmäßig nicht vor Bekanntgabe der Zuweisungsentscheidung an den Ausländer ergeht, ist ein reines Verwaltungsinternum. Anschließende Adresswechsel des Ausländers sind dem Bundesamt von der (dann) zuständigen Ausländerbehörde mitzuteilen (§ 54). § 10 Abs. 1 bleibt von den behördlichen Mitteilungspflichten unberührt.

Die **Mitteilung** an das Bundesamt soll nicht die Bedingungen der EuGH-Rechtsprechung **42** erfüllen, unter denen ein **Asylantrag als iSd Art. 20 Abs. 2 Dublin III-VO** gestellt angesehen werden kann (VG Hannover BeckRS 2018, 13961 Rn. 10). Entscheidend ist hier, ob die Mitteilung bezüglich der zugewiesenen Person das Ersuchen um internationalen Schutz in zuverlässiger Form bescheinigt, denn die weiteren Angaben dürften durchaus ausreichen, um das Verfahren zur Bestimmung des zuständigen Mitgliedstaats einleiten zu können (vgl. zu den Anforderungen EuGH NVwZ 2017, 1601 ff.).

D. Rechtsschutz

Die Zuweisungsentscheidung betrifft zum einen den Ausländer und stellt im Verhältnis zu ihm **43** zweifelsfrei eine **Streitigkeit nach dem AsylG** dar. Dabei sind **verschiedene Konstellationen zu unterscheiden.** Die Verpflichtungsklage (in Verbindung mit einem Antrag nach § 123 VwGO) ist statthaft und unmittelbar zu erheben (§ 11), wenn es dem Ausländer darum geht, überhaupt, dh irgendeiner Kommune zugewiesen zu werden. Hierauf hat der Ausländer einen Anspruch (→ § 47 Rn. 22). Will der Ausländer einer ganz bestimmten Kommune zugewiesen werden, ist dieses Begehren ebenfalls per Verpflichtungsklage und einem Antrag nach § 123 VwGO zu verfolgen. Die insoweit erforderliche Ermessensreduktion auf Null setzt die Glaubhaftmachung gewichtiger Gründe iSd Abs. 4 S. 5 voraus. Soll ausschließlich die Zuweisung an den vorgesehenen Ort verhindert werden, ist die Anfechtungsklage statthaft, die unmittelbar zu erheben ist (§ 11) und mangels aufschiebender Wirkung (§ 75) in der Regel mit einem Antrag nach § 80 Abs. 5 VwGO verbunden werden muss. Die zweiwöchige Klagefrist (§ 74 Abs. 1 Hs. 1) beginnt in allen Fällen mit Zustellung der Zuweisungsentscheidung an den Ausländer (→ Rn. 17); der Eilantrag ist nicht fristgebunden (§ 74 Abs. 1 Hs. 2).

Die Zuweisungsentscheidung tangiert zum anderen die **kommunale Gebietskörperschaft 44** (Gemeinde, Landkreis), die landesrechtlich regelmäßig zur Aufnahme des zugewiesenen Ausländers verpflichtet ist, und eine Klagebefugnis aus ihrem **Recht auf kommunale Selbstverwaltung,** insbesondere in Gestalt des **interkommunalen Gleichbehandlungsgebots** herleiten kann (VGH BW BeckRS 1991, 118841; VG Düsseldorf BeckRS 2019, 16282 Rn. 78). Allerdings ergibt sich hieraus **kein Abwehrrecht gegen die Zuweisung eines gefährlichen Asylbewerbers** auf ihrem Gemeindegebiet. Die Abwehr der von Asylbewerbern ausgehenden Gefahren fällt nicht in ihren Aufgabenbereich, sondern ist Sache der zuständigen staatlichen Behörden (OVG RhPf NVwZ 2018, 91 (92)). Mit Blick darauf, dass die kommunale Aufnahmeverpflichtung landesrechtlich verursacht wird, liegt im Verhältnis zur Kommune keine Streitigkeit nach dem AsylG vor (VG Minden BeckRS 2018, 16373 Rn. 14; VG Trier BeckRS 2017, 131365 Rn. 2; Bergmann/Dienelt/Bergmann Rn. 34; BeckOK AuslR/Heusch Rn. 25; aA GK-AsylG/Funke-Kaiser Rn. 43 mwN). Die §§ 11, 75, 80 VwGO sowie § 52 Nr. 2 S. 3 VwGO sind infolgedessen unanwendbar.

§ 51 Länderübergreifende Verteilung

(1) Ist ein Ausländer nicht oder nicht mehr verpflichtet, in einer Aufnahmeeinrichtung zu wohnen, ist der Haushaltsgemeinschaft von Familienangehörigen im Sinne des § 26 Absatz 1 bis 3 oder sonstigen humanitären Gründen von vergleichbarem Gewicht auch durch länderübergreifende Verteilung Rechnung zu tragen.

(2) ¹Die Verteilung nach Absatz 1 erfolgt auf Antrag des Ausländers. ²Über den Antrag entscheidet die zuständige Behörde des Landes, für das der weitere Aufenthalt beantragt ist.

Überblick

Die Norm regelt die länderübergreifende Verteilung nicht mehr zum Wohnen in einer Aufnahmeeinrichtung verpflichteter (→ Rn. 7) (ehemaliger) Asylantragsteller (→ Rn. 2 ff.) aus familiären (→ Rn. 10 ff.) und vergleichbar gewichtigen humanitären Gründen (→ Rn. 14 ff.). Über den erforderlichen Umverteilungsantrag trifft die Behörde des Bundeslandes, in das der Wohnsitz verlegt werden soll (→ Rn. 21 f.), eine bei Vorliegen tatbestandsmäßiger Umverteilungsanträge gebundene Entscheidung (→ Rn. 23). Rechtsschutz ist dagegen regelmäßig vor dem Verwaltungsgericht des asylgesetzlich zugewiesenen Wohnsitzes zu suchen (→ Rn. 24).

Übersicht

A. Allgemeines

1　　Die Verteilung innerhalb des Bundesgebiets (§ 46) bzw. innerhalb des Landes (§ 50 Abs. 4 S. 1) dient dem öffentlichen Interesse an einer gerechten Lastenverteilung und nimmt auf persönliche Wünsche der Asylsuchenden nur in sehr begrenztem Umfang Rücksicht. Dementsprechend bestimmt § 55 Abs. 1 S. 2, dass Asylsuchende keinen Anspruch haben, sich in einem bestimmten Land oder an einem bestimmten Ort aufzuhalten (§ 55 Abs. 1 S. 2). Ihnen wird – grundsätzlich im Einklang mit Art. 7 EU-Aufnahme-RL (RL 2013/33/EU v. 26.6.2013, ABl. 2013 L 180, 96) – ein Ort zugewiesen, an dem sie ihren gewöhnlichen Aufenthalt zu nehmen haben (§ 60 Abs. 1 S. 1). § 51 sieht **im Einzelfall eine (partielle) Durchbrechung** dieser Grundsätze vor, wenn gewichtige, insbesondere verfassungsrechtlich „aufgeladene" humanitäre Gründe die Verteilung in ein anderes Bundesland rechtfertigen bzw. erfordern.

B. Anwendungsbereich

2　　Überwiegend wird der Anwendungsbereich von § 51 **auf die Dauer des Asylverfahrens begrenzt**, wobei diesem auch noch die Phase nach rechtskräftiger Ablehnung des Asylantrags zugeschlagen wird, solange diese der Abwicklung der asylrechtlich begründeten Ausreisepflicht dient (Bergmann/Dienelt/Bergmann Rn. 2; GK-AsylG/Jobs Rn. 2). § 51 soll aber **unanwendbar** werden, **wenn** dem Ausländer der **Aufenthalt aus asylverfahrensunabhängigen Gründen** ermöglicht wird, was **auch bei der Erteilung einer Duldung** aus tatsächlichen oder rechtlichen Gründen angenommen wird, weil sich die Zuweisungsentscheidung hierdurch erledige (BVerwG NVwZ 1993, 276 (278); BeckRS 2017, 131550 Rn. 18 f.; OVG MV BeckRS 2004, 12811 Rn. 7; GK-AsylG/Jobs Rn. 2; BeckOK AuslR/Heusch Rn. 4).

3　　Präzisierend ist **§ 51 solange anwendbar, wie** der Ausländer infolge **einer asylrechtlichen Beschränkung** seines Aufenthalts- oder Freizügigkeitsrechts an der Verlagerung seines gewöhnlichen Aufenthalts in ein anderes Bundesland gehindert ist. Als asylrechtliche Restriktionen kommt vor allem die Wohnsitzauflage nach § 60, theoretisch auch die räumliche Beschränkung des § 56 Abs. 1 in Betracht (vgl. aber § 59a Abs. 1 S. 1). Die Zuweisungsentscheidung des § 50 Abs. 4 S. 1 ist zwar Voraussetzung für den grundsätzlich obligatorischen Erlass einer – regelmäßig mit ihr zu verbindenden (§ 60 Abs. 3 S. 2 und S. 4) – Wohnsitzauflage (§ 60 Abs. 1 S. 1), begründet aber selbst weder eine Wohnverpflichtung noch eine räumliche Beschränkung, sondern löst „nur" die Pflicht des § 50 Abs. 6 aus und hat mit Blick auf § 10a Abs. 1, Abs. 3 S. 4 AsylbLG vor allem sozialrechtliche Bedeutung (BeckOK AuslR/Heusch Rn. 3 sowie OVG LSA BeckRS 2015, 40793). Insofern überzeugt es nicht, das Ende der Anwendbarkeit von § 51 an der Erledigung der Zuweisungsentscheidung „aufzuhängen", von der die räumliche Beschränkung und die Wohnsitzauflage inklusive der Frage ihrer Erledigung zu trennen ist (zutr. OVG NRW BeckRS 2010, 47535).

Für die räumliche Beschränkung ergibt sich dies nach wie vor aus § 59a Abs. 2 S. 1. Nachdem **4** diese – jedenfalls bei nicht mehr zum Wohnen in einer Aufnahmeeinrichtung verpflichteten Personen (vgl. § 59a Abs. 1 S. 2) – im Vergleich zur früheren Rechtslage (§ 56 Abs. 3 aF) weitgehend an Bedeutung verloren hat (vgl. § 59a Abs. 1 S. 1, Abs. 2 S. 1 sowie VG Schwerin BeckRS 2016, 52380), wird es regelmäßig die Wohnsitzauflage nach § 60 sein, die einem selbstbestimmten länderübergreifenden Wohnsitzwechsel entgegensteht. Da § 59a Abs. 2 S. 1 die Fortgeltung räumlicher Beschränkungen anordnet, richtet sich der Fortbestand der Wohnsitzauflage im Falle einer bestandskräftigen oder vollziehbaren Ablehnung oder Rücknahme des Asylantrags – mit dem Erlöschen der Aufenthaltsgestattung als Folge (§ 67) – nach allgemeinen verwaltungsrechtlichen Grundsätzen. Um eine das Schicksal der Aufenthaltsgestattung teilende Nebenbestimmung (§ 36 VwVfG) kann es sich bei der Wohnsitzauflage deshalb nicht handeln, weil die Aufenthaltsgestattung kraft Gesetzes entsteht (vgl. § 55 Abs. 1). Auch stellt die Wohnsitzauflage im Verhältnis zur Zuweisungsentscheidung eine eigenständige Regelung dar (vgl. § 60 Abs. 3 S. 2 und S. 4). Mit Erlöschen der Aufenthaltsgestattung wird der Ausländer allerdings vollziehbar ausreisepflichtig und unterliegt deshalb kraft Gesetzes einer Wohnsitzauflage (§ 61 Abs. 1d S. 1 AufenthG). Gleichwohl **erledigt sich** die auf Grundlage des AsylG verhängte – regelmäßig bestandskräftige – Wohnsitzauflage **nicht ohne Weiteres,** die zum einen angesichts ihrer Vollstreckbarkeit eigenständige Bedeutung behält. Zum anderen lässt sich zumindest in einer Übergangsphase allein auf Grundlage von § 61d Abs. 1 AufenthG der Wohnort, an dem der Ausländer kraft Gesetzes zu wohnen hat, nicht bestimmen, denn die Regelvorgabe einer Wohnsitzauflage für den bisherigen Wohnort (§ 61 Abs. 1d S. 2 AufenthG) setzt voraus, dass die Abschiebung des Ausländers wenigstens einmal ausgesetzt wurde, ihm also eine Duldung erteilt wurde. Erst **mit Erteilung einer Duldung oder der ausdrücklichen ausländerbehördlichen Anordnung** einer Wohnsitznahme an einem anderen Ort **erledigt sich die asylrechtliche Wohnsitzauflage** deshalb, da der Ausländer ansonsten einer doppelten Wohnsitzauflage unterläge. Ab diesem Moment richtet sich die Änderung der Wohnsitzauflage nach § 61 Abs. 1d S. 3 AufenthG. Anders als im Rahmen von § 51 und § 60 steht die Änderungsbefugnis stets, d.h. auch bei einem länderübergreifenden Wohnortwechsel der Ausländerbehörde des aktuellen Wohnorts zu (SchlHOVG BeckRS 2020, 19260 Rn. 22).

Der **Anwendungsbereich des § 51 endet außerdem, wenn** der Ausländer **als Asylberech-** **5** **tigter anerkannt oder ihm internationaler Schutz gewährt** wird. Infolge der Anerkennung erledigt sich eine asylrechtliche Wohnsitzauflage mit Blick auf die Erlaubnisfiktionen des § 25 Abs. 1 S. 3, Abs. 2 S. 2 (vgl. auch § 53 Abs. 2). Für räumliche Beschränkungen ordnet § 59a Abs. 2 S. 2 das Erlöschen ausdrücklich an. Bei Feststellung eines Abschiebungsverbots nach § 60 Abs. 5 und Abs. 7 erledigt sich die Wohnsitzauflage erst mit Erteilung der Aufenthaltserlaubnis nach § 25 Abs. 3 AufenthG, ungeachtet der Möglichkeit, diese ggf. gem. §§ 12, 12a AufenthG mit einer neuen Wohnsitzauflage zu versehen (vgl. BVerwG BeckRS 2019, 25716 Rn. 6).

Das Umverteilungsverfahren des § 51 gilt auch für **Folge-** (§ 71 Abs. 2 S. 2, Abs. 7) und **6** **Zweitantragsteller** (§ 71a Abs. 2 S. 1) sowie in **„Dublin-Fällen"** (VG Karlsruhe BeckRS 2012, 55127).

C. Tatbestandsvoraussetzungen

I. Keine Wohnverpflichtung in Aufnahmeeinrichtung

Die Umverteilung nach § 51 setzt voraus, dass der Ausländer nicht bzw. nicht mehr verpflichtet **7** ist, in einer Aufnahmeeinrichtung zu wohnen. Die Alt. 1 betrifft vor allem unter § 14 Abs. 2 fallende und deshalb nicht der Wohnverpflichtung des § 47 unterliegende Asylantragsteller. **Für unbegleitete minderjährige Antragsteller gilt § 51** wegen des insoweit bestehenden Vorrangs des SGB VIII allerdings **nicht** (→ § 47 Rn. 6). § 51 ist auch für die Dauer der Wohnpflicht in einer **Besonderen Aufnahmeeinrichtung** (vgl. § 30a Abs. 3) unanwendbar.

Für Personen, die der – erheblich ausgedehnten – Wohnverpflichtung des § 47 noch unterliegen, ist eine **7.1** länderübergreifende Umverteilung nicht (mehr) vorgesehen. Das ändert aber nichts daran, dass materielle

Umverteilungsgründe des in § 51 genannten Gewichts vorliegen können, denen ebenfalls Rechnung zu tragen ist. Um den Anwendungsbereich des § 51 zu eröffnen, ist die Wohnverpflichtung in diesen Fällen vorzeitig zu beenden.

8   Eine Umverteilung nach § 51 ist unabhängig davon möglich, ob der Ausländer bereits nach Maßgabe von § 50 Abs. 4 landesintern erstverteilt wurde (NK-AuslR/Kessler Rn. 4). Für den Umverteilungsantrag ist zwar gem. Abs. 2 S. 2 die zuständige Behörde des „Ziel-Bundeslandes" zuständig. Da der Ausländer aber vor einer landesinternen Verteilung nicht angehört werden muss (§ 50 Abs. 4 S. 4), sollte er zur Vermeidung einer landesinternen Verteilung ein etwaiges Umverteilungsbegehren auch der Zuweisungsbehörde iSd § 50 Abs. 4 S. 1 frühzeitig und von sich aus mitteilen.

II. Umverteilungsgründe

9   Die in § 51 genannten Umverteilungsgründe **entsprechen inzwischen denen des § 50 Abs. 4 S. 5.** Ihnen ist angesichts ihres (verfassungsrechtlichen) Gewichts grundsätzlich Rechnung zu tragen. Die Formulierung „auch" zeigt dabei, dass insbesondere beim Tatbestandsmerkmal der „anderen humanitären Gründe" auch die Option einer landesinternen Umverteilung unter Berücksichtigung des (weitgehenden) Wegfalls der räumlichen Beschränkung (§§ 56 Abs. 1, 59a Abs. 1 S. 1) zu prüfen ist, ohne dass damit ein zwingendes Rangverhältnis vorgegeben wäre. Die Umverteilung ist also auch von § 51 gedeckt, wenn durch sie dem Belang des Ausländers besser als durch eine landesinterne Verteilung Rechnung getragen werden kann.

10   Die zur Wahrung und insbesondere Herstellung der Haushaltsgemeinschaft von Familienangehörigen iSd § 26 Abs. 1–3 vorgesehene Umverteilung trägt Art. 6 GG, Art. 8 EMRK sowie Art. 12 EU-Aufnahme-RL iVm Art. 2 lit. c erster Gedankenstrich EU-Aufnahme-RL Rechnung. Angehörige iSd § 26 Abs. 1–3, häufig auch als „Kernfamilie" bezeichnet, sind Ehegatten, Lebenspartner, minderjährige ledige Kinder, Eltern sowie ein anderer nach dem Recht des Mitgliedsstaats für einen ledigen Minderjährigen verantwortlicher Erwachsener. Der aufenthaltsrechtliche Status des Familienangehörigen ist grundsätzlich unerheblich; es kann also auch die Umverteilung zu einem Familienangehörigen mit einem (asylverfahrensunabhängigen) Aufenthaltsrecht oder einer Duldung beantragt werden.

11   Bei **ausländischen Ehepartnern** kommt es darauf an, ob die Ehe nach dem Recht des Herkunftsstaats anerkannt ist. Das kann auch bei „nur" nach religiösem Ritus geschlossenen Ehen der Fall sein (vgl. VG Trier BeckRS 2016, 45114: Somalia; VG Oldenburg BeckRS 2018, 114 Rn. 16: Irak; VG Gelsenkirchen BeckRS 2018, 25830 Rn. 26: Eritrea). Unter Hinweis auf Art. 8 EMRK iVm Art. 2 lit. j erster Gedankenstrich Qualifikations-RL wird eine schützenswerte Beziehung teilweise unabhängig von der Frage der Wirksamkeit einer (religiösen) Ehe bejaht (VG Schwerin BeckRS 2017, 127814 Rn. 18: Jesiden aus Syrien).

12   Der Verweis auf § 26 wird teilweise dahingehend verstanden, dass die Ehe schon im Verfolgerstaat bestanden haben muss (VG Trier BeckRS 2016, 45114), was im unmittelbaren Anwendungsbereich von § 26, also bei der Frage der Gewährung von Familienasyl (BVerwGE 123, 18 = NVwZ 2005, 1191), eine Berechtigung haben und auch mit Art. 12 EU-Aufnahme-RL vereinbar sein mag (vgl. Art. 2 lit. c EU-Aufnahme-RL), im Lichte von Art. 6 GG aber nicht überzeugend ist, der auch das Zusammenleben im Rahmen auf der Flucht oder in Deutschland wirksam geschlossener Ehen schützt.

13   Einem **Eltern-Kind-Verhältnis** ist durch länderübergreifende Umverteilung unabhängig davon Rechnung zu tragen, ob die Eltern miteinander verheiratet sind (VG Karlsruhe BeckRS 2012, 55127). Das gilt auch für die auf einer (vorgeburtlichen) Vaterschaftsanerkennung beruhende Elterneigenschaft (VG Karlsruhe BeckRS 2012, 55127). Maßgeblich ist letztlich, ob das Eltern-Kind-Verhältnis tatsächlich gelebt werden soll, nicht die formal-rechtliche Bindung (VG Köln BeckRS 2019, 18215 Rn. 5 f.).

14   Ist eine Umverteilung zu **Angehörigen außerhalb der „Kernfamilie"** beabsichtigt, ist ggf. die Alt. 2 einschlägig, wobei das erforderliche vergleichbare Gewicht des humanitären Grundes nur vorliegt, wenn **zusätzliche Umstände** hinzutreten, etwa dergestalt, dass die betreffende Person aufgrund von Krankheit, Schwangerschaft, Alter, Gebrechlichkeit oder mangelnder Deutschkenntnisse auf die Lebenshilfe des Familienangehörigen angewiesen ist (VGH BW BeckRS 2006, 54014; VG Schwerin BeckRS 2016, 54014); soweit der Umverteilungswunsch auf die Pflegebedürftigkeit eines Angehörigen gestützt wird, ist zu beachten, dass die Möglichkeit professioneller pflegerischer Hilfe familiäre Lebenshilfe nicht ersetzen kann (VG Würzburg BeckRS 2020, 7921 Rn. 33). Auch im Falle eines **Verlöbnisses** muss das Umverteilungsbegehren auf zusätzliche Umstände gestützt werden, jedenfalls solange, wie die Eheschließung nicht unmittelbar bevorsteht (VG Augsburg BeckRS 2018, 5400 Rn. 23).

Auch dem beiderseitigen Wunsch nach einem **Zusammenleben (werdender) Eltern** ist **15** grundsätzlich Rechnung zu tragen, jedenfalls dann, wenn die (biologische) Vaterschaft zweifelsfrei oder vorgeburtlich wirksam anerkannt ist (VG Augsburg BeckRS 2009, 48102). Das gilt richtigerweise unabhängig davon, ob es sich um eine Risikoschwangerschaft handelt oder ob ein über das „Normalmaß" hinausgehender Unterstützungsbedarf vorliegt (tendenziell strenger VG Augsburg BeckRS 2009, 48102).

Ferner kann ein **besonderer Schutzbedarf iSd Art. 21 EU-Aufnahme-RL** einen vergleich- **16** bar gewichtigen humanitären Grund darstellen, dem durch länderübergreifende Umverteilung Rechnung zu tragen ist. Bei einer **Erkrankung** können etwa lange Anfahrten zu regelmäßig erforderlichen Behandlungsterminen in einem spezialisierten Krankenhaus in einem anderen Bundesland eine länderübergreifende Umverteilung rechtfertigen (VG Schwerin BeckRS 2018, 14746). Bei der Behandlung von Opfern von Folter, Vergewaltigung oder anderer schwerer Gewalttaten sind zudem die **Vorgaben des Art. 25 EU-Aufnahme-RL** zu beachten.

Ebenso kann **häusliche Gewalt,** etwa durch den Ehepartner, eine länderübergreifende Vertei- **17** lung erfordern, vor allem wenn die Ehefrau in dem anderen Bundesland Familienangehörige oder andere Vertraute hat. Die Ehefrau darf hier nicht auf den Umzug in ein Frauenhaus an ihrem derzeitigen Aufenthaltsort verwiesen werden (VG Göttingen BeckRS 2005, 31017).

Angesichts ihrer Bedeutung für ein selbstbestimmtes und würdevolles Leben kann auch die **18** konkrete Aussicht auf eine – stets erlaubnisbedürftige (§ 61 Abs. 2, § 4a Abs. 4 AufenthG iVm § 32 BeschV) – **Beschäftigung** oder eine **Ausbildungsmöglichkeit** einen vergleichbar gewichtigen humanitären Grund darstellen (BT-Drs. 18/3144, 14; sa VG Köln BeckRS 2019, 17793). Dabei wird man Gründe anzugeben haben, warum die Aufnahme einer vergleichbaren Beschäftigung im „eigenen" Bundesland nicht ohne Weiteres in Betracht kommt. Mit Blick auf den (zunächst) nur vorläufigen Aufenthalt des Ausländers überzogen erscheint jedoch die in der Praxis häufige Forderung nach einem unbefristeten Arbeitsvertrag und einem Einkommensnachweis (vgl. VG Düsseldorf BeckRS 2017, 140562). Wegen der **Anrechnungsregel des § 52** verfängt auch der Einwand einer (möglichen) aufnahmebedingten Zusatzbelastung nicht (VG Göttingen BeckRS 2005, 31017; → § 52 Rn. 3).

Sichert die Beschäftigung den Lebensunterhalt des Ausländers, ist zu beachten, dass in diesem Fall eine **18.1** Aufhebung der Wohnsitzauflage gem. §§ 48 ff. VwVfG in Frage kommt (vgl. das Tatbestandsmerkmal in § 60 Abs. 1 S. 1 und Abs. 2 S. 1). Ein Umverteilungsantrag würde dann – da die „Residenzpflicht" des § 56 Abs. 1 regelmäßig erloschen sein wird (vgl. § 59a Abs. 1) – entbehrlich.

Der Wunsch, etwa zur Kontaktaufnahme mit Landsleuten in eine Großstadt verteilt zu werden, **19** ist allein nicht ausreichend (VGH BW BeckRS 2006, 22120; VG München BeckRS 2016, 50643).

Sofern sich aus der Natur des geltend gemachten Umverteilungsantrags nicht ausnahmsweise **20** etwas anderes ergibt, ist grundsätzlich nicht im Einzelnen zu prüfen, ob am neuen Wohnort eine ausreichende Unterbringung und Versorgung sichergestellt sein wird (VG Schwerin BeckRS 2016, 54014).

III. Umverteilungsantrag

Die Umverteilung im Interesse des Betroffenen erfolgt nur auf Antrag (Abs. 2 S. 1). Über den **21** Antrag entscheidet gem. Abs. 2 S. 2 die **zuständige Behörde des „Ziel-Bundeslandes.** Bei ihr sollte der Antrag unmittelbar gestellt werden. Die sachliche Zuständigkeit bestimmt sich nach Landesrecht. Der Antrag kann bei veränderten Umständen wiederholt gestellt werden (VG Bayreuth BeckRS 2017, 129223 Rn. 20).

Eine Übersicht zu den in den einzelnen Bundesländern für Umverteilungsanträge zuständigen Behörden **21.1** findet sich in HTK-AuslR AsylG § 51 Rn. 1 ff. sowie auf der Homepage des niedersächsischen Flüchtlingsrats (www.nds-fluerat.org).

§ 51 schreibt die „Verteilungsrichtung" nicht vor. Insbesondere bei Familienzusammenführun- **22** gen liegt es deshalb in der Hand der Betroffenen, über die Antragstellung das „Ziel-Bundesland" zu bestimmen (BeckOK AuslR/Heusch Rn. 7). Die zuständige Behörde darf grundsätzlich nicht darauf verweisen, dass auch eine Umverteilung in die andere Richtung in Betracht kommt.

D. Rechtsfolge

23　　Liegen tatbestandsmäßige Umverteilungsgründe vor, wird die Ausländerbehörde diesen in aller Regel durch Bewilligung des Umverteilungsantrags Rechnung iSd Abs. 1 zu tragen haben, selbst wenn man im Ausgangspunt davon ausgehen sollte, dass die Vorschrift ein Ermessen eröffnet (VG Schwerin BeckRS 2017, 127814 Rn. 16, 23; VG München BeckRS 2016, 46764 Rn. 30; VGH BW BeckRS 2006, 22120; GK-AsylG/Jobs Rn. 5; für einen gebunden Rechtsanspruch NK-AuslR/Kessler Rn. 9). Dafür spricht auch, dass die Umverteilungsgründe im Unterschied zu § 50 Abs. 4 S. 5 nicht nur zu berücksichtigen sind, sondern ihnen Rechnung zu tragen ist.

E. Rechtsschutz

24　　Statthafte Klageart ist die **Verpflichtungsklage** ggf. in Verbindung mit einem **Antrag nach § 123 VwGO.** Zu beachten ist, dass Abs. 2 S. 2 nur eine Regelung zur (örtlichen) Behördenzuständigkeit trifft. Für die Gerichtszuständigkeit ist dagegen regelmäßig § 52 Nr. 2 S. 3 Hs. 1 VwGO maßgeblich, da es sich bei dem **Umverteilungsbegehren** um eine **Streitigkeit nach dem AsylG** handelt. Das „Ziel-Bundesland" ist deshalb unmittelbar (§ 11) vor dem Gericht zu verklagen, in dessen Bezirk der Ausländer nach dem AsylG seinen Wohnsitz zu nehmen hat (vgl. §§ 47, 60 Abs. 1 S. 1, Abs. 2), und vor dem Gericht, in dessen Bezirk der Ausländer umverteilt werden möchte (VGH BW BeckRS 2006, 22120 = InfAuslR 2006, 359; VG Trier BeckRS 2016, 45114; sa VG Frankfurt (Oder) BeckRS 2018, 33657 Rn. 5). Die behördlichen Rechtsbehelfsbelehrungen sind an dieser Stelle immer mal wieder fehlerhaft.

§ 52 Quotenanrechnung

　　Auf die Quoten nach § 45 wird die Aufnahme von Asylbegehrenden in den Fällen des § 14 Absatz 2 Satz 1 Nummer 2 und 3, des § 14a sowie des § 51 angerechnet.

1　　Die Vorschrift ergänzt die §§ 45 f. Sie dient der **Herstellung größtmöglicher Belastungsgerechtigkeit,** indem sie eine (nachträgliche) quotenmäßige Zurechnung von Asylbegehrenden zu dem Bundesland ermöglicht, das diese tatsächlich aufnimmt und deshalb die mit einer Asylantragstellung verbundenen (finanziellen) Lasten zu tragen hat.

2　　Ein **Bedürfnis für ein** solches **Korrektiv** besteht zum einen bei Personen, die ihren Asylantrag nach § 14 Abs. 2 S. 1 Nr. 2 und Nr. 3 bei der Zentrale des Bundesamts zu stellen haben und mangels Wohnverpflichtung (§ 47 Abs. 1 S. 1) im Rahmen des Erstverteilungssystems (§ 46) deshalb nicht zu berücksichtigen waren. Der Grund für die Ausklammerung von Titelinhabern iSd § 14 Abs. 2 S. 1 Nr. 1 dürfte dabei darin liegen, dass etwaige finanzielle Lasten, das jeweilige Bundesland hier nicht primär asylantragsbedingt treffen (vgl. etwa § 1 Abs. 2 AsylbLG). Ferner werden Minderjährige, deren Asylantrag nach § 14a fingiert wurde, auf die Quote des aufnehmenden Landes angerechnet. Relevant dürften hier mit Blick auf § 46 Abs. 3 S. 2 insbesondere die Fälle des § 14a Abs. 2 sein.

3　　Ferner werden **länderübergreifenden Umverteilungen (§ 51)** quotenmäßig beim „aufnehmenden Bundesland" berücksichtigt, ungeachtet der Tatsache, dass das „abgebende Bundesland" ggf. bereits einen nicht unerheblichen Aufwand gehabt haben wird. Die obligatorische („wird angerechnet") Anrechnung zu Gunsten des aufnehmenden Bundeslands entzieht diesem den auf eine Zusatzbelastung gestützten Einwand gegen eine länderübergreifende Umverteilung (VG Göttingen BeckRS 2005, 31017; GK-AsylG/Jobs Rn. 4 mwN). Nach § 47 Abs. 2 S. 2 wohnberechtigte Kinder, die keinen Asylantrag gestellt haben, werden nicht nach § 52 angerechnet (aA Bergmann/Dienelt/Bergmann Rn. 3).

4　　Zuständig für die Anrechnung ist das Bundesamt als zentrale Verteilstelle iSd § 46 Abs. 2 S. 1 (vgl. HTK-AuslR/Nottermann § 52).

§ 53 Unterbringung in Gemeinschaftsunterkünften

　　(1) ¹Ausländer, die einen Asylantrag gestellt haben und nicht oder nicht mehr verpflichtet sind, in einer Aufnahmeeinrichtung zu wohnen, sollen in der Regel in Gemeinschaftsunterkünften untergebracht werden. ²Hierbei sind sowohl das öffentliche Interesse als auch Belange des Ausländers zu berücksichtigen.

(2) ¹Eine Verpflichtung, in einer Gemeinschaftsunterkunft zu wohnen, endet, wenn das Bundesamt einen Ausländer als Asylberechtigten anerkannt oder ein Gericht das Bundesamt zur Anerkennung verpflichtet hat, auch wenn ein Rechtsmittel eingelegt worden ist, sofern durch den Ausländer eine anderweitige Unterkunft nachgewiesen wird und der öffentlichen Hand dadurch Mehrkosten nicht entstehen. ²Das Gleiche gilt, wenn das Bundesamt oder ein Gericht einem Ausländer internationalen Schutz im Sinne des § 1 Absatz 1 Nummer 2 zuerkannt hat. ³In den Fällen der Sätze 1 und 2 endet die Verpflichtung auch für die Familienangehörigen im Sinne des § 26 Absatz 1 bis 3 des Ausländers.

(3) § 44 Absatz 2a und 3 gilt entsprechend.

Überblick

Die Vorschrift sieht für aus der Aufnahmeeinrichtung entlassene Asylantragsteller die Gemeinschaftsunterkunft als Regelunterbringungsform vor (→ Rn. 16), ohne dass der mit der erneuten Sammelunterbringung verfolgte Zweck eindeutig bestimmbar ist (→ Rn. 2 ff.). Die Verpflichtung, in einer Gemeinschaftsunterkunft zu wohnen, entsteht nicht kraft Gesetzes, sondern wird per Verwaltungsakt im Einzelfall auf Grundlage von § 60 begründet (→ Rn. 16). Die Gemeinschaftsunterkunft ist gesetzlich nicht definiert (→ Rn. 5) und von anderen Unterbringungsformen abzugrenzen (→ Rn. 6 ff.). Sie unterliegt Mindestanforderungen, die sich nicht unmittelbar aus dem AsylG ergeben (→ Rn. 10). Bei der Unterbringungsentscheidung sind das öffentliches Interesse und anerkennenswerte Belange des Ausländers jeglicher Art zu berücksichtigen (→ Rn. 17 ff.). Abs. 2 sieht das Ende der Wohnverpflichtung vor, wenn das Bundesamt dem Asylantrag des Ausländers (teilweise) stattgibt (→ Rn. 23) oder durch ein Verwaltungsgericht zur Gewährung der Asylberechtigung oder internationalen Schutzes verpflichtet wurde (→ Rn. 28 ff.). Der zusätzlich erforderliche Nachweis einer anderweitigen, der öffentlichen Hand keine Mehrkosten verursachenden Unterkunft hat in den Fällen einer Statusgewährung aber richtigerweise keine Bedeutung (→ Rn. 26). Entgegen allgemeiner Meinung ist das Ende der Wohnverpflichtung nicht vom Erlass eines Verwaltungsakts abhängig (→ Rn. 30). Nach S. 3 endet die Wohnverpflichtung auch für die „Kernfamilie" des Ausländers (→ Rn. 31). Aufgrund von Abs. 3 ist der Betrieb einer Gemeinschaftsunterkunft vor der jugendhilferechtlichen Erlaubnis nach § 45 SGB VIII freigestellt und gilt für (ehrenamtlich) tätiges Personal in Gemeinschaftsunterkünften beim Minderjährigen- und Datenschutz dasselbe Niveau wie in Aufnahmeeinrichtungen (→ Rn. 15, → § 44 Rn. 17 ff.). Der Normanwendungsbefehl erstreckt sich seit dem Zweiten Gesetz zur besseren Durchsetzung der Ausreisepflicht vom 15.8.2019 (BGBl. 2019 I 1294) auch auf § 44 Abs. 2a, so dass auch in Gemeinschaftsunterkünften dem Schutzbedarf von Frauen und besonderes Schutzbedürftigen Rechnung getragen werden soll (→ § 44 Rn. 14 ff.). Rechtsschutz kommt sowohl vor den Verwaltungsgerichten als auch den Sozialgerichten in Betracht (→ Rn. 32 f.).

Übersicht

A. Allgemeines

Ausländer, die dem asylrechtlichen Unterbringungsregime unterliegen, müssen, auch wenn sie **1** nicht (mehr) verpflichtet sind, in einer Aufnahmeeirichtung zu wohnen, mit einem „Dach über dem Kopf" versorgt werden. Hierauf haben sie einen verfassungsrechtlich fundierten Anspruch, allerdings **keinen auf eine private Unterkunft.** Abs. 1 S. 1 sieht als Regelfall die Unterbringung in Gemeinschaftsunterkünften vor. **Normadressat ist** nicht der Ausländer, und auch nicht die mit der Ausführung des AsylbLG betrauten Sozialleistungsträger, sondern **allein die Ausländerbehörde,** die für die Ermessensentscheidung nach § 60 Abs. 2, bei der die Direktive des § 53 zu beachten ist, zuständig sind (vgl. § 60 Abs. 3 S. 5; näher → Rn. 16). Bei den Unterzubringenden wird es sich zumeist um Personen handeln, die der Wohnverpflichtung des § 47 unterlagen, auf Grundlage der §§ 50, 51 verteilt worden sind und nun am Zuweisungsort mit Obdach versorgt werden müssen.

2   Welcher Zweck mit der erneuten Unterbringung in einer Sammelunterkunft verfolgt wird, liegt weitgehend im Dunkeln. Eine **Verfahrensbeschleunigung** dürfte mit einer zentralen Unterbringung kaum verbunden sein, denn Vorschriften wie § 10 Abs. 4 oder § 47 Abs. 3 gelten nur für Aufnahmeeinrichtungen iSd § 44 (vgl. VG Würzburg BeckRS 2019, 1972 Rn. 18). Wie sich aus Abs. 2 S. 1 ergibt, hat die Vorschrift zum einen die **Schonung öffentlicher Haushalte** im Blick. Ob eine zentrale Unterbringung im Vergleich zu einer Sammelunterbringung allerdings tatsächlich kostengünstiger ist, erscheint mit Blick auf die teilweise horrenden Gebühren zweifelhaft (zur Berücksichtigungsfähigkeit von mit dem Betrieb einer Gemeinschaftsunterkunft verbundenen Kosten vgl. BayVGH BeckRS 2018, 11762 Rn. 74; vgl. auch § 7 Abs. 1 S. 4 AsylbLG).

3   Die Vorschrift dürfte vor allem vor dem Hintergrund zu sehen sein, dass eine zentrale Unterbringung insbesondere in Zeiten hoher Zugangszahlen deutlich schneller zu organisieren ist als die Unterbringung in vielerorts ohnehin schon knappem Einzelwohnraum. Ferner dürfte die Regelvorgabe durch den vom BVerfG in einer älteren Entscheidung herausgestellten und bis heute den rechtspolitischen Umgang mit Asylsuchenden leitenden **Abschreckungseffekt** motiviert sein. Diesen sollen die mit dem Leben in einer Gemeinschaftsunterkunft verbundenen Beschränkungen und Unannehmlichkeiten insbesondere auf unberechtigte Asylbewerber haben (BVerfG NJW 1984, 558). Gleichzeitig soll aktuellen Asylantragstellern spürbar klargemacht werden, dass ihr **asylantragsbedingtes Aufenthaltsrech**t derzeit **nur vorläufig** und unsicher ist. Von Verfassung wegen mag die Regelvorgabe dabei hinzunehmen sein. Ihre Sinnhaftigkeit und Zeitgemäßheit erscheinen aber auch angesichts der Tendenz, Teilhaberechte und Integrationsangebote schon während des Asylverfahrens zu gewähren, fragwürdiger denn je.

4   § 53 begründet anders als § 44 **keine Verpflichtung zur Errichtung und Unterhaltung von Gemeinschaftsunterkünften** (Bergmann/Dienelt/Bergmann Rn. 8). Länder und Kommunen sind also nicht daran gehindert, Asylantragsteller bspw. aufgrund eigener integrationspolitischer Erwägungen ausschließlich dezentral unterzubringen. Auch eine etwaige Verpflichtung des Ausländers, in eine Gemeinschaftsunterkunft einzuziehen, resultiert nicht aus Abs. 1 S. 1 (→ Rn. 16).

B. Die Unterbringung in Gemeinschaftsunterkünften

I. Die Gemeinschaftsunterkunft – Begriff, Abgrenzung und Anforderungen

5   Das **AsylG definiert** die **Gemeinschaftsunterkunft nicht.** Im Vergleich zu anderen Unterkunftsformen auf der Ebene der kommunalen (Anschluss-) Unterbringung zeichnet sich die Gemeinschaftsunterkunft dadurch aus, dass diese **in heimähnlicher Weise** auf die **Unterbringung einer Vielzahl von Personen,** also nicht nur einer einzelnen Person oder Familie ausgelegt ist (BGH NJW 2018, 41 (44)).

6   Die Gemeinschaftsunterkunft ist zum einen von der Aufnahmeeinrichtung iSd § 44, zum anderen von sonstigen Unterkunftsalternativen auf der Ebene der Anschlussunterbringung abzugrenzen. Bedeutung hat die Identifizierung der Unterkunft als Gemeinschaftsunterkunft ua deshalb, weil **nur in Gemeinschaftsunterkünften** iSd § 53 der **notwendige persönliche Bedarf** (früher „Bargeldbedarf", umgangssprachlich „Taschengeld") nach freiem Ermessen **als Sachleistung** gewährt werden kann (vgl. § 3 Abs. 3 S. 6 AsylbLG). Auch scheidet die Möglichkeit einer **Ersatzzustellung** durch Einlegen des Schriftstücks in den Briefkasten in Gemeinschaftsunterkünften aus, da der über § 3 Abs. 2 VwZG anwendbare § 180 ZPO nicht auf § 178 Abs. 1 Nr. 3 ZPO Bezug nimmt (VG Halle BeckRS 2017, 139802 Rn. 9).

7   Die Abgrenzung zur Aufnahmeeinrichtung iSd § 44 fällt in der Praxis deshalb nicht immer leicht, weil Aufnahmeeinrichtung und Gemeinschaftsunterkunft mitunter auf demselben Gelände, ggf. sogar unter einem Dach betrieben werden. Die Frage nach der Zulässigkeit dieser Praxis außen vor gelassen, ist in diesem Fall jedenfalls eine klare Kennzeichnung der jeweiligen Unterbringungsform und auch eine Aufklärung des Ausländers darüber zu verlangen, dass er trotz Ortsverbleibs den bisherigen Beschränkungen (§ 61 Abs. 1, § 59a Abs. 1 S. 2) nicht mehr unterliegt.

8   Im Übrigen ist die Gemeinschaftsunterkunft von Formen der Sammelunterbringung zu unterscheiden, die auf Grundlage ausländer- oder ordnungsrechtlicher Vorschriften erfolgt. Entscheidend ist, ob die Unterkunft zur Erfüllung der sich aus dem AsylG ergebenden Unterbringungsverpflichtung erfolgt.

Die Gemeinschaftsunterkunft kann auf eigenen oder angemieteten Grundstücken betrieben **9** werden. Auch bei der Form (Massivbau, Festbau, Container etc) besteht grundsätzlich großer Gestaltungsspielraum, solange im Einzelfall die unverzichtbaren Mindestanforderungen (→ Rn. 10) gewahrt werden. Mit dem Betrieb der Gemeinschaftsunterkunft können auch externe Dritte, etwa Wohlfahrtsverbände oder sonstige kommerzielle Dienstleister beauftragt werden. Die **rechtliche Letztverantwortung** verbleibt aber grundsätzlich bei den aufnahmeverpflichteten Hoheitsträgern (BeckOK AuslR/Heusch Rn. 9). Der dem Ausländer in der Gemeinschaftsunterkunft zugewiesene **Unterbringungsplatz unterfällt** dem Schutzbereich von **Art. 13 GG,** wovon auch der Gesetzgeber auszugehen scheint (vgl. § 58 Abs. 5–10 AufenthG). Im **Unterschied zu Zimmern in Erstaufnahmeeinrichtungen** (→ § 44 Rn. 13a) ist dies angesichts der in Gemeinschaftsunterkünften geringeren Einschränkungen weitgehend unbestritten (VG Stuttgart BeckRS 2021, 4463 Rn. 56 mwN; VG Hamburg BeckRS 2019, 4385; Herrmann ZAR 2017, 201 (202); wohl auch OVG Bln-Bbg BeckRS 2021, 5272; vgl. ferner die Nachweise bei → § 44 Rn. 13a).

Das AsylG formuliert für Beschaffenheit und Ausstattung der Gemeinschaftsunterkünfte **keine 10 Mindeststandards.** Maßstab sind wie bei den Aufnahmeeinrichtungen auch die Grundrechte, insbesondere die sich daraus ergebenden Anforderungen an ein **menschenwürdiges Wohnen,** die Vorgaben der **EU-Aufnahme-RL** (RL 2013/33/EU v. 26.6.2013, ABl. 2013 L 180, 96) sowie etwaige **landesrechtliche Vorgaben** bspw. zur Mindestgröße (für Baden-Württemberg vgl. zB § 8 Abs. 1 S. 4 BWFlüAG und § 5 BWDVO FlüAG). Grundsätzlich kann hier auf die **Kommentierung zu § 44** verwiesen werden (→ § 44 Rn. 8 ff.). Allerdings ist zu beachten, dass die **Gemeinschaftsunterkunft** in der Realität vor Ort ist, der für den Großteil des nicht selten Jahre dauernden Asylverfahrens den **Lebensmittelpunkt des Ausländers** bildet. Vor diesem Hintergrund lassen sich die im Vergleich zum dauerhaften Wohnen geringeren Mindeststandards nicht pauschal mit dem weiterhin nur **vorübergehenden Aufenthaltszweck** legitimieren. Vielmehr können sich Mindestanforderungen im konkreten Einzelfall mit zunehmender Dauer verschärfen (aA BeckOK AuslR/Heusch Rn. 10). Anders ausgedrückt: Was für Monate zumutbar ist, ist nicht automatisch für Jahre zumutbar. Dafür spricht auch der nach 18 Monaten vorgesehene **Übergang von Grund- zu Analogleistungen** (vgl. § 2 Abs. 1 S. 1 AsylbLG), der Folge der Entscheidung des BVerfG zum AsylbLG aus dem Jahr 2012 ist (BVerfGE 132, 134 = NVwZ 2012, 1024).

Mit dem Asylverfahrensbeschleunigungsgesetz (v. 20.10.2015, BGBl. I 1722) wurden zudem **11** die Errichtung, Änderung etc von Bauvorhaben, die der Unterbringung von Flüchtlingen dienen, bauplanungsrechtlich befristet (31.12.2019) erleichtert (vgl. § 246 Abs. 8–17 BauGB).

II. Persönlicher Anwendungsbereich

§ 53 betrifft Ausländer, die nicht oder nicht mehr verpflichtet sind, in einer Aufnahmeeinrich- **12** tung zu wohnen. Letzteres ist bei Ausländern der Fall, deren Wohnverpflichtung regulär, also nach Ablauf der gesetzlichen Höchstfristen (§ 47 Abs. 1 S. 1, Abs. 1b S. 1) oder vorzeitig erloschen ist (§ 48) oder beendet wurde (§§ 49, 50 Abs. 1 S. 1). Die **Vorschrift gilt nicht** für Personen, für die das Bundesamt idealtypisch (→ § 47 Rn. 2) bereits während ihres Aufenthalts **in der Aufnahmeeinrichtung eine positive Statusentscheidung** trifft, also in den Fällen des § 48 Nr. 2, in denen eine landesinterne Verteilung ebenso ausscheidet (→ § 50 Rn. 12) wie die Verhängung einer Wohnsitzauflage auf Grundlage von § 60 Abs. 2 (→ § 60 Rn. 21 ff.). Mit der Statusgewährung scheidet der Ausländer aus dem Unterbringungssystem des AsylG aus. Aufenthaltsbestimmung und Unterbringung richten sich im Weiteren nach dem AufenthG, insbesondere § 12a AufenthG und landesrechtlichen Vorschriften.

Die Alt. 1 betrifft Personen, die niemals verpflichtet waren, in einer Aufnahmeeinrichtung zu **13** wohnen. Damit sind die Fälle des § 14 Abs. 2 S. 1 angesprochen, die – § 47 Abs. 1 S. 2 ausgenommen (→ § 47 Rn. 5) – keiner Wohnverpflichtung nach § 47 und damit auch nicht der landesinternen Verteilung nach § 50 unterliegen. Auch sie können aber auf Grundlage von § 60 Abs. 2 S. 1 Nr. 1 mit einer Wohnauflage für eine bestimmte Unterkunft, also auch eine Gemeinschaftsunterkunft belegt werden.

Ist die Person allerdings Inhaber einer Aufenthaltserlaubnis iSd § 14 Abs. 2 S. 1 Nr. 1, dürften die **13.1** Regelungen des AufenthG vorrangig sein. Für Inhaber einer Aufenthaltserlaubnis zum Familiennachzug lässt sich dies auch § 12a Abs. 6 AufenthG entnehmen.

Über seinen Wortlaut hinaus dürfte § 53 auch auf Personen anwendbar sein, die nicht (mehr) **14** verpflichtet sind, in einer besonderen Aufnahmeeinrichtung zu wohnen (vgl. § 30a Abs. 3 S. 1).

15 Gemäß Abs. 3 gilt für Gemeinschaftsunterkünfte § 44 Abs. 3 entsprechend, auf dessen Kommentierung verwiesen wird (→ § 44 Rn. 17 ff.).

III. Entscheidung im Einzelfall

16 **Rechtsgrundlage** für die (verpflichtende) Unterbringung des einzelnen Ausländers ist **nicht § 53 Abs. 1, sondern** regelmäßig **§ 60 Abs. 2 S. 1** (missverständlich BeckOK AuslR/Heusch Rn. 7, zutreffend dann aber BeckOK AuslR/Heusch Rn. 17). Die **Vorschriften** sind deshalb **im Zusammenhang zu lesen.** Die Verhängung einer gemeinschaftsunterkunftsbezogenen Wohnauflage scheidet danach von vornherein aus, wenn der Lebensunterhalt des Ausländers gesichert ist. Im Übrigen erlaubt es § 60 Abs. 2 S. 1 der gem. § 60 Abs. 3 S. 5 zuständigen Ausländerbehörde, den auf Grundlage von § 60 Abs. 1 häufig nur grob umrissenen Ort des gewöhnlichen Aufenthalts per Wohnsitzauflage auf eine bestimmte „Unterkunft" (vgl. § 60 Abs. 2 S. 1 Nr. 1–3) zu beschränken. **Im Rahmen dieser Feinsteuerung** des Wohnsitzes sind dann die **Direktiven des § 53 Abs. 1 zu beachten.** Sofern im Bezirk der Aufnahmekörperschaft eine Gemeinschaftsunterkunft (mit freien Kapazitäten) existiert, schränkt S. 1 das im Ausgangspunkt nach § 60 Abs. 2 S. 1 bestehende Ermessen („kann verpflichtet werden") dergestalt ein, dass der Ausländer in der Regel in der Gemeinschaftsunterkunft unterzubringen ist. Kommen zur Unterbringung mehrere Gemeinschaftsunterkünfte in Betracht, ist nicht **nur ein Entscheidungs-, sondern auch ein Auswahlermessen** auszuüben.

17 Da S. 2 die Behörde ausdrücklich in jedem Einzelfall zu einer Abwägung von öffentlichem Interesse und privaten Belangen verpflichtet, ist das behördliche Ermessen weiter als es bei isolierter Betrachtung von S. 1 erscheint. Das gilt auch deshalb, weil das der Regelvorgabe des § 53 Abs. 1 zugrunde liegende abstrakte öffentliche Interesse zwar gesetzlich vorgegeben und hinzunehmen, gleichwohl diffus ist (→ Rn. 2 f.), und jedenfalls dann näherer Aufschlüsselung bedarf, wenn der Ausländer ihm konkrete private Belange entgegensetzen kann, da nur so dem zwingenden **einzelfallbezogenen Abwägungsgebot** des S. 2 entsprochen wird. Dementsprechend steigen auch die Anforderungen an die **Begründung der** – regelmäßig schriftlich verhängten – **Wohnsitzauflage** (vgl. § 39 Abs. 1 VwVfG; aA BeckOK AuslR/Heusch Rn. 18, wonach regelmäßig keine besondere Begründung erforderlich sein soll). Gegenüber einem konkret und substantiiert vorgetragenen schutzwürdigen Belang hat der undifferenzierte Verweis auf den abstrakten Gesetzeszweck deshalb regelmäßig das Nachsehen.

18 Grundsätzlich haben **Interessenermittlung und -abwägung von Amts wegen** zu erfolgen (vgl. VG Ansbach InfAuslR 1984, 23), bei der sie sich aber im Hinblick auf die allgemeinen Mitwirkungsobliegenheiten (§ 15) des Ausländers auf ihr bekannte oder erkennbare Belange des Ausländers beschränken darf. Die Geltendmachung der Belange wird dabei dadurch erschwert, dass der Erlass der unterkunftsbezogenen Wohnauflage in den Fällen des § 60 Abs. 2 S. 1 Nr. 1 und Nr. 3 niemals und, im Falle einer „Umzugsauflage" (Nr. 2) nur unter bestimmten Bedingungen einer vorherigen Anhörung (§ 28 VwVfG) des Ausländers bedarf (vgl. § 60 Abs. 2 S. 2–4). Der Ausländer sollte deshalb etwaige Belange frühzeitig von sich aus vorbringen und aktenkundig machen. Das gilt auch, wenn sich im Nachhinein abwägungsrelevante Umstände ändern. Die Behörde hat dann eine **erneute Abwägung** vorzunehmen.

19 Der Kanon der nach S. 2 berücksichtigungspflichtigen Belange des Ausländers reicht weit über diejenigen hinaus, der etwa im Rahmen der landesinternen Verteilung nach § 50 Abs. 4 S. 5 (→ § 50 Rn. 14 ff.) zu berücksichtigen ist. Freilich muss das Gewicht der in § 50 Abs. 4 S. 5 genannten Belange das des öffentlichen Interesses in der Regel auch in der teilweise geforderten Deutlichkeit übersteigen (BeckOK AuslR/Heusch Rn. 25). **Abwägungsrelevant** sind aber nicht nur verfassungsrechtlich aufgeladene Interessen, sondern grundsätzlich **sämtliche** kulturellen, sportlichen, religiösen, gesundheitlichen, familiären und wirtschaftlichen **Bedürfnisse** (GK-AsylG/Bodenbender Rn. 17, zu konkreten Beispielen s. NK-AuslR/Kessler Rn. 11; Bergmann/Dienelt/Bergmann Rn. 16 ff.). Das konkrete Gewicht des Belangs lässt sich dabei nur anhand des jeweiligen Einzelfalls bestimmen. Der Verweis auf die aus einer gemeinschaftlichen Unterbringung allgemein resultierenden Beeinträchtigungen und Unannehmlichkeiten setzt sich gegenüber der Regelvorgabe grundsätzlich nicht durch (HessVGH Beschl. v. 9.12.1994 – 9 TG 2341/94). Das gilt auch für Probleme, die durch das Zusammenleben von Personen unterschiedlicher Nationalitäten oder aus unterschiedlichen Kulturkreisen entstehen (VG Cottbus BeckRS 2017, 105809 Rn. 19). Der Ausländer muss vielmehr dartun, dass ihn diese Bedingungen im Vergleich zu den übrigen Bewohnern besonders hart treffen, etwa aufgrund eines angeschlagenen (physischen oder psychischen) Gesundheitszustands oder eines sonstigen **besonderen Schutzbedarfs** iSv Art. 21 EU-Aufnahme-RL, deren Berücksichtigung im Landesrecht teilweise schon bislang vorgesehen war (vgl.

zB § 5 BWFlüAG) und nunmehr auch durch Abs. 3 iVm § 44 Abs. 2a eingefordert wird. Auch **konkrete Gefahren** etwa aufgrund der Religion, sexuellen Orientierung oder Ethnie des Ausländers können aufgrund der **staatlichen Schutzpflicht** zu einem Absehen von der (zwangsweisen) Unterbringung in einer Gemeinschaftsunterkunft führen. Dabei darf die Behörde ihre Entscheidung aber mit dem Argument halten, dass den schutzwürdigen Belangen auch innerhalb der Gemeinschaftsunterkunft, etwa durch Zuteilung eines Einzelzimmers oder bauliche (Um-) Gestaltung angemessen Rechnung getragen werden kann. Diese Maßnahmen sind dann aber auch tatsächlich zu ergreifen. Auch die Unterbringung in einer eigens für besonders Schutzbedürftige oder Familien mit Kindern vorgesehenen Gemeinschaftsunterkunft ist denkbar. Wie bei § 49 Abs. 2 (→ § 49 Rn. 9b) sind auch im Rahmen von § 53 Belange des (individuellen) Gesundheitsschutzes zu beachten, etwa ob in der Gemeinschaftsunterkunft die allgemein geltenden Regeln zur Vermeidung einer **Ansteckung mit Corona** eingehalten werden können (VG Kassel BeckRS 2021, 5141 Rn. 20).

Geht es um die Verpflichtung zum **Umzug aus einer Privatwohnung** in eine Gemeinschafts-   20 unterkunft, kommt dem **Verhältnismäßigkeitsgrundsatz** besondere Bedeutung zu und ist das öffentliche Interesse an dem Umzug ungeachtet des Umstands, dass der Ausländer **keinen Anspruch auf eine Privatwohnung** (→ Rn. 1) hat, besonders zu begründen (BVerwGE 69, 269 = NVwZ 1984, 799 (801)). Das spezielle Anhörungserfordernis des § 60 Abs. 2 S. 2 unterstreicht dies auch verfahrensrechtlich. Insbesondere sind **Art und Dauer des bisherigen Aufenthalts** außerhalb einer Gemeinschaftsunterkunft und das **Maß seiner Integration** zu berücksichtigen (VG Karlsruhe Beschl. v. 27.8.1999 – 4 K 1356/99, juris Rn. 8, BeckRS 2005, 24074). Grundsätzlich ist zu beachten, dass Verlegungen gem. Art. 18 Abs. 6 EU-Aufnahme-RL unter einem Notwendigkeitsvorbehalt stehen (s. VG Greifswald BeckRS 2019, 6717, das wegen nicht fristgerechter Umsetzung von einer unmittelbaren Geltung ausgeht).

IV. Ende der Wohnverpflichtung

Abs. 2 bestimmt die Bedingungen, unter denen die Verpflichtung, in der Gemeinschaftsunter-   21 kunft zu wohnen, endet, deren Vereinbarkeit mit Unions- und Völkerrecht allerdings fraglich ist. Gleiches gilt für die Interpretation der Vorschrift, die sie durch die überwiegende Literatur erfährt. In das – in jüngerer Vergangenheit vielfach geänderte – asyl- und aufenthaltsrechtliche Aufenthaltsbestimmungsrecht fügt sich die Regelung nicht mehr so recht ein. In der Rechtspraxis scheint Abs. 2 in den Anerkennungsfällen (→ Rn. 23 ff.) weitgehend ignoriert zu werden.

1. Tatbestandliche Voraussetzungen

Das Ende der Wohnverpflichtung soll nach Abs. 2 von einer **asylverfahrensbezogenen und**   22 **einer fiskalisch bzw. ordnungsrechtlich motivierten Bedingung** abhängig sein. Bei der zuerst genannten Voraussetzung sind zunächst zwei Fallgruppen zu unterscheiden.

Abs. 2 sieht das Ende der Wohnverpflichtung zum einen für den Fall einer **positiven Statusent-**   23 **scheidung seitens des Bundesamts** vor. Für die Asylberechtigung iSd Art. 16a GG folgt dies aus S. 1, für die Gewährung internationalen Schutzes aus S. 2. Das ist nachvollziehbar, weil die positive Statusentscheidung mit ihrer Bekanntgabe sofort bestandskräftig wird, in der Folge die Erlaubnisfiktion des § 25 Abs. 1 S. 3, Abs. 2 S. 2 AufenthG auslöst und dem Ausländer einen strikten Rechtsanspruch auf eine Aufenthaltserlaubnis vermittelt, der auch bei Beschreitung des Rechtswegs gegen eine etwaige Antragsablehnung im Übrigen sofort zu erfüllen ist (vgl. § 10 Abs. 1 AufenthG). Der **Aufenthalt** des Ausländers ist von diesem Moment an **nicht mehr asylverfahrensabhängig** und seine weitere Regelung bei international Schutzberechtigten an der **Qualifikations-RL** (RL 2011/95/EU v. 13.12.2011, ABl. 2011 L 337, 9), bei anerkannten Flüchtlingen zusätzlich an der **GFK** zu messen. Letztere bestimmt auch die Rechtsstellung anerkannter Asylberechtigter (vgl. § 2 Abs. 1; OVG NRW BeckRS 2004, 26591).

Mit den darin enthaltenen freizügigkeits- und teilhaberechtlichen **Vorgaben** ist die **weitere**   24 **Bedingung** eines Nachweises anderweitigen, der öffentlichen Hand keine Mehrkosten verursachenden Wohnraums **unvereinbar.** Dieses Tatbestandsmerkmal soll nach (bisher) allgemeiner Meinung auch in den Fällen einer positiven Statuszuerkennung erfüllen sein (NK-AuslR/Kessler Rn. 14; BeckOK AuslR/Heusch Rn. 26, 29; GK-AsylG/Bodenbender Rn. 19 ff.; Bergmann/Dienelt/Bergmann Rn. 22 ff.). Auf Grundlage dieser Annahme verstößt die Voraussetzung jedoch gegen Art. 33 Qualifikations-RL, weil das hiervon ebenfalls umfasste Recht auf freie Wohnortwahl (EuGH NVwZ 2016, 445 Rn. 37, 40) stärker als das sonstiger Drittstaatsangehöriger, die sich rechtmäßig im Hoheitsgebiet des Mitgliedstaats aufhalten, beschränkt wird, wobei unerheblich ist, dass die Wohnsitzauflage dem Ausländer nicht als subsidiär Schutzberechtigtem erteilt wurde. Während bei sonstigen Drittstaatsangehörigen die Beschränkung des Rechts auf freie Wohnortwahl Folge einer Ermessensentscheidung im Einzelfall ist (vgl. § 12 Abs. 2 S. 2 AufenthG), unterliegen international Schutzberechtigte der Wohnsitzauflage, bis die in Abs. 2 S. 1 genannte Bedingung eintritt. Die asylrechtliche Wohnsitzauflage bezieht sich zudem auf eine ganz bestimmte Unterkunft, die auf Grundlage von § 12 Abs. 2 S. 2 AufenthG oder § 12a AufenthG entstehende oder verhängte regelmäßig nur auf einen bestimmten Zuständigkeitsbezirk. Auch mit **Art. 32 Qualifikations-RL** steht die Vorschrift nicht im Einklang (ebenso NK-AuslR/Kessler Rn. 14), selbst wenn man entgegen der Gesetzesbegründung (BT-Drs. 10/6416, 26) annimmt, dass der Alternativwohnraum mit Leistungen nach dem Sozialgesetzbuch finanziert werden darf, die der Ausländer alsbald nach Statusanerkennung beanspruchen kann (vgl. § 1 Abs. 3 S. 1 AsylbLG). Mit der notwendigen kostenmäßigen Vergleichsbetrachtung (dazu BeckOK AuslR/ Heusch Rn. 33 sowie → Rn. 28) wird der Zugang zu Wohnraum international Schutzberechtigten ggf. aber schwerer als sonstigen Drittstaatsangehörigen gemacht, gerade wenn man von der These ausgeht, dass die Unterbringung in einer Gemeinschaftsunterkunft tendenziell kostengünstiger ist.

24.1   Die räumliche Beschränkung des § 56 Abs. 1 erschwert den Zugang zu Wohnraum dagegen nicht, denn diese erlischt mit Statuszuerkennung gem. § 59a Abs. 2 S. 2 (die Aussage von BeckOK AuslR/ Heusch bei Rn. 32 ist rechtlich deshalb nur bezüglich des Verpflichtungsfalls − → Rn. 28 − zutreffend, der praktisch − mit Blick auf § 59a Abs. 1 S. 1 − aber keine Rolle spielen wird).

25   Soweit die Wohnsitzauflage anerkannte Flüchtlinge betrifft, ist die offenkundig auch der weiteren Schonung öffentlicher Haushalte dienende Wohnsitzauflage auch nicht mit Art. 26 GFK vereinbar (zu Art. 26 GFK iVm Art. 23 GFK sa BVerwGE 130, 148 = NVwZ 2008, 796). Dieser stellt Freizügigkeitsbeschränkungen ebenfalls unter den Vorbehalt der **Ausländergleichbehandlung**. Aufgrund von § 2 Abs. 1 gilt dies auch für anerkannte Asylberechtigte.

26   Beseitigen ließen sich die aufgezeigten Konflikte, wenn man S. 2 in dem Sinne läse, dass sich der letzte Nebensatz („sofern") allein auf die Variante einer zur Anerkennung verpflichtenden Verwaltungsgerichtsentscheidung bezöge. Diese Lesart widerspricht zwar der bisherigen allgemeinen Meinung (→ Rn. 24), erscheint grammatikalisch aber vertretbar und in der Sache angezeigt. Bei diesem Verständnis würde nämlich eine Gleichstellung mit Ausländern erreicht, die bereits während des Aufenthalts in einer Aufnahmeeinrichtung eine (teilweise) positive Statusentscheidung erhalten. Bei ihnen endet die Wohnverpflichtung des § 47 nämlich ohne weitere Voraussetzungen gem. § 48 Nr. 2 (→ § 48 Rn. 1), weil der Ausländer mit der Anerkennung aus dem Kreis der Asylbewerber ausscheidet (Bergmann/Dienelt/Bergmann Rn. 4, vgl. auch § 1). Auch im Kontext des § 51 wird davon ausgegangen, dass sich nach Statusgewährung die weitere Aufenthaltssteuerung wegen Erledigung der Zuweisung nicht mehr nach § 51 richte (GK-AsylG/Jobs Rn. 2). Dafür spricht auch die Regelung des § 59a Abs. 2 S. 2.

27   Schließlich ließe sich auch eine mit der Schaffung des § 12a AufenthG aufgeworfene Frage zwanglos beantworten. Dieser sieht in Abs. 1 S. 1 für „Anerkannte" eine kraft Gesetzes entstehende Wohnsitzauflage vor, deren Verhältnis bei Annahme eines Fortbestands der asylrechtlichen Wohnsitzauflage zu klären wäre (zu europarechtlichen Bedenken gegenüber § 12a AufenthG, vgl. → AufenthG § 12a Rn. 5). Ohnehin spricht § 12a AufenthG dafür, dass auch der Gesetzgeber davon ausging, dass Freizügigkeitsbeschränkungen von Ausländern nach einer Statusgewährung ausschließlich nach allgemeinem Ausländerrecht und nur unter den dort genannten integrationspolitischen Bedingungen möglich sind, die er gerade mit Blick auf Unionsrecht und die Rechtsprechung des EuGH formuliert hat (BT-Drs. 18/8615, 43).

28   Eine im Ansatz nachvollziehbare **Bedeutung kommt dem Tatbestandsmerkmal** allerdings bei der in Abs. 2 S. 1 beschriebenen **Alt. 2** zu. Diese stellt der Anerkennung den Fall gleich, dass ein Verwaltungsgericht das Bundesamt dazu verpflichtet hat, den Ausländer als Asylberechtigten anzuerkennen, auch wenn gegen die gerichtliche Entscheidung Rechtsmittel eingelegt werden. Insoweit lässt der Gesetzgeber für das Ende der Wohnauflage die **konkrete Aussicht auf ein sicheres Aufenthaltsrecht** genügen, knüpft dieses aber zusätzlich an den insoweit zulässigen Nachweis alternativen Wohnraums, der der öffentlichen Hand zudem keine Mehrkosten verursachen darf (zu Einzelheiten vgl. BeckOK AuslR/Heusch Rn. 30 f., 33). Im Rahmen der erforderlichen **Vergleichsbetrachtung** sollen dabei auch mit dem Betrieb einer Gemeinschaftsunterkunft verbundene Kosten einzustellen zu sein, die auf Grundlage des Kostendeckungs- und Äquivalenzprinzips gebührenrechtlich nicht umlagefähig sind, wie etwa Personalkosten für Betreuung und Bewachung (Bergmann/Dienelt/Bergmann Rn. 28). Neben einem fiskalischen Interesse dient die Voraussetzung auch der Vermeidung von Obdachlosigkeit. Ob dies kostengünstiger ist, darf mit Blick auf die teilweise horrenden Gebühren bezweifelt werden.

Das nicht rechtskräftige Verpflichtungsurteil begründet weder einen Anspruch auf eine Aufenthaltser- **28.1**
laubnis noch gilt der Aufenthalt als erlaubt. Bis zum bestandskräftigen Abschluss bleibt der Ausländer
vielmehr im Status der Aufenthaltsgestattung (§§ 55 Abs. 1, 67 Abs. 1 S. 1 Nr. 6).

„Das Gleiche gilt" gem. Abs. 2 S. 2 für den Fall einer noch nicht rechtskräftigen gerichtlichen **29**
Verpflichtungsentscheidung, die trotz der ungenauen Formulierung („wenn ein Gericht zuerkannt
hat") gemeint sein dürfte.

Abs. 2 S. 1 harmonierte insoweit bislang mit dem AsylbLG, das bislang in § 1 Abs. 3 S. 1 Nr. 2 AsylbLG **29.1**
das Ende der Leistungsberechtigung (und einen Übergang ins SGB II oder SGB XII) vorsah, wenn ein
Gericht das Bundesamt dazu verpflichtet hatte, den Ausländer als Asylberechtigten anzuerkennen, auch
wenn die Entscheidung noch nicht unanfechtbar war. Seit Inkrafttreten des Dritten Gesetzes zur Änderung
des Asylbewerberleistungsgesetzes vom 13.8.2019 (BGBl. 2019 I 1290) ändert sich die Leistungsberechtigung gem. § 1 Abs. 3 S. 1 AsylbLG allerdings einheitlich mit Ablauf des Monats, in dem die Leistungsvoraussetzung entfällt, also erst mit Statuszuerkennung durch das Bundesamt.

2. Rechtsfolge

Auf Rechtsfolgenseite spricht der Wortlaut für ein automatisches Ende der unterkunftsbezoge- **30**
nen Wohnverpflichtung. Dennoch wird ganz überwiegend angenommen, dass es einer förmlichen
Aufhebung durch Verwaltungsakt bedarf (Bergmann/Dienelt/Bergmann Rn. 21, 31; GK-AsylG/
Bodenbender Rn. 19; BeckOK AuslR/Heusch Rn. 34; wohl auch NK-AuslR/Kessler Rn. 14).
Das mit Blick auf die komplizierte Tatbestandsvoraussetzung eingewandte Strafbarkeitsrisiko (§ 85
Nr. 3, Bergmann/Dienelt/Bergmann Rn. 21) besteht bei dem hier favorisierten Verständnis der
Vorschrift in der überwiegenden Zahl der Fälle nicht. Es ist auch in der Sache kein zwingendes
Argument, denn es ist nicht unüblich, dass Sanktionen an Verpflichtungen anknüpfen, deren
automatisches Entfallen oder Entstehen von im Einzelfall diffizilen Voraussetzungen abhängt, deren
vorherige Prüfung ggf. sinnvoll wäre (vgl. zB §§ 12a Abs. 1 S. 2, 98 Abs. 3 Nr. 2a AufenthG
oder §§ 56 Abs. 1, 59a Abs. 1 S. 1, 85 Nr. 2, 86 Abs. 1). Es ist zwar richtig, dass die Wohnverpflichtung durch Verwaltungsakt begründet wurde. Dessen Ende hängt aber dann nicht von einem
„actus contrarius" ab (so BeckOK AuslR/Heusch Rn. 34), wenn das Gesetz selbst der Wirksamkeit
des Verwaltungsakts ein unmittelbares Ende setzt – so liegt der Fall eben hier. Dass es nicht – wie
andernorts (vgl. zB § 51 Abs. 1 Nr. 6 AufenthG) – vom Erlöschen des Verwaltungsakts spricht,
ändert dabei nichts an dessen Eindeutigkeit, das eben nicht – wie zB § 49 – zur Beendigung der
Wohnverpflichtung verpflichtet, sondern das Ende selbst anordnet.

Da die hier vertretene Ansicht aber für sich steht, ist dem Ausländer zu raten, die Aufhebung der **30.1**
Wohnauflage zu beantragen, sofern die zuständige Ausländerbehörde diese nicht von Amts vornimmt,
wozu bei Eintritt der asylverfahrensbezogenen Voraussetzung zeitnah verpflichtet ist (NK-AuslR/Kessler
Rn. 16).

Unstrittig per Verwaltungsakt ist die Wohnsitzauflage (= Dauerverwaltungsakt) aber aufzuheben, wenn **30.2**
der Ausländer seinen Lebensunterhalt sichern kann. Da der ungesicherte Lebensunterhalt Voraussetzung
für den Erlass einer Wohnsitzauflage nach § 60 Abs. 2 S. 1 ist, richtet sich deren Aufhebung im Fall eines
später gesicherten Lebensunterhalts nach allgemeinen Grundsätzen (§§ 48 ff. VwVfG).

Die Verpflichtung, in einer Gemeinschaftsunterkunft zu wohnen, endet nicht nur für den **31**
Ausländer, sondern zur Wahrung der Familieneinheit gem. Abs. 2 S. 3 auch für seine Familienangehörigen iSd § 26 Abs. 1–3. Insoweit wird auf die Kommentierung zu § 50 (→ § 50 Rn. 22 ff.)
und § 26 (→ § 26 Rn. 1 ff.) verwiesen.

C. Rechtsschutz

Die Frage, ob die Voraussetzungen für das Ende der Wohnverpflichtung nach Abs. 2 eingetreten **32**
sind, ist vor den **Verwaltungsgerichten** zu klären. Geht man mit der hM davon aus, dass der
Wegfall der Verpflichtung vom Erlass eines Verwaltungsakts abhängt, ist die – unmittelbar zu
erhebende (§ 11) – Verpflichtungsklage und ggf. ein Antrag nach § 123 VwGO statthaft, der
bspw. erforderlich ist, wenn der Verlust des nachgewiesenen anderweitigen Wohnraums droht.
Nach hier vertretener Auffassung ist dagegen die Feststellungsklage statthaft. Bezüglich weiterer
Rechtsschutzmöglichkeiten gegen die Wohnsitzauflage wird auf die Kommentierung zu § 60
verwiesen (→ § 60 Rn. 41 ff.).

Erstrebt der Ausländer innerhalb des durch die Wohnsitzauflage gesteckten Rahmens eine **33**
Veränderung, etwa ein anderes Zimmer innerhalb derselben Unterkunft handelt es sich um eine

Streitigkeit nach dem AsylbLG, da es hier um Ausgestaltung und Maßstäbe der nach §§ 2 f. AsylbLG geschuldeten Unterbringungsleistung geht (vgl. OVG NRW BeckRS 2015, 71426 allerdings ohne einen Zusammenhang mit der Wohnsitzauflage herzustellen). Hier ist gem. § 51 Abs. 1 Nr. 6a SGG **Rechtsschutz vor den Sozialgerichten** zu suchen.

§ 54 Unterrichtung des Bundesamtes

Die Ausländerbehörde, in deren Bezirk sich der Ausländer aufzuhalten oder Wohnung zu nehmen hat, teilt dem Bundesamt unverzüglich
1. die ladungsfähige Anschrift des Ausländers,
2. eine Ausschreibung zur Aufenthaltsermittlung
mit.

1   Angesichts des arbeitsteilig organisierten Vollzugs des AsylG ist das Bundesamt für eine **effektive und zügige Asylverfahrensbearbeitung** auf Mitteilung asylrelevanter Informationen insbesondere seitens der Behörden angewiesen, die mit dem Antragsteller in regelmäßigerem direkten Kontakt stehen. Vor diesem Hintergrund regelt § 54 eine **ausschließlich im öffentlichen Interesse liegende Informationspflicht** der zuständigen Ausländerbehörde gegenüber dem Bundesamt.

1.1   § 54 fügt sich ein in eine Reihe von Vorschriften, die den effektiven Austausch in einem weiten Sinne asylrelevanter Informationen zwischen den Behörden untereinander (vgl. zB §§ 40, 8) bzw. zwischen Behörden und Gerichten sicherstellen sollen (§ 83a).

2   **Informationspflichtig** ist die Ausländerbehörde, in deren Bezirk sich der Ausländerbehörde aufzuhalten oder Wohnung zu nehmen hat; die Zuständigkeit kann also wechseln. Die Alt. 2 wurde durch das Asylverfahrensbeschleunigungsgesetz (v. 20.10.2015, BGBl. I 1722) eingefügt und trägt dem Umstand Rechnung, dass Ausländer seit dem Gesetz zur Verbesserung der Rechtsstellung von asylsuchenden und geduldeten Ausländern (v. 23.12.2014, BGBl. I 2439) nach Wegfall der Verpflichtung des § 47 Abs. 1 S. 1 regelmäßig keiner räumlichen Beschränkung mehr (vgl. § 59a Abs. 1 S. 1 und S. 2), sondern „nur noch" einer Wohnsitzauflage unterliegen (vgl. § 60 Abs. 1 S. 1). Nicht nach § 54 informationspflichtig sind Aufnahmeeinrichtungen, obwohl sie eine Ausschreibung zur Aufenthaltsermittlung veranlassen können (vgl. § 66 Abs. 2 S. 1), ebenso wenig Ausländerbehörden, in deren Bezirk sich ein Ausländer tatsächlich aufhält. Ausländer, die wegen gesicherten Lebensunterhalts keiner Wohnsitzauflage (mehr) unterliegen, sind – vorbehaltlich des § 59b – von der Informationspflicht des § 54 daher nicht betroffen.

3   Mitzuteilen sind die **ladungsfähige Anschrift** des Ausländers sowie eine etwaige **Ausschreibung zur Aufenthaltsermittlung** (vgl. § 66). Dadurch soll sichergestellt werden, dass das Bundesamt stets über den Verbleib des Ausländers im Bilde ist (BT-Drs. 12/2062). Die Information nach Nr. 1 ist insbesondere für Zustellungen und sonstige Mitteilungen wichtig, die nach Nr. 2 kann ggf. Anlass für die Einstellung des Asylverfahrens wegen fingierter Antragsrücknahme sein (vgl. § 33 Abs. 1, Abs. 2 S. 1 Nr. 2; s. aber noch → § 66 Rn. 3).

4   **Die nach § 10 Abs. 1 bestehende Obliegenheit** des Ausländers, Bundesamt, zuständiger Ausländerbehörde und dem angerufenen Gericht jeden – also auch den behördlich veranlassten – Wechsel seiner Anschrift unverzüglich mitzuteilen, **wird durch § 54 nicht berührt.** Ihre Nichterfüllung kann auf der Ausländer deshalb nicht mit dem Argument entschuldigen, (auch) die Ausländerbehörde sei zur Meldung an das Bundesamt verpflichtet (VG München BeckRS 2015, 44683).

5   Die Mitteilungen nach § 54 haben **unverzüglich,** dh ohne schuldhaftes Zögern (§ 121 Abs. 1 S. 1 BGB) zu erfolgen. In Anlehnung an § 50 Abs. 3 wird eine Frist von maximal drei Tagen zugebilligt (NK-AuslR/Schröder Rn. 3 mwN).

Abschnitt 6. Recht des Aufenthalts während des Asylverfahrens

§ 55 Aufenthaltsgestattung

(1) ¹Einem Ausländer, der um Asyl nachsucht, ist zur Durchführung des Asylverfahrens der Aufenthalt im Bundesgebiet ab Ausstellung des Ankunftsnachweises gemäß

§ 63a Absatz 1 gestattet (Aufenthaltsgestattung). [2]Er hat keinen Anspruch darauf, sich in einem bestimmten Land oder an einem bestimmten Ort aufzuhalten. [3]In den Fällen, in denen kein Ankunftsnachweis ausgestellt wird, entsteht die Aufenthaltsgestattung mit der Stellung des Asylantrags.

(2) [1]Mit der Stellung eines Asylantrages erlöschen eine Befreiung vom Erfordernis eines Aufenthaltstitels und ein Aufenthaltstitel mit einer Gesamtgeltungsdauer bis zu sechs Monaten sowie die in § 81 Abs. 3 und 4 des Aufenthaltsgesetzes bezeichneten Wirkungen eines Antrages auf Erteilung eines Aufenthaltstitels. [2]§ 81 Abs. 4 des Aufenthaltsgesetzes bleibt unberührt, wenn der Ausländer einen Aufenthaltstitel mit einer Gesamtgeltungsdauer von mehr als sechs Monaten besessen und dessen Verlängerung beantragt hat.

(3) Soweit der Erwerb oder die Ausübung eines Rechts oder einer Vergünstigung von der Dauer des Aufenthalts im Bundesgebiet abhängig ist, wird die Zeit eines Aufenthalts nach Absatz 1 nur angerechnet, wenn der Ausländer als Asylberechtigter anerkannt ist oder ihm internationaler Schutz im Sinne des § 1 Absatz 1 Nummer 2 zuerkannt wurde.

Überblick

Die Vorschrift regelt in Form der Aufenthaltsgestattung ein der Durchführung des Asylverfahrens dienendes Aufenthaltsrecht. Das unions- und verfassungsrechtlich geforderte Bleiberecht (→ Rn. 1 ff.) ist seinem Wesen nach vorläufig und sichert die materiellen flüchtlingsrechtlichen Gewährleistungen verfahrensrechtlich ab. Die Aufenthaltsgestattung entsteht (und erlischt) kraft Gesetzes. Seit dem Integrationsgesetz (v. 31.7.2016, BGBl. I 1939) hängt der Entstehungszeitpunkt nicht mehr davon ab, ob der Ausländer unerlaubt aus einem sicheren Drittstaat eingereist ist (→ Rn. 9). Die Aufenthaltsgestattung tritt gem. Abs. 1 S. 1 grundsätzlich mit Ausstellung des Ankunftsnachweises (→ Rn. 10), andernfalls mit Stellung des förmlichen Asylantrags in Kraft (→ Rn. 11). Sie ist in Konkretisierung von Abs. 1 S. 2 in der Regel räumlich beschränkt (→ Rn. 13). Für Folge- und Zweitantragsteller gelten besondere Regeln (→ Rn. 16 ff.). Abs. 2 regelt die Auswirkungen eines Asylantrags auf asylverfahrensunabhängige Aufenthaltsrechte und gem. § 81 Abs. 3, Abs. 4 AufenthG bestehende Fiktionswirkungen (→ Rn. 26 ff.). Abs. 3 bestimmt, unter welchen Voraussetzungen ein nach Abs. 1 gestatteter Aufenthalt auf die in anderen Vorschriften vorausgesetzte Aufenthaltsdauer angerechnet wird (→ Rn. 33 ff.). In beschränktem Umfang werden Personen mit Aufenthaltsgestattung Teilhabe- und Sozialrechte eingeräumt (→ Rn. 40 ff.).

Übersicht

A. Verfassungs-, unions- und völkerrechtlicher Hintergrund

Das in § 55 geregelte Aufenthaltsrecht ist im Laufe der Zeit vielfach geändert worden (zur **1** Genese vgl. Bergmann/Dienelt/Bergmann Rn. 1; GK-AsylG/Bodenbender Rn. 1 f.), angesichts seiner verfassungs-, völker- und inzwischen auch unionsrechtlichen Determiniertheit in seinem Wesenskern aber unangetastet geblieben. Im Ausgangspunkt folgt zwar weder aus Art. 16a GG noch aus der GFK noch aus Unionsrecht (EuGH NVwZ 2017, 611 mAnm Endres de Oliveira) ein Recht auf Einreise in das Bundesgebiet zum Zwecke der Asylantragstellung. Für den an der Grenze um Asyl Nachsuchenden begründet die **verfahrensrechtliche Dimension** des aus Art. 16a Abs. 1 GG resultierenden (vorwirkenden) Versprechens, Verfolgte weder unmittelbar noch mittelbar in den Verfolgerstaat zurückzuweisen, aber ein **Recht auf Einreise zum Zwecke der Prüfung des geltend gemachten Status** (BVerwGE 69, 323 = NJW 1984, 2782; BVerwGE 49, 202 = NJW 1976, 490 zu Art. 16 Abs. 2 S. 2 GG aF). Damit einher geht ein auf die Dauer des Statusfeststellungsverfahrens beschränktes vorläufiges **Aufenthaltsrecht, das ebenfalls** unmittelbar aus dem Asylgrundrecht folgt (BVerfG NVwZ 2015, 361 Rn. 28; BVerfGE 67, 43 = NJW 1984, 2028; BVerfG NVwZ 1987, 1068; BeckRS 1989, 110342). Einreise- und Aufenthaltsrecht bestehen allerdings nur im Umfang der materiell-rechtlichen Gewährleistung des Asylgrundrechts. Der aus einem sicheren Drittstaat Einreisende kann sich wegen Art. 16a Abs. 2 GG deshalb in der Regel nicht auf ein verfassungsunmittelbares Bleiberecht berufen. Soweit § 55 Abs. 1 S. 1 seit dem Integrationsgesetz (v. 31.7.2016, BGBl. I 1939) das vorläufige Aufenthaltsrecht auch für den Fall der unerlaubten Einreise aus einem sicheren Drittstaat bereits mit Stellung des Asylgesuchs einräumt (weiterführend → Rn. 9 ff.), geht er aus pragmatischen Gründen (vgl. BT-Drs. 18/8615, 52 f.) über das verfassungsrechtlich Gebotene hinaus.

2   Auch aus der die Rechte eines Flüchtlings im Asyl regelnden GFK folgt grundsätzlich kein Einreise- und Aufenthaltsrecht. Aus dem Verbot der unmittelbaren oder mittelbaren Zurückweisung von Flüchtlingen in den Verfolgerstaat (vgl. **Art. 33 Abs. 1 GFK** sowie Art. 18 GRCh) und den damit verbundenen verfahrensrechtlichen Anforderungen kann aber de facto eine vorübergehende Pflicht zur Aufnahme resultieren (→ GFK Art. 33 Rn. 18, → GFK Art. 33 Rn. 24; NK-AuslR/Schröder Rn. 1).

3   Die **Feststellung** von Asylberechtigung bzw. Flüchtlingseigenschaft ist jeweils ein nur **deklaratorischer Akt** (zur Asylberechtigung vgl. BVerfGE 60, 253 = NJW 1982, 2425 (2428); Bergmann/Dienelt/Bergmann Rn. 4 mwN; zur Flüchtlingseigenschaft vgl. Erwägungsgrund 21 Qualifikations-RL sowie EuGH NVwZ 2018, 1463 Rn. 53). Dieser ist erforderlich, um dem Status im Rechtsverkehr Anerkennung zu verschaffen (BVerfGE, 60, 253 = NJW 1982, 2425 (2428) zur Asylberechtigung).

4   Soweit qua Verfassung ein Einreise- und Aufenthaltsrecht besteht, schließt es die Rechtswidrigkeit und damit eine Strafbarkeit wegen unerlaubten/r Aufenthalts / Einreise gem. § 95 Abs. 1 AufenthG aus (Bergmann/Dienelt/Winkelmann AufenthG § 95 Rn. 11). Im Übrigen kann – auch bei einer Einreise aus einem an sich sicheren Drittstaat (dazu BVerfG NVwZ 2015, 361; Röder ASYLMAGAZIN 2015, 144) – eine Bestrafung gem. § 95 Abs. 5 AufenthG iVm Art. 31 GFK ausgeschlossen sein (NK-AuslR/Fahlbusch Rn. 253 ff.).

5   Unionsrechtlich ergibt sich ein (sofortiges) Einreiserecht aufgrund eines Rückschlusses aus Art. 43 Abs. 2 S. 2 Asylverfahrens-RL (RL 2013/32/EU v. 26.6.2013, ABl. 2013 L 180, 60), der ein aufschiebend bedingtes Einreiserecht nur bei an der Grenze oder in einer Transitzone gestellten Asylanträgen vorsieht, für deren Bearbeitung der jeweilige Mitgliedstaat ein den Vorgaben des Art. 43 Asylverfahrens-RL entsprechendes Verfahren festgelegt hat. Ausdrücklich garantiert **Art. 9 Abs. 1 Asylverfahrens-RL** ein **asylverfahrensbezogenes Bleiberecht,** bis die Asylbehörde über den Antrag auf internationalen Schutz entschieden hat. Antragsteller im Sinne der Vorschrift ist der Ausländer dabei bereits mit Unterbreitung des materiell-rechtlichen Asylgesuchs und nicht erst mit Stellung des förmlichen Asylantrags wie sich aus Art. 2 lit. b und lit. c Asylverfahrens-RL iVm Art. 6 Abs. 1 und Abs. 2 Asylverfahrens-RL ergibt (zu dieser Unterscheidung vgl. Göbel-Zimmermann/Skrzypczak ZAR 2016, 357 (359 f.)).

6   Soweit das Bleiberecht bereits aus höherrangigem Recht folgt, wird es einfachgesetzlich durch § 55 Abs. 1 dergestalt konkretisiert, dass der **Aufenthalt eines Asylbewerbers kraft Gesetzes** gestattet und damit **rechtmäßig** ist. Auch insoweit wird verfassungs- und unionsrechtlichen Vorgaben entsprochen, denn eine – alternativ zur Absicherung des Bleiberechts in Betracht kommende – Duldung wäre in der Regel mit dem Asylgrundrecht (BVerwG NJW 1981, 2653 (2655)) und wohl auch mit Unionsrecht unvereinbar. Aus Art. 9 Abs. 1 S. 2 Asylverfahrens-RL folgt zwar kein Anspruch auf einen Aufenthaltstitel. Es verhindert aber, dass der Aufenthalt einer Person, die internationalen Schutz beantragt hat, in der Zeit zwischen Antragstellung und ablehnender Behördenentscheidung (zur insoweit missverständlichen Sprachfassung der deutschen Übersetzung der Rückführungs-RL vgl. Wittkopp ZAR 2018, 325 (328)) als „illegal" im Sinne der Rückführungs-RL (RL 2008/115/EG v. 16.12.2008, ABl. 2008 L 348, 98) eingestuft wird (EuGH NVwZ 2018, 1625 Rn. 40, 46 zu Art. 7 Abs. 1 Asylverfahrens-RL 2005 und unter Hinweis auf den Erwägungsgrund 9 Rückführungs-RL). Ein nach nationalem Recht (noch) legaler Aufenthalt hindert zwar nicht die Annahme unionsrechtlicher Illegalität. Der umgekehrte Fall, also die nationalrechtliche Einstufung eines Aufenthalts als illegal trotz unionsrechtlichem Recht auf Verbleib dürfte dagegen unzulässig sein (ebenso Huber/Mantel AufenthG/Amir-Haeri Rn. 5; offen gelassen von BVerwG BeckRS 2020, 8202 Rn. 20). Namentlich bei Folge- und Zweitantragstellern ist die Unionsrechtskonformität deshalb zweifelhaft (→ Rn. 21).

7   Die gem. Art. 6 Abs. 1 EU-Aufnahme-RL (RL 2013/33/EU v. 26.6.2013, ABl. 2013 L 180, 96) bestehende Pflicht zur Dokumentation des Bleiberechts bzw. des Antragsteller-Status wird in Deutschland grundsätzlich durch Ausstellung des Ankunftsnachweises bzw. der Bescheinigung

über die Aufenthaltsgestattung erfüllt. Ob die Folge- und Zweitantragstellern ausgestellte Duldungsbescheinigung unionsrechtlichen Anforderungen genügt, erscheint dagegen zweifelhaft. Die (bescheinigte) Aufenthaltsgestattung ist weder Aufenthaltstitel iSv § 4 Abs. 1 AufenthG **8** noch Aufenthaltstitel oder sonstige Aufenthaltsberechtigung iSv Art. 6 Abs. 4 S. 1 der Rückführungs-RiL (BVerwG BeckRS 2020, 8202 Rn. 20). Auch handelt es sich um keinen Aufenthaltstitel im Sinne des Schengener Grenzkodex (VO (EU) 2016/399 v. 9.3.2016, ABl. 2016 L 77, 1; vgl. Art. 2 Nr. 15 lit. b Schengener Grenzkodex), ggf. aber um einen vorläufigen Aufenthaltstitel iSv Art. 21 Abs. 2 SDÜ (Schengener Durchführungsübereinkommen v. 19.6.1990, ABl. 2000 L 239, 19).

B. Entstehung und Bedeutung der Aufenthaltsgestattung

Die geltende Rechtslage erschließt sich am besten über einen **Blick in die Vergangenheit:** **9** Nach der bis zum 5.8.2016 geltenden Fassung von § 55 Abs. 1 S. 1 entstand die Aufenthaltsgestattung im Ausgangspunkt bereits mit dem Nachsuchen um Asyl, also in der Regel mit dem materiellen Asylantrag iSd § 13. Für den Fall der unerlaubten Einreise aus einem sicheren Drittstaat verschob § 55 Abs. 1 S. 3 aF vor dem Hintergrund von Art. 16a Abs. 2 GG die Entstehung der Aufenthaltsgestattung allerdings auf den Moment der förmlichen Asylantragstellung (§ 14). Angesichts der nach dem gesetzlichen Leitbild spätestens nach zwei Wochen auf das Asylgesuch folgenden Asylantragstellung (vgl. § 67 Abs. 1 S. 1 Nr. 2 aF) kam es auf eine genaue Zuordnung jedenfalls in der Praxis in der Regel nicht an. Das änderte sich, nachdem im Zuge des Fluchtgeschehens in den Jahren 2015/2016 der Zeitraum bis zur förmlichen Asylantragstellung auf viele Monate anwuchs. Weil sich der Behördenblick auf § 55 Abs. 1 S. 3 aF fokussierte und viele abgeleitete Rechte – etwa der Zugang zum Arbeitsmarkt (§ 61 Abs. 2 S. 1) oder zum AsylbLG (§ 1 Abs. 1 Nr. 1 AsylbLG; s. aber nunmehr § 1 Abs. 1 Nr. 1a AsylbLG) – (vermeintlich) den Besitz einer Aufenthaltsgestattung voraussetzten, stießen zahlreiche Asylsuchende ungeachtet unionsrechtlicher Vorgaben bei ihrer Geltendmachung auf große Schwierigkeiten, die – auch weil sie innerhalb des Bundesgebiets ganz erheblich variierten – nicht zuletzt integrationspolitisch unerwünscht waren (vgl. BT-Drs. 18/8615, 53).

Aus diesem Grund wurde der Entstehungszeitpunkt mit dem Integrationsgesetz (v. 31.7.2016, **10** BGBl. I 1939) auf einen rechtssicher handhabbaren Zeitpunkt festgelegt. Nach Abs. 1 S. 1 **entsteht die Aufenthaltsgestattung** nunmehr **mit** der unverzüglich (vgl. § 63a Abs. 1 S. 1) auf das Asylgesuch folgenden **Ausstellung des Ankunftsnachweises.** Das Ausstellungsdatum wird sowohl im Ankunftsnachweis (§ 63a Abs. 1 S. 2 Nr. 12) als auch in der Bescheinigung über die Aufenthaltsgestattung (§ 63 Abs. 5 Nr. 2) vermerkt. Allerdings darf die Formulierung, dass der Aufenthalt ab Ausstellung des Ankunftsnachweises gestattet ist, nicht darüber hinwegtäuschen, dass schon das Asylgesuch ein Bleiberecht vermittelt, soweit dieses nach Maßgabe von Art. 16a GG bzw. Art. 9 Asylverfahrens-RL besteht. Ein Asylsuchender ist nach Äußerung seines Asylgesuchs deshalb ungeachtet der Frage, ob bereits ein Ankunftsnachweis ausgestellt wurde, nicht ausreisepflichtig (OVG Brem NVwZ-RR 2020, 180 Rn. 18).

Nach der asylgesetzlichen Systematik erhält einen Ankunftsnachweis nur, wer den förmlichen **11** Asylantrag gem. § 14 Abs. 1 persönlich bei einer Außenstelle des Bundesamts zu stellen hat und infolgedessen der Wohnverpflichtung des § 47 Abs. 1 S. 1 unterliegt (→ § 63a Rn. 12). Für Asylsuchende, die unter § 14 Abs. 2 fallen, gilt dagegen § 55 Abs. 1 S. 3, wonach das gesetzliche Aufenthaltsrecht mit (schriftlicher) Antragstellung bei der Zentrale des Bundesamts entsteht (BT-Drs. 18/8615, 53 mit speziellem Fokus auf unbegleitete minderjährige Ausländer). S. 3 kann auch einschlägig sein, wenn die Ausstellung eines Ankunftsnachweises nicht aus rechtlichen, sondern tatsächlichen, zB technischen Gründen unterbleibt.

Für Personen, die vor Inkrafttreten der Neuregelung in Deutschland um Asyl nachgesucht **12** haben, enthält § 87c eine **Übergangsvorschrift** (ausf. BT-Drs. 18/8615, 54). Das Erlöschen der Aufenthaltsgestattung richtet sich nach § 67 und ist ebenfalls unmittelbare Gesetzesfolge (→ § 67 Rn. 2).

Das **Recht,** sich zur Durchführung im Bundesgebiet aufzuhalten, ent- und besteht nach Maß- **13** gabe von §§ 56, 59a **räumlich beschränkt.** Im Einklang mit Art. 7 EU-Aufnahme-RL wird hierdurch die in Abs. 1 S. 2 getroffene Feststellung, dass Asylsuchende keinen Anspruch haben, sich in einem bestimmten Land oder an einem bestimmten Ort aufzuhalten, konkretisiert.

Die Aufenthaltsgestattung steht der Anordnung von **Abschiebungs- und Zurückschie-** **14** **bungshaft** regelmäßig entgegen und ist deshalb vom Haftrichter grundsätzlich von Amts wegen zu prüfen (BGH NVwZ 2010, 726 Rn. 20; GK-AsylG/Bodenbender Rn. 20; beachte aber § 14

Abs. 3 S. 1). Bei der Anordnung von **Zurückweisungshaft** ist dagegen nicht zu prüfen, ob der Aufenthalt des Ausländers gestattet ist (BGH NVwZ 2018, 1583).

15   Die kraft Gesetzes entstehende Aufenthaltsgestattung beinhaltet grundsätzlich keine Zustimmung, aus welcher der Übergang der Flüchtlingsverantwortung nach Art. 2 Abs. 1 S. 1 Alt. 1 EuFlVUeb (Europäisches Übereinkommen über den Übergang der Verantwortung für Flüchtlinge v. 16.10.1980, BGBl. 1994 II 2646) hergeleitet werden kann (OVG RhPf BeckRS 2018, 23710 Rn. 4 ff.).

C. Erfasster Personenkreis

16   Während die Entstehung der Aufenthaltsgestattung hinsichtlich des „Ob" und „Wann" bei Erstantragstellern keinen Zweifeln unterliegt, ist die Rechtslage bei Folgeantragstellern weniger eindeutig, auch weil eine § 71a Abs. 3 S. 1 vergleichbare Regelung fehlt (zur statusrechtlichen Historie von Folgeantragstellern vgl. Bergmann/Dienelt/Bergmann Rn. 9).

17   Den Status von **Zweitantragstellern** klärt § 71a Abs. 3 S. 1 eindeutig dahingehend, dass ihr Aufenthalt **kraft Gesetzes** als **geduldet** gilt. Mit Bejahung der Voraussetzungen des § 71a Abs. 1 S. 1 Hs. 1 ist der Aufenthalt allerdings als gestattet anzusehen, da nunmehr feststeht, dass dieser iSd § 55 Abs. 1 S. 1 der Durchführung eines Asylverfahrens dient (BeckOK AuslR/Neundorf Rn. 16; Bergmann/Dienelt/Bergmann Rn. 12; GK-AsylG/Funke-Kaiser § 71a Rn. 31). Wie bei Folgeantragstellern ist der Aufenthalt dabei als von Anfang an gestattet anzusehen (→ Rn. 19; zur Anrechnungsfähigkeit des Aufenthalts → Rn. 39). Da Zweitantragsteller gem. § 71a Abs. 2 S. 1 iVm § 47 Abs. 1 S. 1 zur Wohnsitznahme in einer Aufnahmeeinrichtung verpflichtet sind, ist maßgeblicher Anknüpfungspunkt die Ausstellung des Ankunftsnachweises (§ 55 Abs. 1 S. 1).

18   Bei **Folgeantragstellern** wird mit Blick auf den Wortlaut von § 71 Abs. 1 und Abs. 5 überwiegend davon ausgegangen, dass diese sich erst mit Bejahung der Voraussetzungen von § 51 Abs. 1–3 VwVfG iSv § 55 Abs. 1 S. 1 (wieder) zur Durchführung eines (weiteren) Asylverfahrens im Bundesgebiet aufhalten und ihr Aufenthalt erst ab diesem Moment gestattet ist (vgl. GK-AsylG/Funke-Kaiser § 71 Rn. 112 mwN zur Rspr.; HTK-AuslR/Zeitler Aufenthaltsgestattung Rn. 26; BT-Drs. 12/2062, 37; aA GK-AsylG/Bodenbender Rn. 30 ff.; NK-AuslR/Schröder Rn. 5). Bis dahin wird größtenteils von einer von Gesetzes wegen bestehenden (GK-AsylG/Funke-Kaiser Rn. 113) oder gem. § 60a Abs. 2 S. 1 zu erteilenden Duldung (so wohl Bergmann/Dienelt/Bergmann Rn. 11) ausgegangen, unter anderem weil § 71 Abs. 5 S. 2 (vgl. auch § 71 Abs. 4) die Abschiebung für die Dauer der Prüfung der Voraussetzungen von § 51 Abs. 1–3 ausschließt.

19   Für **im Bundesgebiet verbliebene Folgeantragsteller** entspricht dies auch nach der Änderung des § 71 (→ Rn. 20) weiterhin dem Willen des Gesetzgebers (BT-Drs. 18/8615, 53). Da diese nicht der Wohnverpflichtung des § 47 Abs. 1 S. 1 unterliegen (Umkehrschluss aus § 71 Abs. 2 S. 2), wird ihnen kein Ankunftsnachweis ausgestellt (so auch BT-Drs. 18/8615, 53), so dass mit der – in der Regel nicht im Wege eines Zwischenbescheids getroffenen – Entscheidung, ein weiteres Asylverfahren durchzuführen, die Aufenthaltsgestattung mit auf den Zeitpunkt der förmlichen Antragstellung bezogener Rückwirkung gem. Abs. 1 S. 3 (analog) entsteht (so im Ergebnis auch GK-AsylG/Funke-Kaiser § 71 Rn. 123.4). Davon zu trennen ist die Frage der Anrechnungsfähigkeit dieses Aufenthalts, die nach Maßgabe von Abs. 3 S. 1 zu beantworten ist (→ Rn. 33 ff.).

20   Seit dem Asylverfahrensbeschleunigungsgesetz (v. 20.10.2015, BGBl. I 1722) unterscheidet § 71 allerdings zwischen im Bundesgebiet gebliebenen und **zwischenzeitlich ausgereisten Folgeantragstellern** (vgl. § 71 Abs. 2 S. 2). Der eingefügte S. 2 sollte zwar in erster Linie eine verpflichtende Unterbringung dieser Personengruppe in Aufnahmeeinrichtungen (§ 47 Abs. 1 S. 1) ermöglichen (BT-Drs. 18/6185, 36), wirft mit dem Pauschalverweis auf die §§ 47–67 aber die – soweit ersichtlich bislang kaum diskutierte – **Frage** auf, **ob** der **Aufenthalt eines zwischenzeitlich ausgereisten Folgeantragstellers nunmehr** mit Ausstellung des Ankunftsnachweises gem. § 71 Abs. 2 S. 2 iVm § 55 Abs. 1 S. 1 **gestattet** ist. Für die Annahme eines **Rechtsfolgenverweises** spricht neben der Gesetzesbegründung zum Integrationsgesetz (v. 31.7.2016, BGBl. I 1939; BT-Drs. 18/8615, 53) vor allem Art. 9 Abs. 1 Asylverfahrens-RL, sofern man davon ausgeht, dass dieser der nationalrechtlichen Einstufung des Aufenthalts als unrechtmäßig entgegensteht (→ Rn. 6; wie hier jetzt auch Bergmann/Dienelt/Bergmann Rn. 15 mwN). Art. 9 Abs. 2 Asylverfahrens-RL erlaubt bei Folgeanträgen Ausnahmen vom Recht auf Verbleib nämlich nur in den in Art. 41 Asylverfahrens-RL umschriebenen – in der Regel nicht einschlägigen – Konstellationen (vgl. GK-AsylG/Funke-Kaiser Rn. 112.1). Das Erlöschen der bei zwischenzeitlich ausgereisten Folgeantragstellern danach bereits durch die Folgeantragstellung ausgelösten Aufenthaltsgestattung richtet sich nach § 67, auf den § 71 Abs. 2 S. 2 ebenfalls verweist. Um die Aufenthaltsgestattung zu Fall zu

bringen, bedarf es daher einer erneuten Abschiebungsandrohung (vgl. § 67 Abs. 1 S. 1 Nr. 4); der Weg über § 71 Abs. 5 S. 1 ist hier versperrt.

Unionsrechtlich problematisch bleibt die nationale Rechtslage in Bezug auf in Deutschland 21 gebliebene Folgeantragsteller und Zweitantragsteller (→ Rn. 17), denn hier hält der Gesetzgeber an dem bis zur Entscheidung über die Durchführung eines weiteren Asylverfahrens nur eingeräumten Duldungsstatus fest (→ Rn. 17; → Rn. 19), ohne dass hierfür eine unionsrechtliche Rechtfertigung ersichtlich wäre (zur Anwendbarkeit der Asylverfahrens-RL auf Zweitanträge vgl. VG Cottbus BeckRS 2018, 27672 Rn. 30). Insofern erscheint zweifelhaft, ob der Gesetzgeber bei Einfügung des Verweises in § 71 Abs. 2 S. 2 Unionsrecht überhaupt im Blick hatte.

Soweit Asylantragsteller bereits in einem anderen Mitgliedstaat **international schutzberech-** 22 **tigt** sind, sprechen § 60 Abs. 1 S. 3, Abs. 2 S. 2 AufenthG auf den ersten Blick zwar gegen die Annahme eines iSv § 55 Abs. 1 „zur Durchführung eines Asylverfahrens" im Bundesgebiet gestatteten Aufenthalts (vgl. BVerwG NVwZ 2014, 1460; s. aber auch HessVGH NVwZ 2017, 570 Ls. 2 und das anschließende Vorabentscheidungsersuchen des BVerwG BeckRS 2017, 24538). § 29 Abs. 1 Nr. 2 zeigt indes, dass auch ihr Asylantrag grundsätzlich zur Einleitung eines Asylverfahrens führt: Danach ist der Asylantrag grundsätzlich „unzulässig" und nicht „unstatthaft", wobei die Unzulässigkeitsentscheidung nicht den Zugang zu einer erneuten Sachprüfung verschließt (vgl. EuGH NVwZ 2020, 137 Rn. 42 mAnm Vogt). Bestätigt wird die Entstehung der Aufenthaltsgestattung in diesen Fällen schließlich durch § 1 Abs. 4 S. 2 AsylbLG, der angesichts der Bezugnahme auf „Leistungsberechtigte nach § 1 Absatz 1 Nummer 1" ebenfalls davon ausgeht, dass bereits international schutzberechtigte Antragsteller zunächst im Besitz einer Aufenthaltsgestattung sind.

Für Schutzsuchende, die aufgrund EU-Rechts zur Durchführung eines Asylverfahrens in 23 Deutschland übernommen wurden, gilt **§ 22a.** Die in erster Linie für **nach Deutschland überstellte „Dublin-Fälle"** relevante Vorschrift stellt die übernommene Person einem Ausländer gleich, der bereits um Asyl nachgesucht hat. Ungeachtet des in dem anderen Mitgliedsstaat bereits gem. Art. 20 Dublin III-VO gestellten Asylantrags wird nur das Asylgesuch, nicht hingegen der förmliche Asylantrag iSd § 14 fingiert (GK-AsylG/Treiber § 22a Rn. 41; aA NK-AuslR/Bruns § 22a Rn. 3). Da dieser regelmäßig bei einer Außenstelle des Bundesamts zu stellen sein wird, unterliegt der Ausländer der Wohnverpflichtung des § 47 Abs. 1 S. 1, die wiederum die Ausstellung eines Ankunftsnachweises nach sich zieht. Ab diesem Moment ist der Aufenthalt des Ausländers in Deutschland gem. Abs. 1 S. 1 gestattet.

Im **Flughafenverfahren (§ 18a)** wird kein Ankunftsnachweis ausgestellt, so dass die Aufent- 24 haltsgestattung nur Folge des förmlichen Asylantrags sein kann. Allerdings gestattet Abs. 1 S. 1 den Aufenthalt zur Durchführung des Asylverfahrens „im Bundesgebiet", zu welchem der Ausländer aber zunächst keinen Zutritt erhält. Nachvollziehbar wird § 55 im Flughafenverfahren deshalb teilweise für (noch) nicht anwendbar gehalten (NK-AuslR/Clodius § 63 Rn. 6; ebenso GK-AsylG/Funke-Kaiser § 63 Rn. 19, s. aber auch GK-AsylG/Funke-Kaiser § 67 Rn. 6.1, wo vom Bestand einer Aufenthaltsgestattung im Flughafenverfahren ausgegangen wird). Allerdings geht § 67 Abs. 1 S. 1 Nr. 1 – wenngleich mit Blick auf die alte Fassung von § 55 Abs. 1 S. 1 (→ Rn. 9) – davon aus, dass die Aufenthaltsgestattung schon vor der Einreise entstehen kann. Ungeachtet der Tatsache, dass § 67 Abs. 1 S. 1 Nr. 1 den im Flughafenverfahren geltenden § 18a Abs. 3 S. 1 nicht nennt (→ § 67 Rn. 5), nimmt offenbar auch das BVerfG an, dass die Aufenthaltsgestattung auch in diesem Fall schon vor der Einreise entsteht (BVerfG NVwZ 2015, 361 Rn. 27; sa GK-AsylG/Funke-Kaiser § 67 Rn. 6.1). Sieht man dies anders, entsteht die Aufenthaltsgestattung mit der Einreise infolge des zuvor gestellten Asylantrags. Das „Bleiberecht" während des Flughafenverfahrens ergibt sich bis dahin unmittelbar aus Verfassungs-, Völker- bzw. Unionsrecht (→ Rn. 1 f.; → Rn. 5).

Die Aufenthaltsgestattung entsteht auch für minderjährige ledige Kinder, deren Asylantragstel- 25 lung gem. **§ 14a Abs. 1 oder Abs. 2 S. 3** fingiert wird. Da auch die fingierten Asylanträge ein „rechtliches Eigenleben" führen (GK-AsylG/Funke-Kaiser § 14a Rn. 22), ist der Untergang der Aufenthaltsgestattung getrennt von dem der Eltern zu prüfen (zum Erlöschen der Aufenthaltsgestattung bei einem Verzicht → § 67 Rn. 16 f.).

D. Verhältnis zu anderen Aufenthaltsrechten

Abs. 2 regelt die **Auswirkungen der Stellung eines Asylantrags auf** in diesem Zeitpunkt 26 existierende **Aufenthaltsrechte.** Nach S. 1 erlöschen Befreiungen vom Erfordernis eines Aufenthaltstitels, Aufenthaltstitel mit einer Gesamtgeltungsdauer von bis zu sechs Monaten, also insbesondere Visa (BT-Drs. 12/2062, 37) sowie die Erlaubnisfiktionen des § 81 Abs. 3 und Abs. 4 AufenthG. Die Vorschrift bewirkt einen **Austausch des bisherigen Aufenthaltsrechts** durch das gem. Abs. 1 bestehende gesetzliche Aufenthaltsrecht (Bergmann/Dienelt/Bergmann Rn. 14). Das Erlöschen betrifft dabei nicht nur Besuchsaufenthalte, sondern auch Aufenthaltstitel, die ihrem Zweck nach einen langfristigen Aufenthalt ermöglichen (sollen), wie etwa zum Zwecke des Familiennachzugs erteilte Aufenthaltstitel (vertiefend → Rn. 29). Die Aufzählung lässt sich deshalb nicht dahingehend verallgemeinern, dass nur Kurzaufenthalten dienende Aufenthaltsrechte erlöschen (ähnlich Bergmann/Dienelt/Bergmann Rn. 14).

27   Wie immer wenn das Asylgesetz den Begriff des Asylantrags verwendet, stellt sich auch hier die Frage, ob der **Asylantrag im materiellen Sinne (§ 13)** oder erst der förmliche Asylantrag iSd § 14 gemeint ist. Für letzteres spricht sowohl der Wortlaut („Stellung des Asylantrags") als auch die von Abs. 1 S. 1 abweichende Formulierung. Sieht man den Normzweck von Abs. 2 S. 1 hingegen darin, ein Nebeneinander von Aufenthaltsgestattung und kurzfristigem Aufenthaltsrecht und den damit verbundenen unterschiedlichen Regelungsregimen auszuschließen, spricht mehr für ein Erlöschen des Aufenthaltsrechts in dem Moment, in dem die Aufenthaltsgestattung typischerweise entsteht. Das ist in den in S. 1 genannten Fällen das Asylgesuch, genauer gesagt die unverzüglich darauffolgende Ausstellung des Ankunftsnachweises (ebenso Bergmann/Dienelt/Bergmann Rn. 13). Ob Abs. 2 S. 1 auch bei **Stellung eines Folgeantrags** ohne zwischenzeitliche Ausreise gilt erscheint zweifelhaft, weil § 71 Abs. 2 S. 2 nur bei zwischenzeitlich ausgereisten Folgeantragstellern die entsprechende Anwendung anordnet (ohne Differenzierung für die Anwendung von Abs. 2 S. 1 VG Schleswig BeckRS 2021, 1138 Rn. 19).

28   **Aufenthaltstitel mit einer Gesamtgeltungsdauer von mehr als sechs Monaten** bleiben von der Stellung eines Asylantrags dagegen grundsätzlich unberührt (aber → Rn. 30). Das gilt auch im Falle einer/s Widerrufs / Rücknahme des Aufenthaltstitels, wenn dagegen ein Rechtsbehelf mit aufschiebender Wirkung eingelegt wurde. Von den in § 81 geregelten Fiktionen bleibt allein die Fortbestandsfiktion bestehen, wenn die Verlängerung eines für mehr als sechs Monate befristeten Aufenthaltstitels beantragt wurde. Unter Gesamtgeltungsdauer ist wie iRv § 14 Abs. 2 S. 1 (→ Rn. 29) die **ursprüngliche Geltungsdauer,** also die Befristung, nicht die Restlaufzeit des Aufenthaltstitels zu verstehen (Bergmann/Dienelt/Winkelmann Rn. 10). Die durch Beantragung eines Aufenthaltstitels zu einem anderen Zweck ausgelöste Erlaubnisfiktion (§ 81 Abs. 4 S. 1 Alt. 2 AufenthG) erlischt mit Asylantragstellung dagegen ebenso wie die Erlaubnisfiktion des § 81 Abs. 3 AufenthG. Ein nach Asylantragstellung gestellter Antrag auf eine Aufenthaltserlaubnis löst die Fiktion des § 81 Abs. 3 AufenthG nach hM gar nicht erst aus (VG Berlin BeckRS 2017, 110789; GK-AsylG/Bodenbender Rn. 66 jeweils mwN; → Rn. 32).

29   Die Ausnahme für die genannten Aufenthaltsrechte ist im Zusammenhang mit § 14 Abs. 2 S. 1 Nr. 1 zu sehen, der für die erwähnte Personengruppe die Asylantragstellung bei der Zentrale des Bundesamts vorsieht und damit einen Ein- bzw. Umzug in eine Aufnahmeeinrichtung entbehrlich macht (§ 47 Abs. 1 S. 1). Das **Zusammenspiel der genannten Normen sorgt** in der Praxis vor allem bei Angehörigen, die im Wege des Familiennachzugs zu anerkannten Flüchtlingen nach Deutschland kommen, und im Anschluss Familienasyl (§ 26) beantragen, **für** – so vermutlich gar nicht gewollte – **Schwierigkeiten.** Hintergrund ist häufig der beim **Elternnachzug** (§ 36 Abs. 1 AufenthG) regelmäßig verwehrte Mitzug weiterer minderjähriger Kinder (vgl. exemplarisch OVG Bln-Bbg NVwZ-RR 2017, 259 ff. sowie Rabenschlag/Rau BDVR-RdSchr. 3/2017, 19 ff.). Da das den späteren Nachzug ermöglichende Elternasyl – (inzwischen) im Unterschied zum Kinderasyl (vgl. § 26 Abs. 2, Abs. 5) – eine unverzügliche Asylantragstellung verlangt (§ 26 Abs. 3 S. 1 Nr. 3, Abs. 5), droht den Eltern ein verpflichtender Einzug in die Aufnahmeeinrichtung (§ 47 Abs. 1 S. 1), weil das ihnen in der Regel nur für drei Monate ausgestellte Visum gem. Abs. 2 S. 1 erlischt, die Ausnahme des Abs. 2 S. 2 nicht greift und die eine schriftliche Asylantragstellung ermöglichende Aufenthaltserlaubnis auch wegen des nur noch ausnahmsweise zulässigen Vordruckmusters (vgl. § 78a Abs. 1 AufenthG) in der Regel nicht innerhalb der in der Praxis in der Regel bei zwei Wochen veranschlagten Unverzüglichkeits-Frist (BVerwGE 104, 362 = NVwZ 1997, 1137; VG Saarlouis BeckRS 2018, 28337 Rn. 31) erteilt wird. Dieses Ergebnis ist – angesichts der normativ langfristigen, trotz Asylantragstellung in der Regel weiterhin realisierbaren (§ 10 Abs. 1 AufenthG) familienbezogenen Aufenthaltsberechtigung der nachziehenden Familienangehörigen – nicht nur in der Sache, sondern auch rechtlich nicht nachvollziehbar. **Die Botschaftspraxis,** das Visum für nur drei Monate zu erteilen, entspricht zwar den Vorgaben im Visumhandbuch des Auswärtigen Amts (Auswärtiges Amt, Visumhandbuch, Stand: 7/2018, 18 f.) und der AufenthGAVwV (Allgemeine Verwaltungsvorschrift zum Aufenthaltsgesetz v. 26.10.2009, GMBl. 878; Nr. 6.4.2.1 AufenthGAVwV), **lässt sich aber am Gesetz nicht festmachen.** Im Gegenteil: Die Erteilung des in Rede stehenden nationalen Visums richtet sich gem. § 6 Abs. 3 S. 2 AufenthG nach den für die Aufenthaltserlaubnis geltenden Vorschriften. Danach wäre das

Visum gem. § 27 Abs. 4 S. 4 – vorbehaltlich der in § 27 Abs. 4 S. 1 und S. 3 AufenthG getroffenen Regelungen – eigentlich zwingend für mindestens ein Jahr zu erteilen. Ein isolierter Rekurs auf den über § 6 Abs. 3 S. 2 AufenthG ebenfalls anwendbaren § 7 Abs. 2 S. 1 AufenthG ist nicht zu begründen. Unionsrechtlich existiert soweit ersichtlich nur die Vorgabe in Art. 18 Abs. 2 S. 1 SDÜ, wonach nationale Visa (= für einen längerfristigen Aufenthalt) höchstens eine Gültigkeitsdauer von einem Jahr haben.

Bei Inhabern humanitärer Aufenthaltstitel ist vor einer Asylantragstellung § 51 Abs. 1 **30 Nr. 8 AufenthG zu beachten.** Unabhängig von ihrer Gesamtgeltungsdauer erlöschen danach gem. §§ 22, 23 und 25 Abs. 3 AufenthG erteilte Aufenthaltserlaubnisse. In der Beratung sind dabei auch das Erlöschen mit der Aufenthaltserlaubnis verbundener Begleitrechte, etwa einer Erwerbstätigkeitserlaubnis (vgl. zB §§ 22 Abs. 1 S. 3, 23 Abs. 2 S. 5, Abs. 4 S. 2 AufenthG), sowie etwaige sozialleistungs- und teilhaberechtliche Folgen zu bedenken.

Soweit Aufenthaltsrecht und Aufenthaltsgestattung nebeneinander bestehen, entfalten mit der **31** Aufenthaltsgestattung an sich verbundene Beschränkungen (zB §§ 61 Abs. 2, 56) keinerlei Wirkung (vgl. BT-Drs. 9/875, 21; BT-Drs. 9/1630, 21 zu § 17 Abs. 4 idF v. 16.7.1982, BGBl. I 946; BeckOK AuslR/Neundorf Rn. 20). Zudem stellt **§ 1 Abs. 2 AsylbLG** klar, dass sozialleistungsrechtlich der Aufenthaltstitel und nicht die Aufenthaltsgestattung maßgeblich ist, der unabhängig vom Asylverfahren aufenthaltsberechtigte Asylantragsteller also nicht in den Anwendungsbereich des AsylbLG fällt.

Der Aufenthaltstitel kann gem. **§ 10 Abs. 2 AufenthG** trotz des laufenden Asylverfahrens **32** verlängert werden. Bis zur Ablehnung des Verlängerungsantrags durch die Ausländerbehörde ist eine asylverfahrensrechtliche Abschiebungsandrohung nicht vollziehbar (vgl. **§ 43 Abs. 2**). Wird nach Asylantragstellung die Verlängerung eines Aufenthaltstitels mit einer Gesamtgeltungsdauer von bis zu sechs Monaten oder ein Aufenthaltstitel zu einem anderen Zweck beantragt, tritt die Vollziehbarkeit der Abschiebungsandrohung dagegen nach allgemeinen Grundsätzen ein, ohne dass etwaige gem. § 81 AufenthG bestehende Fiktionswirkungen entgegenstehen (§ 43 Abs. 2 S. 2). Ein aus der Aufenthaltsgestattung heraus erstmals gestellter Antrag auf eine Aufenthaltserlaubnis löst die Fiktionswirkung des § 81 Abs. 3 S. 1 AufenthG nach hM nicht aus (vgl. BayVGH BeckRS 2016, 45794 Rn. 8; ebenso nunmehr VGH BW BeckRS 2020, 12426 Rn. 12; anders noch VGH BW ZAR 2013, 160). Soweit die Fiktionswirkung vereinzelt bejaht wurde, war der als erlaubt fingierte Aufenthalt iRv § 31 Abs. 1 Nr. 1 AufenthG aber nicht anrechenbar, da der Aufenthalt nicht ehebedingt legalisiert war (VGH BW ZAR 2013, 160).

E. Anrechnung von Aufenthaltszeiten

Abs. 3 S. 1 enthält eine **Anrechnungsregel** für die Aufenthaltszeit während des Asylverfahrens, **33** soweit Rechtsvorschriften den Erwerb oder die Ausübung eines Rechts oder eine Vergünstigung von der Dauer des Aufenthalts im Bundesgebiet abhängig machen. Eine **Anrechnung** erfolgt dabei **nur im Erfolgsfalle,** wenn der Ausländer also als Asylberechtigter oder – seit dem Gesetz zur Umsetzung der Richtlinie 2011/95/EU (v. 28.8.2013, BGBl. I 3474) – international Schutzberechtigter (Flüchtlingseigenschaft, subsidiärer Schutz, vgl. § 1 Abs. 1 Nr. 2) anerkannt wurde (BVerwG NVwZ 2007, 1088 (1089)). Die vom Ausländer nicht beeinflussbare Verfahrensdauer soll ihm bei (teilweisem) Erfolg seines Asylantrags nicht zum Nachteil gereichen, zumal die Statusentscheidung nur deklaratorisch wirkt. Zugleich soll verhindert werden, dass Ausländer ein aussichtsloses Asylverfahren über Jahre betreiben, um dann unter Berufung auf den jahrelang gestatteten Aufenthalt Rechte geltend zu machen (BT-Drs. 9/875, 21; BT-Drs. 12/2062, 37). Wurde „nur" ein Abschiebungsverbot (§ 60 Abs. 5, Abs. 7 AufenthG) festgestellt, greift S. 1 nicht, weil dieses nicht Bestandteil des Asylantrags ist (§ 13 Abs. 2 S. 1) und vom Bundesamt nur gelegentlich des Asylverfahrens geprüft wird (§ 72 Abs. 2 AufenthG, § 24 Abs. 2, § 31 Abs. 3 S. 1). Von dem Grundsatz, dass nur ein (teilweise) erfolgreiches Asylverfahren anrechenbar ist, enthält **§ 26 Abs. 4 S. 3 AufenthG** für den Fall einer aus einem humanitären Aufenthaltstitel heraus beantragten Niederlassungserlaubnis eine **wichtige Ausnahme.**

Das BVerwG stuft § 26 Abs. 4 S. 3 AufenthG als Ausnahme bzw. „Sonderregelung" zu § 55 Abs. 3 **33.1** S. 1 ein (BVerwG NVwZ 2007, 1088 (1089)). Danach wird die Aufenthaltszeit des der Erteilung der Aufenthaltserlaubnis vorangegangenen Asylverfahrens „abweichend von § 55 Abs. 3" auf die Frist angerechnet. Mit der „Frist" ist dabei die in § 9 Abs. 2 S. 1 Nr. 1 AufenthG vorausgesetzte Titelbesitzzeit gemeint; § 26 Abs. 3 S. 1 Nr. 1 und S. 3 Nr. 1 AufenthG sprechen das explizit aus. Die Vorschriften stellen also den Besitz einer Aufenthaltsgestattung dem einer Aufenthaltserlaubnis gleich. Selbst bei positivem Asylverfahrensausgang soll eine Anrechnung nach § 55 Abs. 3 S. 1 aber ausscheiden, wenn das Gesetz nicht (nur) auf eine bestimmte Aufenthaltsdauer (so zB § 38 Abs. 1 S. 1 Nr. 1 AufenthG), sondern – wie in § 9

Abs. 2 S. 1 Nr. 1 AufenthG – auf den Besitz eines bestimmten Aufenthaltsstatus abstellt (vgl. nur Bergmann/ Dienelt/Bergmann Rn. 19; NK-AuslR/Schröder Rn. 11; ausdrückliche Vorgaben hinsichtlich der „Dauer des Aufenthalts im Bundesgebiet" iSv Abs. 3 S. 1 macht § 9 Abs. 2 S. 1 Nr. 1 AufenthG im Übrigen gar nicht). Anders ausgedrückt macht § 55 Abs. 3 S. 1 auch bei positivem Asylverfahrensausgang aus dem Besitz einer Aufenthaltsgestattung nicht den Besitz eines Aufenthaltstitels. Geht man davon aus, dass sich Abs. 3 S. 1 zu dieser Frage überhaupt nicht verhält, beruht die Anrechnungsfähigkeit des Asylverfahrens auf die Titelbesitzzeit insoweit aber nicht auf einer Abweichung von Abs. 3 S. 1, sondern unmittelbar auf § 26 Abs. 4 S. 3 AufenthG. „Abweichend von § 55 Abs. 3 S. 1" können aber auch Zeiten des (erfolglosen) Asylverfahrens auf die Titelbesitzzeit angerechnet werden, in denen sich der Ausländer nicht „nach Abs. 1", also nicht mit einer Aufenthaltsgestattung in Deutschland aufgehalten hat. Zu denken ist etwa an Aufenthaltszeiten im Anschluss an eine Abschiebungsanordnung nach § 34a Abs. 1 S. 1, deren Bekanntgabe das Erlöschen der Aufenthaltsgestattung bewirkt hat (§ 67 Abs. 1 S. 1 Nr. 5). Ein weiterer Anwendungsfall sind Folge- und Zweitanträge (→ Rn. 37 ff.).

34 Soweit der Ausländer während des Verfahrens einen Aufenthaltstitel besessen hat, ist diese Aufenthaltszeit mangels Kausalität zwischen Aufenthalt und Gestattung auch bei unanfechtbarer Ablehnung des Asylantrags anrechenbar (NK-AuslR/Schröder Rn. 11).

35 Abs. 3 S. 1 gilt für alle rechtlichen Sachbereiche, bei denen die Aufenthaltsdauer auf Tatbestandsebene oder als Ermessensgesichtspunkt bedeutsam ist (Bergmann/Dienelt/Bergmann Rn. 18; NK-AuslR/Schröder Rn. 11). Die Relevanz auf Ermessensebene erscheint allerdings fragwürdig. In der Praxis hat die Vorschrift soweit ersichtlich bislang vor allem im Einbürgerungsrecht Bedeutung erlangt (vgl. zB BVerwG BeckRS 2011, 55862; VGH BW BeckRS 2010, 55346; zur Bedeutung iRv § 26 Abs. 4 AufenthG → Rn. 33.1; zur prozessualen Bedeutung iRv § 33 → Rn. 36). Auf Abs. 3 S. 1 kommt es nicht an, soweit des Gesetz den gestatteten Aufenthalt ausdrücklich für beachtlich erklärt, etwa iRv §§ 25a Abs. 1 Nr. 1, 25b Abs. 1 S. 2 Nr. 1 AufenthG; der Ausgang des Asylverfahrens spielt dort keine Rolle.

36 Die **Anrechnungsregel gilt** unmittelbar (nur) **für einen Aufenthalt „nach Abs. 1"**, also Zeiten, in denen der Ausländer im Besitz einer Aufenthaltsgestattung war. Aus diesem Grund **besteht für** die gegen eine auf Grundlage von § 32 iVm § 33 erlassene Einstellungsentscheidung erhobene **Anfechtungsklage ein Rechtsschutzbedürfnis**. Diese beseitigt im Erfolgsfalle zwar eigentlich nur die Einstellungsentscheidung mit rückwirkender Kraft, nicht dagegen den das Erlöschen der Aufenthaltsgestattung bewirkenden Realakt der Zustellung (vgl. § 67 Abs. 1 S. 1 Nr. 3). Allerdings wäre es mit Art. 19 Abs. 4 GG nicht zu vereinbaren, den Ausländer insoweit weiterhin die nachteiligen Folgen der rechtswidrigen Behördenentscheidung tragen zu lassen. Bei Erfolg der Anfechtungsklage ist sein Aufenthalt deshalb als durchgängig gestattet anzusehen (ebenso für den Fall der Aufhebung der Entscheidung durch das Bundesamt iRv § 33 → § 33 Rn. 39.1). Das Rechtsschutzbedürfnis wird durch die Möglichkeit der Wiederaufnahme gem. § 33 Abs. 5 S. 2 nicht in Frage gestellt (ausf. → § 33 Rn. 71 ff.), da sie nicht der Kontrolle und Beseitigung rechtswidrigen Behördenhandelns dient und die Aufenthaltsgestattung nur für die Zukunft wieder in Kraft setzt (→ § 67 Rn. 25). Die Anrechnungsfähigkeit des bisherigen Aufenthalts kann deshalb nur mit der Anfechtungsklage erreicht werden.

37 Die Anrechenbarkeit eines gestatteten Aufenthalts zwingt nicht zu der Annahme, dass der Aufenthalt von im Ergebnis (teilweise) erfolgreichen **Folgeantragstellern** nicht anrechenbar ist, soweit dieser den Zeitraum bis zur Feststellung der Voraussetzungen des § 51 Abs. 1–3 VwVfG betrifft. Das gilt auch dann, wenn erst das Verwaltungsgericht die Zulässigkeit des Folgeantrags bejaht und im Anschluss das Bundesamt zur Zuerkennung eines Status verpflichtet (BVerwGE 141, 94 = BeckRS 2011, 55862 Rn. 14 zur Anrechnung asylverfahrensbedingter Aufenthaltszeiten iRv § 4 Abs. 3 S. 1 Nr. 1 StAG).

38 Für **zwischenzeitlich ausgereiste Folgeantragsteller** stellt sich die bereits aufgeworfene Frage (→ Rn. 20), ob dieses Ergebnis nunmehr Konsequenz der durch § 71 Abs. 2 S. 2 angeordneten entsprechenden Anwendung von § 55 Abs. 3 S. 1 oder weiterhin Folge einer Analogie ist (so bisher BVerwGE 141, 94 = BeckRS 2011, 55862 Rn. 15 ff. für den Fall der durch das Gericht bejahten Beachtlichkeit des Asylverfahrens). Ersteres unterstellt, verbleibt es bei in Deutschland gebliebenen und auf ihren Folgeantrag hin anerkannten Ausländern aber bei der Annahme einer planwidrigen Regelungslücke, da weder ein gesetzgeberischer Wille noch eine sachliche Rechtfertigung ersichtlich sind, ihnen die Anrechnung allein aufgrund ihres durchgängigen Aufenthalts in Deutschland zu versagen. **Bei einer Statusgewährung** ist die **Aufenthaltszeit** deshalb im Ergebnis **ab Stellung des Asylfolgeantrags** (analog) Abs. 3 S. 1 **anzurechnen** (zu diesem für die Anrechnung maßgeblichen Zeitpunkt vgl. BVerwGE 141, 94 = BeckRS 2011, 55862 Rn. 19).

39 Unter Gleichbehandlungsgesichtspunkten kann für **Zweitantragsteller** nichts anderes gelten. § 71a Abs. 3 S. 2 lässt nicht den zwingenden Schluss zu, dass der Gesetzgeber damit eine Anrechnungsregelung getroffen hat (so aber BVerwGE 141, 94 = BeckRS 2011, 55862 Rn. 15). Ein Verweis auf § 55 dürfte angesichts der einen Satz zuvor angeordneten Duldungsfiktion eher zur Vermeidung statusrechtlicher Widersprüchlichkeiten unterblieben sein.

F. Soziales und Teilhabe

Personen mit Aufenthaltsgestattung haben **Anspruch auf Grund-** (§ 3 AsylbLG) **bzw.**, nach **40** 18-monatigem ununterbrochenen Aufenthalt, „**Analogleistungen**" (§ 2 Abs. 1 S. 1 AsylbLG), der unter den dort jeweils genannten Voraussetzungen gem. §§ 1a Abs. 4 S. 2, Abs. 5–7 und § 5b Abs. 2 AsylbLG eingeschränkt sein kann. Der Leistungsanspruch nach dem AsylbLG umfasst auch Bedarfe für Bildung und Teilhabe (§ 3 Abs. 4 AsylbLG bzw. § 2 Abs. 1 S. 1 AsylbLG iVm §§ 34 ff. SGB XII). Unmittelbar nach dem SGB II oder SGB XII anspruchsberechtigt sind Personen mit Aufenthaltsgestattung in der Regel nicht (vgl. § 7 Abs. 1 S. 2 Nr. 3 SGB II, § 23 Abs. 2 SGB XII, § 9 Abs. 1 AsylbLG), sofern sie nicht neben der Aufenthaltsgestattung zusätzlich einen Aufenthalts- titel mit einer Gesamtgeltungsdauer von mehr als sechs Monaten besitzen (vgl. § 1 Abs. 2 AsylbLG; weiterführend → § 67 Rn. 22 f.).

Der **Zugang zum Arbeitsmarkt** richtet sich nach § 61 und ist auf die Ausübung von Beschäf- **41** tigungen beschränkt. Da die Aufenthaltsgestattung kraft Gesetzes entsteht, handelt es sich bei der Beschäftigungserlaubnis nicht um eine Nebenbestimmung iSv § 36 VwVfG, sondern um einen eigenständigen begünstigenden Verwaltungsakt, dessen Schicksal nicht an das der Aufenthaltsge- stattung gekoppelt ist (vgl. Röder/Wittmann ZAR 2017, 345 (347 f.)).

Seit dem Asylverfahrensbeschleunigungsgesetz (v. 20.10.2015, BGBl. I 1722) können Gestattete **42** auf – beim Bundesamt zu stellenden (§ 5 Abs. 1 IntV) – Antrag und im Rahmen verfügbarer Kapazitäten gem. § 44 Abs. 4 S. 2 Nr. 1 AufenthG zum **Integrationskurs** zugelassen werden (BayVGH BeckRS 2017, 105226 mAnm Röder InfAuslR 2018, 35 zum Begriff der „guten Bleibeperspektive"). Anspruch auf „**BAföG**" besteht nur unter den strengen Voraussetzungen des § 8 Abs. 3 BAföG. Im Übrigen sind die sich aus der **EU-Aufnahme-RL** (RL 2013/33/EU v. 26.6.2013, ABl. 2013 L 180, 96) ergebenden Gewährleistungen zu beachten. Zugang zu Berufsaus- bildungsbeihilfe besteht grundsätzlich nicht (§ 60 Abs. 3 S. 1 SGB III).

G. Rechtsschutz

Die Existenz des gesetzlichen Aufenthaltsrechts kann grundsätzlich im Wege einer unmittelbar **43** zu erhebenden (§ 11) Feststellungsklage geklärt werden. In der Praxis wird sich die Frage nach Bestand und Dauer der Aufenthaltsgestattung aber eher inzident, etwa in Abschiebehaftsachen oder dann stellen, wenn das Gesetz auf einen gestatteten Aufenthalt abstellt, etwa iRv §§ 25a, 25b AufenthG (zur Relevanz der Anrechnungsregel für das Rechtsschutzbedürfnis einer gegen eine Einstellungsentscheidung – §§ 32 f. – erhobenen Anfechtungsklage → Rn. 36).

§ 56 Räumliche Beschränkung

(1) Die Aufenthaltsgestattung ist räumlich auf den Bezirk der Ausländerbehörde beschränkt, in dem die für die Aufnahme des Ausländers zuständige Aufnahmeeinrich- tung liegt.

(2) Wenn der Ausländer verpflichtet ist, in dem Bezirk einer anderen Ausländerbe- hörde Aufenthalt zu nehmen, ist die Aufenthaltsgestattung räumlich auf deren Bezirk beschränkt.

Überblick

Die Vorschrift, deren Vereinbarkeit mit höherrangigem Recht zweifelhaft ist (→ Rn. 3 ff.), gestaltet das aus der Aufenthaltsgestattung resultierende Aufenthaltsrecht Asylsuchender in räumli- cher Hinsicht aus, indem sie die (zulässige) physische Präsenz des Ausländers im öffentlichen Interesse (→ Rn. 2) kraft Gesetzes beschränkt. Die räumliche Beschränkung ist von der Wohnsitz- auflage zu unterscheiden (→ Rn. 12). Abs. 1 knüpft unausgesprochen an § 47 an und beschränkt die Aufenthaltsgestattung auf den Bezirk der Ausländerbehörde, in dem die für die Aufnahme des Ausländers zuständige Aufnahmeeinrichtung liegt (→ Rn. 18 ff.). Abs. 2 betrifft Ausländer, die zur Wohnsitznahme im Zuständigkeitsbereich einer anderen Ausländerbehörde verpflichtet sind (→ Rn. 20 ff.).

A. Einordnung und Vereinbarkeit mit höherrangigem Recht

1   Die räumliche Beschränkung des Aufenthalts Asylsuchender ist seit langem Bestandteil des deutschen Asylverfahrenskonzepts und steht sinnbildlich für die eingeschränkte Rechtsstellung, die Ausländern während ihres zunächst nur vorübergehend gestatteten Aufenthalts gewährt wird. Sie ist im Zusammenhang mit dem in § 55 Abs. 1 S. 2 aufgestellten Grundsatz zu sehen, wonach ein Asylsuchender keinen Anspruch hat, sich an einem bestimmten Ort aufzuhalten. Obwohl das ggf. Jahre dauernde und sanktionsbewehrte (§§ 85 Nr. 2, 86 Abs. 1, → Rn. 7) Verbot, den durch Verwaltungsgrenzen bestimmten engen Aufenthaltsradius auch nur kurzzeitig zu verlassen, einen tiefen **Eingriff in** die von **Art. 2 Abs. 1 GG** geschützte körperliche Bewegungsfreiheit des Ausländers darstellt, hat das BVerfG das Instrument der räumlichen Beschränkung mit Blick auf die mit ihr verfolgten Ziele und die gesetzlich vorgesehenen Ausnahmetatbestände (heute §§ 57 f.) als **verhältnismäßig und mit Art. 16a GG vereinbar** eingestuft (BVerfGE 96, 10 = NVwZ 1997, 1109).

2   Mit der räumlichen Beschränkung soll neben sicherheits-, ordnungs-, sozial- und arbeitsmarktpolitischen Belangen vor allem die **Erreichbarkeit des Ausländers** zur beschleunigten Erledigung seines Asylantrags sowie eine **gleichmäßige Verteilung** der mit der Aufnahme und Unterbringung Asylsuchender verbundenen **Kostenbelastung** erreicht werden (BVerfGE 96, 10 = NVwZ 1997, 1109). Insbesondere das zuletzt genannte Ziel wird seit dem Gesetz zur Verbesserung der Rechtsstellung von asylsuchenden und geduldeten Ausländern (v. 23.12.2014, BGBl. I 2439) allerdings mit den Mitteln der Zuweisungsentscheidung (§ 50 Abs. 4) und Wohnsitzauflage (§ 60) verfolgt (BT-Drs. 18/3144, 9). Mit der in § 59a Abs. 1 S. 1 vorgesehenen Befristung der räumlichen Beschränkung auf drei Monate (§ 59a Abs. 1 S. 1) ist auch die Eingriffsintensität der räumlichen Beschränkung (zunächst) deutlich zurückgefahren worden. Angesichts der damals noch maximal drei Monate dauernden Verpflichtung, in einer Aufnahmeeinrichtung zu wohnen, änderte daran auch die in § 59a Abs. 1 S. 2 vorgesehene Ausnahme nichts.

3   Allerdings hat der Gesetzgeber im Zuge der Migrationsbewegungen in den Jahren 2015/2016 über ebenjene Vorschrift den **Anwendungsbereich der räumlichen Beschränkung** gewissermaßen durch die Hintertür sukzessive **wieder hochgefahren,** indem er zunächst die Höchstfrist des § 47 Abs. 1 S. 1 zunächst verdoppelt (bis zu 6 Monate) und diese später wiederum verdreifacht (bis zu 18 Monate), mit § 47 Abs. 1b eine Option zu ihrer Ausdehnung auf bis zu 24 Monate geschaffen und für Asylsuchende aus sicheren Herkunftsstaaten (§ 29a) und Personen, die wiederholt Mitwirkungspflichten verletzen (§ 47 Abs. 1 S. 3), eine zeitlich nicht limitierte Wohnverpflichtung (§ 47 Abs. 1a) eingeführt hat. Da die oben genannten Ziele konzeptionell inzwischen überwiegend mit der gesetzlichen Wohnsitzauflage verfolgt werden (vgl. bezüglich arbeitsmarktpolitischer Belange zB § 61 Abs. 1 S. 1) oder – wie die mit der räumlichen Beschränkung früher bezweckte Vermeidung einer ordnungspolitisch unerwünschten Konzentration Asylsuchender (BVerfG NVwZ 1997, 1109 (1110)) – partiell fallen gelassen worden sind, ist zweifelhaft, ob allein die potenziell durch die räumliche Beschränkung geförderte bessere Erreichbarkeit des Ausländers heute noch als verfassungsrechtliche Rechtfertigung ausreichend ist. Mit Blick auf die bei Antragstellern aus sicheren Herkunftsstaaten zeitlich potenziell unbefristete räumliche Beschränkung (§§ 47 Abs. 1a, 59a Abs. 1 S. 2) wird auch die **Vereinbarkeit mit Art. 3 GG** bezweifelt (Werdermann ZAR 2018, 11 (15)).

4   Mit **Art. 2 4. EMRKProt,** der jeder Person, die sich rechtmäßig im Hoheitsgebiet eines Staats aufhält, das Recht garantiert, sich dort frei zu bewegen, ist § 56 nach Auffassung des EGMR vereinbar, da nur der Aufenthalt innerhalb des gesetzlich abgesteckten Radius als rechtmäßig iSd Art. 2 4. EMRKProt anzusehen ist (EGMR BeckRS 2008, 07615; krit. dazu NK-AuslR/Stahmann Rn. 4 sowie Pelzer/Pichl ZAR 2016, 96 (100)). Auch mit Art. 7 EU-Aufnahme-RL (RL 2013/33/EU v. 26.6.2013, ABl. 2013 L 180, 96) dürfte § 56 grundsätzlich kompatibel sein, sofern die Rechte aus der EU-Aufnahme-RL nicht beeinträchtigt werden (zweifelnd NK-AuslR/ Stahmann Rn. 8; vgl. auch Pelzer/Pichl ZAR 2016, 96 (100)).

§ 56 steht nach Auffassung des BVerfG auch mit **Art. 26 GFK** im Einklang, da dieser nur für 5 Personen gilt, denen die Flüchtlingseigenschaft bereits unanfechtbar zuerkannt wurde; bis dahin erlaubt **Art. 31 Abs. 2 GFK** es, den Wechsel des Aufenthaltsorts durch notwendige Maßnahmen zu beschränken (BVerfGE 96, 10 = NVwZ 1997, 1109 (1111); BVerfG NVwZ 1989, 951 (952); aA Pelzer/Pichl ZAR 2016, 96 (100)). Da die GFK zwischen Bewegungsfreiheit und Aufenthalt unterscheidet (vgl. Art. 26 GFK), spricht Manches dafür, dass Art. 31 Abs. 2 GFK nur zum Erlass von Maßnahmen berechtigt, die das Recht, den Wohnort zu wechseln, beschränken (in diese Richtung deutet BVerwG ZAR 2018, 270 (271 f.); vgl. auch → GFK Art. 31 Rn. 21 ff.). Diese Funktion erfüllen nach dem gegenwärtigen Konzept des AsylG aber die Wohnsitzauflagen nach § 47 Abs. 1 bzw. § 60. Die daneben bestehende Einschränkung der körperlichen Bewegungsfreiheit (§ 59a Abs. 1) hat für die Wohnortwahl in aller Regel (→ Rn. 12) keine eigenständige Bedeutung und ist deshalb jedenfalls nicht durch Art. 31 Abs. 2 GFK gedeckt. Selbst wenn man annimmt, dass auf Grundlage von Art. 31 Abs. 2 GFK auch die Bewegungsfreiheit beschränkbar ist, bestehen Zweifel, ob die Maßnahme neben der Wohnsitzauflage tatsächlich notwendig ist. Schließlich weckt die im Vergleich zu vollziehbar Ausreisepflichtigen engere Aufenthaltsbeschränkung (vgl. § 61 Abs. 1 S. 1 AufenthG) ungeachtet der Option des § 58 Abs. 6 Zweifel an der Vereinbarkeit von § 56 Abs. 1 mit dem keine förmliche Statusentscheidung voraussetzenden **Meistbegünstigungsprinzip des Art. 7 Abs. 1 GFK** (→ GFK Art. 7 Rn. 12).

B. Die räumliche Beschränkung

I. Allgemeines

§ 56 beschränkt den (zulässigen) Aufenthalt eines Ausländers, der im Besitz einer Aufenthaltsge- 6 stattung ist, in räumlicher Hinsicht. Den durch § 56 gezogenen **Radius darf** der **Ausländer nicht,** auch nicht für kurze Zeit **verlassen,** sofern er über keine behördliche oder gesetzliche „**Verlassenserlaubnis**" verfügt (§§ 57 f.). Das Recht des Ausländers, endgültig aus dem Bundesgebiet auszureisen, berührt § 56 nicht (BeckOK AuslR/Neundorf Rn. 11).

Die Formulierung, dass die Aufenthaltsgestattung räumlich beschränkt ist, darf dabei nicht in 7 dem Sinne verstanden werden, dass der Ausländer den Gestattungsstatus verliert, wenn er sich entgegen der Beschränkung innerhalb, ggf. auch außerhalb des Bundesgebiets aufhält, denn das Erlöschen der Aufenthaltsgestattung ist abschließend in § 67 geregelt. Ein Verstoß gegen die räumliche Beschränkung ist deshalb zwar nicht gem. § 95 Abs. 1 Nr. 2 strafbar, stellt allerdings eine Ordnungswidrigkeit (§ 86 Abs. 1), im Wiederholungsfall sogar eine Straftat nach § 85 Nr. 2 dar. In diesem Zusammenhang wird § 56 in der Praxis regelmäßig relevant.

§§ 85, 86 greifen dabei nur den Verweis in § 71a Abs. 3 S. 2, nicht hingegen die Verweise in § 71 auf, 7.1 so dass die Sanktionierung von Folgeantragstellern unzulässig sein dürfte.

Aus **§ 12 Abs. 3 AufenthG** folgt die Verpflichtung, das Gebiet, in dem sich der Ausländer 8 entgegen der räumlichen Beschränkung aufhält, unverzüglich zu verlassen. Die **Durchsetzung dieser Verlassenspflicht** richtet sich nach **§ 59.**

Mittelbar wird die räumliche Beschränkung auch über § 11 Abs. 2 AsylbLG durchgesetzt. Der 9 für den tatsächlichen Aufenthaltsort zuständige Leistungsträger darf danach in der Regel nur eine Beihilfe zur Deckung des unabweisbaren Bedarfs zur Reise zum rechtmäßigen Aufenthaltsort gewähren. Allerdings darf das **Asylbewerberleistungsrecht nicht gezielt als Reaktion,** etwa zur Sanktionierung, **auf Verstöße gegen räumliche Beschränkungen** eingesetzt werden (VG Magdeburg Urt. v. 20.1.2003 – 6 A 672/02 MD Rn. 22 ff.).

Bei Personen, die zur Wohnsitznahme in einer **Besonderen Aufnahmeeinrichtung** ver- 10 pflichtet sind (§ 30a Abs. 3 S. 1), löst ein Verstoß gegen die räumliche Beschränkung außerdem die Nichtbetreibensvermutung des § 33 Abs. 2 S. 1 Nr. 3 und in der Folge regelmäßig die **Rücknahmefiktion des § 33 Abs. 1** aus. Für Ausländer, die in einer „normalen" Aufnahmeeinrichtung wohnen müssen, greift diese „Sanktion" aber nicht.

Die räumliche Beschränkung nach § 56 entsteht kraft Gesetzes. Sie ist **keine Nebenbestim-** 11 **mung iSd § 36 VwVfG.** Ihr **Erlöschen** richtet sich nach **§ 59a,** das ebenfalls Folge gesetzlicher Anordnung ist. **§§ 56 und 59a** sind stets **im Zusammenhang zu lesen.** Nach § 59a Abs. 1 S. 2 bleibt die räumliche Beschränkung mindestens für die Dauer der Verpflichtung, in einer Aufnahmeeinrichtung zu wohnen, bestehen, im Übrigen erlischt sie regelmäßig nach drei Monaten ununterbrochenen Aufenthalts (§ 59a Abs. 1 S. 1).

Die **räumliche Beschränkung ist unbedingt von der** – per Verwaltungsakt (§ 60) oder 12 unmittelbar durch das Gesetz auferlegten (§§ 47, 30a Abs. 3 S. 1) – **Wohnsitzauflage abzugren-**

zen. Letztere betrifft das Freizügigkeitsrecht des Ausländers in diesem Sinne, den gewöhnlichen Aufenthalt an einem Ort der eigenen Wahl zu nehmen. Demgegenüber limitiert **§ 56 die körperliche Bewegungsfreiheit des Ausländers,** berührt die Wohnsitznahmefreiheit innerhalb dieses Bereichs aber nicht. Der im öffentlichen Diskurs mit der räumlichen Beschränkung häufig gleichgesetzte Begriff der „Residenzpflicht" leitet insofern fehl (vgl. OVG NRW BeckRS 2012, 53010 unter zutreffender Verwendung des Begriffs der „Residenzpflicht"). Das Recht freier Wohnortwahl wird bei Ausländern, die keiner Wohnsitzauflage unterliegen, durch die räumliche Beschränkung allenfalls mittelbar beschränkt. Angesichts der regelmäßig nach drei Monaten erlöschenden räumlichen Beschränkung (§ 59a Abs. 1 S. 1) und der bei ungesichertem Lebensunterhalt und vorheriger Wohnverpflichtung in einer Aufnahmeeinrichtung zwingend zu erlassenden Wohnsitzauflage (§ 60 Abs. 1 S. 1) dürfte diese Konstellation in der Praxis allerdings selten sein.

13   Die räumliche Beschränkung ist in der Bescheinigung über die Aufenthaltsgestattung zu vermerken (vgl. § 63 Abs. 3 S. 3 sowie Art. 6 Abs. 1 EU-Aufnahme-RL).

II. Anwendungsbereich

14   Der **Beginn der räumlichen Beschränkung** setzt eine – ebenfalls kraft Gesetzes entstehende – **Aufenthaltsgestattung** voraus. Diese tritt gem. § 55 Abs. 1 S. 1 grundsätzlich mit Ausstellung des Ankunftsnachweises durch die in der Regel hierfür zuständige Aufnahmeeinrichtung (vgl. § 63a Abs. 3 S. 1) in Kraft, ansonsten mit Stellung des förmlichen Asylantrags (§ 55 Abs. 1 S. 3; für Altfälle s. § 87c). Letzteres betrifft insbesondere Ausländer, die ihren Asylantrag schriftlich bei der Zentrale des Bundesamts zu stellen haben (§ 14 Abs. 2 S. 1), und deshalb nicht der Wohnverpflichtung des § 47 Abs. 1 S. 1 (vgl. aber § 47 Abs. 1 S. 2) und – nach Streichung des diese Personengruppe betreffenden § 56 Abs. 2 S. 1 aF durch das Gesetz zur Verbesserung der Rechtsstellung von asylsuchenden und geduldeten Ausländern (v. 23.12.2014, BGBl. I 2439) – auch keiner automatischen räumlichen Beschränkung unterliegen (ausf. → Rn. 22 f.).

14.1   Nachdem die Einreise über einen sicheren Drittstaat seit Inkrafttreten des Integrationsgesetzes vom 31.7.2016 (BGBl. 2016 I 1939) für die Entstehung der Aufenthaltsgestattung bedeutungslos geworden ist, stellt sich die damit verbundene Problematik des Beginns der räumlichen Beschränkung in dieser Form nicht mehr (dazu NK-AuslR/Stahmann Rn. 10).

15   Für zwischenzeitlich ausgereiste **Folgeantragsteller** gelten §§ 56, 59a aufgrund des Verweises in § 71 Abs. 2 S. 2. Bei Folgeantragstellung ohne Ausreise ist § 71 Abs. 7 S. 1, S. 2 zu beachten. Für **Zweitantragsteller** (§ 71a) gilt § 56 aufgrund von § 71a Abs. 3 S. 2.

16   Das **Ende der räumlichen Beschränkung** richtet sich nach § 59a Abs. 1. **Räumliche Beschränkungen bleiben** gem. § 59a Abs. 2 S. 1 (früher § 56 Abs. 3 S. 1 aF) auch **nach Erlöschen der Aufenthaltsgestattung** bis zu dem dort bestimmten Zeitpunkt **in Kraft.** Für vollziehbar ausreisepflichtige (ehemalige) Asylbewerber folgt die räumliche Beschränkung bis zu ihrer Aufhebung deshalb nach Maßgabe von § 59a Abs. 2 S. 1 aus § 56 und nicht aus der für **vollziehbar Ausreisepflichtige** ansonsten geltenden Vorschrift des **§ 61 Abs. 1 S. 1 AufenthG.**

17   Bis zur Entstehung der Aufenthaltsgestattung wird der Aufenthalt über die §§ 18, 19, 20, 22 gesteuert, die der zügigen Zuführung des Asylsuchenden zu der zuständigen Aufnahmeeinrichtung dienen.

III. Abs. 1

18   Abs. 1 beschränkt die Aufenthaltsgestattung räumlich auf den Bezirk der Ausländerbehörde, in dem die für die Aufnahme des Ausländers zuständige Aufnahmeeinrichtung liegt. Auch bei den **Besonderen Aufnahmeeinrichtungen** (§ 30a) handelt es sich um Aufnahmeeinrichtungen im Sinne der Vorschrift, was § 33 Abs. 2 S. 1 Nr. 3 bestätigt. Eine zuständige Aufnahmeeinrichtung existiert grundsätzlich nur für Personen, die ihren Asylantrag bei einer Außenstelle des Bundes zu stellen haben und die zur Wohnsitznahme in einer Aufnahmeeinrichtung verpflichtet sind (§§ 47 Abs. 1 S. 1, 14 Abs. 1 S. 1). Für unter § 14 Abs. 2 S. 1 fallende Ausländer wird – von dem in § 47 Abs. 1 S. 2 genannten Fall abgesehen – eine zuständige Aufnahmeeinrichtung dagegen nicht bestimmt, so dass für sie allenfalls eine räumliche Beschränkung nach Maßgabe von Abs. 2 in Betracht kommt (→ Rn. 22 f.).

19   Mit der Ausländerbehörde dürfte die **örtlich und sachlich zuständige Ausländerbehörde** gemeint sein (so auch GK-AsylG/Bodenbender Rn. 8). Dieses Normverständnis erscheint sinnvoll, weil so der Ausländer während des Aufenthalts in der Aufnahmeeinrichtung mit „seiner" Ausländerbehörde unabhängig von der Regelung des § 57 Abs. 3 S. 1 erlaubnisfrei in unmittelbaren

Kontakt treten kann. Die Bestimmung der zuständigen Ausländerbehörden ist dabei Sache der Länder. Je nach Zuständigkeitszuschnitt fällt der Radius der räumlichen Beschränkung deshalb enger oder weiter aus. Allerdings dürfte es jedenfalls in Flächenbundesländern nicht zulässig sein, über die Bestimmung einer landesweit zuständigen Ausländerbehörde den Bewegungsradius auf das gesamte Bundesland auszudehnen, da § 58 Abs. 6 hierfür den Erlass einer speziellen Rechtsverordnung vorsieht.

In der Praxis gehen die Behörden teilweise von einer zu engen räumlichen Beschränkung aus. So sind **19.1** in Baden-Württemberg nach § 5 Abs. 1 BWAAZuVO während des verpflichtenden Aufenthalts in einer Aufnahmeeinrichtung die Regierungspräsidien als höhere Ausländerbehörde (§ 2 S. 1 Nr. 2 BWAAZuVO) zuständig. Im Ankunftsnachweis oder der Bescheinigung über die Aufenthaltsgestattung wird aber regelmäßig der – deutlich engere – Zuständigkeitsbezirk der unteren Ausländerbehörde (§§ 2 S. 1 Nr. 3, 4 Abs. 1 BWAAZuVO) vermerkt. Insbesondere im Zusammenhang mit Ordnungswidrigkeits- (§ 86 Abs. 1) und Strafverfahren (§ 85 Nr. 2) sollte deshalb das einschlägige Zuständigkeitsrecht genau „unter die Lupe genommen" werden.

IV. Abs. 2

Ist der Ausländer verpflichtet, im Bezirk einer anderen Ausländerbehörde Aufenthalt zu neh- **20** men, entsteht die räumliche Beschränkung nach Abs. 2. Dies betrifft vor allem Personen, die im Anschluss an den verpflichtenden Aufenthalt in einer Aufnahmeeinrichtung aufgrund von § 50 landesintern ggf. auch länderübergreifend (§ 51) verteilt worden sind (GK-AsylG/Bodenbender Rn. 21). Abs. 2 bewirkt hier gewissermaßen eine **gesetzliche Überleitung der räumlichen Beschränkung** (GK-AsylG/Bodenbender Rn. 21), sofern die in § 59a Abs. 1 S. 1 vorgesehene Frist noch nicht abgelaufen ist.

Anders als bisweilen zu lesen (BeckOK AuslR/Neundorf Rn. 12; VG Aachen BeckRS 2014, **21** 57894) wird **Abs. 2** aber nicht schon durch die Zuweisungs- oder Verteilentscheidung (§ 50 Abs. 4), sondern **erst durch** die – bei ungesichertem Lebensunterhalt obligatorische und in der Regel mit der Zuweisungsentscheidung zu verbindende (§ 60 Abs. 3 S. 2 und S. 4) – **Wohnsitzauflage des § 60 Abs. 1 S. 1 aktiviert.** Erst diese verpflichtet den Ausländer dazu, seinen gewöhnlichen Aufenthalt an einem anderen Ort als bislang zu nehmen. Dabei ist unerheblich, dass Abs. 2 nicht von dem „gewöhnlichen" Aufenthalt spricht, denn die Verpflichtung zur Aufenthaltsnahme folgt jedenfalls nicht aus der Zuweisungsentscheidung, die allein die Begebenspflicht des § 50 Abs. 6 auslöst. Abs. 2 betrifft auch den Fall eines auf Grundlage von § 60 Abs. 2 S. 1 Nr. 3 angeordneten **landesinternen Umzugs** in den Zuständigkeitsbezirk einer anderen Ausländerbehörde (→ § 60 Rn. 36).

Da die räumliche Beschränkung nach dreimonatigem ununterbrochenen Aufenthalt erlischt (§ 59a **21.1** Abs. 1 S. 1), wird diese nach erfolgter Verteilung allenfalls noch für kurze Zeit bestehen. Die Einschränkungen werden zusätzlich dadurch abgemildert, dass die meisten Bundesländer von der Verordnungsermächtigung des § 58 Abs. 6 Gebrauch gemacht und den (vorübergehenden) Aufenthalt im gesamten Bundesland zulassen (vgl. zB § 1 Abs. 1 BWAsylAufenthVO).

Da unter **§ 14 Abs. 2 S. 1** fallende Ausländer der Wohnpflicht des § 47 nicht unterliegen, **22** greift für sie nicht die räumliche Beschränkung nach Abs. 1. § 56 Abs. 2 S. 1 aF sah für diese Personengruppe eine räumliche Beschränkung auf den Bezirk der Ausländerbehörde vor, in dem sich der Ausländer tatsächlich aufhielt. Nachdem die Vorschrift durch das Rechtsstellungsverbesserungsgesetz ersatzlos gestrichen wurde, ist **zweifelhaft, ob Abs. 2 auf diese Personengruppe überhaupt noch anwendbar** ist (bejahend BeckOK AuslR/Neundorf Rn. 13 mit einem speziellen Fokus auf unbegleitete minderjährige Asylantragsteller bei BeckOK AuslR/Neundorf Rn. 14 f.).

Mit der Formulierung („der Ausländer") knüpft Abs. 2 – wie schon bisher – systematisch an **23** Abs. 1 an. Mit der „anderen Ausländerbehörde" ist dabei eine Ausländerbehörde gemeint, die nicht (mehr) in dem Bezirk der für die Aufnahme des Ausländers zuständigen Aufnahmeeinrichtung liegt. Eine solche Aufnahmeeinrichtung gibt es aber bei Ausländern iSd § 14 Abs. 2 S. 1 nicht. Auch scheint das durch §§ 56, 59a verfolgte Anliegen, den Aufenthalt eines Ausländers gerade am Anfang seines Asylverfahrens im Sinne einer besseren Erreichbarkeit zu beschränken, nur bedingt erreichbar. Anders als nach Abs. 1 oder nach § 56 Abs. 2 S. 1 aF entstünde die Aufenthaltsgestattung als Folge der schriftlichen Asylantragstellung (§ 55 Abs. 1 S. 3) nicht automatisch räumlich beschränkt. Die räumliche Beschränkung wäre vielmehr von dem ermessensabhängigen Erlass einer Wohnsitzauflage nach § 60 Abs. 2 S. 1 abhängig. Die auch in Bezug auf die durch die Wohnsitzauflage bewirkte räumliche Beschränkung anzustellenden Ermessenserwägungen dürften dabei regelmäßig ausfallen, sofern die Ausländerbehörde die Wohnsitzauflage nicht bewusst auch zur räumlichen Beschränkung des Aufenthalts einsetzt. Auch erschließt sich das öffentliche Interesse, einen – ggf. bereits monatelang – räumlich unbeschränkt gestatteten Aufenthalt für maximal drei Monate (§ 59a Abs. 1 S. 1) zu beschränken, nicht ohne Weiteres. Mit **§ 59b** steht den Ausländerbehörden ein (ausreichendes) Instrument zur Verfügung, mit dem im Einzelfall gezielt räumliche Beschränkungen angeordnet werden können. Im Übrigen genügt es, den gewöhnlichen Aufenthalt des Ausländers über § 60 steuern zu können. In diesem Sinne wäre dann auch die Aussage des Gesetzgebers, § 60 Abs. 2 diene mit Blick auf die Streichung von § 56 Abs. 2 S. 1 aF erforderlichenfalls als Auffangtatbestand, zu verstehen (BT-Drs. 18/3144, 14).

§ 57 Verlassen des Aufenthaltsbereichs einer Aufnahmeeinrichtung

(1) Das Bundesamt kann einem Ausländer, der verpflichtet ist, in einer Aufnahmeeinrichtung zu wohnen, erlauben, den Geltungsbereich der Aufenthaltsgestattung vorübergehend zu verlassen, wenn zwingende Gründe es erfordern.

(2) Zur Wahrnehmung von Terminen bei Bevollmächtigten, beim Hohen Flüchtlingskommissar der Vereinten Nationen und bei Organisationen, die sich mit der Betreuung von Flüchtlingen befassen, soll die Erlaubnis unverzüglich erteilt werden.

(3) ¹Der Ausländer kann Termine bei Behörden und Gerichten, bei denen sein persönliches Erscheinen erforderlich ist, ohne Erlaubnis wahrnehmen. ²Er hat diese Termine der Aufnahmeeinrichtung und dem Bundesamt anzuzeigen.

Überblick

Die Vorschrift regelt zweckgebundene Erlaubnistatbestände für das vorübergehende Verlassen (→ Rn. 8 ff.) des durch § 56 Abs. 1 beschränkten Aufenthaltsbereichs. Sie gilt für Ausländer, die noch verpflichtet sind, in einer Aufnahmeeinrichtung zu wohnen (→ Rn. 2). Abs. 1 ermöglicht die Erteilung einer im Ermessen des Bundesamts (→ Rn. 19) stehenden Verlassenserlaubnis bei Vorliegen zwingender Gründe (→ Rn. 12 ff.). Dient das Verlassen der Wahrnehmung von Terminen bei Bevollmächtigten oder mit der Betreuung von Flüchtlingen befasster Organisationen, besteht nach Abs. 2 ein Soll-Anspruch auf Erlaubniserteilung (→ Rn. 21 ff.). Erlaubnisfrei, aber anzeigepflichtig ist das Verlassen zur Wahrnehmung von Behörden- oder Gerichtsterminen, wenn das persönliche Erscheinen des Ausländers erforderlich ist (→ Rn. 27).

Übersicht

A. Allgemeines

1   Bei § 57 handelt es sich ebenso wie bei § 58 um eine **Ausnahmevorschrift,** die das vorübergehende Verlassen des durch § 56 beschränkten Aufenthaltsbereichs im Einzelfall ermöglicht. Da die räumliche Beschränkung absolut gilt, bedarf jedes auch noch so kurzfristige Verlassen – Abs. 3 ausgenommen (→ Rn. 27 f.) – einer behördlichen Erlaubnis (VG Sigmaringen BeckRS 2018, 23162 Rn. 23 f.). Vor dem Hintergrund der erneuten Ausdehnung der Wohnverpflichtung durch das Zweite Gesetz zur besseren Durchsetzung der Ausreisepflicht v. 15.8.2019 (BGBl. I 1294) und der daran gekoppelten räumlichen Beschränkung (§ 59a Abs. 1 S. 2) gewinnt § 57 zunehmend an Bedeutung.

2   § 57 gilt für Ausländer, die (noch) zur Wohnsitznahme in einer Aufnahmeeinrichtung verpflichtet sind, § 58 für die Zeit danach sowie – sofern man § 56 Abs. 2 hier für einschlägig hält (→ § 56 Rn. 22 f.) – für Personen, die der Wohnverpflichtung des § 47 niemals unterlagen. Im Vergleich zu § 58 ist **§ 57 restriktiver,** weil die durchgängige Erreichbarkeit des Ausländers (vgl. auch § 47 Abs. 3) zur Beschleunigung des Asylverfahrens und ggf. auch Erleichterung einer Aufenthaltsbeendigung wesentlicher Zweck des (verpflichtenden) Aufenthalts in einer Aufnahme-

einrichtung ist (krit. NK-AuslR/Stahmann Rn. 3). Auch eine Besondere Aufnahmeeinrichtung (§ 30a) ist eine Aufnahmeeinrichtung iSv § 57. § 57 gilt, solange die räumliche Beschränkung des § 56 besteht.

§ 57 hat zum einen schutzwürdige Bedürfnisse des Ausländers im Blick, denen innerhalb des **3** entlang von Behördenzuständigkeiten gezogenen Aufenthaltsradius nicht immer in der gebotenen Weise Rechnung getragen werden kann. Die Belange können sowohl asylverfahrensbezogen als auch „privater" Natur sein.

Für das BVerfG waren §§ 57 f. ein ausschlaggebender Grund, die räumliche Beschränkung als **4** verhältnismäßig einzustufen (BVerfGE 96, 10 = NVwZ 1997, 1109; → § 56 Rn. 3). Geht man davon aus, dass dieser Befund im Ausgangspunkt auch heute noch gilt, ist gleichwohl zu berücksichtigen, dass der Gesetzgeber mit der erneuten Ausdehnung der Dauer der Wohnverpflichtung des § 47 zugleich den zeitlichen Anwendungsbereich der räumlichen Beschränkung ganz erheblich ausgedehnt hat (vgl. § 59a Abs. 1 S. 2). Da sich die Aufnahmeeinrichtungen als Bezugspunkt der räumlichen Beschränkung nicht selten auf der „grünen Wiese" befinden, ist in der Genehmigungspraxis auf eine verhältnismäßige Anwendung im Einzelfall unter Berücksichtigung der Asylverfahrensdauer (BVerfG NVwZ 1997, 1109 (1111); → Rn. 13) und insbesondere des Anspruchs auf Gewährung des menschenwürdigen Existenzminimums namentlich in seiner **soziokulturellen Dimension** zu achten (dazu BVerfGE 132, 134 = ZAR 2012, 339 (342)).

Unionsrechtlich ist die Möglichkeit einer Verlassenserlaubnis durch Art. 7 Abs. 4 EU-Auf- **5** nahme-RL (RL 2013/33/EU v. 26.6.2013, ABl. 2013 L 180, 96) vorgeschrieben.

Für zwischenzeitlich ausgereiste **Folgeantragsteller** gilt § 57 aufgrund von § 71 Abs. 2 S. 2, **6** für **Zweitantragsteller** aufgrund von § 71a Abs. 3 S. 2.

Die Erteilung von Verlassenserlaubnissen an Personen, deren Aufenthalt auf Grundlage des **7** AufenthG beschränkt ist (vgl. zB § 61 Abs. 1 S. 1 AufenthG), richtet sich nach dem in vielerlei Hinsicht ähnlichen § 12 Abs. 5 AufenthG.

B. Die Erlaubnistatbestände

§ 57 ermöglicht in allen Varianten nur das vorübergehende Verlassen. Im Fall zwingender **8** Gründe folgt dies explizit aus Abs. 1, in den übrigen Fällen aus der Natur der Sache. Der **Gegenbegriff** zum vorübergehenden **ist das dauerhafte Verlassen** (VG Sigmaringen BeckRS 2018, 23162 Rn. 24). Das Verlassen darf also nicht zu einem Daueraufenthalt an einem Ort außerhalb der räumlichen Beschränkung führen. Ein solcher wird erst nach automatischer oder durch Entlassung bewirkter Beendigung der Wohnverpflichtung (§ 47 Abs. 1 S. 1) möglich, in der Regel sogar angeordnet (vgl. § 60 Abs. 1 S. 1). Die Abwesenheit aus dem Bereich der räumlichen Beschränkung ist demnach zeitlich begrenzt, ohne dass eine fixe zeitliche Obergrenze bestünde.

Aus dem Tatbestandsmerkmal ergibt sich die Befugnis des Bundesamts, die Verlassenserlaubnis **9** ausdrücklich zu befristen. Insbesondere wenn zwar klar ist, dass, aber nicht wann der Verlassensgrund entfällt, kann eine Befristung sogar unzulässig sein. Sofern keine Befristung erfolgt, bestimmt sich ihre **zeitliche Reichweite** nach dem im Einzelfall konkret verfolgten Zweck. Besteht Streit über die zeitliche Reichweite einer erteilten Verlassenserlaubnis, ist diese unter Zugrundelegung des mit ihr verfolgten Zwecks im Wege der Auslegung gem. §§ 133, 157 BGB analog zu ermitteln (zur Auslegung von Verwaltungsakten BVerwG NVwZ 2014, 151 Rn. 27). Mit Zweckerreichung besteht eine unverzügliche Rückkehrpflicht des Ausländers.

Auch bei **regelmäßig wiederkehrenden Ereignissen,** etwa einem Schulbesuch oder regel- **10** mäßigen Arzt- oder Therapieterminen, ist § 57 einschlägig, wobei das Verlassen hier nicht für jeden Einzelfall, sondern pragmatisch „gebündelt" erlaubt wird (NK-AuslR/Stahmann Rn. 9 unter Hinweis auf den Grundsatz effektiven Verwaltungshandelns, § 10 S. 2 VwVfG).

Im Wege der Verlassenserlaubnis kann zwar nicht von dem gesetzlichen Erwerbstätigkeitsverbot **10a** des § 61 Abs. 1 S. 1 dispensiert werden. Diese kann aber ggf. erforderlich sein, um eine Beschäftigung außerhalb des beschränkten Aufenthaltsbereichs ausüben zu können. Nachdem mit der Wohnverpflichtung nicht mehr automatisch ein absolutes Erwerbstätigkeitsverbot einhergeht (vgl. § 61 Abs. 1 S. 2), ist die **Verlassenserlaubnis zur Ausübung einer (beabsichtigten) Beschäftigung** nunmehr auch ein potenzieller Anwendungsfall für § 57 Abs. 1 (unzutreffend noch, weil zur alten Rechtslage BeckOK AuslR/Neundorf, 23. Ed. 1.8.2019, Rn. 6 sowie Bergmann/Dienelt/Bergmann Rn. 21 unter Verweis auf Rspr. zu einer überholten Rechtslage in Fn. 24). Da bei Vorliegen der in § 61 Abs. 1 S. 2 Hs. 1 genannten Voraussetzungen ein gebundener Anspruch auf die Beschäftigungserlaubnis besteht, ist – sofern die Ausübung der Beschäftigung das Verlassen des räumlich beschränkten Bereichs voraussetzt – regelmäßig auch ein zwingender Grund iSd Abs. 1 anzunehmen, um den Rechtsanspruch nicht zu entwerten. Sofern noch keine

Entscheidung des Bundesamts ergangen ist, ist dies auch unionrechtlich zwingend (vgl. Art. 15 Abs. 1 EU-Aufnahme-RL).

10b   Methodisch möglich und in der Sache vorzugswürdig wäre auch eine **(doppelte) Analogie zu § 58 Abs. 1 S. 3,** der die Erteilung der Verlassenserlaubnis für den Regelfall vorschreibt, wenn eine nach § 61 Abs. 2 erlaubte Beschäftigung ausgeübt werden soll. Es spricht viel dafür, dass der Gesetzgeber bei der „mit heißer Nadel gestrickten" Reform des § 61 die Notwendigkeit einer Ergänzung des § 57 AsylG übersehen hat, nachdem während des verpflichtenden Aufenthalts in einer Aufnahmeeinrichtung bislang ein kategorisches Erwerbstätigkeitsverbot galt. Bei einer Analogie läge die Zuständigkeit für die Erteilung von Beschäftigungs- **und** Verlassenserlaubnis außerdem bei der Ausländerbehörde, während bei Anwendung von § 57 für die Verlassenserlaubnis das BAMF zuständig wäre.

11   Ein Verlassen setzt mit Blick auf den Normzweck ein bewusstes und **willensgesteuertes aktives Verhalten** voraus. Der notfallbedingte Abtransport in ein Krankenhaus außerhalb der räumlichen Beschränkung stellt deshalb kein Verlassen im Sinne der Vorschrift dar. Auch wenn zweifelsohne ein zwingender Grund vorliegen würde, kann nicht angenommen werden, dass die Rechtmäßigkeit des Krankentransports (= das Verlassen) von einer Erlaubnis des – ad hoc häufig gar nicht erreichbaren – Bundesamts abhängig sein soll.

I. Verlassenserlaubnis bei zwingenden Gründen

12   Abs. 1 ermöglicht es – ohne hierauf beschränkt zu sein –, berechtigten privaten Belangen des Ausländers Rechnung zu tragen. Der Belang muss das Verlassen des beschränkten Aufenthaltsbereichs erfordern. Kann das Bedürfnis ebenso gut innerhalb des zulässigen Aufenthaltsradius befriedigt werden, scheidet eine Verlassenserlaubnis aus.

13   Der für das vorübergehende Verlassen angeführte Grund muss – ebenso wie iRv § 12 Abs. 5 AufenthG – darüber hinaus zwingend sein. Geht man vom Wortsinn dieses unbestimmten und mangels behördlichen Beurteilungsspielraums **gerichtlich voll überprüfbaren** Rechtsbegriffs aus, liegt zunächst eine Auslegung nahe, wonach das Verlassen unabweisbar bzw. ein Verbleib im Aufenthaltsbereich unzumutbar sein muss und in diesem Sinn hat das ältere Rechtsprechung das Tatbestandsmerkmal auch verstanden (vgl. zB HmbOVG NVwZ 1983, 174). Gegen ein derart restriktives Verständnis spricht aber zum einen, dass für die vorgesehene Ermessensbetätigung keinerlei Raum verbliebe (GK-AsylG/Bodenbender Rn. 13). Zum zweiten drohte ein **Konflikt mit dem Übermaßverbot,** auf dessen Einhaltung angesichts der erheblichen Ausweitung der Wohnverpflichtung des § 47 verstärkt zu achten ist (zur alten Rechtslage vgl. GK-AsylG/Bodenbender Rn. 30 ff.). Unter der alten Rechtslage hat das BVerfG die räumliche Beschränkung im Ergebnis nämlich auch deshalb als verhältnismäßig angesehen, weil mit der Verlassenserlaubnis im Falle einer unbilligen Härte (vgl. § 25 Abs. 1 in der seit 1987 geltenden Fassung, BGBl. 1987 I 89 (91)) eine (flexiblere) Alternative zur Verfügung stand, in deren Rahmen auf berechtigte Belange des Ausländers angemessen Rücksicht genommen werden konnte (BVerfGE 96, 10 = NVwZ 1997, 1109 (1111); ähnlich wie hier HessVGH NVwZ-RR 1990, 514 (515)). Da dieses Tatbestandsmerkmal keinen Eingang in § 57 (sondern nur in § 58 Abs. 1 S. 2) gefunden hat, kann dem Verhältnismäßigkeitsgrundsatz nur über eine **verfassungskonforme Auslegung des zwingenden Grundes** Rechnung getragen werden. Das bedeutet nicht, dass schon jeder vernünftige Grund tatbestandsmäßig wäre, da damit in der Tat eine weitgehende Bewegungsfreiheit einherginge, die der Gesetzgeber während des Aufenthalts in einer Aufnahmeeinrichtung nicht gewähren wollte (Bergmann/Dienelt/Bergmann Rn. 19; vgl. auch BVerwG BeckRS 1984, 5463 Rn. 9). Erforderlich ist vielmehr ein Grund von **erheblichem Gewicht** (vgl. HessVGH NVwZ-RR 1990, 514; OVG LSA BeckRS 2008, 34604 zu § 12 Abs. 5 S. 2 AufenthG), wobei dieses aus **Perspektive des Ausländers** unter Berücksichtigung seiner konkreten Lebensumstände zu bestimmen ist (HessVGH NVwZ-RR 1990, 514; NK-AuslR/Stahmann Rn. 6). Das **Tatbestandsmerkmal** ist dabei insofern **dynamisch,** als das Gewicht mit zunehmender Dauer der räumlichen Beschränkung zunehmen kann.

14   Grundsätzlich kommen Gründe aus allen Lebensbereichen in Betracht. So kann die Verlassenserlaubnis aus **familiären Gründen,** etwa zum Besuch naher Angehöriger oder zur Ausübung eines Personensorge- oder Umgangsrechts erteilt werden (zu letzterem vgl. OVG LSA BeckRS 2008, 34604 zu § 12 Abs. 5 S. 2 AufenthG). Gerade wenn es um Personensorge und Umgang mit kleinen Kindern geht, kann fraglich sein, ob dem Gewicht von Art. 6 GG über eine Verlassenserlaubnis überhaupt angemessen Rechnung getragen werden kann. Da im Unterschied zu § 58 kein allgemeiner Aufenthalt im Zuständigkeitsbezirk einer anderen Ausländerbehörde ermöglicht werden kann, zwingt Art. 6 GG hier zur Ermöglichung eines permanenten familiären Zusammenlebens ggf. zu einer Entlassung aus der Aufnahmeeinrichtung und Zuweisung an den Wohnort der Familienangehörigen. Bei nur vorübergehenden Verlassenerlaubnissen läge es ansonsten in der Hand der Behörde, wie viel Familienleben sie „zuließe" (VG Düsseldorf BeckRS 2009, 33704).

Ferner kommen **gesundheitliche, religiöse** oder **politische Gründe** in Betracht. Bei beab- **15** sichtigter – einfachgesetzlich grundsätzlich erlaubter (vgl. § 47 AufenthG) und durch Art. 5 Abs. 1 GG geschützter – politischer Betätigung (ausf. GK-AsylG/Bodenbender Rn. 22 ff.) ist die **Bedeutung der Meinungsäußerung für die konkrete Person** herauszuarbeiten (OVG RhPf Beschl. v. 15.11.1985 – 11 B 174/85: Verlassenserlaubnis für einen Spitzenfunktionär zur Teilnahme an der Konferenz einer bundesweit organisierten Spitzenorganisation). Ist der Grund gewichtig genug, etwa weil sich der Betroffene nur bei Erteilung der Verlassenserlaubnis politisch artikulieren kann, ist das **„Risiko" der Schaffung von Nachfluchtgründen** hinzunehmen. Das gilt umso mehr, wenn der Ausländer seinen Asylantrag schlüssig auf Verfolgung wegen politischer Aktivitäten im Herkunftsland stützt. Verfassungsrechtlich geschützte Aktivitäten führen allerdings nicht automatisch zur Annahme eines zwingenden Grundes oder zu einer Ermessensreduktion (BVerwG BeckRS 1984, 5463 Rn. 9 zu Art. 4 GG: Teilnahme an Versammlung einer Religionsgemeinschaft; BVerfG NVwZ 1984, 167 zu Art. 5 Abs. 2 GG: Teilnahme an einer Demonstration).

Soweit nach Maßgabe des Landesrechts auch in den Aufnahmeeinrichtungen **Schulpflicht** **16** besteht und diese nur an einer außerhalb des zulässigen Aufenthaltsradius gelegenen Schule erfüllt werden kann, liegt in jedem Fall ein rechtlich zwingender Grund vor. Das gilt auch bei schulischen Exkursionen oder Klassenfahrten (dazu HessVGH NVwZ-RR 1990, 514 allerdings offen lassend, ob es sich um einen zwingenden Grund handelt). Auch eine Verlassenserlaubnis zur Ausübung nicht-schulischer Freizeitaktivitäten ist nicht von vornherein ausgeschlossen (aA Bergmann/Dienelt/Bergmann Rn. 21).

Von einem zwingenden Grund ist ferner auszugehen, wenn **in der EU-Aufnahme-RL** **17** (RL 2013/33/EU v. 26.6.2013, ABl. 2013 L 180, 96) **vorgesehene Rechte** nur bei einem Verlassen des zulässigen Aufenthaltsbereichs wahrgenommen werden können (NK-AuslR/Stahmann Rn. 6; NK-AuslR/Stahmann § 58 Rn. 11 dort unter dem Aspekt einer unbilligen Härte; zur **Ausübung einer Beschäftigung** als zwingender Grund → Rn. 10a).

Auch die **vorübergehende Reise ins Ausland** fällt unter § 57. Zwingend erforderlich kann **18** diese etwa im Falle eines Todesfalls eines nahen Angehörigen oder zur Beschaffung von Beweismitteln für das Asylverfahren sein. Da Bezugspunkt der Erlaubnis das Verlassen des zulässigen Aufenthaltsradius ist, kommt es nicht darauf an, ob der Zuständigkeitsbezirk einer anderen Ausländerbehörde durchquert wird (Bergmann/Dienelt/Bergmann Rn. 6). Der für den Grenzübertritt erforderliche Pass ist dem Ausländer nach dem Wortlaut von § 65 Abs. 2 zwar nur in den Fällen des § 58 auszuhändigen. Hier spricht aber viel für eine Analogie (im Ergebnis ebenso GK-AsylG/Bodenbender Rn. 11). Besitzt der Ausländer keinen Pass, kommt die Ausstellung eines Reiseausweises für Ausländer gem. § 6 S. 1 Nr. 4 AufenthV in Betracht (vgl. auch Art. 6 Abs. 5 EU-Aufnahme-RL). Für eine **dauerhafte Ausreise** benötigt der Ausländer aufgrund seiner **Ausreisefreiheit** dagegen keine Verlassenserlaubnis (BVerwG NVwZ 1986, 133).

Im Fall einer Reise ins Herkunftsland ohne ausdrückliche Rücknahme des Asylantrags, greift die **18.1** Rücknahmefiktion des § 33 Abs. 3. Der mit der Zustellung des Einstellungsbescheides einhergehende Untergang der Aufenthaltsgestattung (§ 67 Abs. 1 Nr. 3) bewirkt aber wegen § 59a Abs. 2 S. 1 nicht automatisch das Erlöschen der Aufenthaltsgestattung, was mit Blick auf die Wiederaufgreifensmöglichkeit des § 33 Abs. 5 S. 2 auch in der Sache sinnvoll erscheint (aA offenbar Bergmann/Dienelt/Bergmann Rn. 6).

Auf Rechtsfolgenseite ist dem Bundesamt – ein gerichtlich in den Grenzen des § 114 S. 2 **19** VwGO kontrollierbares – **Ermessen** eingeräumt („kann"). Tendenziell wird der zuvor bejahte zwingende Grund dieses zu Gunsten der Erteilung der Verlassenserlaubnis steuern (Bergmann/Dienelt/Bergmann Rn. 24). Anders kann dies bei gewichtigen und unabweisbaren entgegenstehenden Belangen der Bundesrepublik Deutschland sein (HessVGH NVwZ-RR 1990, 514 (515)). Bei einer Ermessenausübung zulasten des Ausländers darf sich das Bundesamt jedenfalls nicht auf formelhafte Ausführungen beschränken, sondern muss diese – ähnlich wie zuvor der Ausländer den zwingenden Grund – ausführlich und fallbezogen erläutern.

Abs. 1 verlangt im Unterschied zu Abs. 2 (→ Rn. 26) keine unverzügliche Erteilung der **20** Verlassenserlaubnis. Da sich die Notwendigkeit einer Verlassenserlaubnis aber auch in den Fällen des Abs. 1 plötzlich ergeben kann, hat das Bundesamt organisatorisch vorzusorgen, um auch hier eine kurzfristige Erteilung zu ermöglichen. Das muss eigentlich auch an Wochenenden gelten.

II. Intendierte Verlassenserlaubnis

21   Für die effektive Wahrnehmung seiner Rechte ist der Ausländer regelmäßig auf eine fachkundige Beratung und Betreuung angewiesen. Das gilt für die Ankunftsphase in Deutschland in besonderer Weise und umso mehr, als nach der Vorstellung des Gesetzgebers die Asylverfahren so weit wie möglich bereits während des Aufenthalts in den Aufnahmeeinrichtungen zum Abschluss gebracht werden sollen (→ § 47 Rn. 1). Vor diesem Hintergrund ist Abs. 2 zu sehen und handzuhaben, wonach zur Wahrnehmung von Terminen bei Bevollmächtigten, beim Hohen Flüchtlingskommissar der Vereinten Nationen (UNHCR) und bei Organisationen, die sich mit der Betreuung von Flüchtlingen befassen, die Erlaubnis unverzüglich erteilt werden soll.

22   Der Bevollmächtigte muss kein Rechtsanwalt (§ 14 Abs. 2 VwVfG) und auch noch nicht mandatiert sein. Ansonsten wäre ein der Beauftragung zweckmäßig vorausgehendes persönliches Sondierungs- oder Erstberatungsgespräch nicht möglich (NK-AuslR/Stahmann Rn. 11). Ein Verweis auf ortsansässige Rechtsanwälte ist weder mit dem Recht, einen **Rechtsanwalt seiner Wahl** zu beauftragen, noch mit der **Garantie effektiven Rechtsschutzes** vereinbar. Das gilt unabhängig von der „Anwaltsdichte", die rund um viele Erstaufnahmestandorte ohnehin sehr gering ist.

22a   Das Aufsuchen eines Rechtsanwalts kann auch nicht unter Hinweis auf die kostenlose Asylverfahrensberatung verweigert werden, die das Bundesamt seit Inkrafttreten des Zweiten Gesetzes zur besseren Durchsetzung der Ausreisepflicht v. 15.8.2019 (BGBl. I 1294) auf Grundlage von § 12a durchzuführen hat, denn der Asylsuchende hat Anspruch auf eine „parteiische", nicht nur eine „unabhängige" Beratung.

22.1   In Aufnahmeeinrichtungen werden die oben genannten Garantien zunehmend durch das dort inzwischen weitgehend eingeführte Sachleistungsprinzip in Frage gestellt, von dem hinsichtlich des notwendigen persönlichen Bedarfs nur bei unvertretbarem Verwaltungsaufwand abgewichen werden kann (vgl. § 3 Abs. 2 S. 4 AsylbLG).

23   Angesichts kurzer Rechtsbehelfsfristen, des gesetzgeberischen Ziels, abgelehnte Asylbewerber unmittelbar aus den Aufnahmeeinrichtungen abzuschieben, des generellen Abschiebungsankündigungsverbots (§ 59 Abs. 1 S. 8 AufenthG) sowie der Vielzahl an behördlichen Schreiben, deren Detailbedeutung nicht nur dem Ausländer häufig verschlossen bleibt, sind grundsätzlich auch **Spontanbesuche bei (s)einem Rechtsanwalt** zu ermöglichen, ohne dass die Erlaubnis von einem Terminnachweis abhängig gemacht werden darf (NK-AuslR/Stahmann Rn. 11). Rechtsanwalt und Mandant können dabei nicht auf ein Beratungsgespräch innerhalb der Aufnahmeeinrichtung verwiesen werden, da dort die für das Mandatsverhältnis essentielle Vertraulichkeit nicht gewährleistet ist (ähnlich Bergmann/Dienelt/Bergmann Rn. 14).

24   Zu den Betreuungsorganisationen zählen nicht nur die der freien Wohlfahrtspflege sondern auch solche in freier Trägerschaft. Die Organisation muss sich nur mit der Betreuung von Flüchtlingen befassen, diese aber nicht selbst unmittelbar durchführen. Auch Termine bei Menschenrechts- und Flüchtlingsorganisationen (zB Pro Asyl, Landesflüchtlingsräte) sind deshalb umfasst. Dem Wortlaut nach sind auch ehrenamtlich tätige Organisationen, Vereinigungen oder Initiativen erfasst. Der Begriff „Flüchtling" ist untechnisch zu verstehen; auf den Status des Ausländers kommt es also nicht an. Den sachlichen Grund des Termins muss der Ausländer gegenüber dem Bundesamt grundsätzlich nicht preisgeben.

25   Eine Versagung der Verlassenserlaubnis kommt nur in atypischen Fällen in Betracht („soll"), etwa bei wiederholt erschlichenen Erlaubnissen, wobei das Bundesamt für einen solchen Missbrauch nachweispflichtig ist. Auch dieser rechtfertigt aber keine Pauschalverweigerung.

26   Die Verlassenserlaubnis ist unverzüglich, also ohne schuldhaftes Zögern zu erteilen (§ 121 Abs. 1 S. 1 BGB). Im hiesigen Kontext ist das angesichts kurzer (§§ 75 Abs. 1, 36 Abs. 3 S. 1), in Eilfällen ggf. nicht existierender Fristen, und des Umstands, dass Rechtsanwälte nicht auf Abruf verfügbar sind, **gleichbedeutend mit einer sofortigen Entscheidung** (Bergmann/Dienelt/Bergmann Rn. 13). Da der Inhalt der Entscheidung gesetzlich vorgezeichnet ist, wird diese regelmäßig spätestens innerhalb von 24 Stunden nach Eingang des Antrags zu treffen sein.

III. Erlaubnisfreiheit

27   Erlaubnisfrei ist die Wahrnehmung behördlicher oder gerichtlicher Termine, die das persönliche Erscheinen des Ausländers erfordern. Abs. 3 dient auch dem öffentlichen Interesse an einem möglichst unbürokratischen Ablauf behördlicher und gerichtlicher – nicht nur asylrechtlicher – Verfahren. Das persönliche Erscheinen muss **nicht förmlich angeordnet** worden sein. Abs. 3 ist nicht auf Termine mit asyl- oder ausländerrechtlichem Bezug beschränkt, so dass zB auch

Termine bei der Polizei zwecks Vernehmung als Zeuge oder Beschuldigter erfasst sind (vgl. auch BayVGH BeckRS 2010, 53428 Rn. 24: Reise zum Standesamt). Der Ausländer muss an dem Verfahren aber nicht zwingend selbst unmittelbar beteiligt sein. Umfasst sind auch **Termine bei ausländischen Behörden** (Botschaften, Konsulate) zur Beschaffung von Heimreisedokumenten oder Identitätsnachweisen, bei denen der Ausländer regelmäßig persönlich vorsprechen muss (OLG Düsseldorf BeckRS 2020, 11648 Rn. 14; Nr. 12.5.2.1 AufenthGAVwV).

Der **Termin muss** Bundesamt und Aufnahmeeinrichtung (vorher) **angezeigt werden,** nicht 28 dagegen der Ausländerbehörde. Damit soll sichergestellt werden, dass der Ausländer stets für die Behörden und Gerichte erreichbar ist; auch wenn es um den Vollzug der Abschiebung geht (VG Magdeburg BeckRS 2019, 10597 Rn. 6). Sanktionen drohen bei Verletzung dieser Pflicht aber nicht (BayVGH BeckRS 2010, 53428 Rn. 24). Eine unterlassene Anzeige kann von Behörden und Gerichten aber ggf. als Indiz für ein „Untertauchen" oder „Flüchtigsein" gewertet werden (VG Magdeburg BeckRS 2019, 10597 Rn. 6).

C. Verwaltungsverfahren und Rechtsschutz

Die Verlassenserlaubnis nach Abs. 1 bzw. Abs. 2 ist ein (begünstigender) Verwaltungsakt, der 29 nur auf Antrag erteilt wird. **Zuständig** für die Erteilung ist **das Bundesamt,** nicht etwa die Ausländerbehörde, wie dies teilweise Praxis ist. Diese ist nur iRv § 58 zuständig. Dementsprechend unterscheidet sich die **Passivlegitimation** bei § 57 und § 58. Für das Verwaltungsverfahren gilt mangels abweichender Regelungen das VwVfG.

Statthafte Klageart ist die **Verpflichtungsklage** ggf. iVm einem Antrag nach § 123 VwGO, 30 vor deren Erhebung ein Antrag auf Erteilung der Verlassenserlaubnis beim Bundesamt zu stellen ist (§§ 68 Abs. 2, 75 S. 2 VwGO). Ein Widerspruch findet nicht statt (§ 11). Im Rahmen eines Straf- oder Ordnungswidrigkeitenverfahrens kann sich insbesondere die Frage nach der Reichweite einer erteilten Verlassenserlaubnis auch inzident stellen.

Steht die Erlaubnisfreiheit nach Abs. 3 im Streit, ist die Feststellungsklage statthaft. 31

Die – zu Nachweiszwecken sinnvolle – Ausstellung einer Bescheinigung über die Erlaubnis ist 32 nicht gem. § 47 Abs. 1 Nr. 9 AufenthV gebührenpflichtig (VG Regensburg BeckRS 2013, 5169; vgl. auch NK-AuslR/Stahmann Rn. 14).

§ 58 Verlassen eines zugewiesenen Aufenthaltsbereichs

(1) ¹Die Ausländerbehörde kann einem Ausländer, der nicht oder nicht mehr verpflichtet ist, in einer Aufnahmeeinrichtung zu wohnen, erlauben, den Geltungsbereich der Aufenthaltsgestattung vorübergehend zu verlassen oder sich allgemein in dem Bezirk einer anderen Ausländerbehörde aufzuhalten. ²Die Erlaubnis ist zu erteilen, wenn hieran ein dringendes öffentliches Interesse besteht, zwingende Gründe es erfordern oder die Versagung der Erlaubnis eine unbillige Härte bedeuten würde. ³Die Erlaubnis wird in der Regel erteilt, wenn eine nach § 61 Absatz 2 erlaubte Beschäftigung ausgeübt werden soll oder wenn dies zum Zwecke des Schulbesuchs, der betrieblichen Aus- und Weiterbildung oder des Studiums an einer staatlichen oder staatlich anerkannten Hochschule oder vergleichbaren Ausbildungseinrichtung erforderlich ist. ⁴Die Erlaubnis bedarf der Zustimmung der Ausländerbehörde, für deren Bezirk der allgemeine Aufenthalt zugelassen wird.

(2) Zur Wahrnehmung von Terminen bei Bevollmächtigten, beim Hohen Flüchtlingskommissar der Vereinten Nationen und bei Organisationen, die sich mit der Betreuung von Flüchtlingen befassen, soll die Erlaubnis erteilt werden.

(3) Der Ausländer kann Termine bei Behörden und Gerichten, bei denen sein persönliches Erscheinen erforderlich ist, ohne Erlaubnis wahrnehmen.

(4) ¹Der Ausländer kann den Geltungsbereich der Aufenthaltsgestattung ohne Erlaubnis vorübergehend verlassen, wenn ein Gericht das Bundesamt dazu verpflichtet hat, den Ausländer als Asylberechtigten anzuerkennen, ihm internationalen Schutz im Sinne des § 1 Absatz 1 Nummer 2 zuzuerkennen oder die Voraussetzungen des § 60 Absatz 5 oder 7 des Aufenthaltsgesetzes festzustellen, auch wenn diese Entscheidung noch nicht unanfechtbar ist. ²Satz 1 gilt entsprechend für Familienangehörige im Sinne des § 26 Absatz 1 bis 3.

(5) Die Ausländerbehörde eines Kreises oder einer kreisangehörigen Gemeinde kann einem Ausländer die allgemeine Erlaubnis erteilen, sich vorübergehend im gesamten Gebiet des Kreises aufzuhalten.

(6) Um örtlichen Verhältnissen Rechnung zu tragen, können die Landesregierungen durch Rechtsverordnung bestimmen, dass sich Ausländer ohne Erlaubnis vorübergehend in einem die Bezirke mehrerer Ausländerbehörden umfassenden Gebiet, dem Gebiet des Landes oder, soweit Einvernehmen zwischen den beteiligten Landesregierungen besteht, im Gebiet eines anderen Landes aufhalten können.

Überblick

Die Vorschrift regelt verschiedene Erlaubnistatbestände für das Verlassen des durch § 56 beschränkten Aufenthaltsbereichs. Im Unterschied zu § 57 betrifft sie Ausländer, die nicht oder nicht mehr verpflichtet sind, in einer Aufnahmeeinrichtung zu wohnen (→ Rn. 1). Auf Grundlage von Abs. 1 S. 1 kann die zuständige Ausländerbehörde das vorübergehende Verlassen des Geltungsbereichs der Aufenthaltsgestattung (→ Rn. 5) oder den allgemeinen Aufenthalt im Bezirk einer anderen Ausländerbehörde gestatten (→ Rn. 6 f.). Im zweiten Fall bedarf es nach Abs. 1 S. 4 stets der Zustimmung der anderen Ausländerbehörde (→ Rn. 8). Abs. 1 S. 2 sieht im Falle eines dringenden öffentlichen Interesses (→ Rn. 10), zwingenden Grundes (→ Rn. 11) oder bei andernfalls bestehender unbilliger Härte (→ Rn. 12 f.) einen strikten Rechtsanspruch auf die Erlaubnis nach Abs. 1 S. 1 vor. Ein Regelanspruch auf sie besteht nach Abs. 1 S. 3, wenn das Verlassen für einen Schulbesuch, die Ausübung einer erlaubten Beschäftigung, eine betriebliche Aus- und Weiterbildung oder ein Studium erforderlich ist (→ Rn. 15 ff.). Gleiches gilt nach Abs. 2, wenn das Verlassen der Wahrnehmung von Terminen bei Bevollmächtigten, dem UNHCR oder mit der Betreuung von Flüchtlingen befasster Organisationen dient (→ Rn. 21). Erlaubnisfrei ist das Verlassen zur Wahrnehmung von Behörden- oder Gerichtsterminen, wenn das persönliche Erscheinen des Ausländers erforderlich ist (→ Rn. 23), ferner, wenn der Ausländer aufgrund einer gerichtlichen Verpflichtungsentscheidung eine konkrete Aussicht auf ein Aufenthaltsrecht hat (→ Rn. 24 f.). Die Erlaubnisfreiheit erstreckt sich im zweiten Fall auch auf seine Familienangehörigen iSd § 26 Abs. 1–3 (→ Rn. 26). Nach Abs. 5 kann dem Ausländer der vorübergehende Aufenthalt im gesamten Kreisgebiet erlaubt werden (→ Rn. 27). Abs. 6 erlaubt es, den vorübergehenden Aufenthalt per Verordnung in einem bestimmten Gebiet generell für erlaubnisfrei zu erklären (→ Rn. 28 ff.).

Übersicht

A. Allgemeines

1   Die auf § 25 aF zurückgehende und inhaltlich letztmals durch das Gesetz zur Umsetzung der Richtlinie 2011/95/EU (v. 28.8.2013, BGBl. I 3474) geänderte Vorschrift gilt für Ausländer, die nicht mehr zur Wohnsitznahme in einer Aufnahmeeinrichtung verpflichtet sind, sowie – sofern man § 56 Abs. 2 hier für einschlägig hält (→ § 56 Rn. 22 f.) – für Personen, die der Wohnverpflichtung des § 47 niemals unterlagen. **Zuständig** ist iRv § 58 grundsätzlich die nach Landesrecht zuständige **Ausländerbehörde,** nicht wie iRv § 57 das Bundesamt.

2   Im Vergleich zu § 57 ist **§ 58 weit weniger restriktiv,** weil der durchgängigen Erreichbarkeit außerhalb einer (Besonderen) Aufnahmeeinrichtung keine wesentliche Bedeutung (mehr) zukommt. Ohnehin hat angesichts des regelmäßig nach drei Monaten eintretenden Erlöschens der räumlichen Beschränkung (§ 59a Abs. 1 S. 1) die **Bedeutung von § 58 deutlich abgenom-**

men. In vielen Fällen wird sie mit Entlassung aus der Aufnahmeeinrichtung bereits erloschen sein. Die Frage nach der **Wahrung des Verhältnismäßigkeitsgrundsatzes** wird sich deshalb – von den Fällen einer gem. § 59b angeordneten räumlichen Beschränkung abgesehen– primär iRv § 57 stellen.

§ 58 **gilt für die Dauer der gesetzlichen räumlichen Beschränkung,** darüber hinaus in 3 Fällen, in denen auf Grundlage von § 59b eine räumliche Beschränkung angeordnet wurde (vgl. § 59b Abs. 2). Auf zwischenzeitlich ausgereiste Folgeantragsteller ist § 58 über § 71 Abs. 2 S. 2, auf Zweitantragsteller über § 71a Abs. 3 S. 3 anwendbar. Anders als § 57 ermöglicht § 58 nicht nur das vorübergehende Verlassen, sondern teilweise auch den allgemeinen Aufenthalt jenseits des durch § 56 gezogenen Radius.

B. Die Erlaubnistatbestände im Einzelnen

I. Die Erlaubnis nach Abs. 1

Auf Grundlage von Abs. 1 kann die Ausländerbehörde dem Ausländer per **begünstigendem** 4 **Verwaltungsakt** das vorübergehende Verlassen oder den allgemeinen Aufenthalt im Zuständigkeitsbezirk einer anderen Ausländerbehörde gestatten. Ausgangspunkt ist die in S. 1 normierte „Generalklausel", an die S. 2 und S. 3 mit der Formulierung „die Erlaubnis" ebenso anknüpfen wie Abs. 2. Auf sie ist zurückzugreifen, wenn die auf Rechtsfolgenseite für den Ausländer günstigeren Erlaubnistatbestände in S. 2 und S. 3 bzw. Abs. 2 nicht einschlägig sind.

S. 1 unterscheidet **zwei Erlaubnissachverhalte:** Die Verlassenserlaubnis und die – nicht im 5 Sinne eines Aufenthaltstitels (§ 4 Abs. 1 S. 2 AufenthG) zu verstehende – „allgemeine Aufenthaltserlaubnis". Die Unterscheidung ist bedeutsam, weil es nur im zweiten Fall der Zustimmung der anderen Ausländerbehörde bedarf (S. 4). Für das vorübergehende Verlassen greift der Zustimmungsvorbehalt dagegen nicht. Hinsichtlich des vorübergehenden Verlassens kann auf die Kommentierung zu § 57 verwiesen werden (→ § 57 Rn. 8).

Was man unter dem **Begriff des allgemeinen Aufenthalts** zu verstehen hat, ist **unklar.** Vor 6 dem Hintergrund, dass mit dem Erlaubnistatbestand eine Unterbringung außerhalb des Gebiets der räumlichen Beschränkung ermöglicht werden sollte, um insbesondere Stadtstaaten in Zeiten hoher Zugangszahlen zu entlasten (BT-Drs. 12/1984, 49), wird unter dem allgemeinen Aufenthalt ein **Daueraufenthalt** verstanden (GK-AsylG/Bodenbender Rn. 6; BeckOK AuslR/Neundorf Rn. 6). Eine Verlagerung des gewöhnlichen Aufenthalts soll damit aber nicht einhergehen (GK-AsylG/Bodenbender Rn. 6). Der Ausländer würde danach in einem Zuständigkeitsbezirk iSe gewöhnlichen Aufenthalts (vgl. § 60 Abs. 1 S. 1) wohnen, sich aber (auch) in einem anderen dauerhaft aufhalten. Zur Abgrenzung setzt der dauerhafte Aufenthalt voraus, dass der Betroffene absehbar (immer wieder) in den Bezirk des gewöhnlichen Aufenthalts zurückkehrt. Dafür spricht, dass nach aktueller Gesetzessystematik der Daueraufenthalt im Sinne eines Wohnortes mittels der nach § 60 Abs. 1 S. 1 verpflichtend zu erlassenden (→ § 60 Rn. 19) und nach § 60 Abs. 2 weiter konkretisierbaren Wohnsitzauflage bestimmt wird. Die Erlaubnis nach S. 1 kann aber nicht ermöglichen, was die Wohnsitzauflage verbietet. Jedenfalls wenn der Ausländer aus ex-ante-Sicht nicht nur vorübergehend im Zuständigkeitsbezirk einer anderen Ausländerbehörde untergebracht werden soll, kann dies **nur durch eine Änderung der Wohnsitzauflage** nach Maßgabe der §§ 50 Abs. 4, 51, 60 erreicht werden. Mit ihr verändert sich dann auch die räumliche Beschränkung (§ 56 Abs. 2), so sie denn überhaupt noch fort gilt (§ 59a Abs. 1 S. 1). Ein Aufenthalt von einigen Monaten ist dabei kein vorübergehender, sondern bereits ein gewöhnlicher (OVG NRW Beschl. v. 25.1.1995 – 8 B 3194/94, juris Rn. 8, BeckRS 9998, 29557).

Mit dem allgemeinen Aufenthalt kann in Abgrenzung zur Verlassenserlaubnis vor allem ein 7 zweckunabhängiger Aufenthalt in einem anderen Behördenbezirk ermöglicht werden. Anlass für eine solche Erlaubnis können zB häufige und regelmäßige Aufenthalte in einem anderen Behördenbezirk, zB zum Besuch von Familienangehörigen sein (NK-AuslR/Stahmann Rn. 8) Statt hier die jeweiligen Absenzen einzeln oder „gebündelt" (→ § 57 Rn. 10) zu erlauben, kann der Aufenthalt in dem anderen Zuständigkeitsbezirk auch allgemein erlaubt werden. Die „allgemeine Aufenthaltserlaubnis" deckt dann in Anknüpfung an das obige Beispiel nicht nur Familienbesuche, sondern jeden (vorübergehenden) Aufenthalt ab.

Die Gestattung des **allgemeinen Aufenthalts** setzt gem. Abs. 1 S. 4 die **Zustimmung der** 8 **betroffenen Ausländerbehörde** voraus. Im Unterschied zur früheren Rechtslage ist nicht mehr nur der allgemeine Aufenthalt im Bezirk der angrenzenden Ausländerbehörde erlaubnisfähig. Auch kann der Aufenthalt – vorbehaltlich der erforderlichen Zustimmungen – für mehrere Behördenbezirke allgemein, auch länderübergreifend erlaubt werden (BeckOK AuslR/Neundorf Rn. 6; NK-

AuslR/Stahmann Rn. 8). Die Erlaubnis beinhaltet dabei zugleich eine Verlassenserlaubnis zur Durchquerung anderer Behördenbezirke, um in das Gebiet, für das der Aufenthalt allgemein erlaubt wurde, zu gelangen.

8.1 Um Problemen, zB im Rahmen von Kontrollen, vorzubeugen, ist darauf zu achten, dass die „allgemeine Aufenthaltserlaubnis" in der Bescheinigung über die Aufenthaltsgestattung vermerkt oder ein gesonderter Nachweis ausgestellt wird.

1. Strikter Rechtsanspruch nach Abs. 1 S. 2

9 Die betroffene Person hat einen Rechtsanspruch auf die Erlaubnis („ist zu erteilen"), wenn daran ein dringendes öffentliches Interesse besteht, zwingende Gründe es erfordern oder ihre Versagung eine unbillige Härte darstellen würde.

10 Im Falle eines **dringenden öffentlichen Interesses** wird die Initiative zur Erlaubniserteilung regelmäßig von der Ausländerbehörde ausgehen. Anwendungsfälle sind zB ein Unterbringungsnotstand oder ein Katastrophenfall, der eine schnelle Evakuierung erfordert, ferner wenn der Ausländer den zulässigen Aufenthaltsradius zur Erfüllung von Mitwirkungspflichten verlassen muss, sofern hier nicht bereits Abs. 3 einschlägig ist (→ § 57 Rn. 27).

11 Hinsichtlich des **zwingenden Grundes** kann grundsätzlich auf die Ausführungen zu § 57 Abs. 1 verwiesen werden (→ § 57 Rn. 13 ff.). Ob diese tatsächlich eins zu eins übertragbar sind, erscheint zwar fraglich, weil das öffentliche Interesse an einer besseren Erreichbarkeit des Ausländers nach Entlassung aus der Aufnahmeeinrichtung im Rahmen der schon auf Tatbestandsebene vorzunehmenden Interessenabwägung (dazu HessVGH NVwZ-RR 1990, 514 (516) sowie BeckOK AuslR/Neundorf § 57 Rn. 7) ungleich geringer wiegt. Mit der Variante der **unbilligen Härte** existiert allerdings eine Art **Auffangtatbestand,** der bereits in weniger gravierenden Fällen greift, dabei die Belange des Ausländers stärker in den Blick nimmt und so im Einzelfall unverhältnismäßige Ergebnisse vermeidet (HessVGH NVwZ-RR 1990, 514 (515); Nr. 12.5.2.3 AufenthGAVwV).

11.1 Unverhältnismäßige Härten drohen nach Ausdehnung der Wohnverpflichtung und der daran gekoppelten räumlichen Beschränkung (§ 59a Abs. 1 S. 2) inzwischen vor allem im Bereich der Erstaufnahme, so dass die Aufnahme eines entsprechenden Auffangtatbestands in § 57 nicht nur wünschenswert, sondern wohl auch verfassungsrechtlich notwendig wäre, nachdem die Erlaubnissachverhalte inzwischen auf zwei Vorschriften verteilt sind (→ § 57 Rn. 13).

12 Eine unbillige Härte liegt bei Beeinträchtigungen persönlicher Belange vor, die im Vergleich zu den betroffenen öffentlichen Interessen und im Hinblick auf den vom Gesetz vorausgesetzten Zweck der Aufenthaltsbeschränkung als unangemessen schwer anzusehen sind (vgl. Nr. 12.5.2.3 AufenthGAVwV; vgl. auch HessVGH NVwZ-RR 1990, 514 (515) bezüglich einer Erlaubnis zur Teilnahme an einer Klassenfahrt; NK-AuslR/Stahmann Rn. 11).

13 Der Begriff der unbilligen Härte ist ebenso wie der des zwingenden Grundes ein gerichtlich voll überprüfbarer **unbestimmter Rechtsbegriff** (HessVGH NVwZ-RR 1990, 514 (515)).

14 S. 2 knüpft mit der Formulierung („Die Erlaubnis") an S. 1 an. Da S. 1 zwei verschiedene Erlaubnistypen regelt, kann unklar sein, welche davon im Einzelfall beansprucht werden kann. Die Frage, ob ein Anspruch auf die weiterreichende „allgemeine Aufenthaltserlaubnis" besteht, wird man nur in Ansehung des konkret geltend gemachten Erlaubnisgrundes beantworten können. Ein Anspruch auf allgemeinen Aufenthalt dürfte zB bestehen, wenn die Erlaubnis der Ausübung eines Umgangs- oder Personensorgerechts dient (VG Düsseldorf BeckRS 2009, 33704 zur alten Rechtslage, wonach nur der allgemeine Aufenthalt im angrenzenden Behördenbezirk erlaubnisfähig war).

2. Regelanspruch nach Abs. 1 S. 3

15 Die mit dem Gesetz zur Bekämpfung der Zwangsheirat und zum besseren Schutz der Opfer von Zwangsheirat sowie zur Änderung weiterer aufenthalts- und asylrechtlicher Vorschriften (v. 23.6.2011, BGBl. I 1266) eingeführten Regelerteilungstatbestände verdeutlichen, dass der Gesetzgeber Integration und Teilhabe bereits während des Asylverfahrens eine größere Bedeutung als früher beimisst. Dabei hatte er seinerzeit vor allem Asylbewerber mit längerem verfahrensbedingten Aufenthalt und minderjährige Asylbewerber im Blick. Jedenfalls der erste Gesichtspunkt ist seit Einführung von § 59a Abs. 1 S. 1 weitgehend überholt.

16 So wird der Betroffene auf eine Erlaubnis zum Zwecke der Ausübung einer nach § 61 Abs. 2 erlaubten Beschäftigung – die selbstständige Erwerbstätigkeit scheidet mangels Erlaubnisfähigkeit von vornherein aus – angesichts des erst nach drei Monaten bestehenden Arbeitsmarktzugangs (§ 61 Abs. 2 S. 1) und der nach derselben Frist entfallenden räumlichen Beschränkung (§ 59a Abs. 1 S. 1) regelmäßig nur in den Fällen des § 59b angewiesen sein. Anders liegt der Fall während des verpflichtenden Aufenthalts in einer Aufnahmeeinrichtung; die hier inzwischen mögliche (§ 61 Abs. 1 S. 2) Ausübung einer Beschäftigung erfordert mit Blick auf § 59a Abs. 1 S. 2 ggf. eine Verlassenserlaubnis, deren Erteilung sich systematisch nach § 57 richten müsste (→ § 57 Rn. 10a). Allerdings erscheint **eine (doppelt) analoge Anwendung von § 58 Abs. 1 S. 3** vorzugswürdig (→ § 57 Rn. 10b).

Soweit der Schulbesuch der **Erfüllung** einer nach Maßgabe des Landesrechts bestehenden 17 **Schulpflicht** dient, ist bereits von einem rechtlich **zwingenden Grund,** ggf. auch von einem dringenden öffentlichen Interesse iSv S. 2 auszugehen. S. 3 greift aber ggf. dort, wo der Ausländer „freiwillig" beschult wird. Freilich kann man auch hier schon ein dringendes öffentliches Interesse oder eine bei Erlaubnisversagung eintretende unbillige Härte annehmen. Dem Wortlaut nach ist auch der Besuch von Volkshochschulen umfasst.

Die Beschränkung auf betriebliche Aus- und Weiterbildungen dürfte damit zu erklären sein, 18 dass rein schulische Ausbildungen bereits unter die erste Variante fallen.

Die Erlaubnis kann nur in atypischen Fällen verweigert werden, etwa bei Straftätern, bei wel- 19 chen der begründete Verdacht besteht, dass sie die Lockerung der Aufenthaltsbeschränkung zur Begehung weiterer Straftaten nutzen werden (BT-Drs. 17/4401, 12). Abgeurteilte Straftaten können dabei zugleich Anlass für die Anordnung einer räumlichen Beschränkung nach § 59b Abs. 1 Nr. 1 sein. Das rechtfertigt aber nicht automatisch die Versagung einer Erlaubnis nach S. 3 unter Annahme eines atypischen Falls. Stets sind die Einzelfallumstände, etwa Art und Zeitpunkt der Straftat und insbesondere die bisherige Asylverfahrensdauer, in den Blick zu nehmen.

Auch S. 3 knüpft an S. 1 an, wobei die typischerweise regelmäßig auftretenden Verlassensgründe 20 tendenziell für eine Erlaubnis des allgemeinen Aufenthalts sprechen.

3. Regelanspruch nach Abs. 2

Der Erlaubnistatbestand entspricht weitgehend § 57 Abs. 2, so dass auf die dortige Kommentie- 21 rung verwiesen werden kann (→ § 57 Rn. 21 ff.). Allerdings fordert Abs. 2 keine unverzügliche Erteilung der Erlaubnis. Nachvollziehbar ist das vor dem Hintergrund, dass der Ausländer die – nur innerhalb kurzer Fristen angreifbare – Entscheidung des Bundesamts ggf. erst nach Entlassung aus der Aufnahmeeinrichtung erhält, nicht. Mit Blick auf Art. 19 Abs. 4 GG ist insbesondere die **Kontaktaufnahme mit einem Bevollmächtigten** auch iRv Abs. 2 deshalb **schnellstmöglich durch Erteilung der Erlaubnis** zu ermöglichen. Pragmatisch geschieht dies dadurch, dass das Verlassen zur Wahrnehmung solcher Termine pauschal oder der Aufenthalt in dem Behördenbezirk, in dem der Bevollmächtigte ansässig ist, allgemein erlaubt wird, denn auch Abs. 2 knüpft mit seinem Wortlaut an Abs. 1 S. 1 an („die Erlaubnis").

4. Ermessensentscheidung

Scheidet eine Erlaubnis aus den zuvor genannten Gründen aus, kommt eine Erlaubnis nach 22 Abs. 1 S. 1 in Betracht. Da dieser auf Tatbestandsseite nichts weiter fordert, muss die Ausländerbehörde bei der lediglich zu treffenden Ermessensentscheidung („kann") die privaten mit den öffentlichen Belangen abwägen und sich dabei vom Normzweck leiten lassen (§ 40 VwVfG). Diesen zu bestimmen fällt allerdings nicht leicht. Mit dem öffentlichen Interesse an einer jederzeitigen Verfügbarkeit des Ausländers zur Wahrung der Funktionsfähigkeit des Asylverfahrens wird man die Versagung der Erlaubnis jedenfalls nicht rechtfertigen können. Da die räumliche Beschränkung (§ 56 Abs. 2) – wenn überhaupt – nur noch für kurze Zeit bestehen wird (§ 59a Abs. 1 S. 1), hängen Verfügbarkeit des Ausländers und die Notwendigkeit einer Verlassenserlaubnis im Ergebnis vom Zufall, nämlich vom Zeitpunkt der Entlassung aus der Aufnahmeeinrichtung ab. Bei einer Entlassung vor Ablauf von drei Monaten dürfte die Verlassenserlaubnis deshalb schon zur Vermeidung willkürlicher Ergebnisse regelmäßig zu erteilen sein (im Ergebnis ebenso NK-AuslR/Stahmann Rn. 9). Jedenfalls müsste die Ausländerbehörde darlegen, worin das öffentliche Interesse an einem Verbleib des Ausländers für die „Restlaufzeit" der räumlichen Beschränkung genau liegen soll.

Da der Gesetzgeber die mit der räumlichen Beschränkung verfolgten Zwecke inzwischen primär auf 22.1 der Ebene der Erstaufnahme verfolgt (§ 59a Abs. 1 S. 2), sollte sie für die Zeit danach komplett aufgegeben werden.

II. Erlaubnisfreiheit bei Behörden- und Gerichtsterminen

23   Die Wahrnehmung von Terminen bei Gerichten und Behörden – **auch bei ausländischen** – ist nach Abs. 3 per se erlaubnisfrei. Die Vorschrift entspricht inhaltlich § 57 Abs. 3 (→ § 57 Rn. 27). Anders als dort besteht aber keine Anzeigepflicht.

III. Erlaubnisfreiheit bei gerichtlicher Verpflichtungsentscheidung

24   Nach Abs. 4 ist das vorübergehende Verlassen (→ Rn. 5) erlaubnisfrei, wenn ein Gericht das Bundesamt dazu verpflichtet hat, eine Statusentscheidung (Asylberechtigung, internationaler Schutz) zu treffen oder die Voraussetzungen für ein nationales zielstaatsbezogenes Abschiebungsverbot (§ 60 Abs. 5, Abs. 7 AufenthG) festzustellen. Das gilt auch, wenn die **Verpflichtungsentscheidung noch nicht unanfechtbar** ist. Der Fall, dass das Bundesamt dem Asylantrag (§ 13 Abs. 2 S. 1) selbst unmittelbar (teilweise) stattgegeben hat, ist seit dem Gesetz zur Umsetzung aufenthalts- und asylrechtlicher Richtlinien der Europäischen Union (v. 19.8.2007, BGBl. I 1970) nicht mehr in § 57 geregelt. Dafür besteht auch kein Bedürfnis, weil die **mit Bekanntgabe der Bundesamtsentscheidung** ausgelöste Erlaubnisfiktion (§ 25 Abs. 1 S. 3, Abs. 2 S. 2 AufenthG) nicht nur das **Ende** der Aufenthaltsgestattung (§ 67 Abs. 1 Nr. 6), sondern auch das **der räumlichen Beschränkung** bewirkt (§ 59a Abs. 2 S. 2). Der Aufenthalt des Ausländers ist von diesem Moment an auf Grundlage des AufenthG zu regeln.

25   Stellt das Bundesamt die Voraussetzungen des § 60 Abs. 5, Abs. 7 AufenthG fest, greift keine Erlaubnisfiktion. Allerdings hat der Gesetzgeber diesen Fall 2007 aus dem Anwendungsbereich von § 58 herausgenommen. Das hat die **merkwürdige Konsequenz,** dass der Ausländer bei einer – mit Bekanntgabe bestandskräftig werdenden – Feststellungsentscheidung unmittelbar durch das Bundesamt schlechter als bei einer gerichtlichen Verpflichtungsentscheidung steht. Während er im ersten Fall eine sichere Aufenthaltsperspektive besitzt, die im Falle einer Klageerhebung gegen die Ablehnung des Asylantrags allein wegen der Sperrwirkung des § 10 Abs. 1 AufenthG (BVerwGE 153, 353 = NVwZ 2016, 458) nicht in einen Aufenthaltstitel (§ 25 Abs. 3 S. 1 AufenthG) umgemünzt werden kann, besteht in der Verpflichtungskonstellation das Risiko, dass er am Ende vollständig „mit leeren Händen" dasteht. Da eine die Dauerhaftigkeit des Abschiebungshindernisses bestätigende Behördenentscheidung existiert, besteht auch das vom Gesetzgeber insbesondere für den Fall vorübergehender tatsächlicher Abschiebungshindernisse gesehene Missbrauchsrisiko nicht, das ihn zur Änderung der Vorschrift bewogen hat (BT-Drs. 16/5065, 218 f.). Insofern spricht viel für ein **Redaktionsversehen,** das im Wege eines **Erst-Recht-Schlusses** korrigiert werden kann (ähnlich NK-AuslR/Stahmann Rn. 17).

26   Die Erlaubnisfreiheit erstreckt sich unabhängig vom Stand ihrer eigenen Asylverfahren auch auf die Familienangehörigen des Ausländers iSv § 26 Abs. 1–3. § 26 Abs. 4 S. 2 **verweist** dabei **nur auf den Familienstatus,** nicht auf die weiteren in § 26 Abs. 1–3 genannten Voraussetzungen.

IV. Vorübergehender Aufenthalt im Kreisgebiet

27   Auf Grundlage von Abs. 5 kann dem Ausländer der **vorübergehende Aufenthalt** im gesamten Kreisgebiet erlaubt werden. Im Unterschied zu Abs. 1 S. 1 ist der allgemeine Aufenthalt nicht erlaubnisfähig. **Hauptanwendungsfall** sind Ausländer, deren Aufenthalt § 56 Abs. 2 auf das Gebiet einer **kreisangehörigen Stadt mit eigener Ausländerbehörde** begrenzt. Auf das Territorium einer kreisfreien Stadt kann der vorübergehende Aufenthalt auf Grundlage von Abs. 5 dagegen nicht erstreckt werden (GK-AsylG/Bodenbender Rn. 31; aA BeckOK AuslR/Neundorf Rn. 14; NK-AuslR/Stahmann Rn. 31, der allerdings zu Unrecht auf die Kommentierung von Bodenbender verweist). Da Abs. 5 tatbestandlich nichts weiter verlangt, beschränkt sich die Aufgabe der Ausländerbehörde auf eine sachgerechte Ermessensausübung, die den oben dargestellten Grundsätzen folgen muss (→ Rn. 22).

V. Erlaubnisfreiheit kraft Rechtsverordnung

28   Nach Abs. 6 kann der zulässige Bewegungsradius durch die Landesregierung kraft Verordnung erweitert werden. Einer Umsetzung durch Verwaltungsakt bedarf es nicht. Wie iRv Abs. 5 kann allerdings auch hier nur der vorübergehende Aufenthalt gestattet werden. Im Wege einer solchen **vom Einzelfall unabhängigen Generalerlaubnis** kann Bedürfnissen Rechnung getragen werden, die sich innerhalb des entlang von Verwaltungsgrenzen gezogenen Aufenthaltsgebiets lebensnah und pragmatisch nicht immer verwirklichen lassen. Auch die Verordnungsermächtigung gilt nur für Ausländer, die nicht (mehr) verpflichtet sind, in einer Aufnahmeeinrichtung zu wohnen.

Das „freigegebene" Gebiet kann mehrere Behördenbezirke, das gesamte Bundesland (für **29** Baden-Württemberg vgl. zB die AsylAufenthVO – Verordnung der Landesregierung über das vorübergehende Verlassen des Aufenthaltsbereichs durch Asylbewerber v. 14.2.2012, BWGBl. 59) oder – ein entsprechendes Einvernehmen vorausgesetzt – auch das Territorium eines anderen Bundeslandes umfassen, was sich insbesondere in Stadtstaaten anbietet. Aus Normzweck und Wortlaut („örtliche Verhältnisse") dürfte zu folgern sein, dass es sich um ein **angrenzendes Bundesland** handeln muss. Die allgemeine Erlaubnis kann dabei auch den vorübergehenden Aufenthalt in mehreren (angrenzenden) Bundesländern umfassen.

Die Erlaubnis im Verordnungswege darf nicht auf bestimmte Ausländer beschränkt werden **30** (GK-AsylG/Bodenbender Rn. 35). Mit § 59b steht ein Instrument zur Verfügung, mit dem im Einzelfall dem öffentlichen Interesse an einem räumlich beschränkten Aufenthalt Genüge getan werden kann.

C. Verwaltungsverfahren und Rechtsschutz

Die Erteilung einzelfallbezogener Verlassens- und „allgemeiner Aufenthaltserlaubnisse" obliegt **31** der nach Maßgabe des Landesrechts zuständigen Ausländerbehörde. Im Übrigen kann auf die Kommentierung zu § 57 verwiesen werden (→ § 57 Rn. 29 ff.).

§ 59 Durchsetzung der räumlichen Beschränkung

(1) ¹Die Verlassenspflicht nach § 12 Abs. 3 des Aufenthaltsgesetzes kann, soweit erforderlich, auch ohne Androhung durch Anwendung unmittelbaren Zwangs durchgesetzt werden. ²Reiseweg und Beförderungsmittel sollen vorgeschrieben werden.

(2) Der Ausländer ist festzunehmen und zur Durchsetzung der Verlassenspflicht auf richterliche Anordnung in Haft zu nehmen, wenn die freiwillige Erfüllung der Verlassenspflicht, auch in den Fällen des § 59a Absatz 2, nicht gesichert ist und andernfalls deren Durchsetzung wesentlich erschwert oder gefährdet würde.

(3) Zuständig für Maßnahmen nach den Absätzen 1 und 2 sind
1. die Polizeien der Länder,
2. die Grenzbehörde, bei der der Ausländer um Asyl nachsucht,
3. die Ausländerbehörde, in deren Bezirk sich der Ausländer aufhält,
4. die Aufnahmeeinrichtung, in der der Ausländer sich meldet, sowie
5. die Aufnahmeeinrichtung, die den Ausländer aufgenommen hat.

Überblick

Die Vorschrift regelt die Vollstreckung der gesetzlichen Verlassenspflicht (§ 12 Abs. 3 AufenthG) als Folge eines Verstoßes gegen die räumliche Beschränkung des § 56 (→ Rn. 3 f.). Zur Vollstreckung der Verlassenspflicht erlaubt Abs. 1 S. 1 den sofortigen Einsatz unmittelbaren Zwangs ohne vorherige Androhung (→ Rn. 6). Abs. 1 S. 2 fordert im Regelfall die Vorgabe von „Reisemodalitäten" (→ Rn. 14). Abs. 2 ermöglicht als ultima ratio die Festnahme und die dem Richter vorbehaltene (→ Rn. 20 f.) Anordnung von Verbringungshaft (→ Rn. 15 ff.). Abs. 3 normiert Behördenzuständigkeiten (→ Rn. 22 f.).

Übersicht

A. Allgemeines

Verstößt der Ausländer gegen die räumliche Beschränkung des § 56, ist er dazu verpflichtet, **1** den Teil des Bundesgebiets, in dem er sich ohne Erlaubnis der räumlichen Beschränkung zuwider aufhält, unverzüglich, dh ohne schuldhaftes Zögern (§ 121 Abs. 1 S. 1 BGB), zu verlassen. Diese

Verlassenspflicht folgt aus § 12 Abs. 3 AufenthG, der mit den in § 59 vorgesehenen vollstreckungsrechtlichen Besonderheiten (→ Rn. 6) auch im Anwendungsbereich des AsylG gilt.

2 Ein Verstoß gegen die räumliche Beschränkung liegt vor, wenn der Ausländer sich unerlaubt (vgl. §§ 57, 58) außerhalb des zulässigen Radius aufhält, entweder weil er diesen von vornerein unerlaubt verlassen oder die Reichweite einer Erlaubnis überschritten hat. Auf die Dauer des unerlaubten Aufenthalts kommt es für die Verlassenspflicht nicht an. Ebenso ist irrelevant, ob es sich um einen vorwerfbaren Verstoß handelt.

3 Die **Verlassenspflicht** des § 12 Abs. 3 AufenthG entsteht in jedem Fall **kraft Gesetzes.** Im originären Anwendungsbereich von § 56 gilt das auch für die räumliche Beschränkung. Im Falle des § 56 Abs. 2 ist ihre Entstehung zwar vom Erlass eines Verwaltungsakts in Form einer Wohnsitzauflage (§ 60) abhängig. Wegen § 75 tritt die durch die Wohnsitzauflage – nicht die Zuweisungsentscheidung (so BeckOK AuslR/Neundorf Rn. 3) – begründete Verpflichtung, im Bezirk einer anderen Ausländerbehörde Aufenthalt zu nehmen, aber sofort mit ihrem Erlass ein. In den Fällen des § 59b wird die räumliche Beschränkung dagegen durch Verwaltungsakt begründet (§ 59b Abs. 2). Auch hier entsteht die Verlassenspflicht bei Überschreitung des zulässigen Aufenthaltsradius wegen § 75 aber unabhängig von einer gegen die Anordnung erhobenen Klage.

4 § 59 erlaubt nach Überschrift und Systematik allein die Durchsetzung räumlicher Beschränkungen iSd § 56, genauer gesagt die Vollstreckung der im Fall ihrer Missachtung entstehenden Verlassenspflicht. Kraft Gesetzes (§§ 47 Abs. 1 S. 1) oder durch Verwaltungsakt (§ 60) begründete **Wohnverpflichtungen beinhalten keine räumliche Beschränkungen** in diesem Sinne (OVG NRW BeckRS 2012, 53010; NK-AuslR/Kessler Rn. 2; missverständlich Bergmann/Dienelt/ Bergmann Rn. 2 unter Verweis auf die Wohnauflage des § 60 Abs. 2 S. 1 Nr. 3, die den Aufenthalt allerdings nicht selbst iSd § 56 beschränkt, sondern allenfalls den Bezugspunkt der räumlichen Beschränkung ändert). Dasselbe gilt für Weiterleitungsverfügungen (§§ 20, 22), bei deren Erlass in der Regel noch gar keine Aufenthaltsgestattung existiert (vgl. § 55 Abs. 1 S. 1 und S. 3), die gem. § 56 räumlich beschränkt sein könnte (im Ergebnis ebenso GK-AsylG/Grünewald Rn. 15; aA offenbar BeckOK AuslR/Neundorf Rn. 1; → § 59a Rn. 13). Mit Erlöschen der räumlichen Beschränkung wird § 59 unanwendbar. Wegen § 59a Abs. 2 S. 1 kann die räumliche Beschränkung die Aufenthaltsgestattung dabei „überleben" (→ Rn. 19).

5 § 59 **sperrt nicht** die Anordnung und Durchsetzung von **Freizügigkeitsbeschränkungen** (zB Betretensverbote) **aus gefahrenabwehrrechtlichen Gründen.** Sie ist nur insoweit lex specialis als die Durchsetzung der Verlassenspflicht die Erreichbarkeit des Ausländers und die ordnungsgemäße Durchführung des Asylverfahrens sicherstellen soll (VGH BW BeckRS 1997, 23427). Maßgeblich ist der mit der behördlichen Maßnahme verfolgte Zweck. Nur die Vollstreckung unmittelbar asylverfahrensbezogener Freizügigkeitsbeschränkungen darf auf Grundlage von § 59 erfolgen.

6 § 59 ermöglicht die **unmittelbare Vollstreckung** der gesetzlichen Verlassenspflicht, für die nach allgemeinen vollstreckungsrechtlichen Prinzipien ansonsten der vorherige Erlass eines Verwaltungsakts erforderlich wäre (HTK-AuslR/Fehrenbacher AsylG § 59 Abs. 1 Rn. 10). Zugleich entbindet § 59 Abs. 1 S. 1 vom Erfordernis einer vorherigen Androhung des unmittelbaren Zwangs. Dessen Einsatz ist auch nicht subsidiär gegenüber anderen Zwangsmitteln (GK-AsylG/ Grünewald Rn. 17). Auch insofern weicht Abs. 1 vom allgemeinen Vollstreckungsrecht ab. Mit dem **Sofortvollzug** asylrechtlicher Verlassenspflichten sollen Verzögerungen im Asylverfahren vermieden werden. Gleichzeitig soll eine Binnenwanderung unterbunden werden (BT-Drs. 12/ 2062, 37).

6.1 Für die Durchsetzung ausländerrechtlicher räumlichen Beschränkung (vgl. § 61 AufenthG) gilt dagegen das allgemeine Vollstreckungsrecht. Die Durchsetzung der Verlassenspflicht des § 12 Abs. 3 AufenthG setzt also eine vollziehbare Ordnungsverfügung voraus.

7 Für zwischenzeitlich ausgereiste **Folgeantragsteller** gilt § 59 aufgrund von § 71 Abs. 2 S. 2, für **Zweitantragsteller** (§ 71a) aufgrund von § 71a Abs. 3 S. 2.

B. Die Durchsetzung der Verlassenspflicht

I. Anwendung unmittelbaren Zwangs

8 Abs. 1 S. 1 erlaubt zur Durchsetzung der Verlassenspflicht die Anwendung unmittelbaren Zwangs. Unmittelbarer Zwang ist gem. § 2 Abs. 1 UZwG die Einwirkung auf Personen oder Sachen durch körperliche Gewalt, ihre Hilfsmittel und durch Waffen. Letzteres ist aus Verhältnismäßigkeitsgründen aber ausgeschlossen.

Der Zwangsmitteleinsatz steht unter dem **Vorbehalt der Erforderlichkeit** und auf Rechtsfol- 9 genseite im Ermessen der nach Maßgabe von Abs. 3 zuständigen Behörden (→ Rn. 22). Erforderlich ist die Anwendung unmittelbaren Zwangs, wenn die unverzügliche Erfüllung der Verlassenspflicht anders nicht gewährleistet ist. Das setzt, wie sich auch aus Abs. 2 ergibt, grundsätzlich eine vorherige Aufforderung zur freiwilligen Pflichterfüllung voraus, die nach Maßgabe von S. 2 konkretisiert werden soll (→ Rn. 14). Die Reaktion auf diese Aufforderung kann dabei Indizien liefern, ob der Ausländer nicht bzw. nicht ohne schuldhaftes Zögern freiwillig in sein Aufenthaltsgebiet zurückkehren wird. Solche konkreten Anhaltspunkte sind in jedem Fall erforderlich (NK-AuslR/Kessler Rn. 4). Pauschale Unterstellungen oder Regelvermutungen sind unzureichend (VG Berlin BeckRS 2016, 49549).

Auch ein erforderlicher Zwangsmitteleinsatz kann am **Übermaßverbot** scheitern, etwa wenn 10 bei zwangsweiser Durchsetzung der Verlassenspflicht das Risiko gravierender Gesundheitsschäden besteht (HmbOVG Beschl. v. 10.2.1992 – Bs VII 142/91 Rn. 7). Davon ist nicht erst bei Reiseunfähigkeit auszugehen.

Auch die Frage, ob der Ausländer bei der Erfüllung seiner Verpflichtung schuldlos zögert, lässt 11 sich nicht anhand starrer Höchstfristen, sondern nur anhand der Einzelfallumstände beantworten.

Auf Rechtsfolgenseite kann die Behörde im Rahmen der Ermessensausübung zB Grund, Dauer 12 oder Vorwerfbarkeit des Verstoßes berücksichtigen.

Ist der Einsatz unmittelbaren Zwangs erforderlich und verhältnismäßig, erlaubt Abs. 1 S. 1 13 diesen abweichend von allgemeinen vollstreckungsrechtlichen Grundsätzen (vgl. zB § 20 Abs. 1 S. 1 BWLVwVG, § 13 Abs. 1 S. 1 BWLVwVG) **ohne** vorherige **Androhung.** Ob die zuständige Behörde von der Erleichterung Gebrauch macht, steht in ihrem **Ermessen.** Ein verhältnismäßiges Vorgehen dürfte allerdings zumeist eine Androhung erfordern, sofern der Ausländer nicht zu erkennen gibt, dass er seiner Verpflichtung nicht freiwillig nachkommen wird. Mit Blick auf den **Normzweck** ist außerdem zu berücksichtigen, ob der **Sofortvollzug** im Sinne eines ordnungsgemäßen und zügigen Asylverfahrens **wirklich notwendig** ist. Die hierfür eigentlich erforderliche Kenntnis des Verfahrensstandes wird sich allerdings nicht immer zeitnah verlässlich gewinnen lassen.

Abs. 1 S. 2 begründet eine **vom eigentlichen Zwangsmitteleinsatz losgelöste Befugnis** 14 (GK-AsylG/Grünewald Rn. 22). Indem Reiseweg und Beförderungsmittel regelmäßig vorzuschreiben sind, wird die Verlassenspflicht konkretisiert und die Kontrolle ihrer (freiwilligen) Erfüllung ermöglicht. Für die Begebenspflicht des § 50 Abs. 6 gilt Abs. 1 S. 2 nicht, auch nicht analog (GK-AsylG/Grünewald Rn. 23). Auch iRv Abs. 1 S. 2 hat die Behörde den Verhältnismäßigkeitsgrundsatz zu beachten (→ Rn. 17).

II. Festnahme und Inhaftierung

Abs. 2 erlaubt **zur Durchsetzung der asylrechtlich begründeten Verlassenspflicht** die 15 Festnahme und Inhaftierung des (ehemaligen) Asylbewerbers. Auf Grundlage von Abs. 2 kann **nur Verbringungshaft** angeordnet werden. Diese ist **von der Sicherungshaft iSd § 62 AufenthG strikt zu trennen,** da sich die jeweiligen Haftgründe unterscheiden und nicht wechselseitig austauschbar sind (BVerfG BeckRS 2009, 38587); Entsprechendes gilt für die Mitwirkungshaft (vgl. § 62 Abs. 6 AufenthG). Die Anordnung von Verbringungshaft ist auch **kein Mittel zur Sanktionierung** von Verstößen gegen die Verlassenspflicht (OLG Hamburg BeckRS 2001, 30210054; HmbOVG BeckRS 2009, 42416). Hierfür sind §§ 85 Abs. 1 Nr. 2, 86 Abs. 1 da.

Festnahme und Inhaftierung gehen über die Anwendung unmittelbaren Zwangs hinaus. Dessen 16 Zulässigkeit ist zwar notwendige, aber nicht hinreichende Bedingung. Festnahme und Inhaftierung sind nur unter den in Abs. 2 genannten Voraussetzungen möglich, der den **Verhältnismäßigkeitsgrundsatz** in doppelter Hinsicht einfach-rechtlich zum Ausdruck bringt. Abs. 2 betont zunächst den bereits iRv Abs. 1 zu berücksichtigenden Vorrang der freiwilligen Pflichterfüllung. Den **Maßstab für die Zulässigkeit einer Haftanordnung** bildet die Frage, ob ohne sie die Durchsetzung der Verlassenspflicht wesentlich erschwert oder gefährdet würde.

Dafür ist zunächst stets zu prüfen, ob eine Freiheitsentziehung zur Durchsetzung der Verlassens- 17 pflicht tatsächlich notwendig oder die **sofortige Verbringung** unter Anwendung unmittelbaren Zwangs nicht doch **möglich** und das schonendere Mittel ist (BVerfG BeckRS 2009, 38587). Insofern kann der Verhältnismäßigkeitsgrundsatz auch den nach Abs. 1 S. 2 bestehenden Spielraum verengen und zur Prüfung alternativer Reisewege und Beförderungsmittel, die eine Freiheitsentziehung entbehrlich machen, zwingen.

Ist eine unmittelbare Verbringung nicht möglich, bedarf es einer auf konkrete Umstände 18 gestützten **Prognose, dass der Ausländer die zwangsweise Durchsetzung der Verlassens-**

pflicht nicht dulden wird (BVerfG BeckRS 2009, 38587; OLG Hamburg BeckRS 2001, 30210054; GK-AsylG/Grünewald Rn. 36). An dieser Stelle kann dann auch ein früheres Verhalten, etwa ein Untertauchen, berücksichtigt werden. Der Umstand allein, dass zwischen „Sistierung des Ausländers und der Abfahrt des nächsten Beförderungsmittels" ein mehrtägiger Zeitraum liegt, rechtfertigt die Anordnung von Haft nicht (so aber wohl BT-Drs. 12/2062, 37; wie hier GK-AsylG/Grünewald Rn. 36). Auch hier würde die Durchsetzung der Verlassenspflicht nur dann iSv Abs. 2 wesentlich erschwert und ist zu ihrer Vorbereitung eine Haftanordnung zulässig, wenn es mit Blick auf das erwartete Verhalten des Ausländers ansonsten einer durchgängigen Zwangsanwendung bedürfte. Das ist bei einem Ausländer, der zwar nicht zur freiwilligen Rückkehr bereit ist, bei dem aber auch nichts dafür spricht, dass er sich der zwangsweisen Verbringung widersetzen wird, auch dann nicht der Fall, wenn die Verbringung erst in einigen Tagen möglich ist.

19   Der Verweis auf § 59a Abs. 2 stellt klar, dass auch die Festnahme und **Inhaftierung vollziehbar ausreisepflichtiger Asylbewerber,** deren Aufenthaltsgestattung nach Maßgabe von § 67 bereits erloschen ist, möglich ist. Auch hier ist sie aber **nur in Form der Verbringungshaft** und nicht etwa zur Vorbereitung der Durchsetzung der Ausreisepflicht zulässig.

20   Die Inhaftnahme stellt einen Eingriff in Art. 2 Abs. 2 S. 2 GG dar und bedarf als **freiheitsentziehende Maßnahme** der richterlichen Anordnung (Art. 104 Abs. 2 S. 1 GG). Die Abgrenzung von Freiheitsentziehung und – nicht dem Richtervorbehalt des Art. 104 Abs. 2 S. 1 GG unterfallender – „bloßer" Freiheitsbeschränkung erfolgt anhand der Intensität und Dauer des Eingriffs unter Berücksichtigung der konkreten Einzelfallumstände (BVerfGE 105, 139 = BeckRS 2002, 30259692; OVG Bln-Bbg Beschl. v. 5.7.2017 – OVG 1 N 50.16; VG Berlin BeckRS 2016, 49549: Gewahrsam von 4 h 20 Min bis zur eigentlichen Verbringung keine Freiheitsentziehung; vgl. auch Huber AufenthG/Beichel-Benedetti, 2. Aufl. 2016, AufenthG § 62 Rn. 6).

21   Die Haftdauer muss sich am voraussichtlichen Beginn der Verbringung des Ausländers orientieren (BeckOK AuslR/Neundorf Rn. 7). **Mehr als eine Woche** wird man für eine Personenbeförderung innerhalb Deutschlands auch unter Berücksichtigung organisatorischer Schwierigkeiten aber **keinesfalls** ansetzen dürfen (OLG Hamburg BeckRS 2001, 30210054). Die Entscheidung über die Haftanordnung setzt die Beiziehung der Ausländerakten durch den Richter voraus (BVerfG BeckRS 2009, 38587).

III. Zuständigkeiten

22   Zuständig für Zwangsmitteleinsatz, Festnahme und Haftbeantragung sind nach Abs. 3
• die Polizeien der Länder,
• die Grenzbehörde, bei der der Ausländer um Asyl nachsucht,
• die Ausländerbehörde, in deren Bezirk sich der Ausländer aufhält,
• die Aufnahmeeinrichtung, in der der Ausländer sich meldet, sowie
• die Aufnahmeeinrichtung, die den Ausländer aufgenommen hat.

23   Die Zuständigkeiten bestehen nebeneinander. Nachdem die Aufenthaltsgestattung – und damit auch die räumliche Beschränkung – nicht mehr mit dem Asylgesuch, sondern erst mit Ausstellung des Ankunftsnachweis durch die zuständige Aufnahmeeinrichtung entsteht (vgl. §§ 55 Abs. 1 S. 1, 63a Abs. 3 S. 1), erscheint die Zuständigkeit der zuerst angelaufenen Aufnahmeeinrichtung nicht mehr sachgerecht.

24   Die Durchsetzung der Verlassenspflicht kann über Ländergrenzen hinweg durch eine einzige Behörde erfolgen; einer Übergabe an die jeweiligen Polizeien der Länder bedarf es nicht (VG Berlin BeckRS 2016, 49549).

25   Die **Kosten für die Durchsetzung** der räumlichen Beschränkung hat gem. § 66 Abs. 1 AufenthG der Ausländer zu tragen. Das gilt jedoch nur, soweit diese rechtmäßig war (HmbOVG BeckRS 2009, 42416 auch zur Frage der rechtswegübergreifenden Prüfungskompetenz hinsichtlich der Rechtmäßigkeit der Inhaftierung).

26   Zuständig für die Anordnung der Freiheitsentziehung ist das Amtsgericht (§ 23a Abs. 1 Nr. 2, Abs. 2 Nr. 6 GVG, § 416 FamFG), das Verfahren richtet sich nach §§ 415 ff. FamFG. Das Amtsgericht wird gem. § 417 FamFG nur auf Antrag der zuständigen Verwaltungsbehörden tätig (→ Rn. 22).

C. Rechtsschutz

27   Gegen die (drohende) Vollstreckung der Verlassenspflicht ist der Rechtsweg zu den Verwaltungsgerichten eröffnet und zwar unmittelbar (§ 11). Kann der an sich statthafte Antrag nach § 123

VwGO nicht rechtzeitig eingelegt werden, bleibt zur (nachträglichen) Klärung der Rechtmäßigkeit nur die Feststellungsklage.

Rechtsschutz gegen die Anordnung der Freiheitsentziehung ist vor den ordentlichen Gerichten **28** nach den Vorgaben des FamFG zu suchen.

§ 59a Erlöschen der räumlichen Beschränkung

(1) ¹Die räumliche Beschränkung nach § 56 erlischt, wenn sich der Ausländer seit drei Monaten ununterbrochen erlaubt, geduldet oder gestattet im Bundesgebiet aufhält. ²Die räumliche Beschränkung erlischt abweichend von Satz 1 nicht, solange die Verpflichtung des Ausländers, in der für seine Aufnahme zuständigen Aufnahmeeinrichtung zu wohnen, fortbesteht.

(2) ¹Räumliche Beschränkungen bleiben auch nach Erlöschen der Aufenthaltsgestattung in Kraft bis sie aufgehoben werden, längstens aber bis zu dem in Absatz 1 bestimmten Zeitpunkt. ²Abweichend von Satz 1 erlöschen räumliche Beschränkungen, wenn der Aufenthalt nach § 25 Absatz 1 Satz 3 oder § 25 Absatz 2 Satz 2 des Aufenthaltsgesetzes als erlaubt gilt oder ein Aufenthaltstitel erteilt wird.

Überblick

Die Vorschrift regelt das kraft Gesetzes eintretende Erlöschen der räumlichen Beschränkung des § 56. Nach Abs. 1 S. 1 endet sie im Regelfall, wenn sich der Ausländer drei Monate gestattet, geduldet oder erlaubt ununterbrochen in Deutschland aufgehalten hat (→ Rn. 5 ff.), gem. S. 2 jedoch nicht vor Beendigung der Verpflichtung, in einer Aufnahmeeinrichtung zu wohnen (→ Rn. 11). Abs. 2 S. 1 regelt die Fortgeltung der räumlichen Beschränkung bei Erlöschen der Aufenthaltsgestattung (→ Rn. 13 ff.). Abs. 2 S. 2 macht davon für den Fall einer positiven Statusentscheidung (→ Rn. 18) bzw. Titelerteilung (→ Rn. 19) eine Ausnahme.

Übersicht

A. Allgemeines

Mit dem Gesetz zur Verbesserung der Rechtsstellung von asylsuchenden und geduldeten Ausländern **1** (v. 23.12.2014, BGBl. I 2439) wurde die körperliche Bewegungsfreiheit Asylsuchender erheblich erweitert. Die bis dahin zeitlich nicht limitierte räumliche Beschränkung des § 56 erlischt seit Einführung von § 59a nunmehr im Regelfall nach drei Monaten ununterbrochenen gestatteten, geduldeten oder erlaubten Aufenthalts im Bundesgebiet. Eine Ausnahme gilt gem. Abs. 1 S. 2 für die Dauer der Verpflichtung, in einer Aufnahmeeinrichtung zu wohnen. Da diese bei Inkrafttreten der Reform maximal drei Monate betrug, verbesserte sich die Rechtsstellung des Ausländers jedenfalls nach drei Monaten wie beabsichtigt. Mit der (wiederholten) Anhebung der Höchstfrist auf inzwischen bis zu 18 Monate (§ 47 Abs. 1 S. 1), der Einführung einer zeitlich nicht limitierten Wohnverpflichtung für Asylsuchende, die aus sicheren Herkunftsstaaten stammen (§ 47 Abs. 1a, § 29a) oder die in § 47 Abs. 1 S. 3 genannten Mitwirkungspflichten verletzen, sowie der Schaffung einer Möglichkeit, per Landesregelung eine bis zu 24 Monate während Wohnverpflichtung zu begründen (§ 47 Abs. 1b), hat der Gesetzgeber die **Verbesserungen** durch die Hintertür des Abs. 1 S. 2 **in Teilen wieder zurückgenommen.** In Kombination mit dem ebenfalls an die gesetzliche Wohnsitzauflage des § 47 anknüpfenden mindestens neunmonatigen Erwerbstätigkeitsverbot (§ 61 Abs. 1) steht ein beträchtlicher Anteil Asylsuchender damit schlechter als vor der Reform dar.

Mit dem Gesetz zur Verbesserung der Rechtsstellung von asylsuchenden und geduldeten Ausländern **2** hat sich partiell auch die **Funktion der räumlichen Beschränkung verändert.** Wesentliche der mit ihr bis dato verfolgten Zwecke, insbesondere die gleichmäßige Kostenverteilung, werden nunmehr vor allem über die nach § 60 Abs. 1 S. 1 verpflichtend zu erlassende und auf Grundlage von § 60 Abs. 2 weiter konkretisierbare Wohnsitzauflage verwirklicht (BT-Drs. 18/3144, 10).

3   Für zwischenzeitlich ausgereiste Folgeantragsteller gilt § 59a aufgrund von § 71 Abs. 2 S. 2, für sonstige Folgeantragsteller gem. § 71 Abs. 7 S. 2 und für Zweitantragsteller aufgrund von § 71a Abs. 3 S. 2.

4   Für im Einzelfall auf Grundlage von § 59b (wieder) angeordnete räumliche Beschränkungen gilt nur § 59a Abs. 2, nicht jedoch § 59a Abs. 1 (vgl. § 59b Abs. 2).

B. Erlöschen der räumlichen Beschränkung

I. Regelfall: Erlöschen nach drei Monaten

5   Die räumliche Beschränkung erlischt regelmäßig nach drei Monaten. Abs. 1 S. 1 präzisiert die in der Gesetzesbegründung gewählte Formulierung, die räumliche Beschränkung erlösche drei Monate nach der Einreise (BT-Drs. 18/3144, 9), dahingehend, dass sich der Ausländer während der drei Monate entweder gestattet, geduldet oder erlaubt im Bundesgebiet aufgehalten haben muss. Die Status stehen gleichwertig nebeneinander, es ist also nicht erforderlich, dass sich der Ausländer in den drei Monaten überwiegend im Status der Aufenthaltsgestattung in Deutschland aufgehalten hat. Die **Drei-Monats-Frist beginnt** auch **nicht erst mit Entstehung der Aufenthaltsgestattung.** Eine Person, die erst nach drei Monaten geduldeten oder erlaubten Aufenthalts ein Asylverfahren einleitet, unterliegt der räumlichen Beschränkung deshalb allenfalls nach Maßgabe von Abs. 1 S. 2.

6   Die Aufenthaltsgestattung entsteht kraft Gesetzes nach § 55 Abs. 1 S. 1 mit Ausstellung des Ankunftsnachweises, ansonsten mit Stellung des förmlichen Asylantrags (§ 55 Abs. 1 S. 3). Auf die Ausstellung der Bescheinigung (§ 63) hierüber kommt es nicht an. Das Erlöschen der Aufenthaltsgestattung richtet sich nach § 67, das ebenfalls Folge gesetzlicher Anordnung ist.

7   Geduldet iSv Abs. 1 S. 1 ist der Ausländer, wenn seine Abschiebung auf Grundlage von § 60a AufenthG ausgesetzt ist. Auf die deklaratorische Bescheinigung (§ 60a Abs. 4 AufenthG) kommt es auch hier nicht an. Anrechenbar sind auch Zeiträume, in denen der Ausländer aufgrund eines materiell-rechtlichen Grundes iSv § 60a AufenthG die Erteilung einer Duldung beanspruchen konnte (im Ergebnis wohl auch HTK-AuslR/Fehrenbacher AsylG § 59a Abs. 1 Rn. 3; vgl. auch BVerfG NVwZ 2003, 1250 (1251) zur Frage der Straflosigkeit infolge eines materiell-rechtlich bestehenden Duldungsanspruchs). Diese Frage kann insbesondere beim Übergang von der automatisch erlöschenden Aufenthaltsgestattung zu der – den Erlass eines Verwaltungsakts voraussetzenden – Duldung relevant werden.

8   Erlaubt ist der Aufenthalt, wenn der Ausländer einen Aufenthaltstitel besitzt, der Aufenthalt als erlaubt gilt oder aus sonstigen Gründen erlaubt ist.

9   Der Aufenthalt ist ununterbrochen, wenn der Ausländer das Bundesgebiet innerhalb des maßgeblichen Dreimonatszeitraums nicht verlassen hat. Angesichts der Kürze der Frist dürften anders als iRv §§ 25a und 25b (→ AufenthG § 25a Rn. 14, → AufenthG § 25b Rn. 22) schon kurzfristige **Ausreisen** dazu führen, dass die Uhr im Falle der Wiedereinreise wieder auf Null gesetzt wird.

10   Für im Einzelfall auf Grundlage von § 59b (wieder) angeordnete räumliche Beschränkungen gilt Abs. 1 nicht, da § 59b Abs. 2 nur auf Abs. 2 verweist.

II. Ausnahme: Wohnverpflichtung in Aufnahmeeinrichtung

11   Die räumliche Beschränkung des § 56 bleibt gem. Abs. 1 S. 2 über die Drei-Monats-Frist hinaus bestehen, solange der Ausländer verpflichtet ist, in einer Aufnahmeeinrichtung zu wohnen. Auch Besondere Aufnahmeeinrichtungen (vgl. § 30a Abs. 3) sind Aufnahmeeinrichtungen in diesem Sinne. Das Ende der Wohnverpflichtung richtet sich nach §§ 47–50 und tritt teilweise kraft Gesetzes (§§ 47 Abs. 1 S. 1, 48), teilweise als Folge eines Verwaltungsakts ein (§§ 49, 50 Abs. 1 S. 1). Endet die Wohnverpflichtung vor Ablauf der Drei-Monats-Frist, unterliegt der Ausländer für die Restlaufzeit der räumlichen Beschränkung, in der Regel nach Maßgabe von § 56 Abs. 2. **Der Zweck dieser** – vom Zufall abhängigen – **Fortgeltung** ist allerdings **nicht ersichtlich.**

III. Rechtsfolge

Die räumliche Beschränkung erlischt mit Ablauf der Drei-Monats-Frist bzw. dem Ende der **12** Wohnverpflichtung kraft Gesetzes; der Eintrag in der Bescheinigung über die Aufenthaltsgestattung (§ 63) ist irrelevant, führt in der Praxis aber mitunter in die Irre. Zur Vermeidung von Nachteilen sollte bei der nach Maßgabe von § 63 Abs. 3 zuständigen Behörde deshalb die **Löschung des Vermerks** veranlasst werden. Das Erlöschen der räumlichen Beschränkung stellt eine Änderung der räumlichen Beschränkung iSv § 63 Abs. 3 S. 3 dar.

C. Fortgeltung der räumlichen Beschränkung

Die Entstehung der räumlichen Beschränkung des § 56 ist grundsätzlich an die Existenz einer **13** Aufenthaltsgestattung gekoppelt. **Hinsichtlich des Erlöschens löst S. 1** diese **Akzessorietät,** indem er den Fortbestand der räumlichen Beschränkung auch für den Fall des Untergangs der Aufenthaltsgestattung anordnet. Die 2005 (BGBl. 2004 I 1950) eingeführte Fortgeltungsanordnung fand sich bislang in § 56 aF, wurde durch das Gesetz zur Verbesserung der Rechtsstellung von asylsuchenden und geduldeten Ausländern (v. 23.12.2014, BGBl. I 2439) aber aus systematischen Gründen in § 59a verschoben. Die Gründe für das Erlöschen der Aufenthaltsgestattung sind abschließend in § 67 geregelt. Eine Ausreise in das Herkunftsland führt nicht automatisch zum Erlöschen der räumlichen Beschränkung (so aber Bergmann/Dienelt/Bergmann Rn. 3), sondern löst zunächst einmal nur die Rücknahmefiktion des § 33 Abs. 3 aus. Die in der Folge gem. § 32 zu erlassende Einstellungsentscheidung bewirkt mit ihrer Zustellung den Untergang der Aufenthaltsgestattung (§ 67 Abs. 1 S. 1 Nr. 3). Das Erlöschen der räumlichen Beschränkung richtet sich dann nach Abs. 2 S. 1.

Eine **Grenze für den Fortbestand** der räumlichen Beschränkung bildet gem. Abs. 1 S. 2 der **14** in Abs. 1 bestimmte Zeitpunkt. Ein Erlöschen der Aufenthaltsgestattung vor Ablauf von drei Monaten dürfte dabei zwar eher die Ausnahme sein, ist zB in den Fällen der §§ 67 Abs. 1 S. 1 Nr. 2–4, 59b aber durchaus denkbar.

Für den Fall einer – mit Bekanntgabe bestandskräftig werdenden und das Erlöschen der Aufenthaltsge- **14.1** stattung bewirkenden (§ 67 Abs. 1 S. 1 Nr. 6) – (teilweise) positiven Statusentscheidung schließt Abs. 2 S. 2 die Fortgeltung der räumlichen Beschränkung aus (→ Rn. 18).

Einen praxisrelevanten Anwendungsbereich hat Abs. 2 S. 1 vor allem in Fällen, in denen nach **15** Ablauf von drei Monaten noch eine Verpflichtung, in einer Aufnahmeeinrichtung zu wohnen, besteht, denn der Verweis bezieht sich auf Abs. 1 insgesamt, also auch auf Abs. 1 S. 2. Abs. 2 S. 1 bewirkt hier zB, dass Asylsuchende aus sicheren Herkunftsstaaten bei einer auf § 29a Abs. 2 gestützten Antragsablehnung trotz des damit einhergehenden Untergangs ihrer Aufenthaltsgestattung (§ 67 Abs. 1 S. 1 Nr. 4) unabhängig vom Ablauf der Drei-Monats-Frist infolge der fortbestehenden Wohnverpflichtung (§ 47 Abs. 1a) weiterhin einer räumlichen Beschränkung unterliegen.

Die fortbestehende räumliche Beschränkung erlischt gem. Abs. 2 S. 1 vorzeitig, wenn sie **16** aufgehoben wird. Die **Aufhebung ist ein Verwaltungsakt.** Abs. 2 S. 1 geht ebenso wie andere Vorschriften (vgl. §§ 63 Abs. 3 S. 3, 71 Abs. 7 S. 1) davon aus, dass eine Aufhebung oder Änderung der gesetzlichen räumlichen Beschränkung im Einzelfall möglich ist. Fraglich ist, ob Abs. 2 S. 1 selbst die **Rechtsgrundlage für die Aufhebung** darstellt. Dagegen spricht, dass er keine formellen und materiellen Voraussetzungen für die Aufhebung regelt. Allerdings findet sich innerhalb des AsylG keine alternative Grundlage für eine Aufhebung. §§ 48 ff. VwVfG scheiden aus, da es sich bei der räumlichen Beschränkung des § 56 nicht um einen Verwaltungsakt handelt (aA BeckOK AuslR/Neundorf Rn. 4). § 61 AufenthG (dann wohl Abs. 5) kommt jedenfalls dann nicht in Betracht, wenn man davon ausgeht, dass die räumliche Beschränkung schon im Status der Aufenthaltsgestattung aufgehoben werden kann (in diesem Sinne dürfte das Bsp. bei NK-AuslR/Stahmann Rn. 5 zu verstehen sein). Systematisch bezieht sich die Möglichkeit der Aufhebung allerdings nur auf die Phase nach Erlöschen der Aufenthaltsgestattung.

Umstritten ist, **ob** die **Erteilung einer Duldung,** mit der ein Aufenthalt aus asylverfahrens- **17** unabhängigen Gründen ermöglicht wird, eine **Aufhebung iSv Abs. 2 S. 1** darstellt (bejahend Bergmann/Dienelt/Bergmann Rn. 3; HTK-AuslR/Fehrenbacher AsylG § 59a Abs. 1 Rn. 4; OVG LSA BeckRS 2015, 40793; VG Freiburg BeckRS 2013, 59296; aA OVG NRW ZAR 2010, 201; NK-AuslR/Stahmann Rn. 6; Fern ZAR 2019, 375 (379). Dafür spricht, dass für die enge – und im Vergleich zum AufenthG unter erleichterten Bedingungen durchsetzbare (→ § 59 Rn. 5 ff.) – räumliche Beschränkung mit Abschluss des Asylverfahrens die wesentliche sachliche Rechtfertigung (= Beschleunigung des Asylverfahrens (→ § 56 Rn. 2) entfällt (s. aber Fern ZAR

2019, 375 (379), wonach sich lediglich der Fokus auf den mit der räumlichen Beschränkung ebenfalls verfolgten Zweck der Erleichterung einer Aufenthaltsbeendigung verschiebe). Aus Gründen der Rechtsklarheit sowie mit Blick auf den Wortlaut von Abs. 2 S. 2 ist allerdings zu fordern, dass bei Erteilung der Duldung der **Wille zur Aufhebung** der asylrechtlichen räumlichen Beschränkung **eindeutig** zu Tage tritt (ebenso Fern ZAR 2019, 375 (379)). Bis dahin geht § 59a Abs. 2 S. 2 der bei vollziehbar Ausreisepflichtigen kraft Gesetzes entstehenden räumlichen Beschränkung des § 61 Abs. 1 S. 1 AufenthG als lex specialis vor (NK-AuslR/Stahmann Rn. 6; Fern ZAR 2019, 375 (378)).

17.1   Zur Erledigung iSv § 43 Abs. 2 VwVfG kann die Erteilung einer Duldung schon deshalb nicht führen, weil es sich bei der räumlichen Beschränkung des § 56 nicht um einen Verwaltungsakt handelt (so im Ansatz aber HmbOVG BeckRS 2012, 58543).

18   Abs. 2 S. 2 benennt zwei Sachverhalte, bei deren Vorliegen räumliche Beschränkungen abweichend von S. 1 vorzeitig kraft Gesetzes erlöschen. Zum einen ist dies der Fall, wenn der Aufenthalt infolge einer **positiven Statusentscheidung** (Asylberechtigung, internationaler Schutz) gem. § 25 Abs. 1 S. 3, Abs. 2 S. 2 AufenthG als erlaubt gilt. Mit Bekanntgabe der positiven Statusentscheidung gegenüber dem Ausländer wird diese bestandskräftig und erlischt die Aufenthaltsgestattung (§ 67 Abs. 1 S. 1 Nr. 6). Abs. 2 S. 2 schließt hier die Fortgeltung der räumlichen Beschränkung aus. Ein vom Bundesamt bestandskräftig festgestelltes Abschiebeverbot löst keine Erlaubnisfiktion aus. Die räumliche Beschränkung erlischt gem. Abs. 2 S. 2 Alt. 2 (→ Rn. 19) hier erst mit Titelerteilung (§ 25 Abs. 3 AufenthG), sofern sie nicht vorher schon nach Maßgabe von Abs. 2 S. 1 iVm Abs. 1 aufgehoben worden oder erloschen ist. Wurde gegen die Ablehnung des Asylantrags Klage mit aufschiebender Wirkung (§ 75) erhoben, richtet sich das Erlöschen der räumlichen Beschränkung bis zum rechtskräftigen Verfahrensabschluss wegen der fortbestehenden Aufenthaltsgestattung nach Abs. 1.

19   Die räumliche Beschränkung erlischt zum zweiten, wenn dem Ausländer ein – nicht notwendig asylverfahrensbezogener – Aufenthaltstitel erteilt wird. Nach der Formulierung („abweichend von Satz 1") bewirkt die Titelerteilung nur das Erlöschen nach S. 1 isoliert fortbestehender räumlicher Beschränkungen. Da die Erteilung eines Aufenthaltstitels auf die Aufenthaltsgestattung ohne Einfluss ist, bestimmt sich das Erlöschen der räumlichen Beschränkung nach Abs. 1, solange die Aufenthaltsgestattung fortbesteht.

20   Für die Dauer der räumlichen Beschränkung richtet sich ein länderübergreifender Wohnsitzwechsel nach § 51. Allerdings wird es in der Regel die Wohnsitzauflage (§ 60) sein, die diesem im Wege steht (→ § 51 Rn. 4).

21   Die räumliche Beschränkung, deren Fortgeltung gem. Abs. 2 S. 1 angeordnet wird, ist die nach § 56. Auch Verstöße gegen diese isolierte räumliche Beschränkung stellen eine Ordnungswidrigkeit (§ 86 Abs. 1) oder Straftat (§ 85 Nr. 2) dar (aA NK-AuslR/Stahmann Rn. 9).

§ 59b Anordnung der räumlichen Beschränkung

(1) Eine räumliche Beschränkung der Aufenthaltsgestattung kann unabhängig von § 59a Absatz 1 durch die zuständige Ausländerbehörde angeordnet werden, wenn
1. **der Ausländer wegen einer Straftat, mit Ausnahme solcher Straftaten, deren Tatbestand nur von Ausländern verwirklicht werden kann, rechtskräftig verurteilt worden ist,**
2. **Tatsachen die Schlussfolgerung rechtfertigen, dass der Ausländer gegen Vorschriften des Betäubungsmittelgesetzes verstoßen hat,**
3. **konkrete Maßnahmen zur Aufenthaltsbeendigung gegen den Ausländer bevorstehen oder**
4. **von dem Ausländer eine erhebliche Gefahr für die innere Sicherheit oder für Leib und Leben Dritter ausgeht.**

(2) Die §§ 56, 58, 59 und 59a Absatz 2 gelten entsprechend.

Überblick

Die Vorschrift ermöglicht die einzelfallbezogene Anordnung räumlicher Beschränkungen für Personen, die im Besitz einer Aufenthaltsgestattung sind (→ Rn. 3), wenn einer der vier abschließend benannten Tatbestände vorliegt. Zulässig ist die Anordnung nach einer rechtskräftigen Verurteilung zu einer nicht ausländerrechtlichen Straftat (→ Rn. 6 ff.), bei der tatsachenbasierten Annahme eines Verstoßes gegen das BtMG (→ Rn. 10 f.), im Falle konkret bevorstehender Maßnahmen der Aufenthaltsbeendigung (→ Rn. 12 ff.) sowie gegenüber „Gefährdern" (→ Rn. 16 ff.). Auf Rechtsfolgenseite steht der Ausländerbehörde Ermessen zu (→ Rn. 21 ff.). Hinsichtlich räumlichem Geltungsbereich, Erlaubnistatbeständen sowie Durchsetzung, Erlöschen und Fortgeltung der räumlichen Beschränkung verweist Abs. 2 auf die Regelungen zur kraft Gesetzes entstehenden räumlichen Beschränkung (→ Rn. 24 ff.).

A. Allgemeines

Die Vorschrift wurde durch das Gesetz zur Verbesserung der Rechtsstellung von asylsuchenden **1** und geduldeten Ausländern (v. 23.12.2014, BGBl. I 2439) eingeführt, um die Asylsuchenden durch dasselbe Gesetz weitgehend eingeräumte Bewegungsfreiheit (vgl. § 59a Abs. 1 S. 1, Abs. 2) im Einzelfall weiter bzw. wieder beschränken zu können, wenn hieran ein besonderes – nicht asylverfahrensbezogenes – öffentliches Interesse besteht. Die Anordnungsgründe, derzeit vier an der Zahl, benennt Abs. 1 abschließend. Anders als die kraft Gesetzes entstehende räumliche Beschränkung des § 56 wird jene nach § 59b durch einen **belastenden Dauerverwaltungsakt** begründet.

Für vollziehbar Ausreisepflichtige existiert mit **§ 61 Abs. 1c AufenthG** eine zeitgleich einge- **2** führte **Parallelvorschrift**. Durch das Gesetz zur besseren Durchsetzung der Ausreisepflicht (v. 20.7.2017, BGBl. I 2780) wurde der Katalog der Anordnungsgründe im AsylG um einen „Gefährder-Tatbestand" (Nr. 4) erweitert. § 61 Abs. 1c AufenthG ist demgegenüber nicht ergänzt worden. Der Aufenthalt des Ausländers ist hier aber ggf. kraft Gesetzes beschränkt (vgl. § 56 Abs. 2 AufenthG).

§ 59b setzt voraus, dass der Ausländer **bei Anordnung** der räumlichen Beschränkung noch **3** eine **Aufenthaltsgestattung** besitzt („Beschränkung der Aufenthaltsgestattung"). Der in Abs. 2 enthaltene Verweis auf § 59a Abs. 2 bewirkt aber ggf., dass eine auf Grundlage von Abs. 1 angeordnete räumliche Beschränkung fort gilt, wenn die Aufenthaltsgestattung erlischt (→ Rn. 27). Entstehung und Untergang der Aufenthaltsgestattung richten sich nach § 55 Abs. 1 S. 1, S. 3 bzw. § 67. Für zwischenzeitlich ausgereiste **Folgeantragsteller** gilt § 59b aufgrund von § 71 Abs. 2 S. 2, für andere Folgeantragsteller gem. § 71 Abs. 7 S. 2 und für **Zweitantragsteller** aufgrund von § 71a Abs. 3 S. 2. § 59b ist insoweit **lex specialis** gegenüber § 61 Abs. 1c Nr. 3 AufenthG (VG München BeckRS 2016, 52077).

Aus der Formulierung („unabhängig von § 59a Absatz 1") folgt, dass die räumliche Beschrän- **4** kung auch angeordnet werden kann, wenn die gesetzliche räumliche Beschränkung bereits erloschen ist. Teilweise wird angenommen, dass die räumliche Beschränkung des § 59b zeitgleich **neben der gesetzlichen räumlichen Beschränkung** des § 56 bestehen (so Welte ZAR 2015, 219 (221)). Hiergegen spricht aber, dass § 59b Abs. 2 nur auf § 58 verweist. Ein Ausländer, dessen Aufenthalt wegen der Wohnverpflichtung des § 47 Abs. 1 S. 1 kraft Gesetzes beschränkt ist (§§ 56 Abs. 1, 59a Abs. 1 S. 2), bräuchte hier zwei Verlassenserlaubnisse, da von der – asylverfahrensrechtliche Zwecke verfolgenden – gesetzlichen räumlichen Beschränkung nur das Bundesamt nach Maßgabe von § 57 dispensieren kann. Ohnehin könnte eine räumliche Beschränkung nur mit dem sich aus § 56 ergebenden Inhalt der gesetzlichen Beschränkung erlassen werden. Das folgt aus § 59b Abs. 2 (→ Rn. 23) sowie daraus, dass per Verwaltungsakt nicht erlaubt werden kann, was das Gesetz weiterhin verbietet und umgekehrt. Die (nicht aufschiebend bedingte) **Anordnung „auf Vorrat"** ist bei einem gesetzlich ohnehin beschränkten Aufenthalt auch nicht erforderlich. Sie ist deshalb **unzulässig** (wie hier NK-AuslR/Stahmann Rn. 4, 11, allerdings nur für den Fall des § 56 Abs. 1).

Ein Verstoß gegen die räumliche Beschränkung des § 59b stellt eine Ordnungswidrigkeit (§ 86 **5** Abs. 1) und im Wiederholungsfall eine Straftat dar (§ 85 Nr. 2).

5.1   §§ 85, 86 greifen dabei nur den Verweis in § 71a Abs. 3 S. 2, nicht hingegen die Verweise in § 71 auf,
so dass die Sanktionierung von Folgeantragstellern unzulässig sein dürfte.

B. Anordnungstatbestände

I. Strafrechtliche Verurteilung

6   Der Aufenthalt des Ausländers kann beschränkt werden, wenn er wegen einer Straftat **rechtskräftig** verurteilt worden ist. Ausgenommen sind Verurteilungen wegen Straftaten, die nur von
Ausländern begangen werden können. Im Unterschied zu §§ 18a Abs. 1 Nr. 7 (ab 1.3.2020: § 19d
Abs. 1 Nr. 7), § 25a Abs. 3 AufenthG, § 60a Abs. 2 S. 6 AufenthG beschränkt sich Nr. 1 nicht
auf Ausländer-Straftatbestände nach dem AufenthG oder AsylG. Auch unterscheidet er nicht, ob
es sich um nach Jugendstrafrecht oder allgemeinem Strafrecht abgeurteilte Taten handelt, ebenso
wenig, ob die Tat vorsätzlich oder fahrlässig begangen wurde. Diese Aspekte sind aber im Rahmen
der Ermessensausübung zu berücksichtigen (→ Rn. 21).

7   **Zweck der Norm** ist nicht die ausländerrechtliche Sanktionierung begangenen Unrechts
sondern die **Verhinderung (weiterer) Straftaten an einem bestimmten Ort** (BeckOK
AuslR/Neundorf Rn. 3). Dementsprechend bedarf es einer **Prognose,** dass der Ausländer bei
unbeschränktem Aufenthalt erneut Straftaten der abgeurteilten Art begehen wird. Ein Automatismus, dass ein einmal straffällig gewordener Ausländer wieder Straftaten begehen wird, ist ermessensfehlerhaft.

8   Über die Erledigung eines Strafverfahrens haben die zuständigen Stellen die Ausländerbehörde
unverzüglich (§ 121 Abs. 1 S. 1 BGB) zu unterrichten (§ 87 Abs. 4 S. 1 AufenthG). Straftaten,
die aus dem BZRG getilgt wurden oder tilgungsreif sind, dürfen dem Ausländer im Rechtsverkehr
nicht mehr vorgehalten und nicht zu seinem Nachteil verwertet werden (§§ 51, 46 BZRG). Sie
können deshalb nicht Anlass für die Anordnung einer räumlichen Beschränkung sein (Welte ZAR
2015, 219 (222)). Ist die Straftat nach dem BZRG zwar noch verwertbar, liegt sie aber schon lange
zurück, ist dies im Rahmen der Prognoseentscheidung (→ Rn. 6) unter besonderer Beachtung
des Verhältnismäßigkeitsgrundsatzes zu berücksichtigen (NK–AuslR/Stahmann Rn. 5). Liegt die
Verurteilung schon längere Zeit zurück, ist im Übrigen besonders begründungsbedürftig, warum
die Ausländerbehörde trotz frühzeitiger Kenntnis (§ 87 Abs. 4 S. 1 AufenthG) erst jetzt eine
räumliche Beschränkung verfügt.

9   Eine räumliche Beschränkung wird zwar häufig nicht geeignet sein, eine tatgeneigte Person
von der Begehung weiterer Straftaten abzuhalten. Insbesondere flankierend zu einer Änderung
der Wohnsitzauflage (§ 60 Abs. 2) mag sie im Einzelfall aber durchaus sinnvoll sein, um etwa
Gruppen, aus denen heraus Straftaten begangen werden, aufzubrechen, oder eine einzelne Person,
bei der in ihrem gegenwärtigen Umfeld die Begehung weiterer Straftaten zu besorgen wäre, aus
diesem herauszulösen.

II. Verstoß gegen BtMG

10   Nach Nr. 2 kann eine räumliche Beschränkung angeordnet werden, wenn Tatsachen die
Annahme rechtfertigen, dass der Ausländer gegen das Betäubungsmittelgesetz verstoßen hat. Die
ursprüngliche Entwurfsfassung wollte die Anordnung erst bei einen hinreichenden Tatverdacht
zulassen (BT-Drs. 18/3144, 6). Für die Gesetz gewordene niedrigere Schwelle ist zwar nicht die
strafprozessuale Definition des Anfangsverdachts (§ 152 Abs. 2 StPO) maßgeblich, denn **Nr. 2
verfolgt** ein **gefahrenabwehrrechtliches Ziel,** insbesondere den Schutz der Gesundheit der
Bevölkerung (OLG Hamburg NStZ 2016, 433 Rn. 21: „Schutz der Volksgesundheit"), an dem
sich die Ausländerbehörde bei der von ihr zu treffenden **eigenständigen Ermessensentscheidung** gem. § 40 VwVfG zu orientieren hat (VG München BeckRS 2016, 110087). Da sich die
Tatsachen iSd Nr. 2 aber in der Regel aus den Ermittlungsakten der Strafverfolgungsbehörden
ergeben, deren Anforderung (§ 86 AufenthG) und Auswertung für eine ermessensfehlerfreie Entscheidung grundsätzlich notwendig ist (VG München BeckRS 2016, 110087), wird in der Sache
regelmäßig ein Anfangsverdacht im strafprozessualen Sinne vorliegen (im Ergebnis ebenso NK-
AuslR/Stahmann Rn. 6).

11   Über Einleitung und Erledigung eines Strafverfahrens wird die Ausländerbehörde obligatorisch
informiert (§ 87 Abs. 4 S. 1 AufenthG). Die Ausländerbehörde muss das zeitlich häufig nicht
absehbare Ergebnis des Zwischenverfahrens dabei nicht abwarten (OLG Hamburg NStZ 2016,
433 Rn. 21). Im Sinne einer effektiven Gefahrenabwehr kann ein ordnungsbehördliches Einschreiten schon bei Einleitung eines Ermittlungsverfahrens zulässig sein (VG München BeckRS 2016,

110087). Auch wenn die rechtliche Bewertung von Staatsanwaltschaft und Gericht die Ausländerbehörde nicht bindet, wird in der Regel ein **Anspruch auf Aufhebung der räumlichen Beschränkung** (§§ 48 f. VwVfG) bestehen, wenn die Staatsanwaltschaft das Ermittlungsverfahren einstellt (§ 170 Abs. 1, Abs. 2 S. 1 StPO) bzw. das Gericht die Anklage nicht zulässt (§§ 203 f. StPO). Es bedürfte dann jedenfalls einer tatsachenbasierten Begründung, wenn die strafrechtlich nicht versierte Ausländerbehörde die Anordnung einer räumlichen Beschränkung (weiterhin) auf einen (angeblichen) Verstoß gegen das BtMG stützen will, deren Ahndung Staatsanwaltschaft oder Gericht nicht für überwiegend wahrscheinlich im Sinne eines hinreichenden Tatverdachts halten (§§ 170 Abs. 1, Abs. 2 S. 1, 203 f. StPO).

III. Maßnahmen zur Aufenthaltsbeendigung

Nr. 3 erlaubt die Anordnung einer räumlichen Beschränkung, wenn konkrete Maßnahmen **12** zur Aufenthaltsbeendigung bevorstehen. Dadurch soll die **Zugriffschance** auf ausreisepflichtig werdende Ausländer **erhöht** und damit im Ergebnis die Durchsetzung der Ausreisepflicht gesichert werden (BeckOK AuslR/Neundorf Rn. 6; zu Zweifeln an der Geeignetheit vgl. Rosenstein ZAR 2015, 226 (229)).

Nach der Gesetzesbegründung, die sich allerdings noch auf die erste Entwurfsfassung, wonach **13** aufenthaltsbeendende Maßnahmen konkret bevorstehen mussten, bezog, soll Nr. 3 einschlägig sein, wenn die Ausländerbehörde **konkrete Schritte zur Beendigung des Aufenthalts** unternommen bzw. eingeleitet hat (BT-Drs. 18/3144, 15). Das schließlich Gesetz gewordene **unbestimmte Tatbestandsmerkmal** geht hierüber deutlich hinaus und verlangt gerade kein Ergreifen der Maßnahme, sondern lässt ihr Bevorstehen genügen. Weil es sich „nur" um eine bevorstehende Maßnahme „zur" – nicht „der" – Aufenthaltsbeendigung handeln muss, wird der potenzielle Anwendungsbereich noch weiter ins Vorfeld der eigentlichen Abschiebung verlagert. Neben dem Wortlaut spricht auch der persönliche Anwendungsbereich dafür, dass **auch Vorbereitungsmaßnahmen** eine räumliche Beschränkung rechtfertigen können (aA NK-AuslR/Stahmann Rn. 9). Eine Grenze setzt aber neben dem Normzweck die Formulierung, dass eine „konkrete" Maßnahme „bevorstehen" muss. Dafür muss die Ausländerbehörde wenigstens einen bestimmten Ausländer zur Abschiebung ins Auge gefasst und **mit deren Planung begonnen haben** (ähnlich Rosenstein ZAR 2015, 226 (229)). Der absehbare Eintritt oder – im Anwendungsbereich von § 71 Abs. 2 S. 2, Abs. 7 S. 2, § 71a Abs. 3 S. 2 – der bloße Bestand einer vollziehbaren Ausreisepflicht reicht hierfür ebenso wenig aus wie der (absehbare) Erlass einer Abschiebungsandrohung (im Ergebnis wie hier BeckOK AuslR/Neundorf Rn. 7). Das sind nur notwendige, aber keine hinreichenden Bedingungen.

In § 60c Abs. 2 Nr. 5 (bislang: 60a Abs. 2 S. 4 AufenthG) findet sich eine vergleichbare Formulierung, **13.1** die dort allerdings als negatives Tatbestandsmerkmal ausgestaltet ist. Auch wenn jeweils andere Zwecke, nämlich einerseits ein Anspruchsausschluss und andererseits die Sicherung einer geplanten Abschiebung durch einen Eingriff in das Freizügigkeitsrecht des Ausländers, verfolgt werden, erscheint die von der Rechtsprechung zu § 60a Abs. 2 S. 4 AufenthG entwickelte – und seit dem 1.1.2020 auch Gesetz gewordene – Formel, wonach eine **Maßnahme** bevorstehen muss, die **in einem engen sachlichen und zeitlichen Zusammenhang** mit der geplanten Abschiebung selbst steht (vgl. VGH BW ZAR 2016, 396 (398); → AufenthG § 60c Rn. 1 ff. ff.), auch iRd Nr. 3 (bzw. § 61 Abs. 1c Nr. 3 AufenthG) als brauchbarer Ausgangspunkt. Anders als dort verbietet sich aber eine typisierende Betrachtung. Vielmehr ist im Einzelfall zu prüfen, ob bezüglich der zu sichernden Abschiebung bereits ein Planungsstand erreicht ist, der einen baldigen und besseren Zugriff auf den Ausländer erfordert und deshalb einen Eingriff in seine Bewegungsfreiheit gerechtfertigt, insbesondere verhältnismäßig erscheinen lässt.

Zumindest **im unmittelbaren Anwendungsbereich von § 59b** dürfte Nr. 3 allerdings **kaum 14 Praxisrelevanz** haben. Adressat der räumlichen Beschränkung kann nur ein Ausländer sein, der im Besitz einer Aufenthaltsgestattung ist. Mit ihrem Erlöschen endet der Anwendungsbereich von § 59b und beginnt – Folge- und Zweitantragsteller ausgenommen (→ Rn. 3, → Rn. 15) – der von § 61 Abs. 1c AufenthG (aA offenbar Welte ZAR 2015, 219 (222), wonach Nr. 3 einschlägig sein soll, wenn eine vollziehbare Ausreisepflicht besteht). Der Tatbestand soll also dazu die Abschiebung einer Person sichern, von der noch gar nicht feststeht, ob sie jemals ausreisepflichtig wird. Zwar ist die Vorbereitung einer Abschiebung noch nicht ausreisepflichtiger Ausländer rechtlich nicht per se ausgeschlossen. Schon weil die Ausländerbehörde am eigentlichen Asylverfahren nicht unmittelbar beteiligt und über Stand und Inhalt des Asylverfahrens nicht im Bilde ist, wird sie eine Abschiebung in der Regel aber erst konkret planen, wenn der Ausländer tatsächlich vollziehbar ausreisepflichtig geworden ist. Dann aber greift nicht mehr § 59b, sondern § 61 Abs. 1c AufenthG.

Bei Personen aus sicheren Herkunftsstaaten (§ 29a) spricht für die Entstehung einer Ausreisepflicht zwar eine Vermutung. Damit ist aber nicht automatisch der Tatbestand von Nr. 3 erfüllt. Von konkreten Maßnahmen zur Aufenthaltsbeendigung kann erst die Rede sein, wenn feststeht, dass der Aufenthaltsbeendigung auch **keine Vollstreckungsverbote iSv § 60a Abs. 2 S. 1 AufenthG** entgegenstehen (NK-AuslR/Stahmann Rn. 9). Deren Prüfung obliegt zwar – vom Fall gem. § 34a erlassener Abschiebungsanordnungen abgesehen – der nach dem jeweiligen Landesrecht zuständigen Ausländerbehörde. Damit wird sie aber typischerweise zuwarten, bis das Bundesamt ihr seine Entscheidung mitgeteilt hat, denn damit einhergehend erhält sie auch Informationen über mögliche Duldungsgründe (§ 24 Abs. 3 Nr. 2 lit. a AsylG). Da mit Bekanntgabe der „o.u.-Entscheidung" an den Ausländer die Aufenthaltsgestattung gem. § 67 Abs. 1 S. 1 Nr. 4 erlischt, wird der Anwendungsbereich von § 59b in der Regel enden, ehe konkrete Maßnahmen iSd Nr. 3 bevorstehen.

15   Dasselbe gilt für die Abschiebungsanordnung nach § 34a Abs. 1 S. 1, deren Bekanntgabe an den Ausländer ebenfalls zum Erlöschen der Aufenthaltsgestattung führt (§ 67 Abs. 1 S. 1 Nr. 5). Nr. 3 ist hier aber potenziell auf **Folge- und Zweitantragsteller** anwendbar, für die Nr. 3 entsprechend, dh trotz fehlender Aufenthaltsgestattung gilt. Geht man davon aus, dass die Abschiebungsanordnung eine Maßnahme iSd Nr. 3 darstellt (so wohl VG München BeckRS 2016, 52077), bleibt problematisch, dass die Befugnis zum Erlass der räumlichen Beschränkung nicht in den Händen der Behörde liegt, welche die Zulässigkeit der Abschiebung nach Erlass der Abschiebungsanordnung unter Kontrolle zu halten hat (= Bundesamt, vgl. VG Stuttgart BeckRS 2018, 15358 Rn. 14 ff.). Die Ausländerbehörde darf die räumliche Beschränkung daher nur in Abstimmung mit dem Bundesamt erlassen.

IV. „Gefährder"

16   Seit dem Gesetz zur besseren Durchsetzung der Ausreisepflicht (v. 20.7.2017, BGBl. I 2780) erlaubt Nr. 4 die Anordnung einer räumlichen Beschränkung, wenn von dem Ausländer eine erhebliche Gefahr für die innere Sicherheit oder für Leib und Leben Dritter ausgeht. Eine identische Formulierung findet sich in § 56a Abs. 1 AufenthG, eine ähnliche in § 62 Abs. 3b Nr. 3 AufenthG. Der Begriff der erheblichen Gefahr bezieht sich – ebenso wie der Begriff der „besonderen Gefahr" in § 58a Abs. 1 AufenthG – auf Gewicht und Bedeutung der gefährdeten Rechtsgüter, nicht auf die zeitliche Eintrittswahrscheinlichkeit (zum Begriff der „besonderen Gefahr" vgl. BVerwG BeckRS 2017, 104986 Rn. 19).

17   Nr. 4 erfordert eine **einzelfallbezogene tatsachenbasierte Gefahrenprognose.** Reine Vermutungen oder ein Gefahrenverdacht genügen nicht (BeckOK AuslR/Neundorf Rn. 8a; vgl. auch BVerwG BeckRS 2017, 104986 Rn. 22). Anders als iRv § 58a Abs. 1 AufenthG, der nach der Rechtsprechung des BVerwG einen eigenen Wahrscheinlichkeitsmaßstab festschreibt (BVerwG BeckRS 2017, 104986 Rn. 22), muss die zuständige Ausländerbehörde eine **konkrete Gefahr** feststellen (Bergmann/Dienelt/Bergmann Rn. 3).

18   Im Unterschied zu dem in § 58a Abs. 1 AufenthG genannten Sicherheitsbegriff, der auch die äußere Sicherheit umfasst (BVerwG BeckRS 2018, 23003 Rn. 26), bezieht sich Nr. 4 ausdrücklich nur auf die innere Sicherheit (aA LG Bremen BeckRS 2017, 136699 Rn. 54 zu § 2 Abs. 14 Nr. 5a AufenthG aF unter Verweis auf § 92 Abs. 3 Nr. 2 StGB, der jedoch nicht den Begriff der inneren Sicherheit legaldefiniert). Gemeint sein dürfte auch hier die Sicherheit der Bundesrepublik Deutschland, da bei Individualgefahren die zweite Alternative einschlägig ist. Die innere Sicherheit umfasst den Bestand und die Funktionstüchtigkeit des Staates und seiner Einrichtungen. Das schließt den Schutz vor Einwirkungen durch Gewalt und Drohungen mit Gewalt auf die Wahrnehmung staatlicher Funktionen ein (BVerwG BeckRS 2018, 23003 Rn. 26 zu § 58a AufenthG).

19   Eine Gefahr für Leib und Leben geht nach der Gesetzesbegründung von Personen aus, die mit harten Drogen handeln (vgl. BT-Drs. 18/11546, 17 zu § 2 Abs. 14 Nr. 5a AufenthG aF). Bei diesen wird aber in der Regel schon Nr. 2 einschlägig sein. Eigenständige Bedeutung erlangt Nr. 4 aber unter Umständen bei noch nicht rechtskräftig abgeurteilten Verstößen gegen sonstige Strafnormen, wenn man in Nr. 4 nicht die speziellere Regelung sieht.

20   Mit Blick auf die von Nr. 4 erfasste „Zielgruppe" erscheint zweifelhaft, ob die bloße Anordnung einer räumlichen Beschränkung zur Gefahrenabwehr geeignet ist.

C. Rechtsfolge

21   Die Anordnung der räumlichen Beschränkung steht im **pflichtgemäßen Ermessen der Ausländerbehörde.** Unter Berücksichtigung der konkreten Einzelfallumstände muss die räumliche

Beschränkung zur Erreichung des gesetzlichen Ziels geeignet, erforderlich und angemessen sein. Im Rahmen der Abwägung sind insbesondere die grundrechtlich geschützten sowie die unionsrechtlich eingeräumten Rechtspositionen des Ausländers mit dem verfolgten öffentlichen Belang abzuwägen. Auch die **mittelbaren Auswirkungen,** etwa **auf (minderjährige) Familienmitglieder,** die selbst keiner räumlichen Beschränkung (mehr) unterliegen, sind zu bedenken (vgl. VG Stuttgart 20.8.2019 – 2 K 8316/18 Rn. 40). Der Umstand, dass sich der Adressat einer aufenthaltsbeschränkenden Anordnung außerhalb von deren Geltungsbereich im **Kirchenasyl** befindet, macht die Maßnahme nicht ungeeignet (VG München BeckRS 2016, 52077).

Im Falle einer Einschränkung der Fortbewegungsfreiheit des Ausländers sollte vorausschauend **22** auch geprüft werden, ob schutzwürdigen Belangen durch die Erteilung einer Verlassenserlaubnis gemäß § 59 Abs. 2 iVm § 58 angemessen Rechnung getragen werden kann (HTK-AuslR/ Nottermann AsylG § 59b Abs. 1 Rn. 11).

Überwiegend wird angenommen, dass der Auswahlbehörde nicht nur Entschließungsermessen, **23** sondern **auch Auswahlermessen** dergestalt zukommt, dass der räumliche Geltungsbereich variabel ist, also zB auch auf das Bundesland oder eine Kommune beschränkt werden kann (BeckOK AuslR/Neundorf Rn. 10; Welte ZAR 2015, 219 (222); HTK-AuslR/Nottermann AsylG § 59a Abs. 1 Rn. 11). Ein solcher Spielraum wäre unter Zweck- und Verhältnismäßigkeitsgesichtspunkten durchaus vernünftig. Die in § 59b Abs. 2 angeordnete entsprechende Anwendung von § 56 deutet aber grundsätzlich in die Richtung, dass die Aufenthaltsbeschränkung auf den Bezirk der zuständigen Ausländerbehörde zu beschränken ist.

D. Anwendbare Vorschriften

Die in § 59b Abs. 2 genannten Vorschriften finden auf die per Verwaltungsakt begründete **24** räumliche Beschränkung entsprechende Anwendung. Hinsichtlich der Durchsetzung der räumlichen Beschränkung und der Erlaubnistatbestände ist auf die Kommentierung zu § 58 und § 59 zu verweisen (→ § 58 Rn. 1 ff.; → § 59 Rn. 1 ff.).

Der Verweis auf § 56 Abs. 1 dürfte den Fall betreffen, dass der Aufenthalt des Ausländers **25** nach der Entlassung aus der Aufnahmeeinrichtung auf den Bezirk der der bislang zuständigen Ausländerbehörde beschränkt werden soll. Auf Grundlage von § 59b Abs. 2 iVm § 56 Abs. 2 ergibt sich die räumliche Beschränkung, wenn eine Aufenthaltsbeschränkung für den Bezirk einer anderen Ausländerbehörde intendiert ist. Bei dem Verweis auf § 56 dürfte es sich im Übrigen um einen **Rechtsfolgenverweis** handeln. Ansonsten könnte für außerhalb von Aufnahmeeinrichtungen wohnende Personen, deren Lebensunterhalt gesichert ist und die infolgedessen keiner Wohnsitzauflage unterliegen bzw. deren Aufhebung beanspruchen können (→ § 60 Rn. 16), mangels verpflichtender Aufenthaltsnahme iSv § 56 Abs. 2 die Anordnung einer räumlichen Beschränkung nicht angeordnet werden.

Abs. 2 verweist nicht auf § 59a Abs. 1. Die angeordnete räumliche Beschränkung erlischt **26** deshalb nicht nach Ablauf eines dreimonatigen geduldeten, gestatteten oder erlaubten Aufenthalts. Demgegenüber ist § 59a Abs. 2 entsprechend anwendbar. Bei Zuerkennung eines die Erlaubnisfiktion des § 25 Abs. 1 S. 3, Abs. 2 S. 2 AufenthG auslösenden Schutzstatus (Asylberechtigung, internationaler Schutz) oder Erteilung einer Aufenthaltserlaubnis erlischt die räumliche Beschränkung deshalb. Dasselbe gilt, wenn sie aufgehoben wird (§§ 48 f. VwVfG).

Nach Abs. 2 iVm § 59a Abs. 2 S. 1 bleibt die räumliche Beschränkung auch bei Erlöschen der **27** Aufenthaltsgestattung (§ 67) bestehen, bis sie aufgehoben wird. Normzweck sowie die Tatsache, dass die räumliche Beschränkung des § 59b unabhängig von § 59a Abs. 1 angeordnet werden kann, sprechen dafür, dass die Einschränkung in § 59a Abs. 2 S. 1 („längstens aber bis zu dem in Absatz 1 bestimmten Zeitpunkt") nicht entsprechend anwendbar ist. Sieht man dies anders, müsste nach Ablauf der Dreimonatsfrist bei weiterhin vorliegendem Anordnungstatbestand auf Grundlage von § 61 Abs. 1c AufenthG eine neue räumliche Beschränkung angeordnet werden.

E. Verwaltungsverfahren und Rechtsschutz

Mangels spezieller asylgesetzlicher Vorgaben gilt für das Verwaltungsverfahren das VwVfG. Vor **28** Erlass der räumlichen Beschränkung ist der Ausländer deshalb gem. § 28 VwVfG anzuhören (VG München BeckRS 2016, 110087).

Rechtsschutz gegen die Anordnung der räumlichen Beschränkung bietet die Anfechtungsklage, **29** die unmittelbar zu erheben ist (§ 11) und mangels aufschiebender Wirkung (§ 75 Abs. 1) bei Bedarf mit einem Antrag nach § 80 Abs. 5 VwGO flankiert werden muss. Da die **räumliche Beschränkung des § 59b** einen **Dauerverwaltungsakt** darstellt, ist die Sach- und Rechtslage im Zeitpunkt der letzten mündlichen Verhandlung oder Entscheidung in der Tatsacheninstanz maßgeblich (BVerwGE 145, 305 = BeckRS 2013, 48417 Rn. 9 zur Wohnsitzauflage).

30   Ist eine zunächst rechtmäßig erlassene räumliche Beschränkung bestandskräftig und wird sie später rechtswidrig, ist die auf Aufhebung (§§ 48 f. (L)VwVfG) gerichtete Verpflichtungsklage statthaft. Zuvor ist die Aufhebung bei der zuständigen Ausländerbehörde zu beantragen (§ 75 S. 2 VwGO, § 68 Abs. 2 VwGO). Steht das Erlöschen der räumlichen Beschränkung gem. § 59a Abs. 2 im Streit, ist ggf. (hilfsweise) Feststellungsklage zu erheben.

§ 60 Auflagen

(1) ¹Ein Ausländer, der nicht oder nicht mehr verpflichtet ist, in einer Aufnahmeeinrichtung zu wohnen, und dessen Lebensunterhalt nicht gesichert ist (§ 2 Absatz 3 des Aufenthaltsgesetzes), wird verpflichtet, an dem in der Verteilentscheidung nach § 50 Absatz 4 genannten Ort seinen gewöhnlichen Aufenthalt zu nehmen (Wohnsitzauflage). ²Findet eine länderübergreifende Verteilung gemäß § 51 statt, dann ergeht die Wohnsitzauflage im Hinblick auf den sich danach ergebenden Aufenthaltsort. ³Der Ausländer kann den in der Wohnsitzauflage genannten Ort ohne Erlaubnis vorübergehend verlassen.

(2) ¹Ein Ausländer, der nicht oder nicht mehr verpflichtet ist, in einer Aufnahmeeinrichtung zu wohnen, und dessen Lebensunterhalt nicht gesichert ist (§ 2 Absatz 3 des Aufenthaltsgesetzes), kann verpflichtet werden,
1. in einer bestimmten Gemeinde, in einer bestimmten Wohnung oder Unterkunft zu wohnen,
2. in eine bestimmte Gemeinde, Wohnung oder Unterkunft umzuziehen oder
3. in dem Bezirk einer anderen Ausländerbehörde desselben Landes seinen gewöhnlichen Aufenthalt und Wohnung oder Unterkunft zu nehmen.

²Eine Anhörung des Ausländers ist erforderlich in den Fällen des Satzes 1 Nummer 2, wenn er sich länger als sechs Monate in der Gemeinde, Wohnung oder Unterkunft aufgehalten hat. ³Die Anhörung gilt als erfolgt, wenn der Ausländer oder sein anwaltlicher Vertreter Gelegenheit hatte, sich innerhalb von zwei Wochen zu der vorgesehenen Unterbringung zu äußern. ⁴Eine Anhörung unterbleibt, wenn ihr ein zwingendes öffentliches Interesse entgegensteht.

(3) ¹Zuständig für Maßnahmen nach Absatz 1 Satz 1 ist die nach § 50 zuständige Landesbehörde. ²Die Wohnsitzauflage soll mit der Zuweisungsentscheidung nach § 50 verbunden werden. ³Zuständig für Maßnahmen nach Absatz 1 Satz 2 ist die nach § 51 Absatz 2 Satz 2 zuständige Landesbehörde. ⁴Die Wohnsitzauflage soll mit der Verteilungsentscheidung nach § 51 Absatz 2 Satz 2 verbunden werden. ⁵Zuständig für Maßnahmen nach Absatz 2 ist die Ausländerbehörde, in deren Bezirk die Gemeinde oder die zu beziehende Wohnung oder Unterkunft liegt.

Überblick

Die Vorschrift ist Rechtsgrundlage für den Erlass asylrechtlicher Wohnsitzauflagen und betrifft Personen, die nicht (mehr) verpflichtet sind, in einer Aufnahmeeinrichtung zu wohnen (→ Rn. 10 ff.) und deren Lebensunterhalt nicht gesichert ist (→ Rn. 16 ff.). Abs. 1 S. 1 verpflichtet zum Erlass einer Wohnsitzauflage für den in der Verteilentscheidung genannten Ort (→ Rn. 17 ff.). Abs. 1 S. 2 betrifft die länderübergreifende Verteilung nach § 51 (→ Rn. 17, → Rn. 20), Abs. 1 S. 3 stellt klar, dass die Wohnsitzauflage die körperliche Bewegungsfreiheit des Ausländers nicht berührt (→ Rn. 7). Abs. 2 eröffnet der Ausländerbehörde die Möglichkeit, den Wohnort des Ausländers per Wohnauflage (→ Rn. 25) oder Umzugsauflage (→ Rn. 28 ff., → Rn. 36) konkreter zu steuern bzw. erstmals verbindlich festzulegen. Im Unterschied zu Abs. 1 stehen auf Abs. 2 gestützte Maßnahmen im Ermessen der Ausländerbehörde (→ Rn. 23). Abs. 2 S. 2–4 regeln die Anhörung (§ 28 VwVfG) abweichend vom allgemeinen Verwaltungsverfahrensrecht (→ Rn. 31 ff.). Abs. 3 beantwortet Zuständigkeitsfragen.

Übersicht

A. Allgemeines

§ 60 wurde durch das Gesetz zur Verbesserung der Rechtsstellung von asylsuchenden und **1** geduldeten Ausländern (v. 23.12.2014, BGBl. I 2439) eingeführt, mit dem das Recht der Wohnsitznahme und körperlichen Bewegungsfreiheit (vgl. §§ 56 ff.) Asylsuchender grundlegend neu geordnet wurde. Die Wohnsitzauflage ist dabei gewissermaßen die Kompensation für die weitgehende körperliche Bewegungsfreiheit, die der Ausländer nach Fortfall der Verpflichtung, in einer Aufnahmeeinrichtung zu wohnen (§ 59a Abs. 1 S. 2), regelmäßig genießt (vgl. § 59a Abs. 1 S. 1). Anders als bei vollziehbar Ausreisepflichtigen (vgl. § 61 Abs. 1, Abs. 1d S. 1 AufenthG) entsteht die **Wohnverpflichtung** nach § 60 nicht kraft Gesetzes, sondern muss **durch Verwaltungsakt** begründet werden.

In der **Erlassvoraussetzung der fehlenden Lebensunterhaltssicherung** kommt dabei das **2** Anliegen der Vorschrift zum Ausdruck, über das Mittel der Wohnsitzauflage den räumlichen Lebensmittelpunkt bedürftiger Ausländer gezielt und **vollstreckbar** zu steuern, um so die damit verbundenen Sozialkosten gerecht zwischen den Ländern zu verteilen (BR-Drs. 506/14, 1, 14); vor allem ermöglicht § 60 eine gerechte Lastenverteilung innerhalb des Landes. Diese wird zwar auch schon mittels der Zuweisungsentscheidung des § 50 Abs. 4 erreicht (§ 10a Abs. 1 S. 1 Alt. 2 AsylbLG), die in dem hier interessierenden Kontext aber keinen relevanten vollstreckungsfähigen Inhalt hat. In den Fällen, in denen mangels Verpflichtung, in einer Aufnahmeeinrichtung zu wohnen, keine Zuweisungsentscheidung ergeht (→ § 50 Rn. 1), ist die Wohnsitzauflage außerdem das alleinige Mittel, um die Zuständigkeit nach dem AsylbLG gezielt zu begründen (vgl. § 10a Abs. 1 S. 1 Alt. 3, Abs. 3 S. 4 AsylbLG). Auf Grundlage von Abs. 2 kann zudem eine weitere (gleichmäßige) Verteilung auf unterschiedliche Sozialleistungsträger innerhalb desselben ausländerbehördlichen Zuständigkeitsbereichs erreicht werden. Schließlich stellt die Wohnsitzauflage auch eine gewisse **Erreichbarkeit des Ausländers** während des Asylverfahrens sicher.

§ 88a erklärt § 60 insgesamt für „abweichungsfest". Neben der Sicherstellung einer gerechten **3** Lastenverteilung soll dadurch verhindert werden, dass Landesrecht den Erlass von Wohnsitzauflagen für Personen vorsieht, deren Lebensunterhalt gesichert ist (BR-Drs. 506/14, 14).

Anders als die Altfassung enthält **§ 60 keine Rechtsgrundlage für den Erlass sonstiger** **4** **Auflagen** zur Aufenthaltsgestattung mehr (vgl. § 60 Abs. 1 in der bis zum 31.12.2014 geltenden Fassung). Da auf die Einführung einer § 61 Abs. 1f AufenthG vergleichbaren „Generalklausel" offenbar bewusst verzichtet wurde, sind Auflagen und Bedingungen nur in den explizit im AsylG benannten Fällen zulässig (Bergmann/Dienelt/Bergmann Rn. 2).

Bei der Verhängung von Wohnsitzauflagen sind die Vorgaben der EU-Aufnahme-RL **5** (RL 2013/33/EU v. 26.6.2013, ABl. 2013 L 180, 96) zu beachten.

B. Die Wohnsitzauflage – Begriff und Abgrenzung

Die Wohnsitzauflage nach § 60 entsteht nicht kraft Gesetzes (insoweit unzutreffend LSG Nds- **6** Brem BeckRS 2019, 28110 Rn. 15), sondern ist **Verwaltungsakt** („wird verpflichtet"), der gemäß der Legaldefinition in S. 1 die Verpflichtung des Ausländers begründet, an dem vorgegebenen Ort seinen gewöhnlichen Aufenthalt zu nehmen (zum Begriff des gewöhnlichen Aufenthalts vgl. BeckOK AuslR/Neundorf Rn. 7). Im Falle des Abs. 1 ist dies der in der Verteilentscheidung genannte Ort, im Falle des Abs. 2 eine bestimmte Gemeinde, Wohnung oder Unterkunft. Die **Wohnsitzauflage schränkt** damit das **Recht auf freie Wohnortwahl** ein, das Ausländern zwar nicht durch Art. 11 GG, wohl aber **Art. 2 Abs. 1 GG** vermittelt wird.

7   Die körperliche Bewegungsfreiheit des Ausländers wird durch die Wohnsitzauflage nicht berührt. Mit der Formulierung, dass der Ausländer den in der Wohnsitzauflage genannten Ort **vorübergehend** ohne Erlaubnis verlassen kann, stellt Abs. 1 S. 3 dies nur deklaratorisch klar (BT-Drs. 18/3144, 15). Beschränkungen entstehen und enden vielmehr standardmäßig kraft Gesetzes nach Maßgabe von §§ 56, 59a oder können im Einzelfall auf Grundlage von § 59b angeordnet werden.

8   Die **Wohnsitzauflage** ist **streng von** der auf Grundlage von § 50 Abs. 4 ergangenen und mit der Verteilentscheidung iSv § 60 Abs. 1 S. 1 identischen **Zuweisungsentscheidung zu trennen.** Diese berührt das Freizügigkeitsrecht des Ausländers nur insoweit, als sie ggf. die Verpflichtung, in einer Aufnahmeeinrichtung zu wohnen, beendet. Sie löst ferner die in § 50 Abs. 6 vorgesehene Verpflichtung aus, sich an den durch die Zuweisungsentscheidung näher bestimmten Ort zu begeben (→ § 50 Rn. 35) und hat im Übrigen vor allem sozialrechtliche Bedeutung (vgl. § 10a Abs. 1 AsylbLG).

9   Die **Wirksamkeit der Wohnsitzauflage ist unabhängig vom Bestand der Aufenthaltsgestattung** (Bergmann/Dienelt/Bergmann Rn. 5). Die Wohnsitzauflage erledigt sich jedenfalls mit Statuszuerkennung (zu Einzelheiten vgl. ausf. → § 51 Rn. 4 f. sowie → § 53 Rn. 23 ff.). Bei der Wohnsitzauflage handelt es sich um **keine Nebenbestimmung iSd § 36 VwVfG,** weder zur Aufenthaltsgestattung, weil diese kraft Gesetzes entsteht und erlischt (§§ 55, 67), noch zur – nicht in jedem Fall ergehenden – Zuweisungsentscheidung (aA Bergmann/Dienelt/Bergmann Rn. 13; BeckOK AuslR/Neundorf Rn. 20). Auch wenn der Ausländer iSd § 60 regelmäßig eine Aufenthaltsgestattung besitzen wird, ist diese kein zwingendes Tatbestandsmerkmal.

C. Persönlicher Anwendungsbereich

10   § 60 betrifft Ausländer, die nicht oder nicht mehr verpflichtet sind, in einer Aufnahmeeinrichtung (§ 44) zu wohnen. Letzteres ist bei Ausländern der Fall, deren Wohnverpflichtung regulär, also nach Ablauf der gesetzlichen Höchstfristen (§ 47), oder vorzeitig erloschen ist (§ 48) oder beendet wurde (§§ 49, 50 Abs. 1 S. 1).

11   Die Alt. 1 betrifft Personen, die niemals verpflichtet waren, in einer Aufnahmeeinrichtung zu wohnen. Damit sind die **Fälle des § 14 Abs. 2 S. 1** angesprochen, die – § 47 Abs. 1 S. 2 ausgenommen (→ § 47 Rn. 5) – niemals einer Wohnverpflichtung nach § 47 (oder § 30a Abs. 3 S. 1) unterlagen. Die Erwähnung dieser Konstellation in Abs. 1 ist allerdings deshalb nicht ohne Weiteres nachvollziehbar, weil die Wohnsitzauflage für den in der Verteilentscheidung (§ 50 Abs. 4) genannten Ort ergehen soll, eine Verteilung nach § 50 bei dieser Personengruppe aber nicht erfolgt (→ § 50 Rn. 1). Für sie können Wohnsitzauflagen aber unmittelbar auf Grundlage von Abs. 2 verfügt werden (vgl. auch BT-Drs. 183144, 15 sowie → Rn. 21).

12   § 60 **gilt nicht (mehr) für Personen,** für die das Bundesamt idealtypisch (→ § 47 Rn. 2) bereits während ihres Aufenthalts **in der Aufnahmeeinrichtung eine positive Statusentscheidung** trifft (vgl. → Rn. 9). Nach Statusgewährung bzw. Erteilung einer Aufenthaltserlaubnis richten sich Aufenthaltsbestimmung und Unterbringung in erster Linie nach dem AufenthG, insbesondere § 12a AufenthG (BVerwG BeckRS 2019, 25716 Rn. 6).

13   Über seinen Wortlaut hinaus ist § 60 auch auf Personen anwendbar, die nicht (mehr) verpflichtet sind, in einer besonderen Aufnahmeeinrichtung zu wohnen (vgl. § 30a Abs. 3 S. 1).

D. Voraussetzung: Ungesicherter Lebensunterhalt

14   Jede auf § 60 gestützte Wohnsitzauflage setzt voraus, dass der Lebensunterhalt des Ausländers nicht gesichert ist. Ausgangspunkt ist dabei die **Definition in § 2 Abs. 3 AufenthG.** Im Anwendungsbereich des AufenthG wird zur Bedarfs- und Einkommensermittlung auf die Vorgaben des SGB II und SGB XII zurückgegriffen (BVerwG ZAR 2013, 435; NVwZ 2010, 262). Im hiesigen Kontext ist der Gesetzgeber im Ausgangspunkt allerdings an seiner Einschätzung, dass Asylsuchende angesichts ihres zunächst nur vorübergehenden Aufenthalts einen geringeren Bedarf hätten, festzuhalten. Bei einem in den persönlichen Anwendungsbereich des AsylbLG fallenden Ausländer (§ 1 Abs. 1 AsylbLG) ist bei der **Frage der Lebensunterhaltssicherung** deshalb **von** den – zunächst niedrigeren – Regelbedarfen (§ 3a AsylbLG) und Freibeträgen (vgl. § 7 Abs. 3 AsylbLG) des **AsylbLG auszugehen** (BeckOK AuslR/Neundorf Rn. 5; NK-AuslR/Schröder Rn. 3). Allerdings ist zu beachten, dass sich der Leistungsinhalt seit der Reform des AsylbLG im Anschluss an eine Entscheidung des BVerfG (BVerfGE 132, 134 = ZAR 2012, 339) **nach 18 Monaten** im Wesentlichen ununterbrochenen und nicht rechtsmissbräuchlich beeinflussten Aufenthalts nach dem **SGB XII** bemisst (§ 2 Abs. 1 S. 1 AsylbLG, sog. Analogleistungen). Mit Blick auf die erforderliche und einen gewissen Zeitraum umfassende Prognose (→ Rn. 15) dürften deshalb regelmäßig die (höheren) Bedarfe und Freibeträge nach dem SGB XII zugrunde zu legen sein, soweit § 2 Abs. 1 S. 1 AsylbLG auf sie verweist. Insoweit wird man dann auf die Rechtsprechung des BVerwG zurückgreifen können (BVerwG NVwZ 2013, 1339 Rn. 13 ff.).

Die erforderliche Prognose bezieht sich – nicht anders als iRv § 5 Abs. 1 Nr. 1 AufenthG – **15** auf den Zeitraum des voraussichtlichen Aufenthalts (Bergmann/Dienelt/Samel AufenthG § 5 Rn. 27). Im Kontext des § 60 ist diese Prognose allerdings ungleich schwieriger, weil ein – für eine bestimmte Frist erteilter – Aufenthaltstitel als Bezugspunkt fehlt. Da der Aufenthalt des Ausländers normativ und bei typisierender Betrachtung zunächst nur vorläufig ist, hat sich die **Prognose im Kontext des § 60** auf den **Zeitraum** zu beschränken, für den sich der Ausländer voraussichtlich noch **zur Durchführung des Asylverfahrens** aufhält. Ein Prognosezeitraum von einem Jahr dürfte dabei die äußerste Grenze bilden. Damit verträgt sich der in der ausländerbehördlichen Praxis häufig verlangte Nachweis eines unbefristeten Arbeitsvertrags nicht.

Da das Tatbestandsmerkmal allein den öffentlichen Haushalt und nicht die Integration des **16** Ausländers im Blick hat, ist – im Unterschied zu anderen Vorschriften (vgl. zB § 25b Abs. 1 S. 2 Nr. 3 AufenthG) – **keine Lebensunterhaltssicherung durch Erwerbstätigkeit** erforderlich. Der Lebensunterhalt kann auch durch eine Verpflichtungserklärung (§ 68 AufenthG) gesichert werden. Bei einer Lebensunterhaltssicherung durch **Erwerbstätigkeit** ist zu beachten, dass diese der **vorherigen Erlaubnis** durch die zuständige Ausländerbehörde bedarf, die nur für eine Beschäftigung (vgl. § 61 Abs. 1 S. 2, Abs. 2) gilt. Wurde zunächst eine Wohnsitzauflage verhängt, ist der Ausländer aber später in der Lage, seinen Lebensunterhalt zu sichern, kann die **Aufhebung der Wohnsitzauflage** beantragt werden (→ Rn. 42), die ggf. sogar Voraussetzung für die Aufnahme der Beschäftigung sein kann, wenn diese einen Umzug voraussetzt. Das Prinzip der gerechten Lastenverteilung wird durch die Aufhebung der Wohnsitzauflage nicht angetastet, da sich im Falle erneuter Bedürftigkeit des Ausländers der zuständige Sozialleistungsträger nach der weiterhin wirksamen Zuweisungsentscheidung (§ 50 Abs. 4) bestimmt (vgl. § 10a Abs. 1 S. 1 Alt. 2 AsylbLG). Der Ausländer kann dann auch erneut mit einer Wohnsitzauflage belegt werden, die bei (erneut) ungesichertem Lebensunterhalt nicht schon kraft Gesetzes wiederauflebt (so aber LSG Nds-Brem BeckRS 2019, 28110 Rn. 15, das bereits im Ansatz verkennt, dass es sich um keine Wohnsitzauflage kraft Gesetzes, sondern kraft Verwaltungsakts handelt).

E. Die Wohnsitzauflage nach Abs. 1

Die Wohnsitzauflage nach Abs. 1 **baut auf der Verteilentscheidung iSd § 50 Abs. 4 auf,** **17** die den Inhalt der Wohnsitzauflage bestimmt. Abs. 1 gilt deshalb nur in Fällen, in denen eine landesinterne oder länderübergreifende (Abs. 1 S. 2) Verteilentscheidung erlassen worden ist. Wohnsitzauflage und Zuweisungsentscheidung können dabei zeitgleich ergehen; das ist sogar der gesetzlich vorgesehen Regelfall (Abs. 3 S. 2 und S. 4). Da die Zuweisungsentscheidung nur für Personen ergeht, die einmal verpflichtet waren, in einer Aufnahmeeinrichtung zu wohnen (→ § 50 Rn. 1), ist ein Anwendungsbereich für Ausländer, die niemals in einer Aufnahmeeinrichtung wohnen mussten, nicht ersichtlich (→ Rn. 11).

Ist die weitere Voraussetzung des ungesicherten Lebensunterhalts (→ Rn. 14 ff.) erfüllt, ist die **18** Wohnsitzauflage zu erlassen („wird verpflichtet"). Ein Ermessen hinsichtlich des „Ob" steht der Behörde nicht zu (missverständlich Bergmann/Dienelt/Bergmann Rn. 3: „soll verfügt werden"). Lediglich hinsichtlich des „Wann" besteht ein Spielraum, der allerdings dadurch eingeengt ist, dass die Wohnsitzauflage gem. Abs. 3 S. 2 mit der Zuweisungsentscheidung verbunden werden soll. Das gilt auch bei einer länderübergreifenden (Um-)Verteilung (Abs. 3 S. 4). Die Regelkombination soll wohl verhindern, dass der Ausländer zumindest für einen Interimszeitraum Freizügigkeit im Bundesgebiet genießt.

Inhaltlich ist die Wohnsitzauflage für den in der Verteilentscheidung benannten Ort zu erlassen. **19** Dieser ist nicht mit der „Stelle" iSd § 50 Abs. 6 identisch. Letztere ist im Sinne einer konkreten Adresse zu verstehen, zu der sich der Ausländer zu begeben hat (→ § 50 Rn. 35). Bei dem „Ort" dürfte es sich dagegen um das Gebiet des Landkreises oder der Gemeinde handeln, das dem Zuständigkeitsbezirk der Ausländerbehörde entspricht, die dem Bundesamt gem. § 50 Abs. 3 zu melden ist (ähnlich BeckOK AuslR/Neundorf Rn. 6). Eine konkrete Unterkunft kann dem Ausländer auf Grundlage von Abs. 1 nicht zugewiesen werden, wie sich aus der Normstruktur ergibt. Abs. 2 weist die Feinsteuerung des Aufenthalts grundsätzlich einer anderen, nach Maßgabe von Abs. 3 S. 5 zuständigen Ausländerbehörde zu.

Bei der **Zuständigkeit** ist zu unterscheiden. Eine länderübergreifende Wohnsitzauflage wird **20** von der Behörde des Landes erlassen, für das der weitere Aufenthalt begehrt wird (Abs. 3 S. 3).

Im Übrigen ist die gem. § 50 zuständige Landesbehörde zuständig, also diejenige, die auch die Zuweisungsentscheidung erlässt (Abs. 3 S. 1).

F. Wohnsitzauflagen nach Abs. 2

I. Allgemeines

21   Mit der Wohnsitzauflage nach Abs. 1 wird lediglich ein Radius abgesteckt, innerhalb dessen der Ausländer seinen gewöhnlichen Aufenthalt zu nehmen hat. In diesem Rahmen wäre der Ausländer an sich frei, sich selbst eine Unterkunft zu suchen. Sogar uneingeschränkte Freizügigkeit genießen im Ausgangspunkt Personen, für die mangels Wohnverpflichtung in einer Aufnahmeeinrichtung (§ 14 Abs. 2) keine Verteilentscheidung – und damit auch keine Wohnsitzauflage nach Abs. 1 – ergangen ist. Auf Grundlage von Abs. 2 kann einem Ausländer diese Freiheit genommen und ein bestimmter Ort vorgegeben werden, an dem er zu wohnen hat. Abs. 2 ermöglicht dabei **nur** eine **Wohnortsteuerung innerhalb der Landesgrenzen,** wie sich insbesondere aus Abs. 2 S. 1 Nr. 3 ergibt. Eine länderübergreifende Wohnsitzauflage ist nur auf Grundlage von Abs. 1 möglich. Das **nicht rechtzeitige Befolgen** einer nach Abs. 2 erlassenen Wohnsitzauflage ist **strafbar** (§ 85 Nr. 3).

22   Die Verpflichtung kann sich auf eine bestimmte Gemeinde, eine bestimmte Wohnung oder eine Unterkunft beziehen, was grundsätzlich im Einklang mit Art. 18 Abs. 1 EU-Aufnahme-RL steht. Nach dessen Abs. 6 steht die Verlegung in eine andere Einrichtung unter Notwendigkeitsvorbehalt (dazu VG Greifswald BeckRS 2019, 6717 Rn. 24). Zur **Vermeidung unterkunftsinterner Konflikte** ist eine Verlegung nicht ohne Weiteres notwendig; zunächst sind organisatorische Maßnahmen innerhalb der Unterkunft auszuschöpfen (VG Greifswald BeckRS 2020, 36900 Rn. 26). Voraussetzung ist zudem auch hier, dass der Lebensunterhalt des Ausländers nicht gesichert ist (→ Rn. 14 ff.). Systematisch schließt § 60 an die Erstaufnahme an, der neben den Aufnahmeeinrichtungen (§ 44) auch die Besonderen Aufnahmeeinrichtungen (§ 30a) zuzuordnen sind. Die Vorschrift dient damit einer **Wohnortsteuerung auf der Ebene der Anschlussunterbringung.** Sie ermöglicht es dagegen nicht, bereits aus der Erstaufnahme entlassene Ausländer im Wege einer verpflichtenden unterkunftsbezogenen Umzugsauflage dorthin zurückzuschicken. Die Verpflichtung, in einer (Besonderen) Aufnahmeeinrichtung zu wohnen, wird abschließend durch §§ 47 ff., 30a Abs. 3 S. 1 bestimmt (aA BeckOK AuslR/Neundorf Rn. 13; → § 47 Rn. 32 f.).

23   Anders als iRv Abs. 1 steht die Entscheidung im Ermessen der **zuständigen Ausländerbehörde.** Dies ist gem. Abs. 3 S. 5 die Ausländerbehörde, in deren Bezirk die Gemeinde oder die zu beziehende Wohnung oder Unterkunft liegt. Der Ausländerbehörde steht sowohl **Entschließungs- als auch Auswahlermessen** zu. Beides wird aber durch die in § 53 Abs. 1 enthaltene Vorgabe dahingehend gelenkt, dass Asylantragsteller in der Regel in Gemeinschaftsunterkünften unterzubringen sind (vgl. VG Düsseldorf BeckRS 2014, 54363). Dabei sind jedoch gem. § 53 Abs. 1 S. 2 das öffentliche Interesse und sämtliche Belange des Ausländers zu berücksichtigen (zu möglichen Belangen vgl. → § 53 Rn. 19 f. sowie → Rn. 29), bei Verlegungen außerdem der unmittelbar anwendbare Art. 18 Abs. 6 EU-Aufnahme-RL (VG Greifswald BeckRS 2019, 6717; 2020, 36900 Rn. 25). Im Unterschied zu § 50 Abs. 4 S. 5 und § 51 Abs. 1 ist die Berücksichtigung der Einheit der „Kernfamilie" iSd § 26 Abs. 1–3 (→ § 50 Rn. 21 ff.) und anderer vergleichbar gewichtiger humanitärer Gründe (→ § 51 Rn. 14 ff.) nicht explizit vorgeschrieben. Es besteht aber kein Zweifel daran, dass diesen – regelmäßig verfassungs- und unionsrechtlich (vgl. Art. 12, 21, 23 f. EU-Aufnahme-RL) „aufgeladenen" – Belangen auch bei der Ermessensbetätigung iRv Abs. 2 entsprechend ihrem Gewicht Rechnung zu tragen ist (vgl. BT-Drs. 18/3144, 15; BeckOK AuslR/Neundorf Rn. 15).

24   Abs. 2 S. 1 unterscheidet drei verschiedene Auflagen, die gemeinhin als Wohnauflage, Umzugsauflage (teilweise auch Umlegung) und umverteilende Wohnauflage bezeichnet werden (vgl. zB NK-AuslR/Schröder Rn. 6).

II. Die Wohnauflage (Nr. 1)

25   Mit der Wohnauflage wird dem Ausländer aufgegeben, in einer von der Behörde bestimmten Gemeinde, Wohnung oder Unterkunft zu wohnen, also dort seinen tatsächlichen Lebensmittelpunkt zu begründen. Mit Unterkunft ist vor allem die Gemeinschaftsunterkunft iSd § 53 gemeint. Die Wohnauflage kann sich dem Wortlaut nach nur auf die Unterkunft als solche, nicht auf ein einzelnes Zimmer in der Unterkunft beziehen, das auch nicht als Wohnung angesehen werden kann, da diese der Unterkunft als Alternative gegenüber gestellt wird.

Nr. 1 ermöglicht die erstmalige Verhängung einer Wohnauflage innerhalb des Bezirks der aktuell **26** zuständigen Ausländerbehörde. Für weitere Wohnauflagen innerhalb des Zuständigkeitsbezirks gilt Nr. 2 (→ Rn. 28 ff.), für zuständigkeitsbezirksübergreifende Wohnauflagen Nr. 3 (→ Rn. 36 ff.).

Anders als die polizeiliche Einweisung bei unfreiwilliger Obdachlosigkeit verpflichtet die **27** Wohnauflage den Ausländer, die Wohnung oder Unterkunft auch tatsächlich zu beziehen (OVG Brem BeckRS 1993, 1125 Rn. 7). Darin kommt unter anderem das öffentliche Interesse an einer verlässlichen Erreichbarkeit des Ausländers zum Ausdruck, wenngleich dieses Interesse ungleich weniger als während des verpflichtenden Aufenthalts in einer Aufnahmeeinrichtung wiegt (vgl. § 47 Abs. 3).

III. Umzugsauflage ohne Zuständigkeitswechsel (Nr. 2)

Auf Grundlage von Nr. 2 kann der Ausländer zu einem **Wohnortwechsel innerhalb des** **28** **aktuellen ausländerbehördlichen Zuständigkeitsbezirks** verpflichtet werden. Angeordnet werden kann der Umzug in eine andere bestimmte Gemeinde, Wohnung oder Unterkunft. **Anlass** können sowohl äußere Umstände, etwa Mängel, sein, die die bisherige Unterkunft unbewohnbar machen, als auch in der Person des Ausländers liegende Gründe, etwa von ihm ausgehende oder ihm drohende Gefahren oder Störungen. Insbesondere wenn der Umzug auf ein (vermeintliches) Fehlverhalten des Ausländers gestützt wird, bedarf es aber einer besonders gründlichen und von Amts wegen vorzunehmenden Sachverhaltsaufklärung (BayVGH Beschl. v. 29.1.1986 – 25 CS 85 C.764).

Grundsätzlich ist zu bedenken, dass eine Umzugsauflage den Ausländer aus einem bereits mehr **29** oder weniger vertrauten Umfeld herauslöst und den Verlust von Bindungen und Strukturen zur Folge hat, denen in einem fremden Land gesteigerte Bedeutung zukommt. Zudem handelt es sich in der Regel nicht um den ersten behördlich veranlassten Wohnortwechsel. Die Ermessens-Anordnung eines erneuten, nicht auf Veranlassung oder im Interesse des Ausländers erfolgenden Umzugs bedarf deshalb einer besonders sorgfältigen Abwägung unter besonderer Beachtung des Integrationsstands am bisherigen Wohnort und der dortigen Wohndauer (VG Karlsruhe Beschl. v. 27.8.1999 – 4 K 1356/99, juris Rn. 8, BeckRS 2005, 24074) sowie des Verhältnismäßigkeits-grundsatzes. Das gilt richtigerweise nicht nur dann, wenn ein Umzug von einer Privatwohnung in eine Gemeinschaftsunterkunft angeordnet werden soll (BVerwGE 69, 269 = NVwZ 1984, 799 (801)).

Im Übrigen ist – der inzwischen unmittelbar anwendbare (VG Greifswald BeckRS 2019, 6717; **30** 2020, 36900 Rn. 25) **Art. 18 Abs. 6 EU-Aufnahme-RL** – zu beachten, wonach dafür Sorge zu tragen ist, dass Antragsteller nur dann in eine andere Einrichtung verlegt werden, wenn dies notwendig ist. Vor diesem Hintergrund ist das in manchen Ländern etablierte zweistufige Unter-bringungssystem, das nach einem bestimmten Zeitraum standardmäßig einen Wohnortwechsel vorsieht, nicht unproblematisch (vgl. zB §§ 9 Abs. 1 Nr. 4, 17 BWFlüAG).

Verfahrensrechtlich spiegelt sich der gesteigerte Schutzbedarf des Ausländers im Falle eines **31** (unfreiwilligen) Umzugs darin wider, dass der Ausländer gem. Abs. 2 S. 2 vor dem Erlass einer auf Nr. 2 gestützten Umzugsauflage zwingend anzuhören ist, wenn er sich sechs Monate in der Gemeinde, Wohnung oder Unterkunft aufgehalten hat. Die Anhörung gilt als erfolgt, wenn der Ausländer oder sein anwaltlicher Vertreter Gelegenheit hatte, sich innerhalb von zwei Wochen zu der vorgesehenen Unterbringung zu äußern. Das setzt voraus, dass die Behörde die Absicht, den Ausländer zu verlegen, sowie die entscheidungserheblichen Tatsachen und Gründe, aus denen die Verlegung erfolgen soll, mitteilt (VG Cottbus BeckRS 2014, 53658; sa Art. 18 Abs. 6 S. 2 EU-Aufnahme-RL). Denn nur dann lässt sich der Zweck des Anhörungserfordernisses, auf Gang und Ergebnis des Verfahrens wirklichen Einfluss zu nehmen, verwirklichen. Aus demselben Grund muss die Behörde bei ihrer Entscheidung die im Rahmen der Anhörung abgegebenen Stellung-nahmen ernsthaft in Erwägung ziehen. Sie muss sich in der Begründung ihrer Entscheidung damit auseinandersetzen, wenn sie anderer Auffassung ist (VG Greifswald BeckRS 2020, 36900 Rn. 21).

Nach Abs. 2 S. 4 besteht ein **Anhörungsverbot,** wenn ihr ein zwingendes öffentliches Interesse **32** entgegensteht. Die Vorschrift entspricht § 28 Abs. 3 VwVfG, ist restriktiv auszulegen und nur einschlägig, wenn die Durchführung der Anhörung etwa die Sicherheit der Bundesrepublik Deutschland oder Personen oder Sachwerte erheblich gefährden würde (VG Cottbus BeckRS 2014, 53658; SBS/Kallerhoff/Mayen VwVfG § 28 Rn. 65).

Die Formulierung („Eine Anhörung ist erforderlich in den Fällen") spricht dafür, dass in den **33** Fällen der Nr. 1 und Nr. 3 keine Anhörung stattfindet (GK-AsylG/Grünewald Rn. 78). In der Sache überzeugt dies freilich nicht, denn der oben beschriebene Schutzbedarf des Ausländers würde eine Anhörung in den Fällen einer umverteilenden Wohnauflage nach Nr. 3 erst recht erforderlich machen.

34 Überdies ist fraglich, ob die Anhörung auch vor Wohnsitzauflagen, die auf Abs. 1 gestützt werden, entbehrlich ist. Dafür spricht zwar, dass bei Annahme eines Anhörungserfordernisses die für die Zuweisungsentscheidung ausdrücklich geregelte Verfahrenserleichterung (vgl. § 50 Abs. 4 S. 4) weitgehend leerliefe, wenn der Regelvorgabe des Abs. 3 S. 2 entsprochen wird. Allerdings bedürfte jedenfalls eine schriftlich erlassene Wohnsitzauflage – anders als die Zuweisungsentscheidung (vgl. § 50 Abs. 4 S. 3) – auch bei unterstellter Entbehrlichkeit der Anhörung weiterhin einer Begründung, da Abs. 2 vom allgemeinen Verfahrensrecht nur bezüglich der Anhörung abweicht. Schließlich hätte es normsystematisch nahe gelegen, für sämtliche Auflagen geltende Verfahrensvorgaben in Abs. 3 zu regeln.

35 Auch bei Entbehrlichkeit einer Anhörung ist die Behörde nicht von ihrer von Amts wegen zu erfüllenden Pflicht zur Sachverhaltsermittlung entbunden (BayVGH Beschl. v. 29.1.1986 – 25 CS 85 C.764).

IV. Umzugsauflage mit Zuständigkeitswechsel (Nr. 3)

36 Nr. 3 ist Rechtsgrundlage, wenn ein **Umzug in den Zuständigkeitsbezirk einer anderen Ausländerbehörde** angeordnet werden soll. Der vielfach verwendete Begriff der umverteilenden Wohnauflage ist dabei nicht präzise, weil Nr. 3 auch Fälle erfasst, in denen niemals eine Verteilentscheidung ergangen ist. Im Übrigen ist er aber schon im Ansatz unzutreffend, denn mit dem Erlass der bezirksübergreifenden Wohnauflage geht nicht automatisch eine Änderung der – grundsätzlich hiervon zu trennenden – Verteil- oder Zuweisungsentscheidung einher (so auch Bergmann/Dienelt/Bergmann Rn. 14 f.).

37 **Örtlich zuständig** ist die Ausländerbehörde, in deren Bezirk die Gemeinde oder die zu beziehende Wohnung oder Unterkunft liegt. Der Anstoß für den Umzug wird aber regelmäßig von außen, sei es vom Ausländer, sei es von einer anderen Ausländerbehörde kommen. In der Auflage kann auch gleich eine vom Ausländer zu beziehende Wohnung oder Unterkunft bestimmt werden. Nr. 3 lässt dies ausdrücklich zu, scheint dies sogar zu verlangen („gewöhnlichen Aufenthalt **und** Wohnung oder Unterkunft"; anders offenbar Bergmann/Dienelt/Bergmann Rn. 9; BeckOK AuslR/Neundorf Rn. 18).

38 Systematisch könnte sich die länderübergreifende Zuständigkeitsvorschrift des Abs. 3 S. 4 auch auf Maßnahmen iSd Nr. 3 beziehen. Allerdings stellt Nr. 3 unmissverständlich klar, dass ein Umzug nur innerhalb „desselben Landes" angeordnet werden kann. Länderübergreifende Wohnsitzauflagen können demnach allein aufgrund von Abs. 1 erlassen werden.

39 Nicht nachvollziehbar ist, warum das in Abs. 2 S. 2 vorgesehene Anhörungserfordernis nicht auch auf Nr. 3 erstreckt wurde.

G. Zuständigkeit und Verfahren

40 Das Verfahren richtet sich grundsätzlich nach dem VwVfG. Aus der Regelung des Abs. 2 S. 2 (→ Rn. 31 ff.) wird allerdings der Schluss gezogen, dass eine Anhörung in den Fällen der Nr. 1 und Nr. 3 entfällt. Abs. 3 regelt die örtliche, partiell auch die sachliche Behördenzuständigkeit, die im Zusammenhang mit den einzelnen Auflagen sowie beim Rechtsschutz (→ Rn. 42) erörtert wird.

H. Rechtsschutz und Sonstiges

41 Bei der Wohnsitzauflage handelt es sich um einen eigenständigen (→ Rn. 9) belastenden **Verwaltungsakt mit Dauerwirkung** (BVerwGE 145, 305 = BeckRS 2013, 48417 Rn. 9). Maßgeblicher Beurteilungszeitpunkt für die Sach- und Rechtslage ist die letzte mündliche Verhandlung bzw. Entscheidung in der Tatsacheninstanz (§ 77 Abs. 1). Das örtlich zuständige Gericht ergibt sich aus § 52 Nr. 2 S. 3 VwGO. Statthafte Klageart ist bis zur Bestandskraft der Wohnsitzauflage die Anfechtungsklage, bei danach eintretenden Änderungen die auf Aufhebung der Wohnsitzauflage gerichtete Verpflichtungsklage. Letztere ist auch bei einem **Umverteilungsbegehren** statthaft. Da keine aufschiebende Wirkung besteht (§ 75 Abs. 1), ist in der Regel ein flankierender Antrag nach § 80 Abs. 5 VwGO bzw. § 123 VwGO zu stellen. Eines vorherigen Widerspruchs bedarf es nicht (§ 11).

42 Eine **Aufhebung der Wohnsitzauflage** liegt nahe, wenn der Lebensunterhalt des Ausländers gesichert ist. Geht man davon aus, dass die Aufhebung der Wohnsitzauflage nicht auf § 60, sondern ausschließlich auf §§ 49, 51 VwVfG gestützt werden kann (so wohl Bergmann/Dienelt/Bergmann

Rn. 15), ergibt sich die zuständige **Behörde, bei der der Antrag auf Streichung der Wohn-sitzauflage geltend zu machen ist,** nicht aus Abs. 3. Vielmehr dürfte sich die örtliche Zuständig-keit nach Landesrecht bestimmen, ohne dass § 88a entgegensteht. Es handelt sich aber weiterhin um eine asylrechtliche Streitigkeit.

Wird eine Umverteilung, also der Erlass einer Wohnsitzauflage für einen anderen Ort, ange-strebt, bestimmt sich die zuständige Behörde dagegen nach Abs. 3 S. 3 bzw. S. 5 (BeckOK AuslR/ Neundorf Rn. 22). **43**

Wird die Wohnsitzauflage aufgehoben oder geändert, ist darauf zu achten, dass auch der Vermerk in der Bescheinigung über die Aufenthaltsgestattung gestrichen oder geändert wird (vgl. § 63 Abs. 3 S. 3). **43.1**

Wendet sich der Ausländer gegen unzumutbare Wohnverhältnisse, ohne eine Abänderung seiner Wohnsitzauflage anzustreben, ist nicht die Anfechtungs- oder Verpflichtungsklage, sondern die Leistungsklage statthaft (NK-AuslR/Schröder Rn. 20). Da hier in der Sache die Art der Leistungs-gewährung nach dem AsylbLG moniert wird, dürfte diese vor den Sozialgerichten zu erheben sein (§ 51 Abs. 1 Nr. 6a SGG; allgemein zum zulässigen Rechtsweg bei Zuweisungen in eine andere Unterkunft HmbOVG BeckRS 2016, 54005 Rn. 11 ff.; LSG Schleswig-Holstein BeckRS 2017, 101363 Rn. 10 mwN). **44**

Seine neue Anschrift hat der Ausländer unverzüglich Bundesamt, Ausländerbehörde und ggf. einem angerufenen Gericht mitzuteilen (§ 10 Abs. 1). Die parallel bestehende Mitteilungspflicht der Ausländerbehörde befreit ihn nicht von dieser Obliegenheit. Auch spielt keine Rolle, dass der Anschriftenwechsel behördlich veranlasst war (vgl. § 10 Abs. 1: „jeden Wechsel seiner Anschrift"). **45**

§ 61 Erwerbstätigkeit

(1) ¹**Für die Dauer der Pflicht, in einer Aufnahmeeinrichtung zu wohnen, darf der Ausländer keine Erwerbstätigkeit ausüben.** ²**Abweichend von Satz 1 ist dem Ausländer die Ausübung einer Beschäftigung zu erlauben, wenn**
1. **das Asylverfahren nicht innerhalb von neun Monaten nach der Stellung des Asylan-trags unanfechtbar abgeschlossen ist,**
2. **die Bundesagentur für Arbeit zugestimmt hat oder durch Rechtsverordnung bestimmt ist, dass die Ausübung der Beschäftigung ohne Zustimmung der Bundes-agentur für Arbeit zulässig ist,**
3. **der Ausländer nicht Staatsangehöriger eines sicheren Herkunftsstaates (§ 29a) ist und**
4. **der Asylantrag nicht als offensichtlich unbegründet oder als unzulässig abgelehnt wurde, es sei denn das Verwaltungsgericht hat die aufschiebende Wirkung der Klage gegen die Entscheidung des Bundesamtes angeordnet;**
Ausländern, die seit mindestens sechs Monaten eine Duldung nach § 60a des Aufenthalts-gesetzes besitzen, kann die Ausübung einer Beschäftigung erlaubt werden. ³**Die §§ 39, 40 Absatz 1 Nummer 1 und Absatz 2 und die §§ 41 und 42 des Aufenthaltsgesetzes gelten entsprechend für Ausländer nach Satz 2.**

(2) ¹**Im Übrigen kann einem Asylbewerber, der sich seit drei Monaten gestattet im Bundesgebiet aufhält, gemäß § 4a Absatz 4 des Aufenthaltsgesetzes die Ausübung einer Beschäftigung erlaubt werden, wenn die Bundesagentur für Arbeit zugestimmt hat oder durch Rechtsverordnung bestimmt ist, dass die Ausübung der Beschäftigung ohne Zustimmung der Bundesagentur für Arbeit zulässig ist.** ²**Ein geduldeter oder rechtmäßi-ger Voraufenthalt wird auf die Wartezeit nach Satz 1 angerechnet.** ³**Die §§ 39, 40 Absatz 1 Nummer 1 und Absatz 2 und die §§ 41 und 42 des Aufenthaltsgesetzes gelten entspre-chend.** ⁴**Einem Ausländer aus einem sicheren Herkunftsstaat gemäß § 29a, der nach dem 31. August 2015 einen Asylantrag gestellt hat, darf während des Asylverfahrens die Ausübung einer Beschäftigung nicht erlaubt werden.** ⁵**Absatz 1 Satz 2 bleibt unberührt.**

Überblick

Die Vorschrift regelt den Zugang zum Arbeitsmarkt für (ehemalige) Asylbewerber. Abs. 1 betrifft Personen, die zum Wohnen in einer Aufnahmeeinrichtung verpflichtet sind (→ Rn. 26 ff.). Er sieht im Ausgangspunkt weiterhin ein absolutes Erwerbstätigkeitsverbot vor (→ → Rn. 26), das mit dem Zweiten Gesetz zur besseren Durchsetzung der Ausreisepflicht v. 15.8.2019 (BGBl. I 1294) allerdings eine durch Unionsrecht teilweise gebotene Auflockerung erfahren hat

(→ Rn. 6 ff.), dieses aber nach wie vor nicht vollständig umsetzt (→ Rn. 10 f.). Abs. 1 S. 2 räumt Asylbewerbern (→ Rn. 60 f.) auf Antrag (→ Rn. 18) einen gebundenen Anspruch (→ Rn. 30 ff.) auf die Erteilung einer auf Beschäftigungen (Rn. 19 ff.) beschränkten Erlaubnis ein, wenn das Asylverfahren nach neun Monaten noch nicht unanfechtbar abgeschlossen ist (→ Rn. 31) und die Bundesagentur für Arbeit eine erforderliche Zustimmung erteilt hat (→ Rn. 32 ff.). Soweit der Anspruch auf eine Beschäftigungserlaubnis bei Antragsablehnungen als offensichtlich unbegründet oder unzulässig (→ Rn. 40) pauschal verwehrt wird, bedarf es teleologischer Korrekturen (→ Rn. 41). Personen aus sicheren Herkunftsstaaten sind – weiterhin unionrechtswidrig (→ Rn. 10, → Rn. 47) – vom Arbeitsmarkt ausgeschlossen; im Anwendungs-bereich von Abs. 1 gilt dies ausnahmslos (→ Rn. 46), iRv Abs. 2, sofern der Asylantrag nach dem 31.8.2015 gestellt worden ist (→ Rn. 69). Ausländern, die seit sechs Monaten eine Duldung besitzen und noch der Aufnahmeeinrichtungswohnverpflichtung unterliegen, kann auf Grundlage von Abs. 1 S. 2 Hs. 2 eine Beschäftigungserlaubnis erteilt werden (→ Rn. 48 ff.). Abs. 2 regelt den Arbeitsmarktzugang von Asylbewerbern (→ Rn. 60 f.), die nicht bzw. nicht mehr verpflichtet sind, in einer Aufnahmeeinrichtung zu wohnen. Nach Abs. 2 S. 1 kann Inhabern einer Aufent-haltsgestattung (→ Rn. 65 f.) nach Ablauf einer dreimonatigen Wartefrist (→ Rn. 66 f.) eine Beschäftigungserlaubnis erteilt werden. Diese Ermessensentscheidung (→ Rn. 74 ff.) verdichtet sich unter den in Abs. 1 S. 2 genannten (negativen) Erteilungsvoraussetzungen zu einem gebunde-nen Anspruch, wenn das Asylverfahren nach neun Monaten noch nicht unanfechtbar abgeschlossen ist (→ Rn. 79 f.). Das folgt aus dem enigmatischen Hinweis in Abs. 2 S. 5, der mit dem Zweiten Gesetz zur besseren Durchsetzung der Ausreisepflicht v. 15.8.2019 (BGBl. I 1294) angefügt wurde (→ Rn. 79) und unter anderem die Frage aufgeworfen hat, ob geduldete Asylbewerbern ohne Wohnverpflichtung nunmehr erst nach sechsmonatigem Duldungsvorbesitz Arbeitsmarktzugang erhalten (→ Rn. 80). Die Reform von § 61 hat zudem die Vorzeichen für den gerichtlichen Rechtsschutz verändert (→ Rn. 83 f.).

Übersicht

A. Einordnung

1   § 61 regelt den Zugang zum deutschen Arbeitsmarkt für (ehemalige) Asylbewerber (weiterfüh-rend → Rn. 17 ff.). Er knüpft – wie Abs. 2 S. 1 zeigt – an das in § 4a Abs. 4 AufenthG verankerte **(präventive) Erwerbstätigkeitsverbot mit Erlaubnisvorbehalt** an, bei dem es der Gesetzgeber auch nach Inkrafttreten des FachkEinwG (Fachkräfteeinwanderungsgesetz v. 15.8.2019, BGBl. I 1307) für Ausländer ohne Aufenthaltstitel belassen hat. § 61 modifiziert § 4a Abs. 4 AufenthG allerdings in mehrfacher Hinsicht. Zunächst wird die gem. § 4a Abs. 4 AufenthG eigent-lich bestehende Erlaubnismöglichkeit für die Dauer der Verpflichtung, in einer Aufnahmeeinrichtung zu wohnen, im Ausgangspunkt durch Abs. 1 S. 1 ausgeschlossen (s. aber noch → Rn. 2). Gestatteten Asylbewerbern ohne AE-Wohnverpflichtung steht der Arbeitsmarkt gem. Abs. 2 S. 1 außerdem erst nach einer – in § 4a Abs. 4 AufenthG nicht vorgesehenen – dreimonatigen Sperrfrist offen. Soweit die Erlaubnismöglichkeit eröffnet ist, beschränkt § 61 sie schließlich auf die „Ausübung einer Beschäftigung" (zum Beschäftigungsbegriff → Rn. 19 ff.). Im Anwendungsbereich von § 61 ist die durch das FachkEinwG augenscheinlich eröffnete Möglichkeit, titellosen Ausländern auch die selbstständige Erwerbstätigkeit zu erlauben (dazu Schuster/Voigt ASYLMAGAZIN 3/2020, 64 (72)), damit gesperrt.

Zwischen dem nunmehr in Abs. 1 S. 1 enthaltenen vorbehaltlosen Erwerbstätigkeitsverbot und **2** der Wohnverpflichtung bestand **bislang eine automatische Koppelung:** Solange die – teilweise zeitlich nicht befristete – Wohnverpflichtung bestand, war der Zugang zum Arbeitsmarkt verschlossen. Diesen **Nexus** hat der Gesetzgeber mit dem Zweiten Gesetz zur besseren Durchsetzung der Ausreisepflicht v. 15.8.2019 (BGBl. I 1294) **gelockert:** Unter den in Abs. 1 S. 2 genannten Voraussetzungen besteht nunmehr auch während des verpflichtenden Aufenthalts in einer (Besonderen) Aufnahmeeinrichtung Zugang zum Arbeitsmarkt, den der Gesetzgeber – in unvollkommener Umsetzung unionsrechtlicher Vorgaben (→ Rn. 10 f.) – zwar nicht ipso jure, aber in Form eines gebundenen Anspruchs („ist zu erlauben") auf Erteilung der im Einzelfall einzuholenden Beschäftigungserlaubnis einräumt.

Der praktische Nutzen des Rechtsanspruchs wird allerdings durch die für die Dauer der AE- **3** Wohnverpflichtung weiterhin uneingeschränkt **fortbestehenden räumlichen Beschränkung (§ 59a Abs. 1 S. 2)** sowie die häufig abgeschiedenen AE-Standorte in Frage gestellt, welche die Anbahnung und den Vollzug von Beschäftigungsverhältnissen erheblich erschweren. Zumindest das erstgenannte (rechtliche) Problem lässt sich aber dadurch lösen, dass jedenfalls ein nach Abs. 1 S. 2 bestehender Rechtsanspruch die Annahme eines zwingenden Grundes iSv § 57 Abs. 1 und im Ergebnis die Erteilung einer Verlassenserlaubnis gebietet, wenn diese für die (effektive) Ausübung der Beschäftigung erforderlich ist. Andernfalls wäre der zum Teil durch Unionsrecht geforderte Rechtsanspruch faktisch weitgehend wertlos, zumal nichts dafür ersichtlich ist, dass der Gesetzgeber nur die Aufnahme von Beschäftigungen innerhalb des durch die räumliche Beschränkung (§ 56) gezogenen Radius ermöglichen wollte (ergänzend → § 57 Rn. 10a f.). Ein solcher Arbeitsmarktzugang wäre auch nicht effektiv iSv Art. 15 Abs. 2 Aufnahme-RL. Dabei ist zu beachten, dass gem. § 57 Abs. 1 **für die Erteilung der Verlassenserlaubnis das Bundesamt,** für die der Beschäftigungserlaubnis die durch das jeweilige Landesrecht bestimmte Ausländerbehörde **zuständig** ist (diese gespalten Zuständigkeit würde bei einer analogen Anwendung von § 58 Abs. 1 S. 3 vermieden (→ § 57 Rn. 10b). An der Erteilung der Beschäftigungserlaubnis besteht auch ein Sachbescheidungsinteresse, denn aus § 58 Abs. 1 S. 3 folgt, dass diese der Entscheidung vorausgeht, die Beschäftigungserlaubnis also auch dann erteilt werden kann, wenn noch unklar ist, ob es auch zur Erteilung der Verlassenserlaubnis kommen wird. Einen Dispens von der – auch nicht an die fehlende Lebensunterhaltssicherung gekoppelten – gesetzlichen Wohnsitzauflage (§ 47 Abs. 1 S. 1) ermöglicht § 57 allerdings nicht.

Mit der Reform des § 61 hat der Gesetzgeber ein weiteres Kapitel in der wechselvollen **4** Geschichte der Regelung aufgeschlagen, die Ausdruck eines seit jeher bestehenden **systembedingten Dilemmas** ist: Auf der einen Seite sieht der Gesetzgeber die Gefahr, dass die großzügige Gewährung von Integrations- und Teilhaberechten den (Fehl-) Anreiz setzt, das Asylverfahren aus „asylfremden" Gründen zu beschreiten und die Saat für einen späteren „Spurwechsel" gestreut wird, der zwar rechtlich in der Regel ausgeschlossen (§ 10 Abs. 1, Abs. 3 AufenthG), dessen Verbot in der Praxis allerdings häufig nicht durchsetz- und vermittelbar ist, das (wohl auch) deshalb zuletzt wiederholt gelockert wurde (vgl. zB 60c, 60d AufenthG). Die **Verhinderung** einer solchen **Aufenthaltsverfestigung** sowie die von dem Erwerbstätigkeitsverbot ausgehende (vermutete) Signalwirkung sind zwar grundsätzlich **legitime migrationspolitische Ziele** (vgl. BVerwG BeckRS 1990, 31227965). Ihnen steht allerdings die Einsicht gegenüber, dass der mit dem „Warten auf den Bundesamtsbescheid" verbundene Zwang zum Nichtstun zwar rechtlich in recht weitem Umfang zulässig, sowohl aus individueller als auch gesamtgesellschaftlicher Sicht aber höchst unbefriedigend ist. Im Angesicht langer Verfahrenszeiten und hoher Anerkennungsquoten ist es zudem Anliegen und Notwendigkeit, auch und gerade fluchtbedingte Migration frühzeitig und konstruktiv zu gestalten. Auch wenn das gesetzgeberische Handeln angesichts der weiter verfochtenen Trennung von Flucht- und Erwerbsmigration (notgedrungen) ambivalent ist, ist in den letzten Jahren eine (zarte) Tendenz zur großzügigeren Gewährung von Teilhaberechten schon während des Asylverfahrens erkennbar, von der Menschen aus sicheren Herkunftsstaaten allerdings weiterhin – und nach wie vor unionsrechtswidrig (→ Rn. 10; → Rn. 70) – rigoros ausgeschlossen sind.

5   Die jüngste Reform von § 61 stellt auch den erfahrenen Rechtsanwender nicht nur wegen des systematisch neuen Gepräges der Vorschrift, sondern auch angesichts des klandestin anmutenden Gesetzgebungsverfahrens (→ Rn. 5.1) vor zahlreiche Fragen.

5.1   Die grundlegende Reform von § 47 geht auf einen Änderungsantrag der Koalitionsfraktionen zurück. Dieser wurde am Tag der öffentlichen Anhörung durch den Innenausschuss eingebracht, am Tag darauf vom Ausschuss für Inneres und Heimat beschlossen (BT-Drs. 19/10706) und zwei Tage darauf im Bundestag verabschiedet. Er war daher weder Gegenstand der öffentlichen Debatte noch der Anhörung; → Rn. 79.

B. Unions-, Verfassungs- und Völkerrecht

6   Unionsrechtlicher Maßstab ist insbesondere **Art. 15 EU-Aufnahme-RL** (RL 2013/33/EU v. 26.6.2013, ABl. 2013 L 180, 96): Dieser sieht in Abs. 1 einen Anspruch auf Verschaffung eines Arbeitsmarktzugangs vor („die Mitgliedstaaten tragen dafür Sorge"), sofern der Antragsteller nach neun Monaten ohne sein Zutun noch nicht verbeschieden ist. Im Falle einer ablehnenden Behördenentscheidung über den Asylantrag darf das Recht auf Zugang zum Arbeitsmarkt zudem gem. Art. 15 Abs. 3 EU-Aufnahme-RL nicht wieder entzogen werden, wenn ein gegen den Ablehnungsbescheid erhobener Rechtsbehelf standardmäßig aufschiebende Wirkung hat. Auf nationales Recht umgemünzt sind jedenfalls Klagen erfasst, die kraft Gesetzes aufschiebende Wirkung haben (§ 75 Abs. 1). Ob auch das durch einen fristgerechten Eilantrag (§ 80 Abs. 5 VwGO) ausgelöste gesetzliche Vollzugsverbot (§ 36 Abs. 3 S. 8) hierunter fällt, erscheint mit Blick auf die Rechtsprechung des EuGH zur Rückführungs-RL zumindest erörterungsbedürftig (EuGH ZAR 2018, 359 Rn. 56 – Gnandi; s. aber andererseits EuGH NVwZ-RR 2019, 75).

7   Nachdem die Umsetzungsfrist bereits am 20.7.2015 abgelaufen (vgl. Art. 31 Abs. 1 EU-Aufnahme-RL), die nationale Rechtslage infolgedessen über mehrere Jahre hinweg partiell unionrechtsrechtswidrig war (vgl. BeckOK MigR/Röder, 1. Ed. 1.3.2019, Rn. 4), ist der Gesetzgeber mit dem Zweiten Gesetz zur besseren Durchsetzung der Ausreisepflicht v. 15.8.2019 (BGBl. I 1294) seinen – ausdrücklich in Bezug genommenen (BT-Drs. 19/10706, 16) – Verpflichtungen nunmehr zumindest teilweise nachgekommen. Da er sich zeitgleich für eine Ausweitung der Wohnverpflichtung von sechs auf 18 Monate entschieden hat (vgl. § 47 Abs. 1 S. 1), Unionsrecht den Zugang zum Arbeitsmarktzugang aber unabhängig von der Unterbringungsform fordert, war die partielle Entkoppelung von Wohnverpflichtung und Erwerbstätigkeitsverbot zwangsläufige Folge. Für Personen, die nicht (mehr) der Aufnahmeeinrichtungsverpflichtung unterliegen, folgt der Anspruch auf eine Beschäftigungserlaubnis des noch nicht vollziehbar verbeschiedenen Antragstellers aus Abs. 2 S. 5 (→ Rn. 79).

8   Soweit der Gesetzgeber in Gestalt von Abs. 1 S. 2 bzw. Abs. 2 S. 5 den Anspruch auf eine Beschäftigungserlaubnis bis zum unanfechtbaren Abschluss des Asylverfahrens einräumt, **geht** er bewusst (BT-Drs. 19/10706, 16) **über die unionsrechtlichen Anforderungen hinaus.** Überobligatorisch handelt er zum einen insofern, als er das Recht auf Arbeitsmarktzugang auch nach einer ersten ablehnenden (gerichtlichen) Entscheidung belässt, zum anderen weil er den Arbeitsmarktzugang unter den in Abs. 1 S. 2 Hs. 1 genannten Voraussetzungen auch für den Fall gewährt, dass das Bundesamt vor Ablauf von neun Monaten eine (ablehnende) Entscheidung über den Asylantrag trifft. Im Übrigen scheint der Gesetzgeber aber davon auszugehen, dass Art. 15 Abs. 1 EU-Aufnahme-RL die Einräumung eines Rechtsanspruchs auf Zugang zum Arbeitsmarkt fordert, da ansonsten ein Anspruch auf fehlerfreie Ermessensentscheidung ausreichend gewesen wäre (vgl. BT-Drs. 19/10706, 17: „Geboten war dies […] um den Vorgaben aus Art. 15 Abs. 1 der Richtlinie 2013/33/EU […] zu entsprechen; dies verkennend VG München BeckRS 2019, 28967 Rn. 29).

9   Das Recht auf Zugang zum Arbeitsmarkt, das gem. Art. 15 Abs. 3 EU-Aufnahme-RL während eines Rechtsbehelfsverfahrens mit aufschiebender Wirkung nicht entzogen werden darf, bezieht sich dabei auf die abstrakt-generelle nationale Regelung, nicht auf eine konkret erteilte Beschäftigungserlaubnis.

10   Vollständig eingelöst sind die europarechtlichen Pflichten indes nach wie vor nicht: Das gilt zum einen mit Blick auf Antragsteller aus sicheren Herkunftsstaaten (§ 29a), die der Gesetzgeber über Abs. 1 S. 2 Hs. 1 Nr. 3 (ggf. iVm Abs. 2 S. 5, vgl. auch Abs. 2 S. 4) weiterhin kategorisch vom Arbeitsmarkt ausschließt. Art. 15 Abs. 2 EU-Aufnahme-RL erlaubt zwar eine innerstaatliche Ausgestaltung der näheren Voraussetzungen des Zugangs zum Arbeitsmarkt, verpflichtet die Mitgliedstaaten aber zugleich auf die Gewährleistung eines effektiven Arbeitsmarktzugangs. Da Art. 15 Abs. 1 EU-Aufnahme-RL – anders als noch Art. 11 Abs. 2 Aufnahme-RL (RL 2003/9/EG v. 27.1.2003, ABl. 2003 L 31, 18) – die Frage des „Ob" des Arbeitsmarktzugangs aber eindeutig beantwortet, kann jedenfalls ein vollständiger Beschäftigungsausschluss ganzer Personengruppen nicht auf Art. 15 Abs. 2 EU-Aufnahme-RL gestützt werden (Wittmann/Röder ZAR 2019, 412

(416)). Möglicherweise sieht sich der Gesetzgeber insoweit durch eine Entscheidung des BayVGH gedeckt, der es allerdings – mit fragwürdiger Begründung – unterlassen hat, dem EuGH die Frage nach der Zulässigkeit eines pauschalen Arbeitsmarktausschlusses sicherer Herkunftsstaater vorzulegen (BayVGH BeckRS 2017, 108393, wobei es sich nur um eines von vielen Verfahren vor bayerischen Verwaltungsgerichten handelte, in denen die Vereinbarkeit mit Art. 15 EU-Aufnahme-RL (erfolglos) gerügt worden war; zur Kritik an der Spruchpraxis vgl. Hofmann EuR 2018, 289 ff. unter Hinweis auf eine beim BVerfG anhängige Verfassungsbeschwerde wegen einer Verletzung von Art. 101 Abs. 1 S. 2 GG). Indes hat der EuGH sie inzwischen in seiner ersten Art. 15 EU-Aufnahme-RL betreffenden Entscheidung beantwortet, wenn er auf Vorlage des irischen High Courts feststellt, dass die bloße Zugehörigkeit zu einer bestimmten Gruppe allein keinen Ausschluss von unionsrechtlich vorgesehenen Rechten rechtfertigt (EuGH BeckRS 2021, 81 Rn. 92). Soweit das Bundesamt innerhalb von neun Monaten noch keine Entscheidung über den Asylantrag getroffen hat, ist § 61 Abs. 1 S. 2 Hs. 1 Nr. 3 (ggf. iVm Abs. 2 S. 5) daher nicht anzuwenden (ebenso BeckOK AuslR/Neundorf Rn. 18; hier Huber/Mantel AufenthG/Amir-Haeri Rn. 5; sa Habbe ASYLMAGAZIN 4/2021, 111 (117)). Das nach Ablauf von neun Monaten entstandene Recht auf Arbeitsmarktzugang darf gem. Art. 15 Abs. 3 EU-Aufnahme-RL frühestens wieder entzogen werden, wenn das Bundesamt den Asylantrag tatsächlich gem. § 29a Abs. 1 als offensichtlich unbegründet ablehnt (Wittmann/Röder ZAR 2019, 412 (416 f.)).

Auch der Arbeitsmarktausschluss im Falle der **Ablehnung des Asylantrags** als unzulässig **11** (Abs. 1 S. 2 Hs. 1 Nr. 4 ggf. iVm Abs. 2 S. 5) gerät mit **Art. 15 Abs. 3 EU-Aufnahme-RL in Konflikt,** wenn diese erst nach Ablauf der Neunmonatsfrist ergeht und eine dagegen erhobene Klage kraft Gesetzes aufschiebende Wirkung hat (§ 75 Abs. 1). Dies ist etwa bei Unzulässigkeitsentscheidungen gem. § 29 Abs. 1 Nr. 3 der Fall (vgl. Wittmann/Röder ZAR 2019, 412 (416)). Auch hier muss Abs. 1 S. 2 Hs. 1 Nr. 4 (ggf. iVm Abs. 2 S. 5) unangewendet bleiben.

Aus denselben Erwägungen müsste der Ausschlussgrund auch in Fällen einer Klageerhebung **11a** gegen eine Dublin-Unzulässigkeitsentscheidung unangewendet bleiben, wenn diese (ausnahmsweise) mit einer Abschiebungsandrohung versehen ist (§ 34a Abs. 1 S. 4), denn auch hier hat die Klage aufschiebende Wirkung. Indes erweist sich der **Ausschlussgrund in Dublin-Fällen generell** – dh auch in Fällen, in denen eine Abschiebungsanordnung ergeht – als **unvereinbar mit Art. 15 EU-Aufnahme-RL,** nachdem der EuGH in einem obiter dictum festgestellt hat, dass es sich bei einer Überstellungsentscheidung nach der Dublin-III-VO schon um keine „erstinstanzliche Entscheidung" iSv Art. 15 Abs. 1 EU-Aufnahme-RL handelt (EuGH BeckRS 2021, 81 Rn. 54) und zwar – wie sich aus den Schlussanträgen des Generalanwalts De la Tour ergibt – auch dann nicht, wenn die Behörde sie mit der Entscheidung verbindet, den Asylantrag nicht zu prüfen, der im deutschen Recht die Unzulässigkeitsentscheidung nach § 29 Abs. 1 Nr. 1 entspricht (BeckRS 2020, 22206 Rn. 60; wie hier Habbe ASYLMAGAZIN 4/2021, 111 (115 und 117)). Der Ausschlussgrund lässt sich auch nicht mit der Erwägung halten, dass der Antragsteller das Asylverfahren mit seiner Antragstellung im unzuständigen Mitgliedstaat oder einem eben gegen die Bundesamtsentscheidung eingelegten Rechtsmittel iSd Art. 15 Abs. 1 EU-Aufnahme-RL verzögert habe, da eine **Verzögerung** dem EuGH zufolge **nur bei mangelnder Zusammenarbeit** des Antragstellers mit den Behörden angenommen werden kann (EuGH BeckRS 2021, 81 Rn. 81 ff.). Da der pauschal auf eine Unzulässigkeitsentscheidung abstellende Ausschlussgrund für die Feststellung eines im Einzelfall unkooperativen Verhaltens keinerlei Raum lässt, muss er zur Herstellung unionsrechtskonformer Zustände in Bezug auf Dublin-Fälle unangewendet bleiben, so dass der Anspruch auf die Beschäftigungserlaubnis ungeachtet einer zwischenzeitlich ergangenen Dublin-Entscheidung entsteht, wenn seit der Antragstellung neun Monate vergangen sind und sich der Antragsteller nach wie vor in Deutschland befindet. Im Falle der Bestandskraft des Dublin-Bescheids kann dem Anspruch auch nicht der Ausschlussgrund des Abs. 1 S. 2 Hs. 1 Nr. 1 AsylG entgegengehalten werden, der unionsrechtskonform ausgelegt werden muss, weil es sich aus unionsrechtlicher Perspektive um ein einheitliches Asylverfahren handelt, das mit dem Dublin-Bescheid noch nicht unanfechtbar abgeschlossen ist (so wohl auch Habbe ASYLMAGAZIN 2021, 111 (114)). Die Verpflichtung der (deutschen) Ausländerbehörde zur Erteilung der Beschäftigungserlaubnis endet erst mit der endgültigen Überstellung des Antragstellers in den ersuchten Mitgliedstaat (EuGH BeckRS 2021, 81 Rn. 68), den fortan die Verpflichtung zur Gewährung des Arbeitsmarktzugangs trifft, ohne dass die Neunmonatsfrist dort von Neuem beginnen würde. Für zuständigkeitshalber nach Deutschland überstellte Antragsteller bedeutet dies umgekehrt, dass die Dauer des Asylverfahrens in dem ersuchenden Staat im Rahmen von Abs. 1 S. 2 Hs. 1 Nr. 1 anzurechnen ist.

Grundsätzliche verfassungsrechtliche Bedenken bestehen im Ausgangspunkt nicht. Sinn des **12** durch die Aufenthaltsgestattung abgesicherten vorläufigen Aufenthalts ist nach einer zugespitzten

Formulierung des BVerfG „nicht mehr als ein Warten auf den Bundesamtsbescheid" (NVwZ-Beil. 2002, 57 (58)). Bis zur Klärung seines Status kann der Asylbewerber nicht schon die Rechte eines „Anerkannten" beanspruchen (BVerfG NJW 1984, 558). Aus dem in Gestalt des AsylbLG eingelösten Versprechen eines menschenwürdigen Existenzminimums kann deshalb grundsätzlich kein Anspruch abgeleitet werden, dieses „aus eigener Kraft" zu erwirtschaften (BVerwG BeckRS 1981, 31317825). Allerdings dürfte es mit dem in Art. 1 Abs. 1 S. 2 GG enthaltenen staatlichen Schutzauftrag nicht zu vereinen sein, einen erwerbsfähigen und -willigen Asylbewerber trotz auskömmlichen Beschäftigungsangebots dauerhaft auf den Bezug von Asylbewerberleistungen zu verweisen, weil ihm dadurch ein selbstbestimmtes und unabhängige(re)s Lebens vorenthalten wird (zur Verpflichtung des Staates, die Voraussetzungen für ein eigenverantwortliches Leben zu schaffen vgl. BVerfG NJW 2019, 3703 Rn. 123). Auch der EuGH betont die Bedeutung einer Beschäftigung für die Wahrung der Menschenwürde Asylsuchender (EuGH BeckRS 2021, 81 Rn. 69).

13   Mit Art. 17 GFK (nichtselbständige Arbeit) und Art. 18 GFK (selbständige Arbeit) ist § 61 vereinbar, da die Gewährleistungen nach hM nur anerkannte Flüchtlinge betreffen (→ GFK Art. 17 Rn. 13 ff.; → GFK Art. 18 Rn. 7 ff.).

C. Normstruktur und persönlicher Anwendungsbereich

14   § 61 regelt den Arbeitsmarktzugang von (ehemaligen) Asylbewerbern. Die systematische Trennlinie zwischen Abs. 1 und Abs. 2 wird durch die nach Maßgabe von §§ 47, 30a Abs. 3 bestehende Verpflichtung zum Wohnen in einer Aufnahmeeinrichtung (§ 44) gezogen: Solange diese besteht, richtet sich der Arbeitsmarktzugang nach Abs. 1, „im Übrigen" – dh dann, wenn die Wohnverpflichtung entfallen ist oder niemals bestanden hat – nach Abs. 2 (nur insoweit zutr. VG München BeckRS 2019, 28967 Rn. 28).

15   In systematischer Hinsicht ist außerdem zu beachten, dass nur Abs. 2 an die Eigenschaft als Asylbewerber (→ Rn. 61), Abs. 1 dagegen allgemein an die Ausländereigenschaft und die Pflicht nach § 47 anknüpft. „Für die Dauer der Pflicht" ist damit **Abs. 1** auch nach unanfechtbarem Asylverfahrensabschluss **Maßstab für die Erteilung einer Beschäftigungserlaubnis.** Der Anwendungsbereich von Abs. 2 endet dagegen mit Fortfall des Asylbewerberstatus (→ Rn. 63).

16   Über die Verweise in § 71 Abs. 2 S. 2 bzw. § 71a Abs. 3 S. 2 gilt § 61 auch für **zwischenzeitlich ausgereiste Folgeantragsteller und Zweitantragsteller.** Der Zugang von in Deutschland verbliebenen Folgeantragstellern dürfte sich jedenfalls auf Basis der (unzutreffenden) Annahme, Folgeantragsteller seien bis zur Klärung der Zulässigkeit des Folgeantrags nur geduldet (ausführlich → § 55 Rn. 20 f.), im Umkehrschluss demgegenüber nach ausländerrechtlichen Grundsätzen, also nach § 4a Abs. 4 AufenthG iVm § 32 Abs. 1 S. 1 BeschV richten. Besitzt der Folgeantragsteller dagegen (wieder) eine Aufenthaltsgestattung, richtet sich die Erteilung einer Beschäftigungserlaubnis nach § 61 Abs. 2, da er andernfalls ohne Arbeitsmarktzugang bliebe, da § 32 Abs. 1 BeschV nur auf Inhaber einer Duldung anwendbar ist (iErg ebenso VG Potsdam BeckRS 2021, 10328 Rn. 22).

17   Soweit – etwa im Falle einer Aufstockungsklage eines subsidiär Schutzberechtigten – **Aufenthaltserlaubnis und Aufenthaltsgestattung nebeneinander** bestehen – gibt die Aufenthaltserlaubnis den Maßstab vor. Der Zugang zum Arbeitsmarkt besteht im Beispiel dabei schon in der Phase der mit Statusgewährung eintretenden Erlaubnisfiktion (§ 25 Abs. 1 S. 3, Abs. 2 S. 2 AufenthG), was für international Schutzberechtigte aus dem an die Zuerkennung anknüpfenden Art. 26 Abs. 1 Qualifikations-RL, für anerkannte Flüchtlinge – und über § 2 Abs. 1 auch für Asylberechtigte – zudem aus dem jetzt anwendbaren Art. 17 f. GFK folgt.

D. Beschäftigungserlaubnis: Grundsätzliches

I. Antrag

18   Aus der Natur der Sache folgt zunächst, dass die Beschäftigungserlaubnis **nur auf Antrag** erteilt wird. Antragsformulare sind sowohl bei den Ausländerbehörden als auch den Agenturen für Arbeit erhältlich. Die Entscheidung trifft die nach Maßgabe des Landesrechts zuständige Ausländerbehörde (arg. e. § 5 Abs. 1 S. 2).

II. Beschäftigung

19   Antragsgegenstand ist die „Ausübung einer Beschäftigung". Mit der Beschäftigung erklärt Abs. 1 S. 2 Hs. 1 ebenso wie Abs. 2 S. 1 – insoweit nicht gemäß, sondern abweichend von § 4a

Abs. 4 AufenthG (→ Rn. 1) – **nur eine der drei möglichen Erwerbstätigkeitsformen** für **erlaubnisfähig** (§ 2 Abs. 2 AufenthG).

Hinsichtlich des Beschäftigungsbegriffs verweist § 2 Abs. 2 AufenthG auf § 7 SGB IV. Beschäfti- 20
gung ist die entgeltliche, planmäßige und dauerhafte, auf die Verfügung über die Arbeitskraft des Arbeitnehmers gerichtete Beziehung zwischen Arbeitgeber und Arbeitnehmer, die durch die Eingliederung des Arbeitnehmers in den Betrieb des Arbeitgebers und seine grundsätzliche Weisungsgebundenheit (persönliche Abhängigkeit) begründet wird (OLG Karlsruhe BeckRS 2016, 132739; zur Abgrenzung gegenüber der selbstständigen Tätigkeit vgl. BeckOK SozR/Rittweger SGB IV § 7 Rn. 4).

Nach dem über § 2 Abs. 2 AufenthG ebenfalls anwendbaren § 7 Abs. 2 SGB IV gilt auch der 21
Erwerb beruflicher Kenntnisse, Fertigkeiten oder Erfahrungen im Rahmen betrieblicher Berufsbildung als Beschäftigung. **Schulische Ausbildungen sind demnach keine Beschäftigungen.** Daran ändern auch etwaige in den Ausbildungsordnungen vorgesehene Betriebspraktika nichts, da diese der als Ganzes in den Blick zu nehmenden Ausbildung nicht den von § 7 Abs. 2 SGB IV verlangten betrieblichen Charakter verleihen (Röder/Wittmann ZAR 2017, 345 (349); offengelassen von BayVGH BeckRS 2018, 40394 Rn. 11: Schulvertrag mit praktischem Ausbildungsteil).

Keine Beschäftigungen und deshalb nicht nach § 61 erlaubnispflichtig sind ferner Flüchtlings- 22
integrationsmaßnahmen (§ 5a AsylbLG) und Arbeitsgelegenheiten (§ 5 Abs. 5 AsylbLG), ehrenamtliche Tätigkeiten, Hospitationen, Maßnahmen zur Aktivierung und beruflichen Eingliederung nach § 45 SGB III (zB Computerkurs, Bewerbungstraining) oder ein Studium.

Erlaubnispflichtig ist die „Ausübung der Beschäftigung", nicht dagegen der **Vertragsschluss,** 23
wofür neben dem Wortlaut (vgl. auch § 4a Abs. 2 AufenthG) und dem Verfahrensgang auch der Zweck des Erlaubnisvorbehalts spricht, einer drohenden (unkontrollierten) Aufenthaltsverfestigung vorzubeugen, die aber in erster Linie Folge einer tatsächlichen Einbindung in das Arbeitsleben ist. Auch kann nicht angenommen werden, dass der Gesetzgeber die Vertragsfreiheit von Arbeitgeber und Arbeitnehmer beschränken und bereits einen – ohne Erlaubnis getätigten – Vertragsschluss ordnungs- und strafrechtlich (→ Rn. 86) sanktionieren will (Röder/Wittmann ZAR 2017, 345 (349)).

Aus der Formulierung („einer" Beschäftigung) sowie dem Zweck des Erlaubnis- und Zustim- 24
mungsverfahrens (→ Rn. 33 ff.) folgt ferner, dass der Zugang zum Arbeitsmarkt nicht generell, sondern nur für eine durch den Antrag konkretisierte Tätigkeit an einem bestimmten Arbeitsplatz eröffnet werden kann (OVG Bln-Bbg BeckRS 2020, 15945 Rn. 18; vgl. auch § 34 BeschV). Aus dem Begriff „Ausübung" ist ferner zu folgern, dass eine Erlaubniseinholung „auf Vorrat oder Verdacht" ausscheidet, es sich also um eine konkret in Aussicht stehende Beschäftigung handeln muss, wobei die Erlaubnis auch für eine erst in einigen Monaten ausgeübte Beschäftigung erteilt werden kann (ebenso VG Würzburg BeckRS 2020, 7175 Rn. 22).

III. Rechtsnatur und Geltungsdauer

Bei der Beschäftigungserlaubnis handelt es sich um einen **begünstigenden Verwaltungsakt.** 25
Wird diese dem Inhaber einer Aufenthaltsgestattung erteilt, handelt es sich um keine Nebenbestimmung zu der – kraft Gesetzes entstehenden (vgl. § 55 Abs. 1 S. 1, 3) – Aufenthaltsgestattung, sondern um eine von dieser **unabhängigen Regelung,** die nicht automatisch das Schicksal der Aufenthaltsgestattung teilt, sondern nach allgemeinen verwaltungsrechtlichen Grundsätzen erlischt (Röder/Wittmann ZAR 2017, 345 (34) mN; ebenso VG Augsburg BeckRS 2018, 28245 Rn. 24; Erlass des Ministeriums für Kinder, Familie, Integration und Flüchtlinge in NRW v. 4.8.2020 – 512-2020-0000769, 1; s. ferner Wittmann/Röder ZAR 2019, 412 (418); → § 67 Rn. 30).

E. Beschäftigung in der Aufnahmeeinrichtung

I. Erwerbstätigkeitsverbot während Wohnverpflichtung

Im Ausgangspunkt behält Abs. 1 S. 1 die bekannte Grundregel bei. Danach besteht für die 26
Dauer der Verpflichtung, in einer Aufnahmeeinrichtung zu wohnen, ein striktes, dh vorbehaltloses Erwerbstätigkeitsverbot.

Abs. 1 S. 1 **knüpft** ausdrücklich an die Pflicht, in einer Aufnahmeeinrichtung zu wohnen, 27
nicht an den tatsächlichen Aufenthalt dort an. Soweit diese infolge Fristablaufs oder aus den weiteren in §§ 48 ff. genannten Gründen nicht mehr besteht, ist eine beabsichtigte Beschäftigung grundsätzlich nach Maßgabe von Abs. 2 erlaubnisfähig, auch wenn der Ausländer tatsächlich

weiterhin in der Aufnahmeeinrichtung wohnt (ebenso VG München BeckRS 2019, 28967 Rn. 30, das allerdings verkennt, dass der fortdauernde Aufenthalt in der Aufnahmeeinrichtung in der Regel nicht auf einer freiwilligen Entscheidung des Asylbewerbers beruht, sondern Folge behördlicher Untätigkeit ist; zum Anspruch auf Verteilung nach Fristablauf → § 47 Rn. 22).

28   Abs. 1 gilt auch im Falle einer gem. § 30a Abs. 3 bestehenden Wohnverpflichtung, denn auch Besondere Aufnahmeeinrichtungen sind Aufnahmeeinrichtungen.

29   Entstehung und Dauer der Wohnverpflichtung richten sich nach § 47, deren (vorzeitiges) Ende nach §§ 48– 50, deren Anwendungsbereich durch das Zweite Gesetz zur besseren Durchsetzung der Ausreisepflicht v. 15.8.2019 (BGBl. I 1294) deutlich verkleinert wurde. Mit der Ausdehnung der Wohnverpflichtung von bislang sechs auf bis zu 18 Monate hat der Gesetzgeber deshalb „durch die Hintertür" auch das Erwerbstätigkeitsverbot des Abs. 1 S. 1 erheblich verlängert, von dem Abs. 1 S. 2 aber nunmehr Ausnahmen zulässt („abweichend von Abs. 1 S. 1"), indem er die Erteilung einer Beschäftigungserlaubnis trotz Wohnverpflichtung ermöglicht.

II. Beschäftigungserlaubnis als gebundene Entscheidung

30   Abs. 1 S. 2 Hs. 1 räumt dem wohnverpflichteten Ausländer einen **gebundenen Rechtsanspruch** auf die begehrte Beschäftigungserlaubnis ein, wenn folgende Voraussetzungen erfüllt sind:

1. Seit neun Monaten laufendes Asylverfahren

31   Das Asylverfahren darf noch nicht unanfechtbar abgeschlossen sein, der Ausländer muss also noch Asylbewerber (→ Rn. 61) sein. Unanfechtbar abgeschlossen ist das Asylverfahren mit Eintritt der Bestandskraft, zudem dürften Fälle der Antragsrücknahme bzw. der Verzicht auf die (weitere) Durchführung eines Asylverfahrens (§ 14a Abs. 3 S. 1) erfasst sein. Bei fingierten Rücknahmen ist aber die Möglichkeit eines Wiederaufgreifens nach § 33 Abs. 5 S. 2 zu beachten, das zur Wiederaufnahme des Asylverfahrens ab dem Einstellungszeitpunkt führt (§ 33 Abs. 5 S. 5). Die Neunmonatsfrist läuft ab Stellung des Asylantrags, womit aus nationaler Perspektive regelmäßig der förmliche Asylantrag gemeint ist. Aufgrund seiner unionsrechtlichen Einfärbung ist aber die Definition in Art. 2 lit. a EU-Aufnahme-RL iVm Art. 2 lit. h Qualifikations-RL maßgeblich, die **Frist** deshalb **ab Stellung des Asylgesuchs zu berechnen. Bei einem Zuständigkeitsübergang auf Deutschland gemäß der Dublin-III-VO kommt es zu keinem Fristneubeginn** (wie hier Huber/Mantel AufenthG/Amir-Haeri Rn. 4; aA GK-AsylG/Funke-Kaiser Rn. 30). Denn zur Fortsetzung des Asylverfahrens bedarf es keines erneuten Asylantrags und der Zuständigkeitsübergang unterbricht die Frist ebenso wenig wie die Feststellung der Zuständigkeit eines anderen Mitgliedstaats gem. § 29 Abs. 1 Nr. 1 lit. a (→ Rn. 11a).

2. Zustimmung der Bundesagentur für Arbeit (Abs. 1 S. 2 Nr. 2)

32   Gemäß Abs. 1 S. 2 Hs. 1 Nr. 2 muss die Bundesagentur für Arbeit der Ausübung der Beschäftigung zugestimmt haben, sofern die Zustimmung nach Maßgabe von § 32 Abs. 2, Abs. 4 BeschV nicht entbehrlich ist. Die Beschäftigungsaufnahme steht also nicht nur unter Erlaubnis-, sondern im Ausgangspunkt auch unter Zustimmungsvorbehalt. Dabei sind **Beschäftigungserlaubnis und Zustimmung strikt voneinander zu trennen.** Beide verfolgen unterschiedliche Zwecke. Letztere dient der präventiven Prüfung arbeitsmarktrechtlicher bzw. -politischer Gesichtspunkte durch die insoweit kompetente Behörde, erstere der Verwirklichung asyl- und ausländerrechtlicher Zielsetzungen.

33   Außenwirkung und damit Verwaltungsaktqualität hat nur die Beschäftigungserlaubnis. Erst sie beseitigt im Umfang ihres Regelungsgehalts das Erwerbstätigkeitsverbot. Demgegenüber ist die **Zustimmung ein bloßes** – nicht isoliert einklagbares (→ Rn. 52) – **Verwaltungsinternum** im Rahmen des mehrstufigen Verwaltungsverfahrens (sog. „One-Stop-Government").

34   Das **inhaltliche Prüfprogramm** der Arbeitsagentur ergibt sich aus Abs. 1 S. 3, der – ebenso wie Abs. 2 S. 3 – die entsprechende Anwendung der §§ 39, 40 Abs. 1 Nr. 1 und Abs. 2 sowie der §§ 41 und 42 AufenthG anordnet, die originär nur für die Erteilung von Aufenthaltstiteln (vgl. etwa § 39 Abs. 1 und Abs. 2 AufenthG) gelten. Neben der Prüfung der Arbeitsmarktverträglichkeit (§ 39 Abs. 2 S. 1 Nr. 1 lit. a AufenthG) hat vor allem die **Arbeitsbedingungen- bzw. Vergleichbarkeitsprüfung** praktische Bedeutung (§ 39 Abs. 2 S. 2 aE AufenthG). Letztere soll insbesondere die Unterminierung bestehender Lohnstandards verhindern und zugleich den Ausländer vor Ausbeutung schützen (weiterführend → AufenthG § 39 Rn. 17). Die Einschränkungen stehen im Einklang mit Art. 15 Abs. 2 UAbs. 1 EU-Aufnahme-RL.

Nach Nr. 2 (iVm § 39 Abs. 1 S. 1 Hs. 2 AufenthG) gilt der **Zustimmungsvorbehalt nur,** 35 **soweit durch Rechtsverordnung nichts anderes bestimmt** wird. Die Abweichungsbefugnis erlaubt sowohl einen vollständigen Verzicht auf das Zustimmungserfordernis als auch eine inhaltliche Beschränkung des inhaltlichen Prüfprogramms (vgl. § 42 AufenthG). Im hiesigen Kontext ist **§ 32 BeschV** einschlägig, dessen Abs. 2 und Abs. 3 gem. § 32 Abs. 4 BeschV auch für Inhaber einer Aufenthaltsgestattung gelten.

§ 32 Abs. 2 BeschV regelt **zustimmungsfreie Beschäftigungen;** die Beschäftigung bleibt 36 aber weiterhin erlaubnispflichtig (VG Würzburg BeckRS 2020, 7175 Rn. 23).

Keiner Zustimmung bedarf gem. § 32 Abs. 2 BeschV die Erteilung einer Beschäftigungserlaubnis zur **36.1** Ausübung
- eines Praktikums nach § 22 Abs. 1 S. 2 Nr. 1–4 MiLoG (§ 32 Abs. 2 Nr. 1 BeschV),
- einer Berufsausbildung in einem staatlich anerkannten oder vergleichbar geregelten Ausbildungsberuf (§ 32 Abs. 2 Nr. 2 BeschV),
- einer Beschäftigung nach § 2 Abs. 1 BeschV, § 3 Nr. 1–3 BeschV, § 5 BeschV, § 14 Abs. 1 BeschV, § 15 Nr. 2 BeschV, § 22 Nr. 3–5 BeschV und § 23 BeschV (§ 32 Abs. 2 Nr. 3 BeschV),
- einer Beschäftigung von Ehegatten, Lebenspartnern, Verwandten und Verschwägerten ersten Grades eines Arbeitgebers in dessen Betrieb, wenn der Arbeitgeber mit diesen in häuslicher Gemeinschaft lebt (§ 32 Abs. 2 Nr. 4 BeschV) oder
- jeder Beschäftigung nach einem ununterbrochen vierjährigen erlaubten, geduldeten oder gestatteten Aufenthalt im Bundesgebiet (§ 32 Abs. 2 Nr. 5 BeschV).

Praktikanten iSv § 22 MiLoG sind solche, die **36.2**
- ein Praktikum verpflichtend aufgrund einer schulrechtlichen Bestimmung, einer Ausbildungsordnung, einer hochschulrechtlichen Bestimmung oder im Rahmen einer Ausbildung an einer gesetzlich geregelten Berufsakademie leisten (§ 22 Abs. 1 S. 2 Nr. 1 MiLoG),
- ein Praktikum von bis zu drei Monaten zur Orientierung für eine Berufsausbildung oder für die Aufnahme eines Studiums leisten (§ 22 Abs. 1 S. 2 Nr. 2 MiLoG),
- ein Praktikum von bis zu drei Monaten begleitend zu einer Berufs- oder Hochschulausbildung leisten, wenn nicht zuvor ein solches Praktikumsverhältnis mit demselben Ausbildenden bestanden hat (§ 22 Abs. 1 S. 2 Nr. 3 MiLoG) oder
- an einer Einstiegsqualifizierung nach § 54a SGB III oder an einer Berufsausbildungsvorbereitung nach §§ 68–70 BBiG teilnehmen (§ 22 Abs. 1 S. 2 Nr. 4 MiLoG).

Der zunächst nur vorübergehend eingeführte (teilweise) Verzicht auf die in § 39 Abs. 2 Nr. 1b 37 AufenthG vorgesehene Vorrangprüfung (vgl. § 32 Abs. 5, Abs. 3 BeschV aF sowie Art. 2, 6 Abs. 4 der Verordnung zum Integrationsgesetz v. 31.7.2016, BGBl. I 1950) ist durch die Änderung der Verordnung zum Integrationsgesetz und der Beschäftigungsverordnung v. 22.7.2019 (BGBl. I 1109) entfristet worden. Die bislang in einigen wenigen Bundesländern noch durchgeführte **Vorrangprüfung** und das daran gekoppelte **Leiharbeitsverbot wurden ersatzlos und bundesweit aufgegeben** (vgl. § 32 Abs. 3 BeschV).

§ 40 Abs. 1 Nr. 1 AufenthG enthält ein obligatorisches Zustimmungsverbot. § 40 Abs. 2 38 AufenthG betrifft unter anderem Fälle, in denen der Ausländer in der Vergangenheit bereits einmal schuldhaft gegen ein Erwerbstätigkeitsverbot verstoßen hat (zu den Folgen → Rn. 86). Hier steht die Versagung der Zustimmung im Ermessen der Agentur für Arbeit.

Zur Verfahrensbeschleunigung sieht § 36 Abs. 3 BeschV die Möglichkeit der Einholung einer 39 **Vorabzustimmung** durch den Arbeitgeber vor. Demselben Zweck dient die in § 36 Abs. 2 BeschV vorgesehene **Zustimmungsfiktion** (zur (zeitlichen) Reichweite der Zustimmung – nicht der Beschäftigungserlaubnis (→ Rn. 25) – vgl. § 36 Abs. 2 BeschV, der gem. § 36 Abs. 3 BeschV auf Inhaber einer Aufenthaltsgestattung (und Duldung) entsprechend anwendbar ist).

3. Antrag nicht unzulässig oder offensichtlich unbegründet

Hat das Bundesamt den Asylantrag (auch Folgeantrag) als unzulässig oder offensichtlich unbe- 40 gründet abgelehnt, gilt das pauschale Erwerbstätigkeitsverbot des Abs. 1 S. 1 weiter bzw. wieder. Das Gesetz enthält keine Einschränkung, erfasst also im Ausgangspunkt zunächst **sämtliche Unzulässigkeitsgründe des § 29.** Gleiches gilt für „offensichtlich unbegründete"-Ablehnungen. Da sichere Herkunftsstaater bereits nach Abs. 1 S. 2 Hs. 1 Nr. 3 ausgeschlossen sind, wird es im Anwendungsbereich von Nr. 4 vor allem um die in § 30 genannten Tatbestände gehen. Eine **Ausnahme** („es sei denn") gilt, **wenn das Verwaltungsgericht die aufschiebende Wirkung** der Klage gegen die Bundesamtsentscheidung **angeordnet hat.** Das Erwerbstätigkeitsverbot soll also offenbar (nur) Personen treffen, deren asylrechtliches Schicksal sich trotz ablehnender Bundesamtsentscheidung noch nicht endgültig in absehbarer Zeit vollziehbar entscheidet.

41   Dazu passt es, dass der Arbeitsmarkt nach Maßgabe von Abs. 1 S. 2 Hs. 1 (jedenfalls) für „**Ausländer mit Aufenthaltsgestattung,** die sich im gerichtlichen Verfahren befinden" (BT-Drs. 19/10706, 16) geöffnet werden soll. Dabei hat der Gesetzgeber allerdings übersehen, dass nicht in allen Fällen einer Antragsablehnung als unzulässig bzw. offensichtlich unbegründet die Aufenthaltsgestattung bereits mit Bescheidzustellung erlischt. Das gilt zunächst für den Fall einer ausnahmsweise mit einer Abschiebungsandrohung versehenen **Dublinablehnung** (§§ 29 Abs. 1 S. 1 Nr. 1, 34a Abs. 1 S. 4), in dem der Ausschlussgrund allerdings schon aus unionsrechtlichen Gründen keine Anwendung findet (→ Rn. 11a).

42   Auch in den Fällen der einer auf § 29 Abs. 1 Nr. 3 gestützten Unzulässigkeitsentscheidung hat eine Klage **kraft Gesetzes aufschiebende Wirkung hat.** Die Aufenthaltsgestattung bleibt ferner in jenen Fällen bestehen, in denen das Bundesamt den Asylantrag unter **Verzicht auf eine Abschiebungsandrohung** ablehnt oder ihre **Vollziehung von Anfang an aussetzt** (§ 80 Abs. 4 S. 1 VwGO). Macht das Bundesamt dagegen erst nachträglich von § 80 Abs. 4 S. 1 VwGO Gebrauch, lebt eine erloschene Aufenthaltsgestattung nicht wieder auf, da die Aussetzungsentscheidung im Unterschied zur gerichtlichen Anordnung der aufschiebenden Wirkung die Vollziehbarkeit einer Abschiebungsanordnung oder Abschiebungsandrohung nicht rückwirkend beseitigt (→ § 67 Rn. 18a). Hier kann ein Antrag nach § 80 Abs. 5 VwGO – wegen § 61 Abs. 1 S. 2 Hs. 1 Nr. 4 – daher ggf. ungeachtet der behördlicherseits ausgesetzten Vollziehung statthaft sein (Wittmann/Röder ZAR 2019, 412 (416)).

43   Da sich das Bestehen eines Bleiberechts auch in den genannten Konstellationen nicht zeitnah klären wird und jedenfalls keine schlechtere Bleibeperspektive als in Fällen „einfacher" Ablehnungen oder gerichtlich angeordneter aufschiebender Wirkung besteht, ist der Zugang zum Arbeitsmarkt auch in diesen Fällen zu eröffnen und **Abs. 1 S. 2 Hs. 1 Nr. 4 insoweit teleologisch zu reduzieren** (Wittmann/Röder ZAR 2019, 412 (416); zu den darüber hinaus unionsrechtlich gebotenen Korrekturen → Rn. 11).

44   Ordnet das Gericht die aufschiebende Wirkung einer Klage an, besteht (wieder) Zugang zum Arbeitsmarkt. Nach Wortlaut und Normzweck gilt dies auch in dem Fall, in dem die aufschiebende Wirkung (erst) Folge einer Abänderungsentscheidung (§ 80 Abs. 7 VwGO) ist, welche die Aufenthaltsgestattung nicht zwangsläufig wieder zur Entstehung bringt (→ § 67 Rn. 18.1).

45   Ergeht eine zum Arbeitsmarktausschluss führende Entscheidung iSd Nr. 4, nachdem bereits eine Erlaubnis für eine Beschäftigung erteilt worden war, kann diese (zunächst) nur dann rechtmäßig fortgesetzt werden, wenn man in der Beschäftigungserlaubnis eine zur Aufenthaltsgestattung akzessorische Regelung sieht (→ Rn. 25). Bejaht man dies richtigerweise, führt dies zu dem auch in der Sache sinnvollen Ergebnis, dass die zuständige Ausländerbehörde mit dem – durch Art. 15 Abs. 2 EU-Aufnahme-RL kompatiblen – Widerruf der Beschäftigungserlaubnis (§ 49 VwVfG) bis zum Ausgang eines etwaigen Eilverfahrens zuwarten könnte. Auf Grundlage der Gegenauffassung wäre der Betroffene mit Zustellung der Bundesamtsentscheidung zur Vermeidung von Strafbarkeitsrisiken (→ Rn. 86; Röder/Wittmann ZAR 2017, 345 (347)) dagegen gezwungen, die Beschäftigung (vorerst) abzubrechen, deren Ausübung ihm im Falle eines erfolgreichen Eilantrags allerdings später ggf. wieder erlaubt werden müsste. Eine zwischenzeitliche Erlaubnis zur Fortsetzung der Beschäftigung auf Grundlage von Abs. 1 S. 2 Hs. 2 scheidet wegen der dort vorgesehenen sechsmonatigen Sperrfrist (→ Rn. 48) aus.

45.1   Nicht entscheidungserheblich wäre die Streitfrage allerdings, wenn die EuGH-Rechtsprechung dazu zwänge, dem Vollzugsverbot des § 36 Abs. 3 S. 8 entgegen der nationalrechtlichen Konzeption aufschiebende Wirkung beizumessen (→ Rn. 6).

4. Kein sicherer Herkunftsstaat (Abs. 1 S. 2 Nr. 3)

46   Bei Staatsangehörigen sicherer Herkunftsstaaten belässt es der Gesetzgeber ausnahmslos bei dem Erwerbstätigkeitsverbot des Abs. 1 S. 1. Hintergrund ist offenbar die bei ihnen gesetzlich vermutete (§ 29a Abs. 1) „schlechte asylrechtliche Bleibeperspektive" (zur verfassungsrechtlichen Kritik an diesem Ausschlusskriterium vgl. Werdermann ZAR 2018, 11 (15 f.)). Mit der Anknüpfung allein an die Herkunft schießt der Gesetzgeber allerdings über das Ziel hinaus, indem er auch jene Personen ausschließt, bei denen die Vermutung im Einzelfall nicht (mehr) gerechtfertigt ist, sei es, weil das Bundesamt den Asylantrag ausnahmsweise (nur) als einfach unbegründet abgelehnt, sei es, weil ein Gericht die aufschiebende Wirkung einer Klage angeordnet hat.

47   Soweit Nr. 3 den auch nach neun Monaten noch nicht verbeschiedenen Antragsteller vom Arbeitsmarkt ausschließt, ist dies unionsrechtswidrig (→ Rn. 10).

III. Duldungsinhaber (Abs. 1 S. 2 Hs. 2)

Der – auf mysteriösem Wege Gesetz gewordene (s. Wittmann/Röder ZAR 2019, 412 (417)) – **48**
Abs. 1 S. 2 Hs. 2 begründet für Geduldete einen **Ermessensanspruch auf Erteilung einer Beschäftigungserlaubnis,** wenn diese seit sechs Monaten eine Duldung nach § 60a AufenthG besitzen. Dem geforderten Besitz einer Duldung gleichzustellen sind Zeiten, in denen der Betroffene eine – ggf. von Amts wegen zu erteilende – Duldung beanspruchen konnte, da ihm aus dem behördlichen Unterlassen kein Nachteil entstehen darf. Die sechsmonatige Sperrfrist soll wohl eine Abschiebung unmittelbar aus der Aufnahmeeinrichtung erleichtern. Auch im Rahmen von Hs. 2 findet § 32 Abs. 1 Anwendung; die dort vorgesehene Gleichstellung von gestatteten und erlaubten Voraufenthaltszeiten dürfte allerdings durch das Erfordernis der sechsmonatigen Vorbesitzzeit ausgeschlossen sein (in diesem Sinne wohl auch BT-Drs. 19/29820, 34).

Soweit es um Beschäftigungen in Form einer Ausbildung geht, kann sie **mit § 60c Abs. 1** **49**
S. 3 AufenthG in Konflikt geraten. Dieser räumt dem Inhaber eines Ausbildungsduldungsanspruchs einen wartefristunabhängigen Anspruch auf die Beschäftigungserlaubnis ein. Da die Asylbewerber-Ausbildungsduldung (dazu ausf. Röder/Wittmann ASYLMAGZIN-Beil. 8-9/2019, 23 (25 f.)) aufenthaltsrechtliche Sicherheit gerade unabhängig vom Ausgang des Asylverfahrens garantieren will und die Einleitung aufenthaltsbeendender Maßnahmen dort von vorherein nicht als Versagungsgrund vorgesehen ist, geht **§ 60c Abs. 1 S. 3 AufenthG als Spezialvorschrift** vor. Dasselbe gilt, wenn der Ausländer einen Anspruch auf die allgemeine Ausbildungsduldung erworben hat, weil er einen ordnungsgemäßen Ausbildungsvertrag nachweist und die Ausländerbehörde innerhalb des dreimonatigen Duldungszeitraums (§ 60c Abs. 2 Nr. 2 AufenthG) keine Maßnahmen zur Vorbereitung der Aufenthaltsbeendigung eingeleitet hat, die gem. § 60c Abs. 2 Nr. 5 zum Ausschluss von der Ausbildungsduldung führen (→ AufenthG § 60c Rn. 1 ff.; sa Wittmann/ Röder ZAR 2019, 412 (417)). Insoweit scheinen die parallel geführten Gesetzgebungsverfahren hinsichtlich der Fristen nicht mehr aufeinander abgestimmt worden zu sein.

Die für den Erwerb eines Anspruchs auf die allgemeine Ausbildungsduldung benötigte Vorduldungszeit **49.1**
wurde aufgrund eines Änderungsantrags in letzter Minute von sechs auf drei Monate reduziert (BT-Drs. 19/10707, 5). Zeitgleich wurde der Entwurf zum Zweiten Gesetz zur besseren Durchsetzung der Ausreisepflicht um die umfassende Änderung des § 61 ergänzt (BT-Drs. 19/10706, 10), ohne dass diese Gegenstand der öffentlichen Debatte oder Sachverständigenanhörung war (→ Rn. 5.1).

Abs. 1 S. 2 Hs. 2 bildet den ausländerbeschäftigungsrechtlichen Maßstab, solange ein Ausländer **50**
zum Wohnen in der Aufnahmeeinrichtung verpflichtet ist. Nach Systematik und Wortlaut („Ausländer") gilt sie für Geduldete, deren Asylverfahren noch nicht unanfechtbar abgeschlossen ist (**„geduldete Asylbewerber"**) ebenso wie für **ehemalige Asylbewerber,** die nach Maßgabe von § 47 auch nach Beendigung des Asylverfahrens bis zur Aufenthaltsbeendigung wohnverpflichtet sein können.

Geht man davon aus, dass das Beschäftigungsverbot des § 60a Abs. 6 S. 1 Nr. 3 AufenthG bis **51**
zum unanfechtbaren Asylverfahrensabschluss nicht gilt, hätten auch geduldete Asylbewerber aus sicheren Herkunftsstaaten zumindest vorübergehend wieder Aussicht auf Erteilung einer Beschäftigungserlaubnis. Dagegen spricht allerdings, dass S. 2 Hs. 2 Aufnahmeeinrichtungswohnverpflichteten Duldungsinhabern nur den Weg in den Arbeitsmarkt „abweichend von S. 1" freimachen will, ohne den Arbeitsmarktzugang abschließend zu regeln.

Das Beschäftigungsverbot des § 60b Abs. 5 S. 2 AufenthG greift bis zum unanfechtbaren Asylverfahrens- **51.1**
abschluss regelmäßig nicht, denn die Erteilung einer „Duldung light" jedenfalls wegen Nichterfüllung der besonderen Passbeschaffungspflicht scheidet aus, da dem Asylbewerber deren Erfüllung bis zum unanfechtbaren Asylverfahrensabschluss unzumutbar ist (§ 60b Abs. 2 S. 2 AufenthG).

Die Zielsetzungen des § 60a Abs. 6 S. 1 Nr. 3 AufenthG wird man aber ggf. bei der Ermessens- **52**
ausübung berücksichtigen dürfen, soweit man diese für verfassungsrechtlich einwandfrei hält (s. Werdermann ZAR 2018 11 (15)). Sie sind im Einzelfall dann allerdings auch konkret zu benennen, was nach der Reform von § 60a Abs. 6 S. 1 Nr. 3 AufenthG durchaus schwer fällt (vgl. Röder/ Wittmann ASYLMAGAZIN-Beil. 8-9/2019, 23 (27); Werdermann Verfassungsblog v. 6.12.2018, Kafkaeske Rechtsetzung). **Nach dem inzwischen konkretisierten Willen des Gesetzgebers sollen die Versagungsgründe des § 60a Abs. 6 AufenthG allerdings auch im Rahmen von § 61 Anwendung finden** (BT-Drs. 19/29820, 34).

Das der Ausländerbehörde durch Abs. 1 S. 2 Hs. 2 eingeräumte **Ermessen** („kann") ist rein **53**
aufenthaltsrechtlicher Natur und streng von dem arbeitsmarktpolitischen Ermessen zu unterscheiden, das der gem. Abs. 1 S. 3 zu beteiligenden Arbeitsagentur etwa hinsichtlich des Versa-

gungstatbestands des § 40 Abs. 2 AufenthG zusteht (→ Rn. 38). Innerhalb dieser gesetzlichen Aufgabenteilung haben die Behörden ihr Ermessen eigenständig und am jeweiligen Normzweck orientiert auszuüben (§ 40 VwVfG). Das bedeutet für die Ausländerbehörde, dass sie die Versagung der Beschäftigungserlaubnis nur auf **aufenthaltsrechtlich relevante Gründe** stützen darf (VG Bayreuth BeckRS 2017, 122691 Rn. 23; NK-AuslR/Schröder Rn. 9). An die arbeitsmarktpolitische Bewertung durch die Agentur für Arbeit ist sie gebunden. Über eine Zustimmungsverweigerung darf sie sich nicht hinwegsetzen; umgekehrt hindert sie eine erteilte Zustimmung nicht daran, die Beschäftigungserlaubnis aus ausländerrechtlichen Gründen zu versagen. Eine arbeitsmarktpolitische Argumentation seitens der Ausländerbehörde scheidet auch im Falle der Zustimmungsfreiheit der Beschäftigung aus, da die arbeitsmarktpolitischen Belange hier bereits auf Verordnungsebene abschließend bewertet worden sind.

54   Hinsichtlich der stets zu treffenden **Abwägungsentscheidung** ist zunächst zu konstatieren, dass diese unter anderen Vorzeichen erfolgt als jene, die iRv Abs. 2 S. 1 hinsichtlich gestatteter Asylbewerber zu treffen ist: Während die asylrechtliche Bleibeperspektive dort noch offen ist, steht iRv Abs. 1 S. 2 Hs. 2 in der Regel (vollziehbar) fest, dass ein asylrechtliches Bleiberecht nicht besteht. Das migrationspolitische öffentliche Interesse an der Verhinderung einer Aufenthaltsverfestigung dieses Personenkreises (→ Rn. 4) darf die Ausländerbehörde deshalb zwar grundsätzlich berücksichtigen. Es entbindet sie aber nicht davon, das konkrete Gewicht dieses – potenziell als „Totschlagargument" taugenden – Gesichtspunkts stets in Anbetracht der **konkreten Einzelfallumstände** zu bestimmen. Speziell mit Blick auf Ausbildungen ist neben dem ggf. bestehenden Spezialitätsverhältnis (→ Rn. 49) dabei zu beachten, dass diese eine vom Gesetzgeber bewusst geschaffene Brücke in eine Aufenthaltsverfestigung darstellen.

55   Als **mögliche Ermessensgesichtspunkte** kommen etwa die bisherige Aufenthaltsdauer, der konkrete Duldungsgrund oder die (Nicht-) Erfüllung zumutbarer Mitwirkungspflichten in Betracht. Mit Blick auf (geduldete) Asylbewerber ist dabei zu beachten, dass der Gesetzgeber an verschiedenen Stellen eindeutig zum Ausdruck gebracht hat, dass eine Kontaktaufnahme unabhängig von den konkret geltend gemachten Fluchtgründen mit dem (vermeintlichen) Herkunftsstaat bis zum unanfechtbaren Asylverfahrensabschluss unzumutbar ist (vgl. etwa § 60b Abs. 2 S. 2 AufenthG; sa Art. 30 lit. b Asylverfahrens-RL – RL 2013/32/EU v. 26.6.2013, ABl. 2013 L 180, 60).

56   **Abwägungsrelevant können ferner** bestehende Ausweisungsinteressen, Bindungen zu bleibeberechtigten Familienangehörigen, die aus gesundheitlichen Gründen indizierte Beschäftigung oder die Bewahrung beruflicher Fertigkeiten sein. Auch eine beabsichtigte Aufenthaltsbeendigung kann die Versagung der Beschäftigungserlaubnis rechtfertigen. Dabei ist allerdings zu bedenken, dass der zuständigen Ausländerbehörde hierfür bereits (mindestens) sechs Monate zur Verfügung gestanden haben. Die Abschiebung muss deshalb im Zeitpunkt der Entscheidung über die Beschäftigungserlaubnis konkret absehbar sein, um taugliches Argument sein zu können.

56.1   Soweit den unter Abs. 1 S. 2 Hs. 2 fallenden Personen die Abschiebung (vollziehbar) angedroht wurde, ist zu beachten, dass ihre Wohnverpflichtung gem. § 49 Abs. 1 zu beenden ist, wenn die Abschiebung nicht in angemessener Zeit möglich ist. Für geduldete Asylbewerber bildet Abs. 1 S. 2 Hs. 2 dabei auch dem Ende der Wohnverpflichtung weiterhin den Maßstab, da Abs. 2 S. 5 als Anordnung einer entsprechenden Anwendung zu verstehen ist (→ Rn. 79).

57   Die Verpflichtung zum Aufenthalt in einer Aufnahmeeinrichtung darf im Rahmen der Ermessensentscheidung nicht als Versagensgrund herangezogen werden kann (BT-Drs. 19/10706, 16).

58   Wird die Beschäftigungserlaubnis erteilt, ist auch eine ggf. erforderliche Verlassenserlaubnis (§ 57) zu erteilen (→ Rn. 3).

F. Beschäftigung außerhalb der Aufnahmeeinrichtung

59   Für Ausländer, die einer Wohnverpflichtung nicht bzw. nicht mehr unterliegen, richtet sich der Zugang zum Arbeitsmarkt nach Abs. 2 („im Übrigen"):

I. Persönlicher Anwendungsbereich: Asylbewerber

60   § 61 Abs. 2 regelt den Arbeitsmarktzugang von Ausländern „während des Asylverfahrens" (vgl. S. 4). Im Unterschied zu Abs. 1 gilt **Abs. 2 also nur für Asylbewerber.** Abs. 2 S. 1 stellt dies mit seinem im Vergleich zu Abs. 1 engeren Wortlaut einleitend klar. Angesichts des Ziels, eine Aufenthaltsbeendigung ehemaliger Asylbewerber aus der Aufnahmeeinrichtung heraus zu ermöglichen, erscheint es nachvollziehbar, ihnen den Arbeitsmarktzugang allein nach ausländerrechtlichen

Grundsätzen, also unabhängig von einer sechsmonatigen Sperrfrist zu eröffnen, wenn eine Wohnverpflichtung nicht (mehr) besteht.

Der **Asylbewerberstatus entfällt** dem Wortsinn nach erst mit Rücknahme des Antrags oder **61** mit Eintritt der Bestandskraft der Entscheidung über den Asylantrag (vgl. VG Würzburg BeckRS 2020, 1587 Rn. 24). Das gilt auch in Fällen der Antragsablehnung als offensichtlich unbegründet oder unzulässig. Die „Bewerbung um Asyl" wird hier zwar regelmäßig nicht mehr durch eine Aufenthaltsgestattung als „vertyptes asylverfahrensbezogenes" Bleiberecht geschützt. Gleichwohl bleibt die „Bewerbung" bis zum endgültigen Abschluss eines Hauptsacheverfahrens weiterhin aufrechterhalten und kann auch in der Sache noch zum Erfolg führen (ausf. Röder/Wittmann ASYLMAGAZIN-Beil. 8-9/2019, 23 (25) sowie Wittmann/Röder ZAR 2019, 412 (414)).

Im Übrigen kommt es darauf an, ob der Asylbewerber gestattet oder geduldet ist: Für gestattete **62** Asylbewerber richtet sich der Arbeitsmarktzugang zunächst nach Abs. 2 S. 1–4, nach neunmonatiger Asylverfahrensdauer dann ggf. nach Abs. 2 S. 5 iVm Abs. 1 S. 2 Hs. 1. Geduldeten Asylbewerbern könnte eine Beschäftigungserlaubnis dagegen grundsätzlich erst nach sechsmonatigem Duldungsbesitz erteilt werden, sofern man Abs. 2 S. 5 als Anordnung einer entsprechenden Anwendung von Abs. 1 S. 2 – und damit auch des Hs. 2 – versteht (→ Rn. 79). Anders als bislang würde sich der Arbeitsmarktzugang bei geduldeten Asylbewerbern dann nicht mehr nach ausländerrechtlichen Grundsätzen richten. Ob der Gesetzgeber einen solchen Systemwechsel wirklich gewollt hat, lässt sich nicht nachvollziehen.

Nach bestandskräftigem Abschluss des Asylverfahrens richtet sich der Arbeitsmarktzu- **63** gang nach allgemeinen ausländerrechtlichen Grundsätzen, bei Geduldeten also nach § 4a Abs. 4 AufenthG iVm § 32 Abs. 1 S. 1 BeschV, da der tatbestandlich vorausgesetzte Asylbewerberstatus entfallen ist (Wittmann/Röder ZAR 2019, 412 (417)).

II. Beschäftigungserlaubnis als Ermessensentscheidung

Auf Grundlage von Abs. 2 S. 1 kann gestatteten Asylbewerbern die Ausübung einer Beschäfti- **64** gung im Ermessenswege erlaubt werden. Abs. 2 S. 1 knüpft dabei an den Erlaubnisvorbehalt des § 4a Abs. 4 AufenthG an („gemäß"), modifiziert diesen allerdings teilweise (→ Rn. 1).

1. Aufenthaltsgestattung

Der von Abs. 2 S. 1 geforderte **Gestattungsstatus muss bei Erteilung der Beschäftigungs-** **65** **erlaubnis** noch bestehen. Die Entstehung der Aufenthaltsgestattung richtet sich nach § 55 Abs. 1 S. 1 bzw. S. 3 (→ § 55 Rn. 10 ff.). Das danach maßgebliche Datum der Ausstellung des Ankunftsnachweises bzw. förmlichen Asylantragstellung lässt sich anhand von Ankunftsnachweis (§ 63a Abs. 1 S. 2 Nr. 12) bzw. Bescheinigung über die Aufenthaltsgestattung (§ 63 Abs. 5 S. 1) leicht nachvollziehen. Das Erlöschen der Aufenthaltsgestattung tritt nach Maßgabe von § 67 Abs. 1 ebenfalls kraft Gesetzes ein. Auch hier stellt sich die Frage nach dem Schicksal einer bereits erteilten Beschäftigungserlaubnis (→ Rn. 25).

2. Sperrfrist

Der Asylbewerber muss sich im maßgeblichen Zeitpunkt der Behördenentscheidung **seit drei** **66** **Monaten gestattet im Bundesgebiet** aufhalten. Auch wenn im Unterschied zu § 25b Abs. 1 S. 2 Nr. 1 AufenthG kein ununterbrochener Aufenthalt gefordert wird, dürfte ein solcher schon angesichts des Wortlauts („seit") und der Kürze der Frist grundsätzlich erforderlich sein (so schon zur früheren einjährigen Sperrfrist GK-AsylG/Grünewald Rn. 17).

Gemäß Abs. 2 S. 2 werden Zeiten geduldeten rechtmäßigen Aufenthalts auf die Wartefrist **67** angerechnet. Der rechtmäßige Aufenthalt ist begrifflich weiter als der erlaubte; erfasst sind nicht nur Titelbesitzzeiten, sondern auch sämtliche Erlaubnisfiktionen (zum Zusammentreffen von Aufenthaltsgestattung und Aufenthaltserlaubnis → Rn. 17).

3. Zustimmung der Bundesagentur für Arbeit

Die Beschäftigungserlaubnis darf gem. Abs. 2 S. 1 nur mit Zustimmung der Bundesagentur für **68** Arbeit erfolgen, sofern diese nicht ausnahmsweise entbehrlich ist. Das durch Abs. 2 S. 3 vorgegebene Prüfprogramm entspricht den oben dargestellten Grundsätzen (→ Rn. 32 ff.).

4. Sichere Herkunftsstaaten

69   Abs. 2 S. 4 klammert Asylbewerber aus sicheren Herkunftsstaaten (§ 29a Abs. 2 iVm Anlage II), die ihren Asylantrag nach dem 31.8.2015 gestellt haben, von dem nach Abs. 2 S. 1 bestehenden Erlaubnisvorbehalt aus.

69.1   S. 4 wurde als Reaktion auf die hohen Zugangszahlen aus den sog. „Westbalkanstaaten" und hier insbesondere aus Albanien und dem Kosovo durch das Asylverfahrensbeschleunigungsgesetz (v. 20.10.2015, BGBl. I 1722) eingefügt. (Nahezu) parallel wurde in der Verordnungswege (BGBl. 2015 I 1789) als „Kompensation" **§ 26 BeschV** um einen Abs. 2 ergänzt, der Staatsangehörigen aus den sechs Westbalkanstaaten (nur diesen!) über § 18 Abs. 3 AufenthG bis einschließlich 2020 eine legale Migration zur Aufnahme auch nicht qualifizierter Beschäftigungen im Wege des Visumsverfahrens ermöglicht. Neben dem Ermessensspielraum, der gem. § 39 Abs. 2 S. 1 Nr. 2 AufenthG durchzuführenden „Vorrangprüfung" (§ 32 BeschV gilt nur für Personen mit Duldung oder Aufenthaltsgestattung) und der langen Verfahrensdauer bei den deutschen Auslandsvertretungen in der Region hat sich für ehemalige Asylantragsteller vor allem die in § 26 Abs. 2 S. 3 BeschV vorgesehene Sperrfrist als Hindernis für eine baldige Wiedereinreise erwiesen, da die für die Inanspruchnahme der in § 26 Abs. 2 S. 4 BeschV geregelten Ausnahme erforderliche unverzügliche Ausreise häufig verneint wurde (zum Unverzüglichkeitserfordernis vgl. OVG Bln-Bbg BeckRS 2018, 19037 Rn. 2 ff.; s. aber auch die Vorinstanz VG Berlin BeckRS 2017, 133948). Gleichwohl ist nicht zu leugnen, dass aufgrund der Vorschrift eine nicht unbeachtliche Anzahl an Visa erteilt wurde (vgl. BT-Drs. 18/11124; BT-Drs. 19/2018).

70   S. 4 ist systematisch in das Erlaubnisverfahren eingebettet, läuft für Asylbewerber, die ihren Asylantrag nach dem Stichtag gestellt haben, in der Sache aber auf ein kategorisches Erwerbstätigkeitsverbot hinaus. Auch dieses ist mit Art. 15 EU-Aufnahme-RL nicht vereinbar, soweit es den nach neun Monaten noch nicht verbeschiedenen Antragsteller vom Arbeitsmarkt ausschließt (→ Rn. 10). Das nach Abs. 2 S. 4 „während des Asylverfahrens" bestehende Arbeitsverbot setzt sich nach dessen (bestandskräftiger) Beendigung regelmäßig in Gestalt des § 60a Abs. 6 S. 1 Nr. 3 AufenthG fort, sofern keiner der dort genannten Ausnahmetatbestände einschlägig ist.

71   Die zu § 60a AufenthG ergangene Rechtsprechung nimmt die dortige Formulierung ganz überwiegend beim Wort und stellt auch iRv Abs. 2 S. 4 **hinsichtlich des Stichtags auf den förmlichen Asylantrag** (§ 14) ab (NdsOVG BeckRS 2018, 23666; HmbOVG ZAR 2018, 366; OVG NRW BeckRS 2017, 126420; ebenso BeckOK AuslR/Neundorf Rn. 19). Demgegenüber hält der VGH BW unter Rückgriff auf die materiell-rechtliche Definition des Asylantrags (§ 13) und Berücksichtigung von § 26 Abs. 2 BeschV (→ Rn. 69.1) das Asylgesuch jedenfalls dann für maßgeblich, wenn der förmliche Asylantrag ohne Verschulden des Asylbewerbers infolge der Rückstauproblematik (→ Rn. 71.1) bei der Bearbeitung des Asylgesuche durch das Bundesamt erst nach dem 31.8.2015 gestellt wurde (VGH BW BeckRS 2017, 131436 = ZAR 2018, 404; ebenso VG Freiburg BeckRS 2017, 132070; dagegen Wittmann NVwZ 2018, 28 (29 f.)). Da Unionsrecht insoweit nicht zu einer bestimmten Interpretation des in Abs. 2 S. 4 genannten Asylantrags zwingt, liegt ungeachtet der in § 60a Abs. 6 S. 1 Nr. 3 AufenthG zusätzlich geforderten Ablehnung des gestellten Asylantrags mit Blick auf den vom Gesetzgeber gewollten konsequenten Ausschluss (ehemaliger) Asylantragsteller aus sicheren Herkunftsstaaten eine **einheitliche Auslegung** nahe (aA VG Freiburg BeckRS 2016, 127856, das iRd § 61 Abs. 2 auf das Asylgesuch abstellt).

71.1   In den Jahren 2015/2016 war das Bundesamt infolge der hohen Zugangszahlen unter anderem aus organisatorischen und personellen Gründen zu einer zeitnahen Terminierung des zumeist persönlich bei einer Außenstelle zu stellenden Asylantrags (§§ 14 Abs. 1, 23 Abs. 1) nicht in der Lage, weshalb die Phase zwischen Asylgesuch und Asylantrag nicht selten ein Jahr und mehr betrug. Auch wurden vergebene Termine nicht eingehalten und – teilweise mehrfach – verschoben. Vor diesem Hintergrund ist die oben geschilderte Streitfrage zu sehen, die allerdings zunehmend an praktischer Bedeutung verliert.

72   Hinsichtlich zwischenzeitlich ausgereister Folgeantragsteller (§ 71 Abs. 2 S. 2) und Zweitantragsteller (vgl. § 71a Abs. 3 S. 2) ist hinsichtlich des Stichtags auf das Datum des Folgeantrags abzustellen (VGH BW LSK 2019, 8223 zu § 60a Abs. 6 S. 1 Nr. 3 AufenthG); bei nicht ausgereisten Folgeantragstellern wird dagegen teilweise auf das Datum des Erstantrags abgestellt (NdsOVG ZAR 2018, 404).

73   In der Sache nicht ohne Weiteres nachvollziehbar bleibt dem sicheren Herkunftsstaatler der Zugang zum Arbeitsmarkt aufgrund von Abs. 2 S. 4 auch dann versperrt, wenn das Bundesamt zu seinen Gunsten ein nationales Abschiebungsverbot (§ 60 Abs. 5, Abs. 7 AufenthG) feststellt und der Betroffene gegen die Asylantragsablehnung den Rechtsweg beschreitet. Hier bleibt die

Aufenthaltsgestattung bis zum rechtskräftigen Verfahrensabschluss bestehen (§ 67 Abs. 1 S. 1 Nr. 6), ohne dass der Ausländer die Erteilung eines Aufenthaltstitels beanspruchen (§ 10 Abs. 1 AufenthG) oder sich auf eine § 25 Abs. 1 S. 3 vergleichbare Erlaubnisfiktion berufen kann. Anders liegt der Fall bei Zuerkennung des subsidiären Schutzes und gegen die Antragsablehnung im Übrigen erhobener Klage, denn hier steht § 10 Abs. 1 AufenthG der Erteilung des Aufenthaltstitels nicht entgegen, die kraft Gesetzes zur Erwerbstätigkeit berechtigt (→ § 67 Rn. 22.1 Sowie → Rn. 17).

5. Ermessen

Die auf Grundlage von Abs. 2 S. 1 zu treffende Entscheidung über die Erteilung der Beschäfti- **74** gungserlaubnis steht im Ermessen der zuständigen Ausländerbehörde. Da dem nach neun Monaten weiterhin gestatteten Asylbewerber regelmäßig ein gebundener Anspruch auf die Beschäftigungserlaubnis erwächst, haben sich die Rahmenbedingungen für die Ermessensausübung verschoben. Insbesondere kommt dem Gesichtspunkt der Verfahrensdauer iRv Abs. 2 S. 1 nicht mehr das bisherige Gewicht zu (vgl. BeckOK MigR/Röder, 1. Ed. 1.3.2019, Rn. 47).

Als zulässige Ermessenskriterien kommen die Erfüllung zumutbarer (!) Mitwirkungspflichten **75** oder bestehende Ausweisungsinteressen in Betracht (VGH BW BeckRS 2020, 8565 Rn. 20). Auch die Vermeidung einer Aufenthaltsverfestigung bei noch unklarer Bleibeberechtigung mag grundsätzlich als öffentliches Interesse in die Abwägungsentscheidung mit eingestellt werden (→ Rn. 4). Es darf allerdings nicht dazu führen, dass die Beschäftigungserlaubnis in den ersten neun Monaten unter Verweis auf einen dann ggf. entstehenden Rechtsanspruch regelmäßig versagt wird. Eine solche Praxis wäre ermessensfehlerhaft.

Auch iRv Abs. 2 S. 1 gilt, dass die Erteilung einer **Beschäftigungserlaubnis für die Auf- 76 nahme einer Ausbildung** mit Blick auf eine später mögliche „Ausbildungsduldung" (§ 60c) stets das Risiko einer Aufenthaltsverfestigung birgt, die der Gesetzgeber aber – in Gestalt der Asylbewerber-Ausbildungsduldung sogar unter erleichterten Bedingungen (→ AufenthG § 60c Rn. 1 ff.) – bewusst ermöglicht hat (sa VG München BeckRS 2017, 121366 Rn. 32: „Fernziele sind außer Betracht zu lassen"). Allerdings zwingt die Aussicht auf eine spätere Ausbildungsduldung auch nicht in jedem Fall zur Erteilung der Beschäftigungserlaubnis (BayVGH BeckRS 2017, 102425 Rn. 8). (Vermeintlich) **unzureichende Sprachkenntnisse** sind allerdings kein zulässiges Argument: Abgesehen davon, dass die Forderung eines B1- oder C1-Niveaus (so VG München BeckRS 2017, 121366 Rn. 35; VG Bayreuth Beschl. v. 11.9.2017 – B 6 E 17.30041 Rn. 36) vor dem Hintergrund des nur eingeschränkt gewährten Sprachangebots während des Asylverfahrens überzogen erscheint und die einschlägigen Ausbildungsordnungen in der Regel kein bestimmtes Sprachniveau verlangen, ist der aus Sicht der Ausländerbehörde zweifelhafte Erfolg einer Ausbildung kein ausländerrechtlich relevantes Risiko.

Skeptisch zu betrachten ist weiterhin die auf eine **vermeintlich „schlechte Bleibeperspek- 77 tive"** gestützte Versagung einer Beschäftigungserlaubnis, soweit diese für noch nicht verbeschiedene Antragsteller allein aus den Anerkennungsquoten des Bundesamts hergeleitet wird (s. VG München BeckRS 2017, 108887 Rn. 34: „sachlich ungeeignetes Kriterium"; BeckRS 2017, 121366 Rn. 26, 29 f., 31; sa BayVGH BeckRS 2019, 13869 Rn. 6). Im Falle einer ablehnenden Entscheidung liegt zwar eine einzelfallbezogene Bewertung durch die insoweit allein kompetente Behörde vor, der man grundsätzlich Indizwirkung beilegen könnte. Bei Nachweis einer fristgerechten Klageerhebung gegen eine nicht unter Abs. 1 S. 2 Hs. 1 Nr. 4 fallende Bundesamtsentscheidung spricht mit Blick auf den absehbaren Rechtsanspruch trotzdem viel dafür, dem Betroffenen den Zugang zum Arbeitsmarkt bereits im Ermessenswege zu verschaffen, insbesondere wenn veritable Gründe vorgetragen werden, die für eine sofortige Arbeitsaufnahme sprechen.

Hat das Bundesamt ein **Abschiebungsverbot festgestellt,** zeichnet dieses eine im Falle einer **78** Klageerhebung gegen die Asylantragsablehnung weiterhin gem. Abs. 2 S. 1 zu treffende Entscheidung in aller Regel zugunsten der Erteilung der Beschäftigungserlaubnis vor. Dasselbe gilt im Falle einer zur Statusgewährung **verpflichtenden Gerichtsentscheidung,** auch wenn diese noch nicht unanfechtbar ist (GK-AsylG/Grünewald Rn. 29; zu weiteren abwägungsrelevanten Kriterien → Rn. 55 f.).

III. Beschäftigungserlaubnis als gebundene Entscheidung

Durch das Zweite Gesetz zur besseren Durchsetzung der Ausreisepflicht v. 15.8.2019 **79** (BGBl. I 1294) wurde Abs. 2 in letzter Minute um S. 5 ergänzt. Danach bleibt Abs. 1 S. 2 „unberührt". Allerdings gilt Abs. 1 S. 2 nur für Personen, die zum Wohnen in einer Aufnahmeeinrichtung verpflichtet sind. Da Abs. 2 in diesen Fällen gerade nicht gilt, kann er Abs. 1 S. 2 aus systematischen Gründen niemals berühren. Deshalb besteht zwischen den in Abs. 1 bzw. Abs. 2

enthaltenen Ansprüchen kein Verhältnis, das der Klarstellung bedurft hätte (so aber GK–AsylG/ Funke-Kaiser Rn. 47), zumal ein klarstellender Hinweis in Abs. 1 näher gelegen hätte. Vielmehr wird der Klärungsbedarf erst durch den neuen S. 5 ausgelöst. Da sich in den Gesetzgebungsmaterialien nichts zur Regelungsabsicht des Gesetzgebers fand, Art. 15 Abs. 1 EU-Aufnahme-RL das Recht auf Arbeitsmarktzugang nach neun Monaten unabhängig von einer Wohnverpflichtung fordert und es für eine Schlechterstellung von nicht mehr wohnverpflichteten Asylbewerbern an einem sachlichen Grund fehlt, liegt es nahe, Abs. 2 S. 5 als Hinweis auf eine entsprechende Anwendbarkeit von Abs. 1 S. 2 zu verstehen (so Wittmann/Röder ZAR 2019, 412 (417); offengelassen von VG München BeckRS 2019, 27218 Rn. 19; zweifelnd auch VG Potsdam BeckRS 2020, 559 Rn. 5; **ausdrücklich aA** VG München BeckRS 2019, 28967 Rn. 28 ff., da wegen Art. 15 Abs. 2 EU-Aufnahme-RL die Einräumung eines Ermessensanspruchs ausreichend sei und Abs. 2 S. 5 nur das Verhältnis zwischen Abs. 1 und Abs. 2 beschreibe, das aber bereits eindeutig durch die Formulierung „im Übrigen" geklärt wird). Infolgedessen erwächst auch dem (gestatteten) **Asylbewerber ohne AE-Wohnverpflichtung** nach neunmonatiger Asylverfahrensdauer unter den oben genannten Bedingungen (→ Rn. 31 ff.) ein **gebundener Anspruch auf Erteilung der Beschäftigungserlaubnis,** dessen Erfüllung insbesondere nicht (mehr) von der Vornahme bestimmter Mitwirkungshandlungen abhängig gemacht werden darf (iErg ebenso AAH v. 20.12.2019 zum Gesetz über Duldung bei Ausbildung und Beschäftigung, Rn. 61.2 sowie Bayerische Vollzugshinweise v. 10.12.2019, Ziff. 2.2.3.1.; aA VG Potsdam BeckRS 2021, 10328 Rn. 26 ff.). **Diese Auslegung hat der Gesetzgeber nunmehr bestätigt** (BT-Drs. 19/29820, 34).

IV. Geduldete Asylbewerber

80   Die geschilderte Lesart von Abs. 2 S. 5 (→ Rn. 79) müsste eigentlich dazu führen, dass auch Abs. 1 S. 2 Hs. 2 entsprechend anwendbar ist. Geduldeten Asylbewerbern könnte eine Beschäftigungserlaubnis danach erst nach sechsmonatigem Duldungsbesitz erteilt werden. Gegenüber der bisherigen Rechtslage wäre dies eine Verschärfung, von der zweifelhaft ist, ob der Gesetzgeber sie tatsächlich gewollt hat. Genährt wurden diese Zweifel auch durch einen – inzwischen behobenen (vgl. BT-Drs. 19/29820, 23, 34) – Fehler im Gesetzgebungsverfahren, denn der von Bundestag und Bundesrat beschlossene Gesetzesfassung sah anstelle eines Semikolons einen Punkt als Satzzeichen vor (zu den möglichen Folgen dieses Fehlers vgl. Wittmann/Röder ZAR 2019, 412 (417 f.); sa NdsOVG BeckRS 2020, 12227 Rn. 16, das – zu Unrecht – einen Druckfehler annimmt und deshalb von der beschlossenen Gesetzesfassung, sprich von einem Punkt als Satzzeichen ausgeht). Inzwischen hat der Gesetzgeber seine Regelungsabsicht allerdings präzisiert: Wie bisher soll der außerhalb einer Aufnahmeeinrichtung wohnende **geduldete Asylbewerber** gem. § 32 Abs. 1 BeschV bereits **nach 3 Monaten Zugang zum Arbeitsmarkt** haben (BT-Drs. 19/ 29820, 34).

80a   Soweit das Asylverfahren bestandskräftig abgeschlossen oder der Asylantrag zurückgenommen worden ist, richtet sich der Arbeitsmarktzugang nach ausländerrechtlichen Grundsätzen (ergänzend → Rn. 60; zum Verhältnis zu § 60c Abs. 1 S. 3 AufenthG → Rn. 49).

G. Rechtsschutz

81   Der Streit um die Beschäftigungserlaubnis nach § 61 ist asylrechtlicher Natur, auch wenn die Ausländerbehörde die Erlaubnis erteilt und dementsprechend passivlegitimiert ist (BayVGH BeckRS 2016, 40298). Die Beschäftigungserlaubnis ist ein begünstigender Verwaltungsakt, so dass in der Hauptsache die unmittelbar zu erhebende (§ 11) **Verpflichtungsklage** statthaft ist. Die Zustimmung der Bundesagentur für Arbeit ist eine Erteilungsvoraussetzung für die Beschäftigungserlaubnis und kann aufgrund ihres verwaltungsinternen Charakters nicht isoliert erstritten werden. Die Rechtmäßigkeit der Zustimmungsverweigerung wird im Rahmen der gegen die Versagung der Beschäftigungserlaubnis erhobenen Klage geprüft und ggf. ersetzt. Die Agentur für Arbeit ist in diesen Fällen beizuladen (§ 65 VwGO).

82   Maßgeblicher Beurteilungszeitpunkt ist die Sach- und Rechtslage bei der letzten mündlichen Verhandlung bzw. gerichtlichen Entscheidung (VG München BeckRS 2017, 121366 Rn. 24). Darauf wird es in Zukunft vermehrt ankommen, weil mit der Neufassung von § 61 ein **Anspruchsgrundlagenwechsel während des Verfahrens** sowohl zugunsten als auch zu Lasten des Antragstellers wahrscheinlicher geworden ist.

83   Soweit es um die Ermessensansprüche geht, erfolgt eine gerichtliche Prüfung weiterhin nur in den Grenzen des § 114 S. 1 VwGO; eine Verpflichtung zur Erteilung der Beschäftigungserlaubnis

setzt die Darlegung einer Ermessensreduktion auf Null, also die rechtliche Alternativlosigkeit der Entscheidung voraus. Da sich der Anspruch auf die Beschäftigungserlaubnis nach der Reform häufig unmittelbar aus dem Gesetz ergeben wird, haben sich die Parameter in prozessualer Hinsicht zugunsten des Antragstellers verschoben.

Da die Erlaubnis typischerweise für ein konkret anstehendes Beschäftigungsverhältnis benötigt **84** wird, wird man sich auch weiterhin regelmäßig im Eilverfahren nach § 123 VwGO wiederfinden. Insofern bleibt es bei der prozessualen Hürde des Verbots der Hauptsachevorwegnahme (s. BeckOK AuslR/Neundorf Rn. 21), das regelmäßig nur die vorläufige Erteilung der Beschäftigungserlaubnis erlaubt, was bei der Antragstellung entsprechend zu berücksichtigen ist.

H. Sonstiges

Gemäß **§ 8a AsylbLG** ist der Ausländer verpflichtet, die Beschäftigung spätestens am dritten **85** Tag nach ihrer Aufnahme dem zuständigen Sozialleistungsträger zu melden. Die Meldepflicht soll die Prüfung von Grund und Umfang der (weiteren) Leistungspflicht nach Maßgabe von § 7 AsylbLG bzw. – bei „Analogleistungsberechtigten" – § 2 Abs. 1 S. 1 AsylbLG iVm § 82 SGB XII ermöglichen. Ein Verstoß gegen die Meldepflicht kann als Ordnungswidrigkeit mit einer Geldbuße von bis zu 5.000 EUR geahndet werden (§ 13 AsylbLG).

Verstöße gegen das Erwerbstätigkeitsverbot sind mit **Sanktionen** versehen. So stellt die Aus- **86** übung einer Beschäftigung ohne die erforderliche Erlaubnis eine Ordnungswidrigkeit gem. § 404 Abs. 2 Nr. 4 SGB III dar (OLG Karlsruhe BeckRS 2016, 132739). Wer im Gestattungsstatus eine selbstständige Tätigkeit ausübt, handelt ebenfalls ordnungswidrig (§ 98 Abs. 3 Nr. 1 AufenthG). Bei vorsätzlicher Begehung und beharrlicher Wiederholung macht sich der Ausländer sogar strafbar (§ 11 Abs. 1 Nr. 2 lit. b und lit. d SchwarzArbG). Auch dem Arbeitgeber, der einen Asylbewerber entgegen § 4a Abs. 5 AufenthG beschäftigt, drohen Sanktionen (vgl. § 98 Abs. 2a Nr. 1 AufenthG, § 404 Abs. 1 Nr. 1 SGB III, § 11 SchwarzArbG).

Aus Arbeitgebersicht ist zudem **§ 4a Abs. 5 S. 2 Nr. 2 AufenthG** zu beachten. Für die Dauer **87** der Beschäftigung muss dieser eine Kopie der Bescheinigung über die Aufenthaltsgestattung (§ 63) oder Aussetzung der Abschiebung (§ 60a Abs. 4 AufenthG) in elektronischer Form oder in Papierform aufbewahren.

Sozialversicherungsrechtlich folgt das Beschäftigungsverhältnis den allgemeinen Grundsätzen. **88**

Mit dem Ausländerbeschäftigungsförderungsgesetz v. 8.7.2019 (BGBl. I 1029) wurde § 132 **89** SGB III gestrichen. Von Altfällen abgesehen (vgl. § 448 SGB III) erhalten **Inhaber einer Aufenthaltsgestattung,** die eine betriebliche Ausbildung absolvieren, **keine Berufsausbildungsbeihilfe** mehr (§ 60 Abs. 3 S. 1 SGB III). Sie können beim Übergang zu Analogleistungen (§ 2 Abs. 1 S. 1 AsylbLG) aber weiterhin Leistungen nach dem AsylbLG beziehen, da der Ausschlussgrund des § 22 SGB XII keine Anwendung findet (§ 2 Abs. 1 S. 2 AsylbLG).

§ 62 Gesundheitsuntersuchung

(1) ¹Ausländer, die in einer Aufnahmeeinrichtung oder Gemeinschaftsunterkunft zu wohnen haben, sind verpflichtet, eine ärztliche Untersuchung auf übertragbare Krankheiten einschließlich einer Röntgenaufnahme der Atmungsorgane zu dulden. ²Die oberste Landesgesundheitsbehörde oder die von ihr bestimmte Stelle bestimmen den Umfang der Untersuchung und den Arzt, der die Untersuchung durchführt.

(2) ¹Das Ergebnis der Untersuchung ist der für die Unterbringung zuständigen Behörde mitzuteilen. ²Wird bei der Untersuchung der Verdacht oder das Vorliegen einer meldepflichtigen Krankheit nach § 6 des Infektionsschutzgesetzes oder eine Infektion mit einem Krankheitserreger nach § 7 des Infektionsschutzgesetzes festgestellt, ist das Ergebnis der Untersuchung auch dem Bundesamt mitzuteilen.

Überblick

Die Vorschrift sieht für Ausländer, die zur Wohnsitznahme in Aufnahmeeinrichtungen und Gemeinschaftsunterkünften verpflichtet sind (→ Rn. 3), eine obligatorische Gesundheitsuntersuchung vor, um die Ausbreitung übertragbarer Krankheiten zu verhindern (→ Rn. 1). Abs. 2 verpflichtet zur Mitteilung des Untersuchungsergebnisses an die Unterbringungsbehörde (→ Rn. 11) sowie bei positivem Befund auch an das Bundesamt (→ Rn. 12).

A. Anwendungsbereich, Zweck und Verfahren

1   Das Gros der Asylbewerber wird obligatorisch in Aufnahmeeinrichtungen (§ 47 Abs. 1 S. 1) und nach der Entlassung regelmäßig in Gemeinschaftsunterkünften (§ 53 Abs. 1 S. 1) untergebracht. In diesen Sammelunterbringungen besteht angesichts beengter Wohnverhältnisse, gemeinschaftlich genutzter Räumlichkeiten und hohen „Durchlaufs" ein **gesteigertes Risiko der Ausbreitung ansteckender Krankheiten.** Aus Gründen der öffentlichen Gesundheitsvorsorge sieht das AsylG deshalb seit 1992 eine verpflichtende Gesundheitsuntersuchung vor. Aus dem beschränkten persönlichen Anwendungsbereich (→ Rn. 3) folgt, dass § 62 nur vor diesem **unterbringungsbedingt gesteigerten Übertragungsrisiko** schützen will. Dementsprechend bezweckt die Vorschrift in erster Linie den Schutz der Unterkunftsbewohner, des in den Unterkünften tätigen haupt- und ehrenamtlichen Personals sowie – spätestens nach Einfügung von Abs. 2 S. 2 (→ Rn. 12) – der Mitarbeiter des Bundesamts. Mittelbar wird auch ein Schutz der sonstigen Bevölkerung erreicht. Auch wenn es sinnvoll ist, § 62 im Zusammenhang mit **§ 36 Abs. 1 Nr. 4, Abs. 4 und Abs. 5 IfSG** zu lesen (HTK-AuslR/Nottermann AsylG § 62 Abs. 1 Rn. 7), stellen beide Vorschriften doch voneinander unabhängige Ermächtigungsgrundlagen dar, wofür auch § 3 Abs. 2 Nr. 10 AZRG spricht (vgl. auch BT-Drs. 18/10938, 71).

2   Die – erst- und letztmals im Jahr 2015 geänderte – Vorschrift steht im Einklang mit Art. 13 EU-Aufnahme-RL (RL 2013/33/EU v. 26.6.2013, ABl. 2013 L 180, 96) und bildet die verfassungsrechtlich erforderliche formelle Gesetzesgrundlage für die mit der Gesundheitsuntersuchung bzw. Datenübermittlung einhergehenden Eingriffe in Art. 2 Abs. 2 S. 1 GG und das Grundrecht auf informationelle Selbstbestimmung (HTK-AuslR/Nottermann AsylG § 62 Allgemeines Rn. 2; NK-AuslR/Stahmann Rn. 1).

3   Die Gesundheitsuntersuchung ist für alle Ausländer, die in einer Aufnahmeeinrichtung iSd §§ 44 oder 30a oder Gemeinschaftsunterkunft iSd § 53 zu wohnen haben, obligatorisch. S. 1 knüpft – angesichts des Normzwecks nicht uneingeschränkt nachvollziehbar – allein an die **asylgesetzlich begründete Verpflichtung** zur Wohnsitznahme an („zu wohnen haben"). Bei (Besonderen) Aufnahmeeinrichtungen besteht diese unmittelbar kraft Gesetzes (§§ 47 Abs. 1 S. 1, 30a Abs. 3), bei Gemeinschaftsunterkünften aufgrund eines im Einzelfall gem. § 60 Abs. 2, § 53 Abs. 1 S. 1 erlassenen Verwaltungsakts. Für unbegleitet eingereiste Asylantragsteller gilt § 62 mangels Wohnverpflichtung nicht (HTK-AuslR/Nottermann AsylG § 62 Abs. 1 Rn. 5). Für zur Wohnsitznahme in einer Erstaufnahmeeinrichtung oder Gemeinschaftsunterkunft verpflichtete zwischenzeitlich ausgereiste Folgeantragsteller gilt § 62 aufgrund von § 71 Abs. 2 S. 2, für Zweitantragsteller generell aufgrund von § 71a Abs. 3 S. 2.

4   Ob der Ausländer tatsächlich pflichtgemäß in der Sammelunterkunft wohnt, ist nach dem Wortlaut irrelevant. Umgekehrt gilt, dass Ausländer, die zwar tatsächlich in der genannten Unterkünfte wohnen, hierzu aber nicht (vgl. zB § 47 Abs. 2) oder nicht nach dem AsylG verpflichtet sind, eine Gesundheitsuntersuchung jedenfalls nicht gem. § 62 zu dulden haben. Der Anwendungsbereich von § 62 endet, wenn die auf dem AsylG beruhende Verpflichtung, in einer Erstaufnahmeeinrichtung oder Gemeinschaftsunterkunft zu wohnen, entfallen ist. Personen, die nicht (mehr) unter § 62 fallen, sind aber ggf. gem. § 36 Abs. 5 S. 1 IfSG zur Duldung einer Röntgenaufnahme verpflichtet, der an die tatsächliche Aufnahme in einer Sammelunterkunft anknüpft (vgl. die Begründung zu § 36 IfSG, BT-Drs. 18/10938, 69).

5   Die Pflicht zur Duldung der Gesundheitsuntersuchung folgt unmittelbar aus dem Gesetz. Zur Konkretisierung und aus vollstreckungsrechtlichen Gründen (zur zwangsweisen Durchsetzung vgl. GK-AsylG/Grünewald Rn. 19 ff.) bedarf es aber einer **Anordnung im Einzelfall durch Verwaltungsakt.** Diesen erlässt die nach Maßgabe des jeweiligen Landesrechts für die Unterbringung zuständige Behörde. Das ist nicht immer die Ausländerbehörde. Der Behörde steht **kein Ermessen hinsichtlich des „Ob" der Anordnung** zu. Sie ist ausnahmslos und unabhängig von Anhaltspunkten für das Vorliegen einer übertragbaren Erkrankung zu erlassen. Den Umfang der Untersuchung und den diese durchführenden Arzt bestimmt gem. Abs. 1 S. 2 die oberste Landesgesundheitsbehörde. Details dazu finden sich häufig in Verwaltungsvorschriften der Länder (vgl. zB in Bayern die GesUVV v. 15.2.2017, BayAllMBl. 218 sowie BeckOK AuslR/Neundorf Rn. 3.1). Die Landesgesundheitsbehörde kann die Befugnisse auf eine andere Stelle übertragen. Die Untersuchung muss von einem **approbierten Arzt** vorgenommen werden. Anders als zB § 15 Abs. 4 S. 2 macht § 62 **keine (einfachgesetzliche) Vorgabe hinsichtlich des Geschlechts** der untersuchenden Person.

5.1   Die in § 90 vorgesehene Ermächtigung zur vorübergehenden Ausübung von Heilkunde durch Asylsuchende mit abgeschlossener Arztausbildung ist am 24.10.2017 außer Kraft getreten (vgl. § 90 Abs. 8 aF). Auf die Anwendbarkeit der Vorschrift iRv § 62 kommt es somit nicht mehr an.

Die Untersuchung muss normzweckgemäß auf die Entdeckung einer übertragbaren Krankheit **6** iSv § 2 Nr. 3 IfSG gerichtet sein (HTK-AuslR/Nottermann AsylG § 62 Abs. 1 Rn. 6). Ausdrücklich genannt ist das Röntgen der Atmungsorgane, das der Feststellung einer **Lungentuberkulose** dient. Im Unterschied zu § 36 Abs. 4 S. 4 IfSG sieht § 62 hinsichtlich des Röntgens keine Einschränkungen für unter 15-Jährige und Schwangere vor. Im Sinne der Einheit der Rechtsordnung dürften sich vergleichbare **Grenzen** aber insoweit **aus dem Verhältnismäßigkeitsgrundsatz** (→ Rn. 14) ergeben. Das gilt auch hinsichtlich der in § 36 Abs. 5 IfSG vorgesehenen Grenzen für die **erneute Anordnung einer Röntgenuntersuchung.**

Als weitere gemäß § 62 zu duldende Maßnahme kommt neben einer visuellen Untersuchung **7** und Palpation auch die **Durchführung eines Coronatests** und die Entnahme von Abstrichen und Blut in Betracht. Eine **Blutuntersuchung auf HIV** dürfte durch § 62 allerdings nicht gedeckt sein. Dafür spricht nicht nur, dass ein entsprechender Nachweis gem. § 7 Abs. 3 S. 1 Nr. 2 IfSG nur nichtnamentlich zu melden ist (NK-AuslR/Stahmann Rn. 3), sondern auch, dass die Übertragung von HIV kein Risiko ist, das gerade durch die Unterbringung in einer Sammelunterkunft in der vom Schutzzweck der Norm geforderten Weise spezifisch gesteigert wäre. Eine entsprechende – freilich im gesundheitlichen und ggf. auch asylverfahrensbezogenen Interesse des Ausländers liegende – **HIV-Untersuchung ist deshalb nur mit Zustimmung des Ausländers** zulässig (wie hier Huber/Mantel AufenthG/Giesler Rn. 1; NK-AuslR/Stahmann Rn. 3; BeckOK AuslR/Neundorf Rn. 3; aA Bergmann/Dienelt/Bergmann Rn. 2).

Einen Zeitpunkt für die Gesundheitsuntersuchung gibt § 62 nicht vor. Im Sinne eines effektiven **8** Gesundheitsschutzes hat diese aber unverzüglich (§ 121 Abs. 1 S. 1 BGB) nach der Aufnahme in der Aufnahmeeinrichtung oder Gemeinschaftsunterkunft zu erfolgen, wofür auch § 36 Abs. 4 S. 1 IfSG spricht (HTK-AuslR/Nottermann AsylG § 62 Abs. 1 Rn. 7).

Nach der Vorstellung des Gesetzgebers soll anlässlich der Gesundheitsuntersuchung auch das **9** in § 4 Abs. 3 S. 2 AsylbLG vorgesehene **Impfangebot,** auf das gem. § 4 Abs. 1 S. 2 AsylbLG ein Anspruch besteht, unterbreitet werden (BT-Drs. 18/6185, 46). Es wäre auch die passende Gelegenheit, die in Art. 15 Abs. 2 und 17 Abs. 2 EU-Aufnahme-RL enthaltenen unionsrechtlichen Gewährleistungen einzulösen (NK-AuslR/Stahmann Rn. 1).

Gegen die Anordnung der Gesundheitsuntersuchung als belastenden Verwaltungsakt ist die **10** unmittelbar zu erhebende Anfechtungsklage (§ 11) statthaft. Da diese keine aufschiebende Wirkung hat (§ 75 Abs. 1), ist im Bedarfsfall ein Antrag nach § 80 VwGO erforderlich.

B. Mitteilungspflichten

Abs. 2 regelt **zwei Übermittlungspflichten.** S. 1 schreibt eine Übermittlung an die – nach **11** Maßgabe des Landesrechts – für die Unterbringung zuständige Behörde vor. Dieser ist das Untersuchungsergebnis in jedem Fall, dh auch bei negativem Befund, mitzuteilen.

Nach S. 2 ist das Ergebnis auch dem Bundesamt obligatorisch mitzuteilen, wenn bei der **12** Untersuchung der Verdacht oder das Vorliegen einer meldepflichtigen Krankheit nach § 6 IfSG oder eine Infektion mit einem Krankheitserreger nach § 7 IfSG festgestellt wird. **Zweck der Datenübermittlung** ist es, mögliche Gesundheitsrisiken für die Mitarbeiter des Bundesamts zu erkennen und entsprechende Schutzmaßnahmen zu entwickeln (BT-Drs. 18/6185, 34). Die Durchführung der Gesundheitsuntersuchung ist aber keine Voraussetzung für die persönliche Asylantragstellung (§§ 14 Abs. 1 S. 1, 23 Abs. 1) oder Anhörung nach § 24 Abs. 1 S. 3 (BT-Drs. 18/6185, 34).

Gemäß Abs. 2 S. 1 übermittelte Informationen können mit Blick auf ein mögliches zielstaatsbe- **13** zogenes Abschiebungsverbot gem. § 60 Abs. 7 AufenthG Anlass für eine weitergehende Sachverhaltsaufklärung durch das Bundesamt sein, zu deren Prüfung es gem. § 24 Abs. 2, § 31 Abs. 3 S. 1 nach Asylantragstellung von Amts wegen verpflichtet ist; der Grundsatz der Zweckbindung (→ Rn. 13) dürfte insoweit nicht entgegenstehen. Auch in der gerichtlichen Praxis wird auf die aktenkundigen Ergebnisse der Gesundheitsuntersuchung verwiesen (VG München BeckRS 2017, 104497 Rn. 16; VG Göttingen Urt. v. 21.12.2015 – 2 A 995/13, juris Rn. 32, BeckRS 2016, 40322). Es empfiehlt sich deshalb, bei entsprechenden Fallkonstellationen diesem Gesichtspunkt im Rahmen der Akteneinsicht Aufmerksamkeit zu schenken.

Übermittler und Adressat der Daten haben neben § 30 VwVfG (NK-AuslR/Stahmann Rn. 5) **14** und dem Verhältnismäßigkeitsprinzip auch den allgemeinen **Datenschutz** (BT-Drs. 18/6185, 34), insbesondere die Grundsätze der Datensparsamkeit, Datenvermeidung und strengen Zweckbindung zu beachten (NK-AuslR/Stahmann Rn. 5; vgl. auch Nr. 4.2 GesUVV v. 15.2.2017, BayAllMBl. 218). „Ergebnis" iSv Abs. 2 S. 1 ist danach **nur das zusammengefasste Untersu-**

chungsergebnis, nicht die einzelnen Untersuchungsbefunde (Bergmann/Dienelt/Bergmann Rn. 3).

15 Neben den beiden Behörden ist das Untersuchungsergebnis auch dem Ausländer selbst mitzuteilen.

16 Nach § 3 Abs. 2 Nr. 10 bzw. Nr. 10a AZRG sind die Durchführung der Gesundheitsuntersuchung nach § 62 mit Ort und Datum sowie die Feststellung, dass keine Bedenken gegen die Aufnahme in eine Einrichtung der gemeinschaftlichen Unterbringung bestehen, im Ausländerzentralregister zu speichern.

§ 63 Bescheinigung über die Aufenthaltsgestattung

(1) [1]**Dem Ausländer wird nach der Asylantragstellung innerhalb von drei Arbeitstagen eine mit den Angaben zur Person und einem Lichtbild versehene Bescheinigung über die Aufenthaltsgestattung ausgestellt, wenn er nicht im Besitz eines Aufenthaltstitels ist.** [2]**Im Falle des Absatzes 3 Satz 2 ist der Ausländer bei der Asylantragstellung aufzufordern, innerhalb der Frist nach Satz 1 bei der zuständigen Ausländerbehörde die Ausstellung der Bescheinigung zu beantragen.**

(2) [1]**Die Bescheinigung ist zu befristen.** [2]**Solange der Ausländer verpflichtet ist, in einer Aufnahmeeinrichtung zu wohnen, beträgt die Frist längstens drei und im Übrigen längstens sechs Monate.**

(3) [1]**Zuständig für die Ausstellung der Bescheinigung ist das Bundesamt, solange der Ausländer verpflichtet ist, in einer Aufnahmeeinrichtung zu wohnen.** [2]**Im Übrigen ist die Ausländerbehörde zuständig, auf deren Bezirk die Aufenthaltsgestattung beschränkt ist oder in deren Bezirk der Ausländer Wohnung zu nehmen hat.** [3]**Auflagen und Änderungen der räumlichen Beschränkung sowie deren Anordnung (§ 59b) können auch von der Behörde vermerkt werden, die sie verfügt hat.**

(4) **Die Bescheinigung soll eingezogen werden, wenn die Aufenthaltsgestattung erloschen ist.**

(5) [1]**Die Bescheinigung enthält folgende Angaben:**
1. **das Datum der Ausstellung des Ankunftsnachweises gemäß § 63a Absatz 1 Satz 2 Nummer 12,**
2. **das Datum der Asylantragstellung und**
3. **die AZR-Nummer.**
[2]**Im Übrigen gilt § 78a Absatz 5 des Aufenthaltsgesetzes entsprechend.**

Überblick

Die Vorschrift sieht vor, dass einem Ausländer nach förmlicher Asylantragstellung eine Bescheinigung über sein nach Maßgabe von § 55 Abs. 1 kraft Gesetzes bestehendes vorläufiges Aufenthaltsrecht auszustellen ist (→ Rn. 1). Die im Rechtsverkehr in vielerlei Hinsicht bedeutsame Bescheinigung (→ Rn. 17 ff.) ist zu befristen (→ Rn. 11 f.) und hat einen gesetzlich abgesteckten Inhalt (→ Rn. 4). Ebenso wie die in Abs. 2 S. 2 geregelte maximale Gültigkeit der Bescheinigung ist auch die Zuständigkeit für Ausstellung und Verlängerung von der Verpflichtung, in einer Aufnahmeeinrichtung zu wohnen, abhängig (→ Rn. 14). Bei Erlöschen der Aufenthaltsgestattung sieht Abs. 4 im Regelfall die Einziehung der Bescheinigung vor (→ Rn. 13).

Übersicht

A. Allgemeines

1 Die Bescheinigung über die Aufenthaltsgestattung war von Beginn an Bestandteil des Asylverfahrensgesetzes (zur Änderungshistorie vgl. Bergmann/Dienelt/Bergmann Rn. 1). Mit ihr wird das nach Maßgabe von §§ 55 Abs. 1 S. 1, S. 3, 67 kraft Gesetzes entstehende und untergehende vorläufige Aufenthaltsrecht nach außen hin sichtbar und im Rechtsverkehr verwertbar gemacht. Mit der Ausstellung der Bescheinigung wird sowohl Unionsrecht (vgl. Art. 6 EU-Aufnahme-RL) als auch Art. 27 GFK umgesetzt.

Obwohl die Bescheinigung für die Existenz der Aufenthaltsgestattung nicht konstitutiv ist, soll 2 es sich nach der zu § 20 idF v. 16.7.1982 (BGBl. I 946) ergangenen Rechtsprechung des BVerwG um einen **Verwaltungsakt** handeln, weil die Bescheinigung in inhaltlicher, zeitlicher und räumlicher Hinsicht Regelungswirkung entfalte (BVerwGE 79, 291 = NVwZ 1988, 941). Die hierfür ins Feld geführten Argumente sind zwar partiell überholt und in der Sache nur eingeschränkt überzeugend (vgl. ausf. GK-AsylG/Funke-Kaiser Rn. 11 ff.). Mit Blick auf die auch unter der aktuellen Rechtslage von den zuständigen Behörden zu treffende ermessensabhängige Befristungsentscheidung (→ Rn. 12) sowie die über die Geltung der Aufenthaltsgestattung hinausreichende Ausweisersatzfunktion (vgl. → § 64 Rn. 4) wird man in der Praxis aber vom Bestand der Rechtsprechung und der Verwaltungsaktqualität der Bescheinigung auszugehen haben (ebenso Bergmann/Dienelt/Bergmann Rn. 2; BeckOK AuslR/Neundorf Rn. 9 f.; NK-AuslR/Clodius Rn. 4; ohne Begründung gegen die Verwaltungsaktqualität der Bescheinigung BayVGH BeckRS 2019, 32942 Rn. 26).

Mit der in Abs. 1 S. 1 enthaltenen Vorgabe, die Bescheinigung innerhalb von drei Tagen – seit 3 dem Asylverfahrensbeschleunigungsgesetz (v. 20.10.2015, BGBl. I 1722) drei Arbeitstagen – nach Asylantragstellung auszustellen, sollte Art. 6 Abs. 1 EU-Aufnahme-RL umgesetzt werden, der die Ausstellung eines Dokuments vorsieht, welches entweder den Status als Antragsteller bestätigt oder bescheinigt, dass sich der Ausländer für die Dauer des Asylverfahrens im Hoheitsgebiet des Mitgliedsstaats aufhalten darf (BT-Drs. 16/5065, 219). Während Abs. 1 S. 1 an den förmlichen Asylantrag anknüpft, ist mit dem Antrag auf internationalen Schutz iSv Art. 6 EU-Aufnahme-RL bereits das – nicht selten deutlich vor dem förmlichen Asylantrag gestellte – Asylgesuch gemeint (vgl. Art. 2 lit. b EU-Aufnahme-RL sowie Art. 6 Asylverfahrens-RL). Nachdem mit dem Datenaustauschverbesserungsgesetz (v. 2.2.2016, BGBl. I 130) die im Anschluss an das Asylgesuch von der zuständigen Aufnahmeeinrichtung unverzüglich auszustellende Bescheinigung über die Meldung als Asylsuchender in Form eines „Ankunftsnachweises" Eingang ins Gesetz gefunden hat (vgl. § 63a), die seit dem Integrationsgesetz (v. 31.7.2016, BGBl. I 1939) zudem das gesetzliche Aufenthaltsrecht auslöst (§ 55 Abs. 1 S. 1), dürfte die Gesetzeslage inzwischen weitgehend unionsrechtskonform sein (vgl. zur Problematik bei schriftlicher Asylantragstellung → Rn. 10).

Die Bescheinigung wird gem. § 63 Abs. 5 S. 2 iVm § 78a Abs. 5 Abs. 1 AufenthG nach 4 einheitlichem Vordruckmuster ausgestellt (vgl. § 58 S. 1 Nr. 12 AufenthV), das eine Seriennummer enthält und mit einer Zone für das automatische Lesen versehen sein kann. In die Bescheinigung sind ein Lichtbild und gem. § 63 Abs. 3 S. 1 die in § 78a Abs. 4 AufenthG genannten Angaben zur Person (§ 63 Abs. 5 S. 2 iVm § 78a Abs. 5 S. 2 AufenthG) aufzunehmen. Gemäß § 63 Abs. 5 S. 2 iVm § 78a Abs. 5 S. 2, Abs. 4 S. 2 Nr. 10 AufenthG kann auch der – die Teilnahme am Rechtsverkehr erschwerende (→ Rn. 19 ff.) – **Hinweis** aufgenommen werden, dass die **Personalangaben auf den Angaben des Ausländers** beruhen. Das gem. Abs. 5 S. 1 einzutragende Datum der Ausstellung des Ankunftsnachweises und der Asylantragstellung erleichtert in der Praxis die Feststellung des durch das Integrationsgesetz (v. 31.7.2016, BGBl. I 1939; BT-Drs. 18/8615, 53 f.) veränderten **Entstehungszeitpunkts der Aufenthaltsgestattung** (§ 55 Abs. 1 S. 1, S. 3), auf den es in ganz unterschiedlichen Kontexten ankommen kann (vgl. zB § 25a Abs. 1 S. 1 Nr. 1 AufenthG, § 25b Abs. 1 S. 2 AufenthG, § 61 Abs. 2 S. 1). Außerdem werden gem. Abs. 3 S. 2 Auflagen, insbesondere Wohnsitzauflagen, und räumliche Beschränkungen in der Bescheinigung vermerkt (vgl. auch Art. 6 Abs. 1 EU-Aufnahme-RL). Aus § 4 Abs. 3 S. 5 AufenthG folgt zudem, dass auch die (Un-) Zulässigkeit einer Erwerbstätigkeit (vgl. etwa § 61 Abs. 1 S. 1) in die Bescheinigung einzutragen ist (vgl. auch § 4 Abs. 2 S. 2 AufenthG, der unmittelbar allerdings nur für Aufenthaltstitel gilt). Der gem. § 63 Abs. 5 S. 2 iVm § 78a Abs. 5 S. 2 AufenthG mögliche Hinweis, dass der Ausländer mit der Bescheinigung der Passpflicht nicht genügt, trifft jedenfalls insoweit nicht zu, als die Bescheinigung von Gesetzes wegen Ausweisersatz ist (§ 64 Abs. 1), wenn der für den Aufenthalt im Bundesgebiet die Passpflicht erfüllt wird (§ 3 Abs. 1 S. 2 AufenthG). Seit dem Zweiten Datenaustauschverbesserungsgesetz v. 4.8.2019 (BGBl. I 1131) gehört auch die AZR-Nummer zum obligatorischen Inhalt der Bescheinigung. Ihre Angabe soll den berechtigten Behörden den Abruf des zu einem Ausländer im Ausländerzentralregister gespeicherten Datensatzes erleichtern (BR-Drs. 54/19, 80).

B. Anspruchsberechtigung

5   Neben dem (Fort-) Bestand der Aufenthaltsgestattung nach Maßgabe von §§ 55, 67 setzt Abs. 1 S. 1 in inhaltlicher Hinsicht eine Asylantragstellung voraus. Damit ist der **förmliche Asylantrag** iSd § 14 gemeint, der grundsätzlich persönlich bei einer Außenstelle des Bundesamts (§§ 14 Abs. 1, 23 Abs. 1), in den Fällen des § 14 Abs. 2 S. 1 ausnahmsweise schriftlich bei der Zentrale zu stellen ist. In der zweitgenannten Konstellation löst erst der Asylantrag die Aufenthaltsgestattung aus (§ 55 Abs. 1 S. 3). Im Regelfall des § 14 Abs. 1 wird sie aber schon vorher, nämlich mit Ausstellung des Ankunftsnachweises entstanden sein (§ 55 Abs. 1 S. 1).

5.1   Sind seit der Ausstellung des Ankunftsnachweises mehr als zwei Wochen vergangen oder ist ein späterer Termin zur Asylantragstellung (§ 23 Abs. 1) ungenutzt verstrichen, ist § 67 Abs. 1 S. 1 Nr. 2, S. 2 zu beachten, wonach die Aufenthaltsgestattung erlischt, die gem. § 67 Abs. 2 Nr. 2 allerdings mit förmlicher Asylantragstellung wieder in Kraft tritt.

6   Trotz förmlicher Asylantragstellung keine Bescheinigung erhalten **Ausländer, die im Besitz eines Aufenthaltstitels sind** (Abs. 1 S. 1 aE), wobei dies nur gilt, wenn der Aufenthaltstitel trotz Asylantragstellung bestehen bleibt, also nicht in den Fällen des § 51 Abs. 1 Nr. 8 AufenthG, § 55 Abs. 2 S. 1 (→ § 55 Rn. 28). Ansonsten bestehen Aufenthaltsgestattung und Aufenthaltstitel nebeneinander, erstere wird nur nicht bescheinigt, letztere kann nach Maßgabe von § 10 Abs. 2 AufenthG trotz laufenden Asylverfahrens verlängert werden. Aus Gleichbehandlungs- und Zumutbarkeitsgründen ist dem Ausländer ein Ausweisersatz auszustellen (→ § 64 Rn. 7). Die Einschränkung in Abs. 1 steht auch einer Verlängerung der Bescheinigung entgegen, wenn dem Ausländer nach ihrer Ausstellung ein Aufenthaltstitel erteilt wird.

7   Kraft Gesetzes geduldeten **Zweitantragstellern** ist gem. § 71a Abs. 3 S. 2 iVm § 63 Abs. 1 S. 1 eine Bescheinigung über die Duldung als Ausweisersatz auszustellen (→ § 64 Rn. 5). Dasselbe gilt für **Folgeantragsteller** gem. § 71 Abs. 2 S. 2 iVm § 63 Abs. 1 S. 1, deren Aufenthalt in Folge des Verweises auch auf § 55 richtigerweise von Anfang an gestattet ist (→ § 55 Rn. 20).

8   Im **Flughafenverfahren** (§ 18a) wird das Asylverfahren vor der Einreise durchgeführt (vgl. § 18a Abs. 1 ggf. iVm § 13 Abs. 2 S. 2 AufenthG). Verneint man deshalb einen nach Maßgabe von § 55 Abs. 1 S. 1 gestatteten Aufenthalt im Bundesgebiet (→ § 55 Rn. 1 ff. ff.), muss keine Bescheinigung iSd § 63 ausgestellt werden, was durch Art. 6 Abs. 2 S. 1 EU-Aufnahme-RL gedeckt ist (GK-AsylG/Funke-Kaiser Rn. 19).

9   Auf Ausstellung und Verlängerung besteht ein **strikter Rechtsanspruch** („wird erteilt"), der jedenfalls in den Fällen des Abs. 3 S. 1 von Amts wegen zu erfüllen ist und nicht an Bedingungen, etwa die Erfüllung von Mitwirkungspflichten, geknüpft werden darf (NK-AuslR/Clodius Rn. 5). Grundsätzlich haben auch Minderjährige Anspruch auf eine eigene Bescheinigung über die Aufenthaltsgestattung, da das Gesetz insoweit eine Einschränkung vorsieht und auch der Ankunftsnachweis für jede Person separat ausgestellt wird (→ § 63a Rn. 15). Zumindest begleitete Minderjährige werden in der Praxis allerdings regelmäßig nur in der Bescheinigung ihrer Eltern eingetragen. Für die Ausstellung setzt Abs. 1 S. 1 eine mit förmlicher Asylantragstellung beginnende **Höchstfrist von drei Arbeitstagen.** Die Frist gilt unmittelbar nur für den Fall, dass das Bundesamt gem. Abs. 3 S. 1 für die Ausstellung der Bescheinigung zuständig ist, wie sich aus Abs. 1 S. 2 ergibt.

10   Liegt die Zuständigkeit nach Abs. 3 S. 2 bei der Ausländerbehörde (→ Rn. 14), hat das Bundesamt den Ausländer dazu aufzufordern, die Bescheinigung bei der Ausländerbehörde innerhalb der Dreitagesfrist zu beantragen (Abs. 1 S. 2). Da der Status des Ausländers in seinem Interesse schnellstmöglich für den Rechtsverkehr sichtbar dokumentiert werden soll, spricht viel dafür, auch der Ausländerbehörde nicht mehr als drei Tage ab Beantragung der Bescheinigung einzuräumen (so GK-AsylG/Funke-Kaiser Rn. 8). Abs. 1 S. 2 geht offenbar vom Fall einer persönlichen Asylantragstellung aus („bei der Antragstellung"). Sie hat aber im Interesse des Ausländers auch bei schriftlicher Asylantragstellung (§ 14 Abs. 2 S. 1) zu erfolgen. Unabhängig von der Aufforderung ist die Ausländerbehörde schon mit der die Aufenthaltsgestattung auslösenden Asylantragstellung verpflichtet, die Bescheinigung auszustellen. Zum Nachweis der erfolgten Antragstellung kann bspw. ein Faxsendebericht vorgelegt werden. Da in diesen Konstellationen kein Ankunftsnachweis ausgestellt wird, darf die Ausstellung der Bescheinigung mit Blick auf Art. 6 Abs. 1 und Abs. 4 EU-Aufnahme-RL nicht von der Vorlage der Bestätigung des Eingangs der Asylantragstellung abhängig gemacht werden, mit deren Versand sich das Bundesamt in der Praxis häufig viele Wochen Zeit lässt. Dass zu diesem Zeitpunkt noch kein Aktenzeichen vergeben oder bekannt ist, ist unerheblich, zumal dieses nicht zu dem gesetzlich explizit vorgesehenen Inhalt der Bescheinigung gehört.

C. Befristung und Einziehung

Die Bescheinigung ist gem. Abs. 2 obligatorisch zu befristen. Die Befristung hat **Kontrollfunk-** **11** **tion** und soll erreichen, dass der Ausländer in regelmäßigen Abständen mit den Behörden Kontakt aufnimmt (BVerwG NVwZ 1988, 941; BT-Drs. 9/1630, 22). Der Besitz einer gültigen Bescheinigung ist zwar nicht für den Bestand der Aufenthaltsgestattung, wohl aber für die gem. § 64 bestehende Ausweisersatzfunktion konstitutiv und liegt auch deshalb im Interesse des Ausländers.

Abs. 2 sieht für zum Wohnen in einer Aufnahmeeinrichtung verpflichtete Ausländer eine **12** **maximale Gültigkeitsdauer** von drei, im Übrigen von sechs Monaten vor. Innerhalb dieser Grenzen besteht zwar im Ausgangspunkt ein gewisser Spielraum. Der gesetzlichen Abstufung ist gleichwohl die gesetzgeberische Wertung zu entnehmen, dass die Bescheinigung nach Entlassung aus der Aufnahmeeinrichtung grundsätzlich für sechs Monate auszustellen ist, sofern die Auslän-derbehörde – zB aufgrund einer Mitteilung gem. § 83a S. 1 – keinen konkreten Anlass hat, von einem früheren Erlöschen der Aufenthaltsgestattung auszugehen (GK-AsylG/Funke-Kaiser Rn. 25). Dafür spricht nicht nur, dass der Erreichbarkeit des Ausländers nach Entlassung aus der Aufnahmeeinrichtung keine gesteigerte Bedeutung mehr zukommt (vgl. §§ 47 Abs. 3, 59a Abs. 1 S. 2), sondern auch, dass sich der Rechtsverkehr (zB Arbeitgeber, Vermieter, Vereine etc) in der Regel an der Gültigkeit der Bescheinigung orientiert und es dem Ausländer auch angesichts der größeren Bedeutung, die der Gesetzgeber Teilhabe und Integration schon während des Asylverfah-rens beimisst, nicht schwerer als asylrechtlich erforderlich gemacht werden sollte.

Gemäß Abs. 4 soll die Bescheinigung eingezogen, also ihre Herausgabe verlangt werden, wenn **13** die Aufenthaltsgestattung nach Maßgabe von § 67 Abs. 1 erloschen ist. Die Einziehung darf nur in atypischen Fällen unterbleiben. Bei einem späteren **Wiederaufleben der Aufenthaltsgestat-tung** ist eine neue Bescheinigung auszustellen. Das gilt unabhängig davon, ob die Aufenthaltsge-stattung – etwa im Falle des § 67 Abs. 2 – ex nunc oder – etwa bei einem erfolgreichen Antrag nach § 80 Abs. 5 VwGO in den Fällen des § 67 Abs. 1 S. 1 Nr. 4 oder Nr. 5 (dazu Röder/ Wittmann ZAR 2017, 345 (346)) – mit Wirkung für die Vergangenheit in Kraft tritt. Ob auf Grundlage von Abs. 4 auch die Herausgabe einer von Anfang an unrichtigen Bescheinigung verlangt werden kann, ist umstritten (bejahend GK-AsylG/Funke Kaiser Rn. 30; verneinend Bergmann/Dienelt/Bergmann Rn. 7: Rücknahme gem. § 48 VwVfG). Hinsichtlich der Zustän-digkeit für die Einziehung bietet sich eine Analogie zu Abs. 3 S. 1 und S. 2 an (im Ergebnis ebenso BeckOK AuslR/Neundorf Rn. 12).

D. Zuständigkeiten

Die (funktionelle) Zuständigkeit für die Ausstellung und Verlängerung der Bescheinigung **14** bestimmt sich entlang der Verpflichtung, in einer (Besonderen) Aufnahmeeinrichtung zu wohnen (§ 47, § 30a Abs. 3). Solange diese besteht, ist gem. Abs. 3 S. 1 das Bundesamt zuständig, konkret die der jeweiligen Aufnahmeeinrichtung zugeordnete Außenstelle (HTK-AuslR/Nottermann AsylG § 63 Abs. 3 Rn. 2). Für Ausländer, die keiner Wohnverpflichtung (mehr) unterliegen, ist gem. Abs. 3 S. 2 die Ausländerbehörde zuständig. Maßgeblich ist die Rechtspflicht, nicht der tatsächliche Aufenthalt. Ist die Wohnverpflichtung nach Maßgabe von §§ 47–50, 30a Abs. 3 erloschen, wechselt die Zuständigkeit für Ausstellung und Verlängerung auch dann auf die Auslän-derbehörde, wenn der Ausländer rechtswidrig nicht landesintern verteilt, sondern in der Aufnah-meeinrichtung belassen wird (zum Anspruch auf landesinterne Verteilung → § 47 Rn. 22). Für Personen, die niemals einer Wohnverpflichtung unterlagen (insbesondere die Fälle des § 14 Abs. 2 S. 1), ist von vorneherein Abs. 3 S. 2 maßgeblich.

Die hohen Zugangszahlen in den Jahren 2015/2016 haben in Verbindung mit den geringen Aufnahme- **14.1** kapazitäten auf der Ebene der Erstaufnahme dazu geführt, dass viele Asylsuchende ohne förmliche Asylan-tragstellung landesintern „in die Fläche" verteilt wurden. Schon § 55 Abs. 1 S. 1 aF sah zwar vor, dass bereits das Asylgesuch die Aufenthaltsgestattung auslöst, die Ausstellung einer Bescheinigung wurde durch die Ausländerbehörden aber unter Hinweis auf die in § 63 Abs. 1 S. 1 vorausgesetzte förmliche Asylantrag-stellung verweigert. Das führte dazu, dass viele Asylsuchende in dieser Zeit über Monate mit der bei Stellung des Asylgesuchs in Form eines DIN-A4-Papiers ausgestellten Bescheinigung über die Meldung als Asylsuchender herumgelaufen sind. Mit dem – die Aufenthaltsgestattung auslösenden (§ 55 Abs. 1 S. 1) – Ankunftsnachweis hat der Gesetzgeber zwar für die zwischen Asylgesuch und Asylantrag liegende Phase ein eigenständiges Dokument geschaffen, das in seinen Rechtswirkungen allerdings weiterhin hinter der Bescheinigung nach § 63 zurückbleibt (vgl. zB § 64) und auch nichts daran ändert, dass die Ausländerbe-hörde bei einer Entlassung des Ausländers aus der Aufnahmeeinrichtung ohne förmliche Asylantragstellung, das bestehende gesetzliche Aufenthaltsrecht nicht bescheinigen darf.

15   Örtlich zuständig ist die Ausländerbehörde, auf deren Bezirk der Aufenthalt nach Maßgabe von §§ 56, 59b beschränkt ist. Da die räumliche Beschränkung bei Entlassung aus der Aufnahmeeinrichtung häufig nicht mehr oder nur noch für kurze Zeit bestehen wird (vgl. § 59a Abs. 1 S. 1), ist für die Zuständigkeit in der Regel die mit dem Asylverfahrensbeschleunigungsgesetz (v. 20.10.2015, BGBl. I 1722) eingefügte Alt. 2, also der Bezirk, in dem der Ausländer gem. § 60 Wohnsitz zu nehmen hat, maßgeblich. Der Fall, dass der Ausländer weder einer räumlichen Beschränkung noch – etwa wegen gesicherten Lebensunterhalts (vgl. § 60 Abs. 1 S. 1, Abs. 2 S. 1) – einer Wohnsitzauflage unterliegt, ist anders als beim Ankunftsnachweis (vgl. § 63a Abs. 2 S. 2 Hs. 2) nicht bundesgesetzlich geregelt. Die Zuständigkeit bestimmt sich hier nach dem einschlägigen Landesrecht (VG Augsburg BeckRS 2016, 42185 Rn. 13), in der Regel also nach dem gewöhnlichen Aufenthalt.

16   Von der Zuständigkeit für Ausstellung und Verlängerung ist die in Abs. 3 S. 3 vorgesehene Befugnis zu unterscheiden, wonach Auflagen, insbesondere Wohnsitzauflagen, und Änderungen der räumlichen Beschränkung sowie deren Anordnung im Einzelfall (§ 59b) auch von der Behörde vermerkt werden können, die sie verfügt hat. Der Vermerk ist deklaratorisch, dient der Rechtsklarheit und ist mit Blick auf räumliche Beschränkungen auch durch Art. 6 Abs. 1 EU-Aufnahme-RL geboten. Unter Änderung ist auch die Streichung von Beschränkungen und Auflagen zu verstehen.

E. Bedeutung der Bescheinigung im Rechtsverkehr

17   Die Bescheinigung hat zunächst kraft Gesetzes die Funktion eines **Ausweisersatzes** (→ § 64 Rn. 1). Gemäß § 47a S. 2 AufenthG iVm § 47 S. 1 AufenthG ist der Ausländer gegenüber zur Identitätsfeststellung befugten Behörden zur Vorlage der Bescheinigung und zur Ermöglichung eines Lichtbildabgleichs verpflichtet.

18   Im Ausgangspunkt stellt die Bescheinigung eine **öffentliche Urkunde** iSd § 271 StGB dar (BGHSt 50, 140 = NJW 2010, 248 Rn. 14; vgl. auch BVerwG NJW 2016, 1046 Rn. 20). Beweiskraft bezüglich der Personalangaben kommt der Bescheinigung aber im Einklang mit Art. 6 Abs. 3 EU-Aufnahme-RL nicht zu, wenn sie gem. § 63 Abs. 5 S. 2 iVm § 78a Abs. 5 S. 2, Abs. 4 S. 2 Nr. 10 AufenthG mit dem Hinweis versehen ist, dass diese auf den eigenen Angaben des Ausländers beruhen (BGH NJW 2010, 248 Rn. 16).

19   Der genannte Hinweis wirft auch in anderen Kontexten immer wieder die Frage nach der Beweiskraft der in der Bescheinigung enthaltenen Personalangaben auf. Diese lässt sich nicht allgemein, sondern nur im Rahmen des spezifischen Regelungszusammenhangs beantworten. Zu fragen ist unter anderem, ob es nach dem jeweiligen Normzweck auf die eindeutig geklärte Identität (so zB im Einbürgerungsverfahren, vgl. BVerwG NVwZ 2012, 707) oder die verlässliche Identifizierbarkeit im Rechtsverkehr, etwa zum Ausschluss von Verwechslungen, ankommt.

20   Bei dem **Antrag auf eine Fahrerlaubnis** genügt die Bescheinigung trotz des Hinweises für den gem. § 21 Abs. 2 S. 3 Nr. 1 FeV iVm § 2 Abs. 6 StVG erforderlichen Nachweis von Tag und Ort der Geburt, sofern nicht konkrete Zweifel an der Richtigkeit dieser Angaben bestehen (BVerwGE 156, 111 = NJW 2017, 1046 Rn. 20 mwN). Die Bescheinigung genügt dann auch für den Sachverständigen oder Prüfer, um sich vor der **theoretischen und praktischen Fahrprüfung** davon zu überzeugen, dass der Prüfling mit dem Antragsteller identisch ist (§§ 16 Abs. 3 S. 3, 17 Abs. 5 S. 2 FeV). Gleiches gilt für die gem. § 22 Abs. 4 S. 4 FeV vorzunehmende Identitätsfeststellung vor der Aushändigung des Führerscheins (BVerwGE 156, 111 = NJW 2017, 1046 Rn. 38 f.).

21   Aufgrund der vom BVerwG angestellten Erwägungen genügt die Bescheinigung auch für die **Zulassung eines Kfz** als Nachweis für die in § 6 Abs. 1 S. 2 Nr. 1 FZV genannten Personalien, denn die Norm will (nur) sicherstellen, dass bei im Zusammenhang mit der Zulassung eines Kraftfahrzeugs auftauchenden Problemen zuverlässig auf den Kraftfahrzeughalter zurückgegriffen werden kann (vgl. VG Düsseldorf BeckRS 2013, 57660).

22   Probleme traten und treten auch immer wieder im Zusammenhang mit **Kontoeröffnungen** auf. Da die Bescheinigung Ausweisersatzfunktion hat (§ 64 Abs. 1), handelt es sich um ein Papier iSd § 12 Abs. 1 S. 1 Nr. 1 GwG, das für die gem. §§ 10 Abs. 1 Nr. 1, 11 Abs. 4 GwG erforderliche Identitätsüberprüfung ausreichend ist und die Eröffnung eines **Zahlungskontos** ermöglicht (BT-Drs. 16/9038, 37 f.; vgl. auch die Antwort des Parlamentarischen Staatssekretärs Krings auf Frage 23 in BT-Drs. 19/1377, 15). Der Hinweis, dass die Personalien auf eigenen Angaben beruhen, fordert hier allenfalls erhöhte Sorgfalt beim Lichtbildabgleich, rechtfertigt für sich genommen aber nicht die Ablehnung der Kontoeröffnung (BT-Drs. 16/9038, 38). Jedenfalls für die Eröffnung eines **Basiskontos** (§§ 31 ff. ZKG) genügen auch der Ankunftsnachweis (§ 63a) und die Bescheinigung über eine Duldung (vgl. § 1 Abs. 2 ZIdPrüfV).

In diesem Zusammenhang sei auch auf den im Falle einer Kontenpfändung hilfreichen Anspruch 22.1
hingewiesen, ein Girokonto in ein Pfändungsschutzkonto umwandeln zu lassen (vgl. § 850k Abs. 7 S. 2
ZPO).

Nicht mit dem Hinweis, sondern mit der Natur der Aufenthaltsgestattung hängt zusammen, 23
dass die **Erteilung eines Wohnberechtigungsscheins** regelmäßig ausgeschlossen ist, da mit der
Aufenthaltsgestattung ein in tatsächlicher und rechtlicher Hinsicht nur vorübergehendes Aufenthaltsrecht bescheinigt wird, das den Anforderungen des § 27 Abs. 2 S. 2 WoFG nicht genügt (VG
Berlin BeckRS 2016, 50522; anders liegt der Fall bei der Ausbildungsduldung vgl. VG Berlin
1.8.2019 – 8 K 163.19 Rn. 26).

F. Rechtsschutz

Ein auf Ausstellung einer Bescheinigung über die Aufenthaltsgestattung gerichtetes Rechts- 24
schutzbegehren ist ungeachtet der ggf. unterschiedlichen Passivlegitimation eine Streitigkeit nach
dem AsylG iSd §§ 11, 78 und 80 (OVG Bln-Bbg BeckRS 2019, 450 Rn. 3; 2017, 112900
Rn. 2 f.; NdsOVG BeckRS 2018, 2556).
Legt man die Rechtsprechung des BVerwG zugrunde und sieht in der Bescheinigung einen 25
Verwaltungsakt, ist die unmittelbar zu erhebende (§ 11) **Verpflichtungsklage** statthaft. Geht es
nicht um die Ausstellung der Bescheinigung als solche, sondern um die Ausstellung der Bescheinigung mit einer längeren Gültigkeitsdauer, ist auf Neubescheidung zu klagen. Sieht man in der
Ausstellung einen Realakt, ist die Leistungsklage statthaft. Der Eilrechtsschutz richtet sich in jedem
Fall nach § 123 VwGO. Die Ausstellung ist zuvor bei der zuständigen Behörde zu beantragen
(§§ 68 Abs. 2, 75 S. 2 VwGO).
Gegen die Einziehung der Bescheinigung ist die Anfechtungsklage statthaft, die mangels auf- 26
schiebender Wirkung (§ 75 Abs. 1) regelmäßig mit einem Antrag nach § 80 VwGO flankiert
werden muss (GK-AsylG/Funke-Kaiser Rn. 38).

§ 63a Bescheinigung über die Meldung als Asylsuchender

**(1) [1]Einem Ausländer, der um Asyl nachgesucht hat und nach den Vorschriften des
Asylgesetzes oder des Aufenthaltsgesetzes erkennungsdienstlich behandelt worden ist,
aber noch keinen Asylantrag gestellt hat, wird unverzüglich eine Bescheinigung über die
Meldung als Asylsuchender (Ankunftsnachweis) ausgestellt. [2]Dieses Dokument enthält
folgende sichtbar aufgebrachte Angaben:
1. Name und Vornamen,
2. Geburtsname,
3. Lichtbild,
4. Geburtsdatum,
5. Geburtsort,
6. Abkürzung der Staatsangehörigkeit,
7. Geschlecht,
8. Größe und Augenfarbe,
9. zuständige Aufnahmeeinrichtung,
10. Seriennummer der Bescheinigung (AKN-Nummer),
11. ausstellende Behörde,
12. Ausstellungsdatum,
13. Unterschrift des Inhabers,
14. Gültigkeitsdauer,
15. Verlängerungsvermerk,
16. das Geschäftszeichen der Registerbehörde (AZR-Nummer),
17. Vermerk mit den Namen und Vornamen der begleitenden minderjährigen Kinder
und Jugendlichen,
18. Vermerk, dass die Angaben auf den eigenen Angaben des Inhabers beruhen,
19. Vermerk, dass der Inhaber mit dieser Bescheinigung nicht der Pass- und Ausweispflicht genügt,
20. maschinenlesbare Zone und
21. Barcode.
[3]Die Zone für das automatische Lesen enthält die in Satz 2 Nummer 1, 4, 6, 7, 10
und 14 genannten Angaben, die Abkürzung „MED", Prüfziffern und Leerstellen. [4]Der**

automatisch erzeugte Barcode enthält die in Satz 3 genannten Angaben, eine digitale Signatur und die AZR-Nummer. [5]Die Unterschrift durch ein Kind ist zu leisten, wenn es zum Zeitpunkt der Ausstellung des Ankunftsnachweises das zehnte Lebensjahr vollendet hat.

(2) [1]Die Bescheinigung nach Absatz 1 ist auf längstens sechs Monate zu befristen. [2]Sie soll ausnahmsweise um jeweils längstens drei Monate verlängert werden, wenn
1. dem Ausländer bis zum Ablauf der Frist nach Satz 1 oder der verlängerten Frist nach Halbsatz 1 kein Termin bei der Außenstelle des Bundesamtes nach § 23 Absatz 1 genannt wurde,
2. der dem Ausländer nach § 23 Absatz 1 genannte Termin bei der Außenstelle des Bundesamtes außerhalb der Frist nach Satz 1 oder der verlängerten Frist nach Halbsatz 1 liegt oder
3. der Ausländer den ihm genannten Termin aus Gründen, die er nicht zu vertreten hat, nicht wahrnimmt.

(3) [1]Zuständig für die Ausstellung, Änderung der Anschrift und Verlängerung einer Bescheinigung nach Absatz 1 ist die Aufnahmeeinrichtung, auf die der Ausländer verteilt worden ist, sofern nicht die dieser Aufnahmeeinrichtung zugeordnete Außenstelle des Bundesamtes eine erkennungsdienstliche Behandlung des Ausländers oder die Verarbeitung seiner personenbezogenen Daten vornimmt. [2]Ist der Ausländer nicht mehr verpflichtet in der Aufnahmeeinrichtung zu wohnen, ist für die Verlängerung der Bescheinigung die Ausländerbehörde zuständig, in deren Bezirk der Ausländer sich aufzuhalten verpflichtet ist oder Wohnung zu nehmen hat; besteht eine solche Verpflichtung nicht, ist die Ausländerbehörde zuständig, in deren Bezirk sich der Ausländer tatsächlich aufhält.

(4) [1]Die Gültigkeit der Bescheinigung nach Absatz 1 endet mit Ablauf der Frist nach Absatz 2 Satz 1 oder der verlängerten Frist nach Absatz 2 Satz 2, mit Ausstellung der Bescheinigung über die Aufenthaltsgestattung nach § 63 oder mit dem Erlöschen der Aufenthaltsgestattung nach § 67. [2]Bei Ausstellung der Bescheinigung über die Aufenthaltsgestattung wird die Bescheinigung nach Absatz 1 eingezogen. [3]Zuständig für die Einziehung ist die Behörde, welche die Bescheinigung über die Aufenthaltsgestattung ausstellt.

(5) Der Inhaber ist verpflichtet, der zuständigen Aufnahmeeinrichtung, dem Bundesamt oder der Ausländerbehörde unverzüglich
1. den Ankunftsnachweis vorzulegen, wenn eine Eintragung unrichtig ist,
2. auf Verlangen den Ankunftsnachweis beim Empfang eines neuen Ankunftsnachweises oder der Aufenthaltsgestattung abzugeben,
3. den Verlust des Ankunftsnachweises anzuzeigen und im Falle des Wiederauffindens diesen vorzulegen,
4. auf Verlangen den Ankunftsnachweis abzugeben, wenn er eine einwandfreie Feststellung der Identität des Nachweisinhabers nicht zulässt oder er unerlaubt verändert worden ist.

Überblick

Die Vorschrift regelt die sog. BüMA (Bescheinigung über die Meldung als Asylsuchender), die Asylsuchenden in der Praxis schon lange ausgestellt, mit dem Asylverfahrensbeschleunigungsgesetz aber erstmals auf eine gesetzliche Grundlage gestellt wurde (→ Rn. 1 ff.). Der Ankunftsnachweis wird primär Personen, die zur Wohnsitznahme in einer Aufnahmeeinrichtung verpflichtet sind, ausgestellt (→ Rn. 12 ff.). Er löst im Regelfall die gesetzliche Aufenthaltsgestattung aus und ermöglicht seinem Inhaber bis zum Erhalt der eine förmliche Asylantragstellung voraussetzenden Bescheinigung über die Aufenthaltsgestattung zumindest den Nachweis, dass er als Asylsuchender registriert wurde. Abs. 1 S. 1 regelt die Voraussetzungen für die Ausstellung der Bescheinigung (→ Rn. 16), Abs. 1 S. 2–5 ihren Inhalt (→ Rn. 17 f.). Abs. 2 S. 1 sieht eine Befristung auf maximal sechs Monate vor (→ Rn. 19). Abs. 2 S. 2 regelt Verlängerungsgründe (→ Rn. 20 ff.), Abs. 3 die Zuständigkeit für Ausstellung und Verlängerung (→ Rn. 23 f.). Das Ende der Gültigkeit der Bescheinigung richtet sich nach Abs. 4 S. 1 (→ Rn. 25). Bei Ausstellung der Bescheinigung über die Aufenthaltsgestattung ist die BüMA einzuziehen (→ Rn. 26). Abs. 5 regelt Mitwirkungspflichten (→ Rn. 27).

A. Genese und Bedeutung der BüMA

Bei der BüMA (Bescheinigung über die Meldung als Asylsuchender) handelt es sich um ein **1** Dokument, das schon seit langem Teil der asylrechtlichen Praxis ist und dem Ausländer anlässlich seines Asylgesuchs von den in §§ 18, 19 genannten Stellen in Form eines mehr oder weniger frei gestalteten DIN-A4-Papiers ausgestellt wurde. Die BüMA diente dem Asylsuchenden bis zur förmlichen Asylantragstellung und der anschließenden Ausstellung der Bescheinigung über die Aufenthaltsgestattung (§ 63) als Nachweis über die beabsichtigte Asylantragstellung und die Berechtigung, sich zu der zuständigen Aufnahmeeinrichtung zu begeben (BT-Drs. 18/6185, 35). Der Besitz der BüMA indizierte zudem den Bestand der bis zum Inkrafttreten des Integrationsgesetzes (v. 31.7.2016, BGBl. I 1939) grundsätzlich bereits mit dem Asylgesuch entstehenden Aufenthaltsgestattung (vgl. aber § 55 Abs. 1 S. 3 in der bis zum 5.8.2016 geltenden Fassung). Nachdem sich im Zuge des Migrationsgeschehens in den Jahren 2015/2016 viele Asylsuchende in einem – statusrechtlich und integrationspolitisch unbefriedigenden und gesetzlich so nicht intendierten (vgl. § 67 Abs. 1 S. 1 Nr. 2) – Schwebezustand befanden, weil die Phase zwischen Asylgesuch und Asylantrag regelmäßig viele Monate, nicht selten auch ein Jahr betrug, hat der Gesetzgeber der BüMA **mit dem Asylverfahrensbeschleunigungsgesetz** (v. 20.10.2015, BGBl. I 1722) eine **gesetzliche Grundlage** gegeben, ohne sie dadurch rechtlich und dokumententechnisch aufzuwerten (BT-Drs. 18/6185, 35).

Daran änderte auch das am 5.2.2016 in Kraft getretene Datenaustauschverbesserungsgesetz (v. **2** 2.2.2016, BGBl. I 130) nichts, mit dem die Regelungen zur seitdem **als Ankunftsnachweis legaldefinierten BüMA** überarbeitet wurden. Im Zuge der Reform wurde insbesondere die Zuständigkeit für die Ausstellung der BüMA auf die in Abs. 3 S. 1 genannten Stellen beschränkt. Diese Regelung dürfte auch namensgebend für den Ankunftsnachweis sein, da sie bewirkt, dass der Asylsuchende das Dokument erst erhält, nachdem er in der für ihn zuständigen Aufnahmeeinrichtung angekommen ist.

Zumindest mittelbar dient der Ankunftsnachweis auch der Durchsetzung der aus § 22 Abs. 3 **3** S. 1 folgenden Verpflichtung, da – wohl im Einklang mit Art. 7 Abs. 3 EU-Aufnahme-RL (RL 2013/33/EU v. 26.6.2013, ABl. 2013 L 180, 96) – der **volle Leistungsanspruch nach dem AsylbLG** erst mit Erhalt des gem. Abs. 3 S. 1 von der zuständigen Aufnahmeeinrichtung ausgestellten Ankunftsnachweises entsteht (§ 11 Abs. 2a S. 1 AsylbLG). Dieser Effekt wurde mit dem Integrationsgesetz (v. 31.7.2016, BGBl. I 1939) noch verstärkt, weil auch die **gesetzliche Aufenthaltsgestattung** seitdem erst **mit Ausstellung des Ankunftsnachweises** aktiviert wird (§ 55 Abs. 1 S. 1).

Die praktische Relevanz von § 11 Abs. 2a S. 1 AsylbLG erscheint allerdings zweifelhaft. Der bis zur **3.1** Ausstellung des Ankunftsnachweises eingeschränkte Leistungsanspruch bezieht sich nur auf Leistungsberechtigte nach § 1 Abs. 1 Nr. 1 AsylbLG, also auf Personen im Besitz einer Aufenthaltsgestattung. Diesen Status erlangt man aber erst mit Ausstellung des Ankunftsnachweises (§ 55 Abs. 1 S. 1). Bis dahin ist der Ausländer gem. § 1 Abs. 1 Nr. 4 oder Nr. 5 AsylbLG leistungsberechtigt. Für diese Personengruppe gilt aber § 11 Abs. 2a S. 1 AsylbLG nicht.

Mit der am 6.2.2016 in Kraft getretenen **AKNV** (Ankunftsnachweisverordnung v. 5.2.2016, **4** BGBl. I 162) hat das BMI zudem von der Ermächtigung des § 88 Abs. 2 Gebrauch gemacht und neben Maßnahmen der Qualitätssicherung ein bundesweit einheitlich zu verwendendes papierbasiertes Vordruckmuster festgelegt (vgl. § 5 AKNV).

Da der Ankunftsnachweis nach Inhalt und Gestaltung (→ Rn. 17 f.) der Bescheinigung über **5** die Aufenthaltsgestattung nachempfunden ist und sich sein Inhaber bereits gestattet im Bundesgebiet aufhält (§ 55 Abs. 1 S. 1), hätte es nahegelegen, bereits dem Ankunftsnachweis Ausweisersatzfunktion beizumessen. Nach dem ausdrücklichen gesetzgeberischen Willen **genügt** sein Inhaber aber weiterhin **nicht der Ausweis- und Passpflicht** (BT-Drs. 18/7043, 40), was auf dem

Ankunftsnachweis gem. Abs. 1 S. 2 Nr. 19 zu vermerken ist. Dadurch soll offenbar ein über § 67 Abs. 1 S. 1 Nr. 2 hinausgehender Impuls zur Stellung des förmlichen Asylantrags gesetzt werden. Bis zum Erhalt der Bescheinigung über die Aufenthaltsgestattung bewegt sich der Inhaber eines Ankunftsnachweises deshalb zumindest potenziell im gem. § 95 Abs. 1 S. 1 Nr. 1 strafbaren Bereich, sofern man § 3 Abs. 1 AufenthG mit Blick auf den bereits gestatteten Aufenthalt nicht für suspendiert hält (→ § 64 Rn. 1). Ansonsten bleibt nur § 95 Abs. 5 AufenthG iVm Art. 31 Abs. 1 GFK.

6   Geht man im Ausgangspunkt davon aus, dass der Ankunftsnachweis trotz fehlender Ausweisersatzfunktion und Nichterwähnung in § 276a StGB eine **öffentliche Urkunde iSd § 271 StGB** darstellt (so NK–AuslR/Möller Rn. 4; Rosenstein ZAR 2017, 73 (74)), besteht jedenfalls **hinsichtlich der Personalien** wie bei der Bescheinigung über die Aufenthaltsgestattung (→ § 63 Rn. 18) **keine Beweiskraft,** wenn gem. Abs. 1 S. 2 Nr. 18 der Vermerk aufgenommen wurde, dass die Angaben auf den eigenen Angaben des Inhabers beruhen (aA NK–AuslR/Möller Rn. 4). Dabei erweckt die Gesetzesformulierung („enthält") den Eindruck, dass der Vermerk ausnahmslos anzubringen ist, wovon aber in dem Fall, dass der Asylsuchende seine Identität zB mittels eines Reisepasses oder Personalausweises belegen kann, abzusehen ist.

7   Der Ankunftsnachweis mag den Datenaustausch zwischen den Behörden verbessert haben. Aus Sicht des Ausländers steht dem mit der Implementierung verbundenen erheblichen finanziellen und bürokratischen Aufwand (zu Einzelheiten vgl. BT-Drs. 18/9765) unter dem Strich nur ein sehr geringer substanzieller Mehrwert gegenüber. Nicht anders als früher **belegt der Ankunftsnachweis allein, dass der Ausländer als Asylsuchender registriert** ist. Einen nennenswerten Bedeutungszuwachs hat der Ankunftsnachweis vor allem durch das Integrationsgesetz erhalten. Seitdem entsteht die Aufenthaltsgestattung einheitlich mit Ausstellung des Ankunftsnachweises (→ § 55 Rn. 10 f.). Auf die durch das Gesetz aufgeworfene und in der Praxis für große Rechtsunsicherheit sorgende Frage nach der unerlaubten Einreise aus einem sicheren Drittstaat kommt es seitdem nicht mehr an (→ § 55 Rn. 9). Insofern bezeugt der Ankunftsnachweis zumindest verlässlich den **Entstehungszeitpunkt des gesetzlichen Aufenthaltsrechts** (§ 55 Abs. 1 S. 1) und erleichtert dadurch die **rechtssichere Berechnung von Wartefristen** (vgl. zB § 61 Abs. 2 S. 1; weiterführend, auch zur alten Rechtslage BeckOK AuslR/Neundorf Rn. 5.1). Schließlich mag zumindest der dem äußeren Anschein nach bestehende Ausweischarakter des Ankunftsnachweises die Akzeptanz der BüMA im Rechtsverkehr tendenziell erhöhen, sofern sie punktuell – wie bei der **Eröffnung eines Basiskontos** (vgl. §§ 31, 33 ZKG) – nicht sogar ausdrücklich verpflichtend vorgegeben wird (vgl. § 1 Abs. 2 ZIdPrüfV). Nachdem die Phase bis zur förmlichen Asylantragstellung und dem Erhalt der Bescheinigung über die Aufenthaltsgestattung inzwischen aber nur noch sehr kurz ist, hat dieser Gesichtspunkt jedenfalls aktuell keine große praktische Bedeutung.

7.1   Schon wenige Monate nach Einführung des Ankunftsnachweises waren Ausländer bis zur Ausstellung der Bescheinigung über die Aufenthaltsgestattung durchschnittlich nur noch 27,6 Tage im Besitz eines Ankunftsnachweises (vgl. BT-Drs. 18/9765, 4 zu Frage 3; vgl. auch BT-Drs. 19/5229).

8   **Praxisrelevant ist der Ankunftsnachweis aber im Kontext der Dublin III-VO.** Dieser stellt nach der – eine BüMA betreffenden – Rechtsprechung des EuGH ein behördliches Protokoll iSv Art. 20 Abs. 2 S. 1 Dublin III-VO dar mit der Folge, dass mit dem Zugang des Ankunftsnachweises bzw. einer Kopie davon beim Bundesamt ein Antrag auf internationalen Schutz als gestellt gilt (EuGH NVwZ 2017, 1601 Rn. 75 ff. – Mengesteab / Bundesrepublik Deutschland; OVG NRW BeckRS 2017, 124767 Rn. 13 f.; VG Hannover BeckRS 2018, 13961 Rn. 9). Nach Ausstellung des Ankunftsnachweises hat man es damit selbst in der Hand, die zum Zuständigkeitsübergang relevanten Fristen (vgl. Art. 21 Abs. 1 S. 1, 23 Abs. 2 UAbs. 1 Dublin III-VO) durch Übermittlung einer Kopie des Ankunftsnachweises an das Bundesamt auszulösen. In der Praxis wird bis zur Ausstellung des Ankunftsnachweises teilweise eine sogen. **Anlaufbescheinigung** ausgestellt, für die noch ungeklärt ist, ob sie im Falle ihrer Kenntnisnahme durch das Bundesamt die Antragsfiktion des Art. 20 Abs. 2 S. 1 Dublin III-VO auslöst (zur Antragsfiktion im Falle einer Zuweisungsentscheidung gem. § 50 Abs. 4 S. 1 vgl. → § 50 Rn. 42).

9   Spätestens mit Ausstellung des Ankunftsnachweises dürfte auch das – von der förmlichen Asylantragstellung iSd Art. 6 Abs. 2 Asylverfahrens-RL (RL 2013/32/EU v. 26.6.2013, ABl. 2013 L 180, 60) zu unterscheidende – materielle Schutzersuchen iSd Art. 6 Abs. 1 Asylverfahrens-RL registriert (vgl. Göbel-Zimmermann/Skrzypczak ZAR 2017, 357 (359 f.)) und der Rechtsstatus als Antragsteller iSv Art. 6 Abs. 1 Asylverfahrens-RL bestätigt sein (vgl. auch → § 63 Rn. 3).

10   Der Ankunftsnachweis ist weder Aufenthaltstitel im Sinne des AufenthG noch im Sinne des Schengener Grenzkodex (vgl. Art. 2 Nr. 15 lit. b Schengener Grenzkodex), ggf. aber vorläufiger Aufenthaltstitel iSv Art. 21 Abs. 2 SDÜ.

B. Rechtsnatur

Lässt sich schon die Verwaltungsaktqualität der Bescheinigung über die Aufenthaltsgestattung **11** mit guten Gründen bezweifeln (→ § 63 Rn. 2), ist sie für den Ankunftsnachweis mangels Regelungswirkung abzulehnen. Der Ankunftsnachweis bezeugt weder ausdrücklich das mit seiner Ausstellung entstehende gesetzliche Aufenthaltsrecht, noch bestätigt es nach außen sichtbar die durch Gesetz (§§ 47 Abs. 1 S. 1, 30a Abs. 3, 56) oder Verwaltungsakt (§§ 59b, 60) begründeten Freizügigkeitsbeschränkungen, die im Unterschied zur Bescheinigung über die Aufenthaltsgestattung nicht zu den in § 63a vorgesehenen Angaben zählen (→ Rn. 17). Auch bestimmen die ausstellenden Stellen mit der in ihrem Ermessen stehenden Befristungsentscheidung nicht mittelbar über die Dauer einer Ausweisersatzfunktion, die dem Ankunftsnachweis gerade nicht zukommt (→ Rn. 5). Schließlich streitet auch der Wortlaut von Abs. 4, der vom Ende der Gültigkeit und nicht vom Erlöschen spricht, für eine Einstufung des Ankunftsnachweises als **Realakt,** dessen Ausstellung sich nach wie vor in der bloßen Bestätigung einer bereits durchgeführten Registrierung und der Berechtigung, sich im Bezirk der ausstellenden Aufnahmeeinrichtung aufzuhalten, um bei der Außenstelle des Bundesamts einen förmlichen Asylantrag zu stellen, erschöpft (im Ergebnis wie hier BeckOK AuslR/Neundorf Rn. 5.2).

C. Persönlicher Anwendungsbereich

Aus Abs. 3 ebenso wie aus § 55 Abs. 1 S. 3 folgt, dass einen Ankunftsnachweis nur erhält, wer **12** verpflichtet ist, seinen Asylantrag persönlich bei einer Außenstelle des Bundesamts zu stellen. Nur dieser Personenkreis unterliegt der in Abs. 3 S. 2 angesprochenen Verpflichtung, in einer Aufnahmeeinrichtung zu wohnen (§ 47 Abs. 1 S. 1, § 30 Abs. 3). Ausländern, die ihren Asylantrag gem. § 14 Abs. 2 S. 1 beim Bundesamt stellen müssen, wird kein Ankunftsnachweis ausgestellt (BT-Drs. 18/9765, 4 f. zu Frage 4). Dazu zählen insbesondere unbegleitet eingereiste minderjährige Ausländer (vgl. § 14 Abs. 2 S. 1 Nr. 2 und Nr. 3 sowie vertiefend HTK-AuslR/Nottermann AsylG § 63a Abs. 1 Rn. 16). Sie erhalten nach der die Aufenthaltsgestattung auslösenden Asylantragstellung (§ 55 Abs. 1 S. 3) von der zuständigen Ausländerbehörde unmittelbar eine Bescheinigung über die Aufenthaltsgestattung.

Nach dem in § 71 Abs. 2 S. 2 enthaltenen Verweis ist auch **zwischenzeitlich ausgereisten 13 Folgeantragstellern** ein Ankunftsnachweis auszustellen (so auch die Bundesregierung in BT-Drs. 18/9765, 4 f. zu Frage 4). Infolgedessen müsste an sich auch das gesetzliche Aufenthaltsrecht sowie nach förmlicher Asylantragstellung ein Anspruch auf die Bescheinigung über die Aufenthaltsgestattung entstehen, denn § 71 Abs. 2 S. 2 verweist auch auf die §§ 55, 63. Ob der Gesetzgeber mit dem durch das Asylverfahrensbeschleunigungsgesetz (v. 20.10.2015, BGBl. I 1722) eingeführten Pauschalverweis aber tatsächlich eine im Vergleich zur bisherigen Rechtslage derartige statusrechtliche Besserstellung bewirken wollte, erscheint zweifelhaft, zumal auch die Privilegierung gegenüber nicht aus dem Bundesgebiet ausgereisten Folgeantragstellern insoweit einleuchtet, denen nach der Gesetzessystematik nämlich kein Ankunftsnachweis ausgestellt werden soll (ebenso BT-Drs. 18/9765, 4 f. zu Frage 4). Mit dem Verweis sollten in erster Linie ausgereiste Folgeantragsteller wieder dem Regime der Erstaufnahme und der damit verbundenen Wohnpflicht (§ 47 Abs. 1 S. 1) unterstellt werden (BT-Drs. 18/6185, 36).

Zweitantragstellern wird gem. § 71a Abs. 3 S. 2 grundsätzlich ein Ankunftsnachweis ausge- **14** stellt, der eingezogen wird, wenn dem Ausländer gem. § 71a Abs. 3 S. 2 iVm § 63 die Bescheinigung über seinen kraft Gesetzes geduldeten Aufenthalt ausgestellt wird (vgl. § 71a Abs. 3 S. 1 sowie → § 63 Rn. 7).

Für jeden nach dem vorstehend Gesagten Berechtigten ist **unabhängig vom Alter** ein **eigener 15 Ankunftsnachweis** auszustellen (BT-Drs. 18/7043, 40), was mittelbar auch aus Abs. 1 S. 5 folgt. Dadurch soll dem Grundsatz „eine Person – ein Dokument" Rechnung getragen werden, der unmittelbar allerdings nur für Pässe und Reisedokumente gilt (vgl. Erwägungsgrund 6 VO (EG) 444/2009) und bei der Bescheinigung über die Aufenthaltsgestattung auch nicht Rechtswirklichkeit ist (→ § 63 Rn. 9). Dort werden minderjährige Kinder regelmäßig in die Bescheinigung der Eltern, zumeist in die der Mutter, eingetragen. Ein entsprechender Vermerk ist auch im Ankunftsnachweis der Eltern vorzunehmen (Abs. 1 S. 2 Nr. 17).

D. Ausstellung und Inhalt

Ein Ankunftsnachweis darf erst ausgestellt werden, wenn der Ausländer um Asyl nachgesucht **16** hat und bereits nach dem AufenthG (§ 49 AufenthG) oder AsylG (§ 16) erkennungsdienstlich behandelt worden ist. Ferner darf noch kein förmlicher Asylantrag gestellt sein, da dann ein Anspruch auf die Bescheinigung über die Aufenthaltsgestattung besteht (§ 63). Auch **auf die Ausstellung des Ankunftsnachweises besteht ein** – ggf. im Wege der Leistungsklage durchsetzbarer – **Anspruch** (NK-AuslR/Möller Rn. 2). Dieser ist unverzüglich, also ohne schuldhaftes Zögern (§ 121 BGB) zu erfüllen. Mit Blick auf Art. 6 Abs. 1 EU-Aufnahme-RL ist darunter eine Ausstellung innerhalb von drei Arbeitstagen nach Stellung des Asylgesuchs zu verstehen.

17   Abs. 1 S. 2–5 regelt die Angaben, die der Ankunftsnachweis enthält. Einen Vermerk hinsichtlich der kraft Gesetzes bestehenden Wohnsitzauflage (§§ 47 Abs. 1 S. 1, 30 Abs. 3) bzw. räumlichen Beschränkung (§ 56) sieht § 63a nicht ausdrücklich vor; er ist aber nach Art. 6 Abs. 1 UAbs. 1 EU-Aufnahme-RL erforderlich. Im Übrigen ist hinsichtlich der einzelnen Angaben auf den Gesetzeswortlaut sowie die nachfolgend wiedergegebene Gesetzesbegründung zu verweisen.

18   „[Die Angaben] orientieren sich weitgehend an den Vorgaben des Passgesetzes, wobei allerdings die Angaben des Ankunftsnachweises ausschließlich auf den Angaben des Inhabers beruhen können [→ Rn. 6]. Satz 3 legt die im maschinenlesbaren Bereich zu nennenden Abkürzung „MED" für den Ankunftsnachweis fest und benennt die im maschinenlesbaren Bereich eingebrachten Daten. Satz 4 regelt, dass der Ankunftsnachweis zusätzlich mit einem Barcode zu versehen ist, der als maschinell prüfbares Echtheitsmerkmal die Fälschungssicherheit weiter erhöhen wird und durch die enthaltene Ausländerzentralregister-Nummer die Möglichkeit eines erleichterten Zugangs zum jeweiligen Datensatz des Ausländerzentralregisters schafft. Die digitale Signatur wird zentral durch das BVA (ab dem 1. Januar 2016 ITZBund) erzeugt. Satz 5 legt die Altersgrenze zur Unterschriftsleistung fest und entspricht den Regelungen des Pass- und Personalausweisgesetzes."

E. Befristung und Verlängerung

19   Der Ankunftsnachweis ist gem. Abs. 2 S. 1 auf **längstens sechs Monate** zu befristen. Mit Blick auf die **Überbrückungsfunktion** des Ankunftsnachweises ist die Fristbemessung an der voraussichtlichen Einziehung des Ankunftsnachweises gem. Abs. 4 S. 2 auszurichten (§ 40 VwVfG analog). Maßgeblich ist grundsätzlich die voraussichtliche oder feststehende Wartezeit bis zur förmlichen Asylantragstellung nach § 23 Abs. 1 (HTK-AuslR/Nottermann AsylG § 63a Abs. 2 Rn. 1). Ist die Ausländerbehörde für die Ausstellung der Bescheinigung über die Aufenthaltsgestattung zuständig (vgl. § 63 Abs. 3 S. 2), ist dies bei der Fristbemessung zu berücksichtigen.

20   Abs. 2 S. 2 nennt Gründe, bei deren Vorliegen der Ankunftsnachweis ausnahmsweise verlängert werden soll. Die **abschließenden Verlängerungsgründe** sind im Zusammenhang mit § 23 Abs. 1 zu sehen. In den ersten beiden Fällen entstammen sie der **Sphäre des Bundesamts bzw. der Aufnahmeeinrichtung.** Die Aufenthaltsgestattung bleibt dabei nach der gesetzlichen Systematik nur im Fall von Nr. 2 bestehen (vgl. § 67 Abs. 1 S. 1 Nr. 2, S. 2). Ist dem Ausländer noch gar kein Termin zur Asylantragstellung genannt worden, soll der Ankunftsnachweis zwar nach Nr. 1 verlängert werden. Gleichzeitig ordnet § 67 Abs. 1 S. 1 Nr. 2 aber das Erlöschen der Aufenthaltsgestattung an, woran Abs. 4 S. 1 Var. 3 wiederum das Ende der Gültigkeit des Ankunftsnachweises knüpft. Die Aufenthaltsgestattung lebt zwar mit Asylantragstellung gem. § 67 Abs. 2 Nr. 2 wieder auf, allerdings nur mit ex-nunc-Wirkung. Diese statusrechtliche Schlechterstellung desjenigen, dem das Bundesamt überhaupt keinen Termin zur Asylantragstellung nennt, ist nicht nachvollziehbar. Dafür, dass dem Ausländer ein Termin genannt wurde, sind Aufnahmeeinrichtung und Bundesamt darlegungs- und beweispflichtig (NK-AuslR/Möller Rn. 7).

21   Nr. 3 betrifft die **Sphäre des Ausländers** und setzt wie Nr. 2 voraus, dass dem Ausländer bereits ein Termin zur Asylantragstellung genannt wurde. Dessen unterlassene Wahrnehmung hat der Ausländer zB im Falle einer (nachzuweisenden) Erkrankung nicht zu vertreten (BeckOK AuslR/Neundorf Rn. 10).

22   Die maximal zulässige Fristverlängerung von drei Monaten orientiert sich an der Gültigkeit eines vorläufigen Personalausweises für deutsche Staatsangehörige (vgl. § 6 Abs. 4 Hs. 2 PAuswG sowie BT-Drs. 18/7043, 40). Die Gesetzesbegründung geht offenbar davon aus, dass der Ankunftsnachweis nur ein einziges Mal verlängert werden kann (vgl. BT-Drs. 18/7043, 40: „maximale Gültigkeitsdauer des Ankunftsnachweises"; ebenso Bergmann/Dienelt/Bergmann Rn. 3, wonach der Ankunftsnachweis maximal neun Monate gültig sei). Normzweck und der Wortlaut von Abs. 2 („jeweils", „verlängerten Frist") sprechen aber für eine **mehrfache Verlängerungsmöglichkeit.**

F. Zuständigkeiten

23   Wie bei der Bescheinigung über die Aufenthaltsgestattung verläuft die (funktionelle) Zuständigkeit entlang der Verpflichtung, in einer Aufnahmeeinrichtung zu wohnen (§ 47 Abs. 1 S. 1, § 30

Abs. 3). Aus Abs. 3 S. 2 folgt allerdings, dass die **erstmalige Ausstellung des Ankunftsnachweises durch die Ausländerbehörde ausscheidet** (ebenso Rosenstein ZAR 2017, 73 (75)). Die Erstausstellung obliegt nach S. 1 grundsätzlich der Aufnahmeeinrichtung, auf die der Ausländer verteilt worden ist. Das ist die nach Maßgabe von § 46 ermittelte **zuständige Aufnahmeeinrichtung,** an die der Ausländer gem. § 22 Abs. 1 S. 2 weiterzuleiten ist. Eine Ausnahme gilt, wenn die der Aufnahmeeinrichtung zugeordnete Außenstelle des Bundesamts eine erkennungsdienstliche Behandlung (vgl. § 16) oder die Bearbeitung seiner personenbezogenen Daten vornimmt. Ob dies der Fall ist, dürfte sich nach der zwischen Aufnahmeeinrichtung und Bundesamt vor Ort praktizierten Arbeitsteilung bestimmen.

Nach Entlassung aus der Aufnahmeeinrichtung obliegt die Verlängerung des Ankunfts- 24 nachweises ebenso wie Änderungen der Anschrift den Ausländerbehörden. Örtlich ist diejenige zuständig, auf deren Bezirk der Aufenthalt des Ausländers nach Maßgabe von §§ 56, 59a bzw. § 59b räumlich beschränkt ist, oder für den eine Wohnsitzauflage (§ 60) besteht (Abs. 3 S. 2 Hs. 1). Ist die Freizügigkeit des Ausländers im Bundesgebiet nicht beschränkt, ist die Ausländerbehörde des gewöhnlichen Aufenthalts zuständig (Abs. 3 S. 2 Hs. 2). Anders als bei der Bescheinigung über die Aufenthaltsgestattung ist die ausländerbehördliche Zuständigkeit für diesen Fall also bundesrechtlich vorgegeben.

G. Gültigkeit und Einziehung

Abs. 4 S. 1 nennt drei Fälle, in denen die Gültigkeit der Bescheinigung endet, nämlich mit 25 Ablauf der gem. Abs. 2 bestimmten Frist sowie mit Ausstellung der – einen förmlichen Asylantrag voraussetzenden (→ § 63 Rn. 5) – Bescheinigung über die Aufenthaltsgestattung. Der Untergang der Aufenthaltsgestattung gem. § 67 stellt den dritten Fall dar, in dem der Ankunftsnachweis ungültig wird; Praxisrelevanz dürften hier in erster Linie § 67 Abs. 1 S. 1 Nr. 2 (s. aber § 67 Abs. 1 S. 2 und Abs. 2) und Nr. 3 haben.

Eine Einziehung des Ankunftsnachweises im Sinne eines Herausgabeverlangens sieht das Gesetz 26 erst und nur für den Fall der Ausstellung der Bescheinigung über die Aufenthaltsgestattung vor. Das Erlöschen der Aufenthaltsgestattung zieht dagegen keine Einziehung nach sich, was das durch Abs. 4 S. 1 angeordnete Gültigkeitsende weitgehend überflüssig erscheinen lässt. Im Unterschied zu § 63 Abs. 4 („soll") ist die Einziehung iRv § 63a zwingend („wird […] eingezogen").

H. Pflichten des Ausländers

Abs. 5 normiert unverzüglich (§ 121 BGB) zu erfüllende Mitwirkungspflichten des Ausländers 27 gegenüber Bundesamt, Ausländerbehörde und Aufnahmeeinrichtung, die weitgehend § 15 PaßG bzw. § 27 Abs. 1 PAuswG entsprechen (BT-Drs. 18/7043, 40). Während Nr. 2 und Nr. 4 ein behördliches Verlangen voraussetzen, wird in den Fällen von Nr. 1 und Nr. 3 ein eigeninitiatives Handeln erwartet. Belehrungspflichten und Sanktionen sieht das Gesetz nicht vor. Die Beschädigung des Ankunftsnachweises ist wie im Personalausweis- und Passrecht als Veränderung iSd Nr. 4 zu beurteilen (BT-Drs. 18/7043, 40).

§ 64 Ausweispflicht

(1) Der Ausländer genügt für die Dauer des Asylverfahrens seiner Ausweispflicht mit der Bescheinigung über die Aufenthaltsgestattung.

(2) Die Bescheinigung berechtigt nicht zum Grenzübertritt.

Überblick

Die inhaltlich § 27 idF v. 16.7.1982 (BGBl. I 946 (951)) entsprechende Regelung bestimmt, dass Asylbewerber ihrer pass- und ausweisrechtlichen Verpflichtung im Bundesgebiet mit der Bescheinigung über die Aufenthaltsgestattung genügen (→ Rn. 1 ff.). Abs. 2 stellt klar, dass die Bescheinigung keine grenzüberschreitende Passersatzfunktion hat (→ Rn. 9 ff.).

A. Ausweispflicht

Der Aufenthalt von Ausländern, die einen Asyl(erst)antrag in der Bundesrepublik Deutschland 1 stellen, ist nach Maßgabe von § 55 Abs. 1 S. 1 und S. 3 kraft Gesetzes gestattet. Über den gestatteten Aufenthalt ist dem Asylbewerber gem. § 63 Abs. 1 S. 1 eine insoweit deklaratorische Bescheinigung auszustellen, die mit den Personenangaben und einem Lichtbild des Ausländers zu versehen und für die Teilnahme des Ausländers am Rechtsverkehr in vielerlei Hinsicht bedeutsam ist (→ § 63 Rn. 18 ff.). § 64 Abs. 1 ist vor dem Hintergrund zu sehen, dass Ausländer der **Passpflicht des § 3 Abs. 1 S. 1 AufenthG** unterliegen. Grundsätzlich wird die Passpflicht durch den (mittelbaren) Besitz eines anerkannten und gültigen Passes erfüllt. Nach § 3 Abs. 1 S. 2 AufenthG genügt für den Aufenthalt im Bundesgebiet auch der Besitz eines Ausweisersatzes (§ 3 Abs. 1 S. 2 AufenthG). Teilweise wird davon ausgegangen, dass § 3 Abs. 1 AufenthG während des Asylverfahrens durch die Sonderregelungen der §§ 55, 63 f. verdrängt wird (Bergmann/ Dienelt/Winkelmann § 95 Rn. 33; vgl. auch OLG München BeckRS 2006, 03107; OLG Bamberg BeckRS 2014, 20098 Rn. 4: „gemäß § 64 Abs. 1 AsylVfG von der Passpflicht befreit"). Nimmt man demgegenüber an, dass § 3 Abs. 1 AufenthG auch während des Asylverfahrens gilt (so GK-AsylG/Funke-Kaiser Rn. 2; BeckOK AuslR/Neundorf Rn. 1), handelt es sich bei der **Bescheinigung über die Aufenthaltsgestattung** ihrem Sinn und Zweck nach um einen **Ausweisersatz iSd § 3 Abs. 1 S. 2 AufenthG,** ohne dass das Gesetz dies eindeutig ausspricht (BeckOK AuslR/Neundorf Rn. 1; NK-AuslR/Clodius Rn. 2). Beide Ansichten führen im Ergebnis dazu, dass sich der rechtmäßige Inhaber einer gültigen Bescheinigung nicht entgegen § 3 Abs. 1 AufenthG iVm § 48 Abs. 2 AufenthG im Bundesgebiet aufhält, so dass eine **Strafbarkeit gem. § 95 Abs. 1 Nr. 1 AufenthG** ausscheidet (vgl. OLG München BeckRS 2006, 03107; OLG Bamberg BeckRS 2014, 20098).

1.1   Der in § 63a vorgesehenen Bescheinigung über die Meldung als Asylsuchender (BüMA, sog. Ankunftsnachweis) kommen vergleichbare Wirkungen nicht zu (BeckOK AuslR/Neundorf Rn. 1a).

2   § 64 ist nicht nur für Personen ohne anerkannten und gültigen Pass bedeutsam. Auch Asylbewerber, die einen solchen besitzen, könnten ihren pass- und ausweisrechtlichen Pflichten ohne Abs. 1 nicht nachkommen, da sie gem. § 15 Abs. 2 Nr. 4 zur Aushändigung und Überlassung ihres Passes verpflichtet sind, ohne vor Abschluss des Asylverfahrens mit dessen Rückgabe rechnen zu können (vgl. § 65). Da ihnen die Bescheinigung die Erfüllung dieser Pflichten aber ermöglicht, ist die Aushändigung des Nationalpasses grundsätzlich auch nicht zur Verlängerung der Gültigkeitsdauer iSv § 65 Abs. 2 erforderlich (Bergmann/Dienelt/Bergmann Rn. 2; BeckOK AuslR/Neundorf Rn. 2).

3   Ausländer, deren Aufenthalt nach Maßgabe von §§ 55, 67 gestattet ist, haben auf die Ausstellung und Verlängerung der Bescheinigung unabhängig von der Erfüllung nach § 15 bestehender Mitwirkungspflichten einen Anspruch.

4   Die **„Ausweisersatzfunktion"** der Bescheinigung ist dabei **nicht auf die Geltungsdauer der Aufenthaltsgestattung begrenzt,** sondern besteht gem. Abs. 1 „für die Dauer des Asylverfahrens". Bei noch nicht rechtskräftig abgeschlossenem Asylverfahren genügt der Ausländer trotz bereits erloschener Aufenthaltsgestattung (§ 67) seiner Ausweispflicht weiterhin mit der Bescheinigung, solange sie formal noch gültig und noch nicht gem. § 63 Abs. 4 eingezogen ist (GK-AsylG/ Funke-Kaiser Rn. 2).

5   Die in § 71a Abs. 3 S. 2 für – kraft Gesetzes geduldete (§ 71a Abs. 3 S. 1) – **Zweitantragsteller** angeordnete entsprechende Anwendung der §§ 56–67 ist in dem Sinne zu verstehen, dass ihnen eine **Duldungsbescheinigung als Ausweisersatz** auszustellen ist.

6   Bei Folgeantragstellern ist dagegen zu differenzieren: Für **zwischenzeitlich ausgereiste Folgeantragsteller** ordnet § 71 Abs. 2 S. 2 seit dem Asylverfahrensbeschleunigungsgesetz vom 20.10.2015 (BGBl. 2015 I 1722) eine entsprechende Anwendung (auch) von § 65 an. Das ist folgerichtig, weil ihr Aufenthalt bei unionsrechtskonformer Handhabung bereits in der ersten Phase des Folgeverfahrens gestattet ist (→ § 55 Rn. 20). **Sonstigen Folgeantragstellern** ist gem. § 60 Abs. 4 AufenthG eine Duldungsbescheinigung auszustellen (GK-AsylG/Funke-Kaiser § 63 Rn. 17; BeckOK AuslR/Neundorf Rn. 3a), und zwar regelmäßig **als Ausweisersatz** (vgl. § 48 Abs. 2 AufenthG, § 55 Abs. 1 AufenthV), da der Gesetzgeber in anderen Zusammenhängen inzwischen ganz eindeutig zu verstehen gegeben hat, dass Asylsuchenden die Kontaktaufnahme mit dem (vermeintlichen) Herkunftsstaat bis zum unanfechtbaren Abschluss des Asylverfahrens, dh nicht nur während der Inhaberschaft einer Aufenthaltsgestattung und ganz unabhängig von den geltend gemachten Fluchtgründen unzumutbar ist (vgl. § 60b Abs. 2 S. 2 AufenthG sowie BT-Drs. 19/8286, 15 zu § 60c AufenthG).

7   Der Aufenthalt von **Asylbewerbern,** die **im Besitz eines** – durch die Asylantragstellung nicht erlöschenden (§ 51 Abs. 1 Nr. 8 AufenthG, § 55 Abs. 2 S. 1 AufenthV) – **Aufenthaltstitels** sind, ist erlaubt und gestattet zugleich. Ihnen wird gem. § 63 Abs. 1 aE aber keine Bescheinigung über die Aufenthaltsgestattung ausgestellt. Da auch ihnen die Kontaktaufnahme mit ihren Heimatbehörden nicht zugemutet werden kann (→ Rn. 6), ist gem. § 48 Abs. 2 AufenthG, § 55 Abs. 1 S. 1 AufenthV ein Ausweisersatz auszustellen (NK-AuslR/Clodius Rn. 3).

B. Grenzübertritte

Festzuhalten ist zunächst, dass das Verlassen des Bundesgebiets nicht das Erlöschen der Aufent- **8** haltsgestattung bewirkt. Lediglich die Reise in den Herkunftsstaat während des Asylverfahrens hat gem. § 33 Abs. 3 die (fingierte) Rücknahme des Asylantrags und mit Zustellung der infolgedessen gem. § 32 zu treffenden Entscheidung den Untergang der Aufenthaltsgestattung zur Folge (§ 67 Abs. 1 S. 1 Nr. 3).

Mit der Aussage, dass die Bescheinigung nicht zum Grenzübertritt berechtigt, stellt Abs. 2 im **9** Einklang mit Art. 6 Abs. 5 EU-Aufnahme-RL (RL 2013/33/EU v. 26.6.2013, ABl. 2013 L 180, 96) klar, dass es sich bei der Bescheinigung nicht um einen Pass oder Passersatz handelt. Eine Asylbewerbern somit nur ausnahmsweise mögliche Auslandsreise ist in der Beratung dabei sowohl hinsichtlich der **Ausreise als auch der Wiedereinreise** („Rückkehrberechtigung", vgl. Bergmann/Dienelt/Bergmann Rn. 4) in den Blick zu nehmen.

Ausländern, die ihren noch gültigen Pass den deutschen Behörden pflichtgemäß überlassen **10** haben, kann dieser gem. § 65 Abs. 2 iVm § 58 Abs. 1 vorübergehend für eine (Auslands-) Reise ausgehändigt werden, wenn ein dringendes öffentliches Interesse oder ein zwingender Grund dies erfordern oder die **Aushändigung des Passes** zur Vermeidung einer unbilligen Härte erforderlich ist.

Ist kein Nationalpass vorhanden, kommt die – durch Art. 6 Abs. 5 EU-Aufnahme-RL zugelas- **11** sene – Ausstellung eines **Reiseausweises für Ausländer im Inland** (sog. „grauer Pass") gem. § 6 S. 1 Nr. 4 AufenthV – ggf. auch eines Notreiseausweises zur Vermeidung einer unbilligen Härte (§ 13 AufenthV) – aus den oben genannten Gründen in Betracht. Die weitere Voraussetzung, dass der Ausländer einen Pass nicht auf zumutbare Weise erlangen kann (§ 6 S. 1 iVm § 5 Abs. 1 AufenthV), ist jedenfalls dann regelmäßig und „nachweislich" iSv § 5 Abs. 1 AufenthV erfüllt, wenn die Passbeschaffung nur durch eine (mittelbare) Kontaktaufnahme mit den Behörden des Herkunftsstaats möglich ist, die dem Ausländer während des Asylverfahrens aber nicht abverlangt werden (VGH BW NVwZ-Beil. 1999, 46; BT-Drs. 18/13329, 10 zu Frage 12; Heinhold ASYL-MAGAZIN 2018, 7 (8 f.); GK-AsylG/Funke-Kaiser Rn. 7; → Rn. 6) und mit Blick auf §§ 72 f. auch nur mit Vorsicht geraten werden kann (NK-AuslR/Clodius Rn. 6).

Zur Sicherstellung der weiteren (Wieder-) Einreisevoraussetzungen kommt zB die Erteilung **12** eines kurz befristeten Aufenthaltstitels gem. § 7 Abs. 1 S. 3 AufenthG in Betracht (vgl. HessVGH NVwZ 1990, 514 (516) mit Hinweis auf weitere Gestaltungsmöglichkeiten). Zu beachten ist zudem, dass die Bescheinigung über die Aufenthaltsgestattung innerhalb des Schengenraums einen vorläufigen Aufenthaltstitel iSv Art. 2 Nr. 16 lit. b Ziff. i Schengener Grenzkodex darstellt, der in Verbindung mit einem von der Vertragspartei ausgestellten Reisedokument gem. Art. 21 Abs. 2 SDÜ ein **kurzfristiges innereuropäisches Reiserecht** vermitteln kann.

§ 65 Herausgabe des Passes

(1) Dem Ausländer ist nach der Stellung des Asylantrags der Pass oder Passersatz auszuhändigen, wenn dieser für die weitere Durchführung des Asylverfahrens nicht benötigt wird und der Ausländer einen Aufenthaltstitel besitzt oder die Ausländerbehörde ihm nach den Vorschriften in anderen Gesetzen einen Aufenthaltstitel erteilt.

(2) ¹Dem Ausländer kann der Pass oder Passersatz vorübergehend ausgehändigt werden, wenn dies in den Fällen des § 58 Abs. 1 für eine Reise oder wenn es für die Verlängerung der Gültigkeitsdauer oder die Vorbereitung der Ausreise des Ausländers erforderlich ist. ²Nach Erlöschen der räumlichen Beschränkung (§ 59a) gilt für eine Reise Satz 1 entsprechend.

Überblick

Die Vorschrift regelt, unter welchen Voraussetzungen einem Ausländer sein Pass / Passersatz während des Asylverfahrens (→ Rn. 3) ausgehändigt werden darf und stellt insoweit eine Spezialvorschrift gegenüber § 21 Abs. 5 dar (→ Rn. 1). Während Abs. 1 in zwei Fällen einen strikten Rechtsanspruch auf endgültige Herausgabe des Passes normiert (→ Rn. 6 ff.), erlaubt Abs. 2 die vorübergehende Passaushändigung, wenn dies aus den in § 58 Abs. 1 genannten Gründen

(→ Rn. 12) für eine Auslandsreise (→ Rn. 10 f.), die Verlängerung der Gültigkeitsdauer (→ Rn. 14 f.) oder die Vorbereitung der Ausreise des Ausländers (→ Rn. 15) erforderlich ist.

A. Einordnung und Anwendungsbereich

1   § 65 ist **im Zusammenhang mit § 15 Abs. 2 Nr. 4 und § 21 Abs. 5 zu sehen.** Nach der zuerst genannten Vorschrift ist ein Asylbewerber gegenüber den dort genannten Stellen zur Überlassung seines Passes oder Passersatzes verpflichtet. Für die Dauer des Einbehalts besteht ein öffentlich-rechtliches Verwahrungsverhältnis (→ § 21 Rn. 5). Seine ausweisrechtlichen Pflichten erfüllt der Ausländer mit der ihm gem. § 63 auszustellenden Bescheinigung über die Aufenthaltsge-stattung (→ § 64 Rn. 1). Gemäß § 21 Abs. 5 sind dem Ausländer die überlassenen Unterlagen wieder auszuhändigen, wenn sie für die weitere Durchführung des Asylverfahrens oder aufenthaltsbeendende Maßnahmen nicht mehr benötigt werden. Auch bei Pass und Passersatz handelt es sich um Unterlagen iSv § 21 Abs. 5 wie die Bezugnahme auf § 15 Abs. 2 Nr. 4 in § 23 Abs. 1 zeigt. Soweit es um die Herausgabe des Passes bzw. Passersatzes geht, wird § 21 Abs. 5 durch die **Spezialvorschrift des § 65** verdrängt.

2   Inhaltlich gilt § 65 nur für Pässe und Passersatzdokumente (s. § 3 AufenthV). Gemeint sind nur echte – dh weder ge- noch verfälschte (VG Aachen Beschl. v. 14.11.2018 – 5 L 1069 18.A Rn. 20) – Dokumente, die aber nicht notwendigerweise gültig sein müssen (GK-AsylG/Funke-Kaiser Rn. 6; NK-AuslR/Clodius Rn. 3). Die Aushändigung von Personalausweisen (ohne Passersatzfunktion) richtet sich ebenso wie die sonstiger Unterlagen nach § 21 Abs. 5.

3   Insbesondere aus Abs. 1 wird hergeleitet, **dass sich der zeitliche Anwendungsbereich** von § 65 nur bis zum unanfechtbaren Abschluss des Asylverfahrens erstreckt (so GK-AsylG/Funke-Kaiser Rn. 7, der deshalb bezüglich des Anwendungsbereichs auch zwischen Abs. 1 und Abs. 2 differenziert, vgl. Rn. 18; ohne Differenzierung VG Aachen 14.11.2018 – 5 L 1069 18.A Rn. 15; NK-AuslR/Clodius Rn. 1; BeckOK AuslR/Neundorf Rn. 1). **Danach richtet sich die Herausgabe des Passes nach § 21 Abs. 5,** der mit Blick auf die dort genannten „aufenthaltsbeendenden Maßnahmen" auch nach unanfechtbarem Abschluss des Asylverfahrens anwendbar sein soll (VG Aachen 14.11.2018 – 5 L 1069 18.A Rn. 17: Herausgabe nach Zuerkennung subs. Schutzes; VG Hamburg BeckRS 2013, 52589 zum Herausgabeanspruch bei einer glaubhaft gemachten Absicht zur freiwilligen Rückkehr in den Herkunftsstaat). Das gilt auch im Falle einer wirksamen Asylantragsrücknahme. Das Gewahrsamsverhältnis bleibt also grundsätzlich asylrechtlicher Natur, auch wenn sich der Pass nach (vollziehbarem) Abschluss des Asylverfahrens bereits in Verwahrung der Ausländerbehörde befindet, die – da § 21 Abs. 1 und Abs. 3 stets und nur eine Weiterleitung an und Verwahrung durch das Bundesamt vorsehen – nur unmittelbar auf § 50 Abs. 5 AufenthG beruhen kann. Im Unterschied zu § 65 Abs. 2 bildet nach dem Wortlaut von § 21 Abs. 5 dort ausschließlich das öffentliche Interesse am weiteren Einbehalt des Passes den Maßstab für einen Herausgabeanspruch. Etwaige (dringende) Belange sind aber im Rahmen des zu beachtenden Verhältnismäßigkeitsgrundsatzes zu berücksichtigen.

4   Aus den in Abs. 1 und Abs. 2 enthaltenen Formulierungen („dem Ausländer", „auszuhändigen", „ausgehändigt") folgt, dass die Herausgabe grundsätzlich direkt an den berechtigten Ausländer zu erfolgen hat.

5   Durchgreifende Zweifel an der Vereinbarkeit der Vorschrift mit höherrangigem Recht bestehen wegen der vorgesehenen Ausnahmen und der nur vorläufigen Überlassung des Passes grundsätzlich nicht (→ Rn. 11; zu völkerrechtlichen Einwänden vgl. NK-AuslR/Clodius Rn. 2; Bergmann/Dienelt/Bergmann Rn. 2).

B. Endgültige Herausgabe (Abs. 1)

6   Abs. 1 begründet in zwei Fällen einen **strikten Rechtsanspruch** auf Herausgabe des Passes / Passersatzes. Im Unterschied zu Abs. 2 ist die **Herausgabe endgültig.** Zwei Tatbestandsvoraussetzungen müssen dafür kumulativ erfüllt sein. Zum einen muss der Aufenthalt des Ausländers unabhängig vom Aus- bzw. Fortgang des Asylverfahrens gesichert sein. Davon geht Abs. 1 einerseits aus, wenn der Ausländer **bereits im Besitz eines Aufenthaltstitels** ist. Umfasst sind sowohl vor der Antragstellung – und durch diese nicht erloschene (vgl. § 51 Abs. 1 Nr. 8 AufenthG, § 55 Abs. 2; → § 55 Rn. 26 ff.) – als auch nach Asylantragstellung erteilte Aufenthaltstitel. Letzteres ist wegen § 10 Abs. 1 AufenthG zwar nur ausnahmsweise möglich, unter anderem im Falle einer „Aufstockungsklage" bei durch das Bundesamt gewährtem subsidiären Schutz (→ § 67 Rn. 22 f.) aber durchaus praxisrelevant. Dem Titelbesitz gleich steht die **Fortgeltungsfiktion des § 81 Abs. 4 AufenthG** (NK-AuslR/Clodius Rn. 2; beachte aber § 55 Abs. 2). Soweit ersichtlich wird

dabei nicht zwischen den Alternativen „Verlängerung" bzw. „Erteilung eines anderen Aufenthaltstitels" unterschieden (zu dieser Unterscheidung iRv § 55 Abs. 2 → § 55 Rn. 28). Die Erlaubnisfiktion des § 81 Abs. 3 S. 1 AufenthG soll dagegen nicht ausreichend sein (GK-AsylG/Funke-
Kaiser Rn. 11). Sieht man dies anders, wird sich häufig zunächst die Vorfrage ihrer Anwendbarkeit
aus einem ausschließlich gestatteten Status heraus stellen (→ § 55 Rn. 32). Der gem. § 25 Abs. 1
S. 3, Abs. 2 S. 2 AufenthG als erlaubt fingierte Aufenthalt ist dem Titelbesitz dagegen gleichzustellen; ansonsten fällt er unter die zweite Alternative (→ Rn. 7).

Alternativ zum Titelbesitz genügt es, wenn die Ausländerbehörde einen Aufenthaltstitel erteilt. **7**
Einen sinnvollen eigenständigen Anwendungsbereich hat das Tatbestandsmerkmal nur, wenn man
es im Sinne einer beabsichtigten oder bevorstehenden Titelerteilung versteht (so in der Sache auch
GK-AsylG/Funke-Kaiser Rn. 11). Die Erteilung eines Aufenthaltstitels erfolgt zwar inzwischen
in Form eines eigenständigen Dokuments (§ 78 Abs. 1 AufenthG), in das aber unter anderem
Seriennummer und Gültigkeitsdauer des dazugehörigen Passes einzutragen sind (§ 78 Abs. 1 S. 2
Nr. 10 und Nr. 11 AufenthG). Auch im Hinblick auf § 5 Abs. 1 Nr. 4 AufenthG kann die
Passvorlage erforderlich sein. Zur Erfüllung der genannten Aufgaben wird der Ausländerbehörde
in der Regel das Original vorliegen müssen.

Der Sinn der Formulierung „Vorschriften nach anderen Gesetzen", erschließt sich (mir) nicht, denn **7.1**
das AsylG sieht eine Titelerteilung nicht vor, so dass sich diese immer nach anderen Gesetzen richtet. Eine
Auslegung in dem Sinne, dass die Erteilung eines nicht asylverfahrensbezogenen Aufenthaltstitels (§ 25
Abs. 1 AufenthG) gemeint sein soll, ist mit dem Wortlaut nicht in Einklang zu bringen.

In beiden Alternativen verlangt Abs. 1 als **zusätzliche (negative) Voraussetzung,** dass der **8**
Pass für die weitere Durchführung des Asylverfahrens nicht benötigt wird. Die mit dem weiteren
Vorenthalt des Passes für den (absehbar) „bleibeberechtigten" Ausländer verbundenen Einschränkun-
gen rechtfertigen eine restriktive Lesart des Tatbestandsmerkmals und strenge Darlegungsanforde-
rungen hinsichtlich des von der Behörde angegebenen Grunds für den weiteren Einbehalt. Dabei
muss gerade der Besitz des Originals erforderlich sein; ansonsten kann sich die Behörde mit
Kopien behelfen. Als Beispiel für einen weiterhin erforderlichen Einbehalt wird die durch konkrete
Anhaltspunkte veranlasste Überprüfung der Echtheit des Passes genannt (NK-AuslR/Clodius
Rn. 3). „Aufenthaltsbeendende Maßnahmen" oder die „Sicherung einer freiwilligen Ausreise"
scheiden angesichts des ersten Tatbestandsmerkmals als Gesichtspunkt dagegen regelmäßig aus
(ebenso GK-AsylG/Funke-Kaiser Rn. 14). Im Übrigen darf der **Einbehalt nicht zu asylverfah-
rensfremden Zwecken** erfolgen („für die weitere Durchführung des Asylverfahrens").

C. Vorübergehende Herausgabe (Abs. 2)

Abs. 2 ermöglicht die Herausgabe des Passes in drei Fällen und setzt dabei stets voraus, dass diese **9**
erforderlich ist. Von Abs. 1 unterscheidet sich Abs. 1 zum einen dadurch, dass die **Herausgabe
nur vorübergehend** erfolgt, was eine Einschätzung der **Rückgabebereitschaft** impliziert. Ist
der Zweck erreicht, dem die Herausgabe des Passes diente, ist der Ausländer zur Rückgabe des
Passes verpflichtet. Zweitens steht die Entscheidung iRv Abs. 2 **im pflichtgemäßen Ermessen**
der Behörde, wobei ein wirklicher Spielraum regelmäßig nur in der zweiten und dritten Tatbestandsvariante bestehen wird.

Die Überlassung des Passes kommt erstens in Betracht, wenn sie zur **Durchführung einer** **10**
Reise erforderlich ist. Zwar unterscheidet der Wortlaut nicht zwischen Aus- und Inlandsreisen.
Ein Pass ist aber nur für eine **Auslandsreise** erforderlich. Aus Abs. S. 2 folgt dabei, dass Abs. 2
S. 1 für Ausländer gilt, die noch der räumlichen Beschränkung des § 56 unterliegen und deshalb
für die Auslandsreise eine Verlassenserlaubnis benötigen. Ausländer, deren Aufenthalt nicht mehr
räumlich beschränkt ist, brauchen für das Verlassen des Bundesgebiets zwar keine Erlaubnis, wohl
aber ihren Pass, der ihnen aufgrund des durch das Asylverfahrensbeschleunigungsgesetz (v.
20.10.2015, BGBl. I 1722) eingefügten S. 2 aus den in § 58 Abs. 1 genannten Gründen ausgehändigt werden kann.

Die Formulierung („in den Fällen des § 58 Abs. 1") wird grundsätzlich so verstanden, dass **11**
eine Herausgabe des Passes nach **Abs. 2 erst nach Wegfall der Wohnverpflichtung** erlaubt ist
(NK-AuslR/Clodius Rn. 4; GK-AsylG/Funke-Kaiser Rn. 20). Bei isolierter Betrachtung ließe
sich diese zwar auch als Verweis nur auf die in § 58 Abs. 1 genannten Erlaubnisgründe verstehen.
Dagegen spricht aber, dass für die wegen § 59a Abs. 1 S. 2 weiterhin notwendige Verlassenserlaubnis
mit § 57 dann ein anderer Maßstab als für die Herausgabe des Passes gelten würde. In der Sache
überzeugt die Unterscheidung entlang des Aufenthaltsorts des Ausländers auch unter Berücksichtigung der während des verpflichtenden Aufnahmeeinrichtung geltenden gesteigerten Erreichbar-

keitsanforderungen (vgl. § 47 Abs. 3, → § 47 Rn. 15) freilich nicht, denn von diesen könnte bzw. müsste bei Vorliegen eines zwingenden Grundes gem. § 57 suspendiert werden. Liegt dessen Ursache zufällig im Ausland, hätte der Ausländer gewissermaßen Pech gehabt (so überzeugend GK-AsylG/Funke-Kaiser Rn. 22). In den anderen beiden Konstellationen nimmt der Gesetzgeber das „Risiko" des unmittelbaren Passbesitzes zudem unabhängig vom Aufenthaltsort des Ausländers in Kauf, da die Bezugnahme auf § 58 Abs. 1 für sie nicht gilt. Zur Vermeidung – im Zuge der erheblichen Ausweitung der Wohnverpflichtung (→ § 47 Rn. 16 ff.) wahrscheinlicher werden-der – unverhältnismäßiger und Art. 3 GG widersprechender Ergebnisse liegt deshalb eine **analoge Anwendung von Abs. 2** nahe (so GK-AsylG/Funke-Kaiser Rn. 22). Für eine planwidrige Regelungslücke spricht § 6 S. 1 Nr. 4 AufenthV, der die Ausstellung eines Reiseausweises an Asylbewerber erlaubt, wegen des Erfordernisses eines nachweislich nicht vorhandenen Passes (vgl. § 6 S. 1 AufenthV iVm § 5 Abs. 1 AufenthV) in den hiesigen Konstellationen aber keine Option ist (aA NK-AuslR/Clodius Rn. 4). Einem (nachweislich) passlosen Ausländer könnte bei Vorliegen eines zwingenden Grundes trotz bestehender Wohnverpflichtung eine Auslandsreise dagegen ermöglicht werden, da die in § 6 AufenthV genannten Gründe mit denen des § 58 Abs. 1 deckungsgleich sind, sich mit dem „zwingenden Grund" aber auch derjenige unter ihnen befindet, der eine Verlassenserlaubnis nach § 57 Abs. 1 rechtfertigt bzw. erfordert. § 6 AufenthV unterschei-det dabei nicht nach dem Aufenthaltsort des Ausländers. Für denjenigen, der einen Pass besitzt, kann nichts anderes gelten; ansonsten würde er für seinen Passbesitz „bestraft". Auch Art. 6 Abs. 5 EU-Aufnahme-RL spricht für dieses Ergebnis (dazu GK-AsylG/Funke-Kaiser Rn. 22).

12   Hinsichtlich der in § 58 Abs. 1 genannten Gründe kann auf die dortige Kommentierung verwiesen werden (→ § 58 Rn. 9 ff.). Da Abs. 2 § 58 Abs. 1 insgesamt in Bezug nimmt, ist die Herausgabe des Passes auch möglich, wenn eine Verlassenserlaubnis zum Zwecke der Aufnahme einer erlaubten Beschäftigung oder eines Schulbesuchs erteilt wurde (→ § 58 Rn. 14 ff.).

13   Jedenfalls die gem. § 58 Abs. 1 S. 2 erteilte bzw. zu erteilende Verlassenserlaubnis reduziert das **Herausgabeermessen auf Null,** denn es wäre sinnfrei, dem Ausländer das Verlassen Deutschlands zu erlauben, nur um dieses dann durch Verweigerung der Passherausgabe wieder zu vereiteln (BeckOK AuslR/Neundorf Rn. 4; Bergmann/Dienelt/Bergmann Rn. 9). Nach Ende der Wohn-verpflichtung sind für die Entscheidung über die Verlassenserlaubnis und die Herausgabe in der Regel unterschiedliche Behörden zuständig.

13.1   Von der Passthematik ist die Frage nach einem für die Aus- und Wiedereinreise ggf. erforderlichen Aufenthaltstitel zu unterscheiden. Hier hilft auch bei einer Reise innerhalb des Schengenraums Art. 21 Abs. 2 SDÜ iVm Art. 2 Nr. 16 lit. b Ziff. i Schengener Grenzkodex in der Regel nicht weiter, da die Vorschrift ein von Deutschland ausgestelltes Reisedokument voraussetzt.

14   Nach der zweiten Tatbestandsvariante kann der Pass herausgegeben werden, wenn dies zur **Verlängerung seiner Gültigkeitsdauer** erforderlich ist. Dabei ist zunächst zu bedenken, dass der Ausländer seine pass- und ausweisrechtlichen Pflichten im Inland wegen § 64 Abs. 1 mit der Bescheinigung über die Aufenthaltsgestattung erfüllt (→ § 64 Rn. 1). Im Übrigen erfordern sowohl das Tatbestandsmerkmal der Erforderlichkeit als auch die Ermessensausübung ggf. eine Auseinandersetzung mit der **Verwaltungspraxis des jeweiligen Herkunftslandes.** Bei der Frage der Erforderlichkeit ist zunächst in Erwägung zu ziehen, ob die Verlängerung des Passes auch möglich ist, ohne dass dem Ausländer unmittelbarer Besitz an ihm eingeräumt wird. Ist eine persönliche Vorsprache des Ausländers unter Vorlage des Passes durch ihn selbst erforderlich, ist das sodann auszuübende Ermessen der Behörden deutlich freier als iRd Var. 1 (→ Rn. 13). Ein relevanter Gesichtspunkt kann zB sein, ob die im Falle der Ungültigkeit des Passes erforderlich werdende Neuausstellung überhaupt möglich oder mit deutlich höherem Aufwand als eine Verlän-gerung verbunden ist.

14.1   Im Falle einer vom Ausländer im Status der Gestattung freiwillig initiierten Passverlängerung gilt § 72 Abs. 1 Nr. 1 nicht analog (BVerwGE 78, 152 = NVwZ 1988, 160); sie ist gleichwohl nicht risikofrei. Eine Verpflichtung zur Passverlängerung besteht während des gestatteten Aufenthalts ohnehin grundsätzlich nicht (→ § 64 Rn. 11).

15   Als dritten Fall sieht Abs. 2 die Aushändigung zur Vorbereitung einer Ausreise vor. Auch hier geht es nur um eine vorübergehende Überlassung und **nicht um die Passherausgabe zum Zwecke der endgültigen Ausreise** (vgl. GK-AsylG/Funke-Kaiser Rn. 24). Die Tatbestandsvari-anten zwei und drei können sich überschneiden. Sie werden aber häufig erst nach Abschluss des Asylverfahrens einschlägig sein. Geht man davon aus, dass § 65 dann insgesamt nicht mehr anwend-bar ist, richtet sich die Passherausgabe ausschließlich, andernfalls zusätzlich nach § 21 Abs. 5.

Die zur Eheschließung regelmäßig erforderliche Passvorlage erfüllt keinen der drei Tatbestände, zumal **15.1**
die Aushändigung unmittelbar an den Ausländer regelmäßig auch nicht erforderlich iSv Abs. 2 wäre.
Unabhängig von §§ 65, 21 Abs. 5 erfordert Art. 6 GG aber die Herausgabe des Passes unmittelbar an den
Standesbeamten, wenn ansonsten das Eheschließungsverfahren nicht fortgeführt werden kann (GK-AsylG/
Funke-Kaiser Rn. 22). Dasselbe kann bei anderen personenstandsrechtlichen Angelegenheiten mit verfas-
sungsrechtlichem Einschlag gelten.

D. Rechtsschutz

Der Herausgabeanspruch wird sich regelmäßig gegen das Bundesamt richten, bei dem sich der **16**
Pass bis zum Abschluss des Asylverfahrens befindet (vgl. § 21 Abs. 3). Ist der Pass im Besitz der
Ausländerbehörde, ist diese Anspruchsgegner. Wird ein Antrag auf Herausgabe abgelehnt, sind
die unmittelbar zu erhebende (§ 11) Verpflichtungsklage bzw. ein Antrag nach § 123 VwGO
statthaft.

§ 66 Ausschreibung zur Aufenthaltsermittlung

**(1) Der Ausländer kann zur Aufenthaltsermittlung im Ausländerzentralregister und in
den Fahndungshilfsmitteln der Polizei ausgeschrieben werden, wenn sein Aufenthaltsort
unbekannt ist und er**
1. **innerhalb einer Woche nicht in der Aufnahmeeinrichtung eintrifft, an die er weitergeleitet worden ist,**
2. **die Aufnahmeeinrichtung verlassen hat und innerhalb einer Woche nicht zurückgekehrt ist,**
3. **einer Zuweisungsverfügung oder einer Verfügung nach § 60 Abs. 2 Satz 1 innerhalb
einer Woche nicht Folge geleistet hat oder**
4. **unter der von ihm angegebenen Anschrift oder der Anschrift der Unterkunft, in der
er Wohnung zu nehmen hat, nicht erreichbar ist;**
**die in Nummer 4 bezeichneten Voraussetzungen liegen vor, wenn der Ausländer eine
an die Anschrift bewirkte Zustellung nicht innerhalb von zwei Wochen in Empfang
genommen hat.**

**(2) ¹Zuständig, die Ausschreibung zu veranlassen, sind die Aufnahmeeinrichtung,
die Ausländerbehörde, in deren Bezirk sich der Ausländer aufzuhalten oder Wohnung
zu nehmen hat, und das Bundesamt. ²Die Ausschreibung darf nur von hierzu besonders
ermächtigten Personen veranlasst werden.**

Überblick

Unter anderem im Interesse einer reibungslosen Durchführung des Asylverfahrens (→ Rn. 1)
erlaubt es die Vorschrift, einen Ausländer zur Aufenthaltsermittlung im Ausländerzentralregister
auszuschreiben, wenn der Aufenthaltsort unbekannt ist (→ Rn. 2 f.) und einer der in Abs. 1 S. 1
abschließend genannten vier Ausschreibungsgründe (→ Rn. 4 ff.) vorliegt. Abs. 2 behält die
ermessensabhängige (→ Rn. 10) Veranlassung der Ausschreibung Bundesamt, Aufnahmeeinrichtung und Ausländerbehörde und behördenintern hierzu besonders ermächtigten Personen vor
(→ Rn. 11). Liegen die Voraussetzungen für die Ausschreibung nicht (mehr) vor, besteht ein
Anspruch auf Löschung (→ Rn. 13).

A. Allgemeines

Die seit ihrem Inkrafttreten im Jahr 1992 (BGBl. I 1126) inhaltlich nur durch das Asylverfahrens- **1**
beschleunigungsgesetz (v. 20.10.2015, BGBl. I 1722) geänderte Vorschrift soll im Sinne einer
ungehinderten Durchführung des Asylverfahrens einen **schnellen Wiederaufgriff unterge-
tauchter Asylsuchender** sicherstellen (BT-Drs. 12/2062, 38) und daneben auch die Durchsetzung bestehender Ausreisepflichten fördern (NK-AuslR/Clodius Rn. 1). Letzteres folgt aus Abs. 1
Hs. 2, der mit der Zwei-Wochen-Frist die in Asylsachen maximal geltende Frist für eine Klage
gegen einen ablehnenden Bundesamtsbescheid aufgreift (§ 74 Abs. 1).

Die nur für ausreisepflichtige Ausländer geltende und auch auf ehemalige Asylbewerber anwendbare **1.1**
Vorschrift des § 50 Abs. 6 AufenthG enthält eine auf den Zweck der Aufenthaltsbeendigung beschränkte

Befugnis, einen ausreisepflichtigen Ausländer bei unbekanntem Aufenthalt in den Fahndungshilfsmitteln der Polizei – nicht im Ausländerzentralregister (AZR) – zur Aufenthaltsermittlung und – über § 66 hinausgehend – zur Festnahme auszuschreiben.

B. Ausschreibungsgründe und Rechtsfolge

2   **Grundvoraussetzung** ist stets, dass der **Aufenthaltsort des Ausländers unbekannt** ist. Maßgeblich ist die Kenntnis einer der in Abs. 2 S. 1 genannten drei Stellen. Aufenthaltsort ist nach dem auf die körperliche Erreichbarkeit des Ausländers abzielenden Normzweck nicht die Anschrift, sondern der **tatsächliche Aufenthaltsort** des Ausländers (Bergmann/Dienelt/Bergmann Rn. 2). Ist dieser bekannt, muss er nicht ermittelt werden. Ob sich der Ausländer am Ort des tatsächlichen Aufenthalts auch aufhalten darf, ist für § 66 irrelevant (GK-AsylG/Funke-Kaiser Rn. 6). Die Vorschrift ist kein Instrument zur Durchsetzung von räumlichen Beschränkungen oder Wohnsitzauflagen. Hierfür sind § 59 bzw. das allgemeine Vollstreckungsrecht da. Bevor eine Ausschreibung veranlasst wird, müssen die genannten Behörden aus Gründen der Verhältnismäßigkeit **zumutbare Nachforschungen** unter der ihnen bekannten Anschrift bzw. bei der Meldebehörde anstellen und sich untereinander hinsichtlich des möglichen Aufenthaltsortes des Ausländers austauschen (GK-AsylG/Funke-Kaiser Rn. 6; BeckOK AuslR/Neundorf Rn. 2).

3   Allein die ausländerbehördliche **Mitteilung über eine Ausschreibung** zur Aufenthaltsermittlung ohne Angabe der zugrunde liegenden tatsächlichen Umstände **rechtfertigt nicht den Schluss auf ein „Untertauchen"** und die sofortige Einstellung des Asylverfahrens gem. § 33 Abs. 2 S. 1 Nr. 2, Abs. 1, § 32 (VG München BeckRS 2018, 4700 Rn. 18; VG Köln BeckRS 2018, 1418 Rn. 13 f.; zum Untertauchen → Rn. 6). Ob das Bundesamt stets das Ergebnis des gem. § 66 eingeleiteten Verfahrens abwarten muss, erscheint zwar zweifelhaft. Warten muss das Bundesamt jedenfalls, wenn die Ausländerbehörde mitteilt, dass sie selbst eine Aufenthaltsermittlung durchführt. Im Übrigen dürfte eine Asylverfahrenseinstellung aber auch dann zulässig sein, wenn das Bundesamt bei der Ausländerbehörde den tatsächlichen Hintergrund der Ausschreibung abfragt und dieser die Annahme eines Untertauchens in der Sache trägt.

4   Neben dem unbekannten Aufenthaltsort muss einer der in Abs. 1 genannten Ausschreibungsründe treten („und er"), die allesamt an tatsächliche Ereignisse anknüpfen und **verschuldensunabhängig** sind.

5   In den Anwendungsbereich von Nr. 1 und Nr. 2 fallen Ausländer, die zur Wohnsitznahme in einer (Besonderen) Aufnahmeeinrichtung verpflichtet sind und deshalb der strengen Erreichbarkeitsvorgabe des § 47 Abs. 3 unterliegen. Nr. 1 betrifft **Adressaten von Weiterleitungsverfügungen** (§§ 18 Abs. 1, 19 Abs. 1, 22 Abs. 2 S. 2), die eine zügige Zuführung zum Asylverfahren bezwecken. Der Weiterleitung ist deshalb grundsätzlich unverzüglich, dh ohne schuldhaftes Zögern, nachzukommen (vgl. §§ 20 Abs. 1 S. 1, 23 Abs. 1 S. 1). Der Tatbestand ist aber auch bei Vorliegen eines Entschuldigungsgrundes erfüllt, wenn der Ausländer nicht innerhalb von einer Woche seit Bekanntgabe der Weiterleitungsverfügung in der Aufnahmeeinrichtung eintrifft. Wurde dem Ausländer gem. §§ 20 Abs. 1 S. 1, 22 Abs. 3 S. 1 jedoch eine längere Frist gesetzt, ist diese maßgeblich (ebenso GK-AsylG/Funke-Kaiser Rn. 14). Über die Frist hat die Weiterleitungsbehörde die Aufnahmeeinrichtung zur Vermeidung unnötiger Ausschreibungen zu informieren.

6   Nr. 2 gilt für Ausländer, die sich bereits in der für sie zuständigen Aufnahmeeinrichtung eingefunden haben, diese jedoch verlassen und innerhalb einer Woche nicht zurückgekehrt sind. Erforderlich ist eine **ununterbrochene Abwesenheit** (GK-AsylG/Funke-Kaiser Rn. 16). Die Wochenfrist wird in der Rspr. dabei teilweise zur **Konkretisierung** des **für die Annahme eines Untertauchens** iSv § 33 Abs. 2 S. 1 Nr. 2 AsylG erforderlichen Mindestzeitraums herangezogen (BayVGH LSK 2018, 17233). Aus Nachweisgründen und mit Blick auf § 47 Abs. 3 ist der Ausländer zur Vermeidung unnötiger Ausschreibungen deshalb gut beraten, sich wenigstens wöchentlich in der Aufnahmeeinrichtung einem Verantwortungsträger zu zeigen, damit dieser erforderlichenfalls auf ihn zugreifen kann.

7   Nr. 3 betrifft den Fall, dass der Ausländer einer Wohnauflage nach § 60 Abs. 2 S. 1 oder einer die Begebenspflicht des § 50 Abs. 6 auslösenden Zuweisungsverfügung nach § 50 Abs. 4 S. 1 oder § 51 Abs. 2 nicht nachgekommen ist. Die Wohnsitzauflage des § 60 Abs. 1 S. 1 nennt Nr. 3 nicht. Die Frist von einer Woche beginnt mit Bekanntgabe des sofort vollziehbaren Verwaltungsakts (§ 75 Abs. 1).

8   Nr. 4 knüpft mit seiner zweiten Alternative an die gem. § 60 Abs. 2 S. 1 verfügte Wohnsitzauflage, mit seiner ersten Alternative an § 10 Abs. 1 an, wonach es dem Ausländer obliegt, unter anderem Bundesamt und Ausländerbehörde unverzüglich jeden Anschriftenwechsel anzuzeigen.

Nicht erreichbar iSd Nr. 4 ist der Ausländer gem. Abs. 1 S. 1 Hs. 2, wenn er eine an ihn bewirkte Zustellung nicht innerhalb von zwei Wochen in Empfang genommen hat. Aus dem Wortlaut („bewirkt") folgt, dass die Zustellung nach Maßgabe des einschlägigen Zustellungsrechts ordnungsgemäß erfolgt sein muss. Nr. 4 soll auch anwendbar sein, wenn die konkrete Zustellungsform gar nicht auf eine In-Empfangnahme des Schriftstücks angelegt ist oder die Zustellung gem. § 10 Abs. 2 fingiert wird (GK-AsylG/Funke-Kaiser Rn. 26 f.). Hs. 2 beinhaltet keine Vermutung (so aber BeckOK AuslR/Neundorf Rn. 3), sondern konkretisiert die Nicht-Erreichbarkeit verbindlich („liegen vor") und abschließend (Bergmann/Dienelt/Bergmann Rn. 3). Ein mehrmaliges erfolgloses persönliches Aufsuchen des Ausländers begründet deshalb nicht dessen Unerreichbarkeit, zumal eine Pflicht zum permanenten Aufenthalt in Wohnung oder Unterkunft nicht besteht (GK-AsylG/Funke-Kaiser Rn. 28; NK-AuslR/Clodius Rn. 3).

Wegen **Zweckerledigung bzw. -erreichung** ist die **Löschung der Ausschreibung** zu veranlassen (§§ 8 Abs. 1 S. 1 Nr. 2, 36 Abs. 2 S. 2 AZRG) bzw. selbst vorzunehmen (§ 22 Abs. 1 Nr. 1 AZRG, § 2 AZRG, § 7 S. 2 AZRG, § 18 Abs. 4 S. 1 AZRG-DV), sobald der Aufenthaltsort des Ausländers bekannt und deshalb nicht mehr ermittlungsbedürftig ist (weitergehend → Rn. 13). Das gilt unabhängig davon, ob der Aufenthaltsort aufgrund der Ausschreibung ermittelt wurde. Bei verlässlicher Kenntnis vom Aufenthaltsort kommt es auch nicht darauf an, dass das in Nr. 1–4 beschriebene Ereignis (Eintreffen, Zurückkehren, Folge leisten, Erreichbarkeit unter der angegebenen Anschrift) eingetreten ist (aA Bergmann/Dienelt/Bergmann Rn. 4). Es ist nicht Zweck der Ausschreibung, den Ausländer zur Erfüllung asylgesetzlicher Handlungspflichten anzuhalten oder Rechtsverstöße zu sanktionieren. Sich zB aus einer Wohnsitzauflage oder Weiterleitungsverfügung ergebende Verpflichtungen sind im Wege des Verwaltungszwangs durchzusetzen (→ Rn. 2). Die Ausschreibung darf auch nicht vorsorglich mit Blick auf einen erwarteten weiteren unbekannten Aufenthalt aufrechterhalten werden. **9**

Ist der Aufenthaltsort des Ausländers unbekannt und liegt einer der Ausschreibungssachverhalte vor, steht die Veranlassung der Ausschreibung im pflichtgemäßen Ermessen der in Abs. 2 S. 1 genannten Stellen. **10**

C. Zuständigkeiten und Rechtsschutz

Bundesamt, Aufnahmeeinrichtung und Ausländerbehörde können nebeneinander für die Ausschreibung zuständig sein, was eine enge und zeitnahe Abstimmung erfordert. Die Wahl des Singulars, die in Nr. 1 und Nr. 2 beschriebenen Sachverhalte sowie ein Vergleich mit der ausländerbehördlichen Zuständigkeit sprechen dafür, dass nur die zuständige (Besondere) Aufnahmeeinrichtung die Ausschreibung vornehmen darf. Das Asylverfahrensbeschleunigungsgesetz (v. 20.10.2015, BGBl. I 1722) hat S. 2 um die Formulierung „Wohnung zu nehmen hat" ergänzt. Damit ist die Zuständigkeit der Ausländerbehörden bundesrechtlich auch für Personen geregelt, die keiner Aufenthaltsbeschränkung nach §§ 47 Abs. 1 S. 1, 59a Abs. 1 S. 2 (BT-Drs. 18/6185, 35) bzw. §§ 56, 59a Abs. 1 S. 1 bzw. § 59b (mehr), sondern „nur" einer Wohn(sitz-)auflage nach Maßgabe von § 60 unterliegen. Für Ausländer, die weder einer räumlichen Beschränkung noch einer Wohnsitzauflage unterliegen, was in den Fällen der Nr. 3 Alt. 1 („Zuweisungsverfügung") denkbar ist, regelt Abs. 2 eine ausländerbehördliche Zuständigkeit dagegen nicht. Diese dürfte sich hier unter Beachtung von Abs. 2 S. 2 nach Landesrecht bestimmen. **11**

Die Ausschreibung ist mit einem Suchvermerk im Ausländerzentralregister (AZR) für maximal zwei Jahre zu speichern (§ 2 Abs. 2 Nr. 6 AZRG, § 5 Abs. 1, Abs. 5 S. 1 AZRG). **12**

Im Unterschied zur **Ausschreibung,** bei der es sich um einen **Realakt** handelt, stellt die **Ablehnung der Löschung** bzw. Rückgängigmachung der Daten einen **Verwaltungsakt** dar, gegen den die Verpflichtungsklage statthaft ist (GK-AsylG/Funke-Kaiser Rn. 39 mwN). Da es sich nicht um eine asylrechtliche Streitigkeit iSd § 11 handelt, bedarf es grundsätzlich der vorherigen Durchführung eines Vorverfahrens. Zur Erfüllung des Anspruchs ist die Behörde verpflichtet, die die Aufenthaltsermittlung veranlasst hat. Ob die Klage auf Rückgängigmachung der Ausschreibung oder Löschung gerichtet ist, hängt davon ab, ob die konkrete Behörde gem. § 22 Abs. 1 Nr. 1, Nr. 2 AZRG zum Datenabruf im automatisierten Verfahren zugelassen und deshalb nach § 7 S. 1, S. 2 AZRG zur **Direktlöschung** berechtigt ist (zu Einzelheiten vgl. GK-AsylG/Funke-Kaiser Rn. 38 ff.). Erhält eine andere als die die Ausschreibung veranlassende Behörde iSv Abs. 2 verlässliche Kenntnis vom Aufenthaltsort, hat diese die veranlassende Behörde unverzüglich hierüber zu informieren. Besteht ein Löschungsanspruch, sind die Daten auch aus den Fahndungshilfsmitteln der Polizei (dazu GK-AsylG/Funke-Kaiser Rn. 35) zu entfernen. **13**

§ 67 Erlöschen der Aufenthaltsgestattung

(1) ¹Die Aufenthaltsgestattung erlischt,
1. wenn der Ausländer nach § 18 Abs. 2 und 3 zurückgewiesen oder zurückgeschoben wird,
2. wenn der Ausländer innerhalb von zwei Wochen, nachdem ihm der Ankunftsnachweis ausgestellt worden ist, noch keinen Asylantrag gestellt hat,
3. im Falle der Rücknahme des Asylantrags mit der Zustellung der Entscheidung des Bundesamtes,
4. wenn eine nach diesem Gesetz oder nach § 60 Abs. 9 des Aufenthaltsgesetzes erlassene Abschiebungsandrohung vollziehbar geworden ist,
5. mit der Vollziehbarkeit einer Abschiebungsanordnung nach § 34a,
5a. mit der Bekanntgabe einer Abschiebungsanordnung nach § 58a des Aufenthaltsgesetzes,
6. im Übrigen, wenn die Entscheidung des Bundesamtes unanfechtbar geworden ist. ²Liegt in den Fällen des § 23 Absatz 1 der dem Ausländer genannte Termin bei der Außenstelle des Bundesamtes nach der sich aus Satz 1 Nummer 2 ergebenden Frist, dann erlischt die Aufenthaltsgestattung nach dieser Bestimmung erst, wenn der Ausländer bis zu diesem Termin keinen Asylantrag stellt.

(2) Die Aufenthaltsgestattung tritt wieder in Kraft, wenn
1. ein nach § 33 Absatz 5 Satz 1 eingestelltes Verfahren wieder aufgenommen wird oder
2. der Ausländer den Asylantrag nach Ablauf der in Absatz 1 Satz 1 Nummer 2 oder Satz 2 genannten Frist stellt.

Überblick

§ 67 regelt das Erlöschen der Aufenthaltsgestattung. Wie die Entstehung ist auch das Erlöschen der Aufenthaltsgestattung unmittelbare Gesetzesfolge (→ Rn. 2). Die in Nr. 1–6 genannten Erlöschensgründe (→ Rn. 4 ff.) sind abschließend. Abs. 1 S. 2 verschiebt den sich aus Nr. 2 ergebenden Erlöschenszeitpunkt nach hinten (→ Rn. 7). In den Fällen des Abs. 2 tritt eine erloschene Aufenthaltsgestattung mit Wirkung für die Zukunft wieder in Kraft (→ Rn. 25 f.). Die Wirksamkeit von „Begleitregelungen" zur Aufenthaltsgestattung ist separat zu beurteilen (→ Rn. 28).

Übersicht

A. Allgemeines

1 § 67 regelt das Erlöschen der Aufenthaltsgestattung. Die **Vereinbarkeit mit Art. 9 Asylverfahrens-RL** (RL 2013/32/EU v. 26.6.2013, ABl. 2013 L 180, 60) ist bislang – soweit ersichtlich – nicht in Zweifel gezogen worden (Bergmann/Dienelt/Bergmann Rn. 9; BeckOK AuslR/Neundorf Rn. 1); der Wortlaut von Art. 9 Asylverfahrens-RL erklärt allerdings nicht jeden der in Nr. 1–6 genannten Erlöschensgründe aus sich heraus. Soweit die Aufenthaltsgestattung auch nach einer ablehnenden Bundesamtsentscheidung über den Asylantrag bestehen bleibt, geht das deutsche Recht über die Mindestvorgaben von Art. 9 Asylverfahrens-RL hinaus. Trotz Fortbestands der gesetzlichen Aufenthaltsgestattung kann der Ausländer aber bereits „illegal aufhältig" iSv Art. 6 Abs. 1 Rückführungs-RL sein, da Art. 9 Asylverfahrens-RL ein Recht auf Verbleib nur bis zur ablehnenden Behördenentscheidung verlangt (EuGH NVwZ 2018, 1625 Rn. 46 – Gnandi;

Wittkopp ZAR 2018, 325 (328); Hruschka ASYLMAGAZIN 2018, 290 f.; sa Wittmann ZAR 2019, 45). Unabhängig von Art. 9 Asylverfahrens-RL und § 67 sind die in der EU-Aufnahme-RL (RL 2013/33/EU v. 26.6.2013, ABl. 2013 L 180, 96) vorgesehenen Leistungen bis zu einer endgültigen Entscheidung über einen gegen die erstinstanzliche Entscheidung eingelegten Rechtsbehelf zu gewähren (EuGH NVwZ 2018, 1625 Rn. 63 – Gnandi zur Aufnahme-RL – RL 2003/9/EG v. 27.1.2003, ABl. 2003 L 31, 18; vgl. auch Hruschka ASYLMAGAZIN 2018, 291, wonach der Zugang zu den Rechten aus der EU-Aufnahme-RL bis zu einer endgültigen „rechtskräftigen" Entscheidung bestehen muss).

Wie die Entstehung (→ § 55 Rn. 10 ff.) wird auch das **Erlöschen** des verfahrensbezogenen **2** Aufenthaltsrechts **unmittelbar durch das Gesetz,** nicht durch einen Verwaltungsakt bewirkt. Das Erlöschen kann demnach nicht unmittelbar angefochten werden. Gleichwohl geht ihm in der Regel ein Verwaltungsakt voraus. Je nach Erlöschensgrund kann daran ansetzender Rechtschutz (→ Rn. 32) im Erfolgsfall die Aufenthaltsgestattung rückwirkend wieder zur Entstehung bringen (→ Rn. 18, → Rn. 20, → Rn. 21). Nr. 1–6 regeln die Erlöschenstatbestände abschließend. Da die **Aufenthaltsgestattung kein Aufenthaltstitel** ist (vgl. § 4 Abs. 1 S. 2 AufenthG), sind die § 51 f. AufenthG weder direkt noch analog anwendbar. Mangels Verwaltungsaktqualität der Aufenthaltsgestattung greifen auch die §§ 48 f. VwVfG nicht.

Nicht ausgereiste Folgeantragsteller (§ 71) sowie Zweitantragsteller (§ 71a) besitzen bis **3** zur Feststellung der Zulässigkeit ihres Asylantrags keine Aufenthaltsgestattung; für sie gilt § 67 erst, wenn ein weiteres Asylverfahren durchgeführt wird (→ § 55 Rn. 18, Rn. 17). Der Aufenthalt **zwischenzeitlich ausgereister Folgentragsteller** ist aufgrund von § 71 Abs. 2 S. 2 dagegen richtigerweise schon in der ersten Verfahrensphase gestattet (→ § 55 Rn. 20).

B. Die Erlöschensgründe im Einzelnen (Abs. 1)

I. Zurückweisung / Zurückschiebung (Nr. 1)

Die Regelung ordnet den Untergang der Aufenthaltsgestattung für den Fall einer Zurückwei- **4** sung – gemeint ist die in § 18 Abs. 2 angesprochene Einreiseverweigerung (GK-AsylG/Funke-Kaiser Rn. 5) – oder Zurückschiebung (§ 18 Abs. 3) an. Die Vorschrift ist vor dem Hintergrund von § 55 Abs. 1 S. 1 aF zu sehen (→ § 55 Rn. 9). Danach entstand die Aufenthaltsgestattung grundsätzlich bereits mit Stellung des Asylgesuchs (auch an der Grenze), die deshalb wieder „zerstört" werden musste. Nachdem die Aufenthaltsgestattung nunmehr erst mit der Ausstellung des Ankunftsnachweises (→ § 55 Rn. 10), ansonsten mit Stellung des förmlichen Asylantrags entsteht (→ § 55 Rn. 11), ist der Anwendungsbereich von Nr. 1 deutlich schmaler geworden. Die praktischen Rechtsschutzdefizite werden dadurch allerdings nicht geringer (s. Bergmann/Dienelt/Bergmann Rn. 5; GK-AsylG/Funke-Kaiser Rn. 7).

Ein potenzieller Anwendungsbereich für Nr. 1 bestünde im **Flughafenverfahren (§ 18a),** **5** sofern man davon ausgeht, dass der Aufenthalt infolge des förmlichen Asylantrags schon vor der Einreise gem. § 55 Abs. 1 S. 3 gestattet ist (→ § 55 Rn. 24). Der dort für die Einreiseverweigerung maßgebliche § 18a Abs. 3 S. 1 findet sich in Nr. 1 aber nicht. Da Nr. 4 mangels innerer Wirksamkeit der verfügten Abschiebungsandrohung nicht einschlägig sein soll, wird überwiegend eine Analogie zu Nr. 1 befürwortet (so GK-AsylG/Funke-Kaiser Rn. 6.1; NK-AuslR/Clodius Rn. 2). Im Übrigen ist umstritten, ob die Aufenthaltsgestattung – wie in den Fällen der Nr. 4 (→ Rn. 17 ff.) und Nr. 5 (→ Rn. 20) – schon mit Vollziehbarkeit (so GK-AsylG/Funke-Kaiser Rn. 5) oder erst mit der Vollstreckung der Zurückweisung / Zurückschiebung erlischt (so zB NK-AuslR/Clodius Rn. 2).

II. Unterlassener Asylantrag (Nr. 2)

Die Aufenthaltsgestattung erlischt, wenn der Ausländer innerhalb von zwei Wochen, nachdem **6** ihm der Ankunftsnachweis ausgestellt worden ist, noch keinen **förmlichen Asylantrag** gestellt hat. Die Vorschrift hält den Asylsuchenden zur Erfüllung seiner sich aus § 23 Abs. 1 S. 1 ergebenden Obliegenheit an, das Verfahren durch Stellung des avisierten Asylantrags voranzubringen. Dafür ist der Asylsuchende freilich auf die Kooperation des Bundesamts angewiesen, da der förmliche Asylantrag in den Fällen der Nr. 2 regelmäßig bei der Außenstelle des Bundesamts zu stellen ist. Dieser Sphärengedanke spielt bei Nr. 2 allerdings keine Rolle, die das Erlöschen der Aufenthaltsgestattung **ohne Rücksicht auf Verantwortungs- und Verschuldensaspekte** mit Ablauf der Frist anordnet (VG Aachen BeckRS 2016, 43829; Bergmann/Dienelt/Bergmann Rn. 6). Die in Abs. 1 S. 2 (→ Rn. 7) und Abs. 2 Nr. 2 (→ Rn. 26) enthaltenen Regelungen stellen dabei keine vollständige Kompensation dar (→ Rn. 7).

7   Allerdings ist **Abs. 1 S. 2 zu beachten,** der wiederum **im Zusammenhang mit § 23 Abs. 1 S. 1** zu sehen ist. Danach ist der in der – grundsätzlich für die Ausstellung des Ankunftsnachweises zuständigen (vgl. § 63a Abs. 3 S. 1) – Aufnahmeeinrichtung aufgenommene Ausländer verpflichtet, unverzüglich (§ 121 BGB) oder zu dem von der Aufnahmeeinrichtung genannten Termin bei der Außenstelle des Bundesamtes zur Stellung des Asylantrags persönlich zu erscheinen. Liegt der genannte Termin außerhalb der Zwei-Wochen-Frist, erlischt die Aufenthaltsgestattung gem. Abs. 1 S. 2 erst, wenn bis zu diesem Termin kein Asylantrag gestellt worden ist. Die Änderung sollte dem insbesondere in Zeiten hoher Zugangszahlen auftretenden Problem begegnen, „dass sich im Einzelfall die Vergabe eines Termins zur Antragstellung soweit verzögert, dass die Aufenthaltsgestattung erlöschen und der Aufenthalt somit unerlaubt würde, obwohl der Ausländer ohne eigenes Verschulden noch keine Gelegenheit hatte, einen Asylantrag zu stellen" (BT-Drs. 18/6185, 35). Das dürfte nur teilweise geglückt sein, denn seiner Formulierung nach („erlischt erst") wird der Erlöschenszeitpunkt durch Abs. 1 S. 2 nur nach hinten verschoben, wenn dem Ausländer innerhalb der Zwei-Wochen-Frist ein Termin genannt wird; genau das gelang zur Hochzeit in den Jahren 2015/2016 aber häufig nicht. Eine **Terminvergabe nach Ablauf der Zwei-Wochen-Frist** kann eine bereits erloschene Aufenthaltsgestattung nicht wieder zum Leben erwecken. Die Aufenthaltsgestattung tritt gem. Abs. 2 Nr. 2 dann erst mit Stellung des förmlichen Asylantrags wieder in Kraft, allerdings nur mit ex-nunc-Wirkung (→ Rn. 25). Der Ausländer ist bis dahin zwar kraft Verfassungs-, Völker- bzw. Unionsrechts bleibeberechtigt (→ § 55 Rn. 1 ff.), er steht jedoch vor Nachweisproblemen, zumal der Ankunftsnachweis gem. § 63a Abs. 4 S. 1 Alt. 3 ungültig geworden ist.

8   Abs. 1 S. 2 gilt auch, wenn das Bundesamt einen innerhalb der Zwei-Wochen-Frist genannten Termin verschiebt.

9   Die für den Fall einer schuldhaften Nichterfüllung der in § 23 Abs. 1 S. 1 genannten Pflicht **durch § 23 Abs. 2 S. 1 angeordnete Rücknahmefiktion** des Asylgesuchs analog § 33 Abs. 1 wirft zunächst die Frage nach dem Verhältnis der in Nr. 2 und Nr. 3 genannten Erlöschensgründe auf. Grundsätzlich dürften beide nebeneinander anwendbar sein, wobei das Erlöschen nach Nr. 2 in der Regel früher eintreten wird. Bei **Kumulation der Erlöschensgründe** ist ein Inkrafttreten der Aufenthaltsgestattung durch Asylantragstellung gem. **Abs. 2 S. 1 Nr. 2** allerdings **durch** die in Abs. 2 S. 1 Nr. 1 vorgesehene **Möglichkeit der Wiederaufnahme** nach § 33 Abs. 5 S. 1 **gesperrt,** auf die § 23 Abs. 2 S. 1 ebenfalls verweist. Darauf kommt es insbesondere in Fällen an, in denen der Asylantrag erst zu einem Zeitpunkt gestellt wird, in dem die Einstellung des Asylverfahrens bei Antragstellung schon mindestens neun Monate zurückliegt. Ein solcher Antrag ist gem. § 23 Abs. 2 S. 1 iVm § 33 Abs. 5 S. 6 als Folgeantrag (§ 71) zu behandeln, der bis zur Klärung seiner Relevanz nach allgemeinen Grundsätzen nicht mit einem Gestattungsstatus einhergeht (→ § 55 Rn. 18). Es ist weder ersichtlich noch sachlich gerechtfertigt, warum der fingierte gegenüber dem tatsächlich gestellten Folgeantrag statusrechtlich bevorteilt werden sollte. Bei einer Einstellung des Asylverfahrens gem. § 23 Abs. 1 S. 2 iVm § 33 Abs. 5 richtet sich das Wiederinkrafttreten der Aufenthaltsgestattung deshalb allein nach Abs. 2 Nr. 1. Die Annahme eines **Spezialitätsverhältnisses** wird auch durch § 33 Abs. 5 S. 4 bekräftigt. Danach ist ein erneut gestellter Asylantrag als Wiederaufnahmeantrag zu behandeln. Das gilt auch für den nach Zustellung einer Einstellungsentscheidung erstmals gestellten Asylantrag. Wird eine Wiederaufnahme gem. § 33 Abs. 5 S. 2 Nr. 1 abgelehnt (→ § 33 Rn. 91 f.), ist der Antrag als Folgeantrag zu behandeln (→ § 33 Rn. 98 ff.). Der Aufenthalt ist nach allgemeinen Grundsätzen erst wieder mit Feststellung der Beachtlichkeit des Folgeantrags gestattet (→ Rn. 3, → § 55 Rn. 18).

10   Für Abs. 2 S. 1 Nr. 2 verbleibt ein eigenständiger Anwendungsbereich, wenn sich der Ausländer hinsichtlich des verspätet gestellten Asylantrags exkulpieren kann. Das fehlende Verschulden schließt hier den Eintritt der Rücknahmefiktion (§ 23 Abs. 2 S. 2), nicht aber das verschuldensunabhängige Erlöschen der Aufenthaltsgestattung gem. Nr. 2 aus (→ Rn. 6).

11   Als Folge des veränderten Entstehungszeitpunkts der Aufenthaltsgestattung beginnt die Zwei-Wochen-Frist seit dem Integrationsgesetz (v. 31.7.2016, BGBl. I 1939) nicht mehr mit Stellung des Asylgesuchs. Damit kann das fristauslösende Ereignis nunmehr rechtssicher bestimmt werden, da das Ausstellungsdatum im Ankunftsnachweis zu vermerken ist (§ 63a Abs. 1 S. 2 Nr. 12). Da unter § 14 Abs. 2 S. 1 fallende Asylantragsteller grundsätzlich keinen Ankunftsnachweis erhalten (→ § 55 Rn. 11), stellt sich die Frage der Anwendbarkeit von Nr. 2 auf sie nicht mehr (zur alten Rechtslage vgl. GK-AsylG/Funke-Kaiser Rn. 13). Auch für **nicht ausgereiste Folgeantragsteller** gilt Nr. 2 nicht; ihnen wird ebenfalls kein Ankunftsnachweis ausgestellt (→ § 55 Rn. 19). Auf zwischenzeitlich ausgereiste Folgeantragsteller ist Nr. 2 angesichts des ihnen aufgrund von § 71 Abs. 2 S. 2 ausgestellten Ankunftsnachweises (→ § 55 Rn. 20) potenziell anwendbar

(→ Rn. 3). Da es sich um eine **Ereignisfrist** handelt, ist für den Beginn der Zwei-Wochen-Frist § 31 VwVfG iVm § 187 Abs. 1 BGB, für ihr Ende § 188 Abs. 2 Alt. 2 BGB maßgeblich.

III. Rücknahme des Asylantrags (Nr. 3)

Bei Rücknahme des Asylantrags stellt das Bundesamt das Verfahren (deklaratorisch) ein, ent- **12** scheidet über das Vorliegen von Abschiebungsverboten nach § 60 Abs. 5, Abs. 7 AufenthG (§ 32) und erlässt eine mit einer Ausreisfrist von einer Woche (§ 38 Abs. 2) versehene Abschiebungsandrohung (§ 34 Abs. 1, s. BVerwG NVwZ-RR 2010, 454). Mit (ordnungsgemäßer) Zustellung dieser Entscheidung erlischt die Aufenthaltsgestattung nach Nr. 3. Bei (irrtümlicher) Bekanntgabe anstelle der förmlichen Zustellung gilt Nr. 4 (Röder/Wittmann ZAR 2017, 345 (347)).

Die Vorschrift gilt auch für gem. § 33 Abs. 1 und Abs. 3 **fingierte Antragsrücknahmen** **13** (NK-AuslR/Clodius Rn. 5; BT-Drs. 18/7538, 18), auch wenn diese – mangels förmlicher Asylantragstellung – für entsprechend anwendbar erklärt werden (vgl. §§ 20 Abs. 1 S. 2, 22 Abs. 3 S. 2, 23 Abs. 1; zur letztgenannten Vorschrift → Rn. 9), soweit die Aufenthaltsgestattung in diesen Fällen bereits nach Maßgabe von § 55 entstanden ist (→ § 55 Rn. 10 f.).

Gegen die Entscheidung iSd Nr. 3 ist grundsätzlich die Anfechtungsklage statthaft (ausf. zum **14** Rechtsschutz im Falle des § 33 → § 33 Rn. 64 ff.), die in den Rücknahmefällen wegen §§ 75 Abs. 1, 38 Abs. 2 keine aufschiebende Wirkung hat (zur abweichenden Rechtslage beim Verzicht → Rn. 16). Die Anfechtungsklage kann im Erfolgsfalle die Zustellung zwar nicht rückwirkend beseitigen. Der Rechtsschutz wäre aber nicht effektiv iSv Art. 19 Abs. 4 GG, wenn man den Aufenthalt des Ausländers nicht gleichwohl als durchgängig gestattet ansähe (ebenso für den Fall der Aufhebung der Entscheidung durch das Bundesamt iRd § 33, → § 33 Rn. 39.1). Ein schutzwürdiges Interesse daran kann insbesondere mit Blick auf die Anrechnungsregel des § 55 Abs. 3 S. 1 bestehen (→ § 55 Rn. 36).

Ein gegen die Abschiebungsandrohung gestellter Antrag nach § 80 Abs. 5 VwGO löst nicht **15** das verfahrensbezogene Abschiebungsverbot des § 36 Abs. 3 S. 8 aus; das gilt auch im Falle fingierter Antragsrücknahmen, da sich der in § 33 Abs. 6 enthaltene Verweis nur auf Entscheidungen nach Abs. 5 S. 6 bezieht (→ § 33 Rn. 76). Art. 19 Abs. 4 GG verbietet hier aber nach allgemeiner Ansicht in der Regel die Abschiebung vor Abschluss eines eingeleiteten Eilverfahrens (NK-AuslR/Clodius Rn. 5; BeckOK AuslR/Neundorf Rn. 6; GK-AsylG/Funke-Kaiser Rn. 18, § 38 Rn. 21).

Auch auf einen **Verzicht nach § 14a Abs. 3** hat das Bundesamt im Wege einer Einstellungsent- **16** scheidung zu reagieren und diese mit einer Abschiebungsandrohung zu versehen (vgl. § 32 sowie BVerwG NVwZ-RR 2010, 454). Nr. 3 nennt aber explizit nur die Rücknahme, nicht hingegen den Verzicht (§ 14a Abs. 3). Das **Erlöschen der** auch in Fällen fingierter Asylantragstellungen entstehenden **Aufenthaltsgestattung** (→ § 55 Rn. 25) **richtet sich hier nach Abs. 1 Nr. 4** (→ Rn. 17 ff.), ansonsten nach Nr. 6 (→ Rn. 22 ff.). Da § 38 Abs. 2 nur für die (fingierte) Rücknahme eine Ausreisefrist von einer Woche vorschreibt, stellt der Verzicht einen „sonstigen Fall" iSv § 38 Abs. 1 dar mit der Folge, dass eine Ausreisefrist von 30 Tagen zu setzen ist und eine gegen die Abschiebungsandrohung gerichtete Anfechtungsklage gem. § 75 Abs. 1 aufschiebende Wirkung hat (ebenso GK-AsylG/Funke-Kaiser Rn. 14).

IV. Vollziehbare Abschiebungsandrohung (Nr. 4)

Gemäß Nr. 4 erlischt die Aufenthaltsgestattung, wenn eine nach dem AsylG (§§ 34 f.,) oder **17** gem. § 60 Abs. 9 AufenthG erlassene Abschiebungsandrohung vollziehbar geworden ist. In den **asylgesetzlichen Konstellationen** tritt die Vollziehbarkeit **vor Bestandskraft der Entscheidung** dann ein, **wenn** eine Anfechtungsklage gegen die Abschiebungsandrohung **keine aufschiebende Wirkung** entfaltet. Ein solcher Suspensiveffekt besteht nur „in den Fällen des § 38 Abs. 1. Neben der **Antragsablehnung als „einfach unbegründet"** trifft das insbesondere auf die **Entscheidung im Anschluss an einen Verzicht** (→ Rn. 16), die Fälle einer Unzulässigkeitsablehnung nach § 29 Abs. 1 Nr. 3 und den (seltenen) Fall eines **„Dublin-Bescheids"** mit (nicht sofort vollziehbarer) **Abschiebungsandrohung** (vgl. § 34a Abs. 1 S. 4) zu (Röder/Wittmann ZAR 2017, 345 (346)).

In den Fällen der **Ablehnung als offensichtlich unbegründet** (§§ 29a, 30) tritt die Vollzieh- **18** barkeit schon mit der Wirksamkeit der Abschiebungsandrohung ein (GK-AsylG/Funke-Kaiser Rn. 19). Dasselbe gilt bei einer Ablehnung des Asylantrags als unzulässig gem. § 29 Abs. 1 S. 1 Nr. 2 und Nr. 4, wobei Nr. 2 die Fälle des in einem anderen Mitgliedstaat **bereits gewährten internationalen Schutzes** betrifft. Die hier gem. § 36 Abs. 1 zu setzende Ausreisfrist von einer Woche schließt die Annahme eines sonstigen Falles iSv § 38 Abs. 1 aus. In diesen Fällen erlischt die Aufenthaltsgestattung deshalb in der Regel mit Zustellung (vgl. § 31 Abs. 1 S. 3, Abs. 2 S. 1) der Ablehnung der Bundesamtsentscheidung (BVerwG BeckRS 2020, 8209 Rn. 30; NdsOVG BeckRS 2019, 5740 Rn. 24). Das gilt auch, wenn ein konkreter Zielstaat in der Abschiebungsandrohung noch nicht benannt ist (VG Berlin BeckRS 2019, 838 Rn. 15; VG Berlin BeckRS 2019, 26202 Rn. 6, jeweils auch mN zur Gegenansicht). Das verfahrensbezogene gesetzliche **Vollstreckungsverbot des § 36 Abs. 3 S. 8 berührt die Vollziehbarkeit der Abschiebungsandrohung nicht** (BVerwG BeckRS 2020, 8209 Rn. 39; GK-AsylG/Funke-Kaiser Rn. 19; NK-AuslR/Clodius Rn. 6). Ob dieser gesetzesunmittelbare bloße Vollstreckungsschutz im Hinblick auf das Urteil des EuGH v. 19.6.2018 (NVwZ 2018, 1625 – Gnandi) den unionsrechtlichen Anforderungen an ein Bleiberecht genügt, hat das BVerwG zwar offen gelassen (BVerwG BeckRS 2020, 8209 Rn. 38 mit weiteren unionsrechtlichen Bedenken bei BeckRS 2020, 8209 Rn. 39 ff.). Da Unionsrecht das Bundesamt aber mit Blick auf die ansonsten bereits mit Bescheidzustellung in Gang gesetzte einwöchige Ausreisefrist (vgl. BVerwG BeckRS 2020, 8209 Rn. 37) zur Außervollzugsetzung der Abschiebungsandrohung (§ 80 Abs. 4 S. 1 VwGO) für die Dauer eines etwaigen Eilverfahrens zwingt (vgl. BVerwG BeckRS 2020, 8209 Rn. 54 ff.), bleibt die betroffene Person bis zum Ablauf der Rechtsmittelfrist (§ 36 Abs. 3 S. 1 AsylG) bzw. Ablehnung ihres Eilantrags weiterhin im Besitz einer Aufenthaltsgestattung. Ist ein **Eilantrag erfolgreich, bleibt die Abschiebungsandrohung** jedenfalls auch aufgrund der gerichtlichen Entscheidung **außer Vollzug gesetzt** und die Aufenthaltsgestattung bestehen.

18.1 Ob ein erfolgreicher Abänderungsantrag (§ 80 Abs. 7 VwGO) eine Aufenthaltsgestattung wiederaufleben lässt, hängt davon ab, ob die Änderung des Beschlusses nach § 80 Abs. 5 VwGO ex tunc wirkt, was keineswegs der Regelfall ist. Eine nur ex-nunc wirkende Abänderungsentscheidung ändert dagegen nichts daran, dass die Abschiebungsandrohung vollziehbar „geworden" ist (vgl. zu den verschiedenen Konstellationen Schoch/Schneider VwGO/Schoch VwGO § 80 Rn. 591).

18a Setzt das Bundesamt die **Vollziehung erst nach Bescheidzustellung aus,** ändert dies nichts daran, dass die Abschiebungsandrohung „vollziehbar geworden ist". Zwar geht das BVerwG davon aus, dass die Aussetzung der Vollziehung auch rückwirkend erfolgen kann (BVerwG BeckRS 2020, 8209 Rn. 56; offengelassen von OVG LSA NVwZ-RR 2012, 384). Anders als stattgebende Entscheidungen nach § 80 Abs. 5 VwGO wirkt die behördliche Vollziehungsaussetzung aber nicht schon nach allgemeinen Grundsätzen automatisch zurück. Will die Behörde eine solche Rückwirkung erzielen, muss sie – schon aus Gründen der Rechtsklarheit – eine eindeutige diesbezügliche zeitliche Bestimmung treffen (vgl. Röder InfAuslR 2020, 372; OVG LSA NVwZ-RR 2012, 384; unklar BVerwG BeckRS 2020, 8209 Rn. 56). Jedenfalls **bei einer ex-nunc-Aussetzung** besteht deshalb ein **Rechtsschutzbedürfnis für einen Antrag auf Anordnung der aufschiebenden Wirkung** (§ 80 Abs. 5 VwGO), da nur er im Erfolgsfalle die Aufenthaltsgestattung rückwirkend wieder zur Entstehung bringen kann. Daran kann der Betroffene etwa mit Blick auf Teilhaberechte (§ 61, § 44 Abs. 4 S. 2 AufenthG) oder eine spätere Aufenthaltsverfestigung (§ 55 Abs. 3 S. 1, § 26 Abs. 4 S. 3 AufenthG) ein schutzwürdiges Interesse haben (vgl. VG Berlin BeckRS 2019, 26202 Rn. 6; BeckRS 2019, 838 Rn. 15, 18; Röder InfAuslR 2020, 372 f.). Mit Blick etwa auf § 61 Abs. 1 S. 2 Nr. 4 AsylG und § 1a Abs. 7 S. 2 AsylbLG lässt aber auch eine mit Rückwirkung angeordnete Außervollzugsetzung das Rechtsschutzbedürfnis nicht entfallen (näher Röder InfAuslR 2020, 372 (373 f.); ebenso wohl VG Karlsruhe BeckRS 2020, 19720 Rn. 7 f.).

19 Eine während des Asylverfahrens nach § 60 Abs. 9 AufenthG erlassene Abschiebungsandrohung ist **rein ausländerrechtlicher Natur.** Ihre Vollziehbarkeit richtet sich deshalb nicht nach § 75 Abs. 1, sondern dem jeweiligen Landesrecht, das in der Regel von der Ermächtigung des § 80 Abs. 2 S. 2 VwGO Gebrauch gemacht haben wird (weiterführend GK-AsylG/Funke-Kaiser Rn. 20; NK-AuslR/Clodius Rn. 6).

V. Vollziehbare Abschiebungsanordnung (Nr. 5)

20 Nr. 5 betrifft neben den Konstellationen des § 26a **„Dublinfälle",** in denen auf Grundlage von § 34a Abs. 1 eine Abschiebungsanordnung ergeht (zur in Dublin-Fällen ausnahmsweise ergehenden Abschiebungsandrohung → Rn. 17). Seit dem Asylverfahrensbeschleunigungsgesetz (v. 20.10.2015, BGBl. I 1722) knüpft das Erlöschen – wie iRd Nr. 4 – an die Vollziehbarkeit, nicht mehr – wie weiterhin in Nr. 5a – an die Bekanntgabe an (BT-Drs. 18/6185, 35). Die Vollziehbarkeit bestimmt sich wie iRv Nr. 4 (→ Rn. 17), tritt also in der Regel mit Bescheidzustellung ein. Es ist fraglich, ob dies unionsrechtlichen Vorgaben entspricht (zu den einzelnen Vereinbarkeitsbedenken im Kontext von „o.u.-Ablehnungen" vgl. BVerwG BeckRS 2020, 8209 Rn. 39 ff.) oder das Bundesamt bis zu einer Gesetzesanpassung nicht auch hier von § 80 Abs. 4 S. 1 VwGO Gebrauch machen muss. Auch im Anwendungsbereich der Nr. 5 entsteht die Aufenthaltsgestattung im Erfolgsfall eines Eilantrags (§ 80 Abs. 5 VwGO) nach allgemeinen Grundsätzen rückwirkend (Röder/Wittmann ZAR 2017, 345 (346)). Setzt das Bundesamt die Vollziehung der Abschiebungsanordnung gem. § 80 Abs. 4 VwGO aus, gilt das zu Abs. 1 S. 2 Nr. 4 Gesagte entsprechend (→ Rn. 18a).

VI. Abschiebungsanordnung gem. § 58a AufenthG (Nr. 5a)

Bei einer auf Grundlage von § 58a AufenthG erlassenen Abschiebungsanordnung knüpft der **21** Erlöschenstatbestand im Unterschied zu Nr. 4 und Nr. 5 nicht an die – kraft Gesetzes bestehende (§ 58a Abs. 1 S. 2 Hs. 1 AufenthG) – Vollziehbarkeit, sondern die Bekanntgabe an. Das hat unter anderem zur Folge, dass sich am Erlöschen der Aufenthaltsgestattung auch im Falle eines erfolgreichen Eilantrags nichts ändert, da die Bekanntgabe nicht rückwirkend beseitigt werden kann (Röder/Wittmann ZAR 2017, 345 (346)).

VII. Unanfechtbare Bundesamtsentscheidung (Nr. 6)

Nr. 6 ist ein **Auffangtatbestand** („im Übrigen"), wenn die Aufenthaltsgestattung nicht bereits **22** nach Nr. 1–5a erloschen ist. Mit der Entscheidung ist grundsätzlich die Entscheidung über den Asylantrag gemeint (Bergmann/Dienelt/Bergmann Rn. 14). Erfasst sind **positive und negative Entscheidungen. Hauptanwendungsfall** für letztere sind „**einfach unbegründete"** Ablehnungen. Geht man davon aus, dass die Bundesamtsentscheidung insgesamt unanfechtbar sein muss (so GK-AsylG/Funke-Kaiser Rn. 22), wofür auch die zur Frage des „bestandskräftigen Abschlusses des Asylverfahrens" iSd § 10 Abs. 1 AufenthG ergangene Rechtsprechung des BVerwG spricht (BVerwGE 153, 353 = NVwZ 2016, 458 Rn. 12), bleibt die Aufenthaltsgestattung bestehen, wenn das Bundesamt subsidiären Schutz gewährt hat und gegen die Antragsablehnung im Übrigen („Aufstockungs-")Klage mit aufschiebender Wirkung erhoben wird (VG Ansbach BeckRS 2020, 32227 Rn. 56).

Das insoweit auf gerichtlicher Ebene fortgeführte Asylverfahren hindert aber nicht die Erteilung der **22.1** Aufenthaltserlaubnis nach § 25 Abs. 2 S. 1 Alt. 2 AufenthG, da dieser einen gesetzlichen Anspruch iSd § 10 Abs. 1 AufenthG begründet. Spätestens mit Erteilung der Aufenthaltserlaubnis wechselt der Ausländer ungeachtet der fortbestehenden Aufenthaltsgestattung vom AsylbLG ins SGB II oder SGB XII (vgl. § 1 Abs. 2 AsylbLG sowie VG Ansbach BeckRS 2020, 32227 Rn. 57). Bis zur Erteilung der Aufenthaltserlaubnis gilt der Aufenthalt bereits gem. § 25 Abs. 2 S. 2, Abs. 1 S. 3 AufenthG als erlaubt und es besteht Zugang zum Arbeitsmarkt kraft Gesetzes (§ 25 Abs. 2 S. 2, Abs. 1 S. 4 AufenthG). Grundlegend anders liegt der Fall, wenn das Bundesamt ein Abschiebungsverbot nach § 60 Abs. 5, Abs. 7 AufenthG feststellt und den Asylantrag (§ 13 Abs. 2 S. 1) ablehnt. Hier sperrt § 10 Abs. 1 AufenthG im Falle einer Klageerhebung die Erteilung der Aufenthaltserlaubnis, die gem. § 25 Abs. 3 S. 1 AufenthG nur erteilt werden „soll" (BVerwGE 153, 353 = NVwZ 2016, 458).

Unanfechtbar iSd Nr. 6 wird die Entscheidung mit **Ablauf der Klagefrist** (§ 74 Abs. 1), bei **23** (fristgerechter) Erhebung und (teilweiser) Abweisung der Klage mit Ablauf der Frist für den Antrag auf Zulassung der Berufung (§ 78 Abs. 4 S. 1), sofern das Verwaltungsgericht keine Entscheidung nach § 78 Abs. 1 getroffen hat. Wird ein Zulassungsantrag gestellt, tritt Unanfechtbarkeit mit Zustellung des ablehnenden Beschlusses ein (GK-AsylG/Funke-Kaiser Rn. 23). Im Falle ihrer Zulassung gelten nach der Entscheidung des Oberverwaltungsgerichts bzw. Verwaltungsgerichtshofes die §§ 132 f., 139 VwGO.

Bei **verspäteter Klageerhebung und Beantragung einer Wiedereinsetzung in den vori- 23a gen Stand** (§ 60 VwGO) ändert dies als solches nichts an der bereits eingetretenen Bestandskraft des Bescheides und im Fall der Ablehnung eines Asylantrags am Erlöschen der Aufenthaltsgestattung (HmbOVG BeckRS 2019, 15987 Ls. 1; BayObLG BeckRS 1995, 11151). Bei Gewährung der Wiedereinsetzung gelangt die Aufenthaltsgestattung aber rückwirkend zur Entstehung (BeckOK VwGO/Brink/Peters VwGO § 60 Rn. 43).

Ergeht eine **verwaltungsgerichtliche Verpflichtungsentscheidung,** erlischt die Aufent- **24** haltsgestattung nicht bereits mit Eintritt der Rechtskraft. Vielmehr muss das Bundesamt die Entscheidung iSd Nr. 6 in Umsetzung des Verpflichtungsausspruchs erst noch treffen. Die Aufenthaltsgestattung erlischt also erst mit Wirksamkeit des Anerkennungsbescheids, häufig mit „Verpflichtungsbescheid" überschrieben. Bis dahin verbleibt der Ausländer im Gestattungsstatus. Die eine Anerkennung durch das Bundesamt voraussetzende Erlaubnisfiktion des § 25 Abs. 1 S. 3

AufenthG iVm § 25 Abs. 2 S. 2 AufenthG greift in dieser Phase nicht. Lässt sich das Bundesamt mit der Bescheidausfertigung zu viel Zeit, kommt ein Vorgehen gem. § 172 VwGO in Betracht.

C. Erneutes Inkrafttreten der Aufenthaltsgestattung (Abs. 2)

25   In den in Abs. 2 genannten Fällen lebt eine erloschene Aufenthaltsgestattung **mit Wirkung für die Zukunft** wieder auf. Abs. 2 Nr. 1 bezieht sich auf Abs. 1 S. 1 Nr. 3. Er regelt das Inkrafttreten der Aufenthaltsgestattung bei Wiederaufnahme des Asylverfahrens (§ 33 Abs. 5 S. 2), nachdem dieses gem. § 33 Abs. 5 S. 1 eingestellt worden ist (zur für die Bestimmung des Zeitpunkts des Inkrafttretens der Aufenthaltsgestattung relevanten Form der Wiederaufnahme ausf. → § 33 Rn. 80 ff.). Die Wiederaufnahmemöglichkeit basiert auf Art. 28 Abs. 2 Asylverfahrens-RL.

26   Abs. 2 Nr. 2 bezieht sich auf den in Abs. 1 S. 1 Nr. 2 geregelten Erlöschensgrund. Die Aufenthaltsgestattung tritt wieder in Kraft, wenn der Ausländer den Asylantrag nach Ablauf der Zwei-Wochen-Frist bzw. der gem. Abs. 1 S. 2 verlängerten Frist stellt (zur Sperrwirkung von Abs. 2 Nr. 1 bei Zusammentreffen der Erlöschensgründe nach Abs. 1 S. 1 Nr. 2 und Nr. 3 vgl. → Rn. 9).

D. Folgen des Erlöschens

27   Mit dem (vorübergehenden) Untergang der Aufenthaltsgestattung entsteht die **gesetzliche Ausreisepflicht** des § 50 Abs. 1 AufenthG unmittelbar, sofern der Ausländer keinen Aufenthaltstitel besitzt. Deren Vollzug richtet sich unter Beachtung der in § 43 normierten Modifikationen nach dem AufenthG.

28   Anlässlich der Aufenthaltsgestattung bestehende oder verfügte **„Begleitregelungen" teilen nicht automatisch deren Schicksal.** Für die – ebenfalls kraft Gesetzes eintretende – räumliche Beschränkung des § 56 stellt § 59a Abs. 2 S. 1 das ausdrücklich klar (→ § 59a Rn. 13).

29   Soweit es um Verwaltungsakte geht, ist zu differenzieren. Für die im Einzelfall auf Grundlage von § 59b verfügte räumliche Beschränkung verweist § 59b Abs. 2 auf § 59a Abs. 2 (→ § 59b Rn. 27). Nachdem das AsylG keine Generalklausel zum Erlass von Auflagen mehr enthält (→ § 60 Rn. 4), geht es im Übrigen in der Praxis vor allem um den Fortbestand von gem. § 60 verfügten **Wohnsitzauflagen** und gem. § 61 erteilten **Beschäftigungserlaubnissen** nach Erlöschen der Aufenthaltsgestattung. Teilweise wird davon ausgegangen, dass diese zusammen mit der Aufenthaltsgestattung erlöschen (zur Beschäftigungserlaubnis vgl. OVG RhPf BeckRS 2017, 117445 Rn. 49: „akzessorische Erlaubnis nach § 61 Abs. 2"; GK-AufenthG/Funke-Kaiser § 4 Rn. 108, 106; zur Wohnsitzauflage vgl. OVG MV BeckRS 2004, 12811 Rn. 6: „Nebenbestimmung der Aufenthaltsgestattung").

30   Mangels einer § 51 Abs. 6 AufenthG vergleichbaren ausdrücklichen Regelung bestimmt sich das Ende des Verwaltungsakts nach **allgemeinen verwaltungsrechtlichen Grundsätzen.** Die Annahme einer Nebenbestimmung iSv § 36 VwVfG scheitert schon an der fehlenden Verwaltungsaktqualität der Aufenthaltsgestattung (vgl. Röder/Wittmann ZAR 2017, 345 (347); ebenso GK-AsylG/Funke-Kaiser Rn. 3.1; anders aber für die Beschäftigungserlaubnis GK-AufenthG/Funke-Kaiser § 4 Rn. 108, 106). In beiden Fällen handelt es sich um **von der Aufenthaltsgestattung unabhängige Verwaltungsakte**, deren Wirksamkeit nicht mit dem Entfall ihrer Erlassvoraussetzungen endet. Die pauschale Annahme einer mit Erlöschen der Aufenthaltsgestattung eintretenden Erledigung auf sonstige Weise gem. § 43 Abs. 2 VwVfG (so in Bezug auf die Wohnsitzauflage aber Bergmann/Dienelt/Bergmann Rn. 12; BeckOK AuslR/Neundorf Rn. 1) scheidet aufgrund des Ausnahmecharakters dieses Rechtsinstituts (BeckOK VwVfG/Schemmer VwVfG § 43 Rn. 50) aus. Sie wäre angesichts des auch nach dem Untergang der Aufenthaltsgestattung weiterhin sinnvollen Regelungsgehalts von Wohnsitzauflage (→ § 51 Rn. 4) und Beschäftigungserlaubnis (s. Röder/Wittmann ZAR 2017, 345 (347)) zumindest besonders begründungsbedürftig. Bezüglich der Wohnsitzauflage (§ 60) kann schon mit Blick auf Abs. 2 Nr. 1 nicht angenommen werden, dass sich der Untergang der Aufenthaltsgestattung auf sie erstrecken soll.

31   Bei Erlöschen der Aufenthaltsgestattung soll die hierüber gem. § 63 ausgestellte Bescheinigung eingezogen werden (§ 63 Abs. 4). Besitzt der Ausländer noch einen Ankunftsnachweis, endet dessen Gültigkeit gem. § 63a Abs. 4 S. 1 Alt. 3; eine Einziehung ist in diesem Fall aber nicht vorgesehen.

E. Rechtsschutz

32   Bei Streit über das Fortbestehen der Aufenthaltsgestattung trotz Fortgeltung der Bescheinigung ist Feststellungsklage zu erheben (§ 43 VwGO). Unmittelbar angefochten werden kann das Erlöschen der Aufenthaltsgestattung zwar nicht. Ihr Fortbestand bzw. Wiederinkrafttreten ist aber ggf. mittelbare Folge eines (erfolgreichen) Vorgehens gegen die Verwaltungsakte, an die die Erlöschenstatbestände überwiegend anknüpfen. Ansonsten wird sich die Frage nach dem (Fort-) Bestand der Aufenthaltsgestattung zumeist inzident stellen.

§§ 68–70 (weggefallen)

Abschnitt 7. Folgeantrag, Zweitantrag

§ 71 Folgeantrag

(1) ¹Stellt der Ausländer nach Rücknahme oder unanfechtbarer Ablehnung eines früheren Asylantrags erneut einen Asylantrag (Folgeantrag), so ist ein weiteres Asylverfahren nur durchzuführen, wenn die Voraussetzungen des § 51 Abs. 1 bis 3 des Verwaltungsverfahrensgesetzes vorliegen; die Prüfung obliegt dem Bundesamt. ²Das Gleiche gilt für den Asylantrag eines Kindes, wenn der Vertreter nach § 14a Abs. 3 auf die Durchführung eines Asylverfahrens verzichtet hatte.

(2) ¹Der Ausländer hat den Folgeantrag persönlich bei der Außenstelle des Bundesamtes zu stellen, die der Aufnahmeeinrichtung zugeordnet ist, in der er während des früheren Asylverfahrens zu wohnen verpflichtet war. ²Wenn der Ausländer das Bundesgebiet zwischenzeitlich verlassen hatte, gelten die §§ 47 bis 67 entsprechend. ³In den Fällen des § 14 Abs. 2 Satz 1 Nr. 2 oder wenn der Ausländer nachweislich am persönlichen Erscheinen gehindert ist, ist der Folgeantrag schriftlich zu stellen. ⁴Der Folgeantrag ist schriftlich bei der Zentrale des Bundesamtes zu stellen, wenn
1. die Außenstelle, die nach Satz 1 zuständig wäre, nicht mehr besteht,
2. der Ausländer während des früheren Asylverfahrens nicht verpflichtet war, in einer Aufnahmeeinrichtung zu wohnen.
⁵§ 19 Abs. 1 findet keine Anwendung.

(3) ¹In dem Folgeantrag hat der Ausländer seine Anschrift sowie die Tatsachen und Beweismittel anzugeben, aus denen sich das Vorliegen der Voraussetzungen des § 51 Abs. 1 bis 3 des Verwaltungsverfahrensgesetzes ergibt. ²Auf Verlangen hat der Ausländer diese Angaben schriftlich zu machen. ³Von einer Anhörung kann abgesehen werden. ⁴§ 10 gilt entsprechend.

(4) Liegen die Voraussetzungen des § 51 Abs. 1 bis 3 des Verwaltungsverfahrensgesetzes nicht vor, sind die §§ 34, 35 und 36 entsprechend anzuwenden; im Falle der Abschiebung in einen sicheren Drittstaat (§ 26a) ist § 34a entsprechend anzuwenden.

(5) ¹Stellt der Ausländer, nachdem eine nach Stellung des früheren Asylantrags ergangene Abschiebungsandrohung oder -anordnung vollziehbar geworden ist, einen Folgeantrag, der nicht zur Durchführung eines weiteren Verfahrens führt, so bedarf es zum Vollzug der Abschiebung keiner erneuten Fristsetzung und Abschiebungsandrohung oder -anordnung. ²Die Abschiebung darf erst nach einer Mitteilung des Bundesamtes, dass die Voraussetzungen des § 51 Abs. 1 bis 3 des Verwaltungsverfahrensgesetzes nicht vorliegen, vollzogen werden, es sei denn, der Ausländer soll in den sicheren Drittstaat abgeschoben werden.

(6) ¹Absatz 5 gilt auch, wenn der Ausländer zwischenzeitlich das Bundesgebiet verlassen hatte. ²Im Falle einer unerlaubten Einreise aus einem sicheren Drittstaat (§ 26a) kann der Ausländer nach § 57 Abs. 1 und 2 des Aufenthaltsgesetzes dorthin zurückgeschoben werden, ohne dass es der vorherigen Mitteilung des Bundesamtes bedarf.

(7) ¹War der Aufenthalt des Ausländers während des früheren Asylverfahrens räumlich beschränkt, gilt die letzte räumliche Beschränkung fort, solange keine andere Entscheidung ergeht. ²Die §§ 59a und 59b gelten entsprechend. ³In den Fällen der Absätze 5 und 6 ist für ausländerrechtliche Maßnahmen auch die Ausländerbehörde zuständig, in deren Bezirk sich der Ausländer aufhält.

(8) Ein Folgeantrag steht der Anordnung von Abschiebungshaft nicht entgegen, es sei denn, es wird ein weiteres Asylverfahren durchgeführt

Überblick

§ 71 regelt die Voraussetzungen und den Verfahrensablauf, wenn nach Abschluss eines ersten Asylverfahrens ein neuer Asylantrag nach § 13 AsylG gestellt wird. Es ist dabei unerheblich, ob zwischenzeitlich eine Ausreise erfolgt ist (BVerwGE 77, 323 (324) = NVwZ 1988, 258 (259)). § 71 setzt den endgültigen Abschluss des vorangegangenen Asylverfahrens voraus (→ Rn. 1 ff.). Es wird dann zunächst geprüft, ob Wiederaufnahmegründe iSd § 51 Abs. 1–3 VwVfG vorliegen (→ Rn. 12 ff.). Nur wenn dies der Fall ist, wird der Asylantrag auch inhaltlich geprüft. Zum Verfahrensablauf → Rn. 32 ff. und zur Rechtsstellung des Folgeantragstellers → Rn. 40 ff Keinen Folgeantrag iSd § 71 stellt ein auf die Feststellung von Abschiebungshindernissen nach § 60 Abs. 5 und Abs. 7 AufenthG beschränkter Antrag dar (→ Rn. 48 ff.).

Die Regelung steht grundsätzlich mit der Asylverfahrens-RL (RL 2013/32/EU v. 26.6.2013, ABl. 2013 L 180, 60) im Einklang mit der Einschränkung, dass die Ausschlussfrist des § 51 Abs. 3 VwVfG nicht richtlinienkonform und daher nicht mehr anwendbar ist (→ Rn. 22).

Übersicht

A. Voraussetzungen (Abs. 1)

I. Vorliegen eines Folgeantrags: Endgültiger Abschluss des vorangegangenen Asylverfahrens

1. Unanfechtbare Ablehnung des Asylantrages

1 Eine **unanfechtbare Ablehnung** liegt vor, wenn gegen die Ablehnung nicht innerhalb der Frist ein Rechtsmittel eingelegt wurde, wenn das eingelegte Rechtsmittel zurückgenommen wurde oder endgültig abgelehnt wurde (Bergmann/Dienelt/Bergmann Rn. 6; NK-AuslR/Müller Rn. 9) und wenn das Gerichtsverfahren auf Grundlage des § 81 eingestellt wird (GK-AsylG/Funke-Kaiser Rn. 23). Die **rechtskräftige Ablehnung** steht also der unanfechtbaren gleich (Bergmann/Dienelt/Bergmann Rn. 6).

1.1 Unanfechtbarkeit liegt auch vor, wenn eine **Anhörungsrüge** noch anhängig ist, da diese den Eintritt der formellen Rechtskraft nicht hindert (GK-AsylG/Funke-Kaiser Rn. 24). Dasselbe gilt für das Betreiben eines Wiederaufnahmeverfahrens nach § 153 VwGO (Hailbronner AuslR Rn. 33). Strittig ist, ob im Falle eines Wiedereinsetzungsantrags nach § 60 VwGO ein Folgeantrag möglich ist (dafür: GK-AsylG/Funke-Kaiser Rn. 24; dagegen: NK-AuslR/Müller Rn. 15 → Rn. 5).

2 Es ist unerheblich, aus welchen Gründen die Ablehnung erfolgte. Es kann sich auch um die **Ablehnung eines Zweitantrages** handeln (vgl. § 71a Abs. 5). Schon begrifflich liegt aber keine unanfechtbare Ablehnung eines Asylantrages in der **Verweigerung der Einreise** nach § 18 Abs. 2, egal auf welche Gründe die Verweigerung gestützt wird (Hailbronner AuslR Rn. 24). Ob auch die Ablehnung eines Asylantrages als **unzulässig** nach § 29 Abs. 1 Nr. 1–4 unter § 71 fällt ist umstritten. Richtigerweise ist hier nach dem Grund der Ablehnung zu unterscheiden:
• Wurde der Asylantrag **nach § 29 Abs. 1 Nr. 1 wegen anderweitiger Zuständigkeit** eines anderen Mitglied- oder Vertragsstaates als unzulässig abgelehnt und scheitert anschließend die

Rückführung, bspw. weil die Überstellungsfrist abgelaufen ist, hat das BAMF das Verfahren wieder aufzunehmen und den ursprünglichen Bescheid aufzuheben. Es handelt sich nicht um einen Folgeantrag iSd § 71 (GK-AsylG/Funke-Kaiser Rn. 57; NK-AuslR/Müller Rn. 11). Denn aus dem Sinn und Zweck des europäischen Asylsystems folgt ein Anspruch der Betroffenen auf Prüfung ihres Schutzgesuches zumindest in einem Mitgliedstaat (GK-AsylG/Funke-Kaiser Rn. 57). Ist das Asylverfahren in dem nach § 29 Abs. 1 Nr. 1 zuständigen Staat bereits erfolglos abgeschlossen, kommt jedoch § 71a zur Anwendung (→ § 71a Rn. 1 ff.). Eine Umdeutung des ursprünglichen Bescheides gem. § 71a kommt aber nicht in Betracht (BayVGH NVwZ-RR 2015, 914; OVG NRW BeckRS 2015, 55008; VGH BW NVwZ 2015, 1155 (1157)).
- Bei der Ablehnung als unzulässig nach **§ 29 Abs. 1 Nr. 2 wegen anderweitiger Zuerkennung internationalen Schutzes** und anschließender rechtlicher oder tatsächlicher Unmöglichkeit der Rückführung wird vertreten, dass § 71 anwendbar sein soll (GK-AsylG/Funke-Kaiser Rn. 58). Im Fall einer Flüchtlingsanerkennung im anderen Mitgliedstaat wird die Bundesrepublik aber jedenfalls nach Art. 31 GFK und dem europäischen Übereinkommen über den Übergang der Verantwortung für Flüchtlinge an die Anerkennung gebunden sein (sa GK-AsylG/Funke-Kaiser § 29 Rn. 12).
- Die Ablehnung als **unzulässig nach § 29 Abs. 1 Nr. 3** wegen **Sicherem Drittstaat** bietet in der Regel keinen Raum für die Anwendung des § 71, da die Möglichkeit der Rückführung bereits bei der Entscheidung feststehen muss (GK-AsylG/Funke-Kaiser Rn. 59). Sollte die Rückführung später dennoch scheitern, ist ein Antrag auf Fortführung des Verfahrens zu stellen, der kein Folgeantrag nach § 71 ist (GK-AsylG/Funke-Kaiser Rn. 59; NK-AuslR/Müller Rn. 11; **aA** Hailbronner AuslR Rn. 30).
- Die Ablehnung als unzulässig nach § 29 Abs. 1 Nr. 4 wegen **anderweitiger Sicherheit vor Verfolgung** ist erfasst, auch wenn dort eine Sachprüfung nicht stattfindet (GK-AsylG/Funke-Kaiser Rn. 69 ff.; **aA** Hailbronner AuslR/Hailbronner Rn. 22).

Die Unanfechtbarkeit kann sich auch auf **Teile des Asylantrages** beziehen (NK-AuslR/Müller **3** Rn. 10). Es ist daher denkbar, dass Art. 16 GG schon unanfechtbar abgelehnt ist, während eine Klage auf Flüchtlingsanerkennung nach § 3 noch anhängig ist (NK-AuslR/Müller Rn. 10) und damit ein Folgeantrag gem. Art. 16 GG möglich ist. Dasselbe muss gelten, wenn subsidiärer Schutz nach § 4 zuerkannt wurde und Flüchtlingsschutz nach § 3 unanfechtbar abgelehnt ist (NK-AuslR/Müller Rn. 12). Schutzsuchende, deren Asylverfahren **bis zum 30.11.2013 mit der Feststellung eines Abschiebungshindernisses nach § 60 Abs. 2 AufenthG** abgeschlossen war, können einen **Erstantrag** auf subsidiären Schutz nach § 4 stellen, da es bis 1.12.2013 keinen Antrag auf subsidiären Schutz im nationalen Recht gab (BVerwG NVwZ-RR 2015, 634 (636)) und der Antrag von Anfang an auf die Rechtsfolgen nach § 4 beschränkt werden kann (BVerwG NVwZ-RR 2015, 634 (636); NK-AuslR/Brunis § 13 Rn. 13; **aA** GK-AsylG/Funke-Kaiser Rn. 20). Dementsprechend kann auch bei einem vor dem 30.11.2013 abgelehnten **Antrag auf Aufenthaltserlaubnis nach § 25 Abs. 3 AufenthG iVm § 60 Abs. 2 AufenthG** ein Erstantrag auf subsidiären Schutz (und Flüchtlingsschutz) gestellt werden (NK-AuslR/Müller Rn. 1, 12). Auch kann bei **Beschränkung des Erstantrags** von Anfang an auf § 4 später ein Antrag auf Feststellung der Flüchtlingseigenschaft nach § 3 gestellt werden, der keinen Folgeantrag darstellt (BVerwG NVwZ-RR 2015, 634 (636); NK-AuslR/Müller Rn. 12; aA GK-AsylG/Funke-Kaiser Rn. 20).

Strittig ist, ob auch im Falle des **Erlöschens** der Asylanerkennung bzw. des Flüchtlingsschutzes **4** § 71 anwendbar ist. Für eine – zumindest analoge Anwendung – wird vorgebracht, dass sowohl das Erlöschen als auch die Ablehnung ihre Ursache im Nichtbestehen oder Wegfall der Verfolgungsgefahr haben (Bergmann/Dienelt/Bergmann Rn. 7; vom Ergebnis gleich: Bell/v. Nieding ZAR 1995, 119). Dies ist jedoch abzulehnen, da bereits der eindeutige Wortlaut des § 71 dagegen spricht (VG Gießen AuAS 2003, 190; GK-AsylG/Funke-Kaiser Rn. 98; NK-AuslR/Müller Rn. 13; Hailbronner AuslR Rn. 31) und das Erlöschen auch in verfahrensrechtlicher Sicht nicht der Ablehnung gleichgestellt werden kann (VG Gießen AuAS 2003, 190) Allerdings ist zu beachten, dass ggf. die Erlöschensgründe weiterhin Bestand haben und der Folgeantrag damit ins Leere läuft (NK-AuslR/Müller Rn. 13). Ebenfalls wegen des eindeutigen Wortlautes liegt auch bei Asylanträgen nach **Widerruf oder Rücknahme** des internationalen Schutzes kein Folgeantrag iSd § 71 vor (NK-AuslR/Müller Rn. 13; offen gelassen: VG Frankfurt a. M. NVwZ-RR 2009, 404 Ls. = BeckRS 2009, 31872; aA GK-AsylG/Funke-Kaiser Rn. 96). Dies folgt auch aus Art. 32 Asylverfahrens-RL 2005 (RL 2005/85/EG v. 1.12.2005, ABl. 2005 L 326, 13) sowie Erwägungsgrund 15 Asylverfahrens-RL 2005, wonach Voraussetzung für das Vorliegen eines Folgeantrages ist, dass ein früheres Verfahren zu Lasten des Antragstellers ausgegangen sein muss (VG Frankfurt a. M. NVwZ-RR 2009, 404 Ls. = BeckRS 2009, 31872). Eine andere Bewertung könnte sich nur für den Fall ergeben, dass die Rücknahmeentscheidung neben der Rücknahme der Ursprungsentscheidung auch eine Aussage dazu trifft, ob eine Anerkennung aus anderen Gründen in Betracht kommt (VG Berlin BeckRS 2002, 31141680).

5   Bei verfristeter Klageerhebung im Erstverfahren und noch laufendem **Wiedereinsetzungsantrag** kann kein Folgeantrag gestellt werden, da bei erfolgreichem Wiedereinsetzungsantrag die neuen Gründe noch im laufenden Verfahren geltend gemacht werden können (NK-AuslR/Müller Rn. 15; s. auch NdsOVG NVwZ-RR 1989, 276 (277) zur Frage des Verschuldens bei Klagerücknahme bei laufendem Wiedereinsetzungsantrag). Ist der Wiedereinsetzungsantrag abgelehnt, ist auch die Ablehnung im Erstverfahren rechtskräftig (aA GK-AsylG/Funke-Kaiser Rn. 24) und ein Folgeantrag kann gestellt werden. Bei Auftauchen von neuen Tatsachen während des anhängigen **Berufungszulassungsverfahrens** können diese nur dann im laufenden Verfahren eingebracht werden, wenn im Hinblick auf diese zugleich die Voraussetzungen für eine Zulassung der Berufung erfüllt sind (BayVGH BeckRS 2017, 132524; VGH BW FHOeffR 45 Nr. 11533 = InfAuslR 1994, 290). Treten während des **Revisionsverfahrens** neue Tatsachen und Beweismittel auf, sind diese stets mithilfe des Folgeantrages vorzubringen, da nur rechtliche Grundsatzfragen gerügt werden können (BVerwG InfAuslR 1985, 22; Marx AsylG Rn. 84). Es besteht mangels rechtskräftigem Abschluss des Erstverfahrens aber auch nicht die Möglichkeit, diese parallel im Folgeverfahren geltend zu machen (BVerwG ZAR 2009, 233; GK-AsylG/Funke-Kaiser Rn. 79; NK-AuslR/Müller Rn. 16; **aA** wohl BayVGH BeckRS 2017, 132524; VGH BW FHOeffR 45 Nr. 11533 = InfAuslR 1994, 290). Erst mit Zugang des den Zulassungsantrag zurückweisenden Beschlusses des Berufungs- bzw. Revisionsgerichts kann der Folgeantrag nach § 71 gestellt werden (BVerwG ZAR 2009, 233). Bei Rücknahme des Rechtsmittels zur beschleunigten Möglichkeit des Folgeantrags, droht die Ablehnung des Folgeantrags wegen der Verschuldensklausel des § 51 Abs. 2 VwVfG (→ VwVfG § 51 Rn. 14). Teilweise wird vertreten, dass zumindest bei offensichtlich aussichtslosem Rechtsmittelverfahren eine Rücknahme nicht zum Verschulden gem. § 51 Abs. 2 VwVfG führt (GK-AsylG/Funke-Kaiser Rn. 79; Bell/v. Nieding ZAR 1995, 181 (184))

6   Wenn der Asylbewerber zwei Asylverfahren unter **Angabe unterschiedlicher Identitäten** stellt, ist zu unterscheiden: Wird der zweite Antrag gestellt, während der erste Antrag noch anhängig ist und fällt dies auf, werden die Anträge in einem einheitlichen Verfahren zusammengeführt, wobei das Risiko der Ablehnung als offensichtlich unbegründet nach § 30 Abs. 3 Nr. 3 besteht (GK-AsylG/Funke-Kaiser Rn. 33; NK-AuslR/Müller Rn. 17). Wird die Doppelantragstellung nicht entdeckt und ein Antrag rechtskräftig abgelehnt, so muss der Asylbewerber diese Entscheidung gegen sich gelten lassen, eine Anfechtung der zweiten Entscheidung ist mangels Rechtsschutzbedürfnis nicht mehr möglich (BVerwG BeckRS 1999, 31355158; BayVGH BeckRS 1996, 22650).

2. Antragsrücknahme und Verzicht

7   Die **Rücknahme** des Asylantrags, die zum Folgeantrag führt, kann in jedem Stadium des Verfahrens erfolgen, also auch vor der Anhörung (GK-AsylG/Funke-Kaiser Rn. 40; Hailbronner AuslR Rn. 21; NK-AuslR/Müller Rn. 18; aA Marx AsylG Rn. 25) und auch nach Klageerhebung, wobei sie aber abzugrenzen ist von der reinen Rücknahme der Klage, durch die das Klageverfahren beendet und der Bescheid des BAMF rechtskräftig wird (NK-AuslR/Müller Rn. 18).

8   Früher war umstritten, ob die Erledigung des Verfahrens durch **Nichtbetreiben des Verfahrens** (§§ 32a Abs. 2, 33 Abs. 1) bzw. die Nichtbefolgung der **Verpflichtung der Weiterleitung** nach § 20 Abs. 1 eine Rücknahme iSd § 71 darstellte (s. hierzu ausf. GK-AsylG/Funke-Kaiser Rn. 42 ff.). Durch die Neuregelung des § 33 sowie den Verweis in § 20 Abs. 1 auf § 33 Abs. 1, Abs. 5 und Abs. 6 führt die Rücknahmefiktion jetzt nicht mehr automatisch zum Folgeantrag nach § 71, sondern nur noch, wenn ein Antrag auf Wiederaufnahme später als neun Monate nach Einstellung gestellt wird (§ 33 Abs. 5 S. 6 Nr. 1) oder wenn es sich um einen zweiten Wiederaufnahmeantrag handelt (§ 33 Abs. 5 S. 6 Nr. 2).

9   Im Falle des **Verzichts** auf die Durchführung des Asylverfahrens für ein in der Bundesrepublik geborenes **Kind** gem. § 14a Abs. 3 stellt § 71 Abs. 1 S. 2 klar, dass jeder weitere Asylantrag einen Folgeantrag darstellt. Verzichtet dagegen ein **bereits anerkannter** Flüchtling oder Asylberechtigter auf seine Rechtsstellung mit der Folge, dass diese gem. § 72 erlischt (→ § 72 Rn. 22 f.), so stellt ein erneuter Asylantrag nach Wiedereinreise keinen Folgeantrag gem. § 71 dar (LG Karlsruhe BeckRS 2011, 11048; Hailbronner AuslR § 72 Rn. 28).

3. Folgeantrag

10   Ein Folgeantrag ist jeder weitere Antrag nach § 13 auf Asyl, Flüchtlingsschutz oder subsidiären Schutz, auch wenn er nach unten begrenzt wurde. Erfasst ist auch der **Antrag auf Familienasyl**

nach § 26 (NdsOVG NVwZ-Beil. 1996, 59). Nicht unter § 71 fällt jedoch der sog. **isolierte Wiederaufgreifensantrag nach § 60 Abs. 5 und Abs. 7 AufenthG,** da dieser kein Asylantrag iSd § 13 Abs. 1 ist. Dieser richtet sich nach den allgemeinen Voraussetzungen für ein Wiederaufgreifen des § 50 Abs. 1–3 VwVfG (→ Rn. 48 ff.).

II. Inhaltliche Voraussetzungen

Im Folgeverfahren findet eine zweistufige Prüfung statt: Zunächst wird das Vorliegen von **11** Wiederaufgreifensgründen mit Verweis auf § 51 Abs. 1–3 VwVfG geprüft. Nur wenn diese vorliegen, wird in einem zweiten Schritt eine inhaltliche Prüfung des Asylantrags durchgeführt.

1. Änderung der Sach- und Rechtslage (§ 51 Abs. 1 Nr. 1 VwVfG)

Eine **Änderung der Sachlage** liegt vor, wenn sich entweder die allgemeinen politischen **12** Verhältnisse oder Lebensbedingungen im Heimatstaat oder die das persönliche Schicksal des Asylbewerbers bestimmenden Umstände so verändert haben, dass eine für den Asylbewerber günstigere Entscheidung nur **möglich** erscheint (BVerfG InfAuslR 1993, 229 (231); NVwZ-Beil. 2000, 78 = BeckRS 2000, 30099513). Hierfür genügt schon ein **schlüssiger Sachvortrag,** der nicht von vornherein nach jeder vertretbaren Betrachtung ungeeignet sein darf, zur Anerkennung zu verhelfen (BVerfG NVwZ-Beil. 2000, 78 = BeckRS 2000, 30099513; InfAuslR 1993, 229 (231)) Nicht erforderlich ist, dass der materielle Anspruch selbst vorliegt (VGH BW AuAS 2000, 152). Bei der Prüfung müssen sich das BAMF und das Verwaltungsgericht auf das beschränken, was der Antragsteller als Wiederaufnahmegrund vorträgt (BVerfG NVwZ-Beil. 2000, 78 = BeckRS 2000, 30099513; BVerwG NVwZ 1989, 161). Erst wenn feststeht, dass das Verfahren wieder zu eröffnen ist, besteht die verfassungsrechtliche Pflicht, den Sachverhalt umfassend aufzuklären und zu prüfen (BVerfG NVwZ-Beil. 2000, 78 = BeckRS 2000, 30099513) Fraglich ist, ob diese Rechtsprechung noch mit Art. 40 Abs. 2 Asylverfahrens-RL (RL 2013/32/EU v. 26.6.2013, ABl. 2013 L 180, 60) vereinbar ist, der ausdrücklich zwischen der Prüfung von Erkenntnissen, die durch den Antragsteller vorgetragen werden, und solchen, die zutage getreten sind, unterscheidet (so auch NK-AuslR/Müller Rn. 23).

Bei Vorliegen von **mehreren selbstständigen Verfolgungsgründen** muss für jeden einzelnen **13** dargelegt werden, dass die Voraussetzungen des Wiederaufgreifens gegeben sind (BVerwG NVwZ 1993, 788 = InfAuslR 1993, 357; zu gesonderten Wiederaufnahmefristen → Rn. 24).

Der maßgebliche **Zeitpunkt des Vorliegens** der neuen Sachlage ist stets der Zeitpunkt der **14** Sachentscheidung des BAMF bzw. der mündlichen Verhandlung. Das gilt sowohl, wenn der Folgeantrag ursprünglich unzulässig war und in der mündlichen Verhandlung zulässig geworden ist, sog. **Nachwachsen von Gründen** (VGH BW AuAS 2000, 152; allg. BVerwG DÖV 1979, 902 Rn. 15 = BeckRS 1979, 31269551; NK-AuslR/Müller Rn. 26), als auch für den Fall, dass der Folgeantrag ursprünglich zulässig war und dies in mündlicher Verhandlung nicht mehr vorliegt (VGH BW AuAS 2000, 152; allg. BVerwG DÖV 1979, 902 Rn. 15 = BeckRS 1979, 31269551).

Die **nachträglich erfolgte Asyl- bzw. Flüchtlingsanerkennung** des Stammberechtigten **15** führt auch bei mittlerweile eingetretener Volljährigkeit der Kinder zu einem Anspruch auf Familienasyl nach § 26, wenn die späte Antragstellung auf der langen Verfahrensdauer des Stammberechtigten beruht (BVerwG NVwZ 2003, 873). Bei einer Änderung der Sachlage durch **exilpolitische Tätigkeiten** oder **Konversion** nach Abschluss des Erstverfahrens bedarf es wegen des Regelausschlusses des § 28 Abs. 2 stets die Darlegung guter Gründe, warum der Asylbewerber nach dem erfolglosen Asylverfahren erstmalig politisch aktiv geworden ist bzw. seine Aktivitäten intensiviert hat (BVerwG NVwZ 2009, 730; zur Kritik: Müller ASYLMAGAZIN 2011, 8; → § 28 Rn. 49).

Unter **Änderung der Rechtslage** ist zunächst eine **Gesetzesänderung** zu verstehen. Eine **16** **Änderung der Rechtsprechung** stellt in der Regel keine Änderung der Rechtslage dar. Dies gilt uneingeschränkt für erst- und zweitinstanzliche Entscheidungen (BVerwG NVwZ 1989, 161 (162)); 1988, 143). **Änderungen der Rechtsprechung des BVerfG oder des BVerwG** sind dagegen als Änderung der Rechtslage zu werten (str., dafür: GK-AsylG/Funke-Kaiser Rn. 229 f.; Marx AsylG Rn. 239; NK-AuslR/Müller Rn. 30) Wenn die Ablehnung des Asylantrages auf einer bestimmten **Auslegung von Gemeinschaftsrecht** beruht, die später durch ein Urteil des **EuGH** anders interpretiert wird, ist ebenfalls von einer Änderung der Rechtslage auszugehen (dies folgt aus EuGH DStRE 2008, 1163 Rn. 45 = EuZW 2008, 145; s. auch BVerwG NVwZ 2010, 652; NK-AuslR/Müller Rn. 30; **aA** Bergmann/Dienelt/Bergmann Rn. 25 mwN).

2. Neues Beweismittel

17   Beweismittel sind Erkenntnismittel, die die Überzeugung von der Existenz oder Nichtexistenz von Tatsachen begründen können (SächsOVG BeckRS 2017, 123499). In Betracht kommt alles, was Beweismittel iSd § 26 VwVfG ist, also Urkunden, Zeugen, Sachverständigengutachten, amtliche Auskünfte, Video, Artikel, Foto, Medienberichte, etc. **Neu** sind solche Beweismittel, die im Erstverfahren nicht existent waren und solche, die zwar vorhanden waren, aber nicht eingeführt werden konnten (BVerwG NVwZ 1993, 788; NJW 1982, 2204).

18   Bei **Urkunden** kann und muss das BAMF sowohl Echtheit als auch Aussagekraft überprüfen (NK-AuslR/Müller AsylG Rn. 33). Wegen § 23 VwVfG hat der Antragsteller für eine beigefügte **Übersetzung** zu sorgen (BeckOK AuslR/Schönbroicher/Dickten Rn. 21). Dabei genügt aufgrund der nach § 86 Abs. 1 VwGO geltenden Amtsermittlungspflicht jedoch eine einfache Übersetzung, aus der sich der wesentliche Inhalt der Urkunde ergibt. Bei **fachärztlichen Gutachten** als neues Beweismittel, insbesondere bei psychischer Erkrankung, hat das BVerwG **Mindestanforderungen** festgelegt (s. BVerwG NVwZ 2008, 330 Rn. 15). Sobald das eingeführte Attest die dortigen Fragestellungen beinhaltet, hat das Gericht – sollte es dem Attest nicht folgen – Beweis zu erheben. Zu den vom BVerwG aufgestellten Grundsätzen gehört dabei ausdrücklich nicht die Prüfung der Glaubwürdigkeit des traumaauslösenden Ereignisses. Dies würde die Anforderungen an die Substantiierung eines Beweisantrages überspannen und gegen die Amtsermittlungspflicht (§ 86 Abs. 1 VwGO) der Gerichte verstoßen (so im Ergebnis auch NK-AuslR/Müller Rn. 37). Besteht die neue Sachlage allein in der Erkrankung des Antragstellers, ist allerdings ein isolierter Wiederaufgreifensantrag zu stellen (→ Rn. 48 ff.).

18.1   Gegen die Berufung auf VGH BW AuAS 2002 (s. BeckOK AuslR/Schönbroicher/Dickten Rn. 23), in dem die Glaubwürdigkeitsprüfung als Voraussetzung für die Substantiierung eines Beweisantrages als notwendig erachtet wird, spricht die eindeutige (und spätere) Entscheidung des BVerwG zur Frage der Substantiierung. Aus dem vorgelegten Attest muss sich danach (nur) nachvollziehbar ergeben, auf welcher Grundlage der Facharzt seine Diagnose gestellt hat und wie sich die Krankheit im konkreten Fall darstellt. Dazu gehören etwa Angaben darüber, seit wann und wie häufig sich der Patient in ärztlicher Behandlung befunden hat und ob die von ihm geschilderten Beschwerden durch die erhobenen Befunde bestätigt werden. Des Weiteren sollte das Attest Aufschluss über die Schwere der Krankheit, deren Behandlungsbedürftigkeit sowie den bisherigen Behandlungsverlauf (Medikation und Therapie) geben. Wird das Vorliegen einer Posttraumatischen Belastungsstörung (PTBS) auf traumatisierende Erlebnisse im Heimatland gestützt und werden die Symptome erst längere Zeit nach der Ausreise aus dem Heimatland vorgetragen, so ist in der Regel auch eine Begründung dafür erforderlich, warum die Erkrankung nicht früher geltend gemacht wurde (BVerwG NVwZ 2008, 330). Eine Prüfung der Glaubwürdigkeit des Klägers oder Glaubhaftigkeit des traumaauslösenden Ereignisses verlangt das BVerwG dagegen eindeutig nicht.

19   Tauchen neue **Zeugen** auf bzw. werden diese erreichbar, müssen diese grundsätzlich mit Beweisantrag in das Verfahren eingeführt werden. Dazu gehört die **konkrete Bezeichnung** der in das Wissen des Zeugens gestellten Tatsachen (vgl. BGHSt 39, 251 ff. = BeckRS 9998, 166137). In der Praxis sollte geprüft werden, ob sich die Vorlage einer eidesstattlichen Versicherung anbietet (vgl. NK-AuslR/Müller Rn. 34). **Länderspezifische Gutachten** stellen nur dann ein neues Beweismittel dar, wenn sie erstens nach Abschluss des Erstverfahrens erstellt oder bekannt wurden und zweitens neue, damals nicht bekannte Tatsachen verwerten (BVerwG NJW 1990, 199; Hailbronner AuslR/Hailbronner Rn. 64; weitergehend VGH BW FHOeffR 42 Nr. 10662).

20   Das neue Beweismittel muss zu der Überzeugung führen können, dass die Behörde damals von falschen tatsächlichen Voraussetzungen ausgegangen ist und darf sich nicht darin erschöpfen, dass es bei unveränderter Tatsachenlage allein der rechtlichen Bewertung im ursprünglichen Bescheid widerspricht (BVerwGE 82, 272 (278) = BeckRS 9998, 165219; Hailbronner AuslR/Hailbronner Rn. 65).

3. Wiederaufnahme nach § 580 ZPO

21   **Der Wiederaufnahmegrund nach § 580 ZPO** hat praktisch kaum Bedeutung (s. zu möglichen Beispielen NK-AuslR/Müller Rn. 38).

III. Antragsfrist

22   Der Verweis auf § 51 Abs. 3 VwVfG – also die Voraussetzung der Einhaltung der **3-Monats-Frist** – ist seit Ablauf der Umsetzungsfrist der Asylverfahrens-RL (RL 2013/32/EU v. 26.6.2013, ABl. 2013 L 180, 60) europarechtswidrig und daher **für ab dem 20.7.2015 gestellte Anträge**

nicht mehr anwendbar (Marx AsylG Rn. 85; NK-AuslR/Müller Rn. 39; GK-AsylG/Funke-Kaiser Rn. 284). Denn während die Vorgängerrichtlinie (Asylverfahrens-RL 2005 – RL 2005/85/EG v. 1.12.2005, ABl. 2005 L 326, 13) in Art. 34 Abs. 2 lit. b Asylverfahrens-RL 2005 den Mitgliedstaaten noch die Festlegung einer Frist für das Folgeverfahren zubilligte, ist dies bei § 42 Asylverfahrens-RL nicht mehr der Fall.

Für **Anträge vor dem 20.7.2015** gilt: Der Asylantrag muss gem. § 51 Abs. 3 spätestens drei **23** Monate ab Kenntnis über den Wiederaufgreifensgrund gestellt werden. Entscheidend ist die **positive Kenntnis,** also wann der Asylbewerber von den neuen Gründen erfahren hat (BVerwG BeckRS 2011, 48982). Bei **Dauersachverhalten** wie bspw. einer längeren Erkrankung ist grundsätzlich die erstmalige Kenntnisnahme der Umstände für den Fristbeginn maßgeblich, während bei prozesshaft und **kontinuierlich veränderten Sachverhalten** entscheidend ist, wann sich die Entwicklung der Sachlage so verdichtet hat, dass von einer Änderung gesprochen werden kann (SächsOVG BeckRS 2017, 123499). Es kommt auf die **Kenntnis des Asylbewerbers,** nicht des Bevollmächtigten an, § 166 Abs. 1 BGB ist insofern nicht entsprechend anwendbar (OVG NRW BeckRS 2008, 38901 = InfAuslR 2009, 43).

Die Drei-Monats-Frist gilt für jeden Tatsachenvortrag oder jedes Beweismittel gesondert **24** (BVerwG NVwZ 1990, 359). Dies gilt nicht nur im Verfahren vor dem BAMF, sondern auch für im **laufenden Klageverfahren** neu vorgebrachte Wiederaufnahmegründe (BVerwG BeckRS 2011, 48982; NVwZ 1990, 359). Keine neue Frist lösen einzelne neue Tatsachen aus, die lediglich zur Begründung nachgeschoben werden und einen bereits rechtzeitig geltend gemachten Wiederaufgreifensgrund bestätigen, wiederholen, erläutern oder konkretisieren, also qualitativ keinen neuen Wiederaufnahmegrund darstellen (BVerwG NVwZ 1998, 861). Tauchen neue Tatsachen im **Berufungszulassungsverfahren** auf, beginnt die 3-Monats-Frist jedoch erst mit Zustellung des ablehnenden Beschlusses (BVerwG ZAR 2009, 233 = BeckRS 2009, 31508).

Bei einem Folgeantrag nach **Wiedereinreise** beginnt die Frist mit Einreise, nicht Kenntnis der **25** Umstände im Ausland, da es in der Regel unmöglich ist, einen Asylantrag aus dem Ausland zu stellen (OVG MV NVwZ-RR 1998, 140 (141); VG Berlin NVwZ-Beil. 1995, 85). Wird eine **Erkrankung** geltend gemacht, beginnt die Frist mit Erhalt des entsprechenden ärztlichen Attestes oder Gutachtens, nicht mit Beginn der Behandlung, solange noch keine gesicherte Diagnose feststeht und dem Asylbewerber bekannt ist (BVerfG NVwZ 2007, 1046 (1047)). Beim **Antrag auf Familienasyl** nach § 26 beginnt die Frist mit Zustellung des Anerkennungsbescheides des Familienmitglieds, nicht schon mit Datum oder Rechtskraft des zugrundeliegenden Urteils (NdsOVG NVwZ-Beil. 1996, 59). Bei einem Folgeantrag wegen **Konversion** ist in der Regel der Zeitpunkt der Taufe maßgeblich (VG Ansbach BeckRS 2012, 58060). Bei einer **Gesetzesänderung** beginnt die Frist mit positiver Kenntnis des Asylbewerbers, nicht schon mit Inkrafttreten des Gesetzes (OVG NRW BeckRS 2008, 38901 = InfAuslR 2009, 43). Dasselbe gilt für nicht umgesetzte EU-Richtlinien, soweit sich aus ihnen ein unmittelbarer Anspruch ergibt (NK-AuslR/Müller Rn. 41).

Bei schuldloser **Fristversäumnis** kann Wiedereinsetzung nach § 32 VwVfG beantragt werden **26** (Marx AsylG Rn. 90; NK-AuslR/Müller Rn. 42), wobei hierfür die Zwei-Wochen-Frist des § 32 Abs. 2 S. 1 VwVfG zu beachten ist.

IV. Ohne grobes Verschulden (§ 51 Abs. 2 VwVfG)

Nur grobe Fahrlässigkeit schließt den Anspruch auf Wiederaufgreifen aus, **leichte Fahrlässigkeit** **27** genügt nicht (VGH BW NVwZ 1986, 225). **Grobes Verschulden** liegt vor, wenn dem Asylbewerber das Vorhandensein einer Urkunde bekannt war oder sich den bekannten Umständen nach aufdrängen musste und er sich trotzdem unter Verletzung der einem ordentlichen Verfahrensbeteiligten zumutbaren Sorgfaltspflicht nicht weiter darum kümmerte (VGH BW NVwZ 1986, 225; BayVGH DVBl 1978, 114).

Es besteht die Pflicht, Beweismittel unter anderem vorrangig in das frühere Verfahren einzuführen **28** (BVerfG NVwZ 1987, 487). Grobes Verschulden kann daher unter Umständen vorliegen, wenn der **Instanzenzug nicht ausgeschöpft** wurde, um neue Beweismittel oder eine neue Sachlage dort einzuführen, wenn also zB bei Auftauchen veränderter Umstände nach der mündlichen Verhandlung, aber vor Rechtskraft des Urteils kein Antrag auf **Zulassung der Berufung** gestellt wurde (VGH BW NVwZ-RR 1993, 581; aA GK-AsylG/Funke-Kaiser Rn. 279). Kein Verschulden liegt aber unstreitig vor, wenn die neue Sachlage oder das Beweismittel selbst keinen Berufungszulassungsgrund darstellt (VGH BW NVwZ-RR 1993, 581; FHOeffR 45 Nr. 11533 = InfAuslR 1994, 290) Kein Verschulden kommt auch bei Auftauchen neuer Beweise und Tatsachen im Revisionsverfahren in Betracht, da hier immer ein Folgeantrag zu stellen ist (BVerwG InfAuslR

1985, 22; Marx AsylG Rn. 84; → Rn. 5) Eine **Rücknahme** des laufendem Klageverfahren stellt grobes Verschulden dar, auch wenn ein Eilantrag oder Prozesskostenhilfeantrag abgelehnt wurde (BVerfG NVwZ 1987, 487; sa NdsOVG NVwZ-RR 1989, 276 (277) zu Verschulden bei verfristeter Klageerhebung und **Wiedereinsetzungsantrag**). Im Falle des abgelehnten Eilantrags muss das neue Vorbringen im Rahmen eines Antrags nach § 80 Abs. 7 VwGO eingebracht werden. Im **Einzelfall** kann grobes Verschulden vorliegen, wenn der Asylbewerber den **Kontakt mit dem Heimatland** nicht aufrechterhält und sich so über ihn betreffenden Verfolgungsmaßnahmen rechtzeitig informiert (HessVGH FHOeffR 41 Nr. 11737 = InfAuslR 1990, 133; aA Marx AsylG Rn. 81). In der Regel wird es jedoch gute Gründe für die mangelnde Kontaktaufnahme geben, wie zB die Angst vor Gefährdung von Verwandten.

29   Kein grobes Verschulden liegt vor, wenn nach **§ 14a Abs. 3** auf die Durchführung des Asylverfahrens für das Kind verzichtet wurde und später eine Anerkennung des Stammberechtigten erfolgt (GK-AsylG/Funke-Kaiser Rn. 282). In Einzelfällen kann grobes Verschulden auch ausgeschlossen werden, wenn der Asylbewerber aufgrund einer psychischen Erkrankung oder anderen Gründen im Erstverfahren **nicht fähig** war, seine Asylgründe ausreichend darzulegen (VG Augsburg BeckRS 2002, 19281; NK-AuslR/Müller Rn. 43 mit Verweis auf VG Würzburg Urt. v. 25.11.2004 – W 5 K 04.30715).

30   Das grobe Verschulden eines **Vertreters** – auch des Rechtsanwalts – wird gem. § 32 Abs. 1 S. 2 VwVfG bzw. § 173 VwGO iVm § 85 Abs. 2 ZPO angerechnet (BVerwG NJW 1982, 2425; BVerfG NVwZ 1987, 487).

31   Die **Beweislast** für die Präklusion trifft die Behörde (Marx AsylG Rn. 81; **aA** GK-AsylG/Funke-Kaiser Rn. 356).

B. Antragstellung und Verfahrensablauf

I. Form der Antragstellung (Abs. 2)

32   Der Antrag ist gem. § 71 Abs. 2 S. 1 grundsätzlich **persönlich** bei der Außenstelle des BAMF zu stellen, die auch für das erste Asylverfahren **zuständig** war. Ein späterer Umzug ändert an der Zuständigkeit auch dann nichts, wenn er behördlich genehmigt wurde (Marx AsylG Rn. 33; NK-AuslR/Müller Rn. 45). Der Antrag ist **schriftlich** bei der **zuständigen Außenstelle** zu stellen in den Fällen des § 14 Abs. 2 S. 1 Nr. 2 (→ § 14 Rn. 7) oder wenn der Asylbewerber nachweislich (zB wegen Krankheit, Marx AsylG Rn. 34) am persönlichen Erscheinen **gehindert** ist.

33   In den Fällen des § 71 Abs. 2 S. 4 ist der Antrag **schriftlich bei der Zentrale** des BAMF zu stellen. Keine Verpflichtung zur Wohnsitznahme in einer Aufnahmeeinrichtung (→ § 47 Rn. 4) im Erstverfahren liegt unter anderem vor, wenn damals der Asylantrag gem. § 14 Abs. 1 S. 1 Nr. 1 und Nr. 3 ebenfalls bei der Zentrale des BAMF zu stellen war.

34   Eine **Weiterleitung des Antrags** durch die unzuständige Behörde findet nicht statt, da § 19 Abs. 1 insoweit nicht gilt (§ 71 Abs. 2 S. 5).

II. Inhalt des Antrags (Abs. 3)

35   In Abs. 3 sind Mindestangaben zum Folgeantrag enthalten: So müssen die aktuelle Anschrift sowie die Tatsachen und Beweismittel angegeben werden, die das Vorliegen des § 51 Abs. 1–3 VwVfG begründen. Die Vorschrift stellt **keine Präklusion**svorschrift dar, für weiteres Vorbringen gilt im Allgemeinen die zeitliche Grenze des § 51 Abs. 3 VwVfG (GK-AsylG/Funke-Kaiser Rn. 136). Es sind aber immer auch die Präklusionsvorschriften der §§ 25 Abs. 3, 36 Abs. 4 und 74 zu beachten. Das BAMF kann eine **schriftliche Begründung** verlangen, muss dann aber eine angemessene Frist hierfür einräumen (Marx AsylG Rn. 38). In der Praxis empfiehlt sich in jedem Fall eine schriftliche Begründung schon bei der Antragstellung vorzulegen, da gem. § 71 Abs. 3 S. 3 von der **Anhörung** abgesehen werden kann.

36   Die Möglichkeit des **Absehens von der Anhörung** ist insbesondere für solche Fälle vorgesehen, in denen der Asylbewerber auf seine im Erstverfahren vorgebrachten Asylgründe Bezug nimmt und dazu ergänzend unter Bezugnahme auf neue Tatsachen und / oder Beweismittel vorträgt (VG Frankfurt a. M. BeckRS 2002, 23837 = AuAS 2002, 214) Dies gilt jedoch ausschließlich für die Prüfung der Zulässigkeitsvoraussetzungen nach § 51 Abs. 1–3 VwVfG, im weiteren Asylverfahren ist ein Absehen von der Anhörung nicht möglich (GK-AsylG/Funke-Kaiser Rn. 140). Ein Absehen von der Anhörung kommt in der Regel nicht in Betracht bei **zwischenzeitlicher Ausreise** in den Heimatstaat (VG Frankfurt a. M. BeckRS 2002, 23837 = InfAuslR 2003, 119; VG Darmstadt NVwZ-Beil. 2003, 110) sowie bei vollständig neuem Sachvortrag (VG Lüneburg BeckRS 2005, 29175).

Die Vorschriften über die **Zustellung** des § 10 gelten auch für Folgeverfahren (§ 71 Abs. 3 37
S. 4).

III. Prüfungsverlauf und Entscheidung beim BAMF (Abs. 4, Abs. 5)

Im Rahmen des § 71 findet eine zweistufige Prüfung statt: Im **ersten Schritt** prüft das BAMF, 38
ob die Voraussetzungen des § 51 Abs. 1–3 vorliegen. Ist dies nicht der Fall, wird der Folgeantrag
gem. § 29 Abs. 1 Nr. 5 als unzulässig abgelehnt. Gemäß § 31 Abs. 3 hat das BAMF festzustellen,
ob Abschiebungsverbote nach § 60 Abs. 5 und Abs. 7 AufenthG vorliegen. Bezüglich der im
Bescheid enthaltenen **Abschiebungsandrohung** gilt:
* Liegt ein Fall des § 71 Abs. 5 vor, dh existiert eine **frühere rechtskräftige Abschiebungsandrohung** oder -anordnung des BAMF, bedarf es nicht (zwingend) einer neuen Fristsetzung
  und Abschiebungsandohung oder -anordnung. Dies gilt auch bei zwischenzeitlicher Ausreise
  (§ 71 Abs. 6 S. 1). Das BAMF hat aber im pflichtgemäßen Ermessen zu entscheiden, ob
  es dennoch eine neue Abschiebungsandrohung erlässt, etwa weil begründete Zweifel an der
  Rechtmäßigkeit der alten Abschiebungsandrohung bestehen oder weil diese sich erledigt hat
  (Marx AsylG Rn. 106; GK-AsylG/Funke-Kaiser Rn. 315). Ist die frühere Abschiebungsandro-
  hung von der Ausländerbehörde oder dem VG erlassen worden, gilt § 71 Abs. 5 nicht und das
  BAMF hat eine neue Abschiebungsandrohung zu erlassen (OVG NRW BeckRS 1997, 20235 =
  AuAS 1997, 65; NVwZ-Beil. 2000, 18 = InfAuslR 2000, 138; NVwZ-Beil. 2001, 32)
* Die Möglichkeit des Absehens von Erlass einer Abschiebungsandrohung ist in § 71 Abs. 5 S. 1
  abschließend geregelt (GK-AsylG/Funke-Kaiser Rn. 315). Liegen die Voraussetzungen des § 71
  Abs. 5 (ggf. iVm Abs. 6 S. 1) nicht vor, ist daher zwingend eine neue Abschiebungsandrohung
  nach § 71 Abs. 4 iVm §§ 34–36 zu erlassen. Die Ausreisefrist beträgt dabei gem. § 36 eine
  Woche.
Stellt das BAMF fest, dass die Voraussetzungen des § 51 Abs. 1–3 VwVfG vorliegen, wird im 39
zweiten Schritt geprüft, ob die neuen Tatsachen oder Beweismittel zur Anerkennung führen.
Ist dies nicht der Fall, erfolgt eine Ablehnung des Asylantrages als unbegründet.

C. Rechtsstellung des Folgeantragstellers – Aufenthaltsstatus

Die Rechtsstellung des Antragstellers **während der Zulässigkeitsprüfung,** also ob die Voraus- 40
setzungen des § 51 Abs. 1–3 VwVfG vorliegen, ist umstritten. § 71 Abs. 5 S. 3 bestimmt, dass
der Antragsteller in dieser Zeit nicht abgeschoben werden darf. In der Praxis wird darin in der
Regel die rechtliche Unmöglichkeit der Abschiebung gesehen mit der Folge, dass eine **Duldung**
gem. § 60a AufenthG erteilt wird. Teilweise wird unter Berufung auf die Asylverfahrens-RL die
Ausstellung einer Aufenthaltsgestattung verlangt (NK-AuslR/Müller Rn. 50, VG Schleswig
EZAR 224 Nr. 24; VG Hamburg AuAS 1994, 22; VG Würzburg BeckRS 2000, 26950; offen
gelassen VGH BW InfAuslR 1993, 200; **aA** VG Oldenburg InfAuslR 1993, 203; Bell ZAR 1993,
37 (38)) oder die Ausstellung eines Ankunftsnachweises nach § 63a als richtig erachtet (Marx
AsylG Rn. 109 f.).

Wird die **Zulässigkeit** des Asylantrages **bejaht,** erhält der Antragsteller eine **Aufenthaltsge-** 41
stattung nach § 55 (OLG Karlsruhe BeckRS 9998, 49008 = NVwZ 1993, 811 (812); Marx
AsylG Rn. 108; NK-AuslR/Müller Rn. 50).

War der Antragsteller vor der Stellung des Asylantrages in Besitz einer Aufenthaltserlaubnis, 42
erlischt diese in den Fällen des § 51 Abs. 1 Nr. 8 AufenthG und § 55 Abs. 2 S. 1. In allen anderen
Fällen bleibt die Aufenthaltserlaubnis wirksam.

Bei einem Folgeantrag im Rahmen eines **Flughafenverfahrens** verhindert dieser die Vollzie- 43
hung der Zurückweisung gem. § 15 AufenthG oder Zurückschiebung gem. § 57 AufenthG (VG
Frankfurt a. M. NVwZ-RR 2006, 425). Ein Recht auf Einreise wird erst nach Feststellung der
Zulässigkeit des Antrags erworben (VG Frankfurt a. M. NVwZ-RR 2006, 425).

Wird der Asylfolgeantrag positiv beschieden, gilt für eine spätere **Anrechnung von Aufent-** 44
haltszeiten der Aufenthalt ab dem Zeitpunkt der Folgeantragstellung als gestattet (BVerwG ZAR
2012, 26).

Die frühere **räumliche Beschränkung** gilt gem. § 71 Abs. 7 fort. Dies gilt auch bei einem 45
Folgeantrag nach vorheriger Ausreise (OVG Bln-Bbg BeckRS 2012, 59312). Die räumliche
Beschränkung wird aber in der Regel schon nach § 71 Abs. 7 S. 2 iVm § 59a erloschen sein, da
der Folgeantragsteller sich schon mehr als drei Monate geduldet oder gestattet im Bundesgebiet
befindet (sa NK-AuslR/Müller Rn. 52). Auch bei zwischenzeitlicher Erteilung einer Aufenthaltserlaubnis ist die räumliche Beschränkung durchbrochen (§ 71 Abs. 7 S. 1 Hs. 2; VG Braunschweig

AuAS 1998, 33; Marx AsylG Rn. 108). Es besteht in diesen Fällen die Möglichkeit einer Anordnung der räumlichen Beschränkung nach § 71 Abs. 7 S. 2 iVm § 59b.

D. Abschiebungshaft (Abs. 5)

46   Die Anordnung von Abschiebehaft ist nach § 71 Abs. 8 trotz anhängigem Folgeverfahren möglich, allerdings nur so lange, wie ein weiteres Verfahren nicht durchgeführt wird. Liegt eine Mitteilung des BAMF vor, dass die Voraussetzungen des § 51 Abs. 1–3 VwVfG gegeben sind, ist die Haft zu beenden. Liegt eine Mitteilung des BAMF noch nicht vor, hat das Gericht das aus § 71 Abs. 5 S. 3 resultierende Abschiebungshindernis jedoch bei der nach § 62 Abs. 3 AufenthG anzustellenden **Prognose** zu berücksichtigen. Der Haftrichter muss sich also vergewissern, dass mit einer Entscheidung des BAMF über das Vorliegen der Voraussetzungen des § 51 Abs. 1–3 VwVfG innerhalb von drei Monaten gerechnet werden kann (BGH BeckRS 2010, 24960 = InfAuslR 2011, 25; → AufenthG § 62 Rn. 25).

47   Auch die positive Entscheidung im **einstweiligen Rechtsschutzverfahren** soll der Anordnung der Abschiebehaft nicht grundsätzlich entgegenstehen, da sie nicht der Anordnung der Durchführung eines weiteren Asylverfahren entspricht (BayObLGZ 1995, 128). Sie ist jedoch ebenfalls im Rahmen der Prognose nach § 62 Abs. 3 AufenthG zu berücksichtigen. Dabei hat das Gericht konkrete Anhaltspunkte dafür festzustellen, dass die Abschiebung des Betroffenen gerade in der Drei-Monats-Frist des § 62 Abs. 2 AufenthG möglich ist (BVerfG NVwZ-Beil. 2000, 74).

E. Exkurs: Isolierter Wiederaufgreifensantrag nach § 60 Abs. 5 und Abs. 7

48   Kein Folgeantrag nach § 71 liegt vor, wenn lediglich (alleine) Abschiebungshindernisse nach § 60 Abs. 5 und Abs. 7 AufenthG geltend gemacht werden, zB weil nach Abschluss des Erstverfahrens eine Erkrankung festgestellt wird.

49   In diesem Fall müssen die allgemeinen **Voraussetzungen für ein Wiederaufgreifen** nach § 51 VwVfG gegeben sein (BVerwG BeckRS 2000, 30102578 = NVwZ 2000, 940), § 71 findet keine unmittelbare oder mittelbare Anwendung (BVerwG BeckRS 2000, 30102578 = NVwZ 2000, 940; NVwZ 2005, 462 (463)). Liegen die Voraussetzungen des § 51 Abs. 1–3 nicht vor, hat das BAMF nach pflichtgemäßem Ermessen zu entscheiden, ob die bestandskräftige frühere Entscheidung nach § 51 Abs. 5 VwVfG iVm §§ 48 Abs. 1, 49 Abs. 1 VwVfG zurückgenommen oder widerrufen wird, sog. **Wiederaufgreifen im weiteren Sinne** (BVerwG BeckRS 2000, 30102578 = NVwZ 2000, 940). Das Ermessen verdichtet sich dann zu einem Anspruch, wenn die Aufrechterhaltung des ablehnenden bestandskräftigen Bescheides „schlechthin unerträglich" wäre oder wenn die Überprüfung nach der Rechtsprechung des EuGH gemeinschaftsrechtlich geboten ist (BVerwG NVwZ 2010, 652; SächsOVG BeckRS 2017, 123499). Ersteres kommt dann in Betracht, wenn der Antragsteller bei einer Abschiebung einer **extremen individuellen Gefahrensituation** ausgesetzt würde und das Absehen von der Abschiebung daher verfassungsrechtliche geboten ist (BVerwG NVwZ 1996, 199; 2005, 462). Hierfür genügt nicht, dass die Voraussetzungen des § 60 Abs. 7 AufenthG gegeben sind (BVerwG NVwZ 2005, 462). Umgekehrt liegt eine Ermessenreduzierung auf Null im gerichtlichen Verfahren vor, wenn der Antragsteller keinen Anspruch auf Feststellung eines Abschiebungshindernisses nach § 60 Abs. 5 und Abs. 7 AufenthG hat, mit der Folge, dass das Gericht die Klage abzuweisen hat (BVerwG NVwZ 2005, 462).

50   **Zuständig** für den Wiederaufgreifensantrag ist das BAMF (BVerwG BeckRS 2000, 30102578 = NVwZ 2000, 940), wenn zuvor ein Asylverfahren durchgeführt worden ist. Wurden im Erstverfahren ebenfalls ausschließlich Abschiebungshindernisse nach § 60 Abs. 5 und Abs. 7 geltend gemacht, bleibt auch für den Wiederaufgreifensantrag die Ausländerbehörde zuständig, die aber das BAMF nach § 72 AufenthG zu beteiligen hat. Der Antrag kann **schriftlich** oder persönlich gestellt werden, da § 71 Abs. 2 und § 14 nicht anwendbar sind (NK-AuslR/Müller Rn. 54).

51   **Kein** Wiederaufgreifensantrag, sondern ein Neuantrag liegt vor, wenn die Abschiebungshindernisse nach § 60 Abs. 5 und Abs. 7 AufenthG bezüglich eines bisher noch nicht geprüften Staates geltend gemacht werden (BVerwG NVwZ 2012, 244).

52   Die **Rechtsstellung** des Antragstellers bis zur Entscheidung des BAMF über den Wiederaufgreifensantrag ist nicht gesetzlich normiert. Die Ausländerbehörde ist aber wohl verpflichtet, für die Dauer der Prüfung des Wiederaufgreifensantrags beim BAMF die Abschiebung auszusetzen. Zur Begründung wird in der Rechtsprechung angeführt, dass § 71 Abs. 5 S. 2 analog anzuwenden ist (VG Augsburg BeckRS 2011, 30824) oder wegen des Rechtsgedankens des § 71 Abs. 5 S. 2

eine Abschiebung nicht vollzogen werden darf (VG Hamburg BeckRS 2013, 58204 = EZAR NF 51 Nr. 34), bzw. dass sich unmittelbar aus dem Gebot des effektiven Rechtsschutzes des Art. 19 Abs. 4 GG ergibt, mit einer Abschiebung zuzuwarten (BayVGH BeckRS 2005, 17734). In der Praxis wird dies nicht von allen Ausländerbehörden beachtet, so dass stets um Mitteilung gebeten werden sollte, ob für die Dauer des Verwaltungsverfahrens vor dem BAMF die Abschiebung ausgesetzt wird. Soweit die Ausländerbehörde dennoch im laufenden Verwaltungsverfahren abschieben will, ist ein **Antrag nach § 123 VwGO** gegen das BAMF zu richten mit dem Inhalt, dieses zu verpflichten, der Ausländerbehörde mitzuteilen, dass die Abschiebung vorerst nicht vollzogen werden darf (VGH BW NVwZ-Beil. 2001, 8 (9); 1998, 25 (26); VG München BeckRS 2003, 28682; **aA:** Antrag auf einstweiligen Rechtsschutz nach § 123 VwGO gegen die Ausländerbehörde auf Sicherung des Wiederaufgreifensverfahrens, SächsOVG NVwZ-Beil. 2002, 93).

Ist der Antragsteller in **Besitz einer Aufenthaltserlaubnis,** erlischt diese nicht mit Antragstellung, da § 51 AufenthG und § 55 nicht anwendbar sind. 53

F. Praktische Hinweise behördliches und gerichtliches Verfahren

Gegen die **Ablehnung als unzulässig** nach § 71 Abs. 1 Nr. 5 ist die **Anfechtungsklage** die statthafte Klageart (BVerwG ZAR 2017, 236). Ein **Durchentscheiden** des Verwaltungsgerichts kommt nach der neuen Rechtslage nicht mehr in Betracht, da das BAMF nach Aufhebung der Unzulässigkeitsentscheidung automatisch zur Weiterführung des Asylverfahrens verpflichtet ist und die verweigerte sachliche Prüfung vorrangig von der mit besonderem Sachverstand ausgestatteten Fachbehörde nachzuholen ist (BVerwG ZAR 2017, 236). Gegen die Ablehnung des Vorliegens von Abschiebungshindernissen nach § 60 Abs. 5 und Abs. 7 AufenthG ist **hilfsweise Verpflichtungsklage** auf deren Feststellung zu erheben (BVerwG ZAR 2017, 236). 54

Die Klage hat **keine aufschiebende Wirkung.** Dies ist mit Art. 46 Asylverfahrens-RL vereinbar (EuGH NVwZ 2016, 452). Im Fall der **neuen Abschiebungsandrohung** nach § 71 Abs. 4 folgt dies aus dem Verweis auf die entsprechende Anwendung des § 36. Es ist daher gem. § 80 Abs. 5 VwGO die Anordnung der aufschiebenden Wirkung der Klage gegen die Abschiebungsandrohung innerhalb einer Woche (§ 36 Abs. 3) zu stellen. Im Fall des **§ 71 Abs. 5** ist eine Abschiebung aus der **alten** bereits vollziehbaren **Abschiebungsandrohung** möglich. Dagegen ist nach überwiegender Rechtsprechung ein Antrag nach § 123 VwGO gegen das BAMF zu stellen mit dem Inhalt, dieses im Wege der einstweiligen Anordnung zum Widerruf bzw. Unterlassen der Mitteilung nach § 71 Abs. 5 S. 2 zu verpflichten (BVerfG NVwZ-Beil. 1999, 49; VGH BW NVwZ-Beil. 2001, 8; Marx AsylG Rn. 120 mwN). 55

Stellt das BAMF fest, dass die Voraussetzungen für ein **Wiederaufgreifen gegeben** sind und lehnt es anschließend den Asylantrag in der Sache ab, so ist eine **Verpflichtungsklage** zu erheben. 56

Bei einer Ablehnung des **isolierten Wiederaufgreifensantrags** nach § 60 Abs. 5 und Abs. 7 AufenthG ist Verpflichtungsklage sowie Antrag nach § 123 gegen das BAMF zu erheben (→ Rn. 52). Denn auch hier ist die Abschiebung aus der alten bereits vollziehbaren Abschiebungsandrohung weiter möglich (→ Rn. 55). 57

§ 71a Zweitantrag

(1) Stellt der Ausländer nach erfolglosem Abschluss eines Asylverfahrens in einem sicheren Drittstaat (§ 26a), für den Rechtsvorschriften der Europäischen Gemeinschaft über die Zuständigkeit für die Durchführung von Asylverfahren gelten oder mit dem die Bundesrepublik Deutschland darüber einen völkerrechtlichen Vertrag geschlossen hat, im Bundesgebiet einen Asylantrag (Zweitantrag), so ist ein weiteres Asylverfahren nur durchzuführen, wenn die Bundesrepublik Deutschland für die Durchführung des Asylverfahrens zuständig ist und die Voraussetzungen des § 51 Abs. 1 bis 3 des Verwaltungsverfahrensgesetzes vorliegen; die Prüfung obliegt dem Bundesamt.

(2) [1]Für das Verfahren zur Feststellung, ob ein weiteres Asylverfahren durchzuführen ist, gelten die §§ 12 bis 25, 33, 44 bis 54 entsprechend. [2]Von der Anhörung kann abgesehen werden, soweit sie für die Feststellung, dass kein weiteres Asylverfahren durchzuführen ist, nicht erforderlich ist. [3]§ 71 Abs. 8 gilt entsprechend.

(3) [1]Der Aufenthalt des Ausländers gilt als geduldet. [2]Die §§ 56 bis 67 gelten entsprechend.

(4) Wird ein weiteres Asylverfahren nicht durchgeführt, sind die §§ 34 bis 36, 42 und 43 entsprechend anzuwenden.

(5) Stellt der Ausländer nach Rücknahme oder unanfechtbarer Ablehnung eines Zweitantrags einen weiteren Asylantrag, gilt § 71.

Überblick

Die Vorschrift betrifft den Fall, dass ein Ausländer in einem Mitgliedstaat oder Vertragsstaat einen erfolglosen Asylantrag gestellt hat (→ Rn. 2 ff.) und dann in der Bundesrepublik Deutschland einen weiteren Asylantrag (sog. Zweitantrag) stellt. Ein Asylverfahren ist in diesem Fall nur durchzuführen, wenn Deutschland dafür zuständig ist (→ Rn. 7 ff.) und die Voraussetzungen für ein Wiederaufgreifen nach § 51 Abs. 1–3 VwVfG gegeben sind (→ Rn. 13 ff.).

Übersicht

A. Vereinbarkeit des § 71a mit der Asylverfahrens-RL?

1 Strittig ist, ob § 71a mit der Asylverfahrens-RL (RL 2013/32/EU v. 26.6.2013, ABl. 2013 L 180, 60) vereinbar ist (offengelassen: BVerwG ZAR 2017, 236 Rn. 26).

1.1 Bezüglich der bis 20.7.2015 gültigen Art. 15 Abs. 2 lit. f Asylverfahrens-RL 2005 (RL 2005/85/EG v. 1.12.2005, ABl. 2005 326, 13) hatte der EuGH entschieden, dass eine Ablehnung als unzulässig bei vorherigem abgelehnten Asylantrag in einem (anderen) Mitgliedstaat möglich ist, wenn der Asylantrag identisch ist (EuGH NVwZ-RR 2013, 735 = BeckRS 2013, 81155). Auch der nunmehr gültige Art. 33 Abs. 2 lit. d Asylverfahrens-RL (RL 2013/32/EU v. 26.6.2013, ABl. 2013 L 180, 60) erlaubt eine Ableh- nung als unzulässig, wenn ein „Folgeantrag" gestellt wird, wobei sich weder Art. 33 Abs. 2 lit. d Asylverfah- rens-RL noch die in Art. 2 lit. q Asylverfahrens-RL befindende Definition des Folgeantrags ausdrücklich dazu verhalten, ob es sich um Anträge in ein und demselben Mitgliedstaat oder in mehreren Mitgliedstaaten handelt. Aus dem Wortlaut des Art. 40 Abs. 1 Asylverfahrens-RL ergibt sich eine wie in § 71a durchgeführte Vorprüfung jedoch nur, wenn „in demselben Mitgliedstaat" ein erneuter Antrag gestellt wird, was gegen die Vereinbarkeit von § 71a mit Unionsrecht spricht (vgl. gegen die Vereinbarkeit ausf. Marx AsylG Rn. 3 ff.; dafür: NK-AuslR/Bruns Rn. 2; GK-AsylG/Funke-Kaiser Rn. 14; VG München BeckRS 2013, 50303; VG Berlin BeckRS 2014, 57365; 2015, 49111; offengelassen: BVerwG ZAR 2017, 236 Rn. 26).

B. Voraussetzungen (Abs. 1)

I. Erfolgloser Abschluss eines Asylverfahrens in einem sicheren Drittstaat

2 **Kein Asylverfahren** liegt vor, wenn der Ausländer im vorangegangenen Verfahren nur einen Antrag auf **nationalen Schutz** gestellt hatte. Für **vor dem 1.1.2014** erstmals in der Union gestellte Anträge gilt:

- Der vor dem 1.1.2014 gestellte Antrag war auf **subsidiären Schutz beschränkt:** Es handelte sich nicht um einen Asylantrag und § 71a ist nicht anwendbar (Marx AsylG Rn. 10; NK- AuslR/Bruns Rn. 3).
- Auf den vor dem 1.1.2014 gestellten Antrag wurde **subsidiärer Schutz gewährt** und die Flüchtlingseigenschaft abgelehnt: Es handelt sich um ein erfolgloses Asylverfahren und § 71a ist anwendbar (VG München BeckRS 2013, 57276).
- Der vor dem 1.1.2014 gestellte Antrag wurde **abgelehnt:** Hinsichtlich des subsidiären Schutzes ist § 71a nicht anwendbar, da dieser vor dem 1.1.2014 nicht geprüft wurde (vgl. VG München BeckRS 2017, 106964; VG Trier BeckRS 2016, 44971).

Dies folgt daraus, dass erst mit Anwendbarkeit der Dublin III-VO (VO (EU) 604/2013 v. 26.6.2013, **2.1** ABl. 2013 L 180, 31), also seit dem 1.1.2014 (vgl. Art. 9 Abs. 2 Dublin III-VO) mit einem Asylantrag auch gleichzeitig ein Antrag auf subsidiären Schutz gestellt ist (vgl. Art. 2 lit. b Dublin III-VO iVm Art. 2 lit. h Qualifikations-RL (RL 2011/95/EU v. 13.12.2011, ABl. 2011 L 337, 9). Die Dublin II-VO (VO (EG) 343/2003 v. 18.2.2003, ABl. 2003 L 50, 1) unterwarf lediglich den Antrag auf Flüchtlingsschutz unionsrechtlichen Regelungen (vgl. Art. 2 lit. c Dublin II-VO).

Erfolglos bedeutet, dass der Antrag im Mitgliedstaat unanfechtbar abgelehnt oder das Verfahren **3** nach Rücknahme des Asylantrages bzw. dieser gleichgestellten Verhaltensweisen (**Nichtbetreiben und Ausreise**) endgültig eingestellt wurde (BVerwG ZAR 2017, 236). Nach dem BVerwG ist eine Einstellung dann nicht endgültig, wenn das (Erst-) Verfahren noch wiedereröffnet werden kann, wobei die Rechtslage des Mitgliedstaats zugrunde zu legen ist (BVerwG ZAR 2017, 236; BayVGH NVwZ 2016, 625). Wegen des Rechts auf uneingeschränkte Wiederaufnahme des Verfahrens aus Art. 18 Abs. 2 Dublin III-VO (VO (EU) 604/2013 v. 26.6.2013, ABl. 2013 L 180, 31) dürfte eine endgültige Einstellung eines auf der Ausreise beruhenden Nichtbetreibens des Verfahrens nie vorliegen (vgl. auch NK-AuslR/Bruns Rn. 3). Im Übrigen gelten die gleichen Grundsätze wie in § 71 (BVerwG ZAR 2017, 236; → § 71 Rn. 1 ff.).

Der **positive Ausgang** des Asylverfahrens im Mitgliedstaat, also die Flüchtlingsanerkennung **4** oder Zuerkennung subsidiären Schutzes bei nach dem 31.12.2013 im Mitgliedsaat gestellten Anträgen (→ Rn. 2.1), stehen der Anwendung des § 71a schon dem Wortlaut nach entgegen. Es besteht auch kein Anspruch „Aufstockung" in Bezug auf die Flüchtlingseigenschaft, wenn nur subsidiärer Schutz im Mitgliedstaat gewährt wurde, ein entsprechender Antrag ist unzulässig iSd § 29 Abs. 1 Nr. 2 (vgl BVerwG NVwZ 2014, 1463; EuGH NVwZ 2019, 785).

Anders liegt der Fall, wenn die Lebensverhältnisse im anerkennenden Mitgliedstaat den Antragsteller **4.1** einer ernsthaften Gefahr der unmenschlichen und erniedrigenden Behandlung iSv Art 4 EMRK aussetzen würden (EuGH NVwZ 2020, 137). In diesem Fall ist eine Ablehnung des Antrags als unzulässig iSd § 29 Abs. 1 Nr. 2 europarechtswidrig. Es muss also in Deutschland ein Asylverfahren durchgeführt werden. Ungeklärt ist bisher jedoch, welche Konsequenz dies für das deutsche Verfahren hat, ob hier ein Asylerstverfahren durchgeführt werden muss, ein Zweitverfahren nach § 71a oder ob ein Verweis auf § 60 Abs. 1 S. 2 Var. 3 oder eine rein aufenthaltsrechtliche Möglichkeit zulässig ist (vgl. auch GK-Asyl/Funke-Kaiser Rn. 30). Gegen die Durchführung eines Zweitverfahrens nach § 71a spricht hier der Wortlaut, denn es handelt sich ja gerade nicht um ein „erfolgloses" Asylverfahren. Auch die Systematik der Vorschrift, insb. die Prüfung von Wiederaufnahmegründen steht einer Anwendung des § 71a in diesen Fällen entgegen. Der Antragsteller, dem internationaler Schutz in einem Mitgliedstaat gewährt wurde, kann demjenigen, dem dieser im anderen Mitgliedstaat abschließend verwehrt wurde, auch nicht gleichgestellt werden.

Das Vorverfahren muss in einem Staat durchgeführt worden sein, der nach deutschem Recht **5** wirksam als **sicherer Drittstaat iSd § 26a** bestimmt worden ist. Der Staat muss schon zum Zeitpunkt der Antragstellung Dublin-Staat gewesen sein (dh ab 1.9.2003 für die EU-Staaten ab dem jeweiligen Beitritt mit Ausnahme von Irland und Dänemark, für das aber das Dubliner-Übereinkommen galt, ab 1.5.2006 Irland und Norwegen und ab 12.12.2008 Schweiz, bei älteren Fällen ist die Mitgliedschaft im Dubliner-Übereinkommen zu prüfen; NK-AuslR/Bruns Rn. 5; **aA** GK-AsylG/Funke-Kaiser Rn. 16: zum Zeitpunkt der maßgeblichen abschließenden Entscheidung im anderen Mitgliedstaat).

Maßgeblicher Zeitpunkt für erfolglosen Abschluss des vorangegangenen Asylverfahrens ist **6** der Zeitpunkt der Antragstellung in Deutschland, eine spätere negative Sachentscheidung führt nicht zur Anwendbarkeit des § 71a (NK-AuslR/Bruns Rn. 5; VGH BW BeckRS 2015, 41179 Rn. 7 = InfAuslR 2015, 168; offengelassen: BVerwG Urt. v. 14.12.2016 – 1 C 4/16 Rn. 40: danach ist entweder auf den Zeitpunkt der Antragstellung in Deutschland oder den Zuständigkeitsübergang abzustellen; **aA** Hailbronner Rn. 19, GK-AsylG/Funke-Kaiser Rn. 26, die auf den Zeitpunkt der behördlichen Entscheidung bzw. letzten mündlichen Verhandlung abstellen).

II. Bundesrepublik Deutschland für Durchführung des Asylverfahrens zuständig

Die **Zuständigkeit** der Bundesrepublik Deutschland für die Durchführung des Asylverfahrens **7** muss nach der Dublin III-VO (VO (EU) 604/2013 v. 26.6.2013, ABl. 2013 L 180, 31) gegeben sein.

Diese kann sich aus dem Ablauf der Frist für Aufnahme- oder Wiederaufnahmeersuchen ergeben **7.1** (Art. 21 Abs. 1 UAbs. 3 Dublin III-VO bzw. Art. 23 Abs. 3 Dublin III-VO), aus dem Ablauf der Überstellungsfrist (Art. 29 Abs. 2 Dublin III-VO), familiären Bindungen (Art. 9–11 und 16 Dublin III-VO), der

Ausübung des Selbsteintrittsrechts (Art. 17 Abs. 1 Dublin III-VO), der Erteilung eines Visums (Art. 12 Dublin III-VO), usw.

C. Verfahren

8　　Zuständig für die Prüfung des § 71a ist das BAMF (§ 71a Abs. 1 aE). Die Prüfung findet in **vier Schritten** statt:
- Erstens ist die Zuständigkeit der Bundesrepublik Deutschland festzustellen (→ Rn. 10),
- zweitens die Anwendbarkeit des § 71a (→ Rn. 11 f.),
- drittens sind die Voraussetzungen des § 51 Abs. 1–3 VwVfG zu prüfen (→ Rn. 13) und
- viertens das Schutzersuchen materiell zu prüfen.

9　　Gemäß § 71a Abs. 2 gelten die allgemeinen **Verfahrensvorschriften** (§§ 12–17), die Vorschriften über die Einleitung des Verfahrens (§§ 18–22), Asylantragstellung und Anhörung (§§ 23–25), die Rücknahmefiktion bei Nichtbetreiben (§ 33) sowie die Vorschriften über Verteilung und Unterbringung (§§ 44–54) entsprechend. Der Antragsteller wird hier also hinsichtlich der verfahrensrechtlichen Vorschriften – im Gegensatz zu § 71 – zunächst wie ein Erstantragsteller behandelt (BT-Drs. 12/4450, 27). Gemäß § 71a Abs. 2 S. 2 kann von der **Durchführung der Anhörung** abgesehen werden, wenn diese für die Feststellung, ob ein weiteres Asylverfahren durchgeführt wird, nicht erforderlich ist. Dies kann daher denklogisch nur ein (vorübergehendes) Absehen der Anhörung zu den Verfolgungsgründen beinhalten, solange nicht feststeht, ob die Bundesrepublik für die Durchführung des Asylverfahrens zuständig ist (vgl. BT-Drs. 12/4450, 27).

I. Feststellung der Zuständigkeit für Asylantrag

10　　Zunächst stellt das BAMF die **Zuständigkeit** der Bundesrepublik Deutschland nach der Dublin III-VO (VO (EU) 604/2013 v. 26.6.2013, ABl. 2013 L 180, 31) fest (→ Rn. 7.1). Der Betroffene ist zu informieren. Hier kann wegen Art. 5 Dublin III-VO **nicht** auf **Anhörung verzichtet** werden, § 71a Abs. 2 S. 2 gilt daher nicht (→ Rn. 9). Wenn eine originäre Zuständigkeit aufgrund der Dublin III-VO nicht besteht, wird ein (Wieder-) Aufnahmeersuchen und Überstellungsverfahren eingeleitet.

II. Prüfung der Anwendbarkeit des § 71a

11　　Der **negative Ausgang** des Asylverfahrens (→ Rn. 2 ff.) muss sicher feststehen, wobei das BAMF bzw. die Verwaltungsgerichte den Sachverhalt gem. § 86 Abs. 1 und Abs. 2 VwGO **umfassend aufklären** müssen (BVerwG BeckRS 2017, 139297; 2015, 42555). Bestehende Zweifel gehen zu Lasten des BAMF (VG Karlsruhe BeckRS 2017, 133770 mwN). Erforderlich ist hierfür stets die Information zum Verfahrensstand und zum Tenor einer ggf. getroffenen Entscheidung (VG München BeckRS 2017, 133545). Zum Verfahrensstand gehört die Information, ob ein Verfahren endgültig eingestellt ist oder wieder aufgenommen werden kann (VG Karlsruhe BeckRS 2017, 133770).

11.1　　Dabei kann sich das BAMF bzw. das Verwaltungsgericht nicht darauf berufen, dass ein an den anderen Mitgliedstaat gerichtetes Auskunftsersuchen (sog. Info-Request) unbeantwortet geblieben ist (BVerwG BeckRS 2017, 139297). Zu den in Betracht kommenden Auskunftsmöglichkeiten gehört zB die Erwirkung einer schriftlichen Stellungnahme des Mitgliedstaats über den Liaisonbeamten oder – wenn dies nicht möglich ist – eine nähere Erläuterung des Liaisonbeamten, durch wen und unter welchen Umständen er eine mündliche Information erhalten hat. Auch das Bundespolizeipräsidium, das dies regelmäßig im Rahmen von Rückführungen durchführt, kann um eine entsprechende Anfrage beim Mitgliedsaat gebeten werden (BVerwG BeckRS 2017, 139297).

12　　Die **nachträgliche Umdeutung** der (rechtswidrigen) Ablehnung als unzulässig wegen Zuständigkeit eines anderen Mitgliedstaats in eine Ablehnung als unzulässiger Zweitantrag ist nicht möglich (BVerwG BeckRS 2015, 55772).

III. Vorliegen von Wiederaufnahmegründen

13　　Die Voraussetzungen des § 51 Abs. 1–3 VwVfG müssen vorliegen. Fraglich ist, ob die Prüfung der Wiederaufnahmegründe insgesamt europarechtlich unzulässig ist (so Marx AsylG Rn. 3 ff.; → Rn. 1.1). Zumindest verstößt jedoch die Ausschlussfrist des § 51 Abs. 3 VwVfG gegen die Asylverfahrens-RL (RL 2013/32/EU v. 26.6.2013, ABl. 2013 L 180, 60) und ist deshalb für ab dem 20.7.2015 gestellte Anträge nicht anzuwenden (→ § 71 Rn. 22).

Denn Art. 40 und 42 Asylverfahrens-RL erlauben keine solche Ausschlussfrist, während in Art. 34 Abs. 2 **13.1**
lit. b Asylverfahrens-RL 2005 (RL 2005/85/EG v. 1.12.2005, ABl. 2005 326, 13) den Mitgliedstaaten
noch die Möglichkeit eröffnet wurde, eine Ausschlussfrist für neues Vorbringen zu setzen (sa NK-AuslR/
Bruns Rn. 2; GK-AsylG/Funke-Kaiser Rn. 47 mit Verweis auf § 71 Rn. 284).

Die Prüfung der Voraussetzungen des § 51 VwVfG setzt die genaue **Kenntnis der Entschei- 14
dungsgründe** der Ablehnung im Mitgliedstaat voraus (VG München BeckRS 2017, 110383;
NK-AuslR/Bruns Rn. 11; Marx AsylG Rn. 17; GK-AsylG/Funke-Kaiser Rn. 41 und 44). Für
eine entsprechende Anforderung von Unterlagen beim Mitgliedsaat gem. Art. 34 Abs. 2 und
Abs. 3 Dublin III-VO muss gem. Art. 34 Abs. 3 S. 3 Dublin III-VO eine schriftliche Zustimmung
des Antragstellers erteilt werden. Die Verweigerung der Zustimmung könnte als Verletzung der
Mitwirkungspflicht gesehen werden (so NK-AuslR/Bruns Rn. 11).

Für die Prüfung der Voraussetzungen des § 51 Abs. 1–3 VwVfG ist kein Ausnahmefall von der **15**
Durchführung der Anhörung denkbar (→ Rn. 9).

Hinsichtlich des **Verschuldens iSd § 51 Abs. 2 VwVfG** wird vertreten, dass von den im **16**
deutschen Recht geltenden Mitwirkungspflichten des § 25 auszugehen ist sowie die Verpflichtung
besteht, zumutbare Rechtsbehelfe in Anspruch zu nehmen (Hailbronner AuslR Rn. 48; GK-
AsylG/Funke-Kaiser Rn. 45). Auch dies setzt jedoch stets die genaue Kenntnis der individuellen
Lage des Antragstellers sowie der nationalen Besonderheiten des Verfahrens und der Situation im
Mitgliedstaat voraus (so auch NK-AuslR/Bruns Rn. 12). Einem Flüchtling, dem – wie in Italien
derzeit regelmäßig – keine Unterkunft gewährt wird und dessen Erreichbarkeit dadurch schon
nicht gegeben ist, kann sein Verfahren nicht sachgerecht betreiben. Ihm kann daher zumindest
kein **grobes Verschulden** iSd § 51 Abs. 2 VwVfG vorgeworfen werden (vgl. auch GK-AsylG/
Funke-Kaiser Rn. 46).

Geht man entgegen obigen Ausführungen (→ Rn. 13) davon aus, dass die Drei-Monats-Frist **17**
des § 51 Abs. 3 VwVfG zu prüfen ist, so beginnt diese jedenfalls frühestens mit Einreise in das
Bundesgebiet (NK-AuslR/Bruns Rn. 11).

IV. Materielle Prüfung / Entscheidung

Liegen Wiederaufnahmegründe nach § 51 Abs. 1–3 VwVfG vor bzw. geht man davon aus, **18**
dass diese wegen Europarechtswidrigkeit nicht geprüft werden dürfen (→ Rn. 1.1), dann ist ein
normales Asylverfahren durchzuführen, also die Prüfung des Flüchtlingsschutzes und subsidiären
Schutzes (Art. 16 GG wird wohl regelmäßig ausgeschlossen sein, da eine Einreise über sicheren
Drittstaat vorliegt) und hilfsweise Abschiebungshindernisse nach § 60 Abs. 5 und Abs. 7 AufenthG
bezüglich des Herkunftslandes.

Wenn keine Wiederaufgreifensgründe vorliegen (und nicht von einer Europarechtswidrigkeit **19**
der Vorschrift ausgegangen wird), ist der Asylantrag als unzulässig gem. § 29 Abs. 1 Nr. 5 abzulehnen und zu prüfen, ob nationale Abschiebungshindernisse nach § 60 Abs. 5 und Abs. 7 AufenthG
bezüglich des Herkunftslandes vorliegen (vgl. § 31 Abs. 3). Es gelten dann gem. § 71a Abs. 4 die
§§ 34–36 über die Abschiebungsandrohung und §§ 42–43 über die Bindung der Ausländerbehörde
an die Entscheidung des BAMF und die Vollziehbarkeit der Abschiebung entsprechend.

D. Rechtsstellung des Antragstellers

Während der Prüfung des Zweitstrages gilt der Aufenthalt als geduldet (§ 71a Abs. 3 S. 1). **20**
Die Duldung unterliegt den Regeln der Aufenthaltsgestattung über die räumliche Beschränkung,
Beschäftigungserlaubnis, Erlöschen und andere, §§ 56–67 gelten entsprechend (§ 71a Abs. 3 S. 2).
Wenn das BAMF festgestellt hat, dass Wiederaufnahmegründe vorliegen, muss eine Aufenthaltsge-
stattung nach § 55 Abs. 1 erteilt werden (vgl. GK-AsylG/Funke-Kaiser Rn. 51; NK-AuslR/Bruns
Rn. 17). Da in der Praxis keine isolierte Entscheidung über das Vorliegen von Wiederaufgreifens-
gründen ergeht, findet dies nur auf den (in der Praxis seltenen) Fall Anwendung, dass zwar
Wiederaufnahmegründe festgestellt wurden, aber der Asylantrag danach abgelehnt wurde. Während des Klageverfahrens ist dann eine Aufenthaltsgestattung zu erteilen.

Bei erfolgreichem Zweitstrag ist für eine spätere Anrechnung der Aufenthaltszeiten wie beim **21**
erfolgreichen Folgeantrag (→ § 71 Rn. 44) der Zeitpunkt der Antragstellung ausschlaggebend
(NK-AuslR/Bruns Rn. 17).

Bezüglich **Abschiebehaft** gilt § 71 Abs. 8 (→ § 71 Rn. 46) entsprechend (§ 71a Abs. 2 S. 3). **22**

Bei einem nach Rücknahme oder unanfechtbarer Ablehnung eines Zweitstrages erneut **23**
gestellten Asylantrag ist § 71 anzuwenden (§ 71a Abs. 5). Fraglich ist, ob § 71a Abs. 5 auch bei
Rücknahme wegen **Nichtbetreiben des Verfahrens** nach § 33 Anwendung findet. Ausgeschlos-

sen ist dies bei rechtzeitigem Wiederaufnahmeantrag iSd § 33 Abs. 5 S. 2–7. Danach ist ein Antrag
gem. § 33 Abs. 5 S. 6 als Folgeantrag zu werten, es bedarf nicht mehr des Verweises von § 71a
Abs. 5 (**aA** wohl NK-AuslR/Bruns Rn. 18).

23.1 Strittig ist auch, ob § 71a Abs. 5 auch gilt, wenn das Vorliegen der Voraussetzungen des § 51 Abs. 1–
3 VwVfG abgelehnt wird bzw. wenn der Antrag vor der Entscheidung zurückgenommen wird (so GK-
AsylG/Funke-Kaiser Rn. 37 f.) oder ob in diesen Fällen § 71 direkt bzw. analog anzuwenden ist (so Marx
AsylG Rn. 23 f.; NK-AuslR/Bruns Rn. 18).

E. Exkurs: Antragsteller mit nationalem oder internationalem Schutz in anderem Mitgliedstaat

24 In der Praxis immer häufiger sind Weiterwanderungsfälle, also solche, in denen der Antragsteller
bereits einen Schutzstatus in einem anderen Mitgliedstaat hatte. Hier sind zwei Varianten möglich:

25 • Der Antragsteller hat internationalen Schutz (Flüchtlingsanerkennung oder subsidiärer Schutz
nach dem 31.12.2013) im Mitgliedstaat: Das Verfahren richtet sich nach § 29 Abs. 1 Nr. 2 (→
§ 29 Rn. 8 ff.). Nach der Entscheidung des EuGH vom 13.11.2019 (EuGH NVwZ 2020, 137),
nach der Antragsteller im Fall von Verletzung des Art 4 EMRK nicht auf den internationalen
Schutz in einem anderen Mitgliedstaat verwiesen werden dürfen, ist zu klären, welches Verfahren
anschließend in Deutschland durchgeführt werden muss (→ Rn. 4.1).

26 • Der Antragsteller hat **nationalen Schutz im anderen Mitgliedstaat** (bzw. subsidiären Schutz
vor dem 1.1.2014): In diesem Fall wird zunächst ein Dublin-Verfahren durchgeführt. Geht
danach die Zuständigkeit auf Deutschland über, ist ein Zweitverfahren durchzuführen. Ist dieses
unanfechtbar abgelehnt, ist zu prüfen, ob und wohin der Antragsteller noch abgeschoben werden
kann.

26.1 Eine **Abschiebung in den Mitgliedstaat** ist danach nicht mehr möglich, da das Dublin-Verfahren
lex specialis zu anderen Rückführungsabkommen ist und die dortigen Regeln sonst umgangen würden
(NK-AuslR/Bruns Rn. 19). Sollte man eine Abschiebung in den Mitgliedstaat für zulässig erachten, so
wird in den meisten Fällen die Frist zur Rücküberstellung nach binationalen Rücküberstellungsabkommen –
soweit ein solches existiert – schon abgelaufen sein, so dass eine Überstellung gleichfalls nicht möglich
ist (NK-AuslR/Bruns Rn. 19). Ungeklärt ist noch, inwiefern das nationale Abschiebungshindernis im
Mitgliedstaat auch im Hinblick auf eine **Abschiebung ins Herkunftsland** beachtet werden muss. Eine
Pflicht zur Anerkennung des nationalen Schutzstatus in anderen Mitgliedstaaten besteht nicht. Allerdings
könnte der festgestellte nationale Schutzstatus im anderen Mitgliedstaat als zusätzliches Argument im Rahmen der Prüfung der Abschiebungshindernisse nach § 60 Abs. 5 und Abs. 7 AufenthG vorgebracht werden.

F. Praktische Hinweise behördliches und gerichtliches Verfahren

27 Wird bereits die **Zuständigkeit der Bundesrepublik Deutschland verneint,** lehnt das
BAMF den Asylantrag als unzulässig gem. § 29 Abs. 1 Nr. 1 ab und stellt fest, ob Abschiebungshin-
dernisse nach § 60 Abs. 5 und Abs. 7 AufenthG hinsichtlich des Mitgliedsstaats vorliegen. Hierge-
gen ist Anfechtungsklage auf Aufhebung des Bescheides sowie hilfsweise Verpflichtungsklage auf
Feststellung von Abschiebungshindernissen nach § 60 Abs. 5 und Abs. 7 AufenthG bezüglich des
Mitgliedstaats einzulegen. Gleichzeitig muss ein Antrag nach § 80 Abs. 5 VwGO gegen die
Abschiebungsanordnung gestellt werden (vgl. → § 29 Rn. 4; vgl. ausf. zur Abschiebungsanordnung → § 34a Rn. 7 ff.).

28 Bei **Ablehnung der Durchführung eines zweiten Asylverfahrens** – also Ablehnung der
Voraussetzungen des § 50 Abs. 1–3 VwVfG – lehnt das BAMF den Asylantrag gem. § 29 Abs. 1
Nr. 5 als unzulässig ab und stellt fest, ob Abschiebungshindernisse nach § 60 Abs. 5 und Abs. 7
AufenthG hinsichtlich des Herkunftslandes vorliegen. Statthafte Klageart ist eine Anfechtungsklage
gegen die Ablehnung als unzulässig sowie eine hilfsweise Verpflichtungsklage auf Feststellung
nationaler Abschiebungsverbote nach § 60 Abs. 5 und Abs. 7 AufenthG (BVerwG BeckRS 2016,
111567). Die Klage hat wegen des Verweises von § 71a Abs. 4 auf die sinngemäße Anwendung
des § 36 keine aufschiebende Wirkung, es ist daher ein Antrag nach § 80 Abs. 5 VwGO gegen
die Abschiebungsanordnung zu stellen. Der Maßstab für die Anordnung der aufschiebenden Wirkung ist die Frage, ob die Voraussetzungen des § 51 Abs. 1–3 VwVfG offensichtlich nicht vorliegen
(NK-AuslR/Bruns Rn. 20).

29 Werden **Wiederaufnahmegründe bejaht,** aber der Asylantrag abgelehnt, ist statthafte Klageart
Verpflichtungsklage auf Flüchtlingseigenschaft und Abschiebungsverbote. Asyl nach Art. 16 GG
dürfte in der Regel ausgeschlossen sein, da eine Einreise über einen sicheren Drittstaat vorliegt.

Die Klage hat gem. § 75 Abs. 1 iVm § 38 Abs. 1 aufschiebende Wirkung, da der Verweis auf § 36 nur gilt, wenn ein weiteres Verfahren nicht durchgeführt wird (§ 71a Abs. 4).

Abschnitt 8. Erlöschen der Rechtsstellung

§ 72 Erlöschen

(1) **Die Anerkennung als Asylberechtigter und die Zuerkennung der Flüchtlingseigenschaft erlöschen, wenn der Ausländer**
1. **sich freiwillig durch Annahme oder Erneuerung eines Nationalpasses oder durch sonstige Handlungen erneut dem Schutz des Staates, dessen Staatsangehörigkeit er besitzt, unterstellt,**
1a. **freiwillig in das Land, das er aus Furcht vor Verfolgung verlassen hat oder außerhalb dessen er sich aus Furcht vor Verfolgung befindet, zurückgekehrt ist und sich dort niedergelassen hat,**
2. **nach Verlust seiner Staatsangehörigkeit diese freiwillig wiedererlangt hat,**
3. **auf Antrag eine neue Staatsangehörigkeit erworben hat und den Schutz des Staates, dessen Staatsangehörigkeit er erworben hat, genießt oder**
4. **auf sie verzichtet oder vor Eintritt der Unanfechtbarkeit der Entscheidung des Bundesamtes den Antrag zurücknimmt.**

(2) **Der Ausländer hat einen Anerkennungsbescheid und einen Reiseausweis unverzüglich bei der Ausländerbehörde abzugeben.**

Überblick

Die Vorschrift nennt die Tatbestände, bei denen die Asylanerkennung bzw. Flüchtlingseigenschaft von Gesetzes wegen erlischt. Abs. 1 Nr. 1–3 setzen dabei Art. 11 Abs. 1 lit. a–d Qualifikations-RL (RL 2011/95/EU v. 13.12.2011, ABl. 2011 L 337, 9), welche wiederum Art. 1 C Nr. 1–4 GFK (Genfer Flüchtlingskonvention v. 28.7.1951) nachgebildet sind, in nationales Recht um. Da keine verwaltungsbehördliche Prüfung notwendig ist, ist Voraussetzung, dass der Tatbestand eindeutig gegeben ist (NK-AuslR/Müller Rn. 1; Bergmann/Dienelt/Bergmann Rn. 6).

Die Vorschrift ist nicht anwendbar:
- bei **Subsidiärem Schutz und Abschiebungsverboten;** hier ist das Erlöschen in §§ 73b und 73c Abs. 3 extra geregelt. Daher führt bspw. die Rückreise in den Herkunftsstaat bei bestehendem Abschiebungshindernis nicht automatisch zu dessen Erlöschen;
- im laufenden Asylverfahren; allein aus der Tatsache der Passerneuerung oder erstmaliger Passausstellung während des **laufenden Asylverfahren** kann nicht auf fehlende Verfolgungsgefahr geschlossen werden, sondern es ist anhand der Umstände des jeweiligen Einzelfalls zu beurteilen, wie sich die Handlung auf die zu treffende Verfolgungsprognose auswirkt (BVerwG NVwZ 1988, 160; SächsOVG BeckRS 2011, 49858).

Im Rahmen des **Familienasyls nach § 26** ist zu unterscheiden: Erfüllt der Familienangehörige, der sein Recht gem. § 26 ableitet, selbst einen der Tatbestände des § 72, ist § 72 unmittelbar anwendbar (NK-AuslR/Müller Rn. 4). Die Anerkennung erlischt (nur) für ihn. Wenn dagegen der Familienangehörige, von dem das Recht gem. § 26 abgeleitet wurde, einen der Tatbestände des § 72 erfüllt, kann die Rechtsstellung des ableitenden Familienangehörigen nach § 73 Abs. 2b widerrufen werden (→ § 73 Rn. 1 ff.).

Übersicht

A. Voraussetzungen (Abs. 1)

I. Freiwillige Schutzunterstellung (Abs. 1 Nr. 1)

1   Nicht jeder Kontakt des anerkannten Flüchtlings zu den Behörden seines Herkunftsstaates führt zum Erlöschen der Anerkennung. Die Anwendung des Verlustgrundes der Nr. 1 ist von drei Tatbestandsmerkmalen abhängig (BVerwGE 89, 231 (235 f.) = NVwZ 1992, 679): Der Flüchtling muss einen „Vorteil" durch den Heimatstaat annehmen (→ Rn. 2 f.), die Annahme muss freiwillig geschehen (→ Rn. 5 f.) und die Handlung muss objektiv als Unterschutzstellung zu werten sein (→ Rn. 7 f.).

1. Annahme eines Vorteils durch den Heimatstaat

2   Durch **Annahme und Erneuerung des Nationalpasses** gibt Flüchtling regelmäßig zu erkennen, dass er keine Verfolgung durch seinen Heimatstaat mehr befürchtet. Der Handlung kommt allerdings nur eine **Indizwirkung** zu (**krit.** Marx AsylG Rn. 12), der der äußere Geschehensablauf entgegenstehen kann (BVerwGE 89, 231 (235 f.) = NVwZ 1992, 679). So kann es auch hier an den weiteren Tatbestandsmerkmalen der Freiwilligkeit oder der Unterschutzstellung fehlen.

3   **Sonstige Handlungen,** die die Annahme eines Vorteils durch den Heimatstaat darstellen können, sind:
- Ausreise mit nationalem Reisepass, der bereits im Besitz des Ausländers war, wobei keines Mitführung nicht ausreichend ist (BVerwG BeckRS 1998, 30434137 = Buchholz 402.25 § 72 AsylVfG Nr. 1).
- Beantragung von **finanziellen Hilfen** unter Berufung auf Staatsangehörigkeit zur Überbrückung einer Notsituation in Deutschland oder einem Drittstaat (Bergmann/Dienelt/Bergmann Rn. 13; NK-AuslR/Müller Rn. 10).
- Ableistung von **verkürztem Wehrdienst** in Verbindung mit Erneuerung eines Heimatpasses (BayVGH BeckRS 2008, 28316).

4   Keine Annahme eines Vorteils stellt die vorübergehende Rückkehr in den Heimatstaat dar – hier wäre allein Nr. 1a zu prüfen (→ Rn. 10), einer parallelen Anwendung der Nr. 1 steht die Qualifikations-RL (RL 2011/95/EU v. 13.12.2011, ABl. 2011 L 337, 9) entgegen (NK-AuslR/Müller Rn. 11).

2. Subjektive Freiwilligkeit

5   Das Merkmal der **Freiwilligkeit** setzt eine freie und bewusste Willensbildung und Willensbetätigung voraus (NdsOVG EZAR NF 68 Nr. 1). Dies schließt Zwang jeder Art aus. An der subjektiven Freiwilligkeit fehlt es, wenn sich aus dem Verhalten des Flüchtlings Anhaltpunkte dafür ableiten lassen, dass zB mit der Passverlängerung keine Wiedererlangung des vollen diplomatischen Zweckes gewollt war (BVerwGE 89, 231 (235 f.) = NVwZ 1992, 679).

6   **Keine Freiwilligkeit** liegt vor bei Annahme eines neuen oder verlängerten Nationalpasses zur Erfüllung einer **sittlichen Pflicht** (BVerwGE 89, 231 (235 f.) = NVwZ 1992, 679), bei kurzfristiger Einreise in den Heimatstaat, um Verwandten oder Freunden Fluchthilfe zu leisten (BVerwGE 89, 231 (235 f.) = NVwZ 1992, 679), oder anderen moralischen Zwangslagen (NK-AuslR/Müller Rn. 12), bei **Unzurechnungsfähigkeit** zum Zeitpunkt der Handlung (NdsOVG EZAR NF 68 Nr. 1), bei eigenmächtiger Passverlängerung durch die Heimatbehörde (HessVGH BeckRS 1994, 22077 = AuAS 1994, 201).

3. Objektive Unterschutzstellung

7   Der Schutz des Heimatstaates muss objektiv in Anspruch genommen sein. Vorübergehende, rein „technische Kontakte" stellen keine Unterschutzstellung dar (BVerwGE 89, 231 (235 f.) = NVwZ 1992, 679). Der Flüchtlingsstatus erlischt aber bei solchen Personen, die sich den diplomatischen Schutz gleichsam „auf Vorrat" sichern, ohne dass die Erledigung bestimmter administrativer Angelegenheiten hierzu nötigt, oder bei jenen, die sich selbst „ohne Not" wieder in dessen schützende Hand begeben (BVerwGE 89, 231 (235 f.) = NVwZ 1992, 679).

Der Schutz des Heimatstaates muss auch tatsächlich gewährt worden sein (Marx AsylG 8
Rn. 15 ff.; aa NK-AuslR/Müller Rn. 13).

Hierfür spricht, dass die Unterschutzstellung anhand objektiver Kriterien zu messen ist. Die Wiederher- **8.1**
stellung einer dauerhaften Rechtsbeziehung zum Heimatstaat stellt dabei ein wichtiges Indiz für den Wegfall
der Verfolgung dar (vgl. BVerwGE 89, 231 (235 f.) = NVwZ 1992, 679; Marx AsylG Rn. 15 ff.).

Keine Unterschutzstellung liegt vor 9
- bei Beantragung eines Heimatpasses durch einen von **regional begrenzter Gruppenverfol-**
  gung Betroffenen, dessen Schutz in anderen Landesteilen vom Heimatstaat nicht hinlänglich
  gewährt wird, weshalb dem Staat die Gruppenverfolgung zuzurechnen ist. Denn dieser Personenkreis verliert den diplomatischen Schutz seines Heimatlandes nicht, weshalb ein „erneutes"
  Unterschutzstellen begrifflich ausscheidet (BVerwGE 89, 231 (235 f.) = NVwZ 1992, 679);
- bei **Entlassung aus der Staatsangehörigkeit** zum Zweck der Einbürgerung (BVerwGE 89,
  231 (235 f.) = NVwZ 1992, 679);
- wenn der Reisepass erforderlich ist, um Amtshandlung vor deutschen Behörden vorzunehmen,
  zB für die **Eheschließung** (BVerwGE 89, 231 (235 f.) = NVwZ 1992, 679);
- bei Eheschließung vor dem Konsulat des Heimatstaates, da es sich um einen vorübergehenden
  rein „technischen" Kontakt zu Amtsstellen des Verfolgerstaates handelt (BVerwGE 89, 231
  (235 f.) = NVwZ 1992, 679);
- bei Kontakt mit den Heimatbehörden wegen Identitätsklärung im Rahmen des **Einbürge-**
  rungsverfahrens (NK-AuslR/Müller Rn. 14 mwN).

II. Rückkehr und Niederlassung im Herkunftsland (Abs. 1 Nr. 1a)

Schon begrifflich setzt Nr. 1a eine **gewisse Dauer** des Verweilens im Heimatstaat voraus. Aus 10
den Gesamtumständen der Rückkehr und des Aufenthaltes im Herkunftsland muss sich ergeben,
dass der Flüchtling nicht die Absicht hat, in sein Aufnahmeland zurückzukehren (Marx AsylG
Rn. 20 mwN). Zur **objektiven Niederlassung** muss auch die **subjektive Freiwilligkeit** der
Rückkehr hinzutreten, nur dann kann regelmäßig darauf geschlossen werden, dass die Verfolgungsgefahr weggefallen ist (Marx AsylG Rn. 20 f.).

Ob eine **dauerhafte Rückkehr** vorliegt, ist im konkreten Einzelfall anhand objektiver Krite- 11
rien zu prüfen. Die Rückreise muss nach ihrer Dauer, ihrem Anlass, der Art der Einreise sowie
dem Ort des Aufenthaltes im Herkunftsland einen Grund für die Annahme bieten, in ihr doku-
mentiere sich ein Fortfall der Verfolgungsfurcht (VG Düsseldorf Urt. v. 22.03.2000 – 16 K 3261/
99.A). Beweiskräftiges Indiz ist dabei regelmäßig die dauerhafte Niederlassung oder die behördlich
genehmigte Einreise in das Herkunftsland in Verbindung mit einer ungefährdeten Ein- und Ausreise über offizielle Grenzübergangsstellen (Marx AsylG Rn. 21). Der dauerhaften Rückkehr
stehen regelmäßige Heimatbesuche über längere Dauer dann gleich, wenn Sozialleistungen und
Einrichtungen in Anspruch genommen werden, die normalerweise Staatsangehörigen vorbehalten
sind (Marx AsylG Rn. 21).

Ein **langjähriger Auslandsaufenthalt,** nicht im Herkunftsstaat, führt nicht zum Erlöschen 12
der Flüchtlingseigenschaft (OVG NRW BeckRS 2016, 47670; → Rn. 18).

Kurzfristige Aufenthalte im Herkunftsland reichen nicht aus, wenn sich daraus nicht auf 13
eine erhebliche nachträgliche Änderung der dortigen Verhältnisse schließen lässt (Marx AsylG
Rn. 22). So ist eine zweimonatige Rückkehr nicht ausreichend (BVerwG NVwZ 2001, 335
(337)). Der **wiederholte vorübergehende** Aufenthalt im Herkunftsland stellt auch kein Indiz
für den Wegfall der Verfolgung dar (HmbOVG NVwZ-Beil. 2001, 110).

Abs. 1 Nr. 1a ist **nicht erfüllt** 14
- bei Rückkehr zur **Erfüllung einer sittlichen Pflicht** (BVerwGE 89, 231 (235 f.) = NVwZ
  1992, 679) oder um Verwandten und Freunden bei deren **Flucht zu helfen** (BVerwGE 89,
  231 (235 f.) = NVwZ 1992, 679);
- bei Rückkehr in ein **Teilgebiet des Heimatlandes,** über das die Zentralregierung keine effektive Gebietsgewalt (BayVGH InfAuslR 1998, 519) hat;
- bei **illegalem Aufenthalt,** auch wenn er länger währt (NK-AuslR/Müller Rn. 16).

III. Freiwillige Wiedererlangung der früheren Staatsangehörigkeit (Abs. 1 Nr. 2)

Der Erlöschensgrund setzt voraus, dass der Flüchtling die Staatsangehörigkeit seines Heimatstaa- 15
tes vorher verloren oder aufgegeben hatte (Marx AsylG Rn. 27; NK-AuslR/Müller Rn. 19). Da
dies bei Flüchtlingen in der Regel nicht der Fall ist, hat Nr. 2 nur geringe praktische Relevanz

(NK-AuslR/Müller Rn. 19). Bei **staatenlosen** Flüchtlingen ist Nr. 2 dagegen nicht anwendbar (VGH BW FHOeffR 48 Nr. 8029 = InfAuslR 1997, 223). Bei Erwerb einer anderen Staatsangehörigkeit als der des Heimatstaates gilt Nr. 3 (→ Rn. 18).

16   Die Staatsangehörigkeit muss tatsächlich wiedererlangt werden, der **reine Antrag** reicht schon nach dem Wortlaut der Vorschrift nicht aus (Marx AsylG Rn. 31; Hailbronner AuslR Rn. 22).

17   Der Wiedererwerb muss **freiwillig** erfolgt sein. Hierfür kommt auch die freiwillige oder still-schweigende Annahme bei **Erwerb kraft Gesetzes,** zB wegen Eheschließung oder eines Erlasses, in Betracht (Marx AsylG Rn. 30; Hailbronner AuslR Rn. 23). In diesen Fällen kann von einer Freiwilligkeit jedoch nur ausgegangen werden, wenn die **Option der Ablehnung** des Neuerwerbs bestand und der Flüchtling trotz Möglichkeit nicht davon Gebrauch gemacht hat. Ansonsten ist von einem aufgedrängten Erwerb auszugehen (Marx AsylG Rn. 30; Hailbronner AuslR Rn. 23).

IV. Erwerb einer anderen Staatsangehörigkeit (Abs. 1 Nr. 3)

18   Nr. 3 betrifft den Erwerb einer anderen Staatsangehörigkeit als der des Heimatstaates. Entgegen Nr. 2 ist hier nur der Erwerb auf **Antrag** des Flüchtlings umfasst, ein **Erwerb kraft Gesetzes** kommt nicht in Betracht (Hailbronner AuslR Rn. 24; NK-AuslR/Müller Rn. 21; Marx AsylG Rn. 34). Ein **langjähriger Auslandsaufenthalt,** nicht im Herkunftsstaat, führt allein nicht zum Erlöschen der Flüchtlingseigenschaft, wenn nicht auch die Staatsangehörigkeit des Staates erworben wird (OVG NRW BeckRS 2016, 47670).

19   Mit dem Erwerb der Staatsangehörigkeit muss nach dem Wortlaut der Vorschrift auch eine **effektive Schutzgewährung** durch den betreffenden Staat verbunden sein. Dies setzt voraus, dass die mit der Staatsangehörigkeit verbundenen Rechte, insbesondere das Recht auf Rückkehr und Aufenthalt, gewährleistet sind (Marx AsylG Rn. 36).

20   Bei späterem **Verlust der neuen Staatsangehörigkeit,** kann der Flüchtlingsschutz unter Umständen wieder aufleben, solange die für den Flüchtlingsschutz maßgebenden Gründe fortbe-stehen (Marx AsylG Rn. 36; NK-AuslR/Müller Rn. 21; UNHCR, Handbuch über Verfahren und Kriterien zur Feststellung der Flüchtlingseigenschaft, Stand: 12/2003, Rn. 132). Dabei kommt es auf die Umstände an, die zum Verlust der Staatsangehörigkeit geführt haben (Marx AsylG Rn. 36; UNHCR, Handbuch über Verfahren und Kriterien zur Feststellung der Flüchtlingseigen-schaft, Stand: 12/2003, Rn. 132).

21   Nach herrschender Meinung führt auch der Erwerb der **deutschen Staatsangehörigkeit** zum Erlöschen der Flüchtlingseigenschaft führt (GK-AsylG/Funke-Kaiser Rn. 40; **aA** NK-AuslR/Müller Rn. 22).

21.1   Überwiegend wird in der deutschen Staatsagehörigkeit eine andere Staatsangehörigkeit iSd Nr. 3 gese-hen (so: GK-AsylG/Funke-Kaiser Rn. 44, § 73, Rn. 45; NdsOVG BeckRS 2010, 52909; SchlHOVG BeckRS 2008, 38942; VG Aachen BeckRS 2010, 51084 mwN; offen gelassen: HessVGH BeckRS 2011, 55992 = ZAR 2011, 408; BVerwG BeckRS 2009, 30612) oder davon ausgegangen, dass der asylrechtliche Status **eo ipse** erlöscht (so: Hailbronner AuslR Rn. 25; Bergmann/Dienelt/Bergmann Rn. 24; VG Köln BeckRS 2008, 32855). Dagegen argumentiert Müller, dass der Erwerb der deutschen Staatsagehörigkeit überhaupt nicht zum Erlöschen des asylrechtlichen Status führen kann. Dies folge daraus, dass Art. 45 Abs. 5 S. 2 Asylverfahrens-RL (RL 2013/32/EU v. 26.6.2013, ABl. 2013 L 180, 60) eine Ermächtigung für die Mitgliedstaaten vorsehe zu regeln, dass der asylrechtliche Status einer Person erlösche, wenn er die Staatsangehörigkeit dieses Mitgliedstaates annehme. Wäre dies schon in Art. 11 Abs. 1 lit. c Qualifikations-RL (RL 2011/95/EU v. 13.12.2011, ABl. 2011 L 337, 9) erfasst gewesen oder würde der asylrechtliche Status sowieso anderweitig erlöschen, so hätte es einer derartigen Regelung nicht bedurft (NK-AuslR/Müller Rn. 22).

V. Freiwilliger Verzicht auf die Rechtsstellung oder Antragsrücknahme vor Rechtskraft (Abs. 1 Nr. 4)

22   Der Verzicht setzt eine **eindeutige und unmissverständliche Erklärung** voraus, den asyl-rechtlichen Status aufgeben zu wollen (Bergmann/Dienelt/Bergmann Rn. 26; Marx AsylG Rn. 39; NK-AuslR/Müller Rn. 23; GK-AsylG/Funke-Kaiser Rn. 43). Die Begründung einer ständigen Niederlassung in einem anderen Staat stellt keinen konkludenten Verzicht dar (HmbOVG FHOeffR Nr. 7832 = ZAR 1986, 87). Eine **Beschränkung** des Verzichts entweder auf die Asylanerkennung oder den Flüchtlingsstatus ist nicht zulässig. Der Verzicht wird in diesem Fall unwirksam (Marx AsylG Rn. 38; Bergman/Dienelt/Bergmann Rn. 26).

23   Auch der Verzicht muss **freiwillig** erfolgt sein (NK-AuslR/Müller Rn. 24; Marx AsylG Über-schrift zu Rn. 38; Bergmann/Dienelt/Bergmann Rn. 26; zum Begriff der Freiwilligkeit → Rn. 5).

Der Verzicht ist gegenüber dem **BAMF** zu erklären. Ein gegenüber der Ausländerbehörde **24** erklärter Verzicht wird erst wirksam, wenn er dem BAMF zugegangen ist (GK–AsylG/Funke-Kaiser Rn. 42). Wegen der Wirkungen des Erlöschens des asylrechtlichen Status auf die Aufenthaltserlaubnis, besteht eine gesteigerte **Hinweis- und Beratungspflicht** der Behörde (VGH BW NVwZ 2006, 1305). Bei Verstoß gegen diese Pflicht ist der Widerruf der Aufenthaltserlaubnis wegen Nichtberücksichtigung der Folgenbeseitigungspflicht ermessensfehlerhaft (VGH BW NVwZ 2006, 1305). Teilweise wird davon ausgegangen, dass der Verzicht dann nicht freiwillig erfolgt ist (NK–AuslR/Müller Rn. 24).

Für die **Antragsrücknahme vor Eintritt der Unanfechtbarkeit** als Erlöschenstatbestand ist **25** kein Anwendungsbeispiel denkbar. Bei Antragsrücknahme vor Eintritt der Unanfechtbarkeit der Anerkennung wird der Anerkennungsbescheid gegenstandslos, das Asylverfahren ist nach § 32 einzustellen.

Bei erneuter Asylantragstellung nach Verzicht liegt ein Erstantrag vor, der Verzicht ist der **26** Antragsrücknahme nicht gleichzustellen (→ § 71 Rn. 9, **aA** Bergmann/Dienelt/Bergmann Rn. 28).

B. Rechtsfolgen

I. Erlöschen der Rechtsstellung

Liegen die tatbestandlichen Voraussetzungen des Abs. 1 vor, beendet dies die asylrechtliche **27** Rechtsstellung, ohne dass es weiterer Ermittlungen oder eines behördlichen Verfahrens bedarf. Die Ausländerbehörde ist befugt, das Erlöschen ausdrücklich festzustellen, die behördliche Feststellung hat aber nur deklaratorischen Charakter (HmbOVG NVwZ-Beil. 2001, 110).

Der Verlust der Rechtsstellung tritt **ex nunc** und **für die Zukunft** ein (NK–AuslR/Müller **28** Rn. 27; Bergmann/Dienelt/Bergmann Rn. 29; Marx AsylG Rn. 42). Sie kann nicht rückgängig gemacht werden (Bergmann/Dienelt/Bergmann Rn. 28; Hailbronner AuslR Rn. 30). Ein **erneuter Asylantrag** nach Erlöschen ist als Erstantrag zu werten, § 71 ist weder direkt noch analog anwendbar (Hailbronner AuslR Rn. 30; NK–AuslR/Müller Rn. 2; aA Bergmann/Dienelt/Bergmann Rn. 30).

II. Rechtsfolgen des Erlöschens

Der Verlust der Rechtsstellung hat nicht automatisch den Verlust des bestehenden **Aufenthalts-** **29** **titels** zur Folge, dieser kann nur im Ermessenswege nach § 52 Abs. 1 Nr. 4 AufenthG widerrufen werden. Im Rahmen des Ermessens hat die Ausländerbehörde insbesondere die Aufenthaltsdauer und die Integrationsleistungen des Ausländers zu berücksichtigen (BVerwG NVwZ 2003, 1275 (1276); NdsOVG BeckRS 2000, 22944). Besteht ein asylunabhängiges Aufenthaltsrecht des Ausländers, ist das Widerrufsermessen auf ein Widerrufsverbot beschränkt (BVerwG NVwZ 2003, 1275 (1276); VGH BW BeckRS 2006, 22463). Die **übrigen** auf der gewährten Rechtsstellung beruhenden **Vergünstigungen** können – soweit eine Sondervorschrift nicht besteht – nach Maßgabe des § 49 VwVfG widerrufen werden (Marx AsylG Rn. 43; Bergmann/Dienelt/Bergmann Rn. 30).

Für **Familienangehörige** droht der Widerruf des Familienasyls gem. § 73 Abs. 2b (→ § 73 **30** Rn. 1 ff.).

Der Ausländer hat gem. **Abs. 2** seinen Anerkennungsbescheid und seinen Reiseausweis unver- **31** züglich bei der Ausländerbehörde abzugeben. Strittig ist die Form der Durchsetzung des Herausgabeanspruchs durch die Ausländerbehörde (→ Rn. 31.1).

Es ist strittig ob der Herausgabeanspruch durch die Ausländerbehörde immer mittels Verwaltungsakt **31.1** durchgesetzt wird (so Marx AsylG Rn. 43) oder ob das schlichte Herausgabeverlangen lediglich einen Hinweis auf die gesetzliche Verpflichtung darstellt, die aber mit Verwaltungsakt konkretisiert werden kann (so GK–AsylG/Funke-Kaiser Rn. 38). Die Durchsetzung des Herausgabeanspruchs mittels Verwaltungszwangs wird jedenfalls regelmäßig den Erlass eines vorherigen Verwaltungsakts voraussetzen (GK–AsylG/Funke-Kaiser Rn. 38).

C. Praktische Hinweise behördliches und gerichtliches Verfahren

Für den Erlass eines Verwaltungsaktes auf Feststellung des Erlöschens ist die Behörde **örtlich** **32** **zuständig,** bei der der Ausländer seinen Wohnsitz hat. Eine **sachliche Zuständigkeit** ergibt sich für die Behörde, die sich auf das durch Gesetz und ohne Verwaltungsverfahren erfolgende

Erlöschen beruft und daraus in ihrer Zuständigkeit Rechtsfolgen ziehen will (VG Köln BeckRS 2017, 119109). Die Entscheidung der Ausländerbehörde entfaltet Bindungswirkung für andere Behörden (vgl. OVG NRW BeckRS 2017, 100607; **aA** GK-AsylG/Funke-Kaiser Rn. 50: Unzulässigkeit eines feststellenden Verwaltungsaktes).

33   Gegen das Erlöschen kraft Gesetzes sind keine unmittelbaren Rechtsbehelfe vorgesehen. Sofern das Erlöschen durch Verwaltungsakt ausdrücklich festgestellt hat, ist statthafte Klageart die **Anfechtungsklage** (VG Köln BeckRS 2017, 119109). Wird das Erlöschen im Rahmen einer aufenthaltsbeendenden Verfügung oder wegen Durchsetzung der Heraugabepflicht inzident festgestellt, muss ebenfalls mit der Anfechtungsklage vorgegangen werden (BVerwGE 89, 231 (235 f.) = NVwZ 1992, 679).

34   Darüber hinaus kann im Rahmen einer **Feststellungsklage** nach § 43 VwGO Feststellung des Nichterlöschens begehrt werden. Die Subsidiaritätsklausel greift hier nicht, da der Rechtsverlust ipso iure eintritt (BVerwGE 89, 231 (235 f.) = NVwZ 1992, 679). Passivlegitimiert ist die Ausländerbehörde, wenn sie Anlass zur Feststellungsklage gegeben hat, zB durch Hinweis auf die Ausreisepflicht des § 50 Abs. 1 AufenthG oder auf die Heraugabepflicht des Abs. 2 (Marx AsylG Rn. 45). Die Feststellungsklage kann aber auch immer gegen das BAMF gerichtet werden, da dieses auch für die Asylanerkennung zuständig ist und über besondere Sachkunde verfügt (NdsOVG InfAuslR 2007, 82).

§ 73 Widerruf und Rücknahme der Asylberechtigung und der Flüchtlingseigenschaft

(1) ¹**Die Anerkennung als Asylberechtigter und die Zuerkennung der Flüchtlingseigenschaft sind unverzüglich zu widerrufen, wenn die Voraussetzungen für sie nicht mehr vorliegen.** ²**Dies ist insbesondere der Fall, wenn der Ausländer nach Wegfall der Umstände, die zur Anerkennung als Asylberechtigter oder zur Zuerkennung der Flüchtlingseigenschaft geführt haben, es nicht mehr ablehnen kann, den Schutz des Staates in Anspruch zu nehmen, dessen Staatsangehörigkeit er besitzt, oder wenn er als Staatenloser in der Lage ist, in das Land zurückzukehren, in dem er seinen gewöhnlichen Aufenthalt hatte.** ³**Satz 2 gilt nicht, wenn sich der Ausländer auf zwingende, auf frühere Verfolgungen beruhende Gründe berufen kann, um die Rückkehr in den Staat abzulehnen, dessen Staatsangehörigkeit er besitzt oder in dem er als Staatenloser seinen gewöhnlichen Aufenthalt hatte.**

(2) ¹**Die Anerkennung als Asylberechtigter ist zurückzunehmen, wenn sie auf Grund unrichtiger Angaben oder infolge Verschweigens wesentlicher Tatsachen erteilt worden ist und der Ausländer auch aus anderen Gründen nicht anerkannt werden könnte.** ²**Satz 1 ist auf die Zuerkennung der Flüchtlingseigenschaft entsprechend anzuwenden.**

(2a) ¹**Die Prüfung, ob die Voraussetzungen für einen Widerruf nach Absatz 1 oder eine Rücknahme nach Absatz 2 vorliegen, hat spätestens nach Ablauf von drei Jahren nach Unanfechtbarkeit der Entscheidung zu erfolgen.** ²**Liegen die Voraussetzungen für einen Widerruf oder eine Rücknahme vor, teilt das Bundesamt dieses Ergebnis der Ausländerbehörde spätestens innerhalb eines Monats nach dreijähriger Unanfechtbarkeit der begünstigenden Entscheidung mit.** ³**Anderenfalls kann eine Mitteilung an die Ausländerbehörde entfallen.** ⁴**Der Ausländerbehörde ist auch mitzuteilen, welche Personen nach § 26 ihre Asylberechtigung oder Flüchtlingseigenschaft von dem Ausländer ableiten und ob bei ihnen die Voraussetzungen für einen Widerruf nach Absatz 2b vorliegen.** ⁵**Ist nach der Prüfung ein Widerruf oder eine Rücknahme nicht erfolgt, steht eine spätere Entscheidung nach Absatz 1 oder Absatz 2 im Ermessen, es sei denn, der Widerruf oder die Rücknahme erfolgt, weil die Voraussetzungen des § 60 Abs. 8 Satz 1 des Aufenthaltsgesetzes oder des § 3 Abs. 2 vorliegen oder weil das Bundesamt nach § 60 Absatz 8 Satz 3 des Aufenthaltsgesetzes von der Anwendung des § 60 Absatz 1 des Aufenthaltsgesetzes abgesehen hat.**

(2b) ¹**In den Fällen des § 26 Absatz 1 bis 3 und 5 ist die Anerkennung als Asylberechtigter und die Zuerkennung der Flüchtlingseigenschaft zu widerrufen, wenn die Voraussetzungen des § 26 Absatz 4 Satz 1 vorliegen.** ²**Die Anerkennung als Asylberechtigter ist ferner zu widerrufen, wenn die Anerkennung des Asylberechtigten, von dem die Anerkennung abgeleitet worden ist, erlischt, widerrufen oder zurückgenommen wird und der Ausländer nicht aus anderen Gründen als Asylberechtigter anerkannt werden könnte.** ³**In den Fällen des § 26 Absatz 5 ist die Zuerkennung der Flüchtlingseigenschaft zu** widerrufen, wenn die Flüchtlingseigenschaft des Ausländers, von dem die Zuerkennung abgeleitet worden ist, erlischt, widerrufen oder zurückgenommen wird und dem Ausländer nicht aus anderen Gründen die Flüchtlingseigenschaft zuerkannt werden könnte. [4]§ 26 Absatz 1 Satz 2 gilt entsprechend.

(2c) Bis zur Bestandskraft des Widerrufs oder der Rücknahme entfällt für Einbürgerungsverfahren die Verbindlichkeit der Entscheidung über den Asylantrag.

(3) Bei Widerruf oder Rücknahme der Anerkennung als Asylberechtigter oder der Zuerkennung der Flüchtlingseigenschaft ist zu entscheiden, ob die Voraussetzungen für den subsidiären Schutz oder die Voraussetzungen des § 60 Absatz 5 oder 7 des Aufenthaltsgesetzes vorliegen.

(3a) Der Ausländer ist nach Aufforderung durch das Bundesamt persönlich zur Mitwirkung bei der Prüfung des Vorliegens der Voraussetzungen des Widerrufs oder der Rücknahme der Anerkennung als Asylberechtigter oder der Zuerkennung der Flüchtlingseigenschaft verpflichtet, soweit dies für die Prüfung erforderlich und dem Ausländer zumutbar ist. § 15 Absatz 1 Satz 2, Absatz 2 Nummer 1, 4 bis 7 und Absatz 3 sowie § 16 gelten entsprechend, hinsichtlich der Sicherung der Identität durch erkennungsdienstliche Maßnahmen (§ 16 Absatz 1 Satz 1 und 2) mit der Maßgabe, dass sie nur zulässig ist, soweit die Identität des Ausländers nicht bereits gesichert wurde. Das Bundesamt soll den Ausländer mit Mitteln des Verwaltungszwangs zur Erfüllung seiner Mitwirkungspflichten anhalten. Kommt der Ausländer den Mitwirkungspflichten nicht oder nicht vollständig nach, kann das Bundesamt nach Aktenlage entscheiden, sofern
1. unterbliebene Mitwirkungshandlung nicht unverzüglich nachgeholt worden ist, oder
2. der Ausländer die Mitwirkungspflichten ohne genügende Entschuldigung verletzt hat.
Bei der Entscheidung nach Aktenlage sind für die Entscheidung über einen Widerruf oder eine Rücknahme nach dieser Vorschrift oder nach § 48 des Verwaltungsverfahrensgesetzes sämtliche maßgeblichen Tatsachen und Umstände zu berücksichtigen. Ferner ist zu berücksichtigen, inwieweit der Ausländer seinen Mitwirkungspflichten nachgekommen ist. Der Ausländer ist durch das Bundesamt auf Inhalt und Umfang seiner Mitwirkungspflichten nach dieser Vorschrift sowie auf die Rechtsfolgen einer Verletzung hinzuweisen.

(4) [1]In den Fällen, in denen keine Aufforderung durch das Bundesamt nach Absatz 3a erfolgt ist, ist dem Ausländer die beabsichtigte Entscheidung über einen Widerruf oder eine Rücknahme nach dieser Vorschrift oder nach § 48 des Verwaltungsverfahrensgesetzes schriftlich mitzuteilen und ihm Gelegenheit zur Äußerung zu geben. [2]Ihm kann aufgegeben werden, sich innerhalb eines Monats schriftlich zu äußern. [3]Hat sich der Ausländer innerhalb dieser Frist nicht geäußert, ist nach Aktenlage zu entscheiden; der Ausländer ist auf diese Rechtsfolge hinzuweisen.

(5) Mitteilungen oder Entscheidungen des Bundesamtes, die eine Frist in Lauf setzen, sind dem Ausländer zuzustellen.

(6) Ist die Anerkennung als Asylberechtigter oder die Zuerkennung der Flüchtlingseigenschaft unanfechtbar widerrufen oder zurückgenommen oder aus einem anderen Grund nicht mehr wirksam, gilt § 72 Abs. 2 entsprechend.

(7) [1]Für Entscheidungen des Bundesamtes über die Anerkennung als Asylberechtigter oder die Zuerkennung der Flüchtlingseigenschaft, die im Jahre 2015 unanfechtbar geworden sind, endet die in Absatz 2a Satz 1 bestimmte Frist für die Entscheidung über einen Widerruf oder eine Rücknahme am 31. Dezember 2019, für Entscheidungen, die im Jahre 2016 unanfechtbar geworden sind, endet sie am 31. Dezember 2020 und für Entscheidungen, die im Jahre 2017 unanfechtbar geworden sind, endet sie am 31. Dezember 2021. [2]Die Mitteilung an die Ausländerbehörde gemäß Absatz 2a Satz 2 hat spätestens bis zum 31. Januar des jeweiligen Folgejahres zu erfolgen.

Überblick

§ 73 enthält eine Sonderregel für die Aufhebung von Asyl- und Flüchtlingsanerkennungen, wobei strittig ist, inwieweit §§ 48 und 49 VwVfG daneben anwendbar sind (→ Rn. 34 ff.). Widerruf und Rücknahme von subsidiärem Schutz sind in § 73b und von Abschiebungshindernissen in § 73c geregelt.

Übersicht

A. Widerruf von Asylberechtigung und Flüchtlingseigenschaft (Abs. 1, Abs. 2b)

I. Übersicht

1   Die Anerkennung ist gem. Abs. 1 unverzüglich (→ Rn. 15) zu widerrufen, wenn die Vorausset-zungen für sie nicht mehr vorliegen. Dies kann im Wegfall der Umstände gem. Abs. 1 S. 2 begründet sein (→ Rn. 4 ff.), wobei die Rückkehr dem Flüchtling gem. Abs. 1 S. 3 stets auch zumutbar sein muss (→ Rn. 17). Ein Wegfall der Anerkennungsvoraussetzungen kann aber auch darin liegen, dass die Anerkennung nachträglich wegen § 60 Abs. 8 S. 1 AufenthG oder § 3 Abs. 2 ausgeschlossen ist (→ Rn. 23).

2   Für den Widerruf des Familienasyls bzw. der Familienflüchtlingsanerkennung gilt Abs. 2b (→ Rn. 26 ff.).

3   Für eine Anwendung von § 49 VwVfG neben Abs. 1 besteht kein Raum (→ Rn. 32).

II. Wegfall der Umstände (Abs. 1 S. 2)

4   Die Asylberechtigung oder die Flüchtlingseigenschaft sind nach § 73 Abs. 1 iVm Art. 11 Qualifikations-RL 2004 (RL 2004/83/EG v. 29.4.2004, ABl. 2004 L 304, 12) zu widerrufen, wenn die Anerkennungsvoraussetzungen nicht mehr vorliegen. Dies setzt nach der Rechtspre-chung des EuGH und BVerwG (BVerwGE 139, 109 = NVwZ 2011, 944; im Anschluss an EuGH NVwZ 2010, 505 = InfAuslR 2010, 188 – Abdulla und andere) eine **erhebliche und nicht nur vorübergehende Veränderung** der Umstände im Herkunftsland voraus (→ Rn. 6 f.), die zum Wegfall der Umstände führt, auf Grund derer der Betreffende begründete Furcht vor Verfolgung aus einem der in Art. 2 lit. c Qualifikations-RL 2004 genannten Gründe hatte und als Flüchtling anerkannt war, und er darf auch **nicht aus anderen Gründen** Furcht vor Verfolgung iSd Art. 2 lit. c Qualifikations-RL 2004 haben (→ Rn. 11). Aufgrund des Wegfalls der Umstände darf es der Betroffene gem. Abs. 1 S. 2 nicht mehr ablehnen dürfen, den **Schutz des Herkunftsstaates** in Anspruch zu nehmen (→ Rn. 14).

1. Erhebliche und nicht vorübergehende Veränderung der Umstände

5   Die Veränderung der der Flüchtlingsanerkennung zugrunde liegenden Umstände ist nach Art. 11 Abs. 2 Qualifikations-RL 2004 **erheblich und nicht vorübergehend,** wenn feststeht, dass die Faktoren, die die Furcht des Flüchtlings vor Verfolgung begründeten und zur Flüchtlings-anerkennung führten, beseitigt sind und diese Beseitigung als dauerhaft gesehen werden kann. **Dauerhaft** ist die Veränderung in der Regel nur, wenn im Herkunftsland ein Staat oder sonstiger Schutzakteur iSd Art. 7 Qualifikations-RL 2004 vorhanden ist, der geeignete Schritte eingeleitet

hat, um die der Anerkennung zugrunde liegende Verfolgung zu verhindern (BVerwGE 139, 109 = NVwZ 2011, 944). Dies ist im Hinblick auf die **individuelle Lage** des Flüchtlings zu beurteilen und verlangt insbesondere, dass diese Akteure über wirksame Rechtsvorschriften zur Ermittlung, Strafverfolgung und Ahndung von Handlungen, die eine Verfolgung darstellen, verfügen und dass der Betroffene auch Zugang zu diesem Schutz haben wird (EuGH NVwZ 2010, 505 Rn. 76 = InfAuslR 2010, 188 – Abdulla und andere). Bei den Akteuren kann es sich auch um internationale Organisationen oder um anwesende multinationale Truppen handeln (EuGH NVwZ 2010, 505, Rn. 76 = InfAuslR 2010, 188 – Abdulla und andere)

Ein Widerruf ist nur bei **nachträgliche Änderung der Sachlage** möglich, also einer Änderung der für die Beurteilung der Verfolgungslage maßgeblichen Verhältnisse nach Ergehen des bestandskräftigen Anerkennungsbescheides (BVerwGE 112, 80 = NVwZ 2001, 335). Dies gilt auch, wenn die Anerkennung von Anfang an rechtswidrig war (BVerwGE 112, 80 = NVwZ 2001, 335). **Maßgeblicher Zeitpunkt** bei Anerkennungen, die in Erfüllung eines verpflichtenden Urteils ergangen sind, ist dabei das Ergehen der gerichtlichen Entscheidung und nicht des Anerkennungsbescheides (NdsOVG BeckRS 2012, 53607 = NVwZ-RR 2012, 777; BVerwGE 118, 174 = NVwZ 2004, 113). Eine Änderung der Beurteilung der Verfolgungslage genügt hierfür nicht, selbst wenn die andere Beurteilung auf erst nachträglich bekannt gewordenen oder **neu erstellten Erkenntnismitteln** beruht (BVerwGE 112, 80 = NVwZ 2001, 335). Auch eine **geänderte oder neu gebildete Rechtsprechung** zur Verfolgungslage im Herkunftsstaat stellt keinen Widerrufsgrund iSd Abs. 1 dar, sofern sie nicht auf einer erheblichen Veränderung der Verhältnisse beruht (BVerwGE 112, 80 = NVwZ 2001, 335). In diesen Fällen kann aber eine Rücknahme nach Abs. 2 geprüft werden (→ Rn. 34). 6

Ob eine Änderung der Sachlage vorliegt, beurteilt sich nach den damals im Verfolgerstaat tatsächlich herrschenden Verhältnissen (BVerwGE 112, 80 = NVwZ 2001, 335). Die Änderung kann auch ausländisches Recht betreffen, zB Erlass eines **Amnestiegesetzes** (BVerwGE 112, 80 = NVwZ 2001, 335), allerdings muss gewährleistet sein, dass dieses dem Betroffenen auch tatsächlich zu Gute kommt (→ Rn. 5; NK-AuslR/Hocks/Leuschner Rn. 13). Aus einer vorübergehenden **Rückkehr des Flüchtlings** in den Verfolgerstaat kann auf den Wegfall der Verfolgungsgefahr nicht automatisch geschlossen werden (OVG LSA BeckRS 2008, 30560; Bergmann/Dienelt/Bergmann Rn. 6). 7

Die Umstände, die zur Zuerkennung oder umgekehrt zum Erlöschen der Flüchtlingseigenschaft führen, stehen sich dabei **symmetrisch** bzw. spiegelbildlich gegenüber (BVerwGE 139, 109 = NVwZ 2011, 944; EuGH NVwZ 2010, 505 Rn. 65 ff. = InfAuslR 2010, 188 – Abdulla und andere). 8

Die **Rechtskraft von Urteilen** steht dem Widerruf entgegen (BVerwGE 108, 30 = NVwZ 1999, 302; VGH BW NVwZ 2001, 460). Die Rechtskraftwirkung nach § 121 VwGO besteht dabei unabhängig davon, ob das rechtskräftige Urteil seinerzeit die bestehende Sach- und Rechtslage erschöpfend und zutreffend gewürdigt hat (BVerwGE 108, 30 = NVwZ 1999, 302), es sei denn, dass sich die zur Zeit des Urteils maßgebliche Sach- und Rechtslage nachträglich entscheidungserheblich geändert hat (BVerwGE ZAR 2012, 303 = NVwZ 2012, 1042). Maßgeblich ist dabei der Vergleich der im Urteil zugrunde gelegten Tatsachenlage mit derjenigen zum Zeitpunkt der letzten tatrichterlichen Entscheidung über den Widerruf, auch wenn die dem Urteil zugrunde gelegten Tatsachen unrichtig waren (BVerwGE 141, 161 = NVwZ 2012, 1042). Das BAMF kann im Übrigen gegen die Rechtskraft nur mit Hilfe der Restitutionsklage nach § 153 VwGO iVm § 580 ZPO vorgehen (OVG NRW BeckRS 2014, 48054; vgl. zur **Rücknahme** bei entgegenstehender Rechtskraft → Rn. 39). 9

Die **Beweislast** bezüglich des Nachweises des Wegfalls der Umstände liegt bei der Behörde (BVerwG BeckRS 2012, 213307 Rn. 10). Die Wahrscheinlichkeit hinsichtlich der Prognose, ob die Furcht des Flüchtlings nicht länger als begründet angesehen werden kann, ist nach der neueren Rechtsprechung des BVerwG am Maßstab der **beachtlichen Wahrscheinlichkeit** zu prüfen (BVerwG BeckRS 2012, 213307 Rn. 11; BVerwGE 139, 109 = NVwZ 2011, 944; alte Rspr.: Verfolgung musste mit hinreichender Wahrscheinlichkeit ausgeschlossen sein, vgl. BVerwG NVwZ 2006, 707 (708)). Diese Rechtsprechung verkennt, dass hier stets die **Beweiserleichterung des Art. 4 Abs. 4 Qualifikations-RL 2004** zur Anwendung kommen muss, da bereits festgestellt worden war, dass der Flüchtling von Verfolgung betroffen oder bedroht war (vgl. auch Marx AsylG Rn. 48; Bergmann/Dienelt/Bergmann Rn. 8). Dies gilt nur dann nicht, wenn die Anerkennung ausschließlich auf Nachfluchtgründen beruhte (BVerwG ZAR 2012, 303 = NVwZ 2012, 1042). 10

2. Keine anderweitige Verfolgung

11   Der Betroffene darf weiter auch nicht **aus anderen Gründen** Furcht vor Verfolgung iSd Art. 2 lit. c Qualifikations-RL 2004 haben müssen (BVerwGE 139, 109 = NVwZ 2011, 944; EuGH NVwZ 2010, 505 Rn. 82 = InfAuslR 2010, 188 – Abdulla und andere). Der Wahrscheinlichkeitsmaßstab ist dabei grundsätzlich derselbe wie der bei der Anerkennung angewandte (EuGH NVwZ 2010, 505 Rn. 82 = InfAuslR 2010, 188 – Abdulla und andere).

12   Hinsichtlich des Prüfungsortes ist zu differenzieren: Macht der Betroffene neue Tatsachen geltend, die eine Verfolgung aus dem **gleichen Verfolgungsgrund** wie den seiner Anerkennung befürchten lassen, ist dies bereits bei der Frage der erheblichen und nicht nur vorübergehenden Änderung der Umstände zu berücksichtigen. Beruft sich der Betroffene hingegen auf einen **anderen Verfolgungsgrund** als denjenigen seiner Anerkennung, stellt dies den Wegfall der der Anerkennung zugrundeliegenden Umstände nicht in Frage. Es findet dann aber die **Beweiserleichterung des Art. 4 Abs. 4 Qualifikations-RL 2004** Anwendung, wenn frühere Verfolgungshandlungen oder Bedrohungen eine Verknüpfung mit dem nunmehr geltend gemachten Verfolgungsgrund aufweisen (BVerwGE 139, 109 = NVwZ 2011, 944; EuGH NVwZ 2010, 505 Rn. 96 = InfAuslR 2010, 188 – Abdulla und andere). Liegt keine Verknüpfung vor, ist der allgemeine Maßstab der beachtlichen Wahrscheinlichkeit anzuwenden (BVerwGE 126, 243 = NVwZ 2006, 1420).

13   Der Widerruf ist auch ausgeschlossen, wenn zwar die (eigene) Verfolgungsgefahr mittlerweile weggefallen ist, dem Ausländer aber unverändert **Familienasyl** zuzuerkennen ist (NdsOVG NVwZ-RR 2005, 570).

3. Wirksamer Schutz durch den Herkunftsstaat

14   Der Betroffene darf es gem. § 73 Abs. 1 S. 2 iVm Art. 11 Abs. 1 lit. e Qualifikations-RL 2004 aufgrund des Wegfalls der Umstände nicht mehr ablehnen dürfen, den Schutz seines Heimatstaates in Anspruch zu nehmen. Dabei bezieht sich nach der Rechtsprechung des BVerwG „**Schutz des Staates**" nur auf den bisher fehlenden Schutz vor den in der Qualifikations-RL 2004 (RL 2004/83/EG v. 29.4.2004, ABl. 2004 L 304, 12) aufgeführten Verfolgungshandlungen. Unerheblich ist, ob den Betroffenen im Herkunftsland **sonstige Gefahren** drohen (BVerwGE 139, 109 = NVwZ 2011, 944; im Anschluss an EuGH NVwZ 2010, 505 = InfAuslR 2010, 188 – Abdulla und andere; BVerwG NVwZ 2006, 707 (709)). Diese könnten iRd § 60 Abs. 7 AufenthG bzw. § 60a Abs. 1 AufenthG und in der Ermessensentscheidung bezüglich der (anschließenden) Prüfung des Widerrufs der Aufenthaltserlaubnis nach § 52 Abs. 1 Nr. 4 AufenthG berücksichtigt werden (BVerwG NVwZ 2006, 707 (709)). Nach der – vorzugsweisen (→ Rn. 14.1) – Ansicht des UNHCR liegt dagegen ein effektiver Schutz erst vor, wenn der Heimatstaat über eine funktionierende Regierung und grundlegende Verwaltungsstrukturen verfügt, innerhalb derer die Bewohner ihre Rechte – einschließlich des Rechts auf Existenzgrundlage – ausüben können (UNHCR NVwZ-Beil. 2003, 59 Rn. 15). In der Literatur ist die Frage umstritten (wie hier: NK-AuslR/Hocks/Leuschner Rn. 17; Marx AsylG Rn. 31 ff.; **aA** Bergmann/Dienelt/Bergmann Rn. 7; GK-AsylG/Funke-Kaiser Rn. 34 f.; Hailbronner AuslR Rn. 58).

14.1   Für diese Auslegung spricht sowohl der der Wortlaut von Art. 1 C Nr. 5 und Nr. 6 GFK wie auch der Schutzzweck der GFK (Löhr NVwZ 2006, 1021 (1022 ff.); Marx AsylG Rn. 36 ff.). Aus den Statusrechten der Art. 12–34 GFK, die für die Mitgliedstaaten verpflichtend sind, wird deutlich, dass das Ziel der GFK ist, Flüchtlinge nicht auf eine langfristig prekäre und perspektivlose Übergangssituation in der Fremde zu verweisen (Löhr NVwZ 2006, 1021 (1023)). Der spiegelbildliche Ansatz kann logischerweise nur auf den Wegfall der Umstände, welche die frühere Verfolgung verursacht haben, angewandt werden. Denn wird die Prüfung des wirksamen Schutzes auf solche Gründe beschränkt, die auch zur Anerkennung geführt haben, wird der Wegfall der Umstände mit dem wirksamen Schutz untrennbar vermischt: Sind die Umstände weggefallen, liegt dann immer zwingend auch ein wirksamer Schutz vor, während im anderen Fall, dass der wirksame Schutz verneint wird, bereits kein Wegfall der Umstände vorliegen kann, da eine Verfolgungshandlung ja weiter droht. Art. 1 C Nr. 5 GFK wird damit obsolet (vgl. auch Marx AsylG Rn. 37 f.).

4. „Unverzüglicher" Widerruf

15   Das BAMF ist nach Abs. 1 S. 1 verpflichtet, „**unverzüglich**" über den Widerruf zu entscheiden. Das Gebot des unverzüglichen Widerrufs dient dabei **ausschließlich öffentlichen Interessen,** so dass ein Verstoß dagegen keine Rechte des Betroffenen verletzt (BVerwGE 124, 276 = NVwZ 2006, 707 (711)). Dies ist nach dem BVerfG verfassungsrechtlich nicht zu beanstanden

(BVerfG BeckRS 2004, 16660). Ein Rückgriff auf die **Jahresfrist des § 48 Abs. 4 VwVfG** kommt dabei nicht in Betracht (BVerwGE 143, 183 = NVwZ 2012, 1193 (1195); OVG RhPf BeckRS 2000, 468 = FHOeffR 51 Nr. 5503).

Die Befugnis zum Widerruf nach Abs. 1 kann jedoch **verwirkt** werden (NdsOVG BeckRS **16** 2004, 23545; vgl. allg. zur Verwirkung: BVerwGE 110, 226 = BeckRS 1999, 30088122; BVerwG NVwZ 1995, 703). Die Verwirkung setzt dabei neben dem bloßen Zeitablauf zusätzlich das Eintreten von Umständen voraus, aus denen der Betroffene berechtigterweise den Schluss ziehen darf, der Verwaltungsakt werde nicht mehr aufgehoben, obwohl die Behörde die Aufhebbarkeit erkannt hat. Außerdem muss der Betroffene tatsächlich auf die Nichtaufhebung vertraut haben, so dass ihm mit der sodann gleichwohl erfolgten Aufhebung ein unzumutbarer Nachteil entstünde (NdsOVG BeckRS 2004, 23545).

III. Unzumutbarkeit der Rückkehr (Abs. 1 S. 3)

Kann sich der Ausländer auf zwingende, auf früheren Verfolgungen beruhende Gründe berufen, **17** um die Rückkehr abzulehnen, ist der Widerruf gem. Abs. 1 S. 3 ausgeschlossen. Die Vorschrift setzt Art. 1 C Nr. 5 Abs. 2 GFK wörtlich in nationales Recht um. Sie enthält eine **einzelfallbezogene Ausnahme** von der Beendigung der Flüchtlingseigenschaft, die unabhängig vom Vorliegen des Wegfalls der Anerkennungsvoraussetzungen gilt (BVerwGE 124, 276 = NVwZ 2006, 707 (710)). Die Rückkehr muss **gegenwärtig unzumutbar** sein, wobei die Gründe für die Unzumutbarkeit auf der früheren Verfolgung **beruhen** müssen, ungeachtet dessen, dass diese mittlerweile abgeschlossen ist und sich aus ihr auch für die Zukunft keine Verfolgungsgefahr mehr ergibt (BVerwGE 124, 276 = NVwZ 2006, 707 (710)).

Die Rückkehr muss **nicht tatsächlich unmöglich** sein, sie muss nur mit Recht aus den **18** genannten verfolgungsbedingten Gründen abgelehnt werden, wobei auch die subjektive Befindlichkeit des Flüchtlings in Rechnung zu stellen ist (VGH BW BeckRS 2007, 28002). Es soll der **psychischen Sondersituation** solcher Personen Rechnung getragen werden, die ein **besonders schweres,** nachhaltig wirkendes **Verfolgungsschicksal** erlitten haben und denen es deshalb selbst lange Zeit danach nicht zumutbar ist, in den früheren Verfolgungsstaat zurückzukehren (BVerwGE 124, 276 = NVwZ 2006, 707; VGH BW BeckRS 2007, 28002; 9998, 46022 = NVwZ 1986, 957). Ein Widerruf hat daher immer dann zu unterbleiben, wenn schwere physische oder psychische Schäden vorliegen, die infolge der bereits erlittenen politischen Verfolgung entstanden sind und die sich bei einer Rückkehr in das Heimatland wesentlich verschlechtern (HessVGH InfAuslR 2003, 400; VG Stuttgart BeckRS 2006, 25244).

Beispiele für solche Verfolgungsschicksale sind Personen, die interniert oder inhaftiert waren, **19** Opfer von Gewalt einschließlich sexuellen Missbrauchs waren oder Gewaltanwendung gegen Familienmitglieder ansehen mussten, sowie schwer traumatisierte Personen (VGH BW BeckRS 2007, 28002). Auch wenn die Verfolgung in einer **feindlichen Haltung** der Bevölkerung nachwirkt, kann die Rückkehr unzumutbar sein (VG München BeckRS 2005, 38246; VG Würzburg BeckRS 2004, 32726).

Im Fall des Vorliegens einer **posttraumatischen Belastungsstörung** ist Abs. 1 S. 3 von § 60 **20** Abs. 7 AufenthG abzugrenzen: Bei ersterem kommt es auf das besonders schwere Flüchtlingsschicksal in Verbindung mit der fortbestehenden individuellen Belastungssituation an. Dagegen ist § 60 Abs. 7 AufenthG anwendbar, wenn der individuelle Gesundheitszustand und die Frage der Behandelbarkeit im Fall der Rückkehr zum Ergebnis führen, dass eine erhebliche konkrete Gefahr für Leib und Leben vorliegt (VGH BW BeckRS 2007, 28002)

Nicht unter Abs. 1 S. 3 fallen **21**
• **allgemeine Gefahren** (BVerwGE 128, 199 = NVwZ 2007, 1089 (1092));
• die Frage, ob der Betroffene im Herkunftsstaat eine Lebensgrundlage im Sinne der Sicherung des **Existenzminimums** besitzt (Marx AsylG Rn. 60);
• Fragen des **Vertrauensschutzes** (VG Braunschweig BeckRS 2009, 35612; VG München BeckRS 2005, 38246; VG Gießen AuAS 2004, 70).

Der unbestimmte Rechtsbegriff der „zwingenden Gründe" iSd Abs. 1 S. 3 ist **gerichtlich voll** **22** **überprüfbar** (VGH BW BeckRS 2007, 28002). Die **Beweislast** für das Vorliegen der tatsächlichen Voraussetzungen trägt der Ausländer (NK-AuslR/Hocks/Leuschner Rn. 33).

IV. Widerruf wegen § 60 Abs. 8 AufenthG und § 3 Abs. 2

Die Anerkennungsvoraussetzungen sind auch dann weggefallen, wenn der Ausländer nach **23** Rechtskraft der Anerkennung die Voraussetzungen des § 3 Abs. 2 (→ § 3 Rn. 41 ff.) erfüllt (BVerwGE 139, 272 = NVwZ 2011, 1456; OVG NRW BeckRS 2011, 48441). Dies entspricht dem Wortlaut des Art. 14 Abs. 3 Qualifikations-RL iVm Art. 12 Abs. 2 Qualifikations-RL (RL 2011/95/EU v. 13.12.2011, ABl. 2011 L 337, 9) und auch die GFK steht nicht entgegen (vgl. ausf. Hailbronner AuslR Rn. 76 ff.; Marx AsylG Rn. 64 ff.).

24   Nach dem BVerwG ist Abs. 1 S. 1 auch anwendbar, wenn der Flüchtling nachträglich die Voraussetzungen des § 60 AufenthG (→ AufenthG § 60 Rn. 41 ff.) erfüllt (BVerwGE 124, 276 = NVwZ 2006, 707 (710)). Der Widerruf der Asyl- und Flüchtlingsgewährung darf gegenüber kriminellen Flüchtlingen aber nur als **ultima ratio** in Betracht kommen, wenn ihr kriminelles Verhalten die Schwelle der besonders schweren Strafbarkeit überschreitet (BVerwGE 146, 31 = NVwZ-RR 2013, 571 (572); BVerwGE 49, 202 (208 ff.) = NJW 1976, 490). Marx hat – zu Recht – völker- und europarechtliche Bedenken gegen die Anwendung des Abs. 1 S. 1 im Fall des § 60 Abs. 8 AufenthG (→ Rn. 24.1, vgl. ausf: Marx AsylG Rn. 68 ff., § 3 Rn. 79 ff.; **aA** Hailbronner AuslR § 72 Rn. 79 ff.).

24.1   Im Gegensatz zu dem auf Art. 1 F GFK beruhenden Art. 12 Abs. 2 Qualifikations-RL (RL 2011/95/EU v. 13.12.2011, ABl. 2011 L 337, 9), beendet Art. 33 Abs. 2 GFK, auf dem Art. 14 Abs. 4 Qualifikations-RL beruht, nicht die Flüchtlingseigenschaft per se. Zudem ist eine Aberkennung der Flüchtlingseigenschaft nach Art. 14 Abs. 4 Qualifikations-RL nur im Ermessen möglich, während Abs. 1 S. 1 einen zwingenden Widerruf vorschreibt (vgl. ausf. Marx AsylG Rn. 68 ff., § 3 Rn. 79 ff.; GK-AsylG/Funke-Kaiser § 2 Rn. 36).

25   Die **Rechtskraft eines Urteils** steht dem Widerruf auch hier entgegen, wenn die Ausschlussgründe nach § 4 Abs. 2 nicht erst nach der Rechtskraft entstanden sind, zB weil der Ausländer seine Unterstützung für eine terroristische Vereinigung deutlich intensiviert hat (VG Freiburg BeckRS 2014, 49624).

V. Widerruf von Familienasyl (Abs. 2b)

26   Nach Abs. 2b ist das Familienasyl oder die Familienflüchtlingsanerkennung zu widerrufen, wenn der Familienangehörige selbst durch schwere Straftaten einen Ausschlussgrund nach § 26 Abs. 4 S. 1 geschaffen hat (Abs. 2b S. 1), oder wenn die Anerkennung des Stammberechtigten erloschen ist, widerrufen oder zurückgenommen wird und der Ausländer nicht aus anderen Gründen selbst als Asylberechtigter oder Flüchtling anerkannt werden könnte (Abs. 2b S. 2).

27   Die Widerrufsgründe sind nach **herrschender Literatur abschließend** (NK-AuslR/Hocks/Leuschner Rn. 40; Marx AsylG Rn. 105; Hailbronner AuslR Rn. 91; Bergmann/Dienelt/Bergmann Rn. 19; GK-AsylG/Funke-Kaiser Rn. 60; **aA** VG Hamburg BeckRS 2016, 45235). **Keinen Widerrufsgrund** stellen daher die Auflösung der Ehe mit dem Stammberechtigten durch Scheidung oder Tod (vgl. VG Schleswig BeckRS 2009, 38122) oder die Volljährigkeit der Kinder des Stammberechtigten dar (GK-AsylG/Funke-Kaiser Rn. 60; Hailbronner AuslR Rn. 91; NK-AuslR/Hocks/Leuschner Rn. 40; Marx AsylG Rn. 105; vgl. BVerwGE 88, 326 = NVwZ 1992, 269 (270)). In der **Rechtsprechung** ist die Frage **umstritten.** Beim **Tod** des Stammberechtigten wird teilweise vom Erlöschen der Flüchtlingseigenschaft ausgegangen, mit der Folge der direkten Anwendbarkeit des Abs. 2b (OVG Saarl BeckRS 2014, 56625; VG Hamburg BeckRS 2017, 107487; **aA** VG Schleswig BeckRS 2009, 38122). Bei **Ehescheidung** wird teilweise die Anwendung des Widerrufs nach Abs. 1 vertreten (VG Hamburg BeckRS 2016, 45235). Bei **Aufhebung der Ehe** gem. §§ 1313 ff. BGB wegen **Minderjährigkeit im Zeitpunkt der Eheschließung** hat der Gesetzgeber durch den Verweis in Abs. 2b S. 4 auf § 26 Abs. 1 S. 2 jetzt klargestellt, dass auch die Aufhebung der Ehe für den bei Eheschließung minderjährigen Ehegatten nicht zu einem Widerrufsgrund führen soll.

27.1   Gegen eine ergänzende Anwendung von § 73 Abs. 1 bei Wegfall der einfachgesetzlichen Voraussetzungen des Familienasyl, also bspw. bei Ehescheidung oder Volljährigkeit, spricht zum einen, dass die Anerkennung des Familienasyls untrennbar mit der Anerkennung des Stammberechtigten zusammenhängt und eine Aberkennung daher nur bei gleichzeitigem Wegfall auch der Asylberechtigung des Stammberechtigten in Frage kommt (BVerwGE 88, 326 = NVwZ 1992, 269 (270)). Der Widerruf in diesen Fällen würde außerdem den integrationspolitischen Zielen und dem Gesetzeszweck zuwiderlaufen (Hailbronner AuslR Rn. 90; GK-AsylG/Funke-Kaiser Rn. 60; NK-AuslR/Hocks/Leuschner Rn. 40; Bergmann/Dienelt/Bergmann Rn. 19).

27.2   Die **Unwirksamkeit der Ehe** wegen Minderjährigkeit zum Zeitpunkt der Eheschließung unterscheidet sich von der späteren Scheidung insofern, dass erstere dazu führt, dass die Ehe – und damit die Voraussetzungen des Familienasyls – von Anfang an nicht bestanden haben (vgl. § 1303 S. 2 BGB). Im Fall der Unwirksamkeit der Ehe liegt daher kein Widerrufsgrund vor, sondern es käme höchstens die Rücknahme der Entscheidung in Betracht. Fraglich ist, ob für den im Zeitpunkt der Eheschließung volljährigen Ehegatten wegen des Verweises in Abs. 2b S. 4 ein Widerrufsgrund wegen Aufhebung der Ehe vorliegt.

Die **Einbürgerung des Stammberechtigten** führt nach hM zum Erlöschen von dessen **28** Flüchtlingseigenschaft – entweder ipso iure oder nach § 72 (→ § 72 Rn. 21). Dies führt nach überwiegender Rechtsprechung zum zwingenden Widerruf bezüglich der Familienangehörigen, entweder nach Abs. 2b oder Abs. 1 (HmbOVG BeckRS 2013, 53210; OVG NRW BeckRS 2010, 52020; vgl. GK-AsylG/Funke-Kaiser Rn. 61; Hailbronner AuslR Rn. 94). Hiergegen wird zutreffend argumentiert, dass Art. 34 GFK in diesen Fällen eine teleologische Reduktion des Abs. 2b gebietet, da ansonsten gegenüber dem Stammberechtigten eine psychische Zwangslage herbeigeführt wird, die ein nach Art. 34 GFK unzulässiges Einbürgerungshindernis darstellen würde (VG Stuttgart BeckRS 2010, 51442 = InfAuslR 2010, 470; vgl. VG Köln BeckRS 2008, 34855).

Die Anwendung des Abs. 2b setzt nicht die **Bestandskraft** des Widerrufs des Stammberechtig- **29** ten voraus (HessVGH ZAR 2005, 378; BayVGH BeckRS 2001, 29149), sie muss aber wirksam sein, also zumindest gemeinsam mit dem Widerruf des Familienasyls zugestellt werden (BayVGH BeckRS 2001, 29149).

Auch beim Widerruf des Familienasyls ist zu prüfen, ob der Betroffene nicht aus anderen **30** Gründen als asylberechtigt oder Flüchtling anzuerkennen ist (Grundsatz der doppelten Deckung).

VI. Verhältnis zu §§ 48, 49 VwVfG

Für die Anwendung des Abs. 1 ist es unerheblich, ob die Anerkennung rechtmäßig oder **von** **31** **Anfang an rechtswidrig** war, nach dieser Bestimmung sind auch rechtswidrige Anerkennungen zu widerrufen, wenn die Widerrufsvoraussetzungen vorliegen (BVerwG NVwZ-RR 1997, 741; BVerwGE 112, 80 = NVwZ 2001, 335).

Nach der Rechtsprechung des BVerwG gelten die Bestimmungen der §§ 48, 49 VwVfG neben **32** den spezialgesetzlichen Regelungen des § 73, soweit diese Raum dafür lassen (BVerwGE 112, 80 = NVwZ 2001, 335; → Rn. 32.1). Nach der – vorzugsweisen – herrschenden Literatur besteht für die Anwendung des § 49 VwVfG neben Abs. 1 kein Raum (→ Rn. 32.2). Ob § 48 VwVfG neben Abs. 2 anwendbar ist, ist umstritten (→ Rn. 32.3).

Das BVerwG begründet seine Auffassung unter anderem damit, dass das Regelungssystem der §§ 72– **32.1** 73a nur bestimmte, vom Gesetzgeber als spezialgesetzlich angesehene Fallgruppen erfasse. § 72 Abs. 2 verschärfe die allgemeine Regel des § 48 VwVfG, bei der die Rücknahme im Ermessen der Behörde steht, zu einer Rücknahmepflicht für eine begrenzte Fallgruppe. Andere in § 48 VwVfG geregelte Fälle wie Drohung oder Bestechung seien nicht erfasst. Es lägen keine Anhaltspunkte oder ein sachlicher Grund dafür vor, dass der Gesetzgeber auf der einen Seite die Rücknahmebestimmung für bestimmte Fallkonstellationen verschärfen und auf der anderen Seite nicht einmal eine Rücknahme nach Ermessen zulassen wollte. Auch im asylrechtlichen Status läge kein sachlicher Grund für einen solchen Ausschluss vor (**aA** OVG RhPf NVwZ-Beil. 2001, 9), insbesondere führe der Status nicht zu einem erhöhten Vertrauensschutz (BVerwGE 112, 80 = NVwZ 2001, 335).

Bezüglich der Anwendung des **§ 49 VwVfG** neben Abs. 1 sind nach der herrschenden Literatur bereits **32.2** keine Fallgestaltungen erkennbar, da dieser praktisch vollständig von Abs. 1 verdrängt wird (GK-AsylG/ Funke-Kaiser Rn. 12; Bergmann/Dienelt/Bergmann Rn. 3; Hailbronner AuslR Rn. 15; NK-AuslR/ Hocks/Leuschner Rn. 6). Zudem würde bei einer Anwendung Sinn und Zweck der asylverfahrensrechtlichen Widerrufsvorschriften unterlaufen (Hailbronner AuslR Rn. 15).

Zugunsten der Anwendung des **§ 48 VwVfG** neben Abs. 2 wird – neben den oben angeführten **32.3** Argumenten des BVerwG – der ausdrückliche Verweis in Abs. 4 auf § 48 VwVfG angeführt (Hailbronner AuslR Rn. 17; Bergmann/Dienelt/Bergmann Rn. 21). Die Anwendung des § 48 VwVfG neben Abs. 2 ist jedoch an mittlerweile geltendem Unionsrecht zu messen (vgl. ausführlich GK-AsylG/Funke-Kaiser Rn. 13 ff.). Danach legt Art. 14 Abs. 4 Qualifikations-RL (abschließend) fest, welche Tatbestände die Flüchtlingseigenschaft fakultativ, also im Ermessen, beenden können (vgl. GK-AsylG/Funke-Kaiser Rn. 13). Bezüglich Art. 19 Abs. 1 in Verbindung mit Art. 16 der RL 2011/95/EU hat der EuGH mittlerweile entschieden, dass ein Mitgliedstaat den subsidiären Schutzstatus aberkennen **muss,** wenn er diesen Status zuerkannt hat, ohne dass die Voraussetzungen für die Zuerkennung erfüllt waren, indem er sich auf Tatsachen stützte, die sich in der Folge als unzutreffend erwiesen haben, und obgleich der betroffenen Person nicht vorgeworfen werden kann, sie habe den Mitgliedstaat bei dieser Gelegenheit irregeführt (EuGH, Urteil (EuGH NVwZ 2019, 1195). Damit ist der Rückgriff auf § 48 VwVfG zumindest **im Fall der Zugrundelegung falscher Tatsachen** zulässig. Das Ermessen ist in diesem Fall auf Null reduziert (vgl. EuGH NVwZ 2019, 1195). Dies gilt jedoch nicht für bloße Anwendungsfehler oder eine bloße Neubewertung der gleichen Tatsachen (GK-AsylG/Funke-Kaiser Rn. 14).

33   Besondere praktische Bedeutung hat die Rechtsprechung des BVerwG, wenn die Anerkennung
von Anfang an rechtswidrig war und keine nachträgliche Änderung der Sachlage vorliegt, da dann
eine **Umdeutung des Widerrufbescheides** in eine Rücknahme nach § 48 VwVfG in Betracht
kommt (BVerwGE 112, 80 = NVwZ 2001, 335). Der Umdeutung wird jedoch regelmäßig
entgegenstehen, dass das BAMF kein Rücknahmeermessen ausgeübt hat, außer es läge eine Ermessensreduzierung auf Null vor (BVerwGE 112, 80 = NVwZ 2001, 335; NK-AuslR/Hocks/Leusch-
ner Rn. 6). Außerdem ist stets die Jahresfrist des § 48 Abs. 4 VwVfG zu prüfen, wenn auch in
der Regel davon ausgegangen werden muss, dass dem BAMF die Rechtswidrigkeit der Anerkennung nicht schon länger bekannt war (vgl. BVerwGE 112, 80 = NVwZ 2001, 335; zum Fristbeginn BVerwGE 70, 356 = BeckRS 1984, 108101).

B. Rücknahme (Abs. 2)

I. Übersicht

34   Abs. 2 regelt die zwingende Rücknahme der Anerkennung bei unrichtigen Angaben oder bei
Verschweigen von wesentlichen Tatsachen. Die Vorschrift ist auf das **Familienasyl** direkt anwendbar (NK-AuslR/Hocks/Leuschner Rn. 34; GK-AsylG/Funke-Kaiser Rn. 51). Sie setzt voraus,
dass die Angaben objektiv unrichtig sind oder objektiv unterlassen wurden, die Unrichtigkeit
sicher feststeht und kausal für die Anerkennung war. Außerdem muss eine Täuschungsabsicht des
Betroffenen vorgelegen haben. Darüber hinaus darf der Betroffene nicht aus anderen Gründen als
Flüchtling anzuerkennen sein (Grundsatz der doppelten Deckung).

II. Tatbestand

35   Es reicht die **objektive Unrichtigkeit** der Angaben bzw. das objektive Unterlassen wesentlicher
Angaben (Bergmann/Dienelt/Bergmann Rn. 22; Hailbronner AuslR Rn. 103; NK-AuslR/
Hocks/Leuschner Rn. 34; GK-AsylG/Funke-Kaiser Rn. 52), ein Verschulden wird nicht voraus-
gesetzt (VG Berlin BeckRS 2014, 51367). Darüber hinaus muss eine **Täuschungsabsicht** des
Betroffenen vorliegen (VG Düsseldorf BeckRS 2017, 106162; Marx AsylG Rn. 80, 84; **vgl.
aber** GK-AsylG/Funke-Kaiser Rn. 52, der nur die positive Kenntnis des Flüchtlings von der
Unrichtigkeit verlangt). Die Angaben und Tatsachen müssen auch nicht von dem Betroffenen
selbst herrühren, sondern können sich auch auf das **Verhalten anderer Personen** oder Stellen
(Zeugen, Sachverständige, Behörden) beziehen (Hailbronner AuslR Rn. 104).

36   Die Unrichtigkeit muss **sicher feststehen,** bloße Zweifel genügen nicht. Die **Beweislast** liegt
dabei beim BAMF (VG Gießen AuAS 1998, 166-168 = NVwZ Beil. 9, 101 f.). Dies ergibt sich
auch aus Art. 14 Abs. 2 Qualifikations-RL (RL 2011/95/EU v. 13.12.2011, ABl. 2011 L 337,
9).

37   Zwischen der Anerkennung und der falschen Darstellung des Betroffenen muss **Kausalität**
bestehen. Diese liegt nicht vor, wenn ein gefälschtes Dokument vorgelegt wurde, aber dieses sich
nur auf einen Teilkomplex, nicht aber auf sämtliche mit dem Asylvorbringen geltend gemachte
Gründe bezieht (vgl. Marx AsylG Rn. 85; BVerfG NVwZ-Beil. 1994, 58 (59) zur Ablehnung als
offensichtlich unbegründet).

38   Es gilt auch hier der **Grundsatz der doppelten Deckung,** der Betroffene darf also nicht aus
anderen Gründen als Flüchtling anzuerkennen sein.

III. Rechtskraft von Urteilen und Verhältnis zu § 48 VwVfG

39   Die **Rechtskraft von Urteilen** steht der Rücknahme nach Abs. 2 grundsätzlich entgegen,
unabhängig davon, ob die Verpflichtung ursprünglich rechtswidrig war (BVerwGE 108, 30 =
NVwZ 1999, 302; zum Widerruf → Rn. 9). Die Rücknahme soll jedoch nach BVerwG in
Ausnahmefällen geboten sein, wenn das zugrunde liegende Urteil unrichtig ist, die Unrichtigkeit
dem Begünstigten bekannt ist und besondere Umstände hinzutreten, die die Ausnutzung des
Urteils als **sittenwidrig** erscheinen lassen (BVerwGE 148, 254 = NVwZ 2014, 664 (666)).
Solche Umstände liegen jedenfalls bei gezielter **Täuschung** über für die Entscheidung wesentliche
Umstände vor (BVerwGE 148, 254 = NVwZ 2014, 664 (666)). Eine lediglich objektiv falsche
Tatsachengrundlage reicht hierfür jedoch nicht aus (BVerwGE 148, 254 = NVwZ 2014, 664
(666)). Hiergegen wird zu Recht **kritisch** eingewandt, dass die Durchbrechung der Rechtskraft
dem Vorbehalt des Gesetzes untersteht und § 826 BGB als zivilrechtliche Norm – weder selbst
noch als Rechtsgedanke – keine hinreichende öffentlich-rechtliche Befugnisnorm darstellt (vgl.
BVerwG NVwZ 2014, 664 (668) mAnm Schorch).

Ein mit fehlerhaften Annahmen zur Staatsangehörigkeit einer Person begründeter Widerruf **40** kann in eine Rücknahme infolge unrichtiger Angaben oder Verschweigens wesentlicher Tatsachen **umgedeutet** werden (BVerwG BeckRS 2013, 50921 = InfAuslR 2013, 314; zum Verhältnis von Abs. 2 zu § 48 VwVfG → Rn. 32).

C. Verwaltungsverfahren

I. Fristen (Abs. 2a und Abs. 7)

Abs. 2a S. 1 enthält die Verpflichtung zur Prüfung des Widerrufs und der Rücknahme spätestens **41** nach Ablauf von **drei Jahren** nach deren Unanfechtbarkeit. Werden die Voraussetzungen für Widerruf oder Rücknahme bejaht, teilt das BAMF dies spätestens innerhalb eines Monats nach Unanfechtbarkeit der Entscheidung mit (Abs. 2a S. 2). Die Bekanntgabe der Entscheidung an den Betroffenen kann dagegen später erfolgen (Marx AsylG Rn. 96). Liegen die Voraussetzungen nicht vor, kann eine Mitteilung an die Ausländerbehörde entfallen (Abs. 2a S. 3).

In Abs. 7 wurden mit dem Zweiten Gesetz zur besseren Durchsetzung der Ausreisepflicht **41a** (BGBl. 2019 I 1294) **neue Fristen für die Prüfung von Bescheiden aus den Jahren 2015–2017** eingeführt. Danach wir die Frist für Widerruf und Rücknahme jeweils auf vier Jahre nach Ablauf des Jahres, in dem der Bescheid rechtskräftig geworden ist, verlängert (also 31.12.2019 für Bescheide aus 2015; 31.12.2020 für Bescheide aus 2016; etc). Die entsprechende Mitteilung an die Ausländerbehörde muss dann bis 31.01. des Folgejahres erfolgen (zu den Änderungen für die Erteilung der Niederlassungserlaubnis für Personen mit Bescheiden aus diesen Jahren vgl. § 26 Abs. 3 S. 1 Nr. 2 und S. 3 Nr. 2 AufenthG; → AufenthG § 26 Rn. 16).

Die Verpflichtung zur Überprüfung der Rücknahme und Widerrufsvoraussetzung innerhalb **42** der Drei-Jahres-Frist (bzw. der Fristen des Abs. 7) umfasst nicht nur eine Vorprüfung, sondern den **tatsächlichen Abschluss** der Prüfung innerhalb der Frist (BVerwGE 143, 183 = ZAR 2013, 36 = BeckRS 2012, 54963 Rn. 13). Die **Versäumung der Prüfungsfrist** führt aber nicht zur Rechtswidrigkeit des Widerrufs oder der Rücknahme (BVerwGE 143, 183 = ZAR 2013, 36 = BeckRS 2012, 54963 Rn. 14; **aA** VG Hamburg BeckRS 2010, 51770). Die Drei-Jahres-Frist steht ausschließlich im öffentlichen, nicht aber im individuellen Interesse (BVerwGE 143, 183 = ZAR 2013, 36 = BeckRS 2012, 54963 Rn. 14; **aA** VG Köln ZAR 2005, 340). Sie führt auch nicht dazu, dass eine spätere Entscheidung im Ermessen der Behörde steht (BVerwGE 143, 183 = ZAR 2013, 36 = BeckRS 2012, 54963 Rn. 16). Abs. 2a S. 5 ist erst anwendbar, wenn eine erste Prüfung ergeben hat, dass die Voraussetzungen des Widerrufs oder der Rücknahme nicht vorliegen.

Nach negativem Abschluss einer Prüfung nach Abs. 2a S. 1 steht ein späterer Widerruf oder **43** Rücknahme im Ermessen der Behörde (Abs. 2a S. 5). Dies gilt nur bei nach der seit 1.1.2005 geltenden Rechtslage durchgeführten Prüfungen, eine vorher durchgeführte **Prüfung nach der alten Rechtslage** stellt keine Negativentscheidung iSd Abs. 2a S. 5 dar (BVerwG NVwZ 2009, 328). Wegen der weitreichenden Folgen der Negativentscheidung ist diese in den Akten festzuhalten (GK-AsylG /Funke-Kaiser Rn. 70). Fraglich ist, ob wegen des eindeutigen Wortlauts des Art. 14 Abs. 3 Qualifikations-RL iRd § 73 AsylG. Abs. 2a S. 5 in der Regel von einer **Ermessensreduzierung auf Null** auszugehen ist (dafür: VG Berlin BeckRS 2014, 51367; **offen gelassen:** BVerwG EZAR NF 95 Nr. 36 Rn. 24 = ZAR 2014, 292 (294)).

Die einjährige **Ausschlussfrist des § 48 Abs. 4 S. 1 VwVfG** findet auf die Rücknahme nach **44** Abs. 2 (BVerwGE 148, 254 = NVwZ 2014, 664) und den Widerruf nach Abs. 1 **keine Anwendung** (BVerwGE 143, 183 = NVwZ 2012, 1193 (1195); OVG RhPf BeckRS 2000, 468 = FHOeffR 51 Nr. 5503).

Abs. 2a S. 3 ist auf den **Widerruf des Familienasyls** nach Abs. 2b **nicht** analog anzuwenden **45** (VG Hamburg BeckRS 2017, 107487).

II. Auswirkungen des Widerrufsverfahrens auf die Einbürgerung (Abs. 2c)

Nach Abs. 2c entfällt für Einbürgerungsverfahren die Bindungswirkung des § 6, der Flüchtling **46** wird also bis zur Bestandskraft (oder Aufhebung) einer Widerrufs- oder Rücknahmeentscheidung so gestellt, als wäre die Anerkennung nicht ergangen. Das Aufhebungsverfahren muss bereits **eingeleitet** worden sein (GK-AsylG/Funke-Kaiser Rn. 75; Marx AsylG Rn. 109).

Abs. 2c ist nicht auf ein Verfahren auf Erteilung der Niederlassungserlaubnis (analog) anwendbar. Hier **46.1** gilt § 26 Abs. 3 AufenthG, nachdem die Niederlassungserlaubnis nicht erteilt werden darf, wenn das Bundesamt ausdrücklich mitgeteilt hat, dass die Voraussetzungen für einen Widerruf vorliegen (→ AufenthG aF § 26 Rn. 1 ff.).

47   **Praktische Bedeutung** hat Abs. 2c nur bei der Ermessenseinbürgerung nach § 8 StAG, soweit es dort auf eine Asylberechtigung oder Flüchtlingseigenschaft ankommt. Bei der Anspruchseinbürgerung nach § 10 StAG liegen die Voraussetzungen unabhängig von der Asylberechtigung oder Flüchtlingseigenschaft vor. Auch bei der Frage der Hinnahme der doppelten Staatsangehörigkeit nach § 12 Abs. 1 Nr. 6 StAG kommt es nach dem ausdrücklichen Wortlaut alleine auf den Besitz des GFK-Passes an (→ StAG § 12 Rn. 52).

III. Vorliegen von subsidiärem Schutz und Abschiebungsverboten (Abs. 3)

48   Abs. 3 verpflichtet das BAMF im Falle einer Widerrufs- oder Rücknahmeentscheidung festzustellen, ob subsidiärer Schutz nach § 4 oder Abschiebungsverbote nach § 60 Abs. 5 und Abs. 7 AufenthG vorliegen. Marx fordert hierfür zutreffenderweise die Durchführung einer (persönlichen) Anhörung, da die Angaben in der Anhörungsniederschrift des ursprünglichen Verfahrens in der Regel überholt sein dürften (Marx AsylG Rn. 109; NK-AuslR/Hocks/Leuschner Rn. 45).

IV. Mitwirkungspflichten des Flüchtlings (Abs. 3a)

49   Abs. 3a führt neue Mitwirkungspflichten für anerkannte Flüchtlinge im Widerrufs- und Rücknahmeverfahren ein (→ Rn. 50 f.). Er regelt die Durchsetzbarkeit der Mitwirkungspflichten durch Verwaltungszwang (→ Rn. 52), die Folgen einer zurechenbaren Mitwirkungspflichtverletzung (→ Rn. 53 f.) sowie die Hinweispflichten des BAMF (→ Rn. 55). Zur Frage der Europarechtswidrigkeit der Norm s. Stellungnahmen zur Anhörung des BT-Innenausschuss vom 5.11.2018, BT-DRs. 19(4) 159 A bis E, s.a. Hailbronner AuslR Rn. 118.

50   Nach Abs. 3a ist der Ausländer verpflichtet persönlich an der Prüfung des Vorliegens der Voraussetzungen von Widerruf und Rücknahme mitzuwirken. Bei der **persönlichen Mitwirkung** handelt es sich in der Regel um das persönliche Erscheinen zu einer Anhörung beim BAMF, es sind aber auch andere vom Ausländer selbst vorzunehmende Handlungen oder Auskünfte denkbar. Voraussetzung ist jedoch, dass ein **Zusammenhang mit potenziellen Widerrufs- oder Rücknahmegründen** besteht (Hailbronner AuslR Rn. 117). Die Verpflichtung setzt eine Aufforderung des BAMF voraus und gilt nur, soweit es für die Prüfung erforderlich und dem Ausländer zumutbar ist. **Erforderlich** ist die Mitwirkung nur, wenn gewisse objektiv überprüfbare Anhaltspunkte bestehen, dass eine persönliche Anhörung oder Mitwirkung zu für die Widerrufsprüfung relevanten Erkenntnissen führen kann. Hierfür spricht bereits der Wortlaut der Vorschrift, es hätte ansonsten des Zusatzes der Erforderlichkeit nicht gebraucht. Auch der verfassungsrechtliche Grundsatz des Verhältnismäßigkeitsprinzips, dem jedes Verwaltungshandeln unterliegt, erfordert die Möglichkeit eines Erkenntnisgewinns durch die geforderte Mitwirkungshandlung des Ausländers. Diese Auslegung folgt auch aus den europarechtlichen Vorschriften. Die Mitwirkungspflichten des Ausländers sind in Art. 14 Abs. 2 Qualifikations-RL und Art. 19 Abs. 4 Qualifikations-RL (RL 2011/95/EU v. 13.12.2011, ABl. 2011 L 337, 9) festgelegt. Danach hat der Ausländer die Pflicht zur Offenlegung aller maßgeblichen Tatsachen und Vorlage aller maßgeblichen Unterlagen, die Beweislast liegt jedoch stets bei der Behörde. Eine anlasslose flächendeckende Vorladung der Flüchtlinge und Durchführung einer Art Zweitanhörung zu den ursprünglichen Asylgründen – wie es derzeit vom BAMF vielfach praktiziert wird – führt jedoch zu einer Umkehr dieser Beweislast.

50.1 Der Ausländer kann entsprechend gegen die Ladung zur Anhörung einwenden, er könne keine sachdienlichen Auskünfte zu Widerrufs- oder Rücknahmegründen geben, zB weil es keine relevanten Änderungen zu seinen persönlichen Verhältnissen oder Fluchtgründen gibt, und wenn dadurch sicher feststeht, dass das persönliche Erscheinen die Vorbereitung des Widerrufverfahrens nicht befördern wird (vgl. GK-AufenthG Funke-Kaiser § 82 AufenthG Rn. 109 zur Vorspracheverpflichtung bei der zuständigen Behörde; aA Hailbronner AuslR Rn. 120). Eine andere Auslegung würde dazu führen, dass eine Überprüfbarkeit und damit Rechtsschutzmöglichkeit gegen die Aufforderung zur Mitwirkung faktisch unmöglich wäre. Hailbronner sieht allein die Sicht des BAMF zum Zeitpunkt der Aufforderung für ausschlaggebend (Hailbronner AuslR Rn. 120). Als Begründung wird ausgeführt, „dies ergäbe sich daraus, dass bei Einleitung eines Verfahrens noch nicht feststehe, inwiefern sich Widerrufs- und Rücknahmegründe aus dem Verhalten eines Ausländers oder seinen Äußerungen ergeben". Dies steht bereits im Widerspruch zu den – zutreffenden – Ausführungen in Rn. 117, wonach Mitwirkungshandlungen, die erst einen Widerrufsgrund schaffen sollen, von Abs. 3a gerade nicht erfasst sind (Hailbronner AuslR Rn. 117).

Der Ausländer ist auch dann zur persönlichen Mitwirkung verpflichtet, wenn er sich von einem **51** **Anwalt vertreten** lässt, S. 2 iVm § 15 Abs. 1 S. 2. Er kann sich insoweit nicht von einem Bevollmächtigten vertreten lassen, wohl aber Erklärungen durch diesen übermitteln lassen (Bergmann/Dienelt § 15 Rn. 5). Durch den Verweis in S. 2 werden die Mitwirkungspflichten des Ausländers konkretisiert. **Grenze** der Mitwirkungspflicht ist aber stets jeweils der Zusammenhang mit dem Widerrufs- bzw. Rücknahmeverfahren sowie die Erforderlichkeit, also die Frage, ob sich aus der jeweiligen Mitwirkung ein für das Widerrufs- oder Rücknahmeverfahren relevanter Anhaltspunkt ergeben kann (→ Rn. 50). Der Ausländer hat erforderliche Angaben mündlich und nach Aufforderung auch schriftlich zu machen (§ 15 Abs. 2 Nr. 1, → § 15 Rn. 4). Soweit es um die **Überlassung und Herausgabe des Passes,** Urkunden und sonstigen Unterlagen geht, § 15 Abs. 2 Nr. 4 und Nr. 5, bestand diese Pflicht bereits im Asylverfahren. Es kann sich bei der Verweisung denklogisch daher nur um Pässe, Urkunden und sonstige Unterlagen handeln, die nach Abschluss des Asylverfahrens in den Besitz des Ausländers gelangt sind. Im Hinblick auf die **Mitwirkungspflicht zur Passbeschaffung** nach § 15 Abs. 2 Nr. 6 ist festzustellen, dass von einem anerkannten Flüchtling grundsätzlich keine Vorsprache bei den Heimatbehörden zur Passbeantragung verlangt werden kann. Teilweise wird eine Passbeschaffungspflicht für anerkannte Flüchtlinge bei nicht-staatlicher Verfolgung vertreten (Hailbronner AuslR Rn. 122). Die Anordnung der Mitwirkung zur Identitätsfeststellung wird in der Regel **nicht erforderlich** sein. Führt das durchgeführte Asylverfahren zur Feststellung der Flüchtlingseigenschaft, so beinhaltet diese Entscheidung zugleich eine Aussage über die Identität des Ausländers (BayVGH BeckRS 2001, 25305; vgl. auch NK-AuslR § 15 Rn. 26). Eine Aufforderung zur Mitwirkung bei der Passbeschaffung durch das BAMF kann daher nur erfolgen, wenn konkrete Anhaltspunkte für eine Identitätstäuschung des Ausländers vorliegen, andernfalls ist sie mangels bereits feststehender Identität nicht erforderlich (vgl. auch BayVGH BeckRS 2001, 25305). Das, die Ausübung des behördlichen Verfahrensermessens begrenzende Verhältnismäßigkeitsprinzip verbietet nämlich die erneute Klärung einer bereits geklärten Identität (Bund Deutscher Verwaltungsrichter und Verwaltungsrichterinnen, Stellungnahme zum BT Innenausschuss vom 5.11.2018, BT-DRs. 19(4)159 E). Die **erkennungsdienstliche Sicherung** der Identität nach § 16 ist nur zulässig, soweit sie noch nicht stattgefunden hat.

Nach S. 3 soll das BAMF den Ausländer mit **Mitteln des Verwaltungszwangs,** also Zwangs- **52** geld oder Zwangshaft, zur Erfüllung seiner Mitwirkungspflichten anhalten. Aus der Formulierung folgt, dass eine **Entscheidung nach Aktenlage** ohne vorheriges Anhalten des Ausländers mit Verwaltungszwangs nur möglich ist, wenn ein Ausnahmefall von der Regel gegeben ist (vgl. auch BeckOK AuslR/Fleuß Rn. 60d; GK-AsylG/Funke-Kaiser Rn. 89). Die Anordnung von Zwangshaft wird jedoch nur dann verhältnismäßig sein, wenn es eine gewisse Sicherheit des Vorliegens von Widerrufs- oder Rücknahmegründen gibt und das Verfahren daher potentiell zu einer Beendigung des Aufenthaltsrechts des Ausländers führen kann (ähnlich: Hailbronner AuslR Rn. 126). Die Aufforderung zur Mitwirkung muss außerdem hinreichend konkretisiert worden sein (GK-AsylG/Funke-Kaiser Rn. 86). Die Anordnung von Zwangsmitteln zur Mitwirkung kann gem. § 44a S. 2 VwGO **selbständig angegriffen** werden (→ Rn. 64).

Nach S. 4 kann das BAMF bei zurechenbarer Mitwirkungspflichtverletzung nach Aktenlage **53** entscheiden. **Voraussetzung** hierfür ist, dass das BAMF entweder den Ausländer zur Nachholung der Mitwirkungspflicht angehalten hat und dieser dies nicht unverzüglich erledigt hat (vgl. Abs. 3a S. 4 Nr. 1) oder dass der Ausländer die Mitwirkungspflicht ohne genügende Entschuldigung verletzt hat (vgl. Abs. 3a S. 4 Nr. 2). Auch bei einer nichtausreichenden Entschuldigung wird jedoch im Regelfall das BAMF gehalten sein, eine Frist zur Nachholung der Mitwirkungshandlung zu setzen (Hailbronner AuslR Rn. 128). Liegen die Voraussetzungen vor, hat das BAMF nach **pflichtgemäßem Ermessen** zu entscheiden, ob es von der Möglichkeit der Entscheidung nach Aktenlage Gebrauch macht („kann").

Bei der Entscheidung nach Aktenlage sind nach S. 5 sämtliche maßgebliche Tatsachen und **54** Umstände zu berücksichtigen. Nach S. 6 ist ferner zu berücksichtigen, inwieweit der Ausländer seinen Mitwirkungspflichten nachgekommen ist. Dabei kann die **Berücksichtigung der Mitwirkungspflichtverletzung** nur einen auf Grund anderer Umstände vorliegenden Anschein eines Tatbestandes nach § 73 Abs. 1 und Abs. 2 untermauern. Voraussetzung hierfür ist, dass die Mitwirkungspflichtverletzung mit den konkreten Umständen im Zusammenhang steht. Die Mitwirkungspflichtverletzung stellt jedoch **keinen eigenen Grund** für den Widerruf oder die Rücknahme dar (vgl. auch Hailbronner AuslR Rn. 131).

Nach S. 7 ist der Ausländer durch das BAMF auf Inhalt und Umfang seiner Mitwirkungspflich- **55** ten sowie auf die Rechtsfolgen einer Verletzung hinzuweisen. Die Hinweispflicht erstreckt sich auf eine **Information über mögliche Gründe,** die im spezifischen Fall des Ausländers Anlass zur Prüfung eines Widerrufs oder der Rücknahme gegeben haben (Hailbronner AuslR Rn. 132). Aus dem Hinweis muss erkennbar sein, welche Art von Mitwirkung von dem Ausländer erwartet wird und zu welchen entscheidungsrelevanten Fragestellungen eine Aufklärung seitens des Ausländers erwartet wird (Hailbronner AuslR Rn. 132). Die Anforderungen dürfen nicht überspannt werden, der Ausländer muss jedoch in der Lage sein, die nach Auffassung des BAMF relevanten Aufhebungs- oder Rücknahmegründe zu erkennen, um ggf. hierzu Gegenvorstellungen vortragen zu können (Hailbronner AuslR Rn. 132). **Unterbleibt der Hinweis** ist eine Entscheidung nach Aktenlage unzulässig (Hailbronner AuslR Rn. 132). Auch darf die unterbliebene Mitwirkung nicht berücksichtigt werden (aA Hailbronner AuslR Rn. 132).

V. Anhörung (Abs. 4)

56 Nach Abs. 4 ist in den Fällen, in denen eine Aufforderung zur Mitwirkung nach Abs. 3a nicht erfolgt, ein **Anhörungsverfahren** durchzuführen. Dem Betroffenen ist Gelegenheit zur Äußerung zu geben (Abs. 4 S. 1) und es kann ihm eine Frist von einem Monat gesetzt werden (Abs. 4 S. 2), wobei er darauf hinzuweisen ist, dass bei fehlender Äußerung nach Aktenlage entschieden werden kann. Das Anhörungsverfahren kann – wie in der Praxis überwiegend durchgeführt – **schriftlich** erfolgen. Eine persönliche Anhörung – wie im alten Recht – ist nicht mehr vorgeschrieben, was angesichts der Bedeutung des Verfahrens nicht sachgerecht ist (GK-AsylG/Funke-Kaiser Rn. 93; Marx AsylG Rn. 111).

57 Strittig ist, ob die **unterbliebene Anhörung** dazu führt, dass der Bescheid an sich rechtswidrig und damit aufzuheben ist (dafür: VG München BeckRS 2004, 31403; VG Oldenburg InfAuslR 2007, 82; dagegen: OVG NRW BeckRS 1998, 16964 Rn. 103 ff.).

57.1 Dafür spricht die besondere Bedeutung der Anhörung im Asylverfahren, die sich wesentlich von der allgemeinen Anhörung im Verwaltungsverfahren nach § 28 VwVfG unterscheidet und ein Rückgriff auf § 46 VwVfG daher nicht möglich ist (VG München BeckRS 2004, 31403; VG Oldenburg InfAuslR 2007, 82). Allerdings bleibt zu prüfen, ob die Anhörung gem. § 45 VwVfG in qualifizierter Weise nachgeholt wurde (VG Oldenburg InfAuslR 2007, 82).

58 Nach der bisherigen Rechtsprechung sollten die gesteigerten **Mitwirkungspflichten des § 15** zwar nicht auf das Widerrufsverfahren anzuwenden sein, es gehört jedoch zu den Obliegenheiten des Betroffenen, Gründe, die gegen den Widerruf der Anerkennungsentscheidung sprechen, im Verwaltungsverfahren und Gerichtsverfahren darzulegen (VG Frankfurt a. M. AuAS 1997, 95 = BeckRS 2008, 37401 Ls.). Dies hat sich durch die **Einführung des Abs. 3a,** der die Mitwirkungspflichten des § 15 ausdrücklich für anwendbar erklärt, überholt.

VI. Zustellung (Abs. 5)

59 Mitteilungen und Entscheidungen sind nach Abs. 5 förmlich nach Maßgabe des Verwaltungszustellungsgesetzes zuzustellen. Die besonderen Zustellungsvorschriften des **§ 10** finden keine Anwendung (BayVGH BeckRS 2010, 46462; GK-AsylG/Funke-Kaiser Rn. 105; Marx AsylG Rn. 114; NK-AuslR/Hocks/Leuschner Rn. 49; **aA** Bergmann/Dienelt/Bergmann Rn. 30; Hailbronner AuslR Rn. 107; BeckOK AuslR/Fleuß Rn. 66).

VII. Herausgabe des Anerkennungsbescheides und Reisepasses (Abs. 6)

60 Nach Abs. 6 hat der Betroffene entsprechend § 72 Abs. 2 die Pflicht, den Anerkennungsbescheid und Reisepass herauszugeben (→ § 72 Rn. 31). Die Herausgabepflicht entsteht schon dem Wortlaut nach erst nach **Unanfechtbarkeit** der Widerrufs- oder Rücknahmeentscheidung, es sei denn es liegt ein Fall des § 75 Abs. 2 vor oder es wurde Sofortvollzug angeordnet (Marx AsylG Rn. 119; GK-AsylG/Funke-Kaiser Rn. 114).

D. Praktische Hinweise behördliches und gerichtliches Verfahren

61 Gegen Widerruf und Rücknahme ist die **Anfechtungsklage** statthaft. Der Widerspruch ist gem. § 11 ausgeschlossen. Gleichzeitig ist – soweit nicht vom BAMF bereits gewährt – hilfsweise im Wege der Verpflichtungsklage die Feststellung des subsidiären Schutzes nach § 4 bzw. Abschiebungshindernissen nach § 60 Abs. 5 und Abs. 7 AufenthG zu beantragen. Die Anfechtungsklage hat – außer in den Fällen des § 75 Abs. 2 – **aufschiebende Wirkung.** Liegt ein Fall des § 75 Abs. 2 vor, ist einstweiliger Rechtsschutz nach § 80 Abs. 5 VwGO zu beantragen. Der Antrag ist nicht fristgebunden.

Maßgeblicher Entscheidungszeitpunkt ist gem. § 77 Abs. 1 der **Zeitpunkt der mündlichen** 62
Verhandlung (BVerwGE 139, 109 = NVwZ 2011, 944 Rn. 7). Das Gericht hat den Widerrufsbescheid **umfassend zu prüfen,** dh es hat in seine Prüfung auch vom Kläger nicht geltend gemachte Anfechtungsgründe und von der Behörde nicht angeführte Widerrufsgründe einzubeziehen (BVerwG NVwZ-RR 2015, 790).

Solange die Widerrufsentscheidung des BAMF nicht bestands- oder rechtskräftig ist, besteht 63 keine Herausgabepflicht nach Abs. 6 (→ Rn. 60). Daraus folgt, dass die Rechtsstellung – und damit auch die darauf beruhende **Aufenthaltserlaubnis** – erst entzogen werden darf, wenn eine unanfechtbare Entscheidung vorliegt (VGH BW BeckRS 2007, 20727). Solange Widerruf und Rücknahme nicht bestandkräftig sind, ist **Familienasyl** gem. § 26 zu gewähren (VG Stuttgart BeckRS 2006, 25244). Beabsichtigt die Ausländerbehörde dennoch sofortige Vollzugsmaßnahmen, ist ein Eilantrag nach § 123 VwGO zu stellen. Gegen die Aufforderung der Ausländerbehörde zur Herausgabe von Anerkennungsbescheid und Reiseausweis ist die Anfechtungsklage statthaft.

Gegen die Anordnung von **Zwangsgeld und Ersatzhaft** im Rahmen der unterlassenen Mit- 64 wirkung nach Abs. 3a ist die Anfechtungsklage statthaft. Die Klage hat gem. § 75 Abs. 1 S. 2 keine aufschiebende Wirkung. Es muss daher gleichzeitig ein Antrag auf einstweiligen Rechtsschutz nach § 80 Abs. 5 VwGO gestellt werden.

§ 73a Ausländische Anerkennung als Flüchtling

(1) ¹Ist bei einem Ausländer, der von einem ausländischen Staat als Flüchtling im Sinne des Abkommens über die Rechtsstellung der Flüchtlinge anerkannt worden ist, die Verantwortung für die Ausstellung des Reiseausweises auf die Bundesrepublik Deutschland übergegangen, so erlischt seine Rechtsstellung als Flüchtling in der Bundesrepublik Deutschland, wenn einer der in § 72 Abs. 1 genannten Umstände eintritt. ²Der Ausländer hat den Reiseausweis unverzüglich bei der Ausländerbehörde abzugeben.

(2) ¹Dem Ausländer wird die Rechtsstellung als Flüchtling in der Bundesrepublik Deutschland entzogen, wenn die Voraussetzungen für die Zuerkennung der Flüchtlingseigenschaft nicht oder nicht mehr vorliegen. ²§ 73 gilt entsprechend.

Überblick

§ 73a regelt das Erlöschen sowie Widerruf und Rücknahme von ausländischen Flüchtlingsanerkennungen. Voraussetzung ist jeweils, dass die Verantwortung für die Ausstellung des Reiseausweises auf die Bundesrepublik übergegangen ist.

A. Erläuterungen im Einzelnen

I. Erlöschen der ausländischen Flüchtlingsanerkennung (Abs. 1)

1. Ausländische Rechtsstellung als Flüchtling

Voraussetzung ist zunächst, dass der Ausländer die Flüchtlingseigenschaft im Sinne der GFK 1 (Genfer Flüchtlingskonvention v. 28.7.1951) von einem ausländischen Staat besitzt. Nicht anwendbar ist die Vorschrift daher auf ausländische Zuerkennungen des **subsidiären Schutzes** (GK-AsylG/Funke-Kaiser Rn. 8). Die ausländische Flüchtlingsanerkennung wird regelmäßig durch den **Besitz eines Konventionspasses** nach Art. 28 GFK dokumentiert. Liegt dieser vor, wird regelmäßig nicht mehr geprüft, ob die Zuerkennung der Flüchtlingseigenschaft ursprünglich zu Recht erfolgte (VG Ansbach BeckRS 2005, 36533).

2. Übergang der Verantwortung auf die Bundesrepublik Deutschland

Der **Übergang der Verantwortung** richtet sich nach Art. 28 GFK iVm Paragraph 11 Anhang 2 GFK oder zusätzlich – soweit es sich um unterzeichnende Staaten handelt – nach Art. 2 EuFlVUeb (EU-Flüchtlings-Verantwortungsübereinkommen v. 16.10.1980, BGBl. 1994 II 2646).

Die **GFK** bestimmt in Paragraph 11 Anhang GFK, dass die Verantwortung für die Ausstellung 3 eines neuen Ausweises dann übergeht, wenn ein Flüchtling sich rechtmäßig im Gebiet eines anderen vertragsschließenden Staates niederlässt. Der Ausländer kann sich auch direkt auf die Bestimmungen des Art. 28 GFK berufen (BVerwGE 88, 254 (257) = NVwZ 1992, 180; BVerwGE

120, 206 = NVwZ 2004, 1250). Der **rechtmäßige Aufenthalt** beinhaltet eine besondere Beziehung des Betroffenen zu dem Vertragsstaat durch eine mit dessen Zustimmung begründete Aufenthaltsverfestigung. Die GFK selbst regelt nicht, wann ein Aufenthalt rechtmäßig ist, dies bestimmt sich vielmehr nach den für die Aufenthaltsnahme geltenden Rechtsnormen des jeweiligen Vertragsstaates (BVerwGE 120, 206 = NVwZ 2004, 1250). Die faktische Anwesenheit genügt hierfür nicht, selbst wenn sie dem Vertragsstaat bekannt ist und von diesem hingenommen wird (vgl. BVerwGE 87, 11 = NVwZ 1991, 787 zum rechtmäßigen Aufenthalt in Art. 28 StaatenlosenÜ; BVerwGE 88, 254 = NVwZ 1992, 180). Daraus ergibt sich, dass grundsätzlich die Erteilung einer Aufenthaltserlaubnis erforderlich ist. Die Erteilung einer **Duldung** oder Aufenthaltsgestattung oder die Fiktion eines vorläufig erlaubten Aufenthaltes genügen hierfür nicht (vgl. BVerwGE 87, 11 = NVwZ 1991, 787). Der Besitz einer **befristeten Aufenthaltserlaubnis** ist jedenfalls dann ausreichend, wenn diese in der Erwägung erteilt wurde, dass der Daueraufenthalt hingenommen werden müsse (BVerwGE 88, 254 = NVwZ 1992, 180; VGH BW Urt. v. 14.7.1992 – 13 S 2026/91).

4   Die Anwendung des **EuFlVUeb** (EU–Flüchtlings–Verantwortungsübereinkommen v. 16.10.1980, BGBl. 1994 II 2646) setzt voraus, dass der Ausländer im Besitz eines Reiseausweises für Flüchtlinge ist (BayVGH BeckRS 2008, 28518) und dass der ausstellende Staat wie die Bundesrepublik Deutschland das Übereinkommen unterzeichnet hat (s. zum Ratifikationsstand: www.coe.int/de/web/conventions/full-list/-/coventions/treaty/107/signatures?p_auth= 4q5ZQuci). Nach Art. 2 EuFlVUeb gilt die Verantwortung für den Flüchtling als übergegangen
- nach **zwei Jahren tatsächlichen und dauernden Aufenthaltes** mit Zustimmung von dessen Behörden (Art. 2 Abs. 1 S. 1 Alt. 1 EuFlVUeb). Die Frist beginnt mit Kenntnis der Behörden vom Aufenthalt (Art. 2 Abs. 1 S. 2 EuFlVUeb). Sie wird bei Abwesenheitszeiten von jeweils bis zu drei Monaten nicht unterbrochen, wenn diese insgesamt höchstens sechs Monate ergeben (Art. 2 Abs. 2 lit. d EuFlVUeb). Nicht angerechnet werden Zeiten eines Aufenthaltes zum Studium oder medizinischer Behandlung, wegen Haft oder während eines Rechtsmittelverfahrens gegen die Aufenthaltsverweigerung oder Ausweisung (Art. 2 Abs. 2 lit. a–c EuFlVUeb). Strittig ist, ob das Merkmal „**mit Zustimmung von dessen Behörden**" die förmliche Erteilung einer Aufenthaltserlaubnis voraussetzt (so BayVGH BeckRS 2004, 29549 unter Heranziehung der Rspr. zu Art. 28 GFK) oder ob ausreichend ist, dass der Zweitstaat durch sein Verhalten in nach außen objektivierbarer Weise zu erkennen gibt, dass er den dauernden Aufenthalt billigt, indem er zB in Kenntnis dieser Tatsache nichts unternimmt (so SächsOVG ZAR 2016, 309). Für zweitere Ansicht spricht auch der erläuternde Bericht zum Übereinkommen (vgl. BT-Drs. 12/6852, 19 Rn. 21, nach dem die Zustimmung keinen formalen Akt voraussetzt). Das Übereinkommen ist auch bei **illegaler Einreise** anwendbar, wenn die Einreise später regulär gemacht wird (vgl. BT-Drs. 12/6852, 19 Rn. 22).
- zu einem früheren Zeitpunkt, wenn der Vertragsstaat dem Flüchtling gestattet hat, **dauernd** in seinem Hoheitsgebiet zu bleiben (Art. 2 Abs. 1 S. 1 Alt. 2 EuFlVUeb).
- zu einem früheren Zeitpunkt, wenn der Vertragsstaat dem Flüchtling gestattet hat, länger als für die **Gültigkeitsdauer des Reiseausweises** in seinem Hoheitsgebiet zu bleiben (Art. 2 Abs. 1 S. 1 Alt. 3 EuFlVUeb).
- wenn der Vertragsstaat die **Übernahme durch den Erststaat** nicht mehr beantragen kann (Art. 2 Abs. 3 EuFlVUeb), dh grundsätzlich sechs Monate nach Ablauf der Gültigkeit des Reiseausweises (vgl. Art. 4 Abs. 1 EuFlVUeb).

3. Erlöschen nach § 72

5   Ist die Verantwortung für den Flüchtling auf die Bundesrepublik übergegangen, findet § 72 auf ihn Anwendung, wenn die dortigen Voraussetzungen vorliegen (→ § 72 Rn. 1 ff. ff.). Es handelt sich um eine Rechtsgrundverweisung (NK-AuslR/Müller Rn. 6; Hailbronner AuslR Rn. 5).

6   Ist die Rechtsstellung erloschen, hat der Ausländer seinen Reiseausweis unverzüglich bei der Ausländerbehörde abzugeben (Abs. 1 S. 2; → § 72 Rn. 31). Auch der von einem ausländischen Staat ausgestellte Reiseausweis ist einzuziehen und ggf. an ihn zurückzusenden, wenn dies im Ausweis ausdrücklich bestimmt ist (Begründung des Gesetzesentwurfs, BT-Drs. 13/4948, 11).

II. Entziehung der Rechtsstellung (Abs. 2)

1. Voraussetzungen

7   Nach Abs. 2 wird die Rechtsstellung als Flüchtling entzogen, wenn deren Voraussetzungen nicht oder nicht mehr vorliegen. Die Begrifflichkeiten „Widerruf" und „Rücknahme" wurden

nicht gewählt, da diese eine zuvor gewährte Rechtsstellung betreffen, während es sich hier um eine durch einen anderen Staat gewährte Rechtsposition handelt (vgl. auch Marx AsylG Rn. 7).

Wie Abs. 1 setzt der Entzug der Rechtsstellung zunächst voraus, dass eine ausländische Flücht- **8** lingsanerkennung vorliegt und die Verantwortung hierfür auf die Bundesrepublik Deutschland übergegangen ist (→ Rn. 1 ff.).

Abs. 2 S. 2 verweist auf § 73 (zu den Voraussetzungen → § 73 Rn. 1 ff.). Nach dem Wortlaut **9** von Abs. 2 S. 1 („nicht" oder „nicht mehr" vorliegen) sollen dabei sowohl Fälle des Widerrufs wie der Rücknahme erfasst sein (vgl. GK-AsylG/Funke-Kaiser Rn. 15). Unabhängig davon, ob man – zu Recht – davon ausgeht, dass der Bundesrepublik die völkerrechtliche Kompetenz für die Überprüfung der Rechtmäßigkeit eines ausländischen Rechtsaktes fehlt (so Marx AsylG Rn. 8), wird eine Rücknahme iSd § 73 Abs. 2 aber regelmäßig schon an den kaum überwindbaren Beweisproblemen scheitern (Marx AsylG Rn. 8; vgl. GK-AsylG/Funke-Kaiser Rn. 26 f.).

2. Verwaltungsverfahren

Die Entziehung setzt wie Widerruf und Rücknahme nach § 73 einen Rechtsakt voraus, dem **10** ein Verwaltungsverfahren vorgeschaltet ist (→ § 73 Rn. 56 ff.). **Zuständig** ist gem. § 73a Abs. 2 S. 2 iVm § 73 Abs. 4 und Abs. 5 das BAMF (Marx AsylG Rn. 9; GK-AsylG/Funke-Kaiser Rn. 29). Da das Anerkennungsverfahren nicht durch das BAMF durchgeführt wurde und dieses die maßgeblichen Gründe für die Anerkennung nicht kennt, wird zu Recht eine **persönliche Anhörung** des Betroffenen gefordert (Marx AsylG Rn. 9; NK-AuslR/Müller Rn. 7; GK-AsylG/Funke-Kaiser Rn. 28). § 73 Abs. 2a und Abs. 7 sind trotz der Verweisung in Abs. 2 S. 2 nicht anwendbar (GK-AsylG/Funke-Kaiser Rn. 21).

Den Ausländer trifft nach § 73a Abs. 2 S. 2 iVm § 73 Abs. 6 eine **Herausgabepflicht** bezüglich **11** des Flüchtlingsausweises nach Unanfechtbarkeit der Entscheidung.

B. Praktische Hinweise behördliches und gerichtliches Verfahren

I. Erlöschen der Rechtsstellung (Abs. 1)

Wie im Fall des § 72 ist kein direkter Rechtsschutz gegen das Erlöschen der Rechtsstellung **12** gegeben, da die Rechtsstellung kraft Gesetzes beendet wird. Möglich ist jedoch eine inzidente Überprüfung im Rahmen einer Anfechtungsklage gegen das Herausgabeverlangen der Ausländerbehörde oder gegen den Widerruf der Aufenthaltserlaubnis nach § 52 AufenthG (→ § 72 Rn. 33). Darüber hinaus besteht die Möglichkeit einer Feststellungsklage (→ § 72 Rn. 34).

II. Entziehung der Rechtsstellung (Abs. 2)

Liegen die Voraussetzungen des § 73a Abs. 2 iVm § 73 vor, spricht das BAMF den „Entzug" **13** der Flüchtlingseigenschaft aus. Ein „Widerruf" oder eine „Rücknahme" sind begrifflich nicht möglich, es kommt aber eine Umdeutung des Bescheides in Betracht, wenn sich aus den Gründen eindeutig die Anwendung des § 73a ergibt (VG Ansbach BeckRS 2003, 29675).

Gegen den Entzug der Rechtsstellung als Flüchtling ist die **Anfechtungsklage** statthaft (ausf. **14** → § 73 Rn. 61 ff.). Ein Vorverfahren entfällt nach § 11. Die Klage hat nach dem Wortlaut des § 75 keine **aufschiebende Wirkung.** § 75 Abs. 1 muss allerdings **entsprechend angewendet** werden, da keine sachliche Rechtfertigung für eine Unterscheidung zwischen § 73 und 73a gibt und Abs. 2 S. 2 auch pauschal auf § 73 verweist (GK-AsylG/Funke-Kaiser Rn. 32; Hailbronner AuslR Rn. 13). Da es an entsprechender Rechtsprechung zu dieser Frage fehlt, ist in der Praxis unter Fristsetzung eine ausdrückliche Erklärung der Behörden zur Anerkennung der aufschiebenden Wirkung einzufordern. Unterbleibt dies, ist ein Antrag auf Feststellung der aufschiebenden Wirkung nach § 80 Abs. 5 VwGO analog zu stellen, sowie hilfsweise auf Anordnung der aufschiebenden Wirkung nach § 80 Abs. 5 VwGO.

§ 73b Widerruf und Rücknahme des subsidiären Schutzes

(1) [1]**Die Gewährung des subsidiären Schutzes ist zu widerrufen, wenn die Umstände, die zur Zuerkennung des subsidiären Schutzes geführt haben, nicht mehr bestehen oder sich in einem Maß verändert haben, dass ein solcher Schutz nicht mehr erforderlich ist.** [2]**§ 73 Absatz 1 Satz 3 gilt entsprechend.**

(2) Bei Anwendung des Absatzes 1 ist zu berücksichtigen, ob sich die Umstände so wesentlich und nicht nur vorübergehend verändert haben, dass der Ausländer, dem subsidiärer Schutz gewährt wurde, tatsächlich nicht länger Gefahr läuft, einen ernsthaften Schaden im Sinne des § 4 Absatz 1 zu erleiden.

(3) Die Zuerkennung des subsidiären Schutzes ist zurückzunehmen, wenn der Ausländer nach § 4 Absatz 2 von der Gewährung subsidiären Schutzes hätte ausgeschlossen werden müssen oder ausgeschlossen ist oder eine falsche Darstellung oder das Verschweigen von Tatsachen oder die Verwendung gefälschter Dokumente für die Zuerkennung des subsidiären Schutzes ausschlaggebend war.

(4) § 73 Absatz 2b Satz 3 und Absatz 2c bis 6 gilt entsprechend.

Überblick

§ 73b regelt Widerruf (→ Rn. 2) und Rücknahme (→ Rn. 13) des subsidiären Schutzes nach § 4. Voraussetzung ist, dass der subsidiäre Schutz zunächst gewährt wurde (→ Rn. 1). Die Vorschrift dient der Umsetzung von Art. 16, 17 und 19 Qualifikations-RL (RL 2011/95/EU v. 13.12.2011, ABl. 2011 L 337, 9).

Übersicht

A. Erläuterungen im Einzelnen

I. Anwendbarkeit

1   Die Anwendung des § 73b setzt voraus, dass dem Ausländer **subsidiärer Schutz nach § 4 Abs. 1** (→ § 4 Rn. 1 ff.) gewährt worden ist. Gemäß § 104 Abs. 9 S. 3 AufenthG gilt § 73b außerdem **entsprechend** auf Ausländer, denen ein **Abschiebungsverbot nach § 60 Abs. 2, Abs. 3 oder Abs. 7 S. 2 AufenthG** in der **vor dem 1.12.2013** gültigen Fassung zuerkannt wurde, da diese als subsidiär schutzberechtigt nach § 4 gelten, es sei denn das BAMF hat die Ausländerbehörde über Ausschlusstatbestände nach § 25 Abs. 3 S. 2 lit. a–d AufenthG (in der vor 1.12.2013 gültigen Fassung) unterrichtet. Eine analoge Anwendbarkeit des § 73b auf Fälle, die wegen § 104 Abs. 9 S. 1 AufenthG nicht als subsidiär Schutzberechtigte gelten, kommt nicht in Betracht (VG Gelsenkirchen BeckRS 2016, 47269; BeckOK AuslR/Fleuß Rn. 2), Ermächtigungsgrundlage ist in diesen Fällen § 73c analog (VG Gelsenkirchen BeckRS 2016, 47269; BeckOK AuslR/Fleuß Rn. 2; GK-AsylG/Funke-Kaiser Rn. 3).

II. Widerruf des subsidiären Schutzes (Abs. 1, Abs. 2)

2   Der subsidiäre Schutz ist gem. Abs. 1 zwingend zu widerrufen, wenn die Umstände, die kausal für die Zuerkennung waren, weggefallen sind oder sich wesentlich geändert haben. Nach Abs. 2 ist dabei zu berücksichtigen, ob sich die Umstände so wesentlich und nicht nur vorübergehend verändert haben, dass der Ausländer tatsächlich kein ernsthafter Schaden iSd § 4 mehr droht. Abs. 1 und Abs. 2 entsprechen soweit wörtlich Art. 16 Abs. 1 und Abs. 2 Qualifikations-RL (RL 2011/95/EU v. 13.12.2011, ABl. 2011 L 337, 9). Nach Abs. 1 S. 2 ist der Widerruf ausgeschlossen, wenn dem Ausländer die Rückkehr unzumutbar ist.

1. Wegfall oder wesentliche Änderung der Umstände

3   Hinsichtlich des Wegfalls oder der wesentlichen Änderung der Umstände gelten dieselben Maßstäbe wie für den Widerruf der Flüchtlingseigenschaft (NK-AuslR/Kessler Rn. 9; GK-AsylG/Funke-Kaiser Rn. 6; zum Maßstab → § 73 Rn. 4 ff.).

Die Sach- und Rechtslage muss sich **erheblich und nicht vorübergehend geändert** haben 4 (ausf. → § 73 Rn. 5). Dies beurteilt sich nach den im Herkunftsstaat vorliegenden tatsächlichen Verhältnissen (VG Augsburg BeckRS 2018, 4493; ausf. → § 73 Rn. 7). Eine andere Bewertung der Erkenntnislage oder eine geänderte oder neu gebildete Rechtsprechung reichen dafür nicht aus (VG Augsburg BeckRS 2018, 4493).

Die Änderung muss so **wesentlich** sein, dass dem Ausländer tatsächlich keine Gefahr eines 5 ernsthaften Schadens iSd § 4 mehr droht (Abs. 2). Testfrage ist dabei, ob dem Ausländer heute noch die beachtliche Wahrscheinlichkeit eines ernsthaften Schadens droht (VG Augsburg BeckRS 2018, 4493). Die Auslegungsregel des **Abs. 2 gilt** für beide Alternativen des Abs. 1 (Marx AsylG Rn. 4). Dies folgt auch aus dem Wortlaut des Art. 16 Abs. 2 Qualifikations-RL (RL 2011/95/ EU v. 13.12.2011, ABl. 2011 L 337, 9), der auf den gesamten Art. 16 Abs. 1 Qualifikations-RL verweist.

Es muss sich auch um eine **nachträgliche Änderung** handeln (ausf. → § 73 Rn. 6). Dabei 6 ist unerheblich, ob die Zuerkennung des subsidiären Schutzes von Anfang an rechtswidrig war (Hailbronner AuslR § 73 Rn. 9).

Die **Rechtskraft eines Urteils,** durch das das BAMF zur Zuerkennung des subsidiären Schut- 7 zes verpflichtet wurde, steht dem Widerruf entgegen, wenn sich die zum Zeitpunkt der gerichtlichen Entscheidung maßgebliche Sach- und Rechtslage nicht nachträglich entscheidungserheblich verändert hat (VG Augsburg BeckRS 2018, 4493; ausf. → § 73 Rn. 9).

Die **Beweislast** bezüglich des Wegfalls oder der Änderung der Umstände liegt bei der Behörde 8 (→ § 73 Rn. 10). Die Beweiserleichterung des **Art. 4 Abs. 4 Qualifikations-RL** (RL 2011/ 95/EU v. 13.12.2011, ABl. 2011 L 337, 9) ist hier anzuwenden, wenn der Betroffene bereits einen ernsthaften Schaden erlitten hat (Hailbronner AuslR Rn. 9; GK-AsylG/Funke-Kaiser Rn. 7).

Die freiwillige Schutzunterstellung und **Niederlassung im Herkunftsland** führt anders als 9 bei der Flüchtlingseigenschaft nicht zum Erlöschen des subsidiären Schutzes. Die dauerhafte Niederlassung kann aber als Indiz für den Wegfall der Gefährdungslage gelten (Marx AsylG Rn. 3; weitergehend: Hailbronner AuslR Rn. 19). Allein die **Ausstellung eines Passes** reicht hierfür allerdings nicht aus (Hailbronner AuslR Rn. 19).

Der Betroffene darf auch **nicht aus anderen Gründen** einer Gefährdung iSd § 4 ausgesetzt 10 sein (NK-AuslR/Kessler Rn. 10; GK-AsylG/Funke-Kaiser Rn. 7). Dies folgt schon aus dem Erfordernis der tatsächlichen Sicherheit vor erneutem ernsthaftem Schaden (NK-AuslR/Kessler Rn. 10).

Der Betroffene muss im Fall einer Rückkehr ins Herkunftsland auch **tatsächlichen Zugang** 11 zu dem dort neu sichergestellten Schutz gegen Gefährdungen iSd § 4 haben (NK-AuslR/Kessler Rn. 10; ausf. → § 73 Rn. 14).

2. Unzumutbarkeit der Rückkehr (Abs. 1 S. 2)

Nach Abs. 1 S. 2 gilt die **humanitäre Klausel** des § 73 Abs. 1 S. 3 entsprechend. Das heißt, 12 es muss geprüft werden, ob der Ausländer es nicht aus anderen zwingenden Gründen ablehnen kann, in den Herkunftsstaat zurückzukehren (ausf. → § 73 Rn. 17 ff.).

III. Rücknahme des subsidiären Schutzes (Abs. 3)

Abs. 3 regelt die Rücknahme des subsidiären Schutzes wegen Ausschlussgründen nach § 4 13 Abs. 2 sowie bei Täuschung, Verschweigen von Tatsachen und Verwendung von gefälschten Dokumenten. Damit wird Art. 19 Abs. 3 Qualifikations-RL (wörtlich) umgesetzt.

Da es sich sowohl beim Widerruf nach Abs. 1 und Abs. 2 als auch bei der Rücknahme nach 14 Abs. 3 um gebundene Entscheidungen handelt, ist eine **Umdeutung** im Klageverfahren möglich (VG München BeckRS 2016, 53303).

1. Rücknahme wegen Ausschlussgründen nach § 4 Abs. 2

Liegt einer der **Ausschlussgründe des § 4 Abs. 2** (→ § 4 Rn. 88 ff.) vor, ist der subsidiäre 15 Schutz zurückzunehmen. Eine Rücknahme ist – wie der Wortlaut nahe legt – unabhängig davon zu erklären, ob die Ausschlussgründe bereits bei der Zuerkennung des subsidiären Schutzes oder erst zum Zeitpunkt der Rücknahme vorlagen (so Marx AsylG Rn. 7; BVerwGE 139, 272 = NVwZ 2011, 1456 Rn. 23; VG München BeckRS 2016, 53303; **aA** GK-AsylG/Funke-Kaiser Rn. 10).

Die **Rechtskraft eines Urteils** steht der Rücknahme auch hier entgegen, wenn die Ausschluss- 16 gründe nach § 4 Abs. 2 nicht erst nach der Rechtskraft entstanden sind, zB weil der Ausländer seine Unterstützung für eine terroristische Vereinigung deutlich intensiviert hat (vgl. VG Freiburg BeckRS 2014, 49624).

2. Rücknahme wegen Täuschung und andere

17   Abs. 3 Alt. 2 regelt die Rücknahme wegen Täuschung, Verschweigen von Tatsachen oder Verwendung gefälschter Dokumente (vgl. zu den Einzelheiten → § 73 Rn. 34 ff.). Die Vorschrift ist **abschließend,** ein Rückgriff auf § 48 VwVfG ist – mit Ausnahme der Drohung oder Bestechung – nicht möglich (GK-AsylG/Funke-Kaiser Rn. 11; Hailbronner AuslR Rn. 28).

18   **Täuschung und Verschweigen** von Tatsachen setzt voraus, dass die Angaben **objektiv unrichtig** sind oder objektiv unterlassen wurden (→ § 73 Rn. 35), die Unrichtigkeit **sicher feststeht** (→ § 73 Rn. 36) und **kausal** für die Anerkennung war (→ § 73 Rn. 37; NK-AuslR/Kessler Rn. 16). Außerdem muss eine **Täuschungsabsicht** des Betroffenen (→ § 73 Rn. 35) vorgelegen haben. Darüber hinaus darf der Betroffene nicht aus anderen Gründen einen Anspruch auf Zuerkennung des subsidiären Schutzes haben (**Grundsatz der doppelten Deckung**).

19   Auch im Fall der **Verwendung gefälschter Dokumente** muss Kausalität zur Zuerkennung des subsidiären Schutzes bestehen. Diese liegt nicht vor, wenn sich das gefälschte Dokument nur auf einen Teilaspekt, nicht aber auf sämtliche mit dem Sachvorbringen geltend gemachten Schädigungsgründe bezieht (Marx AsylG Rn. 9).

20   Die **Rechtskraft von Urteilen** steht auch hier einer Rücknahme regelmäßig entgegen (→ § 73 Rn. 39).

IV. Widerruf des abgeleiteten subsidiären Schutzes von Familienangehörigen

21   Gemäß § 73b Abs. 4 iVm § 73 Abs. 2b S. 3 ist der nach § 26 Abs. 5 abgeleitete subsidiäre Schutz zu widerrufen, wenn der subsidiäre Schutzstatus des Stammberechtigten widerrufen oder zurückgenommen wird und dem Ausländer nicht aus anderen Gründen subsidiärer Schutz zuzuerkennen ist. Abs. 4 verweist ausdrücklich nur auf § 73 Abs. 2b S. 3, liegen Ausschlussgründe nach § 26 Abs. 4 S. 1 vor, ist eine Rücknahme nach Abs. 3 zu prüfen (zu den Einzelheiten → § 73 Rn. 27 ff.).

B. Verwaltungsverfahren

22   Bezüglich des Verwaltungsverfahrens verweist Abs. 4 auf § 73 Abs. 2c–5.

23   Damit entfällt auch bei Widerruf und Rücknahme des subsidiären Schutzes die Verbindlichkeit der Entscheidung für den **Einbürgerungsantrag** (§ 73b Abs. 4 iVm § 73 Abs. 2c; → § 73 Rn. 46 f.).

24   Gemäß § 73b Abs. 4 iVm § 73 Abs. 3 ist gleichzeitig mit Widerruf und Rücknahme des subsidiären Schutzes zu entscheiden, ob die **Voraussetzungen des § 60 Abs. 5 und Abs. 7 AufenthG** vorliegen (→ § 73 Rn. 48).

25   Es ist ein **Anhörungsverfahren** nach § 73b Abs. 4 iVm § 73 Abs. 4 durchzuführen (→ § 73 Rn. 56 ff.).

26   Mitteilungen und Entscheidungen sind dem Betroffenen gem. § 73b Abs. 4 iVm § 73 Abs. 5 **zuzustellen** (→ § 73 Rn. 59).

27   Ist der Widerruf oder die Rücknahme rechtskräftig, muss der Ausländer den Zuerkennungsbescheid **herausgeben** (§ 73b Abs. 4 iVm § 73 Abs. 6; → § 73 Rn. 60). Die automatische Herausgabe eines nach § 4 Abs. 1 S. 1 Nr. 1 AufenthV **Reiseausweises** ist nicht von der Verweisung umfasst (**aA** GK-AsylG/Funke-Kaiser Rn. 18; BeckOK AuslR/Fleuß Rn. 22). Denn dieser wird nicht wie der Flüchtlingspass automatisch wegen der Zuerkennung, sondern durch gesonderte Prüfung – bspw. des § 5 AufenthV – erteilt. Die Ausländerbehörde ist daher gehalten, dessen Rücknahme oder Nicht-Verlängerung ebenfalls gesondert zu prüfen.

28   Die Überprüfungsfrist von drei Jahren des § 73 Abs. 2a ist auf § 73b nicht anwendbar, ebenso wenig die **Jahresfrist** des § 48 VwVfG (→ § 73 Rn. 44; → § 73 Rn. 15; **aA** NK-AuslR/Keßler Rn. 23; vgl. aber zur **Verwirkung** der Befugnis der Behörde zum Widerruf und Rücknahme → § 73 Rn. 16).

C. Praktische Hinweise behördliches und gerichtliches Verfahren

29   Gegen Widerruf und Rücknahme des subsidiären Schutzes ist **Anfechtungsklage** zu erheben. Die Klagefrist beträgt gem. § 74 Abs. 1 zwei Wochen. Diese hat gem. § 75 – außer im Fall des Abs. 3 Alt. 1 und Alt. 2 (vgl. § 75 Abs. 2 S. 2) – **aufschiebende Wirkung.** Im Fall des Abs. 3

Alt. 1 und Alt. 2 ist einstweiliger Rechtsschutz nach § 80 Abs. 5 VwGO zu beantragen. Dieser ist nicht fristgebunden. Ein Vorverfahren ist nicht durchzuführen (§ 11). Gegen die Ablehnung des Vorliegens von Abschiebungshindernissen nach § 60 Abs. 5 und Abs. 7 AufenthG ist **hilfsweise Verpflichtungsklage** zu erheben.

Maßgeblicher Entscheidungszeitpunkt ist gem. § 77 Abs. 1 der **Zeitpunkt der mündlichen 30 Verhandlung** (BVerwGE 139, 109 = NVwZ 2011, 944 Rn. 7).

Solange die Widerrufsentscheidung des BAMF nicht bestands- oder rechtskräftig ist, besteht 31 keine Herausgabepflicht nach § 73b Abs. 4 iVm § 73 Abs. 6 (→ § 73 Rn. 60). Daraus folgt, dass die Rechtsstellung – und damit auch die darauf beruhende **Aufenthaltserlaubnis** – erst entzogen werden darf, wenn eine unanfechtbare Entscheidung vorliegt (vgl. VGH BW BeckRS 2007, 20727). Solange Widerruf und Rücknahme nicht bestandkräftig sind, ist **Familienasyl** gem. § 26 zu gewähren (vgl. VG Stuttgart BeckRS 2006, 25244). Beabsichtigt die Ausländerbehörde dennoch sofortige Vollzugsmaßnahmen, ist ein Eilantrag nach § 123 VwGO zu stellen. Gegen die Aufforderung der Ausländerbehörde zur **Herausgabe des Zuerkennungsbescheides** ist die Anfechtungsklage statthaft.

§ 73c Widerruf und Rücknahme von Abschiebungsverboten

(1) Die Feststellung der Voraussetzungen des § 60 Absatz 5 oder 7 des Aufenthaltsgesetzes ist zurückzunehmen, wenn sie fehlerhaft ist.

(2) Die Feststellung der Voraussetzungen des § 60 Absatz 5 oder 7 des Aufenthaltsgesetzes ist zu widerrufen, wenn die Voraussetzungen nicht mehr vorliegen.

(3) § 73 Absatz 2c bis 6 gilt entsprechend.

Überblick

§ 73c regelt Rücknahme (→ Rn. 3) und Widerruf (→ Rn. 5) von nationalen Abschiebungsverboten nach § 60 Abs. 5 und Abs. 7 AufenthG. § 73c entspricht inhaltlich dem früheren § 73 Abs. 3 (BT-Drs. 17/13063, 23; OVG NRW BeckRS 2016, 43586 Rn. 21).

Übersicht

A. Erläuterungen im Einzelnen

I. Anwendbarkeit

Voraussetzung ist, dass in Bezug auf den Betroffenen ein nationales Abschiebungsverbot nach 1 § 60 Abs. 5 oder Abs. 7 AufenthG festgestellt worden ist.

Nicht anwendbar ist die Vorschrift auf Abschiebungsverbote nach **§ 60 Abs. 4 AufenthG.** 2 Über deren Wegfall entscheidet gem. § 42 S. 2 die Ausländerbehörde. Im Fall von Abschiebungsverboten nach **§ 60 Abs. 7 S. 2 AufenthG in der vor dem 1.12.2013** gültigen Fassung ist § 104 Abs. 9 S. 3 AufenthG zu beachten, wonach diese Ausländer als subsidiär schutzberechtigt nach § 4 gelten, es sei denn das BAMF hat die Ausländerbehörde über Ausschlustatbestände nach § 25 Abs. 3 S. 2 lit. a–d AufenthG (in der vor 1.12.2013 gültigen Fassung) unterrichtet, weshalb hier in der Regel § 73b anwendbar ist (→ § 73b Rn. 1).

II. Rücknahme (Abs. 1)

Voraussetzung für die Rücknahme nach Abs. 1 ist die **ursprüngliche Fehlerhaftigkeit** der 3 Feststellung des Vorliegens von Abschiebungshindernissen nach § 60 Abs. 5 und Abs. 7 AufenthG.

Entgegen § 73, der die Rücknahme auf einzelne Fallkonstellationen beschränkt, erfasst die Vorschrift **jede Fehlerhaftigkeit** der ursprünglichen Feststellung (Bergmann/Dienelt/Bergmann Rn. 3; GK-AsylG/Funke-Kaiser Rn. 7). Maßgeblich ist allein die objektive Rechtslage, Vertrauensgesichtspunkte zugunsten des Betroffenen spielen hingegen ebenso wenig eine Rolle wie humanitäre Zumutbarkeitserwägungen (OVG NRW BeckRS 2010, 55847; Marx AsylG Rn. 3; Bergmann/Dienelt/Bergmann Rn. 3).

4   Die **Rechtskraft eines Urteils**, das das BAMF zur Feststellung eines Abschiebungsverbotes nach § 60 Abs. 5 und Abs. 7 verpflichtet, steht allerdings der Rücknahme nach Abs. 1 entgegen (BVerwGE 115, 118 = NVwZ 2002, 345 = InfAuslR 2002, 207; → § 73 Rn. 39). Dies gilt unabhängig davon, ob das rechtskräftig gewordene Urteil die seinerseits bestehende Sach- und Rechtslage erschöpfend und zutreffend gewürdigt hat (BVerwGE 115, 118 = NVwZ 2002, 345 = InfAuslR 2002, 207 mwN). Auch unrichtige Urteile entfalten also Rechtskraftwirkung (BVerwGE 115, 118 = NVwZ 2002, 345 = InfAuslR 2002, 207). Nur bei nachträglicher und entscheidungserheblicher Änderung der Sachlage kann eine Lösung der Bindung an die Rechtskraft des Urteils eintreten (BVerwGE 115, 118 = NVwZ 2002, 345 = InfAuslR 2002, 207 mwN; → § 73 Rn. 9). In diesem Fall wäre dann ein Widerruf nach Abs. 2 zu prüfen.

III. Widerruf (Abs. 2)

5   Der Widerruf setzt voraus, dass die Voraussetzungen für die Feststellung von Abschiebungsverboten nach § 60 Abs. 5 und Abs. 7 AufenthG nicht mehr vorliegen. Ob dies der Fall ist, bestimmt sich ausschließlich nach nationalem Recht (BVerwG NVwZ 2012, 451 Rn. 17). Voraussetzung ist eine Änderung der Sachlage dahingehend, dass die Voraussetzungen für das festgestellte Abschiebungsverbot nicht mehr vorliegen (→ Rn. 6 ff.) und dass auch keine anderen nationalen Abschiebeverbote vorliegen (→ Rn. 11; BVerwG NVwZ 2012, 451 Rn. 15).

1. Änderung der Sachlage

6   Wie in § 73 Abs. 1 (→ § 73 Rn. 4 ff.) und § 73b Abs. 2 (→ § 73b Rn. 4 ff.) müssen sich die der Entscheidung zugrundeliegenden Tatsachen **erheblich** und **nachhaltig geändert** haben.

7   Eine **erhebliche** Änderung liegt vor, wenn sich die tatsächlichen Verhältnisse im Herkunftsland deutlich und wesentlich verändert haben (BVerwGE 140, 22 = EZAR NF 60 Nr. 14). Eine Änderung der Rechtsprechung oder Neubewertung der Erkenntnismittel genügt hierfür nicht (BVerwGE 112, 80 = NVwZ 2001, 335). Der **Zeitablauf** allein stellt ebenfalls keine wesentliche Änderung der Sachlage dar (BVerwG NVwZ 2002, 345). Mit zunehmender Dauer der seit der Entscheidung verstrichenen Zeit besteht jedenfalls in asylrechtlichen Streitigkeiten Grund für die Annahme, dass sich die entscheidungserhebliche Sachlage geändert haben könnte (BVerwG NVwZ 2002, 345).

8   **Nachhaltig** ist die Veränderung, wenn sie **dauerhaft** ist. Dies ist der Fall, wenn eine Prognose ergibt, dass sich die Änderung der Umstände als stabil erweist, dh der Wegfall der maßgebenden Umstände auf absehbare Zeit anhält (BVerwGE 140, 22 = EZAR NF 60 Nr. 14).

9   Aus den neuen Tatsachen muss sich eine andere Grundlage für die Gefahrenprognose bei dem jeweiligen Abschiebeverbot ergeben (BVerwG NVwZ 2012, 451 Rn. 16), dieses darf nicht mehr vorliegen. Maßgeblich ist auch hier allein die **objektive Rechtslage,** Vertrauensgesichtspunkte zugunsten des Betroffenen spielen hingegen ebenso wenig eine Rolle wie humanitäre Zumutbarkeitserwägungen (OVG NRW BeckRS 2010, 55847; Marx AsylG Rn. 5).

10   Kein Widerrufsgrund liegt allein im **Wegfall der verfassungswidrigen Schutzlücke** für den Betroffenen, zB weil er nunmehr unionsrechtlichen Abschiebungsschutz nach § 60 Abs. 7 S. 2 beanspruchen kann oder die Abschiebung nachträglich durch Ländererlass gem. § 60a AufenthG vorübergehend ausgesetzt wird (BVerwG NVwZ 2012, 451 Rn. 16). Die Voraussetzungen für die Feststellung des Abschiebungsverbotes einerseits und den Widerruf andererseits sind insoweit nicht vollends deckungsgleich (BVerwG NVwZ 2012, 451 Rn. 16; **krit.** Hailbronner AuslR Rn. 17). Voraussetzung für den Widerruf ist, dass es sich bei dem Aufenthaltstitel tatsächlich um **anderweitigen Schutz** handelt (VGH BW ZAR 2014, 171 = BeckRS 2013, 55385, juris Rn. 64). Die Erteilung einer **Niederlassungserlaubnis** nach § 26 Abs. 4 AufenthG stellt danach einen Widerrufsgrund dar, da sich das Aufenthaltsrecht in diesem Fall in zweckunabhängiger Weise verselbstständigt und verfestigt hat (VGH BW ZAR 2014, 171 = BeckRS 2013, 55385, juris Rn. 65). In diesem Fall ist dann allerdings der Widerruf der Niederlassungserlaubnis aufgrund des vorherigen Widerrufs des Abschiebungsverbotes nicht zulässig (VGH BW ZAR 2014, 171 = BeckRS 2013, 55385, juris Rn. 66).

2. Kein Vorliegen von anderen nationalen Abschiebungshindernissen

Sind die tatsächlichen Voraussetzungen für das konkret festgestellte Abschiebeverbot entfallen,   **11** ist anschließend zu prüfen, ob nationaler zielstaatsbezogener Abschiebungsschutz **aus anderen Gründen** besteht (OVG NRW BeckRS 2016, 43586; BVerwG NVwZ 2012, 451).

IV. Verhältnis zu §§ 48, 49 VwVfG

§ 73c regelt Rücknahme und Widerruf von nationalen Abschiebungsverboten spezialgesetzlich   **12** und abschließend, eine ergänzende Anwendung von §§ 48, 49 VwVfG ist ausgeschlossen (BVerwG NVwZ 2012, 451; BeckOK AuslR/Fleuß Rn. 4, 10; Bergmann/Dienelt/Bergmann Rn. 4; Marx AsylG Rn. 1).

B. Verwaltungsverfahren

Bezüglich des Verwaltungsverfahrens verweist § 73c Abs. 4 auf § 73 Abs. 2c–5.   **13**

Da es im Einbürgerungsverfahren **keine Bindung** an eine Entscheidung des BAMF über das   **14** Vorliegen von Abschiebungsverboten nach § 60 Abs. 5 und Abs. 7 AufenthG gibt, kommt es auf den Wegfall der Verbindlichkeit der Entscheidung für den **Einbürgerungsantrag** (§ 73c Abs. 3 iVm § 73 Abs. 2c) nicht an (vgl. Hailbronner AuslR Rn. 19; GK-AsylG/Funke-Kaiser Rn. 22).

Auch der Verweis von Abs. 3 auf § 73 Abs. 3 ist unklar (vgl. krit. Hailbronner AuslR Rn. 20).   **15** Beim Widerruf wird bereits im Rahmen der Tatbestandsvoraussetzungen geprüft, ob ein anderes nationales Abschiebungsverbot vorliegt (→ Rn. 11), so dass für den Verweis auf die erneute Prüfung von nationalen Abschiebungsverboten kein Raum scheint. Es ist aber bei Widerruf eines Abschiebungsschutzes nach nationalem Recht seit Inkrafttreten des Richtlinienumsetzungsgesetzes (am 28.8.2007) grundsätzlich auch über den unionsrechtlich begründeten Abschiebungsschutz, also § 60 Abs. 2, Abs. 3 und Abs. 7 S. 2 AufenthG, zu entscheiden (BVerwGE 131, 198 = NVwZ 2008, 1241 Rn. 11; BVerwG NVwZ 2012, 451 Rn. 10).

Es ist ein **Anhörungsverfahren** nach § 73c Abs. 3 iVm § 73 Abs. 4 durchzuführen (→ § 73   **16** Rn. 56 ff.).

Mitteilungen und Entscheidungen sind dem Betroffenen gem. § 73c Abs. 3 iVm § 73 Abs. 5   **17** **zuzustellen** (→ § 73 Rn. 59).

Ist der Widerruf oder die Rücknahme rechtskräftig, muss der Ausländer den ursprünglichen   **18** Bescheid **herausgeben** (§ 73c Abs. 3 iVm § 73 Abs. 6; → § 73 Rn. 60). Die automatische Herausgabe eines nach § 4 Abs. 1 S. 1 Nr. 1 AufenthV ausgestellten **Reiseausweises** ist nicht von der Verweisung umfasst (**aA** NK-AuslR/Keßler Rn. 7; BeckOK AuslR/Fleuß Rn. 17). Denn dieser wird nicht wie der Flüchtlingspass automatisch wegen der Zuerkennung, sondern durch gesonderte Prüfung – bspw. des § 5 AufenthV – erteilt. Die Ausländerbehörde ist daher gehalten, dessen Rücknahme oder Nicht-Verlängerung ebenfalls gesondert zu prüfen.

Die Überprüfungsfrist von drei Jahren des § 73 Abs. 2a ist auf § 73c nicht anwendbar, ebenso   **19** wenig die **Jahresfrist** des § 48 VwVfG (BVerwG NVwZ 2012, 451; OVG NRW BeckRS 2010, 55847; **aA** NK-AuslR/Keßler Rn. 6; vgl. aber zur **Verwirkung** der Befugnis der Behörde zum Widerruf und Rücknahme → § 73 Rn. 16).

C. Praktische Hinweise behördliches und gerichtliches Verfahren

Gegen Rücknahme und Widerruf ist die **Anfechtungsklage** statthaft. Die Klagefrist beträgt   **20** gem. § 74 Abs. 1 zwei Wochen. Diese hat gem. § 75 **aufschiebende** Wirkung. Ein Vorverfahren ist nicht durchzuführen (§ 11). Maßgeblicher Entscheidungszeitpunkt ist gem. § 77 Abs. 1 der Zeitpunkt der mündlichen Verhandlung (BVerwGE 139, 109 = NVwZ 2011, 944 Rn. 7).

Solange die Widerrufsentscheidung des BAMF nicht bestands- oder rechtskräftig ist, besteht   **21** die Rechtsstellung fort. Das bedeutet, dass die darauf beruhende Aufenthaltserlaubnis erst entzogen werden darf, wenn eine unanfechtbare Entscheidung vorliegt (vgl. VGH BW BeckRS 2007, 20727 zu § 73b). Beabsichtigt die Ausländerbehörde dennoch sofortige Vollzugsmaßnahmen, ist ein Eilantrag nach § 123 VwGO zu stellen.

Bei Widerruf eines Abschiebungsschutzes nach nationalem Recht ist seit Inkrafttreten des   **22** Richtlinienumsetzungsgesetzes (am 28.8.2007) grundsätzlich auch über den unionsrechtlich begründeten Abschiebungsschutz, also § 60 Abs. 2, Abs. 3 und Abs. 7 S. 2 AufenthG, zu entscheiden (BVerwGE 131, 198 = NVwZ 2008, 1241 Rn. 11; BVerwG NVwZ 2012, 451 Rn. 10). In Übergangsfällen, in denen der Widerruf vor dem 28.8.2007 ergangen ist, kann daher die Anfechtungsklage mit einem Verpflichtungsbegehren auf unionsrechtlich begründeten Abschiebungsschutz verbunden werden, eines vorherigen Antrages beim BAMF bedarf es nicht (BVerwG NVwZ 2012, 451 Rn. 10; 2011, 56).

Abschnitt 9. Gerichtsverfahren

Einführung zu den §§ 74 ff. AsylG

Überblick

Streitigkeiten nach dem AsylG sind als öffentlich-rechtliche Streitigkeiten nicht verfassungsrechtlicher Art mangels abdrängender bundesgesetzlicher Rechtswegzuweisung im verwaltungsgerichtlichen Verfahren durchzuführen (§ 40 Abs. 1 S. 1 VwGO). Dafür gelten grundsätzlich die Bestimmungen der VwGO. Das AsylG enthält zu einzelnen Regelungen der Verwaltungsgerichtsordnung abweichendes Sonderprozessrecht, das in seinem Geltungsumfang das allgemeine Prozessrecht verdrängt und an seine Stelle tritt. Auslegung und Anwendung dieser prozessualen Bestimmungen hat sich an Art. 46 RL 2013/32/EU und Art. 47 EU-Charta zu orientieren (EuGH InfAuslR 2020, 251 Rn. 66).

Art. 46 Abs. 3 RL 2013/32/EU entnimmt der EuGH die Verpflichtung des nationalen Gerichts, eine umfassende ex-nunc-Prüfung vorzunehmen, die sich sowohl auf Tatsachen als auch auf Rechtsfragen erstreckt (EuGH 19.3.2020 – C 406/18 Rn. 28). Die gilt auch bei der behördlichen Abweisung des Antrages als unzulässig (EuGH InfAuslR 2020, 251 Rn. 66 ff. mit Hinweisen zur konkreten gerichtlichen Sachaufklärung und zu den besonderen unionsrechtlichen Verfahrensrechten des Klägers).

Nachfolgend sind zunächst die sonderprozessualen Bestimmungen des AsylG zur VwGO in der Reihenfolge der von der Abweichung betroffenen Bestimmungen der VwGO im Überblick dargestellt (zu den Einzelheiten der sonderprozessualen Bestimmungen vgl. die jeweilige Kommentierung in diesem Werk). Daran anschließend werden Besonderheiten bei Anwendung der allgemeinen, auch im Asylprozess geltenden Vorschriften der VwGO dargestellt.

Übersicht

A. Gerichtsverfassung

1   Abweichend von den gerichtsverfassungsrechtlichen Regelungen des § 3 VwGO enthält § 83 Abs. 2 AsylG die Ermächtigung der Landesregierungen, spezielle Spruchkörper für asylrechtliche Streitigkeiten zu bilden (→ § 83 Rn. 2) und Abs. 3 die Ermächtigung der Landesregierungen zur Konzentration der Zuständigkeit für einzelne Herkunftsländer bei einem Verwaltungsgericht (→ § 83 Rn. 3). § 83 Abs. 1 weist das Präsidium des Verwaltungsgerichts darauf hin, dass nach Auffassung des Gesetzes die Bildung eines speziellen Spruchkörpers für asylrechtliche Streitigkeiten geboten ist (→ § 83 Rn. 3), womit eine – wenn auch nicht verdrängende – Sondervorschrift zu § 4 VwGO, § 21e Abs. 1 GVG vorliegt.

2   Die Regelung des § 6 VwGO über den Einzelrichter wird durch § 76 AsylG vollständig verdrängt. § 6 Abs. 4 VwGO ist wegen § 80 AsylG (→ § 80 Rn. 2) und der Sonderregelung über die Zulassungsgründe in § 78 Abs. 3 AsylG unanwendbar.

3   Die örtliche Zuständigkeit nach § 52 Nr. 2 S. 3 VwGO wird über § 83c AsylG erweitert (→ § 83c Rn. 2).

B. Erstinstanzliches Verfahren

Das Widerspruchsverfahren der §§ 68 ff. VwGO ist bereits durch § 11 AsylG ausgeschlossen. **4**

Die Klagefrist ist nach § 74 Abs. 1 AsylG gegenüber § 74 VwGO auf grundsätzlich zwei **5** Wochen verkürzt worden (→ § 74 Rn. 1); ist ein Antrag nach § 80 Abs. 5 VwGO innerhalb Wochenfrist zu stellen, verkürzt sich die Klagefrist entsprechend (§ 74 Abs. 1 AsylG).

Abweichend von § 82 Abs. 1 S. 3 VwGO enthält § 74 Abs. 2 AsylG eine Verpflichtung zur **6** Angabe der zur Begründung der Klage dienenden Tatsachen und Beweismittel mit Folgeregelungen (→ § 74 Rn. 6).

Die Klage entfaltet nur in den in § 75 Abs. 1 AsylG ausdrücklich geregelten Fällen die aufschie- **7** bende Wirkung (→ § 75 Rn. 1), wobei § 75 Abs. 2 AsylG von der aufschiebenden Wirkung der Klage weitere Einzelausnahmen regelt (→ § 75 Rn. 3).

Der Antrag nach § 80 Abs. 5 VwGO ist in den Fällen der § 34a Abs. 2 S. 1 AsylG, § 36 Abs. 3 **8** S. 1 und 10 AsylG fristgebunden zu stellen.

Die Frist zur Einlegung der Berufung gegen einen Gerichtsbescheid ist durch § 78 Abs. 7 **9** AsylG auf zwei Wochen verkürzt worden; die Frist des § 84 Abs. 2 VwGO gilt nicht (→ § 78 Rn. 64).

Für die Fiktion der Rücknahme der Klage gelten abweichend von § 92 Abs. 2 VwGO die **10** allgemeine asylprozessuale Regelung des § 81 AsylG (→ § 81 Rn. 1) und für den Sonderfall des Ablaufens der Geltungsdauer der Aufenthaltserlaubnis nach § 24 AufenthG § 80a Abs. 2 AsylG (→ § 80a Rn. 2).

Das Ruhen des Verfahrens wird über die Möglichkeit der gerichtlichen Anordnung nach § 173 **11** S. 1 VwGO, § 251 ZPO um die gesetzliche Anordnung nach § 80a Abs. 1 AsylG, § 32a AsylG erweitert (→ § 80a Rn. 1).

Die Akteneinsicht im vorläufigen Rechtsschutzverfahren wird abweichend von § 100 Abs. 3 **12** VwGO in § 82 AsylG geregelt (→ § 82 Rn. 1).

Die Bestimmungen des § 117 Abs. 3 VwGO über die Darstellung des Tatbestandes und des **13** § 117 Abs. 5 VwGO über die Darstellung der Entscheidungsgründe werden durch § 77 Abs. 2 AsylG verdrängt (→ § 77 Rn. 5).

C. Rechtsmittelverfahren

Die Regelung über die Zulässigkeit der Berufung nach § 124 Abs. 1 VwGO wird im Asylprozess **14** durch § 78 Abs. 1 und Abs. 2 AsylG ersetzt. Hinzuweisen ist an dieser Stelle auf die Unanfechtbarkeitsbestimmung des § 78 Abs. 1 AsylG, die gegenüber § 124 Abs. 2 VwGO eingeschränkten Zulassungsgründe nach § 78 Abs. 3 AsylG, die verkürzte Begründungsfrist für den Zulassungsantrag nach § 78 Abs. 4 S. 4 AsylG und den grundsätzlichen Wegfall der Pflicht zur Begründung des Beschlusses über den Zulassungsantrag nach § 78 Abs. 5 S. 1 AsylG. Für die Einzelheiten vgl. die Kommentierung zu § 78 AsylG (→ § 78 Rn. 1 ff.).

Die Regelung des § 128a VwGO gilt auch für erstinstanzlich nicht fristgerecht vorgetragene **15** Tatsachen und Beweismittel (§ 79 Abs. 1 AsylG; → § 79 Rn. 2).

Eine Zurückverweisung an das Verwaltungsgericht ist nach § 79 Abs. 2 AsylG ausgeschlossen **16** (→ § 79 Rn. 7).

Das Beschwerdeverfahren ist im Asylprozess nach § 80 AsylG grundsätzlich ausgeschlossen (→ **17** § 80 Rn. 1).

D. Asylprozessuale Besonderheiten im Verwaltungsprozess

I. Klageart

Ganz überwiegend wird im Asylprozess der Kläger die Verpflichtung des Bundesamtes zum **18** Erlass eines begünstigenden Verwaltungsaktes begehren. Dieses Begehren ist mit der Verpflichtungsklage zu verfolgen, die die Aufhebung des das Begehren ablehnenden Verwaltungsaktes umfasst. Hinzu kommt die Anfechtungsklage (objektive Klagehäufung) gegen die mit der Ablehnung verbundenen weiteren belastenden Verwaltungsakte. Ausnahmsweise kann eine Untätigkeitsklage als Sonderform der Verpflichtungsklage mit dem Ziel erhoben werden, das Bundesamt zur bloßen Bescheidung eines Antrages zu verpflichten, wenn noch keine Anhörung beim Bundesamt stattgefunden hat zu verpflichten, wenn über den Asylantrag ohne zureichenden Grund nicht in angemessener Frist entschieden worden ist (BVerwGE 162, 331 = NVwZ 2018, 1875).

In der Rechtsprechung des BVerwG ist anerkannt, dass in besonderen Fallgestaltungen die **19** isolierte Anfechtungsklage zulässig ist. Das ist dann der Fall, wenn das Bundesamt den Asylantrag ohne Prüfung der materiell-rechtlichen Anerkennungsvoraussetzungen nach § 29 AsylG als unzulässig abgelehnt (BVerwGE 157, 18 Rn. 18 ff. = BeckRS 2016, 111567 Rn. 18 ff.) – dann muss das Bundesamt das Asylverfahren „automatisch" (BVerwG BeckRS 2020, 15388) fortführen - oder das Asylverfahren nach §§ 32, 33 AsylG eingestellt hat (BVerwG InfAuslR 2014, 20).

20 Auch bei einer Sachentscheidung über einen fingierten Asylantrag ist eine auf die Unanwendbarkeit des § 14a Abs. 2 AsylG beschränkte isolierte Anfechtungsklage zulässig (BVerwGE 127, 161). In Fortführung dieser Rechtsprechung kann ein Rechtsschutzinteresse für eine isolierte Anfechtungsklage auch in Fällen bestehen, in denen das Bundesamt zu Unrecht ohne Anhörung in der Sache über den Asylantrag entschieden hat (BVerwG InfAuslR 2019, 309).

II. Rechtsschutzinteresse

21 Auch wenn das Rechtsschutzinteresse des Klägers im Asylprozess regelmäßig vorliegt, gibt es Fallgestaltungen, in denen es fehlt. Dazu gehören insbesondere das Fehlen einer ladungsfähigen Anschrift desjenigen, der ein Aufenthaltsrecht in der Bundesrepublik anstrebt. Ist sein Aufenthaltsort unbekannt, lässt dies den Rückschluss zu dass er in ein anderes Land weitergereist, in seinen Heimatstaat zurückgekehrt oder untergetaucht ist. In all diesem Fällen verneint die Rechtsprechung das Fortbestehen des Rechtsschutzinteresses (ThürOVG NVwZ-RR 2019, 1071). Dies gilt auch dann, wenn eine anwaltliche Vertretung besteht. Nur wenn ein triftiger Grund vorliegt, dass der Kläger seinen Aufenthaltsort nicht nennt, liegt das Rechtsschutzinteresse vor (BVerwG InfAuslR 2020, 337).

22 Im Übrigen sind an den Wegfall des Rechtsschutzinteresses strenge Anforderungen zu stellen. Die Instanzrechtsprechung neigt dazu, besonders in Verfahren des einstweiligen Rechtsschutzes das Rechtsschutzinteresse zu verneinen, weil es einer gerichtlichen Entscheidung zur Sicherung einer Rechtsposition aus Gründen der Verwaltungspraxis nicht bedürfe. Das BVerfG hat indes betont, dass auch im Eilverfahren sorgfältig zu prüfen ist, ob nicht durch eine gerichtliche Entscheidung entweder Prozessrisiken vermindert werden oder sich aus dem Fachrecht eine Verbesserung der Rechtsposition ergeben kann, so dass ein Rechtsschutzbedürfnis vorliegt (BVerfG BeckRS 2020, 14498; 2020, 14490; InfAusR 2020, 397).

22.1 In den Dublin-Verfahren, in denen der Asylbewerber im einstweiligen Rechtsschutzverfahren verhindern will, dass er trotz Ablaufes der Überstellungsfrist und einer Anfechtungsklage gegen die Abweisung seines Asylantrages als unzulässig abgeschoben wird, ist streitig, ob angesichts der Praxis des Bundesamtes, die angefochtenen Bescheide aufzuheben, der Eilrechtschutz erforderlich ist. Diese Frage ist oftmals erst bei der Kostenentscheidung wegen übereinstimmender Erledigungserklärung zu beantworten.

III. Gerichtlicher Prüfungsumfang

23 Mit Blick auf den hohen Wert der im Asylprozess oftmals betroffenen (Grund-)Rechte aus Art. 2 Abs. 2 S. 1 GG, Art. 4 GrCH und Art. 3 EMRK obliegt den Verwaltungsgerichten – auch im Eilverfahren (BVerfG BeckRS 2020, 18055) – eine Pflicht zu umfassenden Sachverhaltsaufklärung, durch die gewährleistet ist, dass die Entscheidung auf einer hinreichend verlässlichen, auch ihrem Umfang nach zureichenden tatsächlichen Grundlage beruht (BVerfG InfAuslR 2020, 39; für Abweisung als offensichtlich unbegründet BVerwG InfAuslR 2020, 256). Die Sachaufklärungspflicht findet ihre Grenze erst in der Unzumutbarkeit der weiteren gerichtlichen Ermittlung (zu den sich aus dem Unionsrecht ergebenden Anforderungen vgl. EuGH InfAuslR 2020, 251). Die Verwaltungsgerichte sind verpflichtet, bei ihrer Entscheidung Informationsquellen wie EASO, UNHCR und die einschlägigen internationalen Menschenrechtsorganisationen ebenso heranzuziehen wie die im Internet verfügbaren Quellen, deren Bewertung oftmals schwierig ist (vgl. BVerwG InfAuslR 2020, 258).

§ 74 Klagefrist, Zurückweisung verspäteten Vorbringens

(1) Die Klage gegen Entscheidungen nach diesem Gesetz muss innerhalb von zwei Wochen nach Zustellung der Entscheidung erhoben werden; ist der Antrag nach § 80 Abs. 5 der Verwaltungsgerichtsordnung innerhalb einer Woche zu stellen (§ 34a Absatz 2 Satz 1 und 3, § 36 Absatz 3 Satz 1 und 10), ist auch die Klage innerhalb einer Woche zu erheben.

(2) [1]Der Kläger hat die zur Begründung dienenden Tatsachen und Beweismittel binnen einer Frist von einem Monat nach Zustellung der Entscheidung anzugeben. [2]§ 87b

Abs. 3 der Verwaltungsgerichtsordnung gilt entsprechend. ³**Der Kläger ist über die Verpflichtung nach Satz 1 und die Folgen der Fristversäumung zu belehren.** ⁴**Das Vorbringen neuer Tatsachen und Beweismittel bleibt unberührt.**

Überblick

§ 74 Abs. 1 trägt mit einer im Vergleich zu den allgemeinen Vorschriften der VwGO (§ 74 Abs. 1 S. 1 VwGO: innerhalb eines Monats) verkürzten Klagefrist dem Wunsch des Gesetzgebers zur Beschleunigung des Asylverfahrens Rechnung.

A. Klagefrist

Die Vorschrift **verkürzt** dazu die Frist für Klagen gegen Entscheidungen nach dem AsylG auf **1** grundsätzlich zwei Wochen. In den Fällen des fristgebundenen einstweiligen Rechtsschutzes (§ 36 Abs. 3 S. 1) ist die Klage jedoch bereits in der für den Antrag nach § 80 Abs. 5 VwGO geltenden Frist von einer Woche zu erheben. Auf diese Weise soll sichergestellt sein, dass das Gericht rechtzeitig weiß, ob der Antragsteller Klage erhoben hat und damit ein die Anordnung der aufschiebenden Wirkung regelmäßig erst ermöglichender Rechtsbehelf (vgl. § 80 Abs. 1 VwGO) vorliegt (BT-Drs. 12/2062, 40).

Entscheidungen nach diesem Gesetz sind solche, deren Ermächtigungsgrundlage im AsylG **2** liegt. Dies ist allerdings **weit** zu verstehen: Entscheidungen des Bundesamtes ergehen auch dann auf der Grundlage des AsylG, wenn materiell-rechtlich nicht im AsylG enthaltene, insbesondere aufenthaltsrechtliche Normen angewandt werden, die in engem Zusammenhang mit dem asylrechtlichen Begehren stehen (BVerwG NVwZ-RR 1997, 255). Umgekehrt sind Entscheidungen anderer Behörden als dem Bundesamt, die dem Vollzug einer asylrechtlichen Maßnahme dienen, grundsätzlich keine solchen auf der Grundlage des AsylG, wenn sie nicht ausnahmsweise ihre Ermächtigungsgrundlage in diesem Gesetz finden (NK-AuslR/Müller Rn. 12). In diesen Fällen bleibt es bei der Frist des § 74 VwGO.

Für die Berechnung der Frist gelten über § 57 Abs. 2 VwGO die Vorschriften der §§ 222, 224 **3** Abs. 2, Abs. 3, 225 und 226 ZPO, die wiederum auf die §§ 197–193 BGB verweisen. Je nach Zustellungsart kann sich ein unterschiedlicher Fristbeginn ergeben. Auch eine Ersatzzustellung ist zulässig.

Der Fristbeginn setzt zum einen voraus, dass der Kläger über diese Frist ordnungsgemäß **belehrt 4** wurde (§ 58 Abs. 1 VwGO). Ist der Adressat des Verwaltungsaktes nicht durch einen Bevollmächtigten vertreten, ist auch die Rechtsmittelbelehrung in Übersetzung beizufügen (§ 31 Abs. 1 S. 4, § 34 Abs. 2 S. 2). Fehlt diese Übersetzung oder ist die Rechtsbehelfsbelehrung in der Weise fehlerhaft, dass sie geeignet ist, bei dem Adressaten einen Irrtum über die Voraussetzungen des Rechtsbehelfs zu schaffen, beginnt die Frist nicht zu laufen, sondern es gilt die Jahresfrist des § 58 Abs. 2 VwGO.

Zum anderen setzt der Fristbeginn voraus, dass die angefochtene Entscheidung ordnungsgemäß **5** zugestellt wurde. Das AsylG enthält dazu in § 10 spezielle Vorschriften über die **Zustellung.** Nach § 10 Abs. 1 hat der Ausländer während des Asylverfahrens insbesondere jeden Wechsel seiner Anschrift dem Bundesamt, der zuständigen Ausländerbehörde und dem angerufenen Gericht unverzüglich anzuzeigen. Er muss dann Zustellungen unter der letzten bekannten Anschrift gegen sich gelten lassen, wenn er für das Verfahren weder einen Bevollmächtigten bestellt noch einen Empfangsberechtigten benannt hat oder an diesen nicht zugestellt werden kann (vgl. dazu ausf. → § 10 Rn. 1 ff.). Ist ein Bevollmächtigter im Verwaltungsverfahren bestellt, ist grundsätzlich an diesen zuzustellen. Im Fall des § 31 Abs. 1 S. 5 und S. 6 kann trotz Bevollmächtigung unmittelbar an den Ausländer zugestellt werden; an den Bevollmächtigten soll ein Abdruck der Entscheidung übermittelt werden, ohne dass dies eine Zustellung darstellt. Die ordnungsgemäße Zustellung ist auch dann bewirkt, wenn der Adressat den Bescheid nachweislich erhalten hat (§ 8 VwZG).

Wird die Klagefrist versäumt, kann unter den Voraussetzungen des § 60 VwGO von Amts wegen oder **5.1** auf Antrag Wiedereinsetzung in den vorigen Stand gewährt werden.

B. Präklusion

Durch § 74 Abs. 2 werden dem Kläger verstärkte Mitwirkungspflichten im gerichtlichen Verfah- **6** ren auferlegt, durch die etwaige Verfahrensverzögerungen vermieden werden sollen. S. 1 verpflichtet den Kläger, die zur **Begründung** dienenden Tatsachen und Beweismittel binnen einer **Frist** von einem Monat nach Zustellung der angefochtenen Entscheidung anzugeben. Die Soll-Vorschrift des § 82 Abs. 1 S. 3 VwGO wird damit für den Bereich der Asylstreitigkeiten zu einer zwingenden Regelung ausgestaltet. Der Gesetzgeber hat dies bei der Schaffung der Vorschrift für sachgerecht erachtet, da die Gerichte in Asylverfahren in besonderem Maße auf die Mitwirkung des Klägers angewiesen seien (BT-Drs. 12/2062, 40). Umstände, die in dem persönlichen Lebensbereich des Klägers liegen, können auch nur diesem selbst vorgetragen werden. Auch die Beweismittel, die diese Umstände belegen können (insbesondere Zeugen und Urkunden), kann oft nur der Kläger benennen. Hingegen erfasst die Begründungsfrist nicht Tatsachen und Beweismittel, die Umstände außerhalb des persönlichen Lebensschicksals des Klägers betreffen, insbesondere nicht die allgemeine politische, soziale, wirtschaftliche und kulturelle Situation im Herkunftsstaat (BVerfG BeckRS 2020, 5848).

7   Ungeachtet der Mitwirkungspflichten des Klägers, die zur Begründung der Klage dienenden Tatsachen und Beweismittel innerhalb der gesetzten Frist anzugeben, entbindet dies das Gericht nicht von seiner **Amtsermittlungspflicht** (§ 86 Abs. 1 VwGO). Dies betrifft insbesondere die Einholung und Auswertung aktueller (vgl. → § 77 Rn. 1.1) Erkenntnismittel über die allgemeine abschiebungsrelevante Lage im Herkunftsland des Klägers.

8   Nach § 74 Abs. 2 S. 2 gilt § 87b Abs. 3 VwGO entsprechend. Das Gericht kann zur Begründung der Klage dienende Tatsachenbehauptungen und Beweismittel, die nach Ablauf der Frist angegeben werden, **zurückweisen** und ohne weitere Ermittlungen entscheiden, wenn die Zulassung nach seiner freien Überzeugung die Erledigung des Rechtsstreites verzögern würde und der Beteiligte die Verspätung nicht genügend entschuldigt. Eine Verzögerung tritt dann ein, wenn nach der Prognose des Gerichts das Verfahren bei Zulassung der Tatsachenbehauptungen oder Beweismittel länger dauern würde als bei der Zurückweisung des Vorbringens (BVerwG NVwZ-RR 1998, 592). Maßstab dabei ist die Entscheidungsreife des Verfahrens.

9   Eine genügende Entschuldigung liegt vor, wenn der Kläger nachvollziehbar darlegt, dass er aus bestimmten Gründen daran gehindert war, innerhalb der Frist das Vorbringen dem Gericht zu unterbreiten und ihn daran auch kein **Verschulden** trifft. Zur Beurteilung des Verschuldens können die zur Wiedereinsetzung nach § 60 VwGO entwickelten Grundsätze herangezogen werden (BVerwG NVwZ 2000, 1042 (1043)). Ob eine genügende Entschuldigung vorliegt, entscheidet das Gericht nach freiem Ermessen.

10   Die Präklusion greift nur ein, wenn der Kläger über die Verpflichtung zur Vorlage der zur Begründung dienenden Tatsachen und Beweismittel innerhalb eines Monats und die Folgen der Fristversäumung belehrt worden ist. Die **Belehrung** erfolgt in der Rechtsmittelbelehrung des angefochtenen Bescheides (NdsOVG InfAuslR 2004, 454 (456) = BeckRS 2004, 23528).

11   Mit dem Hinweis in § 77 Abs. 2 S. 4, dass das Vorbringen neuer Tatsachen unberührt bleibt, ist klargestellt, dass neue Tatsachen und Beweismittel auch nach Ablauf der Frist vorgebracht werden können. Tatsachen und Beweismittel sind dann **neu**, wenn sie nach Ablauf der Frist entstanden sind. Existierten sie schon vor Ablauf der Begründungsfrist, konnten sie aber unverschuldet nicht innerhalb dieser Frist vorgelegt werden, unterfallen sie wegen des fehlenden Verschuldens nicht der Präklusion.

§ 75 Aufschiebende Wirkung der Klage

(1) ¹Die Klage gegen Entscheidungen nach diesem Gesetz hat nur in den Fällen des § 38 Absatz 1 sowie der §§ 73, 73b und 73c aufschiebende Wirkung. ²Die Klage gegen Maßnahmen des Verwaltungszwangs (§ 73 Absatz 3a Satz 3) hat keine aufschiebende Wirkung.

(2) ¹Die Klage gegen Entscheidungen des Bundesamtes, mit denen die Anerkennung als Asylberechtigter oder die Zuerkennung der Flüchtlingseigenschaft widerrufen oder zurückgenommen worden ist, hat in folgenden Fällen keine aufschiebende Wirkung:
1. **bei Widerruf oder Rücknahme wegen des Vorliegens der Voraussetzungen des § 60 Absatz 8 Satz 1 des Aufenthaltsgesetzes oder des § 3 Absatz 2,**
2. **bei Widerruf oder Rücknahme, weil das Bundesamt nach § 60 Absatz 8 Satz 3 des Aufenthaltsgesetzes von der Anwendung des § 60 Absatz 1 des Aufenthaltsgesetzes abgesehen hat.**

²Dies gilt entsprechend bei Klagen gegen den Widerruf oder die Rücknahme der Gewährung subsidiären Schutzes wegen Vorliegens der Voraussetzungen des § 4 Absatz 2. ³§ 80 Abs. 2 Satz 1 Nr. 4 der Verwaltungsgerichtsordnung bleibt unberührt.

Überblick

Die Vorschrift bestimmt abweichend von § 80 Abs. 1 VwGO, dass die Klage gegen Entscheidungen nach dem AsylG nicht regelmäßig aufschiebende Wirkung hat, sondern nur in Ausnahmefällen. Dadurch soll der Vollzug asylrechtlicher Entscheidungen beschleunigt werden.

A. Aufschiebende Wirkung der Klage (Abs. 1)

Nach Abs. 1 hat die Klage gegen Entscheidungen nach diesem Gesetz nur in den ausdrücklich **1** angeführten Fällen des § 38 Abs. 1 sowie der §§ 73, ausgenommen die Klage gegen Maßnahmen des Verwaltungszwanges nach § 73 Abs. 3a S. 3, 73b und 73c aufschiebende Wirkung; im Übrigen entfällt die aufschiebende Wirkung. Der **Anwendungsbereich** der Vorschrift beschränkt sich damit auf Fälle der sonstigen Ablehnung – Fälle, in denen das Bundesamt den Ausländer nicht als Asylberechtigten anerkennt, und in denen die dem Ausländer zu setzende Ausreisefrist 30 Tage beträgt (§ 38 Abs. 1) – sowie die Fälle des Widerrufs und der Rücknahme der Asylberechtigung und der Flüchtlingseigenschaft (§ 73) – mit Ausnahme der Anwendung des Verwaltungszwanges nach § 73 Abs. 3a S. 3 –, des subsidiären Schutzes (§ 73b) sowie von Abschiebungsverboten (§ 73c). Die Regelung trägt der verfassungsrechtlichen Vorgabe des Art. 16a Abs. 1 GG als verfahrensabhängigem Grundrecht Rechnung. Sie stellt für den Fall, dass der Asylantrag zwar abgelehnt, aber nicht als unzulässig oder offensichtlich unbegründet eingestuft worden ist, das Bleiberecht des Ausländers für die Dauer des Klageverfahrens sicher (BT-Drs. 12/2062, 40). Die Vereinbarkeit des Ausschlusses der aufschiebenden Wirkung der Klage auch in den Fällen des § 36 mit dem Unionsrecht dürfte nach der Rechtsprechung des EuGH (NVwZ 2018, 1623 Rn. 54; NVwZ-RR 2019, 75 Rn. 32) ausgeschlossen sein (vgl. Hupke ASYLMAGAZIN 2019, 322).

Der Ausschluss der aufschiebenden Wirkung der Klage gegen Maßnahmen des Verwaltungszwanges **1.1** erfasst Klagen gegen die Androhung oder Festsetzung des Zwangsmittels. Der Ausschluss gilt auch dann, wenn sich die Klage gegen die mit dem Zwangsmittel durchzusetzende Mitwirkungspflicht richtet, was § 44a S. 2 VwGO ermöglicht (vgl. BT-Drs. 19/5590, 6).

Rechtsfolge der aufschiebenden Wirkung ist ein für die Dauer des erstinstanzlichen Klageverfahrens bestehendes Bleiberecht des Klägers auf der Grundlage seines Asylantrages, der sich daher **2** nicht illegal in Deutschland aufhält. Aus der Ablehnung seines Asylantrages dürfen keine rechtlichen Folgerungen gezogen werden. Die sich aus der Asylantragstellung ergebende materielle Rechtsstellung bleibt dem Kläger bis zum Abschluss des verwaltungsgerichtlichen Verfahrens erhalten.

B. Wegfall der aufschiebenden Wirkung (Abs. 2)

Eine Ausnahme von der Ausnahmebestimmung des Abs. 1 regelt Abs. 2: Die **aufschiebende 3 Wirkung** einer Klage gegen eine Rücknahme- oder Widerrufsentscheidung betreffend die Anerkennung als Asylberechtigter oder die Zuerkennung der Flüchtlingseigenschaft **entfällt,** wenn diese Entscheidung mit dem Vorliegen der Voraussetzungen des § 60 Abs. 8 S. 1 AufenthG oder des § 3 Abs. 2 begründet worden ist. Gleiches gilt, wenn die Gewährung subsidiären Schutzes wegen des Vorliegens der Voraussetzungen des § 60 Abs. 8 S. 1 AufenthG oder des § 3 Abs. 2 widerrufen oder zurückgenommen worden ist.

Nach § 75 Abs. 2 S. 3 bleibt § 80 Abs. 2 S. 1 Nr. 4 VwGO unberührt. Bei Entscheidungen **4** nach dem AsylG kann damit die sofortige Vollziehung nach § 80 Abs. 2 S. 1 Nr. 4 VwGO angeordnet werden, wenn die Klage gegen die Entscheidung – ausnahmsweise – aufschiebende Wirkung hat.

§ 76 Einzelrichter

(1) Die Kammer soll in der Regel in Streitigkeiten nach diesem Gesetz den Rechtsstreit einem ihrer Mitglieder als Einzelrichter zur Entscheidung übertragen, wenn nicht die Sache besondere Schwierigkeiten tatsächlicher oder rechtlicher Art aufweist oder die Rechtssache grundsätzliche Bedeutung hat.

(2) Der Rechtsstreit darf dem Einzelrichter nicht übertragen werden, wenn bereits vor der Kammer mündlich verhandelt worden ist, es sei denn, dass inzwischen ein Vorbehalts-, Teil- oder Zwischenurteil ergangen ist.

(3) ¹Der Einzelrichter kann nach Anhörung der Beteiligten den Rechtsstreit auf die Kammer zurückübertragen, wenn sich aus einer wesentlichen Änderung der Prozesslage ergibt, dass die Rechtssache grundsätzliche Bedeutung hat. ²Eine erneute Übertragung auf den Einzelrichter ist ausgeschlossen.

(4) ¹In Verfahren des vorläufigen Rechtsschutzes entscheidet ein Mitglied der Kammer als Einzelrichter. ²Der Einzelrichter überträgt den Rechtsstreit auf die Kammer, wenn die Rechtssache grundsätzliche Bedeutung hat oder wenn er von der Rechtsprechung der Kammer abweichen will.

(5) Ein Richter auf Probe darf in den ersten sechs Monaten nach seiner Ernennung nicht Einzelrichter sein.

Überblick

§ 76 sieht vor, dass in asylrechtlichen Streitigkeiten Entscheidungen in erheblichem Umfang durch den Einzelrichter zu treffen sind. Die Norm versucht damit dem Auftreten überlanger Verfahrensdauern durch hoch belastete Gerichte zu begegnen, indem durch die Entlastung der Kammern eine Verfahrensbeschleunigung eintreten soll.

A. Das Hauptsacheverfahren

1   Durch § 76 Abs. 1 steht die Übertragung asylrechtlicher Streitigkeiten nicht im freien Ermessen der Kammer, sondern wird vielmehr als Regelfall vorgesehen (BT-Drs. 12/4450, 28). Die **Übertragung** auf ein Mitglied der Kammer als **Einzelrichter** soll damit nur in eng begrenzten Ausnahmefällen unterbleiben, nämlich nur wenn die Sache besondere Schwierigkeiten tatsächlicher oder rechtlicher Art aufweist oder die Rechtssache grundsätzliche Bedeutung hat. Grundsätzliche Bedeutung liegt dann vor, wenn sich eine entscheidungserhebliche Rechts- oder Tatsachenfrage stellt, die in der Rechtsprechung noch nicht entschieden worden ist und deren Klärung der Fortentwicklung des Rechts dient. Ob es bereits Kammerrechtsprechung dazu gibt, ist unerheblich. Besondere Schwierigkeiten sind rechtlich nicht abstrakt bestimmbar und es muss im Beurteilungsspielraum der Kammer bleiben, ob sie vorliegen. Diese Voraussetzungen sind eng auszulegen, denn der Einzelrichter ist das gesetzliche Leitbild.

2   Welches Mitglied der Kammer als Einzelrichter zuständig ist, ergibt sich nach § 4 VwGO iVm. § 21g Abs. 3 GVG aus dem **Geschäftsverteilungsplan** der Kammer. Diesem muss sich für jedes eingehende Verfahren ablesen lassen, welches Kammermitglied als Berichterstatter bzw. Einzelrichter zuständig ist. Wie dies erfolgt, bleibt der Entscheidung der Kammer vorbehalten. Eine Bestimmung, dass der jeweilige Berichterstatter zugleich der zuständige Einzelrichter ist, ist dabei nicht zu beanstanden.

3   Die Kammer hat dann zu entscheiden, wenn bereits bei Klageeingang erkennbar ist, dass die Sache grundsätzliche Bedeutung hat oder besondere Schwierigkeiten tatsächlicher oder rechtlicher Art aufweist. **Grundsätzliche Bedeutung** liegt dann vor, wenn sich eine entscheidungserhebliche Rechts- oder Tatsachenfrage stellt, die in der Rechtsprechung noch nicht entschieden worden ist und deren Klärung der Fortentwicklung des Rechts dient. Ob es bereits Kammerrechtsprechung dazu gibt, ist unerheblich. Besondere Schwierigkeiten sind rechtlich nicht abstrakt bestimmbar und es muss im Beurteilungsspielraum der Kammer bleiben, ob sie vorliegen.

4   Praktisch ohne nähere Bedeutung ist die Regelung in Abs. 2 der Vorschrift, nach der der Rechtsstreit dem Einzelrichter nicht übertragen werden darf, wenn bereits vor der Kammer mündlich verhandelt worden ist, es sei denn, dass inzwischen ein Vorbehalts-, Teil- oder Zwischenurteil ergangen ist. Die Durchführung einer **mündlichen Verhandlung** vor der **Kammer** setzt entsprechend der Regelung in Abs. 1 voraus, dass die zuvor zu erfolgende Prüfung, ob die Sache besondere Schwierigkeiten tatsächlicher oder rechtlicher Art aufweist oder die Rechtssache grundsätzliche Bedeutung hat, positiv ausgefallen ist, da das Verfahren anderenfalls bereits dem Einzelrichter übertragen worden wäre. Der letzte Halbsatz des Abs. 2 enthält dazu wiederum eine Rückausnahme. Diese erlaubt auch in Fällen, in denen eine mündliche Verhandlung vor der Kammer stattgefunden hat, die Übertragung des Rechtsstreits auf den Einzelrichter, wenn inzwischen ein Vorbehalts-, Teil- oder Zwischenurteil ergangen ist – Entscheidungsformen, denen im Verwaltungsprozess keine praktische Bedeutung zukommt.

5   Vor der Übertragungsentscheidung sind die Beteiligten **zu hören.** Die Entscheidung ergeht durch einen Kammerbeschluss, der den Beteiligten bekannt zu geben ist. Mit der Übertragung geht das gesamte Verfahren auf den Einzelrichter über. Geht das Verfahren gerichtsintern auf eine

andere Kammer über, bleibt es bei der Zuständigkeit des Einzelrichters (BayVGH AuAS 1996, 104 = LSK 1997, 440403; str.).

Der Einzelrichter kann das Verfahren auf die Kammer **zurückübertragen,** wenn er zu der **6** Überzeugung gekommen ist, dass die Rechtssache grundsätzliche Bedeutung hat (Abs. 3). Sich erst im Laufe der Bearbeitung ergebende besondere Schwierigkeiten tatsächlicher oder rechtlicher Art berechtigen hingegen nicht zur Rückübertragung. Die grundsätzliche Bedeutung muss sich aus einer wesentlichen Änderung der Prozesslage ergeben. Aus dieser Änderung muss sich eine klärungsbedürftige Rechts- oder Tatsachenfrage ergeben, deren Klärung der Fortentwicklung der Rechtsprechung dient oder der Wahrung der Rechtseinheit. Worauf die Änderung der Prozesslage beruht, ist unerheblich.

Die Rückübertragung auf die Kammer erfolgt nach Anhörung der Beteiligten. Soll die Anhö- **7** rung ihren Zweck erfüllen, müssen die Gründe für die beabsichtigte Rückübertragung mitgeteilt werden. Dass unterscheidet sie von der Anhörung nach Abs. 1. Anders als die „Soll-Vorschrift" des Abs. 1, die die Übertragung des Rechtsstreites von der Kammer auf den Einzelrichter intendiert und als gesetzliches Leitbild aufstellt, steht die Rückübertragung auf die Kammer selbst bei Vorliegen der in Abs. 3 genannten Voraussetzungen im **Ermessen** des Einzelrichters. Eine nur teilweise Rückübertragung ist ausgeschlossen; die Rückübertragung erfasst wie die Übertragung den gesamten Rechtsstreit. Der Rückübertragungsbeschluss ist den Beteiligten bekannt zu geben.

Die Kammer ist an die Rückübertragung **gebunden.** Sie kann ihrerseits das Verfahren nicht **8** mehr an den Einzelrichter übertragen, auch dann nicht, wenn nach einer erneuten wesentlichen Änderung der Prozesslage die grundsätzliche Bedeutung entfallen sein sollte.

B. Das Eilverfahren

§ 76 Abs. 4 sieht vor, dass in Verfahren des vorläufigen Rechtsschutzes grundsätzlich ein Mitglied **9** der Kammer als Einzelrichter entscheidet. Einer besonderen Übertragung von der Kammer auf den Einzelrichter bedarf es nicht. Nach S. 2 hat der Einzelrichter den Rechtsstreit auf die **Kammer** zu übertragen, wenn sich herausstellt, dass die Rechtssache grundsätzliche Bedeutung hat, oder wenn er von der Rechtsprechung der Kammer abweichen will. Zwar soll nach der Begründung des Gesetzgebers zu § 76 Abs. 4 S. 2 die Abweichung von einer Entscheidung eines anderen Mitglieds der Kammer als Einzelrichter die Übertragung nicht rechtfertigen (BT-Drs. 12/4450, 28); dies sollte jedoch als Fall grundsätzlicher Bedeutung behandelt werden.

Auch wenn der Wortlaut des Abs. 4 S. 2 eine Anhörung der Beteiligten nicht ausdrücklich **10** voraussetzt, ist diesen entsprechend der Regelung in § 76 Abs. 3 S. 1 vor der Übertragung auf die Kammer **rechtliches Gehör** zu gewähren. Die Kammer ist an die Übertragung gebunden. Dem Gesetz ist kein Überprüfungsrecht zu entnehmen. Ein solches steht mit den Anforderungen des Eilverfahrens auch nicht in Einklang.

C. Richter auf Probe

Um sicherzustellen, dass Entscheidungen nach dem AsylG nicht von berufsunerfahrenen Rich- **11** tern getroffen werden, darf ein Richter auf Probe nach § 77 Abs. 5 in den ersten sechs Monaten nach seiner Ernennung nicht **Einzelrichter** sein. Die Vorschrift lehnt sich damit an § 6 Abs. 1 S. 2 VwGO an, verkürzt die für das allgemeine Verfahrensrecht geltende Frist von einem Jahr jedoch um die Hälfte. Aufgrund des eindeutigen Wortlauts der Norm ist deren Sperrwirkung auf andere berufsrichterliche Verhältnisse wie derjenigen der Richter auf Zeit, Richter kraft Auftrags oder Richter im Nebenamt nicht übertragbar. Unbenommen bleibt jedoch bei Vorliegen des Einverständnisses der Beteiligten die Möglichkeit der Entscheidung durch den Berichterstatter anstelle der Kammer nach § 87a Abs. 2 und Abs. 3 VwGO, die auch durch einen Richter auf Probe in den ersten sechs Monaten nach seiner Ernennung wahrgenommen werden kann.

§ 77 Entscheidung des Gerichts

(1) ¹In Streitigkeiten nach diesem Gesetz stellt das Gericht auf die Sach- und Rechtslage im Zeitpunkt der letzten mündlichen Verhandlung ab; ergeht die Entscheidung ohne mündliche Verhandlung, ist der Zeitpunkt maßgebend, in dem die Entscheidung gefällt wird. ²§ 74 Abs. 2 Satz 2 bleibt unberührt.

(2) Das Gericht sieht von einer weiteren Darstellung des Tatbestandes und der Entscheidungsgründe ab, soweit es den Feststellungen und der Begründung des angefochte-

nen Verwaltungsaktes folgt und dies in seiner Entscheidung feststellt oder soweit die
Beteiligten übereinstimmend darauf verzichten.

Überblick

§ 77 Abs. 1 legt den maßgeblichen Zeitpunkt fest, der bei der Beurteilung des Vorliegens der
jeweiligen Tatbestandsvoraussetzungen zugrunde zu legen ist. Nach Abs. 1 S. 1 kommt es in allen
Streitigkeiten nach diesem Gesetz – erfasst sind damit Anfechtungs- und Verpflichtungsbegehren
in Hauptsache- wie auch in Verfahren des vorläufigen Rechtsschutzes – auf die Sach- und Rechtslage im Zeitpunkt der letzten mündlichen Verhandlung an. Bei einer Entscheidung ohne mündliche Verhandlung (§ 101 Abs. 2 VwGO) ist der Zeitpunkt maßgebend, in dem die Entscheidung
gefällt wird. Das Gericht muss damit auch neue Tatsachen, die sich erst nach der Entscheidung
der Behörde ergeben, berücksichtigen. Dies dient dazu, den Streit über das Asyl- und Bleiberecht
des Ausländers umfassend zu beenden und neue Verwaltungsverfahren möglichst zu vermeiden
(BT-Drs. 12/2062, 41).

A. Maßgeblicher Zeitpunkt

1   Die Abstellung auf den Zeitpunkt der letzten mündlichen Verhandlung bzw. den Zeitpunkt,
in dem die Entscheidung gefällt wird, legt den Gerichten aufgrund der weitreichenden Konsequenzen, die mit der Entscheidung über ein Asylbegehren einhergehen – etwa eine konkret
drohende Gefahr für Leib, Leben oder Freiheit des Antragstellers – weitreichende **Prüfpflichten**
auf.

1.1   Die entscheidungsrelevante Tatsachengrundlage ist „tagesaktuell" zu erfassen (BVerfG BeckRS 2017,
106155 Rn. 12). Sowohl Behörden als auch Gerichte müssen sich bei der Frage, ob ein Antragsteller in
ein Land abgeschoben werden darf, in dem wegen einer stetigen Verschlechterung der Sicherheitslage die
Gefahr besteht, dass die Schwelle des § 4 Abs. 1 S. 2 Nr. 3 oder des § 60 Abs. 5 und Abs. 7 S. 1 AufenthG
überschritten sein könnte, laufend über die tatsächlichen Entwicklungen unterrichten und dürfen nur auf
der Grundlage aktueller Erkenntnisse entscheiden (vgl. BVerfG BeckRS 2017, 106155 Rn. 12; 2016,
45554 Rn. 11).

2   Berufen sich die Verfahrensbeteiligten auf **neuere** relevante **Dokumente,** verstieße die Verweisung auf – auch nur Monate zurückliegende – frühere Entscheidungen oder Quellen gegen den
grundrechtlichen Anspruch auf rechtliches Gehör gem. Art. 103 Abs. 1 GG. Mit Blick auf die
Rechtsschutzgarantie des Art. 19 Abs. 4 GG folgt aus § 77 Abs. 1 S. 1 damit die Pflicht, die
Entwicklung der Sicherheitslage in dem betroffenen Zielstaat der Abschiebung unter Beobachtung
zu halten und relevante neuere Erkenntnismittel zu berücksichtigen.

3   Ihre Grenze findet die Pflicht zur „tagesaktuellen" Erfassung der entscheidungsrelevanten Tatsachengrundlage in § 77 Abs. 1 S. 2. Durch die Festlegung, dass § 74 Abs. 2 S. 2 durch § 77 Abs. 1
unberührt bleibt, ist dann nicht auf die Sach- und Rechtslage im Zeitpunkt der letzten mündlichen
Verhandlung bzw. der Entscheidungsfällung abzustellen, soweit der Kläger oder Antragsteller mit
dem entsprechenden Vortrag nach § 74 Abs. 2 S. 2 **ausgeschlossen** ist (vgl. → § 74 Rn. 1 ff.).
Hingegen sind iSd § 74 Abs. 2 S. 4 neue Tatsachen und Beweismittel der Entscheidung zu Grunde
zu legen, soweit es nach der materiell-rechtlichen Auffassung des Gerichts auf sie ankommt (vgl.
→ § 74 Rn. 1 ff.).

4   Ausgeschlossen ist durch § 77 Abs. 1 S. 1 zugleich die **Rückverweisung** an den Beklagten
zur weiteren Sachverhaltsermittlung nach § 113 Abs. 3 VwGO. Vielmehr muss das Gericht die
Sache selbst spruchreif machen.

B. Vereinfachte Entscheidungsabfassung

5   § 77 Abs. 2 dient – über § 117 Abs. 3 und Abs. 5 VwGO hinausgehend – der Beschleunigung
des Verfahrens, in dem das Gericht von einer weiteren Darstellung des Tatbestandes und der
Entscheidungsgründe **absieht,** soweit es den Feststellungen und der Begründung des angefochtenen Verwaltungsaktes folgt und dies in seiner Entscheidung feststellt oder soweit die Beteiligten
übereinstimmend darauf verzichten. Anders als der Wortlaut der Vorschrift zunächst den Eindruck
erwecken lässt, handelt es sich aus Gründen richterlicher Unabhängigkeit dabei keinesfalls um
eine Pflicht, sondern eröffnet dem Gericht allein die Möglichkeit zur Verkürzung des Tatbestandes
und der Entscheidungsgründe.

Die Vorschrift findet sowohl in Hauptsache- wie auch in Verfahren des vorläufigen Rechtsschut- 6
zes Anwendung (BT-Drs. 12/2062, 41; für Verfahren des vorläufigen Rechtsschutzes aA Berg-
mann/Dienelt/Bergmann, 11. Aufl. 2016, Rn. 8; Marx AsylG Rn. 9).

Zwar gebietet die grundrechtliche Gewähr rechtlichen Gehörs gem. Art. 103 Abs. 1 GG den Gerichten, 6.1
jeden Verfahrensbeteiligten mit seinem Vorbringen bei der Entscheidungsfindung zu berücksichtigen. Wie
daraus allein ebenso wenig die Verpflichtung folgt, jedes Vorbringen der Verfahrensbeteiligten in den
Gründen der Entscheidung ausdrücklich und umfassend zu bescheiden (vgl. BVerwG NVwZ 2009, 329
Rn. 3), verbietet der Grundsatz auch nicht aus Gründen der Verfahrensbeschleunigung von der durch
den Gesetzgeber so vorgesehenen Möglichkeit des Absehens der Darstellung des Tatbestandes und der
Entscheidungsgründe auch in Verfahren des vorläufigen Rechtsschutzes Gebrauch zu machen.

Die Möglichkeit, den Feststellungen und der Begründung des angefochtenen Bescheides zu 7
folgen, entbindet das Gericht nicht von der Pflicht zur eigenen **aktuellen Erfassung** der entscheidungsrelevanten Tatsachengrundlage. Allein in deren Übereinstimmung mit den Feststellungen
des angefochtenen Bescheides kommt ein Absehen von einer weiteren Darstellung des Tatbestandes
und der Entscheidungsgründe in Betracht.

Im Falle des § 77 Abs. 2 Alt. 1 ist die **ausdrückliche Feststellung** des Gerichtes in seiner 8
Entscheidung erforderlich, dass es den Feststellungen und der Begründung des angefochtenen
Bescheides folgt. Ein praktischer Anwendungsbereich der Alt. 2, dem übereinstimmenden Verzicht
der Beteiligten, scheint dagegen nicht eröffnet, da der Unterlegene damit die Chancen einer
Berufungszulassung deutlich verringert. Die Darlegung der Zulassungsgründe wird dadurch erheb-
lich erschwert, wenn nicht unmöglich gemacht.

§ 78 Rechtsmittel

(1) ¹**Das Urteil des Verwaltungsgerichts, durch das die Klage in Rechtsstreitigkeiten
nach diesem Gesetz als offensichtlich unzulässig oder offensichtlich unbegründet abgewiesen wird, ist unanfechtbar. ²Das gilt auch, wenn nur das Klagebegehren gegen die
Entscheidung über den Asylantrag als offensichtlich unzulässig oder offensichtlich unbegründet, das Klagebegehren im Übrigen hingegen als unzulässig oder unbegründet
abgewiesen worden ist.**

(2) **In den übrigen Fällen steht den Beteiligten die Berufung gegen das Urteil des
Verwaltungsgerichts zu, wenn sie von dem Oberverwaltungsgericht zugelassen wird.**

(3) **Die Berufung ist nur zuzulassen, wenn**
1. **die Rechtssache grundsätzliche Bedeutung hat oder**
2. **das Urteil von einer Entscheidung des Oberverwaltungsgerichts, des Bundesverwaltungsgerichts, des Gemeinsamen Senats der obersten Gerichtshöfe des Bundes oder
des Bundesverfassungsgerichts abweicht und auf dieser Abweichung beruht oder**
3. **ein in § 138 der Verwaltungsgerichtsordnung bezeichneter Verfahrensmangel geltend
gemacht wird und vorliegt.**

(4) ¹**Die Zulassung der Berufung ist innerhalb eines Monats nach Zustellung des
Urteils zu beantragen. ²Der Antrag ist bei dem Verwaltungsgericht zu stellen. ³Er muss
das angefochtene Urteil bezeichnen. ⁴In dem Antrag sind die Gründe, aus denen die
Berufung zuzulassen ist, darzulegen. ⁵Die Stellung des Antrags hemmt die Rechtskraft
des Urteils.**

(5) ¹**Über den Antrag entscheidet das Oberverwaltungsgericht durch Beschluss, der
keiner Begründung bedarf. ²Mit der Ablehnung des Antrags wird das Urteil rechtskräftig. ³Lässt das Oberverwaltungsgericht die Berufung zu, wird das Antragsverfahren als
Berufungsverfahren fortgesetzt; der Einlegung einer Berufung bedarf es nicht.**

(6) **§ 134 der Verwaltungsgerichtsordnung findet keine Anwendung, wenn das Urteil
des Verwaltungsgerichts nach Absatz 1 unanfechtbar ist.**

(7) **Ein Rechtsbehelf nach § 84 Abs. 2 der Verwaltungsgerichtsordnung ist innerhalb
von zwei Wochen nach Zustellung des Gerichtsbescheids zu erheben.**

Überblick

Das Rechtsmittelverfahren gegen erstinstanzliche Urteile im asylrechtlichen Verwaltungsstreitverfahren (im Folgenden: Asylprozess) unterliegt grundsätzlich den Bestimmungen der VwGO.

Mit § 78 hat der Gesetzgeber die Voraussetzungen eines Rechtsmittels gegen das erstinstanzliche Urteil im asylrechtlichen Verwaltungsstreitverfahren besonders geregelt. Insoweit handelt es sich um eine abschließende prozessuale Sondervorschrift gegenüber den §§ 124, 124a VwGO. Von diesen allgemeinen verwaltungsprozessualen Regelungen gilt im asylrechtlichen Rechtsmittelverfahren nur § 124a Abs. 6 VwGO. Die Bestimmung enthält in Abs. 1 den Rechtsmittelausschluss (→ Rn. 1 ff.), wenn das Verwaltungsgericht in Rechtsstreitigkeiten nach dem AsylG die Klage auch nur zum Teil als offensichtlich unzulässig oder unbegründet abgewiesen hat. Systematisch gehört Abs. 6 mit dem Ausschluss der Sprungrevision (→ Rn. 63) in den Fällen des Abs. 1 zum Rechtsmittelausschluss. Abs. 2–5 enthalten gegenüber §§ 124, 124a VwGO abschließende Sondervorschriften über das Berufungszulassungsverfahren (→ Rn. 12 ff.), durch die die Möglichkeit, eine Berufungszulassung zu erreichen, deutlich gegenüber dem allgemeinen Verwaltungsprozessrecht eingeschränkt werden. Mit Abs. 7 wird schließlich die Frist zur Einlegung eines Rechtsmittels gegen einen Gerichtsbescheid (→ Rn. 64 f.), soweit dies im Asylprozess überhaupt möglich ist, gegenüber § 84 Abs. 2 VwGO verkürzt.

Übersicht

A. Die qualifizierte Klageabweisung (Abs. 1)

I. Tenorierungsart

1   Der Gesetzgeber hat mit § 78 Abs. 1 im Asylprozess für das erstinstanzliche Verwaltungsgericht eine spezielle Tenorierungsart geschaffen: die **offensichtliche Unzulässigkeit** bzw. die **offensichtliche Unbegründetheit.** Dem allgemeinen Verwaltungsprozessrecht ist eine solche Tenorierung fremd. Der Gesetzgeber wollte damit auf die Fälle reagieren, in denen das Asylverfahren oder die Klage gegen einen ablehnenden Bescheid auf der Grundlage des AsylG quasi missbräuchlich durchgeführt wird.

2   Diese besondere Tenorierungsart ist bei erstinstanzlichen verwaltungsgerichtlichen Urteilen möglich, die in **Rechtsstreitigkeiten nach dem AsylG** ergangen sind, ist aber auch auf diese begrenzt. Klagen gegen Entscheidungen, die auf anderen Rechtsgrundlagen als dem AsylG beruhen, können vom Verwaltungsgericht nicht als offensichtlich unzulässig oder unbegründet abgewiesen werden. Das Tatbestandsmerkmal „in Rechtsstreitigkeiten nach diesem Gesetz" findet sich ebenfalls in §§ 80, 83 und hat dort die gleiche Bedeutung.

3   Zulässig ist die Klageabweisung als offensichtlich unzulässig oder offensichtlich unbegründet auch durch **Gerichtsbescheid.** In diesem Fall bleibt es aber bei der Möglichkeit, nach § 84 Abs. 2 Nr. 2 VwGO eine mündliche Verhandlung zu verlangen, weil nach § 84 Abs. 3 VwGO dann der Gerichtsbescheid als nicht ergangen gilt.

II. Offensichtlichkeit

1. Definition

4   Der Begriff der Offensichtlichkeit ist **eng auszulegen.** Dies ergibt sich zum einen daraus, dass ein die Klage auch nur teilweise als offensichtlich unzulässig oder unbegründet abweisendes Urteil unanfechtbar ist. Dadurch verkürzt sich der Rechtsschutz auf die erste Instanz mit all den möglichen Unsicherheiten über die Richtigkeit der Entscheidung. Auch wenn dies verfassungsrechtlich unbedenklich ist, weil Art. 19 Abs. 4 GG keinen Instanzenzug gewährleistet, ist zum anderen zu berücksichtigen, dass der Gesetzgeber den Rechtsschutz im Asylprozess nicht generell auf eine

Instanz begrenzt hat, sondern für den Fall der sog. einfachen Klageabweisung die Möglichkeit der Zulassung der Berufung auf Antrag des unterlegenen Beteiligten geschaffen hat. Das Offensichtlichkeitsurteil ist eine Ausnahme von dem auch im Asylprozess grundsätzlich eröffneten Instanzenzug.

Offensichtlichkeit ist erst dann gegeben, wenn es keinen vernünftigen Zweifel an der Unzuläs- **5** sigkeit oder Unbegründetheit gibt und sich die **Abweisung** der Klage dem Verwaltungsgericht geradezu **aufdrängt** (stRspr, zuletzt BVerfG InfAuslR 2018, 295 (296) = BeckRS 2018, 8252). Das Ergebnis der gerichtlichen Entscheidung muss bildlich gesprochen mit Händen greifbar sein; die Unzulässigkeit oder Unbegründetheit muss der Klage gewissermaßen auf die Stirn geschrieben stehen. Das wird im Einzelfall immer eine wertende Entscheidung des Verwaltungsgerichts sein (→ Rn. 10).

Allerdings sind **Fallgruppen** denkbar, in denen eine Offensichtlichkeit regelmäßig angenom- **6** men werden kann. So ist bei einer Einreise auf dem Landweg das Asylbegehren nach Art. 16a Abs. 2 GG offensichtlich unbegründet. Offensichtlichkeit kann auch dann vorliegen, wenn sich eine gefestigte obergerichtliche Rechtsprechung gebildet hat, die ihrerseits die aktuelle Tatsachenlage erfasst. Eine solche gefestigte obergerichtliche Rechtsprechung setzt Berufungsentscheidungen voraus und lässt sich nicht aus (ablehnenden) Entscheidungen über Zulassungsanträge ableiten. Eine gefestigte obergerichtliche Rechtsprechung fehlt, wenn die tatsächliche Situation im für die Beurteilung des Asylantrages maßgeblichen Staat in dem Sinne dynamisch ist, dass eine Pflicht zu gleichsam „tagesaktueller" Erfassung und Bewertung der tatsächlichen Situation besteht, um den Anforderungen des § 77 Abs. 1 S. 1 zu genügen. Eine offensichtliche Unbegründetheit ist nicht gegeben, wenn die Bewertung des Datenmaterials zur tatsächlichen Situation ernsthaft streitig ist. Offensichtlich unzulässig sind bspw. Klagen in aller Regel, wenn sie mehr als ein Jahr nach ordnungsgemäßer Bekanntgabe des angegriffenen Bescheides erhoben werden.

2. Anwendungsbereich

Wird die Klage als offensichtlich unzulässig oder unbegründet abgewiesen, ist das Urteil unan- **7** fechtbar. Das gilt nicht nur in dem Fall, dass die Klage vollumfänglich als offensichtlich unzulässig oder unbegründet abgewiesen wird (§ 78 Abs. 1 S. 1), sondern auch dann, wenn nur das Klagebegehren gegen die Entscheidung über den Asylantrag als offensichtlich unzulässig oder unbegründet abgewiesen wird, das weitere Klagebegehren hingegen nur als unzulässig oder unbegründet (§ 78 Abs. 1 S. 2). Maßgebend für die Unanfechtbarkeit ist die gerichtliche Entscheidung über den Asylantrag.

Der **Begriff** des **Asylantrages** in § 78 Abs. 1 S. 2 umfasst nach der Rechtsprechung des **8** BVerfG das Begehren auf Anerkennung als Asylberechtigter und auf Zuerkennung internationalen Schutzes (§ 13 Abs. 1 und Abs. 2), wobei dieser wiederum die Zuerkennung der Flüchtlingseigenschaft (§ 3) und die Zuerkennung subsidiären Schutzes (§ 4) umfasst (BVerfG InfAuslR 2018, 295 (296) = BeckRS 2018, 8252). Erfasst werden auch die Verfahren, die auf die Feststellung nationaler Abschiebungsverbote gerichtet sind (BVerfG BeckRS 2008, 41129). Daraus folgert das BVerfG, dass eine Abweisung der Klage gegen die Entscheidung über den Asylantrag als offensichtlich unbegründet verlangt, dass hinsichtlich aller mit dem Asylantrag geltend gemachter Ansprüche die Offensichtlichkeit der Unzulässigkeit oder Unbegründetheit vorliegen muss.

Nicht möglich ist die gerichtliche Entscheidung, dass eine Klage in Rechtsstreitigkeiten nach **9** dem AsylG offensichtlich begründet ist mit der Folge der Unanfechtbarkeit. Dies ist keine gesetzgeberische Ungenauigkeit, sondern Programm.

3. Verfahren

Weil im Fall der Abweisung als offensichtlich unzulässig oder unbegründet nur eine Instanz **10** zur Verfügung steht, gelten erhöhte Anforderungen an die Ausgestaltung des Verfahrens im Hinblick auf die Wahrheitserforschung (BVerfG InfAuslR 2018, 295 (296) = BeckRS 2018, 8252 mwN). Das Verwaltungsgericht muss in den **Urteilsgründen** deutlich machen, warum es zum Offensichtlichkeitsurteil gekommen ist, insbesondere die Maßstäbe erkennen lassen, die der Klageabweisung als offensichtlich unbegründet oder unzulässig zugrunde liegen (vgl. BVerfG NVwZ-Beil. 1997, 9). Dies umso mehr, wenn das Bundesamt den Antrag als nur einfach unbegründet abgelehnt hat (vgl. BVerfG BeckRS 2008, 41129). Umfasst die Klage gegen die Entscheidung über den Asylantrag mehrere Streitgegenstände (→ Rn. 48), dann muss für jeden einzelnen Streitgegenstand die Begründung den genannten Anforderungen genügen. Diese Grundsätze gelten auch für die gerichtliche Entscheidung im Eilverfahren (BVerfG BeckRS 2019, 2694).

11   Rechtsfolge der Klageabweisung als offensichtlich unzulässig oder offensichtlich unbegründet ist die **Unanfechtbarkeit** des Urteils. Es wird mit der ordnungsgemäßen Verkündung rechtskräftig. Der unterlegene Beteiligte hat nur noch die Möglichkeit der Verfassungsbeschwerde gegen das Urteil.

B. Zulassungsverfahren

12   Wird die Asylklage nicht als offensichtlich unzulässig oder unbegründet, sondern nur (einfach) abgewiesen, steht den Beteiligten die Berufung gegen das Urteil des Verwaltungsgerichts zu, wenn sie vom Oberverwaltungsgericht zugelassen wird (Abs. 2). Anders als § 124 Abs. 1 VwGO kennt § 78 Abs. 2 nicht die Zulassung der Berufung durch das Verwaltungsgericht. Die Voraussetzungen der Zulassung bestimmen sich nach Abs. 3 und das Verfahren nach Abs. 4.

I. Zulassungsgründe

13   Die Berufung kann nur aus den in Abs. 3 abschließend aufgeführten Gründen zugelassen werden. Abweichend von § 124 Abs. 2 VwGO kann die Berufung nicht wegen ernsthafter Zweifel an der Richtigkeit des Urteils oder besonderer tatsächlicher oder rechtlicher Schwierigkeiten zugelassen werden. Diese in § 124 Abs. 2 Nr. 1 und Nr. 2 VwGO genannten Gründen werden in Abs. 3 **nicht** aufgeführt. Abweichend von § 124 Abs. 2 Nr. 5 VwGO können nur die in Abs. 3 Nr. 3 durch Verweis auf § 138 VwGO aufgezählten Verfahrensfehler zur Berufungszulassung führen.

13.1   Benennt der anwaltlich vertretene Zulassungsantragsteller ausdrücklich einen nicht in § 78 Abs. 3 genannten Zulassungsgrund, ist eine Umdeutung / Auslegung in einen Zulassungsgrund des § 78 Abs. 3 in der Regel ausgeschlossen, wenn nicht ausnahmsweise die Darlegung des Zulassungsgrundes zu einem in § 78 Abs. 3 genannten Zulassungsgrund führt (vgl. SächsOVG BeckRS 2019, 2674).

13.2   Selbst eine objektiv willkürliche Würdigung des Sachverhaltes durch ein Verwaltungsgericht ergibt als solche noch keinen Zulassungsgrund; dieser muss auch in diesem Fall anhand des § 78 Abs. 3 und 4 sorgfältig herausgearbeitet werden (SächsOVG DVBl 2019, 1211).

1. Grundsätzliche Bedeutung

14   Zugelassen werden kann die Berufung wegen grundsätzlicher Bedeutung der Rechtssache (Abs. 3 Nr. 1). Diese liegt dann vor, wenn im Klageverfahren eine klärungsbedürftige Tatsachen- oder Rechtsfrage aufgeworfen worden ist, die im Berufungsverfahren geklärt werden kann und dadurch die Weiterentwicklung des Rechts gefördert wird oder die Berufungsentscheidung der Wahrung der Rechtseinheit dient. Die Rechtsfrage kann sich auf Bundes- oder Unionsrecht beziehen; letzteres dann, wenn sich für das letztinstanzliche Gericht die Notwendigkeit ergeben kann, eine Vorabentscheidung des EuGH einzuholen.

15   Die Tatsachen- oder Rechtsfrage muss **klärungsbedürftig** sein. Daran fehlt es, wenn die Rechtsfrage bereits letztinstanzlich entschieden worden ist (BVerwG Buchholz 310 § 132 VwGO Nr. 136 = BeckRS 1975, 31261163) oder wenn sie ohne Weiteres aus dem Gesetz beantwortet werden kann; ein Berufungsverfahren also entbehrlich ist (BVerwG Buchholz 310 § 132 VwGO Nr. 249 = BeckRS 2015, 56114). Die Frage muss zudem eine über den Einzelfall hinausgehende Bedeutung haben. Bei Rechtsfragen ist dies der Fall, wenn die Entscheidung darüber der Rechtssicherheit, der Wahrung der Einheit der Rechtsordnung oder der Fortbildung des Rechts dient. Bei Tatsachenfragen ist dies der Fall, wenn die Entscheidung für eine Vielzahl gleichgelagerter Fälle Geltung beanspruchen kann und so auf eine einheitliche Bewertung von gleich gelagerten Sachverhalten hinwirkt. Die grundsätzliche Bedeutung fehlt, wenn die aufgeworfene Frage im konkreten Fall nicht **entscheidungserheblich** ist. Die Entscheidungserheblichkeit fehlt insbesondere dann, wenn die geltend gemachte grundsätzliche Bedeutung auf einem vom Verwaltungsgericht nicht festgestellten Sachverhalt beruht und gegen die erstinstanzlichen Feststellungen keine durchgreifenden Verfahrensrügen erhoben worden sind (VGH BW BeckRS 2018, 21024).

2. Divergenz

16   Zugelassen werden kann die Berufung auch dann, wenn das angegriffene Urteil von einer Entscheidung des Oberverwaltungsgerichts, des BVerwG, des GmS-OGB oder des BVerfG **abweicht** (Abs. 3 Nr. 2; sog. Divergenz). Eine solche Abweichung liegt vor, wenn sich das Verwaltungsgericht in Anwendung derselben Rechtsvorschrift mit einem seiner Entscheidung

tragenden abstrakten Rechts- oder Tatsachensatz zu einem von dem Divergenzgericht aufgestellten Rechts- oder Tatsachensatz in Widerspruch gesetzt hat. Mit dem Oberverwaltungsgericht ist das Berufungsgericht für das Verwaltungsgericht gemeint, gegen dessen Urteil sich der Berufungszulassungsantrag richtet, nicht aber andere Oberverwaltungsgerichte. In diesen Fällen kann die Zulassung wegen grundsätzlicher Bedeutung in Betracht kommen. Eine Abweichung von der Rechtsprechung des EuGH oder des EGMR führt mangels Nennung dieser Gerichte nicht zu einer Zulassung wegen Divergenz (für EuGH NdsOVG AuAS 2020, 117). In diesen Fällen kann im Einzelfall die grundsätzliche Bedeutung angenommen werden.

Bei der Entscheidung, von der abgewichen sein soll, kann es sich um ein **Urteil** oder einen **17** einem Urteil gleichstehenden Beschluss handeln. Auch Kammerentscheidungen des BVerfG sind divergenzfähig. Nicht ausreichend sind Entscheidungen im einstweiligen Rechtsschutzverfahren oder Rechtsmittelzulassungsverfahren.

Die Divergenzrüge führt nur dann zum Erfolg, wenn das angegriffene Urteil auf der Abwei- **18** chung beruht. Es muss sich um einen das Urteil **tragenden Rechtsgedanken** handeln; eine Abweichung in einem sog. obiter dictum ist nicht ausreichend. Dies gilt auch für den Rechtssatz, von dem abgewichen sein soll. Die Divergenz verlangt einen grundsätzlichen Auffassungsunterschied über einen bestimmten Rechts- oder Tatsachengrundsatz zwischen Verwaltungsgericht und Divergenzgericht. Betrifft die Abweichung ausgelaufenes oder auslaufendes Recht, ist die Berufung nicht zuzulassen, weil der Zweck der Divergenzzulassung, die Wahrung der Rechtseinheit in der Rechtsprechung, nicht mehr erreicht werden kann.

Eine Divergenz liegt nicht vor, wenn das Verwaltungsgericht den Rechts- oder Tatsachensatz des **18.1** Divergenzgerichts falsch angewandt hat oder daraus nicht die gebotenen Folgerungen für die Sachverhalts- oder Beweiswürdigung gezogen hat (NdsOVG BeckRS 2018, 30103 = AuAS 2019, 7).

Haben sich die tatsächlichen Verhältnisse gegenüber dem Zeitpunkt des zur Begründung der Divergenz **18.2** angeführten Urteils nicht nur unwesentlich geändert, kommt die Zulassung der Berufung wegen Divergenz bei Tatsachenfragen nicht in Betracht (NdsOVG InfAuslR 2020, 124).

3. Verfahrensfehler

Schließlich kann die Berufung wegen eines in § 138 VwGO bezeichneten Verfahrensmangels **19** zugelassen werden, wenn dieser geltend gemacht wird und vorliegt. Damit werden aus der Vielzahl möglicher Verfahrensmängel nur die im allgemeinen Verwaltungsprozessrecht als absolute Revisionsgründe bekannten Verfahrensmängel als geeignet angesehen, die Berufung im Asylprozess zu eröffnen.

Die Geltendmachung verlangt die **genaue Bezeichnung** der Tatsachen, aus denen sich der **20** Verfahrensverstoß ergibt, was durch einen Verweis auf das Protokoll der erstinstanzlichen mündlichen Verhandlung geschehen kann oder durch präzise Darstellung den Verfahrensmangel ergebenden Abläufe des Verfahrens. Handelt es sich bei der als verletzt behaupteten Verfahrensvorschrift um eine solche, auf deren Befolgung verzichtet werden kann, was insbesondere bei der Verletzung des rechtlichen Gehörs möglich ist, muss auch dargelegt werden, dass bereits im erstinstanzlichen Verfahren die entsprechende Rüge (erfolglos) erhoben worden ist.

War das erkennende Gericht nicht ordnungsgemäß besetzt (§ 138 Nr. 1 VwGO), liegt ein **21** zur Zulassung der Berufung führender Verfahrensmangel vor. Eine **fehlerhafte Besetzung** liegt insbesondere dann vor, wenn die Besetzung des Gerichts willkürlich vom gültigen Geschäftsverteilungsplan abweicht. Eine vorschriftsmäßige Besetzung des Gerichts fehlt auch dann, wenn ein Richter oder Spruchkörper die Entscheidung trifft, der die gesetzlichen Voraussetzungen der § 5 Abs. 3 oder §§ 15–30 VwGO nicht erfüllt. Die einzelnen Fallgestaltungen sind mannigfaltig.

Die Mitwirkung eines Richters, der entweder von Gesetzes wegen nach § 54 Abs. 1 und Abs. 2 **22** VwGO **ausgeschlossen** war oder mit Erfolg nach § 54 Abs. 3 VwGO wegen Besorgnis der Befangenheit abgelehnt wurde, an der Entscheidung ist ein weiterer im Asylprozess zur Zulassung führender Verfahrensverstoß (§ 138 Nr. 2 VwGO).

Der in der Praxis wohl am häufigsten gerügte Verfahrensfehler ist die Verletzung des **rechtli-** **23** **chen Gehörs** (§ 138 Nr. 3 VwGO). Dieser Verfahrensmangel ist nicht beschränkt auf die Verletzung des Art. 103 Abs. 1 GG, sondern erfasst den Verstoß gegen jede Verfahrensvorschrift, der der Wahrung des rechtlichen Gehörs dient (SächsOVG BeckRS 2003, 18218). Die Vielzahl der möglichen Verletzungen des rechtlichen Gehörs lassen sich unterteilen in die Verletzung des Anspruchs auf Information, des Anspruchs auf Stellungnahme und des Rechts auf Beachtung.

Der **Anspruch auf Information** umfasst die ordnungsgemäße Ladung zur mündlichen Ver- **24** handlung und das Recht auf Akteneinsicht. Das Recht auf Akteneinsicht ermöglicht die Einsicht in die vollständigen einschlägigen Verwaltungsvorgänge der Behörde, die auch elektronisch vorgelegt werden dürfen. Im Asylprozess haben die Beteiligten das Recht, vorab über die vom Gericht seiner Entscheidung zugrunde gelegten Erkenntnismittel informiert zu werden.

24.1   Dies erfolgt zumeist durch die Übersendung von Erkenntnismittellisten, wobei angegeben werden muss, dass und wie die darin aufgeführten Erkenntnismittel bei Gericht eingesehen werden können (VGH BW BeckRS 2017, 122738 = DVBl 2017, 1379). Die Erkenntnismittellisten müssen nicht fallbezogen erstellt werden (VGH BW NVwZ-RR 2019, 438 Ls.), so dass üblicherweise alle dem Gericht über ein bestimmtes Herkunftsland zur Verfügung stehenden Erkenntnismittel aufgeführt sind. Der Bevollmächtigte des Asylbewerbers sollte bei umfangreichen Listen sorgfältig überlegen, ob er Einsicht in alle aufgeführten Erkenntnismittel verlangt, um auf diese Weise die gerichtliche Erkenntnisgrundlage zu verstehen oder das Gericht zu veranlassen, sich auf die Erkenntnismittel zu beschränken, die entscheidungserheblich sein können. Das Gericht kann auch fremdsprachige Erkenntnismittel verwenden, wenn die Richter entweder die Fremdsprache beherrschen oder aber eine Übersetzung vorliegt. Jeder Beteiligte kann der Verwendung widersprechen, wenn er oder sein Bevollmächtigter der Fremdsprache nicht mächtig ist. Gerichtliche Entscheidungen müsse nicht in die Erkenntnismittelliste aufgenommen werden, wenn nur die darin enthaltenen rechtlichen Überlegungen Gegenstand des Urteils sind.

24.2   Im schriftlichen Verfahren gilt, dass das Gericht, will es nach der Zustimmung zum schriftlichen Verfahren neue Erkenntnismittel entscheidungserheblich verwenden, diese den Beteiligten benennen und ihnen ausreichend Zeit einräumen muss, dazu Stellung zu nehmen (BVerfG BeckRS 2020, 11545).

25   Der **Anspruch auf Stellungnahme** berechtigt den Beteiligten, zum Vortrag anderer Beteiligter und des Gerichts Stellung zu nehmen. Der Beteiligte muss dieses Recht auch effektiv ausüben können. Ihm muss die Möglichkeit gegeben werden, an der mündlichen Verhandlung teilzunehmen, ggf. durch die Bewilligung von Reisekosten. Ist der Bevollmächtigte an der Teilnahme an der mündlichen Verhandlung verhindert, kann er einen Antrag auf Terminsverlegung stellen. Auch wenn der Antrag nicht glaubhaft gemacht werden, sondern dies erst auf gerichtliche Anforderung hin erfolgen muss (§ 227 Abs. 2 ZPO), ist es sinnvoll, bereits mit dem Antrag eine Glaubhaftmachung vorzunehmen (zu den Anforderungen an die Glaubhaftmachung VGH BW AuAS 2021, 4).

25.1   Erhebliche Gründe für eine Terminsverlegung iSd § 227 ZPO sind nur solche Umstände, die auch und gerade zur Gewährleistung des Beschleunigungs- und Konzentrationsgebotes die Verlegung erfordern (OVG LSA NVwZ-RR 2018, 748). In der Praxis wird ein Terminsverlegungsantrag daher nicht selten mit der Begründung abgelehnt, dass ein in der Partnerschaft oder Sozietät tätiger anderer Anwalt den Termin wahrnehmen könne. Das setzt voraus, dass die Vollmacht nicht auf einen einzelnen Anwalt begrenzt ist. Darüber hinaus ist es immer eine Frage des Einzelfalles, ob ein anderer Anwalt in der Lage ist, sich innerhalb der in Frage kommenden Zeitspanne in den Sach- und Streitstand einzuarbeiten. Das kann auch im Asylprozess nicht regelmäßig unterstellt werden, weil sowohl die Tatsachen- wie die Rechtslage oftmals eine umfangreiche Einarbeitung erfordern, die für den Vertreter unzumutbar sein kann. Üblicherweise werden bei Verhinderung eines Richters die von ihm anberaumten Termine in Asylverfahren nicht kurzfristig von seinem geschäftsplanmäßigen Vertreter durchgeführt.

25.2   Auch ein besonderes Vertrauensverhältnis zwischen Mandanten und Anwalt, das im Verlegungsantrag unter substantiierter Darlegung der Gründe offensichtlich gemacht werden muss (BayVGH BeckRS 2005, 29051) kann eine Terminsverlegung rechtfertigen.

25.3   Terminsverlegungsanträge dürfen nicht allein unter Berücksichtigung der Geschäftslage des Gerichts entschieden werden.

25.4   Bleibt der ordnungsgemäß gestellte Antrag auf Terminsverlegung vom Gericht unbeantwortet, obliegt es dem Antragsteller, bei Gericht nachzufragen und auf eine Antwort zu drängen. Unterlässt er dies, liegt in der Verhandlung in seiner Abwesenheit keine Verletzung des rechtlichen Gehörs (BayVGH AuAS 2020, 42). Diese Pflicht besteht insbesondere bei kurzfristig gestellten Terminsverlegungsanträgen (VGH BW AuAS 2021, 4). Wird das Urteil zugestellt, wird dem Beteiligten, der an der Verhandlung nicht teilnehmen könnte, angesonnen, einen Antrag auf Wiedereröffnung er mündlichen Verhandlung zu stellen.

26   Stellungnahme- und Äußerungs**fristen** dürfen ausgenutzt werden. Diese Fristen müssen so bemessen sein, dass sie objektiv ausreichend sind, um eine sachlich fundierte Äußerung kundzutun (BVerfG NVwZ 2003, 859). Im Asylprozess ist zur Wahrung rechtlichen Gehörs in der mündlichen Verhandlung die Teilnahme eines **Dolmetschers** zu gewährleisten, der die Muttersprache des Klägers (und die deutsche Sprache) ausreichend beherrscht. Schließlich muss der Beteiligte ausreichend zu Wort kommen dürfen, insbesondere darf ihm nicht das Wort abgeschnitten werden.

27   Der Anspruch auf rechtliches Gehör verbietet eine gerichtliche **Überraschungsentscheidung.** Das Gericht darf seine Entscheidung nicht auf tatsächliche oder rechtliche Gesichtspunkte stützen, zu denen die Beteiligten nicht Stellung nehmen konnten und mit denen sie nach dem

Prozessverlauf auch nicht rechnen brauchten. Allerdings haben die Beteiligten keinen Anspruch auf ein umfassendes Rechtsgespräch. Würdigt das Gericht Tatsachen anders als ein Beteiligter, liegt darin keine Überraschungsentscheidung =VG NRW AuAS 2020, 191). Es besteht grundsätzlich keine Verpflichtung des Gerichts, durch Befragen des Klägers eventuelle aus Sicht des Gerichts bestehende Unklarheiten und Widersprüche in seinem bisherigen Vortrag auszuräumen. Anders nur dann, wenn sich dem Gericht aufdrängt, Widersprüche und Unklarheiten im Sachvortrag durch Rückfragen zu klären, um so zu tragfähigen Entscheidungsgrundlagen zu kommen (OVG NRW BeckRS 2019, 2375). Maßstab ist das Verbot einer Überraschungsentscheidung.

Sinnvoll dürfte die informatorische Befragung des Klägers bei vom Gericht festgestellten Widersprüchen **27.1** und Unklarheiten im Vortrag aber häufig sein. Denn auf diese Weise lassen sich einerseits Klärungen erreichen und andererseits Widersprüche und Unklarheiten verdeutlichen, so dass das Gericht seine Entscheidungsgrundlagen festigen, insbesondere genauere Kenntnisse über die Glaubwürdigkeit des Klägers erlangen kann.

Der Anwalt des Klägers sollte daher die mündliche Verhandlung nutzen, um die ihm erkennbaren **27.2** Widersprüche und Ungenauigkeiten im klägerischen Vortrag auszuräumen und auf eine Befragung des Klägers durch das Gericht dringen oder von sich aus entsprechend vortragen.

Würdigt das Gericht Tatsachen, zu denen sich die Beteiligten äußern konnten, entgegen den Vorstellun- **27.3** gen eines Beteiligten, liegt darin keine Überraschungsentscheidung (OVG NRW AuAS 2020, 191).

Eine Verletzung des Anspruchs auf rechtliches Gehör liegt vor, wenn ein ordnungsgemäß **28** gestellter **Beweisantrag** zu Unrecht abgelehnt wird. Die Ablehnung muss durch einen begründeten Beschluss erfolgen (§ 86 Abs. 2 VwGO). Der Beschluss und die Begründung muss vor der Endentscheidung bekanntgegeben werden. Andernfalls ist das rechtliche Gehör verletzt.

Ein Beweisantrag kann im Wesentlichen nur aus den in § 244 StPO genannten Gründen **29** abgelehnt werden (BVerwG NJW 1984, 574). Die Ablehnung kann insbesondere deswegen erfolgen, weil es sich um einen **Ausforschungsbeweis** handelt. Ein solcher liegt (nur) dann vor, wenn es für den unter Beweis gestellten Tatsachenvortrag keine oder nur ganz unzulängliche Anhaltspunkte gibt (BVerwG NVwZ 2017, 1388 mAnm Brehm). Die Ablehnung kann auch damit begründet werden, dass die unter Beweis gestellte Tatsache als wahr unterstellt wird, sie aber entscheidungsunerheblich ist.

Die Wahrunterstellung hat die rechtliche Konsequenz, dass das Gericht weder den als wahr unterstellten **29.1** Tatbestand noch einen davon abweichenden Tatbestand seiner Entscheidung zugrunde legen darf. Es muss die als wahr unterstellte Tatsachen ohne jede inhaltliche Einschränkung in ihrem von dem Beteiligten gemeinten Sinn behandeln, als wären sie nachgewiesen (BVerwGE 77, 150 (155) = BeckRS 9998, 169689). Daher ist dieser Ablehnungsgrund mit Zurückhaltung zu verwenden.

An einen Beweisantrag, der eine behandlungsbedürftige posttraumatische Belastungsstörung zum **29.2** Gegenstand hat, werden hohe Anforderungen an die Darlegung der Beweisbedürftigkeit gestellt. Es muss ein fachärztliches Gutachten beigefügt werden, aus dem sich nachvollziehbar ergibt, auf welcher Grundlage der Facharzt seine Diagnose gestellt hat und wie sich die Krankheit im konkreten Fall darstellt (NdsOVG AuAS 2021, 56).

Das Gericht kann einen Beweisantrag auch mit der Begründung ablehnen, die unter Beweis **30** gestellte Tatsache sei **offenkundig.** Das setzt voraus, dass die Tatsache jedermann bekannt ist oder in frei zugänglichen Quellen ohne Aufwand feststellbar ist (BVerwGE 127, 56 Rn. 24 = BeckRS 2007, 20397). Daneben kann der Beweisantrag auch abgelehnt werden, weil es sich um eine gerichtsbekannte Tatsache handelt. Im Asylprozess kann sich das Gericht auf die aus den Erkenntnismitteln gewonnenen und bereits in früheren Verfahren verwerteten Tatsachen als gerichtsbekannte Tatsachen stützen (BVerwG InfAuslR 1989, 351 = BeckRS 9998, 47606), wenn es die Beteiligten dazu gehört hat.

Die Ablehnung eines Beweisantrages kann damit begründet werden, dass das Beweismittel **31** **schlechthin ungeeignet** sei. Dabei darf das Gericht keine vorweggenommene Beweiswürdigung vornehmen. Es muss prüfen, ob das Beweismittel objektiv unter keinen Umständen geeignet sein kann, eine bereits gewonnene Überzeugung über eine bestimmte Tatsache zu erschüttern. Erst wenn dies der Fall ist, handelt es sich um ein schlechthin ungeeignetes Beweismittel.

Ein Beweisantrag kann mit der Begründung abgelehnt werden, das Beweismittel sei unerreich- **32** bar. Auch hier sind strenge Anforderungen zu stellen. Im Zeitpunkt der Ablehnung des Beweisantrages muss eindeutig feststehen, dass keine begründete Aussicht besteht, das Beweismittel in absehbarer Zeit herbeizuschaffen.

Über die in § 244 StPO aufgeführten Ablehnungsgründe hinaus können sich weitere Ableh- **33** nungsgründe auch aus den speziellen prozessualen Bestimmungen für das Beweisrecht (§ 98

VwGO, §§ 358–444, 450–494 ZPO) ergeben. Im Asylprozess von praktischer Bedeutung ist § 412 Abs. 1 ZPO. Danach steht es im Ermessen des Gerichts, ob es auf einen entsprechenden Beweisantrag ein **weiteres Gutachten** einholt. Ein solcher Beweisantrag kann nach der obergerichtlichen Rechtsprechung gestützt auf das gerichtliche Ermessen dann abgelehnt werden, wenn nach Auffassung des Gerichts die Beweisfrage aus eigener Sachkunde beantwortet werden kann. Diese Sachkunde ergibt sich aus den in das Verfahren eingeführten Erkenntnismitteln, die in diesem Verfahren ausgewertet und der Entscheidung zugrunde gelegt werden. Diese Erkenntnismittel werden im Wege des Urkundsbeweises in das Verfahren eingeführt, sind also kein im konkreten Verfahren eingeholtes Gutachten. Trotzdem soll § 412 Abs. 1 ZPO auch für diesen Fall Anwendung finden. Wie im Fall gerichtskundiger Tatsachen (→ Rn. 33) hat das Gericht in der Begründung der Ablehnung des Beweisantrages die eigene Sachkunde nachvollziehbar zu begründen.

33.1 Für den Antrag nach § 411 Abs. 3 ZPO gilt eine gesteigerte Darlegungslast sowohl für die Notwendigkeit der mündlichen Erläuterung als auch für die Abgrenzung zum Antrag auf Einholung eines weiteren Sachverständigengutachtens (BVerwG InfAuslR 2020, 258).

34 Die Ablehnung eines Beweisantrages, die im Gesetz keine Stütze findet, verletzt den Anspruch auf rechtliches Gehör (BVerfG NJW 2003, 1655). Eine solche rechtswidrige Ablehnung liegt vor, wenn der Beweisantrag aus den vom Gericht zur Begründung der Ablehnung angegebenen Gründen nicht hätte abgelehnt werden dürfen oder das Gericht den ohne Weiteres erkennbaren Sinn des Beweisantrages nicht erkannt hat.

34.1 Die Rechtsprechung der Berufungsgerichte ist teilweise enger und sieht das rechtliche Gehör durch die fehlerhafte Ablehnung eines Beweisantrages erst dann als verletzt an, wenn die Ablehnung willkürlich ist, also unter keinem denkbaren Ansatz rechtlich vertretbar ist (NdsOVG AuAS 2021, 56; SächsOVG AuAS 2020, 70). Der Zulassungsantrag sollte dies darlegen.

35 Abzugrenzen ist die Rüge der Verletzung des rechtlichen Gehörs von der allgemeinen **Aufklärungsrüge.** Letztere erfasst die Rüge, das Gericht habe den Sachverhalt nicht von Amts wegen ausreichend ermittelt. Mit dieser Rüge wird keine Verletzung des rechtlichen Gehörs geltend gemacht, denn aus dem Anspruch auf rechtliches Gehör ergibt sich kein Anspruch auf eine zutreffende gerichtliche Sachverhaltsermittlung. Ebenso wenig führt die Rüge der fehlerhaften Beweiswürdigung oder der Fehlerhaftigkeit der Würdigung der Tatsachen zu einer Verletzung des rechtlichen Gehörs. Dies sind dem materiellen Recht zugehörige Erkenntnisvorgänge des Gerichts, die nicht dem äußeren Verfahrensgang zuzurechnen sind, der allein der Wahrung des rechtlichen Gehörs dient.

36 War ein Beteiligter im Verfahren (nicht nur in der mündlichen Verhandlung) nicht nach den Vorschriften der VwGO **vertreten,** führt dies ebenfalls zur Zulassung der Berufung (§ 138 Nr. 4 VwGO). Dabei handelt es sich neben den Fällen der Durchführung der mündlichen Verhandlung ohne ordnungsgemäße Ladung des Beteiligten um die Fälle der Prozessunfähigkeit.

37 Ergeht das Urteil auf eine mündliche Verhandlung und werden bei der Durchführung dieser die Vorschriften über die **Öffentlichkeit** des Verfahrens (§ 55 VwGO, §§ 169, 171a–175 GVG) verletzt, führt dies zur Zulassung der Berufung (§ 138 Nr. 5 VwGO).

37.1 Wird die Verletzung des Öffentlichkeitsgrundsatzes noch vor Erlass des Urteils durch das Gericht bemerkt, kann es die mündliche Verhandlung vertagen und erneut durchführen. In dieser Verhandlung sind die Verfahrensteile und -schritte, die möglicherweise ohne Wahrung der Öffentlichkeit durchgeführt wurden, zu wiederholen (OVG Bln-Bbg AuAS 2020, 172).

38 Zur Zulassung der Berufung führt schließlich der Umstand, dass das Urteil nicht mit Gründen versehen ist (§ 138 Nr. 6 VwGO). Die **Urteilsgründe** fehlen erst dann, wenn sie entweder gar nicht vorliegen oder sie rational nicht mehr nachvollziehbar sind, sachlich inhaltlos oder aus anderen Gründen derart unbrauchbar sind, dass sie unter keinem Gesichtspunkt geeignet sind, den Urteilstenor zu tragen (BVerwG NJW 2003, 1753). Dass die Urteilsgründe nicht widerspruchsfrei sind oder aus anderen Gründen nicht zu überzeugen vermögen, reicht nicht aus.

38.1 Im Asylprozess kommt es nicht selten vor, dass die Urteilsgründe nur aus Textbausteinen bestehen. Das erfüllt erst dann den Tatbestand des Fehlens der Urteilsgründe, wenn diese Textbausteine keinen Bezug zu dem konkret zu entscheidenden Einzelfall haben, insbesondere den Sachvortrag des Klägers nicht betreffen oder ausschließlich Fallgestaltungen zum Inhalt haben, die im konkreten Einzelfall keine Rolle spielen.

39 Das Urteil ist auch dann nicht mit Gründen versehen, wenn es nicht innerhalb von fünf Monaten nach Verkündung oder Übergabe des unterschriebenen Tenors an die Geschäftsstelle vollständig abgefasst der Geschäftsstelle übergeben worden ist (GmS-OGB BVerwGE 92, 367 (371) = BeckRS 9998, 154357).

Die Geschäftsstelle vermerkt den Tag der Übergabe auf dem Original des Urteils. Bei Zweifeln an der **39.1** Einhaltung der Fünf-Monats-Frist muss dieses Original eingesehen werden, das sich entweder in den Gerichtsakten oder auf der Geschäftsstelle befindet.

Das Berufungsgericht prüft auf der Grundlage der Geltendmachung in der Begründung des **40** Zulassungsantrages, ob der Verfahrensmangel vorliegt. Daher sind die Anforderungen an die **Geltendmachung** hoch. Das Berufungsgericht kann seinerseits über das Vorliegen des Verfahrensmangels Beweis erheben, wenn er sich nicht bereits aus dem Zusammenspiel der Begründung des Zulassungsantrages mit dem Akteninhalt ergibt. Liegt der Verfahrensmangel vor, ist die Berufung zuzulassen.

II. Einzelheiten des Zulassungsverfahrens

1. Form und Frist

Der Antrag auf Zulassung der Berufung ist **schriftlich** zu stellen; er kann nicht zur Niederschrift **41** der Geschäftsstelle gestellt werden. Die Anforderungen an die Schriftform ergeben sich aus § 81 S. 1 VwGO; soweit der elektronische Rechtsverkehr eröffnet ist, kann der Zulassungsantrag bei Beachtung der dafür geltenden Bestimmungen auch elektronisch eingereicht werden.

Der Antrag auf Zulassung der Berufung ist durch den **Bevollmächtigten** des Rechtsmittelfüh- **42** rers zu stellen (§ 67 Abs. 4 S. 1 und S. 2 VwGO). Findet der erstinstanzlich unterlegene Kläger nicht innerhalb der Frist des § 78 Abs. 4 S. 1 einen zur Vertretung bereiten Bevollmächtigten, kann er innerhalb der Frist beim Oberverwaltungsgericht die Beiordnung eines Notanwaltes nach § 78b Abs. 1 ZPO beantragen (VGH BW NVwZ-RR 1999, 280).

Der Zulassungsantrag ist bei dem **Verwaltungsgericht** zu stellen (Abs. 4 S. 2). Der beim **43** Oberverwaltungsgericht gestellte Antrag wahrt die Frist nicht. Das Oberverwaltungsgericht hat einen solchen Antrag im ordentlichen Geschäftsgang an das Verwaltungsgericht weiterzuleiten; ob die Frist gewahrt worden ist, bemisst sich nach dem Datum des Eingangs dort. In dem Antrag muss das angefochtene Urteil angegeben werden.

Die Angabe des angefochtenen Urteils verlangt die **Angabe** des Gerichts, dessen Entscheidung ange- **43.1** fochten wird, das Aktenzeichen, das Datum der angefochtenen Entscheidung, die Beteiligten und den Tenor. Diese Angaben sind vollständig erbracht, wenn das angefochtene Urteil in Kopie beigelegt wird.

Entgegen dem Wortlaut des § 78 Abs. 4 S. 3 muss nicht bereits mit dem Antrag die Begründung **44** vorgelegt werden. Es genügt, wenn innerhalb der Antragsfrist die **Begründung** vorgelegt wird. Die Begründung kann auch beim Berufungsgericht eingereicht werden, denn das Verwaltungsgericht übersendet die Akten unverzüglich nach Eingang des Zulassungsantrages an das Berufungsgericht (OVG NRW BeckRS 2019, 12009; aA OVG NRW BeckRS 2017, 133003).

Der Antrag auf Zulassung der Berufung ist innerhalb eines Monats nach Zustellung des Urteils **45** einzureichen. Gemeint ist trotz des von § 124a Abs. 4 S. 1 VwGO abweichenden Wortlautes das vollständige Urteil. Bei fehlerhafter Zustellung gilt sie nach § 189 ZPO als mit dem tatsächlichen Zugang erfolgt. Die **Frist** beginnt nach § 58 Abs. 1 VwGO nur zu laufen, wenn das Urteil mit einer ordnungsgemäßen Rechtsmittelbelehrung versehen ist. Mangelt es an einer solchen, gilt die Jahresfrist des § 58 Abs. 2 S. 1 VwGO. Wird die Frist versäumt, ist unter den Voraussetzungen des § 60 VwGO die Wiedereinsetzung in den vorigen Stand möglich. Wiedereinsetzung ist regelmäßig zu gewähren, wenn innerhalb der Frist ein ordnungsgemäßer Prozesskostenhilfeantrag einschließlich der dafür vorgeschriebenen Formularerklärung gestellt worden ist und über diesen erst nach Ablauf der Frist positiv entschieden worden ist.

Die schon nach allgemeinem Verwaltungsprozessrecht hohen Anforderungen an das Nichtvorliegen des **45.1** anwaltlichen Verschuldens sind in der Rechtsprechung teilweise noch erhöht worden. Der Bevollmächtigte soll verpflichtet sein, bei Ausbleiben einer Reaktion des Mandanten auf Information über das erstinstanzliche Urteil erneut und nicht nur mit einfachem Brief nachzufragen (OVG NRW InfAuslR 2020,301 mablAnm Gutmann).

2. Begründung

In dem Antrag sind die Gründe, aus denen die Berufung zuzulassen ist, darzulegen. Die **Darle-** **46** **gung** verlangt eine substantiierte Erläuterung, warum der geltend gemachte Zulassungsgrund im konkreten Fall vorliegt (ausführlich HessVGH AuAS 2020, 178).

46.1　　Die grundsätzliche Bedeutung einer Tatsachenfrage ist dadurch darzulegen, dass in Auseinandersetzung mit den Argumenten des Verwaltungsgerichts und den von ihm herangezogenen Erkenntnismittteln ausgeführt wird, warum eine andere als die erstinstanzliche Beurteilung vorzunehmen ist (NdsOVG AuAS 2020, 174).

46a　　Die Anforderungen dürfen mit Blick auf das Gebot des effektiven Rechtsschutzes nicht überspannt werden. Sie müssen auch von einem nicht auf das Rechtsgebiet spezialisierten Rechtsanwalt mit zumutbarem Aufwand erfüllt werden können (BVerfG BeckRS 2013, 54014). Der Bevollmächtigte muss eine eigene Prüfung, Sichtung und rechtliche Durchdringung des Streitstoffes vorgenommen haben (BVerwG Buchholz 310 § 132 VwGO Nr. 202 = BeckRS 1981, 31253372). Dies ist nicht der Fall, wenn der Bevollmächtigte nur auf erstinstanzlichen Vortrag verweist oder es sich erkennbar um einen fremden Text handelt, den er unterschrieben hat. Für die formellen Anforderungen an die Darlegung ausreichend ist eine formularmäßige Begründung, wenn sie erkennen lässt, dass sie einen Bezug zum angefochtenen Urteil hat.

47　　Die Zulassungsgründe müssen in dem Zulassungsantrag erkennbar formuliert sein. Auch wenn das Berufungsgericht den Zulassungsantrag auf das Rechtsschutzbegehren hin zu würdigen hat und das **Rechtsschutzziel,** das bei verständiger Würdigung des Begehrens des Rechtsmittelführers erkennbar ist, als das Gewollte seiner Entscheidung zugrunde zu legen hat, verlangt das Darlegungserfordernis eine klare Darstellung des geltend gemachten Zulassungsgrundes. Damit werden die Darlegungsanforderungen nicht überspannt.

47.1　　Auch wenn das BVerfG immer wieder eine Überspannung der obergerichtlichen Anforderungen an das Darlegungserfordernis rügt (BVerfG NVwZ 2011, 547), sollte der Anwalt des Asylbegehrenden auf eine sorgfältige Darstellung der Zulassungsgründe achten und sich nicht auf eine erfolgreiche Verfassungsbeschwerde verlassen. Damit wird ihm nichts Unzumutbares abverlangt. Unzulänglich sind jedenfalls Schriftsätze mit einer unsortierten Ansammlung von Ausführungen, die sich mit der Situation im Herkunftsland des Klägers im Allgemeinen befassen und die Rechtsprechung dazu umfassend kritisieren, ohne dass sich daraus auch bei einem intensiveren Lesen etwas bezogen auf die angefochtene Entscheidung und einen konkreten Zulassungsgrund ergibt.

47.2　　Wird für einen noch zu stellenden Berufungszulassungsantrag Prozesskostenhilfe beantragt, ist innerhalb der Begründungsfrist für den Zulassungsantrag das Vorliegen eines Zulassungsgrundes darzulegen. Das gilt auch für den ohne anwaltliche Vertretung gestellten Prozesskostenhilfeantrag, wobei dann eine laienhafte Darstellung ausreicht, die aber doch in groben Zügen das Vorliegen eines Zulassungsgrundes erkennen lassen muss (OVG NRW BeckRS 2019, 25847).

48　　Stützt sich die angefochtene Entscheidung auf **mehrere** selbstständig tragende **Gründe,** kann der Zulassungsantrag nur Erfolg haben, wenn er gegen jeden der tragenden Gründe einen Zulassungsantrag geltend macht. Nicht ausreichend ist es, wenn nur gegen einen einzelnen tragenden Grund ein Zulassungsantrag geltend gemacht wird.

49　　Ist der Streitgegenstand **teilbar,** kann der Berufungszulassungsantrag auf einen oder mehrere Streitgegenstände begrenzt werden mit der Folge, dass das erstinstanzliche Urteil im Umfang der unterbliebenen Anfechtung rechtskräftig wird.

50　　Die Begründung kann nach Fristablauf noch **vertieft** und ergänzt werden. Neue Zulassungsgründe oder eine gänzliche neue Begründung sind nach Fristablauf nicht zulässig. Gegebenenfalls muss eine Umdeutung des Zulassungsantrages angeregt werden, weil zB die Divergenz nicht mehr besteht, aber die Voraussetzungen einer grundsätzlichen Bedeutung vorliegen können.

51　　Die Darlegung der grundsätzlichen Bedeutung verlangt, dass die Rechts- oder Tatsachenfrage grundsätzlicher Bedeutung ausformuliert in dem Begründungsschriftsatz zu finden ist. Es ist nicht Aufgabe des Gerichts, aus den Ausführungen in der Begründung die Frage von **grundsätzlicher Bedeutung** herauszuarbeiten. Dies umso mehr, als die genaue Formulierung der Frage von grundsätzlicher Bedeutung von großer Wichtigkeit ist: Aus ihr kann sich oftmals ergeben, ob eine verallgemeinerungsfähige Frage aufgeworfen werden soll oder doch nur eine einzelfallbezogene Fragestellung geltend gemacht werden soll. Das kann nicht in der Entscheidungsmacht des Gerichts liegen.

52　　Weiter ist bei dem Zulassungsgrund der grundsätzlichen Bedeutung darzulegen, aus welchen Gründen die aufgeworfene Frage klärungsbedürftig sein soll. Wird eine **Tatsachenfrage** als von grundsätzlicher Bedeutung geltend gemacht, ist zu erläutern, aus welchen Gründen und auf welcher Tatsachengrundlage sich die Sachlage entgegen der Würdigung des erstinstanzlichen Gerichts anders darstellt. Dazu kann es notwendig sein, vom Gericht nicht verwendete Erkenntnismittel zu benennen, aus denen sich Abweichendes ergibt, und diese Abweichung von der Tatsachenfeststellung des angefochtenen Urteils nachzuweisen oder darzulegen, aus welchen Gründen die Bewertungen des Verwaltungsgerichts nicht haltbar sind (OVG LSA BeckRS 2017, 148344; OVG

Hmb DÖV 2019, 321 (Ls.)). Rechtsprechung, die die gleiche Tatsachenlage anders als im erstinstanzlichen Urteil geschehen bewertet, kann für die Darlegung grundsätzlicher Bedeutung herangezogen werden. Weiter muss dargelegt werden, dass die Frage grundsätzlicher Bedeutung entscheidungserheblich ist. **Rechtsfragen** sind unter genauer Auseinandersetzung mit der dazu ergangenen Rechtsprechung und ggf. Literatur darzulegen. Der bloße Hinweis auf von der erstinstanzlichen Rechtsauffassung abweichende Rechtsauffassung genügt nicht; diese muss präzise benannt und fallbezogen aufgearbeitet werden (NdsOVG AuAS 2018, 234 = BeckRS 2018, 22611). Schließlich ist darzustellen, dass die Beantwortung der Frage geeignet ist, die Rechtsfortbildung zu fördern oder die Rechtseinheit zu wahren.

Neue Tatsachen, die nicht Gegenstand des erstinstanzlichen Urteils waren, können in der Regel nur **52.1** dann zur Zulassung wegen grundsätzlicher Bedeutung führen, wenn sie entweder offenkundig oder unbestritten oder aus dem Akteninhalt feststellbar sind (SächsOVG SächsVBl. 2020, 27).

Wird der Zulassungsgrund der **Divergenz** geltend gemacht, muss die Begründung des Zulas- **53** sungsantrages die Entscheidung, von der abgewichen sein soll, mit Datum und Aktenzeichen oder Fundstelle benennen. Weiter sind der abstrakte Rechtssatz, von dem das erstinstanzliche Urteil abgewichen sein soll, und der abstrakte Rechtssatz in der erstinstanzlichen Entscheidung, durch den die Abweichung erfolgt, genau herauszuarbeiten und zu präsentieren. Schließlich muss die Begründung des Zulassungsantrages herausarbeiten, dass die angefochtene Entscheidung auf der Abweichung beruht.

Wird der Zulassungsantrag mit einem Verfahrensfehler begründet, sind die Tatsachen möglichst **54** genau darzustellen und zu belegen, aus denen sich der **Verfahrensverstoß** ergibt. Bei gerichtsinternen Vorgängen (§ 138 Nr. 1, Nr. 2 und Nr. 4 VwGO) kann dies im konkreten Einzelfall schwierig sein, weil der Rechtsmittelführer die Tatsachen nicht immer belegen kann. Dann kann es genügen, wenn er darlegt, sich um die Aufklärung der entsprechenden Tatsachen und die Beschaffung von Nachweisen bemüht zu haben.

Besondere Anforderungen gelten an die Darlegung der Verletzung des Anspruchs auf **rechtli-** **55** **ches Gehör.** Neben den Tatsachen, aus denen sich diese Verletzung ergeben soll, ist darzulegen, welche Anstrengungen erstinstanzlich unternommen wurden, diesen Verfahrensmangel geltend zu machen oder warum dies rechtlich oder tatsächlich unmöglich gewesen ist. Zudem muss vorgetragen werden, was bei Wahrung des rechtlichen Gehörs noch vorgetragen worden wäre. Daraus muss erkennbar werden, dass bei Wahrung des rechtlichen Gehörs jedenfalls die Möglichkeit bestanden hätte, dass eine dem Rechtsmittelführer günstigere Entscheidung ergangen wäre (OVG NRW NVwZ-RR 2012, 952). Anderes gilt nur dann, wenn sich die Verletzung des rechtlichen Gehörs auf das gesamte Verfahren bezieht, weil bspw. der Kläger nicht zur mündlichen Verhandlung geladen wurde oder ihm rechtswidrig Akteneinsicht verweigert wurde (OVG NRW AuAS 2007, 45 (46) = BeckRS 2016, 51823) oder das Urteil ausschließlich (vgl. VGH BW DÖV 2017, 1008 Ls.) auf Erkenntnismittel gestützt ist, die nicht ordnungsgemäß in das Verfahren eingeführt worden sind (VGH BW BeckRS 2017, 122738 = DVBl 2017, 1379).

Die Anforderungen an die Pflicht zur Wahrung des rechtlichen Gehörs sind hoch: beispielsweise verliert **55.1** ein Kläger sein Rügerecht, wenn er seine Zustimmung zur Entscheidung im schriftlichen Verfahren erteilt, ohne dass er das Gericht auf die unterlassene Übersendung einer Erkenntnismittelliste hinweist und das Gericht seiner Entscheidung vorliegende Erkenntnismittel zugrunde legt (OVG MV BeckRS 2019, 37511).

Die Beteiligten sind gehalten darauf hinzuwirken, dass alle wesentlichen Vorgänge der Verhandlung, zu **55.2** denen auch richterliche Hinweise gehören (SächsOVG SächsVBl. 2021, 115) in das Protokoll aufgenommen werden. Enthält das Protokoll zu diesen Vorgängen nichts, folgt aus der Beweiskraft des Protokolls (§ 165 ZPO), dass diese Vorgänge nicht stattgefunden haben, so dass eine Verfahrensrüge nicht auf diesen wesentlichen Vorgang gestützt werden kann. Andersherum gilt, dass die fehlende Protokollierung wesentlicher Förmlichkeiten für die Verfahrensrüge fruchtbar gemacht werden kann.

3. Wirkung des Antrages / Gerichtliche Entscheidung

Der Zulassungsantrag **hemmt** die **Rechtskraft** des angefochtenen Urteils (Abs. 4 S. 5). Es **56** entfaltet daher keine materiell-rechtlichen Wirkungen zwischen den Beteiligten. Dies gilt unabhängig davon, ob der Zulassungsantrag zulässig ist oder nicht. Auch der offensichtlich unzulässige Zulassungsantrag hemmt die Rechtskraft.

Über den Zulassungsantrag entscheidet das Oberverwaltungsgericht durch Beschluss. Es ent- **57** scheidet auf der Grundlage der fristgerecht geltend gemachten Zulassungsgründe. Wird ein Zulassungsgrund, der nach Auffassung des Oberverwaltungsgerichts vorliegt, nicht geltend gemacht, kann er nicht für die Entscheidung herangezogen werden. Ergibt sich aus der Begründung des

Zulassungsantrages, dass nur eine Falschbezeichnung des Zulassungsgrundes vorliegt, ist dies unschädlich. Gegebenenfalls kann auch eine **Umdeutung** in einen Zulassungsgrund erfolgen, wenn der benannte Zulassungsgrund weggefallen ist, der Vortrag aber den Tatbestand eines anderen, nicht bezeichneten Zulassungsgrundes erfüllt.

58   Das Oberverwaltungsgericht entscheidet grundsätzlich in der gesetzlich vorgeschriebenen Besetzung für das Beschlussverfahren (§ 9 Abs. 3 VwGO) über den Zulassungsantrag. Zulässig ist auch die Entscheidung durch den konsentierten Einzelrichter. Eine **Entscheidungsfrist** kennt das Gesetz nicht. Vor der Entscheidung ist den Beteiligten rechtliches Gehör zu gewähren, was ausreichend durch die Übersendung der gewechselten Schriftsätze geschieht, wenn nicht ausnahmsweise eine Umdeutung der Zulassungsgründe erfolgen soll. Der Beschluss muss grundsätzlich nicht begründet werden.

58.1   Jedenfalls bei einer Zulassung ist die Begründung entbehrlich. Bei der Ablehnung entspricht es guter Gewohnheit, dem unterlegenen Beteiligten dies zu begründen. Dies kann durch einen Tenorbeschluss erfolgen, wenn der Berufungszulassungsantrag völlig unzulänglich begründet wurde. Liegt die Zulassung der Berufung nahe, zB weil die aufgeworfene tatsächliche Grundsatzfrage in der Rechtsprechung des Berufungsgerichts noch nicht geklärt ist und sie in der Rechtsprechung der anderen Berufungsgerichte unterschiedlich beantwortet wird oder handelt es sich um eine bundesrechtliche Rechtsfrage, die in der Rechtsprechung der Oberverwaltungsgerichte uneinheitlich beurteilt wird und fehlt eine Klärung durch die Rechtsprechung des BVerwG, ist eine Begründung der Nichtzulassung verfassungsrechtlich geboten (BVerfG BeckRS 2019, 18031 Rn. 12 ff.).

59   Mit der Ablehnung des Zulassungsantrages wird das angefochtene Urteil rechtskräftig; die Hemmungswirkung entfällt. Daraus ergibt sich, dass eine **Beschwerde** gegen den Ablehnungsbeschluss an das BVerwG ausgeschlossen ist. Unzulässig ist auch eine **Gegenvorstellung**, nachdem § 152a VwGO in Kraft getreten ist. Nur die danach mögliche Anhörungsrüge kann erhoben werden sowie unter den dafür geltenden Voraussetzungen die Verfassungsbeschwerde. Wirksam wird der Ablehnungsbeschluss mit der gerichtsinternen Übergabe zur Post, durch die er den Beteiligten formlos mitgeteilt wird.

60   Lässt das Oberverwaltungsgericht die Berufung zu, wird das Antragsverfahren von Gesetzes wegen als **Berufungsverfahren** fortgesetzt, ohne dass es einer gesonderten Einlegung der Berufung bedarf. Über das Berufungsverfahren findet sich im AsylG nur die Vorschrift des § 79, die einen sehr begrenzten Regelungsbereich hat. Daher finden die allgemeinen Bestimmungen der VwGO über das Berufungsverfahren Anwendung. Dazu gehört auch § 124a Abs. 6 VwGO.

60.1   Die Berufung gegen ein unanfechtbares Urteil ist auch dann unstatthaft, wenn sie durch das OVG rechtsirrig zugelassen wurde (OVG MV NordÖR 2021, 154).

61   Ist die Berufung zugelassen worden, ist sie nach § 124a Abs. 6 S. 1 VwGO innerhalb eines Monats nach Zustellung des Zulassungsbeschlusses zu begründen. Darüber ist der Berufungsführer im Zulassungsbeschluss zu belehren (BVerwGE 107, 117 (122 f.) = BeckRS 9998, 170930). Unterbleibt die Belehrung oder ist sie fehlerhaft, besteht die Möglichkeit der Wiedereinsetzung (BVerwG NVwZ 2000, 66). Wird die **Berufungsbegründung** bei ordnungsgemäßer Belehrung nicht fristgerecht eingereicht, ist die Berufung als unzulässig zu verwerfen (§ 124a Abs. 6 S. 3, Abs. 3 S. 5 VwGO). Die Begründungsfrist kann auf vor ihrem Ablauf gestellten Antrag vom Senatsvorsitzenden verlängert werden. Ein erster Verlängerungsantrag bedarf keiner besonderen Begründung.

62   Die Berufungsbegründung ist beim Oberverwaltungsgericht schriftlich einzureichen; die Einreichung beim Verwaltungsgericht wahrt die Frist nicht (§ 124a Abs. 6 S. 2 VwGO). Für das Verfahren vor dem Oberverwaltungsgericht gilt der Vertretungszwang des § 67 Abs. 4 VwGO. Die Berufungsbegründung muss einen bestimmten **Antrag** enthalten, der sich innerhalb des Zulassungsbeschlusses halten muss, sowie die im Einzelnen anzuführenden Berufungsgründe. Eine Bezugnahme auf den Zulassungsantrag genügt, wenn diese ihrerseits die formellen Anforderungen an die Berufungsbegründung erfüllt, weil sich daraus ergibt, dass aus welchen Gründen der Berufungsführer die Berufung durchführen will (BVerwG NJW 2008, 1014).

62.1   Auch wenn die Bezugnahme auf den Zulassungsantrag genügt, ist es oft sinnvoll, eine eigenständige Berufungsbegründung abzugeben, weil die Berufungszulassungsgründe im Asylprozess eingeschränkt sind und es aus Sicht des Berufungsführers weitere materiell-rechtliche Gründe geben kann, aus denen das angefochtene Urteil zu ändern ist. Diese sollten vorgetragen werden.

C. Sprungrevision

Durch Abs. 6 ist die Sprungrevision nur in den Verfahren ausgeschlossen, in denen das Urteil 63
des Verwaltungsgerichts nach Abs. 1 unanfechtbar ist. Das versteht sich von selbst, soll aber verdeutlichen, dass in allen anderen Fällen – anders als nach der bis zum 29.7.2017 geltenden Rechtslage – die Sprungrevision unter den Voraussetzungen des $\S$ 134 VwGO auch im Asylprozess möglich ist.

D. Gerichtsbescheid

Aus Abs. 7 ergibt sich, dass das Verwaltungsgericht auch im Asylprozess durch Gerichtsbescheid 64
nach $\S$ 84 VwGO entscheiden kann. Die Möglichkeiten eines **Rechtsbehelfes** gegen einen
Gerichtsbescheid sind in $\S$ 84 Abs. 2 VwGO besonders geregelt. Im Asylprozess finden $\S$ 84
Abs. 2 Nr. 1, Nr. 4 und Nr. 5 VwGO keine Anwendung. Die Frist zur Beantragung der Zulassung
der Berufung oder der Durchführung der mündlichen Verhandlung wird durch Abs. 7 auf zwei
Wochen nach Zustellung des Gerichtsbescheides verkürzt; dies gilt auch für die Sprungrevision.

Macht der im Gerichtsbescheidsverfahren Unterlegene die Verletzung seines Anspruchs auf 65
rechtliches Gehör geltend, bleibt ein darauf gestützter Antrag auf Zulassung der Berufung ohne
Erfolg, weil der Zulassungsantragsteller sich dem Einwand ausgesetzt sieht, dass er erstinstanzlich
nicht alles rechtlich Mögliche dafür getan hat, sich rechtliches Gehör zu verschaffen. Denn er
hätte den Antrag auf Durchführung einer mündlichen Verhandlung nach $\S$ 84 Abs. 2 Nr. 2 VwGO
stellen können (BayVGH NVwZ-RR 2007, 719 (720)).

$\S$ 79 Besondere Vorschriften für das Berufungsverfahren

**(1) In dem Verfahren vor dem Oberverwaltungsgericht gilt in Bezug auf Erklärungen
und Beweismittel, die der Kläger nicht innerhalb der Frist des $\S$ 74 Abs. 2 Satz 1 vorgebracht hat, $\S$ 128a der Verwaltungsgerichtsordnung entsprechend.**

(2) $\S$ 130 Abs. 2 und 3 der Verwaltungsgerichtsordnung findet keine Anwendung.

Überblick

Das verwaltungsgerichtliche Berufungsverfahren nach der Zulassung der Berufung läuft im
Asylprozess nach den allgemeinen verwaltungsprozessualen Bestimmungen der VwGO ab, soweit
nicht Sondervorschriften im AsylG Abweichendes regeln. Eine solche Sondervorschrift findet sich
nur in $\S$ 79. Die Vorschrift bezweckt die Beschleunigung des Asylprozesses. In Abs. 1 wird für
Erklärungen und Beweismittel eine zusätzliche Präklusionsregelung für das Berufungsverfahren
geschaffen. Dadurch soll der Kläger zu einer konzentrierten Prozessführung veranlasst werden ($\rightarrow$
Rn. 1 ff.). Abs. 2 schließt eine Zurückverweisung an das Verwaltungsgericht aus. Das Berufungsgericht soll abschließend über das Begehren des Berufungsführers entscheiden ($\rightarrow$ Rn. 7 f.).

A. Präklusion

Der Kläger ist im erstinstanzlichen Verfahren verpflichtet, die zur Begründung seines Klagebe- 1
gehrens dienenden Tatsachen und Beweismittel binnen einer Frist von einem Monat nach Zustellung der Entscheidung anzugeben ($\S$ 74 Abs. 2 S. 1). Dies betrifft nur das persönliche Verfolgungsschicksal des Klägers, nicht aber die allgemeine Situation in seinem Herkunftsland ($\rightarrow$ $\S$ 74 Rn. 6).
Kommt er dieser Verpflichtung trotz einer entsprechenden **Belehrung** auch über die Folgen der
Pflichtversäumung nicht nach, ist er mit diesem erstmalig im Berufungsverfahren vorgetragenen
bereits erstinstanzlich verspäteten Vorbringen im Berufungsverfahren zwar nicht ausgeschlossen.
Dies ergibt sich aus der entsprechenden Geltung des $\S$ 128a VwGO, die $\S$ 79 Abs. 1 anordnet.
Nach Ablauf der Frist des $\S$ 74 Abs. 2 S. 1 entstandene Tatsachen oder verfügbare Beweismittel
werden von der Regelung nicht erfasst.

Das Berufungsgericht kann dieses Vorbringens des Klägers aber **zurückweisen,** wenn es der 2
Überzeugung ist, dass andernfalls die Erledigung des Rechtsstreites verzögert wird, oder wenn das
Verspäten nicht genügend entschuldigt wurde. Die Entscheidung darüber steht im freien Ermessen
des Berufungsgerichts, kann also vom Revisionsgericht nur begrenzt überprüft werden.

Eine Verzögerung des Verfahrens tritt ein, wenn der Rechtsstreit bei Zulassung des Vorbringens 3
länger dauern würde als bei dessen Zurückweisung (BVerwG NVwZ-RR 1998, 592). Das Beru-

fungsgericht muss dies im Wege einer **Prognoseentscheidung** beurteilen. Maßstab dabei ist die Entscheidungsreife des Verfahrens.

4   Zugelassen werden kann das verspätete Vorbringen auch dann, wenn der Kläger die Verspätung genügend entschuldigt, also nachvollziehbare Gründe dafür angibt, weswegen ihn kein Verschulden an dem verspäteten Vortrag trifft. Auch hier entscheidet das Berufungsgericht nach freiem Ermessen. Der **Entschuldigungsgrund** ist auf Verlangen des Gerichts glaubhaft zu machen. Die Glaubhaftmachung kann durch eine eidesstattliche Versicherung oder auf andere Weise, insbesondere die Vorlage von Urkunden, erfolgen.

5   § 79 Abs. 1 regelt die generelle entsprechende Geltung von § 128a VwGO, so dass auch § 128a Abs. 1 S. 3 VwGO gilt. Danach darf das Berufungsgericht den verspäteten Vortrag nicht zurückweisen, wenn es mit geringem Aufwand möglich ist, den Sachverhalt auch ohne Mitwirkung des Beteiligten zu ermitteln.

6   Außerhalb von der in Abs. 1 angeordneten entsprechenden Geltung findet § 128a VwGO im Asylprozess Anwendung. Hier ist insbesondere § 128a Abs. 2 VwGO zu beachten. Erklärungen und Beweismittel, die das Verwaltungsgericht entweder nach § 74 Abs. 1 oder § 87b VwGO zu Recht zurückgewiesen hat, bleiben in Berufungsverfahren **ausgeschlossen.** Das Berufungsgericht hat insoweit keinen Ermessensspielraum, sondern ist an den Gesetzesbefehl gebunden.

B. Zurückverweisungsverbot

7   Eine Zurückverweisung an das erstinstanzliche Gericht aus den in § 130 Abs. 2 und Abs. 3 VwGO genannten Gründen ist durch § 79 Abs. 2 ausdrücklich **ausgeschlossen.** Es bleibt bei der durch § 130 Abs. 1 VwGO begründeten Pflicht des Berufungsgerichts, nach Erhebung der notwendigen Beweise in der Sache selbst zu entscheiden. Das gilt auch dann, wenn das erstinstanzliche Gericht ein Prozessurteil getroffen hat und sich dieses als fehlerhaft erweist.

8   Über die Art und Weise der berufungsgerichtlichen Entscheidung enthält das AsylG keine besonderen Regelungen, so dass auch eine Entscheidung im Verfahren nach § 130a VwGO getroffen werden kann. Auch § 130b VwGO findet Anwendung.

§ 80 Ausschluss der Beschwerde

Entscheidungen in Rechtsstreitigkeiten nach diesem Gesetz können vorbehaltlich des § 133 Abs. 1 der Verwaltungsgerichtsordnung nicht mit der Beschwerde angefochten werden.

1   Ausdruck des dem Asylprozess vom Gesetzgeber unterlegten Beschleunigungsgrundsatzes ist der Ausschluss der Beschwerde in Rechtsstreitigkeiten nach dem AsylG mit Ausnahme der Nichtzulassungsbeschwerde zum BVerwG.

2   Der Beschwerdeausschluss gilt für alle Entscheidungen in Rechtsstreitigkeiten, die auf der Grundlage des AsylG entschieden worden sind. Maßgeblich dafür ist die von der Behörde herangezogene Rechtsgrundlage für ihre Maßnahme (VGH BW AuAS 2020, 250) unabhängig davon, ob sie zu Recht herangezogen wurde (VGH BW NVwZ-RR 1996, 535 (536)) oder ob der geltend gemachte Anspruch im AsylG seine rechtliche Grundlage findet (OVG Bln-Bbg BeckRS 2019, 450 = AuAS 2019, 56).

2.1   Die Rechtsprechung zieht –abweichend – teilweise als Abgrenzungskriterium heran, ob die Maßnahme in direktem Zusammenhang mit dem Asylverfahren erging oder als davon unabhängige aufenthaltsrechtliche Maßnahme (HessVGH DVBl 2021, 274 unter Aufgabe seiner entgegenstehenden Rechtsprechung).

2a   Der Beschwerdeausschluss gilt **umfassend** für alle beschwerdefähigen gerichtlichen Entscheidungen in Verfahren, in denen eine Maßnahme gestützt auf das AsylG Streitgegenstand ist. Neben den Verfahren im vorläufigen Rechtsschutz sind die Prozesskostenhilfeverfahren erfasst (BayVGH BayVBl. 2021, 208; OVG Bln–Bbg BeckRS 2019, 450 = AuAS 2019, 56), aber auch alle anderen gerichtlichen Nebenentscheidungen sowie das kostenrechtliche Erinnerungsverfahren (HmbOVG AuAS 1993, 132; OVG NRW BeckRS 2019, 14794) und die Beschwerde nach § 11 RVG (HessVGH BeckRS 2018, 24612 = InfAuslR 2018, 453); insoweit gilt § 11 Abs. 3 RVG nicht (OVG NRW BeckRS 2019, 2954). Strittig ist, ob die Festsetzung des Gegenstandswertes wegen § 1 Abs. 3 RVG beschwerdefähig ist (so OVG Bln-Bbg BeckRS 2019, 22385; aA OVG RhPf AuAS 2020, 238; ThürOVG DVBl. 2019, 1486). Auch eine sog. außerordentliche Beschwerde –

sofern sie überhaupt für statthaft gehalten wird – unterliegt dem Beschwerdeausschluss (HessVGH BeckRS 2017, 124780 = DÖV 2017, 968 Ls.).

Wegen des Beschwerdeausschlusses sind strenge rechtliche Anforderungen an die erstinstanzliche Verfah- **2a.1** rensgestaltung und Entscheidung in Eilverfahren zu stellen. Gerade in diesen Verfahren können die Grundrechte des Klägers in besonderem Maße betroffen sein, weil bei einer Ablehnung des Eilrechtsschutzes Vollzugsmaßnahmen durchgeführt werden können, die einen effektiven Rechtsschutz im Hauptsacheverfahren vereiteln können.

Nicht erfasst sind Abänderungsanträge nach § 80 Abs. 7 VwGO. Das dadurch ausgelöste gericht- **3** liche Verfahren ist kein Beschwerdeverfahren, sondern ein prozessual selbstständiges Verfahren, das keinen Devolutiveffekt kennt.

Vom Beschwerdeausschluss erfasst ist auch das Verfahren, in dem die auf der Grundlage einer **4** asylrechtlichen Abschiebungsandrohung oder -anordnung zu erfolgende **Abschiebung** Streitgegenstand ist, weil es sich um eine Annexstreitigkeit zu der asylrechtlich geregelten Abschiebungsanordnung handelt (VGH BW AuAS 1998, 80 = LSK 1999, 330602). Ob dies auch dann gilt, wenn der Ausländer (auch) aufenthaltsrechtlich begründete Gründe gegen die Abschiebung anführt, ist in der Rechtsprechung umstritten (gegen den Beschwerdeausschluss VGH BW NVwZ 1994, 1235 (1236); NdsOVG NVwZ-Beil. 2004, 23; HmbOVG AuAS 2005, 142 = BeckRS 2005, 23867; HessVGH 3. Senat InfAuslR 2019, 446; für den Beschwerdeausschluss unter anderem HessVGH 9. Senat InfAuslR 2019, 385; 4. Senat InfAuslR 2020, 87; OVG Brem NVwZ-RR 1995, 231; VGH BW NVwZ-RR 1996, 536).

In der Rechtsprechung des BVerwG (NVwZ 1998, 299 (300)) findet sich der Hinweis, dass die unter- **4.1** schiedlichen Kompetenzen von Bundesamt für Migration und Flüchtlinge und Ausländerbehörde bei der Berücksichtigung von Duldungsgründen zu beachten sind. Das deutet darauf hin, dass der Beschwerdeausschluss sich an dieser Kompetenzzuweisung orientieren kann.

§ 80a Ruhen des Verfahrens

(1) ¹**Für das Klageverfahren gilt § 32a Abs. 1 entsprechend. ²Das Ruhen hat auf den Lauf von Fristen für die Einlegung oder Begründung von Rechtsbehelfen keinen Einfluss.**

(2) ¹**Die Klage gilt als zurückgenommen, wenn der Kläger nicht innerhalb eines Monats nach Ablauf der Geltungsdauer der Aufenthaltserlaubnis nach § 24 des Aufenthaltsgesetzes dem Gericht anzeigt, dass er das Klageverfahren fortführen will.**

(3) **Das Bundesamt unterrichtet das Gericht unverzüglich über die Erteilung und den Ablauf der Geltungsdauer der Aufenthaltserlaubnis nach § 24 des Aufenthaltsgesetzes.**

Überblick

Die Vorschrift erfasst den Fall, dass dem Asylbewerber während des Asylprozesses eine Aufenthaltserlaubnis nach § 24 AufenthG erteilt wird. Für diesen Fall ruht das Klageverfahren, ohne dass es eines gesonderten Antrages eines Beteiligten bedarf. Die Vorschrift ist die prozessuale Fortschreibung des § 32a. Das Ruhen ist vom Gericht durch Beschluss zwingend anzuordnen. Darüber hinaus wird unter bestimmten Voraussetzungen die Rücknahme der Klage fingiert und eine Informationspflicht des Bundesamtes begründet.

A. Ruhen des Verfahrens

Wird während des Klageverfahrens dem Kläger eine Aufenthaltserlaubnis nach § 24 AufenthG **1** erteilt, tritt unmittelbar das Ruhen des gerichtlichen Verfahrens ein. Eine **Antragstellung** durch einen der Beteiligten ist **nicht** erforderlich. Das Gericht ist durch das Bundesamt nach Abs. 3 über die Erteilung dieser Aufenthaltserlaubnis zu informieren. Diese Information ist nicht konstitutiv; ebenso wenig eine durch den Kläger. Trotz des Ruhens des Verfahrens laufen die Rechtsbehelfseinlegungs- und begründungsfristen; sie werden vom Ruhen nicht berührt (Abs. 1 S. 2).

B. Fiktion der Klagerücknahme

Die Klage gilt als zurückgenommen, wenn der Kläger nicht innerhalb einer Frist von einem **2** Monat nach Ablauf der Geltungsdauer der Aufenthaltsgenehmigung nach § 24 AufenthG dem

Gericht formlos anzeigt, dass er das Klageverfahren fortführen will. Über diese Rechtsfolge ist der Kläger nach § 24 Abs. 7 AufenthG von der Ausländerbehörde zu **belehren.** Fehlt es an einer ordnungsgemäßen Belehrung, tritt die Rücknahmefiktion nicht ein. Das Bundesamt ist verpflichtet, das Gericht über den Ablauf der Geltungsdauer der Aufenthaltserlaubnis nach § 24 AufenthG zu informieren. Den Kläger trifft keine solche Pflicht.

2.1 Die Geltungsdauer der Aufenthaltsgenehmigung kann auch durch Verwaltungsakt ablaufen. Mit seiner Vollziehbarkeit beginnt auch die Frist des § 80a. Will der Kläger dies verhindern, muss er die gerichtliche Anordnung der Aussetzung der sofortigen Vollziehung erreichen.

§ 81 Nichtbetreiben des Verfahrens

¹Die Klage gilt in einem gerichtlichen Verfahren nach diesem Gesetz als zurückgenommen, wenn der Kläger das Verfahren trotz Aufforderung des Gerichts länger als einen Monat nicht betreibt. ²Der Kläger trägt die Kosten des Verfahrens. ³In der Aufforderung ist der Kläger auf die nach Satz 1 und 2 eintretenden Folgen hinzuweisen.

Überblick

Die auf § 33 AsylVfG 1982 (BGBl. 1982 I 946 (952)) zurückgehende Vorschrift dient dem beschleunigten Beenden des Asylprozesses (→ Rn. 1), wenn das Verfahren von dem Kläger in einer Art und Weise durchgeführt wird, dass der Wegfall des Rechtsschutzinteresses anzunehmen ist. Verfassungsrechtliche Bedenken bestehen nicht (BVerfG NVwZ-Beil. 1999, 17). Der Grundsatz des effektiven Rechtsschutzes verlangt aber die Einhaltung formeller Voraussetzungen und die Wahrung materiell-rechtlicher Grenzen (→ Rn. 3 ff.).

A. Anwendungsbereich

1 Der Anwendungsbereich der Vorschrift erstreckt sich auf alle gerichtlichen Klageverfahren nach dem AsylG. Maßgeblich ist – wie bei § 80 – die von dem Beklagten für seine angefochtene Entscheidung herangezogene Rechtsgrundlage. Stammt sie aus dem AsylG, ist § 81 anwendbar ungeachtet der materiellen Richtigkeit der Heranziehung dieser Norm. Nicht anwendbar ist die Regelung in Verfahren, die keine **Klageverfahren** sind, wie sich aus dem eindeutigen und einer erweiternden Auslegung nicht zugänglichen Wortlaut „Die Klage" ergibt. Dies entspricht auch dem Sinn und Zweck der Norm, den Asylprozess zu beschleunigen. In Nebenverfahren kann das Gericht regelmäßig auch ohne die aktive Mitwirkung des Klägers zügig eine Entscheidung treffen.

2 Die Norm gilt nur für das erstinstanzliche Klageverfahren (OVG NRW AuAS 2002, 92 (93 f.) = BeckRS 2002, 18110; aA BVerwG NVwZ 1984, 450; ThürOVG AuAS 2000, 69 (70) = BeckRS 9998, 51053). Für das Berufungsverfahren gilt § 126 Abs. 2 VwGO. Der Wortlaut der Norm ist auch hier eindeutig und für eine ausdehnende Auslegung ist wegen des Ausnahmecharakters der Norm kein Raum.

B. Voraussetzungen

3 Das Gericht darf die Betreibensaufforderung erst dann erlassen, wenn begründete Anhaltspunkte dafür vorliegen, dass das Rechtsschutzinteresse weggefallen sein könnte. Diese liegen insbesondere in der **Nichterfüllung** prozessualer **Mitwirkungspflichten.** Dazu genügt nicht längeres prozessuales Schweigen. Ein begründeter Anhaltspunkt kann die fehlende Reaktion auf gerichtliche Verfügungen sein, wenn dafür andere Gründe nicht erkennbar sind. Auch der unbekannte Aufenthalt des Klägers kann dazu gehören. Die Ausreise in das Ausland im Einzelfall den Wegfall des Rechtsschutzinteresses indizieren, doch ist der konkrete Sachverhalt darauf zu überprüfen. Die unfreiwillige Ausreise genügt allein noch nicht, denn der Kläger kann das Verfahren auch vom Ausland aus betreiben wollen. Auch die amtliche Abmeldung nach Unbekannt ist nur ein Indiz für den Wegfall des Rechtsschutzinteresses, weil die Abmeldung ganz unterschiedliche Hintergründe haben kann.

3.1 Um Zweifel am Wegfall des Rechtsschutzinteresses auszuschließen, ist es naheliegend, vor Erlass der Betreibensaufforderung unter Hinweis auf die Möglichkeit des Vorgehens nach § 81 dem Kläger die Möglichkeit zu geben, sich dazu zu äußern. Die dafür zu stellende Frist muss nicht lang sein und führt regelmäßig nicht zu einer nennenswerten Verfahrensverzögerung.

Die Betreibensaufforderung ist an keine bestimmte **Form** gebunden. Sie kann durch Beschluss 4 ergehen, es genügt aber auch eine prozessleitende Verfügung (BVerwGE 71, 213 (216) = BeckRS 9998, 45762). Weil sie eine gesetzliche Frist begründet, muss sie förmlich zugestellt werden, wobei das Unterbleiben einer förmlichen Zustellung durch den tatsächlichen Zugang geheilt wird (§ 56 Abs. 1 VwGO iVm § 189 ZPO). § 10 findet auf die Zustellung Anwendung.

Die Betreibensaufforderung darf, will sie wirksam sein, sich nicht in der Wiederholung des 5 Gesetzestextes erschöpfen, sondern muss dem Kläger ein konkretes Handeln, das der Erfüllung seiner prozessualen **Mitwirkungspflichten** dient, auferlegen. Genügt die Betreibensaufforderung diesen Anforderungen nicht, unterschreitet sie die Bestimmtheit oder überspannt sie die Mitwirkungspflichten, löst sie die Rechtsfolgen des § 81 nicht aus.

Die Betreibensaufforderung muss über die nach S. 1 und S. 2 eintretenden Folgen belehren. 6 Fehlt es daran, bleibt die Betreibensaufforderung rechtlich folgenlos.

Will der Kläger die Rechtsfolgen einer ordnungsgemäßen Betreibensaufforderung vermeiden, 7 muss er die geforderte Mitwirkungshandlung gegenüber dem Gericht vornehmen. Es genügt nicht, wenn er auf andere Art und Weise versucht, das **Fortbestehen** seines **Rechtsschutzinteresses** darzulegen. Insoweit korrespondieren die Anforderungen an den Inhalt der Betreibensaufforderung mit der Handlungspflicht des Klägers. Wird der Kläger allerdings zu mehreren voneinander unabhängigen Mitwirkungshandlungen aufgefordert, die gleichwertig sind, reicht die Erfüllung nur einer solchen Mitwirkungsaufforderung aus.

Das BVerfG ist weniger streng und nimmt in Einzelfällen an, dass auch durch andere als die vom Gericht 7.1 verlangten Handlungen der vermutete Wegfall des Rechtsschutzinteresses widerlegt werden kann. Das ist jedenfalls dann zutreffend, wenn – wie bei der tatsächlich erfolgten Bestellung eines Prozessbevollmächtigten, der seinerseits prozessfördernde Aktivitäten wie die Beantragung von Akteneinsicht vornimmt (vgl. BVerfG BeckRS 2019, 3528 = InfAuslR 2019, 308) – tatsächliche Anhaltspunkte für einen ernsthaften Prozessbetrieb bestehen und zu erwarten ist, dass der Betreibensaufforderung nachgekommen wird.

Die Mitwirkungshandlung des Klägers muss innerhalb der gesetzlichen Frist von einem Monat 8 nach Zustellung der Betreibensaufforderung erfolgen. Eine Verlängerung der Frist ist nicht möglich, weil das Gesetz dies nicht vorsieht. Auch eine **Wiedereinsetzung** ist grundsätzlich nicht möglich, weil mit fruchtlosem Ablauf der Frist die Rücknahmefiktion eintritt. Ausnahmsweise kann Wiedereinsetzung gewährt werden, wenn ein Fall höherer Gewalt vorliegt (BVerwG NVwZ-RR 1991, 443).

C. Rechtsfolgen

Mit dem fruchtlosen Ablauf der Frist des S. 1 gilt die Klage als zurückgenommen mit den sich 9 daraus ergebenden rechtlichen Folgen. Die Klage gilt als nicht rechtshängig geworden mit der weiteren Folge, dass wegen des Ablaufes der Klagefrist der angegriffene Bescheid **bestandskräftig** wird. Das Gericht stellt durch deklaratorischen Beschluss das Verfahren ein und entscheidet über die Kosten, die dem Kläger aufzuerlegen sind.

Über das Vorliegen der **Voraussetzungen** der Fiktion der Klagerücknahme kann Streit beste- 10 hen. Macht der Kläger noch vor Erlass des Einstellungsbeschlusses geltend, dass die Klage nicht als zurückgenommen gelten kann, hat das Gericht durch Urteil über die Rücknahme zu entscheiden. Entsteht der Streit erst nach Bekanntgabe des Einstellungsbeschlusses, muss der Kläger die Fortsetzung des Verfahrens beantragen. Das Gericht hat das Verfahren fortzusetzen und durch Urteil über die Rücknahme zu entscheiden.

§ 82 Akteneinsicht in Verfahren des vorläufigen Rechtsschutzes

[1]**In Verfahren des vorläufigen Rechtsschutzes wird Akteneinsicht auf der Geschäftsstelle des Gerichts gewährt.** [2]**Die Akten können dem bevollmächtigten Rechtsanwalt zur Mitnahme in seine Wohnung oder Geschäftsräume übergeben werden, wenn ausgeschlossen werden kann, dass sich das Verfahren dadurch verzögert.** [3]**Für die Versendung von Akten gilt Satz 2 entsprechend.**

Die Vorschrift dient der Verfahrensbeschleunigung im Eilverfahren und schränkt das Ermessen 1 des Vorsitzenden nach § 100 Abs. 3 S. 3 VwGO ein. Sie gilt nur für die Akteneinsicht im Eilverfahren, nicht aber im Hauptsacheverfahren.

2   Die nach § 100 Abs. 1 VwGO eröffnete Möglichkeit der Akteneinsicht in die Gerichtsakten und die dem Gericht vorgelegten Akten ist grundsätzlich in den Diensträumen des Gerichts zu gewähren, kann aber nach **Ermessen** des Vorsitzenden auch in den Geschäftsräumen des Bevollmächtigten erfolgen. § 82 begrenzt dieses Ermessen auf die Fälle, in denen ausgeschlossen werden kann, dass sich das Verfahren dadurch verzögert (S. 2). Dabei ist zu berücksichtigen, dass die Akteneinsicht der Wahrung des rechtlichen Gehörs dient.

3   Die Umstellung der Aktenführung beim Bundesamt auf **elektronische Akten** dürfte die praktische Bedeutung der Einschränkung reduzieren, weil die Übermittlung der elektronischen Akte zur Akteneinsicht eine Verzögerung des Verfahrens bei entsprechender Fristsetzung zur Äußerung aufgrund der Akteneinsicht häufig verhindern dürfte.

4   Die Ablehnung der Akteneinsicht in den Geschäftsräumen ist nicht anfechtbar, weil es sich um eine prozessleitende Verfügung des Vorsitzenden und nicht um eine Entscheidung des Urkundsbeamten handelt.

§ 83 Besondere Spruchkörper

(1) Streitigkeiten nach diesem Gesetz sollen in besonderen Spruchkörpern zusammengefasst werden.

(2) ¹Die Landesregierungen können bei den Verwaltungsgerichten für Streitigkeiten nach diesem Gesetz durch Rechtsverordnung besondere Spruchkörper bilden und deren Sitz bestimmen. ²Die Landesregierungen können die Ermächtigung auf andere Stellen übertragen. ³Die nach Satz 1 gebildeten Spruchkörper sollen ihren Sitz in räumlicher Nähe zu den Aufnahmeeinrichtungen haben.

(3) ¹Die Landesregierungen werden ermächtigt, durch Rechtsverordnung einem Verwaltungsgericht für die Bezirke mehrerer Verwaltungsgerichte Streitigkeiten nach diesem Gesetz hinsichtlich bestimmter Herkunftsstaaten zuzuweisen, sofern dies für die Verfahrensförderung dieser Streitigkeiten sachdienlich ist. ²Die Landesregierungen können die Ermächtigung auf andere Stellen übertragen.

Überblick

Die Vorschrift enthält gerichtsverfassungsrechtliche und gerichtsorganisatorische Sonderregelungen für die Verwaltungsgerichtsbarkeit, durch die die Effizienz der Verwaltungsgerichte gestärkt werden soll. Dafür ist in Abs. 1 eine Bestimmung geschaffen worden, die sich an die Gerichtspräsidien richtet (→ Rn. 1), und in Abs. 2 und Abs. 3 Ermächtigungen der Landesregierungen in Abweichung von § 3 VwGO (→ Rn. 2 f.).

A. Grundsatz

1   Die Vorschrift appelliert an die Gerichtspräsidien, für asylrechtliche Streitigkeiten dafür spezialisierte und ausschließlich solche Verfahren bearbeitende Spruchkörper zu schaffen. Die als **Soll-Vorschrift** gefasste Bestimmung wird wegen der richterlichen Unabhängigkeit auch der Präsidien nicht als bindend in dem Sinne behandelt, dass von ihr nur in Ausnahmefällen abgewichen werden kann. Soweit ersichtlich handhaben die Gerichtspräsidien die Verteilung der Asylverfahren unter Berücksichtigung der Belastung des jeweiligen Gerichts und der dadurch bedingten Erfordernisse unter Berücksichtigung der gesetzgeberischen Überlegung, dass spezialisierte Asylspruchkörper möglicherweise effizienter arbeiten als Spruchkörper mit gemischter Zuständigkeit.

B. Rechtsverordnungsermächtigung

2   In Abs. 2 werden in S. 1 die Landesregierungen ermächtigt, durch **Rechtsverordnung** bei den Verwaltungsgerichten besondere Spruchkörper zu bilden, die nach S. 3 ihren Sitz in räumlicher Nähe zu den Aufnahmeeinrichtungen haben. Ob die gesetzgeberischen Erwartungen an die Effizienzsteigerungen realistisch sind, mag bezweifelt werden. Organisatorische Schwierigkeiten unterschiedlichster Art sind zu erwarten.

3   Die Landesregierungen werden in Abs. 3 ermächtigt, für Streitigkeiten nach dem AsylG ein Verwaltungsgericht gerichtsbezirksübergreifend für bestimmte Herkunftsstaaten als zuständig zu bestimmen. Dadurch sollen die besonderen Kenntnisse der Richter über die Verhältnisse in bestimmten Herkunftsländern **konzentriert** werden und damit eine zügigere Entscheidungsfindung herbeigeführt werden. Davon ist in einzelnen Bundesländern Gebrauch gemacht worden.

§ 83a Unterrichtung der Ausländerbehörde

¹Das Gericht darf der Ausländerbehörde das Ergebnis eines Verfahrens formlos mitteilen. ²Das Gericht hat der Ausländerbehörde das Ergebnis mitzuteilen, wenn das Verfahren die Rechtmäßigkeit einer Abschiebungsandrohung oder einer Abschiebungsanordnung nach diesem Gesetz zum Gegenstand hat.

Überblick

Der Gesetzgeber hat mit der Vorschrift die Umsetzung der gerichtlichen Entscheidung im Blick, die nicht nur durch das Bundesamt erfolgt, sondern vielfach auch durch die am Asylprozess nicht beteiligte Ausländerbehörde. Durch die gerichtliche Mitteilung soll sie frühzeitig Kenntnis über die durch die gerichtliche Entscheidung gestaltete Rechtslage erhalten. Dabei muss die Mitteilung auch einen Hinweis auf die ggf. fehlende Rechtskraft enthalten.

A. Mitteilung nach Ermessen

Die Vorschrift unterscheidet zwischen der in das freie Ermessen des Gerichts gestellten Befugnis **1** der Mitteilung (S. 1) und der Pflicht zur Mitteilung (S. 2). Grundsätzlich steht es im freien Ermessen des Gerichts, der Ausländerbehörde das Ergebnis des Verfahrens mitzuteilen. Die Mitteilung darf erst erfolgen, wenn die Entscheidung den am Verfahren Beteiligten bekanntgegeben worden ist.

B. Pflicht-Mitteilung

Das Gericht ist nach S. 2 zur Mitteilung verpflichtet, wenn Streitgegenstand der Entscheidung **2** die Rechtmäßigkeit einer Abschiebungsandrohung oder einer Abschiebungsanordnung nach dem AsylG ist. Dadurch soll der Vollzug des AsylG verbessert werden. Auch hier gilt, dass erst die Bekanntgabe an die Beteiligten abzuwarten ist, bevor eine Mitteilung an die Ausländerbehörde erfolgt. Die Mitteilung hat im ordnungsgemäßen Geschäftsgang zu erfolgen.

Ein Abwarten innerhalb angemessener Frist, ob gegen die unanfechtbare Eilentscheidung ein Antrag **2.1** nach § 80 Abs. 7 VwGO gestellt oder die Anhörungsrüge erhoben wird, ist aus rechtsstaatlichen Gründen nicht erforderlich und auch wegen des fehlenden Maßstabes für die Angemessenheit der Frist nicht rechtssicher möglich. Werden diese Rechtsbehelfe ergriffen, sollte die Ausländerbehörde darüber informiert werden, auch wenn eine aufschiebende Wirkung dieser Rechtsbehelfe fehlt. Ebenso wenig muss auf eine eventuell angekündigte Verfassungsbeschwerde gewartet werden.

§ 83b Gerichtskosten, Gegenstandswert

Gerichtskosten (Gebühren und Auslagen) werden in Streitigkeiten nach diesem Gesetz nicht erhoben.

Zweck der Vorschrift ist die Entlastung der mit der Erhebung und Einziehung von Gerichtskos- **1** ten befassten staatlichen Stellen. In der Praxis hat sich das Eintreiben der Gerichtskosten bei kostenpflichtigen Klägern im Asylverfahren als zeit- und personalaufwändig und oft nutzlos erwiesen (BT-Drs. 12/4450, 29). Daher hat der Gesetzgeber generell auf die Erhebung von Gerichtskosten im Asylprozess verzichtet.

Die Gerichtskostenfreiheit gilt für alle Streitigkeiten nach dem AsylG, also für alle Verfahren, **2** in denen eine Norm des AsylG streitgegenständlich ist. Der sachliche Anwendungsbereich ist **weit** zu fassen. Die Gerichtskostenfreiheit gilt auch dann, wenn das konkret eingelegte Rechtsmittel nicht statthaft ist (BVerwG BeckRS 2019, 2666).

Warum das Bundesamt in den Genuss der Kostenfreiheit kommt, ist bei dem dargestellten Gesetzeszweck **2.1** nicht recht verständlich. Jedenfalls hat die Bestimmung die Folge, dass die Länder auch in den Verfahren, in denen das Bundesamt unterliegt, keine Gerichtskosten erheben können.

2.2   In der Rechtsprechung ist streitig, ob die Vorschrift auch den nach spezialgesetzlichen Vorschriften für Kosten haftenden Bevollmächtigten erfasst (VG Meiningen BeckRS 2020, 5789) oder nur auf die nach § 63 VwGO am Prozess Beteiligten (VG Weimar LKV 2020, 572).

3   Der Begriff der Gerichtskosten ist gesetzlich definiert und umfasst sowohl die Gerichtsgebühren wie die Auslagen des Gerichts. Dazu zählen neben den Kosten für Zustellungen insbesondere auch die Kosten im Zusammenhang mit einer Beweiserhebung. Die **außergerichtlichen** Kosten, insbesondere die Kosten einer anwaltlichen Vertretung werden von der Norm nicht erfasst. Diese Kosten trägt der nach der gerichtlichen Entscheidung Kostenpflichtige. Eine gerichtliche Kostenentscheidung ist daher nicht entbehrlich.

4   Für die **Anwaltsgebühren** enthält § 30 RVG eine abschließende Sonderregelung. Sofern sich die anwaltliche Tätigkeit als besonders aufwändig erweist, besteht die Möglichkeit, nach § 30 Abs. 2 RVG eine höhere Festsetzung zu beantragen. Das Gericht entscheidet darüber nach freiem Ermessen. Es kann aber auch – gerade in Verfahren, in denen sich die anwaltliche Tätigkeit in der schlichten Erhebung einer nicht begründeten Klage oder in Schriftsätzen, die aus Textbausteinen bestehen, erschöpft – einen niedrigeren Wert festsetzen.

§ 83c Anwendbares Verfahren für die Anordnung und Befristung von Einreise- und Aufenthaltsverboten

Die Bestimmungen dieses Abschnitts sowie § 52 Nummer 2 Satz 3 der Verwaltungsgerichtordnung gelten auch für Rechtsbehelfe gegen die Entscheidungen des Bundesamtes nach § 75 Nummer 12 des Aufenthaltsgesetzes.

1   Die Vorschrift erweitert den Geltungsbereich des 9. Abschnitts des AsylG, das Sonderverwaltungsprozessrecht, auf die Verfahren, in denen das Bundesamt Entscheidungen nach § 75 Nr. 12 AufenthG getroffen hat.

2   Damit werden für diese Annexentscheidungen in den Fällen einer Abschiebungsandrohung nach §§ 34, 35, einer Abschiebungsanordnung nach § 34a sowie der Anordnung und Befristung eines Einreise- und Aufenthaltsverbotes nach § 11 Abs. 7 AufenthG von den für die asylrechtlich begründete Entscheidung zuständigen Gerichten nach den besonderen prozessualen Bestimmungen des AsylG getroffen.

3   Als Ausnahmevorschrift ist sie eng auszulegen und erfasst nicht solche verwaltungsgerichtlichen Streitverfahren, in den die Aufhebung des Einreise- und Aufenthaltsverbotes nach § 11 Abs. 4 AufenthG begehrt wird.

Abschnitt 10. Straf- und Bußgeldvorschriften

§ 84 Verleitung zur missbräuchlichen Asylantragstellung

(1) Mit Freiheitsstrafe bis zu drei Jahren oder mit Geldstrafe wird bestraft, wer einen Ausländer verleitet oder dabei unterstützt, im Asylverfahren vor dem Bundesamt oder im gerichtlichen Verfahren unrichtige oder unvollständige Angaben zu machen, um seine Anerkennung als Asylberechtigter oder die Zuerkennung internationalen Schutzes im Sinne des § 1 Absatz 1 Nummer 2 zu ermöglichen.

(2) [1]In besonders schweren Fällen ist die Strafe Freiheitsstrafe bis zu fünf Jahren oder Geldstrafe. [2]Ein besonders schwerer Fall liegt in der Regel vor, wenn der Täter
1. für eine in Absatz 1 bezeichnete Handlung einen Vermögensvorteil erhält oder sich versprechen lässt oder
2. wiederholt oder zugunsten von mehr als fünf Ausländern handelt.

(3) Mit Freiheitsstrafe von sechs Monaten bis zu zehn Jahren wird bestraft, wer in den Fällen des Absatzes 1
1. gewerbsmäßig oder
2. als Mitglied einer Bande, die sich zur fortgesetzten Begehung solcher Taten verbunden hat,
handelt.

(4) Der Versuch ist strafbar.

(5) Wer die Tat nach Absatz 1 zugunsten eines Angehörigen im Sinne des § 11 Abs. 1 Nr. 1 des Strafgesetzbuches begeht, ist straffrei.

Überblick

Stets und immer wieder heißt es zu § 84, dass die Vorschrift ohne Praxisrelevanz ist (BeckOK AuslR/Hohoff Überblick; NK-AuslR/Fahlbusch Rn. 2). Das beweist bereits die PKS 2016: Diese weist 2.319 Fälle von § 84 und § 85 auf und davon sind nur 26 Fälle Verdachtstaten nach § 84. Für 2017 wird das noch deutlicher: 16 zu 1.132. Nicht viel anders 2018: 21 zu 973. Aber **2019:** 1.230 zu 716. Diese Ausnahme ist wohl auf eine BAMF-Affäre in Bremen zurückzuführen. Nach Medienberichten hat das LG Bremen im November 2020 jedoch die Anklage nur in einigen wenigen Punkten zugelassen (becklink 2018073). Und im April 2021 wurde das Strafverfahren nach § 153a StPO eingestellt (becklink 2019524). Und jetzt **2020:** 972: 14 zu 958 – alles wieder normal. Nichtsdestotrotz enthält die Vorschrift eine Art Drohkulisse gegenüber engagierten Rechtsanwälten und ehrenamtlichen Helfern. In einem politischen Klima der Repression und Abschottung erinnern sich die Strafverfolgungsorgane eventuell dieser Vorschrift. Davor ist zu warnen. § 84 stellt zur **Täterschaft verselbstständigte Teilnahmehandlungen** in Bezug auf unrichtige oder unvollständige Angaben durch den Asylbewerber unter Strafe (BeckOK AuslR/Hohoff Überblick). Wichtig: Der Asylbewerber selbst macht sich nicht strafbar! **Schutzzweck** der Norm ist die Sicherstellung materiell richtiger Entscheidungen in Asylverfahren und damit die Gesetzmäßigkeit der Verwaltung (BeckOK AuslR/Hohoff Überblick). Zudem soll die Tätigkeit von Schleppern und Schleuserorganisationen bekämpft werden (BeckOK AuslR/Hohoff Überblick; NK-AuslR/Fahlbusch Rn. 1). Dieser auch auf die Organisierte Kriminalität gerichtete Blick sollte wie stets Anlass sein, die Strafvorschrift restriktiv auszulegen. § 84 Abs. 1 enthält den Grundtatbestand (→ Rn. 1 ff.). In Abs. 2 folgt ein Regelbeispiel, während Abs. 3 einen Qualifikationstatbestand enthält (→ Rn. 10 ff.). Abs. 4 sanktioniert den Versuch (→ Rn. 8) und Abs. 5 enthält ein Angehörigenprivileg (→ Rn. 9).

Übersicht

A. Die eigentlichen Tatbestandsmerkmale

I. Grundtatbestand: Verleitung und Unterstützung

Täter ist **nicht der Asylsuchende** selbst, der in seinem Asylverfahren unrichtige oder unvoll- **1** ständige Angaben macht. Er kann auch nicht Teilnehmer sein, da das Rechtsgut ihm gegenüber nicht geschützt ist. Diese Straffreiheit gilt auch für wechselseitig gleichlautende Angaben mehrerer Asylsuchender (NK-AuslR/Fahlbusch Rn. 6). Täter kann daher jeder Deutscher und jeder Ausländer, der nicht der Asylsuchende ist, sein (BeckOK AuslR/Hohoff Überblick).

Einen dogmatisch interessanten Gedanken finden wir in NK-AuslR/Fahlbusch Rn. 7 (auch Huber/ **1.1** Mantel AufenthG/Lehrian Rn. 5): Da nach § 1 Abs. 1 dieses, also das AsylG, nur für Ausländer gilt, die Asyl nach Art. 16a GG oder internationalen Schutz beantragen, erfasst der **Wortlaut** des § 84 Deutsche und Ausländer, die keinen solchen Antrag gestellt haben, als Täter nicht. Mag der **Schutzzweck** für diese als Täter sprechen, so ist im Strafrecht doch Art. 103 Abs. 2 GG zu beachten. Eine Frage für das BVerfG.

Unrichtige Angaben der Asylantragstellerin im Asylverfahren vor dem BAMF oder im gerichtli- **2** chen Verfahren sind auch **nicht nach § 95 Abs. 2 Nr. 2 AufenthG** strafbar.

Teilweise wird von Staatsanwaltschaften und Instanzgerichten angenommen, dass unrichtige Angaben **2.1** bei der Anhörung nach § 25 AsylG vor dem BAMF unter § 95 Abs. 2 Nr. 2 AufenthG zu subsumieren sind (mit weiteren Angaben und zustimmend Freutsmiedl NStZ 2021, 78). Dieser Rechtsansicht ist heftigst zu widersprechen (das mache ich in ZAR 2021, 152). Hauptargument für diese straffreundliche Ansicht ist die Bindungswirkung der asylrechtlichen Entscheidung gemäß § 6 AsylG mit § 25 AufenthG. Auf diese Weise wirken sich die unrichtigen Angaben vor dem BAMF im Asylverfahren mittelbar auf das aufenthaltsrechtliche Verfahren aus.

2.2   Aus OLG München (BeckRS 2020, 2282): „Das Amtsgericht München erließ am 10. August 2018 einen Strafbefehl, der folgenden Sachverhalt enthielt: „Sie sind somalischer Staatsangehöriger und unterliegen demzufolge den besonderen Bestimmungen des Asyl- sowie des Aufenthaltsgesetzes. Am 26.01.2017 tätigten Sie im Rahmen Ihrer Anhörung zu Ihrem Asylverfahren gegenüber dem Bundesamt für Migration und Flüchtlinge, ..., bewusst wahrheitswidrig die nachfolgenden Angaben: Sie seien am 10.11.2014 in der somalischen Stadt ... nach einer Entführung aus der Schule von Angehörigen der „Al-Shabab" Miliz in ein Ausbildungslager der terroristischen Vereinigung „al Shabab" in der Nähe der somalischen Stadt Afgooye verbracht und dort ideologisch geschult worden. Nach etwa einem Monat seien Sie in ein weiteres Ausbildungslager in der Nähe von Mogadishu verlegt worden. Nach weiteren etwa zwei Monaten seien Sie in ein drittes Ausbildungslager in dem Stadtteil Gerisbaarley gekommen und dort weiter im Umgang mit Sprengstoffwesten geschult und zum Sprengstoffattentäter ausgebildet worden. Während Ihres gesamten Aufenthalts dort seien Sie durch die Androhung von körperlicher Gewalt zum Bleiben motiviert worden. Anlässlich eines Angriffs der somalischen Regierungstruppen sei Ihnen schließlich am 10.04.2015 die Flucht aus dem Ausbildungslager gelungen. Die vorgenannten Angaben waren von Ihnen frei erfunden worden, da Sie sich hierdurch bessere Aussichten im Asylverfahren versprachen." Der Strafbefehl wertete dieses Verhalten als Erschleichen eines Aufenthaltstitels gem. § 95 Abs. 2 Nr. 2 AufenthG."

2.3   Nach Einspruch sprachen AG und LG den Betroffenen frei. Nach Revision der StA stellt das OLG München (BeckRS 2020, 2282) fest: **„Ein Asylbewerber macht sich nicht nach § 95 Abs. 2 Nr. 2 AufenthG strafbar, wenn er im Asylverfahren unrichtige Angaben macht.**" Und weiter: „Wegen dieser vorausgesetzten allgemeinen Bedeutung der Angaben für das Verfahren muss sich aber auch die Absicht des Täters, für sich oder einen anderen einen Aufenthaltstitel oder eine Duldung zu beschaffen, auf dieses Verfahren beziehen, das die Erteilung des Aufenthaltstitels zum Gegenstand hat. Somit muss ein **funktionaler Zusammenhang zwischen seinen Angaben und der Erteilung des Aufenthaltstitels bestehen.** ... Das Asylverfahren ist gerade kein ausländerrechtliches Verfahren zur Erteilung eines Aufenthaltstitels, auch wenn es hierfür eine Rolle spielt. In einem Verfahren zur Erteilung eines Aufenthaltstitels sind eine Vielzahl von Informationen bedeutsam. Die unrichtigen Angaben mögen sich dahin auswirken, dass in der Folge ein Aufenthaltstitel erteilt wird. Dies ist jedoch lediglich die mittelbare Folge des Asylverfahrens. Würde es für eine Strafbarkeit ausreichen, wenn irgendwo in anderen Verfahren falsche Angaben zur Erlangung eines Aufenthaltstitels gemacht werden, die nur mittelbar für dessen Erteilung relevant sind, so würde dies den Wortlaut der Strafvorschrift überdehnen."

2.4   Was erstrebt der Asylantragsteller, wenn er in der persönlichen Anhörung vor dem BAMF gemäß § 25 AsylG unrichtige oder unvollständige Angaben macht? Er erstrebt unmittelbar eine Anerkennung im asylrechtlichen Verfahren. Er oder sie erstrebt die Anerkennung gemäß Art. 16a GG bzw. § 3 AsylG. Die Entscheidung des BAMF im asylrechtlichen Verfahren hat nach § 6 AsylG Bindungswirkung. **Wortlaut und Systematik sprechen gegen eine Anwendung des § 95 Abs. 2 Nr. 2 AufenthG a**uf unrichtige Angaben der Asylantragstellerin im Asylverfahren. Wenn § 95 Abs. 2 Nr. 2 AufenthG von Aufenthaltstitel spricht, sind damit die Aufenthaltstitel gemäß § 4 AufenthG gemeint. Asylverfahren und Aufenthaltsverfahren sind trotz der Bindungswirkung nach § 6 AsylG zwei selbständige Verwaltungsverfahren. Das zeigt auch § 1 AsylG. Systematisch müsste die akzessorische Haupttat des Asylantragstellers zu § 84 AsylG vor eben dieser Norm stehen. So die vergleichbare gesetzliche Regelung der §§ 95 und 96 AufenthG. Die **Straf- und Bußgeldvorschriften des AufenthG und des AsylG sind selbständig.** § 84 AsylG ist daher lex specialis zu § 95 Abs. 2 Nr. 2 AufenthG und verdrängt diesen tatbestandlich (so Erbs/Kohlhaas/Senge AufenthG § 95 Rn. 58; Huber/Mantel AufenthG/Hörich/Bergmann AufenthG § 95 Rn. 234). Der Asylantragsteller macht sich mit seinen unrichtigen Angaben im Asylverfahren nicht strafbar. Er steht grundsätzlich als Zeuge im Verfahren nach § 84 AsylG zur Verfügung. Ihm drohen mit Nichtanerkennung, Widerruf und Rücknahme migrationsverwaltungsrechtliche Konsequenzen. Das entspricht auch der Qualifikations-RL. Diese erwähnt keine strafrechtliche Reaktion bei unrichtigen Angaben. Es ist umfassende und zutreffende Auffassung in Rechtsprechung und Schrifttum, dass unrichtige Angaben im Asylverfahren weder nach § 95 Abs. 2 Nr. 2 AufenthG noch nach dem AsylG strafbar sind (OLG München BeckRS 2020, 2282; OLG Brandenburg BeckRS 2019, 28322; OLG Bamberg NStZ-RR 2014, 142; NK-AuslR/Fahlbusch AufenthG § 95 Rn. 214 Fn. 303; Bergmann/Dienelt/Winkelmann/Stephan AufenthG § 95 Rn. 100; Huber/Mantel AufenthG/Hörich/Bergmann § 95 Rn. 234; Huber/Mantel AufenthG/Lehrian Rn. 1, 4; KHK ZuwanderungsR-Hdb/Mosbacher § 10 Rn. 30; MüKoStGB/Gericke AufenthG § 95 Rn. 105; J. Schmidt, Verteidigung von Ausländern, 4. Aufl. 2016, Rn. 201; kritisch BeckOK AuslR/Hohoff Überblick; anders Freutsmiedl NStZ 2021, 78 mit gesetzeshistorischer Auslegung). An dieser Ansicht ist festzuhalten. Asylantragsteller dürfen nicht unter Generalverdacht gestellt werden. Das verlangt unser humanitäres Grundverständnis.

3   **Unrichtig** sind Angaben, wenn sie nicht dem wahren Sachverhalt entsprechen. **Unvollständig** sind Angaben, wenn weitere wesentliche Tatsachen verschwiegen werden. Erfasst ist allein die

Tatsituation eines Asylverfahrens vor dem Bundesamt oder im gerichtlichen Verfahren. Andere Tatsituationen wie vor der Polizei oder der Ausländerbehörde sind nicht erfasst – Art. 103 Abs. 2 GG. Es stellt sich das Parallelproblem aus § 95 Abs. 2 Nr. 2 AufenthG: Sind alle Tatsachen schutzzweckrelevant? Wie § 95 Abs. 2 Nr. 2 AufenthG ist auch § 84 ein **abstraktes Gefährdungsdelikt** (BeckOK AuslR/Hohoff Rn. 2). So soll es genügen, dass die Angaben für das Asylverfahren allgemein von Bedeutung sind und daher grundsätzlich zur unrechtmäßigen Anerkennung führen können (BeckOK AuslR/Hohoff Rn. 2; Bergmann/Dienelt/Bergmann Rn. 9). Allein gänzlich ungeeignete Tatsachen scheiden demnach aus. So ist es auch unbeachtlich, dass der Asylbewerber ungeachtet der unrichtigen oder unvollständigen Tatsachen einen materiell-rechtlichen Anspruch auf Asyl bzw. internationalen Schutz hat (BeckOK AuslR/Hohoff Rn. 2; Bergmann/Dienelt/Bergmann Rn. 9; einschränkend NK-AuslR/Fahlbusch Rn. 17). Hier aber erschöpft sich der Strafzweck im Schutz eines bloßen formalen Verwaltungsverfahrens. Das weckt Bedenken an der Verhältnismäßigkeit des § 84 – ultima-ratio-Gedanke des Strafrechts. Die Rechtsprechung ist aufgefordert, den Tatbestand des § 84 teleologisch dahin zu reduzieren, dass allein unrichtige oder unvollständige Angaben zu wesentlichen Voraussetzungen im Asylverfahren schutzrelevant sind. Der Gesetzgeber ist zu einer solchen Änderung aufgefordert – § 42 StAG kann Vorbild sein.

Die eigentliche **Tathandlung** ist das Verleiten bzw. das Unterstützen des Asylsuchenden zu **4** seinem Verhalten. Verleiten bedeutet Beeinflussung des Ausländers, bösgläubig – Anstiftung – oder gutgläubig – mittelbare Täterschaft – unrichtige oder unvollständige Angaben zu machen (BeckOK AuslR/Hohoff Rn. 4). Unterstützen ist als strafrechtliche Beihilfe zu verstehen (BeckOK AuslR/ Hohoff Rn. 5). In Betracht kommen Rat oder Tat (Bergmann/Dienelt/Bergmann Rn. 7): Jede Hilfe beim Vorbereiten oder Beschaffen falscher Behauptungen, Beweismittel oder Unterlagen fällt hierunter; ebenso die Zusicherung späterer Hilfe nach einer Anerkennung oder für den Fall des Misserfolgs im Asylverfahren. Auch die Beratung vor oder während des Asylverfahrens und das Abfassen von Schriftsätzen können Unterstützungshandlungen darstellen.

Von besonderer Bedeutung ist das **Strafbarkeitsrisiko engagierter Rechtsanwältinnen** im **5** Asylverfahren. Eine **anwaltsunfreundliche Sicht** (Bergmann/Dienelt/Bergmann Rn. 8; MüKoStGB/Schmidt-Sommerfeld Rn. 14 ff.) dehnt ein solches extensiv aus: Als Organ der Rechtspflege bzw. als staatlich gebundener Vertrauensberuf in amtsähnlicher Stellung soll der Rechtsanwalt, wenn er die Unrichtigkeit oder Unvollständigkeit der Tatsachen kennt, gehalten sein, das Gewicht der Angaben des Asylbewerbers nicht durch eigene Versicherungen der Glaubhaftigkeit zu verstärken (Bergmann/Dienelt/Bergmann Rn. 8; MüKoStGB/Schmidt-Sommerfeld Rn. 14 f.). Wenn dem Rechtsanwalt die Unrichtigkeit oder Unvollständigkeit der Tatsachen bekannt sei oder wenn er zumindest Zweifel an deren Wahrheitsgehalt oder Vollständigkeit hege, dürfe er sie nur als Angaben des Mandanten vortragen und habe sich jeder eigenen Bekräftigung zu enthalten (Bergmann/Dienelt/Bergmann Rn. 8). Verwiesen wird in diesem Zusammenhang auf § 258 StGB: Ein Recht auf Lüge steht dem Rechtsanwalt nicht zu (MüKoStGB/Schmidt-Sommerfeld Rn. 15). Die umfassende Aufklärung über die Sach- und Rechtslage ist dagegen nicht tatbestandsmäßig wie auch das schriftliche oder mündliche Weitergeben der vom Asylsuchenden erhaltenen Informationen (MüKoStGB/Schmidt-Sommerfeld Rn. 16). Nach diesen Grundsätzen unterliegt auch derjenige einem Strafbarkeitsrisiko, der uneigennützig, aus Mitleid oder aufgrund eines humanitären Pflichtbewusstseins oder mit Rücksicht auf vermeintliche Berufspflichten als Rechtsanwalt oder Sozialarbeiter handelt (Bergmann/Dienelt/Bergmann Rn. 9). Mit dieser Abgrenzung wird die Rechtsanwältin in „normalen" Zeiten leben und arbeiten können. Das Mandatsgeheimnis schützt.

Aber: Mögen auch keine Verurteilungen von Rechtsanwälten nach § 84 ersichtlich sein, so **6** liegt in der Norm und in deren weitem Verständnis ein nicht zu unterschätzendes Abschreckungs- und Drohpotential (NK-AuslR/Fahlbusch Rn. 22). Die staatliche Einbindung des Rechtsanwalts widerspricht seiner Stellung als Beistand (§ 137 StPO) und Parteiinteressenvertreter (Kretschmer AuslStrafR § 7 Rn. 26 ff.). Es ist nicht anwaltliche Aufgabe, im Asylverfahren den Wahrheitsgehalt der Angaben seines Mandanten zu klären. Das kann der Anwalt nicht leisten. Das ist nicht seine normative Verantwortung. Das ist Aufgabe des BAMF und der Gerichte. Die Grenze zum strafrechtlich relevanten Verhalten in § 84 überschreitet der Rechtsanwalt erst, wenn er eigenverantwortlich den Asylsuchenden dazu verleitet, unzutreffende Angaben zu machen oder falsche Sachverhalte selbst erfindet (NK-AuslR/Fahlbusch Rn. 24). Erst jetzt trifft ihn die normative Verantwortung. Solange er diese vorträgt oder die aus einer Sicht sich daraus ergebenden Schlussfolgerungen zieht, bleibt er straflos (NK-AuslR/Fahlbusch Rn. 24). Oder: Der Rechtsanwalt muss sich nicht neutral bzw. distanziert zum Vortrag seines Mandanten verhalten, selbst im Bewusstsein der Unrichtigkeit oder der Unvollständigkeit der Angaben.

6.1   Das BVerfG (ANA-ZAR 2010, 38 = BeckRS 2010, 53171) stellt hohe Anforderungen und verlangt konkrete Hinweise und eine sorgfältige Prüfung der Voraussetzungen des § 84 durch die Strafverfolgungsorgane, um eine Durchsuchung einer Rechtsanwaltskanzlei zu begründen. Die Verhältnismäßigkeit sei zu wahren.

7   Der **subjektive Tatbestand** besteht aus dem Tatbestandsvorsatz – in jeder dogmatischen Form – und der Absicht, „um seine Anerkennung als Asylberechtigter oder die Zuerkennung internationalen Schutzes iSd § 1 Abs. 1 Nr. 2 zu ermöglichen".

8   Der **Versuch** ist strafbar – Abs. 4. Das Ansetzen nach § 22 StGB bezieht sich auf die tatbestandsmäßige Handlung. Und diese ist in § 84 das Verleiten oder die Hilfeleistung. Insoweit ist hier eine Form der zur Täterschaft verselbstständigten Form der versuchten Teilnahme gegeben.

9   Es gilt ein **Angehörigenprivileg** (Abs. 5).

II. Regelbeispiel (Abs. 2) und Qualifikation (Abs. 3)

10   Die bestimmten Merkmale des Regelbeispiels und die genannten Qualifikationsmerkmale entsprechen weitgehend dem § 96 AufenthG.

11   Vermögensvorteil: Die Vergütung des Rechtsanwalts, der trotz einschränkender Anwendung des § 84 Abs. 1 die Grenzen der Strafbarkeit überschreitet, kann und sollte nicht als einschlägiger Vermögensvorteil verstanden werden (NK–AuslR/Fahlbusch Rn. 40). Diese ist Bestandteil der rechtsstaatlichen Berufsfreiheit.

12   Wiederholtes Handeln oder zugunsten von mehr als fünf Ausländern: Hier sind vor allem die Tilgungsfristen des § 51 BZRG zu achten (NK–AuslR/Fahlbusch Rn. 42 ff.; zur Gewerbsmäßigkeit → AufenthG § 96 Rn. 18; zur bandenmäßigen Begehung → AufenthG § 96 Rn. 19).

B. Prozessuales

13   Die Tatbestandsvoraussetzungen sind selbstständig vom Strafrichter zu prüfen und festzustellen, auch wenn sie eine asylrechtliche oder ausländerrechtliche Auslegung erfordern.

14   Es ist ein **Pflichtverteidiger** zu bestellen (NK–AuslR/Fahlbusch Rn. 7, 18, 30).

15   Und zu beachten ist, dass der Qualifikationstatbestand des § 84 Abs. 3 **Katalogtat** für heimliche strafprozessuale Maßnahmen ist: § 100a Abs. 2 Nr. 4 StPO; § 100b Abs. 2 Nr. 2 StPO; §§ 100c, 100f, 100g, 100i StPO.

§ 84a Gewerbs- und bandenmäßige Verleitung zur missbräuchlichen Asylantragstellung

(1) Mit Freiheitsstrafe von einem Jahr bis zu zehn Jahren wird bestraft, wer in den Fällen des § 84 Abs. 1 als Mitglied einer Bande, die sich zur fortgesetzten Begehung solcher Taten verbunden hat, gewerbsmäßig handelt.

(2) In minder schweren Fällen ist die Strafe Freiheitsstrafe von sechs Monaten bis zu fünf Jahren.

1   § 84a kombiniert kumulativ die beiden Qualifikationsmerkmale der Gewerbsmäßigkeit und der bandenmäßigen Begehung zu einem **Verbrechenstatbestand** (§ 12 StGB). Folge? Der Versuch ist strafbar (§ 23 StGB).

2   Auf die möglichen strafprozessualen, insbesondere heimlichen Ermittlungsmaßnahmen ist der Mandant hinzuweisen, da § 84a – wie auch § 84 Abs. 3 – Katalogtat ist (§§ 100a Abs. 2 Nr. 4, 100b Abs. 2 Nr. 2, 100c, 100f, 100g, 100i StPO und andere).

§ 85 Sonstige Straftaten

Mit Freiheitsstrafe bis zu einem Jahr oder mit Geldstrafe wird bestraft, wer
1. **entgegen § 50 Abs. 6, auch in Verbindung mit § 71a Abs. 2 Satz 1, sich nicht unverzüglich zu der angegebenen Stelle begibt,**
2. **wiederholt einer Aufenthaltsbeschränkung nach § 56 oder § 59b Absatz 1, jeweils auch in Verbindung mit § 71a Abs. 3, zuwiderhandelt,**
3. **einer vollziehbaren Anordnung nach § 60 Abs. 2 Satz 1, auch in Verbindung mit § 71a Abs. 3, nicht rechtzeitig nachkommt oder**

4. entgegen § 61 Abs. 1, auch in Verbindung mit § 71a Abs. 3, eine Erwerbstätigkeit ausübt.

Überblick

Mit der Norm, deren einzelne Vorschriften unter → Rn. 3 ff. erläutert sind (zu den möglichen Tätern → Rn. 2), sollen besondere Mitwirkungspflichten des Asylbewerbers durchgesetzt werden (→ Rn. 1).

A. Normzweck und Tatsubjekte

Mit der Norm sollen besondere Mitwirkungspflichten des Asylbewerbers durchgesetzt werden. **1** Diese dienen der ordnungsgemäßen und zügigen Durchführung des Asylverfahrens und sollen verhindern, dass eine Anerkennung zu Unrecht erfolgt (Bergmann/Dienelt/Bergmann Rn. 2). § 85 ist Ausdruck einer **kriminalpolitischen Überkriminalisierung.** Dazu das BVerfG (NVwZ 1997, 1109): „Das Strafrecht wird als „ultima ratio" des Rechtsgüterschutzes eingesetzt, wenn ein bestimmtes Verhalten über sein Verbotensein hinaus in besonderer Weise sozialschädlich und das geordnete Zusammenleben der Menschen unerträglich, seine Verhinderung daher besonders dringlich ist." Wenn dagegen den Regelungen auch eine „gewisse allgemeine präventive Wirkung zukommen mag" (MüKoStGB/Schmidt-Sommerfeld Rn. 3), zeigt das die verfassungsrechtliche Problematik (NK-AuslR/Fahlbusch Rn. 2; deutlich Kretschmer AuslStrafR § 7 Rn. 50). Es geht im Regelfall um die strafrechtliche Pönalisierung bloßen Verwaltungsunrechts. Die Bundesrepublik ist auch – erst recht – einer humanitären Flüchtlingspolitik verpflichtet. Das soll und muss sich auch in der Achtung der Bewegungsfreiheit oder dem Zugang zum Arbeitsmarkt zeigen.

Täter sind die jeweils in den akzessorisch genannten Vorschriften des AsylG genannten Mitwir- **2** kungspflichtigen (§ 1 Abs. 1). Es gelten voll und ganz die Regelungen der **Verwaltungsakzessorietät** (→ AufenthG § 95 Rn. 8 ff.). Beachte: Eine Strafbarkeit entfällt, wenn das Verwaltungsgericht nach einem entsprechenden Antrag des Asylbewerbers nach § 80 Abs. 5 VwGO die aufschiebende Wirkung einer Klage anordnet. Darüber hinaus entfällt die Strafbarkeit nach Nr. 1– 3 auch bereits für die Dauer des gerichtlichen Eilverfahrens, wenn der Asylbewerber unverzüglich einen Antrag gem. § 80 Abs. 5 VwGO auf Anordnung der aufschiebenden Wirkung einer Klage stellt (BeckOK AuslR/Hohoff Rn. 4; MüKoStGB/Schmidt-Sommerfeld Rn. 14). Alle Tatvorwürfe verlangen den **Vorsatz** (§ 15 StGB).

B. Die einzelnen Vorschriften

I. Nichtbefolgen der Zuweisungszuordnung

§ 85 Nr. 1 dient der Durchsetzung der Zuweisungsverfügung nach § 50 zur landesinternen **3** Verteilung. Nach § 50 Abs. 6 und § 71a Abs. 2 muss der betroffene Ausländer sich unverzüglich zu der darin angegebenen Stelle begeben. Die Anordnung ist nach § 75 sofort vollziehbar. Nach den Regeln der Verwaltungsakzessorietät sind allein nichtige Verwaltungsakte nicht bindend.

Nicht **unverzüglich** handelt, wer schuldhaft zögert (§ 121 BGB). Insbesondere eine vorherige **4** anwaltliche Beratung schließt ein Verschulden aus, aber auch Krankheit, Unfall, Verkehrsbehinderungen. Auch die Kontaktaufnahme mit sozialen oder kirchlichen Einrichtungen begründet kein Verschulden (MüKoStGB/Schmidt-Sommmerfeld Rn. 27). Wenn zu der Unverzüglichkeit ausgeführt wird, dass unter Umständen wenige Stunden als Frist genügen, um ausreichend Zeit für den Umzug zu haben, weil der Betroffene in einer Ausnahmeeinrichtung wohnt (Bergmann/Dienelt/ Bergmann § 50 Rn. 31), ist das inhuman und missachtet den erheblichen Einschnitt in die Lebenswirklichkeit des Betroffenen.

II. Wiederholter Verstoß gegen die Aufenthaltsbeschränkung

Die Nr. 2 der Strafvorschrift sanktioniert den wiederholten Verstoß gegen die in den §§ 56 **5** und 59b Abs. 1 – auch iVm § 71a Abs. 3 – gesetzlich bzw. behördlich angeordneten örtlichen Aufenthaltsbeschränkungen – Grundsatz der Verwaltungsakzessorietät.

Bereits das kurzfristige Verlassen des zugewiesenen räumlichen Bereichs ist tatbestandsmäßig. **6** Allgemeine bzw. Erlaubnisse im Einzelfall (§§ 57, 58) schließen die Tatbestandsmäßigkeit aus. Darauf ist auf Seiten der Strafverfolgungsorgane besonders zu achten. Die verspätete bzw. unterlassene Rückkehr ist wiederum tatbestandsgemäß (Bergmann/Dienelt/Bergmann Rn. 8). Das ist –

wie so oft – alles sehr kompliziert, bürokratisch und in vielen Einzelheiten umstritten und daher und an der Grenze der verfassungsrechtlichen Bestimmtheit nach Art. 103 Abs. 2 GG. Bloßes Verwaltungsunrecht widerstreitet dem ultima-ratio-Gedanken des Strafrechts (NK-AuslR/Fahlbusch Rn. 21). Der Vorsatz der betroffenen Ausländer ist streng zu prüfen.

6.1   **Achtung:** Zu beachten ist § 59a Abs. 1 – Erlöschen der räumlichen Beschränkung! Und daher auch § 2 Abs. 3 StGB. Die gesetzliche räumliche Beschränkung nach § 56 endet im Regelfall – lesen Sie § 59a – automatisch nach drei Monaten des ununterbrochenen erlaubten, geduldeten oder gestatteten Aufenthalts (beachte aber die Ausnahme in § 59a Abs. 1 S. 2).

7   Tathandlung ist die **wiederholte Zuwiderhandlung.** Der erstmalige Verstoß ist eine Ordnungswidrigkeit (§ 86). Wiederholt werden kann allein dieselbe räumliche – identische – Aufenthaltsbeschränkung (Bergmann/Dienelt/Bergmann Rn. 11; NK-AuslR/Fahlbusch Rn. 45). Parallel zu § 95 Abs. 1 Nr. 7 AufenthG ist umstritten, ob der erste Verstoß in irgendeiner Weise sanktioniert worden sein muss – **Warnfunktion.** In einer extensiven Ansicht soll es praktisch allein darauf ankommen, dass der frühere Verstoß hätte geahndet werden können (Bergmann/Dienelt/Bergmann Rn. 11). Das überzeugt nicht. Das BVerfG (NVwZ 1997, 1109) führt aus: „Die staatliche Strafandrohung für eine erneute Zuwiderhandlung gegen die räumliche Aufenthaltsbeschränkung greift hier also erst Platz, nachdem der Asylbewerber trotz vorangegangener Ahndung die räumliche Beschränkung der Aufenthaltsgestattung wiederum nicht beachtet hat." Die erforderliche Warnfunktion fordert daher zumindest eine polizeiliche oder behördliche Reaktion auf den Erstverstoß (s. Huber/Mantel AufenthG/Lehrian Rn. 8; Fern ZAR 2019, 375 (377); NK-AuslR/Fahlbusch Rn. 49). Das bedarf strafgerichtlicher Feststellungen.

III. Verstoß gegen eine Wohnauflage

8   Unter Strafe steht die nicht rechtzeitige Befolgung einer vollziehbaren Anordnung nach § 60 Abs. 2 – auch mit § 71a Abs. 3. Hier steht bereits der erstmalige Verstoß unter Strafe. Dagegen wird der erstmalige Verstoß bei den räumlichen Beschränkungen nach § 56 und § 59b zu Recht nur als Ordnungswidrigkeit sanktioniert. Daher ist die Nr. 3 unverhältnismäßig. Die Wohnsitzauflage nach § 60 dient auch einer gerechten Verteilung der Sozialkosten der Länder. Rechtfertigt das eine Strafdrohung?

9   Bei einer Fristsetzung soll die Fristverstreichung als Maßstab für die Rechtzeitigkeit gelten, im Übrigen soll der Maßstab der Unverzüglichkeit gelten (BeckOK AuslR/Hohoff Rn. 22). Aber „rechtzeitig" heißt eben nicht „unverzüglich" (Art. 103 Abs. 2 GG). Daher soll die Bewertung der Rechtzeitigkeit, wenn es keine Frist gibt, von den konkreten Umständen des Einzelfalls abhängen. Dabei sollen persönliche und familiäre Verhältnisse ebenso Berücksichtigung finden wie das bisherige soziale Umfeld (MüKoStGB/Schmidt-Sommerfeld Rn. 41). Wie soll der Betroffene aber wissen, ab welchem Zeitpunkt er sich strafbar macht (NK-AuslR/Fahlbusch Rn. 59)?

IV. Verstoß gegen Erwerbstätigkeitsverbot

10   Wer entgegen § 61 Abs. 1 – auch iVm § 71a Abs. 3 – eine Erwerbstätigkeit ausübt, macht sich strafbar.

11   Erwerbstätigkeit ist jede selbstständige oder unselbstständige Tätigkeit, die auf die Erzielung von Gewinn gerichtet ist, oder für die ein Entgelt vereinbart oder üblich ist (NK-AuslR/Fahlbusch Rn. 61). Betteln und Musizieren in der Metro gehören nicht dazu (Kretschmer AuslStrafR § 8 Rn. 89).

C. Prozessuales

12   Wegen der ausländerverwaltungsrechtlichen schwierigen Fragen ist ein Pflichtverteidiger gefordert (LG Ellwangen BeckRS 2011, 25717; NK-AuslR/Fahlbusch Rn. 29, 56). Das erfordert die Fairness im Verfahren.

§ 86 Bußgeldvorschriften

(1) Ordnungswidrig handelt ein Ausländer, der einer Aufenthaltsbeschränkung nach § 56 oder § 59b Absatz 1, jeweils auch in Verbindung mit § 71a Abs. 3, zuwiderhandelt.

(2) Die Ordnungswidrigkeit kann mit einer Geldbuße bis zu zweitausendfünfhundert Euro geahndet werden.

Als Ordnungswidrigkeit wird der erstmalige Verstoß gegen eine räumliche Aufenthaltsbeschrän- 1
kung nach §§ 56 oder 59b – auch iVm § 71a Abs. 3 – sanktioniert. Nach § 47 OWiG gilt statt
des strafprozessualen Legalitätsprinzips das Opportunitätsprinzip. Davon sollte großzügig Gebrauch
gemacht werden (NK-AuslR/Fahlbusch § 85 Rn. 2).

Abschnitt 11. Übergangs- und Schlussvorschriften

§ 87 Übergangsvorschriften

(1) Für das Verwaltungsverfahren gelten folgende Übergangsvorschriften:
1. **Bereits begonnene Asylverfahren sind nach bisher geltendem Recht zu Ende zu führen, wenn vor dem Inkrafttreten dieses Gesetzes das Bundesamt seine Entscheidung
   an die Ausländerbehörde zur Zustellung abgesandt hat. Ist das Asylverfahren vor
   dem Inkrafttreten dieses Gesetzes bestandskräftig abgeschlossen, ist das Bundesamt
   für die Entscheidung, ob Abschiebungshindernisse nach § 53 des Ausländergesetzes
   vorliegen, und für den Erlass einer Abschiebungsandrohung nur zuständig, wenn ein
   erneutes Asylverfahren durchgeführt wird.**
2. **Über Folgeanträge, die vor Inkrafttreten dieses Gesetzes gestellt worden sind, entscheidet die Ausländerbehörde nach bisher geltendem Recht.**
3. **Bei Ausländern, die vor Inkrafttreten dieses Gesetzes einen Asylantrag gestellt haben,
   richtet sich die Verteilung auf die Länder nach bisher geltendem Recht.**

**(2) Für die Rechtsbehelfe und das gerichtliche Verfahren gelten folgende Übergangs-
vorschriften:**
1. **In den Fällen des Absatzes 1 Nr. 1 und 2 richtet sich die Klagefrist nach bisher
   geltendem Recht; die örtliche Zuständigkeit des Verwaltungsgerichts bestimmt sich
   nach § 52 Nr. 2 Satz 3 der Verwaltungsgerichtsordnung in der bis zum Inkrafttreten
   dieses Gesetzes geltenden Fassung.**
2. **Die Zulässigkeit eines Rechtsbehelfs gegen einen Verwaltungsakt richtet sich nach
   bisher geltendem Recht, wenn der Verwaltungsakt vor Inkrafttreten dieses Gesetzes
   bekannt gegeben worden ist.**
3. **Die Zulässigkeit eines Rechtsmittels gegen eine gerichtliche Entscheidung richtet
   sich nach bisher geltendem Recht, wenn die Entscheidung vor Inkrafttreten dieses
   Gesetzes verkündet oder von Amts wegen anstelle einer Verkündung zugestellt worden ist.**
4. **Hat ein vor Inkrafttreten dieses Gesetzes eingelegter Rechtsbehelf nach bisher geltendem Recht aufschiebende Wirkung, finden die Vorschriften dieses Gesetzes über den
   Ausschluss der aufschiebenden Wirkung keine Anwendung.**
5. **Ist in einem gerichtlichen Verfahren vor Inkrafttreten dieses Gesetzes eine Aufforderung nach § 33 des Asylverfahrensgesetzes in der Fassung der Bekanntmachung vom
   9. April 1991 (BGBl. I S. 869), geändert durch Artikel 7 § 13 in Verbindung mit
   Artikel 11 des Gesetzes vom 12. September 1990 (BGBl. I S. 2002), erlassen worden,
   gilt insoweit diese Vorschrift fort.**

Überblick

Die Vorschrift enthält Bestimmungen für den Übergang vom AsylVfG 1982 zum AsylVfG 1992
(BGBl. 1992 I 1126), welches am **1.7.1992** (Art. 7 AsylVfG 1992) in Kraft getreten ist. Dagegen
enthält § 87a Übergangsregelungen des zum 1.7.1993 in Kraft getretenen Gesetz zur Änderung
asylverfahrens-, ausländer- und staatsangehörigkeitsrechtlicher Vorschriften (v. 30.6.1993,
BGBl. I 1062). Die Vorschrift hat daher kaum noch praktische Relevanz, insbesondere da sie
nicht für spätere Änderungen des AsylG gilt. Denkbare Anwendungsfälle wären (vgl. NK-AuslR/
Hofmann Rn. 4):
- Ein Asylverfahren ist **vor dem 1.7.1992 bestandskräftig abgeschlossen** und es wird heute
  ein Asylfolgeantrag gestellt, bei dem das BAMF kein Folgeverfahren durchführt (vgl. Abs. 1
  Nr. 2). In diesem Fall gilt sowohl für das behördliche als auch das gerichtliche Verfahren das
  alte Recht.

- Die Ablehnung eines Asylantrages wurde vor dem 1.7.1992 an die Ausländerbehörde abgesandt, diese hat jedoch **nie eine Zustellung** vorgenommen. Es müsste dann noch eine Zustellung nach altem Recht erfolgen (Abs. 1 Nr. 1).
- Ein Folgeantrag wurde vor dem 1.7.1992 bei der Ausländerbehörde schriftlich gestellt, aber **nie an das BAMF weitergeleitet** (Abs. 1 Nr. 2).

In Abs. 1 werden die Übergangsregeln für das Verwaltungsverfahren (→ Rn. 1 ff.), in Abs. 2 diejenigen für das Rechtsmittelverfahren (→ Rn. 5 ff.) geregelt. Soweit ein Regelungsgegenstand durch die Übergangsvorschrift erfasst ist, ist auch das alte materielle Recht anzuwenden (vgl. Bergmann/Dienelt/Bergmann Rn. 2; Marx AsylG Rn. 1).

A. Übergangsvorschriften für das Verwaltungsverfahren (Abs. 1)

1 Maßgeblich für die Anwendung des alten Rechts ist, dass das Asylverfahren bereits **vor dem 1.7.1992 anhängig** war und das BAMF die Entscheidung vor diesem Tag **abgesandt** hatte (Abs. 1 Nr. 1 S. 1). Nach dem alten Recht hatte das BAMF für den Fall der (teilweisen) Antragsablehnung den Bescheid an die zuständige Ausländerbehörde weiterzuleiten, die dann den Bescheid zuzustellen hatte (§§ 12 Abs. 7, 28 Abs. 5 AsylVfG 1982). Die Ausländerbehörde hatte dann zu prüfen, ob sie eine Ausreiseaufforderung gem. § 28 Abs. 1 AsylVfG 1982 erließ oder davon absah bzw. – in den Fällen der Feststellung eines Abschiebungshindernisses nach § 51 AuslG durch das BAMF – zwingend keine Ausreiseaufforderung zu erlassen war. Nicht von Abs. 1 erfasst ist der Fall der Asylanerkennung, da in diesem Fall der Bescheid direkt dem Betroffenen zugestellt wurde und das Verwaltungsverfahren damit beendet war (Marx AsylG Rn. 3; **aA:** für eine analoge Anwendung Bergmann/Dienelt/Bergmann Rn. 5). Auf die Anfechtungsklage des Bundesbeauftragten in diesen Fällen findet Abs. 2 Anwendung.

2 War das Asylverfahren schon **vor dem 1.7.1992 bestandskräftig** abgeschlossen, galt ebenfalls altes Recht (vgl. BVerwG NVwZ 1994, 177 (178)). Dies bedeutete, dass die Ausländerbehörde für die Prüfung von humanitären Abschiebungshindernissen zuständig war und bei deren Vorliegen nach § 28 Abs. 1 AsylVfG 1982 keine Ausreiseaufforderung erlassen durfte. Bei einem Folgeantrag war das BAMF nur dann für den Erlass der Abschiebungsandrohung zuständig, wenn eine Folgeverfahren durchgeführt wurde (Abs. 1 Nr. 1 S. 2).

3 Altes Recht war weiter anwendbar für **Folgeanträge,** die **vor dem 1.7.1992 gestellt** wurden (Abs. 1 Nr. 2). Dies war nach altem Recht auch schriftlich bei der zuständigen Ausländerbehörde möglich. Zuständig war die im Erstverfahren zugewiesene Ausländerbehörde. Nach § 10 Abs. 2 S. 1 AsylVfG 1982 hatte die Ausländerbehörde dem Betroffenen die Antragsablehnung die Abschiebung unter Bestimmung einer Frist von zwei Wochen anzudrohen.

4 Ausländer, die den **Asylantrag vor dem 1.7.1992 gestellt** hatten, wurden nach § 22 AsylVfG 1982 im Anschluss an die wirksame Antragstellung verteilt (Abs. 1 Nr. 3). Eine wirksame Asylantragstellung lag dann vor, wenn der Ausländer gegenüber der Ausländerbehörde (§ 8 Abs. 1 AsylVfG 1982) schriftlich, mündlich oder auf andere Weise seinen Willen geäußert hat, Schutz vor politischer Verfolgung oder Abschiebung nach § 51 Abs. 1 AuslG zu suchen.

B. Übergangsvorschriften für das Verwaltungsstreitverfahren (Abs. 2)

5 In den Fällen, in denen das BAMF die (teilweise) ablehnende Entscheidung vor dem 1.7.1992 an die Ausländerbehörde abgesandt hatte, und bei vor dem 1.7.1992 gestellten Folgeanträgen galt die **Klagefrist von einem Monat** nach § 74 VwGO, da das AsylVfG 1982 hierzu keine eigene Vorschrift besaß. Es galt außerdem der Klageverbund des § 30 AsylVfG 1982, der Betroffene musste also das Klagebegehren gegen BAMF und Ausländerbehörde in einem Verfahren betreiben (vgl. ausf. Marx AsylG Rn. 8). Zuständig war gem. § 52 Nr. 2 VwGO aF das Verwaltungsgericht des mit Zustimmung der Ausländerbehörde innegehabten Wohnsitzes.

6 Welches Recht für die **Zulässigkeit eines Rechtsbehelfs** gegen einen Verwaltungsakt (Abs. 2 Nr. 2) bzw. eines **Rechtsmittels** gegen eine gerichtliche Entscheidung (Abs. 2 Nr. 3) galt, richtete sich nach dem Zeitpunkt der Bekanntgabe bzw. Verkündung oder Zustellung. Lag diese vor dem 1.7.1992, war altes Recht anzuwenden. Nach altem Recht war gegen verwaltungsgerichtliche Urteile eine Beschwerde nach § 32 Abs. 6 AsylVfG 1982 einzulegen. Ausgeschlossen war die Beschwerde lediglich in asylrechtlichen Eilrechtsschutzverfahren (§ 10 Abs. 3 S. 8 AsylVfG 1982).

7 Für die Frage, welches Recht hinsichtlich der **aufschiebenden Wirkung eines Rechtsbehelfs** anzuwenden war (Abs. 2 Nr. 4), ist der Eingang bei Gericht, nicht der Ablauf der Rechtsmittelfrist maßgeblich (Bergmann/Dienelt/Bergmann Rn. 14). Nach altem Recht hatte der Rechtsbehelf aufschiebende Wirkung, wenn der Ausschluss nicht ausdrücklich in den einzelnen Rechtsvorschriften geregelt war (zB §§ 10 Abs. 3 S. 2, 20 Abs. 6, 22 Abs. 10, 26 Abs. 4 AsylVfG 1982).

War eine **Betreibensaufforderung** nach § 33 AsylVfG 1982 vor dem 1.7.1992 ergangen, galt 8
diese Regelung ungeachtet § 81 fort (Abs. 2 Nr. 5). Maßgeblich war der Zeitpunkt des Erlasses,
nicht der Zustellung (Marx AsylG Rn. 12). Im alten Recht galt die Drei-Monats-Frist des § 33
Abs. 1 AsylVfG 1982.

§ 87a Übergangsvorschriften aus Anlass der am 1. Juli 1993 in Kraft getretenen Änderungen

(1) ¹Soweit in den folgenden Vorschriften nicht etwas anderes bestimmt ist, gelten
die Vorschriften dieses Gesetzes mit Ausnahme der §§ 26a und 34a auch für Ausländer,
die vor dem 1. Juli 1993 einen Asylantrag gestellt haben. ²Auf Ausländer, die aus einem
Mitgliedstaat der Europäischen Gemeinschaften oder aus einem in der Anlage I bezeichneten Staat eingereist sind, finden die §§ 27, 29 Abs. 1 und 2 entsprechende Anwendung.

(2) Für das Verwaltungsverfahren gelten folgende Übergangsvorschriften:
1. § 10 Abs. 2 Satz 2 und 3, Abs. 3 und 4 findet Anwendung, wenn der Ausländer
   insoweit ergänzend schriftlich belehrt worden ist.
2. § 33 Abs. 2 gilt nur für Ausländer, die nach dem 1. Juli 1993 in ihren Herkunftsstaat
   ausreisen.
3. Für Folgeanträge, die vor dem 1. Juli 1993 gestellt worden sind, gelten die Vorschriften der §§ 71 und 87 Abs. 1 Nr. 2 in der bis zu diesem Zeitpunkt geltenden Fassung.

(3) Für die Rechtsbehelfe und das gerichtliche Verfahren gelten folgende Übergangsvorschriften:
1. Die Zulässigkeit eines Rechtsbehelfs gegen einen Verwaltungsakt richtet sich nach
   dem bis zum 1. Juli 1993 geltenden Recht, wenn der Verwaltungsakt vor diesem
   Zeitpunkt bekannt gegeben worden ist.
2. Die Zulässigkeit eines Rechtsbehelfs gegen eine gerichtliche Entscheidung richtet
   sich nach dem bis zum 1. Juli 1993 geltenden Recht, wenn die Entscheidung vor
   diesem Zeitpunkt verkündet oder von Amts wegen anstelle einer Verkündung zugestellt worden ist.
3. § 76 Abs. 4 findet auf Verfahren, die vor dem 1. Juli 1993 anhängig geworden sind,
   keine Anwendung.
4. Die Wirksamkeit einer vor dem 1. Juli 1993 bereits erfolgten Übertragung auf den
   Einzelrichter bleibt von § 76 Abs. 5 unberührt.
5. § 83 Abs. 1 ist bis zum 31. Dezember 1993 nicht anzuwenden.

Überblick

Die Vorschrift enthält Übergangsregelungen für die am 1.7.1993 in Kraft getretenen Gesetzesänderungen (BGBl. 1993 I 1062). Die Regelung ist ausschließlich auf die Altfassung des Gesetzes
anwendbar und gilt nicht auf die Änderungen durch das Zuwanderungsgesetz (Bergmann/Dienelt/
Bergmann Rn. 2). Dies wird durch die Einfügung des § 87b zum 1.1.2005 bestätigt. Nach Abs. 1
ist grundsätzlich neues Recht anwendbar, wenn sich aus der Vorschrift nichts anderes ergibt, außer
es handelt sich um die Drittstaatenregelung (→ Rn. 1 ff.). In Abs. 2 sind Übergangsvorschriften
für das Verwaltungsverfahren (→ Rn. 4) und in Abs. 3 für das Verwaltungsstreitverfahren (→
Rn. 5) geregelt.

A. Übergangsregelung für die Drittstaatenklausel (Abs. 1)

Nach Abs. 1 gilt auch für Ausländer, die ihren **Asylantrag vor dem 1.7.1993** gestellt haben 1
grundsätzlich das neue Recht, wenn sich aus der Vorschrift nichts Gegenteiliges ergibt.
Die Vorschriften der §§ 26a, 34a über **sichere Drittstaaten** sollen dagegen nur auf **nach dem** 2
1.7.1993 gestellte Asylanträge angewandt werden. Dies folgt bereits daraus, dass der Ausschluss
des Asylgrundrechts gem. Art. 16a Abs. 2 GG für solche Personen erst nach Inkrafttreten dieser
Regelung am 30.06.1993 überhaupt wirksam wurde. Nicht anwendbar sind auf solche Altfälle
auch alle übrigen Vorschriften, die sich auf die Drittstaatenregelung bezogen (§§ 18 Abs. 2 Nr. 1,
19 Abs. 3, 31 Abs. 1 S. 3 und Abs. 4, 40 Abs. 3, 55 Abs. 1 S. 3, 71 Abs. 6 S. 2). Maßgeblich ist
allerdings nicht der Asylantrag, sondern der **Zeitpunkt der Einreise,** sofern diese unverzüglich
gemeldet worden ist. Denn der in Art. 16a Abs. 2 GG vorgesehene Ausschluss vom Grundrecht

auf Asyl wegen Einreise aus einem sicheren Drittstaat gilt nur für die Fälle, in denen die Einreise ins Bundesgebiet nach dem 30.6.1993 erfolgt ist (BVerfG NVwZ-Beil. 1993, 12).

3   Für Ausländer, die vor dem 1.7.1993 aus einem **Mitgliedstaat der EU** oder einem Staat aus Anlage I eingereist waren, galt neues Recht unabhängig vom Zeitpunkt der Asylantragstellung. Die schematische Anwendung des § 27 Abs. 1 auf diese Asylanträge ist jedoch im Hinblick auf obige Rechtsprechung des BVerfG zu Art. 16a Abs. 2 GG (→ Rn. 2) problematisch (Marx AsylG Rn. 2).

B. Übergangsregelung für das Verwaltungsverfahren (Abs. 2)

4   Nach Abs. 2 Nr. 1 fanden die neuen Vorschriften über die **Zustellung** nur Anwendung, wenn der Ausländer ergänzend schriftlich belehrt worden war, was im Zweifelsfall von der Behörde zu belegen war (Marx AsylG Rn. 4). Die **Rücknahmefiktion** des § 33 Abs. 2 galt nur für Ausländer, die nach dem 1.7.1993 in ihren Herkunftsstaat ausreisten (Abs. 2 Nr. 2). Für **Folgeanträge**, die vor dem 1.7.1993 gestellt worden waren, galten die Vorschriften der §§ 71 und 87 Abs. 1 Nr. 2 aF Dies bedeutete insbesondere, dass die Abschiebung mit einer Frist von zwei Wochen angedroht werden musste (→ § 87 Rn. 3).

C. Übergangsregelung für das Verwaltungsstreitverfahren (Abs. 3)

5   Welches Recht für die **Zulässigkeit eines Rechtsbehelfs** gegen einen Verwaltungsakt (Abs. 3 Nr. 1) bzw. eines **Rechtsmittels** gegen eine gerichtliche Entscheidung (Abs. 3 Nr. 2) galt, richtete sich wie bei § 87 nach dem Zeitpunkt der Bekanntgabe bzw. Verkündung oder Zustellung. Lag dies vor dem 1.7.1993, war altes Recht anzuwenden. Für Eilrechtsschutzverfahren nach § 36 wurde keine Übergangsregelung vorgesehen, so dass diesbezüglich neues Recht anzuwenden war (vgl. Marx AsylG Rn. 5). Die **zwingende Einzelrichterübertragung** nach § 76 Abs. 4 in Eilrechtsschutzverfahren fand keine Anwendung, wenn der Eilrechtsschutzantrag vor dem 1.7.1993 gestellt worden war (Abs. 3 Nr. 3). Das alte Recht sah den Ausschluss der Übertragung des Rechtsstreits auf **Richter auf Probe als Einzelrichter** in den ersten sechs Monaten (§ 76 Abs. 5) nicht vor. Abs. 3 Nr. 4 sah daher vor, dass die Wirksamkeit einer vor dem 1.7.1993 erfolgte Übertragung nicht durch § 76 Abs. 5 berührt werden sollte. Die Vorschrift des § 83 über **besondere Spruchkörper** sollte erst ab dem 1.1.1994 anwendbar sein (Abs. 3 Nr. 5).

§ 87b Übergangsvorschrift aus Anlass der am 1. September 2004 in Kraft getretenen Änderungen

In gerichtlichen Verfahren nach diesem Gesetz, die vor dem 1. September 2004 anhängig geworden sind, gilt § 6 in der vor diesem Zeitpunkt geltenden Fassung weiter.

1   Mit Wirkung zum 1.9.2004 wurde durch Aufhebung des § 6 aF die Institution des Bundesbeauftragten für Asylangelegenheiten abgeschafft (Art. 3 Nr. 5 des Gesetzes zur Steuerung und Begrenzung der Zuwanderung und zur Regelung des Aufenthalts und der Integration von Unionsbürgern und Ausländern v. 30.7.2004, BGBl. I 1950). § 87b bestimmt, dass in Verwaltungsstreitigkeiten, die vor dem 1.9.2004 anhängig geworden waren, der Bundesbeauftragte sich weiter am Verfahren beteiligen und diese zu Ende führen konnte.

2   Nach § 6 aF war der **Bundesbeauftrage für Asylangelegenheiten** vom Bundesminister des Innern zu berufen und beim Bundesamt bestellt. Er konnte sich an den Asylverfahren vor dem Bundesamt und an Klageverfahren vor den Verwaltungsgerichten beteiligen und gegen Entscheidungen des Bundesamtes klagen (§ 6 Abs. 2 aF). Nach § 87b kann sich der Bundesbeauftragte nur noch an **gerichtlichen Verfahren** und nicht mehr an Verfahren vor dem Bundesamt beteiligen. Die Verfahren müssen außerdem **vor dem 1.9.2004 anhängig** geworden sein. Strittig ist, ob alle Gerichtsverfahren nach dem AsylVfG umfasst sind (so Bergmann/Dienelt/Bergmann Rn. 3) oder – der ratio von § 6 aF folgend – nur solche Verfahren, in denen es in irgendeiner Weise um den Flüchtlingsstatus geht (so NK-AuslR/Hofmann Rn. 3). Nach dem eindeutigen Wortlaut der Vorschrift ist nicht erforderlich, dass der Bundesbeauftragte an dem Verfahren zum Stichtag schon beteiligt war, er könnte sich auch **nachträglich** an gerichtlichen Verfahren im Sinne der Vorschrift beteiligen (NK-AuslR/Hofmann Rn. 4; BeckOK/AuslR/Neundorf Rn. 1; zur Problematik des **unzulässigen „Insichprozesses"** durch den Bundesbeauftragen vgl. NK-AuslR/Hofmann Rn. 5).

Durch das Gesetz zur Umsetzung der Richtlinie 2011/95/EU (BGBl. 2013 I 3474) wurde   **3** auch § 39 aufgehoben. Dieser bestimmte das Verfahren nach einer erfolgreichen Anfechtungsklage des ehemaligen Bundesbeauftragten, also dem Erlass der Abschiebungsandrohung sowie ggf. der Nachholung einer Feststellung von Abschiebungsverboten nach § 60 Abs. 2, Abs. 5 und Abs. 7 AufenthG. Eine Übergangsvorschrift sah das Gesetz nicht vor, da davon ausgegangen worden war, dass es keine Altfälle mehr gab (zu den Lösungsmöglichkeiten bei doch existierenden Altfällen vgl. NK-AuslR/Hofmann Rn. 6).

§ 87c Übergangsvorschriften aus Anlass der am 6. August 2016 in Kraft getretenen Änderungen

(1) [1]Eine vor dem 6. August 2016 erworbene Aufenthaltsgestattung gilt ab dem Zeitpunkt ihrer Entstehung fort. [2]Sie kann insbesondere durch eine Bescheinigung nach § 63 nachgewiesen werden. [3]§ 67 bleibt unberührt.

(2) Der Aufenthalt eines Ausländers, der vor dem 5. Februar 2016 im Bundesgebiet um Asyl nachgesucht hat, gilt ab dem Zeitpunkt der Aufnahme in der für ihn zuständigen Aufnahmeeinrichtung oder, sofern sich dieser Zeitpunkt nicht bestimmen lässt, ab dem 5. Februar 2016 als gestattet.

(3) Der Aufenthalt eines Ausländers, dem bis zum 6. August 2016 ein Ankunftsnachweis ausgestellt worden ist, gilt ab dem Zeitpunkt der Ausstellung als gestattet.

(4) [1]Der Aufenthalt eines Ausländers, der nach dem 4. Februar 2016 und vor dem 1. November 2016 um Asyl nachgesucht hat und dem aus Gründen, die er nicht zu vertreten hat, nicht unverzüglich ein Ankunftsnachweis ausgestellt worden ist, gilt mit Ablauf von zwei Wochen nach dem Zeitpunkt, in dem er um Asyl nachgesucht hat, als gestattet. [2]Die fehlende Ausstellung des Ankunftsnachweises nach Satz 1 hat der Ausländer insbesondere dann nicht zu vertreten, wenn in der für die Ausstellung seines Ankunftsnachweises zuständigen Stelle die technischen Voraussetzungen für die Ausstellung von Ankunftsnachweisen nicht vorgelegen haben.

(5) Die Absätze 2 bis 4 finden keine Anwendung, wenn der Ausländer einen vor dem 6. August 2016 liegenden Termin zur Stellung des Asylantrags nach § 23 Absatz 1 aus Gründen, die er zu vertreten hat, nicht wahrgenommen hat.

(6) Ergeben sich aus der Anwendung der Absätze 1 bis 4 unterschiedliche Zeitpunkte, so ist der früheste Zeitpunkt maßgeblich.

Überblick

Mit dem Integrationsgesetz (v. 31.7.2016, BGBl. I 1939) wurde die Aufenthaltsgestattung in § 55 nF an die Ausstellung des Ankunftsnachweises geknüpft. § 87c enthält Übergangsvorschriften für diejenigen Ausländer, die vor dem 6.8.2016 in Deutschland um Asyl nachgesucht haben, und soll für diese Personen Rechtssicherheit schaffen (BT-Drs. 18/8615). Abs. 1 regelt den Fortbestand der Aufenthaltsgestattung (→ Rn. 1 f.). Abs. 2 befasst sich mit Asylgesuchen vor dem 5.2.2016 (→ Rn. 3). Ist ein Ankunftsnachweis bis zum 6.8.2016 ausgestellt worden, ergibt sich der Zeitpunkt des Entstehens der Aufenthaltsgestattung aus Abs. 3 (→ Rn. 4). Abs. 4 befasst sich mit Asylgesuchen zwischen 5.2.2016 und 1.11.2016 (→ Rn. 5 f.). Abs. 5 enthält eine Ausschlussregel für die Anwendung von Abs. 2–4, wenn ein vor dem 6.8.2016 liegender Termin zur Antragstellung aus Gründen, die der Antragsteller zu vertreten hat, nicht wahrgenommen wurde (→ Rn. 7). Kommen mehrere Zeitpunkte für das Entstehen der Aufenthaltsgestattung in Betracht, gilt die Meistbegünstigungsklausel des Abs. 6 (→ Rn. 9). Die verschiedenen Entstehungszeitpunkte stehen daher nebeneinander und **verdrängen sich nicht** (Marx AsylG Rn. 4 f.; Hailbronner AuslR Rn. 3).

A. Fortbestand der Aufenthaltsgestattung (Abs. 1)

Abs. 1 S. 1 stellt klar, dass eine **vor dem 6.8.2016 erworbene Aufenthaltsgestattung** ab   **1** dem Zeitpunkt der Entstehung fort gilt, wenn sie nicht nach § 67 erloschen ist (Abs. 1 S. 3). Es wird auf das materielle Aufenthaltsrecht, nicht auf die Ausstellung der Bescheinigung abgestellt (Marx AsylG Rn. 2; Hailbronner AuslR Rn. 2), was auch durch Abs. 1 S. 2 verdeutlicht wird. Für den Zeitpunkt des Entstehens der Aufenthaltsgestattung war nach § 55 Abs. 1 aF der **Zeit-**

punkt des Nachsuchens um Asyl bei der zuerst aufgesuchten Aufnahmeeinrichtung maßgeblich. Der **Nachweis** kann durch eine Bescheinigung über die Aufenthaltsgestattung nach § 63 geführt werden, ist hierauf aber nicht beschränkt (Hailbronner AuslR Rn. 2; Marx AsylG Rn. 2). Es kommt zB auch ein Nachweis durch den Ankunftsnachweis nach § 63a oder die „Bescheinigung über die Meldung als Asylsuchender" (BÜMA) in Betracht.

2   Ist die Aufenthaltsgestattung nach § 67 Abs. 1 Nr. 2 **erloschen** und stellt der Betroffene nach der Zwei-Wochen-Frist den Asylantrag, tritt die Aufenthaltsgestattung gem. § 67 Abs. 2 Nr. 2 wieder in Kraft. Maßgeblich für die Entstehung der Aufenthaltsgestattung ist dann wieder der Zeitpunkt des Nachsuchens um Asyl (Marx AsylG Rn. 3).

B. Asylgesuch vor dem 5.2.2016 (Abs. 2)

3   Für Ausländer, die **vor dem 5.2.2016 im Bundesgebiet um Asyl nachgesucht** haben, gilt gem. Abs. 2 der Aufenthalt ab der Aufnahme in die zuständige Aufnahmeeinrichtung (§§ 30a, 47) als gestattet. Lässt sich dieser Zeitpunkt nicht bestimmen, ist der 5.2.2016 der maßgebliche Zeitpunkt (Abs. 2 Hs. 2). Der Zeitpunkt des Asylgesuchs kann durch Abfrage beim Ausländerzentralregister festgestellt werden, da die Meldung als Asylsuchender dort gem. § 2 Abs. 1a Nr. 1 AZRG iVm § 3 Abs. 1 Nr. 3 AZRG gespeichert wird (zur Kritik an der Vorschrift und einer möglichen Verletzung von Art. 3 GG vgl. GK-AsylG/Funke-Kaiser Rn. 4).

C. Bis zum 6.8.2016 ausgestellter Ankunftsnachweis (Abs. 3)

4   Abs. 3 stellt Ausländer, denen **vor dem 6.8.2016 ein Ankunftsnachweis** ausgestellt wurde mit denen gleich, die danach einen Ankunftsnachweis erhalten haben: Ihr Aufenthalt gilt ab dem Zeitpunkt der Ausstellung des Ankunftsnachweises als gestattet.

D. Asylgesuch nach 4.2.2016 und vor 1.11.2016 (Abs. 4)

5   Abs. 4 betrifft Ausländer, die **zwischen 5.2.2016 und 31.10.2016** ein Asylgesuch gestellt haben. Wurde ihnen – entgegen der gesetzlichen Regelung – nicht unverzüglich ein Ankunftsnachweis ausgestellt, gilt der Aufenthalt **zwei Wochen ab Asylgesuch** als gestattet. Der Ausländer darf die Nichtausstellung des Ankunftsnachweises allerdings **nicht zu vertreten** haben. Dies ist insbesondere der Fall, wenn die Nichtausstellung auf technischen Problemen bei der Behörde beruht.

6   Da der Gesetzgeber ausdrücklich auf die unverzügliche Ausstellung des Ankunftsnachweises abstellt, ist die Regelung auch anwendbar, wenn der **Ankunftsnachweis zu spät** ausgestellt wurde (GK-AsylG/Funke-Kaiser Rn. 11).

E. Nichtwahrnehmung eines vor dem 6.8.2016 liegenden Termins zur Antragstellung (Abs. 5)

7   Die Anwendung von **Abs. 2–4 ist ausgeschlossen,** wenn der Ausländer einen vor dem 6.8.2016 festgelegten Termin zur Asylantragstellung aus Gründen, die er zu vertreten hat, nicht wahrgenommen hat. In diesen Fällen soll die Aufenthaltsgestattung also gar nicht erst entstanden sein. § 67 Abs. 1 S. 1 Nr. 2 und S. 2 iVm § 23 Abs. 1, nach dem die Aufenthaltsgestattung in den Fällen der Nichtwahrnehmung des Termins zur Asylantragstellung erlischt, ist auf diese Fälle daher nicht anwendbar.

8   Wann der Ausländer die Nichtwahrnehmung des Termins zu vertreten hat, ist nicht klar definiert, was zu erheblichen Unsicherheiten führen kann (GK-AsylG/Funke-Kaiser Rn. 12). Sicher erforderlich ist ein Verhalten, das dem Verantwortungsbereich des Ausländers zuzuordnen ist (§ 33 Abs. 2 S. 2, → § 33 Rn. 33 ff.). Nicht geklärt ist bisher, ob ein Verschulden notwendig ist (so wohl BeckOK AuslR/Neundorf Rn. 10).

F. Meistbegünstigungsklausel (Abs. 6)

9   Ergeben sich aus den vorgenannten Vorschriften **mehrere mögliche Zeitpunkte** des Entstehens der Aufenthaltsgestattung, gilt der für den Ausländer günstigste Zeitpunkt, dh es ist der **früheste Zeitpunkt** maßgeblich.

§ 88 Verordnungsermächtigungen

(1) Das Bundesministerium des Innern, für Bau und Heimat kann durch Rechtsverordnung mit Zustimmung des Bundesrates die zuständigen Behörden für die Ausführung von Rechtsvorschriften der Europäischen Gemeinschaft und völkerrechtlichen Verträgen über die Zuständigkeit für die Durchführung von Asylverfahren bestimmen, insbesondere für
1. Auf- und Wiederaufnahmeersuchen an andere Staaten,
2. Entscheidungen über Auf- und Wiederaufnahmeersuchen anderer Staaten,
3. den Informationsaustausch mit anderen Staaten und der Europäischen Gemeinschaft sowie Mitteilungen an die betroffenen Ausländer und
4. die Erfassung, Übermittlung und den Vergleich von Fingerabdrücken der betroffenen Ausländer.

(2) Das Bundesministerium des Innern, für Bau und Heimat wird ermächtigt, durch Rechtsverordnung mit Zustimmung des Bundesrates Vordruckmuster und Ausstellungsmodalitäten sowie die Regelungen für die Qualitätssicherung der erkennungsdienstlichen Behandlung und die Übernahme von Daten aus erkennungsdienstlichen Behandlungen für die Bescheinigungen nach den §§ 63 und 63a festzulegen.

(3) Die Landesregierung kann durch Rechtsverordnung Aufgaben der Aufnahmeeinrichtung auf andere Stellen des Landes übertragen.

Überblick

§ 88 Abs. 1 dient der Umsetzung von Art. 16a Abs. 5 GG. Die Regelung ermächtigt das BMI, mit Zustimmung des Bundesrates mittels Rechtsverordnungen die zuständigen Behörden für die Ausführung von Unionsrecht und völkerrechtlichen Verträgen über die Zuständigkeit für die Durchführung des Asylverfahrens zu bestimmen (→ Rn. 1). Abs. 2 enthält eine Ermächtigung zur Regelung von Vordruckmustern und Ausstellungsmodalitäten unter anderem zu den Bescheinigungen nach §§ 63 und 63a (→ Rn. 3). Nach Abs. 3 kann die Landesregierung Aufgaben der Aufnahmeeinrichtung auf andere Stellen des Landes übertragen (→ Rn. 4).

A. Rechtsverordnung zur Zuständigkeitsbestimmung (Abs. 1)

Das BMI kann durch Rechtsverordnung mit Zustimmung des Bundesrates die zuständigen **1** Behörden für die Durchführung von Unionsrecht und völkerrechtlichen Verträgen, welche die **Zuständigkeit für die Durchführung des Asylverfahrens** betreffen, bestimmen. Die Ermächtigung betrifft sowohl primäres als auch sekundäres Unionsrecht (Marx AsylG Rn. 1; BeckOK AuslR/Neundorf Rn. 1), sie betrifft multilaterale Verträge (zB SDÜ; Dublin III-VO) sowie bilaterale Verträge (zB Übereinkommen zwischen der Bundesrepublik Deutschland und der Schweiz). Die Notwendigkeit der Zustimmung des Bundesrates ergibt sich aus Art. 80 Abs. 2 GG.

Das BMI hat auf Grund des Abs. 1 die **AsylZBV** (Asylzuständigkeitsbestimmungsverordnung **2** v.2.4.2008, BGBl. I 645) erlassen und damit in der Vergangenheit von der Ermächtigung Gebrauch gemacht (**aA** GK-AsylG/Funke-Kaiser Rn. 5). Die AsylZBV dient der Regelung der behördlichen Zuständigkeiten für die Durchführung des Dubliner-Übereinkommens (BGBl. 1994 II 791), der Dublin II-VO (VO (EG) 343/2003 v. 18.2.2003, ABl. 2003 L 50, 1) und deren Durchführungsverordnung (VO (EG) 1560/2003 v. 2.9.2013, ABl. 2003 L 222, 3) sowie der EURODAC-VO 2003 (VO (EG) 2725/2000 v. 11.12.2000, ABl. 2000 L 316, 1; vgl. § 1 AsylZBV). Es handelt sich bei den Verordnungen jedoch allesamt um solche, die **nicht mehr in Kraft** sind, was die Frage aufwirft, ob es für die Nachfolgerverordnungen noch eine wirksame Zuständigkeitsbestimmung gibt oder ob diese **formell rechtswidrig** sind (→ Rn. 2.1 f.).

Die **EURODAC-VO 2003** wurde mit Wirkung ab dem 20.7.2015 aufgehoben (Art. 45 VO (EU) **2.1** 603/2013) und durch die **EURODAC-VO** (VO (EU) 603/2013 v. 26.6.2013, ABl. 2013 L 180, 1) ersetzt. Eine Neufassung der AsylZBV erfolgte nicht, so dass keine nationale Ermächtigungsvorschrift für den Zugriff des BAMF auf das Eurodac-System mehr existiert. Da die AsylZBV die EURODAC-VO 2003 als Vollzitat verwendet, handelt es sich um eine starre Verweisung, die ein Heranziehen der jeweils aktuellen Fassung ausschließt (vgl. VG Wiesbaden EZAR NF 95 Nr. 54 = BeckRS 2017, 129989; **aA** VG Köln ZAR 2018, 33 = BeckRS 2017, 142423). Alle Zugriffe auf das EURODAC-System sind mithin **rechtswidrig** (vgl. VG Wiesbaden EZAR NF 95 Nr. 54 = BeckRS 2017, 129989; **aA** VG Köln ZAR 2018, 33 = BeckRS 2017, 142423). Hieran ändert nicht, dass das BAMF mit diversen Außenstellen und Referaten auf der „Liste der benannten Behörden, die nach Artikel 27 Absatz 2 der Verordnung (EU) Nr. 603/2013 Zugriff auf die im Zentralsystem von Eurodac gespeicherten Daten" veröffentlicht ist (ABl. 2015 C 237, 1), da es sich hierbei nicht um eine nationalstaatlich zu begründende gesetzliche Zuständigkeit handelt (vgl. VG Köln ZAR 2018, 33 (35) mAnm Schild).

2.2   Die **Dublin II-VO** sowie deren Durchführungsverordnung wurden mWz 19.7.2013 aufgehoben (vgl. Art. 48 Dublin III-VO iVm Anhang I Dublin III-VO), und von der **Dublin III-VO** (VO (EU) 604/2013 v. 26.6.2013, ABl. 2013 L 180, 31) ersetzt. Diese gilt für alle Anträge auf internationalen Schutz ab dem 1.1.2014. Auch bezüglich der Dublin III-VO fehlt es bisher an einer Zuständigkeitsregelung unter anderem für Auf- und Wiederaufnahmeersuchen, Informationsaustausch und Erfassung und Übermittlung von Fingerabdrücken. § 34a stellt keine solche Zuständigkeitsbestimmung dar, da dieser nur die Zuständigkeit zur Erstellung der Entscheidung (nach Aufnahmeersuchen, Informationsaustausch, etc) enthält (**aA** BeckOK AuslR/Neundorf Rn. 4). Gegen eine Anwendung der AsylZBV spricht auch hier die starre Verweisung auf die Dublin II-VO (→ Rn. 2.1). Aus der fehlenden Zuständigkeitsregelung ergibt sich ebenfalls eine formelle Rechtswidrigkeit der Auf- und Wiederaufnahmeersuchen, des Informationsaustausches etc (so auch NK-AuslR/Hofmann Rn. 7). Dies hat insbesondere Auswirkungen auf die Abschiebungsanordnung nach § 34a: Diese darf nicht erlassen werden, da aus Rechtsgründen nicht feststeht, dass die Abschiebung durchgeführt werden kann (NK-AuslR/Hofmann Rn. 20). Dies folgt daraus, dass, wenn eine unzuständige Behörde handelt, dies grundsätzlich die Maßnahme rechtswidrig macht (NK-AuslR/Hofmann Rn. 20 mit Verweis auf BVerwG NVwZ 2015, 91).

B. Rechtsverordnung für die Modalitäten der Bescheinigungen nach §§ 63, 63a (Abs. 2)

3   Nach Abs. 2 kann das BMI mit Zustimmung des Bundesrates Vordruckmuster und Ausstellungsmodalitäten sowie Regelungen für die Qualitätssicherung und die Übernahme von Daten der erkennungsdienstlichen Behandlungen für die Bescheinigungen nach §§ 63 und 63a festlegen. Für die **Aufenthaltsgestattung (§ 63)** hat das BMI das Vordruckmuster in § 58 Nr. 12 AufenthV geregelt.

C. Übertragung von Aufgaben der Aufnahmeeinrichtung (Abs. 3)

4   Nach Abs. 3 können die Landesregierungen durch Rechtsverordnung Aufgaben der Aufnahmeeinrichtung auf andere Stellen des Landes übertragen. **Aufgaben der Aufnahmeeinrichtungen** sind unter anderem:
* die Durchführung von erkennungsdienstlichen Maßnahmen (§ 16 Abs. 2 und § 22 Abs. 1 und Abs. 2 S. 2),
* die Verwahrung und Weiterleitung von Unterlagen (§ 21 Abs. 1–3),
* die Aufnahme von Antragstellern (§ 22),
* die Zustellung (§ 10 Abs. 4),
* die Durchsetzung der räumlichen Beschränkung (§ 59 Abs. 3) und
* die Ausschreibung zur Aufenthaltsermittlung (§ 66 Abs. 2).

4.1   **Beispiele für Verordnungen aufgrund von Abs. 3 sind:**
* **Baden-Württemberg:** AAZuVO (Aufenthalts- und Asyl-Zuständigkeitsverordnung v. 2.12.2008, BWGBl. 465);
* **Bayern:** DVAsyl (Asyldurchführungsverordnung v. 16.8.2016, BayGVBl. 258, BayRS 26-5-1-I);
* **Nordrhein-Westfalen:** ZustAVO (Verordnung über die Zuständigkeiten im Ausländerwesen v. 4.4.2017, GV. NRW. 389, ber. 594).

§ 88a Bestimmungen zum Verwaltungsverfahren

Von der in § 60 getroffenen Regelung kann durch Landesrecht nicht abgewichen werden.

1   Die Regelung dient dem Interesse der gleichmäßigen Verteilung der Sozialkosten und bestimmt deshalb, dass die Länder von den Bestimmungen zur Anordnung einer Wohnsitzauflage nach § 60 nicht abweichen können (BT-Drs. 18/3144, 15). Der Gesetzgeber hat damit von der **Ausnahmekompetenz des Art. 84 Abs. 1 S. 5 und S. 6 GG** Gebrauch gemacht. Die Regelung muss sich daher hieran messen lassen (zur möglichen **Verfassungswidrigkeit** der Norm in Bezug auf § 60 Abs. 2 vgl. ausf. NK-AuslR/Schild Rn. 8 f.).

§ 89 Einschränkung von Grundrechten

(1) Die Grundrechte der körperlichen Unversehrtheit (Artikel 2 Abs. 2 Satz 1 des Grundgesetzes) und der Freiheit der Person (Artikel 2 Abs. 2 Satz 2 des Grundgesetzes) werden nach Maßgabe dieses Gesetzes eingeschränkt.

(2) Das Verfahren bei Freiheitsentziehungen richtet sich nach Buch 7 des Gesetzes über das Verfahren in Familiensachen und in den Angelegenheiten der freiwilligen Gerichtsbarkeit.

Überblick

Die Vorschrift nennt in Abs. 1 diejenigen Grundrechte, die durch Maßnahmen des AsylG eingeschränkt werden (→ Rn. 1), und verweist in Abs. 2 für das Verfahren bei Freiheitsentziehungen auf das FamFG (→ Rn. 5).

A. Einschränkung von Grundrechten (Abs. 1)

Abs. 1 dient dem **verfassungsrechtlichen Zitiergebot** des Art. 19 Abs. 1 S. 2 GG und nennt **1** die körperliche Unversehrtheit (Art. 2 Abs. 2 S. 1 GG) und die Freiheit der Person (Art. 2 Abs. 2 S. 2 GG) als diejenigen Grundrechte, die durch das AsylG eingeschränkt werden. Das Zitiergebot wird nach der hL restriktiv interpretiert und soll nur auf Fälle echten Gesetzesvorbehalts Anwendung finden (vgl. BVerfGE 113, 348 = BeckRS 2005, 28075 Rn. 86; **krit.** Maunz/Dürig/Remmert GG Art. 19 Abs. 1 Rn. 11 f., 49 ff.). Obwohl das AsylG auch andere als die in Abs. 1 genannten Grundrechte berührt, ist dem Zitiergebot daher Genüge getan (GK-AsylG/Funke-Kaiser Rn. 7 f.; BeckOK AuslR/Neundorf Rn. 1; Bergmann/Dienelt/Bergmann Rn. 3; NK-AuslR/Stahmann Rn. 6).

Die **körperliche Unversehrtheit** iSd Art. 2 Abs. 2 S. 1 GG wird durch die erkennungsdienstli- **2** che Behandlung (§§ 16, 18 Abs. 5 und 19 Abs. 2) und die Gesundheitsuntersuchung (§ 62) eingeschränkt. Eine Einschränkung des **Grundrechts der Freiheit der Person** liegt unter anderem in der Möglichkeit der Vorbereitungs- und Sicherungshaft (§ 14 Abs. 3) und Abschiebehaft (§ 71 Abs. 8) sowie in der Durchsetzung der räumlichen Beschränkung (§ 59). Die Unterbringungsvorschriften im **Flughafenverfahren** und die damit verbundene Begrenzung des Aufenthalts von Ausländern auf den Transitbereich des Flughafens soll dagegen keine Freiheitsentziehung oder Freiheitsbegrenzung iSd Art. 2 Abs. 2 S. 2 GG und Art. 104 Abs. 1 und Abs. 2 GG darstellen (BVerfGE 94, 166 = NVwZ 1996, 678).

Andere Grundrechte, die durch das AsylG berührt sind, sind unter anderem **3**
- die freie Entfaltung der Persönlichkeit (Art. 2 Abs. 1 GG) durch die Vorschriften der Unterbringung (§§ 46 ff.) und der räumlichen Beschränkung (§§ 56 ff.);
- der Schutz von Ehe und Familie (Art. 6 GG) durch §§ 26, 43 Abs. 3.

Bei einer **Änderung des AsylG** ist stets zu prüfen, ob sich hieraus neue Grundrechtseinschrän- **4** kungen ergeben und ob diese dann entsprechend dem Zitiergebot in § 89 nF aufgeführt werden. Denn das BVerfG hat mit Urteil v. 27.7.2005 entschieden, dass Änderungsgesetze, die nach diesem Datum erlassen werden und gegen das Zitiergebot verstoßen, formell verfassungswidrig und damit nichtig sind (BVerfGE 113, 348 = NJW 2005, 2603 (2604) = BeckRS 2005, 28075 Rn. 90).

B. Verfahren bei Freiheitsentziehungen (Abs. 2)

Abs. 2 verweist für das Verfahren bei Freiheitsentziehungen auf das FamFG. Freiheitsentziehung **5** im AsylG kann bspw. stattfinden beim Flughafenverfahren (§ 18a Abs. 6 Nr. 4, → § 18a Rn. 66) oder bei der Durchsetzung der räumlichen Beschränkung (§ 59 Abs. 2, → § 59 Rn. 15). **Rechtsmittel** gegen **Maßnahmen der Freiheitsentziehung** sind nach den Vorschriften des FamFG bei den Amtsgerichten als Gericht der freiwilligen Gerichtsbarkeit einzulegen. Gegen die **den Freiheitsentziehungen zugrundeliegenden Verwaltungsakte** ist dagegen nach den Bestimmungen der VwGO Rechtsmittel bei den Verwaltungsgerichten bzw. Behörden einzulegen. Dies gilt auch für den Antrag der Ausländerbehörde auf Anordnung der Abschiebehaft (Marx AsylG Rn. 3; GK-AsylG/Funke-Kaiser Rn. 16).

§ 90 [außer Kraft]

1   Die Vorschrift wurde durch das Asylverfahrensbeschleunigungsgesetz (v. 20.10.2015, BGBl. I 1722) vorübergehend eingeführt und ist **seit 24.10.2017 wieder außer Kraft** getreten (vgl. § 90 Abs. 8 aF).

2   Wegen der hohen Zahl an Asylsuchenden seit 2015 war die Sicherstellung der medizinischen Versorgung in Aufnahmeeinrichtungen und Gemeinschaftsunterkünften nicht mehr gewährleistet. Dem sollte die Vorschrift entgegentreten, indem eine beschränkte Ermächtigung zur vorübergehenden Ausübung von Heilkunde an Asylsuchende mit einer ärztlichen Ausbildung gegeben werden sollte. Die Vorschrift wurde durch viele Sachverständige scharf **kritisiert,** da sie medizinrechtliche, berufsrechtliche und haftungsrechtliche Fragen aufwirft (vgl. ausf. NK–AuslR/Hofmann Rn. 11; zur Vorschrift **im Einzelnen** vgl. BeckOK AuslR/Neundorf, 18. Ed. 1.5.2018, Rn. 1 ff.).

3   Da die Ermächtigung zur Ausübung von Heilkunde spätestens mit Außerkrafttreten der Vorschrift am 24.10.2017 endet (BT-Drs. 446/15, 48), sind keine Fälle von aktuell gültigen Ermächtigungen mehr denkbar. Eine Ermächtigung nach § 90 löst auch **keine Ansprüche für die Zukunft** aus (Bergmann/Dienelt/Bergmann Rn. 3; Hailbronner AuslR Rn. 4).

Anlage I

(zu § 26a)

Norwegen
Schweiz

Anlage II

(zu § 29a)

Albanien
Bosnien und Herzegowina
Ghana
Kosovo
Mazedonien, ehemalige jugoslawische Republik
Montenegro
Senegal
Serbien

Asylbewerberleistungsrecht und Sozialrecht

Asylbewerberleistungsgesetz (AsylbLG)

In der Fassung der Bekanntmachung vom 5. August 1997
(BGBl. I S. 2022)
FNA 2178-1

§ 1 Leistungsberechtigte

(1) Leistungsberechtigt nach diesem Gesetz sind Ausländer, die sich tatsächlich im Bundesgebiet aufhalten und die

1. eine Aufenthaltsgestattung nach dem Asylgesetz besitzen,

1a. ein Asylgesuch geäußert haben und nicht die in den Nummern 1, 2 bis 5 und 7 genannten Voraussetzungen erfüllen,

2. über einen Flughafen einreisen wollen und denen die Einreise nicht oder noch nicht gestattet ist,

3. eine Aufenthaltserlaubnis besitzen

   a) wegen des Krieges in ihrem Heimatland nach § 23 Absatz 1 oder § 24 des Aufenthaltsgesetzes,

   b) nach § 25 Absatz 4 Satz 1 des Aufenthaltsgesetzes oder

   c) nach § 25 Absatz 5 des Aufenthaltsgesetzes, sofern die Entscheidung über die Aussetzung ihrer Abschiebung noch nicht 18 Monate zurückliegt,

4. eine Duldung nach § 60a des Aufenthaltsgesetzes besitzen,

5. vollziehbar ausreisepflichtig sind, auch wenn eine Abschiebungsandrohung noch nicht oder nicht mehr vollziehbar ist,

6. Ehegatten, Lebenspartner oder minderjährige Kinder der in den Nummern 1 bis 5 genannten Personen sind, ohne daß sie selbst die dort genannten Voraussetzungen erfüllen, oder

7. einen Folgeantrag nach § 71 des Asylgesetzes oder einen Zweitantrag nach § 71a des Asylgesetzes stellen.

(2) Die in Absatz 1 bezeichneten Ausländer sind für die Zeit, für die ihnen ein anderer Aufenthaltstitel als die in Absatz 1 Nr. 3 bezeichnete Aufenthaltserlaubnis mit einer Gesamtgeltungsdauer von mehr als sechs Monaten erteilt worden ist, nicht nach diesem Gesetz leistungsberechtigt.

(3) [1]Die Leistungsberechtigung endet mit der Ausreise oder mit Ablauf des Monats, in dem die Leistungsvoraussetzung entfällt. [2]Für minderjährige Kinder, die eine Aufenthaltserlaubnis nach § 25 Absatz 5 des Aufenthaltsgesetzes besitzen und die mit ihren Eltern in einer Haushaltsgemeinschaft leben, endet die Leistungsberechtigung auch dann, wenn die Leistungsberechtigung eines Elternteils, der eine Aufenthaltserlaubnis nach § 25 Absatz 5 des Aufenthaltsgesetzes besitzt, entfallen ist.

(4) [1]Leistungsberechtigte nach Absatz 1 Nummer 5, denen bereits von einem anderen Mitgliedstaat der Europäischen Union oder von einem am Verteilmechanismus teilnehmenden Drittstaat im Sinne von § 1a Absatz 4 Satz 1 internationaler Schutz gewährt worden ist, haben keinen Anspruch auf Leistungen nach diesem Gesetz, wenn der internationale Schutz fortbesteht. [2]Hilfebedürftigen Ausländern, die Satz 1 unterfallen, werden bis zur Ausreise, längstens jedoch für einen Zeitraum von zwei Wochen, einmalig innerhalb von zwei Jahren nur eingeschränkte Hilfen gewährt, um den Zeitraum bis zur Ausreise zu überbrücken (Überbrückungsleistungen); die Zweijahresfrist beginnt mit dem Erhalt der Überbrückungsleistungen nach Satz 2. [3]Hierüber und über die Möglichkeit der Leistungen nach Satz 6 sind die Leistungsberechtigten zu unterrichten. [4]Die Überbrückungsleistungen umfassen die Leistungen nach § 1a Absatz 1 und nach § 4 Absatz 1 Satz 1 und Absatz 2. [5]Sie sollen als Sachleistung erbracht werden. [6]Soweit dies im Einzelfall besondere Umstände erfordern, werden Leistungsberechtigten nach Satz 2

zur Überwindung einer besonderen Härte andere Leistungen nach den §§ 3, 4 und 6 gewährt; ebenso sind Leistungen über einen Zeitraum von zwei Wochen hinaus zu erbringen, soweit dies im Einzelfall auf Grund besonderer Umstände zur Überwindung einer besonderen Härte und zur Deckung einer zeitlich befristeten Bedarfslage geboten ist. [7]Neben den Überbrückungsleistungen werden auf Antrag auch die angemessenen Kosten der Rückreise übernommen. [8]Satz 7 gilt entsprechend, soweit die Personen allein durch die angemessenen Kosten der Rückreise die in Satz 4 genannten Bedarfe nicht aus eigenen Mitteln oder mit Hilfe Dritter decken können. [9]Die Leistung ist als Darlehen zu erbringen.

Überblick

§ 1 regelt – zusammen mit § 2 – den sachlichen Anwendungsbereich des AsylbLG. Die Norm gilt in der Fassung, die sie durch das Gesetz v. 15.8.2019 (BGBl. I S. 1294) erhalten hat. Abs. 1 (→ Rn. 3 ff.) definiert die Leistungsberechtigten im Sinne des AsylbLG; die Leistungsberechtigung wird dabei an den Besitz eines bestimmten Aufenthaltsstatus geknüpft. Abs. 2 (→ Rn. 29 ff.) nimmt einen bestimmten Personenkreis, dessen Bleiberecht aus besonderen Gründen stärker verfestigt ist und der leistungsrechtlich daher anders zu beurteilen ist, vom sachlichen Anwendungsbereich wieder aus, während Abs. 3 (→ Rn. 32 ff.) das Ende der Leistungsberechtigung nach dem AsylbLG normiert und damit den Zugang zu SGB II bzw. SGB XII eröffnet, Abs. 4 (→ Rn. 41 ff.) schließt Leistungsberechtigte nach Abs. 1 Nr. 5 im Grundsatz von der Leistungsberechtigung nach dem AsylbLG aus, wenn ihnen in einem anderen EU-Mitgliedstaat oder in einem bestimmten Drittstaat bereits iSv § 1a Abs. 4 internationaler Schutz gewährt worden ist.

Übersicht

A. Verfassungsrechtliche Vorgaben

1   Mit Urteil v. 18.7.2012 (BVerfGE 132, 134 = BeckRS 2012, 71078) erklärte das BVerfG einige Regelungen in § 3 aF für mit Art. 1 Abs. 1 GG iVm Art. 20 Abs. 1 GG unvereinbar. Das Urteil betraf zwar § 1 nicht unmittelbar, hatte aber mittelbare Auswirkungen insofern, als das BVerfG betonte, dass Leistungen nach dem AsylbLG nur für einen Personenkreis in Betracht kommen, der sich nur vorübergehend in Deutschland aufhalte. Der Entscheidung kann zwar nicht entnommen werden, dass ein (spezielles) Sozialleistungssystem für eine bestimmte Gruppe von Ausländern, das im Vergleich zu den für deutsche Staatsangehörige oder andere Ausländer im Bundesgebiet geltenden Regelungen nur abgesenkte Leistungen vorsieht, grundsätzlich unzulässig wäre. Der Gesetzgeber dürfe aber, sofern er bei der Festlegung des menschenwürdigen Existenzminimums die Besonderheiten bestimmter Personengruppen berücksichtigen wolle, bei der konkreten Ausgestaltung existenzsichernde Leistungen nicht pauschal nach dem Aufenthaltsstatus differenzieren. Eine Differenzierung sei nur möglich, sofern der Bedarf der betroffenen Gruppe an existenznot-

wendigen Leistungen von dem anderer Bedürftiger signifikant abweiche und dies folgerichtig in einem inhaltlich transparenten Verfahren anhand des tatsächlichen Bedarfs gerade dieser Gruppe belegt werden könne. Hieraus folge, dass eine Differenzierung entsprechend der hinter dem AsylbLG stehenden Systematik grundsätzlich möglich sei. Sie verlange aber vom Gesetzgeber einen erhöhten Begründungsaufwand.

Ferner hat das BVerfG in seinem Urteil v. 18.7.2012 (BVerfGE 132, 134 Rn. 75 = BeckRS **2** 2012, 71078) ausgeführt, ließen sich tatsächlich spezifische Minderbedarfe bei einem nur kurzfristigen, nicht auf Dauer angelegten Aufenthalt feststellen, und wolle der Gesetzgeber die existenznotwendigen Leistungen für eine Personengruppe deshalb gesondert bestimmen, müsse er sicherstellen, dass die gesetzliche Umschreibung dieser Gruppe hinreichend zuverlässig tatsächlich nur diejenigen erfasse, die sich regelmäßig nur kurzfristig in Deutschland aufhielten. Dies lasse sich zu Beginn des Aufenthalts nur anhand einer Prognose beurteilen. Diese bemesse sich zwar nicht allein, aber auch am jeweiligen Aufenthaltsstatus. Dabei sei stets dessen Einbindung in die tatsächlichen Verhältnisse zu berücksichtigen. Hieraus folgt, dass unter das AsylbLG nur solche Personen fallen dürfen, die sich **nur vorübergehend** im Bundesgebiet aufhalten und deren Aufenthaltsstatus sich noch nicht verfestigt hat, so dass es gerechtfertigt ist, sie aus dem Sozialleistungsrecht des SGB XII und des SGB II herauszunehmen und einem eigenen an asyl- und ausländerrechtlichen Vorgaben orientierten Leistungssystem zu unterwerfen (vgl. Oestreicher/Decker Rn. 18).

B. Leistungsberechtigung nach Abs. 1

Abs. 1 nennt in acht Ziffern verschiedene Gruppen von Ausländern, die nach dem AsylbLG **3** leistungsberechtigt sind und **definiert** damit den Begriff des „Leistungsberechtigten" im Sinne des AsylbLG **legal.** Da nach § 23 Abs. 2 SGB XII und auch nach § 7 Abs. 1 S. 2 Nr. 3 SGB II vom Bezug von Leistungen nach dem SGB XII bzw. dem SGB II ausgeschlossen ist, wer nach § 1 dem Leistungssystem des AsylbLG zugewiesen ist, kommt dieser Legaldefinition auch entscheidende Bedeutung zu für die Abgrenzung der Leistungsberechtigung eines Ausländers nach dem SGB II, dem SGB XII oder dem AsylbLG.

Voraussetzung für die Leistungsberechtigung ist zunächst, dass der Betroffene **Ausländer** ist, **4** also nicht die deutsche Staatsangehörigkeit besitzt (vgl. Art. 116 GG). Wie das BSG (BSGE 117, 297 mAnm Eichenhofer SGb 2018, 101; SGb 2016, 103 mAnm Aubel) klargestellt hat, können auch **EU-Ausländer** zu den nach § 1 Abs. 1 leistungsberechtigten Personen gehören. Das hängt maßgeblich vom aufenthaltsrechtlichen Status ab, den der EU-Ausländer inne hat (zu Einzelheiten s. Oestreicher/Decker Rn. 66).

Ferner muss sich der Ausländer **tatsächlich im Bundesgebiet aufhalten.** Ein sich im Ausland **5** aufhaltender Ausländer ist nicht leistungsberechtigt (so auch SächsLSG ZFSH/SGB 2020, 355 (361)).

Daneben müssen **weitere ausländer- bzw. asylrechtliche Voraussetzungen** erfüllt sein, die **6** in Nr. 1–7 **abschließend** festgelegt werden (siehe aber den Sonderfall des § 1 Abs. 2). Soweit in diesen Regelungen auf einen bestimmten ausländer- oder asylrechtlichen Status (zB Aufenthaltsgestattung, Aufenthaltserlaubnis) abgestellt wird, ist zu beachten, dass die Entscheidung hierüber durch die zuständige Ausländerbehörde zu treffen ist und nicht durch das Sozialamt. Liegen die entsprechenden Gestattungen vor, so ist die zuständige Behörde aufgrund der **Tatbestandswirkung** (siehe hierzu etwa SBS/Sachs VwVfG § 43 Rn. 154 ff.) dieser Verwaltungsakte daran gebunden (BSG FEVS 70, 249 (252) mwN). Für die Leistungsberechtigung nach § 1 Abs. 1 ist folglich allein der formale Aufenthaltsstatus maßgeblich; solange Ausländer keinen anderen Aufenthaltsstatus als einen der in § 1 Abs. 1 aufgeführten besitzen, sind sie nur nach dem AsylbLG leistungsberechtigt (BSG SozR 4-3520 § 6 Nr. 1 Rn. 14 = BeckRS 2013, 67871; BSG SGb 2020, 53 (57 Rn. 26); BVerwG BeckRS 2001, 31350289, juris Rn. 5; Wahrendorf Rn. 2; sa SächsLSG ZFSH/SGB 2020, 355 (358); LSG NRW BeckRS 2015, 65211, wonach der Umstand, dass dem Betroffenen möglicherweise ein Aufenthaltstitel zusteht, nicht ausreicht). **Damit ist dem Sozialamt eine eigenständige Prüfung der materiellen aufenthaltsrechtlichen Lage verwehrt.** Bestehen Zweifel, ob dem Ausländer der Aufenthalt im Bundesgebiet gestattet ist, hat der Ausländer, der sich auf eine Leistungsberechtigung nach § 1 Abs. 1 beruft, der zuständigen Behörde daher die Bescheinigung über seinen Aufenthaltsstatus vorzulegen (so schon OVG NRW FEVS 45, 463 = NWVBl 1995, 109 = NVwZ-Beil. 1995, 23), ggf. hat das Sozialamt über die zuständige Ausländerbehörde den aufenthaltsrechtlichen Status der um Hilfe nachsuchenden Person zu klären (§ 24 VwVfG).

I. Besitz einer Aufenthaltsgestattung nach dem AsylG (Nr. 1)

7   Einem Ausländer, der um Asyl nachsucht, ist zur Durchführung des Asylverfahrens der Aufenthalt im Bundesgebiet ab Ausstellung des Ankunftsnachweises gem. § 63a Abs. 1 AsylG gestattet (Aufenthaltsgestattung; § 55 Abs. 1 AsylG). § 55 Abs. 1 AsylG begründet damit ein asylspezifisches verfahrensabhängiges Aufenthaltsrecht, das eigenständiger Natur ist und an das § 1 Abs. 1 Nr. 1 die Leistungsberechtigung nach dem AsylbLG knüpft. Maßgeblich für § 1 Abs. 1 Nr. 1 ist danach zunächst, ob dem betroffenen Ausländer ein Ankunftsnachweis gem. § 63a Abs. 1 AsylG ausgestellt worden ist. Ein solcher wird unverzüglich einem Ausländer erteilt, der um Asyl nachgesucht hat (vgl. §§ 18, 19 AsylG) und nach den Vorschriften des Asylgesetzes oder des Aufenthaltsgesetzes erkennungsdienstlich behandelt worden ist, aber noch keinen (förmlichen) Asylantrag (= Erstantrag; vgl. §§ 13, 14 AsylG) gestellt hat (oder besser: hat stellen können). Hat der Ausländer bereits einen (förmlichen) **Asylantrag** gemäß § 14 AsylG **gestellt,** dann erhält er gem. § 63 Abs. 1 AsylG innerhalb von drei Arbeitstagen eine Bescheinigung über die Aufenthaltsgestattung, wenn er nicht im Besitz eines Aufenthaltstitels ist; auch in diesem Fall besteht die Leistungsberechtigung nach § 1 Abs. 1 Nr. 1. Unerheblich ist dabei, ob das Nachsuchen um Asyl oder der gestellte Asylantrag berechtigt ist oder nicht, da Voraussetzung für die Leistungsgewährung lediglich die Erteilung einer Aufenthaltsgestattung nach § 55 AsylG ist. Auch ein nach § 30 Abs. 3 Nr. 2 AsylG gestellter Asylantrag reicht daher im Rahmen des § 1 Abs. 1 Nr. 1 aus (BGH NStZ-RR 1997, 358).

8   Ein Ausländer, der um Asyl nachgesucht hat, dem aber noch kein Ankunftsnachweis (§ 63a Abs. 1 AsylG) ausgestellt worden ist, zB weil er noch nicht nach den Vorschriften des AsylG oder des AufenthG erkennungsdienstlich behandelt worden ist oder die zuständige Behörde in Folge der Vielzahl entsprechender Vorsprachen überlastet und die Ausstellung des Ankunftsnachweises daher einige Zeit in Anspruch nimmt, und der auch noch keinen Asylantrag gestellt hat, ist dagegen nicht nach Nr. 1 leistungsberechtigt, weil er keine Aufenthaltsgestattung iSv § 55 Abs. 1 AsylG besitzt. Diese Personengruppe kann aber nach § 1 Abs. 1 Nr. 2–5 und 7, subsidiär nach (der mit dem 3. AsylbLGÄndG eingefügten) Nr. 1a anspruchsberechtigt sein (wegen weiterer Einzelheiten s. die Erläuterungen zu § 55 AsylG; zum Erlöschen der Aufenthaltsgestattung s. § 67 Abs. 1 AsylG).

9   **Nicht unter Nr. 1 fallen** dagegen **abgelehnte Asylbewerber** und Asylbewerber, die ihren **Asylantrag zurückgenommen** haben, denn mit dem erfolglosen Abschluss des Asylverfahrens ist dieser Personenkreis vollziehbar ausreisepflichtig und fällt damit unter **Nr. 5** (vgl. VGH BW FEVS 47, 235 = VBlBW 1996, 312 = NVwZ-Beil. 1996, 93; Deibel ZAR 1995, 57 (59)). Ebenfalls nicht unter Nr. 1 fallen **Folgeantragsteller** (§ 71 AsylG) und **Zweitantragsteller** (§ 71a AsylG), denn es ist anerkannt, dass ein Ausländer für die Dauer eines Asylfolgeverfahrens bzw. Zweitverfahrens (in diesem Fall Duldung nach § 71a Abs. 3 S. 1 AsylG) keine Aufenthaltsgestattung nach § 55 AsylG erlangt (vgl. für den Folgeantrag VGH BW FEVS 47, 235 = VBlBW 1996, 312 = NVwZ-Beil. 1996, 93 mwN; BayVGH InfAuslR 1994, 346). Dieser Personenkreis wird von **Nr. 7** erfasst. Das gilt jedenfalls solange, bis das Bundesamt für Migration und Flüchtlinge – Bundesamt – (noch) nicht entschieden hat, dass ein weiteres Asylverfahren durchgeführt wird (Deibel ZAR 1995, 57 (58)). Findet ein weiteres Asylverfahren aufgrund der Entscheidung des Bundesamtes statt, erhält der Betroffene erneut eine Aufenthaltsgestattung nach § 55 AsylG und fällt damit wieder unter Nr. 1 (zum Leistungswechsel bei erfolgreichen Asylverfahren s. Deibel ZFSH/SGB 2016, 415).

II. Asylgesuch und kein Fall des § 1 Abs. 1 Nr. 1, 2–5 und 7 (Nr. 1a)

10   Nach der durch das 3. AsylbLGÄndG vom 13.8.2019 mWz 1.9.2019 in § 1 Abs. 1 eingefügten Nr. 1a sind leistungsberechtigt die Personen, die ein Asylgesuch geäußert haben und nicht die in den Nr. 1, 2–5 und 7 genannten Voraussetzungen erfüllen. Die Regelung trägt der Änderung des § 55 AsylG durch das Integrationsgesetz vom 31.5.2016 (BGBl. I 1939) Rechnung. Danach entsteht die Aufenthaltsgestattung grundsätzlich mit der Ausstellung des Ankunftsnachweises (oder der Stellung eines förmlichen Asylantrags, § 14 Abs. 1 AsylG) und ist nicht mehr wie zuvor an die Äußerung eines Asylgesuchs geknüpft. Solange aber kein Recht auf Aufenthalt nach § 55 AsylG besteht, besteht auch keine Leistungsberechtigung nach Nr. 1. Da Ausländer, die um Asyl nachsuchen, keinen Einfluss auf den Zeitpunkt der Ausstellung des Ankunftsnachweises haben (s. oben → Rn. 8), wären sie – wenn nicht ein Fall der Nr. 2–5 oder 7 vorliegt – nicht nach dem AsylbLG, sondern nach dem SGB II oder dem SGB XII leistungsberechtigt; sie stünden damit leistungsrechtlich besser als nach Erhalt des Ankunftsnachweises bzw. der Asylantragstellung. Durch Nr. 1a wird damit zwar keine Regelungslücke im Anwendungsbereich des AsylbLG geschlossen (so aber BT-Drs. 19/10052, 18), aber ein Hin- und Herwechseln zwischen den verschiedenen

Leistungssystemen unterbunden (vgl. Lange jurisPR-SozR 19/2019 Anm. 1). Auch das ist ein legitimes gesetzgeberisches Anliegen.

Bei Nr. 1a handelt es sich ausweislich des Wortlauts um eine subsidiäre Auffangvorschrift. **11** Bevor hierauf zurückgegriffen werden kann, ist zunächst zu prüfen, ob ein Fall nach Nr. 2–5 (→ Rn. 12 ff.) oder Nr. 7 (→ Rn. 24 ff.) vorliegt. Sind die Voraussetzungen nach diesen Vorschriften nicht gegeben, muss der Ausländer ein Asylgesuch geäußert haben. Mit dem „Asylgesuch" meint der Gesetzgeber nicht den Asylantrag nach § 13 Abs. 1 AsylG, sondern das „Nachsuchen um Asyl" iSv § 63a Abs. 1 AsylG. Denn liegt ein Asylantrag vor, ist der Ausländer nach Abs. 1 Nr. 1 leistungsberechtigt, weil er dann eine Aufenthaltsgestattung nach § 55 Abs. 1, § 63 Abs. 1 AsylG erhält.

Leistungsberechtigte nach Nr. 1a unterliegen gemäß § 11 Abs. 2a Anspruchseinschränkungen im **11.1** Umfang von § 1a Abs. 1, wenn sie es zu vertreten haben, dass ihnen kein Ankunftsnachweis ausgestellt werden konnte (zu Einzelheiten → § 11 Rn. 13 ff.)

III. Einreise über Flughafen, wobei die Einreise nicht oder noch nicht gestattet ist (Nr. 2)

Die Regelung in Nr. 2 erfasst den Personenkreis des § 29a AsylG iVm § 18a AsylG. Die **12** Vorschrift bezieht die Asylbewerber ein, die über einen Flughafen einreisen wollen und denen nicht oder noch nicht die Einreise gestattet ist. § 18a AsylG bestimmt insoweit, dass für Asylsuchende, die auf dem Luftweg ohne gültigen Pass oder aus einem sicheren Herkunftsstaat einzureisen versuchen, das Asylverfahren vor der Einreise durchzuführen ist, sofern die Unterbringung auf dem Flughafengelände während des Verfahrens möglich ist. Da das Asylverfahren vor der Einreise des Asylbewerbers durchgeführt wird, wird keine Aufenthaltsgestattung nach § 55 AsylG erteilt, womit kein Fall der Nr. 1 vorliegt. Mangels einer entsprechenden Aufenthaltsgestattung gehören diese Asylbewerber daher nicht zum Kreis der Leistungsberechtigten nach § 1 Abs. 1 Nr. 1.

IV. Ausländer mit Aufenthaltserlaubnis nach § 23 Abs. 1 AufenthG oder § 24 AufenthG wegen des Krieges in ihrem Heimatland, nach § 25 Abs. 4 S. 1 oder Abs. 5 AufenthG (Nr. 3)

Die Regelung gilt seit 1.3.2015 idF durch das Gesetz v. 10.12.2014 (BGBl. I 2187) und **13** entspricht der Fassung durch das Gesetz zur Änderung des Aufenthaltsgesetzes und weiterer Gesetze v. 14.3.2005 (BGBl. I 721).

Im Einzelnen erfasst Abs. 1 Nr. 3 die Aufenthaltserlaubnis wegen des Krieges im Heimatland **14** nach § 23 Abs. 1 AufenthG oder § 24 AufenthG (Nr. 3 lit. a), die Aufenthaltserlaubnis nach § 25 Abs. 4 S. 1 AufenthG (Nr. 3 lit. b) und die Aufenthaltserlaubnis nach § 25 Abs. 5 AufenthG, sofern die Entscheidung über die Aussetzung ihrer Abschiebung noch nicht 18 Monate zurückliegt (Nr. 3 lit. c). Hinsichtlich der Einzelheiten wird auf die Kommentierung zu den genannten Normen verwiesen (zu Vereinbarkeit des Abs. 1 Nr. 3 mit der Rspr. des BVerfG s. Oestreicher/ Decker Rn. 39, 41; kritisch zu Nr. 3 lit. c: SächsLSG ZFSH/SGB 2020, 355 (359 f.)).

Abs. 1 Nr. 3 setzt des Weiteren voraus, dass der Ausländer **im Besitz** einer der in lit. a–c **15** genannten Aufenthaltserlaubnisse ist. Diese haben statusbegründende Wirkung für die Zuordnung zum Leistungssystem des AsylbLG (BSG SozR 4-4200 § 7 Nr. 41 Rn. 12 = BeckRS 2016, 70412). Darauf, ob die Aufenthaltserlaubnis zu Recht oder zu Unrecht erteilt worden ist, kommt es nicht an; das Sozialamt ist hieran aufgrund der Tatbestandswirkung, die dem Verwaltungsakt „Aufenthaltserlaubnis" zukommt, gebunden und besitzt keine Befugnis, die Berechtigung der Aufenthaltserlaubnis nachzuprüfen (vgl. → Rn. 7). Das ist ausschließlich Sache der Ausländerbehörde. Die Aufenthaltserlaubnis darf zudem noch **nicht abgelaufen** sein. Besitzt der Ausländer keine Aufenthaltserlaubnis (mehr), fällt er nicht (mehr) unter den von § 1 Abs. 1 Nr. 3 erfassten Personenkreis, selbst wenn er eine solche (unschwer) erhalten könnte. Etwas anderes kann allerdings in den Fällen des § 81 AufenthG bei Beantragung eines Aufenthaltstitels gelten, sei es erstmals oder zu dessen Verlängerung (auf die Ausführungen bei § 81 AufenthG wird verwiesen).

V. Geduldete Ausländer nach § 60a AufenthG (Nr. 4)

Mit der Duldung wird die Abschiebung eines Ausländers zeitweise ausgesetzt (§ 60a Abs. 1, **16** Abs. 4 AufenthG), wobei dies nur aus den in § 60a Abs. 1–2b AufenthG, ggf. iVm § 60b AufenthG (offen gelassen von LSG Nds-Brem FEVS 72, 29 (33)), genannten Gründen zulässig ist. Auf welchen Tatbestand des § 60a AufenthG die Duldung letztlich gestützt wird, ist unbeachtlich.

Maßgeblich ist allein, dass der Ausländer „förmlich" geduldet wird (s. zB LSG NRW BeckRS 2013, 197320). Folglich fällt auch eine Ausbildungsduldung nach § 60a Abs. 2 S. 4 AufenthG hierunter (zu weiteren Einzelheiten siehe die Erläuterungen zu § 60a AufenthG).

17   Da die Duldung die vollziehbare Ausreisepflicht des Ausländers voraussetzt und die Ausreisepflicht unberührt lässt, werden sämtliche Fälle der Nr. 4 auch von Nr. 5 („vollziehbar ausreisepflichtig") erfasst. Die Regelung in Nr. 4 hat daher im Wesentlichen **klarstellende Funktion.**

18   Der betroffene Ausländer muss **im Besitz** der Duldung nach § 60a AufenthG sein. Diese kann durch die von der Ausländerbehörde gem. § 60a Abs. 4 AufenthG auszustellende Bescheinigung über die Aussetzung der Abschiebung nachgewiesen werden und ist der für die Leistungsbewilligung nach dem AsylbLG zuständigen Behörde vorzulegen. Fehlt es an einer „förmlichen" Duldung, dann findet Nr. 4 keine Anwendung. Das gilt selbst dann, wenn über die Frage der Erteilung einer Duldung ein Rechtsstreit anhängig ist (dann aber Fall der Nr. 5).

19   Da die Nr. 4 auf eine **„Duldung nach § 60 a des Aufenthaltsgesetzes"** abstellt, fallen Duldungen nach § 81 Abs. 3 S. 2 AufenthG, § 36 Abs. 3 S. 8 AsylG, § 71 Abs. 5 S. 2 AsylG und § 71a Abs. 3 S. 1 AsylG nicht hierunter.

VI. Vollziehbar Ausreisepflichtige (Nr. 5)

20   Die Regelung in Nr. 5 knüpft an § 50 Abs. 1 AufenthG an und setzt die vollziehbare Ausreisepflicht (§ 58 Abs. 2 AufenthG) voraus. Nr. 5 ist damit eine Art **Auffangtatbestand** zu Nr. 1 und Nr. 2–4, wobei die Norm den von Nr. 4 geregelten Tatbestand mitumfasst, hinter dieser Norm aber zurücksteht. Zu den Personen der Nr. 5 zählen sowohl Ausländer, die keinen Asylantrag gestellt haben und denen kein Aufenthaltstitel erteilt worden ist, so dass sie vollziehbar zur Ausreise verpflichtet sind, als auch Ausländer, die nach Ablehnung des Asylantrages noch nicht ausgereist oder abgeschoben worden sind. Auch ein ehemaliges Mitglied einer ausländischen diplomatischen Mission im Bundesgebiet hat über § 1 Abs. 1 Nr. 5 lediglich Anspruch auf Leistungen nach dem AsylbLG (nicht jedoch nach dem SGB II / SGB XII), wenn der betreffende Ausländer im streitbefangenen Zeitraum vollziehbar zur Ausreise verpflichtet ist, weil seine persönliche diplomatische Mission beendet ist und seine diplomatischen Vorrechte und Immunitäten erloschen sind, falls er keinen wirksamen Antrag auf Erteilung eines Aufenthaltstitels gestellt hat und die Antragsfrist abgelaufen ist (vgl. OVG NRW ZAR 1998, 184).

21   Nicht erforderlich ist, dass eine bereits ergangene Abschiebungsandrohung (schon oder noch) vollziehbar ist. Maßgeblich ist allein die Vollziehbarkeit der Ausreisepflicht nach Maßgabe der §§ 50 Abs. 1, 58 Abs. 2 AufenthG.

VII. Ehegatten, Lebenspartner oder minderjährige Kinder, der in Nr. 1–5 genannten Personen (Nr. 6)

22   Nr. 6 erfasst Ehegatten, Lebenspartner und minderjährige Kinder von Ausländern iSv Nr. 1– 5. Dabei stellt der Hs. 2 klar, dass bei diesen Angehörigen die Voraussetzungen der Nr. 1–5 nicht vorliegen müssen. Im Unterschied zu Abs. 1 Nr. 1–5 und Nr. 7, die auf den speziellen ausländerrechtlichen Status des Hilfesuchenden abstellen, kommt es für die von Abs. 1 Nr. 6 erfasste Personengruppe somit nur darauf an, dass es sich bei ihnen um Familienangehörige der in Abs. 1 Nr. 1–5 genannten Personen handelt und dass bei ihnen die Voraussetzungen nach Abs. 1 Nr. 1–5 nicht vorliegen.

23   Durch die Regelung soll sichergestellt werden, dass Ehegatten, Lebenspartner (im Sinne des LPartG) und minderjährige Kinder, die zB selbst keinen Asylantrag gestellt haben oder selbst nicht vollziehbar ausreisepflichtig sind, leistungsrechtlich mit dem nach § 1 Abs. 1 Nr. 1–5 fallenden Ausländer gleichbehandelt werden (BT-Drs. 12/4451, 7; zum Sonderproblem der gemischten Bedarfsgemeinschaften s. Oestreicher/Decker Rn. 60 sowie BSG FEVS 70, 249).

VIII. Folgeantragssteller, § 71 AsylG und Zweitantragsteller, § 71a AsylG (Nr. 7)

24   Die Vorschrift bezieht sich auf den Personenkreis der Asylfolgeantragsteller nach § 71 AsylG und der Zweitantragsteller nach § 71a AsylG und ist speziell zur Regelung in Abs. 1 Nr. 5, bis das Bundesamt der zuständigen Ausländerbehörde mitteilt, dass die Voraussetzungen des § 51 Abs. 1–3 VwVfG nicht vorliegen, weil grundsätzlich erst dann die Abschiebung vollzogen werden darf, der Ausländer mithin vollziehbar ausreisepflichtig ist (vgl. § 71 Abs. 5 AsylG, § 71a Abs. 3 AsylG).

25   Gemäß § 71 AsylG liegt ein Folgeantrag vor, wenn der Asylbewerber nach Rücknahme oder unanfechtbarer Ablehnung eines Asylantrages erneut einen Asylantrag stellt. Das Asylgesuch kann

dabei von Gesetzes wegen beliebig oft wiederholt werden. Über jeden neuen (Folgeantrag) muss das Bundesamt entscheiden; hiergegen kann dann wieder der Rechtsweg beschritten werden (zu weiteren Einzelheiten s. die Kommentierung zu § 71 AsylG). Auf diese Art und Weise beschäftigen Asylbewerber Bundesamt und Gerichte oft mehrmals im Jahr mit völlig aussichtslosen Asyl-(folge-)anträgen. Der Gesetzgeber hat das Problem bisher negiert.

Ein Zweitantrag nach § 71a AsylG liegt vor, wenn der Ausländer nach erfolglosem Abschluss **26** eines Asylverfahrens in einem sicheren Drittstaat iSv § 26a AsylG, mit dem die Bundesrepublik Deutschland einen völkerrechtlichen Vertrag über die Zuständigkeit für die Durchführung von Asylverfahren geschlossen hat, in der Bundesrepublik Deutschland einen Asylantrag stellt. Im Unterschied zum Folgeantrag gilt während der Prüfung des Bundesamtes, ob ein weiteres Asylverfahren durchzuführen ist, die Abschiebung des Zweitantragstellers als ausgesetzt (§ 71a Abs. 3 S. 1, S. 2 AsylG). Aufenthaltsbeendende Maßnahmen sind folglich gegenüber diesem Personenkreis in dieser Zeit nicht möglich (zu weiteren Einzelheiten s. die Kommentierung zu § 71a AsylG).

Problematisch ist im Zusammenhang mit Nr. 7 die Frage, wie leistungsrechtlich Ehegatten, **27** Lebenspartner oder minderjährige Kinder von Folge- bzw. Zweitantragstellern zu behandeln sind, wenn diese nicht selbst nach § 1 Abs. 1 Nr. 1–5 leistungsberechtigt sind. Denn zum einen nennt Abs. 1 Nr. 6 nur die Fälle des Abs. 1 Nr. 1–5, nicht aber Abs. 1 Nr. 7, zum anderen kann Abs. 1 Nr. 6 aufgrund seiner Stellung vor Abs. 1 Nr. 7 aus systematischen Gründen für letztere Norm nicht nutzbar gemacht werden. Erfüllen daher Ehegatten, Lebenspartner oder minderjährige Kinder von Folge- bzw. Zweitantragsteller die Voraussetzungen nach Abs. 1 Nr. 1–5 nicht und haben sie auch keinen Folge- oder Zweitantrag gestellt, sind sie nicht nach dem AsylbLG leistungsberechtigt, sondern nach Maßgabe des SGB II oder des SGB XII.

Die Leistungsberechtigung nach § 1 Abs. 1 Nr. 7 endet mit der Entscheidung des Bundesamtes **28** (LSG BW ZFSH/SGB 2017, 469 = BeckRS 2017, 109195).

C. Ausnahme von der Leistungsberechtigung (Abs. 2)

Abs. 2 nimmt eine bestimmte Gruppe von Ausländern aus dem Anwendungsbereich des **29** AsylbLG heraus. Das sind solche, die einen Aufenthaltstitel (vgl. § 4 Abs. 1 S. 2 AufenthG) mit Ausnahme einer Aufenthaltserlaubnis nach § 23 Abs. 1 AufenthG oder § 24 AufenthG wegen des Krieges in seinem Heimatland oder nach § 25 Abs. 4 S. 1 oder Abs. 5 AufenthG (vgl. § 1 Abs. 1 Nr. 3) besitzen, wenn der Aufenthaltstitel mit einer Gesamtgeltungsdauer von mehr als sechs Monaten erteilt worden ist. Die Norm erfasst somit Ausländer, die über ein stärker verfestigtes Aufenthaltsrecht verfügen (Siefert/Dollinger, Asylbewerberleistungsgesetz, 2020, Rn. 112), bei denen mithin die Prognose gerechtfertigt ist, ihr Aufenthalt im Bundesgebiet werde nicht nur vorübergehend sein.

Liegt ein Aufenthaltstitel mit einer Gesamtgeltungsdauer von mehr als sechs Monaten vor, so **30** greift Abs. 2, auch wenn sich der Betroffene noch keine sechs Monate im Bundesgebiet aufhält. Ist das nicht der Fall, folgt im Umkehrschluss zur Regelung des § 1 Abs. 2, dass der Ausländer, dem ein Aufenthaltstitel mit einer Gesamtgeltungsdauer von (nur) bis zu sechs Monaten erteilt worden ist, nach dem AsylbLG leistungsberechtigt ist (NdsOVG FEVS 51, 43 (44)). Damit kann ein Ausländer nach dem AsylbLG auch leistungsberechtigt sein, obwohl er nicht unter § 1 Abs. 1 fällt (NdsOVG FEVS 51, 43). Bei einem anderen Verständnis würde § 1 Abs. 2 keinen Sinn machen, denn die Herausnahme einer Personengruppe aus dem Anwendungsbereich des AsylbLG (durch § 1 Abs. 2) ist nur dann erforderlich, wenn dieser Personenkreis grundsätzlich nach dem AsylbLG leistungsberechtigt ist.

Ist der Ausnahmetatbestand des Abs. 2 erfüllt, so erhalten die betroffenen Ausländer Sozialhilfe **31** nach Maßgabe des SGB II / SGB XII. Stellt ein solcher Ausländer jedoch einen Asylantrag, dann liegen die Voraussetzungen des § 1 Abs. 1 Nr. 1 vor, womit es zur Kollision zwischen dem SGB II / SGB XII und dem AsylbLG kommen könnte. Diesen Widerstreit löst Abs. 2 im Sinne des Vorranges des SGB II / SGB XII auf. Soweit der Aufenthaltstitel für weniger als insgesamt sechs Monate erteilt worden ist, sieht § 55 Abs. 2 AsylG ohnehin vor, dass der Aufenthaltstitel mit Stellung des Asylantrages erlischt. Eine Kollision zwischen dem SGB II / SGB XII und dem AsylbLG ist damit ausgeschlossen.

D. Ende der Leistungsberechtigung (Abs. 3)

Abs. 3 regelt das Ende der Leistungsberechtigung nach dem AsylbLG mit der Folge, dass dann **32** entweder das SGB II oder das SGB XII einschlägig ist. Das Ende der Leistungsberechtigung nach Abs. 3 tritt kraft Gesetzes ein, also mit Erfüllung der tatbestandlichen Voraussetzungen einer der

Alternativen des Abs. 3. Einer verwaltungsbehördlichen Entscheidung bedarf es nicht. Ergeht sie gleichwohl, hat sie nur deklaratorische Wirkung (Hohm NVwZ 2000, 287).

33   Die Norm unterscheidet **zwei Fälle**:

I. Ende der Leistungsberechtigung nach S. 1

34   Nach S. 1 in der Fassung durch das 3. AsylbLGÄndG endet die Leistungsberechtigung
- mit der (tatsächlichen) Ausreise; unter **Ausreise** versteht das AufenthG das – auch nur vorüber-gehende – Verlassen des Bundesgebiets durch Überschreiten der Grenze zum Nachbarstaat im Sinne eines tatsächlichen Verlassens (vgl. auch § 13 AufenthG; SächsLSG ZFSH/SGB 2020, 355 (361 f.); damit endet die Leistungsberechtigung nicht mit dem ungenutzten Ablauf der Ausreisefrist (OVG Bln NVwZ-RR 1995, 55; sa HmbOVG FEVS 45, 76: auch keine direkte oder analoge Anwendung des § 11 Abs. 2 auf diesen Fall);
- aus Praktikabilitätsgründen (BT-Drs. 12/4451, 8) mit Ablauf des Monats, in dem die Leistungs-voraussetzung (§ 1 Abs. 1) entfällt, zB weil dem Ausländer ein Aufenthaltstitel (§ 4 AufenthG) erteilt worden ist oder festgestellt wurde, dass bei ihm die Voraussetzungen des § 60 Abs. 1 AufenthG vorliegen (Flüchtling im Sinne der GFK, vgl. § 3 AsylG).

34.1   Die bis zum 31.8.2019 in einer Nr. 2 enthaltene Regelung, wonach die Leistungsberechtigung auch endet, wenn das Bundesamt den Ausländer als Asylberechtigten anerkannt oder ein Gericht das Bundesamt zur Anerkennung verpflichtet hat, auch wenn die Entscheidung noch nicht unanfechtbar ist, ist durch das 3. AsylbLG entfallen. Zur Begründung wird im Gesetzentwurf der Bundesregierung (BT-Drs. 19/10052, 18) ausgeführt, durch die Änderung wird der Rechtskreiswechsel aus dem AsylbLG in andere Leistungssys-teme, wie das SGB II und das SGB XII, daran geknüpft, dass grundsätzlich das Entfallen der Leistungsvo-raussetzung nach dem AsylbLG maßgeblich ist. Durch die Aufhebung der Regelung über einen früheren Rechtskreiswechsel im Fall einer noch nicht unanfechtbaren gerichtlichen Entscheidung, werden Schwie-rigkeiten bei der Rückabwicklung vermieden, wenn die gerichtliche Entscheidung in einer höheren Instanz aufgehoben wird. Durch die Neuregelung erledigen sich damit alle bisherigen Streitfragen, die sich daraus ergaben, dass das Bundesamt „gespaltene" Entscheidungen getroffen hat und die leistungsberechtigte Person im gerichtlichen Asylverfahren einen besseren Schutz erstreiten wollte. Denn für die Dauer eines solchen Verfahrens war streitig, ob der Wechsel vom Leistungsregime des AsylbLG zum SGB II/SGB XII erst nach Abschluss des Gerichtsverfahrens oder schon mit der Bekanntgabe der Schutzscheidung des Bundesamtes erfolgen musste (vgl. Deibel ZFSH/SGB 2019, 541 (543) mwN zum Streitstand).

II. Ende der Leistungsberechtigung nach S. 2

35   S. 2 enthält einen Sondertatbestand. Er regelt das Ende der Leistungsberechtigung nach dem AsylbLG für bestimmte minderjährige Kinder. Mit der Regelung soll erreicht werden, dass inner-halb einer Familie mit Aufenthaltserlaubnissen nach § 25 Abs. 5 AufenthG minderjährigen, insbe-sondere im Inland geborenen oder auf der Flucht von ihren Eltern getrennten Kinder, die nachträg-lich eingereist sind, und deren Eltern zum Zeitpunkt ihrer Geburt bzw. ihres Nachzugs bereits im Besitz einer aufenthaltsrechtlichen Duldung oder eines Aufenthaltstitels nach § 25 Abs. 5 AufenthG waren, keine anderen Leistungen gewährt werden als ihren Eltern, mit denen sie in Haushaltsgemeinschaft zusammenleben.

36   Die Regelung gilt nur für **minderjährige Kinder.** Das sind solche, die das 18. Lebensjahr noch nicht vollendet haben (§ 2 BGB) und Abkömmling einer in S. 2 genannten Person sind.

37   Das minderjährige Kind muss des Weiteren eine **Aufenthaltserlaubnis nach § 25 Abs. 5 AufenthG** besitzen und deswegen nach § 1 Abs. 1 Nr. 3 lit. c leistungsberechtigt sein.

38   Ferner muss ein **Elternteil** im Besitz einer Aufenthaltserlaubnis nach § 25 Abs. 5 AufenthG und die Leistungsberechtigung dieses Elternteils nach dem AsylbLG muss entfallen sein. Angespro-chen ist damit ausschließlich der Personenkreis des § 1 Abs. 1 Nr. 3 lit. c. Danach besteht eine Leistungsberechtigung nicht mehr bei einer Aufenthaltserlaubnis nach § 25 Abs. 5 AufenthG, wenn die Entscheidung über die Aussetzung der Abschiebung bereits 18 Monate zurückliegt. Dieser Personenkreis ist dann nach dem SGB II oder dem SGB XII leistungsberechtigt und fällt nicht mehr in den Anwendungsbereich des AsylbLG.

39   Schließlich muss das minderjährige Kind mit seinen Eltern in einer Haushaltsgemeinschaft leben (zum Begriff der Haushaltsgemeinschaft s. § 39 SGB XII). Da S. 2 auf die „Eltern" abstellt, würde an sich eine Haushaltsgemeinschaft mit nur einem Elternteil nicht ausreichen. Das kann zu unbilligen Ergebnissen führen, insbesondere wenn die Eltern getrennt leben, nur ein Elternteil im Bundesgebiet lebt oder nur noch ein Elternteil am Leben ist. Da S. 2 das Ende der Leistungsbe-rechtigung des minderjährigen Kindes bereits dann entfallen lässt, wenn die Leistungsberechtigung

eines Elternteils entfallen ist, muss es – auch vor dem dargestellten Regelungszweck der Norm – ausreichen, wenn das minderjährige, nach § 1 Abs. 1 Nr. 3 lit. c leistungsberechtigte Kind mit dem Elternteil in Haushaltsgemeinschaft zusammenlebt, für den die Leistungsberechtigung nach § 1 Abs. 1 Nr. 3 lit. c entfallen ist.

Liegen vorgenannte Voraussetzungen vor, entfällt die Leistungsberechtigung des minderjährigen **40** Kindes nach dem AsylbLG und damit die Sperre gem. § 7 Abs. 1 S. 2 Nr. 3 SGB II bzw. § 23 Abs. 2 SGB XII. Das minderjährige Kind ist dann nach Maßgabe des SGB II oder des SGB XII leistungsberechtigt. Hierfür wird es maßgeblich auf die Leistungsberechtigung des aus dem System des AsylbLG ausgeschiedenen Elternteils ankommen (vgl. LSG Bln-Bbg FEVS 70, 507).

E. Leistungsberechtigung bei bestehendem internationalem Schutz (Abs. 4)

I. Einführung

Abs. 4 ist durch das Gesetz vom 15.8.2019 (BGBl. I 1294) in § 1 eingefügt worden und am **41** 21.8.2019 in Kraft getreten. Die Regelung, die sich bis dahin in ähnlicher Form in § 1a Abs. 4 S. 2 aF befand, schließt Leistungsberechtigte nach § 1 Abs. 1 Nr. 5, denen bereits von einem anderen Mitgliedstaat der Europäischen Union oder einem am Verteilmechanismus nach der sog. Dublin-III-Verordnung teilnehmenden Drittstaat internationaler Schutz gewährt worden ist, der fortbesteht, von den Leistungen nach dem AsylbLG im Grundsatz aus (S. 1), sieht aber nach Maßgabe der S. 2–8 sog. **Überbrückungsleistungen** vor. In der Sache handelt es sich damit um keinen Ausschluss aus dem Leistungssystem des AsylbLG (so aber Lange jurisPR-SozR 3/2020 Anm. 1), sondern um einen – zudem eingeschränkten (siehe S. 6) – Ausschluss bestimmter Leistungen nach dem AsylbLG. Ein anderes Verständnis hätte zur Folge, dass der Ausschluss vom Leistungssystem des SGB XII (§ 9 Abs. 1, § 23 Abs. 2 SGB XII) und des SGB II (§ 7 Abs. 1 S. 2 Nr. 3 SGB II) nicht greifen würde, mithin Leistungen nach dem SGB XII oder dem SGB II verlangt werden könnten. Es ist schwerlich vorstellbar, dass das vom Gesetzgeber beabsichtigt gewesen ist. Systematisch gehört die Regelung daher eigentlich in § 1a.

II. Grundsatz (S. 1)

Nach S. 1 haben Leistungsberechtigte nach Abs. 1 Nr. 5, denen bereits von einem anderen **42** Mitgliedstaat der Europäischen Union oder von einem am Verteilmechanismus teilnehmenden Drittstaat iSv § 1a Abs. 4 S. 1 internationaler Schutz gewährt worden ist, keinen Anspruch auf Leistungen nach diesem Gesetz, wenn der internationale Schutz fortbesteht. Erfasst werden somit nur vollziehbar ausreisepflichtige Personen, auch wenn eine Abschiebungsandrohung noch nicht oder nicht mehr vollziehbar ist; andere Leistungsberechtigte fallen nicht hierunter; das gilt auch für Familienangehörige nach § 1 Abs. 1 Nr. 6, da diese in Abs. 4 S. 1 nicht genannt werden.

Eine für den von Abs. 4 erfassten Personenkreis **vergleichbare** Regelung findet sich **§ 1a** **43** **Abs. 4 S. 3.** Der Unterschied zwischen beiden Vorschriften besteht darin, dass vollziehbar ausreisepflichtige Personen, die bereits internationalen Schutz genießen, der fortbesteht, nicht unter § 1a Abs. 4 S. 3 fallen, weil die Norm nur auf § 1a Abs. 4 S. 2 Nr. 2 verweist, der den Fall des aus anderen Gründen bestehenden Aufenthaltsrechts erfasst. Umgekehrt fallen nach § 1 Abs. 1 Nr. 5 Leistungsberechtigte, denen von einem anderen Mitgliedstaat der EU oder einem am Verteilmechanismus teilnehmenden Drittstaat aus anderen Gründen ein Aufenthaltsrecht gewährt worden ist, nur unter § 1a Abs. 4 S. 3, wenn das Aufenthaltsrecht fortbesteht.

Die in Abs. 4 S. 1 genannte Voraussetzung, dass dem Leistungsberechtigten nach § 1 Abs. 1 **44** Nr. 5 von einem anderen Mitgliedstaat der EU oder am Verteilmechanismus teilnehmenden Drittstaat iSv § 1a Abs. 4 S. 1 (= sog. Dublin-Verfahren) internationaler Schutz gewährt worden ist, der fortbesteht, entspricht der Regelung in § 1a Abs. 4 S. 2 Nr. 1. Das Vorliegen dieser Voraussetzungen muss von der Bewilligungsbehörde, ggf. nach Einholung einer Auskunft (§ 24 VwVfG oder Landesrecht) des Bundesamtes (§ 8 Abs. 2a AsylG) oder der Ausländerbehörde (§ 90 Abs. 3 S. 3 AufenthG) geprüft und entschieden werden (Deibel ZFSH/SGB 2019, 541 (547)). Anspruchseinschränkungen scheiden aus, wenn die leistungsberechtigte Person nicht in den anderen Mitgliedstaat der EU oder den am Verteilmechanismus teilnehmenden Drittstaat, aus dem sie eingereist ist, zurückgeführt werden darf (Deibel ZFSH/SGB 2019, 541 (548)). Zu weiteren Einzelheiten siehe die Ausführungen zu § 1a Abs. 4 S. 2 Nr. 1.

III. Überbrückungsleistungen (S. 2–8)

45   § 1 Abs. 4 geht davon aus, dass gem. § 1 Abs. 1 Nr. 5 Leistungsberechtigte, denen bereits von einem anderen Mitgliedstaat der Europäischen Union oder von einem am Verteilmechanismus teilnehmenden Drittstaat iSv § 1a Abs. 4 S. 1 internationaler Schutz gewährt worden ist, alsbald die Bundesrepublik Deutschland verlassen. Dem liegt die Annahme des Gesetzgebers zugrunde, dass es sich bei dem betroffenen Personenkreis grundsätzlich um Ausländer handelt, bei denen typisierend davon auszugehen ist, dass sie erst vor sehr kurzer Zeit nach Deutschland eingereist sind. Daher sei die Annahme gerechtfertigt, dass es für sie im Regelfall mit keinem unverhältnismäßigen Aufwand verbunden ist, Deutschland kurzfristig wieder zu verlassen und in das Land zurückzukehren, durch das ihnen internationaler Schutz gewährt worden sei, solange dieser Schutz fortbestehe (vgl. BT-Drs. 19/10047, 51).

46   Folglich sieht **S. 2** vor, dass dieser Personenkreis, bis zur Ausreise, längstens jedoch für zwei Wochen – und dies auch nur einmalig innerhalb von zwei Jahren (zum Beginn der Zweijahresfrist s. S. 2 Hs. 2) – nur sog. Überbrückungsleistungen erhält. **S. 4** definiert diese legal (Leistungen nach § 1a Abs. 1 und nach § 4 Abs. 1 S. 1 und 2), nach **S. 5** gilt diesbezüglich im Grundsatz („sollen") das Sachleistungsprinzip.

47   Etwaige **Härtefälle** werden in S. 6–9 geregelt; dabei dürfte die Härtefallklausel in S. 6 Hs. 1 derjenigen in § 1a Abs. 1 S. 3, die aufgrund des Verweises auf § 1a Abs. 1 hier auch anwendbar wäre, vorgehen (im Ergebnis ebenso: Lange jurisPR–SozR 3/2020 Anm. 1: kein Verweis auf die Öffnungsklausel des § 1a Abs. 1 S. 3). Liegen im Einzelfall besondere Umstände vor und ist dies zur Überwindung einer besonderen Härte erforderlich, erhalten hilfebedürftige Ausländer iSv S. 2, also solche, die S. 1 unterfallen, andere Leistungen nach den §§ 3, 4 und 6 bzw. auch über den Zeitraum von zwei Wochen hinaus (**S. 6**). Neben den Überbrückungsleistungen werden auf Antrag auch die angemessenen Kosten der Rückreise übernommen (**S. 7**). Das gilt entsprechend, soweit die Personen allein durch die angemessenen Kosten der Rückreise die in S. 4 genannten Bedarfe nicht aus eigenen Mitteln oder mit Hilfe Dritter decken können (**S. 8**). Nach **S. 9** ist die Leistung als Darlehen zu erbringen, wobei unklar ist, welche Leistung gemeint ist. Es wird sich aber wohl aufgrund des systematischen Zusammenhangs und mit Blick auf S. 5 in erster Linie um die Leistungen nach S. 6–8 handeln. Werden Leistungen nach S. 2–4 nicht als Sachleistung, sondern ausnahmsweise in Geld gewährt, gilt hierfür aber wohl auch S. 9.

48   **S. 3** schreibt schließlich vor, dass die Betroffenen über den Anspruch auf Überbrückungsleistungen und die Möglichkeit der Härte-Leistungen nach S. 6 zu **unterrichten** sind. Die Information sollte schriftlich erfolgen, wenn möglich in einer Sprache, die der Betroffene verstehen kann. Am nächstliegenden ist dabei Englisch oder die Sprache des Staates, der dem Ausländer internationalen Schutz gewährt hat.

§ 1a Anspruchseinschränkung

(1) ¹**Leistungsberechtigte nach § 1 Absatz 1 Nummer 5, für die ein Ausreisetermin und eine Ausreisemöglichkeit feststehen, haben ab dem auf den Ausreisetermin folgenden Tag keinen Anspruch auf Leistungen nach den §§ 2, 3 und 6, es sei denn, die Ausreise konnte aus Gründen, die sie nicht zu vertreten haben, nicht durchgeführt werden. ²Ihnen werden bis zu ihrer Ausreise oder der Durchführung ihrer Abschiebung nur noch Leistungen zur Deckung ihres Bedarfs an Ernährung und Unterkunft einschließlich Heizung sowie Körper- und Gesundheitspflege gewährt. ³Nur soweit im Einzelfall besondere Umstände vorliegen, können ihnen auch andere Leistungen im Sinne von § 3 Absatz 1 Satz 1 gewährt werden. Die Leistungen sollen als Sachleistungen erbracht werden.**

(2) Leistungsberechtigte nach § 1 Absatz 1 Nummer 4 und 5 und Leistungsberechtigte nach § 1 Absatz 1 Nummer 6, soweit es sich um Familienangehörige der in § 1 Absatz 1 Nummer 4 und 5 genannten Personen handelt, die sich in den Geltungsbereich dieses Gesetzes begeben haben, um Leistungen nach diesem Gesetz zu erlangen, erhalten nur Leistungen entsprechend Absatz 1.

(3) ¹**Leistungsberechtigte nach § 1 Absatz 1 Nummer 4 und 5, bei denen aus von ihnen selbst zu vertretenden Gründen aufenthaltsbeendende Maßnahmen nicht vollzogen werden können, erhalten ab dem auf die Vollziehbarkeit einer Abschiebungsandrohung oder Vollziehbarkeit einer Abschiebungsanordnung folgenden Tag nur Leistungen entsprechend Absatz 1. ²Können bei nach § 1 Absatz 1 Nummer 6 leistungsberechtigten Ehegatten, Lebenspartnern oder minderjährigen Kindern von Leistungsberechtigten**

nach § 1 Absatz 1 Nummer 4 oder 5 aus von ihnen selbst zu vertretenden Gründen aufenthaltsbeendende Maßnahmen nicht vollzogen werden, so gilt Satz 1 entsprechend.

(4) [1]Leistungsberechtigte nach § 1 Absatz 1 Nummer 1, 1a oder 5, für die in Abweichung von der Regelzuständigkeit nach der Verordnung (EU) Nr. 604/2013 des Europäischen Parlaments und des Rates vom 26. Juni 2013 zur Festlegung der Kriterien und Verfahren zur Bestimmung des Mitgliedstaats, der für die Prüfung eines von einem Drittstaatsangehörigen oder Staatenlosen in einem Mitgliedstaat gestellten Antrags auf internationalen Schutz zuständig ist (ABl. L 180 vom 29.6.2013, S. 31) nach einer Verteilung durch die Europäische Union ein anderer Mitgliedstaat oder ein am Verteilmechanismus teilnehmender Drittstaat, der die Verordnung (EU) Nr. 604/2013 anwendet, zuständig ist, erhalten ebenfalls nur Leistungen entsprechend Absatz 1. [2]Satz 1 gilt entsprechend für Leistungsberechtigte nach § 1 Absatz 1 Nummer 1 oder 1a, denen bereits von einem anderen Mitgliedstaat der Europäischen Union oder von einem am Verteilmechanismus teilnehmenden Drittstaat im Sinne von Satz 1
1. internationaler Schutz oder
2. aus anderen Gründen ein Aufenthaltsrecht gewährt worden ist,
wenn der internationale Schutz oder das aus anderen Gründen gewährte Aufenthaltsrecht fortbesteht.
[3]Satz 2 Nummer 2 gilt für Leistungsberechtigte nach § 1 Absatz 1 Nummer 5 entsprechend.

(5) [1]Leistungsberechtigte nach § 1 Absatz 1 Nummer 1, 1a oder 7 erhalten nur Leistungen entsprechend Absatz 1, wenn
1. sie ihrer Pflicht nach § 13 Absatz 3 Satz 3 des Asylgesetzes nicht nachkommen,
2. sie ihrer Mitwirkungspflicht nach § 15 Absatz 2 Nummer 4 des Asylgesetzes nicht nachkommen,
3. das Bundesamt für Migration und Flüchtlinge festgestellt hat, dass sie ihrer Mitwirkungspflicht nach § 15 Absatz 2 Nummer 5 des Asylgesetzes nicht nachkommen,
4. das Bundesamt für Migration und Flüchtlinge festgestellt hat, dass sie ihrer Mitwirkungspflicht nach § 15 Absatz 2 Nummer 6 des Asylgesetzes nicht nachkommen,
5. sie ihrer Mitwirkungspflicht nach § 15 Absatz 2 Nummer 7 des Asylgesetzes nicht nachkommen,
6. sie den gewährten Termin zur förmlichen Antragstellung bei der zuständigen Außenstelle des Bundesamtes für Migration und Flüchtlinge oder dem Bundesamt für Migration und Flüchtlinge nicht wahrgenommen haben oder
7. sie den Tatbestand nach § 30 Absatz 3 Nummer 2 zweite Alternative des Asylgesetzes verwirklichen, indem sie Angaben über ihre Identität oder Staatsangehörigkeit verweigern,
es sei denn, sie haben die Verletzung der Mitwirkungspflichten oder die Nichtwahrnehmung des Termins nicht zu vertreten oder ihnen war die Einhaltung der Mitwirkungspflichten oder die Wahrnehmung des Termins aus wichtigen Gründen nicht möglich. [2]Die Anspruchseinschränkung nach Satz 1 endet, sobald sie die fehlende Mitwirkungshandlung erbracht oder den Termin zur förmlichen Antragstellung wahrgenommen haben.

(6) Leistungsberechtigte nach § 1 Absatz 1, die nach Vollendung des 18. Lebensjahres vorsätzlich oder grob fahrlässig Vermögen, das gemäß § 7 Absatz 1 und 5 vor Eintritt von Leistungen nach diesem Gesetz aufzubrauchen ist,
1. entgegen § 9 Absatz 3 dieses Gesetzes in Verbindung mit § 60 Absatz 1 Satz 1 Nummer 1 des Ersten Buches Sozialgesetzbuch nicht angeben oder
2. entgegen § 9 Absatz 3 dieses Gesetzes in Verbindung mit § 60 Absatz 1 Satz 1 Nummer 2 des Ersten Buches Sozialgesetzbuch nicht unverzüglich mitteilen
und deshalb zu Unrecht Leistungen nach diesem Gesetz beziehen, haben nur Anspruch auf Leistungen entsprechend Absatz 1.

(7) [1]Leistungsberechtigte nach § 1 Absatz 1 Nummer 1 oder 5, deren Asylantrag durch eine Entscheidung des Bundesamtes für Migration und Flüchtlinge nach § 29 Absatz 1 Nummer 1 in Verbindung mit § 31 Absatz 6 des Asylgesetzes als unzulässig abgelehnt wurde und für die eine Abschiebung nach § 34a Absatz 1 Satz 1 zweite Alternative des Asylgesetzes angeordnet wurde, erhalten nur Leistungen entsprechend Absatz 1, auch wenn die Entscheidung noch nicht unanfechtbar ist. [2]Satz 1 gilt nicht,

sofern ein Gericht die aufschiebende Wirkung der Klage gegen die Abschiebungsanordnung angeordnet hat.

Überblick

§ 1a enthält Regelungen über die Leistungskürzung in Fällen, in denen nach Ansicht des Gesetzgebers der Leistungsbezug (im weitesten Sinne) missbräuchlich erscheint. Abs. 1 (→ Rn. 4 ff.) beinhaltet Vorschriften über die Kürzung von Leistungen, wenn der Ausländer nicht ausreist. In der Rechtsfolge gilt die Norm für den gesamten § 1a sowie durch Inbezugnahme auch für andere Sanktionsnormen. Abs. 2 (→ Rn. 16) regelt die Konstellation der Einreise zum Zwecke des Leistungsbezugs, Abs. 3 (→ Rn. 25) enthält Vorschriften über die Kürzung von Leistungen, wenn aufenthaltsbeendende Maßnahmen aus vom Ausländer zu vertretenden Gründen nicht vollzogen werden können, Abs. 4 (→ Rn. 36 ff.) regelt die Kürzung von Leistungen für die Fälle der irregulären Sekundärmigration und Abs. 5 (→ Rn. 47 ff.) bei Verletzung von gegenüber dem Bundesamt für Migration und Flüchtlinge (Bundesamt) bestehenden Mitwirkungspflichten. Abs. 6 (→ Rn. 55) beinhaltet Sanktionen für den Fall, dass Leistungsberechtigte ihre nach § 9 Abs. 3 iVm § 60 Abs. 1 S. 1 Nr. 1 und 2 SGB I bestehenden Pflichten, Angaben über die finanzielle Situation zu machen und Änderungen unverzüglich mitzuteilen, schuldhaft verletzen und Abs. 7 (→ Rn. 58) eine solche für Leistungsberechtigte, für die ein anderer Staat nach Maßgabe der Verordnung (EU) 2013/604 für die Durchführung des Asylverfahrens zuständig ist. § 1a gilt derzeit idF durch das Gesetz vom 15.8.2019 (BGBl. I 1294), das am 21.8.2019 in Kraft getreten ist.

Übersicht

A. Einführung

1   § 1a enthält – seit dem Gesetz vom 15.8.2019 (BGBl. I 1294) – in sieben Absätzen geregelte Tatbestände, bei deren Vorliegen Leistungseinschränkungen vorgenommen werden können (siehe hierzu etwa Deibel ZFSH/SGB 2019, 541 (546 f.)). Die Norm ist **keine eigenständige Anspruchsgrundlage,** sondern setzt einen Anspruch auf Grundleistungen voraus, den sie dann nach Maßgabe der Abs. 1–7 begrenzt (BSG FEVS 65, 495 (500); BeckOK SozR/Korff Rn. 1;

vgl. auch OVG NRW FEVS 59, 255 (256)). § 1a hat im System des AsylbLG allerdings keinen Ausnahmecharakter. Vielmehr sehen auch § 5 Abs. 4 S. 2, § 5a Abs. 3 S. 1, § 5b Abs. 2 S. 1 und § 11 Abs. 2a Leistungseinschränkungen bei einem „Fehlverhalten" der leistungsberechtigten Personen vor und verweisen in Bezug auf die Rechtsfolgen auf § 1a Abs. 1.

Durch das Gesetz vom 15.8.2019 (BGBl. I 1294) ist die bisher in Abs. 2 enthaltene Regelung in Abs. 1 **1.1** verschoben worden (der bisherige Abs. 1 wurde Abs. 2). In der Folge wurde in den anderen Regelungen des § 1a sowie in den bereits genannten weiteren Sanktionsnormen (→ Rn. 1) auf die Rechtsfolge in Abs. 1 verwiesen. Hierdurch wird sichergestellt, dass für alle Anspruchseinschränkungen einheitliche Rechtsfolgen gelten (BT-Drs. 19/10047, 51). Der bisher in Abs. 1 enthaltene und wenig überzeugende Passus der Leistungseinschränkung auf „das im Einzelfall nach den Umständen unabweisbar Gebotene", ist entfallen. Das ist positiv zu bewerten und bringt ein Stück Rechtssicherheit in die Kürzungsregelungen des AsylbLG.

Die Leistungseinschränkungen nach § 1a betreffen nur bestimmte Leistungsberechtigte iSv § 1, **2** knüpfen somit an einen bestimmten aufenthaltsrechtlichen Status an. Ändert sich dieser, ist ab dem Zeitpunkt der Änderung eine Einschränkung nach § 1a nur noch möglich, wenn die leistungsberechtigte Person auch dann noch von § 1a erfasst wird und der entsprechende Tatbestand erfüllt ist (zu Einzelheiten siehe bei den einzelnen Tatbeständen des § 1a). Im Rahmen des § 2 ist § 1a schon aus systematischen Gründen nicht anwendbar; hier greift ggf. § 23 Abs. 3, Abs. 3a SGB XII.

B. Verfassungsmäßigkeit der Norm

Gegen § 1a sind von Anfang an verfassungsrechtliche Bedenken erhoben worden (ausf. zum **3** Problem etwa Classen info also 2010, 243). Unter dem Eindruck des Urteils des BVerfG v. 18.7.2012 (BVerfGE 132, 134 = BeckRS 2012, 71078) haben sich diese noch verstärkt (vgl. etwa Brings/Oehl ZAR 2016, 22; Voigt info also 2016, 99; ferner Rixen NVwZ 2015, 1640). Das vermag in dieser Pauschalität jedoch nicht zu überzeugen. Zum einen hat das BVerfG § 1a in besagter Entscheidung nicht beanstandet. Zum anderen ist anerkannt, dass es dem Gesetzgeber möglich sein muss, dem Missbrauch von Sozialleistungssystemen im Allgemeinen bzw. der unberechtigten Inanspruchnahme von steuerfinanzierten Sozialleistungen im speziellen entgegenzuwirken. Dem dient nicht zuletzt § 1a, der ein vermeidbares persönliches Fehlverhalten der leistungsberechtigten Person sanktioniert: § 1a ist folglich als solches nicht verfassungswidrig (ebenso BSG ZFSH/SGB 2017, 690; SächsLSG ZFSH/SGB 2020, 160 (166) zu § 1a Abs. 3 S. 1; BayLSG BeckRS 2016, 114368 Rn. 37; 2016, 74367 Rn. 34 mwN; BeckRS 2016, 72839 Rn. 42; ThürLSG ZfF 2013, 178; Oestreicher/Decker Rn. 17; BeckOK SozR/Korff Rn. 1). Im Hinblick auf die gegenüber den Leistungssystemen des SGB II und des SGB XII reduzierten Leistungen des AsylbLG gebieten allerdings das Grundrecht auf Gewährung eines menschenwürdigen Existenzminimums, das Sozialstaatsprinzip und der Verhältnismäßigkeitsgrundsatz eine **restriktive Auslegung** des § 1a (BayLSG BeckRS 2016, 114368 Rn. 38; 2016, 72839 Rn. 43; Rothkegel ZAR 2012, 357 (361); ferner jurisPK-SGB XII Rn. 151 ff.; Siefert/Siefert, Asylbewerberleistungsgesetz, 2020, Rn. 6 ff.).

Die Diskussionen um die Verfassungsmäßigkeit des § 1a sind durch die Entscheidung des BVerfG **3a** vom 5.11.2019 (BVerfGE 152, 68) erneut befeuert worden (siehe hierzu etwa Janda info also 2020, 103; Lange jurisPR-SozR 3/2020 Anm. 1 unter B. II. 2e; Buchholtz JuS 2021, 503 (506 f.); ferner Bericht von Schweitzer ZFSH/SGB 2021, 259). Das BVerfG hatte betont, dass sanktionsbewährte Leistungskürzungen „in einem unübersehbaren Spannungsverhältnis zur Existenzsicherungspflicht des Staates" stünden (BVerfGE 152, 68 Rn. 132). Der Gesetzgeber nehme in Kauf, dass einer bedürftigen Person diejenigen Mittel fehlten, die für ein menschenwürdiges Dasein erforderlich seien. Mit anderen Worten: „Er suspendiert, was Bedürftigen grundrechtlich gesichert zusteht, und belastet damit außerordentlich" (BVerfGE 152, 68 Rn. 132). Eine solche Belastung bedürfe einer strengen verfassungsrechtlichen Rechtfertigung. Derartige Leistungsminderungen seien nur verhältnismäßig, wenn die Belastungen der Betroffenen auch im rechten Verhältnis zur tatsächlichen Erreichung des legitimen Zwecks stünden, die Bedürftigkeit zu überwinden, also eine menschenwürdige Existenz insbesondere durch Erwerbsarbeit eigenständig zu sichern (BVerfGE 152, 68 Rn. 133). Auf der Grundlage dieser Entscheidung wird die Verfassungsmäßigkeit der Höhe der nach § 1a Abs. 1 noch zu gewährenden Leistungen in Frage gestellt sowie bezweifelt, dass es verfassungsrechtlich zulässig ist, an die Verletzung der in § 1a genannten Mitwirkungshandlungen entsprechende Kürzungstatbestände zu knüpfen. Fraglich ist indessen, ob sich besagtes Urteil auf § 1a übertragen lässt, denn es ist ausschließlich zu § 31a SGB II ergangen; das SGB II verfolgt indessen ganz andere Ziele als das AsylbLG. Rechtssicherheit wird erst dann einkehren, wenn das BVerfG auch zu § 1a entschieden hat. Aktuell ist das Verfahren 1 BvR 2682/17 dort anhängig, in welchem die Verfassungsmäßigkeit von Leistungseinschränkungen nach § 1a Nr. 2 AsylbLG idF vom 1.9.1998 bis zum 28.2.2015 zu klären ist; eine Entscheidung ist für 2021 angekündigt.

C. Leistungseinschränkung nach Abs. 1

I. Betroffener Personenkreis

4   Abs. 1 erfasst (nur) Leistungsberechtigte nach § 1 Abs. 1 Nr. 5. Das sind vollziehbar ausreisepflichtige Personen, auch wenn eine Abschiebungsandrohung noch nicht oder nicht mehr vollziehbar ist (zu Einzelheiten → § 1 Rn. 1 ff.). Nicht unter Abs. 1 fallen ausweislich des klaren Wortlauts der Norm alle anderen in § 1 Abs. 1 genannten Leistungsberechtigten, also insbesondere die Familienangehörigen nach § 1 Abs. 1 Nr. 6. Hieraus folgt, dass Familienangehörige von § 1a Abs. 1 nur erfasst werden, wenn sie ihrerseits unter § 1 Abs. 1 Nr. 5 fallen und zudem in eigener Person die Voraussetzungen des § 1a Abs. 1 erfüllen. Eine „Familienhaftung" für Leistungseinschränkungen besteht daher nicht (vgl. Oppermann ZESAR 2017, 55 (57)).

5   Zu beachten ist, dass eine nicht von Abs. 1 gedeckte Leistungskürzung gleichwohl nicht zu beanstanden ist, wenn die Voraussetzungen des Abs. 3 vorliegen (BayLSG BeckRS 2016, 74367). Die Umdeutung einer Leistungskürzung nach Abs. 1 in eine solche nach Abs. 3 ist mithin zulässig.

II. Ausreisetermin und Ausreisemöglichkeit stehen fest

6   Abs. 1 setzt zunächst voraus, dass für die leistungsberechtigte Person ein **Ausreisetermin** feststeht. Unter dem Ausreisetermin iSd § 1a Abs. 1 S. 1 ist dasjenige Datum zu verstehen, zu dem die Ausreise des vollziehbar Ausreisepflichtigen erfolgen soll, wobei unter den Begriff der Ausreise nicht nur die freiwillige, sondern auch diejenige unter Zwang (Abschiebung) fällt (auch → § 1 Rn. 34). Der Ausreisetermin bestimmt sich dabei nach den Vorschriften über die Aufenthaltsbeendigung gem. §§ 50 ff. AufenthG und damit in der Regel nach dem Ablauf der im asyl- oder aufenthaltsrechtlichen Verfahren vom Bundesamt oder von der Ausländerbehörde festgesetzten Ausreisefrist (vgl. LSG Nds-Brem BeckRS 2018, 11665).

7   Ferner muss die **Ausreisemöglichkeit** feststehen. Das ist der Fall, wenn die leistungsberechtigte Person über die für die Ausreise erforderlichen Dokumente (Pass usw.) verfügt und eine Einreise in den Heimatstaat oder in einen anderen aufnahmebereiten Staat tatsächlich möglich ist. Sie liegt folglich nicht vor, wenn faktisch keine Reisemöglichkeit besteht (vgl. BT-Drs. 18/6185, 44; Oppermann jurisPR-SozR 7/2016 Anm. 1 unter VI. 2.c.).

III. Ausreise kann aus Gründen, die die leistungsberechtigte Person zu vertreten hat, nicht durchgeführt werden

8   Die Leistungseinschränkung nach Abs. 1 setzt weiter voraus, dass die leistungsberechtigte Person trotz feststehenden Ausreisetermins und feststehender Ausreisemöglichkeit nicht ausgereist ist und dies auf Gründen beruht, die sie zu vertreten hat. Das ist dann der Fall, wenn die Ursache für die Nichtausreise ausschließlich im Verantwortungsbereich der leistungsberechtigten Person liegt und ihr deshalb vorgeworfen werden kann, durch ihr Verhalten die Ausreise verhindert zu haben. Auf ein etwaiges Verschulden kommt es nicht an. Nicht zu vertreten hat der Ausländer etwa eine unterlassene Ausreise dann, wenn ein Abschiebstopp besteht (vgl. Deibel ZFSH/SGB 2017, 734). Nicht zu vertreten ist auch eine Reiseunfähigkeit infolge plötzlicher Erkrankung. Insofern ist allerdings § 60a Abs. 2c S. 2, S. 3 AufenthG zu beachten, wonach der Ausländer eine Erkrankung durch eine qualifizierte ärztliche Bescheinigung glaubhaft machen muss. Soweit sich die leistungsberechtigte Person selbst Verletzungen zufügt, die zu ihrer Reiseunfähigkeit führen, hat sie dies jedoch stets zu vertreten.

9   Auch die Inanspruchnahme sog. **Kirchenasyls** (s. hierzu etwa BayLSG BeckRS 2016, 74367) hat die leistungsberechtigten Person iSv Abs. 1 zu vertreten (str.; wie hier Oestreicher/Decker Rn. 53; Hohm, Gemeinschaftskommentar zum Asylbewerberleistungsgesetz, Rn. 285; Deibel ZFSH/SGB 2017, 583; unklar: jurisPK-SGB XII Rn. 86; **aA** Heinhold NZS 2017, 271). Das gilt jedenfalls dann, wenn es sich nicht um ein sog. offenes Kirchenasyl handelt, bei dem die Ausländerbehörde stets über den Aufenthaltsort des Ausländers informiert ist (siehe dazu auch → § 2 Rn. 22a).

IV. Rechtsfolge

Liegen vorgenannte tatbestandliche Voraussetzungen vor, wird durch Abs. 1 (Wortlaut „haben") **10** das Leistungsniveau abgesenkt und sind nur noch die in S. 2–4 genannten Leistungen zu erbringen. Die Norm enthält ein **gesetzlich definiertes Leistungsminimum** (vgl. jurisPK-SGB XII Rn. 98).

Nach Abs. 1 S. 1 besteht zunächst kein Anspruch auf Leistungen gem. § 2, dh die leistungsbe- **11** rechtigte Person kommt ungeachtet ihrer Aufenthaltszeiten im Bundesgebiet nicht in den Genuss von sog. Analogleistungen. Das ist gerechtfertigt, weil der Betroffene zur Ausreise verpflichtet ist, die Ausreise aber aus Gründen, die er zu vertreten hat, nicht durchgeführt werden kann. Die Norm verhindert damit, dass ein gesetzwidriges Verhalten mit der Gewährung von Analog-Leistungen belohnt wird. Das ist verfassungsrechtlich zulässig (BVerfGE 152, 68).

Ferner sind die Grundleistungen nach § 3 ausgeschlossen. Das wäre in dieser Form mit den **12** Grundsätzen des BVerfG im Urteil v. 18.7.2012 (BVerfGE 132, 134 = NVwZ 2012, 1024) und wohl auch im Urteil vom 5.11.2019 (BVerfGE 152, 68) unvereinbar. S. 2 sieht allerdings vor, dass diesen leistungsberechtigten Personen (bis zu ihrer Ausreise bzw. der Durchführung der Abschiebung) Leistungen zur Deckung ihres Bedarfs an Ernährung und Unterkunft einschließlich Heizung sowie Körper- und Gesundheitspflege gewährt werden. Damit ist das **physische Existenzminimum** gewährleistet. Insofern ist auch **S. 3** zu beachten. Danach können auch andere als die vorbezeichneten Leistungen iSv § 3 Abs. 1 S. 1 gewährt werden, soweit im Einzelfall besondere Umstände vorliegen. Das betrifft Leistungen für Kleidung sowie für Gebrauchs- und Verbrauchsgüter des Haushalts. Die Gewährung dieser Leistung hängt somit entscheidend von den Umständen des Einzelfalles ab und steht zudem im Ermessen des Leistungsträgers. Leistungen zum **soziokulturellen Existenzminimum** sieht Abs. 1 dagegen nicht vor. Ob dies mit den Grundsätzen der Rechtsprechung des BVerfG vereinbar ist, wird unterschiedlich beurteilt. Im Hinblick darauf, dass Abs. 1 nur den (engbegrenzten) Personenkreis der nach § 1 Abs. 1 Nr. 5 Leistungsberechtigten erfasst, die unter keinen Umständen ein Bleiberecht in Betracht kommen, erscheint der Ausschluss des soziokulturellen Existenzminimums aber noch als vertretbar (wie hier Oestreicher/Decker Rn. 56; **aA** Brings/Oehl ZAR 2016, 22). Klarheit wird hier aber letztlich nur eine Entscheidung des BVerfG erbringen können.

Des Weiteren besteht kein Anspruch auf sonstige Leistungen nach § 6. Da diese aber weder **13** zum physischen noch zum soziokulturellen Existenzminimum gehören, ist dies verfassungsrechtlich nicht zu beanstanden (aA Siefert/Siefert, Asylbewerberleistungsgesetz, 2020, Rn. 11).

Schließlich ordnet **S. 4** an, dass die Leistungen als **Sachleistungen** erbracht werden sollen. **14** Das Wort „sollen" bedeutet, dass für die Behörde eine strikte Bindung für den Regelfall besteht, womit sie entsprechend der im Gesetz angeordneten Rechtsfolge verfahren muss. Nur im atypischen Sonderfall – also, wenn der zu entscheidende Sachverhalt von Sinn und Zweck der Vorschrift nicht erfasst ist und in wesentlichen Grundzügen mit den zu regelnden Fällen nicht übereinstimmt – sind Abweichungen von dieser Regel gestattet (vgl. BeckOK VwGO/Decker VwGO § 114 Rn. 7). Der Umstand, dass die Gewährung von Sachleistungen in der Regel mit einem höheren Verwaltungsaufwand verbunden ist, als die Erbringung von Geldleistungen, ist kein Grund, der ein Abweichen vom Grundsatz der Sachleistungsgewährung zu rechtfertigen vermag.

Unberührt vom Leistungsausschluss nach S. 1 bleiben **Leistungen nach § 4.** Zwar nennt S. 2 **14a** nur die Leistungen, die die Leistungsberechtigten erhalten; gemeint sind damit aber nur Leistungen in Abweichung von §§ 2, 3 und 6. Ein anderes Ergebnis wäre im Übrigen mit Art. 19 EU-Aufnahme-RL (RL 2013/33/EU v. 26.6.2013, ABl. 2013 L 180, 96) zur Festlegung von Normen für die Aufnahme von Personen, die internationalen Schutz beantragen (Neufassung) nicht vereinbar (vgl. Buchholtz NVwZ 2017, 756 (761)). Nach Art. 19 EU-Aufnahme-RL tragen die Mitgliedstaaten dafür Sorge, dass Antragsteller die erforderliche medizinische Versorgung erhalten, die zumindest die Notversorgung und die unbedingt erforderliche Behandlung von Krankheiten und schweren psychischen Störungen umfasst (Art. 19 Abs. 1 EU-Aufnahme-RL). Ferner gewähren die Mitgliedstaaten Antragstellern mit besonderen Bedürfnissen bei der Aufnahme die erforderliche medizinische und sonstige Hilfe, einschließlich erforderlichenfalls einer geeigneten psychologischen Betreuung (Art. 19 Abs. 2 EU-Aufnahme-RL). Würden diese Leistungen durch Abs. 1 ausgeschlossen, stünde dies im Widerspruch zu Art. 19 EU-Aufnahme-RL. Nun führt der Widerspruch von nationalem Recht zu europäischem Recht nicht zur Unwirksamkeit des nationalen Rechts; das europäische Recht genießt vielmehr nur Anwendungsvorrang (so schon BVerfGE 31, 145 = BeckRS 9998, 108887; sa BVerfG NJW 2016, 1436). Anderes gilt indessen dann, wenn Art. 19 EU-Aufnahme-RL unmittelbare Wirkung entfaltet (zu den Anforderungen s. Callies/Ruffert/Ruffert AEUV Art. 288 Rn. 53 f.). Das ist zu bejahen (vgl. Oestreicher/Decker Rn. 90 f.).

Die Aufnahme-RL wäre bei einem Ausschluss von Leistungen nach § 4 durch den Bundesgesetzgeber nicht vollständig umgesetzt worden, denn für eine bestimmte Gruppe von Leistungsberechtigten besteht – entgegen Art. 19 EU-Aufnahme-RL – kein Anspruch auf medizinische Versorgung. Die Regelung ist inhaltlich unbedingt, denn sie ist vorbehaltlos und ohne Bedingungen anwendbar („Die Mitgliedstaaten tragen dafür Sorge"). Jedenfalls soweit es um die Notversorgung und die unbedingt erforderliche Behandlung von Krankheiten und scherwiegenden psychischen Störungen sowie die Fälle des Art. 19 Abs. 2 EU-Aufnahme-RL geht, bedarf es keiner weiteren Maßnahmen der Mitgliedstaaten zur Umsetzung der aus Art. 19 EU-Aufnahme-RL folgenden Verpflichtungen (solche sind nur erforderlich, soweit die medizinische Versorgung über diesen Rahmen hinaus gehen soll). Damit wäre Art. 19 EU-Aufnahme-RL iRv § 1a Abs. 1 insofern unmittelbar anwendbar. Entsprechende Ansprüche können daher nicht durch Abs. 1 ausgeschlossen werden. Im Ergebnis liefe dies auf einen zu § 4 ähnlichen Schutz hinaus.

V. Beginn und Ende der Leistungseinschränkung

15   Liegen die tatbestandlichen Voraussetzungen vor, dann verliert die leistungsberechtigte Person ihren Anspruch auf Leistungen nach §§ 2, 3 und 6 ab dem auf den Ausreisetermin folgenden Tag (Abs. 1 S. 1). Das Ende der Leistungseinschränkung regelt § 14. Gemäß § 14 Abs. 1 sind Leistungseinschränkungen nach dem AsylbLG auf sechs Monate zu befristen, bei Fortbestehen der Pflichtverletzung können sie aber über § 14 Abs. 2 weiter eingeschränkt werden (siehe zur Notwendigkeit der zeitlichen Einschränkung der Leistungskürzung BVerfGE 152, 68 Rn. 186). Solange die leistungsberechtigte Person also ihrer Ausreisepflicht nicht nachkommt, können gem. Abs. 1 die Leistungen weiter gekürzt werden, es sei denn, es treten nachträglich Umstände ein, die der Durchführung der Ausreise entgegenstehen und die die leistungsberechtigte Person nicht zu vertreten hat; dann ist die Leistungskürzung umgehend einzustellen.

D. Leistungseinschränkung nach Abs. 2

I. Betroffener Personenkreis

16   Nach Abs. 2 Hs. 1 findet die Vorschrift nur auf Leistungsberechtigte nach § 1 Abs. 1 Nr. 4 und Nr. 5 sowie Leistungsberechtigte nach § 1 Abs. 1 Nr. 6, soweit es sich um Familienangehörige der in § 1 Abs. 1 Nr. 4 und Nr. 5 genannten Personen handelt, Anwendung. Die Norm erfasst folglich nur nach § 60a AufenthG geduldete Ausländer, vollziehbar ausreisepflichtige Ausländer, auch wenn eine Abschiebungsandrohung noch nicht oder nicht mehr vollziehbar ist und Ehegatten, Lebenspartner oder minderjährige Kinder von geduldeten oder ausreisepflichtigen Ausländern, mithin Ausländern, die nach §§ 50 Abs. 1, 58 Abs. 2 AufenthG **vollziehbar ausreisepflichtig** sind, aber (noch) nicht abgeschoben werden (können).

II. Missbrauchstatbestand

17   Eine Anspruchseinschränkung ist nach Abs. 2 möglich, wenn sich die in Hs. 1 genannten Leistungsberechtigten in die Bundesrepublik Deutschland begeben haben, um Leistungen nach dem AsylbLG zu erlangen (vgl. auch § 23 Abs. 3 S. 1 Nr. 4 SGB XII). Die Absicht, Leistungen nach dem AsylbLG in Anspruch zu nehmen, muss im **Zeitpunkt der Einreise** vorgelegen haben (jurisPK-SGB XII Rn. 27; BeckOK SozR/Korff Rn. 11).

18   Das Tatbestandsmerkmal „um Leistungen nach dem Asylbewerberleistungsgesetz zu erhalten" erfordert einen **finalen Zusammenhang zwischen dem Einreiseentschluss und der Inanspruchnahme der Sozialhilfe** (vgl. zB BSG SozR4-3500 § 25 Nr. 5 Rn. 25; sa jurisPK-SozR 7/2016 Anm. 1 unter VI.1.; ferner BeckOK SozR/Korff Rn. 9; so schon BVerwGE 90, 212 = BeckRS 1992, 1985). Die Konjunktion „um – zu" bezeichnet ein ziel- und zweckgerichtetes Handeln und damit eine Zweck-Mittel-Relation, in der die Einreise das Mittel und die Inanspruchnahme von Sozialhilfe den mit ihr verfolgten Zweck bildet (BSGE 120, 149 = BeckRS 2016, 65666; ferner LSG Bln-Bbg BeckRS 2009, 73479, juris Rn. 27 f.; LSG NRW BeckRS 2009, 50857, juris Rn. 25 ff.; LSG Nds-Brem Beschl. v. 27.11.2008 – L 8 SO 173/08 ER, juris Rn. 20 f.; LSG Bln-Bbg FEVS 59, 233 (234) = BeckRS 2009, 65559).

19   Allerdings besteht der erforderliche Zusammenhang nicht nur, wenn der Wille, Sozialhilfe zu erlangen, der einzige Einreisegrund ist. Beruht die Einreise des Ausländers auf verschiedenen Motiven, ist das Erfordernis des finalen Zusammenhangs auch erfüllt, wenn der Zweck der Inanspruchnahme von Sozialhilfe für den Einreiseentschluss von **prägender Bedeutung** ist (vgl. LSG Bln-Bbg FEVS 59, 233 (234) = BeckRS 2009, 65559). Prägende Bedeutung kommt dem

Umstand, Leistungen zu beziehen, dann zu, wenn er für den Ausländer neben anderen Gründen so wesentlich war, dass er ansonsten nicht eingereist wäre. Es genügt demgegenüber nicht, dass der Bezug von Leistungen nach dem AsylbLG beiläufig erfolgt oder anderen Einreisezwecken untergeordnet und in diesem Sinne nur billigend in Kauf genommen wird (BVerwGE 90, 212 = BeckRS 1992, 1985; LSG NRW BeckRS 2009, 50857, juris Rn. 25; LSG Bln-Bbg FEVS 59, 233 (234) = BeckRS 2009, 65559; sa Dietz DÖV 2015, 727 (728 f.)). Folglich rechtfertigt allein die Tatsache der Einreise im Zustand der – notgedrungen hingenommenen – Hilfebedürftigkeit allein keine Leistungseinschränkung. Missbrauch begeht erst der Ausländer, dem es **bei der Einreise** gerade auf den Leistungsbezug ankommt (vgl. Dietz DÖV 2015, 727 (728)).

In Bezug auf **Familienangehörige iSv § 1 Abs. 1 Nr. 6** ist zu beachten, dass nur die **20** leistungsberechtigte Person, die mit dem Motiv des Leistungsbezugs eingereist ist, der also ein persönliches Fehlverhalten vorgeworfen werden kann, von § 1a Abs. 2 erfasst ist (ebenso Wahrendorf Rn. 32), was sich aus dem Wortlaut der Norm herleiten lässt (Oestreicher/Decker Rn. 26; im Ergebnis ebenso Siefert/Siefert, Asylbewerberleistungsgesetz, 2020, Rn. 25). Voraussetzung ist allerdings, dass der Familienangehörige in der Lage ist, einen entsprechenden eigenen Willen zu bilden. Bei Kindern wird das regelmäßig nicht der Fall sein. Sie müssen sich eine entsprechende Motivationslage der nach § 1 Abs. 1 Nr. 4 oder Nr. 5 leistungsberechtigten Person zurechnen lassen (vgl. schon BVerwG BeckRS 1997, 31222339; OVG NRW FEVS 59, 255 (258); BayLSG FEVS 58, 189 (190) mwN).

Der für die Gewährung von Leistungen nach dem AsylbLG zuständige Leistungsträger hat die **21** Feststellung, dass der Zweck, Sozialhilfe zu erlangen, den Einreiseentschluss geprägt hat, nach vollständiger Erforschung aller Umstände des Einzelfalles, nach Anhörung des Betroffenen und gegebenenfalls nach Einsicht in die Ausländer- und Asylakten, zu treffen. Welche Anforderungen an diese Feststellung zu stellen sind, ist eine Frage des konkreten Einzelfalles (BVerwGE 90, 212 = BeckRS 1992, 1985). Dabei müssen dem Eingereisten allerdings keine detaillierten Kenntnisse des deutschen Sozialhilferechts nachgewiesen werden (OVG NRW ZfSH/SGB 1991, 26). Auch hat der Ausländer die nur in sein Wissen gestellten Gründe für seine Ausreise der Behörde substantiiert und widerspruchsfrei darzulegen, um der Behörde (und ggf. auch dem Gericht) die Möglichkeit zu geben zu prüfen, ob der genannte Tatbestand erfüllt ist (vgl. LSG NRW BeckRS 2009, 50857, juris Rn. 26; BeckRS 2009, 55488, juris Rn. 30; BeckRS 2009, 54987, juris Rn. 6; so auch schon OVG Bln NVwZ-Beil. 2000, 19 = DVBl 2000, 68 = FEVS 51, 267; HessVGH SAR 2003, 119); das folgt schon aus § 7 Abs. 4 iVm §§ 60–67 SGB I. Lassen sich danach die Absichten des Ausländers nicht aufklären, geht dies aber ebenso zulasten des zuständigen Leistungsträgers wie ein etwaiges non-liquet (LSG BW InfAuslR 2016, 348; LSG Bln-Bbg BeckRS 2009, 73479, juris Rn. 25).

III. Rechtsfolge

Liegen die tatbestandlichen Voraussetzungen des § 1a Abs. 2 vor, so erhält der betroffene **22** Leistungsberechtigte Leistungen entsprechend Abs. 1. Da das Gesetz einschränkungslos auf Abs. 1 verweist, gilt die Norm umfassend. Auf die dortigen Ausführungen wird verwiesen (→ Rn. 4).

Der Verweis auf Abs. 1 ist neu (vgl. → Rn. 1.1) und ersetzt die bisher für diese Fälle vorgesehene **22.1** Rechtsfolge der Kürzung der Leistungen auf das im Einzelfall nach den Umständen unabweisbar Gebotene. Die mit dieser Regelung verbundenen Probleme und Fragestellungen (vgl. zB Dietz DÖV 2015, 727; ferner BSG ZfSH/SGB 2017, 690) haben sich damit erledigt.

IV. Dauer der Leistungseinschränkung

Die Leistungseinschränkung greift in dem Moment Platz, in dem die tatbestandlichen Voraussetzungen des § 1a Abs. 2 vorliegen. Der zuständige Leistungsträger muss den Missbrauchstatbestand nachweisen können. **23**

Hinsichtlich des Endes der Leistungseinschränkung ist § 14 zu beachten. Danach sind **24** Anspruchseinschränkungen nach dem AsylbLG auf sechs Monate zu befristen (Abs. 1). Im Anschluss ist die Anspruchseinschränkung bei Fortbestehen der Pflichtverletzung fortzusetzen, sofern die gesetzlichen Voraussetzungen der Anspruchseinschränkung weiterhin erfüllt werden (Abs. 2; zur Frage, ob die Anspruchseinschränkung nach § 1a Abs. 2 ggf. auf maximal sechs Monate zu begrenzen ist s. ausf. Oestreicher/Decker Rn. 45).

E. Leistungseinschränkung nach Abs. 3

I. Betroffener Personenkreis

25   Abs. 3 S. 1 erfasst Leistungsberechtigte nach § 1 Abs. 1 Nr. 4 (= Leistungsberechtigte, die eine Duldung nach § 60a AufenthG besitzen) und Nr. 5 (= vollziehbar Ausreisepflichtige, auch wenn eine Abschiebungsandrohung noch nicht oder nicht mehr vollziehbar ist). Ausweislich des klaren Wortlauts fallen alle anderen leistungsberechtigten Personen nicht hierunter.

II. „Vereitelungstatbestand"

26   Gemäß Abs. 3 S. 1 findet eine Leistungseinschränkung bei solchen Leistungsberechtigten statt, bei denen aus von ihnen zu vertretenden Gründen aufenthaltsbeendende Maßnahmen nicht vollzogen werden können. Der Gesetzgeber hat mit dieser Regelung solche ausreisepflichtigen Ausländer (vor allem auch abgelehnte Asylbewerber) im Blick, die die Durchsetzung der Ausreisepflicht durch gezielte Maßnahmen verhindern (Hohm NVwZ 1998, 1045 (1046)).

27   Der Begriff der **„aufenthaltsbeendenden Maßnahmen"** ist im Sinne des 5. Kapitels des AufenthG (§§ 50–62 AufenthG) zu verstehen und umfasst alle Handlungen tatsächlicher und rechtlicher Art, die erforderlich sind, um einen Leistungsberechtigten aus dem Bundesgebiet zu entfernen (vgl. VG München Beschl. v. 4.7.2000 – M 6 b 00.2050, nv). Nicht hierunter fallen dagegen die freiwillige Ausreise, die Zurückweisung (§ 15 AufenthG) und die Einreiseverweigerung (§§ 18 Abs. 2, 18a Abs. 3 AsylG; vgl. jurisPK-SGB XII Rn. 56 ff.).

28   Die aufenthaltsbeendenden Maßnahmen dürfen aus **vom Leistungsberechtigten zu vertretenden Gründen** nicht vollzogen werden können, was vom zuständigen Leistungsträger in eigener Verantwortung zu prüfen ist (SchlHOVG InfAuslR 2000, 78). Das „Vertreten" iSd § 1a Abs. 3 S. 1 setzt **kein Verschulden** voraus (vgl. Hohm info also 2000, 117 (119)). Ausreichend ist vielmehr, dass die den aufenthaltsbeendenden Maßnahmen entgegenstehenden Gründe in der Verantwortungssphäre des Hilfesuchenden liegen und dass das ihm vorwerfbare Verhalten **kausal** für die Nichtvollziehbarkeit dieser Maßnahme ist (BSG FEVS 65, 495 (500); wohl enger: Streit/Hübschmann ZAR 1998, 266 (268)). Davon ist regelmäßig auszugehen, wenn der Leistungsberechtigte durch ein in seinem freien Willen stehendes Verhalten gegen ihn gerichtete Maßnahmen der Aufenthaltsbeendigung verhindert oder wesentlich verzögert (vgl. etwa VG Berlin Beschl. v. 22.3.2004 – 8 A 453.03). Insofern ist vor allem § 49 Abs. 2 AufenthG von besonderer Bedeutung. Danach ist jeder Ausländer verpflichtet, gegenüber den mit dem Vollzug des Ausländerrechts betrauten Behörden auf Verlangen die erforderlichen Angaben zu seinem Alter, seiner Identität und Staatsangehörigkeit zu machen und die von der Vertretung des Staates, dessen Staatsangehörigkeit er besitzt oder vermutlich besitzt, geforderten und mit dem deutschen Recht in Einklang stehenden Erklärungen im Rahmen der Beschaffung von Heimreisedokumenten abzugeben. Zu vertreten hat ein Ausländer die Nichtvollziehbarkeit aufenthaltsbeendender Maßnahmen daher insbesondere dann, wenn er entgegen dieser Verpflichtung an der Beschaffung aller für die Heimreise erforderlichen Dokumente, insbesondere eines Reisepasses, nicht mitwirkt (BSG FEVS 65, 495 (500); so schon HmbOVG FEVS 53, 160). Das wiederum setzt voraus, dass die zuständige Ausländerbehörde aufenthaltsbeendende Maßnahmen auch wirklich vollziehen will, sie mithin über einen **Vollstreckungswillen** verfügt (BayLSG BeckRS 2016, 74367 Rn. 31; s. schon VG Greifswald NordÖR 2000, 205).

29   Vom „Vereitelungstatbestand" des Abs. 3 S. 1 werden daher zB Leistungsberechtigte erfasst, die ihre Ausweisdokumente vernichtet haben und / oder bei der Passbeschaffung nicht mitwirken (vgl. SächsLSG ZFSH/SGB 2020, 160 mwN; LSG Nds-Brem FEVS 72, 29; NdsOVG BeckRS 2005, 20930; BayVGH FEVS 52, 236; HmbOVG FEVS 53, 160; NdsOVG SAR 2003, 55), die ihre Ausweispapiere verloren haben oder wo solche nicht vorhanden sind (OVG NRW Beschl. v. 22.6.1999 – 24 B 1088/99, nv), die untertauchen oder ihrer Abschiebung durch Widerstandshandlungen oder auf andere von ihnen zu vertretende Weise erfolgreich entgegengewirkt haben (vgl. BT-Drs. 13/10155, 5; BT-Drs. 13/11172, 8; Hohm NVwZ 1998, 1045 (1046)), die es zulassen, dass Dritte ihre Ausweispapiere vernichten, die sich haben ausbürgern lassen und einen Antrag auf jederzeit mögliche, freiwillige Wiedereinbürgerung nicht stellen (für die Ukraine VG München Beschl. v. 30.11.1998 – M 18 E 98.4167, nv), für die ein Auslieferungsersuchen nach § 60 Abs. 4 AufenthG vorliegt, wenn der Leistungsberechtigte wegen eines laufenden Petitionsverfahrens im Land bleiben darf (HessVGH Beschl. v. 17.3.1995 – 12 TH 3451/94) sowie im Falle der Täuschung über die wahre Identität.

30   Vom Ausländer **nicht zu vertretende Gründe** sind dagegen insbesondere dann gegeben, wenn aus rechtlichen oder tatsächlichen Gründen eine Ausreise bzw. aufenthaltsbeendende Maßnahmen

ausgeschlossen sind. Das ist etwa zu bejahen, wenn die fehlende Mitwirkung bei der Beschaffung eines Reisedokuments nicht kausal war für den Nichtvollzug der Abschiebung, sondern zB ein Flugverbot und die Lage im Heimatland, wenn der Ausländer vorläufigen Rechtsschutz gegen aufenthaltsbeendende Maßnahmen erstritten hat (HmbOVG FEVS 46, 418) oder aus gesundheitlichen Gründen nicht ausreisefähig ist (beachte aber § 60a Abs. 2c S. 2, S. 3 AufenthG), wenn er einen – nicht offensichtlich missbräuchlichen – Antrag auf Feststellung des Vorliegens der Voraussetzungen für die Aussetzung der Abschiebung nach § 60 Abs. 2–7 AufenthG im Wege des Wiederaufgreifens vor dem Bundesamt stellt, wenn sich der Leistungsberechtigte weigert, das Bundesgebiet freiwillig zu verlassen, wenn es dem Leistungsberechtigten wegen der Verhältnisse in seinem Heimatland (zB Bürgerkrieg und Verwüstung des Landes) nicht möglich bzw. nicht zumutbar war, sich vor der Ausreise zunächst einen Reisepass ausstellen zu lassen und es infolge des Nichtbesitzes eines Passes zu Problemen bei der Durchführung von aufenthaltsbeendenden Maßnahmen kommt (HmbOVG FEVS 53, 160). Nicht zu vertreten hat ein Ausländer ein Ausreisehindernis auch dann, wenn von ihm Mitwirkungshandlungen gefordert werden, die mit dem deutschen Recht nicht im Einklang stehen. Das kann etwa dann der Fall sein, wenn sich ein Leistungsberechtigter, der die Bundesrepublik Deutschland nicht verlassen will, weigert, bei der für ihn zuständigen Botschaft eine Erklärung zu unterschreiben, er wolle freiwillig in sein Heimatland zurückkehren (sog. „Ehrenerklärung"), weil diese Erklärung nicht seinem wahren Willen entspricht (BSG FEVS 65, 495; LSG Nds-Brem FEVS 72, 29).

Zum Kirchenasyl → Rn. 9.   **30a**

Die Darlegungspflicht und die materielle Beweislast für das Vorliegen der tatbestandlichen **31** Voraussetzungen des § 1a Abs. 3 trägt die Leistungsbehörde (VG Greifswald NordÖR 2000, 205).

III. Rechtsfolge

Nach Abs. 3 S. 1 gilt Abs. 1 entsprechend, dh die nach § 1 Abs. 1 Nr. 4 oder Nr. 5 Leistungsbe- **32** rechtigten werden im Falle der Verwirklichung des Vereitelungstatbestandes auf das dort konkretisierte physische Existenzminimum verwiesen. Sie haben folglich keinen Anspruch mehr auf Leistungen nach den §§ 2, 3 und 6, sondern erhalten stattdessen bis zu ihrer Ausreise oder der Durchführung ihrer Abschiebung nur noch Leistungen zur Deckung des Bedarfs an Ernährung und Unterkunft einschließlich Heizung sowie Körper- und Gesundheitspflege (Abs. 1 S. 2), im Bedarfsfall auch weitere Leistungen nach § 3 Abs. 1 S. 1 im Ermessenswege (Abs. 1 S. 3), wobei die Leistungen als **Sachleistungen** erbracht werden sollen (Abs. 1 S. 4).

Gemäß **Abs. 3 S. 2** gilt für Leistungsberechtigte nach § 1 Abs. 1 Nr. 6, soweit es sich um **33** Familienangehörige der in Abs. 3 S. 1 genannten Personen handelt, § 1a Abs. 1 entsprechend, wenn aus von ihnen selbst zu vertretenden Gründen aufenthaltsbeendende Maßnahmen nicht vollzogen werden können.

Durch den mit dem Gesetz vom 15.8.2019 (BGBl. I 1294) hier eingefügten Passus „aus von ihnen **33.1** selbst zu vertretenden Gründen" hat der Gesetzgeber ein entsprechendes Redaktionsversehen behoben (vgl. BT-Drs. 19/10047, 51). Hierdurch wird klargestellt, dass für Familienangehörige der in § 1 Abs. 1 Nr. 4 oder 5 genannten Personen die Leistungseinschränkung des Abs. 3 S. 1 iVm Abs. 1 nur gilt, wenn sie selbst die Voraussetzungen nach Abs. 3 S. 1 – also in eigener Person – erfüllen. Anders als vor Inkrafttreten der Gesetzesänderung am 21.8.2019 kann somit das Verhalten der nach § 1 Abs. 1 Nr. 4 oder Nr. 5 leistungsberechtigten Person dem Familienmitglied nicht mehr zugerechnet werden.

IV. Beginn und Ende der Leistungseinschränkung

Nach Abs. 3 S. 1 endet der Anspruch auf Leistungen nach §§ 2, 3 und 6 mit dem auf die **34** Vollziehbarkeit einer Abschiebungsandrohung (vgl. etwa § 59 AufenthG) oder Vollziehbarkeit einer Abschiebungsanordnung (s. zB § 58a AufenthG, §§ 34–35 AsylG) folgenden Tag.

In Bezug auf das Ende der Leistungseinschränkung gilt § 14. Die Einschränkung ist auf jeden **35** Fall zu beenden, wenn die leistungsberechtigte Person ihr Verhalten, das der Durchführung aufenthaltsbeendender Maßnahmen entgegensteht, einstellt (vgl. NdsOVG BeckRS 2005, 20930).

F. Leistungseinschränkung nach Abs. 4

I. Verfassungsmäßigkeit

Abs. 4 regelt in seinem **S. 1** Leistungseinschränkungen für bestimmte Personengruppen bei **36** Zuständigkeit eines anderen EU-Mitgliedstaates oder eines an dem sog. Dublin-Verfahren teilnehmenden Drittstaates für die Durchführung des Asylverfahrens. **S. 2** erfasst dagegen die Fälle des bereits gewährten internationalen Schutzes oder Aufenthaltsrechts aus einem anderen Grund durch einen anderen EU-Mitgliedstaat oder einem am Dublin-Verfahren teilnehmenden Drittstaat. **S. 3** enthält eine Sonderregelung für Leistungsberechtigte nach § 1 Abs. 1 Nr. 5.

37   Mit den Regelungen sollen Fälle der **irregulären Sekundärmigration** sanktioniert werden. Das ist im Hinblick auf das Grundsatzurteil des BVerfG v. 18.7.2012 (BVerfGE 132, 134 Rn. 95 = NVwZ 2012, 1024) problematisch, weil migrationspolitische Erwägungen, die Leistungen an Asylbewerber und Flüchtlinge niedrig zu halten, um Anreize für Wanderungsbewegungen durch ein im internationalen Vergleich eventuell hohes Leistungsniveau zu vermeiden, von vornherein kein Absenken des Leistungsstandards unter das physische und soziokulturelle Existenzminimum rechtfertigen können. Genau dies geschieht jedoch durch Abs. 4, in dem die Norm auf der Rechtsfolgenseite auf Abs. 1 verweist (zu Einzelheiten → Rn. 10 ff.). Im Hinblick darauf und mit Blick auf BVerfGE 152, 68 (Unzulässigkeit repressives Fehlverhalten zu ahnden, BVerfGE 152, 68 Rn. 131) dürfte Abs. 4 nicht den verfassungsrechtlichen Vorgaben genügen (in diese Richtung auch SG Leipzig BeckRS 2016, 110949; SG Stade Beschl. v. 10.5.2017 – S 19 AY 19/17 ER; offen gelassen von BVerfG BeckRS 2017, 128139).

II. Leistungseinschränkung nach Abs. 4 S. 1

38   S. 1 erfasst Leistungsberechtigte nach § 1 Abs. 1 Nr. 1 (= Ausländer mit einer Aufenthaltsgestattung nach dem AsylG), Nr. 1a (= ein Asylgesuch geäußert haben und nicht die in den Nr. 1, 2–5 und 7 genannten Voraussetzungen erfüllen) und Nr. 5 (= vollziehbar ausreisepflichtige Personen, auch wenn eine Abschiebungsandrohung noch nicht oder nicht mehr vollziehbar ist). Andere leistungsberechtigte Personen fallen nicht hierunter; das gilt auch für Familienangehörige nach § 1 Abs. 1 Nr. 6, da diese in Abs. 4 S. 1 nicht genannt werden.

39   Die leistungsberechtigte Person muss sich einer durch die Europäischen Union getroffenen Verteilentscheidung (Umsiedlung, relocation) zuwider im Bundesgebiet aufhalten. Die Norm knüpft damit an ein persönliches Fehlverhalten des Leistungsberechtigten an. Dieses besteht darin, dass er sich im Bundesgebiet aufhält, obwohl er durch die Europäische Union einem anderen Staat zugewiesen worden ist (Oestreicher/Decker Rn. 80).

40   S. 1 setzt eine Verteilentscheidung der Europäischen Union voraus, nach der ein anderer Staat als der, der nach der Dublin III-VO (VO (EU) 604/2013 v. 26.6.2013, ABl. 2013 L 180, 31) für die Prüfung eines von der leistungsberechtigten Person gestellten Antrages auf internationalen Schutz hierfür zuständig wäre, zur Aufnahme der betreffenden Person verpflichtet ist. Grundlage für die in S. 1 angesprochene Verteilentscheidung sind B (EU) 2015/1523 (Beschluss (EU) 2015/1523 zur Einführung von vorläufigen Maßnahmen im Bereich des internationalen Schutzes zugunsten von Italien und Griechenland v. 14.9.2015, ABl. 2015 L 239, 146) und B (EU) 2015/1601 (Beschluss (EU) 2015/1601 zur Einführung von vorläufigen Maßnahmen im Bereich des internationalen Schutzes zugunsten von Italien und Griechenland v. 22.9.2015, ABl. 2015 L 248, 80). Nach Art. 4 B (EU) 2015/1523 bzw. Art. 4 B (EU) 2015/1601 sollten – zur Entlastung von Italien und Griechenland – insgesamt 160.000 Antragsteller in andere Mitgliedstaaten umgesiedelt werden (s. zu Einzelheiten etwa Heuser NVwZ 2018, 364). Hieraus folgt, dass Abs. 4 S. 1 keine Anwendung findet, wenn der Ausländer im Rahmen der Verteilentscheidung der Bundesrepublik Deutschland zugewiesen wurde und auch nicht im unmittelbaren Anwendungsbereich der Dublin III-VO, weil es diesbezüglich an der von Abs. 4 S. 1 vorausgesetzten EU-Verteilentscheidung fehlt.

41   Liegen vorgenannte Voraussetzungen vor, erhält der Betroffene nur Leistungen nach Maßgabe des Abs. 1 (zu Einzelheiten → Rn. 10 ff.).

III. Leistungseinschränkung nach Abs. 4 S. 2

42   S. 2 erfasst Leistungsberechtigte nach § 1 Abs. 1 Nr. 1 und Nr. 1a (→ Rn. 38). Er setzt voraus, dass diesen bereits von einem anderen Mitgliedstaat der Europäischen Union oder einem am Verteilermechanismus teilnehmenden Drittstaat iSv S. 1 internationaler Schutz oder aus anderen Gründen ein Aufenthaltsrecht gewährt worden ist. Ob ein solcher Schutz besteht, hat der zuständige Leistungsträger festzustellen, ggf. unter Einschaltung der Ausländerbehörde.

43   Dieser internationale Schutz bzw. das aus anderen Gründen gewährte Aufenthaltsrecht müssen zudem fortbestehen, dürfen also zB durch den Zuzug in das Bundesgebiet nicht erloschen sein. Hierfür ist der Leistungsträger nachweispflichtig.

43.1   Ob darüber hinaus als ungeschriebenes Tatbestandsmerkmal zu fordern ist, dass dem Betroffenen die Rückkehr in das schutzgewährende Land aus tatsächlichen und rechtlichen Gründen möglich und zumutbar ist (so LSG Nds-Brem ZFSH/SGB 2020, 111), erscheint hingegen zweifelhaft (so zu Recht Deibel ZFSH/ SGB 2020, 75).

Unter den genannten Voraussetzungen erhält auch ein solcher Leistungsberechtigter nur Leis- **44** tungen nach Maßgabe des Abs. 1.

IV. Leistungseinschränkung nach Abs. 4 S. 3

Nach Abs. 4 S. 3 gilt S. 2 Nr. 2 für Leistungsberechtigte nach § 1 Abs. 1 Nr. 5 entsprechend. **45** Eine für den von S. 3 erfassten Personenkreis vergleichbare Regelung findet sich § 1 Abs. 4. Der Unterschied zwischen beiden Vorschriften besteht darin, dass vollziehbar ausreisepflichtige Personen, die bereits internationalen Schutz genießen, der fortbesteht, nicht unter § 1a Abs. 4 S. 3 fallen, weil die Norm nur auf § 1a Abs. 4 S. 2 Nr. 2 verweist, der den Fall des aus anderen Gründen bestehenden Aufenthaltsrechts erfasst. Umgekehrt gilt § 1a Abs. 4 S. 3 nur für gem. § 1 Abs. 1 Nr. 5 Leistungsberechtigte, denen von einem anderen Mitgliedstaat der EU oder einem am Verteilmechanismus teilnehmenden Drittstaat aus anderen Gründen ein Aufenthaltsrecht gewährt worden ist. Hinsichtlich der weiteren Einzelheiten kann auf die Ausführungen zu Abs. 4 S. 2 verwiesen werden (→ Rn. 42 ff.), die hier sinngemäß gelten.

V. Beginn und Ende der Leistungseinschränkung

Die Leistungseinschränkung greift in dem Moment Platz, in welchem der Betroffene Sozialleis- **46** tungen begehrt. Denn der Vorwurf, der diesen Personen gemacht wird, lautet, dass sie sich im Bundesgebiet aufhalten, obwohl sie einem anderen Staat zugewiesen wurden bzw. in einem anderen Staat bereits ausreichenden Schutz erhalten haben. Die Dauer der Leistungseinschränkung beurteilt sich nach § 14.

G. Leistungseinschränkung nach Abs. 5

I. Betroffener Personenkreis

Von Abs. 5 werden nur Asylantragsteller (§ 1 Abs. 1 Nr. 1), Leistungsberechtigte nach § 1 **47** Abs. 1 Nr. 1a sowie Folge- und Zweitantragsteller (§ 1 Abs. 1 Nr. 7) erfasst. Da Familienmitglieder (§ 1 Abs. 1 Nr. 6) nicht genannt sind, fallen sie ebenso wenig unter Abs. 5 wie die anderen in § 1 Abs. 1 Nr. 2–5 genannten Leistungsberechtigten.

II. Tatbestandliche Voraussetzungen

1. „Fehlende Mitwirkung"

Abs. 5 S. 1 zählt unter Nr. 1–7 verschiedene Tatbestände auf, bei deren Vorliegen der Gesetzge- **48** ber von einer besonders gravierenden Pflichtverletzung ausgeht (zu den Einzelheiten wird auf die Erläuterungen bei §§ 13, 15 und 30 AsylG verwiesen).

Um entsprechende Leistungseinschränkungen vornehmen zu können, benötigen die Träger des **49** AsylbLG substantiierte Informationen und Belege über die Verletzung der Mitwirkungspflichten; diese werden ihnen vom Bundesamt nach § 8 Abs. 2a AsylG übermittelt, da es sich um im Asylverfahren zu prüfende Pflichtverletzungen handelt.

2. Vertretenmüssen oder wichtiger Grund

Abs. 5 S. 1 steht unter einem **doppelten Vorbehalt.** Eine Leistungseinschränkung erfolgt zum **50** einen nicht, wenn die leistungsberechtigte Person die Verletzung der Mitwirkungspflichten oder die Nichtwahrnehmung des Termins nicht zu vertreten hat. Auf die bei Abs. 3 gemachten Ausführungen, die hier sinngemäß gelten, wird verwiesen (→ Rn. 28 ff.). Nicht zu vertreten kann eine fehlende Mitwirkung oder die Einhaltung eines Termins sowohl aus tatsächlichen als auch aus rechtlichen Gründen sein, wie etwa eine schwere Krankheit oder eine kurzfristig erfolgte Inhaftierung.

Zum anderen hat die leistungsberechtigte Person die Nichterfüllung der Mitwirkungspflichten **51** bzw. die Nichtwahrnehmung des Termins nicht zu vertreten, wenn hierfür ein wichtiger Grund vorlag. Ein solcher wäre zum Beispiel anzunehmen bei einer unaufschiebbaren Prüfung im Falle einer Ausbildungsduldung nach § 60a Abs. 2 S. 4 AufenthG oder einer plötzlichen Erkrankung eines Kindes aufgrund dessen die leistungsberechtigte Person unabkömmlich ist.

III. Rechtsfolge

52   Leistungsberechtigte erhalten nach Abs. 5 S. 1 nur die Leistungen entsprechend Abs. 1. Da das Gesetz einschränkungslos auf Abs. 1 verweist, gilt die Norm umfassend. Auf die dortigen Ausführungen wird verwiesen (→ Rn. 4).

IV. Beginn und Ende der Leistungseinschränkung

53   Abs. 5 regelt den Beginn der Leistungseinschränkung nicht. Diese setzt mit der Feststellung der Verwirklichung des Tatbestandes des Abs. 5 S. 1 ein, was in der Regel durch die entsprechende Mitteilung des Bundesamtes nach § 8 Abs. 2a AsylG geschieht.

54   Nach Abs. 5 S. 2 endet die Anspruchseinschränkung, sobald die fehlende Mitwirkungshandlung erbracht oder der Termin zur förmlichen Antragstellung wahrgenommen wurde. Das genügt den Anforderungen des BVerfG (BVerfGE 152, 68 Rn. 186).

H. Leistungseinschränkung nach Abs. 6

55   Nach dem durch das Gesetz vom 15.8.2019 (BGBl. I 1294) eingefügten Abs. 6 erhalten Leistungsberechtigte nach § 1 Abs. 1, die ihre nach § 9 Abs. 3 iVm § 60 Abs. 1 S. 1 Nr. 1 und 2 SGB I bestehenden Pflichten, Angaben über die finanzielle Situation zu machen, namentlich vorhandenes Vermögen zu offenbaren, und Änderungen unverzüglich mitzuteilen schuldhaft verletzen, als verhaltenslenkende Maßnahme ebenfalls nur Leistungen nach § 1a Abs. 1. Die Vorschrift rekurriert auf Art. 20 Abs. 3 RL 2013/33/EU des Europäischen Parlaments und des Rates vom 26.6.2013 zur Festlegung von Normen für die Aufnahme von Personen, die internationalen Schutz beantragen (sog. Aufnahmerichtlinie; ABl. 2013 L 180, 96 vom 29.6.2013), wonach die Mitgliedstaaten die im Rahmen der Aufnahme gewährten materiellen Leistungen einschränken oder entziehen können, wenn ein Antragsteller verschwiegen hat, dass er über Finanzmittel verfügt, und dadurch bei der Aufnahme zu Unrecht in den Genuss von materiellen Leistungen gekommen ist. Eine solche Regelung ist verfassungsrechtlich zulässig (BVerfGE 152, 68).

56   Abs. 6 stellt auf „Leistungsberechtigte nach § 1 Abs. 1" ab, differenziert somit nicht zwischen den einzelnen Fällen der Leistungsberechtigten wie die anderen Regelungen in § 1a. Die Norm gilt für alle Leistungsberechtigten iSv § 1 Abs. 1.

57   Voraussetzung ist indessen, dass der Leistungsberechtigte deshalb, also wegen der Verletzung der Mitwirkungspflicht, zu Unrecht Leistungen nach dem AsylbLG erhalten hat. Besteht trotz Vermögens ein ungekürzter Anspruch auf Leistungen, ist Abs. 6 nicht einschlägig. Da die Norm nicht weiter differenziert, genügt es jedoch, wenn der Ausländer wegen vorhandenen Vermögens nur geringere Leistungen erhalten hätte.

I. Leistungseinschränkung nach Abs. 7

58   Nach Abs. 7 S. 1 erhalten gem. § 1 Abs. 1 Nr. 1 oder 5 Leistungsberechtigte, deren Asylantrag durch eine Entscheidung des Bundesamtes für Migration und Flüchtlinge nach § 29 Abs. 1 Nr. 1 iVm § 31 Abs. 6 AsylG als unzulässig abgelehnt und für die eine Abschiebung nach § 34a Abs. 1 S. 1 Alt. 2 AsylG angeordnet wurde, ebenfalls nur Leistungen entsprechend Abs. 1 (→ Rn. 4), auch wenn die Entscheidung noch nicht unanfechtbar ist. Das gilt nicht, sofern ein Gericht die aufschiebende Wirkung der Klage gegen die Abschiebungsanordnung angeordnet hat (S. 2). Die Regelung schließt eine Gesetzeslücke, denn eine Leistungseinschränkung für Leistungsberechtigte, für die ein anderer Staat nach Maßgabe der Verordnung (EU) 2013/604 für die Durchführung des Asylverfahrens (sog. Dublin-III-VO) zuständig ist, existierte bisher nicht (vgl. BT-Drs. 19/10047, 52). Ob die Leistungseinschränkung ein pflichtwidriges Verhalten des Leistungsberechtigten voraussetzt (so SG Landshut ZFSH/SGB 2020, 186), erscheint zweifelhaft.

J. Verfahren zur Beschränkung der Leistungen

59   Liegen die Voraussetzungen eines der Tatbestände des § 1a vor, erhalten die jeweiligen Leistungsberechtigte Leistungen nur nach Maßgabe des Abs. 1. Die Leistungsminderung ergibt sich damit unmittelbar aus dem Gesetz (LSG BW FEVS 57, 100; BayLSG BeckRS 2016, 74367 Rn. 27).

60   Gleichwohl ist für eine Einschränkung der Leistungsansprüche aufgrund des § 1a Voraussetzung, dass eine solche Anspruchseinschränkung durch **Verwaltungsakt** festgestellt wird (wie hier: LSG MV FEVS 70, 409 (426); BayLSG FEVS 70, 125; jurisPK-SGB XII Rn. 122, 157; Hohm,

Gemeinschaftskommentar zum Asylbewerberleistungsgesetz, Rn. 430 ff.). Das ergibt sich aus dem systematischen Zusammenhang mit den weiteren Regelungen in § 11 Abs. 4 Nr. 2 und § 14 Abs. 1, wonach ein feststellender Verwaltungsakt über das Vorliegen einer Anspruchseinschränkung nach § 1a für den Eintritt der vorgesehenen Rechtsfolgen erforderlich ist. Auch der Gesetzgeber ging im Rahmen der Einfügung des § 11 Abs. 4 AsylbLG davon aus, dass es in Fällen einer Anspruchseinschränkung nach dem AsylbLG einer Entscheidung bedarf, die eine Pflichtverletzung und eine daran anknüpfende Einschränkung des Leistungsanspruchs feststellt (vgl. BT-Drs. 18/8615, 42; BayLSG BeckRS 2018, 3865). Nicht zuletzt ist eine solche Entscheidung deshalb erforderlich, um für den Betroffenen die Leistungseinschränkung nachvollziehbar zu machen.

Die Einschränkung der Hilfe erfolgt dem entsprechend durch eine mit den wesentlichen tatsäch-**61** lichen und rechtlichen Gründen versehene Verfügung (§ 31 S. 1 SGB X). Der Betroffene ist vorher gem. § 24 Abs. 1 SGB X anzuhören und ihm ist Gelegenheit zu geben, Stellung zu nehmen (vgl. Nachweise bei Hohm info also 2000, 117 (119) Fn. 30; zu ggf. weiteren verfahrensrechtlichen Anforderungen s. BayLSG BeckRS 2016, 114368 Rn. 41; 2016, 72839 Rn. 41; ferner Hohm, Gemeinschaftskommentar zum Asylbewerberleistungsgesetz, Rn. 278).

§ 2 Leistungen in besonderen Fällen

(1) ¹Abweichend von den §§ 3 und 4 sowie 6 bis 7 sind das Zwölfte Buch Sozialgesetzbuch und Teil 2 des Neunten Buches Sozialgesetzbuch auf diejenigen Leistungsberechtigten entsprechend anzuwenden, die sich seit 18 Monaten ohne wesentliche Unterbrechung im Bundesgebiet aufhalten und die Dauer des Aufenthalts nicht rechtsmissbräuchlich selbst beeinflusst haben. ²Die Sonderregelungen für Auszubildende nach § 22 des Zwölften Buches Sozialgesetzbuch finden dabei jedoch keine Anwendung auf

1. Leistungsberechtigte nach § 1 Absatz 1 Nummer 1, 3 und 4 in einer nach den §§ 51, 57 und 58 des Dritten Buches Sozialgesetzbuch dem Grunde nach förderungsfähigen Ausbildung sowie
2. Leistungsberechtigte nach § 1 Absatz 1 Nummer 3 und 4 in einer nach dem Bundesausbildungsförderungsgesetz dem Grunde nach förderungsfähigen Ausbildung, deren Bedarf sich nach den §§ 12, 13 Absatz 1 in Verbindung mit Absatz 2 Nummer 1 oder nach § 13 Absatz 1 Nummer 1 in Verbindung mit Absatz 2 Nummer 2 des Bundesausbildungsförderungsgesetzes bemisst und die Leistungen nach dem Bundesausbildungsförderungsgesetz erhalten.

³Bei Leistungsberechtigten nach § 1 Absatz 1 Nummer 1 in einer nach dem Bundesausbildungsförderungsgesetz dem Grunde nach förderungsfähigen Ausbildung gilt anstelle des § 22 Absatz 1 des Zwölften Buches Sozialgesetzbuch, dass die zuständige Behörde Leistungen nach dem Dritten oder Vierten Kapitel des Zwölften Buches Sozialgesetzbuch als Beihilfe oder als Darlehen gewährt. ⁴§ 28 des Zwölften Buches Sozialgesetzbuch in Verbindung mit dem Regelbedarfs-Ermittlungsgesetz und den §§ 28a, 40 des Zwölften Buches Sozialgesetzbuch findet auf Leistungsberechtigte nach Satz 1 mit den Maßgaben entsprechende Anwendung, dass

1. bei der Unterbringung in einer Gemeinschaftsunterkunft im Sinne von § 53 Absatz 1 des Asylgesetzes oder in einer Aufnahmeeinrichtung nach § 44 Absatz 1 des Asylgesetzes für jede erwachsene Person ein Regelbedarf in Höhe der Regelbedarfsstufe 2 anerkannt wird;
2. für jede erwachsene Person, die das 25. Lebensjahr noch nicht vollendet hat, unverheiratet ist und mit mindestens einem Elternteil in einer Wohnung im Sinne von § 8 Absatz 1 Satz 2 des Regelbedarfs-Ermittlungsgesetzes zusammenlebt, ein Regelbedarf in Höhe der Regelbedarfsstufe 3 anerkannt wird.

(2) Bei der Unterbringung von Leistungsberechtigten nach Absatz 1 in einer Gemeinschaftsunterkunft bestimmt die zuständige Behörde die Form der Leistung auf Grund der örtlichen Umstände.

(3) Minderjährige Kinder, die mit ihren Eltern oder einem Elternteil in einer Haushaltsgemeinschaft leben, erhalten Leistungen nach Absatz 1 auch dann, wenn mindestens ein Elternteil in der Haushaltsgemeinschaft Leistungen nach Absatz 1 erhält.

Überblick

§ 2 regelt die sog. Analog-Leistungsberechtigung. Abs. 1 S. 1 (→ Rn. 1 ff.) formuliert dabei den Grundsatz, dass diejenigen Leistungsberechtigten, die sich seit 18 Monaten ohne wesentliche Unterbrechung im Bundesgebiet aufhalten und die Dauer des Aufenthalts nicht rechtsmissbräuchlich selbst beeinflusst haben, abweichend von §§ 3 und 4 sowie §§ 6–7 Leistungen entsprechend dem SGB XII und (seit 1.1.2020) Teil 2 des SGB IX erhalten; S. 2–4 enthalten Modifikationen dieses Verweises auf das SGB XII (→ Rn. 29 ff.). Abs. 2 (→ Rn. 35 ff.) enthält eine Sonderregelung für die Bestimmung der Leistungsart (Geld- oder Sachleistung) in Gemeinschaftsunterkünften. Abs. 3 (→ Rn. 38 ff.) schließlich enthält einen Privilegierungstatbestand zugunsten minderjähriger Kinder, die mit ihren Eltern oder einem Elternteil in einer Haushaltsgemeinschaft leben. § 2 ist zuletzt durch das Gesetz vom 15.8.2019 (BGBl. I 1294), das am 21.8.2019 in Kraft getreten ist, geändert worden; insofern ist die Übergangsvorschrift in § 15 zu beachten.

Übersicht

A. Sog. Analog-Leistungen (Abs. 1)

I. Voraussetzungen nach Abs. 1 S. 1

1. Leistungsberechtigte

1   Von der Ausnahmeregelung des § 2 Abs. 1 S. 1 werden nur **Leistungsberechtigte** nach dem AsylbLG erfasst. Leistungsberechtigt sind die in § 1 Abs. 1 genannten Personen und zwar ausnahmslos. § 1 Abs. 1 knüpft die Leistungsberechtigung des Ausländers nach dem AsylbLG an den Aufenthaltsstatus sowie an den tatsächlichen Aufenthalt im Bundesgebiet an (BSG FEVS 61, 49; zu weiteren Einzelheiten → § 1 Rn. 3 ff.). Ausgenommen sind indessen Leistungsberechtigte, die einer Leistungseinschränkung nach § 1a unterliegen, denn auf diesen Personenkreis findet § 2 keine Anwendung (vgl. § 1a Rn. 1).

2. Aufenthalt von 18 Monaten

2   **a) Einführung.** Nach dem bis zum 28.2.2015 geltenden Recht hing der Anspruch auf sog. Analogleistungen unter anderem davon ab, dass der Leistungsberechtigte über eine Dauer von insgesamt 48 Monaten Leistungen nach § 3 erhalten hatte. Mit Urteil v. 18.7.2012 (BVerfGE 132, 134 = NVwZ 2012, 1024) erklärte das **BVerfG** einige Regelungen in § 3 aF für mit Art. 1 Abs. 1 GG iVm Art. 20 Abs. 1 GG unvereinbar. Im Zusammenhang mit § 2 hat das Gericht dabei betont (BVerfGE 132, 134 Rn. 93 = NVwZ 2012, 1024), dass der Anwendungsbereich des AsylbLG seit 1993 mehrfach erweitert worden sei und heute Menschen mit einem sehr unterschiedlichen Aufenthaltsstatus umfasse. Dieses Regelungskonzept gehe davon aus, dass dies ein kurzfristiger und vorübergehender Aufenthalt sei (vgl. BT-Drs. 13/2746, 11; BT-Drs. 13/3475, 2). Das werde jedoch der tatsächlichen Situation nicht gerecht. Der überwiegende Teil der Personen, die Leistungen nach dem AsylbLG erhielten, halte sich bereits länger als sechs Jahre in Deutschland auf (vgl. BT-Drs. 17/642). Es lägen zwar keine Daten dazu vor, wie viele Personen aus einem ungesicherten Aufenthaltsstatus in ein gesichertes Aufenthaltsrecht wechseln und ebenso wenig dazu, wie viele binnen kurzer Zeit freiwillig das Land verlassen. Die Möglichkeit der Aufenthaltsverfestigung räume der Gesetzgeber jedoch im Aufenthaltsrecht ausdrücklich ein. Unklar sei zudem, wie viele Menschen die deutsche Staatsangehörigkeit erwerben würden. Die im AsylbLG in der Festlegung des Kreises der Berechtigten in § 1 angelegte Vermutung, sie alle hielten sich nur kurzzeitig in Deutschland auf, sei vor diesem Hintergrund jedenfalls erheblichen verfassungsrechtlichen Bedenken ausgesetzt. Selbst wenn die Prognose für die Anfangszeit des Aufenthalts der Betroffenen noch

aus dem Aufenthaltsstatus abgeleitet werden könne, sei es jedenfalls für die in § 2 Abs. 1 vorgesehene Dauer von mittlerweile vier Jahren des Leistungsbezugs und folglich einem eventuell auch längeren Aufenthalt nicht mehr gerechtfertigt, von einem nur kurzen Aufenthalt mit möglicherweise spezifisch niedrigem Bedarf auszugehen.

Mit diesen Rechtssätzen war eine Vorbezugszeit von 48 Monaten nicht vereinbar. Der Gesetzgeber hat daher folgerichtig die Leistungsberechtigung nach § 2 Abs. 1 von einer vierjährigen Vorbezugszeit auf eine 15-monatige Aufenthaltszeit im Bundesgebiet geändert (Gesetz v. 10.12.2014, BGBl. I 2187). Dieser Umstellung war zu entnehmen, dass jemand, der sich bereits 15 Monate tatsächlich im Bundesgebiet aufhält, dort nicht nur vorübergehend seinen Aufenthalt genommen hat (vgl. auch Kepert ZFSH/SGB 2015, 80 (83)). Die vorgesehene Dauer von 15 Monaten war plausibel begründet und auch aus verfassungsrechtlicher Sicht akzeptabel (vgl. etwa BayLSG ZFSH/SGB 2017, 703). Durch das Gesetz vom 15.8.2019 (BGBl. I 1294) hat der Gesetzgeber die Vorbezugszeit auf 18 Monate verlängert. Die Änderung gilt seit 21.8.2019; § 15 enthält hierzu eine Übergangsregelung für Leistungsberechtigte, die an besagtem Datum die Vorbezugszeit von 15 Monaten bereits erfüllt hatten (zu Einzelheiten siehe dort). Zu der Verlängerung um 3 Monate, die erst im Laufe der Gesetzesberatungen aufgenommen wurde, sah sich der Gesetzgeber auch in Ansehung des Urteils des BVerfG v. 18.7.2012 (BVerfGE 132, 134 = NVwZ 2012, 1024) als berechtigt, weil er sich bei der Einschätzung der tatsächlichen Verhältnisse auch an den Fristen thematisch verwandter Regelungen orientieren könne, die das Leben von Flüchtlingen in der Anfangszeit im Bundesgebiet entscheidend prägten. Insbesondere sei dabei der Zeitraum der Erstaufnahme von Flüchtlingen in Deutschland zu berücksichtigen. Durch die Änderung des § 47 Abs. 1 AsylG werde die Dauer der Verpflichtung der von § 14 Abs. 1 AsylG erfassten Asylbewerber zum Aufenthalt in Aufnahmeeinrichtungen iSv § 44 Abs. 1 AsylG neu geregelt. Während dieser Zeit werde das physische Existenzminimum der Leistungsberechtigten zwingend durch Sachleistungen gedeckt. Die Integrationsmöglichkeiten seien eingeschränkt. Vor diesem Hintergrund werde die Wartefrist in § 2 Abs. 1 von 15 auf 18 Monate verlängert. Mit diesem Zeitraum werde die Spanne eines Kurzaufenthalts nicht deutlich überschritten (vgl. BT-Drs. 19/10706, 17 f.). Der Gesetzgeber beginnt nun also erneut damit, die Vorbezugszeit in § 2 Abs. 1 S. 1 stückweise zu verlängern. Es bleibt abzuwarten, ob die Gerichte, namentlich das BVerfG das mitmachen.

b) Aufenthalt von 18 Monaten. In der Bundesrepublik Deutschland hält sich auf, wer in diesem Land „körperlich anwesend ist". Weder kommt es hierfür darauf an, ob der Leistungsberechtigte in einer Gemeinschaftsunterkunft oder in einer dezentralen Unterkunft untergebracht ist, ob er in Haft sitzt, sich im Kirchenasyl befindet oder im Bundesgebiet untergetaucht ist (ebenso Wahrendorf Rn. 10; jurisPK-SGB XII Rn. 42 ff.; offen gelassen von BSG BeckRS 2011, 76450 = FEVS 63, 255 (258)) oder ob und welche Sozialleistungen er bezieht. Auch sein aufenthaltsrechtlicher Status ist unbeachtlich, soweit er nur nach § 1 Abs. 1 leistungsberechtigt ist. Der Aufenthalt endet grundsätzlich mit dem Verlassen des Bundesgebietes.

Dieser Aufenthalt muss – im Wesentlich ununterbrochen (→ Rn. 7 ff.) – 18 Monate betragen haben und weiter andauern. Die sog. „Wartezeit" beginnt mit dem Tag der Einreise in das Bundesgebiet und endet gem. § 1 Abs. 3 mit dem Ende des Monats, in dem diese Frist abläuft. Ob eine taggenaue Berechnung erforderlich ist, ist bisher ungeklärt (dagegen Deibel ZFSH/SGB 2015, 117 (123); dafür: Schellhorn/Hohm/Scheider, SGB XII, 19. Aufl. 2015, Rn. 12: Tag genau zu bestimmen). Mit Blick auf § 3 Abs. 5 S. 2 spricht aber einiges dafür, dass eine solche vorzunehmen ist.

Für die Erfüllung der Wartefrist ist der Leistungsberechtigte beweisbelastet. Zum Nachweis der Dauer des tatsächlichen Aufenthalts im Bundesgebiet können von der zuständigen Ausländerbehörde ausgestellte Aufenthaltstitel, Duldungen, Aufenthaltsgestattungen oder sonstige Bescheinigungen dienen.

3. Ohne wesentliche Unterbrechung

Der von § 2 Abs. 1 S. 1 vorausgesetzte Aufenthalt im Bundesgebiet muss „ohne wesentliche Unterbrechung" stattgefunden haben. Hierbei handelt es sich um einen **unbestimmten Rechtsbegriff,** der in vollem Umfang der gerichtlichen Kontrolle unterliegt (ebenso Wahrendorf Rn. 10). Anhaltspunkte dafür, wann eine Unterbrechung des Aufenthalts „wesentlich" ist, gibt das Gesetz nicht. Den Gesetzesmaterialien lässt sich aber entnehmen, dass die Frage, ob eine Unterbrechung des Aufenthalts im Bundesgebiet „wesentlich" ist oder nicht, von den **konkreten Umständen des Einzelfalles abhängt** und einer allgemeinverbindlichen Klärung nicht zugänglich ist. Nach Ansicht des Gesetzgebers sollen jedoch Unterbrechungen wegen kurzfristiger Auslandsaufenthalte, wie zB Klassenfahrten, Besuche von Angehörigen oder die Teilnahme an Beerdigungen von Angehörigen, leistungsrechtlich außer Betracht bleiben (vgl. BT-Drs. 18/2592, 19 f.). Aus der Formulierung „ohne wesentliche Unterbrechung aufhalten" kann weiter gefolgert werden, dass die Dauer der Unterbrechung in Beziehung zu setzen ist zur (bisherigen) Dauer des Aufenthalts im Bundesgebiet (je kürzer der bisherige Aufenthalt im Bundesgebiet war, desto eher liegt eine wesentliche Aufenthaltsunterbrechung vor, wenn der Ausländer das Bundesgebiet verlässt, und umgekehrt).

8   Verlässt der Ausländer das Bundesgebiet mit dem Willen, nicht mehr nach Deutschland zurückkehren zu wollen (**endgültige Ausreise**), dann ist die Unterbrechung stets wesentlich und die Analog-Leistungsberechtigung endet mit der Ausreise; reist der Ausländer später wieder in das Bundesgebiet ein (weil er seine Meinung geändert hat), beginnt die Wartezeit von neuem (vgl. SächsLSG ZFSH/SGB 2020, 355 (362)). Gleiches gilt, wenn ein Ausländer den Geltungsbereich des AsylbLG verlässt und in einem Drittstaat einen Asylantrag stellt (vgl. zum alten Recht: BSG FEVS 61, 49). Eine endgültige Ausreise liegt jedoch nicht vor, wenn die Ausländerbehörde eine Erlaubnis zum Verlassen des Bundesgebietes nach § 12 Abs. 5 AufenthG erteilt hat oder hätte erteilen können oder müssen (zum alten Recht: SchlHLSG ZFSH/SGB 2011, 492 = FEVS 63, 88). Da eine solche Erlaubnis aber regelmäßig befristet wird, liegt eine wesentliche Unterbrechung des Aufenthalts gleichwohl vor, wenn der Ausländer erst nach Ablauf der ihm gesetzten Frist wieder einreist.

9   Des Weiteren ist der aufenthaltsrechtliche Status der leistungsberechtigten Person zu beachten. Ein Ausländer, der vollziehbar ausreisepflichtig ist, und nunmehr das Bundesgebiet verlässt, erfüllt damit an sich nur die ihn kraft Gesetzes treffenden Verpflichtungen. Das gilt namentlich für den Personenkreis des § 1 Abs. 1 Nr. 5. Es wäre schwerlich nachvollziehbar, solchen Ausländern, die von Gesetzes wegen dauerhaft aus dem Bundesgebiet entfernt werden sollen, bei einer freiwilligen Ausreise den Anspruch auf Analog-Leistungen zu erhalten, wenn sie zu einem späteren Zeitpunkt (erneut) illegal einreisen.

10   Liegt keine nur unwesentliche Unterbrechung des Aufenthalts im Bundesgebiet vor, dann beginnt die Frist mit der Wiedereinreise erneut zu laufen.

4. Keine rechtsmissbräuchliche Selbstbeeinflussung der Aufenthaltsdauer

11   **a) Rechtsmissbrauch.** Der Leistungsberechtigte darf die Dauer des Aufenthaltes **nicht rechtsmissbräuchlich** selbst beeinflusst haben. Auch hierbei handelt es sich um einen gerichtlich voll überprüfbaren unbestimmten Rechtsbegriff (BayLSG FEVS 57, 106 (108)). Zu dessen Auslegung hat sich das BSG mit dem Grundsatzurteil v. 17.6.2008 (BSGE 101, 49 = FEVS 60, 193 = BeckRS 2008, 56388) und weiteren Entscheidungen vom gleichen Tag geäußert und gleichzeitig ältere Rechtsprechung (BSG FEVS 58, 337) abgeräumt (vgl. hierzu ausf. Oestreicher/Decker Rn. 33 ff.). Danach setzt eine rechtsmissbräuchliche Beeinflussung der Aufenthaltsdauer iSv § 2 Abs. 1 ein auf die Aufenthaltsverlängerung zielendes vorsätzliches, sozialwidriges Verhalten unter Berücksichtigung des jeweiligen Einzelfalls voraus (so bereits HmbLSG InfAuslR 2006, 342). Dieses vorwerfbare Fehlverhalten beinhalte eine **objektive** – den Missbrauchstatbestand – und eine **subjektive Komponente** – das Verschulden im Sinne von Vorsatz. Die Instanzgerichte sind dieser Rechtsprechung gefolgt (vgl. etwa LSG BW BeckRS 2017, 138020 = SAR 2018, 32; BeckRS 2017, 116520 = SAR 2017, 103; LSG Nds-Brem BeckRS 2016, 116936 = FEVS 68, 561; LSG NRW BeckRS 2014, 74427 = ASYLMAGAZIN 2015, 92; LSG Nds-Brem BeckRS 2016, 72037, juris Rn. 22).

12   In objektiver Hinsicht setzt der Rechtsmissbrauch ein unredliches von der Rechtsordnung missbilligtes Verhalten voraus. Dieses kann in einem Tun, Dulden oder Unterlassen bestehen. Unter Zugrundelegung der Gesetzesmaterialien ist die objektive Komponente zB in den Fällen erfüllt, in welchen der Ausländer seinen Pass vernichtet oder über seine Identität täuscht, indem er etwa falsche Angaben über seine Volkszugehörigkeit macht (BSG BeckRS 2010, 67011) oder einen falschen Namen gebraucht (BSG FEVS 60, 248; BeckRS 2008, 57028; 2008, 57266; SächsLSG FEVS 70, 477; 63, 217 (219); LSG RhPf FEVS 58, 45 (48); ThürLSG FEVS 58, 16) oder untertaucht (LSG BW BeckRS 2017, 138020); geschieht dies – wie regelmäßig – in der Absicht, den Aufenthalt zu verlängern, insbesondere aufenthaltsbeendende Maßnahmen zu erschweren oder zu verhindern, liegt auch die subjektive Komponente vor. Ferner kann in der Erfüllung eines in Art. 20 RL 2013/33/EU (Aufnahme-RL v. 26.6.2013, ABl. L 180, 96) genannten Falles die erforderliche objektive Komponente für ein rechtsmissbräuchliches Verhalten des Leistungsberechtigten gesehen werden (vgl. nur BayLSG FEVS 57, 106 (108 f.); LSG RhPf FEVS 58, 45 (47)).

Dagegen handelt ein Leistungsempfänger nicht schon dann rechtsmissbräuchlich, wenn er über **13** einen sicheren Drittstaat in die Bundesrepublik Deutschland eingereist ist (LSG RhPf FEVS 58, 45) oder trotz eines bestehenden Abschiebeverbots (zB aufgrund einer Duldung nach § 60a AufenthG) nicht freiwillig ausreist (vgl. LSG Nds-Brem FEVS 68, 561) und hierfür keine anerkennenswerten Gründe vorliegen (so schon HmbLSG InfAuslR 2006, 342). Vielmehr ist insoweit ein über das bloße Verbleiben im Bundesgebiet hinausgehendes vorsätzliches Verhalten erforderlich (BSGE 101, 49 = FEVS 60, 193 = BeckRS 2008, 56388; BSG BeckRS 2008, 56629; 2010, 67011).

Das soll nach der Rechtsprechung des BSG grundsätzlich auch dann gelten, wenn der Leistungs- **14** berechtigte einen Asyl- bzw. Asylfolgeantrag stellt. Das BSG schränkt diese Aussage allerdings – zu Recht – dahingehend ein, dass etwas anderes dann gelten könne, wenn zu der Asylfolgeantragstellung ein weiteres, auf die Beeinflussung der Dauer des Aufenthalts gerichtetes rechtsmissbräuchliches Verhalten hinzutrete (vgl. BSG BeckRS 2008, 57135). Insofern kommt dem Umstand, dass nach derzeitiger Rechtslage Asylfolgeanträge beliebig oft wiederholt werden können und diese oftmals von Ausländern allein aus dem Grund gestellt werden, aufenthaltsbeendende Maßnahmen zu unterbinden (vgl. § 71 Abs. 5 S. 2 AsylG, wonach bis zur Mitteilung des Bundesamtes für Migration und Flüchtlinge, dass die Voraussetzungen des § 51 Abs. 1–3 VwVfG nicht vorliegen, eine Abschiebung nicht vollzogen werden darf) besondere Bedeutung zu. Es kann daher nicht ernstlich zweifelhaft sein, dass die Stellung solcher Asylfolgeanträge rechtsmissbräuchlich iSv § 2 Abs. 1 ist und zu einem dauerhaften Ausschluss von Analog-Leistungen führen muss (so auch BayLSG FEVS 57, 106), denn ansonsten würden Leistungsberechtigte für die Stellung völlig unberechtigter und allein aus aufenthaltstaktischen Gründen gestellter Asylfolgeanträge auch noch belohnt.

Die **subjektive Komponente** setzt voraus, dass der Leistungsberechtigte sowohl bezüglich der **15** tatsächlichen Umstände als auch in Bezug auf die Beeinflussung der Dauer des Aufenthalts **vorsätzlich** handelte. Ein bloß fahrlässiges Verhalten kann unter Berücksichtigung der besonderen Situation eines Ausländers in der Bundesrepublik Deutschland nicht als sozialwidrig eingestuft werden und reicht daher zur Erfüllung der subjektiven Komponente nicht aus. Ein solches vorsätzliches Handeln wäre zB anzunehmen bei der Stellung von Asylfolgeanträgen, die allein dem Zweck dienen, aufenthaltsbeendende Maßnahmen zu unterlaufen (vgl. → Rn. 14). Ein Indiz für einen solchen Fall kann darin bestehen, dass der Leistungsberechtigte in zeitlicher Nähe zu solchen aufenthaltsbeendenden Maßnahmen oder sogar während deren Durchführung einen Asylfolgeantrag stellt oder etwa dann, wenn unmittelbar nach Abschluss eines Asyl- bzw. Asylfolgeverfahrens sofort wieder ein neuer Asylfolgeantrag gestellt wird.

Wird der objektive Tatbestand des Rechtsmissbrauchs durch ein Unterlassen verwirklicht, dann **16** ist für die subjektive Komponente das Bewusstsein der betreffenden Person erforderlich, dass sie sich in einer bestimmten Art und Weise verhalten muss, um sich nicht dem Vorwurf des rechtsmissbräuchlichen Verhaltens ausgesetzt zu sehen. Daher ist die fehlende Verlängerung eines Ausweispapieres oder das Unterlassen einer Neubeantragung jedenfalls so lange kein rechtsmissbräuchliches Verhalten, bis die Ausländerbehörde konkret zur Mitwirkung (Handlung) auffordert (vgl. LSG Nds-Brem BeckRS 2016, 72037, juris Rn. 23).

Liegen die genannten Voraussetzungen vor, kann der Missbrauchsvorwurf nicht durch eine **17** zwischenzeitliche Integration des Leistungsberechtigten ausgeräumt werden (zB BSG BeckRS 2008, 57134).

b) Vom Leistungsberechtigten selbst beeinflusst. Wie bereits dargestellt, verlangt das BSG **18** für das Tatbestandsmerkmal des „Rechtsmissbrauchs" ein Verschulden der leistungsberechtigten Person im Sinne eines vorsätzlichen Handelns. Liegt dieses Verschulden vor, dann hat die leistungsberechtigte Person die Dauer ihres Aufenthalts selbst beeinflusst.

Für die Feststellung, ob eine solche tatbestandsmäßige „Selbstbeeinflussung der Dauer des **19** Aufenthalts" vorliegt, ist dabei auf den gesamten Zeitraum des Aufenthalts des Leistungsberechtigten in Deutschland abzustellen (BSG BeckRS 2008, 57266; SächsLSG FEVS 63, 217 (219); Wahrendorf Rn. 28). Ob der Rechtsmissbrauch (zB die Vernichtung der Pässe) selbst in diesen Zeitraum fällt, ist hingegen nicht entscheidend. Auch ein Verhalten vor der Einreise in das Bundesgebiet, das der Beeinflussung der (gesamten Dauer) des Aufenthalts dient, kann sich als rechtsmissbräuchlich erweisen. Der Zeitraum beginnt dabei nicht mit der Vollziehbarkeit der Ausreiseaufforderung einen Monat nach unanfechtbarem Abschluss des Asylverfahrens, sondern bereits mit dem Zeitpunkt, in dem der Ausländer sich rechtsmissbräuchlich verhält. Ist der Rechtsmissbrauch zeitlich vor der Einreise anzusiedeln, wirkt er sich ab Einreise der leistungsberechtigten Person aus (BSGE 101, 49 = FEVS 60, 193 = BeckRS 2008, 56388).

20   In diesem Zusammenhang kommt es auch nicht entscheidend darauf an, ob der Missbrauchstatbestand aktuell andauert oder die Annahme rechtfertigt, er sei noch kausal für den derzeitigen Aufenthalt des Ausländers. Maßgebend ist allein der Zusammenhang zwischen der gesamten Dauer des Aufenthaltes in der Bundesrepublik Deutschland und dem Fehlverhalten des Ausländers, gleichgültig, ob dieses Fehlverhalten einmalig oder auf Dauer angelegt ist bzw. war oder ob es sich wiederholt hat (BSGE 101, 49 = FEVS 60, 193 = BeckRS 2008, 56388). Ein Ausländer, der seine Aufenthaltsdauer selbst missbräuchlich beeinflusst hat, ist nicht schutzbedürftig, solange ihm das Aufenthaltsrecht keinen gefestigten Aufenthaltsstatus zugesteht (BSGE 101, 49 = FEVS 60, 193 = BeckRS 2008, 56388).

21   **c) Kausalität.** Zwischen dem Verhalten des Ausländers und der Beeinflussung der Dauer des Aufenthaltes bedarf es nach dem Gesetzeswortlaut einer kausalen Verknüpfung (BSGE 101, 49 = FEVS 60, 193 = BeckRS 2008, 56388). Allerdings zeigen bereits Gesetzeswortlaut („Beeinflussung", nicht Verlängerung) und Gesetzesbegründung, die unter anderem in ihrer beispielhaften Aufzählung die Vernichtung eines Passes nennt, dass eine **typisierende, also generell-abstrakte Betrachtungsweise** hinsichtlich des Zusammenhangs zwischen dem vorwerfbaren Verhalten und der Beeinflussung der Dauer des Aufenthaltes ausreicht, also kein Kausalzusammenhang im eigentlichen Sinn erforderlich ist (BSGE 101, 49 = FEVS 60, 193 = BeckRS 2008, 56388; SächsLSG FEVS 63, 217 (219); ebenso Oestreicher/Decker Rn. 44; Wahrendorf Rn. 26; jurisPK-SGB XII Rn. 84; Schellhorn/Hohm/Scheider, SGB XII, 19. Aufl. 2015, Rn. 18). Eine Beeinflussung der Aufenthaltsdauer liegt danach schon dann vor, wenn bei generell abstrakter Betrachtungsweise das rechtsmissbräuchliche Verhalten typischerweise die Aufenthaltsdauer verlängern kann (BSG BeckRS 2010, 67011; siehe auch LSG MV FEVS 70, 477 (480)).

22   Eine **Ausnahme** von der typisierenden Betrachtungsweise soll allerdings dann gelten, wenn eine etwaige Ausreisepflicht des betroffenen Ausländers unabhängig von seinem Verhalten ohnehin in dem gesamten Zeitraum ab dem Zeitpunkt des Rechtsmissbrauchs nicht hätte vollzogen werden können (vgl. BSGE 101, 49 = FEVS 60, 193 = BeckRS 2008, 56388; LSG BW FEVS 60, 183 (184)), etwa weil die Erlasslage des zuständigen Innenministeriums eine Abschiebung nicht zugelassen hätte oder weil Abschiebungen in den Heimatstaat des Ausländers aus tatsächlichen Gründen nicht möglich waren. In diesen Fällen ist eine typisierende Betrachtungsweise nicht mehr zulässig; sie entspricht nicht der oben geschilderten Typik, mit der Folge, dass die Kausalität des rechtsmissbräuchlichen Verhaltens entfällt und ggf. Analog-Leistungen zu gewähren sind. Lässt sich nicht feststellen, ob eine solche Ausnahme vorliegt, geht dies allerdings zu Lasten des Ausländers (BSGE 101, 49 = FEVS 60, 193 = BeckRS 2008, 56388).

22a   Besondere Probleme werfen die Fälle des **Kirchenasyls** auf. Zum Teil wird insofern bereits die Rechtsmissbräuchlichkeit verneint (zB LSG Hessen ZFSH/SGB 2020, 468 für ein sog. offenes Kirchenasyl, bei dem der Ausländerbehörde zu jeder Zeit der Aufenthaltsort kennt; für Rechtsmissbrauch: LSG Nds-Brem 27.4.2020 – L 8 AY 20/19 B ER; LSG MV ZFSH/SGB 2021, 34; LSG NRW ZFSH/SGB 2021, 211; SG Regensburg SAR 2018, 116 = InfAuslR 2019, 31). In jedem Fall ist aber die Kausalität fraglich, weil an sich keine rechtlichen Hindernisse für den Vollzug aufenthaltsbeendende Maßnahmen gegeben sind (aA BayLSG ZFSH/SGB 2020, 456).

23   **d) Dauerhafter Anspruchsausschluss.** Liegt eine selbst beeinflusste rechtsmissbräuchliche und kausale Verlängerung des Aufenthalts durch den Leistungsberechtigten im Sinne der oben genannten Voraussetzungen vor, dann ist nach der Rechtsprechung des BSG der Ausländer **dauerhaft** von den Analog-Leistungen gemäß § 2 Abs. 1 ausgeschlossen (BSGE 101, 49 = FEVS 60, 193 = BeckRS 2008, 56388). Das heißt, selbst wenn er sein rechtsmissbräuchliches Verhalten einstellt, kann er trotzdem nicht mehr in den Genuss der Leistungen nach § 2 Abs. 1 kommen (vgl. etwa LSG BW BeckRS 2017, 116520 = SAR 2017, 103 für den Fall, dass die falschen Angaben zu Identität und Staatsangehörigkeit berichtigt worden sind und der Betroffene sich über einen längeren Zeitraum im Bundesgebiet aufhält). Daran ändert auch § 14 nichts, denn die Vorschrift findet auf § 2 Abs. 1 keine Anwendung, weil es sich bei der Versagung der Analog-Leistungsberechtigung um keine Anspruchseinschränkung nach dem AsylbLG handelt. Im Vergleich zu den Grundleistungen nach § 3 ff. beinhaltet § 2 Abs. 1 vielmehr eine Anspruchserweiterung. Die Versagung einer Anspruchserweiterung ist aber keine Anspruchseinschränkung.

23.1   Es ist indessen fraglich, ob sich diese Rechtsprechung mit Blick auf die Urteile des BVerfG vom 18.7.2012 (BVerfGE 132, 134 = BeckRS 2012, 71078) und vom 5.11.2019 (BVerfGE 152, 68 Rn. 186) noch aufrechterhalten lässt. Das wird von SächsLSG (ZFSH/SGB 2020, 355) bezweifelt.

II. Rechtsfolge des Abs. 1

1. Grundsatz (S. 1)

Nach Abs. 1 S. 1 Hs. 1 sind abweichend von den §§ 3 und 4 sowie §§ 6–7 das SGB XII und **24** seit 1.1.2020 auch Teil 2 des SGB IX (§§ 90–150) anzuwenden. Das bedeutet zunächst einmal, dass §§ 1, 5–5b und §§ 8–13 auch für diesen Personenkreis maßgebend bleiben.

a) Leistungen nach dem SGB XII. Auch Leistungen nach § 2 Abs. 1 S. 1 iVm dem SGB XII **25** sind solche nach dem AsylbLG (vgl. § 9 Abs. 1) und nicht solche des SGB XII (vgl. zB BSG info also 2009, 133; BSGE 102, 60 = FEVS 60, 506 = BeckRS 2009, 53978; HessVGH FEVS 45, 238 = NVwZ 1994, 27; Kunkel NVwZ 1994, 352 (353); Deibel ZFSH/SGB 2015, 117 (124)). Folglich sind die Regelungen des SGB XII nicht 1:1 auf Leistungsberechtigte nach § 2 Abs. 1 S. 1 anzuwenden, was auch die Modifikationen durch S. 2–4 zeigen. Vielmehr muss die entsprechende Anwendung der sozialhilferechtlichen Bestimmungen im Bereich des AsylbLG den Besonderheiten dieses Rechtsgebietes gerecht werden; der Zweck des AsylbLG darf nicht gefährdet werden. Hieraus folgt, dass bei der Anwendung der sozialhilferechtlichen Bestimmungen auf den von § 2 Abs. 1 erfassten Personenkreis etwaigen sachlich begründeten Besonderheiten des AsylbLG Rechnung zu tragen ist. Die entsprechende Anwendung von Vorschriften des SGB XII zieht daher nicht ihre direkte und unmittelbare Anwendung nach sich, sondern ihre Anwendung insoweit, als diese auch mit Sinn und Zweck des AsylbLG im Einklang steht (so schon OVG Bbg NVwZ-Beil. 1995, 42; OVG NRW NWVBl. 1995, 142; LSG NRW BeckRS 2018, 2439 Rn. 16 mwN). Bei der Beurteilung, ob die jeweilige Vorschrift des SGB XII den Besonderheiten des AsylbLG hinreichend Rechnung trägt, sind folglich insbesondere die Entstehungsgeschichte, Systematik und der Zweck des AsylbLG, aber auch Sinn und Zweck des in Bezug genommenen SGB XII bzw. der jeweiligen Sozialhilfevorschrift zu berücksichtigen (LSG NRW BeckRS 2018, 2440 Rn. 24; Schellhorn/Hohm/Scheider, SGB XII, 19. Aufl. 2015, Rn. 101; jurisPK-SGB XII Rn. 110). Da das AsylbLG vordringlich die rechtsmissbräuchliche Inanspruchnahme von Leistungen durch den leistungsberechtigten Personenkreis dieses Gesetzes bekämpft und auf diese Weise öffentliche Mittel einsparen will, ergibt sich hieraus, dass dieser Zweck durch die entsprechende Anwendung des SGB XII im Rahmen des AsylbLG nicht gefährdet werden darf (Oestreicher/Decker Rn. 47).

Mit dem Verweis auf das „SGB XII" können nur die Regelungen gemeint sein, auf die sich **26** auch Ausländer berufen können; § 2 Abs. 1 S. 1 will Leistungsberechtigte nach § 1 Abs. 1 nicht deutschen Sozialhilfeempfängern gleichstellen. Damit ist zuvörderst **§ 23 SGB XII** einschlägig. Dafür spricht zB die Regelung in § 9 Abs. 5, die auch für Analog-Leistungsberechtigte gilt und in der auf § 117, 118 SGB XII sowie auf die aufgrund des § 120 Abs. 1 SGB XII bzw. des § 117 BSHG erlassenen Rechtsvorschriften verwiesen wird. Diese Verweisung wäre überflüssig, wenn das SGB XII im Ganzen anzuwenden wäre (zu den im Rahmen des Verweises auf das SGB XII anzuwendenden Vorschriften s. etwa Oestreicher/Decker Rn. 66).

Ein anderes Verständnis würde darüber hinaus zu dem sonderbaren Ergebnis führen, dass Leistungsbe- **26.1** rechtigte nach § 2 – als leistungsberechtigte Personen ohne dauerhaft gesicherten Aufenthalt – besser stünden, als sonstige Ausländer (mit dauerhaft gesichertem Aufenthalt). Das war ersichtlich nicht Sinn und Zweck der Regelung. Vielmehr sollte hier eine Angleichung erfolgen, weil der Gesetzgeber davon ausging, dass die den Regelungen des AsylbLG zugrunde liegende Annahme eines nur vorübergehenden Aufenthalts des Ausländers in der Bundesrepublik Deutschland nach einer gewissen Zeit nicht mehr aufrechterhalten werden kann (vgl. → Rn. 2).

Ob es sich bei dem Verweis auf das SGB XII um einen Rechtsfolgenverweis oder einen **27** Rechtsgrundverweis handelt (vgl. bei Oestreicher/Decker Rn. 49), bedarf keiner Klärung, weil beide Auffassungen zu den gleichen Ergebnissen kommen. Denn es besteht Einigkeit darüber, dass Analog-Leistungsberechtigte Ansprüche nach dem SGB XII nur besitzen, wenn die Voraussetzungen der im Einzelfall einschlägigen anspruchsbegründenden Norm des SGB XII vorliegen. Damit kommt es entscheidend darauf an, unter welchen Voraussetzungen Ausländer nach dem SGB XII leistungsberechtigt sind. Das regelt ausschließlich § 23 SGB XII, der – bis auf Abs. 2, der von § 2 Abs. 1 S. 1 verdrängt wird – uneingeschränkt Anwendung findet.

Schließlich gilt es zu beachten, dass die Rechtsfolgen des § 2 Abs. 1 S. 1 – Leistungen nach **28** Maßgabe des SGB XII – grundsätzlich (beachte aber Abs. 3) nur bezüglich des Leistungsberechtigten eintreten, in dessen Person die tatbestandlichen Voraussetzungen der Norm erfüllt sind (vgl. Wortlaut „diejenigen"). Das bedeutet, dass die (an sich) nach § 1 Abs. 1 Nr. 1–5, Nr. 7 leistungsberechtigten Familienangehörigen einer leistungsberechtigten Person, die die Voraussetzungen des

§ 2 Abs. 1 S. 1 erfüllt und Leistungen nach Maßgabe des SGB XII erhält, **nicht** ebenfalls Leistungen nach dem SGB XII erhalten, sondern nur die abgesenkten Leistungen nach Maßgabe des AsylbLG, solange sie nicht ebenfalls – in eigener Person – die Voraussetzungen des § 2 Abs. 1 S. 1 erfüllen. Denn weder das SGB XII noch das AsylbLG normieren einen Anspruch aller Familienangehörigen auf die Gewährung familieneinheitlicher existenzsichernder Leistungen. Diesen Gesetzen kann kein Grundsatz entnommen werden, wonach der leistungsrechtliche Status einer Familie vollständig nach den Regelungen nur eines Existenzsicherungssystems zu erfolgen hat, wenn nur ein Familienmitglied nach diesem System leistungsberechtigt ist (BVerwG FEVS 53, 111; VGH BW NVwZ 2000, 691). Auch Art. 6 GG und Art. 8 EMRK gebieten nicht die Gewährung von Leistungen zB nach dem SGB XII, wenn nur ein Familienmitglied solche Leistungen berechtigter Weise erhält (BVerwG FEVS 53, 111; NdsOVG NDV-RD 2001, 10 = NVwZ-Beil. 2001, 11; VGH BW NVwZ 2000, 691). Der Gesetzgeber hat es offensichtlich, soweit er nicht ausdrücklich etwas anderes normiert hat, wie etwa in § 2 Abs. 3, bewusst in Kauf genommen, dass innerhalb einer Familie unterschiedlich geartete Existenzsicherungsansprüche bestehen (BSG SozR 4-4200 § 7 Nr. 14 Rn. 19). Dementsprechend können die nach dem AsylbLG Leistungsberechtigten dem Grunde nach keinen leistungsrechtlichen Vorteil aus der Privilegierung eines anderen Mitglieds der Bedarfsgemeinschaft für sich herleiten.

28a   **b) Leistungen nach dem 2. Teil des SGB IX.** Gemäß § 100 Abs. 2 SGB IX erhalten Leistungsberechtigte nach § 1 keine Leistungen der Eingliederungshilfe. Von diesem Grundsatz nimmt § 2 Abs. 1 S. 1 die Analog-Leistungsberechtigten (auch) in Bezug auf Leistungen nach dem 2. Teil des SGB IX (Besondere Leistungen zur selbstbestimmten Lebensführung für Menschen mit Behinderungen – Eingliederungshilferecht; §§ 90–150 SGB IX) aus, sodass für sie § 100 Abs. 1 S. 1 SGB IX gilt, wonach Ausländer, die sich im Inland tatsächlich aufhalten, Eingliederungshilfeleistungen erhalten können, soweit dies im Einzelfall gerechtfertigt ist. Auch diese Leistungen sind folglich Leistungen nach dem AsylbLG, für deren Gewährung § 100 Abs. 1 S. 1 SGB IX der Ausgangspunkt ist und die nur gewährt werden können, wenn die Voraussetzungen der für eine begehrte Leistung einschlägigen Anspruchsnorm in der Person des Anspruchstellers erfüllt sind. Die Ausführungen unter → Rn. 25 ff. gelten daher hier entsprechend.

2. Modifikationen durch S. 2–4

29   **a) Einschränkung der Anwendbarkeit des § 22 SGB XII (S. 2 und 3).** Die Rechtsprechung der Instanzgerichte und die hM in der Literatur (zB LSG BW SAR 2017, 68; LSG NRW BeckRS 2018, 2439; LSG Bln-Bbg 15.1.2010 – L 23 AY 1/07, juris Rn. 31 = BeckRS 2010, 68865; LSG Bln-Bbg 15.11.2005 – L 23 B 1008/05 AY ER, juris Rn. 19= BeckRS 2009, 57700; SG Hamburg BeckRS 2016, 111366 Rn. 5; Schellhorn/Hohm/Schneider, SGB XII,19. Aufl. 2015, Rn. 27; jurisPK-SGB XII/Oppermann Rn. 129; jurisPK-SGB XII/Voelzke § 22 Rn. 12; Hauck/Noftz/Schlette, SGB XII, 2020, SGB XII § 22 Rn. 1; Oestreicher/Decker Rn. 66) geht davon aus, dass über § 2 Abs. 1 S. 1 – auch unter Berücksichtigung der Besonderheiten des AsylbLG – § 22 SGB XII entsprechend anzuwenden ist. Das hat zur Folge, dass ein Leistungsberechtigter, der vom Leistungsbezug nach §§ 3 ff. in den nach § 2 iVm SGB XII wechselt, und sich in einer von § 22 SGB XII erfassten Ausbildung befindet, keine Leistungen mehr erhält; er wird damit in der Regel dazu gezwungen, die Ausbildung abzubrechen. Mit dem 3. AsylbLG vom 13.8.2019 (BGBl. I 1290) hat der Gesetzgeber hierauf reagiert und in Abs. 1 die S. 2 und 3 eingefügt, die Ausnahmen von der Anwendbarkeit des § 22 SGB XII im Rahmen der Analog-Leistungsgewährung in Abhängigkeit von der jeweiligen Leistungsberechtigung vorsehen.

30   Nach **S. 2** findet § 22 keine Anwendung auf:
- Leistungsberechtigte nach § 1 Abs. 1 Nr. 1 (Aufenthaltsgestattung nach AsylG), Nr. 3 (Aufenthaltserlaubnis aus einem besonderen Grund) und Nr. 4 (Duldung nach § 60a AufenthG), in einer nach § 51 (Berufsvorbereitende Bildungsmaßnahme), § 57 (Förderungsfähige Berufsausbildung) und § 58 SGB III (Förderung im Ausland) dem Grunde nach förderungsfähigen Ausbildung (**Nr. 1**). Diese Leistungsberechtigten können somit Leistungen analog dem Dritten und Vierten Kapitel des SGB XII erhalten.
- Leistungsberechtigte nach § 1 Abs. 1 Nr. 3 und Nr. 4, die sich in einer dem Grunde nach dem BAföG förderungsfähigen Ausbildung (s. §§ 2–7 BAföG) befinden (**Nr. 2**). Erforderlich ist hier des Weiteren, dass sich der Bedarf des Leistungsberechtigten nach bestimmten Regelungen des BAföG bemisst (Bedarf für Schüler, § 12 BAföG; Bedarf für Studierende, § 13 BAföG) und dass der Leistungsberechtigte Leistungen nach dem BAföG erhält. Die Regelung stellt nach dem AsylbLG leistungsberechtigte Schülerinnen und Schüler sowie Studierende, die bei ihren Eltern wohnen und eine nach dem BAföG förderungsfähige Ausbildung absolvieren, dem entsprechen-

den Personenkreis gleich, der nach dem SGB II leistungsberechtigt ist und nach Maßgabe des § 7 Abs. 6 Nr. 2 SGB unter vorgenannten Voraussetzungen aufstockende Leistungen nach dem SGB II erhalten kann.

S. 3 enthält eine weitere **Sonderregelung** für Leistungsberechtigte nach § 1 Abs. 1 Nr. 1. Liegen **31** die Voraussetzungen nach § 2 Abs. 1 S. 1 vor und absolvieren sie eine nach dem BAföG dem Grunde nach förderungsfähige Ausbildung (s. §§ 2–7 BAföG), dann haben sie einen Anspruch auf Leistungen analog dem Dritten oder Vierten Kapitel des SGB XII, soweit die übrigen gesetzlichen Voraussetzungen vorliegen. Die abweichende Regelung im Verhältnis zu § 2 Abs. 1 S. 2 soll insbesondere im Hinblick auf die Förderart bei der Leistungsgewährung eine Besserstellung im Vergleich zu den Leistungsberechtigten nach dem BAföG verhindern. Bei Vorliegen der übrigen Voraussetzungen entscheidet die zuständige Behörde nach pflichtgemäßem Ermessen, ob die den Betroffenen zustehenden Leistungen analog dem Dritten oder Vierten Kapitel des SGB XII als Beihilfe, als Darlehen oder als Kombination dieser beiden Varianten erbracht werden. Bei ihrer Ermessensentscheidung werden die zuständigen Behörden insbesondere zu berücksichtigen haben, dass dem Fehlanreiz zum Abbruch von Ausbildungsmaßnahmen entgegengewirkt werden soll. Sie können sich dabei insbesondere an der Art der Förderung im BAföG orientieren: Schülerinnen und Schüler erhalten BAföG-Leistungen als nicht rückzahlbaren Zuschuss, bei Studierenden werden die Leistungen regelmäßig zur Hälfte als Zuschuss und zur Hälfte als zinsfreies, gedeckeltes Darlehen gewährt, in besonderen Konstellationen (insbesondere bei der Hilfe zum Studienabschluss trotz Überschreiten der Regelstudienzeit) auch als ungedeckeltes zinsfreies Volldarlehen. Die Behörden können den Leistungsberechtigten beispielsweise auch dadurch einen Anreiz zur Fortsetzung der Ausbildung setzen, dass das Darlehen im Falle des Erreichens des Ausbildungsziels oder einer näher bestimmten Zwischenstufe teilweise oder vollständig erlassen wird (vgl. BT-Drs. 19/10052, 19).

b) Modifikation der Anwendbarkeit des § 28 SGB XII (S. 4). Bei S. 4 handelt es sich um **32** eine Folgeänderung zur Neufassung der §§ 3, 3a durch das 3. AsylbLGÄndG. Darin wird eine besondere Bedarfsstufe für erwachsene Leistungsberechtigte eingeführt, die in Aufnahmeeinrichtungen, Gemeinschaftsunterkünften oder vergleichbaren sonstigen Unterkünften (Sammelunterkünfte) untergebracht sind. Zum anderen werden junge Erwachsene (das sind solche, die das 25. Lebensjahr noch nicht vollendet haben), die mit ihren Eltern in einer Wohnung zusammenleben, – entsprechend der Rechtslage im SGB II – der Bedarfsstufe 3 zugeordnet.

S. 4 Nr. 1 überträgt die spezielle Bedarfsstufe für Erwachsene in Sammelunterkünften (Regel- **33** bedarfsstufe 2) auf Analog-Leistungsberechtigte, die in Gemeinschaftsunterkünften nach § 53 Abs. 1 AsylG untergebracht sind und auf Leistungsberechtigte, die auch nach 18 Monaten noch in Aufnahmeeinrichtungen nach § 44 Abs. 1 AsylG leben. Dies kann insbesondere Leistungsberechtigte betreffen, die aus einem sicheren Herkunftsstaat im Sinne von § 29a Abs. 2 AsylG iVm Anlage II stammen (§ 47 Abs. 1a AsylG) oder deren Asylanträge im beschleunigten Verfahren nach § 30a AsylG bearbeitet worden und als unzulässig oder offensichtlich unbegründet abgelehnt worden sind (§ 30a Abs. 3 AsylG; vgl. BT-Drs. 19/10052, 20). S. 4 Nr. 1 ist **verfassungsrechtlich höchst problematisch** (siehe auch die Vorlageentscheidung des SG Düsseldorf 13.4.2021 – S 17 AY 21/20). Die Norm unterstellt ein gemeinsames Wirtschaften von an sich fremden Personen allein deshalb, weil diese in der gleichen Unterkunft untergebracht sind, und senkt die Leistungshöhe deshalb ab. Dasselbe Problem stellt sich im Zusammenhang mit § 3a Abs. 1 Nr. 2b und Abs. 2 Nr. 2b. Die Rechtsprechung begegnet dem, indem sie § 2 Abs. 1 S. 4 Nr. 1 verfassungskonform bzw. im Wege der teleologischen Reduktion dahingehend auslegt, dass als ungeschriebenes Tatbestandsmerkmal die tatsächliche und nachweisbare gemeinschaftliche Haushaltsführung des Leistungsberechtigten mit anderen in der Sammelunterkunft Untergebrachten vorausgesetzt wird; hierfür ist zudem der Leistungsträger nachweispflichtig (vgl. statt vieler LSG MV BeckRS 2021, 10775; HessLSG BeckRS 2021, 7877 Rn. 48 mit umfangreichen Nachweisen). Kann der Nachweis nicht geführt werden, greift S. 4 Nr. 1 nicht und die leistungsberechtigte Person erhält Leistungen nach der Regelbedarfsstufe 1. Dem ist beizupflichten.

S. 4 Nr. 2 enthält eine entsprechende Regelung in Bezug auf die Bedarfsstufe für erwachsene **34** Kinder im Haushalt der Eltern, die das 25. Lebensjahr noch nicht vollendet haben. Hier wird ein Regelbedarf in Höhe der Regelbedarfsstufe 3 anerkannt.

B. Bestimmung der Leistung in Gemeinschaftsunterkunft (Abs. 2)

Wie soeben dargestellt, gilt über § 2 Abs. 1 S. 1 **zunächst das SGB XII** entsprechend. Damit **35** tritt für den von § 2 Abs. 1 S. 1 erfassten Personenkreis das Geldleistungsprinzip (vgl. § 10 Abs. 1 Nr. 2, Abs. 3 SGB XII) in den Vordergrund (vgl. hierzu etwa BVerwGE 72, 354 = FEVS 35,

271 = BeckRS 9998, 169538). Denn das AsylbLG modifiziert das auf den Personenkreis des § 2 Abs. 1 S. 1 entsprechend anzuwendende SGB XII nicht dahingehend, dass die Hilfen nicht als Geldleistung zu gewähren sind. Weder der Wortlaut des AsylbLG noch die Entstehungsgeschichte des § 2 und auch nicht der Sinn dieses Gesetzes geben einen Anhaltspunkt für eine gegenteilige Auslegung (vgl. BayVGH BeckRS 1994, 21422 = FEVS 45, 192; BeckRS 2009, 33942 = FEVS 58, 124). Diesem Umstand trägt Abs. 2 für in Gemeinschaftsunterkünften iSv § 53 AsylG lebende Asylbewerber Rechnung, indem er der zuständigen Behörde die Befugnis einräumt, die Form der Leistung aufgrund der örtlichen Umstände zu bestimmen, also auch **Sachleistungen,** wie zB Essen, Kleidung etc zu gewähren (vgl. zur Zulässigkeit einer solchen Sachleistungsgewährung etwa OVG Bbg NVwZ-Beil. 1995, 42; sa Deibel ZFSH/SGB 2015, 117 (124)). Dem lag die gesetzgeberische Zielsetzung zugrunde, im Einzelfall, also in der konkreten Gemeinschaftsunterkunft, soziale Spannungen zwischen Sachleistungs- und Geldleistungsempfängern zu vermeiden. Die Gewährung von Sachleistungen ist verfassungsrechtlich unproblematisch, wenn hierdurch der verfassungsrechtlich verbürgte Bedarf gedeckt wird.

36 § 2 Abs. 2, der dem § 2 Abs. 1 S. 1 iVm §§ 23 Abs. 1, 10 Abs. 1 Nr. 2, Abs. 3 SGB XII hinsichtlich der Form der Leistungsgewährung **vorgeht,** tritt damit an die Stelle des sonst nach dem SGB XII für die nach § 2 Abs. 1 S. 1 in einer Gemeinschaftsunterkunft lebenden Leistungsberechtigten geltenden Vorrangs des Geldleistungsprinzips bei laufenden Leistungen (BayVGH BeckRS 2009, 33942 = FEVS 58, 124; SächsOVG InfAuslR 2002, 491 = FEVS 54, 207; Deibel ZFSH/SGB 2015, 117 (124)). Sachlich behandelt § 2 den umgekehrten Fall des § 3 Abs. 3 S. 1 bzw. läuft parallel zu § 3 Abs. 3 S. 6. Damit erkennt der Gesetzgeber in gewisser Weise den in § 9 Abs. 1 SGB XII verankerten Individualisierungsgrundsatz an und knüpft mit der Regelung zudem an die Rechtsprechung des BVerwG (vgl. etwa BVerwG NVwZ 1994, 1213) und die überwiegende Rechtsprechung der Oberverwaltungsgerichte an, wonach in Gemeinschaftsunterkünften untergebrachte Leistungsberechtigte iSv § 2 Abs. 1 S. 1 regelmäßig Anspruch auf Geldleistungen haben (vgl. Hohm NVwZ 1997, 659 (661) mwN).

37 Gemäß § 2 Abs. 2 steht der Bestimmung der Form der Leistung bei den in einer Gemeinschaftsunterkunft untergebrachten Leistungsberechtigten iSv § 2 Abs. 1 im **Ermessen** der Behörde (s. zB BayVGH BeckRS 2009, 33942 = FEVS 58, 124). Dieses hat sie entsprechend dem Zweck der Ermächtigungsnorm auszuüben und dabei die gesetzlichen Grenzen des ihr eingeräumten Ermessens zu beachten (vgl. § 40 VwVfG bzw. Landesrecht). Im Rahmen dieser Ermessensentscheidung hat die Behörde auf die „örtlichen Umstände" abzustellen; es kommt somit nicht auf die Person des Leistungsberechtigten und auch nicht auf die Art seiner Bedürfnisse an (BayVGH BeckRS 2009, 33942 = FEVS 58, 124 (125)). Die **„örtlichen Umstände"** ergeben sich aus den Gegebenheiten in der **konkreten Gemeinschaftsunterkunft,** in der das Geldleistungsprinzip durch das Sachleistungsprinzip ersetzt werden soll, und nicht etwa aus den Gegebenheiten im gesamten Zuständigkeitsbereich der jeweils zuständigen Behörde (SächsOVG InfAuslR 2002, 491 = FEVS 54, 207; BayVGH FEVS58, 124) oder gar aus den Gegebenheiten in einem Bundesland (Oestreicher/Decker Rn. 57).

37.1 Die Bedeutung der Norm ist aufgrund der Änderungen des § 3 seit dem Gesetz v. 10.12.2014 (BGBl. I 2187) und nachfolgend erheblich reduziert, weil nunmehr auch in Gemeinschaftsunterkünften primär Geldleistungen erbracht werden und nur unter den Voraussetzungen des § 3 Abs. 3 S. 6 noch Sachleistungen gewährt werden können.

37a Über § 2 Abs. 1 S. 1 gilt auch **Teil 2 des SGB IX** entsprechend. Leistungen der Eingliederungshilfe nach den §§ 90 ff. SGB IX werden als Sach-, Geld- oder Dienstleistung erbracht (§ 105 Abs. 1 SGB III). Die Art der Leistungsgewährung richtet sich nach den Besonderheiten des Eingliederungshilfefalles. Infolgedessen dürfte § 2 Abs. 2 in diesem Zusammenhang keine Rolle spielen, weil nicht angenommen werden kann, dass Eingliederungshilfeleistungen, die in Geld gewährt würden, in einer Gemeinschaftsunterkunft aufgrund der örtlichen Verhältnisse als Sach- oder Dienstleistung erbracht werden können.

C. Sonderregelung für minderjährige Kinder (Abs. 3)

38 Nach Abs. 3 erhalten minderjährige Kinder, die mit ihren Eltern oder einem Elternteil in einer Haushaltsgemeinschaft leben, Leistungen nach § 2 Abs. 1 auch dann, wenn mindestens ein Elternteil in der Haushaltsgemeinschaft Leistungen nach Abs. 1 erhält. Voraussetzung ist also zunächst, dass es sich bei der leistungsberechtigten Person um ein minderjähriges Kind handelt. „**Minderjährige Kinder**" sind solche, die das 18. Lebensjahr noch nicht vollendet haben (§ 2 BGB) und von einer nach Abs. 1 anspruchsberechtigten Person abstammen. **Volljährige Kinder** werden von

Abs. 3 nicht erfasst. Bei ihnen ist – wie auch bei minderjährigen Kindern unter Berücksichtigung ihrer Einsichtsfähigkeit – zu prüfen, ob die Voraussetzungen des § 2 Abs. 1 S. 1 (Ablauf der Wartezeit und fehlendes eigenes rechtsmissbräuchliches Verhalten) vorliegen (BSG BeckRS 2008, 57134).

Des Weiteren verlangt § 2 Abs. 3, dass mindestens ein Elternteil Leistungen nach Abs. 1 erhält. **39** Es muss also die Wartezeit abgelaufen sein und die Dauer des Aufenthaltes darf von diesem Elternteil nicht rechtsmissbräuchlich selbst beeinflusst worden sein. Der Anspruch minderjähriger Kinder auf Analog-Leistungen nach § 2 Abs. 1 ist somit **akzessorisch** zu einem entsprechenden Anspruch zumindest eines Elternteils (BSG FEVS 61, 498). Von daher ist es ohne Bedeutung, ob das Fehlverhalten der Eltern iSv § 2 Abs. 1 S. 1 dem Kind (nicht) zugerechnet wird, denn nach § 2 Abs. 3 erhalten minderjährige Kinder Analog-Leistungen dann, wenn mindestens ein Elternteil solche Leistungen erhält (BSG BeckRS 2008, 56629). Besteht ein solcher (elterlicher) Anspruch nicht, scheiden (erhöhte) Leistungen für das Kind nach § 2 Abs. 1 S. 1 schon aus diesem Grunde aus. Unschädlich ist es allerdings, wenn beide Elternteile zwar die Wartezeit erfüllt haben, einer von beiden Teilen aber wegen eines rechtsmissbräuchlichen Verhaltens nicht nach § 2 Abs. 1 S. 1 leistungsberechtigt ist, da § 2 Abs. 3 es ausreichen lässt, wenn ein Elternteil Leistungen nach § 2 Abs. 1 S. 1 erhält.

Mit dem nach § 2 Abs. 1 S. 1 leistungsberechtigten Elternteil muss das minderjährige Kind in **40** einer Haushaltsgemeinschaft (§ 39 SGB XII in sinngemäßer Anwendung) leben. Leben die Eltern getrennt und ist nur ein Elternteil nach § 2 Abs. 1 S. 1 leistungsberechtigt, dann greift § 2 Abs. 3 zugunsten des minderjährigen Kindes folglich nicht, wenn dieses beim nichtleistungsberechtigten Elternteil lebt.

Liegen vorgenannte Voraussetzungen vor, dann erhält das minderjährige Kind ebenfalls Leistun- **41** gen nach Maßgabe des § 2 Abs. 1, obwohl es selbst die Voraussetzungen für eine Analog-Leistungsberechtigung nicht erfüllt.

Von Abs. 3 unberührt bleibt der Fall, dass das minderjährige Kind in eigener Person nach Abs. 1 **42** analog-leistungsberechtigt ist.

§ 3 Grundleistungen

(1) ¹Leistungsberechtigte nach § 1 erhalten Leistungen zur Deckung des Bedarfs an Ernährung, Unterkunft, Heizung, Kleidung, Gesundheitspflege und Gebrauchs- und Verbrauchsgütern des Haushalts (notwendiger Bedarf). ²Zusätzlich werden ihnen Leistungen zur Deckung persönlicher Bedürfnisse des täglichen Lebens gewährt (notwendiger persönlicher Bedarf).

(2) ¹Bei einer Unterbringung in Aufnahmeeinrichtungen im Sinne von § 44 Absatz 1 des Asylgesetzes wird der notwendige Bedarf durch Sachleistungen gedeckt. ²Kann Kleidung nicht geleistet werden, so kann sie in Form von Wertgutscheinen oder anderen vergleichbaren unbaren Abrechnungen gewährt werden. ³Gebrauchsgüter des Haushalts können leihweise zur Verfügung gestellt werden. ⁴Der notwendige persönliche Bedarf soll durch Sachleistungen gedeckt werden, soweit dies mit vertretbarem Verwaltungsaufwand möglich ist. ⁵Sind Sachleistungen für den notwendigen persönlichen Bedarf nicht mit vertretbarem Verwaltungsaufwand möglich, können auch Leistungen in Form von Wertgutscheinen, von anderen vergleichbaren unbaren Abrechnungen oder von Geldleistungen gewährt werden.

(3) ¹Bei einer Unterbringung außerhalb von Aufnahmeeinrichtungen im Sinne des § 44 Absatz 1 des Asylgesetzes sind vorbehaltlich des Satzes 3 vorrangig Geldleistungen zur Deckung des notwendigen Bedarfs zu gewähren. ²Anstelle der Geldleistungen können, soweit es nach den Umständen erforderlich ist, zur Deckung des notwendigen Bedarfs Leistungen in Form von unbaren Abrechnungen, von Wertgutscheinen oder von Sachleistungen gewährt werden. ³Der Bedarf für Unterkunft, Heizung und Hausrat sowie für Wohnungsinstandhaltung und Haushaltsenergie wird, soweit notwendig und angemessen, gesondert als Geld- oder Sachleistung erbracht. ⁴Absatz 2 Satz 3 ist entsprechend anzuwenden. ⁵Der notwendige persönliche Bedarf ist vorbehaltlich des Satzes 6 durch Geldleistungen zu decken. ⁶In Gemeinschaftsunterkünften im Sinne von § 53 des Asylgesetzes kann der notwendige persönliche Bedarf soweit wie möglich auch durch Sachleistungen gedeckt werden.

(4) Bedarfe für Bildung und Teilhabe am sozialen und kulturellen Leben in der Gemeinschaft werden bei Kindern, Jugendlichen und jungen Erwachsenen neben den

Leistungen nach den Absätzen 1 bis 3 entsprechend den §§ 34, 34a und 34b des Zwölften Buches Sozialgesetzbuch gesondert berücksichtigt.

(4a) Die Regelungen des § 142 Absatz 1 des Zwölften Buches Sozialgesetzbuch sowie eine nach dessen Absatz 3 erlassene Rechtsverordnung gelten entsprechend.

(5) ¹Leistungen in Geld oder Geldeswert sollen der oder dem Leistungsberechtigten oder einem volljährigen berechtigten Mitglied des Haushalts persönlich ausgehändigt werden. ²Stehen die Leistungen nicht für einen vollen Monat zu, wird die Leistung anteilig erbracht; dabei wird der Monat mit 30 Tagen berechnet. ³Geldleistungen dürfen längstens einen Monat im Voraus erbracht werden. ⁴Von Satz 3 kann nicht durch Landesrecht abgewichen werden.

(6) Die Regelung des § 144 Satz 1 des Zwölften Buches Sozialgesetzbuch gilt entsprechend.

Überblick

§ 3 regelt – zusammen mit §§ 3a, 4, 5 und 6 einerseits sowie §§ 7, 8, 8a und 9 andererseits – den Umfang der Leistungen für nach § 1 Leistungsberechtigte. Die Norm definiert dabei zunächst in Abs. 1 (→ Rn. 8 f.) die Begriffe des notwendigen Bedarfs (S. 1) und des notwendigen persönlichen Bedarfs (S. 2). Im Weiteren unterscheidet die Regelung zwischen Grundleistungen für in Erstaufnahmeeinrichtungen untergebrachte Personen (Abs. 2, → Rn. 10 ff.) und solche, die außerhalb solcher Einrichtungen untergebracht sind (Abs. 3, → Rn. 19 ff.). Abs. 4 (→ Rn. 31 ff.) enthält eine Sonderregelung für Kinder, Jugendliche und junge Erwachsene, Abs. 4a (→ Rn. 34) und Abs. 6 (→ Rn. 38) „Corona-Regelungen" und Abs. 5 (→ Rn. 35 ff.) enthält Modalitäten bei der Gewährung von Geldleistungen. § 3 ist in der jüngeren Vergangenheit einige Male geändert und durch das 3. AsylbLGÄndG v. 13.8.2019 (BGBl. I 1290) mit Wirkung ab 1.9.2019 neu gefasst worden. Eine letzte Änderung erhielt die Vorschrift durch das Sozialschutz-Paket III–Gesetz v. 10.3.2021 (BGBl. I 335), das am 1.4.2021 in Kraft getreten ist.

Übersicht

A. Verfassungsrechtliche Vorgaben

1   Mit den Entscheidungen zu § 20 Abs. 2 Hs. 1 und Abs. 3 S. 1 SGB II aF sowie § 28 Abs. 1 S. 3 Nr. 1 Alt. 1 SGB II aF (BVerfGE 125, 175 = BeckRS 2010, 46077), zu § 3 Abs. 2 S. 2 Nr. 1 und § 3 Abs. 2 S. 3 iVm Abs. 1 S. 4 Nr. 2 sowie § 3 Abs. 2 S. 2 Nr. 2 und Nr. 3 und § 3 Abs. 2 S. 3 iVm Abs. 1 S. 4 Nr. 1 (BVerfGE 132, 134 = NVwZ 2012, 1024) und zu den Regelungen über die Höhe der Leistungen für den Regelbedarf, einschließlich ihrer Fortschreibungen, nach § 20 Abs. 2 S. 1, Abs. 2 Nr. 1, Abs. 4, Abs. 5 SGB II, § 23 Nr. 1 SGB II, § 77 Abs. 4 Nr. 1 und Nr. 2 SGB II und § 8 Abs. 1 Nr. 1, Nr. 2, Nr. 4 und Nr. 6, Abs. 2 Nr. 1 und Nr. 3 RBEG, jeweils iVm § 20 Abs. 1 S. 1 und S. 2 SGB II und § 28a SGB XII, sowie die Anlage zu § 28 SGB XII und § 2 RBSFV 2012, § 2 RBSFV 2013 und § 2 RBSFV 2014 (BVerfG BeckRS 2014,

55837 = FamRZ 2014, 1765) hat das **BVerfG** klargestellt, dass das GG mit Art. 1 Abs. 1 GG iVm Art. 20 Abs. 1 GG ein Grundrecht auf Gewährleistung eines menschenwürdigen Existenzminimums garantiert und dem Gesetzgeber hieraus der Auftrag erwächst, ein menschenwürdiges Existenzminimum tatsächlich zu sichern. Das gilt auch in Bezug auf Personen, die sich voraussichtlich nur kurzfristig im Bundesgebiet aufhalten werden. Der unmittelbar verfassungsrechtliche Leistungsanspruch auf Gewährleistung eines menschenwürdigen Existenzminimums erstreckt sich dabei aber nur auf diejenigen Mittel, die zur Aufrechterhaltung eines menschenwürdigen Daseins unbedingt erforderlich sind. Er gewährleistet das gesamte Existenzminimum durch eine einheitliche grundrechtliche Garantie, die sowohl die physische Existenz des Menschen, also Nahrung, Kleidung, Hausrat, Unterkunft, Heizung, Hygiene und Gesundheit, als auch die Sicherung der Möglichkeit zur Pflege zwischenmenschlicher Beziehungen und zu einem Mindestmaß an Teilhabe am gesellschaftlichen, kulturellen und politischen Leben umfasst, denn der Mensch als Person existiert notwendig in sozialen Bezügen (BVerfGE 125, 175 (223) = BeckRS 2010, 47937 mwN).

Ferner hat das BVerfG betont, dass die Gewährleistung eines menschenwürdigen Existenzmi- **2** nimums durch einen gesetzlichen Anspruch gesichert sein muss, der so ausgestaltet ist, dass er stets den gesamten existenznotwendigen Bedarf jedes individuellen Grundrechtsträgers deckt (BVerfGE 132, 134 Rn. 65 = NVwZ 2012, 1024; ebenso BVerfGE 152, 68). Der Leistungsanspruch hängt dabei von den gesellschaftlichen Anschauungen über das für ein menschenwürdiges Dasein Erforderliche, der konkreten Lebenssituation der Hilfebedürftigen sowie den jeweiligen wirtschaftlichen und technischen Gegebenheiten ab und ist danach vom Gesetzgeber konkret zu bestimmen (BVerfGE 125, 175 (224) = BeckRS 2010, 47937). Dabei hält das Sozialstaatsgebot des Art. 20 Abs. 1 GG den Gesetzgeber an, die soziale Wirklichkeit zeit- und realitätsgerecht im Hinblick auf die Gewährleistung des menschenwürdigen Existenzminimums zu erfassen. Ob er das Existenzminimum durch Geld-, Sach- oder Dienstleistungen sichert, bleibt grundsätzlich ihm überlassen. Maßgeblich für die Bestimmung des Existenzminimums sind dabei die Gegebenheiten in Deutschland (BVerfGE 132, 134 Rn. 67 = NVwZ 2012, 1024).

Die in § 28 SGB XII und dem RBEG (Regelbedarfs-Ermittlungsgesetz v. 22.12.2016, **3** BGBl. I 3159) vorgegebene Orientierung an der im Jahr 2008 durchgeführten Einkommens- und Verbrauchsstichprobe (EVS) ist als statistisches Berechnungsmodell ein im Grundsatz geeignetes Verfahren, das zur Sicherung eines menschenwürdigen Existenzminimums notwendigen Leistungen realitätsgerecht zu bemessen (BVerfGE 125, 175 (232 ff.) = BeckRS 2010, 47937); gleiches gilt für die EVS 2013 und 2018. Dem Gesetzgeber obliegt allerdings eine Pflicht zur Aktualisierung von Leistungsbeträgen zur Sicherung eines menschenwürdigen Existenzminimums. Dieser Verpflichtung kommt er nach, wenn er die Entwicklung der tatsächlichen Lebenshaltungskosten zur Deckung des existenznotwendigen Bedarfs durch regelmäßige Neuberechnungen und Fortschreibungen berücksichtigt (BVerfGE 125, 175 (225) = BeckRS 2010, 47937; BVerfGE 132, 134 Rn. 79 = NVwZ 2012, 1024). Auf Änderungen der wirtschaftlichen Rahmenbedingungen wie auf Preissteigerungen oder auf die Erhöhung von Verbrauchsteuern muss zeitnah reagiert werden, um sicherzustellen, dass der aktuelle Bedarf gedeckt wird (BVerfGE 132, 134 Rn. 72 = NVwZ 2012, 1024).

§ 3 trägt diesen Vorgaben Rechnung. Für die Leistungshöhe rekurrieren die Norm auf die **4** Regelungen zur Deckung des **notwendigen Bedarfs** (s. die Legaldefinition in Abs. 1 S. 1; physisches Existenzminimum) und des **notwendigen persönlichen Bedarfs** (soziokulturelles Existenzminimum; legal definiert in Abs. 1 S. 2), wie sie auch für Leistungsempfänger nach dem SGB II und dem SGB XII gelten. Verfassungsrechtliche Bedenken bestehen insofern – jedenfalls derzeit –nicht (vgl. auch BVerfG BeckRS 2014, 55837 = FamRZ 2014, 1765). § 3a Abs. 1–3 regelt die Leistungshöhe, § 3a Abs. 4 und 5 (bis zum 31.8.2019 § 3 Abs. 4 und Abs. 5) enthalten die verfassungsrechtlich erforderlichen Anpassungsregelungen, unter anderem durch Verweis auf § 28a SGB XII. Es ist nicht ersichtlich, dass die vorgesehenen Leistungen das menschenwürdige Existenzminimum zur Sicherung sowohl der physischen Existenz als auch zur Sicherung eines Mindestmaßes an Teilhabe am gesellschaftlichen, kulturellen und politischen Leben nicht gewährleisten würden. Das gilt umso mehr, als die Leistungen nach § 3, § 3a auf einen nur vorübergehenden Aufenthalt abstellen und bei einem Aufenthalt von 18 Monaten und mehr im Bundesgebiet in der Regel die Analog-Leistungen nach § 2 Abs. 1 einsetzen, das Leistungsniveau des AsylbLG somit dem des SGB XII angeglichen wird.

Die Grundleistungen nach § 3 sollen den Lebensunterhalt der Leistungsberechtigten im verfas- **5** sungsrechtlich garantierten Umfang decken. Der in § 3 geregelte Bedarf wird dem Grunde nach unterstellt, kann aber, insbesondere bei Sachleistungen oder aufgrund von Einkommen des Berechtigten (§ 7), im Einzelfall unterschiedlich hoch sein. In Krankheits- und Geburtsfällen (§ 4), im

Zusammenhang mit Arbeitsgelegenheiten (§ 5, § 5a) oder in besonderen Fällen (§ 6) können weitere Leistungen gewährt werden (BT-Drs. 12/4451, 8).

B. Systematik der Regelungen über die Grundleistungen

6   Bis zum 3. AsylbLGÄndG regelte allein § 3 Anspruch, Umfang, Höhe und Anpassungsbedarf bei den Grundleistungen. Durch besagtes Gesetz ist diese Systematik aufgebrochen worden. Hintergrund hierfür ist, dass die gesetzlichen und verfassungsrechtlichen Vorgaben zur Neuermittlung der Bedarfssätze nach § 3 aF umgesetzt und zudem die Bedarfsstufen im AsylbLG in Anlehnung an die Vorgaben des Regelbedarfs-Ermittlungsgesetzes (RBEG) vom 22.12.2016 (BGBl. I 3159) neu geregelt werden sollten. Denn der Gesetzgeber war bei Vorliegen einer neuen Einkommens- und Verbrauchsstichprobe (EVS) nach § 3 Abs. 5 aF verpflichtet, die Höhe des Geldbetrages für alle notwendigen persönlichen Bedarfe und die Höhe des notwendigen Bedarfs neu zu ermitteln. Dies bedarf nach der Rechtsprechung des BVerfG (→ Rn. 1 f.) einer transparenten und bedarfsgerechten Bemessung der Leistungssätze und deren Fortschreibung.

7   Im Zuge der Neufestsetzung der Geldleistungssätze nach dem AsylbLG sind die Regelungen zu den Grundleistungen daher neu strukturiert und auf zwei Paragraphen aufgeteilt worden (siehe hierzu etwa Deibel ZFSH/SGB 2019, 541 (542 f.)). Die Grundnorm des § 3 regelt weiterhin Art und Umfang der durch die Grundleistungen abgedeckten Bedarfe und trifft Festlegungen zur Leistungsform und zur Art und Weise der Leistungserbringung. Die Regelungen zu den Geldleistungssätzen der Grundleistungen, einschließlich der Regelungen zu ihrer Fortschreibung und Neufestsetzung, wurden aus systematischen Gründen herausgelöst und in einem neuen § 3a zusammengefasst (vgl. BT-Drs. 19/10052, 20).

C. Legaldefinitionen in Abs. 1

8   Abs. 1 **S. 1** definiert den notwendigen Bedarf legal. Dieser umfasst den Bedarf an Ernährung, Unterkunft, Heizung, Kleidung, Gesundheitspflege sowie Gebrauchs- und Verbrauchsgütern des Haushalts. Der Umfang der Leistungen wird in S. 1 nicht im Einzelnen festgeschrieben bzw. definiert (vgl. NdsOVG FEVS 55, 217 = NVwZ-RR 2004, 298), sondern durch den Begriff des **notwendigen Bedarfs** abstrakt bestimmt. Die Einzelheiten regelt nun § 3a. Der Bedarf ist durch die zuständige Behörde aufgrund der persönlichen Situation und der örtlichen Gegebenheiten unter Beachtung des Menschenwürdeprinzips (vgl. VG München Beschl. v. 4.8.2000 – M 6a E 00.2693, nv) durch die Gewährung entsprechender Leistungen zu decken.

9   Abs. 1 **S. 2** definiert in der Sache das sog. soziokulturellen Existenzminimum. Danach werden den leistungsberechtigten Personen zusätzlich (zum notwendigen Bedarf nach S. 1) Leistungen zur Deckung persönlicher Bedürfnisse des täglichen Lebens gewährt. Hierunter fallen Bedarfe für Verkehr, Nachrichtenübermittlung, Freizeit, Unterhaltung, Kultur, Bildung, Beherbergungs- und Gaststättendienstleistungen sowie andere Waren und Dienstleistungen.

D. Grundleistungen in Aufnahmeeinrichtungen nach § 44 AsylG (Abs. 2)

10   § 3 Abs. 2 regelt die Grundleistungen für in Aufnahmeeinrichtungen nach § 44 AsylG untergebrachte Leistungsberechtigte nach § 1. Die Vorschrift unterscheidet der Rechtsprechung des BVerfG folgend, zwischen dem **„notwendigen Bedarf"**, der in S. 1 bis 3 geregelt wird, und dem **„notwendigen persönlichen Bedarf"** in S. 4 und 5. Zur Befriedigung der Bedarfe sind primär Sachleistungen vorgesehen (vgl. S. 1 und S. 4). Sowohl bezüglich der Deckung des notwendigen Bedarfs als auch hinsichtlich des notwendigen persönlichen Bedarfs lässt § 3 Abs. 2 aber Ausnahmen bis hin zur Geldleistung zu (vgl. S. 2 bzw. S. 5). Gleichwohl ist es aufgrund des in der Vorschrift normierten vorrangigen Sachleistungsprinzips nicht geboten, Leistungsberechtigten nach § 1 den Zugang zum allgemeinen Markt, insbesondere zu den Lebensmitteldiscountern, zu sichern (so schon OVG Bln NVwZ-Beil. 1998, 6 = FEVS 48, 64).

I. Erfasster Personenkreis

11   Von Abs. 2 werden die nach § 1 Leistungsberechtigten erfasst, die in einer Aufnahmeeinrichtung iSv § 44 AsylG untergebracht sind. Ist das nicht der Fall, lebt der Asylbewerber zB in einer Gemeinschaftsunterkunft (vgl. § 53 AsylG), dann bestimmen sich die Grundleistungen nach Maßgabe des Abs. 3.

12   Gemäß § 47 Abs. 1 S. 1 AsylG sind (nur) Ausländer, die einen Asylantrag (§ 14 Abs. 1 AsylG) gestellt haben, verpflichtet, in der für ihre Aufnahme zuständigen Aufnahmeeinrichtung

zu wohnen. Diese Verpflichtung ist auf längstens sechs Monate beschränkt, kann aber nach Maßgabe des § 48 AsylG auch vorher enden (zu Einzelheiten → AsylG § 48 Rn. 1 ff.). Damit wird
vom § 3 Abs. 2 im Grundsatz nur der Personenkreis der Leistungsberechtigten nach § 1 Abs. 1
Nr. 1 erfasst. Sind aber Eltern eines minderjährigen ledigen Kindes verpflichtet, in einer Aufnahmeeinrichtung zu wohnen, so kann auch das Kind in der Aufnahmeeinrichtung wohnen, selbst
wenn es keinen Asylantrag gestellt hat (§ 47 Abs. 2 AsylG). Diese Kinder sind über § 1 Abs. 1
Nr. 6 gem. § 3 Abs. 2 leistungsberechtigt. Ferner fallen unter Abs. 2 die sog. Zweitantragsteller
(§ 71a AsylG) und die Folgeantragsteller (§ 71 AsylG) (Leistungsberechtigte nach § 1 Abs. 1 Nr. 7),
letztere allerdings nur, wenn der Ausländer das Bundesgebiet zwischenzeitlich verlassen hatte, weil
für diese gem. § 71a Abs. 2 S. 1 AsylG bzw. § 71 Abs. 2 S. 2 AsylG unter anderem § 47 AsylG
gilt, sie also in einer Erstaufnahmeeinrichtung untergebracht werden. Für alle anderen nach § 1
leistungsberechtigten Personen besteht eine Pflicht, in einer Aufnahmeeinrichtung zu wohnen,
jedoch nicht; sie fallen daher nicht unter Abs. 2, sondern unter Abs. 3.

Im Ergebnis bleibt damit festzuhalten, dass das Sachleistungsprinzip des Abs. 2 nur bezüglich   **13**
eines sehr eingeschränkten Personenkreises Anwendung findet und zudem nur für einen vergleichsweise kurzen Zeitraum (maximal sechs Monate).

II. Notwendiger Bedarf (S. 1–3)

Das durch **S. 1** in Bezug auf den notwendigen Bedarf normierte **Sachleistungsprinzip** ist   **14**
zwingend, ohne weiteres aus der Formulierung „wird gedeckt" folgt. Wie bereits ausgeführt,
ist dies mit Blick auf die Rechtsprechung des BVerfG verfassungsrechtlich unproblematisch. Das
Sachleistungsprinzip bedeutet indessen nicht, dass die Leistungsberechtigten Anspruch auf „Neu-
ware" hätten. Soweit dies möglich ist, können vielmehr auch gebrauchte Gegenstände zur Verfügung gestellt werden (s. etwa BVerwG FEVS 41, 397 für gebrauchte Möbel).

Eine Sonderregelung in Bezug auf **Kleidungsbeihilfen** enthält **S. 2.** Danach kann (= Ermes-   **15**
sen) der notwendige Bedarf an (neuer oder gebrauchter) Bekleidung auch in Form von Wertgutscheinen oder anderen vergleichbar unbaren Abrechnungen, also nicht durch die Aushändigung
oder die Überweisung eines entsprechenden Geldbetrages, gewährt werden, wenn Kleidung nicht
geleistet werden kann; das gilt jedoch nur, soweit die Leistung von Wertgutscheinen oder von
anderen unbaren Abrechnungen nach den Umständen erforderlich ist (vgl. BayVGH BeckRS
2000, 23420). Die Regelung trägt dem Umstand Rechnung, dass in der Aufnahmeeinrichtung
aufgrund besonderer Verhältnisse gebrauchte oder neue Kleidung oder im Einzelfall Kleidung
bestimmter Art und Größe nicht für alle Fälle vorrätig gehalten oder beschafft werden kann. Ist
es aus diesen Gründen nicht möglich, die notwendige Bekleidung den Leistungsberechtigten
zur Verfügung zu stellen, werden aus Gründen der Praktikabilität durch S. 2 die bezeichneten
Leistungsformen eröffnet. Unter den Begriff der Kleidung fallen auch Schuhe.

Es kann davon ausgegangen werden, dass Aufnahmeeinrichtungen so ausgestattet, insbesondere   **16**
entsprechend möbliert sind, dass die zugewiesenen Räumlichkeiten sofort von den Asylbewerbern
bezogen werden können. Die Anschaffung von Möbeln ist daher nicht erforderlich. Insofern
normiert zudem **S. 3,** dass Gebrauchsgüter des Haushalts, zB Hausrat, Bettwäsche, Handtücher
usw, **leihweise** zur Verfügung gestellt werden können, wie dies auch sonst bei kürzeren Aufenthalten üblich ist. Aufwendungen für die Anschaffung solcher Gebrauchsgüter fallen folglich nicht
an.

III. Notwendiger persönlicher Bedarf (S. 4 und 5)

Auch der notwendige persönliche Bedarf ist durch **Sachleistungen** zu decken (S. 4). Die   **17**
Sachleistungsgewährung steht allerdings unter mehreren Vorbehalten. Zum einen verlangt S. 4
auf der Tatbestandsseite, dass die Sachleistungsgewährung mit vertretbarem Verwaltungsaufwand
möglich sein muss. Als unbestimmter Rechtsbegriff unterliegt dies der vollen gerichtlichen Nachprüfung (vgl. Siefert/Siefert, Asylbewerberleistungsgesetz, 2020, Rn. 38). Was unter einem „vertretbaren Verwaltungsaufwand" zu verstehen ist, ergibt sich allerdings weder aus dem Gesetz noch
aus den Gesetzesmaterialien. Abzustellen sein wird insofern wohl auf den mit der Sachleistungsgewährung verbundenen Aufwand, sei es in personeller, in finanzieller oder in logistischer Hinsicht.
Dabei wird auch zu berücksichtigen sein, dass die Gewährung von Sachleistungen gegenüber
einer Geldleistungsgewährung immer einen höheren Verwaltungsaufwand verursacht. Allein dieser
Umstand führt daher nicht bereits zur Unvertretbarkeit. Zum andern auf der Rechtsfolgenseite,
denn S. 4 eröffnet ein gebundenes Ermessen („sollen"). Das heißt, können Sachleistungen mit
vertretbarem Verwaltungsaufwand geleistet werden, dann sind die Leistungen in dieser Form zu

erbringen; nur im atypischen Einzelfall bleibt es möglich, gleichwohl von der Sachleistungsgewährung abzusehen (vgl. BeckOK VwGO/Decker VwGO § 114 Rn. 7).

18   Kommt nach S. 4 die Gewährung von Sachleistungen nicht in Betracht, ordnet **S. 5** an, dass dann Leistungen in Form von Wertgutscheinen, von anderen unbaren Abrechnungen oder von Geldleistungen gewährt werden können. Andere vergleichbare unbare Abrechnungen sind dabei etwa Abrechnungen über Kundenkontoblätter bei Einzelhandelsgeschäften (vgl. BT-Drs. 12/4451, 8) oder der Einkauf über ein Punktesystem auf der Basis eines pro Person vergebenen Punktekontingents und der entsprechenden Punkteeinwertung der zur Verfügung stehenden Waren. Die genannten Ersatzleistungsarten stehen in einem echten Rangverhältnis zueinander, dh Wertgutscheine vor (vergleichbaren) anderen unbaren Abrechnungen und diese vor Geldleistungen. Hierfür spricht vor allem, dass § 3 Abs. 2 allgemein vom Grundsatz des Vorranges der Sachleistung geprägt ist, die Gewährung von Bargeld daher die Ausnahme darstellt. In Übereinstimmung mit der gewählten Reihenfolge der vier Leistungsarten fällt zudem auf, dass Sachleistungen und Geldleistungen – unter dem Gesichtspunkt einer vom Leistungsberechtigten mehr oder weniger frei getroffenen Entscheidung zur Bedarfsdeckung – tatbestandlich die Extrempositionen markieren. Denn während bei Sachleistungen schlechthin keine Wahlmöglichkeit des Leistungsempfängers besteht, bleibt diese bei Geldleistungen voll erhalten. Gleichsam zwischen den Sach- und Geldleistungen stehen die Wertgutscheine und die (vergleichbaren anderen) unbaren Abrechnungen. Dies ergibt sich daraus, dass in beiden Fällen je nach Gestaltung eine geringere oder größere Möglichkeit besteht, bei der Bedarfsdeckung auszuwählen. Von daher lässt sich sagen, dass Wertgutscheine und unbare Abrechnungen jeweils Übergangsformen sind, die systemgerecht ihren Platz zwischen Sachleistungen und Geldleistungen einnehmen (vgl. Oestreicher/Decker Rn. 42).

E. Grundleistungen außerhalb von Aufnahmeeinrichtungen nach § 44 AsylG (Abs. 3)

19   Abs. 3 enthält die Regelungen zur Bedarfsdeckung von leistungsberechtigten Personen, die nicht in Aufnahmeeinrichtungen nach § 44 AsylG untergebracht sind. Mit der Vorschrift werden somit die Bedarfssätze für Leistungsberechtigte nach dem AsylbLG außerhalb von Erstaufnahmeeinrichtungen geregelt.

I. Grundsatz der Geldleistung (S. 1 und S. 5)

20   Abs. 2 unterscheidet – in Umsetzung der Vorgaben des BVerfG – wie Abs. 2 zwischen dem notwendigen Bedarf iSv Abs. 1 S. 1 (vgl. Abs. 2 S. 1–4) und dem notwendigen persönlichen Bedarf gem. Abs. 1 S. 2 (S. 5 und S. 6).

21   Anders als nach Abs. 2 sind in den Fällen des Abs. 3 jedoch **vorrangig Geldleistungen** zu erbringen. Hiervon enthält S. 6 eine **Ausnahme,** denn für in Gemeinschaftsunterkünften nach § 53 AsylG lebende Leistungsberechtigte kann der notwendige persönliche Bedarf (Abs. 1 S. 2) auch durch Sachleistungen gewährt werden.

II. Notwendiger Bedarf

1. Grundsatz (S. 1)

22   Nach Abs. 2 S. 1 sind bei der Unterbringung außerhalb von Aufnahmeeinrichtungen iSv § 44 AsylG vorbehaltlich des S. 3 **vorrangig Geldleistungen** zu gewähren. Deren Höhe regelt **§ 3a Abs. 2** (auf die dortigen Ausführungen wird verwiesen).

2. Ausnahme vom Geldleistungsprinzip (S. 2)

23   Nach **S. 2** können anstelle der Geldleistungen, soweit es nach den Umständen erforderlich ist, zur Deckung des **notwendigen Bedarfs** Leistungen in Form von unbaren Abrechnungen, von Wertgutscheinen oder von Sachleistungen gewährt werden. Die Norm ist „umgekehrt" formuliert zu Abs. 2 S. 5. Sie stellt klar, dass vom Vorrang des Geldleistungsprinzips zugunsten von unbaren Abrechnungen, Wertgutscheinen oder Sachleistungen, wenn es nach den Umständen erforderlich ist, abgewichen werden kann. Das heißt, Sachleistungen bleiben, um die Versorgung der Leistungsberechtigten angesichts steigender Asylbewerberzahlen auch zukünftig sicherstellen zu können, weiterhin möglich.

24   Die Norm ändert aber nichts am Vorrang der Geldleistungen. Im **Ermessenswege** (vgl. Wortlaut „können"; Deibel ZFSH/SGB 2015, 117 (120)) können jedoch, soweit es nach den Umstän-

den erforderlich ist, durch die zuständige Behörde anstelle von Geldleistungen nach Abs. 3 S. 1 auch Leistungen in Form von anderen unbaren Abrechnungen (vgl. dazu → Rn. 25), von Wertgutscheinen (s. hierzu etwa Rogge jurisPR-SozR 18/2013 Anm. 4) oder von Sachleistungen gewährt werden. Wie bei Abs. 2 S. 5 vertreten, ist auch in Bezug auf S. 2 davon auszugehen, dass die drei „Ersatzleistungsarten" (andere unbare Abrechnung, Wertgutschein und Sachleistung) in einem **echten Rangverhältnis** zueinanderstehen, dh andere unbare Abrechnungen vor Wertgutscheinen und diese vor Sachleistungen. Das ist bei der Ermessensausübung zu berücksichtigen.

Die Abweichung vom vorrangigen Geldleistungsprinzip ist nur möglich, soweit es nach den **25** Umständen erforderlich ist, dh soweit vorrangige Geldleistungen aufgrund der besonderen Umstände des Einzelfalles nicht erbracht werden können. Zu unterscheiden ist insoweit zwischen objektiven und subjektiven Umständen (VG Karlsruhe BeckRS 2001, 31220086). Im Hinblick auf das weitere Tatbestandsmerkmal des **„Soweit-Vorbehalts"** ist aber zusätzlich immer zu prüfen, ob die Abweichung von der gesetzlichen Rangfolge auch **erforderlich** ist, denn es soll nicht jeder Sachverhalt im vorstehend beschriebenen Sinne geeignet sein, eine sich über das Vor- und Nachrangverhältnis hinwegsetzende Ermessensentscheidung zu tragen. Ist die Abweichung von der gesetzlichen Rangfolge erforderlich, so ist hierdurch allerdings bereits eine Ermessensentscheidung in der Weise indiziert („Ermessendirektive"), dass das Festhalten an der vorrangigen Leistungsart allenfalls noch in äußerst engen Grenzen möglich sein dürfte (so überzeugend: VG Karlsruhe BeckRS 2001, 31220086).

3. Bedarf für Unterkunft, Heizung und Hausrat (S. 3)

Gemäß S. 3 wird der Bedarf für Unterkunft, Heizung und Hausrat sowie für Wohnungsinstand- **26** haltung und Haushaltsenergie gesondert als **Geld- oder Sachleistung** erbracht. Die Regelung stellt klar, dass die genannten notwendigen Bedarfe gesondert erbracht werden und nicht schon in anderen Leistungen „eingepreist" sind (Deibel ZFSH/SGB 2019, 541 (542)).

Anders als sonst im Rahmen der Leistungserbringung nach Abs. 3 stellt **S. 3** für die Deckung **27** des Bedarfs an Unterkunft, Heizung und Hausrat sowie für Wohnungsinstandhaltung und Haushaltsenergie Geld- und Sachleistungen **alternativ** nebeneinander (Deibel ZFSH/SGB 2019, 541 (542); **aA** noch Deibel ZFSH/SGB 2015, 117 (120), wonach auch hier die Geldleistung der Sachleistung vorgehen soll). Die Möglichkeit der alternativen Leistungsgewährung soll angesichts bestehender Unterkunftsengpässe gewährleisten, dass die zuständigen Leistungsbehörden auch zukünftig Unterkünfte ohne erhöhten Begründungsaufwand selbst bereitstellen und diese den Leistungsberechtigten beheizt und mit Hausrat versehen als Sachleistung zur Verfügung stellen können (BT-Drs. 18/3144, 16). Die Gewährung einer Unterkunft als Sachleistung ist dabei mit europäischem Recht vereinbar (vgl. EuGH InfAuslR 2014, 190 = ZESAR 2014, 430). Welche Form die Behörde wählt, wird sie unter Verfügbarkeitsgrundsätzen nach pflichtgemäßem Ermessen zu entscheiden haben. Möglich ist, den Leistungsberechtigten selbst eine angemessene Wohnung suchen und anmieten zu lassen (s. zur Frage des Anspruchs auf Abgabe einer Mietübernahmeerklärung durch die zuständige Behörde etwa LSG NRW FEVS 60, 138); die zuständige Behörde kann aber auch selber eine solche Unterkunft (Wohnung) anmieten und sie dem Leistungsberechtigten zur Verfügung stellen (dezentrale Unterbringung); letztlich kommt auch die Unterbringung in einer Gemeinschaftsunterkunft in Frage (zentrale Unterbringung). Soweit Plätze in einer Gemeinschaftsunterkunft (§ 53 AsylG) verfügbar sind, wird die Unterbringung in der Regel dort zu erfolgen haben, weil der „notwendige Bedarf an Unterkunft" für einen nach § 1 Leistungsberechtigten geringer zu bemessen ist als der nach dem SGB XII anerkannte Bedarf einer „angemessenen Wohnung", der sich an den Maßstäben des sozialen Wohnungsbaus orientiert (vgl. NdsOVG FEVS 55, 217 = NVwZ-RR 2004, 298). Nur ausnahmsweise ist eine Unterbringung außerhalb von Gemeinschaftsunterkünften möglich, wobei das öffentliche Interesse an der Unterbringung in Gemeinschaftsunterkünften (insbesondere Kostenersparnis) gegen das private Interesse des Leistungsberechtigten abzuwägen ist (VG München Beschl. v. 21.4.1999 – M 18 E 99.44, nv). Dabei müssen auf Seiten des Leistungsberechtigten allgemeine aus der gemeinschaftlichen Unterbringung folgende Beschwernisse grundsätzlich hingenommen werden. Auch hinsichtlich der Beschaffenheit und der Ausgestaltung von Gemeinschaftsunterkünften besitzt die zuständige Behörde im Grundsatz einen verhältnismäßig weiten Gestaltungsspielraum, der allerdings durch das grundgesetzlich garantierte Recht des Ausländers auf Achtung seiner Menschenwürde (Art. 1 Abs. 1 GG) und die Wahrung der körperlichen Integrität (Art. 2 Abs. 2 GG) begrenzt wird (VG Hamburg AuAS 1999, 153). Das kann dazu führen, dass eine Familie mit vier Personen (Eltern und zwei schulpflichtige Kinder) nicht auf unbestimmte Dauer auf die Nutzung eines einzigen Wohnraums mit 20 m² Grundfläche und einer Dachschräge verwiesen werden kann, sondern ihr mindestens zwei Wohnräume oder ein größerer Raum mit der gleichwertigen Möglichkeit der Schaffung zweier getrennter Wohnbereiche zur Verfügung zu stellen ist (NdsOVG FEVS 55, 217 = NVwZ-RR 2004, 298).

28   Zu beachten ist in diesem Zusammenhang **S. 4,** der auf Abs. 2 S. 3 verweist und damit für den Fall der Sachleistungsgewährung dem Leistungsträger die Option eröffnet, Gebrauchsgüter des Haushalts auch leihweise zur Verfügung stellen zu können.

III. Notwendiger persönlicher Bedarf (S. 5 und S. 6)

1. Grundsatz (S. 5)

29   Nach **S. 5** ist der notwendige persönliche Bedarf (soziokulturelles Existenzminimum), vorbehaltlich des S. 6, durch Geldleistungen zu decken. Die Höhe der Geldleistung regelt § 3a Abs. 1.

2. Sonderregelung für Gemeinschaftsunterkunft (S. 6)

30   Gemäß **S. 6** kann der notwendige persönliche Bedarf für Leistungsberechtigte, die in einer Gemeinschaftsunterkunft iSd § 53 AsylG untergebracht sind, soweit wie möglich auch durch Sachleistungen gedeckt werden. Die Norm knüpft die Rechtsfolge somit an die Unterbringung in einer Gemeinschaftsunterkunft. Von einer solchen Unterbringung ist nicht nur auszugehen, wenn eine leistungsberechtigte Person ununterbrochen in einer Gemeinschaftsunterkunft gewohnt hat, sondern auch dann, wenn sie aus einer dezentralen Unterkunft wieder in eine Gemeinschaftsunterkunft verlegt wurde (das beachtet Deibel ZFSH/SGB 2016, 520 (521) nicht hinreichend). Die Entscheidung, ob der leistungsberechtigten Person der notwendige persönliche Bedarf als Geld- oder Sachleistung gewährt wird, steht im **Ermessen** des zuständigen Leistungsträgers (vgl. Wortlaut „kann"). Dieses Ermessen wird durch die Formel „so weit wie möglich" gesteuert (s. auch Deibel ZFSH/SGB 2015, 704 (706)). Bei der Ermessensausübung wird vor allem zu berücksichtigen sein, ob in der Gemeinschaftsunterkunft bereits Sachleistungen, auch nach Maßgabe des S. 6, gewährt werden und in welchem Umfang; das gebietet schon der Blick auf § 2 Abs. 2. Wegen des mit der Sachleistungsgewährung verbundenen höheren Verwaltungsaufwandes steht allerdings nicht zu erwarten, dass von der Befugnis des § 3 Abs. 3 S. 6 in extensiver Weise Gebrauch gemacht werden wird (ebenso Deibel ZFSH/SGB 2015, 704 (706)).

F. Bedarfe für Bildung und Teilhabe (Abs. 4)

31   Abs. 4 ist notwendige Konsequenz der Entscheidung des BVerfG v. 18.7.2012 (BVerfGE 132, 134 Rn. 122 = NVwZ 2012, 1024). Dieses hatte bemängelt, dass im AsylbLG eine § 28 Abs. 1 S. 1 SGB II bzw. § 34 Abs. 1 S. 1 SGB XII entsprechende Regelung fehle, wonach bei Kindern und Jugendlichen auch die Bedarfe für Bildung und Teilhabe am sozialen und kulturellen Leben in der Gemeinschaft als Anspruch gesichert würden. Abs. 4 setzt diese Vorgaben durch den Verweis auf die §§ 34 ff. SGB XII um. Damit haben Kinder, Jugendliche und junge Erwachsene, die nach § 1 leistungsberechtigt sind, die gleichen Ansprüche wie Personen, die nach dem SGB XII leistungsberechtigt sind.

32   Zu den Bedarfen an Bildung gehören etwa Schulausflüge, Klassenfahrten, Schulbedarf, Schülerbeförderungsaufwendungen, Lernförderung (Nachhilfeunterricht) und Mittagsverpflegung; zum Bedarf an Teilhabe am sozialen und kulturellen Leben in der Gemeinschaft zählen etwa Mitgliedsbeiträge in den Bereichen Sport, Spiel, Kultur und Geselligkeit, Unterricht in künstlerischen Fächern (zB Musikunterricht) und vergleichbare angeleitete Aktivitäten der kulturellen Bildung und die Teilnahme an Freizeiten (vgl. zu den Beispielen vgl. Deibel ZFSH/SGB 2015, 117 (121)).

33   Die Leistungen nach § 3 Abs. 4 werden gem. § 34a Abs. 1 SGB XII nur auf Antrag erbracht, wobei sich das Bewilligungsverfahren nach den Vorschriften der Landes-VwVfG richtet, soweit sich aus § 9 Abs. 4 nichts anderes ergibt (vgl. Deibel ZFSH/SGB 2015, 117 (121)).

G. Corona-Pandemie-Regelung (Abs. 4a)

34   Nach Abs. 4a, der mit Abs. 4 korrespondiert, gelten § 142 Abs. 1 SGB XII sowie die nach § 142 Abs. 3 SGB XII erlassene Rechtsverordnung entsprechend (siehe hierzu etwa Deibel ZFSH/SGB 2020, 377). § 142 Abs. 1 SGB XII enthält Modifikationen des § 34 Abs. 6 S. 1 SGB XII in Bezug auf eine Gemeinschaftlichkeit der Mittagsverpflegung in Schulen, Kindertagesstätten sowie der Kindertagespflege und gilt zunächst – vorbehaltlich einer Rechtsverordnung der Bundesregierung nach Abs. 3 – vom 1.3.2020 bis zum 31.12.2021. Hiermit soll sichergestellt werden, dass

auch in Zeiten der Corona-Pandemie im Falle von Schulschließungen und Schließung von Kindertagesstätten sowie Kindertagespflegestellen eine Mittagsverpflegung möglich ist.

H. Erbringung von Geldleistungen (Abs. 5)

Während im Rahmen der Hilfegewährung nach dem SGB XII die unbare Zahlungsweise, also **35** Zahlung im Wege der Banküberweisung, die Regel ist, bestimmt Abs. 5 **S. 1**, dass Leistungen in Geld oder Geldeswert an die leistungsberechtigte Person (oder an ein volljähriges berechtigtes Mitglied des Haushalts) persönlich ausgehändigt werden sollen. Aus der Formulierung „**sollen**" folgt dabei, dass diese Art der Auszahlung die Regel, die unbare Auszahlung dagegen die auf den atypischen Einzelfall beschränkte Ausnahme sein soll (sog. **gebundenes Ermessen;** vgl. hierzu etwa BeckOK VwGO/Decker VwGO § 114 Rn. 7). Durch die Vorschrift soll verhindert werden, dass Geld, Wertgutscheine oder andere Berechtigungen in die falschen Hände geraten (BT-Drs. 12/4451, 9).

Abs. 5 **S. 2** regelt den Fall, dass die Leistungen nach dem AsylbLG nicht für einen vollen **36** Monat zustehen, dahingehend, dass die Leistung anteilig erbracht wird. Dabei wird der Monat mit 30 Tagen berechnet.

S. 3 stellt schließlich klar, dass Leistungen nicht länger als einen Monat im Voraus erbracht **37** werden dürfen. Hintergrund für die Regelung war, dass in der Praxis vereinzelt Geldleistungen für mehrere Monate ausgezahlt worden sind, und durch S. 3 Überzahlungen verhindert und eine einheitliche Verwaltungspraxis gewährleistet werden soll. Die Vorauszahlung für längstens einen Monat ist nach **S. 4** zwingend; von ihr kann auch nicht durch Landesrecht abgewichen werden. Zugleich wird damit den Leistungsbehörden der Spielraum belassen, im Einzelfall eine Vorauszahlung für einen kürzeren Zeitraum (zB wöchentlich oder für eine bestimmte Anzahl von Tagen) vorzunehmen (vgl. BT-Drs. 18/6185, 45).

I. Einmalzahlung aus Anlass der COVID-19-Pandemie (Abs. 6)

Nach Abs. 6 gilt § 144 S. 1 SGB XII entsprechend. Danach erhalten Leistungsberechtigte, **38** denen für den Monat Mai 2021 Leistungen nach dem Dritten oder Vierten Kapitel gezahlt werden und deren Regelsatz sich nach der Regelbedarfsstufe 1, 2 oder 3 der Anlage zu § 28 SGB XII ergibt, für den Zeitraum vom 1.1.2021 bis zum 30.6.2021 zum Ausgleich der mit der COVID-19-Pandemie in Zusammenhang stehenden Mehraufwendungen eine Einmalzahlung in Höhe von 150 EUR. Über Abs. 6 gilt diese Regelung auch für leistungsberechtigte Personen nach § 1, deren Bedarf sich nach § 3a Abs. 1 Nr. 1–3 bzw. Abs. 2 Nr. 1–3 richtet (nicht für Analog-Leistungsberechtigte, da auf diese gemäß § 2 Abs. 1 S. 1 der § 144 SGB XII direkt anzuwenden ist).

§ 3a Bedarfssätze der Grundleistungen

(1) Wird der notwendige persönliche Bedarf nach § 3 Absatz 1 Satz 2 vollständig durch Geldleistungen gedeckt, so beträgt dieser monatlich für
1. erwachsene Leistungsberechtigte, die in einer Wohnung im Sinne von § 8 Absatz 1 Satz 2 des Regelbedarfs-Ermittlungsgesetzes leben und für die nicht Nummer 2 Buchstabe a oder Nummer 3 Buchstabe a gelten, sowie für jugendliche Leistungsberechtigte, die nicht mit mindestens einem Elternteil in einer Wohnung leben, je 162 Euro;
2. erwachsene Leistungsberechtigte je 146 Euro, wenn sie
    a) in einer Wohnung im Sinne von § 8 Absatz 1 Satz 2 des Regelbedarfs-Ermittlungsgesetzes mit einem Ehegatten oder Lebenspartner oder in eheähnlicher oder lebenspartnerschaftsähnlicher Gemeinschaft mit einem Partner zusammenleben;
    b) nicht in einer Wohnung leben, weil sie in einer Aufnahmeeinrichtung im Sinne von § 44 Absatz 1 des Asylgesetzes oder in einer Gemeinschaftsunterkunft im Sinne von § 53 Absatz 1 des Asylgesetzes oder nicht nur kurzfristig in einer vergleichbaren sonstigen Unterkunft untergebracht sind;
3. erwachsene Leistungsberechtigte je 130 Euro, wenn sie
    a) das 25. Lebensjahr noch nicht vollendet haben, unverheiratet sind und mit mindestens einem Elternteil in einer Wohnung im Sinne von § 8 Absatz 1 Satz 2 des Regelbedarfs-Ermittlungsgesetzes zusammenleben;
    b) in einer stationären Einrichtung untergebracht sind;

4. jugendliche Leistungsberechtigte vom Beginn des 15. bis zur Vollendung des 18. Lebensjahres 110 Euro;
5. leistungsberechtigte Kinder vom Beginn des siebten bis zur Vollendung des 14. Lebensjahres 108 Euro;
6. leistungsberechtigte Kinder bis zur Vollendung des sechsten Lebensjahres 104 Euro.

(2) Wird der notwendige Bedarf nach § 3 Absatz 1 Satz 1 mit Ausnahme der Bedarfe für Unterkunft, Heizung, Hausrat, Wohnungsinstandhaltung und Haushaltsenergie vollständig durch Geldleistungen gedeckt, so beträgt dieser monatlich für

1. erwachsene Leistungsberechtigte, die in einer Wohnung im Sinne von § 8 Absatz 1 Satz 2 des Regelbedarfs-Ermittlungsgesetzes leben und für die nicht Nummer 2 Buchstabe a oder Nummer 3 Buchstabe a gelten, sowie für jugendliche Leistungsberechtigte, die nicht mit mindestens einem Elternteil in einer Wohnung leben, je 202 Euro;
2. erwachsene Leistungsberechtigte je 182 Euro, wenn sie
   a) in einer Wohnung im Sinne von § 8 Absatz 1 Satz 2 des Regelbedarfs-Ermittlungsgesetzes mit einem Ehegatten oder Lebenspartner oder in eheähnlicher oder lebenspartnerschaftsähnlicher Gemeinschaft mit einem Partner zusammenleben;
   b) nicht in einer Wohnung leben, weil sie in einer Aufnahmeeinrichtung im Sinne von § 44 Absatz 1 des Asylgesetzes oder in einer Gemeinschaftsunterkunft im Sinne von § 53 Absatz 1 des Asylgesetzes oder nicht nur kurzfristig in einer vergleichbaren sonstigen Unterkunft untergebracht sind;
3. erwachsene Leistungsberechtigte je 162 Euro, wenn sie
   a) das 25. Lebensjahr noch nicht vollendet haben, unverheiratet sind und mit mindestens einem Elternteil in einer Wohnung im Sinne von § 8 Absatz 1 Satz 2 des Regelbedarfs-Ermittlungsgesetzes zusammenleben;
   b) in einer stationären Einrichtung untergebracht sind;
4. sonstige jugendliche Leistungsberechtigte vom Beginn des 15. bis zur Vollendung des 18. Lebensjahres 213 Euro;
5. leistungsberechtigte Kinder vom Beginn des siebten bis zur Vollendung des 14. Lebensjahres 162 Euro (seit 1.1.2021: 174 Euro);
6. leistungsberechtigte Kinder bis zur Vollendung des sechsten Lebensjahres 143 Euro.

(2a) ¹Für den notwendigen Bedarf nach Absatz 2 Nummer 5 tritt zum 1. Januar 2021 an die Stelle des Betrags in Absatz 2 Nummer 5 der Betrag von 174 Euro. ²Satz 1 ist anzuwenden, bis der Betrag für den notwendigen Bedarf nach Absatz 2 Nummer 5 aufgrund der Fortschreibungen nach Absatz 4 den Betrag von 174 Euro übersteigt.

(3) Der individuelle Geldbetrag zur Deckung des notwendigen persönlichen Bedarfs für in Abschiebungs- oder Untersuchungshaft genommene Leistungsberechtigte wird durch die zuständige Behörde festgelegt, wenn der Bedarf ganz oder teilweise anderweitig gedeckt ist.

(4) ¹Die Geldbeträge nach den Absätzen 1 und 2 werden jeweils zum 1. Januar eines Jahres entsprechend der Veränderungsrate nach § 28a des Zwölften Buches Sozialgesetzbuch in Verbindung mit der Regelbedarfsstufen-Fortschreibungsverordnung nach § 40 Satz 1 Nummer 1 des Zwölften Buches Sozialgesetzbuch fortgeschrieben. ²Die sich dabei ergebenden Beträge sind jeweils bis unter 0,50 Euro abzurunden sowie von 0,50 Euro an aufzurunden. ³Das Bundesministerium für Arbeit und Soziales gibt jeweils spätestens bis zum 1. November eines Kalenderjahres die Höhe der Bedarfe, die für das folgende Kalenderjahr maßgebend sind, im Bundesgesetzblatt bekannt.

(5) Liegen die Ergebnisse einer bundesweiten neuen Einkommens- und Verbrauchsstichprobe vor, werden die Höhe des Geldbetrags für alle notwendigen persönlichen Bedarfe und die Höhe des notwendigen Bedarfs neu festgesetzt.

Überblick

§ 3a regelt die Bedarfssätze für die Grundleistungen nach § 3. Die Sätze sind zuletzt durch das Gesetz zur Ermittlung der Regelbedarfe und zur Änderung des Zwölften Buches Sozialgesetzbuch sowie weiterer Gesetze v. 9.12.2020 (BGBl. I 2855) mWz 1.1.2021 angepasst worden. Die Norm unterscheidet – der Systematik des § 3 folgend – zwischen den Bedarfssätzen für den notwendigen persönlichen Bedarf (§ 3 Abs. 1 S. 2 iVm § 3a Abs. 1 und Abs. 3) und dem notwendigen Bedarf (§ 3 Abs. 1 S. 1 iVm § 3a Abs. 2). Abs. 2a enthält eine Bestandsschutzregelung im Hinblick auf

die zum 1.1.2021 erfolgte Anpassung der Bedarfssätze, Abs. 4 und Abs. 5 beinhalten verfassungsrechtlich gebotene Aktualisierungsregelungen.

A. Verfassungsrechtliche Vorgaben

Hierzu → § 3 Rn. 1 ff. sowie bei den einzelnen Regelungen. **1**

B. Systematik der Regelungen über die Grundleistungen

Bis zum Dritten Gesetz zur Änderung des Asylbewerberleistungsgesetzes (v. 13.8.2019, **2**
BGBl. I 1290) regelte allein § 3 Anspruch, Umfang, Höhe und Anpassungsbedarf bei den Grundleistungen. Durch besagtes Gesetz ist diese Systematik aufgebrochen worden. Hintergrund hierfür
ist, dass die gesetzlichen und verfassungsrechtlichen Vorgaben zur Neuermittlung der Bedarfssätze
nach § 3 aF umgesetzt und zudem die Bedarfsstufen im AsylbLG in Anlehnung an die Vorgaben
des RBEG 2016 (Regelbedarfs-Ermittlungsgesetz v. 22.12.2016, BGBl. I 3159) neu geregelt
werden sollten. Denn der Gesetzgeber war bei Vorliegen einer neuen Einkommens- und Verbrauchsstichprobe (EVS) nach § 3 Abs. 5 aF verpflichtet, die Höhe des Geldbetrages für alle
notwendigen persönlichen Bedarfe und die Höhe des notwendigen Bedarfs neu zu ermitteln.
Dies bedarf nach der Rechtsprechung des BVerfG (→ § 3 Rn. 1 f.) einer transparenten und
bedarfsgerechten Bemessung der Leistungssätze und deren Fortschreibung.

Im Zuge der Neufestsetzung der Geldleistungssätze nach dem AsylbLG sind die Regelungen **3**
zu den Grundleistungen daher neu strukturiert und auf zwei Vorschriften aufgeteilt worden. Die
Grundnorm des § 3 regelt weiterhin Art und Umfang der durch die Grundleistungen abgedeckten
Bedarfe und trifft Festlegungen zur Leistungsform und zur Art und Weise der Leistungserbringung.
Die Regelungen zu den Geldleistungssätzen der Grundleistungen, einschließlich der Regelungen
zu ihrer Fortschreibung und Neufestsetzung, wurden aus systematischen Gründen herausgelöst
und in dem neuen § 3a zusammengefasst (vgl. BT-Drs. 19/10052, 20).

C. Bedarfssätze für den notwendigen persönlichen Bedarf (Abs. 1)

Abs. 1 regelt die Bedarfssätze zur Deckung des sog. **soziokulturellen Existenzminimums** **4**
(vgl. → § 3 Rn. 9). Die Norm geht davon aus, dass der notwendige persönliche Bedarf vollständig
durch Geldleistungen gedeckt wird. Sie legt dazu sechs Bedarfsstufen fest, ordnet diesen bestimmte
Leistungsberechtigte zu und differenziert danach hinsichtlich der monatlich zu leistenden Höchstbeträge. Die Regelung ist als Begrenzung der Höhe der Geldleistungen zur Befriedigung notwendiger persönlicher Bedarfe zu verstehen. Der in Abs. 1 Nr. 1–6 jeweils genannte Geldbetrag wird
nur gewährt, wenn alle notwendigen persönlichen Bedarfe durch Geldleistungen gedeckt werden.
Erhält eine leistungsberechtigte Person folglich zur Deckung ihres soziokulturellen Existenzminimums Sachleistungen, wie zB Gutscheine, Voucher etc, ist der Gegenwert dieser Leistungen von
den in Nr. 1–6 genannten (Höchst-) Beträgen in Abzug zu bringen.

In Abs. 1 Nr. 1–6 – praktisch wortgleich mit Abs. 2 Nr. 1–6 – unterscheidet der Gesetzgeber **5**
verschiedene Bedarfsstufen in Abhängigkeit von der Art der Unterbringung, dem Alter und dem
Familienstand der leistungsberechtigten Person. Der praktisch wichtigste Maßstab ist der der Art
der Unterbringung (siehe auch Deibel ZFSH 2019, 541 (542)).

Die einzelnen Bedarfsstufen sind wie folgt strukturiert (vgl. Lange jurisPR-SozR 19/2019 **6**
Anm. 1):
1. Die Bedarfsstufe 1 (§ 3a Abs. 1 Nr. 1, Abs. 2 Nr. 1) gilt für Erwachsene, die in einer Wohnung
   iSv § 8 Abs. 1 S. 2 RBEG leben. Das AsylbLG greift insofern die Neuausrichtung des Regelbedarfs nach § 8 RBEG auf.
2. Die Bedarfsstufe 2 (§ 3a Abs. 1 Nr. 2, Abs. 2 Nr. 2) enthält zwei Fallgruppen (vgl. § 8 Abs. 1
   S. 1 Nr. 2 RBEG, § 20 Abs. 4 SGB II):
   a) Zusammenleben von Ehegatten, Lebenspartnern oder in ehe- bzw. –lebenspartnerschafts-
      ähnlichen Gemeinschaften in einer Wohnung iSv § 8 Abs. 1 S. 2 RBEG (**lit. a**). Die auf
      ca. 90 % der Bedarfsstufe 1 reduzierten Regelsätze finden – wie im SGB XII und im SGB
      II – ihre verfassungsrechtliche Rechtfertigung in den Synergieeffekten, die zu erwarten
      sind, wenn zwei Partner einen gemeinsamen Haushalt führen. Klarzustellen ist, dass beide
      Partner jeweils für sich den vollen Regelbetrag in Anspruch nehmen können (BSGE 109,
      176; LSG Bbg ZFSH/SGB 2021, 151 (157).
   b) Alleinstehende Erwachsene, die nicht in einer Wohnung leben, weil sie in einer Aufnahme-
      einrichtung im Sinne des § 44 Abs. 1 AsylG oder in einer Gemeinschaftsunterkunft im

Sinne von § 53 Abs. 1 AsylG oder nicht nur kurzfristig in einer vergleichbaren sonstigen Unterkunft untergebracht sind (**lit. b**). Diese werden behandelt wie Paarhaushalte. Damit soll nach Ansicht des Gesetzgebers der besonderen Bedarfslage von Leistungsberechtigten in Sammelunterkünften Rechnung getragen werden. Denn es sei davon auszugehen, dass eine Gemeinschaftsunterbringung für die Bewohner solcher Unterkünfte Einspareffekte zur Folge habe, die denen in Paarhaushalten im Ergebnis vergleichbar seien (vgl. BT-Drs. 19/10052, 23). Die Regelungen sind **verfassungsrechtlich höchst bedenklich.** Die Normen unterstellen ein gemeinsames Wirtschaften von an sich fremden Personen allein deshalb, weil diese in der gleichen Unterkunft untergebracht sind, und senkt die Leistungshöhe deshalb ab. Dasselbe Problem stellt sich im Zusammenhang mit § 2 Abs. 1 S. 4 Nr. 1 (→ § 2 Rn. 33). Die Rechtsprechung begegnet dem, indem sie § 3a Abs. 1 Nr. 2b, Abs. 2 Nr. 2b verfassungskonform bzw. im Wege der teleologischen Reduktion dahingehend auslegt, dass als ungeschriebenes Tatbestandsmerkmal die tatsächliche und nachweisbare gemeinschaftliche Haushaltsführung des Leistungsberechtigten mit anderen in der Sammelunterkunft Untergebrachten vorausgesetzt wird; hierfür ist zudem der Leistungsträger nachweispflichtig (vgl. statt vieler LSG MV BeckRS 2021, 471; ZFSH/SGB 2020, 524; HessLSG BeckRS 2021, 7877 Rn. 48 mit umfangreichen Nachweisen). Kann der Nachweis nicht geführt werden, greift Abs. 1 Nr. 2b bzw. Abs. 2 Nr. 2b nicht und die leistungsberechtigten Personen erhalten Leistungen nach Abs. 1 Nr. 1 bzw. Abs. 2 Nr. 1. Dem ist beizupflichten.

3. Hinsichtlich der weiteren Bedarfsstufen wird auf den Gesetzestext verwiesen. Zur Bedarfsstufe 6 gehören leistungsberechtigte Kinder bis zur Vollendung des sechsten Lebensjahres.

D. Bedarfssätze für den notwendigen Bedarf (Abs. 2)

7   Der notwendige Bedarf umfasst gem. § 3 Abs. 1 S. 1 den Bedarf an Ernährung, Unterkunft, Heizung, Kleidung, Gesundheitspflege sowie Gebrauchs- und Verbrauchsgütern des Haushalts. Der Umfang der Leistungen wird in § 3 Abs. 1 S. 1 nicht im Einzelnen festgeschrieben bzw. definiert (vgl. NdsOVG FEVS 55, 217 = NVwZ-RR 2004, 298), sondern durch den Begriff des **notwendigen Bedarfs** abstrakt bestimmt. Die Einzelheiten regelt § 3a Abs. 2.

8   Da die Bedarfe für Unterkunft, Heizung, Hausrat, Wohnungsinstandhaltung und Haushaltsenergie in der Regel, soweit notwendig und angemessen, **gesondert** als Geld- oder Sachleistung erbracht werden (vgl. § 3 Abs. 3 S. 3), sind diese vom notwendigen Bedarf ausgenommen (vgl. Wortlaut: „mit Ausnahme der Bedarfe") und werden folglich durch die in Nr. 1–6 genannten Geldbeträge nicht abgedeckt. Der Systematik des Abs. 1 folgend setzt auch Abs. 2 die monatlichen Höchstbeträge fest („vollständig"; → Rn. 4). Werden mithin von Abs. 2 abgedeckte Bedarfe durch Sachleistungen (vgl. → Rn. 4) erbracht, dann ist auch hier der Gegenwert dieser Leistungen von den in Nr. 1–6 genannten Geldbeträgen in Abzug zu bringen.

9   Wegen der einzelnen Bedarfsstufen wird auf → Rn. 6 verwiesen.

E. Sonderregelung für Leistungsberechtigte in Abschiebungs- oder Untersuchungshaft (Abs. 3)

10   Abs. 3 (vor dem Dritten Gesetz zur Änderung des Asylbewerberleistungsgesetzes: § 3 Abs. 1 S. 9) enthält eine Sonderregelung in Bezug auf den notwendigen persönlichen Bedarf (§ 3 Abs. 1 S. 2) für den Fall, dass sich der Leistungsberechtigte in **Abschiebungshaft** (vgl. § 57 AuslG) oder in **Untersuchungshaft** befindet. Die Vorschrift trägt der Rechtsprechung Rechnung, wonach auch in Abschiebe- bzw. Untersuchungshaft befindliche Ausländer leistungsberechtigt im Sinne des Asylbewerberleistungsgesetzes sein können (vgl. etwa VG Bayreuth BeckRS 1995, 22041; VG Berlin BeckRS 1994, 31345810). Da in diesem Fall persönliche Bedürfnisse des täglichen Lebens nicht im gleichen Umfang entstehen (wie zB bezüglich der Aufwendungen für Verkehrsmittel) oder durch die Haftanstalt abgedeckt werden, ist eine entsprechende Kürzung denkbar. Allerdings normiert Abs. 3 – anders als die Vorgängervorschrift in § 3 Abs. 1 S. 9 aF – nicht selbst den Umfang der Kürzung, sondern überantwortet diese Entscheidung einer zeitaufwändigen Prüfung des Einzelfalles durch die zuständige Behörde (so zu Recht krit. Deibel ZFSH/SGB 2014, 475 (478)). Das birgt die Gefahr, dass es im Bundesgebiet zu höchst unterschiedlichen Kürzungen des notwendigen persönlichen Bedarfs kommen kann. Zudem ist die auf dieser Grundlage getroffene Entscheidung in einem etwaigen Rechtsmittelverfahren, insbesondere in einem sozialgerichtlichen Verfahren, fehleranfällig, weil die Sozialgerichte die Entscheidung der Behörde vollumfänglich überprüfen können (vgl. § 131 SGG; so auch Deibel ZFSH/SGB 2014, 475 (478)).

Abs. 3 dürfte im Rahmen der Grundleistungen nach **§ 3 Abs. 2 keine Bedeutung** haben, **11** denn entweder befindet sich der Leistungsberechtigte in einer Aufnahmeeinrichtung iSv § 44 Abs. 1 AsylG oder aber in Abschiebe- (s. hierzu etwa § 62a Abs. 1 S. 1 AufenthG: „Die Abschiebungshaft wird grundsätzlich in speziellen Hafteinrichtungen vollzogen.") oder Untersuchungshaft, mithin in einer Haftanstalt. Der Anwendungsbereich der Regelung beschränkt sich daher auf die Fälle des § 3 Abs. 3.

F. Anpassungs- (Abs. 4, Abs. 5) und Bestandsschutzregelungen (Abs. 2a)

Nach der Rechtsprechung des BVerfG (vgl. → § 3 Rn. 1) obliegt dem Gesetzgeber eine Pflicht **12** zur Aktualisierung von Leistungsbeträgen zur Sicherung eines menschenwürdigen Existenzminimums. Dieser Verpflichtung kommt er nach, wenn er die Entwicklung der tatsächlichen Lebenshaltungskosten zur Deckung des existenznotwendigen Bedarfs durch regelmäßige Neuberechnungen und Fortschreibungen berücksichtigt (BVerfGE 125, 175 (225) = BeckRS 2010, 47937; BVerfGE 132, 134 Rn. 79 = NVwZ 2012, 1024). Auf Änderungen der wirtschaftlichen Rahmenbedingungen wie auf Preissteigerungen oder auf die Erhöhung von Verbrauchsteuern muss zeitnah reagiert werden, um sicherzustellen, dass der aktuelle Bedarf gedeckt wird (BVerfGE 132, 134 Rn. 72 = NVwZ 2012, 1024). Dieser verfassungsrechtlichen Verpflichtung entspringen die Regelungen in Abs. 4 und Abs. 5 (bis zum Dritten Gesetz zur Änderung des Asylbewerberleistungsgesetzes: § 3 Abs. 4 und Abs. 5 aF).

Das Bundesministerium für Arbeit und Soziales hat jeweils spätestens bis zum 1.11. eines **13** Kalenderjahres die Höhe der Bedarfe, die für das folgende Kalenderjahr maßgebend sind, im Bundesgesetzblatt bekannt zu geben **(Abs. 4 S. 3)**.

Da der Gesetzgeber verpflichtet ist, die Regelbedarfsberechnungen stets auf die aktuellsten **14** verfügbaren Erkenntnisse zu stützen (vgl. → § 3 Rn. 3), sind gem. **Abs. 5** die Geldleistungen nach dem AsylbLG bei Vorliegen neuer EVS-Ergebnisse jeweils auf Basis der Neuberechnung der Regelbedarfe nach § 28 SGB XII festzusetzen und sind hierbei die nach § 28 Abs. 3 SGB XII vorzunehmenden Sonderauswertungen zu nutzen (vgl. Begründung des Gesetzentwurfs, BT-Drs. 18/2592, 25 zu § 3 Abs. 5 aF).

Durch das Gesetz zur Ermittlung der Regelbedarfe und zur Änderung des Zwölften Buches **15** Sozialgesetzbuch sowie weiterer Gesetze v. 9.12.2020 (BGBl. I 2855) ist das RBEG zum 1.1.2021 neu gefasst worden. Die Neufassung setzt die seit Anfang März 2020 zur Verfügung stehenden Erkenntnisse aus der **EVS 2018** um. Dem gesetzlichen Auftrag aus Abs. 4 und Abs. 5 folgend sind die Bedarfssätze in Abs. 1 und Abs. 2 mWz 1.1.2021 neu festgesetzt worden. Das führte in allen Fällen zur Erhöhung der Bedarfssätze mit Ausnahme der leistungsberechtigten Kinder vom Beginn des siebten bis zur Vollendung des 14. Lebensjahres (Abs. 2 Nr. 5), bei welchen der bisherige Bedarfssatz von 171 EUR auf 162 EUR sank. Im Hinblick hierauf sah sich der Gesetzgeber veranlasst, eine **Bestandsschutzregelung** in das Gesetz aufzunehmen; sie findet sich in **Abs. 2a**. Hiernach wird der in Abs. 2 Nr. 5 genannte Betrag ab 1.1.2021 (162 EUR) durch einen Betrag iHv 174 EUR ersetzt (S. 1). Dieser Betrag gilt solange weiter, bis sich aufgrund der Fortschreibung der Bedarfsstufen nach § 3a Abs. 4 in den Folgejahren ein höherer Betrag als 174 EUR für den notwendigen Bedarf der Bedarfsstufe 5 ergibt (S. 2). Grundlage für die Fortschreibung ist dabei zunächst der Betrag von 162 EUR, da dieser das Ergebnis der Neufestsetzung des notwendigen Bedarfs der Bedarfsstufe 5 ist. Ergibt sich durch der Fortschreibung des Betrags in § 3a Abs. 2 Nr. 5 ein höherer Betrag als 174 EUR, gilt dieser ab dem jeweiligen Jahr für die Bedarfsstufe 5. Bis dahin erfolgt eine jährliche Fortschreibung des Ausgangsbetrags von 162 EUR, wobei das Ergebnis dieser Fortschreibung keine Auswirkungen auf die Praxis hat, solange durch die Fortschreibung nicht der Betrag von 174 EUR überschritten wird. Sobald sich durch die Fortschreibung des Betrags in § 3a Abs. 2 Nr. 5 ein höherer Betrag als 174 EUR ergibt, findet Abs. 2a keine Anwendung mehr (vgl. Gesetzentwurf der Bundesregierung v. 23.9.2020, BT-Drs. 19/22750, 80 = BR-Drs. 486/20, 80).

§ 4 Leistungen bei Krankheit, Schwangerschaft und Geburt

(1) ¹Zur Behandlung akuter Erkrankungen und Schmerzzustände sind die erforderliche ärztliche und zahnärztliche Behandlung einschließlich der Versorgung mit Arznei- und Verbandmitteln sowie sonstiger zur Genesung, zur Besserung oder zur Linderung von Krankheiten oder Krankheitsfolgen erforderlichen Leistungen zu gewähren. ²Zur Verhütung und Früherkennung von Krankheiten werden Schutzimpfungen entspre-

chend den §§ 47, 52 Absatz 1 Satz 1 des Zwölften Buches Sozialgesetzbuch und die medizinisch gebotenen Vorsorgeuntersuchungen erbracht. ³Eine Versorgung mit Zahnersatz erfolgt nur, soweit dies im Einzelfall aus medizinischen Gründen unaufschiebbar ist.

(2) Werdenden Müttern und Wöchnerinnen sind ärztliche und pflegerische Hilfe und Betreuung, Hebammenhilfe, Arznei-, Verband- und Heilmittel zu gewähren.

(3) ¹Die zuständige Behörde stellt die Versorgung mit den Leistungen nach den Absätzen 1 und 2 sicher. ²Sie stellt auch sicher, dass den Leistungsberechtigten frühzeitig eine Vervollständigung ihres Impfschutzes angeboten wird. ³Soweit die Leistungen durch niedergelassene Ärzte oder Zahnärzte erfolgen, richtet sich die Vergütung nach den am Ort der Niederlassung des Arztes oder Zahnarztes geltenden Verträgen nach § 72 Absatz 2 und § 132e Absatz 1 des Fünften Buches Sozialgesetzbuch. ⁴Die zuständige Behörde bestimmt, welcher Vertrag Anwendung findet.

Überblick

§ 4 gilt in der Fassung, die er durch das Asylverfahrensbeschleunigungsgesetz v. 20.10.2015 (BGBl. I 1722) mWv 24.10.2015 erhalten hat. Abs. 1 (→ Rn. 4 ff.) behandelt die Fälle akuter Erkrankungen und Schmerzzustände (S. 1), Ansprüche auf Schutzimpfungen und medizinisch gebotene Vorsorgeuntersuchungen (S. 2) sowie ggf. die Versorgung mit Zahnersatz (S. 3). Abs. 2 (→ Rn. 15 f.) regelt die Hilfe für werdende Mütter und Wöchnerinnen. Abs. 3 (→ Rn. 17 ff.) legt der zuständigen Behörde die Verpflichtung auf, die nach Abs. 1 und Abs. 2 erforderliche Hilfe sicherzustellen (S. 1), für das Angebot zur frühzeitigen Vervollständigung des Impfschutzes zu sorgen (S. 2) sowie die Frage der Vergütung mit den betroffenen Ärzten zu klären (S. 3 und S. 4).

A. Einführung

1   § 4 regelt den Fall der Leistungen bei Krankheit, Schwangerschaft und Geburt sowie bestimmte Impf- und Vorsorgeleistungen und ist im grundsätzlichen Leistungsumfang den §§ 47 ff. SGB XII ähnlich. Die Vorschrift trägt aber dem Umstand Rechnung, dass Leistungsberechtigte nach § 1 nicht, wie zB Analog-Leistungsberechtigte nach den §§ 27–43c SGB V (vgl. §§ 48, 52 SGB XII), in das System der gesetzlichen Krankenversicherung eingebunden sind (vgl. Kaltenborn NZS 2015, 161). Die Krankenkasse kann gegen Aufwendungsersatz aber die Krankenbehandlung übernehmen (§ 264 Abs. 1 S. 1 SGB V) bzw. ist hierzu für Empfänger von Gesundheitsleistungen nach den §§ 4 und 6 verpflichtet, wenn sie durch die Landesregierung oder die von der Landesregierung beauftragte oberste Landesbehörde dazu aufgefordert wird und mit ihr eine entsprechende Vereinbarung mindestens auf Ebene der Landkreise oder kreisfreien Städte geschlossen wird (§ 264 Abs. 1 S. 2 SGB V).

2   Hinsichtlich des Normzwecks steht § 4 im Kontext der allgemeinen vom AsylbLG verfolgten Zielsetzung, durch eine deutliche Absenkung der Leistungen keinen Anreiz zu schaffen, um aus wirtschaftlichen Gründen nach Deutschland zu kommen (OVG MV FEVS 56, 162 (163)).

3   § 4 steht – unter Einbeziehung des § 6 – mit Unionsrecht im Einklang, namentlich mit Art. 17 und 19 EU-Aufnahme-RL (RL 2013/33/EU v. 26.6.2013, ABl. 2013 L 180, 96). Insofern darf nicht übersehen werden, dass §§ 4, 6 auf einen vorübergehenden Aufenthalt abstellen. Hält sich eine leistungsberechtigte Person im Bundesgebiet länger als 18 Monate auf, erhält sie in der Regel sog. Analog-Leistungen nach § 2 Abs. 1 S. 1 iVm SGB XII, die denen der gesetzlichen Krankenversicherung entsprechen.

B. Hilfe bei Krankheit, Schutzimpfungen und Vorsorgeuntersuchungen (Abs. 1)

I. Akute Erkrankungen und Schmerzzustände (Abs. 1 S. 1 und S. 3)

4   Nach Abs. 1 **S. 1** werden ärztliche und zahnärztliche Behandlung, die Versorgung mit Arznei- und Verbandmitteln sowie sonstige zur Genesung, zur Besserung oder zur Linderung von Krankheiten oder Krankheitsfolgen, erforderliche Leistungen nur bei akuten Erkrankungen und bei Schmerzzuständen gewährt (zu den Erfahrungen mit der Krankenhilfe nach dem AsylbLG, vgl. etwa Wolf Gesundheitswesen 1995, 229). Der grundsätzliche Leistungsumfang ist § 48 SGB XII nachgebildet. Im Unterschied zu § 48 SGB XII ist jedoch die Krankenhausbehandlung nicht

ausdrücklich genannt. Das war nach Ansicht des Gesetzgebers nicht notwendig, da diese Behandlung eine ärztliche ist (vgl. Regierungsentwurf, BT-Drs. 12/4451, 9). Die bei einem notwendigen Krankenhausaufenthalt erforderlichen weiteren Versorgungsleistungen sind von den sonstigen zur Genesung, Besserung oder Linderung von Krankheiten erforderlichen Leistungen mitumfasst.

Welche Behandlung geboten ist, ist im Einzelfall unter medizinischen Gesichtspunkten zu 5 entscheiden. Die Erkrankung muss **akut** sein oder dem Betroffenen **Schmerzen** bereiten. Dabei bezieht sich nach dem eindeutigen Wortlaut des § 4 Abs. 1 S. 1 das Tatbestandsmerkmal „akut" nur auf das weitere Tatbestandsmerkmal „Erkrankungen" und nicht auch auf die „Schmerzzustände" und dient damit ersichtlich der Abgrenzung von akuten Erkrankungen zu chronischen Erkrankungen. Die gesetzliche Regelung eröffnet somit Hilfeleistungen bei akuten Erkrankungen **oder** bei Schmerzzuständen und schließt Ansprüche bei chronischen Erkrankungen grundsätzlich aus (VGH BW FEVS 49, 33 (34) mwN; OVG MV NVwZ-RR 2004, 902 mwN; NdsOVG BeckRS 2004, 23540 = SAR 2004, 129 mwN). Etwas anderes gilt für chronische Erkrankungen allerdings dann, wenn die Erkrankung mit (akuten oder chronischen) Schmerzzuständen verbunden ist oder zu der chronischen Erkrankung ein akuter Krankheitszustand hinzukommt (vgl. Kaltenborn NZS 2015, 161 (162)).

Akut ist eine Erkrankung dann, wenn sie sich als ein unvermutet auftretender, schnell und 6 heftig verlaufender regelwidriger Körper- oder Geisteszustand, der aus medizinischen Gründen der ärztlichen oder zahnärztlichen Behandlung bedarf, darstellt (LSG NRW BeckRS 2013, 71201, juris Rn. 52); unerheblich ist dabei, ob das akute Krankheitsbild ursächlich auf eine chronische Erkrankung zurückzuführen ist (OVG MV FEVS 56, 162 (163); SG Landshut ZFSH/SGB 2016, 216 mwN). Unter **Schmerzzuständen** versteht man einen mit einer aktuellen oder potenziellen Gewebeschädigung verknüpften unangenehmen Sinnes- und Gefühlszustand, der aus medizinischen Gründen der ärztlichen oder zahnärztlichen Behandlung bedarf (SG Landshut ZFSH/SGB 2016, 216 mwN).

Die Behandlung muss im Einzelfall **erforderlich** sein. Die Erforderlichkeit richtet sich dabei in 7 erster Linie nach Stärke und Intensität der akuten Erkrankung bzw. der den Leistungsberechtigten treffenden Schmerzen und der Möglichkeit einer nicht gänzlich zu vernachlässigenden Linderung dieses Zustandes (VGH BW FEVS 49, 33; sa NdsOVG BeckRS 2004, 23540 = SAR 2004, 129). Nicht eindeutig medizinisch indizierte Behandlungen oder solche langfristiger Natur, die wegen der voraussichtlich kurzen Dauer des Aufenthaltes nicht abgeschlossen werden können, lösen daher nicht in jedem Fall eine Leistungspflicht aus (vgl. auch VG Frankfurt a. M. NDV-RD 1997, 138 zur Erforderlichkeit einer Lebertransplantation, hier im Eilverfahren verneint; VG Gießen AuAS 2002, 94 für eine chronische psychische Erkrankung, hier verneint). Deshalb ist zB die Überkronung eines Zahnes dann keine iSv § 4 Abs. 1 S. 1 erforderliche zahnärztliche Behandlung, wenn der Defekt an der Zahnsubstanz auch durch konservierende Maßnahmen behoben werden kann (VG Stuttgart v. 26.8.1999 – 9 K 937/99). Die Abgrenzung wird im Einzelfall nicht immer einfach sein. Konkretisierende (medizinische) Empfehlungen erscheinen insoweit sinnvoll. Im Zweifel sollte der (Amts-) Arzt konsultiert werden. So ist es zB einem Leistungsberechtigten, der an einer chronischen Erkrankung mit Schmerzzuständen leidet, unbenommen, Maßnahmen zur Linderung seines Schmerzzustandes (hier orthopädische Schuhe) in Anspruch zu nehmen (VGH BW FEVS 49, 33).

Ist die Behandlung erforderlich, so besteht auf die Leistungen nach § 4 Abs. 1 S. 1 ein **Rechtsan-** 8 **spruch** (Wortlaut: „sind [...] zu gewähren"). Der zuständigen Behörde steht mithin kein Ermessensspielraum zur Verfügung.

S. 3 stellt klar, dass Zahnersatz nur in engen Ausnahmefällen gewährt werden kann (vgl. BT- 9 Drs. 12/4451, 9), etwa dann, wenn die Behandlung im Einzelfall aus medizinischen Gründen unaufschiebbar ist. Von einer unaufschiebbaren Maßnahme ist dann auszugehen, wenn ein weiteres Zuwarten zu einer wesentlichen Verschlechterung führt, die entweder schwere Folgeschäden nach sich zieht oder ganz erhebliche zusätzliche Kosten verursacht, wenn sie nicht sofort durchgeführt wird.

II. Schutzimpfungen und Vorsorgeuntersuchungen (Abs. 1 S. 2)

Nach **S. 2**, der durch das Gesetz v. 20.10.2015 (BGBl. I 1722) in § 4 Abs. 1 eingefügt wurde, 10 werden zur Verhütung und Früherkennung von Krankheiten Schutzimpfungen entsprechend §§ 47, 52 Abs. 1 S. 1 SGB XII sowie die medizinisch gebotenen Vorsorgeuntersuchungen erbracht.

Durch die Regelung wird zunächst der Umfang der Leistungen für Schutzimpfungen neu 11 bestimmt. Er bezieht sich nun nicht mehr auf die öffentlichen Empfehlungen für Schutzimpfungen oder andere Maßnahmen der spezifischen Prophylaxe der obersten Landesbehörden nach § 20

Abs. 3 IfSG, sondern über § 47 SGB XII iVm § 52 Abs. 1 S. 1 SGB XII – wie bei den Analogberechtigten des § 2 – auf die entsprechenden Leistungen der gesetzlichen Krankenversicherung, womit ein bundeseinheitlicher Leistungsanspruch festgelegt ist (vgl. BT-Drs. 18/6185, 46). S. 2 gewährleistet darüber hinaus, dass während des gesamten Leistungsbezugs nach dem AsylbLG ein kontinuierlicher Leistungsanspruch auf Schutzimpfungen besteht (BT-Drs. 18/6185, 46). Die Erbringung dieser Schutzimpfungen ist von den für den Vollzug des AsylbLG zuständigen Behörden sicherzustellen (Abs. 3 S. 2).

12   Ferner sind nach S. 2 – zur Verhütung und medizinischen Früherkennung – auch die medizinisch gebotenen Vorsorgeuntersuchungen zu erbringen. Der Umfang dieser Leistungen bestimmt sich auch hier nach §§ 47, 52 Abs. 1 S. 1, die von S. 2 ausdrücklich in Bezug genommen werden (ebenso Siefert/Siefert, Asylbewerberleistungsgesetz, 2020, Rn. 38).

III. Kenntnis der Behörde vom Leistungsfall

13   Über § 6b ist § 18 SGB XII entsprechend anzuwenden. Das bedeutet, dass nicht § 22 VwVfG bzw. Landesrecht einschlägig ist, sondern dass es für den Zeitpunkt des Leistungsbeginns auf die Kenntnis der Hilfebedürftigkeit durch den zuständigen Leistungsträger ankommt (zu weiteren Einzelheiten → § 6b Rn. 1 ff.).

IV. Ergänzende Leistungen nach § 6

14   Gemäß § 6 Abs. 1 S. 1 können sonstige Leistungen insbesondere gewährt werden, wenn sie im Einzelfall zur Sicherung der Gesundheit unerlässlich sind. Die Vorschrift ist dabei als – restriktiv auszulegende – Auffangvorschrift für außergewöhnliche und atypische Bedarfsfälle konzipiert. Unter den Tatbestand der Leistungen, die im Einzelfall zur Sicherung der Gesundheit unerlässlich sind, können dabei insbesondere chronische, aber nicht von Schmerzen begleitete Krankheiten fallen, deren Nichtbehandlung zu Gesundheitsgefährdungen führen würde (vgl. OVG MV FEVS 56, 162 (164); zu Einzelheiten → § 6 Rn. 11 ff.).

C. Hilfe für werdende Mütter und Wöchnerinnen (Abs. 2)

15   Abs. 2 umschreibt den Umfang der Leistungen an Schwangere und junge Mütter und ist § 50 SGB XII ähnlich, wobei jedoch weder die Pflege in einer stationären Einrichtung (§ 50 S. 1 Nr. 3 SGB XII) noch die häusliche Pflege nach § 65 SGB XII (§ 50 S. 1 Nr. 4 SGB XII) geleistet werden.

16   Wie sich aus der Formulierung „sind [...] zu gewähren" ergibt, besteht auf die Leistungen nach § 4 Abs. 2 ein **Rechtsanspruch**.

D. Verpflichtung der zuständigen Behörde und Kosten (Abs. 3)

17   Gemäß Abs. 3 **S. 1** stellt die zuständige Behörde die Versorgung mit den Leistungen nach Abs. 1 und Abs. 2 sicher. Das bedeutet, dass auch bei der Krankenhilfe der Sachleistungsgrundsatz uneingeschränkt gilt und die Behandlung regelmäßig – wenn medizinisch möglich – durch den Amtsarzt erfolgen wird (Deibel ZAR 1994, 59 (62)). Hintergrund dieser Bestimmung ist der Gedanke, für den vom AsylbLG umfassten Personenkreis die freie Arztwahl (vgl. insbesondere § 52 Abs. 2 SGB XII) auszuschließen. Ob die von der Behörde sichergestellten Leistungen auch in Anspruch genommen werden, wie zB eine Schutzimpfung, ist eine Frage des Ordnungsrechts.

18   Nach Abs. 3 **S. 2** haben die zuständigen Behörden auch sicherzustellen, dass den Leistungsberechtigten frühzeitig eine Vervollständigung ihres Impfschutzes angeboten wird. Das setzt vor allem voraus, dass der notwendige Impfstoff in ausreichender Menge vorhanden ist und die Impfungen unverzüglich (§ 121 BGB) nach der Ermittlung des Impfstatus erfolgen können. Die zuständigen Behörden können sich hierfür aller ambulant oder stationär tätigen ärztlichen Leistungserbringer bedienen, aber z. B. auch der Ärzte des öffentlichen Gesundheitswesens (vgl. Rixen NVwZ 2015, 1640 (1641)). Damit haben auch nach § 1 Abs. 1 Leistungsberechtigte Zugang zB zu den Corona-Schutzimpfungen (siehe hierzu etwa Deibel ZFSH/SGB 2020, 377 (379). Einen Anspruch auf einen bestimmten Impfstoff haben sie – nicht anders als alle anderen in Deutschland lebenden Personen – nicht. Auch sie müssen nehmen, was ihnen angeboten wird.

19   Soweit Leistungen durch niedergelassene Ärzte oder Zahnärzte erfolgen, ist Abs. 3 **S. 3** zu beachten. Die Vorschrift bezweckt und erschöpft sich darin, die Leistungen und die Höhe der hierfür aufgrund Gesetzes, Vertrages oder Kostenübernahmeerklärung zustehenden Vergütung zu regeln (BSG FEVS 65, 454 (462) = BeckRS 2014, 66096; so schon BVerwG ZFSH/SGB 1998,

284 zu dem bis zum 30.6.2001 geltenden § 37 Abs. 3 S. 1 BSHG). Aus § 4 Abs. 3 S. 3 folgt aber weder für einen niedergelassenen Arzt noch für ein Krankenhaus ein eigener Vergütungsanspruch (BSG FEVS 65, 454 (462) = BeckRS 2014, 66096). Die Höhe der Vergütung richtet sich nach den gem. §§ 72 Abs. 2 und 132e Abs. 1 SGB V geltenden Verträgen, wobei die zuständige Behörde bestimmt, welcher Vertrag Anwendung findet (**S. 4**). Eine entsprechende Regelung für Hebammen ist nicht erforderlich, da für diese feste Gebühren gelten.

§ 5 Arbeitsgelegenheiten

(1) ¹In Aufnahmeeinrichtungen im Sinne des § 44 des Asylgesetzes und in vergleichbaren Einrichtungen sollen Arbeitsgelegenheiten insbesondere zur Aufrechterhaltung und Betreibung der Einrichtung zur Verfügung gestellt werden; von der Bereitstellung dieser Arbeitsgelegenheiten unberührt bleibt die Verpflichtung der Leistungsberechtigten, Tätigkeiten der Selbstversorgung zu erledigen. ²Im übrigen sollen soweit wie möglich Arbeitsgelegenheiten bei staatlichen, bei kommunalen und bei gemeinnützigen Trägern zur Verfügung gestellt werden, sofern die zu leistende Arbeit sonst nicht, nicht in diesem Umfang oder nicht zu diesem Zeitpunkt verrichtet werden würde.

(2) Für die zu leistende Arbeit nach Absatz 1 Satz 1 erster Halbsatz und Absatz 1 Satz 2 wird eine Aufwandsentschädigung von 80 Cent je Stunde ausgezahlt, soweit der Leistungsberechtigte nicht im Einzelfall höhere notwendige Aufwendungen nachweist, die ihm durch die Wahrnehmung der Arbeitsgelegenheit entstehen.

(3) ¹Die Arbeitsgelegenheit ist zeitlich und räumlich so auszugestalten, daß sie auf zumutbare Weise und zumindest stundenweise ausgeübt werden kann. ²§ 11 Absatz 4 des Zwölften Buches Sozialgesetzbuch gilt entsprechend. ³Ein sonstiger wichtiger Grund im Sinne von § 11 Absatz 4 Satz 1 Nummer 3 des Zwölften Buches Sozialgesetzbuch kann insbesondere auch dann vorliegen, wenn die oder der Leistungsberechtigte eine Beschäftigung auf dem allgemeinen Arbeitsmarkt, eine Berufsausbildung oder ein Studium aufnimmt oder aufgenommen hat.

(4) ¹Arbeitsfähige, nicht erwerbstätige Leistungsberechtigte, die nicht mehr im schulpflichtigen Alter sind, sind zur Wahrnehmung einer zur Verfügung gestellten Arbeitsgelegenheit verpflichtet. ²Bei unbegründeter Ablehnung einer solchen Tätigkeit besteht nur Anspruch auf Leistungen entsprechend § 1a Absatz 1. ³Der Leistungsberechtigte ist vorher entsprechend zu belehren.

(5) ¹Ein Arbeitsverhältnis im Sinne des Arbeitsrechts und ein Beschäftigungsverhältnis im Sinne der gesetzlichen Kranken- und Rentenversicherung werden nicht begründet. ²§ 61 Abs. 1 des Asylgesetzes sowie asyl- und ausländerrechtliche Auflagen über das Verbot und die Beschränkung einer Erwerbstätigkeit stehen einer Tätigkeit nach den Absätzen 1 bis 4 nicht entgegen. ³Die Vorschriften über den Arbeitsschutz sowie die Grundsätze der Beschränkung der Arbeitnehmerhaftung finden entsprechende Anwendung.

Überblick

§ 5 gilt seit 6.8.2016 im Wesentlichen in der Fassung, die er durch das Integrationsgesetz (v. 31.7.2016, BGBl. I 1939) erhalten hat. Allein Abs. 4 S. 2 ist durch das Gesetz vom 15.8.2019 (BGBl. I 1294), das am 21.8.2019 in Kraft getreten ist, neu gefasst und an die Änderungen in § 1a besagtes Gesetz angepasst worden. Die Vorschrift regelt die Schaffung von Arbeitsgelegenheiten für Leistungsberechtigte nach dem AsylbLG. Ihr hat der Gesetzgeber eine besondere Bedeutung beigemessen (vgl. BT-Drs. 12/4451, 6). Abs. 1 (→ Rn. 3 ff.) enthält im Zusammenspiel mit Abs. 3 (→ Rn. 6 ff.) die Vorgaben für die Arbeitsgelegenheiten, Abs. 2 (→ Rn. 16 f.) regelt die Höhe der Vergütung, Abs. 4 normiert in seinem S. 1 (→ Rn. 10 ff.) die Verpflichtung zur Übernahme von Arbeitsgelegenheiten und enthält in S. 2 (→ Rn. 13 ff.) eine Sanktionsregelung für den Fall deren Verweigerung. Abs. 5 (→ Rn. 18 f.) schließlich regelt Folgen der Wahrnehmung von Arbeitsgelegenheiten in arbeits-, ausländer-, asyl- und haftungsrechtlicher Hinsicht.

A. Pflicht zur Übernahme einer Arbeitsgelegenheit

I. Von § 5 betroffener Personenkreis

1   § 5 richtet sich an Personen, die in Aufnahmeeinrichtungen iSv § 44 AsylG oder in vergleichbaren Einrichtungen leben. Betroffen sind zunächst Personen, die nach § 1 leistungsberechtigt sind.
Gegebenenfalls verpflichtet, eine solche Tätigkeit zu übernehmen, sind aber nur arbeitsfähige,
nicht erwerbstätige und nicht im schulpflichtigen Alter befindliche Leistungsberechtigte (vgl.
Abs. 4).

2   Ferner fallen unter § 5 auch die Analog-Leistungsberechtigten nach § 2, weil durch das Integrationsgesetz (v. 31.7.2016, BGBl. I 1939) der Einleitungssatz des § 2 Abs. 1 (jetzt S. 1) geändert und
unter anderem § 5 für die Analog-Leistungsberechtigten nicht mehr ausgenommen ist.

II. Arbeitsgelegenheit (Abs. 1)

3   Abs. 1 sieht vor, dass in Aufnahmeeinrichtungen (§ 44 AsylG) und in vergleichbaren Arbeitsgelegen-
gen Arbeitsgelegenheiten, insbesondere zur Aufrechterhaltung und Betreibung der Einrichtung,
zur Verfügung gestellt werden sollen. Vergleichbare Einrichtungen wären dabei etwa Gemeinschaftsunterkünfte iSv § 53 AsylG.

4   Bei den „Arbeitsgelegenheiten" geht es nicht um eine arbeitsrechtliche, entgeltliche Beschäftigung (vgl. Abs. 5 S. 1), sondern um Tätigkeiten in der und für die Einrichtung und die dort
lebenden Personen, wie sie auch bei individuellem Wohnen und Wirtschaften vergleichbar in
Haus und Familie anfallen. Unberührt von diesen Arbeitsgelegenheiten bleibt allerdings die Verpflichtung der Leistungsberechtigten, Tätigkeiten der Selbstversorgung zu erledigen, wie zB das
eigene Zimmer zu reinigen (S. 1 Hs. 2). Die Leistungsberechtigten können sich somit dieser
Tätigkeit nicht unter Berufung auf eine bestehende Arbeitsgelegenheit oder die Schaffung einer
solchen entziehen.

5   Im Übrigen sollen soweit wie möglich auch Gelegenheiten zur Arbeit bei staatlichen, kommunalen und gemeinnützigen Trägern geschaffen werden, sofern die Arbeiten sonst nicht, nicht in
diesem Umfang oder nicht zu diesem Zeitpunkt verrichtet würden (S. 2; zur Frage des Umfanges
der zulässigen Wochenarbeitszeit gem. § 5 Abs. 1 S. 2 s. OVG NRW BeckRS 2004, 26518). Es
muss sich somit um „**zusätzliche**" Arbeit handeln (vgl. früher § 19 Abs. 2 S. 2 BSHG). Der
Begriff ist weit zu fassen (vgl. Oestreicher/Decker Rn. 8; Wahrendorf Rn. 12). Um zusätzliche
Arbeit handelt es sich, wenn sie entweder nicht zu den Pflichtaufgaben der in § 5 Abs. 1 S. 2
genannten Trägern gehört oder wenn Pflichtaufgaben völlig außerplanmäßig oder besonders intensiv durchgeführt werden. An dem Merkmal der Zusätzlichkeit fehlt es daher zB, wenn die Arbeiten
in jedem Fall durchgeführt werden müssen, wie zB Reinigungsarbeiten in einem Krankenhaus,
oder wenn sie nicht notwendig sind, um einen ordnungsgemäßen Arbeitsablauf zu gewährleisten,
weil die damit befassten Bediensteten diese Arbeiten auch ohne Hilfe Dritter bewältigen können
(Oestreicher/Decker Rn. 8).

III. Ausgestaltung der Arbeitsgelegenheit (Abs. 3)

6   Abs. 3 normiert die Anforderungen an die Ausgestaltung der Arbeitsgelegenheiten. Diese sollen
zeitlich und räumlich so festgelegt werden, dass sie auf zumutbare Weise und zumindest stundenweise ausgeübt werden können (S. 1). Nach S. 2 gilt zur Bestimmung der Zumutbarkeit § 11
Abs. 4 SGB XII entsprechend; S. 3 nennt einen besonderen Fall der Unzumutbarkeit. Die beiden
letztgenannten Regelungen sind durch das Integrationsgesetz (v. 31.7.2016, BGBl. I 1939) in
Abs. 3 eingefügt worden; sie nehmen die bis dahin von der hM in Anlehnung an § 11 Abs. 4
SGB XII vorgenommene Bestimmung der Zumutbarkeit auf.

7   Unzumutbar ist danach eine Arbeitsgelegenheit, wenn die betroffene Person wegen Erwerbsminderung, Krankheit, Behinderung oder Pflegebedürftigkeit zu ihrer Übernahme nicht in der
Lage ist (§ 11 Abs. 4 S. 1 Nr. 1 SGB XII) oder sie ein der Regelaltersgrenze der gesetzlichen
Rentenversicherung (§ 35 SGB VI) entsprechendes Lebensalter erreicht oder überschritten hat
(§ 11 Abs. 4 S. 1 Nr. 2 SGB XII) oder der Tätigkeit ein sonstiger wichtiger Grund entgegensteht
(§ 11 Abs. 4 S. 1 Nr. 3 SGB XII). **Letzterer Fall** wird von **S. 3** beispielhaft konkretisiert. Ein
wichtiger Grund, der der Heranziehung zu einer Arbeitsgelegenheit entgegensteht, soll nach
der Gesetzesbegründung aber auch vorliegen können, wenn die leistungsberechtigte Person trotz
Berechtigung nicht an einem Integrationskurs oder an berufsbezogener Deutschsprachförderung
teilnehmen oder eine Maßnahme der aktiven Arbeitsförderung nach dem SGB III nicht antreten
könnte oder diese gar abbrechen müsste. Entsprechendes gilt für Maßnahmen, die die Leistungsbe-

rechtigten auf die Aufnahme einer beruflichen Ausbildung oder eines Studiums (zB Studienkollegs, studienvorbereitende Sprachkurse an Hochschulen) vorbereiten sollen. Umfasst sind darüber hinaus auch Bildungsmaßnahmen, die Inhabern ausländischer Berufsqualifikationen den Berufszugang oder die Feststellung der Gleichwertigkeit dieser Qualifikationen ermöglichen (zB Anpassungslehrgänge, berufsbezogene Weiterbildungsangebote, Vorbereitungskurse auf Kenntnis- oder Eignungsprüfungen und berufsbezogene Sprachkurse; vgl. BR-Drs. 266/16, 36).

Eine Tätigkeit ist **ferner unzumutbar,** soweit dadurch die geordnete Erziehung eines Kindes **8** gefährdet würde (§ 11 Abs. 4 S. 2 SGB XII). Dabei ist die geordnete Erziehung eines Kindes, das das dritte Lebensjahr vollendet hat, in der Regel nicht gefährdet, soweit unter Berücksichtigung der besonderen Verhältnisse in der Familie der Leistungsberechtigten die Betreuung des Kindes in einer Tageseinrichtung oder in Tagespflege im Sinne der Vorschriften des SGB VIII sicherstellen kann (§ 11 Abs. 4 S. 3 SGB XII). Auch sonst sind die Pflichten zu berücksichtigen, die den Leistungsberechtigten durch die Führung eines Haushalts oder die Pflege eines Angehörigen entstehen (§ 11 Abs. 4 S. 4 SGB XII).

Der Hinweis auf eine „zumindest stundenweise" Tätigkeit soll verdeutlichen, dass die Regelung **9** nicht auf einen vollen Ersatz von Erwerbstätigkeiten abzielt, sondern auf zeitlich flexible Regelungen im Sinne des Selbstversorgungsprinzips (Regierungsentwurf, BT-Drs. 12/4451, 9).

IV. Rechtsfolge: Pflicht zur Übernahme einer Arbeitsgelegenheit (Abs. 4 S. 1); Heranziehungsbescheid

Nach Abs. 4 S. 1 sind arbeitsfähige und nicht erwerbstätige Leistungsberechtigte, die nicht **10** mehr im schulpflichtigen Alter sind, zur Wahrnehmung einer zur Verfügung gestellten Arbeitsgelegenheit verpflichtet. Die Übernahme einer Arbeit iSv Abs. 1 kann daher mit der Begründung abgelehnt werden, nicht arbeitsfähig zu sein, was auf Verlangen des Leistungsträgers durch ein (amts-) ärztliches Attest nachzuweisen wäre. In diesem Fall dürfte aber bereits die Arbeitsgelegenheit nach § 5 Abs. 3 S. 2 iVm § 11 Abs. 4 S. 1 Nr. 1 SGB XII unzumutbar sein. Ferner kann die Übernahme einer Arbeitsgelegenheit mit dem Einwand abgelehnt werden, bereits einer Erwerbstätigkeit nachzugehen, oder noch im schulpflichtigen Alter zu sein. Die Dauer der Vollzeitschulpflicht bestimmt sich dabei nach Landesrecht. Sie endet nach dem 9. oder 10. Schuljahr.

Der Leistungsträger muss die nach § 5 Abs. 1 auferlegte Arbeitsgelegenheit gegenüber der **11** betroffenen Person konkretisieren. Das setzt voraus, dass ihr frühzeitig vor Beginn der Arbeitsverpflichtung diese angezeigt wird. Zudem müssen Art, Dauer und Umfang der Tätigkeit hinreichend klar bestimmt sein (vgl. BVerwGE 67, 1 (6) = BeckRS 9998, 44732; BVerwGE 68, 97 (99) = BeckRS 9998, 44941). Um diesen Anforderungen Genüge zu tun, wird der zuständige Leistungsträger einen sog. **Heranziehungsbescheid** erlassen müssen. In diesem sollte er – mit Blick auf die Möglichkeit einer Leistungseinschränkung – auch auf die Folgen einer unberechtigten Verweigerung der Arbeitsaufnahme (Abs. 4 S. 3) hinweisen. Da der zuständige Leistungsträger die Beweislast für die ordnungsgemäße Belehrung trägt, ist es ratsam, diese auch in der Muttersprache des Ausländers (gegen Empfangsbekenntnis) zu erteilen. Damit kann unliebsamen Überraschungen in einem später folgenden Gerichtsverfahren vorgebeugt werden.

Bei dem Heranziehungsbescheid handelt es sich um einen **Verwaltungsakt** (§ 31 SGB X), der **12** mit Widerspruch und Klage angefochten werden kann (vgl. Wahrendorf Rn. 29). Eine solche Anfechtung kommt zB in Betracht, wenn die betroffene Person die Übernahme einer Arbeitsgelegenheit für unzumutbar hält.

B. Unbegründete Arbeitsverweigerung (Abs. 4 S. 2)

Lehnt die leistungsberechtigte Person unbegründet die Übernahme einer Tätigkeit iSv § 5 **13** Abs. 1 ab, dann besteht – seit dem Gesetz vom 15.8.2019 (BGBl. I 1294; → Rn. 1) – nur noch ein Anspruch auf Leistungen entsprechend § 1a Abs. 1. Auf die Ausführungen zur entsprechenden Anwendung wird verwiesen (→ → § 1a Rn. 22).

Bis zum Inkrafttreten des besagten Gesetzes normierte Abs. 4 S. 2, dass der Betroffene keinen Anspruch **13.1** mehr auf Leistungen nach §§ 2, 3 und 6 habe. Gemäß Abs. 4 S. 2 Hs. 2 war stattdessen § 1a Abs. 2 S. 2– 4 entsprechend anzuwenden. Folglich wurden nur noch Leistungen zur Deckung des Bedarfs an Ernährung und Unterkunft einschließlich Heizung sowie Körper- und Gesundheitspflege gewährt. Soweit im Einzelfall besondere Umstände vorlagen, konnten auch andere Leistungen iSv § 3 Abs. 1 S. 1 erbracht werden. Die Leistungen sollten als Sachleistungen gewährt werden.

Von einer unbegründeten Ablehnung der Übernahme einer Tätigkeit iSv § 5 Abs. 1 ist auszuge- **14** hen, wenn

- ein **vollziehbarer Heranziehungsbescheid** vorliegt; ob der Heranziehungsbescheid rechtmäßig ist, spielt keine Rolle, denn diesem kommt sog. Tatbestandswirkung zu (zur Tatbestandswirkung von Verwaltungsakten Maurer/Waldhoff, Allgemeines Verwaltungsrecht, 19. Aufl. 2017, § 10 Rn. 20), womit er – solange hiergegen kein Widerspruch / keine Klage erhoben wurde, dem / der aufschiebende Wirkung zukommt – Bindungswirkung entfaltet;
- die betroffene leistungsberechtigte Person über die Folgen einer unberechtigten Arbeitsverweigerung vorher schriftlich – in der Regel im Heranziehungsbescheid – **belehrt** wurde (Abs. 4 S. 3). Unterbleibt die Belehrung, ist eine trotzdem erfolgte Kürzung rechtswidrig; die gekürzten Leistungen sind dem Betroffenen (nachträglich) noch zu erbringen.

15   Zwar besteht gem. Abs. 4 S. 2 kraft Gesetzes nur noch Anspruch auf Leistungen entsprechend § 1a Abs. 1. Die Leistungseinschränkung bedarf jedoch der Konkretisierung im Einzelfall durch den zuständigen Leistungsträger, was durch einen entsprechenden **Verwaltungsakt** (§ 31 SGB X) zu geschehen hat. Die Leistungseinschränkung ist gem. § 14 Abs. 1 zeitlich zu befristen (zu Einzelheiten → § 14 Rn. 3 ff.).

C. Aufwandsentschädigung (Abs. 2)

16   Nimmt der Leistungsberechtigte die Arbeitsgelegenheit wahr, so erhält er eine Aufwandsentschädigung. Die in Abs. 2 (Hs. 1) vorgesehene Aufwandsentschädigung von – seit dem Integrationsgesetz (v. 31.7.2016, BGBl. I 1939) – 0,80 EUR je Stunde soll dabei die zusätzlichen Aufwendungen abdecken, die durch erhöhten arbeitsbedingten Bedarf erwachsen. Aufgrund der Neufassung des Abs. 2 durch das Integrationsgesetz ist aber eine höhere Aufwandsentschädigung zu leisten, soweit der Leistungsberechtigte im Einzelfall höhere notwendige Aufwendungen nachweist, die ihm durch die Wahrnehmung der Arbeitsgelegenheit entstehen (Hs. 2). Sofern ein solcher anerkennungsfähiger erhöhter Bedarf vorliegt, kann sich die zuständige Behörde auf eine pauschale Abgeltung des Mehraufwands nicht berufen. Denn die Mehraufwandsentschädigung muss so bemessen sein, dass die zusätzlichen Aufwendungen mit dem gewährten Betrag auch tatsächlich gedeckt werden können. Eine höhere Entschädigung kann aber in jedem Fall nur für solche Aufwendungen beansprucht werden, die als notwendig anzusehen sind und unmittelbar durch die Arbeitsgelegenheit veranlasst sind; überflüssige, überhöhte oder unangemessene Aufwendungen müssen demnach nicht erstattet werden (vgl. BR-Drs. 266/16, 35).

17   Die Aufwandsentschädigung stellt kein Einkommen iSv § 7 dar (vgl. § 7 Abs. 2 Nr. 5).

D. Arbeits-, ausländer-, asyl- und haftungsrechtliche Auswirkungen (Abs. 5)

18   Abs. 5 S. 1 legt zunächst fest, dass mit der Übernahme einer Arbeitsgelegenheit nach § 5 Abs. 1 kein Arbeitsverhältnis im Sinne des Arbeitsrechts und kein Beschäftigungsverhältnis im Sinne der Vorschriften über die gesetzliche Kranken- und Rentenversicherung begründet werden. Der Aufnahme einer Arbeitsgelegenheit nach dem AsylbLG stehen auch keine asyl- und ausländerrechtlichen Auflagen entgegen (Abs. 5 S. 2).

19   Die Vorschriften über den Arbeitsschutz und die Grundsätze der Beschränkung der Arbeitnehmerhaftung finden entsprechende Anwendung (Abs. 5 S. 3; zum Problem des Abschlusses einer Haftpflichtversicherung bei der Wahrnehmung von Arbeitsgelegenheiten s. Deibel ZFSH/SGB 2017, 191).

§ 5a Arbeitsgelegenheiten auf der Grundlage des Arbeitsmarktprogramms Flüchtlingsintegrationsmaßnahmen

(1) ¹**Arbeitsfähige, nicht erwerbstätige Leistungsberechtigte, die das 18. Lebensjahr vollendet haben und nicht der Vollzeitschulpflicht unterliegen, können von den nach diesem Gesetz zuständigen Behörden zu ihrer Aktivierung in Arbeitsgelegenheiten zugewiesen werden, die im Rahmen des von der Bundesagentur für Arbeit (Bundesagentur) durchgeführten Arbeitsmarktprogramms Flüchtlingsintegrationsmaßnahmen gegen Mehraufwandsentschädigung bereitgestellt werden (Flüchtlingsintegrationsmaßnahme). ²Satz 1 findet keine Anwendung auf Leistungsberechtigte nach § 1 Absatz 1 Nummer 1, die aus einem sicheren Herkunftsstaat nach § 29a des Asylgesetzes stammen, sowie auf Leistungsberechtigte nach § 1 Absatz 1 Nummer 4 und 5.**

(2) ¹**Leistungsberechtigte nach Absatz 1 Satz 1 sind zur Wahrnehmung einer für sie zumutbaren Flüchtlingsintegrationsmaßnahme, der sie nach Absatz 1 zugewiesen wur-**

den, verpflichtet; § 11 Absatz 4 des Zwölften Buches Sozialgesetzbuch gilt für die Beurteilung der Zumutbarkeit entsprechend. ²Ein sonstiger wichtiger Grund im Sinne von § 11 Absatz 4 Satz 1 Nummer 3 des Zwölften Buches Sozialgesetzbuch kann insbesondere auch dann vorliegen, wenn die leistungsberechtigte Person eine Beschäftigung auf dem allgemeinen Arbeitsmarkt, eine Berufsausbildung oder ein Studium aufnimmt oder aufgenommen hat.

(3) ¹Leistungsberechtigte, die sich entgegen ihrer Verpflichtung nach Absatz 2 trotz schriftlicher Belehrung über die Rechtsfolgen weigern, eine für sie zumutbare Flüchtlingsintegrationsmaßnahme aufzunehmen oder fortzuführen oder die die Anbahnung einer für sie zumutbaren Flüchtlingsintegrationsmaßnahme durch ihr Verhalten verhindern, haben nur Anspruch auf Leistungen entsprechend § 1a Absatz 1 ²Satz 1 gilt nicht, wenn der Leistungsberechtigte einen wichtigen Grund für sein Verhalten darlegt und nachweist.

(4) ¹Die Auswahl geeigneter Teilnehmerinnen und Teilnehmer soll vor einer Entscheidung über die Zuweisung nach Absatz 1 Satz 1 mit den Trägern der Flüchtlingsintegrationsmaßnahme (Maßnahmeträgern) abgestimmt werden. ²Hierzu übermitteln die nach diesem Gesetz zuständigen Behörden den Maßnahmeträgern auf deren Ersuchen hin die erforderlichen Daten über Leistungsberechtigte, die für die Teilnahme an einer Flüchtlingsintegrationsmaßnahme in Betracht kommen.

(5) ¹Die nach diesem Gesetz zuständigen Behörden dürfen die für die Erfüllung ihrer Aufgaben nach den Absätzen 1, 3 und 4 erforderlichen personenbezogenen Daten von Leistungsberechtigten verarbeiten, einschließlich Angaben
1. zum Bildungsstand, zur beruflichen Qualifikation und zum Vorliegen einer Beschäftigung,
2. zu Sprachkenntnissen und
3. zur Durchführung eines Integrationskurses nach § 43 des Aufenthaltsgesetzes oder einer Maßnahme der berufsbezogenen Deutschsprachförderung nach § 45a des Aufenthaltsgesetzes.
²Die nach diesem Gesetz zuständigen Behörden dürfen den Maßnahmeträgern die in Satz 1 genannten Daten übermitteln, soweit dies für die Erfüllung ihrer Aufgaben nach den Absätzen 1, 3 und 4 erforderlich ist.

(6) ¹Die Maßnahmeträger dürfen die ihnen nach Absatz 5 Satz 2 übermittelten Daten zu den Zwecken verarbeiten, zu denen sie ihnen übermittelt wurden. ²Maßnahmeträger dürfen den nach diesem Gesetz zuständigen Behörden die in Absatz 5 Satz 1 genannten Daten übermitteln, soweit dies für die Auswahl der Teilnehmerinnen und Teilnehmer, die Erteilung einer Zuweisung in die Maßnahme, die Feststellung der ordnungsgemäßen Teilnahme oder die Bescheinigung der erfolgreichen Teilnahme erforderlich ist. ³Maßnahmeträger haben den nach diesem Gesetz zuständigen Behörden unverzüglich Auskünfte über Tatsachen zu erteilen, die Anlass für eine Leistungsabsenkung nach Absatz 3 geben könnten und die deshalb für die Leistungen nach diesem Gesetz erheblich sind.

Überblick

§ 5a ist durch das Integrationsgesetz (v. 31.7.2016, BGBl. I 1939) mWz 6.8.2016 in das AsylbLG eingefügt worden. Nach Art. 8 Abs. 4 Integrationsgesetz tritt die Regelung an dem Tag außer Kraft, an dem die Laufzeit des Arbeitsmarktprogramms Flüchtlingsintegrationsmaßnahmen (FIM) endet. Das war am 31.12.2020 der Fall. Die von Art. 8 Abs. 4 Integrationsgesetz verlangte Bekanntmachung des Endes der Laufzeit des Programms ist nunmehr im Bundesgesetzblatt vom 21.7.2021 (S. 2925) erfolgt. § 5a Abs. 1 (→ Rn. 1 ff.) regelte den Zugang zu einer FIM, Abs. 2 (→ Rn. 11 f.) die Verpflichtung zur Teilnahme an einer FIM und aus Abs. 3 (→ Rn. 13 ff.) ergaben sich die Folgen bei einer Nichtteilnahme, für die kein wichtiger Grund besteht. Abs. 5 und Abs. 6 (→ Rn. 20 ff., → Rn. 23 ff.) enthielten Regeln zur Datenverarbeitung, -erhebung und -übermittlung sowie zur Auskunftserteilung. Die Vorschrift wurde zuletzt durch das Gesetz vom 20.11.2019 (BGBl. I 1626) geändert.

Übersicht

A. Zugang zum Arbeitsmarktprogramm Flüchtlingsintegrationsmaßnahmen (Abs. 1)

I. Arbeitsmarktprogramm Flüchtlingsintegrationsmaßnahmen (FIM)

1   Das FIM ist ein befristetes Arbeitsmarktprogramm des Bundes. Es soll Asylbewerbern während des Asylverfahrens sinnvolle und gemeinwohlorientierte Beschäftigung bieten und sie mittels niederschwelliger Angebote an den deutschen Arbeitsmarkt heranführen (siehe hierzu auch die Antwort der Bundesregierung auf eine kleine Anfrage, BT-Drs. 19/17678).

2   Die Bundesregierung hat der Bundesagentur für Arbeit (Bundesagentur) mit Verwaltungsvereinbarung nach § 368 Abs. 3 S. 2 SGB III die Durchführung der FIM übertragen, das Bundesministerium für Arbeit und Soziales eine Richtlinie für FIM erlassen (v. 20.7.2016, BAnz. AT 27.7.2016 B2, geändert durch Richtlinie v. 12.4.2017, BAnz. AT 20.4.2017 B2), die zum Verständnis des § 5a herangezogen werden kann.

3   Bei einer FIM sind **drei „Akteure"** zu unterscheiden: Maßnahmeträger, Bundesagentur und die nach dem AsylbLG zuständige Behörde. Die wesentliche Verantwortung für die Erbringung und Durchführung von FIM obliegt den Maßnahmeträgern (vgl. BR-Drs. 266/16, 36 f.). Diese schaffen geeignete Arbeitsgelegenheiten, die die nach dem AsylbLG zuständige Behörde bei der Bundesagentur bzw. der zuständigen Agentur für Arbeit beantragt. Letzteren obliegt auch die Erstattung der Maßnahmekosten an die Träger einschließlich der Kosten für die von ihnen an die Leistungsberechtigten ausgezahlte Mehraufwandsentschädigung (vgl. BR-Drs. 266/16, 36 f.).

4   Bewilligt werden können **zwei Arten** von Arbeitsgelegenheiten (vgl. Nr. 3.1 der Richtlinie für FIM):

- Arbeitsgelegenheiten, die durch staatliche (einschließlich kommunale) Träger einer Aufnahmeeinrichtung nach § 44 AsylG oder vergleichbare Einrichtungen (insbesondere ausgelagerte Unterkünfte von Aufnahmeeinrichtungen sowie Gemeinschaftsunterkünfte nach § 53 AsylG) oder durch von diesen beauftragte Träger der aufgeführten Einrichtungen zur Aufrechterhaltung und Betreibung der Einrichtung zur Verfügung gestellt werden („**interne**" FIM). Maßnahmeträger einer internen FIM sind staatliche Träger von Aufnahmeeinrichtungen nach § 44 AsylG und staatliche Träger vergleichbarer Einrichtungen sowie staatliche Stellen, die einen Träger mit dem Betrieb einer Aufnahmeeinrichtung nach § 44 AsylG oder einer vergleichbaren Einrichtung beauftragt haben (vgl. Nr. 4.2 lit. a der Richtlinie für FIM).
- Arbeitsgelegenheiten, die von staatlichen, kommunalen oder gemeinnützigen Trägern zur Verfügung gestellt werden, sofern die zu leistende Arbeit sonst nicht, nicht in diesem Umfang oder nicht zu diesem Zeitpunkt verrichtet werden würde („**externe**" – zusätzliche – FIM). Maßnahmeträger der externen FIM sind kommunale, staatliche oder gemeinnützige Träger (vgl. Nr. 4.2 lit. b der Richtlinie für FIM).

II. Betroffener Personenkreis (Abs. 1)

5   Zugang zu einer FIM haben nur arbeitsfähige, nicht erwerbstätige Leistungsberechtigte, die das 18. Lebensjahr vollendet haben, also volljährig sind, und nicht der Vollzeitschulpflicht unterliegen (S. 1). Leistungsberechtigte in diesem Sinne sind die nach § 1 leistungsberechtigten Personen, darüber hinaus aber auch die sog. Analog-Leistungsberechtigten nach § 2, weil die Angabe „§§ 3 bis 7" in § 2 Abs. 1 durch das Integrationsgesetz (v. 31.7.2016, BGBl. I 1939) durch die Angabe „§§ 3 und 4 sowie 6 bis 7" ersetzt wurde und damit § 5a nicht ausgeschlossen ist.

Nach S. 2 findet S. 1 jedoch keine Anwendung auf Leistungsberechtigte nach § 1 Abs. 1 Nr. 1 **6** (= Personen, die eine Aufenthaltsgestattung nach dem AsylG besitzen), die aus einem sicheren Herkunftsstaat nach § 29a AsylG stammen, sowie Leistungsberechtigte nach § 1 Abs. 1 Nr. 4 und Nr. 5 (= geduldete und vollziehbar ausreisepflichtige Leistungsberechtigte). Diesem Personenkreis ist der Zugang zu einer FIM folglich verwehrt. Für Leistungsberechtigte nach § 1 Abs. 1 Nr. 1a, die aus einem sicheren Herkunftsstaat nach § 29a AsylG stammen, ist S. 2 analog anzuwenden, sofern sie für eine FIM überhaupt in Betracht kämen.

III. Abstimmung der Auswahlentscheidung (Abs. 4)

Nach Abs. 4 **S. 1** soll die Auswahl geeigneter Teilnehmer vor einer Entscheidung über die **7** Zuweisung nach Abs. 1 S. 1 mit den Trägern der FIM (Maßnahmeträgern; vgl. → Rn. 3) abgestimmt werden. Aus der Wendung „soll" folgt dabei, dass eine solche Abstimmung im Regelfall erfolgen muss und von ihr nur im atypischen Sonderfall abgesehen werden kann (BeckOK VwGO/Decker VwGO § 114 Rn. 7). Der Zuweisung nach Abs. 1 S. 1 geht somit die Auswahl der teilnehmenden Personen voraus, die den zuständigen Leistungsbehörden obliegt. Im Sinne einer zweckentsprechenden und erfolgreichen Durchführung der Maßnahme sollen die Leistungsbehörden ihre Auswahlentscheidung in enger Abstimmung mit den Maßnahmeträgern treffen. Dabei sollen Vorkenntnisse und Qualifikationen der leistungsberechtigten Person berücksichtigt werden (BR-Drs. 266/16, 36).

Zu diesem Zweck übermitteln die Leistungsbehörden gem. **S. 2** den Maßnahmeträgern auf **8** deren Ersuchen hin die erforderlichen Daten zu den Leistungsberechtigten, die für die Teilnahme an einer Flüchtlingsintegrationsmaßnahme in Betracht kommen. Die Entscheidung, ob der betreffende Leistungsberechtigte zum Kreis der Pflichtigen gehört und ob ihm die konkrete Maßnahme zugemutet werden kann, obliegt dabei aber nicht der Abstimmung mit den Maßnahmeträgern; diese bleibt allein den zuständigen Leistungsbehörden vorbehalten (BR-Drs. 266/16, 36).

IV. Rechtsfolge

Liegen vorgenannte Voraussetzungen vor, dann können geeignete leistungsberechtigte Personen **9** vom zuständigen Leistungsträger einer FIM zugewiesen werden. Die nach dem AsylbLG zuständige Behörde hat somit **unter Ausübung pflichtgemäßen Ermessens** (§ 40 VwVfG bzw. Landesrecht) über die Zuweisung zu entscheiden (vgl. Kepert ZFSH/SGB 2016, 530 (532)). Hiermit dürfte ein Anspruch auf ermessensfehlerfreie Entscheidung über die Zuweisung für die leistungsberechtigte Person korrespondieren.

Die Zuweisung in eine FIM hat durch einen entsprechenden **Zuweisungsbescheid** zu erfolgen **10** (vgl. auch BR-Drs. 266/16, 36). Das folgt aus Abs. 2 S. 1 Hs. 1, der davon spricht, dass die FIM der leistungsberechtigten Person „zugewiesen wurde" sowie daraus, dass die zugewiesene FIM gegenüber dem Betroffenen nach Inhalt, Ort und Dauer konkretisiert werden muss. In diesem Bescheid sind auch die wesentlichen Gründe für die Ermessensausübung mitzuteilen. Ferner ist darin nach Abs. 1 S. 1 vorgesehene Mehraufwandsentschädigung festzusetzen, die sich an § 5 Abs. 2 orientieren wird. Der Zuweisungsbescheid unterliegt als Verwaltungsakt (§ 31 SGB X) Widerspruch und Klage zum Sozialgericht.

B. Verpflichtung zur Teilnahme an der FIM (Abs. 2)

Nach **Abs. 2 S. 1 Hs. 1** muss die der leistungsberechtigten Person zugewiesene FIM für diese **11** zumutbar sein. Für die Beurteilung der Zumutbarkeit gilt § 11 Abs. 4 SGB XII entsprechend **(Abs. 2 S. 1 Hs. 1)**. Nach **Abs. 2 S. 2** kann ein sonstiger wichtiger Grund iSv § 11 Abs. 4 S. 1 Nr. 3 SGB XII insbesondere dann vorliegen, wenn die leistungsberechtigte Person eine Beschäftigung auf dem allgemeinen Arbeitsmarkt, eine Berufsausbildung oder ein Studium aufnimmt oder aufgenommen hat. Die Rechtslage entspricht damit in Bezug auf die Zumutbarkeit der Rechtslage hinsichtlich der Zumutbarkeit der Übernahme einer Arbeitsgelegenheit nach § 5 Abs. 3 S. 2 und S. 3 (siehe daher bei → § 5 Rn. 6 ff.).

Ist die der leistungsberechtigten Person zugewiesene FIM für diese zumutbar, dann ist sie gem. **12** Abs. 2 S. 1 Hs. 1 zur Wahrnehmung der FIM **verpflichtet,** dh sie muss sie aufnehmen und bis zu deren planmäßigen Ende fortführen. Dieser Verpflichtung kann sie sich nur dadurch entziehen, dass sie entweder den Zuweisungsbescheid erfolgreich mit Widerspruch oder Klage bekämpft oder beim zuständigen Leistungsträger die Aufhebung des Zuweisungsbescheids beantragt.

C. Nichtwahrnehmung der FIM (Abs. 3)

13 Wie bereits ausgeführt (vgl. → Rn. 11 f.), ist die leistungsberechtigte Person verpflichtet, eine ihr zugewiesene und ihr zumutbare FIM aufzunehmen oder fortzuführen (Abs. 2 S. 1 Alt. 1 und 2); Abs. 2 S. 1 Alt. 3 stellt klar, dass für die leistungsberechtigte Person auch die Verpflichtung besteht, die Anbahnung einer für sie zumutbaren FIM durch ihr Verhalten nicht zu verhindern. Abs. 3 regelt die Voraussetzungen und Folgen, wenn sie gegen diese Verpflichtungen verstößt. Der Tatbestand wird dabei in Anlehnung an § 31 Abs. 1 S. 1 Nr. 2 SGB II näher konkretisiert.

I. Kein wichtiger Grund (Abs. 3 S. 2)

14 Das Gesetz geht in Abs. 2 zwar davon aus, dass an sich jede zumutbare und zugewiesene FIM auch wahrgenommen und fortgeführt werden kann bzw. dass die Anbahnung einer zumutbaren FIM nicht verhindert wird. Es gesteht der leistungsberechtigten Person aber über Abs. 3 S. 2 für den Fall des Verstoßes gegen vorgenannte Verpflichtungen eine „**Exkulpationsmöglichkeit**" in Form eines „wichtigen Grundes" zu. Der wichtige Grund hat folglich Bedeutung insbesondere in Fällen, in denen die Maßnahme zwar an sich zumutbar ist, ihre Wahrnehmung oder Fortsetzung aber dennoch aufgrund persönlicher Belange des Leistungsberechtigten oder aufgrund nachträglicher Veränderungen im Einzelfall nicht verlangt werden kann (vgl. BR-Drs. 266/16, 37); gleiches gilt in Bezug auf die Anbahnung einer FIM. Allerdings legt das Gesetz der leistungsberechtigten Person die Darlegungs- und Nachweispflicht für den wichtigen Grund auf.

15 Ein **wichtiger Grund,** der einer FIM entgegensteht, kann insbesondere dann vorliegen, wenn die leistungsberechtigte Person eine Beschäftigung auf dem allgemeinen Arbeitsmarkt, eine Berufsausbildung oder ein Studium aufnimmt. Ein wichtiger Grund kann auch dann gegeben sein, wenn die leistungsberechtigte Person ansonsten trotz Berechtigung nicht an einem Integrationskurs oder an berufsbezogener Deutschsprachförderung teilnehmen oder eine Maßnahme der aktiven Arbeitsförderung nach dem SGB III nicht antreten könnte oder diese gar abbrechen müsste. Entsprechendes gilt für Maßnahmen, die die Leistungsberechtigten auf die Aufnahme einer beruflichen Ausbildung oder eines Studiums (zB Studienkolleg, studienvorbereitende Sprachkurse an Hochschulen) vorbereiten sollen. Nach der Gesetzesbegründung sollen darüber hinaus auch Bildungsmaßnahmen, die Inhabern ausländischer Berufsqualifikationen den Berufszugang oder die Feststellung der Gleichwertigkeit dieser Qualifikationen ermöglichen (zB Anpassungslehrgänge, berufsbezogene Weiterbildungsangebote, Vorbereitungskurse auf Kenntnis- oder Eignungsprüfungen und berufsbezogene Sprachkurse), als wichtiger Grund Anerkennung finden (vgl. BR-Drs. 266/16, 37).

16 Für das Vorliegen eines wichtigen Grundes ist die leistungsberechtigte Person **darlegungs- und nachweispflichtig.** Gelingt ihr der Nachweis nicht, ist die Nichtteilnahme an der FIM pflichtwidrig. Freilich entbindet die Darlegungs- und Nachweispflicht den zuständigen Leistungsträger nicht von seiner Amtsermittlungspflicht (§ 24 ff. VwVfG bzw. Landesrecht; vgl. Kepert ZFSH/SGB 2016, 530 (533)).

II. Schriftliche Belehrung über die Folgen der Nichtteilnahme (Abs. 3 S. 1)

17 Gemäß Abs. 3 S. 1 sind Leistungsberechtigte über die Folgen der Verweigerung der Wahrnehmung einer ihnen zugewiesenen FIM **schriftlich zu belehren.** Unterbleibt die Belehrung, bleibt die Nichtteilnahme an einer FIM für die leistungsberechtigte Person folgenlos. Da die zuständige Behörde die Beweislast für die ordnungsgemäße Belehrung trägt, ist es ratsam, dass diese schriftlich auch in der Muttersprache des Ausländers (gegen Empfangsbekenntnis) erfolgt. Damit kann unliebsamen Überraschungen in einem später folgenden Gerichtsverfahren vorgebeugt werden.

III. Rechtsfolge

18 Abs. 3 **S. 1** regelt die Rechtsfolge einer Verletzung der Teilnahmepflicht nach Abs. 2 und unter Beachtung vorstehender Voraussetzungen dahingehend, dass dann (seit 21.8.2019) nur noch ein Anspruch auf Leistungen entsprechend § 1a Abs. 1 besteht. Die Vorschrift entspricht der Regelung zu einer unbegründeten Ablehnung einer Arbeitsgelegenheit nach § 5 Abs. 4 S. 2. Auf die dortigen Ausführungen wird verwiesen (→ § 5 Rn. 13).

Bis zum Inkrafttreten des Gesetzes vom 15.8.2019 (BGBl. 2019 I 1294) normierte Abs. 3 S. 1, dass der **18.1** Betroffene keinen Anspruch mehr auf Leistungen nach §§ 2, 3 und 6 habe. Gemäß Abs. 3 S. 2 war stattdessen § 1a Abs. 2 S. 2–4 entsprechend anzuwenden. Folglich wurden nur noch Leistungen zur Deckung des Bedarfs an Ernährung und Unterkunft einschließlich Heizung sowie Körper- und Gesundheitspflege gewährt. Soweit im Einzelfall besondere Umstände vorlagen, konnten auch andere Leistungen iSv § 3 Abs. 1 S. 1 erbracht werden. Die Leistungen sollten als Sachleistungen gewährt werden.

Die Leistungskürzung setzt einen entsprechenden **Verwaltungsakt** gegenüber der leistungsbe- **19** rechtigten Person voraus. Sie ist gem. § 14 Abs. 1 zunächst auf sechs Monate zu befristen und kann mit Widerspruch und Klage zum Sozialgericht angefochten werden. Zur Begründung kann dabei aber (wohl) nur vorgetragen werden, es habe ein wichtiger Grund für die Nichtteilnahme bestanden, denn die Frage der Zumutbarkeit der FIM ist bereits durch den Zuweisungsbescheid – verbindlich (Tatbestandswirkung) – beantwortet; damit spielt es keine Rolle, ob die Zuweisungsentscheidung rechtmäßig oder rechtswidrig erfolgt ist (ebenso Kepert ZFSH/SGB 2016, 530 (532)). Ist der Zuweisungsbescheid allerdings mittels Widerspruchs oder Klage angefochten und nicht vollziehbar (§ 86a Abs. 1 SGG), scheidet eine Leistungskürzung aus, weil dann keine vollziehbare Pflicht zur Teilnahme an einer FIM besteht.

D. Datenverarbeitung und Datenübermittlung durch die nach dem AsylbLG zuständigen Behörden (Abs. 5)

Abs. 5 enthält Regelungen über Datenverarbeitung und Datenübermittlung durch die nach **20** dem AsylbLG zuständigen Behörden. Es handelt sich hierbei um eine bereichsspezifische Regelung zur Datenverarbeitung gem. Art. 6 Abs. 1 UAbs. 1 lit. c und e VO (EU) 2016/679 iVm Art. 6 Abs. 2 und Abs. 3 S. 1 lit. b, S. 2 VO (EU) 2016/679 (sog. Datenschutzgrund-Verordnung, DS-GVO). Die Verarbeitung besonderer Kategorien von Daten wird von Art. 9 Abs. 2 lit. b, g und h DS-GVO gedeckt. Auch im Hinblick auf das Grundrecht auf informationelle Selbstbestimmung erscheinen die Regelungen wegen des engen Bezugs der Datenverarbeitung zur Aufgabenerfüllung nach § 5a unproblematisch.

S. 1 enthält eine Ermächtigung der Leistungsbehörden zur (seit dem Gesetz vom 20.11.2019, **21** BGBl. 2019 I 1626) Verarbeitung (davor: erheben) von teilnehmerbezogenen Daten, die zur Wahrnehmung ihrer Aufgaben im Zusammenhang mit der FIM erforderlich sind. Es gilt dabei der weite Verarbeitungsbegriff des Art. 4 Nr. 2 der DS-GVO (vgl. Gesetzesbegründung BT-Drs. 19/4674, 255). „**Verarbeitung**" ist danach jeder mit oder ohne Hilfe automatisierter Verfahren ausgeführte Vorgang oder jede solche Vorgangsreihe im Zusammenhang mit personenbezogenen Daten wie das Erheben, das Erfassen, die Organisation, das Ordnen, die Speicherung, die Anpassung oder Veränderung, das Auslesen, das Abfragen, die Verwendung, die Offenlegung durch Übermittlung, Verbreitung oder eine andere Form der Bereitstellung, der Abgleich oder die Verknüpfung, die Einschränkung, das Löschen oder die Vernichtung.

Die Aufgaben im Zusammenhang mit den FIM betreffen zum einen die Auswahl und die **21a** Zuweisung der teilnehmenden Personen, zum anderen die Feststellung einer Pflichtverletzung und der hieran anknüpfenden Rechtsfolgen nach Abs. 3. Die Regelung stellt klar, dass zu den erforderlichen Daten auch solche gehören, die eine geeignete Teilnehmerauswahl ermöglichen, auch wenn die Schaffung der Maßnahme selbst nicht zu den Aufgaben der Leistungsbehörden gehört. Dies schließt im Bedarfsfall auch Angaben zum Bildungsstand, zur beruflichen Qualifikation und zum Vorliegen einer Beschäftigung (**Nr. 1**) oder zu Sprachkenntnissen (**Nr. 2**) ein, um die Eignung des Leistungsberechtigten für die konkrete Arbeitsgelegenheit oder das Vorliegen entsprechender Qualifikationserfordernisse beurteilen zu können (vgl. BR-Drs. 266/16, 37). Weiterhin umfasst die Ermächtigung solche Daten, die zur Durchführung eines Integrationskurses nach § 43 AufenthG oder einer Maßnahme der berufsbezogenen Deutschsprachförderung nach § 45a AufenthG (**Nr. 3**) erforderlich sind.

Gemäß **S. 2** dürfen die nach dem AsylbLG zuständigen Behörden den Maßnahmeträgern die **22** in S. 1 genannten Daten übermitteln, soweit dies für die Erfüllung ihrer Aufgaben nach Abs. 1, Abs. 3 und Abs. 4 erforderlich ist.

E. Datenverarbeitung, -übermittlung und Auskunftserteilung durch den Maßnahmeträger (Abs. 6)

Abs. 6 enthält Regelungen über die Datenverarbeitung, die Datenübermittlung und die Aus- **23** kunftserteilung durch den Maßnahmeträger. Auch hierbei handelt es sich um eine bereichsspezifische Regelung zur Datenverarbeitung gem. Art. 6 Abs. 1 UAbs. 1 lit. c und e DS-GVO iVm Art. 6 Abs. 2 und 3 S. 1 lit. b, S. 2 DS-GVO. Die Verarbeitung besonderer Kategorien von Daten wird von Art. 9 Abs. 2 lit. b, g und h DS-GVO gedeckt. Diese Regelungen sind wegen des engen Bezugs der Datenverarbeitung, -übermittlung und Auskunfterteilung zur Aufgabenerfüllung nach § 5a mit dem Grundrecht auf informationelle Selbstbestimmung vereinbar.

23a   Nach dem seit 26.11.2019 geltenden **S. 1** dürfen die Maßnahmeträger die ihnen nach Abs. 5 S. 2 übermittelten Daten zu den Zwecken verarbeiten (zum Begriff → Rn. 21), zu denen sie ihnen übermittelt wurden. So können sie beispielweise Daten zum Bildungsstand, zur beruflichen Qualifikation und zum Vorliegen einer Beschäftigung oder Daten zu Sprachkenntnissen und zu Integrationskursen des Leistungsempfängers speichern und für die Auswahl und die Zuweisung der Leistungsempfänger zu einzelnen Integrationsmaßnahmen nutzen (vgl. Gesetzesbegründung BT-Drs. 19/4674, 255).

24   **S. 2** (bis zum 25.11.2019 noch S. 1) enthält eine Befugnis für die Maßnahmeträger, die darauf zielt, den Leistungsbehörden die Erfüllung ihrer Aufgaben nach Abs. 1, Abs. 3 und Abs. 4 zu ermöglichen und zu erleichtern. Der Übermittlung durch die Maßnahmeträger unterliegen die in Abs. 5 S. 1 genannten Daten, die erforderlich sind, damit die Leistungsbehörde eine Auswahl der Teilnehmerinnen und Teilnehmer treffen kann. Die Maßnahmeträger sind hiernach befugt, der Leistungsbehörde den Namen und ggf. weitere zweckdienliche Daten zu Leistungsberechtigten mitzuteilen, die sie aufgrund der Vorauswahl der Leistungsbehörde als besonders geeignet für die Maßnahme ansehen und deshalb für eine Zuweisung vorschlagen würden. Ebenso erlaubt die Regelung den Maßnahmeträgern, der Leistungsbehörde mitzuteilen, ob Leistungsberechtigte fristgerecht bei ihr vorstellig geworden sind und ob sie ihre Tätigkeit bei ihnen aufgenommen haben (vgl. BR-Drs. 266/16, 37).

25   **S. 3** (bis zum 25.11.2019 noch S. 2) regelt darüber hinaus Auskunftspflichten des Maßnahmeträgers gegenüber den Leistungsbehörden bei der Durchführung der FIM. Hierdurch sollen den Leistungsbehörden Informationen verschafft werden, die Anlass für Sanktionen nach § 5a Abs. 3 sein können (vgl. BR-Drs. 266/16, 37). Der Maßnahmeträger hat folglich Auskünfte über solche Tatsachen zu erteilen, die für die Leistungen nach dem AsylbLG erheblich sind. Die Auskunftspflicht erstreckt sich damit auf alle Tatsachen, die für die Beurteilung maßgeblich sind, ob die Pflicht zur Wahrnehmung einer FIM nach § 5a Abs. 2 verletzt wurde und hieran anknüpfend eine Leistungskürzung nach § 5a Abs. 3 auszusprechen ist. Dies sind zB Fehlzeiten, ferner ein Abbruch der Teilnahme oder eine unzureichende Mitwirkung des Teilnehmers (BR-Drs. 266/16, 37). Die Auskunft ist unverzüglich, also ohne schuldhaftes Zögern (§ 121 BGB), zu erteilen.

§ 5b Sonstige Maßnahmen zur Integration

(1) Die nach diesem Gesetz zuständige Behörde kann arbeitsfähige, nicht erwerbstätige Leistungsberechtigte, die das 18. Lebensjahr vollendet haben und der Vollzeitschulpflicht nicht mehr unterliegen und zu dem in § 44 Absatz 4 Satz 2 Nummer 1 bis 3 des Aufenthaltsgesetzes genannten Personenkreis gehören, schriftlich verpflichten, an einem Integrationskurs nach § 43 des Aufenthaltsgesetzes teilzunehmen.

(2) ¹Leistungsberechtigte nach Absatz 1, die sich trotz schriftlicher Belehrung über die Rechtsfolgen weigern, einen für sie zumutbaren Integrationskurs aus von ihnen zu vertretenen Gründen aufzunehmen oder ordnungsgemäß am Integrationskurs teilzunehmen, haben nur Anspruch auf Leistungen entsprechend § 1a Absatz 1. ²§ 11 Absatz 4 des Zwölften Buches Sozialgesetzbuch gilt für die Beurteilung der Zumutbarkeit entsprechend. ³Ein sonstiger wichtiger Grund im Sinne von § 11 Absatz 4 Satz 1 Nummer 3 des Zwölften Buches Sozialgesetzbuch kann insbesondere auch dann vorliegen, wenn der Leistungsberechtigte eine Beschäftigung auf dem allgemeinen Arbeitsmarkt, eine Berufsausbildung oder ein Studium aufnimmt oder aufgenommen hat. Satz 1 gilt nicht, wenn die leistungsberechtigte Person einen wichtigen Grund für ihr Verhalten darlegt und nachweist.

(3) Die nach diesem Gesetz zuständige Behörde darf die für die Erfüllung ihrer Aufgaben nach den Absätzen 1 und 2 erforderlichen personenbezogenen Daten von Leistungsberechtigten verarbeiten, einschließlich Angaben
1. zu Sprachkenntnissen und
2. zur Durchführung eines Integrationskurses nach § 43 des Aufenthaltsgesetzes oder einer Maßnahme der berufsbezogenen Deutschsprachförderung nach § 45a des Aufenthaltsgesetzes.

Überblick

§ 5b ist durch das Integrationsgesetz (v. 31.7.2016, BGBl. I 1939) mWz 1.1.2017 in das AsylbLG eingefügt worden. Die Norm führt für bestimmte Leistungsberechtigte (Abs. 1, → Rn. 1 ff.) eine – sanktionsbewehrte (Abs. 2, → Rn. 13 ff.) – Verpflichtung zur Teilnahme an Integrationskursen nach § 43 AufenthG ein, die vom Bundesamt für Migration und Flüchtlinge (Bundesamt) durchgeführt werden. Abs. 3 (→ Rn. 22 f.) enthält die Befugnis für die nach dem AsylbLG zuständigen Behörden, bestimmte personenbezogene Daten verarbeiten zu dürfen. Die Norm wurde letztmals durch Art. 18 des Gesetzes vom 12.6.2020 (BGBl. 2020 I 1248) mWz 24.6.2020 geändert.

Übersicht

A. Teilnahmepflicht an einem Integrationskurs nach § 43 AufenthG (Abs. 1)

I. Betroffener Personenkreis

Abs. 1 erfasst arbeitsfähige, nicht erwerbstätige Leistungsberechtigte, die das 18. Lebensjahr **1** vollendet haben, also volljährig sind, und nicht der Vollzeitschulpflicht unterliegen (**Hs. 1**). Leistungsberechtigte in diesem Sinne sind die nach § 1 leistungsberechtigten Personen, darüber hinaus aber auch die sog. Analog-Leistungsberechtigten nach § 2, weil die Angabe „§§ 3 bis 7" in § 2 Abs. 1 durch das Integrationsgesetz (v. 31.7.2016, BGBl. I 1939) durch die Angabe „§§ 3 und 4 sowie 6 bis 7" ersetzt wurde und damit § 5b nicht ausgeschlossen ist.

Nach **Hs. 2** ist weiter erforderlich (vgl. Wortlaut „und"), dass diese Leistungsberechtigten zu **2** dem in § 44 Abs. 4 S. 2 Nr. 1–3 AufenthG genannten Personenkreis gehören. Dieser umfasst Ausländer, die eine Aufenthaltsgestattung besitzen und bei denen ein rechtmäßiger und dauerhafter Aufenthalt zu erwarten ist (Nr. 1 lit. a), die vor dem 1.8.2019 in das Bundesgebiet eingereist sind, sich seit mindestens drei Monaten gestattet im Bundesgebiet aufhalten, nicht aus einem sicheren Herkunftsstaat nach § 29a AsylG stammen und bei der Agentur für Arbeit ausbildungsuchend, arbeitsuchend oder arbeitslos gemeldet sind oder beschäftigt sind oder in einer Berufsausbildung iSv § 57 Abs. 1 SGB III stehen oder in Maßnahmen nach dem Zweiten Unterabschnitt des Dritten Abschnitts des Dritten Kapitels oder § 74 Abs. 1 S. 2 SGB III gefördert werden oder bei denen die Voraussetzungen des § 11 Abs. 4 S. 2 und 3 SGB XII vorliegen (Nr. 1 lit. b), die eine Duldung nach § 60a Abs. 2 S. 3 AufenthG (Nr. 2) oder die eine Aufenthaltserlaubnis nach § 25 Abs. 5 AufenthG besitzen (Nr. 3) (zu Einzelheiten → AufenthG § 44 Rn. 22 ff.). Da diese Normen grundsätzlich von einem längerfristigen Aufenthalt im Bundesgebiet ausgehen, wird damit vor allem der Personenkreis der Analog-Leistungsberechtigten nach § 2 angesprochen.

II. Integrationskurs nach § 43 AufenthG

Nach § 43 Abs. 2 S. 1 AufenthG werden Eingliederungsbemühungen von Ausländern durch **3** ein Grundangebot zur Integration (Integrationskurs) unterstützt. Ziel des Integrationskurses ist es, den Ausländern die Sprache, die Rechtsordnung, die Kultur und die Geschichte in Deutschland erfolgreich zu vermitteln (S. 2). Ausländer sollen dadurch mit den Lebensverhältnissen im Bundesgebiet so weit vertraut gemacht werden, dass sie ohne die Hilfe oder Vermittlung Dritter in allen Angelegenheiten des täglichen Lebens selbstständig handeln können (S. 3).

Der Integrationskurs umfasst einen Basis- und einen Aufbausprachkurs von jeweils gleicher **4** Dauer zur Erlangung ausreichender Sprachkenntnisse sowie einen Orientierungskurs zur Vermittlung von Kenntnissen der Rechtsordnung, der Kultur und der Geschichte in Deutschland (§ 43 Abs. 3 S. 1 AufenthG). Er wird vom Bundesamt koordiniert und durchgeführt, das sich hierzu privater oder öffentlicher Träger bedienen kann (§ 43 Abs. 3 S. 2 AufenthG).

5　　§ 43 Abs. 4 S. 1 AufenthG ermächtigt die Bundesregierung unter anderem dazu, die näheren Einzelheiten des Integrationskurses durch eine Rechtsverordnung ohne Zustimmung des Bundesrates zu regeln. Das ist durch die Verordnung zum Integrationsgesetz v. 31.7.2016 (BGBl. I 1950), durch welche die IntV (Integrationskursverordnung v. 13.12.2004, BGBl. I 3370) geändert worden ist, geschehen. Zu weiteren Einzelheiten → AufenthG § 43 Rn. 1 ff.

III. Zumutbarkeit des Integrationskurses

6　　Ähnlich der Regelung in § 5 und der in § 5a muss auch nach § 5b ein Integrationskurs nur besucht werden, wenn dieser für die leistungsberechtigte Person zumutbar ist. Die entsprechenden Regelungen finden sich bei § 5b allerdings erst im Zusammenhang mit den Vorschriften zur Leistungskürzung in Abs. 2. Während sich aus Abs. 2 S. 1 nur ergibt, dass der Integrationskurs zumutbar sein muss, verweist Abs. 2 S. 2 auf § 11 Abs. 4 SGB XII und nennt Abs. 2 S. 3 beispielhaft einen sonstigen wichtigen Grund iSv § 11 Abs. 4 S. 1 Nr. 3 SGB XII. Die Rechtslage entspricht dabei in Bezug auf die Zumutbarkeit der Rechtslage hinsichtlich der Zumutbarkeit der Übernahme einer Arbeitsgelegenheit nach § 5 Abs. 3 S. 2 und S. 3. Auf die dortigen Ausführungen wird verwiesen (→ § 5 Rn. 6 ff.).

IV. Rechtsfolge

1. Ermessen

7　　Liegen vorgenannte Voraussetzungen vor, dann kann die betroffene Person verpflichtet werden, an einem Integrationskurs teilzunehmen (Abs. 1). Wie das Wort „kann" belegt, hat der zuständige Leistungsträger hierüber in **Ausübung pflichtgemäßen Ermessens** zu entscheiden (§ 40 VwVfG bzw. Landesrecht). Hiermit dürfte ein Anspruch auf ermessensfehlerfreie Entscheidung über die Zuweisung für die leistungsberechtigte Person korrespondieren. Ein subjektiver Anspruch, durch eine Aufforderung nach Abs. 1 zur Teilnahme berechtigt zu werden, besteht hingegen nicht (BR-Drs. 266/16, 39 f.).

8　　Die Leistungsbehörde hat die Ausübung ihres Ermessens an den in § 43 AufenthG beschriebenen Zielen des Integrationskurses auszurichten (→ AufenthG § 43 Rn. 5 ff.). Von Bedeutung ist somit insbesondere, ob eine Verpflichtung zur Kursteilnahme unter Beachtung des individuellen Sprachniveaus der betroffenen Person geeignet und erforderlich ist, ihre Integration in das wirtschaftliche, kulturelle und gesellschaftliche Leben in Deutschland zu fördern. Daran kann es etwa fehlen, wenn die betroffene Person die deutsche Sprache bereits so gut beherrscht, dass eine Teilnahme nicht zweckmäßig erscheint. Für eine Verpflichtung kann dagegen sprechen, wenn ein möglichst frühzeitiger Spracherwerb im konkreten Fall die Chancen auf eine rasche Eingliederung in Arbeit oder Ausbildung erhöht oder aus anderen Gründen von einer besonderen Integrationsbedürftigkeit auszugehen ist. Zu berücksichtigen ist weiterhin, ob Kursplätze in ausreichender Zahl verfügbar sind und ob der Kursbesuch für die leistungsberechtigte Person zumutbar ist, da andernfalls eine Verpflichtung hierzu nicht sinnvoll wäre (BR-Drs. 266/16, 39 f.).

2. Schriftliche Verpflichtung

9　　Entscheidet sich die zuständige Behörde für die Verpflichtung zur Teilnahme an einem Integrationskurs, dann muss sie das gegenüber der betroffenen Person **schriftlich anordnen.** Das erfordert einen entsprechenden **Verwaltungsakt** (§ 31 SGB X). Um eine ordnungsgemäße Kursteilnahme sicherzustellen, ist darin nicht nur die Maßnahme (Integrationskurs) konkret – dh inhaltlich und zeitlich – genau zu bezeichnen, sondern es sind auch die hierfür erforderlichen Schritte, zB die fristgerechte Anmeldung, festzulegen (BR-Drs. 266/16, 39 f.).

10　　Da die zuständige Behörde die Beweislast für die ordnungsgemäße schriftliche Verpflichtung trägt, ist es ratsam, diese auch in der Muttersprache des Ausländers (gegen Empfangsbekenntnis) zu erteilen. Damit kann unliebsamen Überraschungen in einem später folgenden Gerichtsverfahren vorgebeugt werden.

11　　Gegen den Verpflichtungsbescheid kann mittels Widerspruchs und Klage zum Sozialgericht vorgegangen werden.

3. Weitere Konsequenzen

Nach § 44a Abs. 1 S. 1 Nr. 4 AufenthG löst die Aufforderung durch die zuständige Leistungsbe- **12** hörde für den von § 5b erfassten Personenkreis zugleich die aufenthaltsrechtliche Verpflichtung zur Kursteilnahme aus. Aus dieser gesetzlichen Verpflichtung folgt über § 4 Abs. 1 S. 1 Nr. 6 IntV zugleich eine Teilnahmeberechtigung für die betroffenen Leistungsberechtigten.

B. Keine oder unzureichende Teilnahme am Integrationskurs und Leistungskürzung (Abs. 2)

Wie bereits ausgeführt (vgl. → Rn. 1 ff.), ist die leistungsberechtigte Person verpflichtet, an **13** einem ihr zugewiesenen und ihr zumutbaren Integrationskurs teilzunehmen (Abs. 1 S. 1). Abs. 2 regelt die Voraussetzungen und Folgen, wenn sie es dennoch nicht oder nicht ordnungsgemäß tut. Der Tatbestand wird dabei in Anlehnung an § 31 Abs. 1 S. 1 Nr. 2 SGB II näher konkretisiert.

I. „Teilnahmeverweigerung"

Abs. 2 S. 1 setzt zunächst voraus, dass die verpflichtete Person einen ihr zugewiesenen Integrati- **14** onskurs nicht aufnimmt oder nicht ordnungsgemäß daran teilnimmt, diesen also insbesondere vorzeitig abbricht. Die Aufnahme des Kurses kann dabei auch dadurch verweigert werden, dass bereits die Anbahnung der Kursteilnahme vereitelt wird; dies ist etwa der Fall, wenn die betroffene Person es nach Verpflichtung zur Kursteilnahme schuldhaft unterlässt, sich fristgerecht bei einem Kursträger anzumelden und die Teilnahmeberechtigung verfallen lässt.

II. Pflichtwidrigkeit

Anders als etwa § 5a setzt § 5b weiter voraus, dass die „Teilnahmeverweigerung" aus von der **15** verpflichteten Person zu vertretenden Gründen erfolgt ist. Fahrlässigkeit, wie zB das Vergessen des Termins für die Kursteilnahme oder dauernde Unpünktlichkeit, genügt.

An einem Vertretenmüssen fehlt es hingegen, wenn dem Betroffenen – trotz fristgerechter **16** Anmeldung – eine Kursteilnahme innerhalb der für die Gültigkeit der Teilnahmeberechtigung bestimmten Frist nicht möglich ist, da kein freier Kursplatz zur Verfügung steht. Eine Pflichtverletzung kommt somit nur in Betracht, wenn sie oder er zur Kursteilnahme auch tatsächlich berechtigt ist und ihr oder ihm die Teilnahme objektiv möglich ist (BR-Drs. 266/16, 39 f.).

III. Kein wichtiger Grund

§ 5b geht zwar davon aus, dass an sich jeder zumutbare und zugewiesene Integrationskurs auch **17** wahrgenommen werden kann. Die Norm gesteht der leistungsberechtigten Person aber über Abs. 2 S. 4 für den Fall der Nicht- oder nicht ordnungsgemäßen Wahrnehmung eines Integrationskurses eine „**Exkulpationsmöglichkeit**" in Form eines „wichtigen Grundes" zu. Der wichtige Grund hat folglich Bedeutung insbesondere in Fällen, in denen die Maßnahme zwar an sich zumutbar ist, ihre Wahrnehmung oder Fortsetzung aber dennoch aufgrund persönlicher Belange des Leistungsberechtigten oder aufgrund nachträglicher Veränderungen im Einzelfall nicht verlangt werden kann (vgl. BR-Drs. 266/16, 39 f.). Allerdings legt das Gesetz der leistungsberechtigten Person die Darlegungs- und Nachweispflicht für den wichtigen Grund auf (vgl. auch *Kepert* ZFSH/SGB 2016, 530 (534)).

Die Rechtslage entspricht insofern der bei § 5a Abs. 3 dargestellten; hierauf wird verwiesen **18** (→ § 5a Rn. 14 ff.).

IV. Schriftliche Belehrung über die Folgen der Nichtteilnahme

Gemäß Abs. 2 S. 1 sind Leistungsberechtigte über die Folgen der Verweigerung der Wahrneh- **19** mung eines ihnen zugewiesenen Integrationskurses **schriftlich zu belehren** (zu weiteren Einzelheiten s. bei § 5a Abs. 3, → § 5a Rn. 17).

V. Rechtsfolge

Abs. 2 **S. 1** regelt die Rechtsfolge einer Verletzung der Teilnahmepflicht nach Abs. 1 und unter **20** Beachtung vorstehender Voraussetzungen dahingehend, dass dann (seit 21.8.2019) nur noch ein Anspruch auf Leistungen entsprechend § 1a Abs. 1 besteht. Die Vorschrift entspricht der Regelung zu einer unbegründeten Ablehnung einer Arbeitsgelegenheit nach § 5 Abs. 4 S. 2. Auf die dortigen Ausführungen wird verwiesen (→ § 5 Rn. 13).

21   Die Leistungskürzung setzt einen entsprechenden **Verwaltungsakt** gegenüber der leistungsberechtigten Person voraus (ebenso Kepert ZFSH/SGB 2016, 530 (533)). Sie ist gem. § 14 Abs. 1 zunächst auf sechs Monate zu befristen und kann mit Widerspruch und Klage zum Sozialgericht angefochten werden. Zur Begründung kann dabei vorgetragen werden, die Nichtteilnahme sei nicht verschuldet gewesen oder es habe ein wichtiger Grund für die Nichtteilnahme bestanden. Die Frage der Zumutbarkeit des Integrationskurses dürfte hingegen bereits durch den Verpflichtungsbescheid – verbindlich (Tatbestandswirkung) – beantwortet sein; damit spielt es keine Rolle, ob die Verpflichtungsentscheidung rechtmäßig oder rechtswidrig erfolgt ist. Ist der Verpflichtungsbescheid allerdings mittels Widerspruchs oder Klage angefochten und nicht vollziehbar (§ 86a Abs. 1 SGG), scheidet eine Leistungskürzung aus, weil dann keine vollziehbare Pflicht zur Teilnahme am Integrationskurs besteht.

C. Befugnis zur Verarbeitung personenbezogener Daten (Abs. 3)

22   Abs. 3 enthält eine Ermächtigung der Leistungsbehörden zur (seit dem Gesetz vom 20.11.2019, BGBl. I 1626) Verarbeitung (davor: erheben) von teilnehmerbezogenen Daten, die zur Wahrnehmung ihrer Aufgaben im Zusammenhang mit den Integrationskursen erforderlich sind. Es handelt sich hierbei um eine bereichsspezifische Regelung zur Datenverarbeitung gem. Art. 6 Abs. 1 UAbs. 1 lit. c und e iVm Abs. 2 und Abs. 3 S. 1 lit. b, S. 2 VO (EU) 2016/679 (sog. Datenschutzgrund-Verordnung, DS-GVO). Die Verarbeitung besonderer Kategorien von Daten wird von Art. 9 Abs. 2 lit. b, g und h DS-GVO gedeckt. Auch im Hinblick auf das Grundrecht auf informationelle Selbstbestimmung erscheint die Regelung wegen des engen Bezugs der Datenverarbeitung zur Aufgabenerfüllung nach § 5b gerechtfertigt. Zum Begriff der Verarbeitung → § 5a Rn. 21.

23   Abs. 3 stellt klar, dass zu den erforderlichen Daten auch solche gehören, die eine geeignete Teilnehmerauswahl ermöglichen, auch wenn die Bereitstellung der Integrationskurse selbst nicht zu den Aufgaben der Leistungsbehörden gehört. Dies schließt im Bedarfsfall auch Angaben zu Sprachkenntnissen (**Nr. 1**) ein, um die Eignung und die Erforderlichkeit einer Verpflichtung nach Abs. 1 beurteilen zu können. Weiterhin umfasst die Ermächtigung solche personenbezogenen Daten, die für die Durchführung eines Integrationskurses nach § 43 AufenthG oder einer Maßnahme der berufsbezogenen Deutschsprachförderung nach § 45a AufenthG (**Nr. 2**) erforderlich sind.

§ 6 Sonstige Leistungen

(1) [1]**Sonstige Leistungen können insbesondere gewährt werden, wenn sie im Einzelfall zur Sicherung des Lebensunterhalts oder der Gesundheit unerläßlich, zur Deckung besonderer Bedürfnisse von Kindern geboten oder zur Erfüllung einer verwaltungsrechtlichen Mitwirkungspflicht erforderlich sind.** [2]**Die Leistungen sind als Sachleistungen, bei Vorliegen besonderer Umstände als Geldleistung zu gewähren.**

(2) Personen, die eine Aufenthaltserlaubnis gemäß § 24 Abs. 1 des Aufenthaltsgesetzes besitzen und die besondere Bedürfnisse haben, wie beispielsweise unbegleitete Minderjährige oder Personen, die Folter, Vergewaltigung oder sonstige schwere Formen psychischer, physischer oder sexueller Gewalt erlitten haben, wird die erforderliche medizinische oder sonstige Hilfe gewährt.

Überblick

19   § 6 regelt die Voraussetzungen für die Gewährung sonstiger Leistungen für Leistungsberechtigte nach § 1 Abs. 1, also solcher, die nicht in §§ 3 und 4 bereits enthalten sind. Während sich Abs. 1 (→ Rn. 3 ff.) an alle nach § 1 Leistungsberechtigten wendet, erfasst Abs. 2 (→ Rn. 27 ff.) nur Personen mit Aufenthaltserlaubnissen nach § 24 AufenthG (Leistungsberechtigte nach § 1 Abs. 1 Nr. 3 lit. a). Die Regelung ist notwendig, da ein Rückgriff auf das SGB II (vgl. § 7 Abs. 1 S. 2 Nr. 3 SGB II) oder das SGB XII (vgl. §§ 9 Abs. 1 und 23 Abs. 2 SGB XII) außerhalb entsprechender Verweisungen im AsylbLG nicht möglich ist und weil die voranstehenden Regelungen – insbesondere § 3 – Pauschalleistungen auf niedrigem Niveau vorsehen, die auf den typischen Regelfall abgestellt sind. Es muss daher die Möglichkeit bestehen, weitergehende Leistungen in beschränktem Umfange zu gewähren. § 6 gilt in seiner Fassung durch das Gesetz v. 14.3.2005 (BGBl. I 721).

Übersicht

A. Bedeutung der Regelung und europarechtliche Bezüge

§ 6 Abs. 1 enthält einen **Auffangtatbestand** (vgl. etwa OVG NRW ZFSH/SGB 2002, 620 = **1** FEVS 54, 90; LSG NRW FEVS 60, 163 mwN; Wahrendorf Rn. 1; BeckOK SozR/Korff Rn. 1) zur Befriedigung besonderer Bedürfnisse eines Leistungsberechtigten nach § 1 Abs. 1 durch die zuständige Behörde. Die Leistungen nach § 6 Abs. 1 stellen also zusätzliche Leistungen im Einzelfall dar (BSG FEVS 64, 565 (567)). Die Vorschrift bezweckt aber keine generelle Ausweitung der beschränkten Leistungen nach §§ 3 und 4, sondern ist **restriktiv auszulegen** (so zu Recht: LSG NRW FEVS 60, 163 (164) mwN; SG Landshut ZFSH/SGB 2016, 216; Wahrendorf Rn. 2; BeckOK SozR/Korff Rn. 2; einschränkend Siefert/Krauß, Asylbewerberleistungsgesetz, 2020, Rn. 3). Sie soll im Einzelfall bestehende Sonderbedarfe abdecken (LSG Nds-Brem SAR 2012, 45). In seinem Urteil v. 18.7.2012 (BVerfGE 132, 134 Rn. 89 = NVwZ 2012, 1024) betont denn auch das BVerfG, dass § 6 Abs. 1 als Ausnahmebestimmung für den atypischen Bedarfsfall konzipiert und daher von vornherein nicht geeignet sei, strukturelle Leistungsdefizite im Regelbereich des § 3 zu kompensieren (vgl. auch SG Landshut BeckRS 2015, 72602, juris Rn. 21).

Unionsrechtlich ist § 6 zunächst an der Schutzgewährungs-RL (RL 2001/55/EG v. 20.7.2001, **2** ABl. 2001 L 212, 12) zu messen. Diese verdrängt in ihrem Anwendungsbereich die EU-Aufnahme-RL (RL 2013/33/EU v. 26.6.2013, ABl. L 180, 96; vgl. Art. 3 Abs. 3 EU-Aufnahme-RL). Den insofern maßgeblichen Vorgaben des Art. 13 Abs. 4 Schutzgewährungs-RL trägt Abs. 2 Rechnung. Da aber das Bestehen eines Massenzustroms von Vertriebenen und damit die Anwendbarkeit der Schutzgewährungs-RL nach Art. 5 Abs. 1 S. 1 Schutzgewährungs-RL durch einen Beschluss des Rates der EU festgestellt wird und ein solcher Beschluss bisher nicht ergangen ist, findet auch die Schutzgewährungs-RL – jedenfalls derzeit – keine Anwendung. Folglich ist § 6 – nicht anders als § 4 – zuvörderst an den Vorgaben der Aufnahme-RL zu messen. Hiermit steht die Norm im Einklang (zu Einzelheiten → § 4 Rn. 3).

B. Regelungsinhalt des § 6 Abs. 1

I. Sonstige Leistungen

Nach § 6 Abs. 1 S. 1 können sonstige Leistungen insbesondere gewährt werden, wenn sie im **3** Einzelfall zur Sicherung des Lebensunterhalts (Alt. 1) oder der Gesundheit unerlässlich (Alt. 2), zur Deckung besonderer Bedürfnisse von Kindern geboten (Alt. 3) oder zur Erfüllung einer verwaltungsrechtlichen Mitwirkungspflicht erforderlich (Alt. 4) sind. Die Norm weist eine ganze Reihe unbestimmter Rechtsbegriffe auf, die in **vollem Umfang gerichtlich nachprüfbar** sind.

Aus der Formulierung „sonstige Leistungen" folgt, dass es sich um eine Leistung an einen **4** Leistungsberechtigten nach § 1 Abs. 1 handeln muss, die nicht schon von § 3 oder 4 umfasst ist; denn § 6 Abs. 1 S. 1 dient nicht dazu, das abgesenkte Leistungsniveau auf dasjenige etwa das SGB XII anzuheben. Fällt ein Bedarf folglich unter §§ 3 oder 4, liegen aber die Voraussetzungen für einen Anspruch auf die entsprechenden Leistungen nicht vor, kann die Leistung auch nicht über § 6 Abs. 1 gewährt werden. Die Prüfung eines Anspruches nach § 6 Abs. 1 S. 1 hat also notwendigerweise damit zu beginnen, ob der geltend gemachte Bedarf unter §§ 3 oder 4 fällt (ebenso Wahrendorf Rn. 8; BeckOK SozR/Korff Rn. 5).

II. Begünstigter Personenkreis

5   Leistungen nach § 6 Abs. 1 erhalten nur gem. § 1 Abs. 1 leistungsberechtigte Personen. Ausgenommen sind Personen, die einer Leistungskürzung nach § 1a Abs. 2–7, § 5 Abs. 4, § 5a Abs. 3,
§ 5b Abs. 2 und § 11 Abs. 2a unterliegen, weil in diesen Fällen die Anwendbarkeit des § 6
ausdrücklich ausgeschlossen ist. Gleiches gilt für Analog-Leistungsberechtigte nach § 2.

III. Im Einzelfall

6   Sonstige Leistungen kommen nur „im Einzelfall" in Betracht. Maßgebend sind damit stets
die Umstände des konkreten Einzelfalles, mithin der konkrete, ggf. durch Geld-, Sach- oder
Dienstleistungen zu deckende (Sonder-) Bedarf (LSG Nds-Brem FEVS 66, 474 (476); Wahrendorf
Rn. 7). Das BSG hat daher völlig zu Recht betont, dass die Leistungsgewährung im AsylbLG in
einem weitaus größeren Maß von dem konkreten Bedarf des Leistungsberechtigten abhängig ist
als bei anderen Sozialleistungen (BSGE 109, 176 Rn. 23 = BeckRS 2012, 65431 Rn. 23; BSG
Urt. v. 28.3.2013 – B 4 AY 12/12, juris Rn. 32 zu den Unterschieden der Leistungssysteme des
SGB II und des AsylbLG; LSG Nds-Brem FEVS 66, 474 (477)). **§ 6 Abs. 1 ist als Ausnahmevorschrift für atypische Bedarfe konzipiert** (BVerfGE 132, 134 = NVwZ 2012, 1024).

7   Eine Auslegung der Tatbestandsvoraussetzungen des § 6 Abs. 1 S. 1 in Richtung auf eine
typisierende Betrachtung, womit auch solche Leistungen erbracht werden dürfen, die bei bestimmten Leistungsberechtigten regelmäßig anfallen, würde daher dem Sinn und Zweck des § 6 Abs. 1
S. 1 als Auffangvorschrift nicht gerecht (NdsOVG FEVS 49, 549; OVG NRW FEVS 54, 90) und
ist folglich unzulässig. Es verbietet sich daher, sonstige – nicht von §§ 3, 4 erfasste – Leistungen
an Asylbewerber allein deshalb zu gewähren, weil sie zB einer bestimmten Altersgruppe angehören
und bei dieser in der Regel ein entsprechender Bedarf gegeben ist. Dem entsprechend kommt
zB die Anerkennung eines pauschalierten Mehrbedarfs für Alleinerziehende über § 6 Abs. 1 nicht
in Betracht (vgl. BSG FEVS 71, 1; SächsLSG BeckRS 2017, 144642 Rn. 19; sa BayLSG ZFSH/
SGB 2017, 703: auch keine analoge Anwendung von § 30 Abs. 3 SGB XII; ferner SG Landshut
BeckRS 2015, 72602; 2015, 71454 = SAR 2015, 129). Das ist verfassungsrechtlich – auch mit
Blick auf § 2 Abs. 1 – unbedenklich (LSG Nds-Brem FEVS 66, 474 (476 f.)).

IV. Die Fallgruppen des Abs. 1

8   § 6 Abs. 1 regelt, dass sonstige Leistungen „insbesondere gewährt werden" und nennt vier
Fälle. Das Wort „insbesondere" verdeutlicht dabei, dass es sich nur um eine **beispielhafte** und
nicht um eine abschließende Aufzählung handelt (so schon SchlHOVG FEVS 49, 325). Allerdings
wird insoweit zu fordern sein, dass andere als die in § 6 Abs. 1 S. 1 genannten Bedarfe ein ähnliches
Gewicht besitzen müssen wie die in Abs. 1 S. 1 genannten (vgl. auch VG Münster Urt. v.
3.2.1998 – 5 K 2754/97, nv: weitere sonstige Leistungen nur in eng begrenzten Ausnahmefällen;
zu Einzelheiten → Rn. 20 f.). An die Prüfung von §§ 3 und 4 schließt sich somit die Prüfung
an, ob es sich bei dem geltend gemachten Bedarf um einen beispielhaft genannten oder um einen
sonstigen, unbenannten Bedarf handelt.

1. Zur Sicherung des Lebensunterhalts unerlässlich (Alt. 1)

9   Nach § 6 Abs. 1 S. 1 Alt. 1 können Leistungen gewährt werden, wenn sie im Einzelfall zur
Sicherung des Lebensunterhalts unerlässlich sind. Mit dem Begriff „unerlässlich" beschränkt das
Gesetz Leistungen auf solche, die zur Sicherung des Lebensunterhaltes unverzichtbar sind (LSG
NRW ASYLMAGAZIN 2014, 401, juris Rn. 40 = BeckRS 2014, 70790 mwN). Das ist der
Fall, wenn unter Berücksichtigung sämtlicher Umstände des Einzelfalles und unter Einbeziehung
grundrechtlicher Belange das Existenzminimum unterschritten würde oder die konkrete Gefahr
seiner Unterschreitung bestünde. Zu berücksichtigen sind insbesondere die Qualität des betroffenen Rechts, das Ausmaß und die Intensität der tatsächlichen Beeinträchtigung im Falle der Leis-
tungsablehnung, die hiesigen Lebensverhältnisse, die voraussichtliche Dauer des (weiteren) Aufenthaltes in Deutschland, gleich geeignete und kostengünstigere Leistungen sowie die Möglichkeit
einer anderweitigen Bedarfsdeckung (LSG NRW ASYLMAGAZIN 2014, 401, juris Rn. 40 =
BeckRS 2014, 70790 mwN).

10   Für unerlässliche Leistungen zur Sicherung des Lebensunterhalts stellt die Gesetzesbegründung
auf außergewöhnliche Umstände ab, und nennt Bedarfe wie beispielsweise einen Todesfall, einen
besonderen Hygienebedarf oder körperliche Beeinträchtigungen (vgl. Regierungsentwurf, BT-
Drs. 13/2746, 16; sa BeckOK SozR/Korff Rn. 6). Über § 6 Abs. 1 S. 1 Alt. 1 kommen daher

zB zusätzliche Leistungen bei Schwangerschaft in Betracht, die nicht unter § 4 fallen. Die Schwangere trifft insofern aber eine Darlegungslast hinsichtlich des im Einzelnen erforderlichen Mehrbedarfs (vgl. LSG NRW BeckRS 2016, 111904 Rn. 4).

2. Zur Sicherung der Gesundheit unerlässlich (Alt. 2)

Gemäß § 6 Abs. 1 S. 1 Alt. 2 können ferner Leistungen gewährt werden, die zur Sicherung **11** der Gesundheit unerlässlich sind. Damit ist zunächst der Anwendungsbereich des § 4 angesprochen. Die begehrten Leistungen dürfen daher nicht schon von § 4 erfasst sein. Da nach § 4 Abs. 1 Leistungen nur bei akuten Erkrankungen und bei Schmerzzuständen zu erbringen sind, erfasst § 6 Abs. 1 S. 1 Alt. 2 vor allem Fälle der chronischen, aber nicht mit Schmerzen verbundenen Erkrankungen (vgl. OVG MV FEVS 56, 162 (164)).

Die Leistungen müssen zudem zur Sicherung der Gesundheit **unerlässlich** sein. Hierfür kommt **12** es entscheidend darauf an, ob der geltend gemachte Bedarf nach medizinischen Maßstäben unverzüglich und noch während des voraussichtlichen Aufenthalts des Ausländers in Deutschland zu decken ist (jurisPK-SGB XII Rn. 57 ff.; BeckOK SozR/Korff Rn. 10). Vor dem Hintergrund der von § 4 Abs. 1 S. 1 erfassten Fallgestaltungen können dabei nicht nur Maßnahmen zur Beseitigung akuter Krankheitszustände in Betracht kommen, sondern auch und gerade solche, die unabhängig von der aktuellen Situation den Gesundheitszustand erhalten bzw. eine Verschlechterung verhindern sollen (LSG NRW info also 2014, 32, juris Rn. 66), soweit sie nicht – wie etwa Schutzimpfungen entsprechend §§ 47, 52 Abs. 1 S. 1 SGB XII und medizinisch gebotene Vorsorgeuntersuchungen – von § 4 erfasst werden.

Zur Sicherung der **Gesundheit** kann es unerlässlich sein, bei pflegebedürftigen Personen pfle- **13** gerische Hilfsmittel und Pflegesachleistungen (wie zB die Übernahme der erforderlichen Kosten für einen Pflegedienst oder ein Pflegeheim) zu gewähren (BSG FEVS 64, 565 (568); BVerwG FEVS 53, 1). Ferner kann die Gewährung von **Eingliederungshilfe** für behinderte Menschen (SchlHOVG FEVS 49, 325), die vollstationäre Unterbringung bei einer entsprechend schweren psychischen Erkrankung (VG Augsburg NVwZ-Beil. 2001, 46) oder auch die Übernahme der Kosten einer psychotherapeutischen Behandlung (NdsOVG BeckRS 2004, 23540 = FEVS 56, 267 = SAR 2004, 129; aA SG Landshut ZFSH/SGB 2016, 216, juris Rn. 38 = BeckRS 2016, 65330) als sonstige Leistung von § 6 Abs. 1 S. 1 erfasst sein. Erforderlich hierfür ist aber zumindest auch, dass fachärztlich attestiert wird, dass gleichwertige, kostengünstigere Behandlungsmaßnahmen nicht zur Verfügung stehen (NdsOVG BeckRS 2004, 23540 = FEVS 56, 267 (269) = SAR 2004, 129 mwN).

Dagegen fallen zB **Schönheitsoperationen** grundsätzlich nicht unter § 6 Abs. 1. Ferner **14** besteht kein Anspruch auf eine medizinisch nicht eindeutig indizierte bzw. aufschiebbare Behandlungsform (OVG MV FEVS 56, 162). Auch die Gewährung von (pauschaliertem) **Pflegegeld** (vgl. § 64 SGB XII) wird – anders als die Gewährung von Pflegesachleistungen (vgl. BayVGH FEVS 53, 45 (48)) – **nicht** von § 6 Abs. 1 S. 1 Alt. 2 gedeckt, denn ein pauschaliertes Pflegegeld wäre ausgehend vom Sachleistungsprinzip des § 6 Abs. 1 S. 2 systemfremd (BSG FEVS 64, 565 (568); ferner BVerwG FEVS 53, 1).

3. Zur Deckung besonderer Bedürfnisse von Kindern geboten (Alt. 3)

Nach Abs. 1 S. 1 Alt. 3 können sonstige Leistungen erbracht werden soweit sie zur Deckung **15** besonderer Bedürfnisse bei Kindern geboten sind. Insofern ist insbesondere § 3 Abs. 3 in den Blick zu nehmen, der auf §§ 34, 34a und 34b SGB XII verweist. Bedarfe, die in den Anwendungsbereich dieser Normen fallen, können daher nicht mehr über § 6 Abs. 1 S. 1 Alt. 3 befriedigt werden.

Zu beachten ist ferner § 9 Abs. 2, der Leistungen anderer Sozialleistungsträger unberührt **16** lässt. Damit sind **Jugendhilfeleistungen** nach Maßgabe des SGB VIII (s. hierzu Siefert/Krauß, Asylbewerberleistungsgesetz, 2020, Rn. 46 ff.) und nicht nach dem AsylbLG zu erbringen (vgl. grdl. BVerwGE 109, 155 = NVwZ 2000, 325 = FEVS 51, 152).

Soweit danach besondere – ungedeckte – Bedarfe von Kindern (= Minderjährige, § 2 BGB) **17** bestehen, müssen die Leistungen zur Deckung dieser Bedarfe geboten sein. Das ist „weniger" als unerlässlich, aber mehr als „nützlich".

4. Zur Erfüllung einer verwaltungsrechtlichen Mitwirkungspflicht erforderlich (Alt. 4)

Abs. 1 S. 1 Alt. 4 sieht schließlich die Möglichkeit einer Leistungsgewährung vor bei Bedarfen **18** zur Erfüllung einer verwaltungsrechtlichen Mitwirkungspflicht. Hierunter fallen alle dem Verwaltungsrecht zurechenbaren Mitwirkungspflichten (LSG NRW FEVS 60, 163 (164); im Ergebnis ebenso Siefert/Krauß, Asylbewerberleistungsgesetz, 2020, Rn. 51; offen bei Wahrendorf Rn. 27). Insbesondere erfasst sind aber Mitwirkungspflichten, die sich aus dem AsylbLG, dem AsylG, dem AufenthG und aus den Verwaltungsverfahrensgesetzen der Länder ergeben (LSG NRW FEVS 60, 163 (164)). Ein sachlicher Zusammenhang der Mitwirkungspflicht mit der Leistungsgewährung nach dem AsylbLG ist dabei nicht erforderlich (ebenso LSG NRW BeckRS 2008, 53470 = FEVS 60, 163 (166); jurisPK-SGB XII Rn. 92; Wahrendorf Rn. 27; Schellhorn/Hohm/Scheider, SGB XII, 19. Aufl. 2015, Rn. 27; **aA** VG Düsseldorf BeckRS 2006, 20388, juris Rn. 26; SG Hannover ZfF 2008, 275; Deibel ZAR 1995, 57 (63 f.); 1998, 28 (32); Linhart/Adolph/Gröschel-Gundermann, Sozialgesetzbuch II/Sozialgesetzbuch XII/AsylbLG, Rn. 31).

19   Unter Abs. 1 S. 1 Alt. 4 werden üblicherweise Kosten einer **Passbeschaffung** subsumiert (BayObLG FamRZ 2003, 405; SG Bremen SAR 2011, 22; SG Hamburg SAR 2011, 129; Deibel ZAR 1995, 57 (64)). Soweit hierfür die Einschaltung eines Vertrauensanwaltes erforderlich ist, können die hierfür anfallenden Kosten ebenfalls unter Abs. 1 S. 1 Alt. 4 fallen (VG Aachen BeckRS 2016, 56105, juris Rn. 33). Gleiches gilt für im Zusammenhang mit der Passbeschaffung entstehende Fahrtkosten zum Konsulat (BeckOK SozR/Korff Rn. 16).

5. Weitere Fallgruppen

20   Da die Aufzählung in Abs. 1 S. 1 nicht abschließend ist, sind weitere Fallgruppen denkbar, in denen sonstige Leistungen nach § 6 Abs. 1 S. 1 in Betracht kommen. Sie setzen aber eine zu den Beispielsfällen vergleichbare Bedarfslage voraus (vgl. → Rn. 8). Damit muss es sich zunächst um einen anerkennenswerten Bedarf handeln, der nicht schon von §§ 3 oder 4 erfasst wird. Ein Bedarf, der auch über § 2 oder § 23 SGB XII nicht zu decken ist, kann erst recht nicht über § 6 Abs. 1 S. 1 gedeckt werden (Deibel ZAR 1994, 59 (63)), weil die (abgesenkten) Leistungen des AsylbLG keinen größeren, bedarfsdeckenden Umfang aufweisen können, als die Leistungen, die für nach § 2 AsylbLG oder § 23 SGB XII leistungsberechtigte Ausländer zu erbringen sind. Gleiches gilt für einen Bedarf, der nicht von § 8 SGB XII erfasst wird (Deibel ZAR 1994, 59 (63)).

21   Die begehrten Leistungen müssen zudem entweder unerlässlich, geboten oder zumindest erforderlich sein. Die bloße Nützlichkeit oder Zweckmäßigkeit einer Leistung oder die Gewährung bestimmter Annehmlichkeiten (wie zB Kosten für eine Familienfeier) fallen folglich nicht hierunter.

V. Rechtsfolge

1. Ermessen

22   Wie sich aus der Formulierung „können" ergibt, steht die Leistungsgewährung an sich im (pflichtgemäßen; vgl. § 40 VwVfG bzw. Landesrecht) **Ermessen** der zuständigen Behörde (vgl. auch Deibel ZAR 1998, 28 (32)). An dieser gesetzlichen Formulierung führt zunächst kein Weg vorbei (so zutr. Wahrendorf Rn. 13). Folglich hat die Behörde dieses Ermessen nicht nur hinsichtlich des „Ob" der Leistungsgewährung" (sog. Entschließungsermessen), sondern auch hinsichtlich des „Wie" unter Berücksichtigung der Besonderheiten des konkreten Einzelfalls auszuüben.

23   In der Literatur (vgl. etwa Hohm, Gemeinschaftskommentar zum Asylbewerberleistungsgesetz, Rn. 11; Siefert/Krauß, Asylbewerberleistungsgesetz, 2020, Rn. 18 ff.; offen bei BeckOK SozR/Korff Rn. 3) und in Teilen der Rechtsprechung (s. zB LSG NRW FEVS 60, 163 (167); OVG MV FEVS 56, 162 (164); VG Augsburg NVwZ-Beil. 2001, 46 (47); VG Düsseldorf BeckRS 2001, 160180; aA VG Sigmaringen BeckRS 2004, 24541 = SAR 2004, 48) wird die Auffassung vertreten, dass sich jedenfalls das Entschließungsermessen im Fall des Vorliegens einer der in § 6 Abs. 1 S. 1 ausdrücklich genannten Beispielsfälle stets auf null reduziere mit der Folge, dass die begehrte Leistung zwingend zu erbringen und nur noch bezüglich Art und Höhe der Leistung im Ermessenswege zu entscheiden sei. Das überzeugt in dieser Pauschalität nicht und widerspricht auch dem eindeutigen Willen des Gesetzgebers sowie den Aussagen des BVerfG im Urteil v. 18.7.2012 („Ermessensnorm"). Näher liegt es vielmehr, insofern von einem sog. **intendierten (Entschließungs-) Ermessen** auszugehen. Von einem intendierten (bzw. gelenkten) Ermessen wird gesprochen, wenn es sich um eine Ermessensbetätigung handelt, „deren Richtung vom Gesetz vorgezeichnet ist [...], bei der also ein bestimmtes Ergebnis dem Gesetz nähersteht, sozusagen im Gesetz gewollt ist und davon nur ausnahmsweise abgesehen werden darf" (vgl. etwa BeckOK VwGO/Decker VwGO § 114 Rn. 8 mwN; Schoch JURA 2004, 462 (465)). Folglich

müssen besondere Gründe vorliegen, um eine gegenteilige Entscheidung zu rechtfertigen (vgl. BVerwGE 105, 55 = NJW 1998, 2233). Das passt auch auf § 6 Abs. 1 S. 1. Durch die Beispielsfälle gibt der Gesetzgeber die Richtung hin auf eine Leistungsgewährung vor, will den zuständigen Leistungsträger gleichwohl nicht strikt binden, sondern ihm Raum für eigene Ermessenserwägungen lassen, um in atypischen Fallkonstellationen hierauf angemessen reagieren zu können; andernfalls hätte er nicht „können", sondern „sind" formulieren müssen. Die Anwendung des Rechtsinstituts des intendierten Entschließungsermessens dürfte daher der ratio des § 6 Abs. 1 S. 1 eher gerecht werden als die dogmatisch fragwürdige pauschale Annahme einer Ermessensreduzierung auf Null. Vor diesem Hintergrund wird der zuständige Leistungsträger in der Regel nur noch im Wege des Auswahlermessens über Art und Höhe der Leistung zu entscheiden haben, wobei er bezüglich der Art der Leistungsgewährung die gesetzliche Vorgabe des § 6 Abs. 1 S. 2 zu beachten hat.

Soweit es um Leistungen für einen nicht unter die Beispielsfälle des Abs. 1 S. 1 fallenden **24** Bedarf geht, verbleibt es hingegen bei einem uneingeschränkten Ermessensspielraum für den Leistungsträger, mithin auch im Rahmen des Entschließungsermessens, denn hier fehlt gerade die gesetzgeberische „Richtungsvorgabe".

2. Sach- oder Geldleistung (§ 6 Abs. 1 S. 2)

Gemäß § 6 Abs. 1 S. 2 sind sonstige Leistungen vorrangig als Sachleistungen, bei Vorliegen **25** besonderer Umstände als Geldleistung zu gewähren. § 6 Abs. 1 S. 2 normiert damit einen uneingeschränkten Vorrang der Sach- vor der Geldleistung. Hierdurch tritt die Geldleistung lediglich an die Stelle der eigentlich zu erbringenden Sachleistung. Daraus folgt zwingend, dass ein Anspruch auf Geldleistungen nur bestehen kann, wenn die leistungsberechtigte Person tatsächlich Aufwendungen hat, und dass Geldleistungen nur in der Höhe der tatsächlichen Aufwendungen zu erbringen sind (BSG FEVS 64, 565; sa LSG NRW BeckRS 2011, 69786).

Liegen besondere Umstände vor, **sind** die Leistungen als Geldleistungen zu erbringen. Der **26** Leistungsträger ist damit zur Geldleistung verpflichtet. Einen Ermessensspielraum hat er insofern nicht. Besondere Umstände iSv § 6 Abs. 1 S. 2 sind etwa anzunehmen, wenn die zuständige Behörde außerstande wäre, die erforderlichen Sachleistungen, zB in Form von Pflegesachleistungen, zu erbringen, oder aber, wenn allein durch Geldleistungen der unerlässliche Lebensunterhalt, zB in Form der unerlässlichen Pflege, zu leisten wäre (BayVGH BeckRS 2000, 19983), oder wenn eine begehrte Pflegesachleistung vom Leistungsträger nicht rechtzeitig erbracht und deshalb vom Hilfebedürftigen entgeltlich durch Dritte beschafft wird (BVerwG FEVS 53, 1 (2)).

C. Regelungsinhalt des § 6 Abs. 2

§ 6 Abs. 2 enthält einen speziellen, auf die Inhaber von Aufenthaltserlaubnissen nach § 24 **27** Abs. 1 AufenthG (Anspruchsberechtigte nach § 1 Abs. 1 Nr. 3 lit. a) zugeschnittenen Tatbestand zur Befriedigung „besonderer Bedürfnisse". Da eine Aufenthaltserlaubnis nach § 24 Abs. 1 AufenthG einen Beschluss des Rates der EU gemäß der Schutzgewährungs-RL (RL 2001/55/EG v. 20.7.2001, ABl. 2001 L 212, 12) voraussetzt, ein solcher Beschluss aber bisher nicht ergangen ist, hat § 6 Abs. 2 bisher keine praktische Bedeutung erlangt (vgl. Siefert/Krauß, Asylbewerberleistungsgesetz, 2020, Rn. 8).

Voraussetzung für einen Anspruch nach § 6 Abs. 2 ist zunächst, dass der Betroffene **Inhaber** **28** **einer Aufenthaltserlaubnis nach § 24 Abs. 1 AufenthG** ist; die Regelung korrespondiert mit § 1 Abs. 1 Nr. 3 lit. a (zu Einzelheiten siehe daher die Erläuterungen bei → § 1 Rn. 10 ff.). Inhaber anderer Aufenthaltserlaubnisse als solcher nach § 24 Abs. 1 AufenthG fallen folglich nicht unter die Regelung. § 6 Abs. 2 ist daher auf einen sehr eng begrenzten Personenkreis zugeschnitten.

Des Weiteren muss die Aufenthaltserlaubnis **erteilt** sein. Solange dies (noch) nicht geschehen **29** ist, besteht (noch) kein Anspruch nach § 6 Abs. 2. Das folgt aus dem eindeutigen Wortlaut „eine Aufenthaltserlaubnis [...] besitzen" (so auch in § 1 Abs. 1 Nr. 3 lit. a). Die Erteilung einer Aufenthaltserlaubnis nach § 24 Abs. 1 AufenthG erfordert dabei in jedem Fall einen vorausgehenden Beschluss des Rates der EU (vgl. Art. 237–243 AEUV). Ohne einen solchen Beschluss kann eine Aufenthaltserlaubnis nach § 24 Abs. 1 AufenthG nicht erteilt werden. Da über die Ausländer, die Schutz nach § 24 Abs. 1 AufenthG genießen, das Bundesamt für Migration und Flüchtlinge (Bundesamt) gem. §§ 91a f. AufenthG ein Register führt, kann im Zweifel durch eine entsprechende Anfrage beim Bundesamt sehr schnell geklärt werden, ob der Anspruchsteller diese Voraussetzung erfüllt.

Schließlich ist erforderlich, dass der Anspruchsteller **„besondere Bedürfnisse"** hat. Das **30** Gesetz knüpft dabei in Abs. 2, ohne den unbestimmten Rechtsbegriff der „besonderen Bedürfnisse" zu definieren, an die Regelung in Abs. 1 S. 1 an, und liefert gleichzeitig einige Beispielsfälle (vgl. Wortlaut „wie beispielsweise"), in welchen von Gesetzes wegen vom Vorliegen eines besonderen Bedürfnisses ausgegangen wird (unbegleitete Minderjährige oder Personen, die Folter, Vergewaltigung oder sonstige Formen psychischer, physischer oder sexueller Gewalt erlitten haben). Da es sich um eine beispielhafte Aufzählung handelt, sind auch andere besondere Bedürfnisse denkbar. Diese müssen jedoch mit den beispielhaft genannten besonderen Bedürfnissen vergleichbar und diesen gleichgewichtig sein.

31   Sind die genannten Voraussetzungen erfüllt, so **soll** die erforderliche Hilfe gewährt werden. Durch die Formulierung „soll" wird die für den Regelfall zu fällende Entscheidung vorgegeben. Der Behörde wird jedoch gleichzeitig die Möglichkeit eingeräumt, im atypischen Fall davon abzuweichen (sog. **gebundenes Ermessen;** vgl. hierzu etwa BeckOK VwGO/Decker VwGO § 114 Rn. 7). Die Ermessensermächtigung steht gewissermaßen unter der Bedingung, dass ein atypischer Fall vorliegt. Bei Vorliegen eines Regelfalls verbleibt der zuständigen Behörde daher kein Ermessen (BVerwGE 94, 35 (44) = BeckRS 9998, 170403); die Leistung muss erbracht werden.

32   Zu gewähren sind die **erforderlichen** Hilfen. Die Hilfe muss also notwendig sein. Die bloße Nützlichkeit oder Zweckmäßigkeit einer Leistung reicht nicht aus. Im Zweifel ist auch insoweit ein (Amts-) Arzt hinzuzuziehen. Als **Hilfearten** nennt § 6 Abs. 2 an erster Stelle die **medizinische Hilfe,** also zB Untersuchungen, Behandlungen, Versorgung mit Medikamenten etc. Daneben sollen aber auch **sonstige** (erforderliche) **Hilfen** gewährt werden. Das entscheidet sich nach den Besonderheiten des konkreten Einzelfalles.

§ 6a Erstattung von Aufwendungen anderer

¹Hat jemand in einem Eilfall einem anderen Leistungen erbracht, die bei rechtzeitigem Einsetzen von Leistungen nach den §§ 3, 4 und 6 nicht zu erbringen gewesen wären, sind ihm die Aufwendungen in gebotenem Umfang zu erstatten, wenn er sie nicht auf Grund rechtlicher oder sittlicher Pflicht selbst zu tragen hat. ²Dies gilt nur, wenn die Erstattung innerhalb angemessener Frist beim zuständigen Träger des Asylbewerberleistungsgesetzes beantragt wird.

1   § 6a normiert – vergleichbar § 25 SGB XII – den sog. Nothelferanspruch. Die Vorschrift wurde durch das Gesetz v. 10.12.2014 (BGBl. I 2187) in das AsylbLG eingefügt und blieb seither unverändert.

2   § 6a entspricht praktisch wörtlich § 25 SGB XII. Die Vorschrift steht in engem Zusammenhang mit § 6b, wonach der Kenntnisgrundsatz des § 18 SGB XII im Asylbewerberleistungsrecht entsprechend anwendbar ist und trägt der Rechtsprechung des BSG (FEVS 63, 454 = BeckRS 2011, 77494) Rechnung. Danach ist eine direkte oder analoge Anwendung des § 25 SGB XII im Asylbewerberleistungsrecht ausgeschlossen.

3   § 6a S. 1 sieht einen Anspruch des Nothelfers gegen den zuständigen Träger des AsylbLG (S. 2) vor in den Fällen, in denen einem Leistungsberechtigten nach § 1 Grundleistungen nach §§ 3, 4 und / oder § 6 zu gewähren gewesen wären. Hiermit wird die durch die Rechtsprechung des BSG (→ Rn. 2) entstandene Lücke geschlossen.

4   Aufgrund seiner systematischen Stellung und ausweislich des klaren Wortlauts („Leistungen nach den §§ 3, 4 und 6") gilt die Norm nicht für die nach § 2 Leistungsberechtigten, zumal § 2 Abs. 1 selbst formuliert „Abweichend von den §§ 3 und 4 sowie 6 bis 7" (wegen weiterer Einzelheiten s. die Kommentierung in Oestreicher/Decker SGB XII § 25 Rn. 1 ff., die hier entsprechend gilt).

§ 6b Einsetzen der Leistungen

Zur Bestimmung des Zeitpunkts des Einsetzens der Leistungen nach den §§ 3, 4 und 6 ist § 18 des Zwölften Buches Sozialgesetzbuch entsprechend anzuwenden.

Überblick

Durch den in § 6b enthaltenen Verweis auf § 18 SGB XII wird geregelt, dass der sog. „Kenntnisgrundsatz" des Sozialhilferechts auch im AsylbLG Anwendung findet. Die Vorschrift wurde durch das Gesetz v. 10.12.2014 (BGBl. I 2187) in das AsylbLG eingefügt und blieb seither unverändert.

A. Einführung

Mit § 6b soll der Rechtsprechung des BSG (FEVS 63, 454) Rechnung getragen werden, **1** wonach der Kenntnisgrundsatz des § 18 SGB XII im Asylbewerberleistungsrecht nicht analog anwendbar ist, womit auch eine analoge Anwendung des § 25 SGB XII (Nothelferanspruch) ausscheide. In der Begründung des Gesetzentwurfes (BT-Drs. 18/2592, 26) heißt es dabei zur Einfügung des § 6b, dass durch den Verweis auf § 18 SGB XII ein Gleichlauf des Leistungsbeginns für Bezieher von Grundleistungen nach §§ 3 ff. und für Bezieher von Leistungen entsprechend dem SGB XII sichergestellt werde. Für Letztere ordne § 2 Abs. 1 die entsprechende Geltung des § 18 SGB XII an. Es erscheint jedoch zweifelhaft, ob diese Annahme zutrifft. Jedenfalls gehen Teile der Rechtsprechung (vgl. NdsOVG BeckRS 2001, 18013; OVG NRW BeckRS 2009, 35692) und der Literatur (vgl. Mergler/Zink, Handbuch der Grundsicherung und Sozialhilfe, Teil II, § 2 Rn. 42; Hohm, Gemeinschaftskommentar zum Asylbewerberleistungsgesetz, § 2 Rn. 117 noch zu § 5 BSHG) zu Recht davon aus, dass § 18 SGB XII auf die sog. Analog-Leistungen keine Anwendung findet, weil es sich auch bei Analog-Leistungen nicht um Sozialhilfe nach dem SGB XII handelt, sondern um Leistungen nach dem AsylbLG (vgl. LPK-SGB XII/Birk § 2 Rn. 2). Das wiederum bedeutet, dass für Analog-Leistungen § 22 VwVfG bzw. entsprechendes Landesrecht gilt. Soweit in der Literatur von der Anwendbarkeit des § 18 SGB XII auf Analog-Leistungen ausgegangen (vgl. etwa jurisPK-SGB XII § 2 Rn. 125; offen bei Wahrendorf § 2 Rn. 43) und zur Begründung auf die dargestellte Gesetzesbegründung abgestellt wird, wodurch anders lautende Rechtsprechung überholt sei (so jurisPK-SGB XII § 2 Rn. 125), vermag dies schon deshalb nicht zu überzeugen, weil im Gesetzgebungsverfahren geäußerte Ansichten, die im Gesetz selbst keinen Niederschlag gefunden haben, nicht maßgeblich sind. Zur verbindlichen Auslegung einer Norm ist vielmehr die rechtsprechende Gewalt berufen. Der Gesetzgeber ist dagegen zur authentischen Interpretation von Vorschriften nicht befugt (BVerfGE 135, 1 Rn. 45 = BeckRS 2014, 47561; BVerwG ZfBR 2018, 158 = BeckRS 2017, 135038 Rn. 9).

Das BSG hat sich zu dieser Frage noch nicht geäußert. Im Urteil v. 30.10.2013 (FEVS 65, **2** 454 = BeckRS 2014, 66096) musste es die Frage nicht beantworten, weil nach den tatsächlichen Feststellungen des Landessozialgerichts die Voraussetzungen des § 2 nicht vorlagen; der Hilfeempfänger hatte die Aufenthaltsdauer rechtsmissbräuchlich selbst beeinflusst, indem er zunächst eine falsche Staatsangehörigkeit angegeben hatte, später war er untergetaucht (BSG FEVS 65, 454 (457 f.) = BeckRS 2014, 66096). Im Urteil v. 17.6.2008 (FEVS 60, 248 = BeckRS 2008, 56152 Rn. 17) hat es das Problem angedeutet, die Frage aber – da nicht entscheidungserheblich – offen gelassen. Da nach § 2 Abs. 1 abweichend von §§ 3 und 4 sowie §§ 6–7 Leistungen erbracht werden, findet damit § 6b auf die Analog-Leistungen keine Anwendung. Damit gilt für Analog-Leistungen § 22 VwVfG bzw. Landesrecht, für Grundleistungen dagegen der Kenntnisgrundsatz des § 18 SGB XII. Ein wenig überzeugendes Ergebnis (vgl. Oestreicher/Decker Rn. 4).

B. Regelungsgegenstand

Nach § 6b ist zur Bestimmung des Zeitpunkts des Einsetzens der Leistungen nach den §§ 3, **3** 4 und 6 der in § 18 SGB XII normierte Kenntnisgrundsatz entsprechend anzuwenden. Das bedeutet, dass nicht mehr § 22 VwVfG bzw. Landesrecht einschlägig ist, sondern dass es für den Zeitpunkt des Leistungsbeginns, also die Entstehung des Leistungsverhältnisses (vgl. LSG Bbg ZFSH/SGB 2021, 151 (159)) auf die Kenntnis der Hilfebedürftigkeit durch den zuständigen Leistungsträger ankommt.

Kenntnis iSv § 18 Abs. 1 SGB XII setzt die positive Kenntnis aller Tatsachen voraus, die den **4** Leistungsträger in die Lage versetzen, die Leistung zu erbringen. Es ist nicht erforderlich, dass der Leistungsträger bereits Kenntnis der konkreten Höhe oder vom genauen Umfang der Leistung hat (vgl. BSG FEVS 64, 70; LSG Bbg ZFSH/SGB 2021, 151 (159)). Für das Einsetzen der Leistung genügt es, wenn er Kenntnis vom Bedarfsfall als solchem hat, d.h. ihm erstens der Bedarf und zweitens die Hilfebedürftigkeit bekannt werden (vgl. LSG NRW ZFSH/SGB 2015, 55 unter Bezugnahme auf BSG FEVS 64, 10). Die Kenntnis muss sich auf den konkreten Einzelfall beziehen und wird nicht allein dadurch vermittelt, dass die Entstehung eines sozialhilferechtlichen Bedarfs in bestimmten Situationen „üblich" ist (vgl. HmbLSG BeckRS 2017, 109970 = SAR 2017, 94 mwN; zu weiteren Einzelheiten s. Oestreicher/Decker SGB XII § 18 Rn. 1 ff.).

§ 7 Einkommen und Vermögen

(1) [1]**Einkommen und Vermögen, über das verfügt werden kann, sind von dem Leistungsberechtigten und seinen Familienangehörigen, die im selben Haushalt leben, vor**

Eintritt von Leistungen nach diesem Gesetz aufzubrauchen. [2]§ 20 des Zwölften Buches Sozialgesetzbuch findet entsprechende Anwendung. [3]Bei der Unterbringung in einer Einrichtung, in der Sachleistungen gewährt werden, haben Leistungsberechtigte, soweit Einkommen und Vermögen im Sinne des Satzes 1 vorhanden sind, für erhaltene Leistungen dem Kostenträger für sich und ihre Familienangehörigen die Kosten in entsprechender Höhe der in § 3a Absatz 2 genannten Leistungen sowie die Kosten der Unterkunft, Heizung und Haushaltsenergie zu erstatten; für die Kosten der Unterkunft, Heizung und Haushaltsenergie" können die Länder Pauschalbeträge festsetzen oder die zuständige Behörde dazu ermächtigen.

(2) Nicht als Einkommen nach Absatz 1 zu berücksichtigen sind:
1. Leistungen nach diesem Gesetz,
2. eine Grundrente nach dem Bundesversorgungsgesetz und nach den Gesetzen, die eine entsprechende Anwendung des Bundesversorgungsgesetzes vorsehen,
3. eine Rente oder Beihilfe nach dem Bundesentschädigungsgesetz für Schaden an Leben sowie an Körper oder Gesundheit bis zur Höhe der vergleichbaren Grundrente nach dem Bundesversorgungsgesetz,
4. eine Entschädigung, die wegen eines Schadens, der nicht Vermögensschaden ist, nach § 253 Absatz 2 des Bürgerlichen Gesetzbuchs geleistet wird,
5. eine Aufwandsentschädigung nach § 5 Absatz 2,
6. eine Mehraufwandsentschädigung, die Leistungsberechtigten im Rahmen einer Flüchtlingsintegrationsmaßnahme im Sinne von § 5a ausgezahlt wird und
7. ein Fahrtkostenzuschuss, der den Leistungsberechtigten von dem Bundesamt für Migration und Flüchtlinge zur Sicherstellung ihrer Teilnahme an einem Integrationskurs nach § 43 des Aufenthaltsgesetzes oder an der berufsbezogenen Deutschsprachförderung nach § 45a des Aufenthaltsgesetzes gewährt wird.

(3) [1]Einkommen aus Erwerbstätigkeit bleiben bei Anwendung des Absatzes 1 in Höhe von 25 vom Hundert außer Betracht, höchstens jedoch in Höhe von 50 vom Hundert der maßgeblichen Bedarfsstufe des Geldbetrags zur Deckung aller notwendigen persönlichen Bedarfe nach § 3a Absatz 1 und des notwendigen Bedarfs nach § 3a Absatz 2, jeweils in Verbindung mit § 3a Absatz 4. [2]Erhält eine leistungsberechtigte Person mindestens aus einer Tätigkeit Bezüge oder Einnahmen, die nach § 3 Nummer 12, 26, 26a oder 26b des Einkommensteuergesetzes steuerfrei sind, ist abweichend von Satz 1 ein Betrag von bis zu 250 Euro monatlich nicht als Einkommen zu berücksichtigen. [3]Von den Einkommen nach Absatz 1 Satz 1 sind ferner abzusetzen
1. auf das Einkommen entrichtete Steuern,
2. Pflichtbeiträge zur Sozialversicherung einschließlich der Beiträge zur Arbeitsförderung,
3. Beiträge zu öffentlichen oder privaten Versicherungen oder ähnlichen Einrichtungen, soweit diese Beiträge gesetzlich vorgeschrieben sind, und
4. die mit der Erzielung des Einkommens verbundenen notwendigen Ausgaben.
[4]Übersteigt das Einkommen in den Fällen von Satz 2 den Betrag von 250 Euro monatlich, findet Satz 3 Nummer 3 und 4 mit der Maßgabe Anwendung, dass eine Absetzung der dort genannten Aufwendungen nur erfolgt, soweit die oder der Leistungsberechtigte nachweist, dass die Summe dieser Aufwendungen den Betrag von 250 Euro monatlich übersteigt. [5]Die Möglichkeit zur Absetzung der Beträge nach Satz 3 von Einkommen aus Erwerbstätigkeit bleibt unberührt.

(4) Hat ein Leistungsberechtigter einen Anspruch gegen einen anderen, so kann die zuständige Behörde den Anspruch in entsprechender Anwendung des § 93 des Zwölften Buches Sozialgesetzbuch auf sich überleiten.

(5) [1]Von dem Vermögen nach Absatz 1 Satz 1 ist für den Leistungsberechtigten und seine Familienangehörigen, die im selben Haushalt leben, jeweils ein Freibetrag in Höhe von 200 Euro abzusetzen. [2]Bei der Anwendung von Absatz 1 bleiben ferner Vermögensgegenstände außer Betracht, die zur Aufnahme oder Fortsetzung der Berufsausbildung oder der Erwerbstätigkeit unentbehrlich sind.

Überblick

§ 7 bringt für den Bereich des AsylbLG den **Nachranggrundsatz** in einer sondergesetzlichen Ausgestaltung (BVerwG NVwZ-Beil. 2000, 113) zur Anwendung. Das ist verfassungsrechtlich unbedenklich (BVerfGE 152, 68 Rn. 125). Abs. 1 (→ Rn. 1 ff.) enthält den Grundsatz, dass Einkommen und Vermögen, über das verfügt werden kann, vor der Inanspruchnahme von Leistungen nach dem AsylbLG aufzubrauchen ist. Abs. 2 (→ Rn. 9 ff.) nimmt bestimmte Einnahmen vom Einkommensbegriff aus und Abs. 3 (→ Rn. 18 ff.) sieht neben Frei- und Absetzbeträgen auch Vergünstigungen bei im weitesten Sinne ehrenamtlichen Tätigkeiten vor. Abs. 4 (→ Rn. 50 f.) regelt schließlich die Möglichkeit der Überleitung von Ansprüchen durch den zuständigen Leistungsträger und Abs. 5 (→ Rn. 34 ff.) sieht auch in Bezug auf den Vermögenseinsatz Freibeträge vor. § 7 gilt in der Fassung, die er durch das Dritte Gesetz zur Änderung des Asylbewerberleistungsgesetzes (v. 13.8.2019, BGBl. I 1290) erhalten hat; durch Art. 44 JStG 2020 (Jahressteuergesetz 2020 v. 21.12.2020, BGBl. I 3096) sind allerdings die Freibeträge in Abs. 3 S. 2 und S. 4 mit Wirkung ab 1.1.2021 (vgl. Art. 50 Abs. 4 JStG 2020) von 200 EUR auf 250 EUR erhöht worden. Die Änderungen durch das Gesetz zur Regelung des Sozialen Entschädigungsrechts (v. 12.12.2019, BGBl. I 2652) treten erst am 1.1.2024 in Kraft und werden dann eingearbeitet.

Übersicht

A. Einkommenseinsatz (Abs. 1, Abs. 2, Abs. 3)

Nach Abs. 1 S. 1 ist Einkommen (und Vermögen; → Rn. 34 ff.), über das verfügt werden **1** kann, vom Leistungsberechtigten und seinen Familienangehörigen, die im selben Haushalt leben, vor Eintritt der Leistungen nach dem AsylbLG aufzubrauchen. Der Leistungsberechtigte muss mithin ein etwaiges Einkommen, soweit es nicht nach Abs. 2 oder Abs. 3 unberücksichtigt bleibt, verwenden, bevor er Leistungen nach dem AsylbLG in Anspruch nehmen kann.

I. Begriff des Einkommens (Abs. 1 S. 1)

Der in § 7 Abs. 1 S. 1 verwendete Begriff des **„Einkommens"** ist im AsylbLG nicht näher **2** bestimmt. Das BSG geht in seiner grundlegenden Entscheidung v. 24.5.2012 (BSGE 111, 79 = BeckRS 2012, 72400) in Übereinstimmung mit Rechtsprechung und Literatur (vgl. BVerwGE 108, 296 (298 f.) = BeckRS 1999, 30047605; BVerwG NVwZ 2005, 463; SG Hannover SAR 2005, 129; Oestreicher/Decker Rn. 14; Wahrendorf Rn. 9; Hohm, Gemeinschaftskommentar zum Asylbewerberleistungsgesetz, Rn. 15 f; Linhart/Adolph, Sozialgesetzbuch II/Sozialgesetzbuch XII/AsylbLG, Rn. 11; Mergler/Zink, Handbuch der Grundsicherung und Sozialhilfe, Rn. 4; jurisPK-SGB XII Rn. 11) davon aus, dass insoweit ein **sozialhilferechtlicher Einkommensbegriff** heranzuziehen ist. Sozialhilferechtlich ist danach Einkommen alles, was jemand in der Bedarfszeit wertmäßig dazu erhält. Unerheblich sind dabei der Grund der Zahlung und deren etwaige Zweckbestimmung (BSGE 111, 79 Rn. 23 = BeckRS 2012, 72400); sozialhilferechtlich entscheidend ist allein deren bedarfsbezogene Verwendungsmöglichkeit (OVG RhPf BeckRS 2002, 20113; sa BVerwGE 108, 296 (298 f.) = BeckRS 1999, 30047605; BVerwG BeckRS 2001,

30162497). Folglich wären zum Einkommen etwa das Arbeitslosengeld I (vgl. SG Hildesheim SAR 2008, 34), Leistungen nach dem SGB II sowie vermögenswirksame Leistungen (VG Saarlouis Urt. v. 20.6.1997 – 4 F 55/97, nv) zu zählen. Das **Kindergeld** ist Einkommen desjenigen, der es erhält, da in § 7 Abs. 1 eine dem § 82 Abs. 1 S. 3 SGB XII vergleichbare Regelung fehlt (vgl. LSG NRW BeckRS 2013, 66116).

II. Verfügbarkeit des Einkommens

3   Einkommen muss **verfügbar** sein, um dessen Einsatz verlangen zu können. Das setzt voraus, dass dem Einsatz zur Bedarfsdeckung keine tatsächlichen oder rechtlichen Hindernisse entgegenstehen, der Leistungsberechtigte mithin in der Lage ist, mit diesem Einkommen den ihm nach dem AsylbLG dem Grunde nach zustehenden Bedarf zu decken (LSG BW BeckRS 2012, 65236; NdsOVG BeckRS 2005, 21007). Die Frage der Verfügbarkeit ist rein wirtschaftlich zu betrachten, womit es nicht darauf ankommt, ob es im Einzelfall zumutbar ist, das erzielte Einkommen aufzubrauchen (SchlHLSG FEVS 65, 474). Handelt es sich beim Einkommen um „bereite Mittel", dann sind sie iSv Abs. 1 S. 1 verfügbar.

4   Ist im Einzelfall streitig, ob Einkommen „verfügbar" ist, dann trifft den um Leistungen nachsuchenden **Antragsteller** die **Beweislast** dafür, dass er nicht über zur Bedarfsdeckung vorrangig einzusetzendes Einkommen verfügt (OVG NRW BeckRS 2004, 26599; VG Münster BeckRS 2005, 28253); die Nichtaufklärbarkeit etwaiger Zweifel geht zu Lasten des Anspruchsstellers, der das Bestehen eines Anspruchs nach dem AsylbLG behauptet.

III. Leistungsberechtigter und Familienangehörige

5   Nach Abs. 1 S. 1 ist Einkommen vom Leistungsberechtigten und seinen im selben Haushalt lebenden Familienangehörigen vorrangig einzusetzen. Der Begriff der Familienangehörigen ist dabei **eng auszulegen** (vgl. grdl. BSGE 114, 11 = BeckRS 2013, 72594). Er ist auf die Ehegatten bzw. Lebenspartner (nach dem 30.9.2017 können Lebenspartnerschaften zwischen zwei Personen gleichen Geschlechts nicht mehr begründet werden; vgl. § 1 S. 1 LPartG), die beide in § 1 Abs. 1 Nr. 6 ausdrücklich genannt werden, sowie die minderjährigen Kinder, also auf die **Kernfamilie,** begrenzt (ebenso zB LSG Nds-Brem NVwZ 2008, 115; LSG NRW FEVS 62, 367; 63, 672; SG Aachen BeckRS 2010, 65722; VG Münster NVwZ 1996, 96; s. zum bisherigen Meinungsstreit Oestreicher/Decker Rn. 22 ff.).

6   Die Familienangehörigen müssen zudem **im selben Haushalt** wie der Leistungsberechtigte leben. Da das AsylbLG weder den Begriff der Bedarfsgemeinschaft des SGB II noch den der Haushaltsgemeinschaft nach dem SGB XII übernommen hat, kann sich die Auslegung dieser Voraussetzung auch nicht an diesen Vorbildern orientieren. Abzustellen ist damit auf ein räumlich funktionales Beieinandersein (Hohm, Gemeinschaftskommentar zum Asylbewerberleistungsgesetz, Rn. 66; Wahrendorf Rn. 17). Das setzt eine räumliche Verbundenheit im Sinne einer Wohngemeinschaft voraus (jurisPK-SGB XII Rn. 25). Damit reicht allein das Zusammenleben in einem Haushalt mit Familienangehörigen aus (LSG Nds-Brem BeckRS 2016, 69621 Rn. 27). Darüber hinaus dürfte aber erforderlich sein, dass dieses Zusammenleben in denselben Räumlichkeiten von der Rechtsordnung – regelmäßig auf Dauer – so vorgegeben ist; ein Leistungsberechtigter, der gegen räumliche Beschränkungen seiner Duldung oder gegen Wohnsitzauflagen nach ausländerrechtlichen Bestimmungen verstößt, lebt daher nicht „im selben Haushalt" mit seinen Familienangehörigen (SG Hildesheim BeckRS 2012, 74126).

IV. Eheähnliche oder lebenspartnerschaftsähnliche Gemeinschaft (Abs. 1 S. 2 iVm § 20 SGB XII)

7   Durch die Regelung in **Abs. 1 S. 2** gilt hinsichtlich des Einkommenseinsatzes § 20 SGB XII entsprechend. Damit hat sich der Leistungsberechtigte zunächst auch Einkommen seines mit ihm in häuslicher Gemeinschaft, zumeist in einer Gemeinschaftsunterkunft, lebenden nichtehelichen (anders geschlechtlichen) Partners anrechnen zu lassen. Die Vorschrift stellt damit die Gleichbehandlung von Ehepartnern und Partnern einer nichtehelichen Lebensgemeinschaft hinsichtlich des Einkommens- und Vermögenseinsatzes sicher. § 20 S. 1 SGB XII erfasst aber auch die lebenspartnerschaftsähnliche Gemeinschaft, mit der Folge, dass sich der Leistungsberechtigte auch das Einkommen und Vermögen seines mit ihm in häuslicher Gemeinschaft lebenden (gleichgeschlechtlichen) Lebenspartners anrechnen lassen muss.

8   Durch den pauschalen Verweis auf § 20 SGB XII wird über § 20 S. 2 SGB XII auch der § 39 SGB XII in Geltung versetzt. Diese Norm stellt auf „andere Personen", mit denen der

Einkommen und Vermögen

Leistungsberechtigte in einer Wohnung oder in einer anderen entsprechenden Unterkunft zusammenlebt, ab. Das hat zur Folge, dass im Rahmen der Einkommensanrechnung bei einer nichtehelichen Lebensgemeinschaft bzw. bei einer lebenspartnerschaftsähnlichen Gemeinschaft zB auch Verwandte des Lebenspartners, die in derselben Wohnung oder einer entsprechenden anderen Unterkunft mit dem Leistungsberechtigten und dessen Lebenspartner zusammenleben, Berücksichtigung finden müssen (BSGE 114, 11 Rn. 26 = BeckRS 2013, 72594).

V. Ausnahmen vom Einkommenseinsatz nach Abs. 2 und Abs. 3

1. Nicht zu berücksichtigendes Einkommen nach Abs. 2

Abs. 2 lehnt sich an die Regelungen in § 82 SGB XII an. Im Einzelnen sind danach nicht als **9** Einkommen im Sinne des AsylbLG zu berücksichtigen:

a) Leistungen nach diesem Gesetz (Nr. 1). Unter **Leistungen nach diesem Gesetz** sind **10** ohne Ausnahme alle Leistungen nach dem AsylbLG an Leistungsberechtigte nach § 1 zu verstehen (für Leistungsberechtigte nach § 2 finden die §§ 3 und 4 sowie §§ 6–7 keine Anwendung; es gelten insofern die §§ 82 ff. SGB XII). Die Leistungen sind jedoch nur beim Leistungsberechtigten nicht als Einkommen zu berücksichtigen.

b) Eine Grundrente nach dem BVG und nach den Gesetzen, die eine entsprechende 11 Anwendung des BVG vorsehen (Nr. 2). Die **Grundrente** nach dem BVG (Bundesversorgungsgesetz v. 22.1.1982, BGBl. I 21) ist gem. § 7 Abs. 2 Nr. 2 kein Einkommen (vgl. allg. Heinz ZfF 2006, 29). Dies ist gerechtfertigt, da die Grundrente eine Entschädigung für die Beeinträchtigung der körperlichen Unversehrtheit darstellt und die Mehraufwendungen ausgleichen soll, die der Beschädigte infolge der Schädigung gegenüber gesunden Menschen hat (vgl. BT-Drs. 3/1239, 21; Wilke ZfS 1958, 441). Die Grundrente steht wegen ihres besonderen Zwecks dem Beschädigten persönlich zu und ist deshalb unantastbar.

Kein Einkommen sind des Weiteren Leistungen nach den Gesetzen, die eine entsprechende 12 Anwendung des BVG vorsehen. Auch diese Freistellung ist gerechtfertigt, weil ein sachlicher Differenzierungsgrund zur Grundrente nach dem BVG, der eine andere Behandlung rechtfertigen würde, nicht besteht. Dem entsprechend sind kein Einkommen Leistungen nach dem ZDG (Zivildienstgesetz v. 17.5.2005, BGBl. I 1346), dem SVG (Soldatenversorgungsgesetz v. 16.9.2009, BGBl. I 3054), dem OEG (Opferentschädigungsgesetz v. 7.1.1985, BGBl. I 1), dem VwRehaG (Verwaltungsrechtliches Rehabilitierungsgesetz v. 1.7.1997, BGBl. I 1620), dem HHG (Häftlingshilfegesetz v. 2.6.1993, BGBl. I 838), dem StrRehaG (Strafrechtliches Rehabilitierungsgesetz v. 17.12.1999, BGBl. I 2664), dem IfSG (Infektionsschutzgesetz v. 20.7.2000, BGBl. I 1045) und der HeilvfV (Heilverfahrensverordnung v. 26.4.1979, BGBl. I 502).

c) Eine Rente oder Beihilfe nach dem Bundesentschädigungsgesetz für Schaden an 13 Leben sowie an Körper oder Gesundheit, bis zur Höhe der vergleichbaren Grundrente nach dem Bundesversorgungsgesetz (Nr. 3). Kein Einkommen stellen des weiteren Renten oder Beihilfen dar, die nach dem BEG (Bundesentschädigungsgesetz v. 29.6.1956, BGBl. I 559) für Schäden an Leben sowie an Körper oder Gesundheit gewährt werden, allerdings nur bis zur Höhe der vergleichbaren Grundrente nach dem BVG. Der über der Grundrente nach dem BVG liegende Teil der Leistungen nach dem BEG ist folglich als Einkommen einzusetzen. Eine Rente wegen vermehrter Bedürfnisse nach § 843 BGB fällt nicht hierunter (ThürLSG Urt. v. 21.10.2015 – L 4 AS 1751/12, juris Rn. 68 = BeckRS 2016, 66205).

d) Eine Entschädigung, die wegen eines Schadens, der nicht Vermögensschaden ist, 14 nach § 253 Abs. 2 BGB geleistet wird (Nr. 4). Das BGB gewährt in § 253 Abs. 2 BGB einen Geldleistungsanspruch zur Abdeckung eines Schadens immaterieller Art. **Schmerzensgeld** dient vor allem dem Ausgleich einer erlittenen oder andauernden Beeinträchtigung der körperlichen und seelischen Integrität, insbesondere auch dem Ausgleich von Erschwernissen, Nachteilen und Leiden, die über den Schadensfall hinaus anhalten und die durch die materielle Schadensersatzleistung nicht abgedeckt sind und trägt zugleich dem Gedanken Rechnung, dass der Schädiger dem Geschädigten für das, was er ihm angetan hat, Genugtuung schuldet. Das Schmerzensgeld beruht somit nicht auf einer Quelle für den Erwerb von Einkommen, die kalkulierbar ist und die zu erschließen vernünftigerweise von Asylbewerbern angestrebt wird. Vor diesem Hintergrund behandelt Abs. 2 Nr. 4 das Schmerzensgeld nach § 253 Abs. 2 BGB nicht als Einkommen (sa BVerfGE 116, 229 = BeckRS 2007, 20370).

e) Eine Aufwandsentschädigung nach § 5 Abs. 2 (Nr. 5). Die Regelung stellt klar, dass **15** die **Aufwandsentschädigung** nach § 5 Abs. 2 nicht als Einkommen iSd Abs. 1 S. 1 gilt. Dies entspricht auch Sinn und Zweck einer Aufwandsentschädigung.

16   **f) Eine Mehraufwandentschädigung nach § 5a (Nr. 6).** Nr. 6 regelt, dass die für eine
Flüchtlingsintegrationsmaßnahme geleistete Mehraufwandsentschädigung (vgl. § 5a Abs. 1 S. 1)
kein berücksichtigungsfähiges Einkommen der an der Maßnahme teilnehmenden Person darstellt.
Diese Regelung ist deshalb erforderlich, da es sich bei dieser Mehraufwandsentschädigung nicht
um eine Leistung nach dem AsylbLG handelt und daher eine Anrechnung nicht schon nach Nr. 1
ausscheidet. Die Vorschrift stellt damit Leistungsberechtigte nach § 1 den Analog-Leistungsberechtigten nach § 2 gleich, für die über § 83 Abs. 1 SGB XII die Freilassung der im Rahmen einer
Flüchtlingsintegrationsmaßnahme bezogenen Aufwandsentschädigung folgt (vgl. BR-Drs. 266/
16, 41).

17   **g) Ein Fahrtkostenzuschuss durch das Bundesamt für Migration und Flüchtlinge
(Nr. 7).** Durch Nr. 7 wird der Fahrtkostenzuschuss, der Leistungsberechtigten nach § 4a Abs. 1
IntV für die Teilnahme an einem Integrationskurs oder nach § 10 Abs. 1 DeuFöV für die Teilnahme
an der berufsbezogenen Deutschsprachförderung gewährt wird, anrechnungsfrei gestellt. Auch
diese Regelung gewährleistet die Gleichstellung der Leistungsberechtigten nach § 1 mit den Ana-
log-Leistungsberechtigten nach § 2, für die über § 83 Abs. 1 SGB XII die Freilassung der im
Rahmen einer Flüchtlingsintegrationsmaßnahme bezogenen Aufwandsentschädigung folgt (vgl.
BR-Drs. 266/16, 41).

2. Freibetrag bei Erwerbseinkommen und Absetzbeträge (Abs. 3)

18   **a) Freibetrag bei Erwerbseinkommen (Abs. 3 S. 1).** Gemäß Abs. 3 S. 1 bleiben Einkommen aus Erwerbstätigkeit bei Anwendung des § 7 Abs. 1 iHv 25 % außer Betracht, höchstens
jedoch iHv 50 % der maßgeblichen Bedarfsstufe des Geldbetrages zur Deckung aller notwendigen
persönlichen Bedarfe nach § 3 Abs. 1 und des notwendigen Bedarfs nach § 3 Abs. 2 (jeweils iVm
§ 3 Abs. 4). Durch diese Regelung wird somit betragsmäßig der Einsatz von Einkommen aus
einer Erwerbstätigkeit, nicht aber zB aus einem Bankguthaben (Zinsen), eingeschränkt. In der
Sache handelt es sich damit um eine Art Freibetrag, der gedeckelt ist. Der Erwerbstätige darf bei
Anwendung des Abs. 1 – also vor der Leistungsberechtigung nach S. 1 bzw. der Kostenerstattungspflicht nach S. 3 – 25 % des Erwerbseinkommens für sich behalten, solange er die Deckelungsgrenze nicht überschreitet. Hierdurch soll ein zusätzlicher Arbeitsanreiz geschaffen werden.

19   Der Freibetrag nach Abs. 3 S. 1 errechnet sich aus dem **Bruttoeinkommen.** Dafür sprechen
zunächst systematische Erwägungen, denn die Freibetragsregelung in S. 1 steht vor den Absetzbeträgen in S. 2. Darüber hinaus bringt Abs. 3 S. 2 mit dem Wort „ferner" den Nachrang der
Absetzbeträge zum Freibetrag zum Ausdruck. Damit streitet auch der Wortlaut des Abs. 3 für
eine Berechnung des Freibetrages aus dem Bruttoeinkommen. Dementsprechend ist davon auszugehen, dass zunächst der Freibetrag nach S. 1 zu ermitteln ist und dann erst die Absetzbeträge
vom Einkommen abgezogen werden (aA zur Vorgängerregelung aber die wohl hM; vgl. etwa
SchlHLSG InfAuslR 2015, 161; Grube/Wahrendorf/Wahrendorf, 6. Aufl. 2018, Rn. 6, 11; LPK-
SGB XII Rn. 8; Schellhorn/Schellhorn/Hohm, SGB XII, 18. Aufl. 2011, Rn. 4; Hohm, Gemeinschaftskommentar zum Asylbewerberleistungsgesetz, Rn. 17).

20   Die in S. 1 genannte Deckelungsgrenze ist **absolut,** gilt also nicht für jedes Einkommen und
damit ggf. mehrmals, sondern in Bezug auf das gesamte Einkommen iSv Abs. 1 S. 1 einmal.

20a   **b) Pauschaler Absetzbetrag nach Abs. 3 S. 2.** Der durch das Dritte Gesetz zur Änderung
des Asylbewerberleistungsgesetzes neu in Abs. 3 eingefügte S. 2 sieht – in Abweichung von S. 1 –
einen vom Einkommen pauschaliert abzusetzenden Betrag iHv (seit 1.1.2021) 250 EUR vor, wenn
eine leistungsberechtigte Person aus bestimmten, im einzelnen genannten Tätigkeiten Bezüge oder
Einnahmen erzielt; § 82 Abs. 3 S. 2 SGB XII enthält eine gleichlautende Vorschrift. Wie der
Wortlaut **„mindestens aus einer"** zeigt, genügt es dabei zum einen, dass etwaige Einnahmen
des Hilfesuchenden unter eine der genannten Vorschriften fallen; zum anderen kann die leistungsberechtigte Person aber auch dann, wenn er die Voraussetzungen mehrerer oder sogar aller genannter EStG-Normen erfüllt, die Pauschale über 250 EUR nur einmal beanspruchen (beachte auch
die ergänzenden Regelungen in S. 4 und S. 5). Im Einzelnen handelt es sich um:

20b   **Bezüge gemäß § 3 Nr. 12 EStG.** Aus einer Bundeskasse oder Landeskasse gezahlte Bezüge,
die zum einen

*   in einem Bundes- oder Landesgesetz,
*   auf Grundlage einer bundesgesetzlichen oder landesgesetzlichen Ermächtigung beruhenden
    Bestimmung oder
*   von der Bundesregierung oder einer Landesregierung

als Aufwandsentschädigung festgesetzt sind und die zum anderen jeweils auch als Aufwandsentschädigung im Haushaltsplan ausgewiesen werden. Das Gleiche gilt für andere Bezüge, die als Auf-

wandsentschädigung aus öffentlichen Kassen an öffentliche Dienste leistende Personen gezahlt werden, soweit nicht festgestellt wird, dass sie für Verdienstausfall oder Zeitverlust gewährt werden oder den Aufwand, der dem Empfänger erwächst, offenbar übersteigen; die zum anderen jeweils auch als Aufwandsentschädigung im Haushaltsplan ausgewiesen werden.

Einnahmen nach § 3 Nr. 26 EStG. Einnahmen aus nebenberuflichen Tätigkeiten als Übungs- 20c leiter, Ausbilder, Erzieher, Betreuer oder vergleichbaren nebenberuflichen Tätigkeiten, aus nebenberuflichen künstlerischen Tätigkeiten oder der nebenberuflichen Pflege alter, kranker oder behinderter Menschen im Dienst oder im Auftrag einer juristischen Person des öffentlichen Rechts, die in einem Mitgliedstaat der Europäischen Union oder in einem Staat belegen ist, auf den das Abkommen über den Europäischen Wirtschaftsraum Anwendung findet, oder einer unter § 5 Abs. 1 Nr. 9 KStG fallenden Einrichtung zur Förderung gemeinnütziger, mildtätiger und kirchlicher Zwecke (§§ 52–54 AO) bis zur Höhe von insgesamt 3.000 EUR im Jahr.

Einnahmen nach § 3 Nr. 26a EStG. Einnahmen aus nebenberuflichen Tätigkeiten im Dienst 20d oder Auftrag einer juristischen Person des öffentlichen Rechts, die in einem Mitgliedstaat der EU oder in einem Staat belegen ist, auf den das Abkommen über den Europäischen Wirtschaftsraum Anwendung findet, oder einer unter § 5 Abs. 1 Nr. 9 KStG fallenden Einrichtung zur Förderung gemeinnütziger, mildtätiger und kirchlicher Zwecke (§§ 52–54 AO) bis zur Höhe von insgesamt 840 EUR im Jahr. Die Steuerbefreiung ist ausgeschlossen, wenn für die Einnahmen aus der Tätigkeit – ganz oder teilweise – eine Steuerbefreiung nach § 3 Nr. 12, Nr. 26 oder Nr. 26b EStG gewährt wird.

Einnahmen nach § 3 Nr. 26b EStG. Aufwandsentschädigungen nach § 1835a BGB, soweit 20e sie zusammen mit den steuerfreien Einnahmen iSv § 3 Nr. 26 EStG den Freibetrag nach § 3 Nr. 26 S. 1 EStG nicht überschreiten.

Zu beachten ist, dass S. 2 die **Steuerfreiheit** der genannten Einnahmen (vgl. Wortlaut) voraus- 20f setzt. Das bedeutet in den Fällen des § 3 Nr. 26, Nr. 26a und Nr. 26b EStG, dass die dort genannten Freibeträge zu beachten sind. Gehen die Einnahmen daher über diese Freibeträge hinaus, verbleibt es für den überschießenden Teil bei der Maßgeblichkeit des S. 1.

c) Absetzbeträge (Abs. 3 S. 3). Abs. 3 S. 3 sieht zusätzlich vor, dass von dem Einkommen 21 nach Abs. 1 S. 1 weitere Beträge abzusetzen sind. Die Neuregelung ist sinnvoll, weil durch die Neufassung des § 61 Abs. 2 AsylG und des § 32 BeschV durch das Gesetz v. 23.12.2014 (BGBl. I 2439) Asylbewerbern im laufenden Asylverfahren und geduldeten Ausländern schon nach einem Aufenthalt von drei Monaten die Aufnahme einer Erwerbstätigkeit gestattet wird (vgl. Deibel ZFSH/SGB 2014, 475 (482)).

Im Einzelnen können vom Einkommen nach Abs. 1 S. 1 folgende Beträge abgesetzt werden: 22

Auf das Einkommen entrichtete Steuern (S. 3 Nr. 1). Vom Einkommen können die auf 23 das Einkommen entrichteten Steuern abgesetzt werden. Die Regelung erfasst – ausweislich des klaren Wortlauts – nur die **auf das Einkommen** entrichteten Steuern, nicht dagegen sonstige Steuern, die die leistungsberechtigte Person entrichten muss, wie etwa die Kfz-Steuer (LSG NRW BeckRS 2006, 44214), die Grundsteuer, die Gewerbesteuer (vgl. BVerwG FEVS 65, 74 (82) zu § 93 Abs. 2 Nr. 1 SGB VIII) oder die Mehrwertsteuer.

Steuern, die auf das Einkommen entrichtet werden, sind die **Einkommensteuer / Lohn- 24 steuer**, die **Kirchensteuer (nicht das Kirchgeld**, welches keine Steuer ist) und der **Solidaritätszuschlag** (solange er noch erhoben wird). Bei Einkünften aus **Kapitalvermögen** kann auch die **Kapitalertragsteuer** abgesetzt werden.

Abzugsfähig sind nur die **tatsächlich** entrichteten Steuern. 25

Pflichtbeiträge zur Sozialversicherung einschließlich der Beiträge zur Arbeitsförde- 26 rung (S. 3 Nr. 2). Nach S. 3 Nr. 2 sind die Pflichtbeiträge zur Sozialversicherung einschließlich der Beiträge zur Arbeitsförderung vom Einkommen absetzbar. Hierbei handelt es sich um Beiträge, die aufgrund der gesetzlichen Vorschriften zur **Kranken-, Pflege- und Rentenversicherung** sowie zur **Arbeitslosenversicherung** zu leisten sind.

Auch **Selbstständige, Gewerbetreibende** und – im Rahmen des AsylbLG eher unwahr- 27 scheinlich – **Landwirte**, die im Rahmen der Sozialversicherung versicherungspflichtig sind (zB Unfallversicherung, Gesetz über die Altershilfe für Landwirte, Handwerkerversicherung, Pflichtbeiträge zur sozialen Pflegeversicherung von freiwillig Krankenversicherten gem. § 20 Abs. 3 SGB XI), können die entsprechenden Beiträge vom Einkommen absetzen.

Abgezogen werden können nur die Beiträge, **die die leistungsberechtigte Person** zu leisten 28 hat, **nicht** jedoch auch die sog. **Arbeitgeberanteile.** Ein Abzug scheidet daher zB bei einem geringfügig Beschäftigten aus, da bei diesem die an die Sozialversicherung zu leistenden Pauschalbeiträge vom Arbeitgeber vollständig getragen werden.

29   **Beiträge zu öffentlichen oder privaten Versicherungen oder ähnlichen Einrichtungen, soweit diese Beiträge gesetzlich vorgeschrieben sind (S. 3 Nr. 3).** Nach S. 3 Nr. 3 können vom Einkommen die Beiträge zu öffentlichen oder privaten Versicherungen oder ähnlichen Einrichtungen abgesetzt werden, soweit diese Beiträge gesetzlich vorgeschrieben sind. Es handelt sich um zukunftsgerichtete Leistungen, die trotz einer gegenwärtigen Notlage nicht unterbrochen werden sollen (VGH BW FEVS 44, 160 (164)). Die Norm soll gewährleisten, dass den Leistungsberechtigten ausreichende Mittel für allgemein übliche Beiträge zu öffentlichen und privaten Versicherungen belassen werden (LSG BW FEVS 67, 560 (566)). Die Beiträge sind aber nur dann abzusetzen, soweit sie **tatsächlich** entrichtet worden oder fällig sind.

30   Die Versicherungen müssen **gesetzlich vorgeschrieben** sein. Das Tatbestandsmerkmal der gesetzlichen Versicherung erhält den ihm in S. 3 Nr. 3 zugedachten Sinn erst mit der Frage nach dem Grund für die Beitragsverpflichtung, also danach, ob die betreffende Versicherung kraft Gesetzes der leistungsberechtigten Person auferlegt ist, so dass sie sich ihr durch eine freie Entscheidung nicht entziehen kann, oder danach, ob jedenfalls eine solche Entscheidung unzumutbar erscheint (BVerwGE 62, 261 = BeckRS 1981, 2538). Diese Voraussetzung ist insbesondere für die Pflegeversicherung privat Krankenversicherter (vgl. § 20 Abs. 3 SGB XI) erfüllt, bei Haftpflichtversicherungen bestimmter Berufsgruppen sowie ggf. auch bei einer Gebäudebrandversicherung.

31   **Die mit der Erzielung des Einkommens verbundenen notwendigen Ausgaben (S. 3 Nr. 4).** Gemäß S. 3 Nr. 4 sind die mit der Erzielung des Einkommens verbundenen notwendigen Ausgaben vom Einkommen abzusetzen. Voraussetzung für die Anzugsfähigkeit ist zunächst, das Vorliegen von Ausgaben, also der **tatsächliche Abfluss** von Mitteln als Gegenstück zum tatsächlichen Zufluss von Mitteln als maßgebliches Ereignis für die Einkommensanrechnung nach § 7 Abs. 1 S. 1.

32   Diese Ausgaben müssen mit der **Erzielung von Einkommen** verbunden sein. Das kann nur dann der Fall sein, wenn tatsächlich Einkommen aus der Tätigkeit, aus der die Ausgaben erwachsen sind, erzielt wurde, mithin positive Einkünfte vorliegen, von denen die Ausgaben abgezogen werden können. Hat eine leistungsberechtigte Person zB keine Einnahmen aus nichtselbstständiger Tätigkeit erzielt, obwohl sie eine solche Tätigkeit ausübte (etwa, weil sie unentgeltlich gearbeitet hat), dann kann sie insofern auch keine Ausgaben iSv S. 3 Nr. 4 geltend machen (BayVGH BeckRS 2003, 26818).

33   Die Ausgaben müssen ferner mit der Erzielung des Einkommens **verbunden** und **notwendig** sein. Dem entsprechend sind zunächst sämtliche **Werbungskosten** iSv § 9 Abs. 1 S. 1 EStG bei den Überschusseinkünften (= nichtselbstständige Tätigkeit, Kapitalvermögen, Vermietung und Verpachtung (s. in diesem Zusammenhang zur Abzugsfähigkeit von Schuldzinsen etwa BVerwGE 77, 232 (235) = BeckRS 1987 30436943), sonstige Einkünfte iSv § 22 EStG) bzw. sämtliche **Betriebsausgaben** iSv § 4 Abs. 4 EStG bei den Gewinneinkünften (= Land- und Forstwirtschaft, Gewerbebetrieb, selbstständige Tätigkeit) gem. S. 3 Nr. 4 abziehbar. Steht fest, dass eine Ausgabe bezüglich eines Einkommens als Betriebsausgabe bzw. als Werbungskosten zu qualifizieren ist, dann kann sie in jedem Fall gem. S. 3 Nr. 4 abgezogen werden; eine weitere Prüfung erübrigt sich. Können Ausgaben nicht als Betriebsausgaben oder Werbungskosten qualifiziert werden, schließt das eine Abzugsfähigkeit gem. S. 3 Nr. 4 aber nicht notwendigerweise aus. Vielmehr ist dann für jeden Einzelfall zu prüfen, ob die Ausgabe mit der Erzielung des Einkommens verbunden und hierfür notwendig ist.

33a   **d) Einschränkung der Absetzbarkeit in Fällen des S. 2 (S. 4 und S. 5).** S. 2 stellt bestimmte steuerfreie Bezüge und Einnahmen iHv (seit 1.1.2021) 250 EUR monatlich von der Einkommensanrechnung frei. Indessen können auch mit diesen Tätigkeiten Aufwendungen verbunden sein (zB Fahrkosten, Aufwendungen für Versicherungen), die an sich gem. S. 3 Nr. 3 oder Nr. 4 vom Einkommen abgezogen werden könnten. Das hätte eine doppelte Privilegierung der leistungsberechtigten Person zur Folge, denn zum einen muss sie sich Einnahmen bis zu 250 EUR monatlich aus einer der genannten steuerfreien Tätigkeiten nicht als Einkommen anrechnen lassen, zum anderen könnte sie aber mit diesen Tätigkeiten verbundene Aufwendungen einkommensmindernd ins Feld führen. Das wird durch S. 4 verhindert. Danach können Aufwendungen iSv S. 3 Nr. 3 und / oder Nr. 4 nur in Abzug gebracht werden, wenn die leistungsberechtigte Person nachweist, dass die Summe dieser Aufwendungen 250 EUR monatlich übersteigt. Ein gesonderter Abzug entsprechender Ausgaben nach S. 4 kommt daher nur in Betracht, wenn die Aufwendungen den Freibetrag von 250 EUR monatlich übersteigen und die leistungsberechtigte Person dies nachweist (vgl. BT-Drs. 19/10052, 28).

33b   Wie S. 5 klarstellt, berührt die Einschränkung durch S. 4 die Anwendbarkeit des S. 3 zur Absetzung von Aufwendungen aus einer Erwerbstätigkeit nicht. Das bedeutet, dass die in S. 4

geregelte Beschränkung der Abzugsmöglichkeit auf den erhöhten Freibetrag nicht für Aufwendungen gilt, die leistungsberechtigten Personen im Zusammenhang mit der Ausübung einer nicht – iSv S. 2 – privilegierten Erwerbstätigkeit entstehen. Dies gilt auch dann, wenn entsprechende nicht steuerbegünstigte Einkünfte mit steuerbefreiten Einnahmen nach S. 2 zusammentreffen, die diesen Freibetrag ausschöpfen (vgl. BT-Drs. 19/10052, 28).

B. Vermögenseinsatz (Abs. 1 S. 1, Abs. 5)

I. Vermögensbegriff und Abgrenzung zum Einkommen

Nach Abs. 1 S. 1 ist nicht nur Einkommen, sondern auch **Vermögen,** über das verfügt werden **34** kann, vom Leistungsberechtigten und seinen Familienangehörigen, die im selben Haushalt leben, vor Eintritt der Leistungen nach dem AsylbLG aufzubrauchen. Das AsylbLG regelt allerdings nicht, was unter Vermögen im Sinne der Vorschrift zu verstehen ist. Analog zur Rechtslage beim Einkommensbegriff bietet es sich an, den Vermögensbegriff in Anlehnung an § 90 SGB XII zu bestimmen. Es handelt sich also um einen volkswirtschaftlichen Begriff. „**Vermögen**" ist damit der Inbegriff der in Geld oder Geldeswert errechenbaren Güter im Eigentum einer Person (vgl. OLG Zweibrücken NJW-RR 2001, 436). Für die **Abgrenzung zum Einkommen** kommt es dabei entscheidend auf den **Zufluss der Mittel** und die Definition des jeweiligen Bedarfszeitraumes an, denn nur Mittel, die der Leistungsberechtigte in der Bedarfszeit erhält, sind als Zufluss in der Bedarfszeit Einkommen (vgl. etwa LSG NRW BeckRS 2013, 66116). Folglich sind Mittel, die der Leistungsberechtigte früher, wenn auch erst in der vorangegangenen Bedarfszeit, als Einkommen erhalten hat, soweit sie in der nun aktuellen Bedarfszeit (noch, gegebenenfalls auch wieder) vorhanden sind, Vermögen (so BVerwGE 108, 296 = BeckRS 1999, 30047605). Das bedeutet, dass sich Einkommen nach dem Zuflusszeitpunkt in der Folgezeit in Vermögen verwandeln kann (vgl. BVerwG NVwZ 2005, 463; NVwZ-Beil. 2000, 113), auf das im Falle des Leistungsbezugs nach dem AsylbLG zurückgegriffen werden kann.

II. Verfügbarkeit von Vermögen

Auch Vermögen muss nur eingesetzt werden, wenn es **verfügbar** ist. Das setzt voraus, dass **35** seinem Einsatz zur Bedarfsdeckung keine tatsächlichen oder rechtlichen Hindernisse entgegenstehen (NdsOVG BeckRS 2005, 21007). Es muss also durch Verbrauch, Veräußerung oder Belastung so verwertet werden können, dass es aktuell zur Bestreitung des Lebensunterhalts eingesetzt werden kann (SchlHLSG FEVS 65, 474). Schwierigkeiten können beim Verlangen nach dem Einsatz von Vermögen auftreten, wenn es zB um die Verwertung eines im Heimatland belegenen Grundstücks oder Hauses, eines größeren Bankguthabens im Heimatland etc geht. Hier kommt es entscheidend auf die Umstände des Einzelfalles an, insbesondere die konkrete Möglichkeit – um im Beispiel zu bleiben – des Verkaufs oder der Belastung des Grundstückes oder des Hauses oder des Zugriffs auf das Bankguthaben im Heimatland.

Den um Leistungen nach dem AsylbLG nachsuchenden **Antragsteller trifft** auch insofern die **36** **Beweislast** dafür, dass er nicht über zur Bedarfsdeckung vorrangig einzusetzendes Vermögen verfügt (OVG NRW BeckRS 2004, 26599; VG Münster BeckRS 2005, 28253); die Nichtaufklärbarkeit etwaiger Zweifel geht zu seinen Lasten.

III. Leistungsberechtigter und Familienangehörige

Es gelten insofern die Ausführungen beim Einkommen entsprechend. Folglich ist von einem **37** **engen Familienbegriff** auszugehen.

IV. Eheähnliche oder lebenspartnerschaftsähnliche Gemeinschaft (Abs. 1 S. 2 iVm § 20 SGB XII)

Es gelten insofern die Ausführungen beim Einkommen entsprechend (→ Rn. 7 f.). **38**

V. Ausnahmen vom Vermögenseinsatz (Abs. 5)

Bis zum 28.2.2015 enthielt das AsylbLG keinerlei Regelungen über die Verschonung vorhande- **39** nen Vermögens. Dieses war einschränkungslos einzusetzen. Überdies waren nach hM auch §§ 90 Abs. 2–4, 91 SGB XII nicht – auch nicht entsprechend – anwendbar. **Schonvermögen** (s. etwa BVerwG NVwZ 2005, 463; LSG NRW BeckRS 2009, 59549), ein **Vermögensfreibetrag** entsprechend § 90 Abs. 2 Nr. 9 SGB XII (so ausdrücklich BVerwG NVwZ-Beil. 2000, 113; sa BayVGH BeckRS 2000, 28892; NdsOVG BeckRS 2005, 21007) oder eine **Härteregelung,** wie sie § 90 Abs. 3 SGB XII enthält, waren dem **AsylbLG fremd** (vgl. zB NdsOVG FEVS 47, 92; BayVGH BeckRS 1999, 18823 zum Schonvermögen nach § 88 Abs. 2 BSHG; BeckRS 2000, 28892). Das war verfassungsrechtlich im Hinblick auf die Zielsetzung des AsylbLG nicht zu beanstanden Durch das Gesetz v. 10.12.2014 (BGBl. I 2187) ist Abs. 5 neu gefasst worden und stellt nun in S. 1 und S. 2 auch Vermögen in gewissen Grenzen von der Bedarfsdeckung frei.

1. Freibetrag iHv 200 EUR (S. 1)

40   Wie das BVerfG in seinem Beschluss v. 23.7.2014 (BeckRS 2014, 55837 Rn. 84) ausgeführt hat, ist der Gesetzgeber von Verfassungs wegen nicht gehindert, die Art und Höhe der Leistungen anhand eines Statistikmodells festzulegen. Entscheidet er sich für das Statistikmodell, muss er Vorkehrungen gegen die damit einhergehenden spezifischen Risiken der Unterdeckung aktuell existenzsichernder Bedarfe treffen. Der Gesetzgeber ist von Verfassungs wegen zwar nicht gehindert, aus der Statistik in Orientierung an einem Warenkorbmodell nachträglich einzelne Positionen wieder herauszunehmen. Wenn er aber in dieser Weise Elemente aus dem Warenkorbmodell in die Berechnung einführt, muss er sicherstellen, dass das Existenzminimum gleichwohl tatsächlich gesichert ist. Die Leistungen müssen entweder insgesamt so bemessen sein, dass entstehende Unterdeckungen intern ausgeglichen werden können, oder dass Mittel zur Deckung unterschiedlicher Bedarfe eigenverantwortlich angespart und die Bedarfe so gedeckt werden, oder es muss ein Anspruch auf den anderweitigen Ausgleich solcher Unterdeckungen bestehen.

41   Durch S. 1 trägt das Gesetz diesen Anforderungen Rechnung. Die Norm stellt einen Betrag iHv 200 EUR pro Leistungsberechtigtem anrechnungsfrei und eröffnet diesem somit die Möglichkeit, Mittel zur Deckung unterschiedlicher Bedarfe eigenverantwortlich anzusparen, ohne diese für den Lebensunterhalt einsetzen zu müssen. Anders als die Freibeträge nach Abs. 3 S. 2 und S. 4 ist der Freibetrag nach Abs. 5 durch das JStG 2020 (Jahressteuergesetz 2020 v. 21.12.2020, BGBl. I 3096) nicht erhöht worden.

2. Außer Betracht bleibende Vermögensgegenstände (S. 2)

42   Nach S. 2 bleiben bei der Ermittlung des zur Bedarfsdeckung einzusetzenden Vermögens Vermögensgegenstände außer Betracht, die zur Aufnahme oder Fortsetzung der Berufsausbildung oder der Erwerbstätigkeit unentbehrlich sind. Die Regelung entspricht wörtlich § 90 Abs. 2 Nr. 5 SGB XII.

C. Kostenerstattung (Abs. 1 S. 3)

I. Unterbringung in einer Einrichtung (Hs. 1)

43   Bei der Unterbringung in einer Einrichtung, in der Sachleistungen gewährt werden, haben Leistungsberechtigte nach Maßgabe des Abs. 1 **S. 3** für erhaltene Leistungen dem Kostenträger für sich und ihre Familienangehörigen, soweit Einkommen und Vermögen nach S. 1 vorhanden sind, die **Kosten in bestimmter Höhe zu erstatten.** Bei der Regelung in Abs. 1 S. 3 handelt es sich um eine **(echte) Erstattungsvorschrift,** die zu den §§ 45, 50 SGB X für den Fall einer Leistung in einer Einrichtung nach Abs. 1 S. 3 vorrangig ist (SG Augsburg BeckRS 2010, 67894). Sie ermöglicht auch die nachträgliche Heranziehung zu Kosten, wenn erst nachträglich festgestellt wird, dass die Leistungsberechtigte über Einkommen verfügt hat (VG Lüneburg NdsVBl. 1998, 98). Dabei steht der Kostenerstattung nicht entgegen, dass es sich bei der Unterbringung um eine aufgedrängte Bereicherung handelt (Pflicht zur Nutzung der Gemeinschaftsunterkunft; vgl. VG Lüneburg NdsVBl. 1998, 98). Verfügt folglich ein Leistungsberechtigter über eigenes Einkommen und / oder Vermögen, ist er aufgrund des § 7 Abs. 1 S. 3 zur Erstattung der Kosten seiner Unterbringung verpflichtet.

44   Der Erstattungsanspruch setzt zunächst die Unterbringung in einer Einrichtung voraus, in der Sachleistungen gewährt werden. Da das Sachleistungsprinzip im Grundsatz auf **Erstaufnahmeeinrichtungen** iSv § 44 AsylG beschränkt ist, fallen damit vor allem diese Einrichtungen unter § 7 Abs. 1 S. 3. Aber auch bei Gemeinschaftsunterkünften iSv § 53 AsylG ist die Gewährung von Sachleistungen nicht gänzlich ausgeschlossen. Wie § 3 Abs. 3 S. 2 und S. 6 belegen, ist sie aber nach der Neukonzeption des § 3 jedenfalls nicht die Regel. Einzelunterkünfte, wie zB eine vom Leistungsträger angemietete Wohnung, sind dagegen keine Einrichtungen iSv Abs. 1 S. 3 (vgl. VG Minden Urteil v. 4.2.2015 – 3 K 2651/13, juris Rn. 29, BeckRS 2015, 44021 mwN).

Kostenersatz ist für „erhaltene Leistungen" zu erbringen. Mit dem Begriff der **Leistung** in **45** Abs. 1 S. 3 werden sämtliche iRv § 3a Abs. 2 durch die zuständige Behörde erbrachten Leistungen sowie die Kosten der Unterkunft, Heizung und Haushaltsenergie erfasst. Der Leistungsberechtigte muss die Leistung erhalten, also tatsächlich entgegengenommen haben (vgl. Wortlaut **„erhaltene Leistung"**). Die reine Leistungsbevorratung, wie zB die Freihaltung eines Zimmers in einer Unterkunft, wozu möglicher Weise sogar eine entsprechende Verpflichtung besteht, genügt hierfür grundsätzlich nicht (ebenso BayVGH FEVS 56, 18; VG Hannover Nds. Rpfl. 2000, 122).

Des Weiteren muss bei dem Leistungsberechtigten und / oder seinen Familienangehörigen **46** Einkommen und Vermögen vorhanden sein, über das verfügt werden kann. Auch der Erstattungsanspruch setzt – als Umkehrung des Leistungsanspruches – somit die Verfügbarkeit von Einkommen und Vermögen voraus (vgl. LSG BW BeckRS 2012, 65236; vgl. → Rn. 3 ff., → Rn. 35 ff.).

Erstattungspflichtig ist der **Leistungsberechtigte** (vgl. § 1 Abs. 1; da nach § 2 unter anderem **47** § 7 keine Anwendung findet, gilt Abs. 1 S. 3 nicht in Bezug auf Analog-Leistungsberechtigte) und zwar zunächst für die an ihn erbrachten Leistungen. Ausweislich des klaren Wortlauts des Abs. 1 S. 3 („für sich und ihre Familienangehörigen") kann der Leistungsberechtigte aber auch für Leistungen an seine im selben Haushalt lebenden Familienangehörigen herangezogen werden. Das schließt es aber nicht aus, die übrigen Familienangehörigen für an diese erbrachte Leistungen selbst heranzuziehen. Wird der Leistungsberechtigte für sich und seine Familienangehörigen zur Erstattung herangezogen, ist es unter Bestimmtheitsgesichtspunkten (§ 37 Abs. 1 VwVfG bzw. Landesrecht) allerdings erforderlich, je nach Leistungsberechtigtem die erbrachten Leistungen und die Höhe des jeweiligen Erstattungsbetrages aufzuschlüsseln. Die Ausweisung eines einheitlichen Erstattungsbetrages ist in diesem Fall nicht möglich (LSG BW BeckRS 2012, 65236).

Die Höhe des Anspruchs bemisst sich nach den in § 3a Abs. 2 genannten Beträgen zuzüglich der **48** Kosten der Unterkunft, der Heizung und der Haushaltsenergie. Nicht erfasst wird der notwendige persönliche Bedarf (§ 3 Abs. 1 S. 2), weil § 7 Abs. 1 S. 3 nur auf die in § 3a Abs. 2 genannten Leistungen verweist und nicht auch auf die in § 3a Abs. 1. Der Zahlungsanspruch des Kostenträgers ist mittels Leistungsbescheid (vgl. VG Minden BeckRS 2015, 44021) oder mittels Leistungsklage vor den Sozialgerichten geltend zu machen (LG Oldenburg NdsVBl. 1997, 183).

II. Festsetzung von Pauschalbeträgen für Kosten der Unterkunft und Heizung (Hs. 2)

Nach **Abs. 1 S. 3 Hs.** 2 können die Länder oder die von ihnen ermächtigten Behörden die **49** Kosten für Unterkunft, Heizung und Haushaltsenergie (aber auch nur diese) mittels Pauschalbeträgen festsetzen. Das bedeutet jedoch nicht, dass die Länder bzw. die von ihnen ermächtigten Behörden in der Kostengestaltung frei wären. Es dürften insofern vielmehr die allgemeinen Kostengrundsätze der Gleichbehandlung und des Verbots der Gewinnerzielung zur Anwendung kommen, womit die Höhe der Unterkunftskosten an den tatsächlichen Aufwendungen hierfür zu messen ist (s. zB BayVGH BeckRS 2018, 11762).

D. Überleitungsmöglichkeit (Abs. 4)

Abs. 4 eröffnet der zuständigen Behörde die Möglichkeit, Ansprüche des Leistungsberechtigten **50** gegen andere auf sich überzuleiten. Im Wege des Rechtsfolgenverweises erklärt Abs. 4 den § 93 SGB XII für entsprechend anwendbar. Die Überleitung kommt insbesondere dann in Frage, wenn der vorrangig verpflichtete Dritte (zunächst) nicht leistet. Damit die zuständige Behörde die Ansprüche des Leistungsberechtigten gegenüber dem Dritten durchsetzen kann, muss sie diese Ansprüche in entsprechender Anwendung des § 93 SGB XII auf sich überleiten. Der Übergang muss durch **Verwaltungsakt, die Überleitungsanzeige,** erklärt werden. Damit tritt ein Gläubigerwechsel ein; die zuständige Behörde kann dann anstelle des Leistungsberechtigten dessen Ansprüche geltend machen. Die Überleitung muss dem Dritten bekannt gegeben werden. Im Übrigen gelten die Grundsätze für die Überleitung nach § 93 SGB XII entsprechend.

Da Abs. 4 nicht auf § 94 SGB XII verweist, fragt sich, ob auch **Unterhaltsansprüche** übergelei- **51** tet werden können. Das ist zu **bejahen,** denn Abs. 4 unterscheidet nicht nach der Art des Anspruches, wie die §§ 93, 94 SGB XII tun, sondern spricht ganz allgemein von einem „Anspruch gegen einen anderen". Da auch ein Unterhaltsanspruch ein Anspruch gegen einen anderen ist, kann dieser folglich nach Maßgabe des § 93 SGB XII von der zuständigen Behörde auf diese übergeleitet werden. Dafür spricht auch § 9 Abs. 2, wonach Ansprüche gegen andere, insbesondere Unterhaltsansprüche unberührt bleiben, was vor allem dann Sinn macht, wenn der Leistungsträger solche Ansprüche auf sich überleiten kann. Der fehlende Verweis auf § 94 SGB XII hat jedoch zur Konsequenz, dass die die Überleitung von Unterhaltsansprüchen einschränkenden § 94 Abs. 2–

4 SGB XII im Rahmen des AsylbLG nicht zur Anwendung kommen und dass auch insoweit eine Überleitung nur durch Verwaltungsakt erfolgt und nicht im Wege der cessio legis.

§ 7a Sicherheitsleistung

[1]**Von Leistungsberechtigten kann wegen der ihnen und ihren Familienangehörigen zu gewährenden Leistungen nach diesem Gesetz Sicherheit verlangt werden, soweit Vermögen im Sinne von § 7 Abs. 1 Satz 1 vorhanden ist.** [2]**Die Anordnung der Sicherheitsleistung kann ohne vorherige Vollstreckungsandrohung im Wege des unmittelbaren Zwangs erfolgen.**

Überblick

§ 7a S. 1 (→ Rn. 1 ff.) eröffnet der zuständigen Behörde die Möglichkeit, von Leistungsberechtigten wegen der ihnen und ihren Familienangehörigen nach dem AsylbLG zu gewährenden Leistungen Sicherheit zu verlangen, soweit Vermögen iSv § 7 Abs. 1 S. 1 vorhanden ist. S. 2 (→ Rn. 15 f.) beinhaltet eine vollstreckungsrechtliche Sonderregelung. Die Norm gilt in ihrer Fassung durch das Gesetz zur Änderung des Asylbewerberleistungsgesetzes v. 25.8.1998 (BGBl. I 2505) mit Wirkung seit 1.9.1998.

A. Regelungsgehalt des § 7a S. 1

I. Einführung

1   § 7a S. 1 räumt dem Leistungsträger das Recht ein, Sicherheiten zu fordern, um das **Nachrangprinzip** durchzusetzen (VG Frankfurt a. M. SAR 2002, 21; allgemein hierzu Filges NZS 2020, 277). Die Norm berechtigt aber nicht zur Einbehaltung von Vermögen zur generellen Herstellung des Nachrangs der Leistungen nach dem AsylbLG oder zur Sicherung jedweder Erstattungsansprüche, im Besonderen nicht der auf der Grundlage des (§ 9 Abs. 4 S. 1 Nr. 1 iVm) § 50 Abs. 1 SGB X als Folge der Aufhebung einer Leistungsbewilligung auf der Grundlage der §§ 45 ff. SGB X entstandenen. Sowohl aus dem Wortlaut („wegen der […] zu gewährenden Leistungen nach diesem Gesetz") als auch nach den Gesetzesmaterialien (vgl. BT-Drs. 13/10155, 6) und dem systematischen Zusammenhang mit § 9 Abs. 4 S. 1 Nr. 1 (Anwendungserklärung betreffend die §§ 44–50 SGB X) beschränkt sich die Eingriffsermächtigung nur auf die im AsylbLG selbst geregelten Umstände, die einem Anspruch auf Leistungen entgegenstehen (§ 7 Abs. 1 S. 1) oder eine Kostenbeteiligung („Erstattung") vorsehen (§ 7 Abs. 1 S. 3; vgl. LSG Bln-Bbg BeckRS 2016, 69737 Rn. 25; ebenso Hammel ZFSH/SGB 2016, 171 (173)).

2   § 7a S. 1 gewährt aber kein Recht, eventuelle Sicherheiten, wie zB einen Geldbetrag, sicherzustellen (vgl. VG Stuttgart NVwZ-Beil. 2000, 86 (87)). Das ist nur nach den entsprechenden Regelungen in den (Landes-) Vollstreckungsgesetzen möglich bzw. über § 7a S. 2.

3   § 7a S. 1 korrespondiert direkt mit § 7 Abs. 1 S. 3 (ebenso LSG BW SAR 2019, 139 Rn. 30; zu Einzelheiten s. Oestreicher/Decker Rn. 3 ff.).

II. Sicherungsberechtigter

4   § 7a S. 1 regelt nicht ausdrücklich, welche Behörde eine Sicherheitsleistung verlangen kann. Aus dem Zusammenhang mit dem in S. 1 genannten „Leistungsberechtigten" folgt aber, dass dies nur die Behörde sein kann, gegen die der Leistungsberechtigte einen Anspruch auf Leistungen nach dem AsylbLG hat. Das ist mithin der nach §§ 10, 10a oder 11 Abs. 2 sachlich und örtlich zuständige Leistungsträger (vgl. LSG BW SAR 2019, 139 Rn. 31).

III. Sicherungsverpflichteter

5   Sicherheit kann von Leistungsberechtigten verlangt werden; diese sind sicherungsverpflichtet. Unter § 7a S. 1 fallen danach auf jeden Fall die nach § 1 Leistungsberechtigten.

6   **Umstritten** ist, ob § 7a S. 1 auch für **Leistungsberechtigte nach § 2 gilt. Das ist zu verneinen** (wie hier jurisPK-SGB XII Rn. 13; Oestreicher/Decker Rn. 13; **aA** Siefert/Dollinger, Asylbewerberleistungsgesetz, 2020 Rn. 13; Wahrendorf Rn. 5; Hohm, Gemeinschaftskommentar zum Asylbewerberleistungsgesetz, Rn. 16). Nach § 2 Abs. 1 sind §§ 3 und 4 sowie §§ 6–7 auf

Analog-Leistungsberechtigte nicht anwendbar. § 7a S. 1 wäre also nicht ausgenommen. Allerdings stellt § 7a S. 1 auf „Vermögen im Sinne von § 7 Abs. 1 Satz 1" ab. Letztere Norm gilt aber im Falle des § 2 gerade nicht; es finden vielmehr §§ 90 f. SGB XII entsprechende Anwendung. Diese Normen werden aber von § 7a S. 1 nicht in Bezug genommen; die Regelung läuft damit für Analog-Leistungsberechtigte leer.

IV. Empfänger der zu sichernden Leistung

Voraussetzung für das Verlangen nach einer Sicherheitsleistung ist, dass dem Leistungsberechtig- **7** ten und seinen Familienangehörigen Leistungen nach dem AsylbLG **zu gewähren sind.** Aus der Formulierung „zu gewährende Leistungen" folgt dabei, dass es sich hierbei um Leistungen handeln muss, welche die zuständige Behörde zur Erfüllung von Rechtsansprüchen der leistungsberechtig-ten Person **rechtmäßig** zu erbringen hat (LSG BW SAR 2019, 139 Rn. 30). Welche Leistungen dies sind, spielt im Grundsatz keine Rolle, solange es sich um solche nach dem AsylbLG handelt, wobei Leistungen nach § 2 nicht hierunter fallen (vgl. → Rn. 6). Unbeachtlich ist auch, auf welchem Rechtsgrund die Leistungen beruhen und ob es sich um gebundene oder Ermessensleis-tungen handelt. Hieraus folgt, dass alle Leistungen nach §§ 3, 4 und 6 sicherungsfähig sind, sofern sie dem Leistungsberechtigten und seinen Familienangehörigen nur gewährt werden (ebenso Oestreicher/Decker Rn. 14; Siefert/Dollinger, Asylbewerberleistungsgesetz, 2020, Rn. 15). Ob die Leistungen als Geld- oder als Sachleistungen erbracht werden, spielt ebenfalls keine Rolle.

Aus der Wendung „zu gewährenden Leistungen" folgt weiter, dass eine Sicherheitsleistung nach **8** § 7a S. 1 nicht für Leistungen verlangt werden kann, die bereits erbracht worden sind, die also in der Vergangenheit liegen (ebenso: LSG Bln-Bbg BeckRS 2016, 69737 Rn. 25; Streit/Hüb-schmann ZAR 1998, 266 (272); Deibel ZFSH/SGB 1998, 707 (714 f.); Oestreicher/Decker Rn. 17; Wahrendorf Rn. 7; Siefert/Dollinger, Asylbewerberleistungsgesetz, 2020, Rn. 15; **aA** VG Frankfurt a. M. SAR 2002, 21; jurisPK-SGB XII Rn. 18). Bei der Sicherheitsleistung nach § 7a S. 1 ist folglich von Ansprüchen auszugehen, die gegenwärtig oder in der Zukunft erst noch entstehen, und die durch Zugriff auf das bei der Einreise des Ausländers vorhandene Vermögen gesichert werden sollen (Streit/Hübschmann ZAR 1998, 266 (272)).

V. Ermessen

Liegt ein zu sichernder Anspruch vor, so **kann** die zuständige Behörde Sicherheit verlangen, **9** sie muss es aber nicht. Die Entscheidung hierüber trifft sie im Rahmen pflichtgemäßer Ermessens-ausübung (vgl. § 40 VwVfG bzw. Landesrecht). Insofern verbietet sich jeder Schematismus (Ham-mel ZFSH/SGB 2016, 171 (174)). Die tragenden Erwägungen für die Ermessensausübung sind dem Betroffenen mitzuteilen (§ 39 Abs. 1 S. 3 VwVfG bzw. Landesrecht). Das wird grundsätzlich – auch um eine gerichtliche Überprüfung zu ermöglichen – eine entsprechende schriftliche Darle-gung der Erwägungen, auch zur Höhe der verlangten Sicherheitsleistung und deren Berechnung, und damit den Erlass eines entsprechenden Verwaltungsakts („**Sicherungsanordnungsbeschei-des**") erfordern (ebenso Siefert/Dollinger, Asylbewerberleistungsgesetz, 2020, Rn. 9).

Wird Sicherheit verlangt und wird diese vom Leistungsberechtigten erbracht, so ist diese dem **10** Leistungsberechtigten als solche gutzuschreiben und gegen den Wert der dem Leistungsberechtig-ten und seinen Familienangehörigen vom zuständigen Leistungsträger gewährten Leistungen zu verrechnen (vgl. Hammel ZFSH/SGB 2016, 171 (173)).

VI. Umfang der Sicherheitsleistung

Wegen der zu gewährenden Leistungen kann Sicherheit verlangt werden, **soweit** Vermögen **11** iSv § 7 Abs. 1 S. 1 vorhanden ist. Hieraus folgt zunächst, dass die Höhe der Sicherheit durch das vorhandene Vermögen begrenzt wird. Dabei muss es sich um „**verfügbares**" Vermögen handeln, also solches, das der Leistungsberechtigte zur Deckung seines Lebensunterhaltes, von Unterkunft und Heizung selbst einsetzen könnte (Oestreicher/Decker Rn. 19; Wahrendorf Rn. 10).

Da § 7a S. 1 nur auf Vermögen abstellt, kann bei **vorhandenem Einkommen keine Sicher-** **12** **heit** verlangt werden, obwohl § 7 Abs. 1 S. 3 auch insofern (vgl. Wortlaut „soweit Einkommen und Vermögen im Sinne des Satzes 1 vorhanden sind") einen Kostenerstattungsanspruch der zuständigen Behörde normiert.

Die Sicherheitsleistung hat sich dem Grund und der Höhe nach an den zu erwartenden Erstat- **13** tungsansprüchen nach § 7 Abs. 1 zu orientieren (vgl. Gesundheitsausschuss, Beschlussempfehlung und Bericht, BT-Drs. 13/11172, 6). Diese richten sich wiederum nach der Höhe der Grundleis-tungen und der besonderen Leistungen nach §§ 3, 4 und 6.

14   Endet die Leistungsberechtigung und ist das von dem Leistungsträger eingezogene Vermögen des Ausländers noch nicht aufgebraucht, so hat die Behörde unverzüglich – zur Vermeidung einer Übersicherung – den noch verbleibenden Vermögensteil freizugeben (Hammel ZFSH/SGB 2016, 171 (173)). Besteht die Leistungsberechtigung fort, ist das sichergestellte Vermögen aber aufgebraucht (an den Leistungsberechtigten zurückgeflossen), dann endet die Sicherstellung ebenfalls, denn sie hat dann ihren Zweck erreicht (vgl. VG Frankfurt (Oder) BeckRS 2008, 31607, juris Rn. 16).

B. Regelungsgehalt des § 7a S. 2

15   § 7a S. 2 ist eine **vollstreckungsrechtliche Sonderregelung**. Abweichend vom üblicherweise bei der Vollstreckung von Geldforderungen vorgesehenen Verfahren (vgl. §§ 1, 3, 6, 9, 12 VwVG; siehe auch die entsprechenden landesrechtlichen Regelungen), lässt die Vorschrift „die Anordnung der Sicherheitsleistung ohne vorherige Vollstreckungsandrohung im Wege des unmittelbaren Zwanges" zu. Gemeint ist hiermit die „Vollstreckung der Festsetzung der Sicherheitsleistung", ohne dass vorher ein entsprechender Vollstreckungstitel geschaffen werden muss (Zeitler VBlBW 2001, 296 (297)). Das Vollstreckungsverfahren wird damit vereinfacht. Die Möglichkeit der Vollstreckung ohne vorherigen Vollstreckungstitel bezweckt die effektive Durchsetzung der Ansprüche (Hohm NVwZ 1998, 1045 (1047)). Sie dient aber nicht dazu, dass das weggenommene „Vermögen", wie zB Geldscheine und -münzen, in diesem Sinne aufbewahrt werden soll, sondern dazu, dass den Verpflichteten betragsmäßig eine Sicherheit gutgeschrieben werden kann, auf die bei Eintritt des Sicherungsfalles im Wege der Verrechnung zugegriffen oder die bei Aufhebung der Anordnung der Sicherheitsleistung wegen anderweitiger Erfüllung der zu sichernden Verpflichtungen oder sonstiger Gründe an den Sicherungsverpflichteten zurückgegeben werden kann (VGH BW InfAuslR 2001, 382 = FEVS 53, 516).

16   Da auch die Entscheidung nach § 7a S. 2 eine Ermessensentscheidung (§ 40 VwVfG bzw. Landesrecht) ist, wird die Behörde dadurch nicht gehindert, gleichwohl den Weg der „normalen" Vollstreckung mit Anordnung der Sicherheitsleistung etc zu gehen.

§ 7b [aufgehoben]

1   § 7b ist durch das Vierte Gesetz über moderne Dienstleistungen am Arbeitsmarkt v. 24.12.2003 (BGBl. I 2954) mWz1.1.2005 in das AsylbLG eingefügt und durch das Gesetz zur Neuregelung des Wohngeldrechts und zur Änderung des Sozialgesetzbuches v. 24.9.2008 (BGBl. I 1856) mWz 1.1.2009 redaktionell geändert worden. Durch das Neunte Gesetz zur Änderung des Zweiten Buches Sozialgesetzbuch – Rechtsvereinfachung – sowie zur vorübergehenden Aussetzung der Insolvenzantragspflicht v. 26.7.2016 (BGBl. I 1824; ber. 2718) ist die Norm mWz 1.1.2017 aufgehoben worden. Die Aufhebung steht im Zusammenhang mit der Aufhebung der inhaltsgleichen Regelungen unter anderem in § 40 Abs. 4 SGB II und § 105 Abs. 2 SGB XII durch das genannte Gesetz (vgl. BR-Drs. 66/16 und BT-Drs. 18/8041 mit Stellungnahme des Bundesrates und Gegenäußerung der Bundesregierung sowie BT-Drs. 18/8909).

§ 8 Leistungen bei Verpflichtung Dritter

(1) ¹**Leistungen nach diesem Gesetz werden nicht gewährt, soweit der erforderliche Lebensunterhalt anderweitig, insbesondere auf Grund einer Verpflichtung nach § 68 Abs. 1 Satz 1 des Aufenthaltsgesetzes gedeckt wird. ²Besteht eine Verpflichtung nach § 68 Abs. 1 Satz 1 des Aufenthaltsgesetzes, übernimmt die zuständige Behörde die Kosten für Leistungen im Krankheitsfall, bei Behinderung und bei Pflegebedürftigkeit, soweit dies durch Landesrecht vorgesehen ist.**

(2) **Personen, die sechs Monate oder länger eine Verpflichtung nach § 68 Abs. 1 Satz 1 des Aufenthaltsgesetzes gegenüber einer in § 1 Abs. 1 genannten Person erfüllt haben, kann ein monatlicher Zuschuß bis zum Doppelten des Betrages nach § 3a Absatz 1 gewährt werden, wenn außergewöhnliche Umstände in der Person des Verpflichteten den Einsatz öffentlicher Mittel rechtfertigen.**

Überblick

Nach § 8 Abs. 1 werden Leistungen nicht erbracht, soweit der erforderliche Lebensunterhalt von dritter Seite, insbesondere aufgrund einer Verpflichtungserklärung nach Ausländerrecht, sichergestellt wird (S. 1, → Rn. 1 ff.). Im Krankheitsfall, bei Behinderung und bei Pflegebedürftigkeit verbleibt es dagegen bei der Leistungsgewährung nach dem AsylbLG, soweit Landesrecht dies vorsieht (S. 2, → Rn. 9). Abs. 2 (→ Rn. 10 ff.) eröffnet der zuständigen Behörde die Möglichkeit eines Zuschusses an den nach dem Ausländerrecht Verpflichteten, wenn dieser seiner Verpflichtung zur Sicherstellung des Lebensunterhalts des Berechtigten sechs Monate oder länger nachgekommen ist. Die Regelung gilt in der Fassung durch das Asylverfahrensbeschleunigungsgesetz v. 20.10.2015 (BGBl. I 1722) und wurde durch das 3. AsylbLGÄndG v. 13.8.2019 (BGBl. I 1290) redaktionell in Abs. 2 an die Änderung des § 3 und die Einfügung eines neuen § 3a angepasst.

A. Sicherstellung des Lebensunterhaltes (Abs. 1 S. 1)

Nach Abs. 1 S. 1 sind Leistungen nach dem AsylbLG ausgeschlossen, soweit der erforderliche **1** Lebensunterhalt anderweitig gedeckt wird. § 8 Abs. 1 S. 1 dient somit den **Nachrang der Leistungen nach dem AsylbLG** gegenüber anderen Leistungen. Hinsichtlich des Einkommens und des Vermögens findet der Nachrang der Leistungen allerdings seine nähere Ausgestaltung in § 7 (vgl. Regierungsentwurf, BT-Drs. 13/2746, 17).

Die „anderweitige Deckung" kann auf verschiedene Weise erfolgen. § 8 Abs. 1 S. 1 nennt **2** selbst als Beispiel (was durch die Wendung „insbesondere" zum Ausdruck gebracht wird) den Fall einer Verpflichtungserklärung nach § 68 Abs. 1 S. 1 AufenthG. Daneben kommen aber auch Unterhaltsleistungen, freiwillige Leistungen Dritter oder sonstige Sozialleistungen (vgl. § 9 Abs. 2) in Betracht.

I. Verpflichtungserklärung nach § 68 AufenthG

Gemäß § 68 Abs. 1 S. 1 AufenthG hat, wer sich der Ausländerbehörde oder einer Auslandsver- **3** tretung gegenüber verpflichtet hat, die Kosten für den Lebensunterhalt eines Ausländers zu tragen, für einen Zeitraum von fünf Jahren sämtliche öffentliche Mittel zu erstatten, die für den Lebensunterhalt des Ausländers einschließlich der Versorgung mit Wohnraum und der Versorgung im Krankheitsfalle und bei Pflegebedürftigkeit aufgewendet werden (s. aber § 8 Abs. 1 S. 2), auch soweit die Aufwendungen auf einem gesetzlichen Anspruch des Ausländers beruhen. Bei der Verpflichtungserklärung handelt es sich um eine **einseitige empfangsbedürftige Willenserklärung** (vgl. BayVGH BeckRS 2008, 27591; BayLSG BeckRS 2009, 53158 = FEVS 60, 427 (429)). § 68a S. 1 AufenthG erstreckt die Anwendbarkeit des § 68 Abs. 1 S. 1–3 AufenthG rückwirkend auf vor dem 6.8.2016 abgegebene Verpflichtungserklärungen, jedoch mit der Maßgabe, dass an die Stelle des Zeitraums von fünf Jahren ein Zeitraum von drei Jahren tritt (vgl. BVerwG FEVS 69, 72 (75) = BeckRS 2017, 104359).

Hinsichtlich der Formvoraussetzungen der Verpflichtungserklärung gilt § 68 Abs. 2 AufenthG. **4** Danach bedarf die Verpflichtung der **Schriftform.**

Die Verpflichtungserklärung endet, wenn sie nicht ausdrücklich kürzer befristet oder nach **5** Maßgabe der Auslegung im Einzelfall auf das Ende des vorgesehenen Aufenthalts bezogen ist, nach fünf Jahren oder dann, wenn der ursprüngliche Aufenthaltszweck durch einen anderen ersetzt und dies aufenthaltsrechtlich anerkannt worden ist (vgl. BVerwGE 108, 1 = BeckRS 1998, 30035179). Zu weiteren Einzelheiten s. die Erläuterungen zu §§ 68, 68a AufenthG.

II. Andere Leistungen Dritter

Als andere Leistungen kommen insbesondere solche aufgrund gesetzlicher Unterhaltsverpflich- **6** tungen in Betracht oder auch Leistungen, die Dritte auf freiwilliger Grundlage erbringen. Werden andere Leistungen jedoch nur im Rahmen der Nothilfe erbracht, solange Sozialleistungen nicht gewährt werden, führen diese nicht zu einer anderweitigen Bedarfsdeckung iSv § 8 Abs. 1 S. 1, denn eine Hilfegewährung Dritter im Vorgriff auf eine zu erwartende Leistung des Sozialhilfeträgers lässt die Hilfebedürftigkeit nicht entfallen (vgl. BayLSG ZFSH/SGB 2017, 355 zum sog. Kirchenasyl; ferner Oestreicher/Decker Rn. 11).

III. Tatsächliche Leistungsgewährung

§ 8 Abs. 1 S. 1 ist nur anwendbar, wenn auch tatsächlich Leistungen an den Hilfesuchenden **7** erbracht werden (vgl. VGH BW VBlBW 2013, 348; VG Minden SAR 2015, 68 = BeckRS 2015,

44021; SG Dortmund BeckRS 2011, 72522 = SAR 2011, 106 mwN; VG Karlsruhe InfAuslR 2003, 113). Das gilt auch im Falle einer Verpflichtungserklärung nach § 68 Abs. 1 AufenthG, denn diese begründet für den begünstigten Ausländer selbst keinen unmittelbaren Anspruch auf Unterhaltsleistungen gegen den Erklärenden (vgl. VGH BW InfAuslR 1994, 52; BayVGH NVwZ-RR 1994, 450). Folglich ist der Anspruch auf Leistungen nach dem AsylbLG nur dann ausgeschlossen, wenn die Leistungen des Erklärenden dem Leistungsberechtigten auch tatsächlich zufließen (VGH BW VBlBW 2013, 348; VG Karlsruhe InfAuslR 2003, 113).

8   Den um Leistungen nach dem AsylbLG nachsuchenden Leistungsberechtigten trifft die **Beweislast** dafür, dass er nicht über zur Bedarfsdeckung vorrangig einzusetzende Leistungen Dritter verfügt (Oestreicher/Decker Rn. 13).

B. Leistungen im Krankheitsfall etc (Abs. 1 S. 2)

9   Nach **S. 2** übernimmt der zuständige Leistungsträger trotz einer Verpflichtung nach § 68 Abs. 1 S. 1 AufenthG – die auch diese Kosten umfassen würde (vgl. → Rn. 3) – die Kosten für Leistungen bei Krankheit, Behinderung und Pflegebedürftigkeit, soweit das Landesrecht dies vorsieht (vgl. zur Rechtslage in Baden-Württemberg etwa VGH BW VBlBW 2013, 348). Die Entscheidung hierüber liegt somit bei den Ländern. Das ist auch gerechtfertigt, da diese die grundsätzliche Kostenzuständigkeit trifft (vgl. Regierungsentwurf, BT-Drs. 13/2746, 17).

C. Zuschuss durch die zuständige Behörde an den nach § 68 Abs. 1 AufenthG Verpflichteten (Abs. 2)

10   Abs. 2 sieht die Möglichkeit eines Zuschusses an Personen vor, die sich nach § 68 Abs. 1 S. 1 AufenthG verpflichtet haben, den Lebensunterhalt einer in § 1 Abs. 1 genannten Person zu tragen. Ein solcher Zuschuss kommt vor allem bei einer zeitlich nicht beschränkten und damit nur der Befristung nach § 68 Abs. 1 S. 1 AufenthG unterliegenden Verpflichtung ab dem siebten Monat in Betracht, wenn die Verpflichtung bereits sechs Monate **erfüllt** worden ist. Der Verpflichtete muss seiner Verpflichtung somit nachgekommen sein. Das bloße Bestehen einer Verpflichtungserklärung seit mehr als sechs Monaten reicht daher nicht aus.

11   Der zuständige Leistungsträger kann den Zuschuss monatlich bis zum Doppelten des Betrages nach § 3a Abs. 1 (zu Einzelheiten siehe dort) gewähren, wenn **außergewöhnliche Umstände** den Einsatz öffentlicher Mittel rechtfertigen. Zu solchen Umständen zählen allein Gründe in der Person, die die Verpflichtung nach § 68 Abs. 1 S. 1 AufenthG übernommen hat, wie zB die unvorhersehbare Verschlechterung der Einkommenssituation durch Arbeitslosigkeit oder die Verschlechterung der Wohnsituation (vgl. auch Wahrendorf Rn. 9).

12   Die Entscheidung über die Gewährung des Zuschusses steht im **Ermessen** des zuständigen Leistungsträgers (Wortlaut „kann […] gewährt werden"; § 40 VwVfG bzw. Landesrecht). Dieses hat er pflichtgemäß auszuüben, was der sozialgerichtlichen Überprüfung unterliegt (§ 54 Abs. 2 S. 2 SGG).

§ 8a Meldepflicht

Leistungsberechtigte, die eine unselbständige oder selbständige Erwerbstätigkeit aufnehmen, haben dies spätestens am dritten Tag nach Aufnahme der Erwerbstätigkeit der zuständigen Behörde zu melden.

1   § 8a regelt die Verpflichtung von Leistungsberechtigten nach dem AsylbLG, die Aufnahme einer Erwerbstätigkeit gegenüber dem zuständigen Leistungsträger anzuzeigen. Die Norm gilt in ihrer Fassung durch das Erste Gesetz zur Änderung des Asylbewerberleistungsgesetzes v. 26.5.1997 (BGBl. I 1130).

2   Nach § 8a sind Leistungsberechtigte nach dem AsylbLG – das umfasst auch Analog-Leistungsberechtigte, da § 2 Abs. 1 den § 8a nicht ausnimmt – verpflichtet, die Aufnahme einer unselbstständigen oder selbstständigen Erwerbstätigkeit, spätestens am dritten Tag nach Aufnahme der Erwerbstätigkeit der zuständigen Behörde zu melden. Angaben gegenüber der Ausländerbehörde ersetzen – auch in Ansehung des § 90 Abs. 1 Nr. 2 AufenthG – die erforderlichen Angaben gegenüber der Sozialhilfeverwaltung nicht (VG Ansbach BeckRS 2002, 18888 Rn. 12).

3   Kommt der Leistungsberechtigte dieser Verpflichtung nicht, nicht richtig, nicht vollständig oder nicht rechtzeitig nach, handelt er ordnungswidrig und kann mit einem Bußgeld bis zu 5.000 EUR belegt werden (§ 13).

§ 9 Verhältnis zu anderen Vorschriften

(1) Leistungsberechtigte erhalten keine Leistungen nach dem Zwölften Buch Sozialgesetzbuch oder vergleichbaren Landesgesetzen.

(2) ¹Leistungen anderer, besonders Unterhaltspflichtiger, der Träger von Sozialleistungen oder der Länder im Rahmen ihrer Pflicht nach § 44 Abs. 1 des Asylgesetzes werden durch dieses Gesetz nicht berührt. ²Als Mitwirkung im Sinne des § 60 Absatz 1 des Ersten Buches Sozialgesetzbuch gilt auch, dass Personen, die Leistungen nach diesem Gesetz als Leistungsberechtigte nach § 1 Absatz 1 Nummer 1, 2, 4, 5 oder 7 beantragen oder beziehen, auf Verlangen der zuständigen Leistungsbehörde die Abnahme ihrer Fingerabdrücke zu dulden haben, wenn dies nach § 11 Absatz 3a zur Prüfung ihrer Identität erforderlich ist.

(3) ¹Die §§ 60 bis 67 des Ersten Buches Sozialgesetzbuch über die Mitwirkung des Leistungsberechtigten sind entsprechend anzuwenden. ²Als Mitwirkung im Sinne des § 60 Absatz 1 des Ersten Buches Sozialgesetzbuch gilt auch, dass Personen, die Leistungen nach diesem Gesetz als Leistungsberechtigte nach § 1 Absatz 1 Nummer 1, 2, 4, 5 oder 7 beantragen oder beziehen, auf Verlangen der zuständigen Leistungsbehörde die Abnahme ihrer Fingerabdrücke zu dulden haben, wenn dies nach § 11 Absatz 3a zur Prüfung ihrer Identität erforderlich ist.

(4) ¹Folgende Bestimmungen des Zehnten Buches Sozialgesetzbuch sind entsprechend anzuwenden:
1. die §§ 44 bis 50 über die Rücknahme, den Widerruf und die Aufhebung eines Verwaltungsakts sowie über die Erstattung zu Unrecht erbrachter Leistungen,
2. der § 99 über die Auskunftspflicht von Angehörigen, Unterhaltspflichtigen oder sonstigen Personen und
3. die §§ 102 bis 114 über Erstattungsansprüche der Leistungsträger untereinander.
²§ 44 des Zehnten Buches Sozialgesetzbuch gilt jedoch nur mit der Maßgabe, dass
1. rechtswidrige nicht begünstigende Verwaltungsakte nach den Absätzen 1 und 2 nicht später als vier Jahre nach Ablauf des Jahres, in dem der Verwaltungsakt bekanntgegeben wurde, zurückzunehmen sind; ausreichend ist, wenn die Rücknahme innerhalb dieses Zeitraums beantragt wird,
2. anstelle des Zeitraums von vier Jahren nach Absatz 4 Satz 1 ein Zeitraum von einem Jahr tritt.

(5) Die §§ 117 und 118 des Zwölften Buches Sozialgesetzbuch sowie die auf Grund des § 120 Abs. 1 des Zwölften Buches Sozialgesetzbuch oder des § 117 des Bundessozialhilfegesetzes erlassenen Rechtsverordnungen sind entsprechend anzuwenden.

Überblick

§ 9 regelt das Verhältnis des AsylbLG zu anderen Rechtsvorschriften, namentlich zum SGB XII (Abs. 1, → Rn. 1 ff.) sowie zu Leistungen anderer, insbesondere Unterhaltspflichtiger, Träger von Sozialleistungen oder der Länder im Rahmen ihrer aus § 44 AsylG folgenden Verpflichtung zur Unterbringung von Asylbewerbern (Abs. 2, → Rn. 4 ff.; ausf. zur Konkurrenz des AsylbLG mit Sozialleistungsgesetzen Kunkel NVwZ 1994, 352). Die Norm erklärt ferner bestimmte Regelungen des SGB I (Abs. 3, → Rn. 11 f.) und des SGB X (Abs. 4 mit Modifikationen, → Rn. 14) sowie das SGB XII (Abs. 5, → Rn. 19 ff.) für entsprechend anwendbar. Die Vorschrift ist zuletzt durch das Gesetz zur Änderung des Bundesversorgungsgesetzes und anderer Vorschriften v. 17.7.2017 (BGBl. I 2541) geändert worden. Die Änderung trat erst am 27.2.2019 (BGBl. I 162) in Kraft.

Übersicht

A. Verhältnis zum SGB XII (Abs. 1)

1   Abs. 1 legt ausdrücklich fest, dass den nach dem AsylbLG Leistungsberechtigten weder Leistungen nach dem SGB XII noch nach vergleichbaren Landesgesetzen zustehen, wobei zu den Leistungsberechtigten in diesem Sinne nach allgemeiner Meinung alle Berechtigten nach § 1 zählen, also sowohl Bezieher sog. Grundleistungen (§§ 3 ff.) als auch Analog-Leistungsberechtigte nach § 2 Abs. 1 in Verbindung mit dem SGB XII (vgl. BSGE 109, 154 Rn. 60 = BeckRS 2011, 78771). Zweck dieses Leistungsausschlusses ist es, Doppelfinanzierungen zu Lasten der öffentlichen Hand zu verhindern (LSG LSA BeckRS 2014, 66016 = SAR 2014, 34). § 23 Abs. 2 SGB XII enthält eine mit § 9 Abs. 1 korrespondierende Regelung. Beide Vorschriften machen deutlich, dass das AsylbLG ein an sich geschlossenes Leistungssystem ist (vgl. Wahrendorf Rn. 1; Siefert/Siefert, Asylbewerberleistungsgesetz, 2020, Rn. 6). Der Leistungsausschluss bezieht sich auf alle Formen der Sozialhilfe (jurisPK-SGB XII Rn. 16).

2   Leistungsberechtigte nach dem AsylbLG erhalten auch keine Leistungen aus „vergleichbaren Landesgesetzen“. Die **„Vergleichbarkeit“** iSv § 9 Abs. 1 bestimmt sich aus der Sicht des für das AsylbLG zuständigen Bundesgesetzgebers (LSG LSA BeckRS 2014, 66016 = SAR 2014, 34). Dieser ist davon ausgegangen, dass es sich z. B. bei den Landesblindengeldgesetzen um mit dem SGB XII vergleichbare Landesgesetze handelt und sowohl das Blindengeld als auch die Blindenhilfe nach § 72 SGB XII den Ausgleich blindheitsbedingter Mehraufwendungen bezweckt. Das Blindengeld dient dabei nicht dazu, eine akute Notlage abzuwenden, sondern ist als Versorgungsleistung bzw. Nachteilsausgleich für den von einem besonders schweren Schicksal betroffenen Personenkreis der Blinden zu verstehen. Bei den Landesblindengesetzen handelt es sich demnach um mit dem SGB XII vergleichbare Landesgesetze (LSG LSA BeckRS 2014, 66016 = SAR 2014, 34; SG Karlsruhe BeckRS 2014, 74283 = SAR 2015, 9; OVG NRW BeckRS 2011, 53293).

3   Eine Regelung, die das Verhältnis zum **SGB II** regelt, findet sich im AsylbLG **nicht.** Das ist aber auch nicht erforderlich, da § 7 Abs. 1 S. 2 Nr. 3 SGB II Leistungsberechtigte nach § 1 von der Leistungsberechtigung nach dem SGB II ausdrücklich ausnimmt. Dieser Ausschluss gilt auch für nicht erwerbsfähige Hilfebedürftige, die mit einem Leistungsempfänger nach dem SGB II in Bedarfsgemeinschaft leben (BSG NZS 2009, 513). Dass der Ausschluss verfassungsgemäß ist, hat das BSG wiederholt bestätigt (zB BSGE 102, 60 = SozR 4–4200 § 7 Nr. 10 = BeckRS 2009, 53978 Rn. 19 ff.).

B. Leistungen anderer (Abs. 2)

4   Nach Abs. 2 gehen Leistungen, die ein Leistungsberechtigter nach anderen Rechtsvorschriften erhält, den Leistungen nach dem AsylbLG vor. Hieraus folgt einerseits, dass Leistungen nach dem AsylbLG bei den nach anderen Rechtsvorschriften zu gewährenden Leistungen unberücksichtigt bleiben; letztere können also nicht unter Hinweis auf Leistungen nach dem AsylbLG eingeschränkt werden, sofern dies nicht ausdrücklich in den entsprechenden Gesetzen so vorgesehen ist. Andererseits bekommt ein Leistungsberechtigter, der solche anderen Leistungen erhält und dadurch den Lebensunterhalt für sich und seine Angehörigen bestreiten kann, in Anwendung des § 7 Abs. 1 S. 1 keine Leistungen nach dem AsylbLG bzw. ist zum Kostenersatz nach § 7 Abs. 1 S. 3 verpflichtet, vorbehaltlich der Regelungen über nicht zu berücksichtigendes (§ 7 Abs. 2) sowie anrechnungsfreies Einkommen (§ 7 Abs. 3) und Vermögen (§ 7 Abs. 5).

5   Die Kollisionsklausel des Abs. 2 konkretisiert beispielhaft (Wortlaut „besonders“) mögliche Leistungen anderer und nennt an erster Stelle solche von **Unterhaltspflichtigen.** Hierbei kann es sich um Leistungen aufgrund gesetzlicher oder vertraglicher Unterhaltspflicht handeln, aber auch um freiwillige Unterhaltszahlungen, sofern durch sie der Bedarf des Antragstellers gedeckt wird. Besteht zwar ein (gesetzlicher oder vertraglicher) Unterhaltsanspruch, wird dieser aber nicht erfüllt, und muss der Leistungsträger nun an die Leistungsberechtigten Leistungen nach dem AsylbLG erbringen, dann hat dies auf den Unterhaltsanspruch gemäß § 9 Abs. 2 keinen Einfluss. Der Leistungsträger kann diesen Anspruch vielmehr nach § 7 Abs. 4 im Umfang der erbrachten Leistungen auf sich überleiten (zu Einzelheiten → § 7 Rn. 50 f.).

6   Leistungen anderer sind auch solche, die von Sozialleistungsträgern erbracht werden. Damit sind **Sozialleistungen** iSv §§ 8, 11, 27 Abs. 1 SGB I gemeint, wie zB solche der Kinder- und Jugendhilfe (so ausdr. BVerwGE 109, 155 = NVwZ 2000, 325 = FEVS 51, 152; sa BayLSG

BeckRS 2015, 65675 = KommP BY 2015, 278 für die Eingliederungshilfe für seelisch behinderte Kinder und Jugendliche nach § 35a SGB VIII), mit der Folge, dass Leistungen nach dem AsylbLG weder vorrangig vor diesen Leistungen sind, noch diese ausschließen.

Schließlich nennt Abs. 2 noch die Leistungen der Länder im Rahmen ihrer Pflicht nach § 44 **7** AsylG. Danach sind die Länder verpflichtet, für die Unterbringung Asylbegehrender die dazu erforderlichen Aufnahmeeinrichtungen zu schaffen und zu unterhalten sowie entsprechend ihrer Aufnahmequote die im Hinblick auf den monatlichen Zugang Asylbegehrender in den Aufnahmeeinrichtungen notwendige Zahl von Unterbringungsplätzen bereitzustellen. Folglich können sich die Länder ihrer Pflicht zur Unterbringung von Asylbegehrenden nicht durch den Hinweis entziehen, die Grundleistungen nach § 3 Abs. 1, Abs. 2 würden auch den Unterbringungsbedarf abdecken (vgl. jurisPK-SGB XII Rn. 32; Siefert/Siefert, Asylbewerberleistungsgesetz, 2020, Rn. 17).

C. Anwendbarkeit des SGB I und des SGB X im Asylbewerberleistungsrecht (Abs. 3, Abs. 4)

I. Vorbemerkung

Das AsylbLG stellt ein besonderes Sicherungssystem und eine eigenständige **abschließende 8** Regelung zur Sicherung des Lebensunterhaltes sowie zur Aufnahme und Durchführung von Arbeitsgelegenheiten für einen eng begrenzten Personenkreis von Ausländern dar (BSGE 109, 154 Rn. 64 = BeckRS 2011, 78771; LSG BW FEVS 64, 516). § 1 bestimmt in diesem Zusammenhang den Kreis der Leistungsberechtigten und damit den persönlichen Anwendungsbereich des AsylbLG. Trotz der Nähe zum Fürsorgerecht und damit insbesondere zum SGB XII (vgl. BVerfGE 132, 134 Rn. 114, 129 = NVwZ 2012, 1024) hat der Gesetzgeber eine klare Abgrenzung zum Sozialhilferecht getroffen. Asylbewerber und ihnen gleichgestellte Ausländer erhalten keine Sozialhilfe und haben darauf auch keinen Anspruch (§ 23 Abs. 2 SGB XII, § 9 Abs. 1). Das AsylbLG ist zudem nicht (besonderer) Teil des Sozialgesetzbuches, denn es wird in § 68 SGB I nicht genannt (BSG FEVS 70, 547; LSG MV FEVS 70, 409 (417)). Auch in der Übersicht über die einzelnen vom Regelungsumfang des Gesetzes erfassten Sozialleistungen und zuständigen Leistungsträger im Zweiten Titel des SGB I (§§ 18–29 SGB I) fehlt es an einer Erwähnung des AsylbLG. Dementsprechend ist nach Wortlaut, Systematik und Entwicklung der zugrunde liegenden gesetzlichen Vorschriften davon auszugehen, dass der Gesetzgeber nicht nur keine Anwendung der allgemeinen Bestimmungen des SGB I vorgesehen hat, sondern gerade auch keine solche Anwendung treffen wollte. Mangels Regelungslücke ist damit auch eine Analogie zu einzelnen Bestimmungen des SGB I ausgeschlossen (vgl. LSG BW FEVS 64, 516 (518)). Damit findet zB § 44 Abs. 1 SGB I (Anspruch auf Verzinsung) im AsylbLG keine Anwendung, auch nicht analog (BSG FEVS 70, 547).

Gleiches gilt für die Bestimmungen des SGB X (BSG InfAuslR 2014, 13 = SAR 2013, 113). **9** Zur Ausführung des AsylbLG ist – mangels Einordnung dieses Gesetzes in das formelle Sozialrecht – nicht das SGB X, sondern es sind die **Verwaltungsverfahrensgesetze der Länder** anzuwenden (zB LSG NRW BeckRS 2014, 68031, juris Rn. 20).

Regelungen des SGB I oder des SGB X finden im Rahmen des Asylbewerberleistungsrechts **10** daher nur dann entsprechende Anwendung, wenn im AsylbLG ausdrücklich auf eine solche Norm verwiesen wird. Derartige Verweisungsnormen finden sich in Abs. 3 in Bezug auf das SGB I und in Abs. 4 hinsichtlich des SGB X.

II. Entsprechende Geltung der §§ 60–67 SGB I (Abs. 3)

Nach **Abs. 3 S. 1** finden §§ 60–67 SGB I entsprechende Anwendung. Die Verweisung bezieht **11** sich dabei auf alle Mitwirkungspflichten des AsylbLG und nicht nur auf die im Rahmen der Einkommens- und Vermögensermittlung nach § 7, denn die §§ 60–67 SGB I dienen der Aufklärung des entscheidungserheblichen Sachverhaltes zur Entscheidung über die Bewilligung von Sozialleistungen. Das bedeutet, dass § 9 Abs. 3 S. 1 keine Mitwirkungspflichten betrifft, die sich aus anderen Gesetzen, wie zB aus § 15 Abs. 1 Nr. 3 und Nr. 6 AsylG, ergeben (vgl. OVG MV Urt. v. 15.4.2009 – 1 L 229/04, juris Rn. 31; LSG BW FEVS 57, 100; SG Hildesheim BeckRS 2013, 65353 = SAR 2013, 18; s. jetzt aber § 1a Abs. 5).

Einen besonderen Fall der Mitwirkungsobliegenheit beinhaltet der seit 27.2.2019 geltende (vgl. **12** BGBl. 2019 I 162) und durch das Gesetz v. 17.7.2017 (BGBl. I 2541) eingefügte **S. 2.** Durch diese Regelung wird für Personen, die Leistungen nach dem AsylbLG begehren oder erhalten, als Mitwirkungsobliegenheit die Pflicht eingeführt, im Rahmen der notwendigen Sachverhaltsaufklärung auch die Abnahme von Fingerabdrücken zu dulden. Hierbei handelt es sich um eine notwendige Folgeänderung zu dem mit besagtem Gesetz ebenfalls eingefügten § 11 Abs. 3a, der die Leistungsbehörden zur Abnahme von Fingerabdrücken verpflichtet, wenn dies zur Feststellung der Identität der nachfragenden Person erforderlich ist. Diese Ermittlungspflicht der Leistungsbehörden wird durch die korrespondierende Mitwirkungsobliegenheit abgesichert. Damit unterstützt die Regelung das Bemühen, die Leistungsgewährung an den richtigen Adressaten sicherzustellen und Leistungsmissbrauch durch Identitätstäuschung zu verhindern (vgl. BT-Drs. 18/12611, 66).

12.1 S. 2 erfasst ausweislich seines Wortlauts nicht alle Leistungsberechtigten nach § 1 Abs. 1, sondern nur die in § 1 Abs. 1 Nr. 1, Nr. 2, Nr. 4, Nr. 5 und Nr. 7 Genannten. Damit fallen Leistungsberechtigte nach § 1 Abs. 1 Nr. 3 (Inhaber von Aufenthaltsbefugnissen aus – im weitesten Sinne – humanitären Gründen) und Nr. 6 (Ehegatten, Lebenspartner oder minderjährige Kinder der in § 1 Abs. 1 Nr. 1–5 genannten Leistungsberechtigten, die selbst die dort genannten Voraussetzungen nicht erfüllen) nicht unter die Norm. Das ist dem Umstand geschuldet, dass § 11 Abs. 3a diesen Personenkreis nicht umfasst und Abs. 3 S. 2 die Sanktion an die fehlende Mitwirkung bei der Abnahme von Fingerabdrücken nach § 11 Abs. 3a knüpft. Warum der Gesetzgeber diesen Personenkreis ausgenommen hat, ergibt sich aus den Materialien nicht (zu § 11 Abs. 3a → § 11 Rn. 21 ff.).

13 Aus dem Verweis in § 9 Abs. 3 S. 1 auf die §§ 60–67 SGB I folgt, dass sämtliche Leistungsberechtigten (im Fall des Abs. 3 S. 2 → Rn. 12.1) verpflichtet sind, durch Angabe von Tatsachen (§ 60 SGB I), wie zB auch von Einkommen und Vermögen eines Dritten, wenn und soweit diese für die begehrte Leistung erheblich sind (Deibel ZFSH/SGB 1998, 707 (710)), durch persönliches Erscheinen (§ 61 SGB I) und durch Untersuchungen (§ 62 SGB I) an der Ermittlung des leistungsbegründenden Sachverhaltes mitzuwirken. Kommt der Betroffene nicht innerhalb der von § 65 Abs. 1 SGB I gezogenen Grenzen seinen Mitwirkungspflichten nach und wird hierdurch die Aufklärung des Sachverhaltes erheblich erschwert, so kann die nach §§ 10, 10a zuständige Behörde ohne weitere Ermittlungen die Leistungen bis zur Nachholung der Mitwirkung ganz oder teilweise versagen oder entziehen (sa Hohm NVwZ 1997, 659 (662)).

III. Verhältnis zum SGB X (Abs. 4)

1. Entsprechende Anwendung von §§ 44–50 SGB X (S. 1 Nr. 1 und S. 2)

14 Durch die entsprechende Geltung der §§ 44–50 SGB X über die Rücknahme, den Widerruf und die Aufhebung eines Verwaltungsakts sowie über die Erstattung von zu Unrecht erbrachten Leistungen soll der zuständigen Behörde die Möglichkeit gegeben werden, einen Rückforderungsanspruch geltend machen zu können, wenn zB zunächst nicht bekannt war, dass der Leistungsberechtigte über eigenes Einkommen verfügt und ihm daher zu Unrecht Leistungen erbracht worden sind (vgl. Regierungsentwurf, BT-Drs. 13/2746, 17).

15 Der Verweis in S. 1 Nr. 1 erfasst nach seinem eindeutigen Wortlaut auch § 44 SGB X (grdl. BSG FEVS 60, 248; s. ferner BSGE 114, 20 = BeckRS 2013, 72212; BSG BeckRS 2013, 67017 = SAR 2013, 44; LSG NRW info also 2008, 129; BeckRS 2009, 51685 = SAR 2008, 46; zu Einzelheiten sa bei Oestreicher/Decker Rn. 23). Die Anwendung dieser Norm wird allerdings durch S. 2 – vergleichbar mit § 40 Abs. 1 S. 2 SGB II und § 116a SGB XII – modifiziert.

15.1 Nach § 9 Abs. 2 Nr. 1 Hs. 1 gilt § 44 SGB X zunächst mit der Maßgabe, dass rechtswidrige nicht begünstigende Verwaltungsakte nach § 44 Abs. 1 und Abs. 2 SGB X nicht später als vier Jahre nach Ablauf des Jahres, in dem der Verwaltungsakt bekanntgegeben wurde, zurückzunehmen sind. Mit der Regelung soll der Rechtsprechung des BSG begegnet werden (BSG SozSich 1997, 392; BSGE 115, 121 = BeckRS 2014, 70967), wonach die auf vier Jahre verkürzte Frist des § 44 Abs. 4 SGB X auf nicht begünstigende Verwaltungsakte, die insbesondere (bspw. oder unter anderem) die Aufhebung, Erstattung und den Ersatz von bereits erbrachten Leistungen verfügen, keine Anwendung findet. Dies hatte zur Folge, dass solche Verwaltungsakte 30 Jahre lang verpflichtend zu prüfen, ggf. zurückzunehmen und bereits beglichene Forderungen zurückzuzahlen waren. Dieses Ergebnis erschien dem Gesetzgeber nicht angemessen (vgl. BT-Drs. 18/8909, 33), weshalb er mit Abs. 4 S. 2 Nr. 1 nunmehr diesen Zeitraum auf vier Jahre beschränkt hat. Es besteht damit nur noch über einen Zeitraum von vier Jahren die Möglichkeit, eine – über die gesetzlichen Rechtsbehelfe hinausgehende – Überprüfung der genannten Verwaltungsakte zu verlangen. Mit Abs. 4 S. 2 Nr. 1 Hs. 2 wird klargestellt, dass es für die Wahrung des Vier-Jahres-Zeitraumes ausreichend ist, wenn die Rücknahme innerhalb dieses Zeitraums beantragt wird (zu den Übergangsproblemen s. Oestreicher/Decker Rn. 24e, 24f).

15.2 Gemäß § 9 Abs. 4 S. 2 Nr. 2 gilt § 44 SGB X mit der Maßgabe, dass anstelle des Zeitraums von vier Jahren nach § 44 Abs. 4 S. 1 SGB X ein Zeitraum von einem Jahr tritt.

2. Entsprechende Anwendung von § 99 SGB X (S. 1 Nr. 2)

Gemäß Abs. 1 Nr. 2 findet **§ 99 SGB X** ebenfalls entsprechende Anwendung, wonach unter **16** bestimmten Voraussetzungen § 60 Abs. 1 Nr. 1 und Nr. 3 SGB I sowie § 65 Abs. 1 SGB I entsprechend gelten.

3. Entsprechende Anwendung von §§ 102–114 SGB X (S. 1 Nr. 3)

S. 1 Nr. 3 ordnet an, dass die Regelungen des SGB X über die Erstattungsansprüche der **17** Leistungsträger untereinander entsprechende Anwendung finden. Insoweit gelten somit im Verhältnis zwischen den Sozialleistungsträgern und den nach dem AsylbLG zuständigen Behörden die §§ 102–114 SGB X. Die Regelung stellt in Fällen, in denen Sozialleistungsträger und die zuständigen Behörden Leistungen zu erbringen haben, eine erhebliche Verwaltungsvereinfachung dar (Regierungsentwurf, BT-Drs. 12/4451, 10).

Die in S. 1 Nr. 3 getroffene Regelung bezüglich der für entsprechend anwendbar erklärten **18** Normen ist **abschließend** (vgl. Oestreicher/Decker Rn. 27 mwN).

D. Entsprechende Anwendbarkeit der §§ 117, 118 SGB XII (Abs. 5)

Da das AsylbLG ein eigenes, vom SGB XII unabhängiges (vgl. § 9 Abs. 1) Leistungssystem **19** enthält, finden auch die Regelungen des SGB XII **keine Anwendung.** Trotzdem ist es auch für den Bereich des Asylbewerberleistungsrechts erforderlich, sich einzelne Regelungen des SGB XII nutzbar zu machen (s. zB § 2 Abs. 1, § 7 Abs. 4). Abs. 5 regelt in seiner Fassung seit dem Integrationsgesetz (v. 31.7.2016, BGBl. I 1939) die entsprechende Anwendung der §§ 117, 118 SGB XII und der aufgrund des § 120 SGB XII (das Zitat „§ 120 Abs. 1 SGB XII" in Abs. 5 ist fehlerhaft, da § 120 SGB XII nur einen Absatz besitzt; gemeint ist S. 1 Nr. 2; leider war der Gesetzgeber bisher nicht in der Lage, den Fehler zu korrigieren) bzw. aufgrund des § 117 BSHG erlassenen Rechtsverordnungen.

Durch den Verweis auf § 117 SGB XII werden für die in der Norm genannten Personen **20** gegenüber dem zuständigen Leistungsträger entsprechende Auskunftspflichten begründet. Damit soll die Prüfung der Voraussetzungen für die Gewährung von Leistungen nach dem AsylbLG erleichtert werden (vgl. BT-Drs. 266/16, 41).

Infolge des Verweises auf § 118 SGB XII sind die zuständigen Behörden berechtigt, die Leis- **21** tungsberechtigten im automatisierten Datenabgleichverfahren darauf zu überprüfen, ob und in welcher Höhe Leistungen der Bundesagentur für Arbeit oder der Träger der gesetzlichen Rentenversicherung bezogen werden und in welchem Umfang Zeiten des Leistungsbezugs nach dem AsylbLG mit Beitragszeiten der Rentenversicherung oder Zeiten einer geringfügigen Beschäftigung zusammentreffen (entsprechend § 118 Abs. 1 SGB XII), und ob und in welcher Höhe Leistungen nach dem AsylbLG von anderen Behörden geleistet werden (entsprechend § 118 Abs. 2 SGB XII). Ferner kann die Datenstelle der Rentenversicherungsträger im Verfahren des automatisierten Datenabgleichs für das Bundesgebiet als Vermittlungsstelle zwischen den um Auskunft ersuchenden Trägern der Sozialhilfe und den Stellen, mit denen der Ausgleich erfolgen soll, fungieren (§ 118 Abs. 3 SGB XII). Darüber hinaus können die zuständigen Behörden zur Vermeidung rechtswidriger Inanspruchnahme von Leistungen Daten von Leistungsberechtigten bei anderen Stellen der eigenen Verwaltung, eigenen Wirtschaftsbetrieben und bestimmten anderen Verwaltungen abfragen, soweit diese zur Erfüllung ihrer Aufgaben erforderlich sind (entsprechend § 118 Abs. 4 SGB XII). Die danach mögliche Abfrage von Daten kann sowohl im Wege einer schriftlichen oder mündlichen Einzelanfrage als auch durch einen automatisierten Datenabgleich, wie zB durch das unmittelbare Abrufen der Daten, insbesondere bei anderen Stellen der eigenen Verwaltung, erfolgen.

Abs. 5 stellt des Weiteren klar, dass die Verordnungen, die aufgrund des § 120 SGB XII bzw. des **21.1** § 117 BSHG erlassen wurden bzw. werden, entsprechend anzuwenden sind. Damit findet die SozhiDAV (Sozialhilfedatenabgleichsverordnung v. 21.1.1998, BGBl. I 103) auch im Rahmen des AsylbLG Anwendung.

§ 10 Bestimmungen durch Landesregierungen

¹Die Landesregierungen oder die von ihnen beauftragten obersten Landesbehörden bestimmen die für die Durchführung dieses Gesetzes zuständigen Behörden und Kosten-

träger und können Näheres zum Verfahren festlegen, soweit dies nicht durch Landesgesetz geregelt ist. [2]Die bestimmten zuständigen Behörden und Kostenträger können auf Grund näherer Bestimmung gemäß Satz 1 Aufgaben und Kostenträgerschaft auf andere Behörden übertragen.

Überblick

§ 10 regelt die Zuständigkeit der Landesregierungen zur Bestimmung der für die Durchführung des AsylbLG zuständigen Behörden und Kostenträger und zur Festlegung des Verfahrens. Die Vorschrift gilt nach wie vor in ihrer Ursprungsfassung, wurde aber zwischenzeitlich durch die Regelungen in §§ 10a, 10b ergänzt.

A. § 10 S. 1

1   § 10 S. 1 dient der flexiblen Handhabung des AsylbLG durch die Länder (vgl. BT-Drs. 12/4451, 10). Sie gibt den Landesregierungen oder den von ihnen beauftragten obersten Landesbehörden die Befugnis, für die Durchführung des AsylbLG zu bestimmen:
• die zuständigen Behörden;
• die zuständigen Kostenträger;
• die Einzelheiten zum Verfahren, soweit nicht schon durch Landesgesetz geregelt.

2   Die Bundesländer haben von dieser Befugnis durchaus unterschiedlich Gebrauch gemacht. In den meisten Flächenstaaten liegt die Behördenzuständigkeit regelhaft bei den Kreisen und kreisfreien Städten, während eine Landesbehörde für den Personenkreis zuständig ist, der verpflichtet ist, in einer Aufnahmeeinrichtung iSd § 44 AsylG zu wohnen (vgl. jurisPK-SGB XII Rn. 6). So hat zB das Land Nordrhein-Westfalen die Durchführung des AsylbLG grundsätzlich den Gemeinden als (pflichtige) Selbstverwaltungsaufgabe übertragen (vgl. § 1 Abs. 1 S. 1 NRWAG AsylbLG; s. hierzu etwa OVG NRW FEVS 55, 379 = BeckRS 2003, 24948; ferner BSG NVwZ-RR 2012, 204). Wenn und soweit eine landesrechtliche Regelung fehlt, gilt für die Bestimmung der örtlichen Zuständigkeit nicht mehr § 3 VwVfG bzw. Landesrecht, sondern § 10a.

3   § 10 reicht als Ermächtigungsnorm gem. Art. 80 Abs. 1 GG aus, um die örtliche Zuständigkeit durch landesrechtliche Rechtsverordnung regeln zu können. Ein förmliches Gesetz ist nicht erforderlich (SächsOVG FEVS 46, 67 = NVwZ-Beil. 1995, 25; ThürOVG FEVS 48, 105 = BeckRS 1997, 22390; Deibel ZAR 1995, 57 (58)). Eine Regelung unterhalb einer Rechtsverordnung, also zB durch eine Verwaltungsvorschrift, reicht indessen nicht aus.

B. § 10 S. 2

4   Nach S. 2 können die gem. S. 1 bestimmten Behörden und Kostenträger ihrerseits Aufgaben und Kostenträgerschaft auf andere Behörden übertragen (sog. **Subdelegation;** zu den Anforderungen des Zitiergebots in diesem Fall: BVerfGE 151, 173). Aus der Wendung „auf Grund näherer Bestimmung" folgt dabei, dass die Möglichkeit der Subdelegation in der Rechtsverordnung nach S. 1 oder in einem vorrangigen Landesgesetz ausdrücklich vorgesehen sein muss (vgl. Siefert/Siefert, Asylbewerberleistungsgesetz, 2020, Rn. 5).

§ 10a Örtliche Zuständigkeit

(1) [1]Für die Leistungen nach diesem Gesetz örtlich zuständig ist die nach § 10 bestimmte Behörde, in deren Bereich der Leistungsberechtigte nach dem Asylgesetz oder Aufenthaltsgesetz verteilt oder zugewiesen worden ist oder für deren Bereich für den Leistungsberechtigten eine Wohnsitzauflage besteht. [2]Ist der Leistungsberechtigte von einer Vereinbarung nach § 45 Absatz 2 des Asylgesetzes betroffen, so ist die Behörde zuständig, in deren Bereich die nach § 46 Absatz 2a des Asylgesetzes für seine Aufnahme zuständige Aufnahmeeinrichtung liegt. [3]Im übrigen ist die Behörde zuständig, in deren Bereich sich der Leistungsberechtigte tatsächlich aufhält. [4]Diese Zuständigkeit bleibt bis zur Beendigung der Leistung auch dann bestehen, wenn die Leistung von der zuständigen Behörde außerhalb ihres Bereichs sichergestellt wird.

(2) [1]Für die Leistungen in Einrichtungen, die der Krankenbehandlung oder anderen Maßnahmen nach diesem Gesetz dienen, ist die Behörde örtlich zuständig, in deren Bereich der Leistungsberechtigte seinen gewöhnlichen Aufenthalt im Zeitpunkt der Auf-

nahme hat oder in den zwei Monaten vor der Aufnahme zuletzt gehabt hat. [2]War bei Einsetzen der Leistung der Leistungsberechtigte aus einer Einrichtung im Sinne des Satzes 1 in eine andere Einrichtung oder von dort in weitere Einrichtungen übergetreten oder tritt nach Leistungsbeginn ein solcher Fall ein, ist der gewöhnliche Aufenthalt, der für die erste Einrichtung maßgebend war, entscheidend. [3]Steht nicht spätestens innerhalb von vier Wochen fest, ob und wo der gewöhnliche Aufenthalt nach den Sätzen 1 und 2 begründet worden ist, oder liegt ein Eilfall vor, hat die nach Absatz 1 zuständige Behörde über die Leistung unverzüglich zu entscheiden und vorläufig einzutreten. [4]Die Sätze 1 bis 3 gelten auch für Leistungen an Personen, die sich in Einrichtungen zum Vollzug richterlich angeordneter Freiheitsentziehung aufhalten oder aufgehalten haben.

(3) [1]Als gewöhnlicher Aufenthalt im Sinne dieses Gesetzes gilt der Ort, an dem sich jemand unter Umständen aufhält, die erkennen lassen, daß er an diesem Ort oder in diesem Gebiet nicht nur vorübergehend verweilt. [2]Als gewöhnlicher Aufenthalt ist auch von Beginn an ein zeitlich zusammenhängender Aufenthalt von mindestens sechs Monaten Dauer anzusehen; kurzfristige Unterbrechungen bleiben unberücksichtigt. [3]Satz 2 gilt nicht, wenn der Aufenthalt ausschließlich zum Zweck des Besuchs, der Erholung, der Kur oder ähnlichen privaten Zwecken erfolgt und nicht länger als ein Jahr dauert. [4]Ist jemand nach Absatz 1 Satz 1 nach dem Asylgesetz oder nach dem Aufenthaltsgesetz verteilt oder zugewiesen worden oder besteht für ihn eine Wohnsitzauflage für einen bestimmten Bereich, so gilt dieser Bereich als sein gewöhnlicher Aufenthalt. [5]Wurde eine Vereinbarung nach § 45 Absatz 2 des Asylgesetzes getroffen, so gilt der Bereich als gewöhnlicher Aufenthalt des Leistungsberechtigten, in dem die nach § 46 Absatz 2a des Asylgesetzes für seine Aufnahme zuständige Aufnahmeeinrichtung liegt. [6]Für ein neugeborenes Kind ist der gewöhnliche Aufenthalt der Mutter maßgeblich.

Überblick

§ 10a regelt die örtliche Zuständigkeit für die Leistungen nach dem AsylbLG. Die Norm unterscheidet insofern zwischen der örtlichen Zuständigkeit außerhalb von Einrichtungen, die der Krankenbehandlung oder anderen Maßnahmen nach dem AsylbLG dienen (Abs. 1, → Rn. 1 ff.), und in solchen Einrichtungen (Abs. 2, → Rn. 11 ff.). Im Zusammenhang mit Abs. 2 und weil § 30 Abs. 3 SGB I im Asylbewerberleistungsrecht nicht anwendbar ist (vgl. bei → § 9 Rn. 11 ff.) definiert Abs. 3 (→ Rn. 16 ff.) den gewöhnlichen Aufenthalt (S. 1) und fingiert in S. 2–6 den gewöhnlichen Aufenthalt für bestimmte Sondersituationen. Die Regelung gilt in ihrer Fassung durch das Asylverfahrensbeschleunigungsgesetz v. 20.10.2015 (BGBl. I 1722) mit Wirkung seit 24.10.2015.

A. Örtliche Zuständigkeit außerhalb von Einrichtungen (Abs. 1)

I. Grundsatz (Abs. 1 S. 1 und S. 2)

1. S. 1

Nach Abs. 1 **S. 1** ist für die Leistungen nach dem AsylbLG örtlich zuständig die nach § 10 **1** bestimmte Behörde, in deren Bereich der Leistungsberechtigte nach dem AsylG oder dem AufenthG verteilt oder zugewiesen worden ist oder für deren Bereich für den Leistungsberechtigten eine Wohnsitzauflage besteht. Die Regelung setzt die Rechtsänderungen im AsylG und im AufenthG durch das Gesetz v. 23.12.2014 (BGBl. I 2439) im Leistungsrecht um. Danach wird der gewöhnliche Aufenthaltsort eines Ausländers durch das Instrument der Verteilungs- und Zuweisungsentscheidung sowie durch das Instrument der Wohnsitzauflage festgelegt, um eine gerechte Verteilung der Sozialkosten innerhalb des Bundesgebiets zu gewährleisten. Dementsprechend knüpft auch die Regelung der örtlichen Zuständigkeit für die Leistungen nach dem AsylbLG an diese asyl- und ausländerrechtlichen Regelungen an (vgl. BT-Drs. 18/6185, 47).

Nach § 46 Abs. 2 AsylG benennt eine vom Bundesministerium des Innern bestimmte zentrale **2** Verteilungsstelle auf Veranlassung einer Aufnahmeeinrichtung die für die Aufnahme des Ausländers zuständige Aufnahmeeinrichtung. Die **Verteilung** richtet sich nach dem sog. **Königsteiner Schlüssel** (vgl. § 45 Abs. 1 AsylG). Nach Maßgabe des § 47 AsylG ist der Asylbewerber verpflichtet, in der Erstaufnahmeeinrichtung zu wohnen. Gemäß **S. 1 Alt. 1** ist damit die Behörde für die Leistungsgewährung zuständig, in deren Bereich die Aufnahmeeinrichtung liegt.

3   Ist ein Asylbewerber nicht mehr verpflichtet, in einer Erstaufnahmeeinrichtung eines Bundeslandes zu wohnen (s. insbesondere § 50 Abs. 1 AsylG), wird er einer Ausländerbehörde dieses
Bundeslands **zugewiesen,** in der er Wohnsitz zu nehmen hat (§ 50 Abs. 4 AsylG). Örtlich
zuständig für die Leistungsgewährung ist dann die Behörde, in deren Bereich der Asylbewerber
zugewiesen wurde (**S. 1 Alt. 2**). Unter die Regelung fallen auch Ausländer, die unerlaubt eingereist
sind, aber weder um Asyl nachsuchen noch unmittelbar nach der Feststellung der unerlaubten
Einreise in Abschiebungshaft genommen und aus der Haft abgeschoben oder zurückgeschoben
werden können (Leistungsberechtigte nach § 1 Abs. 1 Nr. 5), und für die deshalb eine Verteilungsentscheidung nach § 15a AufenthG zu treffen ist.

4   Wird einem Asylbewerber schließlich eine **Wohnsitzauflage** erteilt, die in der Regel mit
der Zuweisungsentscheidung verbunden ist (§ 50 Abs. 4 AsylG), dann ist die Behörde für die
Leistungsgewährung örtlich zuständig, in deren Bereich sich der dem Asylbewerber zugewiesene
Wohnsitz befindet (**S. 1 Alt. 3**). Unter die S. 1 Alt. 3 fallen nicht nur Asylbewerber und damit
Leistungsberechtigte nach § 1 Abs. 1 Nr. 1, sondern auch Ausländer, denen nach § 23 AufenthG
(Leistungsberechtigte nach § 1 Abs. 1 Nr. 3 lit. a) erstmalig eine Aufenthaltserlaubnis erteilt worden
ist. Denn dieser Personenkreis wird von § 12a AufenthG erfasst und ist daher verpflichtet, für den
Zeitraum von drei Jahren ab Erteilung der Aufenthaltserlaubnis in dem Land seinen gewöhnlichen
Aufenthalt (Wohnsitz) zu nehmen, in das er zur Durchführung seines Asylverfahrens oder im
Rahmen seines Aufnahmeverfahrens zugewiesen worden ist (§ 12a Abs. 1 S. 1 AufenthG), soweit
nicht ein Ausnahmefall nach § 12a Abs. 1 S. 2 AufenthG gegeben ist. Ferner fallen hierunter
vollziehbar ausreisepflichtige Ausländer (Leistungsberechtigte nach § 1 Abs. 1 Nr. 5), deren Lebensunterhalt nicht gesichert ist. Diese sind nach § 61 Abs. 1d S. 1 AufenthG verpflichtet, an einem
bestimmten Ort ihren gewöhnlichen Aufenthalt zu nehmen (Wohnsitzauflage). Soweit die Ausländerbehörde nichts anderes angeordnet hat, ist das der Wohnort, an dem der Ausländer zum
Zeitpunkt der Entscheidung über die vorübergehende Aussetzung der Abschiebung gewohnt hat
(§ 61 Abs. 1d S. 2 AufenthG).

5   Die örtliche Zuständigkeit nach S. 1 wird durch die Zustellung der Zuweisungs- / Verteilungsentscheidung bzw. der Wohnsitzauflage an den Ausländer begründet. Damit hat diese Entscheidung – für die Dauer ihrer Wirksamkeit – unmittelbare Wirkung für die Frage der örtlichen
Zuständigkeit der Behörde für die Gewährung von Leistungen nach dem AsylbLG (vgl. NdsOVG
BeckRS 2005, 21039). Die Zuweisungs- / Verteilentscheidung wird allerdings gegenstandslos
(erledigt sich), wenn dem Ausländer nach rechtskräftigem Abschluss des Asylverfahrens ein Bleiberecht eingeräumt wird, das auch in einer Duldung bestehen kann, wenn die Duldung nicht nur
der Abwicklung des vorangegangenen Asylverfahrens dient (LSG NRW BeckRS 2009, 59882;
2009, 59890; LSG BW BeckRS 2009, 62916 = SAR 2006, 117; HessLSG BeckRS 2011, 77734,
juris Rn. 27; LSG Nds-Brem ZFSH/SGB 2011, 601; LSG NRW BeckRS 2012, 65592,
juris Rn. 85; ferner OVG NRW BeckRS 1997, 16678 Rn. 4 f. mwN; NdsOVG BeckRS 2000,
17377 = FEVS 52, 124; VG Regensburg BeckRS 2013, 48506; VG Düsseldorf Beschl. v.
21.2.2002 – 7 L 3644/01; sa BVerwG NVwZ 1993, 276 zu § 22 Abs. 4 AsylVfG aF; OVG NRW
NVwZ-RR 1990, 330 zu § 22 Abs. 4 AsylVfG aF; **aA** Deibel ZAR 1998, 28 (35)), sofern hiermit
nicht wieder eine Zuweisungsentscheidung verbunden ist (SG Aachen BeckRS 2015, 72839 =
SAR 2016, 10; zur – verneinten – Frage, ob eine erledigte Zuweisungsentscheidung nach Wiedereinreise wieder aufleben kann vgl. LSG NRW BeckRS 2014, 65643).

6   Hält sich die leistungsberechtigte Person außerhalb des Verteilungs- oder Zuteilungsbereichs
bzw. einer Wohnsitzauflage auf, dann führt dies dazu, dass eine nach § 10a Abs. 1 bestehende
örtliche Zuständigkeit der Behörde des Zuweisungsbereichs bis zur Rückkehr des Ausländers
„ruht" (LSG NRW BeckRS 2012, 68257, juris Rn. 34; SG Dortmund BeckRS 2014, 67558,
juris Rn. 69).

2. S. 2

7   Eine Sonderregelung zur örtlichen Zuständigkeit, die gegenüber S. 1 speziell ist, enthält **S. 2**.
Ist danach der Leistungsberechtigte von einer Vereinbarung nach § 45 Abs. 2 AsylG betroffen, so
ist die Behörde zuständig, in deren Bereich die nach § 46 Abs. 2a AsylG für seine Aufnahme
zuständige Aufnahmeeinrichtung liegt. Nach § 45 Abs. 2 AsylG besteht die Möglichkeit, Asylbegehrende auf der Basis von Vereinbarungen abweichend von der in § 45 Abs. 1 AsylG geregelten
Aufnahmequote außerhalb der jeweiligen Landesgrenzen unterzubringen (länderübergreifende
Verteilung). Bei Vorliegen einer solchen Vereinbarung richtet sich die örtliche Zuständigkeit nach
dem Sitz der nach § 46 Abs. 2a AsylG zuständigen Aufnahmeeinrichtung. Da deren Zuständigkeit
erst aber mit der tatsächlichen Aufnahme des betroffenen Ausländers entsteht, gilt dies auch für

die örtliche Zuständigkeit der Behörde nach §§ 10, 10a, in deren Bereich die Aufnahmeeinrichtung liegt. Bis zur Aufnahme des Ausländers in die in der Vereinbarung bestimmte Aufnahmeeinrichtung bestimmt sich die örtliche Zuständigkeit damit weiterhin nach der Verteilentscheidung der vom Bundesministerium des Innern bestimmten zentralen Verteilstelle (§ 10a Abs. 1 S. 1 Alt. 1; vgl. BT-Drs. 18/6185, 47).

II. Auffangzuständigkeit (Abs. 1 S. 3)

Besteht eine örtliche Zuständigkeit weder nach Maßgabe des S. 1 noch des S. 2, dann greift   **8** S. 3 (vgl. Wortlaut „im übrigen"). Das gilt auch dann, wenn eine Verteilungs- / Zuweisungsentscheidung oder Wohnsitzauflage aufgehoben wird oder erloschen ist.

In diesem Fall richtet sich die örtliche Zuständigkeit gem. § 10a Abs. 1 S. 3 nach dem tatsächli-   **9** chen Aufenthaltsort des Leistungsberechtigten (NdsOVG BeckRS 2000, 17377 = FEVS 52, 124). Der tatsächliche Aufenthalt wird dabei durch dessen körperliche Anwesenheit bestimmt (VG Arnsberg BeckRS 2004, 27311 = SAR 2004, 32). Auf die **Rechtmäßigkeit des Aufenthalts** kommt es nicht an (VGH BW FEVS 52, 74 = DöV 2000, 648; ebenso VG Gießen NVwZ-Beil. 2000, 134; VG Dessau, LKV 2003, 530). Allerdings ist in diesem Zusammenhang zu beachten, dass gem. § 11 Abs. 2 (vgl. → § 11 Rn. 3 ff.) die angegangene und gem. § 10a Abs. 1 S. 3 zuständige Behörde regelmäßig nur eine Reisebeihilfe zur Deckung des unabweisbaren Bedarfs für die Reise zum rechtmäßigen Aufenthaltsort gewähren muss, wenn sich der leistungsberechtigte Ausländer einer asyl- oder ausländerrechtlichen räumlichen Beschränkung zuwider in ihren Zuständigkeitsbereich aufhält (sa schon Deibel ZAR 1998, 28 (35)). Aus der Zuständigkeit nach § 10a Abs. 1 S. 3 folgt für diesen Fall zudem, dass der angegangenen Behörde bezüglich der von ihr erbrachten Hilfe kein Erstattungsanspruch nach § 9 Abs. 4 iVm §§ 102, 105 SGB X zusteht.

III. Dauer der Zuständigkeit (Abs. 1 S. 4)

Die Zuständigkeit endet mit der „Beendigung der Hilfe" oder wenn der Ausländer den Zustän-   **10** digkeitsbereich der Behörde erlaubt verlässt. Von letzterem enthält allerdings Abs. 1 **S. 4** eine Ausnahme. Danach bleibt die Zuständigkeit dann erhalten, wenn die zu erbringende Leistung von der zuständigen Behörde außerhalb ihres Bereichs sichergestellt wird (Abs. 1 S. 4). § 10a Abs. 1 S. 4 erfasst folglich die Fälle, in denen der bisher zuständige Leistungsträger zum Ausdruck bringt, dass er für den gesamten Bedarf der nach dem AsylbLG Leistungsberechtigten auch am neuen Wohnort außerhalb seines Zuständigkeitsbereiches aufkommen will (VGH BW FEVS 52, 74 = DöV 2000, 648 (649); v. 12.7.1995 – 6 S 1586/95; HessVGH FEVS 45, 335). Eine fortbestehende Zuständigkeit hängt also sowohl in Bezug auf ihren Anfang („wenn die Hilfe außerhalb seines Bereichs sichergestellt wird") als auch in Bezug auf ihr Ende („Beendigung der Hilfe") von rein tatsächlichen Umständen ab (BVerwGE 115, 142, juris Rn. 14 = BeckRS 2002, 20586; vgl. auch Siefert/Siefert, Asylbewerberleistungsgesetz, 2020, Rn. 14).

B. Örtliche Zuständigkeit bei Hilfen in Einrichtungen (Abs. 2)

Nach Abs. 2 S. 1 ist für Leistungen **in Einrichtungen,** die der Krankenbehandlung oder   **11** anderen Maßnahmen nach dem AsylbLG dienen, die Behörde örtlich zuständig, in deren Bereich der Leistungsberechtigte seinen gewöhnlichen Aufenthalt im Zeitpunkt der Aufnahme hat oder in den letzten zwei Monaten vor der Aufnahme zuletzt gehabt hat. Abs. 2 S. 1 trifft damit – wie § 98 Abs. 2 SGB XII – eine Sonderregelung für die örtliche Zuständigkeit bei Hilfeleistung in Einrichtungen, die zu Abs. 1 **speziell** ist.

Der **Begriff der Einrichtung** wird durch Abs. 2 S. 1 konkretisiert. Hierunter fallen zunächst   **12** Einrichtungen, die der Krankenbehandlung dienen. Das sind zB Krankenhäuser. Insoweit greift Abs. 2 S. 1 aber nur dann, wenn der Leistungsberechtigte **teil- oder vollstationär** zur Krankenbehandlung dort untergebracht wird, nicht aber bei nur ambulanten Krankenhausaufenthalten, weil der Aufenthalt in einer Einrichtung iSd § 10a Abs. 2 S. 1 ein faktisches Obhutsverhältnis voraussetzt (VGH BW ZFSH/SGB 2006, 683). Bei den „Einrichtungen, die anderen Maßnahmen nach dem Asylbewerberleistungsgesetz dienen" muss es sich nach dem Sinnzusammenhang um Leistungen des AsylbLG handeln, die in der Einrichtung teil- oder vollstationär erbracht werden und über die Bereitstellung einer Unterkunft hinaus einen weitergehenden Leistungszweck verfolgen (vgl. LSG NRW InfAuslR 2016, 350). Zu nennen wären etwa Aufnahmeeinrichtungen nach § 44 AsylG, Gemeinschaftsunterkünfte nach § 53 AsylG oder Einrichtungen zum Vollzug richterlich angeordneter Freiheitsentziehung, in denen sich der Leistungsberechtigte aufhält oder aufgehalten hat (Abs. 2 S. 4, der die entsprechende Geltung von S. 1–3 für solche Einrichtungen anordnet) oder auch **Frauenhäuser,** denn diese dienen nicht nur der Gewährung einer Unterkunft zu gemeinschaftlichen Wohnzwecken, sondern bieten den von häuslicher und sexueller Gewalt betroffenen Frauen und ihren Kindern anonymen Schutz vor weiteren Angriffen und Gefährdungen und leisten zudem Betreuung und Beratung der dort aufgenommen Personen (vgl. LSG NRW InfAuslR 2016, 350).

13   Der Begriff des „gewöhnlichen Aufenthaltes" wird in Abs. 3 S. 1 im Wege der Fiktion (Wortlaut „gilt") legal definiert (→ Rn. 16 ff.).

14   Hinsichtlich der Regelung in Abs. 2 S. 1 enthält jedoch **Abs. 2 S. 3** eine dieser Norm vorgehende **Spezialregelung** (vgl. BVerwG BeckRS 2006, 24169, juris Rn. 3). Danach ist die Behörde, in deren Bereich sich der Leistungsberechtigte tatsächlich aufhält (vgl. Abs. 1 S. 3), zum **unverzüglichen vorläufigen Eintreten** verpflichtet, wenn nicht spätestens innerhalb von **vier Wochen** feststeht, ob und wo der gewöhnliche Aufenthalt des Leistungsberechtigten begründet worden ist **oder** ein sog. **Eilfall** vorliegt und die an sich zuständige Behörde nicht sofort leistet oder leisten kann. Ein Eilfall im Sinne dieser Vorschrift ist immer dann anzunehmen, wenn die gem. § 10a Abs. 2 S. 1 eigentlich zuständige Behörde zur sofortigen Leistung außer Stande ist und die Gewährung der vom Betroffenen benötigten Asylbewerberleistung bei objektiver Betrachtung keinen Aufschub duldet, aber auch dann, wenn ein Kompetenzkonflikt besteht, dessen Klärung innerhalb der in § 10a Abs. 2 S. 3 normierten Vier-Wochen-Frist nicht abgewartet werden kann (vgl. SG Hildesheim BeckRS 2013, 68344, juris Rn. 49 mwN). Denn § 10a Abs. 2 S. 3 will unabhängig von Zuständigkeitsfragen eine möglichst schnelle Deckung des geltend gemachten Bedarfs sicherstellen. Diese dem Schutz des Hilfebedürftigen dienende Zuständigkeitsregelung greift also nicht nur bei Unklarheiten im Tatsächlichen, sondern gilt nach ihrem Sinn und Zweck gleichermaßen, wenn zwischen zwei Leistungsträgern unterschiedliche Rechtsansichten darüber bestehen, wo der letzte gewöhnliche Aufenthalt des Hilfebedürftigen liegt und deshalb keine Einigung über die örtliche Zuständigkeit erzielt werden kann (zu § 98 Abs. 2 S. 3 SGB XII BSG SozR 4–3500 § 109 Nr. 1 Rn. 12 mwN). Im Eilfall ist damit die Behörde des tatsächlichen Aufenthaltsortes örtlich zuständig, wenn nur sie diese gebotene sofortige Hilfe leisten kann (VG Dessau LKV 2003, 530; VG Gießen ZFSH/SGB 2000, 556 (557)). Für die Bejahung der Zuständigkeit über Abs. 2 S. 3 genügt ausweislich des Wortlauts „oder", dass eine **eine** der genannten Alternativen gegeben ist (hinsichtlich eines möglichen Erstattungsanspruches s. § 10b Abs. 1).

15   **Abs. 2 S. 2** enthält eine Sonderregelung für den Fall des Wechsels der Einrichtung durch den Leistungsberechtigten, die im Wesentlichen § 98 Abs. 2 S. 2 SGB XII entspricht. Die Vorschrift ist darauf zugeschnitten, dass der Leistungsberechtigte nacheinander in mehreren Einrichtungen iSd § 10a Abs. 2 S. 1 Aufnahme gefunden hat und hierbei von der einen in die andere „übergetreten" ist. Diese sog. **Anstaltskette** wird durch „Entweichungen" (= unbefugtes Verlassen der Einrichtung) des Leistungsberechtigten nicht durchbrochen, denn ansonsten würde das ohnehin schon komplizierte Leistungsgefüge des § 10a mit weiteren Unabwägbarkeiten belastet. Danach bleibt der gewöhnliche Aufenthalt des Leistungsberechtigten, der für die erste Einrichtung maßgebend war, entscheidend.

C. Begriff des gewöhnlichen Aufenthaltes (Abs. 3)

16   Abs. 3 legt für die Durchführung des AsylbLG einen eigenen Begriff des **„gewöhnlichen Aufenthaltes"** fest. Die Rechtswirkungen dieser Legaldefinition sind, da es sich beim AsylbLG um ein eigenständiges Leistungssystem handelt, auf den Bereich dieses Gesetzes beschränkt (vgl. BT-Drs. 13/2476, 18).

17   Nach der Legaldefinition des **Abs. 3 S. 1** wird ein gewöhnlicher Aufenthalt dann als gegeben angesehen, wenn die tatsächlichen Verhältnisse erkennen lassen, dass der Aufenthalt auf eine gewisse Dauer angelegt ist und der Betroffene an diesem Ort oder in diesem Gebiet nicht nur vorübergehend verweilt. Dabei konkretisiert **S. 2** das Tatbestandsmerkmal des „nicht nur vorübergehend" bzw. der „gewissen Dauer" dahingehend, dass auch ein zeitlich zusammenhängender Aufenthalt von mindestens sechs Monaten, von Anfang an, als gewöhnlicher Aufenthalt iSv S. 1 anzusehen ist und dass kurzfristige Unterbrechungen, also wenige Tage, insoweit unberücksichtigt bleiben. S. 2 findet allerdings gem. **S. 3** dann keine Anwendung, wenn der Aufenthalt ausschließlich zum Zweck des Besuches, der Erholung, der Kur oder ähnlicher privater Zwecke dient und nicht länger als ein Jahr dauert. In diesem Fall bleibt es bei der Legaldefinition des S. 1, mit der Folge, dass ein Aufenthalt iSv S. 3 nur als vorübergehend anzusehen ist und hierdurch kein gewöhnlicher Aufenthalt im Sinne des Gesetzes begründet wird.

18   **S. 4 und S. 5,** die durch das Asylverfahrensbeschleunigungsgesetz v. 20.10.2015 (BGBl. I 1722) den bisherigen S. 4 ersetzt haben, tragen der Neubestimmung des gewöhnlichen Aufenthaltsorts

im AsylG (§ 60 AsylG) und AufenthG (§ 61 Abs. 1d AufenthG) Rechnung (S. 4) bzw. sind eine Folgeregelung zu § 10a Abs. 1 S. 2. Ist danach jemand gem. Abs. 1 S. 1 nach dem AsylG oder nach dem AufenthG verteilt oder zugewiesen worden oder besteht für ihn eine Wohnsitzauflage für einen bestimmten Bereich, so gilt dieser Bereich nach **S. 4** als sein gewöhnlicher Aufenthalt. Wurde eine Vereinbarung nach § 45 Abs. 2 AsylG getroffen, so gilt der Bereich als gewöhnlicher Aufenthalt des Leistungsberechtigten, in dem die nach § 46 Abs. 2a AsylG für seine Aufnahme zuständige Aufnahmeeinrichtung liegt (**S. 5**). Mit letzterer Regelung wird klargestellt, dass der Sitz der nach § 46 Abs. 2a AsylG zuständigen Aufnahmeeinrichtung auch für die Bestimmung des gewöhnlichen Aufenthalts des betroffenen Ausländers maßgeblich sein soll. Für die Praxis bedeutet das, dass für die unter die Regelung fallenden Leistungsberechtigten nach dem AsylbLG für alle Leistungen stets die Behörde örtlich zuständig ist, in deren Bereich dieser Personenkreis zugewiesen oder verteilt oder eine entsprechende Wohnsitzauflage erteilt worden ist. Auf den tatsächlichen Aufenthaltsort kommt es nicht an (Deibel ZAR 1998, 28 (36); beachte aber § 11 Abs. 2).

Schließlich ordnet **S. 6** an, dass für ein neugeborenes Kind der gewöhnliche Aufenthalt der **19** Mutter maßgeblich ist. Für letztere gelten die allgemeinen Regeln.

§ 10b Kostenerstattung zwischen den Leistungsträgern

(1) Die nach § 10a Abs. 2 Satz 1 zuständige Behörde hat der Behörde, die nach § 10a Abs. 2 Satz 3 die Leistung zu erbringen hat, die aufgewendeten Kosten zu erstatten.

(2) Verläßt in den Fällen des § 10a Abs. 2 der Leistungsberechtigte die Einrichtung und bedarf er im Bereich der Behörde, in dem die Einrichtung liegt, innerhalb von einem Monat danach einer Leistung nach diesem Gesetz, sind dieser Behörde die aufgewendeten Kosten von der Behörde zu erstatten, in deren Bereich der Leistungsberechtigte seinen gewöhnlichen Aufenthalt im Sinne des § 10a Abs. 2 Satz 1 hatte.

Überblick

§ 10b regelt die Kostenerstattung zwischen den zuständigen Behörden nach dem AsylbLG und ist den Regelungen der §§ 103 und 107 BSHG (jetzt §§ 106, 107 SGB XII) nachgebildet. Die Vorschrift gilt in der Fassung durch das Gesetz v. 21.6.2005 (BGBl. I 1666) mit welchem Abs. 3 – mit Wirkung ab 1.7.2005 – aufgehoben worden ist. Sie ist grundlegend vom Motiv einer gerechten Verteilung der (finanziellen) Lasten unter den nach dem AsylbLG zuständigen Behörden geprägt.

A. Einführung

Im Zusammenspiel mit § 10a (örtliche Zuständigkeit) enthält § 10b eine – neben die, jedoch **1** insoweit nachrangigen Erstattungsregelungen nach § 9 Abs. 4 S. 1 Nr. 3 iVm §§ 102–114 SGB X (SächsOVG FEVS 56, 445; offen gelassen von HessLSG BeckRS 2011, 77734, juris Rn. 24) tretende – Vorschrift über die **Kostenerstattung** zwischen den Behörden in zwei Fällen.

B. Kostenerstattung in den Fällen des § 10a Abs. 2 S. 3 (Abs. 1)

Gemäß Abs. 1 hat die nach § 10a Abs. 2 S. 1 zuständige Behörde der Behörde, die nach § 10a **2** Abs. 2 S. 3 die Leistung zu erbringen hat, die ihr im Zusammenhang mit dem Einrichtungsaufenthalt eines Ausländers aufgewendeten Kosten zu erstatten, die im Hinblick auf § 9 Abs. 3 rechtmäßig, dh aufgrund einer rechtlichen Verpflichtung erbracht worden sein müssen (VG Dessau LKV 2003, 530). Die Norm erfasst somit die Fälle der Zuständigkeit der Behörde bei Leistungen in Einrichtungen iSd § 10a Abs. 2 S. 1 in Eilfällen oder in Fällen, in denen der gewöhnliche Aufenthalt nicht innerhalb von vier Wochen zu ermitteln ist. Kostenerstattungspflichtig ist die Behörde, in deren Bereich der letzte maßgebende gewöhnliche Aufenthalt des Leistungsberechtigten lag.

Zu den erstattungsfähigen Kosten gehören dabei etwa die Kosten für die Verbringung des **3** Hilfeempfängers in die Einrichtung, weil sie in unmittelbarem Zusammenhang mit der Unterbringung stehen, so dass sie zu den Kosten des Einrichtungsaufenthalts zu rechnen sind (VG Dessau LKV 2003, 530 mwN).

C. Kostenerstattung bei Verlassen einer Einrichtung (Abs. 2)

4   Der (eingeschränkte) Kostenerstattungsanspruch richtet sich gegen die Behörde, in deren Bereich der gewöhnliche Aufenthalt (vgl. § 10a Abs. 3) des Leistungsberechtigten bei Eintritt in die Einrichtung oder bis zu zwei Monate vor dieser Aufnahme (vgl. § 10a Abs. 2 S. 1) lag (Abs. 2).

5   Abs. 2 setzt ein **Verlassen** einer Einrichtung voraus. Unter einem Verlassen im Sinne der Vorschrift ist der faktische Austritt des Leistungsberechtigten aus der Obhut der Einrichtung zu verstehen; das Verlassen stellt das Gegenstück zur Aufnahme in die Einrichtung dar (VGH BW ZFSH/SGB 2006, 683). Kein Verlassen, sondern nur eine sog. Obhutslockerung liegt dagegen in Fällen von Einkäufen oder Spaziergängen außerhalb der Einrichtung vor (VGH BW ZFSH/SGB 2006, 683).

6   Weiter ist erforderlich, dass sich die leistungsberechtigte Person nach dem Verlassen der Einrichtung (weiter) am Einrichtungsort aufhält. Das folgt ohne weiteres aus der Formulierung „und bedarf er im Bereich der Behörde, in dem die Einrichtung liegt".

7   Schließlich muss die Hilfebedürftigkeit nach dem AsylbLG innerhalb eines Monats nach Verlassen der Einrichtung eintreten.

7.1   Für die Fristberechnung gelten über § 31 VwVfG (bzw. Landesrecht) die §§ 187 ff. BGB.

§ 11 Ergänzende Bestimmungen

(1) Im Rahmen von Leistungen nach diesem Gesetz ist auf die Leistungen bestehender Rückführungs- und Weiterwanderungsprogramme, die Leistungsberechtigten gewährt werden können, hinzuweisen; in geeigneten Fällen ist auf eine Inanspruchnahme solcher Programme hinzuwirken.

(2) [1]**Leistungsberechtigten darf in den Teilen der Bundesrepublik Deutschland, in denen sie sich einer asyl- oder ausländerrechtlichen räumlichen Beschränkung zuwider aufhalten, von der für den tatsächlichen Aufenthaltsort zuständigen Behörde regelmäßig nur eine Reisebeihilfe zur Deckung des unabweisbaren Bedarfs für die Reise zu ihrem rechtmäßigen Aufenthaltsort gewährt werden.** [2]**Leistungsberechtigten darf in den Teilen der Bundesrepublik Deutschland, in denen sie entgegen einer Wohnsitzauflage ihren gewöhnlichen Aufenthalt nehmen, von der für den tatsächlichen Aufenthaltsort zuständigen Behörde regelmäßig nur eine Reisebeihilfe zur Deckung des unabweisbaren Bedarfs für die Reise zu dem Ort gewährt werden, an dem sie entsprechend der Wohnsitzauflage ihren gewöhnlichen Aufenthalt zu nehmen haben.** [3] **Die Leistungen nach den Sätzen 1 und 2 können als Sach- oder Geldleistung erbracht werden.**

(2a) [1]**Leistungsberechtigte nach § 1 Absatz 1 Nummer 1a erhalten bis zur Ausstellung eines Ankunftsnachweises nach § 63a des Asylgesetzesnur Leistungen entsprechend § 1a Absatz 1.** [2]**An die Stelle der Leistungen nach Satz 1 treten die Leistungen nach den §§ 3 bis 6, auch wenn dem Leistungsberechtigten ein Ankunftsnachweis nach § 63a Absatz 1 Satz 1 des Asylgesetzes noch nicht ausgestellt wurde, sofern**

1. die in § 63a des Asylgesetzes vorausgesetzte erkennungsdienstliche Behandlung erfolgt ist,

2. der Leistungsberechtigte von der Aufnahmeeinrichtung, auf die er verteilt worden ist, aufgenommen worden ist, und

3. der Leistungsberechtigte die fehlende Ausstellung des Ankunftsnachweises nicht zu vertreten hat.

[3]**Der Leistungsberechtigte hat die fehlende Ausstellung des Ankunftsnachweises insbesondere dann nicht zu vertreten, wenn in der für die Ausstellung seines Ankunftsnachweises zuständigen Stelle die technischen Voraussetzungen für die Ausstellung von Ankunftsnachweisen noch nicht vorliegen.** [4]**Der Leistungsberechtigte hat die fehlende Ausstellung des Ankunftsnachweises zu vertreten, wenn er seine Mitwirkungspflichten nach § 15 Absatz 2 Nummer 1, 3, 4, 5 oder 7 des Asylgesetzes verletzt hat.** [5]**Die Sätze 1 bis 4 gelten auch**

1. für Leistungsberechtigte nach § 1 Absatz 1 Nummer 5, die aus einem sicheren Drittstaat (§ 26a des Asylgesetzes) unerlaubt eingereist sind und als Asylsuchende nach den Vorschriften des Asylgesetzes oder des Aufenthaltsgesetzes erkennungsdienstlich zu behandeln sind, und

2. für Leistungsberechtigte nach § 1 Absatz 1 Nummer 7, die einer Wohnverpflichtung nach § 71 Absatz 2 Satz 2 oder § 71a Absatz 2 Satz 1 des Asylgesetzes in Verbindung mit den §§ 47 bis 50 des Asylgesetzes unterliegen.

(3) [1]Die zuständige Behörde überprüft die Personen, die Leistungen nach diesem Gesetz beziehen, auf Übereinstimmung der ihr vorliegenden Daten mit den der Ausländerbehörde über diese Personen vorliegenden Daten. [2]Sie darf für die Überprüfung nach Satz 1 Name, Vorname (Rufname), Geburtsdatum, Geburtsort, Staatsangehörigkeiten, Geschlecht, Familienstand, Anschrift, Aufenthaltsstatus und Aufenthaltszeiten dieser Personen sowie die für diese Personen eingegangenen Verpflichtungen nach § 68 des Aufenthaltsgesetzes der zuständigen Ausländerbehörde übermitteln. [3]Die Ausländerbehörde führt den Abgleich mit den nach Satz 2 übermittelten Daten durch und übermittelt der zuständigen Behörde die Ergebnisse des Abgleichs. [4]Die Ausländerbehörde übermittelt der zuständigen Behörde ferner Änderungen der in Satz 2 genannten Daten. [5]Die Überprüfungen können auch regelmäßig im Wege des automatisierten Datenabgleichs durchgeführt werden.

(3a) [1]Soweit nach einem Datenabruf aus dem Ausländerzentralregister Zweifel an der Identität einer Person, die Leistungen nach diesem Gesetz als Leistungsberechtigter nach § 1 Absatz 1 Nummer 1, 2, 4, 5 oder 7 beantragt oder bezieht, fortbestehen, erhebt die zuständige Behörde zur weiteren Überprüfung der Identität Fingerabdrücke der Person und nimmt eine Überprüfung der Identität mittels der Fingerabdruckdaten durch Abfrage des Ausländerzentralregisters vor. [2]Die Befugnis nach Satz 1 setzt keinen vorherigen Datenabgleich mit der Ausländerbehörde nach Absatz 3 voraus. [3]Von den Regelungen des Verwaltungsverfahrens in den Sätzen 1 und 2 kann durch Landesrecht nicht abgewichen werden.

(3b) Die Verarbeitung der Identifikationsnummer nach dem Identifikationsnummerngesetz durch die zuständige Behörde ist zum Zwecke der Erbringung von Verwaltungsleistungen nach dem Onlinezugangsgesetz zulässig.

(4) Keine aufschiebende Wirkung haben Widerspruch und Anfechtungsklage gegen einen Verwaltungsakt, mit dem
1. eine Leistung nach diesem Gesetz ganz oder teilweise entzogen oder die Leistungsbewilligung aufgehoben wird oder
2. eine Einschränkung des Leistungsanspruchs nach § 1a oder § 11 Absatz 2a festgestellt wird.

Überblick

§ 11 enthält ergänzende Bestimmungen zum Vollzug des AsylbLG. Abs. 1 (→ Rn. 1 f.) regelt – vergleichbar § 23 Abs. 4 SGB XII – die Verpflichtung der zuständigen Behörden, die nach dem AsylbLG Leistungsberechtigten auf Rückführungs- und Weiterwanderungsprogramme hinzuweisen und in geeigneten Fällen auf deren Inanspruchnahme hinzuwirken. Abs. 2 (→ Rn. 3 ff.) sieht – ähnlich wie § 23 Abs. 5 SGB XII – eine Leistungseinschränkung vor, wenn sich Leistungsberechtigte einer asyl- oder ausländerrechtlichen räumlichen Beschränkung zuwider an einem anderen als dem ihnen zugewiesenen Aufenthaltsort aufhalten (S. 1) oder entgegen einer Wohnsitzauflage den gewöhnlichen Aufenthalt nehmen (S. 2). Abs. 2a (→ Rn. 13 ff.) macht – zur Unterstützung der sich aus dem Asylgesetz ergebenden Registrierungs- und Residenzpflicht in einer Aufnahmeeinrichtung – den Beginn der Gewährung vollständiger Leistungen nach dem AsylbLG von der vorherigen Registrierung, der Aufnahme in der zuständigen Aufnahmeeinrichtung und generell auch von der Ausstellung des Ankunftsnachweises abhängig. Abs. 3 (→ Rn. 16 ff.) enthält eine Befugnis zum Datenabgleich, Abs. 3a (→ Rn. 21 ff.) eine solche zur Identitätsüberprüfung mittels Fingerabdruckabgleich und Abs. 3b erlaubt die Verarbeitung der Identifikationsnummer nach dem Identifikationsnummerngesetz (→ Rn. 23a ff.). Abs. 4 (→ Rn. 24 ff.) schließlich schränkt die aufschiebende Wirkung von Widerspruch und Anfechtungsklage bei Aufhebungs- oder leistungseinschränkenden Verwaltungsakten ein. § 11 ist zuletzt durch das Registermodernisierungsgesetz v. 28.3.2021 (BGBl. I 591) geändert worden. Wann die Änderung in Kraft tritt, steht noch nicht fest (→ Rn. 23b).

Übersicht

A. Hinweis auf Rückführungs- und Weiterwanderungsprogramme (Abs. 1)

1   Abs. 1 unterstützt die Bemühungen von Bund und Ländern, durch finanzielle Hilfen die Rückführung oder Weiterwanderung von leistungsberechtigten Personen zu fördern. So werden etwa von dem REAG-Programm (REAG = Reintegration and Emigration Programme for Asylumseekers in Germany) Rück- und Weiterwanderungsfälle unterstützt. Daneben bestehen das GARP-Programm (GARP = Gouvernement Assisted Repatriation Programme) und einzelne Sonderprogramme der Länder. Als weiteres Rückführungs- bzw. Weiterwanderungsprogramm sei auch das von der International Organisation of Migration herausgegebene SMAP (SMAP = Special Migrants Assistance Program) genannt (vgl. Siefert/Dollinger, Asylbewerberleistungsgesetz, 2020, Rn. 24; jurisPK-SGB XII, Rn. 27).

2   Es spricht einiges dafür, dass vielen leistungsberechtigten Personen diese Hilfen nicht bekannt sind und deshalb die Programme nicht in Anspruch genommen werden. Um den Erfolg der Programme zu erhöhen, sieht Abs. 1 **S. 1 Hs. 1** eine gezielte Vermittlung von Informationen über Rück- und Weiterwanderungshilfen vor (Hinweispflicht). Die Information über ein Programm ist nur den leistungsberechtigten Personen zu geben, die daraus Leistungen erwarten können. In geeigneten Fällen, zB bei erkennbarer oder zu vermutender Rück- oder Weiterwanderungsbereitschaft, soll von dem zuständigen Leistungsträger auf die Inanspruchnahme solcher Hilfen hingewirkt werden (Abs. 1 **S. 1 Hs. 2**), etwa durch weitere Beratung oder Unterstützung bei Abwicklungsfragen (Hinwirkungspflicht).

B. Verstoß gegen asyl- oder ausländerrechtliche räumliche Beschränkung oder gegen Wohnsitzauflage (Abs. 2)

I. Einführung

3   Abs. 2 findet ein Pendant in § 23 Abs. 5 SGB XII, ist aber anders, vor allem kürzer gehalten. Die Norm wurde durch das Asylverfahrensbeschleunigungsgesetz v. 20.10.2015 (BGBl. I 1722) mWz 24.10.2015 neu gefasst. Mit der Neufassung sollte – besser als bisher – sichergestellt werden, dass die Verteilung der leistungsberechtigten Personen auch im Leistungsrecht eingehalten und nicht eigenmächtig unterlaufen wird. Durch das Zweite Gesetz zur besseren Durchsetzung der Ausreisepflicht v. 15.8.2019 (BGBl. 2019 I 1294) ist Abs. 2 abermals neugefasst worden. Von besonderer Bedeutung ist dabei die Einfügung eines neuen S. 2, wonach, vergleichbar zu § 23 Abs. 5 S. 1 Alt. 2 SGB XII, Verstöße gegen eine Wohnsitzauflage sanktioniert werden können. In Abs. 2 fehlt indessen nach wie vor eine Regelung zu Verstößen gegen eine Wohnsitzregelung nach § 12a AufenthG, wie sie in § 23 Abs. 5 S. 1 Alt. 3 SGB XII enthalten ist.

4   Bei § 11 Abs. 2 handelt es sich um eine Vorschrift zur Bestimmung des Leistungsumfangs bei einem Aufenthalt unter Verstoß gegen eine asyl- oder aufenthaltsrechtliche räumliche Beschränkung oder eine Wohnsitzauflage, nicht aber um eine eigene Zuständigkeitsregelung (vgl. LSG NRW InfAuslR 2016, 350; LSG Nds-Brem BeckRS 2016, 73074, juris Rn. 25 mwN; LSG NRW BeckRS 2009, 59890, juris Rn. 20). Sie dient der **Verhinderung** der **eigenmächtigen Binnenmigration.** Da die leistungsberechtigte Person die Leistungseinschränkung unschwer dadurch beenden kann, dass sie an den ihr zugewiesenen Aufenthaltsort/Wohnort zurückkehrt,

begegnet die Vorschrift auch in Ansehung des Urteils des BVerfG vom 5.11.2019 (BVerfGE 152, 68) keinen verfassungsrechtlichen Bedenken.

II. Voraussetzungen

Abs. 2 unterscheidet seit der Neufassung zum 21.8.2019 (vgl. → Rn. 3) zwei Fälle. Sowohl **5** S. 1 als auch S. 2 beziehen sich jedoch auf alle leistungsberechtigten Personen nach dem AsylbLG, beschränken sich also nicht auf Asylbewerber (vgl. § 1 Abs. 1 Nr. 1), weil die Regelungen – anders als etwa Abs. 2a – nur allgemein von „Leistungsberechtigten" sprechen. Erfasst werden auch die sog. Analog-Leistungsberechtigten, da § 11 Abs. 2 von § 2 nicht ausgenommen wird (nur §§ 3 und 4 sowie §§ 6–7).

1. Verstoß gegen asyl- oder ausländerrechtliche räumliche Beschränkung (S. 1)

S. 1 setzt voraus, dass sich die leistungsberechtigte Person in einem Teil der Bundesrepublik **6** Deutschland aufhält, in dem sie sich aufgrund einer asyl- oder ausländerrechtlichen räumlichen Beschränkung nicht aufhalten dürfte. Räumliche Beschränkungen aus dem **AsylG** ergeben sich für Asylbewerber mit einer Aufenthaltsgestattung nach § 55 AsylG aus § 56 AsylG. Danach ist die Aufenthaltsgestattung auf den Bereich der Ausländerbehörde beschränkt, in dem die für die Aufnahme des Ausländers zuständige Aufnahmeeinrichtung liegt (zum Recht, den zugewiesenen Aufenthaltsbereich verlassen zu dürfen, s. §§ 57, 58 AsylG, zum Erlöschen der räumlichen Beschränkung vgl. § 59a AsylG). Daneben kommt auch eine räumliche Beschränkung in den Sonderfällen des § 59b AsylG in Betracht. Aus dem **AufenthG** können sich räumliche Beschränkungen ergeben aus §§ 12 Abs. 2, 23 Abs. 2, 24 Abs. 5, 46 Abs. 1 und 61 AufenthG. Da eine dem § 23 Abs. 5 S. 3 SGB XII vergleichbare Regelung fehlt, stehen Ausländer, die eine räumlich nicht beschränkte Aufenthaltserlaubnis nach § 24 Abs. 1 AufenthG (vgl. § 1 Abs. 1 Nr. 3 lit. a), § 25 Abs. 4 AufenthG (§ 1 Abs. 1 Nr. 3 lit. b) oder § 25 Abs. 5 AufenthG (§ 1 Abs. 1 Nr. 3 lit. c) besitzen, aber nach dem AsylbLG leistungsberechtigt sind, besser als Ausländer, die unter § 23 SGB XII fallen. Gleiches gilt für die Analog-Leistungsberechtigten, denn hier dürfte § 11 Abs. 2 zu § 23 Abs. 5 S. 3 SGB XII speziell sein, weil § 11 von § 2 Abs. 1 gerade nicht ausgenommen wird (vgl. → Rn. 5).

Im Rahmen des § 11 Abs. 2 S. 1 ist allein die Wirksamkeit einer asyl- oder ausländerrechtlich **7** räumlichen Beschränkung maßgeblich (sog. Tatbestandswirkung). Diese tritt mit der Bekanntgabe der Verfügung ein, nicht erst mit deren Unanfechtbarkeit (vgl. LSG NRW BeckRS 2012, 68257, juris Rn. 40; LSG Nds-Brem ZFSH/SGB 2014, 360 = BeckRS 2016, 73074). Das gilt jedenfalls dann, wenn Rechtsbehelfe gegen die räumliche Beschränkung keine aufschiebende Wirkung haben. Folglich ist es unbeachtlich, ob die räumliche Beschränkung rechtmäßig oder rechtswidrig verfügt wurde.

Der räumlichen Beschränkung muss die leistungsberechtigte Person zuwidergehandelt haben, **8** dh sie muss sich an einem Ort aufhalten, an dem sie sich aufgrund der ihr gegenüber geltenden räumlichen Beschränkung nicht aufhalten darf.

2. Verstoß gegen Wohnsitzauflage (S. 2)

Der seit dem 21.8.2019 geltende S. 2 sanktioniert die Begründung eines gewöhnlichen Aufent- **8a** halts unter Verstoß gegen eine **Wohnsitzauflage.** Gemeint sind damit Wohnsitzauflagen nach § 60 AsylG oder gem. § 46 Abs. 1, § 60b Abs. 5 und § 61 Abs. 1d AufenthG, nicht aber bloße Wohnsitzregelungen iSv § 12a AufenthG, weil Abs. 2 in S. 2 anders formuliert ist als § 23 Abs. 5 S. 1 SGB XII (ebenso Siefert/Dollinger, Asylbewerberleistungsgesetz, 2020, Rn. 31). Mit der Wohnsitzauflage wird die leistungsberechtigte Person verpflichtet, an einem von der zuständigen Behörde bestimmten Ort den gewöhnlichen Aufenthalt (siehe § 10a Abs. 3 S. 1) zu nehmen. Die Wohnsitzauflage unterscheidet sich von der räumlichen Beschränkung nach S. 1 dadurch, dass die Wohnsitzauflage dem Ausländer nicht untersagt, den durch sie festgelegten Ort ohne Erlaubnis vorübergehend zu verlassen (§ 61 Abs. 1d S. 4 AufenthG; LSG BW BeckRS 2021, 9613 Rn. 14; Siefert/Dollinger, Asylbewerberleistungsgesetz, 2020, Rn. 34).

Auch im Rahmen des § 11 Abs. 2 S. 2 ist allein die Wirksamkeit der Wohnsitzauflage maßgeb- **8b** lich (sog. Tatbestandswirkung). Auf die Ausführungen bei S. 1 wird verwiesen (→ Rn. 7).

Der Wohnsitzauflage muss die leistungsberechtigte Person zuwidergehandelt haben, dh sie muss **8c** ihren gewöhnlichen Aufenthalt an einem Ort begründet haben, der nicht dem entspricht, der in der ihr gegenüber erlassenen Wohnsitzauflage bestimmt ist (LSG BW BeckRS 2021, 9613 Rn. 14).

III. Rechtsfolge

9   Liegen die Voraussetzungen nach S. 1 oder 2 vor, dann **darf** (= zwingende Rechtsfolge) der leistungsberechtigten Person regelmäßig (siehe aber → Rn. 11) nur eine Reisebeihilfe zur Deckung des unabweisbaren Bedarfs für die Reise zu ihrem rechtmäßigen Aufenthaltsort (**S. 1**) bzw. zu dem Ort, an dem sie entsprechend der Wohnsitzauflage ihren gewöhnlichen Aufenthalt zu nehmen hat (**S. 2**) gewährt werden (so auch schon zur Vorgängerregelung LSG Nds-Brem ZFSH/SGB 2011, 601 mwN; BeckRS 2009, 67288). Der Gesetzgeber geht insofern davon aus, dass wegen der grundsätzlichen Möglichkeit, innerhalb eines Tages von jedem Ort im Bundesgebiet zu jedem anderen zu gelangen, im Regelfall die Versorgung mit einer Reisebeihilfe als Unterstützungsleistung zur Sicherung des Existenzminimums durch die für den Betreffenden grundsätzlich unzuständige Leistungsbehörde am tatsächlichen Aufenthaltsort ausreichend ist (vgl. BT-Drs. 18/6185, 47).

10   Die Reisebeihilfe besteht aus einer Fahrkarte und einem Reiseproviant. Sie kann nach **S. 3** als Sach- oder Geldleistung erbracht werden; beide Leistungsformen stellt das Gesetz alternativ nebeneinander, es besteht somit **kein Rangverhältnis**.

11   Da S. 1 und 2 mit dem Wort „**regelmäßig**" eine Einschränkung enthalten, bleibt es möglich, atypischen Sonderfällen, wie zB einer Reiseunfähigkeit aus gesundheitlichen Gründen, angemessen Rechnung zu tragen. Ein solcher atypischer Fall kann auch dann vorliegen, wenn eine Leistungsberechtigte in ein **Frauenhaus** geflohen ist und ihr bei einer Rückkehr an den zugewiesenen Aufenthaltsort besondere Gefahren für Leib und Leben drohen, insbesondere wenn sie dort bereits Opfer eines Gewaltverbrechens geworden ist und deshalb Schutz in dem Frauenhaus gesucht hat (LSG NRW InfAuslR 2016, 350; LSG BW BeckRS 2021, 9613 Rn. 12). Im Grundsatz gilt aber, dass die leistungsberechtigte Person an den für sie maßgeblichen Aufenthalts-/Wohnort zurückgeschickt werden muss.

12   Zuständig für die Leistungsgewährung ist die für den Ort des tatsächlichen Aufenthalts (und nicht die für den Zuweisungsort) zuständige Behörde (vgl. LSG NRW InfAuslR 2016, 350; LSG Nds-Brem SAR 2012, 83 = BeckRS 2012, 68709). Eine nach § 10a Abs. 1 bestehende örtliche Zuständigkeit der Behörde des Zuweisungsbereichs „ruht" folglich bis zur Rückkehr des Ausländers (str., wie hier LSG NRW BeckRS 2012, 68257 Rn. 34; aA etwa LSG BW BeckRS 2021, 9613 Rn. 13: Zuständigkeitswechsel).

C. Leistungseinschränkung nach Abs. 2a

13   Abs. 2a – eingefügt durch das Gesetz v. 11.3.2016 (BGBl. I 390) – enthält eine Regelung in Bezug auf den Beginn der vollen Leistungsgewährung nach dem AsylbLG für Personen, die ein Asylgesuch, aber noch keinen Asylantrag gestellt haben (S. 1), sowie für vollziehbar Ausreisepflichtige, für Folge- und Zweitantragsteller (S. 5 Nr. 1 und Nr. 2).

14   Von Abs. 2a S. 1 sind Personen betroffen, die – seit dem 3. AsylbLG-ÄndG – **nach § 1 Abs. 1 Nr. 1a leistungsberechtigt** sind. Das sind solche Personen, die ein Asylgesuch geäußert, aber noch keinen Asylantrag gestellt haben und nicht die in den Nr. 1, 2–5 und 7 genannten Voraussetzungen erfüllen (zu Einzelheiten siehe bei → § 1 Rn. 8). Die Regelung trägt der Änderung des § 55 AsylG durch das Integrationsgesetz vom 31.5.2016 (BGBl. 2016 I 1939) Rechnung. Danach entsteht die Aufenthaltsgestattung grundsätzlich mit der Ausstellung des Ankunftsnachweises und ist nicht mehr wie zuvor an die Stellung eines Asylantrages (§ 13 Abs. 1 AsylG) geknüpft. Solange aber kein Recht auf Aufenthalt nach § 55 AsylG besteht, besteht auch keine Leistungsberechtigung nach § 1 Abs. 1 Nr. 1. Da Ausländer, die um Asyl nachsuchen, keinen Einfluss auf den Zeitpunkt der Ausstellung des Ankunftsnachweises haben (→ § 1 Rn. 8), wären sie – wenn kein Fall des § 1 Abs. 1 Nr. 2–5 oder 7 vorliegt – nicht nach dem AsylbLG, sondern nach dem SGB II oder dem SGB XII leistungsberechtigt. Diese Regelungslücke im Anwendungsbereich des AsylbLG schließt § 1 Abs. 1 Nr. 1a (vgl. BT-Drs. 19/10052, 18). Hieran knüpfend Abs. 2a S. 1 an.

14.1   Vor Inkrafttreten des 3. AsylbLG-ÄndG stellte Abs. 2a S. 1 auf Leistungsberechtigte nach § 1 Abs. 1 Nr. 1 ab. Das sind solche, die eine Aufenthaltsgestattung nach § 55 AsylG besitzen. Eine solche Aufenthaltsgestattung erhält aber nur jemand, der einen Asylantrag gestellt hat. Nach § 63a Abs. 1 AufenthG erhält einen Ankunftsnachweis der Ausländer, der um Asyl nachgesucht hat und nach den Vorschriften des Asylgesetzes oder des AufenthG erkennungsdienstlich behandelt worden ist, aber noch keinen Asylantrag gestellt hat. Das passte ganz offensichtlich nicht zusammen und fand seine Ursache darin, dass der asylverfahrensrechtliche Anknüpfungspunkt (Ankunftsnachweis nach § 63a Abs. 1 AsylG) durch das sog. Datenaustauschverbesserungsgesetz v. 2.2.2016 (BGBl. I 130) eingefügt, § 11 Abs. 2a aber erst durch das Gesetz v. 31.7.2016 (BGBl. I 1939) geschaffen und die beiden Normen nicht aufeinander abgestimmt worden sind.

§ 11 Abs. 2a S. 1 lief damit bis zum 3. AsylbLG-ÄndG leer bzw. hatte keinen Anwendungsbereich (ebenso jurisPK-SGB XII Rn. 37.11). Für die Fälle des S. 5 galt nichts anderes, da diese ebenfalls die Stellung eines Asyl(folge- oder zweit-)antrages voraussetzten.

Nach § 63a Abs. 1 AufenthG ist einem Ausländer, der um Asyl nachgesucht hat und nach den **15** Vorschriften des AsylG oder des AufenthG erkennungsdienstlich behandelt worden ist, aber noch keinen Asylantrag (§ 13 AsylG) gestellt hat, unverzüglich eine Bescheinigung über die Meldung als Asylsuchender, der sog. **Ankunftsnachweis,** auszustellen. Ist ein solcher Ankunftsnachweis noch nicht ausgestellt, greift die Anspruchseinschränkung nach Abs. 2a S. 1. Dem liegt die Überlegung zugrunde, dass in der nur kurzen Phase bis zur Ausstellung des Ankunftsnachweises noch nicht übersehbar ist, ob und wenn ja wie erfolgreich ein Asylgesuch im Bundesgebiet verfolgt wird (vgl. Siefert/Dollinger, Asylbewerberleistungsgesetz, 2020, Rn. 47), sodass es dem Gesetzgeber gerechtfertigt erschien, die Leistungen für diesen Überbrückungszeitraum zu kürzen. Die leistungsberechtigte Person soll hierdurch angehalten werden, sich erkennungsdienstlich behandeln zu lassen – zuständig sind hierfür nach § 19 Abs. 2 iVm § 16 AsylG die Ausländerbehörde und die Polizei – sowie sich zu der Außenstelle des Bundesamtes zu begeben, die der für die Aufnahme des Ausländers zuständigen Aufnahmeeinrichtung zugeordnet ist, um dort einen Asylantrag zu stellen (§ 14 Abs. 1 S. 1 AsylG). Bis zur Ausstellung des Ankunftsnachweises erhält die leistungsberechtigte Person dann nur Leistungen entsprechend § 1a Abs. 1 (zur entsprechenden Anwendung → § 1a Rn. 22).

Von diesem Grundsatz enthält S. 2 allerdings eine **Ausnahme.** Auch ohne Ankunftsnachweis **15a** erhält der Ausländer die Grundleistungen nach §§ 3–6, wenn die in § 63a AsylG vorausgesetzte erkennungsdienstliche Behandlung erfolgt ist (Nr. 1), der Leistungsberechtigte von der Aufnahmeeinrichtung, auf die er verteilt worden ist, aufgenommen worden ist (Nr. 2) und der Leistungsberechtigte die fehlende Ausstellung des Ankunftsnachweises nicht zu vertreten hat (Nr. 3). S. 3 regelt dabei beispielhaft („insbesondere"), wann der Leistungsberechtigte die fehlende Ausstellung des Ankunftsnachweises nicht zu vertreten hat, S. 4 den umgekehrten Fall (Vertretenmüssen bei Verletzung der Mitwirkungspflichten nach § 15 Abs. 2 Nr. 1, 3, 4, 5 oder 7 AsylG).

Nach S. 5 gelten die S. 1–4 auch für die dort in den Nr. 1 und 2 genannten Leistungsberechtig- **15b** ten.

D. Datenabgleich (Abs. 3)

Abs. 3 normiert in S. 1–3 die wechselseitige **Pflicht** zwischen den zum Vollzug des AsylbLG **16** zuständigen Behörden und den Ausländerbehörden zum Datenabgleich hinsichtlich der Personen, die Leistungen nach dem AsylbLG erhalten. Durch die Regelung in Abs. 3 sollen umfangreiche und zeitintensive Doppelermittlungen, die den Interessen aller Beteiligten, insbesondere auch den Interessen der Leistungsberechtigten, zuwiderlaufen, vermieden werden.

In **S. 1** wird für die nach §§ 10 ff. zuständigen Behörden die **Pflicht** (Wortlaut „überprüft") **17** zur Durchführung eines Abgleichs mit den bei den Ausländerbehörden gespeicherten Daten über Personen, die Leistungen nach dem AsylbLG erhalten, begründet (vgl. auch Streit/Hübschmann ZAR 1998, 266 (273)). Dieser Datenabgleich setzt dabei zunächst voraus, dass die Ausländerbehörden ihre gespeicherten Daten an die zum Vollzug des AsylbLG zuständigen Behörden weitergegeben haben.

Hat die zum Vollzug des AsylbLG zuständige Behörde den Datenabgleich durchgeführt, so darf **18** sie bestimmte in **S. 2** genannte Daten (zB Name, Vorname etc) sowie das Vorliegen etwaiger Verpflichtungserklärungen nach § 68 AufenthG (S. 2 Hs. 2) an die Ausländerbehörde weitergeben, um nun dieser den Datenabgleich (mit den in S. 2 genannten Daten) zu ermöglichen.

S. 3 verpflichtet (Wortlaut: „führt [...] durch") die Ausländerbehörde, die ihr übermittelten **19** Daten ihrerseits abzugleichen. Darüber hinaus hat (= Verpflichtung) die Ausländerbehörde der zum Vollzug des AsylbLG zuständigen Behörde **ungefragt** das Ergebnis dieses Abgleiches mitzuteilen.

S. 4 schließlich lässt die Überprüfung gespeicherter Daten auch im Wege des regelmäßigen **20** automatisierten Datenabgleichs zu. Damit soll der fortschreitenden Technisierung in den Behörden Rechnung getragen werden (vgl. BT-Drs. 13/10155, 6).

E. Identitätsfeststellung durch Fingerabdruckabgleich (Abs. 3a)

Abs. 3a – eingefügt durch das Gesetz v. 17.7.2017 (BGBl. I 2541) und in Kraft seit dem **21** 27.2.2019 – erweitert die Befugnisse für die Leistungsträger im Hinblick auf die Identitätsfeststellung von bestimmten Leistungsberechtigten (→ Rn. 22) um die Möglichkeit, Fingerabdrücke dieser Personen zu nehmen und eine Überprüfung der Identität mittels Fingerabdruckdaten durch

Abfrage des Ausländerzentralregisters (AZR) vornehmen zu können (**S. 1**). **S. 2** stellt dabei klar, dass die Abfrage des AZR keinen nach Abs. 3 möglichen Datenabgleich mit der Ausländerbehörde voraussetzt. Die Neuregelung soll einen wichtigen Beitrag leisten, um die Leistungsträger bei der sicheren Identifizierung der Leistungsberechtigten zu unterstützen und auf diese Weise dem Leistungsmissbrauch effektiv entgegenzuwirken (vgl. BT-Drs. 18/12611, 66).

21.1 Um einen ordnungsgemäßen Vollzug der Leistungen nach dem AsylbLG sicherzustellen, obliegt es den zuständigen Leistungsträgern, die Identität der nachfragenden Person zu überprüfen. Die Leistungsberechtigten haben die zuständigen Leistungsträger dabei im Rahmen ihrer Mitwirkungsverpflichtung zu unterstützen und geeignete Nachweise zur Identitätsfeststellung (zB Ankunftsnachweis, Bescheinigung über die Aufenthaltsgestattung) vorzulegen (§ 9 Abs. 3 S. 1 iVm §§ 60 ff. SGB I). Auch nach Vorlage entsprechender Nachweise können allerdings Zweifel verbleiben, etwa wenn die Identität der nachfragenden Person nach Abgleich mit dem Foto im vorgelegten Ausweisdokument nicht gesichert erscheint. In solchen Fällen ist zunächst eine Abfrage beim Ausländerzentralregister (AZR) und ein Abgleich mit den dort zu der (behaupteten) Person abrufbaren Daten insbesondere dem Lichtbild, den dort gespeicherten Grundpersonalien und ggf. der AKN-Nr. gem. § 18a S. 1 AZRG durchzuführen. Für die Fälle, in denen auch dann noch Zweifel fortbestehen, ermächtigt Abs. 3a S. 1 den zuständigen Leistungsträger zwecks weiterer Aufklärung der Identität, Fingerabdrücke abzunehmen und im Rahmen von Fast-ID mit den dazu im AZR gespeicherten Daten abzugleichen. Auf diese Weise kann er sicher feststellen, ob die nachfragende Person mit dem Inhaber des vorgelegten Ausweisdokuments übereinstimmt (vgl. BT-Drs. 18/12611, 66).

22 Von Abs. 3a S. 1 werden nicht alle Leistungsberechtigten nach § 1 Abs. 1 erfasst, sondern nur die in § 1 Abs. 1 Nr. 1, Nr. 2, Nr. 4, Nr. 5 und Nr. 7 Genannten. Damit fallen Leistungsberechtigte nach § 1 Abs. 1 Nr. 3 (Inhaber von Aufenthaltsbefugnissen aus – im weitesten Sinne – humanitären Gründen) und Nr. 6 (Ehegatten, Lebenspartner oder minderjährige Kinder der in § 1 Abs. 1 Nr. 1–5 genannten Leistungsberechtigten, die selbst die dort genannten Voraussetzungen nicht erfüllen) nicht unter die Norm. Bei ihnen kann somit eine Identitätsfeststellung mittels Fingerabdruckabgleichs nicht erfolgen. Warum der Gesetzgeber diesen Personenkreis ausgenommen hat, ergibt sich aus den Materialien nicht (vgl. BT-Drs. 18/12611). Auch der Personenkreis des § 1 Abs. 1 Nr. 1a (Personen vor Asylantragstellung) wird von Abs. 3a S. 1 nicht erfasst. Das ist aber auch nicht erforderlich, weil sich diese Leistungsberechtigten ohnehin erkennungsdienstlich behandeln lassen müssen (vgl. § 63a Abs. 1 AufenthG).

23 Nach **S. 3** kann von den Regelungen des Verwaltungsverfahrens in S. 1 und S. 2 durch Landesrecht nicht abgewichen werden. Die Norm stellt sicher, dass die zuständigen Leistungsträger der Landes- und Kommunalverwaltungen den Regelungen in Abs. 3a S. 1 und S. 2 ausnahmslos unterworfen sind und abweichendes Landesrecht insoweit unbeachtlich ist (vgl. Art. 31 GG). Durch Landesrecht können damit keine Regelungen getroffen werden, nach der die Leistungsträger von dem in Abs. 3a S. 1 und S. 2 geregelten Verfahren zur Identitätsüberprüfung mittels im Ausländerzentralregister zu Fingerabdrücken gespeicherten Referenznummer abweichen oder der dort vorgeschriebenen Prüfung in Zweifelsfällen absehen könnten. Der Gesetzgeber sah ein besonderes Bedürfnis für eine bundeseinheitliche und abweichungsfeste Verfahrensregelung, weil die Befugnisse zur Identitätsklärung nach Abs. 3a S. 1 und S. 2 nur dann effektiv zu einer Vermeidung von Sozialleistungsmissbrauch beitragen könnten, wenn sie koordiniert und in allen Ländern einheitlich angewandt würden. Ansonsten bestehe die Gefahr, dass Personen mit betrügerischer Absicht in andere Bundesländer ausweichen würden (vgl. BT-Drs. 18/12611, 66 f.).

F. Verarbeitung der Identifikationsnummer (Abs. 3b)

23a Abs. 3b, der durch das Registermodernisierungsgesetz vom 28.3.2021 (BGBl. I 591) eingefügt wurde, erlaubt die Verarbeitung der Identifikationsnummer nach dem Identifikationsnummerngesetz (IDNrG) durch die zuständige Behörde zum Zwecke der Erbringung von Verwaltungsleistungen nach dem Onlinezugangsgesetz. Mit der Regelung, die erst im Laufe der Beratungen des Registermodernisierungsgesetzes in den Gesetzentwurf aufgenommen wurde, soll es den für die zur Durchführung des Asylbewerberleistungsgesetzes zuständigen Behörden ermöglicht werden, zur eindeutigen Zuordnung der betroffenen Person bei der Erbringung von Verwaltungsleistungen nach dem Onlinezugangsgesetz die Identifikationsnummer nach dem IDNrG zu verarbeiten, insbesondere zu erheben, zu speichern und zu übermitteln (vgl. BT-Drs. 19/26247, 25).

23b Problematisch ist indessen, dass Art. 22 des Registermodernisierungsgesetzes insoweit nicht bestimmt, wann die Vorschrift in Kraft treten soll, denn in den Beratungen wurde offensichtlich übersehen, den Verweis auf „Artikel 6 bis 20" entsprechend auf die „Art. 20a bis 20c" zu erweitern; letztere Regelung betrifft die Änderung des AsylbLG. Bevor dieser Fehler nicht behoben ist, kann die Änderung des § 11 nicht in Kraft treten. Das Inkrafttreten setzt im Übrigen eine Bekanntmachung des Bundesministeriums des Innern, für Bau und Heimat voraus, dass die technischen Voraussetzungen für die Verarbeitung der Identifikationsnummer nach den jeweils geänderten Gesetzen vorliegen. Aktuell ist das wohl noch nicht der Fall.

Die sog. Identifikationsnummer ergibt sich aus § 139b AO; sie wird als zusätzliches Ordnungs- **23c** merkmal in die sich aus der Anlage zum IDNrG ergebenden Register des Bundes und der Länder geführt, um Daten einer natürlichen Person in einem Verwaltungsverfahren eindeutig zuzuordnen, die Datenqualität der zu einer natürlichen Person gespeicherten Daten zu verbessern sowie die erneute Beibringung von an öffentlichen Stellen bereits vorhandenen Daten durch die betroffene Person zu verringern (vgl. § 1 IDNrG).

G. Entfall der aufschiebenden Wirkung (Abs. 4)

Mit der durch das Gesetz v. 31.7.2016 (BGBl. I 1939) eingefügten Regelung macht der Gesetz- **24** geber von der durch § 86a Abs. 2 Nr. 4 SGG eröffneten Möglichkeit Gebrauch, die aufschiebende Wirkung von Widerspruch und Anfechtungsklage auszuschließen. Die von Abs. 4 erfassten Verwaltungsakte sind damit kraft Gesetzes sofort vollziehbar.

Abs. 4 nennt zwei Fälle, in denen die aufschiebende Wirkung entfällt: **25**

I. Fall der Nr. 1

Nach Abs. 4 Nr. 1 sind Verwaltungsakte sofort vollziehbar, durch die eine Leistung nach **26** dem AsylbLG ganz oder teilweise entzogen oder die Leistungsbewilligung aufgehoben wird. Die Regelung betrifft somit Aufhebungsentscheidungen. Der Begriff der Aufhebung umfasst dabei nach dem Normverständnis von § 50 Abs. 1 SGB X auch die Rücknahme gem. §§ 44 und 45 SGB X und den Widerruf gem. § 47 SGB X (vgl. BR-Drs. 266/16, 42).

II. Fall der Nr. 2

Gemäß Abs. 4 Nr. 2 sind Verwaltungsakte, mit denen eine Einschränkung des Leistungsan- **27** spruchs nach § 1a oder § 11 Abs. 2a festgestellt wird, kraft Gesetzes sofort vollziehbar. Wie bei § 1a ausgeführt, muss bei Verwirklichung des jeweiligen Tatbestandes die Leistungskürzung durch einen entsprechenden Kürzungsbescheid konkretisiert werden (vgl. etwa BayLSG BeckRS 2018, 3865). Hieran anknüpfend entzieht Nr. 2 Widerspruch und Anfechtungsklage gegen einen solchen Bescheid die aufschiebende Wirkung mit der Folge, dass die Kürzung sofort Platz greift, es sei denn, die aufschiebende Wirkung wird gem. § 86a Abs. 3 SGG von der Ausgangsbehörde (unwahrscheinlich, da sie den Kürzungsbescheid erlassen hat) oder der Widerspruchsbehörde ausgesetzt oder vom Sozialgericht nach § 86b Abs. 1 S. 1 Nr. 2 SGG angeordnet.

Ferner erfasst Abs. 4 Nr. 2 die Leistungseinschränkungen nach § 11 Abs. 2a (S. 1 und 5). **28**

Da Abs. 4 Nr. 2 auf Kürzungsentscheidungen nach § 1a und § 11 Abs. 2a beschränkt ist, fallen **29** Kürzungsbescheide nach § 5 Abs. 4 S. 2, § 5a Abs. 3 S. 1 und § 5b Abs. 2 S. 1 nicht hierunter.

§ 12 Asylbewerberleistungsstatistik

(1) Zur Beurteilung der Auswirkungen dieses Gesetzes und zu seiner Fortentwicklung werden Erhebungen über
1. die Empfänger
    a) von Leistungen in besonderen Fällen (§ 2),
    b) von Grundleistungen (§ 3),
    c) von anderen Leistungen (§§ 4, 5 und 6),
2. die Ausgaben und Einnahmen nach diesem Gesetz
als Bundesstatistik durchgeführt.

(2) Erhebungsmerkmale sind
1. bei den Erhebungen nach Absatz 1 Nr. 1 Buchstabe a und b
    a) für jeden Leistungsempfänger:
      Geschlecht; Geburtsmonat und -jahr; Staatsangehörigkeit; aufenthaltsrechtlicher Status; Beginn der Leistungsgewährung nach Monat und Jahr;
    b) für Leistungsempfänger nach § 2 zusätzlich:
      Art und Form der Leistungen im Laufe und am Ende eines Berichtsjahres sowie die Regelbedarfsstufe;

    c) **für Leistungsempfänger nach § 3 zusätzlich:**
      Form der Grundleistung im Laufe und am Ende eines Berichtsjahres sowie Leistungsempfänger differenziert nach § 3a Absatz 1 Nummer 1 bis 6;
    d) **für Haushalte:**
      Wohngemeinde und Gemeindeteil; Art des Trägers; Art der Unterbringung; Art und Höhe des eingesetzten Einkommens und Vermögens;
    e) **für Empfänger von Leistungen für Bildung und Teilhabe nach den §§ 2 und 3 Absatz 3 in Verbindung mit den §§ 34 bis 34b des Zwölften Buches Sozialgesetzbuch die Höhe dieser Leistungen unterteilt nach**
        aa) Schulausflügen von Schülerinnen und Schülern sowie Kindern, die eine Kindertageseinrichtung besuchen,
        bb) mehrtägigen Klassenfahrten von Schülerinnen und Schülern sowie Kindern, die eine Kindertageseinrichtung besuchen,
        cc) Ausstattung mit persönlichem Schulbedarf,
        dd) Schülerbeförderung,
        ee) Lernförderung,
        ff) Mehraufwendungen für die Teilnahme an einer gemeinschaftlichen Mittagsverpflegung von Schülerinnen und Schülern in schulischer Verantwortung sowie von Kindern in einer Kindertageseinrichtung und in der Kindertagespflege,
        gg) Teilhabe am sozialen und kulturellen Leben in der Gemeinschaft;
    f) [aufgehoben]
    g) **bei Erhebungen zum Jahresende zusätzlich zu den unter den Buchstaben a bis d genannten Merkmalen:**
      Art und Form anderer Leistungen nach diesem Gesetz im Laufe und am Ende des Berichtsjahres; Beteiligung am Erwerbsleben;
2. **bei den Erhebungen nach Absatz 1 Nr. 1 Buchstabe c für jeden Leistungsempfänger:**
    Geschlecht; Geburtsmonat und -jahr; Staatsangehörigkeit; aufenthaltsrechtlicher Status; Art und Form der Leistung im Laufe und am Ende des Berichtsjahres; Typ des Leistungsempfängers nach § 3a Absatz 1 Nummer 1 bis 6; Wohngemeinde und Gemeindeteil; Art des Trägers; Art der Unterbringung;
2a. [aufgehoben]
3. **bei der Erhebung nach Absatz 1 Nr. 2:**
    Art des Trägers; Ausgaben nach Art und Form der Leistungen sowie Unterbringungsform; Einnahmen nach Einnahmearten und Unterbringungsform.

    (3) [1]Hilfsmerkmale sind
1. Name und Anschrift des Auskunftspflichtigen,
2. für die Erhebungen nach Absatz 2 Nummer 1 und 2 die Kenn-Nummern der Leistungsempfänger,
3. Name und Kontaktdaten der für eventuelle Rückfragen zur Verfügung stehenden Person.
[2]Die Kenn-Nummern nach Satz 1 Nr. 2 dienen der Prüfung der Richtigkeit der Statistik und der Fortschreibung der jeweils letzten Bestandserhebung. [3]Sie enthalten keine Angaben über persönliche und sachliche Verhältnisse der Leistungsempfänger und sind zum frühestmöglichen Zeitpunkt, spätestens nach Abschluß der wiederkehrenden Bestandserhebung zu löschen.

    (4) [1]Die Erhebungen nach Absatz 2 Nummer 1 Buchstabe a bis d und g sowie nach Absatz 2 Nummer 2 und 3 sind jährlich durchzuführen. [2]Die Angaben für die Erhebung
a) nach Absatz 2 Nr. 1 Buchstabe a bis d und g (Bestandserhebung) sind zum 31. Dezember,
b) [aufgehoben]
c) [aufgehoben]
d) nach Absatz 2 Nr. 2 und 3 sind für das abgelaufene Kalenderjahr
zu erteilen.

    (5) [1]Die Erhebungen nach Absatz 2 Nummer 1 Buchstabe e sind quartalsweise durchzuführen, wobei gleichzeitig Geschlecht, Geburtsmonat und -jahr, Wohngemeinde und Gemeindeteil, Staatsangehörigkeit sowie aufenthaltsrechtlicher Status zu erheben sind. [2]Dabei ist die Angabe zur Höhe der einzelnen Leistungen für jeden Monat eines Quartals gesondert zu erheben.

(6) ¹Für die Erhebungen besteht Auskunftspflicht. ²Die Angaben nach Absatz 3 Satz 1 Nr. 3 sowie zum Gemeindeteil nach Absatz 2 Nr. 1 Buchstabe d und Absatz 2 Nr. 2 sowie nach Absatz 5 sind freiwillig. ³Auskunftspflichtig sind die für die Durchführung dieses Gesetzes zuständigen Stellen.

(7) Die Ergebnisse der Asylbewerberleistungsstatistik dürfen auf die einzelne Gemeinde bezogen veröffentlicht werden.

(8) ¹Das Statistische Bundesamt und die statistischen Ämter der Länder dürfen an die obersten Bundes- und Landesbehörden Tabellen mit statistischen Ergebnissen übermitteln, auch wenn Tabellenfelder nur einen einzigen Fall ausweisen. ²Die übermittelten Tabellen dürfen nur gegenüber den gesetzgebenden Körperschaften und nur für Zwecke der Planung, jedoch nicht für die Regelung von Einzelfällen verwendet werden.

§ 12 enthält spezielle Vorschriften über die sog. **Asylbewerberleistungsstatistik.** Die Regelung war bereits in der Ursprungsfassung des AsylbLG enthalten und ist im Laufe der Jahre immer wieder geändert worden, zuletzt durch Art. 38 des Zweiten Datenschutz-Anpassungs- und Umsetzungsgesetzes EU v. 20.11.2019 (BGBl. I 1626). **1**

Hintergrund für die Einführung einer speziellen Asylbewerberleistungsstatistik war die Überlegung, dass Asylbewerber und geduldete Ausländer, die Sozialhilfeleistungen in Anspruch nehmen, bis zum Erlass des AsylbLG in die Sozialhilfestatistik aufgenommen wurden. Im Rahmen der Neustrukturierung dieser Statistik war vorgesehen, ab 1994 Ergebnisse für die genannten Personengruppen gesondert auszuweisen, um deren wachsender Bedeutung gerecht zu werden. Aufgrund der Einführung des AsylbLG und des damit verbundenen Wegfalls der Anspruchsberechtigung nach dem BSHG bzw. später dem SGB XII war dies jedoch rechtlich nicht mehr möglich, so dass eine gravierende „Statistiklücke" befürchtet wurde. Um sicherzustellen, dass die für politische Entscheidungen, für Zwecke der Planung und der Fortentwicklung des Asylrechts unabdingbar notwendigen Daten auch künftig zur Verfügung stehen, wurde daher eine Bundesstatistik über die Leistungsbezieher nach dem AsylbLG sowie die anfallenden Ausgaben und Einnahmen angeordnet (vgl. Beschlussempfehlung und Bericht BT-Drs. 12/5008, 17). **2**

Wegen des untrennbaren Sachzusammenhangs zwischen dem Leistungsrecht und den entsprechenden Erhebungen wurden die Rechtsvorschriften über die Asylbewerberleistungsstatistik entsprechend den Vorbildern aus neuerer Zeit in anderen Gesetzen in das der Statistik zugrunde liegende materielle Recht integriert. Dabei wurde den Anforderungen aus dem Volkszählungsurteil v. 15.12.1983 (BVerfGE 65, 1 = BeckRS 1983, 107403) und den nachfolgenden Entscheidungen des BVerfG (zB BVerfGE 84, 192 (194); BVerfG NJW 2001, 2320 (2321); zusammenfassend BVerfG DVBl. 2009, 1237; siehe auch BVerfGE 130, 151) entsprochen. Dies gilt vor allem für die Forderung nach einer Aufgabentrennung zwischen Statistik und Verwaltungsvollzug und nach einer klaren Regelung der Datenübermittlung. Der Datenschutz und das Statistikgeheimnis sind durch entsprechende Regelungen gewährleistet. Die Veröffentlichung der Ergebnisse ist auf der Ebene der Gemeinden und Gemeindeteile zulässig. Sie unterliegt den strengen Geheimhaltungsvorschriften des BStatG (Bundesstatistikgesetz v. 20.10.2016, BGBl. I 2394, zuletzt geändert durch Art. 6 des Gesetzes vom 22.2.2021, BGBl. I 266), so dass das schutzwürdige Interesse der Leistungsbezieher gewahrt ist. Auch mit Blick auf die sog. Datenschutz-Grundverordnung – hier Art. 89 DS-GVO – erweist sich § 12 als zulässig (vgl. etwa Siefert/Dollinger, Asylbewerberleistungsgesetz, 2. Aufl. 2020, Rn. 12). **3**

§ 13 Bußgeldvorschrift

(1) Ordnungswidrig handelt, wer vorsätzlich oder fahrlässig entgegen § 8a eine Meldung nicht, nicht richtig, nicht vollständig oder nicht rechtzeitig erstattet.

(2) Die Ordnungswidrigkeit kann mit einer Geldbuße bis zu fünftausend Euro geahndet werden.

Überblick

§ 13 enthält eine Bußgeldvorschrift für die Fälle, in welchen der Leistungsberechtigte seiner aus § 8a folgenden Pflicht zur Meldung der Aufnahme einer unselbstständigen oder selbstständigen Erwerbstätigkeit nicht ordnungsgemäß nachkommt. Die Norm gilt seit dem Gesetz v. 26.5.1997 (BGBl. I 1130) in unveränderter Form.

A. Die Ordnungswidrigkeit des Abs. 1

1   Abs. 1 enthält in Abhängigkeit zur Meldeverpflichtung nach § 8a (→ § 8a Rn. 1 ff.) einen Ordnungswidrigkeitentatbestand. Danach handelt ordnungswidrig, wer eine Meldung nach § 8a nicht, nicht richtig, nicht vollständig oder nicht rechtzeitig erstattet. **Nicht erstattet** ist die Meldung, wenn eine solche unterbleibt, obwohl eine Verpflichtung zur Meldung nach § 8a besteht. **Nicht richtig** ist eine Meldung, wenn sie nicht den Tatsachen entspricht. **Nicht vollständig** ist die Meldung, wenn entscheidungserhebliche Tatsachen nicht angegeben werden und die leistungsberechtigte Person dies gegenüber dem zuständigen Leistungsträger verheimlicht. **Nicht rechtzeitig** erstattet ist die Mitteilung, wenn diese nicht spätestens am dritten Tag nach Aufnahme der Erwerbstätigkeit der zuständigen Behörde gegenüber erfolgt ist.

2   Die Ordnungswidrigkeit kann vorsätzlich oder fahrlässig verwirklicht werden (vgl. § 10 OWiG). **Vorsatz** ist das Wissen und Wollen des rechtswidrigen Erfolges einer Handlung. Mit direktem Vorsatz (dolus directus) handelt, wer die Tat mit Wissen und Wollen begeht und sich dabei bewusst ist, gegen ein Gesetz zu verstoßen oder sonst Unrecht zu tun. Mit bedingtem Vorsatz (dolus eventualis) handelt, wer es nur für möglich hält, aber billigend in Kauf nimmt, dass er gegen ein Gesetz verstößt oder sonst Unrecht tut („Na wenn schon."). Der Unterschied zwischen dem direkten und dem bedingten Vorsatz beruht in der inneren Einstellung des Handelnden. Der Vorsatz ist ausgeschlossen bei einem sog. Tatbestandsirrtum (§ 11 Abs. 1 OWiG), nicht dagegen bei einem sog. Verbotsirrtum (§ 11 Abs. 2 OWiG). **Fahrlässigkeit** ist das bewusste oder unbewusste Außerachtlassen der im Verkehr erforderlichen Sorgfalt. Insofern werden verschiedene Stufen der Fahrlässigkeit unterschieden. Zum einen die **unbewusste (einfache) Fahrlässigkeit.** Sie liegt vor, wenn der Handelnde die Sorgfalt, zu der er nach den Umständen und nach seinen persönlichen Kenntnissen und Fähigkeiten verpflichtet und im Stande war, außer Acht gelassen hat und infolgedessen den Erfolg, den er bei Anwendung der pflichtgemäßen Sorgfalt hätte voraussehen können, nicht vorausgesehen hat. Unkenntnis der Meldungspflicht nach § 8a kann im Einzelfall zu Ungunsten des Betroffenen gewertet werden, wenn diese Unkenntnis Ausdruck einer leichtfertigen Einstellung gegenüber der Rechtsordnung ist. Ist der Betroffene durch ein vorangegangenes Ordnungswidrigkeitenverfahren bereits „vorgewarnt", kann sich für ihn die Pflicht ergeben, sich beim zuständigen Leistungsträger zu erkundigen, ob sein nunmehriges Verhalten zulässig ist. Tut er dies nicht, handelt er zumindest fahrlässig (BayObLG BauR 1997, 1004). Zum anderen die **bewusste Fahrlässigkeit.** Diese ist gegeben, wenn der Handelnde den Eintritt des Erfolges zwar für möglich gehalten, aber darauf vertraut hat, er werde nicht eintreten („Es wird schon gut gehen."). **Grobe Fahrlässigkeit** liegt schließlich vor, wer unbeachtet lässt, was im konkreten Fall jedem einleuchten muss bzw. wer eine frivole Rücksichtslosigkeit an den Tag legt oder wenn der Betroffene eine besonders ernst zu nehmende Pflicht verletzt.

B. Bußgeldhöhe (Abs. 2)

3   **Abs. 2** sieht eine Ahndungsmöglichkeit bis zu 5.000 EUR vor. Da Abs. 1 sowohl die vorsätzliche als auch die fahrlässige Begehung mit Geldbuße bedroht, ist § 17 Abs. 2 OWiG zu beachten. Folglich kann bei fahrlässiger Verwirklichung eines der Tatbestände des § 13 Abs. 1 die Ordnungswidrigkeit nur mit höchstens der Hälfte des angedrohten Höchstbetrages, mithin mit 2.500 EUR, geahndet werden. Grundlage für die Zumessung der Geldbuße sind die Bedeutung der Ordnungswidrigkeit und der Vorwurf, der den Täter trifft (§ 17 Abs. 3 S. 1 OWiG). Daneben sind auch dessen wirtschaftliche Verhältnisse zu berücksichtigen (§ 17 Abs. 3 S. 2 Hs. 1 OWiG). Diese bleiben nur bei geringfügigen Ordnungswidrigkeiten (im Regelfall) außer Betracht (§ 17 Abs. 3 S. 2 Hs. 2 OWiG).

§ 14 Dauer der Anspruchseinschränkung

(1) Die Anspruchseinschränkungen nach diesem Gesetz sind auf sechs Monate zu befristen.

(2) Im Anschluss ist die Anspruchseinschränkung bei fortbestehender Pflichtverletzung fortzusetzen, sofern die gesetzlichen Voraussetzungen der Anspruchseinschränkung weiterhin erfüllt werden.

Überblick

§ 14 regelt die Dauer von Anspruchseinschränkungen nach dem AsylbLG. Abs. 1 (→ Rn. 3 ff.) betrifft die erstmalige Leistungskürzung, Abs. 2 (→ Rn. 6 ff.) die Fortgeltung einer Leistungskürzung. Die Vorschrift gilt in ihrer Fassung durch das Asylverfahrensbeschleunigungsgesetz v. 20.10.2015 (BGBl. I 1722) mit Wirkung seit 24.10.2015.

A. Anwendungsbereich

§ 14 sieht (erstmals) eine zeitliche Befristung von Anspruchseinschränkungen nach dem **1** AsylbLG vor. Sie gilt für die Leistungseinschränkungen nach § 1a Abs. 1–7, § 5 Abs. 4 S. 2, § 5a Abs. 3, § 5b Abs. 2, § 11 Abs. 2 und § 11 Abs. 2a.

Keine Anwendung findet § 14 dagegen im Rahmen von § 2, weil es sich bei der Versagung **2** der Analog-Leistungsberechtigung um keine Anspruchseinschränkung nach dem AsylbLG handelt, sondern – im Vergleich zu den Grundleistungen nach § 3 ff. – um eine Anspruchserweiterung. Die Versagung einer Anspruchserweiterung ist aber keine Anspruchseinschränkung. Nicht anwendbar ist § 14 ferner in den Fällen, in welchen der Gesetzgeber selbst Anspruchseinschränkungen vornimmt, also etwa das allgemeine Leistungsniveau absenkt, wie dies zB durch das Integrationsgesetz (v. 31.7.2016, BGBl. I 1939) hinsichtlich der Aufwandsentschädigung nach § 5 Abs. 2 geschehen ist (jurisPK-SGB XII Rn. 5.1).

B. Zeitliche Befristung nach Abs. 1

Nach Abs. 1 sind die Anspruchseinschränkungen nach diesem Gesetz (vgl. → Rn. 1) auf sechs **3** Monate zu befristen. Aus der Formulierung „sind […] auf sechs Monate zu befristen" folgt dabei zum einen, dass der zuständige Leistungsträger kein Ermessen dahingehend besitzt, ob er eine Befristung vornehmen will oder nicht; er ist hierzu verpflichtet. Zum anderen hat der zuständige Leistungsträger auch keine Befugnis, über die Dauer der Befristung zu entscheiden; die Anspruchseinschränkung ist zwingend auf sechs Monate zu befristen, andernfalls hätte der Gesetzgeber formulieren müssen „bis zu sechs Monate" oder „für maximal sechs Monate" (ebenso jurisPK-SGB XII Rn. 9). Hieraus folgt, dass Leistungseinschränkungen nach dem AsylbLG zwingend auf sechs Monate zu befristen sind. Das ist auch deswegen unumgänglich, weil nach dem Willen des Gesetzgebers nach Ablauf von sechs Monaten eine erneute Prüfung und Entscheidung durch die zuständige Behörde nach dem AsylbLG zu erfolgen hat (vgl. → Rn. 6 ff.). Fehlt es an der Befristung, dann ist die Leistungseinschränkung ohne weiteres rechtswidrig (vgl. BayLSG BeckRS 2018, 4109 Rn. 18; LSG MV FEVS 70, 409 (420); SG Magdeburg 28.8.2020 – S 9 AY 20/20 ER).

Mit Ausnahme des Missbrauchstatbestandes in § 1a Abs. 1 kann die von einer Leistungsein- **4** schränkung betroffene Person durch Vornahme der von ihr erwarteten Handlung bzw. durch Aufgabe ihrer Verweigerungshaltung, also durch ein „Wohlverhalten", dafür sorgen, dass eine Leistungseinschränkung nicht mehr zulässig ist. In einem solchen Fall ist der zuständige Leistungsträger verpflichtet, die Leistungseinschränkung aufzuheben. Das gilt auch dann, wenn – wie regelmäßig – die Sechs-Monats-Frist noch nicht aufgelaufen ist, denn eine Leistungseinschränkung ist nur solange zulässig, wie die hierfür erforderlichen Voraussetzungen vorliegen (vgl. auch BVerfGE 152, 68 Rn. 186: Eine Leistungsminderung ist in der Gesamtbetrachtung nur zumutbar, wenn sie grundsätzlich endet, sobald die Mitwirkung erfolgt; ebenso SG München info also 2020, 134; siehe auch SG München 6.2.2020 – S 42 AY 78/19 ER).

Sind die sechs Monate abgelaufen, dann endet die Leistungseinschränkung ohne weiteres. **5** Der zuständige Leistungsträger hat dann allerdings nach Maßgabe des Abs. 2 zu prüfen, ob die Leistungseinschränkung weiter aufrechterhalten bleiben muss.

C. Zeitliche Befristung nach Abs. 2

Nach Abs. 2 ist im Anschluss an eine nach sechs Monaten abgelaufene Anspruchseinschränkung **6** diese bei fortbestehender Pflichtverletzung fortzusetzen, sofern die gesetzlichen Voraussetzungen der Anspruchseinschränkung weiterhin erfüllt werden. Die Norm begrenzt die leistungsrechtliche Fortwirkung von pflichtwidrigem ausländerrechtlichem Verhalten. Der zuständige Leistungsträger hat damit zu prüfen, ob die Pflichtverletzung fortbesteht. Eine Kettenanspruchseinschränkung ohne eine solche Prüfung ist unzulässig (BayLSG BeckRS 2016, 74367 Rn. 36). Das bedeutet zum einen, dass ein korrigiertes Fehlverhalten leistungsrechtlich nicht mehr sanktioniert werden darf, zum anderen, dass für eine weitere Sanktionierung nach der gesetzgeberischen Konzeption des § 14 eine weitere, neue Pflichtverletzung nicht erforderlich ist. Erforderlich ist hier „lediglich", dass die Pflichtverletzung, die zur Leistungskürzung führte, fortbesteht (BayLSG BeckRS 2016, 74367 Rn. 36).

7   Nach wohl derzeit überwiegender Auffassung soll ein nicht mehr abänderbares Fehlverhalten nicht unbegrenzt fortwirken können. Gleiches gelte auch, wenn der Zweck der Sanktion, den Ausländer zu einem bestimmten Verhalten zu bewegen, überhaupt nicht mehr erreicht werden kann (BayLSG BeckRS 2016, 114368 Rn. 44; 2016, 74367 Rn. 36; Deibel ZFSH/SGB 2015, 704 (712); jurisPK-SGB XII Rn. 11 ff.; Siefert/Siefert, Asylbewerberleistungsgesetz, 2020, Rn. 7). Diese Linie hat das BVerfG in der Sache wohl bestätigt (BVerfGE 152, 68), auch wenn eine ausdrückliche Entscheidung zu den Kürzungsregelungen des AsylbLG derzeit noch aussteht (noch strenger SächsLSG 22.2.2021 – L 8 AY 9/20 B ER, juris Rn. 7: „Die wiederholte Anspruchseinschränkung nach § 1a Abs. 3 i.V.m. § 14 Abs. 2 über 6 Monate innerhalb eines Jahres verstößt – jedenfalls nach summarischer Prüfung im Eilverfahren – gegen den Grundsatz der Verhältnismäßigkeit.").

D. Verwaltungsmäßiger Vollzug der Leistungskürzung

8   Für eine Einschränkung von Leistungsansprüchen ist Voraussetzung, dass eine solche Anspruchseinschränkung durch **Verwaltungsakt** festgestellt wird (wie hier jurisPK-SGB XII § 1a Rn. 122, 157; Hohm, Gemeinschaftskommentar zum Asylbewerberleistungsgesetz, § 1a Rn. 430 ff.). Das zeigt § 14 Abs. 1, der eine Befristung auf sechs Monate verlangt. Damit ist es aber notwendig, dass Beginn und Ende der Anspruchseinschränkung durch einen Verwaltungsakt festgestellt werden. Darüber hinaus ergibt sich dies auch aus § 11 Abs. 4 Nr. 2. Diese Norm ordnet an, dass Widerspruch und Anfechtungsklage gegen einen Verwaltungsakt, mit dem eine Einschränkung des Leistungsanspruchs festgestellt wird, keine aufschiebende Wirkung haben. Der Gesetzgeber ging im Rahmen der Einfügung des § 11 Abs. 4 davon aus, dass es in Fällen einer Anspruchseinschränkung nach dem AsylbLG einer Entscheidung, die eine Pflichtverletzung und eine daran anknüpfende Einschränkung des Leistungsanspruchs feststellt, bedarf (vgl. BT-Drs. 18/8615, 42; BayLSG BeckRS 2018, 3865). Nicht zuletzt ist eine solche Entscheidung deshalb erforderlich, um für den Betroffenen die Leistungseinschränkung nachvollziehbar zu machen.

9   Die Einschränkung der Hilfe erfolgt dementsprechend durch eine mit den wesentlichen tatsächlichen und rechtlichen Gründen versehene Verfügung (§ 31 S. 1 SGB X); diese kann auch im Rahmen eines Leistungsbescheids auf dann eingeschränkte Leistungen erfolgen (vgl. Wahrendorf Rn. 6) Der Betroffene ist vorher gem. § 24 Abs. 1 SGB X anzuhören und ihm ist Gelegenheit zu geben, Stellung zu nehmen (vgl. Nachweise bei Hohm info also 2000, 117 Fn. 30).

§ 15 Übergangsregelung zum Zweiten Gesetz zur besseren Durchsetzung der Ausreisepflicht

Für Leistungsberechtigte des Asylbewerberleistungsgesetzes, auf die bis zum 21. August 2019 gemäß § 2 Absatz 1 des Asylbewerberleistungsgesetzes das Zwölfte Buch Sozialgesetzbuch entsprechend anzuwenden war, ist § 2 des Asylbewerberleistungsgesetzes in der Fassung der Bekanntmachung vom 5. August 1997 (BGBl. I S. 2022), das zuletzt durch Artikel 4 des Gesetzes vom 17. Juli 2017 (BGBl. I S. 2541; 2019 I S. 162) geändert worden ist, weiter anzuwenden.

1   Durch das Gesetz vom 15.8.2019 (BGBl. I 1294), das am 21.8.2019 in Kraft getreten ist, wurde in § 2 Abs. 1 die Vorbezugszeit von 15 auf 18 Monate erhöht; die Änderung war erst im Laufe der Beratungen in den Gesetzentwurf aufgenommen worden (vgl. BT-Drs. 19/10706; zu Einzelheiten siehe bei → § 2 Rn. 2 ff.). Sie dient dazu, Personen, die nach der bis zum 20.8.2019 geltenden Rechtslage bereits Analogleistungen nach dem SGB XII bekommen haben, weil sie die Vorbezugszeit von 15 Monaten erfüllten, diesen Status zu erhalten.

2   Vor diesem Hintergrund ist die Regelung deutlich überschießend, denn betroffen von der Gesetzesänderung sind nur diejenigen Leistungsberechtigten, die am 21.8.2019 eine Vorbezugszeit von 15 Monaten schon, aber eine solche von 18 Monaten noch nicht erfüllt hatten. Auf Leistungsberechtigte, die sich am 21.8.2019 bereits seit 18 Monaten oder länger ohne wesentliche Unterbrechung im Bundesgebiet aufgehalten und die Dauer des Aufenthalts nicht rechtsmissbräuchlich selbst beeinflusst hatten, wirkt sich die Gesetzesänderung nicht aus. Sie bleiben nach § 2 ohne weiteres leistungsberechtigt.

Interessant ist auch der Verweis in § 15 auf „§ 2 des Asylbewerberleistungsgesetzes in der Fassung **3** der Bekanntmachung vom 5. August 1997 (BGBl. I S. 2022), das zuletzt durch Artikel 4 des Gesetzes vom 17. Juli 2017 (BGBl. I S. 2541; 2019 I S. 162) geändert worden ist". Denn dieser Verweis übergeht die Änderungen des § 2 (Einfügung der Sätze 2–4 in Abs. 1) durch das 3. AsylbLGÄndG v. 13.8.2019 (BGBl. I 1290). Diese Änderung ist zeitlich vor dem Gesetz vom 15.8.2019 (BGBl. I 1294) ergangen.

Interessanter Weise wurden beide Gesetzentwürfe am gleichen Tag (5.6.2019) im zuständigen Ausschuss **3.1** beraten; da es sich hierbei allerdings einerseits um den Ausschuss für Inneres und Heimat (4. Ausschuss), andererseits um den für Arbeit und Soziales (11. Ausschuss) gehandelt hat, also zwei unterschiedliche Ausschüsse, ist die Diskrepanz wohl niemanden aufgefallen. In der Sache hätte die Änderung der Vorbezugszeit besser in das 3. AsylbLGÄndG gepasst, weil dieses bereits umfangreiche Änderungen des § 2 in Abs. 1 vorsah; ein solcher Sachzusammenhang fehlt indessen beim Gesetz vom 15.8.2019.

Streng am Wortlaut des § 15 orientiert, könnte vertreten werden, dass für den von § 15 erfassten **4** Personenkreis jedenfalls die Änderungen durch das 3. AsylbLG nicht anwendbar sind, weil dieses Gesetz als letzte Änderung nicht in Bezug genommen wird. Bei einer solchen Auslegung würde aber zum einen übersehen, dass das 3. AsylbLGÄndG erst nach dem Gesetz vom 15.8.2019 in Kraft getreten ist (1.9.2019); genau genommen ist der Verweis daher zutreffend, weil das 3. AsylbLG mangels Inkrafttretens das AsylbLG noch nicht „zuletzt" geändert hat. Zum anderen kann nicht angenommen werden, dass der Gesetzgeber, der mit § 15 eine für Leistungsbezieher günstige Übergansregelung schaffen wollte, diese von den bereits Gesetz gewordenen, aber noch nicht in Kraft getretenen Vergünstigungen in § 2 Abs. 1 S. 2 ff. durch das 3. AsylbLG ausschließen wollte.

Im **Ergebnis** bleibt damit festzuhalten, dass sich § 15 allein auf die Änderung durch das Gesetz **5** vom 15.8.2019 bezieht, mithin auf die Verlängerung der Vorbezugszeit von 15 auf 18 Monate, und für später in Kraft getretene Änderungen des § 2, insbesondere durch das 3. AsylbLGÄndG, keine Geltung beansprucht, besagten Personenkreis hiervon also nicht ausschließt (ebenso: LSG BW ASYLMAGAZIN 2020, 177; SG Düsseldorf 13.4.2021 – S 17 AY 21/20, Rn. 88 ff.; Siefert/Krauß, AsylbLG, 2. Aufl. 2020, Rn. 10 ff.; Schlegel/Voelzke/Oppermann, JurisPK-SGB XII, AsylbLG § 15 Rn. 13 f.; **aA** BayLSG 18.5.2021 – L 8 AY 122/20: „Die Übergangsregelung des § 15 AsylbLG ist nicht nur in Bezug auf die Verlängerung der Wartefrist anzuwenden."; ebenso SG Freiburg 6.10.2020 – S 9 AY 138/20).

Sozialgesetzbuch (SGB) Zweites Buch (II) – Grundsicherung für Arbeitsuchende –

In der Fassung der Bekanntmachung vom 13. Mai 2011

(BGBl. I S. 850, ber. S. 2094)

FNA 860-2

– in Auszügen kommentiert –

§ 7 Leistungsberechtigte

(1) [1]Leistungen nach diesem Buch erhalten Personen, die
1. das 15. Lebensjahr vollendet und die Altersgrenze nach § 7a noch nicht erreicht haben,
2. erwerbsfähig sind,
3. hilfebedürftig sind und
4. ihren gewöhnlichen Aufenthalt in der Bundesrepublik Deutschland haben (erwerbsfähige Leistungsberechtigte).
[2]Ausgenommen sind
1. Ausländerinnen und Ausländer, die weder in der Bundesrepublik Deutschland Arbeitnehmerinnen, Arbeitnehmer oder Selbständige noch aufgrund des § 2 Absatz 3 des Freizügigkeitsgesetzes/EU freizügigkeitsberechtigt sind, und ihre Familienangehörigen für die ersten drei Monate ihres Aufenthalts,

2. Ausländerinnen und Ausländer,
   a) die kein Aufenthaltsrecht haben oder
   b) deren Aufenthaltsrecht sich allein aus dem Zweck der Arbeitsuche ergibt,
   und ihre Familienangehörigen,
3. Leistungsberechtigte nach § 1 des Asylbewerberleistungsgesetzes.
³Satz 2 Nummer 1 gilt nicht für Ausländerinnen und Ausländer, die sich mit einem
Aufenthaltstitel nach Kapitel 2 Abschnitt 5 des Aufenthaltsgesetzes in der Bundesrepublik Deutschland aufhalten. ⁴Abweichend von Satz 2 Nummer 2 erhalten Ausländerinnen
und Ausländer und ihre Familienangehörigen Leistungen nach diesem Buch, wenn sie
seit mindestens fünf Jahren ihren gewöhnlichen Aufenthalt im Bundesgebiet haben; dies
gilt nicht, wenn der Verlust des Rechts nach § 2 Absatz 1 des Freizügigkeitsgesetzes/
EU festgestellt wurde. ⁵Die Frist nach Satz 4 beginnt mit der Anmeldung bei der zuständigen Meldebehörde. ⁶Zeiten des nicht rechtmäßigen Aufenthalts, in denen eine Ausreisepflicht besteht, werden auf Zeiten des gewöhnlichen Aufenthalts nicht angerechnet.
⁷Aufenthaltsrechtliche Bestimmungen bleiben unberührt.

(2) ¹Leistungen erhalten auch Personen, die mit erwerbsfähigen Leistungsberechtigten in einer Bedarfsgemeinschaft leben. ²Dienstleistungen und Sachleistungen werden
ihnen nur erbracht, wenn dadurch Hemmnisse bei der Eingliederung der erwerbsfähigen
Leistungsberechtigten beseitigt oder vermindert werden. ³Zur Deckung der Bedarfe
nach § 28 erhalten die dort genannten Personen auch dann Leistungen für Bildung und
Teilhabe, wenn sie mit Personen in einem Haushalt zusammenleben, mit denen sie nur
deshalb keine Bedarfsgemeinschaft bilden, weil diese aufgrund des zu berücksichtigenden Einkommens oder Vermögens selbst nicht leistungsberechtigt sind.

(3) Zur Bedarfsgemeinschaft gehören
1. die erwerbsfähigen Leistungsberechtigten,
2. die im Haushalt lebenden Eltern oder der im Haushalt lebende Elternteil eines unverheirateten erwerbsfähigen Kindes, welches das 25. Lebensjahr noch nicht vollendet
   hat, und die im Haushalt lebende Partnerin oder der im Haushalt lebende Partner
   dieses Elternteils,
3. als Partnerin oder Partner der erwerbsfähigen Leistungsberechtigten
   a) die nicht dauernd getrennt lebende Ehegattin oder der nicht dauernd getrennt
      lebende Ehegatte,
   b) die nicht dauernd getrennt lebende Lebenspartnerin oder der nicht dauernd
      getrennt lebende Lebenspartner,
   c) eine Person, die mit der erwerbsfähigen leistungsberechtigten Person in einem
      gemeinsamen Haushalt so zusammenlebt, dass nach verständiger Würdigung der
      wechselseitige Wille anzunehmen ist, Verantwortung füreinander zu tragen und
      füreinander einzustehen.
4. die dem Haushalt angehörenden unverheirateten Kinder der in den Nummern 1 bis
   3 genannten Personen, wenn sie das 25. Lebensjahr noch nicht vollendet haben,
   soweit sie die Leistungen zur Sicherung ihres Lebensunterhalts nicht aus eigenem
   Einkommen oder Vermögen beschaffen können.

(3a) Ein wechselseitiger Wille, Verantwortung füreinander zu tragen und füreinander
einzustehen, wird vermutet, wenn Partner
1. länger als ein Jahr zusammenleben,
2. mit einem gemeinsamen Kind zusammenleben,
3. Kinder oder Angehörige im Haushalt versorgen oder
4. befugt sind, über Einkommen oder Vermögen des anderen zu verfügen.

(4) ¹Leistungen nach diesem Buch erhält nicht, wer in einer stationären Einrichtung
untergebracht ist, Rente wegen Alters oder Knappschaftsausgleichsleistung oder ähnliche Leistungen öffentlich-rechtlicher Art bezieht. ²Dem Aufenthalt in einer stationären
Einrichtung ist der Aufenthalt in einer Einrichtung zum Vollzug richterlich angeordneter Freiheitsentziehung gleichgestellt. ³Abweichend von Satz 1 erhält Leistungen nach
diesem Buch,
1. wer voraussichtlich für weniger als sechs Monate in einem Krankenhaus (§ 107 des
   Fünften Buches) untergebracht ist, oder
2. wer in einer stationären Einrichtung nach Satz 1 untergebracht und unter den üblichen Bedingungen des allgemeinen Arbeitsmarktes mindestens 15 Stunden wöchentlich erwerbstätig ist.

[4]Die Sätze 1 und 3 Nummer 2 gelten für Bewohner von Räumlichkeiten im Sinne des § 42a Absatz 2 Satz 1 Nummer 2 und Satz 3 des Zwölften Buches entsprechend.

(4a) [1]Erwerbsfähige Leistungsberechtigte erhalten keine Leistungen, wenn sie sich ohne Zustimmung des zuständigen Trägers nach diesem Buch außerhalb des zeit- und ortsnahen Bereichs aufhalten und deshalb nicht für die Eingliederung in Arbeit zur Verfügung stehen. [2]Die Zustimmung ist zu erteilen, wenn für den Aufenthalt außerhalb des zeit- und ortsnahen Bereichs ein wichtiger Grund vorliegt und die Eingliederung in Arbeit nicht beeinträchtigt wird. [3]Ein wichtiger Grund liegt insbesondere vor bei
1. Teilnahme an einer ärztlich verordneten Maßnahme der medizinischen Vorsorge oder Rehabilitation,
2. Teilnahme an einer Veranstaltung, die staatspolitischen, kirchlichen oder gewerkschaftlichen Zwecken dient oder sonst im öffentlichen Interesse liegt, oder
3. Ausübung einer ehrenamtlichen Tätigkeit.
[4]Die Zustimmung kann auch erteilt werden, wenn für den Aufenthalt außerhalb des zeit- und ortsnahen Bereichs kein wichtiger Grund vorliegt und die Eingliederung in Arbeit nicht beeinträchtigt wird. [5]Die Dauer der Abwesenheiten nach Satz 4 soll in der Regel insgesamt drei Wochen im Kalenderjahr nicht überschreiten.

(5) [1]Auszubildende, deren Ausbildung im Rahmen des Bundesausbildungsförderungsgesetzes dem Grunde nach förderungsfähig ist, haben über die Leistungen nach § 27 hinaus keinen Anspruch auf Leistungen zur Sicherung des Lebensunterhalts. [2]Satz 1 gilt auch für Auszubildende, deren Bedarf sich nach § 61 Absatz 2, § 62 Absatz 3, § 123 Nummer 2 sowie § 124 Nummer 2 des Dritten Buches bemisst.

(6) Absatz 5 Satz 1 ist nicht anzuwenden auf Auszubildende,
1. die aufgrund von § 2 Absatz 1a des Bundesausbildungsförderungsgesetzes keinen Anspruch auf Ausbildungsförderung haben,
2. deren Bedarf sich nach den §§ 12, 13 Absatz 1 in Verbindung mit Absatz 2 Nummer 1 oder nach § 13 Absatz 1 Nummer 1 in Verbindung mit Absatz 2 Nummer 2 des Bundesausbildungsförderungsgesetz bemisst und die Leistungen nach dem Bundesausbildungsförderungsgesetz
   a) erhalten oder nur wegen der Vorschriften zur Berücksichtigung von Einkommen und Vermögen nicht erhalten oder
   b) beantragt haben und über deren Antrag das zuständige Amt für Ausbildungsförderung noch nicht entschieden hat; lehnt das zuständige Amt für Ausbildungsförderung die Leistungen ab, findet Absatz 5 mit Beginn des folgenden Monats Anwendung, oder
3. die eine Abendhauptschule, eine Abendrealschule oder ein Abendgymnasium besuchen, sofern sie aufgrund des § 10 Absatz 3 des Bundesausbildungsförderungsgesetzes keinen Anspruch auf Ausbildungsförderung haben.

Übersicht

A. Allgemeines

1   Das SGB II (**Grundsicherung für Arbeitsuchende** v. 24.12.2003, BGBl. I 2954) ersetzte zusammen mit dem SGB XII (**Sozialhilfe** v. 27.12.2003, BGBl. I 3022) zum 1.1.2005 die frühere **Arbeitslosenhilfe nach dem SGB III** und das SGB XII die **Sozialhilfe** nach dem **BSHG**. Ziel dieser im Zusammenhang mit den Hartz-Reformen erschaffenen Regelungssysteme war es, eine neue Ordnung auf dem Arbeitsmarkt zu erarbeiten und den Abbau der Arbeitslosigkeit nachhaltig zu beschleunigen (BT-Drs. 15/1516, 1). Das bisherige **Nebeneinander zweier staatlicher Fürsorgesysteme** – der Arbeitslosenhilfe und der Sozialhilfe für Erwerbsfähige – wurde als ineffizient, intransparent und wenig bürgerfreundlich befunden (BT-Drs. 15/1516, 1). Abhilfe – so wurde angenommen – sei nur durch eine **Zusammenführung** von Arbeitslosenhilfe und Sozialhilfe für erwerbsfähige Hilfebedürftige möglich (BT-Drs. 15/1516, 1). Die daraus entwickelten Systeme des SGB II und SGB XII haben in der Zwischenzeit durchaus gute aber auch überdenkenswerte Ansätze gezeigt. Auch die Vielzahl an Änderungsgesetzen im SGB II (bis Ende 2018 waren es über 80 zum Teil grundlegende Gesetzesänderungen, bis Ende 2020 waren es immerhin insgesamt über 100 Änderungen, vgl. dazu zB die Änderungshistorie zum SGB II bei beck-online) hat bei den Betroffenen aber auch bei Behörden und Gerichten ihre Spuren hinterlassen.

2   Die Grundsicherung für Arbeitsuchende zielt auf eine **Existenzsicherung.** Sie soll es Leistungsberechtigten ermöglichen, ein Leben zu führen, das der **Würde des Menschen** entspricht (§ 1 Abs. 1). Sie soll außerdem die **Eigenverantwortung** von erwerbsfähigen Leistungsberechtigten und Personen, die mit ihnen in einer Bedarfsgemeinschaft leben, stärken und dazu beitragen, dass sie ihren **Lebensunterhalt unabhängig von der Grundsicherung** aus eigenen Mitteln und Kräften bestreiten können (§ 1 Abs. 2 S. 1). Dazu gehört auch, erwerbsfähige Leistungsberechtigte bei der **Aufnahme oder Beibehaltung einer Erwerbstätigkeit** zu unterstützen und den **Lebensunterhalt zu sichern,** soweit sie ihn nicht auf andere Weise bestreiten können. Die Leistungen der Grundsicherung sind daher insbesondere darauf auszurichten, dass durch eine Erwerbstätigkeit Hilfebedürftigkeit vermieden oder beseitigt, die Dauer der Hilfebedürftigkeit verkürzt oder der Umfang der Hilfebedürftigkeit verringert wird (§ 1 Abs. 2 S. 4 Nr. 1). Auch sollen Anreize zur Aufnahme und Ausübung einer Erwerbstätigkeit geschaffen und aufrechterhalten werden (§ 1 Abs. 2 S. 4 Nr. 6).

3   Die Leistungen des SGB II **knüpfen nicht an Vorversicherungszeiten,** eine Betragsfinanzierung oder überhaupt an die Ausübung einer sozialversicherungspflichtigen Tätigkeit an (Böttiger Sozialleistungen für Flüchtlinge und Asylbewerber/Steinecke Kap. 3 Rn. 2). Die Leistungen sind **steuerfinanziert** und kommen grundsätzlich auch in Betracht, wenn eine Erwerbstätigkeit in der Bundesrepublik Deutschland (noch) nicht ausgeübt wurde Böttiger Sozialleistungen für Flüchtlinge und Asylbewerber/Steinecke Kap. 3 Rn. 2).

B. Verfahren

4   Die Leistungen des SGB II sind **antragsabhängig** (§ 37 Abs. 1); der Antrag hat anspruchsauslösende, **konstitutive Wirkung** (BSG BeckRS 2011, 71309; BeckOK SozR/Burkiczak § 37 Rn. 5; Eicher/Luik/Silbermann § 37 Rn. 5), sodass ohne Antrag auch kein Recht besteht, selbst wenn die Anspruchsvoraussetzungen in der Sache erfüllt wären. Daher werden auch für Zeiten vor der Antragstellung Leistungen nicht erbracht (§ 37 Abs. 2 S. 1). Der Antrag auf Leistungen zur Sicherung des Lebensunterhalts (§§ 19 ff.) wirkt jedoch auf den Ersten des (Antrags-) Monats zurück (§ 37 Abs. 2 S. 2).

5   Der Antrag umfasst grundsätzlich **alle im Einzelfall in Betracht kommenden Bedarfe** (Böttiger Sozialleistungen für Flüchtlinge und Asylbewerber/Steinecke Kap. 3 Rn. 124). Mehrbedarfe oder die Übernahme von Betriebskostennachzahlungen müssen daher nicht gesondert beantragt werden (Böttiger Sozialleistungen für Flüchtlinge und Asylbewerber/Steinecke Kap. 3 Rn. 124). Gegebenenfalls sind bereits ergangene Leistungsbewilligungen, die durch Verwaltungsakt mit Dauerwirkung erfolgen, nach § 48 SGB X neu zu berechnen. Eines **gesonderten Antrags** bedarf es dagegen bei den Leistungen nach **§ 24 Abs. 1** (einmaliger unabweisbarer Bedarf) und **§ 24 Abs. 3** (Erstausstattungen sowie Leistungen für orthopädische Schuhe, therapeutische Geräte). Auch Leistungen für die Bedarfe nach **§ 28 Abs. 2** (Ausflüge / Klassenfahrten), **§ 28 Abs. 3**

(Ausstattung mit persönlichem Schulbedarf) und **§ 28 Abs. 4–7** (Kosten für Schülerbeförderung, Lernförderung, Mittagsverpflegung, Teilhabe am sozialen und kulturellen Leben) sind eigenständig zu beantragen (§ 37 Abs. 1 S. 2).

Ein Antrag ist **für jede Person** zu stellen, für die Leistungen begehrt werden. Nach § 38 **6** Abs. 1 wird **vermutet, dass** die erwerbsfähige leistungsberechtigte Person **bevollmächtigt** ist, Leistungen auch für die mit ihr in einer Bedarfsgemeinschaft lebenden Personen zu beantragen und entgegenzunehmen (dies gilt grundsätzlich aber nicht für die Aufhebung von Verwaltungsakten oder die Erstattung von Überzahlungen; Eicher/Luik/Silbermann § 37 Rn. 46). Leben mehrere erwerbsfähige Leistungsberechtigte in einer Bedarfsgemeinschaft, gilt diese Vermutung zugunsten der antragstellenden Person. Jedoch muss auch ein solcher Antrag alle Personen benennen, für die Leistung begehrt werden.

Der Antrag kann **formlos** gestellt werden (Eicher/Luik/Silbermann § 37 Rn. 28 f.); es ist **7** jedoch zu empfehlen, den Antrag persönlich beim zuständigen Jobcenter zu stellen (Böttiger Sozialleistungen für Flüchtlinge und Asylbewerber/Steinecke Kap. 3 Rn. 129), sodass die erforderlichen Antragsformulare mit Hinweisen zu den vorzulegenden Unterlagen sowie Merkblätter ausgehändigt und in der Regel ein Termin zur Abgabe der Antragsunterlagen vereinbart werden kann. Der Antrag ist nach dem **Meistbegünstigungsgrundsatz** auszulegen (BSG BeckRS 2011, 71309; BeckOK SozR/Burkiczak § 37 Rn. 12a; Eicher/Luik/Silbermann § 37 Rn. 30; vgl. → SGG § 78 Rn. 11; zur Aufsplittung / Begrenzung des Streitgegenstandes vgl. Eicher/Luik/Becker § 19 Rn. 25 ff.).

Antragstellende bzw. leistungsbegehrende Personen haben im Verfahren **mitzuwirken** (§§ 60 ff. **8** SGB I; vgl. → SGG § 78 Rn. 16 ff.). Dazu gehört auch, Nachweise zum Bedarf (zB zu den Kosten der Unterkunft und Heizung), zum Einkommen (zB Lohn- / Gehaltsabrechnungen) und Nachweise zum Vermögen (zB Kontoauszüge) vorzulegen.

Zuständig sind die **Jobcenter,** die als gemeinsame Einrichtung der Bundesagentur für Arbeit **9** und der Kommune (§ 44b) als eine besondere Einrichtung des zugelassenen kommunalen Trägers (§ 6a) organisiert sind. **Örtlich zuständig** ist das Jobcenter des Landkreises bzw. der kreisfreien Stadt, in der die Antragstellerin oder der Antragsteller wohnt bzw. sich gewöhnlich aufhält (§ 36 Abs. 1; § 36 Abs. 3 enthält eine abweichende Zuständigkeit für bestimmte Bildungsmaßnahmen nach §§ 28 bzw. 29). Im Fall einer **Wohnsitzregelung nach § 12a Abs. 2 und Abs. 3 AufenthG** ist der Träger zuständig, in dessen Gebiet die leistungsberechtigte Person ihren Wohnsitz zu nehmen hat (§ 36 Abs. 2). Ist die leistungsberechtigte Person nach § 12a Abs. 4 AufenthG verpflichtet, ihren Wohnsitz an einem bestimmten Ort nicht zu nehmen, kann eine Zuständigkeit der Träger in diesem Gebiet nicht begründet werden (§ 36 Abs. 2).

Die **Bewilligung der Leistungen** erfolgt in der Form eines **Verwaltungsakts mit Dauerwir- 10 kung** in der Regel für **ein Jahr** (§ 41 Abs. 3 S. 1); die Ablehnung der Leistungsgewährung erfolgt ebenfalls mittels eines Verwaltungsaktes. Die Festlegung des Bewilligungszeitraums erfolgt nach § 41 Abs. 3 S. 3 einheitlich für die Entscheidung über die Leistungsansprüche aller Mitglieder einer Bedarfsgemeinschaft. Wird mit dem Bescheid über Leistungen zur Sicherung des Lebensunterhalts nicht auch über die Leistungen zur Deckung der Bedarfe nach § 28 Abs. 2, Abs. 4, Abs. 6 und Abs. 7 entschieden, ist die oder der Leistungsberechtigte in dem Bescheid über Leistungen zur Sicherung des Lebensunterhalts darauf hinzuweisen, dass die Entscheidung über Leistungen zur Deckung der Bedarfe nach § 28 Abs. 2, Abs. 4, Abs. 6 und Abs. 7 gesondert erfolgt (§ 41 Abs. 3 S. 4). Die Leistungsbewilligung erfolgt **grundsätzlich endgültig.** Jedoch ist nach § 41a Abs. 1 S. 1 über Geld- und Sachleistungen **vorläufig zu entscheiden** (zur abschließenden, endgültigen Leistungsfestsetzung vgl. § 41a Abs. 3–6; sa BSG BeckRS 2017, 125296; zur Klageart vgl. BSG BeckRS 2017, 112080), wenn (Nr. 1) zur Feststellung der Voraussetzungen des Anspruchs auf Geld- und Sachleistungen voraussichtlich längere Zeit erforderlich ist und die Voraussetzungen für den Anspruch mit hinreichender Wahrscheinlichkeit vorliegen oder (Nr. 2) ein Anspruch auf Geld- und Sachleistungen dem Grunde nach besteht und zur Feststellung seiner Höhe voraussichtlich längere Zeit erforderlich ist. Besteht eine **Bedarfsgemeinschaft** aus mehreren Personen, ist in diesem Fall über den Leistungsanspruch aller Mitglieder der Bedarfsgemeinschaft vorläufig zu entscheiden. Eine vorläufige Entscheidung ergeht dagegen nicht (§ 41a Abs. 1 S. 3) nicht, wenn Leistungsberechtigte die Umstände, die einer sofortigen abschließenden Entscheidung entgegenstehen, zu vertreten haben.

Endet der Bewilligungszeitraum, so entfällt der Leistungsanspruch automatisch (§ 39 Abs. 2 **11** SGB X: „durch Zeitablauf [...] erledigt"). Besteht weiterhin Hilfebedürftigkeit, ist ein erneuter Antrag zu stellen (Eicher/Luik/Silbermann § 37 Rn. 26); ohne erneuten Leistungsantrag (BeckOK SozR/Burkiczak § 37 Rn. 11) erfolgt keine erneute Leistungsgewährung, eine verspätete Antragstellung hat wegen § 37 Abs. 2 auch negative Konsequenzen, als für Zeiträume ohne Antragstellung keine Leistungen zu erbringen sind (vgl. Eicher/Luik/Silbermann § 37 Rn. 26).

C. Leistungsberechtigter Personenkreis des SGB II

I. Leistungsberechtigung

12   Die Leistungen des SGB III (vgl. → Rn. 68 ff.) knüpfen an gesetzlich definierte Voraussetzungen an. Dazu gehört es zunächst, dass die anspruchstellende Person **leistungsberechtigt** (→ Rn. 16 ff.) und auch **nicht vom Leistungsbezug ausgeschlossen** ist (→ Rn. 28 ff.). Im Blick hat das SGB II dabei die jeweilige antragstellende Person; im Rahmen einer **Bedarfsgemeinschaft** iSd § 7 Abs. 2 S. 1 können dann auch andere Personen in den Leistungsbezug geraten. Kurz gesagt bedeutet Leistungsberechtigung die **finanzielle (Hilfs-) Bedürftigkeit** einer erwerbsfähigen, zwischen 15 Jahre und dem Regelaltersrentenalter alten Person, mit gewöhnlichem Aufenthalt in der Bundesrepublik Deutschland; die (Hilfs-) Bedürftigkeit ergibt sich im Grunde aus den im Einzelfall anzunehmenden gesetzlich vorgesehenen Bedarfen, die das zu berücksichtigende Einkommen und Vermögen übersteigen.

II. Leistungsberechtigter Personenkreis

1. Berechtigter Personenkreis (§ 7 Abs. 1 S. 1)

13   § 7 SGB II definiert den Personenkreis der Leistungsberechtigten für Leistungen nach dem SGB II (LSG RhPf BeckRS 2021, 3665). Leistungen der Grundsicherung für Arbeitsuchende erhalten gem. **§ 7 Abs. 1 S. 1** Personen, die
- das 15. Lebensjahr vollendet und die Altersgrenze nach § 7a noch nicht erreicht haben (§ 7 Abs. 1 S. 1 Nr. 1),
- erwerbsfähig sind (§ 7 Abs. 1 S. 1 Nr. 2),
- hilfebedürftig sind (§ 7 Abs. 1 S. 1 Nr. 3) und
- ihren gewöhnlichen Aufenthalt in der Bundesrepublik Deutschland haben (erwerbsfähige Leistungsberechtigte; § 7 Abs. 1 S. 1 Nr. 1).

14 **Leistungen** in diesem Sinn sind alle Leistungen des SGB II, also **Beratungsleistungen** (§ 14 Abs. 2), **Leistungen zur Beendigung oder Verringerung der Hilfebedürftigkeit** insbesondere durch Eingliederung in Ausbildung oder Arbeit (§§ 14 ff.) und **Leistungen zur Sicherung des Lebensunterhalts.** Leistungen erhalten auch Personen, die mit erwerbsfähigen Leistungsberechtigten in einer **Bedarfsgemeinschaft** (vgl. → Rn. 16 ff.) leben (§ 7 Abs. 2 S. 1).

15   Trotz Zugehörigkeit zum Personenkreis des § 7 Abs. 1 S. 1 sind Leistungsansprüche **ausgeschlossen,** wenn die in **§ 7 Abs. 1 S. 2** (betrifft **Ausländer;** Rückausnahme in § 7 Abs. 1 S. 3–5), **§ 7 Abs. 4** (betrifft **unter anderem Altersrentner** und Aufenthalte in stationären Einrichtungen), **§ 7 Abs. 4a** (betrifft Aufenthalte außerhalb des **zeit- und ortsnahen Bereichs**) und **§ 7 Abs. 5** (betrifft **Auszubildende,** soweit diese nicht nach § 7 Abs. 6 wieder einbezogen sind; vgl. dazu auch § 27) genannten Voraussetzungen erfüllt sind.

2. Bedarfsgemeinschaft (§ 7 Abs. 2, Abs. 3)

16   Zwar hat das SGB II zunächst **den einzelnen Leistungsberechtigten** im Blick (Eicher/Luik/ Becker Rn. 71), erkennt aber auch, dass dieser oft nicht alleine lebt. Daher erfasst das SGB II sowohl den einzelnen erwerbsfähigen Leistungsberechtigten als **auch andere Personen,** die mit diesem in einer Bedarfsgemeinschaft leben (vgl. schon § 1 Abs. 2 S. 1); die erwerbsfähige, hilfebedürftige Person kann Leistungsrechte für andere Personen entstehen lassen, die die Voraussetzungen des § 7 Abs. 1 S. 1 nicht erfüllen. Hilfebedürftig iSd § 7 Abs. 1 S. 1 Nr. 3 iVm § 9 ist daher nicht nur, wer seinen eigenen Bedarf zur Sicherung des Lebensunterhalts nicht oder nicht vollständig aus dem einzusetzenden Einkommen oder Vermögen sichern kann, sondern auch, wer den **Bedarf der mit ihm in Bedarfsgemeinschaft lebenden Personen** nicht oder nicht vollständig aus dem einzusetzenden Einkommen oder Vermögen decken kann.

17   Auch in der Bedarfsgemeinschaft geht es um eine individuelle Betrachtung von Bedarfen und Bedürftigkeit, sodass beides für jede Person auch in der Bedarfsgemeinschaft individuell zu ermitteln ist. Jeder Person kommt dann, soweit sie nicht von Leistungen ausgeschlossen ist, ein **Individualanspruch** zu, der auch gerichtlich individuell zu verfolgen ist (BSG BeckRS 2017, 112059).

18   Eine Bedarfsgemeinschaft kann ggf. auch als **gemischte Bedarfsgemeinschaft,** also einer Bedarfsgemeinschaft, in der auch mindestens ein Mitglied Anspruch auf Leistungen aus dem

Leistungssystem des SGB XII (Personen mit Anspruch auf Grundsicherung im Alter und bei Erwerbsminderung oder Personen mit Anspruch auf stationäre Hilfen nach dem SGB XII) hat (BSG NZS 2009, 291; zur Einkommensberücksichtigung in der gemischten Bedarfsgemeinschaft vgl. BeckOK SozR/Neumann § 9 Rn. 15), als **überlappende Bedarfsgemeinschaft,** also einer Fallgestaltung, in der eine Person Mitglied zweier Bedarfsgemeinschaften ist (zB das Kind getrennt lebender bedürftiger Elternteile) oder als **temporäre Bedarfsgemeinschaft,** also einer Bedarfsgemeinschaft, der eine Person nur zeitweise („temporär") angehört (zB das Kind getrennt lebender Elternteile ist für Wochenend- und Urlaubsaufenthalte bei hilfebedürftigen anderen Elternteil), auftreten.

Teil einer Bedarfsgemeinschaft können selbst **leistungsberechtigte Personen** iSd § 7 Abs. 1 **19** S. 1 sein (BeckOK SozR/Mushoff Rn. 63); in Betracht kommen aber auch Bedarfsgemeinschaften, zu denen andere als leistungsberechtigte Personen (zB **erwerbsunfähige Personen)** gehören (Eicher/Luik/Becker Rn. 71), die so in den Leistungsbezug nach dem SGB II geraten. Mindestens eine der in einer Bedarfsgemeinschaft erfassten Personen muss aber leistungsberechtigt iSd § 71 Abs. 1 S. 1 und nicht vom Leistungsbezug ausgeschlossen sein (Eicher/Luik/Becker Rn. 91; Böttiger Sozialleistungen für Flüchtlinge und Asylbewerber/Steinecke Kap. 3 Rn. 10). Diese **eine Person** muss in ihrer Person **selbst alle Merkmale einer Leistungsberechtigung** nach § 7 Abs. 1 S. 1 erfüllen; die Hilfebedürftigkeit kann sich jedoch daraus ergeben, dass ihr Einkommen nicht ausreicht, die Bedarfe der Mitglieder der Bedarfsgemeinschaft insgesamt zu decken (BeckOK SozR/Mushoff Rn. 64). Es gibt rechtlich weder eine Bedarfsgemeinschaft, in der verschiedene Mitglieder jeweils nur ein Merkmal nach § 7 Abs. 1 S. 1, zusammen aber alle Merkmale des § 7 Abs. 1 S. 1 erfüllen, noch eine Bedarfsgemeinschaft ohne zumindest eine leistungsberechtigte Person (Böttiger Sozialleistungen für Flüchtlinge und Asylbewerber/Steinecke Kap. 3 Rn. 10).

Erfüllt eine Person der Bedarfsgemeinschaft die Leistungsvoraussetzungen, sind anspruchsbe- **20** rechtigt grundsätzlich auch die anderen Personen der Bedarfsgemeinschaft. Zur Deckung der Bedarfe nach § 28 erhalten die dort genannten Personen auch dann Leistungen für **Bildung und Teilhabe,** wenn sie mit Personen in einem Haushalt zusammenleben, mit denen sie nur deshalb keine Bedarfsgemeinschaft bilden, weil diese aufgrund des zu berücksichtigenden Einkommens oder Vermögens selbst nicht leistungsberechtigt sind (§ 7 Abs. 2 S. 3).

§ 7 Abs. 3 bestimmt, **wer zur Bedarfsgemeinschaft** gehört. Hier hebt das SGB II auf das **21** Bild der Familie bzw. der **Wirtschafts-, Einstands- bzw. Verantwortungsgemeinschaft** ab. Einen typischen Fall einer Bedarfsgemeinschaft bilden daher verheiratete bzw. nicht verheiratete Familien einschließlich der Kinder bis zur Vollendung des 25. Lebensjahres (Böttiger Sozialleistungen für Flüchtlinge und Asylbewerber/Steinecke Kap. 3 Rn. 18). Voraussetzung ist aber, dass mindestens eine der Personen ein erwerbsfähiger Leistungsberechtigter iSd § 7 Abs. 1 S. 1 und diese nicht vom Leistungsbezug ausgeschlossen ist.

Zur Bedarfsgemeinschaft gehört daher zunächst der/die **erwerbsfähige Leistungsberechtigte 22 selbst** (§ 7 Abs. 3 Nr. 1). Erfasst sind aber auch dessen/deren **Eltern** (§ 7 Abs. 3 Nr. 2). Darüber hinaus gehören nach § 7 Abs. 3 Nr. 2 auch weitere Elternteile des im Haushalt lebenden unverheirateten erwerbsfähigen Kindes des Leistungsberechtigten, welches das 25. Lebensjahr noch nicht vollendet hat, und die im Haushalt lebende Partnerin oder Partner dieses Elternteils zur Bedarfsgemeinschaft (§ 7 Abs. 3 Nr. 2). Lebt mithin das Kind des erwerbsfähigen Leistungsberechtigten (zB Vater des Kindes) mit diesem in einem Haushalt, so bilden diese schon eine Bedarfsgemeinschaft (§ 7 Abs. 3 Nr. 4). Zu dieser Bedarfsgemeinschaft gehört nach § 7 Abs. 3 Nr. 2 auch die Mutter dieses Kindes, wenn sie im selben Haushalt lebt, selbst wenn sie einen anderen Partner haben sollte. Auch die dem Haushalt angehörenden unverheirateten Kinder der in § 7 Abs. 3 Nr. 1–3 genannten Mitglieder der Bedarfsgemeinschaft gehören hierzu, soweit sie das 25. Lebensjahr noch nicht vollendet haben und die Sicherung ihres Lebensunterhalts nicht aus eigenem Einkommen oder Vermögen beschaffen können (§ 7 Abs. 3 Nr. 4).

Kinder gehören jedoch nur dann zur Bedarfsgemeinschaft, wenn sie **ihren eigenen Bedarf** zur **23** Sicherung des Lebensunterhalts nicht aus ihrem eigenen Einkommen oder Vermögen **beschaffen können.** Ist die Deckung des Bedarfs des Kindes durch dessen eigene Einnahmen oder dessen Vermögen möglich, gehören sie nicht zur Bedarfsgemeinschaft (Böttiger Sozialleistungen für Flüchtlinge und Asylbewerber/Steinecke Kap. 3 Rn. 20). Ist zB das 17-jährige Kind erwerbsfähig, kann aber seinen eigenen Bedarf durch eigene Einnahmen und eigenes Vermögen selbst decken, kann es auch den mit ihm in **Haushaltsgemeinschaft** lebenden Personen keine Leistungsberechtigung nach dem SGB II im Wege einer **Bedarfsgemeinschaft** vermitteln. In einem solchen Fall kommen für die erwerbsunfähigen Eltern des Kindes und dessen weitere Geschwister allenfalls Leistungen nach dem SGB XII im Betracht (Böttiger Sozialleistungen für Flüchtlinge und Asylbewerber/Steinecke Kap. 3 Rn. 20).

24   Kinder, die **mit keiner Person der Bedarfsgemeinschaft,** also weder mit der erwerbsfähigen leistungsberechtigten Person noch deren Partner **in gerade Linie im ersten Grad verwandt** sind (§ 1589 Abs. 1 BGB) und zB aus humanitären Gründen oder als **Pflegekinder** in den Haushalt aufgenommen wurden, gehören **nicht zur Bedarfsgemeinschaft** (Böttiger Sozialleistungen für Flüchtlinge und Asylbewerber/Steinecke Kap. 3 Rn. 20).

25   Darüber hinaus gehören auch die **Partner** des/der erwerbsfähigen Leistungsberechtigten (§ 7 Abs. 3 Nr. 3), so die **nicht dauernd getrennt lebenden Ehegatten** und **Lebenspartner** (im Sinne des LPartG), zur Bedarfsgemeinschaft. Dabei kommt es nicht darauf an, ob es sich um eine gemischtgeschlechtliche oder eine gleichgeschlechtliche Partnerschaft handelt, grundsätzlich auch nicht. Ob eine dauerhafte Trennung vorliegt, ist nach familienrechtlichen Bestimmungen zu prüfen (Eicher/Luik/Becker Rn. 102; Böttiger Sozialleistungen für Flüchtlinge und Asylbewerber/Steinecke Kap. 3 Rn. 19).

26   Bei **nichtehelichen bzw. nicht eingetragenen Lebensgemeinschaften,** die nicht in den Anwendungsbereich des § 7 Abs. 3 Nr. 3 lit. a und lit. b fallen, greift § 7 Abs. 3 Nr. 3 lit. c (BeckOK SozR/Mushoff Rn. 80). Danach gehört auch zur Bedarfsgemeinschaft des erwerbsfähigen Leistungsberechtigten eine Person, die mit diesem in einem gemeinsamen Haushalt so zusammenlebt, dass nach verständiger Würdigung der **wechselseitige Wille** anzunehmen ist, **Verantwortung füreinander zu tragen** und füreinander einzustehen. Dieses Merkmal führt § 7 Abs. 3a näher aus. Erforderlich ist ein **Zusammenleben** in einem gemeinsamen Haushalt **und** eine **Partnerschaft** (BeckOK SozR/Mushoff Rn. 81). Das bloße Zusammenleben zB von Studenten genügt nicht um eine Bedarfsgemeinschaft anzunehmen, wenn nicht die Voraussetzungen des § 7 Abs. 3 Nr. 3 lit. c iVm § 7 Abs. 3a erfüllt sind (Eicher/Luik/Becker Rn. 108). Danach wird ein wechselseitiger Wille, Verantwortung füreinander zu tragen und füreinander einzustehen, vermutet, wenn die Partner (Nr. 1) länger als ein Jahr zusammenleben (vgl. BeckOK SozR/Mushoff Rn. 97 ff.), (Nr. 2) mit einem gemeinsamen Kind zusammenleben (vgl. BeckOK SozR/Mushoff Rn. 100 f.), (Nr. 3) Kinder oder Angehörige im Haushalt versorgen (vgl. BeckOK SozR/Mushoff Rn. 102 ff.) oder (Nr. 4) befugt sind, über Einkommen oder Vermögen des anderen zu verfügen (zB im Rahmen eines gemeinsamen Kontos; vgl. BeckOK SozR/Mushoff Rn. 105 f.). Das Vorliegen eine dieser Voraussetzungen begründet die **widerlegliche Vermutung** des Bestehens einer Bedarfsgemeinschaft (Eicher/Luik/Becker Rn. 113; BeckOK SozR/Mushoff Rn. 107 f.; Böttiger Sozialleistungen für Flüchtlinge und Asylbewerber/Steinecke Kap. 3 Rn. 19). Die Partner können darlegen und nachweisen, dass trotz des Vorliegens eines vermutungsbegründenden Tatbestandsmerkmals keine Verantwortung- und Einstehensgemeinschaft besteht (Böttiger Sozialleistungen für Flüchtlinge und Asylbewerber/Steinecke Kap. 3 Rn. 19).

27   Mit dem BSG ist auch eine **Drei-Generationen-Bedarfsgemeinschaft** in einem Familienhaushalt möglich (BSG NZS 2015, 388; Eicher/Luik/Becker Rn. 97). Außer zwischen Partnern (s. § 7 Abs. 3 Nr. 3) kann aber eine Bedarfsgemeinschaft nur bestehen (vgl. Böttiger Sozialleistungen für Flüchtlinge und Asylbewerber/Steinecke Kap. 3 Rn. 20), wenn **mindestens zu einer der Personen** der Bedarfsgemeinschaft ein **Verwandtschaftsverhältnis** in gerader Linie im ersten Grad (vgl. § 1589 Abs. 1 BGB, also ein Eltern-Kind-Verhältnis) besteht (was auch im Fall des § 7 Abs. 3 Nr. 2 gegeben ist). Damit ist eine Bedarfsgemeinschaft allein zwischen Enkelkindern und Großeltern (Eicher/Luik/Becker Rn. 108; Böttiger Sozialleistungen für Flüchtlinge und Asylbewerber/Steinecke Kap. 3 Rn. 20) nicht möglich. Auch ist eine Bedarfsgemeinschaft allein zwischen Geschwistern nicht möglich (Eicher/Luik/Becker Rn. 108), selbst wenn diese füreinander Verantwortung übernehmen oder einstehen (Böttiger Sozialleistungen für Flüchtlinge und Asylbewerber/Steinecke Kap. 3 Rn. 20). Hinzuweisen ist aber insoweit auch auf **§ 9 Abs. 5.** Leben danach Hilfebedürftige in Haushaltsgemeinschaft und nicht in Bedarfsgemeinschaft mit Verwandten oder Verschwägerten, so wird vermutet, dass sie von ihnen Leistungen erhalten, soweit dies nach deren Einkommen und Vermögen erwartet werden kann. Obwohl keine Bedarfsgemeinschaft vorliegt, führt § 9 Abs. 5 zu einer Anrechnung von Einkommen und Vermögen.

3. Altersgrenze (§ 7 Abs. 1 S. 1 Nr. 1 iVm § 7a)

28   § 7 Abs. 1 S. 1 Nr. 1 knüpft die Leistungsberechtigung zunächst an das Alter der jeweiligen Person an; diese darf weder zu jung noch zu alt sein. Im Blick hat das SGB II dabei den jeweiligen Antragsteller; im Rahmen einer Bedarfsgemeinschaft iSd § 7 Abs. 2 S. 1 können dann auch andere Personen in den Leistungsbezug geraten. Mindestens eine der in einer Bedarfsgemeinschaft erfassten Personen muss aber leistungsberechtigt sein (Böttiger Sozialleistungen für Flüchtlinge und Asylbewerber/Steinecke Kap. 3 Rn. 10); eine Bedarfsgemeinschaft ohne zumindest eine leistungsberechtigte Person gibt es dagegen nicht.

Für alleinstehende Kinder und Jugendliche, zB **unbegleitete minderjährige Flüchtlinge,** 29
die **unter 15 Jahren alt** sind, greift das Leistungssystem des SGB II noch nicht (Böttiger Sozialleistungen für Flüchtlinge und Asylbewerber/Steinecke Kap. 3 Rn. 10); maßgeblich ist damit nicht der Eintritt der Volljährigkeit (Eicher/Luik/Becker § 7 Rn. 18). Für diese jüngeren Menschen kommen ggf. Leistungen der Sozialhilfe nach dem SGB XII in Betracht. Sind diese jüngeren Menschen aber Teil einer Bedarfsgemeinschaft nach § 7 Abs. 2 S. 1, so unterfallen sie wiederum dem SGB II, es wird Sozialgeld geleistet (§ 23).

Auch Personen, die **die Höchstaltersgrenze erreicht** haben, sind nach § 7 Abs. 1 S. 1 Nr. 1 30
iVm § 7a von den Leistungen der Grundsicherung für Arbeitsuchende ausgeschlossen. Diese Personen können auch dann keine Leistungen nach dem SGB II erhalten, wenn sie mit einer anderen erwerbsfähigen, leistungsberechtigten Person in Bedarfsgemeinschaft leben; es handelt sich dann um eine sog. gemischte Bedarfsgemeinschaft. Für diese Personen kommt ein Anspruch auf Leistungen nach dem SGB XII (**Grundsicherung im Alter**) in Betracht.

Die **maßgebliche Altersgrenze** bestimmt sich nach § 7a. Diese **steigt** von der für vor dem 31
1.1.1947 geborene Personen maßgeblichen Altersgrenze (Ablauf des Monats der **Vollendung des 65. Lebensjahres**) pro Geburtsjahrgang **in monatlichen Stufen** bis zu der für die im Jahrgang 1964 und später geborenen Personen maßgeblichen Altersgrenze (Ablauf des Monats der **Vollendung des 67. Lebensjahres**). Leistungen werden für diese Personen im maßgeblichen Geburtstagsmonat noch bis zum Ende dieses Monats erbracht (Böttiger Sozialleistungen für Flüchtlinge und Asylbewerber/Steinecke Kap. 3 Rn. 11).

4. Erwerbsfähigkeit (§ 7 Abs. 1 S. 1 Nr. 2 iVm § 8)

Da das SGB II eine Grundsicherung für Arbeitsuchende sein will und gerade **kein bedingungs-** 32
loses Grundeinkommen, knüpft das Leistungssystem konsequent auch an die Erwerbsfähigkeit an; in der Sache dürfte auch die Altersbegrenzung nach § 7 Abs. 1 S. 1 Nr. 1 iVm § 7a einen pauschalierten und typisierenden Ausschluss der Erwerbsfähigkeit beinhalten.

Nach **§ 8 Abs. 1** ist **erwerbsfähig,** wer nicht wegen Krankheit oder Behinderung auf absehbare 33
Zeit (mindestens sechs Monate; Eicher/Luik/Blüggel § 8 Rn. 31) außerstande ist, unter den üblichen Bedingungen des allgemeinen Arbeitsmarktes **mindestens drei Stunden täglich erwerbstätig zu sein.** Damit knüpft die Erwerbsfähigkeit an die volle Erwerbsminderung iSd Rechts der Gesetzlichen Rentenversicherung an (dort § 43 Abs. 2 SGB VI; Eicher/Luik/Blüggel § 8 Rn. 29) sowie die Leistungsunfähigkeit / Nichtverfügbarkeit iSd § 138 Abs. 5 Nr. 1 SGB III an; jedoch können auch grundsätzlich nicht verfügbare Personen erwerbsfähig sein. Teilweise Erwerbsminderung (Erwerbsfähigkeit für drei bis unter sechs Stunden täglich) steht damit einem Leistungsanspruch nach dem SGB II nicht entgegen (Böttiger Sozialleistungen für Flüchtlinge und Asylbewerber/Steinecke Kap. 3 Rn. 13).

Ist die Erwerbsfähigkeit **auf Dauer gemindert,** also eine Beseitigung der Leistungsminderung 34
in maximal sechs Monaten unwahrscheinlich, kommt für die voll erwerbsgeminderte Person nur ein Anspruch auf Leistungen der Grundsicherung bei Erwerbsminderung nach dem SGB XII in Betracht (§ 41 Abs. 1 SGB XII).

Ist die nichterwerbsfähige Person jedoch **Teil einer Bedarfsgemeinschaft** mit einer leistungs- 35
berechtigten Person, erhält auch sie bei Vorliegen der Voraussetzungen Leistungen nach dem SGB II (Sozialgeld).

Nach **§ 44a Abs. 1 S. 1** stellt die Agentur für Arbeit fest, ob Erwerbsfähigkeit vorliegt. Bis zu 36
dieser Klärung ist der nach dem SGB II zuständige Leistungsträger selbst dann einstandspflichtig (§ 44a Abs. 1 S. 5), wenn er von fehlender Erwerbsfähigkeit der / des Hilfesuchenden ausgeht.

Für **Ausländer** enthält § 8 Abs. 2 ein weiteres rechtliches Erfordernis: Die Erwerbsfähigkeit 37
wird um das **Erfordernis einer erlaubten Erwerbstätigkeit** ergänzt. So können Ausländer iSd § 8 Abs. 1 nur erwerbstätig sein, wenn ihnen die Aufnahme einer Beschäftigung erlaubt ist oder erlaubt werden könnte. Die rechtliche Möglichkeit, eine Beschäftigung vorbehaltlich einer Zustimmung nach § 39 AufenthG aufzunehmen, ist ausreichend. Ausländer dürfen nach **§ 4 Abs. 3 S. 1 AufenthG** eine Erwerbstätigkeit nur ausüben, wenn der Aufenthaltstitel sie dazu berechtigt. Sie dürfen nur beschäftigt oder mit anderen entgeltlichen Dienst- oder Werkleistungen beauftragt werden, wenn sie einen solchen Aufenthaltstitel besitzen (**§ 4 Abs. 3 S. 2 AufenthG**). Die Beschäftigung von anerkannten Flüchtlingen ist generell erlaubt (Böttiger Sozialleistungen für Flüchtlinge und Asylbewerber/Steinecke Kap. 3 Rn. 14). Über diesen Personenkreis hinaus muss **der jeweilige Aufenthaltstitel erkennen lassen,** ob die Ausübung einer Erwerbstätigkeit erlaubt ist (§ 4 Abs. 2 S. 2 AufenthG). Damit ist die Frage der erlaubten Erwerbstätigkeit nach den **Regelungen des AufenthG** zu bestimmen. Erwerbstätigkeit ist danach zB erlaubt bei Inhabern

eines unbefristeten Aufenthaltstitels (Niederlassungserlaubnis (§ 9 Abs. 1 S. 1 AufenthG), Aufenthaltsberechtigung (§ 38a Abs. 3 S. 1 AufenthG), Erlaubnis zum Daueraufenthalt-EU (§ 9a Abs. 1 S. 2 AufenthG iVm § 9 Abs. 1 S. 2 AufenthG)). Ist insoweit im Aufenthaltstitel eine **Erwerbstätigkeit ausgeschlossen**, so hat das Jobcenter ggf. im Zusammenwirken mit der Ausländerbehörde zu prüfen, ob dieser Ausschluss rechtmäßig ist (Böttiger Sozialleistungen für Flüchtlinge und Asylbewerber/Steinecke Kap. 3 Rn. 14). Die Berechtigung zur Erwerbstätigkeit führt aber nur zur Annahme der Erwerbsfähigkeit iSd § 8 iVm § 7 Abs. 1 S. 1 Nr. 2, ist der betroffene Ausländer aber zB nach § 7 Abs. 1 S. 2 von den Leistungen des SGB II ausgeschlossen, scheiden Leistungen des SGB II aus.

5. Gewöhnlicher Aufenthalt in der Bundesrepublik Deutschland (§ 7 Abs. 1 S. 1 Nr. 4)

38   Leistungsberechtigung nach dem SGB II besteht nur für Personen, die ihren gewöhnlichen Aufenthalt in der Bundesrepublik Deutschland haben (§ 7 Abs. 1 S. 1 Nr. 3). Der gewöhnliche Aufenthalt ist nach **§ 30 Abs. 3 S. 2 SGB I** zu bestimmen. Dieser ist dort, wo jemand sich unter Umständen aufhält, die erkennen lassen, dass er an diesem Ort oder in diesem Gebiet nicht nur vorübergehend verweilt. Diese Voraussetzung müssen **alle Personen** erfüllen, **die Leistungen beanspruchen**, also auch nichterwerbsfähige Mitglieder der Bedarfsgemeinschaft. Eine **Leistungserbringung ins Ausland** ist **ausgeschlossen** (Eicher/Luik/Becker Rn. 24; Böttiger Sozialleistungen für Flüchtlinge und Asylbewerber/Steinecke Kap. 3 Rn. 15).

6. Hilfebedürftigkeit (§ 7 Abs. 1 S. 1 Nr. 3 iVm §§ 9–13)

39   **a) Individuelle Bedürftigkeitsbestimmung.** Das Erfordernis der Hilfebedürftigkeit iSd § 7 Abs. 1 S. 1 Nr. 3 ist in §§ 9 ff. näher bestimmt. Hilfebedürftig ist eine Person, die Lebensunterhalt und den der Mitglieder ihrer Bedarfsgemeinschaft nicht oder nicht ausreichend aus dem zu berücksichtigenden Einkommen oder Vermögen sichern kann und die erforderliche Hilfe nicht von anderen, insbesondere von Angehörigen oder von Trägern anderer Sozialleistungen, erhält (§ 9 Abs. 1). Angeknüpft wird immer an eine **individuelle Hilfebedürftigkeit**, auch in einer Bedarfsgemeinschaft (Eicher/Luik/Becker Rn. 20; BeckOK SozR/Neumann § 9 Rn. 1).

40   Dabei ist in einer **Bedarfsgemeinschaft** auch das Einkommen und Vermögen der Mitglieder der Bedarfsgemeinschaft zu berücksichtigen (zur Einkommensberücksichtigung in der gemischten Bedarfsgemeinschaft vgl. BeckOK SozR/Neumann § 9 Rn. 15). Bei unverheirateten Kindern, die mit ihren Eltern oder einem Elternteil in einer Bedarfsgemeinschaft leben und die ihren Lebensunterhalt nicht aus eigenem Einkommen oder Vermögen sichern können, sind auch das Einkommen und Vermögen der Eltern oder des Elternteils und dessen in Bedarfsgemeinschaft lebender Partner oder lebenden Partners zu berücksichtigen (§ 9 Abs. 2 S. 3). Eine Anrechnung von Einkommen und Vermögen von Kindern auf die Eltern findet nicht statt (Böttiger Sozialleistungen für Flüchtlinge und Asylbewerber/Steinecke Kap. 3 Rn. 23).

41   Maßgeblich zur Beurteilung der Hilfebedürftigkeit ist daher, dass der zu berücksichtigende **Bedarf des erwerbsfähigen Leistungsberechtigten,** wie auch derjenige der Mitglieder seiner Bedarfsgemeinschaft nicht oder nicht ausreichend aus dem zu berücksichtigenden Einkommen (vgl. §§ 11–11b) und Vermögen (vgl. § 12) oder durch vorrangige Leistungen (§ 12a) gedeckt werden kann (dabei gilt Kindergeld grundsätzlich als Einkommen des Kindes, vgl. § 11 Abs. 1 S. 4). Der maßgebliche Bedarf setzt sich zusammen aus den **Regelbedarfen zur Sicherung des Lebensunterhalts** (§ 20; vgl. → Rn. 89 ff.), ggf. erforderlichen **Mehrbedarfen** (§ 21; vgl. → Rn. 93 ff.) und den **Bedarfen für Unterkunft und Heizung** (§ 22; vgl. → Rn. 101 ff.); Hilfebedürftigkeit kann in den Fällen des § 21 (Mehrbedarfe) und des § 28 (Bildung und Teilhabe) auch allein wegen dieses Bedarfes eintreten (Eicher/Luik/Mecke § 9 Rn. 16). Hilfebedürftig ist auch derjenige, dem der **sofortige Verbrauch** oder die sofortige Verwertung **von zu berücksichtigendem Vermögen nicht möglich** ist oder für den dies eine besondere Härte bedeuten würde (§ 9 Abs. 3).

42   Damit ergibt sich (Hilfe-) Bedürftigkeit aus der **Gegenüberstellung** der gesetzlich vorgesehenen **Bedarfe** einerseits und andererseits des **einzusetzenden Einkommens und Vermögens** bzw. sonstiger vorrangiger Leistungen. Ist in einer **Bedarfsgemeinschaft** nicht der gesamte Bedarf aus eigenen Kräften und Mitteln gedeckt, **gilt jede Person** der Bedarfsgemeinschaft im Verhältnis des eigenen Bedarfs zum Gesamtbedarf **als hilfebedürftig** (§ 9 Abs. 2 S. 3; anders § 9 Abs. 2 S. 4 im Fall des § 7 Abs. 2 S. 3 (Besonderheiten bei der Hilfebedürftigkeit alleine wegen Teilhabe- und Bildungsleistungen iSd § 28); vgl. BeckOK SozR/Neumann § 9 Rn. 14). Damit wird das zu berücksichtigende Einkommen und Vermögen nicht personenbezogen berücksichtigt (so im

SGB XII), sondern **gruppenbezogen;** das Einkommen und Vermögen wird grundsätzlich gleichmäßig auf die bedürftigen Personen verteilt. Diese Methode wird **horizontale Einkommensanrechnung** genannt (Eicher/Luik/Mecke § 9 Rn. 43; Böttiger Sozialleistungen für Flüchtlinge und Asylbewerber/Steinecke Kap. 3 Rn. 23). Insoweit werden zunächst die Bedarfe der Personen einzeln ermittelt und daraus der **Gesamtbedarf** gebildet, dem das **Gesamteinkommen** gegenübergestellt wird (Böttiger Sozialleistungen für Flüchtlinge und Asylbewerber/Steinecke Kap. 3 Rn. 23). Der nicht gedeckte Gesamtbedarf im **Verhältnis des jeweiligen Einzelbedarfs zum Gesamtbedarf** „horizontal" auf die Mitglieder der Bedarfsgemeinschaft aufgeteilt (Böttiger Sozialleistungen für Flüchtlinge und Asylbewerber/Steinecke Kap. 3 Rn. 23).

Dazu ist im **Regelfall** zunächst der jeweilige Bedarf des einzelnen Mitglieds der Bedarfsgemeinschaft zu ermitteln (**Schritt 1**). Daraufhin erfolgen die Ermittlung des individuellen Einkommens des jeweiligen Mitglieds der Bedarfsgemeinschaft (**Schritt 2**), die Ermittlung des Gesamtbedarfs (Addition der Einzelbedarfe) und des Gesamteinkommens (Addition des zu berücksichtigenden Einkommens) aller Mitglieder der Bedarfsgemeinschaft (**Schritt 3**) sowie die Ermittlung des insgesamt ungedeckten Bedarfs (Gesamtbedarf abzüglich Gesamteinkommen) der Bedarfsgemeinschaft (**Schritt 4**). Übersteigt der Gesamtbedarf der Bedarfsgemeinschaft das Gesamteinkommen, ist jeder Angehörige der Bedarfsgemeinschaft hilfebedürftig (**Schritt 5**) und leistungsberechtigt (Eicher/Luik/Mecke § 9 Rn. 48). Der persönliche Leistungsanspruch anhand des persönlichen Bedarfs wird dadurch ermittelt (**Schritt 6**), dass das Verhältnis des individuellen Bedarfs zum Gesamtbedarf der Bedarfsgemeinschaft auf den ungedeckten Gesamtbedarf angelegt wird. **43**

Beispiel: **44**
- Der erwerbsfähige B (45 Jahre) lebt mit seiner nichterwerbsfähigen, schwangeren Lebensgefährtin C (39 Jahre) in einem Haushalt in einer Bedarfsgemeinschaft. Die angemessenen Kosten der Unterkunft und Heizung betragen 400 EUR/Monat, das zu berücksichtigende Einkommen des B beträgt 800 EUR/Monat. Es ist folgender Bedarf zu berücksichtigen:
- Zur Bedarfsgemeinschaft gehören der erwerbsfähige B (§ 7 Abs. 1) und die nichterwerbsfähige C (§ 7 Abs. 3 Nr. 4 lit. c iVm § 7 Abs. 3a Nr. 2). Die Bedarfsgemeinschaft eröffnet im Falle der (Hilfe-) Bedürftigkeit den Weg zu den Leistungen des SGB II (für B: Arbeitslosengeld II, § 19; für C: Sozialgeld, § 23).

Der Bedarf besteht wie folgt (→ Rn. 45.1 ff.): **45**

Schritt 1 (Berechnung des individuellen Bedarfs) **45.1**
Für B:

Regelbedarf nach Regelbedarfsstufe 2 (Jahr 2021 vgl. → Rn. 91.1)	401,00 EUR
§ 20 Abs. 4	
anteilige Kosten der Unterkunft, angemessen (1/2 aus 400 EUR)	200,00 EUR
Bedarf/Monat für B	601,00 EUR

Für C:

Regelbedarf nach Regelbedarfsstufe 2 (Jahr 2021 vgl. → Rn. 91.1)	401,00 EUR
§ 20 Abs. 4 iVm § 23	
Mehrbedarf:	
§ 21 Abs. 2 (17 % der Regelbedarfsstufe 2)	68,17 EUR
anteilige Kosten der Unterkunft, angemessen (2/4 aus 400 EUR)	200,00 EUR
Bedarf/Monat für C	669,17 EUR

Schritt 2 (Berechnung des individuellen Einkommens) **45.2**
Für B:

zu berücksichtigendes Einkommen	800,00 EUR

Für C:

zu berücksichtigendes Einkommen	0,00 EUR

Schritt 3 (Ermittlung des Gesamtbedarfs und des Gesamteinkommens) **45.3**

Der Gesamtbedarf beläuft sich auf (601 EUR + 669,17 EUR =)	1.270,17 EUR
Das Gesamteinkommen beträgt	800,00 EUR

Schritt 4 (Ermittlung des ungedeckten Gesamtbedarfs) **45.4**

Der ungedeckte Gesamtbedarf (Gesamtbedarf abzüglich Gesamteinkommen: 1.270,17 EUR − 800 EUR) beträgt	470,17 EUR

45.5   **Schritt 5:** Nachdem der Gesamtbedarf das Gesamteinkommen übersteigt, besteht für jedes Mitglied der Bedarfsgemeinschaft Hilfebedürftigkeit.

45.6   **Schritt 6** (Ermittlung der individuellen Bedürftigkeit)
Für B:

	Anteil des individuellen Bedarfs von B am Gesamtbedarf (individueller Bedarf ÷ Gesamtbedarf × 100)	
	601 EUR ÷ 1.270,17 EUR × 100 =	47,32 %

Daraus ergibt sich für B ein individueller Anteil an der Gesamtbedürftigkeit (= individuelle Bedürftigkeit = Leistungsanspruch)

iHv 470,17 EUR × 47,32 % =   222,48 EUR

Für C: Anteil des individuellen Bedarfs von C am Gesamtbedarf
(individueller Bedarf ÷ Gesamtbedarf × 100)
669,17 EUR ÷ 1.270,17 EUR × 100 =   52,68 %
Daraus ergibt sich für B ein individueller Anteil an der Gesamtbedürftigkeit
(= individuelle Bedürftigkeit = Leistungsanspruch)
iHv 470,17 EUR × 52,68 % =   247,69 EUR

46   Der schlussendlich individuell auf die jeweilige erwerbsfähige leistungsberechtigte Person beziehungsweise das jeweilige Mitglied der Bedarfsgemeinschaft entfallende Anteil der ungedeckten (Hilfe-) Bedürftigkeit stellt – sofern kein Leistungsausschluss vorliegt – den individuellen Leistungsanspruch dar. Auch in der Bedarfsgemeinschaft besteht **kein Gesamtanspruch;** vielmehr steht jedem einzelnen Mitglied der Bedarfsgemeinschaft ein **Individualanspruch** zu.

47   Ist ein Mitglied einer Bedarfsgemeinschaft **von den SGB II-Leistungen ausgeschlossen** (vgl. → Rn. 68 ff.), verbleibt diesem sein Einkommen zunächst zur Deckung des eigenen Bedarfs (Böttiger Sozialleistungen für Flüchtlinge und Asylbewerber/Steinecke Kap. 3 Rn. 26). Nur Einkommen, das seinen fiktiven SGB II-Bedarf übersteigt, wird auf die übrigen Mitglieder der Bedarfsgemeinschaft verteilt (Eicher/Luik/Mecke § 9 Rn. 66; Böttiger Sozialleistungen für Flüchtlinge und Asylbewerber/Steinecke Kap. 3 Rn. 26). Daher ist der **Gesamtbedarf** zunächst unter Berücksichtigung des ausgeschlossenen Mitglieds der Bedarfsgemeinschaft zu ermitteln (zu den Prüfungsschritten vgl. Eicher/Luik/Mecke § 9 Rn. 65 ff.). Dann ist das Einkommen dieser Person auf deren individuellen Bedarf anzulegen. Übersteigt das Einkommen den Bedarf dieser Person deren Bedarf, wird das überschießende Einkommen auf die anderen Mitglieder der Bedarfsgemeinschaft angerechnet (Eicher/Luik/Mecke § 9 Rn. 65); verbleibt kein überschießendes Einkommen, ist die Person also noch bedürftig, erfolgt jedoch kein Übertrag aus dem Einkommen der anderen Bedarfsgemeinschaftsmitglieder (Böttiger Sozialleistungen für Flüchtlinge und Asylbewerber/Steinecke Kap. 3 Rn. 26).

48   Nach § 12a besteht die Verpflichtung, **Sozialleistungen anderer Träger** zu beantragen, wenn dadurch die Hilfebedürftigkeit beseitigt oder vermindert werden kann. Wird einer Aufforderung hierzu nicht nachgekommen, muss das Jobcenter die Leistung selbst beantragen (§ 5 Abs. 3).

49   **b) Weitere Beispiele zur Berechnung von Bedarf und Bedürftigkeit.**
• **Beispiel 1:** Alleinstehender erwerbsfähiger Hilfebedürftiger. Der alleinstehende erwerbsfähige A (20 Jahre; angemessene Kosten der Unterkunft und Heizung: 400 EUR/Monat; zu berücksichtigendes Einkommen des A: 800 EUR/Monat) hat folgenden monatlichen Bedarf:

Regelbedarf nach Regelbedarfsstufe 1 (Jahr 2021 vgl. → Rn. 91.1) § 20 Abs. 2 S. 1	446,00 EUR
Kosten der Unterkunft und Heizung, angemessen	400,00 EUR
Gesamtbedarf/Monat	846,00 EUR

Dem Bedarf wird das zu berücksichtigende Einkommen gegenübergestellt (hier: 800 EUR):

Gesamtbedarf/Monat	846,00 EUR
abzüglich	
zu berücksichtigendes Einkommen/Monat	800,00 EUR
Es verbleibt eine Bedarfsunterdeckung, mithin (Hilfe-) Bedürftigkeit/ Monat iHv	46,00 EUR

• **Beispiel 2:** Bedarfsgemeinschaft mit Kindern. Der erwerbsfähige B (45 Jahre) lebt mit seiner nichterwerbsfähigen, schwangeren Lebensgefährtin C (39 Jahre) und den gemeinsamen Kindern D (12 Jahre) und E (17 Jahre, erwerbsfähig) in einem Haushalt. Die angemessenen Kosten der Unterkunft und Heizung betragen 400 EUR/Monat, das zu berücksichtigende Einkommen des B beträgt 800 EUR/Monat. Kindergeld für D und E wird iHv je 219 EUR (Stand 1.1.2021) gezahlt. Es ist folgender Bedarf zu berücksichtigen: Zur Bedarfsgemeinschaft gehören der erwerbsfähige B (§ 7 Abs. 3 Nr. 1) und die nichterwerbsfähige C (§ 7 Abs. 3 Nr. 4 lit. c iVm

§ 7 Abs. 3a Nr. 2). Auch die gemeinsamen Kinder D und E gehören zur Bedarfsgemeinschaft (§ 7 Abs. 3 Nr. 4). Die Bedarfsgemeinschaft eröffnet im Falle der (Hilfe-) Bedürftigkeit den Weg zu den Leistungen des SGB II (für B und E: Arbeitslosengeld II, § 19; für C und D: Sozialgeld, § 23). Der individuelle Bedarf **(Schritt 1)** besteht wie folgt:

Für B:

Regelbedarf nach Regelbedarfsstufe 2 (Jahr 2021 vgl. → Rn. 91.1) § 20 Abs. 4		401,00 EUR
anteilige Kosten der Unterkunft, angemessen (1/4 aus 400 EUR)		100,00 EUR
Bedarf/Monat für B		501,00 EUR

Für C:

Regelbedarf nach Regelbedarfsstufe 2 (Jahr 2021 vgl. → Rn. 91.1) § 20 Abs. 4 iVm § 23 Mehrbedarf		401,00 EUR
§ 21 Abs. 2 (17 % der Regelbedarfsstufe 2)		68,17 EUR
anteilige Kosten der Unterkunft, angemessen (1/4 aus 400 EUR)		100,00 EUR
Bedarf/Monat für C		569,17 EUR

Für D:

Regelbedarf nach Regelbedarfsstufe 5 (Jahr 2021 vgl. → Rn. 91.1) § 23 Nr. 1		309,00 EUR
anteilige Kosten der Unterkunft, angemessen (1/4 aus 400 EUR)		100,00 EUR
Bedarf/Monat		409,00 EUR
abzüglich Kindergeld (§ 11 Abs. 1 S. 5)		−219,00 EUR
Bedarf für D		190,00 EUR

Für E:

Regelbedarf nach Regelbedarfsstufe 4 (Jahr 2021 vgl. → Rn. 91.1) § 20 Abs. 2 S. 2 Nr. 1		373,00 EUR
anteilige Kosten der Unterkunft, angemessen (1/4 aus 400 EUR)		100,00 EUR
Bedarf/Monat		473,00 EUR
abzüglich Kindergeld (§ 11 Abs. 1 S. 5)		−219,00 EUR
Bedarf für E		254,00 EUR

Schritt 2 (Berechnung des individuellen Einkommens):

Für B:	zu berücksichtigendes Einkommen	800,00 EUR
Für C:	zu berücksichtigendes Einkommen	0,00 EUR
Für D und E:	zu berücksichtigendes Einkommen	0,00 EUR (zum Kindergeld vgl. Schritt 1)

Schritt 3 (Berechnung des Gesamtbedarfs und des Gesamteinkommens): Der Gesamtbedarf beläuft sich auf (501 EUR + 569,17 EUR + 190 EUR + 254 EUR =) 1.514,17 EUR. Das Gesamteinkommen beläuft sich auf 800,00 EUR

Schritt 4 und **Schritt 5** (Ermittlung des ungedeckten Gesamtbedarfs): Der ungedeckte Gesamtbedarf beträgt 1.514,17 EUR − 800 EUR = 714,17 EUR. Der Gesamtbedarf ist größer als das Gesamteinkommen, die Gesamtbedürftigkeit beläuft sich auf **714,17 EUR.**

Schritt 6 (Ermittlung der individuellen Bedürftigkeit):

Für B:	Bedarf/Monat	501,00 EUR
	Anteil am Gesamtbedarf (501 EUR ÷ 1.514,17 EUR):	33,09 %
	Anteil an der Gesamtbedürftigkeit 33,09 % aus 714,17 EUR	236,32 EUR
	Verbleibende Bedürftigkeit/Monat (§ 9 Abs. 2 S. 3) iHv	236,32 EUR
Für C:	Bedarf/Monat	569,17 EUR
	Anteil am Gesamtbedarf (569,17 EUR ÷ 1.514,17 EUR)	37,59 %
	Anteil an der Gesamtbedürftigkeit 37,59 % aus 714,17 EUR	268,46 EUR
	Verbleibende Bedürftigkeit/Monat (§ 9 Abs. 2 S. 3) iHv	268,46 EUR
Für D:	Bedarf/Monat	190,00 EUR
	Anteil am Gesamtbedarf (190,00 EUR ÷ 1.514,17 EUR)	12,55 %
	Anteil an der Gesamtbedürftigkeit 12,55 % aus 714,17 EUR	89,63 EUR
	Verbleibende Bedürftigkeit/Monat (§ 9 Abs. 2 S. 3) iHv	89,63 EUR

Für E: Bedarf/Monat   254,00 EUR
         Anteil am Gesamtbedarf (254,00 EUR ÷ 1.514,17 EUR)   16,77 %
         Anteil an der Gesamtbedürftigkeit 16,77 % aus 714,17 EUR   119,76 EUR
         Verbleibende Bedürftigkeit/Monat (§ 9 Abs. 2 S. 3) iHv   119,76 EUR

Insgesamt besteht ein Gesamtbedarf von 1.514,17 EUR. Dem stehen zu berücksichtigende Einkünfte iHv 800 EUR gegenüber. Damit verbleibt eine Bedürftigkeit

- von B iHv 236,32 EUR
- von C iHv 268,46 EUR
- von D iHv 89,63 EUR
- von E iHv 119,76 EUR.

Damit decken die Einkünfte von 800 EUR zusammen mit den individuellen Leistungsansprüchen (zusammen 714,17 EUR) den Gesamtbedarf von 1.514,17 EUR.

50   **c) Zu berücksichtigendes Einkommen (§§ 11 ff.).** Die Berücksichtigung von **Einkommen** bestimmt sich nach den §§ 11–11b. Für das zu berücksichtigende **Vermögen** enthält § 12 Regelungen. Die nach § 13 erlassene Alg II-V (Arbeitslosengeld II/Sozialgeld-Verordnung v. 17.12.2007, BGBl. I 2942, zuletzt geändert durch Art. 1 der Verordnung v. 10.12.2020, BGBl. I 2925) regelt weiter Einzelheiten.

51   Die **Abgrenzung von Einkommen und Vermögen** erfolgt nach dem Grundsatz, dass zum **Einkommen** grundsätzlich alles zählt, was jemand nach der Antragstellung beim Grundsicherungsträger beziehungsweise während des Leistungsbezuges wertmäßig dazu erhält (Eicher/Luik/Lange § 12 Rn. 22; BeckOK SozR/Neumann § 11 Rn. 3; Böttiger Sozialleistungen für Flüchtlinge und Asylbewerber/Steinecke Kap. 3 Rn. 29). **Vermögen** ist demgegenüber das, was vor der Antragstellung beim Grundsicherungsträger bereits vorhanden war (Böttiger Sozialleistungen für Flüchtlinge und Asylbewerber/Steinecke Kap. 3 Rn. 29). Dabei ist aber auch zu berücksichtigen, dass der Antrag nach § 37 Abs. 2 S. 2 auf den Ersten des Antragsmonats zurückwirkt, sodass Einnahmen, die zwar vor der Antragstellung, aber im Antragsmonat zufließen, nicht zum Vermögen, sondern zum Einkommen gehören. Die **Verwertung von vorhandenem Vermögen** stellt grundsätzlich kein Einkommen dar, vielmehr handelt es sich um eine – sofern die Vermögensgrenzen beachtet sind – unschädliche Vermögensumschichtung (BeckOK SozR/Neumann § 11 Rn. 37 ff.; Eicher/Luik/Schmidt § 11 Rn. 17, 24), selbst dann, wenn dieses Vermögen zB als Einzahlung auf einem Konto eingeht (zB Auszahlung eines Sparguthabens; vgl. dazu Böttiger Sozialleistungen für Flüchtlinge und Asylbewerber/Steinecke Kap. 3 Rn. 34). Wird jedoch eine zugunsten der leistungsberechtigten Person bestehende **Forderung** vom Schuldner **erfüllt** (zB Lohnzahlung durch den Arbeitgeber), stellt die Zahlung einen **Einkommenszufluss** dar (Böttiger Sozialleistungen für Flüchtlinge und Asylbewerber/Steinecke Kap. 3 Rn. 34); gleiches gilt zB bei der verspäteten Erbringung von Sozialleistungen.

52   Der **Zufluss von Einkommen** setzt voraus, dass beim Leistungsberechtigten ein **wertmäßiger Zuwachs** eintritt (BeckOK SozR/Neumann § 11 Rn. 8; Eicher/Luik/Schmidt § 11 Rn. 15; Böttiger Sozialleistungen für Flüchtlinge und Asylbewerber/Steinecke Kap. 3 Rn. 35). Darlehen, die an den Darlehensgeber zurückzuzahlen sind, stellen daher kein Einkommen dar (BeckOK SozR/Neumann § 11 Rn. 9; Böttiger Sozialleistungen für Flüchtlinge und Asylbewerber/Steinecke Kap. 3 Rn. 35).

53   Als **Einkommen** zu berücksichtigen sind nach § 11 Abs. 1 S. 1 alle Einnahmen in Geld (BeckOK SozR/Neumann § 11 Rn. 4) abzüglich der nach § 11b abzusetzenden Beträge mit Ausnahme der in § 11a genannten Einnahmen, die **zur aktuellen Bedarfsdeckung zur Verfügung stehen**, also „bereit" sind (BeckOK SozR/Neumann § 11 Rn. 14). Dies gilt auch für Einnahmen in Geldeswert (vgl. Eicher/Luik/Schmidt § 11 Rn. 20), die im Rahmen einer Erwerbstätigkeit, des Bundesfreiwilligendienstes oder eines Jugendfreiwilligendienstes zufließen. Als Einkommen zu berücksichtigen sind auch Zuflüsse aus darlehensweise gewährten Sozialleistungen, soweit sie dem Lebensunterhalt dienen. Der Kinderzuschlag nach § 6a BKGG ist als Einkommen dem jeweiligen Kind zuzurechnen. Dies gilt auch für das **Kindergeld** für zur Bedarfsgemeinschaft gehörende Kinder, soweit es bei dem jeweiligen Kind zur Sicherung des Lebensunterhalts, mit Ausnahme der Bedarfe nach § 28 (Bildungs- und Teilhabebedarfe), benötigt wird. Damit ist grundsätzlich jedes Einkommen, sei es aus Erwerbstätigkeit oder anderen Einkunftsarten (wie Arbeitslosengeld, Krankengeld, Verletztengeld, Verletztenrente oder Erwerbsminderungsrente, Kindergeld, Renten aus privaten Versicherungen, Geldzuwendungen anderer Personen, Zinseinkünfte, Einnahmen aus Vermietung und Verpachtung, Steuererstattungen, Insolvenzgeld) als Einkommen zu berücksichtigen (Eicher/Luik/Schmidt § 11 Rn. 18 ff.).

54   **Laufende Einnahmen** sind für den Monat zu berücksichtigen, in dem sie **zufließen** (§ 11 Abs. 2 S. 1; BeckOK SozR/Neumann § 11 Rn. 27 ff.). Zu den laufenden Einnahmen zählen auch Einnahmen, die an einzelnen Tagen eines Monats aufgrund von kurzzeitigen Beschäftigungsverhältnissen erzielt werden. Unabhängig davon, an welchem Tag des Monats die Einnahmen tatsächlich zur Verfügung steht, sind sie als Einkommen auf den Bedarf des gesamten Monats anzurechnen (Böttiger Sozialleistungen für Flüchtlinge und Asylbewerber/Steinecke Kap. 3 Rn. 38). Es kommt mithin nicht darauf an, wann der Anspruch entstanden oder zB das Arbeitsentgelt erarbeitet wurde; maßgeblich ist grundsätzlich vielmehr, wann es dem Leistungsberechtigten **tatsächlich zufließt** (Eicher/Luik/Schmidt § 11 Rn. 21).

Der Grundsatz, dass Einnahmen im Monat des Zuflusses anzurechnen sind, gilt grundsätzlich **55** auch für **einmalige Einnahmen** (§ 11 Abs. 3). Einmalige Einnahmen sind in dem Monat, in dem sie zufließen, zu berücksichtigen (§ 11 Abs. 3 S. 1; vgl. auch BeckOK SozR/Neumann § 11 Rn. 32 ff.). Zu den einmaligen Einnahmen gehören auch als Nachzahlung zufließende Einnahmen (zB Nachzahlungen von Arbeitsentgelt, von Renten, Unterhalt), die nicht für den Monat des Zuflusses erbracht werden; erst wenn diese Leistungen laufend gezahlt werden, sind sie auch laufende Leistungen. Sofern für den Monat des Zuflusses bereits Leistungen ohne Berücksichtigung der einmaligen Einnahme erbracht worden sind, werden sie im Folgemonat berücksichtigt (§ 11 Abs. 3 S. 3; dazu Eicher/Luik/Schmidt § 11 Rn. 41). Entfiele der Leistungsanspruch durch die Berücksichtigung in einem Monat, ist die einmalige Einnahme auf einen Zeitraum von sechs Monaten gleichmäßig aufzuteilen und monatlich mit einem entsprechenden Teilbetrag zu berücksichtigen (§ 11 Abs. 3 S. 4; dazu Eicher/Luik/Schmidt § 11 Rn. 42).

§ 11a enthält **Ausnahmen von der umfassenden Berücksichtigung** von Einkommen und **56** bestimmt, welche Einnahmen nicht zu berücksichtigen sind. Dazu gehören unter anderem die Grundrente nach dem BVG und nach den Gesetzen, die eine entsprechende Anwendung des BVG vorsehen (§ 11a Abs. 1 Nr. 2), Renten oder Beihilfen, die nach dem BEG für Schaden an Leben sowie an Körper oder Gesundheit erbracht werden, bis zur Höhe der vergleichbaren Grundrente nach dem BVG (§ 11a Abs. 1 Nr. 3) oder Überbrückungsgeld nach § 51 StVollzG (§ 11a Abs. 6).

Auch § 1 Alg II-V enthält eine Auflistung von Einkünften, die nicht als Einkommen zu **57** berücksichtigen sind. Dazu gehören unter anderem Einnahmen, wenn sie innerhalb eines Kalendermonats 10 EUR nicht übersteigen (§ 1 Abs. 1 Nr. 1 Alg II-V), Einnahmen aus Kapitalvermögen, soweit sie 100 EUR kalenderjährlich nicht übersteigen (§ 1 Abs. 1 Nr. 3 Alg II-V), Kindergeld für Kinder des Hilfebedürftigen, soweit es nachweislich an das nicht im Haushalt des Hilfebedürftigen lebende Kind weitergeleitet wird (§ 1 Abs. 1 Nr. 8 Alg II-V), Geldgeschenke an Minderjährige anlässlich der Firmung, Kommunion, Konfirmation oder vergleichbarer religiöser Feste sowie anlässlich der Jugendweihe, soweit sie den in § 12 Abs. 2 S. 1 Nr. 1a genannten Betrag (3.100 EUR) nicht überschreiten (§ 1 Abs. 1 Nr. 12 Alg II-V). Auch nicht als Einkommen zu berücksichtigen sind Einnahmen von Schülerinnen und Schülern allgemein- oder berufsbildender Schulen, die das 25. Lebensjahr noch nicht vollendet haben, aus Erwerbstätigkeiten, die in den Schulferien für höchstens vier Wochen je Kalenderjahr ausgeübt werden, soweit diese einen Betrag iHv 2.400 EUR kalenderjährlich nicht überschreiten (§ 1 Abs. 4 Alg II-V), es sei denn es besteht Anspruch auf Ausbildungsvergütung.

Von dem zu berücksichtigenden Einkommen sind nach **§ 11b** einzelne Beträge **abzusetzen**. **58** Dazu gehören unter anderem auf das Einkommen entrichtete **Steuern** (§ 11b Abs. 1 Nr. 1; dazu gehört nicht die Kfz-Steuer, da diese nicht auf das Einkommen entrichtet wird), **Pflichtbeiträge zur Sozialversicherung** einschließlich der Beiträge zur Arbeitsförderung (§ 11b Abs. 1 Nr. 2), bestimmte Beiträge zu öffentlichen oder privaten Versicherungen oder ähnlichen Einrichtungen, soweit diese Beiträge gesetzlich vorgeschrieben oder nach Grund und Höhe angemessen sind (§ 11b Abs. 1 Nr. 3, zu diesen Beträgen gehören zB Beiträge zur privaten Krankenversicherung, soweit diese nicht nach § 26 bezuschusst werden; dazu gehören auch Kosten der Kfz-Haftpflichtversicherung, nicht jedoch der Kaskoversicherung) und die mit der Erzielung des Einkommens verbundenen notwendigen Ausgaben (§ 11b Abs. 1 Nr. 5; sog. **berufsbedingte Aufwendungen**). § 6 Alg II-V sieht für bestimmte Positionen Pauschalbeträge vor, zB die **Versicherungspauschale** für volljährige Leistungsberechtigte iHv 30 EUR (§ 6 Abs. 1 Nr. 1 Alg II-V). Statt der in § 11b Abs. 1 Nr. 3–5 genannten Beträge kann auch nach § 11b Abs. 2 bei erwerbsfähigen Leistungsberechtigten, die erwerbstätig sind, (pauschal) ein Betrag von insgesamt 100 EUR monatlich von dem **Einkommen aus Erwerbstätigkeit** abzusetzen sein (**Grundfreibetrag**); dieser pauschale Absetzungsbetrag ist nicht anzuwenden, wenn der Leistungsberechtigte bei einem Einkommen von mehr als 400 EUR monatlich nachweist, dass die Summe der tatsächlich nach § 11b Abs. 1 Nr. 3–5 aufzuwendenden Beträge 100 EUR übersteigt (§ 11b Abs. 2 S. 2).

Darüber hinaus sieht § 11b Abs. 1 Nr. 6 iVm § 11b Abs. 3 einen **Erwerbstätigenfreibetrag 59** vor. Dieser beträgt für Erwerbseinkommen (BeckOK SozR/Neumann § 11b Rn. 37) von

- 100,01–1.000 EUR monatlich 20 % des Einkommens.
- 1.000,01–1.200 EUR (bzw. wenn ein minderjähriges Kind in der Bedarfsgemeinschaft lebt, 1.500 EUR) 10 % des Einkommens.

Ein Erwerbseinkommen bis 100 EUR bleibt wegen des Grundfreibetrags nach § 11b Abs. 2 S. 1 anrechnungsfrei; von dem überschießenden Erwerbseinkommen werden bis zum Betrag von 1.000 EUR 20 % und darüber hinaus bis zu einem Betrag von 1.200 EUR (vgl. § 11b Abs. 3 S. 1 Nr. 2) bzw. 1.500 EUR (vgl. § 11b Abs. 3 S. 2) 10 % als Freibetrag nicht angerechnet. Das weiter überschießende Einkommen wird dann ohne Freibetrag angerechnet. Der Freibetrag bestimmt sich daher stufenweise (Eicher/Luik/Schmidt § 11b Rn. 45), sodass auf den jeweiligen Erwerbseinkommenskorridor die jeweiligen Freibetragssätze anzulegen sind (Bsp. → Rn. 59.1).

59.1   **Beispiel:**
Der erwerbsfähige F (kein Kind) hat Erwerbseinkommen iHv 1.400 EUR monatlich netto. Nach Abzug des Grundfreibetrages (§ 11b Abs. 2) von 100 EUR sind noch 1.300 EUR anzurechnen. Der Freibetrag hieraus beträgt

für die ersten 100 EUR	0,00 EUR
für das Einkommen zwischen 100,01 EUR und 1.000 EUR 20 % aus 900 EUR)	180,00 EUR
für das Einkommen zwischen 1.000,01 und 1.200 EUR (10 % aus 200 EUR)	20,00 EUR
für das Einkommen über 1.200 EUR	0,00 EUR
Der Freibetrag beläuft sich auf	200,00 EUR
Unter Berücksichtigung des Grundfreibetrages von 100 EUR bleiben also	300,00 EUR

anrechnungsfrei (vgl. BeckOK SozR/Neumann § 11 Rn. 38).

Das anzurechnende Erwerbseinkommen beläuft sich dann auf (ohne Berücksichtigung der weiteren ggf. abzusetzenden Beträge) dann auf (1.400 EUR – 300 EUR) 1.100 EUR.

60   Zur Anrechnung von **Einkommen aus nichtselbstständiger Arbeit** vgl. § 2 Alg II-V und zur Anrechnung von Einkommen aus selbstständiger Arbeit, Gewerbebetrieb oder Land- und Forstwirtschaft vgl. § 3 Alg II-V. Zur Berechnung solchen Einkommens sind von den Betriebseinnahmen die im Bewilligungszeitraum tatsächlich geleisteten notwendigen Betriebsausgaben ohne Rücksicht auf steuerrechtliche Vorschriften abzuziehen. Im Übrigen sind auch die Absetzbeträge des § 11b in Ansatz zu bringen. Das so in einem Bewilligungszeitraum erzielte Einkommen ist dann gleichmäßig auf die einzelnen Monate des Bewilligungszeitraumes zu verteilen (Böttiger Sozialleistungen für Flüchtlinge und Asylbewerber/Steinecke Kap. 3 Rn. 49). Da sich das dieses Einkommen im Voraus nur schwer beurteilen lässt, ist regelmäßig zunächst eine vorläufige Bewilligung auszusprechen (vgl. → Rn. 10).

61   **d) Zu berücksichtigendes Vermögen (§ 12).** Vermögen, das die Vermögensfreigrenzen übersteigt, steht dem Leistungsanspruch solange entgegen, bis dieses verbraucht ist. Damit ist einzusetzendes Vermögen nicht dem Bedarf gegenüberzustellen (Böttiger Sozialleistungen für Flüchtlinge und Asylbewerber/Steinecke Kap. 3 Rn. 50), sondern führt zum Verlust des Anspruches, solange dieses Vermögen die Vermögensfreigrenzen auch nur geringfügig überschreitet (Böttiger Sozialleistungen für Flüchtlinge und Asylbewerber/Steinecke Kap. 3 Rn. 50; zu Sonderregelungen in Folge der **Corona-Pandemie** im Jahr 2020 vgl. § 67 Abs. 2).

62   Als Vermögen sind nach § 12 Abs. 1 **alle verwertbaren Vermögensgegenstände** zu berücksichtigen (Eicher/Luik/Lange § 12 Rn. 37; BeckOK SozR/Neumann § 12 Rn. 3). Zum Vermögen zählt der **gesamte Bestand an verwertbaren Sachen oder Rechten in Geld oder Geldeswert,** auch wenn sich diesem **Ausland** befinden (Böttiger Sozialleistungen für Flüchtlinge und Asylbewerber/Steinecke Kap. 3 Rn. 51). Schulden oder Verbindlichkeiten mindern den Vermögenswert grundsätzlich nicht (Ausnahmen beim Grund- und Immobilienvermögen möglich).

63   Vermögen ist **verwertbar,** wenn es für den Lebensunterhalt verwendet oder nutzbar gemacht werden kann, zB durch Verbrauch, Veräußerung, Beleihung oder Vermietung (Eicher/Luik/Lange § 12 Rn. 40; BeckOK SozR/Neumann § 12 Rn. 4 ff.; Böttiger Sozialleistungen für Flüchtlinge und Asylbewerber/Steinecke Kap. 3 Rn. 51). Nicht verwertbar sind dagegen Vermögensgegenstände, für die prognostisch in absehbarer Zeit (angenommen wird regelmäßig ein Zwölf-Monats-Zeitraum, entsprechend dem Bewilligungszeitraum nach § 41 Abs. 3 S. 1; Eicher/Luik/Lange § 12 Rn. 45) kein Käufer oder entgeltlicher Nutzer zu finden sein wird (Böttiger Sozialleistungen für Flüchtlinge und Asylbewerber/Steinecke Kap. 3 Rn. 51). Ist mit einer Verwertung nicht in absehbarer Zeit zu rechnen, ist das Vermögen grundsätzlich unverwertbar. Vermögen, das zwar grundsätzlich, jedoch erst zu einem späteren Zeitpunkt, verwertbar ist, berechtigt zur darlehensweisen Gewährung von Leistungen (§ 24 Abs. 5).

64   **§ 12 Abs. 3** enthält Bestimmungen dazu, welches **Vermögen nicht zu berücksichtigen** ist. Nicht als Vermögen zu berücksichtigen sind danach zB der **angemessene Hausrat** (§ 12 Abs. 3

S. 1 Nr. 1; vgl. BeckOK SozR/Neumann § 12 Rn. 20), ein **angemessenes Kraftfahrzeug** (§ 12 Abs. 3 S. 1 Nr. 2; Wertgrenze: 7.500 EUR; BSG NZS 2008, 539; BeckOK SozR/Neumann § 12 Rn. 23) und ein **selbst genutztes Hausgrundstück** von angemessener Größe oder eine entsprechende Eigentumswohnung (§ 12 Abs. 3 S. 1 Nr. 4; vgl. BeckOK SozR/Neumann § 12 Rn. 28 ff.). Die Nichtberücksichtigung von Vermögensgegenständen kann sich auch aus einer offensichtlichen Unwirtschaftlichkeit der Verwertung oder bei Bestehen einer besonderen Härte ergeben (§ 12 Abs. 3 S. 1 Nr. 6).

Darüber hinaus bestimmt **§ 12 Abs. 2,** welche **Freibeträge** vom an sich zu verwertenden **65** Vermögen abzusetzen sind. Dazu gehören ein **Vermögensgrundfreibetrag** für jede in der Bedarfsgemeinschaft lebende volljährige Person und deren Partner von jeweils 150 EUR je vollendetem Lebensjahr (altersunabhängiger Mindestbetrag: 3.100 EUR; altersabhängiger Höchstbetrag: maximal 10.050 EUR – für Personen, die nach dem 31.12.1963 geboren sind, § 12 Abs. 2 S. 1 Nr. 1 iVm § 12 Abs. 2 S. 2; vgl. BeckOK SozR/Neumann § 12 Rn. 11 f.). Ein Grundfreibetrag iHv 3.100 EUR ist darüber hinaus für jedes leistungsberechtigte minderjährige Kind (§ 12 Abs. 2 S. 1 Nr. 1a; vgl. BeckOK SozR/Neumann § 12 Rn. 13). Die Freibeträge beziehen sich auf tatsächlich vorhandenes Vermögen des jeweiligen Leistungsberechtigten. Ein Übertrag von Freibeträgen auf andere Mitglieder der Bedarfsgemeinschaft ist nicht vorgesehen.

Weitere Freibeträge sind für nach Bundesrecht ausdrücklich als **Altersvorsorge** gefördertes **66** Vermögen („Riester–Rente"), soweit dieses nicht vorzeitig verwendet wird (§ 12 Abs. 2 S. 1 Nr. 2), und für sonstiges Altersvorsorgevermögen vorgesehen, soweit dessen Verwendung vor Eintritt in den Ruhestand aufgrund einer unwiderruflichen vertraglichen Vereinbarung ausgeschlossen ist (§ 12 Abs. 2 S. 1 Nr. 3). Darüber hinaus ist für jede Person der Bedarfsgemeinschaft zudem ein **Anschaffungsfreibetrag** von 750 EUR vorgesehen (§ 12 Abs. 2 S. 1 Nr. 4).

e) Leistungsanspruch. Der schlussendlich individuell auf die jeweilige erwerbsfähige leistungs- **67** berechtigte Person bzw. das jeweilige Mitglied der Bedarfsgemeinschaft entfallende Anteil der ungedeckten (Hilfe-) Bedürftigkeit stellt – sofern kein Leistungsausschluss vorliegt – den individuellen Leistungsanspruch dar. Bei diesen Ansprüchen handelt es sich um **Individualansprüche.** Auch in der Bedarfsgemeinschaft besteht **kein Gesamtanspruch;** vielmehr steht jedem einzelnen Mitglied der Bedarfsgemeinschaft ein Individualanspruch zu. Einwendungen sind daher jeweils individuell im Widerspruchs- und Klageverfahren vorzubringen.

III. Leistungsausschlüsse

1. Allgemeines

§ 7 sieht für bestimmte Personengruppen Leistungsausschlüsse vor. Diese Leistungsausschlüsse **68** bewirken, dass Personen, die an sich nach § 7 Abs. 1 S. 1 leistungsberechtigt wären, **kein Leistungsanspruch zusteht.**

Steht einer Person kein Leistungsanspruch zu, kann diese auch nicht erwerbsfähige leistungsbe- **69** rechtigte Person sein iSd § 7 Abs. 1 S. 1 und damit auch **keine Bedarfsgemeinschaft begründen** (Böttiger Sozialleistungen für Flüchtlinge und Asylbewerber/Steinecke Kap. 3 Rn. 67). Die ausgeschlossene Person kann aber Teil der Bedarfsgemeinschaft einer anderen erwerbsfähigen leistungsberechtigten Person sein (Böttiger Sozialleistungen für Flüchtlinge und Asylbewerber/Steinecke Kap. 3 Rn. 67), zB wenn der Partner erwerbsfähige leistungsberechtigte Person ist, kann auch die ausgeschlossene Person mit diesem eine Bedarfsgemeinschaft bilden. Lediglich im Fall eines Leistungsausschlusses nach § 7 Abs. 5 kann die ausgeschlossene Person nach hM „Kopf" bzw. „Vorstand" einer Bedarfsgemeinschaft sein und so den zur Bedarfsgemeinschaft gehörenden Angehörigen SGB II-Leistungsansprüche vermitteln (Böttiger Sozialleistungen für Flüchtlinge und Asylbewerber/Steinecke Kap. 3 Rn. 67). Auch trotz der Einbeziehung in eine Bedarfsgemeinschaft stehen der ausgeschlossenen Person dann keine Leistungsansprüche zu (Böttiger Sozialleistungen für Flüchtlinge und Asylbewerber/Steinecke Kap. 3 Rn. 67; Bsp. → Rn. 69.1).

Beispiel (nach Böttiger Sozialleistungen für Flüchtlinge und Asylbewerber/Steinecke Kap. 3 Rn. 67): **69.1** Die alleinerziehende Studentin G ist nach § 7 Abs. 5 von SGB II-Leistungen ausgeschlossen und erhält damit keine Leistungen. Versorgt G jedoch in ihrem Haushalt ihre unter 15-jährigen Kinder bildet G mit den Kindern zusammen eine Bedarfsgemeinschaft. Sie selbst erhält wegen des Leistungsausschlusses keine Leistungen, jedoch vermittelt sie ihren Kindern über die Bedarfsgemeinschaft Leistungsansprüche nach dem SGB II.

2. Leistungsausschluss für bestimmte Ausländergruppen (§ 7 Abs. 1 S. 2)

70 § 7 Abs. 1 S. 2 schließt verschiedene Ausländergruppen von den Leistungsansprüchen des SGB II aus. Ausgeschlossen sind insoweit zunächst (**§ 7 Abs. 1 S. 2 Nr. 1**) Ausländer, unabhängig davon, ob sie erwerbsfähig sind oder nicht erwerbsfähig, ob sie aus dem EU-Ausland oder einem Drittstaat stammen, wenn sie weder in der Bundesrepublik Deutschland Arbeitnehmerinnen, Arbeitnehmer oder Selbstständige noch aufgrund des § 2 Abs. 3 FreizügG/EU freizügigkeitsberechtigt sind, also ohne **materielles Aufenthaltsrecht** sind; der EuGH hält diesen Leistungsausschluss für europarechtskonform (EuGH NJW 2016, 1145). Wer also **tatsächlich erwerbstätig** ist („[...] die weder [...] Arbeitnehmer oder Selbständige [...] sind"), wird nicht von diesem Leistungsausschluss erfasst (BeckOK SozR/Mushoff Rn. 25 f.); ebenfalls nicht erfasst sind die Personen des § 7 Abs. 1 S. 3, also wer sich mit einem Aufenthaltstitel nach Kapitel 2 Abschnitt 5 des AufenthG, also aus völkerrechtlichen, humanitären oder politischen Gründen (zu unterscheiden vom Asylrecht) in der Bundesrepublik Deutschland aufhält. Der Leistungsausschluss dauert **an für drei Monate** und erfasst auch die Familienangehörigen dieser ausländischen Personen. Soweit nach Ablauf von drei Monaten noch nicht über ein Aufenthaltsrecht verfügt wird, kann nach anderen Ausschlussgründen des § 7 ein Leistungsausschluss bestehen (Eicher/Luik/Becker Rn. 37).

71 Außerdem sind nach **§ 7 Abs. 1 S. 2 Nr. 2** solche Ausländerinnen und Ausländer ausgeschlossen, die **kein Aufenthaltsrecht** haben (lit. a), deren Aufenthaltsrecht sich **allein aus dem Zweck der Arbeitssuche** ergibt (lit. b; dieser Ausschluss gilt nicht, wenn sich ein Aufenthaltsrecht aus anderen Gründen als der Arbeitssuche ergibt; BeckOK SozR/Mushoff Rn. 33 ff.). Der bisherige Leistungsausschluss in § 7 Abs. 1 S. 2 Nr. 2 lit. c, wonach Ausländerinnen und Ausländer, deren Aufenthaltsrecht auf dem Schulbesuch ihrer Kinder gründet (Art. 10 Freizügigkeits-VO – VO (EU) 492/2011 v. 5.4.2011, ABl. 2011 L 141, 1), von Leistungen nach dem SGB II ausgenommen sind, ist vom EuGH in seinem Urteil v. 6.10.2020 (BeckRS 2020, 25300) für unionsrechtswidrig erachtet worden. Die Vorschrift ist seit dem 6.10.2020 nicht mehr anzuwenden und wurde deshalb zum 1.1.2021 aufgehoben (zu den Materialien vgl. BT-Drs. 19/24034, 35).

71a § 7 Abs. 1 S. 4–6 enthält Ausnahmen vom Leistungsausschluss. Danach erhalten Ausländerinnen und Ausländer und ihre Familienangehörigen SGB II-Leistungen, wenn sie seit **mindestens fünf Jahren ihren gewöhnlichen Aufenthalt im Bundesgebiet** haben und der Verlust des Freizügigkeitsrechts nicht festgestellt wurde. Nach einem Aufenthalt von fünf Jahren ist eine Verfestigung des Aufenthalts anzunehmen (BT-Drs. 18/10211, 12). Ein dem Leistungsausschluss entgegenstehendes Aufenthaltsrecht aus nachwirkender Freizügigkeitsberechtigung als Arbeitnehmer setzt jedoch keine ununterbrochene Tätigkeit von mehr als einem Jahr voraus (BSG BeckRS 2017, 132777).

72 Keinen Anspruch auf SGB II-Leistungen haben auch **Personen, die nach § 1 AsylbLG leistungsberechtigt** sind (§ 7 Abs. 1 S. 2 Nr. 3; zuletzt hat das BSG BeckRS 2018, 19607 nicht als gegen das GG bzw. Europarecht verstoßend angesehen); dazu gehören auch Personen, die Anspruch auf die Analogieleistungen nach § 2 AsylbLG haben.

73 Der Leistungsausschluss erfasst sowohl erwerbsfähige als auch nicht erwerbsfähige Personen (Eicher/Luik/Becker Rn. 63). Eine Leistungsberechtigung nach § 1 Abs. 1 AsylbLG besteht für Ausländer, die sich tatsächlich im Bundesgebiet aufhalten und die
- eine Aufenthaltsgestattung nach dem AsylG besitzen (§ 1 Abs. 1 Nr. 1 AsylbLG),
- über einen Flughafen einreisen wollen und denen die Einreise nicht oder noch nicht gestattet ist (§ 1 Abs. 1 Nr. 2 AsylbLG),
- eine Aufenthaltserlaubnis besitzen
  - wegen des Krieges in ihrem Heimatland nach § 23 Abs. 1 AufenthG oder § 24 AufenthG (§ 1 Abs. 1 Nr. 3 lit. a AsylbLG),
  - nach § 25 Abs. 4 S. 1 AufenthG (§ 1 Abs. 1 Nr. 3 lit. b AsylbLG) oder
  - nach § 25 Abs. 5 AufenthG, sofern die Entscheidung über die Aussetzung ihrer Abschiebung noch nicht 18 Monate zurückliegt (§ 1 Abs. 1 Nr. 3 lit. c AsylbLG),
- eine Duldung nach § 60a AufenthG besitzen (§ 1 Abs. 1 Nr. 4 AsylbLG),
- vollziehbar ausreisepflichtig sind, auch wenn eine Abschiebungsandrohung noch nicht oder nicht mehr vollziehbar ist (§ 1 Abs. 1 Nr. 5 AsylbLG),
- Ehegatten, Lebenspartner oder minderjährige Kinder der in § 1 Abs. 1 Nr. 1–5 AsylbLG genannten Personen sind, ohne dass sie selbst die dort genannten Voraussetzungen erfüllen (§ 1 Abs. 1 Nr. 6 AsylbLG), oder
- einen Folgeantrag nach § 71 AsylG oder einen Zweitantrag nach § 71a AsylG stellen (§ 1 Abs. 1 Nr. 7 AsylbLG).

Nicht von den Leistungen des SGB II ausgeschlossen sind Personen, die **als Asylberechtigte** 74
anerkannt sind (§ 2 Abs. 1 AsylG), sowie Personen, denen die Flüchtlingseigenschaft (Konventionsflüchtlinge, § 3 AsylG) zuerkannt ist (Böttiger Sozialleistungen für Flüchtlinge und Asylbewer-
ber/Steinecke Kap. 3 Rn. 59). Denn diese Personen sind nicht nach § 1 AsylbLG leistungsberechtigt. Sie verfügen vielmehr in der Regel über eine Aufenthaltserlaubnis nach § 25 Abs. 1 AufenthG
bzw. § 25 Abs. 2 AufenthG. Im Übrigen gilt das Gleichstellungsgebot aus Art. 1 EUFuersAbk
bzw. Art. 23 GFK, weshalb diesen Personen ein Leistungsanspruch nach dem SGB II zukommt.
Auch Flüchtlinge, die nach § 23 Abs. 2 AufenthG über eine Niederlassungserlaubnis nach § 9
AufenthG verfügen sind nicht von den Leistungen des SGB II ausgeschlossen.

Leistungen nach dem SGB II können außerdem ausländische Personen beziehen, die einen 75
Aufenthaltstitel mit einer Gesamtgeltungsdauer von mehr als sechs Monaten erhalten
haben. Ist der ausländischen Person jedoch einer der in § 1 Abs. 1 Nr. 3 AsylbLG genannten
Aufenthaltstitel zuerkannt (§ 23 Abs. 1 AufenthG: Aufenthaltstitel nach Anordnung der obersten
Landesbehörde wegen Krieges; § 24 AufenthG: Aufenthaltstitel aufgrund eines Beschlusses des
Rates der Europäischen Union zum vorübergehenden Schutz; § 25 Abs. 5 AufenthG: Aufenthalts-
titel eines vollziehbar ausreisepflichtigen Ausländer wegen Unmöglichkeit der Ausreise vor Ablauf
von 18 Monaten seit der Aussetzungsentscheidung), so besteht auch nach einer Gesamtgeltungs-
dauer von mehr als sechs Monaten eine Leistungsberechtigung nach dem AsylbLG, sodass der
Ausschluss für SGB II-Leistungen bestehen bleibt (Böttiger Sozialleistungen für Flüchtlinge und
Asylbewerber/Steinecke Kap. 3 Rn. 59).

Soweit Personen nach § 7 Abs. 1 S. 2 **von Leistungen ausgeschlossen** sind, hatte das BSG 76
(BSG BeckRS 2016, 65666; 2016, 65445; 2016, 70028; 2016, 67701; 2016, 69696; 2016, 70234)
entschieden, dass zwar ein Ausschluss von den Leistungen des SGB II besteht, jedoch **Ermessensleistungen nach dem SGB XII** in Betracht kommen könnten, soweit diese nicht ausgeschlossen
sind (BSGE 124, 81 = BeckRS 2017, 129795). Jedoch enthält § 23 Abs. 3 S. 1 Nr. 1 SGB XII
seit dem Inkrafttreten des Gesetzes zur Regelung von Ansprüchen ausländischer Personen v.
22.12.2016 (BGBl. I 3155) auch dort entsprechende Leistungsausschlüsse (vgl. → SGB XII § 23
Rn. 1 ff.)

3. Leistungsausschluss wegen Unterbringung in einer stationären Einrichtung oder Altersrentenbezugs (§ 7 Abs. 4)

Keine SGB II-Leistungen erhalten Personen, die in einer **stationären Einrichtung** wie Kran- 77
kenhäuser, Reha-Einrichtungen, Erholungsheimen, Alten- und Pflegeheimen, Kinderdörfern
oder psychiatrischen Anstalten untergebracht sind (Böttiger Sozialleistungen für Flüchtlinge und
Asylbewerber/Steinecke Kap. 3 Rn. 62). Eine **Unterbringung** liegt vor, wenn der Träger der
Einrichtung die **Gesamtverantwortung für die tägliche Lebensführung** und Integration der
Person übernimmt (BSG BeckRS 2014, 72810; Eicher/Luik/Becker Rn. 143). Teilstationäre oder
halboffene Einrichtungen (dazu zählen unter anderem betreutes Wohnen oder Einrichtungen für
schwer erziehbare Jugendliche), unterfallen dem Leistungsausschluss nicht (Böttiger Sozialleistungen für Flüchtlinge und Asylbewerber/Steinecke Kap. 3 Rn. 62). Denn eine Unterbringung in
einer stationären Einrichtung ist **nicht anzunehmen, wenn lediglich Unterkunft und Verpflegung** zur Verfügung gestellt wird und sich weitere Hilfen auf ambulante Betreuungsleistungen
erstrecken (Eicher/Luik/Becker Rn. 146). Damit ist auch das Wohnen in einer **Asylbewerberun-
terkunft** erfasst, da es sich nicht um eine stationäre Einrichtung handelt (Böttiger Sozialleistungen
für Flüchtlinge und Asylbewerber/Steinecke Kap. 3 Rn. 62). Die Unterbringung in einer Einrichtung zum Vollzug richterlich angeordneter **Freiheitsentziehung** (das sind vor allem Strafhaft
oder Ersatzfreiheitsstrafe), unabhängig von der Vollzugsform (zur Vollzugslockerung vgl. BeckOK
SozR/Mushoff Rn. 114), schließt ebenfalls Leistungsansprüche nach dem SGB II aus (§ 7 Abs. 4
S. 2).

Dieser Leistungsausschluss nach § 7 Abs. 4 S. 1 und S. 2 greift nicht (**Ausnahme vom Leis-** 78
tungsausschluss), wenn es sich um eine Unterbringung in einem Krankenhaus (§ 107 SGB V)
handelt und die Unterbringung **prognostisch** voraussichtlich **weniger als sechs Monate** dauert.
Der Leistungsausschluss greift auch (bei anderen stationären Einrichtungen als Krankenhäuser)
nicht, wenn der erwerbsfähige Leistungsberechtigte trotz der Unterbringung unter den üblichen
Bedingungen des allgemeinen Arbeitsmarktes mindestens 15 Stunden wöchentlich **tatsächlich
erwerbstätig** ist (§ 7 Abs. 4 S. 3 Nr. 2).

Auch der Bezug einer Rente wegen Alters (**Altersrente**), einer Knappschaftsausgleichsleistung 79
oder einer ähnlichen Leistung öffentlich-rechtlicher Art führt nach § 7 Abs. 4 S. 1 zum Ausschluss

von Leistungsansprüchen nach dem SGB II (vgl. BeckOK SozR/Mushoff Rn. 112). Der Ausschluss von Altersrentnern hat neben der in § 7 Abs. 1 S. 1 Nr. 1 geregelten Höchstaltersgrenze Bedeutung für Personen, die eine vorzeitige Altersrente in Anspruch nehmen. Zu den ähnlichen Leistungen öffentlich-rechtlicher Art können auch **ausländische Altersrenten** zählen (Eicher/Luik/Becker Rn. 157; Böttiger Sozialleistungen für Flüchtlinge und Asylbewerber/Steinecke Kap. 3 Rn. 63). Jedoch führt nur der tatsächliche Bezug dieser Leistungen zum Leistungsausschluss; wird ein bestehendes Rentenrecht nicht in Anspruch genommen, kann der Leistungsberechtigte aufgefordert werden, die Leistung zu beantragen (vgl. § 12a); § 5 Abs. 3 sieht für den Fall, dass solche Anträge nicht gestellt werden, das Recht des Jobcenters vor, die Leistung für den Leistungsberechtigten beantragen zu können (Böttiger Sozialleistungen für Flüchtlinge und Asylbewerber/Steinecke Kap. 3 Rn. 63). Die Prüfung, ob der Bezug einer ausländischen Rente zum Ausschluss von Leistungen nach dem SGB II führt, erfordert konkrete Feststellungen zur bezogenen Rente und zu deren Einordnung in das ausländische Rentensystem, die eine rechtsvergleichende Qualifizierung tragen (BSG BeckRS 2017, 142913).

4. Leistungsausschluss für abwesende Personen (§ 7 Abs. 4a)

80   § 7 Abs. 4a S. 1 enthält einen Leistungsausschluss für erwerbsfähige und nicht erwerbsfähige Leistungsberechtigte (Eicher/Luik/Becker Rn. 174), die sich **außerhalb des zeit- und ortsnahen Bereichs aufhalten** und deshalb nicht für die Eingliederung in Arbeit zur Verfügung stehen. In diesem Sinne abwesende Personen sind weder am Aufenthaltsort noch an ihrem Ursprungsort leistungsberechtigt. Die Leistungsberechtigung erlischt jedoch nicht, wenn die Person mit **Zustimmung des zuständigen Jobcenters** den zeit- und ortsnahen Bereich verlassen hat. Die Zustimmung ist zu erteilen, wenn für den Aufenthalt außerhalb des zeit- und ortsnahen Bereichs ein wichtiger Grund vorliegt und die Eingliederung in Arbeit nicht beeinträchtigt wird. Dazu benennt das Gesetz beispielhaft in § 7 Abs. 4a S. 3 **wichtige Gründe;** andere wichtige Gründe müssen in ihrer Bedeutung und ihrem Gewicht diesen Beispielen vergleichbar sein. Einer Abwesenheit **bis zur Dauer von drei Wochen pro Kalenderjahr** ist grundsätzlich zuzustimmen, wenn dadurch die berufliche Eingliederung nicht beeinträchtigt wird (§ 7 Abs. 4a S. 5). Soll das Verlassen des Nahbereichs keinen Verlust des Leistungsanspruchs zur Folge haben, ist eine **vorherige Zustimmung** des Jobcenters einzuholen (Böttiger Sozialleistungen für Flüchtlinge und Asylbewerber/Steinecke Kap. 3 Rn. 64).

81   Ein **wichtiger Grund** liegt danach bei der Teilnahme an einer ärztlich verordneten Maßnahme der medizinischen Vorsorge oder Rehabilitation, der Teilnahme an einer Veranstaltung, die staatspolitischen, kirchlichen oder gewerkschaftlichen Zwecken dient oder sonst im öffentlichen Interesse liegt, oder bei der Ausübung einer ehrenamtlichen Tätigkeit vor.

82   Der Begriff des **zeit- und ortsnahen Bereiches** wird in der **EAO** (Erreichbarkeits-Anordnung v. 23.10.1997) näher definiert; diese ist nach § 77 Abs. 1 iVm § 7 Abs. 4a weiterhin anzuwenden. Zum Nahbereich gehören nach § 2 Nr. 3 S. 2 EAO alle Orte in der Umgebung der Agentur für Arbeit bzw. des Jobcenters, von denen aus der Arbeitslose erforderlichenfalls in der Lage wäre, diese Behörde **täglich ohne die unzumutbaren Aufwand zu erreichen** (Eicher/Luik/Becker Rn. 166). Darüber hinaus muss die leistungsberechtigte Person nach § 1 S. 2 EAO täglich unter seiner Postanschrift persönlich oder durch Briefpost erreichbar sein (ein Nachsendeantrag genügt nicht; dazu vgl. Böttiger Sozialleistungen für Flüchtlinge und Asylbewerber/Steinecke Kap. 3 Rn. 64). Regelmäßig (vgl. Böttiger Sozialleistungen für Flüchtlinge und Asylbewerber/Steinecke Kap. 3 Rn. 64) wird ein Ort als außerhalb des Nahbereichs liegend angesehen, wenn die betreffende Person von dort aus länger als 75 Minuten benötigt, um das für sie zuständige Jobcenter aufzusuchen (Eicher/Luik/Becker Rn. 166: Hin- und Rückweg maximal 2,5 h).

83   Sind Leistungen nach dem SGB II noch nicht bewilligt, besteht trotzdem „Anwesenheitspflicht" nach § 7 Abs. 4a (Böttiger Sozialleistungen für Flüchtlinge und Asylbewerber/Steinecke Kap. 3 Rn. 64). Denn im Fall der **ab Antragstellung** wirkenden rückwirkenden Bewilligung von SGB II-Leistungen hätte sich der Leistungsberechtigte ohne Zustimmung außerhalb des zeit- und ortsnahen Bereichs aufgehalten und wäre dann insoweit von Leistungsansprüchen ausgeschlossen (Böttiger Sozialleistungen für Flüchtlinge und Asylbewerber/Steinecke Kap. 3 Rn. 64).

5. Leistungsausschluss für bestimmte Auszubildende (§ 7 Abs. 5, Abs. 6)

84   Auszubildende, deren Ausbildung im Rahmen des **BAföG** dem Grunde nach förderungsfähig ist, haben nach § 7 Abs. 5 S. 1 über die Leistungen nach § 27 (vgl. → Rn. 115) hinaus keinen

Anspruch auf Leistungen zur Sicherung des Lebensunterhalts. § 7 Abs. 6 enthält hierzu Gegenausnahmen.

Nicht eine tatsächliche Förderung, sondern schon d**ie bloße Durchführung einer nach dem** 85 **BAföG förderungsfähigen Ausbildung** begründet den Leistungsausschluss nach § 7 Abs. 5. Ob daher individuelle Versagungsgründe dazu führen, dass tatsächlich keine Ausbildungsförderung bezogen werden kann, ist für den Leistungsausschluss nach § 7 Abs. 5 unerheblich. Nach § 2 BAföG bestimmt sich die Förderungsfähigkeit danach, ob eine der in § 2 BAföG genannten Ausbildungsstätten besucht wird (Böttiger Sozialleistungen für Flüchtlinge und Asylbewerber/ Steinecke Kap. 3 Rn. 65).

D. Leistungen nach dem SGB II

I. Allgemeines

Die Grundsicherung für Arbeitsuchende nach dem SGB II umfasst Leistungen zur 86
- Beratung (§ 14 Abs. 2),
- Beendigung oder Verringerung der Hilfebedürftigkeit insbesondere durch Eingliederung in Ausbildung oder Arbeit (§§ 14 ff.) und
- Sicherung des Lebensunterhalts (§§ 19 ff.).

II. Leistungen zur Sicherung des Lebensunterhalts (§§ 19 ff.)

1. Allgemeines

Die Leistungen Sicherung des Lebensunterhalts umfassen für erwerbsfähige Leistungsberechtigte 87 das **Arbeitslosengeld II**, für nicht erwerbsfähige Leistungsberechtigte das **Sozialgeld**, wenn sie nicht einen Anspruch auf Leistungen auf Grundsicherung im Alter und bei Erwerbsminderung nach dem Kapitel 4 des SGB XII haben (§ 19 Abs. 1 S. 1). Diese Leistungen ihrerseits umfassen die Leistungen, den Regelbedarf, Mehrbedarfe sowie den Bedarf für Unterkunft und Heizung (§ 19 Abs. 1 S. 1; vgl. Eicher/Luik/Becker § 19 Rn. 12).

Die Höhe der zu erbringenden Leistungen ergibt sich aus dem Bedarf (Bedürftigkeit), der 88 ermittelt wird aus dem Regelbedarf, den Mehrbedarfen und den Bedarfen für Unterkunft und Heizung, abzüglich des anzurechnenden Einkommens (Böttiger Sozialleistungen für Flüchtlinge und Asylbewerber/Steinecke Kap. 3 Rn. 69).

2. Arbeitslosengeld II und Sozialgeld

a) Regelbedarf (§§ 20, 23 Nr. 1). Der Regelbedarf zur Sicherung des Lebensunterhalts umfasst 89 insbesondere die Bedarfe **Ernährung, Kleidung, Körperpflege, Hausrat** sowie **persönliche Bedürfnisse** des täglichen Lebens (§ 20 Abs. 1 S. 1). Zu den persönlichen Bedürfnissen des täglichen Lebens gehört in vertretbarem Umfang eine Teilhabe am sozialen und kulturellen Leben in der Gemeinschaft (§ 20 Abs. 1 S. 2). Vom Regelbedarf umfasst ist auch die **Haushaltsenergie** (zB Stromkosten für die reine Haushaltsenergie); diese gehören nicht zu den Kosten für Haushaltsenergie im Sinne eines Unterkunftsbedarfs (BeckOK SozR/Breitkreuz § 20 Rn. 2; Böttiger Sozialleistungen für Flüchtlinge und Asylbewerber/Steinecke Kap. 3 Rn. 74).

Der Regelbedarf ist als **monatlicher Pauschalbetrag** konzipiert (§ 20 Abs. 1 S. 3) über dessen 90 Verwendung die Leistungsberechtigten eigenverantwortlich entscheiden (Eicher/Luik/Saitzek § 20 Rn. 8). Die Leistungsberechtigten haben bei der Mittelverwendung auch das Eintreten unregelmäßig anfallender Bedarfe zu berücksichtigen, weshalb sie insbesondere für größere Anschaffungen oder Reparaturen **Rücklagen bilden** müssen (Böttiger Sozialleistungen für Flüchtlinge und Asylbewerber/Steinecke Kap. 3 Rn. 70).

Der Regelbedarf ist in seiner Höhe gesetzlich bzw. **durch Verordnung festgelegt** (§ 20 91 Abs. 1a iVm § 28 SGB XII, § 28a SGB II und § 40 SGB XII sowie in der für das jeweilige Jahr geltenden Regelbedarfsstufen-Fortschreibungsverordnung). Regelmäßig werden die Regelbedarfe jeweils zum 1.1. eines Jahres entsprechend § 28a SGB XII und der Verordnung nach § 40 S. 1 Nr. 1 SGB XII angepasst (→ Rn. 91.1).

91.1 Die Regelbedarfe bei Arbeitslosengeld II/Sozialgeld sind **ab 1.1.2019** wie folgt bestimmt (§ 2 RBSFV 2019 – Regelbedarfsstufen-Fortschreibungsverordnung 2019 v. 19.10.2018, BGBl. I 1766):

Regelbedarfs-stufe	gilt für (Berechtigte)	Regelbedarf	geregelt in
1	• Alleinstehende • Alleinerziehende • Volljährige mit minderjährigem Partner	424 EUR	§ 20 Abs. 2 S. 1
2	• Volljährige Partner je	382 EUR	§ 20 Abs. 4
3	• Volljährige bis zur Vollendung des 25. Lebensjahres, • Personen unter 25 Jahre, die ohne Zusicherung des kommunalen Trägers umziehen (18–24 Jahre)	339 EUR	§ 20 Abs. 3 iVm § 20 Abs. 2 S. 2 Nr. 2
4	• Kinder bzw. Jugendliche im 15. Lebensjahr (14 Jahre) bis zur Vollendung des 18. Lebensjahres • minderjährige Partner (14–17 Jahre)	322 EUR	§ 20 Abs. 2 S. 2 Nr. 1 iVm § 23 Nr. 1
5	• Kinder ab Beginn des 7. Lebensjahres bis zur Vollendung des 14. Lebensjahres (6–13 Jahre)	302 EUR	§ 23 Nr. 1
6	• Kinder bis zur Vollendung des 6. Lebensjahres (0–5 Jahre)	245 EUR	§ 23 Nr. 1

91.2 Die Regelbedarfe bei Arbeitslosengeld II/Sozialgeld sind **ab 1.1.2020** wie folgt bestimmt (§ 2 RBSFV 2020 – Regelbedarfsstufen-Fortschreibungsverordnung 2020 v. 15.10.2019, BGBl. I 1452):

Regelbedarfs-stufe	gilt für (Berechtigte)	Regelbedarf	geregelt in
1	• Alleinstehende • Alleinerziehende • Volljährige mit minderjährigem Partner	432 EUR	§ 20 Abs. 2 S. 1
2	• Volljährige Partner je	389 EUR	§ 20 Abs. 4
3	• Volljährige bis zur Vollendung des 25. Lebensjahres, • Personen unter 25 Jahre, die ohne Zusicherung des kommunalen Trägers umziehen (18–24 Jahre)	345 EUR	§ 20 Abs. 3 iVm § 20 Abs. 2 S. 2 Nr. 2
4	• Kinder bzw. Jugendliche im 15. Lebensjahr (14 Jahre) bis zur Vollendung des 18. Lebensjahres • minderjährige Partner (14–17 Jahre)	328 EUR	§ 20 Abs. 2 S. 2 Nr. 1 iVm § 23 Nr. 1
5	• Kinder ab Beginn des 7. Lebensjahres bis zur Vollendung des 14. Lebensjahres (6–13 Jahre)	308 EUR	§ 23 Nr. 1
6	• Kinder bis zur Vollendung des 6. Lebensjahres (0–5 Jahre)	250 EUR	§ 23 Nr. 1

91.3 Die Regelbedarfe bei Arbeitslosengeld II/Sozialgeld sind **ab 1.1.2021** wie folgt bestimmt (§ 8 RBEG – Regelbedarfsermittlungsgesetz v. 9.12.2020, BGBl. I 2855):

Regelbedarfs-stufe	gilt für (Berechtigte)	Regelbedarf	geregelt in
1	• Alleinstehende • Alleinerziehende • Volljährige mit minderjährigem Partner	446 EUR	§ 20 Abs. 2 S. 1
2	• Volljährige Partner je	401 EUR	§ 20 Abs. 4

3	• Volljährige bis zur Vollendung des 25. Lebensjahres, • Personen unter 25 Jahre, die ohne Zusicherung des kommunalen Trägers umziehen (18–24 Jahre)	357 EUR	§ 20 Abs. 3 iVm § 20 Abs. 2 S. 2 Nr. 2
4	• Kinder bzw. Jugendliche im 15. Lebensjahr (14 Jahre) bis zur Vollendung des 18. Lebensjahres • minderjährige Partner (14–17 Jahre)	373 EUR	§ 20 Abs. 2 S. 2 Nr. 1 iVm § 23 Nr. 1
5	• Kinder ab Beginn des siebten Lebensjahres bis zur Vollendung des 14. Lebensjahres (sechs bis 13 Jahre)	309 EUR	§ 23 Nr. 1
6	• Kinder bis zur Vollendung des sechsten Lebensjahres (null bis fünf Jahre)	283 EUR	§ 23 Nr. 1

Mehrere Personen können als **Bedarfsgemeinschaft** zusammen erfasst sein (vgl. **92** → Rn. 16 ff.). Insoweit werden auch Personen, die nach § 7 Abs. 1 S. 2, § 7 Abs. 4, § 7 Abs. 4a oder § 7 Abs. 5 von Leistungen ausgeschlossen sind (vgl. → Rn. 77 ff., → Rn. 80 ff., → Rn. 84 f. vgl. auch Eicher/Luik/Saitzek § 20 Rn. 28 ff.) dennoch zur Bedarfsgemeinschaft gezählt (zur gemischten Bedarfsgemeinschaft vgl. BeckOK SozR/Breitkreuz § 20 Rn. 8). Damit führt der Ausschluss eines volljährigen Partners nach § 7 Abs. 3 Nr. 3 (als Leistungsberechtigter nach § 1 AsylbLG) von Leistungen des SGB II bei dem anderen Partner nicht dazu, dass dieser nunmehr in Regelbedarfsstufe 1 einzugruppieren wäre; vielmehr verbleibt er als volljähriger Partner in Regelbedarfsstufe 2 (Böttiger Sozialleistungen für Flüchtlinge und Asylbewerber/Steinecke Kap. 3 Rn. 73). Auch erwerbsfähige, volljährige Partner eines Altersrentners verbleiben in Regelbedarfsstufe 2 (Böttiger Sozialleistungen für Flüchtlinge und Asylbewerber/Steinecke Kap. 3 Rn. 73). Ist dagegen ein Ehepartner mangels eines gewöhnlichen Aufenthalts in Deutschland von Leistungen nach dem SGB II ausgeschlossen, gilt § 20 Abs. 4 S. 1 nicht, lebt daher der Ehepartner eines Leistungsberechtigte (noch) im Ausland, gehört der in der Bundesrepublik Deutschland lebende Leistungsberechtigte wie ein Alleinstehender zur Regelbedarfsstufe 1.

b) Mehrbedarfszuschlag (§ 21, § 23 Nr. 2–4). Neben dem Regelbedarf können auch erhöhte **93** Bedarfslagen von den Grundsicherungsleistungen erfasst sein, soweit diese nicht schon beim Regelbedarf erfasst sind (§ 21 Abs. 1). Diese Mehrbedarfe werden durch einen **Zuschlag zum Regelbedarf** abgegolten. § 21 Abs. 2–7 enthält abschließend aufgezählt die Fälle, in denen **(laufende) Mehrbedarfszuschläge** zusätzlich zum Regelbedarf zu gewähren sind.

Für **werdende Mütter** wird nach der zwölften Schwangerschaftswoche § 21 Abs. 2 ein Mehr- **94** bedarf von 17 % des maßgebenden Regelbedarfs bis zum tatsächlichen Entbindungstermin anerkannt (Eicher/Luik/Knickrehm/Hahn § 21 Rn. 24).

Bei **Alleinerziehenden** ist in § 21 Abs. 3 einen Mehrbedarf in Abhängigkeit vom Alter und **95** der Zahl der Kinder vorgesehen. Der Mehrbedarf beträgt 36 % der maßgeblichen Regelbedarfsstufe des Alleinerziehenden, bei Zusammenleben mit einem Kind unter sieben Jahren oder mit zwei oder drei Kindern unter 16 Jahren (§ 21 Abs. 3 Nr. 1); der Mehrbedarf beträgt 12 % der maßgeblichen Regelbedarfsstufe des Alleinerziehenden, für jedes Kind, wenn sich dadurch ein höherer Prozentsatz als nach der Nr. 1 ergibt, höchstens jedoch 60 % der maßgeblichen Regelbedarfsstufe des Alleinerziehenden (§ 21 Abs. 3 Nr. 2). Ist nur ein minderjähriges Kind über sieben Jahre zu pflegen und zu erziehen, beträgt der Mehrbedarf 12 % (Böttiger Sozialleistungen für Flüchtlinge und Asylbewerber/Steinecke Kap. 3 Rn. 78; vgl. BeckOK SozR/Breitkreuz § 21 Rn. 6 ff.). Der Mehrbedarf nach § 21 Abs. 3 setzt voraus, dass der leistungsberechtigte Elternteil die **alleinige Sorge für Pflege und Erziehung** trägt (BeckOK SozR/Breitkreuz § 21 Rn. 8; s. Eicher/Luik/Knickrehm/Hahn § 21 Rn. 31), und auch **alleine erzieht und pflegt**, er also während der Betreuungszeit von dem anderen Elternteil, Partner oder einer anderen Person nicht in einem Umfang unterstützt wird, der es rechtfertigt von einer nachhaltigen Entlastung auszugehen (Böttiger Sozialleistungen für Flüchtlinge und Asylbewerber/Steinecke Kap. 3 Rn. 79). Erfolgt daher eine **Unterstützung bei der Kindererziehung durch andere Personen** (zB Eltern, Tanten, Onkeln, Geschwister, unter Umständen auch andere Mütter in einer Wohngemeinschaft), besteht kein Anspruch auf den Mehrbedarf (Böttiger Sozialleistungen für Flüchtlinge und Asylbewerber/

Steinecke Kap. 3 Rn. 79). Bei geschiedenen und getrennt lebenden Eltern kommt ggf. auch die Berücksichtigung eines hälftigen Alleinerziehendenmehrbedarfs in Betracht, wenn sich die Eltern bei der Pflege und Erziehung des gemeinsamen Kindes in größeren, mindestens eine Woche umfassenden Intervallen abwechseln und sich die anfallenden Kosten in etwa hälftig teilen (Böttiger Sozialleistungen für Flüchtlinge und Asylbewerber/Steinecke Kap. 3 Rn. 80).

96   Nach § 21 Abs. 4 steht erwerbsfähigen **behinderten Leistungsberechtigten,** denen Leistungen zur Teilhabe am Arbeitsleben nach § 49 SGB IX sowie sonstige Hilfen zur Erlangung eines geeigneten Platzes im Arbeitsleben oder Eingliederungshilfen nach § 54 Abs. 1 S. 1 Nr. 1–3 SGB XII erbracht werden, ein Mehrbedarf von 35 % des für diesen Leistungsberechtigten maßgebenden Regelbedarfs zu.

97   Bei Leistungsberechtigten, die aus medizinischen Gründen einer **kostenaufwändigen Ernährung** bedürfen, wird nach § 21 Abs. 5 ein Mehrbedarf in angemessener Höhe anerkannt. Insoweit müssen krankheitsbedingte Gründe vorliegen, die eine Ernährung erforderlich machen, deren Kosten höher sind als dies für Personen ohne eine solche Einschränkung der Fall ist (Böttiger Sozialleistungen für Flüchtlinge und Asylbewerber/Steinecke Kap. 3 Rn. 82). Grundsätzlich dienen die „Empfehlungen für die Gewährung von Krankenkostzulagen in der Sozialhilfe" des Deutschen Vereins für öffentliche und private Fürsorge eV (dazu vgl. www.deutscher-verein.de/de/empfehlungenstellungnahmen-2014-1226.html) als **Orientierungshilfe** (BSG BeckRS 2008, 55664; zu den überarbeiteten Empfehlungen vgl. zB BSG BeckRS 2012, 69158; BeckOK SozR/Breitkreuz § 21 Rn. 14; Eicher/Luik/Knickrehm/Hahn § 21 Rn. 57 f.). Im Einzelfall sind ggf. aber weitere Ermittlungen durch den Leistungsträger erforderlich, sofern Besonderheiten, insbesondere von den Empfehlungen abweichende Bedarfe, substanziiert geltend gemacht werden (Böttiger Sozialleistungen für Flüchtlinge und Asylbewerber/Steinecke Kap. 3 Rn. 82). Dagegen rechtfertigen Krankheiten, die regelmäßig eine Ernährung mit „Vollkost" erfordern (Diabetes mellitus, Hyperlipidämie, Hyperurikämie usw), keinen Mehrbedarf (Eicher/Luik/Knickrehm/Hahn § 21 Rn. 59; Böttiger Sozialleistungen für Flüchtlinge und Asylbewerber/Steinecke Kap. 3 Rn. 82).

98   Nur für nichterwerbsfähige Personen (ab Vollendung des 15. Lebensjahres), die im Sinne des SGB VI voll erwerbsgemindert sind, wird ein Mehrbedarf von 17 % des jeweils maßgeblichen Regelbedarfs anerkannt, wenn sie Inhaber eines **Schwerbehindertenausweises** mit dem **Merkzeichen „G"** sind (§ 23 Nr. 4), es sei denn sie haben bereits Anspruch auf einen Mehrbedarf nach § 21 Abs. 4 bzw. § 23 Nr. 2 oder Nr. 3.

99   Bei Leistungsberechtigten wird nach § 21 Abs. 6 ein Mehrbedarf anerkannt, soweit im Einzelfall ein **unabweisbarer** (vgl. Eicher/Luik/Saitzek § 21 Rn. 70 ff.), **laufender, nicht nur einmaliger besonderer Bedarf** besteht. Der Mehrbedarf muss besonders, also atypisch sein (Eicher/Luik/Knickrehm/Hahn § 21 Rn. 67), er ist unabweisbar, wenn er insbesondere nicht durch die Zuwendungen Dritter sowie unter Berücksichtigung von Einsparmöglichkeiten der Leistungsberechtigten gedeckt ist und seiner Höhe nach erheblich von einem durchschnittlichen Bedarf abweicht (zB Kosten des Umgangsrechts, dazu vgl. BSGE 116, 86 = BeckRS 2014, 73138). Es handelt sich um eine **Härtefallklausel** für laufende, außergewöhnliche Bedarfslagen, die nicht bereits vom Regelbedarf oder einem anderen Mehrbedarf erfasst sind (zB Fahrtkosten zur Wahrnehmung des Umgangsrechts).

100   § 21 Abs. 7 sieht bei **dezentraler Warmwassererzeugung** einen Mehrbedarfszuschlag in Abhängigkeit zur maßgeblichen Regelbedarfsstufe vor (Eicher/Luik/Saitzek § 21Rn. 80 ff.).

101   c) **Bedarfe für Unterkunft und Heizung.** Auch die Bedarfe für **Unterkunft und Heizung** gehören sind Teil des Arbeitslosengelds II/Sozialgelds (BeckOK SozR/Breitkreuz § 22 Rn. 2). Nach der gesetzlichen Regelung werden die Bedarfe für Unterkunft (zur Unterkunft vgl. Eicher/Luik/Luik § 22 Rn. 35) und Heizung **grundsätzlich in tatsächlicher Höhe** der jeweiligen **rechtlich wirksam geschuldeten** Aufwendungen geleistet (§ 22 Abs. 1 S. 1). Die Bedarfe sind jedoch nur berücksichtigungsfähig, **soweit diese angemessen** sind (§ 22 Abs. 1 S. 1 Hs. 2). Zur Beurteilung der Angemessenheit der Aufwendungen für Unterkunft und Heizung ist nach § 22 Abs. 10 die Bildung einer Gesamtangemessenheitsgrenze zulässig.

102   Sind die Unterkunfts- und Heizungskosten nicht angemessen, werden sie **nur in der angemessenen Höhe** erbracht (zu Sonderregelungen in Folge der **Corona-Pandemie** vgl. § 67 Abs. 3). Damit begrenzen die im Einzelfall angemessenen Kosten der Unterkunft und Heizung die zu erbringenden Leistungen. Soweit die Aufwendungen für die Unterkunft und Heizung den der Besonderheit des Einzelfalles angemessenen Umfang übersteigen, sind sie als Bedarf so lange anzuerkennen, wie es der oder dem alleinstehenden Leistungsberechtigten oder der Bedarfsgemeinschaft nicht möglich oder nicht zuzumuten ist, durch einen **Wohnungswechsel,** durch Vermieten oder auf andere Weise die **Aufwendungen zu senken,** in der Regel jedoch längstens für sechs Monate (§ 22 Abs. 1 S. 3). Eine Absenkung der unangemessenen Aufwendungen muss nicht gefordert werden, wenn diese unter Berücksichtigung der bei einem Wohnungswechsel zu erbringenden Leistungen unwirtschaftlich wäre (§ 22 Abs. 1 S. 4). Wohnungsbeschaffungskosten und Umzugskosten können bei vorheriger Zusicherung durch den bis zum Umzug örtlich zuständigen kommunalen Träger als Bedarf anerkannt werden (§ 22 Abs. 6 S. 1; vgl. BeckOK SozR/ Breitkreuz § 22 Rn. 25 ff.); Aufwendungen für eine **Mietkaution** und für den Erwerb von Genossenschaftsanteilen können bei **vorheriger Zusicherung** durch den am Ort der neuen Unterkunft zuständigen kommunalen Träger als Bedarf anerkannt werden (§ 22 Abs. 6 S. 1 Hs. 2). Erhöhen sich nach einem nicht erforderlichen Umzug die angemessenen Aufwendungen für Unterkunft und Heizung, wird nur der bisherige Bedarf anerkannt (§ 22 Abs. 1 S. 2).

Die Kosten der Unterkunft umfassen sowohl die **laufenden** als auch die **einmalig** entstehenden **103** Aufwendungen (Böttiger Sozialleistungen für Flüchtlinge und Asylbewerber/Steinecke Kap. 3 Rn. 88). Dazu gehören bei **Mietwohnungen** die **Kaltmiete** sowie die **Neben- und Betriebskosten** (Wasser- / Abwassergebühren, Abfallgebühren, Kosten für Aufzug, Gemeinschaftsbeleuchtung, Schornsteinfeger; BeckOK SozR/Breitkreuz § 22 Rn. 3 ff.; Eicher/Luik/Luik § 22 Rn. 35 ff.); umfasst sind insoweit die **Nettokaltmiete und die kalten Betriebskosten** (Eicher/ Luik/Luik § 22 Rn. 46). Die Kosten für einen Kabelanschluss oder eine Garage / einen Pkw-Stellplatz sind nur zu berücksichtigen, wenn sie nicht vermeidbar sind, dh soweit sie im Mietvertrag fest an die Wohnung gekoppelt sind beziehungsweise die Wohnung nicht isoliert anmietbar ist (Böttiger Sozialleistungen für Flüchtlinge und Asylbewerber/Steinecke Kap. 3 Rn. 89). Das gleiche gilt für Kosten für die Nutzung von Einrichtungsgegenständen (Böttiger Sozialleistungen für Flüchtlinge und Asylbewerber/Steinecke Kap. 3 Rn. 89).

Auch **Neben- / Betriebskostennachforderungen** sind Teil der Unterkunftskosten (BeckOK **104** SozR/Breitkreuz § 22 Rn. 4). Diese Kosten (zB Nebenkostenvorauszahlungen oder Nebenkostennachforderungen) sind unabhängig von dem Zeitraum, in dem sie entstanden sind, in dem Monat als Bedarf zu berücksichtigen, in dem sie fällig sind (Böttiger Sozialleistungen für Flüchtlinge und Asylbewerber/Steinecke Kap. 3 Rn. 89). Gegebenenfalls ist daher die Leistung für den Monat der Fälligkeit rückwirkend nach § 48 Abs. 1 S. 2 Nr. 1 SGB X neu zu bestimmen (Böttiger Sozialleistungen für Flüchtlinge und Asylbewerber/Steinecke Kap. 3 Rn. 89). Nach § 22 Abs. 8 können ggf. auch Schulden für Kosten der Unterkunft und Heizung übernommen werden, soweit dies zur Sicherung der Unterkunft oder zur Behebung einer vergleichbaren Notlage gerechtfertigt ist. Sie sollen übernommen werden, wenn dies gerechtfertigt und notwendig ist und sonst Wohnungslosigkeit einzutreten droht.

Zu den berücksichtigungsfähigen Kosten der Unterkunft gehören auch Kosten für **Wohnei- 105 gentum** (vgl. BeckOK SozR/Breitkreuz § 22 Rn. 6; Eicher/Luik/Luik § 22 Rn. 57 ff.). Insoweit können diejenigen notwendigen Ausgaben berücksichtigt werden, die bei einer Berechnung der Einkünfte aus Vermietung und Verpachtung abzusetzen sind (§ 7 Abs. 2 SGB-XII-EinkBV), also insbesondere **Schuldzinsen** für einen Finanzierungskredit (grundsätzlich dagegen **nicht Tilgungsraten;** Eicher/Luik/Luik § 22 Rn. 62), **Betriebskosten,** Grundsteuern, Erhaltungsaufwand und Instandhaltungsrücklage (Böttiger Sozialleistungen für Flüchtlinge und Asylbewerber/ Steinecke Kap. 3 Rn. 90).

Die **Aufteilung der Unterkunftskosten** ist grundsätzlich nach dem **Kopfteilprinzip,** also **106** anteilig pro Kopf, zu ermitteln (BSG BeckRS 2021, 12070; BeckOK SozR/Breitkreuz § 22 Rn. 8, s. dort auch zur temporären Bedarfsgemeinschaft; zur Frage der Nichtmitwirkung einer von mehreren in einer Wohnung lebenden Personen vgl. BSG BeckRS 2018, 6012). Für jedes Bedarfsgemeinschaftsmitglied ist daher sein Anteil an den Kosten der Unterkunft und Heizung entsprechend der Anzahl der zur Bedarfsgemeinschaft gehörenden Personen zu bestimmen und als Bedarf zu berücksichtigen (Böttiger Sozialleistungen für Flüchtlinge und Asylbewerber/Steinecke Kap. 3 Rn. 92). Bei weiteren, nicht zur Bedarfsgemeinschaft gehörende Personen, die im Haushalt leben, ist entsprechend zu verfahren (zB fünf Personen wohnen in der Wohnung, wovon nur vier zur Bedarfsgemeinschaft gehören, so ist für jedes der Mitglieder der Bedarfsgemeinschaft 1/5 der Kosten anzusetzen; Böttiger Sozialleistungen für Flüchtlinge und Asylbewerber/Steinecke Kap. 3 Rn. 92; aus neuerer Zeit vgl. BSG BeckRS 2018, 20327). Dagegen ist bei der Prüfung der **Angemessenheit der Kosten** der Unterkunft und Heizung nur auf die zur Bedarfsgemeinschaft zählenden Personen abzustellen (zB im Beispiel zuvor ist zwar die Aufteilung der Kosten für Unterkunft und Heizung auf fünf Personen abzustellen, die Angemessenheit der Kosten berechnet sich aber alleine nach der vierköpfigen Bedarfsgemeinschaft; BeckOK SozR/Breitkreuz § 22 Rn. 13; Böttiger Sozialleistungen für Flüchtlinge und Asylbewerber/Steinecke Kap. 3 Rn. 93).

Welche Kosten der Unterkunft und Heizung **angemessen** sind, bestimmt sich anhand einer **107** **abstrakten Prüfung** nach der **Wohnungsgröße,** dem Wohnstandard sowie dem **örtlichen**

Mietniveau (BeckOK SozR/Breitkreuz § 22 Rn. 12; Böttiger Sozialleistungen für Flüchtlinge und Asylbewerber/Steinecke Kap. 3 Rn. 94). Die Angemessenheit der Wohnungsgröße richtet sich nach den **landesrechtlichen Vorschriften** über die Förderungswürdigkeit im sozialen Wohnungsbau (Ausführungsbestimmungen der Länder über die Förderung des sozialen Wohnungsbaus zu § 5 Abs. 2 WoFG). Danach liegt **Wohnflächengrenze** (Eicher/Luik/Luik § 22 Rn. 84) für einen Einpersonenhaushalt zwischen 45 und 50 qm, bei einem Zweipersonenhaushalt bei 60 qm bzw. zwei Wohnräumen, bei einem Drei-Personen-Haushalt bei 75 qm bzw. drei Wohnräumen und bei einem Vier-Personen-Haushalt 85–90 qm bzw. vier Wohnräume. Für jede weitere haushaltsangehörige Person kann ein weiterer Raum bzw. 10–15 qm zusätzlich zugrunde gelegt werden. Bezüglich des Wohnstandards ist eine Wohnung angemessen, wenn sie nach Ausstattung, Lage und Bausubstanz einfachen und grundlegenden Bedürfnissen entspricht und keinen gehobenen **Wohnstandard** (s. Eicher/Luik/Luik § 22 Rn. 82) aufweist, dh die Wohnung muss im unteren Segment der nach der Größe in Betracht kommenden Wohnungen liegen. Den räumlichen Vergleichsmaßstab bildet regelmäßig der **Wohnort** (Eicher/Luik/Luik § 22 Rn. 87 ff.). Die **Mietobergrenze** für den konkreten Haushalt ermittelt sich aus der angemessenen Wohnungsgröße multipliziert mit dem am Wohnort / dem kommunalen Vergleichsraum für einfachen Wohnraum angemessenen Quadratmeterpreis („**Produkttheorie**"; BSG BeckRS 2007, 41020; 2008, 55885; BeckOK SozR/Breitkreuz § 22 Rn. 13; Eicher/Luik/Luik § 22 Rn. 78 f.). Liegen die Mietkosten für die von den Hilfebedürftigen bewohnte Wohnung innerhalb der so ermittelten Angemessenheitsgrenze, ist die tatsächliche Ausstattung oder Größe der Wohnung unerheblich. Die maßgebliche Referenzmiete ist vom Jobcenter auf Grundlage eines **schlüssigen Konzepts** (vgl. zB BSG BeckRS 2011, 69030; 2015, 70771 mwN; zur Fortschreibungspflicht vgl. BSG BeckRS 2015, 124382) zu ermitteln. Liegt kein schlüssiges Konzept vor und kann ein solches auch im gerichtlichen Verfahren nicht plausibel nachgeholt werden, sind die Unterkunftskosten bis zur Höhe der Tabelle in § 12 WoGG (für Kaltmiete und kalte Betriebskosten) zuzüglich eines Sicherheitszuschlages (in der Regel 10 %) zu übernehmen.

108   Auch **Heizkosten** sind bis zur Angemessenheitsgrenze in tatsächlich anfallender Höhe zu berücksichtigen (vgl. BeckOK SozR/Breitkreuz § 22 Rn. 15; Eicher/Luik/Luik § 22 Rn. 64). Die **Angemessenheit** der Heizkosten ist in der Regel anhand des bundesweiten beziehungsweise ggf. kommunalen **Heizspiegels** zu ermitteln (Böttiger Sozialleistungen für Flüchtlinge und Asylbewerber/Steinecke Kap. 3 Rn. 95). Zu berücksichtigen sind (Eicher/Luik/Luik § 22 Rn. 65) **laufende** (insbesondere monatliche Abschlagszahlungen) und **einmalige Heizkosten** (zB Beschaffung von Holz oder zum Betanken des Öltanks). Auch die Kosten für den Betriebsstrom der Heizungsanlage stellen zu berücksichtigende Heizkosten dar. Die laufenden oder einmaligen Kosten sowie auch Heizkostennachforderungen nach der Endabrechnung stellen jeweils im Fälligkeitsmonat einen Bedarf dar (Eicher/Luik/Luik § 22 Rn. 67; zur Fälligkeit nach Auszug vgl. BSG BeckRS 2017, 122357).

109   Von der in § 22a eingeräumten Möglichkeit, die angemessenen Unterkunft- und Heizkosten durch **Satzung** zu bestimmen wurde bisher nur in den Bundesländern Berlin, Hessen und Schleswig-Holstein Gebrauch gemacht. Für solche Satzungen gelten §§ 22b und 22c (zum Normenkontrollverfahren vgl. § 55a SGG, § 29 Abs. 2 Nr. 4 SGG).

3. Abweichende Leistungserbringung (§ 24)

110   Kann **im Einzelfall** ein vom Regelbedarf zur Sicherung des Lebensunterhalts umfasster und nach den Umständen unabweisbarer Bedarf nicht gedeckt werden, erbringt die Agentur für Arbeit bei entsprechendem Nachweis den Bedarf als Sachleistung oder als Geldleistung und gewährt der oder dem Leistungsberechtigten ein entsprechendes **Darlehen (§ 24 Abs. 1 S. 1)**. Bei Sachleistungen wird das Darlehen in Höhe des für die Agentur für Arbeit entstandenen Anschaffungswertes gewährt (§ 24 Abs. 1 S. 2). Eine solche Darlehensgewährung kommt für alle durch den Regelbedarf gedeckten Bedarfe (Ernährung, Kleidung, Körperpflege, Hausrat, Bedarfe des täglichen Lebens und eine Teilnahme am kulturellen Leben) in Betracht (Eicher/Luik/Blüggel § 24 Rn. 26; Böttiger Sozialleistungen für Flüchtlinge und Asylbewerber/Steinecke Kap. 3 Rn. 106). Bedarfe, die nicht **vom Regelbedarf umfasst** sind oder speziell geregelt sind, fallen nicht unter § 24 Abs. 1 (vgl. dazu BeckOK SozR/Breitkreuz § 24 Rn. 4). Auch kommt eine Gewährung von Darlehen für **laufende Bedarfe** (zB Kosten des Besuchsrechts; BeckOK SozR/Breitkreuz § 24 Rn. 5b) insoweit nicht in Betracht (s. aber § 21 Abs. 6). Als Darlehen können Leistungen zur Sicherung des Lebensunterhalts auch erbracht werden **(§ 24 Abs. 4)**, soweit in dem Monat, für den die Leistungen erbracht werden, **voraussichtlich Einnahmen anfallen** oder einmalige Einnahmen vorzeitig verbraucht wurden. Darlehensweise Leistungen sind auch möglich, soweit nach § 24 Abs. 5 S. 1

Leistungsberechtigten der sofortige Verbrauch oder die sofortige Verwertung von zu berücksichtigendem Vermögen nicht möglich ist oder für sie eine besondere Härte bedeuten würde.

Darlehen werden nur erbracht, wenn ein Bedarf weder durch Vermögen nach § 12 Abs. 2 **111** S. 1 Nr. 1, Nr. 1a und Nr. 4 noch auf andere Weise gedeckt werden kann (§ 42a Abs. 1 S. 1; vgl. BeckOK SozR/Merten § 42a Rn. 2 ff.). **Rückzahlungsansprüche** bei fortdauerndem Leistungsbezug werden ab dem Monat, der auf die Auszahlung des Darlehens folgt, durch monatliche Aufrechnung iHv 10 % des maßgebenden Regelbedarfs getilgt (§ 42a Abs. 2; vgl. BeckOK SozR/Merten § 42a Rn. 6 ff.). **Nach Ende des Leistungsbezugs** wird der noch nicht getilgte Darlehensbetrag sofort fällig (§ 42a Abs. 4; vgl. BeckOK SozR/Merten § 42a Rn. 10).

Nicht vom Regelbedarf nach § 20 umfasst sind nach § 24 Abs. 3 S. 1 **Bedarfe für Erstaus-** **112** **tungen für die Wohnung** einschließlich Haushaltsgeräten (Ausnahme: § 24 Abs. 6), **Erstausstattungen für Bekleidung** und Erstausstattungen bei **Schwangerschaft und Geburt** sowie Anschaffung und Reparaturen von orthopädischen Schuhen, Reparaturen von **therapeutischen Geräten** und Ausrüstungen sowie die Miete von therapeutischen Geräten. Leistungen für diese Bedarfe werden gesondert erbracht, also nicht als Darlehen, sondern als **Zuschuss.** Diese sog. Einmalbedarfe werden nach § 24 Abs. 3 S. 3 auch erbracht, wenn Leistungsberechtigte keine Leistungen zur Sicherung des Lebensunterhalts einschließlich der angemessenen Kosten für Unterkunft und Heizung benötigen, den Bedarf nach jedoch aus eigenen Kräften und Mitteln nicht voll decken können (vgl. Eicher/Luik/Blüggel § 24 Rn. 130 ff.).

Solange sich Leistungsberechtigte, insbesondere bei **Drogen- oder Alkoholabhängigkeit** **113** sowie im Falle unwirtschaftlichen Verhaltens, als ungeeignet erweisen, mit den Leistungen für den Regelbedarf nach § 20 ihren Bedarf zu decken, kann das Arbeitslosengeld II / Sozialgeld bis zur Höhe des Regelbedarfs für den Lebensunterhalt in voller Höhe oder anteilig in Form von Sachleistungen erbracht werden (§ 24 Abs. 2).

4. Sozialversicherungsbeiträge

In den Fällen den § 26 werden Zuschüsse zu Sozialversicherungsbeiträgen bzw. Beiträgen zu **114** privaten Krankenversicherungen gewährt. Für Personen, die allein durch die Zahlung des Beitrags hilfebedürftig würden (vgl. BeckOK SozR/Breitkreuz § 26 Rn. 6), wird unter den Voraussetzungen des § 26 Abs. 2 S. 1 ein Zuschuss zum Beitrag in Höhe des Betrages geleistet, der notwendig ist, um die Hilfebedürftigkeit zu vermeiden.

5. Leistungen für Auszubildende (§ 27)

Auszubildende, die nach § 7 Abs. 5 von den Leistungen des SGB II ausgeschlossen sind **115** (BeckOK SozR/Breitkreuz § 27 Rn. 2), erhalten Leistungen zur Sicherung des Lebensunterhalts nach Maßgabe des § 27. Insoweit werden Leistungen in Höhe der Mehrbedarfe nach § 21 Abs. 2 (Mehrbedarf bei Schwangerschaft), § 21 Abs. 3 (Mehrbedarf bei Alleinerziehung), § 21 Abs. 5 (Mehrbedarf bei kostenaufwändiger Ernährung) und § 21 Abs. 6 (Mehrbedarf bei unabweisbarem Bedarf) und in Höhe der Leistungen nach § 24 Abs. 3 Nr. 2 (Babyerstausstattung) erbracht, soweit die Mehrbedarfe nicht durch zu berücksichtigendes Einkommen oder Vermögen gedeckt sind. Darüber hinaus können nach § 27 Abs. 3 Leistungen für Regelbedarfe, den Mehrbedarf nach § 21 Abs. 7 (Mehrbedarf bei dezentraler Warmwassererzeugung), Bedarfe für Unterkunft und Heizung, Bedarfe für Bildung und Teilhabe (§ 28) und notwendige Beiträge zur Kranken- und Pflegeversicherung (§ 26) als Darlehen erbracht werden, sofern der Leistungsausschluss eine besondere Härte bedeutet (zum Begriff der besonderen Härte vgl. § 27 Abs. 3 S. 2).

6. Leistungen für Bildung und Teilhabe (§ 28)

Nach § 28 Abs. 1 S. 1 werden Bedarfe für Bildung und Teilhabe am sozialen und kulturellen **116** Leben in der Gemeinschaft bei **Kindern, Jugendlichen und jungen Erwachsenen** neben dem Regelbedarf gesondert berücksichtigt. Bedarfe für Bildung werden nur berücksichtigt bei Personen, die **das 25. Lebensjahr noch nicht vollendet** haben, eine allgemein- oder berufsbildende **Schule besuchen** und **keine Ausbildungsvergütung** erhalten (Schülerinnen und Schüler; BeckOK SozR/Breitkreuz § 28 Rn. 2). Bei **Schülerinnen und Schülern** werden die tatsächlichen Aufwendungen anerkannt für Schulausflüge und mehrtägige Klassenfahrten im Rahmen der schulrechtlichen Bestimmungen. Daneben werden nach den besonderen Regelungen des § 28 Abs. 3–7 Kosten für die Ausstattung mit persönlichem Schulbedarf, Kosten für die Schülerbeförderung, Kosten einer schulische Angebote ergänzenden angemessenen Lernförderung, Kosten der Teilnahme an einer gemeinschaftlichen Mittagsverpflegung und Kosten für Mitgliedsbeiträge in den Bereichen Sport, Spiel, Kultur und Geselligkeit, Unterricht in künstlerischen Fächern (zB Musikunterricht) und vergleichbare angeleitete Aktivitäten der kulturellen Bildung sowie die Teilnahme an Freizeiten erbracht. Zum Teil gilt dies auch für Kinder, die eine Tageseinrichtung besuchen oder für die Kindertagespflege geleistet wird.

117   Die Leistungen der Bildung und Teilhabe werden durch **Sach- und Dienstleistungen,** insbesondere mittels personalisierter Gutscheine oder Direktzahlungen an Anbieter erbracht (§ 29 Abs. 1 S. 1). Dagegen wird der persönliche Schulbedarf und die Kosten der Schülerbeförderung durch Geldleistungen gedeckt (§ 29 Abs. 1 S. 3).

7. Leistungen der Eingliederung in Arbeit (§§ 14 ff.)

118   Das SGB II zielt nicht nur auf eine Existenzsicherung, sondern will auch dazu motivieren, den Lebensunterhalt unabhängig von der Grundsicherung zu bestreiten (§ 1 Abs. 2 S. 1). Dazu gehört es auch, erwerbsfähige Leistungsberechtigte bei der Aufnahme oder Beibehaltung einer Erwerbstätigkeit zu unterstützen. Ausgedrückt wird dies im Grundsatz des **„Förderns und Forderns".** Dazu unterstützen die Behörden des SGB II erwerbsfähige Leistungsberechtigte umfassend mit dem Ziel der Eingliederung in Arbeit (§ 14 Abs. 1). Dazu erhalten leistungsberechtigte Personen Beratung. Aufgabe der Beratung ist insbesondere die Erteilung von Auskunft und Rat zu Selbsthilfeobliegenheiten und Mitwirkungspflichten, zur Berechnung der Leistungen zur Sicherung des Lebensunterhalts und zur Auswahl der Leistungen im Rahmen des Eingliederungsprozesses. Art und Umfang der Beratung richten sich nach dem Beratungsbedarf der leistungsberechtigten Person.

119   Die Agentur für Arbeit soll nach § 15 Abs. 1 unverzüglich zusammen mit jeder erwerbsfähigen leistungsberechtigten Person die für die Eingliederung erforderlichen persönlichen Merkmale, berufliche Fähigkeiten und die Eignung feststellen (Potenzialanalyse). Die Feststellungen erstrecken sich auch darauf, ob und durch welche Umstände die berufliche Eingliederung voraussichtlich erschwert sein wird.

120   **Zur Eingliederung in Arbeit** erbringt die Agentur für Arbeit die **Vermittlungsleistungen** (in Ausbildung bzw. Arbeit) nach § 35 SGB III (§ 16 Abs. 1 S. 1). Darüber hinaus können nach pflichtgemäßem Ermessen (§ 16 Abs. 1 S. 2) die übrigen Leistungen der Beratung und Vermittlung (§§ 29–43 SGB III; zB Berufsorientierung, Eignungsfeststellung, Potenzialanalyse), Leistungen zur Aktivierung und beruflichen Eingliederung (§§ 44–47 SGB III; zB Förderung aus dem Vermittlungsbudget), Leistungen zur Berufsausbildung nach dem (§§ 73–80 SGB III) und Leistungen nach § 54a SGB III (Übernahme von Maßnahmekosten) und § 130 SGB III (Assistierte Ausbildung), Leistungen zur beruflichen Weiterbildung nach den §§ 81–87 SGB III und Leistungen nach den §§ 131a und 131b SGB III (Weiterbildungsförderung in der Altenpflege), sowie Leistungen zur Aufnahme einer sozialversicherungspflichtigen Beschäftigung nach den §§ 88–92 SGB III (Eingliederungszuschuss) erbringen. Darüber hinaus können nach § 16a **kommunale Eingliederungsleistungen** (Betreuung minderjähriger oder behinderter Kinder oder die häusliche Pflege von Angehörigen, **Schuldnerberatung,** psychosoziale Betreuung, Suchtberatung) erbracht werden. Auch sieht § 16b die Möglichkeit der Förderung mit einem Einstiegsgeld, § 16c eine Möglichkeit zur Förderung der Aufnahme und Ausübung selbstständiger Tätigkeiten und § 16d die Zuweisung in Arbeitsgelegenheiten vor. Zur Eingliederung Langzeitarbeitsloser enthält § 16e die Möglichkeit einer Förderung von Arbeitsverhältnissen durch Zuschüsse zum Arbeitsentgelt. Auch ist eine freie Förderung eine zur Eingliederung in Arbeit nach § 16f und für schwer zu erreichende junge Menschen eine besondere Förderung in § 16h vorgesehen. Leistungen an Arbeitgeber sieht § 16i vor.

121   Mit der erwerbsfähigen leistungsberechtigten Person sollen die für ihre Eingliederung erforderlichen Leistungen in einer sog. **Eingliederungsvereinbarung** vereinbart werden (§ 15 Abs. 2 S. 1). Dazu soll in der Eingliederungsvereinbarung bestimmt werden, welche Leistungen zur Eingliederung in Ausbildung oder Arbeit die leistungsberechtigte Person erhält, welche Bemühungen erwerbsfähige Leistungsberechtigte in welcher Häufigkeit zur Eingliederung in Arbeit mindestens unternehmen sollen und in welcher Form diese Bemühungen nachzuweisen sind, wie Leistungen anderer Leistungsträger in den Eingliederungsprozess einbezogen werden. Die Eingliederungsvereinbarung soll regelmäßig, spätestens jedoch nach Ablauf von sechs Monaten, gemeinsam überprüft und fortgeschrieben werden (§ 15 Abs. 3). Kommt eine Eingliederungsvereinbarung nicht zustande, sollen die Regelungen durch Verwaltungsakt getroffen werden (§ 15 Abs. 3 S. 3). Verstöße gegen die Eingliederungsvereinbarung können zu Sanktionen nach §§ 31 ff. führen.

E. Sanktionen bei Pflichtverletzungen

Im Sinne des Grundsatzes des „Förderns und Forderns" (→ Rn. 118) sieht das SGB II nicht nur **122** Leistungen und Leistungsanreize, sondern auch **Sanktionsmöglichkeiten** bei **Pflichtverstößen/ Obliegenheitsverletzungen** vor (vgl. BeckOK SozR/Burkiczak § 31 Rn. 2). Nach § 31 Abs. 1 S. 1 verletzen erwerbsfähige Leistungsberechtigte ihre Pflichten, wenn sie trotz **schriftlicher Belehrung über die Rechtsfolgen** oder deren Kenntnis sich weigern, in der **Eingliederungsvereinbarung** oder in dem diese ersetzenden Verwaltungsakt nach § 15 Abs. 3 S. 3 SGB III festgelegte Pflichten zu erfüllen (vgl. BeckOK SozR/Burkiczak § 31 Rn. 10 ff.), insbesondere in ausreichendem Umfang Eigenbemühungen nachzuweisen (Nr. 1), sich weigern, eine zumutbare (vgl. § 10) **Arbeit,** Ausbildung, Arbeitsgelegenheit nach § 16d oder ein nach § 16e gefördertes Arbeitsverhältnis **aufzunehmen,** fortzuführen oder deren Anbahnung durch ihr Verhalten verhindern (Nr. 2; vgl. BeckOK SozR/Burkiczak § 31 Rn. 16 ff.; Eicher/Luik/Knickrehm/Hahn § 31 Rn. 27 ff.) oder eine zumutbare Maßnahme zur Eingliederung in Arbeit nicht antreten, abbrechen oder Anlass für den Abbruch gegeben haben (Nr. 3; vgl. BeckOK SozR/Burkiczak § 31 Rn. 22 ff.). Dies gilt nicht, wenn erwerbsfähige Leistungsberechtigte einen **wichtigen Grund** für ihr Verhalten darlegen und nachweisen (vgl. BeckOK SozR/Burkiczak § 31 Rn. 37 ff.; Eicher/Luik/Knickrehm/Hahn § 31 Rn. 63 ff.).

Eine **Pflichtverletzung von erwerbsfähigen Leistungsberechtigten** ist nach § 31 Abs. 2 **123 auch anzunehmen,** wenn sie nach Vollendung des 18. Lebensjahres ihr Einkommen oder Vermögen in der Absicht vermindert haben, die Voraussetzungen für die Gewährung oder Erhöhung des Arbeitslosengeldes II herbeizuführen (Nr. 1; dazu vgl. BeckOK SozR/Burkiczak § 31 Rn. 26 ff.), sie trotz Belehrung über die Rechtsfolgen oder deren Kenntnis ihr **unwirtschaftliches Verhalten fortsetzen** (Nr. 2; vgl. BeckOK SozR/Burkiczak § 31 Rn. 30 f.), ihr Anspruch auf Arbeitslosengeld ruht oder erloschen ist, weil die Agentur für Arbeit das Eintreten einer **Sperrzeit** (§ 159 SGB III) oder das Erlöschen des Anspruchs (§ 161 SGB III) **nach den Vorschriften des SGB III** festgestellt hat (Nr. 3; vgl. BeckOK SozR/Burkiczak § 31 Rn. 32 f.) oder sie die im SGB III genannten Voraussetzungen für das Eintreten einer Sperrzeit (§ 159 SGB III) erfüllen, die das Ruhen oder Erlöschen eines Anspruchs auf Arbeitslosengeld begründen (Nr. 4; vgl. BeckOK SozR/Burkiczak § 31 Rn. 37 ff.).

Bei einer Pflichtverletzung **mindert sich das Arbeitslosengeld II** in einer **ersten Stufe** um **124** 30 % des für die erwerbsfähige leistungsberechtigte Person (zu nichterwerbsfähigen Leistungsberechtigten vgl. § 31a Abs. 4) maßgebenden Regelbedarfs (vgl. BeckOK SozR/Burkiczak § 31a Rn. 2 ff.; zum Beginn und der Dauer der Sanktion vgl. § 31b). Bei der ersten **wiederholten Pflichtverletzung** mindert sich das Arbeitslosengeld II um 60 % des für die erwerbsfähige leistungsberechtigte Person maßgebenden Regelbedarfs (vgl. BeckOK SozR/Burkiczak § 31a Rn. 4). Bei jeder weiteren wiederholten Pflichtverletzung entfällt das Arbeitslosengeld II vollständig (§ 31 a Abs. 1; BeckOK SozR/Burkiczak § 31a Rn. 5 f.; zu erwerbsfähigen Leistungsberechtigten, die das 25. Lebensjahr noch nicht vollendet haben, vgl. § 31a Abs. 2). Bei einer Minderung des Arbeitslosengeldes II um mehr als 30 % des maßgebenden Regelbedarfs kann der Träger auf Antrag in angemessenem Umfang ergänzende **Sachleistungen** oder geldwerte Leistungen erbringen (§ 31a Abs. 3 S. 1); solche Leistungen sind zu erbringen, wenn Leistungsberechtigte mit minderjährigen Kindern in einem Haushalt leben.

Mit Urteil v. 5.11.2019 hat das **BVerfG** (NJW 2019, 3703) ausgeführt, dass mit der grundrecht- **125** lichen Gewährleistung eines menschenwürdigen Existenzminimums (Art. 1 Abs. 1 GG iVm Art. 20 Abs. 1 GG) einheitlich die physische und soziokulturelle Existenz gesichert werden muss. Der Anspruch fundierende Menschenwürde steht allen zu und geht selbst durch vermeintlich „unwürdiges" Verhalten nicht verloren. Das Grundgesetz verwehrt es dem Gesetzgeber aber nicht, die Inanspruchnahme existenzsichernder Leistungen an den Nachranggrundsatz zu binden, also nur dann zur Verfügung zu stellen, wenn Menschen ihre Existenz nicht vorrangig selbst sichern können, sondern wirkliche Bedürftigkeit vorliegt. Der Gesetzgeber kann erwerbsfähigen Menschen, die nicht in der Lage sind, ihre Existenz selbst zu sichern und die deshalb staatliche Leistungen in Anspruch nehmen, abverlangen, selbst zumutbar an der Vermeidung oder Überwindung der eigenen Bedürftigkeit aktiv mitzuwirken (BVerfG NJW 2019, 3703). Er darf sich auch dafür entscheiden, insoweit verhältnismäßige Pflichten mit wiederum verhältnismäßigen Sanktionen durchzusetzen. Wird eine Mitwirkungspflicht zur Überwindung der eigenen Bedürftigkeit ohne wichtigen Grund nicht erfüllt und sanktioniert der Gesetzgeber das durch den vorübergehenden Entzug existenzsichernder Leistungen, schafft er eine außerordentliche Belastung (BVerfG NJW 2019, 3703). Dies unterliegt strengen Anforderungen der Verhältnismäßigkeit; der sonst weite Einschätzungsspielraum zur Eignung, Erforderlichkeit und Zumutbarkeit von Regelungen zur

Ausgestaltung des Sozialstaates ist hier beschränkt. Prognosen zu den Wirkungen solcher Regelungen müssen hinreichend verlässlich sein; je länger die Regelungen in Kraft sind und der Gesetzgeber damit in der Lage ist, fundierte Einschätzungen zu erlangen, umso weniger genügt es, sich auf plausible Annahmen zu stützen (BVerfG NJW 2019, 3703). Zudem muss es den Betroffenen tatsächlich möglich sein, die Minderung existenzsichernder Leistungen durch eigenes Verhalten abzuwenden; es muss also in ihrer eigenen Verantwortung liegen, in zumutbarer Weise die Voraussetzungen dafür zu schaffen, die Leistung auch nach einer Minderung wieder zu erhalten (BVerfG NJW 2019, 3703). Das BVerfG hat daher § 31a Abs. 1 S. 1–3 idF des Gesetzes zur Ermittlung von Regelbedarfen und zur Änderung des Zweiten und Zwölften Buches Sozialgesetzbuch v. 24.3.2011 (BGBl. I 453) sowie der Bekanntmachung der Neufassung des SGB II v. 13.5.2011 (BGBl. I 850), geändert durch das Gesetz zur Verbesserung der Eingliederungschancen am Arbeitsmarkt v. 20.12.2011 (BGBl. I 2854), geändert durch das Neunte Gesetz zur Änderung des Zweiten Buches Sozialgesetzbuch – Rechtsvereinfachung – sowie zur vorübergehenden Aussetzung der Insolvenzantragspflicht v. 26.7.2016 (BGBl. I 1824), für Fälle des § 31 Abs. 1 in der genannten Fassung **mit Art. 1 Abs. 1 GG in Verbindung mit dem Sozialstaatsprinzip des Art. 20 Abs. 1 GG für unvereinbar erklärt,**

- soweit die Höhe der Leistungsminderung bei einer erneuten Verletzung einer Pflicht nach § 31 Abs. 1 die Höhe von 30 % des maßgebenden Regelbedarfs übersteigt,
- soweit eine Sanktion nach § 31a Abs. 1 S. 1–3 zwingend zu verhängen ist, auch wenn außergewöhnliche Härten vorliegen, und
- soweit § 31b Abs. 1 S. 3 für alle Leistungsminderungen ungeachtet der Erfüllung einer Mitwirkungspflicht oder der Bereitschaft dazu eine starre Dauer von drei Monaten vorgibt.

126 Bis zum Inkrafttreten der Neuregelung durch den Gesetzgeber sind § 31a Abs. 1 S. 1–3 und § 31b Abs. 1 S. 3 in Fällen des § 31 Abs. 1 nur mit weiteren vom BVerfG bestimmten Übergangsregelungen weiter anwendbar (BVerfG NJW 2019, 3703).

Sozialgesetzbuch (SGB) Zwölftes Buch (XII) – Sozialhilfe –

Vom 27. Dezember 2003

(BGBl. I S. 3022)

FNA 860-12

– in Auszügen kommentiert –

§ 23 Sozialhilfe für Ausländerinnen und Ausländer

(1) ¹Ausländern, die sich im Inland tatsächlich aufhalten, ist Hilfe zum Lebensunterhalt, Hilfe bei Krankheit, Hilfe bei Schwangerschaft und Mutterschaft sowie Hilfe zur Pflege nach diesem Buch zu leisten. ²Die Vorschriften des Vierten Kapitels bleiben unberührt. ³Im Übrigen kann Sozialhilfe geleistet werden, soweit dies im Einzelfall gerechtfertigt ist. ⁴Die Einschränkungen nach Satz 1 gelten nicht für Ausländer, die im Besitz einer Niederlassungserlaubnis oder eines befristeten Aufenthaltstitels sind und sich voraussichtlich dauerhaft im Bundesgebiet aufhalten. ⁵Rechtsvorschriften, nach denen außer den in Satz 1 genannten Leistungen auch sonstige Sozialhilfe zu leisten ist oder geleistet werden soll, bleiben unberührt.

(2) Leistungsberechtigte nach § 1 des Asylbewerberleistungsgesetzes erhalten keine Leistungen der Sozialhilfe.

(3) ¹Ausländer und ihre Familienangehörigen erhalten keine Leistungen nach Absatz 1 oder nach dem Vierten Kapitel, wenn

1. sie weder in der Bundesrepublik Deutschland Arbeitnehmer oder Selbständige noch auf Grund des § 2 Absatz 3 des Freizügigkeitsgesetzes/EU freizügigkeitsberechtigt sind, für die ersten drei Monate ihres Aufenthalts,
2. sie kein Aufenthaltsrecht haben oder sich ihr Aufenthaltsrecht allein aus dem Zweck der Arbeitsuche ergibt oder
3. sie eingereist sind, um Sozialhilfe zu erlangen.

[2]Satz 1 Nummer 1 und 3 gilt nicht für Ausländerinnen und Ausländer, die sich mit einem Aufenthaltstitel nach Kapitel 2 Abschnitt 5 des Aufenthaltsgesetzes in der Bundesrepublik Deutschland aufhalten. [3]Hilfebedürftigen Ausländern, die Satz 1 unterfallen, werden bis zur Ausreise, längstens jedoch für einen Zeitraum von einem Monat, einmalig innerhalb von zwei Jahren nur eingeschränkte Hilfen gewährt, um den Zeitraum bis zur Ausreise zu überbrücken (Überbrückungsleistungen); die Zweijahresfrist beginnt mit dem Erhalt der Überbrückungsleistungen nach Satz 3. [4]Hierüber und über die Möglichkeit der Leistungen nach Absatz 3a sind die Leistungsberechtigten zu unterrichten. [5]Die Überbrückungsleistungen umfassen:

1. Leistungen zur Deckung der Bedarfe für Ernährung sowie Körper- und Gesundheitspflege,
2. Leistungen zur Deckung der Bedarfe für Unterkunft und Heizung in angemessener Höhe, einschließlich der Bedarfe nach § 35 Absatz 4 und § 30 Absatz 7,
3. die zur Behandlung akuter Erkrankungen und Schmerzzustände erforderliche ärztliche und zahnärztliche Behandlung einschließlich der Versorgung mit Arznei- und Verbandmitteln sowie sonstiger zur Genesung, zur Besserung oder zur Linderung von Krankheiten oder Krankheitsfolgen erforderlichen Leistungen und
4. Leistungen nach § 50 Nummer 1 bis 3.

[6]Soweit dies im Einzelfall besondere Umstände erfordern, werden Leistungsberechtigten nach Satz 3 zur Überwindung einer besonderen Härte andere Leistungen im Sinne von Absatz 1 gewährt; ebenso sind Leistungen über einen Zeitraum von einem Monat hinaus zu erbringen, soweit dies im Einzelfall auf Grund besonderer Umstände zur Überwindung einer besonderen Härte und zur Deckung einer zeitlich befristeten Bedarfslage geboten ist. [7]Abweichend von Satz 1 Nummer 2 erhalten Ausländer und ihre Familienangehörigen Leistungen nach Absatz 1 Satz 1 und 2, wenn sie sich seit mindestens fünf Jahren ohne wesentliche Unterbrechung im Bundesgebiet aufhalten; dies gilt nicht, wenn der Verlust des Rechts nach § 2 Absatz 1 des Freizügigkeitsgesetzes/EU festgestellt wurde. [8]Die Frist nach Satz 7 beginnt mit der Anmeldung bei der zuständigen Meldebehörde. [9]Zeiten des nicht rechtmäßigen Aufenthalts, in denen eine Ausreisepflicht besteht, werden auf Zeiten des tatsächlichen Aufenthalts nicht angerechnet. [10]Ausländerrechtliche Bestimmungen bleiben unberührt.

(3a) [1]Neben den Überbrückungsleistungen werden auf Antrag auch die angemessenen Kosten der Rückreise übernommen. [2]Satz 1 gilt entsprechend, soweit die Personen allein durch die angemessenen Kosten der Rückreise die in Absatz 3 Satz 5 Nummer 1 und 2 genannten Bedarfe nicht aus eigenen Mitteln oder mit Hilfe Dritter decken können. [3]Die Leistung ist als Darlehen zu erbringen.

(4) Ausländer, denen Sozialhilfe geleistet wird, sind auf für sie zutreffende Rückführungs- und Weiterwanderungsprogramme hinzuweisen; in geeigneten Fällen ist auf eine Inanspruchnahme solcher Programme hinzuwirken.

(5) [1]Hält sich ein Ausländer entgegen einer räumlichen Beschränkung im Bundesgebiet auf oder wählt er seinen Wohnsitz entgegen einer Wohnsitzauflage oder einer Wohnsitzregelung nach § 12a des Aufenthaltsgesetzes im Bundesgebiet, darf der für den Aufenthaltsort örtlich zuständige Träger nur die nach den Umständen des Einzelfalls gebotene Leistung erbringen. [2]Unabweisbar geboten ist regelmäßig nur eine Reisebeihilfe zur Deckung des Bedarfs für die Reise zu dem Wohnort, an dem ein Ausländer seinen Wohnsitz zu nehmen hat. [3]In den Fällen des § 12a Absatz 1 und 4 des Aufenthaltsgesetzes ist regelmäßig eine Reisebeihilfe zu dem Ort im Bundesgebiet zu gewähren, an dem der Ausländer die Wohnsitznahme begehrt und an dem seine Wohnsitznahme zulässig ist. [4]Der örtlich zuständige Träger am Aufenthaltsort informiert den bislang örtlich zuständigen Träger darüber, ob Leistungen nach Satz 1 bewilligt worden sind. [5]Die Sätze 1 und 2 gelten auch für Ausländer, die eine räumlich nicht beschränkte Aufenthaltserlaubnis nach den §§ 23a, 24 Absatz 1 oder § 25 Absatz 4 oder 5 des Aufenthaltsgesetzes besitzen, wenn sie sich außerhalb des Landes aufhalten, in dem der Aufenthaltstitel erstmals erteilt worden ist. [6]Satz 5 findet keine Anwendung, wenn der Wechsel in ein anderes Land zur Wahrnehmung der Rechte zum Schutz der Ehe und Familie nach Artikel 6 des Grundgesetzes oder aus vergleichbar wichtigen Gründen gerechtfertigt ist.

A. Allgemeines

1   Das SGB II (**Grundsicherung für Arbeitsuchende** v. 24.12.2003, BGBl. I 2954) ersetzte zusammen mit dem SGB XII (**Sozialhilfe** v. 27.12.2003, BGBl. I 3022) zum 1.1.2005 die frühere **Arbeitslosenhilfe** nach dem **SGB III** und die **Sozialhilfe** nach dem **BSHG** (Bundessozialhilfegesetz v. 23.3.1994, BGBl. I 646). Das bisherige Nebeneinander zweier staatlicher Fürsorgesysteme – der Arbeitslosenhilfe und der Sozialhilfe für Erwerbsfähige – wurde als ineffizient, intransparent und wenig bürgerfreundlich befunden (BT-Drs. 15/1516, 1).

2   Mit dem SGB XII sollte das Recht der Sozialhilfe **weiterentwickelt** werden. Dabei bildet das neue **System für die Bemessung der Regelsätze** einen besonderen Schwerpunkt (BT-Drs. 15/1514, 1). Die bisherigen einmaligen Leistungen wurden bis auf wenige Ausnahmen in den Regelsatz einbezogen (BT-Drs. 15/1514, 1). Das neue Sozialhilferecht soll zugleich das **Referenzsystem** für zahlreiche, insbesondere steuerfinanzierte Fürsorgeleistungen, einschließlich des Arbeitslosengeldes II (SGB II) darstellen (BT-Drs. 15/1514, 1).

3   Für die in der Sozialhilfe verbleibenden Leistungsberechtigten wurden die Instrumente zur **Förderung eines aktiven Lebens** und zur **Überwindung der Bedürftigkeit** ausgebaut (BT-Drs. 15/1514, 2), jedoch vom Leistungsberechtigten auch verlangt, eine größere **Verantwortung zu übernehmen** bzw. andernfalls auch Nachteile in Kauf nehmen müssen (BT-Drs. 15/1514, 2). Entsprechend dem bereits zuvor eingeleiteten **Paradigmenwechsel** wurden behinderte und pflegebedürftige Menschen stärker als bisher darin unterstützt, ein **möglichst selbstständiges und selbstbestimmtes Leben** zu führen (BT-Drs. 15/1514, 2).

4   Aufgabe der Sozialhilfe ist es nach § 1 S. 1, den Leistungsberechtigten die **Führung eines Lebens zu ermöglichen,** das der **Würde des Menschen** entspricht. Die Leistung soll sie so weit wie möglich befähigen, unabhängig von ihr zu leben; darauf haben auch die Leistungsberechtigten nach ihren Kräften hinzuarbeiten. Zur Erreichung dieser Ziele haben die Leistungsberechtigten und die Träger der Sozialhilfe im Rahmen ihrer Rechte und Pflichten zusammenzuwirken (§ 1 S. 3).

5   Die Sozialhilfeleistungen sind gegenüber anderen Leistungen grundsätzlich **nachrangig**. So erhält Sozialhilfe nicht, wer sich vor allem durch Einsatz seiner Arbeitskraft, seines Einkommens und seines Vermögens selbst helfen kann oder wer **die erforderliche Leistung von anderen,** insbesondere von Angehörigen oder von Trägern anderer Sozialleistungen, erhält (§ 2 Abs. 1). Verpflichtungen anderer, insbesondere Unterhaltspflichtiger oder der Träger anderer Sozialleistungen, bleiben unberührt. Auf Rechtsvorschriften beruhende Leistungen anderer dürfen nicht deshalb versagt werden, weil nach dem Recht der Sozialhilfe entsprechende Leistungen vorgesehen

sind (§ 2 Abs. 2 S. 2). Die Nachrangigkeit der Sozialhilfeleistungen kommt auch im Aufwendungsersatzanspruch des § 19 Abs. 5 (BeckOK SozR/Groth § 19 Rn. 22; GWF/Deckers § 19 Rn. 2) sowie in Regelungen zum Anspruchsübergang (§§ 93, 94) oder zum Kostenersatz (zB §§ 102–105) zu Ausdruck.

B. Leistungsberechtigte in der Sozialhilfe

I. § 19 als Anspruchsgrundlage und Regelung des berechtigten Personenkreises

§ 19 bestimmt nicht nur den leistungsberechtigten Personenkreis, sondern enthält in § 19 **6** Abs. 1–3 auch die grundlegenden **Anspruchsgrundlagen** für alle Sozialhilfeleistungen des SGB XII (KKW/Krauß § 19 Rn. 1; BeckOK SozR/Groth § 19 Überblick). § 19 Abs. 1 betrifft insoweit die Hilfe zum Lebensunterhalt, § 19 Abs. 2 die Ansprüche auf Leistungen der Grundsicherung im Alter und bei Erwerbsminderung und § 19 Abs. 3 Ansprüche auf Hilfen zur Gesundheit, Eingliederungshilfe für behinderte Menschen (bis 31.12.2019 noch im SGB XII, seither im SGB IX geregelt), Hilfe zur Pflege, Hilfe zur Überwindung besonderer sozialer Schwierigkeiten und Hilfen in anderen Lebenslagen.

II. Leistungsberechtigte für Hilfen zum Lebensunterhalt (§ 19 Abs. 1)

Nach § 19 Abs. 1 ist Hilfe zum Lebensunterhalt (zu den ausführenden Regelungen vgl. **§§ 27– 7** **40**) Personen zu leisten, die ihren notwendigen Lebensunterhalt nicht oder nicht ausreichend aus eigenen Kräften und Mitteln, insbesondere aus ihrem Einkommen und Vermögen, bestreiten können. Mit dieser Regelung zur Anspruchsgrundlage und zum anspruchsberechtigten Personenkreis wird zugleich auch der **Nachranggrundsatz** des § 2 Abs. 1 betont (BeckOK SozR/Groth § 19 Rn. 1; GWF/Deckers § 19 Rn. 10 ff.). Hilfen zum Lebensunterhalt, also **existenzsichernde Leistungen** der Allgemeinheit, sollen erst dann in Anspruch genommen werden können, wenn durch eigene zumutbare Anstrengungen, eigenes Einkommen und Vermögen sowie andere soziale Leistungen der bestehende Bedarf nicht gedeckt werden kann (BeckOK SozR/Groth § 19 Rn. 1). Sozialhilfebedürftigkeit bedeutet insoweit, dass der gesetzlich vorgesehene Bedarf **aus eigenen Mitteln nicht gedeckt** werden kann (BeckOK SozR/Groth § 19 Rn. 1; GWF/Deckers § 19 Rn. 12).

Berücksichtigt werden bei der Hilfe zum Lebensunterhalt zunächst die eigenen Mittel der **8** betroffenen Person. **Zusätzlich** werden nach § 27 Abs. 2 S. 2 auch Einkommen und Vermögen von **nicht getrennt lebenden Ehegatten oder Lebenspartnern,** Partnern in **eheähnlichen und lebenspartnerschaftsähnlichen Gemeinschaften** und **Eltern** berücksichtigt (BeckOK SozR/Groth § 19 Rn. 2). Insoweit kommt es maßgeblich auf das Vorliegen einer **Einsatzgemeinschaft** iSd § 27 Abs. 2 S. 2 an. Eine vertikale Zuordnung von Einkommen und Vermögen zu bestimmten Personen innerhalb der Haushaltsgemeinschaft ist damit aber nicht mehr bestimmt (BeckOK SozR/Groth § 19 Rn. 4). Wie im SGB II, so besteht auch im SGB XII **kein gemeinsamer Anspruch der Mitglieder der Haushaltsgemeinschaft;** es bestehen auch hier **nur individuelle Ansprüche.** Jedoch besagt § 27 Abs. 2 S. 2 und S. 3 – anders als § 9 Abs. 2 S. 3 SGB II – nicht, in welches Verhältnis der jeweilige Anteil am Gesamteinkommen zum individuellen Bedarf zu setzen ist (BeckOK SozR/Groth § 19 Rn. 5).

Zur **Einsatzgemeinschaft** mit der bedürftigen Person gehören der nicht dauernd getrenntle **9** bende Ehepartner bzw. Lebenspartner im Sinne des LPartG (Lebenspartnerschaftsgesetz v. 16.2.2001, BGBl. I 266; vgl. § 27 Abs. 2 S. 2). Zur Bestimmung eines dauerhaften Getrenntlebens ist nicht auf familienrechtliche Maßstäbe abzustellen (BeckOK SozR/Groth § 19 Rn. 9). Maßgeblich ist nach sozialhilferechtlichen Grundsätzen, ob jedenfalls ein Partner äußerlich erkennbar zum Ausdruck gebracht hat, dass eine Trennung auf Dauer vollzogen werden soll (BeckOK SozR/Groth § 19 Rn. 9).

Zur Einsatzgemeinschaft zählen auch **nichteheliche Lebenspartner** (vgl. KKW/Krauß § 20 **10** Rn. 2; BeckOK SozR/Groth § 20 Rn. 4a ff.). Denn **§ 20 S. 1** bestimmt, dass Personen, die in eheähnlicher oder lebenspartnerschaftsähnlicher Gemeinschaft leben, hinsichtlich der Voraussetzungen sowie des Umfangs der Sozialhilfe nicht bessergestellt werden dürfen als Ehegatten; § 39 gilt entsprechend.

Zur Einsatzgemeinschaft gehören auch **minderjährige unverheiratete Kinder** (§ 27 Abs. 2 **11** S. 3), wenn sie ihren Bedarf nicht aus eigenem Einkommen oder Vermögen decken können. Deckt dagegen das Einkommen des Kindes dessen Bedarf, gehört es nicht mehr zur Einsatzgemeinschaft, auch wird sein bedarfsüberschießendes Einkommen bei den bedürftigen Eltern bzw. Personen der Einsatzgemeinschaft nicht berücksichtigt (BeckOK SozR/Groth § 19 Rn. 10).

12   **§ 19 Abs. 4** enthält eine Sonderregelung zu den Bestimmungen über die Einsatzgemeinschaft für den Fall, dass eine **schwangere Person** (vgl. GWF/Deckers § 19 Rn. 17) oder **Mutter eines Kleinkindes** bis zu dessen vollendeten Lebensjahres, im Haushalt ihrer Eltern oder eines Elternteils lebt. In diesem Fall wird das Einkommen und Vermögen der Eltern für diese Person nicht berücksichtigt. Aus der Sonderregelung zur Nichtberücksichtigung des Einkommens und Vermögens der Eltern ergibt sich, dass die schwangere Person bzw. Mutter des Kindes minderjährig sein muss (BeckOK SozR/Groth § 19 Rn. 16; im Übrigen vgl. § 39 S. 3 Nr. 1 und § 94 Abs. 1 S. 4 Hs. 2). Wird die Mutter volljährig, bevor das Kind das sechste Lebensjahr vollendet hat, endet die Einsatzgemeinschaft schon dem Grunde nach.

III. Leistungsberechtigte für Grundsicherung im Alter und bei Erwerbsminderung (§ 19 Abs. 2)

13   Nach **§ 19 Abs. 2** ist Grundsicherung im Alter und bei Erwerbsminderung (§§ 41–46b) Personen zu leisten, die die Altersgrenze nach § 41 Abs. 2 erreicht haben oder das 18. Lebensjahr vollendet haben und dauerhaft voll erwerbsgemindert sind, sofern sie ihren notwendigen Lebensunterhalt nicht oder nicht ausreichend aus eigenen Kräften und Mitteln, insbesondere aus ihrem Einkommen und Vermögen, bestreiten können. Die Leistungen der Grundsicherung im Alter und bei Erwerbsminderung gehen der Hilfe zum Lebensunterhalt vor.

14   Wie schon § 19 Abs. 1 für die Hilfe zum Lebensunterhalt, so beinhaltet § 19 Abs. 2 sowohl die **Anspruchsgrundlage** für die Leistungen der Grundsicherung im Alter und bei Erwerbsminderung als auch die Bestimmung des leistungsberechtigten Personenkreises (BeckOK SozR/Groth § 19 Rn. 11). Auch insoweit kommt zum Ausdruck, dass diese Leistungen grundsätzlich anderen Leistungen gegenüber nachrangig sind. Sie gehen jedoch den Leistungen der Hilfe zum Lebensunterhalt vor (§ 19 Abs. 2 S. 2).

15   Auch Grundsicherung im Alter und bei Erwerbsminderung soll erst dann in Anspruch genommen werden können, wenn durch **eigene zumutbare Anstrengungen, eigenes Einkommen und Vermögen** sowie andere soziale Leistungen der bestehende Bedarf nicht gedeckt werden kann (BeckOK SozR/Groth § 19 Rn. 12).

16   Berücksichtigt werden auch bei der Hilfe zum Lebensunterhalt zunächst die **eigenen Mittel** der betroffenen Person. Zusätzlich werden auch Einkommen und Vermögen des **nicht getrennt lebenden Ehegatten** oder Lebenspartners sowie des Partners einer **eheähnlichen oder lebenspartnerschaftsähnlichen Gemeinschaft**, die dessen notwendigen Lebensunterhalt nach § 27a übersteigen, berücksichtigt (§ 42 Abs. 1 S. 2; zu den Besonderheiten der Einkommens- und Vermögensberücksichtigung bei der Grundsicherung im Alter und bei Erwerbsminderung vgl. § 43; zu einer Übersicht vgl. → Rn. 126 ff.). Insoweit kommt es maßgeblich auf das Vorliegen einer **Einsatzgemeinschaft** an. Jedoch bestehen auch hier nur individuelle Ansprüche der bedürftigen Person, nicht jedoch Ansprüche der Einsatzgemeinschaft.

17   Einkommen und Vermögen des Partners der bedürftigen Person sind jedoch nur insoweit zu berücksichtigen, als sie dessen **notwendigen Lebensunterhalt übersteigen** (§ 43 Abs. 1 S. 2). Genügt daher das Einkommen bzw. Vermögen des Partners nur zur Deckung seines eigenen individuellen Bedarfs, reicht es aber nicht aus, auch den Bedarf der leistungsberechtigten Person zu decken, wird der Partner – anders als im SGB II – nicht durch eine Mitberücksichtigung der hilfebedürftigen Person selbst hilfebedürftig. Auch bleiben Unterhaltsansprüche nach den Maßgaben des § 43 Abs. 5 unberücksichtigt (BeckOK SozR/Groth § 19 Rn. 14a).

18   **§ 19 Abs. 4** enthält eine Sonderregelung zu den Bestimmungen über die Einsatzgemeinschaft für den Fall, dass eine **schwangere Person** (vgl. GWF/Deckers § 19 Rn. 17) oder **Mutter eines Kleinkindes** bis zu dessen vollendeten Lebensjahres, im Haushalt ihrer Eltern oder eines Elternteils lebt (vgl. → Rn. 126).

19   Bei der Frage der zumutbare eigenen Anstrengungen zur Verminderung bzw. Vermeidung von Hilfebedürftigkeit ist zu beachten, dass die leistungsberechtigten Personen entweder alt oder auf Dauer voll erwerbsgemindert sind. Insoweit kann sich eine Einschränkung des zumutbaren Tätigkeitsprofils bedeuten (BeckOK SozR/Groth § 19 Rn. 12).

IV. Leistungsberechtigte für sonstige Sozialhilfeleistungen (§ 19 Abs. 3)

20   § 19 Abs. 3 enthält Regelungen zu den übrigen, nicht von § 19 Abs. 1 und Abs. 2 erfassten Sozialhilfeleistungen; das sind die Hilfe zur Gesundheit (§§ 47–52), die Eingliederungshilfe für behinderte Menschen (bis 31.12.2019: §§ 53–60a, seit 1.1.2020 vgl. §§ 90 ff. SGB IX), die Hilfe zur Pflege (§§ 61–66a), die Hilfe zur Überwindung besonderer sozialer Schwierigkeiten (§§ 67–69) und die Hilfen in anderen Lebenslagen (§§ 70–74). Diese Hilfen werden geleistet, soweit den

Leistungsberechtigten, ihren nicht getrennt lebenden Ehegatten oder Lebenspartnern und, wenn sie minderjährig und unverheiratet sind, auch ihren Eltern oder einem Elternteil, mithin der Einsatzgemeinschaft, die Aufbringung der Mittel aus dem Einkommen und Vermögen nach den Vorschriften des Elften Kapitels dieses Buches nicht zuzumuten ist. Insoweit stellt § 19 Abs. 3 die grundlegende **Anspruchsnorm** dar (BeckOK SozR/Groth § 19 Rn. 18; zu eheähnlichen und lebenspartnerschaftsähnlichen Lebensgemeinschaften vgl. § 20; zur Einkommens- und Vermögensberücksichtigung bei minderjährigen schwangeren Personen bzw. Müttern, die ein Kind vor Vollendung des sechsten Lebensjahres erziehen vgl. § 19 Abs. 4; → Rn. 12).

V. Leistungsberechtigte nach dem SGB II

Personen, die nach dem SGB II als Erwerbsfähige oder als Angehörige dem Grunde nach **21** leistungsberechtigt sind (vgl. → SGB II § 7 Rn. 13 ff.), erhalten nach § 21 keine **Leistungen für den Lebensunterhalt;** andere Sozialhilfeleistungen sind aber nicht ausgeschlossen. Damit soll eine eindeutige Zuordnung zu nur einem Leistungssystem ermöglicht werden (vgl. BeckOK SozR/Groth § 21 Rn. 1). Wer dem Grunde nach nach dem SGB II leistungsberechtigt ist, soll nicht zusätzlich sozialhilfeberechtigt sein (zur gemischten Bedarfsgemeinschaft im SGB II vgl. → SGB II § 7 Rn. 18). Abweichend können jedoch bei Personen, die zwar dem Grunde nach dem SGB II leistungsberechtigt, konkret aber nicht im Sinne des SGB II hilfebedürftig sind (§ 9 SGB II; vgl. → SGB II § 7 Rn. 39 ff.), Leistungen nach § 36 (**Bedarf für Bildung und Teilhabe**) in Betracht kommen (§ 21 S. 2).

Bestehen über die **Zuständigkeit** zwischen den beteiligten Leistungsträgern unterschiedliche **22** Auffassungen, so ist der Träger der Sozialhilfe für die Leistungsberechtigung bei Hilfen zum Lebensunterhalt und bei der Grundsicherung im Alter und bei Erwerbsminderung an die Feststellung einer vollen Erwerbsminderung iSd § 43 Abs. 2 S. 3 SGB VI und nach Abschluss des Widerspruchsverfahrens an die Entscheidung der Agentur für Arbeit zur Erwerbsfähigkeit nach § 44a Abs. 1 SGB II gebunden (zum Ganzen vgl. BeckOK SozR/Groth § 21 Rn. 8 ff.). Damit stellt nicht der Träger der Sozialhilfe letztverbindlich die Erwerbsminderung bzw. die Leistungsberechtigung nach dem SGB II fest; vielmehr ist diese nach dem Verfahren des SGB II (vgl. § 44a SGB II) zu ermitteln.

VI. Auszubildende als Leistungsberechtigte

§ 22 enthält für Auszubildende Sonderregelungen. Auszubildende, deren Ausbildung im Rah- **23** men des BAföG (Bundesausbildungsförderungsgesetz v. 7.12.2010, BGBl. I 1952) oder der §§ 51, 57 und 58 SGB III dem Grunde nach förderungsfähig ist, haben grundsätzlich keinen Anspruch auf Hilfe zum Lebensunterhalt und Grundsicherung im Alter und bei Erwerbsminderung. Insoweit kommt es nicht darauf an, ob die Ausbildung tatsächlich gefördert wird, sondern darauf, ob **abstrakt** die Ausbildung **förderungsfähig** ist (BeckOK SozR/Groth § 22 Rn. 2) In besonderen Härtefällen (dazu vgl. BeckOK SozR/Groth § 22 Rn. 11 ff.) können diese Leistungen aber als Beihilfe oder Darlehen gewährt werden (§ 22 Abs. 1 S. 2).

Der Ausschluss von Auszubildenden von Sozialhilfeleistungen, der im Grunde dem Ausschluss **24** der Auszubildenden auch von SGB II-Leistungen (vgl. → SGB II § 7 Rn. 86 f.) entspricht, gilt im Sinne einer Gegenausnahme nicht (vgl. BeckOK SozR/Groth § 22 Rn. 15 ff.), wenn Auszubildende, die aufgrund von § 2 Abs. 1a BAföG keinen Anspruch auf Ausbildungsförderung oder aufgrund von § 60 Abs. 1 und 2 SGB III keinen Anspruch auf Berufsausbildungsbeihilfe haben (vgl. § 22 Abs. 2 Nr. 1), der Bedarf der auszubildenden Person sich nach § 12 Abs. 1 Nr. 1 BAföG oder nach § 62 Abs. 1 SGB III bemisst (§ 22 Abs. 2 Nr. 2) oder die auszubildende Person eine Abendhauptschule, eine Abendrealschule oder ein Abendgymnasium besucht (§ 22 Abs. 2 Nr. 3), sofern sie aufgrund von § 10 Abs. 3 BAföG keinen Anspruch auf Ausbildungsförderung hat.

VII. Sozialhilfe für Ausländerinnen und Ausländer (§ 23)

1. Ausländerinnen und Ausländer

Das SGB XII definiert den Begriff der Ausländerin bzw. des Ausländers nicht. Vielmehr knüpft **25** § 23 an die **Vorgaben des Ausländerrechts** an (BeckOK SozR/Groth Rn. 1; GWF/Deckers Rn. 19). Nach § 2 Abs. 1 AufenthG ist Ausländer jeder, der nicht **Deutscher iSd Art. 116 Abs. 1 GG** ist. Ausländer ist damit, wer nicht die deutsche Staatsangehörigkeit besitzt und auch nicht als Flüchtling oder Vertriebener deutscher Volkszugehörigkeit oder als dessen Ehegatte oder

Abkömmling in dem Gebiete des Deutschen Reiches nach dem Stande v. 31.12.1937 Aufnahme gefunden hatte. **Spätaussiedler** (§ 4 Abs. 2, Abs. 3 BVFG) sind nicht Ausländer, sondern Deutsche (LPK-SGB XII/Birk Rn. 2; GWF/Deckers Rn. 19; jurisPK-SGB XII/Siefert Rn. 28) und unterfallen daher nicht dem Anwendungsbereich des § 23. Personen mit **doppelter Staatsangehörigkeit,** von denen eine die Deutsche ist, sind keine Ausländer (GWF/Deckers Rn. 19). Dagegen sind **staatenlose Personen** und Staatsangehörige der **EU-Mitgliedsstaaten** (vgl. GWF/Deckers Rn. 21 ff.) Ausländer (GK-SRB/Fasselt Rn. 5; GWF/Deckers Rn. 19).

2. Sozialhilfeleistungen an Ausländerinnen und Ausländer (§ 23 Abs. 1)

26   **a) Anspruchsleistungen (§ 23 Abs. 1 S. 1 und S. 2).** Ausländerinnen und Ausländern haben bei **tatsächlichem Aufenthalt** im Bundesgebiet nur in begrenztem Umfang, quasi im Rahmen einer Grundversorgung (GWF/Deckers Rn. 6, 38) Zugang zu den Sozialhilfeleistungen; im Ausland besteht für Ausländerinnen und Ausländer kein Leistungsanspruch (KKW/Krauß Rn. 3 BeckOK SozR/Groth Rn. 3; zu Deutschen im Ausland vgl. § 24). Soweit danach überhaupt sozialhilferechtliche Leistungsansprüche für Ausländerinnen und Ausländer in Betracht kommen, ist der tatsächliche, also **körperliche Aufenthalt** (jurisPK-SGB XII/Siefert Rn. 31; GWF/Deckers Rn. 42) **im Bundesgebiet,** der auch nur ganz vorübergehend sein kann (BeckOK SozR/Groth Rn. 3), Voraussetzung der Leistung. Die Rechtmäßigkeit des Aufenthalts ist zunächst nicht Leistungsvoraussetzung (BeckOK SozR/Groth Rn. 3; GWF/Deckers Rn. 42), ein rechtswidriger Aufenthalt kann aber ggf. zu Leistungsausschlüssen führen (vgl. § 23 Abs. 3).

27   Die Ausländerinnen und Ausländern zu gewährenden Leistungen umfassen nach § 23 Abs. 1 S. 1 die **Hilfe zum Lebensunterhalt** (§§ 27–40), die **Hilfe bei Krankheit** (§ 48), die **Hilfe bei Schwangerschaft und Mutterschaft** (§ 50) sowie Hilfe zur Pflege (§ 61–66a). Auch Leistungen der **Grundsicherung im Alter und bei Erwerbsminderung** sind möglich (§ 23 Abs. 1 S. 2 iVm §§ 41–46b; LPK-SGB XII/Birk Rn. 14). Damit gehören die Leistungen der Eingliederungshilfe für behinderte Menschen (§§ 53–60a; ab 1.1.2020: §§ 90 ff. SGB IX), die Hilfe zur Überwindung besonderer sozialer Schwierigkeiten (§§ 67–69), die Hilfen in anderen Lebenslagen (§§ 70–74) sowie die vorbeugende Gesundheitshilfe (§ 47), die Hilfe zur Familienplanung (§ 49) und die Hilfe bei Sterilisation (§ 51) nicht zu den Ausländerinnen und Ausländern zu gewährenden Sozialhilfeleistungen (BeckOK SozR/Groth Rn. 5; GWF/Deckers Rn. 40). Um die nach § 23 Abs. 1 S. 1 möglichen Leistungen erhalten zu können, müssen die **jeweiligen Leistungsvoraussetzungen** (§ 19 in Verbindung mit den jeweiligen Regelungen) erfüllt sein (GWF/Deckers Rn. 41). Insoweit handelt es sich bei § 23 Abs. 1 S. 1 um **Rechtsgrundverweisungen** auf die jeweiligen materiellen Leistungsvoraussetzungen (GWF/Deckers Rn. 41).

28   **b) Kann-Leistungen (§ 23 Abs. 1 S. 3).** Die nach § 23 Abs. 1 S. 1 nicht an Ausländerinnen und Ausländer zu erbringenden Leistungen können jedoch gewährt werden (sog. **Kann-Leistungen**), wenn dies im Einzelfall gerechtfertigt ist (§ 23 Abs. 1 S. 3). Die Leistungsgewährung steht insoweit im **pflichtgemäßen Ermessen** des jeweiligen Trägers der Sozialhilfe (GWF/Deckers Rn. 44), auch wenn es sich bei der jeweiligen Leistung an sich um eine Anspruchsleistung handelt. § 17 Abs. 2 gilt. Jedoch kann auch im Wege des § 23 Abs. 1 S. 3 nicht ein Leistungsausschluss nach § 23 Abs. 3 umgangen werden (BeckOK SozR/Groth Rn. 6).

29   Die Erbringung dieser Kann-Leistungen setzt nicht nur voraus, dass die Leistungsvoraussetzungen der jeweiligen Sozialhilfeleistung erfüllt sind, sondern auch, dass die **Erbringung der Sozialhilfeleistung gerechtfertigt** ist. Damit begründet das Vorhandensein eines sozialhilferechtlichen Bedarfs noch keine Kann-Leistung (BeckOK SozR/Groth Rn. 7). Im Hinblick auf das auch sich im Bundesgebiet aufhaltenden Ausländerinnen und Ausländern zustehende Grundrecht auf ein menschenwürdiges Existenzminimum (Art. 1 Abs. 1 GG iVm Art. 20 Abs. 1 GG) ist der Ermessensspielraum jedenfalls insoweit stark eingeschränkt, als bei mittellosen Bedürftigen existenzsichernde Leistungen in Frage stehen. Jedoch kann insoweit eine von den Regelungen des SGB XII abweichende Leistungserbringung, zB hinsichtlich der Höhe der Leistungen, der Dauer der Leistungsbewilligung und der Form der Leistungserbringung (zB Sachleistungen und Gutscheine statt Geldleistungen) im Ermessenswege bestimmt werden (BeckOK SozR/Groth Rn. 7). Teilweise wird es auch für möglich erachtet, Vermögen über die Bestimmungen des § 90 Abs. 2 und Abs. 3 einem Leistungsanspruch entgegenzuhalten (BeckOK SozR/Groth Rn. 7; aA GWF/Deckers Rn. 44). Die **Frage der Rechtfertigung** ist daher weniger eine Frage der Bedürftigkeit, sondern diejenige nach einer Gleichstellung mit Deutschen. Daher wird zutreffend vertreten, dass eine Rechtfertigung iSd § 23 Abs. 1 S. 3 desto eher gegeben ist, **je stärker die Bindungen** der Ausländerin bzw. des Ausländers **an die Bundesrepublik Deutschland** sind (BeckOK SozR/Groth Rn. 7; GWF/Deckers Rn. 44). Insoweit können im Rahmen einer **Prog-**

nose die bisherige und voraussichtliche Aufenthaltsdauer, die Integration in den hiesigen Arbeitsmarkt und verwandtschaftliche Beziehungen zu Deutschen oder mögliche Anschlusshilfen im Ausland berücksichtigt werden (BeckOK SozR/Groth Rn. 7).

c) Sonderregelungen für Ausländerinnen und Ausländer mit verfestigtem Aufenthalts- 30 **status (§ 23 Abs. 1 S. 4).** Ausländerinnen und Ausländer mit, die aufgrund eines der in Abs. 1 S. 4 genannten Aufenthaltstitels einen **verfestigten Aufenthaltsstatus** haben, erhalten über die Beschränkungen des § 23 Abs. 1 S. 1 und S. 3 hinaus Sozialhilfeleistungen. Denn diese stehen bezogen auf die zu erbringenden Leistungen Deutschen grundsätzlich gleich; Abs. 5 gilt jedoch. § 23 Abs. 1 S. 4 lässt aber nicht das **Erfordernis eines tatsächlichen Aufenthalts im Inland** entfallen, soweit dort von den „Einschränkungen nach Satz 1" die Rede ist, ist der Leistungsumfang, nicht aber ein Verzicht auf den tatsächlichen Aufenthalt gemeint (BSG BeckRS 2018, 17574).

Diese Gleichstellung wegen eines verfestigten Aufenthalts hat **zwei Voraussetzungen;** zum 31 einen bedarf es eines entsprechenden **Aufenthaltstitels** (vgl. Böttiger Sozialleistungen für Flüchtlinge und Asylbewerber/Maußhardt Kap. 18), also einer Niederlassungserlaubnis nach § 9 Abs. 1 AufenthG oder eines befristeten Aufenthaltserlaubnis nach § 7 Abs. 1 AufenthG, zum anderen muss bei **prognostischer Betrachtung** (jurisPK–SGB XII/Siefert Rn. 38) zu erwarten sein, dass sich die Ausländerin bzw. der Ausländer **voraussichtlich dauerhaft im Bundesgebiet aufhalten** werden (§ 23 Abs. 1 S. 4). Letzteres kann angenommen werden, wenn der Aufenthaltstitel zur Ausübung einer Erwerbstätigkeit nach § 18 Abs. 2 AufenthG oder zur Herstellung und Wahrung der familiären Lebensgemeinschaft berechtigt (BeckOK SozR/Groth Rn. 10) oder bei sog. Kontingentflüchtlingen (GWF/Deckers Rn. 32).

d) Sonderregelungen für bestimmte andere Gruppen (§ 23 Abs. 1 S. 5). Der beschränkte 32 Zugang zu Sozialhilfeleistungen iSd § 23 Abs. 1 S. 1 und S. 3 gilt nicht für Ausländerinnen und Ausländer, denen aufgrund anderer Rechtsvorschriften weitere Leistungen der Sozialhilfe zu erbringen sind oder erbracht wird. Dies betrifft vor allem **Personengruppen, die Deutschen** aufgrund inner- oder zwischenstaatlichen Rechts **gleichgestellt sind** (BeckOK SozR/Groth Rn. 11). Erfasst sind so zB Bürger von **Mitgliedstaaten der Europäischen Union** (vgl. jurisPK–SGB XII/Siefert Rn. 40; GWF/Deckers Rn. 21 ff.), Staatsangehörige aus den **EWR-Staaten** und **Schweizer Staatsangehörige** (GWF/Deckers Rn. 34) sowie **anerkannte Flüchtlinge** im Sinne der GFK (vgl. jurisPK–SGB XII/Siefert Rn. 48 ff.; GWF/Deckers Rn. 29 f.) sowie anerkannte Asylberechtigte nach § 2 Abs. 1 AsylG (BeckOK SozR/Groth Rn. 12, 13; GWF/Deckers Rn. 31). Für Personen, auf die das **EUFuersAbk** (Europäisches Fürsorgeabkommen v. 11.12.1953, BGBl. 1956 II 564) anwendbar ist, gelten weitere Sonderregelungen (BeckOK SozR/Groth Rn. 14; GWF/Deckers Rn. 35 ff.).

3. Leistungsausschluss für Leistungsberechtigte nach dem AsylbLG (§ 23 Abs. 2)

Nach § 23 Abs. 2 erhalten **Leistungsberechtigte nach § 1 AsylbLG** keine Leistungen der 33 Sozialhilfe. Der Ausschluss bezieht sich auf alle Ausländerinnen und Ausländer, die dem Grunde nach, nach § 1 AsylbLG leistungsberechtigt sind (BeckOK SozR/Groth Rn. 15). Dieser Personenkreis ist in § 1 AsylbLG **abschließend** beschrieben; wer dort nicht erfasst ist, unterliegt auch nicht dem Leistungsausschluss nach § 23 Abs. 2 (jurisPK-SGB XII/Siefert Rn. 59). Auch wenn AsylbLG-Leistungen zu Unrecht bewilligt sind, die Bewilligung aber noch nicht wieder aufgehoben ist, besteht der Leistungsausschluss des § 23 Abs. 2. Wird die ausländische Person als asylberechtigt anerkannt, unterfällt diese nicht mehr der Leistungsberechtigung des § 1 AsylbLG und damit auch nicht mehr dem Leistungsausschluss nach § 23 Abs. 2 (GWF/Deckers Rn. 17).

Der von § 23 Abs. 2 erfasste Personenkreis erhält Leistungen nach dem AsylbLG, sodass dessen 34 **Existenzminimum gesichert** ist. Selbst wenn nach einer Aufenthaltsdauer von 15 Monaten Leistungen entsprechend dem SGB XII (sog. **Analog-Leistungen**) gewährt werden (§ 2 Abs. 1 AsylbLG), handelt es sich weiterhin um Leistungen nach dem AsylbLG, die zum Leistungsausschluss nach § 23 Abs. 2 führen (KKW/Krauß Rn. 9; BeckOK SozR/Groth Rn. 15; GWF/Deckers Rn. 16).

4. Leistungsausschlüsse (§ 23 Abs. 3)

a) Leistungsausschluss. § 23 Abs. 3 S. 1 einen Leistungsausschluss für bestimmte Ausländer- 35 gruppen. Erfasst ist der Ausländer/die Ausländerin selbst, wie auch ihre Familienangehörigen. Die Regelung führt zum vollständigen Ausschluss von Sozialhilfeleistungen. Sie erhalten lediglich zeitlich befristete Übergangsleistungen nach § 123 Abs. 3 S. 3) bzw. Härtefallleistungen (§ 23 Abs. 3 S. 6). § 23 Abs. 3 S. 2 und S. 7 enthalten wiederum Gegenausnahmen und eröffnen den Zugang zu Sozialhilfeleistungen unter bestimmten Voraussetzungen.

36   § 23 Abs. 3 wurde mWv 29.12.2016 in **Reaktion auf die Rechtsprechung des BSG** (BSGE 120, 149 = NJW 2016, 1464; BSG BeckRS 2016, 65445; 2016, 70028; 2016, 67701; 2016, 69696; 2016, 70234) **mWv 29.12.2016 neu geregelt** (Art. 2 des Gesetzes zur Regelung von Ansprüchen ausländischer Personen in der Grundsicherung für Arbeitsuchende nach dem Zweiten Buch Sozialgesetzbuch und in der Sozialhilfe nach dem Zwölften Buch Sozialgesetzbuch v. 22.12.2016, BGBl. I 3155). Eine Anwendung der Vorschrift auf Zeiträume zuvor scheidet daher aus (BSG BeckRS 2017, 118149; BeckOK SozR/Groth Rn. 16), eine Anwendung der Rechtsprechung des BSG auf spätere Zeiträume ebenfalls. Im Hinblick auf das Urteil des EuGH v. 6.10.2020 (BeckRS 2020, 25300), wonach die bisherige Regelung in § 7 Abs. 1 S. 2 Nr. 2 lit. c SGB II als unionsrechtswidrig bewertet wurde, wurde zum 1.1.2021 in § 23 Abs. 3 S. 1 die bisherige Nr. 3 aufgehoben (zu den Gesetzesmaterialien vgl. BT-Drs. 19/24034, 32).

37   Die Ausschlusstatbestände des Abs. 3 S. 1 korrespondieren weitgehend mit denjenigen des **§ 7 Abs. 1 S. 2 Nr. 2 SGB II** (LSG LSA BeckRS 2021, 12232; BeckOK SozR/Groth Rn. 16a). Zur Sicherung des unmittelbaren Existenzminimums werden bis zur Ausreise des Ausländers **Überbrückungsleistungen** für kurze Zeiträume (in der Regel höchstens ein Monat) gewährt. Erst ein **fünfjähriger Aufenthalt** in der Bundesrepublik Deutschland ohne wesentliche Unterbrechungen führt zum Ende dieser Leistungsbeschränkung (§ 23 Abs. 3 S. 7).

38   Diese Regelungen werden teilweise dem Grunde nach, teilweise hinsichtlich einzelner Regelungen **verfassungsrechtlich für problematisch** erachtet (BeckOK SozR/Groth Rn. 16b). Mit der Rechtsprechung des **BVerfG** ist das menschenwürdige Existenzminimum nach Art. 1 Abs. 1 GG iVm Art. 20 Abs. 1 GG auch bei Ausländern in jedem Fall und zu jeder Zeit des Aufenthalts in Deutschland sicherzustellen (BVerfGE 132, 134 = NVwZ 2012, 1024; BVerfGE 125, 175 = NJW 2010, 505). Schwierig dürfte daher die Leistungsbeschränkung der Überbrückungsleistungen im Hinblick auf Umfang und Dauer der Leistung sein (BeckOK SozR/Groth Rn. 16b). Auch wird eine Ungleichbehandlung mit den Berechtigten der höheren Leistungen nach § 1 AsylbLG als verfassungsrechtlich problematisch angesehen (BeckOK SozR/Groth Rn. 16b). Dagegen hat die Rechtsprechung die Regelung für verfassungsgemäß gehalten (so zB LSG BW BeckRS 2018, 32695; LSG Bln-Bbg BeckRS 2017, 139145; BayLSG BeckRS 2017, 110199; LSG NRW BeckRS 2017, 105642). Auch unter europarechtlichen Gesichtspunkten wurde jedenfalls die Regelung des § 23 Abs. 3 S. 1 Nr. 3 als problematisch angesehen (BeckOK SozR/Groth Rn. 16m, 16n). Diese Regelung wurde im Hinblick auf das Urteil des EuGH v. 6.10.2020 (BeckRS 2020, 25300) zum 1.1.2021 aufgehoben (zu den Gesetzesmaterialien vgl. BT-Drs. 19/24034, 32).

39   **b) Nichtanwendbarkeit der Ausschlusstatbestände?** § 23 Abs. 3 ist auf Staatsangehörige der **Vertragsstaaten des EUFuersAbk** (Europäisches Fürsorgeabkommen v. 11.12.1953, BGBl. 1956 II 564) nur zum Teil anwendbar (BeckOK SozR/Groth Rn. 16d). Denn hier gilt das Gleichbehandlungsgebot des Art. 1 EUFuersAbk (BSG BeckRS 2016, 66863; 2016, 66863; 2016, 66863; vgl. LSG Bln-Bbg BeckRS 2017, 139145; 2017, 122015; LSG BW BeckRS 2017, 119494; aA LSG Nds-Brem BeckRS 2018, 11651; LSG Bln-Bbg BeckRS 2017 129500; LSG LSA BeckRS 2017, 129061). Ausgeschlossene erwerbsfähige Personen können nach der Rechtsprechung auch über Art. 1 EUFuersAbk keine Leistungen nach dem SGB XII erhalten. Denn nach Art. 1 EUFuersAbk ist die Bundesrepublik Deutschland als Vertragspartner (die anderen Vertragspartner sind: Belgien, Dänemark, Estland, Frankreich, Griechenland, Irland, Island, Italien, Luxemburg, Malta, Niederlande, Norwegen, Portugal, Schweden, Spanien, Türkei und das Vereinigte Königreich) verpflichtet den Personen, die Staatsangehöriger eines anderen Vertragsstaates sind, in gleicher Weise wie seinen eigenen Staatsangehörigen und unter den gleichen Bedingungen Leistungen zu gewähren (LSG Bln-Bbg BeckRS 2017, 129500). Denn auch bundesdeutschen Staatsangehörigen werden Leistungen nach dem SGB XII nur gewährt, wenn sie nicht dem Grunde nach leistungsberechtigt nach dem SGB II sind (§ 21; so LSG Bln-Bbg BeckRS 2017, 129500). Sind damit auch inländische Personen unter der maßgeblichen Altersgrenze des § 41 Abs. 2 bzw. § 7a SGB II und inländische erwerbsfähige Personen von Leistungen nach dem SGB XII ausgeschlossen, steht ihnen auch über Art. 1 EUFuersAbk kein weitergehender Leistungsanspruch zu (LSG Bln-Bbg BeckRS 2017, 129500). Der seitens der Bundesregierung erklärte Vorbehalt v. 19.12.2011 (BGBl. 2012 II 144) beschränkt sich auf die SGB II-Leistungen (BeckOK SozR/Groth Rn. 16d) und der Hilfe zur Überwindung besonderer sozialer Schwierigkeiten iSd §§ 67–69 (jurisPK-SGB XII/Siefert Rn. 43). Es ist auch nicht Ziel des EUFuersAbk, dass bereits bedürftige Personen die Möglichkeit erhalten, unter den Vertragsstaaten das Land aussuchen zu können, in dem sie Sozialhilfeleistungen in Anspruch nehmen wollen (OVG Bln BeckRS 2003, 18239; vgl. SG Darmstadt BeckRS 2006, 136; vgl. auch BeckOK SozR/Groth Rn. 16d). Insoweit dürften die Leistungsausschlüsse nach § 23 Abs. 3 S. 1 Nr. 1 und Nr. 4 auch auf Staatsangehörige der Vertragsstaaten des EUFuersAbk anzuwenden sein (BeckOK SozR/Groth Rn. 16d). Dagegen ist das LSG

Nds-Brem (NZS 2014, 720) der Auffassung, alle Leistungsausschlüsse nach § 23 Abs. 3 S. 1 seien auf Ausländer, die sich auf das Gleichbehandlungsrecht des Art. 1 EUFuersAbk berufen können, nicht anwendbar.

Nicht anwendbar ist § 23 Abs. 3 S. 1 auch dann, wenn die Bundesrepublik Deutschland **40** mit dem Herkunftsstaat **bilaterale Fürsorgeabkommen** geschlossen hat, die in der konkreten Hilfebedarfssituation einen Anspruch auf Gleichbehandlung mit deutschen Staatsangehörigen vorsehen (BeckOK SozR/Groth Rn. 16e). Insoweit gilt mit **Österreich** das Abkommen der Bundesrepublik Deutschland mit der Republik Österreich über Fürsorge und Jugendwohlfahrtspflege v. 17.1.1966 (BGBl. 1969 II 1) und mit der **Schweiz** die Vereinbarung zwischen der Bundesrepublik Deutschland und der Schweizerischen Eidgenossenschaft über die Fürsorge für Hilfsbedürftige v. 14.7.1952 (BGBl. 1953 II 31).

c) Die Ausschlusstatbestände des § 23 Abs. 3 S. 1: Allgemeines. § 23 Abs. 3 S. 1 schließt **41** sowohl die hilfebedürftige ausländische Person als auch deren **Familienangehörigen** von den Sozialhilfeleistungen aus. Als Familienangehörige sind alle diejenigen Personen anzusehen, die von der ausländischen Person ihr **Aufenthaltsrecht ableiten** (vgl. § 3 Abs. 2 FreizügG/EU; jurisPK-SGB XII/Siefert Rn. 77) und mit ihr **eine Einsatzgemeinschaft** (vgl. → Rn. 8 f.) **bilden** (BeckOK SozR/Groth Rn. 16f). Steht diesen Personen dagegen aus eigenem Recht ein Leistungsanspruch nach dem SGB XII zu, weil sie zB selbst deutsche Staatsangehörige oder vom Ausschluss selbst ausgenommen sind (dann aber beachte § 21), werden diese Personen auch nicht als Familienangehörige einer ausländischen Person wieder von den Leistungen ausgeschlossen (BeckOK SozR/Groth Rn. 16f). Damit dürfte sich die Erweiterung des Leistungsausschlusses auf Familienangehörige eher als bloß deklaratorisch darstellen.

Der Leistungsausschluss bezieht sich **umfassend** auf alle in § 23 Abs. 1 genannten Leistungen, **42** **einschließlich** der sog. **Kann-Leistungen** nach § 23 Abs. 1 S. 3 (BayLSG BeckRS 2017, 153135; KKW/Krauß Rn. 10; jurisPK-SGB XII/Siefert Rn. 65) und auf die Leistungen des Vierten Kapitels des SGB XII (Grundsicherung im Alter und bei Erwerbsminderung, §§ 41–46b; GWF/ Deckers Rn. 47). **Auch Eingliederungshilfeleistungen** nach dem SGB XII waren damit ausgeschlossen (BayLSG BeckRS 2017, 153135); die Leistungen der Eingliederungshilfe finden sich ab 1.1.2020 in den §§ 90 ff. SGB XII und folgen den dort genannten Kriterien. Bei einem Ausländer, der vom Leistungsausschluss im Recht der Sozialhilfe erfasst ist, kommt daher auch nicht eine Leistungsgewährung aufgrund der Umstände des Einzelfalls als Ermessensleistung in Betracht (LSG NRW BeckRS 2017, 125165). Die ausgeschlossene Person kann **allenfalls Übergangs- und Härtefallleistungen** nach § 23 Abs. 3 S. 3 und S. 6) erhalten. Auch Ermessensleistungen nach § 23 Abs. 1 S. 3 sind ausgeschlossen (BeckOK SozR/Groth Rn. 16g unter Hinweis auf BT-Drs. 18/10211, 13). Damit ist auch die anderslautende frühere Rechtsprechung (vgl. zB BSGE 120, 149 = NJW 2016, 1464) obsolet.

Leistungsausschluss bei kurzer Aufenthaltsdauer. § 23 Abs. 3 S. 1 Nr. 1 (zur Gegenaus- **43** nahme vgl. § 23 Abs. 3 S. 2; vgl. → Rn. 55) schließt Ausländer und ihre Familienangehörige für die Dauer **der ersten drei Monate ihres Aufenthalts** in der Bundesrepublik Deutschland von den Leistungen aus, wenn sie weder in der Bundesrepublik Deutschland als Arbeitnehmer oder als Selbstständige noch aufgrund des § 2 Abs. 3 FreizügG/EU freizügigkeitsberechtigt sind. Die Regelung zielt zunächst auf Unionsbürger, die sich bis zu drei Monaten mit einem gültigen Reisedokument in der Bundesrepublik Deutschland aufhalten dürfen (§ 2 Abs. 5 S. 1 FreizügG/ EU) und will verhindern, dass diese Personen schon in einem so frühen Stadium des Aufenthalts die Berechtigung zum Bezug von Sozialhilfeleistungen erhalten (BeckOK SozR/Groth Rn. 16h). Die Regelung erfasst aber auch alle anderen Ausländer aus Drittstaaten. Die Regelung ist europarechtskonform (EuGH NVwZ 2016, 450).

Lediglich **Arbeitnehmer** (vgl. § 2 Abs. 2 Nr. 1 FreizügG/EU) oder **Selbstständige** (vgl. **44** § 2 Abs. 2 Nr. 2 FreizügG/EU) **und Personen,** die aufgrund des § 2 Abs. 3 FreizügG/EU freizügigkeitsberechtigt sind, unterliegen nicht dem Leistungsausschluss nach § 23 Abs. 3 S. 1 Nr. 1. Bei Arbeitnehmern und Selbstständigen stellt sich jedoch auch bei Nichtanwendung des Ausschlusstatbestandes des § 23 Abs. 3 S. 1 Nr. 1 die Frage, ob ein Leistungsanspruch besteht. Denn bei diesen Personen dürfte es sich um erwerbsfähige Personen handeln, deren Anspruch bereits nach **§ 21** ausgeschlossen sein dürfte. Im Hinblick auf eine freizügigkeitsrechtlich, also europarechtlich geprägte Auslegung des Begriffs (jurisPK-SGB XII/Siefert Rn. 79) des Arbeitnehmers und des Selbstständigen dürfte entscheidend sei, ob die Tätigkeit tatsächlich und echt und nicht völlig untergeordnet und unwesentlich ist (BeckOK SozR/Groth Rn. 16i; GWF/Deckers Rn. 51; EuGH NJW 1983, 1249). Als **Arbeitnehmer** ist jeder anzusehen, der eine tatsächliche und echte Tätigkeit ausübt, wobei Tätigkeiten außer Betracht bleiben, die einen so geringen Umfang haben, dass sie sich als völlig untergeordnet und unwesentlich darstellen (EuGH BeckRS

2009, 70604). Damit muss die Tätigkeit als Arbeitnehmer – und auch als Selbstständiger – nicht ausreichen, um den gesamten Lebensunterhalt erwirtschaften zu können, doch darf die Tätigkeit nicht lediglich einen solch geringen Umfang haben, dass sie im Hinblick auf Lohn oder Gehalt von völlig untergeordneter Bedeutung ist (GWF/Deckers Rn. 51). Bei **Selbstständigen** kommt es dabei nicht auf die Anmeldung eines Gewerbes an, sondern auf die tatsächliche Aufnahme und Ausübung einer wirtschaftlichen Tätigkeit (BSG BeckRS 2016, 65666; LSG Bln-Bbg BeckRS 2017, 102645).

45   Nach **§ 2 Abs. 3 S. 1 FreizügG/EU** bleibt für Arbeitnehmer und selbstständig Erwerbstätige das Freizügigkeitsrecht **aufrechterhalten** bei vorübergehender Erwerbsminderung infolge Krankheit oder Unfall (§ 2 Abs. 3 S. 1 Nr. 1 FreizügG/EU), bei unfreiwilliger durch die zuständige Agentur für Arbeit bestätigter Arbeitslosigkeit oder Einstellung einer selbstständigen Tätigkeit infolge von Umständen, auf die der Selbstständige keinen Einfluss hatte, nach mehr als einem Jahr Tätigkeit (§ 2 Abs. 3 S. 1 Nr. 2 FreizügG/EU) oder bei Aufnahme einer Berufsausbildung, wenn zwischen der Ausbildung und der früheren Erwerbstätigkeit ein Zusammenhang besteht (§ 2 Abs. 3 S. 1 Nr. 3 FreizügG/EU). Bei unfreiwilliger durch die zuständige Agentur für Arbeit bestätigter Arbeitslosigkeit nach weniger als einem Jahr Beschäftigung bleibt das Recht aus § 2 Abs. 1 FreizügG/EU während der Dauer von sechs Monaten unberührt.

46   Ob **nach Ablauf von drei Monaten** – der Zeitraum beginnt mit dem tatsächlichen Aufenthalt in der Bundesrepublik Deutschland (jurisPK-SGB XII/Siefert Rn. 80) – ein Leistungsanspruch entsteht, bestimmt sich danach, ob dann andere Ausschlussgründe eingreifen oder nicht (jurisPK-SGB XII/Siefert Rn. 76).

47   **Leistungsausschluss bei fehlendem Aufenthaltsrecht bzw. Aufenthalt zur Arbeitssuche. § 23 Abs. 3 S. 1 Nr. 2** (zur Gegenausnahme vgl. § 23 Abs. 3 S. 7, S. 8; vgl. → Rn. 56 ff.) schließt Ausländer und ihre Familienangehörige von den Leistungen aus, wenn sie **kein Aufenthaltsrecht** haben oder sich ihr Aufenthaltsrecht allein aus dem **Zweck der Arbeitsuche** ergibt. Das Sozialstaatsprinzip erfordert insoweit gerade nicht, sich illegal im Inland aufhaltende Personen mit Sozialleistungen auszustatten (GWF/Deckers Rn. 52). Damit haben auch EU-Ausländer, die ihr Aufenthaltsrecht im Bundesgebiet allein aus dem Freizügigkeitsrecht zur Arbeitsuche ableiten und die sich noch nicht mindestens fünf Jahre im Bundesgebiet aufhalten, keinen Anspruch auf Leistungen; dies gilt auch dann, wenn er aus einem Vertragsstaat des EUFuersAbk stammt (LSG NRW BeckRS 2017, 125165).

48   Im Blickpunkt dieses Leistungsausschlusses stehen Ausländer ohne Aufenthaltsrecht oder solche Ausländer, deren Aufenthaltsrecht sich allein aus dem **Zweck der Arbeitsuche,** also der Suche nach einer **abhängigen Beschäftigung** (jurisPK-SGB XII/Siefert Rn. 87; GWF/Deckers Rn. 54), ergibt; der Begriff der Arbeitsuche ist dabei freizügigkeitsrechtlich geprägt (BSG BeckRS 2016, 65666; zuletzt vgl. LSG NRW BeckRS 2021, 9312). Personen ohne Aufenthaltsrecht sind vor allem Unionsbürger, die selbst nach § 2 Abs. 2 Nr. 1a FreizügG/EU bzw. deren Familienangehörige nach § 3 Abs. 1 FreizügG/EU Freizügigkeit genießen und für eine gewisse Zeit (§ 2 Abs. 2 Nr. 1a FreizügG/EU: bis zu sechs Monate) sich im Inland aufhalten dürfen. Diesen Personen steht für die Dauer des Aufenthalts bzw. der Arbeitsuche kein Anspruch auf Sozialhilfe zu (BeckOK SozR/Groth Rn. 16k).

49   Steht den Ausländern aber aus einem anderen Grund ein Aufenthaltsrecht zu und berechtigt dieses zum Bezug von Sozialhilfeleistungen, greift § 23 Abs. 3 S. 1 Nr. 2 nicht (BeckOK SozR/Groth Rn. 16k). Jedoch genügt ein Aufenthaltsrecht aus **Art. 10 Freizügigkeits-VO** (VO (EU) 492/2011 v. 5.4.2011, ABl. 2011 L 141, 1) nicht (vgl. § 23 Abs. 3 S. 1 Nr. 3 und BSGE 120, 139 = NZS 2016, 472).

50   Die Vorschrift wird für verfassungskonform (LSG Bln-Bbg BeckRS 2019, 500; LSG BW BeckRS 2018, 32695; LSG NRW BeckRS 2017, 120; HessLSG BeckRS 2017, 117318; BayLSG BeckRS 2017, 153135) und auch europarechtskonform gehalten (SG Detmold BeckRS 2017, 117329; BeckOK SozR/Groth Rn. 16l unter Hinweis auf EuGH NVwZ 2014, 1648; NZS 2015, 784).

51   **Leistungsausschluss bei Aufenthaltsrecht aus Art. 10 Freizügigkeits-VO. § 23 Abs. 3 S. 1 Nr. 3 aF** (zur Gegenausnahme vgl. § 23 Abs. 3 S. 7, S. 8, vgl. → Rn. 56 ff.) schloss **bis 31.12.2020** Ausländer und ihre Familienangehörige von den Leistungen aus, wenn ihr Aufenthaltsrecht allein oder neben einem Aufenthaltsrecht nach § 23 Abs. 3 S. 1 Nr. 2 aus **Art. 10 Freizügigkeits-VO** (VO (EU) 492/2011 v. 5.4.2011, ABl. 2011 L 141, 1; geändert durch VO (EU) 2016/589 v. 13.4.2016, ABl. 2016 L 107, 1) abgeleitet haben. **Zum 1.1.2021[2]** wurde die Vorschrift im Hinblick auf das Urteil des EuGH v. 6.10.2020 (BeckRS 2020, 25300), wonach die bisherige, vergleichbare Regelung in § 7 Abs. 1 S. 2 Nr. 2 lit. c SGB II als unionsrechtswidrig bewertet wurde, **aufgehoben** (zu den Gesetzesmaterialien vgl. BT-Drs. 19/24034, 32).

Nach Art. 10 Freizügigkeits-VO (VO (EU) 492/2011) können die Kinder eines Staatsangehöri- **51a** gen eines Mitgliedstaats, der im Hoheitsgebiet eines anderen Mitgliedstaats beschäftigt ist oder beschäftigt gewesen ist, wenn sie im Hoheitsgebiet dieses Mitgliedstaats wohnen, unter den gleichen Bedingungen wie die Staatsangehörigen dieses Mitgliedstaats am allgemeinen Unterricht sowie an der **Lehrlings- und Berufsausbildung** teilnehmen. Damit ist den Kindern der EU-Bürger, die als (ehemalige) Arbeitnehmer sich im Bundesgebiet aufhalten, ein Recht auf Teilnahme am **Schulunterricht** und einer Ausbildung eingeräumt. In der Folge haben das Kind und auch der Elternteil, der die elterliche Sorge tatsächlich wahrnimmt, das Recht auf Aufenthalt im Inland (vgl. EuGH NJW 2002, 3610), ohne dass dieses Aufenthaltsrecht voraussetzt, dass beide über ausreichende Existenzmittel verfügen

Der bisherige Leistungsausschluss machte das Freizügigkeitsrecht bzw. das Recht auf Schul- **51b** und Ausbildungszugang letztlich zu einer leeren Hülle (BeckOK SozR/Groth, 59. Ed. 1.12.2020, Rn. 16n). Der EuGH mit Urteil v. 6.10.2020 (BeckRS 2020, 25300) zu der vergleichbaren Regelung des § 7 Abs. 1 S. 2 Nr. 2 lit. c SGB II entschieden, dass diese unionsrechtswidrig sein. Der Gesetzgeber hat in Folge dessen auch § 23 Abs. 3 S. 1 Nr. 3 SGB XII aF aufgehoben.

Leistungsausschluss bei Einreise zum Zweck der Erlangung von Sozialhilfe. § 23 **52** **Abs. 3 S. 1 Nr. 3 nF** (Nr. 4 aF; zur Gegenausnahme vgl. § 23 Abs. 3 S. 2; vgl. → Rn. 55) schließt Ausländer und ihre Familienangehörige von den Leistungen aus, wenn sie eingereist sind, um Sozialhilfe zu erlangen (zur Verfassungsmäßigkeit vgl. LSG LSA BeckRS 2017, 129061). Insoweit verlangt das Gesetz einem finalen Zusammenhang zwischen Einreise und Sozialhilfebegehren (BVerwGE 90, 212 = BeckRS 1992, 1985; BeckOK SozR/Groth Rn. 16o). Insoweit muss der Wunsch, Sozialhilfe zu erlangen, zwar im Hinblick auf jede einzelne Person festgestellt werden (GWF/Deckers Rn. 56) und **bei der Einreise** bestanden haben (jurisPK–SGB XII/Siefert Rn. 93), muss aber **nicht das alleinige Motiv** sein. Erforderlich ist jedoch, dass unter mehreren Motiven für die Einreise, der Bezug von Sozialhilfe das **prägende Motiv** ist (BSGE 117, 261 = BeckRS 2015, 67370), die Einreise also ohne die Erwartung des Sozialhilfebezugs wohl unterblieben wäre (BSGE 117, 261 = BeckRS 2015, 67370; BVerwGE 90, 212 = BeckRS 1992, 1985; KKW/Krauß Rn. 15; BeckOK SozR/Groth Rn. 16o; GWF/Deckers Rn. 60). Eine solche **Finalität** dürfte nicht vorliegen, wenn ein Unionsbürger mit der Einreise eine Beschäftigung aufnimmt und aufstockend Sozialhilfeleistungen bezieht. Selbst, wenn der aufstockende Hilfebezug gewollt war, dürfte dann der Ausschlusstatbestand nicht anzuwenden sein (BeckOK SozR/Groth Rn. 16p). Dagegen deutet ein Hilfeantrag kurz nach der Einreise oder eine Visumserteilung ohne die Genehmigung einer selbstständigen oder abhängigen Tätigkeit auf einen finalen Zusammenhang hin (GWF/Deckers Rn. 62).

Die Voraussetzungen des Leistungsausschlusses, also der Wille der Einreise zum Zweck des **53** Leistungsbezugs, hat der Träger der Sozialhilfe **nachzuweisen;** dieser trägt die negativen Folgen der Nichtfeststellbarkeit (BeckOK SozR/Groth Rn. 16o; GWF/Deckers Rn. 61). Jedoch hat der Ausländer die sich aus seiner Sphäre ergebenden Umstände widerspruchsfrei darzulegen; bei **Darlegungsdefiziten** kann es zu einer Umkehr der Beweislast kommen (GWF/Deckers Rn. 61).

Können **minderjährige Ausländer** einen eigenen maßgeblichen Willen nicht bilden, kommt **54** es auf den Willen des Personensorgeberechtigten an (BeckOK SozR/Groth Rn. 16o; GWF/Deckers Rn. 57). Bei Ausländern, die **in der Bundesrepublik Deutschland geboren** sind und sich seither ununterbrochen hier aufhalten, greift § 23 Abs. 3 S. 1 Nr. 4 nicht (GWF/Deckers Rn. 58); es fehlt auch dann am Tatbestandsmerkmal der Einreise, wenn das Kind im Ausland gezeugt, aber hier geboren wurde (BeckOK SozR/Groth Rn. 16o). Der Leistungsausschluss wird im Grunde als europarechtskonform angesehen (BeckOK SozR/Groth Rn. 16p; Strick NJW 2005, 2181 (2185)).

d) Gegenausnahmen bei Aufenthalt aufgrund eines Aufenthaltstitels (§ 23 Abs. 3 S. 2). **55** § 23 Abs. 3 S. 2 enthält eine Gegenausnahme zu den Leistungsausschlüssen nach § 23 Abs. 3 S. 1 Nr. 1 und Nr. 3; zu den Ausschlüssen nach § 23 Abs. 3 S. 1 Nr. 2 besteht in § 23 Abs. 3 S. 7, S. 8 eine Gegenausnahme. Die Leistungsausschlüsse nach § 23 Abs. 3 S. 1 Nr. 1 und Nr. 3 gelten nicht für solche Ausländer, die sich mit einem **Aufenthaltstitel nach dem Kapitel 2 Abschnitt 5 des AufenthG** in der Bundesrepublik Deutschland aufhalten. Im Abschnitt 5 des Kapitels 2 des AufenthG (§§ 22–26 AufenthG) ist der Aufenthalt aus völkerrechtlichen, humanitären oder politischen Gründen geregelt (zB als Aufnahme aus dem Ausland, Aufenthaltsgewährung durch die obersten Landesbehörden, Aufenthaltsgewährung in Härtefällen, Aufenthaltsgewährung zum vorübergehenden Schutz usw; zu den Titeln vgl. Böttiger Sozialleistungen für Flüchtlinge und Asylbewerber/Maußhardt Kap. 18). Diesen Personen sind auch nicht nach § 23 Abs. 2 wegen einer Leistungsberechtigung nach dem AsylbLG (§ 1 Abs. 1 Nr. 3 AsylbLG) von den Sozialhilfeleistungen ausgeschlossen (BeckOK SozR/Groth Rn. 16q) und können daher bei Vorliegen der allgemeinen Leistungsvoraussetzungen vom ersten Tag des inländischen Aufenthalts an Anspruch auf Sozialhilfeleistungen haben.

56   **e) Gegenausnahmen bei fünfjährigem Aufenthalt (§ 23 Abs. 3 S. 7–10).** § 23 Abs. 3 S. 7 enthält eine Gegenausnahme zu den Leistungsausschlüssen nach § 23 Abs. 3 S. 1 Nr. 2; zu den Ausschlüssen nach § 23 Abs. 3 S. 1 Nr. 1 und Nr. 3 besteht eine Gegenausnahme in § 23 Abs. 3 S. 2. Ausländer und ihre Familienangehörigen sind nicht nach § 23 Abs. 3 S. 1 Nr. 2 von den Leistungen ausgeschlossen, wenn sie sich seit **mindestens fünf Jahren** ohne wesentliche Unterbrechung im Bundesgebiet aufhalten; dies gilt nicht, wenn der Verlust des Rechts nach § 2 Abs. 1 FreizügG/EU festgestellt wurde. Auch ausländerrechtliche Bestimmungen bleiben unberührt.

57   Bei diesen ausländischen Personen ohne materielles Freizügigkeits- oder Aufenthaltsrecht wird bei zu erwartendem dauerhaftem oder jedenfalls länger andauerndem Zeitraum des Aufenthalts in der Bundesrepublik Deutschland mit einer **Verfestigung des Aufenthaltes** gerechnet (BT-Drs. 18/10211, 16). Mit der Verfestigung des Aufenthalts ist ein Ausschluss von den Sozialhilfeleistungen nicht mehr zu rechtfertigen. Eine solche Verfestigung des Aufenthalts liegt nach der Annahme des Gesetzes in § 23 Abs. 3 S. 7 in Anlehnung an § 4a Abs. 1 S. 1 FreizügG/EU (vgl. BeckOK SozR/Groth Rn. 18e) vor, wenn sich der Ausländer seit mindestens fünf Jahren **ohne wesentliche Unterbrechung** im Bundesgebiet aufhält; dabei beginnt die Fünf-Jahres-Frist mit der Anmeldung bei der zuständigen Meldebehörde (LSG Bln-Bbg BeckRS 2018, 20285; abweichend LSG NRW BeckRS 2021, 11514). Das Bestehen eines materiellen Freizügigkeitsrecht oder Aufenthaltsrechts ist in § 23 Abs. 3 S. 7 nicht vorausgesetzt (BeckOK SozR/Groth Rn. 18e). Von einer Verfestigung des Aufenthalts kann aber nicht ausgegangen werden, wenn **wesentliche Unterbrechungen** des Aufenthalts vorliegen oder der **Verlust des Rechts nach § 2 Abs. 1 FreizügG/EU** festgestellt wurde (vgl. § 7 Abs. 1 S. 1 FreizügG/EU und § 11 Abs. 2 FreizügG/EU; vgl. auch LSG Hmb BeckRS 2017, 130030); eine Rechtskraft der Verlustfeststellung wird nicht vorausgesetzt (LSG Hmb BeckRS 2017, 130030). Zeiten des **nicht rechtmäßigen Aufenthalts**, in denen eine Ausreisepflicht besteht, werden nach § 23 Abs. 3 S. 8 auf Zeiten des tatsächlichen Aufenthalts nicht angerechnet. Auch Zeiten des Aufenthalts **vor der Anmeldung bei der zuständigen Ausländerbehörde** angesichts des Gesetzeswortlauts auch dann nicht berücksichtigt werden, wenn der Ausländer sie anderweitig nachweist (LSG Bln-Bbg BeckRS 2018, 20285; so auch BeckOK SozR/Groth Rn. 18e; jurisPK-SGB XII/Siefert Rn. 113; aA LSG Bln-Bbg BeckRS 2017, 114758). Die Meldung alleine genügt aber nicht (BeckOK SozR/Groth Rn. 18e); diese ist lediglich Bezugspunkt für den Beginn der Fünf-Jahres-Frist, sodass bloß eine durchgehende Meldung nicht genügt (SchlHLSG BeckRS 2018, 9521; BeckOK SozR/Groth Rn. 18e). Daher ist ausgehend von dem Tag der Meldung bei der Ausländerbehörde der sich daran anschließende tatsächliche Aufenthalt durch den Träger der Sozialhilfe bzw. das Gericht festzustellen. Es ist dabei nicht auf den gewöhnlichen, sondern auf den **tatsächlichen Aufenthalt** abzustellen. Dieser muss seit der Meldung bei der Ausländerbehörde ohne wesentliche Unterbrechungen in der Bundesrepublik Deutschland erfolgt sein. Lässt sich ein tatsächlicher Aufenthalt ohne wesentliche Unterbrechung nicht feststellen, geht dies zu Lasten des Anspruchstellers, denn es handelt sich bei diesem Tatbestandsmerkmal nicht um eine Einwendung gegen den Leistungsanspruch, sondern um eine Voraussetzung der Gegenausnahme, für die der Anspruchsteller die negativen Folgen der Nichtaufklärbarkeit trägt. Ob eine wesentliche Unterbrechung des tatsächlichen Aufenthaltes in der Bundesrepublik Deutschland vorliegt, also wesentliche Zeiten an Auslandsaufenthalten bestehen, ist unter einer **Gesamtwürdigung im Einzelfall** festzustellen. Dabei sind die Dauer, die Gründe und das Gewicht für den jeweiligen Ausländer zu berücksichtigen (BT-Drs. 18/10211, 16). **Mehrere Unterbrechungen** sind zusammen zu betrachten. Unterbrechungen wegen kurzfristiger Auslandsaufenthalte, wie zB Klassenfahrten, Besuche von Angehörigen oder die Teilnahme an Beerdigungen von Angehörigen, bleiben leistungsrechtlich grundsätzlich außer Betracht (BT-Drs. 18/10211, 16).

58   Ergibt sich im Hinblick auf eine einzelne Zeit des Auslandaufenthaltes bzw. in der Gesamtschau mehrerer Auslandsaufenthalte, dass eine wesentliche Unterbrechung des tatsächlichen Aufenthalts im Bundesgebiet vorliegt, führt dies nicht dazu, dass damit die Leistungsberechtigung ein für allemal ausgeschlossen ist. Vielmehr beginnt nach Ende der wesentlichen Unterbrechung eine neue Fünf-Jahres-Frist zu laufen (BeckOK SozR/Groth Rn. 18f; jurisPK-SGB XII/Siefert Rn. 112).

59   Zeiten des nicht rechtmäßigen Aufenthalts, in denen eine Ausreisepflicht besteht, werden auf Zeiten des tatsächlichen Aufenthalts nicht angerechnet (§ 23 Abs. 3 S. 9), sodass insoweit die Fünf-Jahres-Frist **gehemmt** wird (BeckOK SozR/Groth Rn. 18f), also sich die Frist verlängert.

60   Der Hinweis des § 23 Abs. 3 S. 10 darauf, dass ausländerrechtliche Regelungen unberührt bleiben, verdeutlicht lediglich, dass aus einer leistungsrechtlichen Gleichstellung nicht aufenthaltsberechtigter Ausländer mit deutschen Sozialhilfeberechtigten kein Aufenthaltsrecht folgt (BeckOK SozR/Groth Rn. 18g).

§ 23 Abs. 3 S. 7–10 erfasst zwar alle Ausländer, **privilegiert** sind aber faktisch nur **Unionsbür- 61 ger und ihre Familienangehörigen** (BeckOK SozR/Groth Rn. 18d). Denn Ausländer aus Drittstaaten ohne Aufenthaltsrecht sind regelmäßig vollziehbar ausreisepflichtig und ohne rechtmäßigen Aufenthalt in der Bunderepublik Deutschland. Soweit sie wegen der vollziehbaren Ausreisepflichtigkeit nach § 1 Abs. 1 Nr. 5 AsylbLG leistungsberechtigt sind, bedeutet auch eine Verfestigung des tatsächlichen Aufenthalts nicht, dass nach fünf Jahren des Aufenthalts ein Leistungsanspruch entsteht. Denn wegen der Leistungsberechtigung nach § 1 Abs. 1 Nr. 5 AsylbLG sind diese Personen auch nach einer Aufenthaltsdauer von fünf Jahren und mehr nach § 23 Abs. 2 von Sozialhilfeleistungen ausgeschlossen.

5. Überbrückungsleistungen für vom Leistungsausschluss erfasste Ausländer (§ 23 Abs. 3 S. 3–5)

Hilfebedürftigen Ausländern, die nach § 23 Abs. 3 S. 1 von den Sozialhilfeleistungen ausge- 62 schlossen und nicht von den Gegenausnahmen nach § 23 Abs. 3 S. 2 erfasst sind, werden bis zur Ausreise, längstens jedoch für einen Zeitraum von einem Monat, einmalig innerhalb von zwei Jahren nur eingeschränkte Hilfen gewährt, um den Zeitraum bis zur Ausreise zu überbrücken (**Überbrückungsleistungen**). Diese Überbrückungsleistungen umfassen Leistungen zur Deckung der **Bedarfe für Ernährung sowie Körper- und Gesundheitspflege** (Abs. 3 S. 5 Nr. 1), Leistungen zur Deckung der **Bedarfe für Unterkunft und Heizung** in angemessener Höhe, einschließlich der Bedarfe nach § 35 Abs. 4 (**Bedarfe für Heizung und zentrale Warmwasserversorgung**) und § 30 Abs. 7 (**Bedarfe bei dezentraler Warmwassererzeugung;** Abs. 3 S. 5 Nr. 2), die zur **Behandlung akuter Erkrankungen und Schmerzzustände** erforderliche ärztliche und zahnärztliche Behandlung einschließlich der Versorgung mit Arznei- und Verbandmitteln sowie sonstiger zur Genesung, zur Besserung oder zur Linderung von Krankheiten oder Krankheitsfolgen erforderlichen Leistungen (Abs. 3 S. 5 Nr. 3) und Leistungen nach § 50 Nr. 1– 3 (ärztliche Behandlung und Betreuung sowie Hebammenhilfe, Versorgung mit Arznei-, Verband- und Heilmitteln, Pflege in einer stationären Einrichtung; nicht aber häusliche Pflege und Aufwendungen der Pflegeperson; Abs. 3 S. 5 Nr. 1). Die so bemessenen Überbrückungsleistungen entsprechen im Umfang den Leistungen nach § 1a Abs. 2 S. 2 AsylbLG für vollziehbar ausreisepflichtige Ausländer, deren Ausreise- bzw. Abschiebungstermin bei bestehender Ausreisepflicht aus vom Ausländer zu vertretenden Gründen verstrichen ist (BT-Drs. 18/10211, 16), nicht dagegen den Leistungen nach dem SGB XII. Denn es wird angenommen, dass der Bedarf der Leistungsberechtigten in dieser Phase des Aufenthalts über die genannten Leistungen nicht hinausgeht (BT- Drs. 18/10211, 16). Damit kann auch nicht der Regelbedarf nach § 28 der Bemessung der Überbrückungsleistungen zugrunde gelegt werden, vielmehr sind aus der Berechnung des Regelbedarfs nur diejenigen Positionen zu entnehmen, die der Deckung alleine der Bedarfe für Ernährung sowie Körper- und Gesundheitspflege dienen (vgl. BeckOK SozR/Groth Rn. 17d). Den Überbrückungsleistungen zugrunde zu legen sind daher aus der **Einkommens- und Verbrauchsstichprobe** (EVS) die **Abteilungen 01 und 02** (Nahrungsmittel, Getränke und Tabakwaren) und 06 (Gesundheitspflege) sowie aus der **Abteilung 12** (Andere Waren und Dienstleistungen) die Gütergruppen mit den EVS-Codes 1211, 1212 und 1213 jeweils mit ihrem regelbedarfsrelevanten Anteil (BeckOK SozR/Groth Rn. 17d). Eine einheitliche Festlegung des jeweiligen Betrages existiert nicht (zu den Werten der Jahre 2017 und 2018 vgl. BeckOK SozR/ Groth Rn. 17d.1). Auch **die medizinischen Leistungen** sind eingeschränkt; Akut- und Schmerzversorgung sowie Hilfen bei Schwangerschaft und Geburt sind ebenfalls gewährleistet. Heilbehandlungen mit dem Ziel der Besserung bzw. Heilung sind nicht geschuldet, vielmehr nur Leistungen zur Stabilisierung des Zustandes bis zur Ausreise (BeckOK SozR/Groth Rn. 17f).

Die Überbrückungsleistungen nach § 23 Abs. 3 S. 3, die teilweise als verfassungsrechtlich bzw. 63 europarechtlich als problematisch angesehen werden (jurisPK-SGB XII/Siefert Rn. 97 ff.; BeckOK SozR/Groth Rn. 16b; vgl. → Rn. 38), stellen **eigenständige,** neben die Leistungen nach dem dritten bis fünften Kapitel des SGB XII tretende **besondere Leistungen** für Ausländer dar, nicht nur ein Weniger gegenüber den anderen Sozialhilfeleistungen (BayLSG BeckRS 2017, 110199; SG Augsburg BeckRS 2017, 122943; BeckOK SozR/Groth Rn. 17). Mit diesen Leistungen soll bis zur alsbaldigen Ausreise der existenzielle Bedarf des Ausländers gesichert werden (BeckOK SozR/Groth Rn. 17).

Erfasst und damit leistungsberechtigt sind alle Ausländer und ihre Familienangehörigen, unab- 64 hängig von der Frage der Erwerbsfähigkeit (BeckOK SozR/Groth Rn. 17a), wenn sie **hilfebe-**

dürftig sind (BeckOK SozR/Groth Rn. 17a). Das Vorliegen von Hilfebedürftigkeit bestimmt sich nach den **allgemeinen Regelungen** des SGB XII (BeckOK SozR/Groth Rn. 17a), ebenso die Berücksichtigung von **Einkommen** (§ 82) und **Vermögen** (§ 90). Damit gilt auch für die die überbrückungsleistungsberechtigten Ausländer keine abgesenkte Vermögensgrenze, sodass vor der Inanspruchnahme der Überbrückungsleistung vorhandenes Schonvermögen (§ 90 Abs. 2, insbesondere § 90 Abs. 2 Nr. 9) nicht aufgebraucht werden muss. Es gilt der Kenntnisgrundsatz (§ 18 Abs. 1; so auch BeckOK SozR/Groth Rn. 17a).

65   Überbrückungsleistungen werden nur **zeitlich doppelt begrenzt** (jurisPK-SGB XII/Siefert Rn. 102) erbracht und zwar längstens für **einen Monat** (erste Zeitgrenze), maximal **bis zur Ausreise** (zweite Zeitgrenze). Die Monatsfrist trägt dem Umstand Rechnung, dass der Gesetzgeber davon ausgeht, dass innerhalb dieses Zeitraums eine angemessene Rückreisemöglichkeit innerhalb der EU möglich ist (BT-Drs. 18/10211, 16). Der zuständige Träger der Sozialhilfe kann grundsätzlich eine einmalige Bewilligungsentscheidung für einen Monat treffen, die dann bei früherer Ausreise nach § 48 SGB X aufzuheben ist, oder kürzere Bewilligungsintervalle wählen (BeckOK SozR/Groth Rn. 17b).

66   Überbrückungsleistungen werden nur einmal geleistet. Der Gesetzgeber wollte gerade verhindern, dass die Leistungen mehrmals gezahlt werden (BT-Drs. 18/10211, 16). Dazu sieht § 118 die Möglichkeit eines Datenaustauschs und -abgleichs vor (BT-Drs. 18/10211, 16). Die lediglich **einmalige Erbringung** der Überbrückungsleistung **innerhalb eines zweijährigen Zeitraumes** führt dazu, dass bei Wiedereinreise innerhalb dieses Zeitraumes keine Überbrückungsleistungen mehr zu erbringen sind. Das gilt auch dann, wenn vor der früheren Ausreise Überbrückungsleistungen im Umfang von nicht einem ganzen Monat in Anspruch genommen wurden (BeckOK SozR/Groth Rn. 17b); ein „unverbrauchter Restanspruch" existiert nicht (KKW/Krauß Rn. 17), vielmehr geht das Recht auf Überbrückungsleistungen mit der Ausreise unter. Die Zwei-Jahres-Frist beginnt nach § 23 Abs. 3 S. 3 Hs. 2 mit dem **Erhalt der Überbrückungsleistungen,** also der Erbringung bzw. Auszahlung der Leistung. Erst nach Ablauf von zwei Jahren kann wieder ein Anspruch auf Überbrückungsleistungen nach § 23 Abs. 3 S. 3 entstehen.

67   Die berechtigten Ausländer sind nach § 23 Abs. 3 S. 4 über die Möglichkeit der (darlehensweisen) Übernahme von angemessenen Kosten der Rückreise (§ 23 Abs. 3a) zu **unterrichten.** Die Unterrichtung, sie kann mündlich und in Deutsch erfolgen (LPK-SGB XII/Birk Rn. 39) – umfasst die für den Ausländer verständliche Information über Art, Inhalt, Umfang und Dauer der Überbrückungs- und Rückreiseleistungen, sowie über die Zwei-Jahres-Frist (BeckOK SozR/Groth Rn. 17c).

6. Härtefallleistungen (§ 23 Abs. 3 S. 6)

68   Nach § 23 Abs. 3 S. 6 werden, soweit dies im Einzelfall besondere Umstände erfordern, Übergangsleistungsberechtigten (§ 23 Abs. 3 S. 3) zur Überwindung einer besonderen Härte andere Leistungen iSd § 23 Abs. 1 gewährt; ebenso sind Leistungen über einen Zeitraum von einem Monat hinaus zu erbringen, soweit dies im Einzelfall aufgrund besonderer Umstände zur Überwindung einer besonderen Härte und zur Deckung einer zeitlich befristeten Bedarfslage geboten ist. Damit sieht das Gesetz zwei Härtefallregelungen vor, die nach Wortlaut und Systematik **an die Gewährung von Überbrückungsleistungen anknüpfen** und im Einzelfall deren Modifizierung im Hinblick auf Art, Umfang und Dauer der Leistungsgewährung ermöglichen (BayLSG BeckRS 2017, 110199; vgl. LSG Bln-Bbg BeckRS 2018, 851). Nach Hs. 1 sind gegenüber den Überbrückungsleistungen nach § 23 Abs. 3 S. 5 umfangreichere Leistungen zu erbringen, nach Hs. 2 ist eine zeitliche Ausdehnung der Überbrückungsleistungen auf länger als einen Monat vorgesehen. Wie auch hinsichtlich der Überbrückungsleistungen kommt dem Träger der Sozialhilfe insoweit kein Ermessen zu (BeckOK SozR/Groth Rn. 18).

69   **Voraussetzung** ist in beiden Fällen, die im Einzelfall auch kumulativ vorliegen können (LSG Nds-Brem BeckRS 2018, 35436; jurisPK-SGB XII/Siefert Rn. 107), dass im Einzelfall **besondere Umstände** die Überwindung einer **besonderen Härte** erfordern. Allgemeine Umstände des betroffenen Personenkreises, von dem eine Ausreise erwartet wird (LSG Bln-Bbg BeckRS 2017, 129500), oder auch „bloß" typische Härten eröffnen nicht den Weg zu den Härtefallleistungen nach § 23 Abs. 3 S. 6. Insoweit muss gerade die individuelle Situation des betroffenen Ausländers einen besonderen Bedarf begründen, der zusätzliche Leistungen erfordert, also nicht schon durch die Übergangsleistungen gedeckt werden kann, bei dem aber der Einsatz von eigenem Einkommen und Vermögen auch unterhalb der Freigrenzen auch nicht erwartet werden kann. Härtefallleistungen setzen nicht voraus, dass sich ein Ausreisewille positiv feststellen lässt (LSG Hmb BeckRS 2018, 4006). Auch hinsichtlich der Familienangehörigen ist jeweils individuell zu prüfen, ob auch

bei diesen Personen die Voraussetzungen vorliegen. Denn, wie auch die Überbrückungsleistungen, sind die Härtefallleistungen personenbezogen, also individuell, zu prüfen und zu entscheiden.

In **§ 23 Abs. 3 S. 6 Var. 1** ist die Gewährung „anderer Leistungen im Sinne von Absatz 1" **70** vorgesehen. Der Bezug auf § 23 Abs. 1 umfasst sowohl die Leistungen nach § 23 Abs. 1 S. 1 als auch die Kann-Leistungen nach § 23 Abs. 1 S. 3. Mit dieser Bezugnahme wird der nach § 23 Abs. 3 S. 5 reduzierte **Umfang der Überbrückungsleistungen erweitert.** Jedoch werden dann nicht statt der Überbrückungsleistungen nun volle Leistungen nach § 23 Abs. 1 erbracht, vielmehr sind alleine im Hinblick auf den konkreten Bedarf, dessen Ungedecktsein die besondere Härte begründet, die Leistungen aus dem Katalog nach § 23 Abs. 1 heranzuziehen. Mit diesen Härtefallleistungen nach § 23 Abs. 3 S. 6 Hs. 1 wird sichergestellt, dass innerhalb der Überbrückungsleistungsfrist von einem Monat auch über das Niveau der vorgesehenen Überbrückungsleistungen hinausgehende Bedarfe, wie zB für Kleidung, gedeckt werden können, soweit dies im Einzelfall zur Überwindung einer besonderen Härte erforderlich ist (BT-Drs. 18/10211, 16).

Nach **§ 23 Abs. 3 S. 6 Var.** 2 sind Überbrückungsleistungen **über den Zeitraum von** **71** **einem Monat hinaus** zu erbringen, soweit dies im Einzelfall aufgrund besonderer Umstände zur Überwindung einer besonderen Härte und zur Deckung einer zeitlich befristeten Bedarfslage geboten ist. Damit ist die Verlängerung des Überbrückungsleistungsanspruchs an weitere, **strenge Voraussetzungen** geknüpft, sodass aus dem Gesetz deutlich wird, dass die Verlängerung der Überbrückungsleistungen nur ganz ausnahmsweise in Betracht kommen soll (BeckOK SozR/ Groth Rn. 18b). Ein dauerhafter Leistungsbezug ist nicht vorgesehen (BeckOK SozR/Groth Rn. 18b; sa BT-Drs. 18/10211, 16). In Betracht kommen dürfte damit eine Verlängerung der Überbrückungsleistungen, wenn die **Ausreise** der konkreten Person **vorübergehend unzumutbar oder unmöglich** ist (BeckOK SozR/Groth Rn. 18b). Das dürfte lediglich bei vorübergehender Reiseunfähigkeit der Fall sein (vgl. SchlHLSG BeckRS 2018, 9521); eine „bloß" bestehende chronische Krankheit bei Reisefähigkeit genügt nicht (zu medizinischen Gesichtspunkten vgl. HessLSG BeckRS 2017, 120060). Von einer Unmöglichkeit der Ausreise ist dabei insbesondere auszugehen, wenn eine amtsärztlich festgestellte Reiseunfähigkeit vorliegt (BT-Drs. 18/10211, 17). In Erwägung zu ziehen ist auch der Fall schulpflichtiger Kinder, bei denen ein unterjähriger Wechsel in das Bildungssystem eines anderen Landes zum Verlust einer Klassenstufe führen würde (BeckOK SozR/Groth Rn. 18b; LSG Bln-Bbg BeckRS 2017, 122015); das dürfte aber eher keine untypische unbillige Härte darstellen, denn dieses Problem tritt bei schulpflichtigen ausreisenden Kindern regelmäßig auf (so auch SG Hildesheim BeckRS 2017, 140206). Dagegen ist die soziale Situation im Herkunfts- bzw. Zielland der Ausreise von vornherein ungeeignet, einen Härtefall zu begründen (HessLSG BeckRS 2017, 117318; BeckOK SozR/Groth Rn. 18b).

7. Übernahme der Rückreisekosten (§ 23 Abs. 3a)

§ 23 Abs. 3a S. 1 werden neben den Überbrückungsleistungen Kosten der **Rückreise** übernom- **72** men; die Leistung ist nach § 23 Abs. 3a S. 3 als **Darlehen** – entweder auf Grundlage eines Verwaltungsvertrages (§ 53 SGB X) oder eines Verwaltungsaktes (§ 31 S. 1 SGB X) – zu erbringen und damit von den Leistungsberechtigten zurückzuzahlen. Die Leistungen sind **antragsabhängig** (GWF/Deckers Rn. 81).

Erfasst sind alle ausländische Personen, auch solche, die zB den Leistungsausschlüssen des § 7 **73** Abs. 1 S. 2 SGB II unterfallen (BeckOK SozR/Groth Rn. 19). Es muss Hilfebedürftigkeit bestehen; insoweit genügt es nach § 23 Abs. 3a S. 2, wenn diese sich alleine daraus ergibt, dass die Kosten der Rückreise nicht gedeckt werden können (BeckOK SozR/Groth Rn. 19b). Es gelten die allgemeinen Regelungen zum Einsatz von Einkommen und Vermögen (BeckOK SozR/Groth Rn. 19b).

Die Leistung erstreckt sich auf die **angemessenen Rückreisekosten.** Rückreise ist die Reise **74** aus der Bundesrepublik Deutschland ins jeweilige Herkunftsland mit dem Ziel der Wiederaufnahme eines dauerhaften Aufenthalts dort. Eine Reise in ein anderes Land oder eine Reise mit der Absicht der Wiederkehr (zB bloße Besuchsreisen im Ausland) stellen daher wohl keine Rückreise iSd § 23 Abs. 3a dar.

Die Angemessenheit der Reisekosten ist als **unbestimmter Rechtsbegriff** der vollen gerichtli- **75** chen Überprüfung zugänglich (BeckOK SozR/Groth Rn. 19a) und wird wesentlich von der Dauer des bisherigen Aufenthalts in Deutschland, der Größe des erworbenen Hausstands (so BeckOK SozR/Groth Rn. 19a), der Entfernung zum Zielort und dem Vorhandensein eigener Verkehrsmittel (zB Pkw) beeinflusst. Fahrkarten der einfachsten Klasse für öffentliche Verkehrsmittel sind grundsätzlich angemessen (BeckOK SozR/Groth Rn. 19a). Umfasst sind jedoch nicht nur die **Kosten des Personentransports,** sondern auch des **Transports des erhaltenswerten**

Hausstands (BeckOK SozR/Groth Rn. 19a). Nicht übernommen werden dagegen Kosten der Verpackung und Reisefertigmachung des Hausstandes; dies ist grundsätzlich von den Leistungsberechtigten selbst zu leisten.

8. Leistungen bei Rückführungs- und Weiterwanderungsprogrammen (§ 23 Abs. 4)

76 Die Träger der Sozialhilfe sind nach § 23 Abs. 4 verpflichtet, Ausländerinnen und Ausländer auf die für sie maßgeblichen Rückführungs- und Weiterwanderungsprogramme **hinzuweisen.** Ein subjektiv-öffentliches Recht ist der Vorschrift nicht zu entnehmen (BeckOK SozR/Groth Rn. 20). Ein Hinwirken auf die Inanspruchnahme solcher Programme dürfte aber grundsätzlich nur dann in Betracht kommen, wenn die Ausländerin bzw. der Ausländer an der Inanspruchnahme des Programms Interesse zeigt (BeckOK SozR/Groth Rn. 20). Da **keine Pflicht zur Teilnahme** an solchen Programmen besteht (KKW/Krauß Rn. 21; GK-SRB/Fasselt Rn. 23), hat auch eine Nichtteilnahme keine leistungsrechtlichen Konsequenzen (BeckOK SozR/Groth Rn. 21); Sanktionen (zB § 26 Abs. 1) können daher nicht an die Nichtteilnahme geknüpft werden.

77 An Rückführungs- und Weiterwanderungsprogrammen existieren
- das **REAG-Programm** (Reintegration and Emigration Programme for Asylum-Seekers in Germany). Das Programm umfasst Beförderungskosten (mit Flugzeug, Bahn oder Bus), Benzinkosten und Reisebeihilfen (BeckOK SozR/Groth Rn. 22.1; vgl. https://www.bamf.de/DE/ Themen/Rueckkehr/FoerderprogrammREAGGARP/reaggarp-node.html);
- das **GARP-Programm** (Government Assisted Repatriation Programme). Das Programm umfasst je nach Herkunftsland Starthilfen in unterschiedlicher Höhe (BeckOK SozR/Groth Rn. 22.2; vgl. https://www.bamf.de/DE/Themen/Rueckkehr/FoerderprogrammREAGGA RP/reaggarp-node.html);
- das **SMAP** (Special Migrants Assistance Program). Das Programm (vgl. BeckOK SozR/Groth Rn. 22) zur Unterstützung der freiwilligen Rückkehr in Heimatländer bzw. Weiterwanderung in Drittstaaten bezieht sich auf Personen, die keine Förderung nach dem REAG-Programm erhalten können (vgl. https://www.returningfromgermany.de/de/programmes/).

78 Zusätzlich bietet das **Bundesprogramm StarthilfePlus** in Ergänzung des Bund-Länder-Programms REAG / GARP eine finanzielle Unterstützung für Asylsuchende, die sich verbindlich für eine freiwillige Ausreise entscheiden. Die Antragstellung ist zu jedem Zeitpunkt des Asylverfahrens möglich, muss jedoch spätestens innerhalb der Ausreisepflicht erfolgen (zu den Programmen vgl. https://www.returningfromgermany.de/de/programmes; https://www.returningfromgermany .de/de/programmes?programm=1; https://www.bamf.de/SharedDocs/Dossiers/DE/Rueckkeh r/freiwillige-rueckkehr-im-fokus.html?cms_docId=841610).

9. Verstoß gegen räumliche Beschränkungen (§ 23 Abs. 5)

79 § 23 Abs. 5 enthält hinsichtlich aller Leistungsberechtigungen bei Ausländern Beschränkungen für den Fall, dass sich ein Ausländer **entgegen einer räumlichen Beschränkung** im Bundesgebiet aufhält oder er seinen Wohnsitz entgegen einer Wohnsitzauflage oder einer Wohnsitzregelung nach § 12a AufenthG im Bundesgebiet wählt bzw. sich Ausländer, die eine räumlich nicht beschränkte Aufenthaltserlaubnis nach den §§ 23a, 24 Abs. 1 AufenthG oder § 25 Abs. 4 oder Abs. 5 AufenthG besitzen, außerhalb des Landes aufhalten, in dem der Aufenthaltstitel erstmals erteilt worden ist. Mit dieser Regelung sollen unerwünschte Binnenwanderungen bestimmter Ausländergruppen erschwert werden (BeckOK SozR/Groth Rn. 23; GWF/Deckers Rn. 85). Die Regelung wird weniger aus verfassungsrechtlichen Gründen (BeckOK SozR/Groth Rn. 23), als vielmehr aus Gleichbehandlungsgründen nach Art. 29 Qualifikations-RL bzw. Art. 1 EUFuersAbk iVm Art. 2 EUFürsAbkZProt angezweifelt (BeckOK SozR/Groth Rn. 23). So hat der **EuGH** entschieden, dass eine Wohnsitzauflage, die einer Person mit subsidiärem Schutzstatus erteilt wird, auch dann eine Einschränkung der durch Art. 33 Qualifikations-RL (RL 2011/95/ EU v. 13.12.2011, ABl. 2011 L 337, 9) gewährleisteten Freizügigkeit darstellt, wenn sie es dieser Person nicht verbietet, sich frei im Hoheitsgebiet des den Schutz gewährenden Mitgliedstaats zu bewegen und sich dort vorübergehend außerhalb des in der Wohnsitzauflage bezeichneten Ortes aufzuhalten; außerdem stehen Art. 29 und 33 Qualifikations-RL einer Wohnsitzauflage entgegen, die einer Person mit subsidiärem Schutzstatus im Fall des Bezugs bestimmter Sozialleistungen erteilt wird, um eine angemessene Verteilung der mit der Gewährung dieser Leistungen verbundenen Lasten auf deren jeweilige Träger zu erreichen, wenn in der anwendbaren nationalen Regelung nicht vorgesehen ist, dass eine solche Maßnahme Flüchtlingen, Drittstaatsangehörigen, die sich aus anderen als humanitären, politischen oder völkerrechtlichen Gründen rechtmäßig im Hoheitsgebiet des betreffenden Mitgliedstaats aufhalten, und Angehörigen dieses Mitgliedstaats im Fall des Bezugs der genannten Leistungen auferlegt wird (EuGH NJW 2016, 1077). Der Gesetzgeber sieht die Wohnsitzregelung nach § 12a AufenthG für europarechtskonform an (vgl. BT-Drs. 18/8615, 43; zu Zweifeln an dieser Auffassung vgl. BeckOK SozR/Groth Rn. 23a).

§ 23 Abs. 5 S. 1 erfasst Ausländer, denen nach ausländerrechtlichen Bestimmungen räumliche **80** Beschränkungen durch behördliche Entscheidungen nach § 12 AufenthG (vgl. § 12 Abs. 2 S. 2, Abs. 4 AufenthG) auferlegt sind (sog. **Wohnsitzauflage**). Erfasst sind aber auch Ausländer, für die nach § 12a AufenthG eine **Wohnsitzregelung** gilt; davon betroffen sind nach § 12a Abs. 1 S. 1 AufenthG Ausländer, die als Asylberechtigte, Flüchtlinge iSd § 3 Abs. 1 AsylG oder als subsidiär Schutzberechtigter iSd § 4 Abs. 1 AsylG anerkannt sind oder denen nach § 22 AufenthG, § 23 AufenthG oder § 25 Abs. 3 AufenthG erstmalig eine Aufenthaltserlaubnis erteilt worden ist. Die Ausnahmen von dieser ausländerrechtlich bestimmten Wohnsitzregelung sind nach den **Maßstäben des AufenthG** zu bestimmen. So findet die Wohnsitzregelung des § 12a Abs. 1 S. 1 AufenthG keine Anwendung (§ 12a Abs. 1 S. 2 AufenthG), wenn der Ausländer, sein Ehegatte, eingetragener Lebenspartner oder minderjähriges Kind eine sozialversicherungspflichtige Beschäftigung mit einem Umfang von mindestens 15 Stunden wöchentlich aufnimmt oder aufgenommen hat, durch die diese Person mindestens über ein Einkommen in Höhe des monatlichen durchschnittlichen Bedarfs nach den §§ 20 und 22 SGB II für eine Einzelperson verfügt, oder eine Berufsausbildung aufnimmt oder aufgenommen hat oder in einem Studien- oder Ausbildungsverhältnis steht. Weitere Ausnahmen von der Wohnsitzregelung sind nach § 12a Abs. 2–6 AufenthG geregelt. Die Wohnsitzregelung gilt auch nicht für Ausländer, deren Anerkennung oder erstmalige Erteilung der Aufenthaltserlaubnis iSd § 12a Abs. 1 AufenthG vor dem 1.1.2016 erfolgt war (§ 12a Abs. 7 AufenthG).

Darüber hinaus erfasst § 23 Abs. 5 nach S. 5 auch solche Ausländer, die einer räumlichen **81** Beschränkung zwar nicht unterliegen, die sich aber außerhalb des Landes aufhalten, in dem ihnen aus völkerrechtlichen, humanitären oder politischen Gründen nach den §§ 23a, 24 Abs. 1 AufenthG oder § 25 Abs. 4 und Abs. 5 AufenthG **erstmals eine räumlich nicht beschränkte Aufenthaltserlaubnis erteilt** worden war. Maßgeblich ist dabei alleine die erstmalige Erteilung der Aufenthaltsbefugnis, nicht deren Verlängerung (BVerwGE 119, 181 = BeckRS 2004, 21676; BeckOK SozR/Groth Rn. 23b). Nach § 23 Abs. 5 S. 6 gilt dies nicht, wenn der Wechsel in ein anderes Land zur Wahrnehmung der Rechte zum Schutz der Ehe und Familie nach Art. 6 GG oder aus vergleichbar wichtigen Gründen gerechtfertigt ist. Ob solche wichtigen Gründe vorliegen, ist im Einzelfall zu ermitteln; dabei ist eine wertende Gesamtbetrachtung vorzunehmen (BeckOK SozR/Groth Rn. 25). Dies kann im Einzelfall auch dann der Fall sein, wenn sich der Ausländer bereits längere Zeit in einem anderen Bundesland aufgehalten hat, ohne Sozialhilfe zu beziehen (BeckOK SozR/Groth Rn. 25; GWF/Deckers Rn. 95).

Gegenüber diesen Ausländergruppen darf der für den Aufenthaltsort örtlich zuständige Sozial- **82** hilfeträger grundsätzlich nur die nach den Umständen des Einzelfalls gebotene Leistung erbringen. Mit dieser Regelung werden die Regelungen des SGB XII über die **örtliche Zuständigkeit nach § 98** nicht außer Kraft gesetzt (BeckOK SozR/Groth Rn. 24; GWF/Deckers Rn. 86). Der für den Aufenthaltsort zuständige Träger iSd § 98 ist damit nicht zwingend zugleich auch der Träger der Sozialhilfe, in dessen Gebiet sich der Leistungsberechtigte – entgegen der Wohnsitzauflage bzw. Wohnsitzregelung – tatsächlich aufhält (BeckOK SozR/Groth Rn. 24). Führt der Aufenthalt des Ausländers entgegen der Wohnsitzauflage bzw. der Wohnsitzregelung dennoch zu einem **Wechsel der örtlichen Zuständigkeit** (vgl. jurisPK-SGB XII/Siefert Rn. 123), hat der nun zuständige Träger der Sozialhilfe den bisherig zuständigen Träger der Sozialhilfe darüber zu informieren, ob und welche Leistungen nach § 23 Abs. 5 S. 1 bzw. S. 5 gewährt wurden (§ 23 Abs. 5 S. 4). Damit sollen insbesondere Doppelleistungen vermieden werden (BeckOK SozR/Groth Rn. 24). § 23 Abs. 5 sieht aber keinen Erstattungsanspruch der Träger untereinander vor (BeckOK SozR/Groth Rn. 24).

Erbracht wird nur die nach den Umständen des Einzelfalls gebotene Sozialhilfeleistung; verstan- **83** den wird dies so, dass nur „**das unabweisbar Gebotene**" zu leisten ist (LSG BW BeckRS 2017, 138021). Unabweisbar geboten ist nach § 23 Abs. 5 S. 2 regelmäßig nur eine Reisebeihilfe zur Deckung des Bedarfs für die Reise zu dem Wohnort, an dem ein Ausländer seinen Wohnsitz zu nehmen hat, bzw. im Fall der Wohnsitzregelung nach § 12a Abs. 1 und Abs. 4 AufenthG eine **Reisebeihilfe** zu dem Ort im Bundesgebiet, an dem der Ausländer die Wohnsitznahme begehrt und an dem seine Wohnsitznahme zulässig ist (§ 23 Abs. 5 S. 5). Damit sollen dem Ausländer nur solche Leistungen zuerkannt werden, die benötigt werden, um diesen zügig wieder an den Ort zu verbringen, der der Wohnsitzauflage bzw. der Wohnsitzregelung entspricht; Leistungen, die ein längeres Verbleiben an dem anderen Ort ermöglichen, sind nicht zu erbringen. Damit müssen vor allem **Reisekosten und Reiseverpflegung**, zB Bahnfahrkarte einfacher Fahrt und Verpflegung für einen Tag (so BeckOK SozR/Groth Rn. 24a), geleistet werden. Maßgeblich ist aber eine **Prüfung des Einzelfalles,** sodass ggf. auch höhere Leistungen bis hin zur regulären Leistungshöhe in Betracht kommen, wenn und solange die Rückkehr in das der Wohnsitzauflage bzw. Wohnsitzregelung entsprechende Gebiet nicht zugemutet werden kann (BeckOK SozR/Groth Rn. 24a). Bei dieser Zumutbarkeitsbeurteilung können auch die **Grundrechte** aus Art. 2 Abs. 2 GG (Recht auf Leben und körperliche Unversehrtheit) und Art. 6 Abs. 1 GG (Schutz von Ehe und Familie), letzteres insbesondere im Hinblick auf eine Familienzusammenführung (vgl. SG Freiburg BeckRS 2011, 75192) von Bedeutung sein (BeckOK SozR/Groth Rn. 24a). Jedoch muss auch beachtet werden, dass über die Sozialhilfegewährung nicht die ausländerrechtlichen Regelungen zur Wohnsitzauflage bzw. Wohnsitzregelung umgangen werden dürfen. Damit kann auch eine ausnahmsweise umfangreichere Leistungserbringung iRd § 23 Abs. 5 nicht dazu führen, dass die Wohnsitzauflag bzw. Wohnsitzregelung faktisch dauerhaft unbeachtet bleibt. Vor diesem Hintergrund dürften auch ausnahmsweise umfangreichere Leistungen nach § 23 Abs. 5 nur für einen überschaubaren, vorübergehenden Zeitraum zu erbringen sein, nicht jedoch längerfristig oder dauerhaft. Denn es ist insoweit allein Aufgabe des der Wohnsitzauflage bzw. Wohnsitzregelung unterliegenden Ausländers selbst, sich gegen rechtwidrige räumliche Beschränkungen zu wehren (BeckOK SozR/Groth Rn. 24a). Das hat er aber im Verfahren gegen die Wohnsitzauflage bzw. die Wohnsitzregelung zu tun, nicht mit Hilfe des Sozialamtes.

VIII. Sozialhilfe für Deutsche im Ausland

84   Grundsätzlich wird Sozialhilfe nur an Personen erbracht, die sich **im Inland aufhalten** (BeckOK SozR/Groth § 24 Rn. 1). Daher erhalten Personen, die sich im Ausland aufhalten grundsätzlich keine Sozialhilfe nach deutschem Recht. Auch **deutsche Staatsangehörige,** die ihren gewöhnlichen Aufenthalt im Ausland haben, erhalten keine Leistungen (§ 24 Abs. 1 S. 1). Hiervon kann **im Einzelfall nur abgewichen** werden, soweit dies wegen einer außergewöhnlichen Notlage unabweisbar ist und zugleich nachgewiesen wird, dass eine Rückkehr in das Inland nicht möglich ist (vgl. BeckOK SozR/Groth § 24 Rn. 3 ff.) wegen der Pflege und Erziehung eines Kindes, das aus rechtlichen Gründen im Ausland bleiben muss, wegen einer längerfristigen stationären Betreuung in einer Einrichtung oder Schwere der Pflegebedürftigkeit oder wegen hoheitlicher Gewalt. Damit ist die Gewährung von Sozialhilfe ins Ausland an enge Voraussetzungen geknüpft. Mag die Person an sich leistungsberechtigt sein, mögen also sowohl die persönlichen als auch die wirtschaftlichen Leistungsvoraussetzungen vorliegen, so steht der Auslandsaufenthalt einer positiven Leistungsentscheidung des Trägers der Sozialhilfe entgegen. Maßgeblich ist dabei nicht ein gewöhnlicher Aufenthalt im Ausland, es genügt schon ein bloß tatsächlicher, auch ein kurzfristiger Auslandsaufenthalt, um den Leistungsanspruch auszusetzen (Ausnahme vgl. § 41a).

85   Müssten im Einzelfall dennoch nach deutschem Recht Sozialhilfeleistungen ins Ausland erbracht werden, so sind diese abweichend zu § 18 **zu beantragen** (§ 24 Abs. 4 S. 1). Art und Maß der Leistungserbringung sowie der Einsatz des Einkommens und des Vermögens richten sich nach den **besonderen Verhältnissen im Aufenthaltsland** (BeckOK SozR/Groth § 24 Rn. 9). Maßgeblich sind daher auch nicht zwingend die in der Bundesrepublik Deutschland geltenden Regelsätze (BeckOK SozR/Groth § 24 Rn. 9). Ein Leistungsanspruch im Ausland entfällt nach § 24 Abs. 2 dann auch, soweit die Leistungen von dem hierzu verpflichteten Aufenthaltsland oder von anderen erbracht werden oder zu erwarten sind.

C. Die Leistungen der Sozialhilfe

I. Allgemeines

86   Die Leistungen der Sozialhilfe sind **nicht beitragsabhängig.** Sie werden regelmäßig als Zuschuss gezahlt und sind daher regelmäßig von den Leistungsberechtigten nicht zurückzuzahlen; rechtswidrig erlangte Leistungen sind dagegen zu erstatten (vgl. § 50 SGB X, § 45 SGB X, § 48 SGB X). Eine **Ersatzpflicht** trifft (mit Ausnahme der Grundsicherung im Alter und bei Erwerbsminderung) jedoch die Erben eines Leistungsberechtigten aus dem Nachlass, sofern dieser bestimmte Beträge übersteigt (§ 102; vgl. Böttiger Sozialleistungen für Flüchtlinge und Asylbewerber/Sproll Kap. 4 Rn. 101).

II. Die Leistungen der Sozialhilfe im Überblick

1. Allgemeines

Auf die Leistungen der Sozialhilfe besteht grundsätzlich ein **nicht übertragbarer, nicht ver-** **87** **pfändbarer und nicht pfändbarer Rechtsanspruch** (Böttiger Sozialleistungen für Flüchtlinge und Asylbewerber/Sproll Kap. 4 Rn. 10; zum Leistungsübergang im Falle des Todes des Berechtigten vgl. § 19 Abs. 6; BeckOK SozR/Groth § 19 Rn. 24 ff.); Voraussetzung ist jedoch, dass die jeweiligen persönlichen und wirtschaftlichen Leistungsvoraussetzungen erfüllt sind (vgl. § 19). Zu den Leistungsvoraussetzungen gehören zB auch unterschiedliche Regelungen zur **Hilfebedürftig-** **keit,** zum **Einsatz von Einkommen** und **Vermögen** oder zu der **Art der Leistungserbrin-** **gung.** Kann nicht festgestellt werden, dass die Leistungsvoraussetzungen vorliegen, dass die betreffende Person zum berechtigten Personenkreis gehört und auch finanziell bedürftig ist, so können Sozialhilfeleistungen nicht erbracht werden (Böttiger Sozialleistungen für Flüchtlinge und Asylbewerber/Sproll Kap. 4 Rn. 10).

Die **grundlegende Anspruchsnorm** findet sich in **§ 19 Abs. 1–3.** Darauf aufbauend umfasst **88** die Sozialhilfe nach § 8:

- Hilfe zum Lebensunterhalt (§§ 27–40; § 8 Nr. 1),
- Grundsicherung im Alter und bei Erwerbsminderung (§§ 41–46b; § 8 Nr. 2),
- Hilfen zur Gesundheit (§§ 47–52; § 8 Nr. 3),
- Hilfe zur Pflege (§§ 61–66a; § 8 Nr. 5),
- Hilfe zur Überwindung besonderer sozialer Schwierigkeiten (§§ 67–69; § 8 Nr. 6),
- Hilfe in anderen Lebenslagen (§§ 70–74; § 8 Nr. 7)

sowie die jeweils gebotene Beratung und Unterstützung.

Die Leistungen der Sozialhilfe richten sich gem. § 9 Abs. 1 nach der **Besonderheit** des **89** Einzelfalles, insbesondere nach der **Art des Bedarfs,** den **örtlichen Verhältnissen,** den **eigenen** **Kräften und Mitteln** der Person oder des Haushalts bei der Hilfe zum Lebensunterhalt. **Wün-** **schen der Leistungsberechtigten,** die sich auf die Gestaltung der Leistung richten, soll entsprochen werden, soweit sie angemessen sind (§ 9 Abs. 2 S. 1). Der Träger der Sozialhilfe soll in der Regel Wünschen nicht entsprechen, deren Erfüllung mit unverhältnismäßigen Mehrkosten verbunden wäre (§ 9 Abs. 2 S. 3).

Die Leistungen werden erbracht in Form von **Dienstleistungen, Geldleistungen** und **Sach-** **90** **leistungen.** Geldleistungen haben nach § 10 Abs. 3 Vorrang vor Gutscheinen oder Sachleistungen, soweit nichts anderes bestimmt ist oder mit Gutscheinen oder Sachleistungen das Ziel der Sozialhilfe erheblich besser oder wirtschaftlicher erreicht werden kann oder die Leistungsberechtigten es wünschen.

Die Leistungsberechtigten sind zu beraten und, soweit erforderlich, zu unterstützen (§ 11 **91** Abs. 1). Die **Beratung** betrifft die persönliche Situation, den Bedarf sowie die eigenen Kräfte und Mittel sowie die mögliche Stärkung der Selbsthilfe zur aktiven Teilnahme am Leben in der Gemeinschaft und zur **Überwindung der Notlage** (§ 11 Abs. 2 S. 1). Die aktive Teilnahme am Leben in der Gemeinschaft umfasst auch ein gesellschaftliches Engagement. Zur Überwindung der Notlage gehört auch, die Leistungsberechtigten für den Erhalt von Sozialleistungen zu befähigen. Die Beratung umfasst auch eine gebotene Budgetberatung. Die **Unterstützung** (§ 11 Abs. 3 S. 1) umfasst Hinweise und, soweit erforderlich, die Vorbereitung von Kontakten und die Begleitung zu sozialen Diensten sowie zu Möglichkeiten der aktiven Teilnahme am Leben in der Gemeinschaft unter Einschluss des gesellschaftlichen Engagements. Soweit Leistungsberechtigte **zumutbar einer Tätigkeit nachgehen können,** umfasst die Unterstützung auch das Angebot einer Tätigkeit sowie die Vorbereitung und Begleitung der Leistungsberechtigten. Auf die Wahrnehmung von Unterstützungsangeboten ist hinzuwirken.

Können Leistungsberechtigte durch **Aufnahme einer zumutbaren Tätigkeit** Einkommen **92** erzielen, sind sie hierzu sowie zur Teilnahme an einer erforderlichen Vorbereitung verpflichtet. Auf die Beratung und Unterstützung von Verbänden der freien Wohlfahrtspflege, von Angehörigen der rechtsberatenden Berufe und von sonstigen Stellen ist zunächst hinzuweisen (§ 11 Abs. 5 S. 1).

Ist die weitere Beratung durch eine Schuldnerberatungsstelle oder andere Fachberatungsstellen **93** geboten, ist auf ihre Inanspruchnahme hinzuwirken (§ 11 Abs. 5 S. 2). Angemessene Kosten einer solchen Beratung sollen übernommen werden, wenn eine Lebenslage, die Leistungen der Hilfe zum Lebensunterhalt erforderlich macht oder erwarten lässt, sonst nicht überwunden werden kann; in anderen Fällen können Kosten übernommen werden (§ 11 Abs. 5 S. 3). Die Kostenübernahme kann auch in Form einer pauschalierten Abgeltung der Leistung der Schuldnerberatungsstelle oder anderer Fachberatungsstellen erfolgen.

94   Nach § 26 Abs. 1 können **Sozialhilfeleistungen** bis auf das zum Lebensunterhalt Unerlässliche eingeschränkt werden bei Leistungsberechtigten, die nach Vollendung des 18. Lebensjahres ihr Einkommen oder Vermögen vermindert haben in der Absicht, die Voraussetzungen für die Gewährung oder Erhöhung der Leistung herbeizuführen, und bei Leistungsberechtigten, die trotz Belehrung ihr unwirtschaftliches Verhalten fortsetzen. Auch kann die Leistung bis auf das jeweils Unerlässliche mit Ansprüchen des Trägers der Sozialhilfe gegen eine leistungsberechtigte Person **aufgerechnet** werden (§ 26 Abs. 2), wenn es sich um Ansprüche auf Erstattung zu Unrecht erbrachter Leistungen der Sozialhilfe handelt, die die leistungsberechtigte Person oder ihr Vertreter durch vorsätzlich oder grob fahrlässig unrichtige oder unvollständige Angaben oder durch pflichtwidriges Unterlassen veranlasst hat, oder wenn es sich um Ansprüche auf Kostenersatz nach § 103 und § 104 handelt.

2. Die Leistungen im Einzelnen

95   Viele der Leistungen haben ihre eigenen Leistungsvoraussetzungen. Daher sind diese Voraussetzungen jeweils in Bezug auf die konkret in Betracht kommenden Leistungen zu prüfen. Zu den Leistungsvoraussetzungen gehören zB auch unterschiedliche Regelungen zur Hilfebedürftigkeit, zum Einsatz von Einkommen und Vermögen oder zu der Art der Leistungserbringung.

96   **a) Hilfe zum Lebensunterhalt (§§ 27–40): Voraussetzungen.** Hilfe zum Lebensunterhalt ist nach § 27 Abs. 1 Personen zu leisten, die ihren notwendigen Lebensunterhalt nicht oder nicht ausreichend aus eigenen Kräften und Mitteln bestreiten können (vgl. auch § 19 Abs. 1). **Eigene Mittel** sind insbesondere das eigene **Einkommen und Vermögen.** Bei nicht getrenntlebenden Ehegatten oder Lebenspartnern sind das Einkommen und Vermögen beider Ehegatten oder Lebenspartner gemeinsam zu berücksichtigen. Gehören minderjährige unverheiratete Kinder dem Haushalt ihrer Eltern oder eines Elternteils an und können sie den notwendigen Lebensunterhalt aus ihrem Einkommen und Vermögen nicht bestreiten, sind vorbehaltlich des § 39 S. 3 Nr. 1 auch das Einkommen und das Vermögen der Eltern oder des Elternteils gemeinsam zu berücksichtigen.

97   Hilfe zum Lebensunterhalt kann auch Personen geleistet werden, die ihren notwendigen Lebensunterhalt aus eigenen Mitteln und Kräften bestreiten können, jedoch einzelne erforderliche Tätigkeiten nicht verrichten können. Von den Leistungsberechtigten kann ein angemessener Kostenbeitrag verlangt werden (§ 27 Abs. 3).

98   Voraussetzung für Hilfen zum Lebensunterhalt ist zunächst, dass auch dem Grunde nach **kein Leistungsanspruch als erwerbsfähige Person nach dem SGB II** besteht (§ 21 S. 1; vgl. → SGB II § 7 Rn. 12 ff.), auch nicht als angehöriges Mitglied einer Bedarfsgemeinschaft (vgl. → SGB II § 7 Rn. 16 ff.). Außerdem darf weder die **Altersgrenze des § 41 Abs. 2** noch nicht erreicht sein noch **dauerhafte volle Erwerbsminderung** bestehen (Böttiger Sozialleistungen für Flüchtlinge und Asylbewerber/Sproll Kap. 4 Rn. 19). Hilfe zum Lebensunterhalt steht somit nur einem sehr eingeschränkten Personenkreis zu (Böttiger Sozialleistungen für Flüchtlinge und Asylbewerber/Sproll Kap. 4 Rn. 20). Das sind vor allem alleinstehende Personen, die das 15. Lebensjahr noch nicht vollendet haben und Personen, die vorgezogene Altersrenten erhalten bzw. vorübergehend oder teilweise erwerbsgemindert sind.

99   **Hilfebedürftigkeit.** Die leistungsbegehrende Person muss **hilfebedürftig** sein, also ihren notwendigen Lebensunterhalt nicht oder nicht ausreichend aus eigenen Kräften und Mitteln, insbesondere aus ihrem Einkommen und Vermögen, bestreiten können (§ 19 Abs. 1). Dazu ist zunächst der **Bedarf** zu ermitteln, dem das einzusetzende Einkommen und Vermögen gegenüber zu stellen und so die Bedürftigkeit zu ermitteln ist.

100   **Zu berücksichtigende Bedarfe.** Die Bedarfe sind vom Gesetz in § 27a–34 beschrieben:
101   • Notwendiger Lebensunterhalt, Regelbedarfe und Regelsätze (vgl. § 27a) und notwendiger Lebensunterhalt in Einrichtungen (vgl. § 27b; → Rn. 101.1 ff.).

101.1   Der für die Gewährleistung des Existenzminimums notwendige Lebensunterhalt (zum notwendigen Lebensunterhalt in Einrichtungen vgl. § 27b) umfasst insbesondere **Ernährung, Kleidung** (vgl. BeckOK SozR/Gebhardt § 27a Rn. 6), Körperpflege, Hausrat, Haushaltsenergie (BeckOK SozR/Gebhardt § 27a Rn. 9) ohne die auf Heizung und Erzeugung von Warmwasser entfallenden Anteile, persönliche Bedürfnisse des täglichen Lebens sowie **Unterkunft und Heizung** (§ 27a Abs. 1 S. 1 iVm § 35). Zu den persönlichen Bedürfnissen des täglichen Lebens (BeckOK SozR/Gebhardt § 27a Rn. 10 f.) gehört in vertretbarem Umfang auch eine Teilhabe am sozialen und kulturellen Leben in der Gemeinschaft; dies gilt in besonderem Maß für Kinder und Jugendliche. Für Schülerinnen und Schüler umfasst der notwendige Lebensunterhalt auch die erforderlichen Hilfen für den Schulbesuch.

101.2   Der Bedarf wird insoweit in einen **monatlichen Regelbedarf** gefasst. Dieser monatliche Regelbedarf wird ergänzt durch die Mehrbedarfe (vgl. § 30), die einmaligen Bedarfe (vgl. § 31), die Bedarfe für eine

Kranken- und Pflegeversicherung (vgl. § 32, § 32a), die Bedarfe für die Vorsorge (vgl. § 33), die Bedarfe für Bildung und Teilhabe (vgl. § 34) und die Bedarfe für Unterkunft und Heizung (vgl. § 35).

Der Regelbedarf wird in **Regelbedarfsstufen** unterteilt, die bei Kindern und Jugendlichen altersbe **101.3** dingte Unterschiede und bei erwachsenen Personen deren Anzahl im Haushalt sowie die Führung eines Haushalts berücksichtigen (§ 27a Abs. 2 S. 2). Zur Deckung der Regelbedarfe, die sich nach den Regelbedarfsstufen der Anlage zu § 28 ergeben, sind **monatliche Regelsätze** als Bedarf anzuerkennen (§ 27a Abs. 3 S. 1). Der Regelsatz stellt einen **monatlichen Pauschalbetrag** zur Bestreitung des Regelbedarfs dar (BeckOK SozR/Gebhardt § 27a Rn. 20), über dessen Verwendung die Leistungsberechtigten eigenverantwortlich entscheiden; dabei haben sie das Eintreten unregelmäßig anfallender Bedarfe zu berücksichtigen (§ 27a Abs. 3 S. 2) und entsprechend **anzusparen**. Besteht die Leistungsberechtigung für weniger als einen Monat, ist der Regelsatz anteilig als Bedarf anzuerkennen. Zur Deckung der Regelbedarfe von Personen, die in einer sonstigen Unterkunft oder vorübergehend nicht in einer Unterkunft untergebracht sind, sind als Bedarfe die Regelsätze anzuerkennen, die sich in entsprechender Anwendung der Regelbedarfsstufen nach der Anlage zu § 28 ergeben.

Im Einzelfall wird der Regelsatz nach § 27a Abs. 4 abweichend von der maßgebenden Regelbedarfsstufe **101.4** festgesetzt (**abweichende Regelsatzfestsetzung**), wenn ein durch die Regelbedarfe abgedeckter Bedarf nicht nur einmalig, sondern für eine Dauer von voraussichtlich mehr als einem Monat nachweisbar vollständig oder teilweise anderweitig gedeckt ist oder unausweichlich in mehr als geringem Umfang oberhalb durchschnittlicher Bedarfe liegt, wie sie sich nach den bei der Ermittlung der Regelbedarfe zugrundeliegenden durchschnittlichen Verbrauchsausgaben ergeben, und die dadurch bedingten Mehraufwendungen begründbar nicht anderweitig ausgeglichen werden können (BeckOK SozR/Gebhardt § 27a Rn. 23 ff.).

- Mehrbedarf (vgl. § 30; → Rn. 102.1) **102**

> § 30 SGB XII enthält für **102.1**
- für ältere oder voll erwerbsgeminderte Personen, bei denen das **Merkzeichen „G"** nachgewiesen ist, einen Mehrbedarf von 17 % der maßgebenden Regelbedarfsstufe, soweit nicht im Einzelfall ein abweichender Bedarf besteht (§ 30 Abs. 1; BeckOK SozR/Gebhardt § 30 Rn. 2 ff.);
- **werdende Mütter** nach der zwölften Schwangerschaftswoche bis zum Ende des Monats, in welchen die Entbindung fällt, einen Mehrbedarf von 17 % der maßgebenden Regelbedarfsstufe, soweit nicht im Einzelfall ein abweichender Bedarf besteht (§ 30 Abs. 2; BeckOK SozR/Gebhardt § 30 Rn. 6);
- Personen, die mit einem oder mehreren minderjährigen Kindern zusammenleben und allein für deren Pflege und Erziehung sorgen (**Alleinerziehende**), einen Mehrbedarf, soweit kein abweichender Bedarf besteht (§ 30 Abs. 3). Der Mehrbedarf beträgt 36 % der Regelbedarfsstufe 1 nach der Anlage zu § 28 für ein Kind unter sieben Jahren oder für zwei oder drei Kinder unter 16 Jahren, bzw. ansonsten 12 % der Regelbedarfsstufe 1 nach der Anlage zu § 28 für jedes Kind, höchstens jedoch 60 % der Regelbedarfsstufe 1 nach der Anlage zu § 28 (vgl. BeckOK SozR/Gebhardt § 30 Rn. 7);
- **behinderte Menschen,** die das 15. Lebensjahr vollendet haben und denen Hilfen zur Schulbildung oder Hilfen zur schulischen oder hochschulischen Ausbildung nach § 112 Abs. 1 Nr. 1 und Nr. 2 SGB IX geleistet werden, einen Mehrbedarf von 35 % der maßgebenden Regelbedarfsstufe (§ 30 Abs. 4 iVm § 42b Abs. 3; vgl. BeckOK SozR/Gebhardt § 30 Rn. 10);
- einen ernährungsbedingten Mehraufwand aus medizinischen Gründen (§ 30 Abs. 5; vgl. BeckOK SozR/ Gebhardt § 30 Rn. 11 ff.);
- Leistungsberechtigte einen Mehrbedarf, soweit Warmwasser durch in der Unterkunft installierte Vorrichtungen erzeugt wird (**dezentrale Warmwassererzeugung**) und denen deshalb keine Leistungen für Warmwasser nach § 35 Abs. 4 erbracht werden (§ 30 Abs. 7; vgl. BeckOK SozR/Gebhardt § 30 Rn. 17);
- die Mehraufwendungen bei **gemeinschaftlicher Mittagsverpflegung** in einer Werkstatt für behinderte Menschen nach § 56 SGB IX, bei einem anderen Leistungsanbieter nach § 60 SGB IX oder im Rahmen vergleichbarer anderer tagesstrukturierender Angebote einen Mehrbedarf (§ 30 Abs. 8 iVm § 42b Abs. 2; vgl. BeckOK SozR/Gebhardt § 30 Rn. 19 f.; zur **Höhe** vgl. § 42b Abs. 2 S. 3; zu Sonderregelungen in Folge der **Corona-Pandemie** im Jahr 2020 vgl. § 142);
- **Schülerin oder Schüler** einen Mehrbedarf, wenn aufgrund der jeweiligen schulrechtlichen Bestimmungen oder schulischen Vorgaben Aufwendungen zur Anschaffung oder Ausleihe von Schulbüchern oder gleichstehenden Arbeitsheften entstanden sind (§ 30 Abs. 9).

- Einmalige Bedarfe (vgl. § 31; → Rn. 103.1 f.) **103**

Neben dem Regel- und den Mehrbedarfen werden einmalige Bedarfe anerkannt zur Deckung von **103.1** Bedarfen für
- Erstausstattungen für die Wohnung einschließlich Haushaltsgeräten (§ 31 Abs. 1 Nr. 1; BeckOK SozR/ Gebhardt § 31 Rn. 2 ff.),
- Erstausstattungen für Bekleidung und Erstausstattungen bei Schwangerschaft und Geburt (§ 31 Abs. 1 Nr. 2; vgl. BeckOK SozR/Gebhardt § 31 Rn. 6) sowie

- Anschaffung und Reparaturen von orthopädischen Schuhen, Reparaturen von therapeutischen Geräten und Ausrüstungen sowie die Miete von therapeutischen Geräten (§ 31 Abs. 1 Nr. 3; vgl. BeckOK SozR/ Gebhardt § 31 Rn. 7 ff.) erbracht.

Mehrbedarfe nach § 31 Abs. 1 Nr. 1 und Nr. 2 können auch als Pauschalbeträge erbracht werden (§ 31 Abs. 3 S. 1; vgl. BeckOK SozR/Gebhardt § 31 Rn. 9).

103.2 Auch Personen, die keine Leistungen für den Regelbedarf beziehen, können nach § 31 Abs. 2 Leistungen zur Deckung der einmaligen Bedarfe nach § 31 Abs. 1 erhalten (vgl. BeckOK SozR/Gebhardt § 31 Rn. 8), wenn sie diese Bedarfe nicht aus eigenen Kräften und Mitteln vollständig decken können. In diesem Falle kann das Einkommen berücksichtigt werden, das sie innerhalb eines Zeitraums von bis zu sechs Monaten nach Ablauf des Monats erwerben, in dem über die Leistung entschieden worden ist.

104 • Bedarfe für eine Kranken- und Pflegeversicherung (vgl. §§ 32, 32a; → Rn. 104.1)

104.1 Angemessene Beiträge für eine Kranken- und Pflegeversicherung sind nach § 32 Abs. 1 als Bedarf anzuerkennen, soweit sie das um Absetzbeträge nach § 82 Abs. 2 Nr. 1–3 bereinigte Einkommen übersteigen. § 32 enthält weiter Regelungen zur angemessenen Höhe und zum angemessenen Umfang der Kranken- und Pflegeversicherung (vgl. BeckOK SozR/Gebhardt § 32 Rn. 7 ff.). § 32a enthält Regelungen zur zeitlichen Zuordnung und Zahlung von Beiträgen für eine Kranken- und Pflegeversicherung (vgl. BeckOK SozR/Gebhardt § 32a Rn. 3).

105 • Bedarfe für die Vorsorge (vgl. § 33; → Rn. 105.1 f.)

105.1 Als Bedarfe zu berücksichtigen sind auch Aufwendungen, um die Voraussetzungen eines Anspruchs auf eine angemessene Alterssicherung zu erfüllen (§ 33 Abs. 1; BeckOK SozR/Gebhardt § 33 Rn. 2). Die dazu erforderlichen Aufwendungen können als Bedarf berücksichtigt werden, soweit sie nicht nach § 82 Abs. 2 Nr. 2 und Nr. 3 vom Einkommen abgesetzt werden. Insbesondere können Aufwendungen berücksichtigt werden für
- Beiträge zur gesetzlichen Rentenversicherung,
- Beiträge zur landwirtschaftlichen Alterskasse,
- Beiträge zu berufsständischen Versorgungseinrichtungen, die den gesetzlichen Rentenversicherungen vergleichbare Leistungen erbringen,
- Beiträge für eine eigene kapitalgedeckte Altersvorsorge in Form einer lebenslangen Leibrente, wenn der Vertrag nur die Zahlung einer monatlichen auf das Leben des Steuerpflichtigen bezogenen lebenslangen Leibrente nicht vor Vollendung des 60. Lebensjahres vorsieht, sowie
- geförderte Altersvorsorgebeiträge nach § 82 EStG, soweit sie den Mindesteigenbeitrag nach § 86 EStG nicht überschreiten.

105.2 Weisen Leistungsberechtigte Aufwendungen zur Erlangung eines Anspruchs auf ein angemessenes Sterbegeld (vgl. BeckOK SozR/Gebhardt § 33 Rn. 6) vor Beginn der Leistungsberechtigung nach, so werden diese in angemessener Höhe als Bedarf anerkannt, soweit sie nicht nach § 82 Abs. 2 Nr. 2 bereits vom Einkommen abgesetzt werden.

106 • Bedarfe für Bildung und Teilhabe (vgl. § 34; → Rn. 106.1)

106.1 § 34 sieht Bedarfe für Bildung und Teilhabe vor, die zu decken sind. Erfasst sind die Bedarfe von Schülerinnen und Schülern, die eine allgemein- oder berufsbildende Schule besuchen, sowie Bedarfe von Kindern und Jugendlichen für Teilhabe am sozialen und kulturellen Leben in der Gemeinschaft (BeckOK SozR/Gebhardt § 34 Rn. 3). In der Sache sind erfasst Bedarfe für
- Schulausflüge
- mehrtägige Klassenfahrten im Rahmen der schulrechtlichen Bestimmungen
- die Ausstattung mit persönlichem Schulbedarf
- Schülerbeförderung
- eine die schulischen Angebote ergänzende angemessene Lernförderung, auf eine bestehende Versetzungsgefährdung kommt es dabei nicht an.
- die Teilnahme an einer gemeinschaftlichen Mittagsverpflegung
- die Teilhabe am sozialen und kulturellen Leben in der Gemeinschaft (Mitgliedsbeiträge in den Bereichen Sport, Spiel, Kultur und Geselligkeit, Unterricht in künstlerischen Fächern und vergleichbare angeleitete Aktivitäten der kulturellen Bildung und die Teilnahme an Freizeiten).

Diese Bedarfe nach § 34 werden neben den maßgebenden Regelbedarfsstufen gesondert berücksichtigt (zu Sonderregelungen in Folge der **Corona-Pandemie** im Jahr 2020 vgl. § 142).

107 • Bedarfe für Unterkunft und Heizung (vgl. § 35; → Rn. 107.1 ff.)

107.1 Auch Bedarfe für die Unterkunft werden in Höhe der **tatsächlichen Aufwendungen** anerkannt (BeckOK SozR/Gebhardt § 35 Rn. 2). Jedoch werden die tatsächlichen Kosten nur übernommen, soweit sie im Rahmen des Angemessen (zu den im Grunde vergleichbaren Regelungen im SGB II, den Voraussetzungen für ein **schlüssiges Konzept** und der Festlegung des angemessenen Mietpreises vgl. → SGB II § 7 Rn. 107) verbleiben (§ 35 Abs. 2). Tatsächliche Aufwendungen, die das angemessene Maß übersteigen, sind nur solange zu übernehmen, wie es dem Hilfebedürftigen nicht möglich oder nicht zuzumuten ist, seine Unterkunftskosten (zB durch einen Wohnungswechsel, durch Vermieten oder auf andere Weise) zu senken, in der Regel jedoch längstens für sechs Monate (BeckOK SozR/Gebhardt § 35 Rn. 11 ff.; zu Sonderregelungen in Folge der **Corona-Pandemie** vgl. § 141 Abs. 3). Der Träger der Sozialhilfe kann für seinen Bereich die Bedarfe für die Unterkunft durch eine monatliche Pauschale festsetzen, wenn auf dem örtlichen Wohnungsmarkt hinreichend angemessener freier Wohnraum verfügbar und in Einzelfällen die Pauschalierung nicht unzumutbar ist. Bedarfe für die Unterkunft sind auf Antrag der leistungsberechtigten Person **Direktzahlung an den Vermieter** oder andere Empfangsberechtigte zu decken (BeckOK SozR/Gebhardt § 35 Rn. 8 f.). Direktzahlungen an den Vermieter oder andere Empfangsberechtigte sollen erfolgen, wenn die zweckentsprechende Verwendung durch die leistungsberechtigte Person nicht sichergestellt ist.

Auch Wohnungsbeschaffungskosten, Mietkautionen und Umzugskosten können bei vorheriger Zustimmung übernommen werden (§ 35 Abs. 2 S. 5); Mietkautionen sollen als Darlehen erbracht werden. **107.2**

Bedarfe für Heizung und zentrale Warmwasserversorgung werden in tatsächlicher Höhe anerkannt, **107.3** soweit sie angemessen sind (§ 35 Abs. 4). Die Bedarfe können durch eine monatliche Pauschale festgesetzt werden. Bei der Bemessung der Pauschale sind die persönlichen und familiären Verhältnisse, die Größe und Beschaffenheit der Wohnung, die vorhandenen Heizmöglichkeiten und die örtlichen Gegebenheiten zu berücksichtigen.

Die einzelnen Bedarfe zusammen ergeben den (Gesamt-) Bedarf der jeweiligen Person. **108**

Hilfebedürftigkeit. Hilfebedürftigkeit iSd § 27 Abs. 1 bzw. § 19 liegt vor, wenn die Person **109** ihren notwendigen Lebensunterhalt (Regelbedarfs, weitere Bedarfe) nicht oder nicht ausreichend aus eigenen Kräften und Mitteln, insbesondere aus ihrem **Einkommen und Vermögen,** bestreiten kann, also der jeweilige Bedarf die eigene Leistungsfähigkeit aus Einkommen und Vermögen übersteigt. Angeknüpft wird immer an eine **individuelle Hilfebedürftigkeit,** auch in einer Haushaltsgemeinschaft.

Lebt eine Person gemeinsam mit anderen Personen in einer Wohnung oder in einer entspre **110** chenden anderen Unterkunft, so wird nach § 39 S. 1 vermutet, dass sie gemeinsam wirtschaften (**Haushaltsgemeinschaft**) und dass die um Leistung nachfragende Person von den anderen Personen Leistungen zum Lebensunterhalt erhält, soweit dies nach deren Einkommen und Vermögen erwartet werden kann. Damit wendet sich das SGB XII von dem Modell der Bedarfsgemeinschaft iSd § 7 Abs. 2 SGB II ab.

Während für die Hilfen nach dem Fünften bis Neunten Kapitel des SGB XII (Hilfen zur **111** Gesundheit, Eingliederungshilfe für behinderte Menschen (entfallen zum 1.1.2020 aus dem SGB XII und sind dann in den §§ 90 ff. SGB IX geregelt), Hilfe zur Pflege, Hilfe zur Überwindung besonderer sozialer Schwierigkeiten, Hilfe in anderen Lebenslagen) in § 85 (zu weiteren Regelungen, insbesondere zum Einsatz von Einkommen über der Einkommensgrenze vgl. § 87 bzw. unterhalb der Einkommensgrenze vgl. § 88) eine **Einkommensgrenze** vorgesehen ist und nur diese übersteigendes Einkommen bedürftigkeitsmindernd zu berücksichtigen ist, ist für Leistungen der Hilfe zum Lebensunterhalt und der Grundsicherung im Alter und bei Erwerbsminderung eine solche allgemeine Einkommensfreigrenze nicht vorgesehen.

Zu berücksichtigendes Einkommen. Nach § 82 Abs. 1 S. 1 gehören zum Einkommen **alle** **112** **Einkünfte in Geld oder Geldeswert** mit Ausnahme der Leistungen nach dem SGB XII selbst, der Grundrente nach dem BVG und nach den Gesetzen, die eine entsprechende Anwendung des Bundesversorgungsgesetzes vorsehen, und der Renten oder Beihilfen nach dem BEG für Schaden an Leben sowie an Körper oder Gesundheit bis zur Höhe der vergleichbaren Grundrente nach dem BVG. Einkünfte aus Rückerstattungen, die auf Vorauszahlungen beruhen, die Leistungsberechtigte aus dem Regelsatz erbracht haben, sind kein Einkommen (§ 82 Abs. 1 S. 2). Bei Minderjährigen ist das Kindergeld dem jeweiligen Kind als Einkommen zuzurechnen, soweit es bei diesem zur Deckung des notwendigen Lebensunterhaltes, mit Ausnahme der Bedarfe nach § 34 (Bedarf für Bildung und Teilhabe), benötigt wird (§ 82 Abs. 1 S. 4).

Leistungen, die aufgrund öffentlich-rechtlicher Vorschriften zu einem ausdrücklich genannten **113** Zweck erbracht werden, sind nur insoweit als Einkommen zu berücksichtigen, als die Sozialhilfe im Einzelfall **demselben Zweck dient** (§ 83 Abs. 1). Auch Entschädigungen nach § 253 Abs. 2 BGB, die nicht einen Vermögensschaden ausgleichen, sind nicht als Einkommen zu berücksichtigen (§ 83 Abs. 2). Auch **Zuwendungen Dritter,** zB der freien Wohlfahrtspflege, bleiben als Einkommen grundsätzlich außer Betracht (§ 84 Abs. 1), soweit nicht die Zuwendung die Lage der Leistungsberechtigten so günstig beeinflusst, dass daneben Sozialhilfe ungerechtfertigt wäre bzw. soweit ihre Berücksichtigung für die Leistungsberechtigten eine besondere Härte bedeuten würde (§ 84 Abs. 2).

114   Zur Bewertung von Einkommen enthält die **Verordnung zur Durchführung des § 82** weitere Regelungen. Danach sind bei der Berechnung der Einkünfte in Geld oder Geldeswert alle Einnahmen ohne Rücksicht auf ihre Herkunft und Rechtsnatur sowie ohne Rücksicht darauf, ob sie zu den Einkunftsarten im Sinne des EStG gehören und ob sie der Steuerpflicht unterliegen, zugrunde zu legen (§ 1 SGB-XII-EinkBV). Die SGB-XII-EinkBV (Verordnung zur Durchführung des § 82 des Zwölften Buches Sozialgesetzbuch v. 28.11.1962, BGBl. I 692) enthält darüber hinaus weitere Regelungen, zB zur Bewertung von Sachbezügen, Einkünften aus nichtselbstständiger Arbeit, Einkünften aus Land- und Forstwirtschaft, Gewerbebetrieb und selbstständiger Arbeit, Einkünften aus Kapitalvermögen, Einkünften aus Vermietung und Verpachtung, anderen Einkünften und auch zur Einkommensberechnung in besonderen Fällen.

115   Von dem Einkommen sind nach § 82 Abs. 2 S. 1 **einzelne Positionen** abzusetzen. Dazu gehören die auf das Einkommen **entrichtete Steuern** (§ 82 Abs. 2 S. 1 Nr. 1; vgl. BeckOK SozR/Siebel-Huffmann § 82 Rn. 17), Pflichtbeiträge zur **Sozialversicherung** einschließlich der Beiträge zur Arbeitsförderung (§ 82 Abs. 2 S. 1 Nr. 2; vgl. BeckOK SozR/Siebel-Huffmann § 82 Rn. 18 f.), Beiträge zu öffentlichen oder privaten Versicherungen oder ähnlichen Einrichtungen, soweit diese Beiträge gesetzlich vorgeschrieben oder nach Grund und Höhe angemessen sind, sowie geförderte Altersvorsorgebeiträge nach § 82 EStG, soweit sie den Mindesteigenbetrag nach § 86 EStG nicht überschreiten (§ 82 Abs. 2 S. 1 Nr. 3; vgl. BeckOK SozR/Siebel-Huffmann § 82 Rn. 20 ff.), und die mit der Erzielung des Einkommens verbundenen notwendigen Ausgaben (**Werbungskosten;** § 82 Abs. 2 S. 1 Nr. 4; vgl. BeckOK SozR/Siebel-Huffmann § 82 Rn. 26). Zu den letztgenannten, mit der Erzielung von Einkünften aus nichtselbstständiger Arbeit verbundenen Ausgaben gehören nach § 3 Abs. 4 SGB-XII-EinkBV vor allem

* notwendige Aufwendungen für Arbeitsmittel,
* notwendige Aufwendungen für Fahrten zwischen Wohnung und Arbeitsstätte,
* notwendige Beiträge für Berufsverbände und
* notwendige Mehraufwendungen infolge Führung eines doppelten Haushalts nach näherer Bestimmung des § 3 Abs. 7 SGB-XII-EinkBV.

116   Diese Ausgaben sind jedoch nur insoweit zu berücksichtigen, als sie von dem Bezieher des Einkommens selbst getragen werden. Als Aufwendungen für Arbeitsmittel kann nach § 3 Abs. 5 SGB-XII-EinkBV ein monatlicher Pauschbetrag von 5,20 EUR berücksichtigt werden, wenn nicht im Einzelfall höhere Aufwendungen nachgewiesen werden (zu den Kosten für Fahrten zwischen Wohnung und Arbeitsstätte vgl. näher § 3 Abs. 6 SGB-XII-EinkBV).

117   **Zusätzlich** ist ein Betrag von bis zu 250 EUR monatlich nicht als Einkommen zu berücksichtigen, wenn die leistungsberechtigte Person aus einer Tätigkeit Bezüge oder Einnahmen erhält, die nach § 3 Nr. 12, Nr. 26, Nr. 26a oder Nr. 26b EStG (bestimmte **Aufwandsentschädigungen**) steuerfrei sind (vgl. GWF/Giere § 82 Rn. 104 ff.).

118   Bei der Hilfe zum Lebensunterhalt und Grundsicherung im Alter und bei Erwerbsminderung ist nach § 82 Abs. 3 S. 1 ferner ein Betrag iHv 30 % des Einkommens aus selbstständiger und nichtselbstständiger Tätigkeit der Leistungsberechtigten abzusetzen (sog. **Erwerbstätigenfreibetrag;** vgl. BeckOK SozR/Siebel-Huffmann § 82 Rn. 28). Dieser Absetzbetrag ist auf maximal 50 % der Regelbedarfsstufe 1 nach der Anlage zu § 28 begrenzt.

119   Bei der Hilfe zum Lebensunterhalt und Grundsicherung im Alter und bei Erwerbsminderung ist weiterhin ein Betrag von 100 EUR monatlich aus einer **zusätzlichen Altersvorsorge** (zur Definition vgl. § 82 Abs. 5) der Leistungsberechtigten zuzüglich 30 % des diesen Betrag übersteigenden Einkommens aus einer zusätzlichen Altersvorsorge der Leistungsberechtigten abzusetzen, höchstens jedoch 50 vH der Regelbedarfsstufe 1 nach der Anlage zu § 28 (vgl. § 82 Abs. 4).

120   Bei nicht getrenntlebenden Ehegatten bzw. Lebenspartnern ist auch das den Hilfebedarf des Partners übersteigende anrechenbare Einkommen einzusetzen (§ 27 Abs. 2 S. 2). Bei unverheirateten minderjährigen Kindern, die im Haushalt ihrer Eltern bzw. eines Elternteils leben, ist das, den Hilfebedarf der Eltern bzw. des Elternteils übersteigende Einkommen zusätzlich zu berücksichtigen (§ 27 Abs. 2 S. 3). Damit weicht das SGB XII mit der Konstruktion einer **Haushaltsgemeinschaft** (§ 39) von der im SGB II bestehenden Bedarfsgemeinschaft (vgl. § 7 Abs. 2 und Abs. 3 SGB II; vgl. → SGB II § 7 Rn. 16 ff.) ab.

121   **ff) Zu berücksichtigendes Vermögen.** Bedürftigkeitsmindernd ist nach § 90 Abs. 1 das gesamte verwertbare Vermögen einzusetzen (zu Sonderregelungen in Folge der Corona-Pandemie im Jahr 2020 vgl. § 141 Abs. 2 SGB XII). Der Einsatz von Vermögen erfolgt durch **Verbrauch, Veräußerung, Vermietung, Verpachtung oder Belastung** (Verpfändung usw). Zu verwerten-

des Vermögen ist hilfebedarfsmindernd zu berücksichtigen, solange es im Bestand vorhanden ist (vgl. BeckOK SozR/Siebel-Huffmann § 90 Rn. 5).

§ 90 Abs. 2 bestimmt, welches Vermögen nicht bedürftigkeitsmindernd einzusetzen bzw. zu **122** berücksichtigen ist. Nicht als Vermögen eingesetzt werden muss insoweit zB Vermögen,

- das aus öffentlichen Mitteln zum Aufbau oder zur Sicherung einer Lebensgrundlage oder zur Gründung eines Hausstandes erbracht wird (§ 90 Abs. 2 Nr. 1; vgl. BeckOK SozR/Siebel-Huffmann § 90 Rn. 8 f.),
- das zu dem nach § 10a EStG oder Abschnitt XI EStG geförderten **Altersvorsorgevermögen** iSd § 92 EStG gehört (§ 90 Abs. 2 Nr. 2; vgl. BeckOK SozR/Siebel-Huffmann § 90 Rn. 10),
- das als sonstiges Vermögen nachweislich zur baldigen Beschaffung oder Erhaltung eines Hausgrundstücks (§ 90 Abs. 2 Nr. 3) gehört, soweit dieses Wohnzwecken behinderter (§ 53 Abs. 1 S. 1 und § 72) oder pflegebedürftiger Menschen (§ 61) dient oder dienen soll und dieser Zweck durch den Einsatz oder die Verwertung des Vermögens gefährdet würde (vgl. BeckOK SozR/Siebel-Huffmann § 90 Rn. 12 ff.),
- eines **angemessenen Hausrats** (§ 90 Abs. 2 Nr. 4; vgl. BeckOK SozR/Siebel-Huffmann § 90 Rn. 16),
- an Gegenständen, die zur Aufnahme oder **Fortsetzung der Berufsausbildung oder der Erwerbstätigkeit** unentbehrlich sind (§ 90 Abs. 2 Nr. 5; vgl. BeckOK SozR/Siebel-Huffmann § 90 Rn. 17 ff.),
- das als **angemessenes Hausgrundstück** von der nachfragenden Person oder einer anderen in § 19 Abs. 1–3 genannten Person allein oder zusammen mit Angehörigen ganz oder teilweise bewohnt wird und nach ihrem Tod von ihren Angehörigen bewohnt werden soll (§ 90 Abs. 2 Nr. 8; vgl. BeckOK SozR/Siebel-Huffmann § 90 Rn. 23 ff.). Die **Angemessenheit** bestimmt sich nach der Zahl der Bewohner, dem Wohnbedarf (zB behinderter, blinder oder pflegebedürftiger Menschen), der Grundstücksgröße, der Hausgröße, dem Zuschnitt und der Ausstattung des Wohngebäudes sowie dem Wert des Grundstücks einschließlich des Wohngebäudes (vgl. BeckOK SozR/Siebel-Huffmann § 90 Rn. 26),
- das als **kleinere Barbeträge** oder sonstiger Geldwerte vorhanden ist (§ 90 Abs. 2 Nr. 9; vgl. BeckOK SozR/Siebel-Huffmann § 90 Rn. 34 ff.). Die BarBetrV (Verordnung zur Durchführung des § 90 Abs. 2 Nr. 9 des Zwölften Buches Sozialgesetzbuch v. 11.2.1988, BGBl. I 150) enthält weitere Regelungen (Vermögensfreibetrag nach § 1 S. 1 Nr. 1 BarBetrV: **5.000 EUR**).

Bedeutet der Einsatz oder die Verwertung eines Vermögens für den, der das Vermögen einzusetzen **123** hat, und für seine unterhaltsberechtigten Angehörigen eine **Härte,** so ist dieses grundsätzlich nicht zur Vermeidung der Hilfebedürftigkeit einzusetzen (§ 90 Abs. 3; vgl. BeckOK SozR/Siebel-Huffmann § 90 Rn. 38 ff.).

Umfang der Hilfe. Der Umfang der Hilfe ergibt sich grundsätzlich auch der **Gegenüberstel- 124 lung des jeweiligen individuellen Bedarfs** (→ Rn. 100 ff.) sowie **des zu berücksichtigenden Einkommens bzw. Vermögens.** Verbleibt danach noch Hilfebedürftigkeit, ist in diesem Umfang Hilfe zu leisten. Der Bedarf wird nach **§ 39 S. 1** als **gedeckt vermutet,** wenn eine Person gemeinsam mit anderen Personen in einer Wohnung oder in einer entsprechenden anderen Unterkunft lebt, soweit dies nach dem Einkommen und Vermögen der anderen Person erwartet werden kann.

Bei Menschen, deren **Behinderung** Leistungen für eine stationäre Einrichtung, für eine Tages- **125** einrichtung für behinderte Menschen oder für ärztliche oder ärztlich verordnete Maßnahmen erfordert, sieht § 92 vor, dass die Leistungen hierfür auch dann in vollem Umfang zu erbringen sind, wenn die Aufbringung der Mittel zu einem Teil zuzumuten ist. Sie haben jedoch in Höhe dieses Teils zu den Kosten der erbrachten Leistungen beizutragen. Erhält eine Person in einer teilstationären oder stationären Einrichtung Leistungen, kann die Aufbringung der Mittel für die Leistungen in der Einrichtung nach dem Dritten und Vierten Kapitel (**Hilfe zum Lebensunterhalt und Grundsicherung im Alter und bei Erwerbsminderung**) von ihr und ihrem nicht getrennt lebenden Ehegatten oder Lebenspartner aus dem gemeinsamen Einkommen verlangt werden, soweit Aufwendungen für den **häuslichen Lebensunterhalt erspart** werden (**§ 92a Abs. 1**). Darüber hinaus soll in angemessenem Umfang die Aufbringung der Mittel verlangt werden, wenn eine Person auf voraussichtlich längere Zeit Leistungen in einer stationären Einrichtung bedarf (§ 92a Abs. 2).

Soweit nach § 90 für den Bedarf der nachfragenden Person Vermögen einzusetzen ist, jedoch **126** der **sofortige Verbrauch** oder die sofortige Verwertung des Vermögens **nicht möglich** ist oder für die, die es einzusetzen hat, eine **Härte** bedeuten würde, soll die Sozialhilfe **als Darlehen geleistet** werden (§ 91 S. 1). Die Leistungserbringung kann von einer Sicherung des Rückzahlungsanspruchs abhängig gemacht werden (zB durch eine Hypothek, Grundschuld oder Bürgschaft).

127   **b) Grundsicherung im Alter und bei Erwerbsminderung (§§ 41–46b).** Anspruch auf Leistungen der Grundsicherung im Alter und bei Erwerbsminderung haben **Personen, die älter** oder **dauerhaft voll erwerbsgemindert** sind und einen **gewöhnlichen Aufenthalt im Inland** haben (zum vorübergehenden Auslandsaufenthalt vgl. § 41a) sowie ihren notwendigen Lebensunterhalt nicht oder nicht ausreichend aus Einkommen und Vermögen bestreiten können; die Leistung ist **antragsabhängig** (BeckOK SozR/Gebhardt § 41 Rn. 9). Keinen Anspruch auf Leistungen nach diesem Kapitel hat, wer in den letzten zehn Jahren die **Bedürftigkeit vorsätzlich oder grob fahrlässig herbeigeführt** hat.

128   Die Leistungsberechtigung wegen Alters bestimmt sich nach der Altersgrenze, die § 41 Abs. 2 definiert. Diese ist an die **Altersgrenze** der Regelaltersrente angelehnt. Personen, die vor dem 1.1.1947 geboren sind, erreichen die Altersgrenze mit Vollendung des 65. Lebensjahres. Für Personen, die danach geboren sind, steigt die Altersgrenze an bis diese bei den Geburtsjahrgängen ab 1964 67 Jahre erreicht.

129   Leistungsberechtigt wegen einer **dauerhaften vollen Erwerbsminderung** ist, wer das 18. Lebensjahr vollendet hat, unabhängig von der jeweiligen Arbeitsmarktlage voll erwerbsgemindert iSd § 43 Abs. 2 SGB VI ist und bei dem unwahrscheinlich ist, dass die volle Erwerbsminderung behoben werden kann (vgl. BeckOK SozR/Gebhardt § 41 Rn. 5 ff.).

130   Die für die Bestimmung des notwendigen Lebensunterhaltes notwendigen Bedarfe ergeben sich aus §§ 42, 42a in Anlehnung an die Bedarfe bei der Hilfe zum Lebensunterhalt. So umfassen die Bedarfe

- die **Regelsätze** nach den Regelbedarfsstufen der Anlage zu § 28; § 27a Abs. 3 und Abs. 4 S. 1 und S. 2 ist anzuwenden; § 29 Abs. 1 S. 1 Hs. 2 und Abs. 2–5 ist nicht anzuwenden (vgl. BeckOK SozR/Gebhardt § 42 Rn. 4 ff.),
- die **zusätzlichen Bedarfe** nach dem Zweiten Abschnitt des Dritten Kapitels (§§ 30–33; vgl. BeckOK SozR/Gebhardt § 42 Rn. 7), besondere Mehrbedarfe sind auch in § 42b vorgesehen (→ Rn. 130.1),
- die **Bedarfe für Bildung und Teilhabe**, ausgenommen die Bedarfe nach § 34 Abs. 7 (vgl. BeckOK SozR/Gebhardt § 42 Rn. 8; zu Sonderregelungen in Folge der **Corona-Pandemie** im Jahr 2020 vgl. § 142),
- **Bedarfe für Unterkunft und Heizung** (vgl. BeckOK SozR/Gebhardt § 42 Rn. 9 ff.; BeckOK SozR/Gebhardt § 42a Rn. 9 ff., 15), § 42a enthält Sonderregelungen zu den Unterkunftskosten (zu Sonderregelungen in Folge der **Corona-Pandemie** im Jahr 2020 vgl. § 141 Abs. 2),
- **ergänzende Darlehen** nach § 37 Abs. 1 und Darlehen bei am Monatsende fälligen Einkommen nach § 37a (vgl. BeckOK SozR/Gebhardt § 42 Rn. 11).

130.1   § 42b sieht ab 1.1.2020 vor, dass

- für Bedarfe, die nicht durch den Regelsatz abgedeckt sind, ergänzend zu den Mehrbedarfen nach § 30 weitere Mehrbedarfe nach den Regelungen aus § 42b Abs. 2–4 anerkannt werden.
- Für die Mehraufwendungen bei **gemeinschaftlicher Mittagsverpflegung** wird nach § 42b Abs. 2 ein Mehrbedarf anerkannt. Dies gilt unter der Voraussetzung, dass die Mittagsverpflegung in Verantwortung dieses Leistungsanbieters (Werkstatt für behinderte Menschen nach § 56 SGB IX; anderer Leistungsanbieter nach § 60 SGB IX; vergleichbares anderes tagesstrukturierendes Angebot) angeboten wird oder durch einen Kooperationsvertrag zwischen diesem und dem für die gemeinschaftliche Mittagsverpflegung an einem anderen Ort Verantwortlichen vereinbart ist. Die Mehraufwendungen je Arbeitstag sind ein 1/30 des Betrags, der sich nach § 2 Abs. 1 S. 2 SvEV in der jeweiligen Fassung ergibt (zu Sonderregelungen in Folge der **Corona-Pandemie** im Jahr 2020 vgl. § 142).
- Für Leistungsberechtigte mit Behinderungen, denen **Hilfen zur Schulbildung** oder Hilfen zur schulischen oder hochschulischen Ausbildung nach § 112 Abs. 1 S. 1 Nr. 1 und Nr. 2 SGB IX geleistet werden, wird ein Mehrbedarf von 35 % der maßgebenden Regelbedarfsstufe anerkannt. In besonderen Einzelfällen ist der Mehrbedarf nach § 112 Abs. 1 S. 1 SGB IX über die Beendigung der dort genannten Leistungen hinaus während einer angemessenen Einarbeitungszeit von bis zu drei Monaten anzuerkennen. Die Summe dieses Mehrbedarfs und desjenigen nach § 30 Abs. 1–5 darf die Höhe der maßgebenden Regelbedarfsstufe nicht übersteigen.

131   Diesen Bedarfen ist das jeweilige **Einkommen** (§ 82) – dazu zählen auch die Altersrenten und Erwerbsminderungsrenten – sowie das **Vermögen** (§ 90; zu Sonderregelungen in Folge der Corona-Pandemie ab dem Jahr 2020 vgl. § 141 Abs. 2) gegenüber zu stellen (vgl. hierzu grundsätzlich → Rn. 111 ff., → Rn. 120 ff.). § 43 enthält jedoch **besondere Regelungen** zum Einsatz von Einkommen und Vermögen und zur Berücksichtigung von Unterhaltsansprüchen (vgl.

BeckOK SozR/Gebhardt § 43 Rn. 1b ff.). So sind zusätzlich zu den nach § 82 Abs. 2 vom Einkommen **abzusetzenden Beträgen** Einnahmen aus Kapitalvermögen abzusetzen, soweit sie einen Betrag von 26 EUR im Kalenderjahr nicht übersteigen. Eine Verletztenrente nach dem SGB VII ist teilweise nicht als Einkommen zu berücksichtigen (§ 43 Abs. 3 S. 1; vgl. BeckOK SozR/Gebhardt § 43 Rn. 6), wenn sie aufgrund eines in Ausübung der Wehrpflicht bei der Nationalen Volksarmee der ehemaligen Deutschen Demokratischen Republik erlittenen Gesundheitsschadens erbracht wird. Unterhaltsansprüche der Leistungsberechtigten gegenüber ihren Kindern und Eltern sind nicht zu berücksichtigen (§ 43 Abs. 5), es sei denn, deren jährliches Gesamteinkommen iSd § 16 SGB IV beträgt jeweils mehr als 100.000 EUR (**Jahreseinkommensgrenze;** vgl. BeckOK SozR/Gebhardt § 43 Rn. 10 ff.). Dabei wird **widerleglich vermutet,** dass das Einkommen der unterhaltsverpflichteten Personen die Jahreseinkommensgrenze nicht überschreitet (§ 43 Abs. 5 S. 2). Wird diese Vermutung jedoch **widerlegt,** besteht keine Leistungsberechtigung für Leistungen der Grundsicherung im Alter und bei Erwerbsminderung.

c) Hilfen zur Gesundheit (§§ 47–52). Die Hilfen zur Gesundheit umfassen nach dem 132 SGB XII
- die Vorbeugende Gesundheitshilfe nach § 47,
- die Hilfe bei Krankheit nach § 48,
- die Hilfe zur Familienplanung nach § 49,
- die Hilfe bei Schwangerschaft und Mutterschaft nach § 50 und die
- die Hilfe bei Sterilisation nach § 51.

Diese Leistungen kommen nur dann in Betracht, wenn im Hinblick auf den konkreten Bedarf **kein** 133 **anderweitiger Krankenversicherungsschutz** besteht. Ein Krankenversicherungsschutz kann insoweit aus einer Versicherung in der gesetzlichen Krankenversicherung stammen oder auch aus einer privaten Krankenversicherung; insoweit besteht grundsätzlich eine gesetzliche Verpflichtung eine Krankenversicherung vorzuhalten bzw. eine **gesetzliche Versicherungspflicht** (vgl. § 193 Abs. 3 VVG, § 5 Abs. 1 Nr. 13 SGB V). Eine Einbeziehung in die Leistungserbringung der gesetzlichen Krankenversicherung liegt auch vor, wenn ein Fall des § 264 SGB V vorliegt.

Die Leistungserbringung richtet sich gem. § 52 Abs. 1 S. 1 grundsätzlich nach den Regelungen 134 des SGB V.

Nach § 19 Abs. 3 wird Hilfe zur Gesundheit nur erbracht, soweit den Leistungsberechtigten, 135 ihren nicht getrennt lebenden Ehegatten oder Lebenspartnern und, wenn sie minderjährig und unverheiratet sind, auch ihren Eltern oder einem Elternteil die Aufbringung der Mittel aus dem Einkommen und Vermögen nach den Vorschriften der §§ 82–96 nicht zuzumuten ist. Damit muss die Person, bei Hilfen zur Gesundheit in Anspruch nehmen will, **hilfebedürftig** sein (vgl. BeckOK SozR/Groth § 19 Rn. 18). Hinsichtlich Einkommen und Vermögen gelten die §§ 82 ff. Dabei ist die Einkommensgrenze des § 85 (Grundbetrag aus dem doppelten Regelsatz der Regelbedarfsstufe 1 zuzüglich Aufwendungen für die Unterkunft zuzüglich ggf. Familienzuschläge) ebenso zu beachten wie §§ 87 und 88 (zum Barvermögen vgl. § 90 Abs. 2 Nr. 9 iVm § 1 BarBetrV).

d) Eingliederungshilfe für behinderte Menschen (§§ 53–60a). Ab dem 1.1.2020 finden 136 sich die Regelungen der Eingliederungshilfe in den **§§ 90 ff. SGB IX.** Das SGB XII enthält keine Regelungen zur Eingliederungshilfe für Menschen mit Behinderungen mehr. Lediglich soweit über die Leistungen der Eingliederungshilfe hinaus auch der Lebensunterhalt zB durch Leistungen der **Grundsicherung im Alter und bei Erwerbsminderung** oder durch Leistungen der **Hilfe zum Lebensunterhalt** zu sichern ist, gelten die entsprechenden Regelungen des SGB XII (Stichwort: Trennung Fachleistung, **SGB IX,** und Existenzsicherung, **SGB XII**); auch die anderen Hilfen des SGB XII sind grundsätzlich neben der Eingliederungshilfe möglich (zur **Zuständigkeit** vgl. § 98 SGB IX iVm § 98 Abs. 6). Die Regelungen des SGB XII gelten dann nicht mehr (zum bisherigen Recht vgl. → Rn. 136.1 ff.).

e) Hilfe zur Pflege (§§ 61–66a). Personen, die pflegebedürftig iSd § 61a sind, haben Anspruch 142 auf **Hilfe zur Pflege,** soweit ihnen und ihren nicht getrennt lebenden Ehegatten oder Lebenspartnern nicht zuzumuten ist, dass sie die für die Hilfe zur Pflege benötigten Mittel aus dem Einkommen und Vermögen aufbringen (§ 61 S. 1).

Pflegebedürftig sind Personen, die gesundheitlich bedingte Beeinträchtigungen der Selbstständigkeit oder der Fähigkeiten aufweisen und deshalb der Hilfe durch andere bedürfen (§ 61a Abs. 1 143 S. 1). Pflegebedürftige Personen können körperliche, kognitive oder psychische Beeinträchtigungen oder gesundheitlich bedingte Belastungen oder Anforderungen nicht selbstständig kompensieren oder bewältigen. Maßgeblich sind insoweit die in § 61a Abs. 2 genannten Kriterien. Pflegebedürftigkeit wird nach § 61b bzw. bei Kindern nach § 61c in **Pflegegraden** bemessen (vgl. BeckOK SozR/Kaiser § 61a Rn. 3 ff. BeckOK SozR/Kaiser § 61b Rn. 1 ff.). Die Ermittlung des Pflegegrades erfolgt durch ein **Begutachtungsinstrument nach Maßgabe des § 15 SGB XI** (§ 62; BeckOK SozR/Kaiser § 62 Rn. 1). Die Entscheidung der Pflegekasse über den Pflegegrad ist für den Träger der Sozialhilfe bindend, soweit sie auf Tatsachen beruht, die bei beiden Entscheidungen zu berücksichtigen sind (§ 62a S. 1). Bei seiner Entscheidung kann sich der Träger der Sozialhilfe der Hilfe sachverständiger Dritter bedienen. Auf Anforderung unterstützt den Träger der Sozialhilfe der Medizinische Dienst der Krankenversicherung den Träger der Sozialhilfe bei seiner Entscheidung und erhält hierfür Kostenersatz, der zu vereinbaren ist.

144   Die Hilfen zur Pflege sind **abhängig vom jeweiligen Pflegegrad.** Die Hilfe zur Pflege umfasst für Pflegebedürftige des **Pflegegrades 1**
* Pflegehilfsmittel (vgl. § 64d),
* Maßnahmen zur Verbesserung des Wohnumfeldes (vgl. § 64e),
* digitale Pflegeanwendungen (vgl. § 64j) und
* einen Entlastungsbetrag (vgl. § 66).

145 Die Hilfe zur Pflege umfasst für Pflegebedürftige der **Pflegegrade 2, 3, 4 oder 5**
* häusliche Pflege in Form von **Pflegegeld** (vgl. § 64a),
  häuslicher **Pflegehilfe** (vgl. § 64b),
  Verhinderungspflege (vgl. § 64c),
  Pflegehilfsmitteln (vgl. § 64d),
  Maßnahmen zur Verbesserung des Wohnumfeldes (vgl. § 64e),
  anderen Leistungen (vgl. § 64f),
* teilstationäre Pflege (vgl. § 64g),
* **Kurzzeitpflege** (vgl. § 64h),
* einen **Entlastungsbetrag** (vgl. § 64i),
* digitale Pflegeanwendungen (vgl. § 64j) und
* stationäre Pflege (vgl. § 65).
Die Hilfe zur Pflege schließt Sterbebegleitung mit ein.

146   Die Leistungen der **Pflegeversicherung nach SGB XI** sind gegenüber den Hilfen zur Pflege nach dem SGB XII **vorrangig.** Die Leistungen der Pflegeversicherung decken aber regelmäßig nicht die vollen Kosten der Pflegebedürftigkeit, sodass auch bedürftige Pflegeversicherte aufstockend Hilfe zur Pflege nach dem SGB XII erhalten können, sodass der gesamte pflegerische Bedarf abgedeckt ist (vgl. Böttiger Sozialleistungen für Flüchtlinge und Asylbewerber/Sproll Kap. 4 Rn. 73).

147   Nach § 19 Abs. 3 wird Hilfe zur Pflege nur erbracht, soweit den Leistungsberechtigten, ihren nicht getrennt lebenden Ehegatten oder Lebenspartnern und, wenn sie minderjährig und unverheiratet sind, auch ihren Eltern oder einem Elternteil die Aufbringung der Mittel aus dem Einkommen und Vermögen nach den Vorschriften der §§ 82–96 nicht zuzumuten ist. Sind die Personen minderjährig und unverheiratet, so sind auch das Einkommen und das Vermögen ihrer Eltern oder eines Elternteils zu berücksichtigen (§ 61 S. 2). Damit muss die Person, bei Hilfen zur Pflege in Anspruch nehmen will, **hilfebedürftig** sein (vgl. BeckOK SozR/Groth § 19 Rn. 18). Hinsichtlich Einkommen und Vermögen gelten die §§ 82 ff. (vgl. → Rn. 126).

148   f) Hilfe zur Überwindung besonderer sozialer Schwierigkeiten (§§ 67–69). Nach § 67 werden Personen, bei denen besondere Lebensverhältnisse mit sozialen Schwierigkeiten verbunden sind, Leistungen zur Überwindung dieser Schwierigkeiten erbracht, wenn sie aus eigener Kraft hierzu nicht fähig sind. Die Verordnung zu § 69 enthält nähere Regelungen. Nach **§ 1 DVO § 69 SGB XII** (Verordnung zur Durchführung der Hilfe zur Überwindung besonderer sozialer Schwierigkeiten v. 24.1.2001, BGBl. I 179) leben Personen in **besonderen sozialen Schwierigkeiten,** wenn besondere Lebensverhältnisse derart mit sozialen Schwierigkeiten verbunden sind, dass die Überwindung der besonderen Lebensverhältnisse auch die Überwindung der sozialen Schwierigkeiten erfordert. Nachgehende Hilfe ist Personen zu gewähren, soweit bei ihnen nur durch Hilfe nach dieser Verordnung der drohende Wiedereintritt besonderer sozialer Schwierigkeiten abgewendet werden kann. **Besondere Lebensverhältnisse** (vgl. BeckOK SozR/Kaiser § 67 Rn. 3; Böttiger Sozialleistungen für Flüchtlinge und Asylbewerber/Sproll Kap. 4 Rn. 76 f.) bestehen bei fehlender oder nicht ausreichender Wohnung, bei ungesicherter wirtschaftlicher Lebensgrundlage, bei gewaltgeprägten Lebensumständen, bei Entlassung aus einer geschlossenen Einrichtung oder bei vergleichbaren nachteiligen Umständen. Besondere Lebensverhältnisse können ihre Ursachen in äußeren Umständen oder in der Person der Hilfesuchenden haben. Soziale Schwierigkeiten liegen vor, wenn ein Leben in der Gemeinschaft durch ausgrenzendes Verhalten des Hilfesuchenden oder eines Dritten wesentlich eingeschränkt ist (Böttiger Sozialleistungen für Flüchtlinge und Asylbewerber/Sproll Kap. 4 Rn. 78). Das ist insbesondere der Fall im Zusammenhang mit der Erhaltung oder Beschaffung einer Wohnung, mit der Erlangung oder Sicherung eines Arbeitsplatzes, mit familiären oder anderen sozialen Beziehungen oder mit Straffälligkeit (vgl. BeckOK SozR/Kaiser § 67 Rn. 4; Böttiger Sozialleistungen für Flüchtlinge und Asylbewerber/Sproll Kap. 4 Rn. 78). Die Leistungen umfassen nach § 68 alle Maßnahmen, die notwendig sind (vgl. BeckOK SozR/Kaiser § 68 Rn. 2), um die Schwierigkeiten abzuwenden, zu beseitigen, zu mildern oder ihre Verschlimmerung zu verhüten (Böttiger Sozialleistungen für Flüchtlinge und Asylbewerber/Sproll Kap. 4 Rn. 80). Dazu gehören auch die Beratung und persönliche Betreuung für die Leistungsberechtigten und ihre Angehörigen, die Hilfen zur Ausbildung, Erlangung und Sicherung eines Arbeitsplatzes sowie Maßnahmen bei der Erhaltung und Beschaffung einer Wohnung (Böttiger Sozialleistungen für Flüchtlinge und Asylbewerber/Sproll Kap. 4 Rn. 80). Zur Durchführung der erforderlichen Maßnahmen ist in geeigneten Fällen ein **Gesamtplan** zu erstellen (BeckOK SozR/Kaiser § 68 Rn. 4; Böttiger Sozialleistungen für Flüchtlinge und Asylbewerber/Sproll Kap. 4 Rn. 80).

149   Nach § 19 Abs. 3 wird Hilfe zur Überwindung besonderer sozialer Schwierigkeiten nur erbracht, soweit den Leistungsberechtigten, ihren nicht getrennt lebenden Ehegatten oder Lebenspartnern und, wenn sie minderjährig und unverheiratet sind, auch ihren Eltern oder einem Elternteil die Aufbringung der Mittel aus dem Einkommen und Vermögen nach den Vorschriften der §§ 82–96 nicht zuzumuten ist. Damit muss die Person, die Hilfen zur Überwindung besonderer sozialer Schwierigkeiten in Anspruch nehmen will, **hilfebedürftig** sein (vgl. BeckOK SozR/Groth § 19 Rn. 18). Hinsichtlich Einkommen und Vermögen gelten die §§ 82 ff. (vgl. → Rn. 126). Nach § 68 Abs. 2 werden die Leistung jedoch ohne Rücksicht auf Einkommen und Vermögen erbracht, soweit im Einzelfall Dienstleistungen – das sind zB Beratungen, persönliche Hilfen – erforderlich sind. Einkommen und Vermögen der in § 19 Abs. 3 genannten Personen ist nicht zu berücksichtigen und von der Inanspruchnahme nach bürgerlichem Recht Unterhaltspflichtiger abzusehen, soweit dies den Erfolg der Hilfe gefährden würde (§ 68 Abs. 2 S. 2; vgl. Böttiger Sozialleistungen für Flüchtlinge und Asylbewerber/Sproll Kap. 4 Rn. 79).

150   **g) Hilfe in anderen Lebenslagen (§§ 70–74).** Als Hilfen in anderen Lebenslagen sieht das SGB XII Hilfen zur Weiterführung des Haushalts (§ 70), die Altenhilfe (§ 71), die Blindenhilfe (§ 72), die Hilfe in sonstigen Lebenslagen (§ 73) und die Hilfe für Bestattungskosten (§ 74) vor.

151   Die **Hilfe zur Weiterführung des Haushalts** (§ 70) setzt voraus, dass die haushaltsführende Person vorübergehend, zB wegen Krankheit, ausfällt und die verbliebenen haushaltsangehörigen Personen den Haushalt nicht weiterführen können (vgl. BeckOK SozR/Kaiser § 70 Rn. 2 ff.; Böttiger Sozialleistungen für Flüchtlinge und Asylbewerber/Sproll Kap. 4 Rn. 81). Grundsätzlich wird die Hilfe nach § 70 **nur vorübergehend** geleistet (vgl. BeckOK SozR/Kaiser § 70 Rn. 7; Böttiger Sozialleistungen für Flüchtlinge und Asylbewerber/Sproll Kap. 4 Rn. 83). Der Anspruch ist **nachrangig** zu anderen Ansprüchen, so zB nach § 38 SGB V oder § 20 SGB VIII. Nach § 19 Abs. 3 werden Hilfen in anderen Lebenslagen, wozu auch die Hilfen nach § 70 gehören, nur erbracht, soweit den Leistungsberechtigten, ihren nicht getrennt lebenden Ehegatten oder Lebenspartnern und, wenn sie minderjährig und unverheiratet sind, auch ihren Eltern oder einem Elternteil die Aufbringung der Mittel aus dem Einkommen und Vermögen nach den Vorschriften der §§ 82–96 nicht zuzumuten ist. Damit muss die Person, bei Hilfen zur Weiterführung des Haushalts in Anspruch nehmen will, **hilfebedürftig** sein (vgl. BeckOK SozR/Groth § 19 Rn. 18). Hinsichtlich Einkommen und Vermögen gelten die §§ 82 ff. (vgl. → Rn. 126).

152   **Altenhilfe** iSd § 71 soll außer den übrigen Leistungen des SGB XII **alten Menschen** gewährt werden. Die Altenhilfe soll dazu beitragen, Schwierigkeiten, die durch das Alter entstehen, zu verhüten, zu überwinden oder zu mildern oder alten Menschen die Möglichkeit zu erhalten, selbstbestimmt am Leben in der Gemeinschaft teilzunehmen und ihre Fähigkeit zur Selbsthilfe zu stärken. Dazu gehören unter anderem Leistungen zu einer Betätigung und zum gesellschaftlichen Engagement, wenn sie vom alten Menschen gewünscht wird, Leistungen bei der Beschaffung und zur Erhaltung einer Wohnung, die den Bedürfnissen des alten Menschen entspricht, Beratung und Unterstützung im Vor- und Umfeld von Pflege, insbesondere in allen Fragen des Angebots an Wohnformen bei Unterstützungs-, Betreuungs- oder Pflegebedarf sowie an Diensten, die Betreuung oder Pflege leisten, Beratung und Unterstützung in allen Fragen der Inanspruchnahme altersgerechter Dienste, Leistungen zum Besuch von Veranstaltungen oder Einrichtungen, die der Geselligkeit, der Unterhaltung, der Bildung oder den kulturellen Bedürfnissen alter Menschen dienen, Leistungen, die alten Menschen die Verbindung mit nahe stehenden Personen ermöglichen. Voraussetzung der Leistungsgewährung ist, dass der alte Mensch **altersbedingten Schwierigkeiten** ausgesetzt ist (vgl. BeckOK SozR/Kaiser § 71 Rn. 2). Nach § 19 Abs. 3 werden Hilfen in anderen Lebenslagen, wozu auch die Hilfen nach § 71 gehören, nur erbracht, soweit den Leistungsberechtigten, ihren nicht getrennt lebenden Ehegatten oder Lebenspartnern und, wenn sie minderjährig und unverheiratet sind, auch ihren Eltern oder einem Elternteil die Aufbringung der Mittel aus dem Einkommen und Vermögen nach den Vorschriften der §§ 82–96 nicht zuzumuten ist. Damit muss die Person, die Altenhilfe in Anspruch nehmen will, **hilfebedürftig** sein (vgl. BeckOK SozR/Groth § 19 Rn. 18). Hinsichtlich Einkommen und Vermögen gelten die §§ 82 ff. Altenhilfe wird jedoch nach § 71 Abs. 4 ohne Rücksicht auf vorhandenes Einkommen oder Vermögen geleistet, soweit sie sich auf Beratung und Unterstützung beschränkt.

153 Blinden Menschen (vgl. BeckOK SozR/Kaiser § 72 Rn. 2) wird zum Ausgleich der durch die Blindheit bedingten Mehraufwendungen **Blindenhilfe** (§ 72) gewährt, soweit sie keine gleichartigen Leistungen nach anderen Rechtsvorschriften erhalten. Das **Blindengeld** beträgt seit 1.7.2018 für blinde Menschen nach Vollendung des 18. Lebensjahres 717,07 EUR monatlich, für blinde Menschen, die das 18. Lebensjahr noch nicht vollendet haben, 359,15 EUR monatlich (vgl. http://www.bmas.de/SharedDocs/Downloads/DE/tabelle-blindenhilfe-pflegegeld-grundbetraege.pdf?__blob=publicationFile, zuletzt abgerufen am 10.1.2021). Es verändert sich jeweils zu dem Zeitpunkt und in dem Umfang, wie sich der aktuelle Rentenwert in der gesetzlichen Rentenversicherung verändert (§ 72 Abs. 2 S. 2), mithin regelmäßig zum 1.7. eines Jahres; teilweise bestehen nach **landesrechtlichen Regelungen** daneben weitere Regelungen für Blindenhilfe, zB in Form von Landesblindengeld, das eigenen Regelungen folgt. Lebt der blinde Mensch in einer stationären Einrichtung und werden die Kosten des Aufenthalts ganz oder teilweise aus Mitteln öffentlich-rechtlicher Leistungsträger getragen, so verringert sich die Blindenhilfe um die aus diesen Mitteln getragenen Kosten, höchstens jedoch um 50 % dieser Beträge (§ 72 Abs. 3 S. 1). Auf die Blindenhilfe sind **Leistungen bei häuslicher Pflege nach dem SGB XI,** auch soweit es sich um Sachleistungen handelt, bei Pflegebedürftigen des Pflegegrades 2 mit 50 % des Pflegegeldes des Pflegegrades 2 und bei Pflegebedürftigen der Pflegegrade 3, 4 oder 5 mit 40 % des Pflegegeldes des Pflegegrades 3, höchstens jedoch mit 50 % des nach § 72 Abs. 2 zu bestimmenden Betrages, anzurechnen. Gleiches gilt sinngemäß für Leistungen aus einer **privaten Pflegeversicherung** und nach beamtenrechtlichen Vorschriften. Nach § 19 Abs. 3 werden Hilfen in anderen Lebenslagen, wozu auch die Hilfen nach § 72 gehören, nur erbracht, soweit den Leistungsberechtigten, ihren nicht getrennt lebenden Ehegatten oder Lebenspartnern und, wenn sie minderjährig und unverheiratet sind, auch ihren Eltern oder einem Elternteil die Aufbringung der Mittel aus dem Einkommen und Vermögen nach den Vorschriften der §§ 82–96 nicht zuzumuten ist. Damit muss die Person, die Blindenhilfe in Anspruch nimmt, **hilfebedürftig** sein (vgl. BeckOK SozR/Groth § 19 Rn. 18). Hinsichtlich Einkommen und Vermögen gelten die §§ 82 ff. Dabei ist die Einkommensgrenze nach § 85 (Grundbetrag aus dem doppelten Regelsatz der Regelbedarfsstufe 1 zuzüglich Aufwendungen für die Unterkunft zuzüglich ggf. Familienzuschläge) sowie §§ 87 und 88 zu berücksichtigen. Nach § 87 Abs. 1 S. 3 ist bei Pflegebedürftigen der Pflegegrade 4 und 5 und blinden Menschen nach § 72 ein Einsatz des Einkommens über der Einkommensgrenze in Höhe von mindestens 60 % nicht zuzumuten (zum Barvermögen vgl. § 90 Abs. 2 Nr. 9 iVm § 1 BarBetrV).

154 Nach **§ 73** können nach Ermessen auch Leistungen in sonstigen Lebenslagen erbracht werden, wenn sie den Einsatz öffentlicher Mittel rechtfertigen. Geldleistungen können dabei als Beihilfe oder als Darlehen erbracht werden. Diese Vorschrift ist Auffangnorm für **atypische Bedarfslagen,** die von den anderen Leistungen des SGB XII **nicht erfasst** sind (BeckOK SozR/Kaiser § 73 Rn. 2). Nach § 19 Abs. 3 werden Hilfen in anderen Lebenslagen, wozu auch die Hilfen nach § 73 S. 1 gehören, nur erbracht, soweit den Leistungsberechtigten, ihren nicht getrennt lebenden Ehegatten oder Lebenspartnern und, wenn sie minderjährig und unverheiratet sind, auch ihren Eltern oder einem Elternteil die Aufbringung der Mittel aus dem Einkommen und Vermögen nach den Vorschriften der §§ 82–96 nicht zuzumuten ist. Damit muss die Person, bei der der unbenannte und besondere, atypische Bedarf aufgetreten ist, **hilfebedürftig** sein (BeckOK SozR/Groth § 19 Rn. 18). Hinsichtlich Einkommen und Vermögen gelten die §§ 82 ff.

155 Nach § 74 werden die erforderlichen **Kosten einer Bestattung** übernommen, soweit den hierzu Verpflichteten (BeckOK SozR/Kaiser § 74 Rn. 2) nicht zugemutet werden kann, die Kosten zu tragen. Die Regelung bezieht sich nur auf Personen, die rechtlich verpflichtet sind, Bestattungskosten zu zahlen (BeckOK SozR/Kaiser § 74 Rn. 4; Böttiger Sozialleistungen für Flüchtlinge und Asylbewerber/Sproll Kap. 4 Rn. 93). Nach § 19 Abs. 3 werden Hilfen in anderen Lebenslagen, wozu auch die Hilfen nach § 74 gehören, nur erbracht, soweit den Leistungsberechtigten, ihren nicht getrennt lebenden Ehegatten oder Lebenspartnern und, wenn sie minderjährig und unverheiratet sind, auch ihren Eltern oder einem Elternteil die Aufbringung der Mittel aus dem Einkommen und Vermögen nach den Vorschriften der §§ 82–96 nicht zuzumuten ist. Damit muss die Person, die die Bestattungskosten als sozialhilferechtlichen Bedarf geltend macht, **hilfebedürftig** sein (BeckOK SozR/Groth § 19 Rn. 18). Hinsichtlich Einkommen und Vermögen gelten die §§ 82 ff. (vgl. → Rn. 126).

D. Verfahren

Leistungen der Sozialhilfe sind teilweise als **Anspruchsleistungen,** teilweise als **Ermessens-** **156** **leistungen** ausgestaltet. Dabei kann sich das Ermessen, je nach Leistung, sowohl auf das „Ob" als auch das „Wie" der Leistung beziehen (so zB § 73) oder auch nur auf das „Wie" der Leistung (so zB § 53). Bei Ermessensentscheidungen haben die Leistungsträger ihr Ermessen entsprechend dem Zweck der Ermächtigung auszuüben und die gesetzlichen Grenzen des Ermessens einzuhalten (§ 39 Abs. 1 S. 1 SGB I). Auf die **pflichtgemäße Ausübung des Ermessens** besteht ein Anspruch (§ 39 Abs. 1 S. 2 SGB I).

Der Träger der Sozialhilfe entscheidet über die Leistungen durch **Verwaltungsakt** iSd § 31 **157** S. 1 SGB X (zur Rücknahme und Aufhebung von Verwaltungsakten vgl. → SGG § 78 Rn. 30 ff.). Das Verwaltungsverfahren richtet sich nach dem SGB X. Der **Sachverhalt** ist insoweit von der Behörde **von Amts wegen zu ermitteln** (§ 20 SGB X); die leistungsbegehrende Person treffen **Mitwirkungsobliegenheiten** nach §§ 60 ff. SGB I. Da die Sozialhilfeleistungen von dem individuellen Bedarf und der jeweiligen Bedürftigkeit abhängen, bedarf es der Kenntnis des Trägers der Sozialhilfe auch über die wirtschaftlichen Verhältnisse. Dazu ist grundsätzlich die Vorlage von aktuellen Nachweisen zu den wirtschaftlichen Verhältnissen (zB Einkommensnachweis, Sparbuch, Kontoauszüge, Mietvertrag usw) und anspruchsbegründenden Unterlagen hinsichtlich der persönlichen Leistungsvoraussetzungen erforderlich (Böttiger Sozialleistungen für Flüchtlinge und Asylbewerber/Sproll Kap. 4 Rn. 100).

Nach **§ 18 Abs. 1** setzt die Sozialhilfe, mit Ausnahme der Leistungen der Grundsicherung im **158** Alter und bei Erwerbsminderung, ein, sobald dem Träger der Sozialhilfe oder den von ihm beauftragten Stellen **bekannt** wird, dass die Voraussetzungen für die Leistung vorliegen (vgl. Böttiger Sozialleistungen für Flüchtlinge und Asylbewerber/Sproll Kap. 4 Rn. 98). Damit kommt es insoweit nicht auf eine Antragstellung, sondern auf die **Kenntnisnahme der Behörde** vom Vorliegen der Leistungsvoraussetzungen an; alleine die **Grundsicherung im Alter und bei Erwerbsminderung** ist dagegen **antragsabhängig.** Auch Leistungen an Ausländer im Inland bzw. an Deutsche im Ausland sind teilweise antragsabhängig. Damit ist es für Leistungen der Sozialhilfe von zentraler Bedeutung, dass dem Träger der Sozialhilfe Bedarf und Bedürftigkeit frühzeitig zur Kenntnis gebracht werden.

Sachlich zuständig für die Sozialhilfegewährung sind grundsätzlich die örtlichen Träger der **159** Sozialhilfe (§ 97 Abs. 1; zur abweichenden Zuständigkeit im Fall von Leistungen nach § 34, § 34a vgl. § 98 Abs. 1a), das sind grundsätzlich die Kreise und kreisfreien Städte bzw. Stadtkreise. Lediglich wenn die überörtlichen Träger der Sozialhilfe (zu deren Zuständigkeit § 97 Abs. 2) zuständig sind, entfällt die Zuständigkeit der örtlichen Träger der Sozialhilfe. Die überörtlichen Träger der Sozialhilfe sind in den Bundesländern unterschiedlich bezeichnet. Die **örtliche Zuständigkeit** richtet sich nach § 98. Danach ist für die Sozialhilfe örtlich zuständig der Träger der Sozialhilfe, in dessen Bereich sich die Leistungsberechtigten tatsächlich aufhalten (§ 97 Abs. 1 S. 1). Für stationäre Leistungen ist dagegen grundsätzlich der Träger der Sozialhilfe örtlich zuständig, in dessen Bereich die Leistungsberechtigten ihren gewöhnlichen Aufenthalt im Zeitpunkt der Aufnahme in die Einrichtung haben oder in den zwei Monaten vor der Aufnahme zuletzt gehabt hatten (§ 98 Abs. 2 S. 1).

Sozialgerichtsgesetz (SGG)

In der Fassung der Bekanntmachung vom 23. September 1975

(BGBl. I S. 2535)

FNA 330-1

– in Auszügen kommentiert –

§ 78 [Vorverfahren als Klagevoraussetzung]

(1) ¹Vor Erhebung der Anfechtungsklage sind Rechtmäßigkeit und Zweckmäßigkeit des Verwaltungsaktes in einem Vorverfahren nachzuprüfen. ²Eines Vorverfahrens bedarf es nicht, wenn

1. ein Gesetz dies für besondere Fälle bestimmt oder
2. der Verwaltungsakt von einer obersten Bundesbehörde, einer obersten Landesbehörde oder von dem Vorstand der Bundesagentur für Arbeit erlassen worden ist, außer wenn ein Gesetz die Nachprüfung vorschreibt, oder
3. sein Land, ein Versicherungsträger oder einer seiner Verbände klagen will.

(2) *[aufgehoben]*

(3) Für die Verpflichtungsklage gilt Absatz 1 entsprechend, wenn der Antrag auf Vornahme des Verwaltungsaktes abgelehnt worden ist.

Übersicht

A. Allgemeines

1   Die Rechtsgrundlagen für die Erbringung sozialer Leistungen finden sich in unterschiedlichen Gesetzen, nicht nur in den Büchern des **SGB**. Neben den bisher als SGB kodifizierten Gesetzen gelten nach § 68 SGB I bis zu ihrer Einordnung in das SGB
- das BAföG (Bundesausbildungsförderungsgesetz v. 7.12.2010, BGBl. I 1952),
- die RVO (Reichsversicherungsordnung v. 15.12.1924, RGBl. I 779),
- das ALG (Gesetz über die Alterssicherung der Landwirte v. 29.7.1994, BGBl. I 1890),
- das KVLG 1989 (Zweites Gesetz über die Krankenversicherung der Landwirte v. 20.12.1988, BGBl. I 2477),
- das BVG (Bundesversorgungsgesetz v. 22.1.1982, BGBl. I 21), auch soweit andere Gesetze, insbesondere die §§ 80–83a SVG, § 59 Abs. 1 BGSG, § 47 ZDG, § 60 IfSG, §§ 4 und 5 HHG, § 1 OEG, §§ 21 und 22 StrRehaG, §§ 3 und 4 VwRehaG, die entsprechende Anwendung der Leistungsvorschriften des BVG vorsehen,
- das KriegsopfVwVfG (Gesetz über das Verwaltungsverfahren der Kriegsopferversorgung v. 6.5.1976, BGBl. I 1169),
- das BKGG (Bundeskindergeldgesetz v. 28.1.2009, BGBl. I 142),
- das WoGG (Wohngeldgesetz v. 24.9.2008, BGBl. I 1856),
- das AdVermiG (Adoptionsvermittlungsgesetz v. 22.12.2001, BGBl. I 354),
- das UnterhVG (Unterhaltsvorschussgesetz v. 17.7.2007, BGBl. I 1446),
- der Erste, Zweite und Dritte Abschnitt des BEEG (Bundeselterngeld- und Elternzeitgesetzes v. 27.1.2015, BGBl. I 33),
- das ATG (Altersteilzeitgesetz v. 23.7.1996, BGBl. I 1078) und
- der Fünfte Abschnitt des SchKG (Schwangerschaftskonfliktgesetz v. 27.7.1992, BGBl. I 1398)

mit den zu ihrer Ergänzung und Änderung erlassenen Gesetzen als **besondere Teile des SGB**. Für diese gelten damit auch die Vorschriften des SGB I und des SGB X (vgl. zB § 1 Abs. 1 SGB X), die allgemeine Vorschriften bzw. Vorschriften des Verwaltungsverfahrens enthalten. Auch wenn daher das **AsylbLG** nicht zum Regelungsbereich des SGB gehört, sind nach dessen § 9 Abs. 3 AsylbLG einzelne Vorschriften des SGB I (§§ 60–67 SGB I) und nach § 9 Abs. 4 AsylbLG einzelne Vorschriften des SGB X entsprechend anzuwenden.

Für soziale Leistungen, die ihre Rechtsgrundlage in Gesetzen finden, die nicht zum SGB **2** gehören oder für die dessen Anwendung nicht bestimmt ist, gilt das allgemeine Verwaltungsverfahrensrecht des Bundes bzw. der Länder.

B. Verwaltungshandeln

Das Handeln der Behörden erfolgt in der Regel durch Erteilung von **Beratungen** und **Aus-** **3** **künften, Informationen und Hinweisen,** aber auch durch hoheitliches Handeln.

Die Erteilung von **Beratungen** und Auskünften, Informationen und Hinweisen ist als **4** **schlichthoheitliches Verwaltungshandeln** nur in begrenztem Umfang gesetzlich geregelt. Regelungen enthalten zB §§ 13–15 SGB I. Fehler bei diesen Beratungen usw können vor allem im Rahmen von **Amtshaftungsansprüchen** aber auch im Rahmen sog. **sozialrechtlichen** **Herstellungsanspruchs** (grdl. BSG BeckRS 9998, 83526; zuletzt BSG BeckRS 2020, 26394; vgl. BeckOK GG/Grzeszick GG Art. 34 Rn. 48; GK-SRB/Sauer SGB I § 14 Rn. 20 ff.) von Bedeutung sein.

Nach § 14 S. 1 SGB I bzw. § 25 VwVfG hat jeder **Anspruch auf Beratung** über seine **5** Rechte und Pflichten nach dem SGB. Zuständig für die Beratung sind die Leistungsträger, denen gegenüber die Rechte geltend zu machen oder die Pflichten zu erfüllen sind. Darüber hinaus sind die Leistungsträger, ihre Verbände und die sonstigen im SGB genannten öffentlich-rechtlichen Vereinigungen verpflichtet, im Rahmen ihrer Zuständigkeit die Bevölkerung über die Rechte und Pflichten nach diesem Gesetzbuch aufzuklären (§ 13 SGB I). Weitere Auskunftspflichten sieht § 15 SGB I vor.

Hoheitliches Handeln erfolgt regelmäßig durch den Erlass von **Verwaltungsakten** bzw. den **6** Abschluss von Verwaltungsverträgen. Regelungen hierzu finden sich im **SGB X** bzw. dem **VwVfG** des Bundes bzw. der Länder (Böttiger Sozialleistungen für Flüchtlinge und Asylbewerber/ Luik Kap. 19 Rn. 1). Hierauf ist auch das Verwaltungsverfahren iSd § 8 SGB X bzw. § 9 VwVfG gerichtet. Treten Fehler im Verwaltungsverfahren bzw. bei Erlass des Verwaltungsaktes oder dem Abschluss des Verwaltungsvertrages auf, so sind für diese die Regelungen des SGB X (zB §§ 44 ff. SGB X) bzw. des VwVfG (zB §§ 48 ff. VwVfG) maßgeblich.

C. Verwaltungsverfahren nach dem SGB X

I. Allgemeines

Verwaltungsverfahren (vgl. Hassel/Gurgel/Otto, Handbuch des Fachanwalts Sozialrecht/ **7** Schmidt, 6. Aufl. 2020, Kap. 1 Rn. 48 ff.; LPK-SGB III/Winkler Anh. Rn. 1) ist nach § 8 SGB X die nach außen wirkende Tätigkeit der Behörden, die auf die Prüfung der Voraussetzungen, die Vorbereitung und den Erlass eines Verwaltungsaktes oder auf den Abschluss eines öffentlich-rechtlichen Vertrages gerichtet ist; es schließt den Erlass des Verwaltungsaktes oder den Abschluss des öffentlich-rechtlichen Vertrags ein.

Das Verwaltungsverfahren ist nach § 9 S. 1 SGB X grundsätzlich nicht an bestimmte Formen **8** gebunden. Es ist **einfach, zweckmäßig und zügig** durchzuführen (§ 9 S. 2 SGB X).

II. Einleitung des Verwaltungsverfahrens

Das Verwaltungsverfahren des SGB X beginnt nach § 18 S. 1 SGB X entweder **auf Antrag** **9** **oder von Amts wegen.** Die Behörde entscheidet nach pflichtgemäßem Ermessen, ob und wann sie ein Verwaltungsverfahren durchführt. Die Behörde muss jedoch ein Verwaltungsverfahren einleiten, wenn sie aufgrund von Rechtsvorschriften von Amts wegen oder auf Antrag tätig werden muss, sie darf aber nicht tätig werden, wenn sie nur auf Antrag tätig werden darf und ein solcher Antrag nicht vorliegt. Von Amts wegen sind zB die Verwaltungsverfahren über Leistungen der Gesetzlichen Unfallversicherung (§ 19 S. 2 SGB IV) und der einzelner Leistungen der **Sozialhilfe** (§ 18 Abs. 1 SGB XII) einzuleiten (Schütze/Roller SGB X § 18 Rn. 5; LPK-SGB X/Böttiger SGB X § 18 Rn. 15). Eine Verpflichtung auf Einleitung eines Verwaltungsverfahrens auf Antrag besteht dann, wenn das materielle Recht einem einzelnen Bürger ein subjektives Recht auf ein Tätigwerden der Verwaltung einräumt (HessVGH BeckRS 2018, 14392; vgl. jurisPK-SGB X/ Hissnauer SGB X § 18 Rn. 11.1). Auf Antrag werden grundsätzlich die Leistungen der Gesetzlichen Kranken- und Rentenversicherung (§ 19 S. 1 SGB IV, § 115 SGB VI) sowie der sozialen Pflegeversicherung (§ 33 Abs. 1 S. 1 SGB XI) erbracht. **Antragsteller** ist derjenige, der bei der Behörde in eigener Sache den Erlass des Verwaltungsvertrages oder den Abschluss eines Vertrages iSd § 8 begehrt (KassKomm/Mutschler SGB X § 18 Rn. 6a).

10   Der Antrag kann, je nach materiell-rechtlicher Ausgestaltung der jeweiligen sozialen Rechte über die **verfahrenseinleitende Bedeutung** hinaus ggf. **auch für das materielle Recht bedeutsam** sein (KassKomm/Mutschler SGB X § 18 Rn. 7). So entstehen bestimmte soziale Rechte dem Grunde nach erst mit der Antragstellung bzw. es entsteht erst mit der Antragstellung ein Zahlungsanspruch (so zB zu § 37 SGB II jurisPK-SGB II/Aubel SGB II § 37 Rn. 12; Eicher/Luik/Silbermann SGB II § 37 Rn. 24).

11   Der Antrag ist eine einseitige empfangsbedürftige **öffentlich-rechtliche Willenserklärung,** auf die – soweit sich nicht aus sozialrechtlichen Bestimmungen Anderweitiges ergibt – die Regelungen des BGB Anwendung finden (BSG BeckRS 2010, 66507). Der Antragsteller bringt insoweit zum Ausdruck, dass und welche Leistungen vom Sozialleistungsträger begehrt werden (BSGE 106, 78 = BeckRS 2010, 71287). Der Antrag bestimmt damit den Inhalt des folgenden Verwaltungsverfahrens und der daraufhin ergehenden Entscheidung der Behörde. Ob und welche Leistungen ein Antrag umfasst, ist durch Auslegung zu ermitteln (BSGE 106, 78 = BeckRS 2010, 71287). Dabei ist der Antrag so auszulegen, dass das Begehren des Antragstellers möglichst weitgehend zum Tragen kommt (**Grundsatz der Meistbegünstigung,** BSG BeckRS 2009, 72558). Als beantragt sind dementsprechend alle Leistungen anzusehen, die nach Lage des Falles ernsthaft in Betracht kommen (BSGE 106, 78 = BeckRS 2010, 71287; vgl. Eicher/Luik/Silbermann SGB II § 37 Rn. 30; abl. zu dieser Rspr. jurisPK-SGB X/Hissnauer SGB X § 18 Rn. 12).

12   Soweit nichts anderes gesetzlich festgelegt ist, ist keine bestimmte Form der Antragstellung vorgesehen. Daher können Anträge schriftlich, aber auch mündlich gestellt werden. Soweit ein **Antragsformular** vorhanden ist, sollen diese nach § 60 Abs. 2 SGB I benutzt werden. Das Gesetz sieht auch keine Pflicht zur Begründung des Antrages vor, dies ist aber sinnvoll, damit möglichst schnell und zutreffend über die in Betracht kommenden Leistungen entscheiden werden kann.

13   Wirksame Verfahrenshandlungen, zB die Stellung eines Antrages, können nur handlungsfähige Personen vornehmen. Die **Handlungsfähigkeit** bestimmt sich im Sozialverwaltungsverfahren nach § 11 SGB X (dazu vgl. LPK-SGB III/Winkler Anh. Rn. 9). Danach sind unter anderem geschäftsfähige Personen im Sinne des Bürgerlichen Rechts (§§ 104 ff. BGB) selbst und juristische Personen und Vereinigungen durch ihre gesetzlichen Vertreter oder besonders Beauftragten handlungsfähig. Für beschränkt geschäftsfähige bzw. geschäftsunfähige Personen handeln deren gesetzliche Vertreter. § 36 SGB I erweitert die Handlungsfähigkeit für bestimmte Personen (Minderjährige, die das 15. Lebensjahr vollendet haben).

14   Die Verfahrensbeteiligten können sich durch **Bevollmächtigte** vertreten zu lassen (§ 13 Abs. 1 SGB X) oder einen Beistand hinzuziehen (§ 13 Abs. 4 SGB X). An den Beteiligten selbst kann sich die Behörde aber wenden, wenn Angaben notwendig sind, die nur dieser machen kann (§ 13 Abs. 3 S. 2 SGB X), so sind Untersuchungen nicht vertretbare Handlungen.

III. Zuständige Behörde

15   Die Zuständigkeit bestimmt sich im Hinblick auf die jeweils geltend gemachten Sozialleistungen nach dem für diese Leistung jeweils geltenden Recht (zB in der Sozialhilfe vgl. §§ 97 ff. SGB XII; in der Grundsicherung für Arbeitsuchende vgl. § 36 SGB II; bei Leistungen nach dem AsylbLG vgl. §§ 10, 10a AsylbLG).

IV. Sachverhaltsaufklärung und Mitwirkungsobliegenheit

16   Die Behörde **ermittelt** den Sachverhalt, den sie ihrer Entscheidung zugrunde zu legen hat, **von Amts wegen** (§ 20 Abs. 1 SGB X; vgl. Böttiger Sozialleistungen für Flüchtlinge und Asylbewerber/Luik Kap. 19 Rn. 1; LPK-SGB III/Winkler Anh. Rn. 13). Dabei hat sie alle für den Einzelfall bedeutsamen, auch die für die Beteiligten günstigen Umstände zu berücksichtigen (§ 20 Abs. 2 SGB X). Zur Sachverhaltsermittlung bedient sich die Behörde der **Beweismittel,** die sie nach pflichtgemäßem Ermessen zur Ermittlung des Sachverhalts für erforderlich hält (§ 21 Abs. 1 SGB X). **Urkunden und Akten** können grundsätzlich auch in elektronischer Form beigezogen werden. Auch die Beteiligten sollen bei der Ermittlung des Sachverhalts **mitwirken** (§ 21 Abs. 3 S. 1 SGB X), sie sollen insbesondere ihnen bekannte Tatsachen und Beweismittel angeben.

17   Nach § 60 Abs. 1 SGB I sind Personen, die Sozialleistungen beantragen oder erhalten, unter anderem verpflichtet, alle **Tatsachen anzugeben,** die für die Leistung erheblich sind, und auf Verlangen des zuständigen Leistungsträgers der Erteilung der erforderlichen Auskünfte durch Dritte zuzustimmen (**Mitwirkungsobliegenheit;** vgl. Böttiger Sozialleistungen für Flüchtlinge und Asylbewerber/Luik Kap. 19 Rn. 5). Außerdem sind sie verpflichtet, **Änderungen in den Verhältnissen,** die für die Leistung erheblich sind oder über die im Zusammenhang mit der Leistung Erklärungen abgegeben worden sind, unverzüglich mitzuteilen. Sie sind auch verpflichtet

Beweismittel zu bezeichnen und auf Verlangen des zuständigen Leistungsträgers Beweisurkunden vorzulegen oder ihrer Vorlage zuzustimmen. Nach § 62 SGB I besteht auch die Verpflichtung, sich auf Verlangen des zuständigen Leistungsträgers ärztlichen und psychologischen **Untersuchungsmaßnahmen** unterziehen, soweit diese für die Entscheidung über die Leistung erforderlich sind. Wird den Mitwirkungsobliegenheiten nicht Genüge getan, ist die Behörde berechtigt, die beantragte bzw. bezogene Leistung iRd § 66 SGB I zu versagen bzw. zu entziehen (vgl. LPK-SGB III/Winkler Anh. Rn. 14).

V. Kommunikation mit Behörden

Die Kommunikation mit den Behörden erfolgt **grundsätzlich schriftlich oder mündlich,** 18 wobei auch telefonische Kontakte und Telefax üblich sind. **Menschen mit Hörbehinderungen** und **Menschen mit Sprachbehinderungen** haben das Recht, in Deutscher Gebärdensprache, mit lautsprachbegleitenden Gebärden oder über andere geeignete **Kommunikationshilfen** zu kommunizieren; Kosten für Kommunikationshilfen sind von der Behörde oder dem für die Sozialleistung zuständigen Leistungsträger zu tragen (Böttiger Sozialleistungen für Flüchtlinge und Asylbewerber/Luik Kap. 19 Rn. 2).

Kommuniziert wird mit den Behörden in der **deutschen Sprache.** Diese ist **Amtssprache** 19 (§ 19 SGB X). Ein Anspruch auf Kommunikation in einer anderen Sprache besteht grundsätzlich nicht. Insoweit haben die nicht deutschsprechenden Personen sowohl für die schriftliche Kommunikation als auch die mündliche Kommunikation Vorsorge dafür zu treffen, dass sie die Behördenmitteilungen, Entscheidungen und Hinweise verstehen. Sie selbst haben den **Dolmetscher / Übersetzer** zu besorgen. Das zeigt auch § 19 Abs. 2 S. 1 SGB X, wonach die Behörden, wenn bei ihr in einer fremden Sprache Anträge gestellt oder Eingaben, Belege, Urkunden oder sonstige Dokumente vorgelegt werden, unverzüglich die Vorlage einer Übersetzung innerhalb einer von ihr zu setzenden angemessenen Frist verlangen soll, sofern sie nicht in der Lage ist, die Anträge oder Dokumente zu verstehen.

D. Verwaltungsentscheidung

I. Allgemeines

Mit dem Erlass des Verwaltungsaktes bzw. dem Abschluss eines Verwaltungsvertrages endet das 20 Verwaltungsfahren.

II. Verwaltungsvertrag

Nach § 53 Abs. 1 S. 1 SGB X kann ein Rechtsverhältnis auf dem Gebiet des öffentlichen Rechts 21 durch Vertrag begründet, geändert oder aufgehoben werden (öffentlich-rechtlicher Vertrag), soweit Rechtsvorschriften nicht entgegenstehen. Insbesondere kann die Behörde, anstatt einen Verwaltungsakt zu erlassen, einen **öffentlich-rechtlichen Vertrag** mit demjenigen schließen, an den sie sonst den Verwaltungsakt richten würde. Ein öffentlich-rechtlicher Vertrag über Sozialleistungen kann nur geschlossen werden, soweit die Erbringung der Leistungen im Ermessen des Leistungsträgers steht (§ 53 Abs. 2 SGB X). § 54 SGB X enthält weitere Regelungen zum Vergleichsvertrag, § 55 SGB X solche zum Austauschvertrag. Soweit die §§ 53 ff. SGB X nichts Abweichendes bestimmen, gelten die übrigen Vorschriften des SGB X.

Der **Abschluss eines Verwaltungsvertrages** setzt zwei gegenseitige, sich inhaltlich entspre- 22 chende **Willenserklärungen** voraus. Insoweit gelten die Regelungen des BGB (§ 61 S. 2 SGB X iVm §§ 116 ff., 145 ff. BGB) entsprechend. Die Abgabe dieser Willenserklärungen – sowohl auf Seiten der Behörde als auch beim Gegenüber – steht im Ermessen (KassKomm/Wehrhahn SGB X § 53 Rn. 13); die Behörde hat das Ermessen pflichtgemäß auszuüben (KassKomm/ Wehrhahn SGB X § 53 Rn. 13). Im Übrigen können die Vertragspartner grundsätzlich nicht zum Vertragsabschluss gezwungen werden.

Soweit keine andere Form durch Rechtsvorschrift vorgesehen ist, muss ein öffentlich-rechtli- 23 cher Vertrag **schriftlich** geschlossen werden (§ 56 SGB X).

III. Verwaltungsakt

Regelfall (LPK-SGB III/Winkler Anh. Rn. 22) der **verbindlichen Entscheidung der Behör-** 24 **den** über einen Sachverhalt bzw. daraus folgende Rechte und Pflichten ist der einseitig von der Behörde erlassene Verwaltungsakt. **Verwaltungsakt** iSd § 31 S. 1 SGB X ist jede Verfügung,

Entscheidung oder andere hoheitliche Maßnahme, die eine Behörde zur Regelung eines Einzelfalles auf dem Gebiet des öffentlichen Rechts trifft und die auf unmittelbare Rechtswirkung nach außen gerichtet ist.

25   Ein Verwaltungsakt kann **schriftlich, elektronisch, mündlich oder in anderer Weise** erlassen werden. Der schriftliche Verwaltungsakt muss die erlassende Behörde erkennen lassen und die Unterschrift des entscheidungsbefugten Mitarbeiters enthalten (§ 33 Abs. 3 SGB X); in Fällen, in denen keine menschliche Entscheidung erforderlich ist, kann der Verwaltungsakt vollständig automatisiert erlassen werden (§ 31a SGB X). Wird für einen Verwaltungsakt, für den durch Rechtsvorschrift die Schriftform angeordnet ist, die **elektronische Form** verwendet, muss auch das der **Signatur** zugrunde liegende qualifizierte Zertifikat oder ein zugehöriges qualifiziertes Attributzertifikat die erlassende Behörde erkennen lassen (§ 33 Abs. 3 S. 2 SGB X).

26   Der einseitig von der Behörde getroffene Verwaltungsakt muss **inhaltlich hinreichend bestimmt** sein (§ 33 Abs. 1 SGB X), also erkennen lassen, gegenüber welcher / welchen Person / Personen über welchen Sachverhalt er welche Rechte und Pflichten begründet, feststellt, ändert oder ablehnt.

27   Greift der Verwaltungsakt in Rechte des Adressaten ein, ist dieser zuvor **anzuhören** (§ 24 SGB X); dazu ist dem Betroffenen Gelegenheit zu geben, sich zu den für die Entscheidung maßgeblichen Tatsachen zu äußern (LPK-SGB III/Winkler Anh. Rn. 15).

28   Ein schriftlicher oder elektronischer Verwaltungsakt ist nach § 35 Abs. 1 S. 1 SGB X mit einer **Begründung** zu versehen. In der Begründung sind die wesentlichen tatsächlichen und rechtlichen Gründe mitzuteilen, die die Behörde zu ihrer Entscheidung bewogen haben. Die Begründung von **Ermessensentscheidungen** muss auch die Gesichtspunkte erkennen lassen, von denen die Behörde bei der Ausübung ihres Ermessens ausgegangen ist. Eine Begründung ist grundsätzlich nur dann entbehrlich (zu anderen Fällen vgl. § 35 Abs. 2 SGB X), wenn der Verwaltungsakt dem Antrag voll und ganz entspricht (LPK-SGB III/Winkler Anh. Rn. 26). Ein schriftlicher oder elektronischer Verwaltungsakt ist auch mit einer **Rechtsbehelfsbelehrung** zu versehen. Diese hat nach § 36 SGB X über den Rechtsbehelf und die Behörde oder das Gericht, bei denen der Rechtsbehelf anzubringen ist, deren Sitz, die einzuhaltende Frist und die Form schriftlich zu belehren.

29   Der Verwaltungsakt ist demjenigen Beteiligten **bekannt zu geben,** für den er bestimmt ist oder der von ihm betroffen wird (§ 37 Abs. 1 SGB X). Ist ein Bevollmächtigter bestellt, kann die Bekanntgabe ihm gegenüber vorgenommen werden. Wird ein schriftlicher Verwaltungsakt im Inland **durch die Post übermittelt,** gilt er am dritten Tag nach der Aufgabe zur Post als bekannt gegeben (§ 37 Abs. 2 S. 1 SGB X). Ein Verwaltungsakt, der im Inland oder Ausland **elektronisch übermittelt** wird, gilt am dritten Tag nach der Absendung als bekannt gegeben (§ 37 Abs. 2 S. 2 SGB X). Dies gilt nicht, wenn der Verwaltungsakt nicht oder zu einem späteren Zeitpunkt zugegangen ist; im Zweifel hat die Behörde den Zugang des Verwaltungsaktes und den Zeitpunkt des Zugangs nachzuweisen. Die Behörde kann einen schriftlichen Verwaltungsakt aber auch nach den Regelungen der Zustellungsgesetze des Bundes bzw. der Länder **förmlich zustellen** lassen.

IV. Rücknahme und Aufhebung von Verwaltungsakten

30   Der erlassene Verwaltungsakt, der nicht mit Rechtsbehelfen angefochten ist, ist für die Behörde und den Adressaten **verbindlich** (§ 77). Stellt die Behörde Fehler des Verwaltungsaktes fest, so kann sie diesen nicht einfach so wieder aufheben oder zurücknehmen (Böttiger Sozialleistungen für Flüchtlinge und Asylbewerber/Luik Kap. 19 Rn. 10). Sie kann den Verwaltungsakt nur unter bestimmten Voraussetzungen wieder beseitigen. Dazu sehen die §§ 44 ff. SGB X besondere Regelungen vor.

31   Ist der Verwaltungsakt **anfänglich,** also bei dessen Wirksamwerden (vgl. § 39 Abs. 12 S. 1 SGB X), **rechtswidrig,** sehen die §§ 44, 45 SGB X Regelungen dafür vor, ob und wie der Verwaltungsakt **zurückzunehmen** ist. Während § 45 SGB X einen rechtswidrigen begünstigenden Verwaltungsakt voraussetzt, knüpft § 44 SGB X an einen rechtswidrigen belastenden Verwaltungsakt an. Greift die Behörde bei der Rücknahme des Verwaltungsaktes in Rechte des Betroffenen ein, ist dieser zuvor anzuhören (§ 24 SGB X).

32   Treten nach Erlass des (Dauer-) Verwaltungsaktes **wesentliche Änderungen** in tatsächlicher oder rechtlicher Hinsicht ein, sieht § 48 SGB X die **Aufhebung** des Verwaltungsaktes vor. Soweit in den tatsächlichen oder rechtlichen Verhältnissen, die beim Erlass eines Verwaltungsaktes mit Dauerwirkung vorgelegen haben, eine wesentliche Änderung eintritt, ist der Verwaltungsakt mit Wirkung **für die Zukunft** aufzuheben. Mit Wirkung **für die Vergangenheit** vom Zeitpunkt

der Änderung der Verhältnisse **soll** der Verwaltungsakt nach § 48 Abs. 1 S. 2 SGB X aufgehoben werden, soweit
- die Änderung zugunsten des Betroffenen erfolgt (§ 48 Abs. 1 S. 1 Nr. 1),
- der Betroffene einer durch Rechtsvorschrift vorgeschriebenen Pflicht zur Mitteilung wesentlicher für ihn nachteiliger Änderungen der Verhältnisse vorsätzlich oder grob fahrlässig nicht nachgekommen ist (§ 48 Abs. 1 S. 1 Nr. 2),
- nach Antragstellung oder Erlass des Verwaltungsaktes Einkommen oder Vermögen erzielt worden ist, das zum Wegfall oder zur Minderung des Anspruchs geführt haben würde (§ 48 Abs. 1 S. 1 Nr. 3), oder
- der Betroffene wusste oder nicht wusste, weil er die erforderliche Sorgfalt in besonders schwerem Maße verletzt hat, dass der sich aus dem Verwaltungsakt ergebende Anspruch kraft Gesetzes zum Ruhen gekommen oder ganz oder teilweise weggefallen ist (§ 48 Abs. 1 S. 1 Nr. 4).

Greift die Behörde bei der Aufhebung des Verwaltungsaktes in Rechte des Betroffenen ein, ist dieser zuvor anzuhören (§ 24 SGB X).

§§ 46 und 47 SGB X sehen besondere Regelungen für den **Widerruf** von Verwaltungsakten **33** vor.

Ergibt sich, dass in Folge der Aufhebung, des Widerrufs oder der Rücknahme des Verwaltungs- **34** aktes Sozialleistungen zu Unrecht bezogen worden sind, sind diese zu **erstatten** (§ 50 SGB X).

V. Kosten

Das Verwaltungsverfahren ist **grundsätzlich kostenfrei.** Weder der Betroffene noch die **35** Behörde haben Kosten zu erstatten. Lediglich in den vom Gesetz angeordneten Fällen (zB § 17 Abs. 2 S. 2 SGB I: Kosten einer Kommunikationshilfe; § 65a SGB I: Aufwendungsersatz, Verdienstausfall bei Mitwirkungsobliegenheiten; § 19 Abs. 1 S. 1 SGB X: Kosten einer Kommunikationshilfe; § 19 Abs. 2 S. 3 SGB X: Kosten von Übersetzungen; § 25 Abs. 5 S. 3 SGB X: Kopierkosten) sind Kosten zu erstatten (LPK-SGB III/Winkler Anh. Rn. 34).

Gegebenenfalls kann im Verwaltungsverfahren **Beratungshilfe** (Rechtberatungshilfe) nach den **36** Bestimmungen des BerHG (Beratungshilfegesetz v. 18.6.1980, BGBl. I 689) gewährt werden (Böttiger Sozialleistungen für Flüchtlinge und Asylbewerber/Luik Kap. 19 Rn. 7). Über den Antrag auf Beratungshilfe entscheidet das Amtsgericht, in dessen Bezirk der Rechtsuchende seinen allgemeinen Gerichtsstand hat (§ 4 Abs. 1 S. 1 BerHG).

E. Widerspruchsverfahren

I. Statthaftigkeit des Vorverfahrens Widerspruchs

Gegen einen schriftlichen bzw. elektronischen Verwaltungsakt ist regelmäßig der **Rechtsbehelf** **37** **des Widerspruchs** statthaft. Denn es ist grundsätzlich nicht möglich, gegen einen Verwaltungsakt direkt Klage (vgl. → § 90 Rn. 19) zu erheben (Böttiger Sozialleistungen für Flüchtlinge und Asylbewerber/Luik Kap. 19 Rn. 11). § 78 bestimmt insoweit, dass vor Erhebung der Anfechtungsklage **Rechtmäßigkeit und Zweckmäßigkeit** des Verwaltungsakts in einem Vorverfahren (Widerspruchsverfahren) nachzuprüfen sind. Hierüber ist in der **Rechtsbehelfsbelehrung** des Verwaltungsaktes zu belehren. Eines solchen Vorverfahrens bedarf es nach § 78 Abs. 1 S. 2 nicht, wenn
- ein Gesetz dies für besondere Fälle bestimmt (§ 78 Abs. 1 S. 2 Nr. 1) oder
- der Verwaltungsakt von einer obersten Bundesbehörde, einer obersten Landesbehörde oder von dem Vorstand der Bundesagentur für Arbeit erlassen worden ist, außer wenn ein Gesetz die Nachprüfung vorschreibt (§ 78 Abs. 1 S. 2 Nr. 2), oder
- ein Land, ein Versicherungträger oder einer seiner Verbände klagen will. Für die Verpflichtungsklage gilt dies entsprechend, wenn der Antrag auf Vornahme des Verwaltungsakts abgelehnt worden ist (§ 78 Abs. 1 S. 2 Nr. 3).

Im Widerspruchsverfahren gelten nach § 62 SGB X die besonderen Verfahrensregelungen des **38** SGG. Die Regelungen des SGB X sind – soweit nicht ausdrücklich hierauf verwiesen wird – nur ergänzend anwendbar.

II. Der Widerspruch

Der Widerspruch ist nur zulässig, wenn er sich **gegen einen Verwaltungsakt** richtet (LPK- **39** SGB III/Winkler Anh. Rn. 37), mit dem entweder in die Rechte des Leistungsberechtigten eingegriffen wurde oder mit dem ein Antrag auf Vornahme eines Verwaltungsakts (zB Gewährung von Pflegegeld) abgelehnt wurde (§ 78 Abs. 1 und Abs. 3).

40 **Widerspruchsbefugt** ist in analog § 54 Abs. 1 S. 2 nur, wer geltend machen kann, durch den Verwaltungsakt oder durch dessen Ablehnung bzw. Unterlassung beschwert, also in seinen Rechten verletzt zu sein (LPK-SGB III/Winkler Anh. Rn. 38). Bei **belastenden Verwaltungsakten** ist dies dem **Adressaten** grundsätzlich immer möglich. Bei der Ablehnung einer Leistung liegt demgegenüber nur dann eine Beschwer vor, wenn der Widerspruchsführer die Verletzung einer Norm rügen kann, die ihm ein subjektives öffentliches Recht einräumt.

41 Zur Zulässigkeit des Widerspruchs gehört auch, dass ein Rechtsschutzbedürfnis besteht. Ein solches besteht nicht, wenn die / der Leistungsberechtigte ihrem / seinem Recht auf einfacherem Wege Geltung verschaffen kann.

III. Form und Frist des Widerspruchs

42 Der Widerspruch ist nach § 84 Abs. 1 S. 1 **schriftlich,** in elektronischer Form nach § 36a Abs. 2 SGB I (Signatur) oder **zur Niederschrift** bei der Behörde, die den Ausgangsbescheid erlassen hat, einzulegen; ein telefonischer oder per bloßer Email eingelegter Widerspruch ist nicht formgerecht. Zur Einhaltung der Schriftform genügt es, dass der Widerspruch schriftlich erstellt und eigenhändig mit dem Namen unterschrieben oder notariell beglaubigt wird (§ 126 Abs. 1 BGB; vgl. LPK-SGB III/Winkler Anh. Rn. 45). Ein Schriftstück ohne Unterschrift kann nur dann als wirksamer Widerspruch angesehen werden, wenn der Widerspruch zweifelsfrei **dem Widerspruchsführer zugeordnet** werden kann. Das Gesetz sieht keine Pflicht zur Begründung des Widerspruchs vor, eine Begründung ist aber sinnvoll, wenn die Behörde den Verwaltungsakt umfassend prüfen soll.

43 Die **Widerspruchsfrist** beträgt nach § 84 Abs. 1 S. 1 **einen Monat** ab dem Zeitpunkt der Bekanntgabe des Verwaltungsakts gegenüber dem Beschwerten. Die Frist beginnt am Tag nach der Zustellung bzw. der Bekanntgabe des Bescheids. Sie endet an dem Tag des folgenden Monats, der in seiner Benennung dem Tag entspricht, an dem der Verwaltungsakt bekannt gegeben wurde (§ 64 Abs. 1 und Abs. 2). Ist das Fristende ein **Samstag oder Sonntag oder gesetzlicher Feiertag,** endet die Frist erst am darauffolgenden Werktag (§ 64 Abs. 3). Fehlt dem Bescheid jedoch die Rechtsbehelfsbelehrung oder ist diese fehlerhaft, kann der Widerspruch bis ein Jahr nach der Bekanntgabe des Verwaltungsakts eingelegt werden (§ 84 Abs. 2 S. 3 iVm § 66 Abs. 2 S. 1). Bei schuldloser Versäumung der Widerspruchsfrist kann **Wiedereinsetzung in den vorigen Stand** beantragt werden (§ 84 Abs. 2 S. 3 iVm § 67). Die Widerspruchsfrist beginnt nicht zu laufen, wenn der Bescheid nicht wirksam bekannt gegeben wurde.

IV. Widerspruchsverfahren

44 Das Widerspruchsverfahren nach § 78 SGG ist ein Verwaltungsverfahren und verpflichtet die Verwaltung im Wege der Selbstkontrolle, eine getroffene Entscheidung auf Recht- und Zweckmäßigkeit zu prüfen (LSG Bln-Bbg BeckRS 2021, 14364). Soweit nicht eigenständige Regelungen gelten (zB im SGG bzw. § 63 f. SGB X), sind daher die Regelungen des Verwaltungsverfahrens anzuwenden.

44a Wird während des Vorverfahrens der mit Widerspruch angefochtene Verwaltungsakt **abgeändert,** so wird auch der neue Verwaltungsakt Gegenstand des Vorverfahrens; er ist der Stelle, die über den Widerspruch entscheidet, unverzüglich mitzuteilen (§ 86). Eines Widerspruchs gegen diesen Verwaltungsakt bedarf es daher nicht. Maßgeblich ist aber, dass der neue Verwaltungsakt den Regelungsgegenstand des mit Widerspruchsbescheid angefochtenen Verwaltungsaktes ändert. Ob das der Fall ist, ist im Einzelfall durch Prüfung der jeweiligen Bestimmungen des Verwaltungsakts festzustellen.

V. Wirkung des Widerspruchs

45 Wird ein Verwaltungsakt mit Widerspruch angefochten, hat der Widerspruch grundsätzlich **aufschiebende Wirkung** (§ 86a Abs. 1 S. 1, vgl. → § 86a Rn. 4). Die aufschiebende Wirkung hat zur Folge (vgl. LPK-SGB III/Winkler Anh. Rn. 46), dass der Verwaltungsakt zunächst nicht gegen den Betroffenen **durchgesetzt oder vollstreckt** werden kann. Soll der Widerspruch dagegen das Ziel haben, die Behörde zum Erlass eines Verwaltungsakts zu verpflichten, tritt keine aufschiebende Wirkung ein (LPK-SGB III/Winkler Anh. Rn. 47). In einigen Fällen ordnet das Gesetz aber an, dass keine solche aufschiebende Wirkung besteht (vgl. zB § 39 SGB III).

VI. Entscheidung über den Widerspruch

1. Abhilfeentscheidung

Zunächst hat die Behörde, die den Verwaltungsakt erlassen hat, diesen **nochmals zu prüfen** **46**
(Böttiger Sozialleistungen für Flüchtlinge und Asylbewerber/Luik Kap. 19 Rn. 11). Hält sie den
Widerspruch gegen ihren Verwaltungsakt für zulässig und begründet, hilft sie dem Widerspruch
ab, indem sie einen **Abhilfebescheid** erlässt und dem Widerspruch damit ganz oder teilweise
entspricht (§ 85 Abs. 1). Begründet ist der Widerspruch, wenn der Verwaltungsakt formelle oder
materielle Fehler aufweist oder nicht zweckmäßig ist und der Widerspruchsführer deshalb in
seinen Rechten verletzt wird (§ 78 Abs. 1 S. 1; vgl. auch LPK-SGB III/Winkler Anh. Rn. 48).

2. Widerspruchsbescheid

Hält die Behörde, die den Verwaltungsakt erlassen hat, den Widerspruch nicht für zulässig **47**
oder nicht für begründet, legt sie den Widerspruch der Widerspruchsbehörde vor, die einen
Widerspruchsbescheid erlässt (§ 85 Abs. 2 Nr. 3). Über den Widerspruch entscheidet die
Widerspruchsbehörde, das ist nach § 85 Abs. 2 S. 1
- die nächsthöhere Behörde oder, wenn diese eine oberste Bundes- oder eine oberste Landesbehörde ist, die Behörde, die den Verwaltungsakt erlassen hat (§ 85 Abs. 2 S. 1 Nr. 1),
- in Angelegenheiten der Sozialversicherung (zB bei der Gesetzlichen Kranken-, Unfall, Rentenversicherung, der Sozialen Pflegeversicherung) die von der Vertreterversammlung bestimmte
  Stelle (oft ein Widerspruchsausschuss; § 85 Abs. 2 S. 1 Nr. 2),
- in Angelegenheiten der Bundesagentur für Arbeit mit Ausnahme der Angelegenheiten nach
  dem SGB II die von dem Vorstand bestimmte Stelle (§ 85 Abs. 2 S. 1 Nr. 3), oder
- in Angelegenheiten der kommunalen Selbstverwaltung die Selbstverwaltungsbehörde (zB im
  SGB XII), soweit nicht durch Gesetz anderes bestimmt wird (§ 85 Abs. 2 S. 1 Nr. 4).

Im SGB II ist Widerspruchsstelle grundsätzlich das JobCenter (§ 44b Abs. 1 S. 3 SGB II).

Der Widerspruchsbescheid ist nach § 85 Abs. 3 S. 1 **schriftlich** zu erlassen und zu **begründen.** **48**
Er ist mit einer **Rechtsbehelfsbelehrung** zu versehen, in der der Widerspruchsführer über die
Zulässigkeit der Klage, die einzuhaltende Frist und den Sitz des Gerichts belehrt wird (§ 85 Abs. 3
S. 3). Der Widerspruchsbescheid ist den Beteiligen **bekannt zu geben** (§ 85 Abs. 3 S. 1).

VII. Kosten

Im Widerspruchsbescheid ist auch über die Kosten des Widerspruchsverfahrens zu entscheiden. **49**
Das Verwaltungs- und Widerspruchsverfahren an sich ist grundsätzlich gebührenfrei (§ 64 Abs. 1
SGB X), lediglich **im Falle eines Erfolges** des Widerspruchs hat die Behörde dem Widerspruchs-
führer die notwendigen Aufwendungen zu erstatten und auf Antrag festzusetzen (§ 63 Abs. 1,
Abs. 3 SGB X). Ist der Widerspruch erfolglos geblieben, sind die Aufwendungen dennoch zu
ersetzen, wenn der Ausgangsbescheid wegen Verfahrens- oder Formfehlern rechtswidrig war, der
Verwaltungsakt aber gem. § 42 SGB X nicht aufgehoben wird (§ 63 Abs. 1 S. 2 SGB X). In der
Kostenentscheidung ist auch darüber zu entscheiden, ob die Zuziehung eines Rechtsanwalts oder
eines Bevollmächtigten erforderlich war (§ 63 Abs. 3 S. 2 SGB X).

Soweit nach den sonstigen Regelungen (vgl. → Rn. 34) Kosten bzw. Aufwendungen zu **50**
erstatten sind, gilt dies auch für das Widerspruchsverfahren.

Zur Frage der **Aufrechnung** von Kostenerstattungsansprüchen für Vorverfahren mit Erstat- **51**
tungsforderungen eines Jobcenters – gleiches muss auch für vergleichbare Konstellationen in der
Sozialhilfe nach dem SGB XII gelten – aufgrund der Überzahlung von Leistungen zur Sicherung
des Lebensunterhalts nach dem SGB II hat das BSG mit mehreren Urteilen v. 20.2.2020 entschieden, dass eine solche Aufrechnung gegen ein normatives Aufrechnungsverbot verstößt (BeckRS
2020, 12906; 2020, 13548; BeckRS 2020, 15491; vgl. Lehmann NZS 2020, 776; Ricken NZA
2020, 1530; zur Aufrechnung von Kostenerstattungsansprüchen allgemein vgl. Böttiger SGb 2021,
105).

§ 86a [Aufschiebende Wirkung]

**(1) ¹Widerspruch und Anfechtungsklage haben aufschiebende Wirkung. ²Das gilt
auch bei rechtsgestaltenden und feststellenden Verwaltungsakten sowie bei Verwaltungsakten mit Drittwirkung.**

(2) Die aufschiebende Wirkung entfällt

1. bei der Entscheidung über Versicherungs-, Beitrags- und Umlagepflichten sowie der Anforderung von Beiträgen, Umlagen und sonstigen öffentlichen Abgaben einschließlich der darauf entfallenden Nebenkosten,
2. in Angelegenheiten des sozialen Entschädigungsrechts und der Bundesagentur für Arbeit bei Verwaltungsakten, die eine laufende Leistung entziehen oder herabsetzen,
3. für die Anfechtungsklage in Angelegenheiten der Sozialversicherung bei Verwaltungsakten, die eine laufende Leistung herabsetzen oder entziehen,
4. in anderen durch Bundesgesetz vorgeschriebenen Fällen,
5. in Fällen, in denen die sofortige Vollziehung im öffentlichen Interesse oder im überwiegenden Interesse eines Beteiligten ist und die Stelle, die den Verwaltungsakt erlassen oder über den Widerspruch zu entscheiden hat, die sofortige Vollziehung mit schriftlicher Begründung des besonderen Interesses an der sofortigen Vollziehung anordnet.

(3) [1]In den Fällen des Absatzes 2 kann die Stelle, die den Verwaltungsakt erlassen oder die über den Widerspruch zu entscheiden hat, die sofortige Vollziehung ganz oder teilweise aussetzen. [2]In den Fällen des Absatzes 2 Nr. 1 soll die Aussetzung der Vollziehung erfolgen, wenn ernstliche Zweifel an der Rechtmäßigkeit des angegriffenen Verwaltungsaktes bestehen oder wenn die Vollziehung für den Abgaben- oder Kostenpflichtigen eine unbillige, nicht durch überwiegende öffentliche Interessen gebotene Härte zur Folge hätte. [3]In den Fällen des Absatzes 2 Nr. 2 ist in Angelegenheiten des sozialen Entschädigungsrechts die nächsthöhere Behörde zuständig, es sei denn, diese ist eine oberste Bundes- oder eine oberste Landesbehörde. [4]Die Entscheidung kann mit Auflagen versehen oder befristet werden. [5]Die Stelle kann die Entscheidung jederzeit ändern oder aufheben.

(4) [1]Die aufschiebende Wirkung entfällt, wenn eine Erlaubnis nach Artikel 1 § 1 des Arbeitnehmerüberlassungsgesetzes in der Fassung der Bekanntmachung vom 3. Februar 1995 (BGBl. I S. 158), das zuletzt durch Artikel 2 des Gesetzes vom 23. Juli 2001 (BGBl. I S. 1852) geändert worden ist, aufgehoben oder nicht verlängert wird. [2]Absatz 3 gilt entsprechend.

Übersicht

A. Allgemeines

In §§ 86a und 86b enthält das SGG Regelungen zum einstweiligen Rechtsschutz. Mit diesen **1** Regelungen soll verhindert werden, dass während des Zeitraums bis zur bestands- bzw. rechtskräftigen Entscheidung in der Hauptsache irreversible Rechtsverletzungen drohen (BeckOK SozR/ Cantzler Rn. 3). Die Regelungen des SGG laufen weitgehend parallel bzw. ähnlich den Regelungen der VwGO (HK-SGG/Binder Rn. 2), sind aber abschließend, sodass die Regelungen der VwGO nicht analog übernommen werden können (HK-SGG/Binder Rn. 2).

§ 86a bestimmt in Abs. 1 die Grundregel (MKLS/Keller Rn. 3), wonach Widerspruch und **2** Anfechtungsklage gegen einen Verwaltungsakt aufschiebende Wirkung haben. In Abs. 2 und Abs. 4 bestimmt § 86a, wann keine solche aufschiebende Wirkung eintritt, der Verwaltungsakt mithin sofort vollziehbar ist. In Abs. 3 enthält § 86a eine Ermächtigung dafür, dass die Behörde die sofortige Vollziehung aussetzen und damit die aufschiebende Wirkung wiederherstellen kann.

§ 86a wird durch die Regelung des § 86b, der den gerichtlichen einstweiligen Rechtsschutz **3** bestimmt, abgerundet.

B. Aufschiebende Wirkung

§ 86a Abs. 1 S. 1 bestimmt, dass Widerspruch und Anfechtungsklage aufschiebende Wirkung **4** haben. Aufschiebende Wirkung bedeutet nach hM, dass ein Verwaltungsakt zwar ab dem Moment seiner Bekanntgabe nach außen hin existent und wirksam ist (vgl. § 39 Abs. 1 SGB X), jedoch die von der Behörde ausgesprochene Regelung noch nicht gegen den Willen des Verwaltungsaktsadressaten umgesetzt werden kann. Die aufschiebende Wirkung eines Rechtsbehelfs bewirkt, dass die Vollziehung des angefochtenen Verwaltungsaktes vorläufig gehemmt wird (BSG BeckRS 2015, 66099; BeckOK SozR/Cantzler Rn. 7; HK-SGG/Binder Rn. 4; jurisPK-SGG/Richter Rn. 21). Dies wird auch als Suspensiveffekt von Widerspruch und Anfechtungsklage bezeichnet (MKLS/ Keller Rn. 3). Dadurch dürfen aus dem Inhalt des Verwaltungsakts keine unmittelbaren oder mittelbaren tatsächlichen oder rechtlichen Folgerungen zu Lasten des Verwaltungsaktsadressaten gezogen werden, im Verwaltungsakt bestimmte Pflichten des Adressaten muss dieser noch nicht befolgen (HK-SGG/Binder Rn. 4). Es handelt sich bei der aufschiebenden Wirkung mithin um ein umfassendes Verwirklichungs- und Ausnutzungsverbot (BeckOK SozR/Cantzler Rn. 7; MKLS/Keller Rn. 5).

C. Eintritt der aufschiebenden Wirkung bei Widerspruch und Anfechtungsklage (Abs. 1)

Nach § 86a Abs. 1 S. 1 haben Widerspruch und Anfechtungsklage aufschiebende Wirkung; **5** das setzt voraus, dass die Behörde einen belastenden Verwaltungsakt iSd § 31 S. 1 SGB X gegenüber einem Adressaten oder eine Allgemeinverfügung iSd § 31 S. 2 SGB X erlassen hat (HK-SGG/ Binder Rn. 7; jurisPK-SGG/Richter Rn. 10). Der einer Verpflichtungsklage vorausgehende Widerspruch hat wie auch die Verpflichtungsklage selbst keine aufschiebende Wirkung (BeckOK SozR/Cantzler Rn. 6). Maßgeblich ist insoweit nicht, wie der Verwaltungsakt, der angefochten wird, zu qualifizieren ist, sondern ob es sich bei dem dagegen zu erhebenden bzw. erhobenen Rechtsbehelf um einen (Anfechtungs-) Widerspruch bzw. eine Anfechtungsklage handelt. Daher tritt aufschiebende Wirkung auch bei feststellenden und gestaltenden Verwaltungsakten ein (BeckOK SozR/Cantzler Rn. 6), ebenso wie bei Verwaltungsakten mit Drittwirkung, wie sich aus § 86a Abs. 1 S. 2 ergibt.

Die aufschiebende Wirkung tritt im Fall des § 86a Abs. 1 kraft Gesetzes ein (BeckOK SozR/ **6** Cantzler Rn. 8; HK-SGG/Binder Rn. 10). Einer behördlichen oder gerichtlichen Anordnung bzw. Bestätigung bedarf es nicht. Sie tritt ein, sobald der jeweilige Widerspruch bzw. die Anfechtungsklage erhoben werden (BeckOK SozR/Cantzler Rn. 8), wirkt dann aber grundsätzlich auf den Zeitpunkt des Erlasses des Verwaltungsakts zurück (BeckOK SozR/Cantzler Rn. 8; HK-SGG/Binder Rn. 10). Bis dahin bereits durchgeführten Vollziehungsmaßnahmen wird damit die rechtliche Grundlage entzogen (BeckOK SozR/Cantzler Rn. 8.1). Unter den Voraussetzungen des § 86b Abs. 1 S. 2 kann die Beseitigung der Vollziehungsfolgen anzuordnen sein (BeckOK SozR/Cantzler Rn. 8.1). Hat sich aber der Verwaltungsakt iSd § 39 Abs. 2 SGB X erledigt, so ist für eine Anordnung der aufschiebenden Wirkung des Widerspruchs kein Raum mehr (LSG Hmb BeckRS 2016, 128309).

7   Die aufschiebende Wirkung endet mit Unanfechtbarkeit des Verwaltungsaktes (LSG NRW BeckRS 2017, 134883; BayLSG BeckRS 2017, 116875) bzw. des Widerspruchsbescheids „ex tunc", also rückwirkend (MKLS/Keller Rn. 11). Die aufschiebende Wirkung eines Widerspruchs endet nach hM mit der Erhebung der Anfechtungsklage (BeckOK SozR/Cantzler Rn. 10; MKLS/ Keller Rn. 11). Kommt der Anfechtungsklage ihrerseits aufschiebende Wirkung zu, wirkt diese nicht zurück auf den Zeitpunkt des Erlasses des Widerspruchsbescheids (BeckOK SozR/Cantzler Rn. 10). Vielmehr wirkt die aufschiebende Wirkung des Widerspruchs bis zur Unanfechtbarkeit des angefochtenen Verwaltungsakts bzw. bis zur Klageerhebung fort (BeckOK SozR/Cantzler Rn. 10 f.). Damit schließt sich die aufschiebende Wirkung der Klage unmittelbar an die aufschiebende Wirkung des Widerspruchs an, sodass ein ununterbrochener einstweiliger Rechtsschutz auch zwischen Bekanntgabe des Widerspruchsbescheids und Klageerhebung gewährleistet ist (BeckOK SozR/Cantzler Rn. 10). Folgt auf den Widerspruchsbescheid keine Klageerhebung, so endet die aufschiebende Wirkung des Widerspruchs mit der Bestandskraft des angefochtenen Verwaltungsakts (BeckOK SozR/Cantzler Rn. 10). Im Übrigen endet die aufschiebende Wirkung des Widerspruchs mit der Anordnung der sofortigen Vollziehbarkeit durch die Behörde, mit der bestandskräftigen Aufhebung des angefochtenen Verwaltungsakts (BeckOK SozR/Cantzler Rn. 10) oder im Fall des § 86a Abs. 2 Nr. 3 mit Erhebung der Anfechtungsklage.

8   Da die aufschiebende Wirkung kraft Gesetzes eintritt und daher zwingende Folge eines (Anfechtungs-) Widerspruchs und einer Anfechtungsklage ist, tritt die aufschiebende Wirkung grundsätzlich unabhängig von der Zulässigkeit oder Begründetheit des Rechtsbehelfs und unabhängig von den Erfolgsaussichten des Hauptsacheverfahrens ein (BeckOK SozR/Cantzler Rn. 16; HK-SGG/Binder Rn. 11; jurisPK-SGG/Richter Rn. 20). Alleine bei offensichtlicher Unzulässigkeit soll keine aufschiebende Wirkung eintreten (BeckOK SozR/Cantzler Rn. 16; HK-SGG/ Binder Rn. 11). Auch im Fall eines unzulässigen Widerspruchs bzw. einer unzulässigen Anfechtungsklage kann auf entsprechenden Antrag vom Gericht (§ 86b Abs. 1 S. 1 Nr. 1) oder durch die Behörde (§ 86a Abs. 2 Nr. 5) die aufschiebende Wirkung beseitigt werden (BeckOK SozR/ Cantzler Rn. 18). Eine Beschränkung des Eintritts der aufschiebenden Wirkung auf zulässige Rechtsbehelfe ist zutreffend als verfassungsrechtlich bedenklich bezeichnet worden (BeckOK SozR/Cantzler Rn. 18.2).

9   Beachtet die Behörde eine eingetretene aufschiebende Wirkung von Widerspruch bzw. Anfechtungsklage nicht und vollzieht sie den Verwaltungsakt trotzdem, kann die aufschiebende Wirkung weder nach § 86a Abs. 3 S. 1 noch nach § 86b Abs. 1 S. 1 Nr. 2 angeordnet werden. Es ist vielmehr allenfalls möglich, das Bestehen der aufschiebenden Wirkung deklaratorisch festzustellen (SächsLSG BeckRS 2016, 72320; BeckOK SozR/Cantzler Rn. 19).

D. Entfallen der aufschiebenden Wirkung (Abs. 2)

I. Allgemeines

10   § 86a Abs. 2 enthält, wie auch § 86a Abs. 4, eine Ausnahmeregelung zu § 86a Abs. 1. Die in § 86a Abs. 1 als allgemeine Regel vorgesehene aufschiebende Wirkung von Widersprüchen und Anfechtungsklagen gegen Verwaltungsakte der Behörden entfällt in den in Abs. 2 und Abs. 4 genannten Fällen, diese bilden Ausnahmen zu der Regelung des Abs. 1 (MKLS/Keller Rn. 12). Liegt ein solcher Fall vor, entfällt die aufschiebende Wirkung kraft Gesetzes (Böttiger/Schaumberg/Langer Sozialleistungen für Flüchtlinge und Asylbewerber/Luik Kap. 19 Rn. 27).

II. Entfallen der aufschiebenden Wirkung bei der Entscheidung über Versicherungs-, Beitrags- und Umlagepflichten sowie der Anforderung von Beiträgen, Umlagen und sonstigen öffentlichen Abgaben (Abs. 2 Nr. 1)

11   § 86a Abs. 2 Nr. 1 ordnet an, dass die aufschiebende Wirkung bei der Entscheidung über Versicherungs-, Beitrags- und Umlagepflichten sowie der Anforderung von Beiträgen, Umlagen und sonstigen öffentlichen Abgaben einschließlich der darauf entfallenden Nebenkosten entfällt. Erfasst sind insoweit alle Verwaltungsakte, die der Festsetzung und Durchsetzung einer sozialrechtlichen Geldanforderung selbst, einschließlich Nebenkosten, Säumniszuschlägen (§ 24 SGB IV) und

Gebühren (MKLS/Keller Rn. 13a), aber auch der sonstigen Realisierung des staatlichen Abgaben- bzw. Beitragsanspruchs (Krasney/Udsching SGVerf-HdB Kap. V Rn. 14) und auch der Feststellung der Versicherungs-, Beitrags- und Umlagepflichten dem Grunde nach (Ausnahme: § 7a Abs. 7 SGB IV) dienen (jurisPK-SGG/Richter Rn. 33, 36). Damit soll die Funktionsfähigkeit der Sozialversicherungsträger sichergestellt werden (BeckOK SozR/Cantzler Rn. 22; sa jurisPK-SGG/ Richter Rn. 33). Diese sofortige Zahlungspflicht entspricht auch dem allgemeinen Verwaltungsrecht (vgl. § 80 Abs. 2 S. 1 Nr. 1 VwGO).

Da § 86a Abs. 2 Nr. 1 das Vollzugsrisiko bei Beitragsbescheiden grundsätzlich auf den Adressaten **11a** verlagert, können nur solche Zweifel an der Rechtmäßigkeit des Bescheides ein überwiegendes Suspensivinteresse begründen, die einen Erfolg des Rechtsbehelfs zumindest überwiegend wahrscheinlich erscheinen lassen (LSG NRW BeckRS 2020, 17151). Hierfür reicht es nicht schon aus, dass im Rechtsbehelfsverfahren möglicherweise noch ergänzende Tatsachenfeststellungen zu treffen sind (LSG NRW BeckRS 2020, 17151). Maßgebend ist vielmehr, ob nach der Sach- und Rechtslage zum Zeitpunkt der Eilentscheidung mehr für als gegen die Rechtswidrigkeit des angefochtenen Bescheides spricht (LSG NRW BeckRS 2020, 17151).

Die Behörde kann nach § 86a Abs. 3 die sofortige Vollziehung ganz oder teilweise aussetzen. **12** Anders als § 80 Abs. 6 VwGO sieht aber § 86a keine obligatorische Behördenentscheidung vor Einlegung eines gerichtlichen Rechtsbehelfs vor, sodass der Bürger, wie auch in den anderen Fällen des § 86a Abs. 2, grundsätzlich die Wahl hat, ob er zuerst einen Antrag nach § 86a Abs. 3 bei der Behörde stellt oder direkt gerichtlichen Rechtsschutz nach § 86b Abs. 1 S. 1 Nr. 2 in Anspruch nimmt.

Nicht erfasst von § 86a Abs. 2 Nr. 1 sind jedoch Fälle der Rückforderung von Beiträgen, zB **13** nach § 26 SGB IV (BeckOK SozR/Cantzler Rn. 23 f.). Insoweit liegt kein mit aufschiebender Wirkung anfechtbarer Verwaltungsakt vor (BeckOK SozR/Cantzler Rn. 23.1). Dagegen sind von § 86a Abs. 2 Nr. 1 erfasst
- die Verrechnung eines Erstattungsanspruchs iSd § 28 SGB IV sowie
- die Aufhebung eines Verwaltungsakts über eine Beitragsstundung (Krasney/Udsching SGVerf-HdB Kap. V Rn. 14).

III. Entfallen der aufschiebenden Wirkung bei entziehenden und herabsetzenden Entscheidungen in Angelegenheiten des sozialen Entschädigungsrechts und der Bundesagentur für Arbeit (Abs. 2 Nr. 2)

Nach § 86a Abs. 2 Nr. 2 entfällt die aufschiebende Wirkung in Angelegenheiten des sozialen **14** Entschädigungsrechts und der Bundesagentur für Arbeit bei Verwaltungsakten, die eine laufende Leistung entziehen oder herabsetzen. Haben Widerspruch und Anfechtungsklage gegen solche Verwaltungsakte keine aufschiebende Wirkung, ist die entzogene bzw. herabgesetzte laufende Leistung trotz des Rechtsbehelfs nicht weiter zu erbringen (BeckOK SozR/Cantzler Rn. 25). Mit dieser Regelung soll der staatliche Rückzahlungsanspruch im Falle überzahlter laufender Leistungen gesichert werden, denn dessen Realisierung dürfte im Bereich des SGB III sowie des sozialen Entschädigungsrechts häufig an der fehlenden wirtschaftlichen Leistungsfähigkeit des Betroffenen scheitern (BeckOK SozR/Cantzler Rn. 25.1) Erfasst sind aber nur Entscheidungen in Angelegenheiten des sozialen Entschädigungsrechts und der Bundesagentur für Arbeit, sodass zB Verwaltungsakte, die eine laufende Leistung im SGB II bzw. SGB XII entziehen oder herabsetzen, nicht nach § 86a Abs. 2 Nr. 2 zu behandeln sind (zum SGB II vgl. aber § 86a Abs. 2 Nr. 4 iVm § 39 Nr. 1 SGB II; zum SGB XII vgl. § 86a Abs. 2 Nr. 4 iVm § 93 Abs. 3 SGB XII).

Unter laufenden Leistungen versteht § 86a Abs. 2 Nr. 2 wiederkehrende Leistungen, die zwar **15** an mehreren Terminen geleistet werden, ohne dass es sich um regelmäßige Leistungen handeln muss (BeckOK SozR/Cantzler Rn. 26). Dagegen stellt eine einmalige Leistung, die lediglich in Raten erbracht wird, keine laufende Leistung iSd § 86a Abs. 2 Nr. 2 dar (BeckOK SozR/Cantzler Rn. 26). Bei Leistungen, die keine laufenden sind, verbleibt es bei der Regelung des Abs. 1 (BeckOK SozR/Cantzler Rn. 26).

Entziehung iSd § 86a Abs. 2 Nr. 2 umfasst nicht nur die vollständige Entziehung einer Sozialleis- **16** tung iSd § 66 Abs. 1 SGB I, sondern auch die vollständige Aufhebung des Verwaltungsakts über die Gewährung laufender Leistungen im Sinne einer Rücknahme nach § 45 SGB X, eines Widerrufs nach § 46 SGB X und § 47 SGB X und einer Aufhebung nach § 48 SGB X mit Wirkung für die Zukunft ("ex nunc"; BeckOK SozR/Cantzler Rn. 26; MKLS/Keller Rn. 14). Die Aufhebung bzw. Rücknahme eines Verwaltungsaktes, der Sozialleistungen gewährt hat, mit Wirkung für die Vergangenheit ("ex tunc") wird an sich auch von § 86a Abs. 2 Nr. 2 erfasst (aA BeckOK SozR/Cantzler Rn. 26; zur Diskussion vgl. jurisPK-SGG/Richter Rn. 38; MKLS/Keller Rn. 14), geht inhaltlich aber ins Leere, da die Entscheidung in der Vergangenheit bereits umgesetzt worden war; die Rückforderung („Erstattungsbescheide") von in der Vergangenheit bereits erbrachten Sozialleistungen fällt aber ebenfalls nicht unter § 86a Abs. 2 Nr. 2 (jurisPK-SGG/Richter Rn. 38), denn es handelt sich nicht um eine Entziehung oder Herabsetzung laufender Leistungen. Herabsetzung ist die teilweise Entziehung bzw. Aufhebung oder Rücknahme (BeckOK SozR/Cantzler Rn. 26).

17   Weder eine Entziehung noch eine Herabsetzung ist dagegen die Abzweigung nach § 48 SGB I, denn der Sozialleistungsempfänger bleibt insoweit anspruchsberechtigt, lediglich der Zahlungsempfänger wird verändert (MKLS/Keller Rn. 14; jurisPK-SGG/Richter Rn. 39), dasselbe gilt für die Aufrechnung (§ 51 SGB I) und Verrechnung (§ 52 SGB I; vgl. MKLS/Keller Rn. 14). Auch die vorläufige Zahlungseinstellung nach § 331 SGB III, die ohne Verwaltungsakt erfolgt, weshalb Widerspruch und Anfechtungsklage nicht statthaft sind, wird von § 86a Abs. 2 Nr. 2 nicht erfasst; einstweiliger Rechtsschutz ist insoweit im Wege einer Regelungsanordnung nach § 86b Abs. 2 SGG zu suchen (jurisPK-SGG/Richter Rn. 40).

IV. Entfallen der aufschiebenden Wirkung bei Anfechtungsklagen bei entziehenden und herabsetzenden Entscheidungen in Angelegenheiten der Sozialversicherung bei Verwaltungsakten (Abs. 2 Nr. 3)

18   § 86a Abs. 2 Nr. 3 enthält eine § 86a Abs. 2 Nr. 2 vergleichbare Regelung für Angelegenheiten der Sozialversicherung (vgl. § 1 Abs. 1 S. 1 SGB I: gesetzliche Kranken-, Unfall- und Rentenversicherung einschließlich der Alterssicherung der Landwirte sowie die soziale Pflegeversicherung) bei Verwaltungsakten, die eine laufende Leistung (Beispiele für solche Leistungen sind Renten, Kindergeld und Krankengeld) herabsetzen oder entziehen. Von § 86a Abs. 2 Nr. 3 erfasste Verwaltungsakte müssen bereits bewilligte Leistungen betreffen; es muss in den Bestand einer bewilligten Leistung eingegriffen worden sein, indem die Leistung herabgesetzt oder entzogen worden ist (HessLSG BeckRS 2018, 5439). § 86a Abs. 2 Nr. 3 betrifft nach seinem eindeutigen Wortlaut nur Anfechtungsklagen. Der Widerspruch hat insoweit jedoch aufschiebende Wirkung, sodass die entzogene bzw. herabgesetzte Leistung zunächst weiter zu zahlen ist (BeckOK SozR/Cantzler Rn. 29.1); sofortige Vollziehbarkeit tritt hinsichtlich des Widerspruchsbescheids ein, nicht aber hinsichtlich des Ausgangsverwaltungsakts (BeckOK SozR/Cantzler Rn. 27). Die aufschiebende Wirkung des Widerspruchs endet nach hM erst mit Ablauf des Tages vor dem Eintritt der Rechtshängigkeit der Klage (BeckOK SozR/Cantzler Rn. 27; jurisPK-SGG/Richter Rn. 41; vgl. im Übrigen → Rn. 14 ff.).

V. Entfallen der aufschiebenden Wirkung kraft anderweitiger gesetzlicher Regelung (Abs. 2 Nr. 4)

1. Allgemeines

19   Sieht ein Bundesgesetz vor, dass die aufschiebende Wirkung entfällt, ist der Verwaltungsakt auch trotz einer Anfechtung durch den Bürger sofort vollziehbar; die Regelung hat lediglich deklaratorischen Charakter (jurisPK-SGG/Richter Rn. 43). In welchem Umfang die aufschiebende Wirkung entfällt (nur Anfechtungsklage oder auch Widerspruch), ist dem jeweiligen Bundesgesetz zu entnehmen. Landesgesetze können nach dem eindeutigen Wortlaut die aufschiebende Wirkung nicht entfallen lassen (MKLS/Keller Rn. 16). Eine Regelung, wie sie § 80 Abs. 2 S. 2 VwGO vorsieht, enthält das SGG nicht.

2. SGB II

20   Im SGB II enthält § 39 SGB II nähere Regelungen. Danach haben Widerspruch und Anfechtungsklage gegen einen Verwaltungsakt,
- der Leistungen der Grundsicherung für Arbeitsuchende aufhebt, zurücknimmt, widerruft, entzieht, die Pflichtverletzung und die Minderung des Auszahlungsanspruchs feststellt oder Leistungen zur Eingliederung in Arbeit oder Pflichten erwerbsfähiger Leistungsberechtigter bei der Eingliederung in Arbeit regelt (§ 39 Nr. 1 SGB II),
- mit dem zur Beantragung einer vorrangigen Leistung aufgefordert wird (§ 39 Nr. 2 SGB II) oder
- mit dem nach § 59 SGB III iVm § 309 SGB III zur persönlichen Meldung bei der Agentur für Arbeit aufgefordert wird (§ 39 Nr. 3 SGB II),

keine aufschiebende Wirkung.

Insoweit sind nicht alle Entscheidungen über SGB II-Leistungen von Gesetzes wegen sofort **21** vollziehbar. Erfasst sind zB Aufhebungsentscheidungen nach § 45 SGB X, § 46 SGB X, § 47 SGB X und § 48 SGB X sowie Entziehungsentscheidungen nach § 66 SGB I (BeckOK SozR/Cantzler Rn. 31; MKLS/Keller Rn. 16b); Erstattungsforderungen sind dagegen nicht erfasst, so dass der Rechtsbehelf gegen den Rückforderungsverwaltungsakt aufschiebende Wirkung hat (vgl. zB LSG NRW BeckRS 2010, 67675; MKLS/Keller Rn. 16b). Die vorläufige Zahlungseinstellung iSd § 40 Abs. 2 Nr. 4 SGB II iVm § 331 SGB III erfolgt ohne Verwaltungsakt (Eicher/Luik/Greiser SGB II § 39 Rn. 21), sodass § 39 SGB II nicht eingreift.

Auch entfällt die aufschiebende Wirkung bei Verwaltungsakten, die Leistungen zur Eingliede- **22** rung in Arbeit oder Pflichten des erwerbsfähigen Hilfebedürftigen bei der Eingliederung in Arbeit regeln. Dazu gehören vor allem Verwaltungsakte, die Eingliederungsvereinbarungen ersetzen oder eine Arbeitsgelegenheit iRd § 16d Abs. 1 S. 1 SGB II zuweisen (Eicher/Luik/Greiser SGB II § 39 Rn. 24).

Hat der Rechtsbehelf keine aufschiebende Wirkung, kann der Betroffene die Anordnung der **23** aufschiebenden Wirkung nach § 86b Abs. 1 S. 1 Nr. 2 bei Gericht begehren. Auch ein Vorgehen nach § 86a Abs. 3 ist möglich.

3. SGB III

Im SGB III enthält § 336a SGB III entsprechende Regelungen. Danach entfällt die aufschie- **24** bende Wirkung von Widerspruch und Klage
- bei Entscheidungen, die Arbeitsgenehmigungen-EU aufheben oder ändern (§ 336a S. 1 Nr. 1 SGB III),
- bei Entscheidungen, die die Berufsberatung nach § 288a SGB III untersagen (§ 336a S. 1 Nr. 2 SGB III),
- bei Aufforderungen nach § 309 SGB III, sich bei der Agentur für Arbeit oder einer sonstigen Dienststelle der Bundesagentur persönlich zu melden (§ 336a S. 1 Nr. 3 SGB III).

Bei Entscheidungen über die Herabsetzung oder Entziehung laufender Leistungen gelten die **25** Vorschriften des SGG (vgl. § 86a Abs. 2 Nr. 2). Der Widerspruch gegen eine Meldeaufforderung des Grundsicherungsträgers nach § 59 SGB II iVm § 309 SGB III hat keine aufschiebende Wirkung (LSG Hmb BeckRS 2016, 128309).

4. SGB XII

Im SGB XI enthält alleine § 93 Abs. 3 SGB XII Regelungen zum Entfallen der aufschiebenden **26** Wirkung. Danach haben Widerspruch und Anfechtungsklage gegen den Verwaltungsakt, der den Übergang des Anspruchs iSd § 93 Abs. 1 SGB XII bewirkt, keine aufschiebende Wirkung. Anders als im SGB II enthält das SGB XII damit keine Regelung zum Entfallen der aufschiebenden Wirkung bei Verwaltungsakten, die die eine laufende Leistung entziehen oder herabsetzen (MKLS/Keller Rn. 16c); auch sieht § 86a Abs. 2 Nr. 1–3 ein solches Entfallen der aufschiebenden Wirkung nicht vor. Insoweit verbleibt der Behörde lediglich die Möglichkeit, den Sofortvollzug nach § 86a Abs. 2 Nr. 5 ausdrücklich anzuordnen.

5. AsylbLG

Nach § 11 Abs. 4 AsylbLG haben Widerspruch und Anfechtungsklage gegen einen Verwal- **27** tungsakt, mit dem
- eine Leistung nach diesem Gesetz ganz oder teilweise entzogen oder die Leistungsbewilligung aufgehoben wird (§ 11 Abs. 4 Nr. 1 AsylbLG) oder
- eine Einschränkung des Leistungsanspruchs nach § 1a AsylbLG oder § 11 Abs. 2a AsylbLG festgestellt wird (§ 11 Abs. 4 Nr. 2 AsylbLG),

keine aufschiebende Wirkung (vgl. Böttiger Sozialleistungen für Flüchtlinge und Asylbewerber/ Langer Kap. 1 Rn. 70).

§ 11 Abs. 4 Nr. 1 AsylbLG ist § 39 Nr. 1 SGB II vergleichbar und stellt sicher, dass Aufhebungs- **28** entscheidungen sofort vollziehbar sind (Böttiger Sozialleistungen für Flüchtlinge und Asylbewer- ber/Langer Kap. 1 Rn. 70). Der Begriff der Aufhebung umfasst nicht nur eine solche nach § 48 SGB X, sondern auch die Rücknahme nach § 45 SGB X und den Widerruf iSd § 47 SGB X (Böttiger Sozialleistungen für Flüchtlinge und Asylbewerber/Langer Kap. 1 Rn. 70). § 11 Abs. 4 Nr. 2 AsylbLG erfasst Entscheidungen, durch die eine Pflichtverletzung und eine daran anknüp- fende Einschränkung des Leistungsanspruchs festgestellt wird (Böttiger Sozialleistungen für Flücht- linge und Asylbewerber/Langer Kap. 1 Rn. 70).

29   Hat der Rechtsbehelf keine aufschiebende Wirkung, kann der Betroffene die Anordnung der
aufschiebenden Wirkung nach § 86b Abs. 1 S. 1 Nr. 2 bei Gericht begehren (MKLS/Keller
Rn. 16c). Auch ein Vorgehen nach § 86a Abs. 3 ist möglich.

6. Sonstige Regelungen

30   Sonstige Regelungen iSd § 86a Abs. 2 Nr. 4 enthalten zB das
* SGB V (unter anderem in § 35 Abs. 7 S. 1 SGB V (Klagen gegen Festbeträge), § 43c Abs. 3
  S. 5 SGB V (Klagen gegen Zuzahlungsfestsetzung durch Krankenhäuser)),
* SGB VII (§ 181 Abs. 6 SGB VII),
* SGB IX (§ 160 Abs. 4 S. 5 SGB IX (Widerspruch und Anfechtungsklage gegen die Feststellung
  rückständiger Ausgleichsabgaben), § 171 Abs. 4 SGB IX (Widerspruch und Anfechtungsklage
  gegen Zustimmung des Integrationsamtes zur Kündigung)),
* BEEG (§ 13 Abs. 2 BEEG (Widerspruch und Anfechtungsklage gegen Entscheidungen des
  Elterngeldes)).

VI. Entfallen der aufschiebenden Wirkung bei Anordnung des Sofortvollzuges (Abs. 2 Nr. 5)

1. Ermächtigung zur behördlichen Anordnung der sofortigen Vollziehbarkeit von Verwaltungsakten

31   § 86a Abs. 2 Nr. 5 enthält eine Ermächtigung für Behörden (Krasney/Udsching/Groth SGVerf-
HdB Kap. V Rn. 24), über die sonst gesetzlich vorgesehenen Ausnahmen von der aufschiebenden
Wirkung hinaus durch eigene Anordnung eine Ausnahme von der Regel der aufschiebenden
Wirkung (BSG BeckRS 2009, 67775; MKLS/Keller Rn. 19a) dahingehend zu treffen, dass ein
Verwaltungsakt sofort vollziehbar ist (BeckOK SozR/Cantzler Rn. 44). Die sofortige Vollzieh-
keit ist insoweit das Gegenstück zur aufschiebenden Wirkung (BeckOK SozR/Cantzler Rn. 45;
jurisPK-SGG/Richter Rn. 52) und ist Voraussetzung der Vollstreckbarkeit eines Verwaltungsaktes.
Diese von der Behörde selbst ausgesprochene sofortige Vollziehbarkeit kann umfassend, also ganz,
oder teilweise erfolgen (BeckOK SozR/Cantzler Rn. 44). Die Anordnung der sofortigen Vollziehbarkeit (zur Abgrenzung zu Vollstreckbarkeit und Bestandskraft vgl. BeckOK SozR/Cantzler
Rn. 45) kann sowohl mit dem Verwaltungsakt verbunden als auch nachträglich erlassen werden
(BeckOK SozR/Cantzler Rn. 44).

2. Anordnung der sofortigen Vollziehung

32   Nach § 86a Abs. 2 Nr. 5 kann die Behörde die sofortige Vollziehung des Verwaltungsaktes
anordnen, es bedarf einer ausdrücklichen Anordnung (HK-SGG/Binder Rn. 20; MKLS/Keller
Rn. 21a), eine konkludente Anordnung genügt nicht (BeckOK SozR/Cantzler Rn. 50). Eine
solche Entscheidung kann entweder von Amts wegen ergehen oder auf Antrag (BeckOK SozR/
Cantzler Rn. 50). Sie ist schriftlich zu treffen (jurisPK-SGG/Richter Rn. 57) und bedarf einer
schriftlichen Begründung (BayLSG BeckRS 2016, 73229). Eine Rechtsbehelfsbelehrung ist
gesetzlich nicht vorgeschrieben, eine solche ist auch nicht erforderlich (BeckOK SozR/Cantzler
Rn. 50), da es sich bei der Anordnung der sofortigen Vollziehbarkeit nicht um einen Verwaltungs-
akt handelt (HK-SGG/Binder Rn. 19; BeckOK SozR/Cantzler Rn. 44; jurisPK-SGG/Richter
Rn. 52). Die Anordnung enthält keine Regelung iSd § 31 S. 1 SGB X; vielmehr beinhaltet die
Anordnung der sofortigen Vollziehbarkeit eine verfahrensrechtliche Nebenentscheidung in Bezug
auf die zeitliche Geltung des zugrundeliegenden Verwaltungsakts (ThürLSG v. 12.2.2015 – L 11
KA 1626/14 B ER; LSG NRW BeckRS 2015, 69072; BeckOK SozR/Cantzler Rn. 48.1; MKLS/
Keller Rn. 17a).

33   Die Anordnung der sofortigen Vollziehbarkeit (zur Abgrenzung zu Vollstreckbarkeit und
Bestandskraft vgl. BeckOK SozR/Cantzler Rn. 45) kann sowohl mit dem Verwaltungsakt verbun-
den als auch nachträglich erlassen werden (BeckOK SozR/Cantzler Rn. 50). Eine vorherige
Anhörung ist nach hM nicht erforderlich (BeckOK SozR/Cantzler Rn. 53; jurisPK-SGG/Richter
Rn. 56); da die Anordnung kein Verwaltungsakt ist, greift insoweit auch § 24 SGB X nicht
(MKLS/Keller Rn. 22).

34   Die Anordnung der sofortigen Vollziehbarkeit ist immer dann statthaft, wenn ein noch anfechtbarer Verwaltungsakt vorliegt (BeckOK SozR/Cantzler Rn. 51) und einem hiergegen gerichteten
Widerspruch bzw. einer Anfechtungsklage nach § 86a Abs. 1 oder einer anderen Vorschrift aufschiebende Wirkung zukommt oder zukommen würde. Nicht mehr statthaft ist die behördliche

Vollziehbarkeitsanordnung, wenn eine Anordnung der aufschiebenden Wirkung durch das Gericht vorliegt (BeckOK SozR/Cantzler Rn. 51; Ausnahme: eine Gerichtsentscheidung hat die Anordnung des Sofortvollzuges lediglich aus formellen Gründen aufgehoben, vgl. BeckOK SozR/Cantzler Rn. 51.1).

Zuständig für die Anordnung der sofortigen Vollziehung ist die Behörde, die den Verwaltungsakt **35** erlassen hat. Diese ist vor, während und nach Abschluss des Widerspruchsverfahrens für die Anordnung der sofortigen Vollziehbarkeit zuständig (BeckOK SozR/Cantzler Rn. 52). Während des Widerspruchsverfahrens ist die für die Widerspruchsentscheidung zuständige Behörde auch für die Anordnung des Sofortvollzuges zuständig (BeckOK SozR/Cantzler Rn. 52).

§ 86a Abs. 2 Nr. 5 verlangt, dass die sofortige Vollziehung mit schriftlicher Begründung des **36** besonderen Interesses an der sofortigen Vollziehung angeordnet werden muss. Diese schriftliche Begründung soll es dem Betroffenen ermöglichen, seine Rechte wahrzunehmen, die Behörde dazu veranlassen, das Vorliegen des öffentlichen Interesses an der sofortigen Vollziehbarkeit zu prüfen (BeckOK SozR/Cantzler Rn. 54) und das Gericht in die Lage versetzen, die Erwägungen der Behörde nachzuvollziehen (BeckOK SozR/Cantzler Rn. 54). Die Anordnung der sofortigen Vollziehbarkeit und die Begründung müssen in einem Schriftstück, mithin zusammen, ergehen (str., so aber zutr. BeckOK SozR/Cantzler Rn. 54).

Die Begründung muss sich auf den konkreten Einzelfall beziehen und das besondere öffentliche **37** Interesse an der sofortigen Vollziehung darstellen (BeckOK SozR/Cantzler Rn. 54a; jurisPK-SGG/Richter Rn. 58). Eine bloß formelhafte Begründung genügt nicht (BeckOK SozR/Cantzler Rn. 54a). Vielmehr muss auf den jeweiligen Einzelfall bezogen dargestellt werden, welche wesentlichen tatsächlichen und rechtlichen Gründe das konkrete, besondere Vollziehungsinteresse aus Sicht der Behörde begründen (LSG Bln-Bbg BeckRS 2017, 100902; LSG BW BeckRS 2016, 74396; BeckOK SozR/Cantzler Rn. 54a). Insoweit stellt die Rechtsprechung an die Begründung der Anordnung des Sofortvollzuges hohe Anforderungen. Gefordert wird insoweit, dass die Begründung nicht nur sämtliche Gesichtspunkte enthält, die die Behörde in ihre Entscheidung einbezogen hat, sondern auch erkennen lässt, warum nach Auffassung der Behörde im konkreten Einzelfall das Interesse am sofortigen Vollzug die Interessen des Verwaltungsaktsadressaten überwiegt und warum die Vollziehbarkeitsanordnung dem Verhältnismäßigkeitsprinzip entspricht (SächsLSG BeckRS 2010, 70135; BeckOK SozR/Cantzler Rn. 54a).

Auch genügt der Hinweis auf die Begründung des Verwaltungsakts ebenso wenig, wie darauf, **38** dass der Verwaltungsakt rechtmäßig ist. Denn von der Rechtmäßigkeit des Verwaltungsaktes geht der Gesetzgeber schon grundsätzlich aus und sieht gerade für diesen Fall nach § 86a Abs. 1 vor, dass Widerspruch und Anfechtungsklage aufschiebende Wirkung haben. Insoweit ist die Rechtmäßigkeit des Verwaltungsakts Voraussetzung für seinen Erlass, nicht Rechtfertigung für seine Vollziehung (BVerfG NJW 1985, 2187).

Fehlt die Begründung, so ist die Anordnung rechtswidrig; eine Nachholung kommt nicht in **39** Betracht (LSG LSA BeckRS 2011, 66241; MKLS/Keller Rn. 21c; jurisPK-SGG/Richter Rn. 59); § 41 Abs. 1 Nr. 2 SGB X greift nicht. Insoweit ist die Anordnung jedoch zwar formell rechtswidrig, aber wirksam, sodass der Verwaltungsakt bis zur Aufhebung der Anordnung der sofortigen Vollziehbarkeit sofort vollziehbar bleibt. Genügt die Anordnung der sofortigen Vollziehung nicht den formellen Begründungsanforderungen des § 86a Abs. 2 Nr. 5 SGG, so ist die aufschiebende Wirkung des Widerspruchs auf Antrag anzuordnen (SG Darmstadt BeckRS 2019, 5323). Ist die Begründung unzulänglich oder fehlt eine Begründung, kann die Behörde eine neue Vollziehbarkeitsanordnung mit ordnungsgemäßer Begründung treffen (jurisPK-SGG/Richter Rn. 59).

3. Überwiegen des Vollzugsinteresses

Nach § 86a Abs. 2 Nr. 5 darf der Sofortvollzug nur angeordnet werden, wenn die sofortige **40** Vollziehung im öffentlichen Interesse oder im überwiegenden Interesse eines Beteiligten ist. Während in den Fallgruppen des § 86a Abs. 2 Nr. 2–4 SGG maßgebend ist, dass der Gesetzgeber einen grundsätzlichen Vorrang des Vollziehungsinteresses angeordnet hat und es deshalb besonderer Umstände bedarf, um eine davon abweichende Entscheidung zu treffen, haben in den Fällen des § 86a Abs. 2 Nr. 5 SGG Widerspruch und Klage hingegen grundsätzlich aufschiebende Wirkung (SG Aachen BeckRS 2020, 33624). Es ist daher ein öffentliches Vollzugsinteresse oder ein überwiegendes Interesse eines Beteiligten erforderlich (SG Aachen BeckRS 2020, 33624). Damit kann sich das Vollzugsinteresse der Behörde aus einem überwiegenden öffentlichen Interesse oder einem überwiegenden Interesse eines Beteiligten ergeben.

Ob das Vollzugsinteresse gegenüber den Interessen des Verwaltungsaktsadressaten überwiegt, ist **41** im Rahmen einer einzelfallbezogenen Abwägung festzustellen (MKLS/Keller Rn. 20a; jurisPK-

SGG/Richter Rn. 61). Zu gewichten und abzuwägen sind dabei diejenigen Folgen, die eintreten würden, wenn die sofortige Vollziehung angeordnet und dann ein Rechtsbehelf Erfolg haben würde, gegenüber denjenigen Nachteilen, die entstünden, wenn die sofortige Vollziehung nicht angeordnet und ein Rechtsbehelf keinen Erfolg haben würde (LSG NRW NZS 1996, 540; MKLS/Keller Rn. 20a). In diese Abwägung sind alle im konkreten Fall betroffenen öffentlichen und privaten Interessen einzustellen (BeckOK SozR/Cantzler Rn. 56). Die in diesen Abwägungsprozess eingestellten Umstände und deren Abwägung sind in der Begründung der Anordnung darzustellen. Auch der Grundsatz der Verhältnismäßigkeit ist von der Behörde zu beachten (MKLS/Keller Rn. 20a; jurisPK-SGG/Richter Rn. 61). Zu berücksichtigen ist auch, ob ein Rechtsbehelf Erfolg haben würde (MKLS/Keller Rn. 20b). Das für die Aufrechterhaltung der sofortigen Vollziehbarkeit eines Verwaltungsaktes erforderliche öffentliche Interesse kann zB darin bestehen, Rückforderungsansprüche bereits zeitnah vollziehen zu können, um die Gefahr späterer Zahlungsunfähigkeit des Betroffenen zu vermeiden (LSG BW BeckRS 2019, 4044). Gleiches gilt für das Vermeiden von Überzahlungen, die zu Rückzahlungsansprüchen führen (LSG BW BeckRS 2019, 4044). Ausreichend ist insofern, dass die spätere Realisierbarkeit des Zahlungsanspruches ernstlich gefährdet ist, wovon bei der Rückforderung von Sozialleistungen regelmäßig auszugehen ist (LSG BW BeckRS 2019, 4044).

42   Auf Seiten des Bürgers ist, soweit nichts Anderes erkennbar ist, immer zu berücksichtigen, dass der Gesetzgeber auch bei rechtmäßigen Verwaltungsakten Widerspruch und Anfechtungsklage aufschiebende Wirkung beimisst (§ 86a Abs. 1), sodass der Bürger immer ein an sich schützenswertes Aufschubinteresse geltend machen kann. Daher muss zugunsten der Behörde ein besonderes Vollziehungsinteresse festzustellen sein (LSG BW BeckRS 2016, 74396; BeckOK SozR/Cantzler Rn. 57). Allein das öffentliche Interesse am Vollzug eines Gesetzes genügt nicht (BeckOK SozR/Cantzler Rn. 57). Die Anordnung der sofortigen Vollziehbarkeit im öffentlichen Interesse ist daher nur dann materiell rechtmäßig, wenn ein besonderes Vollziehungsinteresse der Behörde besteht, das das private Aufschubinteresse überwiegt (BeckOK SozR/Cantzler Rn. 56).

43   Eine Anordnung im überwiegenden Interesse eines Beteiligten kommt nur in Betracht, wenn dieser tatsächlich im Verfahren beteiligt ist, also in einem Hauptsacheverfahren nach § 75 beigeladen werden kann oder muss (BeckOK SozR/Cantzler Rn. 59) bzw. im Verwaltungsverfahren nach § 12 Abs. 2 zum Verfahren hinzugezogen worden ist oder hinzugezogen werden müsste. Wessen rechtliche Interessen vom Verwaltungsakt nicht berührt werden, ist nicht Beteiligter in diesem Sinne (BeckOK SozR/Cantzler Rn. 59). Ein „Berührt-Sein" in wirtschaftlichen oder ideellen Interessen reicht nicht (BeckOK SozR/Cantzler Rn. 59). Auch insoweit muss die umfassende Einzelfallabwägung zwischen dem privaten Interesse des Begünstigten und dem privaten Interesse des Belasteten unter Einbeziehung aller öffentlichen Interessen ergeben, dass das Vollzugsinteresse das Aufschubinteresse überwiegt (BeckOK SozR/Cantzler Rn. 60).

4. Erlass der Anordnung

44   Überwiegt das Vollziehungsinteresse im Einzelfall die privaten Aufschubinteressen, so ordnet die Behörde die sofortige Vollziehbarkeit an. Eine über die Interessenabwägung hinausgehende Ermessensausübung hinsichtlich der Frage, ob eine Anordnung erfolgen soll, wenn das Vollzugsinteresse das Aufschubinteresse überwiegt, ist nicht zu treffen (HK-SGG/Binder Rn. 19; BeckOK SozR/Cantzler Rn. 62; MKLS/Keller Rn. 19). Lediglich, wenn das Vollzugsinteresse die privaten Aufschubinteressen nicht überwiegt, darf die Anordnung nicht erfolgen. Insoweit bestimmt das Ergebnis des Abwägungsvorganges die Anordnung der sofortigen Vollziehbarkeit; würde im Rahmen einer Ermessensentscheidung angenommen werden, die Anordnung der sofortigen Vollziehbarkeit solle nicht ergehen, so kann das Interesse an der sofortigen Vollziehbarkeit des Verwaltungsaktes auch das private Aufschubinteresse nicht überwiegen, sodass eine Anordnung nach § 86a Abs. 2 Nr. 5 nicht ergehen darf.

5. Umfang der Anordnung

45   Die sofortige Vollziehbarkeit darf nur angeordnet werden, soweit das Vollzugsinteresse das private Aufschubinteresse überwiegt. Insoweit kommt auch eine eingeschränkte Anordnung der sofortigen Vollziehbarkeit in Betracht (näher dazu BeckOK SozR/Cantzler Rn. 63 f.).

6. Beginn der sofortigen Vollziehbarkeit

Die durch Behördenentscheidung nach § 86a Abs. 2 Nr. 5 angeordnete sofortige Vollziehbarkeit tritt grundsätzlich nur mit Wirkung für die Zukunft ein (LSG Nds-Brem BeckRS 2009, 61729;

jurisPK-SGG/Richter Rn. 64) Damit kann die Anordnung erst mit Bekanntgabe gegenüber dem Betroffenen und insoweit auch nur mit Wirkung für die Zukunft Wirkung entfalten (BeckOK SozR/Cantzler Rn. 46). Die Behörde kann aber auch bestimmen, dass die sofortige Vollziehbarkeit erst zu einem späteren Zeitpunkt eintreten soll (BeckOK SozR/Cantzler Rn. 46). Eine Anordnung der sofortigen Vollziehbarkeit für vergangene Zeiträume, also für Zeiträume vor Bekanntgabe der Anordnung gegenüber dem Betroffenen, ist nicht möglich. Dies resultiert aus dem Gebot der effektiven Rechtschutzgewährung (BeckOK SozR/Cantzler Rn. 46.1; MKLS/Keller Rn. 17).

7. Ende der sofortigen Vollziehbarkeit

Die sofortige Vollziehbarkeit endet durch den Eintritt der aufschiebenden Wirkung (BeckOK **46** SozR/Cantzler Rn. 47). Damit endet die Wirkung der von der Behörde angeordneten sofortigen Vollziehbarkeit, wenn die Behörde die Anordnung nach § 86a Abs. 3 wieder aufhebt und damit aufschiebende Wirkung wieder eintritt. Sie endet aber auch, wenn das Gericht nach § 86b Abs. 1 S. 1 Nr. 2 die aufschiebende Wirkung von Widerspruch und / oder Anfechtungsklage anordnet oder die Behörde bzw. das Gericht den Verwaltungsakt aufhebt (BeckOK SozR/Cantzler Rn. 47).

8. Rechtsbehelfe gegen die Anordnung

Die Anordnung des Sofortvollzugs selbst ist kein Verwaltungsakt (BeckOK SozR/Cantzler **47** Rn. 44). Gegen diese Anordnung steht als Rechtsbehelf daher nur die Anrufung des Gerichts nach § 86b Abs. 1 S. 1 Nr. 2 offen. Daneben kann – was aber kein Rechtsbehelf ist – auch ein Antrag nach § 86a Abs. 3 bei der Behörde selbst gestellt werden.

E. Aussetzung der sofortigen Vollziehung durch die Behörde (Abs. 3)

I. Ermächtigung zur Wiederherstellung der aufschiebenden Wirkung durch behördliche Aussetzung der sofortigen Vollziehbarkeit

Das Gesetz enthält in § 86a Abs. 3 eine Regelung, die die Behörde ermächtigt, in den Fällen, **48** in denen nach § 86a Abs. 2 die aufschiebende Wirkung entfallen ist, der Verwaltungsakt mithin sofort vollziehbar ist, die sofortige Vollziehung ganz oder teilweise auszusetzen. Mit einer solchen Entscheidung stellt die Behörde dann den Zustand des § 86a Abs. 1 wieder her. Es handelt sich um ein von § 86b Abs. 1 unabhängiges behördliches Verfahren (BeckOK SozR/Cantzler Rn. 64; jurisPK-SGG/Richter Rn. 67), das auch kein Zulässigkeitserfordernis des gerichtlichen Aussetzungsverfahrens nach § 86b Abs. 1 darstellt (BeckOK SozR/Cantzler Rn. 64). Insoweit kommt dem Betroffenen ein Wahlrecht zu, ob das Verfahren nach § 86a Abs. 3 oder ein Verfahren nach § 86b Abs. 1 angestrengt werden soll (BeckOK SozR/Cantzler Rn. 64). In Folge dessen dürfte auch die praktische Bedeutung des Verfahrens nach § 86a Abs. 3 nur gering sein (so BeckOK SozR/Cantzler Rn. 64.2).

§ 86a Abs. 3 erfasst alle Fälle des § 86a Abs. 2, also sowohl diejenigen Fälle, in denen nach **49** § 86a Abs. 2 Nr. 1–4 die aufschiebende Wirkung kraft Gesetzes entfallen ist, als auch den Fall des § 86a Abs. 2 Nr. 5, in dem die sofortige Vollziehbarkeit auf einer behördlichen Anordnung beruht (BeckOK SozR/Cantzler Rn. 64).

Die Aussetzung der sofortigen Vollziehung stellt keinen Verwaltungsakt iSd § 31 S. 1 SGB X **50** dar (BeckOK SozR/Cantzler Rn. 64; HK-SGG/Binder Rn. 24; jurisPK-SGG/Richter Rn. 70) und kann bis zur Bestandkraft des Verwaltungsaktes ergehen (BeckOK SozR/Cantzler Rn. 64). Sie kann umfassend die sofortige Vollziehung des Verwaltungsaktes aussetzen, dies aber auch nur teilweise tun. Die Aussetzung der sofortigen Vollziehbarkeit kann sowohl mit dem Verwaltungsakt verbunden als auch nachträglich erlassen werden.

II. Anordnung der Aussetzung der sofortigen Vollziehbarkeit

Nach § 86a Abs. 3 S. 1 kann die Behörde die sofortige Vollziehung des Verwaltungsaktes **51** aussetzen. Es bedarf dazu einer ausdrücklichen Anordnung, eine konkludente Anordnung genügt nicht. Eine solche Entscheidung kann entweder von Amts wegen ergehen oder auf Antrag (MKLS/Keller Rn. 26; jurisPK-SGG/Richter Rn. 74). Sie ist schriftlich zu treffen. Einer Anhörung bedarf es nicht (jurisPK-SGG/Richter Rn. 74).

Die Behörde kann eine Anordnung nach § 86a Abs. 3 S. 1 von Amts wegen treffen, aber auch **52** auf Antrag hin (BeckOK SozR/Cantzler Rn. 66). Rechtsfolge ist, dass die Vollziehbarkeit des Verwaltungsaktes gehemmt ist (BeckOK SozR/Cantzler Rn. 66.1).

53 Statthaft ist die Aussetzung nur, solange der Verwaltungsakt noch nicht bindend bzw. unanfechtbar geworden ist (jurisPK-SGG/Richter Rn. 71). Ist Bestandskraft eingetreten, scheidet eine Aussetzung der sofortigen Vollziehung aus (BeckOGK/Wahrendorf Rn. 115). Im Übrigen muss es sich um einen Verwaltungsakt handeln, bei dem ein hiergegen eingelegter Widerspruch bzw. eine Anfechtungsklage nach § 86a Abs. 2 keine aufschiebende Wirkung hat (jurisPK-SGG/Richter Rn. 71), anderenfalls ginge die Aussetzung der sofortigen Vollziehbarkeit ins Leere.

54 Zuständig für die Aussetzung der Vollziehung nach § 86a Abs. 3 S. 1 ist die Behörde, die den Verwaltungsakt erlässt bzw. erlassen hat. Während des Widerspruchsverfahrens geht die Zuständigkeit auf die Widerspruchsbehörde über (HK-SGG/Binder Rn. 25; MKLS/Keller Rn. 25). In Angelegenheiten des sozialen Entschädigungsrechts ist die nächsthöhere Behörde zuständig, es sei denn, diese ist eine oberste Bundes- oder eine oberste Landesbehörde (§ 86a Abs. 3 S. 3). Wird der Verwaltungsakt nach Ende des Widerspruchsverfahrens bestandskräftig, kommt eine Aussetzung der sofortigen Vollziehbarkeit nicht mehr in Betracht.

III. Überwiegen des Aufschubinteresses

55 Die Anordnung nach § 86a Abs. 3, die sofortige Vollziehbarkeit ganz oder teilweise auszusetzen, enthält quasi den „actus contrarius" zur Entscheidung nach § 86a Abs. 2 Nr. 5, die sofortige Vollziehbarkeit anzuordnen (BeckOK SozR/Cantzler Rn. 67). Es gelten daher dieselben Maßstäbe (BeckOK SozR/Cantzler Rn. 67; jurisPK-SGG/Richter Rn. 68).

56 Letztlich hat die Behörde bei der Entscheidung über die Aussetzung der sofortigen Vollziehung, wie auch im Fall der Anordnung der sofortigen Vollziehbarkeit iSd § 86a Abs. 2 Nr. 5, eine auf den Einzelfall bezogene Abwägungsentscheidung zu treffen (HK-SGG/Binder Rn. 26; jurisPK-SGG/Richter Rn. 68). In diese Abwägungsentscheidung müssen alle für und gegen eine Vollziehung sprechenden Gesichtspunkte einfließen. Das bedeutet in der Regel daher, dass summarisch die Erfolgsaussichten eines Rechtsbehelfs gegen den Verwaltungsakt in der Hauptsache zu prüfen sind (MKLS/Keller Rn. 26; jurisPK-SGG/Richter Rn. 75). Stellt sich der Verwaltungsakt als summarisch rechtswidrig heraus, so dürfte regelmäßig das Aufschubinteresse das Vollzugsinteresse überwiegen, sodass auszusetzen ist (MKLS/Keller Rn. 26). Stellt sich der Verwaltungsakt summarisch als rechtmäßig heraus, dürfte regelmäßig nicht auszusetzen sein (MKLS/Keller Rn. 26). Lässt sich die Rechtmäßigkeit bzw. Rechtswidrigkeit summarisch nicht feststellen, ist eine allgemeine Interessenabwägung vorzunehmen (MKLS/Keller Rn. 26). Überwiegt insoweit das Interesse an der sofortigen Vollziehbarkeit das private Interesse des Betroffenen am Aufschub der Vollziehbarkeit, darf die sofortige Vollziehung nicht nach § 86a Abs. 3 S. 1 ausgesetzt werden. Dabei ist zu beachten, dass der Gesetzgeber mit § 86a Abs. 2 und Abs. 4 zum Ausdruck gebracht hat, dass das Vollzugsinteresse regelmäßig vorrangig ist (MKLS/Keller Rn. 26). Daher kommt eine Aussetzung der sofortigen Vollziehbarkeit nur in Betracht, wenn das Vollzugsinteresse der Behörde hinter die Aufschubinteressen des betroffenen Beteiligten zurücktritt. Insoweit kann auf die Kommentierung zu § 86a Abs. 2 Nr. 5 und § 86b Abs. 1 Bezug genommen werden.

57 Das Gesetz selbst sieht dagegen alleine für den Sonderfall des § 86a Abs. 2 Nr. 1 eine Sonderregelung vor; insoweit hat der Gesetzgeber bestimmt, dass der Beitrags- bzw. Abgabenschuldner das Vollzugsrisiko trägt (LSG Nds-Brem BeckRS 2018, 25725). Bei diesen Entscheidungen über Versicherungs-, Beitrags- und Umlagepflichten sowie die Anforderung von Beiträgen, Umlagen und sonstigen öffentlichen Abgaben einschließlich der darauf entfallenden Nebenkosten soll die Aussetzung der Vollziehung erfolgen, wenn ernstliche Zweifel an der Rechtmäßigkeit des angegriffenen Verwaltungsaktes bestehen oder wenn die Vollziehung für den Abgaben- oder Kostenpflichtigen eine unbillige, nicht durch überwiegende öffentliche Interessen gebotene Härte zur Folge hätte (§ 86a Abs. 3 S. 2). Damit wird ein eigener Maßstab für die materiellen Voraussetzungen der Aussetzungsentscheidung in dem Sonderfall des § 86a Abs. 2 Nr. 1 getroffen (BeckOK SozR/Cantzler Rn. 70), der nicht auf die anderen Fälle des § 86a Abs. 3 S. 1 übertragen werden kann (BeckOK SozR/Cantzler Rn. 70).

58 Ernstliche Zweifel liegen nach hM dann vor, wenn der Erfolg eines Rechtsbehelfs gegen den Verwaltungsakt wahrscheinlicher als dessen Misserfolg ist (BeckOK SozR/Cantzler Rn. 71; MKLS/Keller Rn. 27a; jurisPK-SGG/Richter Rn. 79). Es kommt insoweit aber nicht darauf an, dass die Rechtswidrigkeit offensichtlich bzw. deutlich ist, sondern ob bei summarischer Prüfung ein Rechtsbehelf gegen den Verwaltungsakt wahrscheinlich erfolgreich sein wird. Bloße „Bedenken" am Verwaltungsakt genügen dagegen nicht (BeckOK SozR/Cantzler Rn. 71; jurisPK-SGG/Richter Rn. 79). Eine unbillige Härte liegt vor, wenn dem Betroffenen aus der sofortigen Vollziehung des Verwaltungsaktes Nachteile drohen, die über die eigentliche Zahlung hinausgehen und die durch eine im Obsiegensfall des Bürgers von der Behörde zu leistende Rückzahlung nicht wieder ausgeglichen werden können (BeckOK SozR/Cantzler Rn. 71.2; jurisPK-SGG/Richter Rn. 79).

Eine beachtliche Härte in diesem Sinne ist nach der Rechtsprechung des LSG NRW (BeckRS **58a** 2020, 17151) regelmäßig nur dann denkbar, wenn es dem Beitragsschuldner gelingt darzustellen, dass das Beitreiben der Forderung aktuell die Insolvenz und / oder die Zerschlagung seines Geschäftsbetriebes zur Folge hätte, die Durchsetzbarkeit der Forderung bei einem Abwarten der Hauptsache aber zumindest nicht weiter gefährdet wäre als zurzeit. Dabei ist vom Beitragsschuldner auch darzulegen und glaubhaft zu machen, ob er bei Fortsetzung seines Geschäftsbetriebs und Einhaltung aller rechtlichen Bestimmungen in der Lage ist, derart rentabel zu wirtschaften, dass die noch offene Beitragsforderung in überschaubarer Zeit beglichen werden kann (LSG NRW BeckRS 2020, 17151).

IV. Erlass der Aussetzungsanordnung

Tritt das in den Fällen des § 86a Abs. 2 gesetzlich angenommene Vollziehungsinteresse im **59** Einzelfall gegenüber den privaten Aufschubinteressen zurück, so kann die Behörde die sofortige Vollziehbarkeit aussetzen. Insoweit hat die Behörde eine Ermessensentscheidung zu treffen (HK-SGG/Binder Rn. 26; MKLS/Keller Rn. 26; jurisPK-SGG/Richter Rn. 69). Lediglich im Fall des § 86a Abs. 3 S. 2 soll die Behörde die sofortige Vollziehbarkeit aussetzen. Liegen in einem solchen Fall also ernstliche Zweifel an der Rechtmäßigkeit des angegriffenen Verwaltungsaktes vor oder hätte die Vollziehung für den Abgaben- oder Kostenpflichtigen eine unbillige, nicht durch überwiegende öffentliche Interessen gebotene Härte zur Folge, so hat die Behörde im Regelfall die sofortige Vollziehbarkeit auszusetzen, lediglich in atypischen Fällen kann von der Aussetzung abgesehen werden (BeckOK SozR/Cantzler Rn. 70).

Die Entscheidung, die sofortige Vollziehung auszusetzen, kann nach § 86a Abs. 3 S. 5 jederzeit **60** geändert oder aufgehoben werden.

V. Umfang der Anordnung

Die sofortige Vollziehbarkeit darf nur soweit ausgesetzt werden, wie das Vollzugsinteresse gegen- **61** über dem privaten Aufschubinteresse zurücktritt. Insoweit kommt auch eine eingeschränkte Aussetzung („ganz oder teilweise aussetzen") der sofortigen Vollziehbarkeit in Betracht. Die Entscheidung kann mit Auflagen (zB kommt bei Geldforderungen eine Sicherheitsleistung in Betracht; jurisPK-SGG/Richter Rn. 81) versehen oder befristet werden (§ 86a Abs. 3 S. 4).

VI. Beginn der aufschiebenden Wirkung durch Aussetzung der sofortigen Vollziehbarkeit

Die Aussetzung der Vollziehung durch Anordnung der Behörde wirkt nur mit Wirkung für **62** die Zukunft, mithin ab Bekanntgabe der Aussetzungsentscheidung (BeckOK SozR/Cantzler Rn. 65). Erst ab diesem Zeitpunkt endet die sofortige Vollziehbarkeit und es tritt (wieder) die aufschiebende Wirkung des Widerspruchs bzw. der Anfechtungsklage ein (BeckOK SozR/Cantzler Rn. 65; sa Krodel, Das sozialgerichtliche Eilverfahren, 4. Aufl. 2016, Rn. 158 ff. mwN).

VII. Ende der aufschiebenden Wirkung nach Aussetzung der sofortigen Vollziehbarkeit

Die aufschiebende Wirkung des Widerspruchs bzw. der Anfechtungsklage endet durch den **63** (Wieder-) Eintritt der sofortigen Vollziehbarkeit. Das ist der Fall, wenn die Behörde ihre Anordnung nach § 86a Abs. 3 wieder aufhebt oder ein Gericht nach § 86b Abs. 1 S. 1 Nr. 3 die sofortige Vollziehbarkeit wiederherstellt.

VIII. Rechtsbehelfe gegen die Ablehnung der Aussetzung der sofortigen Vollziehbarkeit

Die Aussetzung der sofortigen Vollziehbarkeit ist ebenso wenig ein Verwaltungsakt wie deren **64** Ablehnung. Gegen diese Ablehnung der Aussetzung der sofortigen Vollziehbarkeit existiert kein Rechtsbehelf (MKLS/Keller Rn. 30; jurisPK-SGG/Richter Rn. 83). Vielmehr steht nach § 86b Abs. 1 S. 1 Nr. 2 der Antrag auf gerichtliche Anordnung der aufschiebenden Wirkung offen.

F. Entfallen der aufschiebenden Wirkung bei Erlaubnissen nach Art. 1 § 1 AÜG (Abs. 4)

65   Nach § 86a Abs. 4 entfällt die aufschiebende Wirkung, wenn eine Erlaubnis nach Art. 1 § 1 AÜG aufgehoben oder nicht verlängert wird. Damit haben Widerspruch und Anfechtungsklage gegen Verwaltungsakte, die Arbeitserlaubnisse zurücknehmen (§ 4 AÜG) bzw. widerrufen (§ 5 AÜG), aufschiebende Wirkung; es handelt sich bei dieser Regelung daher um eine Ergänzung zu Abs. 1 (vgl. MKLS/Keller Rn. 31). Damit entfaltet die Aufhebung bzw. der Widerruf (zum Widerrufsvorbehalt vgl. § 2 Abs. 1 AÜG) der Arbeitserlaubnis nach § 1 AÜG bereits mit Bekanntgabe des Verwaltungsaktes gegenüber dem Betroffenen Wirkung; die Erlaubnis erlischt dann sofort. Die Behörde ist jedoch befugt, nach § 86a Abs. 4 S. 2 iVm § 86a Abs. 3 die sofortige Vollziehung auszusetzen (vgl. BeckOK SozR/Cantzler Rn. 43).

66   Bei der Ablehnung der Verlängerung von Arbeitserlaubnissen bestimmt das Gesetz zwar auch, dass keine aufschiebende Wirkung eintritt. Diese Regelung ist jedoch an sich nicht erforderlich (MKLS/Keller Rn. 31). Denn die abgelaufene Erlaubnis entfaltet nach § 39 Abs. 2 SGB X durch Zeitablauf keine Wirkung mehr, die Ablehnung der Verlängerung besitzt keinen erlaubenden Charakter, sodass im Fall eines Widerspruchs bzw. einer Anfechtungsklage gegen die Ablehnung der Verlängerung der Arbeitserlaubnis keine Regelung vorhanden ist, die mittels aufschiebender Wirkung „am Leben" erhalten werden kann. Erst wenn im Fall des § 2 Abs. 4 S. 2 AÜG eine fingierte Verlängerung eintritt, besteht wieder eine wirksame Regelung, dann aber bedarf es einer aufschiebenden Wirkung nicht mehr (vgl. BeckOK SozR/Cantzler Rn. 43.1).

§ 86b [Einstweilige Maßnahmen]

(1) [1]Das Gericht der Hauptsache kann auf Antrag

1. in den Fällen, in denen Widerspruch oder Anfechtungsklage aufschiebende Wirkung haben, die sofortige Vollziehung ganz oder teilweise anordnen,
2. den Fällen, in denen Widerspruch oder Anfechtungsklage keine aufschiebende Wirkung haben, die aufschiebende Wirkung ganz oder teilweise anordnen,
3. in den Fällen des § 86a Abs. 3 die sofortige Vollziehung ganz oder teilweise wiederherstellen.

[2]Ist der Verwaltungsakt im Zeitpunkt der Entscheidung schon vollzogen oder befolgt worden, kann das Gericht die Aufhebung der Vollziehung anordnen. [3]Die Wiederherstellung der aufschiebenden Wirkung oder die Anordnung der sofortigen Vollziehung kann mit Auflagen versehen oder befristet werden. [4]Das Gericht der Hauptsache kann auf Antrag die Maßnahmen jederzeit ändern oder aufheben.

(2) [1]Soweit ein Fall des Absatzes 1 nicht vorliegt, kann das Gericht der Hauptsache auf Antrag eine einstweilige Anordnung in Bezug auf den Streitgegenstand treffen, wenn die Gefahr besteht, dass durch eine Veränderung des bestehenden Zustands die Verwirklichung eines Rechts des Antragstellers vereitelt oder wesentlich erschwert werden könnte. [2]Einstweilige Anordnungen sind auch zur Regelung eines vorläufigen Zustands in Bezug auf ein streitiges Rechtsverhältnis zulässig, wenn eine solche Regelung zur Abwendung wesentlicher Nachteile nötig erscheint. [3]Das Gericht der Hauptsache ist das Gericht des ersten Rechtszugs und, wenn die Hauptsache im Berufungsverfahren anhängig ist, das Berufungsgericht. [4]Die §§ 920, 921, 923, 926, 928, 929 Absatz 1 und 3, die §§ 930 bis 932, 938, 939 und 945 der Zivilprozessordnung gelten entsprechend.

(3) Die Anträge nach den Absätzen 1 und 2 sind schon vor Klageerhebung zulässig.

(4) Das Gericht entscheidet durch Beschluss.

Übersicht

A. Allgemeines

§ 86b beinhaltet **Regelungen zum Eilrechtsschutz** durch die **Sozialgerichte** (MKLS/Keller **1** Rn. 2). In Abs. 1 sind im Anschluss an § 86a Regelungen zur Anordnung der aufschiebenden Wirkung bzw. der sofortigen Vollziehbarkeit **in Anfechtungssachen** normiert, in Abs. 2 ist der einstweilige / vorläufige Rechtsschutz **in Vornahmesachen** geregelt (zur Abgrenzung von Anfechtungs- und Vornahmesachen in Eilverfahren gegen eine Anspruchseinschränkung gem. § 1a AsylbLG vgl. LSG MV Beschl. v. 21.6.2018 – L 9 AY 1/18 B ER). Die Vorschrift bietet dem Bürger das prozessuale Instrument, um im Sinne der Rechtsschutzgarantie des nach Art. 19 Abs. 4 GG den Bürger vor Abschluss einer Prüfung in der Hauptsache vor irreparablen Entscheidungen der Verwaltung zu schützen (BVerfG NVwZ 2004, 93; BeckRS 2010, 47956; MKLS/Keller Rn. 2).

B. Gerichtlicher vorläufiger Rechtsschutz in Anfechtungssachen (Abs. 1)

I. Allgemeines

Die Regelungen des § 86b Abs. 1 knüpfen an die Bestimmungen des § 86a zur aufschiebenden **2** Wirkung von Widerspruch und Anfechtungsklagen bzw. zur sofortigen Vollziehbarkeit von Verwaltungsakten an. Damit setzt **§ 86b Abs. 1** voraus, dass es sich in einem (möglichen) Hauptsacheverfahren um eine **Anfechtungsklage gegen einen belastenden Verwaltungsakt** (sog. Anfechtungssache) handelt (BeckOK SozR/Cantzler Rn. 4), der noch nicht bestandskräftig ist (SG Frankfurt a. M. 28.1.2019 – S 35 KR 2616/18 ER; MKLS/Keller Rn. 7); handelt es sich dagegen um eine sog. Vornahmesache, bei der in der Hauptsache nicht eine Anfechtungsklage (sondern eine Leistungs- bzw. Verpflichtungsklage) maßgeblich ist, kommt dagegen eine einstweilige Anordnung nach § 86b Abs. 2 in Betracht (BeckOK SozR/Cantzler Rn. 4).

II. Entscheidung des Gerichts

1. Antrag

Nach § 86b Abs. 1 S. 1 entscheidet das Gericht nur **auf Antrag;** eine Entscheidung ohne **3** Antrag ist nicht vorgesehen. Dem Antrag muss – zumindest durch Auslegung unter Heranziehung des Meistbegünstigungsgrundsatzes (vgl. → § 90 Rn. 18) – das vom Antragsteller **begehrte Ziel des Verfahrens** zu entnehmen sein (MKLS/Keller Rn. 9b). Dabei ist nicht am Wortlaut des Antrags zu verhaften, sondern das wirklich gewollte Prozessziel nach dem wirklichen Willen des Antragstellers zu ermitteln (vgl. → § 90 Rn. 18). Daher kann im Einzelfall dem Wortlaut nach auf eine Entscheidung nach § 86b Abs. 1 gerichteter Antrag ggf. in einen Antrag nach § 86b Abs. 2 umgedeutet werden und umgekehrt (BeckOK SozR/Cantzler Rn. 3; MKLS/Keller Rn. 9b).

Der Antrag kann bei Gericht **schriftlich,** auch per Fax bzw. elektronisch nur unter Verwendung **4** einer elektronischen Signatur über den Weg des elektronischen Gerichtspostfaches, **zur Niederschrift** des Gerichts (§ 86b Abs. 2 S. 4 iVm § 920 Abs. 3 ZPO) gestellt werden (MKLS/Keller

Rn. 8b). Der Antrag ist **nicht fristgebunden** (MKLS/Keller Rn. 9) und setzt nicht voraus, dass zuerst bei der Behörde vorrangig um Anordnung der aufschiebenden Wirkung bzw. der sofortigen Vollziehbarkeit nachgesucht worden war. Insoweit handelt es sich bei dem Verfahren nach § 86a Abs. 3 bzw. § 86a Abs. 2 Nr. 5 um ein von § 86b Abs. 1 unabhängiges behördliches Verfahren (BeckOK SozR/Cantzler § 86a Rn. 64; jurisPK-SGG/Richter § 86a Rn. 67), das auch kein Zulässigkeitserfordernis des gerichtlichen Aussetzungsverfahrens nach § 86b Abs. 1 darstellt (BeckOK SozR/Cantzler § 86a Rn. 64). Eine Klagebefugnis – und parallel dazu auch eine Antragsbefugnis analog § 54 Abs. 1 S. 2 – fehlt, wenn dem Kläger / Antragsteller das geltend gemachte Recht unter keinem rechtlichen Gesichtspunkt zustehen kann und die Möglichkeit einer Verletzung seiner subjektiven Rechte nicht möglich erscheint (LSG BW BeckRS 2020, 34582).

5   Durch die Stellung des Antrags wird die Sache rechtshängig (analog § 94). Damit tritt auch die Rechtsfolge des § 17 Abs. 1 S. 2 GVG ein (MKLS/Keller Rn. 7), wonach während der Rechtshängigkeit die Sache von keiner Partei anderweitig anhängig gemacht werden kann.

6   Der Antrag ist nach § 86b Abs. 3 schon **vor Klageerhebung** zulässig. Jedoch setzt eine stattgebende Entscheidung voraus, dass zumindest zu diesem Zeitpunkt ein Rechtsbehelf gegen den Verwaltungsakt eingelegt wurde (BeckOK SozR/Cantzler Rn. 3; MKLS/Keller Rn. 8a). Denn einem nicht existenten Rechtsbehelf kann aufschiebende Wirkung nicht zuerkannt werden (BeckOK SozR/Cantzler Rn. 3).

2. Gerichtsverfahren

7   Beim Verfahren nach § 86b Abs. 1 handelt es sich um ein gerichtliches Verfahren des einstweiligen Rechtsschutzes. Um zu einer Sachentscheidung zu gelangen, sind auch die **allgemeinen Sachentscheidungsvoraussetzungen** zu beachten (vgl. → § 90 Rn. 14 ff.; sa MKLS/Keller Rn. 7). **Zuständig** ist grundsätzlich das Gericht der Hauptsache des ersten Rechtszuges, also grundsätzlich das Sozialgericht (soweit nicht eine andere erstinstanzliche Zuständigkeit gegeben ist; zur Rechtsweg- und sachlichen Zuständigkeit vgl. § 51, § 8; zur örtlichen Zuständigkeit vgl. § 57), oder wenn die Hauptsache im Berufungsverfahren anhängig ist, das Berufungsgericht (dort zur senatsinternen Zuständigkeit vgl. insbesondere § 155 Abs. 2 S. 2, Abs. 4); eine Verweisung nach § 98 soll möglich sein (HK-SGG/Binder Rn. 33). Zu den Sachurteilsvoraussetzungen gehört vor allem das **Rechtsschutzinteresse** (vgl. → § 90 Rn. 15), das Fehlen kann, wenn die Behörde verbindlich erklärt hat, den Verwaltungsakt nicht zu vollziehen (LSG BW BeckRS 2018, 22608; HK-SGG/Binder Rn. 9), bereits eine rechtskräftige zusprechende einstweilige Anordnung in Gestalt einer Regelungsanordnung existiert (LSG BW BeckRS 2020, 4147) oder die angefochtene Verwaltungsentscheidung bereits von der Behörde aufgehoben wurde. Auch gilt unter Berücksichtigung der Eilbedürftigkeit des Verfahrens des einstweiligen Rechtsschutzes das Recht auf **rechtliches Gehör** (MKLS/Keller Rn. 16).

8   Im Verfahren des einstweiligen Rechtsschutzes gilt, wie auch im Klageverfahren, der **Untersuchungsgrundsatz** des § 103 (BeckOK SozR/Cantzler Rn. 33; MKLS/Keller Rn. 16a); dabei kann sich das Gericht aller zugänglichen Beweismittel bedienen (BeckOK SozR/Cantzler Rn. 37). Auch der Verweis des § 86b Abs. 2 S. 4 auf § 920 Abs. 2 ZPO bedeutet nicht die Geltung des Beibringungsgrundsatzes, sondern vielmehr eine **Mitwirkungspflicht** des Antragstellers (BeckOK SozR/Cantzler Rn. 33; MKLS/Keller Rn. 16a). Im Hinblick auf den in Eilverfahren erforderlichen Zeitdruck verringern sich die Anforderungen an die Amtsermittlungspflicht, wenn ein Beteiligter seiner Mitwirkungsobliegenheit nicht nachkommt (BeckOK SozR/Cantzler Rn. 33); so ist es verfassungsrechtlich nicht ausgeschlossen, in einem einstweiligen Rechtsschutzverfahren eine Entscheidung auf der Grundlage der Verteilung der **materiellen Beweislast** (Feststellungslast) zu treffen (MKLS/Keller Rn. 16b), wenn sich der Sachverhalt nach Ausschöpfung der vom Gericht zur Aufklärung des Sachverhalts für notwendig erachteten Ermittlungsmaßnahmen von Amts wegen nicht aufklären lässt, insbesondere weil der Antragsteller die ihm vom Gericht aufgegebenen notwendigen Mitwirkungshandlungen nicht erfüllt (BVerfG BeckRS 2010, 47372). Anwendbar sind daher auch im Verfahren des einstweiligen Rechtsschutzes die **Präklusionsregelungen** der §§ 106a und 157a (BeckOK SozR/Cantzler Rn. 33).

9   Ergänzt wird der Untersuchungsgrundsatz durch § 920 Abs. 2 ZPO, der die **Glaubhaftmachung** zulässt (BeckOK SozR/Cantzler Rn. 33). Tatsachen dürfen der Entscheidung nur zugrunde gelegt werden, wenn diese zumindest glaubhaft gemacht sind, also mit **überwiegender Wahrscheinlichkeit** vorliegen (MKLS/Keller Rn. 16b). Damit sind gegenüber dem Hauptsacheverfahren, in dem die volle Überzeugung im Sinne einer an Sicherheit grenzenden Wahrschein-

lichkeit gefordert ist, im Verfahren des einstweiligen Rechtsschutzes geringere Anforderungen an den Beweismaßstab zu stellen (BeckOK SozR/Cantzler Rn. 34; MKLS/Keller Rn. 16b).

In der Sache genügt es grundsätzlich, dass das Gericht eine **summarische Prüfung** der Sach- **10** und Rechtslage vornimmt (MKLS/Keller Rn. 16c; krit. BeckOGK/Wahrendorf Rn. 85 ff.). Je wahrscheinlicher, intensiver oder existenzieller (Krasney/Udsching/Groth SGVerf-HdB Kap. V Rn. 32) ein Eingriff, insbesondere ein Grundrechtseingriff, droht, was zB bei Leistungen zur Sicherung der Existenz der Fall sein kann, desto intensiver ist jedoch auch die Sach- und Rechtslage zu prüfen (vgl. BVerfG BeckRS 2014, 57431).

3. Gerichtsentscheidung

Das Gericht entscheidet durch **Beschluss** (§ 86b Abs. 4), der auch außerhalb einer mündlichen **11** Verhandlung ergehen kann. Bei Entscheidung aufgrund mündlicher Verhandlung wirken die ehrenamtlichen Richter mit (§ 12 Abs. 1 S. 2).

Für Beschlüsse gelten nach § 142 Abs. 1 § 128 Abs. 1 S. 1, § 134 und § 138, nach mündlicher **12** Verhandlung auch § 129, § 132, § 135 und § 136 entsprechend. Der **Beschluss ist zu begründen**, wenn er durch Rechtsmittel angefochten werden kann (dazu vgl. § 172) oder über einen Rechtsbehelf entscheidet (§ 142 Abs. 2 S. 1). Beschlüsse über die Wiederherstellung der aufschiebenden Wirkung und über einstweilige Anordnungen (§ 86b) sind nach **§ 143 Abs. 2 S. 2** stets zu begründen. Der Beschluss enthält auch eine **Kostenentscheidung** (§ 192) sowie eine **Rechtsmittelbelehrung** (§ 66).

Inhaltlich handelt es sich bei den Entscheidungen nach § 86b Abs. 1 nicht um Ermessentscheidungen (BeckOK SozR/Cantzler Rn. 48; HK-SGG/Binder Rn. 21; BeckOGK/Wahrendorf **13** Rn. 89, 201). Die Grundlage der Gewährung des gerichtlichen Eilrechtsschutzes ist der Justizgewährungsanspruchs des GG (Art. 19 Abs. 4 GG; vgl. BeckOK SozR/Cantzler Rn. 48). Darüber hinaus sind oft auch materielle Grundrechte (zB Art. 1 GG, Art. 2 GG, Art. 12 GG, Art. 14 GG) berührt (BeckOK SozR/Cantzler Rn. 48). Hierüber – also über die **Frage des „ob"** – kann das Gericht nicht mittels Ermessensentscheidung befinden, vielmehr handelt es sich um eine **Rechtsentscheidung** (BeckOK SozR/Cantzler Rn. 48; HK-SGG/Binder Rn. 21; BeckOGK/ Wahrendorf Rn. 89, 201). Soweit die gerichtliche Eilentscheidung dagegen auf einer Interessenabwägung beruht, ist dies nicht mit einer Ermessensentscheidung zu verwechseln. Ist eine der drohenden Grundrechtsverletzung entsprechende Klärung der Sach- und Rechtslage im Eilverfahren nicht möglich, ist es von Verfassungs wegen nicht zu beanstanden, wenn die Entscheidung über die Gewährung vorläufigen Rechtsschutzes auf der Basis einer **Folgenabwägung** erfolgt (BVerfG BeckRS 2014, 57431; 2013, 47807). Dagegen steht die **Frage des „wie"** der Eilentscheidung **im Ermessen** des Gerichts (BeckOK SozR/Cantzler Rn. 49). Insoweit hat das Gericht bezogen auf den Einzelfall zu bestimmen, wie seine Anordnung effektiv umzusetzen ist. Dazu sieht das Gesetz auch vor, dass die Anordnung der aufschiebenden Wirkung mit **Auflagen** versehen und **befristet** werden kann. Damit kann das Gericht zB die Vollziehung nur für bestimmte Wirkungen aussetzen (BeckOK SozR/Cantzler Rn. 49.1) oder **Nebenbestimmungen** (zB Auflagen, Sicherheitsleistungen und Befristungen) anordnen (§ 86b Abs. 1 S. 2). Letzteres dient regelmäßig auch der Wahrung des Verhältnismäßigkeitsgrundsatzes (BeckOK SozR/Cantzler Rn. 49.1). Solche Nebenbestimmungen, insbesondere **Sicherheitsleistungen,** sind aber unzulässig, wenn hierdurch der einstweilige Rechtsschutz leerliefe, weil zB der Antragsteller die infolge der Aussetzung gezahlten Beträge für die vom Gericht geforderte Sicherheitsleistung einsetzen müsste (BeckOK SozR/ Cantzler Rn. 51; sa BVerfG BeckRS 1999, 20033).

Auf Antrag kann das Gericht der Hauptsache die nach § 86b Abs. 1 angeordneten Maßnahmen **14** **jederzeit ändern oder aufheben.** Dagegen ist ein Antrag auf Abänderung eines den Erlass einer einstweiligen Anordnung ablehnenden Beschlusses nicht zulässig (LSG BW BeckRS 2018, 25986).

Kann eine Entscheidung im Verfahren des einstweiligen Rechtsschutzes nicht sofort getroffen **15** werden, kann das Gericht einen **Hängebeschluss** erlassen (BSG BeckRS 2013, 70829), mit dem sich das Gericht die für eine weitere Prüfung notwendige Zeit verschaffen kann (MKLS/Keller Rn. 14).

4. Rechtsmittel

Zur Anfechtbarkeit des Beschlusses des Gerichts vgl. § 172.   **16**

5. Geltungszeitraum der gerichtlichen Entscheidung

Ordnet das Gericht die aufschiebende Wirkung oder die sofortige Vollziehbarkeit an, kommt **17** dem Beschluss grundsätzlich **Rückwirkung** – mithin Wirkung rückwirkend **ab Erlass des Ver-**

waltungsaktes – zu (BeckOK SozR/Cantzler Rn. 42, 50; MKLS/Keller Rn. 19), sofern nicht vom Gericht durch Nebenbestimmungen (Befristung) etwas Anderes festgelegt ist. Sofern keine beendende Befristung ausgesprochen ist, gilt die vom Gericht angeordnete einstweilige Regelung grundsätzlich und soweit nichts anderes bestimmt ist, **bis zum rechtskräftigen Abschluss** des Hauptsacheverfahrens (BeckOK SozR/Cantzler Rn. 50; MKLS/Keller Rn. 19). Im Einzelfall kann das Gericht aber mittels einer **Befristung** eine andere (kürzere) Gültigkeitsdauer bestimmen (BeckOK SozR/Cantzler Rn. 50). Auf Antrag kann das Gericht der Hauptsache die nach § 86b Abs. 1 angeordneten Maßnahmen, also auch eine Befristung, jederzeit ändern oder aufheben.

III. Gerichtliche Entscheidung nach Interessenabwägung – Abwägungsgesichtspunkte

1. Abwägungsentscheidung

18   Bei der gerichtlichen Entscheidung nach § 86b Abs. 1 S. 1 hat das Gericht zu prüfen, ob die von der Behörde im Einzelfall vorgenommene bzw. die vom Gesetzgeber für bestimmte Fallgruppen pauschaliert vorgenommene Bewertung und Abwägung von Aufschub- und Vollziehungsinteresse **bezogen auf den im konkreten Einzelfall** zutrifft (BVerfG NJW 2004, 930; BeckOK SozR/Cantzler Rn. 16). Daher hat das Gericht selbst zwar auf der Grundlage einer **Rechtsentscheidung ohne Ermessen** (HK-SGG/Binder Rn. 21; BeckOGK/Wahrendorf Rn. 89) zu entscheiden, inhaltlich jedoch eine eigene einzelfallbezogene **Abwägungsentscheidung** zu treffen (HK-SGG/Binder Rn. 14), bei der es die konkret beteiligten Interessen gegeneinander abzuwägen hat. Dazu hat das Gericht zunächst die alle betroffenen Interessen – regelmäßig das **Vollzugsinteresse** der Behörde und das **Aufschubinteresse** des Verwaltungsaktsadressaten – in ihrer jeweiligen Ausgestaltung zu erkennen, in die Abwägung einzustellen und selbst abzuwägen. Eine Bindung an eine gesetzliche Vermutung für oder gegen die Anordnung der aufschiebenden Wirkung existiert nicht (BeckOK SozR/Cantzler Rn. 16). Erforderlich ist vielmehr eine im konkreten Einzelfall im Hinblick auf die Grundrechte einen effektiven Rechtsschutz gewährleistende Abwägung (BeckOK SozR/Cantzler Rn. 16). Auch der **Grundsatz der Verhältnismäßigkeit** ist zu beachten.

2. Abwägungsgesichtspunkte

19   **a) Erfolgsaussichten des Hauptsacheverfahrens.** Ein wesentlicher Abwägungsgesichtspunkt ist die **Wahrscheinlichkeit eines Hauptsacheerfolgs** (BeckOK SozR/Cantzler Rn. 11). Diese Frage ist grundsätzlich immer in die Interessenabwägung einzubeziehen (BeckOK SozR/Cantzler Rn. 17). Insoweit stellen **ernstliche Zweifel an der Rechtmäßigkeit** des Verwaltungsaktes einen zulässigen Abwägungsgesichtspunkt dar (BeckOK SozR/Cantzler Rn. 17; vgl. LSG Bln-Bbg BeckRS 2020, 23296).

20   Das Vorliegen ernstlicher Zweifel an der Rechtmäßigkeit des Verwaltungsaktes stellt ein wichtiges Indiz für das Überwiegen des privaten Aufschubinteresses dar (BeckOK SozR/Cantzler Rn. 17.1). Jedoch kann von fehlenden ernstlichen Zweifeln an der Rechtmäßigkeit des Verwaltungsaktes nicht automatisch auf ein überwiegendes Vollziehungsinteresse geschlossen werden (BeckOK SozR/Cantzler Rn. 17.2).

21   Ist bei der im Verfahren des einstweiligen Rechtsschutzes grundsätzlich ausreichender summarischer Prüfung ein (möglicher) Hauptsacherechtsbehelf gegen den Verwaltungsakt **offensichtlich zulässig und begründet,** so dürften auch im Hinblick auf die Wechselwirkungen zu den anderen Abwägungsgesichtspunkten grundsätzlich die privaten Aussetzungsinteressen (Aufschubinteressen) das öffentliche Vollzugsinteresse überwiegen (BeckOK SozR/Cantzler Rn. 26; MKLS/Keller Rn. 12f). So besteht an der vorläufigen Vollziehung eines offensichtlich rechtswidrigen und daher im Hauptsacheverfahren aufzuhebenden Verwaltungsakts grundsätzlich kein öffentliches Interesse (BeckOK SozR/Cantzler Rn. 26).

22   Ist dagegen bei der im Verfahren des einstweiligen Rechtsschutzes grundsätzlich ausreichender summarischer Prüfung ein (möglicher) Hauptsacherechtsbehelf gegen den Verwaltungsakt **offensichtlich unbegründet,** ist der Verwaltungsakt mithin offensichtlichen rechtmäßig, so bedeutet dies nicht zugleich, dass deshalb die aufschiebende Wirkung auszusetzen wäre. Denn nach der gesetzlichen Regelung des § 86a Abs. 1 kommt einem Widerspruch und einer Anfechtungsklage auch gerade bei rechtmäßigen Verwaltungsakten aufschiebende Wirkung zu. Daher vermag alleine der Gesichtspunkt eines rechtmäßigen Verwaltungsakts allein die sofortige Vollziehbarkeit nicht zu begründen (BeckOK SozR/Cantzler Rn. 27). Die Rechtmäßigkeit des Verwaltungsakts ist vielmehr schon Voraussetzung für dessen Erlass, dies genügt aber darüber hinaus nicht zur Recht-

fertigung seiner vorläufigen Vollziehung (BeckOK SozR/Cantzler Rn. 27.1). Das bedeutet, dass neben der offensichtlichen Rechtmäßigkeit des Verwaltungsakts **weitere Gesichtspunkte** vorliegen müssen, die für die Vollziehung des Verwaltungsakts vor Eintritt seiner Bestandskraft sprechen. Insoweit besteht auch eine **Wechselwirkung** zwischen dem besonderen Vollziehungsinteresse und der Wahrscheinlichkeit des Hauptsacheerfolgs (BeckOK SozR/Cantzler Rn. 27; vgl. BayLSG BeckRS 2018, 31399). Je größer die Wahrscheinlichkeit ist, dass in der Hauptsache der Verwaltungsakt als rechtmäßig erkannt wird, desto geringere Anforderungen sind an das besondere Vollziehungsinteresse zu stellen (BeckOK SozR/Cantzler Rn. 27). Insoweit kann zugunsten des Vollziehungsinteresses auch berücksichtigt werden (BeckOK SozR/Cantzler Rn. 27.2), dass mit einer langen Dauer des gerichtlichen Verfahrens zu rechnen ist und der langjährige Nichtvollzug des offensichtlich rechtmäßigen Verwaltungsakts unzumutbar ist oder für den Betroffenen zu starken Nachteilen führt. Jedoch gilt dies nicht uneingeschränkt. Denn zugleich ist auch die **Schwere drohender Rechtsverletzung** zu berücksichtigen. Drohen bei einem Sofortvollzug intensive Grundrechtseingriffe, kann im Einzelfall auch die bloße Möglichkeit eines Hauptsacheerfolgs genügen (BeckOK SozR/Cantzler Rn. 27).

Ist der Hauptsacherechtsbehelfs voraussichtlich **offensichtlich unzulässig**, überwiegt das private Aufschubinteresse regelmäßig nicht (BeckOK SozR/Cantzler Rn. 28). So ist bei Versäumung der Widerspruchs- bzw. Klagefrist der Verwaltungsakt bestandskräftig geworden, sodass er auch innere Bindung entfaltet und schon deshalb (endgültig) vollziehbar ist (vgl. → § 86a Rn. 7; MKLS/Keller Rn. 7). **23**

Ist dagegen der **Ausgang** des (möglichen) Hauptsacherechtsbehelfs gegen den Verwaltungsakt im Rahmen der im Verfahren des einstweiligen Rechtsschutzes grundsätzlich ausreichenden summarischen Prüfung **offen,** so sind die jeweiligen **konkreten Interessen** gegeneinander **abzuwägen** (BeckOK SozR/Cantzler Rn. 28.1; MKLS/Keller Rn. 12f). **24**

b) Vollziehungsinteresse. Als weiterer Gesichtspunkt ist in die Abwägung das Vollziehungsinteresse der Behörde einzustellen. Dieses Vollziehungsinteresse muss über das öffentliche Interesse an dem Erlass des Verwaltungsakts und seiner Verwirklichung hinausgehen, also **gewichtiger sein** als das Interesse an der aufschiebenden Wirkung der Anfechtung (BeckOK SozR/Cantzler Rn. 18). Denn der Gesetzgeber hat mit § 86a Abs. 1 deutlich gemacht, dass auch bei rechtmäßigen Verwaltungsakten in der Zeit bis zum Abschluss der Überprüfung durch das Widerspruchs- und Anfechtungsklageverfahren das private Aufschubinteresse das öffentliche Vollzugsinteresse grundsätzlich überwiegt. Daher bedarf es für die Aussetzung der aufschiebenden Wirkung eines gesteigerten, **besonderen Vollzugsinteresses.** Für die sofortige Vollziehbarkeit des Verwaltungsaktes vor Abschluss des Widerspruchs bzw. des Gerichtsverfahrens in der Hauptsache müssen daher **besondere Gründe vorliegen,** die über die allgemeine Rechtmäßigkeit des angegriffenen Verwaltungsakts hinausgehen (BeckOK SozR/Cantzler Rn. 18). Ein solches besonderes Vollzugsinteresse liegt vor, wenn dem Interesse der Behörde an der Vollziehung ein den gesetzlichen Fallgestaltungen des § 86a Abs. 2 Nr. 2–4, Abs. 4 vergleichbares Gewicht zukommt. **25**

c) Eilbedürftigkeit. Droht dem Antragsteller im Verfahren des einstweiligen Rechtsschutzes durch eine sofortige Vollziehung des Verwaltungsaktes bis zur Hauptsacheentscheidung keine Rechtsbeeinträchtigung, erscheint fraglich, ob sein Interesse am Aufschub der Vollziehbarkeit rechtlich zu schützen ist. Diese Frage nach der Eilbedürftigkeit und ihre Bedeutung als Abwägungsgesichtspunkt kann nur **im konkreten Fall** im Hinblick auf die Wahrscheinlichkeit und die Intensität der drohenden Verletzung von Rechten beantwortet werden (BeckOK SozR/Cantzler Rn. 19). Für die sofortige Vollziehbarkeit sind Gründe notwendig, die in angemessenem Verhältnis zu der Schwere des vor Eintritt der Bestandskraft erfolgenden Eingriffs stehen (BVerfG NJW 1991, 1530; BeckOK SozR/Cantzler Rn. 19). Insoweit steht dieser Abwägungsgesichtspunkt mit den Abwägungsgesichtspunkten der Erfolgsaussichten eines (möglichen) Hauptsacherechtsbehelfs und des besonderen Vollziehungsinteresses in einer **Wechselbeziehung** (BeckOK SozR/Cantzler Rn. 19). Daraus ergibt sich, dass der Betroffene eine Beeinträchtigung seiner Rechte bis zur Klärung im Hautsacheverfahren **umso eher zu akzeptieren** hat, je geringer die Wahrscheinlichkeit für einen Hauptsacheerfolg und je größer das besondere Vollziehungsinteresse ist (BeckOK SozR/Cantzler Rn. 19). **26**

d) Sonstige Interessen. Das Gericht darf nicht typisierend bestimmte Interessen unterstellen. Vielmehr muss es die im Einzelfall konkret beteiligten Interessen erkennen und in seine Abwägung einstellen. Insoweit muss das Gericht alle Umstände des konkreten Falles, die für oder gegen ein Überwiegen des öffentlichen Interesses bzw. des Aufschubinteresses sprechen können, berücksichtigen (BeckOK SozR/Cantzler Rn. 20). Soweit auf Seiten der öffentlichen Interessen eine **generalpräventive Wirkung** herangezogen wird, scheidet dieses nicht von vornherein aus. Denn insoweit geht es um die Wahrung der Rechtsordnung (BeckOK SozR/Cantzler Rn. 21). Insoweit **27**

sind aber im Hinblick auf den **Grundsatz der Verhältnismäßigkeit** diejenigen Gründe deutlich zu machen, die für eine sofortige Vollziehung zur Abschreckung der Allgemeinheit geeignet, erforderlich und angemessen sind (BeckOK SozR/Cantzler Rn. 21). Gründe der **Spezialprävention** können dagegen nur in eng begrenzten Ausnahmefällen als Abwägungsgesichtspunkte in Betracht kommen, so zB bei beharrlichen und gröblichen Gesetzesverstößen des Antragstellers und einer konkreten Gefahr erneuter einschlägiger Gesetzesverletzungen (BeckOK SozR/Cantzler Rn. 22). Auch der Umstand, dass durch eine sofortige Vollziehbarkeit das Gemeinwohl oder Leben und Gesundheit geschützt werden können, kann ebenso berücksichtigt werden wie Aspekte der **Gefahrenabwehr,** fiskalische Interessen oder das Verhalten der Behörde (BeckOK SozR/Cantzler Rn. 23). So kann es zB gegen ein überwiegendes öffentliches Interesse sprechen, wenn sich die Behörde bei einem Antrag auf Gewährung von einstweiligem Rechtsschutz nicht um rasche Aufklärung bemüht (BeckOK SozR/Cantzler Rn. 23.1). Ebenso können eine Bedrohung der **wirtschaftlichen Existenz,** durch den Sofortvollzug eintretende Nachteile oder die **Unbilligkeit der Sofortvollziehung** berücksichtigt werden (BeckOK SozR/Cantzler Rn. 23.1; MKLS/Keller Rn. 12g). Von einer unbilligen Härte kann regelmäßig auszugehen sein, wenn schlüssig belegt ist, dass dem Betroffenen durch die sofortige Zahlung der Beitragsforderung Zahlungsunfähigkeit und Insolvenz droht oder seine Existenz gefährdet wird (BayLSG BeckRS 2019, 3984).

28   **e) Folgenabwägung.** Das BVerfG (stRspr, vgl. zB NJW 2001, 3253) verlangt zumindest **bei offenem Ausgang des Hauptsacheverfahrens** eine Folgenabwägung. Abzuwägen sind im Rahmen einer grundsätzlich ausreichenden summarischen **fiktiven Prüfung** im Hinblick auf den konkret betroffenen Verwaltungsaktsadressaten die Folgen seines Obsiegens in der Hauptsache und bei vorangegangener Versagung von einstweiligem Rechtsschutz einerseits und andererseits die Folgen bei Nichtobsiegen im Hauptsacheverfahren und vorangegangener Gewährung von einstweiligem Rechtsschutz (BeckOK SozR/Cantzler Rn. 15). Diese **Doppelhypothese** wird erforderlich, wenn zB bei offenem Ausgang des (möglichen) Hauptsacheverfahrens die Interessenabwägung nicht bereits anderweitig (zB durch bestehende Erfolgsaussichten) vorgeprägt ist. **Je schwerer** die den Antragsteller treffenden Folgen (zB durch irreparable Schäden oder Grundrechtseingriffe) sind, desto weniger tritt sein Aufschubinteresse im Verfahren des einstweiligen Rechtsschutzes gegenüber dem Vollzugsinteresse der Behörde zurück (BeckOK SozR/Cantzler Rn. 24.1). Insoweit fordert das BVerfG auch, dass die Prüfungstiefe des Gerichts mit zunehmender Grundrechtsbezogenheit auch inhaltlich zuzunehmen hat.

29   **f) Gerichtliche Entscheidung in den Fällen des § 86a Abs. 2 Nr. 1.** § 86a Abs. 3 S. 2 enthält für die Fälle des § 86a Abs. 2 Nr. 1 einen eigenen Maßstab zur Prüfung der materiellen Voraussetzungen einer behördlichen Aussetzungsentscheidung (vgl. → § 86a Rn. 57 f.). Dieser besondere Maßstab muss auch bei einer Entscheidung durch das Gericht nach § 86b Abs. 1 S. 1 Nr. 2 beachtet werden (BeckOK SozR/Cantzler Rn. 39).

IV. Anwendungsbereich

1. Anordnung der sofortigen Vollziehung (Abs. 1 S. 1 Nr. 1)

30   Nach § 86a Abs. 1 S. 1 haben (Anfechtungs-) Widerspruch und Anfechtungsklage grundsätzlich aufschiebende Wirkung. Sofern bei einem Widerspruch und einer Anfechtungsklage nicht schon nach § 86a Abs. 2 und Abs. 4 die aufschiebende Wirkung entfallen ist, kann das Gericht nach § 86b Abs. 1 S. 1 die sofortige Vollziehung ganz oder teilweise anordnen. Diese Regelung hat vor allem bei Verwaltungsakten mit Drittwirkung praktische Bedeutung (BeckOK SozR/Cantzler Rn. 6; MKLS/Keller Rn. 4).

2. Anordnung der aufschiebenden Wirkung (Abs. 1 S. 1 Nr. 2)

31   Ist kraft Gesetzes nach § 86a Abs. 2 bzw. Abs. 4 die aufschiebende Wirkung entfallen, der Verwaltungsakt mithin sofort vollziehbar, kommt die Anordnung der aufschiebenden Wirkung durch die Behörde (§ 86a Abs. 3) oder das Gericht (§ 86b Abs. 1 S. 1 Nr. 2) in Betracht. Das Gericht trifft dabei eine **eigenständige Entscheidung** über die Herstellung der aufschiebenden Wirkung (BeckOK SozR/Cantzler Rn. 5b). Dabei hat das Gericht eine Interessensabwägung durchzuführen (zu den anzulegenden Maßstäben vgl. → Rn. 19 ff.).

32   Lediglich soweit nach § 86a Abs. 2 Nr. 5 eine **behördliche Anordnung der sofortigen Vollziehbarkeit** oder eine behördliche Entscheidung nach § 86a Abs. 3 S. 1 vorausgegangen ist, überprüft das Gericht die Rechtmäßigkeit dieser Behördenentscheidung und trifft eine eigene

Entscheidung über die Herstellung der aufschiebenden Wirkung (BeckOK SozR/Cantzler Rn. 5b). Dabei hat das Gericht die behördliche Anordnung der sofortigen Vollziehbarkeit iSd § 86b Abs. 2 Nr. 5 nicht nur inhaltlich, sondern auch in formeller Hinsicht zu überprüfen. Ist diese Vollziehbarkeitsanordnung **formell rechtswidrig,** weil zB die ordnungsgemäße Begründung fehlt, führt schon dies alleine zur Begründetheit des Verfahrens nach § 86b Abs. 1 S. 1 Nr. 2 (HessLSG BeckRS 2005, 41723; BeckOK SozR/Cantzler Rn. 29). In diesem Fall hat das Gericht die Anordnung der sofortigen Vollziehbarkeit aufzuheben (BeckOK SozR/Cantzler Rn. 29). Beruht diese Aufhebung **allein auf formellen Gründen,** begründet diese Entscheidung des Gerichts, die einer Interessenabwägung nicht bedarf, keine Bindungswirkung für die Behörde aus materiellen Gründen, sodass diese eine neue formell rechtmäßige Vollziehbarkeitsanordnung erlassen kann (BeckOK SozR/Cantzler Rn. 29). Befindet das Gericht dagegen auf Grundlage einer **eigenen Interessenabwägung,** dass das öffentliche Interesse an der sofortigen Vollziehbarkeit nicht überwiegt, ist die Vollziehbarkeitsanordnung der Behörde (auch) **materiell rechtswidrig** (BeckOK SozR/Cantzler Rn. 30). Insoweit hebt das Gericht dann nicht nur die Anordnung der sofortigen Vollziehbarkeit auf, sondern ordnet auch die aufschiebende Wirkung des Widerspruchs bzw. der Anfechtungsklage an (BeckOK SozR/Cantzler Rn. 30). Die bloße Aufhebung der Anordnung der sofortigen Vollziehbarkeit bietet insoweit keinen effektiven Rechtsschutz (BeckOK SozR/Cantzler Rn. 30).

§ 86a Abs. 3 S. 2 enthält für die Fälle des § 86a Abs. 2 Nr. 1 einen eigenen Maßstab zur **33** Prüfung der materiellen Voraussetzungen einer behördlichen Aussetzungsentscheidung (vgl. → § 86a Rn. 57 f.). Dieser besondere Maßstab muss auch bei einer Entscheidung durch das Gericht nach § 86b Abs. 1 S. 1 Nr. 2 beachtet werden (BeckOK SozR/Cantzler Rn. 39).

3. Wiederherstellung der sofortigen Vollziehbarkeit (Abs. 1 S. 1 Nr. 3)

Hat die Behörde die im Falle des § 86a Abs. 3 die sofortige Vollziehbarkeit des Verwaltungsaktes **34** nach § 86a Abs. 2 ausgesetzt, kann das Gericht nach § 86b Abs. 1 S. 1 Nr. 3 die sofortige Vollziehbarkeit wiederherstellen. Das Gericht trifft seine Entscheidung nach einer Abwägung aller beteiligten Interessen. Die sofortige Vollziehbarkeit wird wiederhergestellt, wenn das öffentliche Vollziehungsinteresse das private Aufschubinteresse überwiegt (BeckOK SozR/Cantzler Rn. 43); im Fall des § 86a Abs. 2 Nr. 1 gilt der Entscheidungsmaßstab des § 86a Abs. 3 S. 2 (BeckOK SozR/Cantzler Rn. 43).

V. Feststellung der aufschiebenden Wirkung

Haben Widerspruch bzw. Anfechtungsklage aufschiebende Wirkung, wird diese aber von der **35** Behörde nicht beachtet oder ist diese zwischen den Beteiligten zweifelhaft oder umstritten, kann die aufschiebende Wirkung weder nach § 86a Abs. 3 S. 1 noch nach § 86b Abs. 1 S. 1 Nr. 2 angeordnet werden. In diesen Fällen kommt allenfalls die **deklaratorische Feststellung** der aufschiebenden Wirkung in Betracht (SächsLSG BeckRS 2016, 72320; BeckOK SozR/Cantzler § 86a Rn. 19). Wegen der Missachtung der aufschiebenden Wirkung und dem daraus folgenden Vollziehungshemmnis (vgl. → § 86a Rn. 4) besteht auch für den Bürger ein Rechtsschutzbedürfnis für ein an sich nicht vorgesehenes Gerichtsverfahren. Inhaltlich hat das Gericht lediglich zu prüfen, ob dem Widerspruch bzw. der Anfechtungsklage schon kraft Gesetzes (zB nach § 86a Abs. 1) aufschiebende Wirkung zukommt (BeckOK SozR/Cantzler Rn. 44).

VI. Aufhebung der Vollziehung (Abs. 1 S. 2)

Hat das Gericht die aufschiebende Wirkung des Widerspruchs bzw. der Anfechtungsklage **36** (wieder-) hergestellt, so kann es zudem anordnen, dass bereits erfolgte **Vollzugsakte** aufzuheben, mithin **rückgängig zu machen** sind. Voraussetzung der gerichtlichen Anordnung der Aufhebung der Vollziehung ist damit, dass zuvor eine gerichtliche Entscheidung die aufschiebende Wirkung (wieder-) hergestellt bzw. festgestellt (vgl. → Rn. 35; BeckOK SozR/Cantzler Rn. 47; MKLS/ Keller Rn. 10a) hat. Insoweit ist § 86b Abs. 1 S. 2 ein Annexverfahren zu § 86b Abs. 1 S. 1 (BeckOK SozR/Cantzler Rn. 45; MKLS/Keller Rn. 10a). Dazu muss der Antragsteller jedoch darlegen, dass der Verwaltungsakt bereits vollzogen bzw. befolgt wurde.

Auch wenn der Wortlaut des § 86b Abs. 1 S. 2 davon spricht, das Gericht könne die Vollziehung **37** aufheben, so ist damit **keine Ermessensentscheidung** über das „ob" der Aufhebung der Vollziehung gemeint. Vielmehr **muss** das Gericht, liegen die Voraussetzungen vor, die Aufhebung der Vollziehung anordnen (BeckOK SozR/Cantzler Rn. 46; aA MKLS/Keller Rn. 10a, der eine Interessenabwägung verlangt). Diese Anordnung ist **vollstreckungsfähig** (BeckOK SozR/Cantzler Rn. 46; MKLS/Keller Rn. 22a). Lediglich die Frage, **wie** die Vollziehung rückgängig zu machen ist, steht im **Ermessen** des Gerichts (BeckOK SozR/Cantzler Rn. 46).

C. Gerichtliche Entscheidung in Vornahmesachen (Abs. 2)

I. Allgemeines

38   Während § 86b Abs. 1 die sog. **Anfechtungssachen** regelt (vgl. → Rn. 2), betrifft § 86b Abs. 2 das sozialgerichtliche Eilverfahren in den sog. **Vornahmesachen** (zur Abgrenzung von Anfechtungs- und Vornahmesachen in Eilverfahren gegen eine Anspruchseinschränkung gemäß § 1a AsylbLG vgl. LSG MV Beschl. v. 21.6.2018 – L 9 AY 1/18 B ER). Das sozialgerichtliche Verfahren ermöglicht insoweit den Erlass einstweiliger Anordnungen nach § 86b Abs. 2 in Form von **Sicherungsanordnungen** (S. 1) und **Regelungsanordnungen** (S. 2). Sonderregelungen enthalten im SGG (zu weiteren Ausnahmen/Ergänzungen vgl. HK-SGG/Binder Rn. 30) § 130 Abs. 1 S. 2 und S. 3 (vorläufige Leistungen bei einem Grundurteil) und § 199 Abs. 2 (einstweilige Anordnung über Aussetzung der Vollstreckung im Rechtsmittelverfahren). Eine **Sicherungsanordnung** betrifft Fälle, in denen es um die vorläufige Sicherung einer vorhandenen Rechtsposition und nicht um deren Erweiterung geht (BeckOK SozR/Cantzler Rn. 55; MKLS/Keller Rn. 25a). Eine **Regelungsanordnung** zielt darauf, eine Rechtsposition vorläufig zu erlangen bzw. auszuweiten (MKLS/Keller Rn. 25b). Dazu gehören auch Fälle, in denen Schutz vor drohendem belastenden Verwaltungshandeln gesucht wird, zB bei **Unterlassungsansprüchen** (BeckOK SozR/Cantzler Rn. 55).

39   Die materiell-rechtlichen Anforderungen an eine Sicherungs- bzw. Regelungsanordnung entsprechen sich in der Sache (BeckOK SozR/Cantzler Rn. 66). Unterschiede werden vielmehr in der **Wirkung** deutlich. Die Sicherungsanordnung bewirkt eine vorläufige Wahrung, die Regelungsanordnung eine vorläufige Veränderung des bestehenden Zustands (BeckOK SozR/Cantzler Rn. 66).

40   Während in den **Anfechtungssachen** des § 86b Abs. 1 eine umfassende **Interessenabwägung** durchzuführen ist, setzt eine Entscheidung nach § 86b Abs. 2 voraus, dass ein Anordnungsanspruch, der auf das Bestehen des geltend gemachten Anspruchs, mithin den Erfolg in der Hauptsache abstellt, glaubhaft gemacht ist (BeckOK SozR/Cantzler Rn. 57).

II. Vorrang einer Entscheidung nach § 86b Abs. 1 S. 1

41   § 86b Abs. 2 S. 1 bestimmt ausdrücklich, dass eine einstweilige Anordnung nur ergehen kann, soweit **kein Fall des § 86b Abs. 1 vorliegt** (vgl. BeckOGK/Wahrendorf Rn. 159 ff.). Damit ist zunächst zu prüfen, ob ein anfechtbarer belastender Verwaltungsakt vorliegt, dessen Vollziehbarkeit mittels der (Wieder-) Anordnung der aufschiebenden Wirkung eines Widerspruchs bzw. einer Anfechtungsklage nach § 86b Abs. 1 S. 1 wieder suspendiert werden kann. Ist ein **Verwaltungsakt bestandskräftig,** weil kein Widerspruch eingelegt worden ist, ist auch der Antrag auf einstweilige Anordnung unzulässig (LSG Bln-Bbg BeckRS 2018, 6458; SächsLSG BeckRS 2018, 11594). Handelt es sich damit in der Hauptsache um eine **Anfechtungsklage,** wird einstweiliger Rechtsschutz durch § 86b Abs. 1 gewährt (BeckOK SozR/Cantzler Rn. 54). Nur wenn es sich in der Hauptsache nicht um eine Anfechtungsklage handelt, kommt im sozialgerichtlichen Verfahren des einstweiligen Rechtsschutzes eine einstweilige Anordnung in Betracht (BeckOK SozR/Cantzler Rn. 54).

III. Entscheidung des Gerichts

1. Antrag

42   Nach § 86b Abs. 2 S. 1 entscheidet das Gericht nur **auf Antrag;** eine Entscheidung ohne Antrag ist nicht vorgesehen (HK-SGG/Binder Rn. 31; zur Auslegung des Antrags vgl. → Rn. 3). Dem Antrag muss – zumindest durch Auslegung unter Heranziehung des Meistbegünstigungsgrundsatzes (vgl. → § 90 Rn. 18) – das vom Antragsteller **begehrte Ziel des Verfahrens** zu entnehmen sein (MKLS/Keller Rn. 9b).

43   Der Antrag kann bei Gericht **schriftlich,** auch per Fax, bzw. elektronisch unter Verwendung einer elektronischen Signatur über den Weg des elektronischen Gerichtspostfaches, und **zur Niederschrift** des Gerichts (§ 86b Abs. 2 S. 4 iVm § 920 Abs. 3 ZPO) gestellt werden (MKLS/Keller Rn. 8b). Der Antrag ist **nicht fristgebunden** (HK-SGG/Binder Rn. 31; MKLS/Keller

Rn. 26a). Er kann schon vor Erhebung einer Klage gestellt werden und ist **statthaft** bis zu dem Zeitpunkt, in dem die Hauptsache bestands- bzw. rechtskräftig geworden ist (LSG Bln-Bbg BeckRS 2018, 6458; SächsLSG BeckRS 2018, 11594; HK-SGG/Binder Rn. 32).

Durch die Stellung des Antrags wird die Sache **rechtshängig** (analog § 94). Damit tritt auch **44** die Rechtsfolge des § 17 Abs. 1 S. 2 GVG ein (MKLS/Keller Rn. 7), wonach während der Rechtshängigkeit die Sache von keiner Partei anderweitig anhängig gemacht werden kann.

Ist ein Antrag auf Erlass einer einstweiligen Anordnung rechtskräftig als unbegründet abgelehnt **45** worden, steht einem erneuten Antrag die **Rechtskraft** des Ablehnungsbeschlusses entgegen (vgl. LSG NRW Beschl. v. 6.4.2020 – L 8 BA 22/20 B ER), ein erneuter Antrag kann nur auf neue Tatsachen gestützt werden, die nach der früheren Entscheidung entstanden sind und eine andere Beurteilung des entscheidungserheblichen Sachverhalts rechtfertigen (BayLSG BeckRS 2019, 32898; LSG BW BeckRS 2018, 22562). Nur wenn sich nach Eintritt der Rechtskraft neue Tatsachen ergeben haben oder sich die Rechtslage geändert hat, so dass eine andere Beurteilung des entscheidungserheblichen Sachverhalts geboten ist, ist ein wiederholter Eilantrag zulässig (BayLSG BeckRS 2019, 32898; LSG BW BeckRS 2010, 74260).

2. Gerichtsverfahren

Beim Verfahren nach § 86b Abs. 2 handelt es sich um ein gerichtliches Verfahren. Um zu einer **46** Sachentscheidung zu gelangen, sind auch die **allgemeinen Sachentscheidungsvoraussetzungen** zu beachten (vgl. → § 90 Rn. 14 ff.; sa HK-SGG/Binder Rn. 31; MKLS/Keller Rn. 26 ff.). **Zuständig** ist grundsätzlich das Gericht der Hauptsache des ersten Rechtszuges, also grundsätzlich das Sozialgericht (soweit nicht eine andere erstinstanzliche Zuständigkeit gegeben ist; zur Rechtsweg- und sachlichen Zuständigkeit vgl. §§ 51 und 8; zur örtlichen Zuständigkeit vgl. § 57), oder wenn die Hauptsache im Berufungsverfahren anhängig ist, das Berufungsgericht (dort zur senatsinternen Zuständigkeit vgl. insbesondere § 155 Abs. 2 S. 2, Abs. 4); eine Verweisung nach § 98 soll möglich sein (HK-SGG/Binder Rn. 33).

Zu den Sachurteilsvoraussetzungen gehört auch das **Rechtsschutzinteresse** (vgl. → § 90 **47** Rn. 15; BeckOGK/Wahrendorf Rn. 185 ff.), das fehlt, wenn ein einfacher Weg zur Realisierung des Begehrens besteht (HK-SGG/Binder Rn. 31) oder dem Antragsteller einen Vorteil bringt (LSG NRW BeckRS 2018, 6493). Daher dürfte regelmäßig gefordert sein, dass zunächst die Behörde mit dem Begehren angegangen wird („**Antragstellung bei der Behörde**"; LSG LSA BeckRS 2018, 3398); in sehr eiligen Fällen kann dies jedoch entbehrlich sein (HK-SGG/Binder Rn. 31; MKLS/Keller Rn. 26b). Auch gilt unter Berücksichtigung der Eilbedürftigkeit des Verfahrens des einstweiligen Rechtsschutzes das Recht auf **rechtliches Gehör** (MKLS/Keller Rn. 16).

Auch im Verfahren des einstweiligen Rechtsschutzes nach § 86b Abs. 2 gilt, wie auch im **48** Klageverfahren, der **Untersuchungsgrundsatz** des § 103; dabei kann sich das Gericht aller zugänglichen Beweismittel bedienen (BeckOK SozR/Cantzler Rn. 37). Auch der Verweis des § 86b Abs. 2 S. 4 auf § 920 Abs. 2 ZPO bedeutet nicht die Geltung des Beibringungsgrundsatzes, sondern vielmehr eine **Mitwirkungspflicht** des Antragstellers (BeckOK SozR/Cantzler Rn. 33; MKLS/Keller Rn. 16a). Soweit der Antragsteller seinen prozessualen Mitwirkungspflichten nicht nachkommt, führt dies alleine nicht grundsätzlich zur Unbegründetheit seines Antrages. Vielmehr hat das Gericht zu prüfen, ob mit den feststellbaren Umständen und Tatsachen Anordnungsanspruch und Anordnungsgrund ausreichend wahrscheinlich gemacht sind (BeckOK SozR/Cantzler Rn. 85). Im Hinblick auf den im Eilverfahren erforderlichen Zeitdruck verringern sich die Anforderungen an die Amtsermittlungspflicht, wenn ein Beteiligter seiner Mitwirkungsobliegenheit nicht nachkommt (LSG NRW BeckRS 2018, 22648; LSG Bln-Bbg BeckRS 2017, 137201; BeckOK SozR/Cantzler Rn. 33); so ist es verfassungsrechtlich nicht ausgeschlossen, in einem einstweiligen Rechtsschutzverfahren eine Entscheidung auf der Grundlage der Verteilung der **materiellen Beweislast** (Feststellungslast) zu treffen (MKLS/Keller Rn. 16b), wenn sich der Sachverhalt nach Ausschöpfung der vom Gericht zur Aufklärung des Sachverhalts für notwendig erachteten Ermittlungsmaßnahmen von Amts wegen nicht aufklären lässt, insbesondere weil der Antragsteller die ihm vom Gericht aufgegebenen notwendigen Mitwirkungshandlungen nicht erfüllt (BVerfG BeckRS 2010, 47372). Anwendbar sind daher auch im Verfahren des einstweiligen Rechtsschutzes die **Präklusionsregelungen** der §§ 106a und 157a (BeckOK SozR/Cantzler Rn. 33).

Ergänzt wird der Untersuchungsgrundsatz durch § 86b Abs. 2 S. 4, § 920 Abs. 2 ZPO, der **49** die **Glaubhaftmachung** des Anordnungsanspruchs und Anordnungsgrundes zulässt (HessLSG BeckRS 2019, 16137; BeckOK SozR/Cantzler Rn. 86.1, 87). Tatsachen dürfen der Entscheidung nur zugrunde gelegt werden, wenn diese zumindest glaubhaft gemacht sind, also mit **überwiegen-**

der Wahrscheinlichkeit vorliegen (HK-SGG/Binder Rn. 42; MKLS/Keller Rn. 16b). Damit sind gegenüber dem Hauptsacheverfahren, in dem die volle Überzeugung im Sinne einer an Sicherheit grenzenden Wahrscheinlichkeit gefordert ist, im Verfahren des einstweiligen Rechtsschutzes geringere Anforderungen an den Beweismaßstab zu stellen (BeckOK SozR/Cantzler Rn. 34; MKLS/Keller Rn. 16b).

50   In der Sache genügt es grundsätzlich, dass das Gericht eine **summarische Prüfung** der Sach- und Rechtslage vornimmt (LSG Bln–Bbg BeckRS 2018, 830; BeckOK SozR/Cantzler Rn. 88; HK-SGG/Binder Rn. 41; MKLS/Keller Rn. 16c; krit. BeckOGK/Wahrendorf Rn. 90 f.). Je wahrscheinlicher, intensiver oder existenzieller (Krasney/Udsching SGVerf-HdB Kap. V Rn. 32) ein Eingriff, insbesondere ein Grundrechtseingriff droht, was zB bei Leistungen zur Sicherung der Existenz der Fall sein kann, desto intensiver ist auch die Sach- und Rechtslage zu prüfen (vgl. BVerfG BeckRS 2014, 57431). Daher verbietet sich eine bloß summarische Prüfung bei Beeinträchtigung besonders hochrangiger Rechtsgüter (HK-SGG/Binder Rn. 41).

3. Gerichtsentscheidung

51   Das Gericht entscheidet durch **Beschluss** (§ 86b Abs. 4), der auch außerhalb einer mündlichen Verhandlung ergehen kann. Bei Entscheidung aufgrund mündlicher Verhandlung wirken die ehrenamtlichen Richter mit (§ 12 Abs. 1 S. 2; zum Beschluss vgl. → Rn. 12).

52   **Inhaltlich** handelt es sich auch bei einer Entscheidung nach § 86b Abs. 2 nicht um eine Ermessenentscheidung (BeckOK SozR/Cantzler Rn. 89; HK-SGG/Binder Rn. 21; BeckOGK/Wahrendorf Rn. 84). Denn Grundlage der Gewährung des gerichtlichen Eilrechtsschutzes auch nach § 86b Abs. 2 ist der Justizgewährungsanspruchs des GG. Darüber hinaus sind oft auch materielle Grundrechte (zB Art. 1 GG, Art. 12 GG) berührt, sodass über die **Frage des „ob"** einer einstweiligen Anordnung das Gericht nicht mittels Ermessensentscheidung befinden kann, vielmehr handelt es sich um eine **Rechtsentscheidung** (BeckOK SozR/Cantzler Rn. 89; HK-SGG/Binder Rn. 34; MKLS/Keller Rn. 30; BeckOGK/Wahrendorf Rn. 201). Dagegen steht die **Frage des „wie"** der Eilentscheidung **im Ermessen** des Gerichts (BayLSG BeckRS 2018, 31398; BeckOK SozR/Cantzler Rn. 89; HK-SGG/Binder Rn. 47; MKLS/Keller Rn. 30). Insoweit hat das Gericht bezogen auf den Einzelfall zu bestimmen, wie seine Anordnung effektiv umzusetzen ist. Bei der Bestimmung der zu treffenden Maßnahmen ist das Gericht an den Antrag nicht gebunden (BeckOK SozR/Cantzler Rn. 90), denn nach § 938 Abs. 1 ZPO bestimmt das Gericht nach freiem Ermessen, welche Anordnungen zur Erreichung des Zweckes erforderlich sind. Jedoch ist das Ermessen **eingeschränkt** (BeckOK SozR/Cantzler Rn. 90). Zunächst bedingt der Zweck des Eilverfahrens Einschränkungen insofern, als nur solche Maßnahmen getroffen werden dürfen, die unter Beachtung des Verhältnismäßigkeitsgrundsatzes geeignet und erforderlich sind, um den Sicherungs- bzw. Regelungszweck zu gewährleisten (BeckOK SozR/Cantzler Rn. 90). Des Weiteren darf das Gericht keine Maßnahmen anordnen, die weitergehen als die Entscheidung in der Hauptsache („Verbot der **Überschreitung der Hauptsache"**; vgl. BeckOK SozR/Cantzler Rn. 91; MKLS/Keller Rn. 30).

53   Außerdem steht die einstweilige Anordnung unter dem **Vorbehalt der Hauptsacheentscheidung** (BeckOK SozR/Cantzler Rn. 92). Sie kann daher nur auf vorläufige Maßnahmen gerichtet sein. Eine endgültige Befriedigung von Leistungsansprüchen kann nicht Gegenstand des einstweiligen Rechtsschutzes nach § 86b Abs. 2 sein (BeckOK SozR/Cantzler Rn. 92).

54   Die Anordnung von **Nebenbestimmungen** steht im Ermessen des Gerichts (§ 86b Abs. 2 S. 4 iVm § 938 ZPO). Diese dienen regelmäßig der Wahrung des Verhältnismäßigkeitsgrundsatzes (BeckOK SozR/Cantzler Rn. 93). Als Nebenbestimmungen kommen die Anordnung einer Befristung oder einer Sicherheitsleistung (zB in den Fällen des § 945 ZPO) in Betracht. Auch die Anordnung der Klageerhebung (§ 86b Abs. 2 S. 4 iVm § 926 ZPO) kommt in Betracht.

55   **Begründet** ist der Antrag auf Erlass einer einstweiligen Anordnung iSd § 86b Abs. 2 S. 2, wenn ein **Anordnungsanspruch und ein Anordnungsgrund glaubhaft gemacht** sind (HessLSG BeckRS 2019, 16137; LSG NRW BeckRS 2018, 6491; BayLSG BeckRS 2018, 31398; LSG NRW BeckRS 2017, 135576; BeckOK SozR/Cantzler Rn. 94; MKLS/Keller Rn. 27). Das ist der Fall, wenn der Hauptsacheerfolg und die ohne einstweiligen Rechtsschutz drohenden erheblichen Rechtsverletzungen überwiegend wahrscheinlich sind (BeckOK SozR/Cantzler Rn. 94). Das gilt auch, wenn der Leistungsanspruch materiellrechtlich im **Ermessen der Behörde** steht (BeckOK SozR/Cantzler Rn. 94). Drohen keine schweren Beeinträchtigungen, kann die Behörde auch durch einstweilige Anordnung zu einer Neubescheidung verpflichtet werden (BeckOK SozR/Cantzler Rn. 94); teilweise wird auch die Auffassung vertreten, wegen der Gewährleistung eines effektiven Rechtsschutzes sei auch eine vorläufige Verpflichtung möglich (vgl. MKLS/Keller

Rn. 30a mwN). Ist dagegen eine **Ermessensreduzierung auf Null** mit überwiegender Wahrscheinlichkeit eingetreten oder drohen schwere Rechtsverletzungen, kann die Behörde auch durch einstweilige Anordnung zur vorläufigen Leistung verpflichtet werden (BeckOK SozR/Cantzler Rn. 94; vgl. HK-SGG/Binder Rn. 49; MKLS/Keller Rn. 30a).

Auf Antrag kann das Gericht der Hauptsache die nach § 86b Abs. 2 angeordneten Maßnahmen **56** **ändern oder aufheben.** Dagegen ist ein Antrag auf Abänderung des den Erlass einer einstweiligen Anordnung ablehnenden Beschlusses nicht zulässig (LSG BW BeckRS 2018, 25986).

Kann eine Entscheidung im Verfahren des einstweiligen Rechtsschutzes nicht sofort getroffen **57** werden, kann das Gericht einen **Hängebeschluss** erlassen (BSG BeckRS 2013, 70829; HK-SGG/Binder Rn. 68), mit dem sich das Gericht die für eine weitere Prüfung notwendige Zeit verschaffen kann (HK-SGG/Binder Rn. 68, 252; MKLS/Keller Rn. 14).

4. Rechtsmittel

Zur Anfechtbarkeit des Beschlusses des Gerichts vgl. § 172. **58**

5. Geltungszeitraum der gerichtlichen Entscheidung

In seiner einstweiligen Anordnung kann das Gericht die Geltungsdauer der einstweiligen **59** Anordnung im Rahmen von Nebenbestimmungen (Befristungen) bestimmen (HK-SGG/Binder Rn. 55). Sind solche Regelungen nicht getroffen, gilt die einstweilige Anordnung ab Bekanntgabe gegenüber den Prozessbeteiligten und **längstens bis zur Bestandskraft- bzw. Rechtskraft der Hauptsacheentscheidung** (LSG Saarl BeckRS 2019, 23010; HK-SGG/Binder Rn. 55, 251). Das Gericht kann auch eine Frist zur Klageerhebung setzen (§ 86b Abs. 2 S. 4 iVm § 926 ZPO); eine Vollziehungsfrist ist nicht mehr vorgesehen (vgl. den fehlenden Verweis auf § 929 Abs. 2 ZPO).

Eine vorläufige Erbringung von Leistungen im Rahmen des einstweiligen Rechtsschutzes für **60** **in der Vergangenheit liegende Zeiträume** ist grundsätzlich ausgeschlossen (BayLSG BeckRS 2015, 70541; MKLS/Keller Rn. 35a). Daher sind vorläufige Leistungen grundsätzlich erst **ab Eingang des Antrages** bei Gericht zuzusprechen (MKLS/Keller Rn. 35a).

IV. Sicherungsanordnung (Abs. 2 S. 1)

Nach § 86b Abs. 2 S. 1 kann das Gericht der Hauptsache eine einstweilige Anordnung in **61** Bezug auf den Streitgegenstand treffen, wenn die **Gefahr besteht,** dass durch eine Veränderung des bestehenden Zustands die Verwirklichung eines Rechts des Antragstellers vereitelt oder wesentlich erschwert werden könnte. Ziel der sog. Sicherungsanordnung ist es, ein **Recht des Antragstellers zu sichern** (BeckOGK/Wahrendorf Rn. 192). Zu den geschützten Rechten gehören alle bereits bestehenden subjektiv-öffentlichen Rechte, die Zustandsveränderungen ausgesetzt sein können und dadurch der Gefahr ausgesetzt sind, beeinträchtigt zu werden sein können (BeckOK SozR/Cantzler Rn. 58). Eine Erweiterung der Rechtsposition ist dagegen nicht möglich (BeckOK SozR/Cantzler Rn. 58). **Gefährdet** sein muss gerade das im Hauptsacheverfahren streitige, bestehende Recht (BeckOK SozR/Cantzler Rn. 58). Die Beeinträchtigung darf auch **noch nicht eingetreten** sein (BeckOK SozR/Cantzler Rn. 58). Denn ansonsten kann auch eine Sicherungsanordnung nicht mehr verhindern, dass die Verwirklichung eines Rechts des Antragstellers vereitelt oder wesentlich erschwert wird. Die Verwirklichung eines Rechts des Antragstellers wird **vereitelt,** wenn das Recht ohne die vorläufige Sicherungsanordnung mit dem Rechtsschutz des Hauptsacheverfahrens nicht mehr durchsetzbar wäre, also durch eine Veränderung des bestehenden Zustands der Rechtsverlust droht (BeckOK SozR/Cantzler Rn. 59). Die Durchsetzung des Rechts wird **wesentlich erschwert,** wenn ohne die Sicherungsanordnung eine Beeinträchtigung des zu sichernden Rechts droht (BeckOK SozR/Cantzler Rn. 60). Gewisse Nachteile hat der Antragsteller hinzunehmen, lediglich **wesentliche Beeinträchtigungen** seines Rechts hat er nicht zu dulden. Dazu können auch **Unterlassungsanordnungen** ergehen (BeckOK SozR/Cantzler Rn. 60.1).

V. Regelungsanordnung (Abs. 2 S. 2)

Nach § 86b Abs. 2 S. 2 sind einstweilige Anordnungen auch zur Regelung eines vorläufigen **62** Zustands in Bezug auf ein **streitiges Rechtsverhältnis** zulässig, wenn eine solche Regelung zur Abwendung wesentlicher Nachteile nötig erscheint. Mit der Regelungsanordnung wird der Rechtskreis des Antragstellers vorläufig erweitert. Dazu kann die Regelungsanordnung als Anord-

nung der **vorläufigen Gewährung von Leistungen** ergehen (BeckOK SozR/Cantzler Rn. 61).
Denkbar sind auch feststellende einstweilige Anordnungen (BeckOK SozR/Cantzler Rn. 61).

63   In der Sache knüpft auch die Regelungsanordnung an das im Hauptsacheverfahren streitige
Rechtsverhältnis zur Behörde an (BeckOK SozR/Cantzler Rn. 61; MKLS/Keller Rn. 25b). Aus
diesem Rechtsverhältnis müssen konkrete Rechte abzuleiten sein. Mit der Regelungsanordnung
wird dieses Recht **schon vor der Entscheidung in der Hauptsache** für den Antragsteller
zumindest teilweise nutzbar, zB durch vorläufige Gewährung von Leistungen.

64   Die Regelungsanordnung muss **der Abwendung wesentlicher Nachteile dienen** (MKLS/
Keller Rn. 27a). Ein **Nachteil** liegt jedenfalls dann vor, wenn in der Zeit bis zur Entscheidung
in der Hauptsache eine Beeinträchtigung des zu sichernden Hauptsacheanspruchs droht (BeckOK
SozR/Cantzler Rn. 62). Insoweit sollen auch während der Zeit bis zur Entscheidung in der
Hauptsache Verletzungen von subjektiven Rechten des Antragstellers vermieden werden (BeckOK
SozR/Cantzler Rn. 62). **Wesentlich** ist ein Nachteil dann, wenn über allein wirtschaftliche,
ideelle oder bloß zeitliche Nachteile hinaus (BeckOK SozR/Cantzler Rn. 62.1) das streitige
materielle Recht **nicht nur in Randbereichen beeinträchtigt** würde (BeckOK SozR/Cantzler
Rn. 62).

65   Der Nachteil muss **zukünftig** zu erwarten sein; bereits eingetretene, in der Vergangenheit
entstandene Nachteile kann auch die Regelungsanordnung nicht mehr beseitigen (BeckOK SozR/
Cantzler Rn. 63). Damit kommt eine Regelungsanordnung grundsätzlich nicht für Zeiten vor
deren Beantragung beim Gericht in Betracht (BayLSG BeckRS 2015, 70541; BeckOK SozR/
Cantzler Rn. 63; MKLS/Keller Rn. 35a). Insoweit fehlt es auch schon an einem Anordnungsgrund, denn für eine Entscheidung über bereits durchlebte Rechtsbeeinträchtigungen fehlt es
grundsätzlich auch an der Eilbedürftigkeit (vgl. Krasney/Udsching SGVerf-HdB Kap. V Rn. 38b).

66   Nach § 86b Abs. 2 S. 2 muss die einstweilige Anordnung zur Abwendung wesentlicher Nachteile **nötig erscheinen.** Insoweit ist zu prüfen, ob bei summarischer Prüfung der Sach- oder
Rechtslage die Rechtsbeeinträchtigung auch ohne gerichtliche Entscheidung vermieden werden
kann. Es geht dabei nicht um eine Frage des Rechtsschutzinteresses, sondern um einen herabgesetzten Prüfungsmaßstab im Sinne einer ausreichenden summarischen Prüfung. Daher kann eine
Regelungsanordnung auch dann als nötig erscheinen, wenn sich im Hauptsacheverfahren eine
Sach- oder Rechtslage als richtig erweisen sollte (BeckOK SozR/Cantzler Rn. 64). Insoweit ist
eine **Interessen- und Folgenabwägung** im Sinne einer Doppelhypothese (vgl. → Rn. 28)
durchzuführen (BeckOK SozR/Cantzler Rn. 64). Lässt sich dagegen der drohende wesentliche
Nachteil (im Fall ging es um den Verlust einer Unterkunft nach Kündigung des Mietverhältnisses
wegen Zahlungsverzugs) auch mit der einstweiligen Anordnung nicht mehr abwenden, wurde der
Anordnungsanspruch verneint (SächsLSG BeckRS 2020, 3823).

VI. Begründetheit des Antrags

1. Allgemeines

67   Der Antrag auf Erlass einer einstweiligen Anordnung – sowohl in Form einer Sicherungsanordnung als auch in der Form einer Regelungsanordnung (HK-SGG/Binder Rn. 34) – setzt voraus,
dass ein **Anordnungsanspruch und ein Anordnungsgrund** glaubhaft gemacht sind (LSG NRW
BeckRS 2018, 6491; BayLSG BeckRS 2018, 31398; LSG NRW BeckRS 2017, 135576; MKLS/
Keller Rn. 27). Ist beides zumindest **glaubhaft gemacht,** mithin überwiegend wahrscheinlich
(§ 86b Abs. 2 S. 4 iVm § 920 Abs. 2 ZPO), so ist der Antrag auf Erlass einer einstweiligen
Anordnung begründet (BeckOK SozR/Cantzler Rn. 67). Anordnungsanspruch und Anordnungs-
grund stehen nicht isoliert nebeneinander; es besteht vielmehr eine **Wechselbeziehung** der Art,
dass die Anforderungen an den Anordnungsanspruch mit zunehmender Eilbedürftigkeit bzw.
Schwere des drohenden Nachteils (dem Anordnungsgrund) zu verringern sind und umgekehrt
(LSG BW BeckRS 2017, 119494).

68   Liegen die Voraussetzungen einer einstweiligen Anordnung vor, ist dem Antrag stattzugeben
und die Anordnung zu erlassen (BeckOK SozR/Cantzler Rn. 67.1). Eine Ermessensentscheidung
hinsichtlich des „ob" kommt dem Gericht nicht zu, lediglich hinsichtlich des Inhalts der Entscheidung (→ Rn. 52).

2. Anordnungsanspruch

69   Ein Anordnungsanspruch ist glaubhaft gemacht, wenn **überwiegend wahrscheinlich** (§ 86b
Abs. 2 S. 4 iVm § 920 Abs. 2 ZPO) ist, dass dem Antragsteller **das geltend gemachte materielle**

Recht oder rechtlich geschützte Interesse **zusteht** (vgl. zB HK–SGG/Binder Rn. 35). Insoweit ist eine summarische Vorausbeurteilung der Erfolgsaussichten im Hauptsacheverfahren durchzuführen (BeckOK SozR/Cantzler Rn. 68). Zu prüfen sind mithin die Erfolgsaussichten im Hauptsacheverfahren.

Ist das Hauptsacheverfahren **offensichtlich zulässig und begründet,** ist ein Anordnungsan- **70** spruch gegeben, denn der zu sichernde Hauptsacheanspruch steht dann mit überwiegender Wahrscheinlichkeit dem Antragsteller zu (BeckOK SozR/Cantzler Rn. 69). Aber auch in diesem Fall kommt eine zusprechende Entscheidung nur in Betracht, wenn auch ein Anordnungsgrund vorliegt (HK–SGG/Binder Rn. 44). Ist der Hauptsacherechtsbehelf dagegen **offensichtlich unzulässig,** lässt sich der Hauptsacheanspruch nicht mit überwiegender Wahrscheinlichkeit annehmen, ein Anordnungsanspruch kann daher nicht vorliegen (BeckOK SozR/Cantzler Rn. 70). Ist der Rechtsbehelf in der Hauptsache **offensichtlich unbegründet,** fehlt es ebenfalls an einem Anordnungsanspruch. Der Antrag auf Erlass einer einstweiligen Anordnung ist daher abzulehnen, wenn bereits im Eilverfahren feststeht, dass der Hauptsacheanspruch (und damit ein sicherungsfähiges Recht) nicht besteht (BayLSG BeckRS 2018, 31401). Ist dagegen der **Ausgang** des Hauptsacherechtsbehelfs gegen den Verwaltungsakt im Rahmen der im Verfahren des einstweiligen Rechtsschutzes grundsätzlich ausreichenden summarischen Prüfung **offen,** so sind die jeweiligen **konkreten Interessen** gegeneinander **abzuwägen** (SchlHLSG BeckRS 2018, 9521; LSG Bln-Bbg BeckRS 2018, 830; HK–SGG/Binder Rn. 29a).

Zum SGB II hat das **BVerfG** (BeckRS 2005, 26984) entschieden, dass auch dann, wenn die **71** Gefahr schwerer und unzumutbarer, anders nicht abwendbarer Beeinträchtigungen entstehen kann, deren Vermeidung aus dem Anspruch auf **Sicherstellung eines menschenwürdigen Lebens** als Ausfluss des Gebots zum Schutz der Menschenwürde in Verbindung mit dem Sozialstaatsgebot abzuleiten ist, die Entscheidungen über einstweilige Anordnungen zwar grundsätzlich sowohl auf eine **Folgenabwägung** wie auch auf eine **Prüfung der Erfolgsaussichten** in der Hauptsache gestützt werden dürfen. Wird jedoch die Entscheidung auf die Erfolgsaussichten der Hauptsache gestützt, müsse die Sach- und Rechtslage (zB hinsichtlich Hilfebedürftigkeit und Obliegenheitsverletzungen) aber unter Einbeziehung des Grundrechtsschutzes **abschließend und nicht nur summarisch geprüft** werden (vgl. BeckOK SozR/Cantzler Rn. 116a). Die Anforderungen an die Glaubhaftmachung dürften dann auch nicht überspannt werden, sie müssen sich vielmehr am Rechtsschutzziel orientieren (BeckOK SozR/Cantzler Rn. 116a). Ist eine **vollständige Aufklärung der Sach- und Rechtslage** im Verfahren des einstweiligen Rechtsschutzes jedoch **nicht möglich,** fordert das BVerfG eine umfassende Güter- und Folgenabwägung. Die Gerichte müssen sich schützend und fördernd vor die Grundrechte des Einzelnen stellen. Dies gilt ganz besonders, wenn es um die Wahrung der Würde des Menschen geht (BVerfG BeckRS 2005, 26984). Eine Verletzung dieser grundgesetzlichen Gewährleistung, auch wenn sie nur möglich erscheint oder nur zeitweilig andauert, haben die Gerichte zu verhindern (BVerfG BeckRS 2005, 26984). Das schließt aber nicht aus, dass im Hinblick auf den Grundsatz der unzulässigen Vorwegnahme der Hauptsache Leistungen nur mit einem Abschlag zugesprochen werden (BVerfG BeckRS 2005, 26984 unter Hinweis auf SG Düsseldorf NJW 2005, 845; vgl. MKLS/Keller Rn. 35d). In eine **Folgenabwägung** muss das besondere grundrechtliche Gewicht der bei der Grundsicherung betroffenen Menschenwürde einbezogen werden (BVerfG BeckRS 2005, 26984; LSG Bln-Bbg BeckRS 2018, 830); Umstände, die für die gegenwärtige Notlage sprechen, sind zu berücksichtigen; Umstände der Vergangenheit sind nur insoweit heranzuziehen, als sie eindeutige Erkenntnisse über die gegenwärtige Lage des Anspruchstellers ermöglichen (BVerfG BeckRS 2005, 26984).

3. Anordnungsgrund

Der Anordnungsgrund, der ebenfalls **glaubhaft zu machen** ist, beschreibt die **Eilbedürftig-** **72** **keit** der erstrebten einstweiligen Regelung (HK–SGG/Binder Rn. 36) im Sinne der überwiegenden Wahrscheinlichkeit einer Gefahr für die Rechtsverwirklichung im Hauptsacheverfahren bei der Sicherungsanordnung bzw. des Nötig-Erscheinens einer Regelung zur Abwendung wesentlicher Nachteile bei der Regelungsanordnung (BeckOK SozR/Cantzler Rn. 72). Der Rechtschutz nach § 86b Abs. 2 SGG dient nicht dazu, Ansprüche „auf der Überholspur" durchzusetzen (LSG Nds-Brem BeckRS 2021, 11476), sondern ermöglicht wegen Eilbedürftigkeit eine vorläufige Entscheidung. Eilbedürftigkeit liegt vor, wenn ein Abwarten bis zu einer Entscheidung in der Hauptsache nicht zumutbar wäre (HK–SGG/Binder Rn. 36; MKLS/Keller Rn. 28), weil irreparable Schäden drohen (LSG NRW BeckRS 2018, 9948). Gerade diese Eilbedürftigkeit im Sinne einer **Unzumutbarkeit des Abwartens bis zur Hauptsacheentscheidung** ist der Grund für den vorläufigen Rechtsschutz selbst (BeckOK SozR/Cantzler Rn. 73). Trägt insoweit ein Antragsteller zur Glaubhaftmachung des Anordnungsgrundes vor, in seiner Existenz gefährdet zu sein, so muss er eine entsprechende wirtschaftliche Situation glaubhaft machen und nachvollziehbar darlegen, dass diese auf die angegriffene Maßnahme zurückzuführen ist, dh die Gründe für die behauptete Existenzgefährdung müssen geklärt sein (LSG NRW BeckRS 2018, 1772). Im Falle einer drohenden Wohnungskündigung sind rechtlich erhebliche Nachteile im Sinne eines Anordnungsgrundes nicht erst mit Rechtshängigkeit einer Räumungsklage anzunehmen, sondern schon eine drohende ordentliche Kündigung kann einen Anordnungsgrund begründen (LSG NRW BeckRS 2018, 26745). Hat der Antragsteller dagegen seinen Antrag auf Gewährung von einstweiligem Rechtschutz nicht begründet, so fehlt es am erforderlichen Anordnungsgrund, weil die Eilbedürftigkeit nicht glaubhaft gemacht ist (LSG NRW BeckRS 2018, 12306).

73   Im Bereich des **SGB II** und **SGB XII** fehlt es regelmäßig an einem Anordnungsgrund, wenn dem Antragsteller zuzumuten ist, den bestehenden Bedarf vorläufig anderweitig (LSG Nds–Brem BeckRS 2016, 72601), zB durch vorläufigen Einsatz von Schonvermögen (LSG Nds–Brem BeckRS 2016, 72601) oder Freibeträgen (LSG NRW BeckRS 2009, 54954) oder durch von der Behörde angebotene darlehensweise Leistungsgewährung (LSG Bln–Bbg BeckRS 2018, 20283; LSG LSA BeckRS 2015, 71789) oder durch von Dritten angebotene Leistungen, zu decken (HK-SGG/Binder Rn. 37). Eine zunehmende Verschuldung mit Zinsbelastung ist allerdings regelmäßig nicht zumutbar (OVG NRW BeckRS 9998, 31057; HK-SGG/Binder Rn. 37). Ein Verweis auf Sozialhilfe ist grundsätzlich unzulässig (vgl. → Rn. 75). Allein der Umstand, dass Grundleistungen der sozialen Sicherung (im Fall ging es um Analogleistungen nach § 2 Abs. 1 AsylbLG statt Leistungen nach §§ 3 ff. AsylbLG) betroffen sind, genügt jedoch nicht, um generell einen Anordnungsgrund anzunehmen (LSG BW BeckRS 2019, 19955). Auch wurde ein Anordnungsgrund verneint, wenn der Antragsteller jedenfalls gegenwärtig auf eigene Mittel und zumutbare Hilfe Dritter zurückgreifen kann und sich seinen Angaben keine gewichtigen Anhaltspunkte entnehmen lassen, dass die finanziellen Kapazitäten vollständig ausgeschöpft sind (LSG BW BeckRS 2019,034217).

4. Interessenabwägung

74   Grundsätzlich ist bei einstweilen Anordnungen eine zusätzliche Interessenabwägung nicht erforderlich (BeckOK SozR/Cantzler Rn. 75). Diese kann jedoch im Einzelfall (→ Rn. 65, → Rn. 69 f.) erforderlich sein (vgl. HK-SGG/Binder Rn. 191), zB bei offenem Ausgang des Hauptsacheverfahrens.

5. Vorwegnahme der Hauptsache

75   Im Hinblick auf den einstweiligen, mithin **vorläufigen Charakter** einer Entscheidung nach § 86b Abs. 2 zur Sicherung bzw. Regelung eines Rechts bis zur Entscheidung in der Hauptsache darf die einstweilige Anordnung keine endgültige Regelung treffen (HK-SGG/Binder Rn. 45, 201 ff.; MKLS/Keller Rn. 31). Dieser auch vom BVerfG angesprochene Grundsatz der **Unzulässigkeit der Vorwegnahme der Hauptsache** (vgl. zB BVerfG BeckRS 2005, 26984) bedeutet, dass mit dem einstweiligen Rechtsschutz ein Zustand **bloß vorläufig** gesichert bzw. bloß vorläufige Rechtsposition erlangt werden kann. **Nicht mehr rückgängig zu machende Regelungen** sind daher grundsätzlich zu vermeiden (HK-SGG/Binder Rn. 45; Krasney/Udsching SGVerfHdB Kap. V Rn. 40). Dieses Verbot betrifft daher grundsätzlich nicht die Frage des „ob" einer einstweiligen Anordnung, sondern des **„wie" des einstweiligen Rechtsschutzes,** also der anzuordnenden Maßnahmen (BeckOK SozR/Cantzler Rn. 78). Insoweit stehen einstweilige Anordnungen immer **unter dem Vorbehalt der Hauptsacheentscheidung** (BeckOK SozR/Cantzler Rn. 82). Daher kann eine einstweilige Anordnung nicht für den Zeitraum nach der rechtskräftigen Hauptsacheentscheidung Regelungen treffen (BeckOK SozR/Cantzler Rn. 82). Die Vorwegnahme der Hauptsache ist andererseits aber **im Einzelfall** auch **geboten,** wenn ansonsten eine Vereitelung des beanspruchten Rechts droht (BVerfG NJW 1989, 827; BeckOK SozR/Cantzler Rn. 82; HK-SGG/Binder Rn. 46).

6. Keine ersatzweise Verweisung auf Sozialhilfe

76   Im Verfahren des einstweiligen Rechtsschutzes kann der Antragsteller nicht ohne weiteres auf die **ersatzweise Inanspruchnahme von Grundsicherungs- oder Sozialhilfeleistungen** verwiesen werden, wenn er eine vorrangige Sozialleistung im Wege des einstweiligen Rechtsschutzes begehrt (BeckOK SozR/Cantzler Rn. 105; MKLS/Keller Rn. 29f). Das Gericht hat aus dem

zwischen dem Antragsteller und der Behörde bestehenden Rechtsverhältnis heraus die Voraussetzungen der einstweiligen Abordnung zu prüfen. Ergibt sich aus diesem Fall ein Anspruch auf Erlass der einstweiligen Abordnung, darf der Antragsteller nicht auf die ersatzweise Inanspruchnahme anderer Sozialleistungen verwiesen werden (vgl. zB LSG Nds-Brem BeckRS 2011, 70495).

§ 90 [Klageerhebung]

Die Klage ist bei dem zuständigen Gericht der Sozialgerichtsbarkeit schriftlich oder zu Protokoll des Urkundsbeamten der Geschäftsstelle zu erheben.

Übersicht

A. Allgemeines

Die Klage eröffnet den Rechtsschutz durch die Gerichte. Dieser allgemeine Grundsatz gilt **1** auch, soweit soziale Leistungen im Streit stehen.

Welche gesetzlichen Regelungen im Klageverfahren anzuwenden sind, bestimmt sich nach der **2** gerichtlichen Rechtswegzuständigkeit. Ist der Rechtsstreit den **Sozialgerichten** zugewiesen, so gilt das SGG. Im Fall der Zuständigkeit der **Finanzgerichte** (zB im Fall des Kindergelds nach dem EStG) gilt die FGO bzw. die AO. Sind dagegen die **Verwaltungsgerichte** zuständig (zB im Fall der Kinder- und Jugendhilfe nach dem SGB VIII, bei Leistungen nach dem BAföG oder dem WoGG), gilt die VwGO.

B. Rechtsweg

Die meisten Rechtsstreitigkeiten aus dem Bereich der sozialen Leistungen sind der **Sozialge-** **3** **richtsbarkeit** zugewiesen. Dazu enthält § 51 einen Zuständigkeitskatalog. Danach sind die Gerichte der Sozialgerichtsbarkeit zuständig bei öffentlich-rechtlichen Streitigkeiten

- in Angelegenheiten der gesetzlichen Rentenversicherung (**SGB VI**) einschließlich der Alterssicherung der Landwirte (§ 51 Abs. 1 Nr. 1),
- in Angelegenheiten der gesetzlichen Krankenversicherung (**SGB V**), der sozialen Pflegeversicherung und der privaten Pflegeversicherung (**SGB XI**), auch soweit durch diese Angelegenheiten Dritte betroffen werden; dies gilt nicht für Streitigkeiten in Angelegenheiten nach § 110 SGB V aufgrund einer Kündigung von Versorgungsverträgen, die für Hochschulkliniken oder Plankrankenhäuser (§ 108 Nr. 1 und Nr. 2 SGB V) gelten (§ 51 Abs. 1 Nr. 2),
- in Angelegenheiten der gesetzlichen Unfallversicherung (**SGB VII**) mit Ausnahme der Streitigkeiten aufgrund der Überwachung der Maßnahmen zur Prävention durch die Träger der gesetzlichen Unfallversicherung (§ 51 Abs. 1 Nr. 3),
- in Angelegenheiten der Arbeitsförderung (**SGB III**) einschließlich der übrigen Aufgaben der Bundesagentur für Arbeit (§ 51 Abs. 1 Nr. 3),
- in Angelegenheiten der Grundsicherung für Arbeitsuchende (**SGB II;** § 51 Abs. 1 Nr. 4a),
- in sonstigen Angelegenheiten der Sozialversicherung (§ 51 Abs. 1 Nr. 5),
- in Angelegenheiten des Sozialen Entschädigungsrechts mit Ausnahme der Streitigkeiten aufgrund der §§ 25–27j BVG (Kriegsopferfürsorge), auch soweit andere Gesetze die entsprechende Anwendung dieser Vorschriften vorsehen (§ 51 Abs. 1 Nr. 6),
- in Angelegenheiten der Sozialhilfe (**SGB XII**), der Eingliederungshilfe für Menschen mit Behinderungen nach dem 2. Teil des SGB IX und des **AsylbLG** (§ 51 Abs. 1 Nr. 6a),

- bei der Feststellung von Behinderungen und ihrem Grad sowie weiterer gesundheitlicher Merkmale, ferner der Ausstellung, Verlängerung, Berichtigung und Einziehung von Ausweisen nach § 152 SGB IX (§ 51 Abs. 1 Nr. 7),
- die aufgrund des AAG entstehen (§ 51 Abs. 1 Nr. 8) und
- für die durch Gesetz der Rechtsweg vor diesen Gerichten eröffnet wird (§ 51 Abs. 1 Nr. 10).

4   Der **Finanzrechtsweg** zu den Finanzgerichten ist nach den Regelungen des § 33 Abs. 1 FGO eröffnet. Im Hinblick auf soziale Leistungen sind insoweit vor allem Streitigkeiten über das **Kindergeld im Sinne des EStG** erfasst.

5   Der **Rechtsweg zu den Gerichten der Verwaltungsgerichtsbarkeit** ist nach § 40 Abs. 1 VwGO in allen öffentlich-rechtlichen Streitigkeiten nichtverfassungsrechtlicher Art gegeben, soweit die Streitigkeiten nicht durch Bundesgesetz einem anderen Gericht ausdrücklich zugewiesen sind. Damit ist der Rechtsweg zu der Verwaltungsgerichtsbarkeit eröffnet, soweit weder ein Gesetz weder die Sozialgerichte noch die Finanzgerichte zuständig erklären. Insoweit ist der Rechtsweg zu den Verwaltungsgerichten zB bei Streitigkeiten im Bereich der **Kinder- und Jugendhilfe** nach dem SGB VIII, im Bereich des **Wohngeldes** nach dem WoGG, im Bereich des **Unterhaltsvorschusses** nach dem UnterhVG und im Bereich der Ausbildungsförderung nach dem **BAföG** eröffnet.

C. Die Klage im Sozialgerichtsprozess

I. Zuständigkeit

6   **Örtlich zuständig** ist grundsätzlich das Sozialgericht, in dessen Bezirk der Kläger zur Zeit der Klageerhebung seinen **Wohnsitz oder Aufenthaltsort** hat (§ 57 Abs. 1 S. 1). Steht der Kläger in einem **Beschäftigungsverhältnis** kann er auch vor dem für den Beschäftigungsort zuständigen Sozialgericht klagen (§ 57 Abs. 1 S. 1). Hat der Kläger seinen Sitz oder Wohnsitz oder Aufenthaltsort **im Ausland,** so ist örtlich zuständig das Sozialgericht, in dessen Bezirk der Beklagte seinen Sitz oder Wohnsitz oder in Ermangelung dessen seinen Aufenthaltsort hat (§ 57 Abs. 3).

7   Im **ersten Rechtszug zuständig** ist das **Sozialgericht** (§ 8; zu Ausnahmen vgl. § 29 Abs. 2–4 und § 39 Abs. 2). Dieses entscheidet regelmäßig durch einen **Berufsrichter** als Vorsitzenden und **zwei ehrenamtliche Richter.**

II. Die Klagearten

8   Das SGG kennt
- die **Anfechtungsklage** (§ 54 Abs. 1 S. 1),
- die **Verpflichtungsklage** (§ 54 Abs. 1 S. 1), wobei Anfechtungs- und Verpflichtungsklagen auch kombiniert werden können (§ 56),
- die **Leistungsklage,** sei es als isoliert Leistungsklage (§ 54 Abs. 5), sei es in Kombination mit einer Anfechtungs- (§ 54 Abs. 4) oder Verpflichtungsklage (§ 56),
- die Feststellungsklage (§ 55),
- die Klage gegen Satzungen oder andere im Rang unter einem Landesgesetz stehende Rechtsvorschriften, die nach § 22a Abs. 1 SGB II und dem dazu ergangenen Landesgesetz erlassen worden sind (§ 55a),
- die Untätigkeitsklage (§ 88).

9   **Mehrere Klagebegehren** können nach § 56 in einer Klage **zusammen** verfolgt werden, wenn sie sich gegen denselben Beklagten richten, im Zusammenhang stehen und dasselbe Gericht zuständig ist.

10   Die **isolierte Anfechtungsklage** nach § 54 Abs. 1 S. 1 richtet sich gegen einen Verwaltungsakt, der entweder eine Leistung ablehnt oder in die Rechte des Betroffenen eingreift. Mit der isolierten Anfechtungsklage wird die **Aufhebung oder Abänderung eines Verwaltungsaktes** angestrebt.

11   **Regelmäßig** sind Ansprüche auf Sozialleistungen gegenüber der Behörde aber mit der **kombinierten Anfechtungs- und Leistungsklage** (§ 54 Abs. 1 S. 1, Abs. 4), soll eine Leistung, die im Ermessen der Behörde steht, erstritten werden, mit der **kombinierten Anfechtungs- und Verpflichtungsklage** (§ 54 Abs. 1 S. 1; vgl. Böttiger Sozialleistungen für Flüchtlinge und Asylbewerber/Luik Kap. 19 Rn. 20; sa Fichte/Jüttner/Böttiger § 54 Rn. 80) zu verfolgen. Denn alleine die Aufhebung des ablehnenden Verwaltungsaktes begründet noch nicht die Verpflichtung der Behörde zur Erbringung der begehrten Leistung. Bei diesen kombinierten Anfechtungs- und Leistungs- / Verpflichtungsklagen wird neben der Aufhebung des ablehnenden Verwaltungsaktes auch die Gewährung der Leistung bzw. der Erlass eines neuen Verwaltungsakts begehrt.

Zwar sieht § 55 die Möglichkeit einer **Feststellungsklage** vor, mit der unter anderem das **12** Bestehen oder Nichtbestehen eines Rechtsverhältnisses begehrt werden kann. Eine zulässige Feststellungsklage setzt dazu auch voraus, dass ein **berechtigtes Interesse** an der baldigen Feststellung besteht. Insoweit ist die Feststellungsklage regelmäßig gegenüber einer (kombinierten Anfechtungs- und) Leistungsklage, mit der nicht nur die Feststellung des Bestehens eines Anspruchs, sondern auch die daraus zustehenden Leistungen erstritten werden können, subsidiär (vgl. LPK-SGB III/Winkler Anh. Rn. 60). Mit der Feststellungsklage können darüber hinaus auch grundsätzlich **einzelne Anspruchselemente nicht gesondert festgestellt** werden. Daher wird regelmäßig eine Klage auf Feststellung einzelner Leistungsvoraussetzungen nicht zulässig sein. Die Feststellungsklage kann auch in Form einer **Fortsetzungsfeststellungsklage** auftreten, wenn der angefochtene Verwaltungsakt sich bereits erledigt hat und ein berechtigtes Interesse an der Feststellung dessen Rechtswidrigkeit besteht (vgl. BSG BeckRS 2007, 48096).

Wurde ohne zureichenden Grund innerhalb angemessener Frist nicht über einen Antrag entschieden, kann **Untätigkeitsklage** auf Erlass des Verwaltungsaktes bzw. des Widerspruchsbescheids **13** erhoben werden (§ 88). Mit dieser Klage – in der Sache handelt es sich um eine Verpflichtungsklage – begehrt der Kläger die Verurteilung der Behörde zum Erlass eines Verwaltungsaktes bzw. Widerspruchsbescheids. **Angemessene Frist** ist bei einem Antrag auf Vornahme eines Verwaltungsaktes grundsätzlich die Dauer von sechs Monaten seit dem Antrag (§ 88 Abs. 1 S. 1), wird ein Widerspruchsbescheid erstrebt, gilt als angemessene Frist eine solche von drei Monaten (§ 88 Abs. 2). Liegen zureichende Gründe dafür vor, dass das Verwaltungs- oder Widerspruchsverfahren länger dauert (zB bei aufwändigen Ermittlungen), kann das Gericht der Behörde eine Frist zur Entscheidung setzen (§ 88 Abs. 1 S. 2). In eiligen Fällen kommt auch ein Verfahren des einstweiligen Rechtsschutzes nach § 86b Abs. 2 in Betracht.

III. Weitere Zulässigkeitsvoraussetzungen / Sachurteilsvoraussetzungen

1. Klagebefugnis und Rechtsschutzinteresse

Die Klage ist nur zulässig, wenn der Kläger geltend macht und dies machen kann, in seinen **14** Rechten verletzt zu sein. **Klagebefugnis** liegt daher vor, wenn der Kläger geltend macht, **in einem subjektiven öffentlichen Recht verletzt** zu sein (§ 54 Abs. 1), er also geltend macht, ihm stehe ein Anspruch gegen die Behörde zu, und dieser Anspruch nicht schon objektiv ausgeschlossen ist.

Zur Zulässigkeit der Klage gehört auch, dass ein **Rechtsschutzbedürfnis** besteht. Ein solches **15** besteht nicht, wenn der Kläger seinem Recht auf einfacherem Wege Geltung verschaffen kann.

2. Form der Klage

Die Klage ist **schriftlich oder zu Protokoll** beim zuständigen Sozialgericht zu erheben (§ 90). **16** Nach § 65a kann eine Klage auch in elektronischer Form erhoben werden. Eine elektronische Klageerhebung ist jedoch nur möglich unter Verwendung einer elektronischen Signatur über den Weg des elektronischen Gerichtspostfaches (vgl. SG Neuruppin BeckRS 2020, 16079); eine Klage per **bloßer Email** ist mangels richtiger Form **unzulässig** (LSG Hmb BeckRS 2021, 11274; SG Neuruppin BeckRS 2020, 16079; Böttiger Sozialleistungen für Flüchtlinge und Asylbewerber/ Luik Kap. 19 Rn. 13).

In der **Klageschrift** muss der Kläger, der Beklagte und der Gegenstand des Klagebegehrens **17** bezeichnet werden (§ 92 Abs. 1 S. 1). Ein zulässiges Rechtsschutzbegehren erfordert insoweit im Regelfall, dass dem angerufenen Gericht eine ladungsfähige **Anschrift des Klägers** genannt wird (BayLSG BeckRS 2017, 125360). Dies gilt auch, wenn der Rechtsuchende anwaltlich vertreten ist (BayLSG BeckRS 2017, 125360). Zur **Bezeichnung des Beklagten** genügt die Angabe der Behörde. Die Klage soll einen **bestimmten Antrag** enthalten und von dem Kläger oder einer zu seiner Vertretung befugten Person mit Orts- und Zeitangabe **unterzeichnet** sein. Ferner soll in der Klageschrift der angefochtene Verwaltungsakt oder der Widerspruchsbescheid bezeichnet und die **zur Begründung dienenden Tatsachen und Beweismittel** angegeben werden, die angefochtene Verfügung und der Widerspruchsbescheid sollen in Abschrift beigefügt werden. In der Klage soll damit dargestellt werden, was der Kläger weshalb von welcher beklagten Behörde begehrt. Entspricht die Klage diesen Anforderungen nicht, hat der Vorsitzende den Kläger zu der erforderlichen Ergänzung innerhalb einer bestimmten Frist aufzufordern (§ 92 Abs. 2 S. 1). Er kann dem Kläger für die Ergänzung eine Frist mit ausschließender Wirkung setzen.

Die Klage muss das Klagebegehren deutlich machen. Ist das nicht hinreichend deutlich dem **18** Vorbringen der Klage zu entnehmen, ist das Klagebegehren durch Auslegung festzustellen. Insoweit hat das BSG auch das sog. „**Meistbegünstigungsprinzip**" (auch „Meistbegünstigungsgrundsatz" genannt, BSGE 108, 86 = BeckRS 2011, 73682; BSGE 97, 217 = BeckRS 2007, 40100) herangezogen. Danach sind der Klageantrag bzw. das Klagebegehren unabhängig vom Wortlaut unter Berücksichtigung **des wirklichen Willens auszulegen** (§ 123). Dabei hat sich das Gericht nicht daran zu orientieren, was als Klagantrag zulässig ist, sondern daran, was nach dem klägerischen Vorbringen begehrt wird, soweit jeder vernünftige Antragsteller mutmaßlich seinen Antrag bei entsprechender Beratung anpassen würde und keine Gründe für ein anderes Verhalten vorliegen (BSGE 108, 86 = BeckRS 2011, 73682; BSGE 97, 217 = BeckRS 2007, 40100 mwN). Das Begehren des Klägers soll möglichst weitgehend zum Tragen kommen (Böttiger Sozialleistungen für Flüchtlinge und Asylbewerber/Luik Kap. 19 Rn. 14).

3. Klagefrist

19   Die Anfechtungs- bzw. die Verpflichtungsklage, auch wenn sie untereinander oder mit einer Leistungsklage kombiniert sind, ist **innerhalb eines Monats nach Bekanntgabe des Widerspruchbescheides** zu erheben (§ 87 Abs. 1 S. 1). Für die Bekanntgabe des Widerspruchsbescheids gelten die allgemeinen Regelungen des SGB X. Wurde die Frist schuldlos versäumt, kommt **Wiedereinsetzung in den vorigen Stand** in Betracht (§ 67).

4. Auftreten und Vertretung im Gerichtsverfahren

20   In dem Verfahren vor dem Sozialgericht ist eine Vertretung durch einen Rechtsanwalt nicht gesetzlich vorgeschrieben. Jedoch muss der Kläger beteiligtenfähig, prozessfähig (vgl. §§ 69–72) und prozessführungsbefugt sein. Liegen diese Voraussetzungen vor, können die Beteiligten den Rechtsstreit selbst führen (§ 73 Abs. 1). Die Beteiligten können sich aber auch zB durch einen Rechtsanwalt oder einen Rechtslehrer an einer staatlichen oder staatlich anerkannten Hochschule eines Mitgliedstaates der EU vertreten lassen. Darüber hinaus sind als Bevollmächtigte vor dem Sozialgericht vertretungsbefugt nur die in § 73 Abs. 2 aufgeführten Personen.

21   Ist der Kläger prozessunfähig, wird er durch seinen gesetzlichen Vertreter vertreten. Es kann für das Gerichtsverfahren auch ein besonderer Vertreter bestellt werden (vgl. § 72 Abs. 1). Die Bestellung eines Betreuers nach dem BGB hat dabei aber keinen Einfluss auf die Prozessfähigkeit. Etwas anderes gilt nur, wenn die Betreuung mit Einwilligungsvorbehalt (§ 1903 BGB) angeordnet wurde und diese den Sozialgerichtsprozess betrifft (s. LPK-SGB III/Winkler Anh. Rn. 68).

5. Klagegegner

22   Klagegegner ist grundsätzlich der **Rechtsträger der Behörde,** die den Verwaltungsakt erlassen hat. Da der Rechtsträger der handelnden Behörde nicht immer einfach festzustellen ist, genügt es, wenn die Klage die handelnde Behörde bezeichnet (§ 92 Abs. 1 S. 2). Die Klage kann inhaltlich jedoch nur Erfolg haben, wenn der Kläger auch einen Anspruch gegen den beklagten Rechtsträger hat. Stellt sich aber heraus, dass der Beklagte nicht Anspruchsgegner ist, kann ggf. auch ein Versicherungsträger, ein Träger der Grundsicherung für Arbeitsuchende, ein Träger der Sozialhilfe, ein Träger der Leistungen nach dem Asylbewerberleistungsgesetz oder in Angelegenheiten des sozialen Entschädigungsrechts ein Land **nach Beiladung verurteilt** werden (§ 75 Abs. 5).

IV. Kommunikation mit dem Gericht – rechtliches Gehör

23   Die Kommunikation mit dem Gericht erfolgt in der **deutschen Sprache.** Diese ist die **Gerichtssprache** (§ 184 S. 1 GVG; zur Ausnahme bei der sorbischen Sprache vgl. § 184 S. 2 GVG). Wird unter Beteiligung von Personen verhandelt, die der deutschen Sprache nicht mächtig sind, so ist ein **Dolmetscher zuzuziehen** (§ 185 Abs. 1 S. 1 GVG). Daher soll das Gericht frühzeitig darauf hingewiesen werden, dass ein Dolmetscher benötigt wird (Böttiger Sozialleistungen für Flüchtlinge und Asylbewerber/Luik Kap. 19 Rn. 15). Mit **Personen mit Hör- oder Sprachbehinderung** erfolgt die Kommunikation nach ihrer Wahl mündlich, schriftlich oder mit Hilfe einer der Verständigung ermöglichenden Person, die vom Gericht hinzuzuziehen, ggf. auch durch geeignete technische Hilfsmittel (§ 186 Abs. 1 GVG). Eine **blinde oder sehbehinderte Person** kann Schriftsätze und andere Dokumente in einer für sie wahrnehmbaren Form bei Gericht einreichen (§ 191a Abs. 1 S. 1 GVG). Sie kann nach Maßgabe der Rechtsverordnung nach § 191a Abs. 2 GVG verlangen, dass ihr Schriftsätze und andere Dokumente eines gerichtlichen Verfahrens barrierefrei zugänglich gemacht werden (Böttiger Sozialleistungen für Flüchtlinge und Asylbewerber/Luik Kap. 19 Rn. 16).

Die Kommunikation mit dem Gericht ist für den **Anspruch auf rechtliches Gehör** bedeut- 24
sam. Nach **Art. 103 Abs. 1 GG** hat vor Gericht jedermann Anspruch auf rechtliches Gehör. Im
SGG bestimmt § 62, dass vor jeder Entscheidung den Beteiligten rechtliches Gehör zu gewähren
ist; die Anhörung kann schriftlich oder elektronisch geschehen. Damit soll sichergestellt werden,
dass der Einzelne soll nicht bloßes Objekt des gerichtlichen Verfahrens ist, vielmehr soll er vor
einer Entscheidung, die gerade seine Rechte betrifft, **zu Wort kommen,** um so **Einfluss auf
das Verfahren** und sein Ergebnis nehmen zu können (jurisPK-SGG/Senger § 62 Rn. 9). Daher
ist den Verfahrensbeteiligten die Möglichkeit einzuräumen, von allen verfahrensrelevanten
Gesichtspunkten Kenntnis zu nehmen und sich hierzu gegenüber dem Gericht äußern zu können
(Böttiger Sozialleistungen für Flüchtlinge und Asylbewerber/Luik Kap. 19 Rn. 15). Dieses Recht
gehört zu den Grundpfeilern eines rechtsstaatlichen fairen Gerichtsverfahrens. Verstöße hiergegen
können auch mit der Anhörungsrüge nach § 178a gerügt werden.

V. Verfahrensablauf

Das Sozialgericht hat nach Eingang der Klage dem Klagegegner – das ist regelmäßig die Behörde 25
bzw. deren Rechtsträger – Gelegenheit zu geben, sich zu äußern (zum Verfahren insgesamt vgl.
Hassel/Gurgel/Otto, Handbuch des Fachanwalts Sozialrecht/Binder, 6. Aufl. 2020, 176 ff.). Die
beklagte Behörde muss dem Gericht die **Akte vorlegen** und ist zu sonstigen Auskünften verpflichtet (§ 119). Das Gericht **ermittelt den Sachverhalt von Amts wegen,** kann dazu aber auch
die Beteiligten heranziehen und Beweis erheben (§§ 106 Abs. 3, 118). Die Beteiligten können
zur Vorbereitung der mündlichen Verhandlung **Schriftsätze einreichen** (§ 108 Abs. 1 S. 1). Die
Beteiligten haben das Recht zur **Akteneinsicht,** soweit die übersendende Behörde dies nicht
ausschließt (§ 120 Abs. 1). Die Akteneinsicht erfolgt grundsätzlich beim Gericht, einem Rechtsanwalt kann die Akte in die Geschäftsräume übersandt werden.

Nach Klageerhebung wird ein neuer Verwaltungsakt nach § 96 Abs. 1 nur dann Gegenstand 26
dieses Klageverfahrens, wenn er nach Erlass des Widerspruchsbescheides ergangen ist und den
angefochtenen Verwaltungsakt abändert oder ersetzt. Eine Abschrift des neuen Verwaltungsakts
ist dem Gericht mitzuteilen, bei dem das Verfahren anhängig ist. Einer Klage gegen diesen Verwaltungsakt bedarf es daher nicht. Maßgeblich ist aber, dass der neue Verwaltungsakt den Regelungsgegenstand des mit der Klage angefochtenen Verwaltungsaktes abändert oder ersetzt. Ob das der
Fall ist, ist im Einzelfall durch Prüfung der jeweiligen Verwaltungsaktsbestimmungen festzustellen.

Eine **Änderung der Klage** ist grundsätzlich möglich. Ihre Voraussetzungen richten sich nach 26a
§ 99. Nach § 99 Abs. 1 ist eine Änderung der Klage nur zulässig, wenn die übrigen Beteiligten
einwilligen oder das Gericht die Änderung für sachdienlich hält. Die Einwilligung der Beteiligten
in die Änderung der Klage ist anzunehmen, wenn sie sich, ohne der Änderung zu widersprechen,
in einem Schriftsatz oder in einer mündlichen Verhandlung auf die abgeänderte Klage eingelassen
haben (§ 99 Abs. 2). Die Zulässigkeit einer geänderten Klage ist grundsätzlich von der Zulässigkeit
einer Klageänderung zu unterscheiden (BSG BeckRS 2016, 72358). Eine wirksame Klageänderung ersetzt nicht die für die Zulässigkeit der geänderten Klage erforderlichen, ggf. fehlenden
Prozessvoraussetzungen (BSG BeckRS 2016, 72358 mwN). Die Prozessvoraussetzungen einer
Klage (zB die Wahrung der Klagefrist) müssen auch insoweit in Bezug auf die geänderte Klage
in jeder Lage des Verfahrens gegeben sein und stehen nicht zur Disposition der Beteiligten (BSG
BeckRS 2016, 72358). Jedoch sind nicht alle Veränderungen im Laufe eines Klageverfahrens als
Klageänderung an § 99 Abs. 1 zu messen. Insoweit sieht § 99 Abs. 3 vor, dass bestimmte Veränderungen nicht als Klageänderung anzusehen sind. So ist es nicht als eine Änderung der Klage
anzusehen, wenn ohne Änderung des Klagegrunds
- die tatsächlichen oder rechtlichen Ausführungen ergänzt oder berichtigt werden,
- der Klageantrag in der Hauptsache oder in Bezug auf Nebenforderungen erweitert oder
  beschränkt wird,
- statt der ursprünglich geforderten Leistung wegen einer später eingetretenen Veränderung eine
  andere Leistung verlangt wird.

Über die Klage entscheidet das Sozialgericht **aufgrund mündlicher Verhandlung** (§ 124; zur 27
Möglichkeit einer Videoverhandlung vgl. § 110a) durch **Urteil.** Ohne mündliche Verhandlung
kann das Gericht entscheiden, wenn die Beteiligten dem zustimmen (§ 124 Abs. 2) oder die Sache
keine besonderen Schwierigkeiten tatsächlicher oder rechtlicher Art aufweist und der Sachverhalt
geklärt ist (**Gerichtsbescheid** gem. § 105 Abs. 1 S. 1).

Das **Verfahren endet** durch Urteil bzw. Gerichtsbescheid bzw. durch Klagerücknahme, Erledi- 28
gungserklärung, angenommenes Anerkenntnis oder einen Vergleich. Die Klagerücknahme ist bis

zur Rechtskraft des Urteils möglich (§ 102 S. 1). Mit der Klagerücknahme wird der Rechtsstreit in der Hauptsache erledigt (§ 102 S. 2).

VI. Kosten

29   Im Verfahren vor den Sozialgerichten ist das Verfahren unter anderem für Versicherte und Leistungsempfänger **grundsätzlich kostenfrei,** soweit sie in dieser jeweiligen Eigenschaft als Kläger oder Beklagte am Verfahren beteiligt sind (vgl. § 183; Ausnahme von der Kostenfreiheit: § 192 und Verfahren nach § 197a). Die **außergerichtlichen Kosten,** wozu auch die Kosten der Rechtsvertretung im Gerichtsverfahren gehören, trägt grundsätzlich der **unterliegende Beteiligte,** worüber das Gericht – im Fall eines Urteils von Amts wegen, im Fall der anderweitigen Erledigung des Rechtsstreits auf Antrag – eine Entscheidung trifft (vgl. § 193 Abs. 1). Jedoch kann die Behörde in den kostenfreien Verfahren nach § 183 auch dann, wenn sie obsiegt, vom unterliegenden Kläger keine Erstattung ihrer Kosten verlangen (§ 193 Abs. 4 iVm § 184 Abs. 1).

30   Kann eine Partei nach ihren persönlichen und wirtschaftlichen Verhältnissen die Kosten der Prozessführung nicht, nur zum Teil oder nur in Raten aufbringen, erhält diese auf Antrag **Prozesskostenhilfe,** wenn die beabsichtigte Rechtsverfolgung oder Rechtsverteidigung hinreichende Aussicht auf Erfolg bietet und nicht mutwillig erscheint (§ 73a iVm §§ 114 ff. ZPO).

VII. Weiterer Rechtsweg

31   Gegen Urteile des Sozialgerichts findet nach § 143 die **Berufung** an das Landessozialgericht statt. Die Berufung ist jedoch ausgeschlossen (§ 145 Abs. 4), wenn diese sich nur um die Kosten des Verfahrens drehen soll. Die Berufung bedarf nach § 144 Abs. 1 S. 1 der **Zulassung,** wenn der Wert des Beschwerdegegenstandes
- bei einer Klage, die eine Geld-, Dienst- oder Sachleistung oder einen hierauf gerichteten Verwaltungsakt betrifft, 750 EUR (§ 144 Abs. 1 S. 1 Nr. 1) oder
- bei einer Erstattungsstreitigkeit zwischen juristischen Personen des öffentlichen Rechts oder Behörden 10.000 EUR (§ 144 Abs. 1 S. 1 Nr. 2)

nicht übersteigt. Das gilt nicht, wenn die Berufung wiederkehrende oder laufende Leistungen für mehr als ein Jahr betrifft. Die Zulassung der Berufung erfolgt **im Urteil** oder kann nach § 145 mit der **Nichtzulassungsbeschwerde** erzwungen werden, wenn die Rechtssache grundsätzliche Bedeutung hat, das Urteil von einer Entscheidung des Landessozialgerichts, des BSG, des GmS-OGB oder des BVerfG abweicht und auf dieser Abweichung beruht oder ein der Beurteilung des Berufungsgerichts unterliegender Verfahrensmangel geltend gemacht wird und vorliegt, auf dem die Entscheidung beruhen kann (vgl. § 144 Abs. 2).

32   Entscheidet das Sozialgericht nicht durch Urteil, sondern durch **Gerichtsbescheid** iSd § 105 können die Beteiligten innerhalb eines Monats nach Zustellung des Gerichtsbescheids das **Rechtsmittel** einlegen, das zulässig wäre, wenn das Gericht durch Urteil entschieden hätte (§ 105 Abs. 2 S. 1). Ist die Berufung insoweit statthaft, ist die Berufung einzulegen. Ist die **Berufung** jedoch **nicht gegeben,** kann **mündliche Verhandlung** beantragt werden (§ 105 Abs. 2 S. 2). Alternativ kann ggf. auch nach § 145 gegen die Nichtzulassung der Berufung vorgegangen werden. Wird sowohl ein Rechtsmittel (§ 145) eingelegt als auch mündliche Verhandlung beantragt, findet nach § 105 Abs. 2 S. 3 eine mündliche Verhandlung vor dem Sozialgericht statt.

33   Gegen Urteile bzw. urteilsersetzende Beschlüsse (vgl. zB § 153 Abs. 4) des Landessozialgerichts steht den Beteiligten nach § 160 Abs. 1 die **Revision** an das BSG nur zu, wenn sie in der Entscheidung des Landessozialgerichts oder in einem Beschluss des **BSG** nach § 160a Abs. 4 S. 1 – dann auf **Nichtzulassungsbeschwerde** hin – zugelassen worden ist.

Migrationsrechtliche Bezüge des Strafrechts

Grundgesetz für die Bundesrepublik Deutschland

Vom 23. Mai 1949

(BGBl. I S. 1)

BGBl. III/FNA 100-1

– in Auszügen kommentiert –

Art. 103 [Grundrechte vor Gericht]

(1) Vor Gericht hat jedermann Anspruch auf rechtliches Gehör.

(2) Eine Tat kann nur bestraft werden, wenn die Strafbarkeit gesetzlich bestimmt war, bevor die Tat begangen wurde.

(3) Niemand darf wegen derselben Tat auf Grund der allgemeinen Strafgesetze mehrmals bestraft werden.

Überblick

Nach Art. 103 Abs. 3 GG darf niemand wegen derselben Tat aufgrund der allgemeinen Strafgesetze mehrmals bestraft werden. Durch die Einführung des SDÜ wurde dieser Grundsatz, der zuvor lediglich für inländische Verurteilungen galt, erheblich erweitert, sodass nun ein sog. „internationaler Strafklageverbrauch" normiert ist. Im Rahmen der Vorschrift gilt ein im Verhältnis zu den nationalen Rechtsordnungen eigenständiger, autonom nach unionsrechtlichen Maßstäben auszulegender Tatbegriff (EuGH NJW 2016, 1781; 2007, 3412; 2011, 983; NStZ 2008, 164).

Am 24.6.2021 hat der Deutsche Bundestag einen Gesetzesentwurf, mit dem die Wiederaufnahme eines rechtskräftig abgeschlossenen Verfahrens zuungunsten eines freigesprochenen Angeklagten bei schwersten Straftaten gem. § 362 StPO ermöglicht werden soll, beschlossen – sog. „Gesetz zur Herstellung materieller Gerechtigkeit" (BT-Drs. 19/30399).

A. Art. 54 SDÜ

Nach Art. 54 SDÜ tritt (auch) **Strafklageverbrauch** ein, wenn der Beschuldigte durch eine 1 andere Vertragspartei des Schengener Durchführungsübereinkommens rechtskräftig abgeurteilt worden ist und die Sanktion im Falle einer Verurteilung vollstreckt worden ist, gerade vollstreckt wird oder nach dem Recht des Urteilsstaats nicht mehr vollstreckt werden kann. Es handelt sich um ein Verfahrenshindernis, das in jeder Lage des Verfahrens zu berücksichtigen ist. Maßgebliches Kriterium für die Anwendung der Vorschrift ist die Identität der materiellen Tat unabhängig von der Einordnung der Tatsachen nach den Strafrechtsordnungen der Vertragsstaaten (BGH BeckRS 2019, 13290).

Unter den Begriff der Aburteilung ist auch ein **Freispruch** zu fassen (EuGH StV 2007, 57; 2 NStZ 20017, 408; BGH NStZ 2001, 557; NStZ-RR 2007, 179; Schomburg StV 1997, 383; Hecker StV 2001, 306).

Auch die Strafaussetzung zur **Bewährung** wird „gerade vollstreckt" (EuGH NJW 2007, 3412; 3 BGH NJW 2001, 692; OLG München StV 2001, 495).

Zwischenzeitlich geklärt ist die Frage, dass die erneute Strafverfolgung unzulässig ist, wenn die 4 Staatsanwaltschaft eines Mitgliedsstaates das eingeleitete Verfahren **rechtskräftig** eingestellt hat, nachdem der Beschuldigte Auflagen erfüllt hat (EuGH NJW 2013, 1173; nur vorübergehende Einstellung: EuGH NStZ-RR 2009, 109).

Es ist ausreichend, dass die Aburteilung in **Abwesenheit** des Angeklagten erfolgte, das nationale 5 Recht aber eine Wiederholung der Hauptverhandlung vor Vollstreckung der Strafe vorsieht (EuGH NJW 2009, 3149; BGH NStZ 2006, 106).

B. Ausschlusstatbestand (Art. 55 SDÜ)

6   Die Anwendung des Art. 54 SDÜ ist nach Art. 55 SDÜ ausgeschlossen, wenn die Tat, die mit der ausländischen Entscheidung abgeurteilt worden ist, ganz oder teilweise im **Hoheitsgebiet der Bundesrepublik Deutschland** begangen worden ist, die Tat eine Straftat gegen die Sicherheit der Bundesrepublik Deutschland oder gegen gleichermaßen wesentliche Interessen gerichtet ist, oder die Tat von einem Bediensteten der Bundesrepublik Deutschland unter Verletzung seiner Amtspflicht begangen worden ist.

7   Sofern Art. 54 SDÜ nicht angewendet wird, kann die Aburteilung im Ausland im Rahmen der **Strafzumessung** zu berücksichtigen sein (BGH NStZ 1986, 312; StV 1983, 326; 1992, 155).

C. Gesetz zur Herstellung materieller Gerechtigkeit

I. Gesetzesentwurf

8   Nach bisher geltender Fassung des § 362 StPO ist eine Wiederaufnahme eines durch rechtskräftiges Urteil abgeschlossenen Verfahrens zuungunsten des Angeklagten nur in engen Ausnahmefällen – insbesondere, wenn von dem Freigesprochenen nachträglich ein glaubwürdiges Geständnis abgelegt wird – zulässig.

9   Hierbei handelt es sich um einen direkten Ausfluss des in Abs. 3 verankerten Prinzips, dass niemand wegen derselben Tat mehrmals angeklagt werden darf.

10   Nach der Neufassung des § 362 StPO soll in Fällen, in denen „ein Festhalten an der Rechtskraft des freisprechenden Urteils zu – gemessen an der materiellen Gerechtigkeit – schlechterdings unerträglichen Ergebnissen führen würde" (BT-Drs. 19/30399) eine Wiederaufnahme zuungunsten des Freigesprochenen möglich sein, „wenn bei schwersten Straftaten erst nach Abschluss des Gerichtsverfahrens neue, belastende Beweismittel aufgefunden werden, aus denen sich mit einer hohen Wahrscheinlichkeit die strafrechtliche Verantwortlichkeit eines zuvor Freigesprochenen ergibt."

11   Der Bundesrat hat dem Gesetzesentwurf noch nicht zugestimmt.

II. Kritik

12   Der Gesetzesentwurf ist bereits im Vorfeld als verfassungswidrig kritisiert worden, da Abs. 3 auch die Doppelverfolgung nach einem Freispruch verbiete. Zudem bestehe die Gefahr, dass die Neuregelung zu einer Art Dammbruch werde – wenn der Katalog der Straftaten, bei denen eine Wiederaufnahme zuungunsten des Freigesprochenen bei Vorliegen neuer Beweismittel möglich sein soll, erweitert werde.

Straf- und Strafprozessrecht

Strafgesetzbuch (StGB)

In der Fassung der Bekanntmachung vom 13. November 1998
(BGBl. I S. 3322)
FNA 450-2
– in Auszügen kommentiert –

Allgemeiner Teil

§ 17 Verbotsirrtum

¹Fehlt dem Täter bei Begehung der Tat die Einsicht, Unrecht zu tun, so handelt er ohne Schuld, wenn er diesen Irrtum nicht vermeiden konnte. ²Konnte der Täter den Irrtum vermeiden, so kann die Strafe nach § 49 Abs. 1 gemildert werden.

Überblick

Fehlt die Einsicht, Unrecht zu tun, ist bei Unvermeidbarkeit des Irrtums die Schuld ausgeschlossen (Fischer Rn. 2 mwN). Die Strafe kann nach § 49 Abs. 1 gemildert werden. Bedeutung gewinnt die Frage der Vermeidbarkeit insbesondere dann, wenn der Handelnde einem fremden Kulturkreis entstammt bzw. verhaftet ist, da insoweit auf die Fähigkeiten und Kenntnisse des Täters zum Tatzeitpunkt abzustellen ist; gab es Anlass, über die Rechtswidrigkeit des Handelns nachzudenken oder (Rechts)rat einzuholen, ist der Irrtum in der Regel vermeidbar, was – insbesondere bei kurzer Aufenthaltsdauer (Laubenthal/Baier GA 2000, 205) – bei aus dem Ausland stammenden oder in einem fremden Kulturkreis verwurzelten Personen problematisch sein kann (Fischer Rn. 7, 10 mwN).

A. Handlungsort im Ausland

Handelt ein Täter im Ausland und weiß er, dass er ein Rechtsgut verletzt, das am Erfolgsort **1** in der Bundesrepublik strafrechtlich geschützt ist, liegt auch dann **kein Verbotsirrtum** vor, wenn er davon ausgeht, dass sein Tun am Handlungsort erlaubt ist (BGHSt 45, 97 mAnm Neumann StV 2000, 422 (425); Börger NStZ 2000, 31; Döllinger JR 2000, 397).

B. Unkenntnis einer bestehenden Norm

Die Unkenntnis einer Norm **kann** einen unvermeidbaren Verbotsirrtum begründen. Das LG **2** Mannheim (NJW 1990, 2212) sah zB den Verbotsirrtum eines Pakistani im Fall der unterlassenen Hilfeleistung als unvermeidbar an, da es im pakistanischen Recht an einem entsprechenden Straftatbestand mangelte.

C. Im Heimatstaat geltender Rechtfertigungsgrund

Glaubt der Ausländer an die Existenz eines im Heimatstaat geltenden Rechtfertigungsgrundes, **3** den die deutsche Rechtsordnung nicht anerkennt, kann ein unvermeidbarer Verbotsirrtum (sog. „**Erlaubnisirrtum**") vorliegen. So steht zB nach türkischem Zivilrecht die Wahl der Ehewohnung ausschließlich dem Ehemann zu, sodass es – nach türkischem Recht – keine Freiheitsberaubung darstellt, wenn die Ehefrau gegen ihren Willen und unter Gewaltanwendung in die Wohnung des Ehemannes verbracht wird, um die von ihr verweigerte eheliche Lebensgemeinschaft herzustellen. Dem folgend lehnte das AG Grevenbroich (NJW 1983, 528) die Eröffnung des Hauptverfahrens ab.

D. Glaubens- und Gewissensfreiheit (Art. 4 GG)

Es ist umstritten, ob und inwieweit aus der in Art. 4 GG garantierten Glaubens- und Gewissens- **4** freiheit ein **Rechtfertigungs- oder Entschuldigungsgrund** hergeleitet werden kann; zuletzt wurde dies im Zusammenhang mit der religiös motivierten Beschneidung von Jungen erörtert (LG Köln StV 2012, 603 mAnm Kreß; Herzberg MedR 2012, 169; Putzke MedR 2012, 621; Brocke/Weidling StraFo 2012, 450; Jerouschek NStZ 2008, 313; Rixen NJW 2013, 257; Bartsch StV 2012, 607; Hilgendorf StV 2014, 555; Renzikowski NJW 2014, 2539).

In der dazu ergangenen Grundsatzentscheidung des BVerfG (BVerfGE 32, 98; vgl. aber auch BVerfGE **4.1** 23, 127) heißt es unter anderem wörtlich: „Wer sich in einer konkreten Situation durch seine Glaubensüberzeugung zu einem Tun oder Unterlassen bestimmen lässt, kann mit den in der Gesellschaft herrschenden sittlichen Anschauungen in Konflikt geraten. Verwirklicht er durch dieses Verhalten nach herkömmlicher Auslegung einen Straftatbestand, so ist im Lichte des Art. 4 Abs. 1 GG zu fragen, ob unter den besonderen Umständen des Falles eine Bestrafung den Sinn staatlichen Strafens überhaupt noch erfüllen würde. Ein solcher Täter lehnt sich nicht aus mangelnder Rechtsgesinnung gegen die staatliche Rechtsordnung auf; das durch die Strafdrohung geschützte Rechtsgut will er auch wahren. Er sieht sich aber in eine Grenzsituation gestellt, in der die allgemeine Rechtsordnung mit dem persönlichen Glaubensgebot in Widerspruch tritt und fühlt die Verpflichtung, hier dem höheren Gebot des Glaubens zu folgen. Ist diese Entscheidung auch objektiv nach den in der Gesellschaft allgemein herrschenden Wertvorstellungen zu missbilligen, so ist sie doch nicht mehr in dem Maße vorwerfbar, dass es gerechtfertigt wäre, mit der schärfsten der Gesellschaft zu Gebote stehenden Waffe, dem Strafrecht, gegen den Täter vorzugehen. Kriminalstrafe ist – unabhängig von ihrer Höhe – bei solchen Fallgestaltungen unter keinem Aspekt [...] eine adäquate Sanktion."

§ 32 Notwehr

(1) Wer eine Tat begeht, die durch Notwehr geboten ist, handelt nicht rechtswidrig.

(2) Notwehr ist die Verteidigung, die erforderlich ist, um einen gegenwärtigen rechtswidrigen Angriff von sich oder einem anderen abzuwenden.

(2) Eine Tötung wird nicht als Verletzung dieses Artikels betrachtet, wenn sie durch eine Gewaltanwendung verursacht wird, die unbedingt erforderlich ist, um
a) jemanden gegen rechtswidrige Gewalt zu verteidigen;
b) jemanden rechtmäßig festzunehmen oder jemanden, dem die Freiheit rechtmäßig entzogen ist, an der Flucht zu hindern;
c) einen Aufruhr oder Aufstand rechtmäßig niederzuschlagen.

1 Zur Frage, inwieweit abweichende Wertvorstellungen bei der Bewertung eine Rolle spielen können, → § 17 Rn. 1 ff. Bezüglich der Straflosigkeit der unerlaubten Einreise → GFK Art. 31 Rn. 8 ff.

§ 33 Überschreitung der Notwehr

Überschreitet der Täter die Grenzen der Notwehr aus Verwirrung, Furcht oder Schrecken, so wird er nicht bestraft.

1 Zur Frage, inwieweit abweichende Wertvorstellungen bei der Bewertung eine Rolle spielen können, → § 17 Rn. 1 ff. Bezüglich der Straflosigkeit der unerlaubten Einreise → GFK Art. 31 Rn. 8 ff.

§ 34 Rechtfertigender Notstand

[1]Wer in einer gegenwärtigen, nicht anders abwendbaren Gefahr für Leben, Leib, Freiheit, Ehre, Eigentum oder ein anderes Rechtsgut eine Tat begeht, um die Gefahr von sich oder einem anderen abzuwenden, handelt nicht rechtswidrig, wenn bei Abwägung der widerstreitenden Interessen, namentlich der betroffenen Rechtsgüter und des Grades der ihnen drohenden Gefahren, das geschützte Interesse das beeinträchtigte wesentlich überwiegt. [2]Dies gilt jedoch nur, soweit die Tat ein angemessenes Mittel ist, die Gefahr abzuwenden.

1 Zur Frage, inwieweit abweichende Wertvorstellungen bei der Bewertung eine Rolle spielen können, → § 17 Rn. 1 ff. Bezüglich der Straflosigkeit der unerlaubten Einreise → GFK Art. 31 Rn. 8 ff.

§ 35 Entschuldigender Notstand

(1) [1]Wer in einer gegenwärtigen, nicht anders abwendbaren Gefahr für Leben, Leib oder Freiheit eine rechtswidrige Tat begeht, um die Gefahr von sich, einem Angehörigen oder einer anderen ihm nahestehenden Person abzuwenden, handelt ohne Schuld. [2]Dies gilt nicht, soweit dem Täter nach den Umständen, namentlich weil er die Gefahr selbst verursacht hat oder weil er in einem besonderen Rechtsverhältnis stand, zugemutet werden konnte, die Gefahr hinzunehmen; jedoch kann die Strafe nach § 49 Abs. 1 gemildert werden, wenn der Täter nicht mit Rücksicht auf ein besonderes Rechtsverhältnis die Gefahr hinzunehmen hatte.

(2) [1]Nimmt der Täter bei Begehung der Tat irrig Umstände an, welche ihn nach Absatz 1 entschuldigen würden, so wird er nur dann bestraft, wenn er den Irrtum vermeiden konnte. [2]Die Strafe ist nach § 49 Abs. 1 zu mildern.

1 Zur Frage, inwieweit abweichende Wertvorstellungen bei der Bewertung eine Rolle spielen können, → § 17 Rn. 1 ff. Bezüglich der Straflosigkeit der unerlaubten Einreise → GFK Art. 31 Rn. 8 ff.

§ 46 Grundsätze der Strafzumessung

(1) ¹Die Schuld des Täters ist Grundlage für die Zumessung der Strafe. ²Die Wirkungen, die von der Strafe für das künftige Leben des Täters in der Gesellschaft zu erwarten sind, sind zu berücksichtigen.

(2) ¹Bei der Zumessung wägt das Gericht die Umstände, die für und gegen den Täter sprechen, gegeneinander ab. ²Dabei kommen namentlich in Betracht:
die Beweggründe und die Ziele des Täters, besonders auch rassistische, fremdenfeindliche, antisemitische oder sonstige menschenverachtende,
die Gesinnung, die aus der Tat spricht, und der bei der Tat aufgewendete Wille,
das Maß der Pflichtwidrigkeit,
die Art der Ausführung und die verschuldeten Auswirkungen der Tat,
das Vorleben des Täters, seine persönlichen und wirtschaftlichen Verhältnisse sowie
sein Verhalten nach der Tat, besonders sein Bemühen, den Schaden wiedergutzumachen, sowie das Bemühen des Täters, einen Ausgleich mit dem Verletzten zu erreichen.

(3) Umstände, die schon Merkmale des gesetzlichen Tatbestandes sind, dürfen nicht berücksichtigt werden.

Überblick

§ 46 regelt die Grundlagen der Strafzumessung. Bezüglich der allgemeinen Grundsätze sei auf die einschlägige (Kommentar-) Literatur verwiesen. Verfügt der Täter über einen Migrationshintergrund, gilt es folgende Besonderheiten zu beachten:

Übersicht

A. Strafschärfungsgründe

I. Ausländereigenschaft

Die Ausländereigenschaft als solche darf wegen des darin liegenden **Verstoßes gegen Art. 3** **1** **Abs. 3 GG** nicht strafschärfend verwertet werden (BGH NJW 1972, 2191; StV 1981, 123; BGHR StGB § 46 Abs. 2 StGB Wertungsfehler 21 = BeckRS 1990, 31085004; StV 1991, 557; BGHR StGB § 46 Abs. 2 Lebensumstände 12 = BeckRS 1991, 31080614; NStZ 1993, 337; StV 1987, 20; OLG Düsseldorf StV 1995, 526; Fischer Rn. 43 mwN). Formulierungen wie „der Angeklagte habe das ihm eingeräumte Gastrecht" (BGH NJW 1972, 2191; StV 1981, 123; NStZ 1993, 337; Eberth/Müller/Schütrumpf, Verteidigung in Betäubungsmittelsachen, 7. Aufl. 2018, Rn. 254) oder „die Gunst des Erwerbs der deutschen Staatsangehörigkeit missbraucht" (BGH Beschl. v. 29.4.1981 – 5 StR 745/80 nach Mösl NStZ 1982, 150), sind daher rechtsfehlerhaft, wenn sie besorgen lassen, dass allein die Ausländereigenschaft des Angeklagten strafschärfend verwertet worden ist.

Als zulässig wird es dagegen angesehen, die Strafe zu schärfen, wenn „die Tat durch die Auslän- **2** dereigenschaft des Täters oder seine Stellung als Asylbewerber in einer für die Schuldgewichtung erheblichen Weise geprägt wird" (BGH Beschl. v. 29.4.1981 – 5 StR 745/80 nach Mösl NStZ 1982, 150 mwN). Eine Strafschärfung kommt der Rechtsprechung folgend demnach in Betracht, wenn der ausländische Täter in der Absicht in die Bundesrepublik Deutschland einreist und Asyl beantragt, um hier **schwerwiegende Straftaten** (zB im Rahmen der Organisierten Kriminalität) zu begehen (BGH Beschl. v. 29.4.1981 – 5 StR 745/80 nach Mösl NStZ 1982, 150), er in strafbarer Weise besondere **Vorteile missbraucht** oder sich erschleicht, die ihm gerade mit Rücksicht auf seine Ausländereigenschaft oder Eigenschaft als Asylbewerber gewährt worden sind (BGH Beschl. v. 29.4.1981 – 5 StR 745/80 nach Mösl NStZ 1982, 150), die Straftat (zB eine mittelbare

Falschbeurkundung) im **unmittelbaren Zusammenhang** mit der Inanspruchnahme des Gastrechts steht (BGH Beschl. v. 29.4.1981 – 5 StR 745/80 nach Mösl NStZ 1982, 150) oder sich die Straftat **gegen die Bundesrepublik Deutschland** oder ihre Sicherheit richtet (BGH Beschl. v. 29.4.1981 – 5 StR 745/80 nach Mösl NStZ 1982, 150).

3   **Unzulässig** ist indes die strafschärfende Erwägung, der ausländische Angeklagte habe durch sein strafbares Verhalten dazu beigetragen, „die überwiegend unberechtigten Vorurteile gegen Asylbewerber in der deutschen Bevölkerung zu vertiefen und ein gedeihliches Zusammenleben zwischen ausländischen und deutschen Bürgern erheblich zu erschweren" (OLG Bremen StV 1994, 130 f.; BGH NStZ 1993, 337).

II. Tatfolgen

4   Tatfolgen dürfen zwar auch dann strafschärfend berücksichtigt werden, wenn sie in keinem unmittelbaren Zusammenhang mit dem strafbaren Verhalten stehen, dh **außerhalb des eigentlichen Tatbereichs** liegen. Erforderlich ist aber, dass die Auswirkungen geeignet sind, das Tatbild zu prägen und die Bewertung der Schuldschwere zu beeinflussen. Zudem muss es sich um Folgen handeln, die in den Schutzbereich der strafrechtlichen Norm fallen, deren Verletzung dem Täter vorgeworfen wird (BGH NStZ 1993, 337). Werden dem Täter „Diskreditierungsfolgen" angelastet, berühren diese weder das Gewicht seiner Tat noch lassen sie irgendwelche Rückschlüsse auf seine für die Schuldbewertung erheblichen Einstellungen zu. Da sie in der Regel auch nicht vom Schutzbereich der verletzten Norm erfasst werden, ist eine entsprechende strafschärfende Verwertung unzulässig (BGH NStZ 1993, 337).

5   Der Umstand, dass der Ausländer aufgrund seines **äußeren Erscheinungsbildes** für Europäer schwer identifizierbar ist, darf selbst dann nicht strafschärfend verwertet werden, wenn er die daraus resultierende Verminderung des Entdeckungsrisikos in seinen Tatplan aufgenommen hat (BGH NStZ 2000, 586). Zwar ist es rechtlich zulässig, die planmäßige Verminderung des Überführungsrisikos als Ausdruck erheblicher Kriminalität strafschärfend zu berücksichtigen; dies setzt jedoch voraus, dass der Beschuldigte **besondere Vorkehrungen** trifft, um das Überführungsrisiko zu minimieren, etwa dass er sich maskiert oder das Aussehen auf andere Weise verändert. Als eine solche die Tatausführung prägende Verschleierungshandlung kann jedoch das bloße Ausnutzen des von der Natur vorgegebenen Erscheinungsbildes (zB schwarze Hautfarbe; BGH NStZ 2000, 586) nicht gewertet werden.

6   Nach der umstrittenen Rechtsprechung des BGH (BGH Urt. v. 15.5.1973 – 1 StR 110/73 nach Dallinger MDR 1973, 727; BGH Urt. v. 30.10.1974 – 2 StR 402/74 nach Dallinger MDR 1975, 194) ist es dem Tatrichter dagegen nicht verwehrt, im Rahmen der Strafzumessung **generalpräventive Gesichtspunkte** strafschärfend heranzuziehen. Erwägungen wie „die Strafe solle angesichts der besorgniserregenden Zunahme der Totschlagsdelikte durch ausländische Messerstecher abschreckend wirken" (BGH Urt. v. 15.5.1973 – 1 StR 110/73 nach Dallinger MDR 1973, 727) seien demnach ebenso unbedenklich wie die Formulierung, es müsse versucht werden „dem Heroinhandel dadurch entgegenzuwirken, dass bei nicht abhängigen, insbesondere ausländischen Drogenhändlern der gesetzliche Strafrahmen weitestgehend ausgeschöpft wird, um auf diese Täter, die in ihren Heimatländern drakonische Strafen zu erwarten haben, in ausreichendem Maße einzuwirken" (BGH NStZ 1982, 112 mAnm Wolfslast).

7   In einer neueren Entscheidung hat der BGH (NStZ-RR 1996, 71) diesen Grundsatz dahingehend präzisiert, dass allein der Umstand, dass der ausländische Angeklagte in seinem Heimatland mit einer deutlich höheren Strafe hätte rechnen müssen, nicht strafschärfend verwertet werden dürfe. Erforderlich sei vielmehr, dass den Urteilsgründen entnommen werden könne, „dass allen Drogenhändlern der Anreiz genommen werden müsse, wegen in anderen Ländern drohenden besonders harten Strafen den Heroinhandel [...] in die – aus Sicht der Händler – weniger gefährliche Bundesrepublik zu verlagern". Haben demgegenüber **generalpräventive Erwägungen** bereits den Gesetzgeber veranlasst, einen erhöhten Strafrahmen vorzusehen, sind Erwägungen, wonach „das Einschleusen von Ausländern immer größere Ausmaße annimmt und Deutschland zu einem Zentrum [...] internationaler Schleuserorganisationen geworden" sei, dagegen nicht geeignet, eine generalpräventiv motivierte Strafschärfung zu begründen (BayObLG StV 2000, 368).

8   Die Zulassung generalpräventiver Erwägungen ist nicht unbedenklich, sollen aus der Gruppe von Straftätern doch nur solche Adressat der abschreckenden Wirkung sein, die anderswo mit drakonischen Strafen rechnen müssen; da dies allein Ausländer sind, knüpft die Strafzumessung letztlich doch allein an die Ausländereigenschaft an (Schmidt, Verteidigung von Ausländern, 4. Aufl. 2016, Rn. 243; so auch BGH NStZ 1982, 112 mAnm Wolfslast).

B. Der fremde Kulturkreis als Strafmilderungsgrund

Obwohl auch bei der Strafzumessung für die Auslegung des Gesetzes die Vorstellungen der **9** deutschen Rechtsgemeinschaft maßgebend sind, können nach ständiger Rechtsprechung des BGH im Rahmen der Strafzumessung „**eingewurzelte Vorstellungen**" des ausländischen Täters strafmildernd Berücksichtigung finden (BGH NStZ 1996, 80; BGHR StGB § 46 Abs. 2 Kulturkreis, fremder 2 = BeckRS 9998, 24443; vgl. auch Nestler-Tremel NJW 1986, 1408 f.; Grundmann NJW 1987, 2129); ist der Angeklagte einem traditionellen Rollenverständnis verhaftet, kann daneben auch die Annahme eines **minder schweren Falles** gerechtfertigt sein (BGH StV 2002, 20). Dem liegt die Vorstellung zugrunde, dass es dem Ausländer aufgrund solcher Vorstellungen oft schwerer fallen wird, eine Norm zu befolgen; so gilt zB die Verletzung der Ehre oder der Seitensprung der Ehefrau insbesondere in arabischen Ländern als schwere Verfehlung, die in bestimmten Situationen die Tötung des „Eindringlings" bzw. der Ehefrau „verlangt" (Schmidt, Verteidigung von Ausländern, 4. Aufl. 2016, Rn. 244).

Gleichwohl stellt die „Herkunft aus einem fremden Kulturkreis" keinen strafzumessungserheb- **10** lichen Automatismus dar. Fremde Verhaltensmuster und Vorstellungen können der obergerichtlichen Rechtsprechung folgend in der Regel nur dann strafmildernd berücksichtigt werden, wenn sie **im Einklang mit der fremden Rechtsordnung** stehen (BGH NStZ 2007, 697: Vergewaltigung der Ehefrau; NStZ 2009, 689: gefährliche Körperverletzung). „Tun sie das nicht, würde entsprechendes Verhalten vielmehr auch im Herkunftsland in ähnlicher Weise bestraft – mag das Verhalten als solches auch in der allgemeinen Einschätzung weniger schwer wiegen –, so besteht kaum Grund zu strafmildernder Berücksichtigung" (BGH NStZ 1996, 80).

Rechtsfehlerhaft ist die Strafzumessung, wenn der Umstand, dass der Angeklagte durch die Tat **11** seinen eigenen religiösen Vorstellungen zuwidergehandelt hat, strafschärfend verwertet wird; dass der Täter seine **persönlichen Wertmaßstäbe und Verhaltensnormen** verletzt, geht nur ihn allein etwas an und kann daher keinen Straferschwerungsgrund darstellen (BGHR StGB § 46 Abs. 2 Wertungsfehler 31 = BeckRS 1999, 30088318).

C. Besondere Strafempfindlichkeit

Die besondere Strafempfindlichkeit stellt nicht nur bei ausländischen Angeklagten einen **allge-** **12** **mein anerkannten Milderungsgrund** dar; zu beachten ist jedoch, dass die Ausländereigenschaft allein nicht geeignet ist, die strafmildernd zu berücksichtigende besondere Haftempfindlichkeit zu begründen (BGH StV 1992, 106; NStZ 1997, 77; BGHR StGB § 46 Abs. 2 Ausländer 3 = BeckRS 9998, 169376; BGHR StGB § 46 Abs. 2 Ausländer 4 = BeckRS 1998, 30027045). Ob der Vollzug einer Freiheitsstrafe eine **außergewöhnliche Belastung** darstellt, hängt von der Beurteilung seiner gesamten persönlichen Verhältnisse ab, zu denen unter anderem Verständigungsprobleme, wesentlich abweichende Lebensgewohnheiten und erschwerte familiäre Kontakte gehören können (BGHR StGB § 46 Abs. 2 Ausländer 3 = BeckRS 9998, 169376; BGH NStZ 2006, 35; NStZ-RR 2010, 337). Die Annahme besonderer Strafempfindlichkeit verliert nach der ständigen Rechtsprechung des BGH (BGHR StGB § 46 Abs. 2 Ausländer 1 = BeckRS 9998, 35778; BGHR StGB § 46 Abs. 2 Ausländer 2 = BeckRS 1997, 04997; BGHR StGB § 46 Abs. 2 Ausländer 3 = BeckRS 9998, 169376; BGH StV 1997, 184) weitestgehend an Bedeutung, wenn der Vollzug überwiegend im Heimatland des Verurteilten erfolgen kann und dadurch die besondere Härte entfällt.

D. Ausweisung

Obwohl die Ausweisung keine strafrechtliche Sanktion darstellt, wird sie oftmals als solche **13** empfunden; die Ausweisung wiegt nicht selten weit schwerer als die „eigentliche Strafe". Gleichwohl vertrat der BGH bereits zum alten Ausweisungsrecht (in stRspr, BGHR StGB § 46 Abs. 1 Schuldausgleich 30 = BeckRS 9998, 96504; BGHR StGB § 46 Abs. 2 Lebensumstände 16 = BeckRS 9998, 35473; BGHR StGB § 46 Abs. 2 Schuldausgleich 37; BGHR StGB § 46 Abs. 2 Ausländer 5 = BeckRS 1999, 30052618; BGH NStZ-RR 2000, 297; wistra 2012, 66) die Auffassung, dass die drohende Ausweisung in der Regel **keinen bestimmenden Strafmilderungs-** **grund** darstelle; handele es sich um eine „Regel-" oder „Kann-Ausweisung", könne – so der BGH zum alten Ausweisungsrecht – die besondere Härte im Ausweisungsverfahren Berücksichtigung finden (BGH NStZ 1997, 77). Sei sie zwingend vorgeschrieben, mangele es ebenfalls an der strafzumessungserheblichen Bedeutung (BGH NStZ 2002, 196; aA OLG Stuttgart StV 2000, 82), insbesondere, wenn der Ausländer das Bundesgebiet nach seiner Haftentlassung ohnehin verlassen hätte (BGH NStZ 2002, 196). Nur das Vorliegen besonderer Umstände (zB schützenswerte persönliche oder geschäftliche; BGHR StGB § 46 Abs. 2 Ausländer 5 = BeckRS 1999, 30052618; BGH StraFo 2008, 336) könne eine davon abweichende Betrachtungsweise rechtfertigen. Nachdem das neue Ausweisungsrecht – ausnahmslos – eine Abwägung im Einzelfall fordert, steht zu erwarten, dass sich der „Negativtrend" der bisherigen Rechtsprechung fortsetzt, dh die Ausweisung kurz- oder mittelfristig ihren strafzumessungsrechtlichen Charakter gänzlich einbüßt.

14   Der Ansicht des BGH ist zuzustimmen, sofern es sich um einen Täter handelt, der seinen **Lebensmittelpunkt im Ausland** hat. In der Tat ist es schwer nachvollziehbar, weshalb ein südamerikanischer Drogenkurier durch die Ausweisung besonders belastet sein soll, wenn er in das Bundesgebiet ausschließlich zum Zwecke der Betäubungsmitteleinfuhr eingereist ist. Hat der Ausländer dagegen seinen **Lebensmittelpunkt im Inland,** sind ausländerrechtliche Maßnahmen im Rahmen der Strafzumessung stets zu berücksichtigen. Die Ausweisung stellt dann die Vernichtung der inländischen Existenz dar und ist somit dem als strafzumessungserheblich anerkannten Verlust der Beamteneigenschaft oder dem Ausschluss aus der Rechtsanwaltschaft gleichzusetzen (so auch Nitz StraFo 2002, 316; Jung StraFo 1998, 334).

E. Vorstrafen

15   Vorstrafen oder deren Fehlen stellen einen der wichtigsten Strafzumessungsgründe dar.

16   Dass die Vorstrafe durch ein Gericht außerhalb des Geltungsbereichs des Gesetzes verhängt worden ist, steht deren Verwertung (nach hM, BayObLG JZ 1978, 449; BGH StV 2009, 632; Fischer Rn. 38a; LK-StGB/Theune Rn. 174) grundsätzlich nicht entgegen. Dass im Ausland erkannte Strafen nur unter bestimmten Voraussetzungen in das Bundeszentralregister eingetragen werden (vgl. § 54 BZRG; BayObLG JZ 1978, 449; KG NStZ-RR 2012, 284; DAR 2015, 583; LK-StGB/Theune Rn. 174), spreche ebenso wenig gegen die Verwertbarkeit wie die verfahrensmäßigen Schwierigkeiten, die sich bei der Beschaffung ausländischer Strafakten ergeben können.

17   Allerdings dürfen ausländische Verurteilungen **nicht uneingeschränkt,** jedenfalls nicht ohne vorherige Prüfung zum Nachteil des Angeklagten verwertet werden. Eine im Ausland abgeurteilte Tat müsse zB unberücksichtigt bleiben, wenn sie nach den in der Bundesrepublik Deutschland geltenden Gesetzen keine rechtswidrige Tat darstellt, oder milder beurteilt werde, wenn sie im Ausland als Verbrechen, im Inland aber als Vergehen oder Ordnungswidrigkeit anzusehen wäre. Ebenso wenig dürfen ausländische Vorstrafen berücksichtigt werden, wenn sie, handele es sich um eine inländische Verurteilung, nach den Vorschriften des BZRG nicht mehr verwertet werden dürften (BGH StV 2012, 149). Daraus folge, dass auch der Zeitpunkt der Verurteilung und die Art und Höhe der erkannten Strafe festgestellt werden müssen. Bei der Frage, ob die Auslandstat als „einschlägige" Verurteilung anzusehen ist, müsse schließlich auf die Gleichheit oder Ähnlichkeit des Delikttyps abgestellt werden (BayObLG JZ 1978, 449).

17.1   Ob dieser Ansicht uneingeschränkt zu folgen ist, kann letztlich dahinstehen, da die Verwertung ausländischer Vorstrafen in der Regel aus prozessrechtlichen Gründen ausscheidet. Schweigt der Angeklagte, kann die (ausländische) Vorstrafe nur verwertet werden, wenn der Registerauszug verlesen oder die Strafakte beigezogen wird (KK-StPO/Schneider StPO § 243 Rn. 57; Meyer-Goßner/Schmitt StPO § 249 Rn. 10 mwN); da dies nur in Ausnahmefällen realisiert werden kann, kommt eine Verwertung ausländischer Vorstrafen in der Regel nicht in Betracht.

F. Besondere Härte durch unterlassene Gesamtstrafenbildung

18   Da eine Gesamtstrafenbildung mit einer von einem ausländischen Gericht verhängten Strafe wegen des damit verbundenen Eingriffs in deren Vollstreckbarkeit nicht möglich ist (BGH NStZ 1997, 384; 1998, 134; 2010, 30; zweifelnd Esser StV 2010, 266), stellt sich die Frage, ob die aus der unterlassenen Gesamtstrafenbildung resultierende Härte im Rahmen der Strafzumessung zu berücksichtigen ist.

19   Die Rechtsprechung des BGH ist uneinheitlich (bejahend: BGH NStZ-RR 2018, 333). Da die getrennte Aburteilung auch beim Zusammentreffen in- und ausländischer Straftaten von Zufälligkeiten abhängt, ließ der BGH die Anwendung der zu ähnlichen Fallgruppen entwickelte Rechtsprechung (zB Nichteinbeziehung einer vollstreckten Strafe, BGHSt 41, 310 = BeckRS 9998, 169303 mwN; getrennt abgeurteilte Taten nach Jugend- und Erwachsenenstrafrecht, BGHSt 36, 270 = BeckRS 9998, 169075 mwN) eingeschränkt zu. Der Gedanke des „Härteausgleichs" sei grundsätzlich auch beim Zusammentreffen in- und ausländischer Verurteilungen anwendbar (BGH NStZ 1997, 384; 1998, 134; vgl. auch Fischer § 55 Rn. 21b); eine Verpflichtung zur ausdrücklichen Erörterung bestehe jedoch nur dann, wenn die Auswirkungen der Kumulation beider Strafen für das künftige Leben des Angeklagten besonders ins Gewicht fallen (BGH StraFo 2009, 302). Bei einer Auslandsverurteilung von lediglich neun Monaten sei dies nicht der Fall, wenn der Tatrichter für die in Deutschland abgeurteilte Tat eine Freiheitsstrafe von sechs Jahren für angemessen erachtet (BGH StraFo 2009, 302).

Während der 2. Senat an der bisherigen Rechtsprechung festhält (BGH StraFo 2009, 302; StV **20** 2015, 353), will der 5. Senat (BGH NStZ 2010, 30; krit. Esser StV 2010, 266) neuerdings diese Grundsätze nur noch dann anwenden, wenn hinsichtlich der im Ausland abgeurteilten Tat in Deutschland ein Gerichtstand bestanden hätte, dh eine Gesamtstrafenbildung möglich gewesen wäre (BGH NStZ 2010, 30; StraFo 2011, 155); die ausländische Verurteilung sei – ohne Härteausgleich – lediglich im Bereich der **allgemeinen Strafzumessung** „mit Blick auf das Gesamtstrafenübel" zu berücksichtigen, wobei der 5. Senat die Anwendung der sog. „Vollstreckungslösung" für denkbar erachtet (BGH wistra 2010, 177; so auch BGH StV 2020, 585). Mit Beschluss vom 23.4.2020 (1 StR 15/20, StV 2021, 13 = NStZ 2021, 217) stellte der 1. Senat fest, dass der Ausgleich für die fehlende Möglichkeit einer Gesamtstrafenbildung mit einer noch nicht vollständig vollstreckten EU-ausländischen Strafe im Fall der Verhängung einer zeitigen Freiheitsstrafe bei der Strafzumessung konkret durch eine Bezifferung des Nachteils vorzunehmen ist. Auch im Rahmen der Entscheidung über die Verlängerung der Mindestverbüßungsdauer nach § 57a Abs. 1 S. 1 Nr. 2 StGB soll der Nachteil – jedenfalls soweit zunächst die ausländische und im Anschluss daran die deutsche Strafe in Deutschland vollstreckt werden – auszugleichen sein (BGH StV 1, 15).

Da der Nachteil der getrennten Aburteilung unabhängig von der Höhe der Einzelstrafen ent- **21** steht, vermag die bisherige Ansicht des BGH im Ergebnis nicht zu überzeugen; die Ansicht des 5. Senats lässt die zunehmende Internationalisierung des Strafrechts außer Acht (ausf. Esser StV 2010, 266), weshalb eine weitere Harmonisierung des internationalen Vollstreckungsrechts angezeigt ist.

G. Auslieferung des Täters

Ist der Verurteilung eine Auslieferung des Täters nach Deutschland, zur Durchführung des **22** Strafverfahrens, vorangegangen, gilt es zu beachten, dass eine Verurteilung wegen solcher Taten ausscheidet, die nicht Gegenstand des Auslieferungsverfahrens waren. Der Spezialitätsgrundsatz erstreckt sich dabei auch auf die Strafzumessung, dh dass eine strafschärfende Berücksichtigung solcher Straftaten ausscheidet, derentwegen die Auslieferung nicht bewilligt worden ist (BGH NStZ-RR 2012, 260). Der Spezialitätsgrundsatz gilt dabei auch im Rahmen der Gesamtstrafenbildung, so dass eine solche ausscheidet, wenn für einzelne Strafen die notwendigen Voraussetzungen nicht vorliegen; mangels Möglichkeit der Einbeziehung solcher Strafen scheidet auch eine Zäsurwirkung aus (BGH StraFo 2014, 478; NStZ 2012, 100; StV 2013, 508; 2014, 481).

§ 51 Anrechnung

(1) ¹Hat der Verurteilte aus Anlaß einer Tat, die Gegenstand des Verfahrens ist oder gewesen ist, Untersuchungshaft oder eine andere Freiheitsentziehung erlitten, so wird sie auf zeitige Freiheitsstrafe und auf Geldstrafe angerechnet. ²Das Gericht kann jedoch anordnen, daß die Anrechnung ganz oder zum Teil unterbleibt, wenn sie im Hinblick auf das Verhalten des Verurteilten nach der Tat nicht gerechtfertigt ist.

(2) Wird eine rechtskräftig verhängte Strafe in einem späteren Verfahren durch eine andere Strafe ersetzt, so wird auf diese die frühere Strafe angerechnet, soweit sie vollstreckt oder durch Anrechnung erledigt ist.

(3) ¹Ist der Verurteilte wegen derselben Tat im Ausland bestraft worden, so wird auf die neue Strafe die ausländische angerechnet, soweit sie vollstreckt ist. ²Für eine andere im Ausland erlittene Freiheitsentziehung gilt Absatz 1 entsprechend.

(4) ¹Bei der Anrechnung von Geldstrafe oder auf Geldstrafe entspricht ein Tag Freiheitsentziehung einem Tagessatz. ²Wird eine ausländische Strafe oder Freiheitsentziehung angerechnet, so bestimmt das Gericht den Maßstab nach seinem Ermessen.

(5) ¹Für die Anrechnung der Dauer einer vorläufigen Entziehung der Fahrerlaubnis (§ 111a der Strafprozeßordnung) auf das Fahrverbot nach § 44 gilt Absatz 1 entsprechend. ²In diesem Sinne steht der vorläufigen Entziehung der Fahrerlaubnis die Verwahrung, Sicherstellung oder Beschlagnahme des Führerscheins (§ 94 der Strafprozeßordnung) gleich.

1   Hat der Verurteilte aus Anlass einer Tat, die Gegenstand des Verfahrens ist, Untersuchungshaft oder eine andere Freiheitsentziehung (zB Auslieferungshaft) erlitten, so ist diese grundsätzlich auf die zeitige Freiheitsstrafe oder Geldstrafe anzurechnen.

2   Gemäß § 51 Abs. 4 S. 2 bestimmt das Gericht den Anrechnungsmaßstab nach seinem Ermessen, sofern eine ausländische Strafe oder Freiheitsentziehung anzurechnen ist.

3   Ein **Ausgleich,** sprich höherer Anrechnungsmaßstab, ist insbesondere dann anzusetzen, wenn der Freiheitsentziehung **erschwerte oder gar menschenunwürdige Haftbedingungen** zugrunde liegen (zB mangelnde Hygiene, (extreme) Überbelegung, Unterernährung, Misshandlungen durch das Gefängnispersonal, Folter, etc). Dies gilt auch im Falle lebenslanger Freiheitsstrafe (BGH StV 2004, 653) oder Jugendstrafe (BGH NStZ-RR 2010, 27).

4   Der Anrechnungsmaßstab ist so zu wählen, dass er die erlittenen Nachteile ausgleicht; insoweit müssen die Urteilsgründe erkennen lassen, dass sich der Tatrichter seiner Verpflichtung bewusst war, den Anrechnungsmaßstab nach seinem tatrichterlichen Ermessen zu bestimmen. Fehlt ein Ausspruch über den Anrechnungsmaßstab, ist das Urteil auf die Revision hin aufzuheben (BGH wistra 1984, 21; vgl. Fischer Rn. 18 mwN; lassen sich die maßgeblichen Umstände den Urteilsgründen entnehmen, kann das Revisionsgericht den Anrechnungsmaßstab selbst bestimmen (BGH NStZ-RR 2009, 370).

5   Hinsichtlich der Höhe des Anrechnungsmaßstabes gelten **keine allgemein gültigen Grundsätze,** da die Haftbedingungen je nach Strafvollzugsanstalt abweichen können, ist selbst ein unterschiedlicher Anrechnungsmaßstab innerhalb eines Landes nicht ausgeschlossen; ein günstigerer Anrechnungsmaßstab wird insbesondere nahe liegen, wenn die Freiheitsentziehung in einem osteuropäischen Land oder in der Dritten Welt vollzogen wurde. Umgekehrt wird beim Vollzug innerhalb der Europäischen Union in der Regel ein Anrechnungsmaßstab von 1:1 angezeigt sein, wobei dies von der Notwendigkeit einer Einzelfallbetrachtung nicht entbindet.

6   Bezüglich der reichhaltigen Kasuistik sei auf die nachfolgende Tabelle verwiesen (→ Rn. 6.1; Schmidt, Verteidigung von Ausländern, 4. Aufl. 2016, Rn. 252):

6.1	Australien	Anrechnung 1:2	BGH NStZ-RR 2009, 370; LG Heilbronn StV 1992, 429
	Belgien	Anrechnung 1:1	BGH NStZ 2001, 157
	Brasilien	Anrechnung 1:2	LG Oldenburg StV 2000, 86;
		Anrechnung 1:2,5	LG München II StV 2001, 19
	Dänemark	Anrechnung 1:1	BGH Beschl. v. 23.7.1991 – 5 StR 288/91
	Ecuador	Anrechnung 1:3	BGH StraFo 2004, 391
	Estland	Anrechnung 1:1	BGH NStZ-RR 1997, 205
	Europäische Union	Anrechnung 1:1	BGH NStZ-RR 2003, 364; StV 2004, 653
	Frankreich	Anrechnung 1:1	LG Kleve NStZ 1995, 152;
		Anrechnung 1:1,5	LG Essen StV 1991, 170; LG Hamburg StV 1997, 87
	Griechenland	Anrechnung 1:1,5	OLG Celle NStZ 1998, 138
	Großbritannien	Anrechnung 1:1	BGH NStZ 1997, 337
	Irak	Anrechnung 1:4	LG Stuttgart StV 2013, 34
	Irland	Anrechnung 1:1	BGH StV 2004, 653
	Italien	Anrechnung 1:2	OLG Frankfurt a. M. StV 1988, 20
	Ehemaliges Jugoslawien		offen gelassen von BGH MDR 1980, 454
	Kamerun	Anrechnung 1:3	LG Köln Urt. v. 17.12.1991 – 112 – 37/91
	Kenia	Anrechnung 1:3	LG Zweibrücken MDR 1997, 279
	Kolumbien		offen gelassen von BGH NStZ 1997, 385
	Kroatien	Anrechnung 1:1	BGH BeckRS 1996, 06298
	Libanon	Anrechnung 1:1,5	LG Landau NStZ 1981, 64
	Mazedonien	Anrechnung 1:3	LG Verden StV 2007, 362
	Marokko	Anrechnung 1:3	AG Bremen StV 1992, 429
		Anrechnung 1:2	LG Zweibrücken GA 1993, 126
	Niederlande	Anrechnung 1:1	OLG Düsseldorf MDR 1994, 936
	Pakistan	Anrechnung 1:2,5	LG Nürnberg-Fürth StV 2002, 606
	Paraguay	Anrechnung 1:2	LG Zweibrücken MDR 1995, 84
	Polen	Anrechnung 1:1	BGH Beschl. v. 20.3.1996 – 5 StR 416/95; OLG Hamm NStZ 2009, 101
	Portugal	Anrechnung 1:2	LG Bochum StV 1993, 33
	Schottland	Anrechnung 1:1	BGH NStZ 2002, 474
		Anrechnung 1:2	BGH wistra 1999, 463
	Schweden	Anrechnung 1:1	BGH Beschl. v. 2.6.1995 – 2 StR 198/95

Schweiz	Anrechnung 1:1	BGH MDR 1986, 271
Serbien	Anrechnung 1:1,5	LG München I StV 2010, 309
Slowenien	Anrechnung 1:1	LG Zweibrücken NStZ-RR 2011, 341
Spanien	Anrechnung 1:1	OLG Hamm NStZ-RR 2003, 152; OLG Zweibrücken StV 1997, 84
	Anrechnung 1:2	LG Zweibrücken NStZ 1988, 71; LG Stuttgart NStZ 1986, 362; LG Augsburg StV 1997, 81; OLG Hamm Rpfleger 2000, 39
	Anrechnung 1:3	LG Kleve NStZ 1995, 192
Südafrika	Anrechnung 1:2	LG Dresden NStZ-RR 2003, 364
Südafrikanische Union		offen gelassen von BGH Urt. v. 8.6.1988 – 4 StR 229/88
Thailand	Anrechnung 1:3	BGH StV 2020, 585
Tschechien	Anrechnung 1:1	BGH BeckRS 2001, 7131
Türkei		jeweils offen gelassen von BGH Beschl. v. 2.8.1984 – 4 StR 409/84; Beschl. v. 30.3.1985 – 2 StR 87/85
Ungarn	Anrechnung 1:1	LG Baden-Baden StV 1997, 82
USA	Anrechnung 1:1	OLG Düsseldorf Rpfleger 2000, 39
Weißrussland	Anrechnung 1:2	LG Ulm StV 2010, 527

§ 56 Strafaussetzung

(1) ¹**Bei der Verurteilung zu Freiheitsstrafe von nicht mehr als einem Jahr setzt das Gericht die Vollstreckung der Strafe zur Bewährung aus, wenn zu erwarten ist, daß der Verurteilte sich schon die Verurteilung zur Warnung dienen lassen und künftig auch ohne die Einwirkung des Strafvollzugs keine Straftaten mehr begehen wird.** ²**Dabei sind namentlich die Persönlichkeit des Verurteilten, sein Vorleben, die Umstände seiner Tat, sein Verhalten nach der Tat, seine Lebensverhältnisse und die Wirkungen zu berücksichtigen, die von der Aussetzung für ihn zu erwarten sind.**

(2) ¹**Das Gericht kann unter den Voraussetzungen des Absatzes 1 auch die Vollstreckung einer höheren Freiheitsstrafe, die zwei Jahre nicht übersteigt, zur Bewährung aussetzen, wenn nach der Gesamtwürdigung von Tat und Persönlichkeit des Verurteilten besondere Umstände vorliegen.** ²**Bei der Entscheidung ist namentlich auch das Bemühen des Verurteilten, den durch die Tat verursachten Schaden wiedergutzumachen, zu berücksichtigen.**

(3) Bei der Verurteilung zu Freiheitsstrafe von mindestens sechs Monaten wird die Vollstreckung nicht ausgesetzt, wenn die Verteidigung der Rechtsordnung sie gebietet.

(4) ¹**Die Strafaussetzung kann nicht auf einen Teil der Strafe beschränkt werden.** ²**Sie wird durch eine Anrechnung von Untersuchungshaft oder einer anderen Freiheitsentziehung nicht ausgeschlossen.**

Überblick

Die Vorschrift gilt für Freiheitsstrafen iSd § 38, nicht für Jugendstrafen (§§ 20–26 JGG), Geld- und Ersatzfreiheitsstrafen oder Maßregeln der Besserung und Sicherung (Fischer Rn. 2). Strafen von mehr als zwei Jahren können nicht zur Bewährung ausgesetzt werden.

A. Erwartensklausel (Abs. 1 S. 1) und besondere Umstände (Abs. 2)

Besteht die **begründete Erwartung,** der Verurteilte werde sich bereits die Verurteilung zur Warnung dienen lassen, ist die Vollstreckung der Strafe zur Bewährung auszusetzen, wobei ausreichend ist, wenn eine durch Tatsachen begründete Wahrscheinlichkeit die straffreie Führung annehmen lässt (BGHSt 7, 6 = BeckRS 9998, 121387; BGH NStZ 1988, 452; BeckRS 1990, 31089561; StV 1991, 514). **1**

Die Prognose ist auf der Grundlage der Persönlichkeit des Verurteilten zu treffen (Fischer Rn. 5) und bezieht auch das Vorleben, insbesondere die Vorstrafen des Täters mit ein (Fischer Rn. 6). Ausländische Verurteilungen, vor allem solche aus anderen EU-Staaten, sind zu berücksichtigen (BT-Drs. 16/13673, 8 zu RB 2008/675/JI v. 24.7.2008, ABl. 2008 L 220, 32). **2**

3   Bedeutend sind insofern auch die Lebensverhältnisse des Angeklagten (→ § 46 Rn. 9).

B. Auflagen und Weisungen

4   Die Erteilung von Auflagen und Weisungen während der Bewährungszeit richtet sich nach §§ 56b, 56c.

5   Die Auflage, die Bundesrepublik Deutschland während der Bewährungszeit nicht mehr zu betreten, ist unzulässig: Eine solche Auflage entspricht einer **befristeten Ausweisung,** die das AufenthG abschließend regelt (LG Landshut StV 2008, 83 mwN; aA KG Beschl. v. 1.12.2003 – 4511 Qs 118/02; OLG Köln NStZ-RR 2010, 49).

6   An die Lebensführung des Verurteilten dürfen keine **unzumutbaren Anforderungen** gestellt werden. Einem im Ausland lebenden Verurteilten darf deshalb nicht die Weisung erteilt werden, sich mindestens alle vier Wochen bei seinem Bewährungshelfer zu melden, wenn dies mit einer hohen finanziellen Belastung für den Verurteilten verbunden ist (OLG Jena NStZ-RR 2009, 134).

7   Weisungen den Wohnort und den Arbeitsplatz betreffend dürfen Ausländern und Asylbewerbern nur erteilt werden, wenn **Aufenthalts- und Arbeitserlaubnis** vorhanden sind (OLG Karlsruhe Die Justiz 1981, 238).

8   Dass der Verurteilte nach einem **Umzug ins Ausland** den Kontakt zur Bewährungshilfe abbricht, genügt allein nicht, um die Strafaussetzung zur Bewährung zu widerrufen (OLG Nürnberg StV 2010, 314 f.).

C. Abs. 3

9   Die Verteidigung der Rechtsordnung kann eine Vollstreckung gebieten, wenn gerade die religiöse Motivation die Tat prägt. Sinn und Zweck der gesetzlichen Regelung gebieten es, in diesen Fällen die Strafe auch zu vollstrecken (KG 4.2.2019 – 161 Ss 4/19: „Abstrafung eines zum Christentum Konvertierten").

§ 57 Aussetzung des Strafrestes bei zeitiger Freiheitsstrafe

(1) ¹Das Gericht setzt die Vollstreckung des Restes einer zeitigen Freiheitsstrafe zur Bewährung aus, wenn
1. zwei Drittel der verhängten Strafe, mindestens jedoch zwei Monate, verbüßt sind,
2. dies unter Berücksichtigung des Sicherheitsinteresses der Allgemeinheit verantwortet werden kann, und
3. die verurteilte Person einwilligt.
²Bei der Entscheidung sind insbesondere die Persönlichkeit der verurteilten Person, ihr Vorleben, die Umstände ihrer Tat, das Gewicht des bei einem Rückfall bedrohten Rechtsguts, das Verhalten der verurteilten Person im Vollzug, ihre Lebensverhältnisse und die Wirkungen zu berücksichtigen, die von der Aussetzung für sie zu erwarten sind.

(2) Schon nach Verbüßung der Hälfte einer zeitigen Freiheitsstrafe, mindestens jedoch von sechs Monaten, kann das Gericht die Vollstreckung des Restes zur Bewährung aussetzen, wenn
1. die verurteilte Person erstmals eine Freiheitsstrafe verbüßt und diese zwei Jahre nicht übersteigt oder
2. die Gesamtwürdigung von Tat, Persönlichkeit der verurteilten Person und ihrer Entwicklung während des Strafvollzugs ergibt, daß besondere Umstände vorliegen,
und die übrigen Voraussetzungen des Absatzes 1 erfüllt sind.

(3) ¹Die §§ 56a bis 56e gelten entsprechend; die Bewährungszeit darf, auch wenn sie nachträglich verkürzt wird, die Dauer des Strafrestes nicht unterschreiten. ²Hat die verurteilte Person mindestens ein Jahr ihrer Strafe verbüßt, bevor deren Rest zur Bewährung ausgesetzt wird, unterstellt sie das Gericht in der Regel für die Dauer oder einen Teil der Bewährungszeit der Aufsicht und Leitung einer Bewährungshelferin oder eines Bewährungshelfers.

(4) Soweit eine Freiheitsstrafe durch Anrechnung erledigt ist, gilt sie als verbüßte Strafe im Sinne der Absätze 1 bis 3.

(5) ¹Die §§ 56f und 56g gelten entsprechend. ²Das Gericht widerruft die Strafaussetzung auch dann, wenn die verurteilte Person in der Zeit zwischen der Verurteilung und

der Entscheidung über die Strafaussetzung eine Straftat begangen hat, die von dem Gericht bei der Entscheidung über die Strafaussetzung aus tatsächlichen Gründen nicht berücksichtigt werden konnte und die im Fall ihrer Berücksichtigung zur Versagung der Strafaussetzung geführt hätte; als Verurteilung gilt das Urteil, in dem die zugrunde liegenden tatsächlichen Feststellungen letztmals geprüft werden konnten.

(6) Das Gericht kann davon absehen, die Vollstreckung des Restes einer zeitigen Freiheitsstrafe zur Bewährung auszusetzen, wenn die verurteilte Person unzureichende oder falsche Angaben über den Verbleib von Gegenständen macht, die der Einziehung von Taterträgen unterliegen.

(7) Das Gericht kann Fristen von höchstens sechs Monaten festsetzen, vor deren Ablauf ein Antrag der verurteilten Person, den Strafrest zur Bewährung auszusetzen, unzulässig ist.

Überblick

Die Vorschrift regelt die Aussetzung der Vollstreckung des Strafrestes einer **zeitigen** Freiheitsstrafe – nicht: Ersatzfreiheitsstrafe – zur Bewährung (OLG Schleswig OLGSt Nr. 23; OLG Köln OLGSt StGB § 57 Nr. 7; OLG Hamm MDR 1977, 422; wistra 1998, 274; KG GA 1977, 237; OLG Stuttgart MDR 1986, 1043; OLG Karlsruhe Die Justiz 1978, 146; OLG Celle NStZ 1998, 534; OLG München NJW 1977, 309 Ls.; OLG Düsseldorf NJW 1980, 250; OLG Oldenburg NStZ-RR 2007, 253). Bei lebenslanger Freiheitsstrafe gilt § 57a, auch dann, wenn diese in eine zeitige Freiheitsstrafe umgewandelt worden ist (Fischer Rn. 4). Die Vorschrift sieht eine Aussetzung nach Verbüßung von zwei Dritteln (Abs. 1), sowie nach der Hälfte der Freiheitsstrafe (Abs. 2) vor. Die Aussetzung von im Inland vollstreckten Freiheitsstrafen aus **ausländischen Urteilen** richtet sich ebenfalls nach § 57, § 57 Abs. 2 IRG (OLG Hamburg NStZ-RR 2010, 13 mAnm Lagodny StV 2010, 85).

A. Aussetzung nach Abs. 1

I. Zwei Drittel der Freiheitsstrafe sind verbüßt (Abs. 1 Nr. 1)

Eine Aussetzung nach Abs. 1 kommt nur in Betracht, wenn zwei Drittel der Freiheitsstrafe, **1** mindestens aber zwei Monate, bereits verbüßt sind.

In Bezug auf ausländische Mandanten ist insbesondere zu beachten, dass sich der Mandant zum **2** Zeitpunkt der Entscheidung **nicht mehr** in Strafhaft befinden muss (OLG Zweibrücken StV 1991, 430; OLG Düsseldorf VRS 1986, 112). Auch nach einem Verzicht auf die weitere Vollstreckung nach § 456a StPO und erfolgter **Abschiebung** des Mandanten aus der Haft kann ein Antrag nach § 57 gestellt werden, wenn bereits zwei Drittel der Strafe verbüßt waren (Fischer Rn. 31).

II. Günstige Prognose (Abs. 1 Nr. 2)

Nach Abs. 1 Nr. 2 ist die Vollstreckung zur Bewährung auszusetzen, wenn dies unter Berück- **3** sichtigung des Sicherheitsinteresses der Allgemeinheit **verantwortet** werden kann. Es ist deshalb stets eine **Abwägung** zwischen dem Sicherheitsinteresse der Allgemeinheit und den erwarteten Wirkungen des bereits erlittenen Vollzuges der Freiheitsstrafe vorzunehmen (BVerfG NStZ-RR 2003, 200; NJW 2009, 1941).

Abs. 1 S. 2 nennt die unter anderem zu berücksichtigenden Umstände. **4**

Zum Vorleben des Verurteilten können auch **ausländische Verurteilungen** zählen (Fischer **5** Rn. 15a).

Die **bevorstehende** Abschiebung des Verurteilten dagegen steht umgekehrt der Annahme **6** einer günstigen Prognose nicht grundsätzlich entgegen (BGH StV 1995, 414; OLG Stuttgart StV 2003, 677; StraFo 2004, 326; OLG Karlsruhe StraFo 2008, 129; 2008, 179). Strafhaft darf nicht als Abschiebehaft genutzt werden (BVerfG StV 2003, 677). Strafhaft darf nicht zu einer Abschiebehaft umfunktioniert werden (LG Bremen StV 2020, 634).

Unter den Voraussetzungen des § 455 Abs. 2 StPO ist ein **Gutachten** bezüglich der Prognose **7** einzuholen. Dieses Gutachten kann grundsätzlich auch in einem **Ausweisungsverfahren** bei der zuständigen Ausländerbehörde genutzt werden, um so ggf. eine Ausweisung und Abschiebung des Mandanten zu verhindern. Zu beachten ist allerdings, dass die Prognose nach Abs. 1 Nr. 2

einen anderen **Maßstab** zugrunde legt als die bei der Frage der Ausweisung nach den Vorschriften des AufenthG und das Gutachten sowie die Aussetzung nach § 57 deshalb lediglich **indizielle Wirkung** haben können.

8   Hält sich der Mandant zwischenzeitlich im Ausland auf, kann das Gutachten nach § 455 Abs. 2 StPO auch **im Ausland** erstattet werden (Jung StV 2007, 106).

III. Einwilligung des Verurteilten (Abs. 1 Nr. 3)

9   Die Vollstreckung kann nur mit **Einwilligung** des Verurteilten ausgesetzt werden.

10   Von seiner **persönlichen Anhörung** kann abgesehen werden, wenn der Verurteilte zuvor abgeschoben worden ist und deshalb den Anhörungstermin nicht wahrnehmen kann (OLG Köln NStZ 2009, 528; OLG Hamm NStZ-RR 2010, 339; OLG Bamberg NStZ-RR 2011, 146).

B. Aussetzung nach Abs. 2 Nr. 2

11   Nach Vollstreckung der **Hälfte** der verhängten Freiheitsstrafe kann die weitere Vollstreckung zur Bewährung unter anderem ausgesetzt werden, wenn mindestens sechs Monate Freiheitsstrafe vollstreckt worden sind **und besondere Umstände** vorliegen.

12   Besondere Umstände sind solche, die über die günstige Sozialprognose **hinaus** eine Aussetzung der Strafe rechtfertigen können (Fischer Rn. 29).

13   Bei der Vollstreckung ausländischer Urteile kann die Tatsache, dass die im Ausland verhängte Strafe das im Inland für vergleichbare Straftaten verhängte Strafmaß deutlich **überschreitet,** als Gesichtspunkt bei der Frage der Entwicklung des Verurteilten während des Vollzuges und im Rahmen des Ermessens berücksichtigt werden (OLG Hamburg NStZ-RR 2010, 13).

§ 57a Aussetzung des Strafrestes bei lebenslanger Freiheitsstrafe

(1) ¹Das Gericht setzt die Vollstreckung des Restes einer lebenslangen Freiheitsstrafe zur Bewährung aus, wenn
1. fünfzehn Jahre der Strafe verbüßt sind,
2. nicht die besondere Schwere der Schuld des Verurteilten die weitere Vollstreckung gebietet und
3. die Voraussetzungen des § 57 Abs. 1 Satz 1 Nr. 2 und 3 vorliegen.
²§ 57 Abs. 1 Satz 2 und Abs. 6 gilt entsprechend.

(2) Als verbüßte Strafe im Sinne des Absatzes 1 Satz 1 Nr. 1 gilt jede Freiheitsentziehung, die der Verurteilte aus Anlaß der Tat erlitten hat.

(3) ¹Die Dauer der Bewährungszeit beträgt fünf Jahre. ²§ 56a Abs. 2 Satz 1 und die §§ 56b bis 56g, 57 Abs. 3 Satz 2 und Abs. 5 Satz 2 gelten entsprechend.

(4) Das Gericht kann Fristen von höchstens zwei Jahren festsetzen, vor deren Ablauf ein Antrag des Verurteilten, den Strafrest zur Bewährung auszusetzen, unzulässig ist.

Überblick

Die Vorschrift regelt die Aussetzung der Vollstreckung des Restes einer **lebenslangen** Freiheitsstrafe zur Bewährung. Sie gilt auch, wenn eine lebenslange Freiheitsstrafe, bspw. im Gnadenweg, in eine zeitige Freiheitsstrafe **umgewandelt** worden ist (Fischer Rn. 2a).

A. Voraussetzungen (Abs. 1)

1   Die in Abs. 1 genannten Voraussetzungen müssen **kumulativ** vorliegen, damit die restliche Vollstreckung der Freiheitsstrafe zur Bewährung ausgesetzt werden kann.

I. Dauer

2   Es müssen bereits **mindestens 15 Jahre** der Strafe verbüßt worden sein. Nach Abs. 2 gilt jede Freiheitsentziehung, die der Verurteilte aus Anlass der Tat erlitten hat, als verbüßte Strafe. Für anzurechnende Haft aus dem Ausland ist der **Umrechnungsmaßstab** festzusetzen (BGH NJW 2004, 3789; BeckRS 2004, 06964).

II. Schwere der Schuld

Die besondere Schwere der Schuld des Verurteilten darf eine weitere Vollstreckung nicht gebie- **3** ten (ausf. Fischer Rn. 6 ff.).

III. Sicherheitsinteresse der Allgemeinheit (§ 57a Abs. 1 Nr. 3 iVm § 57 Abs. 1 Nr. 2)

Die Entlassung des Verurteilten muss unter Berücksichtigung des Sicherheitsinteresses der Allge- **4** meinheit verantwortet werden können. Hierfür ist eine **günstige Sozialprognose** bezüglich des Verurteilten erforderlich (BVerfG NJW 2009, 1941; → § 57 Rn. 3).

Gemäß § 455 Abs. 2 StPO muss das Gutachten eines **Sachverständigen** eingeholt werden. **5**

IV. Einwilligung des Verurteilten (§ 57a Abs. 1 Nr. 3 iVm § 57 Abs. 1 Nr. 3)

Der Verurteilte muss in die Aussetzung des Strafrests einwilligen (näher BeckOK StGB/v. **6** Heintschel-Heinegg Rn. 23).

B. Entscheidung

Bei Vorliegen der Voraussetzungen ist die Vollstreckung des Strafrestes **zwingend** zur Bewäh- **7** rung auszusetzen (Fischer Rn. 23). Zuständig für das Verfahren ist grundsätzlich die **Strafvollstreckungskammer** am Ort der Justizvollzugsanstalt, in der der Verurteilte die Freiheitsstrafe verbüßt.

§ 63 Unterbringung in einem psychiatrischen Krankenhaus

¹Hat jemand eine rechtswidrige Tat im Zustand der Schuldunfähigkeit (§ 20) oder der verminderten Schuldfähigkeit (§ 21) begangen, so ordnet das Gericht die Unterbringung in einem psychiatrischen Krankenhaus an, wenn die Gesamtwürdigung des Täters und seiner Tat ergibt, daß von ihm infolge seines Zustandes erhebliche rechtswidrige Taten, durch welche die Opfer seelisch oder körperlich erheblich geschädigt oder erheblich gefährdet werden oder schwerer wirtschaftlicher Schaden angerichtet wird, zu erwarten sind und er deshalb für die Allgemeinheit gefährlich ist. ²Handelt es sich bei der begangenen rechtswidrigen Tat nicht um eine im Sinne von Satz 1 erhebliche Tat, so trifft das Gericht eine solche Anordnung nur, wenn besondere Umstände die Erwartung rechtfertigen, dass der Täter infolge seines Zustandes derartige erhebliche rechtswidrige Taten begehen wird.

Im Zusammenhang mit ausländischen Mandanten ist insbesondere zu beachten, dass auch die **1** Vorschrift des **§ 456a StPO** Anwendung findet, dh, dass eine Abschiebung aus der Maßregel stattfinden kann, wenn die zuständige Vollstreckungsbehörde auf die weitere Vollstreckung verzichtet hat. Dies kann in Einzelfällen die Dauer des Freiheitsentzugs maßgeblich verkürzen.

Die einzelnen Bundesländer haben Länderrichtlinien zur Anwendung des § 456a StPO erlassen **2** (→ Rn. 2.1).

- **Baden-Württemberg:** Frühzeitige Prüfung, ob von der Vollstreckung abgesehen werden kann; Besse- **2.1** rungs- und Sicherungsinteressen können dem Heimatstaat des Verurteilten überlassen werden; in der Regel keine Anordnung nach § 456a StPO bei Unterbringung in der Sicherungsverwahrung.
- **Brandenburg:** Ein Absehen von der Vollstreckung kommt nur in Betracht, wenn ausreichende Vorsorge für die Sicherung oder Behandlung des Untergebrachten im Ausland getroffen worden ist.
- **Bremen:** Es wird bei Einleitung der Vollstreckung, vor dem Halbstrafenzeitpunkt und vor dem Zweidrittelzeitpunkt von Amts wegen überprüft, ob von der Vollstreckung abgesehen wird.
- **Hessen:** Absehen in der Regel bei solchen ausländischen verurteilten Personen, die wegen Sprachbarrieren und Herkunft aus einem anderen Kulturkreis an den Angeboten der Vollzugseinrichtung nicht oder nicht erfolgreich teilnehmen können oder denen Vollzugslockerungen nicht gewährt werden können; bei Unterbringung in einem psychiatrischen Krankenhaus und fortbestehender Gefahrenprognose nur, wenn die erforderlichen Behandlungs- und Betreuungsmaßnahmen im Ausland angebahnt und vorbereitet sind.
- **Mecklenburg-Vorpommern:** Möglichst frühzeitige Prüfung; bei für die Allgemeinheit gefährlichen Untergebrachten nur, wenn deren Sicherung im Ausland gewährleistet erscheint.
- **Niedersachsen:** Bei Anordnung von Sicherungsverwahrung nur in Ausnahmefällen.

- **Rheinland-Pfalz:** Abwägung aller maßgebenden Umstände des Einzelfalls; es sind insbesondere die Gefahr für die Allgemeinheit und die etwaige Möglichkeit der Sicherung und Behandlung im Heimatstaat zu bedenken.
- **Sachsen:** Möglichst frühzeitige Prüfung im Einzelfall.
- **Sachsen-Anhalt:** Prüfung im Einzelfall; bei Gefährlichkeit für die Allgemeinheit nur, wenn ausreichende Vorsorge für die Sicherung oder Behandlung im Ausland getroffen worden ist.
- **Schleswig-Holstein:** Prüfung in jedem Einzelfall von Amts wegen.

§ 64 Unterbringung in einer Entziehungsanstalt

¹Hat eine Person den Hang, alkoholische Getränke oder andere berauschende Mittel im Übermaß zu sich zu nehmen, und wird sie wegen einer rechtswidrigen Tat, die sie im Rausch begangen hat oder die auf ihren Hang zurückgeht, verurteilt oder nur deshalb nicht verurteilt, weil ihre Schuldunfähigkeit erwiesen oder nicht auszuschließen ist, so soll das Gericht die Unterbringung in einer Entziehungsanstalt anordnen, wenn die Gefahr besteht, dass sie infolge ihres Hanges erhebliche rechtswidrige Taten begehen wird. ²Die Anordnung ergeht nur, wenn eine hinreichend konkrete Aussicht besteht, die Person durch die Behandlung in einer Entziehungsanstalt innerhalb der Frist nach § 67d Absatz 1 Satz 1 oder 3 zu heilen oder über eine erhebliche Zeit vor dem Rückfall in den Hang zu bewahren und von der Begehung erheblicher rechtswidriger Taten abzuhalten, die auf ihren Hang zurückgehen.

1   Ist der Verurteilte ausreisepflichtig, kann von seiner Unterbringung in einer Entziehungsanstalt abgesehen werden, wenn **erhebliche sprachliche Verständigungsprobleme** bestehen und eine grundsätzlich erfolgversprechende Therapie aufgrund der kaum vorhandenen Kommunikationsgrundlage mit Therapeuten nicht vorstellbar wäre (BGH BeckRS 2008, 24056).

2   Hierbei ist allerdings zu beachten, dass immer mehr Einrichtungen auch **fremdsprachige Therapieangebote** haben. Es muss deshalb im Einzelfall sorgfältig geprüft werden, ob eine geeignete Einrichtung vorhanden ist. Ist dies der Fall, kann die Unterbringung in einer Entziehungsanstalt nicht allein deshalb abgelehnt werden, weil Kommunikationsschwierigkeiten mit dem Therapeuten bestehen.

3   Ausreichend sind **Grundkenntnisse** der deutschen Sprache (BGH NStZ-RR 2013, 241 = BeckRS 9998, 65369), die der Verurteilte ggf. auch im Rahmen des **Vorwegvollzugs** eines Teils der Freiheitsstrafe in Haft erwerben kann, sodass die Unterbringung dann ausreichende Erfolgsaussichten hat (BGH StV 2014, 545). Allein die Tatsache, dass die ausländerrechtliche Situation Lockerungen im Maßregelvollzug nicht zulassen könnte, rechtfertigt nicht die Annahme, dass keine hinreichenden Therapieaussichten bestehen (BGH StV 2020, 586).

§ 66 Unterbringung in der Sicherungsverwahrung

(1) ¹Das Gericht ordnet neben der Strafe die Sicherungsverwahrung an, wenn
1. jemand zu Freiheitsstrafe von mindestens zwei Jahren wegen einer vorsätzlichen Straftat verurteilt wird, die
   a) sich gegen das Leben, die körperliche Unversehrtheit, die persönliche Freiheit oder die sexuelle Selbstbestimmung richtet,
   b) unter den Ersten, Siebenten, Zwanzigsten oder Achtundzwanzigsten Abschnitt des Besonderen Teils oder unter das Völkerstrafgesetzbuch oder das Betäubungsmittelgesetz fällt und im Höchstmaß mit Freiheitsstrafe von mindestens zehn Jahren bedroht ist oder
   c) den Tatbestand des § 145a erfüllt, soweit die Führungsaufsicht auf Grund einer Straftat der in den Buchstaben a oder b genannten Art eingetreten ist, oder den Tatbestand des § 323a, soweit die im Rausch begangene rechtswidrige Tat eine solche der in den Buchstaben a oder b genannten Art ist,
2. der Täter wegen Straftaten der in Nummer 1 genannten Art, die er vor der neuen Tat begangen hat, schon zweimal jeweils zu einer Freiheitsstrafe von mindestens einem Jahr verurteilt worden ist,
3. er wegen einer oder mehrerer dieser Taten vor der neuen Tat für die Zeit von mindestens zwei Jahren Freiheitsstrafe verbüßt oder sich im Vollzug einer freiheitsentziehenden Maßregel der Besserung und Sicherung befunden hat und

4. die Gesamtwürdigung des Täters und seiner Taten ergibt, dass er infolge eines Hanges zu erheblichen Straftaten, namentlich zu solchen, durch welche die Opfer seelisch oder körperlich schwer geschädigt werden, zum Zeitpunkt der Verurteilung für die Allgemeinheit gefährlich ist.
²Für die Einordnung als Straftat im Sinne von Satz 1 Nummer 1 Buchstabe b gilt § 12 Absatz 3 entsprechend, für die Beendigung der in Satz 1 Nummer 1 Buchstabe c genannten Führungsaufsicht § 68b Absatz 1 Satz 4.

(2) Hat jemand drei Straftaten der in Absatz 1 Satz 1 Nummer 1 genannten Art begangen, durch die er jeweils Freiheitsstrafe von mindestens einem Jahr verwirkt hat, und wird er wegen einer oder mehrerer dieser Taten zu Freiheitsstrafe von mindestens drei Jahren verurteilt, so kann das Gericht unter der in Absatz 1 Satz 1 Nummer 4 bezeichneten Voraussetzung neben der Strafe die Sicherungsverwahrung auch ohne frühere Verurteilung oder Freiheitsentziehung (Absatz 1 Satz 1 Nummer 2 und 3) anordnen.

(3) ¹Wird jemand wegen eines die Voraussetzungen nach Absatz 1 Satz 1 Nummer 1 Buchstabe a oder b erfüllenden Verbrechens oder wegen einer Straftat nach § 89a Absatz 1 bis 3, § 89c Absatz 1 bis 3, § 129a Absatz 5 Satz 1 erste Alternative, auch in Verbindung mit § 129b Absatz 1, den §§ 174 bis 174c, 176, 177 Absatz 2 Nummer 1, Absatz 3 und 6, §§ 180, 182, 224, 225 Abs. 1 oder 2 oder wegen einer vorsätzlichen Straftat nach § 323a, soweit die im Rausch begangene Tat eine der vorgenannten rechtswidrigen Taten ist, zu Freiheitsstrafe von mindestens zwei Jahren verurteilt, so kann das Gericht neben der Strafe die Sicherungsverwahrung anordnen, wenn der Täter wegen einer oder mehrerer solcher Straftaten, die er vor der neuen Tat begangen hat, schon einmal zu Freiheitsstrafe von mindestens drei Jahren verurteilt worden ist und die in Absatz 1 Satz 1 Nummer 3 und 4 genannten Voraussetzungen erfüllt sind. ²Hat jemand zwei Straftaten der in Satz 1 bezeichneten Art begangen, durch die er jeweils Freiheitsstrafe von mindestens zwei Jahren verwirkt hat und wird er wegen einer oder mehrerer dieser Taten zu Freiheitsstrafe von mindestens drei Jahren verurteilt, so kann das Gericht unter den in Absatz 1 Satz 1 Nummer 4 bezeichneten Voraussetzungen neben der Strafe die Sicherungsverwahrung auch ohne frühere Verurteilung oder Freiheitsentziehung (Absatz 1 Satz 1 Nummer 2 und 3) anordnen. ³Die Absätze 1 und 2 bleiben unberührt.

(4) ¹Im Sinne des Absatzes 1 Satz 1 Nummer 2 gilt eine Verurteilung zu Gesamtstrafe als eine einzige Verurteilung. ²Ist Untersuchungshaft oder eine andere Freiheitsentziehung auf Freiheitsstrafe angerechnet, so gilt sie als verbüßte Strafe im Sinne des Absatzes 1 Satz 1 Nummer 3. ³Eine frühere Tat bleibt außer Betracht, wenn zwischen ihr und der folgenden Tat mehr als fünf Jahre verstrichen sind; bei Straftaten gegen die sexuelle Selbstbestimmung beträgt die Frist fünfzehn Jahre. ⁴In die Frist wird die Zeit nicht eingerechnet, in welcher der Täter auf behördliche Anordnung in einer Anstalt verwahrt worden ist. ⁵Eine Tat, die außerhalb des räumlichen Geltungsbereichs dieses Gesetzes abgeurteilt worden ist, steht einer innerhalb dieses Bereichs abgeurteilten Tat gleich, wenn sie nach deutschem Strafrecht eine Straftat der in Absatz 1 Satz 1 Nummer 1, in den Fällen des Absatzes 3 der in Absatz 3 Satz 1 bezeichneten Art wäre.

Ausländische Vorstrafen stehen einer inländischen Verurteilung unter den Voraussetzungen des   **1**
Abs. 4 S. 5 gleich.

Sieht das ausländische Recht bei der Verurteilung tatmehrheitlich begangener Taten nicht die   **2**
Bildung einer Gesamtstrafe entsprechend des deutschen Rechts, sondern die Verhängung einer Einheitsstrafe ohne Einzelstrafen vor, ist bei der Beurteilung der formellen Voraussetzungen des Abs. 1 und Abs. 2 darauf abzustellen, ob der Täter bei einer oder mehreren der abgeurteilten Taten erkennbar eine Freiheitsstrafe von mindestens einem Jahr verwirkt hätte (BGH NJW 2008, 3008).

Bei der Prüfung, ob die angeordnete Sicherungsverwahrung nach Verbüßung der Haftstrafe zu   **3**
vollstrecken ist oder die Vollstreckung zur Bewährung ausgesetzt werden kann, ist unerheblich, ob rechtswidrige Taten möglicherweise ausschließlich im Ausland zu erwarten sind (OLG Köln StV 2020, 40).

§ 69 Entziehung der Fahrerlaubnis

(1) ¹Wird jemand wegen einer rechtswidrigen Tat, die er bei oder im Zusammenhang mit dem Führen eines Kraftfahrzeuges oder unter Verletzung der Pflichten eines Kraft-

fahrzeugführers begangen hat, verurteilt oder nur deshalb nicht verurteilt, weil seine Schuldunfähigkeit erwiesen oder nicht auszuschließen ist, so entzieht ihm das Gericht die Fahrerlaubnis, wenn sich aus der Tat ergibt, daß er zum Führen von Kraftfahrzeugen ungeeignet ist. ²Einer weiteren Prüfung nach § 62 bedarf es nicht.

(2) Ist die rechtswidrige Tat in den Fällen des Absatzes 1 ein Vergehen
1. der Gefährdung des Straßenverkehrs (§ 315c),
1a. des verbotenen Kraftfahrzeugrennens (§ 315d),
2. der Trunkenheit im Verkehr (§ 316),
3. des unerlaubten Entfernens vom Unfallort (§ 142), obwohl der Täter weiß oder wissen kann, daß bei dem Unfall ein Mensch getötet oder nicht unerheblich verletzt worden oder an fremden Sachen bedeutender Schaden entstanden ist, oder
4. des Vollrausches (§ 323a), der sich auf eine der Taten nach den Nummern 1 bis 3 bezieht,
so ist der Täter in der Regel als ungeeignet zum Führen von Kraftfahrzeugen anzusehen.

(3) ¹Die Fahrerlaubnis erlischt mit der Rechtskraft des Urteils. ²Ein von einer deutschen Behörde ausgestellter Führerschein wird im Urteil eingezogen.

1 Kraftfahrer, die sich durch die Begehung einer rechtswidrigen, nicht schuldhaften, Tat als ungeeignet zum Führen eines Kraftfahrzeuges erwiesen haben, sollen zum Schutz der Allgemeinheit von der Teilnahme am Straßenverkehr ausgeschlossen werden (zu Fragen in Bezug auf Auswirkungen der Entziehung auf ausländische Fahrerlaubnisse vgl. § 21 StVG).

§ 69a Sperre für die Erteilung einer Fahrerlaubnis

(1) ¹Entzieht das Gericht die Fahrerlaubnis, so bestimmt es zugleich, daß für die Dauer von sechs Monaten bis zu fünf Jahren keine neue Fahrerlaubnis erteilt werden darf (Sperre). ²Die Sperre kann für immer angeordnet werden, wenn zu erwarten ist, daß die gesetzliche Höchstfrist zur Abwehr der von dem Täter drohenden Gefahr nicht ausreicht. ³Hat der Täter keine Fahrerlaubnis, so wird nur die Sperre angeordnet.

(2) Das Gericht kann von der Sperre bestimmte Arten von Kraftfahrzeugen ausnehmen, wenn besondere Umstände die Annahme rechtfertigen, daß der Zweck der Maßregel dadurch nicht gefährdet wird.

(3) Das Mindestmaß der Sperre beträgt ein Jahr, wenn gegen den Täter in den letzten drei Jahren vor der Tat bereits einmal eine Sperre angeordnet worden ist.

(4) ¹War dem Täter die Fahrerlaubnis wegen der Tat vorläufig entzogen (§ 111a der Strafprozeßordnung), so verkürzt sich das Mindestmaß der Sperre um die Zeit, in der die vorläufige Entziehung wirksam war. ²Es darf jedoch drei Monate nicht unterschreiten.

(5) ¹Die Sperre beginnt mit der Rechtskraft des Urteils. ²In die Frist wird die Zeit einer wegen der Tat angeordneten vorläufigen Entziehung eingerechnet, soweit sie nach Verkündung des Urteils verstrichen ist, in dem die der Maßregel zugrunde liegenden tatsächlichen Feststellungen letztmals geprüft werden konnten.

(6) Im Sinne der Absätze 4 und 5 steht der vorläufigen Entziehung der Fahrerlaubnis die Verwahrung, Sicherstellung oder Beschlagnahme des Führerscheins (§ 94 der Strafprozeßordnung) gleich.

(7) ¹Ergibt sich Grund zu der Annahme, daß der Täter zum Führen von Kraftfahrzeugen nicht mehr ungeeignet ist, so kann das Gericht die Sperre vorzeitig aufheben. ²Die Aufhebung ist frühestens zulässig, wenn die Sperre drei Monate, in den Fällen des Absatzes 3 ein Jahr gedauert hat; Absatz 5 Satz 2 und Absatz 6 gelten entsprechend.

1 Eine **isolierte Sperrfrist** iSd Abs. 1 S. 3 kann nur angeordnet werden, wenn der Täter zum Zeitpunkt der Entscheidung noch nie eine in- oder ausländische Fahrerlaubnis besessen hat, oder wenn ihm diese durch bestands- bzw. rechtskräftige Entscheidung entzogen worden ist. Die Anordnung der isolierten Sperre bestimmt sich nach den Regeln zur Entziehung der Fahrerlaubnis.

§ 69b Wirkung der Entziehung bei einer ausländischen Fahrerlaubnis

(1) ¹Darf der Täter auf Grund einer im Ausland erteilten Fahrerlaubnis im Inland Kraftfahrzeuge führen, ohne daß ihm von einer deutschen Behörde eine Fahrerlaubnis erteilt worden ist, so hat die Entziehung der Fahrerlaubnis die Wirkung einer Aberkennung des Rechts, von der Fahrerlaubnis im Inland Gebrauch zu machen. ²Mit der Rechtskraft der Entscheidung erlischt das Recht zum Führen von Kraftfahrzeugen im Inland. ³Während der Sperre darf weder das Recht, von der ausländischen Fahrerlaubnis wieder Gebrauch zu machen, noch eine inländische Fahrerlaubnis erteilt werden.

(2) ¹Ist der ausländische Führerschein von einer Behörde eines Mitgliedstaates der Europäischen Union oder eines anderen Vertragsstaates des Abkommens über den Europäischen Wirtschaftsraum ausgestellt worden und hat der Inhaber seinen ordentlichen Wohnsitz im Inland, so wird der Führerschein im Urteil eingezogen und an die ausstellende Behörde zurückgesandt. ²In anderen Fällen werden die Entziehung der Fahrerlaubnis und die Sperre in den ausländischen Führerscheinen vermerkt.

Überblick

Die Vorschrift betrifft nicht die Voraussetzungen für die Anordnung der Entziehung (BGHSt 44, 196), sondern lediglich die Wirkung der Entziehung bei einer ausländischen Fahrerlaubnis. Die Regelungen der Wirkung und Durchsetzung sind abweichend von § 69 Abs. 3, der für deutsche Fahrerlaubnisse gilt, geregelt. Die Vorschrift erfasst Ausländer mit internationalem Führerschein oder anerkannter ausländischer Fahrerlaubnis, aber auch Deutsche, die ihren ständigen Wohnsitz im Ausland haben (OLG Düsseldorf VM 1997, 85; JR 1984, 82). Die Anordnung der Maßregel bestimmt sich nach § 69 Abs. 1.

A. Aberkennung und Erlöschen des Rechts, im Inland ein Kraftfahrzeug zu führen

Ist die Entscheidung rechtskräftig, erlischt das Recht zum Führen von Kraftfahrzeugen im **1** Inland (Abs. 1 S. 2). Der Verurteilte macht sich nach **§ 21 StVG** strafbar, wenn er im Inland weiterhin ein Kraftfahrzeug führt. Die Rechtsfolge tritt unabhängig davon ein, ob Maßnahmen nach Abs. 2 getroffen werden.

B. Wirksamkeit ausländischer Fahrerlaubnisse in der Bundesrepublik

I. EU/EWR-Fahrerlaubnis

Wer über eine gültige Fahrerlaubnis aus einem Mitgliedstaat verfügt und seinen ordentlichen **2** **Wohnsitz in der Bundesrepublik** Deutschland hat, darf grundsätzlich im Umfang der Berechtigung Kraftfahrzeuge in Deutschland führen (§ 28 Abs. 1 S. 1 FeV). Für Personen ohne ordentlichen Wohnsitz im Inland gilt, genauso wie für Inhaber einer Fahrerlaubnis von Drittstaaten § 29 Abs. 1 S. 1 FeV (HKD FeV § 28 Rn. 17). Neben den Staaten der EU sind auch Fahrerlaubnisse aus den EWR-Staaten (Island, Liechtenstein und Norwegen) erfasst.

Die Berechtigung ein Kraftfahrzeug im Inland zu führen, gilt nicht in Fällen, in denen ein **3** Gericht die Fahrerlaubnis vorläufig oder rechtskräftig entzogen hat, oder in denen die Fahrerlaubnis von einer Verwaltungsbehörde sofort vollziehbar oder bestandskräftig gem. § 3 StVG entzogen worden ist. Sie gilt auch nicht in Fällen, in denen aufgrund einer rechtskräftigen gerichtlichen Entscheidung keine Fahrerlaubnis erteilt werden darf (vgl. Katalog des § 28 Abs. 4 FeV).

Unterliegt der Inhaber der Fahrerlaubnis einem Fahrverbot in dem Staat, der die Fahrerlaubnis **4** ursprünglich erteilt hat, oder in dem Staat, indem er seinen ordentlichen Wohnsitz hat, oder ist der Führerschein nach § 94 StPO beschlagnahmt, sichergestellt oder in Verwahrung genommen, gilt die Berechtigung nach § 28 Abs. 1 Nr. 1 FeV ebenfalls nicht.

II. Fahrerlaubnisse aus Drittstaaten (§ 29 Abs. 1 FeV)

Inhaber einer ausländischen Fahrerlaubnis dürfen im Inland ein Kraftfahrzeug führen, wenn sie **5** in der Bundesrepublik **keinen ordentlichen Wohnsitz** haben. Wird der ordentliche Wohnsitz im Inland begründet, richtet sich die weitere Berechtigung nach § 28 FeV. Die Berechtigung zur Führung eines Kraftfahrzeuges im Inland besteht dann noch **sechs Monate** nach Begründung des Wohnsitzes und kann um weitere sechs Monate verlängert werden. Liegt einer der Ausschluss-gründe des § 29 Abs. 3 FeV vor, liegt auch keine Berechtigung vor. § 29 FeV findet keine Anwendung auf Angehörige der NATO-Streitkräfte.

C. Sperre

6   Solange die Sperre gilt, darf weder das Recht, von der ausländischen Fahrerlaubnis Gebrauch zu machen, noch eine inländische Fahrerlaubnis erteilt werden (Abs. 1 S. 3).

7   Da das Recht, mit einer ausländischen Fahrerlaubnis Kraftfahrzeuge zu führen, erlischt, muss dieses Recht dem Inhaber auf seinen Antrag hin **neu erteilt** werden. Maßstab ist das deutsche Recht (OVG Saarl ZfS 2001, 142).

D. Durchsetzung

8   EU/EWR-Fahrerlaubnisse werden eingezogen, wenn der Inhaber seinen ordentlichen Wohn-sitz im Inland hat (Abs. 2 S. 1). Die Einziehung des Führerscheins ist im Urteil anzuordnen. Der Führerschein wird an die ausstellende Behörde zurückgesandt.

9   Im Übrigen wird die Entziehung der Fahrerlaubnis und die Sperre in den ausländischen Führer-scheinen vermerkt (Abs. 2 S. 2). Mit Urteil vom 29.4.2021 (BeckRS 2021, 8903) urteilte der EuGH, dass Vermerke auf dem Führerschein ausschließlich von dem Mitgliedstaat vorgenommen werden dürfen, in dem der Inhaber der Fahrerlaubnis seinen ordentlichen Wohnsitz hat. Liegt dieser außerhalb der Bundesrepublik Deutschland, können die deutschen Behörden die Behörden des zuständigen Mitgliedstaats lediglich ersuchen, einen entsprechenden Vermerk anzubringen.

E. Weiterführende Literatur

10   Blum NZV 2008, 176; Bouska NZV 2000, 321; Brenner DVBl 1999, 877; Gehrmann NJW 1998, 3534; 1999, 455; Gleß NZV 1999, 410; Hailbronner NZV 2009, 361; Heinrich pvt 1998, 27; Hentschel GS Meyer, 1990, 789; Hentschel NZV 2001, 193; Hentschel NJW 1975, 1350; Hentschel NZV 1999, 134; Jagow DAA 1998, 453; Mindorf, Internationaler Straßenverkehr, 2001, Morgenstern NZV 2008, 425; Mosbacher/Gräfe NJW 2009, 801; Scheidler NZV 2012, 66; Schmitt ZfS 2000, 521; Schünemann/Schünemann DAR 2007, 382; Slapnicar NJW 1985, 2861; Ternig DAR 2001, 291; Zeitler Rpfleger 2000, 486; Zelenka DAR 2001, 148.

Besonderer Teil

§ 170 Verletzung der Unterhaltspflicht

(1) Wer sich einer gesetzlichen Unterhaltspflicht entzieht, so daß der Lebensbedarf des Unterhaltsberechtigten gefährdet ist oder ohne die Hilfe anderer gefährdet wäre, wird mit Freiheitsstrafe bis zu drei Jahren oder mit Geldstrafe bestraft.

(2) Wer einer Schwangeren zum Unterhalt verpflichtet ist und ihr diesen Unterhalt in verwerflicher Weise vorenthält und dadurch den Schwangerschaftsabbruch bewirkt, wird mit Freiheitsstrafe bis zu fünf Jahren oder mit Geldstrafe bestraft.

1   Da § 170 nicht dem Schutz ausländischer Staatsfinanzen dient, findet die Vorschrift keine Anwendung, wenn ein im Inland lebender Ausländer seine gesetzliche Unterhaltspflicht gegenüber im Ausland lebenden, nichtdeutschen Unterhaltsberechtigten verletzt (BGHSt 29, 85 = BeckRS 9998, 104934; OLG Saarbrücken JR 1975, 291 mAnm Oehler; OLG Stuttgart NJW 1977, 1601; OLG Saarbrücken NJW 1978, 2460; AG Rosenheim NJW 1981, 2653; BayObLG NJW 1982, 1243; OLG Stuttgart NJW 1985, 1299; aA OLG Karlsruhe NJW 1978, 1754; Kunz NJW 1980, 1201); eine Strafbarkeit ist nur gegeben, wenn neben dem Ausländer auch der Unterhaltsberech-tigte **im Bundesgebiet** wohnt (Fischer Rn. 3a).

§ 172 Doppelehe; doppelte Lebenspartnerschaft

[1]Mit Freiheitsstrafe bis zu drei Jahren oder mit Geldstrafe wird bestraft, wer verheira-tet ist oder eine Lebenspartnerschaft führt und

1. mit einer dritten Person eine Ehe schließt oder
2. gemäß § 1 Absatz 1 des Lebenspartnerschaftsgesetzes gegenüber der für die Begründung der Lebenspartnerschaft zuständigen Stelle erklärt, mit einer dritten Person eine Lebenspartnerschaft führen zu wollen.
²Ebenso wird bestraft, wer mit einer dritten Person, die verheiratet ist oder eine Lebenspartnerschaft führt, die Ehe schließt oder gemäß § 1 Absatz 1 des Lebenspartnerschaftsgesetzes gegenüber der für die Begründung der Lebenspartnerschaft zuständigen Stelle erklärt, mit dieser dritten Person eine Lebenspartnerschaft führen zu wollen.

Im Ausland geschlossene Ehen sind nach dem dortigen Recht zu beurteilen, so dass die **Auslandsbigamie** auch dann nicht unter das Verbot der Doppelehe fällt, wenn die gültige Doppelauslandsehe im Bundesgebiet fortgeführt wird (StA München I NStZ 1996, 436); Auslandsehen im Inland unterstehen dagegen den deutschen Gesetzen, so dass auch für Mohammedaner die Eingehung einer polygamen Ehe unzulässig ist (Fischer Rn. 4 mwN). **1**

§ 211 Mord

(1) **Der Mörder wird mit lebenslanger Freiheitsstrafe bestraft.**

(2) **Mörder ist, wer**
aus Mordlust, zur Befriedigung des Geschlechtstriebs, aus Habgier oder sonst aus niedrigen Beweggründen,
heimtückisch oder grausam oder mit gemeingefährlichen Mitteln oder
um eine andere Straftat zu ermöglichen oder zu verdecken,
einen Menschen tötet.

Überblick

In Bezug auf Tötungsdelikte spielt insbesondere die Frage eine Rolle, ob soziale, kulturelle und ethnische Besonderheiten Berücksichtigung bei der Bewertung der Tat finden können.

A. Niedrige Beweggründe

Beweggründe sind niedrig, wenn sie nach allgemeiner sittlicher Wertung auf tiefster Stufe **1** stehen, durch ungehemmte, triebhafte Eigensucht bestimmt und deshalb besonders verwerflich, ja verächtlich sind (stRspr seit BGHSt 3, 132 = BeckRS 9998, 124321). Bei der Bewertung sind die Umstände der Tat, die Lebensverhältnisse und die Persönlichkeit des Täters zu berücksichtigen (BGHSt 47, 128 = BeckRS 2001, 9621 mwN).

Niedrige Beweggründe müssen **trotz** abweichender kultureller Vorstellungen und nicht wegen **2** dieser Vorstellungen festgestellt werden (Fischer Rn. 32).

Der Maßstab für die Bewertung von Beweggründen ist grundsätzlich auf Grundlage der **Vor- 3 stellungen der deutschen Rechtsgemeinschaft** zu ermitteln (BGH NJW 2004, 1466; 2006, 1008 mAnm Beulke/Barisch StV 2006, 569; NStZ-RR 2004, 332; 2005, 35; Fischer Rn. 29).

In Einzelfällen kommt jedoch eine Annahme von niedrigen Beweggründen nicht in Betracht, **4** wenn der Täter, der aus einem fremden Kulturkreis stammt, von den Anschauungen seiner Heimat so **stark geprägt** ist, dass er sich davon aufgrund seiner Persönlichkeit und der Lebensumstände nicht lösen kann (BGH JZ 1980, 238 mAnm Köhler; StV 1981, 399; 1994, 182; BGHR StGB § 211 Abs. 2 niedrige Beweggründe 29 = BeckRS 9998, 95067; vgl. auch BGH NJW 2004, 1466; Momsen NStZ 2003, 237; krit. zur Rspr. des BGH – unter Hinweis auf moderne, medial vernetzte Welt – Renzikowski NJW 2014, 2539 (2542)). Etwas anderes soll gelten, wenn ein unbeteiligter Dritter getötet wird, die Tat also erkennbar nichts mit den abweichenden Wertvorstellungen des Täters zu tun hat (BGH NStZ-RR 2000, 168), oder wenn frühere Strafverfahren vermuten lassen, dass der Täter die geltenden Wertvorstellungen in der Bundesrepublik Deutschland kannte (BGH NStZ 2002, 369).

Erforderlich ist außerdem, dass die abweichenden kulturellen Wertvorstellungen in der Kultur, **5** der er entstammt, prägend sind (BGH NStZ-RR 2004, 361; 2006, 43; NStZ 2002, 69).

Der BGH hat in den folgenden Fällen die Annahme niedriger Beweggründe unter bestimmten **6** Voraussetzungen **verneint** (→ Rn. 6.1):

6.1   Eifersucht: BGH StV 1981, 399;
     verletztes Ehrgefühl: BGH JZ 1980, 238 mAnm Köhler; Grünewald NStZ 2010, 1;
     Blutrache: BGHR StGB § 211 Abs. 2 niedrige Beweggründe 29 = BeckRS 9998, 95067; BGH NStZ
     2006, 286;
     Ausübung der Selbstjustiz: BGH StV 1994, 182.

B. Verhältnismäßigkeit

7   Fühlt sich der Täter bei der Begehung der Tat entsprechenden Wertvorstellungen **verpflichtet,**
kann dies die Unverhältnismäßigkeit der Verhängung einer lebenslangen Freiheitsstrafe zur Folge
haben. Trotz einer Verurteilung wegen Mordes kann dann auf eine zeitige Freiheitsstrafe erkannt
werden (BGH NJW 1983, 55).

§ 212 Totschlag

**(1) Wer einen Menschen tötet, ohne Mörder zu sein, wird als Totschläger mit Frei-
heitsstrafe nicht unter fünf Jahren bestraft.**

(2) In besonders schweren Fällen ist auf lebenslange Freiheitsstrafe zu erkennen.

1   War der Täter eines Totschlags abweichenden kulturellen und Wertvorstellungen verhaftet,
kommt auch die Annahme eines **minder schweren Falles** iSd § 213 in Betracht. Ein Tatmotiv
kann strafmildernd wirken, soweit es von herkunftsgeprägten Vorstellungen des Täters beeinflusst
ist (BGH BeckRS 1988, 01990).

2   Zu der Frage des Vorliegens **niederer Beweggründe** aufgrund abweichender Anschauungen
im Heimatland des Täters vgl. § 211.

§ 235 Entziehung Minderjähriger

(1) Mit Freiheitsstrafe bis zu fünf Jahren oder mit Geldstrafe wird bestraft, wer
**1. eine Person unter achtzehn Jahren mit Gewalt, durch Drohung mit einem empfindli-
chen Übel oder durch List oder**
2. ein Kind, ohne dessen Angehöriger zu sein,
den Eltern, einem Elternteil, dem Vormund oder dem Pfleger entzieht oder vorenthält.

**(2) Ebenso wird bestraft, wer ein Kind den Eltern, einem Elternteil, dem Vormund
oder dem Pfleger**
1. entzieht, um es in das Ausland zu verbringen, oder
**2. im Ausland vorenthält, nachdem es dorthin verbracht worden ist oder es sich dorthin
begeben hat.**

(3) In den Fällen des Absatzes 1 Nr. 2 und des Absatzes 2 Nr. 1 ist der Versuch strafbar.

**(4) Auf Freiheitsstrafe von einem Jahr bis zu zehn Jahren ist zu erkennen, wenn der
Täter**
**1. das Opfer durch die Tat in die Gefahr des Todes oder einer schweren Gesundheits-
schädigung oder einer erheblichen Schädigung der körperlichen oder seelischen Entwicklung bringt oder**
**2. die Tat gegen Entgelt oder in der Absicht begeht, sich oder einen Dritten zu berei-
chern.**

**(5) Verursacht der Täter durch die Tat den Tod des Opfers, so ist die Strafe Freiheits-
strafe nicht unter drei Jahren.**

**(6) In minder schweren Fällen des Absatzes 4 ist auf Freiheitsstrafe von sechs Monaten
bis zu fünf Jahren, in minder schweren Fällen des Absatzes 5 auf Freiheitsstrafe von
einem Jahr bis zu zehn Jahren zu erkennen.**

**(7) Die Entziehung Minderjähriger wird in den Fällen der Absätze 1 bis 3 nur auf
Antrag verfolgt, es sei denn, daß die Strafverfolgungsbehörde wegen des besonderen
öffentlichen Interesses an der Strafverfolgung ein Einschreiten von Amts wegen für
geboten hält.**

Überblick

Die Vorschrift schützt sowohl das elterliche oder sonstige familienrechtliche Sorgerecht (BGHSt 1, 364; 10, 376; 16, 61; Fischer §180 Rn. 10) als auch die seelische und körperliche Integrität der minderjährigen Person selbst (Kreß NJW 1998, 641; Fischer Rn. 2). Verletzter iSd Abs. 7 ist damit der Sorgeberechtigte sowie das Kind selbst. Abs. 2 stellt die Entziehung von Kindern ins Ausland oder im Ausland unter Strafe. Der Begriff des Auslands entspricht dem der §§3 ff. Entziehungen aus dem Ausland in das Gebiet der Bundesrepublik Deutschland sind von der Vorschrift nicht erfasst. Von praktischer Relevanz sind immer wieder Fälle der Kindesentziehung, häufig in der Weise, dass ein Minderjährige in das Heimatland eines Elternteils verbracht werden, um sie dort dem Einflussbereich des anderen Elternteils zu entziehen (zivilrechtlich: Rieck NJW 2008, 184). Beachtung verdient insoweit eine neuere Entscheidung des BGH (NStZ 2015, 338), wonach eine längere Abwesenheit vom ursprünglichen inländischen Aufenthaltsort einer Strafbarkeit insbesondere dann nicht entgegensteht, wenn das betroffene Kind stets davon ausgegangen ist, nach Deutschland zurückzukehren. Mit Urteil vom 19.11.2020 (C-454/19, StV 2021, 8 = BeckRS 2020, 31283) hat der EuGH auf Vorlage des Amtsgerichts Heilbronn (AG Heilbronn NJW-Spezial 2019, 538) festgestellt, dass Art. 21 AEUV der Anwendung des Abs. 2 Nr. 2 entgegensteht, soweit das freizügigkeitsberechtigte Kind in einem anderen Mitgliedstaat der EU vorenthalten wird, ohne dass es – im Gegensatz zu Abs. 1 Nr. 1 – auf die Anwendung von Gewalt oder List oder die Drohung mit einem empfindlichen Übel ankommt.

A. Objektiver Tatbestand

Tatopfer ist grundsätzlich eine minderjährige Person, in den Tatbestandsalternativen des Abs. 1 **1** Nr. 2, Abs. 2 Nr. 1 und Nr. 2 aber ein Kind, dh eine Person unter 14 Jahren.

Täter können je nach Tatbestandsalternative Angehörige der entzogenen Person und Dritte **2** sein (→ Rn. 2.1).

Personensorgeberechtigte Täter können sein: **2.1**
* Eltern: leibliche und Adoptiveltern;
* Pflegeeltern und Stiefeltern, soweit ihnen das Sorgerecht übertragen worden ist;
* ein Elternteil, auch wenn beide Elternteile gemeinsam personensorgeberechtigt sind;
* der bestellte Vormund;
* Pflegepersonen und Pfleger, soweit ihnen die Personensorge zusteht.

Die **Tathandlung** in Abs. 1 Nr. 1 ist das Entziehen oder Vorenthalten einer minderjährigen **3** Person unter Einsatz von Gewalt, Drohung mit einem empfindlichen Übel oder List gegenüber dem Personensorgeberechtigten.

Der von Abs. 1 Nr. 1 vorausgesetzte **Erfolg**, die wesentliche Beeinträchtigung der Personen- **4** sorge durch die räumliche Trennung, kann auch dann im Inland eintreten, wenn die Trennung von der sorgeberechtigten Person im Ausland geschehen ist. Ein Inlandsbezug der Tat kann sich in diesen Fällen dadurch ergeben, dass der Personensorgeberechtigte seinen Wohnsitz in Deutschland hat und dorthin ohne den Minderjährigen zurückkreist; der rechtswidrige Zustand, der im Ausland geschaffen worden ist, dauert dann noch an. Der Personensorgeberechtigte ist an der Ausübung des Sorgerechts weiter gehindert (MüKoStGB/Wieck-Noodt Rn. 38).

Im Rahmen des Abs. 2 Nr. 1 (**aktive Entführung**) ist es nicht erforderlich, dass der Täter **5** eines der in Abs. 1 Nr. 1 genannten Tatmittel einsetzt. Ausreichend ist das schlichte Entziehen eines Kindes. Aus der Gesetzesbegründung ergibt sich, dass insbesondere Kinder davor geschützt werden sollten, ins Ausland und ihnen fremde Kulturkreise verbracht zu werden. Hintergrund ist vor allem, dass Entscheidungen über die Berechtigung zur Personensorge, die ein deutsches Gericht getroffen hat, im Ausland schwer bis gar nicht vollstreckbar sind. Entsprechend stellt Abs. 3 in diesen Fällen auch den Versuch bereits unter Strafe.

Abs. 2 Nr. 2 regelt die sog. **passive Entführung**. Es handelt sich um Fälle, in denen das **6** Kind im Ausland ohne Einsatz von Tatmitteln vorenthalten wird, dh an der Rückkehr in die Bundesrepublik Deutschland gehindert wird. Voraussetzung ist, dass das Personensorgerecht in Deutschland **bereits ausgeübt** worden ist. Ausgeschlossen ist damit, dass unter Berufung auf die Strafvorschrift des §235 Abs. 2 Nr. 2 die Regelungen zur Familienzusammenführung bzw. zum Familienasyl umgangen werden.

Der Versuch ist nicht strafbar. **7**

Nach §5 Nr. 6 lit. a ist **deutsches Strafrecht** auf im Ausland begangene Taten iSd Abs. 2 **8** Nr. 2 anwendbar.

9   Zur Annahme von **List** genügt es, dass der Täter über den Zweck einer mit dem Minderjährigen unternommenen Auslandsreise täuscht, wenn die Reise dazu dienen soll, sich von dem Personensorgeberechtigten zu trennen (OLG Karlsruhe NJW 1984, 572).

B. Subjektiver Tatbestand

10   Grundsätzlich ist bedingter Vorsatz ausreichend; der subjektive Tatbestand des Abs. 2 Nr. 1 erfordert die Absicht, das Kind ins Ausland zu verbringen.

§ 237 Zwangsheirat

(1) ¹Wer einen Menschen rechtswidrig mit Gewalt oder durch Drohung mit einem empfindlichen Übel zur Eingehung der Ehe nötigt, wird mit Freiheitsstrafe von sechs Monaten bis zu fünf Jahren bestraft. ²Rechtswidrig ist die Tat, wenn die Anwendung der Gewalt oder die Androhung des Übels zu dem angestrebten Zweck als verwerflich anzusehen ist.

(2) Ebenso wird bestraft, wer zur Begehung einer Tat nach Absatz 1 den Menschen durch Gewalt, Drohung mit einem empfindlichen Übel oder durch List in ein Gebiet außerhalb des räumlichen Geltungsbereiches dieses Gesetzes verbringt oder veranlasst, sich dorthin zu begeben, oder davon abhält, von dort zurückzukehren.

(3) Der Versuch ist strafbar.

(4) In minder schweren Fällen ist die Strafe Freiheitsstrafe bis zu drei Jahren oder Geldstrafe.

Überblick

Die Vorschrift stellt die Nötigung eines anderen Menschen zur Eingehung der Ehe unter Strafe (Fischer Rn. 2). Geschütztes Rechtsgut ist das Recht auf freie Eheschließung und das Recht zur freien Wahl des Partners als Teilbereich des Rechts auf freie Selbstbestimmung (Art. 2 Abs. 1 GG). Die Nötigung, eine frei bestimmte Eheschließung oder eine frei bestimmte Scheidung zu unterlassen, ist indes nicht vom Tatbestand erfasst (Fischer Rn. 3), ebenso wenig wie gleichgeschlechtliche Lebenspartnerschaften (Kubik/Zimmermann JR 2013, 192). § 154c StPO ist nicht anwendbar. Einem zur Eheschließung genötigten Ehepartner steht ggf. ein Recht auf Wiederkehr nach § 37a AufenthG zu.

A. Nötigung zur Ehe (Abs. 1 S. 1)

1   Abs. 1 S. 1 stellt eine **Qualifikation zu § 240** dar und betrifft die Nötigung zur Eheschließung mit dem Täter oder mit einer dritten Person (Fischer Rn. 8); der Ehepartner muss von der Nötigung keine Kenntnis haben.

2   Die Feststellung, dass die Ehe nicht freiwillig geschlossen worden ist, begegnet großen praktischen Schwierigkeiten, zumal die Eheschließung oft im Ausland vorgenommen wird oder in engen Familienkreisen stattfindet. Es ist insoweit erforderlich, die genauen Umstände von Übereinkünften, Zustimmungen etc aufzuklären. Ein Indiz für die **Freiwilligkeit** kann eine Mitwirkung des Tatopfers an den Vorbereitungen der Eheschließung sein (Yerlikaya, Zwangsehen, 2012, Rn. 38 ff., 175 ff.).

3   Die Ehe muss **wirksam** geschlossen worden sein (Fischer Rn. 11); unerheblich ist, ob ein Aufhebungsgrund gem. § 1314 BGB vorliegt.

4   Geht der Täter irrig davon aus, er sei durch Rechtsregeln oder traditionelle Sitten zur Tat berechtigt, liegt lediglich ein **Verbotsirrtum iSd § 17** vor.

5   Ein Irrtum über einen Rechtfertigungsgrund kann auch aus **fremdkulturellen Vorstellungen** herrühren, wobei sich der Maßstab für die Bewertung von Beweggründen grundsätzlich nach den in der Bundesrepublik Deutschland geltenden Wertvorstellungen zu richten hat (BGH NJW 2004, 1466; 2006, 1008 mAnm Beulke/Barisch StV 2006, 569; zum Ganzen Fischer § 211 Rn. 29 mwN).

B. Verschleppung zur Zwangsheirat (Abs. 2)

Abs. 2 ist ein **selbstständiger Tatbestand,** der die Verbringung eines anderen Menschen zur **6** Vorbereitung einer Tat nach Abs. 1 unter Strafe stellt (Sering NJW 2011, 2162).

Die drei Tatvarianten des Verbringens, Veranlassens zur Ausreise und des Abhaltens von der **7** Rückkehr entsprechen denen des § 234a.

Bezüglich der Begehung einer Tat nach Abs. 1 ist **Absicht** erforderlich. Ein allgemein erhöhter **8** Druck durch die Situation im Ausland, der nach dem Willen des Täters zur Eheschließung führen soll, ist nicht ausreichend (Fischer Rn. 18).

Der Täter des Abs. 2 muss nicht auch Täter des Abs. 1 sein, seine Absicht muss sich lediglich **9** auf die Ermöglichung der Tat nach Abs. 1 – auch durch einen Dritten – richten.

C. Minder schwerer Fall (Abs. 4)

Ein minder schwerer Fall kommt bei **nachträglicher Einwilligung** des Tatopfers in Betracht, **10** ebenso bei einer dem Täter nicht vorwerfbaren **Verwurzelung** in autoritären familiären oder religiösen Strukturen (Fischer Rn. 25).

§ 267 Urkundenfälschung

(1) Wer zur Täuschung im Rechtsverkehr eine unechte Urkunde herstellt, eine echte Urkunde verfälscht oder eine unechte oder verfälschte Urkunde gebraucht, wird mit Freiheitsstrafe bis zu fünf Jahren oder mit Geldstrafe bestraft.

(2) Der Versuch ist strafbar.

(3) ¹In besonders schweren Fällen ist die Strafe Freiheitsstrafe von sechs Monaten bis zu zehn Jahren. ²Ein besonders schwerer Fall liegt in der Regel vor, wenn der Täter
1. gewerbsmäßig oder als Mitglied einer Bande handelt, die sich zur fortgesetzten Begehung von Betrug oder Urkundenfälschung verbunden hat,
2. einen Vermögensverlust großen Ausmaßes herbeiführt,
3. durch eine große Zahl von unechten oder verfälschten Urkunden die Sicherheit des Rechtsverkehrs erheblich gefährdet oder
4. seine Befugnisse oder seine Stellung als Amtsträger oder Europäischer Amtsträger mißbraucht.

(4) Mit Freiheitsstrafe von einem Jahr bis zu zehn Jahren, in minder schweren Fällen mit Freiheitsstrafe von sechs Monaten bis zu fünf Jahren wird bestraft, wer die Urkundenfälschung als Mitglied einer Bande, die sich zur fortgesetzten Begehung von Straftaten nach den §§ 263 bis 264 oder 267 bis 269 verbunden hat, gewerbsmäßig begeht.

Im Zusammenhang mit der Manipulation von Ausweisen und Pässen ist insbesondere zu beach- **1** ten, dass eine Strafbarkeit nach Abs. 1 **ausscheide**t, wenn nur solche Eintragungen im Pass gefälscht werden, die nicht vom Aussteller der Urkunde stammen (Fischer § 273 Rn. 1). Dies betrifft bspw. die Grenzkontrollstempel oder Abschiebungsvermerke. Entsprechende Manipulationen werden von § 273 erfasst.

Die Vorschrift erfasst nur **unechte Dokumente,** dh Dokumente, deren tatsächlicher Hersteller **2** nicht der aus der Urkunde ersichtliche Hersteller ist (Fischer Rn. 27). Es ist unerheblich, ob der Inhalt der Urkunde wahr ist (BGHSt 9, 44 = BeckRS 9998, 121101).

§ 271 Mittelbare Falschbeurkundung

(1) Wer bewirkt, daß Erklärungen, Verhandlungen oder Tatsachen, welche für Rechte oder Rechtsverhältnisse von Erheblichkeit sind, in öffentlichen Urkunden, Büchern, Dateien oder Registern als abgegeben oder geschehen beurkundet oder gespeichert werden, während sie überhaupt nicht oder in anderer Weise oder von einer Person in einer ihr nicht zustehenden Eigenschaft oder von einer anderen Person abgegeben oder geschehen sind, wird mit Freiheitsstrafe bis zu drei Jahren oder mit Geldstrafe bestraft.

(2) Ebenso wird bestraft, wer eine falsche Beurkundung oder Datenspeicherung der in Absatz 1 bezeichneten Art zur Täuschung im Rechtsverkehr gebraucht.

(3) Handelt der Täter gegen Entgelt oder in der Absicht, sich oder einen Dritten zu bereichern oder eine andere Person zu schädigen, so ist die Strafe Freiheitsstrafe von drei Monaten bis zu fünf Jahren.

(4) Der Versuch ist strafbar.

1   Die Vorschrift spielt insbesondere dann eine Rolle, wenn der Ausländer fehlerhafte Personalien angegeben hat. Sie soll verhindern, dass ein falscher Inhalt in öffentlichen Urkunden aufgenommen wird und schützt das Vertrauen in die Sicherheit des Rechtsverkehrs im Sinne eines Wahrheitsschutzes (Fischer Rn. 2).

2   Öffentliche Urkunden (→ Rn. 2.1) sind solche mit **Beweiskraft für und gegen jedermann,** ausländische Urkunden sind erfasst (KG JR 1980, 516), wenn sie deutsche Rechtsgüter schützen oder beeinträchtigen könnten (OLG Düsseldorf NStZ 1983, 221; zur **Reichweite der Beweiskraft** vgl. Fischer Rn. 9 ff.).

2.1   Als **öffentliche Urkunden** sind angesehen worden:
- Aufenthaltsbescheinigungen und Aufenthaltserlaubnis (BGH LM Nr. 8 zu § 348 Abs. 2 StGB = BeckRS 1954, 31195045);
- Fiktionsbescheinigungen gem. § 81 Abs. 4, Abs. 5 AufenthG (nicht hinsichtlich der Angaben zur Person; OLG Hamm StraFo 2009, 216);
- Anmeldebestätigung des Einwohnermeldeamtes bezüglich der Tatsache, dass sich die Person unter der Angabe dieses Wohnorts angemeldet hat (BGH BeckRS 1983, 05628; 1973, 00144; OLG München NStZ 2006, 575; AG Bremen NStZ-RR 2005, 341);
- Duldungen nach § 17 Abs. 1 AuslG aF und Aufenthaltsgestattungen nach §§ 55 ff. AsylG aF (BGH MDR 1996, 950 = NStZ 1996, 385);
- **nicht:** Bescheinigung über Aufenthaltsgestattung für die Dauer des Asylverfahrens gem. § 60 AufenthG mit dem Hinweis, dass die Personalien auf den Angaben des Betroffenen beruhen (BGHSt 54, 140 = BeckRS 2009, 26714 mAnm Mosbacher NStZ 2010, 457 mAnm Möller StV 2010, 247 (249); OLG Stuttgart StV 2007, 643; OLG Karlsruhe StV 2009, 133; OLG Naumburg StV 2007, 134; OLG Brandenburg NStZ-R 2010, 12; aA KG NStZ 2009, 448);
- Bescheid über die Ablehnung eines Asylantrags nach AsylG (BayObLG StV 1995, 29);
- Personalausweis (BGH 24.3.1981 – 3 StR 84/81);
- ausländischer Reisepass (KG JR 1980, 516 = LSK 1981, 140071).

§ 273 Verändern von amtlichen Ausweisen

(1) Wer zur Täuschung im Rechtsverkehr
1. eine Eintragung in einem amtlichen Ausweis entfernt, unkenntlich macht, überdeckt oder unterdrückt oder eine einzelne Seite aus einem amtlichen Ausweis entfernt oder
2. einen derart veränderten amtlichen Ausweis gebraucht,
wird mit Freiheitsstrafe bis zu drei Jahren oder mit Geldstrafe bestraft, wenn die Tat nicht in § 267 oder § 274 mit Strafe bedroht ist.

(2) Der Versuch ist strafbar.

Überblick

Die Vorschrift soll Strafbarkeitslücken schließen, da Fälle, in denen der Inhaber eines Ausweises diesen manipuliert, zB indem er belastende Vermerke entfernt, nicht von § 274 erfasst werden (BayObLG NJW 1990, 264; 1997, 1592; Kreß NJW 1998, 643). Auch § 267 greift nicht ein, wenn Eintragungen verändert werden, die nicht vom Aussteller des Ausweises stammen (Fischer § 267 Rn. 33 f.). § 273 schützt die Sicherheit und Zuverlässigkeit des Rechtsverkehrs (zur Kritik an der Vorschrift vgl. MüKoStGB/Erb, 2. Aufl. 2014, Rn. 2).

A. Tatbestand

1   Tatobjekt sind **Urkunden,** die von einer deutschen oder ausländischen Behörde oder sonstigen Stelle, die Aufgaben der öffentlichen Verwaltung wahrnimmt ausgestellt sind, um die **Identität** einer Person oder ihrer **persönlichen Verhältnisse** nachzuweisen (Hecker GA 1997, 526). Erfasst sind auch aufenthaltsrechtliche Papiere (vgl. § 276a).

Eine Eintragung in einem amtlichen Ausweis ist jede Erklärung einer amtlichen Stelle mit der **2** Qualität einer öffentlichen Urkunde, die mit dem Ausweis **fest verbunden** ist (OLG Köln NStZ 2010, 520; NK-StGB/Puppe, 4. Aufl. 2013, Rn. 5; Schönke/Schröder/Cramer/Heine, 28. Aufl. 2010, Rn. 3).

Die Tathandlungen des Abs. 1 Nr. 1 setzt einen Eingriff in die **Eigenschaften der Sache** als **3** solche voraus, das bedeutet insbesondere, dass der Tatbestand nicht bereits bei einem losen Überdecken eine Eintragung, bspw. mit der Hand bei der Passkontrolle, erfüllt ist. Es ist allerdings nicht erforderlich, dass die Veränderung nicht rückgängig gemacht werden kann (MüKoStGB/Erb Rn. 4; LK-StGB/Zieschang Rn. 7; Schönke/Schröder/Cramer/Heine, 28. Aufl. 2010, Rn. 4a).

Ein Gebrauchen iSv Abs. 1 Nr. 2 liegt vor, wenn der veränderte Ausweis einem Täuschungsad- **4** ressaten im Original zur unmittelbaren Wahrnehmung zugänglich gemacht wird (BGHSt 20, 17 = BeckRS 9998, 113624).

B. Rechtfertigung

Eine Rechtfertigung nach § 34 ist möglich. **5**

Erforderlich ist aber eine sorgfältige Prüfung der **Angemessenheit**. Die Vorlage eines manipu- **6** lierten Ausweises ist kein angemessenes Mittel zur Abwendung einer Gefahr im Ausland, wegen derer ein Asylsuchender in der Bundesrepublik Schutz sucht (OLG Frankfurt a. M. StV 1997, 78).

Wird eine Eintragung entfernt, die in einem anderen Staat zu erheblichen persönlichen Gefah- **7** ren führen kann, kann eine Rechtfertigung nur angenommen werden, wenn sich der Ausweisinhaber in dem betreffenden Land aufhält und nur durch den Verstoß gegen § 273 drohenden Repressalien entgehen kann (MüKoStGB/Erb Rn. 7).

§ 274 Urkundenunterdrückung; Veränderung einer Grenzbezeichnung

(1) Mit Freiheitsstrafe bis zu fünf Jahren oder mit Geldstrafe wird bestraft, wer
1. **eine Urkunde oder eine technische Aufzeichnung, welche ihm entweder überhaupt nicht oder nicht ausschließlich gehört, in der Absicht, einem anderen Nachteil zuzufügen, vernichtet, beschädigt oder unterdrückt,**
2. **beweiserhebliche Daten (§ 202a Abs. 2), über die er nicht oder nicht ausschließlich verfügen darf, in der Absicht, einem anderen Nachteil zuzufügen, löscht, unterdrückt, unbrauchbar macht oder verändert oder**
3. **einen Grenzstein oder ein anderes zur Bezeichnung einer Grenze oder eines Wasserstandes bestimmtes Merkmal in der Absicht, einem anderen Nachteil zuzufügen, wegnimmt, vernichtet, unkenntlich macht, verrückt oder fälschlich setzt.**
(2) Der Versuch ist strafbar.

Die Vorschrift schützt Urkunden iSv § 267 und technische Aufzeichnungen iSv § 268, daneben **1** beweiserhebliche Daten.

Das Beweismittel darf dem Täter nicht oder nicht ausschließlich gehören (BGHSt 6, 251 = **2** BeckRS 9998, 122669; BayObLG NJW 1980, 1507; NZV 1989, 81). Im Zusammenhang mit ausländerrechtlichen Mandaten ist insbesondere der **Reisepass** von Bedeutung, der ausschließlich dem Inhaber gehört (BayObLG NJW 1990, 264; 1997, 1592).

Eine Urkunde ist **vernichtet,** wenn ihre Gebrauchsfähigkeit aufgehoben ist, sie ist **beschädigt,** **3** wenn sie so verändert wurde, dass ihr Wert als Beweismittel beeinträchtigt ist (OLG Düsseldorf JR 1983, 428 = BeckRS 9998, 58297). Wird die Urkunde dem Berechtigten entzogen, sodass er sie zu Beweiszwecken nicht nutzen kann, ist sie **unterdrückt** (OLG Düsseldorf NJW 1989, 115).

Entfernt der Täter aus seinem **eigenen** Reisepass einzelne Eintragungen oder einzelne Seiten, **4** scheidet eine Strafbarkeit nach § 274 aus (BayObLG NJW 1990, 264; 1997, 1592).

§ 276 Verschaffen von falschen amtlichen Ausweisen

(1) Wer einen unechten oder verfälschten amtlichen Ausweis oder einen amtlichen Ausweis, der eine falsche Beurkundung der in den §§ 271 und 348 bezeichneten Art enthält,

1. einzuführen oder auszuführen unternimmt oder
2. in der Absicht, dessen Gebrauch zur Täuschung im Rechtsverkehr zu ermöglichen, sich oder einem anderen verschafft, verwahrt oder einem anderen überläßt, wird mit Freiheitsstrafe bis zu zwei Jahren oder mit Geldstrafe bestraft.

(2) Handelt der Täter gewerbsmäßig oder als Mitglied einer Bande, die sich zur fortgesetzten Begehung von Straftaten nach Absatz 1 verbunden hat, so ist die Strafe Freiheitsstrafe von drei Monaten bis zu fünf Jahren.

1   Die Vorschrift erfasst die typischen Vorbereitungshandlungen des Gebrauchs von falschen amtlichen Ausweisen.

2   Tatgegenstand sind **unechte oder verfälschte amtliche Ausweise** oder Ausweise, die eine **falsche Beurkundung** iSd §§ 271 und 348 enthalten. Nicht erfasst sind amtliche Ausweise, die nach § 273 verändert worden sind.

3   Amtliche Ausweise sind Urkunden, die von einer Behörde oder einer Stelle, die Aufgaben der öffentlichen Verwaltung wahrnimmt, ausgestellt sind, um die Identität einer Person oder ihre persönlichen Verhältnisse zu beweisen (Fischer § 275 Rn. 2).

4   Ein amtlicher Ausweis ist unecht, wenn er über die Identität der Person des Ausstellers täuscht (Fischer § 267 Rn. 27 ff.).

5   Verfälscht ist eine Urkunde, wenn ihr ursprünglicher Inhalt geändert worden ist und nicht mehr von dem ausgewiesenen Aussteller stammt (Fischer § 267 Rn. 33).

6   Es ist unerheblich, ob die falsche Beurkundung aus einer Straftat stammt.

7   Die Vorschrift gilt auch für **ausländische Ausweispapiere,** auch wenn die Fälschungshandlung am Tatort nicht strafbar sein sollte (BT-Drs. 12/6853, 29; BGH wistra 2000, 386).

8   Die Tatbestandsalternative des „**Verwahrens**" kommt insbesondere auch dann in Betracht, wenn sich nicht mehr klären lässt, wann und wie der Täter Gewahrsam an dem falschen Dokument erlangt hat.

§ 281 Mißbrauch von Ausweispapieren

(1) [1]Wer ein Ausweispapier, das für einen anderen ausgestellt ist, zur Täuschung im Rechtsverkehr gebraucht, oder wer zur Täuschung im Rechtsverkehr einem anderen ein Ausweispapier überläßt, das nicht für diesen ausgestellt ist, wird mit Freiheitsstrafe bis zu einem Jahr oder mit Geldstrafe bestraft. [2]Der Versuch ist strafbar.

(2) Einem Ausweispapier stehen Zeugnisse und andere Urkunden gleich, die im Verkehr als Ausweis verwendet werden.

Überblick

     Die Vorschrift knüpft an die missbräuchliche Verwendung echter und inhaltlich richtiger Urkunden an.

A. Tatgegenstand

1   Tatgegenstand sind Ausweispapiere (Abs. 1).

2   **Amtliche Ausweise** sind Urkunden, die von einer Behörde oder einer Stelle, die Aufgaben der öffentlichen Verwaltung wahrnimmt, ausgestellt sind, um **die Identität** einer Person oder ihre persönlichen Verhältnisse zu beweisen (Fischer § 275 Rn. 2). Die Urkunde muss für einen anderen als den Täter ausgestellt worden sein.

3   Tatgegenstand des Abs. 2 sind Zeugnisse und andere Urkunden, die im Verkehr als Ausweis verwendet werden, wovon auch private Dienstausweise, nicht aber Kredit- und Scheckkarten erfasst sind (Fischer Rn. 2). Die Urkunde muss geeignet sein, eine **Beweiswirkung für die Identität** einer Person zu entfalten, wie ein Ausweispapier (MüKoStGB/Erb Rn. 4). Teilweise wird deshalb vertreten, das Dokument müsse zumindest ein individuelles Merkmal des Inhabers enthalten, durch das sich der Adressat von der Identität des Täters überzeugen kann, wie bspw. ein fest verbundenes Lichtbild (NK-StGB/Puppe, 4. Aufl. 2013, Rn. 13; MüKoStGB/Erb Rn. 4). Der falsche Anschein, den der Täter für sich in Anspruch nehme, müsse sich aus dem Inhalt des vorgelegten Dokuments, nicht allein aus dessen Besitz, ergeben.

4   Die Dokumente müssen **echt** sein, sonst liegt ein Fall des § 267 vor.

B. Tathandlungen

I. Gebrauchen der Ausweispapiere

Das Gebrauchen einer Urkunde setzt voraus, sie einer sinnlichen Wahrnehmung zugänglich zu 5
machen (BGHSt 36, 64 (65) = BeckRS 9998, 169007; KG wistra 1984, 235; OLG Frankfurt
a. M. wistra 1990, 271), dh sie vorzulegen, zu übergeben, zu hinterlegen, zu veröffentlichen,
verlesen oder verweisen (Fischer § 267 Rn. 36). Die tatsächliche **Kenntnisnahme** durch den
Empfänger ist nicht erforderlich (BGH BeckRS 1992, 31087268).

Der Täter muss ein für eine andere Person ausgestelltes Ausweispapier gebrauchen. Ob der 6
übrige Inhalt richtig ist, ist nicht erheblich (Fischer Rn. 3).

Die Vorlage einer **Fotokopie** oder die **elektronische Übersendung** eines echten Ausweises 7
kann ausreichen (BGH BeckRS 2020, 20323), da hierdurch die sinnliche Wahrnehmung der
Urkunde selbst ermöglicht wird.

Der **Besitz** des fremden Ausweises allein ist nicht strafbar. Es besteht keine Pflicht, einen Irrtum 8
aufzuklären, wenn ein Dritter die Urkunde fälschlich einer Person zuordnet.

II. Überlassen eines Ausweispapieres

Es ist nicht erforderlich, dass der Überlassende die Person ist, für die das Ausweispapier ausgestellt 9
worden ist.

III. Zur Täuschung im Rechtsverkehr

Der Täter muss zur Täuschung über seine Identität handeln (BGHSt 16, 33 = BeckRS 9998, 10
115538).

§ 270 ist anwendbar. 11

C. Konkurrenzen

§ 281 tritt hinter §§ 267, 269, 271 Abs. 2, 277 zurück. 12

Gesetz über den Verkehr mit Betäubungsmitteln
(Betäubungsmittelgesetz – BtMG)

In der Fassung der Bekanntmachung vom 1. März 1994
(BGBl. I S. 358)
FNA 2121-6-24
– in Auszügen kommentiert –

§ 35 Zurückstellung der Strafvollstreckung

(1) ¹Ist jemand wegen einer Straftat zu einer Freiheitsstrafe von nicht mehr als zwei
Jahren verurteilt worden und ergibt sich aus den Urteilsgründen oder steht sonst fest,
daß er die Tat auf Grund einer Betäubungsmittelabhängigkeit begangen hat, so kann
die Vollstreckungsbehörde mit Zustimmung des Gerichts des ersten Rechtszuges die
Vollstreckung der Strafe, eines Strafrestes oder der Maßregel der Unterbringung in einer
Entziehungsanstalt für längstens zwei Jahre zurückstellen, wenn der Verurteilte sich
wegen seiner Abhängigkeit in einer seiner Rehabilitation dienenden Behandlung befindet oder zusagt, sich einer solchen zu unterziehen, und deren Beginn gewährleistet ist.
²Als Behandlung gilt auch der Aufenthalt in einer staatlich anerkannten Einrichtung,
die dazu dient, die Abhängigkeit zu beheben oder einer erneuten Abhängigkeit entgegenzuwirken.

(2) ¹Gegen die Verweigerung der Zustimmung durch das Gericht des ersten Rechtszuges steht der Vollstreckungsbehörde die Beschwerde nach dem Zweiten Abschnitt des

Dritten Buches der Strafprozeßordnung zu. [2]Der Verurteilte kann die Verweigerung dieser Zustimmung nur zusammen mit der Ablehnung der Zurückstellung durch die Vollstreckungsbehörde nach den §§ 23 bis 30 des Einführungsgesetzes zum Gerichtsverfassungsgesetz anfechten. [3]Das Oberlandesgericht entscheidet in diesem Falle auch über die Verweigerung der Zustimmung; es kann die Zustimmung selbst erteilen.

(3) Absatz 1 gilt entsprechend, wenn

1. auf eine Gesamtfreiheitsstrafe von nicht mehr als zwei Jahren erkannt worden ist oder
2. auf eine Freiheitsstrafe oder Gesamtfreiheitsstrafe von mehr als zwei Jahren erkannt worden ist und ein zu vollstreckender Rest der Freiheitsstrafe oder der Gesamtfreiheitsstrafe zwei Jahre nicht übersteigt

und im übrigen die Voraussetzungen des Absatzes 1 für den ihrer Bedeutung nach überwiegenden Teil der abgeurteilten Straftaten erfüllt sind.

(4) Der Verurteilte ist verpflichtet, zu Zeitpunkten, die die Vollstreckungsbehörde festsetzt, den Nachweis über die Aufnahme und über die Fortführung der Behandlung zu erbringen; die behandelnden Personen oder Einrichtungen teilen der Vollstreckungsbehörde einen Abbruch der Behandlung mit.

(5) [1]Die Vollstreckungsbehörde widerruft die Zurückstellung der Vollstreckung, wenn die Behandlung nicht begonnen oder nicht fortgeführt wird und nicht zu erwarten ist, daß der Verurteilte eine Behandlung derselben Art alsbald beginnt oder wieder aufnimmt, oder wenn der Verurteilte den nach Absatz 4 geforderten Nachweis nicht erbringt. [2]Von dem Widerruf kann abgesehen werden, wenn der Verurteilte nachträglich nachweist, daß er sich in Behandlung befindet. [3]Ein Widerruf nach Satz 1 steht einer erneuten Zurückstellung der Vollstreckung nicht entgegen.

(6) Die Zurückstellung der Vollstreckung wird auch widerrufen, wenn

1. bei nachträglicher Bildung einer Gesamtstrafe nicht auch deren Vollstreckung nach Absatz 1 in Verbindung mit Absatz 3 zurückgestellt wird oder
2. eine weitere gegen den Verurteilten erkannte Freiheitsstrafe oder freiheitsentziehende Maßregel der Besserung und Sicherung zu vollstrecken ist.

(7) [1]Hat die Vollstreckungsbehörde die Zurückstellung widerrufen, so ist sie befugt, zur Vollstreckung der Freiheitsstrafe oder der Unterbringung in einer Entziehungsanstalt einen Haftbefehl zu erlassen. [2]Gegen den Widerruf kann die Entscheidung des Gerichts des ersten Rechtszuges herbeigeführt werden. [3]Der Fortgang der Vollstreckung wird durch die Anrufung des Gerichts nicht gehemmt. [4]§ 462 der Strafprozeßordnung gilt entsprechend.

Überblick

Die Vorschrift ermöglicht drogenabhängigen Straftätern, die zu einer vollstreckbaren Freiheitsstrafe verurteilt worden sind, statt der Vollstreckung der Strafe eine Therapie zu absolvieren (zu den allg. Voraussetzungen BeckOK StPO/Ganter BtMG § 35 Rn. 1 f.; zu den ausländerrechtlichen Besonderheiten → Rn. 1 ff.). Durch die Zurückstellung nach § 35 wird die Vollstreckung der Freiheitsstrafe nicht beendet; dadurch bedarf es für die Abschiebung des Verurteilten auch weiterhin der Zustimmung der zuständigen Vollstreckungsbehörde (§ 72 Abs. 4 AufenthG; OLG Karlsruhe StV 2001, 467). Daraus folgt insbesondere auch, dass die zuständige Ausländerbehörde die Entscheidung der Vollstreckungsbehörde zu respektieren hat (OLG Düsseldorf StV 1999, 445).

A. Zurückstellung bei drogenabhängigen Ausländern

1   Auch ausländischen Gefangenen soll **Therapie statt Strafe** gewährt werden, wenn keine ausländerrechtlichen Bedenken entgegenstehen (OLG Stuttgart StV 1998, 671; OLG Düsseldorf StV 1999, 445; OLG Hamm NStZ 1999, 591; OLG Frankfurt a. M. NStZ-RR 2000, 152).

2   **Hindernisse,** die regelmäßig auftreten, beruhen insbesondere auf mangelnden Sprachkenntnissen des Verurteilten. Hier sollte darauf hingewirkt werden, eine Therapieeinrichtung zu finden, die auch fremdsprachige Therapieangebote führt.

B. Drohende Abschiebung

3   Bezüglich ausländischer Gefangener ergeben sich häufig Schwierigkeiten, sofern dem Verurteilten die **Ausweisung** droht und zu befürchten ist, dass er die Therapiemaßnahme nutzen wird,

um sich dem weiteren Verfahren zu entziehen (OLG Hamm NStZ 1999, 591 mwN; OLG Frankfurt a. M. NStZ 2000, 152). Allein, dass ausländerrechtliche Maßnahmen im Raum stehen, kann eine Ablehnung der Zurückstellung aber nicht begründen (OLG München BeckRS 2008, 21662). Ist die Anordnung der Abschiebung zu erwarten, kann dies bei der Entscheidung über die Zurückstellung zu berücksichtigen sein. Es ist jedoch eine Abwägung im Einzelfall erforderlich, die auch die zeitliche Dimension des Ausweisungsverfahrens berücksichtigen muss. Aus dem Wunsch des Verurteilten, nach seiner Entlassung in Deutschland zu bleiben, kann nicht auf eine Bereitschaft, sich der Abschiebung oder der Behandlung in einer Therapieeinrichtung zu entziehen, geschlossen werden (OLG Nürnberg StV 2019, 349). Ist wegen einer **Ausweisungs- und Abschiebungsverfügung** der Antritt und die Durchführung der Therapie nicht gewährleistet, ist es nicht zu beanstanden, wenn die Vollstreckungsbehörde aus diesem Grund die Zurückstellung der Strafvollstreckung ablehnt (OLG Hamm 3.4.2007 – 1 VAs 15/07).

Wurde die verurteilte Straftat unter falschen Personalien oder mit falschen Papieren begangen, **4** liegt die Vermutung nahe, dass aufgrund nur **vorgetäuschter Therapiebereitschaft** auch eine erhöhte Gefahr besteht, der Verurteilte werde sich der Therapie und der Abschiebung entziehen (GStA Frankfurt a. M. Bescheid v. 7.2.2005 – 6 Zs 63/05; Bescheid v. 7.2.2005 – 6 Zs 4/05).

C. Abwägung

Die Vollstreckungsbehörde hat bei der Zurückstellungsentscheidung das **individuelle Thera-** **5** **pieinteresse** des Antragstellers gegen das gesellschaftliche Schutzinteresse, insbesondere bei Intensivtätern, abzuwägen.

Sie hat bei der Entscheidung den **ausländerrechtlichen Belangen** Rechnung zu tragen (OLG **6** Frankfurt a. M. NStZ-RR 2000, 152).

D. Auslandstherapie

Ein **Therapieantritt im Ausland** ist zumindest dann nicht möglich, wenn eine wirksame **7** Überwachung gem. §§ 35 ff. und ein Widerruf bei Abbruch der therapeutischen Maßnahmen nicht gewährleistet sind.

Eine Zurückstellung zugunsten eines **europäischen** Nachbarlandes kann zulässig sein (LG **8** Kleve StV 2000, 35; OLG Frankfurt a. M. Beschl. v. 11.10.2000 – 3 Ws 432/00).

Straßenverkehrsgesetz (StVG)

In der Fassung der Bekanntmachung vom 5. März 2003
(BGBl. I S. 310, ber. S. 919)
FNA 9231-1
– in Auszügen kommentiert –

§ 21 Fahren ohne Fahrerlaubnis

(1) Mit Freiheitsstrafe bis zu einem Jahr oder mit Geldstrafe wird bestraft, wer
1. **ein Kraftfahrzeug führt, obwohl er die dazu erforderliche Fahrerlaubnis nicht hat oder ihm das Führen des Fahrzeugs nach § 44 des Strafgesetzbuchs oder nach § 25 dieses Gesetzes verboten ist, oder**
2. **als Halter eines Kraftfahrzeugs anordnet oder zulässt, dass jemand das Fahrzeug führt, der die dazu erforderliche Fahrerlaubnis nicht hat oder dem das Führen des Fahrzeugs nach § 44 des Strafgesetzbuchs oder nach § 25 dieses Gesetzes verboten ist.**

(2) Mit Freiheitsstrafe bis zu sechs Monaten oder mit Geldstrafe bis zu 180 Tagessätzen wird bestraft, wer
1. **eine Tat nach Absatz 1 fahrlässig begeht,**
2. **vorsätzlich oder fahrlässig ein Kraftfahrzeug führt, obwohl der vorgeschriebene Führerschein nach § 94 der Strafprozessordnung in Verwahrung genommen, sichergestellt oder beschlagnahmt ist, oder**

3. **vorsätzlich oder fahrlässig als Halter eines Kraftfahrzeugs anordnet oder zulässt, dass jemand das Fahrzeug führt, obwohl der vorgeschriebene Führerschein nach § 94 der Strafprozessordnung in Verwahrung genommen, sichergestellt oder beschlagnahmt ist.**

(3) In den Fällen des Absatzes 1 kann das Kraftfahrzeug, auf das sich die Tat bezieht, eingezogen werden, wenn der Täter

1. **das Fahrzeug geführt hat, obwohl ihm die Fahrerlaubnis entzogen oder das Führen des Fahrzeugs nach § 44 des Strafgesetzbuchs oder nach § 25 dieses Gesetzes verboten war oder obwohl eine Sperre nach § 69a Abs. 1 Satz 3 des Strafgesetzbuchs gegen ihn angeordnet war,**
2. **als Halter des Fahrzeugs angeordnet oder zugelassen hat, dass jemand das Fahrzeug führte, dem die Fahrerlaubnis entzogen oder das Führen des Fahrzeugs nach § 44 des Strafgesetzbuchs oder nach § 25 dieses Gesetzes verboten war oder gegen den eine Sperre nach § 69a Abs. 1 Satz 3 des Strafgesetzbuchs angeordnet war, oder**
3. **in den letzten drei Jahren vor der Tat schon einmal wegen einer Tat nach Absatz 1 verurteilt worden ist.**

Überblick

Die Vorschrift ist auch auf im Ausland begangene Taten anwendbar, sofern die Voraussetzungen des § 7 StGB vorliegen (BGHSt 8, 349), außer, wenn die Tat dort nur als Ordnungswidrigkeit geahndet wird (BGHSt 27,5; BayObLG VRS 61, 115 = BayObLGSt 1981, 36), wie zB in Österreich oder Spanien. Nach den Vorschriften der §§ 28, 29 FeV darf ein Inhaber einer ausländischen Fahrerlaubnis am Kraftverkehr innerhalb Deutschlands teilnehmen. Ist nach diesen Vorschriften die Fahrerlaubnis in Deutschland nicht gültig, ist der Tatbestand des § 21 erfüllt. Liegt kein Wohnsitz im Inland vor, gilt § 29 FeV, wonach der Inhaber einer ausländischen Fahrerlaubnis im Umfang seiner Berechtigung am inländischen Kraftverkehr teilnehmen darf, sofern nicht einer der Ausschlusstatbestände des § 29 Abs. 3 FeV vorliegt. Nach Begründung des Wohnsitzes im Inland ist zwischen EU/EWR-Fahrerlaubnissen und solchen aus Drittstaaten zu unterscheiden.

Übersicht

A. Anerkennung von EU/EWR-Fahrerlaubnissen

1　　Die Frage, unter welchen Voraussetzungen eine europäische Fahrerlaubnis in Deutschland anerkannt wird, ist eine der umstrittensten materiell-rechtlichen Fragen.

2　　Nach ständiger Rechtsprechung des EuGH ist eine in einem Mitgliedstaat ausgestellte Fahrerlaubnis grundsätzlich anzuerkennen („Anerkennungsgrundsatz": EuGH DAR 2004, 333; NJW 2006, 2173; 2007, 1863; 2008, 2403; DAR 2008, 459; NJW 2009, 207; 2008, 3767; DAR 2009, 191; 2009, 637; NZV 2012, 49; NJW 2012, 369; 2012, 2018; 2012, 1341). Nur in Ausnahmefällen soll keine Anerkennung möglich sein. Diesbezüglich ist eine umfangreiche Kasuistik entstanden, die noch nicht vollständig entwickelt ist.

3　　Bei fehlender Anerkennung des EU/EWR-Führerscheins tritt automatisch die Strafbarkeit nach § 21 ein, es bedarf keines Verbotsvermerks im ausländischen Führerschein (BVerwG DAR 2012, 102; OLG Jena NStZ-RR 2009, 216; OLG Koblenz NStZ-RR 2011, 154; aA Säftel NZV 2007, 493; OLG München NJW 2007, 1152).

I. Umtausch einer bestehenden Fahrerlaubnis

Wird **nach dem Entzug** der Fahrerlaubnis in Deutschland die Fahrerlaubnis im europäischen **4** Ausland lediglich umgetauscht, werden dort die Eignungsvoraussetzungen nicht überprüft. Die Anerkennung einer umgetauschten Fahrerlaubnis darf deshalb versagt werden (BVerwG zfs 2013, 52). Ein **wesentliches Indiz** für einen Umtausch – im Gegensatz zu einer Neuerteilung der Fahrerlaubnis – liegt vor, wenn das Datum auf dem Führerschein zeitlich vor der Erteilung der Fahrerlaubnis liegt (BVerwG NZV 2014, 537; BayVGH NJW 2014, 1547; OLG Bamberg DAR 2013, 277; OLG München NStZ-RR 2015, 183; OLG Oldenburg NJW 2011, 3315; VG Ansbach DAR 2013, 341).

Es kommt nur ein Umtausch von Fahrerlaubnissen in Betracht, die von **Listenstaaten** ausge- **5** stellt worden sind, dh von Staaten, die ein entsprechendes Abkommen mit der Bundesrepublik geschlossen haben und in einer amtlichen Liste aufgenommen worden sind. Die Listen konkretisieren anerkannte Staaten, Führerscheinklassen und Ausbildungsbestandteile (Tabelle der Listenstaaten bei Zähle NZV 2017, 520).

II. Neuerteilung der Fahrerlaubnis

Ist die Fahrerlaubnis neu erteilt worden, was auch dann der Fall ist, wenn die **Gültigkeitsdauer 6 verlängert** worden ist (OLG Stuttgart NStZ-RR 2015, 182), kann die Anerkennung trotzdem verwehrt werden, wenn sich feststellen lässt, dass der Inhaber der europäischen Fahrerlaubnis zum Zeitpunkt ihrer Erteilung **keinen Wohnsitz** im ausstellenden Mitgliedsstaat hatte. Dies kann entweder aufgrund einer Eintragung im Führerschein selbst, oder aufgrund vom Mitgliedsstaat stammender **unbestreitbarer Informationen** feststehen.

Unerheblich ist, ob der Führerschein bereits vor Einführung des Wohnsitzerfordernisses ausge- **7** stellt worden ist (BVerwG zfs 2013, 52), da das Recht, ein Kraftfahrzeug in Deutschland zu führen, in diesen Fällen nie bestanden hat (BVerwG DAR 2012, 102; 2012, 98). Wer in diesen Fällen ein Kraftfahrzeug im öffentlichen Straßenverkehr führt, macht sich strafbar gem. § 21.

Tauscht der Betroffene den ausländischen Führerschein später im Ausstellungsstaat um und **8** wird ein Wohnsitz im Ausstellungsstaat eingetragen, ist die Anerkennung der Fahrerlaubnis in Deutschland gleichwohl nicht möglich (BVerwG NZV 2014, 537; BayVGH NJW 2014, 1547; OLG Bamberg DAR 2013, 277; OLG München NStZ-RR 2015; VG Ansbach DAR 2013, 341).

III. Ersterteilung

Auch, wenn der Erteilung der Fahrerlaubnis im europäischen Ausland **kein Entzug** in Deutsch- **9** land **vorausgegangen** ist, soll ein Verstoß gegen das Wohnortprinzip die Unwirksamkeit der Fahrerlaubnis im Inland zur Folge haben (EuGH NZV 2012, 49). Jedenfalls in Fällen, in denen ein Missbrauch des Fahrerlaubnisrechts offensichtlich nicht vorliegt, ist dies jedoch zweifelhaft. So leuchtet es insbesondere nicht ein, warum ein in Deutschland lebender Franzose, der grenznah lebt und in Frankreich seine Fahrerlaubnis redlich erwirbt, sich strafbar machen soll (Dauer NJW 2010, 2758; BayVGH DAR 2010, 414).

IV. Aufeinander aufbauende Fahrerlaubnisse

Erwirbt der Betroffene eine ausländische Fahrerlaubnis, die die Fahrerlaubnis einer anderen **10** Klasse (zB Klasse B für den Erwerb der Fahrerlaubnis der Klasse D) zwingend voraussetzt, kann die Anerkennung versagt werden, wenn die vorausgesetzte Fahrerlaubnis (Klasse B) unter Verletzung des Wohnorterfordernisses erteilt worden ist, selbst wenn die zweite Fahrerlaubnis (Klasse D) ohne Fehler erworben wurde (EuGH NJW 2012, 369 – „Fall Apelt"; NJW 2012, 2018 – „Fall Köppl"). Der **Mangel besteht auch fort,** wenn die Fahrerlaubnis in einem anderen Mitgliedsstaat umgetauscht wird (BVerwG NZV 2009, 306; OLG München NZV 2013, 154).

V. Missbräuchliche Angaben

Ordentlicher Wohnsitz ist der Ort, an dem der Inhaber der Fahrerlaubnis aufgrund **persönli- 11 cher und beruflicher Bindungen** gewöhnlich, dh mindestens an 185 Kalendertagen, wohnt. Ungeklärt ist, ob die Prognose ausreicht, die gewöhnliche Aufenthaltsdauer werde voraussichtlich erfüllt werden, oder ob der Mindestaufenthalt bereits bei Erteilung der Fahrerlaubnis vorliegen muss.

12   § 7 Abs. 2 FeV lässt **Ausnahmen** vom Wohnsitzerfordernis zu. Die Vorschrift ist abschließend und einer Analogie nicht zugänglich (NdsOVG NZV 2013, 312).

13   Die Anerkennung der ausländischen Fahrerlaubnis kann auch dann versagt werden, wenn zwar im Führerschein angegeben ist, dass ein Wohnsitz im ausstellenden Mitgliedsstaat bestanden hat, aber unbestreitbare Informationen des Ausstellungsstaats vorliegen, die annehmen lassen, dass der Wohnsitz tatsächlich nicht bestand.

1. Informationen des Ausstellungsstaates

14   Voraussetzung ist, dass diese Informationen **vom Ausstellungsstaat** stammen (EuGH NJW 2012, 1341 – „Fall Akyüz"; OVG NRW NJW 2014, 2457) – nicht von dem Betroffenen selbst – und dass diese unbestreitbar sind. Ermittlungen deutscher Behörden allein genügen nicht. Mitteilungen nichtstaatlicher Stellen des Ausstellungsstaates sind ebenfalls nicht geeignet (OLG Stuttgart DAR 2014, 335).

14.1   Als ausreichend ist es angesehen worden, dass eine staatliche Information des Ausstellungsstaates durch Dritte übermittelt worden ist:
* durch die deutsche Botschaft (EuGH NJW 2012, 1341),
* Angaben zum Wohnsitz im Antragsformular (VGH BW VRS 115 (2008), 392 = BeckRS 2008, 39973),
* Mitteilungen des Gemeinsamen Zentrums der deutsch-tschechischen Polizei- und Zusammenarbeit (BayVGH zfs 2012, 416),
* Mitteilungen der Einwohnermeldebehörden des Ausstellungsstaates (BVerwG DAR 2013, 405; OLG Stuttgart DAR 2014, 335),
* Angaben eines Zeugen, die er im Rahmen der Rechtshilfe bei einer richterlichen Vernehmung im Ausland gemacht hat (OLG Stuttgart DAR 2014, 335).

15   Das strafrechtliche Urteil muss **Feststellungen** zum Wohnsitz des Angeklagten treffen.

2. Unbestreitbare Informationen

16   Ob die vom Ausstellungsstaat herrührenden Informationen unbestreitbar sind, ist eine Frage, die **die Rechtsprechung des Anerkennungsstaats** zu entscheiden hat (EuGH NJW 2012, 1341). Erkenntnisse aus dem Inland, wie zB die Beibehaltung des deutschen Wohnsitzes (VGH BW DAR 2012, 657), dürfen herangezogen werden, um Lücken zu füllen (BVerwG zfs 2013, 534; OLG Stuttgart DAR 2014, 335).

17   **Unbestreitbar** ist eine Information, wenn das Fehlen des Wohnsitzes so sehr wahrscheinlich ist, dass kein vernünftiger, die Lebensverhältnisse klar überschauender Mensch noch zweifelt (Koehl NZV 2015, 7 mwN). Es ist ausreichend, wenn unbestreitbare Informationen darauf **hinweisen,** dass der Inhaber des Führerscheins im Gebiet des Ausstellungsstaats einen rein fiktiven Schein-wohnsitz allein zu dem Zweck begründet hat, der Anwendung der strengeren Bedingungen für die Ausstellung eines Führerscheins im Mitgliedstaat seines tatsächlichen Wohnsitzes zu entgehen. Die Begründung des Scheinwohnsitzes muss nicht aufgrund der mitgeteilten Informationen abschließend erwiesen sein (BayVGH BeckRS 2017, 100997).

17.1   Unbestreitbarkeit wurde zB in folgenden Fällen angenommen:
* der im Führerschein angegebene Wohnsitz wird typischerweise als Scheinwohnsitz zum Zweck des Führerscheintourismus verwendet,
* Meldeanschrift ist ein Hotel (BayVGH NZV 2013, 259),
* Meldeanschrift ist eine Unterkunft für Obdachlose (VGH BW NZV 2015, 50).

18   Dem Betroffenen steht der **Gegenbeweis** offen, erforderlich ist aber ein substantiierter Beweis-antritt (Koehl DAR 2012, 446; EuGH NZV 2016, 51).

19   Nach Ansicht des OLG Koblenz (NJW 2016, 2052) soll es als Grundlage für die Prüfung eines Wohnsitzverstoßes durch den Aufnahmemitgliedstaat ausreichend sein, dass den vom Ausstellungsstaat herrührenden Informationen „**Indizcharakter**" für die Nichterfüllung des Wohnsitzerfordernisses zukommt. Ein Indiz für das Vorliegen eines Verstoßes liege vor, wenn sich die Informationen des Ausstellermitgliedstaats darauf beschränken, dass der Führerschein-inhaber dort einen melderechtlichen Wohnsitz hatte und er gleichzeitig ununterbrochen im Inland gemeldet war.

VI. Erteilung der Fahrerlaubnis während einer strafrechtlichen Sperrfrist oder eines Fahrverbots

Ist die Sperrfrist im Fahreignungsregister eingetragen und **noch nicht getilgt,** kann die Anerkennung der ausländischen Fahrerlaubnis versagt werden (OLG Oldenburg NJW 2011, 870). **20**

- Eine nach Ablauf der Sperrfrist im Ausland erteilte Fahrerlaubnis, obwohl die Sperrfrist im Register **20.1** noch nicht getilgt war, muss anerkannt werden, sofern im Führerschein ein ausländischer Wohnsitz eingetragen ist (EuGH DAR 2012, 319; OLG Hamm NVZ 2013, 255);
- eine isolierte Sperre nach § 69a StGB steht einer durch das deutsche Gericht verhängten Sperrfrist gleich (EuGH DAR 2015, 382; BVerwG NVZ 2014, 537);
- war in Deutschland die Fahrerlaubnis entzogen, aber keine Sperrfrist angeordnet worden, ist die ausländische Fahrerlaubnis anzuerkennen (EuGH DAR 2007, 77);
- wurde die ausländische Fahrerlaubnis während eines Fahrverbotes ausgestellt, ist die Anerkennung zu versagen, auch wenn die deutsche Fahrerlaubnis nicht entzogen war;
- ebenso, wenn der deutsche Führerschein beschlagnahmt gem. § 94 StPO oder vorläufig entzogen gem. § 111a StPO war und die Fahrerlaubnis aufgrund des der Beschlagnahme zugrunde liegenden Sachverhaltes endgültig entzogen wird (EuGH NJW 2012, 369; Zwerger DAR 2014, 636);
- wird die Fahrerlaubnis nach einem Verzicht oder einer bestandskräftigen Versagung erteilt, steht dies der Anerkennung nicht entgegen (Zwerger DAR 2014, 636 mwN; aA Blum NZV 2014, 557; EuGH NJW 2012, 1341; aA OLG Celle DAR 2012, 396).

VII. Nachträglich eingetretene Umstände

Umstände, die erst nach der – rechtmäßigen – Erteilung der Fahrerlaubnis im Mitgliedsstaat **21** eingetreten sind, dürfen ebenfalls berücksichtigt werden (EuGH DAR 2015, 316). Die Anerkennung der Fahrerlaubnis in Deutschland kann deshalb auch verweigert werden, wenn dem Betroffenen nach Erteilung der ausländischen Fahrerlaubnis das Recht zum Führen von Kraftfahrzeugen in Deutschland aberkannt worden ist (vgl. aber OVG NRW BeckRS 2016, 55712).

VIII. Unvermeidbarer Verbotsirrtum?

Nach der Klarstellung durch den EuGH dürfte die Annahme eines unvermeidbaren Verbotsirr- **22** tums aufgrund der Flut der Entscheidungen des EuGH und der dadurch regelmäßig wechselnden Rechtsprechung der Instanzgerichte **nur noch in Ausnahmefällen** in Betracht kommen (OLG Celle NStZ-RR 2009, 110; OLG München NZV 2009, 403; OLG Hamm NZV 2010, 162; Geiger DAR 2010, 121; Mosbacher/Gräfe NJW 2009, 801; zu den Urteilsanforderungen hinsichtlich des Verbotsirrtums s. OLG Oldenburg DAR 2010, 338).

B. Anerkennung von Fahrerlaubnissen aus Drittstaaten

Im Fall eines Umtauschs der Fahrerlaubnis gilt das oben Gesagte entsprechend (→ Rn. 1 ff.). **23** Auch wenn die Führerschein-RL (RL 2006/126/EG v. 20.12.2006, ABl. 2006 L 403, 18) nicht unmittelbar anwendbar ist, geht der deutsche Verordnungsgeber doch in der FeV von der Gleichbehandlung aus. Die oben genannte Rechtsprechung des EuGH gilt entsprechend (→ Rn. 2).

Die Wirksamkeit anderer Fahrerlaubnisse ist nach § 29 Abs. 1 S. 3, S. 4 FeV auf die Dauer von **24** sechs und in Ausnahmefällen zwölf Monaten beschränkt. Die Frist beginnt mit der Begründung des ordentlichen Wohnsitzes (zu den Schwierigkeiten bei der Feststellung s. Hentschel, Trunkenheit, Fahrerlaubnisentziehung, Fahrverbot im Straf- und Ordnungswidrigkeitenrecht, 10. Aufl. 2006, Rn. 826).

C. Weiterführende Literatur

Blum NZV 2008, 176; 2014, 557; Dauer NJW 2008, 2381; Geiger DAR 2007, 540; 2009, **25** 61; 2010, 121; 2012, 381; Haase SVR 2012, 281; Hailbronner NJW 2007, 1089; Janker DAR 2009, 181; Keil DAR 2012, 376; Koehl DAR 2012, 446; 2013, 241; Koehl NZV 2015, 7; Leitmeier NZV 2010, 377; Ludovisy DAR 2005, 7; 2006, 375; 2006, 532; 2006, 9; Morgenstern NZV 2008, 425; Mosbacher/Gräfe NJW 2009, 801; Nissen/Schäpe DAR 2008, 563; Pießkalla NZV 2009, 479; Pießkalla/Leitgeb NZV 2010, 329; Platte/Hillmann DAR 2014, 7; Rebler NVZ 2012, 516; Säftel NVZ 2007, 493; Scheidler NZV 2012, 66; Zähle NZV 2017, 520; Zwerger DAR 2014, 636.

Strafprozeßordnung (StPO)

In der Fassung der Bekanntmachung vom 7. April 1987
(BGBl. I S. 1074, ber. S. 1319)
FNA 312-2
– in Auszügen kommentiert –

§ 112 Voraussetzungen der Untersuchungshaft; Haftgründe

(1) ¹Die Untersuchungshaft darf gegen den Beschuldigten angeordnet werden, wenn er der Tat dringend verdächtig ist und ein Haftgrund besteht. ²Sie darf nicht angeordnet werden, wenn sie zu der Bedeutung der Sache und der zu erwartenden Strafe oder Maßregel der Besserung und Sicherung außer Verhältnis steht.

(2) Ein Haftgrund besteht, wenn auf Grund bestimmter Tatsachen
1. festgestellt wird, daß der Beschuldigte flüchtig ist oder sich verborgen hält,
2. bei Würdigung der Umstände des Einzelfalles die Gefahr besteht, daß der Beschuldigte sich dem Strafverfahren entziehen werde (Fluchtgefahr), oder
3. das Verhalten des Beschuldigten den dringenden Verdacht begründet, er werde
   a) Beweismittel vernichten, verändern, beiseite schaffen, unterdrücken oder fälschen oder
   b) auf Mitbeschuldigte, Zeugen oder Sachverständige in unlauterer Weise einwirken oder
   c) andere zu solchem Verhalten veranlassen,
und wenn deshalb die Gefahr droht, daß die Ermittlung der Wahrheit erschwert werde (Verdunkelungsgefahr).

(3) Gegen den Beschuldigten, der einer Straftat nach § 6 Absatz 1 Nummer 1 oder § 13 Absatz 1 des Völkerstrafgesetzbuches oder § 129a Abs. 1 oder Abs. 2, auch in Verbindung mit § 129b Abs. 1, oder nach den §§ 211, 212, 226, 306c oder 306c des Strafgesetzbuches oder, soweit durch die Tat Leib oder Leben eines anderen gefährdet worden ist, nach § 308 Abs. 1 bis 3 des Strafgesetzbuches dringend verdächtig ist, darf die Untersuchungshaft auch angeordnet werden, wenn ein Haftgrund nach Absatz 2 nicht besteht.

Überblick

§§ 112 ff. regeln die materiellen Voraussetzungen der Anordnung der Untersuchungshaft: das Vorliegen eines dringenden Tatverdachts und eines Haftgrundes. In Bezug auf ausländische Beschuldigte sind insbesondere die Haftgründe der Flucht (→ Rn. 1 ff.) und der Fluchtgefahr (→ Rn. 7 ff.) relevant. Aufgabe des Verteidigers im Hinblick auf einen ausländischen Mandanten in Untersuchungshaft ist es insbesondere, das durch die mangelnden Sprachkenntnisse entstehende Verteidigungsdefizit zu überbrücken (vgl. § 185 GVG).

A. Haftgründe

I. Flucht (§ 112 Abs. 2 Nr. 1)

1   Der Haftgrund der Flucht liegt vor, wenn der Beschuldigte flüchtig ist oder sich verborgen hält und sich dem Strafverfahren dauernd oder jedenfalls über einen längeren Zeitraum **entziehen** will (KG StV 2013, 516; StraFo 2015, 201; OLG Karlsruhe StV 2005, 33; OLG Stuttgart StV 1999, 33; OLG Bremen NStZ-RR 1997, 334; OLG Düsseldorf NJW 1986, 2204).

2   Dass der Beschuldigte seinen **Wohnsitz im Ausland** hat oder aus dem Bundesgebiet ausgereist ist, um sich zu seinem Wohnort zu begeben, führt nicht automatisch zur Annahme des Haftgrundes der Flucht, sofern der Beschuldigte bereits bei Begehung der Tat seinen Wohnsitz im Ausland hatte und dort postalisch erreichbar ist (KG StraFO 2017, 581; OLG Brandenburg StV 1996, 381; OLG Bremen NStZ-RR 1997, 334; OLG Frankfurt a. M. StV 1994, 581; OLG Naumburg wistra 1997, 80; OLG Saarbrücken wistra 1991, 358; Paeffgen NStZ 1990, 431).

Daran ändert sich auch nichts, wenn der Beschuldigte Vorladungen keine Folge leistet. Als 3
milderes Mittel neben dem Haftbefehl steht hier der **Vorführbefehl** zur Verfügung.

Verlegt der Beschuldigte seinen Wohnsitz erst **nach dem Tatzeitpunkt** ins Ausland, ist zu 4
ermitteln, ob konkrete Anhaltspunkte dafür vorliegen, dass dies in einem inneren Zusammenhang
mit dem Strafverfahren steht. Hieran fehlt es, wenn der Beschuldigte das Bundesgebiet zwangsweise
verlässt oder einer **Ausreiseverpflichtung** nachkommt.

Die Erreichbarkeit im Strafverfahren kann durch die Ausstellung einer **Zustellungsvollmacht** 5
gem. § 145a sichergestellt werden (OLG Dresden StV 2007, 587; LG Fulda BeckRS 2017,
115906).

Verborgen hält sich auch der Beschuldigte, der sich ohne gesicherten Aufenthaltsstatus in der 6
Bundesrepublik aufhält und für die ausländerrechtlich zuständigen Behörden nicht erreichbar ist
(OLG Hamburg NStZ 2016, 433).

II. Fluchtgefahr (§ 112 Abs. 2 Nr. 2)

Fluchtgefahr wird angenommen, wenn bei Würdigung der Umstände des Falles aufgrund 7
bestimmter Tatsachen eine **höhere Wahrscheinlichkeit** für die Annahme spricht, der Beschuldigte werde sich dem Strafverfahren entziehen als für die Erwartung, er werde am Verfahren
teilnehmen (BGH BeckRS 2014, 14207; KG StV 2012, 350; OLG Hamm StV 2008, 257; BeckRS
2010, 03922; OLG Celle StraFo 2009, 204; OLG Köln NStZ 2003, 219; StV 2006, 25; OLG
Dresden StV 2005, 224; OLG Karlsruhe StV 2001, 118; OLG Koblenz NStZ 2004, 77).

Dass der Beschuldigte keinen festen Wohnsitz im Bundesgebiet hat, ist für sich genommen 8
ebenso wenig ausreichend wie das Vorliegen sozialer Bindungen zum Heimatland (KG wistra
2015, 37; OLG Dresden StV 2005, 224; LG Aurich StV 2011, 290; OLG Köln StV 2005, 393;
2006, 25; LG Oldenburg StV 2011, 34), um die Annahme von Fluchtgefahr zu begründen,
insbesondere im Hinblick auf EU-Ausländer (OLG München StraFo 2013, 114; Bleckmann StV
1995, 552; Gercke StV 2004, 675; Püschel StraFo 2009, 136; zur Frage der Diskriminierung von
EU-Ausländern durch die deutsche Fluchtgefahrpraxis: Wolff StV 2020, 573).

Bei einem **nicht sesshaften Beschuldigten,** über dessen Asylantrag noch nicht rechtskräftig 9
entschieden ist und dessen dauerhafter Aufenthaltsstatus im Bundesgebiet deshalb fraglich ist, ist
unabhängig von der Straferwartung regelmäßig Fluchtgefahr anzunehmen (OLG Hamburg NStZ
2016, 433; keine automatische Fluchtgefahr: OLG Stuttgart StV 2016, 815). Auch Beziehungen
zum Ausland, dort befindliches Vermögen und gute Sprachkenntnisse können die Fluchtgefahr
begründen (OLG München StV 2016, 816 Ls.; Böhm NStZ 2001, 635).

Kommt die **Verhängung einer Geldstrafe** in Betracht, kann nach § 132 eine Sicherheit 10
hinterlegt werden und die weitere Anwesenheit des Beschuldigten im Bundesgebiet ist nicht
erforderlich. Bei der Verhängung einer Freiheitsstrafe zur Bewährung kann eine Erledigung im
Strafbefehlsverfahren in Erwägung gezogen werden.

Kommt eine **Abschiebung** des ausländischen Mandanten aufgrund überwiegenden Bleibeinte- 11
resses oder dem Bestehen von Abschiebungsverboten nicht in Betracht, kann auch die Annahme
von Fluchtgefahr nicht mit einer drohenden Abschiebung begründet werden.

Auch bei Ausländern mit **Aufenthalts- oder Niederlassungserlaubnis** (OLG Köln StV 1996, 12
382 (383)) sowie bei anerkannten Flüchtlingen (OLG Celle StV 1989, 253) kann vieles gegen
eine Annahme von Fluchtgefahr sprechen, sodass hier das Vorliegen des Haftgrundes besonders
zu prüfen und ggf. ein Haftprüfungsantrag zu stellen ist.

B. Rechtsbehelfe

Gegen die Anordnung der Untersuchungshaft stehen dem Beschuldigten die Rechtsbehelfe 13
der schriftlichen und mündlichen **Haftprüfung** (§§ 117, 118), der **Haftbeschwerde** (§ 304
Abs. 1) und der **weiteren Beschwerde** (§ 310) zur Verfügung.

§ 127b Vorläufige Festnahme und Haftbefehl bei beschleunigtem Verfahren

(1) [1]**Die Staatsanwaltschaft und die Beamten des Polizeidienstes sind zur vorläufigen
Festnahme eines auf frischer Tat Betroffenen oder Verfolgten auch dann befugt, wenn
1. eine unverzügliche Entscheidung im beschleunigten Verfahren wahrscheinlich ist und
2. auf Grund bestimmter Tatsachen zu befürchten ist, daß der Festgenommene der
   Hauptverhandlung fernbleiben wird.**

[2]Die §§ 114a bis 114c gelten entsprechend.

(2) [1]Ein Haftbefehl (§ 128 Abs. 2 Satz 2) darf aus den Gründen des Absatzes 1 gegen den der Tat dringend Verdächtigen nur ergehen, wenn die Durchführung der Hauptverhandlung binnen einer Woche nach der Festnahme zu erwarten ist. [2]Der Haftbefehl ist auf höchstens eine Woche ab dem Tage der Festnahme zu befristen.

(3) Über den Erlaß des Haftbefehls soll der für die Durchführung des beschleunigten Verfahrens zuständige Richter entscheiden.

Überblick

Die Vorschrift ergänzt die Regelungen über das beschleunigte Verfahren. Sie enthält eine Festnahmebefugnis, die über § 127 hinausgeht (Abs. 1), und einen Haftgrund zur Sicherung der Hauptverhandlung (sog. Hauptverhandlungshaft, Abs. 2). Bedeutung gewinnt die Vorschrift insbesondere in Fällen ausländischer Beschuldigter ohne festen Wohnsitz im Bundesgebiet, bei denen zu befürchten steht, dass sie einer anzuberaumenden Hauptverhandlung fernbleiben würden, und bei denen kein anderer Haftgrund vorliegt. Die Hauptverhandlungshaft endet automatisch mit Ablauf der Wochenfrist oder mit Ende der Hauptverhandlung. Der Haftbefehl muss nicht aufgehoben werden.

A. Voraussetzungen der Hauptverhandlungshaft

1   Für das Vorliegen des **dringenden** Tatverdachtes gelten keine Besonderheiten (vgl. BeckOK StPO/Krauß § 112 Rn. 9 ff.).

2   Es muss wahrscheinlich sein, dass das beschleunigte Verfahren **unverzüglich** durchgeführt wird und es muss aufgrund bestimmter Tatsachen die Befürchtung bestehen, dass der Beschuldigte der Hauptverhandlung fernbleiben wird.

3   Die Hauptverhandlung muss **innerhalb einer Woche** nach Festnahme zu erwarten sein. Der Haftbefehl entfällt automatisch mit Ablauf der Wochenfrist.

4   § 43 Abs. 2 ist auf die Berechnung der Frist nicht anwendbar (Meyer-Goßner/Schmitt Rn. 18; KK-StPO/Schultheis Rn. 17).

5   Es ist nicht erforderlich, dass die Gefahr besteht, der Beschuldigte werde sich dem Verfahren entziehen. Die **Haftgründe** der §§ 112 f. müssen nicht vorliegen.

B. Rechtsbehelfe

6   Der Ablauf der Wochenfrist steht der Zulässigkeit einer Haftbeschwerde nicht entgegen.

7   Auch nach Fortfall des Haftbefehls kann die Rechtswidrigkeit noch festgestellt werden (AG Frankfurt a. M. StV 1994, 488).

§ 140 Notwendige Verteidigung

(1) Ein Fall der notwendigen Verteidigung liegt vor, wenn

1. zu erwarten ist, dass die Hauptverhandlung im ersten Rechtszug vor dem Oberlandesgericht, dem Landgericht oder dem Schöffengericht stattfindet;
2. dem Beschuldigten ein Verbrechen zur Last gelegt wird;
3. das Verfahren zu einem Berufsverbot führen kann;
4. der Beschuldigte nach den §§ 115, 115a, 128 Absatz 1 oder § 129 einem Gericht zur Entscheidung über Haft oder einstweilige Unterbringung vorzuführen ist;
5. der Beschuldigte sich auf Grund richterlicher Anordnung oder mit richterlicher Genehmigung in einer Anstalt befindet;
6. zur Vorbereitung eines Gutachtens über den psychischen Zustand des Beschuldigten seine Unterbringung nach § 81 in Frage kommt;
7. zu erwarten ist, dass ein Sicherungsverfahren durchgeführt wird;
8. der bisherige Verteidiger durch eine Entscheidung von der Mitwirkung in dem Verfahren ausgeschlossen ist;
9. dem Verletzten nach den §§ 397a und 406h Absatz 3 und 4 ein Rechtsanwalt beigeordnet worden ist;

10. bei einer richterlichen Vernehmung die Mitwirkung eines Verteidigers auf Grund der Bedeutung der Vernehmung zur Wahrung der Rechte des Beschuldigten geboten erscheint;
11. ein seh-, hör- oder sprachbehinderter Beschuldigter die Bestellung beantragt.

(2) Ein Fall der notwendigen Verteidigung liegt auch vor, wenn wegen der Schwere der Tat, der Schwere der zu erwartenden Rechtsfolge oder wegen der Schwierigkeit der Sach- oder Rechtslage die Mitwirkung eines Verteidigers geboten erscheint oder wenn ersichtlich ist, dass sich der Beschuldigte nicht selbst verteidigen kann.

Überblick

Die Vorschrift normiert die Voraussetzungen, unter denen die Mitwirkung eines Verteidigers zwingend notwendig ist. Abs. 1 (→ Rn. 1) regelt dabei konkrete Fälle, Abs. 2 (→ Rn. 5) enthält eine Generalklausel. Hintergrund der Vorschrift ist, dass in schwierigen und einschneidenden Fällen ohne Rücksicht auf die Vermögensverhältnisse des Angeklagten die Verteidigung ermöglicht und Verteidigungsdefizite des Angeklagten durch die Beiordnung eines Verteidigers ausgeglichen werden müssen. Bezüglich der Verteidigung ausländischer Angeklagter stellt sich iRd Abs. 2 insbesondere die Frage, ob die durch Sprachbarrieren entstehenden Verteidigungsdefizite zwangsläufig zur Beiordnung eines Verteidigers führen (→ Rn. 13). Die Vorschrift ist durch das Gesetz zur Neuregelung des Rechts der notwendigen Verteidigung (v. 10.12.2019, BGBl. I 2128) geändert worden, um die RL (EU) 2016/1919 (v. 26.10.2016, ABl. 2016 L 297, 1) über Prozesskostenhilfe für Verdächtige und beschuldigte Personen in Strafverfahren umzusetzen.

Übersicht

A. Einzelne Regelungen des Abs. 1

Bei **Anstaltsunterbringung** des Beschuldigten liegt ein Fall notwendiger Verteidigung vor, **1** um die Nachteile ausgleichen zu können, die der Beschuldigte aufgrund der eingeschränkten Freiheit bei der Vorbereitung der Verteidigung erleidet.

Es ist unerheblich, ob die **Anordnung** der Unterbringung durch ein deutsches oder ein auslän- **2** disches Gericht erfolgt ist (OLG Koblenz NStZ 1984, 522) und ob sie im Ausland vollstreckt wird (OLG Koblenz NStZ 1984, 522) oder aus einem anderen Verfahren herrührt (OLG Düsseldorf BeckRS 1999, 08883). Entscheidend ist ausschließlich, dass der Beschuldigte nicht auf freiem Fuß und dadurch in seiner Verteidigung beschränkt ist (OLG Düsseldorf BeckRS 1999, 08883).

Unter Anstaltsunterbringung wird insbesondere auch die **Auslieferungshaft** nach §§ 15 f. **3** IRG verstanden (LG Koblenz NJW 1989, 677).

Abs. 1 Nr. 11 ersetzt die bisherige Regelung des § 140 Abs. 2 S. 2 aF. Die Vorschrift umfasst **4** nicht **sprachunkundige** Beschuldigte, die weiterhin nach der Generalklausel des Abs. 2 zu beurteilen sind.

B. Die Generalklausel des § 140 Abs. 2

Die Notwendigkeit der Verteidigung ist anhand des **gesamten Verfahrens** zu beurteilen **5** (Meyer-Goßner/Schmitt Rn. 22; KG StV 1983, 186) und kann sich aus der Schwere der Tat (→ Rn. 9), der Schwierigkeit der Sach- und Rechtslage (→ Rn. 12), der fehlenden Selbstverteidigungsfähigkeit (→ Rn. 15), oder aber durch eine Gesamtschau aller Umstände ergeben (MüKoStPO/Thomas/Kämpfer Rn. 26).

In Literatur (Molketin AnwBl 1980, 442 (448); Rüther, Strafverteidigung von Ausländern, **6** 1999, Rn. 65 ff., 81; Strate StV 1981, 46 (48)) und Rechtsprechung nicht einheitlich beurteilt wird die Frage, ob bei der deutschen Sprache nicht mächtigen Angeklagten immer ein Pflichtverteidiger beizuordnen ist.

7   Die obergerichtliche Rechtsprechung (OLG Hamm StV 1995, 64, 65; OLG Karlsruhe NStZ 1987, 522; OLG Köln NJW 1991, 2223 (2224); BVerfGE 64, 135 (150) = BeckRS 9998, 102378 mwN) geht davon aus, dass bei sprachbedingten Verständigungsschwierigkeiten zwar eine Beiordnung nach Abs. 2 eher in Betracht zu ziehen sei; wenn das **Verteidigungsdefizit** aber allein in der Sprachbarriere bestehe und durch den Einsatz eines Dolmetschers ausgeglichen werden könne, sei die Mitwirkung eines Verteidigers nicht erforderlich im Sinne der Vorschrift, da der sprachunkundige Angeklagte in diesen Fällen nicht besser gestellt werden solle als der sprachkundige.

8   Bei der Entscheidung nach Abs. 2 steht dem Gericht ein **Beurteilungsspielraum,** aber kein Ermessen zu (SK-StPO/Wohlers Rn. 30). Der Beschuldigte ist vor der Auswahl des Pflichtverteidigers anzuhören. Die Aufforderung, einen Pflichtverteidiger zu benennen, ist ihm zu übersetzen (LG München LSK 2018, 18184). Die Entscheidung des Vorsitzenden ist durch das Beschwerde- bzw. Revisionsgericht vollständig nachprüfbar (BayObLG NStZ 1990, 142; SK-StPO/Wohlers Rn. 29).

I. Schwere der Tat

9   Ob eine Tat schwer wiegt, bestimmt sich maßgeblich nach der zu erwartenden **Rechtsfolgenentscheidung** (BGH NJW 1954, 1415; Meyer-Goßner/Schmitt Rn. 23 mwN).

10   Neben der zu erwartenden Strafe sind auch **sonstige negative Auswirkungen** einer Verurteilung zu berücksichtigen (Meyer-Goßner/Schmitt Rn. 25; MüKoStPO/Thomas/Kämpfer Rn. 33; SK-StPO/Wohlers Rn. 34).

11   Entsprechend kann die Mitwirkung eines Verteidigers auch dann geboten sein, wenn eine Beiordnung allein wegen der Straferwartung nicht in Betracht kommt, der Angeklagte aber aufgrund der rechtskräftigen Verurteilung mit aufenthaltsrechtlichen Folgen rechnen muss (BayObLG StV 1993, 180; LG Berlin StV 1994, 11; 2005; 15; LG Hannover StV 2002, 300; LG Heilbronn NStZ-RR 2002, 269; OLG Karlsruhe StraFo 2002, 193; AG Lüneburg StV 1992, 223; OLG Schleswig SchlHA 1996, 93; LG Stade StV 1998, 125). Ausreichend ist, dass ausländerrechtliche Konsequenzen drohen, es ist nicht erforderlich, dass sie tatsächlich unmittelbar bevorstehen oder bereits eingeleitet worden sind.

11a   Es empfiehlt sich, zur Begründung eines Antrags auf Beiordnung eines Pflichtverteidigers die aufenthaltsrechtlichen Konsequenzen ausführlich darzulegen. Zu denken ist hier insbesondere an ein durch die Begehung der Straftat bedingtes Ausweisungsinteresse, die Perspektiven bei der Verlängerung eines bestehenden Aufenthaltstitels und die Auswirkungen auf Ausbildungs- und Beschäftigungsduldung (ausführlich: Röder/Stahlmecke ASYLMAGAZIN 2021, 66 ff.).

II. Schwierigkeit der Sach- und Rechtslage

12   Eine schwierige Sachlage kann sich aus dem zu erwartenden Umfang oder der Schwierigkeit der Beweisaufnahme ergeben, so zB auch, wenn der Sachverhalt nur nach einer umfassenden Einsicht in die bei der Ausländerbehörde geführte Akte vollständig erfasst werden kann (LG Koblenz StV 2020, 164).

13   Bei einem der deutschen Sprache nicht mächtigen Angeklagten ist eine Beiordnung erforderlich, wenn seine auf **sprachlichen Defiziten** beruhende Behinderung der Verteidigungsmöglichkeit auch durch die Hinzuziehung eines Dolmetschers nicht völlig ausgeglichen werden kann (OLG Frankfurt a. M. StV 2008, 509; LG Hamburg BeckRS 2010, 20477; LG Koblenz StV 2020, 164).

14   Dies wurde zB in folgenden Fällen angenommen:
- Aufgrund der Berufung der Staatsanwaltschaft droht eine Verschärfung des erstinstanzlichen Urteils (OLG Stuttgart StV 1987, 240).
- Es ist eine kritische Auseinandersetzung mit den Angaben von Zeugen sowie deren detaillierte Befragung erforderlich (LG Dortmund BeckRS 2019, 5120; OLG Frankfurt a. M. StV 1997, 573; OLG Hamm 1995, 64).
- Der Angeklagte stammt aus einem fremden Kulturkreis und kennt deshalb das deutsche Rechtssystem nicht (OLG Stuttgart BeckRS 2007, 8401).
- Für die Teilnahme des Angeklagten an der Hauptverhandlung bedarf es aufgrund eines bestehenden Einreiseverbotes einer Betretenserlaubnis für das Bundesgebiet (LG Aachen StraFo 2001, 170; OLG Stuttgart NStZ-RR 2004, 338).
- Es ist die Auseinandersetzung mit europarechtlichen Fragestellungen erforderlich, wie zB im Fall des § 95 Abs. 2 Nr. 1 AufenthG (LG Bamberg 3.8.2018 – 19 Qs 45/18).

- Die Verteidigung erfordert die Kenntnis des Verwaltungsvorgangs bei der Ausländerbehörde (LG Koblenz 16.7.2019 – 15 Qs 24/19; AG Bremen LSK 2020, 20970).
- Den Beschuldigten können aufenthaltsrechtliche Folgen der Verurteilung treffen (AG Gießen 4.6.2020 – 513 Gs – 405 Js 3271/20).
- Die Frage nach der Strafbarkeit hängt von der Beurteilung der Zumutbarkeit der Mitwirkung an der Passbeschaffung ab (LG München II Beschl. v. 29.9.2020 – 3 Qs 37/20).

III. Unfähigkeit zur Selbstverteidigung

Liegen Gründe **in der Person des Angeklagten** (geistige Fähigkeit, Gesundheitszustand, **15** sonstige Umstände) vor, aus denen er nicht in der Lage ist, sich selbst zu verteidigen, ist die Mitwirkung eines Verteidigers erforderlich. Die Beiordnung ist regelmäßig dann notwendig, wenn ein Dolmetscher nicht ausreicht, um diese Defizite auszugleichen. Dies wird regelmäßig angenommen, wenn es sich nicht um einen tatsächlich und rechtlich einfachen Fall handelt (LG Stade BeckRS 2019, 1684; LG Freiburg StV 2016, 487; LG Düsseldorf BeckRS 2009, 89461).

Ebenso ist die Mitwirkung eines Verteidigers regelmäßig erforderlich, wenn der beigezogene **16** Dolmetscher nicht die Muttersprache des Angeklagten, sondern eine **dritte Sprache** übersetzt, die der Angeklagte ebenfalls versteht. Oft werden diese Drittsprachen – bspw. Französisch oder Englisch als Amtssprache in afrikanischen Ländern – von den Angeklagten nur rudimentär oder jedenfalls nicht vollständig beherrscht, sodass durch die Sprachbarriere entstandene Verteidigungsdefizite auch nicht allein durch die Hinzuziehung des Dolmetschers ausgeglichen werden können.

C. Rechtsmittel

Gegen die Ablehnung der Beiordnung sind je nach Verfahrensstadium unterschiedliche Rechts- **17** behelfe statthaft.

I. Ablehnung im Ermittlungsverfahren

Nach hM (Meyer-Goßner/Schmitt § 141 Rn. 5; KK-StPO/Laufhütte § 141 Rn. 6, jeweils **18** mwN) handelt es sich bei dem Antrag auf Beiordnung eines Pflichtverteidigers im Ermittlungsverfahren um eine bloße **Anregung** an die Staatsanwaltschaft, einen Beiordnungsantrag beim zuständigen Gericht zu stellen (§ 141 Abs. 3). Die ablehnende Entscheidung der Staatsanwaltschaft ist unanfechtbar (Meyer-Goßner/Schmitt § 141 Rn. 5; OLG Karlsruhe NStZ 1998, 315 f.; OLG Oldenburg StV 1993, 511).

Liegt ein Fall der notwendigen Verteidigung vor, ist auf ausdrücklichen Antrag des Beschuldig- **18a** ten bereits im Ermittlungsverfahren gem. § 141 Abs. 1 S. 1 StPO unverzüglich, spätestens jedoch vor der ersten Vernehmung (§ 141 Abs. 1 S. 2 StPO) ein Pflichtverteidiger zu bestellen.

Jedenfalls, soweit die Weigerung der Staatsanwaltschaft, den entsprechenden Antrag zu stellen, **19** **willkürlich** ist, sollte erwogen werden, einen Antrag auf gerichtliche Entscheidung nach § 23 EGGVG zu stellen (Schmidt, Verteidigung von Ausländern, 4. Aufl. 2016, Rn. 365).

II. Ablehnung durch den Vorsitzenden außerhalb der Hauptverhandlung

Wird der Beiordnungsantrag durch Verfügung des Vorsitzenden außerhalb der Hauptverhand- **20** lung abgelehnt, ist hiergegen die Beschwerde nach § 304 ff. statthaft.

III. Ablehnung zu Beginn der Hauptverhandlung

Wird der Beiordnungsantrag in laufender Hauptverhandlung abgelehnt, ist umstritten, welcher **21** Rechtsbehelf statthaft ist. Die überwiegende Rechtsprechung geht von einer Beschwerdemöglichkeit aus (OLG Düsseldorf StraFo 1999, 412 ff.), andere verweisen den Angeklagten unter Hinweis auf § 305 auf das Rechtsmittel der Revision (§ 338 Nr. 5; OLG Koblenz NStZ-RR 1996, 206 f.).

Erforderlich ist neben der Erwirkung eines Gerichtsbeschlusses gem. § 238 Abs. 2 StPO auch, **22** dass der Verteidiger bei einer ablehnenden Entscheidung während der Hauptverhandlung nicht weiter anwesend ist; bleibt er trotz ablehnenden Beschlusses weiter anwesend, wird das Urteil in der überwiegenden Anzahl der Fälle nicht auf der Nichtbeiordnung beruhen. Es sollte deshalb immer – in Absprache mit dem Mandanten – in Betracht gezogen werden, das Mandat zu beenden und den Sitzungssaal zu verlassen (Schmidt, Verteidigung von Ausländern, 4. Aufl. 2016, Rn. 358).

Ist das erstinstanzliche Verfahren zum Zeitpunkt der Beauftragung des Verteidigers bereits abge- **23** schlossen, sollte immer auch die Möglichkeit einer Sprungrevision in Erwägung gezogen werden.

D. Verteidigerwechsel

24   Gemäß § 143 Abs. 2 S. 1 Nr. 1 ist dem Beschuldigten, dem ein anderer als der von ihm innerhalb der Frist des § 142 Abs. 5 S. 1 benannte Verteidiger beigeordnet wurde oder dem zur Auswahl des Verteidigers nur eine kurze Frist gesetzt wurde, innerhalb von drei Wochen nach Bekanntmachung der gerichtlichen Entscheidung über die Bestellung auf seinen Antrag ein von dem Beschuldigten benannter Verteidiger beizuordnen, soweit kein wichtiger Grund entgegensteht.

§ 153a Absehen von der Verfolgung unter Auflagen und Weisungen

(1) ¹Mit Zustimmung des für die Eröffnung des Hauptverfahrens zuständigen Gerichts und des Beschuldigten kann die Staatsanwaltschaft bei einem Vergehen vorläufig von der Erhebung der öffentlichen Klage absehen und zugleich dem Beschuldigten Auflagen und Weisungen erteilen, wenn diese geeignet sind, das öffentliche Interesse an der Strafverfolgung zu beseitigen, und die Schwere der Schuld nicht entgegensteht. ²Als Auflagen und Weisungen kommen insbesondere in Betracht,

1. zur Wiedergutmachung des durch die Tat verursachten Schadens eine bestimmte Leistung zu erbringen,
2. einen Geldbetrag zugunsten einer gemeinnützigen Einrichtung oder der Staatskasse zu zahlen,
3. sonst gemeinnützige Leistungen zu erbringen,
4. Unterhaltspflichten in einer bestimmten Höhe nachzukommen,
5. sich ernsthaft zu bemühen, einen Ausgleich mit dem Verletzten zu erreichen (Täter-Opfer-Ausgleich) und dabei seine Tat ganz oder zum überwiegenden Teil wieder gut zu machen oder deren Wiedergutmachung zu erstreben,
6. an einem sozialen Trainingskurs teilzunehmen oder
7. an einem Aufbauseminar nach § 2b Absatz 2 Satz 2 oder an einem Fahreignungsseminar nach § 4a des Straßenverkehrsgesetzes teilzunehmen.

³Zur Erfüllung der Auflagen und Weisungen setzt die Staatsanwaltschaft dem Beschuldigten eine Frist, die in den Fällen des Satzes 2 Nummer 1 bis 3, 5 und 7 höchstens sechs Monate, in den Fällen des Satzes 2 Nummer 4 und 6 höchstens ein Jahr beträgt. ⁴Die Staatsanwaltschaft kann Auflagen und Weisungen nachträglich aufheben und die Frist einmal für die Dauer von drei Monaten verlängern; mit Zustimmung des Beschuldigten kann sie auch Auflagen und Weisungen nachträglich auferlegen und ändern. ⁵Erfüllt der Beschuldigte die Auflagen und Weisungen, so kann die Tat nicht mehr als Vergehen verfolgt werden. ⁶Erfüllt der Beschuldigte die Auflagen und Weisungen nicht, so werden Leistungen, die er zu ihrer Erfüllung erbracht hat, nicht erstattet. ⁷§ 153 Abs. 1 Satz 2 gilt in den Fällen des Satzes 2 Nummer 1 bis 6 entsprechend. ⁸§ 246a Absatz 2 gilt entsprechend.

(2) ¹Ist die Klage bereits erhoben, so kann das Gericht mit Zustimmung der Staatsanwaltschaft und des Angeschuldigten das Verfahren vorläufig einstellen und zugleich dem Angeschuldigten die in Absatz 1 Satz 1 und 2 bezeichneten Auflagen und Weisungen erteilen. ²Absatz 1 Satz 3 bis 6 und 8 gilt entsprechend. ³Die Entscheidung nach Satz 1 ergeht durch Beschluß. ⁴Der Beschluß ist nicht anfechtbar. ⁵Satz 4 gilt auch für eine Feststellung, daß gemäß Satz 1 erteilte Auflagen und Weisungen erfüllt worden sind.

(3) Während des Laufes der für die Erfüllung der Auflagen und Weisungen gesetzten Frist ruht die Verjährung.

(4) ¹§ 155b findet im Fall des Absatzes 1 Satz 2 Nummer 6, auch in Verbindung mit Absatz 2, entsprechende Anwendung mit der Maßgabe, dass personenbezogene Daten aus dem Strafverfahren, die nicht den Beschuldigten betreffen, an die mit der Durchführung des sozialen Trainingskurses befasste Stelle nur übermittelt werden dürfen, soweit die betroffenen Personen in die Übermittlung eingewilligt haben. ²Satz 1 gilt entsprechend, wenn nach sonstigen strafrechtlichen Vorschriften die Weisung erteilt wird, an einem sozialen Trainingskurs teilzunehmen.

Überblick

Die Vorschrift soll die zweckmäßige Erledigung im Bereich der kleineren und mittleren Kriminalität (→ Rn. 1 ff.) gewährleisten. Bei einer Einstellung nach dem Opportunitätsprinzip sind stets die aufenthaltsrechtlichen Folgen im Blick zu behalten, die die Verfahrenseinstellung mit sich bringen kann.

A. Geringfügiger Verstoß

Insbesondere kann eine **fahrlässig begangene Tat** nach erfolgter Einstellung noch als geringfügig iSd § 55 Abs. 2 Nr. 9 AufenthG angesehen werden, wenn als Auflage eine Zahlung von höchstens 500 EUR geleistet werden soll (vgl. die Anwendungshinweise zum AufenthG – AufenthGAVwV). **1**

Vorsätzlich begangene Taten stellen üblicherweise keine geringfügigen Verstöße dar, außer das Strafverfahren ist gerade wegen geringer Schuld eingestellt worden. **2**

Liegt der festgesetzte Betrag **über 500 EUR,** lohnt es sich, eine geständige Einlassung des Mandanten zu vermeiden, damit diese nicht im Verwaltungsverfahren verwertet werden kann. **3**

B. Beteiligung anderer Behörden

Nach **Nr. 90 RiStBV** soll der Staatsanwalt vor einer Einstellung des Verfahrens eine Behörde, die eine Strafanzeige erstattet oder sonst ein Interesse am Ausgang des Verfahrens hat, unter Mitteilung der Gründe für die Einstellung **anhören.** Dies betrifft insbesondere die zuständige Ausländerbehörde, deren Zustimmung zur Einstellung allerdings nicht erforderlich ist. **4**

C. Unschuldsvermutung

Die Unschuldsvermutung wird durch die Einstellung nach § 153a **nicht widerlegt** (BVerfG MDR 1991, 891; NStZ-RR 1996, 168; VerfGH Sachs StraFo 2009, 108; OLG Frankfurt a. M. NJW 1996, 3353; Fezer ZStW 106, 33). **5**

§ 153c Absehen von der Verfolgung bei Auslandstaten

(1) [1]Die Staatsanwaltschaft kann von der Verfolgung von Straftaten absehen,
1. die außerhalb des räumlichen Geltungsbereichs dieses Gesetzes begangen sind oder die ein Teilnehmer an einer außerhalb des räumlichen Geltungsbereichs dieses Gesetzes begangenen Handlung in diesem Bereich begangen hat,
2. die ein Ausländer im Inland auf einem ausländischen Schiff oder Luftfahrzeug begangen hat,
3. wenn in den Fällen der §§ 129 und 129a, jeweils auch in Verbindung mit § 129b Abs. 1, des Strafgesetzbuches die Vereinigung nicht oder nicht überwiegend im Inland besteht und die im Inland begangenen Beteiligungshandlungen von untergeordneter Bedeutung sind oder sich auf die bloße Mitgliedschaft beschränken.
[2]Für Taten, die nach dem Völkerstrafgesetzbuch strafbar sind, gilt § 153f.

(2) Die Staatsanwaltschaft kann von der Verfolgung einer Tat absehen, wenn wegen der Tat im Ausland schon eine Strafe gegen den Beschuldigten vollstreckt worden ist und die im Inland zu erwartende Strafe nach Anrechnung der ausländischen nicht ins Gewicht fiele oder der Beschuldigte wegen der Tat im Ausland rechtskräftig freigesprochen worden ist.

(3) Die Staatsanwaltschaft kann auch von der Verfolgung von Straftaten absehen, die im räumlichen Geltungsbereich dieses Gesetzes durch eine außerhalb dieses Bereichs ausgeübte Tätigkeit begangen sind, wenn die Durchführung des Verfahrens die Gefahr eines schweren Nachteils für die Bundesrepublik Deutschland herbeiführen würde oder wenn der Verfolgung sonstige überwiegende öffentliche Interessen entgegenstehen.

(4) Ist die Klage bereits erhoben, so kann die Staatsanwaltschaft in den Fällen des Absatzes 1 Nr. 1, 2 und des Absatzes 3 die Klage in jeder Lage des Verfahrens zurücknehmen und das Verfahren einstellen, wenn die Durchführung des Verfahrens die Gefahr eines schweren Nachteils für die Bundesrepublik Deutschland herbeiführen würde oder wenn der Verfolgung sonstige überwiegende öffentliche Interessen entgegenstehen.

(5) Hat das Verfahren Straftaten der in § 74a Abs. 1 Nr. 2 bis 6 und § 120 Abs. 1 Nr. 2 bis 7 des Gerichtsverfassungsgesetzes bezeichneten Art zum Gegenstand, so stehen diese Befugnisse dem Generalbundesanwalt zu.

Überblick

Die Staatsanwaltschaft kann von der Verfolgung solcher Taten absehen, die im Ausland begangen worden sind (→ Rn. 1), bzw. wegen derer im Ausland schon eine Strafe gegen den Beschuldigten vollstreckt worden ist und die im Inland zu erwartende Strafe nach Anrechnung der ausländischen Strafe nicht ins Gewicht fiele oder der Beschuldigte im Ausland wegen der Tat rechtskräftig freigesprochen worden ist (→ Rn. 3). Rechtskraft entfaltet die Entscheidung der Staatsanwaltschaft nicht (LG Gießen StV 1984, 327; Bock GA 2010, 596).

A. Tatort außerhalb des Geltungsbereichs der StPO (Abs. 1 Nr. 1)

1   Die Vorschrift gilt nicht für Straftaten, die nach zwischenstaatlichen Vereinbarungen so behandelt werden, als seien sie im Geltungsbereich der deutschen StPO begangen (Nr. 94 Abs. 2 RiStBV; zum **Staatsgebiet** der Bundesrepublik vgl. Fischer vor §§ 3–7 Rn. 12 ff.).

B. Vollstreckung im Ausland (Abs. 2)

2   Bei der Entscheidung sind auch die Besonderheiten des ausländischen Strafvollzugs zu berücksichtigen.

3   Grundsätzlich – soweit nicht Art. 54 SDÜ (→ GG Art. 103 Rn. 1) anwendbar ist – verbraucht die ausländische Strafvollstreckung die Strafklage nicht (BVerfG StraFo 2008, 151). Die vollstreckte Auslandsstrafe ist auf die Inlandsstrafe deshalb anzurechnen (§ 51 Abs. 3 StGB).

§ 154 Teileinstellung bei mehreren Taten

(1) Die Staatsanwaltschaft kann von der Verfolgung einer Tat absehen,

1. wenn die Strafe oder die Maßregel der Besserung und Sicherung, zu der die Verfolgung führen kann, neben einer Strafe oder Maßregel der Besserung und Sicherung, die gegen den Beschuldigten wegen einer anderen Tat rechtskräftig verhängt worden ist oder die er wegen einer anderen Tat zu erwarten hat, nicht beträchtlich ins Gewicht fällt oder

2. darüber hinaus, wenn ein Urteil wegen dieser Tat in angemessener Frist nicht zu erwarten ist und wenn eine Strafe oder Maßregel der Besserung und Sicherung, die gegen den Beschuldigten rechtskräftig verhängt worden ist oder die er wegen einer anderen Tat zu erwarten hat, zur Einwirkung auf den Täter und zur Verteidigung der Rechtsordnung ausreichend erscheint.

(2) Ist die öffentliche Klage bereits erhoben, so kann das Gericht auf Antrag der Staatsanwaltschaft das Verfahren in jeder Lage vorläufig einstellen.

(3) Ist das Verfahren mit Rücksicht auf eine wegen einer anderen Tat bereits rechtskräftig erkannte Strafe oder Maßregel der Besserung und Sicherung vorläufig eingestellt worden, so kann es, falls nicht inzwischen Verjährung eingetreten ist, wieder aufgenommen werden, wenn die rechtskräftig erkannte Strafe oder Maßregel der Besserung und Sicherung nachträglich wegfällt.

(4) Ist das Verfahren mit Rücksicht auf eine wegen einer anderen Tat zu erwartende Strafe oder Maßregel der Besserung und Sicherung vorläufig eingestellt worden, so kann es, falls nicht inzwischen Verjährung eingetreten ist, binnen drei Monaten nach Rechtskraft des wegen der anderen Tat ergehenden Urteils wieder aufgenommen werden.

(5) Hat das Gericht das Verfahren vorläufig eingestellt, so bedarf es zur Wiederaufnahme eines Gerichtsbeschlusses.

Überblick

Die Vorschrift soll die Beschleunigung des Verfahrens fördern. Auch ausländische Taten können eine Einstellung des Verfahrens nach § 154 rechtfertigen (LG Aachen NStZ 1993, 505; LG Bonn NJW 1973, 1566).

A. Europäische Urteile und Strafverfahren

Eine Anwendung der Vorschrift bei Verurteilungen **innerhalb Europas** ist mit dem RB 2008/ 1
675/JI (v. 24.7.2008, ABl. 2008 L 220, 32) zur Berücksichtigung der in anderen Mitgliedsstaaten
der Europäischen Union ergangenen Verurteilungen in einem neuen Strafverfahren festgelegt.

Art. 3 RB 2008/675/JI lautet: „Zweck dieses Rahmenbeschlusses ist es, eine Mindestverpflich- 2
tung für die Mitgliedstaaten bezüglich der Berücksichtigung von in anderen Mitgliedstaaten
ergangenen Verurteilungen festzulegen. Somit sollte dieser Rahmenbeschluss die Mitgliedstaaten
nicht daran hindern, nach Maßgabe ihres innerstaatlichen Rechts und sofern sie über entsprechende Informationen verfügen, beispielsweise eine rechtskräftige Entscheidung einer Verwaltungsbehörde, gegen deren Entscheidung ein in Strafsachen zuständiges Gericht angerufen werden
kann, zu berücksichtigen, mit der eine Person einer Straftat oder einer Handlung, die nach
innerstaatlichem Recht als Zuwiderhandlung gegen Rechtsvorschriften strafbar ist, schuldig
gesprochen worden ist."

Eine in einem anderen Mitgliedstaat ergangene Verurteilung soll nach Maßgabe des Rahmen- 3
beschlusses **gleichwertige** Wirkungen entfalten wie eine in der Bundesrepublik ergangene Entscheidung (BGH NJW 2010, 2677).

B. Außereuropäische Urteile und Strafverfahren

Ob die Einstellung auch im Hinblick auf außereuropäische Verurteilungen erfolgen kann, ist 4
umstritten (zum Meinungsstand Peters NStZ 2012, 76).

Für eine Anwendung auch auf ausländische Verurteilungen werden folgende Argumente ange- 5
führt (LG Bonn NJW 1973, 1566; LG Essen StV 1992, 223; LG Aachen NStZ 1993, 505):

Verfahrensbeschleunigung auch bei Berücksichtigung außereuropäischer Verurteilungen.

Zunehmende internationale Verflechtung, die eine Berücksichtigung gebietet.

Wortlaut und amtliche Begründung des § 154 widersprechen dem nicht.

§§ 153c, 154b stellen keine abschließenden Sonderregelungen in Bezug auf ausländische Verurteilungen dar.

§ 154b betrifft allein die Strafverfolgung ausländischer, aber nicht deutscher Beschuldigter.

§ 153c betrifft allein die Einstellung aufgrund Strafverfolgung im Ausland wegen derselben Tat.

Ausländische Urteile können umgekehrt auch als täterbezogenes Strafschärfungsmerkmal
berücksichtigt werden (Fischer StGB § 46 Rn. 38a).

Gegen die Anwendung auf ausländische Verurteilungen wird argumentiert (Meyer-Goßner/ 6
Schmitt Rn. 1a):
- Regelungszusammenhang mit §§ 153c, 154b.
- Eine Bewertung des ausländischen Strafverfahrens ist den deutschen Staatsanwaltschaften und
  Gerichten nicht zuzumuten.
- Die deutsche Gerichtsbarkeit ist als ungeschriebenes Tatbestandsmerkmal in die Vorschrift
  hineinzulesen.

§ 154b Absehen von der Verfolgung bei Auslieferung und Ausweisung

**(1) Von der Erhebung der öffentlichen Klage kann abgesehen werden, wenn der
Beschuldigte wegen der Tat einer ausländischen Regierung ausgeliefert wird.**

**(2) Dasselbe gilt, wenn er wegen einer anderen Tat einer ausländischen Regierung
ausgeliefert oder an einen internationalen Strafgerichtshof überstellt wird und die Strafe
oder die Maßregel der Besserung und Sicherung, zu der die inländische Verfolgung
führen kann, neben der Strafe oder der Maßregel der Besserung und Sicherung, die
gegen ihn im Ausland rechtskräftig verhängt worden ist oder die er im Ausland zu
erwarten hat, nicht ins Gewicht fällt.**

**(3) Von der Erhebung der öffentlichen Klage kann auch abgesehen werden, wenn der
Beschuldigte aus dem Geltungsbereich dieses Bundesgesetzes abgeschoben, zurückgeschoben oder zurückgewiesen wird.**

**(4) ¹Ist in den Fällen der Absätze 1 bis 3 die öffentliche Klage bereits erhoben, so
stellt das Gericht auf Antrag der Staatsanwaltschaft das Verfahren vorläufig ein. ²§ 154
Abs. 3 bis 5 gilt mit der Maßgabe entsprechend, daß die Frist in Absatz 4 ein Jahr
beträgt.**

1   Die Staatsanwaltschaft kann von der Erhebung der öffentlichen Klage absehen, wenn der Beschuldigte wegen der Tat ausgeliefert wird (Abs. 1), wegen einer anderen Tat ausgeliefert wird (Abs. 2) und die inländische Strafe oder Maßregel der Besserung und Sicherung neben der Strafe oder Maßregel der Besserung und Sicherung, die gegen ihn im Ausland rechtskräftig verhängt worden ist oder die er im Ausland zu erwarten hat, nicht ins Gewicht fällt, oder wenn der Beschuldigte ausgewiesen wird.

2   Der Auslieferung und Ausweisung stehen die Durchlieferung, Abschiebung und Zurückschiebung gleich (Abs. 3). Auslieferung bzw. Ausweisung müssen bestandskräftig verfügt sein (OLG Stuttgart NStZ-RR 2007, 203 (204); OLG Karlsruhe NJW 2007, 617 (618), KK-StPO/Schoreit Rn. 2 mwN; Meyer-Goßner/Schmitt Rn. 3; BeckOK StPO/Beukelmann Rn. 5).

3   Das Gericht hat dem Antrag der Staatsanwaltschaft auf Einstellung des Verfahrens in diesen Fällen stattzugeben (Abs. 4).

4   Die Staatsanwaltschaft entscheidet über die Einstellung des Verfahrens nach pflichtgemäßem Ermessen.

5   Es bestehen Richtlinien einzelner Bundesländer zum Zweck der Ermessensausübung (vgl. Übersicht bei Schmidt, Verteidigung von Ausländern, 4. Aufl. 2016, Rn. 436).

§ 261 Grundsatz der freien richterlichen Beweiswürdigung

Über das Ergebnis der Beweisaufnahme entscheidet das Gericht nach seiner freien, aus dem Inbegriff der Verhandlung geschöpften Überzeugung.

Überblick

Mit Bezug zu ausländischen Mandanten oder Beweismitteln aus dem Ausland gilt es, bezüglich des Zeugenbeweises (→ Rn. 1 ff.), des Sachverständigenbeweises (→ Rn. 14 ff.) und hinsichtlich von Verwertungsverboten (→ Rn. 19 ff.) insbesondere die nachfolgend dargestellten Punkte zu beachten.

Übersicht

A. Zeugen

I. Auskunfts- und Zeugnisverweigerungsrecht

1   **Ehegatten des Angeklagten** verfügen nach § 52 Abs. 1 Nr. 2 über ein Zeugnisverweigerungsrecht, auch wenn die Ehe nicht mehr besteht.

2   Für die Frage, ob das Zeugnisverweigerungsrecht besteht, kommt es darauf an, dass die Ehe entweder in Deutschland gültig geschlossen worden ist, oder nach deutschem Recht als **rechtswirksam** anerkannt werden muss, wenn sie im Ausland geschlossen worden ist (BGH BeckRS 2017, 129180). Sofern die Ehe nach dem Recht des Heimatstaates wirksam geschlossen worden ist, soll unter Hinweis auf Art. 6 Abs. 1 GG trotzdem ein Zeugnisverweigerungsrecht bestehen (Ebner/Müller NStZ 2010, 657).

3   Eine **Umdeutung** einer nach deutschem Recht nicht rechtswirksam geschlossenen Ehe in ein Verlöbnis ist nicht ohne Weiteres möglich (BGH BeckRS 2017, 129180).

4   Es ist unerheblich, ob es sich lediglich um eine **Scheinehe** handelt (BayObLG NStZ 1990, 187).

Macht der Zeuge von seinem Zeugnisverweigerungsrecht Gebrauch, ist seine Vernehmung 5
unzulässig (§§ 244 Abs. 3 S. 1, 245 Abs. 2 S. 2) und es entsteht ein **Verwertungsverbot** nach
§ 252.

Ein Auskunftsverweigerungsrecht gem. § 55 Abs. 1 besteht auch, wenn der Zeuge bei Beant- 5a
wortung von Fragen in die Gefahr gerät, wegen einer vor der Vernehmung begangenen Tat im
Ausland strafrechtlich verfolgt zu werden (BGH NStZ 2019, 539 mAnm Lenk/Glöckle StV 2020,
484).

II. Auslandszeugen

1. Ladung

Ist die Ladung eines Zeugen **im Ausland** vorzunehmen und die Beweiserhebung nach pflicht- 6
gemäßem Ermessen des Gerichts zur Erforschung der Wahrheit nicht erforderlich, kann das
Gericht einen auf die Vernehmung dieses Zeugen gerichteten Beweisantrag ablehnen.

Die ladungsfähige Anschrift des Zeugen sollte in einem Beweisantrag so genau wie möglich 7
inklusive etwaiger Zusätze benannt werden (BGH NStZ 2011, 231), um seine Erreichbarkeit
sicherzustellen.

Die Ladung kann bei Bestehen entsprechender völkerrechtlicher Vereinbarungen vereinfacht 8
nach § 183 Abs. 1 Nr. 1, sonst durch den Aufenthaltsstaat (BGH NJW 1953, 1522; 1983, 527;
NStZ 1984, 375; StV 1982, 57) oder über die deutsche Konsularvertretung (vgl. Julius StV 1990,
484) bewirkt werden.

2. Erreichbarkeit des Zeugen

Soweit das Gericht die Vernehmung für erforderlich hält, hat es zu prüfen, ob der Zeuge auch 9
erreichbar ist (Meyer-Goßner/Schmitt § 244 Rn. 63). Es ist anzunehmen, dass der Zeuge nicht
erreichbar ist, wenn er bisher erfolglos geladen worden ist und auch nicht zu erwarten ist, dass er
zukünftigen Ladungen Folge leisten wird (BGH NJW 1979, 1788; 2000, 443; NStZ 1983, 276;
1984, 16; 1984, 179; 1984, 210). Die **Mitteilung** des Zeugen, er werde nicht erscheinen, ist
nicht ausreichend (BGH NStZ 1985, 281; StV 2001, 664).

Entstehende **Verfahrensverzögerungen** müssen hingenommen werden und machen den Zeu- 10
gen nicht unerreichbar (BGH StV 1986, 418).

Der Zeuge kann ggf. durch ein deutsches Gericht nahe der Grenze zum Aufenthaltsstaat des 11
Zeugen vernommen werden (Meyer-Goßner/Schmitt GVG § 157 Rn. 2).

Ein Zeuge, der mit **audiovisueller Technologie** vernommen werden kann, ist nicht uner- 12
reichbar (BGHSt 45, 188 = BeckRS 1999, 30072870 = NStZ 2000, 158 mAnm Duttge; Rose
JR 2000, 74; Schlothauer StV 2000, 180; Vassilaki JZ 2000, 474).

Es besteht **keine Verpflichtung** zu einer Beweisaufnahme im Ausland oder einer Teilnahme 13
daran (BGH NStZ 1985, 14; 1985, 375; StV 81, 601).

B. Sachverständige

I. Kulturspezifische Besonderheiten

In Bezug auf ausländische Mandanten ist zu beachten, dass psychiatrische oder psychologische 14
Begutachtungen in deutscher Sprache, über einen Dolmetscher vermittelt, vorgenommen werden
(Schmidt StV 2006, 51). Dies muss auch bei der Auswertung von Testergebnissen, bspw. von
sprachbasierten Intelligenztests etc in Rechnung gestellt werden.

Aufgrund unterschiedlicher kultureller Wertvorstellungen im Herkunftsland und der Bundesre- 15
publik Deutschland können sog. „**Entwurzelungsneurosen**" und andere psychische Erkrankungen entstehen (Pfefferer-Wolf/Lazarides R&P 1984, 174); dem Sachverständigen sollte dies
bewusst sein.

Die Anwendung des **ICD-10,** der als Diagnoseschlüssel verbreitet und anerkannt ist, kann im 16
Bereich unterschiedlicher Kulturen problematisch sein (Anhang II zum ICD-10), da kulturspezifi-
sche Störungen schwierig bis gar nicht einer der Codierungen zugeordnet werden können.

Sofern **abweichende Wertvorstellungen** des Angeklagten bei der strafrechtlichen Bewertung 17
der Tat eine Rolle spielen, kommt die Einholung eines ethnologischen Sachverständigengutachtens
in Betracht.

II. Fremdsprachige Urkunden

18   Fremdsprachige Urkunden müssen übersetzt werden, soweit das Gericht keine eigene Sachkunde besitzt (BGHSt 1, 4). Der Übersetzer ist **Sachverständiger,** nicht Dolmetscher (Meyer-
Goßner/Schmitt § 249 Rn. 5). Sofern sich eine Übersetzung der Urkunde in der Akte befindet
und sich das Gericht von der Richtigkeit dieser Übersetzung überzeugt hat, ist eine **Verlesung
der Übersetzung** zulässig (BGHSt 27, 135 = BeckRS 9998, 105768).

C. Verwertungsverbote

19   Aufgrund verschiedener Sonderbestimmungen kann es zu einer Vielzahl von Beweisverwer-
tungsverboten kommen.

I. Dolmetschervereidigung

20   War der hinzugezogene Dolmetscher **nicht allgemein vereidigt** (§ 189 GVG), darf das Protokoll über die richterliche Vernehmung eines Zeugen nicht nach § 251 Abs. 1 verlesen werden
(BGHSt 22, 118 = BeckRS 9998, 110522). Es kommt die Verlesung nach § 252 Abs. 2 – nach
einem rechtlichen Hinweis (§ 265 Abs. 1) – in Betracht (BGHSt 22, 118 = BeckRS 9998, 110522;
BGH NStZ 1998, 312).

II. Belehrung im Ermittlungsverfahren

21   Wurde der Beschuldigte vor einer Vernehmung **nicht darüber belehrt,** dass er sich nicht zur
Sache äußern müsse, ist seine Einlassung nur verwertbar, wenn feststeht, dass er trotzdem sein
Recht zu schweigen kannte, er der Verwertung zugestimmt oder dieser nicht rechtzeitig widerspro-
chen hat (BGH NStZ 1992, 294).

22   Gleiches gilt bei einer nicht ausreichend verständlichen Belehrung, insbesondere also bei einer
Belehrung und anschließenden Vernehmung des Beschuldigten ohne Dolmetscher trotz unzureichender Sprachkenntnisse (Rüther, Strafverteidigung von Ausländern, 1999, Rn. 276; Kiehl NJW
1994, 1267; einschränkend BGH wistra 2002, 186).

III. Verbotene Vernehmungsmethoden (§ 136a)

23   § 136a ist nicht anwendbar, wenn der Dolmetscher – ohne Kenntnis oder Billigung der Verhör-
sperson – **gesetzeswidrige Vorteile** verspricht.

24   Im Ausland erlangte Aussagen, die unter **Folter** gemacht worden sind, sind im deutschen
Strafverfahren nicht verwertbar (OLG Hamburg NJW 2005, 2326). Problematisch ist die Frage,
ob der Beschuldigte den Nachweis der Folter zu erbringen hat (BGH NStZ 2008, 643; OLG
Hamburg NJW 2005, 2326) oder ob es ausreicht, dass ein reales Risiko oder eine hohe Wahrscheinlichkeit für Folter sprechen (Ambos StV 2009, 151).

IV. Ausländische Vernehmungsniederschriften

25   Sind die örtlich geltenden Vorschriften über Verfahren und Zuständigkeit beachtet worden,
kann ein Vernehmungsprotokoll aus einer fremden Rechtsordnung auch verlesen werden (BGH
NStZ 1996, 609; wistra 2000, 390; NStZ 2010, 410; OLG Düsseldorf StV 1992, 558). Bei einer
entsprechenden Berechtigung nach dem ausländischen Recht können auch Vernehmungen durch
die Polizei oder Staatsanwaltschaft verlesen werden (BGHSt 7, 15 = BeckRS 9998, 121949; BGH
GA 1982, 40; NStZ 1983, 181).

26   Ist ein Zeuge nicht über ein ihm nach deutschem Recht zustehendes **Zeugnisverweigerungsrecht** belehrt worden, kann die ausländische Vernehmungsniederschrift in einem deutschen Verfahren nicht verlesen werden, auch dann nicht, wenn nach der ausländischen Rechtsordnung
eine solche Belehrung nicht vorgesehen ist (BGH StV 1992, 403; Meyer-Goßner/Schmitt § 251
Rn. 36).

27   Bezüglich einer fehlenden **Beschuldigtenbelehrung** besteht keine Einigkeit (offen gelassen
BGH NStZ 1994, 595), jedenfalls der Stellenwert des Schweigerechts im deutschen Strafverfahren
spricht dafür (Schmidt, Verteidigung von Ausländern, 4. Aufl. 2016, Rn. 494).

V. Angaben im Asylverfahren

28   Angaben, die ein Asylbewerber anlässlich seiner Anhörung im Asylverfahren bezüglich seiner
Einreise macht, sind in einem gegen ihn gerichteten Strafverfahren **verwertbar** (BGH StV 1990,

243; OLG Düsseldorf StV 1992, 503; OLG Hamm NStZ 1989, 187), da es dem Asylbewerber auch im Asylverfahren freisteht, Angaben zu machen. Diese können auch trotz der Mitwirkungspflicht nicht erzwungen werden, unmittelbare Nachteile entstehen dadurch nicht (BGH StV 1990, 243; krit. Ventzke StV 1990, 279 mwN; Bärlein/Pananis/Rehmsmeier NJW 2002, 1825). Aus Verteidigersicht erscheint es sinnvoll, bereits vor einer Anhörung im Asylverfahren Kontakt mit der Staatsanwaltschaft aufzunehmen und auf eine Einstellung des Verfahrens nach §§ 153, 153a hinzuwirken, zumal bei einer früheren Offenlegung Straffreiheit möglich gewesen wäre (vgl. Art. 31 GFK).

VI. Keine Belehrung nach § 114b Abs. 2 S. 4

Ein beschuldigter Ausländer ist über das Recht zur Unterrichtung der konsularischen Vertre- **29** tung des Staates seiner Staatsangehörigkeit zu informieren (Art. 36 WKÜ), selbst wenn er seinen gewöhnlichen Aufenthalt in der Bundesrepublik Deutschland hat (BGHSt 52, 48 = BeckRS 2007, 17493), nicht aber, wenn er auch die deutsche Staatsangehörigkeit besitzt.

Die **unterbliebene Benachrichtigung** kann mit der **Revision** angegriffen werden (BVerfG **30** NJW 2007, 499). Ob daraus ein Beweisverwertungsverbot folgt und das Urteil darauf iSd § 337 beruht, muss nach den allgemeinen Grundsätzen im Einzelfall geklärt werden (BVerfG NJW 2014, 532; 2011, 207; Esser JR 2008, 277; Kreß GA 2007, 307; Weigend StV 2008, 43). Die Pflicht zur Belehrung und Benachrichtigung gilt auch bei vorläufiger Festnahme (§ 127 Abs. 4).

Die **unterbliebene Belehrung** dagegen führt nicht zu einem Verwertungsverbot für vom **31** Beschuldigten gemachte Angaben (BGH StV 2008, 5; NJW 2008, 1090; BVerfG NJW 2007, 499; 2011, 207; Meyer-Goßner/Schmitt Rn. 10).

§ 456a Absehen von Vollstreckung bei Auslieferung, Überstellung oder Ausweisung

(1) Die Vollstreckungsbehörde kann von der Vollstreckung einer Freiheitsstrafe, einer Ersatzfreiheitsstrafe oder einer Maßregel der Besserung und Sicherung absehen, wenn der Verurteilte wegen einer anderen Tat einer ausländischen Regierung ausgeliefert, an einen internationalen Strafgerichtshof überstellt oder wenn er aus dem Geltungsbereich dieses Bundesgesetzes abgeschoben, zurückgeschoben oder zurückgewiesen wird.

(2) ¹Kehrt der Verurteilte zurück, so kann die Vollstreckung nachgeholt werden. ²Für die Nachholung einer Maßregel der Besserung und Sicherung gilt § 67c Abs. 2 des Strafgesetzbuches entsprechend. ³Die Vollstreckungsbehörde kann zugleich mit dem Absehen von der Vollstreckung die Nachholung für den Fall anordnen, dass der Verurteilte zurückkehrt, und hierzu einen Haftbefehl oder einen Unterbringungsbefehl erlassen sowie die erforderlichen Fahndungsmaßnahmen, insbesondere die Ausschreibung zur Festnahme, veranlassen; § 131 Abs. 4 sowie § 131a Abs. 3 gelten entsprechend. ⁴Der Verurteilte ist zu belehren.

Überblick

Unter bestimmten Voraussetzungen (→ Rn. 1 ff.) kann von der weiteren Vollstreckung einer Freiheitsstrafe abgesehen werden. Schutzzweck der Vorschrift ist einerseits die Entlastung des Strafvollzugs (Meyer-Goßner/Schmitt Rn. 1; OLG Hamm NStZ 1983, 524), daneben aber auch der Schutz der persönlichen Interessen des ausländischen Verurteilten (Groß StV 1987, 36), der durch die Entfremdung von der Heimat, Sprachschwierigkeiten und mangelnde persönliche Kontakte, insbesondere den Besuch von Freunden und Angehörigen, gewöhnlich besondere Nachteile im Vollzug erleidet. Die allgemeinen Vollzugsziele der Resozialisierung und Sicherung können bei ausländischen Verurteilten aufgrund bevorstehender Abschiebungen oftmals nicht erreicht werden. Eine Anwendung der Vorschrift kommt auch bei deutschen Staatsangehörigen in Betracht, da nach Art. 16 Abs. 2 S. 2 GG auch deren Auslieferung zulässig ist (BVerfG NJW 2004, 356).

A. Voraussetzungen

Voraussetzung ist allein das Vorliegen einer **bestandskräftigen** Ausweisungs- (§§ 53, 54 Auf- **1** enthG) oder Auslieferungsentscheidung (§§ 2 ff. IRG) bzw. die Abschiebung (§ 58 AufenthG), Zurückschiebung (§ 57 AufenthG) oder Zurückweisung.

2   Dass die Voraussetzungen der aufenthaltsbeendenden Maßnahmen vorliegen, ist nicht ausreichend (Meyer-Goßner/Schmitt Rn. 3).

3   Die Zustimmung des Verurteilten ist üblicherweise nicht erforderlich; einzelne **Länderrichtlinien** (Übersicht über alle Länderrichtlinien bei Schmidt, Verteidigung von Ausländern, 3. Aufl. 2012, Rn. 582 ff.) verlangen aber die Zustimmung des Justizministers, sofern der Verurteilte nicht zugestimmt hat.

4   Die Entscheidung ergeht von Amts wegen oder auf Antrag des Verurteilten selbst und steht im **Ermessen** der Vollstreckungsbehörde (Meyer-Goßner/Schmitt Rn. 5), die die Interessen des Verurteilten gegen die Gründe abzuwägen hat, die gegen ein Absehen von der weiteren Vollstreckung sprechen. Die einzelnen Bundesländer haben diesbezüglich Richtlinien erlassen (eine Übersicht findet sich bei Schmidt, Verteidigung von Ausländern, 3. Aufl. 2012, Rn. 582 ff.), die sich in einzelnen Punkten stark unterscheiden.

5   Unabhängig von den Vorgaben der jeweiligen Richtlinie sind stets die konkreten Tatumstände, die Schwere der Schuld und das öffentliche Interesse an einer nachhaltigen Vollstreckung in die Abwägung einzustellen. Daneben spielt regelmäßig die familiäre und soziale Situation des Verurteilten eine Rolle (KG StV 1992, 428; OLG Bamberg StraFo 2014, 259; KG StraFo 2012, 337; OLG Hamm NStZ 1983, 524; OLG Karlsruhe StV 2002, 322; Groß StV 1987, 39; OLG Celle NStZ 1981, 405; OLG Hamburg StV 1996, 328). Auch das fiskalische Interesse an einer Entlastung des Vollzugs kann eine Rolle spielen, insbesondere dann, wenn sich aufgrund der Länge der bereits vollstreckten Sicherungsverwahrung immer sicherer abzeichnet, dass der Untergebrachte durch Therapie nicht erreicht wird, der Zustand sich aufgrund der Hospitalisierungstendenzen eher verschlechtert und deshalb auf Jahre nicht mit einer Entlassung aus dem Maßregelvollzug zu rechnen ist (LG Berlin StV 2020, 43).

B. Nachholen der Vollstreckung

6   Bis zum Eintritt der **Vollstreckungsverjährung** (Meyer-Goßner/Schmitt Rn. 6) kann die Vollstreckung nachgeholt werden, wenn der Verurteilte freiwillig (OLG Dresden StraFo 2015, 334; KG NStZ-RR 2004, 312; OLG Celle StV 2003, 90; LG Berlin StV 1987, 258) ins Bundesgebiet zurückkehrt. Dies ist insbesondere losgelöst von der Befristung gem. § 11 Abs. 1 AufenthG und der Erteilung einer Betretenserlaubnis zu betrachten: Der Verurteilte hat zwar die Möglichkeit, legal ins Bundesgebiet einzureisen, die restliche Strafe kann aber dennoch vollstreckt werden. Insofern kann sich das Einreiseverbot faktisch bis zum Eintritt der Vollstreckungsverjährung verlängern.

7   Dem lässt sich vorbeugen, indem bereits aus dem Ausland eine Aussetzung des Strafrestes zur Bewährung nach §§ 57, 57a StGB erreicht wird.

8   Das **Nachholen** der Vollstreckung kann bereits bei der Anordnung nach § 456a verfügt werden, insbesondere kann auch unmittelbar ein Haftbefehl erlassen werden, der bei der Rückkehr des Verurteilten vollstreckt wird.

9   Der Verurteilte ist über die Nachholung zu belehren (OLG Karlsruhe Die Justiz 1999, 345). Unterbleibt die Belehrung, ist das Nachholen der Vollstreckung nicht zulässig (OLG Karlsruhe NStZ 1999, 222; LG Bayreuth StV 2011, 423).

10   Auch über das Nachholen entscheidet die Vollstreckungsbehörde nach pflichtgemäßem Ermessen, dh die Vollstreckung kann aus besonderen Gründen auch unterbleiben.

C. Strafklageverbrauch

11   Grundsätzlich ist mit der Anordnung des Absehens von der weiteren Vollstreckung **kein Strafklageverbrauch** im Heimatland verbunden, da es sich hierbei nicht um eine Maßnahme handelt, die im Einvernehmen mit dem Heimatland getroffen wird. Möglicherweise muss der Verurteilte deshalb mit weiteren Sanktionen rechnen.

D. Rechtsbehelfe

12   Gegen die Ablehnung des Antrags auf Absehen von der weiteren Vollstreckung steht dem Verurteilten der Rechtsweg nach §§ 23 ff. EGGVG offen (OLG Karlsruhe NStZ 2012, 655; KG StraFo 2012, 337; OLG Celle StV 2000, 380; OLG Hamburg NJW 1975, 1132; OLG Stuttgart StV 1993, 258).

13   Dem Verurteilten kann nach § 29 Abs. 3 EGGVG iVm § 115 Abs. 1 Nr. 3 ZPO Prozesskostenhilfe gewährt werden.

Die Entscheidung, das Absehen von der weiteren Vollstreckung anzuordnen, ist dagegen nach **14** hM **unanfechtbar,** da der Verurteilte durch diese Entscheidung nicht beschwert ist (OLG Frankfurt a. M. NStZ-RR 1999, 126).

Gegen die Anordnung, die Vollstreckung nachzuholen, können Einwendungen gem. §§ 458 **15** Abs. 2, 462, 462a Abs. 1 und Abs. 2 bei der Vollstreckungsbehörde erhoben werden, über die das Gericht entscheidet (OLG Stuttgart StraFo 2011, 114; OLG Oldenburg NStZ-RR 15, 156).

Gegen die richterliche Entscheidung ist die **sofortige Beschwerde** zulässig (vgl. § 462 Abs. 3). **16**

E. Verteidigungstaktik

Soll ein **Verzicht** auf die weitere Vollstreckung sowie eine möglichst frühzeitige Abschiebung **17** des Verurteilten erreicht werden, empfiehlt es sich, früh Kontakt mit der zuständigen Ausländerbehörde aufzunehmen, um das Ausweisungsverfahren zu beschleunigen.

Soll dagegen eine Anwendung des § 456a gerade **verhindert** werden, weil der Verurteilte zB **18** eine Aussetzung des Strafrestes zur Bewährung und die damit verbundene Möglichkeit des Verbleibs im Bundesgebiet anstrebt, sollte die Ausweisungsverfügung angefochten werden.

Will der Verurteilte **legal** ins Bundesgebiet **zurückkehren,** muss zunächst ggf. die Befristung **19** der Ausweisung und Abschiebung, danach die Aussetzung des Strafrestes zur Bewährung und die Aufhebung des Haftbefehls beantragt werden.

Es sollte darauf hingewirkt werden, dass die Verfügung gem. § 456a auf den Tag der Ausreise **20** oder Abschiebung datiert wird, damit die bis zu diesem Zeitpunkt verbüßte Haftzeit in jedem Fall bei einem möglichen Nachholen der Vollstreckung angerechnet werden kann.

Gerichtsverfassungsgesetz (GVG)

In der Fassung der Bekanntmachung vom 9. Mai 1975
(BGBl. I S. 1077)
FNA 300-2
– in Auszügen kommentiert –

§ 185 [Dolmetscher]

(1) [1]**Wird unter Beteiligung von Personen verhandelt, die der deutschen Sprache nicht mächtig sind, so ist ein Dolmetscher zuzuziehen.** [2]**Ein Nebenprotokoll in der fremden Sprache wird nicht geführt; jedoch sollen Aussagen und Erklärungen in fremder Sprache, wenn und soweit der Richter dies mit Rücksicht auf die Wichtigkeit der Sache für erforderlich erachtet, auch in der fremden Sprache in das Protokoll oder in eine Anlage niedergeschrieben werden.** [3]**In den dazu geeigneten Fällen soll dem Protokoll eine durch den Dolmetscher zu beglaubigende Übersetzung beigefügt werden.**

(1a) [1]**Das Gericht kann gestatten, dass sich der Dolmetscher während der Verhandlung, Anhörung oder Vernehmung an einem anderen Ort aufhält.** [2]**Die Verhandlung, Anhörung oder Vernehmung wird zeitgleich in Bild und Ton an diesen Ort und in das Sitzungszimmer übertragen.**

(2) **Die Zuziehung eines Dolmetschers kann unterbleiben, wenn die beteiligten Personen sämtlich der fremden Sprache mächtig sind.**

(3) **In Familiensachen und in Angelegenheiten der freiwilligen Gerichtsbarkeit bedarf es der Zuziehung eines Dolmetschers nicht, wenn der Richter der Sprache, in der sich die beteiligten Personen erklären, mächtig ist.**

Überblick

Im gerichtlichen Verfahren ist ein Dolmetscher hinzuzuziehen, wenn der Angeklagte der deutschen Sprache nicht oder nicht ausreichend mächtig ist. Kann sich der Angeklagte nur in einer fremden Sprache verständigen, begründet die Nichthinzuziehung eines Dolmetschers zur Hauptverhandlung einen absoluten Revisionsgrund gem. § 338 Nr. 5 StPO (→ Rn. 26 ff.). Fremdsprachige Eingaben des Angeklagten sind nicht geeignet, Rechtsmittelfristen zu wahren (BGHSt 30, 182 = BeckRS 9998, 103306; KG JR 1977, 129; Meyer-Goßner/Schmitt § 184 Rn. 2; aA LG Berlin JR 1961, 384; OLG Frankfurt a. M. NJW 1980, 1173; BayVGH NJW 1976, 1048; OLG Düsseldorf NStZ-RR 2000, 215; Schneider MDR 1979, 543; Meyer ZStW 1981, 507). Umgekehrt sind dem Sprachunkundigen gem. Nr. 181 Abs. 2 RiStBV „Ladungen, Haftbefehle, Strafbefehle, Anklageschriften und sonstige gerichtliche Sachentscheidungen" in eine ihm verständliche Sprache zu übersetzen (→ Rn. 40 ff.).

Übersicht

A. Die Rolle des Dolmetschers

1 Der Dolmetscher soll die Äußerungen aller Verfahrensbeteiligten während der Verhandlung in eine dem Verurteilten **verständliche Sprache** und dessen Äußerungen in die deutsche Sprache übersetzen (BGHSt 1, 4 (6)).

2 Aufgabe des Verteidigers ist es in diesem Zusammenhang auch, darauf zu achten, dass der Dolmetscher übersetzt, aber **nicht interpretiert,** was der Angeklagte gesagt hat (Kabbani StV 1987, 410). Der Einsatz eines Dolmetschers kann gegen das Recht auf ein faires Verfahren verstoßen, wenn sich dieser für seine Aufgabe unter anderem deshalb als ungeeignet erweist, weil er versucht, eine persönliche und emotionale Beziehung zu der festgenommenen Person aufzubauen (EGMR BeckRS 2019, 401 – Knox / Italien).

3 Übersetzt der Dolmetscher Schriftstücke und Urkunden, die außerhalb der Hauptverhandlung entstanden sind, wird er als **Sachverständiger** tätig (BGH NJW 1965, 643) und muss als solcher belehrt und vereidigt werden (§ 79 Abs. 1 StPO).

4 Der Dolmetscher ist bei einem Einsatz für den Verteidiger als dessen **Berufshelfer** anzusehen und unterliegt der Verpflichtung zur Verschwiegenheit (vgl. § 203 Abs. 3 StGB) unabhängig davon, ob der Verteidiger ihn hinzugezogen oder das Gericht ihn bestellt hat.

B. Kostenlose Beiordnung

5 Im gerichtlichen Verfahren fallen die Kosten der Hinzuziehung eines Dolmetschers der **Staatskasse** zur Last (vgl. § 187 Abs. 1 S. 2 GVG) und können auch im Fall der Verurteilung nicht auf den Verurteilten abgewälzt werden.

6 Außerhalb des Hauptverfahrens gelten Besonderheiten.

I. Pflichtverteidiger

7 Ist der Rechtsanwalt als notwendiger Verteidiger beigeordnet, kann er für die Gespräche mit dem Beschuldigten einen Dolmetscher hinzuziehen und anschließend die notwendigen Kosten **aus der Staatskasse** erstattet verlangen (§ 46 RVG).

8 Die gesonderte **Beiordnung des Dolmetschers** ist nicht erforderlich, es kann jedoch sinnvoll sein, beim zuständigen Ermittlungsrichter die Feststellung zu beantragen, dass die Hinzuziehung eines Dolmetschers erforderlich ist (zur Zulässigkeit des Feststellungsantrags: LG Lübeck StraFo 2004, 130; LG Saarbrücken Beschl. v. 7.4.2003 – 8 AR 1/03).

9 Auch **Übersetzungskosten** für die Übersetzung schriftlicher Stellungnahmen und ähnlichem werden im Rahmen des Auslagenersatzes erstattet, soweit deren Inhalt zugleich für den Mandanten und das Gericht bestimmt ist (BGH StV 2001, 1 (3); LG Düsseldorf StV 1986, 492).

Insoweit entstehende Kosten können dem Verurteilten nicht im Wege der **Überbürdung** der 10
Pflichtverteidigerkosten auferlegt werden (EGMR NJW 1979, 1091 f.; OLG Düsseldorf MDR
1981, 74 f.; OLG München StV 1982, 363 f.).

Nicht erstattungsfähig sind **Mehrkosten,** die entstehen, weil der Verteidiger einen auswärtigen 11
Dolmetscher auswählt, obwohl am Einsatzort ebenfalls öffentlich bestellte oder allgemein vereidigte Dolmetscher zur Verfügung gestanden hätten (LG Koblenz NStZ-RR 2001, 351).

II. Wahlverteidiger

Zwischenzeitlich geklärt ist die Frage, ob auch im Falle der Wahlverteidigung ein Anspruch 12
auf kostenlose Beiordnung eines Dolmetschers besteht.

Dem Beschuldigten steht bereits im **Ermittlungsverfahren** ein Anspruch auf unentgeltliche 13
Beiordnung eines Dolmetschers zu, unabhängig davon, ob der Rechtsanwalt als Pflicht- oder
Wahlverteidiger tätig wird. Art. 6 Abs. 3 lit. e EMRK soll eine Ungleichbehandlung von Angeklag-
ten, die die Gerichtssprache beherrschen und Angeklagten, die sie nicht beherrschen, vermeiden
(BGH StV 2001, 1; BVerfG NJW 2004, 50; LG Aachen StV 1997, 404; LG Bamberg NStZ 1992,
500.; LG Berlin AnwBl 1980, 30; LG Berlin NStZ 1990, 449; StV 1994, 11; OLG Celle StraFo
1997, 247; LG Duisburg StV 2000, 195; OLG Frankfurt a. M. StV 1991, 457; LG Hamburg
InfAuslR 1980, 153; StV 1990, 16; OLG Hamm StV 1994, 475; OLG Karlsruhe StV 2000, 193;
KG NStZ 1990, 402 ff.; LG Köln StV 1994, 492; StraFo 1998, 71). Auch der Wahlanwalt, der
neben dem Pflichtverteidiger für den Angeklagten tätig ist, kann für Mandantengespräche auf
Dolmetscher zurückgreifen, deren Kosten ebenfalls die Staatskasse − jedenfalls bis zur zulässigen
Höchstzahl an Verteidigern gem. § 137 Abs. 1 S. 2 StPO − trägt (OLG Jena Beschl. v. 16.2.2012 −
2 Ws 580/11). Dies gilt auch für die Hinzuziehung eines Dolmetschers bei Mandatsanbahnungsge-
sprächen, unabhängig davon, ob ein Mandat tatsächlich zustande kommt (LG Detmold StV 2021,
27).

Es ist nicht erforderlich, die **Beiordnung** des Dolmetschers vor Inanspruchnahme der Leistun- 14
gen zu beantragen (BVerfG NJW 2004, 50). Es empfiehlt sich allerdings, die entsprechende
Zustimmung zumindest telefonisch einzuholen, um Streitigkeiten bei der Kostenerstattung zu
vermeiden.

C. Untersuchungshaft

I. Besuch des inhaftierten Mandanten

Für den Verteidigerbesuch in Begleitung eines Dolmetschers ist für den Dolmetscher keine 15
eigene **Besuchserlaubnis** erforderlich, sofern dieser allgemein vereidigt ist (LG Frankfurt a. M.
StV 1989, 350). Der Nachweis über die Vereidigung muss ggf. vor Einlass in die Anstalt vorgelegt
werden.

Bedient sich der Verteidiger eines Dolmetschers, der nicht allgemein vereidigt ist, muss für 16
diesen zunächst eine Besuchserlaubnis beantragt werden (LG Köln NStZ 1983, 237).

II. Kosten

Dolmetscherkosten, die aufgrund von Verteidigergesprächen entstehen, sind grundsätzlich 17
erstattungsfähig.

Bei der Übersetzung von Schriftstücken soll je nach **Notwendigkeit** der Übersetzung differen- 18
ziert werden (OLG Frankfurt a. M. StV 2007, 486) − anders LG Neuruppin mit Beschl. v.
15.3.2021 (StV 2021, 65), wonach es kein es kein Vorrangverhältnis zwischen mündlicher und
schriftlicher Kommunikation zwischen Pflichtverteidiger und Mandant gibt, sodass auch Kosten
einer Übersetzung des Schriftverkehrs grundsätzlich erstattungsfähig sein müssen. Eine Darlegung,
warum die Korrespondenz notwendig war, soll einen nicht unbedenklichen Eingriff in das Vertei-
digungsverhältnis darstellen (LG Neuruppin StV 2021, 65).

Dem ausländischen Beschuldigten können auch im Fall einer Verurteilung nicht die Dolmet- 19
scherkosten auferlegt werden, die im Rahmen einer Post-, Telefon- oder Besuchsüberwachung
entstehen (BVerfG NJW 2004, 1095; OLG Frankfurt a. M. StV 1986, 24; 1992, 281; OLG
Düsseldorf NStZ 1992, 403; OLG Köln StV 1994, 326; LG Hannover StV 1993, 646; LG Stuttgart
StV 2001, 123; aA OLG Koblenz NStZ-RR 1996, 159; LG Mainz MDR 1996, 645).

Die Erteilung einer **Besuchserlaubnis** darf nicht davon abhängig gemacht werden, dass zuvor 20
die Dolmetscherkosten gezahlt werden (OLG Frankfurt a. M. StV 1984, 427; OLG Stuttgart StV
1990, 79; OLG Celle StV 1994, 587; LG Berlin StV 1989, 350).

21   Die **Einschränkung der Korrespondenz** des Untersuchungsgefangenen wegen unverhältnismäßig hoher Kosten für die erforderlichen Übersetzungen wird für zulässig erachtet (OLG München NStZ 1984, 332; LG Berlin StV 1994, 325; KK-StPO/Schultheis StPO § 119 Rn. 33;
Meyer-Goßner/Schmitt StPO § 119 Rn. 18; einschränkend auch BVerfG NJW 2004, 1095).

III. Postkontrolle

22   Die Post des sich in Untersuchungshaft befindenden Beschuldigten unterliegt der **Postkont-
rolle,** dh abgesehen von Verteidigerpost, die als solche gekennzeichnet sein muss, wird die ein-
und ausgehende Post des Inhaftierten gelesen. Briefe, die nicht in deutscher Sprache abgefasst
sind, werden zunächst übersetzt, woraus teilweise erhebliche Zeitverzögerungen bei der Weiterleitung an den Empfänger entstehen.
23   Der Verteidiger sollte darauf achten, dass sich Übersetzungen oder Inhaltszusammenfassungen
von Briefen des Gefangenen nur in der Ermittlungsakte befinden, wenn der Brief als Beweismittel
beschlagnahmt worden ist. Andernfalls liegt ein Verstoß gegen das Briefgeheimnis vor, der zu
einem Verwertungsverbot führt (OLG Düsseldorf StV 1991, 473).

IV. Telefonerlaubnis

24   Telefongespräche mit ausländischen Angehörigen werden aufgrund des hohen organisatorischen
Aufwandes nur genehmigt, wenn der Inhaftierte ein **berechtigtes Interesse** an dem Telefonge-
spräch geltend machen kann (OLG Düsseldorf NStZ-RR 2000, 382). Dieses liegt vor, wenn die
Untersuchungshaft über einen längeren Zeitraum andauert, der Inhaftierte in Deutschland keinerlei soziale Bindungen hat und aufgrund der Sprachschwierigkeiten die Haftbedingungen für ihn
verschärft sind (OLG Frankfurt a. M. StV 1992, 281; 1986, 398; OLG Düsseldorf StV 1989, 254).
25   Sind Familienangehörige aufgrund der großen Entfernung (OLG Frankfurt a. M. NJW 1967,
1384) oder aufgrund einer Erkrankung (OLG Köln StV 1994, 326; OLG Frankfurt a. M. StV
1982, 476) gehindert, den Inhaftierten zu besuchen, sind Telefongespräche ebenfalls zuzulassen.

D. In der Hauptverhandlung

I. Allgemeines

26   Es liegt ein **absoluter Revisionsgrund** gem. § 338 Nr. 5 StPO vor, wenn kein Dolmetscher
zur Hauptverhandlung hinzugezogen wird, der Angeklagte sich aber nur in einer fremden Sprache
verständigen kann.
27   **Verfahrensbeteiligte** können nicht Dolmetscher sein, mit Ausnahme des Urkundsbeamten
der Geschäftsstelle (§ 190 GVG).
28   Dem Angeklagten sind alle **wesentlichen Verfahrensteile** ihrem Inhalt nach bekannt zu
machen. Das gilt für die Anklageschrift (BGH StV 1993, 2) wie auch den Inhalt von Zeugenaussagen (BGH BeckRS 1990, 06721; RGSt 36, 355 (356)), Beweisanträge (RGSt 36, 355) und
Gerichtsbeschlüsse (RGSt 43, 441 (443)), die im Rahmen der Hauptverhandlung ergangen sind.
Unterbleibt die Übersetzung, kann dies die Revision begründen (BGH StV 1993, 2).

II. Auswahl

29   Den Dolmetscher wählt der **Vorsitzende** aus. Er hat zu überprüfen, ob die Mitwirkung eines
Dolmetschers erforderlich ist. Das ist bereits der Fall, wenn der Angeklagte die deutsche Sprache
zwar versteht, sie selbst aber nicht ausreichend spricht (OLG Frankfurt a. M. NJW 1952, 1310).
Übersetzt der Dolmetscher nicht die Muttersprache des Angeklagten, sondern eine gemeinsame
dritte Sprache, muss gewährleistet sein, dass der Angeklagte die Drittsprache ausreichend
beherrscht (OLG Karlsruhe Die Justiz 1980, 285). Andernfalls kann ein Revisionsgrund vorliegen.
30   Die Hinzuziehung eines Dolmetschers ist **wesentliche Förmlichkeit** der Hauptverhandlung
und als solche ins Protokoll aufzunehmen.

III. Ablehnung

31   Gemäß § 191 kann der Dolmetscher nach den gleichen Vorschriften **wie ein Sachverständiger**
abgelehnt werden. Voraussetzung ist, dass der Dolmetscher vom Gericht hinzugezogen worden
ist (BGH NJW 2019, 1391).

Ablehnungsgründe können bspw. sein: 32

- die **falsche Übersetzung,** die den Beweiswert der Aussage verändert (LG Berlin StV 1994, 180; Meyer-Goßner/Schmitt § 191 Rn. 2),
- die Beifügung von **persönlichen Wertungen** bei der Übersetzung (LG Darmstadt StV 1990, 258; 1995, 239), jedenfalls soweit diese nicht als solche gekennzeichnet sind (BGH NJW 2019, 1391).
- Umstände in der Person des Dolmetschers wie politische, ethnische und religiöse **Weltanschauungen,** wenn sie denen des Angeklagten widersprechen,
- **ausländerfeindliche Äußerungen** des Dolmetschers.

Bei erfolgreicher Ablehnung des Dolmetschers besteht ein **Verwertungsverbot** für die Beweise, 33 die unter seiner Mitwirkung erhoben worden sind, wenn nicht ausgeschlossen werden kann, dass die bisherige Übersetzungsleistung mangelhaft war.

Es besteht Uneinigkeit darüber, ob ein abgelehnter Dolmetscher im weiteren Verfahren als 34 **Zeuge** vernommen werden kann (bejahend BayObLG NStZ 1998, 270 mAnm Seibert StV 2001, 264; verneinend LG Köln StV 1992, 460).

IV. Vereidigung

Der Dolmetscher ist zu vereidigen (§ 189 Abs. 1), bzw. hat sich auf den allgemein geleisteten 35 Eid zu berufen (§ 189 Abs. 2), wobei die Eidesleistung **am ersten Sitzungstag** ausreichend ist, eine Wiederholung ist nicht erforderlich (BGH GA 1979, 272; OLG Stuttgart StV 2003, 661). Die Berufung auf den allgemein geleisteten Eid ist nur dann ausreichend, wenn der Eid in einem Bundesland nach den landesrechtlichen Vorschriften tatsächlich geleistet worden ist (BGH NStZ 2020, 103).

Mit der Eidesleistung in der Hauptverhandlung soll dem Dolmetscher vergegenwärtigt werden, 35a dass er im konkreten Fall eine besondere Verantwortung trägt. Durch die Beeidigung wird festgestellt, dass der Dolmetscher fachlich geeignet und persönlich zuverlässig ist. Die Beeidigung soll Gewähr dafür bieten, dass der Dolmetscher die ihm zukommenden Aufgaben zuverlässig und sachgerecht erfüllen wird (BVerwG NJW 2007, 1478).

Der Hinweis „allgemein vereidigt" genügt nicht, um anzunehmen, dass der Dolmetscher sich 36 auf den allgemein geleisteten Eid auch berufen habe (BGH Urt. v. 29.11.1977 – 5 StR 75/77; BGHSt 31, 39 (49) = BeckRS 9998, 103160; BGH NStZ 1981, 190; BeckRS 1983, 31111994). Die Frage ist ggf. durch das Revisionsgericht im Freibeweisverfahren zu klären (BGHSt 31, 39= BeckRS 9998, 103160; BGH NStZ 1987, 568; OLG Frankfurt a. M. StV 2006, 519).

V. Revision

Im Rahmen der Revisionsbegründung ist zu berücksichtigen, dass detailliert angegeben werden 37 muss, warum die Leistung des Dolmetschers unzureichend war und welche **Defizite** in der Übersetzung bestanden (RGSt 76, 177).

Das Urteil **beruht** regelmäßig auf der fehlenden Vereidigung (BGH BeckRS 9998, 35823; 38 OLG Celle StraFo 2002, 134; OLG Köln NStZ-RR 2002, 247; OLG Stuttgart NStZ-RR 2003, 88).

Etwas anderes soll gelten, wenn der Dolmetscher aus einer leicht zu kontrollierenden, gängigen 39 Fremdsprache übersetzt hat (BGH BeckRS 1994, 00901; wistra 2005, 437; OLG Stuttgart NStZ-RR 2003, 88; OLG Hamm ZfS 2004, 184), oder wenn angenommen werden kann, dass der Dolmetscher sich trotz des fehlerhaften nicht geleisteten Eides seiner besonderen Verantwortung im Strafverfahren und der Pflicht zur treuen und gewissenhaften Übersetzung bewusst gewesen ist (BGH NStZ 1984, 328; LSK 1986, 330145; OLG Stuttgart 2003, 88; BGH BeckRS 9998, 35823; 9998, 85639).

E. Übersetzungen

Gemäß **Nr.** 181 **Abs. 2 RiStBV** sind dem Sprachunkundigen „Ladungen, Haftbefehle, Strafbe- 40 fehle, Anklageschriften und sonstige gerichtliche Sachentscheidungen" in eine ihm verständliche Sprache zu übersetzen.

Der Angeklagte kann keine Übersetzung der Akte, auch nicht in Auszügen, verlangen (OLG 41 Düsseldorf MDR 1986, 958; OLG Hamm NStZ-RR 1999, 159; Meyer-Goßner/Schmitt EMRK Art. 6 Rn. 18).

Etwas anderes kann in Fällen gelten, in denen es nicht ausreichend ist, dass der Dolmetscher 42 die wesentlichen Inhalte der Akte mündlich übersetzt (OLG Hamm NStZ-RR 2001, 223).

43   Die **Anklageschrift** ist zu übersetzen (OLG Düsseldorf StV 2001, 498; VRS 1968, 119; LG Essen NJW 1966, 1624; OLG Hamburg NStZ 1993, 53; OLG Stuttgart StV 2003, 490; KK-StPO/Schneider StPO § 201 Rn. 4 mwN), wobei es teilweise für ausreichend erachtet wurde, wenn dem Angeklagten die Anklageschrift zu Beginn der Hauptverhandlung mündlich übersetzt worden ist (OLG Düsseldorf VRS 1968, 119).

44   Aus Verteidigersicht sollte die unterbliebene schriftliche Übersetzung der Anklageschrift stets gerügt und mit einem **Aussetzungsantrag** verbunden werden. Unterbleibt die Rüge, kann sie später, dh nach Vernehmung des Angeklagten zur Sache, nicht mehr nachgeholt werden (KK-StPO/Schneider StPO § 201 Rn. 21 mwN; BGH NStZ 1982, 125; OLG Stuttgart StV 2003, 490).

45   Auch **Bußgeldbescheide** sind dem Betroffenen in eine ihm verständlichen Sprache zu übersetzen (BGH StraFo 2005, 419).

46   Gemäß § 114a StPO ist dem ausländischen Beschuldigten eine Ausfertigung des **Haftbefehls** zusammen mit einer Übersetzung auszuhändigen.

47   Weitere **Haftentscheidungen** sollten ebenfalls in eine dem Beschuldigten verständliche Sprache übersetzt werden (aA OLG Stuttgart Die Justiz 1986, 307).

48   **Ladungen** bedürfen keiner Übersetzung (OLG Hamm JMBl. NRW. 1981, 166 f.), ebenso wenig Rechtsbehelfsbelehrungen (BVerfGE 42, 120 = BeckRS 9998, 106140), da ggf. die Möglichkeit der Wiedereinsetzung des Verfahrens in den vorigen Stand besteht.

49   **Strafbefehle** sind zu übersetzen (LG Aachen NStZ 1984, 283; Meyer-Goßner/Schmitt EMRK Art. 6 Rn. 18; LG München II NJW 1972, 405; EuGH StV 2018, 70), der Strafbefehlsantrag nicht. Dem Angeklagten ist der Strafbefehl zusammen mit der Übersetzung zuzustellen. Die Einspruchsfrist beginnt erst vor Zustellung der schriftlichen Übersetzung zu laufen; die Zustellung ohne schriftliche Übersetzung ist unwirksam (LG Nürnberg-Fürth Beschl. v. 14.10.2019 – 12 Qs 48/19; LG Stuttgart Beschl. v. 12.5.2014 – 7 Qs 18/14). Etwas anderes kann bei verteidigten Angeklagten gelten.

50   Jedenfalls bei Verteidigung durch einen Rechtsanwalt steht dem Angeklagten ein Anspruch auf **Übersetzung der schriftlichen Urteilsgründe** zu (BVerfGE 64, 135 = BeckRS 9998, 102378; BGH GA 1981, 262; OLG Frankfurt a. M. NJW 1980, 1238; OLG Stuttgart NJW 1980, 1238; MDR 1983, 256; Die Justiz 1981, 217; OLG Köln NStZ-RR 2006, 51; BGH StV 2019, 595 mAnm Kühne). Dies gilt auch, wenn das Urteil nicht rechtskräftig ist. Ein berechtigtes Interesse des Angeklagten an einer Übersetzung der schriftlichen Urteilsgründe wird nicht allein dadurch begründet, dass nach der Urteilsverkündung kein Kontakt zwischen ihm und dem Verteidiger bestand (BGH BeckRS 2020, 10182 mAnm Kühne StV 2021, 79). Auch ein Anspruch auf Übersetzung des letztinstanzlichen und rechtskräftigen Urteils besteht nicht (BGH BeckRS 2018, 24697).

Gesetz über den Vollzug der Freiheitsstrafe und der freiheitsentziehenden Maßregeln der Besserung und Sicherung – Strafvollzugsgesetz (StVollzG)

Vom 16. März 1976

(BGBl. I S. 581, ber. S. 2088 und 1977 I S. 436)

FNA 312-9-1

– in Auszügen kommentiert –

§ 10 Offener und geschlossener Vollzug

(1) Ein Gefangener soll mit seiner Zustimmung in einer Anstalt oder Abteilung des offenen Vollzuges untergebracht werden, wenn er den besonderen Anforderungen des offenen Vollzuges genügt und namentlich nicht zu befürchten ist, daß er sich dem Vollzug der Freiheitsstrafe entziehen oder die Möglichkeiten des offenen Vollzuges zu Straftaten mißbrauchen werde.

(2) ¹Im übrigen sind die Gefangenen im geschlossenen Vollzug unterzubringen. ²Ein Gefangener kann auch dann im geschlossenen Vollzug untergebracht oder dorthin zurückverlegt werden, wenn dies zu seiner Behandlung notwendig ist.

Überblick

Die Unterbringung im offenen Vollzug stellt den gesetzlichen Regelfall dar, wird in der Praxis aus unterschiedlichen Gründen (zB fehlender Haftplätze oder zu strenger Anforderungen der Vollzugsbehörden) aber oftmals abgelehnt. Die Vollzugsgesetze der Bundesländer enthalten der Vorschrift des § 10 vergleichbare Regelungen. Neben der Zustimmung des Gefangenen setzt eine Verlegung in den offenen Vollzug voraus, dass der Gefangene den besonderen Anforderungen des offenen Vollzuges genügt und keine Fluchtgefahr (→ Rn. 8) oder Missbrauchsgefahr (→ Rn. 10) vorliegt.

A. Verwaltungsvorschrift

In den Verwaltungsvorschriften zum StVollzG und entsprechend zu den Ländergesetzen finden **1** sich **Konkretisierungen** dieser Anforderungen.

Auch wenn die Verwaltungsvorschriften zu einer **Selbstbindung der Verwaltung** führen, **2** sind die Vollzugsbehörden gehalten, im Einzelfall zu prüfen, ob die Voraussetzungen für eine Verlegung in den offenen Vollzug vorliegen (BVerfG BeckRS 2007, 26913; OLG Hamm NStZ-RR 2008, 357; OLG Celle BeckRS 2005, 01971; KG BeckRS 2016, 03502 Rn. 13).

Das Gericht ist durch die Verwaltungsvorschrift **nicht gebunden** (OLG Frankfurt a. M. NStZ **3** 1982, 260 (261)).

Nr. 1 Abs. 1 lit. c VVStVollzG zu § 10 bestimmt, dass Gefangene, gegen die eine vollziehbare **4** Ausweisungsverfügung für den Geltungsbereich des Strafvollzugsgesetzes besteht und die aus der Haft abgeschoben werden sollen, vom offenen Vollzug ausgeschlossen sind. Nr. 1 Abs. 2 lit. c VVStVollzG zu § 10 lässt hiervon Ausnahmen zu, wenn besondere Umstände vorliegen und sich die Vollzugsbehörde vor einer Entscheidung mit der zuständigen Ausländerbehörde ins Benehmen gesetzt hat.

Gefangene, gegen die ein **Ausweisungs- oder Auslieferungsverfahren** anhängig ist, sind für **5** die Unterbringung im offenen Vollzug in der Regel ungeeignet (Nr. 2 Abs. 1 VVStVollzG zu § 10). Auch hiervon lässt Nr. 2 Abs. 2 VVStVollzG zu § 10 Ausnahmen zu, wenn besondere Umstände vorliegen und die zuständige Ausländerbehörde gehört worden ist.

Wichtig in diesem Zusammenhang ist, dass keine Zustimmung der zuständigen Ausländerbe- **6** hörde erforderlich ist, diese muss lediglich **beteiligt** worden sein.

B. Besondere Anforderungen des offenen Vollzugs

Bei der Voraussetzung der besonderen Anforderungen des offenen Vollzuges handelt es sich **7** um einen **unbestimmten Rechtsbegriff**.

I. Fluchtgefahr

Eine Verlegung in den offenen Vollzug kommt nicht in Betracht, wenn zu befürchten steht, **8** dass der Gefangene sich dem Vollzug der Freiheitsstrafe **entziehen** wird. Es müssen konkrete Anhaltspunkte dafür vorliegen, dass der Gefangene den offenen Vollzug zu einer Flucht nutzen würde (OLG Karlsruhe BeckRS 2007, 19187).

Die Fluchtgefahr muss **positiv feststehen** (KG BeckRS 2009, 25382; OLG Karlsruhe BeckRS **9** 2007, 19187; OLG Hamburg BeckRS 2007, 10347), nicht ausreichend sind pauschale Wertungen, auch der pauschale Hinweis auf ein anhängiges Ausweisungsverfahren oder eine bereits bestandskräftige Ausweisungsverfügung genügen nicht. Die Vollzugsbehörde muss in ihrer Entscheidung vielmehr darstellen, warum gerade aufgrund der Umstände des Einzelfalles von Fluchtgefahr auszugehen ist.

II. Missbrauchsgefahr

Eine Verlegung in den offenen Vollzug scheidet daneben aus, wenn zu befürchten ist, der **10** Gefangene werde die Verlegung zur **Begehung neuer Straftaten** nutzen (Missbrauchsgefahr). Auch diese Befürchtung muss auf konkreten Tatsachen beruhen.

C. Beurteilungsspielraum

11   Bei der Beurteilung der Frage, ob der Gefangene den besonderen Anforderungen des offenen Vollzuges genügt, steht der Vollzugsbehörde ein **Beurteilungsspielraum** zu (BVerfG BeckRS 2017, 110805 Rn. 6; KG BeckRS 2011, 26742 mwN; OLG Frankfurt a. M. NStZ-RR 1998, 91).

12   Gerichtlich überprüfbar ist lediglich die Frage, ob die Behörde von einem vollständig ermittelten und zutreffenden Sachverhalt ausgegangen ist, ob der Entscheidung der richtige Versagungsgrund zugrunde gelegt worden ist und ob die Grenzen des Beurteilungsspielraums eingehalten worden sind (OLG Karlsruhe NStZ-RR 2009, 325).

D. Ermessen

13   Auf der Rechtsfolgenseite steht eine **gebundene Ermessensentscheidung** der Vollzugsbehörde, sodass der Gefangene keinen Rechtsanspruch auf Verlegung in den offenen Vollzug hat.

E. Rechtsbehelf

14   Gegen eine **ablehnende Entscheidung** der Justizbehörde steht dem Gefangenen der Rechtsweg gem. § 109 zu der zuständigen Strafvollstreckungskammer offen.

§ 11 Lockerungen des Vollzuges

(1) Als Lockerung des Vollzuges kann namentlich angeordnet werden, daß der Gefangene
1. **außerhalb der Anstalt regelmäßig einer Beschäftigung unter Aufsicht (Außenbeschäftigung) oder ohne Aufsicht eines Vollzugsbediensteten (Freigang) nachgehen darf oder**
2. **für eine bestimmte Tageszeit die Anstalt unter Aufsicht (Ausführung) oder ohne Aufsicht eines Vollzugsbediensteten (Ausgang) verlassen darf.**

(2) Diese Lockerungen dürfen mit Zustimmung des Gefangenen angeordnet werden, wenn nicht zu befürchten ist, daß der Gefangene sich dem Vollzug der Freiheitsstrafe entzieht oder die Lockerungen des Vollzuges zu Straftaten mißbrauchen werde.

Überblick

Lockerungen (auch: vollzugsöffnende Maßnahmen) sind die wichtigsten Behandlungsmaßnahmen im Strafvollzug und dienen insbesondere dem Zweck, den Gefangenen in Hinblick auf die Erreichung des Vollzugsziels (§ 2 S. 1) oder eine bedingte Entlassung (§ 57 StGB) zu erproben.

A. Lockerungsarten

1   Als Vollzugslockerungen kommen in Betracht: **Ausführung, Außenbeschäftigung, Ausgang und Freigang** (→ Rn. 1.1).

1.1 • **Ausführung:** Der Gefangene darf zu einer bestimmten Tageszeit und für eine bestimmte Dauer unter Aufsicht eines Vollzugsbediensteten die Anstalt verlassen. Der Beamte muss den Gefangenen ständig beaufsichtigen.

• **Außenbeschäftigung:** Die regelmäßige Beschäftigung außerhalb der Anstalt findet unter Aufsicht eines Vollzugsbediensteten statt. Die Beschäftigung auf dem Anstaltsgelände, bspw. im Garten oder Hof ist keine Außenbeschäftigung, anders bei außerhalb der Mauer gelegenem Anstaltsgelände.

• **Ausgang:** Der Gefangene darf zu einer bestimmten Tageszeit und für eine gewisse Dauer die Anstalt ohne Aufsicht eines Vollzugsbeamten verlassen. Ausgang wird zur Erledigung persönlicher Angelegenheiten und aus sonstigen Gründen der Behandlung, wie zB zur Teilnahme an religiösen Veranstaltungen (OLG Stuttgart NStZ 1990, 150), gewährt.

• **Freigang:** Der Gefangene ist regelmäßig außerhalb der Anstalt ohne Aufsicht eines Vollzugsbediensteten beschäftigt. Im Freigang ist auch ein freies Beschäftigungsverhältnis (§ 39), dh ein normales Ausbildungs- oder Arbeitsverhältnis in der freien Wirtschaft, möglich.

2   Andere Lockerungsarten sind möglich (Beispiele → Rn. 2.1).

Beispiele: Ausgang in Begleitung einer bestimmten Person, Außenbeschäftigung ohne Aufsicht, **2.1** Durchführung von Bildungs- und Freizeitveranstaltungen, Teilnahme an seelsorgerischen Veranstaltungen, Übernachtung außerhalb der Anstalt in Verbindung mit mehrtägigen Seminaren.

Vollzugslockerungen können nur im **Geltungsbereich** des StVollzG gewährt werden (Nr. 1 **3** VVStVollzG zu § 11).

B. Flucht- und Missbrauchsgefahr

Neben der Zustimmung des Gefangenen ist weiter erforderlich, dass nicht zu befürchten steht, **4** der Gefangene werde sich durch die Gewährung der Lockerungsmaßnahme dem Vollzug der Freiheitsstrafe entziehen oder die konkreten Lockerungsmaßnahmen zur Begehung neuer Straftaten missbrauchen (Flucht- und Missbrauchsgefahr, vgl. → § 10 Rn. 8; OLG Karlsruhe StV 2002, 34).

Die Fluchtgefahr kann nicht allein mit einem hohen Strafrest verbunden mit einer drohenden **5** Abschiebung begründet werden (OLG Frankfurt a. M. NStZ-RR 2000, 351).

Die Versagungsgründe der Flucht- und Missbrauchsgefahr sind **abschließend,** ausländische **6** Gefangene, denen ausländerrechtliche, aufenthaltsbeendende Maßnahmen drohen, sind deshalb nicht grundsätzlich von Vollzugslockerungen ausgeschlossen (BVerfG StV 2003, 677 mwN). Die Justizvollzugsanstalt muss ihre Auffassung der Gefahr der Flucht oder des Missbrauchs umfassend begründen und die tatsächlichen Grundlagen dieser Prognose vollständig und richtig angeben. Der bloße Hinweis, die zuständige Behörde prüfe den Erlass einer Ausweisungsverfügung und sei der Gewährung von Lockerungen entgegengetreten, ist nicht ausreichend (LG Ulm Beschl. v. 13.3.2019 – StVK 52/19; BVerfG BeckRS 2019, 30998).

Bei einem ausländischen Gefangenen muss Fluchtgefahr nicht zwingend die Gefahr einer Flucht **7** ins Ausland bedeuten (OLG Nürnberg BlStVKunde 2/1994, 2).

Die Strafhaft darf nicht zu **Abschiebehaft** umgestaltet werden (OLG Koblenz NStZ-RR 2008, **8** 180; OLG Stuttgart StraFo 2004, 326).

C. Verwaltungsvorschrift

Nach Nr. 6 Abs. 1 VVStVollzG zu § 11 sind Besonderheiten zu beachten. **9**

Nr. 6 VVStVollzG zu § 11 lautet in Auszügen: **9.1**
(1) Außenbeschäftigung, Freigang und Ausgang sind ausgeschlossen bei Gefangenen,
  a) […]
  b) gegen die Untersuchungs-, Auslieferungs- oder Abschiebungshaft angeordnet ist,
  c) gegen die eine vollziehbare Ausweisungsverfügung für den Geltungsbereich des Strafvollzugsgesetzes besteht und die aus der Haft abgeschoben werden sollen,
  d) […]
(2) ¹In den Fällen des Absatz 1 Buchstaben a, c und d sind Ausnahmen mit Zustimmung der Aufsichtsbehörde zulässig. […]. ³In den Fällen des Buchstaben c bedürfen Ausnahmen des Benehmens mit der zuständigen Ausländerbehörde.

Die in der Verwaltungsvorschrift genannten Umstände sind als **wichtige Hinweise** für eine **10** mögliche Flucht- oder Missbrauchsgefahr zu berücksichtigen, sie sind aber im Rahmen einer sorgfältigen **Einzelfallprüfung** gegen andere Gesichtspunkte abzuwiegen (Schwind/Böhm/ Jehle/Laubenthal, Strafvollzugsgesetze, 5. Aufl. 2009, Rn. 20).

Eine vollziehbare Ausweisungsverfügung bietet konkreten Anlass zu der Sorge, der Gefangene **11** werde ihm gewährte Lockerungen nutzen, um sich der weiteren Strafvollstreckung durch Flucht ins Ausland oder Untertauchen zu entziehen (OLG Schleswig BlStVKunde 6/1981, 7 Ls.), trotzdem muss sich die Anstalt bei der Versagung der begehrten Lockerungen aber mit der **konkreten** Lebenssituation des Gefangenen und seiner Angehörigen auseinandersetzen (OLG Frankfurt a. M. ZfStrVo 1983, 249; OLG Celle ZfStrVO 1984, 251; NStZ 2000, 615).

Die Vollzugsbehörde hat sich zwar mit der zuständigen Ausländerbehörde bezüglich der Gewäh **12** rung von Lockerungen ins Benehmen zu setzen, ist aber an deren Einschätzung **nicht gebunden** (OLG Frankfurt a. M. NStZ 1983, 93; OLG Hamm NStZ 1985, 382). Die nach Abs. 2 zu stellende Prognose hat allein die Justizvollzugsanstalt zu erstellen.

D. Arbeitserlaubnis

Die Vorschrift des § 5 ArGV, wonach eine Arbeitserlaubnis nur erteilt werden durfte, wenn **13** der Ausländer über eine gültige Aufenthaltsgestattung oder einen gültigen Aufenthaltstitel verfügte, ist zum 30.6.2015 aufgehoben worden. Nach der Rechtsprechung des LAG Bln–Bbg (zitiert bei Zieger StV 1992, 41; 2002, 341) muss der Aufenthalt eines ausländischen Gefangenen bereits kraft Gesetzes als erlaubt angesehen werden, sodass der Aufnahme einer Arbeit im Rahmen von Vollzugslockerungen nichts im Wege stehen sollte. Daneben sieht auch die BeschV in § 32 BeschV die Zustimmung zur Ausübung einer Beschäftigung bei geduldeten Ausländern, oder Ausländern, deren Aufenthalt gestattet ist, vor.

Jugendgerichtsgesetz (JGG)

In der Fassung der Bekanntmachung vom 11. Dezember 1974

(BGBl. I S. 3427)

FNA 451-1

§ 3 Verantwortlichkeit

¹Ein Jugendlicher ist strafrechtlich verantwortlich, wenn er zur Zeit der Tat nach seiner sittlichen und geistigen Entwicklung reif genug ist, das Unrecht der Tat einzusehen und nach dieser Einsicht zu handeln. ²Zur Erziehung eines Jugendlichen, der mangels Reife strafrechtlich nicht verantwortlich ist, kann der Richter dieselben Maßnahmen anordnen wie das Familiengericht.

Überblick

Die Vorschrift definiert, wann ein Jugendlicher strafrechtlich verantwortlich ist und welche Rechtsfolgen eintreten, wenn die Verantwortlichkeit fehlt. Die Vorschrift ist auf Heranwachsende nicht anwendbar (Eisenberg JGG, 20. Aufl. 2018, Rn. 2).

A. Voraussetzungen

1   Voraussetzung für das Vorliegen der strafrechtlichen Verantwortlichkeit ist die Einsichts- und Steuerungsfähigkeit des Jugendlichen (bezüglich der Beurteilungskriterien vgl. Eisenberg JGG, 20. Aufl. 2018, Rn. 10 ff. mwN). Er muss eine geistige und sittliche Reife erreicht haben, wobei er sittliche Reife hat, wenn er Wertvorstellungen darüber entwickelt hat, wie er sich verhalten soll; geistige Reife hat er erlangt, wenn er fähig ist, etwas gedanklich zu verarbeiten und zu verstehen (OLG Hamm NStZ-RR 2007, 123).

2   In Bezug auf ausländische Mandanten ist insbesondere zu beachten, dass deren Herkunft aus einem anderen Kultursystem zu einer Normenunsicherheit führen kann. Hier ist eine besonders sorgfältige Prüfung der Verantwortlichkeit angezeigt (Eisenberg JGG, 20. Aufl. 2018, Rn. 30 mwN).

B. Zweifel

3   Bei Zweifeln an der Verantwortungsreife des Jugendlichen ist anzunehmen, dass diese nicht vorliegt (BGH BeckRS 2005, 02472).

§ 68 Notwendige Verteidigung

Ein Fall der notwendigen Verteidigung liegt vor, wenn

1. **im Verfahren gegen einen Erwachsenen ein Fall der notwendigen Verteidigung vorliegen würde,**
2. **den Erziehungsberechtigten und den gesetzlichen Vertretern ihre Rechte nach diesem Gesetz entzogen sind,**
3. **die Erziehungsberechtigten und die gesetzlichen Vertreter nach § 51 Abs. 2 von der Verhandlung ausgeschlossen worden sind und die Beeinträchtigung in der Wahrneh-**

mung ihrer Rechte durch eine nachträgliche Unterrichtung (§ 51 Abs. 4 Satz 2) oder die Anwesenheit einer anderen geeigneten volljährigen Person nicht hinreichend ausgeglichen werden kann,
4. zur Vorbereitung eines Gutachtens über den Entwicklungsstand des Beschuldigten (§ 73) seine Unterbringung in einer Anstalt in Frage kommt oder
5. die Verhängung einer Jugendstrafe, die Aussetzung der Verhängung einer Jugendstrafe oder die Anordnung der Unterbringung in einem psychiatrischen Krankenhaus oder in einer Entziehungsanstalt zu erwarten ist.

Überblick

Die Vorschrift regelt die Fälle notwendiger Verteidigung im Jugendstrafverfahren. Gegenüber dem allgemeinen Strafrecht (§ 140 StPO) erweitert die Vorschrift den Bereich der Pflichtverteidigung. In Bezug auf ausländische Beschuldigte ist insbesondere § 68 Nr. 1 (→ Rn. 1 ff.) von Bedeutung.

A. § 68 Nr. 1

Dem jungen Beschuldigten wird ein Verteidiger bestellt, auch im Verfahren gegen einen **Erwachsenen** ein Fall notwendiger Verteidigung vorliegen würde, was sich nach § 140 StPO bestimmt. Insbesondere die Generalklausel des **§ 140 Abs. 2 StPO** bietet eine Argumentationsgrundlage bei ausländischen Beschuldigten, wobei diese insgesamt großzügig und extensiv anzuwenden ist (OLG Schleswig StraFo 2009, 28; OLG Hamm StV 2008, 120; OLG Saarbrücken NStZ-RR 2007, 282; OLG Brandenburg NStZ 2002, 184; OLG Hamm StraFo 2002, 293; LG Bremen NJW 2003, 3646; Eisenberg JGG, 20. Aufl. 2018, Rn. 23). **1**

I. Schwere der Tat (§ 140 Abs. 2 StPO)

Insbesondere, wenn der Angeklagte mit **ausländerrechtlichen Folgen** der strafrechtlichen Verurteilung zu rechnen hat, ist die Mitwirkung eines Verteidigers geboten (→ StPO § 140 Rn. 11; BayObLG StV 1993, 180; LG Berlin StV 1994, 11; 2005; 15; LG Hannover StV 2002, 300; LG Heilbronn NStZ-RR 2002, 269; OLG Karlsruhe StraFo 2002, 193; AG Lüneburg StV 1992, 223; OLG Schleswig SchlHA 1996, 93; LG Stade StV 1998, 125). **2**

II. Schwierigkeit der Sach- und Rechtslage

Bei einem der deutschen Sprache nicht mächtigen Angeklagten ist eine Beiordnung erforderlich, wenn seine auf sprachlichen Defiziten beruhende **Behinderung der Verteidigungsmöglichkeit** auch durch die Hinzuziehung eines Dolmetschers nicht völlig ausgeglichen werden kann (OLG Frankfurt a. M. StV 2008, 509; LG Hamburg BeckRS 2010, 20477; für Beispielfälle vgl. → StPO § 140 Rn. 14). **3**

III. Unfähigkeit zur Selbstverteidigung

Die Beiordnung eines Verteidigers ist regelmäßig erforderlich, wenn bei einem ausländischen Beschuldigten ein durch mangelnde Sprachkenntnisse entstehendes Verteidigungsdefizit nicht durch die Heranziehung eines Dolmetschers ausgeglichen werden kann. **4**

Auch die **mangelnde soziale Integration** eines Ausländers kann die Notwendigkeit der Verteidigung begründen (OLG Düsseldorf NJW 1964, 877; OLG Hamburg NStZ 1984, 281; KG StV 1985, 449; BayObLG StV 1990, 103; OLG Celle StV 1991, 151). **5**

B. Verfahren gegen Heranwachsende

Im Verfahren gegen Heranwachsende gilt lediglich § 68 Nr. 1, Nr. 4 und Nr. 5, § 109 Abs. 1 S. 1. **6**

§ 105 Anwendung des Jugendstrafrechts auf Heranwachsende

(1) Begeht ein Heranwachsender eine Verfehlung, die nach den allgemeinen Vorschriften mit Strafe bedroht ist, so wendet der Richter die für einen Jugendlichen geltenden Vorschriften der §§ 4 bis 8, 9 Nr. 1, §§ 10, 11 und 13 bis 32 entsprechend an, wenn

1. die Gesamtwürdigung der Persönlichkeit des Täters bei Berücksichtigung auch der Umweltbedingungen ergibt, daß er zur Zeit der Tat nach seiner sittlichen und geistigen Entwicklung noch einem Jugendlichen gleichstand, oder
2. es sich nach der Art, den Umständen oder den Beweggründen der Tat um eine Jugendverfehlung handelt.

(2) § 31 Abs. 2 Satz 1, Abs. 3 ist auch dann anzuwenden, wenn der Heranwachsende wegen eines Teils der Straftaten bereits rechtskräftig nach allgemeinem Strafrecht verurteilt worden ist.

(3) ¹Das Höchstmaß der Jugendstrafe für Heranwachsende beträgt zehn Jahre. ²Handelt es sich bei der Tat um Mord und reicht das Höchstmaß nach Satz 1 wegen der besonderen Schwere der Schuld nicht aus, so ist das Höchstmaß 15 Jahre.

Überblick

§ 105 regelt, unter welchen Voraussetzungen auf einen Heranwachsenden Vorschriften des JGG anwendbar sind. Das ist der Fall bei einer Jugendverfehlung (Abs. 1 Nr. 2, → Rn. 1 ff.) oder einem Reiferückstand (Abs. 1 Nr. 1, → Rn. 5 ff.).

A. Jugendverfehlung (§ 105 Abs. 1 Nr. 2)

1   In dieser Fallgruppe erfasst sind Straftaten, die schon nach ihrem **äußeren Erscheinungsbild** Merkmale jugendlicher Unreife zeigen, wobei kennzeichnend auch allein die Beweggründe oder der Anlass der Tat sein können.

2   Liegt eine Jugendverfehlung vor, ist auf einen Heranwachsenden immer Jugendstrafrecht anzuwenden.

3   Der BGH (BGHSt 8, 90 = BeckRS 9998, 121670; Herlan GA 1965, 347; BGH StV 1987, 307; BayObLG StV 1981, 527; OLG Zweibrücken NStZ 1987, 89) hat die folgenden **charakteristischen Begriffe** geprägt:
- Entgleisung,
- Mangelndes Widerstandsvermögen,
- Herdentrieb,
- Falsch verstandene Freundschaft,
- Abenteuerlust,
- Geltungsbedürfnis,
- Konfliktunfähigkeit,
- Unüberlegtheit,
- Soziale Unreife,
- Gruppendelinquenz,
- Fehlende Selbstbeherrschung.

4   Kann nicht mit Sicherheit festgestellt werden, ob es sich um eine Jugendverfehlung handelt, ist Jugendstrafrecht anzuwenden (BGHSt 12, 116 (118) = BeckRS 9998, 117756; Böhm NStZ 1983, 451).

B. Reiferückstand (§ 105 Abs. 1 Nr. 1)

5   Nach der Rechtsprechung steht der Heranwachsende einem Jugendlichen gleich, wenn er noch ungefestigt ist und **Entwicklungskräfte** noch in größerem Umfang wirksam sind (BGHSt 12, 116 (118) = BeckRS 9998, 117756; BGHSt 36, 37 = BeckRS 9998, 169035; BGH StV 1994, 607; Walter/Pieplow NStZ 1989, 576). Ausreichend ist eine Retardierung entweder in Bezug auf die geistige oder die körperliche Entwicklung (BGH NJW 1965, 1408).

6   Insbesondere **Sozialisierungsdefizite** können im Hinblick auf junge Ausländer eine Anwendung des Jugendstrafrechts im Gegensatz zum allgemeinen Strafrecht erforderlich machen (Zieger, Verteidigung in Jugendstrafsachen, 5. Aufl. 2008, Rn. 100).

7   Gerade junge Ausländer müssen mit der konflikträchtigen Situation zwischen unterschiedlichen identitätsstiftenden Kulturen umgehen (Eisenberg JGG, 20. Aufl. 2018, Rn. 22). Einerseits sind sie den traditionellen Werten und Erwartungen der Familie verpflichtet, anderseits erwartet die deutsche Gesellschaft eine Anpassung an hier geltende Regeln und Wertvorstellungen. Erschwert wird die Integration durch häufig mangelhafte Sprachkenntnisse und die fehlende Schul- und / oder Berufsausbildung.

Die Lebensumstände vieler junger Ausländer lassen eine **strukturelle Häufung** der Umstände **8** erkennen, die erfahrungsgemäß dazu führen, dass junge Menschen zu Straftätern werden (Ziegler, Verteidigung von Ausländern, 5. Aufl. 2008, Rn. 19; vgl. Eisenberg JGG, 20. Aufl. 2018, § 3 Rn. 30; Focken StV 1982, 318):

- Verfügbarkeit nur eines Elternteils in der Bundesrepublik Deutschland,
- oft späte Übersiedelung aus dem Ausland in die Bundesrepublik Deutschland,
- beengte Wohnverhältnisse gemeinsam mit vielen Familienangehörigen,
- voll berufstätige Eltern, die zur Erziehung nicht zur Verfügung stehen,
- wirtschaftliche Notsituation,
- Verantwortlichkeit der älteren Geschwister und damit oft einhergehende Überforderung,
- Überforderung der Eltern mit den sozialen Anforderungen der deutschen Gesellschaft,
- schlechte rechtliche Rahmenbedingung, insbesondere bei Asylbewerbern ohne Arbeitserlaubnis,
- Identitätskonflikte.

Zu beachten ist insbesondere, dass allein die selbstständige Einreise, möglicherweise nach einer **9** Flucht aus dem Heimatland, nicht die Reife des jungen Erwachsenen begründen kann (BGH BeckRS 1990, 310850200; OLG Bremen StV 1993, 536; OLG Hamm StV 2005, 71; Eisenberg JGG, 20. Aufl. 2018, Rn. 22 mwN).

Bei schweren Delikten und komplizierten lebensgeschichtlichen Sachverhalten ist die Hinzuzie- **10** hung eines Jugendpsychologen als Sachverständigen sinnvoll (BGH NStZ 1984, 407; Böhm NStZ 1991, 524).

Vertriebenenrecht

Grundgesetz für die Bundesrepublik Deutschland

Vom 23. Mai 1949

(BGBl. I S. 1)

BGBl. III/FNA 100-1

– in Auszügen kommentiert –

Art. 116 [Deutsche Staatsangehörigkeit]

(1) Deutscher im Sinne dieses Grundgesetzes ist vorbehaltlich anderweitiger gesetzlicher Regelung, wer die deutsche Staatsangehörigkeit besitzt oder als Flüchtling oder Vertriebener deutscher Volkszugehörigkeit oder als dessen Ehegatte oder Abkömmling in dem Gebiete des Deutschen Reiches nach dem Stande vom 31. Dezember 1937 Aufnahme gefunden hat.

(2) [1]Frühere deutsche Staatsangehörige, denen zwischen dem 30. Januar 1933 und dem 8. Mai 1945 die Staatsangehörigkeit aus politischen, rassischen oder religiösen Gründen entzogen worden ist, und ihre Abkömmlinge sind auf Antrag wieder einzubürgern. [2]Sie gelten als nicht ausgebürgert, sofern sie nach dem 8. Mai 1945 ihren Wohnsitz in Deutschland genommen haben und nicht einen entgegengesetzten Willen zum Ausdruck gebracht haben.

1   Art. 116 unterscheidet zwischen deutschen Staatsangehörigen und sog. Statusdeutschen.

2   Der Rechtsbegriff des Deutschen umfasst neben den Personen, die die deutsche Staatsangehörigkeit besitzen, die sog. Statusdeutschen. Deutsche Staatsangehörigkeit und Statusdeutscheneigenschaft schließen sich also gegenseitig aus.

3   Statusdeutsche sind Flüchtlinge und Vertriebene deutscher Volkszugehörigkeit oder dessen Ehegatte oder Abkömmling, die in den Grenzen des Deutschen Reiches nach dem Gebietsstand v. 31.12.1937 Aufnahme gefunden haben.

4   Wer Flüchtling oder Vertriebener ist, definiert das GG nicht. Der verfassungsrechtliche Flüchtlings- und Vertriebenenbegriff iSd Art. 116 Abs. 1 GG wird gesetzlich durch das BVFG (Bundesvertriebenengesetz v. 10.8.2007, BGBl. I 1902) konkretisiert. Bei der vertriebenenrechtlichen Konkretisierung lehnt sich der Gesetzgeber dabei an die verfassungsrechtlich verwendete Formulierung an, allerdings sind die einfachgesetzlichen Formulierungen durch Änderungen des Bundesvertriebenengesetzes vielfach modifiziert worden. Besonders weitreichend war die Einführung des (Spät-) Aussiedlerbegriffs und die Klarstellung, wonach auch der Spätaussiedler Statusdeutscher iSd Art. 116 Abs. 1 ist.

5   Maßgeblich für den Vertriebenenbegriff ist § 1 BVFG. In dieser Bestimmung umfasst § 1 Abs. 1 BVFG den Kernbestand des personellen Schutzbereichs von Art. 116 Abs. 1, der jedoch nicht abschließend ist.

Gesetz über die Angelegenheiten der Vertriebenen und Flüchtlinge (Bundesvertriebenengesetz – BVFG)

In der Fassung der Bekanntmachung vom 10. August 2007

(BGBl. I S. 1902)

FNA 240-1

Erster Abschnitt. Allgemeine Bestimmungen

§ 1 Vertriebener

(1) [1]Vertriebener ist, wer als deutscher Staatsangehöriger oder deutscher Volkszugehöriger seinen Wohnsitz in den ehemals unter fremder Verwaltung stehenden deutschen Ostgebieten oder in den Gebieten außerhalb der Grenzen des Deutschen Reiches nach dem Gebietsstande vom 31. Dezember 1937 hatte und diesen im Zusammenhang mit den Ereignissen des zweiten Weltkrieges infolge Vertreibung, insbesondere durch Ausweisung oder Flucht, verloren hat. [2]Bei mehrfachem Wohnsitz muss derjenige Wohnsitz verloren gegangen sein, der für die persönlichen Lebensverhältnisse des Betroffenen bestimmend war. [3]Als bestimmender Wohnsitz im Sinne des Satzes 2 ist insbesondere der Wohnsitz anzusehen, an welchem die Familienangehörigen gewohnt haben.

(2) Vertriebener ist auch, wer als deutscher Staatsangehöriger oder deutscher Volkszugehöriger
1. nach dem 30. Januar 1933 die in Absatz 1 genannten Gebiete verlassen und seinen Wohnsitz außerhalb des Deutschen Reiches genommen hat, weil aus Gründen politischer Gegnerschaft gegen den Nationalsozialismus oder aus Gründen der Rasse, des Glaubens oder der Weltanschauung nationalsozialistische Gewaltmaßnahmen gegen ihn verübt worden sind oder ihm drohten,
2. auf Grund der während des zweiten Weltkrieges geschlossenen zwischenstaatlichen Verträge aus außer deutschen Gebieten oder während des gleichen Zeitraumes auf Grund von Maßnahmen deutscher Dienststellen aus den von der deutschen Wehrmacht besetzten Gebieten umgesiedelt worden ist (Umsiedler),
3. nach Abschluss der allgemeinen Vertreibungsmaßnahmen vor dem 1. Juli 1990 oder danach im Wege des Aufnahmeverfahrens vor dem 1. Januar 1993 die ehemals unter fremder Verwaltung stehenden deutschen Ostgebiete, Danzig, Estland, Lettland, Litauen, die ehemalige Sowjetunion, Polen, die Tschechoslowakei, Ungarn, Rumänien, Bulgarien, Jugoslawien, Albanien oder China verlassen hat oder verlässt, es sei denn, dass er, ohne aus diesen Gebieten vertrieben und bis zum 31. März 1952 dorthin zurückgekehrt zu sein, nach dem 8. Mai 1945 einen Wohnsitz in diesen Gebieten begründet hat (Aussiedler),
4. ohne einen Wohnsitz gehabt zu haben, sein Gewerbe oder seinen Beruf ständig in den in Absatz 1 genannten Gebieten ausgeübt hat und diese Tätigkeit infolge Vertreibung aufgeben musste,
5. seinen Wohnsitz in den in Absatz 1 genannten Gebieten gemäß § 10 des Bürgerlichen Gesetzbuchs durch Eheschließung verloren, aber seinen ständigen Aufenthalt dort beibehalten hatte und diesen infolge Vertreibung aufgeben musste,
6. in den in Absatz 1 genannten Gebieten als Kind einer unter Nummer 5 fallenden Ehefrau gemäß § 11 des Bürgerlichen Gesetzbuchs keinen Wohnsitz, aber einen ständigen Aufenthalt hatte und diesen infolge Vertreibung aufgeben musste.

(3) Als Vertriebener gilt auch, wer, ohne selbst deutscher Staatsangehöriger oder deutscher Volkszugehöriger zu sein, als Ehegatte eines Vertriebenen seinen Wohnsitz oder in den Fällen des Absatzes 2 Nr. 5 als Ehegatte eines deutschen Staatsangehörigen oder deutschen Volkszugehörigen den ständigen Aufenthalt in den in Absatz 1 genannten Gebieten verloren hat.

(4) Wer infolge von Kriegseinwirkungen Aufenthalt in den in Absatz 1 genannten Gebieten genommen hat, ist jedoch nur dann Vertriebener, wenn es aus den Umständen hervorgeht, dass er sich auch nach dem Kriege in diesen Gebieten ständig niederlassen wollte oder wenn er diese Gebiete nach dem 31. Dezember 1989 verlassen hat.

Überblick

Die Vorschrift definiert, wer Vertriebener ist. Abs. 1 (→ Rn. 4) bildet die Ausgangsnorm, wonach die Vertriebeneneigenschaft durch Deutschtum und Wohnsitzverlust vermittelt wird. Abs. 2 (→ Rn. 5) regelt besondere kriegs(folgen)bedingte Vertreibungstatbestände wie politische Emigration, Umsiedelung oder Aussiedelung. Abs. 3 (→ Rn. 6) erweitert den Vertriebenenbegriff auf Ehegatten.

A. Allgemeines

1   Die praktische Relevanz der Norm ist gering.
2   Die Vorschrift ist auf Personen, die erstmals nach dem 31.12.1992 die Aussiedlungsgebiete verlassen haben, nicht anwendbar (vgl. Nr. 1 BVFG-VwV zu §§ 1–3).
3   Altfälle von § 1 regelt § 100.

B. Abs. 1

4   Der Abs. 1 definiert den Begriff des Vertriebenen als einen deutschen Staatsangehörigen oder deutschen Volkszugehörigen, der seinen Wohnsitz in den ehemals unter fremder Verwaltung stehenden deutschen Ostgebieten oder in den Gebieten außerhalb der Grenzen des Deutschen Reiches nach dem Gebietsstande v. 31.12.1939 hatte und diesen im Zusammenhang mit den Ereignissen des Zweiten Weltkrieges vertreibungsbedingt verloren hat.

C. Abs. 2

5   Der Abs. 2 regelt besondere Vertreibungstatbestände, die sich aus der Lektüre des Gesetzeswortlauts zweifelsfrei ergeben.

D. Abs. 3

6   Abs. 3 erweitert den Vertriebenenbegriff auf Ehegatten.

§ 2 Heimatvertriebener

(1) Heimatvertriebener ist ein Vertriebener, der am 31. Dezember 1937 oder bereits einmal vorher seinen Wohnsitz in dem Gebiet desjenigen Staates hatte, aus dem er vertrieben worden ist (Vertreibungsgebiet), und dieses Gebiet vor dem 1. Januar 1993 verlassen hat; die Gesamtheit der in § 1 Abs. 1 genannten Gebiete, die am 1. Januar 1914 zum Deutschen Reich oder zur Österreichisch-Ungarischen Monarchie oder zu einem späteren Zeitpunkt zu Polen, zu Estland, zu Lettland oder zu Litauen gehört haben, gilt als einheitliches Vertreibungsgebiet.

(2) Als Heimatvertriebener gilt auch ein vertriebener Ehegatte oder Abkömmling, der die Vertreibungsgebiete vor dem 1. Januar 1993 verlassen hat, wenn der andere Ehegatte oder bei Abkömmlingen ein Elternteil am 31. Dezember 1937 oder bereits einmal vorher seinen Wohnsitz im Vertreibungsgebiet (Absatz 1) gehabt hat.

1   Die Norm regelt den vertriebenenrechtlichen Begriff des Heimatvertriebenen.
2   Die praktische Relevanz der Norm ist gering.
3   Die Vorschrift ist auf Personen, die erstmals nach dem 31.12.1992 die Aussiedlungsgebiete verlassen haben, nicht anwendbar (vgl. Nr. 1 BVFG-VwV zu §§ 1–3).
4   Altfälle von § 2 regelt § 100.

§ 3 Sowjetzonenflüchtling

(1) [1]Sowjetzonenflüchtling ist ein deutscher Staatsangehöriger oder deutscher Volkszugehöriger, der seinen Wohnsitz in der sowjetischen Besatzungszone oder im sowjetisch besetzten Sektor von Berlin hat oder gehabt hat und von dort vor dem 1. Juli 1990 geflüchtet ist, um sich einer von ihm nicht zu vertretenden und durch die politischen Verhältnisse bedingten besonderen Zwangslage zu entziehen. [2]Eine besondere Zwangslage ist vor allem dann gegeben, wenn eine unmittelbare Gefahr für Leib und Leben oder die persönliche Freiheit vorgelegen hat. [3]Eine besondere Zwangslage ist auch bei einem schweren Gewissenskonflikt gegeben. [4]Wirtschaftliche Gründe sind als besondere Zwangslage anzuerkennen, wenn die Existenzgrundlage zerstört oder entscheidend beeinträchtigt worden ist oder wenn die Zerstörung oder entscheidende Beeinträchtigung nahe bevorstand.

(2) Von der Anerkennung als Sowjetzonenflüchtling ist ausgeschlossen,
1. wer dem in der sowjetischen Besatzungszone und im sowjetisch besetzten Sektor von Berlin herrschenden System erheblich Vorschub geleistet hat,
2. wer während der Herrschaft des Nationalsozialismus oder in der sowjetischen Besatzungszone oder im sowjetisch besetzten Sektor von Berlin durch sein Verhalten gegen die Grundsätze der Menschlichkeit oder Rechtsstaatlichkeit verstoßen hat,
3. wer die freiheitliche demokratische Grundordnung der Bundesrepublik Deutschland einschließlich des Landes Berlin bekämpft hat.

(3) § 1 Abs. 1 Satz 2 und 3, Abs. 2 Nr. 4 bis 6, Abs. 3 und 4 ist sinngemäß anzuwenden.

Die Norm regelt den vertriebenenrechtlichen Begriff des Sowjetzonenflüchtlings.	1
Die praktische Relevanz der Norm ist gering.	2
Die Vorschrift ist auf Personen, die erstmals nach dem 31.12.1992 die Aussiedlungsgebiete verlassen haben, nicht anwendbar (vgl. Nr. 1 BVFG-VwV zu §§ 1–3).	3
Altfälle von § 3 regelt § 100.	4

§ 4 Spätaussiedler

(1) Spätaussiedler ist in der Regel ein deutscher Volkszugehöriger, der die Republiken der ehemaligen Sowjetunion nach dem 31. Dezember 1992 im Wege des Aufnahmeverfahrens verlassen und innerhalb von sechs Monaten im Geltungsbereich des Gesetzes seinen ständigen Aufenthalt genommen hat, wenn er zuvor
1. seit dem 8. Mai 1945 oder
2. nach seiner Vertreibung oder der Vertreibung eines Elternteils seit dem 31. März 1952 oder
3. seit seiner Geburt, wenn er vor dem 1. Januar 1993 geboren ist und von einer Person abstammt, die die Stichtagsvoraussetzung des 8. Mai 1945 nach Nummer 1 oder des 31. März 1952 nach Nummer 2 erfüllt, es sei denn, dass Eltern oder Voreltern ihren Wohnsitz erst nach dem 31. März 1952 in die Aussiedlungsgebiete verlegt haben, seinen Wohnsitz in den Aussiedlungsgebieten hatte.

(2) Spätaussiedler ist auch ein deutscher Volkszugehöriger aus den Aussiedlungsgebieten des § 1 Abs. 2 Nr. 3 außer den in Absatz 1 genannten Staaten, der die übrigen Voraussetzungen des Absatzes 1 erfüllt und glaubhaft macht, dass er am 31. Dezember 1992 oder danach Benachteiligungen oder Nachwirkungen früherer Benachteiligungen auf Grund deutscher Volkszugehörigkeit unterlag.

(3) [1]Der Spätaussiedler ist Deutscher im Sinne des Artikels 116 Abs. 1 des Grundgesetzes. [2]Ehegatten oder Abkömmlinge von Spätaussiedlern, die nach § 27 Abs. 1 Satz 2 in den Aufnahmebescheid einbezogen worden sind, erwerben, sofern die Einbeziehung nicht unwirksam geworden ist, diese Rechtsstellung mit ihrer Aufnahme im Geltungsbereich des Gesetzes.

Überblick

Die Norm definiert den zentralen kriegsfolgenrechtlichen Begriff des Spätaussiedlers.

Übersicht

A. Allgemeines

1 Der neue **Rechtsstatus** des Spätaussiedlers wurde durch das am 1.1.1993 in Kraft getretene KfbG (Kriegsfolgenbereinigungsgesetz v. 21.12.1992, BGBl. I 2094) geschaffen. Personen, die die Aussiedlungsgebiete vor dem 1.1.1993 verlassen haben, sind entweder Vertriebene oder Aussiedler nach Maßgabe des § 100, nicht jedoch Spätaussiedler.

2 Die **Voraussetzungen** zum Erwerb des Spätaussiedlers unterscheiden sich im Hinblick auf die Herkunft des Spätaussiedlers: Abs. 1 gilt für Spätaussiedler aus den Republiken der ehemaligen Sowjetunion (sog. Russlanddeutsche oder Deutsche aus Russland). Abs. 2 gilt für alle sonstigen Spätaussiedler, also insbesondere für Personen aus den baltischen Staaten Estland, Lettland, Litauen, aber auch für Personen aus den ehemals unter fremder Verwaltung stehenden deutschen Ostgebieten, Danzig, Polen, Ungarn, Rumänien, Bulgarien, Jugoslawien, Albanien, China und der Tschechoslowakei.

3 Spätaussiedler nach Abs. 1 werden insoweit **privilegiert,** als dass ein sog. Kriegsfolgenschicksal vermutet wird. Anders als für die Russlanddeutschen nach Abs. 1 haben Spätaussiedlerbewerber aus allen übrigen Herkunftsländern ein entsprechendes Kriegsfolgenschicksal glaubhaft zu machen.

B. Voraussetzungen für Spätaussiedler aus den Republiken der ehemaligen Sowjetunion (Abs. 1)

4 Für alle Spätaussiedlerbewerber gelten zunächst die folgenden Voraussetzungen:

I. Deutsche Volkszugehörigkeit

5 Der Spätaussiedler muss **deutscher Volkszugehöriger** sein. Wer deutscher Volkszugehöriger ist, bestimmt § 6.

II. Geburt vor dem Stichtag 1.1.1993

6 Der Spätaussiedler muss vor dem **Stichtag** 1.1.1993 geboren worden sein. Wer also nach dem 1.1.1993 geboren ist, kann nicht mehr Spätaussiedler sein.

III. Verlassen des Aussiedlungsgebiets im Wege des Aufnahmeverfahrens

7 Der Spätaussiedler muss das Aussiedlungsgebiet **im Wege des Aufnahmeverfahrens** verlassen haben. Diese Voraussetzung verlangt, dass vor dem Verlassen des Aussiedlungsgebietes
- ein Aufnahmebescheid (§ 27 Abs. 1 S. 1) oder ein noch wirksamer Einbeziehungsbescheid (§ 27 Abs. 1 S. 2–6)
- oder vor dem 1.7.1990 eine Übernahmegenehmigung des Bundesverwaltungsamtes (§ 100 Abs. 4)
- oder nach dem Verlassen der Aussiedlungsgebiete ein Aufnahme- oder Einbeziehungsbescheid nach § 27 Abs. 2

erteilt wurde.

8 Das Verlassen des Aussiedlungsgebietes setzt voraus, dass der **Wohnsitz** iSd §§ 7–11 BGB aufgegeben wird. Dazu ist zum einen der Wille zur Aufgabe des Wohnsitzes erforderlich, der auch während eines zunächst nur vorübergehend geplanten Entfernens aus den Aussiedlungsgebieten gebildet werden kann (vgl. Nr. 1.5 BVFG-VwV zu § 4). Zudem ist eine tatsächliche Verwirklichung der Wohnsitzaufgabe erforderlich (vgl. auch BVerwG BeckRS 9998, 171326).

Eine Ausreise aus **vertreibungsfremden Motiven** (zB für eine Au-Pair-Tätigkeit, zum Studium) erfolgt nicht „im Wege des Aufnahmeverfahrens". Insoweit entfällt der aus der kriegsfolgenrechtlichen Perspektive zwingend erforderliche und regelmäßig unterstellte Vertreibungsdruck. **9**

IV. Ständige Aufenthaltnahme im Geltungsbereich des Gesetzes

Der Spätaussiedler muss im Geltungsbereich des Gesetzes seinen **ständigen Aufenthalt** genommen haben. Ein bloß vorübergehender Aufenthalt reicht nicht aus. Der ständige Aufenthalt muss gewollt sein. Dabei indiziert die Aufnahme des Spätaussiedlers in eine Erstaufnahmeeinrichtung des Bundes zum Zwecke der Registrierung und Verteilung auf die Bundesländer einen entsprechenden Willen zum ständigen Aufenthalt. Kehrt der Spätaussiedler alsbald zurück oder reist er in ein Drittland weiter, ist der Wille zum ständigen Aufenthalt zweifelhaft. **10**

V. Aufenthaltnahme innerhalb von sechs Monaten nach Verlassen des Aussiedlungsgebiets

Die Aufenthaltnahme muss innerhalb von sechs Monaten nach dem Verlassen des Aussiedlungsgebietes erfolgen. **11**

VI. Stichtagsvoraussetzungen des § 4 Abs. 1 Nr. 1–3

Der Spätaussiedler muss eine der in § 4 Abs. 1 Nr. 1–3 genannten **Stichtagsvoraussetzungen** zum Wohnsitz im Aussiedlungsgebiet erfüllen. Es gibt drei Fallgruppen: **12**

1. Erste Fallgruppe (Nr. 1)

Der Wohnsitz im Aussiedlungsgebiet muss am 8.5.1945, dem Tag des Inkrafttretens der Kapitulation des Deutschen Reichs, bestanden haben und bis zum Verlassen nach dem 31.12.1992 ununterbrochen beibehalten worden sein. Ein nur vorübergehender Aufenthalt außerhalb der Aussiedlungsgebiete ist rechtlich bedeutungslos (vgl. Nr. 1.7.1 BVFG-VwV zu § 4). **13**

2. Zweite Fallgruppe (Nr. 2)

Soweit der Wohnsitz im Aussiedlungsgebiet infolge Vertreibung iSv § 1 aufgegeben wurde, muss bis zum 31.3.1952 wieder ein Wohnsitz im Aussiedlungsgebiet begründet und seitdem ununterbrochen beibehalten worden sein. Ein vorübergehender Aufenthalt außerhalb des Aussiedlungsgebietes schadet nicht. **14**

Ein Abkömmling, der nach der Vertreibung der Eltern vor dem 1.4.1952 geboren wurde, erfüllt auch dann die Stichtagsvoraussetzung, wenn die Eltern oder der Elternteil nicht zurückgekehrt sind (vgl. Nr. 1.7.2 BVFG-VwV zu § 4). **15**

3. Dritte Fallgruppe (Nr. 3)

Personen, die nach dem 8.5.1945 und vor dem 1.1.1993 im Aussiedlungsgebiet geboren wurden, erfüllen die Stichtagsvoraussetzung, wenn sie von einer Person abstammen, die die Stichtagsvoraussetzung des § 4 Abs. 1 Nr. 1 oder Nr. 2 erfüllt. Dies gilt nicht, wenn Eltern oder Voreltern – oder ein Eltern- bzw. Vorelternteil – ihren Wohnsitz nach dem 31.3.1952 in die Aussiedlungsgebiete verlegt haben (vgl. Nr. 1.7.3 BVFG-VwV zu § 4). **16**

C. Spätaussiedler aus allen übrigen Aussiedlungsgebieten (Abs. 2)

Neben den Voraussetzungen aus Abs. 1 müssen Spätaussieder aus den übrigen Aussiedlungsgebieten glaubhaft machen, dass sie am 31.12.1992 oder danach Benachteiligungen oder Nachwirkungen früherer Benachteiligungen aufgrund deutscher Volkszugehörigkeit unterlagen. **17**

Die Zahl der Spätaussiedler nach Abs. 2 ist verschwindend, sodass die praktische Relevanz der Norm gering ist. **17.1**

Benachteiligungen meinen konkrete Nachteile, die der Antragsteller in eigener Person wegen seiner deutschen Volkszugehörigkeit erlitten hat. Nicht ausreichend sind lediglich geringfügige **18**

Schwierigkeiten, Unannehmlichkeiten oder Belästigungen. Vielmehr müssen die Benachteiligungen, die in allen Lebensbereichen zugefügt worden sein können, ein hinreichendes Gewicht besitzen und sich im Leben des Antragstellers ausgewirkt haben. Ob eine Benachteiligung vorliegt, ist unter Berücksichtigung der konkreten Umstände im Rahmen einer Einzelfallprüfung festzustellen (vgl. BVerwG BeckRS 9998, 171311).

19   Als Benachteiligung können bspw. angeführt werden: Schulische, universitäre oder berufliche Herabsetzung; Beschränkungen der christlichen Religionsausübung, soweit diese für die deutsche Volkszugehörigkeit prägend war; Militärdienst in besonderen Arbeitseinheiten (vgl. Nomos-BR/Herzog/Westphal BVFG Rn. 13). Nicht staatlich veranlasste Benachteiligungen fallen dann unter die Vorschrift, wenn gegen sie kein staatlicher Schutz gewährt wurde (vgl. BVerwG BeckRS 9998, 171311).

20   **Nachwirkungen von Benachteiligungen** sind belastende Folgen von Nachteilen, die dem Betroffenen selbst zugefügt worden sind und die in seiner Person fortwirken (vgl. BVerwG BeckRS 9998, 171311). Dazu können zählen bleibende gesundheitliche Schädigungen, soweit diese nicht ganz unerheblich sind (vgl. Nomos-BR/Herzog/Westphal BVFG Rn. 14).

21   Benachteiligungen oder nachwirkende Benachteiligungen müssen **bis zum 31.12.1992 oder später** wirksam gewesen sein. Soweit sie bereits vor Inkrafttreten des Kriegsfolgenbereinigungsgesetzes nicht mehr gegeben waren, besteht kein Kriegsfolgenschicksal. Benachteiligungen oder deren Nachwirkungen, die erst nach dem Stichtag entfallen, sind rechtlich ohne Bedeutung.

22   Die Benachteiligung oder die Nachwirkungen von Benachteiligungen müssen nicht zur vollen **Überzeugung der Behörde** nachgewiesen werden; es reicht aus, dass der Nachteil glaubhaft gemacht wird, dh eine hinreichende Wahrscheinlichkeit besteht (vgl. BVerwG BeckRS 9998, 171311). Dabei dürfen auch solche Tatsachen als hinreichend wahrscheinlich angesehen werden, die vom Antragsteller nur vorgetragen worden sind, soweit der Tatsachenvortrag substantiiert und schlüssig ist; bloße pauschale Behauptungen reichen nicht aus (vgl. Nr. 2.4 BVFG-VwV zu § 4 mit Verweis auf BVerwG BeckRS 9998, 171311).

D. Statusdeutschen-Eigenschaft des Spätaussiedlers (Abs. 3)

23   Abs. 3 stellt klar, dass Spätaussiedler **Deutsche iSd Art. 116 Abs. 1 GG** sind. Die Eigenschaft als sog. Statusdeutscher gem. Art. 116 Abs. 1 GG wird bereits mit dem Eintreffen und der ständigen Aufenthaltnahme im Bundesgebiet erworben, sofern zu diesem Zeitpunkt aufgrund deutscher Volkszugehörigkeit eine Spätaussiedlereigenschaft bestand. Die Ausstellung einer Bescheinigung nach § 15 Abs. 1 stellt lediglich nachträglich den Spätaussiedlerstatus fest. Sie ist deklaratorisch, nicht konstitutiv.

24   Mit der Ausstellung der Bescheinigung nach § 15 Abs. 1 erwirbt der Spätaussiedler als Deutscher iSv Art. 116 Abs. 1 GG zugleich kraft Gesetzes die **deutsche Staatsangehörigkeit** (§ 7 StAG, vgl. dazu ausführlich BeckOK AuslR/Griesbeck StAG § 7 Rn. 1–6). Wird im Bescheinigungsverfahren nach § 15 Abs. 1 festgestellt, dass die gesetzlichen Voraussetzungen für den Erwerb des Spätaussiedlerstatus nicht vollständig erfüllt sind, wurde der Spätaussiedlerstatus zu keinem Zeitpunkt erworben.

25   Nach S. 2 erwerben auch **Ehegatten und Abkömmlinge** von Spätaussiedlern den Status als Deutscher iSd Art. 116 Abs. 1 GG, wenn sie nach § 27 Abs. 1 S. 2 in den Aufnahmebescheid einbezogen wurden und die Einbeziehung nicht unwirksam geworden ist. Diese Rechtsstellung entsteht frühestens in dem Zeitpunkt, in dem die Bezugsperson ihren Spätaussiedlerstatus gem. § 4 Abs. 1 und Abs. 2 erwirbt (vgl. BVerwG BeckRS 2001, 30193113).

26   Ehegatten und Abkömmlinge von Spätaussiedlern erwerben auch nach § 7 StAG die deutsche Staatsangehörigkeit.

27   Auch wenn die Ehegatten und Abkömmlinge des Spätaussiedlers mit dem Spätaussiedler im Hinblick auf den Deutschen-Status und den Staatsangehörigkeitserwerb gleichgestellt sind, so erwerben **nichtdeutsche Ehegatten und Abkömmlinge** nicht den Status eines Spätaussiedlers. Ehegatten und Abkömmlinge sind daher weder fremdrentenberechtigt noch nach §§ 13 und 14 leistungsberechtigt.

28   Die für Spätaussiedler geltende Stichtagsregelung zum Verlassen der Aussiedlungsgebiete nach dem 31.12.1992 gilt nicht für Ehegatten oder Abkömmlinge von Spätaussiedlern (vgl. BVerwG BeckRS 2004, 23229).

29   Es ist strittig und wohl eher zweifelhaft, ob der Spätaussiedler auch **Vertriebener** im verfassungsrechtlichen Sinne von Art. 116 Abs. 1 GG ist; die Frage ist jedoch akademischer Art und ohne praktische Auswirkung.

§ 5 Ausschluss

Die Rechtsstellung nach § 4 Abs. 1, 2 oder Abs. 3 Satz 2 erwirbt nicht, wer
a) in den Aussiedlungsgebieten der nationalsozialistischen oder einer anderen Gewaltherrschaft erheblich Vorschub geleistet hat,
b) in den Aussiedlungsgebieten durch sein Verhalten gegen die Grundsätze der Menschlichkeit oder Rechtsstaatlichkeit verstoßen hat,
c) in den Aussiedlungsgebieten in schwerwiegendem Maße seine Stellung zum eigenen Vorteil oder zum Nachteil anderer missbraucht hat,
d) eine rechtswidrige Tat begangen hat, die im Inland als Verbrechen im Sinne des § 12 Abs. 1 des Strafgesetzbuchs anzusehen wäre, es sei denn, die Tat wäre nach deutschem Recht verjährt oder eine Verurteilung deswegen nach dem Bundeszentralregistergesetz zu tilgen, oder
e) nach einer durch tatsächliche Anhaltspunkte gerechtfertigten Schlussfolgerung
    aa) einer Vereinigung angehört oder angehört hat, die den Terrorismus unterstützt, oder eine derartige Vereinigung unterstützt oder unterstützt hat,
    bb) bei der Verfolgung politischer Ziele sich an Gewalttätigkeiten beteiligt oder öffentlich zur Gewaltanwendung aufgerufen oder mit Gewaltanwendung gedroht hat oder
    cc) Bestrebungen verfolgt oder unterstützt oder verfolgt oder unterstützt hat, die gegen die freiheitliche demokratische Grundordnung, den Bestand oder die Sicherheit des Bundes oder eines Landes oder den Gedanken der Völkerverständigung gerichtet sind,

es sei denn, er macht glaubhaft, dass er sich von den früheren Handlungen abgewandt hat, oder
a) die Aussiedlungsgebiete wegen einer drohenden strafrechtlichen Verfolgung auf Grund eines kriminellen Delikts verlassen oder
b) in den Aussiedlungsgebieten eine Funktion ausgeübt hat, die für die Aufrechterhaltung des kommunistischen Herrschaftssystems gewöhnlich als bedeutsam galt oder auf Grund der Umstände des Einzelfalles war, oder
c) wer für mindestens drei Jahre mit dem Inhaber einer Funktion im Sinne von Buchstabe b in häuslicher Gemeinschaft gelebt hat.

Überblick

Die Norm regelt abschließend Ausschlussgründe zum Erwerb des Spätaussiedlerstatus, die entweder an die Unwürdigkeit des Bewerbers anknüpfen oder das aus vertriebenenrechtlicher Perspektive notwendige Kriegsfolgenschicksal nicht mehr als gegeben erscheinen lassen.

Übersicht

A. Allgemeines

Erfüllt eine Person den Ausschlusstatbestand, so erwirbt sie nicht den Spätaussiedlerstatus. **1**

Ein Ehegatte oder Abkömmling eines Spätaussiedlers, der den Ausschlusstatbestand erfüllt, **2** erwirbt nicht die Rechtsstellung als Deutscher iSv Art. 116 Abs. 1 GG.

Unabhängig vom Vorliegen der sonstigen Voraussetzungen können vertriebenenrechtliche Ver- **3** waltungsakte (Erteilung eines Aufnahmebescheids, Erteilung eines Einbeziehungsbescheides, Erteilung einer Bescheinigung nach § 15) allein wegen des Vorliegens eines Ausschlusstatbestandes abgelehnt werden.

B. Erläuterungen im Einzelnen

I. Vorschubleisten von Gewaltherrschaft (Nr. 1 lit. a)

4   Eine Person hat dann dem Nationalsozialismus oder einer anderen Gewaltherrschaft erheblich Vorschub geleistet, wenn derart persönliche Initiative und Tätigkeiten entfaltet wurden, die dazu bestimmt und geeignet waren, den Herrschaftsanspruch des jeweiligen totalitären Systems zu festigen oder Widerstände gegen dieses System zu unterdrücken. Dies liegt nicht bei Personen vor, die bloß in Ausübung eines herkömmlichen Berufs, der Lebens- oder Existenzgrundlage darstellt, das herrschende System unterstützt haben.

II. Verstoß gegen Grundsätze der Menschlichkeit (Nr. 1 lit. b)

5   Ein Verstoß gegen die Grundsätze der Menschlichkeit oder Rechtsstaatlichkeit setzt die Kenntnis und Billigung aller Tatumstände sowie das Bewusstsein des Betreffenden voraus, durch eigenes Verhalten gegen anerkannte Grundsätze der Menschlichkeit oder Rechtsstaatlichkeit in erheblicher Weise zu verstoßen (vgl. BVerwG BeckRS 2006, 23248). Den Tatbestand erfüllt unabhängig von der Schwere der Straftat nicht, wer ein der allgemeinen Kriminalität zuzuordnendes Delikt begangen hat (vgl. BVerwG BeckRS 2006, 23248). In solchen Fällen ist das Vorliegen eines Ausschlussgrundes nach Nr. 1 lit. d zu prüfen.

III. Missbrauch der eigenen Stellung (Nr. 1 lit. c)

6   Typische Fälle sind geheim- oder polizeidienstliche Tätigkeiten oder eine Tätigkeit als Spitzel.

IV. Rechtswidrige Tat, Terrorismus oder Extremismus (Nr. 1 lit. d, lit. e)

7   Zur Feststellung von Ausschlussgründen nach Nr. 1 lit. d und lit. e beteiligt das Bundesverwaltungsamt nach Maßgabe der §§ 28 und 29 Abs. 1a sowie der §§ 15 und 16 die dort genannten Behörden.

8   Eine rechtswidrige Tat iSv lit. d hat verwirklicht, soweit die vorwerfbare Straftat nach deutschem Strafrecht im Mindestmaß mit einer Freiheitsstrafe von einem Jahr oder darüber bedroht ist. Maßgeblich ist allein der abstrakte Strafrahmen des verwirklichten Straftatbestandes. Welches Strafmaß im konkreten Einzelfall zu verhängen wäre, bleibt außer Betracht. Eine Verurteilung ist nicht erforderlich. Auch kommt es nicht darauf an, ob die rechtswidrige Tat unter den Geltungsbereich des deutschen Strafrechts fällt und der Täter wegen dieser rechtswidrigen Tat auch nach deutschem Strafrecht in der Bundesrepublik Deutschland verurteilt werden könnte.

9   Ob die Tat rechtswidrig wäre, beurteilt sich nach deutschem Strafrecht. Es ist nicht erforderlich, dass die Tat auch nach deutschem Strafrecht als schuldhaft anzusehen wäre. Fragen der Schuldfähigkeit und mögliche Entschuldigungsgründe bleiben außer Betracht.

10   Der verwirklichte Sachverhalt begründet keinen Ausschlussgrund, wenn die Tat nach deutschem Recht verjährt oder eine auf ihr beruhende Verurteilung nach dem BZRG (Bundeszentralregistergesetz v. 21.9.1984, BGBl. I 1229) zu tilgen wäre.

11   Gründe, die trotz objektiven Vorliegens der Voraussetzungen hinsichtlich der Tatbestände der Nr. 1 lit. a–d, vorgetragen werden, um einen Ausschluss nach § 5 abzuwenden, sind nicht anerkannt. Das gilt namentlich für tätige Reue oder einen späteren Gesinnungswandel.

12   Für die in lit. e **lit. aa** genannten Voraussetzungen gilt, dass die Person einer Vereinigung angehört oder angehört hat, die den Terrorismus unterstützt. Für die Bestimmung des Begriffs der Vereinigung, die den Terrorismus unterstützt, sind die zu den §§ 129–129b StGB entwickelten Kriterien heranzuziehen. Es reicht auch aus, dass die Person, ohne der Vereinigung anzugehören, diese unterstützt oder unterstützt hat.

13   Lit. e **lit. bb** setzt die Verfolgung politischer Ziele voraus. Maßgeblich hierfür ist, dass deren Ziele auf die Erringung oder Bewahrung von Macht oder gestaltendem Einfluss in Staat oder Gesellschaft gerichtet sind.

14   Lit. e **lit. cc** setzt Bestrebungen voraus, die gegen die freiheitliche demokratische Grundordnung, den Bestand oder die Sicherheit des Bundes oder eines Landes oder den Gedanken der Völkerverständigung gerichtet sind; damit werden die in § 10 Abs. 1 Nr. 1 StAG geschützten Rechtsgüter aufgegriffen, ohne dass jedoch ein positives Bekenntnis zu den genannten Rechtsgütern vorausgesetzt wird. Der Begriff der Bestrebungen sowie die einzelnen Rechtsgüter sind in § 4 BVerfSchG definiert.

V. Drohende strafrechtliche Verfolgung (Nr. 2 lit. a)

Der Ausschlusstatbestand setzt die wegen eines kriminellen Delikts drohende Strafverfolgung **15** oder den deshalb drohenden Strafvollzug zum Zeitpunkt der Antragstellung voraus. Kriminelle Delikte in diesem Sinne sind Straftaten, die nach dem Recht des Herkunftsstaates oder des Tatorts strafrechtlich verfolgt werden und auch nach rechtsstaatlicher Auffassung strafwürdiges Unrecht darstellen. Das angedrohte Strafmaß darf nicht außer Verhältnis zur begangenen Tat stehen. Das Delikt ist dann nicht mehr zu berücksichtigen, wenn bereits im Herkunftsgebiet wegen dieses Delikts eine Strafe verbüßt wurde.

VI. Systemerhaltende Funktionswahrnehmung (Nr. 2 lit. b)

Der Ausschluss von der Rechtsstellung als Spätaussiedler wegen systemerhaltender Funktions- **16** wahrnehmung hat einige praktische Relevanz. Der Ausschlussgrund ist aus vertriebenenrechtlicher Perspektive von der Überzeugung geleitet, dass derjenige, der in den Aussiedlungsgebieten eine zur Aufrechterhaltung des kommunistischen Herrschaftssystems bedeutsame Funktion ausübte, keinen übersteigerten Vertreibungsdruck spürte und damit kein Kriegsfolgenschicksal aufweist. Sie waren vielmehr gerade durch ihre Funktion privilegiert und nicht den allgemeinen, gegen die deutsche Minderheit gerichteten Maßnahmen unterworfen.

Die Frage, ob eine Funktion systemerhaltend war, ist nach den im Aussiedlungsgebiet während **17** der Zeit des kommunistischen Herrschaftssystems herrschenden politischen und rechtlichen Auffassungen zu beantworten (vgl. BVerwG BeckRS 2001, 30171454).

Bei hauptamtlichen Parteifunktionären der KPdSU kann regelmäßig von einer systemerhalten- **18** den Funktion ausgegangen werden (vgl. BVerwG BeckRS 2001, 30171454). Dies gilt nicht für eine einfache Parteimitgliedschaft oder aus der Tatsache, dass eine Funktionsausübung in der Regel an die Parteimitgliedschaft gebunden war; in diesen Fällen darf nicht auf die Bedeutsamkeit der Funktion für die Aufrechterhaltung des kommunistischen Herrschaftssystems geschlossen werden (vgl. BVerwG BeckRS 2001, 30171454).

Für die Feststellung einer systemerhaltenden Funktion ist nicht auf die Einrichtung abzuheben, **19** in der eine Funktion ausgeübt wurde, sondern jeweils auf die konkrete Funktion. So sind Parteifunktionen zur Durchsetzung des Willens der Partei in staatlichen, wirtschaftlichen oder anderen Einrichtungen stets für die Aufrechterhaltung des kommunistischen Herrschaftssystems bedeutsam. Dies gilt grundsätzlich nicht für Funktionen, die auch in anderen, nichtkommunistischen Staats- und Gesellschaftsordnungen erforderlich sind und ausgeübt werden (zB Verfolgung nicht politischer Delikte), auch wenn die Partei auf sie Einfluss nehmen konnte (vgl. Nr. 3.2.1 BVFG-VwV zu § 5 mit Verweis auf BVerwG BeckRS 2001, 30171454). Unter Berücksichtigung der konkreten Funktion und des Einzelfalles kommt eine systemerhaltende Funktion insbesondere in Betracht bei Regierungsmitgliedern, Berufsfunktionären der kommunistischen Massenorganisationen, Berufsoffizieren der Streitkräfte oder der Miliz ab der Stellung eines Oberstleutnants, Richtern, Untersuchungsrichtern und Staatsanwälten, leitenden Mitarbeitern der Verwaltung und von größeren Wirtschaftsunternehmen, bei Angehörigen der Geheimdienste, Diplomaten, leitenden Gewerkschaftsfunktionären, leitenden Funktionären des Jugendverbandes („Komsomol") und leitenden Funktionären in Sportverbänden oder vergleichbaren Einrichtungen (vgl. Nr. 3.2.2 BVFG-VwV zu § 5).

Die Aufzählung ist nicht abschließend; auch andere Funktionen können im Einzelfall systemer- **20** haltend sein. Hinweise hierauf können sich insbesondere aus einer politischen Schulung und Aufsichtsfunktion ergeben (zB Politoffiziere der Streitkräfte).

Die Dauer der Funktionsausübung während des kommunistischen Herrschaftssystems ist recht- **21** lich unerheblich. Lediglich bei bloß vorübergehenden Funktionsausübungen kann unter Berücksichtigung des Gesetzeszwecks, wonach fehlender Vertreibungsdruck und Kriegsfolgenschicksal den Statuserwerb als Spätaussiedler ausschließt, im Einzelfall von der Nichtanwendung des Ausschlusstatbestands ausgegangen werden (vgl. BVerwG BeckRS 2001, 30171462). Auch ist es rechtlich unbedeutend, dass nach der Ausübung einer systemerhaltenden Funktion Benachteiligungen geltend gemacht werden, die ein Kriegsfolgenschicksal begründen könnten (vgl. BVerwG BeckRS 2001, 22143).

VII. Personen in häuslicher Gemeinschaft (Nr. 2 lit. c)

Die gesetzliche Vermutung des fehlenden Kriegsfolgenschicksals gilt für Personen, die mit **22** dem Funktionsträger während der Ausübung seiner Funktion mindestens drei Jahre in häuslicher Gemeinschaft gelebt haben, ohne dass es dabei auf eine besondere Begünstigung ankommt.

§ 6 Volkszugehörigkeit

(1) [1]**Deutscher Volkszugehöriger im Sinne dieses Gesetzes ist, wer sich in seiner Heimat zum deutschen Volkstum bekannt hat, sofern dieses Bekenntnis durch bestimmte Merkmale wie Abstammung, Sprache, Erziehung, Kultur bestätigt wird.**

(2) [1]**Wer nach dem 31. Dezember 1923 geboren worden ist, ist deutscher Volkszugehöriger, wenn er von einem deutschen Staatsangehörigen oder deutschen Volkszugehörigen abstammt und sich bis zum Verlassen der Aussiedlungsgebiete durch eine entsprechende Nationalitätenerklärung oder auf andere Weise zum deutschen Volkstum bekannt oder nach dem Recht des Herkunftsstaates zur deutschen Nationalität gehört hat.** [2]**Das Bekenntnis auf andere Weise kann insbesondere durch den Nachweis ausreichender deutscher Sprachkenntnisse entsprechend dem Niveau B 1 des Gemeinsamen Europäischen Referenzrahmens für Sprachen oder durch den Nachweis familiär vermittelter Deutschkenntnisse erbracht werden.** [3]**Das Bekenntnis zum deutschen Volkstum muss bestätigt werden durch den Nachweis der Fähigkeit, zum Zeitpunkt der verwaltungsbehördlichen Entscheidung über den Aufnahmeantrag, in Fällen des § 27 Absatz 1 Satz 2 im Zeitpunkt der Begründung des ständigen Aufenthalts im Geltungsbereich dieses Gesetzes, zumindest ein einfaches Gespräch auf Deutsch führen zu können, es sei denn, der Aufnahmebewerber kann diese Fähigkeit wegen einer körperlichen, geistigen oder seelischen Krankheit oder wegen einer Behinderung im Sinne des § 2 Absatz 1 Satz 1 des Neunten Buches Sozialgesetzbuch nicht besitzen.** [4]**Ein Bekenntnis zum deutschen Volkstum wird unterstellt, wenn es unterblieben ist, weil es mit Gefahr für Leib und Leben oder schwerwiegenden beruflichen oder wirtschaftlichen Nachteilen verbunden war, jedoch auf Grund der Gesamtumstände der Wille unzweifelhaft ist, der deutschen Volksgruppe und keiner anderen anzugehören.**

Überblick

Die Norm definiert den Rechtsbegriff der deutschen Volkszugehörigkeit und differenziert insoweit nach dem Geburtsstichtag. Für die vor dem 1.1.1924 Geborenen gilt Abs. 1 (→ Rn. 1 f.); für alle nach dem 31.12.1923, aber vor dem 1.1.1993 Geborenen gilt Abs. 2 (→ Rn. 3 ff.).

Übersicht

A. Vor 1924 Geborene (Abs. 1)

1   Für die vor 1924 Geborenen gilt, dass sie deutsche Volkszugehörige sind, wenn sie sich in ihrer Heimat zum deutschen Volkstum bekannt haben, soweit dieses Bekenntnis durch bestimmte Merkmale wie Abstammung, Sprache, Erziehung, Kultur bestätigt wird.

2   Die praktische Relevanz der Norm ist heute gering.

B. Ab 1924 Geborene (Abs. 2)

I. Voraussetzungen

3   Abs. 2 regelt die kumulativ zu erfüllenden Merkmale der deutschen Volkszugehörigkeit für alle nach dem 31.12.1923 Geborenen. Diese sind:
- die deutsche Abstammung und
- das Bekenntnis zum deutschen Volkstum im Aussiedlungsgebiet durch eine Nationalitätenerklärung

- oder die Zurechnung zur deutschen Nationalität nach dem Recht des Herkunftsstaates (sog. Bekenntnissurrogat)
- oder das Bekenntnis zum deutschen Volkstum „auf andere Weise" und
- die Bestätigung des Bekenntnisses oder des Bekenntnissurrogats durch die Fähigkeit, ein einfaches Gespräch in deutscher Sprache zum Zeitpunkt der verwaltungsbehördlichen Entscheidung über den Aufnahmeantrag führen zu können.

II. Abstammung

Abstammung im Sinne der Vorschrift meint die leibliche Abstammung. 4

Stief-, Adoptiv- oder Pflegekinder erfüllen nicht die Abstammungsvoraussetzung, da hier keine 5 biologische Herkunft gegeben ist. Das gilt auch für Fälle von Adoptionen von Minderjährigen.

Die Abstammung von einem deutschen Staatsangehörigen oder deutschen Volkszugehörigen 6 muss nicht notwendig eine direkte sein. Der Abstammungsbegriff ist generationenübergreifend gemeint. Demnach reicht es aus, dass die Großeltern deutsche Staatsangehörige oder deutsche Volkszugehörige waren (vgl. BVerwGE 130, 197 = BeckRS 2008, 33731). Ausreichend ist, dass zumindest ein Eltern- oder (Ur-)Großelternteil die deutsche Abstammung vermittelt. Diese Bezugsperson muss zum maßgeblichen Stichtag noch gelebt haben (BVerwG BeckRS 2019, 35668 = ZAR 2020, 297 mAnm Pfersich).

III. Bekenntnis

Das Bekenntnis zum deutschen Volkstum muss im Einzelfall **nachgewiesen** werden. So sind 7 Sammeleinbürgerungen nach § 1 Abs. 1 lit. d StAngRegG nur rechtswirksam, wenn der Eingebürgerte deutscher Volkszugehöriger im Sinne des heutigen § 6 Abs. 1 war (vgl. BVerwG BeckRS 9998, 170355). Bei Personen, die nach der Verordnung über die Deutsche Volksliste und die deutsche Staatsangehörigkeit in den eingegliederten Ostgebieten v. 4.3.1941 (RGBl. I 118) idF v. 31.1.1942 (RGBl. I 51) in Abteilung 3 der Deutschen Volksliste eingetragen waren, kann nicht generell davon ausgegangen werden, dass in dem Antrag auf Aufnahme in die Deutsche Volksliste ein Bekenntnis zum deutschen Volkstum liegt, da die Antragstellung vielfach unfreiwillig erfolgte und damit nicht im Bewusstsein, nur dem deutschen Volk als national geprägter Kulturgemeinschaft angehören zu wollen (vgl. Nr. 2.1 BVFG-VwV zu § 6 mit Verweis auf BVerwG BeckRS 1994, 31252122).

Die deutsche Volkszugehörigkeit setzt grundsätzlich in der Person des Antragstellers ein 8 **Bekenntnis** zum deutschen Volkstum voraus. Das Bekenntnis zum deutschen Volkstum kann erfolgen durch Nationalitätenerklärung, Bekenntnissurrogat oder Bekenntnis auf andere Weise.

Sollte ein Bekenntnis unzumutbar sein, kann dieses nach Abs. 2 S. 4 **fingiert** werden. Nationali- 9 tätenerklärung und Bekenntnis auf andere Weise stehen als gleichberechtigte Alternativen nebeneinander. Solange ein Gegenbekenntnis formell widerrufen werden kann, muss dies geschehen; in diesem Fall kann es nicht durch ein Bekenntnis auf andere Weise ersetzt werden.

Das eigene Bekenntnis des Antragstellers zum deutschen Volkstum setzt **Bekenntnisreife** 10 voraus. Bekenntnisreife kann auch schon vor Eintritt der Volljährigkeit vorliegen (vgl. BVerwG BeckRS 9998, 47298). Hiervon kann in der Regel bei Minderjährigen ab dem 16. Lebensjahr ausgegangen werden, wenn nach dem Recht des Herkunftsstaates die Erklärungsfähigkeit für eine Nationalitätenerklärung erreicht ist (vgl. BVerwG BeckRS 9998, 171244; 2004, 21675). Bekenntnisunfähige Personen können bei der Abgabe eines Bekenntnisses zum deutschen Volkstum durch die Erziehungsberechtigten **vertreten** werden (vgl. BVerwG BeckRS 2005, 24343).

Bekenntnisfähigkeit setzt weder das Bewusstsein voraus, sich für unterschiedliche Volkstums- 11 bekenntnisse entscheiden zu können, noch die Kenntnis aller hierfür maßgeblichen objektiven Umstände. So ist bspw. die Unkenntnis einer deutschen Abstammung infolge Adoption unschädlich. Ein wirksames Gegenbekenntnis liegt daher auch vor, wenn eine Wahlmöglichkeit infolge subjektiver Unkenntnis nicht bewusst war (vgl. BVerwG BeckRS 2004, 21674). § 6 Abs. 2 S. 4 ist auf Fälle einer Unkenntnis bspw. der eigenen Abstammung unterbliebenen Bildung eines deutschen Volkstumsbewusstseins weder unmittelbar noch analog anwendbar.

Das Bekenntnis muss **nicht durchgehend** sein. Der frühere Verzicht auf ein Bekenntnis zum 12 deutschen Volkstum ist genauso wie frühere Gegenbekenntnisse unschädlich. Es reicht aus, dass das ausschließliche Bekenntnis spätestens unmittelbar vor der Ausreise aus dem Aussiedlungsgebiet vorliegt. Ein durch eine Nationalitätenerklärung oder auf andere Weise abgegebenes Bekenntnis zum deutschen Volkstum muss bis zur Ausreise nicht kontinuierlich oder periodisch bekräftigt oder wiederholt werden.

IV. Nationalitätenerklärung

13   Das Bekenntnis zum deutschen Volkstum erfolgte in der ehemaligen Sowjetunion im Allgemeinen durch eine entsprechende **Nationalitätenerklärung,** in der Regel anlässlich der Ausstellung des ersten (Inlands-) Passes. Von einem Wahlrecht bei volkstumsverschiedenen Eltern ist dabei aufgrund ständiger Praxis auch nach der sowjetischen Passverordnung vom 21.10.1953 auszugehen, obwohl für diesen Fall dort kein ausdrückliches Wahlrecht vorgesehen ist (vgl. BVerwG BeckRS 9998, 171302).

14   Da das Bekenntnis zum deutschen Volkstum durch Nationalitätenerklärung bis zum Verlassen der Aussiedlungsgebiete erfolgen kann, kann der Spätaussiedlerbewerber von einem früheren Gegenbekenntnis durch eine Nationalitätenerklärung zugunsten des deutschen Volkstums **abrücken.**

15   Wenn der Antragsteller aus faktischen oder rechtlichen Gründen nicht mehr von seinem Gegenbekenntnis abrücken kann, ist ein Bekenntnis „auf andere Weise" möglich. Dies betrifft insbesondere Spätaussiedlerbewerber aus der Russischen Föderation, weil nunmehr keine Nationalitätenerklärung im Pass mehr möglich ist.

16   Wenn weder ein Bekenntnis zum deutschen Volkstum durch Nationalitätenerklärung noch ein Gegenbekenntnis existieren, kann der Antragsteller sein Bekenntnis auch auf „andere Weise" nachweisen.

V. Bekenntnissurrogat

17   Gehört jemand, der kein Bekenntnis abgegeben hat, ohne eigenes Zutun nach dem Recht des Herkunftsstaates zur deutschen Nationalität, so liegt ein **Bekenntnissurrogat** vor. Ein später abgegebenes Bekenntnis geht vor.

VI. Bekenntnis auf andere Weise

18   Das Bekenntnis „auf andere Weise" kann insbesondere durch den Nachweis ausreichender deutscher Sprachkenntnisse entsprechend dem Niveau B1 des Gemeinsamen Europäischen Referenzrahmens für Sprachen oder durch den Nachweis familiär vermittelter Deutschkenntnisse erbracht werden. Der Sprachtest zum Nachweis ausreichender Deutschkenntnisse ist wiederholbar.

19   Eine **familiäre Vermittlung deutscher Sprachkenntnisse** liegt vor, wenn sie durch die Verwendung des Deutschen innerhalb der Familie, also durch Eltern, Großeltern oder andere Verwandte, vermittelt wurde (vgl. BVerwG BeckRS 9998, 171339). Auf eine deutsche Volkszugehörigkeit der Familienmitglieder, die die deutschen Sprachkenntnisse vermitteln, kommt es dabei nicht an. Es reicht jedoch nicht aus, dass der Erwerb von Deutschkenntnissen außerhalb der Familie erfolgt (zB Schule oder Sprachkurse).

20   Erforderlich ist vielmehr ein **kausaler Zusammenhang** zwischen familiärer Vermittlung und der Sprachfähigkeit; allerdings muss die familiäre Vermittlung nicht der alleinige Grund sein. Die Sprachfähigkeit darf auch mit auf der Vermittlung durch Freunde und Bekannte beruhen oder in Sprachkursen aufgefrischt worden sein. Es genügt, wenn die fortwirkende familiäre Sprachvermittlung in der prägenden Phase von Kindheit und Jugend das Niveau der Fähigkeit erreicht hat, ein einfaches Gespräch auf Deutsch zu führen (vgl. BVerwG BeckRS 2007, 24597).

21   Dabei indiziert die Verwendung eines **russlanddeutschen Dialekts** regelmäßig eine familiäre Vermittlung (vgl. BVerwG BeckRS 2004, 20792).

22   Die gesetzliche Aufzählung in § 6 Abs. 2 S. 2 ist **nicht abschließend.** Ein Bekenntnis auf „andere Weise" ist auch dann anzunehmen, wenn ein Spätaussiedlerbewerber durch sein Verhalten im Herkunftsgebiet und über das familiäre Umfeld hinaus der deutschen Nationalität zugeordnet wird. Es muss in einer Weise nach außen hin, zB in der **Lebensführung** oder in gesellschaftlichen, sozialen oder kulturellen **Aktivitäten** so hervorgetreten sein, dass es der Nationalitätenerklärung nahe kommt (vgl. BVerwG BeckRS 2004, 21675). Dies kann bspw. durch Verlautbarungen gegenüber staatlichen Stellen oder durch die Mitwirkung in volksdeutschen Verbänden zum Ausdruck kommen, wenn diese nach Gewicht, Dauer und Nachweisbarkeit einer Nationalitätenerklärung gegenüber Behörden entsprechen.

23   Die Anforderungen an ein Bekenntnis auf andere Weise dürfen nicht überspannt werden, insbesondere dann nicht, wenn es sich um einen gerade erst bekenntnisfähig gewordenen Aufnahmebewerber handelt, der in Ermangelung staatlicher Dokumente mit Nationalitätseintrag allein auf gesellschaftliche, soziale oder kulturelle Bekenntnisakte beschränkt ist (vgl. OVG NRW BeckRS 2011, 51743 noch zur alten Rechtslage).

VII. Bekenntnisfiktion

§ 6 Abs. 2 S. 4 regelt den Fall der Unzumutbarkeit des Bekenntnisses durch eine Fiktion. **24**

Die **Bekenntnisfiktion** ersetzt das Bekenntnis zum deutschen Volkstum nur, wenn oder **25** solange die Nationalitätenpolitik gegenüber der deutschen Minderheit im maßgeblichen Aussiedlungsgebiet dafür ursächlich war, dass ein derartiges Bekenntnis des Antragstellers unterblieben ist.

Die Wirkung der Fiktion ist daher auf die Dauer des Zeitraums beschränkt, in dem die für die **26** Fiktion maßgebende Gefährdungslage besteht, sodass ein deutsches Volkstumsbekenntnis alsbald nach Ende der Gefährdungslage erforderlich ist (vgl. BVerwG BeckRS 2004, 21671; 2004, 21675; 2004, 26966).

Ein Bekenntnis war nicht zumutbar, wenn oder solange aufgrund dieser Nationalitätenpolitik **27** hiermit eine Gefahr für Leib, Leben oder für die persönliche Freiheit oder schwerwiegende berufliche oder wirtschaftliche Nachteile verbunden war. Dabei kommt es für die Bewertung der Gefährdungslage nicht auf subjektive Befürchtungen des Betroffenen an; es ist allein ein objektiver Maßstab anzulegen (vgl. BVerwG BeckRS 9998, 171244). Eine Prognose, ob ein Bekenntnis zu schwerwiegenden beruflichen Nachteilen geführt hätte, ist nur mit Blick auf ein konkretes Ziel möglich, um dessentwillen das Bekenntnis unterblieben ist (vgl. BVerwG BeckRS 9998, 171302). Das ist bspw. der Fall, wenn das Bekenntnis zum Ausschluss vom Studium geführt hätte (vgl. BVerwG BeckRS 9998, 171244; OVG NRW BeckRS 2004, 19052; VG Köln BeckRS 2014, 48256).

Auch das fingierte Volkstumsbekenntnis bedarf der Bestätigung (vgl. Nr. 2.2.6 BVFG-VwV zu **28** § 6).

VIII. Bestätigung des Bekenntnisses

Das Bekenntnis zum deutschen Volkstum, das Bekenntnissurrogat oder die Bekenntnisfiktion **29** muss grundsätzlich bestätigt werden. Dies erfolgt durch den Nachweis der Fähigkeit, zumindest ein **einfaches Gespräch auf Deutsch** führen zu können.

Maßgeblicher Zeitpunkt für den Bestätigungsnachweis ist der Zeitpunkt der verwaltungsbe- **30** hördlichen Entscheidung über den Aufnahmeantrag; in Fällen des Härteaufnahmebescheides nach § 27 Abs. 1 S. 2 ist der Zeitpunkt der Begründung des ständigen Aufenthaltes in der Bundesrepublik Deutschland für den Bestätigungsnachweis maßgeblich.

Die zur Bestätigung des Bekenntnisses erforderliche Feststellung der Fähigkeit zu einem einfa- **31** chen Gespräch auf Deutsch erfolgt durch **Anhörung** des Antragstellers im Aufnahmeverfahren nach §§ 28 Abs. 1, 26 Abs. 1 Nr. 2 VwVfG. Der wesentliche Verlauf der Anhörung soll aufgezeichnet werden. Die Aufzeichnung soll auch die Angaben des Antragstellers dazu enthalten, ob ein russlanddeutscher Dialekt verwandt und wie gesprochenes Schrift- oder Hochdeutsch erworben wurde (vgl. Nr. 2.3.2 BVFG-VwV zu § 6).

Der Antragsteller ist vor Beginn der Sprachfeststellung über die Möglichkeit zu informieren, **32** dass bei vorübergehender physischer oder psychischer **Indisposition** aufgrund außersprachlicher Umstände die Sprachfeststellung verschoben oder auch abgebrochen werden kann. Verschiebung oder Abbruch sind entsprechend zu dokumentieren.

Von einer Anhörung kann, soweit hinreichende Anhaltspunkte dafür vorliegen, dass der Antrag- **33** steller die erforderlichen Deutschkenntnisse besitzt, **abgesehen** werden, wenn diese aus Altersgründen oder dauerhafter körperlicher Behinderung im Aussiedlungsgebiet aufgrund der Umstände des Einzelfalls (zB wegen der Entfernung zum Anhörungsort, Art oder Schwere der Behinderung) für den Antragsteller zu beschwerlich und auch nicht anlässlich der Visa-Erteilung für die Aussiedlung durchführbar ist.

Der Aufnahmebescheid ist in diesen Fällen mit dem Hinweis zu erteilen, dass im Bescheini- **34** gungsverfahren aufgrund der dann durchzuführenden Anhörung iSv § 26 Abs. 1 Nr. 2 VwVfG festzustellen ist, ob der Antragsteller zu einem einfachen Gespräch iSv § 6 Abs. 2 in der Lage ist. Der Antragsteller ist zudem durch einen gleichlautend in Deutsch und Russisch abgefassten Vordruck über die sich auch für die einbezogenen Familienangehörigen ergebenden Rechtsfolgen zu informieren, wenn im Bescheinigungsverfahren eine entsprechende Feststellung nicht getroffen werden kann. Eine von dem Antragsteller unterzeichnete Ausfertigung des Vordrucks ist zur Verwaltungsakte zu nehmen.

IX. Behinderung

Nach § 6 Abs. 2 S. 3 aE ist keine Bestätigung des Bekenntnisses erforderlich, wenn der Spätaus- **35** siedlerbewerber die Fähigkeit, ein einfaches Gespräch auf Deutsch zu führen, wegen körperlicher, geistiger oder seelischer Krankheit oder wegen einer Behinderung iSv § 2 Abs. 1 S. 1 SGB IX nicht besitzt.

36   Nach der Ausnahmeregelung für Kranke und Behinderte nach § 6 Abs. 2 S. 3 aE muss jedoch ein **Kausalzusammenhang** zwischen der Erkrankung oder Behinderung und dem zum Zeitpunkt der behördlichen Entscheidung festzustellenden Nichtbesitz der Fähigkeit, entsprechende Sprachkenntnisse zu erwerben, bestehen. Diesen Kausalzusammenhang hat der Spätaussiedlerbewerber nachzuweisen (vgl. OVG NRW BeckRS 2014, 55248).

37   Eine **Behinderung** iSd § 6 Abs. 2 S. 3 iVm § 2 Abs. 1 S. 1 SGB IX liegt vor bei „Menschen, die körperliche, seelische, geistige oder Sinnesbeeinträchtigungen haben, die sie in Wechselwirkung mit einstellungs- und umweltbedingten Barrieren an der gleichberechtigten Teilhabe an der Gesellschaft mit hoher Wahrscheinlichkeit länger als sechs Monate hindern können." Eine Beeinträchtigung liegt dann vor, wenn der Körper- und Gesundheitszustand von dem für das Lebensalter typischen Zustand abweicht.

38   Behindernder Umstand und dessen Ursächlichkeit für das sprachliche Unvermögen sind durch ärztliches Attest zu belegen.

39   Auf die Frage, ob die Fähigkeit zu einem früheren Zeitpunkt vorhanden gewesen war, kommt es nicht an. Das gilt auch für Fälle, wo der Erwerb der Sprachkenntnisse vor der Erkrankung oder Behinderung möglich gewesen wäre.

40   Die Ausnahmeregelung in S. 3 gilt unmittelbar nur für das Bestätigungsmerkmal der Fähigkeit, ein einfaches Gespräch auf Deutsch zu führen, nicht aber für das Bekenntnis iSv § 6 Abs. 2 S. 2.

X. Fähigkeit zu einem einfachen Gespräch auf Deutsch

41   Die Voraussetzung, ein einfaches Gespräch auf Deutsch zu führen, erfüllt, wer die Fähigkeit zur mündlichen, **dialogischen Interaktion** in deutscher Sprache besitzt. Thematisch kommen einfache Lebenssachverhalte aus dem familiären Bereich (zB Kindheit, Schule, Gebräuche), alltägliche Situationen und Bedürfnisse (Wohnverhältnisse, Einkauf, Freizeit, Reisen, Wetter und Ähnliches), Beruf oder Beschäftigung in Betracht.

42   Die Fähigkeit zu einem einfachen Gespräch liegt nur bei einer Konversation vor, die sich nicht in einer punktuellen Verständigung erschöpft (BVerwG BeckRS 2004, 20792; 2004, 20787). Es ist ein einfacher und begrenzter Gedankenaustausch zu fordern. Ausreichend, aber auch erforderlich ist eine **einfache Gesprächsform** in ganzen Sätzen, wobei begrenzter Wortschatz und einfacher Satzbau genügen. Das Gespräch darf jedoch nicht stockend oder bloß eine Aneinanderreihung einzelner Worte ohne Satzstruktur sein. Fehler in Satzbau, Wortwahl und Aussprache lassen jedoch dann kein einfaches Gespräch zu, wenn sie nach Art und Zahl dem richtigen Verstehen entgegenstehen. Rede und Gegenrede müssen einigermaßen flüssig stattfinden. Durch Nichtverstehen bedingtes Nachfragen, Suche nach Worten oder stockendes Sprechen lassen dann kein einfaches Gespräch zu, wenn Rede und Gegenrede so weit auseinander liegen, dass von einer mündlichen Interaktion nicht mehr gesprochen werden kann.

43   Bei den Anforderungen an das Sprachniveau sind die unterschiedlichen Entwicklungen der deutschen Sprache im Herkunftsgebiet des Spätaussiedlerbewerbers zu berücksichtigen. Spricht und versteht der Antragsteller (nur) einen herkunftsspezifischen deutschen **Dialekt**, reicht dies zur Erfüllung der Voraussetzungen aus.

Zweiter Abschnitt. Verteilung, Rechte und Vergünstigungen

§ 7 Grundsatz

(1) ¹**Spätaussiedlern ist die Eingliederung in das berufliche, kulturelle und soziale Leben in der Bundesrepublik Deutschland zu erleichtern. ²Durch die Spätaussiedlung bedingte Nachteile sind zu mildern.**

(2) ¹**Die §§ 8, 10 und 11 sind auf den Ehegatten und die Abkömmlinge des Spätaussiedlers, die die Voraussetzungen des § 4 Abs. 1 oder 2 nicht erfüllen, aber die Aussiedlungsgebiete im Wege des Aufnahmeverfahrens verlassen haben, entsprechend anzuwenden. ²§ 5 gilt sinngemäß.**

Überblick

Abs. 1 (→ Rn. 1) deklamiert das Ziel staatlicher Bemühung zur Eingliederung der Spätaussiedler in das berufliche, kulturelle und soziale Leben in Deutschland. Abs. 2 (→ Rn. 2 ff.) erstreckt die Regelungen über Verteilung, Rechte und Vergünstigungen der Spätaussiedler auch auf Ehegatten und Abkömmlinge eines Spätaussiedlers.

A. Grundsatznorm

Abs. 1 ist als programmatische **Grundsatznorm** ausgestaltet und gesetzliche Anknüpfung für **1** staatliche Bemühungen zur beruflichen, kulturellen und sozialen Integration der Spätaussiedler in Deutschland. Die Grundsatznorm begründet jedoch **keine subjektiven Ansprüche.** Unmittelbare praktische Relevanz hat die Norm daher nicht.

B. Ehegatten und Abkömmlinge

Nach Abs. 2 sind Ehegatten oder Abkömmlinge eines Spätaussiedlers Personen, die aufgrund **2** der Einbeziehung in den Aufnahmebescheid eines Spätaussiedlers gem. § 27 Abs. 1 oder Abs. 2 die Aussiedlungsgebiete zu Lebzeiten des Spätaussiedlers (vgl. BVerwG BeckRS 2003, 23619) im Wege des Aufnahmeverfahrens verlassen und in der Bundesrepublik Deutschland Aufnahme gefunden haben.

Auf Ehegatten und Abkömmlinge sind die Vorschriften über die Verteilung (§ 8), die Anerken- **3** nung von Prüfungen und Befähigungsnachweisen (§ 10) und Leistungen bei Krankheit (§ 11) anzuwenden. Außerdem haben Ehegatten und Abkömmlinge auch Anspruch auf kostenlose Teilnahme an einem Integrationskurs. Dies folgt nicht aus der Verweisnorm des § 7, sondern unmittelbar aus § 9 Abs. 1.

Nach § 7 Abs. 2 S. 2 gelten die Rechte und Vergünstigungen für Ehegatten und Abkömmlinge **4** nicht, wenn ein **Ausschlussgrund** nach § 5 (→ § 5 Rn. 1 ff. ff.) vorliegt.

I. Ehegatte

Der **Ehegatte** muss mindestens drei Jahre mit dem Spätaussiedler verheiratet sein, um in den **5** Aufnahmebescheid einbezogen werden zu können (vgl. § 27 Abs. 2 S. 1).

II. Abkömmling

Der **Abkömmling** eines Spätaussiedlers ist jede Person, die von einem Spätaussiedler in gerader **6** Linie abstammt. Adoptivkinder iSv § 6 StAG stehen leiblichen Kindern gleich, nicht hingegen Stief- oder Pflegekinder.

§ 8 Verteilung

(1) ¹**Die Länder nehmen die Spätaussiedler und ihre Ehegatten und Abkömmlinge, soweit sie die Voraussetzungen des § 7 Abs. 2 erfüllen, auf. ²Das Bundesverwaltungsamt legt das aufnehmende Land fest (Verteilungsverfahren). ³Bis zu dieser Festlegung werden die Personen vom Bund untergebracht. ⁴Spätaussiedler und in den Aufnahmebescheid einbezogene Ehegatten oder Abkömmlinge sind verpflichtet, sich nach der Einreise in den Geltungsbereich des Gesetzes in einer Erstaufnahmeeinrichtung des Bundes registrieren zu lassen.**

(2) **Familienangehörige des Spätaussiedlers, die, ohne die Voraussetzungen des § 7 Abs. 2 zu erfüllen, gemeinsam mit dem Spätaussiedler eintreffen, können in das Verteilungsverfahren einbezogen werden.**

(3) ¹**Die Länder können durch Vereinbarung einen Schlüssel zur Verteilung festlegen. ²Bis zum Zustandekommen dieser Vereinbarung oder bei deren Wegfall richten sich die Verteilungsquoten für das jeweilige Kalenderjahr nach dem von der Geschäftsstelle der Bund-Länder-Kommission für Bildungsplanung und Forschungsförderung im Bundesanzeiger veröffentlichten Schlüssel, der für das vorangegangene Kalenderjahr entsprechend Steuereinnahmen und Bevölkerungszahl der Länder errechnet worden ist (Königsteiner Schlüssel).**

(4) [1]Das Bundesverwaltungsamt hat den Schlüssel einzuhalten. [2]Zu diesem Zweck kann ein von den Wünschen des Spätaussiedlers abweichendes Land zur Aufnahme verpflichtet werden.

(5) Wer abweichend von der Festlegung oder ohne Festlegung des Bundesverwaltungsamtes in einem Land ständigen Aufenthalt nimmt, muss dort nicht aufgenommen werden.

(6) (weggefallen)

(7) § 45 des Achten Buches Sozialgesetzbuch (Artikel 1 des Gesetzes vom 26. Juni 1990, BGBl. I S. 1163) gilt nicht für Einrichtungen zur Aufnahme von Spätaussiedlern.

Überblick

§ 8 regelt die **Verteilung** der Spätaussiedler und ihrer Familienangehörigen nach ihrer Ankunft in Deutschland.

A. Zuständigkeitsverteilung (Abs. 1)

1   Dem Grundsatz nach ist die Aufnahme der Spätaussiedler Ländersache.

2   Die in der Bundesrepublik Deutschland eintreffenden Spätaussiedler, ihre in den Aufnahmebescheid einbezogenen und zum Zweck der gemeinsamen Aussiedlung in die Bundesrepublik Deutschland einreisenden Ehegatten oder Abkömmlinge und sonstige Familienangehörige, die hierzu in der Anlage zu dem Aufnahmebescheid aufgeführt sind, werden jedoch zunächst vom **Bund** untergebracht. Zu diesem Zweck unterhält das Bundesverwaltungsamt eine **Erstaufnahmeeinrichtung** für Spätaussiedler im niedersächsischen Friedland.

3   Es besteht eine **Registrierungspflicht** für Spätaussiedler und ihre Familienangehörige unmittelbar nach Einreise nach Deutschland.

4   Das Bundesverwaltungsamt legt im Rahmen des **Verteilungsverfahrens** das aufnehmende Bundesland fest. Das Bundesverwaltungsamt teilt nach Festlegung des aufnehmenden Landes diesem die zur Aufnahme erforderlichen personenbezogenen Daten nach Maßgabe des § 29 Abs. 2 so früh wie möglich mit.

5   Den Betroffenen ist ein **Registrierschein** auszustellen. Er dokumentiert die Verteilung der Betroffenen auf das Bundesland. In den Registrierschein ist als **Weiterleitungsadresse** die Adresse der zuständigen zentralen Landesaufnahmeeinrichtung oder die vom aufnehmenden Land für die Weiterleitung mitgeteilte Adresse einzutragen.

6   Das **Registrier- und Verteilungsverfahren** dient allein der Klärung der Frage, wer in die Verteilung einbezogen wird. Es präjudiziert nicht das übrige vertriebenenrechtliche Verfahren oder das Verfahren auf Ausstellung eines Staatsangehörigenausweises. Die Feststellungen im Registrier- und Verteilungsverfahren sind jedoch maßgeblich für Ansprüche auf Überbrückungsgeld und Rückführungskosten nach § 9.

7   In den Aufnahmebescheid eines Spätaussiedlerbewerbers einbezogene Personen können frühestens dann in das Verteilungsverfahren einbezogen werden, wenn die Bezugsperson registriert wird.

B. Einbeziehung von sonstigen Familienangehörigen des Spätaussiedlers (Abs. 2)

8   Das Bundesverwaltungsamt bezieht in das Verteilungsverfahren auch **Familienangehörige** des Spätaussiedlers ein, die nach Maßgabe des im Aufenthaltsgesetz geregelten Familiennachzugs (zu Deutschen) zum Zweck der gemeinsamen Aussiedlung einreisen dürfen, wenn sie hierfür in der Anlage des Aufnahmebescheids des Spätaussiedlers eingetragen worden sind.

9   Wer (nur) nach Abs. 2 in das Verteilungsverfahren einbezogen worden ist, hat die Aussiedlungsgebiete nicht im Wege des Aufnahmeverfahrens verlassen (vgl. BVerwG BeckRS 9998, 31556). Die Familienangehörigen nach Abs. 2 haben somit keinen originären vertriebenenrechtlichen Status; auf sie finden allein die ausländer- und aufenthaltsrechtlichen Regelungen Anwendung.

10   Die nach Abs. 2 in das Verteilungsverfahren einbezogenen Familienangehörigen werden auf die **Quote** des aufnehmenden Landes nach Abs. 3 angerechnet.

11   Wer Familienangehöriger nach Abs. 2 ist, hat die Ständige Konferenz der Innenminister und -senatoren der Länder in einem Beschluss v. 7.12.2007 festgelegt. Danach sind als **sonstige Familienangehörige** eines Spätaussiedlers zu behandeln:

- Der Ehegatte eines Spätaussiedlers oder der Ehegatte eines Abkömmlings eines Spätaussiedlers, der nicht bereits nach § 27 Abs. 1 S. 2 in den Aufnahmebescheid einbezogen werden konnte (zB weil die Ehe des Spätaussiedlers noch nicht drei Jahre bestand). Rechtsgrundlage ist § 28 Abs. 1 Nr. 1 AufenthG.
- Das minderjährige ledige Kind eines Spätaussiedlers oder Abkömmlings eines Spätaussiedlers, das nicht bereits nach § 27 Abs. 1 S. 2 in den Aufnahmebescheid einbezogen wurde. Rechtsgrundlage ist § 28 Abs. 1 Nr. 2 AufenthG.
- Das minderjährige ledige Kind des Ehegatten eines Abkömmlings des Spätaussiedlers, das nicht vom Abkömmling abstammt. Rechtsgrundlage ist § 32 Abs. 1 AufenthG.
- Das minderjährige ledige Kind des Ehegatten eines Spätaussiedlers, das nicht vom Spätaussiedler abstammt (dh sein Stiefkind). Rechtsgrundlage ist § 28 Abs. 1 Nr. 1 AufenthG iVm § 32 Abs. 1 AufenthG
- Das minderjährige ledige Enkelkind des Spätaussiedlers, das nicht bereits nach § 27 Abs. 1 S. 2 in den Aufnahmebescheid einbezogen wurde und für das der Spätaussiedler die Personensorge hat, zur Vermeidung außergewöhnlicher Härte. Rechtsgrundlage ist § 36 Abs. 2 AufenthG.

C. Königsteiner Schlüssel

Abs. 3 sieht vor, dass die Länder eine Quote zur Verteilung vereinbaren können. Dabei werden **12** die Länderquoten als Jahresquoten geführt. Das Bundesverwaltungsamt hat den vereinbarten Verteilungsschlüssel einzuhalten (vgl. Abs. 4). Zur Einhaltung der Jahresquoten orientiert sich das Bundesverwaltungsamt an der fortwährend zu aktualisierenden Gesamtquote des laufenden Jahres.

Wünsche der zu verteilenden Spätaussiedler und ihrer Familienangehörigen werden bei der **13** Verteilung nach Möglichkeit und insbesondere dann berücksichtigt, wenn sie der Integration der Betreffenden dienen. Allerdings haben Spätaussiedler auf einen geäußerten **Verteilungswunsch** keinen Anspruch. So stellt Abs. 4 klar, dass ein von den Wünschen des Spätaussiedlers abweichendes Land zur Aufnahme verpflichtet werden kann. Wenn ein Spätaussiedler abweichend von der Verteilungsentscheidung des Bundesverwaltungsamtes oder ohne Festlegung in einem Land ständigen Aufenthalt nimmt, muss er als Folge dort nicht aufgenommen werden (vgl. Abs. 5).

§ 9 Hilfen

(1) [1]Spätaussiedler gemäß § 4 Abs. 1 oder 2 sowie deren Ehegatten oder Abkömmlinge, welche die Voraussetzungen des § 7 Abs. 2 Satz 1 erfüllen, haben Anspruch auf kostenlose Teilnahme an einem Integrationskurs, der einen Basis- und einen Aufbausprachkurs von gleicher Dauer zur Erlangung ausreichender Sprachkenntnisse sowie einen Orientierungskurs zur Vermittlung von Kenntnissen der Rechtsordnung, der Kultur und der Geschichte in Deutschland umfasst. [2]Ausgenommen sind Kinder, Jugendliche und junge Erwachsene, die eine schulische Ausbildung aufnehmen oder ihre bisherige Schullaufbahn in der Bundesrepublik Deutschland fortsetzen. [3]Der Sprachkurs dauert bei ganztägigem Unterricht (Regelfall) längstens sechs Monate. [4]Soweit erforderlich soll der Integrationskurs durch eine sozialpädagogische Betreuung sowie durch Kinderbetreuungsangebote ergänzt werden. [5]Spätaussiedlern sowie deren Ehegatten oder Abkömmlingen im Sinne des § 7 Abs. 2 Satz 1, denen nach § 2 Abs. 1 des Gesetzes über die Festlegung eines vorläufigen Wohnortes für Spätaussiedler ein Wohnort zugewiesen wurde, wird, solange die Entscheidung über die Zuweisung eines vorläufigen Wohnortes nicht nach § 2 Abs. 4 des Gesetzes über die Festlegung eines vorläufigen Wohnortes für Spätaussiedler gegenstandslos geworden ist, ein Fahrkostenzuschuss zur Teilnahme an einem Integrationskurs gewährt, wenn ein Kursangebot nicht zumutbar erreichbar ist. [6]Das Bundesministerium des Innern, für Bau und Heimat wird ermächtigt, nähere Einzelheiten des Integrationskurses, insbesondere die Grundstruktur, die Dauer, die Lerninhalte und die Durchführung der Kurse, die Vorgaben bezüglich der Auswahl und Zulassung der Kursträger sowie die Rahmenbedingungen für die Teilnahme durch Rechtsverordnung, die nicht der Zustimmung des Bundesrates bedarf, zu regeln.

(2) [1]Spätaussiedler können erhalten
1. eine einmalige Überbrückungshilfe des Bundes und
2. einen Ausgleich für Kosten der Aussiedlung.

[2]Das Nähere bestimmt der Bundesminister des Innern, für Bau und Heimat durch Richtlinien.

(3) [1]Spätaussiedlern aus der ehemaligen UdSSR, Estland, Lettland oder Litauen, die vor dem 1. April 1956 geboren sind, gewährt das Bundesverwaltungsamt zum Ausgleich für den erlittenen Gewahrsam auf Antrag eine pauschale Eingliederungshilfe in Höhe von 2 046 Euro. [2]Sie beträgt bei Personen im Sinne des Satzes 1, die vor dem 1. Januar 1946 geboren sind, 3 068 Euro. [3]Der Antrag auf pauschale Eingliederungshilfe kann nur bis zum Ablauf von drei Jahren nach Ablauf des Monats, in dem die Bescheinigung nach § 15 Abs. 1 ausgestellt wurde, gestellt werden. [4]Die Frist endet frühestens am 31. Dezember 2009.

(4) [1]Weitere Integrationshilfen wie Ergänzungsförderung für Jugendliche und ergänzende Sprach- und sozialpädagogische Förderung können gewährt werden. [2]Weitere Integrationshilfen im Sinne von Satz 1 können Personen gemäß Absatz 1 und weiteren Familienangehörigen des Spätaussiedlers gewährt werden, die gemäß § 8 Absatz 2 gemeinsam mit diesem eintreffen.

(5) Das Bundesamt für Migration und Flüchtlinge ist zuständig für

a) die Entwicklung von Grundstruktur und Lerninhalten des Basissprachkurses, des Aufbaukurses und des Orientierungskurses nach Absatz 1 und

b) die Durchführung der Maßnahmen nach den Absätzen 1 und 4.

Überblick

§ 9 regelt die wesentlichen **Eingliederungshilfeleistungen.** Dazu zählen der vornehmlich der Sprachförderung dienende Integrationskurs (Abs. 1, → Rn. 1), eine einmalige finanzielle Überbrückungshilfe (Abs. 2 Nr. 1, → Rn. 3), einen Kostenausgleich für die Aussiedlung (Abs. 2 Nr. 2, → Rn. 6 ff.), eine pauschalierte Eingliederungshilfe (Abs. 3, → Rn. 9 ff.) und weitere Integrationshilfen wie Ergänzungsförderungen für Jugendliche und ergänzende Sprach- und sozialpädagogische Förderung (Abs. 4, → Rn. 22).

Übersicht

A. Integrationskurs (Abs. 1)

1   Einen Anspruch auf kostenlose Teilnahme an einem **Integrationskurs** hat grundsätzlich jeder Spätaussiedler und Ehegatte und Abkömmling eines Spätaussiedlers. Dies gilt jedoch nicht für Kinder, Jugendliche und junge Erwachsene, die eine schulische Ausbildung aufnehmen oder ihre bisherige Schullaufbahn in Deutschland fortsetzen (S. 2). Keinen vertriebenenrechtlichen Anspruch auf Integrationskurse haben die sonstigen Familienangehörigen iSv § 8 Abs. 2; ihr Anspruch auf Integration richtet sich nach dem Ausländerrecht (vgl. §§ 43 ff. AufenthG).

B. Überbrückungshilfe und Rückführungskosten (Abs. 2)

2   Der Spätaussiedler kann eine einmalige Überbrückungshilfe und einen Ausgleich für Kosten der Aussiedlung erhalten (S. 1). Näheres bestimmt das Bundesministerium des Innern, für Bau und Heimat durch Richtlinien (S. 2).

I. Überbrückungshilfe

3   Die **Überbrückungshilfe** ist durch die BetrGRL (Richtlinie des Bundesministeriums des Innern für die Zahlung eines pauschalierten Betreuungsgeldes für Spätaussiedler und deren Familienangehörige bei ihrer Erstaufnahme durch den Bund v. 24.11.2001, GMBl. 945; in Kraft seit 1.1.2002) geregelt.

Danach sind neben Spätaussiedlern auch Ehegatten und Abkömmlinge eines Spätaussiedlers 4
iSv § 7 Abs. 2 und den sonstigen Familienangehörigen iSd § 8 Abs. 2 **Begünstigte.** Maßgeblich
sind dabei die Feststellungen im Registrier- und Verteilungsverfahren nach § 8.

Die **Höhe** des Betreuungsgeldes wird nach § 5 BetrGRL durch Erlass des Bundesministeriums 5
des Innern geregelt, derzeit iHv 11 EUR.

II. Rückführungskosten

Der **Ausgleich für Kosten der Aussiedlung** ist in der RückfKostRL (Rückführungskosten- 6
Richtlinie v. 12.11.1999, GMBl. 737; in Kraft seit 1.1.2000) geregelt.

Danach sind neben Spätaussiedlern auch Ehegatten und Abkömmlinge eines Spätaussiedlers 7
iSv § 7 Abs. 2 und den sonstigen Familienangehörigen iSd § 8 Abs. 2 **Begünstigte.** Maßgeblich
sind dabei die Feststellungen im Registrier- und Verteilungsverfahren nach § 8.

Die **Höhe** der pauschalierten Rückführungskosten wird nach § 2 Abs. 2 RückfKostRL durch 8
Erlass des Bundesministeriums des Innern geregelt und kann nach Herkunftsgebieten differenziert
festgesetzt werden, zur Zeit:
- 102 EUR für Berechtigte aus den Nachfolgestaaten der ehemaligen UdSSR und aus asiatischen
  Aussiedlungsgebieten, die nicht zum Gebiet der ehemaligen UdSSR (zB Volksrepublik China)
  gehören,
- 25 EUR für Berechtigte aus Polen,
- 51 EUR für Berechtigte aus Rumänien und allen sonstigen Aussiedlungsgebieten.

C. Pauschale Eingliederungshilfe (Abs. 3)

Seit dem 24.5.2007 ist das **Bundesverwaltungsamt** für die Gewährung der pauschalen Einglie- 9
derungshilfe zuständig.

Die pauschale Eingliederungshilfe nach § 9 Abs. 3 wird auf **Antrag** gewährt.　　　　　10

Berechtigt sind Spätaussiedler aus der ehemaligen UdSSR, Estland, Lettland oder Litauen, die 11
vor dem 1.4.1956 geboren sind, und einen Gewahrsam erlitten haben. Nicht berechtigt sind
Ehegatten und Abkömmlinge des Spätaussiedlers iSd § 7 Abs. 2. Auch sonstige Familienangehörige
iSv § 8 Abs. 2 sind nicht berechtigt. Die Eigenschaft als Spätaussiedler ist durch die Bescheinigung
nach § 15 Abs. 1 nachzuweisen.

Die einzelnen **Voraussetzungen** sind:　　　　　　　　　　　　　　　　　　　　12
- Der Spätaussiedler muss aus der ehemaligen UdSSR, Estland, Lettland oder Litauen kommen.
- Der Spätaussiedler muss vor dem 1.4.1956 geboren sein.
- Der Spätaussiedler muss Gewahrsam erlitten haben.

Gewahrsam bedeutet ein Festgehaltenwerden auf eng begrenztem Raum unter dauernder Bewa- 13
chung (vgl. BVerwG BeckRS 2003, 25053).

Gewahrsam liegt vor bei einem Festhalten in ausländischem Gewahrsam iSv § 3 KgfEG (Kriegs- 14
gefangenenentschädigungsgesetz v. 30.1.1954, BGBl. 1987 I 506, gültig bis zum 31.12.1992),
also bei ehemaligen Kriegsgefangenen und Personen, die wegen einer Internierung als deutsche
Staatsangehörige oder deutsche Volkszugehörige als ehemalige Kriegsgefangene gelten.

Gewahrsam liegt auch bei einem **politischen Gewahrsam** vor, wobei die Gründe am Maßstab 15
des § 1 Abs. 1 Nr. 1 HHG (Häftlingshilfegesetz v. 2.6.1993, BGBl. I 838) zu messen sind („aus
politischen und nach freiheitlich-demokratischer Auffassung von ihnen nicht zu vertretenden
Gründen"). Nicht ausreichend ist allein die „schlichte" Repatriierung deutscher Staatsangehöriger
in das Gebiet der ehemaligen Sowjetunion. Diese muss vielmehr wegen der Zugehörigkeit der
Betroffenen zur Gruppe der Deutschen erfolgt sein mit dem Ziel, die Betroffenen zur Rechen-
schaft ziehen zu wollen (vgl. OVG Bln BeckRS 2005, 31056932). Als Gewahrsam kommt nach
Nr. 2.4.2 BVFG-VwV zu § 9, insbesondere in Betracht der Aufenthalt
- in der sog. Trud-Armee,
- in Sondersiedlungen für deutsche Staatsangehörige und deutsche Volkszugehörige (dies gilt
  auch für ortsansässige, nicht ausgesiedelte Deutsche, die den Sondersiedlungseinschränkungen
  unterlagen),
- unter Kommandanturaufsicht.

Mit dem Stichtag 1.4.1956 wird an die Aufhebung der Kommandantur-Aufsicht angeknüpft und 16
vermutet, dass die Aufenthaltsbeschränkungen für die Russlanddeutschen in der Regel bis zu
diesem Tag fortbestanden (vgl. BVerwG BeckRS 2003, 25053), da die diversen 1954 in der
Sowjetunion erlassenen Dekrete zur Beendigung der Aufenthaltsbeschränkungen deutscher Volkszugehöriger weder in der Presse der Sowjetunion veröffentlicht noch anderweitig den Betroffenen
zeitnah bekannt gegeben wurden.

17   Der Spätaussiedler muss selbst „in eigener Person" in Gewahrsam gestanden haben (vgl. BVerwG BeckRS 2003, 25053; OVG Bln BeckRS 2005, 31056932). Kinder teilen den Gewahrsam ihrer Eltern, dh der Gewahrsam der Eltern muss für den Zeitpunkt der Geburt des Kindes noch festgestellt werden (vgl. BVerwG BeckRS 2005, 31056932). Dabei ist zu beachten, dass in den Rehabilitierungsbescheinigungen in der Regel das Datum der Eintragung in die Entlassungslisten und nicht der Tag der tatsächlichen Aufhebung der Beschränkung vermerkt ist. Da die Entlassungslisten unter anderem erst noch von den Ministern für Innere Angelegenheiten der Republiken bestätigt werden mussten und aufgrund der Angaben in den Entlassungslisten Personalausweise auszustellen waren, bestand der Gewahrsam in der Regel deutlich länger als in der Rehabilitierungsbescheinigung angegeben. Daher kann in den Fällen, in denen die Eintragung in die Entlassungsliste aus der Rehabilitierungsbescheinigung mit einem Datum vor dem 1.4.1956 hervorgeht, nicht ausgeschlossen werden, dass der Gewahrsam des Antragstellers bereits vor dem 1.4.1956 endete. Dies gilt auch für die in der vermuteten weiteren Gewahrsamszeit bis zum 1.4.1956 geborenen Kinder. Lediglich dann, wenn die Eltern die Verschleppungs- bzw. Zwangsansiedlungsgebiete bereits vor der Geburt des Kindes und vor dem 1.4.1956 verlassen haben oder ihnen bereits vor der Geburt des Kindes von der Rayonabteilung der Miliz ein Personalausweis ausgestellt wurde, der zum Verlassen der Sondersiedlung berechtigt hat, stand das vor dem 1.4.1956 geborene Kind nicht selbst unter Gewahrsam und hat keinen Anspruch auf Gewährung der pauschalen Eingliederungshilfe (so gleichlautend Nr. 2.4.2 BVFG-VwV zu § 9).

18   Ergibt sich aus den im Bescheinigungsverfahren getroffenen Feststellungen, dass der Antragsteller das kollektive Schicksal der Russlanddeutschen erlitten hat, ist glaubhaft, dass eine der drei oben angegebenen Gewahrsamsarten vorgelegen hat. Nachweise über den erlittenen Gewahrsam sind angesichts des vom Gesetzgeber zugrunde gelegten kollektiven Schicksals der Russlanddeutschen regelmäßig nicht erforderlich. Weitere Ermittlungen sind jedoch erforderlich, wenn Zweifel auftreten, dass der Antragsteller das kollektive Schicksal der Russlanddeutschen geteilt hat. Dies könnte der Fall sein, wenn er zwischen 1945 und 1956 seinen Wohnsitz in einem Gebiet außerhalb der Verschleppungsgebiete (Zwangsansiedlungsgebiete) hatte oder in dieser Zeit außerhalb der Verschleppungsgebiete studiert hat.

19   Personen, die bereits eine Entschädigung nach § 3 KgfEG, eine Eingliederungshilfe nach dem HHG oder eine pauschale Eingliederungshilfe nach dem BVFG von den bis zum 23.5.2007 für deren Gewährung zuständigen Ländern erhalten haben, sind nicht (erneut) leistungsberechtigt.

20   Bei der Eingliederungshilfe handelt es sich um eine einmalige Leistung. Diese beträgt 3.068 EUR bei Geburt des Berechtigten vor dem 1.1.1946 und 2.046 EUR bei Berechtigten, die zwischen 1.1.1946 und 31.3.1956 geboren wurden.

21   Die Eingliederungshilfe ist höchstpersönlich und daher vor Bescheiderteilung nicht vererblich.

D. Weitere Integrationshilfen (Abs. 4, Abs. 5)

22   **Abs. 4** regelt weitere Integrationshilfen, die nicht nur Spätaussiedler, sein Ehegatte oder seine Abkömmlinge, sondern auch weitere Familienangehörige in Anspruch nehmen können.

23   **Abs. 5** regelt die inhaltlich-konzeptionelle bzw. vollziehende Zuständigkeit des BAMF für Integrationsmaßnahmen nach Abs. 1 und Abs. 4.

§ 10 Prüfungen und Befähigungsnachweise

(1) Prüfungen oder Befähigungsnachweise, die Spätaussiedler bis zum 8. Mai 1945 im Gebiet des Deutschen Reiches nach dem Gebietsstande vom 31. Dezember 1937 abgelegt oder erworben haben, sind im Geltungsbereich des Gesetzes anzuerkennen.

(2) Prüfungen oder Befähigungsnachweise, die Spätaussiedler in den Aussiedlungsgebieten abgelegt oder erworben haben, sind anzuerkennen, wenn sie den entsprechenden Prüfungen oder Befähigungsnachweisen im Geltungsbereich des Gesetzes gleichwertig sind.

(3) Haben Spätaussiedler die zur Ausübung ihres Berufes notwendigen oder für den Nachweis ihrer Befähigung zweckdienlichen Urkunden (Prüfungs- oder Befähigungsnachweise) und die zur Ausstellung von Ersatzurkunden erforderlichen Unterlagen verloren, so ist ihnen auf Antrag durch die für die Ausstellung entsprechender Urkunden zuständigen Behörden und Stellen eine Bescheinigung auszustellen, wonach der Antragsteller die Ablegung der Prüfung oder den Erwerb des Befähigungsnachweises glaubhaft nachgewiesen hat.

(4) Voraussetzung für die Ausstellung der Bescheinigung gemäß Absatz 3 ist die glaubhafte Bestätigung
1. durch schriftliche, an Eides Statt abzugebende Erklärung einer Person, die auf Grund ihrer früheren dienstlichen Stellung im Bezirk des Antragstellers von der Ablegung der Prüfung oder dem Erwerb des Befähigungsnachweises Kenntnis hat, oder
2. durch schriftliche, an Eides Statt abzugebende Erklärungen von zwei Personen, die von der Ablegung der Prüfung oder dem Erwerb des Befähigungsnachweises eigene Kenntnisse haben.

(5) Die Bescheinigung gemäß Absatz 3 hat im Rechtsverkehr dieselbe Wirkung wie die Urkunde über die abgelegte Prüfung oder den erworbenen Befähigungsnachweis.

Überblick

Die Norm regelt die Anerkennung von Prüfungen und Befähigungsnachweise von Spätaussiedlern. Abs. 1 und Abs. 2 differenzieren danach, wo die Prüfungen und Befähigungsnachweise abgelegt worden sind.

A. Grundsatz der Anerkennung

Ohne Weiteres anzuerkennen sind die bis zum 8.5.1945 im Gebiet des Deutschen Reiches 1 erworbenen Nachweise.

B. Gleichwertigkeit

Bei Gleichwertigkeit auch alle, die in den Aussiedlungsgebieten erworben worden sind. 2

C. Beweiserleichterungen

Abs. 3–5 regeln Beweiserleichterungen für den Fall, dass Nachweise verloren gegangen sind. 3

§ 11 Leistungen bei Krankheit

(1) Wer als Spätaussiedler aus den Aussiedlungsgebieten innerhalb von zwei Monaten nach dem Verlassen dieser Gebiete im Geltungsbereich dieses Gesetzes seinen ständigen Aufenthalt genommen hat, erhält einmalig Leistungen wie ein Versicherter der gesetzlichen Krankenversicherung, wenn der Leistungsgrund am Tag der Aufenthaltsnahme gegeben ist oder innerhalb von drei Monaten danach eintritt.

(2) [1]Die Leistungen bei Krankheit nach den §§ 27 bis 43a des Fünften Buches Sozialgesetzbuch sowie Zuschüsse zur Versorgung mit Zahnersatz nach § 55 des Fünften Buches Sozialgesetzbuch und die im Zusammenhang mit diesen Leistungen notwendigen Fahrkosten (§ 60 des Fünften Buches Sozialgesetzbuch) werden längstens für die ersten 78 Wochen von dem Tag der Aufenthaltsnahme im Geltungsbereich dieses Gesetzes an gewährt, die anderen Leistungen bis zum Ablauf der Frist von drei Monaten nach Absatz 1 Satz 1. [2]Auf Mutterschaftsgeld nach § 24i des Fünften Buches Sozialgesetzbuch und auf Krankengeld nach § 24b Absatz 2 Satz 2 und den §§ 44 bis 51 des Fünften Buches Sozialgesetzbuch besteht kein Anspruch.

(3) Auf eine Leistung nach Absatz 1 besteht kein Anspruch, wenn die Berechtigten hierauf einen Anspruch, nach anderen gesetzlichen Vorschriften haben.

(4) [aufgehoben]

(5) [1]Die Leistungen gewährt die nach § 173 des Fünften Buches Sozialgesetzbuch für die Durchführung der gesetzlichen Krankenversicherung gewählte Krankenkasse. [2]Soweit die Wahl einer Krankenkasse von einem Wohnort abhängig ist, gilt als Wohnort ein Ort in dem Bundesland, das nach § 8 für den Spätaussiedler als Aufnahmeland festgelegt ist oder festgelegt wird. [3]Wird das Wahlrecht nach Satz 1 nicht ausgeübt, wählt das Bundesverwaltungsamt oder eine von ihm benannte Stelle eine Krankenkasse.

(5a) [1]Berechtigte, die eine Leistung nach den Absätzen 1 bis 4 in Anspruch nehmen, haben dem Leistungserbringer vor Inanspruchnahme der Leistung einen Berechtigungsschein der nach Absatz 5 zuständigen Krankenkasse auszuhändigen. [2]In dringenden

Fällen kann der Berechtigungsschein nachgereicht werden. [3]Ärzte, Zahnärzte, Krankenhäuser, Apotheken und sonstige Leistungserbringer haben für Leistungen nach Absatz 1 nur Anspruch auf die Vergütung, die sie erhalten würden, wenn der Spätaussiedler Versicherter der gesetzlichen Krankenversicherung wäre.

(6) *[aufgehoben]*

(7) [1]Bei Gewährung der Leistungen gelten die §§ 61 und 62 des Fünften Buches Sozialgesetzbuch über Zuzahlungen und Belastungsgrenze entsprechend. [2]Ferner sind hierbei und bei der Erstattung des Aufwands der Krankenkassen untereinander für den Fall, dass eine Versicherung nicht bei der Krankenkasse zustande kommt, die die Leistungen nach § 11 erbracht hat, das Erste und Zehnte Buch Sozialgesetzbuch entsprechend anzuwenden; für die Erstattung der Krankenkassen untereinander gilt § 103 des Zehnten Buches Sozialgesetzbuch entsprechend.

(7a) *[aufgehoben]*

(8) Für Rechtsstreitigkeiten auf Grund der Vorschriften der Absätze 1 bis 7a ist der Rechtsweg zu den Gerichten der Sozialgerichtsbarkeit gegeben.

Überblick

Die Norm regelt abschließend subsidiäre und zeitlich begrenzte Leistungen im Krankheitsfall.

A. Subsidiarität der Leistung

1   Leistungen im Krankheitsfall werden nur subsidiär für den Fall geleistet, wenn nach anderen gesetzlichen Vorschriften kein anderer Anspruch besteht.

B. Zeitliche Begrenzung

2   Leistungen im Krankheitsfall werden nur zeitlich begrenzt geleistet, längstens für die ersten 78 Wochen vom Tag der Aufenthaltnahme in Deutschland an.

C. Allgemeine Verwaltungsvorschrift

3   Einzelheiten regelt die Allgemeine Verwaltungsvorschrift zur Durchführung des § 11 BVFG v. 6.5.1993 (BAnz. 1993 Nr. 92, 4567).

§ 12 (weggefallen)

§ 13 Gesetzliche Rentenversicherung, gesetzliche Unfallversicherung

Die Rechtsstellung der Spätaussiedler in der gesetzlichen Rentenversicherung und der gesetzlichen Unfallversicherung richtet sich nach dem Fremdrentengesetz.

1   Die Norm verweist zur Rechtstellung des Spätaussiedlers in der gesetzlichen Renten- und Unfallversicherung auf das FRG (Fremdrentengesetz v. 25.2.1960, BGBl. I 93).

2   Der Verweis auf das Fremdrentenrecht gilt **nur für den Spätaussiedler.** Ehegatten und Abkömmlinge von Spätaussiedlern werden von den Vergünstigungen des Fremdrentenrechts nicht erfasst. Das gilt auch für die sonstigen Familienangehörigen des Spätaussiedlers.

§ 14 Förderung einer selbständigen Erwerbstätigkeit

(1) [1]Spätaussiedlern ist die Begründung und Festigung einer selbständigen Erwerbstätigkeit in der Landwirtschaft, im Gewerbe und in freien Berufen zu erleichtern. [2]Zu diesem Zweck können die Gewährung von Krediten zu günstigen Zins-, Tilgungs- und Sicherungsbedingungen sowie Zinsverbilligungen und Bürgschaftsübernahmen vorgesehen werden.

(2) [1]Bei der Vergabe von Aufträgen durch die öffentliche Hand sind Spätaussiedler in den ersten zehn Jahren nach Verlassen der Aussiedlungsgebiete bevorzugt zu berücksichtigen. [2]Entsprechendes gilt für Unternehmen, an denen Spätaussiedler mit mindestens der Hälfte des Kapitals beteiligt sind, sofern diese Beteiligung und eine Mitwirkung an der Geschäftsführung für mindestens sechs Jahre sichergestellt sind.

(3) Finanzierungshilfen der öffentlichen Hand sollen unter der Auflage gegeben werden, dass die Empfänger dieser Hilfen sich verpflichten, bei der Vergabe von Aufträgen entsprechend Absatz 2 zu verfahren.

(4) Rechte und Vergünstigungen als Spätaussiedler nach den Absätzen 1 und 2 kann nicht mehr in Anspruch nehmen, wer in das wirtschaftliche und soziale Leben im Geltungsreich des Gesetzes in einem nach seinen früheren wirtschaftlichen und sozialen Verhältnissen zumutbaren Maße eingegliedert ist.

(5) [1]Spätaussiedler, die glaubhaft machen, dass sie vor der Aussiedlung ein Handwerk als stehendes Gewerbe selbständig betrieben oder die Befugnis zur Anleitung von Lehrlingen besessen haben, sind auf Antrag bei der für den Ort ihres ständigen Aufenthaltes zuständigen Handwerkskammer in die Handwerksrolle einzutragen. [2]Für die Glaubhaftmachung ist § 10 Abs. 3 und 4 entsprechend anzuwenden.

Die Regelungen zur Förderung der selbstständigen Erwerbstätigkeit von Spätaussiedlern sind 1 weitgehend programmatisch und haben kaum noch einen praktischen Anwendungsfall. Auf eine ausführliche Kommentierung wird daher verzichtet.

§ 15 Bescheinigungen

(1) [1]Das Bundesverwaltungsamt stellt Spätaussiedlern zum Nachweis ihrer Spätaussiedlereigenschaft eine Bescheinigung aus. [2]Eine Wiederholung des Gesprächs im Sinne von § 6 Abs. 2 Satz 3 findet hierbei nicht statt. [3]Bei Personen, die das 16. Lebensjahr vollendet haben, beteiligt das Bundesverwaltungsamt vor Erteilung der Bescheinigung den Bundesnachrichtendienst, das Bundesamt für Verfassungsschutz, den Militärischen Abschirmdienst, die Bundespolizei, das Bundeskriminalamt und das Zollkriminalamt, wenn dies zur Feststellung von Ausschlussgründen nach § 5 Nr. 1 Buchstabe d und e geboten ist. [4]Die Entscheidung über die Ausstellung der Bescheinigung ist für Staatsangehörigkeitsbehörden und alle Behörden und Stellen verbindlich, die für die Gewährung von Rechten oder Vergünstigungen als Spätaussiedler nach diesem oder einem anderen Gesetz zuständig sind. [5]Hält eine Behörde oder Stelle die Entscheidung des Bundesverwaltungsamtes über die Ausstellung der Bescheinigung nicht für gerechtfertigt, so kann sie nur ihre Änderung oder Aufhebung durch das Bundesverwaltungsamt beantragen.

(2) [1]Das Bundesverwaltungsamt stellt dem in den Aufnahmebescheid des Spätaussiedlers einbezogenen Ehegatten oder Abkömmling eine Bescheinigung zum Nachweis des Status nach Artikel 116 Abs. 1 des Grundgesetzes sowie seiner Leistungsberechtigung nach § 7 Abs. 2 Satz 1 aus. [2]Eine Bescheinigung nach Absatz 1 kann nur ausgestellt werden, wenn die Erteilung eines Aufnahmebescheides beantragt und nicht bestands- oder rechtskräftig abgelehnt worden ist. [3]Im Übrigen gilt Absatz 1 entsprechend.

(3) Über die Rücknahme und die Ausstellung einer Zweitschrift einer Bescheinigung entscheidet die Ausstellungsbehörde.

(4) [1]Eine Bescheinigung kann mit Wirkung für die Vergangenheit nur zurückgenommen werden, wenn sie durch arglistige Täuschung, Drohung oder Bestechung oder durch vorsätzlich unrichtige oder unvollständige Angaben, die wesentlich für ihre Ausstellung gewesen sind, erwirkt worden ist. [2]Die Rücknahme mit Wirkung für die Vergangenheit darf nur bis zum Ablauf von fünf Jahren nach Ausstellung der Bescheinigung erfolgen. [3]Hat die Rücknahme einer Bescheinigung nach Absatz 1 auch Auswirkungen auf die Rechtmäßigkeit von Bescheinigungen nach Absatz 2, so ist für jeden Betroffenen eine selbständige Ermessensentscheidung zu treffen. [4]Dabei ist das Maß der Beteiligung des Ehegatten oder Abkömmlings an einer arglistigen Täuschung, Drohung oder Bestechung oder an unrichtigen oder unvollständigen Angaben des Spätaussiedlers gegen die schutzwürdigen Belange des Ehegatten oder Abkömmlings, insbesondere unter Beachtung des Kindeswohls, abzuwägen. [5]Der Widerruf einer Bescheinigung ist nicht zulässig.

Überblick

§ 15 regelt im sog. Bescheinigungsverfahren den zweiten und entscheidenden Teil des vertriebenenrechtlichen Spätaussiedlerverfahrens. Es schließt sich an das sog. Aufnahmeverfahren an und wird ausschließlich in Deutschland betrieben. Abs. 1 (→ Rn. 1 ff.) und Abs. 2 (→ Rn. 14 ff.) regeln die Voraussetzungen für die Ausstellung von Bescheinigungen durch das Bundesverwaltungsamt; Abs. 3 und Abs. 4 regeln die Voraussetzungen für eine Rücknahme von erteilten Bescheinigungen.

A. Bescheinigungsverfahren für Spätaussiedler (Abs. 1)

1   Die Bescheinigung weist die Eigenschaft als Spätaussiedler nach. Außerdem stellt sie nachträglich fest, dass mit dem Verlassen des Herkunftsgebietes und der ständigen Aufenthaltnahme im Bundesgebiet von Gesetzes wegen die Eigenschaft als Statusdeutscher iSv Art. 116 Abs. 1 GG erworben wurde.

2   Die Bescheinigung ist von Amts wegen auszustellen und wird anlässlich der Registrierung in der Erstaufnahmeeinrichtung des Bundesverwaltungsamts in Friedland eingeleitet.

3   Vor Erteilung der Bescheinigung beteiligt das Bundesverwaltungsamt an Personen, die das 16. Lebensjahr vollendet haben, die in § 15 Abs. 1 S. 3 genannten Sicherheitsbehörden. Nach § 29 Abs. 1a S. 2 und S. 3 beträgt die Frist für die Antwort der beteiligten Sicherheitsbehörden nunmehr im Regelfall zehn Tage. Spätestens in drei Wochen soll die Überprüfung durch die jeweilige Behörde abgeschlossen sein. Liegen keine Ausschlussgründe und im Übrigen die gesetzlichen Voraussetzungen vor, stellt das Bundesverwaltungsamt unverzüglich nach Fristablauf die Bescheinigung aus.

4   Im Bescheinigungsverfahren sind grundsätzlich alle gesetzlichen Voraussetzungen für die Anerkennung als Spätaussiedler festzustellen. Die im Aufnahmeverfahren hierzu getroffenen Feststellungen sind ohne bindende Wirkung für das Bescheinigungsverfahren (BVerwG BeckRS 2001, 30187251).

5   Eine **Wiederholung** des Gesprächs nach § 6 Abs. 2 S. 3 findet jedoch nicht statt (vgl. § 15 Abs. 1 S. 2).

6   Die **Sprachfeststellungen** aus der Anhörung im Aufnahmeverfahren sind grundsätzlich für das Bescheinigungsverfahren zu übernehmen. Eine Anhörung iSv § 26 Abs. 1 Nr. 2 VwVfG zur Sprachfeststellung gem. § 6 Abs. 2 S. 3 ist aber erforderlich, wenn sie im Aufnahmeverfahren ausnahmsweise nicht stattgefunden hat.

7   Die Bescheinigung steht nur demjenigen zu, der in dem für die Ausstellung der Bescheinigung maßgeblichen Zeitpunkt die **Spätaussiedlereigenschaft** besitzt (BVerwG BeckRS 2002, 22900). Der Spätaussiedlerstatus wird, wenn alle gesetzlichen Voraussetzungen für den Erwerb erfüllt sind, mit der Begründung des ständigen Aufenthalts in der Bundesrepublik Deutschland erworben (BVerwG BeckRS 2002, 22900). Tatbestände, die den Erwerb des Spätaussiedlerstatus ausschließen (§ 5), müssen zu diesem Zeitpunkt erfüllt sein (BVerwG BeckRS 2002, 22900).

8   Solange die Spätaussiedlereigenschaft nicht von Gesetzes wegen beendet oder aufgehoben wird, existiert diese weiter fort, auch wenn die Voraussetzungen für ihren Erwerb nicht mehr erfüllt werden (BVerwG BeckRS 2002, 22900).

9   Mit der Ausstellung der Bescheinigung wird kraft Gesetzes die deutsche **Staatsangehörigkeit** erworben (§ 7 StAG). Dies gilt nicht für Spätaussiedler, welche die deutsche Staatsangehörigkeit bereits vorher (zB durch Geburt oder Einbürgerung) erworben haben.

10   Ist die Ausstellung einer Bescheinigung nach Abs. 1 bestands- oder rechtskräftig **abgelehnt** worden, steht fest, dass weder der Deutschen-Status iSv Art. 116 Abs. 1 GG gem. § 4 Abs. 3 S. 1 noch die deutsche Staatsangehörigkeit gem. § 7 StAG erworben worden sind. Ein früherer Erwerb der deutschen Staatsangehörigkeit auf andere Weise bleibt hiervon unberührt.

11   Ist die Ausstellung einer Bescheinigung abzulehnen, weil die gesetzlichen Voraussetzungen für die Anerkennung als Spätaussiedler nicht vollständig erfüllt werden, ist die **Rücknahme des Aufnahmebescheides** zu prüfen. Über die Entscheidungen sind das Bundesamt für Migration und Flüchtlinge, die zuständige Ausländer-, Staatsangehörigkeits- sowie Pass- und Personalausweisbehörde, die am Wohnort des Spätaussiedlerbewerbers zuständige Agentur für Arbeit oder die an ihrer Stelle für die Grundsicherung für Arbeitsuchende zuständige Stelle sowie die für die Gewährung von Leistungen an Spätaussiedler im Übrigen zuständigen Behörden oder Stellen zu informieren.

B. Sog. „Höherstufungsanträge"

Anträge von bereits nach Deutschland ausgesiedelten Personen, die vormals nach § 7 Abs. 2 **12** einbezogen worden sind und nunmehr unter Berufung auf das Zehnte Gesetz zur Änderung des Bundesvertriebenengesetzes (v. 6.9.2013, BGBl. I 3554) den Rechtsstatus eines Spätaussiedlers nach § 4 erhalten wollen (sog. Höherstufungsanträge), sind nach richtiger Ansicht abzulehnen. Die durch das Zehntes Gesetz zur Änderung des Bundesvertriebenengesetzes herbeigeführte Rechtserleichterung im Bereich der Spätaussiedleraufnahme zielte nicht darauf ab, die neue Rechtslage rückwirkend für alle bereits in Deutschland als Ehegatten und Abkömmlinge aufgenommenen Personen einzuführen und so vor allem auch ihnen nachträglich Fremdrentenansprüche einzuräumen. Vielmehr wollte der Gesetzgeber ausschließlich all denen eine zweite Chance zur Aussiedlung nach Deutschland eröffnen, die bislang noch nicht aussiedeln konnten. Dabei hat der Gesetzgeber insbesondere Personen im Blick, deren Aufnahmeanträge wegen des nicht gelungenen Nachweises familiärer Vermittlung oder wegen eines Gegen- oder fehlenden Bekenntnisses abgelehnt worden waren. Dieser Wille des Gesetzgebers ist aus Gleichbehandlungsgründen auch dann zu berücksichtigen, wenn Ehegatten und Abkömmlinge von Spätaussiedlern, die bereits seit Jahren Bescheinigungen nach § 15 Abs. 2 besitzen und deren Aufnahme abgeschlossen war, nunmehr erstmals vorbringen, sie seien Spätaussiedler (BVerwG BeckRS 2015, 50281; 2015, 50460). Sinn und Zweck der Gesetzesänderung war es, der Trennung von Familien entgegenzuwirken. Weder aus dem Wortlaut des Gesetzes noch aus den Materialien ergeben sich Anhaltspunkte dafür, dass der Gesetzgeber den Status der bereits in Deutschland lebenden Angehörigen von Spätaussiedlern verbessern wollte.

Auch Höherstufungsanträge von bereits nach Deutschland ausgesiedelten Personen, die auf **13** ausländerrechtlicher Grundlage ihren Wohnsitz in Deutschland begründet haben und nunmehr unter Berufung auf das Zehnte Gesetz zur Änderung des Bundesvertriebenengesetzes (v. 6.9.2013, BGBl. I 3554) den Rechtsstatus eines Spätaussiedlers anstreben, sind deshalb abzulehnen.

Umstritten ist die Frage nach dem Zeitpunkt der Geltendmachung des Antrages. Das Bundes- **13a** verwaltungsamt vertrat bislang die Rechtsauffassung, dass Antragsteller, die vor dem 1.1.2005 im Wege des Aufnahmeverfahrens als Ehegatten / Abkömmlinge iSd § 7 Abs. 2 nach Deutschland übergesiedelt waren und die ursprünglich einen (bislang nicht förmlich beschiedenen) Antrag auf Aufnahme als Spätaussiedler gestellt hatten, und die sich im Feststellungsverfahren darauf beschränkt haben, den Ehegatten- / Abkömmlingsstatus geltend zu machen, der ihnen durch Ausstellung einer Bescheinigung nach § 15 Abs. 2 antragsgemäß zugesprochen wurde, nicht zeitlich unbegrenzt bis zum Tod durch Stellung eines entsprechenden Feststellungsantrags geltend machen können, sie hätten mit der Aufnahme in Deutschland den Spätaussiedlerstatus iSd § 4 Abs. 1 erworben und ihnen bei Vorliegen der Voraussetzungen einen Bescheinigung nach § 15 Abs. 1 BVFG auszustellen ist. Das Bundesverwaltungsgericht hat nunmehr entschieden, dass diese Rechtsauffassung nicht zutreffend ist: Entgegen der Auffassung des Bundesverwaltungsamtes ließe sich ein generelles Erfordernis zeitnaher Geltendmachung des Spätaussiedlerstatus dem Gesetz nicht entnehmen. Eine solche Voraussetzung ergebe sich aus § 15 Abs. 1 S. 1 weder in der vor dem 1.1.2005 noch in der seither geltenden Fassung. Ein Erfordernis zeitnaher Antragstellung ließe sich in den von der Fragestellung erfassten Fällen auch nicht aus der Rechtsprechung des Bundesverwaltungsgerichts zum Härtefall-Aufnahmeantrag (§ 27 Abs. 1 S. 2) herleiten. Auch sei die Geltendmachung des Rechts nicht als verwirkt anzusehen: Allein der Umstand, dass ein Antragsteller nach Einreise im Wege des Aufnahmeverfahrens nur eine Bescheinigung als Abkömmling / Ehegatte gem. § 15 Abs. 2 beantragt hatte und bis zur Geltendmachung eines Spätaussiedlerstatus seither viele Jahre hat verstreichen lassen, rechtfertigt danach noch nicht die Annahme einer Verwirkung (vgl. BVerwG BeckRS 2018, 2925).

C. Bescheinigung von Ehegatten oder Abkömmlingen (Abs. 2)

I. Grundsätze

Dem **Ehegatten oder Abkömmling** eines Spätaussiedlers, der in den Aufnahmebescheid **14** des Spätaussiedlers rechtswirksam einbezogen war, ist von Amts wegen eine Bescheinigung zum Nachweis des Status nach Art. 116 Abs. 1 GG sowie der Leistungsberechtigung nach § 7 Abs. 2 auszustellen. Die Ausstellung der Bescheinigung ist nur zulässig, wenn die Bezugsperson im Zeitpunkt der Ausstellung Spätaussiedler ist.

Ehegatten und Abkömmlinge erwerben den Status nach Art. 116 Abs. 1 GG sowie die Leis- **15** tungsberechtigung nach § 7 Abs. 2 nur dann, wenn kein Ausschlussgrund nach § 5 vorliegt.

16   Eine Spätaussiedlerbescheinigung nach Abs. 1 wird einem einbezogenen Ehegatten oder Abkömmling nach § 15 Abs. 2 S. 2 nur ausgestellt, wenn die Ausstellung eines Aufnahmebescheides durch den Antragsteller **beantragt** und dieser Antrag **nicht bestands- oder rechtskräftig abgelehnt** worden ist und sofern im Übrigen das Vorliegen aller gesetzlichen Voraussetzungen festgestellt werden kann.

17   § 15 Abs. 2 S. 2 steht der Erteilung einer Bescheinigung als Spätaussiedler nach § 15 Abs. 1 an Personen, die als Ehegatten und Abkömmlinge von Spätaussiedlern eingereist sind, nicht umfassend entgegen. Sie ist jedenfalls möglich, wenn der Antragsteller vor Ausreise oder nach Ausreise im Wege des Härtefallverfahrens einen Aufnahmebescheid aus eigenem Recht beantragt hat. Die Durchführung dieses Antragsverfahrens ist allerdings nach Einreise nicht mehr notwendig, weil das Tatbestandsmerkmal „im Wege des Aufnahmeverfahrens" aus § 4 Abs. 1 durch die rechtswirksame Einbeziehung erfüllt wird.

II. Sog. „Umstufung"

18   Für einen Aufnahmebescheid besteht daher regelmäßig **kein Rechtsschutzbedürfnis** (vgl. BVerwG BeckRS 2015, 50281). § 15 Abs. 2 S. 2 liefe aber leer, wenn nach Einreise des Einbezogenen durch jeden („Härtefall"-) Antrag auf eine Bescheinigung aus eigenem Recht die Möglichkeit der Einstufung als Spätaussiedler eröffnet würde. Ziel des Gesetzgebers war es gerade, die regelmäßige „Umstufung" zu verhindern. Dies ist ein Gebot der Rechtsklarheit auch für die miteinreisenden Personen. Denn Status, Leistungsberechtigung und Nachzugsansprüche hängen unmittelbar von der Einstufung der die Einreise vermittelnden Person ab. Die Klärung des Rechtsstatus der einreisenden Personen vor Einreise ist daher ein unmittelbares Gebot der Transparenz des Aufnahmeverfahrens. Die Pflicht zur Klärung des Rechtsstatus vor Ausreise, deren Ausprägung § 15 Abs. 2 S. 2 darstellt, wird daher durch eine bloß förmliche Antragstellung nicht erfüllt. Wer bspw. unmittelbar wenige Tage vor Ausreise mit einem Einbeziehungsbescheid noch einen Aufnahmeantrag stellt, ohne dessen Ausgang im Herkunftsgebiet abwarten zu wollen, oder nach Einreise die Aufnahme aus eigenem Recht, sei es im Härtefall- oder im Bescheinigungsverfahren, beantragt, obwohl er die Erteilung des Bescheides im Herkunftsgebiet hätte abwarten können und eine Härte nicht vorliegt, handelt rechtsmissbräuchlich, sodass eine Umstufung regelmäßig nicht möglich ist.

§ 16 Datenschutz

¹**Für die Verfahren nach § 15 gilt § 29 Abs. 1 und 1a entsprechend.** ²**Die in diesen Verfahren gespeicherten Daten dürfen auf Ersuchen zur Durchführung von Verfahren zur Gewährung von Leistungen nach diesem Gesetz sowie zur Feststellung der Rechtsstellung als Deutscher nach Artikel 116 Abs. 1 des Grundgesetzes übermittelt und innerhalb derselben Behörde weitergegeben werden, wenn dies erforderlich ist.** ³**Wird eine ganz oder teilweise ablehnende Entscheidung nach § 15 getroffen oder eine Entscheidung nach § 15 ganz oder teilweise zurückgenommen oder widerrufen, werden alle Stellen, die Personen im Sinne der §§ 1 bis 4 Rechte einräumen, Vergünstigungen oder Leistungen gewähren, und die Staatsangehörigkeits- sowie Pass- und Personalausweisbehörde von der Entscheidung unterrichtet.** ⁴**Dabei dürfen mitgeteilt werden:**
1. **Namen einschließlich früherer Namen,**
2. **Tag und Ort der Geburt,**
3. **Anschrift,**
4. **Tag der Entscheidung und Eintritt der Rechtsbeständigkeit.**

1   Die Norm regelt den Datenschutz im Bescheinigungsverfahren. Von einer Kommentierung der datenschutzrechtlichen Regelungen wird wegen fehlender Praxisrelevanz abgesehen.

§§ 17-20 (weggefallen)

Dritter Abschnitt. Behörden und Beiräte

§§ 21-25 (weggefallen)

Vierter Abschnitt. Aufnahme

§ 26 Aufnahmebescheid

Personen, die die Aussiedlungsgebiete als Spätaussiedler verlassen wollen, um im Geltungsbereich dieses Gesetzes ihren ständigen Aufenthalt zu nehmen, wird nach Maßgabe der folgenden Vorschriften ein Aufnahmebescheid erteilt.

§ 26 ist Einleitungsnorm zum sog. Aufnahmeverfahren (§§ 26–29) und führt den vertriebenen- 1 rechtlichen Begriff des Aufnahmebescheids ein.

Die Einleitungsnorm bestimmt, dass zum Erwerb des Rechtsstatus eines Spätaussiedlers ein 2 **Aufnahmebescheid** erforderlich ist.

Ein Anspruch auf die Erteilung eines Aufnahmebescheides besteht nur nach Maßgabe der 3 näheren einfachgesetzlichen Regelung in § 27, nicht jedoch aus Art. 116 Abs. 1 GG.

Der Aufnahmebescheid hat keine den Deutschen-Status endgültig feststellende Funktion; eine 4 abschließende Prüfung erfolgt erst im Bescheinigungsverfahren (vgl. BVerwG BeckRS 2001, 30187251).

§ 27 Anspruch

(1) ¹Der Aufnahmebescheid wird auf Antrag Personen mit Wohnsitz in den Aussiedlungsgebieten erteilt, die nach Begründung des ständigen Aufenthalts im Geltungsbereich des Gesetzes die Voraussetzungen als Spätaussiedler erfüllen (Bezugspersonen). ²Abweichend hiervon kann Personen, die sich ohne Aufnahmebescheid im Geltungsbereich des Gesetzes aufhalten, ein Aufnahmebescheid erteilt oder es kann die Eintragung nach Absatz 2 Satz 1 nachgeholt werden, wenn die Versagung eine besondere Härte bedeuten würde und die sonstigen Voraussetzungen vorliegen. ³Der Wohnsitz im Aussiedlungsgebiet gilt als fortbestehend, wenn ein Antrag nach Satz 2 abgelehnt wurde und der Antragsteller für den Folgeantrag nach Satz 1 erneut Wohnsitz in den Aussiedlungsgebieten begründet hat.

(2) ¹Der im Aussiedlungsgebiet lebende Ehegatte, sofern die Ehe seit mindestens drei Jahren besteht, oder der im Aussiedlungsgebiet lebende Abkömmling werden zum Zweck der gemeinsamen Aussiedlung in den Aufnahmebescheid der Bezugsperson einbezogen, wenn in ihrer Person kein Ausschlussgrund im Sinne des § 5 vorliegt und die Bezugsperson die Einbeziehung ausdrücklich beantragt; Ehegatten und volljährige Abkömmlinge müssen auch Grundkenntnisse der deutschen Sprache besitzen. ²Die Einbeziehung wird nachgeholt, wenn ein Abkömmling einer Bezugsperson nicht mehr im Aussiedlungsgebiet, sondern während des Aussiedlungsvorganges und vor Ausstellung der Bescheinigung nach § 15 Absatz 1 geboren wird. ³Abweichend von Satz 1 kann der im Aussiedlungsgebiet verbliebene Ehegatte oder Abkömmling eines Spätaussiedlers, der seinen ständigen Aufenthalt im Geltungsbereich des Gesetzes hat, nachträglich nach Satz 1 in den Aufnahmebescheid des Spätaussiedlers einbezogen werden, wenn die sonstigen Voraussetzungen vorliegen. ⁴Die Einbeziehung von minderjährigen Abkömmlingen in den Aufnahmebescheid ist nur gemeinsam mit der Einbeziehung der Eltern oder des sorgeberechtigten Elternteils zulässig. ⁵Ein Ehegatte oder volljähriger Abkömmling wird abweichend von Satz 1 einbezogen, wenn er wegen einer körperlichen, geistigen oder seelischen Krankheit oder wegen einer Behinderung im Sinne des § 2 Absatz 1 Satz 1 des Neunten Buches Sozialgesetzbuch keine Grundkenntnisse der deutschen Sprache besitzen kann. ⁶Die Einbeziehung in den Aufnahmebescheid wird insbesondere dann unwirksam, wenn die Ehe aufgelöst wird, bevor beide Ehegatten die Aussiedlungs-

gebiete verlassen haben, oder die Bezugsperson verstirbt, bevor die einbezogenen Personen Aufnahme im Sinne von § 4 Absatz 3 Satz 2 gefunden haben.

(3) [1]Der Antrag auf Wiederaufgreifen eines unanfechtbar abgeschlossenen Verfahrens auf Erteilung eines Aufnahmebescheides oder auf Einbeziehung ist nicht an eine Frist gebunden. [2]§ 8 Absatz 2 und § 9 Absatz 4 Satz 2 gelten für Familienangehörige der nach Absatz 2 Satz 3 nachträglich einbezogenen Personen entsprechend.

(4) [1]Für jedes Kalenderjahr dürfen so viele Aufnahmebescheide erteilt werden, dass die Zahl der aufzunehmenden Spätaussiedler, Ehegatten und Abkömmlinge die Zahl der vom Bundesverwaltungsamt im Jahre 1998 verteilten Personen im Sinne der §§ 4, 7 nicht überschreitet. [2]Das Bundesverwaltungsamt kann hiervon um bis zu 10 vom Hundert nach oben oder unten abweichen.

Überblick

§ 27 regelt das vertriebenenrechtliche Aufnahmeverfahren. Bei dem Aufnahmeverfahren handelt es sich um das grundsätzlich aus dem Herkunftsland zu betreibende Verfahren, bei dem das Bundesverwaltungsamt prüft, ob für eine Aussiedlung als Spätaussiedler die Voraussetzungen erfüllt werden. Im zweiteiligen vertriebenenrechtlichen Verfahren bildet es den ersten Verfahrensabschnitt; es wird daher auch „Aufnahmeverfahren im engeren Sinne" genannt. Soweit es positiv mit der Erteilung eines Aufnahmebescheides endet, schließt sich dann das Registrier- und Bescheinigungsverfahren an (vgl. § 15).

Übersicht

A. Regelungssystematik und Grundsätze

1   Abs. 1 regelt die Aufnahme von Spätaussiedlern.

2   Abs. 2 regelt die akzessorische Aufnahme von Ehegatten und Abkömmlingen durch eine Einbeziehung in den Aufnahmebescheid des Spätaussiedlers. Dafür gibt es drei Möglichkeiten:
• die Einbeziehung im Regelaufnahmeverfahren nach § 27 Abs. 2 S. 1,
• die Härtefalleinbeziehung nach § 27 Abs. 1 S. 2 iVm Abs. 2 S. 1 und
• die härtefallunabhängige Einbeziehung bei Familientrennungen nach § 27 Abs. 2 S. 3.

3   Abs. 3 regelt den Wegfall der Frist bei Wiederaufgreifensanträgen.

4   Abs. 4 sieht eine zahlenmäßige Höchstquote an positiven Aufnahmebescheiden vor.

B. Das Aufnahmeverfahren beim Spätaussiedler (Abs. 1)

I. Antragsverfahren

5   Die Erteilung eines Aufnahmebescheides setzt einen **Antrag** des Spätaussiedlerbewerbers voraus.

II. Niederlassung ohne Aufnahmebescheid

Wer sich im Bundesgebiet **ohne Aufnahmebescheid** niederlässt, kann grundsätzlich nicht **6** Spätaussiedler werden. Er muss das Bundesgebiet grundsätzlich verlassen und das Aufnahmeverfahren aus dem Aussiedlungsgebiet betreiben.

III. Niederlassung ohne Aufnahmebescheid bei „besonderer Härte"

1. Grundsätze

Ausnahmsweise kann einem Spätaussiedlerbewerber, der sich in Deutschland aufhält, auf einen **7** in engem zeitlichen Zusammenhang mit der Niederlassung gestellten Antrag ein Aufnahmebescheid erteilt (§§ 26, 27 Abs. 1 S. 2 Alt. 1, Abs. 1 S. 1) oder bei Ehegatten und Abkömmlingen die Einbeziehung nachgeholt werden (§ 27 Abs. 1 S. 2 Alt. 2, Abs. 2 S. 1), wenn die Versagung eine **besondere Härte** bedeuten würde **und die sonstigen Voraussetzungen** vorliegen.

Es muss der **Wille** gegeben sein, die Aussiedlungsgebiete als Spätaussiedler verlassen zu wollen; **8** der Spätaussiedlerbewerber darf sein Aussiedlungsgebiet mithin nicht aus vertreibungsfremden Gründen verlassen haben.

Der Antrag auf nachträgliche Erteilung eines Härtefall-Aufnahmebescheides muss in einem **9** **hinreichend engen zeitlichen Zusammenhang** mit der Ausreise erfolgen. Je länger der zeitliche Abstand zwischen Ausreisedatum und dem Auftreten der härtebegründenden Umstände ist, desto weniger kann von einer Unzumutbarkeit gesprochen werden. Eine besondere Härte liegt in der Regel nicht mehr vor, wenn der Aufnahmeantrag später als ein Jahr nach Ausreise gestellt wird (grdl. BVerwGE 145, 249 = BeckRS 2013, 46729).

2. Tatbestandsmerkmal „besondere Härte"

Bei dem Tatbestandsmerkmal „**besondere Härte**" handelt es sich um einen gerichtlich voll **10** überprüfbaren unbestimmten Rechtsbegriff. Maßgeblich ist der Sinn und Zweck des Aufnahmeverfahrens: Durch die vorläufige Prüfung der gesetzlichen Voraussetzungen für die Anerkennung als Spätaussiedler oder die Einbeziehung von Familienangehörigen in den Aufnahmebescheid vor der Aussiedlung sollen die mit der Aufnahme verbundenen innerstaatlichen Belastungen und unberechtigte, aus Rechtsgründen nicht zu erfüllende Erwartungen in den Aussiedlungsgebieten vermieden und dadurch der Spätaussiedlerzuzug im Interesse der Erhaltung seiner Akzeptanz möglichst auf die nach dem Gesetz Berechtigten begrenzt werden.

Die Beachtung der Regelungen des Aufnahmeverfahrens kann jedoch im Einzelfall zu einem **11** Ergebnis führen, das dem Gesetzeszweck nicht mehr entspricht. Die Härtevorschrift soll dann ein Ergebnis ermöglichen, das dem Regelergebnis in seiner grundsätzlichen Zielsetzung gleichwertig ist. Dies kann der Fall sein, wenn der mit dem Aufnahmeverfahren verfolgte Zweck durch ein Verlassen der Aussiedlungsgebiete vor Abschluss des Aufnahmeverfahrens nicht beeinträchtigt wird (BVerwG BeckRS 9998, 171326).

Eine besondere Härte ist anzunehmen, wenn die Beachtung der Regelungen des Aufnahmever- **12** fahrens zu einem Ergebnis führen würde, das gerade mit Rücksicht auf den Gesetzeszweck auf Grund besonderer Umstände in hohem Maße **unbillig** wäre.

Eine besondere Härte kann sich nicht nur aus der individuellen Situation des Einzelnen, sondern **13** auch aus einer **dramatischen Veränderung der kollektiven Lage der Betroffenen** in den einzelnen Aussiedlungsgebieten ergeben. Dies kann im Einzelfall bei Bürgerkrieg angenommen werden (vgl. BVerwGE 110, 99 (104) = BeckRS 1999, 30082980).

Eine besondere Härte liegt auch vor, wenn das Durchsetzen der Verpflichtung, den Abschluss **14** des Aufnahmeverfahrens im Aussiedlungsgebiet abzuwarten, **Wertentscheidungen des Grundgesetzes** widersprechen würde (BVerwG BeckRS 1999, 30082998). Unter Berücksichtigung des in Art. 6 Abs. 1 GG begründeten Schutzes der Ehe und Familie braucht deshalb der Abschluss des Aufnahmeverfahrens im Aussiedlungsgebiet dann nicht abgewartet werden, wenn infolgedessen der in der Bundesrepublik Deutschland bereits lebende deutsche Ehepartner auf nicht absehbare Zeit von seinem Ehepartner getrennt leben müsste und die Ehe bei Verlassen des Aussiedlungsgebiets bereits bestand (BVerwG BeckRS 1999, 30082998). Wird die Ehe nach Verlassen des Aussiedlungsgebiets in der Bundesrepublik Deutschland geschlossen, kann dies dann als Härtegrund zu berücksichtigen sein, wenn beide Ehepartner Deutsche (iSv Art. 116 Abs. 1 GG) sind (BVerwG BeckRS 1999, 30082980).

Eine besondere Härte liegt auch dann vor, wenn der Aufnahmebewerber erwiesenermaßen **15** **deutscher Staatsangehöriger** ist (BVerwG BeckRS 2005, 26015).

16   Eine besondere Härte ist regelmäßig in den folgenden Fällen **zu verneinen:**
- bei verfahrensbedingter Härte (vgl. BVerwG BeckRS 2009, 31543),
- bei bloßen Vermögensschäden bzw. -verlusten (OVG NRW BeckRS 1996, 13832),
- bei Einberufung zum Militärdienst im Aussiedlungsgebiet (OVG NRW BeckRS 1996, 121630),
- bei politischer Verfolgung ohne Bezug zur deutschen Volkszugehörigkeit (OVG NRW v. 11.2.1995 – 2 A 641/93),
- bei einem langjährigen Aufenthalt in Deutschland (OVG NRW v. 18.8.1997 – 2 A 4920/94).

17   Auf eine besondere Härte mit Blick auf den verfassungsrechtlichen Schutz von Ehe und Familie kann sich ein Ehepartner auch dann nicht berufen, wenn einer der beiden das Aussiedlungsgebiet im Wege des vertriebenenrechtlichen Verfahrens verlässt und den anderen zurücklässt (vgl. BVerwG BeckRS 2018, 3835 Rn. 23 ff.).

18   Die Voraussetzungen für die Annahme eines Härtegrundes müssen **nicht vor Verlassen** des Aussiedlungsgebiets erfüllt gewesen sein. Vielmehr ist darauf abzuheben, ob nach Verlassen des Aussiedlungsgebiets eingetretene Umstände eine Rückkehr dorthin zum Zwecke der Durchführung des Aufnahmeverfahrens in hohem Maße unzumutbar machen (BVerwG BeckRS 1999, 30082980).

19   Bei Prüfung einer nachträglichen Einbeziehung eines Familienangehörigen der Bezugsperson (dh des Ehegatten oder der Abkömmlinge der Bezugsperson) müssen Härtegründe nicht mehr vorliegen.

3. Tatbestandsmerkmal „Vorliegen der sonstigen Voraussetzungen"

20   Neben der Aufenthaltnahme im Bundesgebiet und der besonderen Härte müssen für den **Spätaussiedlerbewerber** auch alle übrigen für die Erteilung des Aufnahmebescheides notwendigen Voraussetzungen vorliegen.

21   Maßgeblich ist dabei das im Zeitpunkt der Aufenthaltnahme geltende Recht (BVerwG BeckRS 2015, 50281).

22   Für **einzubeziehende Ehegatten oder Abkömmlinge** meint die Tatbestandsvoraussetzung, dass „die sonstigen Voraussetzungen vorliegen", dass die Bezugsperson den Einbeziehungsantrag vor Verlassen des Aussiedlungsgebietes gestellt hat (BVerwG Urt. v. 25.5.2002 – 5 B 26.00).

23   Zu dem sonstigen Voraussetzungen der nachträglichen Einbeziehung gehört auch, dass die **Ehe** mit dem einzubeziehenden Ehegatten seit mindestens drei Jahren besteht (§ 27 Abs. 2 S. 1), der einzubeziehende Ehegatte oder der volljährige Abkömmling **Grundkenntnisse der deutschen Sprache** besitzt (§ 27 Abs. 2 S. 1 Hs. 2) und **kein Ausschlussgrund** iSv § 5 vorliegt.

24   Sämtliche Voraussetzungen müssen zum Zeitpunkt der Aussiedlung der einbezogenen Person vorliegen.

25   Abkömmlinge von Aufnahmebescheidinhabern, die nicht mehr im Aussiedlungsgebiet, sondern während des Aussiedlungsvorganges und vor Ausstellung der Bescheinigung nach § 15 geboren werden, werden immer nachträglich einbezogen (vgl. § 27 Abs. 2 S. 2).

C. Das Aufnahmeverfahren bei Ehegatten oder Abkömmlingen eines Spätaussiedlers (sog. Einbeziehung)

I. Grundsatz

26   Die Einbeziehung des Ehegatten oder Abkömmlings eines Spätaussiedlerbewerbers in dessen Aufnahmebescheid ist nur zulässig, wenn dies von dem Spätaussiedlerbewerber selbst ausdrücklich beantragt worden ist. Eine **Unterstellung** der Antragstellung ist daher unzulässig.

27   Der Antrag ist auch **neben** einem von der einzubeziehenden Person gestellten Antrag auf Ausstellung eines Aufnahmebescheides zulässig.

28   Aus der Akzessorietät der Einbeziehung nach § 27 Abs. 1 S. 1 („zum Zweck der gemeinsamen Aussiedlung") folgt, dass Rechte aus ihr nicht mehr hergeleitet werden können, wenn und soweit eine gemeinsame Aussiedlung des Spätaussiedlers mit den zu diesem Zweck in seinem Interesse begünstigten Familienangehörigen nicht mehr möglich ist. Dies gilt bspw. für den Fall der **Auflösung der Ehe**. Auch nach dem **Tod der Bezugsperson** ist die Einbeziehung in deren Aufnahmebescheid nicht mehr möglich, wobei unerheblich ist, ob die Bezugsperson vor Aussiedlung in den Aussiedlungsgebieten oder nach Aussiedlung in der Bundesrepublik Deutschland verstirbt (BVerwG BeckRS 9998, 171334).

II. Grundkenntnisse der deutschen Sprache

1. Grundsätze

Die Einbeziehung setzt bei Ehegatten und volljährigen Abkömmlingen **Grundkenntnisse der** 29
deutschen Sprache voraus. Davon ist auszugehen, wenn die deutsche Sprache in Wort und
Schrift als Anfänger so beherrscht wird, dass alltägliche Ausdrücke und einfache Sätze, die auf die
Befriedigung konkreter Bedürfnisse zielen, verstanden und verwendet werden. Grundkenntnisse
liegen vor, wenn ein Sprachniveau der Stufe A 1 des „Gemeinsamen europäischen Referenzrahmens für Sprachen: Lernen, lehren und beurteilen" des Europarates 2 erreicht ist (vgl. OVG NRW
BeckRS 2005, 31218).

Grundkenntnisse der deutschen Sprache können im Aufnahmeverfahren durch Vorlage eines 30
Zeugnisses über das Bestehen der Prüfung „**Start Deutsch 1**" des Goethe-Instituts eV nachgewiesen werden (vgl. VG Köln BeckRS 2014, 48256). Im Übrigen sind sie grundsätzlich im Rahmen
einer Anhörung (§ 28 Abs. 1, § 26 Abs. 1 Nr. 2 VwVfG), dem sog. Sprachstandstest, festzustellen.

Bei Ehegatten, die das 60. Lebensjahr vollendet haben, reicht es aus, wenn in dem Sprachstands- 31
test „Start Deutsch 1" mindestens **52 Punkte** erreicht werden, sofern das Erlernen des Deutschen
durch den Bildungsstand oder vergleichbare Lebensumstände besonders erschwert wird. Diese
Privilegierung gilt nur für Ehegatten des Spätaussiedlers (vgl. § 7 Abs. 2), nicht aber für die
Ehegatten von Abkömmlingen von Spätaussiedlern iSv § 8 Abs. 2.

2. Entbehrlichkeit der Sprachkenntnisse bei Minderjährigen

Minderjährige Abkömmlinge sind von der Pflicht zum Nachweis von Deutschkenntnissen 32
befreit. Die Einbeziehung von minderjährigen Abkömmlingen ohne Nachweis von Grundkenntnissen der deutschen Sprache wird unter der auflösenden Bedingung der Vollendung des
18. Lebensjahres erteilt.

Die vom Familienangehören geforderten Grundkenntnisse der deutschen Sprache für Härtefal- 33
leinbeziehungen nach § 27 Abs. 1 iVm Abs. 2 S. 1 müssen nach höchstrichterlicher Rechtsprechung schon **bei dessen Einreise** nach Deutschland vorliegen (vgl. BVerwG BeckRS 2018, 3835
Rn. 14).

3. Entbehrlichkeit der Sprachkenntnisse bei Behinderung

Ausnahmsweise wird ohne Grundkenntnisse der deutschen Sprache einbezogen, wer wegen 34
einer **Behinderung** (vgl. § 6 Abs. 2) keine Grundkenntnisse der deutschen Sprache besitzen kann.
Die Behinderung oder Krankheit ist durch ärztliches Attest zu belegen.

Die Behinderung muss ursächlich dafür sein, dass die Person keine Grundkenntnisse der deut- 35
schen Sprache besitzen kann. Hiervon ist auszugehen, wenn es ihr innerhalb ihres persönlichen
Lebenskreises unzumutbar war, die deutsche Sprache zu erlernen. Wer lediglich besondere Belastungen auf sich nehmen muss, um trotz der Behinderung Grundkenntnisse der deutschen Sprache
zu erwerben, kann diese besitzen.

Die erforderliche **Kausalität** fehlt in der Regel bei Personen, die Russisch in Wort und Schrift 36
beherrschen. Es ist davon auszugehen, dass sie entsprechende Deutschkenntnisse erwerben können.
Die Behauptung, aufgrund der Behinderung oder Krankheit sei gerade das Erlernen einer weiteren
Sprache unmöglich, ist zu belegen.

D. Die nachträgliche härtefallunabhängige Einbeziehung

§ 27 Abs. 2 S. 3, Abs. 3 S. 1 und S. 2 regelt die **nachträgliche härtefall-unabhängige** 37
Einbeziehung von Ehegatten und Abkömmlingen, die im Aussiedlungsgebiet verblieben sind,
durch bereits im Bundesgebiet lebende Spätaussiedler.

Voraussetzung ist, dass der Ehegatte oder Abkömmling des Spätaussiedlers **dauerhaft** im Aus- 38
siedlungsgebiet **verblieben** ist. Nicht umfasst sind bspw. durch spätere Ortswechsel, bspw. durch
Rückkehr ins Aussiedlungsgebiet, bedingte Familientrennungen. Auch soll nur den im Aussiedlungsgebiet Zurückgebliebenen eine nachholende Aussiedlung ermöglicht werden, nicht aber der
Zuzug aus jedem Land der Welt. Dies ist Ausfluss der vertriebenenrechtspolitischen Zielsetzung
des BVFG, nur Personen aufgrund des kriegsfolgebedingten sog. Kriegsfolgedrucks Aufnahme in
ihrer historischen Heimat Deutschland zu gewähren. Das Bundesvertriebenenrecht ist nicht geeignet, humanitäre Notsituationen, die im Einzelfall durch diese Regelung für Familien entstehen
können, aufzufangen.

39   Auch müssen die **sonstigen Voraussetzungen** des vertriebenenrechtlichen Verfahrens vorliegen; das meint vor allem die notwendigen Sprachkenntnisse und das Fehlen von Ausschlussgründen nach § 5.

40   Diese Einbeziehung kann **jederzeit nachgeholt** werden. Eine gemeinsame Aussiedlung ist in diesen Fällen nicht erforderlich.

41   Diese Regelung verfolgt den **vertriebenenrechtlichen Zweck,** dauerhafte Familientrennungen zu vermeiden, die durch die Aussiedlung der Bezugsperson entstanden sind.

E. Wiederaufgreifensverfahren

42   Abs. 3 macht eine Ausnahme von der Drei-Monats-Frist des § 51 Abs. 3 S. 1 VwVfG.

F. Quotierung

43   Die Quotierung nach Abs. 4 ist in der Praxis irrelevant, da der jährliche Zuzug weit unter der Quotierungsgrenze bleibt.

§ 28 Verfahren

[1]Das Bundesverwaltungsamt führt das Aufnahmeverfahren durch und erteilt den Aufnahmebescheid. [2]Zur Feststellung von Ausschlussgründen nach § 5 Nr. 1 Buchstabe d und e beteiligt das Bundesverwaltungsamt den Bundesnachrichtendienst, das Bundesamt für Verfassungsschutz, den Militärischen Abschirmdienst, die Bundespolizei, das Bundeskriminalamt und das Zollkriminalamt, wenn die zu überprüfende Person das 16. Lebensjahr vollendet hat.

1   § 28 regelt die behördliche Zuständigkeit zur Durchführung des vertriebenenrechtlichen Aufnahmeverfahrens.

2   Das **Bundesverwaltungsamt** ist für die Durchführung des vertriebenenrechtlichen Verfahrens **zuständig.**

3   Einer Zustimmung des aufzunehmenden Bundeslandes bedarf es nicht mehr.

§ 29 Datenschutz

(1) [1]Das Bundesverwaltungsamt und die im Aufnahmeverfahren mitwirkenden Behörden dürfen, soweit es zur Feststellung der Voraussetzungen nach § 27 erforderlich ist,

1. bei ihnen vorhandene personenbezogene Daten nutzen, die über die Spätaussiedlereigenschaft Aufschluss geben, auch wenn sie für andere Zwecke erhoben oder gespeichert worden sind,
2. personenbezogene Daten beim Betroffenen erheben.

[2]Unter den gleichen Voraussetzungen dürfen sie ohne Mitwirkung des Betroffenen bei anderen öffentlichen und nichtöffentlichen Stellen auch außerhalb des Geltungsbereichs dieses Gesetzes personenbezogene Daten erheben, soweit die nach Satz 1 erhobenen Daten eine Entscheidung über den Antrag des Betroffenen nicht ermöglichen. [3]Öffentliche Stellen sind zu diesem Zwecke zu Auskünften verpflichtet. [4]Die Nutzung und Übermittlung nach Satz 1 Nr. 1 und nach den Sätzen 2 und 3 unterbleiben, wenn besondere gesetzliche Verwendungsregelungen oder überwiegende schutzwürdige Interessen des Betroffenen oder Dritter entgegenstehen.

(1a) [1]Zur Feststellung von Ausschlussgründen nach § 5 Nummer 1 Buchstabe d und e darf das Bundesverwaltungsamt folgende Daten des Spätaussiedlers, seines Ehegatten oder seiner Abkömmlinge, die in den Aufnahmebescheid einbezogen werden sollen, an den Bundesnachrichtendienst, das Bundesamt für Verfassungsschutz, den Militärischen Abschirmdienst, die Bundespolizei, das Bundeskriminalamt und das Zollkriminalamt übermitteln:

1. **den Familiennamen,**
2. **Bestandteile des Namens, die das deutsche Recht nicht vorsieht,**
3. **die Vornamen,**

4. frühere Namen,
5. das Geschlecht,
6. das Geburtsdatum,
7. den Geburtsort und
8. die letzte Anschrift im Aussiedlungsgebiet.
[2]Soweit Anhaltspunkte für Ausschlussgründe nach § 5 Nummer 1 Buchstabe d oder e vorliegen, teilen die nach Satz 1 beteiligten Behörden dies dem Bundesverwaltungsamt nach Maßgabe der insoweit bestehenden besonderen gesetzlichen Verwendungsregelungen innerhalb von zehn Tagen nach Übermittlung der Daten nach Satz 1 mit. [3]Hält die jeweilige Sicherheitsbehörde eine weitere Überprüfung der Ausschlussgründe für erforderlich, soll diese insgesamt innerhalb von drei Wochen nach Übermittlung der Daten nach Satz 1 abgeschlossen sein.

(2) Die im Aufnahme- und Verteilungsverfahren gesammelten Daten dürfen, soweit gesetzlich nichts anderes bestimmt ist, nur für Zwecke dieser Verfahren einschließlich der vorläufigen Unterbringung durch die Länder, für Verfahren nach § 15 und zur Feststellung der Rechtsstellung als Deutscher nach Artikel 116 Abs. 1 des Grundgesetzes sowie für Verfahren zur Gewährung von Leistungen nach diesem Gesetz genutzt und übermittelt werden.

Von einer Kommentierung der datenschutzrechtlichen Regelungen wird wegen fehlender Praxisrelevanz abgesehen. **1**

§§ 30-93 (weggefallen)

Fünfter Abschnitt. Namensführung, Beratung

§ 94 Familiennamen und Vornamen

(1) [1]Vertriebene und Spätaussiedler, deren Ehegatten und Abkömmlinge, die Deutsche im Sinne des Artikels 116 Abs. 1 des Grundgesetzes sind, können durch Erklärung gegenüber dem Bundesverwaltungsamt im Verteilungsverfahren oder dem Standesamt
1. Bestandteile des Namens ablegen, die das deutsche Recht nicht vorsieht,
2. die ursprüngliche Form eines nach dem Geschlecht oder dem Verwandtschaftsverhältnis abgewandelten Namens annehmen,
3. eine deutschsprachige Form ihres Vor- oder Familiennamens annehmen; gibt es eine solche Form des Vornamens nicht, so können sie neue Vornamen annehmen,
4. im Falle der Führung eines gemeinsamen Familiennamens durch Ehegatten einen Ehenamen nach § 1355 Abs. 1 des Bürgerlichen Gesetzbuchs bestimmen und eine Erklärung nach § 1355 Abs. 4 des Bürgerlichen Gesetzbuchs abgeben,
5. den Familiennamen in einer deutschen Übersetzung annehmen, sofern die Übersetzung einen im deutschen Sprachraum in Betracht kommenden Familiennamen ergibt.
[2]Wird in den Fällen der Nummern 3 bis 5 der Familienname als Ehename geführt, so kann die Erklärung während des Bestehens der Ehe nur von beiden Ehegatten abgegeben werden. [3]Auf den Geburtsnamen eines Abkömmlings, welcher das fünfte Lebensjahr vollendet hat, erstreckt sich die Namensänderung nur dann, wenn er sich der Namensänderung durch Erklärung gegenüber dem Bundesverwaltungsamt im Verteilungsverfahren oder dem Standesamt anschließt. [4]Ein in der Geschäftsfähigkeit beschränktes Kind, welches das 14. Lebensjahr vollendet hat, kann die Erklärung nur selbst abgeben; es bedarf hierzu der Zustimmung seines gesetzlichen Vertreters.

(2) [1]Die Erklärungen nach Absatz 1 müssen öffentlich beglaubigt oder beurkundet werden, wenn sie nicht bei der Eheschließung gegenüber einem deutschen Standesamt abgegeben werden. [2]Im Verteilungsverfahren kann auch das Bundesverwaltungsamt die Erklärungen öffentlich beglaubigen oder beurkunden. [3]Gebühren und Auslagen werden nicht erhoben.

1   § 94 ermöglicht es, Vertriebenen, Spätaussiedlern, deren Ehegatten und Abkömmlinge, ihre in den Aussiedlungsgebieten an die jeweilige Rechtslage angepassten Namen wieder in die in Deutschland üblichen Namensformen umzuwandeln. Die Regelung ist integrationspolitisch motiviert.

§ 95 Unentgeltliche Beratung

(1) ¹Organisationen der Vertriebenen, Flüchtlinge und Spätaussiedler, deren Zweck nicht auf einen wirtschaftlichen Geschäftsbetrieb gerichtet ist, dürfen Vertriebene, Flüchtlinge und Spätaussiedler im Rahmen ihres Aufgabengebiets in Steuerfragen unentgeltlich beraten. ²Sie bedürfen hierzu keiner besonderen Erlaubnis.

(2) ¹Diese Tätigkeit kann ihnen im Falle missbräuchlicher Ausübung untersagt werden. ²Das Nähere bestimmt die Bundesregierung durch Rechtsverordnung mit Zustimmung des Bundesrates.

1   § 95 erlaubt es gemeinnützigen Organisationen Vertriebene, Flüchtlinge und Spätaussiedler im Rahmen ihres Aufgabengebietes in Steuerfragen kostenlos zu beraten.

Sechster Abschnitt. Kultur, Forschung und Statistik

§ 96 Pflege des Kulturgutes der Vertriebenen und Flüchtlinge und Förderung der wissenschaftlichen Forschung

¹Bund und Länder haben entsprechend ihrer durch das Grundgesetz gegebenen Zuständigkeit das Kulturgut der Vertreibungsgebiete in dem Bewusstsein der Vertriebenen und Flüchtlinge, des gesamten deutschen Volkes und des Auslandes zu erhalten, Archive, Museen und Bibliotheken zu sichern, zu ergänzen und auszuwerten sowie Einrichtungen des Kunstschaffens und der Ausbildung sicherzustellen und zu fördern. ²Sie haben Wissenschaft und Forschung bei der Erfüllung der Aufgaben, die sich aus der Vertreibung und der Eingliederung der Vertriebenen und Flüchtlinge ergeben, sowie die Weiterentwicklung der Kulturleistungen der Vertriebenen und Flüchtlinge zu fördern. ³Die Bundesregierung berichtet jährlich dem Bundestag über das von ihr Veranlasste.

1   § 96 regelt den an Bund und Länder gerichteten Auftrag zur Pflege des Kulturgutes der Vertriebenen und Flüchtlinge und zur Förderung der wissenschaftlichen Forschung auf dem Gebiet der Vertriebenen und Flüchtlinge.

§ 97 Statistik

¹Bund und Länder haben die auf dem Gebiete des Spätaussiedlerwesens erforderlichen statistischen Arbeiten durchzuführen. ²Insbesondere haben sie die Statistik so auszugestalten, dass die statistischen Unterlagen für die Durchführung der zum Zwecke der Eingliederung der Spätaussiedler erlassenen Vorschriften zur Verfügung gestellt werden können.

1   Den in § 97 geregelten Auftrag zu statistischer Arbeit auf dem Gebiet der Spätaussiedler setzt das Bundesverwaltungsamt durch öffentlich verfügbare Monats- und Jahresstatistiken um, die unter anderem Angaben zum Zuzug, zur Antragstellung und zur Herkunft enthalten.

Siebter Abschnitt. Strafbestimmungen

§ 98 Erschleichung von Vergünstigungen

Mit Freiheitsstrafe bis zu fünf Jahren oder mit Geldstrafe wird bestraft, wer unrichtige oder unvollständige Angaben tatsächlicher Art macht oder benutzt, um für sich oder einen anderen Rechte oder Vergünstigungen, die Spätaussiedlern vorbehalten sind, zu erschleichen.

§ 98 enthält Strafbestimmungen wegen des Erschleichens von Vergünstigungen durch unrichtige **1** oder unvollständige Angaben im vertriebenenrechtlichen Verfahren.

§ 99 Pflichtverletzung von Verwaltungsangehörigen

Mit Freiheitsstrafe bis zu fünf Jahren oder mit Geldstrafe wird bestraft, wer als Verwaltungsangehöriger bei der Durchführung dieses Gesetzes Bescheinigungen für Personen ausstellt, von denen er weiß, dass sie kein Recht auf Erteilung der Bescheinigung haben.

§ 99 enthält Strafbestimmungen für Behördenmitarbeiter bei vorsätzlichem Rechtsmissbrauch **1** im vertriebenenrechtlichen Verfahren.

Achter Abschnitt. Übergangs- und Schlussvorschriften

§ 100 Anwendung des bisherigen Rechts

(1) Für Personen im Sinne der §§ 1 bis 3 finden die vor dem 1. Januar 1993 geltenden Vorschriften nach Maßgabe der Absätze 2 bis 8 Anwendung.

(2) ¹Ausweise nach § 15 in der vor dem 1. Januar 1993 geltenden Fassung werden nur noch ausgestellt, wenn sie vor diesem Tag beantragt wurden. ²Aussiedler, die den ständigen Aufenthalt im Geltungsreich des Gesetzes nach dem 2. Oktober 1990 und vor dem 1. Januar 1993 begründet haben, können den Ausweis noch bis zum 31. Dezember 1993 beantragen. ³Im Übrigen wird die Vertriebenen- oder Flüchtlingseigenschaft nur auf Ersuchen einer Behörde, die für die Gewährung von Rechten und Vergünstigungen an Vertriebene oder Flüchtlinge zuständig ist, vom Bundesverwaltungsamt festgestellt.

(3) § 16 ist auch anzuwenden auf Verfahren nach den §§ 15 bis 19 in der vor dem 1. Januar 1993 geltenden Fassung.

(4) Personen, die vor dem 1. Juli 1990 eine Übernahmegenehmigung des Bundesverwaltungsamtes erhalten haben, sind bei Vorliegen der sonstigen Voraussetzungen des § 1 Abs. 2 Nr. 3, mit der Maßgabe, dass kein Ausschlussgrund nach § 5 Nr. 1 Buchstabe d oder Buchstabe e vorliegt, oder des § 4 auch dann Spätaussiedler, wenn ihnen kein Aufnahmebescheid nach § 26 erteilt wurde.

(5) Personen, die vor dem 1. Januar 1993 einen Aufnahmebescheid nach § 26 erhalten haben, sind Spätaussiedler, wenn sie die Voraussetzungen des § 1 Abs. 2 Nr. 3, mit der Maßgabe, dass kein Ausschlussgrund nach § 5 Nr. 1 Buchstabe d oder Buchstabe e vorliegt, oder des § 4 erfüllen.

(6) Personen, die nach dem 30. Juni 1990 und vor dem 1. Juli 1991 den ständigen Aufenthalt in dem in Artikel 3 des Einigungsvertrages genannten Gebiet genommen haben, sind bei Vorliegen der Aufenthaltsgenehmigung einer Behörde dieses Gebietes und der sonstigen Voraussetzungen des § 1 Abs. 2 Nr. 3 auch dann Aussiedler, wenn ihnen kein Aufnahmebescheid nach § 26 erteilt wurde.

(7) § 90a Abs. 2 ist bis zum 30. Juni 1993 in der bis zum 31. Dezember 1992 geltenden Fassung weiterhin anzuwenden, wenn die Voraussetzungen des Anspruchs auf Arbeitslosenhilfe für einen Zeitraum im Dezember 1992 bestanden haben.

(8) § 90a Abs. 1, 3 und 4 ist in der bis zum 31. Dezember 1992 geltenden Fassung weiterhin anzuwenden.

A. Anwendung des bisherigen Rechts

1   § 100 regelt als Übergangsvorschrift die Frage der durch die zahlreichen Änderungen des Bundesvertriebenenrechts bedingten Anwendung des bisherigen Rechts.

B. Rechtsänderung und Wiederaufgreifen des Verfahrens

2   Es besteht kein Anspruch auf Wiederaufgreifen des vertriebenenrechtlichen Aufnahmeverfahrens bei Rechtsänderung nach der Übersiedlung (vgl. BVerwG BeckRS 2018, 27519).

3   Die Anforderungen an die deutsche Volkszugehörigkeit bestimmen sich bei der Entscheidung über einen nach ständiger Aufenthaltnahme in Deutschland im Härtewege zu erteilenden Aufnahmebescheid nach der im Zeitpunkt der Übersiedlung geltenden Rechtslage (vgl. bereits BVerwGE 152, 283 = BeckRS 2015, 50281).

4   Die Absenkung der Anforderungen an die deutsche Volkszugehörigkeit durch das Zehnte Gesetz zur Änderung des Bundesvertriebenengesetzes (v. 6.9.2013, BGBl. I 3554) kann daher für einen Aufnahmebewerber, der bereits vor dem Inkrafttreten der Gesetzesänderung seinen dauernden Aufenthalt in Deutschland genommen hat, keinen Anspruch auf Wiederaufgreifen eines zuvor bestandskräftig abgeschlossenen Aufnahmeverfahrens gem. § 51 Abs. 1 Nr. 1 VwVfG begründen.

§ 100a Übergangsregelung

Die Spätaussiedlereigenschaft von Personen aus Estland, Lettland oder Litauen, die vor dem 24. Mai 2007 einen Aufnahmebescheid nach § 26 erhalten haben, bestimmt sich weiter nach den §§ 4 und 5 in der vor dem 24. Mai 2007 geltenden Fassung mit der Maßgabe, dass kein Ausschlussgrund nach § 5 Nr. 1 Buchstabe d oder Buchstabe e vorliegt.

1   § 100a ist zuletzt durch das Gesetz zur Änderung des Häftlingshilfegesetzes und zur Bereinigung des Bundesvertriebenengesetzes (v. 7.11.2015, BGBl. I 1922) geändert worden, mit dem § 100a Abs. 1 aF gestrichen wurde.

2   Die Norm ist **trotz Streichung noch praxisrelevant,** da das Bundesverwaltungsamt und BVerwG unterschiedlicher Rechtsauffassung über die Auswirkung der Streichung sind.

3   Diese durch das SpStatG (Spätaussiedlerstatusgesetz v. 30.8.2001, BGBl. I 2266) eingefügte Regelung schuf eine Ausnahme von dem Grundsatz, dass sich der Erwerb des Status eines Spätaussiedlers nach dem Recht richtet, das im Zeitpunkt der Aufnahme des Spätaussiedlers in Deutschland gegolten hat (vgl. § 4 Abs. 1). Die Vorschrift hatte den Zweck, auf Einreisen vor dem Inkrafttreten des Gesetzes ausnahmsweise ebenfalls den 6.9.2001 in Kraft getretene Recht anzuwenden.

4   Der Gesetzgeber ist bei der Streichung der alten Fassung davon ausgegangen, dass mehr als 14 Jahre nach der letzten Einreise, auf die sich die Gesetzesvorschrift bezog, keine offenen Verfahren mehr anhängig sind; der Gesetzgeber hat nur deshalb die „überholte Übergangsvorschrift" (Gesetzentwurf der Bundesregierung, BT-Drs. 18/4625, 1) zum Zwecke der Rechtsbereinigung gestrichen. Es ging dem Gesetzgeber dabei erkennbar nicht um die Aufhebung bewirkter Rechtsfolgen. Vor allem sollte keine Rechtsänderung für die im Bundesgebiet bereits aufgenommenen Personen erfolgen. Unzulässig ist daher ein Wiederaufgreifen des Verfahrens, in dem sich ein Antragsteller nunmehr darauf beruft, auf seine Einreise sei entgegen der abgeschafften Vorschrift nunmehr wieder das vor dem 7.9.2001 geltende Recht anzuwenden. Ähnliches gilt für Anträge von Personen, die mehr als 14 Jahre nach ihrer Einreise nunmehr erstmals behaupten, entgegen den damaligen Feststellungen nicht nur Anspruch auf Anerkennung als Ehegatten oder Abkömmlinge, sondern auch als Spätaussiedler aus eigenem Recht zu besitzen.

5   Die Rechtsprechung ist anderer Auffassung.

§ 100b Anwendungsvorschrift

[1]**§ 4 Abs. 3 Satz 2 ist in der bis zum 1. Januar 2005 geltenden Fassung auf Ehegatten, die bis zu diesem Zeitpunkt in den Aufnahmebescheid einbezogen worden sind und**

deren Ehe mit dem Spätaussiedler zum Zeitpunkt des Verlassens der Aussiedlungsgebiete noch keine drei Jahre bestanden hat, anzuwenden. [2]Werden Ehegatten im Sinne des Satzes 1 nach dem 24. Mai 2007 im Geltungsbereich des Gesetzes aufgenommen, ist ihnen eine Bescheinigung nach § 15 Abs. 2 auszustellen, aus der hervorgeht, dass sie den Status im Sinne des Artikels 116 Abs. 1 des Grundgesetzes nicht erworben haben.

§ 100b enthält spezifische Anwendungsvorschriften für Ehegatten.   1

§ 101 Geltung für Lebenspartner

Die für Ehegatten geltenden Vorschriften dieses Gesetzes gelten entsprechend für Lebenspartner.

§ 101 stellt fest, dass die für Ehegatten geltenden vertriebenenrechtlichen Vorschriften entsprechend für Lebenspartner gelten.   1

§ 102 (weggefallen)

§ 103 Kostentragung

Der Bund trägt die Aufwendungen nach § 9 dieses Gesetzes.

Als Annex zu § 9 stellt die Norm klar, dass der Bund die Aufwendungen für die Integrationsmaßnamen trägt.   1

§ 104 [Allgemeine Verwaltungsvorschriften]

Das Bundesministerium des Innern, für Bau und Heimat kann allgemeine Verwaltungsvorschriften zur Ausführung dieses Gesetzes durch das Bundesverwaltungsamt erlassen.

Das Bundesministerium des Innern, für Bau und Heimat wird ermächtigt, **allgemeine Verwal-   1 tungsvorschriften** zum Gesetzesvollzug zu erlassen.
Von der Ermächtigung hat das Bundesministerium des Innern, für Bau und Heimat Gebrauch   2 gemacht.
Aktuell ist die BVFG-VwV (Allgemeine Verwaltungsvorschrift zum Bundesvertriebenengesetz   3 v. 1.1.2016, GMBl. 118).

§§ 105-107 (weggefallen)

Datenschutzrechtlich relevante Bestimmungen

Einführung in das Datenschutzrecht

Überblick

Im Folgenden werden sowohl die migrationsrechtlich relevanten Bestandteile der DS-GVO (VO (EU) 2016/679 v. 27.4.2016, ABl. 2016 L 119, 1) und des BDSG (Bundesdatenschutzgesetz v. 30.6.2017, BGBl. I 2097) dargestellt. Diese Einführung soll einen Überblick über die Materie verschaffen.

A. DS-GVO und RL (EU) 2016/680 zum Datenschutz in Strafsachen

1   Ausgangspunkt für die Klärung datenschutzrechtlicher Fragen ist die DS-GVO. Die DS-GVO ist ein Rechtsakt der Europäischen Union, der auf einfachgesetzlicher Ebene das Grundrecht auf Schutz personenbezogener Daten, geregelt in Art. 8 GRCh, der Grundrechte der Europäischen Union umsetzt. Die DS-GVO enthält viele unbestimmte Rechtsbegriffe. Teilweise lassen sich diese Begriffe durch die Erwägungsgründe mit Inhalt ausfüllen. Es wird jedoch für längere Zeit noch **Unsicherheiten in der Rechtsanwendung** geben, bis die Rechtsbegriffe durch die Verwaltungsentscheidungen der Aufsichtsbehörden und Gerichtsentscheidungen konkretisiert sind.

2   Erst wenn in der DS-GVO durch eine sog. **Öffnungsklausel** die Gesetzgebungskompetenz für die Mitgliedsstaaten eröffnet ist, kann auf nationales Datenschutzschutzrecht und somit auf das BDSG zurückgegriffen werden. Ein erheblicher Teil der Regelungen des BDSG „kopiert" die DS-GVO. Dies ist zulässig, aber überflüssig.

3   Soweit es um die Datenverarbeitung durch Justiz und Polizei zur Bekämpfung der Kriminalität geht, steckt die RL (EU) 2016/680 zum Datenschutz in Strafsachen (v. 27.4.2016, ABl. 2016 L 119, 89) den rechtlichen Rahmen ab. Die DS-GVO findet dann keine Anwendung.

4   Im Datenschutzrecht werden regelmäßig zwei Problemkreise zu klären sein: die Erfüllung der **Informationspflicht** und die **Rechtmäßigkeit der Verarbeitung.**

I. Erfüllung der Informationspflicht

5   Das Datenschutzrecht unterscheidet zwischen einer aktiven Informationspflicht und einer passiven Informationspflicht. **Aktive Informationspflicht:** Bestand eine Verpflichtung dazu, aktiv auf den Betroffenen zuzugehen und diesen über die Verarbeitung seiner personenbezogenen zu informieren? (→ DS-GVO Art. 13 Rn. 1) **Passive Informationspflicht:** Muss auf eine Anfrage des Betroffenen eine Auskunft erteilt werden (→ DS-GVO Art. 15 Rn. 1)?

6   In besonderen Fällen kann nur eine eingeschränkte Informationspflicht bestehen oder diese gänzlich entfallen (zB → § 56 Rn. 2).

7   Sollte eine Informationspflicht bestehen, ist zu klären, ob die Informationen in **ausreichendem Maße** erteilt wurden. Hier unterscheidet die DS-GVO zwischen der Datenerhebung unmittelbar beim Betroffenen (→ DS-GVO Art. 13 Rn. 1) und bei der Datenerhebung über Dritte (→ DS-GVO Art. 14 Rn. 1).

8   Für den **Bereich der RL (EU) 2016/680 zum Datenschutz in Strafsachen** ist die passive Informationspflicht in § 34 BDSG geregelt. In § 55 BDSG (→ § 55 Rn. 1) und § 56 BDSG (→ § 56 Rn. 1) ist die aktive Informationspflicht geregelt.

II. Rechtmäßigkeit der Datenverarbeitung

9   **Rechtmäßigkeit der Verarbeitung:** Wie bisher im deutschen Datenschutzrecht ist auch im gemeinschaftlichen Datenschutzrecht ein **Verbot der Datenverarbeitung mit Erlaubnisvorbehalt** postuliert: Die Datenverarbeitung ist verboten, es sei denn, eine Einwilligung des Betroffenen oder ein gesetzlicher Erlaubnistatbestand ist einschlägig (Art. 6 DS-GVO). Folgende Erlaubnistatbestände kommen im Bereich des Migrationsrechtes in Betracht:
- Die Erfüllung einer **rechtlichen Verpflichtung** (→ DS-GVO Art. 6 Rn. 7); die rechtliche Verpflichtung muss ein Gesetz im materiellen Sinne sein (Gesetz, Verordnung, Satzung).

- Die Wahrnehmung einer **Aufgabe im öffentlichen Interesse** (→ DS-GVO Art. 6 Rn. 13); also wenn öffentliche Stellen oder Beliehene hoheitliche Aufgaben wahrnehmen.
- Eine **Einwilligung des Betroffenen** (→ DS-GVO Art. 6 Rn. 1) ist regelmäßig ein nicht erforderlicher Erlaubnistatbestand, wenn staatliche Stellen personenbezogene Daten verarbeiten (Erwägungsgrund 45 DS-GVO). Aufgrund der Tatsache, dass eine **Einwilligung jederzeit widerrufen** werden kann, sollte dieser Erlaubnistatbestand ohnehin sparsam eingesetzt werden.

B. BDSG

Der zweite Teil (§§ 22 ff. BDSG) und der dritte Teil (§§ 45 ff. BDSG) des BDSG sind für das **10** Migrationsrecht von besonderer Bedeutung. Allerdings ist immer wieder zu prüfen, ob der nationale Gesetzgeber überhaupt einen Gestaltungsspielraum hat. So ist zB § 3 BDSG materiell wertlos (→ § 3 Rn. 2).

§ 22 BDSG leitet den zweiten Teil ein und regelt die Verarbeitung besonderer Kategorien **11** personenbezogener Daten durch Verantwortliche im Anwendungsbereich der DS-GVO. § 48 BDSG, das Gegenstück im dritten Teil, gilt für den Anwendungsbereich der RL (EU) 2016/680 zum Datenschutz in Strafsachen.

C. Rechtsmittel gegen eine Datenverarbeitung

I. Im Bereich der DS-GVO / Zweiter Teil des BDSG

Zwar besteht grundsätzlich ein **Widerspruchsrecht** des Betroffenen gegenüber dem Verant- **12** wortlichen gegen die Datenverarbeitung, sobald jedoch eine öffentliche Stelle in Erfüllung einer öffentlichen Aufgabe handelt, ist dieser Rechtsbehelf ausgeschlossen (→ § 36 Rn. 2).

Der Betroffene kann sich bei der Aufsichtsbehörde über die Datenverarbeitung durch den **13** Verantwortlichen **beschweren** (→ DS-GVO Art. 77 Rn. 1).

Sollte die Aufsichtsbehörde untätig bleiben oder der Beschwerde des Betroffenen nicht abhelfen, **14** so kann **Klage** erhoben werden (→ DS-GVO Art. 78 Rn. 1).

Schließlich kann der Betroffen selber, ohne dass es eines Vorverfahrens bedarf, **gegen den** **15** **Verantwortlichen gerichtlich** vorgehen (→ DS-GVO Art. 79 Rn. 1).

Besonders gravierend ist, dass die Datenschutzaufsichtsbehörden ihrerseits keiner datenschutz- **16** rechtlichen Kontrolle unterliegen. Verstöße von öffentlichen Stellen gegen Bestimmungen des BDSG sind nicht bußgeldbewehrt.

II. Im Bereich der RL (EU) 2016/680 zum Datenschutz in Strafsachen / Dritter Teil des BDSG

Der Betroffenen kann sich an den Verantwortlichen wenden. Der Verantwortliche muss in **17** klarer und einfacher Sprache mit dem Betroffenen kommunizieren (→ § 59 Rn. 1).

Gemäß § 83 BDSG, der auf Art. 56 RL (EU) 2016/680 beruht, hat der Betroffenen einen **18** Anspruch auf Schadenersatz. Anspruchsgegner ist der Verantwortliche oder sein Rechtsträger. Die Schadenersatzansprüche verjähren zehn Jahre nach Entstehung oder 30 Jahre nach Begehung der Handlung (§ 199 Abs. 3 BGB). Der Verwaltungsrechtsweg ist eröffnet, es geht um hoheitliches Handeln einer öffentlichen Stelle oder einer beliehenen Person.

Verordnung (EU) 2016/679 des Europäischen Parlaments und des Rates vom 27. April 2016 zum Schutz natürlicher Personen bei der Verarbeitung personenbezogener Daten, zum freien Datenverkehr und zur Aufhebung der Richtlinie 95/46/EG (Datenschutz-Grundverordnung)

(Text von Bedeutung für den EWR)

(ABl. L 119 S. 1, ber. L 314 S. 72, 2018 L 127 S. 2 und 2021 L 74 S. 35)

Celex-Nr. 3 2016 R 0679

– in Auszügen kommentiert –

Kapitel I. Allgemeine Bestimmungen

Artikel 1 Gegenstand und Ziele

(1) Diese Verordnung enthält Vorschriften zum Schutz natürlicher Personen bei der Verarbeitung personenbezogener Daten und zum freien Verkehr solcher Daten.

(2) Diese Verordnung schützt die Grundrechte und Grundfreiheiten natürlicher Personen und insbesondere deren Recht auf Schutz personenbezogener Daten.

(3) Der freie Verkehr personenbezogener Daten in der Union darf aus Gründen des Schutzes natürlicher Personen bei der Verarbeitung personenbezogener Daten weder eingeschränkt noch verboten werden.

Überblick

Dieser Artikel erläutert den Zweck dieser Verordnung. Geschützt sind natürliche Personen, wobei der Schutz deren Grundrechte und Grundfreiheiten nie dazu führen darf, die Verkehrsfähigkeit personenbezogener Daten als Wirtschaftsgut einzuschränken.

A. Allgemeines (Abs. 1)

1 Abs. 1 stellt den Zweck dieser Verordnung klar. **Nur natürliche Personen** können sich auf diese Vorschrift berufen. Juristische Personen sind keine tauglichen Subjekte im Sinne der Verordnung. Bislang sah der EuGH davon ab, diese Vorschrift extensiv auszulegen (EuGH BeckRS 2020, 34340 Rn. 41):

B. Recht auf Schutz personenbezogener Daten (Abs. 2)

2 Das mit Art. 8 GRCh und Art. 16 Abs. 1 AEUV geschaffene Datenschutzgrundrecht wird durch die DS-GVO auf einfachgesetzlicher Ebene geschützt. Der Einzelne soll vor der Preisgabe und Verwendung seiner Daten geschützt werden (Simitis/Hornung/Spieker, Datenschutzrecht, 2019, Rn. 3).

3 Dieses Grundrecht wird nicht schrankenlos gewährt, sondern muss gegen andere Grundrechte abgewogen werden (Erwägungsgrund 4 S. 2). Art. 52 Abs. 1 GRCh ermöglicht eine Einschränkung dieses Grundrechtes durch ein Gesetz, unter Wahrung des Grundsatzes der Verhältnismäßigkeit.

C. Freier Verkehr personenbezogener Daten (Abs. 3)

4 Die DS-GVO, als einheitlicher Rechtsrahmen, soll darüber hinaus auch den Fluss personenbezogener Daten im gemeinsamen europäischen Binnenmarkt stärken.

Es bleibt jedoch abzuwarten, ob eine solche Stärkung tatsächlich erfolgt, zahlreiche Öffnungs- **5** klauseln ermöglichen es den Mitgliedstaaten, unterschiedliche Datenschutzniveaus zu praktizieren (ausf. Kühling/Buchner/Buchner Rn. 20).

Artikel 2 Sachlicher Anwendungsbereich

(1) Diese Verordnung gilt für die ganz oder teilweise automatisierte Verarbeitung personenbezogener Daten sowie für die nichtautomatisierte Verarbeitung personenbezogener Daten, die in einem Dateisystem gespeichert sind oder gespeichert werden sollen.

(2) Diese Verordnung findet keine Anwendung auf die Verarbeitung personenbezogener Daten

a) im Rahmen einer Tätigkeit, die nicht in den Anwendungsbereich des Unionsrechts fällt,

b) durch die Mitgliedstaaten im Rahmen von Tätigkeiten, die in den Anwendungsbereich von Titel V Kapitel 2 EUV fallen,

c) durch natürliche Personen zur Ausübung ausschließlich persönlicher oder familiärer Tätigkeiten,

d) durch die zuständigen Behörden zum Zwecke der Verhütung, Ermittlung, Aufdeckung oder Verfolgung von Straftaten oder der Strafvollstreckung, einschließlich des Schutzes vor und der Abwehr von Gefahren für die öffentliche Sicherheit.

(3) [1]Für die Verarbeitung personenbezogener Daten durch die Organe, Einrichtungen, Ämter und Agenturen der Union gilt die Verordnung (EG) Nr. 45/2001. [2]Die Verordnung (EG) Nr. 45/2001 und sonstige Rechtsakte der Union, die diese Verarbeitung personenbezogener Daten regeln, werden im Einklang mit Artikel 98 an die Grundsätze und Vorschriften der vorliegenden Verordnung angepasst.

(4) Die vorliegende Verordnung lässt die Anwendung der Richtlinie 2000/31/EG und speziell die Vorschriften der Artikel 12 bis 15 dieser Richtlinie zur Verantwortlichkeit der Vermittler unberührt.

Überblick

Art. 2 regelt den sachlichen Anwendungsbereich der DS-GVO.

A. Allgemeines (Abs. 1)

Aufgrund der Tatsache, dass eine zumindest teilweise Verarbeitung automatisierter Daten in **1** dem Moment stattfindet, in dem diese in eine Datei eingepflegt werden, ist der sachliche Anwendungsbereich regelmäßig eröffnet. Auch der Einsatz digitaler Geräte (zB digitaler Fotoapparat) löst eine automatisierte Datenverarbeitung aus.

B. Ausnahmen (Abs. 2)

Abs. 2 verwehrt die Anwendbarkeit der DS-GVO, wenn die Datenverarbeitung nicht dem **2** Unionsrecht unterfällt, so bei Tätigkeiten, die die nationale Sicherheit eines Mitgliedsstaates der EU oder die gemeinsame Außen- und Sicherheitspolitik betreffen (Art. 23 ff. EUV).

Keine Anwendung findet die DS-GVO, wenn die Datenverarbeitung anlässlich **rein persönli-** **3** **cher oder familiärer Tätigkeiten** erfolgt, die keinen beruflichen oder wirtschaftlichen Hintergrund besitzen, wie zB Schriftverkehr, Anschriftenverzeichnisse, Nutzung sozialer Netze und Online-Tätigkeiten (Erwägungsgrund 18). Um diese Privilegierung (sog. Haushaltsausnahme) nicht uferlos werden zu lassen, darf die Datenverarbeitung nicht Dritte betreffen. Sowohl eine ehrenamtliche Tätigkeit als auch der Einsatz von Kameras in der Öffentlichkeit (zB Dash-Cams) führen zur Anwendbarkeit der DS-GVO.

Soweit eine Verarbeitung personenbezogener Daten durch zuständige Behörden zur Gefahren- **4** abwehr oder Strafverfolgung stattfindet, ist die RL (EU) 2016/680 maßgeblich und nicht die DS-GVO.

C. Datenverarbeitung durch Organe und Stellen der EU (Abs. 3)

5   Sobald personenbezogene Daten durch Organe und Stellen der EU verarbeitet werden, gilt die VO (EG) 45/2001 (v. 12.1.2001, ABl. 2001 L 8, 1).

D. Ausnahme für Diensteanbieter (Abs. 4)

6   Die E-Commerce-RL (RL 2000/31/EG v. 8.6.2000, ABl. 2000 L 178, 1) klärt die Pflichten der Diensteanbieter vorrangig.

Artikel 3 Räumlicher Anwendungsbereich

(1) Diese Verordnung findet Anwendung auf die Verarbeitung personenbezogener Daten, soweit diese im Rahmen der Tätigkeiten einer Niederlassung eines Verantwortlichen oder eines Auftragsverarbeiters in der Union erfolgt, unabhängig davon, ob die Verarbeitung in der Union stattfindet.

(2) Diese Verordnung findet Anwendung auf die Verarbeitung personenbezogener Daten von betroffenen Personen, die sich in der Union befinden, durch einen nicht in der Union niedergelassenen Verantwortlichen oder Auftragsverarbeiter, wenn die Datenverarbeitung im Zusammenhang damit steht

a) betroffenen Personen in der Union Waren oder Dienstleistungen anzubieten, unabhängig davon, ob von diesen betroffenen Personen eine Zahlung zu leisten ist;

b) das Verhalten betroffener Personen zu beobachten, soweit ihr Verhalten in der Union erfolgt.

(3) Diese Verordnung findet Anwendung auf die Verarbeitung personenbezogener Daten durch einen nicht in der Union niedergelassenen Verantwortlichen an einem Ort, der aufgrund Völkerrechts dem Recht eines Mitgliedstaats unterliegt.

1   Sobald die Datenverarbeitung im Auftrag eines Unternehmens oder dessen Niederlassung, die im Unionsgebiet ansässig sind, ist die DS-GVO räumlich anwendbar. Maßgeblich ist der Ort der Niederlassung und nicht der Ort der Datenverarbeitung.

2   Wenn Daten von Personen verarbeitet werden, die sich im Unionsgebiet aufhalten, dann findet diese Verordnung Anwendung. Es kommt hierbei nicht darauf an, ob die verantwortliche Stelle ihren Sitz in der EU hat. Allerdings nimmt der EuGH in gewissen Fällen eine Einschränkung vor. So zB beim Auslistungsanspruch gegenüber einem Suchmaschinenanbieter (EuGH BeckRS 2019, 22051 – Google LLC / CNIL). Auch wenn Daten von betroffenen Personen verarbeitet werden, die sich in der Union aufhalten, besteht kein Auslistungsanspruch aus der internationalen Version einer Suchmaschine. Obwohl dadurch eventuell ein solcher Anspruch faktisch verhindert wird, da diese internationale Version auch im Unionsgebiet abgerufen werden kann.

3   Diese Verordnung gilt auch für Verantwortliche, die sich zB in einer diplomatischen oder konsularischen Vertretung eines Mitgliedsstaates der EU befinden (Erwägungsgrund 25).

Artikel 4 Begriffsbestimmungen

Im Sinne dieser Verordnung bezeichnet der Ausdruck:

1. „personenbezogene Daten" alle Informationen, die sich auf eine identifizierte oder identifizierbare natürliche Person (im Folgenden „betroffene Person") beziehen; als identifizierbar wird eine natürliche Person angesehen, die direkt oder indirekt, insbesondere mittels Zuordnung zu einer Kennung wie einem Namen, zu einer Kennnummer, zu Standortdaten, zu einer Online-Kennung oder zu einem oder mehreren besonderen Merkmalen, die Ausdruck der physischen, physiologischen, genetischen, psychischen, wirtschaftlichen, kulturellen oder sozialen Identität dieser natürlichen Person sind, identifiziert werden kann;

2. „Verarbeitung" jeden mit oder ohne Hilfe automatisierter Verfahren ausgeführten Vorgang oder jede solche Vorgangsreihe im Zusammenhang mit personenbezogenen Daten wie das Erheben, das Erfassen, die Organisation, das Ordnen, die Speicherung, die Anpassung oder Veränderung, das Auslesen, das Abfragen, die Verwendung, die Offenlegung durch Übermittlung, Verbreitung oder eine andere Form

der Bereitstellung, den Abgleich oder die Verknüpfung, die Einschränkung, das Löschen oder die Vernichtung;

3. „Einschränkung der Verarbeitung" die Markierung gespeicherter personenbezogener Daten mit dem Ziel, ihre künftige Verarbeitung einzuschränken;

4. „Profiling" jede Art der automatisierten Verarbeitung personenbezogener Daten, die darin besteht, dass diese personenbezogenen Daten verwendet werden, um bestimmte persönliche Aspekte, die sich auf eine natürliche Person beziehen, zu bewerten, insbesondere um Aspekte bezüglich Arbeitsleistung, wirtschaftliche Lage, Gesundheit, persönliche Vorlieben, Interessen, Zuverlässigkeit, Verhalten, Aufenthaltsort oder Ortswechsel dieser natürlichen Person zu analysieren oder vorherzusagen;

5. „Pseudonymisierung" die Verarbeitung personenbezogener Daten in einer Weise, dass die personenbezogenen Daten ohne Hinzuziehung zusätzlicher Informationen nicht mehr einer spezifischen betroffenen Person zugeordnet werden können, sofern diese zusätzlichen Informationen gesondert aufbewahrt werden und technischen und organisatorischen Maßnahmen unterliegen, die gewährleisten, dass die personenbezogenen Daten nicht einer identifizierten oder identifizierbaren natürlichen Person zugewiesen werden;

6. „Dateisystem" jede strukturierte Sammlung personenbezogener Daten, die nach bestimmten Kriterien zugänglich sind, unabhängig davon, ob diese Sammlung zentral, dezentral oder nach funktionalen oder geografischen Gesichtspunkten geordnet geführt wird;

7. „Verantwortlicher" die natürliche oder juristische Person, Behörde, Einrichtung oder andere Stelle, die allein oder gemeinsam mit anderen über die Zwecke und Mittel der Verarbeitung von personenbezogenen Daten entscheidet; sind die Zwecke und Mittel dieser Verarbeitung durch das Unionsrecht oder das Recht der Mitgliedstaaten vorgegeben, so kann der Verantwortliche beziehungsweise können die bestimmten Kriterien seiner Benennung nach dem Unionsrecht oder dem Recht der Mitgliedstaaten vorgesehen werden;

8. „Auftragsverarbeiter" eine natürliche oder juristische Person, Behörde, Einrichtung oder andere Stelle, die personenbezogene Daten im Auftrag des Verantwortlichen verarbeitet;

9. „Empfänger" eine natürliche oder juristische Person, Behörde, Einrichtung oder andere Stelle, der personenbezogene Daten offengelegt werden, unabhängig davon, ob es sich bei ihr um einen Dritten handelt oder nicht. Behörden, die im Rahmen eines bestimmten Untersuchungsauftrags nach dem Unionsrecht oder dem Recht der Mitgliedstaaten möglicherweise personenbezogene Daten erhalten, gelten jedoch nicht als Empfänger; die Verarbeitung dieser Daten durch die genannten Behörden erfolgt im Einklang mit den geltenden Datenschutzvorschriften gemäß den Zwecken der Verarbeitung;

10. „Dritter" eine natürliche oder juristische Person, Behörde, Einrichtung oder andere Stelle, außer der betroffenen Person, dem Verantwortlichen, dem Auftragsverarbeiter und den Personen, die unter der unmittelbaren Verantwortung des Verantwortlichen oder des Auftragsverarbeiters befugt sind, die personenbezogenen Daten zu verarbeiten;

11. „Einwilligung" der betroffenen Person jede freiwillig für den bestimmten Fall, in informierter Weise und unmissverständlich abgegebene Willensbekundung in Form einer Erklärung oder einer sonstigen eindeutigen bestätigenden Handlung, mit der die betroffene Person zu verstehen gibt, dass sie mit der Verarbeitung der sie betreffenden personenbezogenen Daten einverstanden ist;

12. „Verletzung des Schutzes personenbezogener Daten" eine Verletzung der Sicherheit, die, ob unbeabsichtigt oder unrechtmäßig, zur Vernichtung, zum Verlust, zur Veränderung, oder zur unbefugten Offenlegung von beziehungsweise zum unbefugten Zugang zu personenbezogenen Daten führt, die übermittelt, gespeichert oder auf sonstige Weise verarbeitet wurden;

13. „genetische Daten" personenbezogene Daten zu den ererbten oder erworbenen genetischen Eigenschaften einer natürlichen Person, die eindeutige Informationen über die Physiologie oder die Gesundheit dieser natürlichen Person liefern und insbesondere aus der Analyse einer biologischen Probe der betreffenden natürlichen Person gewonnen wurden;

14. „biometrische Daten" mit speziellen technischen Verfahren gewonnene personenbezogene Daten zu den physischen, physiologischen oder verhaltenstypischen
Merkmalen einer natürlichen Person, die die eindeutige Identifizierung dieser
natürlichen Person ermöglichen oder bestätigen, wie Gesichtsbilder oder daktyloskopische Daten;

15. „Gesundheitsdaten" personenbezogene Daten, die sich auf die körperliche oder
geistige Gesundheit einer natürlichen Person, einschließlich der Erbringung von
Gesundheitsdienstleistungen, beziehen und aus denen Informationen über deren
Gesundheitszustand hervorgehen;

16. „Hauptniederlassung"

   a) im Falle eines Verantwortlichen mit Niederlassungen in mehr als einem Mitgliedstaat den Ort seiner Hauptverwaltung in der Union, es sei denn, die Entscheidungen hinsichtlich der Zwecke und Mittel der Verarbeitung personenbezogener
   Daten werden in einer anderen Niederlassung des Verantwortlichen in der Union
   getroffen und diese Niederlassung ist befugt, diese Entscheidungen umsetzen zu
   lassen; in diesem Fall gilt die Niederlassung, die derartige Entscheidungen trifft,
   als Hauptniederlassung;

   b) im Falle eines Auftragsverarbeiters mit Niederlassungen in mehr als einem Mitgliedstaat den Ort seiner Hauptverwaltung in der Union oder, sofern der Auftragsverarbeiter keine Hauptverwaltung in der Union hat, die Niederlassung des
   Auftragsverarbeiters in der Union, in der die Verarbeitungstätigkeiten im Rahmen der Tätigkeiten einer Niederlassung eines Auftragsverarbeiters hauptsächlich stattfinden, soweit der Auftragsverarbeiter spezifischen Pflichten aus dieser
   Verordnung unterliegt;

17. „Vertreter" eine in der Union niedergelassene natürliche oder juristische Person,
die von dem Verantwortlichen oder Auftragsverarbeiter schriftlich gemäß Artikel 27
bestellt wurde und den Verantwortlichen oder Auftragsverarbeiter in Bezug auf die
ihnen jeweils nach dieser Verordnung obliegenden Pflichten vertritt;

18. „Unternehmen" eine natürliche oder juristische Person, die eine wirtschaftliche
Tätigkeit ausübt, unabhängig von ihrer Rechtsform, einschließlich Personengesellschaften oder Vereinigungen, die regelmäßig einer wirtschaftlichen Tätigkeit nachgehen;

19. „Unternehmensgruppe" eine Gruppe, die aus einem herrschenden Unternehmen
und den von diesem abhängigen Unternehmen besteht;

20. „verbindliche interne Datenschutzvorschriften" Maßnahmen zum Schutz personenbezogener Daten, zu deren Einhaltung sich ein im Hoheitsgebiet eines Mitgliedstaats niedergelassener Verantwortlicher oder Auftragsverarbeiter verpflichtet im
Hinblick auf Datenübermittlungen oder eine Kategorie von Datenübermittlungen
personenbezogener Daten an einen Verantwortlichen oder Auftragsverarbeiter derselben Unternehmensgruppe oder derselben Gruppe von Unternehmen, die eine
gemeinsame Wirtschaftstätigkeit ausüben, in einem oder mehreren Drittländern;

21. „Aufsichtsbehörde" eine von einem Mitgliedstaat gemäß Artikel 51 eingerichtete
unabhängige staatliche Stelle;

22. „betroffene Aufsichtsbehörde" eine Aufsichtsbehörde, die von der Verarbeitung
personenbezogener Daten betroffen ist, weil

   a) der Verantwortliche oder der Auftragsverarbeiter im Hoheitsgebiet des Mitgliedstaats dieser Aufsichtsbehörde niedergelassen ist,

   b) diese Verarbeitung erhebliche Auswirkungen auf betroffene Personen mit Wohnsitz im Mitgliedstaat dieser Aufsichtsbehörde hat oder haben kann oder

   c) eine Beschwerde bei dieser Aufsichtsbehörde eingereicht wurde;

23. „grenzüberschreitende Verarbeitung" entweder

   a) eine Verarbeitung personenbezogener Daten, die im Rahmen der Tätigkeiten
   von Niederlassungen eines Verantwortlichen oder eines Auftragsverarbeiters in
   der Union in mehr als einem Mitgliedstaat erfolgt, wenn der Verantwortliche
   oder Auftragsverarbeiter in mehr als einem Mitgliedstaat niedergelassen ist, oder

   b) eine Verarbeitung personenbezogener Daten, die im Rahmen der Tätigkeiten
   einer einzelnen Niederlassung eines Verantwortlichen oder eines Auftragsverarbeiters in der Union erfolgt, die jedoch erhebliche Auswirkungen auf betroffene
   Personen in mehr als einem Mitgliedstaat hat oder haben kann;

24. „maßgeblicher und begründeter Einspruch" einen Einspruch gegen einen Beschlussentwurf im Hinblick darauf, ob ein Verstoß gegen diese Verordnung vorliegt oder ob beabsichtigte Maßnahmen gegen den Verantwortlichen oder den Auftragsverarbeiter im Einklang mit dieser Verordnung steht, wobei aus diesem Einspruch die Tragweite der Risiken klar hervorgeht, die von dem Beschlussentwurf in Bezug auf die Grundrechte und Grundfreiheiten der betroffenen Personen und gegebenenfalls den freien Verkehr personenbezogener Daten in der Union ausgehen;

25. „Dienst der Informationsgesellschaft" eine Dienstleistung im Sinne des Artikels 1 Nummer 1 Buchstabe b der Richtlinie (EU) 2015/1535 des Europäischen Parlaments und des Rates;

26. „internationale Organisation" eine völkerrechtliche Organisation und ihre nachgeordneten Stellen oder jede sonstige Einrichtung, die durch eine zwischen zwei oder mehr Ländern geschlossene Übereinkunft oder auf der Grundlage einer solchen Übereinkunft geschaffen wurde.

Übersicht

A. Grundsätzliches

Diese Verordnung regelt nur den Umgang mit personenbezogenen Daten von Lebenden. Die **1** Verordnung gilt nicht für die personenbezogenen Daten Verstorbener (so Erwägungsgrund 27).

B. Begriffsbestimmungen im Einzelnen

I. Personenbezogene Daten (Nr. 1)

Dieser Begriff ist weit gefasst (OLG Köln BeckRS 2019, 16261), so dass im Zweifelsfalle eine **1a** Information immer als personenbezogenes Datum eingeordnet werden sollte.

1. Informationen

Persönliche Informationen sind mit einer Person verknüpft. Hier eine – nicht erschöpfende – **2** Aufzählung von Beispielen hierfür:

• Vorname,
• Name,
• Geburtsname,
• Alter,
• Staatsangehörigkeit,
• Kennnummer,
• Geburtsdatum,
• Geschlecht,
• Körpergröße,
• Haarfarbe,
• Augenfarbe,
• Familienstand,
• Adresse,
• politische Ansichten, Überzeugungen, Präferenzen.

3   Mit **sachlichen Informationen** bezeichnet werden die Beziehungen einer Person zu seiner
    Umwelt benannt:
    - Grundeigentum,
    - Anstellungsverhältnis,
    - vertragliche Beziehungen,
    - Online-Kennung,
    - Zugangsdaten zu sozialen Netzwerken,
    - Mitgliedschaften in Vereinen / Parteien / Verbänden.

2. Betroffene Person

4   Diese Verordnung schützt natürliche lebende **Personen,** die sich **im Unionsgebiet** aufhalten.
    Es kann sich hierbei um Nicht-Unionsbürger handeln. Alleiniger Anknüpfungspunkt ist der Auf-
    enthaltsort. Es ist auch unerheblich, ob die Person als Privatperson, Angestellter, Selbstständiger
    oder Organ einer juristischen Person handelt. Juristische Personen unterliegen nicht dem Schutz
    der Verordnung.

3. Identifizierbarkeit

5   Dieses Merkmal ist dann zu bejahen, wenn die Information mit einer natürlichen Person in
    Verbindung gebracht werden kann. Immer wenn diese Verknüpfung vorliegt, handelt es sich um
    ein personenbezogenes Datum.
6   Nicht erforderlich ist, dass jedermann diese Verknüpfung herstellen kann. Es genügt, wenn
    dieser Konnex von einer Person theoretisch hergestellt werden kann. Der Verordnungsgeber spricht
    ausdrücklich von einer identifizierbaren Person (Erwägungsgrund 26). Die Streitfrage, ob es sich
    bei jeder IP-Adresse (ob statisch oder dynamisch) um ein personenbezogenes Datum handelt, ist
    zugunsten des Datenschutzes geklärt. Es handelt sich um Informationen, die in Verbindung mit
    anderen Informationen dienen können, ein Profil zu erstellen (Erwägungsgrund 30).

II. Verarbeitung (Nr. 2)

7   Mit dem Begriff der Verarbeitung werden sämtliche Umgangsmöglichkeiten mit einem perso-
    nenbezogenen Datum zusammengefasst. Die Verordnung zählt die einzelnen Begriffe auf. Jedoch
    erfolgt keine Definition dieser Begriffe. Die aufgezählten Begriffe verfügen teilweise über keine
    Trennschärfe und überlagern sich gegenseitig.

III. Einschränkung der Verarbeitung (Nr. 3)

8   Hier besteht eine gewisse Verwandtschaft zur Sperrung von Daten nach dem BDSG. Personen-
    bezogene Daten können zur Einschränkung der Verarbeitung „vorübergehend auf ein anderes
    Verarbeitungssystem übertragen werden", dass die Daten „für Nutzer vorübergehend gesperrt
    werden", so dass die öffentliche Abrufbarkeit der Daten nicht mehr möglich ist (Erwägungs-
    grund 67). Die Daten dürfen nicht mehr weiterverarbeitet werden. Die Einschränkung der Verar-
    beitung schließt auch eine Veränderung der betroffenen Daten aus. Die Möglichkeit, eine Ein-
    schränkung der Verarbeitung zu erwirken, wird in Art. 18 geregelt.

IV. Profiling (Nr. 4)

9   Damit ist die durch informationstechnologische Systeme erfolgende, automatische Erstellung,
    Modifikation und Anwendung von Profilen natürlicher Personen gemeint. In den Erwägungs-
    gründen (Erwägungsgrund 71) werden in Frage kommende Komponenten beispielhaft aufgezählt
    (unter anderem Verhalten, Aufenthaltsort oder Ortswechsel einer Person) Eine Information der
    betroffenen Person darüber, dass ein Profiling stattfindet, ist vorgeschrieben (Erwägungsgrund 60).

V. Pseudonymisierung (Nr. 5)

10 Einzelne personenbezogen Daten werden so verarbeitet, dass ein Rückschluss auf die betroffene
    Person entweder überhaupt nicht mehr möglich ist, der sog. Fall der **Anonymisierung,** oder
    aber nur unter einem erheblichen Aufwand, der sog. Fall der **Pseudonymisierung.**
11 Wenn die verarbeitende Stelle dem Datensatz einer natürlichen Person eine Chiffre zuweist
    und dieses Chiffre getrennt von dem Datensatz aufbewahrt, dann liegt Pseudonymisierung vor.
    Die verarbeitende Stelle hat dafür Sorge zu tragen, dass technische und organisatorische Maßnah-

men ergriffen werden, um zu gewährleisten, dass eine **Rekonstruktion der Zuordnung** zu einer natürlichen Person nur dem Verantwortlichen selbst und besonderen befugten Personen möglich ist (Erwägungsgrund 29).

Die **Anonymisierung** stellt im Ergebnis eine Steigerung der Pseudonymisierung dar. Eine **12** Zuordnung von personenbezogenen Daten zu einer natürlichen Person wird nicht oder nicht mehr möglich. Somit handelt es sich nur noch um **Daten ohne Personenbezug.**

VI. Dateisystem (Nr. 6)

Jedes **planmäßige Zusammenstellen von Daten** stellt ein Dateisystem dar. Der Begriff kann **13** nicht weit genug verstanden werden. Auch eine einzelne Audio-Aufnahme kann ein solches System darstellen, wenn die Aufzeichnung durch Stimmenabgleich einer natürlichen Person zugeordnet werden kann.

Akten oder Aktensammlungen einschließlich ihrer Deckblätter fallen nicht unter den Anwen- **14** dungsbereich der DS-GVO, wenn diese nicht nach bestimmten Kriterien geordnet sind (so ausdrücklich Erwägungsgrund 15).

VII. Verantwortlicher (Nr. 7)

Verantwortlicher ist jede natürliche oder juristische Person, gleich ob Unternehmen, Behörde, **15** die darüber entscheidet, ob personenbezogene Daten verarbeitet werden. Ihm obliegen mannigfaltige Pflichten. Besonders hervorzuheben ist in diesem Zusammenhang Art. 25, der die Verpflichtung zum Datenschutz durch Technikgestaltung und durch datenschutzfreundliche Voreinstellung beinhaltet. Im Fall der **Neugierabfrage,** also der Abfrage von personenbezogenen Daten aus privater Neugier, wird der Abfragende mit zum Verantwortlichen. Denn er kann nicht über Zweck und Mittel der Verarbeitung entscheiden (Dieterle ZD 2020, 135 (138)). Die DS-GVO sieht vor, dass Verantwortliche auch im Verbund agieren können, mithin „gemeinsam" über die Datenverarbeitung entscheiden.

Erfolgt die Datenverarbeitung aufgrund von unionsrechtlichen oder mitgliedsstaatlichen Vorga- **16** ben, so kann das jeweils einschlägige Unionsrecht oder Recht des Mitgliedsstaates einen Verantwortlichen benennen.

VIII. Auftragsverarbeiter (Nr. 8)

Auftragsverarbeiter ist eine natürliche oder juristische Person, die aufgrund einer vertraglichen **17** Beziehung zum Verantwortlichen in dessen Auftrag Daten verarbeitet. Dieses arbeitsteilige Vorgehen ist kein Privileg der Privatwirtschaft. Behörden, Einrichtungen oder andere Stellen können Auftragnehmer sein.

IX. Empfänger (Nr. 9)

Empfänger ist jede natürliche oder juristische Person, Behörde, Einrichtung oder andere Stelle, **18** die personenbezogene Daten erhält. Die schwer verständliche Nr. 9 S. 2 stellt klar, dass **Behörden nicht Empfänger** sind, wenn der Verantwortliche aufgrund einer **gesetzlichen Verpflichtung** gehalten ist, personenbezogene Daten zu übermitteln. Diese Unterscheidung ist wichtig, wenn es darum geht, dem Betroffenen Auskunft zu erteilen.

X. Einwilligung (Nr. 11)

Die **Einwilligung,** wenn diese als Rechtfertigungsgrund für eine Datenverarbeitung herange- **19** zogen werden soll (→ Art. 6 Rn. 1), muss in unmissverständlicher Form durch eine Willensbekundung erfolgen (EuGH BeckRS 2019, 22831 Rn. 62). Ein Schweigen der betroffenen Person hat keinen Erklärungswert (Erwägungsgrund 32). Eine wirksame Einwilligung erfordert, dass der Betroffene vorher über die beabsichtigten Verarbeitungsvorgänge informiert wird. Die Einwilligung kann mündlich, schriftlich oder auch in elektronischer Form erfolgen. So zB durch „Anklicken eines Kästchens beim Besuch einer Internetseite" (so ausdrücklich Erwägungsgrund 32).

XI. Verletzung des Schutzes personenbezogener Daten (Nr. 12)

Immer wenn eine „Verletzung des Schutzes personenbezogener Daten" festzustellen ist, also **20** wenn die **Sicherheit personenbezogener Daten nicht mehr gewährleistet** ist, und in der

Folge deren Vernichtung, Verlust oder Veränderung eintritt, muss der Verantwortliche unter bestimmten Voraussetzungen die betroffene Person informieren (Art. 34).

XII. Aufsichtsbehörde (Nr. 21)

21 Die Begriffsbestimmung „**Aufsichtsbehörde**" verweist auf Art. 51. Diese staatliche Stelle hat **unabhängig** zu sein.

XIII. Maßgeblicher und begründeter Einspruch (Nr. 24)

22 Dieser Begriff wird im Rahmen der Zusammenarbeit zwischen der federführenden Aufsichtsbehörde und den anderen betroffenen Aufsichtsbehörden, wenn das zu überprüfende Verhalten einer verantwortlichen Stelle mehrere Mitgliedstaaten betrifft, verwendet (Art. 60). Aufsichtsbehörden haben die Verpflichtung, ihr Nichteinverständnis mit dem Beschluss einer anderen Aufsichtsbehörde zu begründen.

Kapitel II. Grundsätze

Artikel 5 Grundsätze für die Verarbeitung personenbezogener Daten

(1) Personenbezogene Daten müssen

a) auf rechtmäßige Weise, nach Treu und Glauben und in einer für die betroffene Person nachvollziehbaren Weise verarbeitet werden („**Rechtmäßigkeit, Verarbeitung nach Treu und Glauben, Transparenz**");

b) für festgelegte, eindeutige und legitime Zwecke erhoben werden und dürfen nicht in einer mit diesen Zwecken nicht zu vereinbarenden Weise weiterverarbeitet werden; eine Weiterverarbeitung für im öffentlichen Interesse liegende Archivzwecke, für wissenschaftliche oder historische Forschungszwecke oder für statistische Zwecke gilt gemäß Artikel 89 Absatz 1 nicht als unvereinbar mit den ursprünglichen Zwecken („**Zweckbindung**");

c) dem Zweck angemessen und erheblich sowie auf das für die Zwecke der Verarbeitung notwendige Maß beschränkt sein („**Datenminimierung**");

d) sachlich richtig und erforderlichenfalls auf dem neuesten Stand sein; es sind alle angemessenen Maßnahmen zu treffen, damit personenbezogene Daten, die im Hinblick auf die Zwecke ihrer Verarbeitung unrichtig sind, unverzüglich gelöscht oder berichtigt werden („**Richtigkeit**");

e) in einer Form gespeichert werden, die die Identifizierung der betroffenen Personen nur so lange ermöglicht, wie es für die Zwecke, für die sie verarbeitet werden, erforderlich ist; personenbezogene Daten dürfen länger gespeichert werden, soweit die personenbezogenen Daten vorbehaltlich der Durchführung geeigneter technischer und organisatorischer Maßnahmen, die von dieser Verordnung zum Schutz der Rechte und Freiheiten der betroffenen Person gefordert werden, ausschließlich für im öffentlichen Interesse liegende Archivzwecke oder für wissenschaftliche und historische Forschungszwecke oder für statistische Zwecke gemäß Artikel 89 Absatz 1 verarbeitet werden („**Speicherbegrenzung**");

f) in einer Weise verarbeitet werden, die eine angemessene Sicherheit der personenbezogenen Daten gewährleistet, einschließlich Schutz vor unbefugter oder unrechtmäßiger Verarbeitung und vor unbeabsichtigtem Verlust, unbeabsichtigter Zerstörung oder unbeabsichtigter Schädigung durch geeignete technische und organisatorische Maßnahmen („**Integrität und Vertraulichkeit**");

(2) Der Verantwortliche ist für die Einhaltung des Absatzes 1 verantwortlich und muss dessen Einhaltung nachweisen können („**Rechenschaftspflicht**").

A. Übersicht

1 Art. 5 schlägt die Brücke zwischen Art. 8 Abs. 2 GRCh, Art. 16 Abs. 1 AEUV und den einzelnen Regelungen, die in den weiteren Artikeln der DS-GVO getroffen werden.

B. Die Grundsätze im Einzelnen

I. „Rechtmäßigkeit, Verarbeitung nach Treu und Glauben, Transparenz"

Die Datenverarbeitung muss in **einer rechtmäßigen Weise** erfolgen. Rechtmäßig ist die **2** Datenverarbeitung immer dann, wenn eine Einwilligung des Betroffenen oder ein gesetzlicher Erlaubnistatbestand vorliegt („ob"; Erwägungsgrund 40) und die Umsetzung des Vorganges, also alle anderen Erfordernisse der Verarbeitung personenbezogener Daten, in konformer Weise erfolgt („wie").

Das Merkmal **„Verarbeitung nach Treu und Glauben"** soll als Auffangbegriff dazu dienen, **3** dass es keine Anwendungslücken geben kann. Sollte die Beurteilung einer Maßnahme – aufgrund einer fehlenden gesetzlichen Regelung – nicht möglich sein, ist der Rückgriff auf dieses Merkmal möglich.

„Transparenz" liegt dann vor, wenn die Verarbeitung personenbezogener Daten in nachvoll- **4** ziehbarer Weise erfolgt. So muss der Betroffene wissen, wer der Verantwortliche ist, aus welchem Grund und zu welchem Zweck die Verarbeitung erfolgt. Auch muss der Betroffene über seine Rechte, insbesondere das Auskunftsrecht (Art. 15), in Kenntnis gesetzt werden (Erwägungsgrund 39).

II. „Zweckbindung"

Die datenschutzrechtliche Zweckbindung ist auch Kernelement des „verfassungsrechtlichen **5** Datenschutzes" (BVerfG NJW 2016, 1781 Rn. 292). Durch dieses Merkmal soll gewährleistet werden, dass die jeweilige Ermächtigung zur Erhebung personenbezogener Daten nicht genutzt werden kann, um die erhobenen Daten zu einem anderen Zweck zu verwenden, der im Widerspruch zum Anlass der ursprünglichen Erhebung steht. Es ist mehr als fraglich, ob dieser Grundsatz bei der Datenübermittlung zwischen den Behörden im Zusammenhang mit der AZR-Nummer noch gewahrt ist (vgl. Hofmann, Die gläsernen Geflüchteten, DSRITB 2019, 639). Denn die ersuchende Behörde ist nicht verpflichtet, den Zweck der Anfrage mitzuteilen, somit entfällt die Kontrollfunktion des Zweckbindungsgrundsatzes. Dies wiegt umso schwerer, als dass der Datenbestand das AZR immer weiter anwächst (so: Stellungnahme der Datenschutzkonferenz zum Entwurf eines Zweiten Datenaustauschverbesserungsgesetz vom 28.5.2019, S. 4 abrufbar unter: https://www.datenschutzkonferenz-online.de/media/st/20180528_st_datenaustauschver-besserungsgesetz.pdf).

Eine Weiterverarbeitung der ursprünglich zu einem anderen Zweck erhobenen Daten erfordert **6** nicht nur eine konkrete Rechtsgrundlage für diese neue, weitere Datenverarbeitung. Vielmehr ist auch zu beachten, dass diese weitere Datenverarbeitung nicht in einem Widerspruch zum ursprünglichen Verarbeitungszweck steht.

III. „Datenminimierung"

Die Datenerhebung ist so zu gestalten, dass nur das Mindestmaß an personenbezogenen Daten **7** erhoben wird, das zur Erreichung des Zweckes erforderlich ist. Dieser Grundsatz ergänzt die Zweckbindung.

In Anlehnung an § 3a BDSG, die korrelierende Norm, sollte eine **Datenanonymisierung** **8** oder Pseudonymisierung erfolgen, wenn auch hierdurch der Zweck der Datenerhebung erfüllt werden kann.

IV. „Richtigkeit"

Daten einer Person müssen **„sachlich richtig"** sein. Nur **objektiv feststellbare Tatsachen** **9** können richtig oder falsch sein. Der Inhalt von Meinungen, als subjektives Element, lässt sich nicht als richtig oder falsch überprüfen. Somit werden subjektive personenbezogene Daten von diesem Prinzip nicht erfasst.

Wie sich aus der Formulierung dieser Vorschrift ergibt, müssen die Daten lediglich **„erforderli-** **10** **chenfalls auf dem neuesten Stand sein"**. Es ist somit ausreichend, aber auch erforderlich, dass zum Zeitpunkt der Zweckerfüllung der Datenverarbeitung die personenbezogenen Daten aktuell sind.

Sollte dieses Erfordernis nicht zutreffen, so sind die Daten zu berichtigen (Art. 16) oder ggf. **11** zu löschen (Art. 17).

V. „Speicherbegrenzung"

12   Die Speicherung von Daten ist nur so lange gestattet, als diese Speicherung erforderlich ist, um den Zweck der Datenerhebung zu erfüllen.

13   Danach sind die betroffenen Daten zu anonymisieren oder zu löschen. Es gilt somit das „**Recht auf Vergessenwerden**" (Art. 17).

14   Die **Speicherfrist** für personenbezogene Daten ist auf das „**unbedingt erforderliche Mindestmaß zu beschränken**" (Erwägungsgrund 39). Der Verantwortliche sollte Fristen für die Datenlöschung oder deren regelmäßige Überprüfung versehen (Erwägungsgrund 39).

15   Die Verarbeitung von Daten für **Archivzwecke, Forschungszwecke und statistische Zwecke** wird privilegiert. Liegt ein solcher, im öffentlichen Interesse liegender Fall vor, so kann das Erfordernis der Löschung von Daten entfallen.

VI. „Integrität und Vertraulichkeit"

16   Die Sicherheit der Datenverarbeitung ist in angemessener Weise zu gewährleisten. Die Integrität und Vertraulichkeit betrifft zwei Felder: **Datenverarbeitung im engeren Sinne** und **Datensicherheit.**

17   Die **Datenverarbeitung hat nur durch befugte Personen** zu erfolgen. Unbefugte Personen dürfen weder Zugriff auf die personenbezogenen Daten haben noch „die Geräte, mit denen diese verarbeitet werden, benutzen" (Erwägungsgrund 39).

18   Die personenbezogenen Daten sind vor unbeabsichtigtem Verlust, unbeabsichtigter Zerstörung oder unbeabsichtigter Schädigung durch **geeignete technische und organisatorische Maßnahmen zu schützen**. Art. 32 füllt diese Norm mit Inhalt aus. Es gilt, dass die Implementierungskosten mit der Eintrittswahrscheinlichkeit und der Schwere des Risikos für die Rechte und Freiheiten Betroffener abzuwägen sind. Speziell für den Versand von **E-Mail** gilt, dass eine Ende-zu-Ende-Verschlüsselung oder gar strengere Maßnahmen nicht erforderlich sind, solange der Versand unter Zuhilfenahme einer Transportverschlüsselung in Form von SSL/TLS getätigt wird, dies gilt auch, wenn der Verantwortliche ein Berufsgeheimnisträger ist (VG Mainz BeckRS 2020, 41220). Dies gilt umso mehr, als dass das besondere elektronische Anwaltspostfach, obwohl eine Ende-zu-Ende-Verschlüsselung fehlt, für sicher befunden wurde (AGH Berlin BeckRS 2019, 27942).

C. „Rechenschaftspflicht" für Einhaltung der Grundsätze

19   Der Zweck dieser Vorschrift ist deklaratorische Natur. Der Verantwortliche ist bereits aufgrund Art. 4 Nr. 7 verantwortlich.

20   Die Verpflichtung zur Einhaltung der Grundsätze des Art. 5 Abs. 1 wird an anderer Stelle konkretisiert, so in Art. 33.

Artikel 6 Rechtmäßigkeit der Verarbeitung

(1) ¹**Die Verarbeitung ist nur rechtmäßig, wenn mindestens eine der nachstehenden Bedingungen erfüllt ist:**
a) **Die betroffene Person hat ihre Einwilligung zu der Verarbeitung der sie betreffenden personenbezogenen Daten für einen oder mehrere bestimmte Zwecke gegeben;**
b) **die Verarbeitung ist für die Erfüllung eines Vertrags, dessen Vertragspartei die betroffene Person ist, oder zur Durchführung vorvertraglicher Maßnahmen erforderlich, die auf Anfrage der betroffenen Person erfolgen;**
c) **die Verarbeitung ist zur Erfüllung einer rechtlichen Verpflichtung erforderlich, der der Verantwortliche unterliegt;**
d) **die Verarbeitung ist erforderlich, um lebenswichtige Interessen der betroffenen Person oder einer anderen natürlichen Person zu schützen;**
e) **die Verarbeitung ist für die Wahrnehmung einer Aufgabe erforderlich, die im öffentlichen Interesse liegt oder in Ausübung öffentlicher Gewalt erfolgt, die dem Verantwortlichen übertragen wurde;**
f) **die Verarbeitung ist zur Wahrung der berechtigten Interessen des Verantwortlichen oder eines Dritten erforderlich, sofern nicht die Interessen oder Grundrechte und Grundfreiheiten der betroffenen Person, die den Schutz personenbezogener Daten erfordern, überwiegen, insbesondere dann, wenn es sich bei der betroffenen Person um ein Kind handelt.**

²Unterabsatz 1 Buchstabe f gilt nicht für die von Behörden in Erfüllung ihrer Aufgaben vorgenommene Verarbeitung.

(2) Die Mitgliedstaaten können spezifischere Bestimmungen zur Anpassung der Anwendung der Vorschriften dieser Verordnung in Bezug auf die Verarbeitung zur Erfüllung von Absatz 1 Buchstaben c und e beibehalten oder einführen, indem sie spezifische Anforderungen für die Verarbeitung sowie sonstige Maßnahmen präziser bestimmen, um eine rechtmäßig und nach Treu und Glauben erfolgende Verarbeitung zu gewährleisten, einschließlich für andere besondere Verarbeitungssituationen gemäß Kapitel IX.

(3) ¹Die Rechtsgrundlage für die Verarbeitungen gemäß Absatz 1 Buchstaben c und e wird festgelegt durch
a) Unionsrecht oder
b) das Recht der Mitgliedstaaten, dem der Verantwortliche unterliegt.
²Der Zweck der Verarbeitung muss in dieser Rechtsgrundlage festgelegt oder hinsichtlich der Verarbeitung gemäß Absatz 1 Buchstabe e für die Erfüllung einer Aufgabe erforderlich sein, die im öffentlichen Interesse liegt oder in Ausübung öffentlicher Gewalt erfolgt, die dem Verantwortlichen übertragen wurde. ³Diese Rechtsgrundlage kann spezifische Bestimmungen zur Anpassung der Anwendung der Vorschriften dieser Verordnung enthalten, unter anderem Bestimmungen darüber, welche allgemeinen Bedingungen für die Regelung der Rechtmäßigkeit der Verarbeitung durch den Verantwortlichen gelten, welche Arten von Daten verarbeitet werden, welche Personen betroffen sind, an welche Einrichtungen und für welche Zwecke die personenbezogenen Daten offengelegt werden dürfen, welcher Zweckbindung sie unterliegen, wie lange sie gespeichert werden dürfen und welche Verarbeitungsvorgänge und -verfahren angewandt werden dürfen, einschließlich Maßnahmen zur Gewährleistung einer rechtmäßig und nach Treu und Glauben erfolgenden Verarbeitung, wie solche für sonstige besondere Verarbeitungssituationen gemäß Kapitel IX. ⁴Das Unionsrecht oder das Recht der Mitgliedstaaten müssen ein im öffentlichen Interesse liegendes Ziel verfolgen und in einem angemessenen Verhältnis zu dem verfolgten legitimen Zweck stehen.

(4) Beruht die Verarbeitung zu einem anderen Zweck als zu demjenigen, zu dem die personenbezogenen Daten erhoben wurden, nicht auf der Einwilligung der betroffenen Person oder auf einer Rechtsvorschrift der Union oder der Mitgliedstaaten, die in einer demokratischen Gesellschaft eine notwendige und verhältnismäßige Maßnahme zum Schutz der in Artikel 23 Absatz 1 genannten Ziele darstellt, so berücksichtigt der Verantwortliche – um festzustellen, ob die Verarbeitung zu einem anderen Zweck mit demjenigen, zu dem die personenbezogenen Daten ursprünglich erhoben wurden, vereinbar ist – unter anderem
a) jede Verbindung zwischen den Zwecken, für die die personenbezogenen Daten erhoben wurden, und den Zwecken der beabsichtigten Weiterverarbeitung,
b) den Zusammenhang, in dem die personenbezogenen Daten erhoben wurden, insbesondere hinsichtlich des Verhältnisses zwischen den betroffenen Personen und dem Verantwortlichen,
c) die Art der personenbezogenen Daten, insbesondere ob besondere Kategorien personenbezogener Daten gemäß Artikel 9 verarbeitet werden oder ob personenbezogene Daten über strafrechtliche Verurteilungen und Straftaten gemäß Artikel 10 verarbeitet werden,
d) die möglichen Folgen der beabsichtigten Weiterverarbeitung für die betroffenen Personen,
e) das Vorhandensein geeigneter Garantien, wozu Verschlüsselung oder Pseudonymisierung gehören kann.

Überblick

Die Verarbeitung personenbezogener Daten darf nur erfolgen, wenn der Betroffene in deren Verarbeitung eingewilligt hat oder eine sonstige zulässige Rechtsgrundlage existiert. Taugliche Rechtsgrundlagen für die Datenverarbeitung können sich aus der DS-GVO, dem sonstigen Unionsrecht oder dem Recht der einzelnen Mitgliedstaaten ergeben (Erwägungsgrund 40). Es gibt keine Hierarchie der Erlaubnistatbestände. Erforderlich, aber auch ausreichend ist, dass mindestens einer der Tatbestände des Abs. 1 einschlägig ist.

A. Datenverarbeitung aufgrund einer Einwilligung (Abs. 1 lit. a)

1   Damit dieser Erlaubnistatbestand bejaht werden kann, muss die betroffene Person vor der Einwilligung umfassend über die beabsichtigte Datenverarbeitung **informiert** werden (Art. 4 Nr. 11). Der Zweck der Datenverarbeitung muss dergestalt beschrieben werden, dass die einwilligende Person weiß, welche Datenverarbeitungsvorgänge sie ermöglicht.

2   Die Einwilligung muss **freiwillig** erfolgen. Sobald zwischen der verantwortlichen Stelle und der betroffenen Person ein „klares Ungleichgewicht" besteht, insbesondere wenn es sich bei dem Verantwortlichen um eine Behörde handelt" (Erwägungsgrund 43), sollte vermutet werden, dass die Einwilligung nicht zwanglos und somit nicht freiwillig erteilt wurde.

3   Dem Verantwortlichen obliegt der **Nachweis,** dass eine Einwilligung seitens des Betroffenen erteilt wurde, dies ergibt sich aus Art. 7. Selbige Vorschrift bestimmt auch, dass das Einholen der Einwilligung in einer klaren und einfachen Sprache zu erfolgen hat.

B. Vertragserfüllung oder -abschluss (Abs. 1 lit. b)

4   Die verarbeitende Stelle darf die Daten erheben, wenn zwischen ihr und der betroffenen Person entweder ein Vertragsverhältnis angebahnt werden (**vorvertragliche Phase**) oder aber auch ein Vertragsverhältnis gelebt werden soll (**vertragliche Phase**).

5   In der vorvertraglichen Phase muss die Initiative von der betroffenen Person ausgehen, dh diese muss den Willen haben, vertragliche Beziehungen einzugehen.

6   Damit dieser Erlaubnistatbestand keine uferlose Ausdehnung erfährt, ist das Merkmal **Erforderlichkeit** äußerst eng auszulegen. Nur diejenigen Daten, die zur **Erfüllung der vertraglichen Pflichten** erforderlich sind, dürfen verarbeitet werden, eine Erhebung von personenbezogenen Daten zur Erstellung von Kundenprofilen, maßgeschneiderter Werbung, Verbesserung des Kundenerlebnisses etc hingegen ist ohne eine ausdrückliche Einwilligung der betroffenen Person nicht möglich.

C. Erfüllung einer rechtlichen Verpflichtung (Abs. 1 lit. c und lit. e, Abs. 3)

7   Dieser Erlaubnistatbestand korreliert mit der Befugnis zur Datenerhebung durch öffentliche Stellen. Wobei diese Norm keine Rechtsgrundlage für die Erhebung der Daten ohne ausdrückliche Einwilligung des Betroffenen darstellt. Vielmehr ist eine ausdrückliche Vorschrift erforderlich, die eine Verpflichtung zur Datenverarbeitung der verarbeitenden Stelle, also dem Verantwortlichen auferlegt (Erwägungsgrund 45).

8   Der Begriff Rechtsgrundlage wird in Abs. 3 konkretisiert und kann sich entweder aus dem Unionsrecht oder dem Recht der Mitgliedstaaten ergeben, dem der Verantwortliche unterliegt. Unter den Begriff „Recht der Mitgliedstaaten" fallen auch **Rechtsvorschriften im materiellen Sinne.** Es muss also „nicht notwendigerweise" ein von einem Parlament angenommener Gesetzgebungsakt sein, jedoch muss die Verfassungsordnung des jeweiligen Staates beachtet werden (Erwägungsgrund 41). Rechtsvorschriften von Staaten, die keine Mitgliedstaaten sind, sind keine tauglichen Rechtsgrundlagen.

9   In der Rechtsgrundlage muss der **Zweck der Verarbeitung festgelegt** (EuGH BeckEuRS 2013,728493 Rn. 34) sein oder für die Erfüllung einer Aufgabe erforderlich sein, die **im öffentlichen Interesse** liegt (zB Sozialschutz, Schutz lebenswichtiger Interessen, justizielle Tätigkeit von Gerichten, öffentliche Gesundheit – Art. 9 Abs. 2 lit. i, nationale Sicherheit, Landesverteidigung, öffentliche Sicherheit etc – Art. 23 Abs. 1) oder in **Ausübung öffentlicher Gewalt** erfolgt, die

dem Betroffenen übertragen wurde (Abs. 3 S. 2). So auch die Erhebung von Sozialdaten im Verwaltungsverfahren zur Bewilligung von Sozialleistungen (LSG Darmstadt BeckRS 2020, 1442).

Das Unionsrecht oder das Recht der Mitgliedstaaten müssen **klar und präzise** sowie in einem 10 **angemessenen Verhältnis** zu dem verfolgten legitimen Zweck stehen (Abs. 3 S. 4).

Ein Widerspruch gegen die Verarbeitung iSv Art. 21 Abs. 1 steht dem Betroffenen nicht zu 10a (LSG Hessen BeckRS 2020, 1442 Rn. 11).

D. Schutz lebenswichtiger Interessen (Abs. 1 lit. d)

Dieser Rechtfertigungsgrund, ermöglicht eine Verarbeitung, wenn die körperliche Unversehrt- 11 heit und das Leben des Betroffenen oder eines Dritten gefährdet sind. Diese Gefährdung kann auch in Form von Epidemien, (Natur-)Katastrophen erfolgen (Erwägungsgrund 46 S. 3). Die **Gefährdung muss konkret** sein, eine abstrakte Gefahr reicht nicht, ansonsten könnte dieser Rechtfertigungstatbestand uferlose Züge annehmen.

Diese Vorschrift kann eine Verarbeitung nur rechtfertigen, wenn kein anderer Tatbestand ein- 12 schlägig ist (Erwägungsgrund 46 S. 2). Somit muss der Betroffene außer Stande sein, zB seine Einwilligung zu erteilen. Diese Subsidiarität und die Existenz des Rechtfertigungsgrundes Abs. 1 lit. e, reduzieren den Anwendungsbereich dieses Tatbestandes erheblich.

E. Erfüllung öffentlicher Aufgaben (Abs. 1 lit. e)

Dieser Rechtfertigungstatbestand macht die Zulässigkeit der Verarbeitung davon abhängig, dass 13 diese zur Erfüllung Aufgabe erfolgt, die im öffentlichen Interesse liegt oder anlässlich der Ausübung von öffentlicher Gewalt erfolgt. Es ist hierbei ohne Belang, ob eine **öffentliche** oder eine **nicht öffentliche Stelle** tätig wird.

Es muss jedoch immer noch eine **weitere Rechtsgrundlage** vorhanden sein, die die öffentliche 14 Aufgabe definiert. So gestattet zB § 4 BDSG die Videoüberwachung öffentlicher Räume und die Speicherung der erhobenen Daten durch öffentliche Stellen des Bundes.

F. Verarbeitung aufgrund eines berechtigten Interesses (Abs. 1 lit. f)

Dieser Rechtfertigungsgrund gestattet die Datenverarbeitung, wenn eine Interessenabwägung 15 zu Gunsten des Verantwortlichen ausfällt. Immer dann, wenn dieser ein berechtigtes Interesse an der Datenverarbeitung besitzt, hinter das das Persönlichkeitsrecht des Betroffenen zurückzutreten hat, ist die Verarbeitung zulässig. „Art, Inhalt und Aussagekraft der Daten sind mit dem an der Datenverarbeitung verfolgten Zweck zu messen" (OVG Hamburg BeckRS 2019, 36086 Rn. 67).

Ein **berechtigtes Interesse** könnte jeweils in der Betrugsprävention (Erwägungsgrund 47 16 S. 6), die Direktwerbung (Erwägungsgrund 47 S. 7) sowie Maßnahmen zur Verbesserung von IT-Systemen (Erwägungsgrund 49) bestehen.

G. Spezifische mitgliedsstaatlichen Bestimmungen (Abs. 2, Abs. 3 S. 3)

Die Zusammenschau von Abs. 3 und Abs. 2 lässt erkennen, dass aufgrund der ausführlichen 17 Beschreibung mitgliedstaatlicher Rechtsgrundlagen in ersterem letzterer überflüssig ist. Deutschland wollte durch diese als **Öffnungsklauseln** dienende Normen sicherstellen, dass der status quo des deutschen öffentlichen Datenschutzrechts, als **spezifische mitgliedstaatliche Bestimmung,** erhalten bleibt.

H. Zweckänderung (Abs. 4)

Erfolgt eine Zweckänderung, werden personenbezogenen Daten also zu einem anderen Zweck 18 verarbeitet als zu demjenigen, zu dem sie erhoben wurden, und **liegt keine Einwilligung der betroffenen Person** vor, muss ein Abwägungsprozess stattfinden. In diesem Prozess sind folgende Kriterien zu berücksichtigen.

Es muss eine **Zweckkompatibilität** bestehen (Abs. 4 lit. a): Der Zweck der ursprünglichen 19 Datenerhebung darf nicht vollkommen mit dem Zweck auseinanderfallen, der Grundlage für die Weiterverarbeitung der personenbezogenen Daten ist. Sind hingegen beide Zwecke der Verarbeitung miteinander logisch verknüpft, so muss die betroffene Person mit dieser weiteren Verarbeitung rechnen, es besteht Zweckkompatibilität.

Das **Verhältnis zwischen der betroffenen Person und dem Verantwortlichen** bei Daten- 20 erhebung ist ebenfalls wichtig (Abs. 4 lit. b). Wurde bei Vertragsanbahnung oder Vertragsschluss eine besonders vertrauliche Handhabung der Daten zu einem eindeutig begrenzten Zweck durch den Verantwortlichen zugesichert, muss von einem Entfall der Kompatibilität ausgegangen werden.

21   Sind **besondere Kategorien personenbezogener Daten** (Art. 9) oder Daten über strafrecht-liche Verurteilungen und Straftaten (Art. 10) von der Zweckänderung betroffen, ist ein strenger Maßstab an die Zweckkompatibilität zu stellen (Abs. 4 lit. c).

22   Eine Weiterverarbeitung der Daten ist zulässig, wenn die Rechtsgrundlage, aufgrund derer die Datenerhebung erfolgt ist, dies auch vorsieht (Erwägungsgrund 50).

23   Ist davon auszugehen, dass die Weiterverarbeitung der Daten nach der Zweckänderung nachtei-lige Auswirkungen auf die betroffene Person hat, so ist die Inkompatibilität zu bejahen.

24   Die Weiterverarbeitung für im **öffentlichen Interesse liegende Archivzwecke,** für wissen-schaftliche oder historische **Forschungszwecke** oder für **statistische Zwecke** gilt als vereinbarer und rechtmäßiger Verarbeitungsvorgang (Erwägungsgrund 50).

Artikel 9 Verarbeitung besonderer Kategorien personenbezogener Daten

(1) Die Verarbeitung personenbezogener Daten, aus denen die rassische und ethni-sche Herkunft, politische Meinungen, religiöse oder weltanschauliche Überzeugungen oder die Gewerkschaftszugehörigkeit hervorgehen, sowie die Verarbeitung von geneti-schen Daten, biometrischen Daten zur eindeutigen Identifizierung einer natürlichen Person, Gesundheitsdaten oder Daten zum Sexualleben oder der sexuellen Orientierung einer natürlichen Person ist untersagt.

(2) Absatz 1 gilt nicht in folgenden Fällen:
a) Die betroffene Person hat in die Verarbeitung der genannten personenbezogenen Daten für einen oder mehrere festgelegte Zwecke ausdrücklich eingewilligt, es sei denn, nach Unionsrecht oder dem Recht der Mitgliedstaaten kann das Verbot nach Absatz 1 durch die Einwilligung der betroffenen Person nicht aufgehoben werden,
b) die Verarbeitung ist erforderlich, damit der Verantwortliche oder die betroffene Per-son die ihm bzw. ihr aus dem Arbeitsrecht und dem Recht der sozialen Sicherheit und des Sozialschutzes erwachsenden Rechte ausüben und seinen bzw. ihren diesbe-züglichen Pflichten nachkommen kann, soweit dies nach Unionsrecht oder dem Recht der Mitgliedstaaten oder einer Kollektivvereinbarung nach dem Recht der Mitgliedstaaten, das geeignete Garantien für die Grundrechte und die Interessen der betroffenen Person vorsieht, zulässig ist,
c) die Verarbeitung ist zum Schutz lebenswichtiger Interessen der betroffenen Person oder einer anderen natürlichen Person erforderlich und die betroffene Person ist aus körperlichen oder rechtlichen Gründen außerstande, ihre Einwilligung zu geben,
d) die Verarbeitung erfolgt auf der Grundlage geeigneter Garantien durch eine politisch, weltanschaulich, religiös oder gewerkschaftlich ausgerichtete Stiftung, Vereinigung oder sonstige Organisation ohne Gewinnerzielungsabsicht im Rahmen ihrer recht-mäßigen Tätigkeiten und unter der Voraussetzung, dass sich die Verarbeitung aus-schließlich auf die Mitglieder oder ehemalige Mitglieder der Organisation oder auf Personen, die im Zusammenhang mit deren Tätigkeitszweck regelmäßige Kontakte mit ihr unterhalten, bezieht und die personenbezogenen Daten nicht ohne Einwilli-gung der betroffenen Personen nach außen offengelegt werden,
e) die Verarbeitung bezieht sich auf personenbezogene Daten, die die betroffene Person offensichtlich öffentlich gemacht hat,
f) die Verarbeitung ist zur Geltendmachung, Ausübung oder Verteidigung von Rechts-ansprüchen oder bei Handlungen der Gerichte im Rahmen ihrer justiziellen Tätigkeit erforderlich,
g) die Verarbeitung ist auf der Grundlage des Unionsrechts oder des Rechts eines Mit-gliedstaats, das in angemessenem Verhältnis zu dem verfolgten Ziel steht, den Wesensgehalt des Rechts auf Datenschutz wahrt und angemessene und spezifische Maßnahmen zur Wahrung der Grundrechte und Interessen der betroffenen Person vorsieht, aus Gründen eines erheblichen öffentlichen Interesses erforderlich,
h) die Verarbeitung ist für Zwecke der Gesundheitsvorsorge oder der Arbeitsmedizin, für die Beurteilung der Arbeitsfähigkeit des Beschäftigten, für die medizinische Diagnostik, die Versorgung oder Behandlung im Gesundheits- oder Sozialbereich oder für die Verwaltung von Systemen und Diensten im Gesundheits- oder Sozialbe-reich auf der Grundlage des Unionsrechts oder des Rechts eines Mitgliedstaats oder

aufgrund eines Vertrags mit einem Angehörigen eines Gesundheitsberufs und vorbehaltlich der in Absatz 3 genannten Bedingungen und Garantien erforderlich,

i) die Verarbeitung ist aus Gründen des öffentlichen Interesses im Bereich der öffentlichen Gesundheit, wie dem Schutz vor schwerwiegenden grenzüberschreitenden Gesundheitsgefahren oder zur Gewährleistung hoher Qualitäts- und Sicherheitsstandards bei der Gesundheitsversorgung und bei Arzneimitteln und Medizinprodukten, auf der Grundlage des Unionsrechts oder des Rechts eines Mitgliedstaats, das angemessene und spezifische Maßnahmen zur Wahrung der Rechte und Freiheiten der betroffenen Person, insbesondere des Berufsgeheimnisses, vorsieht, erforderlich, oder

j) die Verarbeitung ist auf der Grundlage des Unionsrechts oder des Rechts eines Mitgliedstaats, das in angemessenem Verhältnis zu dem verfolgten Ziel steht, den Wesensgehalt des Rechts auf Datenschutz wahrt und angemessene und spezifische Maßnahmen zur Wahrung der Grundrechte und Interessen der betroffenen Person vorsieht, für im öffentlichen Interesse liegende Archivzwecke, für wissenschaftliche oder historische Forschungszwecke oder für statistische Zwecke gemäß Artikel 89 Absatz 1 erforderlich.

(3) Die in Absatz 1 genannten personenbezogenen Daten dürfen zu den in Absatz 2 Buchstabe h genannten Zwecken verarbeitet werden, wenn diese Daten von Fachpersonal oder unter dessen Verantwortung verarbeitet werden und dieses Fachpersonal nach dem Unionsrecht oder dem Recht eines Mitgliedstaats oder den Vorschriften nationaler zuständiger Stellen dem Berufsgeheimnis unterliegt, oder wenn die Verarbeitung durch eine andere Person erfolgt, die ebenfalls nach dem Unionsrecht oder dem Recht eines Mitgliedstaats oder den Vorschriften nationaler zuständiger Stellen einer Geheimhaltungspflicht unterliegt.

(4) Die Mitgliedstaaten können zusätzliche Bedingungen, einschließlich Beschränkungen, einführen oder aufrechterhalten, soweit die Verarbeitung von genetischen, biometrischen oder Gesundheitsdaten betroffen ist.

Überblick

Personenbezogene Daten, die Ihrem Wesen nach hinsichtlich der Grundrechte und Grundfreiheiten besonders sensibel sind, verdienen einen besonderen Schutz (Erwägungsgrund 51). Die Verarbeitung dieser sensiblen Daten ist verboten (Abs. 1, → Rn. 1 ff.). Nur Ausnahmsweise ist deren Verarbeitung zulässig (Abs. 2, → Rn. 10 ff.), aber an strenge Voraussetzungen geknüpft (Abs. 3).

Übersicht

A. Verbot der Verarbeitung besonderer Kategorien personenbezogener Daten (Abs. 1)

Die Grundrechte auf Achtung des Privat- und Familienlebens (Art. 7 GRCh) und auf den **1** Schutz personenbezogener Daten (Art. 8 GRCh) werden auf Verordnungsebene mit dieser Vorschrift verwirklicht. Gleiches gilt für das Grundrecht auf Nichtdiskriminierung (Art. 21 GRCh). Selbstverständlich gilt dieses Verbot auch für die Betreiber von Suchmaschinen, wobei jedoch im

Einzelfall die Informationsfreiheit (Art. 11 GRCh) von Internetnutzern schützenswert sein kann (EuGH NJW 2019, 3503 (3508)).

2   Die Erwähnung des Merkmales „**rassische Herkunft**" stellt keine Billigung von Theorien dar, die Menschen unterschiedlichen Rassen zuordnen wollen. Der gemeinschaftliche Gesetzgeber verurteilt dies ausdrücklich in den Erwägungsgründen (Erwägungsgrund 51). Eigenschaften, die vererbbar sind, fallen hierunter (zB Haut-, Haar-, Augenfarbe, körperliche Merkmale, etc).

3   „**Ethnische Herkunft**" bezeichnet die Zugehörigkeit zu einer kulturellen Gruppe, insbesondere einer nationalen Minderheit. Eigenschaften wie Sprache und Kultur werden von diesem Merkmal erfasst.

4   „**Politische Meinungen**" sind im Lichte des Grundrechts auf freie Meinungsäußerungen (Art. 11 GRCh) weit zu verstehen. Äußerungen ausschließlich wirtschaftlichen Charakters fallen nicht in den Schutzbereich. Ansonsten fallen hierunter unter anderem die Erfassung der Teilnahme an Demonstrationen/politischen Veranstaltungen, ein Abonnement von Parteizeitschriften, Sympathiebekundungen in sozialen Medien für eine Partei.

5   Personenbezogene Daten, aus denen „**religiöse oder weltanschauliche Überzeugungen**" und „**weltanschauliche Überzeugungen**" hervorgehen, unterliegen dem Verarbeitungsverbot. Um einerseits dem Gut der Gedanken-, Gewissens- und Religionsfreiheit (Art. 10 GRCh) einfachgesetzliche Wirkung zu verleihen, ist sowohl die jeweilige Überzeugung als auch die Betätigung – in einer möglichst weiten Ausprägung – gemeint. Damit die Merkmale nicht uferlos werden, ist jedoch eine gewisse Ernsthaftigkeit zu verlangen.

6   „**Gewerkschaftszugehörigkeit**" beinhaltet die Mitgliedschaft, die Teilnahme an Veranstaltungen sowie die gewerkschaftliche Betätigung.

7   „**Genetische Daten**", Informationen des Erbgutes, und „**biometrische Daten**", also physiologische Eigenschaften (zB Fingerabdruck, Irismuster, Gesicht) oder verhaltensbedingte Eigenschaften (Stimme, Gang, Haltung) dürfen nicht verarbeitet werden. Die Verarbeitung von **Lichtbildern** fällt nur dann unter das Verbot, wenn die Lichtbilder als biometrische Daten verarbeitet werden, sie also mit speziellen technischen Mitteln verarbeitet werden, die die eindeutige Identifizierung oder Authentifizierung einer natürlichen Person ermöglichen (Erwägungsgrund 51). Dies ist bei der Verwendung von Gesichtserkennungsprogrammen der Fall.

8   Der Begriff „**Gesundheitsdaten**" ist weit auszulegen. Er bezieht sich auf alle Informationen, die die körperliche und psychische Gesundheit betreffen (EuGH BeckRS 2004, 74038 Rn. 50).

9   Daten zum „**Sexualleben oder der sexuellen Orientierung**" dürfen nicht verarbeitet werden.

B. Zulässigkeit der Verarbeitung besonderer Kategorien personenbezogener Daten (Abs. 2)

10   Aufgrund der schieren Anzahl von Tatbeständen, die die Datenverarbeitung – abweichend vom Verbot in Art. 1 – ermöglichen, ist es angebracht, nicht von Ausnahmen zum Verbot, sondern von Alternativen zum Verbot zu sprechen. Im Recht der Mitgliedstaaten können besondere Datenschutzbestimmungen festgelegt werden (Erwägungsgrund 51), die die Verarbeitung sensibler Daten zulassen.

I. Zulässigkeit der Verarbeitung bei Einwilligung (Abs. 2 lit. a)

11   Die Verarbeitung ist zulässig, wenn die betroffene Person vorher eingewilligt hat und es keine unionsrechtliche oder mitgliedsstaatliche Regelung gibt, die diesen Erlaubnistatbestand unterbindet.

12   Obwohl es sich um besondere Kategorien personenbezogener Daten handelt, ist weder eine schriftliche noch eine elektronische Einwilligung erforderlich. Es gelten die allgemeinen Grundsätze des Art. 7, der in Erwägungsgrund 32 konkretisiert wird. Somit ist auch eine **mündliche Einwilligung** zulässig.

13   Es gibt besondere Regelungen hinsichtlich der Informationspflichten (Art. 13, 14), des Rechts auf Vergessenwerden (Art. 17 Abs. 1 lit. b), der Datenübertragbarkeit (Art. 20 Abs. 1 lit. a) und der Zulässigkeit automatisierter Entscheidungen (Art. 22 Abs. 4).

14   Die **Beweislast** für das Vorliegen einer wirksamen Einwilligung liegt bei dem Verantwortlichen (Erwägungsgrund 42).

II. Zulässigkeit der Verarbeitung: Arbeitsrecht, Recht der sozialen Sicherheit, Sozialschutz (Abs. 2 lit. b)

Diese Vorschrift ist streng genommen keine Ausnahme vom Verbot der Datenverarbeitung, **15** sondern stellt klar, dass Unionsrecht oder das Recht der Mitgliedsstaaten die Verarbeitung dieser sensiblen personenbezogenen Daten erlauben kann. Im migrationsrechtlich relevanten Bereich ist mit § 22 Abs. 1 Nr. 1 lit. a BDSG (→ BDSG 2018 § 22 Rn. 1 ff.) ein solcher Erlaubnistatbestand geschaffen worden.

III. Zulässigkeit der Verarbeitung: Schutz lebenswichtiger Interessen (Abs. 2 lit. c)

Wenn die betroffene Person nicht ansprechbar oder nicht erreichbar ist, können auch Informati- **16** onen über deren Infektion und Erkrankungen, als besondere Kategorien personenbezogener Daten, ohne deren Einwilligung verarbeitet werden, wenn dies zum Schutz lebenswichtiger Interessen des Betroffenen oder Dritter erforderlich ist. Konkret werden in Erwägungsgrund 46 die **Überwachung von Epidemien und deren Ausbreitung,** die Bewältigung von Naturkatastrophen oder von Menschen verursachte Katastrophen genannt. Ausweislich Erwägungsgrund 46 ist dieser Rechtfertigungstatbestand subsidiär.

IV. Zulässigkeit der Verarbeitung: Organisation ohne Gewinnerzielungsabsicht (Abs. 2 lit. d)

Diese Vorschrift hat keinen migrationsrechtlichen Bezug. **17**

V. Zulässigkeit der Verarbeitung: bereits durch betroffene Person veröffentlicht (Abs. 2 lit. e)

Sollte der Betroffene sensible Daten, die ihn betreffen, selber veröffentlicht haben, so gelten **18** für die weitere Verarbeitung dieser Daten die allgemeinen Grundsätze (→ Art. 6 Rn. 1 ff.).

Um von einer Veröffentlichung sprechen zu können, genügt es nicht, dass die Daten zB einem **19** **geschlossenen Nutzerkreis in sozialen Medien** mitgeteilt wurden. Denn in diesem Falle wollte der Betroffene gerade nicht, dass die gesamte Öffentlichkeit Kenntnis erlangt. Eine Veröffentlichung liegt auch nicht vor, wenn Dritte diese Informationen verbreiten. Es sei denn, dies geschieht mit Billigung des Betroffenen (zB durch Autorisierung einer **Pressemitteilung**).

VI. Zulässigkeit der Verarbeitung: Rechtsdurchsetzung (Abs. 2 lit. f)

Die Verarbeitung dieser sensiblen Daten kann zulässig sein, wenn sie erforderlich sein sollte, **20** um in einem **Verwaltungs- oder Gerichtsverfahren** rechtliche Ansprüche geltend zu machen, auszuüben oder sich gegen solche Ansprüche zu verteidigen (Erwägungsgrund 52 S. 3).

VII. Zulässigkeit der Verarbeitung: erhebliches öffentliches Interesse (Abs. 2 lit. g)

Die Datenverarbeitung hat „**aus Gründen eines erheblichen öffentlichen Interesses**" zu **21** erfolgen. Sollte die Verarbeitung aus Privatinteresse erfolgen, wäre dies unzulässig, da nicht „öffentlich". Dieses öffentliche Interesse kann nicht beliebiger Gewichtigkeit sein, sondern hat „erheblich" zu sein.

Das Unionsrecht oder das Recht des Mitgliedstaates, welches die Verarbeitung ermöglicht, **22** haben den **Wesensgehalt des Rechts auf Datenschutz** zu wahren und **angemessene, spezifische Maßnahmen zur Wahrung der Grundrechte** und des Interesses der betroffenen Person vorzusehen.

Die Datenverarbeitung muss geeignet, erforderlich und die hierdurch verursachten Nachteile **23** für die betroffene Person müssen in einem angemessenen Verhältnis zum Zweck des Erlaubnistatbestands, dem erheblichen öffentlichen Interesse, stehen.

VIII. Zulässigkeit der Verarbeitung: Gesundheitsvorsorge (Abs. 2 lit. h)

Die Verarbeitung zu Zwecken der Gesundheitsvorsorge ist nur zulässig, wenn zusätzlich die **24** Vorgaben von Abs. 3 eingehalten werden, mithin die Datenverarbeitung durch Berufsgeheimnisträger stattfinden. Aufgrund der Schwere des Eingriffes in das gem. Art. 8 GrCh normierte Recht auf den Schutz personenbezogener Daten, sind strenge Maßstäbe an die mitgliedstaatlichen Vorschriften anzulegen, die zur Nutzung dieser Öffnungsklausel erlassen werden.

25   Insbesondere ist jeder Eingriff auf die Erforderlichkeit hinzuprüfen. Die Bevorzugung des Infektionsschutzes in Zeiten der Pandemie vor dem Hintergrund einer etwaigen Überlastung der Gesundheitsämter darf nicht – auf Lasten des Schutzes hochsensibler personenbezogener Daten von Schülern – zu weit gehen (so Anm. Pieper zu OVG NRW ZD 2021, 284 (286)). Mit diesem Beschluss billigte das OVG die Kenntnisnahme und damit Verarbeitung von Gesundheitsdaten durch Schulpersonal und somit von Personen, die anders als medizinisches Personal, keine Berufsgeheimnisträger sind.

Artikel 10 Verarbeitung von personenbezogenen Daten über strafrechtliche Verurteilungen und Straftaten

[1]Die Verarbeitung personenbezogener Daten über strafrechtliche Verurteilungen und Straftaten oder damit zusammenhängende Sicherungsmaßregeln aufgrund von Artikel 6 Absatz 1 darf nur unter behördlicher Aufsicht vorgenommen werden oder wenn dies nach dem Unionsrecht oder dem Recht der Mitgliedstaaten, das geeignete Garantien für die Rechte und Freiheiten der betroffenen Personen vorsieht, zulässig ist. [2]Ein umfassendes Register der strafrechtlichen Verurteilungen darf nur unter behördlicher Aufsicht geführt werden.

Überblick

Die Verarbeitung von personenbezogenen Daten dieser Kategorie ist nur unter engen Voraussetzungen möglich.

A. Verarbeitungsvoraussetzungen im Allgemeinen

1   Eine Verarbeitung im Sinne einer Übermittlung dieser personenbezogenen Daten ist unzulässig, wenn eine rechtliche, berufliche oder sonstige verbindliche Pflicht zur Geheimhaltung aufseiten des Verantwortlichen besteht (Erwägungsgrund 50). Diese Daten dürfen, genauso wie Daten iSv Art. 10 **nicht unverschlüsselt** versendet werden. Eine herkömmliche Transportverschlüsselung, wie bei E-Mail-Kommunikation praktiziert, ist hier nicht ausreichend (VG Mainz BeckRS 2020, 41220 Rn. 38).

2   Die Verarbeitung von Daten über strafrechtliche Verurteilungen und Straftaten / Sicherungsmaßregeln darf erst erfolgen, nachdem der Verantwortliche eine **Datenschutz-Folgeabschätzung** (Art. 35 Abs. 2 lit. b) durchgeführt sowie einen Datenschutzbeauftragten (Art. 37 Abs. 1 lit. c) benannt hat.

3   Die Verarbeitung hat unter **behördlicher Aufsicht** zu erfolgen. Dies **gilt aufgrund des Medienprivilegs nicht** für die Medienberichterstattung samt Archivierung hinsichtlich dieser besonderen Kategorien von Daten. Art. 85 Abs. 2 verlangt von den Mitgliedstaaten, dass diese Ausnahmeregelungen vorsehen, wenn Daten zu journalistischen Zwecken verarbeitet werden. Da § 41 BDSG aF nicht in das neue BDSG überführt wurde, ist momentan einzige Ausnahmevorschrift § 57 Abs. 1 RStV.

4   Sollten **geeignete Garantien für die Rechte und Freiheiten der betroffenen Personen** durch Unionsrecht oder Mitglied staatliches Recht vorgesehen sein, so ist eine Verarbeitung – ohne behördliche Aufsicht – möglich. Der Verantwortliche muss die Interessen der Betroffenen, insbesondere das Resozialisierungsinteresse, mit dem Interesse von Dritten an den Daten abwägen.

5   Dies gilt auch für die Tätigkeit von **Suchmaschinenbetreibern.** Diese müssen bei einem Antrag auf Auslistung eines Links zu einer Website, welche über Daten iSv Art. 10 berichtet, eine Einzelfallabwägung anstellen. Zugunsten des Betroffenen sind dessen Rechte auf Achtung des Privatlebens (Art. 7 GRCh) und auf Schutz seiner personenbezogener Daten (Art. 8 GRCh) zu berücksichtigen, diese können nur von einem wichtigen oder erheblichen öffentlichen Informationsinteresses (Art. 11 Abs. GRCh) überwogen werden (EuGH ZUM 2019, 824 Rn. 66; EuGH ZD 2020, 36 Rn. 68).

6   Eine Sperrung (Art. 18) oder Löschung (Art. 17) ist nach einer gewissen Zeit vorzusehen.

B. Verarbeitungsvoraussetzungen in Bezug auf das umfassende Register

7   Ein **umfassendes Register** der strafrechtlichen Verurteilungen darf **nur durch eine Behörde** erstellt werden, dies ergibt sich ausdrücklich aus S. 2. Die Erstellung von Datenbanken unterhalb

der Schwelle eines solchen umfassenden Registers darf durch nichtöffentliche Stellen erfolgen, sollten diese unter behördlicher Aufsicht stehen. Dabei muss die aufsichtführende Behörde konkret in die Datenverarbeitung eingreifen können.

Zur Abgrenzung zwischen einem umfassenden Register und einer Verarbeitung im Sonstigen 8 kommt es darauf an, ob die personenbezogenen Daten über strafrechtliche Verurteilungen ausschließlicher oder hauptsächlicher Zweck sind (zB Bundeszentralregister, Korruptionsregister) oder ob diese Daten einen Annex darstellen.

C. Nationale Regelungen

In Deutschland werden durch das **BZRG** bereits ausreichende Garantien vorgesehen, so dass 9 Art. 10 keine Änderungen erfordert (Kühling/Buchner/Weichert Rn. 18).

§ 21 BZRG gestattet die Einrichtung eines automatisierten Auskunftsverfahrens, auch für 10 den Datenabruf durch Ausländerbehörden. § 41 Abs. 1 Nr. 7 BZRG erlaubt es sowohl den Ausländerbehörden als auch dem BAMF, unbeschränkte Auskunft in Bezug auf einen Ausländer aus dem Register zu erteilen.

Datenschutzrechtliche Regelungen und Auskunftsverpflichtungen von Strafverfolgungsbehör- 11 den an Ausländerbehörden finden sich in § 87 AufenthG (→ AufenthG § 87 Rn. 11). Auskunftsverpflichtungen für die umgekehrte Konstellation finden sich in § 90 AufenthG (→ AufenthG § 90 Rn. 1 ff.).

Artikel 11 Verarbeitung, für die eine Identifizierung der betroffenen Person nicht erforderlich ist

(1) Ist für die Zwecke, für die ein Verantwortlicher personenbezogene Daten verarbeitet, die Identifizierung der betroffenen Person durch den Verantwortlichen nicht oder nicht mehr erforderlich, so ist dieser nicht verpflichtet, zur bloßen Einhaltung dieser Verordnung zusätzliche Informationen aufzubewahren, einzuholen oder zu verarbeiten, um die betroffene Person zu identifizieren.

(2) ¹Kann der Verantwortliche in Fällen gemäß Absatz 1 des vorliegenden Artikels nachweisen, dass er nicht in der Lage ist, die betroffene Person zu identifizieren, so unterrichtet er die betroffene Person hierüber, sofern möglich. ²In diesen Fällen finden die Artikel 15 bis 20 keine Anwendung, es sei denn, die betroffene Person stellt zur Ausübung ihrer in diesen Artikeln niedergelegten Rechte zusätzliche Informationen bereit, die ihre Identifizierung ermöglichen.

Überblick

Diese Vorschrift ist ein direkter Ausfluss des Grundsatzes der Datenminimierung (Art. 5 Abs. 1 lit. c), welcher wiederum auf einfachgesetzlicher Ebene das Recht auf Schutz personenbezogener Daten (→ GRCh Art. 8 Rn. 1) umsetzt.

A. Grundsätzliches

Diese Vorschrift, die den Verantwortlichen von seinen Verpflichtungen aus den Art. 15–20 1 freizeichnet, ist nur dann anwendbar, wenn der Verantwortliche zwar personenbezogene Daten verarbeitet, er aber **überhaupt nicht in der Lage ist,** diese Daten auf einen konkret Betroffenen zurückzuführen. Durch Art. 12 Abs. 2 wird diese Freizeichnung auf Art. 21 und Art. 22 ausgedehnt. Hochproblematisch ist jedoch, dass der aufsichtsbehördlich geforderte Nachweis der erteilten konkreten Einwilligung eines Betroffenen immer eine Verarbeitung erfordert, obwohl der intendierte Verarbeitungsvorgang (zB in Form von Cookies) diese Daten gerade nicht benötigt (Harnloser ZD 2019, 287 (288)).

Sollte der Verantwortliche hingegen **lediglich Zweifel** an der Identität der betroffenen Person 2 haben (Art. 12 Abs. 6), so muss er gegebenenfalls weitere Maßnahmen zur Identitätsfeststellung treffen (→ Art. 12 Rn. 11).

B. Inhalt

Der Artikel ist sowohl für öffentliche als auch nichtöffentliche Verantwortliche anwendbar. Der 3 Verantwortliche muss gegenüber dem Betroffenen und der Aufsichtsbehörde nachweisen, dass er außer Stande ist, den Betroffenen zu identifizieren.

4 Wie sich bereits aus dem Wortlaut von Art. 1 ergibt, ist eine **Datenverarbeitung** zum bloßen Zweck der „bloßen Einhaltung dieser Verordnung" **nicht erforderlich.** Auch wenn der Wortlaut der Vorschrift den Eindruck entstehen lässt, dass lediglich bestimmte Verarbeitungsvorgänge (auf-zubewahren, einzuholen) nicht erforderlich sind, ist durch die Verwendung des Begriffes „zu verarbeiten" klar, dass Art. 11 sämtliche Möglichkeiten der Verarbeitung meint (→ Art. 4 Rn. 7).

5 Der Verantwortliche muss den Betroffenen über die Unmöglichkeit der Identifikation informie-ren und sollte den Betroffenen darauf hinweisen, welche weitere Daten er von diesem benötigt, um eine Identifizierung umzusetzen (vgl. Taeger/Gabel/Wirtz, DSGVO BDSG, 3. Aufl. 2019, Rn. 23).

6 Wenn der Betroffene bei der Geltendmachung seiner Rechte jedoch weitere Informationen anbietet, die dessen Identifizierung ermöglichen, so ist der Verantwortliche verpflichtet, diese weiteren Daten zu verarbeiten (Erwägungsgrund 57 S. 2).

Kapitel III. Rechte der betroffenen Person

Abschnitt 1. Transparenz und Modalitäten

Artikel 12 Transparente Information, Kommunikation und Modalitäten für die Ausübung der Rechte der betroffenen Person

(1) [1]Der Verantwortliche trifft geeignete Maßnahmen, um der betroffenen Person alle Informationen gemäß den Artikeln 13 und 14 und alle Mitteilungen gemäß den Artikeln 15 bis 22 und Artikel 34, die sich auf die Verarbeitung beziehen, in präziser, transparenter, verständlicher und leicht zugänglicher Form in einer klaren und einfachen Sprache zu übermitteln; dies gilt insbesondere für Informationen, die sich speziell an Kinder richten. [2]Die Übermittlung der Informationen erfolgt schriftlich oder in anderer Form, gegebenenfalls auch elektronisch. [3]Falls von der betroffenen Person verlangt, kann die Information mündlich erteilt werden, sofern die Identität der betroffenen Person in anderer Form nachgewiesen wurde.

(2) [1]Der Verantwortliche erleichtert der betroffenen Person die Ausübung ihrer Rechte gemäß den Artikeln 15 bis 22. [2]In den in Artikel 11 Absatz 2 genannten Fällen darf sich der Verantwortliche nur dann weigern, aufgrund des Antrags der betroffenen Person auf Wahrnehmung ihrer Rechte gemäß den Artikeln 15 bis 22 tätig zu werden, wenn er glaubhaft macht, dass er nicht in der Lage ist, die betroffene Person zu identifi-zieren.

(3) [1]Der Verantwortliche stellt der betroffenen Person Informationen über die auf Antrag gemäß den Artikeln 15 bis 22 ergriffenen Maßnahmen unverzüglich, in jedem Fall aber innerhalb eines Monats nach Eingang des Antrags zur Verfügung. [2]Diese Frist kann um weitere zwei Monate verlängert werden, wenn dies unter Berücksichtigung der Komplexität und der Anzahl von Anträgen erforderlich ist. [3]Der Verantwortliche unterrichtet die betroffene Person innerhalb eines Monats nach Eingang des Antrags über eine Fristverlängerung, zusammen mit den Gründen für die Verzögerung. [4]Stellt die betroffene Person den Antrag elektronisch, so ist sie nach Möglichkeit auf elektroni-schem Weg zu unterrichten, sofern sie nichts anderes angibt.

(4) Wird der Verantwortliche auf den Antrag der betroffenen Person hin nicht tätig, so unterrichtet er die betroffene Person ohne Verzögerung, spätestens aber innerhalb eines Monats nach Eingang des Antrags über die Gründe hierfür und über die Möglich-keit, bei einer Aufsichtsbehörde Beschwerde einzulegen oder einen gerichtlichen Rechtsbehelf einzulegen.

(5) [1]Informationen gemäß den Artikeln 13 und 14 sowie alle Mitteilungen und Maß-nahmen gemäß den Artikeln 15 bis 22 und Artikel 34 werden unentgeltlich zur Verfü-gung gestellt. [2]Bei offenkundig unbegründeten oder – insbesondere im Fall von häufiger Wiederholung – exzessiven Anträgen einer betroffenen Person kann der Verantwortliche entweder

a) ein angemessenes Entgelt verlangen, bei dem die Verwaltungskosten für die Unterrichtung oder die Mitteilung oder die Durchführung der beantragten Maßnahme berücksichtigt werden, oder

b) sich weigern, aufgrund des Antrags tätig zu werden.

³Der Verantwortliche hat den Nachweis für den offenkundig unbegründeten oder exzessiven Charakter des Antrags zu erbringen.

(6) Hat der Verantwortliche begründete Zweifel an der Identität der natürlichen Person, die den Antrag gemäß den Artikeln 15 bis 21 stellt, so kann er unbeschadet des Artikels 11 zusätzliche Informationen anfordern, die zur Bestätigung der Identität der betroffenen Person erforderlich sind.

(7) ¹Die Informationen, die den betroffenen Personen gemäß den Artikeln 13 und 14 bereitzustellen sind, können in Kombination mit standardisierten Bildsymbolen bereitgestellt werden, um in leicht wahrnehmbarer, verständlicher und klar nachvollziehbarer Form einen aussagekräftigen Überblick über die beabsichtigte Verarbeitung zu vermitteln. ²Werden die Bildsymbole in elektronischer Form dargestellt, müssen sie maschinenlesbar sein.

(8) Der Kommission wird die Befugnis übertragen, gemäß Artikel 92 delegierte Rechtsakte zur Bestimmung der Informationen, die durch Bildsymbole darzustellen sind, und der Verfahren für die Bereitstellung standardisierter Bildsymbole zu erlassen.

Überblick

Art. 12 ist eine Verfahrensvorschrift, die fein ausziseliert die Umsetzung der Auskunfts- und Mitteilungspflichten des Verantwortlichen festlegt. Sanktioniert wird ein Verstoß mit einem Verarbeitungsverbot, wenn die Verarbeitung der Daten eine ordnungsgemäße Information voraussetzt, und einer Geldbuße (Art. 83 Abs. 5 lit. b).

A. Bestehende Auskunfts- und Mitteilungspflichten

Die DS-GVO gewährt den Betroffenen zahlreiche Auskunfts- und Mitteilungspflichten: Sollte **1** der Verantwortliche jedoch nachweisen können, dass er nicht in der Lage ist, den Betroffenen zu identifizieren, können jedoch die Verpflichtungen gem. Art. 15–20 entfallen. Dies ergibt sich aus Art. 11 Abs. 2.

B. Praktische Umsetzung

I. Grundsatz der Transparenz und Art der Information (Abs. 1)

Die Informationen müssen verständlich sowie in klarer und einfacher Sprache abgefasst sein **2** (Erwägungsgrund 58). Die **klaren und umfassenden Informationen** müssen den Betroffenen in die Lage versetzen, die Konsequenzen der Einwilligung leicht zu bestimmen (EuGH BeckRS 2019, 22831 Rn. 74). Dies erfordert die Verwendung von Alltagssprache, die von einem Durchschnittsbetroffenen verstanden werden kann. Dies gilt umso mehr, wenn die Informationen für Kinder bestimmt sind.

Gerade datenschutzrechtlichen Bereich des Migrationsrechts sollten – wenn möglich – die **3** Informationen in **leichter Sprache** formuliert sein. Leichte Sprache zeichnet sich dadurch aus, dass einfache, beschreibende, bekannte, kurze Wörter verwendet werden. Auf Fachwörter, Fremdwörter, Abkürzungen, Genitivkonstruktionen und den Konjunktiv sollte verzichtet werden. Es ist immer dasselbe Wort zu verwenden. Das Regelwerk, welches vom Netzwerk Leichte Sprache entwickelt wurde, kann unter http://www.leichte-sprache.de/dokumente/upload/21dba_regeln_fuer_leichte_sprache.pdf abgerufen werden. Die Landesbeauftragte für Datenschutz der Freien Hansestadt Bremen hat einen Teil des Internetauftritts in leichter Sprache verfasst (https://www.datenschutz.bremen.de/aktuelles/informationen_in_leichter_sprache-9420).

Zusätzlich können die Informationen in **englischer Sprache** erteilt werden. Fachbegriffe und **4** eine englischsprachige Übersicht sind unter https://ec.europa.eu/justice/smedataprotect/index_en.htm abrufbar.

Die Information kann **schriftlich oder elektronisch** erteilt werden. Andere Übermittlungen **5** sind möglich, sofern das im Einzelfall sachdienlich oder im Interesse des Auskunftsberechtigten ist (AG Wertheim BeckRS 2019, 33192 Rn. 6). Sollten die Informationen auf elektronischem

Wege (zB Internetauftritt) bereitgestellt sein, so müssen diese **leicht auffindbar und leicht zugänglich** sein.

6   Sollte sich die Auskunft auf besondere Kategorien von Daten beziehen (Art. 9), kann jedoch keine Übermittlung der Auskunft auf unverschlüsseltem elektronischem Wege erfolgen. Auf ein entsprechendes Verlangen des Betroffenen hin kann die Beauskunftung auch auf **mündlichem Wege** erfolgen. Ein Anspruch des Betroffenen auf eine **schriftliche Auskunft besteht nicht.**

7   Abs. 7 erlaubt den Einsatz von maschinenlesbaren **Piktogrammen** zur verständlichen Darstellung der beabsichtigten Verarbeitung. Bislang gibt es noch keinen einheitlichen Symbolsatz. Vor allem, weil eine zusätzliche Fehlerquelle geschaffen wird (Kühling/Buchner/Bäcker Rn. 21), sollten Symbole nur zusätzlich verwendet werden und nur, wenn hierdurch nicht die Gefahr eines Widerspruchs zu den Informationen in Textform entstehen kann.

II. Zeitliche Vorgaben der Bearbeitung (Abs. 3, Abs. 4)

8   Der Verantwortliche muss **unverzüglich,** mindestens jedoch **innerhalb eines Monates** nach Eingang des Auskunftsersuchens der betroffenen Person tätig werden (Abs. 3). Wenn keine Auskunft erteilt wird, muss die Person hierüber – unter Verweis auf die Möglichkeit sich bei der Aufsichtsbehörde zu beschweren oder Klage zu erheben – innerhalb dieser Monatsfrist informiert werden (Abs. 4) – dies „gegebenenfalls" mit einer Begründung (Erwägungsgrund 59).

9   Sollte der Verantwortliche zur Auskunftserteilung bereit sein, aber mehr Zeit zur Erteilung der Auskunft benötigen, so kann er die Monatsfrist um weitere **zwei Monate verlängern,** insgesamt stehen **maximal drei Monate** zur Bearbeitung zur Verfügung. Die Gründe für eine Verlängerung aufgrund der „Komplexität und Anzahl von Anträgen" dürfen nicht durch eine unzureichende Infrastruktur des Verantwortlichen verursacht werden. Anderenfalls würde eine unzureichende Umsetzung der datenschutzrechtlichen Vorgaben gefördert und die Regelfrist von einem Monat faktisch ausgehebelt werden. Somit muss der Grund für die Verlängerung in der Natur des Antrags selber begründet sein. Eine um rund fünf Monate verspätete Auskunftserteilung verschaffte dem Antragssteller einen Schadenersatzanspruch in Höhe von **4.000 EUR,** wobei für die ersten beiden Monate der Verspätung jeweils 500 EUR und für die weiteren drei Monate jeweils 1.000 EUR zugesprochen (ArbG Düsseldorf NZA-RR 2020, 409 Rn. 89 = BeckRS 2020, 11910 Rn. 89; nrkr).

III. Grundsatz der Unentgeltlichkeit (Abs. 5)

10   Die Auskunft ist für den Betroffenen unentgeltlich. Erst wenn die Anträge „offenkundig unbegründet" sind oder „exzessiv" gestellt werden, Abs. 5 nennt das Beispiel „häufige Wiederholung", hat der Verantwortliche die Möglichkeit, entweder die Auskunft zu verweigern oder ein angemessenes Entgelt zu verlangen.

11   Die Beweislast für offenkundig **unbegründete oder exzessive Anträge** hat der Verantwortliche. Der Verantwortliche sollte diese Möglichkeiten nur in krassen und eindeutigen Konstellationen einsetzen. Ein Auskunftsanspruch ist jedenfalls nicht alleine deshalb exzessiv, weil der Betroffene eine Information über Telefonnotizen und Aktenvermerke, die ihn betreffen, verlangt. Die Rechtsprechung scheint den Umfang des Auskunftsanspruches großzügig zu bemessen (OLG Köln BeckRS 2019, 1626). Erstanträge sind jedenfalls immer unentgeltlich zu beauskunften.

IV. Identitätsfeststellung in Zweifelsfällen (Abs. 6)

12   Der Antragssteller kann – bei Vorliegen eines **begründeten Zweifels an der Identität** aufseiten des Verantwortlichen – angehalten werden, zusätzliche Informationen zu übermitteln, um diese Zweifel auszuräumen.

13   Begründete Zweifel können dadurch entstehen, dass die behauptete Anschrift des Antragsstellers von der beim Verantwortlichen hinterlegten **Anschrift abweicht,** oder der Antragssteller Auskünfte bei dem Betreiber eines Portals verlangt (auch behördlicher Art, zB ELSTER), **ohne sich mit seinen Anmeldedaten zu authentifizieren,** oder die Anfrage mittels **einer anderen E-Mail-Adresse** erfolgt, die nicht mit der Adresse übereinstimmt, die beim Verantwortlichen gespeichert ist.

14   Jedenfalls ist der Verantwortliche nicht gehalten, personenbezogene Daten ausschließlich zur Identifizierung der betroffenen Person zu verarbeiten (→ Art. 11 Rn. 4). Wenn möglich sollte der Antragssteller über diese begründeten Zweifel informiert werden. Dieser hat dann die Gelegenheit, durch Übermittlung weiterer personenbezogener Daten, eine sichere Identifizierung durch den Verantwortlichen zu ermöglichen.

Abschnitt 2. Informationspflicht und Recht auf Auskunft zu personenbezogenen Daten

Artikel 13 Informationspflicht bei Erhebung von personenbezogenen Daten bei der betroffenen Person

(1) Werden personenbezogene Daten bei der betroffenen Person erhoben, so teilt der Verantwortliche der betroffenen Person zum Zeitpunkt der Erhebung dieser Daten Folgendes mit:
a) den Namen und die Kontaktdaten des Verantwortlichen sowie gegebenenfalls seines Vertreters;
b) gegebenenfalls die Kontaktdaten des Datenschutzbeauftragten;
c) die Zwecke, für die die personenbezogenen Daten verarbeitet werden sollen, sowie die Rechtsgrundlage für die Verarbeitung;
d) wenn die Verarbeitung auf Artikel 6 Absatz 1 Buchstabe f beruht, die berechtigten Interessen, die von dem Verantwortlichen oder einem Dritten verfolgt werden;
e) gegebenenfalls die Empfänger oder Kategorien von Empfängern der personenbezogenen Daten und
f) gegebenenfalls die Absicht des Verantwortlichen, die personenbezogenen Daten an ein Drittland oder eine internationale Organisation zu übermitteln, sowie das Vorhandensein oder das Fehlen eines Angemessenheitsbeschlusses der Kommission oder im Falle von Übermittlungen gemäß Artikel 46 oder Artikel 47 oder Artikel 49 Absatz 1 Unterabsatz 2 einen Verweis auf die geeigneten oder angemessenen Garantien und die Möglichkeit, wie eine Kopie von ihnen zu erhalten ist, oder wo sie verfügbar sind.

(2) Zusätzlich zu den Informationen gemäß Absatz 1 stellt der Verantwortliche der betroffenen Person zum Zeitpunkt der Erhebung dieser Daten folgende weitere Informationen zur Verfügung, die notwendig sind, um eine faire und transparente Verarbeitung zu gewährleisten:
a) die Dauer, für die die personenbezogenen Daten gespeichert werden oder, falls dies nicht möglich ist, die Kriterien für die Festlegung dieser Dauer;
b) das Bestehen eines Rechts auf Auskunft seitens des Verantwortlichen über die betreffenden personenbezogenen Daten sowie auf Berichtigung oder Löschung oder auf Einschränkung der Verarbeitung oder eines Widerspruchsrechts gegen die Verarbeitung sowie des Rechts auf Datenübertragbarkeit;
c) wenn die Verarbeitung auf Artikel 6 Absatz 1 Buchstabe a oder Artikel 9 Absatz 2 Buchstabe a beruht, das Bestehen eines Rechts, die Einwilligung jederzeit zu widerrufen, ohne dass die Rechtmäßigkeit der aufgrund der Einwilligung bis zum Widerruf erfolgten Verarbeitung berührt wird;
d) das Bestehen eines Beschwerderechts bei einer Aufsichtsbehörde;
e) ob die Bereitstellung der personenbezogenen Daten gesetzlich oder vertraglich vorgeschrieben oder für einen Vertragsabschluss erforderlich ist, ob die betroffene Person verpflichtet ist, die personenbezogenen Daten bereitzustellen, und welche *mögliche* Folgen die Nichtbereitstellung hätte und
f) das Bestehen einer automatisierten Entscheidungsfindung einschließlich Profiling gemäß Artikel 22 Absätze 1 und 4 und – zumindest in diesen Fällen – aussagekräftige Informationen über die involvierte Logik sowie die Tragweite und die angestrebten Auswirkungen einer derartigen Verarbeitung für die betroffene Person.

(3) Beabsichtigt der Verantwortliche, die personenbezogenen Daten für einen anderen Zweck weiterzuverarbeiten als den, für den die personenbezogenen Daten erhoben wurden, so stellt er der betroffenen Person vor dieser Weiterverarbeitung Informationen über diesen anderen Zweck und alle anderen maßgeblichen Informationen gemäß Absatz 2 zur Verfügung.

(4) Die Absätze 1, 2 und 3 finden keine Anwendung, wenn und soweit die betroffene Person bereits über die Informationen verfügt.

Überblick

Art. 13 begründet eine Informationspflicht, sollten personenbezogene Daten bei der betroffenen Person durch den Verantwortlichen erhoben werden. Erfolgt die Datenerhebung bei Dritten, gilt Art. 14.

A. Informationspflicht zu Beginn der Datenerhebung (Abs. 1, Abs. 2)

1   Sobald der Datenverarbeitungsprozess beim Betroffenen beginnt, besteht eine Auskunftspflicht durch den Verantwortlichen (Art. 4 Nr. 7), solange kein Ausnahmetatbestand greift. Diese Pflicht besteht immer, und nicht nur dann, wenn eine Einwilligung des Betroffenen erforderlich ist (OLG Stuttgart ZD 2020, 472 Rn. 74).

2   Der Verantwortliche hat die Informationen zu erteilen, die in den Katalogen des Abs. 1 und Abs. 2 aufgelistet sind.

3   Die Art der Informationserteilung wird in der Kommentierung zu Art. 12 dargestellt (→ Art. 12 Rn. 2 ff.).

B. Informationspflicht bei Zweckänderung (Abs. 3)

4   Sobald die Daten durch den Verantwortlichen zu einem anderen Zweck als dem der ursprünglichen Erhebung verarbeitet werden sollen, ist der Betroffene **vor der Weiterverarbeitung** hierüber zu informieren.

5   Es sind die Informationen zu erteilen, die in Abs. 2 aufgeführt werden.

C. Ausnahmen von der Informationspflicht (Abs. 4)

6   Sollte der Betroffene die Information bereits erhalten haben, besteht keine zusätzliche Informationspflicht des Verantwortlichen (Erwägungsgrund 62 S. 1). Diese Vorschrift entbindet einen **Hoheitsträger jedoch nicht** von seiner Informationspflicht (VG Frankfurt a. M. BeckRS 2021, 4482, Rn. 14).

7   Darüber hinaus besteht noch keine Informationspflicht, wenn die Speicherung oder Offenlegung der personenbezogenen Daten ausdrücklich **durch Rechtsvorschriften** geregelt wurde.

8   Eine Informationspflicht des Verantwortlichen entfällt zusätzlich, wenn die Beauskunftung des Betroffenen **unmöglich** oder mit einem **unverhältnismäßig hohen Aufwand** verbunden ist. So, wie bei der Verwendung von Kameras in Automobilen (Schröder ZD 2021, 302 (306)).

D. Weitere Beschränkungen der Informationspflicht

9   Art. 23 Abs. 1 listet Tatbestände auf, die es den mitgliedsstaatlichen Gesetzgebern ermöglichen, weitere Beschränkungen der Informationspflicht zu schaffen. Diese Beschränkungen müssen mit der europäischen Konvention zum Schutz der Menschenrechte und den Grundfreiheiten in Einklang stehen (Erwägungsgrund 73). Eine **pauschale und nicht begründete Unanwendbarkeitserklärung** dieser Pflicht ist ausgeschlossen (VG Frankfurt a. M. BeckRS 2021, 4482 Rn. 13).

10   § 32 Abs. 1 Nr. 2 BDSG, der auf der Öffnungsklausel des Art. 23 Abs. 1 lit. h beruht, lässt die **Informationspflicht durch die öffentliche Stelle entfallen,** wenn durch die Erteilung der Information die **Erfüllung derer Aufgabe** gefährdet wäre.

11   Eine Informationspflicht der öffentlichen Stelle besteht auch dann nicht, wenn das **Wohl des Bundes oder eines Landes** zu schützen ist oder eine **Gefahr für die öffentliche Sicherheit und Ordnung** droht (§ 32 Abs. 1 Nr. 3 BDSG).

Artikel 14 Informationspflicht, wenn die personenbezogenen Daten nicht bei der betroffenen Person erhoben wurden

(1) Werden personenbezogene Daten nicht bei der betroffenen Person erhoben, so teilt der Verantwortliche der betroffenen Person Folgendes mit:
a) den Namen und die Kontaktdaten des Verantwortlichen sowie gegebenenfalls seines Vertreters;
b) zusätzlich die Kontaktdaten des Datenschutzbeauftragten;
c) die Zwecke, für die die personenbezogenen Daten verarbeitet werden sollen, sowie die Rechtsgrundlage für die Verarbeitung;

d) die Kategorien personenbezogener Daten, die verarbeitet werden;
e) gegebenenfalls die Empfänger oder Kategorien von Empfängern der personenbezogenen Daten;
f) gegebenenfalls die Absicht des Verantwortlichen, die personenbezogenen Daten an einen Empfänger in einem Drittland oder einer internationalen Organisation zu übermitteln, sowie das Vorhandensein oder das Fehlen eines Angemessenheitsbeschlusses der Kommission oder im Falle von Übermittlungen gemäß Artikel 46 oder Artikel 47 oder Artikel 49 Absatz 1 Unterabsatz 2 einen Verweis auf die geeigneten oder angemessenen Garantien und die Möglichkeit, eine Kopie von ihnen zu erhalten, oder wo sie verfügbar sind.

(2) Zusätzlich zu den Informationen gemäß Absatz 1 stellt der Verantwortliche der betroffenen Person die folgenden Informationen zur Verfügung, die erforderlich sind, um der betroffenen Person gegenüber eine faire und transparente Verarbeitung zu gewährleisten:
a) die Dauer, für die die personenbezogenen Daten gespeichert werden oder, falls dies nicht möglich ist, die Kriterien für die Festlegung dieser Dauer;
b) wenn die Verarbeitung auf Artikel 6 Absatz 1 Buchstabe f beruht, die berechtigten Interessen, die von dem Verantwortlichen oder einem Dritten verfolgt werden;
c) das Bestehen eines Rechts auf Auskunft seitens des Verantwortlichen über die betreffenden personenbezogenen Daten sowie auf Berichtigung oder Löschung oder auf Einschränkung der Verarbeitung und eines Widerspruchsrechts gegen die Verarbeitung sowie des Rechts auf Datenübertragbarkeit;
d) wenn die Verarbeitung auf Artikel 6 Absatz 1 Buchstabe a oder Artikel 9 Absatz 2 Buchstabe a beruht, das Bestehen eines Rechts, die Einwilligung jederzeit zu widerrufen, ohne dass die Rechtmäßigkeit der aufgrund der Einwilligung bis zum Widerruf erfolgten Verarbeitung berührt wird;
e) das Bestehen eines Beschwerderechts bei einer Aufsichtsbehörde;
f) aus welcher Quelle die personenbezogenen Daten stammen und gegebenenfalls ob sie aus öffentlich zugänglichen Quellen stammen;
g) das Bestehen einer automatisierten Entscheidungsfindung einschließlich Profiling gemäß Artikel 22 Absätze 1 und 4 und – zumindest in diesen Fällen – aussagekräftige Informationen über die involvierte Logik sowie die Tragweite und die angestrebten Auswirkungen einer derartigen Verarbeitung für die betroffene Person.

(3) Der Verantwortliche erteilt die Informationen gemäß den Absätzen 1 und 2
a) unter Berücksichtigung der spezifischen Umstände der Verarbeitung der personenbezogenen Daten innerhalb einer angemessenen Frist nach Erlangung der personenbezogenen Daten, längstens jedoch innerhalb eines Monats,
b) falls die personenbezogenen Daten zur Kommunikation mit der betroffenen Person verwendet werden sollen, spätestens zum Zeitpunkt der ersten Mitteilung an sie, oder,
c) falls die Offenlegung an einen anderen Empfänger beabsichtigt ist, spätestens zum Zeitpunkt der ersten Offenlegung.

(4) Beabsichtigt der Verantwortliche, die personenbezogenen Daten für einen anderen Zweck weiterzuverarbeiten als den, für den die personenbezogenen Daten erlangt wurden, so stellt er der betroffenen Person vor dieser Weiterverarbeitung Informationen über diesen anderen Zweck und alle anderen maßgeblichen Informationen gemäß Absatz 2 zur Verfügung.

(5) Die Absätze 1 bis 4 finden keine Anwendung, wenn und soweit
a) die betroffene Person bereits über die Informationen verfügt,
b) die Erteilung dieser Informationen sich als unmöglich erweist oder einen unverhältnismäßigen Aufwand erfordern würde; dies gilt insbesondere für die Verarbeitung für im öffentlichen Interesse liegende Archivzwecke, für wissenschaftliche oder historische Forschungszwecke oder für statistische Zwecke vorbehaltlich der in Artikel 89 Absatz 1 genannten Bedingungen und Garantien oder soweit die in Absatz 1 des vorliegenden Artikels genannte Pflicht voraussichtlich die Verwirklichung der Ziele dieser Verarbeitung unmöglich macht oder ernsthaft beeinträchtigt. In diesen Fällen ergreift der Verantwortliche geeignete Maßnahmen zum Schutz der Rechte und Freiheiten sowie der berechtigten Interessen der betroffenen Person, einschließlich der Bereitstellung dieser Informationen für die Öffentlichkeit,

c) die Erlangung oder Offenlegung durch Rechtsvorschriften der Union oder der Mitgliedstaaten, denen der Verantwortliche unterliegt und die geeignete Maßnahmen
zum Schutz der berechtigten Interessen der betroffenen Person vorsehen, ausdrücklich geregelt ist oder

d) die personenbezogenen Daten gemäß dem Unionsrecht oder dem Recht der Mitgliedstaaten dem Berufsgeheimnis, einschließlich einer satzungsmäßigen Geheimhaltungspflicht, unterliegen und daher vertraulich behandelt werden müssen.

Überblick

Der Betroffene hat auch einen Informationsanspruch gegenüber einem Verantwortlichen, der
die Daten nicht direkt bei Ersterem erhoben hat.

A. Pflicht zur Mitteilung von Informationen (Abs. 1, Abs. 2)

1   Diese Vorschrift verpflichtet **lediglich den Verantwortlichen** und nicht den Auftragsverarbei-
ter. Diese Norm regelt die Informationserteilung, wenn personenbezogene Daten nicht beim
Betroffenen erhoben werden. In Abs. 1 und Abs. 2 findet sich ein ausführlicher Katalog der
Informationen, die erteilt werden müssen.

B. Zeitpunkt der Informationserteilung (Abs. 3, Abs. 4)

2   Wird eine **Zweckänderung** beabsichtigt, so hat die Information unverzüglich und insbesondere so zeitig zu erfolgen, dass der Betroffene sich hierzu äußern kann. Die Informationserteilung
hat in einer **angemessenen Frist nach Erlangung der personenbezogenen Daten,** längstens
jedoch **innerhalb eines Monats** zu erfolgen.

3   Die Art der Informationserteilung ist in Art. 12 dargestellt (→ Art. 12 Rn. 2).

4   Falls die Offenlegung an einen anderen Empfänger beabsichtigt ist, hat die Informationserteilung so rechtzeitig zu erfolgen, dass die betroffene Person noch Zeit hat, der Offenlegung zu
widersprechen.

C. Keine Informationspflicht (Abs. 5)

5   Diese Informationspflicht wird nicht schrankenlos gewährt. Insbesondere eine heimliche Überwachung von Betroffenen, wie zB durch verdeckte Videoaufnahmen von Arbeitnehmern ist
grundsätzlich zulässig, ohne dass eine vorherige Informationspflicht besteht (EGMR ZD 2020,
460, (462) = BeckRS 2019, 30319 – López Ribalda ua/Spanien).

6   Der Verantwortliche muss die betroffene Peron nicht informieren, sollte diese bereits Kenntnis
über den Vorgang besitzen (Abs. 5 lit. a).

7   Auch bei der Verarbeitung personenbezogener Daten für Archivzwecke, für wissenschaftliche
oder für statische Zwecke ist eine Information der betroffenen Person nicht erforderlich, sollte
die Informationserteilung einen unverhältnismäßigen Aufwand erfordern oder unmöglich sein
(Abs. 5 lit. b).

8   Mitgliedsstaatliche Regelungen (zB §§ 29, 30 und 33 BDSG) und Unionsrecht können ebenfalls
die Anwendbarkeit von Abs. 1–4 ausschließen (Abs. 5 lit. c).

9   Auch ein Berufsgeheimnis oder eine satzungsmäßige Geheimhaltungspflicht (zB Satzung einer
berufsständischen Organisation) können die Anwendbarkeit von Art. 14 ausschließen (Abs. 5
lit. d).

Artikel 15 Auskunftsrecht der betroffenen Person

**(1) Die betroffene Person hat das Recht, von dem Verantwortlichen eine Bestätigung
darüber zu verlangen, ob sie betreffende personenbezogene Daten verarbeitet werden;
ist dies der Fall, so hat sie ein Recht auf Auskunft über diese personenbezogenen Daten
und auf folgende Informationen:**

a) die Verarbeitungszwecke;

b) die Kategorien personenbezogener Daten, die verarbeitet werden;

**c) die Empfänger oder Kategorien von Empfängern, gegenüber denen die personenbe-
zogenen Daten offengelegt worden sind oder noch offengelegt werden, insbesondere
bei Empfängern in Drittländern oder bei internationalen Organisationen;**

d) falls möglich die geplante Dauer, für die die personenbezogenen Daten gespeichert werden, oder, falls dies nicht möglich ist, die Kriterien für die Festlegung dieser Dauer;

e) das Bestehen eines Rechts auf Berichtigung oder Löschung der sie betreffenden personenbezogenen Daten oder auf Einschränkung der Verarbeitung durch den Verantwortlichen oder eines Widerspruchsrechts gegen diese Verarbeitung;

f) das Bestehen eines Beschwerderechts bei einer Aufsichtsbehörde;

g) wenn die personenbezogenen Daten nicht bei der betroffenen Person erhoben werden, alle verfügbaren Informationen über die Herkunft der Daten;

h) das Bestehen einer automatisierten Entscheidungsfindung einschließlich Profiling gemäß Artikel 22 Absätze 1 und 4 und – zumindest in diesen Fällen – aussagekräftige Informationen über die involvierte Logik sowie die Tragweite und die angestrebten Auswirkungen einer derartigen Verarbeitung für die betroffene Person.

(2) Werden personenbezogene Daten an ein Drittland oder an eine internationale Organisation übermittelt, so hat die betroffene Person das Recht, über die geeigneten Garantien gemäß Artikel 46 im Zusammenhang mit der Übermittlung unterrichtet zu werden.

(3) ¹Der Verantwortliche stellt eine Kopie der personenbezogenen Daten, die Gegenstand der Verarbeitung sind, zur Verfügung. ²Für alle weiteren Kopien, die die betroffene Person beantragt, kann der Verantwortliche ein angemessenes Entgelt auf der Grundlage der Verwaltungskosten verlangen. ³Stellt die betroffene Person den Antrag elektronisch, so sind die Informationen in einem gängigen elektronischen Format zur Verfügung zu stellen, sofern sie nichts anderes angibt.

(4) Das Recht auf Erhalt einer Kopie gemäß Absatz 3 darf die Rechte und Freiheiten anderer Personen nicht beeinträchtigen.

Überblick

Diese Vorschrift gewährt dem Betroffenen das Recht bei einem Verantwortlichen aktiv Auskunft über die Verarbeitung zu verlangen.

A. Auskunftsrecht (Abs. 1)

Gemäß Abs. 1 hat ein Verantwortlicher Personen darüber Auskunft zu erteilen, ob diese betreffende personenbezogene Daten verarbeitet werden. Die Mitteilung aller verfügbaren Informationen sowie deren Herkunft umfasst auch, **wann und mit welchem Inhalt** die Daten übermittelt wurden (AG Wertheim BeckRS 2019, 33192 Rn. 9). Dieses Auskunftsrecht ist „problemlos und in angemessenen Abständen" zu gewähren (Erwägungsgrund 63). **1**

Der Auskunftsanspruch muss so gestellt werden, dass im Vollstreckungsverfahren unzweifelhaft ist, auf welche E-Mails sich die Verurteilung bezieht, sollte dies nicht möglich sein, so muss der Betroffene den Anspruch im Wege einer Stufenklage gemäß § 254 ZPO geltend machen (BAG 27.4.2021 – 2 AZR 342/20 (Volltext noch nicht veröffentlicht) Pressemitteilung http://juris.bundesarbeitsgericht.de/cgi-bin/rechtsprechung/document.py?Gericht=bag&Art=pm&nr=25141). **2**

Die Art der Auskunftserteilung wird in der Kommentierung zu Art. 12 dargestellt (→ Art. 12 Rn. 2). **3**

Zur Verifizierung der Identität der anfragenden Person kann sich der Verantwortliche den Möglichkeiten des Onlinedienstes bedienen. Eine Auskunftserteilung kann somit von der Eingabe einer Benutzerkennung und eines Passwortes abhängig gemacht werden (Erwägungsgrund 64). **4**

B. Auskunftsrecht bei Datenübermittlung an ein Drittland / internationale Organisation (Abs. 2)

Sollte der Verantwortliche personenbezogene Daten an ein Drittland, also ein Land, welches nicht Mitglied der Europäischen Union ist, oder an eine internationale Organisation übermitteln, so muss die betroffene Person informiert werden, welche Garantien und wirksame Rechtsbehelfe in Zusammenhang mit dieser Datenübermittlung vereinbart wurden. **5**

C. Recht auf Aushändigung einer Kopie (Abs. 3, Abs. 4)

6   Der Verantwortliche muss eine Kopie der personenbezogenen Daten, die verarbeitet werden, der betroffenen Person **unentgeltlich** zur Verfügung stellen. Für zusätzliche Kopien kann eine Verwaltungsgebühr verlangt werden. Sollte die Person die Anfrage auf elektronischem Wege an den Verantwortlichen richten, sollte die Auskunft ebenfalls elektronisch erteilt werden. Soweit möglich, hat der Verantwortliche der betroffenen Person einen Fernzugang zur Verfügung zu stellen (Erwägungsgrund 63).

7   Umstritten ist, wie der **Begriff Kopie** zu verstehen ist. Versteht man den Begriff wörtlich, so muss der Verantwortliche eine vollständige Kopie aller personenbezogenen Daten an den Betroffenen herausgeben, einschließlich jeder E-Mail, jedes Arbeitsarbeitsergebnisses (in diesem Sinne: LAG BW UrZD 2019, 276 mAnm Wybitul). Die Beauskunftung von gespeicherten Stammdaten ist nicht ausreichend, jedenfalls sind sämtliche **Gesprächsvermerke, Telefonnotizen,** die ein Verantwortlicher hinsichtlich eines Betroffenen anfertigt, mitzuteilen (OLG Köln BeckRS 2019, 16261; Riemer DSB 2019, 223).

8   Die Tendenz, den Betroffenen weitreichende Rechte zu verleihen, kann jedoch dazu führen, dass ein solch weiter Auskunftsanspruch primär nicht mehr dazu dient, ein berechtigtes Interesse des Anfragenden zu befriedigen, sondern eine Sanktionierung des Verantwortlichen darstellen kann. Sobald der Antrag einen **exzessiven Charakter** annimmt, kann der Auskunftsanspruch verweigert werden (vgl. → Art. 12 Rn. 11). Es ist jedoch empfehlenswert, vor Ablehnung eines Auskunftsanspruches den Betroffenen hierüber zu informieren und diesem die Möglichkeit zu geben, Stellung zu nehmen. Erst wenn der Antragssteller daraufhin eine „konstruktive Aufklärung" verweigert (Suchan ZD 2021, 198 (202)), sollte eine Versagung erfolgen.

9   Die Erforschung, welche Motive den Anfragenden zu diesem Schritt bewegt haben, und diese dann ggf. im Abwägungsprozess zulasten des Anfragenden zu verwenden, ist abzulehnen (so aber Zikesch/Sörup ZD 2019, 239). Der Anspruch auf Aushändigung einer Kopie ist ein objektiv bestehendes Recht.

10   Rechte und Freiheiten anderer Personen, Geschäftsgeheimnisse oder Rechte des geistigen Eigentums und insbesondere das Urheberrecht an Software dürfen durch den Auskunftsanspruch nicht beeinträchtigt werden (Erwägungsgrund 63). Eine vollständige Auskunftsverweigerung darf jedoch nicht erfolgen. Abs. 4 spricht insoweit von einem Recht auf Erhalt einer Kopie.

D. Einschränkung des Auskunftsrechts

11   Art. 23 erlaubt es den Mitgliedsstaaten, den Auskunftsanspruch auszugestalten. § 27 Abs. 2 BDSG gebietet, dass keine Auskunft erteilt werden darf, wenn hierdurch die „Verwirklichung der **Forschungs- oder Statistikzwecke** unmöglich oder ernsthaft beeinträchtigt" und die Beschränkung der Auskunftserteilung notwendig ist, um den Verarbeitungszweck zu erfüllen. § 28 Abs. 2 BDSG sieht eine vergleichbare Einschränkung vor, wenn das Auffinden der Daten im **Archivgut** nicht mit vertretbarem Verwaltungsaufwand möglich ist. § 29 Abs. 1 BDSG schützt Informationen vor der Preisgabe, die entweder aufgrund gesetzlicher Vorschriften oder aufgrund des berechtigten Interesses eines Dritten **geheimhaltungsbedürftig** sind. Eine Auskunft kann auch verweigert werden, wenn die Auskunftserteilung einen unverhältnismäßigen Aufwand erfordern würde und die Daten nur aufgrund einer **Aufbewahrungspflicht** oder zur Datensicherung/Datenschutz-kontrolle gespeichert werden (§ 34 Abs. 1 BDSG)

Abschnitt 3. Berichtigung und Löschung

Artikel 16 Recht auf Berichtigung

[1]**Die betroffene Person hat das Recht, von dem Verantwortlichen unverzüglich die Berichtigung sie betreffender unrichtiger personenbezogener Daten zu verlangen.** [2]**Unter Berücksichtigung der Zwecke der Verarbeitung hat die betroffene Person das Recht, die Vervollständigung unvollständiger personenbezogener Daten – auch mittels einer ergänzenden Erklärung – zu verlangen.**

Überblick

Mit dieser Vorschrift wird Art. 8 GRCh auf einfachrechtlicher Ebene umgesetzt: Jede Person hat einen Anspruch auf Berichtigung der Daten (Art. 8 Abs. 2 S. 2 GRCh). Es handelt sich um das Gegenstück zum Verarbeitungsgrundsatz der „Richtigkeit" (→ Art. 5 Rn. 9).

A. Recht auf Berichtigung (S. 1)

Die betroffene Person kann die **Berichtigung** der sie betreffenden personenbezogenen Daten **1** durch den Verantwortlichen verlangen. Werturteile sind hiervon nicht umfasst (Paal/Pauly/Paal Rn. 15). Die Berichtigung hat **kostenlos** zu erfolgen (Art. 12 Abs. 5).

Diese Berichtigung muss **unverzüglich** zu erfolgen. Die längst mögliche Bearbeitungsdauer **2** beträgt **zwei Monate,** wenn innerhalb eines Monates nach Eingang des Berichtigungsersuchens die betroffene Person über die Umsetzung des Antrags informiert wurde (Art. 12 Abs. 3). Die Auffassung, dass unverzüglich iSv § 121 Abs. 1 S. 1 BGB zu verstehen ist („ohne schuldhaftes Zögern") ist abzulehnen (so aber BeckOK DatenschutzR/Worms Rn. 64). Es ist nicht einzusehen, die Betroffenenrechte unterschiedlich zu behandeln. Auch erfordert „Richtigkeit" der Verarbeitung auch eine sorgfältige Prüfung von Berichtigungsersuchen.

Der Verantwortliche hat gem. Art. 19 die betroffene Person über die erfolgte Berichtigung zu **3** informieren.

B. Recht auf Vervollständigung (S. 2)

Die betroffene Person hat darüber hinaus ein Recht auf Vervollständigung der Daten. Um **4** diesen Vervollständigungsanspruch nicht uferlos werden zu lassen, muss der Verarbeitungszweck die Vervollständigung der Daten erforderlich machen.

C. Beschränkungsmöglichkeiten

Sollte der Verantwortliche begründete Zweifel an der Identität der antragstellenden Person **5** haben, kann er **zusätzliche Informationen** verlangen (Art. 12 Abs. 6).

Der Grundsatz der **Aktenvollständigkeit** gebietet es, dass zur möglichen Rekonstruktion von **6** Verwaltungsvorgängen solche Inhalte, die zum Zeitpunkt der Begründung der Akte wahrhaftig waren, nicht gelöscht werden dürfen (BVerfG NJW 1983, 2135 (2135)). In einem solchen Fall hat die Anbringung eines Vermerkes zu erfolgen.

Die Berichtigung von **besonderen Kategorien personenbezogener Daten** kann durch **7** mitgliedstaatliche Regelungen eingeschränkt werden (Art. 9 Abs. 4; zB für Behandlungsakten § 630f BGB).

Darüber hinaus bestehen noch die Beschränkungsmöglichkeiten der Mitgliedstaaten gem. **8** Art. 23.

Artikel 17 Recht auf Löschung („Recht auf Vergessenwerden")

(1) Die betroffene Person hat das Recht, von dem Verantwortlichen zu verlangen, dass sie betreffende personenbezogene Daten unverzüglich gelöscht werden, und der Verantwortliche ist verpflichtet, personenbezogene Daten unverzüglich zu löschen, sofern einer der folgenden Gründe zutrifft:

a) Die personenbezogenen Daten sind für die Zwecke, für die sie erhoben oder auf sonstige Weise verarbeitet wurden, nicht mehr notwendig.

b) Die betroffene Person widerruft ihre Einwilligung, auf die sich die Verarbeitung gemäß Artikel 6 Absatz 1 Buchstabe a oder Artikel 9 Absatz 2 Buchstabe a stützte, und es fehlt an einer anderweitigen Rechtsgrundlage für die Verarbeitung.

c) Die betroffene Person legt gemäß Artikel 21 Absatz 1 Widerspruch gegen die Verarbeitung ein und es liegen keine vorrangigen berechtigten Gründe für die Verarbeitung vor, oder die betroffene Person legt gemäß Artikel 21 Absatz 2 Widerspruch gegen die Verarbeitung ein.

d) Die personenbezogenen Daten wurden unrechtmäßig verarbeitet.

e) Die Löschung der personenbezogenen Daten ist zur Erfüllung einer rechtlichen Verpflichtung nach dem Unionsrecht oder dem Recht der Mitgliedstaaten erforderlich, dem der Verantwortliche unterliegt.

f) Die personenbezogenen Daten wurden in Bezug auf angebotene Dienste der Informationsgesellschaft gemäß Artikel 8 Absatz 1 erhoben.

(2) Hat der Verantwortliche die personenbezogenen Daten öffentlich gemacht und ist er gemäß Absatz 1 zu deren Löschung verpflichtet, so trifft er unter Berücksichtigung der verfügbaren Technologie und der Implementierungskosten angemessene Maßnahmen, auch technischer Art, um für die Datenverarbeitung Verantwortliche, die die personenbezogenen Daten verarbeiten, darüber zu informieren, dass eine betroffene Person von ihnen die Löschung aller Links zu diesen personenbezogenen Daten oder von Kopien oder Replikationen dieser personenbezogenen Daten verlangt hat.

(3) Die Absätze 1 und 2 gelten nicht, soweit die Verarbeitung erforderlich ist
a) zur Ausübung des Rechts auf freie Meinungsäußerung und Information;
b) zur Erfüllung einer rechtlichen Verpflichtung, die die Verarbeitung nach dem Recht der Union oder der Mitgliedstaaten, dem der Verantwortliche unterliegt, erfordert, oder zur Wahrnehmung einer Aufgabe, die im öffentlichen Interesse liegt oder in Ausübung öffentlicher Gewalt erfolgt, die dem Verantwortlichen übertragen wurde;
c) aus Gründen des öffentlichen Interesses im Bereich der öffentlichen Gesundheit gemäß Artikel 9 Absatz 2 Buchstaben h und i sowie Artikel 9 Absatz 3;
d) für im öffentlichen Interesse liegende Archivzwecke, wissenschaftliche oder historische Forschungszwecke oder für statistische Zwecke gemäß Artikel 89 Absatz 1, soweit das in Absatz 1 genannte Recht voraussichtlich die Verwirklichung der Ziele dieser Verarbeitung unmöglich macht oder ernsthaft beeinträchtigt, oder
e) zur Geltendmachung, Ausübung oder Verteidigung von Rechtsansprüchen.

Überblick

Das Recht auf Vergessenwerden soll die Datenminimierung (Art. 5 Abs. 1 lit. c) fördern. Dadurch, dass der Verantwortliche – ohne Antrag des Betroffenen – gehalten sein kann, Daten zu löschen, besteht eine Motivation, den Datenbestand gering zu halten.

A. Recht auf Vergessenwerden / Löschungsansprüche (Abs. 1)

1   Sobald einer der aufgelisteten Löschungsgründe einschlägig ist, hat die Löschung **unverzüglich** und **unentgeltlich** (Art. 12 Abs. 5) zu erfolgen.

2   Eine Löschung der Daten hat zu erfolgen, wenn der **Zweck der Datenverarbeitung** eine weitere Speicherung der Daten nicht mehr erforderlich macht. Der Verantwortliche muss die Löschung vornehmen, **ohne** dass es eines **Antrags der betroffenen Person** bedarf. Dies ergibt sich aus der Formulierung des Art. 17 Abs. 1 lit. a. Wenn jedoch ein Löschungsantrag gestellt wird, dann hat der Verantwortliche immer die Rechtmäßigkeit der Datenverarbeitung vollständig zu prüfen, ein pauschaler Verweis auf feste Löschfristen ist nicht zulässig, dies gilt auch für **Massenverfahren** (VG Wiesbaden ZD 2021, 230 Rn. 5).

3   Wenn die betroffene Person die erteilte **Einwilligung in die Datenverarbeitung widerruft** und keine andere Rechtsgrundlage für die Verarbeitung besteht (Art. 17 Abs. 1 lit. b), müssen die personenbezogenen Daten gelöscht werden.

4   Ein weiterer Löschungsgrund besteht auch, sollte die betroffene Person **Widerspruch gegen die Verarbeitung** eingelegt haben und keine vorrangigen berechtigten Gründe für die Verarbeitung vorliegen (Art. 17 Abs. 1 lit. c).

5   Eine **unrechtmäßige Verarbeitung** stellt einen Löschungsgrund dar (Art. 17 Abs. 1 lit. d).

6   Die Löschung muss aufgrund einer **rechtlichen Verpflichtung** des Verantwortlichen nach dem Unionsrecht oder dem Recht der Mitgliedsstaaten erfolgen (Art. 17 Abs. 1 lit. e). Die **Reichweite des Löschungsanspruchs** ist analog zum Anwendungsbereich der DS-GVO auf das Gebiet der europäischen Union beschränkt (EuGH Urt. v. 24.9.2019 – C-507/17 Rn. 62).

7   Personenbezogene Daten **Minderjähriger** sind zu löschen, wenn die Daten in Bezug auf angebotene Dienste der Informationsgesellschaft (Art. 8 Abs. 1) erhoben wurden (Art. 17 Abs. 1 lit. f).

B. Löschung bei veröffentlichten Daten (Abs. 2)

8   Der Verantwortliche, der **die personenbezogenen Daten veröffentlicht hat** und den die Pflicht zur Löschung von Daten gem. Art. 17 Abs. 1 trifft, hat andere Verantwortliche über die

Löschung zu informieren. Diese Unterrichtung hat in zumutbarer Weise und unter Berücksichtigung der verfügbaren Technologie und den Implementierungskosten zu erfolgen.

C. Ausnahmen vom Recht auf Löschung (Abs. 3)

Das Recht auf Vergessenwerden existiert nicht grenzenlos. Vielmehr hat eine Abwägung stattzufinden. 9

Sollte die **Freiheit der Meinungsäußerung und der Informationsfreiheit** (Art. 11 GRCh) 10 es erforderlich machen, so muss das Recht auf Vergessenwerden hinter dieses Grundrecht zurücktreten (Art. 17 Abs. 3 lit. a).

Ein Anspruch auf Löschung besteht ebenfalls nicht, wenn der Verantwortliche eine **rechtliche** 11 **Verpflichtung** erfüllen muss (Art. 17 Abs. 3 lit. b). Dieser Ausnahmetatbestand ist eine Öffnungsklausel für Mitgliedstaaten. Gleiches gilt, wenn der Verantwortliche eine Aufgabe wahrnimmt, die im **öffentlichen Interesse** liegt, oder er in **Ausübung öffentlicher Gewalt** handelt.

Ist die Verarbeitung aus Gründen der **öffentlichen Gesundheit** (Art. 17 Abs. 3 lit. c), für 12 **Archivzwecke, wissenschaftliche oder historische Forschungszwecke oder statistische Zwecke** (Art. 17 Abs. 3 lit. d) erforderlich und würde sie durch die Löschung zumindest ernsthaft beeinträchtigt werden, bestehen ebenfalls keine Löschungsansprüche.

Wenn die Verarbeitung zur **Geltendmachung, Ausübung oder Verteidigung von** (sic; 13 gemeint: gegen) **Rechtsansprüchen** erforderlich ist (Art. 17 Abs. 3 lit. d), muss keine Löschung der personenbezogenen Daten erfolgen. Solange der Verantwortliche mit einer rechtlichen Auseinandersetzung zu rechnen hat, also solange noch keine Verjährung möglicher Ansprüche eingetreten ist, sollte der Verantwortliche nicht leichtfertig personenbezogene Daten löschen.

Kapitel V. Übermittlungen personenbezogener Daten an Drittländer oder an internationale Organisationen

Artikel 44 Allgemeine Grundsätze der Datenübermittlung

[1]**Jedwede Übermittlung personenbezogener Daten, die bereits verarbeitet werden oder nach ihrer Übermittlung an ein Drittland oder eine internationale Organisation verarbeitet werden sollen, ist nur zulässig, wenn der Verantwortliche und der Auftragsverarbeiter die in diesem Kapitel niedergelegten Bedingungen einhalten und auch die sonstigen Bestimmungen dieser Verordnung eingehalten werden; dies gilt auch für die etwaige Weiterübermittlung personenbezogener Daten aus dem betreffenden Drittland oder der betreffenden internationalen Organisation an ein anderes Drittland oder eine andere internationale Organisation.** [2]**Alle Bestimmungen dieses Kapitels sind anzuwenden, um sicherzustellen, dass das durch diese Verordnung gewährleistete Schutzniveau für natürliche Personen nicht untergraben wird.**

Überblick

Diese Vorschrift sichert den Schutz der personenbezogenen Daten im Nicht-EU-Ausland. Damit wird die Safe-Harbor-Entscheidung des EuGH (EuZW 2015, 881 (885) – Schrems) auf gemeinschaftsrechtlicher Ebene umgesetzt.

A. Anwendungsbereich

Dieser Artikel samt dem Kapitel V ist dann anzuwenden, wenn personenbezogene Daten an 1 **staatliche und private Stellen in Drittländern,** also in Ländern befindlich, die nicht Mitgliedstaaten der Europäischen Union und des Europäischen Wirtschaftsraums sind, oder an **internationale Organisationen** (Definition in Art. 4 Nr. 26) übermittelt werden.

Die **Weiterübermittlung** personenbezogener Daten aus dem Gebiet der Drittländer oder 2 durch die internationalen Organisationen ist ebenfalls am Maßstab des Art. 44 zu messen.

B. Zweistufenprüfung

3   Die Datenübermittlung muss die allgemeinen Bestimmungen der DS-GVO beinhalten und zusätzlich die besonderen Bestimmungen des Kapitels V.

4   Ein Verantwortlicher, der im Gemeinschaftsgebiet ansässig ist, haftet für eigenes **Auswahl-oder Überwachungsverschulden** (Art. 82). Der Verantwortliche darf darauf vertrauen, dass sich der Dritte an die Vorgaben hält. Erst wenn konkrete Anhaltspunkte eines Verstoßes gegen die Verpflichtungen vorliegen, muss der Verantwortliche handeln (so auch Kühling/Buchner/Schröder Rn. 24).

5   Diese Verpflichtung treffen ebenfalls den Auftragsverarbeiter. Somit haben er und der Verantwortliche Sorge dafür zu tragen, dass der Mindest-Schutz, den die DS-GVO gewährt, nicht durch eine Datenübermittlung aus dem örtlichen Anwendungsbereich der Verordnung, unterlaufen wird (S. 2).

Artikel 45 Datenübermittlung auf der Grundlage eines Angemessenheitsbeschlusses

(1) [1]**Eine Übermittlung personenbezogener Daten an ein Drittland oder eine internationale Organisation darf vorgenommen werden, wenn die Kommission beschlossen hat, dass das betreffende Drittland, ein Gebiet oder ein oder mehrere spezifische Sektoren in diesem Drittland oder die betreffende internationale Organisation ein angemessenes Schutzniveau bietet.** [2]**Eine solche Datenübermittlung bedarf keiner besonderen Genehmigung.**

(2) Bei der Prüfung der Angemessenheit des gebotenen Schutzniveaus berücksichtigt die Kommission insbesondere das Folgende:

a) **die Rechtsstaatlichkeit, die Achtung der Menschenrechte und Grundfreiheiten, die in dem betreffenden Land bzw. bei der betreffenden internationalen Organisation geltenden einschlägigen Rechtsvorschriften sowohl allgemeiner als auch sektoraler Art – auch in Bezug auf öffentliche Sicherheit, Verteidigung, nationale Sicherheit und Strafrecht sowie Zugang der Behörden zu personenbezogenen Daten – sowie die Anwendung dieser Rechtsvorschriften, Datenschutzvorschriften, Berufsregeln und Sicherheitsvorschriften einschließlich der Vorschriften für die Weiterübermittlung personenbezogener Daten an ein anderes Drittland bzw. eine andere internationale Organisation, die Rechtsprechung sowie wirksame und durchsetzbare Rechte der betroffenen Person und wirksame verwaltungsrechtliche und gerichtliche Rechtsbehelfe für betroffene Personen, deren personenbezogene Daten übermittelt werden,**

b) **die Existenz und die wirksame Funktionsweise einer oder mehrerer unabhängiger Aufsichtsbehörden in dem betreffenden Drittland oder denen eine internationale Organisation untersteht und die für die Einhaltung und Durchsetzung der Datenschutzvorschriften, einschließlich angemessener Durchsetzungsbefugnisse, für die Unterstützung und Beratung der betroffenen Personen bei der Ausübung ihrer Rechte und für die Zusammenarbeit mit den Aufsichtsbehörden der Mitgliedstaaten zuständig sind, und**

c) **die von dem betreffenden Drittland bzw. der betreffenden internationalen Organisation eingegangenen internationalen Verpflichtungen oder andere Verpflichtungen, die sich aus rechtsverbindlichen Übereinkünften oder Instrumenten sowie aus der Teilnahme des Drittlands oder der internationalen Organisation an multilateralen oder regionalen Systemen insbesondere in Bezug auf den Schutz personenbezogener Daten ergeben.**

(3) [1]**Nach der Beurteilung der Angemessenheit des Schutzniveaus kann die Kommission im Wege eines Durchführungsrechtsaktes beschließen, dass ein Drittland, ein Gebiet oder ein oder mehrere spezifische Sektoren in einem Drittland oder eine internationale Organisation ein angemessenes Schutzniveau im Sinne des Absatzes 2 des vorliegenden Artikels bieten.** [2]**In dem Durchführungsrechtsakt ist ein Mechanismus für eine regelmäßige Überprüfung, die mindestens alle vier Jahre erfolgt, vorzusehen, bei der allen maßgeblichen Entwicklungen in dem Drittland oder bei der internationalen Organisation Rechnung getragen wird.** [3]**Im Durchführungsrechtsakt werden der territoriale und der sektorale Anwendungsbereich sowie gegebenenfalls die in Absatz 2 Buchstabe b des vorliegenden Artikels genannte Aufsichtsbehörde bzw. genannten Aufsichtsbehörden**

angegeben. [4]Der Durchführungsrechtsakt wird gemäß dem in Artikel 93 Absatz 2 genannten Prüfverfahren erlassen.

(4) Die Kommission überwacht fortlaufend die Entwicklungen in Drittländern und bei internationalen Organisationen, die die Wirkungsweise der nach Absatz 3 des vorliegenden Artikels erlassenen Beschlüsse und der nach Artikel 25 Absatz 6 der Richtlinie 95/46/EG erlassenen Feststellungen beeinträchtigen könnten.

(5) [1]Die Kommission widerruft, ändert oder setzt die in Absatz 3 des vorliegenden Artikels genannten Beschlüsse im Wege von Durchführungsrechtsakten aus, soweit dies nötig ist und ohne rückwirkende Kraft, soweit entsprechende Informationen – insbesondere im Anschluss an die in Absatz 3 des vorliegenden Artikels genannte Überprüfung – dahingehend vorliegen, dass ein Drittland, ein Gebiet oder ein oder mehrere spezifischer Sektor in einem Drittland oder eine internationale Organisation kein angemessenes Schutzniveau im Sinne des Absatzes 2 des vorliegenden Artikels mehr gewährleistet. [2]Diese Durchführungsrechtsakte werden gemäß dem Prüfverfahren nach Artikel 93 Absatz 2 erlassen.

In hinreichend begründeten Fällen äußerster Dringlichkeit erlässt die Kommission gemäß dem in Artikel 93 Absatz 3 genannten Verfahren sofort geltende Durchführungsrechtsakte.

(6) Die Kommission nimmt Beratungen mit dem betreffenden Drittland bzw. der betreffenden internationalen Organisation auf, um Abhilfe für die Situation zu schaffen, die zu dem gemäß Absatz 5 erlassenen Beschluss geführt hat.

(7) Übermittlungen personenbezogener Daten an das betreffende Drittland, das Gebiet oder einen oder mehrere spezifische Sektoren in diesem Drittland oder an die betreffende internationale Organisation gemäß den Artikeln 46 bis 49 werden durch einen Beschluss nach Absatz 5 des vorliegenden Artikels nicht berührt.

(8) Die Kommission veröffentlicht im Amtsblatt der Europäischen Union und auf ihrer Website eine Liste aller Drittländer beziehungsweise Gebiete und spezifischen Sektoren in einem Drittland und aller internationalen Organisationen, für die sie durch Beschluss festgestellt hat, dass sie ein angemessenes Schutzniveau gewährleisten bzw. nicht mehr gewährleisten.

(9) Von der Kommission auf der Grundlage von Artikel 25 Absatz 6 der Richtlinie 95/46/EG erlassene Feststellungen bleiben so lange in Kraft, bis sie durch einen nach dem Prüfverfahren gemäß den Absätzen 3 oder 5 des vorliegenden Artikels erlassenen Beschluss der Kommission geändert, ersetzt oder aufgehoben werden.

Überblick

Sollten Drittstaaten ein Datenschutzniveau aufweisen, welches angemessen ist und somit dem Schutzniveau der Mitgliedsstaaten entspricht, und die Kommission dies mittels eines Beschlusses festgestellt haben, darf eine Übermittlung personenbezogener Daten erfolgen – und zwar ohne weitere Genehmigung (Erwägungsgrund 103 S. 1). Gegenüber den übrigen Artikeln der DS-GVO ist die Regelungsdichte des Art. 45 sehr hoch. Dies ist eine Reaktion darauf, dass der EuGH die wichtigsten Angemessenheitsentscheidungen der Kommission wegen Rechtsfehlern aufgehoben hat (zB Safe-Harbor-Entscheidung, EuGH NJW 2015, 3151 – Schrems).

A. Voraussetzungen der Angemessenheit

Die Kommission muss das Drittland oder den bestimmten Sektor eines Drittlandes daraufhin **1** überprüfen, ob Menschenrechte geschützt werden, Rechtsstaatlichkeit gewahrt ist, der Rechtsweg gewährleistet ist und internationale Menschenrechtsnormen eingehalten werden (Erwägungsgrund 104). Abs. 2 ist der Maßstab anhand dessen die Kommission ihre Entscheidung zu treffen hat.

Das Wort „angemessen" impliziert, dass die Kommission vom Drittland kein identisches Schutz- **1a** niveau verlangen kann. Es ist ausreichend, dass das Drittland ein gleichwertiges Schutzniveau der Freiheiten und Grundrechte gewährleistet (EuGH NJW 2015, 3151 Rn. 73 – Schrems)

B. Bestehende Angemessenheitsentscheidungen (Abs. 9)

2 Momentan bestehen Kommissionsentscheidungen, die den **nachfolgend aufgeführten Ländern** ein angemessenes Schutzniveau zusprechen: Andorra, Argentinien, Färöer Inseln, Guernsey, Isle of Man, Israel, Japan, Jersey, Kanada, Neuseeland, Schweiz, Uruguay (abrufbar unter https://ec.europa.eu/info/law/law-topic/data-protection/international-dimension-data-protection/adequacy-decisions_en).

3 Eine Übermittlung personenbezogener Daten in die USA ist momentan nur eingeschränkt möglich. Das **EU-US-Datenschutzschild** (EU-US Privacy Shield) wurde vom EuGH für unwirksam erklärt (EuGH GRUR-RS 2020, 16082 – Schrems II). Solange, bis ein neues Abkommen verabschiedet wird, kann die Datenübermittlung unter anderem auf die Standartvertragsklauseln gestützt werden (so EuGH GRUR-RS 2020, 16082 Rn. 135 – Schrems II).

Artikel 46 Datenübermittlung vorbehaltlich geeigneter Garantien

(1) Falls kein Beschluss nach Artikel 45 Absatz 3 vorliegt, darf ein Verantwortlicher oder ein Auftragsverarbeiter personenbezogene Daten an ein Drittland oder eine internationale Organisation nur übermitteln, sofern der Verantwortliche oder der Auftragsverarbeiter geeignete Garantien vorgesehen hat und sofern den betroffenen Personen durchsetzbare Rechte und wirksame Rechtsbehelfe zur Verfügung stehen.

(2) Die in Absatz 1 genannten geeigneten Garantien können, ohne dass hierzu eine besondere Genehmigung einer Aufsichtsbehörde erforderlich wäre, bestehen in
a) einem rechtlich bindenden und durchsetzbaren Dokument zwischen den Behörden oder öffentlichen Stellen,
b) verbindlichen internen Datenschutzvorschriften gemäß Artikel 47,
c) Standarddatenschutzklauseln, die von der Kommission gemäß dem Prüfverfahren nach Artikel 93 Absatz 2 erlassen werden,
d) von einer Aufsichtsbehörde angenommenen Standarddatenschutzklauseln, die von der Kommission gemäß dem Prüfverfahren nach Artikel 93 Absatz 2 genehmigt wurden,
e) genehmigten Verhaltensregeln gemäß Artikel 40 zusammen mit rechtsverbindlichen und durchsetzbaren Verpflichtungen des Verantwortlichen oder des Auftragsverarbeiters in dem Drittland zur Anwendung der geeigneten Garantien, einschließlich in Bezug auf die Rechte der betroffenen Personen, oder
f) einem genehmigten Zertifizierungsmechanismus gemäß Artikel 42 zusammen mit rechtsverbindlichen und durchsetzbaren Verpflichtungen des Verantwortlichen oder des Auftragsverarbeiters in dem Drittland zur Anwendung der geeigneten Garantien, einschließlich in Bezug auf die Rechte der betroffenen Personen.

(3) Vorbehaltlich der Genehmigung durch die zuständige Aufsichtsbehörde können die geeigneten Garantien gemäß Absatz 1 auch insbesondere bestehen in
a) Vertragsklauseln, die zwischen dem Verantwortlichen oder dem Auftragsverarbeiter und dem Verantwortlichen, dem Auftragsverarbeiter oder dem Empfänger der personenbezogenen Daten im Drittland oder der internationalen Organisation vereinbart wurden, oder
b) Bestimmungen, die in Verwaltungsvereinbarungen zwischen Behörden oder öffentlichen Stellen aufzunehmen sind und durchsetzbare und wirksame Rechte für die betroffenen Personen einschließen.

(4) Die Aufsichtsbehörde wendet das Kohärenzverfahren nach Artikel 63 an, wenn ein Fall gemäß Absatz 3 des vorliegenden Artikels vorliegt.

(5) [1]Von einem Mitgliedstaat oder einer Aufsichtsbehörde auf der Grundlage von Artikel 26 Absatz 2 der Richtlinie 95/46/EG erteilte Genehmigungen bleiben so lange gültig, bis sie erforderlichenfalls von dieser Aufsichtsbehörde geändert, ersetzt oder aufgehoben werden. [2]Von der Kommission auf der Grundlage von Artikel 26 Absatz 4 der Richtlinie 95/46/EG erlassene Feststellungen bleiben so lange in Kraft, bis sie erforderlichenfalls mit einem nach Absatz 2 des vorliegenden Artikels erlassenen Beschluss der Kommission geändert, ersetzt oder aufgehoben werden.

Überblick

Diese Vorschrift ermöglicht die Übermittlung von personenbezogenen Daten in Drittländer, wenn kein Angemessenheitsbeschluss der Kommission vorliegt.

A. Allgemeines (Abs. 1)

Fehlt ein Angemessenheitsbeschluss, dann kann aufgrund geeigneter Garantien eine rechtmä- **1** ßige Datenübermittlung in Drittländer erfolgen. Diese Garantien sollen sicherstellen, dass die Datenschutzvorschriften und die Rechte der betroffenen Person auf eine der Verarbeitung innerhalb der EU angemessene Art und Weise beachtet werden (Erwägungsgrund 108).

B. Arten von Garantien (Abs. 2, Abs. 3)

Es wird zwischen Garantien unterschieden, die ohne Genehmigung durch die Aufsichtsbehörde **2** eine Datenübermittlung in Drittstaaten oder an internationale Organisationen ermöglichen (Abs. 2) und Garantien, die durch die Aufsichtsbehörde zu genehmigen sind, bevor eine Datenübermittlung erfolgen kann (Abs. 3). Letzteres wird selten praktiziert (s. Ehmann/Selmayr/Zerdick Rn. 16 ff.).

I. Rechtlich bindendes Dokument zwischen den Behörden (Abs. 2 lit. a)

Behörden oder öffentliche Stellen dürfen personenbezogene Daten an Behörden oder öffentli- **3** che Stellen von Drittstaaten oder an internationale Organisationen genehmigungsfrei übermitteln, wenn **Verwaltungsvereinbarungen,** wie zB gemeinsame Absichtserklärungen vereinbart wurden (Erwägungsgrund 108 S. 5). Bei nicht rechtsverbindlichen Verwaltungsvereinbarungen ist die Genehmigung der Aufsichtsbehörde einzuholen (Erwägungsgrund 108 S. 6).

II. Verbindliche interne Datenschutzvorschriften (Abs. 2 lit. b, Art. 47)

Unternehmen haben die Möglichkeit, nachdem die verbindlichen internen Datenschutzvor- **4** schriften (**Binding Corporate Rules**) gem. Art. 47 durch die Aufsichtsbehörde genehmigt wurden, personenbezogene Daten in Drittländer zu übermitteln, die kein angemessenes Datenschutzniveau besitzen. Diese BCR sind in einem Datenverarbeitungsvertrag aufzuführen (LG Frankfurt a. M. GRUR-RS 2020, 24557 Rn. 39).

III. Standarddatenschutzklauseln der Kommission (Abs. 2 lit. c) oder einer Aufsichtsbehörde (Abs. 2 lit. d)

Die Verwendung der Standartdatenschutzklauseln, die die **Kommission** erlassen hat, ist der **5** gängigste Weg, genehmigungsfrei personenbezogene Daten in Drittstaaten zu übermitteln. Die **drei bereits erlassenen Klauselwerke** behalten einstweilen ihre Gültigkeit (B 2010/87/EU v. 5.2.2010, ABl. 2010 L 39, 5; E 2004/915/EG v. 27.12.2004, ABl. 2004 L 385, 74; E 2001/497/ EG v. 15.6.2001, ABl. 2001 L 181, 19). Dies gilt insbesondere, wenn zusätzlich Vereinbarungen iSv Art. 28 Abs. 3 geschlossen wurden (LAG BW BeckRS 2021, 5529 Ls. 5).

Die **Aufsichtsbehörde eines Mitgliedsstaates** kann ebenfalls Standarddatenschutzklauseln **6** entwerfen. Diese müssen von der Kommission genehmigt werden.

IV. Genehmigte Verhaltensregeln (Abs. 2 lit. e) und genehmigter Zertifizierungsmechanismus (Abs. 2 lit. f)

Auch unter Verwendung von genehmigten Verhaltensregeln (Art. 40) oder nach Durchlaufen **7** eines genehmigten Zertifizierungsmechanismus (Art. 42) können Verantwortliche personenbezogene Daten in Drittstaaten oder an internationale Organisationen übermitteln, ohne dass es einer Genehmigung bedarf.

Artikel 48 Nach dem Unionsrecht nicht zulässige Übermittlung oder Offenlegung

Jegliches Urteil eines Gerichts eines Drittlands und jegliche Entscheidung einer Verwaltungsbehörde eines Drittlands, mit denen von einem Verantwortlichen oder einem Auftragsverarbeiter die Übermittlung oder Offenlegung personenbezogener Daten ver-

langt wird, dürfen unbeschadet anderer Gründe für die Übermittlung gemäß diesem
Kapitel jedenfalls nur dann anerkannt oder vollstreckbar werden, wenn sie auf eine
in Kraft befindliche internationale Übereinkunft wie etwa ein Rechtshilfeabkommen
zwischen dem ersuchenden Drittland und der Union oder einem Mitgliedstaat gestützt
sind.

Überblick

Einseitige Entscheidungen seitens Drittstaaten, sei es in Form von Gerichtsurteilen oder Verwaltungsentscheidungen, dürfen nicht ohne Weiteres vollstreckt werden.

A. Übermittlung an Drittland aufgrund internationaler Übereinkunft

1   Damit die Entscheidung einer drittstaatlichen Behörde oder das Urteil eines drittstaatlichen
Gerichts, die die Übermittlung personenbezogenen Daten einem Verantwortlichen auferlegt,
durchgesetzt werden kann, **muss** zwischen dem Drittstaat und der Europäischen Union eine
internationale Übereinkunft bestehen, so unter anderem:
- das CKÜ (Übereinkommen über Computerkriminalität v. 23.11.2001),
- das Auslieferungsabkommen EU–USA (v. 25.6.2003, BGBl. 2007 II 1616), das Rechtshilfeabkommen EU–USA (v. 25.6.2003, BGBl. 2007 II 1616) sowie der Rechtshilfevertrag D–USA (v. 14.10.2003, BGBl. 2007 II 1616),
- Rechtshilfeabkommen EU/JP (v. 30.11.2009, ABl. 2010 L 39, 20; ABl. 2010 L 343, 1).

2 Die Übereinkunft kann auch einen anderen Regelungszweck haben, Rechtshilfeabkommen sind
lediglich beispielhaft erwähnt. Das Fluggastabkommen EU–USA (v. 14.12.2011, ABl. 2012 L 215,
5) ist eine weitere Grundlage für die Übermittlung personenbezogener Daten an Verwaltungsbehörden eines Drittlands.

3   Das Schutzniveau für natürliche Personen darf nicht untergraben werden (Art. 44 S. 3).

B. Übermittlung aufgrund eines wichtigen öffentlichen Interesses

4   Eine Datenübermittlung oder Offenlegung von personenbezogenen Daten an einen Drittstaat
ist dann möglich, wenn die Offenlegung aus einem wichtigen öffentlichen Interesse erforderlich
ist, das im Unionsrecht oder im Recht des Mitgliedstaates, dem der Verantwortliche unterliegt,
anerkannt ist (Erwägungsgrund 115), also wegen eines **anderen Grundes.** Art. 6 Abs. 1 soll
keinen solchen Grund enthalten (Paal/Pauly/Pauly Rn. 7). Berücksichtigt man jedoch den weiten
Begriff der Datenverarbeitung (Art. 4 Nr. 2), welcher auch ausdrücklich „Übermittlung" beinhaltet, ist dies schwer nachvollziehbar.

5   So zB, wenn der **Betroffene ausdrücklich einwilligt,** nachdem er über die bestehenden
Risiken unterrichtet wurde (Art. 49 Abs. 1 lit. a), wenn die Übermittlung aus **wichtigen Gründen des öffentlichen Interesses** notwendig ist (Art. 49 Abs. 1 lit. d) oder, wenn die Übermittlung
zur **Geltendmachung, Ausübung oder Verteidigung** (gemeint: gegen) **von Rechtsansprüchen** erforderlich ist (Art. 49 Abs. 1 lit. e).

6   Die Bedingungen für einen Transfer von Daten in ein Drittland müssen jedoch gewahrt sein.
Das Schutzniveau für natürliche Personen darf nicht untergraben werden (Art. 44 S. 3).

Artikel 49 Ausnahmen für bestimmte Fälle

(1) ¹Falls weder ein Angemessenheitsbeschluss nach Artikel 45 Absatz 3 vorliegt noch
geeignete Garantien nach Artikel 46, einschließlich verbindlicher interner Datenschutzvorschriften, bestehen, ist eine Übermittlung oder eine Reihe von Übermittlungen personenbezogener Daten an ein Drittland oder an eine internationale Organisation nur
unter einer der folgenden Bedingungen zulässig:
a) die betroffene Person hat in die vorgeschlagene Datenübermittlung ausdrücklich
eingewilligt, nachdem sie über die für sie bestehenden möglichen Risiken derartiger
Datenübermittlungen ohne Vorliegen eines Angemessenheitsbeschlusses und ohne
geeignete Garantien unterrichtet wurde,
b) die Übermittlung ist für die Erfüllung eines Vertrags zwischen der betroffenen Person
und dem Verantwortlichen oder zur Durchführung von vorvertraglichen Maßnahmen auf Antrag der betroffenen Person erforderlich,

c) die Übermittlung ist zum Abschluss oder zur Erfüllung eines im Interesse der betroffenen Person von dem Verantwortlichen mit einer anderen natürlichen oder juristischen Person geschlossenen Vertrags erforderlich,

d) die Übermittlung ist aus wichtigen Gründen des öffentlichen Interesses notwendig,

e) die Übermittlung ist zur Geltendmachung, Ausübung oder Verteidigung von Rechtsansprüchen erforderlich,

f) die Übermittlung ist zum Schutz lebenswichtiger Interessen der betroffenen Person oder anderer Personen erforderlich, sofern die betroffene Person aus physischen oder rechtlichen Gründen außerstande ist, ihre Einwilligung zu geben,

g) die Übermittlung erfolgt aus einem Register, das gemäß dem Recht der Union oder der Mitgliedstaaten zur Information der Öffentlichkeit bestimmt ist und entweder der gesamten Öffentlichkeit oder allen Personen, die ein berechtigtes Interesse nachweisen können, zur Einsichtnahme offensteht, aber nur soweit die im Recht der Union oder der Mitgliedstaaten festgelegten Voraussetzungen für die Einsichtnahme im Einzelfall gegeben sind.

[2]Falls die Übermittlung nicht auf eine Bestimmung der Artikel 45 oder 46 – einschließlich der verbindlichen internen Datenschutzvorschriften – gestützt werden könnte und keine der Ausnahmen für einen bestimmten Fall gemäß dem ersten Unterabsatz anwendbar ist, darf eine Übermittlung an ein Drittland oder eine internationale Organisation nur dann erfolgen, wenn die Übermittlung nicht wiederholt erfolgt, nur eine begrenzte Zahl von betroffenen Personen betrifft, für die Wahrung der zwingenden berechtigten Interessen des Verantwortlichen erforderlich ist, sofern die Interessen oder die Rechte und Freiheiten der betroffenen Person nicht überwiegen, und der Verantwortliche alle Umstände der Datenübermittlung beurteilt und auf der Grundlage dieser Beurteilung geeignete Garantien in Bezug auf den Schutz personenbezogener Daten vorgesehen hat. [3]Der Verantwortliche setzt die Aufsichtsbehörde von der Übermittlung in Kenntnis. [4]Der Verantwortliche unterrichtet die betroffene Person über die Übermittlung und seine zwingenden berechtigten Interessen; dies erfolgt zusätzlich zu den der betroffenen Person nach den Artikeln 13 und 14 mitgeteilten Informationen.

(2) [1]Datenübermittlungen gemäß Absatz 1 Unterabsatz 1 Buchstabe g dürfen nicht die Gesamtheit oder ganze Kategorien der im Register enthaltenen personenbezogenen Daten umfassen. [2]Wenn das Register der Einsichtnahme durch Personen mit berechtigtem Interesse dient, darf die Übermittlung nur auf Anfrage dieser Personen oder nur dann erfolgen, wenn diese Personen die Adressaten der Übermittlung sind.

(3) Absatz 1 Unterabsatz 1 Buchstaben a, b und c und sowie Absatz 1 Unterabsatz 2 gelten nicht für Tätigkeiten, die Behörden in Ausübung ihrer hoheitlichen Befugnisse durchführen.

(4) Das öffentliche Interesse im Sinne des Absatzes 1 Unterabsatz 1 Buchstabe d muss im Unionsrecht oder im Recht des Mitgliedstaats, dem der Verantwortliche unterliegt, anerkannt sein.

(5) [1]Liegt kein Angemessenheitsbeschluss vor, so können im Unionsrecht oder im Recht der Mitgliedstaaten aus wichtigen Gründen des öffentlichen Interesses ausdrücklich Beschränkungen der Übermittlung bestimmter Kategorien von personenbezogenen Daten an Drittländer oder internationale Organisationen vorgesehen werden. [2]Die Mitgliedstaaten teilen der Kommission derartige Bestimmungen mit.

(6) Der Verantwortliche oder der Auftragsverarbeiter erfasst die von ihm vorgenommene Beurteilung sowie die angemessenen Garantien im Sinne des Absatzes 1 Unterabsatz 2 des vorliegenden Artikels in der Dokumentation gemäß Artikel 30.

Überblick

Liegen weder ein Angemessenheitsbeschluss (Art. 45) noch geeignete Garantien (Art. 46, 47) vor, kann eine Datenübermittlung in Drittländer oder an internationale Organisationen dann erfolgen, wenn ein Tatbestand des Art. 49 anwendbar ist.

A. Ausdrückliche Einwilligung der betroffenen Person (Abs. 1 S. 2 lit. a)

Wenn der Betroffene im Vorfeld über die geplante Datenübermittlung informiert wurde und in informierter Weise, also unter anderem in Kenntnis darüber, dass weder ein Angemessenheitsbe- 1 schluss (Art. 45) noch eine Garantie (Art. 46) vorliegt, freiwillig, ausdrücklich und unmissverständlich erklärt hat, mit der Datenübermittlung in ein Drittland einverstanden zu sein, kann aufgrund dieser Einwilligung (Art. 4 Nr. 11) die Datenübermittlung in ein Drittland oder an eine internationale Organisation erfolgen.

2   Behörden können sich nicht auf diesen Ausnahmetatbestand berufen (Abs. 3).

B. Erfüllung (vor-) vertraglicher Pflichten (Abs. 1 S. 2 lit. b, lit. c)

3   Personenbezogene Daten können auch zur Erfüllung **vertraglicher Verpflichtungen** übermittelt werden. Gleiches gilt für die **Vertragsanbahnung,** also den vorvertraglichen Bereich. Auch **Verträge zu Gunsten Dritter** können eine Datenübermittlung in Drittstaaten rechtfertigen.

4   Behörden können sich nicht auf diesen Ausnahmetatbestand berufen (Abs. 3).

C. Öffentliches Interesse (Abs. 1 S. 2 lit. d)

5   Das **öffentliche Interesse,** welches ausschließlich aus Sicht der EU und der Mitgliedstaaten zu bewerten ist, wird ausdrücklich für den internationalen Datenaustausch zwischen Wettbewerbs-, Steuer- oder Zollbehörden, zwischen Finanzaufsichtsbehörden oder zwischen für Angelegenheiten der sozialen Sicherheit oder für die öffentliche Gesundheit zuständige Dienste, insbesondere für die Dopingbekämpfung, bejaht (Erwägungsgrund 112). Die Datenübermittlung an drittstaatliche Behörden kann auch zur Bekämpfung von Straftaten oder des Terrorismus erfolgen. Das öffentliche Interesse darf sich nicht in einem normalen Interesse erschöpfen, sondern muss den Schutz eines **besonders gewichtigen Rechtsguts** bezwecken (Kühling/Buchner/Schröder Rn. 24). So „das Interesse an der Beendigung des Aufenthaltes solcher Personen, die die **Voraussetzungen für ein Aufenthaltsrecht nicht** erfüllen und von denen die Gefahr der Begehung **weiterer schwerwiegender Delikte** ausgeht" (VG Gelsenkirchen BeckRS 2020, 31550 Rn. 32).

6   Behörden können sich auf diesen Ausnahmetatbestand berufen.

D. Rechtsdurchsetzung (Abs. 1 S. 2 lit. e)

7   Eine Datenübermittlung in Drittstaaten oder an internationale Organisationen, die über keine geeigneten Garantien verfügen, ist immer dann möglich, wenn sie zur Rechtsdurchsetzung erforderlich ist. Adressaten der Daten können sowohl Behörden als auch private Stellen sein.

8   Behörden können sich auf diesen Ausnahmetatbestand berufen. Allerdings sollte dieser Ausnahmetatbestand in Bezug auf diese nur restriktive angewendet werden, ansonsten könnte der Ausnahmetatbestand des öffentlichen Interesses (Abs. 1 S. 2 lit. d) ausgehebelt werden.

E. Schutz lebenswichtiger Interessen (Abs. 1 S. 2 lit. f)

9   Sollen **lebenswichtige Interessen,** einschließlich aber nicht ausschließlich die körperliche Unversehrtheit oder das Leben der **betroffenen Person oder einer anderen Person** geschützt werden, ist dieser Ausnahmetatbestand einschlägig, wenn die betroffene Person nicht in der Lage ist, ihre Einwilligung zu geben.

10   Die Übermittlung personenbezogener Daten an eine **internationale humanitäre Organisation** kann auch dann erfolgen, wenn die betroffene Person aus physischen oder rechtlichen Gründen nicht in der Lage ist, ihre Einwilligung zu erteilen und eine **Aufgabe nach den Genfer Konventionen** zu erfüllen ist (Erwägungsgrund 112).

11   Behörden können sich auf diesen Ausnahmetatbestand berufen.

F. Übermittlung Registerinhalt (Abs. 1 S. 2 lit. g)

12   Inhalte öffentlich einsehbarer Register (zB Handelsregister, Grundbuch) dürfen in Drittstaaten übermittelt werden. Einsichtsvorschriften der Mitgliedstaaten, wie der Nachweis eines berechtigten Interesses, müssen eingehalten werden. Eine Übermittlung des gesamten Inhalts eines Registers darf nicht erfolgen.

13   Behörden können sich auf diesen Ausnahmetatbestand berufen.

Artikel 50 Internationale Zusammenarbeit zum Schutz personenbezogener Daten

In Bezug auf Drittländer und internationale Organisationen treffen die Kommission und die Aufsichtsbehörden geeignete Maßnahmen zur

a) Entwicklung von Mechanismen der internationalen Zusammenarbeit, durch die die wirksame Durchsetzung von Rechtsvorschriften zum Schutz personenbezogener Daten erleichtert wird,

b) gegenseitigen Leistung internationaler Amtshilfe bei der Durchsetzung von Rechtsvorschriften zum Schutz personenbezogener Daten, unter anderem durch Meldungen, Beschwerdeverweisungen, Amtshilfe bei Untersuchungen und Informationsaustausch, sofern geeignete Garantien für den Schutz personenbezogener Daten und anderer Grundrechte und Grundfreiheiten bestehen,

c) Einbindung maßgeblicher Interessenträger in Diskussionen und Tätigkeiten, die zum Ausbau der internationalen Zusammenarbeit bei der Durchsetzung von Rechtsvorschriften zum Schutz personenbezogener Daten dienen,

d) Förderung des Austauschs und der Dokumentation von Rechtsvorschriften und Praktiken zum Schutz personenbezogener Daten einschließlich Zuständigkeitskonflikten mit Drittländern.

Überblick

Dieser Artikel soll sowohl die internationale Rechtshilfe und die extraterritoriale Wirkung der DS-GVO als auch einen wissenschaftlichen Austausch über den Datenschutz auf internationaler Ebene ermöglichen.

A. Entwicklung von Mechanismen internationaler Zusammenarbeit (lit. a)

Die DS-GVO beansprucht **extraterritoriale Wirkung** und wird angewendet, wenn personen- 1
bezogene Daten von Personen, die sich in der Europäischen Union aufhalten verarbeitet werden, auch wenn der Verantwortliche nicht auf dem Gebiet der Europäischen Union ansässig ist (Art. 3 Abs. 2). Die Kommission hat den Auftrag, die Durchsetzung dieser Rechte durch die Entwicklung von Mechanismen internationaler Zusammenarbeit mit Drittländern zu ermöglichen (ausf. Kühling/Buchner/Schröder Rn. 6).

B. Gegenseitige Leistung internationaler Amtshilfe (lit. b)

Die Kommission und die Aufsichtsbehörden sollen Drittländer und internationalen Organisati- 2
onen Rechtshilfe leisten und diese auch einfordern können, solange geeignete Garantien für den Schutz personenbezogener Daten und Grundrechte, insbesondere Art. 7 und 8 GRCh, bestehen. Insoweit werden Vorgaben des EuGH umgesetzt (EuGH EuZW 2015, 881 Rn. 91 – Schrems).

Kapitel VIII. Rechtsbehelfe, Haftung und Sanktionen

Artikel 77 Recht auf Beschwerde bei einer Aufsichtsbehörde

(1) Jede betroffene Person hat unbeschadet eines anderweitigen verwaltungsrechtlichen oder gerichtlichen Rechtsbehelfs das Recht auf Beschwerde bei einer Aufsichtsbehörde, insbesondere in dem Mitgliedstaat ihres Aufenthaltsorts, ihres Arbeitsplatzes oder des Orts des mutmaßlichen Verstoßes, wenn die betroffene Person der Ansicht ist, dass die Verarbeitung der sie betreffenden personenbezogenen Daten gegen diese Verordnung verstößt.

(2) Die Aufsichtsbehörde, bei der die Beschwerde eingereicht wurde, unterrichtet den Beschwerdeführer über den Stand und die Ergebnisse der Beschwerde einschließlich der Möglichkeit eines gerichtlichen Rechtsbehelfs nach Artikel 78.

Überblick

Bislang besteht auf europäischer Ebene ein Durchsetzungsdefizit des Datenschutzrechts. Neben der detaillierten Ausgestaltung der Bußgeldvorschriften (Art. 83) soll vor allem die Schaffung einer Beschwerdemöglichkeit und einer Rechenschaftspflicht der Aufsichtsbehörde dieses Defizit überwinden.

A. Beschwerderecht (Abs. 1)

1   **Beschwerdeberechtigt ist jede natürliche Person,** die sich in ihren Rechten gemäß der DS-GVO verletzt sieht (Erwägungsgrund 141). Immer wenn die zuständige Aufsichtsbehörde nicht, nur unzureichend oder nicht in angemessener Zeit mit dem Anliegen des Betroffenen befasst, kann sich dieser beschweren. Der Nachweis einer solchen **Betroffenheit** darf jedoch nicht überspannt werden. Es genügt, wenn der Beschwerdeführer darlegt, dass personenbezogene Daten verarbeitet worden sein könnten. So, wie es bei der Informationspflicht des Verantwortlichen (Art. 12) und das Auskunftsrecht (Art. 15) der Fall.

2   Die Beschwerde darf nur bei einer **einzigen Behörde** eingereicht werden (Erwägungsgrund 141). Der Beschwerdeberechtigte kann die Beschwerde bei der Aufsichtsbehörde seines Aufenthaltsortes, seines Arbeitsplatzes oder des Orts des mutmaßlichen Verstoßes einreichen, jedoch **nicht bei einer beliebigen Aufsichtsbehörde** (aA Kühling/Buchner/Bergt Rn. 9 mwN). Wie sich aus den Erwägungsgrund 141 ergibt, wird das Wort „insbesondere" anders als in Art. 77 Abs. 1 nur in Bezug auf den Aufenthaltsort verwendet. Ansonsten könnte es zu einem Forum-Shopping kommen. Anstelle der Überprüfung des Sachverhaltes durch eine Aufsichtsbehörde, die aufgrund eines Bezugspunktes eine Sachnähe aufweist, könnte eine sachfremde Behörde entscheiden.

3   Die Beschwerde kann **formlos** und **fristlos** erhoben werden. Allerdings muss diese sämtliche Informationen enthalten, die der Behörde ein Erfassen des Sachverhaltes ermöglichen. Eine Pflicht zur Aufnahme von Ermittlungen ins Blaue hinein besteht nicht (VG Mainz ZD 2021, 59 Rn. 23).

4   Die Beschwerde ist für den Beschwerdeführer **unentgeltlich** (Art. 57 Abs. 3). Die Aufsichtsbehörden sind gehalten, **Beschwerdeformulare** vorzuhalten (Art. 57 Abs. 2). § 19 Abs. 2 BDSG bestimmt, dass die angerufene Aufsichtsbehörde die Beschwerde an die Behörde abgibt, in deren Zuständigkeit der Verantwortliche oder der Auftragsverarbeiter eine Niederlassung hat.

B. Pflichten der Aufsichtsbehörde (Abs. 2)

5   Die angerufene Aufsichtsbehörde muss sich mit der Beschwerde in einem **angemessenen Umfang** befassen (Art. 57 Abs. 1 lit. f). Die Schwere des behaupteten Verstoßes sowie der sich in Art. 83 Abs. 2 befindliche Kriterienkatalog bestimmen den Umfang des Tätigwerdens (VG Berlin BeckRS 2021, 10266 Rn. 2).

6   Der Beschwerdeführer ist innerhalb eines **angemessenen Zeitraums über den Fortgang** und die Ergebnisse der Beschwerde zu unterrichten (Erwägungsgrund 141). In Anlehnung an die Höchstfrist zur Informationserteilung (Art. 78 Abs. 2) sollte die Bearbeitungsdauer **drei Monate** nicht überschreiten.

7   Der Beschwerdeführer ist über das **Ergebnis der Beschwerde** zu unterrichten, also festgestellte Tatsachen, deren rechtliche Bewertung und die ggf. verhängten Sanktionen.

8   Bei einer **offenkundig unbegründeten Beschwerde** oder bei häufig wiederholten, exzessiven Beschwerden kann sich die Behörde weigern, diese zu bearbeiten (Art. 57 Abs. 4). Die Behörde muss den Beschwerdeführer über die Möglichkeit eines Rechtsmittels unterrichten.

9   In der Rechtsprechung zeichnet sich die Tendenz ab, dieses **fälschlicherweise** Beschwerderecht als **Petitionsrecht** zu verstehen (SG Frankfurt (Oder) BeckRS 2019, 30859; VG Berlin 28.1.2019 – VG 1 L 1.19). Dieses Verständnis geht zu weit, der Betroffene hat, je nach Sachlage, einen Anspruch auf ein Einschreiten der Aufsichtsbehörde. Und diese Behörde wiederum ist mit weitreichenden Kompetenzen ausgestattet, die diejenigen eines Petitionsadressaten übersteigen (VG Ansbach BeckRS 2020, 41160 Rn. 24).

Artikel 78 Recht auf wirksamen gerichtlichen Rechtsbehelf gegen eine Aufsichtsbehörde

(1) Jede natürliche oder juristische Person hat unbeschadet eines anderweitigen verwaltungsrechtlichen oder außergerichtlichen Rechtsbehelfs das Recht auf einen wirksamen gerichtlichen Rechtsbehelf gegen einen sie betreffenden rechtsverbindlichen Beschluss einer Aufsichtsbehörde.

(2) Jede betroffene Person hat unbeschadet eines anderweitigen verwaltungsrechtlichen oder außergerichtlichen Rechtbehelfs das Recht auf einen wirksamen gerichtlichen Rechtsbehelf, wenn die nach den Artikeln 55 und 56 zuständige Aufsichtsbehörde sich nicht mit einer Beschwerde befasst oder die betroffene Person nicht innerhalb von drei

Monaten über den Stand oder das Ergebnis der gemäß Artikel 77 erhobenen Beschwerde in Kenntnis gesetzt hat.

(3) Für Verfahren gegen eine Aufsichtsbehörde sind die Gerichte des Mitgliedstaats zuständig, in dem die Aufsichtsbehörde ihren Sitz hat.

(4) Kommt es zu einem Verfahren gegen den Beschluss einer Aufsichtsbehörde, dem eine Stellungnahme oder ein Beschluss des Ausschusses im Rahmen des Kohärenzverfahrens vorangegangen ist, so leitet die Aufsichtsbehörde diese Stellungnahme oder diesen Beschluss dem Gericht zu.

Überblick

Diese Vorschrift steckt den Rahmen der Rechtsbehelfe gegen aufsichtsbehördliches Verhalten ab.

A. Rechtsbehelf gegen Beschluss einer Aufsichtsbehörde (Abs. 1)

Der Rechtsbehelf steht **jeder** natürlichen und juristischen **Person,** mithin auch **Behörden** zu. **1** Es ist umstritten, ob hierdurch ein Anspruch auf eine ermessensfehlerfreie Entscheidung der Behörde vermittelt wird (Überblick bei Plitz/Zwerschke GRUR-Prax 2021, 11 (12)).

Die Aufsichtsbehörde muss eine **rechtsverbindliche Entscheidung** (zB einen Verwaltungsakt) **2** erlassen haben. Hierzu gehört auch die Entscheidung, eine Beschwerde abzulehnen oder abzuweisen (Erwägungsgrund 143 S. 5).

Die Person muss von dieser Entscheidung betroffen sein, um klagebefugt zu sein. Die Entschei- **3** dung muss gegenüber **dieser Person Rechtswirkung entfalten** (Erwägungsgrund 143).

Das **Verfahrensrecht des Mitgliedsstaates,** in welchem die Aufsichtsbehörde ansässig ist, ist **4** maßgeblich für die Anforderungen an den Rechtsbehelf (Erwägungsgrund 143 S. 7). Somit kommt die VwGO zur Anwendung. Da das Beschwerdeverfahren nach Art. 77 Abs. 1 keine dem Art. 58 Abs. 4 vergleichbare Regelung enthält, gelten mitgliedsstaatliche Regeln, wie zB §§ 9 ff. VwVfG, nicht. Ein rechtsverbindlicher Beschluss muss demzufolge nicht den Regeln des § 35 VwVfG gehorchen. Statthaftes Rechtsmittel ist somit eine **Leistungsklage,** die auf eine ordnungsgemäße Erfüllung des Befassungsanspruches gerichtet ist (VG Ansbach BeckRS 2019, 30069).

B. Rechtsbehelf bei Untätigkeit einer Aufsichtsbehörde (Abs. 2)

Bei Untätigkeit einer Aufsichtsbehörde steht jeder **betroffenen Person** der Rechtsbehelf zu. **5** Somit können Dritte diesen Rechtsbehelf nicht nutzen. Es muss sich hierbei um einen wirksamen gerichtlichen Rechtsbehelf gem. Art. 47 GRCh handeln, wenn „die Aufsichtsbehörde auf eine Beschwerde hin nicht tätig wird, eine Beschwerde teilweise oder ganz abweist oder ablehnt oder nicht tätig wird, obwohl dies zum Schutz der Rechte der betroffenen Person notwendig ist" (Erwägungsgrund 141 S. 1).

Die Untätigkeit der Aufsichtsbehörde kann sich dergestalt manifestieren, dass die Behörde sich **6** entweder **nicht mit der Beschwerde befasst** oder **nicht innerhalb von drei Monaten nach Beschwerdeeingang über den Stand der Beschwerde informiert.** Schließlich liegt Untätigkeit vor, wenn die Aufsichtsbehörde den Beschwerdeführer **nicht über das Ergebnis der Beschwerde informiert.**

C. Zuständiges Gericht und Kohärenzverfahren (Abs. 3, Abs. 4)

Zuständig sind die Gerichte des Mitgliedsstaates, in welchem die Aufsichtsbehörde, deren Ver- **7** halten gerügt wird, ihren Sitz hat. Hier wird **nur die internationale Zuständigkeit** behandelt. Die Entscheidung, welches Gericht örtlich und sachlich zuständig ist, bestimmt sich nach den Regeln des Mitgliedsstaates, Deutschland hat dies in § 20 BDSG geregelt (→ BDSG § 20 Rn. 1).

Immer dann, wenn sich mehrere Aufsichtsbehörden nicht auf eine einheitliche Vorgehensweise **8** gegenüber einem Verantwortlichen einigen können, sieht die DS-GVO hierfür im **Kohärenzverfahren** eine Streitbelegungsmöglichkeit vor (Art. 65). Dieser Beschluss oder eine Stellungnahme des Europäischen Datenschutzausschusses (Art. 64) ist gem. Abs. 4 dem angerufenen Gericht weiterzuleiten. Wobei dem Betroffenen die Möglichkeit offensteht, eine **Nichtigkeitsklage** iSv Art. 263 AEUV gegen einen Beschluss des EDSA direkt beim Europäischen Gerichtshof anhängig zu machen (Erwägungsgrund 143 S. 1).

Artikel 79 Recht auf wirksamen gerichtlichen Rechtsbehelf gegen Verantwortliche oder Auftragsverarbeiter

(1) Jede betroffene Person hat unbeschadet eines verfügbaren verwaltungsrechtlichen oder außergerichtlichen Rechtsbehelfs einschließlich des Rechts auf Beschwerde bei einer Aufsichtsbehörde gemäß Artikel 77 das Recht auf einen wirksamen gerichtlichen Rechtsbehelf, wenn sie der Ansicht ist, dass die ihr aufgrund dieser Verordnung zustehenden Rechte infolge einer nicht im Einklang mit dieser Verordnung stehenden Verarbeitung ihrer personenbezogenen Daten verletzt wurden.

(2) ¹Für Klagen gegen einen Verantwortlichen oder gegen einen Auftragsverarbeiter sind die Gerichte des Mitgliedstaats zuständig, in dem der Verantwortliche oder der Auftragsverarbeiter eine Niederlassung hat. ²Wahlweise können solche Klagen auch bei den Gerichten des Mitgliedstaats erhoben werden, in dem die betroffene Person ihren gewöhnlichen Aufenthaltsort hat, es sei denn, es handelt sich bei dem Verantwortlichen oder dem Auftragsverarbeiter um eine Behörde eines Mitgliedstaats, die in Ausübung ihrer hoheitlichen Befugnisse tätig geworden ist.

Überblick

Diese Vorschrift gewährt betroffenen Personen die gerichtliche Geltendmachung der Rechte, die ihm die DS-GVO gewährt.

A. Allgemeines

1   Eine betroffene Person kann sowohl gegen die Aufsichtsbehörde als auch gegen den Verantwortlichen gerichtlich vorgehen. Aufgrund des Prozessrisikos sollte eine Klage gegen den Verantwortlichen nur in einfacheren Konstellationen angestrengt werden. Denn im Verwaltungsverfahren führt aufgrund des Amtsermittlungsgrundsatzes die Aufsichtsbehörde die rechtliche Bewertung durch.

2   Die betroffene Person kann sich auch von einer **Non-Profit-Organisation,** die Bereich des Schutzes der Rechte und Freiheiten von betroffenen Personen in Bezug auf den Schutz ihrer personenbezogenen Daten tätig ist, vertreten lassen (Art. 80 Abs. 1).

3   **Noch nicht geklärt ist, wie man sich widersprechende Entscheidungen vermeiden kann.** Es ist nicht ausgeschlossen, dass eine gerichtliche Entscheidung gegen eine Aufsichtsbehörde ergeht und ein anderes Gericht gegen einen Verantwortlichen entscheidet.

4   Eine – aufgrund Art. 4 Nr. 1 **natürliche** – betroffene Person kann entweder gegen die Aufsichtsbehörde (Art. 78) oder gegen den Verantwortlichen und den Auftragsverarbeiter (Abs. 1) sowie gegen den bestellten Vertreter (Art. 4 Nr. 17) vorgehen.

5   Dieser gerichtliche Rechtsbehelf besteht **unbeschadet eines verfügbaren verwaltungsrechtlichen oder außergerichtlichen Rechtsbehelfs** einschließlich des Rechts auf Beschwerde bei einer Aufsichtsbehörde (Art. 77). Der betroffenen Person stehen somit **zwei Rechtswege** offen, sie kann zB eine Beschwerde bei einer Aufsichtsbehörde einreichen und gleichzeitig den Verantwortlichen verklagen.

B. Verfahrensvoraussetzungen

6   Die betroffene Person kann zwischen **mehreren Gerichtsständen** auswählen:
- dem Ort der **Niederlassung** des Verantwortlichen, einer festen Einrichtung (Erwägungsgrund 22 S. 2), oder des Vertreters (explizit in § 44 Abs. 3 BDSG vorgesehen) oder
- dem nicht nur vorübergehenden **Aufenthaltsort** der betroffenen Person (Abs. 2 S. 1); also der Ort, an welchem die Person wohnt (ausführlich Paal/Pauly/Martini Rn. 26 ff.).

7   Sollte sich der Rechtsbehelf gegen eine **Behörde** richten, besteht **nur ein Gerichtsstand** in dem Mitgliedstaat, für welchen die Behörde ihre hoheitlichen Befugnisse ausgeübt hat (Erwägungsgrund 145).

8   Für die Klärung **weiterer Zuständigkeitsfragen** kann auf andere Vorschriften – unionsrechtlicher oder mitgliedstaatlicher Natur zurückgegriffen werden. Erwägungsgrund 147 verweist ausdrücklich auf Brüssel Ia-VO (VO (EU) 1215/2012 v. 12.12.2012, ABl. 2012 L 351, 1). Im BDSG ist dies in § 44 BDSG vorgesehen.

9   Die **Person muss betroffen** sein, dh sie muss der Ansicht sein, in ihren Rechten, die ihr die DS-GVO zuweist, verletzt worden zu sein. Eine rechtswidrige Verarbeitung per se genügt nicht.

Sollte der Verantwortliche zB keine Risiko-Folgenabschätzung, trotz bestehender Pflicht, durchgeführt haben, so fehlt es an einer subjektiven Betroffenheit.

In der Literatur wird gefordert, dass ein **vorheriger Antrag** bei dem Verantwortlichen zu **10** stellen ist, mit dem die betroffene Person ihre Rechte aus der DS-GVO vorgerichtlich geltend macht (zB Ehmann/Selmayr/Nemitz Rn. 5). **Eine Grundlage hierfür findet sich in der DS-GVO nicht.** Der Verordnungsgeber wollte einen effektiven Schutz des Grundrechts auf Datenschutz.

Die **Darlegungs- und Beweislast** bemisst sich grundsätzlich nach dem Recht des Mitglieds- **11** staates in welchem der Prozess geführt wird. Allerdings muss der Verantwortliche darstellen, dass die Datenverarbeitung rechtmäßig erfolgt (Art. 5 Abs. 2).

Bundesdatenschutzgesetz (BDSG)

Vom 30. Juni 2017
(BGBl. I S. 2097)
FNA 204-4

– in Auszügen kommentiert –

Teil 1. Gemeinsame Bestimmungen

Kapitel 1. Anwendungsbereich und Begriffsbestimmungen

§ 1 Anwendungsbereich des Gesetzes

(1) [1]Dieses Gesetz gilt für die Verarbeitung personenbezogener Daten durch
1. öffentliche Stellen des Bundes,
2. öffentliche Stellen der Länder, soweit der Datenschutz nicht durch Landesgesetz geregelt ist und soweit sie
   a) Bundesrecht ausführen oder
   b) als Organe der Rechtspflege tätig werden und es sich nicht um Verwaltungsangelegenheiten handelt.
[2]Für nichtöffentliche Stellen gilt dieses Gesetz für die ganz oder teilweise automatisierte Verarbeitung personenbezogener Daten sowie die nicht automatisierte Verarbeitung personenbezogener Daten, die in einem Dateisystem gespeichert sind oder gespeichert werden sollen, es sei denn, die Verarbeitung durch natürliche Personen erfolgt zur Ausübung ausschließlich persönlicher oder familiärer Tätigkeiten.

(2) [1]Andere Rechtsvorschriften des Bundes über den Datenschutz gehen den Vorschriften dieses Gesetzes vor. [2]Regeln sie einen Sachverhalt, für den dieses Gesetz gilt, nicht oder nicht abschließend, finden die Vorschriften dieses Gesetzes Anwendung. [3]Die Verpflichtung zur Wahrung gesetzlicher Geheimhaltungspflichten oder von Berufs- oder besonderen Amtsgeheimnissen, die nicht auf gesetzlichen Vorschriften beruhen, bleibt unberührt.

(3) Die Vorschriften dieses Gesetzes gehen denen des Verwaltungsverfahrensgesetzes vor, soweit bei der Ermittlung des Sachverhalts personenbezogene Daten verarbeitet werden.

(4) [1]Dieses Gesetz findet Anwendung auf öffentliche Stellen. [2]Auf nichtöffentliche Stellen findet es Anwendung, sofern
1. der Verantwortliche oder Auftragsverarbeiter personenbezogene Daten im Inland verarbeitet,
2. die Verarbeitung personenbezogener Daten im Rahmen der Tätigkeiten einer inländischen Niederlassung des Verantwortlichen oder Auftragsverarbeiters erfolgt oder
3. der Verantwortliche oder Auftragsverarbeiter zwar keine Niederlassung in einem Mitgliedstaat der Europäischen Union oder in einem anderen Vertragsstaat des Abkommens über den Europäischen Wirtschaftsraum hat, er aber in den Anwendungsbereich der Verordnung (EU) 2016/679 des Europäischen Parlaments und des Rates vom 27. April 2016 zum Schutz natürlicher Personen bei der Verarbeitung personenbezogener Daten, zum freien Datenverkehr und zur Aufhebung der Richtlinie 95/46/EG (Datenschutz-Grundverordnung) (ABl. L 119 vom 4.5.2016, S. 1; L 314 vom 22.11.2016, S. 72; L 127 vom 23.5.2018, S. 2) in der jeweils geltenden Fassung fällt.
[3]Sofern dieses Gesetz nicht gemäß Satz 2 Anwendung findet, gelten für den Verantwortlichen oder Auftragsverarbeiter nur die §§ 8 bis 21, 39 bis 44.

(5) Die Vorschriften dieses Gesetzes finden keine Anwendung, soweit das Recht der Europäischen Union, im Besonderen die Verordnung (EU) 2016/679 in der jeweils geltenden Fassung, unmittelbar gilt.

(6) ¹Bei Verarbeitungen zu Zwecken gemäß Artikel 2 der Verordnung (EU) 2016/679 stehen die Vertragsstaaten des Abkommens über den Europäischen Wirtschaftsraum den Mitgliedstaaten der Europäischen Union gleich. ²Andere Staaten gelten insoweit als Drittstaaten.

(7) ¹Bei Verarbeitungen zu Zwecken gemäß Artikel 1 Absatz 1 der Richtlinie (EU) 2016/680 des Europäischen Parlaments und des Rates vom 27. April 2016 zum Schutz natürlicher Personen bei der Verarbeitung personenbezogener Daten durch die zuständigen Behörden zum Zwecke der Verhütung, Ermittlung, Aufdeckung oder Verfolgung von Straftaten oder der Strafvollstreckung sowie zum freien Datenverkehr und zur Aufhebung des Rahmenbeschlusses 2008/977/JI des Rates (ABl. L 119 vom 4.5.2016, S. 89) stehen die bei der Umsetzung, Anwendung und Entwicklung des Schengen-Besitzstands assoziierten Staaten den Mitgliedstaaten der Europäischen Union gleich. ²Andere Staaten gelten insoweit als Drittstaaten.

(8) Für Verarbeitungen personenbezogener Daten durch öffentliche Stellen im Rahmen von nicht in die Anwendungsbereiche der Verordnung (EU) 2016/679 und der Richtlinie (EU) 2016/680 fallenden Tätigkeiten finden die Verordnung (EU) 2016/679 und die Teile 1 und 2 dieses Gesetzes entsprechend Anwendung, soweit nicht in diesem Gesetz oder einem anderen Gesetz Abweichendes geregelt ist.

Überblick

Die DS-GVO ist vorrangig anwendbar, dies ergibt sich bereits aus Art. 288 Abs. 2 AEUV, insofern ist der Hinweis in Abs. 5 lediglich deklaratorische Natur.

A. Sachlicher Anwendungsbereich (Abs. 1, Abs. 8)

Das BDSG gilt für jede Form der Verarbeitung (Art. 4 Nr. 1 DS-GVO) personenbezogener **1** Daten (Art. 4 Nr. 2 DS-GVO) durch **öffentliche Stellen** des Bundes und – soweit es keine Landesdatenschutzgesetze gibt (Abs. 1 Nr. 2) – durch öffentliche Stellen der Länder. Für den Bereich der **RL (EU) 2016/680** wird der Anwendungsbereich in → § 45 Rn. 1 weiter konkretisiert. Die Datenverarbeitung öffentlicher Stellen, welcher weder der DS-GVO noch der RL (EU) 2016/680 unterliegt, wird – bei Fehlen einer spezialgesetzlichen Vorschrift – ebenfalls durch das BDSG geregelt (Abs. 8).

Auf die Verarbeitung personenbezogener Daten durch **nicht-öffentliche Stellen** ist das BDSG **2** immer dann anwendbar, wenn ebenfalls der sachliche Anwendungsbereich der DS-GVO eröffnet ist. Erfolgt die Datenverarbeitung durch natürliche Personen zu **ausschließlich persönlichen oder familiären Zwecken,** ist das BDSG nicht anwendbar (Abs. 1 S. 2 aE).

B. Anwendungsvorrang spezifischer Gesetze (Abs. 2)

In verschiedenen Gesetzen finden sich abweichende Regelungen, so im BVerfSchG (Bundes- **3** verfassungsschutzgesetz v. 20.12.1990, BGBl. I 2954), im BNDG (Gesetz über den Bundesnachrichtendienst v. 20.12.1990, BGBl. I 2954), im MADG (Gesetz über den Militärischen Abschirmdienst v. 20.12.1990, BGBl. I 2954) und im SÜG (Sicherheitsüberprüfungsgesetz v. 20.4.1994, BGBl. I 867), die vorrangig vor dem BDSG anzuwenden sind.

Ausweislich der Begründung des Gesetzgebers (BT Drs. 18/11325, 79) ist der **Sozialdaten- 4 schutz** im SGB X in Verbindung mit SGB I abschließend geregelt. Gleiches gilt für die **AO.** Für das **Migrationsrecht** sind die bereichsspezifischen Sondervorschriften der **§§ 86 ff. AufenthG** vorrangig anwendbar.

Sofern diese Gesetze – neben Gesetzen im formellen Sinne auch Rechtsverordnungen und **5** Satzungen – den Datenschutz nicht abschließend regeln, können Regelungen des BDSG herangezogen werden (sog. **Auffangfunktion**).

Geheimhaltungspflichten und **Amts- oder Berufsgeheimnisse** werden vom BDSG nicht **6** tangiert (Abs. 2 S. 2), so unter anderem:
- § 30 AO (**Steuergeheimnis**),
- § 35 SGB I (**Sozialgeheimnis**),
- § 9 MBO-Ä (**Patientengeheimnis**),
- § 43a Abs. 2 BRAO (**Mandatsgeheimnis**, so: AG Köln NJW 2015, 1701; KG MMR 2010, 864).

7 Das BDSG ist jedoch **vorrangig vor dem VwVfG** anzuwenden (Abs. 3). Dies bedeutet, dass die weitreichenden Ermittlungsbefugnisse der Behörde (§§ 24 und 26 VwVfG) in Bezug auf personenbezogene Daten nicht anwendbar sind.

C. Räumlicher Anwendungsbereich (Abs. 4)

8 Das Gesetz ist anwendbar, wenn die Datenverarbeitung im Inland erfolgt (S. 2 Nr. 1) oder die Datenverarbeitung durch eine in Deutschland ansässige Niederlassung getätigt wird (S. 2 Nr. 2). Auch findet das BDSG Anwendung, wenn die Verarbeitungstätigkeit wie in → DS-GVO Art. 3 Rn. 2 geschildert, erfolgt (S. 2 Nr. 3).

§ 2 Begriffsbestimmungen

(1) Öffentliche Stellen des Bundes sind die Behörden, die Organe der Rechtspflege und andere öffentlich-rechtlich organisierte Einrichtungen des Bundes, der bundesunmittelbaren Körperschaften, der Anstalten und Stiftungen des öffentlichen Rechts sowie deren Vereinigungen ungeachtet ihrer Rechtsform.

(2) Öffentliche Stellen der Länder sind die Behörden, die Organe der Rechtspflege und andere öffentlichrechtlich organisierte Einrichtungen eines Landes, einer Gemeinde, eines Gemeindeverbandes oder sonstiger der Aufsicht des Landes unterstehender juristischer Personen des öffentlichen Rechts sowie deren Vereinigungen ungeachtet ihrer Rechtsform.

(3) ¹Vereinigungen des privaten Rechts von öffentlichen Stellen des Bundes und der Länder, die Aufgaben der öffentlichen Verwaltung wahrnehmen, gelten ungeachtet der Beteiligung nichtöffentlicher Stellen als öffentliche Stellen des Bundes, wenn
1. **sie über den Bereich eines Landes hinaus tätig werden** oder
2. **dem Bund die absolute Mehrheit der Anteile gehört oder die absolute Mehrheit der Stimmen zusteht.**
²Andernfalls gelten sie als öffentliche Stellen der Länder.

(4) ¹Nichtöffentliche Stellen sind natürliche und juristische Personen, Gesellschaften und andere Personenvereinigungen des privaten Rechts, soweit sie nicht unter die Absätze 1 bis 3 fallen. ²Nimmt eine nichtöffentliche Stelle hoheitliche Aufgaben der öffentlichen Verwaltung wahr, ist sie insoweit öffentliche Stelle im Sinne dieses Gesetzes.

(5) ¹Öffentliche Stellen des Bundes gelten als nichtöffentliche Stellen im Sinne dieses Gesetzes, soweit sie als öffentlich-rechtliche Unternehmen am Wettbewerb teilnehmen. ²Als nichtöffentliche Stellen im Sinne dieses Gesetzes gelten auch öffentliche Stellen der Länder, soweit sie als öffentlich-rechtliche Unternehmen am Wettbewerb teilnehmen, Bundesrecht ausführen und der Datenschutz nicht durch Landesgesetz geregelt ist.

Überblick

In dieser Vorschrift werden die Begriffe öffentliche Stellen (→ Rn. 1 ff.) und nicht-öffentliche Stellen (→ Rn. 7 ff.) definiert.

A. Öffentliche Stellen des Bundes (Abs. 1)

1 **Behörden** sind Stellen, die Aufgaben der öffentlichen Verwaltung wahrnehmen (vgl. § 1 Abs. 4 VwVfG). Es gilt in diesem Zusammenhang der organisatorische Behördenbegriff. Würde man hingegen den funktionalen Behördenbegriff anwenden, würde dies zu einer Zersplitterung der öffentlichen Verwaltung führen. Denn dann wäre Behörde nicht nur eine Organisationseinheit, sondern auch jede selbstständige interne Abteilung / internes Dezernat / internes Referat, sobald diesen jeweils eine bestimmte Aufgabe zu kommen würde.

2 Der Begriff **Organe der Rechtspflege** umfasst Gerichte, Staatsanwaltschaften und Strafvollzugsbehörden. Solange Notare hoheitliche Aufgaben ausführen, gelten sie ebenfalls als Organe der Rechtspflege. Rechtsanwälte hingegen sind nicht-öffentliche Stellen.

3 Öffentliche Stellen, die weder den Behörden noch den Organen der Rechtspflege zugeordnet werden können, gelten als andere **öffentlich-rechtlich organisierte Einrichtungen.** Beispiele hierfür sind bundesunmittelbare Körperschaften, Anstalten und Stiftungen des öffentlichen Rechts, die Regie- und Eigenbetriebe der öffentlichen Hand und der Bundestag und der Bundesrat.

Trotz der Tatsache, dass **Religionsgemeinschaften** gem. Art. 140 GG iVm Art. 137 Abs. 5 **4** S. 1 WRV als öffentlich-rechtliche Körperschaften organisiert sein können, sind diese **keine öffentlichen Stellen im Sinne des Datenschutzrechts.** Art. 91 DS-GVO sieht ausdrücklich vor, dass Kirchen oder religiöse Vereinigungen oder Gemeinschaften eigene datenschutzrechtliche Regelungen treffen dürfen. Die **evangelische Kirche** hat von dieser Privilegierung mit dem DSG-EKD (Gesetz über den Datenschutz der evangelischen Kirche in Deutschland v. 15.11.2017, ABl. EKD 353) und die **katholische Kirche** mit dem KDG (Gesetz über den kirchlichen Datenschutz idF des einstimmigen Beschlusses der Vollversammlung des Verbandes der Diözesen Deutschlands v. 20.11.2017) Gebrauch gemacht.

B. Öffentliche Stellen der Länder (Abs. 2)

Das BDSG gilt nur für die Verarbeitung personenbezogener Daten durch öffentliche Stellen **5** der Länder, soweit das jeweilige Bundesland kein eigenes Landesgesetz erlassen hat (§ 1 Abs. 1 Nr. 2). Da jedoch sämtliche Bundesländer eigene Datenschutzgesetze erlassen haben, hat diese **Vorschrift aktuell keine Bedeutung.**

C. Vereinigungen des privaten Rechts als öffentliche Stellen (Abs. 3)

Sobald öffentliche Stellen an einer **Vereinigung des privaten Rechts** beteiligt sind und diese **6** Vereinigung **Aufgaben der öffentlichen Verwaltung** wahrnimmt, gilt diese Stelle als öffentliche Stelle. Es ist ohne Belang, ob an dieser Stelle eine nicht-öffentliche Stelle beteiligt ist. Soweit die öffentliche Stelle über den Bereich eines Landes hinaus tätig wird oder der Bund die absolute Mehrheit der Anteile oder der Stimmen besitzt, gilt diese Stelle als **öffentliche Stelle des Bundes.**

D. Nicht-öffentliche Stellen (Abs. 4 S. 1)

Die restlichen natürlichen und juristischen Personen, die nicht unter Abs. 1–4 fallen, gelten als **7** nicht-öffentliche Stellen. Damit das BDSG Anwendung findet, müssen diese Stellen wirtschaftlich tätig sein. Natürliche Personen, die Daten **ausschließlich zu persönlichen oder familiären Tätigkeiten** verarbeiten, unterliegen nicht dem BDSG (§ 1 Abs. 1 S. 2).

Sobald **öffentliche Stellen des Bundes** nicht hoheitlich oder in Erfüllung einer Verwaltungs- **8** aufgabe tätig werden, gelten sie als **nicht-öffentliche Stellen** im Sinne des BDSG (Abs. 5).

E. Beliehene (Abs. 4 S. 2)

Privatrechtlich organisierte Stellen sind dann als öffentliche Stellen anzusehen, insoweit diese **9** hoheitlichen Aufgaben der öffentlichen Verwaltung wahrnehmen. Beliehene sind somit, je nach Art der Aufgabe, die erfüllt wird, sowohl öffentliche als auch nicht-öffentliche Stellen. Beliehene sind zB Notare (§ 1 BNotO), Prüfingenieure für Baustatik (BVerwG DöV 1972, 500; BVerwGE 57, 55 (58) = BeckRS 9998, 162259), TÜV-Sachverständige (BGH NJW 1993, 17 (184)), Schornsteinfeger (BGH NJW 1974, 15 (107)). Staatlich anerkannte Ersatzschulen sind ebenfalls Beliehene (BVerwGE 45, 117 = BeckRS 1974, 00503).

Kapitel 2. Rechtsgrundlagen der Verarbeitung personenbezogener Daten

§ 3 Verarbeitung personenbezogener Daten durch öffentliche Stellen

Die Verarbeitung personenbezogener Daten durch eine öffentliche Stelle ist zulässig, wenn sie zur Erfüllung der in der Zuständigkeit des Verantwortlichen liegenden Aufgabe oder in Ausübung öffentlicher Gewalt, die dem Verantwortlichen übertragen wurde, erforderlich ist.

Diese Vorschrift stellt eine subsidiäre allgemeine Rechtsgrundlage für Datenverarbeitungen mit **1** geringerer Eingriffsintensität in die Rechte der betroffenen Person dar (BT-Drs. 18/11325, 81).

Zumindest wird klargestellt, dass eine Datenverarbeitung immer an das Kriterium der Erforderlichkeit geknüpft ist. Damit wird den Prinzipien der Datenminimierung und der Datensparsamkeit, die in Art. 5 Abs. 1 DS-GVO verankert sind, Tribut gezollt (VG Köln BeckRS 2021, 7238 Rn. 23).

2   In der Literatur wird diese Vorschrift als „materiell wertlos" bezeichnet (Paal/Pauly/Frenzel Rn. 2), denn es werden lediglich die Merkmale der Art. 6 Abs. 1 UAbs. 1 lit. c und lit. e DS-GVO wiedergegeben. Diese setzen eine Rechtsgrundlage für die Datenverarbeitung voraus, ohne selber Rechtsgrundlage zu sein (Erwägungsgrund 45 S. 1 DS-GVO). Insofern kann § 3 **keine geeignete Rechtsgrundlage für eine Datenverarbeitung durch öffentliche Stellen** sein. Es ist jeweils eine andere Rechtsnorm erforderlich, die die Aufgabe oder die Ausübung öffentlicher Gewalt definiert (VG Köln BeckRS 2021, 7234 Rn. 21).

Kapitel 3. Datenschutzbeauftragte öffentlicher Stellen

§ 6 Stellung

(1) Die öffentliche Stelle stellt sicher, dass die oder der Datenschutzbeauftragte ordnungsgemäß und frühzeitig in alle mit dem Schutz personenbezogener Daten zusammenhängenden Fragen eingebunden wird.

(2) Die öffentliche Stelle unterstützt die Datenschutzbeauftragte oder den Datenschutzbeauftragten bei der Erfüllung ihrer oder seiner Aufgaben gemäß § 7, indem sie die für die Erfüllung dieser Aufgaben erforderlichen Ressourcen und den Zugang zu personenbezogenen Daten und Verarbeitungsvorgängen sowie die zur Erhaltung ihres oder seines Fachwissens erforderlichen Ressourcen zur Verfügung stellt.

(3) [1]Die öffentliche Stelle stellt sicher, dass die oder der Datenschutzbeauftragte bei der Erfüllung ihrer oder seiner Aufgaben keine Anweisungen bezüglich der Ausübung dieser Aufgaben erhält. [2]Die oder der Datenschutzbeauftragte berichtet unmittelbar der höchsten Leitungsebene der öffentlichen Stelle. [3]Die oder der Datenschutzbeauftragte darf von der öffentlichen Stelle wegen der Erfüllung ihrer oder seiner Aufgaben nicht abberufen oder benachteiligt werden.

(4) [1]Die Abberufung der oder des Datenschutzbeauftragten ist nur in entsprechender Anwendung des § 626 des Bürgerlichen Gesetzbuchs zulässig. [2]Die Kündigung des Arbeitsverhältnisses ist unzulässig, es sei denn, dass Tatsachen vorliegen, welche die öffentliche Stelle zur Kündigung aus wichtigem Grund ohne Einhaltung einer Kündigungsfrist berechtigen. [3]Nach dem Ende der Tätigkeit als Datenschutzbeauftragte oder als Datenschutzbeauftragter ist die Kündigung des Arbeitsverhältnisses innerhalb eines Jahres unzulässig, es sei denn, dass die öffentliche Stelle zur Kündigung aus wichtigem Grund ohne Einhaltung einer Kündigungsfrist berechtigt ist.

(5) [1]Betroffene Personen können die Datenschutzbeauftragte oder den Datenschutzbeauftragten zu allen mit der Verarbeitung ihrer personenbezogenen Daten und mit der Wahrnehmung ihrer Rechte gemäß der Verordnung (EU) 2016/679, diesem Gesetz sowie anderen Rechtsvorschriften über den Datenschutz im Zusammenhang stehenden Fragen zu Rate ziehen. [2]Die oder der Datenschutzbeauftragte ist zur Verschwiegenheit über die Identität der betroffenen Person sowie über Umstände, die Rückschlüsse auf die betroffene Person zulassen, verpflichtet, soweit sie oder er nicht davon durch die betroffene Person befreit wird.

(6) [1]Wenn die oder der Datenschutzbeauftragte bei ihrer oder seiner Tätigkeit Kenntnis von Daten erhält, für die der Leitung oder einer bei der öffentlichen Stelle beschäftigten Person aus beruflichen Gründen ein Zeugnisverweigerungsrecht zusteht, steht dieses Recht auch der oder dem Datenschutzbeauftragten und den ihr oder ihm unterstellten Beschäftigten zu. [2]Über die Ausübung dieses Rechts entscheidet die Person, der das Zeugnisverweigerungsrecht aus beruflichen Gründen zusteht, es sei denn, dass diese Entscheidung in absehbarer Zeit nicht herbeigeführt werden kann. [3]Soweit das Zeugnisverweigerungsrecht der oder des Datenschutzbeauftragten reicht, unterliegen ihre oder seine Akten und andere Dokumente einem Beschlagnahmeverbot.

Überblick

Die Vorgaben des Art. 38 DS-GVO hinsichtlich des Datenschutzbeauftragten werden übernommen. Bezüglich der Abberufung (Abs. 4 S. 1) und des Kündigungsschutzes (Abs. 4 S. 2) werden zusätzliche Vorgaben gemacht.

A. Stellung des Datenschutzbeauftragten (Abs. 1, Abs. 2)

Der Datenschutzbeauftragte ist **ordnungsgemäß und frühzeitig** in alle Verarbeitungsaktivitä- 1 ten, die in Bezug auf personenbezogene Daten stattfinden, einzubinden (Abs. 1). Hierdurch soll vermieden werden, dass eine **rechtswidrige Verarbeitungstätigkeit** durch die verantwortliche Stelle aufgenommen wird. Um dieses Ziel zu erreichen, ist der Datenschutzbeauftragte schon bei der Planung von Verarbeitungsvorgängen einzubeziehen.

Die verantwortliche Stelle muss dem Datenschutzbeauftragten **physischen Zugang zu sämtli-** 2 **chen personenbezogenen Daten und Verarbeitungsvorgängen** erteilen (Abs. 2), auch hinsichtlich der Verarbeitung durch Berufsgeheimnisträger. Dieses Recht beinhaltet die Möglichkeit, sämtliche Räume zu betreten, in denen Verarbeitungsvorgänge stattfinden und Zugriff auf sämtliche personenbezogenen gespeicherten Daten zu erhalten.

Die verantwortliche Stelle hat eine **Unterstützungspflicht.** Der Datenschutzbeauftragte muss 3 mit angemessenen Mitteln und Räumlichkeiten ausgestattet werden, um seinen Aufgaben nachzukommen. Insbesondere müssen die Räumlichkeiten so gewählt werden, dass eine anonyme Kontaktaufnahme zu dem Datenschutzbeauftragten möglich ist.

Bei **internen Datenschutzbeauftragten** hat die verantwortliche Stelle die Verpflichtung, 4 diesem die erforderlichen Ressourcen für die Erhaltung seines Fachwissens bereitzustellen. **Externe Datenschutzbeauftragte** haben sich selber um diese Wissenserhaltung und Fortbildung zu kümmern. Das Amt eines IT-Sicherheitsbeauftragten ist mit dem eines Datenschutzbeauftragten inkompatibel. Beide Ämter können nicht gleichzeitig von einer Person in Personalunion für einen Verantwortlichen ausgeübt werden.

Bei **nebenamtlichen Datenschutzbeauftragten** ist darauf zu achten, dass diesen ein **ausrei-** 5 **chendes Zeitkontingent** zur Erfüllung ihrer Aufgaben zugestanden wird. Jedenfalls kann die Pflicht zur Bestellung eines Datenschutzbeauftragten nicht dadurch faktisch ausgehebelt werden, dass ein nebenamtlicher Datenschutzbeauftragter mit einem ungenügenden Zeitkontingent ausgestattet wird.

Der Datenschutzbeauftragte ist – im Rahmen seiner Tätigkeit – **weisungsfrei** (Abs. 3 S. 1). 6 Ihm kann nicht untersagt werden, die Datenverarbeitung in Außenstellen in persönlichen Augenschein zu nehmen. Gleiches gilt für die Kontrolle der Datenverarbeitung durch Auftragsverarbeiter. Die Weisungsfreiheit endet jedoch dort, wo die Tätigkeit nicht unmittelbar betroffen ist. So kann die verantwortliche Stelle Vorgaben hinsichtlich der Reisespesen machen.

Er hat der **höchsten Leitungsebene** der öffentlichen Stelle Bericht zu erstatten (Abs. 3 S. 2) 7

B. Schutz vor Sanktionen (Abs. 3 S. 3, Abs. 4)

Um zu verhindern, dass die Unabhängigkeit und die Weisungsfreiheit des Datenschutzbeauf- 8 tragten ausgefüllt werden können, ist dieser umfassend vor Sanktionen der verantwortlichen Stelle geschützt.

Art. 38 DS-GVO sieht **keine Mindestdauer der Bestellung** des Datenschutzbeauftragten 9 vor. Somit ist eine **befristete Bestellung** möglich. Die Dauer der Befristung darf einerseits nicht so kurz gewählt werden, dass es dem Datenschutzbeauftragten nicht möglich ist, sich in sein Amt einzuarbeiten und seine Aufgaben zu erfüllen, andererseits dürfen die Interessen der verantwortlichen Stelle, einen Datenschutzbeauftragten zu erproben, nicht außer Acht gelassen werden. Deshalb ist es zulässig, eine **kurze Probezeit** zu vereinbaren und in der Folge längere Amtszeiten zu vereinbaren.

Eine **Abberufung** des Datenschutzbeauftragten, weil er seine Aufgaben erfüllt, ist ausgeschlos- 10 sen. Eine Abberufung desselbigen, weil er seinen Aufgaben nicht nachkommt, ist zulässig. Die Abberufung kann nur erfolgen, wenn **objektive und schwerwiegende Gründe** einschlägig sind, wie zB Pflichtverstöße des Datenschutzbeauftragten oder fachliche Inkompetenz (BAG NZA 2011, 1036).

Solange der Datenschutzbeauftragte sein Amt innehat und für die Dauer von einem Jahr nach 11 Ende seiner Tätigkeit, genießt er einen **Kündigungsschutz.** Eine Kündigung aus wichtigem Grund mit der Begründung eine sinnvolle, anderweitige Beschäftigung sei nicht möglich, ist unzulässig (BAG NJW 2014, 3180 (3181)). Das BAG hat dem EuGH die Frage gestellt, ob dieser Sonderkündigungsschutz, wohl gemerkt bei einem betrieblichen Datenschutzbeauftragten, **unionsrechtswidrig** ist (BAG NZA 2020, 1468).

C. Kontaktmöglichkeit durch betroffene Personen und Verschwiegenheitspflicht (Abs. 5)

12   **Personen, deren Daten durch die Verarbeitung betroffen** sind, können den Datenschutzbeauftragten jederzeit direkt kontaktieren und sich **beschweren** oder den Datenschutzbeauftragten **zu Rate ziehen**. Die Kontaktdaten des Datenschutzbeauftragten sind deshalb zu veröffentlichen (Art. 37 Abs. 7 DS-GVO). Die Kontaktaufnahme muss **vertraulich** geschehen können. Die Möglichkeit, an den Datenschutzbeauftragten verschlüsselt Daten zu übermitteln, muss gewährleistet sein.

13   Der **Datenschutzbeauftragte ist verpflichtet,** diesen Beschwerden nachzugehen und den Beschwerdeführer über das Ergebnis zu informieren und sie ggf. zu beraten.

14   Der Datenschutzbeauftragte ist nur dann berechtigt, die Identität der betroffenen Person offenzulegen, wenn diese ihn von seiner Pflicht zur Verschwiegenheit befreit (Abs. 5 S. 2). Diese **Verschwiegenheitspflicht** gilt sowohl **gegenüber dem Verantwortlichen** als auch gegenüber **Dritten und Aufsichtsbehörden**.

15   Bei einem Verstoß gegen diese Verpflichtung setzt sich der Datenschutzbeauftragte der deliktischen Haftung aus, da es sich bei dieser Vorschrift um ein Schutzgesetz iSv **§ 823 Abs. 2 BGB** handelt. Des Weiteren kommt ein Verstoß gegen **§ 203 Abs. 2a StGB** in Betracht (BT-Drs. 18/11325, 82).

16   Flankiert wird die Verschwiegenheitspflicht (Abs. 5 S. 2) von einem **Zeugnisverweigerungsrecht** sowie einem **Beschlagnahmeverbot** (Abs. 6).

§ 7 Aufgaben

(1) [1]**Der oder dem Datenschutzbeauftragten obliegen neben den in der Verordnung (EU) 2016/679 genannten Aufgaben zumindest folgende Aufgaben:**
1. **Unterrichtung und Beratung der öffentlichen Stelle und der Beschäftigten, die Verarbeitungen durchführen, hinsichtlich ihrer Pflichten nach diesem Gesetz und sonstigen Vorschriften über den Datenschutz, einschließlich der zur Umsetzung der Richtlinie (EU) 2016/680 erlassenen Rechtsvorschriften;**
2. **Überwachung der Einhaltung dieses Gesetzes und sonstiger Vorschriften über den Datenschutz, einschließlich der zur Umsetzung der Richtlinie (EU) 2016/680 erlassenen Rechtsvorschriften, sowie der Strategien der öffentlichen Stelle für den Schutz personenbezogener Daten, einschließlich der Zuweisung von Zuständigkeiten, der Sensibilisierung und der Schulung der an den Verarbeitungsvorgängen beteiligten Beschäftigten und der diesbezüglichen Überprüfungen;**
3. **Beratung im Zusammenhang mit der Datenschutz-Folgenabschätzung und Überwachung ihrer Durchführung gemäß § 67 dieses Gesetzes;**
4. **Zusammenarbeit mit der Aufsichtsbehörde;**
5. **Tätigkeit als Anlaufstelle für die Aufsichtsbehörde in mit der Verarbeitung zusammenhängenden Fragen, einschließlich der vorherigen Konsultation gemäß § 69 dieses Gesetzes, und gegebenenfalls Beratung zu allen sonstigen Fragen.**
[2]**Im Fall einer oder eines bei einem Gericht bestellten Datenschutzbeauftragten beziehen sich diese Aufgaben nicht auf das Handeln des Gerichts im Rahmen seiner justiziellen Tätigkeit.**

(2) [1]**Die oder der Datenschutzbeauftragte kann andere Aufgaben und Pflichten wahrnehmen.** [2]**Die öffentliche Stelle stellt sicher, dass derartige Aufgaben und Pflichten nicht zu einem Interessenkonflikt führen.**

(3) **Die oder der Datenschutzbeauftragte trägt bei der Erfüllung ihrer oder seiner Aufgaben dem mit den Verarbeitungsvorgängen verbundenen Risiko gebührend Rechnung, wobei sie oder er die Art, den Umfang, die Umstände und die Zwecke der Verarbeitung berücksichtigt.**

Überblick

Die Vorgaben der Art. 38 Abs. 6 und Art. 39 Abs. 1 lit. a–e DS-GVO werden größtenteils übernommen. Gleichwohl verstößt diese Vorschrift nicht gegen das Normwiederholungsverbot, da auch die Aufgaben des Datenschutzbeauftragten außerhalb der DS-GVO und im Rahmen der RL (EU) 2016/680 umrissen werden.

A. Aufgaben des Datenschutzbeauftragten (Abs. 1)

Die Verwendung des Wortes „zumindest" in Abs. 1 macht dem Leser klar, dass § 7 nur das **1** **Mindestumfang** der Aufgaben eines Datenschutzbeauftragten definiert. Weitergehende Aufgaben, solange sich diese nicht im Widerspruch zu den „zumindest"-Aufgaben befinden, sind denkbar. Zur Erfüllung der Aufgaben hat der Datenschutzbeauftragte über die entsprechende berufliche Qualifikation sowie das Fachwissen zu verfügen (§ 5 Abs. 3).

Die **Unterrichtungspflicht** des Datenschutzbeauftragten kann durch regelmäßige Informatio- **2** nen der Behördenmitarbeiter und durch Schulungen erfolgen. Sollte der Datenschutzbeauftragte im Rahmen seiner Tätigkeit Defizite aufseiten der Mitarbeiter feststellen, sollte er, auf eigene Initiative hin, dieser Pflicht nachkommen. Sollten die Beschäftigten auf den Datenschutzbeauftragten zukommen, so hat er eine **Beratungspflicht.**

Den Datenschutzbeauftragten trifft eine **allgemeine Überwachungspflicht.** Sollte eine **3** interne Datenschutzrichtlinie (Strategie der öffentlichen Stelle für den Schutz personenbezogener Daten) nicht ausreichend befolgt werden, so hat er die zuständigen Beschäftigten zu sensibilisieren und erforderlichenfalls zu schulen.

Die, nach alter Rechtslage, Verpflichtung zur Durchführung einer Vorabkontrolle wurde durch **4** die **Datenschutz-Folgenabschätzung** (§ 67) ersetzt. Der Datenschutzbeauftragte muss hierbei den Verantwortlichen beraten und deren Durchführung überwachen. In der Praxis dürfte dies dazu führen, dass der Datenschutzbeauftragte diese Folgenabschätzung selber erstellt.

Er ist **Ansprechpartner der Aufsichtsbehörde.** Das heißt, er muss für die Beantwortung **5** von Anfragen der Aufsichtsbehörde Sorge tragen und im Anhörungsverfahren gem. § 67 als Anlaufstelle zur Verfügung stehen. Seine Stellung in der Sphäre des Verantwortlichen bleibt hiervon jedoch unberührt.

Der gerichtliche Datenschutzbeauftragte hat **keine Kontrollbefugnis hinsichtlich der justi- 6 ziellen Tätigkeit** des Gerichts (Abs. 1 S. 2). Diese Beschränkung ist wegen Art. 37 Abs. 1 lit. a DS-GVO möglich.

B. Umfang der Tätigkeit/kein Interessenkonflikt (Abs. 2)

Eine **Teilzeittätigkeit** des Datenschutzbeauftragten ist zulässig, solange sichergestellt ist, dass **7** es zu keinen Interessenkonflikten kommen kann. Dieser kann **Beschäftigter** der öffentlichen Stelle oder aber ein **externer Dienstleister** sein (§ 5 Abs. 4).

Die Bestellung eines **gemeinsamen Datenschutzbeauftragten für mehrere Behörden** ist **8** zulässig (Art. 37 Abs. 3 DS-GVO).

Konkrete aufsichtsbehördliche Entscheidungen, wann ein **Interessenkonflikt** vorliegt, sind **9** noch nicht ergangen. Immer dann, wenn der Datenschutzbeauftragte sich selber kontrollieren müsste (zB als Behördenleiter), liegt ein solcher Konflikt vor. Eine gleichzeitige Tätigkeit als Datenschutzbeauftragter in Verbindung mit der Tätigkeit als Personal- und Betriebsrat sollte vermieden werden.

C. Risikobasierter Ansatz (Abs. 3)

Bei der Ausübung seiner Tätigkeit muss der Datenschutzbeauftragte einen **risikobasierten 10 Ansatz** wählen. In der DS-GVO ist dies in Art. 39 Abs. 2 DS-GVO geregelt. Immer dann, wenn personenbezogene Daten verarbeitet werden, bei deren fehlerhafter Verarbeitung ein physischer, materieller oder immaterieller Schaden entstehen kann (zB Diskriminierung, Identitätsdiebstahl, Rufschädigung; Erwägungsgrund 75 DS-GVO), muss der Datenschutzbeauftragte diese Risiken gebührend berücksichtigen. Je heikler die Art der personenbezogenen Daten, je größer der Verarbeitungsumfang, desto mehr muss auf die Implementierung der technischen und organisatorischen Maßnahmen iSv Art. 25 Abs. 1 DS-GVO Wert gelegt werden.

Von Seiten der Aufsichtsbehörden besteht die Tendenz, einem Datenschutzbeauftragten mehr **11** Pflichten aufzuerlegen, als gesetzlich vorgesehen sind. So verlangt der sächsische Landesbeauftragte für Datenschutz, dass der Datenschutzbeauftragte im Rahmen der „Abwägungsentscheidungen beim Umgang mit potentiellen Fällen von Art. 33 und (sic!; Anmerkung: wohl Art 34)" eine Risikobewertung vornimmt (SächsDSB, Tätigkeitsbericht des Sächsischen Datenschutzbeauftragten 2019, S. 95, abrufbar unter: https://www.saechsdsb.de/images/stories/sdb_inhalt/oeb/taetig-

keitsberichte/Ttigkeitsbericht_2019_final.pdf) – auch wenn dies eigentlich Aufgabe des Verantwortlichen ist.

Kapitel 6. Rechtsbehelfe

§ 20 Gerichtlicher Rechtsschutz

(1) ¹Für Streitigkeiten zwischen einer natürlichen oder einer juristischen Person und
einer Aufsichtsbehörde des Bundes oder eines Landes über Rechte gemäß Artikel 78
Absatz 1 und 2 der Verordnung (EU) 2016/679 sowie § 61 ist der Verwaltungsrechtsweg
gegeben. ²Satz 1 gilt nicht für Bußgeldverfahren.

(2) Die Verwaltungsgerichtsordnung ist nach Maßgabe der Absätze 3 bis 7 anzuwenden.

(3) Für Verfahren nach Absatz 1 Satz 1 ist das Verwaltungsgericht örtlich zuständig,
in dessen Bezirk die Aufsichtsbehörde ihren Sitz hat.

(4) In Verfahren nach Absatz 1 Satz 1 ist die Aufsichtsbehörde beteiligungsfähig.

(5) ¹Beteiligte eines Verfahrens nach Absatz 1 Satz 1 sind
1. die natürliche oder juristische Person als Klägerin oder Antragstellerin und
2. die Aufsichtsbehörde als Beklagte oder Antragsgegnerin.
²§ 63 Nummer 3 und 4 der Verwaltungsgerichtsordnung bleibt unberührt.

(6) Ein Vorverfahren findet nicht statt.

(7) Die Aufsichtsbehörde darf gegenüber einer Behörde oder deren Rechtsträger nicht
die sofortige Vollziehung gemäß § 80 Absatz 2 Satz 1 Nummer 4 der Verwaltungsgerichtsordnung anordnen.

Überblick

Diese Vorschrift regelt den Rechtsweg gegen eine Aufsichtsbehörde und gewährt damit einen
Rechtsbehelf iSv Art. 78 DS-GVO. Die Zuständigkeit für Klagen gegen einen Verantwortlichen
regelt Art. 79 DS-GVO.

A. Vorrangige Zuständigkeiten

1   Im Bußgeldverfahren sind die **ordentlichen Gerichte** zuständig (Abs. 1 S. 2).
2   Bei § 20 handelt es sich um eine **Auffangvorschrift.** Es ist immer zu prüfen, ob nicht bereits
spezifische Rechtsvorschriften den Rechtsweg zu anderen Gerichten eröffnen (zB **Sozialgerichtsbarkeit** gem. § 51 SGG und eventuell die **Finanzgerichtsbarkeit,** so jedenfalls BT-Drs.
18/11325, 93).

B. Im Übrigen: Zuständigkeit der Verwaltungsgerichtsbarkeit / verfahrensrechtliche Besonderheiten

3   Aufgrund der **Sonderzuweisung** (Abs. 1) ist der Verwaltungsrechtsweg eröffnet; auf § 40
Abs. 1 VwGO kommt es nicht an. Rechtsschutz nach § 57 Abs. 7 S. 2 erfolgt ebenfalls über den
Verwaltungsrechtsweg; allerdings mangels einer Sonderzuständigkeit über § 40 Abs. 1 VwGO
(BFH NJW 2020, 2135).
4   Die **örtliche Zuständigkeit** beim Verwaltungsgericht wird am Sitz der Aufsichtsbehörde
konzentriert.
5   Die **Aufsichtsbehörde** ist aufgrund dieser Abweichung von § 61 VwGO **immer beteiligungsfähig,** auch wenn sie keine juristische Person des öffentlichen Rechts sein sollte. Hierdurch
wird die Unabhängigkeit der Aufsichtsbehörde gestärkt. Auch kann es so zu **keinem In-Sich-
Prozess** kommen, sollten sich die Aufsichtsbehörde und deren Rechtsträger in einem Verfahren
gegenüberstehen. Diese Vorschrift ist **lex specialis** zu § 78 Abs. 1 Nr. 1 VwGO (VG Schwerin
BeckRS 2021, 10038 Rn. 39).
6   Ein **Vorverfahren findet nicht statt.** Da die Aufsichtsbehörde keine übergeordnete Behörde
kennt, würde es an dem Devolutiveffekt fehlen (BT-Drs. 18/11325, 93).

Eine Anfechtungsklage einer Behörde gegen eine Anordnung der Aufsichtsbehörde entfaltet 7
immer aufschiebende Wirkung (Abs. 7).

Teil 2 Durchführungsbestimmungen zu. Zwecken gemäß Artikel 2 der Verordnung (EU) 2016/679

Kapitel 1. Rechtsgrundlagen der Verarbeitung personenbezogener Daten

Abschnitt 1. Verarbeitung besonderer Kategorien personenbezogener Daten und Verarbeitung zu anderen Zwecken

§ 22 Verarbeitung besonderer Kategorien personenbezogener Daten

(1) **Abweichend von Artikel 9 Absatz 1 der Verordnung (EU) 2016/679 ist die Verarbeitung besonderer Kategorien personenbezogener Daten im Sinne des Artikels 9 Absatz 1 der Verordnung (EU) 2016/679 zulässig**
1. **durch öffentliche und nichtöffentliche Stellen, wenn sie**
   a) **erforderlich ist, um die aus dem Recht der sozialen Sicherheit und des Sozialschutzes erwachsenden Rechte auszuüben und den diesbezüglichen Pflichten nachzukommen,**
   b) **zum Zweck der Gesundheitsvorsorge, für die Beurteilung der Arbeitsfähigkeit des Beschäftigten, für die medizinische Diagnostik, die Versorgung oder Behandlung im Gesundheits- oder Sozialbereich oder für die Verwaltung von Systemen und Diensten im Gesundheits- und Sozialbereich oder aufgrund eines Vertrags der betroffenen Person mit einem Angehörigen eines Gesundheitsberufs erforderlich ist und diese Daten von ärztlichem Personal oder durch sonstige Personen, die einer entsprechenden Geheimhaltungspflicht unterliegen, oder unter deren Verantwortung verarbeitet werden,**
   c) **aus Gründen des öffentlichen Interesses im Bereich der öffentlichen Gesundheit, wie des Schutzes vor schwerwiegenden grenzüberschreitenden Gesundheitsgefahren oder zur Gewährleistung hoher Qualitäts- und Sicherheitsstandards bei der Gesundheitsversorgung und bei Arzneimitteln und Medizinprodukten erforderlich ist; ergänzend zu den in Absatz 2 genannten Maßnahmen sind insbesondere die berufsrechtlichen und strafrechtlichen Vorgaben zur Wahrung des Berufsgeheimnisses einzuhalten, oder**
   d) **aus Gründen eines erheblichen öffentlichen Interesses zwingend erforderlich ist,**
2. **durch öffentliche Stellen, wenn sie**
   a) **zur Abwehr einer erheblichen Gefahr für die öffentliche Sicherheit erforderlich ist,**
   b) **zur Abwehr erheblicher Nachteile für das Gemeinwohl oder zur Wahrung erheblicher Belange des Gemeinwohls zwingend erforderlich ist oder**
   c) **aus zwingenden Gründen der Verteidigung oder der Erfüllung über- oder zwischenstaatlicher Verpflichtungen einer öffentlichen Stelle des Bundes auf dem Gebiet der Krisenbewältigung oder Konfliktverhinderung oder für humanitäre Maßnahmen erforderlich ist**
und soweit die Interessen des Verantwortlichen an der Datenverarbeitung in den Fällen der Nummer 1 Buchstabe d und der Nummer 2 die Interessen der betroffenen Person überwiegen.

(2) ¹**In den Fällen des Absatzes 1 sind angemessene und spezifische Maßnahmen zur Wahrung der Interessen der betroffenen Person vorzusehen.** ²**Unter Berücksichtigung des Stands der Technik, der Implementierungskosten und der Art, des Umfangs, der**

Umstände und der Zwecke der Verarbeitung sowie der unterschiedlichen Eintrittswahrscheinlichkeit und Schwere der mit der Verarbeitung verbundenen Risiken für die Rechte und Freiheiten natürlicher Personen können dazu insbesondere gehören:

1. technisch organisatorische Maßnahmen, um sicherzustellen, dass die Verarbeitung gemäß der Verordnung (EU) 2016/679 erfolgt,
2. Maßnahmen, die gewährleisten, dass nachträglich überprüft und festgestellt werden kann, ob und von wem personenbezogene Daten eingegeben, verändert oder entfernt worden sind,
3. Sensibilisierung der an Verarbeitungsvorgängen Beteiligten,
4. Benennung einer oder eines Datenschutzbeauftragten,
5. Beschränkung des Zugangs zu den personenbezogenen Daten innerhalb der verantwortlichen Stelle und von Auftragsverarbeitern,
6. Pseudonymisierung personenbezogener Daten,
7. Verschlüsselung personenbezogener Daten,
8. Sicherstellung der Fähigkeit, Vertraulichkeit, Integrität, Verfügbarkeit und Belastbarkeit der Systeme und Dienste im Zusammenhang mit der Verarbeitung personenbezogener Daten, einschließlich der Fähigkeit, die Verfügbarkeit und den Zugang bei einem physischen oder technischen Zwischenfall rasch wiederherzustellen,
9. zur Gewährleistung der Sicherheit der Verarbeitung die Einrichtung eines Verfahrens zur regelmäßigen Überprüfung, Bewertung und Evaluierung der Wirksamkeit der technischen und organisatorischen Maßnahmen oder
10. spezifische Verfahrensregelungen, die im Fall einer Übermittlung oder Verarbeitung für andere Zwecke die Einhaltung der Vorgaben dieses Gesetzes sowie der Verordnung (EU) 2016/679 sicherstellen.

Überblick

Diese Vorschrift stützt sich auf die Öffnungsklausel des Art. 9 Abs. 2 DS-GVO.

A. Zulässige Verarbeitung besonderer Kategorien personenbezogener Daten (Abs. 1)

1   Besondere Kategorien personenbezogener Daten dürfen nicht verarbeitet werden (→ DS-GVO Art. 9 Rn. 1), es sei denn, deren Verarbeitung ist ausdrücklich zulässig.

2   **Nicht-öffentliche und öffentliche Stellen** dürfen personenbezogene Daten verarbeiten, wenn es um **soziale Sicherheit** und **Sozialschutz** geht. Abs. 1 Nr. 1 lit. a ist überflüssig Die Sozialdatenverarbeitung ist bereits in den Sozialgesetzbüchern geregelt (aA Gola/Schulz DS-GVO Art. 9 Rn. 20, der die Norm als „subsidiär anwendbare allgemeine Erlaubnisnorm" bezeichnet).

3   Besondere Kategorien personenbezogener Daten dürfen im Rahmen der **Gesundheitsvorsorge** und im **Behandlungsverhältnis** zwischen Patienten und einem Angehörigen eines Gesundheitsberufs aufgrund eines Behandlungsvertrages (§ 630a BGB) verarbeitet werden (Abs. 1 Nr. 1 lit. b).

4   Die Daten können auch aus Gründen des öffentlichen Interesses im Bereich der **öffentlichen Gesundheit** verarbeitet werden (Abs. 1 Nr. 1 lit. c). Dieser Rechtsgrundlage für eine Verarbeitung bedarf es nicht. Es gibt bereits gesetzliche Regelungen (zB IfSG, SGB V).

5   **Öffentliche Stellen und nichtöffentliche Stellen** dürfen besondere Kategorien personenbezogener Daten auch dann verarbeiten, wenn ein **erhebliches öffentliches Interesse** daran besteht (Abs. 1 Nr. 1 lit. d). Es muss ein Anliegen der Allgemeinheit sein, ein Einzelinteresse genügt nicht, welches von erheblichem Gewicht ist. Denn der Grundsatz auf Achtung des Privatlebens verlangt, dass sich die Ausnahmen und Einschränkungen in Bezug auf den Schutz personenbezogener Daten auf das **absolut Notwendige beschränken** (EuGH, Gutachten vom 26.7.2017 – Gutachten (Avis) 1/15 Rn 140). Ein solches Anliegen könnte also der Schutz der öffentlichen Sicherheit und der Schutz der Rechte und Freiheiten anderer sein. Da öffentliche Stellen bereits aufgrund des Abs. 2 zur Datenverarbeitung zu Zwecken der Gefahrenabwehr befugt sind, ist Abs. 1 Nr. 1 lit. d lediglich für die Verarbeitung von Daten durch nichtöffentliche Stellen von Bedeutung. Jedenfalls kann eine Datenverarbeitung kann erst erfolgen, wenn eine Abwägung ergibt, dass ein erhebliches Interesse vorliegt und **zwingende Gründe** für eine Verarbeitung sprechen. So, wenn die Verarbeitung im konkreten Fall schlicht unverzichtbar ist (VG Schwerin BeckRS 2020, 35142 Rn. 48).

Öffentliche Stellen dürfen besondere Kategorien personenbezogener Daten zusätzlich verarbei- 6
ten, wenn ein Rechtfertigungstatbestand aus Nr. 2 einschlägig sein sollte. Teilweise werden die
korrelierenden Vorschriften der DS-GVO wortgleich übernommen, sofern andere Formulierungen verwendet werden, sind diese zu unpräzise. Ein Rückgriff auf spezialgesetzliche Vorschriften
ist erforderlich.

B. Angemessene und spezifische Schutzmaßnahmen (Abs. 2)

Es müssen „geeignete Garantien für die Grundrechte und die Interessen der betroffenen Person" 7
bestehen (Art. 9 Abs. 2 lit. b, lit. g und lit. i DS-GVO). Diese Vorschrift kann als eine Empfehlung
an die öffentliche Stelle verstanden werden, jedenfalls fehlt ihr der gemeinschaftsrechtlich vorgeschriebene bestimmende Charakter.

Hier zeigt sich das ganze Problem dieser Vorschrift, denn anders als von Art. 9 Abs. 2 lit. b, g, 8
h, i, j DS-GVO bestimmt, handelt es sich bei dieser Vorschrift nicht um eine konkrete rechtliche
Bestimmung, sondern um „weitere Blankettformeln" (Paal/Pauly/Frenzel BDSG § 22 Rn. 2).

§ 23 Verarbeitung zu anderen Zwecken durch öffentliche Stellen

**(1) Die Verarbeitung personenbezogener Daten zu einem anderen Zweck als zu dem-
jenigen, zu dem die Daten erhoben wurden, durch öffentliche Stellen im Rahmen ihrer
Aufgabenerfüllung ist zulässig, wenn**
1. **offensichtlich ist, dass sie im Interesse der betroffenen Person liegt und kein Grund
   zu der Annahme besteht, dass sie in Kenntnis des anderen Zwecks ihre Einwilligung
   verweigern würde,**
2. **Angaben der betroffenen Person überprüft werden müssen, weil tatsächliche Anhaltspunkte für deren Unrichtigkeit bestehen,**
3. **sie zur Abwehr erheblicher Nachteile für das Gemeinwohl oder einer Gefahr für die
   öffentliche Sicherheit, die Verteidigung oder die nationale Sicherheit, zur Wahrung
   erheblicher Belange des Gemeinwohls oder zur Sicherung des Steuer- und Zollauf-
   kommens erforderlich ist,**
4. **sie zur Verfolgung von Straftaten oder Ordnungswidrigkeiten, zur Vollstreckung oder
   zum Vollzug von Strafen oder Maßnahmen im Sinne des § 11 Absatz 1 Nummer 8
   des Strafgesetzbuchs oder von Erziehungsmaßregeln oder Zuchtmitteln im Sinne
   des Jugendgerichtsgesetzes oder zur Vollstreckung von Geldbußen erforderlich ist,**
5. **sie zur Abwehr einer schwerwiegenden Beeinträchtigung der Rechte einer anderen
   Person erforderlich ist oder**
6. **sie der Wahrnehmung von Aufsichts- und Kontrollbefugnissen, der Rechnungsprü-
   fung oder der Durchführung von Organisationsuntersuchungen des Verantwortlichen
   dient; dies gilt auch für die Verarbeitung zu Ausbildungs- und Prüfungszwecken
   durch den Verantwortlichen, soweit schutzwürdige Interessen der betroffenen Person
   dem nicht entgegenstehen.**

**(2) Die Verarbeitung besonderer Kategorien personenbezogener Daten im Sinne des
Artikels 9 Absatz 1 der Verordnung (EU) 2016/679 zu einem anderen Zweck als zu
demjenigen, zu dem die Daten erhoben wurden, ist zulässig, wenn die Voraussetzungen
des Absatzes 1 und ein Ausnahmetatbestand nach Artikel 9 Absatz 2 der Verordnung
(EU) 2016/679 oder nach § 22 vorliegen.**

Überblick

Diese Norm regelt die Weiterverarbeitung von personenbezogenen Daten zu einem anderen
Zweck durch öffentliche Stellen. Die Öffnungsklausel in Art. 6 Abs. 4 DS-GVO erlaubt eine
solche mitgliedsstaatliche Regelung.

A. Erlaubnistatbestände (Abs. 1)

Die zweckändernde Verarbeitung ist zulässig, wenn sie im **Interesse der betroffenen Person** 1
liegt und diese mutmaßlich zustimmen würde. Von letzterem kann ausgegangen werden, wenn
die Weiterverarbeitung einen **offensichtlichen Vorteil** hat (Abs. 1 Nr. 1). Unabhängig von der
Frage, ob dieser Tatbestand nicht gegen Art. 23 Abs. 1 Nr. 1 DS-GVO zuwiderläuft, ist es zweifel-

haft, ob ein Betroffener wirksam in die Verarbeitung seiner Daten durch einen öffentliche Stelle einwilligen kann – oder ob das eklatante Machtgefälle die Freiwilligkeit der Einwilligung **per se** ausschließt.

2   Die Verarbeitung zu einem anderen Zweck ist zulässig, wenn **tatsächliche Zweifel an der Richtigkeit der personenbezogenen Daten** bestehen und deshalb die Angaben der betroffenen Person überprüft werden müssen (Abs. 1 Nr. 2).

3   Sollten **erhebliche Nachteile für das Gemeinwohl** oder eine **Gefahr für die öffentliche Sicherheit** drohen, ist die Verarbeitung der personenbezogenen Daten zu einem anderen Zweck ebenfalls zulässig (Abs. 1 Nr. 3). Ein öffentliches Interesse an der Mitteilung von Daten, die durch das Steuergeheimnis geschützt sind, besteht regelmäßig nicht (BVerwG NVwZ 2020, 1114 (1117)).

4   Zu Zwecken der **Strafverfolgung** und der **Verfolgung von Ordnungswidrigkeiten** (Abs. 1 Nr. 4) und zur Abwehr einer **schwerwiegenden Beeinträchtigung der Rechte** einer anderen Person (zB Rechtsgüter wie Leben, Gesundheit, Eigentum, Freiheit) ist eine zweckändernde Verarbeitung zulässig (Abs. 1 Nr. 5).

5   Erlaubt ist auch eine zweckändernde Verarbeitung, wenn die erhobenen Daten zu Zwecken einer **Organisationsuntersuchung** (zB Datenschutzkontrolle) oder zu **Ausbildungs- und Prüfungszwecken** erfolgt (Abs. 1 Nr. 6).

B. Verarbeitung besonderer Kategorien personenbezogener Daten (Abs. 2)

6   Dieser Erlaubnistatbestand für eine **zweckändernde Verarbeitung besonderer Kategorien personenbezogener Daten ist nicht erforderlich.** Denn in diesem Fall darf eine Verarbeitung ohnehin nur erfolgen, wenn die Voraussetzungen des Art. 9 Abs. 2 DS-GVO vorliegen.

§ 25 Datenübermittlungen durch öffentliche Stellen

(1) ¹Die Übermittlung personenbezogener Daten durch öffentliche Stellen an öffentliche Stellen ist zulässig, wenn sie zur Erfüllung der in der Zuständigkeit der übermittelnden Stelle oder des Dritten, an den die Daten übermittelt werden, liegenden Aufgaben erforderlich ist und die Voraussetzungen vorliegen, die eine Verarbeitung nach § 23 zulassen würden. ²Der Dritte, an den die Daten übermittelt werden, darf diese nur für den Zweck verarbeiten, zu dessen Erfüllung sie ihm übermittelt werden. ³Eine Verarbeitung für andere Zwecke ist unter den Voraussetzungen des § 23 zulässig.

(2) ¹Die Übermittlung personenbezogener Daten durch öffentliche Stellen an nichtöffentliche Stellen ist zulässig, wenn

1. sie zur Erfüllung der in der Zuständigkeit der übermittelnden Stelle liegenden Aufgaben erforderlich ist und die Voraussetzungen vorliegen, die eine Verarbeitung nach § 23 zulassen würden,

2. der Dritte, an den die Daten übermittelt werden, ein berechtigtes Interesse an der Kenntnis der zu übermittelnden Daten glaubhaft darlegt und die betroffene Person kein schutzwürdiges Interesse an dem Ausschluss der Übermittlung hat oder

3. es zur Geltendmachung, Ausübung oder Verteidigung rechtlicher Ansprüche erforderlich ist

und der Dritte sich gegenüber der übermittelnden öffentlichen Stelle verpflichtet hat, die Daten nur für den Zweck zu verarbeiten, zu dessen Erfüllung sie ihm übermittelt werden. ²Eine Verarbeitung für andere Zwecke ist zulässig, wenn eine Übermittlung nach Satz 1 zulässig wäre und die übermittelnde Stelle zugestimmt hat.

(3) Die Übermittlung besonderer Kategorien personenbezogener Daten im Sinne des Artikels 9 Absatz 1 der Verordnung (EU) 2016/679 ist zulässig, wenn die Voraussetzungen des Absatzes 1 oder 2 und ein Ausnahmetatbestand nach Artikel 9 Absatz 2 der Verordnung (EU) 2016/679 oder nach § 22 vorliegen.

Überblick

Diese Norm regelt die Übermittlung (Art. 4 Nr. 2 DS-GVO) durch öffentliche Stellen an unterschiedliche Empfänger: öffentliche Stellen (Abs. 1) und nichtöffentliche Stellen (Abs. 2). Abs. 3 ist überflüssig, da bekanntermaßen Art. 9 Abs. 1 DS-GVO unmittelbare Geltung hat.

A. Allgemeines

Es ist bereits fraglich, ob die DS-GVO überhaupt für sämtliche Fälle dieser Vorschrift überhaupt **1** eine Öffnungsklausel vorsieht. Die Zulässigkeit der Datenverarbeitung durch Übermittlung ($\to$ DS-GVO Art. 4 Rn. 7) kann sich nur anhand der Art. 6 und Art. 9 DS-GVO messen lassen. Nur, wenn man diese Vorschrift als eine Wiedergabe der Rechtfertigungstatbestände der DS-GVO begreift, kann § 25 Bestand haben (vgl. Taeger/Gabel, DSGVO – BDSG/Rose, 3. Aufl. 2019, BDSG § 25 Rn. 3).

B. Datenübermittlung an öffentliche Stellen (Abs. 1)

Die Datenübermittlung muss erforderlich sein, damit entweder die übermittelnde öffentliche **2** Stelle oder die empfangende öffentliche Stelle ihre **Aufgaben** erfüllen kann. Die **empfangende Stelle** kann die empfangenen Daten auch **zweckändernd verarbeiten** und zwar nicht nur, wenn § 23 erfüllt ist, sondern auch, wenn der neue Verarbeitungszweck mit dem Erhebungszweck vereinbar ist (Kühling/Buchner/Herbst Rn. 8 unter Verweis auf Art. 6 Abs. 4 DS-GVO).

C. Datenübermittlung an nichtöffentliche Stellen (Abs. 2)

Eine solche Datenübermittlung ist zulässig, wenn eine der drei Tatbestandsalternativen einschlä- **3** gig ist und der **Dritte** sich gegenüber der übermittelnden öffentlichen Stelle **verpflichtet** hat, die empfangenen Daten nur für den **ursprünglichen Zweck zu verarbeiten.** Diese Vorschrift ist nicht für die Datenübermittlung durch den **BND** anwendbar (BVerwG NVwZ 2020, 305 Rn. 43).

Die Datenübermittlung ist zulässig, wenn sie zur **Erfüllung der Aufgabe der übermittelnden** **4** **öffentlichen Stelle** erforderlich ist (Abs. 2 Nr. 1).

Die Datenübermittlung ist zulässig, wenn der **Empfänger ein berechtigtes Interesse,** welches **5** auch wirtschaftlicher Natur sein kann, hinsichtlich der zu übermittelnden Daten glaubhaft macht und die betroffene Person kein schutzwürdiges Interesse an der Nicht-Übertragung hat (Abs. 2 Nr. 2). Diese Vorschrift ist **nicht DS-GVO konform,** denn der Gesetzgeber hat den Gestaltungs- rahmen des Art. 23 DS-GVO und dessen Katalog in Abs. 1 verlassen (Taeger/Gabel, DSGVO – BDSG/Rose, 3. Aufl. 2019, BDSG § 25 Rn. 3). Der Anspruch auf Einsicht in eine nicht anonymi- sierte Stellungnahme der Anhörungsbehörde ist zu verwehren, wenn er nur dazu dient, Personen zu identifizieren, die eventuell interessiert sind, an einem Gerichtsverfahren als Parteien teilzuneh- men (BVerwG NVwZ 2020, 887 (888)).

Die Datenübermittlung ist zulässig, wenn sie zur **Geltendmachung von rechtlichen Ansprü-** **6** **chen** oder zur Verteidigung gegen diese erforderlich ist. Dies gilt auch für die **vorgerichtliche** Geltendmachung von Ansprüchen (Abs. 2 Nr. 3).

Kapitel 2. Rechte der betroffenen Person

§ 32 Informationspflicht bei Erhebung von personenbezogenen Daten bei der betroffenen Person

(1) **Die Pflicht zur Information der betroffenen Person gemäß Artikel 13 Absatz 3 der Verordnung (EU) 2016/679 besteht ergänzend zu der in Artikel 13 Absatz 4 der Verordnung (EU) 2016/679 genannten Ausnahme dann nicht, wenn die Erteilung der Information über die beabsichtigte Weiterverarbeitung**
1. **eine Weiterverarbeitung analog gespeicherter Daten betrifft, bei der sich der Verant- wortliche durch die Weiterverarbeitung unmittelbar an die betroffene Person wendet, der Zweck mit dem ursprünglichen Erhebungszweck gemäß der Verordnung (EU) 2016/679 vereinbar ist, die Kommunikation mit der betroffenen Person nicht in digitaler Form erfolgt und das Interesse der betroffenen Person an der Informations- erteilung nach den Umständen des Einzelfalls, insbesondere mit Blick auf den Zusammenhang, in dem die Daten erhoben wurden, als gering anzusehen ist,**
2. **im Fall einer öffentlichen Stelle die ordnungsgemäße Erfüllung der in der Zuständig- keit des Verantwortlichen liegenden Aufgaben im Sinne des Artikels 23 Absatz 1 Buchstabe a bis e der Verordnung (EU) 2016/679 gefährden würde und die Interessen**

des Verantwortlichen an der Nichterteilung der Information die Interessen der betroffenen Person überwiegen,

3. die öffentliche Sicherheit oder Ordnung gefährden oder sonst dem Wohl des Bundes oder eines Landes Nachteile bereiten würde und die Interessen des Verantwortlichen an der Nichterteilung der Information die Interessen der betroffenen Person überwiegen,

4. die Geltendmachung, Ausübung oder Verteidigung rechtlicher Ansprüche beeinträchtigen würde und die Interessen des Verantwortlichen an der Nichterteilung der Information die Interessen der betroffenen Person überwiegen oder

5. eine vertrauliche Übermittlung von Daten an öffentliche Stellen gefährden würde.

(2) ¹Unterbleibt eine Information der betroffenen Person nach Maßgabe des Absatzes 1, ergreift der Verantwortliche geeignete Maßnahmen zum Schutz der berechtigten Interessen der betroffenen Person, einschließlich der Bereitstellung der in Artikel 13 Absatz 1 und 2 der Verordnung (EU) 2016/679 genannten Informationen für die Öffentlichkeit in präziser, transparenter, verständlicher und leicht zugänglicher Form in einer klaren und einfachen Sprache. ²Der Verantwortliche hält schriftlich fest, aus welchen Gründen er von einer Information abgesehen hat. ³Die Sätze 1 und 2 finden in den Fällen des Absatzes 1 Nummer 4 und 5 keine Anwendung.

(3) Unterbleibt die Benachrichtigung in den Fällen des Absatzes 1 wegen eines vorübergehenden Hinderungsgrundes, kommt der Verantwortliche der Informationspflicht unter Berücksichtigung der spezifischen Umstände der Verarbeitung innerhalb einer angemessenen Frist nach Fortfall des Hinderungsgrundes, spätestens jedoch innerhalb von zwei Wochen, nach.

A. Keine Informationspflicht bei nicht digitaler Datenweiterverarbeitung (Abs. 1, Abs. 3)

1   Die betroffene Person muss dann nicht informiert werden, wenn der Verantwortliche auf **nicht-digitale Weise mit der betroffenen Person** in Kontakt tritt; so, dass die Weiterverarbeitung der personenbezogenen Daten analog erfolgt (Abs. 1 Nr. 1). Diese Norm ist **unionsrechtswidrig,** denn die Beschränkung dieser Pflicht lässt sich nicht auf den Katalog des Art. 23 Abs. 1 DS-GVO stützen (Kühling/Buchner/Golla Rn. 5).

2   Sobald eine **konkrete Bedrohung der Aufgabenerfüllung einer öffentlichen Stelle** erfolgt und eine **Interessenabwägung im Einzelfall** ergibt, dass die Interessen des Verantwortlichen die Interessen der betroffenen Person überwiegen, muss diese nicht informiert werden (Abs. 1 Nr. 2). So kann zB der E-Mail-Account eingesehen werden, wenn Anhaltspunkte für einen Verdacht sprechen, dass der Betroffene eine Straftat begangen hat (LAG Köln BeckRS 2019, 29458, nicht rechtskräftig). Ähnliches gilt, wenn eine **Gefahr für die öffentliche Sicherheit** droht oder dem **Wohl des Bundes oder eines Landes Nachteile** bereitet würden (Abs. 1 Nr. 3).

3   Sollte es der **Schutz der Rechte anderer Personen** erforderlich machen, kann eine Information der betroffenen Person unterbleiben (Abs. 1 Nr. 4). Dies ist dann der Fall, wenn ein Risiko besteht, dass die betroffene Person Vermögensverschiebungen vornimmt, um **Zwangsvollstreckungsmaßnahmen** ins Leere laufen zu lassen. Auch dieser Tatbestand erfordert die Durchführung einer Interessenabwägung im Einzelfall.

4   Schließlich hat eine Information der betroffenen Person zu unterbleiben, wenn andernfalls die Tätigkeit von sog. Whistle-Blowern, etc gefährdet und somit die **öffentliche Stelle** keine **vertraulichen Hinweise** entgegennehmen könnte. Zwar fehlt hier der Hinweis auf eine durchzuführende Interessenabwägung im Einzelfall. Diese ist jedoch aufgrund des Art. 23 Abs. 1 DS-GVO geboten.

5   Sollte der **Hinderungsgrund nur zeitweilig** bestehen, so ist die betroffene Person innerhalb von spätestens **zwei Wochen nach Wegfall des Hinderungsgrundes** hierüber zu informieren (Abs. 3).

B. Pflichten bei Unterbleiben der Benachrichtigung (Abs. 2)

6   Grundsätzlich ist der Verantwortliche in solchen Fällen verpflichtet, die Entscheidung und die Gründe für die Nicht-Information **festzuhalten.** Dies soll jedoch nicht gelten, wenn die Information aufgrund der Gefährdung der Geltendmachung von Ansprüchen oder dem Schutz von vertraulichen Informationen erfolgt. Diese Vorschrift ist **unionsrechtswidrig,** da die Mindestvorgaben des Art. 23 Abs. 2 DS-GVO nicht eingehalten werden.

§ 33 Informationspflicht, wenn die personenbezogenen Daten nicht bei der betroffenen Person erhoben wurden

(1) Die Pflicht zur Information der betroffenen Person gemäß Artikel 14 Absatz 1, 2 und 4 der Verordnung (EU) 2016/679 besteht ergänzend zu den in Artikel 14 Absatz 5 der Verordnung (EU) 2016/679 und der in § 29 Absatz 1 Satz 1 genannten Ausnahme nicht, wenn die Erteilung der Information

1. im Fall einer öffentlichen Stelle
   a) die ordnungsgemäße Erfüllung der in der Zuständigkeit des Verantwortlichen liegenden Aufgaben im Sinne des Artikels 23 Absatz 1 Buchstabe a bis e der Verordnung (EU) 2016/679 gefährden würde oder
   b) die öffentliche Sicherheit oder Ordnung gefährden oder sonst dem Wohl des Bundes oder eines Landes Nachteile bereiten würde

und deswegen das Interesse der betroffenen Person an der Informationserteilung zurücktreten muss,

2. im Fall einer nichtöffentlichen Stelle
   a) die Geltendmachung, Ausübung oder Verteidigung zivilrechtlicher Ansprüche beeinträchtigen würde oder die Verarbeitung Daten aus zivilrechtlichen Verträgen beinhaltet und der Verhütung von Schäden durch Straftaten dient, sofern nicht das berechtigte Interesse der betroffenen Person an der Informationserteilung überwiegt, oder
   b) die zuständige öffentliche Stelle gegenüber dem Verantwortlichen festgestellt hat, dass das Bekanntwerden der Daten die öffentliche Sicherheit oder Ordnung gefährden oder sonst dem Wohl des Bundes oder eines Landes Nachteile bereiten würde; im Fall der Datenverarbeitung für Zwecke der Strafverfolgung bedarf es keiner Feststellung nach dem ersten Halbsatz.

(2) [1]Unterbleibt eine Information der betroffenen Person nach Maßgabe des Absatzes 1, ergreift der Verantwortliche geeignete Maßnahmen zum Schutz der berechtigten Interessen der betroffenen Person, einschließlich der Bereitstellung der in Artikel 14 Absatz 1 und 2 der Verordnung (EU) 2016/679 genannten Informationen für die Öffentlichkeit in präziser, transparenter, verständlicher und leicht zugänglicher Form in einer klaren und einfachen Sprache. [2]Der Verantwortliche hält schriftlich fest, aus welchen Gründen er von einer Information abgesehen hat.

(3) Bezieht sich die Informationserteilung auf die Übermittlung personenbezogener Daten durch öffentliche Stellen an Verfassungsschutzbehörden, den Bundesnachrichtendienst, den Militärischen Abschirmdienst und, soweit die Sicherheit des Bundes berührt wird, andere Behörden des Bundesministeriums der Verteidigung, ist sie nur mit Zustimmung dieser Stellen zulässig.

Überblick

Die DS-GVO sieht vor, dass betroffene Personen grundsätzlich zu informieren sind, wenn ihre personenbezogenen Daten bei Dritten erhoben wurden (Art. 14 DS-GVO). Dieser Paragraf regelt den Ausnahmefall, dh wenn keine Informationspflicht besteht.

A. Entfall der Informationspflicht (Abs. 1, Abs. 3)

Diese Vorschrift gilt nur hinsichtlich von personenbezogenen Daten, die nicht bei der betroffe- **1** nen Person erhoben wurden. Die Informationspflicht kann entfallen, wenn eine **öffentliche Stelle ihre Aufgaben erfüllt** (Abs. 1 Nr. 1). Hinsichtlich der Einzelheiten wird auf die Kommentierung zu § 32 verwiesen (→ § 32 Rn. 2 ff.).

Nichtöffentliche Stellen unterliegen dann keiner Informationspflicht (Abs. 1 Nr. 2 lit. a), **2** sollte eine **Gefährdung zivilrechtlicher Ansprüche** drohen (→ § 32 Rn. 3). Auch eine Verarbeitung von Daten aus zivilrechtlichen Verträgen ist zur **Schadensvermeidung und Verhütung von Straftaten** zulässig – ohne den Betroffenen zu informieren. Somit ist es nichtöffentlichen Stellen gestattet, sog. schwarze Listen und Dateien zur Betrugsprävention zu führen.

Sollte die öffentliche Stelle gegenüber der verantwortlichen nichtöffentlichen Stelle festgestellt **3** haben, dass die Mitteilung die **öffentliche Sicherheit oder Ordnung gefährden** oder sonst dem Wohl des Bundes oder eines Landes Nachteile bereiten würde, ist der Betroffene nicht zu informieren (Abs. 1 Nr. 2 lit. b). Bei der **Datenverarbeitung zu Zwecken der Strafverfolgung** muss die öffentliche Stelle keine gesonderte Feststellung diesbezüglich treffen.

4   Eine Information des Betroffenen darf im Falle **einer Datenübermittlung durch öffentliche Stellen an deutsche Nachrichtendienste** (Bundesnachrichtendienst, Militärischer Abschirmdienst) und an andere Behörden des Bundesministeriums der Verteidigung nur dann erfolgen, wenn die empfangende Stelle ausdrücklich zugestimmt hat (Abs. 3).

B. Pflichten bei Entfall der Informationspflicht (Abs. 2)

5   Auf die Kommentierung zu § 32 Abs. 2 wird verwiesen (→ § 32 Rn. 6); anders als im Falle des § 32 Abs. 2 sieht § 33 Abs. 2 **keinen Entfall** der schriftlichen Dokumentationspflicht vor. Diese Vorschrift ist **unionsrechtswidrig**, da die Mindestvorgaben des Art. 23 Abs. 2 DS-GVO nicht eingehalten werden.

§ 34 Auskunftsrecht der betroffenen Person

(1) Das Recht auf Auskunft der betroffenen Person gemäß Artikel 15 der Verordnung (EU) 2016/679 besteht ergänzend zu den in § 27 Absatz 2, § 28 Absatz 2 und § 29 Absatz 1 Satz 2 genannten Ausnahmen nicht, wenn

1. die betroffene Person nach § 33 Absatz 1 Nummer 1, 2 Buchstabe b oder Absatz 3 nicht zu informieren ist, oder

2. die Daten

   a) nur deshalb gespeichert sind, weil sie aufgrund gesetzlicher oder satzungsmäßiger Aufbewahrungsvorschriften nicht gelöscht werden dürfen, oder

   b) ausschließlich Zwecken der Datensicherung oder der Datenschutzkontrolle dienen

und die Auskunftserteilung einen unverhältnismäßigen Aufwand erfordern würde sowie eine Verarbeitung zu anderen Zwecken durch geeignete technische und organisatorische Maßnahmen ausgeschlossen ist.

(2) ¹Die Gründe der Auskunftsverweigerung sind zu dokumentieren. ²Die Ablehnung der Auskunftserteilung ist gegenüber der betroffenen Person zu begründen, soweit nicht durch die Mitteilung der tatsächlichen und rechtlichen Gründe, auf die die Entscheidung gestützt wird, der mit der Auskunftsverweigerung verfolgte Zweck gefährdet würde. ³Die zum Zweck der Auskunftserteilung an die betroffene Person und zu deren Vorbereitung gespeicherten Daten dürfen nur für diesen Zweck sowie für Zwecke der Datenschutzkontrolle verarbeitet werden; für andere Zwecke ist die Verarbeitung nach Maßgabe des Artikels 18 der Verordnung (EU) 2016/679 einzuschränken.

(3) ¹Wird der betroffenen Person durch eine öffentliche Stelle des Bundes keine Auskunft erteilt, so ist sie auf ihr Verlangen der oder dem Bundesbeauftragten zu erteilen, soweit nicht die jeweils zuständige oberste Bundesbehörde im Einzelfall feststellt, dass dadurch die Sicherheit des Bundes oder eines Landes gefährdet würde. ²Die Mitteilung der oder des Bundesbeauftragten an die betroffene Person über das Ergebnis der datenschutzrechtlichen Prüfung darf keine Rückschlüsse auf den Erkenntnisstand des Verantwortlichen zulassen, sofern dieser nicht einer weitergehenden Auskunft zustimmt.

(4) Das Recht der betroffenen Person auf Auskunft über personenbezogene Daten, die durch eine öffentliche Stelle weder automatisiert verarbeitet noch nicht automatisiert verarbeitet und in einem Dateisystem gespeichert werden, besteht nur, soweit die betroffene Person Angaben macht, die das Auffinden der Daten ermöglichen, und der für die Erteilung der Auskunft erforderliche Aufwand nicht außer Verhältnis zu dem von der betroffenen Person geltend gemachten Informationsinteresse steht.

Überblick

Mit § 34 hat der Gesetzgeber von der Öffnungsklausel des Art. 23 Abs. 1 DS-GVO Gebrauch gemacht und das Auskunftsrecht des Betroffenen (Art. 15 DS-GVO) eingeschränkt.

A. Auskunftsverweigerungsrechte (Abs. 1, Abs. 4)

Wenn die betroffene Person aufgrund von § 33 Abs. 1 oder Abs. 3 nicht zu informieren ist, **1**
steht der betroffenen Person auch **kein Auskunftsrecht** zu (Abs. 1 Nr. 1).

Gleiches gilt, wenn die personenbezogenen Daten nur aufgrund von **Aufbewahrungspflich-** **2**
ten, seien diese gesetzlicher oder satzungsmäßiger Natur, nicht gelöscht werden dürfen (Abs. 1
Nr. 2 lit. a) und die Auskunftserteilung einen unverhältnismäßigen Aufwand erfordern würde.
Die gilt **nicht für vertragliche** Aufbewahrungspflichten.

Ein Auskunftsverweigerungsrecht besteht ebenfalls dann, wenn die Daten nur aufgrund der **3**
Datensicherung oder der Datenschutzkontrolle gespeichert werden (Abs. 1 Nr. 2 lit. b) und
die Auskunftserteilung einen **unverhältnismäßigen Aufwand** erfordern würde.

Abs. 4 sieht die Möglichkeit vor, sich auf ein Auskunftsverweigerungsrecht zu berufen, wenn **4**
eine Datenverarbeitung erfolgt, die nicht dem Anwendungsbereich der DS-GVO unterliegt. Insbesondere **Akten oder Aktensammlungen** sowie ihre Deckblätter, die nicht nach bestimmten
Kriterien geordnet sind, **eröffnen kein Auskunftsrecht** (BT-Drs. 18/11325, 104 f.), wenn die
betroffene Person keine Angaben macht, die das Auffinden der Daten ermöglichen, und der
Aufwand zur Beauskunftung außer Verhältnis zu dem Informationsinteresse der betroffenen Person
steht.

B. Pflichten bei Auskunftsverweigerung (Abs. 2, Abs. 3)

Die Verweigerung der Auskunftserteilung ist gegenüber dem Betroffenen zu **begründen** und **5**
elektronisch zu dokumentieren. Somit kann die betroffene Person eine Überprüfung der
Entscheidung durch die zuständige Aufsichtsbehörde veranlassen (BT-Drs. 18/11325, 104). Die
Begründung der Entscheidung kann entfallen, wenn hierdurch der mit der Auskunftsverweigerung
verfolgte Zweck gefährdet würde.

Die zum Zweck der Auskunftserteilung und zu deren Vorbereitung gespeicherten Daten unter- **6**
liegen einer **strengen Zweckbindung** (Abs. 2 S. 3).

Die betroffene Person kann verlangen, dass die **gewünschte Auskunft dem Bundesbeauf-** **7**
tragten für den Datenschutz und die Informationsfreiheit erteilt wird. Die zuständige
oberste Bundesbehörde kann diese Maßnahme nur unterbinden, wenn die Sicherheit des Bundes
oder eines Landes gefährdet würde. Nach erfolgter Überprüfung muss der Bundesbeauftragte
für den Datenschutz und die Informationsfreiheit der betroffenen Person das Ergebnis dergestalt
mitteilen, dass es nicht möglich ist, die konkret gespeicherten Daten bei dem Verantwortlichen
zu erfahren.

§ 35 Recht auf Löschung

(1) ¹**Ist eine Löschung im Fall nicht automatisierter Datenverarbeitung wegen der
besonderen Art der Speicherung nicht oder nur mit unverhältnismäßig hohem Aufwand
möglich und ist das Interesse der betroffenen Person an der Löschung als gering anzusehen, besteht das Recht der betroffenen Person auf und die Pflicht des Verantwortlichen
zur Löschung personenbezogener Daten gemäß Artikel 17 Absatz 1 der Verordnung
(EU) 2016/679 ergänzend zu den in Artikel 17 Absatz 3 der Verordnung (EU) 2016/679
genannten Ausnahmen nicht.** ²**In diesem Fall tritt an die Stelle einer Löschung die
Einschränkung der Verarbeitung gemäß Artikel 18 der Verordnung (EU) 2016/679.** ³**Die
Sätze 1 und 2 finden keine Anwendung, wenn die personenbezogenen Daten unrechtmäßig verarbeitet wurden.**

(2) ¹**Ergänzend zu Artikel 18 Absatz 1 Buchstabe b und c der Verordnung (EU) 2016/
679 gilt Absatz 1 Satz 1 und 2 entsprechend im Fall des Artikels 17 Absatz 1 Buchstabe
a und d der Verordnung (EU) 2016/679, solange und soweit der Verantwortliche Grund
zu der Annahme hat, dass durch eine Löschung schutzwürdige Interessen der betroffenen Person beeinträchtigt würden.** ²**Der Verantwortliche unterrichtet die betroffene
Person über die Einschränkung der Verarbeitung, sofern sich die Unterrichtung nicht
als unmöglich erweist oder einen unverhältnismäßigen Aufwand erfordern würde.**

(3) **Ergänzend zu Artikel 17 Absatz 3 Buchstabe b der Verordnung (EU) 2016/679
gilt Absatz 1 entsprechend im Fall des Artikels 17 Absatz 1 Buchstabe a der Verordnung
(EU) 2016/679, wenn einer Löschung satzungsgemäße oder vertragliche Aufbewahrungsfristen entgegenstehen.**

Überblick

§ 35 erlaubt es sowohl öffentlichen als auch nicht-öffentlichen Stellen, von einer Löschung personenbezogener Daten (Art. 17 DS-GVO) abzusehen und stattdessen deren Verarbeitung zu beschränken (Art. 18 DS-GVO).

A. Einschränkung der Verarbeitung bei nicht automatisierter Datenverarbeitung (Abs. 1)

1   Mit dieser Einschränkungsmöglichkeit soll der Tatsache Rechnung getragen werden, dass eine Datenlöschung im Fall von **nicht-automatisierter Datenverarbeitung** bei zB **Papierakten** einen sehr hohen Aufwand erfordert. Wurden diese Daten **rechtmäßig** verarbeitet, so kann stattdessen eine Einschränkung der Verarbeitung (Art. 18 DS-GVO) erfolgen. Sollten die Daten unrechtmäßig verarbeitet worden sein, greift diese Privilegierung nicht (S. 3).

B. Einschränkung der Verarbeitung im Interesse der betroffenen Person (Abs. 2)

2   Anstelle der grundsätzlichen Verpflichtung zur Löschung nicht mehr erforderlicher oder unrechtmäßig verarbeiteter Daten (Art. 17 DS-GVO) kann eine Einschränkung der Verarbeitung erfolgen, wenn diese **im schutzwürdigen Interesse der betroffenen** Person liegt (BT-Drs. 18/11325, 105). Über diese Entscheidung muss der Betroffene informiert werden, sofern dies möglich und nicht unverhältnismäßig wäre. Diese Vorschrift ist **widersprüchlich.** Wenn eine Löschung nicht erfolgt, weil dies im Interesse des Betroffenen sei solle, so muss dieser doch auch die Möglichkeit haben, sein Votum zu dieser Entscheidung abzugeben, bzw. diese Entscheidung anstelle des Verantwortlichen treffen.

C. Einschränkung der Verarbeitung aufgrund von nicht-gesetzlichen Aufbewahrungspflichten (Abs. 3)

3   Eine Löschung der ursprünglich rechtmäßig verarbeiteten, personenbezogener Daten ist dann nicht geboten, wenn **satzungsgemäße oder vertragliche Aufbewahrungsfristen** entgegenstehen. Diese Einschränkungsmöglichkeit ist nicht einschlägig, wenn es um Rechtspflichten zur Aufbewahrung von personenbezogenen Daten geht. Hiervon ist auszugehen, wenn die Aufbewahrungspflicht nicht konsensual vereinbart wurde, sondern aufgrund einer gesetzlichen Verpflichtung besteht (Kühling/Buchner/Herbst Rn. 26). In diesem Fall ist Art. 17 Abs. 3 lit. b DS-GVO die einschlägige Norm zur Einschränkung der Verarbeitung.

4   Gleichwohl ist diese Norm eigentlich überflüssig, denn Art. 6 Abs. 1 lit. b DS-GVO gestattet die Datenverarbeitung zu vertraglichen Zwecken.

§ 36 Widerspruchsrecht

Das Recht auf Widerspruch gemäß Artikel 21 Absatz 1 der Verordnung (EU) 2016/679 gegenüber einer öffentlichen Stelle besteht nicht, soweit an der Verarbeitung ein zwingendes öffentliches Interesse besteht, das die Interessen der betroffenen Person überwiegt, oder eine Rechtsvorschrift zur Verarbeitung verpflichtet.

Überblick

Jede betroffene Person kann der Verarbeitung ihrer persönlichen Daten widersprechen (Art. 21 DS-GVO). § 36 regelt die Unbeachtlichkeit eines Widerspruchs, sollte eine öffentliche Stelle Daten verarbeiten.

A. Ausschluss des Widerspruchsrechtes

1   Wenn an der Verarbeitung der Daten ein **zwingendes öffentliches Interesse** besteht, ist das Widerspruchsrecht ausgeschlossen (§ 36 Alt. 1). Dieser Begriff wird nicht definiert. Vielmehr wird in der Gesetzesbegründung auf Art. 23 Abs. 1 lit. e DS-GVO verwiesen (BT-Drs. 18/11325, 106), der wie folgt lautet: „den Schutz sonstiger wichtiger Ziele des allgemeinen öffentlichen

Interesses der Union oder eines Mitgliedstaats, insbesondere eines wichtigen wirtschaftlichen oder finanziellen Interesses der Union oder eines Mitgliedstaats, etwa im Währungs-, Haushalts- und Steuerbereich sowie im Bereich der öffentlichen Gesundheit und der sozialen Sicherheit". Dieses Interesse muss das Interesse der betroffenen Person überwiegen.

Sollte die öffentliche Stelle – als Verantwortlicher – **aufgrund einer Rechtsvorschrift ver-** **2** **pflichtet** sein, die personenbezogenen Daten zu verarbeiten, ist der Widerspruch ebenfalls ausgeschlossen (§ 36 Alt. 2). Hier überschreitet der Gesetzgeber die Gestaltungsmöglichkeiten, die ihm Art. 21 DS-GVO gewährt. Denn eine beliebige mitgliedstaatliche gesetzliche Vorschrift kann nicht ein Widerspruchsrecht ausschließen, es sei denn, sie dient einem Zweck, welcher sich im Katalog des Art. 23 Abs. 1 DS-GVO wiederfindet (Taeger/Gabel, DSGVO – BDSG/Koreng, 3. Aufl. 2019, BDSG § 36 Rn. 8; wohl aA Gola/Heckmann/Gola, 13. Aufl. 2019, BDSG § 36 Rn. 1).

B. Folgen des Ausschlusses

Der Widerspruch ist ausgeschlossen. Da eine Zulässigkeit der Verarbeitung immer auch an **3** Art. 21 Abs. 1 S. 2 DS-GVO geknüpft ist, muss der Verantwortliche die Datenverarbeitung ohnehin einstellen, wenn keine überwiegenden „zwingenden schutzwürdigen Gründe" hierfür (mehr) bestehen. Somit bewirkt § 36 lediglich, dass **keine Einschränkung der Verarbeitung** (Art. 18 Abs. 1 lit. d DS-GVO) **während der Bearbeitung des Widerspruches** zu erfolgen hat. Diesbezüglich ist die öffentliche Stelle privilegiert.

Teil 3 Bestimmungen für Verarbeitungen zu. Zwecken gemäß Artikel 1 Absatz 1 der Richtlinie (EU) 2016/680

Kapitel 1. Anwendungsbereich, Begriffsbestimmungen und allgemeine Grundsätze für die Verarbeitung personenbezogener Daten

§ 45 Anwendungsbereich

[1]**Die Vorschriften dieses Teils gelten für die Verarbeitung personenbezogener Daten durch die für die Verhütung, Ermittlung, Aufdeckung, Verfolgung oder Ahndung von Straftaten oder Ordnungswidrigkeiten zuständigen öffentlichen Stellen, soweit sie Daten zum Zweck der Erfüllung dieser Aufgaben verarbeiten.** [2]**Die öffentlichen Stellen gelten dabei als Verantwortliche.** [3]**Die Verhütung von Straftaten im Sinne des Satzes 1 umfasst den Schutz vor und die Abwehr von Gefahren für die öffentliche Sicherheit.** [4]**Die Sätze 1 und 2 finden zudem Anwendung auf diejenigen öffentlichen Stellen, die für die Vollstreckung von Strafen, von Maßnahmen im Sinne des § 11 Absatz 1 Nummer 8 des Strafgesetzbuchs, von Erziehungsmaßregeln oder Zuchtmitteln im Sinne des Jugendgerichtsgesetzes und von Geldbußen zuständig sind.** [5]**Soweit dieser Teil Vorschriften für Auftragsverarbeiter enthält, gilt er auch für diese.**

Überblick

Der 3. Teil des BDSG findet nur dann Anwendung, wenn die RL (EU) 2016/680 zum Datenschutz in Strafsachen einschlägig ist, es also um die Datenverarbeitung durch Polizei und Justiz geht. Er regelt die Verarbeitung besonderer Kategorien personenbezogener Daten.

A. Allgemeines

Mit diesem Teil kann der Gesetzgeber erstmals, abgesehen von den einzelnen Öffnungsklauseln **1** der DS-GVO, eigene rechtliche Entscheidungen treffen, die den abgesteckten Bereich der Richtlinie nicht verlassen, aber zumindest ausfüllen dürfen. Gleichwohl ist auch hier festzustellen, dass selbst bei den ureigenen Aufgaben der Mitgliedstaaten namentlich der Gefahrenabwehr und der Strafverfolgung die GrCh (vgl. Art. 51 Abs. 1 Var. 2 GRCh) unmittelbar anzuwenden ist (ausführlich: Safferling/Rückert NJW 2021, 287 (288)). Zumindest gewährleistet die GrCh einen Mindeststandard, der jedenfalls einzuhalten ist, wie des BVerfG in seinen Entscheidungen Recht auf Vergessen I (BVerfG NJW 2020, 300) und Recht auf Vergessen II (BVerfG NJW 2020, 314) dargestellt hat.

B. Straftat oder Ordnungswidrigkeit

2   Dieser Teil findet bei der Verhinderung und bei der Verfolgung von Straftaten oder Ordnungswidrigkeiten Anwendung. Sollte die zuständige Behörde ein Verfahren einleiten, welches nicht zumindest in einem Ordnungswidrigkeitenverfahren mündet, so gilt die DS-GVO und nicht der 3. Teil des BDSG.

3   Selbstverständlich gelten die Vorschriften dieses Teils für sämtliche Arten der Datenverarbeitung, sei es in digitaler (zB §§ 98 ff., 100a StPO, etc) oder analoger Form (§§ 81a, 249 StPO).

C. Zuständige öffentliche Stelle

4   Verantwortlicher der Datenverarbeitung muss eine **öffentliche Stelle** (zB Polizeibehörden, Staatsanwaltschaften, Zoll, Steuerfahndung, so: BT-Drs. 18/11325, 110), die ihrer Aufgabe nachkommt, sein, oder ein Auftragsverarbeiter (S. 5). Nichtöffentliche Stellen unterliegen diesem Teil dann, wenn sie **Beliehene** sind. Auf öffentliche Stellen der Länder findet dieser Teil nur Anwendung, sofern diese ein Bundesgesetz ausführen und es keine landesgesetzlichen Datenschutzregelungen gibt.

5   Tätigkeiten im Rahmen der **nationalen Sicherheit** sowie Tätigkeiten der Mitgliedstaaten im Rahmen der **gemeinsamen Außen- und Sicherheitspolitik** unterliegen nicht dem Anwendungsbereich dieses Teils des BDSG.

§ 46 Begriffsbestimmungen

Es bezeichnen die Begriffe:

1. „personenbezogene Daten" alle Informationen, die sich auf eine identifizierte oder identifizierbare natürliche Person (betroffene Person) beziehen; als identifizierbar wird eine natürliche Person angesehen, die direkt oder indirekt, insbesondere mittels Zuordnung zu einer Kennung wie einem Namen, zu einer Kennnummer, zu Standortdaten, zu einer Online-Kennung oder zu einem oder mehreren besonderen Merkmalen, die Ausdruck der physischen, physiologischen, genetischen, psychischen, wirtschaftlichen, kulturellen oder sozialen Identität dieser Person sind, identifiziert werden kann;

2. „Verarbeitung" jeden mit oder ohne Hilfe automatisierter Verfahren ausgeführten Vorgang oder jede solche Vorgangsreihe im Zusammenhang mit personenbezogenen Daten wie das Erheben, das Erfassen, die Organisation, das Ordnen, die Speicherung, die Anpassung, die Veränderung, das Auslesen, das Abfragen, die Verwendung, die Offenlegung durch Übermittlung, Verbreitung oder eine andere Form der Bereitstellung, den Abgleich, die Verknüpfung, die Einschränkung, das Löschen oder die Vernichtung;

3. „Einschränkung der Verarbeitung" die Markierung gespeicherter personenbezogener Daten mit dem Ziel, ihre künftige Verarbeitung einzuschränken;

4. „Profiling" jede Art der automatisierten Verarbeitung personenbezogener Daten, bei der diese Daten verwendet werden, um bestimmte persönliche Aspekte, die sich auf eine natürliche Person beziehen, zu bewerten, insbesondere um Aspekte der Arbeitsleistung, der wirtschaftlichen Lage, der Gesundheit, der persönlichen Vorlieben, der Interessen, der Zuverlässigkeit, des Verhaltens, der Aufenthaltsorte oder der Ortswechsel dieser natürlichen Person zu analysieren oder vorherzusagen;

5. „Pseudonymisierung" die Verarbeitung personenbezogener Daten in einer Weise, in der die Daten ohne Hinzuziehung zusätzlicher Informationen nicht mehr einer spezifischen betroffenen Person zugeordnet werden können, sofern diese zusätzlichen Informationen gesondert aufbewahrt werden und technischen und organisatorischen Maßnahmen unterliegen, die gewährleisten, dass die Daten keiner betroffenen Person zugewiesen werden können;

6. „Dateisystem" jede strukturierte Sammlung personenbezogener Daten, die nach bestimmten Kriterien zugänglich sind, unabhängig davon, ob diese Sammlung zentral, dezentral oder nach funktionalen oder geografischen Gesichtspunkten geordnet geführt wird;

7. „Verantwortlicher" die natürliche oder juristische Person, Behörde, Einrichtung oder andere Stelle, die allein oder gemeinsam mit anderen über die Zwecke und Mittel der Verarbeitung von personenbezogenen Daten entscheidet;

8. „Auftragsverarbeiter" eine natürliche oder juristische Person, Behörde, Einrichtung oder andere Stelle, die personenbezogene Daten im Auftrag des Verantwortlichen verarbeitet;

9. „Empfänger" eine natürliche oder juristische Person, Behörde, Einrichtung oder andere Stelle, der personenbezogene Daten offengelegt werden, unabhängig davon, ob es sich bei ihr um einen Dritten handelt oder nicht; Behörden, die im Rahmen eines bestimmten Untersuchungsauftrags nach dem Unionsrecht oder anderen Rechtsvorschriften personenbezogene Daten erhalten, gelten jedoch nicht als Empfänger; die Verarbeitung dieser Daten durch die genannten Behörden erfolgt im Einklang mit den geltenden Datenschutzvorschriften gemäß den Zwecken der Verarbeitung;

10. „Verletzung des Schutzes personenbezogener Daten" eine Verletzung der Sicherheit, die zur unbeabsichtigten oder unrechtmäßigen Vernichtung, zum Verlust, zur Veränderung oder zur unbefugten Offenlegung von oder zum unbefugten Zugang zu personenbezogenen Daten geführt hat, die verarbeitet wurden;

11. „genetische Daten" personenbezogene Daten zu den ererbten oder erworbenen genetischen Eigenschaften einer natürlichen Person, die eindeutige Informationen über die Physiologie oder die Gesundheit dieser Person liefern, insbesondere solche, die aus der Analyse einer biologischen Probe der Person gewonnen wurden;

12. „biometrische Daten" mit speziellen technischen Verfahren gewonnene personenbezogene Daten zu den physischen, physiologischen oder verhaltenstypischen Merkmalen einer natürlichen Person, die die eindeutige Identifizierung dieser natürlichen Person ermöglichen oder bestätigen, insbesondere Gesichtsbilder oder daktyloskopische Daten;

13. „Gesundheitsdaten" personenbezogene Daten, die sich auf die körperliche oder geistige Gesundheit einer natürlichen Person, einschließlich der Erbringung von Gesundheitsdienstleistungen, beziehen und aus denen Informationen über deren Gesundheitszustand hervorgehen;

14. „besondere Kategorien personenbezogener Daten"
    a) Daten, aus denen die rassische oder ethnische Herkunft, politische Meinungen, religiöse oder weltanschauliche Überzeugungen oder die Gewerkschaftszugehörigkeit hervorgehen,
    b) genetische Daten,
    c) biometrische Daten zur eindeutigen Identifizierung einer natürlichen Person,
    d) Gesundheitsdaten und
    e) Daten zum Sexualleben oder zur sexuellen Orientierung;

15. „Aufsichtsbehörde" eine von einem Mitgliedstaat gemäß Artikel 41 der Richtlinie (EU) 2016/680 eingerichtete unabhängige staatliche Stelle;

16. „internationale Organisation" eine völkerrechtliche Organisation und ihre nachgeordneten Stellen sowie jede sonstige Einrichtung, die durch eine von zwei oder mehr Staaten geschlossene Übereinkunft oder auf der Grundlage einer solchen Übereinkunft geschaffen wurde;

17. „Einwilligung" jede freiwillig für den bestimmten Fall, in informierter Weise und unmissverständlich abgegebene Willensbekundung in Form einer Erklärung oder einer sonstigen eindeutigen bestätigenden Handlung, mit der die betroffene Person zu verstehen gibt, dass sie mit der Verarbeitung der sie betreffenden personenbezogenen Daten einverstanden ist.

Diese Vorschrift setzt Art. 3 RL (EU) 2016/680 um. Die Definitionen in Nr. 1–15 wurden **1** zur Umsetzung der RL (EU) 2016/680 direkt von Art. 3 und 10 RL (EU) 2016/680 übernommen (BT-Drs. 18/11325, 111). Um einen Gleichlauf der datenschutzrechtlichen Begrifflichkeiten zu gewährleisten, sollte im Zweifelsfalle immer auf → DS-GVO Art. 4 Rn. 1 zurückgegriffen werden.

§ 47 Allgemeine Grundsätze für die Verarbeitung personenbezogener Daten

Personenbezogene Daten müssen

1. auf rechtmäßige Weise und nach Treu und Glauben verarbeitet werden,
2. für festgelegte, eindeutige und rechtmäßige Zwecke erhoben und nicht in einer mit diesen Zwecken nicht zu vereinbarenden Weise verarbeitet werden,
3. dem Verarbeitungszweck entsprechen, für das Erreichen des Verarbeitungszwecks erforderlich sein und ihre Verarbeitung nicht außer Verhältnis zu diesem Zweck stehen,
4. sachlich richtig und erforderlichenfalls auf dem neuesten Stand sein; dabei sind alle angemessenen Maßnahmen zu treffen, damit personenbezogene Daten, die im Hinblick auf die Zwecke ihrer Verarbeitung unrichtig sind, unverzüglich gelöscht oder berichtigt werden,
5. nicht länger als es für die Zwecke, für die sie verarbeitet werden, erforderlich ist, in einer Form gespeichert werden, die die Identifizierung der betroffenen Personen ermöglicht, und
6. in einer Weise verarbeitet werden, die eine angemessene Sicherheit der personenbezogenen Daten gewährleistet; hierzu gehört auch ein durch geeignete technische und organisatorische Maßnahmen zu gewährleistender Schutz vor unbefugter oder unrechtmäßiger Verarbeitung, unbeabsichtigtem Verlust, unbeabsichtigter Zerstörung oder unbeabsichtigter Schädigung.

A. Grundsätze des Art. 5 Abs. 1 DS-GVO

1 § 47 basiert auf Art. 4 Abs. 1 RL (EU) 2016/680, dieser wiederum auf Art. 5 DS-GVO, insofern wird auf dessen Kommentierung verwiesen (→ DS-GVO Art. 5 Rn. 2 ff.). Interessant wird sein, wie Nr. 1 in der Strafverfolgungspraxis angewendet wird. Sollten Daten im Rahmen einer Durchsuchung verarbeitet worden sein, die unter Missachtung des Richtervorbehaltes erfolgte, so ist von einem Verstoß gegen das Prinzip der Rechtmäßigkeit iSv Nr. 1 auszugehen. Diese Daten dürften dann nicht (weiter)verarbeitet werden – ohne dass es eines Widerspruchs der betroffenen Person bedarf. Vor Inkrafttreten dieser Vorschrift hat der BGH noch entschieden, dass eine Rüge erforderlich sei (BGH NJW 2018, 2279, mit lesenswerten Anmerkungen von Meyer-Mews).

2 Die Grundsätze der Datenminimierung, der Zweckbindung, die Kriterien der Erforderlichkeit und der Verhältnismäßigkeit beanspruchen auch hier Geltung, wie das OLG Hamm festgestellt hat (OLG Hamm BeckRS 2021, 6165 Rn 36). Verantwortliche haben stets genau zu prüfen, ob eine Datenverarbeitung noch angezeigt ist. So ist zB eine Löschung nach der dreijährigen Aussonderungsprüffrist gem. § 489 Abs. 3 S. 2 Nr. 3, Abs. 5 StPO regelmäßig angezeigt.

B. Abweichungen von Art. 5 DS-GVO

3 Abweichend hiervon finden sich im 3. Teil des BDSG weder der **Transparenzgrundsatz** (anders: Art. 5 Abs. 1 lit. a DS-GVO) noch eine **Rechenschaftspflicht** der verantwortlichen Stelle (anders: Art. 5 Abs. 2 DS-GVO). Dies ist der Natur der Verarbeitungstätigkeiten (zB verdeckte Ermittlungsmaßnahmen) geschuldet.

Kapitel 2. Rechtsgrundlagen der Verarbeitung personenbezogener Daten

§ 48 Verarbeitung besonderer Kategorien personenbezogener Daten

(1) Die Verarbeitung besonderer Kategorien personenbezogener Daten ist nur zulässig, wenn sie zur Aufgabenerfüllung unbedingt erforderlich ist.

(2) [1]Werden besondere Kategorien personenbezogener Daten verarbeitet, sind geeignete Garantien für die Rechtsgüter der betroffenen Personen vorzusehen. [2]Geeignete Garantien können insbesondere sein

1. spezifische Anforderungen an die Datensicherheit oder die Datenschutzkontrolle,

2. die Festlegung von besonderen Aussonderungsprüffristen,
3. die Sensibilisierung der an Verarbeitungsvorgängen Beteiligten,
4. die Beschränkung des Zugangs zu den personenbezogenen Daten innerhalb der verantwortlichen Stelle,
5. die von anderen Daten getrennte Verarbeitung,
6. die Pseudonymisierung personenbezogener Daten,
7. die Verschlüsselung personenbezogener Daten oder
8. spezifische Verfahrensregelungen, die im Fall einer Übermittlung oder Verarbeitung für andere Zwecke die Rechtmäßigkeit der Verarbeitung sicherstellen.

Überblick

§ 48 regelt die Verarbeitung besonderer Kategorien personenbezogener Daten, deren Definition in § 46 Nr. 14 erfolgt. Die Relevanz dieser Vorschrift ist fraglich. Es existieren spezialgesetzliche Regelungen (zB § 81e StPO).

A. Zulässigkeit bei unbedingter Erforderlichkeit (Abs. 1)

Die Verarbeitung dieser personenbezogenen Daten ist nur zulässig, wenn sie zur Aufgabenerfül- **1** lung der Justizbehörden **unbedingt erforderlich** ist.

Ausweislich der Begründung des Gesetzgebers liegt eine **unbedingte Erforderlichkeit** dann **2** vor, wenn die Datenverarbeitung zur Wahrung lebenswichtiger Interessen der betroffenen Person oder eines Dritten nötig ist (BT-Drs. 18/11325, 111). Der Gesetzgeber scheint davon auszugehen, dass das Kriterium der unbedingten Erforderlichkeit nicht nötig ist, wenn Daten verarbeitet werden, die die „betroffene Person offensichtlich öffentlich gemacht hat" (BT-Drs. 18/11325, 111). Er stützt sich insoweit auf Art. 10 lit. b und lit. c RL (EU) 2016/680.

B. Geeignete Garantien für die Rechtsgüter der betroffenen Personen (Abs. 2)

Während Art. 10 RL (EU) 2016/680 die Zulässigkeit der Verarbeitung „vorbehaltlich" daran **3** knüpft, dass **geeignete Garantien für die Rechte und Freiheiten** der betroffenen Person bestehen, ist die Zulässigkeit der Verarbeitung in § 48 nur an das Kriterium der „unbedingten Erforderlichkeit" geknüpft. Es handelt sich hierbei um eine **nicht vollständige Umsetzung der unionsrechtlichen Vorgaben.** Selbstverständlich ist die Verarbeitung besonderer Kategorien personenbezogener Daten nur zulässig, wenn geeignete Garantien für die Rechtsgüter vorliegen.

In Abs. 2 S. 2 erfolgt eine beispielhafte, nicht abschließende Wiedergabe, wie geeignete Garan- **4** tien aussehen könnten. „Die konkrete Ausgestaltung der Maßnahmen kann also von Einzelfall zu Einzelfall variieren" (BT-Drs. 18/11325, 111).

C. Entwicklung in der Praxis

In einer – nicht rechtskräftigen Entscheidung – hat das VG Hamburg entschieden, dass die **5** Verwendung von **Gesichtserkennungssoftware** auf Abs. 1 gestützt werden kann (VG Hamburg BeckRS 2019, 40195). Diese Vorschrift sei eine hinreichende Rechtsgrundlage für die abschließende Regelung aller biometrischer Datenverarbeitung. Zu Recht wird diese Entscheidung kritisch gewürdigt. Denn die Gesichtserkennung als ein erheblicher Eingriff erfordert eine spezialgesetzliche Grundlage (Mysegades NVwZ 2020, 852 (854) mwN).

§ 49 Verarbeitung zu anderen Zwecken

[1]Eine Verarbeitung personenbezogener Daten zu einem anderen Zweck als zu demjenigen, zu dem sie erhoben wurden, ist zulässig, wenn es sich bei dem anderen Zweck um einen der in § 45 genannten Zwecke handelt, der Verantwortliche befugt ist, Daten zu diesem Zweck zu verarbeiten, und die Verarbeitung zu diesem Zweck erforderlich und verhältnismäßig ist. [2]Die Verarbeitung personenbezogener Daten zu einem anderen, in § 45 nicht genannten Zweck ist zulässig, wenn sie in einer Rechtsvorschrift vorgesehen ist.

Überblick

Mit dieser Vorschrift wird Art. 4 RL (EU) 2016/680 umgesetzt.

A. Zweckänderung im Bereich des § 45 (S. 1)

1   Eine Zweckänderung bei der Verarbeitung personenbezogener Daten ist zulässig, wenn der **neue Verarbeitungszweck** seine Grundlage ebenfalls in § 45 findet. Interessenterweise ist der Fall einer erstmaligen Verarbeitung in den §§ 45 ff. nicht geregelt.

2   Zusätzlich muss eine Prüfung der **Erforderlichkeit und der Verhältnismäßigkeit** der geänderten Datenverarbeitung erfolgen (Art. 4 Abs. 2 RL (EU) 2016/680). Der Begriff der Erforderlichkeit ist im datenschutzrechtlichen Kontext zu sehen. Ein Verständnis dieses Begriffes im Sinne von „relativ mildesten Mittels" ist nicht angezeigt. Eine anlasslose Vorratsdatenspeicherung kann nie erforderlich im datenschutzrechtlichen Sinne sein (vgl. BeckOK DatenschutzR/Albers BDSG § 49 Rn. 13). Die Verarbeitung ist, in Anlehnung an die Rechtsprechung des EuGHs zur Verarbeitung besonderer Kategorien von personenbezogenen Daten – auf das absolut Notwendige zu beschränken.

B. Zweckänderung außerhalb des § 45 (S. 2)

3   Dieser Teil der Vorschrift setzt Art. 9 Abs. 1 RL (EU) 2016/680 um. Eine solche Zweckänderung der Verarbeitung ist zulässig, wenn das Unionsrecht oder das Recht des Mitgliedstaates diese Verarbeitung gestatten. Neue Rechtsgrundlage hierfür könnte die DS-GVO sein (Art. 9 Abs. 1 S. 2 RL (EU) 2016/680) oder aber eine mitgliedsstaatliche Vorschrift, die eine bereichsspezifische Regelung darstellt, wie zB Maßnahmen der StPO oder des Polizeirechts (Kühling/Buchner/Schwichtenberg Rn. 8). Diese Maßnahmen wären Rechtsgrundlage für eine zulässige Zweckänderung gem. §§ 25, 23.

C. Gesamtbetrachtung der Vorschrift

4   Betrachtet man § 49 aus neutraler Sicht, so muss man zu dem Ergebnis gelangen, dass eine weitere Datenverarbeitung grundsätzlich gegenüber dem Interesse des Betroffenen auf Datenschutz überwiegt („Bias" so Paal/Pauly, DSGVO – BDSG/Frenzel, 3. Aufl. 2021, BDSG § 49 Rn. 6). Die wenig bestimmten Kriterien der Rechtmäßigkeit und Erforderlichkeit (S. 1) sowie die Möglichkeit der Weiterverarbeitung durch die Schaffung einer Rechtsgrundlage (S. 2) zeigen, dass Begehrlichkeiten der Union und der Mitgliedsstaaten bestehen, einmal erhobene Daten möglichst lange zu verarbeiten und/oder salopp ausgedrückt „zu recyclen".

§ 51 Einwilligung

(1) **Soweit die Verarbeitung personenbezogener Daten nach einer Rechtsvorschrift auf der Grundlage einer Einwilligung erfolgen kann, muss der Verantwortliche die Einwilligung der betroffenen Person nachweisen können.**

(2) **Erfolgt die Einwilligung der betroffenen Person durch eine schriftliche Erklärung, die noch andere Sachverhalte betrifft, muss das Ersuchen um Einwilligung in verständlicher und leicht zugänglicher Form in einer klaren und einfachen Sprache so erfolgen, dass es von den anderen Sachverhalten klar zu unterscheiden ist.**

(3) **¹Die betroffene Person hat das Recht, ihre Einwilligung jederzeit zu widerrufen. ²Durch den Widerruf der Einwilligung wird die Rechtmäßigkeit der aufgrund der Einwilligung bis zum Widerruf erfolgten Verarbeitung nicht berührt. ³Die betroffene Person ist vor Abgabe der Einwilligung hiervon in Kenntnis zu setzen.**

(4) **¹Die Einwilligung ist nur wirksam, wenn sie auf der freien Entscheidung der betroffenen Person beruht. ²Bei der Beurteilung, ob die Einwilligung freiwillig erteilt wurde, müssen die Umstände der Erteilung berücksichtigt werden. ³Die betroffene Person ist auf den vorgesehenen Zweck der Verarbeitung hinzuweisen. ⁴Ist dies nach den Umständen des Einzelfalles erforderlich oder verlangt die betroffene Person dies, ist sie auch über die Folgen der Verweigerung der Einwilligung zu belehren.**

(5) **Soweit besondere Kategorien personenbezogener Daten verarbeitet werden, muss sich die Einwilligung ausdrücklich auf diese Daten beziehen.**

§ 51 ist durch Erwägungsgrund 35 RL (EU) 2016/680 inspiriert. Angeblich soll es auch im **1** Anwendungsbereich dieser Richtlinie das Bedürfnis für eine Einwilligung in die Datenverarbeitung geben. Es ist jedoch mehr als zweifelhaft, ob überhaupt das eminent wichtige Kriterium der Freiwilligkeit einer solchen Einwilligung erfüllt werden kann. Denn der Betroffene findet sich der „Staatsmacht" gegenüber. Es ist daher zu empfehlen, dass der Verantwortliche Einwilligung über Art. 6 und Art. 9 DS-GVO generiert.

Der Sinn dieser Vorschrift ist **mehr als zweifelhaft.** Im Anwendungsbereich der RL (EU) **2** 2016/680 zum Datenschutz in Strafsachen gibt es **kein „Handeln auf Augenhöhe"** (Paal/Pauly/ Frenzel Rn. 10). Die Datenverarbeitung iRd §§ 49 ff. erfolgt im präventiven oder repressiven Bereich durch Justiz- oder Strafverfolgungsbehörden. Diese Behörden handeln zum Zweck des „ultimativen Rechtsgüterschutzes" (Paal/Pauly/Frenzel Rn. 1). Die betroffene Person hat regelmäßig keine Möglichkeit, freiwillig einzuwilligen. Dies lässt sich auch den Beispielen erkennen, die die RL (EU) 2016/680 in Erwägungsgrund 35 S. 6 RL (EU) 2016/680 anführt: „(Einwilligung) beispielsweise im Falle von DNA-Tests in strafrechtlichen Ermittlungen oder zur Überwachung ihres Aufenthaltsorts mittels elektronischer Fußfessel zur Strafvollstreckung". Es stellt sich die Frage, ob die Ausübung des Rechtes, die Einwilligung jederzeit zu widerrufen können (Abs. 3), tatsächlich möglich ist, oder der Betroffene sich hierdurch nicht erst recht verdächtig macht, sodass zB der DNA-Test angeordnet wird.

Sollte die öffentliche Stelle auf die Einwilligung der betroffenen Person angewiesen sein, so **3** schreibt diese Vorschrift ein Verfahren vor, welches sich an den → DS-GVO Art. 6 Rn. 1 und 7 DS-GVO orientiert. Wenn **besondere Kategorien personenbezogener Daten** aufgrund einer einzuholenden Einwilligung verarbeitet werden sollen, muss die Einwilligung und deren Folge dem Betroffenen ausdrücklich vor Augen geführt werden (Abs. 5).

§ 52 Verarbeitung auf Weisung des Verantwortlichen

Jede einem Verantwortlichen oder einem Auftragsverarbeiter unterstellte Person, die Zugang zu personenbezogenen Daten hat, darf diese Daten ausschließlich auf Weisung des Verantwortlichen verarbeiten, es sei denn, dass sie nach einer Rechtsvorschrift zur Verarbeitung verpflichtet ist.

Mit dieser Vorschrift soll Art. 23 RL (EU) 2016/680 umgesetzt werden. Diese Umsetzung **1** erfolgt nur rudimentär. Denn § 52 regelt ausschließlich die Verantwortlichkeit der unterstellten Person, wohingegen Art. 23 RL (EU) 2016/680 zusätzlich ausdrücklich eine Verantwortlichkeit des Auftragsverarbeiters zuweist.

Die unterstellte Person darf die Verarbeitungstätigkeiten erst aufnehmen, wenn sie eine Weisung **2** seitens des Verantwortlichen, welcher in § 46 Nr. 7 legaldefiniert ist, erhalten hat. Wobei § 45 klarstellt, dass öffentliche Stellen, die Verhütung, Ermittlung, Aufdeckung, Verfolgung oder Ahndung von Straftaten oder Ordnungswidrigkeiten zuständig sind, als Verantwortliche gelten (→ § 45 Rn. 2). Zwar ist es empfehlenswert, die Weisung zumindest elektronisch zu erteilen. Eine besondere Form ist jedoch nicht vorgesehen.

Die Weisung muss **inhaltlich hinreichend** bestimmt sein. Denn wenn ein Auftragsverarbeiter **3** „ohne eigenen Wertungs- und Entscheidungsspielraum für den Auftraggeber tätig wird" (VG Bayreuth ZD 2018, 382 Rn. 48), dann muss dies erst recht für Personen gelten, die dem Verantwortlichen oder dem Auftragsverarbeiter unterstellt sind.

Zusätzlich kann eine gesetzliche Pflicht zur Datenverarbeitung für die unterstellte Person beste- **4** hen (§ 52 aE), ohne dass eine vorherige Weisung hierzu erforderlich ist.

§ 53 Datengeheimnis

¹Mit Datenverarbeitung befasste Personen dürfen personenbezogene Daten nicht unbefugt verarbeiten (Datengeheimnis). ²Sie sind bei der Aufnahme ihrer Tätigkeit auf das Datengeheimnis zu verpflichten. ³Das Datengeheimnis besteht auch nach der Beendigung ihrer Tätigkeit fort.

§ 53 bedient sich der Regelung des § 5 BDSG aF (BR-Drs. 110/17, 115). Weder in der RL **1** (EU) 2016/680 zum Datenschutz in Strafsachen noch in der DS-GVO findet sich eine Regelung, die mit § 53 vergleichbar ist. Art. 28 Abs. 2 S. 2 lit. b DS-GVO führ zu einer indirekten Verpflichtung „jede dem Verantwortlichen oder dem Auftragsverarbeiter unterstellte Person" zur Vertraulichkeit und somit zur Wahrung des Datengeheimnisses zu verpflichten.

2   Diese Vorschrift normiert ein **Verarbeitungsverbot.** Personen, egal in welchem rechtlichen Verhältnis sie zur öffentlichen Stelle stehen, dürfen personenbezogene Daten nur verarbeiten, wenn sie dazu ausdrücklich angewiesen werden. Das Datengeheimnis gilt kraft Gesetzes – unabhängig, ob eine Verpflichtung erfolgt oder nicht.

3   Vor Aufnahme der Verarbeitungstätigkeit müssen diese auf das **Datengeheimnis** verpflichtet werden. Diese Verpflichtung ist **nicht formgebunden,** zu Zwecken der Dokumentation sollte sie jedoch in schriftlicher oder elektronischer Form erfolgen. Da es sich um einen **Realakt** handelt, können auch Minderjährige verpflichtet werden. Diese Verpflichtung sowie das Datengeheimnis bestehen auch **nach Beendigung der Tätigkeit.** Eine Verwendung des erlangten Wissens in einer neuen Position ist somit nicht möglich.

§ 54 Automatisierte Einzelentscheidung

(1) Eine ausschließlich auf einer automatischen Verarbeitung beruhende Entscheidung, die mit einer nachteiligen Rechtsfolge für die betroffene Person verbunden ist oder sie erheblich beeinträchtigt, ist nur zulässig, wenn sie in einer Rechtsvorschrift vorgesehen ist.

(2) Entscheidungen nach Absatz 1 dürfen nicht auf besonderen Kategorien personenbezogener Daten beruhen, sofern nicht geeignete Maßnahmen zum Schutz der Rechtsgüter sowie der berechtigten Interessen der betroffenen Personen getroffen wurden.

(3) Profiling, das zur Folge hat, dass betroffene Personen auf der Grundlage von besonderen Kategorien personenbezogener Daten diskriminiert werden, ist verboten.

Überblick

Mit § 54 wird Art. 11 RL (EU) 2016/680 nahezu unverändert übernommen. Art. 22 DS-GVO regelt automatisierte Entscheidungen im Einzelfall im Anwendungsbereich der DS-GVO.

A. Automatisierte Verarbeitung

1   Bei der automatisierten Verarbeitung handelt es sich um einen Vorgang (zB erheben, erfassen, verändern, auslesen) oder eine Vorgangsreihe im Zusammenhang mit personenbezogenen Daten (Art. 3 Nr. 3 RL (EU) 2016/680), die zu einer **Entscheidung ohne weiteren menschlichen Eingriff** führt.

2   Automatisierte Verarbeitungssysteme müssen die Verarbeitungsvorgänge protokollieren, die Person, die personenbezogene Daten abgefragt oder offengelegt hat, ist ebenfalls zu identifizieren und zu protokollieren (Erwägungsgrund 57 RL (EU) 2016/680).

B. Zulässigkeit einer auf automatisierter Verarbeitung beruhende Entscheidung

3   Ohne eine Rechtsgrundlage ist die automatisierte Verarbeitung untersagt, wenn die betroffene Person **erheblich beeinträchtigt** ist. Diese beeinträchtigende Entscheidung ist als ein Rechtsakt mit Außenwirkung zu verstehen. Rein automatisierte interne Zwischenfestlegungen/Zwischenauswertungen fallen nicht hierunter (BR-Drs. 110/17, 115).

4   Wenn **keine geeigneten Maßnahmen** zum Schutz der Rechtsgüter sowie der berechtigten Interessen der betroffenen Personen veranlasst wurden, ist eine Entscheidung, die auf automatisierter Verarbeitung von besonderen Kategorien personenbezogener Daten beruht, unzulässig (Abs. 2). Ein nicht abschließender Maßnahmenkatalog findet sich in § 48 Abs. 2.

5   **Profiling** (definiert in § 46 Nr. 5) ist verboten, wenn es zu Diskriminierung von Personen aufgrund besonderer Kategorien personenbezogener Daten führt. Hiermit wird der Grundsatz der **Nichtdiskriminierung** (Art. 21 GRCh) auf einfacher gesetzlicher Ebene umgesetzt.

Kapitel 3. Rechte der betroffenen Person

§ 55 Allgemeine Informationen zu Datenverarbeitungen

Der Verantwortliche hat in allgemeiner Form und für jedermann zugänglich Informationen zur Verfügung zu stellen über
1. die Zwecke der von ihm vorgenommenen Verarbeitungen,
2. die im Hinblick auf die Verarbeitung ihrer personenbezogenen Daten bestehenden Rechte der betroffenen Personen auf Auskunft, Berichtigung, Löschung und Einschränkung der Verarbeitung,
3. den Namen und die Kontaktdaten des Verantwortlichen und der oder des Datenschutzbeauftragten,
4. das Recht, die Bundesbeauftragte oder den Bundesbeauftragten anzurufen, und
5. die Erreichbarkeit der oder des Bundesbeauftragten.

Überblick

§ 55 dient der Umsetzung von Art. 13 Abs. 1 RL (EU) 2016/680. Diese Vorschrift wiederum ähnelt Art. 13 f. DS-GVO.

A. Übersicht

Diese Vorschrift regelt die **aktive Informationspflicht** des Verantwortlichen gegenüber **1** betroffenen Personen. Es handelt sich hierbei um die **erste Stufe eines zweistufigen Modells** der Informationserteilung; zweite Stufe ist § 56 Abs. 1. Diese erste Stufe beinhaltet allgemeine Bürgerinformationen, die die es dem Einzelnen nicht leicht machen, abzuschätzen, ob ihn betreffende Daten verarbeitet werden (Schantz/Wolff, Das neue Datenschutzrecht, 2017, Rn. 1179).

Der Gesetzgeber will, dass öffentliche Stellen Informationen auf der **Internetseite** des Verant- **2** wortlichen erteilen (BT-Drs. 18/11325, 112) und somit in leicht zugänglicher Form einen **Überblick** über die Zwecke der beim Verantwortlichen durchgeführten **Verarbeitungen** und über die **Betroffenenrechte** verschaffen.

B. Zu erteilende Informationen

Es sind folgende Informationen zu erteilen (vgl. Erwägungsgrund 42 RL (EU) 2016/680): die **3** Identität des Verantwortlichen, die Existenz des Verarbeitungsvorganges, die Zwecke der Verarbeitung, das Beschwerderecht und das Bestehen eines Rechts auf Auskunft und Berichtigung oder Löschung personenbezogener Daten und auf Einschränkung der Verarbeitung, die Kontaktdaten der / des Datenschutzbeauftragten und der / des Bundesbeauftragten.

§ 56 Benachrichtigung betroffener Personen

(1) Ist die Benachrichtigung betroffener Personen über die Verarbeitung sie betreffender personenbezogener Daten in speziellen Rechtsvorschriften, insbesondere bei verdeckten Maßnahmen, vorgesehen oder angeordnet, so hat diese Benachrichtigung zumindest die folgenden Angaben zu enthalten:
1. die in § 55 genannten Angaben,
2. die Rechtsgrundlage der Verarbeitung,
3. die für die Daten geltende Speicherdauer oder, falls dies nicht möglich ist, die Kriterien für die Festlegung dieser Dauer,
4. gegebenenfalls die Kategorien von Empfängern der personenbezogenen Daten sowie
5. erforderlichenfalls weitere Informationen, insbesondere, wenn die personenbezogenen Daten ohne Wissen der betroffenen Person erhoben wurden.

(2) In den Fällen des Absatzes 1 kann der Verantwortliche die Benachrichtigung insoweit und solange aufschieben, einschränken oder unterlassen, wie andernfalls
1. die Erfüllung der in § 45 genannten Aufgaben,
2. die öffentliche Sicherheit oder

3. Rechtsgüter Dritter
gefährdet würden, wenn das Interesse an der Vermeidung dieser Gefahren das Informationsinteresse der betroffenen Person überwiegt.

(3) Bezieht sich die Benachrichtigung auf die Übermittlung personenbezogener Daten an Verfassungsschutzbehörden, den Bundesnachrichtendienst, den Militärischen Abschirmdienst und, soweit die Sicherheit des Bundes berührt wird, andere Behörden des Bundesministeriums der Verteidigung, ist sie nur mit Zustimmung dieser Stellen zulässig.

(4) Im Fall der Einschränkung nach Absatz 2 gilt § 57 Absatz 7 entsprechend.

Überblick

Anders als die Bestimmung des § 55 regelt § 56 kein Vorhalten von Informationen, sondern die Pflicht, betroffene Personen individuell zu informieren. Mit dieser Vorschrift wird Art. 13 Abs. 2 RL (EU) 2016/680 umgesetzt.

A. Aktive Informationspflicht betroffener Personen (Abs. 1)

1   Betroffene Personen werden nur über die Verarbeitung sie betreffender personenbezogener Daten informiert, sollte eine **spezialgesetzliche Verpflichtung** dazu bestehen (Abs. 1). Diese Information muss die in der Aufzählung aufgeführten Punkte umfassen. Es handelt sich hierbei um die **zweite Stufe eines Informationssystems;** § 55 repräsentiert die erste Stufe.

B. Einschränkungen der Informationspflicht (Abs. 2, Abs. 3)

2   Art. 13 Abs. 3 RL (EU) 2016/680 verschafft die Möglichkeit, die Informationspflicht nach Abs. 1 aufzuschieben, einzuschränken oder zu unterlassen.

3   Hiervon wurde durch den Gesetzgeber Gebrauch gemacht, um durch eine andernfalls gebotene Auskunftserteilung die ordnungsgemäße **Erfüllung der Aufgaben** (§ 45) des Verantwortlichen (BT-Drs. 18/11325, 113), die **öffentliche Sicherheit** oder **Rechtsgüter Dritter** nicht zu gefährden. Jedenfalls muss der Grundsatz der Verhältnismäßigkeit gewahrt bleiben, denn eine Einschränkung der Informationspflicht führt automatisch zu einer Einschränkung der (Grund-)Rechte des Betroffenen. Eine pauschale Entscheidung wäre nicht ausreichend, vielmehr muss „im Einzelnen herausgearbeitet (werden), weswegen die Aufgabenerfüllung durch eine Auskunftserteilung (…) gefährdet werden kann" (vgl. BVerfG MMR 2008, 450 (452)).

4   Die in Abs. 3 genannten Behörden müssen einer Information des Betroffenen **zustimmen,** um auszuschließen, dass die nachrichtendienstliche Tätigkeit gefährdet wird.

5   Sobald die Informationserteilung seitens des Verantwortlichen eingeschränkt ist, kann die betroffene Person den **Bundesbeauftragten anrufen** (Abs. 4).

§ 57 Auskunftsrecht

(1) [1]Der Verantwortliche hat betroffenen Personen auf Antrag Auskunft darüber zu erteilen, ob er sie betreffende Daten verarbeitet. [2]Betroffene Personen haben darüber hinaus das Recht, Informationen zu erhalten über
1. die personenbezogenen Daten, die Gegenstand der Verarbeitung sind, und die Kategorie, zu der sie gehören,
2. die verfügbaren Informationen über die Herkunft der Daten,
3. die Zwecke der Verarbeitung und deren Rechtsgrundlage,
4. die Empfänger oder die Kategorien von Empfängern, gegenüber denen die Daten offengelegt worden sind, insbesondere bei Empfängern in Drittstaaten oder bei internationalen Organisationen,
5. die für die Daten geltende Speicherdauer oder, falls dies nicht möglich ist, die Kriterien für die Festlegung dieser Dauer,
6. das Bestehen eines Rechts auf Berichtigung, Löschung oder Einschränkung der Verarbeitung der Daten durch den Verantwortlichen,
7. das Recht nach § 60, die Bundesbeauftragte oder den Bundesbeauftragten anzurufen, sowie
8. Angaben zur Erreichbarkeit der oder des Bundesbeauftragten.

(2) Absatz 1 gilt nicht für personenbezogene Daten, die nur deshalb verarbeitet werden, weil sie aufgrund gesetzlicher Aufbewahrungsvorschriften nicht gelöscht werden dürfen oder die ausschließlich Zwecken der Datensicherung oder der Datenschutzkontrolle dienen, wenn die Auskunftserteilung einen unverhältnismäßigen Aufwand erfordern würde und eine Verarbeitung zu anderen Zwecken durch geeignete technische und organisatorische Maßnahmen ausgeschlossen ist.

(3) Von der Auskunftserteilung ist abzusehen, wenn die betroffene Person keine Angaben macht, die das Auffinden der Daten ermöglichen, und deshalb der für die Erteilung der Auskunft erforderliche Aufwand außer Verhältnis zu dem von der betroffenen Person geltend gemachten Informationsinteresse steht.

(4) Der Verantwortliche kann unter den Voraussetzungen des § 56 Absatz 2 von der Auskunft nach Absatz 1 Satz 1 absehen oder die Auskunftserteilung nach Absatz 1 Satz 2 teilweise oder vollständig einschränken.

(5) Bezieht sich die Auskunftserteilung auf die Übermittlung personenbezogener Daten an Verfassungsschutzbehörden, den Bundesnachrichtendienst, den Militärischen Abschirmdienst und, soweit die Sicherheit des Bundes berührt wird, andere Behörden des Bundesministeriums der Verteidigung, ist sie nur mit Zustimmung dieser Stellen zulässig.

(6) [1]Der Verantwortliche hat die betroffene Person über das Absehen von oder die Einschränkung einer Auskunft unverzüglich schriftlich zu unterrichten. [2]Dies gilt nicht, wenn bereits die Erteilung dieser Informationen eine Gefährdung im Sinne des § 56 Absatz 2 mit sich bringen würde. [3]Die Unterrichtung nach Satz 1 ist zu begründen, es sei denn, dass die Mitteilung der Gründe den mit dem Absehen von oder der Einschränkung der Auskunft verfolgten Zweck gefährden würde.

(7) [1]Wird die betroffene Person nach Absatz 6 über das Absehen von oder die Einschränkung der Auskunft unterrichtet, kann sie ihr Auskunftsrecht auch über die Bundesbeauftragte oder den Bundesbeauftragten ausüben. [2]Der Verantwortliche hat die betroffene Person über diese Möglichkeit sowie darüber zu unterrichten, dass sie gemäß § 60 die Bundesbeauftragte oder den Bundesbeauftragten anrufen oder gerichtlichen Rechtsschutz suchen kann. [3]Macht die betroffene Person von ihrem Recht nach Satz 1 Gebrauch, ist die Auskunft auf ihr Verlangen der oder dem Bundesbeauftragten zu erteilen, soweit nicht die zuständige oberste Bundesbehörde im Einzelfall feststellt, dass dadurch die Sicherheit des Bundes oder eines Landes gefährdet würde. [4]Die oder der Bundesbeauftragte hat die betroffene Person zumindest darüber zu unterrichten, dass alle erforderlichen Prüfungen erfolgt sind oder eine Überprüfung durch sie stattgefunden hat. [5]Diese Mitteilung kann die Information enthalten, ob datenschutzrechtliche Verstöße festgestellt wurden. [6]Die Mitteilung der oder des Bundesbeauftragten an die betroffene Person darf keine Rückschlüsse auf den Erkenntnisstand des Verantwortlichen zulassen, sofern dieser keiner weitergehenden Auskunft zustimmt. [7]Der Verantwortliche darf die Zustimmung nur insoweit und solange verweigern, wie er nach Absatz 4 von einer Auskunft absehen oder sie einschränken könnte. [8]Die oder der Bundesbeauftragte hat zudem die betroffene Person über ihr Recht auf gerichtlichen Rechtsschutz zu unterrichten.

(8) Der Verantwortliche hat die sachlichen oder rechtlichen Gründe für die Entscheidung zu dokumentieren.

Überblick

Mit § 57 werden die Art. 14 RL (EU) 2016/680 (Bestehen des Auskunftsrechts) und Art. 15 RL (EU) 2016/680 (Ausnahmen) umgesetzt (BT-Drs. 18/11325, 113).

A. Pflicht und Inhalt der Auskunftserteilung

Der Verantwortliche muss der betroffenen Person **auf Antrag** Auskunft erteilen. 1

Die Auskunft muss geeignet sein, bei der betroffenen Person ein **Bewusstsein über Umfang** 2 **und Art der verarbeiteten Daten zu erzeugen** und es hierzu ermöglichen, aufgrund dieser Information zu ermessen, ob die Verarbeitung rechtmäßig ist (BT-Drs. 18/11325, 113).

Es besteht keine Pflicht des Verantwortlichen, eine exakte Kopie der gespeicherten Daten zu 3 erzeugen. Vertrauliche Informationen oder Identitäten von natürlichen Personen müssen nicht preisgegeben werden. Die Auskunft kann in Form einer zusammenfassenden Übersicht in verständlicher Form erteilt werden (BT-Drs. 18/11325, 113).

B. Ausnahmen von der Pflicht zur Auskunftserteilung

4   Abs. 2 verneint eine Pflicht zur Auskunftserteilung, wenn die Daten nur aufgrund **gesetzlicher Aufbewahrungspflichten** gespeichert werden (vgl. → § 33 Rn. 2).

5   Eine Auskunft ist auch nicht zu erteilen, wenn der **Antragsteller** keine Angaben macht, die das Auffinden der Daten ermöglichen, also **nicht kooperiert** (Abs. 3).

6   Gemäß Abs. 4 kann eine Auskunft auch dann verweigert oder eingeschränkt werden, wenn ein Fall des § 56 Abs. 2 vorliegt (→ § 56 Rn. 3).

7   Die in Abs. 5 genannten Behörden müssen der Auskunftserteilung zustimmen (→ § 56 Rn. 4).

C. Konsequenzen einer negativen Entscheidung

8   Der Verantwortliche muss die betroffene Person **unverzüglich schriftlich darüber informieren,** dass er die Auskunft nicht oder nicht vollständig erteilen wird (Abs. 6 S. 1). Diese Entscheidung ist zu begründen (Abs. 6 S. 3).

9   Wenn bereits durch diese Information eine Gefährdung iSv § 56 Abs. 2 erfolgt (Abs. 6 S. 2), dann kann der Verantwortliche auch das Auskunftsverlangen **ohne Begründung ablehnen** oder **gänzlich unbeantwortet** lassen („neither confirm nor deny"; BT-Drs. 18/11325, 140).

10   Die betroffene Person kann den **Bundesbeauftragten** im Falle einer negativen Entscheidung anrufen (Abs. 7, der auf § 60 verweist). Hierauf muss der Verantwortliche hinweisen (Abs. 7 S. 2), es sei denn die Mitteilungspflicht entfällt (Abs. 6 S. 2). Abs. 7 S. 2 schafft ausdrücklich einen Anspruch auf gerichtlichen Rechtsschutz. Mangels einer ausdrücklichen Sonderzuweisung, § 20 regelt diesen Fall nicht, ist der **Verwaltungsrechtsweg** über § 40 Abs. 1 VwGO eröffnet (BFH NJW 2020, 2135 (2136)).

11   Der Verantwortliche muss die sachlichen oder rechtlichen Gründe, die zu seiner Entscheidung geführt haben, **dokumentieren** (Abs. 8).

§ 58 Rechte auf Berichtigung und Löschung sowie Einschränkung der Verarbeitung

(1) [1]Die betroffene Person hat das Recht, von dem Verantwortlichen unverzüglich die Berichtigung sie betreffender unrichtiger Daten zu verlangen. [2]Insbesondere im Fall von Aussagen oder Beurteilungen betrifft die Frage der Richtigkeit nicht den Inhalt der Aussage oder Beurteilung. [3]Wenn die Richtigkeit oder Unrichtigkeit der Daten nicht festgestellt werden kann, tritt an die Stelle der Berichtigung eine Einschränkung der Verarbeitung. [4]In diesem Fall hat der Verantwortliche die betroffene Person zu unterrichten, bevor er die Einschränkung wieder aufhebt. [5]Die betroffene Person kann zudem die Vervollständigung unvollständiger personenbezogener Daten verlangen, wenn dies unter Berücksichtigung der Verarbeitungszwecke angemessen ist.

(2) Die betroffene Person hat das Recht, von dem Verantwortlichen unverzüglich die Löschung sie betreffender Daten zu verlangen, wenn deren Verarbeitung unzulässig ist, deren Kenntnis für die Aufgabenerfüllung nicht mehr erforderlich ist oder diese zur Erfüllung einer rechtlichen Verpflichtung gelöscht werden müssen.

(3) [1]Anstatt die personenbezogenen Daten zu löschen, kann der Verantwortliche deren Verarbeitung einschränken, wenn

1. Grund zu der Annahme besteht, dass eine Löschung schutzwürdige Interessen einer betroffenen Person beeinträchtigen würde,

2. die Daten zu Beweiszwecken in Verfahren, die Zwecken des § 45 dienen, weiter aufbewahrt werden müssen oder

3. eine Löschung wegen der besonderen Art der Speicherung nicht oder nur mit unverhältnismäßigem Aufwand möglich ist.

[2]In ihrer Verarbeitung nach Satz 1 eingeschränkte Daten dürfen nur zu dem Zweck verarbeitet werden, der ihrer Löschung entgegenstand.

(4) Bei automatisierten Dateisystemen ist technisch sicherzustellen, dass eine Einschränkung der Verarbeitung eindeutig erkennbar ist und eine Verarbeitung für andere Zwecke nicht ohne weitere Prüfung möglich ist.

(5) ¹Hat der Verantwortliche eine Berichtigung vorgenommen, hat er einer Stelle, die ihm die personenbezogenen Daten zuvor übermittelt hat, die Berichtigung mitzuteilen. ²In Fällen der Berichtigung, Löschung oder Einschränkung der Verarbeitung nach den Absätzen 1 bis 3 hat der Verantwortliche Empfängern, denen die Daten übermittelt wurden, diese Maßnahmen mitzuteilen. ³Der Empfänger hat die Daten zu berichtigen, zu löschen oder ihre Verarbeitung einzuschränken.

(6) ¹Der Verantwortliche hat die betroffene Person über ein Absehen von der Berichtigung oder Löschung personenbezogener Daten oder über die an deren Stelle tretende Einschränkung der Verarbeitung schriftlich zu unterrichten. ²Dies gilt nicht, wenn bereits die Erteilung dieser Informationen eine Gefährdung im Sinne des § 56 Absatz 2 mit sich bringen würde. ³Die Unterrichtung nach Satz 1 ist zu begründen, es sei denn, dass die Mitteilung der Gründe den mit dem Absehen von der Unterrichtung verfolgten Zweck gefährden würde.

(7) § 57 Absatz 7 und 8 findet entsprechende Anwendung.

Überblick

Mit § 58 wird Art. 16 RL (EU) 2016/680 umgesetzt.

A. Recht auf Berichtigung, Löschung sowie Einschränkung der Verarbeitung

Der Betroffene kann die Berichtigung unrichtiger bzw. die Vervollständigung unvollständiger **1** Daten verlangen (BT-Drs. 18/11325, 114).

Um massenhaften Beschwerden von Betroffenen vorzubeugen, stellt Abs. 1 S. 2 klar, dass mit **2** dieser Vorschrift **nicht die Korrektur von Aussagen oder Beurteilungen** verlangt werden kann.

Das **Bestreiten** der Richtigkeit der personenbezogenen Daten **muss durch Vorbringen 3 geeigneter Tatsachen substantiiert werden** (BT-Drs. 18/11325, 114).

Anstelle der Berichtigung erfolgt eine Einschränkung der Verarbeitung (§ 46 Nr. 3), wenn **4** nicht verifiziert werden kann, ob die personenbezogenen Daten richtig oder unrichtig sind.

Der Verantwortliche muss die betroffene Person darüber informieren, sobald er die Einschrän- **5** kung der Verarbeitung wieder aufhebt (Abs. 1 S. 4).

Abs. 2 ermöglicht es dem Betroffenen, die **Löschung von personenbezogenen Daten** vom **6** Verantwortlichen zu verlangen. Ausweislich der Begründung des Gesetzgebers soll diese Vorschrift auch die **antragsunabhängige Pflicht** zur Löschung von personenbezogenen Daten begründen, sobald deren Kenntnis für die Aufgabenerfüllung nicht mehr erforderlich ist oder eine gesetzliche Verpflichtung zur Löschung besteht (BT-Drs. 18/11325, 114).

B. Einschränkung der Betroffenenrechte

Abs. 3 regelt Fälle, in denen die Rechte auf Löschung und Berichtigung durch einen Anspruch **7** auf Einschränkung der Verarbeitung ersetzt werden.

Das gilt zunächst, wenn Grund zur Annahme besteht, dass eine **Löschung schutzwürdige 8 Interessen einer betroffenen Person beeinträchtigen** würde (Abs. 3 Nr. 1).

Eine Löschung personenbezogener Daten muss auch dann nicht erfolgen, wenn **die Daten 9 für die Verhütung, Ermittlung, Aufdeckung, Verfolgung oder Ahndung von Straftaten oder Ordnungswidrigkeiten** verarbeitet werden. Insofern verweist § 58 Abs. 3 Nr. 2 auf § 45.

Die Möglichkeit, von der **Löschung wegen unverhältnismäßigem Aufwands** (Abs. 3 Nr. 3) **10** abzusehen, ist als restriktiv auszulegende Ausnahmeregelung anzusehen (BT-Drs. 18/11325, 115).

Abs. 4 verlangt, dass der Verantwortliche sicherzustellen hat, dass die Einschränkung der Verar- **11** beitung auch konkret durch Programmeinstellung der Datenverarbeitungsanlagen umzusetzen ist.

Grundsätzlich besteht eine **Verpflichtung der verantwortlichen Stelle, den Betroffenen 12 von der Entscheidung zu unterrichten,** dass die personenbezogenen Daten weder berichtigt noch gelöscht werden. Eine Ausnahme besteht für den Fall, dass eine Mitteilung an den Betroffenen die Aufgabenerfüllung der Behörde, die öffentliche Sicherheit oder Rechtsgüter Dritter gefährden würde (Abs. 5, § 56 Abs. 2). Diese **Entscheidung ist zu begründen,** wobei die Begründungspflicht entfällt, wenn eine Gefährdung der Aufgabenerfüllung eintritt (Abs. 6 S. 3).

§ 59 Verfahren für die Ausübung der Rechte der betroffenen Person

(1) [1]Der Verantwortliche hat mit betroffenen Personen unter Verwendung einer klaren und einfachen Sprache in präziser, verständlicher und leicht zugänglicher Form zu kommunizieren. [2]Unbeschadet besonderer Formvorschriften soll er bei der Beantwortung von Anträgen grundsätzlich die für den Antrag gewählte Form verwenden.

(2) Bei Anträgen hat der Verantwortliche die betroffene Person unbeschadet des § 57 Absatz 6 und des § 58 Absatz 6 unverzüglich schriftlich darüber in Kenntnis zu setzen, wie verfahren wurde.

(3) [1]Die Erteilung von Informationen nach § 55, die Benachrichtigungen nach den §§ 56 und 66 und die Bearbeitung von Anträgen nach den §§ 57 und 58 erfolgen unentgeltlich. [2]Bei offenkundig unbegründeten oder exzessiven Anträgen nach den §§ 57 und 58 kann der Verantwortliche entweder eine angemessene Gebühr auf der Grundlage der Verwaltungskosten verlangen oder sich weigern, aufgrund des Antrags tätig zu werden. [3]In diesem Fall muss der Verantwortliche den offenkundig unbegründeten oder exzessiven Charakter des Antrags belegen können.

(4) Hat der Verantwortliche begründete Zweifel an der Identität einer betroffenen Person, die einen Antrag nach den §§ 57 oder 58 gestellt hat, kann er von ihr zusätzliche Informationen anfordern, die zur Bestätigung ihrer Identität erforderlich sind.

Überblick

Mit § 59 wird Art. 12 RL (EU) 2016/680 umgesetzt.

A. Kommunikation in klarer und einfacher Sprache

1   Abs. 1 stellt klar, dass der Verantwortliche mit der betroffenen Person in einer klaren und einfachen Sprache und in präziser, verständlicher und leicht zugänglicher Form zu kommunizieren hat.

B. Weiteres Verfahren

2   Der Verantwortliche muss die betroffene Person unverzüglich **schriftlich** über den Fortgang des Verfahrens unterrichten (Abs. 2). Dies gilt nicht, wenn ein Fall von § 56 Abs. 6 oder § 58 Abs. 6 vorliegt. Dieses Schriftlichkeitsgebot steht im Widerspruch zu Abs. 1, der eine Spiegelbildlichkeit der Kommunikationswege fordert.

3   Die Auskunftserteilung und die Bearbeitung von Berichtigungs- und Löschungsersuchen haben **kostenlos** zu erfolgen. Ausnahmsweise kann der Verantwortliche **Verwaltungskosten** in Ansatz bringen. Ihm obliegt jedoch die Darlegungslast eines **offenkundig unbegründeten oder exzessiven Antrages**.

4   Abs. 4 ermöglicht es dem Verantwortlichen, vom Antragsteller einen Nachweis zur Bestätigung der Identität anzufordern. Dieser **Nachweis der Identität** ist auch weiterhin als Grundvoraussetzung für die Antragstellung anzusehen (BT-Drs. 18/11325, 115). Hier besteht ein grundlegender Unterschied zum Auskunftsrecht gem. Art. 15 DS-GVO. Dort sind begründete Zweifel an der Identität des Antragsstellers erforderlich, bevor ein weiterer Nachweis verlangt werden kann (→ DS-GVO Art. 12 Rn. 12).

§ 60 Anrufung der oder des Bundesbeauftragten

(1) [1]Jede betroffene Person kann sich unbeschadet anderweitiger Rechtsbehelfe mit einer Beschwerde an die Bundesbeauftragte oder den Bundesbeauftragten wenden, wenn sie der Auffassung ist, bei der Verarbeitung ihrer personenbezogenen Daten durch öffentliche Stellen zu den in § 45 genannten Zwecken in ihren Rechten verletzt worden zu sein. [2]Dies gilt nicht für die Verarbeitung von personenbezogenen Daten durch Gerichte, soweit diese die Daten im Rahmen ihrer justiziellen Tätigkeit verarbeitet haben. [3]Die oder der Bundesbeauftragte hat die betroffene Person über den Stand und das Ergebnis der Beschwerde zu unterrichten und sie hierbei auf die Möglichkeit gerichtlichen Rechtsschutzes nach § 61 hinzuweisen.

(2) ¹Die oder der Bundesbeauftragte hat eine bei ihr oder ihm eingelegte Beschwerde über eine Verarbeitung, die in die Zuständigkeit einer Aufsichtsbehörde in einem anderen Mitgliedstaat der Europäischen Union fällt, unverzüglich an die zuständige Aufsichtsbehörde des anderen Staates weiterzuleiten. ²Sie oder er hat in diesem Fall die betroffene Person über die Weiterleitung zu unterrichten und ihr auf deren Ersuchen weitere Unterstützung zu leisten.

Überblick

Mit § 60 wird Art. 52 RL (EU) 2016/680 umgesetzt.

A. Beschwerde an den Bundesbeauftragten für den Datenschutz und die Informationsfreiheit (Abs. 1)

§ 60 Abs. 1 gewährt dem Betroffenen ein zusätzliches Beschwerderecht, wenn er meint, in **1** seinen Rechten verletzt zu sein. Die Möglichkeit, dieses Recht auszuüben, soll durch die Bereitstellung eines Beschwerdeformulars, welches auch elektronisch ausgefüllt werden kann, leicht möglich sein (so Erwägungsgrund 86 aE RL (EU) 2016/680). Im Übrigen ist die Beschwerde weder frist- noch formgebunden.

Dies gilt nicht für eine Datenverarbeitung durch Gerichte im Zuge deren justizieller Tätigkeit **2** (Abs. 1 S. 2). Das Verhalten sämtlicher übrigen öffentlichen Stellen, die im Bereich der RL (EU) 2016/680, also insbesondere der Strafvollzugs- und Strafvollstreckungsbehörden, ist beschwerdefähig.

Der Bundesbeauftragte für den Datenschutz und die Informationsfreiheit ist verpflichtet, den **3** Beschwerdeführer über den Fortgang des Verfahrens und des Ergebnisses der Beschwerde zu unterrichten sowie eine Rechtsmittelbelehrung (§ 61) durchzuführen (Abs. 1 S. 3).

B. Weiterleitungspflicht des Bundesbeauftragten für den Datenschutz und die Informationsfreiheit (Abs. 2)

Der Bundesbeauftragte für den Datenschutz und die Informationsfreiheit ist verpflichtet, eine **4** Beschwerde, die bei ihm erhoben wurde, an die ggf. zuständige Aufsichtsbehörde eines anderen Mitgliedstaates weiterzuleiten.

Der Beschwerdeführer ist über die Weiterleitung zu unterrichten. Darüber hinaus muss der **5** Bundesbeauftragte für den Datenschutz und die Informationsfreiheit dem Beschwerdeführer unterstützend zur Seite stehen, sollte dieser das wünschen. **Nachteilige Auswirkungen** für die betroffene Person sind zu vermeiden, dasselbe gilt auch für überflüssige Kosten und **übermäßige Unannehmlichkeiten** (Erwägungsgrund 82 RL (EU) 2016/680).

§ 61 Rechtsschutz gegen Entscheidungen der oder des Bundesbeauftragten oder bei deren oder dessen Untätigkeit

(1) Jede natürliche oder juristische Person kann unbeschadet anderer Rechtsbehelfe gerichtlich gegen eine verbindliche Entscheidung der oder des Bundesbeauftragten vorgehen.

(2) Absatz 1 gilt entsprechend zugunsten betroffener Personen, wenn sich die oder der Bundesbeauftragte mit einer Beschwerde nach § 60 nicht befasst oder die betroffene Person nicht innerhalb von drei Monaten nach Einlegung der Beschwerde über den Stand oder das Ergebnis der Beschwerde in Kenntnis gesetzt hat.

Überblick

§ 61 setzt Art. 53 Abs. 1 RL (EU) 2016/680 um.

A. Rechtsschutz gegen verbindliche Entscheidung (Abs. 1)

Adressaten einer verbindlichen Entscheidung des Bundesbeauftragten für den Datenschutz und **1** die Informationsfreiheit steht der Rechtsweg offen (§ 20 Abs. 1). Der Betroffene kann somit eine gerichtliche Überprüfung der Untersuchungs-, Abhilfe- und Genehmigungsbefugnisse des BfDI erzwingen. Rechtlich nicht bindende Entscheidungen, wie zB Stellungnahmen oder Empfehlungen können nicht auf diesem Wege einer richterlichen Überprüfung zugeführt werden (vgl. Erwägungsgrund 86 RL (EU) 2016/680).

B. Rechtsschutz bei Untätigkeit des Bundesbeauftragten für den Datenschutz und die Informationsfreiheit (Abs. 2)

2   Sollte der Bundesbeauftragte für den Datenschutz und die Informationsfreiheit einen Beschwerdeführer nicht innerhalb von drei Monaten nach Einlegung der Beschwerde über den Sachstand informieren oder sich gar nicht erst mit der Beschwerde befasst haben, so kann der Beschwerdeführer Untätigkeitsklage erheben.

Kapitel 5. Datenübermittlungen an Drittstaaten und an internationale Organisationen

§ 78 Allgemeine Voraussetzungen

(1) Die Übermittlung personenbezogener Daten an Stellen in Drittstaaten oder an internationale Organisationen ist bei Vorliegen der übrigen für Datenübermittlungen geltenden Voraussetzungen zulässig, wenn
1. die Stelle oder internationale Organisation für die in § 45 genannten Zwecke zuständig ist und
2. die Europäische Kommission gemäß Artikel 36 Absatz 3 der Richtlinie (EU) 2016/680 einen Angemessenheitsbeschluss gefasst hat.

(2) [1]Die Übermittlung personenbezogener Daten hat trotz des Vorliegens eines Angemessenheitsbeschlusses im Sinne des Absatzes 1 Nummer 2 und des zu berücksichtigenden öffentlichen Interesses an der Datenübermittlung zu unterbleiben, wenn im Einzelfall ein datenschutzrechtlich angemessener und die elementaren Menschenrechte wahrender Umgang mit den Daten beim Empfänger nicht hinreichend gesichert ist oder sonst überwiegende schutzwürdige Interessen einer betroffenen Person entgegenstehen. [2]Bei seiner Beurteilung hat der Verantwortliche maßgeblich zu berücksichtigen, ob der Empfänger im Einzelfall einen angemessenen Schutz der übermittelten Daten garantiert.

(3) [1]Wenn personenbezogene Daten, die aus einem anderen Mitgliedstaat der Europäischen Union übermittelt oder zur Verfügung gestellt wurden, nach Absatz 1 übermittelt werden sollen, muss diese Übermittlung zuvor von der zuständigen Stelle des anderen Mitgliedstaats genehmigt werden. [2]Übermittlungen ohne vorherige Genehmigung sind nur dann zulässig, wenn die Übermittlung erforderlich ist, um eine unmittelbare und ernsthafte Gefahr für die öffentliche Sicherheit eines Staates oder für die wesentlichen Interessen eines Mitgliedstaats abzuwehren, und die vorherige Genehmigung nicht rechtzeitig eingeholt werden kann. [3]Im Fall des Satzes 2 ist die Stelle des anderen Mitgliedstaats, die für die Erteilung der Genehmigung zuständig gewesen wäre, unverzüglich über die Übermittlung zu unterrichten.

(4) [1]Der Verantwortliche, der Daten nach Absatz 1 übermittelt, hat durch geeignete Maßnahmen sicherzustellen, dass der Empfänger die übermittelten Daten nur dann an andere Drittstaaten oder andere internationale Organisationen weiterübermittelt, wenn der Verantwortliche diese Übermittlung zuvor genehmigt hat. [2]Bei der Entscheidung über die Erteilung der Genehmigung hat der Verantwortliche alle maßgeblichen Faktoren zu berücksichtigen, insbesondere die Schwere der Straftat, den Zweck der ursprünglichen Übermittlung und das in dem Drittstaat oder der internationalen Organisation, an das oder an die die Daten weiterübermittelt werden sollen, bestehende Schutzniveau für personenbezogene Daten. [3]Eine Genehmigung darf nur dann erfolgen, wenn auch eine direkte Übermittlung an den anderen Drittstaat oder die andere internationale Organisation zulässig wäre. [4]Die Zuständigkeit für die Erteilung der Genehmigung kann auch abweichend geregelt werden.

Überblick

§ 78 dient der Umsetzung von Art. 35 RL (EU) 2016/680 und regelt die Datenübermittlung an Stellen außerhalb der EU bei Vorliegen eines Angemessenheitsbeschlusses. Bei Vorliegen geeigneter Garantien gelangt § 79 zur Anwendung. Schließlich ist eine Datenübermittlung in Notfällen auch ohne geeignete Garantien möglich (§ 80).

A. Allgemeine Voraussetzungen

Auf der **ersten Prüfungsstufe** bei der Übermittlung von personenbezogenen Daten an eine **1** Stelle in einem Drittstaat oder bei der Übermittlung an internationale Organisationen ist festzustellen, ob die allgemeinen Voraussetzungen einer Datenübermittlung innerhalb der EU vorliegen. Hier sieht Art. 35 RL (EU) 2016/680 einen ganzen Katalog von Voraussetzungen vor. Insbesondere muss die Übermittlung für die in **Art. 1 Abs. 1 RL (EU) 2016/680 genannten Zwecke,** also zur Verhütung, Ermittlung, Aufdeckung oder Verfolgung von Straftaten oder der Strafvollstreckung, einschließlich des Schutzes vor und der Abwehr von Gefahren für die öffentliche Sicherheit erforderlich sein.

Auf der **zweiten Prüfungsstufe** ist festzustellen, ob die **empfangende Stelle zuständig** ist **2** (Abs. 1 Nr. 1). Dies dürfte für die deutsche Behörde im Einzelfall schwierig sein. Des Weiteren muss hinsichtlich dieser Stelle ein **Angemessenheitsbeschluss** der Europäischen Kommission vorliegen (Abs. 1 Nr. 2). Zwar erleichtert dessen Existenz die Entscheidung, Daten zu übermitteln. Dieser kann jedoch der übermittelnden Behörde nicht von der Durchführung einer Prüfung abhalten. Als Anregung sei das Prüfschema Drittländertransfer empfohlen, welches der BfDI zum Herunterladen bereithält (https://www.bfdi.bund.de/SharedDocs/Downloads/DE/Datenschutz/Pr%C3%BCfschema-Schrems-II.html).

Hinsichtlich des Angemessenheitsbeschlusses gelten dieselben Voraussetzungen wie in Art. 45 **3** DS-GVO (→ DS-GVO Art. 45 Rn. 1). Die Bereitschaft des EuGHs das datenschutzrechtliche Niveau in Drittstaaten kritischer als die europäische Kommission zu beurteilen, zeigte sich in der Nichtigkeitserklärung DSS-Beschlusses (zuletzt: EuGH NJW 2020, 2613 = GRUR-RS 2020, 16082 Rn. 172 ff. – Schrems II). Essenz dieser Rechtsprechung ist, dass die Grundrechte auf Achtung des Privat- und Familienlebens (Art. 7 GRCh), auf Schutz personenbezogener Daten (Art. 8 GRCh) sowie auf einen wirksamen Rechtsbehelf und ein unparteiisches Gericht (Art. 47 GRCh) auch in einem solchen Angemessenheitsbeschluss ausreichend zu berücksichtigen sind.

Sollte die übermittelnde Stelle die Daten von einer öffentlichen Stelle eines anderen Mitglied- **4** staates erhalten haben, muss **die Genehmigung** Letzterer eingeholt werden (Abs. 3 S. 2). Wenn die öffentliche Sicherheit eines Mitgliedstaates unmittelbar und ernsthaft oder dessen wesentliche Interessen gefährdet sind, kann eine Übermittlung **ohne die vorherige Genehmigung** der Ausgangsbehörde erfolgen.

Abs. 3 verlangt von der empfangenen Behörde des Drittstaates oder der internationalen Organi- **5** sation, dass diese eine **Genehmigung von der übermittelnden Behörde** einholen, bevor die betroffenen Daten an **weitere Stellen übermittelt** werden. Im Falle der Abwehr einer unmittelbaren und ernsthaften **Gefahr für die öffentliche Sicherheit** eines Staates oder für die wesentlichen Interessen eines Mitgliedstaates ist das Einholen der Genehmigung ausnahmsweise entbehrlich.

B. Unterbleiben der Übermittlung im Einzelfall (Abs. 2)

Trotz Vorliegen eines Angemessenheitsbeschlusses iSv Abs. 1 Nr. 2 hat im Einzelfall eine **6** Datenübermittlung an einen Drittstaat oder eine internationale Organisation dann zu unterbleiben, sollten ein datenschutzrechtlich angemessener und die elementaren Menschenrechte wahrender Umgang mit den Daten beim Empfänger nicht hinreichend gesichert sein oder sonst überwiegende schutzwürdige Interessen bei der betroffenen Person überwiegen. Damit soll der Rechtsprechung des BVerfG Rechnung getragen werden (BT-Drs. 18/11325, 120 unter Verweis auf BVerfG BeckRS 2016, 44821), sicherlich wurden auch Lehren aus dem Safe-Harbor-Urteil des EuGH (EuGH DuD 2015, 823 ff. = BeckRS 2015, 81250 – Schrems / Data Protection Commissioner) gezogen. Diese Lektion muss jedoch von der Europäischen Kommission erst umgesetzt werden, wurde doch das sog. Privacy-Shield-Abkommen mit Urteil vom 16.7.2020 für unwirksam erklärt (EuGH NJW 2020, 2613 – Schrems II).

C. Vetragsverletzungsverfahren wegen Nichtumsetzung der JI-RL

7   Die Europäische Kommission hat ein Vertragsverletzungsverfahren gegen die Bundesrepublik Deutschland eingeleitet. Wie sich aus der mit Gründen versehenen Stellungnahme vom 14.5.2020 ergibt, haben bislang erst elf der 16 Bundesländer die Vorgaben der JI-RL fristgerecht umgesetzt (https://ec.europa.eu/commission/presscorner/detail/en/inf_20_859).

§ 79 Datenübermittlung bei geeigneten Garantien

(1) Liegt entgegen § 78 Absatz 1 Nummer 2 kein Beschluss nach Artikel 36 Absatz 3 der Richtlinie (EU) 2016/680 vor, ist eine Übermittlung bei Vorliegen der übrigen Voraussetzungen des § 78 auch dann zulässig, wenn
1. in einem rechtsverbindlichen Instrument geeignete Garantien für den Schutz personenbezogener Daten vorgesehen sind oder
2. der Verantwortliche nach Beurteilung aller Umstände, die bei der Übermittlung eine Rolle spielen, zu der Auffassung gelangt ist, dass geeignete Garantien für den Schutz personenbezogener Daten bestehen.

(2) ¹Der Verantwortliche hat Übermittlungen nach Absatz 1 Nummer 2 zu dokumentieren. ²Die Dokumentation hat den Zeitpunkt der Übermittlung, die Identität des Empfängers, den Grund der Übermittlung und die übermittelten personenbezogenen Daten zu enthalten. ³Sie ist der oder dem Bundesbeauftragten auf Anforderung zur Verfügung zu stellen.

(3) ¹Der Verantwortliche hat die Bundesbeauftragte oder den Bundesbeauftragten zumindest jährlich über Übermittlungen zu unterrichten, die aufgrund einer Beurteilung nach Absatz 1 Nummer 2 erfolgt sind. ²In der Unterrichtung kann er die Empfänger und die Übermittlungszwecke angemessen kategorisieren.

Überblick

§ 79 dient der Umsetzung von Art. 37 RL (EU) 2016/680 und bestimmt zusätzliche Voraussetzungen für die Datenübermittlung in Drittstaaten, bezüglich derer kein Angemessenheitsbeschluss gem. Art. 36 RL (EU) 2016/680 der europäischen Kommission vorliegt.

A. Datenübermittlung bei geeigneten Garantien (Abs. 1)

1   Sollten bei der beabsichtigten Datenübermittlung an Behörden eines Drittstaates oder an internationale Organisationen sämtliche Voraussetzungen mit Ausnahme des Vorliegens eines Angemessenheitsbeschlusses festgestellt werden, kann der Verantwortliche dennoch Daten übermitteln, wenn **rechtsverbindliche Instrumente** vorgesehen sind oder **geeignete Garantien** auf Seiten der empfangenden Stelle vorliegen.

2   Hinsichtlich des **Maßstabes** für die Eignung der Garantien kann auf Art. 46 DS-GVO verwiesen werden (→ DS-GVO Art. 46 Rn. 1 f.). Diese Garantie kann sich auch auf den konkreten Einzelfall beziehen (BT-Drs. 18/11325, 120).

3   Der Verantwortliche hat in diesem Falle die Datenübermittlung mit **Verarbeitungsbedingungen** zu verbinden, in denen der empfangenden Stelle eine Löschverpflichtung nach Zweckerreichung, ein Weiterübermittlungsverbot und eine Zweckbindung auferlegt werden (so BT-Drs. 18/11325, 120).

B. Dokumentationspflicht und Information des Bundesbeauftragten für den Datenschutz und die Informationsfreiheit (Abs. 2, Abs. 3)

4   Die Datenübermittlung ist durch den Verantwortlichen **zu dokumentieren**, insoweit setzt § 79 Abs. 2 die Bestimmung des Art. 37 Abs. 3 RL (EU) 2016/680 um.

5   Der Verantwortliche hat darüber hinaus den **Bundesbeauftragten für den Datenschutz und die Informationsfreiheit** jährlich über die Übermittlungen zu **unterrichten** (Abs. 3). Insoweit wird Art. 37 Abs. 2 RL (EU) 2016/680 umgesetzt.

§ 80 Datenübermittlung ohne geeignete Garantien

(1) Liegt entgegen § 78 Absatz 1 Nummer 2 kein Beschluss nach Artikel 36 Absatz 3 der Richtlinie (EU) 2016/680 vor und liegen auch keine geeigneten Garantien im Sinne des § 79 Absatz 1 vor, ist eine Übermittlung bei Vorliegen der übrigen Voraussetzungen des § 78 auch dann zulässig, wenn die Übermittlung erforderlich ist
1. **zum Schutz lebenswichtiger Interessen einer natürlichen Person,**
2. **zur Wahrung berechtigter Interessen der betroffenen Person,**
3. **zur Abwehr einer gegenwärtigen und erheblichen Gefahr für die öffentliche Sicherheit eines Staates,**
4. **im Einzelfall für die in § 45 genannten Zwecke oder**
5. **im Einzelfall zur Geltendmachung, Ausübung oder Verteidigung von Rechtsansprüchen im Zusammenhang mit den in § 45 genannten Zwecken.**

(2) Der Verantwortliche hat von einer Übermittlung nach Absatz 1 abzusehen, wenn die Grundrechte der betroffenen Person das öffentliche Interesse an der Übermittlung überwiegen.

(3) Für Übermittlungen nach Absatz 1 gilt § 79 Absatz 2 entsprechend.

Überblick

§ 80 dient der Umsetzung von Art. 38 RL (EU) 2016/680.

A. Datenübermittlung ohne geeignete Garantien

Aufgrund dieser Vorschrift kann der Verantwortliche Daten an Empfänger in Drittstaaten oder 1
an internationale Organisationen übermitteln, auch in **Abwesenheit** eines **Angemessenheitsbeschlusses** (§ 78) und **geeigneter Garantien** (§ 79).

Zuerst hat der Verantwortliche zu prüfen, ob die Voraussetzungen von § 78 vorliegen. Sodann 2
muss er die Erforderlichkeit der Übermittlung (und somit deren Zulässigkeit) anhand eines Kataloges überprüfen.

Eine Übermittlung ist zum **Schutz lebenswichtiger Interessen einer natürlichen Person** 3
zulässig (Abs. 1 Nr. 1), anders als im ähnlichen Art. 49 Abs. 1 lit. f DS-GVO ist es jedoch von
vornherein unbeachtlich, ob die betroffene Person nicht in der Lage ist, ihre Einwilligung in die
Übermittlung zu erteilen.

Zur Wahrung **berechtigter Interessen der betroffenen Person** darf die Übermittlung auch 4
erfolgen (Abs. 1 Nr. 2).

Zulässig ist auch die Übermittlung von Daten zur **Abwehr einer gegenwärtigen und erheb-** 5
lichen Gefahr für die öffentliche Sicherheit eines Staates (Abs. 1 Nr. 3).

Des Weiteren ist eine Übermittlung möglich, wenn im Einzelfall eine **Übermittlung für die** 6
in § 45 aufgezählten Zwecke erfolgt. Mit dieser Regelung werden die gesamten Vorgaben von
§§ 78 und 79 unterlaufen. Nur wenn ein Fall von § 45 einschlägig ist, darf überhaupt erst eine
Datenübermittlung erfolgen. Für diese Datenübermittlung gelten dann die weiteren Voraussetzungen des Kapitels 5. Durch Abs. 1 Nr. 4 wird eine **Generalklausel für die Legitimation einer**
Datenübermittlung geschaffen. Hierdurch besteht die Gefahr, dass die gesamten Regelungen
(Angemessenheitsbeschlusses, Garantien) überflüssig gemacht werden (so zutr. Kühling/Buchner/
Schwichtenberg Rn. 7).

Abs. 1 Nr. 5 ist ebenso kritikwürdig. Eine Datenübermittlung durch den Verantwortlichen 7
kann im Einzelfall erfolgen, wenn es um die **Geltendmachung, Ausübung oder Verteidigung**
von (wohl eher: gegen) Rechtsansprüche im Zusammenhang mit den in § 45 genannten
Zwecken geht. Für eine Datenübermittlung an eine Stelle in einem Drittland oder an eine
internationale Organisation – ohne Angemessenheitsbeschluss und ohne Garantie – muss es sich
nicht um eine Tätigkeit iRv § 45 handeln, es genügt, wenn „im Zusammenhang" mit diesem
Zweck gehandelt wird (Kühling/Buchner/Schwichtenberg Rn. 8).

B. Verhältnismäßigkeit und Dokumentationspflicht (Abs. 2, Abs. 3)

Um zu vermeiden, dass die Anwendung von **Abs. 1 Nr. 4** und **Abs. 1 Nr. 5** Oberhand 8
gewinnt, weil der Verantwortliche weder das Vorliegen eines Angemessenheitsbeschlusses noch
einer geeigneten Garantie überprüfen muss, ist in der Verhältnismäßigkeitsprüfung ein strenger

Maßstab anzulegen. Die Übermittlung darf nur in **krassen Ausnahme- und Einzelfällen verhältnismäßig** und somit gestattet sein.

9   Es muss ausgeschlossen sein, dass es durch die Nutzung der Daten im Empfängerstaat weder
zu **politischer Verfolgung** noch unmenschlicher oder erniedrigender Bestrafung oder Behandlung von Menschen kommt (BVerfGE 141, 220 Rn. 336 – BKA-Gesetz). Solange der Empfängerstaat kein solches Verhalten an den Tag legt, kann eine „generalisierende tatsächliche Einschätzung
der Sach- und Rechtslage der Empfängerstaaten" ausreichen (BVerfGE 141, 220 Rn. 337 – BKA-
Gesetz). Andernfalls muss eine Einzelfallprüfung erfolgen, die sich nicht nur in allgemeiner
Betrachtung erschöpfen darf.

10   Der Verantwortliche hat die Übermittlungsvorgänge zu dokumentieren (§ 80 Abs. 3, der auf
§ 79 Abs. 2 verweist). Diese Dokumentation muss eine Nachprüfung des Sachverhaltes durch
die Datenschutzbeauftragten sowie im Rahmen gerichtlicher Kontrolle ermöglichen; also einen
wirksamen Überwachungs- und Kontrollmechanismus schaffen (EuGH NJW 2015, 3151
Rn. 81 – Schrems.).

§ 81 Sonstige Datenübermittlung an Empfänger in Drittstaaten

**(1) Verantwortliche können bei Vorliegen der übrigen für die Datenübermittlung in
Drittstaaten geltenden Voraussetzungen im besonderen Einzelfall personenbezogene
Daten unmittelbar an nicht in § 78 Absatz 1 Nummer 1 genannte Stellen in Drittstaaten
übermitteln, wenn die Übermittlung für die Erfüllung ihrer Aufgaben unbedingt erforderlich ist und**
**1. im konkreten Fall keine Grundrechte der betroffenen Person das öffentliche Interesse
an einer Übermittlung überwiegen,**
**2. die Übermittlung an die in § 78 Absatz 1 Nummer 1 genannten Stellen wirkungslos
oder ungeeignet wäre, insbesondere weil sie nicht rechtzeitig durchgeführt werden
kann, und**
**3. der Verantwortliche dem Empfänger die Zwecke der Verarbeitung mitteilt und ihn
darauf hinweist, dass die übermittelten Daten nur in dem Umfang verarbeitet werden
dürfen, in dem ihre Verarbeitung für diese Zwecke erforderlich ist.**

**(2) Im Fall des Absatzes 1 hat der Verantwortliche die in § 78 Absatz 1 Nummer 1
genannten Stellen unverzüglich über die Übermittlung zu unterrichten, sofern dies
nicht wirkungslos oder ungeeignet ist.**

(3) Für Übermittlungen nach Absatz 1 gilt § 79 Absatz 2 und 3 entsprechend.

**(4) Bei Übermittlungen nach Absatz 1 hat der Verantwortliche den Empfänger zu
verpflichten, die übermittelten personenbezogenen Daten ohne seine Zustimmung nur
für den Zweck zu verarbeiten, für den sie übermittelt worden sind.**

**(5) Abkommen im Bereich der justiziellen Zusammenarbeit in Strafsachen und der
polizeilichen Zusammenarbeit bleiben unberührt.**

Überblick

§ 81 dient zur Umsetzung von Art. 39 RL (EU) 2016/680.

A. Ausweitung des Empfängerkreises

1   Mit dieser Vorschrift wird der Empfängerkreis bei einer Datenübermittlung in Drittstaaten
erweitert. Mögliche Empfänger sind **sonstige öffentliche Stellen,** die nicht im Rahmen der
Strafverfolgung tätig sind und **nichtöffentliche Stellen** (zB Finanzinstitute, Telekommunikationsdienstleister; vgl. BT-Drs. 18/11325, 121). Allerdings ist eine solche Datenübermittlung nur in
Einzelfällen zulässig.

2   Eine regelmäßige Übermittlung in Drittstaaten, wie sie im Rahmen der Nutzung von international operierenden Cloud-Diensten stattfindet ist **nicht zulässig.** Die gegenteilige Auffassung
verortet den Gebrauch von Auftragsverarbeitern und damit Cloud-Diensten nicht bei der Ermitt-
lungstätigkeit, die durch die strengen Vorgaben der JI-RL eingerahmt werden, sondern bei den
„eigenen behördlichen Prozessen"; bei diesen gelangen die Art. 44 ff. DS-GVO (→ DS-GVO
Art. 44 Rn. 1) zur Anwendung (Seidel ZD 2020, 455 (458)).

B. Voraussetzungen

Die **allgemeinen Voraussetzungen** für eine Datenübermittlung an Drittstaaten (§ 78) müssen 3 vorliegen. Zusätzlich wird entweder ein **Angemessenheitsbeschluss** der Europäischen Kommission (§ 78 Abs. 1 Nr. 2), eine **geeignete Garantie** (§ 79 Abs. 1) oder eine **Ausnahmesituation** (§ 80 Abs. 1) vorliegen müssen.

Die Übermittlung an einen Empfänger, der nicht in § 78 Abs. 1 Nr. 1 genannt ist, darf des 4 Weiteren nur erfolgen, wenn die **Übermittlung** für die Erfüllung seiner Aufgaben **unbedingt erforderlich** ist, die **Grundrechte der betroffenen Person nicht überwiegen,** die **Übermittlung an die in § 78 Abs. 1 Nr. 1 genannten Stellen wirkungslos** oder ungeeignet ist.

Der Empfänger der Daten ist auf einen bestimmten **Verarbeitungszweck zu verpflichten** 5 (Abs. 4).

Eine Übermittlung unter **Umgehung der öffentlichen Stellen eines Drittlandes** ist insbe- 6 sondere dann zulässig, wenn diese öffentlichen Stellen in dem betreffenden Drittland die Rechtsstaatlichkeit oder die internationalen Menschenrechtsbestimmungen nicht achten, sodass die zuständigen Behörden der Mitgliedstaaten die personenbezogenen Daten direkt an in Drittländer niedergelassene Empfänger übermitteln dürfen (Erwägungsgrund 73 RL (EU) 2016/680).

Sachverzeichnis

Fette Zahlen = Gesetz und Paragraf bzw. Art.; Magere Zahlen = Rn.

Sachverzeichnis

Sachverzeichnis